U0689741

四庫全書總目

中華書局

圖書在版編目(CIP)數據

四庫全書總目/(清)永瑢等撰. —北京:中華書局,1965.6
(2025.7 重印)
ISBN 978-7-101-00259-1

Ⅰ.四…　Ⅱ.永…　Ⅲ.四庫全書-圖書目録　Ⅳ.Z838

中國版本圖書館 CIP 數據核字(2003)第 060652 號

責任印製：管　斌

四庫全書總目
(全二册)
〔清〕永　瑢 等撰
*
中 華 書 局 出 版 發 行
(北京市豐臺區太平橋西里 38 號　100073)
http://www.zhbc.com.cn
E-mail:zhbc@zhbc.com.cn
北京新華印刷有限公司印刷
*
787×1092 毫米 1/16 · 135 印張 · 3300 千字
1965 年 6 月第 1 版　　2025 年 7 月第 16 次印刷
印數:41701-42300 册　定價:490.00 元

ISBN 978-7-101-00259-1

出版說明

清朝政府從乾隆三十七年（一七七二）開始，用了十年左右的時間，集中了大批人力物力，纂修成一部規模龐大的叢書，名叫《四庫全書》。在纂修期間，對採入《四庫全書》的書籍和一些沒有採入的書籍，都曾分別編寫內容提要；後來把這些提要分類編排，彙成一書，就是這部《四庫全書總目》（又稱《四庫全書總目提要》）。

爲了纂修《四庫全書》，當時在北京設立了一個專門機構，稱爲「四庫全書館」。每當一部書籍校訂完成，就由館臣擬寫一篇提要，放在書的前面。提要的內容，除了論述「各書大旨及著作源流」外，還要「列作者之爵里」，「考本書之得失」，以及辨訂「文字增刪，篇帙分合」，等等。各書前面的提要在編入《總目》時，又經過較大的修改補充，最後由總纂官紀昀和陸錫熊綜合、平衡，並在文字上加以潤飾。紀昀在四庫全書館內最久，提要的整理加工，也以他的力量爲多，因此，這部《總目》雖然以乾隆第六子永瑢領銜編撰，實際上却是紀昀總其成的。

《總目》全書共二百卷，按中國古代傳統的分類法，分經史子集四大類，每一大類又分若干小類，其中一些比較複雜的小類再細分子目。每一大類、小類的前面有小序，子目的後面有案語，扼要地說明這一類著作的源流以及所以分這一類目的理由。每一類的後面，還附有「存目」，「存目」中的書籍，是經纂修官們校閱，認爲價值不高，或它們的思想內容有對於封建統治不利，因而不曾收入《四庫全書》中的。《總目》卷首還分列乾隆的所謂「聖諭」，四庫館臣所上的「表文」，以及「職名」、「凡例」等，大致記載了《四庫全書》和《總目》的纂修經過和編寫體例。

乾隆四十七年（一七八二）七月，《總目》初稿完成。在以後大約七八年的時間內，《總目》的內容，隨着《四庫全書》的不斷補充和抽換，也有過幾次增改。據現在所知，《總目》在乾隆五十四年（一七八九）已經寫定，並在這年由武英殿刻版（見一九三三年出版的《故宮所藏殿版書目》）。乾隆六十年（一七九五），浙江的地方官府又根據杭州文瀾閣所藏武英殿刻本翻刻。從此以後，這部《總目》就得到廣泛的流傳。

《總目》對書籍的評價，是從封建主義的觀點出發的。它一方面標榜當時盛極一世的「漢學」，其中有些提要偏於瑣屑字句的考證；一方面又宣揚作爲封建社會上層建築的理論基礎的孔孟之道，提要雖然在一些具體問題上不盡同意程頤、朱熹的意見，但實質上還是恪守程、朱理學，而對某些不合封建正統思想的著作竭力攻擊。另外，一部分提要在涉及國內少數民族的地方，對他們表示了蔑視的態度；涉及對我國一些友鄰國家的記載，又流露出封建大國沙文主義的思想。這些都是書中的糟粕，應該加以批判。

但同時我們還應該看到《總目》的另一面。《總目》著錄的書，據我們這次整理時的仔細統計，收入《四庫全書》中的有三千四百六十一種，七萬九千三百零九卷，存目中的有六千七百九十三種，九萬三千五百五十一卷。這些書籍，基本上包括了乾隆以前中國古代的重要著作（尤以元代以前的書籍收輯更爲完備）。這一萬餘種的書籍，每一種有介紹其大致內容的提要，而且又有系統的分類編排，這就對於我們了解古代的各類著作提供了不少方便。另外，當時參加纂修《四庫全書》和編寫提要的人，像戴震、邵晉涵、周永年、姚鼐等，都在某一方面有所專長，《總目》中對於一些古籍的考訂，也在一定程度上吸收了當時的研究成果，訂正了前人的某些缺失（《總目》的考證也仍有不少紕謬疏漏，可參考近人余嘉錫《四庫提要辯證》等書）。因此，《總目》作爲一部較有系統的、內容比較充實的書目工具書，它對我們今天還有查閱參考之用。我們現在把它影印出版，目的也就在此。

以下談談這次整理影印中的一些情況。

一、《總目》過去有幾個比較主要的刻本，即武英殿本，浙江杭州本，同治七年（一八六八）的廣東本。浙本據殿本重刻，校正了殿本的不少錯誤。粵本以浙本爲底本覆刻，個別字句又據殿本校改，但同時又沿襲了殿本之誤。浙本當然還留有不少錯字，但比較起來錯字較少，因此這次我們用浙本作底本，參用殿本和粤本相校，作校記附後。

二、乾隆五十二年（一七八七），清朝政府發現收入《四庫全書》中的明李清《諸史同異錄》一書有詆毁清朝統治的字句，於是又派人重新檢查收入的書，就把李清的其他幾種著作，像《南北史合注》、《南唐書合訂》、《列代不知姓名錄》，以及周亮工的《讀畫錄》、《書影》、《閩小紀》、《印人傳》、《同書》，吳其貞的《書畫記》，潘檉章的《國史考異》等撤毁，並把這十一種書的提要也從《總目》中删除。但這十一種書雖然從《四庫全書》中撤出，清朝宫殿中却仍然留有副本，書前的提要也依舊保存（《諸史同異錄》和《同書》未見）。我們這次就從故宫博物院中把《南北史合注》等九份提要補錄在《總目》的後面，題爲「四庫撤燬書提要」。

三、嘉慶時，浙江巡撫阮元先後徵集了四庫未收的書一百七十多種，向清廷進呈，並仿《總目》的體例，每一書寫有提要。道光二年（一八二二），阮元的兒子阮福就把這一百七十多篇提要編成五卷，列在阮元《揅經室集》的後面，題爲外集。我們這次就用它影印，並接在「四庫撤燬書提要」之後。

四、本書由王伯祥先生斷句。我們自己又編製了書名及著者姓名索引，附於書末，以便檢尋。

中華書局影印組　一九六四年十二月

四庫全書總目

門目

欽定四庫全書總目卷首

聖諭

乾隆三十七年正月初四日奉

上諭。朕稽古右文、聿資治理、幾餘典學、日有孜孜。因思策府縹緗、載籍極博。其鉅者羽翼經訓、垂範方來、固足稱千秋法鑒。卽在識小之徒、專門撰述、細及名物象數、兼綜條貫、各自成家、亦莫不有所發明、可爲游藝養心之一助。是以御極之初、卽詔中外搜訪遺書。並令儒臣校勘十三經二十一史、徧布黌宮、嘉惠後學。復開館纂修綱目三編通鑑輯覽及三通諸書。凡藝林承學之士、所當戶誦家絃者、旣已薈萃略備。第念讀書固在得其要領、而多識前言往行、以畜其德、惟蒐羅益廣、則研討愈精。如康熙年閒所修圖書集成全部、兼收並錄、極方策之大觀。引用諸編、率屬因類取裁、勢不能悉載全文、使閱者沿流溯源、一一徵其來處。今內府藏書、插架不爲不富。然古今來著作之手、無慮數千百家、或逸在名山、未登柱史。正宜及時采集、彙送京師、以彰千古同文之盛。其令直省督撫會同學政等、通飭所屬、加意購訪。除坊肆所售舉業時文、及民閒無用之族譜尺牘屏幛壽言等類、又其人本無實學、不過嫁名馳騖、編刻酬倡詩文、瑣屑無當者、均無庸采取外。其歷代流傳舊書、內有闡明性學治法、關繫世道人心者、自當首先購覓。至若發揮傳注、攷覈典章、旁暨九流百家之言、有裨實用者、亦應備爲甄擇。又如歷代名人洎本朝士林宿望、向有詩文專集、及近時沈潛經史、原本風雅、如顧棟高陳祖范任啟運沈德潛輩、亦各著成編、並非勦說卮言可比。均應槩行查明、在坊肆者或量爲給價。家藏者或官爲裝印。其有未經鐫刊、衹係鈔本存畱者、不妨繕錄副本、仍將原書給還。並嚴飭所屬一切善爲經理、毋使吏胥藉端滋擾。但各省蒐輯之書、卷帙必多。若不加之鑑別、悉令呈送、煩複皆所不免。著該督撫等先將各書敘列目錄、注係某朝某人所著、書中要旨何在、簡明開載、具摺奏聞。俟彙齊後令廷臣檢覈、有堪備閱者、再開單行知取進。庶幾副在石渠、用儲乙覽。從此四庫七畧、益昭美備、稱朕意焉。欽此。

乾隆三十八年二月初六日奉

旨。昨據軍機大臣議覆朱筠條奏、內將永樂大典擇取繕寫、各自爲書一節、議請分派各館修書翰林等官、前往檢查、恐責成不專、徒致歲月久稽、汗青無日。蓋此書移貯年深、旣多殘闕。又原編體例係分韻類次、先已割裂全文、首尾難期貫串。特因當時采摭甚博、其中或有古書善本、世不恆見。今就各門彙訂、可以湊合成部者、亦足廣名山石室之藏。著卽派軍機大臣爲總裁官、仍於翰林等官內選定員數、責令及時專司查校。將原書詳細檢閱、並將圖書集成互爲校覈。擇其未經采錄而實在流傳已少、尚可裒綴成編者、先行摘開目錄奏聞。候朕裁定。其應如何酌定規條、卽著派出之大臣詳悉議奏。至朱筠所奏、每書必校其得失、撮舉大旨、敘於本書卷首之處、若欲悉倣劉向校書序錄成規、未免過於繁冗。但向閱內府所貯康熙年閒舊藏書籍、多有摘敘簡明略節、附夾本書之內者、於檢查洵爲有益。應俟移取各省購書全到時、卽令承辦各員將書中要指檃括、總敘厓略、粘開卷副頁右方、用便觀覽。餘依議。欽此。

乾隆三十八年二月十一日奉

上諭。昨據軍機大臣議覆朱筠條奏校核永樂大典一摺、已降旨派軍機大臣爲總裁、揀選翰林等官詳定規條、酌量辦理。茲檢閱原書卷首序文、其言采掇蒐羅、頗稱浩博、謂足津逮四庫。及覈之書中、別部區函、編韻分字、意在貪多務得、不出類書窠臼。是以踳駁乖離、於體例未能允協。卽如所用韻次、不依唐宋舊部、惟以洪武正韻爲斷、已覺凌雜不倫。況經訓爲羣籍根源、乃因各韻轇轕、於易先列蒙卦、於詩先列大東、於周禮先列冬官。且采用各字、不論易書詩禮春秋之序、前後錯互。甚至載入六書篆隸眞草字樣、摭拾米芾趙孟頫字格、描頭畫角、支離無謂。至儒書之外、闌入釋典道經、於古柱下史專掌藏書守先待後之義、尤爲鑿枘、不合朕意。從來四庫書目、以經史子集爲綱領、裒輯分儲、實古今不易之法。是書旣遺編淵海、若準此以采擷所登、用廣石渠金匱之藏、較爲有益。著再添派王際華裘曰修爲總裁官。卽令同遴簡分校各員、悉心酌定條例、將永樂大典詳悉校核。除本係現在通行及雖屬古書而詞意無關典要者、亦不必再行采錄外。其有實在流傳已少、其書足資啟牖後學、廣益多聞者、卽將書名摘出、撮取著書大旨、敘列目錄進呈。俟朕裁定、彙付剞劂。其中有書無可采、而其名未可盡沒者、衹須注出簡明略節、以佐流傳考訂之用。不必將全部付梓。副朕裨補闕遺、嘉惠士林至意。再是書卷帙如此繁重、而明代藏弆僅閱六年、今諸臣從事釐輯、更係棄多取少、自當刻期告竣，不得任意稽延，徒誚汗青無日。仍將應定條例，即行詳議，繕摺具奏。欽此。

乾隆三十八年二月二十一日，大學士劉統勳等議奏校辦永樂大典條例一摺，奉

旨：是，依議。將來辦理成編時，著名四庫全書。欽此。

乾隆三十八年二月二十八日，奉

旨：現在查辦四庫全書之翰林等官，著照武英殿修書處之例，給與飯食，即交福隆安派員經理。欽此。

乾隆三十八年五月十七日，奉

上諭：前經降旨博採遺編，彙為四庫全書，用昭石渠美備，並以嘉惠藝林。旋據浙江、江南督撫及兩淮鹽政等奏到購求呈送之書，已不下四五千種，並有稱藏書家願將所有舊書呈獻者，固屬踴躍奉公，尚未能深喻朕意。方今文治光昭，典籍大備，恐名山石室，儲蓄尚多，用是廣為蒐羅，俾無遺佚，冀以闡微補闕。所有進到各遺書，並交總裁等同永樂大典內現有各種詳加核勘，分別刊鈔。擇其中罕見之書有益於世道人心者，壽之梨棗，以廣流傳。餘則選派謄錄，彙繕成編，陳之冊府。其中有俚淺譌謬者，止存書名，彙為總目，以彰右文之盛。此採擇四庫全書本指也。今外省進到之書，大小長短，參差不一，既無當於編列縹緗，而業已或刻或鈔，其原書又何必復留內府？且伊等將珍藏善本應詔彙交，深可嘉尚，若因此收存不發，轉使耽書明理之人不得保其世守，於理未為公允，朕豈肯為之？所有各家進到之書，俟校辦完竣日，仍行給還原獻之家。但現在各省所進書籍已屬不少，嗣後自必陸續加多。其如何分別標記，俾還本人，不致混淆遺失之處，著該總裁等妥議具奏。仍將此通諭知之。欽此。

乾隆三十九年五月十四日，奉

上諭：國家當文治休明之會，所有古今載籍，宜及時蒐羅大備，以光冊府而裨藝林。因降旨命各督撫加意採訪，彙上於朝。旋據各省陸續奏進，而江浙兩省藏書家呈獻種數尤多。廷臣中亦有紛紛奏進者。因命詞臣分別校勘，應刊應鈔，以廣流傳。其進書百種以上者，並命擇其中精醇之本進呈乙覽，朕幾餘親為評詠，題識簡端。復命將進到各書，於篇首用翰林院印，並加鈐記，載明年月姓名於書面頁，俟將來辦竣後，仍給還各本家自行收藏。其已經題詠諸本，並令書館先行錄副，將原書發還，俾收藏之人益增榮幸。今閱進到各家書目，其最多者如浙江之鮑士恭、范懋柱、汪啟淑，兩淮之馬裕四家，為數至五六七百種，皆其累世弆藏，子孫克守其業，甚可嘉尚。因思內府所有古今圖書集成，為書城鉅觀，人間罕覯，此等世守陳編之家，宜俾尊藏勿失，以裨留貽。鮑士恭、范懋柱、汪啟淑、馬裕四家，著賞古今圖書集成各一部，以為好古之勸。又如進呈一百種以上之江蘇周厚堉、蔣曾瑩，浙江吳玉墀、孫仰曾、汪汝瑮，以及朝紳中黃登賢、紀昀、勵守謙、汪如藻等，亦俱藏書舊家，並著每人賞給內府初印之佩文韻府各一部，俾亦珍為世寶，以示嘉獎。以上應賞之書，其外省各家著該督撫鹽政派員赴武英殿領回分給，其在京各員，即令其親赴武英殿祇領。仍將此通諭知之。欽此。

乾隆三十九年七月二十五日，奉

諭旨：四庫全書處進呈總目，於經史子集內分晰應刻應鈔及應存書目三項，各條下俱經撰有提要，將一書原委撮舉大凡，并詳著書人世次爵里，可以一覽了然。較之崇文總目，蒐羅既廣，體例加詳，自應如此辦理。第此次各省搜訪書籍，有多至百種以上至六七百種者，如浙江范懋柱等家，其裒集收藏，深可嘉尚。前已降旨分別頒賞古今圖書集成及初印佩文韻府，并擇其書尤雅者，製詩親題卷端，俾其子孫世守，以為稽古藏書者勸。今進到之書，於纂輯後仍須發還本家，而所撰總目若不載明係何人所藏，則閱者不能知其書所自來，亦無以彰各家珍弆資益之善。著通查各省進到之書，其一人而收藏百種以上者，可稱為藏書之家，即應將其姓名附載於各書提要末。其在百種以下者，亦應將由某省督撫某人採訪所得，附載於後。其官版刊刻及各處陳設庫貯者，俱載內府所藏，使其眉目分明，更為詳細。至現辦四庫全書總目提要，多至萬餘種，卷帙甚繁，將來鈔刻成書，繙閱已頗為不易。自應於提要之外，另刊簡明書目一編，祇載某書若干卷，註某朝某人撰，則篇目不繁，而檢查較易。俾學者由書目而尋提要，由提要而得全書，嘉與海內之士考鏡源流，用昭我朝文治之盛。著四庫全書處總裁等遵照，悉心妥辦。並著通諭知之。欽此。

乾隆四十年十一月十七日，奉

上諭：據四庫全書館總裁將所輯永樂大典散片各書進呈。朕詳加披閱，內宋劉跂學易集十二卷，擬請刊刻。其中有青詞一體，乃道流所禱之章，非斯文正軌。

前因題胡宿集見其有道院青詞教坊致語之類命删去刊行而鈔本仍存其舊今劉跂所作則因已身服藥交年瑣事用青詞致告尤爲不經雖鈔本不妨姑存刊刻必不可也蓋青詞跡涉異端不特周程張朱諸儒所必不肯爲即韓柳歐蘇諸大家亦正集所未見若韓愈之送窮文柳宗元之乞巧文此乃擬託神靈游戲翰墨不過借以喻言並非實有其事偶一爲之固屬無害又如時文爲舉業所習自前明以來通人擅長者甚多然亦只可聽其另集專行不並登文集況青詞之尤乖典則者乎再所進書內有擬請鈔錄之王質雪山集內如論和戰守疏及上宋孝宗書諸篇詞旨剴切頗當事理竟宜付之剞劂但其中亦有青詞一種並當一律從删所有此二書著交該總裁等重加釐訂分別删存用昭評騭之允至現在纂輯四庫全書部帙計盈數萬所採詩文既多自不能必其通體完善或大端可取原不妨棄瑕錄瑜如宋穆脩集有曹操帳記語多稱頌謬於是非大義在所必删而全集或錄存亦不必因此以廢彼惟當於提要內闡明其故使去取之義曉然諸凡相類者均可照此辦理該總裁等務須詳慎決擇使羣言悉歸雅正副朕鑒古斥邪之意欽此

乾隆四十一年六月初一日奉

上諭昨四庫館進呈裒集永樂大典散篇內有麟臺故事一編爲宋待制程俱撰具詳當時館閣之制所載典掌三館祕閣書籍以執政領閣事又有直祕閣祕閣校理等官頗稱賅備方今搜羅遺籍彙爲四庫全書每輯錄奏進朕親披閱釐正特於文華殿後建文淵閣弆之以充策府而昭文治淵海縹緗蔚然稱盛第文淵閣國朝雖爲大學士兼銜而非職掌在昔並無其地茲既崇構鼎新琅函環列不可不設官兼掌以副其實自宜酌衷宋制設文淵閣領閣事總其成其次爲直閣事同司典掌又其次爲校理分司註冊點驗所有閣中書籍按時檢曝雖責之內府官屬而一切職掌則領閣事以下各任之於內閣翰詹衙門內兼用其每銜應設幾員及以何官兼充著大學士會同吏部翰林院定議列名具奏候朕簡定令各分職繫銜將來即爲定額用垂久遠至於四庫所集多人間未見之書朕勤加採訪非徒廣金匱石室之藏將以嘉惠藝林啟牖後學公天下之好也惟是鐫刻流傳僅什之一而鈔錄儲藏者外間仍無由窺覩豈朕右文本意乎翰林原許讀中祕書即大臣官員中有嗜古勤學者並許告之所司赴閣觀覽第不得攜取出外致有損失其如何酌定章程並著具奏以聞欽此

乾隆四十一年七月二十六日奉

上諭關帝在當時力扶炎漢志節凜然乃史書所謚並非嘉名陳壽於蜀漢有嫌所撰三國志多存私見遂不爲之論定豈得謂公從前

世祖章皇帝曾降

諭旨封爲忠義神武大帝以褒揚盛烈朕復於乾隆三十二年降旨加靈佑二字用示尊崇夫以神之義烈忠誠海內咸知敬祀而正史猶存舊謚隱寓譏評非所以傳信萬世也今當鈔錄四庫全書不可相沿陋習所有志內關帝之謚應改爲忠義第本傳相沿已久民間所行必廣難於更易著交武英殿將此旨刊載傳末用垂久遠其官板及內府陳設書籍並著改刊此旨一體增入欽此

乾隆四十一年九月三十日奉

上諭昨四庫全書薈要處呈進鈔錄各種書籍朕於幾餘披閱見粘簽考訂之處頗爲詳細所有各簽向曾令其附錄於每卷之末即官板諸書亦可附刊卷尾惟民間藏板及坊肆鐫行之本難以概行刊入其原書詭舛業經訂正者外間仍無由得知尚未足以公好天下也前經降旨令將四庫全書總目及各書提要編刊頒行所有諸書校訂各簽並著該總裁等另爲編次與總目提要一體付聚珍板排刊流傳既不虛諸臣校勘之勤而海內承學者得以由此研尋凡所藏書皆成善本亦以示嘉惠士林至意欽此

乾隆四十一年十一月十七日奉

上諭前因彙輯四庫全書諭各省督撫遍爲採訪嗣據陸續送到各種遺書令總裁等悉心校勘分別應刊應鈔及存目三項以廣流傳第其中有明季諸人書集詞意抵觸本朝者自當在銷燬之例節經各督撫呈進並飭館臣詳晰檢閱朕復於進到時親加披覽覺有不可不爲區別甄核者如錢謙益在明已居大位又復身事本朝而金堡屈大均則又遁跡緇流均以不能死節靦顏苟活乃託名勝國妄肆狂狺其人實不足齒其書豈可復存自應逐細查明概行燬棄以勵臣節而正人心若劉宗周黃道周立朝守正風節凜然其奏議慷慨極言忠藎溢於簡牘卒之以身殉國不愧一代完人又如熊廷弼受任疆埸材優幹濟所上封事語多剴切乃爲朝議所撓致使身陷大

辟。嘗閱其疏、內有灑一腔之血於朝廷、付七尺之軀於邊塞二語。親爲批識云、至此爲之動心欲淚、而彼之君若不聞、明欲不亾、得乎。可見朕大公至正之心矣。又如王允成南臺奏稾、彈劾權姦、指陳利弊、亦爲無慚骨鯁。又如葉向高爲當時正人、頗負重望、及再入內閣、值逆閹弄權、調停委曲、雖不能免責賢之備、然視其綸扉奏草、請補閣臣疏至七十上、幾於痛哭流涕、一概付之不荅。其朝綱叢脞、可不問而知也。以上諸人所言、若當時能採而用之、敗亾未必若彼其速。是其書爲明季喪亂所關、足資考鏡。惟當改易違礙字句、無庸銷燬。又彼時直臣如楊漣左光斗李應昇周宗建繆昌期趙南星倪元璐等、所有書籍、竝當以此類推。卽有一二語傷觸本朝、本屬各爲其主、亦止須酌改一二語、實不忍竝從焚棄、致令湮沒不彰。至黃道周另有博物典彙一書、不過當時經生家策料之類。然其中紀本朝事蹟一篇、於李成梁後設謀搆釁、具載本末。尤足徵我朝祖宗行事正大光明、實大有造於明人。而彼轉逞狡謀陰計、以怨報德。伏讀實錄、我太祖高皇帝以七大恨告天、師直爲壯、神戈所指、肇造鴻基、實自古創業者所莫及。雖彼之臣子、亦不能變亂黑白、曲爲隱諱。存其言、并可補當年紀載所未備。因命館臣酌加節改、附載開國方略後、以昭徵信。近復閱江蘇所進應燬書籍內有朱東觀編輯崇禎年間諸臣奏疏一卷。其中多指言明季秕政、漸至瓦解而不可救、亦足取爲殷鑒。雖諸疏中多有乖觸字句、彼皆忠於所事、實不足罪。惟當酌改數字、存其原書。使天下後世曉然於明之所以亾、與本朝之所以興。俾我子孫永念祖宗締造之艱難、益思兢兢業業、以祈天而永命。其所裨益、豈不更大。又何必亟燬其書乎。又若彙選各家詩文、內有錢謙益屈大均所作、自當削去。其餘原可留存、不必因一二匪人、致累及衆。或明人所刻類書、其邊塞兵防等門、所有觸礙字樣、固不可存。然祇須削去數卷、或削去數篇、或改定字句、亦不必因一二卷帙、遂廢全部。他如南宋人書之斥金、明初人書之斥元、其悖於義理者、自當從改。其書均不必燬。使無礙之書、原聽其照舊流行。而應禁之書、自不致仍前藏匿。方爲盡善。著四庫全書總裁等妥協查辦、粘簽呈覽、候朕定奪。竝將此通諭中外知之。欽此。

乾隆四十二年八月十九日、奉

旨。前經降旨、各省藏書家所呈書籍、於辦畢後卽行發還。至督撫等自購呈進之本、俱經奏請留供石渠之藏。其在京大臣官員等所進之書、亦俱請備儲中祕。昨歲大學士等議定文淵閣藏書章程云、俟全書告竣後、各藏其副於翰林院、置立架分貯等語。朕命纂輯四庫全書、原以嘉惠天下萬世、公諸同好。今外省藏書家進到之書、既經陸續給還、所有在京大臣等呈進書籍、亦應一體付還本家、俾其世守。若爲翰林院藏副計、則各處所進書函、長短闊狹不等、分籤插架、不能整齊。莫若俟四庫全書鈔錄四分完竣、令照式再鈔一分、貯之翰苑。既可備耽書之人入署就閱、而傳布詞林、亦爲玉堂增一佳話。其各督撫購進諸書、將來仍可彙交武英殿另行陳設收藏。將此諭令四庫館總裁等遵照辦理。欽此。

乾隆四十二年十月初七日、奉

上諭。四庫全書館進呈李廌濟南集、其詠鳳凰臺一首、有漢徹方秦政、何乃誤至斯之語。於理不順。因檢查北史文苑傳敘、亦有頡頏漢徹、跨躡曹丕之句。韻府因而錄入、均屬未協。秦始皇焚書坑儒、其酷虐不可枚舉、號爲無道秦、後之人深惡痛絕、因而顯斥其名、尚無不可。若曹丕躬爲篡逆、稱名亦宜。至漢武帝在漢室尚爲振作有爲之主、且與賢用能、獨持綱紀、雖黷武惑溺神仙、乃其小疵。豈得直書其名、與秦政曹丕竝論乎。且自古無道之君、至桀紂而止、故有指爲獨夫受者。若漢之桓靈、昏庸狂暴、遂至滅亾、亦未聞稱名指斥、何於武帝轉從貶抑乎。又如南北朝彼此互相詆毀、南朝臣子稱北朝主之名、北朝臣子稱南朝主之名、宋之於金元、金元之於宋亦然、此皆局於其地之私心、雖非天下之公、尚無傷於正理。若李延壽乃唐臣、李廌乃宋臣、其於中國正統之漢武帝、伊祖未嘗不曾爲其臣、豈應率逞筆端、罔顧名義、輕妄若此。且朕御製詩文內、如周程張朱皆稱爲子而不斥其名、又如韓昌黎蘇東坡諸人、或有用入詩文者、亦止稱其號而不名。朕於異代之臣、尚不欲直呼其名、乃千古以下之臣、轉將千古以上之君稱名不諱、有是理乎。朕命諸臣辦理四庫全書、親加披覽、見有不協於理者、如關帝舊謚之類、卽降旨隨時釐正。惟準以大中至正之道、爲萬世嚴褒貶、卽以此衡是非。

此等背理稱名之謬、豈可不爲改正、以昭示方來。著交武英殿將北史文苑傳敘、改爲漢武。韻府內刪去此條、酌爲改刊。所有陳設之書、悉行改補。其李廌集亦一體更正。茲諭四庫全書館臣等於校刊書籍內遇有似此者、俱加簽擬改、聲明進呈、毋稍忽略。將此通諭知之。欽此。

乾隆四十二年十一月十四日、奉

上諭。前日披覽四庫全書館所進宗澤集、內將夷字改寫彝字、狄字改寫敵字。昨閱楊繼盛集內、改寫亦然。而此兩集中又有不改者、殊不可解。夷狄二字、屢見於經書、若有心改避、轉爲非理。如論語夷狄之有君、孟子東夷西夷、又豈能改易。亦何必改易。且宗澤所指係金人、楊繼盛所指係諳達、更何所用其避諱耶。因命取原本閱之、則已改者皆係原本妄易、而不改者原本皆空格加圈。二書刻於康熙年間、其謬誤本無庸追究。今辦理四庫全書、應鈔之本、理應斟酌妥善。在謄錄草野無知、照本鈔謄、不足深責。而空格則係分校所填、既知填從原文、何不將其原改者悉爲更正。分校覆校俱係職官、豈容失檢若此。至總裁等身爲大臣、於此等字面、尤應留心細勘、何竟未能逐一校正、其咎更無所辭、非他書總核記過者可比。所有此二書之分校覆校及總裁官、俱卽著交部分別議處。除此二書改正外、他書有似此者、茲著一體查明改正。茲諭該館臣嗣後務悉心詳校、毋再輕率干咎。欽此。

乾隆四十三年五月二十六日、奉

上諭。朕博蒐載籍、特命諸臣纂輯四庫全書、弆藏三閣。又擇其尤精者爲薈要、分貯大內及御園、用昭美備。所以多選謄錄、寬予限期、以期校成善本、嘉惠藝林。昨辦書期屆五年、將校對謄錄諸人優予議敘、用示勸揚。惟是進呈各書、朕信手抽閱、卽有譌舛。其未經指出者、尚不知凡幾。既有校對專員、復有總校總裁重重覆勘。一書經數人手眼、不爲不詳。何以漫不經意、必待朕之遍覽乎。若朕不加檢閱、將聽其譌誤乎。朕因四庫全書應繕寫者統計十六萬八千冊、卷帙浩繁、既成大事、不妨略其小節。自開館以來、無不曲予加恩、多方鼓舞、所以體恤之者倍至。若此任意疎忽、屢訓不改、長此安窮。是徒以四庫書館開倖進之階、爲終南捷徑。又豈可不防微杜漸耶。前定總裁總校分校等按次記過三月、查核交部議處、原不過薄示懲儆、使知愧勵。乃各總裁僅請每部抽看十之一二、以圖卸責。身爲大臣、卽不宜如此存心。乃既經抽看、而仍聽其魯魚亥豕、累牘連篇。其又何辭以自解飾耶。嗣後務宜痛加猛省、悉心校勘。其於去取謄錄分校之際、更不宜左袒、屢乞恩准、以無負朕稽古右文之意。毋再因循干咎。將此再行嚴飭在館諸臣知之。欽此。

乾隆四十四年二月二十六日、奉

上諭、四庫全書館節次彙進各省送到違礙應燬書籍、朕親加抽閱。內如徐必達南州草所載姦商姦璫結賄欺君諸疏、俱持論不撓、極爲抗直。又如蕭近高疏草內載其劾大璫潘相等以礦稅擾民。宋一韓掖垣封事亦有劾東廠及稅監李鳳梁永等蠹國病民諸疏。俱屬詳明剴切。又侯震暘天垣疏略以客氏再入禁中、抗章極論、并及於沈漼之交通內臣、亦能侃侃不阿。雖其閒若徐爾一之九八分疏、極口詆斥孫承宗、而於溫體仁、霍維華等則曲加贊譽、是非倒置、以圖熒聽。此外亦不過摭拾陳言、固無足取。其餘讜論危言、切中彼時弊病者、實俱無慚骨鯁。前因明季諸臣如劉宗周、黃道周等立身行己、秉正不回、其抗疏直諫、皆意切於匡濟時艱、忠藎之忱、溢於簡牘。已降旨將其違礙字句酌量改易、無庸銷燬。因復思明自神宗以後、朝多粃政、諸臣目擊國勢之阽危、往往苦口極言、無所隱諱。雖其君置若罔聞、不能稍收補救之效、而遺篇俱在、凡一時廢弛瞀亂之迹、痛切敷陳、足資考鏡。朕以爲不若擇其較有關係者、別加編錄、名爲明季奏疏、勒成一書。使天下萬世曉然於明之所以亡、亦可垂示方來、永爲殷鑒。況諸臣彈劾權姦、指摘利病、至不憚再三入告、實皆出自愛君體國之誠、而其姓名章疏、不盡見於明史。朕方欲闡幽顯微、又何忍令其湮沒弗彰。況諸臣在勝國言事、於我國家間有干犯之語、彼自爲其主、不宜深責。非若身入本朝、肆爲詆悖者可比。原不妨就其應存諸疏、將觸背字面量爲改易選錄、餘仍分別撤燬、於辦理違礙書籍、似屬並行不悖。著交該總裁遴選一二人、詳悉校閱、編輯繕錄、以次呈覽、候朕鑒定。茲將此通諭中外知之。欽此。

乾隆四十五年九月十七日、奉

上諭。國初設官分職、不殊周官法制。及定鼎中原、參稽前代、不繁不簡、最爲詳備。其閒因革損益、名異實同。稽古唐虞、建官惟百。內有百揆四岳、外有州牧侯伯。

奮庸熙載、亮采惠疇。周則監于二代、立三公三孤。秦漢以後爲丞相、爲中書門下平章知政事。明洪武因胡惟庸之故、改丞相爲大學士。其實官名雖異、職守無殊。惟在人主太阿不移、簡用得人、則雖名丞相、不過承命奉行。卽改稱大學士、而所任非人、竊弄威福、嚴嵩之流、非仍名大學士者乎。蓋有是君、方有是臣。惟后克艱厥后、庶臣克艱厥臣。昔人言天下之安危係乎宰相、其言實似是而非也。至六官卽今之六部、周禮典制綦詳、要亦本于唐虞司徒秩宗諸職。外而督撫、自秦漢以來、所稱守牧節度行省、卽唐虞十二牧之遺。歷朝改革、建置紛如、難以縷數。我國家文武內外官職品級、載在大清會典、本自秩然。至於援古證今、今之某官卽前某代某官。又或古有今無、或古無今有、允宜勒定成書、昭垂永久、俾覽者一目了然。現在編列四庫全書、遺文畢集、著卽派總纂總校之紀昀陸錫熊陸費墀孫士毅等、悉心校覈、將本朝文武內外官職階級、與歷代沿襲異同之處、詳稽正史、博參羣籍、分晰序說、簡明精審、毋冗毋遺、其議政大臣領侍衞內大臣八旗都統護軍統領健銳火器營內務府并駐防將軍及新疆增置各官、亦一體詳晰考證、分門別類、纂成歷代職官表一書。由總裁覆核陸續進呈、候朕閱定。書成後、卽以此旨冠於卷首。不必請序。列入四庫全書、刊布頒行、以昭中外一統、古今美備之盛。因首論丞相一官、餘可類推。覽是編者、其各顧名思義、凜然於天工人代、兢兢業業、夙夜靖共、以庶幾克艱無曠之義。欽哉特諭。欽此。

乾隆四十六年二月十三日奉

上諭。據四庫全書總裁奏進所辦總目提要內、請於經史子集各部冠以
聖義、
聖謨等六門、恭載
列聖欽定諸書及朕御製御批各種。所擬殊屬芬繁。從前開館之初、曾經降旨、以四庫全書內惟集部應以本
朝
御製詩文集冠首。至經史子三部、仍照例編次、不必全以本朝官書爲首。今若於每部內又特標
聖義諸名目、雖爲尊崇起見、未免又多增義例。朕意、如
列聖御纂諸經、列於各本經諸家之前。
御批通鑑綱目等書、列於各家編年諸書之前。
五朝聖訓
硃批諭旨方略等書、列於詔令諸門之前。
御註道德經、列於各家所註道德經之前。其他以類仿照編次、俾尊崇之義與編纂之體竝行不悖。至閱其總目、特載朕前後修書諭旨及御題四庫諸書詩文、爲卷首所辦未爲盡協。四庫全書體大物博、將來書成之日、篇帙浩繁、舉何爲序。所有歷次所降諭旨、刊之總目首卷、以當序。事屬可行。且官撰諸書、亦有以諭旨代弁言者、自不得不如此辦理。至朕題四庫諸書詩文、若亦另編卷首、將來排列轉在
列朝欽定諸書之前、必尤未安。雖纂校諸臣尊君之意、然竟似四庫全書之輯、端爲朕詩文而設者。然朕不爲也。著將所進詩文六卷撤出、仍分列入朕御製詩文集內、俾各爲卷首。則編排在
列朝欽定諸書之後、而四庫書內朕所題各書詩文、列在本集卷首、庶眉目清而開帙了然。將此諭令館臣遵照辦理。欽此。

乾隆四十六年二月十五日奉

上諭。昨據四庫全書總裁奏請總目請於經史子集各部冠以
聖義、
聖謨等六門、業經降旨、令將
列朝御纂
御批
御製各書分列各家著撰之前、不必特標名目、竝令將卷首所錄御題四庫諸書詩文撤出、分列御製詩文各集之前。所以示大公也。朕一再思維、四庫全書之輯、廣搜博採、彙萃羣書、用以昭垂久遠、公之天下萬世。如經部易類、以子夏易傳冠首、實爲說易家最古之書、允宜弁冕羲經。若以
欽定諸書列於各代之前、雖爲纂修諸臣尊崇本朝起見、而於編排體例究屬未協。況經史子集各部內尚有前代帝王論著、以本朝
欽定各書冠之、亦未有合。在編輯諸臣、自不敢輕議及此。朕則筆削權衡、務求精當、使綱舉目張、體裁醇備、足爲萬世法制。卽後之好爲論辨者、亦無從置議、方爲盡善。所有四庫全書經史子集各部、俱照各按撰述人代先後、依次編纂。至我朝
欽定各書、仍各按門目分冠本朝著錄諸家之上。則體例精嚴、而名義亦秩然不紊。稱朕折衷詳愼之至意。將此諭令館臣遵照辦理。欽此。

乾隆四十六年十月十六日內閣奉

上諭。四庫全書館進呈書內、有宋葉隆禮奉敕所撰契丹國志。其說採摘通鑑等編及諸說部書、按年臚載、鈔撮成文。中閒體例混淆、書法譌舛、不一而足。如書既名契丹國志、自應以遼爲主。乃卷首年譜、既標太祖太宗等帝、而事實內或稱遼帝、稱國主、豈非自亂其例。又是書既奉南宋孝宗敕撰、而評斷引宋臣胡安國語、稱爲胡文定公、實失君臣之體。甚至大書遼帝紀元於上、而以宋祖建隆等年號分注於下、尤爲紕謬。夫梁唐晉漢周僭亂之主、享國日淺、且或稱臣稱兒稱孫於遼、分注紀元尚可。若北宋則中原一統、豈得以春秋分國之例、概分注於北遼之下。又引胡安國論斷、以劫迫其父開門納晉軍之楊承勳、謂變而不失其正。時承勳同父被晉圍、慮禍及身、乃劫其父致被晉戮、而已受晉爵賞。夫大義滅親、父可施之子、子不可施之父。父既背叛、子惟一死以荅君親。豈有滅倫背義、尚得謂之變而不失其正。此乃胡安國華夷之見、芥蔕於心、右逆子而亂天經、誠所謂胡說也。其他乖謬種種、難以枚舉。朕詳加披覽、經指駁者數十條。館臣乃請撤出此部書。朕以春秋天子之事、是非萬世之公。昨曾著正統辨、論斷甚明。今契丹國志既有成書、紀載當存其舊。惟體例書法譌謬、於綱目大義有乖者、不可不加釐正。著總纂紀昀等詳加校勘、依例改纂。其志中之事蹟、如祭用白馬灰牛、氈中枯骨變形視事、及戴野猪頭披皮之類、雖迹涉荒誕、然與詩書所載簡狄吞卵、姜源履武、復何以異。蓋神道設教、古今胥然、義正如此。又何必信遠而疑近乎。其餘遼帝過舉、如母后擅權諸事、足爲後世鑒戒者、仍據志實書、一字不可易。該總裁等覆閱進呈、候朕親定、錄入四庫全書。並將此旨書於簡端、以昭綱常名敎大公至正之義。特諭。欽此。

乾隆四十六年十月二十七日、內閣奉

上諭。歷代名臣奏疏、向有流傳選刻之本。四庫全書內亦經館臣編次進呈。其中危言讜論、關係前代得失者、固可援爲法戒。因思勝國去今尤近、三百年中藎臣傑士、風節偉著者、實不乏人。跡其規陳治亂、抗疏批鱗、當亦不亞漢唐宋元諸臣。而奏疏未有專本、使當年繩愆糾繆、忠君愛國之忱、後世無由想見、誠闕典也。卽或其人品誼未醇、而其言一事、陳一弊、切中利病、有裨時政者、亦不可以人廢言。至神宗以後諸臣奏疏內、有因遼瀋用兵、涉及本朝之處。彼時主闇政昏、太阿倒置、閹人竊柄、權倖滿朝、以致舉錯失當、賞罰不明。其君綴旒于上、竟置國事若罔聞、遂至流寇四起、兵潰餉絕、種種秕政、指不勝數。若楊漣左光斗熊廷弼諸人、或折衝疆場、或正色立朝、俱能慷慨建議、剴切敷陳。設明之君果能採而用之、猶不致敗亡若是之極。其事距今百十餘年、殷鑒不遠、尤當引爲烱戒。則諸人奏疏、不可不亟爲輯錄也。除明史本傳外、所有鈔入四庫全書諸人文集、均當廣爲蒐採、裒集成編。卽有違礙字句、祇須略爲節潤、仍將全文錄入、不可刪改。此事關係明季之所以亡、與我朝之所以興、敬怠之分、

天人之際、不可不深思遠慮、觸目警心。著派諸皇子同總師傅蔡新等爲總裁、其皇孫皇曾孫之師傅翰林等卽著爲纂修校錄。陸續進呈、候朕親裁。書成後、卽交武英殿刊刻、仍鈔入四庫全書、將此旨冠于簡端。所有前派紀昀等選出神宗以後各奏疏、卽著歸入此書、按其朝代、一體編纂。特諭。欽此。

乾隆四十六年十一月初六日、內閣奉

上諭。昨閱四庫館進呈書、有朱存孝編輯迴文類聚補遺一種。內載美人八詠詩、詞意媟狎、有乖雅正。夫詩以溫柔敦厚爲敎。孔子不刪鄭衛、所以示刺示戒也。故三百篇之旨、一言蔽以無邪。卽美人香草以喻君子、亦當原本風雅、歸諸麗則。所謂託興遙深、語在此而意在彼也。自玉臺新咏以後、唐人韓偓輩、務作綺麗之詞、號爲香奩體、漸入浮靡。尤而效之者、詩格更爲卑下。今美人八咏內所列麗華髮等詩、毫無寄託、輒取俗傳鄙褻之語、曲爲描寫。無論詩固不工、卽其編造題目、不知何所證據。朕輯四庫全書、當採詩文之有關世道人心者、若此等詩句、豈可以體近香奩、概行採錄。所有美人八詠詩、著卽行撤出。至此外各種詩集內有似此者、亦著該總裁督同總校分校等詳細檢查、一併撤出、以示朕釐正詩體、崇尚雅醇之至意。欽此。

乾隆五十五年六月初一日、奉

上諭。四庫全書薈萃古今載籍、富有美備、不特內府珍藏、藉資乙覽、亦欲以流傳廣播、沾溉藝林。前因卷頁浩繁、中多舛錯、特令總纂等復加詳細讐校、俾無魯魚亥豕之譌。茲已釐訂蕆工、悉臻完善。所有江浙兩省文宗文匯文瀾三閣、應貯全書、現在陸續發藏。該處爲人文淵藪、嗜奇好學之士、自必羣思博覽、藉廣見聞。從前曾經降旨、准其赴閣檢視鈔錄、俾資

蒐討，但地方有司，恐士子繙閱污損，或至過有珍祕，以阻爭先快覩之忱，則所頒三分全書，亦僅東之高閣，轉非朕搜輯羣書、津逮譽髦之意。即武英殿聚珍板諸書，排印無多，恐士子等亦未能全行購覓，該督撫等諄飭所屬，俟貯閣全書排架齊集後，諭令該省士子有願讀中祕書者，許其呈明，到閣鈔閱，但不得任其私自攜歸，以致稍有遺失。至文淵閣等禁地森嚴，士子等固不便進內鈔閱，但翰林院現有存貯底本，如有情殷誦習者，亦許其就近鈔錄，掌院不得勒阻留難。如此廣爲傳播，俾茹古者得睹生平未見之書，互爲鈔錄，傳之日久，使石渠天祿之藏，無不家絃戶誦，益昭右文稽古、加惠士子盛事，不亦善乎。欽此。

多羅質郡王臣永瑢等奉

敕編纂四庫全書告成，謹奉

表上

進者。伏以

天璣甄度，書林占五緯之祥；

帝鏡懸光，藝苑定千秋之論。

立綱維於鼇極，函列雲珠；

媲刪述於龍蹲，契昭虹玉。理符心矩，絜三古以垂謨；道叶神樞，匯九流而證聖。治資鑒古，德洽敷文。臣等誠懽誠忭，稽首頓首，上言。竊惟神霄九野，太清耀東壁之星；懸圃三成，上帝擴西崑之府。文章有象，翠嫣遂吐其天苞；繪畫成形，白阜肇圖其地絡。書傳若頡，初徵雨粟之祥；籙授黃神，始貯靈蘭之典。洞庭祕簡，稽大禹所深藏；柱下叢編，付老聃以世守。秦操金策，聖籍雖焚；漢理珠囊，遺經故在。儒生密寶，維孔鮒之承家；謁者旁求，見陳農之奉使。蝌文以後，篇章自是滋多；麟閣所儲，條目於焉漸備。杖吹藜火，夜讎別錄之編；衣染鑪香，坐校中經之簿。王仲寶區其流別，定新志之九條；阮孝緒撮其叢殘，括舊傳之五部。勘書妙畫，世摹展氏之圖；捲幔飛仙，史載隋宮之蹟。唐武德訖乎天寶，鈿軸彌增；宋景祐繼以淳熙，牙籤再錄。南征俘玉元遷三館之幝，北極營都明運十艘之櫝，莫不前徵邃古，丹壺溯合雒之蹤；忘發空林，青簡狃頻斯之篆。西州片札，辨點漆於將磨；南雍殘文，檢穿絲於已斷。竹編未朽，名認師春；瓠本猶攜，稾存班固。爬羅鐵碎，或得諸玉枕石函；掇拾畸零，均給以螺丸麻紙。精鏐廣購，一篇增十匹之酬；華贈重緗，三品別兩廂之等。凡以窮搜放失，獵文林辨囿之精；互鏡瑕瑜，立聖域賢關之訓。結德興而輯轄軏，順經涂俵學海以沿波，源通道筏。然而掇餘易匱，四千卷既匄殘膏；鶩廣彌蕪，百兩篇吏珍贋鼎。丹青失實，或貽誚於王充；朱紫相淆，孰齊蹤於鄭默。甚乃別風淮雨，惜奇字而偏留；或如許綠紂紅，踵駮文而莫悟。蘭臺庋貯，多如賄改漆經；東板摹傳，遂至誤尊閣本。故祕書總目，鄭夾漈復議校讎；而文苑英華，彭叔夏重加辨證。從未有重熙累洽，奕華懸紫極之庭；稽古崇儒，冊府闢丹宸之館。彌綸宙合，識大識小之無遺；棨鏡登閎，傳信傳疑之有準。金模特建，寶思周融，如

今日者也。欽惟

皇帝陛下

瑞席蘿圖，

神凝松棟。

播威棱於十曲，響震靈夔；

洽文德於四溟，兆開神鷟。

帝嫣歌詠，已題九萬瓊牋；臣向編摩，更緝三千寶牒。

收竹素仍沿天祿之名，珍比琳瑯，永付長恩之守。

乃猶尋端竟委，溯支絡於詞源；緯地經天，探精微

於義海。昭陽韶歲，

特紬翰府之藏；永樂遺編，

俯檢文樓之帙。倒取諸呉興韻海，割裂雖多；體宏於孟

蜀書林，蒐羅終富。榛楛宜薙，

命刊削其譾言；瀝液堪珍，

敕比排其墜簡。焦桐淥斷、重膠百衲之琴。古壘銅斑、合
鑄九金之鼎。復以羽陵蠹簡、或有存留。宛委藏餘、
不無佚漏。十行
丹詔、徧徵汲古之家。七錄緗囊、廣啟獻書之路。遐經斷
策、出自大航。雜卦殘篇、發從老屋。錦帆捩舵、孟家
東洛之船。玉軑飛輪、吳氏西齋之軸。鱗排玉字、多
王粲之所未聞。筍束金繩、率張華之所莫識。光明
繭紙、朱題芸帙之名。蟠屈鸞章、紫認槐廳之印。紅
棃隔院、曹司對設於東西。青鏤濡香、品第詳分其
甲乙。
天潢演派、光連太史之河。卿月澄暉、彩接文昌之宿。
總司序錄、叨楊億之華資。分預校讎、列任宏之清
秩。銀袍應
召、驤雲路以彈冠。粉署徵才、記仙郎而題柱。懷鉛握槧、
學官願效其一長。切線劃圜、博士亦研其九術。遂
乃別開書局、特分署於
龍墀。增置鈔胥、競抽毫於虎僕。圖與史並陳左右、粉
本鉤摹。隸與蝌兼備古今、絲痕竵扁。曹連什伍、各
隸屬於寫官。工辨錙銖、均稽研於計簿。提綱挈領、
董成者職總監修。補闕拾遺、覆勘者官兼詳定。庀
器預儲於將作、棐几筠簾。傳餐徧給於大官、珉糜
珠餡。溫鑪圍炭、紋凝鸜鵒之青。朗鹽涵冰、色映玻
璃之白。花甎入直、地同兜率天宮。蓮炬分行、人到
瑯嬛福地。瓊箱牒送、全搜勝囊帷蓋之餘。
芝殿籤排、共刊木扇金華之謬。程材效技、各一一而
使吹。累牘連篇、遂多多而益辦。香霏辟惡、擁書何
止百城。瀋漬臉糜、削槀寧惟兩屋。譬入衆香之國、
目眩瞀於花光。宛遊羣玉之峯、神愕眙於寶氣。豈
但鴻都多士、驟聞見所未曾。實令虎觀諸儒、辨妍
媸而莫決。所賴恭承
睿鑒、提玉尺以量材。仰稟
天裁、握銀華而鑒物。初披卷軸、共掇零璣。郇荀
絲綸、務尊完璧。吳澄易翼、辨顛倒乎陰陽。楊簡詩音、斥
混淆乎周漢。稗官剏說、刪馬角之荒唐。譯史傳聞、
摘象胥之譌異。醮章祈福、發凡於劉歧之詞。語錄
參禪、示例於齊熙之記。固已南車指路、陟道岸而
衢亨。
北斗旋杓、揆文星而度正。洎乎羣書大集、品雜金沙。
聖訓彌彰、鑒澄珠礫。詁經忌鑿、黜錯簡於龜文。論史從
公、溯編年於麟筆。立言乖體、四明之錄必刪。厲古
誣眞、五柳之名宜辨。七籤三藏、汰除釋老之編。五
蠹九姦、排斥申韓之術。毒深孔雀、無容校寫其青
詞。巧謝斑璣、未許增添其錦字。小山豔曲、削香奩
脂盝之篇。金谷新詞、刊酒肆歌樓之句。凡皆詞臣
之奏進、誤點丹黃。一經
聖主之品題、立分黑白。至於銅籤報夜、
紫殿
勤披。
玉案開緘、
丹毫
親詠。五家易說、岐塗附闢其傳燈。四代書箋、餘緒兼詳
乎括地。前車後鑒、陳風雅於經筵。斜上旁行、寓春
秋於世本。盧陵處士、特申僭上之防。安定門人、大
著尊王之義。王元杰名同讞獄、爲雲谷之重儓。洪
咨夔跡類探囊、竊玉川之餘瀋。四巖誤註、寧知顏
巷之心。二佛同稱、轉隘尼山之量。六經作繪、全收
諸楊甲圖中。七緯成編、知出自莊周書後。五音分
配、篆文互備其形聲。二史交參、奇字各通其假借。
古香馣馤、細辨班書。碎腋穿連、重刊薛史。淸流肇
釁、示鑒戒於東林。正統明尊、存綱常於西蜀。派沿
涑水、袁朱之新例兼存。俗記扶餘、班范之譌傳竝
訂。黨碑再勒、嗟揭盜而開門。權歛彌張、嗤斂星而
替月。西湖遊蹟、殊憐野老之藏名。北使賓筵、深恫
詞臣之校射。宋鈔僅賸、蒐舊志於臨安。金刻稀聞、
寶遺聞於貞觀。或攻或守、徒存十鑑之兵謀。相勝
相生、未信五行之德運。建炎政草、媿彼中興。至正
刑章、斥其左袒。李尊洛學、辨道命於天原。酈注桑
書、剖源流於地理。史腴詳摘、有邈漢儁之精。經笥
懸探、更勝曹倉之富。至於孔庭舊語、首定儒宗。蔡
帳祕文、嚴排異說。范祖禹之帝學、具有淵源。曾公
亮之武經、姑存崖略。橫戈危堞、節取陳規。握策靈
臺、參徵蘇頌。算窮杪忽、九章研鮑澣之藏。術雜縱
橫、十卷稽趙蕤之撰。楚中隱士、互權韓柳之評。婺
郡名賢、不廢呂唐之學。臚登讖記、衍洪範而原非。
妄議井田、託周官而更誤。錢塘遺事、深譏首鼠於
宋元。曲洧舊聞、微憾操戈於洛蜀。細聽有取、旁通
方朔之言。指佞無難、愼聽韓非之說。陳思書苑、列
筆陣而成圖。馬總意林、摹詞條而擢秀。黃伯思之
博洽、石墨精研。孫逢吉之淹通、雲龍遙溯。多知舊
事、病歌舞之銷金。一洗淸波、笑詞章之謏墓。太平
御覽、徒粉飾乎嘉名。困學紀聞、偶抨彈其迂論。晚

唐小史、入廚寧取乎卮言。南宋枝談、披榛深嫌其曲筆。十七卷騷人舊製、更證以草木之名。二百年吏部清吟、特賞其煙霞之氣。兼推韓杜、續來鳳觜之膠。竝採郊祁、擬以棠華之句。文恭著作、先歐尹而孤行。忠肅風裁、抗蘇程而角立。勤王酉守、呼北渡者凡三。殉節侍郎、壯南朝者惟一。學如和叔、原不限以宗朱。詩到儀卿、乃轉嫌其入墨。讀書祕閣、明脩初論古之非。從宦金淵、賞仇遠耽吟之癖。楊維楨取其辨統、而須葬則當誅。劉宗周閔其完忠、而吠堯為可恕。凡茲

獨斷、咸稟

睿裁。懿此同情、實乎公義。苞千齡而建極、道出於

天。綜百氏以歸型、言衷諸

聖。權衡筆削、事通乎春賞秋刑。絜度方圓、法本乎

乾規坤矩。是以儀璘懸耀、揆景鼂趨。鏞棧先鳴、聆音齧集。鯨鐘方警、啟蓬館以晨登。鶴籥嚴關、焚蘭膏以夜繼。披文計數、寧止於萬七千篇。按月程功、務得夫四十五日。裁縫無迹、先成綴白之裘。傳寫相爭、齊炙汗青之竹。架羅黃卷、積盈有似於添籌。几擁烏皮、刊謬時防其掃葉。畢昇活板、漸看字是排成。曾鞏官書、已見序稱校上。加以

乾行至健、

七旬之念典彌勤。

離照無遺、一字之褒譏恆審。梁騶練士、庚郵遞初寫之函。

雲輅巡方、乙夜展重修之卷。至三至再、戒玉楮之遲雕。數萬數千、摘金根之屢誤。坤原為釜、兼搜刊板之譌。芊或作羊、細檢鈔書之謬。毫釐不漏、戳芴添待補之戈。塗黕必嚴、羅上辨續加之网。削除不盡、時飭以妄下雌黃。輪郭空存、常指其竟同曳白。

明周纖芥、共欽

睿照無遺。報乏微涓、彌覺媿心生奮。若夫考勤校憤、督課雖詳。荷寵邀榮、

恩慈實渥。風雲得路、先登或列於九官。

雨露均滋、中考亦賜以一級。柏臺聯句、聽鳳律之新聲。芸署題名、踵麟臺之故事。墨勻蟬翅、祖帖雙鉤。帙簇龍紋、

天書五色。猩毛擢穎、膩魚子之華牋。龍尾雕紋、融麝煤之芳氣。銀罌翠管、細縈百和之香。錦段香羅、交暎五明之扇。繡囊委佩、鋌貯朱提。珍毳豐茸、帕裁白㲲。雕盤列飣、果分西域之甘。華俎嘗新、瓜勝東陵之種。自

天宣賜、多非夢寐所期。無地酬

恩、惟以文章為報。周賅始末、擬勸長編。別採英華、先為縮本。爰長庚之紀歲、慶叶

嵩呼。屬太乙之占祥、象符奎聚。八年敬纘、挹古今四庫之精。兩部分儲、合大小二山之數。雖全書之浩博、實括羣言。合衆手以經營、倏逾數載。香薰蘭櫝、方粗就而未終。閣聳雲楣、已先成以有待。文河疏瀹、初如江別為三。筆海朝宗、繼乃瀆增以四。望洋無際、慮創始之為難。登岸有期、幸觀成之可冀。較刪繁之別帙、又閱兩年。勒彙總之鴻裁、已盈一部。插籤分帙、次按乎甲乙丙丁。列架臚函、色別其赤青白黑。經崇世教、貴實徵而賤虛談。史繫人心、削誣詞而存公論。選諸子百家之粹、博收而不悖聖賢。徵十八九集之非、嚴汰而寧拘門戶。上沿虞夏、咸挹海以求珠。下採元明、各披沙而見寶。六千餘章分主合、延閣儲珍。二百卷部次州居、崇文列目。釋名訓義、因李肇之解題。考異參同、近歐陽之集古。事稽其實、循文防誤於樹萱。詞取其詳、求益非同於買菜。人無全美、比量其尺短寸長。語或微疵、辨白其玉瑕珠纇。一經採錄、眞同鯉上龍門。附載姓名、亦使蠅隨驥尾。元元本本、總歸

聖主之持衡。是是非非、盡掃迂儒之膠柱。至其盈箱積案、或汗漫而難尋。復以提要鉤元、期簡明而易覽。譬諸典謨紀事、別行小序之一篇。類乎金石成書、先列諸碑之十卷。分綱列目、見義例之有條。按籍披圖、信源流之大備。水四瀛而山五嶽、侔此壯觀。前千古而後萬年、無斯巨帙。蓋非常之制作、天如留待於今。而希有之遭逢、人乃躬當其盛。叨司校錄、實忝光榮。臣等功謝囊螢、識同闚豹。鑽研文字、未能脈望之通仙。延緩歲時、僅類蠹通之食墨。仰

蒙

訓示、得聞六藝之源。曲荷

寬容、許假十年之限。百夫決拾、望學的而知歸。一簣成山、嘗書嚴而幸就。欣陳寶笈、對

軒鏡之澄光。恭進

瑤階、同羲圖之永寶。從此依模範狀、若疊矩而重規。因之循軌知途、益輕車而熟路。先難後易、一隅可得而反三。謀始圖終、百里勉行乎半九。精心刊誤、

八行細檢朱絲。協力鳩工，萬指齊磨烏玉。連緗告
蕆，岦看四奏
天閶。迅速先期，不待六更歲籥。人文成化，
帝機運經緯之功。
皇極敷言，
王路示會歸之準。觚棱雲構，鬼表乎銀牓璇題。方策星
羅，珍貴乎金膏水碧。曰淵曰源，曰津曰溯，長流萬
古之江河。紀世紀運，紀會紀元，恒耀九霄之
日月。茲五經以
垂訓，道通乎丹書綠字之先。合六幕以同文，治超於元
律蒼牙之上。臣等無任瞻
天仰
聖，踴躍歡忭之至，謹奉
表恭
進以
聞。

乾隆四十七年七月　日，皇六子多羅質郡王臣永瑢
皇八子多羅儀郡王臣永璇
皇十一子臣永瑆
大學士公臣阿桂
大學士臣英廉
大學士臣嵇璜
領侍衛內大臣戶部尚書臣福隆安
領侍衛內大臣戶部尚書臣和珅
尚書臣梁國治
侍郎臣金簡
侍郎臣董誥
侍郎臣曹文埴

乾隆四十七年七月十九日奉
旨開列辦理四庫全書在事諸臣職名。

正總裁

皇六子多羅質郡王臣永瑢、
皇八子多羅儀郡王臣永璇、
皇十一子臣永瑆、
原任經筵日講起居注官太子太保東閣大學士管吏部刑部事翰林院掌院學士臣劉統勳、
原任經筵講官太子太保文淵閣大學士兼工部尚書臣劉綸、
原任經筵日講起居注官太子太保武英殿大學士管吏部刑部事翰林院掌院學士文淵閣領閣事臣舒赫德、
經筵日講起居注官太子太保領侍衛內大臣武英殿大學士管吏部事翰林院掌院學士文淵閣領閣事一等誠謀英勇公臣阿桂、
原任經筵日講起居注官太子太保文華殿大學士管戶部事翰林院掌院學士文淵閣領閣事世襲一等輕車都尉臣于敏中、
經筵講官太子太保東閣大學士兼刑部尚書內務府總管教習庶吉士臣英廉、
原任經筵講官文淵閣大學士兼吏部尚書文淵閣領閣事臣程景伊、
經筵日講起居注官太子太保文淵閣大學士兼吏部尚書翰林院掌院學士文淵閣領閣事臣嵇璜、
太子太保御前大臣議政大臣領侍衛內大臣兵部尚書兼管工部內務府總管文淵閣提舉閣事一等忠勇公和碩額駙臣福隆安、
太子太保御前大臣議政大臣領侍衛內大臣戶部尚書內務府總管步軍統領世襲三等輕車都尉臣和珅、
經筵講官協辦大學士吏部尚書兼管國子監事務臣蔡新、
原任經筵講官太子少傅工部尚書臣裘日修、
原任經筵講官太子少傅戶部尚書臣王際華、

副總裁

經筵講官太子少傅戶部尚書教習庶吉士臣梁國治、
經筵講官禮部尚書臣曹秀先、
內閣學士兼禮部侍郎今任工部尚書臣劉墉、
吏部侍郎今任左都御史臣王杰、
吏部侍郎臣彭元瑞、
原任經筵講官刑部侍郎臣錢汝誠、
戶部侍郎臣金簡、
經筵講官戶部侍郎臣董誥、

經筵講官戶部侍郎臣曹文埴
原任兵部侍郎臣沈初

總閱官

經筵講官禮部尚書兼管樂部太常寺鴻臚寺事務臣德保
兵部尚書臣周煌
禮部侍郎臣莊存與
署工部侍郎臣汪廷璵
經筵講官吏部侍郎臣謝墉
禮部侍郎臣達椿
工部侍郎今任江西學政臣胡高望
內閣學士兼禮部侍郎臣汪永錫
內閣學士兼禮部侍郎今任順天學政臣金士松
內閣學士兼禮部侍郎臣尹壯圖
內閣學士兼禮部侍郎臣李綬
宗人府府丞今任浙江學政臣竇光鼐
太常寺卿臣倪承寬
原任日講起居注官翰林院侍讀學士臣李汪度
日講起居注官文淵閣直閣事翰林院侍讀學士今任福建學政臣朱珪

總纂官

文淵閣直閣事兵部侍郎臣紀昀
文淵閣直閣事大理寺卿臣陸錫熊
太常寺少卿今任山東布政使臣孫士毅

總校官

日講起居注官文淵閣直閣事詹事府少詹事臣陸費墀

翰林院提調官

日講起居注官司經局洗馬今任通政使臣夢吉
翰林院編修臣祝德麟
掌河南道監察御史今任江南河庫道臣劉錫嘏
原任日講起居注官翰林院侍講臣王仲愚
文淵閣校理翰林院編修臣百齡
日講起居注官文淵閣校理翰林院侍讀臣張燾
原任翰林院編修臣宋銑
翰林院編修今任禮科給事中臣蕭際韶
日講起居注官文淵閣校理翰林院侍讀臣德昌
原任翰林院編修臣黃瀛元
原任翰林院編修臣曹城
日講起居注官文淵閣校理翰林院侍講臣瑞保
翰林院編修臣陳崇本
文淵閣校理翰林院檢討臣五泰
翰林院檢討臣運昌
原任軍機處行走工科給事中臣章寶傳
軍機處行走鴻臚寺卿今任江西布政使臣馮應榴
軍機處行走都察院左副都御史今任貴州布政使臣孫永清
軍機處行走浙江道監察御史今任廣東學政臣史夢琦
軍機處行走戶部郎中臣劉謹之
軍機處行走工部郎中臣蔣謝庭
軍機處行走翰林院修撰臣戴衢亨

武英殿提調官

日講起居注官文淵閣直閣事詹事府少詹事臣陸費墀
日講起居注官文淵閣直閣事翰林院侍讀學士臣彭紹觀
翰林院編修今任山西學政臣劉種之
翰林院編修臣查瑩
文淵閣校理左春坊左贊善臣韋謙恆
翰林院檢討臣彭元珫
翰林院編修臣吳裕德
翰林院編修臣關槐
翰林院編修臣周興岱

總目協勘官

文淵閣校理原任洗馬候補侍講臣劉權之
文淵閣校理翰林院編修臣汪如藻
翰林院編修臣程晉芳
翰林院編修臣李潢
翰林院庶吉士臣梁上國
禮部候補主事臣任大椿
原任國子監助教臣張羲年

校勘永樂大典纂修兼分校官

右春坊右中允臣劉校之
翰林院編修今任詹事府詹事臣劉躍雲
翰林院編修今任刑科給事中臣陳昌圖
翰林院編修臣勵守謙
翰林院編修今任太常寺少卿臣藍應元
原任翰林院編修續任掌湖廣道監察御史臣鄒玉藻
原任翰林院編修臣王嘉曾
文淵閣校理翰林院侍講臣莊承籛
文淵閣校理翰林院侍講臣吳壽昌
翰林院編修今任江西道監察御史臣劉湄
翰林院編修臣吳典
原任司經局洗馬臣黃軒
翰林院編修臣王增
翰林院編修今任陝西道監察御史臣王爾烈
翰林院編修臣閔思誠
文淵閣校理翰林院編修臣陳昌齊

原任翰林院編修臣孫辰東
翰林院編修臣俞大猷
文淵閣校理右春坊右庶子臣平恕
文淵閣校理翰林院編修臣李堯棟
翰林院編修今任國子監司業臣鄒炳泰
文淵閣校理翰林院編修臣莊通敏
翰林院編修臣黃壽齡
原任翰林院編修臣余集
翰林院編修臣邵晉涵
翰林院編修臣周永年
原任翰林院庶吉士臣戴震
翰林院庶吉士續任戶部主事臣楊昌霖
原任翰林院編修臣莫瞻菉
翰林院檢討臣王坦修
翰林院編修臣范衷
翰林院編修臣許兆椿
翰林院編修臣于鼎
翰林院編修臣王春煦
翰林院編修臣吳鼎雯
翰林院編修臣吳省蘭
翰林院修撰臣汪如洋
翰林院編修臣陳萬青
翰林院庶吉士臣祝堃

校辦各省送到遺書纂修官・

日講起居注官文淵閣校理左春坊左庶子兼國子監祭酒臣鄒奕孝
翰林院編修臣鄭際唐
翰林院檢討臣左周
原任刑部郎中臣姚鼐
文淵閣校理司經局洗馬臣翁方綱
原任翰林院編修臣朱筠

黃簽考證纂修官

候補國子監司業臣王太岳
候補國子監司業臣曹錫寶

天文算學纂修兼分校官

原任欽天監中官正臣郭長發
欽天監靈臺郎臣陳際新
算學錄臣倪廷梅

繕書處總校官

中允銜翰林院編修臣王燕緒
翰林院編修銜臣朱鈐
翰林院檢討臣何思鈞
翰林院庶吉士銜臣倉聖脈

繕書處分校官

原任日講起居注官右春坊右中允臣張書勳
文淵閣校理右春坊右中允臣季學錦
翰林院修撰臣錢棨
翰林院修撰臣金榜
翰林院編修續任掌四川道監察御史臣張秉愚
翰林院編修今任山東道御史臣項家達
翰林院編修今任京畿道監察御史臣楊壽楠
翰林院編修臣裴謙
翰林院編修臣張能照
翰林院・編修臣汪學金
翰林院編修臣嚴福
翰林院編修臣孫希旦
翰林院編修臣羅修源
翰林院編修臣朱攸
翰林院編修臣邱庭漋
翰林院編修臣錢樾
翰林院編修臣周瓊
翰林院編修臣吳錫麒
翰林院編修臣蔡廷衡
翰林院編修臣翟槐
翰林院編修臣施培應
翰林院編修臣吳舒帷
翰林院編修臣何循
翰林院編修臣顏崇潙
翰林院編修臣張九鐔
翰林院編修臣王天祿
翰林院編修臣馮敏昌
翰林院編修臣朱紱
翰林院編修臣閔惇大
翰林院編修臣劉汝蕃
翰林院編修臣高棫生
翰林院編修臣范來宗
翰林院編修臣馬啟泰
翰林院編修臣戴聯奎
翰林院編修臣方煒
翰林院編修臣徐如澍
翰林院編修臣戴心亨
翰林院編修臣戴均元

翰林院編修臣孫玉庭
翰林院編修臣許烺
翰林院編修臣沈孫璉
翰林院編修臣盧應
翰林院編修臣錢棫
翰林院編修臣胡榮
翰林院編修臣程昌期
翰林院編修臣何西泰
原任翰林院編修臣王嘉曾
翰林院編修臣盧遂
翰林院編修臣沈清藻
翰林院檢討臣洪其紳
翰林院檢討臣李奕疇
翰林院檢討臣溫常綬
翰林院檢討臣王福清
翰林院檢討臣德生
翰林院檢討臣李鼎元
翰林院檢討臣張位
翰林院檢討臣蕭廣運
翰林院檢討臣蕭九成
翰林院檢討臣王允中
翰林院檢討臣龔大萬
翰林院檢討臣羅國俊
翰林院檢討臣錢世錫
翰林院檢討臣饒慶捷
翰林院檢討臣汪泉
原任翰林院檢討臣郭寅

翰林院檢討降調候補臣王汝嘉
翰林院檢討今任掌江西道監察御史臣王鍾健
翰林院庶吉士今任吏部員外郎臣馮培
翰林院庶吉士今任戶部主事臣李廷敬
翰林院庶吉士今任禮部主事臣吳蔚光
翰林院庶吉士今任兵部主事臣徐文幹
翰林院庶吉士今任刑部主事臣曾廷櫄
翰林院庶吉士今任刑部主事臣祖之望
翰林院庶吉士今任刑部主事臣范鏊
翰林院庶吉士今任刑部主事臣胡必達
原任翰林院庶吉士改授吏部主事臣陳墉
原任翰林院庶吉士改授禮部主事臣陳文樞
翰林院庶吉士臣王受
翰林院庶吉士臣王朝梧
翰林院庶吉士臣蔡共武
翰林院庶吉士臣潘紹觀
翰林院庶吉士臣蔣予蒲
翰林院庶吉士臣馮集梧
翰林院庶吉士臣曾燠
翰林院庶吉士臣吳紹浣
翰林院庶吉士臣鍾文韞
翰林院庶吉士臣俞廷掄
原任翰林院庶吉士臣侍朝
吏部員外郎臣張愼和
起居注主事臣牛稔文
文淵閣檢閱宗人府主事臣呂雲棟
刑部主事臣胡敏

文淵閣檢閱工部主事臣王慶長
內閣中書今任禮部郎中臣龔敬身
內閣中書續任吏部郎中臣張培
內閣中書今任戶部員外郎臣李棨
內閣中書今任兵部員外郎臣汪日章
內閣中書今任宗人府主事臣吳俊
內閣中書今任吏部主事臣方維甸
內閣中書今任吏部員外郎臣王璸
內閣中書今任戶部主事臣吳紹昱
內閣中書今任戶部主事臣毛上炱
內閣中書今任兵部主事臣盛惇崇
內閣中書今任吏部主事臣杜兆基
內閣中書續任兵部主事臣雷純
文淵閣檢閱內閣侍讀臣宋鎔
文淵閣檢閱內閣侍讀臣裘行簡
文淵閣檢閱內閣中書臣李斯咏
文淵閣檢閱內閣中書臣方大川
文淵閣檢閱內閣中書臣金光悌
文淵閣檢閱內閣中書臣劉圖南
內閣中書臣李荃
內閣中書臣胡紹基
內閣中書臣董聯轂
內閣中書臣程炎
內閣中書臣王學海
內閣中書臣楊世綸
內閣中書臣閔思毅
內閣中書臣邱桂山

內閣中書臣馬猶龍
內閣中書臣甄松年
內閣中書臣沈琨
內閣中書臣鮑之鍾
內閣中書臣王照
內閣中書臣王中地
內閣中書臣費振勳
內閣中書臣沈叔埏
內閣中書臣顧宗泰
內閣中書臣楊揆
內閣中書臣洪梧
內閣中書臣江璉
內閣中書臣孫球
內閣中書臣徐秉敬
內閣中書臣秦瀛
內閣中書臣黃秉元
內閣中書臣張敦培
內閣中書臣潘奕雋
內閣中書臣張曾效
內閣中書臣石鴻翥
內閣中書臣趙秉淵
內閣中書臣劉英
內閣中書臣沈鳳輝
內閣中書臣溫汝适
內閣中書臣賈錟
內閣中書臣章煦
內閣中書臣葉炎

內閣中書臣郭晉
內閣中書臣毛鳳儀
內閣中書臣竇汝翼
內閣中書臣張塤
內閣中書臣汪師曾
內閣中書臣言朝標
內閣中書臣趙懷玉
原任內閣中書臣徐步雲
原任內閣中書臣宋枋遠
中書科中書臣吳翼成
中書科中書臣李元春
候補中書科中書臣劉源溥
國子監助教臣陳木
國子監助教臣周鋐
國子監助教臣卜維吉
國子監助教臣金學詩
國子監助教臣黃昌禔
原任國子監助教臣汪錫魁
內閣典籍臣袁文邵
詹事府主簿臣汪日贊
國子監監丞臣金兆燕
原任國子監監丞臣張曾炳
國子監學正臣沈培
國子監學正臣蔡鎮
國子監學正今任大理寺司務臣吳垣
國子監學錄臣常循
國子監學錄臣李巖

考取國子監學正候補教諭臣張志楓
通政司經歷臣張光第
太常寺典簿臣劉景岳
太常寺博士臣郭祚熾
進士臣柴模
進士臣吳樹萱
篆隸分校官
翰林院庶吉士今任工部主事臣王念孫
國子監學正臣謝登雋
繪圖分校官
工部員外郎臣門應兆
督催官
翰林院編修臣祥慶
內務府郎中臣董椿
翰林院筆帖式臣楚維寧
翰林院收掌官
筆帖式今任戶部員外郎臣安盛額
筆帖式今任吏部主事臣文英
筆帖式今任東陵主事臣富廉
筆帖式今任刑部主事臣舒明阿
筆帖式今任大理寺寺丞臣白瑛
原任筆帖式續任大理寺寺丞臣英璽德
筆帖式今任工部司務臣榮安
筆帖式今任甘肅知縣臣明福
筆帖式臣博艮
筆帖式臣恆敬
筆帖式臣那善

筆帖式臣長亮
筆帖式臣經德
筆帖式臣慶明
筆帖式臣盛文
筆帖式臣張純賢
筆帖式臣福智
筆帖式臣承露
原任翰林院孔目臣熊志契
翰林院待詔臣馬棻
繕書處收掌官
中書科中書臣田起莘
國子監典簿臣吳應霞
國子監學正臣史國華
武英殿收掌官
奉宸院筆帖式臣阿克敦
原任筆帖式候選知縣臣敷註禮
筆帖式臣德光
筆帖式臣廣傳
七品庫掌臣陸達塞
七品庫掌臣海寧
七品庫掌臣準提保
七品庫掌臣伊昌阿
委署庫掌臣海福
委署庫掌臣德明
柏唐阿臣福慶
柏唐阿臣永清
柏唐阿臣惠保

營造司庫守臣八十
監造官
內務府郎中兼佐領臣劉淳
武英殿監造臣紹言
武英殿監造臣伊靈阿

欽定四庫全書卷首

凡例二十則

一、是書卷帙浩博、爲亙古所無、然每進一編、必經
親覽、宏綱巨目、悉稟
天裁、定千載之是非、決百家之疑似、
權衡獨運、袞鉞斯昭、
睿鑒高深、迥非諸臣管蠡之所及、歷時
訓示、曠若發蒙、八載以來、不能一一殫記、謹錄歷次恭
奉
聖諭、爲一卷、載諸簡端、俾共知我
皇上稽古右文、功媲刪述、懸諸日月、昭示方來、與歷代
官修之本泛稱御定者迥不相同。

一、是書以經史子集提綱列目、經部分十類、史部
分十五類、子部分十四類、集部分五類、或流別繁
碎者、又各析子目、使條理分明、所錄諸書、各以時
代爲次、其歷代帝王著作、從隋書經籍志例、冠各
代之首、至於
列朝聖製、
皇上御撰、揆以古例、當弁冕全書、而我
皇上道秉大公、義求至當、以四庫所錄、包括古今、義在
衡鑒千秋、非徒取尊崇
昭代、
特命各從門目、弁於
國朝著述之前、此尤
聖裁獨斷、義愜理精、非館臣所能仰贊一詞者矣。

一、前代藏書、率無簡擇、蕭蘭並擷、珉玉雜陳、殊未
協別裁之義、今

詔求古籍，特創新規，一一辨厥妍媸，嚴爲去取。其上者悉登編錄，罔致遺珠；其次者亦長短兼臚，見瑕瑜之不掩。其有言非立訓，義或違經，則附載其名，兼匡厥謬。至於尋常著述，未越羣流，雖咎譽之咸無，要流傳之已久，準諸家著錄之例，亦併存其目，以備考核。等差有辨，旌別兼施，自有典籍以來，無如斯之博且精矣。

一、自隋志以下，門目大同小異，互有出入，亦各具得失。今擇善而從。如詔令奏議，文獻通考入集部，今以其事關國政，詔令從唐志例入史部，奏議從漢志例亦入史部。東都事略之屬，不可入正史，而亦不可入雜史者，從宋史例立別史一門。香譜、鷹譜之屬，舊志無所附麗，强入農家，今從尤袤遂初堂書目例立譜錄一門。名家、墨家、縱横家，歷代著錄各不過一二種，難以成帙，今從黄虞稷千頃堂書目例併入雜家爲一門。又別集之有詩無文者，文獻通考別立詩集一門，然則有文無詩者，何不別立文集一門？多事區分，徒滋繁碎，今仍從諸史之例，併爲別集一門。又兼詁羣經者，唐志題曰經解，則不見其爲羣經；朱彝尊經義考題曰羣經，又不見其爲經解。徐乾學通志堂所刻改名曰總經解，何焯又譏其杜撰。今取隋志之文名之曰五經總義。凡斯之類，皆務求典據，非事更張。

一、焦竑國史經籍志多分子目，頗以餖飣爲嫌。今酌乎其中，惟經部之小學類、史部之地理傳記政書三類、子部之術數藝術譜錄雜家四類、集部之詞曲類，流派至爲繁夥，端緒易至茫如，謹約分小學爲三子目，地理爲九子目，傳記爲五子目，政書爲六子目，術數爲七子目，藝術譜錄各爲四子目，雜家爲五子目，詞曲爲四子目，使條理秩然。又經部之禮類、史部之詔令奏議類、目錄類、子部之天文算法類、小說家類，亦各約分子目，以便檢尋。其餘瑣節，槩爲删併。

一、古來諸家著錄，往往循名失實，配隸乖宜，不但崇文總目以樹萱錄入之種植，爲鄭樵所譏。今竝考校原書，詳爲釐定。如筆陣圖之屬，舊入小學類，今惟以論六書者入小學，其論八法者不過筆札之工，則改隸藝術。羯鼓錄之屬，舊入樂類，今惟以論律呂者入樂，其論管絃工尺者不過世俗之音，亦改隸藝術。左傳類對賦之屬，舊入春秋類，今以其但取儷辭，無關經義，改隸類書。孝經集靈，舊入孝經類；穆天子傳，舊入起居注類；山海經、十洲記，舊入地理類；漢武帝內傳、飛燕外傳，舊入傳記類，今以其或涉荒誕，或涉鄙猥，均改隸小說。他如揚雄太元經，舊入儒家類，今改隸術數；俞琰易外別傳，舊入易類，今改隸道家。又如倪石陵書，名似子書，而實文集；陳埴木鍾集，名似文集，而實語錄。凡斯之流，不可殫述，竝一一考核，務使不失其真。

一、諸書刊寫之本不一，謹擇其善本錄之；增删之本亦不一，謹擇其足本錄之。每書名之下，欽遵諭旨，各註某家藏本，以不沒所自。其坊刻之書不可專題一家者，則註曰通行本。至其編次先後，漢書藝文志以高帝文帝所撰雜置諸臣之中，殊爲非體。隋書經籍志以帝王各冠其本代，於義爲允，今從其例。其餘槩以登第之年、生卒之歲爲之排比。或據所往來倡和之人爲次，無可考者則附本代之末。釋道閨閣亦各從時代，不復區分。宦侍之作，雖不宜廁士大夫閒，然漢志小學家嘗收趙高之爰歷、史游之急就，今從其例，亦閒存一二。外國之作，前史罕載，然既歸王化，卽屬外臣，不必分疆絕界，故木增、鄭麟趾、徐敬德之屬，亦隨時代編入焉。

一、諸書次序雖從其時代，至於箋釋舊文，則仍從所註之書，而不論作註之人。如儒家類明曹端太極圖述解，以註周子之書，則列於張子全書前；國朝李光地註解正蒙，以註張子之書，則列於二程遺書前，是也。他如史記疑問附史記後，班馬異同附漢書後之類，亦同此例，以便參考。至於汪晫所輯之曾子、子思子，則仍列於宋；呂枏所輯之周子鈔釋諸書，則仍列於明。蓋雖裒輯舊文，而實自爲著述，與因原書而考辨者事理固不同也。

一、劉向校理祕文，每書具奏；曾鞏刊定官本，亦各製序文。然鞏好借題抒議，往往冗長，而本書之始末源流，轉從疎略。王堯臣崇文總目、晁公武郡齋讀書志、陳振孫書錄解題，稍具崖略，亦未詳明。馬端臨經籍考薈萃羣言，較爲賅博，而兼收竝列，未能貫串折衷。今於所列諸書，各撰爲提要，分之則散弁諸編，合之則共爲總目。每書先列作者之爵里，以論世知人；次考本書之得失，權衆說之異同；以及文字增删、篇帙分合，皆詳爲訂辨，巨細不遺。而人品學術之醇疵、國紀朝章之法戒，亦未嘗不各昭彰癉、用著勸懲。其體例悉承聖斷、亦古來之所未有也。

一、四部之首各冠以總序、撮述其源流正變、以挈綱領。四十三類之首亦各冠以小序、詳述其分併改隸、以析條目。如其義有未盡、例有未該、則或於子目之末、或於本條之下、附註案語、以明通變之由。

一、歷代敕撰官書、如周易正義之類、承詔纂修、不出一手。一一詳其爵里、則末大於本、轉病繁冗。故但記其成書年月、任事姓名、而不縷陳其爵里。又如漢之賈董、唐之李杜韓柳、宋之歐蘇曾王、以及韓范司馬諸名臣、周程張朱諸道學、其書並家弦戶誦、雖村塾童豎皆能知其爲人、其爵里亦不復贅。至一人而著數書、分見於各部中者、其爵里惟見於第一部。後但云某人有某書已著錄、以省重複。如二書在一卷之中、或數頁之內、易於省記者、則第二部但著其名。（如明戴原禮已見所校補朱震亨金匱鉤元條下、其推求師意二卷僅屬五條之類）

一、劉勰有言、意翻空而易奇、詞徵實而難巧。儒者說經論史、其理亦然。故說經主於明義理、然不得其文字之訓詁、則義理何自而推。論史主於示褒貶、然不得其事迹之本末、則褒貶何據而定。如成風爲僖公之母、明載左傳。而趙鵬飛春秋經筌謂不知爲莊公之妾、爲僖公之妾。是不知其人之名分、可定其禮之得失乎。劉子翼入唐爲著作郎宏文館直學士、明載唐書劉禕之傳。而朱子通鑑綱目書貞觀元年徵隋祕書劉子翼不至。尹起莘發明稱特書隋官以美之、與陶潛稱晉一例。是未知其人之始終、可定其品之賢否乎。今所錄者、率以考證精核、辨論明確爲主、庶幾可謝彼虛談、敦茲實學。

一、文章流別、歷代增新。古來有是一家、即應立是一類。作者有是一體、即應備是一格。斯協於全書之名。故釋道外教、詞曲末技、咸登簡牘、不廢蒐羅。然二氏之書、必擇其可資考證者。其經懺章咒、並凜遵諭旨、一字不收。宋人朱表靑詞、亦槩從刪削。其倚聲塡調之作、如石孝友之金谷遺音、張可久之小山小令、臣等初以相傳舊本、姑爲錄存。並蒙皇上指示、命從屏斥。仰見大聖人敦崇風教、釐正典籍之至意。是以編輯雖富、而謹持繩墨、去取不敢不嚴。

一、聖賢之學、主於明體以達用。凡不可見諸實事者、皆屬卮言。儒生著書、務爲高論。陰陽太極、累牘連篇、斯已不切人事矣。至於論九河則欲修禹跡、考六典則欲復周官、封建井田、動稱三代、而不揆時勢之不可行。至黃諫之流、欲使天下筆札皆改篆體。顧炎武之流、欲使天下言語皆作古音。迂謬抑更甚焉。又如明之曲士、人喜言兵。一麓正議欲掘坑藏錐以刺敵。武備新書欲雕木爲虎以臨陣。陳禹謨至欲使九邊將士人人皆讀左傳。凡斯之類、並闢其異說、黜彼空言、庶讀者知致遠經方、務求爲有用之學。

一、漢唐儒者、謹守師說而已。自南宋至明、凡說經講學論文、皆各立門戶。大抵數名人爲之主、而依草附木者囂然助之。朋黨一分、千秋吳越。漸流漸遠、并其本師之宗旨亦失其傳。而讎隙相尋、操戈不已。名爲爭是非、而實則爭勝負也。人心世道之害、莫甚於斯。伏讀御題朱弁曲洧舊聞、致遺憾於洛黨。又御題顧憲成涇皋藏槀、示炯戒於東林。誠洞鑒情僞之至論也。我國家文教昌明、崇眞黜僞、翔陽赫燿、陰翳潛消、已盡滌前朝之敝俗。然防微杜漸、不能不慮遠思深。故甄別遺編、皆一本至公、剗除畛域、以預消芽櫱之萌。至詩社之標榜聲名、地志之矜誇人物、浮辭塗飾、不盡可憑、亦併詳爲考訂、務核其眞。庶幾公道大彰、俾尚論者知所勸戒。

一、文章德行、在孔門旣已分科。兩擅厥長、代不一二。今所錄者、如龔詡、楊繼盛之文集、周宗建、黃道周之經解、則論人而不論其書。耿南仲之說易、吳幵之評詩、則論書而不論其人。凡茲之類、略示變通。一則表章之公、一則節取之義也。至於姚廣孝之逃虛子集、嚴嵩之鈐山堂詩、雖詞華之美、足以方軌文壇、而廣孝則助逆興兵、嵩則怙權蠹國。繩以名義、匪止微瑕。凡茲之流、並著其見斥之由、附存其目、用見聖朝彰善癉惡、悉準千秋之公論焉。

一、儒者著書、往往各明一義。或相反而適相成、或相攻而實相救。所謂言豈一端、各有當也。考古者無所別裁、則多岐而太雜。有所專主、又膠執而過偏。左右佩劍，均未協中。今所採錄，惟離經畔道，顛倒是非者，掊擊必嚴。懷詐挾私，熒惑視聽者，屏斥必力。至於闡明學術，各擷所長，品騭文章，不名一格，兼收並蓄，如渤澥之納衆流，庶不乖於全書之目。

一、七略所著古書，卽多依託，班固漢書藝文志注可覆按也。邇流洎於明季，譌妄彌增，魚目混珠，猝難究詰。今一一詳核，並斥而存目，兼辨證其非。其有本屬僞書，流傳已久，或掇拾殘剩，眞贗相參，歷代詞人已引爲故實，未可槪爲捐棄，則姑錄存而辨別之。大抵灼爲原帙者，則題曰某代某人撰；灼爲贋造者，則題曰舊本題某代某人撰，其蹖謬傳譌，如呂本中春秋傳舊本稱呂祖謙之類，其例亦同。至於其書雖歷代著錄，而實一無可取，如燕丹子、陶潛聖賢羣輔錄之類，經

聖鑒洞燭其妄者，則亦斥而存目，不使濫登。

一、九流自七略以來，卽已著錄。然方技家遞相增益，篇帙日繁，往往僞妄荒唐，不可究詰，抑或卑瑣微末，不足編摩。今但就四庫所儲，擇其稍古而近理者，各存數種，以見彼法之梗槪。其所未備，不復搜求。蓋

聖朝編錄遺文，以闡聖學明王道者爲主，不以百氏雜學爲重也。

一、是書主於考訂異同，別白得失，故辨駁之文爲多。然大抵於衆說互殊者，權其去取，幽光未燿者，加以表章，至於馬班之史，李杜之詩，韓柳歐蘇之文章，濂洛關閩之道學，定論久孚，無庸更贅一辭者，則但論其刊刻傳寫之異同，編次增删之始末，著是本之善否而已。蓋不可不辨者，不敢因襲舊文；無可復議者，亦不敢橫生別解。凡以求歸至當，以昭去取之至公。

欽定四庫全書凡例

欽定四庫全書總目卷一

經部總敘

經稟聖裁、垂型萬世、刪定之旨、如日中天、無所容其贊述、所論次者、詁經之說而已。自漢京以後垂二千年、儒者沿波、學凡六變。其初專門授受、遞稟師承、非惟詁訓相傳、莫敢同異、卽篇章字句、亦恪守所聞、其學篤實謹嚴、及其弊也拘。王弼、王肅稍持異議、流風所扇、或信或疑、越孔、賈、啖、趙以及北宋孫復、劉敞等、各自論說、不相統攝、及其弊也雜。洛閩繼起、道學大昌、擺落漢唐、獨研義理、凡經師舊說、俱排斥以爲不足信、其學務別是非、及其弊也悍。如王柏、吳澄攻駁經文、動輒刪改之類。學脈旁分、攀緣日衆、驅除異己、務定一尊、自宋末以逮明初、其學見異不遷、及其弊也黨。如論語集註誤引包咸夏瑚商璉之說、張存中四書通證卽闕此一條、以諱其誤、又如王柏刪國風三十二篇、許謙疑之、吳師道反以爲非之類。主持太過、勢有所偏、材辨聰明、激而橫决、自明正德、嘉靖以後、其學各抒心得、及其弊也肆。如王守仁之末派皆以狂禪解經之類。空談臆斷、考證必疎、於是博雅之儒引古義以抵其隙。

國初諸家、其學徵實不誣、及其弊也瑣。如一字音訓動辨數百言之類。要其歸宿、則不過漢學、宋學兩家互爲勝負。夫漢學具有根柢、講學者以淺陋輕之、不足服漢儒也。宋學具有精微、讀書者以空疎薄之、亦不足服宋儒也。消融門戶之見而各取所長、則私心祛而公理出、公理出而經義明矣。蓋經者非他、卽天下之公理而已。今參稽衆說、務取持平、各明去取之故、分爲十類、曰易、曰書、曰詩、曰禮、曰春秋、曰孝經、曰五經總義、曰四書、曰樂、曰小學。

經部一

易類一

聖人覺世牖民、大抵因事以寓教、詩寓於風謠、禮寓於節文、尚書、春秋寓於史、而易則寓於卜筮、故易之爲書、推天道以明人事者也。左傳所記諸占、蓋猶太卜之遺法、漢儒言象數、去古未遠也。一變而爲京、焦、入於禨祥、再變而爲陳、邵、務窮造化、易遂不切於民用。王弼盡黜象數、說以老、莊。一變而胡瑗、程子、始闡明儒理、再變而李光、楊萬里、又參證史事、易遂日啟其論端。此兩派六宗、已互相攻駁。又易道廣大、無所不包、旁及天文、地理、樂律、兵法、韻學、算術、以逮方外之爐火、皆可援易以爲說、而好異者又援以入易、故易說愈繁。夫六十四卦大象皆有君子以字、其爻象則多戒占者、聖人之情、見乎詞矣。其餘皆易之一端、非其本也。今參校諸家、以因象立教者爲宗、而其他易外別傳者亦兼收以盡其變、各爲條論、具列於左。

子夏易傳十一卷 內府藏本

舊本題卜子夏撰。案說易之家、最古者莫若是書。其僞中生僞、至一至再而未已者、亦莫若是書。唐會要載開元七年詔子夏易傳近無習者、令儒官詳定。劉知幾議曰、漢志易有十三家而無子夏作傳者、至梁阮氏七錄始有子夏易六卷、或云韓嬰作、或云丁寬作、然據漢書、韓易十二篇、丁易八篇、求其符合、事殊隳刺、必欲行用、深以爲疑。司馬貞議亦曰、案劉向七略有子夏易傳、但此書不行已久、今所存多失眞本、荀勗中經簿云子夏傳四卷、或云丁寬、是先達疑非子夏矣。又隋書經籍志云、子夏傳殘闕、梁六卷、今二卷、知其書錯繆多矣。又王儉七志引劉向七略云、易傳子夏、韓氏嬰也。今題不稱韓氏、而載薛虞記、其質粗略、旨趣非遠、無益後學云云。是唐以前所謂子夏傳已爲僞本。晁說之傳易堂記又稱今號爲子夏傳者、乃唐張弧之易。案弧唐末爲大理寺評事、有素履子別著錄。是唐時又一僞本並行。故宋國史志以假託子夏易傳與眞子夏易傳兩列其目、而崇文總目亦稱此書篇第略依王氏、决非卜子夏之文也。朱彝尊經義考證以陸德明經典釋文、李鼎祚周易集解、王應麟困學紀聞所引、皆今本所無、德明、鼎祚猶曰在張弧以前、應麟乃南宋末人、何以當日所見與今本又異。然則今本又出僞託、不但非子夏書、亦並非張弧書矣。流傳既久、姑存以備一家云爾。

謹案唐徐堅初學記以太宗御製升列歷代之前、蓋臣子尊君之大義。焦竑國史經籍志、朱彝尊經義考並踵前規。臣等編摩四庫、初亦恭錄

御定易經通注、

御纂周易折中、

御纂周易述義弁冕諸經。仰蒙

指示、命移冠

國朝著述之首、俾尊卑有序、而時代不淆。

聖度謙沖、酌中立憲、實爲千古之大公、謹恪遵

彝訓。仍託始於子夏易傳。並發凡於此。著四庫之通例焉。

又案。託名之書。有知其贋作之人者。有不知其贋作之人者。不能一一歸其時代。故漢書藝文志仍從其所託之時代爲次。今亦悉從其例。

周易鄭康成註一卷（通行本）

宋王應麟編。應麟字伯厚。慶元人。自署浚儀。蓋其祖籍也。淳祐元年進士。寶祐四年復中博學鴻詞科。官至禮部尚書兼給事中。事蹟具宋史儒林傳。案隋志載鄭元周易註九卷。又稱鄭元王弼二註梁陳列於國學。齊代惟傳鄭義。至隋王註盛行。鄭學浸微。然新唐書著錄十卷。是唐時其書猶在。故李鼎祚集解多引之。宋崇文總目惟載一卷。所存者僅文言序卦說卦雜卦四篇。餘皆散佚。至中興書目始不著錄。（案中興書目今不傳。此據馮椅易學所引。）則亡於南北宋之閒。故晁說之朱震尚能見其遺文。而淳熙以後諸儒卽罕所稱引也。應麟始旁摭諸書。裒爲此帙。經文異字。亦皆並存。其無經文可綴者。則總錄於末簡。又以元註多言互體。并取左傳禮記周禮正義中論互體者八條。以類附焉。考元初從第五元先受京氏易。又從馬融受費氏易。故其學出入於兩家。然要其大旨。費義居多。實爲傳易之正脈。齊陸澄與王儉書曰。王弼註易。元學之所宗。今若崇儒。鄭註不可廢。其論最篤。唐初詔修正義。仍黜鄭崇王。非達識也。應麟能於散佚之餘。蒐羅放失。以存漢易之一綫。可謂篤志遺經。研心古義者矣。近時惠棟別有考訂之本。體例較密。然經營刱始。實自應麟。其捃拾之勞。亦不可泯。今並著於錄。所以兩存其功也。

謹按。前代遺書。後人重編者。如有所竄改增益。則從重編之時代。曾子子思子之類是也。如全輯舊文。則仍從原書之時代。故此書雖宋人所輯。而列於漢代之次。後皆倣此。

新本鄭氏周易三卷（江蘇巡撫採進本）

國朝惠棟編。棟字定宇。長洲人。初王應麟輯鄭元易註一卷。其後人附刻玉海之末。雖殘章斷句。尚頗見漢學之崖略。於經籍頗爲有功。然皆不著所出之書。又次序先後閒與經文不應。亦有遺漏未載者。棟因其舊本重爲補正。凡應麟書所已載者。一一考求原本。註其出自某書。明其信而有徵。極爲詳核。其次序先後。亦悉從經文釐定。復搜採羣籍。上經補二十八條。下經補十六條。繫辭傳補十四條。說卦傳補二十二條。序卦傳補七條。雜卦傳補五條。移應麟所附易贊一篇於卷端。刪去所引諸經正義論互卦者八條。而別據元周禮太師註作十二月爻辰圖。據元月令註作爻辰所值二十八宿圖。附於卷末。以駁朱震漢上易傳之誤。雖因人成事。而考核精密。實勝原書。應麟固鄭氏之功臣。棟之是編。亦可謂王氏之功臣矣。

陸氏易解一卷（浙江吳玉墀家藏本）

明姚士粦所輯吳陸績周易註也。吳志載績所著有易註。不言卷數。隋書經籍志有陸績周易註十五卷。經典釋文序錄作陸績周易述十三卷。會通一卷。新舊唐書志所載卷數與釋文同。原本久佚。未詳其孰是。此本爲鹽邑志林所載。凡一百五十條。朱彝尊經義考以爲鈔撮陸氏釋文李氏集解二書爲之。然此本採京氏易傳註爲多。而彝尊未之及。又稱其經文異諸家者。履帝位而不疚。疚作疾。明辨晳也。晳作逝。納約自牖。牖作誘。三年克之。憊也。憊作備。此本又皆無之。豈所見別一本歟。然彝尊明言鹽邑志林。其故則不可詳矣。彝尊又言。曹溶曾見有三卷者。然諸家著錄。並無三卷之本。殆京氏易傳三卷。舊本題曰陸績註。溶偶觀之未審。因誤記誤說也。昔宋王應麟輯鄭氏易註。爲學者所重。士粦此本。雖不及應麟搜討之勤博。而掇拾殘剩。存什一於千百。亦可以見陸氏易註之大略矣。績字公紀。吳郡人。官至鬱林太守。加偏將軍。事蹟具吳志。士粦字叔祥。海鹽人。十三而孤。年二十猶目不識丁。寓居德清姜氏家。姜始授以句讀。晚乃卓然自立。蓋亦奇士云。

周易註十卷（浙江巡撫採進本）

上下經註及略例。魏王弼撰。繫辭傳說卦傳序卦傳雜卦傳註。晉韓康伯撰。隋書經籍志以王韓之書各著錄。故易註作六卷。略例作一卷。繫辭註作三卷。舊唐書經籍志新唐書藝文志皆載弼註七卷。蓋合略例計之。今本作十卷。則併韓書計之也。考王儉七志已稱弼易註十卷。（案七志今不傳。此據陸德明經典釋文所引。）則併王韓爲一書。其來已久矣。自鄭元傳費直之學。始析易傳以附經。至弼又更定之。說者謂鄭本如今之乾卦。其坤卦以下。又弼所割裂。然鄭氏易註。至北宋尚存一卷。崇文總目稱存者爲文言說卦序卦雜卦四篇。則鄭本尚以文言自爲一傳。所割以附經者。不過彖傳象傳。今本乾坤二卦各附文言。知全經皆弼所更定。非鄭氏之舊也。每卷所題乾傳第一、泰傳第二、噬嗑傳第三、咸傳第四、夬傳第五、豐傳第六、各以卷首第一卦爲名。據王應麟玉海、此目亦弼增標。蓋因毛氏詩傳之體例、相沿既久、今亦仍舊文錄之。惟經典釋文以泰傳爲需傳、以噬嗑傳爲隨傳、與今本不同。證以開成石經、一一與陸氏所述合。當由後人以篇頁不均爲之移併、以非宏旨之所繫、今亦不復追改焉。其略例之註、爲唐邢璹撰。璹里籍無攷、其結銜稱四門助教。案唐書王鉷傳、稱爲鴻臚少卿邢璹子縡以謀反誅、則終於鴻臚少卿也。太平廣記載其奉使新羅、賊殺賈客百餘人、掠其珍貨貢於朝。其人殊不足道。其註則至今附弼書以行。陳振孫書錄解題稱、蜀本略例有璹所註、止有篇首釋略例二字、文與此同、餘皆不然。是宋代尚有一別本。今則惟此本存、所謂蜀本者已久佚矣。弼之說易、源出費直。直易今不可見、然荀爽易卽費氏學、李鼎祚書尚頗載其遺說。大抵究爻位之上下、辨卦德之剛柔、已與弼註略近。但弼全廢象數、又變本加厲耳。平心而論、闡明義理、使易不雜於術數者、弼與康伯深爲有功。祖尚虛無、使易竟入於老莊者、弼與康伯亦不能無過。瑕瑜不掩、是其定評。諸儒偏好偏惡、皆門戶之見、不足據也。

周易正義十卷（內府刊本）

魏王弼、晉韓康伯註、唐孔穎達疏。易本卜筮之書、故末派寖流於讖緯。王弼乘其極敝而攻之、遂能排擊漢儒、自標新學。然隋書經籍志載晉揚州刺史顧夸等有周易難王輔嗣義一卷、冊府元龜又載顧悅之（案悅之卽顧夸之字）難王弼易義四十餘條、京口閔康之又申王難顧、是在當日已有異同。王儉、顏延年以後、此揚彼抑、互詰不休。至穎達等奉詔作疏、始專崇王註、而衆說皆廢。故隋志易類稱鄭學寖微、今殆絕矣。蓋長孫無忌等作志之時、在正義既行之後也。今觀其書、如復彖七日來復、王偶用六日七分之說、則推明鄭義之善。乾九二利見大人、王不用利見九五之說、則駁詰鄭義之非。於見龍在田時舍也、則曰經但云時舍、註曰必以時之通舍者、則輔嗣以通解舍、舍是通義也。而不疏舍之何以訓通。於天元而地黃、則曰恐莊氏之言、非王本意、今所不取、而不言莊說之何以未允。如斯之類、皆顯然偏袒。至說卦傳之分陰分陽、韓註二四爲陰、三五爲陽、則曰輔嗣以爲初上無陰陽定位、此註用王之說。帝出乎震、韓氏無註、則曰益卦六二王用亨于帝吉、輔嗣註云帝者生物之主、興益之宗、出震而齊巽者也。則輔嗣之意以此帝爲天帝也。是雖弼所未註者、亦委曲旁引以就之。然疏家之體、主於詮解註文、不欲有所出入。故皇侃禮疏或乖鄭義、穎達至斥爲狐不首丘、葉不歸根。其墨守專門、固通例然也。至於詮釋文句、多用空言、不能如諸經正義根據典籍、源委粲然、則由王註掃棄舊文、無古義之可引、亦非考證之疏矣。此書初名義贊、後詔改正義。然卷端又題曰兼義、未喩其故。序稱十四卷、唐志作十八卷、書錄解題作十三卷。此本十卷、乃與王韓註本同、殆後人從註本合併歟。

周易集解十七卷（內府藏本）

唐李鼎祚撰。鼎祚唐書無傳、始末未詳。惟據序末結銜、知其官爲祕書省著作郞。據袁桷清容居士集載資州有鼎祚讀書臺、知爲資州人耳。朱睦㮮序稱爲祕閣學士、不知何據也。其時代亦不可考。舊唐書經籍志稱錄開元盛時四部諸書、而不載是編、知爲天寶以後人矣。其書新唐書藝文志作十七卷。晁公武讀書志曰今所有止十卷、而始末皆全、無所亡失、豈後人併之耶。經義考引李燾之言、則曰鼎祚自序止云十卷、無亡失也。朱睦㮮序作於嘉靖丁巳、亦云自序稱十卷、與燾說同。今所行毛晉汲古閣本、乃作一十七卷、序中亦稱王氏略例附於卷末、凡成一十八卷、與諸家所說截然不同、殊滋疑竇。今考序中稱至如卦爻彖象、理涉重元、經註文言、書之不盡、別撰索隱、錯綜根萌、音義兩存、詳之明矣云云、則集解本十卷、附略例一卷爲十一卷、尚別有索隱六卷、共成十七卷。唐志所載、蓋併索隱、略例數之、實非舛誤。至宋而索隱散佚、刊本又削去略例、僅存集解十卷、故與唐志不符。至毛氏刊本、始析十卷爲十七卷、以合唐志之文。又改序中一十卷爲一十八卷、以合附錄略例一卷之數。故又與朱睦㮮序不符。蓋自宋以來、均未究序中別撰索隱一語、故疑者誤疑、改者誤改、卽辨其本止十卷者、亦不能解唐志稱十七卷之故、致愈說愈譌耳。今詳爲考正、以祛將來之疑。至十卷之本、今既未見、則姑仍以毛本著錄。蓋篇帙分合、無關宏旨、固不必一一追改也。其書仍用王弼本惟以序卦傳散綴六十四卦之首，蓋用毛詩分冠小序之例。所採凡子夏、孟喜、焦贛、京房、馬融、荀爽、鄭元、劉表、何晏、宋衷、虞翻、陸績、干寶、王肅、王弼、姚信、王廙、張璠、向秀、王凱沖、侯果、蜀才、翟元、韓康伯、劉𪻐、何妥、崔憬、沈驎士、盧氏（案盧氏周易註，隋志已佚其名。）崔覲、伏曼容、孔穎達（案以上三十二家，朱睦㮮序所考。）姚規、朱仰之、蔡景君（案以上三家，朱彝尊經義考所補考。）等三十五家之說。自序謂刊輔嗣之野文，補康成之逸象。蓋王學既盛，漢易遂亡，千百年後，學者得考見畫卦之本旨者，惟賴此書之存耳，是真可寶之古笈也。

周易口訣義六卷（永樂大典本）

唐史徵撰。崇文總目曰：河南史徵，不詳何代人。晁公武讀書志曰：田氏以為魏鄭公撰，誤。陳振孫書錄解題曰：三朝史志有其書，非唐則五代人，避諱作證字。宋史藝文志又作史文徽，蓋以徵徽二字相近而譌，別本作史之徵，則又以之文二字相近而譌耳。今定為史徵，從永樂大典定為唐人，從朱彝尊經義考也。永樂大典載徵自序，云但舉宏機，纂其樞要，先以王註為宗，後約孔疏為理，故崇文總目及晁氏讀書志皆以為直鈔註疏，以便講習，故曰口訣。今詳考之，實不盡然。如乾象引周氏說，大象引宋衷說，屯象引李氏說，師彖引陸績說，六五引莊氏說，謙六五引張氏說，賁大象引王廙說，頤大象引荀爽說，坎大象引莊氏說，上六引虞氏說，咸大象引何妥說，萃象引周宏正說，升象引褚氏說，井大象引何妥說，革象引宋衷說，鼎象引何妥說，震九四引鄭眾說，漸彖引褚氏說，大象引侯果說，困大象引周宏正說，兌大象引鄭眾說，漸九五引陸績說，多出孔穎達疏及李鼎祚集解之外。又如賁大象所引王氏說，頤大象所引荀爽說，雖屬集解所有，而其文互異，坎上六所引虞翻說，則集解刪削過略，此所載獨詳。蓋唐去六朝未遠，隋志所載諸家之書猶有存者，故徵得以旁蒐博引。今閱年數百，舊籍佚亡，則遺文緒論，無一非吉光片羽矣。近時惠棟作九經古義，余蕭客著古經解鉤沈，於唐以前諸儒舊說，單辭隻義，蒐採至詳，而此書所載，均未之及，信為難得之祕本。雖其文義間涉拙滯，傳寫亦不免譌脫，而唐以前解易之書，子夏傳既屬偽撰，王應麟所輯鄭元註、姚士粦所輯陸績註，亦非完書，其實存於今者，京房、王弼、孔穎達、李鼎祚四家，及此書而五耳，固好古者所宜寶重也。徵自序作六卷，諸家書目並同，今僅闕豫、隨、无妄、大壯、晉、睽、蹇、中孚八卦，所佚無多，仍編為六卷，存其舊焉。

周易舉正三卷（浙江巡撫採進本）

舊本題唐郭京撰。京不知何許人，崇文總目稱其官為蘇州司戶參軍，據自序言御註孝經，刪定月令，則當為開元後人。序稱曾得王輔嗣、韓康伯手寫真本，比校今世流行本及國學鄉貢人等本，舉正其謬。凡所改定，以朱墨書別之。其書崇文總目始著錄，書錄解題於宋咸易補註條下稱咸得此書於歐陽修，是天聖、慶歷間乃行於世也。洪邁容齋隨筆以為信，晁公武則謂以彖象相正，有闕漏可推而知，託言得王韓手札及石經，趙汝楳亦詆其挾王韓之名以更古文，王應麟又援後漢書左雄傳職斯祿薄句，證其改旅卦斯字為㡰之非。近時惠棟作九經古義，駁之尤力。今考是書，唐志不載，李燾以為京開元後人，故所為書不得著錄（案燾說見文獻通考。）然但可以解舊書經籍志耳，若新書藝文志，則唐末之書無不具列，豈因開元以後而遺之？疑其書出宋人依託，非惟王韓手札不可信，併唐郭京之名亦在有無疑似之間也。顧其所說推究文義，往往近理，故晁公武雖知其託名，而所進易解乃多引用，即朱子本義於坤象傳之履霜堅冰，賁象傳之剛柔交錯，震彖傳之不喪匕鬯，亦頗從其說，則亦未嘗無可取矣。晁公武讀書志載京原序，稱所改正者一百三十五處，二百七十三字，而洪邁容齋隨筆、趙汝楳易序叢書皆作一百三處。今本所載原序亦稱差謬處一百三節，則晁氏所云殆為疏舛。又原本稱別以朱墨，蓋用經典釋文之例。今所行本已全以墨書，蓋非其舊，以非宏旨之所繫，故仍從近刻焉。

欽定四庫全書總目卷一

欽定四庫全書總目卷二

經部二

易類二

易數鉤隱圖三卷、附遺論九事一卷、浙江吳玉墀家藏本

宋劉牧撰。牧字長民、其墓誌作字先之、未詳孰是、或有兩字也。彭城人、官至太常博士。宋志載牧新注周易十一卷、圖一卷、晁公武讀書志則作圖三卷、其注今不傳、惟圖尚在、卷數與晁氏本同。漢儒言易多主象數、至宋而象數之中復岐出圖書一派。牧在邵子之前、其首倡者也。牧之學出於种放、放出於陳摶、其源流與邵子之出於穆李者同。而以九爲河圖、十爲洛書、則與邵異。其學盛行於仁宗時。黃黎獻作略例隱訣、吳祕作通神、程大昌作易原、皆發明牧說。而葉昌齡則作圖義以駁之、宋咸則作王劉易辨以攻之、李覯復有刪定易圖論、至蔡元定則以爲與孔安國、劉歆所傳不合、而以十爲河圖、九爲洛書。朱子從之、著易學啟蒙、自是以後、若胡一桂、董楷、吳澄之書、皆宗朱蔡、牧之圖幾於不傳。此本爲通志堂所刊、何焯以爲自道藏錄出。今考道藏目錄、實在洞眞部靈圖類雲字號中。是卽圖書之學出於道家之一證。錄而存之、亦足廣異聞也。南宋時劉敏士嘗刻於浙右漕司、前有歐陽脩序。吳澄曰、脩不信河圖、而有此序、殆後人所僞爲、而牧之後人誤信之者。俞琰亦曰、序文淺俚、非脩作。其言有見、故今據而削之。其遺論九事、一爲太皞授龍馬負圖、二爲六十四卦推盪訣、三爲大衍之數五十、四爲八卦變六十四卦、五爲辨陰陽卦、六爲復見天地之心、七爲卦終未濟、八爲蓍數揲法、九爲陰陽律呂圖、以先儒之所未及、故曰遺論。本別爲一卷、徐氏刻九經解、附之鉤隱圖末、今亦仍之焉。

周易口義十二卷、浙江吳玉墀家藏本

宋倪天隱述其師胡瑗之說。瑗字翼之、泰州如皋人。用范仲淹薦、由布衣拜校書郎、歷太常博士、致仕歸。事蹟具宋史儒林傳。天隱始末未詳。葉祖洽作陳襄行狀、稱襄有二妹、一適進士倪天隱、殆卽其人。董棻嚴陵集載其桐廬縣令題名碑記一篇、意其嘗官睦州也。其說易以義理爲宗。邵伯溫聞見前錄記程子與謝湜書、言讀易當先觀王弼、胡瑗、王安石三家。三原劉紹攽周易詳說曰、朱子謂程子之學源於周子、然考之易傳、無一語及太極。於觀卦辭云、予聞之胡翼之先生、居上爲天下之表儀。於大畜上九云、予聞之胡先生曰、天之衢亨、誤加何字。於夬九三云、安定胡公移其文曰、壯于頄有凶、獨行遇雨、若濡有慍、君子夬夬、无咎。於漸上九云、安定胡公以陸爲逵。考伊川年譜、皇祐中游太學、海陵胡翼之先生方主教道、得先生文、試大驚、卽延見、處以學職。意其時必從而受業焉。世知其從事濂溪、不知其講易多本於翼之也。其說爲前人所未及。今核以程傳、良然。朱子語類亦稱胡安定易分曉正當、則是書在宋時、固以義理說易之宗已。王得臣麈史曰、安定胡翼之、皇祐至和間國子直講、朝廷命主太學、時千餘士、日講易。是書殆卽是時所說。宋志載瑗易解十卷、周易口義十卷。朱彝尊經義考引李振裕之說云、瑗講授之餘、欲著述而未逮、其門人倪天隱述之、以非其師手著、故名曰口義。後世或稱口義、或稱易解、實無二書也。其說雖古無明文、然考晁公武讀書志有云、胡安定易傳、蓋門人倪天隱所纂、非其自著、故序首稱先生曰。其說與口義合。又列於易傳條下、亦不另出口義一條。然則易解、口義爲一書明矣。宋志蓋誤分爲二也。

溫公易說六卷、永樂大典本

宋司馬光撰。攷蘇軾撰光行狀、載所作易說三卷、注繫辭二卷。宋史藝文志作易說一卷、又三卷、又繫辭說二卷。晁公武讀書志云、易說雜解易義、無詮次、未成書。朱子語類又云、嘗得溫公易說於洛人范仲彪、盡隨卦六二、其後闕焉。後數年、好事者於北方互市得版本、喜其復全。是其書在宋時所傳本已往往多寡互異。其後乃并失其傳、故朱彝尊經義考亦注爲已佚。今獨永樂大典中有之、而所列實不止於隨卦、似卽朱子所稱後得之本。其釋每卦或三四爻、或一二爻、且有全無說者、惟繫辭差完備、而說卦以下僅得二條、亦與晁公武之言相合。又以陳友文集傳精義、馮椅易學、胡一桂會通諸書所引光說核之、一一具在、知爲宋代原本無疑。其解義多闕者、蓋光本撰次未成、亦如所著潛虛、轉以不完者爲眞本、並非有所殘佚也。光傳家集中有荅韓秉國書、謂王輔嗣以老莊解易、非易之本旨、不足爲據。蓋其意在深闢虛無玄渺之說、故於古今事物之情狀、無不貫徹疏通、推闡深至。如解同

人之彖曰，君子樂與人同，小人樂與人異，君子同其遠，小人同其近。坎之大象曰，水之流也，習而不止，以成大川，人之學也，習而不止，以成大賢。咸之九四曰，心苟傾焉，則物以其類應之，故喜則不見其所可怒，怒則不見其所可喜，愛則不見其所可惡，惡則不見其所可愛。大都不襲先儒舊說，而有德之言，要如布帛菽粟之切於日用。惜其沈湮既久，說易家竟不獲覩其書。今幸際

聖朝表章典籍，復得搜羅放佚，裒次成編，亦可知名賢著述，其精義所在，有不終泯沒於來世者矣。謹校勘釐訂，略仿宋史原目，定為六卷著於錄。

橫渠易說三卷內府藏本

宋張子撰。宋志著錄作十卷，今本惟上經一卷、下經一卷，繫辭傳以下至雜卦為一卷，末有總論十一則，與宋志不合。然書錄解題已稱橫渠易說三卷，則宋志誤也。楊時喬周易古今文稱今本祗六十四卦，無繫辭，實未全之書，則又時喬所見之本偶殘闕耳。是書較程傳為簡，往往經文數十句中一無所說，末卷更不復全載經文，載其有說者而已。董眞卿謂橫渠易說發明二程所未到處。然考宋史，張子卒於神宗時，程子易傳序則作於哲宗元符二年，其編次成書則在徽宗崇寧後，張子不及見矣。眞卿謂發明所未到，非確論也。其說乾彖用迎之不見其首，隨之不見其後，說文言用谷神字，說鼓萬物而不與聖人同憂，用天地不仁以萬物為芻狗語，皆借老子之言，而實異其義，非如魏晉人合老易為一者也。惟其解復卦后不省方，以后為繼體守成之主，以不省方為富庶優暇不甚省事，則於義頗屬未安，此又不必以張子故而曲為之辭矣。

東坡易傳九卷副都御史黃登賢家藏本

宋蘇軾撰。是書一名毘陵易傳。陸游老學菴筆記謂其書初遭元祐黨禁，不敢顯題軾名，故稱毘陵先生，以軾終於常州故也。蘇籀欒城遺言記蘇洵作易傳未成而卒，屬二子述其志，軾書先成，轍乃送所解於軾，今蒙卦猶是轍解，則此書實蘇氏父子兄弟合力為之，題曰軾撰，要其成耳。籀又稱洵晚歲讀易，玩其爻象，因得其剛柔遠近喜怒逆順之情，故朱子謂其惟發明愛惡相攻、情偽相感之義，而議其粗疎。胡一桂記晁說之之言，謂軾作易傳，自恨不知數學，而其學又雜以禪，故朱子作雜學辨，以軾是書為首。然朱子所駁不過一十九條，其中辨文義者四條，又一條謂蘇說無病，然有未盡其說者，則朱子所不取者僅十四條，未足以為是書病。況朱子語類又嘗謂其於物理上亦有看得著處，則亦未嘗竟廢之矣。今觀其書，如解乾卦彖傳性命之理諸條，誠不免杳冥恍惚，淪於異學。至其他推闡理勢，言簡意明，往往足以達難顯之情，而深得曲譬之旨。蓋大體近於王弼，而弼之說惟暢元風，軾之說多切人事，其文辭博辨，足資啓發，又烏可一概屏斥耶。李衡作周易義海撮要、丁易東作周易象義、董眞卿作周易會通，皆採錄其說，非徒然也。明焦竑初得舊本刻之，烏程閔齊伋以朱墨板重刻，頗為工緻，而無所校正。毛晉又刻入津逮祕書中。三本之中，毛本最舛，如漸卦上九併經文皆改為鴻漸于逵，則他可知矣。今以焦本為主，猶不甚失其眞焉。

易傳四卷直隸總督採進本

宋伊川程子撰。卷首有元符二年自序。考程子以紹聖四年編管涪州，元符三年遷峽州，則當成於編管涪州之後。王偁東都事略載是書作六卷，宋史藝文志作九卷，二程全書通作四卷。考楊時跋語稱伊川先生著易傳，未及成書，將啟手足，以其書授門人張繹，未幾繹卒，故其書散亡，學者所傳無善本。謝顯道得其書於京師，以示余，錯亂重複，幾不可讀。東歸待次毘陵，乃始校正，去其重複，踰年而始完云云。則當時本無定本，故所傳各異耳。其書但解上下經及彖象文言，用王弼注本，以序卦分置諸卦之首，用李鼎祚周易集解例。惟繫辭傳、說卦傳、雜卦傳無注。董眞卿謂亦從王弼。今考程子與金堂謝湜書，謂易當先讀王弼、胡瑗、王安石三家，謂程子有取於弼，不為無據；謂不注繫辭、說卦、雜卦以擬王弼，則似未盡然，當以楊時草具未成之說為是也。程子不信邵子之數，故邵子以數言易，而程子此傳則言理，一闡天道，一切人事。蓋古人著書，務抒所見而止，不妨各明一義。守門戶之見者，必堅護師說，尺寸不容踰越，亦異乎先儒之本旨矣。

易學辨惑一卷永樂大典本

宋邵伯溫撰。伯溫字子文，邵子之子也。南渡後官至利路轉運副使，事蹟具宋史儒林傳。案沈括夢

溪筆談載江南鄭史字揚庭曾爲一書談易後見兵部員外耶秦玠論史所談玠駭然曰何處得此法玠嘗遇一異人授此歷數推往古興衰運歷無不皆驗西都邵雍亦知大略云云蓋當時以邵子能前知故引之以重其術伯溫謂邵子易受之李之才之才受之穆脩脩受之陳摶平時未嘗妄以語人惟大名王天悅榮陽張子望嘗從學又皆蚤死秦玠鄭史嘗欲從學皆不之許天悅感疾且卒史略其僕於臥內竊得之遂以爲學著易傳易測明範五經時用數書皆破碎妄作穿鑿不根因撰此書以辨之宋史邵子本傳頗採其說考書錄解題有鄭史易傳十三卷宋史藝文志有鄭史時用書二十卷明用書九卷易傳辭三卷易傳辭後語一卷今並佚司馬光集有進鄭史易測劄子稱其不泥陰陽不涉怪妄專用人事指明六爻求之等倫誠難多得與伯溫所辨褒貶迥殊光亦知易之人不應背馳如是以理推之史竊邵子之書而變化其說以陰求陽乎其上所撰易測必尚殘爻演義不涉術數故光有不泥陰陽不涉怪妄之薦至其時用書之類則純言占卜之法故伯溫辟而闢之其兼易測言之者不過憎及儲胥之意耳朱彝尊經義考載此書注曰未見此本自永樂大典錄出蓋明初猶存宋史藝文志但題辨惑一卷無易學字永樂大典則有之與書錄解題相合故今仍以易學辨惑著錄焉

了翁易說一卷 浙江吳玉墀家藏本

宋陳瓘撰瓘字瑩中了翁其自號也延平人元豐二年進士甲科建中靖國初爲右司諫嘗移書責曾布及言蔡京蔡卞之姦章數十上除名編隸合浦以死事蹟具宋史本傳此本爲紹興中其孫正同所刊馮椅謂嘗從其孫大應見了翁有易全解不止一卷多本卦變與朱子發之說相類胡一桂則謂尚見其初刊本題云了翁易說並未分卷此本蓋即一桂所見也邵伯溫聞見錄稱瓘說得康節之學沈作喆寓簡則曰陳瑩中嘗以邵康節說易講解象數一切屏絕質之劉器之器之曰易固經世之用若講解象數一切屏絕則聖人設卦立爻復將何用惟知其在象數者皆寓也然後可以論易故曰得意忘象得象忘言方其未得之際而遽絕之則吉凶與民同患之理將何以兆恐非筌蹄之意云云然則瓘之易學又嘗質之劉安世不全出邵子矣其造語頗詰屈故陳振孫書錄解題病其辭旨深晦然晁公武讀書志謂其以易數言天下治忽多驗則瓘於易實有所得非徒以艱深文淺易者正未可以難讀廢矣

吳園易解九卷 浙江巡撫採進本

宋張根撰根字知常德興人年二十一登進士第大觀中官至淮南轉運使以朝散大夫終於家事蹟具宋史本傳是書末有其孫垓跋稱爲先祖太師者其子燾孝宗時爲參知政事追贈官也根所撰述甚多垓跋稱有宋朝編年數百卷五經諸子皆爲之傳注晁公武讀書志載有春秋指南十卷今亦未見惟此易解僅存明祁承㸁家有其本此爲徐氏傳是樓所鈔自說卦傳乾健也節以下蠹蝕殘闕末有康熙壬申李良年跋亦稱此本不易得然通志堂經解之中遺而不刻豈得本於刻成後耶書中次第悉用王弼之本詮義理而不及象數不襲河洛之談注文簡略亦無支蔓之弊末有序語五篇雜說一篇皆論繫辭於經義頗有發明又泰卦論一篇於人事天道倚伏消長之機九三致意焉蓋作於徽宗全盛時也亦可云識微之士矣

周易新講義十卷 浙江巡撫採進本

宋耿南仲撰南仲字希道開封人靖康間以資政殿大學士簽書樞密院與吳幵沮戰守之說力主割地南渡後遷謫以終事蹟具宋史本傳是書舊本或題進周易解義疑爲侍欽宗於東宮時經進之本前有南仲自序曰易之道有要在无咎而已要在无咎者何善補過之謂也又曰拂乎人情是爲小過拂乎天道是爲大過南仲是說蓋推衍尼山無大過之旨然孔子作文言傳稱知進退存亡而不失其正作象傳稱雲雷屯君子以經綸行止斷以天理所以教占者之守道艱險濟以人事所以教占者以盡道其曰無大過者蓋論是非非論禍福也如僅以无咎爲主則聖賢何異於黃老僅曰無拂天道則唐六臣輩亦將謂之知運數哉南仲畏戰主和依違遷就即此苟求无咎與無拂天道之說有以中之是則經術之偏禍延國事者也然大致因象詮理隨事示戒亦往往切實有裨究勝於高語元虛推演奇偶晦蝕作易之本者節取所長可矣

紫巖易傳十卷（兩江總督採進本）

宋張浚撰。紫巖者，浚自號也。其曾孫獻之跋云：忠獻公潛心於易，嘗為之傳，前後兩著稾，親題其第二稾云：此本改正處極多。紹興戊寅四月六日，某書始為定本矣。獻之嘗繕錄之，附以讀易雜說，通為十卷，藏之於家。據此則雜說一卷似獻之所續附。然考獻之是跋在嘉定庚辰，而朱子作浚行狀已稱有易解及雜說共十卷，則獻之特繕錄而已，未嘗編次也。其書立言醇粹，凡說陰陽動靜，皆適於義理之正。末一卷卽所謂雜說，胡一桂議其專主劉牧。今觀所論河圖，信然。朱子不取牧說，而作浚行狀但稱尤深於易、春秋、論、孟，不言其易出於牧，殆諱之歟。

讀易詳說十卷（永樂大典本）

宋李光撰。光字泰發，上虞人。崇寧五年進士，官至參知政事，諡莊簡，事蹟具宋史本傳。光為劉安世門人，學有師法。紹興庚申，以論和議忤秦檜，謫嶺南，自號讀易老人，因摭其所得以作是書。故於當世之治亂，一身之進退，觀象玩辭，惓惓致意。如解坤之六四云：大臣以道事君，苟君有失德而不能諫，朝有闕政而不能言，則是冒寵竊位，豈聖人垂訓之義哉。故文言以括囊為賢人隱之時，而大臣不可引此以自解。又解否之初六云：小人當退黜之時，往往疾視其上，君子則窮通皆樂，未嘗一日忘其君。解蠱之初六云：天下蠱壞，非得善繼之子堪任大事，曷足以振起之。宣王承厲王後，脩車馬，備器械，復會諸侯於東都，卒成中興之功，可謂有子矣。故考可以无咎。然則中興之業，難以盡付之大臣。蠱卦特稱父子者，以此。其因事抒忠，依經立義，大旨往往類此。史載其紹興中奏疏云：淮甸咫尺，了不經營，長江千里，不為限制，晉元帝區區草創，猶能立宗社，脩宮闕，保江浙。未聞專主避敵如今日也。其退而著書，蓋猶此志矣。光嘗作胡銓易解序曰：易之為書，凡以明人事，學者泥於象數，易幾為無用之書。邦衡說易，眞可與論天人之際。又曰：自昔遷貶之士，率多怨懟感憤，邦衡流落瘴鄉，而玩意三畫，可謂困而不失其所亨，非聞道者能之乎。其序雖為銓作，實則自明其著述之旨也。書中於卦爻之辭，皆卽君臣立言，證以史事，或不免間有牽合。然聖人作易以垂訓，將使天下萬世無不知所從違，非徒使上智數人矜談妙悟，如佛家之傳心印，道家之授丹訣。自好異者推闡性命，鉤稽奇偶，其言愈精愈妙，而於聖人立教牖民之旨愈南轅而北轍。轉不若光作是書，切實近理，為有益於學者矣。自明以來，久無傳本，朱彝尊經義考亦云未見。茲從永樂大典薈萃成編，原闕豫、隨、无妄、睽、蹇、中孚六卦，及晉卦六三以下，其復與大畜二卦，永樂大典本不闕，而所載光解復卦闕大象及後四爻，大畜則一字不存。繫辭傳以下亦無解，其為原本如是，或傳寫佚脫，均不可知，姑仍其舊。其書宋史作易傳，諸家書目或作讀易老人解說，或作讀易詳說，殊不畫一，而十卷之數則並同，殆一書而異名也。今從永樂大典題為讀易詳說，仍析為十卷，存其舊焉。

易小傳六卷（直隸總督採進本）

宋沈該撰。該字守約，一作元約，未詳孰是。吳興人。登嘉王榜進士，紹興中官至左僕射，兼脩國史。故宋人稱是書為沈丞相易傳。嘗劄進於朝，高宗降敕褒諭，尤稱其每卦後之論。其書以正體發明爻象之旨，以變體擬議變動之意，以求合於觀象玩辭、觀變玩占之義。其占則全用春秋左傳所載筮例。如蔡墨所謂乾之姤曰潛龍勿用，其同人曰見龍在田者。林至作易裨傳，頗以該說為拘攣。蓋南渡以後，言易者不主程氏之理，卽主邵氏之數，而該獨考究遺經，談三代以來之占法，違時異尚，其見排於至固宜。然左氏去古未遠，所記卜筮多在孔子之前，孔子贊易，未聞一斥其謬，毋乃太卜所掌，周公以來之舊法，或在此不在彼乎。陳振孫書錄解題稱該又有繫辭補注十餘則附於卷末，今本無之，蓋已久佚矣。

漢上易集傳十一卷卦圖三卷叢說一卷（兩江總督採進本）

宋朱震撰。震字子發，荊門軍人。政和中登進士第，南渡後，趙鼎薦為祠部員外郎，官翰林學士，事蹟具宋史本傳。是書題曰漢上，蓋因所居以為名。前有震進書表，稱起政和丙申，終紹興甲寅，凡十八年而成。其說以象數為宗，推本源流，包括異同，以救莊老虛無之失。陳善捫蝨新話詆其妄引說卦分伏羲文王之易，將必有據雜卦反對迹孔子易圖者。晁公武讀書志以為多采先儒之說，然頗舛謬。馮椅厚齋易學述毛伯玉之言，亦譏其卦變互體伏卦反卦之失。然朱子曰：王弼破互體，朱子發用互體。互體自左氏已言。亦有道理。只是今推不合處多。魏了翁曰。漢上易太煩。卻不可廢。胡一桂亦曰。變互伏反納甲之屬。皆不可廢。豈可盡以為失而詆之。觀其取象。亦甚有好處。但牽合處多。且文辭繁雜。使讀者茫然。看來只是不善作文爾。是得失互陳。先儒已有公論矣。惟所敍圖書授受。謂陳摶以先天圖傳种放。更三傳而至邵雍。放以河圖洛書傳李溉。更三傳而至劉牧。穆脩以太極圖傳周敦頤。再傳至程顥程頤。厥後雍得之以著皇極經世。牧得之以著易數鉤隱圖。敦頤得之以著太極圖說通書。頤得之以述易傳。其說頗為後人所疑。又宋世皆以九數為洛書。十數為河圖。獨劉牧以十數為洛書。九數為河圖。震此書亦用牧說。與諸儒互異。然古有河圖洛書。不云十數九數。大衍十數見於繫辭。太乙九宮見於乾鑿度。不云河圖洛書。黑白奇偶。八卦五行。自後來推演之學。楚失齊得。正亦不足深詰也。

欽定四庫全書總目卷二

欽定四庫全書總目卷三

經部三

易類三

周易窺餘十五卷。永樂大典本。

宋鄭剛中撰。剛中字亨仲。金華人。紹興二年進士及第。官至禮部侍郎。出為川陝宣撫副使。謫居桂陽軍。又責授濠州團練副使。復州安置。再徙封州。卒。後追復原官。諡忠愍。事蹟具宋史本傳。王應麟困學紀聞稱鄭剛中有周禮解義。考王與之周禮訂義首列諸家姓氏。有三山鄭鍔字剛中。淳熙中進周禮全解。蓋別自一人。字與剛中名偶同。或混而一之。非也。剛中所著易解十五卷。見於陳振孫書錄解題。宋史藝文志者卷目並合。惟乾坤二卦及繫辭以下原闕不解。振孫以為或於乾坤之際有所避。然其自序有云。自中爻而往。以象求爻。因爻識卦。萬一見其髣髴。則泝流尋源。乾坤之微可得而探。據此則振孫之言非也。自序又云。伊川易傳。漢上易傳。二書頗彌縫於象義之閒。但易道廣大。有可窺之餘。吾則窺之。窺餘之名。蓋取諸此。明初文淵閣書目。葉盛菉竹堂書目。尚著於錄。其後傳本殆絕。朱彝尊經義考亦以為未見。惟永樂大典尚存其文。今採掇裒輯。依經編次。其七卦為原本所闕者。則但錄經文。或其說別見他書者。亦蒐錄補入。依仿原目。仍定為十五卷。自唐人以王弼注定為正義。於是學易者專言名理。惟李鼎祚集解不主弼義。博採諸家。以為刊輔嗣之野文。補康成之逸象。而當時經生。不能盡從其學。宋儒若胡瑗程子。其言理精粹。自非晉唐諸儒所可及。然於象亦多有闕略。剛中是書。始兼取漢學。凡荀爽虞翻干寶蜀才九家之說。皆參互考稽。不主一家。其解義閒異先儒。而亦往往有當於理。如訟之九二。以不克訟歸為句。而逋其邑人三百戶為句。以為聖人所以必使逋其邑人三百戶者。恐其恃衆憑險以成亂。所以謹上下之分也。比之初六。終來有它吉。朱子謂不可曉。剛中以為相比之道。以信為先。積之既久。昔之未比者。皆自外至。故曰有它吉。皆能自出新意。不為成說所拘。至於解泰之九二。大有之大象。議論尤正大精切。通於治體。雖其人因秦檜以進身。依附和議。捐棄舊疆。頗不見滿於公論。然闡發經義。則具有理解。要為說易家所不廢也。

易璇璣三卷。兩江總督採進本。

宋吳沆撰。沆字德遠。臨川人。紹興十六年。與其弟澥詣行在獻書。澥所獻曰宇內辨。曰歷代疆域志。沆所獻曰易璇璣。曰三墳訓義。澥書皆不傳。沆三墳訓義為太學博士王之望所駁。亦不傳。惟此書僅存。凡為論二十有七。曰法天。曰通六子。曰貴中。曰初上定位。曰六九定名。曰天地變卦。曰論變有四。曰有象。曰求象。曰明位。曰明君道。曰明君子。曰論養。曰論刑。曰論伐。曰辨聖。曰辨內外。曰辨吉凶。曰通卦。曰通象。曰通爻。曰通辭。曰通證。曰釋卦。曰釋繫。曰存互體。曰廣演。每九篇為一卷。自序謂上卷明天理之自然。中卷講人事之脩。下卷備注疏之失。其大旨主於觀象因象而求之卦。求之象求之爻。其曰璇璣者，取王弼易略例明彖篇處璇璣以觀大運語也。胡一桂稱沆尚有易禮圖說、有或問六條、圖說十二軸。今未見其書，殆亦散佚。惟其環溪詩話爲人所記者，尚載永樂大典中，今別著錄於集部云。

易變體義十二卷（永樂大典本）

宋都絜撰。絜字聖與，丹陽人，紹興中官吏部郎中、知德慶府。絜父郁，字子文，嘗爲惠州教官，平生留心易學。絜因以所聞於父者爲是書。大旨謂卦爻辭義，先儒之論已詳，故專明變體。今考左傳載周易諸占，所謂某卦之某卦者，凡十事，似乎因其動爻隨機斷義，不必盡易之本旨。然王子伯廖論鄭公子曼滿，稱其在周易豐之離；游吉論楚子，稱周易有之，在復之頤，曰迷復凶；荀首論邲之戰，稱周易有之，在師之臨，曰師出以律，否臧凶；蔡墨論龍見于絳，稱周易有之，在乾之姤，曰潛龍勿用，其同人曰見龍在田，其大有曰飛龍在天，其夬曰亢龍有悔，其坤曰見羣龍无首吉，坤之剝曰龍戰于野云云。皆未嘗卜筮而咸稱變體，知古來周易原有此一義矣。但古書散佚，其說不傳，而絜以義理揣摩，求其崖略。其中巧相符合者，如坤之初六履霜堅冰至，則曰此坤之復也。月令孟冬水始冰，仲冬冰益壯，始則薄而未堅，壯則堅而難泮，故爻曰履霜，以坤爲十月之卦。又曰堅冰至者，則變體爲復，乃十一月之卦也。家人上九有孚威如終吉，則曰此家人之既濟也。雜卦曰既濟定也，彖曰正家而天下定，天下之本在國，國之本在家，家之本在身，反身而誠，孰敢不聽，父子夫婦兄弟莫不安分循理，而天下化之，無事而定矣。故變體爲既濟，而曰有孚威如，反身之謂也。如此之類，皆不事傅會而自然貫通，立義亦皆正大。亦有涉於牽強者，如家人六四富家大吉，則曰此乾之同人也。自道以觀，身家皆爲我累，而況富乎。其有家也，姑以同乎人而已，不以家爲累也。其家之富，亦以同乎人而已，不以富爲累也。蓋極高明而道中庸，所以爲中人法。凡如此類，則務爲穿鑿以求合乎卦變之說，而義亦不醇。又多引老莊之辭以釋文周之經，則又王弼韓康伯之流弊，一變而爲王宗傳楊簡者矣。然宋人遺籍，傳者日稀，是書雖瑜不掩瑕，亦瑕不掩瑜，分別觀之，以備言變體之一家，亦無不可也。宋志作十六卷。玉海引續書目曰，自乾之姤至未濟之解，以意演之，爻爲一篇，凡三百八十四篇。馮椅易學附錄曰，都氏易先以理而次以象義，每卦終又有統論。今考永樂大典所載爻義，皆分載於各爻之下，而無所謂卦終之統論，與玉海合。意應麟所見，即輯永樂大典時所據之本，已非其全矣。今永樂大典又闕豫、隨、大畜、大壯、睽、蹇、中孚等七卦，及晉卦之後四爻，謹裒合排比，編爲十二卷。又其書單明爻義，不及彖與大小象，故經文亦不全載，從絜之舊焉。

周易經傳集解三十六卷（浙江朱彝尊家曝書亭藏本）

宋林栗撰。栗字黃中，福清人，紹興十二年進士，官至兵部侍郎。與朱子論易及西銘不合，遂上疏論朱子。時太常博士葉適、侍御史胡晉臣皆助朱子劾栗，因罷知泉州，又移明州，卒諡簡肅。事蹟具宋史本傳。是書淳熙十二年四月嘗進於朝，首列進書表、貼黃、敕諭各一道，栗自序一篇，貼黃稱本名周易爻象序雜指解，後以未能該舉彖象繫辭文言說卦，乃改今名。王應麟玉海稱其書經傳三十二卷，繫辭上下二卷，文言、說卦、序、雜本文共一卷，河圖、洛書、八卦九疇、大衍總會圖、六十四卦立成圖、大衍揲蓍解共一卷，與今本合。當時與朱子所爭者，今不可考。朱子語類中惟載論繫辭一條，謂栗以太極生兩儀，包四象，四象包八卦，與聖人所謂生者意思不同。其餘則無所排斥。朱彝尊經義考引董眞卿之言，謂其說每卦必兼互體約象覆卦，爲太泥。時楊敬仲有易論，黃中有易解，或曰黃中文字可燬。朱子曰，卻是楊敬仲文字可燬。是朱子併不欲廢其書。考陳振孫書錄解題曰，其與朱侍講有違言，以論易不合。今以事理推之，於時朱子負盛名，駸駸嚮用，而栗之登第在朱子前七年，既以前輩自居，又朱子方除兵部郎中，而栗爲兵部侍郎，正其所屬，辭色相軋，兩不肎下，遂互激而成訐奏。蓋其釁始於論易，而其故不全由於論易，故振孫云然。後人以朱子之故，遂廢栗書，似非朱子之意矣。經義考又曰，福清林黃中、金華唐與政皆博通經學，而一糾朱子，一爲朱子所糾，其所著經說，學者遂置而不問。與政之書無復存者，黃中雖有易解，而流傳未廣，恐終泯沒。然當黃中既沒，勉齋黃氏爲文祭之，其略曰，嗟哉我公，受天勁氣，爲時直臣，玩羲經之爻象，究筆削於獲麟，至其立朝正色苟咈吾意雖當世大儒或見排斥苟異吾趣雖前賢篤論亦不樂於因循規公之過而公之近仁者抑可見矣論者固不以一眚而掩其大醇也勉齋爲文公高弟而好惡之公推許之至若是然則黄中之易其可不傳鈔乎持論頗爲平允昔劉安世與伊川程子各爲一代偉人其元城語錄盡言集亦不以嘗劾程子而竟廢耿南仲媚敵誤國易祓依附權姦其所撰易解今亦並行栗雖不得比安世視南仲與祓則有閒矣故仍錄其書而併存彝尊之論焉

易原八卷永樂大典本

宋程大昌撰大昌字泰之休寧人紹興二十一年進士歷官權吏部尚書出知泉州建寧府以龍圖閣直學士致仕卒諡文簡事蹟具宋史本傳大昌學術湛深於諸經皆有論說以易義自漢以來糾紛尤甚因作是書以貫通之苦思力索四年而成陳振孫書錄解題稱其首論五十有五之數參以圖書大衍爲易之原而卦變揲法皆有圖論往往斷以已見出先儒之外今考其所論如謂分爻值日乃京焦卦氣其始於中孚本用太初法與夫子所謂乾坤之策當期之日不合復姤生卦說始邵子但乾坤生六子說卦傳有明文不得先有六畫之卦後有三畫之卦鄭康成用十日十二辰二十八宿以應大衍五十之數本於乾鑿度與馬融之增北辰荀爽之增用九用六不過以意決擇傅會初無不易之理張行成別立二十五數以推大衍則是五十有五數之外別有二十五數更非孔子所會言雖排斥先儒務申己說不能脫南宋之風氣然其參互折衷皆能根據大傳於易義亦有所闡明與所作詩議欲併國風之名而廢之者固有別矣其書久無傳本惟程敏政新安文獻志載有三篇故朱彝尊經義考注曰已佚今考永樂大典尚存百有餘篇皆首尾完整可以編次謹採掇釐訂勒爲八卷備宋人說易之一家焉

周易古占法一卷古周易章句外編一卷兩淮鹽政採進本

宋程迥撰迥字可久初家寧陵之沙隨後徙餘姚受經於嘉興聞人茂德嚴陵喻樗隆興元年舉進士嘗爲德興丞事蹟具宋史儒林傳此書世無刊本凡藏書家所傳寫者均作二卷前卷題曰周易古占法上凡十一篇後卷雜論易說及記古今占驗題曰周易古占法下又題曰古周易章句外編中有一條云迥作周易古占法其序引云云顯非占法之下卷矣考宋史藝文志載迥古易占法周易外編二書均止一卷然則止前卷十一篇者爲周易古占法其後卷自爲周易章句外編後人誤合爲一書因妄標卷上卷下字耳然陳振孫書錄解題以迥周易章句十卷外編一卷占法一卷古易考一卷並列而總注其下曰程迥可久撰其論占法雜記占事尤詳則通爲一編自宋已然傳寫淆亂固亦有由矣其說本邵子加一倍法據繫辭說卦發明其義用逆數以尚占知來大旨備見於自序後朱子作啟蒙多用其例吳澄謂迥於朱子爲丈人行朱子以師禮事之云

周易本義十二卷附重刻周易本義四卷內府校刊宋本

宋朱子撰是書以上下經爲二卷十翼自爲十卷顧炎武日知錄曰洪武初頒五經天下儒學而易兼用程朱二氏亦各自爲書永樂中脩大全乃取朱子卷次割裂附程傳之後而朱子所定之古文仍復淆亂如彖即文王所繫之辭傳者孔子所以釋經之辭後凡言傳倣此乃彖上傳條下義今乃削去彖上傳三字而附於大哉乾元之下象者卦之上下兩象及兩象之六爻周公所繫之辭也乃象上傳條下義今乃削去象上傳三字而附於天行健之下此篇申彖傳象傳之義以盡乾坤二卦之藴而餘卦之說因可以例推云乃文言條下義今乃削去文言二字而附於元者善之長也之下其彖曰象曰文言曰皆朱子本所無復依程傳添入後來士子厭程傳繁多棄去不讀專用本義而大全之本乃朝廷所頒不敢輒改遂即監版傳義之本刊去程傳而以程之次序爲朱之次序又曰今四書坊本每張十八行每行十七字而注皆小字書詩禮記並同惟易每張二十二行每行二十三字而本義皆作大字與各經不同凡本義中言程傳備矣者又添一傳曰而引其文皆今代人所爲云云其辨最爲明晳然割裂本義以附程傳自宋董楷已然不始於永樂也詳董楷周易傳義附錄條此本爲咸淳乙丑九江吳革所刊

內府以宋槧摹雕者前有革序每卷之末題數原後學劉宓校正文字行款及象傳履夬二卦不載程傳一一與炎武所言合卷端惟列九圖卷

末係以易贊五首、筮儀一篇、與今本升筮儀於前而增列卦歌之類者、亦迥乎不同。象上傳標題之下注從王肅本四字、今本刪之。又雜卦傳咸速也恒久也下、今本惟注咸速恒久四字、讀者恒以為疑。考驗此本、乃是感速常久、經後人傳刻而譌、實為善本。故我
聖祖仁皇帝御纂周易折中、卽用此本之次序、復先聖之舊文、破俗儒之陋見、洵讀易之家所宜奉為彝訓者矣。至成矩重刻之本、自明代以來、士子童而習之、歷年已久、驟令改易、慮煩擾難行。且其本雖因永樂大全、實亦王韓之舊本、唐用之以作正義者、是以
國朝試士、惟除其爻象之合題、而命題次序則仍其舊。
內府所刊袖珍五經、亦復因仍。考漢代論語、凡有三本、梁皇侃論語義疏序、稱古論分堯曰下章子張問更為一篇、合二十一篇、篇次以鄉黨為第二篇、雍也為第三篇。齊論題目長問王知道二篇、合二十二篇。魯論有二十篇、卽今所講是也云云。是自古以來、經師授受、不妨各有異同、卽祕府儲藏、亦各兼存衆本。苟其微言大義、本不相乖、則篇章分合、未為大害於宏旨。故今但著其割裂本義之失、而仍附原本之後、以備參考焉。

郭氏家傳易說十一卷（浙江鄭大節家藏本）

宋郭雍撰。雍字子和、洛陽人。父忠孝、受業於程子、著兼山易解。靖康中為永興軍路提刑、死難。宋史忠義傳附載唐重傳內。忠孝沒後、遺書散逸。雍南渡後、隱居峽州長楊山谷、著為此書。其說一本於忠孝、故以傳家為名。乾道中、守臣薦於朝、召之不起、賜號沖晦處士、後更賜稱頤正先生。遣官受所欲言、乃以此書進。事蹟具宋史隱逸傳。朱子云、兼山易、溺於象數之學。陸游跋兼山易說、則謂程氏易學、立之父子實傳之。立之、忠孝字也。忠孝書自大易粹言所引外、別無完本、今觀雍書、則大抵剖析義理、與程傳相似。其謂易之為書、其道其辭、皆由象出、未有忘象而知易者。如首腹馬牛之類、或時可忘、此象之末也云云。實非專主象數者、游所跋或近實也。至雍又不以卦辭為彖、而謂觀乎彖辭者、卽孔子自謂其彖傳。馮椅厚齋易學、深斥其非、則公論也。朱彝尊經義考、謂雍原書不傳、僅散見大易粹言中。此本十一卷、與宋志相合、蓋猶舊本、彝尊偶未見也。陳振孫書錄解題作六卷、考中興書目別有雍卦爻旨要六卷、殆誤以彼之卷數為此之卷數歟。

周易義海撮要十二卷（兩淮馬裕家藏本）

宋李衡撰。衡字彥平、江都人。乾道中官祕閣修撰、尋除御史、改起居郎。事蹟具宋史本傳。先是、熙寧閒蜀人房審權病談易諸家、或泥陰陽、或拘象數、乃斥去雜學異說、摘取專明人事者百家、上起鄭元、下迄王安石、編為一集、仍以孔穎達正義冠之。其有異同疑似、則各加評議、附之篇末、名曰周易義海、共一百卷。衡因其義意重複、文辭冗瑣、刪削釐定、以為此書、故名曰撮要。其程子、蘇軾、朱震三家之說、則原本未收、衡所續入。第十二卷雜論、亦衡所補綴。故婺州教授朱汝能樓鑰跋、稱卷計以百、今十有一、蓋專指所刪房本也。書錄解題作十卷、又傳寫之誤矣。是書成於紹興三十年、至乾道六年、衡以御史守婺州、始鋟於木。自唐以來、唯李鼎祚周易集解合漢後三十五家之說、略稱該備、繼之者審權義海而已。然考宋史藝文志、但有衡書、而無審權書。陳振孫書錄解題亦惟載殘本四卷。豈卷帙重大、當時卽已散佚、抑衡書出而審權書遂廢歟。然則採擷精華、使古書不沒於後世、衡亦可謂有功矣。

南軒易說三卷（內府藏本）

宋張栻撰。案曹學佺蜀中廣記、載是書十一卷、以為張浚所作。考浚紫巖易傳、其本猶存、與此別為一書、學佺殊誤。朱彝尊經義考、亦作十一卷、注云未見。又引董眞卿說、謂已闕乾坤二卦。此本乃嘉興曹溶從至元壬辰贛州路儒學學正胡順父刊本傳寫、竝六十四卦皆佚之、僅始於繫辭天一地二一章。較眞卿所見彌為殘闕。然卷端題曰繫辭上卷下、而順父序稱魯人東泉王公、分司廉訪章貢等路、公餘講論、嘗誦伊川易傳、特闕繫辭、留心訪求、因得南軒解說易繫、繕寫家藏、儗合以竝傳、斯為完書。乃出示知事吳將仕、刊之學宮、以補遺闕、使與周易程氏傳大字舊本同傳於世云云。是初刊此書、亦僅託始於繫辭、溶所傳寫、僅佚其上

卷之上耳。序末有鉤摹舊本三小印。一作謙卦。一曰贛州胡氏、知順父卽贛人。一曰和卿、蓋其字也。

復齋易說六卷、兩江總督採進本

宋趙彥肅撰。彥肅字子欽、號復齋、太祖之後。嘗舉進士、掌寧國軍書記、調秀州推官、移華亭縣丞、攝縣事。以內艱歸。趙汝愚奏爲寧海軍節度推官。旋病卒。蓋朱子薦之汝愚也。彥肅所著有廣雜學辨、士冠禮婚禮饋食圖、皆爲朱子所稱。惟論易與朱子不合。故朱子語錄謂其爲說太精、取義太密、或傷簡易之趣。然彥肅說易、在卽象數以求義理、以六畫爲主。故其言曰、先聖作易、有畫而已。後聖繫之一言、一字皆自畫中來。譬如畫師傳神、非畫煙雲草木比也。然則彥肅冥思力索、固皆研搜爻義、務求其所以然耳。其沈潛於易中、猶勝支離於易外矣。

楊氏易傳二十卷、浙江吳玉墀家藏本

宋楊簡撰。簡字敬仲、慈谿人。乾道五年進士、官至寶謨閣學士、大中大夫。事蹟具宋史道學傳。是書爲明劉日升、陳道亨所刻。案朱彝尊經義考載慈湖易解十卷、又己易一卷。書名卷數皆與此本不合。所載自序一篇、與此本卷首題語相同、而無其前數行、亦爲小異。明人凡刻古書、多以私意竄亂之。萬歷以後尤甚。此或日升等所妄改歟。其書前十九卷皆解經文、第二十卷則皆泛論易學之語、亦間有與序文相複者。今既不睹簡之原本、亦莫詳其何故也。簡之學出陸九淵、故其解易、惟以人心爲主、而象數事物、皆在所略。甚至謂繫辭中近取諸身一節、爲不知道者所僞作、非孔子之言。故明楊時喬作傳易考、竟斥爲異端。而元董眞卿論林栗易解、亦引朱子語錄、稱楊敬仲文字可毀云云。實簡之務談高遠、有以致之也。考自漢以來、以老莊說易始魏王弼。以心性說易始王宗傳及簡。宗傳淳熙中進士、簡乾道中進士、皆孝宗時人也。顧宗傳人微言輕、其書僅存、不甚爲學者所誦習。簡則爲象山弟子之冠、如朱門之有黃榦。又歷官中外、政績可觀、在南宋爲名臣、尤足以籠罩一世。故至於明季、其說大行。紫溪蘇濬解易、遂以冥冥篇爲名、而易全入禪矣。夫易之爲書、廣大悉備。聖人之爲教、精粗本末兼該、心性之理、未嘗不蘊易中。特簡等專明此義、遂流於恍惚虛無耳。昔朱子作儀禮經傳通解、不删鄭康成所引讖緯之說、謂存之正所以廢之。蓋其名既爲後世所重、不存其說、人無由知其失也。今錄簡及宗傳之易、亦猶是意云。

周易玩辭十六卷、兩江總督採進本

宋項安世撰。安世字平甫、松陽人。館閣續錄載其淳熙二年同進士出身、紹熙五年除校書郎、慶元元年添差通判池州。陳振孫書錄解題稱爲太府卿、則所終之官也。事蹟具宋史本傳。振孫又稱安世當慶元時、謫居江陵、杜門不出、諸經皆有論說、而易爲全書。然據其自述、蓋成於嘉泰二年壬戌之秋。自序謂易之道四、其實則二、象與辭是也。變則象之進退也、占則辭之吉凶也。不識其象、何以知其變。不通其辭、何以決其占。又自述曰、安世之所學、蓋伊川程子之書也。今以其所得於易傳者、述爲此書、而其文無與易傳合者。合則無用述此書矣。蓋伊川易傳惟闡義理、安世則兼象數而求之。其意欲於程傳之外補所不及、所謂各明一義者也。馬端臨、虞集作序、皆盛相推挹。而近時王懋竑白田雜著中有是書跋、獨排斥甚力。至謂端臨等未觀其書。其殆安世自述中所謂以易傳之文觀我者歟。安世又有項氏家說、其第一卷亦解易。董眞卿嘗稱之。世無傳本。今始以永樂大典所載裒合成編、別著於錄。合觀兩書、安世之經學深矣。何可輕詆也。

易說四卷、永樂大典本

宋趙善譽撰。善譽字靜之、宗室子也。乾道五年試禮部第一。累遷大理丞、潼川路提刑、轉運判官。事蹟見宋史宗室傳。是編載陳振孫書錄解題。振孫稱其每卦爲論一篇、蓋爲潼川漕時進呈之本。今考其書、於各卦名義之相似者、多參互以求其義。如云頤井鼎皆有養人之義、豈非養人之利溥、故多取象以示人耶。又云、三卦義雖不同、皆以上爻爲吉、故頤之由頤、井之勿幕、鼎之玉鉉、皆在上爻也。至於各卦之六爻、亦往往比類以觀之。如乾卦云、初九之辭決、戒之切也。九四之辭疑、則與之進也。九三之辭詳、猶可勉也。上九之辭直、則不可爲也。聖人之言、纖悉委曲、一至於此、亦惟恐其陽剛之或偏而已。論坤卦云、乾坤二卦、惟二五兩爻爲善、而他爻皆有戒之之辭。又云、履霜戒於一陰之生、括囊戒於多懼之位、三猶可以含章而從事、上

則至於龍戰而道窮亦乾卦爻辭不同之意論頤卦云頤以養正而不妄動爲善下卦震體有動而求養之象故三爻皆凶上卦艮體有靜而知止之象故三爻皆吉論革卦云內明則見理必盡外說則無咈於人情不如是而能革者未之有也論節卦云六四一陰柔而應於初又上承九五之陽能安於節者安則無所往而不通故曰亨承上道也九五居尊得位剛健中正節之當者也當則無所往而不可故曰甘節吉往有尚以其在臣故曰安曰亨言己能安之則亨也以其在君故曰甘曰吉言施之天下人皆美之然後爲吉也其論皆明白正大朱子謂其能擴先儒之所未明馮椅易學亦多取之謂其能本畫卦命名之意參稽卦爻彖象之辭以貫通六爻之義而爲之說蓋不虛美也自明以來外間絕少傳本故朱彝尊經義考註云已佚今永樂大典具載於各卦之後僅闕豫隨无妄大壯晉睽蹇解中孚九卦因搜緝成編資說易家之參考宋史藝文志本作二卷今以其文頗繁釐爲四卷焉

誠齋易傳二十卷江西巡撫採進本

宋楊萬里撰萬里字廷秀自號誠齋吉水人官至寶謨閣學士致仕韓侂冑召之不起開禧間聞北伐啟釁憂憤不食卒後謚文節事蹟具宋史儒林傳是書大旨本程氏而多引史傳以證之初名易外傳後乃改定今名宋代書肆嘗與程傳並刊以行謂之程楊易傳新安陳櫟極非之以爲足以聳文士之觀瞻而不足以服窮經士之心吳澄作跋亦有微詞然聖人作易本以吉凶悔吝示人事之所從箕子之貞鬼方之伐帝乙之歸妹周公明著其人則三百八十四爻可以例舉矣舍人事而談天道正後儒說易之病未可以引史證經病萬里也理宗嘉熙元年嘗給札寫藏祕閣其子長孺進狀稱自草創至脫稾閱十有七年而後成亦可謂盡平生之精力矣元胡一桂作易本義附錄纂疏博採諸家獨不錄萬里一字所見蓋與陳櫟同然其書究不可磨滅至今猶在人間也

大易粹言十卷江蘇蔣曾瑩家藏本

宋方聞一編聞一舒州人淳熙中爲郡博士時溫陵曾穜守舒州命聞一輯爲是書舊序甚明朱彝尊經義考承宋志之誤以爲穜作非也其書宋志作十卷經義考作七十卷又總論五卷蓋原本每卦每傳皆各爲一篇刊板不相聯屬故從其分篇之數稱七十有五然宋刻明標卷一至卷十則經義考又誤也所採凡二程子張子楊時游酢郭忠孝及穜師郭雍七家之說今忠孝之書已不傳惟賴是書以存穜初刻版置郡齋後摹印漫漶張嗣古陳造先後修之此本出蘇州蔣曾瑩家即嗣古嘉定癸酉所補刻佚穜自序一篇而移嗣古之跋冠其首今從經義考補錄穜序仍移其跋於卷末焉穜溫陵人始末無考惟據元李簡學易記序知其字曰獻之云

易圖說三卷兩江總督採進本

宋吳仁傑撰仁傑字斗南崑山人宋史藝文志載仁傑古周易十二卷易圖說三卷集古易一卷今古周易世罕傳本僅永樂大典尚有全文此書其圖說也其說謂六十四正卦伏羲所作也故首列八純卦各變八卦圖又謂卦外六爻及六十四覆卦文王所作也故有一卦變六十四卦圖有六爻皆變則占對卦皆不變則占覆卦圖又謂序卦爲伏羲雜卦爲文王今之爻辭當爲繫辭傳繫辭傳當爲說卦傳於諸家古易之中其說特爲新異迥與先儒不合然證以史記引同歸殊塗二語爲大傳不名繫辭傳嚮志謂說卦三篇今止一篇爲後人亂其篇題所言亦時有依據錄而存之用備一說云爾

古周易一卷兩江總督採進本

宋呂祖謙編祖謙字伯恭金華人隆興元年進士復中博學宏詞科官至直祕閣著作郎國史院編修事迹具宋史儒林傳古易上下經及十翼本十二篇自費直鄭元以至王弼遞有移掇孔穎達因弼本作正義行於唐代古易遂不復存宋呂大防始考驗舊文作周易古經二卷晁說之作錄古周易八卷薛季宣作古文周易十二卷程迥作古周易考一卷李燾作周易古經八篇吳仁傑作古周易十二卷大致互相出入祖謙此書與仁傑書最晚出而較仁傑爲有據凡分上經下經彖上傳彖下傳象上傳象下傳繫辭上傳繫辭下傳文言傳說卦傳序卦傳雜卦傳爲十二篇宋志作一卷書錄解題作十二卷蓋以一篇爲一卷其實一也朱子嘗爲之跋後作本義即用此本其書與呂大防書相同而不言本之大防尤袤與吳仁傑書嘗論之然祖謙非竊據人書者稅與權校正周易古經序謂偶未見大防本殆得其實矣書錄解題又載音訓二卷乃

祖謙門人王莘叟所筆受。又稱朱子嘗刻是書於臨漳、會稽、益以程氏是正文字及晁氏說。此本皆無之、殆傳寫者遺之歟。

易傳燈四卷（永樂大典本）

易傳燈一書、諸家書目俱不著錄。朱彝尊經義考亦不載其名。惟永樂大典散見於各卦之中、題其官曰徐總幹、而不著名字。又載其子子東序、謂其父嘗師事呂祖謙、唐仲友。考宋史、徐僑嘗受業於祖謙、著讀易記、尚書括旨等書。祖謙門人又有徐侃、徐倬、序無明文、不能定其為誰也。傳燈本釋氏之語、乃取之以名經解、殊為乖剌。又謂繫辭下傳易之為書三章、皆漢儒易緯之文、竄為夫子之作、以誑後世、亦沿歐陽修之誤。又謂聖人觀河圖有數有象、以從橫十五之妙、配乾坤九六之數、白紫者吉、黃黑者凶。是直以易數為五行家言、尤未免於駁雜。然其八卦總論十六篇、參互以求、頗能得易之類例。如曰大壯、大有、夬、乾在乾兌離震之下者也。乾九三曰君子、而餘卦九三皆有君子小人之詞、以君子在重剛中、君子則吉、小人則凶、故分別言之也。其處於巽坎艮坤之下者曰小畜、大畜、需、泰、凡九三上遇陰爻、皆有畏敬之義。剖析更為微細。又謂易之取象、該三代制度、如比九五言王用三驅、見王田不合圍三面而驅之禮。巽九二言史巫紛若、見古有太史、男巫、女巫之制。論易禮之相通、亦有證據。蓋一知半解、可取者頗不乏。雖有絲麻、無棄菅蒯、固說易者之所旁採爾。

易禆傳二卷（兩江總督採進本）

宋林至撰。至字德久、松江人。書錄解題作檇李人、未詳孰是。淳熙中登進士第、官至祕書省正字。朱子集中有答林德久書、即其人也。是書宋史藝文志作一卷、文獻通考於二卷之外又有外篇一卷。此本為元至正間陳泰所刊、總為二卷、蓋泰所併也。凡三篇、一曰法象、一曰極數、一曰觀變。自序稱法象本之太極、極數本之天地數、觀變本之卦揲、十有八變、皆據易大傳之文。凡論太極者、惑於四象之說、而失卦畫之本。論天地之數者、惑於圖書之文、而失參兩之宗。論揲蓍者、惑於掛扐之閒、而失陰陽之變。各釐而正之。其外篇則論反對、相生、世應、互體、納甲、卦變、動爻、卦氣八事、自序稱謂其非易之道則不可、謂易盡在於是則非。今觀其書、雖未免有主持稍過之處、而所論多中說易之弊。其謂易道變化不窮、得其一端、皆足以為說、尤至論也。

厚齋易學五十二卷（永樂大典本）

宋馮椅撰。椅字儀之、一作奇之、號厚齋、南康都昌人。宋史馮去非傳云、父椅、家居授徒、所著易、書、詩、語、孟輯說等書、共二百餘卷。今多不傳、惟所輯易說尚散見永樂大典中。考胡一桂啟蒙翼傳引宋中興藝文志云、寧宗時馮椅為易輯註、輯傳、外傳、猶以程迥、朱熹未及盡正孔傳名義、乃改彖曰象曰為贊、又以隋經籍志有說卦三篇、改繫辭傳上下為說卦上中。俞琰讀易舉要所說亦同。今檢永樂大典所載、但有輯註、輯傳、而無所謂外傳者、與舊說殊不相合。以椅自序核之、當日蓋各為一書。輯註止解彖象、輯傳則尊彖象為經、而退十翼為傳。外傳則以十翼為經、各附先儒之說、而斷以己意。永樂大典編纂不出一手、割裂其文、雜附於各卦爻下、遂併外傳之名而沒之。今反覆參校、釐為輯註四卷、輯傳三十卷、外傳十八卷、仍分三書、以還其舊。輯註多用古文、如坤卦黃裳之裳作常、蒙卦瀆蒙之瀆作黷、屯卦磐桓之磐作般、適如之適作啻、師卦丈人作大人、旅卦資斧作齊斧、雖異今本、而皆根舊義。至於履、否、同人諸卦、以為舊脫卦名、宜補。姤象女壯勿用取下、以為衍女字之類、則椅之自抒所見者也。輯傳各卦、皆分卦序、卦義、象義、爻義、象占諸目、縷析條分、至為詳悉。其蒐採亦頗博洽、如王安石、張汝明、張弼、李椿年、李元量、李舜臣、閭邱昕、毛樸、馮時行、闞廷瑞諸家、其全書今皆不傳、尚籍是以存梗概。外傳薈萃群言、亦多所闡發。其以繫辭為說卦、宗吳仁傑之本、董真卿周易會通駁之、良允。明楊時喬周易古今文乃以合於隋志取之、斯好奇之過矣。然合觀三書、大抵元元本本、淹貫宏通、要不以一二微瑕掩也。啟蒙翼傳又云、鄱陽汪標手編諸家易解為一鉅集、名經傳通解、以椅易解為底本、求古今解增入。蓋宋元之際、甚重其書。今標書亦不傳、則此書彌可寶貴矣。董真卿、胡一桂皆稱是書為易輯、宋史藝文志作易學、文獻通考則作厚齋易學。考王湜先有易學、宜有所別、故今從通考之名焉。

童溪易傳三十卷（直隸總督採進本）

宋王宗傳撰。宗傳字景孟、寧德人。淳熙八年進士。

官部州教授。董真卿以爲臨安人。朱彝尊經義考謂是書前有寧德林焞序、稱與宗傳生同方、學同學、同及辛丑第、則云臨安人者誤矣。宗傳之說、大概祧梁孟而宗王弼、故其書惟憑心悟、力斥象數之弊、至譬於誤註本草之殺人。焞序述宗傳之論、有性本無說、聖人本無言之語、不免涉於異學。與楊簡慈湖易傳宗旨相同。蓋弼易祖尚元虛、以闡發義理、漢學至是而始變。宋儒掃除古法、實從是萌芽、然胡程祖其義理、而歸諸人事、故似淺近而醇實。宗傳及簡祖其元虛、而索諸性天、故似高深而幻窅。考沈作喆作寓簡、第一卷多談易理、大抵以佛氏爲宗。作喆爲紹興五年進士、其作寓簡在淳熙元年、正與宗傳同時。然則以禪言易、起於南宋之初、特作喆無成書、宗傳及簡則各有成編、顯闢別徑耳。春秋之書事、檀弓之記禮、必謹其變之所始。錄存是編、俾學者知明萬歷以後、動以心學說易、流別於此二人、亦說周禮者存俞庭椿邱葵意也。

周易總義二十卷 副都御史黃登賢家藏本

宋易祓撰。南宋館閣續錄載祓字彥章、潭州寧鄉人。淳熙十一年上舍釋褐出身。慶元六年八月除著作郎、九月知江州。周密齊東野語則載其諂事蘇師旦、由司業躐擢左司諫。師旦敗、後貶死。蓋館閣續錄但記其入院出院之事、密所記則其究竟也。祓人不足重、其書世亦不甚傳、故朱彝尊經義考註曰未見。然其說易兼通理數、折衷衆論。每卦先括爲總論、復於六爻之下各爲詮解、於經義實多所發明、與耿南仲之新講義均未可以人廢言也。前有祓門人陳章序、稱祓侍經筵日、嘗以是經進講、又稱祓別有易學舉隅四卷、裒象與數爲之圖說、與此書可以參考。今未見傳本、惟所撰周禮總義尚散見永樂大典中耳。樂雷發有謁山齋詩曰、淳熙人物到嘉熙、聽說山齋亦白髭、細嚼梅花讀總義、只應姬老是相知。蓋指此二書。山齋、祓別號也。則當時亦頗重其書矣。

西谿易說十二卷 浙江吳玉墀家藏本

宋李過撰。過字季辨、興化人。董真卿周易會通稱此書有過自序、在慶元戊午、謂幾二十年而成。此本佚去其序、而書中亦多闕文、蓋傳鈔譌脫、又非真卿所見之舊矣。其書首爲序說一卷、分上下經依文講解、而不及繫辭以下。馮椅易學稱其多所發明、而議其以毛漸三墳爲信、又多割裂經文、如乾坤初爻初九潛龍勿用以下、即接以象曰潛龍勿用、陽在下也、又接以文言曰潛龍勿用、下也、潛龍勿用、陽氣潛藏、初九曰潛龍勿用、何謂也、至是以君子勿用也、汨亂顛倒、殆不可訓矣。宋爲胡一桂所譏、其論爻辭爲文王作、謂先儒以西山等字指文王者爲鑿、而說明夷一卦以上三爻爲箕子事、下三爻爲文王事、則仍不免自亂其例。蓋過晚而喪明、冥心默索、不能與師友相訂正、意所獨造、或不免毅然自爲、而收視返聽、用心刻摯、亦往往發先儒所未發。其亂經之罪與詁經之功、固約略可以相當也。

丙子學易編一卷 兩江總督採進本

宋李心傳撰。心傳字微之、號秀巖、隆州人。寶慶二年以布衣召補從政郎、差充祕閣校勘。歷官至工部侍郎、兼祕書監。事蹟具宋史儒林傳。心傳邃於史學、有建炎以來繫年要錄、建炎以來朝野雜記二書、爲史家所重、而經術亦頗究心。高斯得恥堂存稾有學易編誦詩訓二書跋、曰秀巖先生近世大儒也、世徒見其論著藏於明堂石室、金匱玉版、遂以良史目之、不知先生中年以後、窮極道奧、經術之邃、有非近世學士大夫所能及者。雖弟子尊師之詞、要非甚溢美也。是書於嘉定九年竭二百八日之力、排纂蒐業、以歲在丙子爲名。所取惟王弼、張子、程子、郭雍、朱子五家之說、而以其父舜臣易本傳之說證之、亦閒附以己意。原書十五卷、高斯得嘗與誦詩訓合刻於桐江、今已散佚。此本爲元初俞琬所鈔、後有琬跋、曰此書係借問德坊周家書肆所鬻者、天寒日短、老眼昏花、併日而鈔、其可取者云云。蓋所存不及十之一矣。然琬邃於易學、凡所採摭、皆其英華、則大旨猶可概見也。心傳自序、稱採王氏、張子、程子與朱文公四家之傳、而閒以周子、邵子及先君子之說補之、自唐以上諸儒字義之異者亦附見焉。而琬跋所列則無周子邵子、而有郭子和。子和、郭雍之字、即著郭氏傳家易說者也。心傳原書不存、未詳孰是。考周子通書邵子皇極經世、雖皆闡易理、而實於易外別自爲說、可以引爲義疏者少。惟郭雍依經闡義、具有成書、或心傳之序傳寫有誤歟。

易通六卷 江蘇巡撫採進本

宋趙以夫撰。以夫字用父、宗室子、居於長樂。嘉定十年進士。歷官資政殿學士。是書前有以夫自序、皆自稱臣、未有不敢自祕、將以進於上、庶幾仰裨聖學緝熙之萬一、則經進之本也。考趙汝騰庸齋集有繳趙以夫不當爲史館修撰奏劄、曰鄭清以進史屬之以夫、四海傳笑、謂其進易尚且代筆、而可進史乎。其後聞爲史館長、人又笑曰、是昔代筆進易之以夫也。又何喬遠閩書曰、以夫作易通、莆田黃績相與上下其論、據其所說、則是書實出黃績參定。汝騰所論、不盡無因、殆以以夫不協衆論、故譏然以爲績代筆歟。胡一桂云、易通六卷、或問類例圖象四卷。朱彝尊經義考曰、宋志十卷、又註曰聚樂堂書目作六卷。蓋宋志連或問類例圖象言之、聚樂堂本則惟有易通、此本亦止六卷、而無或問類例圖象、其自聚樂堂本傳寫歟。其書大旨在以不易變易二義明人事動靜之準。故其說曰、奇偶七八也、交重九六也。卦畫七八不易也、爻畫九六變易也。卦雖不易、而中有變易、是謂之亨。爻雖變易、而中有不易、是謂之貞。洪範占用二、貞悔。貞即靜也、悔即動也。故靜吉動凶則勿用、動吉靜凶則不處、動靜皆吉則隨遇而皆可、動靜皆凶則無所逃於天地之閒。於聖人作易之旨、可謂深切著明。至其眞出於誰手、則傳疑可矣。

周易經傳訓解二卷（浙江吳玉墀家藏本）

宋蔡淵撰。淵字伯靜、號節齋、建陽人。案朱彝尊經義考、蔡淵周易經傳訓解四卷、註曰存三卷。此本惟存上下經二卷、題曰周易卦爻經傳訓解、與彝尊所記不符。據董眞卿周易會通、稱此書以大象置卦辭下、以彖傳置大象後、以小象置各爻辭後、皆低一字以別卦爻。與此本體例相合、知非贋託。董楷又言其繫辭文言說卦序卦雜卦亦皆低一字、則此本無之。又經義考載淵弟沈後序、稱易有太極之說、知至知終之義、正直義方之語、皆義理之大原、爲後學之至要、實發前賢之所未發云云。其文皆在繫辭文言、則是書原解繫辭文言諸篇、確有明證、非但解卦爻。不應揭卦爻以標目。蓋楷所見者四卷之全本、彝尊所見佚其一卷。此本又佚其一卷、傳寫者諱其殘闕、因於書名增入卦爻二字、若原本但解上下經者、此書賈作僞之技、不足據也。今刪去卦爻二字、仍以本名著錄、存其眞焉。

易象意言一卷（永樂大典本）

宋蔡淵撰。淵、蔡元定之子、而從學於朱子。故是書闡發名理、多本師傳、然兼數而言、則又西山之家學也。其中惟不廢互體與朱子之說頗異。考互體之法、見於左傳莊公二十二年陳侯筮遇觀之否、曰風爲天于土上山也。杜預註曰、自二至四有艮象、艮爲山也。是周官太卜、舊有是法矣。顧炎武日知錄曰、朱子本義不取互體之說、惟大壯五六云、卦體似兌有羊象焉、不言互而言似、此又𠧧先儒所未有、不如言互體矣。然則朱子特不以互體爲主、亦未嘗竟謂無是理也。淵於師說可謂通其變而酌其平矣。董眞卿周易會通、稱淵周易經傳訓解外、又有卦爻辭旨、論六十四卦大義、易象意言、雜論卦爻十翼象數、餘論雜論易大義、並成於開禧乙丑。今悉散佚、故朱彝尊經義考僅列其書名、而不能舉其卷數。惟此書載永樂大典中、尚首尾完具、猶當時祕府舊本。今錄而傳之、俾論易者知蔡氏之學不徒以術數見、而朱子之徒亦未嘗全棄古義焉。

周易要義十卷（副都御史黃登賢家藏本）

宋魏了翁撰。了翁字華父、號鶴山、臨邛人。慶元五年進士、官至資政殿大學士、參知政事、僉書樞密院事。事蹟具宋史本傳。了翁以說經者但知誦習成言、不能求之詳博、因取諸經註疏之文、據事別類而錄之、謂之九經要義。此其中之第一部也。方回桐江集有周易集義跋、載了翁嘗言辭變象占、易之綱領、而繇彖象爻之辭、畫爻位虛之別、互反飛伏之說、乘承比應之例、一有不知、則義理闕焉。蓋其大旨主於以象數求義理、折衷於漢學宋學之閒。故是編所錄、雖主於註疏釋文、而採掇謹嚴、別裁精審、可謂翦除支蔓、擷英華。王禕雜說云、孔穎達作九經正義、往往援引緯書之說、歐陽公常欲刪而去之、其言不果行。迨鶴山魏氏作要義、始加黜削、而其言絕焉。則亦甚與以廓清之功矣。明萬歷中、張萱重編內閣書目、載九經要義尚存儀禮七冊、禮記三冊、周易二冊、尚書一冊、春秋二冊、論語二冊、孟子二冊。又類目六卷、本共爲一編。今諸經或存或佚、不能復合、故今以世有傳本者各著於錄。朱彝尊經義考彙經類中、載九經要義二百六十三卷、註曰、分見各經。然各經皆載要義、而易類則但據宋志載了翁周易集義六十四卷、不載此書、似乎即以集義爲要義。考方回周易集義跋曰、鶴山先生謫靖州、取諸經註疏、摘爲要義、又取濂洛以來諸大儒易說爲周易集義。則爲二書審矣。

東谷易翼傳二卷（兩江總督採進本）

宋鄭汝諧撰。汝諧字舜舉、號東谷、處州人。陳振孫書錄解題云、仕至吏部侍郎。浙江通志則云、中教官科、遷知信州、召爲考功郎、累階徽猷閣待制。振孫去汝諧世近、疑通志失之。其言易宗程子之說、所謂翼傳者、翼程子之傳也。然亦時有異同。其最甚者、如程子解艮其背、不獲其身、行其庭、不見其人、以爲外物不接、內欲不萌。郭忠恕得其說而守之、遂自號兼山。以是爲儒者之至學也。朱子所解雖微異、然亦以是爲克己復禮之義。獨汝諧以爲艮其背者、所謂不見可欲、使心不亂也。不見而後不亂、見則亂矣、故僅爲无咎而已。說者或大其事以爲聖人之事、非也。所見迥乎相左。又如解困井諸卦、其說亦別。然朱子解經於程子亦多所改定、蓋聖賢精義、愈闡愈深、沈潛先儒之說、其有合者疏通之、其未合於心者別抒所見以發明之、於先儒乃爲有功。是固不必守一先生之言、徒爲門戶之見也。是書前有自序及其子如岡曾孫陶孫題語、如岡稱求得眞德秀序、此本不載、蓋傳寫佚之矣。

朱文公易說二十三卷（編修勵守謙家藏本）

宋朱鑑編。案朱子世系、朱子三子、長子塾、塾二子、長曰鑑、則朱子嫡長孫也。鑑字子明、以廕補迪功郎、官至湖廣總領。朱子註易之書、爲目有五、曰易傳十一卷、曰易本義十二卷、曰易學啓蒙三卷、曰古易音訓二卷、曰蓍卦考誤一卷、皆有成帙。其朋友論難與及門之辨說、則散見語錄中。鑑彙而輯之、以成是編。昔鄭元箋注諸經、其孫魏侍中小同復裒其門人問荅之詞爲鄭志十一卷、鑑之編輯緒言、亦猶此例也。考朱子初作易傳、用王弼本、後作易本義、始用呂祖謙本。易傳宋志著錄、今已散佚。當理宗以後、朱子之學大行、賸語殘編、無不奉爲球璧、不應手成巨帙、反至無傳。殆以未定之說、自削其稾、故不復流布歟。鑑是書全採語錄之文、以補本義之闕。其中或門人記述、未必盡合師說、或偶然問荅、未必勒爲確論、安知無如易傳之類爲朱子所欲刊除者。然收拾放佚、以備考證、亦可云能世其家學矣。

易學啓蒙小傳一卷附古經傳一卷（兩江總督採進本）

宋稅與權撰。與權始末未詳。據其自序、知爲魏了翁門人。據書末史子翬跋、知其字曰巽甫。據書錄解題載其周禮折衷一條、知爲臨邛人爾。初、朱子作易學啓蒙、多發邵氏先天圖義。至與袁樞論後天易、則謂嘗以卦畫縱橫反覆求之、竟不得文王所以安排之意、是以畏懼不敢妄爲之說。與權從魏了翁講明邵氏諸書、於觀物篇得後天易上下經序卦圖、證以雜卦傳及揚雄所稱文王重易六爻、互用兩卦十二爻、孔穎達所稱六十四卦二二相偶、非覆即變之說。知乾坤坎離頤中孚大過小過不易之八卦爲上下兩篇之榦。其互易之五十六卦爲上下兩篇之用。即其圖反覆觀之、上下經皆爲十八卦、始終不出九數、以明羲文之易、似異而同。蓋闡邵子之說、以補啓蒙之未備、所謂持之有故、而執之成理者也。史子翬跋、稱因是書悟乾坤納甲之義、乾自甲而壬、坤自乙而癸、其數皆九、而疑其乾九能兼坤六、坤陰不能包乾陽之說。謂六之中有一三五、則九數固藏於六、欲更與與權商之。蓋天下之數、不出奇偶、任舉一義、皆有說可通、愈推而愈各有理、此類是矣。謂非易之根本則可、謂非易中之一義則又不可也。

周易輯聞六卷附易雅一卷筮宗一卷（內府藏本）

宋趙汝楳撰。汝楳、商王元份之七世孫、資政殿大學士善湘之子。理宗時官至戶部侍郎。考宋史趙善湘傳、載其說易之書、有約說八卷、或問四卷、指要四卷、續問八卷、補過六卷。蓋研究是經、用功最久、故汝楳承其家學、以作是編。其說據漢書儒林傳稱費直惟以彖象繫辭十篇文言解說上下經、疑說卦序卦雜卦皆爲漢儒竄入、又以繫辭多稱子曰、定爲門人所記、非夫子之書、因置此諸傳、惟註經文。其以彖傳散附彖辭、小象散附爻辭、仍用王弼之本。其以大象移於卦畫之後、彖辭之前、以文言散附乾坤彖傳及小象後、則又汝楳之新意。割裂顚倒、殊屬師心。又王弼本雖移傳附經、尚有彖曰象曰文言曰字、以存識別。汝楳併此而去之、使經傳混淆、茫然莫辨、尤爲治絲而棼。其每卦之中、皆以卦變立論、亦未免偏主一隅。然其說推闡詳明、於比應乘承之理、盈虛消長之機、皆有所發揮，不同穿鑿，於宋人易說之中，猶爲明白篤實。易雅一卷，總釋名義，略如爾雅之釋詩，故名曰雅。其目曰通釋、曰書釋、曰學釋、曰情釋、曰位釋、曰象釋、曰辭釋、曰變釋、曰占釋、曰卦變釋、曰爻變釋、曰得失釋、曰八卦釋、曰六爻釋、曰陰陽釋、曰太極名義釋、曰象數體用圖釋、曰圖書釋，凡十八篇。其論圖書曰：易有衍數，有積數。自五衍而爲五十者，衍數也。自一二三四五積而爲五十五者，積數也。圖書二數皆積數之儒，不可以與於揲蓍也。故舍圖書之名而論二數，則自有妙理。强二數以圖書之名，則於經無據。可謂善於解紛矣。筮宗一卷，朱彝尊經義考作三卷，蓋是書原本題釋本第一、述筮第二、先傳考第三。彝尊以一篇爲一卷也。其推明大衍之數，頗爲明白。於諸家舊說，一一條辨，亦具有考訂云。

用易詳解十六卷（永樂大典本）

宋李杞撰。杞字子才，號謙齋，眉山人。仕履未詳。考宋有三李杞。其一爲北宋人，官大理寺丞，與蘇軾相唱和，見烏臺詩案。一爲朱子門人，字良仲，平江人，即嘗錄甲寅問答者。與作此書之李杞均非一人。或混而同之者，誤也。其書原本二十卷。焦竑經籍志作謙齋詳解。朱彝尊經義考作周易詳解。考杞自序，稱經必以史證，後世岐而爲二，尊經太過，反入於虛無之域，無以見經爲萬世有用之學，故取文中子之言，以用易名編。其述稱名之義甚詳。竑及彝尊殆未見原書，故傳聞譌異歟。外間久無傳本，惟永樂大典尚散見各韻中。採掇裒輯，僅闕豫、隨、无妄、大壯、睽、蹇、中孚七卦，及晉卦後四爻，其餘俱屬完善。謹排次校核，釐爲十六卷。書中之例，於每爻解其辭義，復引歷代史事以實之。如乾初九稱舜在側微，乾九二稱四岳薦舜之類。案易爻有帝乙、高宗之象，傳有文王、箕子之辭，是聖人原非空言以立訓。故鄭康成論乾之用九，則及舜與禹、稷、契、皋陶在朝之事。論隨之初九，則取舜賓於四門之義。明易之切於人事也。宋世李光、楊萬里等，更博採史籍以相證明，雖不無稍涉氾濫，而其推闡精確者，要於立象垂戒之旨，實多所發明。杞之說易，猶此志矣。其中不可訓者，惟在於多引老莊之文，如蒙之初六，則引老子終日嗥而不嗄云云，以爲童蒙之義。履之象，則引莊子虎與人異類而媚養己者云云，以爲履虎尾之義。夫老莊之書，其言雖似近易，而其强弱攻取之機，形就心和之論，與易之无方无體而定之以中正仁義者，指歸實判然各殊。自葉夢得巖下放言稱易之精蘊盡在莊列，程大昌遂著爲易老通言。杞作易編，復引而伸之，是則王弼掃除漢學，流弊無窮之明驗矣。別白存之，亦足爲崇尚清談者戒也。

淙山讀周易記二十一卷（山東巡撫採進本）

宋方實孫撰。實孫不知何許人。惟劉克莊後山集有實孫樂府跋，稱其字曰端仲，有實孫經史說跋，稱其以所著易說上於朝，以布衣入史局，時相以其累上春官，欲令免省奉對，遂以風聞報罷，浩然而歸。其所終則不可考矣。此書舊本但題曰讀周易，案朱彝尊經義考作淙山讀周易記，蓋此本傳寫脫譌。經義考又引曹溶之言曰：宋志八卷，澹生堂目作十卷，聚樂堂目作十六卷，今世所行凡二本，一本不分卷，不知孰合之。此本凡上經八卷，下經八卷，繫辭二卷，序卦、說卦、雜卦各一卷。又不知誰所分也。其書取朱子卦變圖，別爲易卦變合圖，以補易學啟蒙所未備。其說多主於爻象，不涉空談。自序有曰：易者道也，象數也，言道則象數在其中矣。道果有耶，繫辭曰易無體；道果無耶，繫辭曰易有太極。是道自無而有也，可以識其宗旨矣。其據隨上六爻王用亨于西山、升六四爻王用亨于岐山、明夷象文王以之、革象湯武革命，證爻象非文王作，自爲確義。其據大有九三爻公用亨于天子，解上六爻公用射隼于高墉之上，小過六五爻公弋取彼在穴，證爻辭非周公作，則必不然。說易者本不云公周公也。然其大旨則較諸家爲淳實矣。

周易傳義附錄十四卷（兩江總督採進本）

宋董楷撰。楷字正叔，台州臨海人。寶祐四年進士，官至吏部郎中。其學出於陳器之，器之出於朱子，故其說易，惟以洛閩爲宗。是編成於咸淳丙辰，合程子傳、朱子本義爲一書，而采二子之遺說附錄其下，意在理數兼通，又引程朱之語以羽翼程朱。亦愈於逞臆鑿空，務求奇於舊說之外者。惟程子傳用王弼本，而朱子本義則用呂祖謙所定古本，楷以程子在前，遂割裂朱子之書，散附程傳之後。洎及明永樂中胡廣等纂周易大全，亦仍其誤。至成矩專刻本義，亦用程傳之次序，鄉塾之士，遂不復知有古經，則楷肇其端也。然楷本以經文平書，而十翼之文則下一格書之、其本義無所附麗者則仿諸經疏文某句至某句之例、朱書其目以明之、猶爲有別。今本經傳一例平書、而本義亦意爲割綴、則愈失愈遠、又非楷所及料矣。

易學啟蒙通釋二卷、內府藏本、

宋胡方平撰。方平字師魯、號玉齋、婺源人。據董眞卿周易會通、載是書有方平至元己丑自序、則入元已十四年矣。然考熊禾跋、稱己丑春讀書武夷山中、有新安胡君庭芳來訪、出其父書一編、曰易學啟蒙通釋。又劉涇跋亦稱一日約退齋熊君訪雲谷遺跡、適新安胡君庭芳來訪、出易學啟蒙通釋一編、謂其父玉齋平生精力盡在此書、輒爲刻置書室云云。則己丑乃禾與涇刊書作跋之年、非方平自序之年、眞卿誤也。方平之學出於董夢程、夢程之學出於黃榦、榦、朱子壻也。故方平及其子一桂皆篤守朱子之說。此書卽發明朱子易學啟蒙之旨。案朱子易學啟蒙序曰、近世學者類喜談易、而專於爻義者、既支離散漫而無所根據。其涉於象數者、又皆牽合附會、而或以爲出於聖人心思智慮之所爲也。若是者、余竊病焉。因與同志頗輯舊聞、爲書四篇、以示初學、使毋疑於其說云云。蓋易之爲道、理數並存、不可滯於一說。朱子因程傳專主明理、故兼取邵子之數以補其偏、非脫略易理、惟著此書以言數也。後人置本義不道、惟假借此書以轉相推衍、至於支離轇轕而不已、是豈朱子之本旨乎。方平此書、雖亦專闡數學、而根據朱子之書、反覆詮釋、所採諸書、凡黃榦董銖劉爚陳埴蔡淵蔡沈六家、皆朱子門人。又蔡模徐幾翁泳三家、模、蔡淵子、幾、泳皆淵之門人。故所衍說尚不至如他家之竟離其宗、是亦讀啟蒙者所當考矣。董眞卿所稱方平自序、今本佚之、惟存後序一篇。朱彝尊經義考乃竟以朱子原序爲方平之序、可謂千慮之一失。徐氏通志堂刻本、於此序之末題淳熙丙午暮春既望雲臺眞逸手記、是顯著朱子之別號矣。而其標目乃稱易學啟蒙通釋序。淳熙丙午下距至元己丑凡一百一十三年、朱子安知有通釋乎。今刊正之、俾無滋後來之疑焉。

三易備遺十卷、內府藏本、

宋朱元昇撰。其子士立補葺。元昇字日華、里貫未詳。惟卷首載咸淳八年兩浙提刑家鉉翁進書狀、稱承節郎差處州龍泉遂昌慶元及建寧松溪政和巡檢朱元昇。卷末士立跋、稱咸淳庚午備遺成帙、則堂家先生用聞於朝、三載先子歿云云。疑其卽終於是官。庚午爲咸淳六年、而狀署八年、殆傳寫誤六爲八歟。其書本河圖洛書一卷、連山三卷、歸藏三卷、周易三卷。元昇自序亦兼言三易、而鉉翁進狀、特稱其著中天歸藏書數萬言、未詳其故。豈以先天後天皆儒者所傳述、而中天之說元昇創之、故標舉見異耶。然干寶周禮註稱伏羲之易小成爲先天、神農之易中成爲中天、黃帝之易大成爲後天、則中天實亦古名、非新義也。元昇學本邵子、其言河圖洛書、則祖劉牧、其言連山、以卦位配夏時之氣候。其言歸藏、以干支之納音配卦爻。其言周易、則闡反對互體之旨。雖未必眞合周官太卜之舊、而冥心求索、以求一合、亦可謂好學深思者。過而存之、或亦足備說易者之參考耳。

周易集說四十卷、內府藏本、

宋俞琬撰。琬字玉吾、吳縣人。生宋寶祐初、入元隱居著書、徵授溫州學錄、不赴。至延祐初始卒。生平邃於易學、初裒諸家之說爲大易會要一百三十卷、後乃掇其精華以著是編。始於至元甲申、至至大辛亥、凡四易稾。其初主程朱之說、後乃於程朱之外自出新義。嘗與孟淳講坤之六二、謂六二既中且正、是以其德直方、惟從乾陽之大、不習坤陰之小、故无不利。如此之類、其說頗異。至謂尚書顧命天球河圖在東序、河圖與天球並列、則河圖亦是玉名。如此之類、則大奇矣。然其覃精研思、積三四十年、實有冥心獨造、發前人所未發者、固不可廢也。據琬自作後序、尚有讀易舉要、讀易須知易圖纂要易經考證易傳考證六十四卦圖古占法卦爻象占分類易圖合璧連珠易外別傳諸書。今惟易外別傳有本單行、讀易舉要易圖纂要見永樂大典、餘皆未見。序稱諸編皆舊所作、將毀之而兒輩以爲可惜、又略加改竄而存於後、則舊刻本附此數書、今佚之矣。

讀易舉要四卷、永樂大典本、

宋俞琬撰。是書文淵閣書目焦竑經籍志朱睦㮮授經圖皆著於錄、然外閒傳本殊稀、故朱彝尊經義考亦云未見。今惟永樂大典尚散見於各韻之中、可以採輯。謹裒合編次、仍定爲四卷。考琬之集說、以朱子爲宗、而此書論剛柔往來、則以兩卦反對見義例、以泰否二卦彖辭、較朱子卦變之說更近自然。其易圖多本邵子、而此書論象數之學則駁張行成以元亨利貞爲周易起數於四之證、蓋不爲苟同者。至於田疇謂積乾坤屯蒙需訟之策、至於師而六軍之數皆全。史璿謂革居四十九、應大衍之數、故云天地革而四時成。節居六十而甲子一周、故云天地節而四時成。皆以偶合之見、窺聖人作易之意。琬顧取之、則殊非本旨。然琬於易、苦思力索、積平生之力爲之、意所獨契、亦往往超出前人。所列諸家著述、雖多本於晁公武、陳振孫兩家、而名字爵里閒有異同、亦可資考證。固宜與所撰集說竝行也。琬別有六十四卦圖、易圖合璧聯珠、易圖纂要諸書、舊與此書合刻。修永樂大典之時、割裂龐雜、淆其端緒。惟八分爲十六、十六分爲三十二兩圖、猶標命琬纂圖之目。其餘諸圖盡冒讀易舉要之名、合併爲一、殊爲昏亂。今悉考訂汰除、以還其舊焉。

周易象義十六卷、永樂大典本

宋丁易東撰。易東字漢臣、武陵人。仕至朝奉大夫太府寺簿、兼樞密院編修官。入元不仕、教授鄉里以終。是編因易象以明義、故曰象義。其取象之例凡十有二。曰本體、卽乾天坤地之類。曰互體、卽雜物撰德之旨。曰卦變、彖所謂大往小來、傳所謂柔來文剛、剛上文柔是也。曰正應、傳所謂剛柔內外之應是也。曰動爻、陽老則變爲陰、陰老則變爲陽是也。曰變卦、左傳所載古人占筮之法、曰乾之姤是也。曰伏卦、乾則伏坤、震則伏巽、說卦所謂天地定位、雷風相薄是也。曰互對、卽漢儒之旁通、卦義與伏通、而有本體全體之異。曰反對、損之與益、五二之辭同、夬之與姤、四三之辭同、可以類推者是也。曰比爻、初比二、二比三是也。曰原畫、陽皆屬乾、陰皆屬坤是也。曰納甲、蠱之先甲後甲、巽之先庚後庚是也。其於前人舊說、大抵以李鼎祚周易集解、朱震漢上易傳爲宗、而又謂李失之泥、朱傷於巧、故不主一家。如卦變之說則取邵子、朱子。變卦之說則取沈該、都絜。筮占之說則取朱子、蔡淵、馮椅。遠紹旁搜、要歸於變動不居之旨、亦言象者所當考也。諸家著錄、多作十卷。惟朱睦㮮授經圖作易傳十二卷、焦竑經籍志作易傳十四卷。考易東所著別無易傳之名、蓋卽此編。朱氏併其論例一卷數之、爲十二卷、焦氏又併其大衍索隱三卷數之、遂爲十四卷耳。朱彝尊經義考作十卷、註曰存。然世所傳本殘闕特甚、僅存十之二三、又非彝尊之所見。惟散見永樂大典中者排比其文、僅闕豫隨无妄大壯睽蹇中孚七卦、及晉卦之後四爻、餘皆完具。與殘本互相參補、遂還舊觀。以篇頁頗繁、謹析爲一十六卷、以便循覽。原本附有大衍策數諸圖、多已見大衍索隱中、今不複錄。其論例一卷、自述撰著之旨頗備、今仍錄以弁首焉。

易圖通變五卷、易筮通變三卷、兩江總督採進本

宋雷思齊撰。思齊字齊賢、臨川人。宋亡之後、棄儒服爲道士、居烏石觀、後終於廣信。事蹟具袁桷所撰墓誌銘。是編前有揭傒斯序、稱所著有老子本義、莊子旨義數十卷、及和陶詩三卷。吳全節序又稱其有文集二十卷。今皆未見、惟此二書存。其易圖通變自序、謂河圖之數以八卦成列、相盪相錯、參天兩地、參伍以變其數、實爲四十、而以其十五會通於中。所述河圖洛書參天兩地倚數之圖、錯綜會變等圖及河圖遺論、大旨以天一爲坎、地二爲坤、天三爲震、地四爲巽、天七爲兌、地六爲乾、天九爲離、地八爲艮、而五十則爲虛數。其說雖與先儒不同、而案以出震齊巽之義、亦頗相脗合。林至易裨傳序所謂易道變化不窮、得其一端、皆足以爲說者也。其易筮通變凡五篇、一曰卜筮、二曰立卦、三曰九六、四曰衍數、五曰命蓍、亦多自出新意、不主舊法。自雲霽道藏目錄載二書於太元部若字號中。蓋圖書之學、實出道家、思齊又本道家衍說之以附於易、固亦有由云。

欽定四庫全書總目卷三

欽定四庫全書總目卷四

經部四

易類四

讀易私言一卷（兩江總督採進本）

元許衡撰。衡字平仲，河内人，官至集賢殿大學士兼國子祭酒，謚文正，事蹟具元史本傳。其書論六爻之德位，大旨多發明繫辭傳同功異位、柔危剛勝之義，而又類聚各卦畫之居於六位者，分别觀之，蓋健順動止入說陷麗，其吉凶悔吝又視乎所值之時，而必以正且得中爲上，孔子彖象傳每以當位不當位得中行中爲言，衡所發明，蓋本斯旨。此書本在衡文集中，元蘇天爵文類、明劉昌中州文表皆載之。國朝曹溶採入學海類編，通志堂刊九經解，遂從舊本收入，而何焯校正九經解目錄，以爲卽元李簡之書。今考簡所撰學易記，其書具在，未嘗與此書相複，且永樂大典所載，亦作許衡，則非簡書明甚。焯之所校，不知何以云然也。

易本義附錄纂疏十五卷（内府藏本）

元胡一桂撰。一桂字庭芳，號雙湖，婺源人。景定甲子領鄉薦，試禮部不第，教授鄉里以終。事蹟具元史儒學傳。是編以朱子本義爲宗，取文集語錄之及於易者附之，謂之附錄；取諸儒易說之合於本義者纂之，謂之纂疏。其去取别裁，惟以朱子爲斷。元史稱其受易源流出於朱子，殆以啟蒙翼傳及是書歟。陳櫟稱一桂此書於楊萬里易傳無半字及之。今檢其所引，櫟說信然。蓋宋末元初講學者門户最嚴，而新安諸儒於授受源流辨别尤甚。萬里易傳雖遠宗程子，而早工吟咏，與范成大、陸游齊名，不甚以講學爲事，故雖嘗薦朱子，拒韓侂胄，而慶元黨禁獨不列名。一桂蓋以詞人擯之，未必盡以其書也。

易學啟蒙翼傳四卷（内府藏本）

元胡一桂撰。一桂之父方平嘗作易學啟蒙通釋，一桂更推闡而辨明之，故曰翼傳。自序稱去朱子纔百餘年，而承學漸失，如圖書已釐正矣，復仍劉牧之謬者有之；卜筮之數灼如丹青矣，復祖尚元旨者又有之。因於本義附錄纂疏外，復輯爲是書。凡爲内篇者三：一曰舉要，以發辭變象占之義；二曰明筮，以考史傳卜筮卦占之法；三曰辨疑，以辨河圖洛書之同異，皆發明朱子之說者也。爲外篇者一，則易緯候諸書以及京房、飛候、焦贛易林、揚雄太元、司馬光潛虛以至邵子皇極經世諸法，亦附錄其概，以其皆易之支流，故别之曰外。大致與其父之書互相出入，而方平主於明本旨，一桂主於辨異學，故體例各殊焉。

易纂言十卷（内府藏本）

元吳澄撰。澄字幼清，號草廬，崇仁人。宋咸淳末舉進士不第，入元以薦擢翰林應奉文字，官至翰林學士，卒謚文正，事蹟具元史本傳。是書用呂祖謙古易本經文，每卦先列卦變主爻，每爻先列變爻，次列象占，十翼亦各分章數，其訓解各附句下，音釋考證則經附每卦之末，傳附每章之末，間有文義相因，卽附辨於句下者，偶一二見，非通例也。澄於諸經好臆爲點竄，惟此書所改則有根據者爲多。如師卦文人吉，改大人吉，據崔憬所引子夏傳；比卦比之匪人下增凶字，據王肅本；小畜卦輿說輻改輿說輹，據許慎說文；尚德載改尚得載，據京房、虞翻、子夏本；泰卦包荒改包巟，據說文及虞翻本；大畜卦曰閑輿衛改日閑輿衛，從鄭元、虞翻、陸希聲本；萃卦萃亨，删亨字，從馬融、鄭元、虞翻、陸績本；困卦劓刖改臲卼，據荀爽、王肅、陸績本；鼎卦其形渥改其刑剭，據鄭元本；比彖比吉也，删也字，據王昭素本；賁彖補剛柔交錯四字，據王弼注；震彖驚遠而懼邇也下補不喪匕鬯四字，據王昭素所引徐氏本；漸彖女歸吉也改女歸吉利貞，據王肅本；坤象履霜堅冰改初六履霜，據魏志；坎象樽酒簋貳，删貳字，據陸德明釋文（案澄注明言舊本有貳字，陸氏釋文無之。今世所行張弧、陸希聲本皆同，是傳文已删去貳字。徐氏通志堂本乃剜補刊板增入貳字，是顧湄等校正之時，以不誤爲誤也，謹附訂於此。）；繫辭上傳繫辭焉而明吉凶下補悔吝二字，據虞翻本；繫辭下傳何以守位曰仁改何以守位曰人，據王肅本；耒耨之利改耒耜之利，據王昭素本；以濟不通下删致遠以利天下六字，據陸德明釋文；序卦傳故受之以履下補履者禮也四字，據韓康伯本。皆援引古義，具有源流，不比師心變亂，其餘亦多依傍胡瑗、程子、朱子諸說，澄所自爲改正者，不過數條而已。惟以繫辭傳中說上下經十六卦十八爻之文定爲錯簡，移置於文言傳中，則悍然臆斷，不可以爲訓矣。然其解釋經義，詞簡理明，融貫舊聞，亦頗賅洽，在元人說易諸家固終爲巨擘焉。

易纂言外翼八卷（永樂大典本）

元吳澄撰。澄所著易纂言義例、散見各卦中、不相統貫、卷首所陳卦畫亦粗具梗概、未及詳言、因復作此書以暢明之。纂言有通志堂刻本、久行於世。此書則傳本漸罕、近遂散佚無存。朱彝尊經義考云、見明崑山葉氏書目、載有四冊、而亦未睹其書。今惟永樂大典尚分載各韻之下。考澄所作小序、原書蓋共十二篇。一曰卦統、以八經卦之純體合體者爲經、六十四卦之雜體者爲緯、乃上下經篇之所由分。二曰卦對、以奇偶反易成二卦、成上下篇相對。三曰卦變、言奇偶復生奇偶、其用無窮。四曰卦主、因无妄傳而推之、以明一經之義。五曰變卦、言剛柔交相變、而一卦可爲六十四卦。六曰互卦、言中四爻復具二卦、以爲一卦。七曰象例、凡經之取象皆類聚之、以觀其通。八曰占例、言元亨利貞吉凶无咎、其義皆本於天道。九曰辭例、乃象例占例所未備、而可以互見者。十曰變例、言揲蓍四營十八變之法。十一曰易原、明河圖洛書先後天圖。十二曰易流、備舉揚雄以下擬易之書。今缺卦變變卦互卦三篇、易流缺半篇、易原疑亦不完。然其餘尚首尾整齊、無所遺失。自唐定正義、易遂以王弼爲宗、象數之學、久置不講。澄爲纂言、一決於象、史謂其能盡破傳注之穿鑿。故言易者多宗之。是編類聚區分、以求其理之會通。如卦統卦對二篇、言經之所以釐爲上下、乃程朱所未及。象例諸篇、闡明古義、尤非元明諸儒空談妙悟者可比。雖稍有殘缺、而宏綱巨目、尚可推尋。謹依原目編次、析爲八卷、俾與纂言相輔而行焉。

易原奧義一卷、周易原旨六卷（內府藏本）

元寶巴撰。（案寶巴舊本作保八、今改正。）寶巴字普菴、色目人、居於洛陽。是書前有進太子牋、結銜稱太中大夫前黃州路總管兼管內勸農事。又有任士林序、稱貳卿寶公。不知其終於何官也。牋末不題年月。黃虞稷千頃堂書目、稱舊有方回牟巘二序。案回巘皆宋末舊人、則寶巴爲元初人矣。是書原分三種、統名易體、用本程子之說、卽卦體以闡卦用也。朱彝尊經義考、載易原奧義一卷、存、周易原旨六卷、存、周易尚占三卷、佚。考陳繼儒祕笈中有周易尚占三卷、書名與卷數並符。書前又有大德丁未寶巴序、人名亦合。然序稱爲瑩蟾子李清菴撰、不云寶巴自作。其書乃用錢代蓍之法、以六爻配十二時五行六親六神合月建日辰以斷吉凶、亦非尚占之本義。序文鄙陋、尤不類讀書人語。蓋方技家傳有是書、與寶巴佚書其名偶合。明人喜作僞本、遂撰寶巴序文以影附之、不知寶巴說易、並根柢宋儒、闡發義理、無一字涉京焦讖緯之說。其肎以此書當古占法哉。今辨明其妄、別存目於術數類中、而寶巴原書則仍以所存二種著錄、庶闕而眞、猶勝於全而僞焉。

周易程朱傳義折衷三十三卷（浙江吳玉墀家藏本）

元趙采撰。采字德亮、號隆齋、潼川人。其書用注疏本、節錄程子易傳朱子本義之說、益以語錄諸書、列之於前、而各以己說附於後、所謂折衷也。所注僅上下經、殆以程子所傳不及繫辭以下歟。前有采自序、稱有康節邵子推明羲文之卦畫而象數之學著。有伊川程子推衍夫子之意而卦畫之理明。洎武夷朱文公作本義、釐正上下經十翼而還其舊作。啟蒙本邵子而發先天、雖本義專主卜筮、然於門人問答又以爲易中先儒舊說皆不可廢。但互體飛伏納甲之類、未及致思耳。故愚以爲今時學者之讀易、當由邵程朱三先生之說泝而上之云云。故其書雖以宋學爲宗、而兼及於象數變互、尚頗存古義、非竟暖暖姝姝守一先生之言也。顧炎武日知錄謂割裂本義以入程傳、始於胡廣之修大全。然董楷已用程子之本而附以本義、采又因之、則其來有漸矣。炎武專責胡廣、殆未見二書歟。

周易衍義十六卷（浙江吳玉墀家藏本）

元胡震撰。震自署曰廬山深溪、又題將仕佐郎南康路儒學致仕教授。書前有自序、作於大德乙巳、蓋成宗九年也。又有其子光大識語、稱幾成書而下世。後十年、始克纂集成編。則其書實成於光大之手矣。書中於乾坤二卦卦辭下接彖傳、繼以釋彖之文言、次大象、次爻辭、下接小象、繼以釋爻之文言。又置雜卦於序卦之前、序次頗爲顚倒。昔李過作西谿易說、改乾坤二卦經文次第、割裂文言分附卦爻、胡一桂譏其混亂古經。此書實同其病。前後脫簡、亦不一而足。或傳寫者失其原次、故錯紊若此歟。其於經文訓詁、大都皆舉史事以發明之、不免太涉泛濫、非說經家謹嚴之體。然議論尚爲平正、所引諸儒之解、亦頗詳核、多可以備參考。

祀言理而空談元妙、言數而漫衍奇耦者、猶爲此善於彼焉。

易學濫觴一卷、兩淮鹽政採進本

元黃澤撰。澤字楚望、資州人、家於九江。大德中嘗爲景星書院山長、又爲東湖書院山長、年逾八十乃終。故趙汸生於元末、猶及師事之。其易與春秋之學、皆受之於澤者也。澤垂老之時、欲注易春秋二經、恐不能就、故作此書及春秋指要、發其大凡。卷首有延祐七年吳澄題辭。謂其所言、二書蓋合爲一帙。今春秋指要亦無傳本、惟此書僅存。朱彝尊經義考載此書、注曰已佚、則彝尊亦未及見、知爲稀遘之本矣。其說易以明象爲本、其明象則以序卦爲本、其占法則以左傳爲主。大旨謂王弼之廢象數、遁於元虛。漢儒之用象數、亦失於繁碎。故折中以酌其平。其中歷陳易學不能復古者、一曰易之名義、一曰重卦之義、一曰逆順之義、一曰卦名之義、一曰卦變之義、一曰卦名、一曰易數之原、一曰易之辭義、一曰易之占辭、一曰蓍法、一曰占法、一曰序卦、一曰脫誤疑字、凡十三事。持論皆有根據。雖未能勒爲全書、而發明古義、體例分明、已括全書之宗要。因其說而推演之、亦足爲說易之圭臬矣。

大易緝說十卷、內府藏本

元王申子撰。申子字巽卿、邛州人。其始末未詳。據卷首載田澤刊書始末、惟稱其皇慶二年行省劄付充武昌路南陽書院山長、又稱其寓居慈利州天門山、垂三十年、始成春秋類傳及此書。澤爲申送行省、咨都省、移翰林國史院勘定、令本處儒學印造而已。其說春秋、主有貶無褒之說、今未之見。其說易則力主數學、而持論與先儒迥異。大旨以河圖配先天卦、以洛書配後天卦、而於陳摶、邵子、程子、朱子之說一概辨其有誤。於古來說易七百餘家中、惟取六家。一河圖洛書、二伏羲、三文王、四周公、五孔子、六周子太極圖也。其自命未免太高、不足爲據。同時有玉井陽氏者、案陽氏佚其名字、惟其姓見申子此書中、字爲陰陽之陽、蓋宋陽枋之族也。朱彝尊經義考作楊氏、誤、謹附訂於此。受易於朱子門人吳淵、已傳五世、著易說二卷以駁之。申子又一一辨荅、其大端具見於書中。蓋萬事不出乎奇偶、故圖書之學、縱橫反覆、皆可以通、彼亦一是非、此亦一是非耳。然考申子之繳繞圖書者、僅前二卷。至於三卷以後、詮解經文、仍以辭變象占比應乘承爲說、絕不生義於圖書、其言轉平正切實、多有發明。然則又何必繪圖作解、纚纚然千萬言乎。讀是書者、取其詁經之語、而置其經外之旁文可也。所解惟上下經爲詳、繫辭稍略、說卦雜卦尤略、序卦一傳則排斥非孔子之言、但錄其文而無一語之詮釋。蓋自李清臣、朱翌、葉適以來、即有是說、不始於申子。其論易中錯簡脫簡羨文凡二十有四、但注某某當作某某、而不改經文、亦尚有鄭氏注書之遺意、與王柏諸人毅然點竄者異焉。

周易本義通釋十二卷、編修勵守謙家藏本

元胡炳文撰。炳文字仲虎、號雲峰、婺源人。嘗爲信州道一書院山長、再調蘭溪州學正、不赴。元史儒學傳附載其父一桂傳中。程敏政新安文獻志所謂篤志朱子之學者也。是書據朱子本義、折衷是正、復採諸家易解、互相發明。序題延祐丙辰、蓋仁宗之三年。初名精義、後病其繁冗、删而約之、改名通釋。所著雲峰集中有與吳澄書曰、本義通釋、郭文卿守浮梁時爲刊其半、出之太早、今悔之無及也。刊本今以呈似、中有謬戾、閣下劃之繩之、幸甚云云。考炳文生於宋理宗淳祐十年、其與澄書時稱年七十、則當在延祐七年庚申、在作序之後三年、其所悔者改正與否、則不可考矣。王懋竑白田雜著曰、今刻雲峰本義通釋、上下經解極詳、以大全本考之、增多者十之三四。彖傳以後、語皆與大全同、無增多者。疑通釋自彖傳後已失去、後人鈔集大全所載以續之耳。又大全序例、謂胡氏通釋既輒變古易、又於今易不免離析先後、考今刻乃一依古易、此不可曉、或者今刻非原本歟云云。案此本前有明潘旦序、稱書經兵燹、多至亡佚、其九世孫珙及弟玠蒐遺書、得上下經而闕十翼、乃復彙萃諸集中以補之。然則今本十翼、乃珙玠所裒錄、非炳文之舊。懋竑蓋未見旦序、故有此疑。惟大全稱炳文輒變古易、又離析今文之先後、則彖傳象傳必附經文之中、何以解傳者佚而解經者不佚、又何以珙玠所得舊本、上下經文釐然完具、而不參以彖傳象傳、此則誠不可曉。然大全爲胡廣等龐雜割裂之書、所言亦不盡可據也。

周易本義集成十二卷、兩江總督採進本

元熊良輔撰。良輔字任重、號梅邊、南昌人。延祐四年嘗領鄉薦、其仕履未詳。是書前有良輔自序、稱丁巳以易貢、同志信其僭說、閔其久勤、出工費鋟梓。丁巳卽延祐四年。元舉鄉試始於延祐甲寅、是科其第二舉也。考元史選舉志、是時條制、漢人南人試經疑二道、經義一道、易用程氏朱氏、而亦兼用古注疏。不似明代之制、惟限以程朱、後併祧程而專尊朱。故其書大旨雖主於羽翼本義、而與本義異者亦頗多也。黃虞稷千頃堂書目、稱艮輔是書外有易傳集疏、不傳。考易傳集疏、元熊凱撰。江西通志載、凱字舜夫、南昌人、以明經開塾四十年、時稱遜谿先生、同邑熊艮輔受業焉。艮輔序中亦稱受易於遜谿熊氏、與通志合。截然兩人兩書。虞稷以同姓同里同時、遂誤合爲一耳。

大易象數鉤深圖三卷（內府藏本）

元張理撰。理字仲純、清江人。延祐中官福建儒學提舉。是書上卷太極圖、卽周子之圖。其八卦方位圖、則本乎說卦。又有乾知大始、坤作成物、參天兩地、及大衍五十五數諸圖。又有仰觀俯察、剛柔相摩、八卦相盪諸圖。而皆溯源於河洛。中卷天地數萬物數二圖、仍卽大衍策數。又有元會運數、乾坤大父母、復姤小父母、八卦生六十四卦、八卦變六十四卦圖。又有反對變與不變諸卦圖。以下則六十四卦之圖、分見於中下二卷、而參伍錯綜、序卦雜卦皆爲之圖。蓋純主陳摶先天之學、朱子所謂易外別傳者也。其書初少傳本、通志堂經解刻本、與劉牧之書均從道藏錄出。諸家著錄、卷帙亦復不同。朱睦㮮授經圖載理之書有周易圖三卷、易象數鉤深圖六卷、易象圖說六卷。焦竑經籍志書目與授經圖同、而鉤深圖則作三卷。朱彝尊經義考止載易象圖說六卷、而不載此書之名。蓋由未見其本、但據書目傳鈔、故輾轉歧誤。白雲霽道藏目錄以易數鉤隱圖與理此書竝屬之劉牧、亦由但據標題緝錄、未及核作者之異同。今以徐氏刻本定著三卷、併詳考舛異之故、以袪來者之疑焉。

學易記九卷（兩江總督採進本）

元李簡撰。簡里貫未詳。自序稱己未歲承乏倅泰安、己未爲延祐六年、蓋仁宗時也。其書所採自子夏易傳以逮張特立、劉肅之說、凡六十四家、一一各標姓氏。其集數人之說爲一條者、亦注曰兼采某某。其不注者、則簡之新義矣。大抵仿李鼎祚集解、房審權義海之例。自序稱在東平時與張中庸、劉佚菴、王仲徽、聚諸家易解節取之。張與王意在省文、劉之設心務歸一說、僕之所取、寧失之多、以俟後來觀者去取。又稱己未歲取向所集重加去取、則始博終約、蓋非苟作。故所言多淳實不支。其所見楊彬夫五十家解、單渢三十家解、今竝不存。卽所列六十四家遺書、亦多散佚。因簡所輯、猶有什一之傳、則其功亦不在鼎祚審權下也。

周易集傳八卷（浙江巡撫採進本）

元龍仁夫撰。仁夫字觀復、廬陵人。吉安府志作永新人。官湖廣儒學提舉。事蹟附載元史儒學傳劉詵傳內。是書成於至治辛酉。董眞卿周易會通、稱其有自序一篇、此本無之。朱彝尊經義考於舊序例皆全錄、而亦無是篇、則其佚已久矣。吉安府志云、仁夫周易集傳十八卷、立說主本義、每卦爻下各分變象辭占。今觀所注、雖根據程朱者多、而意在卽象詁義、於卦象爻象互觀析觀、反覆推闡、頗能抒所心得、非如胡炳文等徒墨守舊文者也。吉安府志又稱其謂雜卦爲占筮書、引春秋傳屯固比入、坤安震殺、皆以一字斷卦義爲證。其說似創而有本、亦異乎游談無根者。元史稱仁夫所著周易多發前儒之所未發、殆不誣矣。原書十八卷、今僅存八卷。然上下經及彖象傳皆已全具。朱彝尊曝書亭集有是書跋、謂通志堂刻經解時、以其殘闕、故未開雕云云。夫傳錄古書、當問其義理之是非、不當論其篇頁之完闕。殘編斷簡、古人尚且蒐輯。仁夫是書、上下經裒然俱完、而以不全棄之、何其傎也。況傅寅禹貢說斷、程大昌禹貢圖說、林之奇三山書傳、今以永樂大典校之、皆非完帙。而徐氏仍登梨棗、是又何說歟。今特錄存之、俾重著於世、庶於經義有所裨焉。

讀易考原一卷（兩淮馬裕家藏本）

元蕭漢中撰。漢中字景元、泰和人。此書成於泰定中。凡三篇、一論分卦、一論合卦、一論卦序。不敢顯攻序卦傳、而亦不用序卦之說。大旨以圓圖乾坤坎離居四正、爲上經之主卦、兌艮巽震居四隅、爲下經之主卦。復案圖列說、申明上經三十卦、下經三十四卦、多寡分合之不可易。及乾坤之後受以屯蒙、屯蒙之後受以需訟、次序之不可紊。卷後論三十六宮陰陽消長之機、以互明其義。漢中書不甚著。明初朱升作周易旁注、始采錄其文、附於末卷。升自記稱謹節縮爲上下經二圖於右、而錄其原文於下、以廣其傳。則是書經升編輯、不盡漢中之舊。今升書殘缺、而漢中書反附以得存。此本卽從升書中錄出別行者。朱彝尊經義考作三卷、蓋以一篇爲一卷。實無別本也。其說雖亦出於邵氏、而推闡卦序、頗具精理。蓋猶依經立義、視黑白奇偶蔓衍而不可極者、固有殊焉。

易精蘊大義十二卷（永樂大典本）

元解蒙撰。蒙字求我、吉水人。江西通志作字來我、蓋字形相近而誤也。中天曆乙巳江西鄉試。與兄子尚字觀我者、竝以善易名於時。子尚所著周易義疑通釋、久無傳本。朱彝尊經義考載蒙此書、亦注曰佚。今檢永樂大典所引蒙說尚多。自豫隨无妄大壯睽蹇中孚七卦及晉卦之後四爻外、其他皆文義完備、釐然具存。其例於彖爻之下、采輯先儒之說、而末乃發明以己意、各以蒙謂二字別之。雖原爲場屋經義而作、而薈萃羣言、頗能得其精要。凡所自注、亦皆簡明。如頤六三云、頤養之道、以安靜爲無失、二三動體、故顚拂而凶。四五靜體、故顚拂亦吉。震三爻凶、艮三爻吉、可見恒象云恒有二義、利貞者不易之恒、所以體常。利有攸往者不已之恒、所以盡變。天地聖人所以能恒者、以其能盡變也。其義雖多根柢前人、而詮釋明晰、亦殊有禆於後學。至所引諸家之說、往往不署名氏、蓋用朱子詩集傳例、雖不能盡考其由來、要皆宋元以前諸經師之緒論也。謹依文排比、正其譌舛、釐爲十二卷、著之於錄。解縉春雨堂集稱是書爲易經精義、經義考稱是書爲周易精蘊、考永樂大典所題實作解蒙周易精蘊大義。二人皆偶誤記也。今據以爲斷、庶不失其本名焉。

易學變通六卷（永樂大典本）

元曾貫撰。貫字傳道、泰和人。天曆辛巳舉於鄉、官紹興府照磨。元季兵亂、棄官家居。鄉人推率義軍、後禦龍泉寇、戰敗抗節死。事蹟見江西通志。所著四書類辨學庸標旨諸書、俱湮沒不傳。惟朱彝尊經義考載有周易變通之名、亦以爲已佚。今檢永樂大典所錄周易各卦下、收入貫說尚多。其標題實作易學變通。知彝尊未見原書、故稱名小誤矣。謹裒輯彙次、釐爲六卷。其豫隨无妄大壯晉睽蹇中孚八卦爲永樂大典所原闕者、今無可校補、亦姑仍其舊。是書純以義理說易、其體例每篇統論一卦六爻之義、又舉他卦辭義之相近者參互以求其異同之故。如乾卦云、乾六爻不言吉、無往而非吉也。初九處之以勿用、卽初九之吉。上九處之以无悔、卽上九之吉。二之見、五之飛、三四之无咎、皆然。蓋位或過於中、而聖人處之則無不中。位或失於正、而聖人處之則無不正。所謂剛健中正、純粹以精者、吉有大於此乎。坤卦云、或疑六三王事爲六五之事、然乾主君道、坤主臣道、王事乃九五大人之事、故坤卦三五、聖人皆有戒辭者、其所以正人臣之體、爲慮深矣。艮卦云、敦臨敦艮皆吉、何也、曰敦者厚道也。厚於治人則人無不服者、臨是也。厚於治己而己無不修者、艮是也。人之自處容可處於薄乎。凡此諸條、立義皆爲純正。其他剖析微細、往往能出前儒訓解之外。閒取互體立說、兼存古義、尤善持平。在說易諸家、可謂明白而篤實。且其成仁取義、無愧完人。而元史忠義傳失於記載、殊傷漏略。今蒐輯遺文、著之於錄、非惟其書足重、亦因以表章大節、發潛德之幽光焉。

周易會通十四卷（內府藏本）

元董眞卿撰。眞卿字季眞、鄱陽人。嘗受學於胡一桂。斯編實本一桂之纂疏而廣及諸家。初名曰周易經傳集程朱解附錄纂注。蓋其例編次伏羲文王周公之經、而翼以孔子之傳、各爲標目、使相統而不相雜。其無經可附之傳、則總附於六十四卦之後、是爲經傳。又取程子之傳朱子之本義夾注其下、是爲集解。其程子經說朱子語錄各續於傳之後、是爲附錄。又取一桂纂疏而增以諸說、是爲纂注。其後定名會通者、則以程傳用王弼本、本義用呂祖謙本、次第既不同、而或主義理、或主象占、本旨復殊。先儒諸說、亦復見智見仁、各明一義、斷斷爲門戶之爭。眞卿以爲諸家之易、途雖殊而歸則同、故兼搜博采、不主一說、務持象數義理二家之平。卽蘇軾朱震林栗之書爲朱子所不取者、亦竝錄焉。視胡一桂之排斥楊萬里易傳、不肯錄其一字者、所見之廣狹、謂之青出於藍可也。惟其變易經文、則不免失先儒謹嚴之意、可不必曲爲之詞耳。

周易圖說二卷（浙江吳玉墀家藏本）

元錢義方撰。義方字子宜、湖州人。嘗舉進士。其仕履則不可考矣。是書成於至正六年。上卷爲圖者七、下卷爲圖者二十。朱彝尊經義考作一卷、疑傳寫誤也。其說謂河圖爲作易之本。大傳云河出圖、洛出書、聖人則之、乃聖人卽理推數、二者可以相通、故竝言之、非謂作易兼取洛書。又引朱子之說、謂圓圖有造作、且欲挈出方圖在圓圖之外。又謂朱子易本義於先天後天卦位必歸其說於邵子、似歉然有所未足。是以不揆其陋、而有所述云云。其說較他家爲近理。然猶據陳摶以來相傳之圖書言之。其實河圖洛書雖見經傳、而今之五十五點四十五點兩圖、其爲古之圖書與否、則經傳絕無顯證。援左傳有三墳、而謂卽毛漸之書。援周禮有連山歸藏、而謂卽劉炫之書。考古者其疑之矣。且繫辭言洛書、不言卽九疇。洪範言九疇、不言卽洛書。盧辯注大戴禮記、始云明堂九室法龜文、其說起於後周。阮逸僞作關朗易傳、因而述之。於是洛書之文始傳爲四十五點、而九疇亦遂併於易。義方知九疇之非易、而不知洛書本非九疇、其辨猶爲未審。至其謂自漢以來惟孟喜本易緯稽覽圖、推易離坎震兌各主一方、餘六十卦每卦主六日七分爲有圖之始、寥寥千載、至陳摶始本易有太極兩儀四象八卦、因而重之、及天地定位等說、爲橫圖大小四圖、傳穆李以及邵子。又本帝出乎震之說、爲後天圓圖、內大橫圖之卦爲否泰反類方圖、則於因易而作圖、非因圖而作易、本末源流、粲然明白、不似他家務神其說、直以爲古聖之制作、可謂獨識其眞矣。其所演二十七圖、亦卽因舊圖而變易之、奇偶之數、愈推愈有。人自爲說、而其理皆通。譬之自古至今、弈無同局、固亦不妨存之以備一家焉。

周易爻變義蘊四卷、浙江吳玉墀家藏本、

元陳應潤撰。應潤、天台人。始末未詳。黃溍集有是書序、稱其字曰澤雲。又稱其延祐間由黃巖文學起爲郡曹掾、數年調明掾、至正乙酉調桐江賓幕。卷首應潤自序、題至正丙戌。（案經義考載此序、題至治丙戌。至治有壬戌、無丙戌、干支不合。且黃溍序題至正丙戌、序中稱延祐間余丞寧海、又數年余爲越上監運、三年余乞老金華。溍延祐二年進士、下距至治壬戌僅六年、安有乞老之事。此必經義考刊版之譌、非此本傳寫之誤也。謹附訂於此。）則是書成於桐江也。其書大旨謂義理元妙之談、墮於老莊、先天諸圖雜以參同契爐火之說、皆非易之本旨。故其論八卦、惟據說卦傳帝出乎震一節、爲八卦之正位、而以天地定位一節、邵氏指爲先天方位者、定爲八卦相錯之用。謂文王演易、必不顚倒伏羲之文、致相矛盾。其論太極兩儀四象、以天地爲兩儀、以四方爲四象、謂未分八卦、不應先有揲蓍之法、分陰陽太少。周子無極太極二氣五行之說、自是一家議論、不可釋易。蓋自宋以後、毅然破陳摶之學者、自應潤始。所注用王弼本、惟有上下經六十四卦、據春秋傳某卦之某卦例、如乾之姤曰潛龍勿用、乾之坤曰見羣龍无首吉之類、故名曰爻變。其稱一卦可變六十四卦、六爻可變三百八十四爻、卽漢焦贛易林之例。蓋亦因古占法而推原其變通之意、非臆說也。每爻多證以史事、雖不必其盡合、而因卦象以示吉凶、以決進退、於聖人作易垂訓之旨實有合焉。在宋元人易解之中、亦翹然獨秀者矣。

周易參義十二卷、浙江巡撫採進本、

元梁寅撰。寅字孟敬、新喻人。元末辟集慶路儒學訓導、以親老辭。明年兵起、遂隱居教授。明初徵修禮樂書、將授以官、復以病辭歸、結屋石門山。學者稱曰梁五經。著有禮書演義、周禮考注、春秋考義諸書。此乃所作周易義疏、成於至元六年。前有寅自序、其大旨以程傳主理、本義主象、稍有異同、因融會參酌、合以爲一。又旁採諸儒之說以闡發之。其分上下經十翼、一依古易篇次、卽朱子所用呂祖謙本。其詮釋經義、平易近人、言理而不涉虛無、言象而不涉附會。大都本日用常行之事、以示進退得失之機、故簡切詳明、迥異他家之轇轕。雖未能剖析精微、論其醇正、要不愧爲儒者之言焉。

周易文詮四卷、兩淮馬裕家藏本、

元趙汸撰。汸字子常、休寧人。師事黃澤、受易象春秋之學。隱居著述、作東山精舍以奉母。洪武二年召修元史、不願仕、乞還、未幾卒。事蹟具明史儒林傳。此書大旨源出程朱、主於略數言理。然其門人金居敬跋、稱其契先天內外之旨、且悟後天卦序之義、則亦兼用邵氏學也。經義考載八卷、此本舊鈔止四卷、然首尾完具、不似有所闕佚、或後人合併歟。原書上方、節節標題細字、詳其詞意、不類汸筆、或後來讀者所題識、於經義亦無所發明。今併從刪削。汸平生學力、多在春秋、所著說春秋之書亦最多、竝已別著於錄。其說易祇有此本、流傳頗罕。其中詮釋義理、大抵宋儒緒論爲多、不及其春秋諸書之深邃。然其於天道人事吉凶悔吝之際、反覆推闡、亦頗明暢。觀其名書曰文詮、其宗旨固可見矣。

欽定四庫全書總目卷四

欽定四庫全書總目卷五

經部五

易類五

周易大全二十四卷（內府藏本）

明胡廣等奉敕撰。考明成祖實錄、永樂十二年十一月甲寅、命行在翰林院學士胡廣侍講楊榮金幼孜脩五經四書大全。十三年九月告成、成祖親製序、弁之卷首、命禮部刊賜天下。賜胡廣等鈔幣有差、仍賜宴於禮部。同時預纂脩者、自廣榮幼孜外、尚有翰林編脩葉時中等三十九人。此其五經之首也。朱彝尊經義考、謂廣等就前儒成編、雜爲鈔錄、而去其姓名。易則取諸天台鄱陽二董氏、雙湖雲峯二胡氏、於諸書外未寓目者至多云云。天台董氏者、董楷之周易傳義附錄。鄱陽董氏者、董眞卿之周易會通。雙湖胡氏者、胡一桂之周易本義附錄纂疏。雲峯胡氏者、胡炳文之周易本義通釋也。今勘驗舊文、一一符合。彝尊所論、未可謂之苛求。然董楷胡一桂胡炳文篤守朱子、其說頗謹嚴。董眞卿則以程朱爲主而博采諸家以翼之、其說頗爲賅備。取材於四家之書、而刊除重複、勒爲一編、雖不免守匱抱殘、要其宗旨則尚可謂不失其正。且二百餘年以此取士、一代之令甲在焉。錄存其書、見有明儒者之經學、其初之不敢放軼者由於此、其後之不免固陋者亦由於此。鄭曉今言曰、洪武開科、五經皆主古注疏及宋儒。易、程朱。書、蔡。詩、朱。春秋、左公羊穀梁程胡張。禮記、陳。後乃盡棄注疏、不知始於何時。或曰始於頒五經大全時、以爲諸家說優者采入故耳。然古注疏終不可廢也。是當明盛時、識者已憂其弊矣。觀於是編、未始非千古得失之林也。

易經蒙引十二卷（江蘇巡撫採進本）

明蔡清撰。清字介夫、號虛齋、晉江人。成化甲辰進士。官至南京國子監祭酒。事蹟具明史儒林傳。是書專以發明朱子本義爲主、故其體例以本義與經文竝書。但於本義每條之首加一圈以示別。蓋尊之亞於經也。然實多與本義異同。如經分上下、朱子云以其簡袠重大、故分爲上下二篇。清則云六十四卦何以不三十二卦爲上經、三十二卦爲下經、而乃上經三十卦、下經三十四卦也。用九見羣龍无首、朱子云用九是諸卦百九十二陽爻之通例、見羣龍无首是此卦六爻皆用九者之占辭。清則云孔子象傳及文言、節節皆是主六爻皆用九者言、但本義不主此說。又云、若依朱子之說則於用九之下又當添六爻皆用九者一句。知至至之、知終終之、朱子說上句知字重、下句終字重。清則云此未必是本文之意。本文下句一知字、豈偶然哉。豈姑以對上句而無所當哉。其他不肎委曲附和、大率類此。朱子不全從程傳、而能發明程傳者莫若朱子。清不全從本義、而能發明本義者莫若清。醇儒心得之學、所由與爭門戶者異歟。

讀易餘言五卷（副都御史黃登賢家藏本）

明崔銑撰。銑字仲鳧、一字子鍾、安陽人。宏治乙丑進士。官至南京禮部侍郎。謚文敬。事蹟具明史儒林傳。是書以程傳爲主、而兼采王弼吳澄之說、與朱子本義頗有異同。大旨含象數而闡義理，故謂陳摶所傳圖象皆術數，與易無干。諸儒卦變之說亦支離無取。其上經卦略、下經卦略、大象說皆但標卦名，不載經文。繫辭輯說、卦訓則備錄傳文。蓋書非一時所著，故體例偶殊。且經有卦名，而繫辭說卦則無章名。其勢亦不能不異也。惟刪說卦廣象八章，而別以蔡清之說增損之；又序卦、雜卦、文言三傳一槩從刪，則未免改經之嫌。要其篤實近理，固不失為洛閩之傳矣。朱彝尊經義考載銑讀易餘言五卷，又載銑易大象說一卷。考此書第三卷即大象說，彝尊以其別本單行，遂析為二，偶未考也。今附著於此，不更復出焉。

易學啟蒙意見五卷 浙江汪啟淑家藏本

明韓邦奇撰。邦奇字汝節，朝邑人。正德戊辰進士，官至南京兵部尚書，諡恭簡。事蹟具明史本傳。是編因朱子易學啟蒙而闡明其說。一卷曰本圖書，二卷曰原卦畫，皆推演邵氏之學，詳為圖解。三卷曰明著策，亦發明古法，而附論近世後二變不挂之誤。四卷曰考占變，述六爻不變及六爻遞變之舊例。五卷曰七占，凡六爻不變、六爻俱變及一爻變者皆仍其舊，其二爻、三爻、四爻、五爻變者則別立新法以占之。所列卦圖，皆以一卦變六十四卦，與焦延壽易林同。然其宗旨則宋儒之易，非漢儒之易也。

易經存疑十二卷 福建巡撫採進本

明林希元撰。希元字茂貞，號次崖，同安人。正德丁丑進士，官至廣東提學僉事。見自序及王慎中序。泉州府志稱官至大理寺丞，誤也。明史儒林傳附載蔡清傳中。是書用注疏本，其解經一以朱子本義為主，多引用蔡清蒙引，故楊時喬周易古今文謂其繼蒙引而作。微有異同，其曰存疑者，洪朝選序謂其存朱子之疑，以羽翼程朱之傳義也。自序謂今必下視程朱，則吾之說焉能有易於彼，無已則上宗鄭賈。鄭賈之說，其可施於今乎。蓋其書本為科舉之學，故主於祧漢而尊宋。然研究義理，持論謹嚴，比古經師則不足，要猶愈於剽竊庸膚為時文弋獲之術者。蓋正嘉以前，儒者猶近篤實也。原刻漫漶，此本為乾隆壬戌其裔孫廷玶所刻。舊有王慎中、洪朝選二序，載朱彝尊經義考。廷玶刪之，所言皆無大發明，今亦不復補錄焉。

周易辨錄四卷 山東巡撫採進本

明楊爵撰。爵字伯脩，富平人。嘉靖己丑進士，官至山東道監察御史，以上疏極論符瑞，下詔獄，繫七年始得釋。事蹟具明史本傳。其書前有自序，題嘉靖二十四年乙巳，蓋即其與周怡、劉魁等在獄中講論所作，故取繫辭困德之辨一語為名。明史本傳作周易辨說，其名小異。然藝文志仍作周易辨錄，蓋刊本字誤也。所釋惟六十四卦，每卦惟載上下經卦辭，然其訓解則六爻及彖傳、象傳皆兼及之，特不列其文耳。其說多以人事為主，頗剴切著明，蓋以正直之操，處杌隉之會，幽居遠念，寄託良深，有未可以經生常義律之者。然自始至終，無一字之怨尤，其所以為純臣歟。

易象鈔四卷 兩淮鹽政採進本

明胡居仁撰。居仁字叔心，號敬齋，餘干人。事蹟具明史儒林傳。是書前有居仁自序，稱讀易二十年，有所得輒鈔積之。手訂成帙，取先儒圖書論說合於心得者錄之。三卷以下則皆與人論易往復劄記及自記所學，又為櫽括歌辭以舉其要。居仁之學雖出於吳與弼，而篤實則遠過其師。故在明代與曹端、薛瑄俱號醇儒。所著居業錄，至今稱道學正宗。其說易亦簡明確切，不涉支離元渺之談。考萬歷乙酉御史李頤請以居仁從祀孔子廟庭，疏稱所著有易傳、春秋傳，今頗散佚失次。朱彝尊經義考載有居仁易通解，注曰未見，而不載此書。豈此書一名易通解歟。然李頤時已稱散佚失次，何以此本獨完。疑後人裒其緒言，重為編次，非居仁手著也。

周易象旨決錄七卷 浙江巡撫採進本

明熊過撰。過字叔仁，號南沙，富順人。嘉靖己丑進士，官至禮部祠祭司郎中。明史文苑傳附載陳束傳中，稱過及陳束、王慎中、唐順之、趙時春、任瀚、李開先、呂高為嘉靖八才子。然過研思經訓，實不止以文章名。是書據過自序，初名易象旨，後遂加決錄之名。案三輔決錄，名始趙岐，而命名之義，古無傳說。以意推之，蓋定本之謂也。自序又稱初聞閩人蔡清善為易，購得其書，惟開陳宗義，不及象。於是稍記疑者，為贅言。辛丑謫入滇，晤楊慎，勸成此書。蓋初讀宋易，覺不合，乃去而為漢易。故其說以象為主，考左傳韓起適魯見易象春秋，古人既以象名，知象為易之本旨，故繫辭傳曰：易者，象也。象也者像也。王弼以下、變而談理。陳摶以下、變而言數。所謂各明一義者也。後人併而一之、概稱象數。於是喜爲杳冥之説者併而埽之、乃諱言象數。明人之易、言數者入道家、言理者入釋氏、職是故矣。過作此書、雖未能全復漢學、而義必考古、實勝支離恍惚之談。其據舊説以證今文者、凡證字一百有一、證音三十有八、證句二十有六、證脱字七十有九、證衍文三十、證當移置者三十有二、證舊以不誤爲誤者三。所據之書、如郭京之僞託舊本、吳澄之妄改古經者、概用引援、不免輕信。又如坤卦小象、但知魏志之作初六履霜、不知後漢書之實作履霜堅冰、亦間有未審。然皆據前文、非由臆撰。又但注某字據某書當作某、亦不敢擅更一字、猶屬謹嚴。在明人易説之中、固卓然翹楚矣。

易象鉤解四卷　兩淮馬裕家藏本

明陳士元撰。士元字心叔、應城人。嘉靖甲辰進士、官至灤州知州。是編專闡經文取象之義。前有士元自序、稱朱晦菴、張南軒善談易者、皆謂互體五行納甲飛伏之類俱不可廢。蓋文周象爻、雖非後世緯數瑣碎、而道則無不冒焉。傳注者惟以虛元之旨例之、有遺論矣。其履卦注又曰、京房之學授受有自、今之學士大夫擯斥不取、使聖人不因卜筮而作易、惟欲立言垂訓、則畫卦揲蓍何爲哉。朱子曰、易之取象、固必有所自來、而其爲説必已具於太卜之官、今不可復考、亦不可謂象爲假設。然則京氏之學、安知非太卜所藏者耶云云。案太卜之法雖不可考、然左傳所載變爻互體諸占、猶可以見其崖略。漢易自田何以下無異説。孟喜六日七分之學、云出田王孫、而田王孫之徒以爲非。焦贛直日用事之例、云出孟喜、而孟喜之徒又以爲非。劉向校書、亦云惟京氏爲異黨。漢書儒林傳源委秩然、可以覆案。京氏書雖多散佚、而易傳三卷猶存、其占法亦大概可考、與左傳所載迥殊。士元以京氏易當太卜所藏、殊爲無據。且京氏之法絶不主象、引以爲明象之證、亦失其眞。然其謂易以卜筮爲用、卜筮以象爲宗、則深有合於作易之本旨。故其論雖或穿鑿、而犂然有當者爲多、要勝於虛談名理、荒蔑古義者矣。是書每卷標目之下、皆題歸雲別集卷數、自五十八至六十一。蓋當時編入全集、如李石方舟集收易互體之例。其序又稱往爲彙解二卷、括其大凡。考明史藝文志、載士元易象鉤解四卷、易象彙解二卷、則彙解亦發明象學者。今以未見其書、故不著錄焉。

周易集注十六卷　浙江巡撫採進本

明來知德撰。知德字矣鮮、梁山人。嘉靖壬子舉人。萬曆三十年、總督王象乾、巡撫郭子章薦授翰林院待詔。知德以老疾辭、詔以所授官致仕。事蹟具明史儒林傳。知德自鄉舉之後、卽移居萬縣深山中、精思易理。自隆慶庚午至萬曆戊戌、閱二十九年而成此書。其立説專取繫辭中錯綜其數以論易象、而以雜卦治之。錯者陰陽對錯、如先天圓圖乾錯坤、坎錯離、八卦相錯是也。綜者一上一下、如屯蒙之類、本是一卦、在下爲屯、在上爲蒙、載之文王序卦是也。其論錯有四正錯、有四隅錯。論綜有四正綜、有四隅綜、有以正綜隅、有以隅綜正。其論象有卦情之象、有卦畫之象、有大象之象、有中爻之象、有錯卦之象、有綜卦之象、有爻變之象、有占中之象。其注皆先釋象義字義及錯綜義、然後訓本卦本爻正意。皆由冥心力索、得其端倪、因而參互旁通、自成一説。當時推爲絶學。然上下經各十八卦本之舊説、而所説中爻之象、亦卽漢以來互體之法。特知德縱横推闡、專明斯義、較先儒爲詳盡耳。其自序乃高自位置、至謂孔子沒後而易亡、二千年有如長夜。豈非伏處村塾、不盡覩遺文祕籍之傳、不盡聞老師宿儒之論、師心自悟、偶有所得、遽夜郎自大哉。故百餘年來、信其説者頗多、攻其説者亦不少。然易道淵深、包羅衆義、隨得一隙而入、皆能宛轉關通、有所闡發、亦不必盡以支離繁碎斥也。

讀易紀聞六卷　浙江吳玉墀家藏本

明張獻翼撰。獻翼字幼于、崑山人。後更名敉。嘉靖中國子監生。明史文苑傳附見皇甫涍傳末。此書乃其早年讀書上方山中所著。獻翼放誕不羈、言行詭異、殆有狂易之疾、而其説易乃平正通達、篤實不支、祧莊老之元虛、闡程朱之義理。凡吉凶悔吝進退存亡、足爲人事之鑒者、多所發明、得聖人示戒之旨。朱彝尊經義考載獻翼易注凡五種、惟讀易韻考注存。其讀易約説三卷、易雜説二卷、讀易臆説二卷及此書六卷、均注曰未見。今蒐采遺編、惟得讀易韻考及此書。韻考紕漏殊甚、如盲談黑白、聾辨宮商、已別存目。此書不載經文、但逐節

拈說有如劄記之體江南通志文苑傳稱獻翼好易十年中箋注凡三易蓋亦積漸研思而始就者殆中年篤志之時猶未頹然自放歟

八白易傳十六卷（湖北巡撫採進本）

明葉山撰山字八白里貫未詳經義考引張雲章之言曰八白本末無所考見詳其自序當是一老諸生是書屢易其稾自序凡四其初序略云予十歲讀周易越十年能厭學究語又十四年爲嘉靖丁卯又六年從鹿田精舍見楊誠齋易傳又九年爲今壬子云云再序題癸丑六月三序題丁巳三月四序題嘉靖三十九年七月攷壬子爲嘉靖三十一年由壬子逆數十六年當爲丁酉序云丁卯者由原本酉字用古體作丣故傳寫誤也據其所言此書始於壬子迄於庚申凡九年而蕆事以初序年月考之山當生於宏治十七年甲子至庚申書成時年已五十七矣其書專釋六十四卦爻辭而於彖象文言十翼皆不之及大旨以誠齋易傳爲主出入子史佐以博辨蓋借易以言人事不必盡爲經義之所有然其所言亦往往可以昭法戒也

洗心齋讀易述十七卷（兩江總督採進本）

明潘士藻撰士藻字去華號雪松婺源人萬歷癸未進士官至尚寶司少卿事蹟附見明史李沂傳其書上下經十卷繫辭至雜卦七卷每條皆先發己意而采綴諸儒之說於後前有焦竑序稱主理莫備於房審權主象莫備於李鼎祚士藻裒而擇之則所據舊說惟采周易義海周易集解二書然大旨多主於義理故取義海者較多集解所載如虞翻干寶諸家涉於象數者率置不錄蓋以房書爲主而李書輔之也案義海一百卷久佚今所存者乃李衡撮要十五卷非其舊本竑序云云豈萬歷中舊本猶存耶然宋志已不著錄陳振孫書錄解題亦云僅見四卷其一百卷者未見士藻安得而見之竑殆夸飾之詞然衡所編者其源本出於房氏卽謂之房氏書亦可也

像象管見九卷（內府藏本）

明錢一本撰一本字國瑞武進人萬歷癸未進士官至福建道監察御史以建言罷歸天啟初追贈太僕寺卿事蹟具明史本傳一本研究六經尤邃於易是書不取京焦管郭之說亦不取陳摶李之才之義惟卽卦爻以求象卽象以明人事故曰像象象者天道像其象者盡人合天之道也大旨謂由辭得象而後無虛懸說理之病知象爲像而後有神明默成之學而深闢言象遺理言理遺象彷彿其象而仍不知所以爲象之弊雖閒有支蔓而篤實近理者爲多自稱用力幾二十年亦可謂篤志矣

周易劄記三卷（山東巡撫採進本）

明逯中立撰中立字與權號確齋聊城人萬歷己丑進士由行人擢給事中以建言貶陝西按察使司知事事蹟具明史本傳是書明史藝文志不著錄朱彝尊經義考亦不載蓋當時編次無法與其兩垣奏議合爲一書故錄經解者無自而著其名也其書首爲啟蒙集略次分上經爲一卷下經爲一卷繫辭以下爲一卷不載經文但標卦名篇名隨筆記錄采之諸家者爲多其以己意論著者僅十之四五然去取頗爲精審大旨以義理爲主不失純正至中孚復姤諸卦亦參用易緯卦氣起中孚及一卦值六日七分之說蓋平心論義不立門戶之見者也

周易易簡說三卷（江蘇巡撫採進本）

明高攀龍撰攀龍字雲從無錫人萬歷己丑進士官至左都御史贈太子少保兵部尚書謚忠憲事蹟具明史本傳是書詮解易義每條不過數言自序云其知易知其能簡能易簡而天下之理得又曰五經注於後儒易注於夫子說易者明夫子之言而易明矣是其著書大旨也攀龍之學出入朱陸之閒故以心言易然其說曰天下有非易之心而無非心之易是故貴於學也學也者知非易則非心非心則非易則吉非易則凶悔吝云云則其說主於學易以檢心非如楊簡王宗傳等引易以歸心學引心學以歸禪學務屏棄象數離絕事物遁於恍惚窅冥以爲不傳之祕也是固不得謂以心言易爲攀龍之失矣

易義古象通八卷（浙江巡撫採進本）

明魏濬撰濬字蒼水松溪人萬歷甲辰進士官至右僉都御史巡撫湖廣是書前有明象總論八篇一曰原古象二曰理傳象三曰八卦正象四曰六爻位五曰卦爻畫六曰卦變七曰互體八曰反對動爻大旨謂文周之易卽象著理孔子之易以理明象又於漢魏晉唐諸人所論象義取其近正者

故名古象通。而冠以易義、言卽象以通義也。朱彝尊經義考改曰周易古象通、則與濬名書之意不合矣。明自萬歷以後、經學彌荒。篤實者局於文句、無所發明。高明者騖於元虛、流爲恣肆。濬獨能博考舊文、兼存古義、在爾時說易之家、譬以不食之碩果、殆庶幾焉。

周易像象述五卷（浙江吳玉墀家藏本）

明吳桂森撰。桂森字叔美、無錫人。萬歷丙辰歲貢生。嘗從顧憲成高攀龍講學東林。又從武進錢一本學易。一本嘗著像象管見諸書、桂森本其意而推闡之、以成是書。名曰像象述、明師承也。經文用注疏之本、惟删其卦首六畫。卷首列像象金鍼一篇、標舉大旨。卷中所注、皆一字一句、究尋義理、頗有新意可參。據桂森自序、是書成於天啟乙丑。其上方朱字評語、稱景逸高先生批者、高攀龍筆。稱錢師批者、錢一本筆也。考攀龍以天啟丙寅家居時聞逮自裁、乙丑在前一年、當猶及見。一本在萬歷中爲御史、建言黜死。天啟辛酉已追贈太僕寺少卿、不應及見此書。蓋桂森以萬歷丁巳從一本於龜山、此書業已屬草、自序所謂聞有所述以呈先生、先生爲面訂之、惜未及半而先生曳杖是也。然則桂森是書、具有淵源、非師心自用者矣。

易用五卷（福建巡撫採進本）

明陳祖念撰。祖念字脩甫、連江人。陳第子也。第所著毛詩古音考、屈宋古音義、發明引證、一洗吳棫諸家之陋、於韻學爲大有功。而所作伏羲圖贊、則支離穿鑿、一無可取。祖念學不及其父、而說易乃勝其父。其書不載經文、但於每卦詳論其義。繫辭諸傳則各標章目而詮釋之。其每卦之論、皆逐爻尋理、務以切於人事爲主。故名曰用。前有原序曰、義理無窮、非言之所能盡。故傳注於漢、疏義於唐、議論於宋、日起而日變。而易之用則隨時隨事可以自察。是以君子居則觀象玩辭、動則觀變玩占、聖人所以言易者、如是而已。傳曰、精義入神、以致用也。利用安身、以崇德也。朱文公言、人能取易一卦若一爻、熟讀而深玩之、推於事而反於身、則吉凶消長之理、進退存亡之道、無所求而不得、無所處而不當。此則致用利用之義也云云。其序後半佚脫、不知誰作。然一書大旨、具在於斯矣。每卦之末、率總論取象之義、多采互體之說。蓋其學於漢儒宋儒無所偏附云。

易象正十六卷（福建巡撫採進本）

明黃道周撰。道周字幼元、一字螭若、漳浦人。天啟壬戌進士。崇禎中官至少詹事。明亡後、爲唐王聿鍵禮部尚書、督師出婺源、師潰被執、不屈死。事蹟具明史本傳。乾隆乙未
賜謚忠端。此書孟應春謂崇禎庚辰道周在西庫始創爲之。成二十四圖、逮過北寺、毒痛之下、指節初續、又爲六十四象正。劉履丁則云三十年前道周卽有易本象八卷、疇象八卷、蓋是書之稾本也。道周初作三易洞璣、以卦圖推休咎、而未及於諸爻之變象。是編則於每卦六爻皆卽之卦以觀其變。蓋卽左氏內外傳所列古占法也。其自序曰、凡易自春秋左國暨兩漢名儒、皆就動爻以論之、虞王而下始就本卦正應以觀攻取。只論陰陽剛柔、不分七八九六。雖易有剛柔雜居之文、而卦無不動玩占之理。象正專就動爻以明之。此其述作之大旨。前列目次一卷、則以漢人分爻直日之法、案文王之卦序、以推歷代之治亂。後二卷則以河圖洛書之數自相乘除、爲三十五圖。其詩斗差圖詩斗差退限圖詩元命圖春秋元命圖、則本漢人緯書四始五際之說而別衍之、以爲推測之術、與所著三易洞璣相爲表裏。雖其以大傳所釋十一爻俱爲明之卦而作、未免附會。故朱朝瑛曰、易象正道周之自爲易也。孔子之所不盡言、言之不盡意者也。然引伸觸類、要亦易之一隅。宋儒沈該之易傳、都絜之易變體義、皆發明之卦、與是書體例相似。而是書則每爻之下、先列本卦之象辭、次列本卦之象辭、然後列本爻之象辭、與沈氏都氏之書又各不同。存之以爲二家之外傳、亦無不可也。

案此書及三易洞璣、皆邵氏皇極經世之支流也。三易洞璣全推衍於易外、故入之數學。此及倪元璐易內外儀、有轇轕於易外者、猶有據經起義、發揮於易中者。且皆忠節之士、當因人以重其書、故此二編仍附錄於經部焉、非通例也。

兒易內儀以六卷兒易外儀十五卷（浙江巡撫採進本）

明倪元璐撰。元璐字玉汝、上虞人。天啟壬戌進士。歷官戶部尚書、兼禮部尚書、翰林學士。崇禎甲申殉難。
世祖章皇帝賜謚文貞。事蹟具明史本傳。是書內儀以專以

大象釋經，每卦列卦爻辭至大象而止。以六十四卦大象俱有以字，以之爲言用也，故以名書。外儀則有原始、正言、能事、盡利、曲成、申命六目，而又別爲小目以紀之，皆取繫辭中字義名篇，篇各有圖。朱彝尊經義考曰：倪氏元璐兒易內儀六卷、外儀十五卷，內儀之下無以字，然此編爲當時刊本，實有以字，則經義考誤脫也。其名兒易者，蔣雯階序謂公作兒易，兒者姓也。攷說文倪兒本二字，惟漢書兒寬傳兒與倪同，則是古字本可通用。然考元璐自序，實作孩始之義，其文甚明，則雯階不免於附會。萬歷中紫溪蘇濬已先有兒易，豈亦寓姓乎。元璐是書，作於明運阽危之日，故其說大抵憂時感世，借易以抒其意，不必盡爲經義之所有。然易與於中古，而作易者有憂患，其書不盡言，其言不盡意，而引伸觸類，其理要無不包。春秋繁露其言不盡比附春秋，而儒者至今尊用之，爲其大義與春秋相發明也。元璐是書，可作是觀。蓋與黃道周三易洞璣等書同爲依經立訓者也。其人足並傳，其言亦足並傳，必以章句訓詁核其離合，則細矣。

卦變考略一卷（浙江巡撫採進本）

明董守諭撰。守諭字次公，鄞縣人，天啟甲子舉人。是書成於崇禎癸未，大旨以卦變之說出於漢學，程子始廢斥之，朱子謂伊川不信卦變，故於柔來文剛等處無依據，於是兼采其說，又以意變之，凡十九卦。今本義第九圖是也。然朱子上經釋變卦者九，唯訟卦與變卦圖同，餘則如隨自困噬嗑未濟來，據圖則自否泰來。下經釋變卦者十，唯晉卦與圖同，餘則如復變師、姤變同人之類，例以復初上爲師之二，復二下爲師之初，姤初上爲同人之二，姤二下爲同人之初，及與初九變爲初爻之八、初六變爲初爻之七，皆不免前後異例。於是上考鄭顗、京房、蜀才、虞翻諸家之說，定爲此圖。每卦皆參列古法，斷以己意。宋元諸儒以及明來知德之屬，亦參考焉。其言率有根據，不同他家之穿鑿。其證以象文，雖不免有所附會，然如謂屯本坎卦，初六升二，九二降初，是爲剛柔始交。比本師卦，一陽居二，則爲師衆所宗，故爲師，變而居五，則爲天下所附，故爲比。謙卦乾之上九來居坤三，是天道下濟而光明，坤之六三上升乾位，是地道卑而上行。豫卦復初變五體比象，故利建侯。復初升二體師象，故利行師。於經文亦往往巧合。惟其篇末有曰：或謂變乃易中之一義，非畫卦作易之本旨，愚獨以爲不然，則主持未免太過。夫乾坤之生六子，猶陰陽之生五行也，其配而爲六十四卦，猶干支之配爲甲子也。其因卦而推奇偶之變，猶干支相配而推衝合制化也。駁卦變者謂不應先有某卦，後有某卦，是猶談五行者謂水生於庚辛，不化於丙辛，火生於甲乙，不化於戊癸也。主卦變者以此爲作易之本，六十四卦皆自此來，是又猶以化氣爲本氣，亦乖五行相生之旨矣。故卦變之說不可謂非易之一義，亦不可謂爲本義。漢以來儒者相傳，要必有取，並存以備參考可矣。

古周易訂詁十六卷（浙江巡撫採進本）

明何楷撰。楷字元子，晉江人，天啟乙丑進士，官至吏科給事中。唐王聿鍵起兵於閩，以爲禮部尚書。旋爲鄭芝龍所軋，憤恚而卒。事蹟具明史本傳。是書成於崇禎癸酉，蓋其筦榷江南時所作。卷末附以荅客問一篇，借詁經以言時事也。觀其自序，論分經合傳之非古，然復引魏淳于俊對高貴鄉公語，則又未始不以分附爲便，故其前分上下經爲六卷，而彖象繫辭諸傳之文仍隨卦分列，猶祖費直之意。而七卷後則仍列十翼原文，以還田何之舊，蓋分經分傳以存古本，而經下所列十翼之文則引以互證，故皆低一格書之，以別於後之正文。其仍以古周易標目，蓋以是也。惟於上下經內又別立初中終諸名，則自我作古耳。楷之學雖博而不精，然取材宏富，漢晉以來之舊說，雜采並陳，不株守一家之言，又辭必有據，亦不爲懸空臆斷、穿鑿附會之說，每可以見先儒之餘緒。明人經解空疎者多，棄短取長，不得已而思其次，楷書猶足備采擇者，正不可以駁雜廢矣。

周易玩辭困學記十五卷（山東巡撫採進本）

明張次仲撰。次仲字元岵，海寧人，天啟辛酉舉人。是書前有自序，謂賦性顓愚，不敢侈談象數，又雅不信讖緯之說，惟於語言文字間求其諦當有益身心者，輒便疏錄，歲久成帙。經二十餘年，凡六七易稾而後成。持論最爲篤實，於乾卦還用王弼本，以便解詁，而仍列鄭康成本於簡端，前集諸儒之論及己論數十條爲讀易大意。其所論辨，如謂八卦因重之法，自十六、三十二以至六十四，卦變某卦自某卦而來，皆夫子所不言，河圖洛書之外，別無他圖。後人依託夫子之言而支離蔓衍，又謂一卦六爻如主伯亞旅，無此以爲君子，彼以爲小人反背錯綜之理，盡掃除轇轕之說，獨以義理爲宗者。雖盡廢諸家義例，未免開臆斷之門，然其盡廢諸圖，則實有剷削榛蕪之力。且大旨切於人事，於學者較爲有裨。視繪畫連篇，徒類算經、卒譜，而易理轉置不講者，勝之遠矣。

欽定四庫全書總目卷五

欽定四庫全書總目卷六

經部六

易類六

易經通注九卷 湖北巡撫採進本

國朝大學士傅以漸、左庶子曹本榮奉
敕撰。首載順治十三年十二月十五日
諭旨，次載順治十五年十月以漸等進書表，次爲以漸恭撰序文。恭繹
世祖章皇帝聖訓，謂自魏王弼、唐孔穎達有注與正義，宋程頤有傳，朱熹本義出，學者宗之。明永樂間命儒臣合元以前諸儒之說彙爲大全，皆於易理多所發明。但其中同異互存，不無繁而可刪、華而寡要。且迄今幾三百年，儒生學士發揮經義者亦不乏人，當加採擇，折衷諸論，簡切洞達，輯成一編，昭示來茲。仰見
聰明天亶，
睿鑒高深，
萬幾餘閒，游心經術，洋洋
謨訓，發四聖之精微，衡諸儒之得失，斟酌乎象數義理，折以大中，非儒生株守專門，斤斤一家之言者所能窺見萬一。以漸等恪遵
指授，亦能鎔鑄衆說，薈萃微言，詞簡理明，可爲說經之圭臬。緣其書上備
乙覽，外閒莫得而窺，僅有原奏實藏曹本榮子孫之家。今奉
皇上求書
明詔，湖北巡撫乃繕錄進
呈。原本未標書名，恭閱
五朝國史傳，以漸、曹傳有順治十三年十月纂脩易經通注之文，謹據以補題。伏思此書推闡聖經，發明精義，雖編摩於衆手，實稟受於
聖裁。允宜寶軸瑯函，昭示無極，俾天下萬世共仰
世祖開天明道之功，且以見
國家文治，超邁古今，本本元元，一皆欽承
祖訓，故重熙累洽，百有餘年，而有
今日之極盛焉。

日講易經解義十八卷

康熙二十二年

聖祖仁皇帝御定。易爲四聖所遞傳，則四聖之道法治法具在於是。故其大旨在卽陰陽往來剛柔進退，明治亂之倚伏，君子小人之消長，以示人事之宜。於帝王之學最爲切要。儒者拘泥章句，株守一隅，非但占驗禨祥，漸失其本，卽推奇偶者言天而不言人，闡義理者言心而不言事，聖人立教，豈爲是無用之空言乎。是編爲
講幄敷陳，
睿裁鑒定，其體例與宋以來奏進講義大致略同，而於觀象之中，深明經世之道。
御製序文所謂以經學爲治法者，實括是書之樞要，亦卽括六十四卦三百八十四爻之樞要。信乎
帝王之學，能見其大，非鯫生一知半解所能窺測高深也。

御纂周易折中二十二卷

康熙五十四年

聖祖仁皇帝御纂。自宋以來，惟說易者至夥，亦惟說易者

多岐門戶交爭務求相勝遂至各倚於一偏故數者易之本主數太過使魏伯陽陳摶之說竄而相雜而易入於道家理者易之藴主理太過使王宗傳楊簡之說溢而旁出而易入於釋氏明永樂中官修易經大全龎雜割裂無所取裁由羣言淆亂無聖人以折其中也我
聖祖仁皇帝道契羲文心符周孔
幾餘典學深見彌綸天地之源
詔大學士李光地採摭羣言恭呈
乙覽以定著是編冠以圖說殿以啟蒙未嘗不用數而不以盛談河洛致晦玩占觀象之原冠以程傳次以本義未嘗不主理而不以屏斥讖緯併廢互體變爻之用其諸家訓解或不合於伊川紫陽而實足發明經義者皆兼收竝采不病異同惟一切支離幻渺之說咸斥不錄不使淆四聖之遺文蓋數百年分朋立異之見至是而盡融數千年畫卦繫辭之旨乃至是而大彰矣至於經傳分編一從古本尤足正費直以來割裂綴附之失焉

御纂周易述義十卷

乾隆二十年奉
敕撰凡卦爻四卷彖傳一卷象傳二卷繫辭傳二卷文言傳說卦傳序卦傳雜卦傳共一卷以多推闡
御纂周易折中之藴故
賜名曰述義所解皆融會羣言擷取精要不條列姓名亦不駁辨得失而隨文詮釋簡括宏深大旨以切於實用爲本故於乾卦發例曰諸爻皆龍而三稱君子明易之立象皆人事也全書綱領具於斯矣又於取象則多從古義如解乾九二曰九二剛中變離文明解坤初六曰變震爲足有履象焉解屯六二曰變兌爲女柔正故貞凡斯之類皆取於變爻也解屯六三曰震坎皆木聚於艮山故爲林解屯九五曰陷陰互艮止而不動解需九五曰坎水兌口故爲酒食凡斯之類皆取於互體也解蒙六三曰三變互兌故爲女解訟九二曰坎坤體故爲邑又互離戶象也三百離數也解訟九四曰乾初復體互巽爲命變艮爲渝艮止貞也凡斯之類皆兼取變與互也故解繫辭傳若夫雜物撰德辨是與非則非其中爻不備曰物謂八卦之爻雜謂自其中四爻雜而互之又撰成兩卦之德也是非者時物之是非皆於中爻辨之正體則二爲內卦之中五爲外卦之中互體則三爲內卦之中四爲外卦之中故皆謂之中爻云云誠爲根據先儒闡明經義蓋漢易之不可訓者在於雜以讖緯推衍禨祥至其象數之學則去古未遠授受具有端緒故王弼不取漢易而解七日來復不能不仍用六日七分之說朱子亦不取漢易而解羝羊觸藩亦不能不仍用互兌之義豈非理有不可易歟諸臣仰
承
指授於宋易漢易酌取其平探羲文之奧藴以決王鄭之是非千古易學可自此更無異議矣

讀易大旨五卷浙江巡撫採進本

國朝孫奇逢撰奇逢字啟泰號鍾元又號夏峯容城人前明萬歷庚子舉人是書乃其入
國朝後流寓河南時所作前有自序云至蘇門始學易年老才盡偶據見之所及撮其體要以示門人子弟原非逐句逐字作解故曰大旨其門人耿極爲之校訂末附兼山堂問荅及與三無道人李崶論易之語別爲一卷崶雄縣人奇逢所從學易者也後奇逢曾孫用正復取其論易之語散見他著述者五條彙冠卷首題曰義例跋稱原本序文凡例皆闕故以是補亾案奇逢說易不顯攻圖書亦無一字及圖書大意發明義理切近人事以象傳通一卦之旨由一卦通六十四卦之義凡所訓釋皆先列己說後附舊訓其平生之學主於實用故所言皆關法戒有足取焉

周易稗疏四卷附考異一卷湖南巡撫採進本

國朝王夫之撰夫之字而農號薑齋漢陽人前明舉人是編乃其讀易之時隨筆劄記故每條但舉經文數字標目不全載經文又遇有疑義乃爲考辨故不逐卦逐爻一一盡爲之說大旨不信陳摶之學亦不信京房之術於先天諸圖緯書雜說皆排之甚力而亦不空談元妙附合老莊之旨故言必徵實義必切理於近時說易之家爲最有根據其中如解訟卦鞶帶云帶無鞶名鞶者鞶纓車飾也帶所以繫佩璲及芾者考左傳后之鞶鑑杜預訓鞶爲帶說文鞶字許慎亦註爲大帶安得曰帶無鞶名又何天之衢梁武帝解何爲荷見於經典釋文夫之雖亦以爲負荷之義乃引莊子負雲氣爲證而不援梁武之說亦偶然失考至於舊井无禽訓禽爲獲尤不免於穿鑿附會然如引禮人君至命士黃裳下士雜裳以證黃裳之美引左傳班馬

證乘馬班如當讀乘爲去聲引兵法前左下後右高證師左次與論帝乙非紂父王用亨于西山非文王以及臨之八月復之七日易之逆數河圖著策之辨皆具有條理卷帙雖少固不失爲徵實之學焉

易酌十四卷 直隸總督採進本

國朝刁包撰包字蒙吉祁州人前明天啟辛卯舉人是書用注疏本以程傳本義爲主雖亦偶言象數然皆陳摶李之才之學非漢以來相傳之法也原序稱崆峒其官靈壽時欲爲刊板不果雍正初其孫顯祖又以己意附益之卷首凡例雜卦諸圖及卷中細字稱謹案者皆顯祖筆原序又稱此書爲經學之津梁亦舉業之準的考包在

國初與諸儒往來講學其著書一本於義理惟以明道爲主絕不爲程試之計是書推闡易理亦大抵明白正大足以羽翼程朱於宋學之中實深有所得以爲科舉之書則失包之本意多矣

田閒易學十二卷 副都御史黃登賢家藏本

國朝錢澄之撰澄之原名秉鐙字飲光自號田閒老人桐城人家世學易又嘗問易於黃道周初撰一書曰易見因避兵閩地失其本又追憶其意撰一編曰易火傳既而亂定歸里復得易見舊稾乃合併二編刪其重複益以諸家之說勒爲此書其學初從京房邵康節入故言數頗詳蓋黃道周之餘緒也後乃兼求義理參取王弼注孔穎達疏程子傳朱子本義而大旨以朱子爲宗其說不廢圖而以陳摶先天圖及河洛二圖皆因易而生非易果因此而作圖中奇偶之數乃揲蓍之法非畫卦之本持論平允與元錢義方之論合而義尤明暢故卷首圖象雖繁而不涉支離附會之弊獨其周易雜考一條既深慨今本非朱子之舊而徒以象傳象傳篇首之注推其說竟不能更其次第以復古本蓋劉宍舊刻

國初尚未得見故知其誤而不能改仍用注疏本也

易學象數論六卷 浙江巡撫採進本

國朝黃宗羲撰宗羲字太沖號梨洲餘姚人前明御史尊素之子康熙初薦修明史以老疾未赴是書宗羲自序云易廣大無所不備自九流百家借之以行其說而易之本義反晦世儒過視象數以爲絕學故爲所欺今一一疏通之知其於易本了無干涉而後反求程傳亦廓清之一端又稱王輔嗣注簡當而無浮義而病朱子添入康節先天之學爲添一障蓋易至京房焦延壽而流爲方術至陳摶而岐入道家學者失其初旨彌推衍而彌轇轕增宗羲病其末派之支離先糾其本原之依託前三卷論河圖洛書先天方位納甲納音月建卦氣卦變互卦筮法占法而附以所著之原象爲內篇皆象也後三卷論太元乾鑿度元包潛虛洞極洪範數皇極數以及六壬太乙遁甲爲外篇皆數也大旨謂聖人以象示人有八卦之象六爻之象象形之象爻位之象反對之象方位之象互體之象七者備而象窮矣後儒之爲僞象者納甲也動爻也卦變也先天也四者雜而七者晦矣故是編崇七象而斥四象而七者之中又必求其合於古以辨象學之譌又遁甲太乙六壬三書世謂之三式皆主九宮以參詳人事是編以鄭康成之太乙行九宮法證太乙以吳越春秋之占法國語泠州鳩之對證六壬而云後世皆失其傳以訂數學之失其持論皆有依據蓋宗羲究心象數故一一能洞曉其始末因而盡得其瑕疵非但據理空談不中窾要者比也惟本宋薛季宣之說以河圖爲即後世圖經洛書爲即後世地志顧命之河圖即今之黃冊則未免主持太過至於矯枉過直轉使傳陳摶之學者得據經典而反唇是其一失然其宏綱巨目辨論精詳與胡渭易圖明辨均可謂有功易道者矣

周易象辭二十一卷附尋門餘論二卷圖書辨惑一卷 浙江巡撫採進本

國朝黃宗炎撰宗炎字晦木餘姚人宗羲之弟也其說易力闢陳摶之學故其解釋爻象一以義理爲主如釋坤象曰乾既大矣坤能配乎乾而與之齊是乾之大坤亦至焉故曰至哉蓋乾以元施而坤受之即爲坤之元非別有元也其義爲前人所未發而於承天時行之旨无成有終之道皆分明融洽他如解豫六二介於石謂處地之中得土之堅取象極爲精確解剝六五貫魚引儀禮魚每鼎用十五頭昏禮用十四頭其數多必須貫亦頗有根據不爲牽合解解卦初六无咎云難之初解人人喜補過之有地此非人力乃天時也故直云无咎尤能得文外之意其他詮釋大都類此皆可備易家之一解至於歸妹以須須爲女之賤者舊解本

無可易，而宗炎謂須附頤以動，則以爲須髮之須，未免傷於好奇。又於易之字義多引篆文以釋之，亦不免王氏新義務用字說之弊。當分別觀之可也。後附錄尋門餘論二卷、圖書辨惑一卷，宗旨大略相同。尋門餘論兼排釋氏之說，未免曼衍於易外。其詆斥宋儒，詞氣亦傷太激。然其論四聖相傳，不應文王、周公、孔子之外別有伏羲之易，爲不傳之祕；周易未經秦火，不應獨禁其圖，轉爲道家藏匿二千年，至陳摶而始出，則篤論也。圖書辨惑謂陳摶之圖書乃道家養生之術，與元陳應潤之說合（見應潤所作爻變義蘊）。謂周子太極圖說，圖雜以仙眞，說冒以易道，亦與朱彝尊、毛奇齡所考略同（彝尊說見經義考二百八十三，奇齡說見所作太極圖說遺議）。至謂朱子從而字析之，更流於釋，則不免有意深文，存姚江、朱、陸之門戶矣。二書各有別本單行，然考周易象辭目錄，實列此二書，謂之附錄，則非別自爲編也。今仍合之，俾相輔而行焉。

周易筮述八卷（陝西巡撫採進本）

國朝王宏撰撰。宏撰字無異，號山史，華陰人。康熙己未嘗舉薦博學鴻詞。宏撰以朱子謂易本卜筮之書，故作此編，以述其義。其卷一曰原筮，曰筮儀，曰蓍數，筮儀本朱子，並參以汴水趙氏。其卷二曰揲法。其卷三曰變占，尊聖經，黜易林，稽之左傳，與朱子大同小異。其卷四曰九六，曰三極，曰中爻，中爻即互體。其卷五曰卦德，曰卦象，曰卦氣，卦氣本邵子、朱子，並附太乙祕要。其卷六曰卦辭。其卷七曰左傳國語占，曰餘論。其卷八曰推驗，采之陸氏、其涉於太異可駭者，弗載。其書雖專爲筮蓍而設，而大旨闢焦、京之術，闡文、周之理，立論悉推本於經義，較之方技者流，實區以別。故進而列之易類，不以術數論焉。

仲氏易三十卷（浙江巡撫採進本）

國朝毛奇齡撰。奇齡一名甡，字大可，號秋晴，一曰初晴，又以郡望稱西河，蕭山人。康熙己未以廩監生召試博學鴻詞，授檢討。初，奇齡之兄錫齡邃於易，而未著書，惟時時口授其子文輝。後奇齡乞假歸里，錫齡已卒，乃摭文輝所聞者，以己意潤飾成是書。或傳奇齡假歸之後，僦居杭州，一日著一卦，凡六十四日而卦成。雖以其兄爲辭，實即奇齡所自解，以理斷之，或當然也。大旨謂易兼五義：一曰變易，一曰交易，是爲伏羲之易，猶前人之所知；一曰反易，謂相其順逆，審其向背而反見之，如屯轉爲蒙、咸轉爲恆之類；一曰對易，謂比其陰陽，絜其剛柔而對觀之，如上經需、訟與下經晉、明夷對，上經同人、大有與下經夬、姤對之類；一曰移易，謂審其分聚，計其往來，而推移上下之，如泰爲陰陽類聚之卦，移三爻爲上爻，三陽往而上陰來則爲損；否爲陰陽類聚之卦，移四爻爲初爻，四陽來而初陰往則爲益之類，是爲文王、周公之易，實漢晉以來所未知。故以序卦爲用反易，以分篇爲用對易，以演易繫辭爲用移易。其言甚辨。雖不免牽合附會，以詞求勝之失，而大致引據古人，終不同於冥心臆測者也。

推易始末四卷（浙江巡撫採進本）

國朝毛奇齡撰。奇齡既作仲氏易，復取漢、唐、宋以來言易之及於卦變者，別加綜核，以爲是書。其名推易，蓋本繫辭傳「剛柔相推」一語，仍仲氏易移易義也。大旨謂朱子本義雖載卦變圖於卷首，而止以爲孔子之易，未著其爲文、周之易。因上稽干寶、荀爽、虞翻諸家，凡有卦變卦綜之說，與宋以後相生反對諸圖，具列於卷，而以推易折衷之圖系於後。朱子謂卦變乃易中之一義，而奇齡則以爲演畫繫辭之本旨，未免主持太過。然易義廣大，觸類旁通，見知見仁，各明一理，亦足與所撰仲氏易互相發明也。

春秋占筮書三卷（浙江巡撫採進本）

國朝毛奇齡撰。其曰春秋者，摭春秋傳所載占筮，以明古人之易學，實爲易作，不爲春秋作也。自漢以來，言占筮者不一家，而取象玩占存於世而可驗者，莫先於春秋傳。奇齡既於所著仲氏易、推易始末諸書發明其義，因復舉春秋內外傳中凡有得於筮占者，彙記成書。而漢、晉以下占筮有合於古法者，亦隨類附見焉。易本卜筮之書，聖人推究天下之理，而即數以立象；後人推究周易之象，而即數以明理。羲、文、周、孔之本旨如是而已。厥後象、數、理岐爲三家，而數又岐爲數派。孟喜、焦贛、京房以下，其法不可殫舉，而易於是乎愈雜。春秋內外傳所紀，雖未必無所附會，而要其占法，則固古人之遺軌。譬之史書所載，是非褒貶，或未盡可憑，至其一代之制度，則固無僞撰者也。奇齡因春秋諸占以推三代之筮法，可謂能探其本，而足關諸家之嗤者矣。

易小帖五卷（浙江巡撫採進本）

國朝毛奇齡說易之語、而其門人編次成書者也。奇齡所著經解、惟仲氏易及春秋傳二種是其自編、餘皆出其門人之手、故中閒有附入門人語者。此小帖凡一百四十三條、皆講易之雜說、與仲氏易相爲引伸。朱彝尊載之經義考、云皆西河氏紀說易之可議者。今觀其書、徵引前人之訓詁以糾近代說易之失、於王弼陳摶二派、攻擊尤力。其閒雖不免有強詞漫衍、以博濟辨之處、而自明以來申明漢儒之學、使儒者不敢以空言說經、實奇齡開其先路。其論子夏易傳及連山歸藏、尤爲詳核。第五卷所記皆商榷仲氏易之語、初稾原附載仲氏易末、後乃移入此編。舊目本十卷、今本五卷、蓋其門人編錄有所刊削。考盛唐所爲西河傳、又稱易小帖八卷、蓋十卷刪爲八卷、又刪爲五卷也。儒者尊奉一先生、每一字一句奉爲蓍蔡、多以未定之說編入語錄。故二程遺書朱子有疑、朱子語類又每與四書章句集註或問相左、皆失於簡汰之故。若盛唐者、可謂能愛其師矣。

喬氏易俟十八卷（山東巡撫採進本）

國朝喬萊撰。萊字石林、寶應人。康熙己未召試博學鴻詞、官至翰林院侍讀。是書雜采宋元後諸家易說、而參以己意。前列諸圖、不主陳摶河圖洛書先天後天方圓橫直之說。於卦變亦不取虞翻以下諸家、而取來知德之反對。其解經多推求人事、參以古今之治亂得失。如謂履卦六三爲成卦之主、而引莽卓安史解咥人之凶。謂三百八十四爻惟離九四最凶、而引燕王旦建成元吉高煦爲證。謂小畜九三爲小人籠絡君子、而引溫體仁文震孟近事爲說。蓋誠齋易傳之支流、假借牽合、或所不免、而理關法戒、終勝莊老之元談也。於經文兼註古韻、亦得失互陳。如觀卦六四象下備引顧炎武方音之說、則非未見音學五書者、而象傳協韻仍從吳棫之舊、則兼取有不可解者矣。經文用王弼之本、惟解上經下經繫辭以下一概闕如。蓋宗旨主於隨爻闡義、故餘不及焉、非脫佚也。

讀易日鈔六卷（山東巡撫採進本）

國朝張烈撰。烈字武承、大興人。康熙庚戌進士、授內閣中書。己未召試博學鴻詞、改翰林院編修、歷官左春坊左贊善。是書一以朱子本義爲宗、謂易者象也、言有盡、象無窮。伏羲畫爲奇偶、再倍而三、因重而六、文周逐卦繫象、逐畫繫爻、全是假物取象、不言理、不指事、而萬事萬理畢具、大旨在因象設事、就事陳理、猶說易家之不支蔓者。前有其子益孫升孫紀實、云此稾己刪潤四十餘過、至易簀前數日、尙合蒙引通典存疑諸書考訂知來藏往二義、旋加改補云云、則其用力亦可謂勤矣。烈之沒也、門人私謚曰志道先生、楊允長作私謚議一篇冠於此書之首。昔宋儒張載之沒、門人欲爲作私謚、司馬光力言其非。當時手帖猶載張子全書之首。古人以禮處人、不欲妄相尊重干國家易名之典、其謹嚴如是。允長等未之聞乎。今錄是書而削除是議、用杜標榜之漸焉。

周易通論四卷（兩江總督採進本）

國朝李光地撰。光地字厚菴、安溪人。康熙庚戌進士、官至大學士、謚文貞。是書綜論易理、各自爲篇。一卷二卷發明上下經大旨、三卷四卷則發明繫辭說卦序卦雜卦之義、冠以易本易教二篇、次及卦爻象彖時位德應河圖洛書、以及占筮挂扐正變環互、無不條析其意、而推明其所以然。在宋學中可謂融會貫通、卓然成一家之說。其論復无妄中孚離四卦爲聖賢之心學、亦皆以消息盈虛觀天道而脩人事、與慈湖易傳以心言易者迥殊。光地作大學古本說序、稱於易之卜筮灼然無疑、蓋宗旨既明、則巵言不得而淆之矣。其學一傳爲楊名時、有周易劄記二卷、再傳爲夏宗瀾、有易義隨記八卷、易卦劄記二卷、雖遞相祖述、而其宏深簡括則皆不及光地也。

周易觀彖十二卷（浙江巡撫採進本）

國朝李光地撰。光地嘗奉命纂修周易折中、請復用朱子古本。是編乃仍用注疏本、蓋成書在前也。其語錄及榕村全集所載、頗申明先天諸圖、而是編則惟解說卦傳天地定位一章、附舉此義、然亦不竟其說、餘皆發明易理、兼證以易象、而數則略焉。蓋亦謂邵子之學爲易外別傳也。其解繫辭傳知者觀其彖辭則思過半矣二句、曰彖辭所取、或有直用其爻義者、或有通時立而爻義吉凶準以爲決者、故以是觀之、不中不遠、惟其合始終以爲質、故時物不能外云云。觀彖之名蓋取諸此。其解九四重剛而不中句、不以重字爲衍文。解履霜堅冰陰始凝也句、不從魏志作初六履霜。解後得主而有常句、不從程傳增利字。解蓋言順也句、不以順爲愼。以及比吉也句、比之匪人句、同人曰句、小利有攸往天文也句、震驚百里驚遠而懼邇也句、漸之進也句、上九鴻漸於陸句、與地之宜句、皆不從程傳本義脫誤之說。惟據漢律歷志移天一地二二十字、從程傳能研諸侯之慮句、侯之二字衍文、從本義耳。案光地謂諸爲侯之合音、想以古經旁注字切而誤增、不知反切始自孫炎、古經安得注字切。其說殊誤、謹附訂於此。蓋尊信古經、不敢竄亂、猶有漢儒篤守之遺。其大旨雖與程朱二家頗有出入、而理足相明、有異同而無背觸也。

周易淺述八卷、內府藏本

國朝陳夢雷撰。夢雷字省齋、閩縣人。順治己丑進士。官翰林院編修。緣事謫戍、後蒙恩召還、校正銅板。復緣事謫戍、卒於戍所。是編成於康熙甲戌、乃其初赴尚陽堡時所作。大旨以朱子本義爲主、而參以王弼注、孔穎達疏、蘇軾傳、胡廣大全、來知德注、諸家所未及、及所見與本義互異者、則別抒己意以明之。蓋行儀之書、故所據止此。其凡例稱解易數千家、未能廣覽、道其實也。然其說謂易之義蘊不出理數象占、顧數不可顯、理不可窮、故但寄之於象、知象則理數在其中、而占亦可卽象而玩、故所解以明象爲主。持論多切於人事、無諸家言心言天幻窅支離之說。其詮理雖多尊朱子、而不取其卦變之說。取象雖兼采來氏、而不取其錯綜之論。亦頗能掃除轇轕。惟卷末所附三十圖、乃其友楊道聲所作、穿鑿煩碎、實與夢雷書不相比附。以原本所載、姑仍其舊存之、置諸不論不議可矣。

易原就正十二卷、直隸總督採進本

國朝包儀撰。儀字羽脩、邢臺人。拔貢生。其始末無考。觀其自序、稱早年聞有皇極經世而無由求得其書。自順治辛卯至康熙己酉、七經下第、貧不自存、薄遊麻城、乃得其書於王可南家。至江寧、寄食僧寺、玩求其旨者一年、始有所得。蓋亦孤寒之士、刻志自立者也。儀之學旣從邵子入、故於陳摶先天圖信之甚篤。其凡例謂行世易說、種不勝數、要皆未嘗讀皇極經世、無怪乎各逞私智而總非立象盡意、觀象繫辭之本旨。其持論尤膠於一偏。然其書發揮明暢、詞意了然、乃非拋荒經義、排比黑白、徒類算經者可比。其謂洛書無與於易、則差勝他家之纏繞。每爻皆注所變之卦、亦尚用左氏筮法、頗爲近古。蓋其學雖兼講先天、而實則發明易理者爲多。其盛推圖學、特假以爲重焉耳。

大易通解十五卷、附錄一卷、直隸總督採進本

國朝魏荔彤撰。荔彤字念庭、柏鄉人。大學士裔介之子。官至江常鎭道。是編乃其罷官後所作。其論畫卦、謂與河圖洛書祇可謂其理相通、不必穿鑿附會。又以乾一兌二離三震四巽五坎六艮七坤八非生卦之次序。其論爻則兼變爻言之、謂占法二爻變者以上爻爲主、五爻變者占不變爻、四爻變者占二不變爻、仍以下爻爲主、餘占本爻與彖辭。至論上經首乾坤、中閒變之以泰否、下經首咸恆、中閒交之以損益、尤得二篇之樞紐、皆頗有所見。惟不信先儒扶陽抑陰之說、反覆辨論、大意謂陰陽之中、皆有過不及、皆有中正和平。德皆有美凶、品皆有邪正、非陽定爲君子、陰定爲小人、陰陽中皆有君子小人。陽之美德剛健、其凶德則暴戾。陰之美德柔順、其凶德則姦佞。陰陽之君子俱當扶、小人俱當抑。陰陽二者、一理一氣、調濟剛柔、損益過不及、務期如天地運化均平之時。此四聖人前民之用、贊化之心、而易所以作也云云。其說甚辨。然觀於乾坤姤復之初爻、聖人情見乎詞矣。荔彤究好爲異論也。

易經衷論二卷、浙江巡撫採進本

國朝張英撰。英字敦復、桐城人。康熙丁未進士。官至文華殿大學士。諡文端。是書專釋六十四卦之旨、而不及繫辭說卦序卦雜卦。每卦各爲一篇、詮解大意而不列經文。大抵以朱子本義爲宗。然於坎卦之貳用缶句、又以本義爲未安、而從程傳以樽酒簋貳爲句。則固未嘗如胡炳文等膠執門戶之見也。其立說主於坦易明白、不務艱深。故解乾彖元亨利貞云、文王繫辭本與諸卦一例。解乾坤文言云、聖人舉乾坤兩卦、示人以讀易之法。如此擴充體會、蓋以經釋經、一掃紛紜轇轕之見。大旨具是矣。漢書儒林傳稱費直惟以彖象繫辭十篇文言解說上下經。知漢代專門、不矜繁說。英作是書、其亦此志歟。

易圖明辨十卷、浙江巡撫採進本

國朝胡渭撰。渭原名渭生、字朏明、號東樵、德清人。是書專為辨定圖書而作。初陳摶推闡易理、衍為諸圖、其圖本準易而生、故以卦爻反覆研求、無不符合。傳者務神其說、遂歸其圖於伏羲、謂易反由圖而作。又因繫辭河圖洛書之文、取大衍算數作五十五點之圖、以當河圖。取乾鑿度太乙行九宮法造四十五點之圖、以當洛書。其陰陽奇偶、亦一一與易相應。傳者益神其說、又真以為龍馬神龜之所負。謂伏羲由此而有先天之圖。實則唐以前書絕無一字之符驗、而突出於北宋之初。夫測中星而造儀器、以驗中星無不合、然不可謂中星生於儀器也。候交食而作算經、以驗交食無不合、然不可謂交食生於算經也。由邵子以及朱子、亦但取其數之巧合、而未暇究其太古以來從誰授受。故易學啟蒙及易本義前九圖皆沿其說。同時袁樞、薛季宣皆有異論。然考宋史儒林傳、易學啟蒙朱子本屬蔡元定創槀、非所自撰。晦菴大全集中載荅劉君房書曰、啟蒙本欲學者且就大傳所言卦畫蓍數推尋、不須過為浮說、而自今觀之、如河圖洛書亦不免尚有剩語。至於本義卷首九圖、王懋竑白田雜著以文集語類鉤稽參考、多相矛盾、信其為門人所依附。其說尤明。則朱子當日亦未嘗堅主其說也。元陳應潤作爻變義蘊、始指先天諸圖為道家假借易理以為修煉之術。吳澄、歸有光諸人亦相繼排擊、各有論述。

國朝毛奇齡作圖書原舛編、黃宗羲作易學象數論、黃宗炎作圖書辨惑、爭之尤力。然皆各據所見、抵其罅隙、尚未能窮溯本末、一一抉所自來。渭此書卷一辨河圖洛書、卷二辨五行九宮、卷三辨周易參同先天太極、卷四辨龍圖易數鉤隱圖、卷五辨啟蒙圖書、卷六卷七辨先天古易、卷八辨後天之學、卷九辨卦變、卷十辨象數流弊。皆引據舊文、互相參證、以箝依託者之口、使學者知圖書之說、雖言之有故、執之成理、乃修鍊術數二家旁分易學之支流、而非作易之根柢。視所作禹貢錐指、尤為有功於經學矣。

合訂刪補大易集義粹言八十卷(兩江總督採進本)

國朝納喇性德編。相傳謂其稿本出陸元輔。性德歿後、徐乾學刻入九經解、始署性德之名、莫之詳也。性德原作成德、字容若、滿洲正黃旗人。康熙丙辰進士、官至

乾清門侍衛。是書乃取宋陳友文大易集義、方聞一大易粹言(案此書原本誤作曾穜、今考正。)二書而合輯之。友文書本六十四卷、所集諸儒之說凡十八家、又失姓名兩家。聞一書本七十卷、所集諸儒之說凡七家。以二書校除重複外、集義視粹言實多得十一家。惟粹言有繫辭說卦序卦雜卦、而集義止於上下經、故所引未能賅備。性德因於十一家書中擇其論繫辭諸傳者、以補其闕、與粹言合為一編。又刪其繁蕪、勒成此本。今粹言尚有傳本、已著於錄。集義流播較希、尚藉此以見梗概。其中理數兼陳、不主一說、宋儒微義、實已略備於斯。李衡刪房審權之書、俞琬鈔李心傳之說、並以取精擷要、有勝原編。此書之作、其功亦約略相亞矣。

周易傳註七卷附周易筮考一卷(直隸總督採進本)

國朝李塨撰。塨字剛主、號恕谷、蠡縣人。康熙庚午舉人、官通州學正。是編大旨謂聖教罕言性天、乾坤四德、必歸人事。以下屯建侯、蒙初筮、每卦亦皆以人事立言。陳摶龍圖、劉牧鉤隱、以及探無極、推先天者、皆使易道入於無用。參同契、三易洞璣諸書、皆異端方技之傳、其說適足以亂易。卽五行勝負、分卦直日、一世二世三世四世諸說、亦皆於三聖所言之外再出枝節。故其說頗為淳實、不涉支離恍惚之談。其駁卦變之說、發例於訟卦象辭。駁河圖洛書之說、發例於繫辭傳。駁先天八卦之說、發例於說卦傳。其餘則但明經義、不復駁正舊文。其凡例論先儒辨難、卷不勝載、惟甚有關者、始不得已而辨之也。大抵以觀象為主、而亦兼用互體。於古人多採李鼎祚集解、於近人多取毛奇齡仲氏易、圖書原舛編、胡渭易圖明辨。其自序、排擊諸儒、雖未免過激。然明自隆萬以後、言理者以心學竄入易學、率持禪偈以詁經。言數者奇偶與黑白遞相推衍、圖日積而日多、反置象占辭變吉凶悔吝於不問。其蠹蝕經術、實弊不勝窮。塨引而歸之人事、深得聖人垂教之旨。其矯枉過直、懲羹吹齏者、分別觀之、不以詞害意可矣。

周易剳記二卷(兩江總督採進本)

國朝楊名時撰。名時字賓實、江陰人。康熙辛未進士、官至禮部尚書、謚文定。是編乃其讀易所記、前後無序跋、未詳其成書年月。觀書中所引證、蓋猶在

欽定周易折中之後也。名時本李光地所取士、故其易學多得之光地。雖說卦傳及附論啟蒙之類頗推衍

先天諸圖、尚不至於支離附會。至其詮解經傳、則純以義理爲宗、不涉象數。大抵於程朱之義、不爲苟異、亦不爲苟同。在宋學之中、可謂明白而篤實矣。名時爲雲南巡撫時、夏宗瀾嘗從之問易、所作易說、皆質正於名時。其問荅具載宗瀾書中。然宗瀾所說、如漸卦禦寇證以孤雁打更之類、頗爲膚廓、不及名時所論猶有光地之遺也。

周易傳義合訂十二卷、江西巡撫採進本

國朝朱軾撰。軾字若瞻、高安人。康熙甲戌進士、官至大學士、謚文端。是編因程子易傳、朱子易本義互有異同、爲參校以歸一。是不復兩可其說、以滋岐貳。惟兩義各有發明、可以並行不悖者、仍俱錄焉。而附以諸儒之論。其諸儒之論有實勝傳義者、則竟舍傳義以從之。軾所見亦各附於後。其凡例有曰、遺象言理、自王輔嗣始。然易者象也、有象斯有理、理從象生也。孔子彖象二傳、何嘗非言象。雷風山澤以及乾馬坤牛震龍巽雞之類、皆象也。即卦之剛柔上下應比承乘、亦何莫非象乎。舍是而言理、不知所謂理者安在矣。易道之取類大、精粗巨細、無所不有。即納甲飛伏等術數之學、不可謂非易之一端也。況中爻互卦、倒巽倒兌、厚離厚坎之象、皆卦體之顯而易明者乎。又稱卦有對易、反易、反易之義、先儒言之已備。來知德謂之卦綜、謬矣。又稱程子不取卦變、謂凡卦皆自乾坤來。然合之彖傳、究未盡協。今一遵朱子一陰一陽自姤復之說。又稱宋元以來易圖不下數千、於四聖人之精義全無干涉。今一概不錄。止縷析朱子各圖之義、而圖仍不載云云。其全書宗旨、具見於斯。較之分門別戶、尊一先生之言、而先儒古義無不曲肆掊擊者、其識量相去遠矣。其書軾存之日未及刊行。乾隆丁巳、兩廣總督鄂彌達始爲校付剞劂、恭呈御覽。蒙皇上篤念舊學、親灑宸翰、弁於編首、稱其簡而當、博而不支、鉤深探賾而不鑿、蓋玩之熟、故擇言也精、體之深、故析理也密。天藻表揚、昭垂日月、非惟是書仰託以不朽、即天下萬世伏繹聖謨、亦均能得讀易之津梁、窺畫卦之閫奧、曉然知所向方也。又豈獨軾一人之幸哉。

周易玩辭集解十卷、浙江巡撫採進本

國朝查慎行撰。慎行字初白、號悔餘、海寧人。康熙癸未進士、官翰林院編修。慎行受業黃宗羲、故能不惑於圖書之學。卷首河圖說二篇、一謂河圖之數、聖人非因之以作易、乃因之以用蓍。自漢唐以下未有列於經之前者。一謂河圖出於讖緯、而附以朱子亦用河圖生蓍之證。次爲橫圖圓圖方圖說、論其順逆加減奇偶相錯之理。次爲變卦說、謂變卦爲朱子之易、非孔子之易。次爲天根月窟考、列諸家之說凡六、而以爲老氏雙脩性命之學、無關於易。次爲八卦相錯說、謂相錯是對待、非流行。又謂相錯只八卦、非六十四卦相錯。次爲辟卦說二、一論十二月自然之序、一論陰陽升降不外乾坤。次爲中爻說、以孔穎達用二五者爲是。次爲中爻互體說、謂正體則二五居中、互體則三四居中、三四之中由變而成爻。爲廣八卦說、謂說卦取象不盡可解、當闕所疑。其言皆明白篤實、足破外學附會之疑。經文次序用註疏本、乾卦之末有注曰、案胡雲峯本義通釋乾坤二卦、自文言起至末、別爲一卷、編在說卦之前。竊意本義原本當如是、而通釋遵之。今原本不復見矣云云。蓋未見劉宓刻本者。案宓之舊刻、聖祖仁皇帝特命開雕、慎行侍直內廷、何以不見、其理殆不可解。然其說經則大抵醇正而簡明、在近時講易之家、特爲可取焉。

易說六卷、陝西巡撫採進本

國朝惠士奇撰。士奇字仲儒、吳縣人。康熙己丑進士、官至翰林院侍讀。是書雜釋卦爻、專宗漢學、以象爲主。然有意矯王弼以來空言說經之弊、故徵引極博、而不免稍失之雜。如釋訟卦、引荀爽說訟之言凶也、則以丹朱之嚚訟爲嚚凶。釋弟子輿尸、引左傳甗子尸之、以尸爲軍中元帥。釋觀國之光、引聘禮請觀及左傳季札觀樂、韓宣子觀書、以證觀國、皆失之拘。釋繫于苞桑、以桑字爲喪亾之喪、而無所考據。釋先張之弧、後說之弧、以下弧字皆爲壺、引昏禮壺酳、太元壺婦爲證。皆愛博嗜奇、不能自割。至編端論乾象傳大明終始、引莊子在宥篇我爲女遂於大明之上矣、至彼至陽之原也、爲女入於窈冥之門矣、至彼至陰之原也、謂莊周精於易、故善道陰陽、先儒說易者皆不及。尤未免失之不經。然士奇博極羣書、學有根柢、其精研之處、實不可磨。非暖暖姝姝守一先生之言者所可彷彿。一二微瑕、固不足累其大體也。

周易函書約存十八卷、約注十八卷、別集十六卷、（刑部尚書胡季堂家藏本）

國朝胡煦撰。煦字曉滄、光山人。康熙壬辰進士。官至禮部侍郎。是書原本一百十八卷。其詮釋經文者四十九卷。冠以原圖八卷、用解伏羲之易。原卦三卷、用解文王之易。原爻三卷、用解周公之易。又取先儒論說、集爲原古三十六卷、謂之首傳。共九十九卷、爲周易函書正集。外有函書約三卷、易學須知三卷、易解辨異三卷、篝燈約旨十卷、共十九卷、爲別集。別集先已刊板。正集因卷帙浩繁、艱於剞劂、乃取詮釋經文之四十九卷約爲十八卷、名曰函書約注。又取首傳五十卷約爲十六卷、附以續約旨二卷、共十八卷、刊之、名曰續集。皆煦所手訂也。其正集原本、煦門人李學裕欲爲校刊、攜其槀去、會學裕病卒、遂散佚。後別集續集板並漫漶。其子季堂重爲校訂。因正集未刊、續集之名無所緣起、且續集之原圖原卦原爻原古卽刪取正集之要語、非別有所增、未可目之以續。而別集內之函書約三卷、亦卽正集之原圖原卦原爻撮其大義、更不可附入別集。遂以續集編爲十五卷、取函書約三卷弁首、共十八卷、名爲約存。蓋以正集旣佚、其大義僅存於是也。又以續約旨二卷依篝燈約旨原目、散附各篇之內、合易學須知三卷、易解辨異三卷、仍爲別集。其釋經文之十八卷、仍名約注、共爲五十二卷、卽此本也。煦研思易理、平生精力盡在此書。其持論酌於漢學宋學之閒、與朱子頗有異同。然考朱子語錄有曰、某作易本義、欲將文王卦辭大概略說、至其所以然之故、於孔彖辭中發之。如此乃不失文王大意。但未暇整頓爾云云、是朱子於本義蓋欲有所改定而未能、則後人辨訂、亦未始非朱子之志也。陸游渭南集有朱氏易傳跋、曰易道廣大、非一人所能盡、堅守一家之說、未爲得也。元晦尊程氏至矣、然其爲說亦已大異。讀者當自知之。斯可謂天下之通論矣。

易箋八卷、（山東巡撫採進本）

國朝陳法撰。法字定齋、貴州安平人。康熙癸巳進士。官至直隸大名道。其書大旨以爲易專言人事、故象爻之辭未嘗言天地雷風諸象、亦並不言陰陽。考震象言震驚百里、卽象震雷。諸卦象言利涉大川、卽象坎水。法所云象詞不言象者、未爲盡合。然其持論之大旨則切實不支。至來知德以伏卦爲錯、反對之卦爲綜、法則謂大傳所云錯綜者、以揲蓍而言、錯綜其七八九六之數、遂定諸卦之象。今以錯綜諸卦定象、是先錯綜其象也。又以錯綜言數、是錯綜其象以定數也。先儒雖言卦變、未有易其陰陽剛柔之實、顚倒其上下之位者。今以乾爲坤、以水爲火、以上爲下、混淆汨沒、而易象反自此亾矣。其辨最爲明晰。又論筮法云、傳所謂挂者、懸象閏也。其曰再扐而後挂、是三變之中有不挂者矣。夫一變之中、初扐之挂不待言矣。惟再扐不挂、故曰再扐而後挂。故知再扐爲指第二變第三變而言也。其說與郭朱迥異。而前一變挂一、後二變不挂、其挂一之策不入歸奇之中、則三變皆以四八爲奇偶、不用五九借象、與經義似有發明、固亦可備一解也。

楚蒙山房易經解十六卷、（江西巡撫採進本）

國朝晏斯盛撰。斯盛字一齋、新喻人。康熙辛丑進士。官至湖北巡撫。是書凡學易初津二卷、易翼宗六卷、易翼說八卷。學易初津爲全書之宗旨、謂今所傳圖書乃大衍之數、因大傳之言而圖之、不取河洛奇偶之說、所見最確。又謂辭占不遺象辭而不取卦變互體之說、則盡廢漢易之古法、未免主持稍過。易翼宗以經文爲主、而割十翼散附於句下、意在以經解經、頗傷破碎。又每爻之首畫一全卦而閒以一動爻、奇作○、偶作○、亦自我作古。易翼說全解十翼、而先繫辭、次說卦、次序卦、次雜卦、次象傳、次文言、次彖傳、非古非今、更不知所據何本。然不廢象數而不爲方技術數之曲說、不廢義理而不爲理氣心性之空談、在近日說易之家、猶可云篤實近理焉。

周易孔義集說二十卷、（編修周永年家藏本）

國朝沈起元撰。起元字子大、太倉人。康熙辛丑進士。官至光祿寺卿。是書大旨以十翼爲夫子所手著、又未經秦火、其書獨完、故學易者必當以孔傳爲主。因取明高攀龍周易孔義之名、別加纂集、於古今說易諸書、無所偏主、惟合於孔傳者卽取之。其篇次則仍依今本、以彖傳象傳繫於經文之下、謂易之亾不亾、不係於古本之復不復。王氏以傳附經、亦足以資觀玩。惟大象傳往往別自起義、文言則引伸觸類、以闡易蘊、皆無容附於本卦、故別出之。前列三圖、一爲八卦方位圖、一爲乾坤生六子圖、一爲因重圖、皆據繫辭說卦之文。至於河圖洛書先天後天方圓諸圖、則謂此陳邵之易、非夫子所本有、概從刪薙、頗能掃除紛紜轇轕之習。其中亦多能推驗舊說、引伸新義。如乾彖傳大明終始、王注程傳朱子皆未有確解。起元獨取侯行果大明日也之說、而證以晉彖傳之順而麗乎大明、禮記之大明生於東。於經義頗有根據。觀六三九五上九之觀我生觀其生、自孔疏以動出爲生、而後儒遂以動作施爲解之、俱不免於牽強。起元獨取虞翻生謂坤生民也之說。尤有合於九五象傳觀民之旨。其釋大象傳比類求義、於字句相似而義不同者、推闡更爲細密。在近來說易家中、亦可云有本之學矣。

易翼述信十二卷、直隸總督採進本

國朝王又樸撰。又樸字介山、天津人。雍正癸卯進士。官至廬州府同知。是編經傳次序、悉依王弼舊本、而冠以讀易之法、終以所集諸儒雜論。其大旨專以彖象文言諸傳解釋經義、自謂篤信十翼、述之爲書、故名曰易翼述信。而以朱子所云不可便以孔子之說爲文王之說者爲非。其徵引諸家、獨李光地之言爲最夥、而於本義亦時有異同。蓋見智見仁、各明一義、原不能固執一說、以限天下萬世也。至其注釋各卦、每爻必取變氣、蓋卽之卦之遺法。其於河圖洛書及先天後天、皆不列圖、而敘其說於雜論之末、特爲有識。其時位德大小應比主爻諸論、亦皆恪遵

御纂周易折中之旨、闡發證明、詞理條暢、可取者亦頗多焉。

周易淺釋四卷、江蘇巡撫採進本

國朝潘思榘撰。思榘字補堂、陽湖人。雍正甲辰進士。官至福建巡撫。是書皆卽卦變之法以求象、而卽象以明理、每卦皆注自某卦來、謂之時來。蓋易道廣大、無所不該、其中陰陽變化、宛轉關生、亦具有相通之理。故漢學如虞翻諸家、皆有是說。宋學卽程子朱子亦闡明是理。雖非易之本義、要亦易之一義也。前有白瀛序、稱思榘點勘通志堂所刊易解四十二家、竭畢生之力以成此書。比其沒也、力疾屬草、尚闕乾坤二卦未注、遂以絕筆。故此本所說惟六十二卦。其彖傳象傳則以用注疏本附經併釋、而文言繫辭說卦序卦雜卦則未之及。蓋主理者多發揮十翼、主象主數者多研索卦爻、其宗派然也。後有松江沈大成與其門人福唐林迪光二跋。迪光述思榘之言曰、彖多言象、而變在其中。爻多言變、而象在其中。不明時來、不知卦之來處。不求爻變、不知卦之去處。爻無所不包、舊說一概講入身心政治上去、遺却許多道理、不如就其淺處說、而深處亦可通也。固足括是書之大旨矣。

周易洗心九卷、編修勵守謙家藏本

國朝任啓運撰。啓運字翼聖、荆溪人。雍正癸丑進士。官至宗人府府丞。是編大旨謂讀易者當先觀圖象。故首卷備列諸圖、自朱子邵子而外、如

國朝李光地胡煦所作諸圖、皆爲采入、而又以己見推廣之、端緒頗爲繁賾。自序謂其要不外論語五十以學易之言。文周卦畫自羲圖出、羲圖自河洛出、五十者、圖書之中也。學易不以五十、失其本矣。其說頗務新奇。然其詮釋經義、則多發前人所未發。大抵觀象玩辭、時闡精理、實不盡從圖書生解。其文句異同、亦多從馬鄭王弼王肅諸家之本、卽或有不從舊本、必注某本作某字、以存古義、亦非圖書以外廢訓詁而不言。然則其研尋奇偶、特好語精微而已、非如張行成等竟舍經而談數也。

豐川易說十卷、兩江總督採進本

國朝王心敬撰。心敬字爾緝、鄠縣人。乾隆元年薦舉賢良方正、以老病不能赴京而罷。心敬受業於李容、而謹嚴不逮其師。所注諸經、大抵好爲異論、書及春秋爲尤甚。惟此編推闡易理、最爲篤實。其言曰、學易可以無大過、是孔子明易之切於人身、卽是可以知四聖人繫易之本旨、茲可以識學易之要領。又曰、易是道人事之書、陰陽消長、只是借來作影子耳。故曰、易者象也、象也者像也。於陰陽消長處看得不明、是影子不眞、若徒泥陰陽消長而無得於切己之人事、亦屬捕風捉影。又曰、置象言易、是謂懸空。執象舍義、是爲泥迹。象義雙顯、則體用一源、顯微無閒。又曰、中庸一書、是子思爲當日之言道者、視爲高深元遠、故兩引中庸之說以明道。易翼十篇、是孔子爲當日之言易者、視爲高深元遠、故重申易簡之說以明易。後儒往往索諸隱深、欲以張皇易妙、而不知反失其本旨。又曰、若易不

闕象，不知義於何取，不屬卜筮，不知設著何爲。又曰，學者讀易不知求設教之本旨，讀書不知洪範經世之宏猷，每於河圖洛書穿鑿附會，何切於實事實理。又曰，大抵漢唐之易，祗成訓詁，宋明之易，多殊弄聰明。訓詁非易，而易在聰明，亂易而易亾。又曰，義言象占，同體共貫，廢一不得，泥一不得。後儒紛紛主象主數，主理主卜筮，主錯綜之變，是舍大道而入旁蹊云云。其說皆明白正大，故其書皆切近人事，於學者深爲有裨。至於互卦之說，老陰老陽始變之說，錯綜之說，卦變之說，皆斥而不信，併左氏所載古占法而排之，雖主持未免太過，要其立言之大旨，則可謂正矣。

周易述二十三卷（浙江吳玉墀家藏本）

國朝惠棟撰。棟字定宇，號松崖，元和人。其書主發揮漢儒之學，以荀爽、虞翻爲主，而參以鄭元、宋咸、干寶諸家之說，融會其義，自爲注而自疏之。其目錄凡四十卷，自一卷至二十一卷，皆訓釋經文；二十二卷、二十三卷爲易微言，皆雜鈔經典論易之語；二十四卷至四十卷，凡載易大義、易例、易法、易正譌、明堂大道錄、禘說六名，皆有錄無書。其注疏尚闕下經十四卷及序卦、雜卦兩傳，蓋未完之書。其易微言二卷，亦皆雜錄舊說以備參考，他時蒇事，則此爲當棄之糟粕，非欲別勒一編，附諸注疏之末。故其文皆未詮次。棟歿之後，其門人過尊師說，并未定殘稾而刻之，實非棟本意也。自王弼易行，漢學遂絕，宋元儒者類以意見揣測，去古寖遠，中閒言象數者又岐爲圖書之說，其書愈衍愈繁，而未必皆四聖之本旨，故說經之家莫多於易與春秋，而易尤叢雜。棟能一一原本漢儒，推闡考證，雖掇拾散佚，未能備睹專門授受之全，要其引據古義，具有根柢，視空談說經者，則相去遠矣。

易漢學八卷（光祿寺卿陸錫熊家藏本）

國朝惠棟撰。是編乃追考漢儒易學，掇拾緒論，以見大凡。凡孟長卿易二卷，虞仲翔易一卷，京君明易二卷（干寶易附見），鄭康成易一卷，荀慈明易一卷。其末一卷則棟發明漢易之理，以辨正河圖洛書、先天太極之學。其以虞翻次孟喜者，以翻別傳自稱五世傳孟氏易；以鄭元次京房者，以後漢書稱元通京氏易也。荀爽別爲一卷，則費氏易之流派矣。考漢易自田王孫後，始岐爲施、孟、梁邱三派，然漢書儒林傳稱孟喜得易家候陰陽災變書，詐言田生且死時，枕喜厀獨傳，而梁邱賀疏通證明，謂田生絕於施讐手中，時喜歸東海，安得此事。又稱焦延壽嘗從孟喜問易，京房以爲延壽卽孟氏學，而翟牧、白生不肯，皆曰非也。劉向亦稱諸易家說皆祖田何、楊叔、丁將軍，大義略同，惟京氏爲異黨，則漢學之有孟、京，亦猶宋學之有陳、邵，均所謂易外別傳也。費氏學自陳元、鄭衆、馬融、鄭元以下，遞傳以至王弼，是爲今本，然漢書稱直長於卦筮，無章句，徒以彖象繫辭十篇文言解說上下經，又隋志五行家有直易林二卷，易內神筮二卷，周易筮占林五卷，則直易亦兼言卜筮，特其爻象承應陰陽變化之說，與孟、京兩家體例較異，合是三派，漢學之占法亦約略盡此矣。夫易本爲卜筮作，而漢儒多參以占候，未必盡合周孔之法。然其時去古未遠，要必有所受之。棟采輯遺聞，鉤稽考證，使學者得略見漢儒之門徑，於易亦不爲無功矣。孟、京兩家之學，當歸術數，然費氏爲象數之正傳，鄭氏之學亦兼用京、費之說，有未可盡目爲讖緯者，故仍列之經部焉。

易例二卷（桂林府同知李文藻刊本）

國朝惠棟撰。棟所作周易述，目錄列有易微言等七書，惟易微言二卷附刊卷末，其餘並闕。此易例二卷，卽七書中之第三種，近始刊本於潮陽。皆考究漢儒之傳，以發明易之本例。凡九十類，其中有錄無書者十三類，原跋稱爲未成之本。今考其書，非惟采摭未完，卽門目亦尚未分，意棟欲鎔鑄舊說，作爲易例，先排草本，采摭漢儒易說，隨手題識，筆之於冊，以儲作論之材，其標目有當爲例而立一類者，亦有不當爲例而立一類者，有一類爲一例者，亦有一類爲數例者。如既有扶陽抑陰一類，又有陽道不絕、陰道絕義一類，又有陽無死義一類，此必欲作扶陽抑陰一例，而雜錄於三處者也。曰中和，曰詩尚中和，曰禮樂尚中和，曰君道尚中和，曰建國尚中和，曰春秋尚中和，分爲六類，已極繁複，而其後又出中和一類，君道中和一類，卷末更出中和之本一類，此亦必欲作易尚中和一例，而散見於九處者也。右者有聖人之德，然後居天子之位一類，徵引繁蕪，與易理無關，而題下注曰卽二升坤五義，此必摭爲乾升坤降之佐證，而偶置在前者也。又如初爲元士一類，卽貴賤類中之一乾爲仁、震爲車、艮爲言三類、卽諸例中之三天地之始一類、卽卦無先天一類之複出、皆由未及排貫、遂似散錢滿屋、至於史記讀易之文、漢書傳易之派、更與易例無與、亦必存爲佐證之文、而傳寫者誤爲本書也。此類不一而足、均不可據爲定本。然棟於諸經深窺古義、其所捃摭、大抵老師宿儒專門授受之微旨、一字一句、具有淵源。苟汰其蕪雜、存其菁英、因所錄而排比參稽之、猶可以見聖人作易之大綱、漢代傳經之崖略。正未可以殘闕少緒、竟棄其菜矣。

易象大意存解一卷、編修程晉芳家藏本

國朝任陳晉撰。陳晉字似武、號後山、亦曰以齋、江蘇興化人。乾隆己未進士、官徽州府教授。是編不載經文、惟折衷諸家之說、明易象之大意、故以爲名。考左傳韓起聘魯、見易象春秋、則易之主象、古有明文。陳晉以象爲宗、實三代以來舊法。卷首標凡例七則、多申尚象之旨。書中首論太極五行、兼談河洛先天諸圖、然發揮明簡、惟標舉其理所可通、凡一切支離推衍、布筭經而繪弈譜者、翦除殆盡。其凡例有曰、後之言象數者、流入藝術之科、其術至精、而其理亦更奧邃、然偏於一隅、似反涉形下之器、可云篤論。次論彖、論爻、論象、不廢互體之說、蓋以雜卦傳爲據。次論六十四卦、各括其大旨、亦大抵切人事立言。終以繫辭、序卦、說卦、雜卦、其文頗略、蓋著書之意在於六十四卦、餘皆互相發明耳。

大易擇言三十六卷、兩江總督採進本

國朝程廷祚撰。廷祚字綿莊、號青溪、上元人。是編因桐城方苞緒論、以六條編纂諸家之說。一曰正義、諸說當於經義者也。二曰辨正、訂異同也。三曰通論、謂所論在此而義通於彼、與別解之理猶可通者也。四曰餘論、單辭片語可資發明者也。五曰存疑、六曰存異、皆舊人謬舛之文、似是者謂之疑、背馳者謂之異也。六條之外、有斷以己意者、則以愚案別之。其闡明爻象、但以說卦健順動入陷麗止說八義爲八卦眞象、八者之得失、則以所值之重卦爲斷。其明爻義、則求之本爻、而力破承乘比應諸舊解。其稽六位、則專據繫辭辨貴賤者存乎位之旨、凡陽爻陰位、陰爻陽位之說、亦盡芟除。蓋力排象數之學、惟以義理爲宗者也。

周易辨畫四十卷、安徽巡撫採進本

國朝連斗山撰。斗山字叔度、潁州人。是書大旨、謂一卦之義在於爻、爻畫有剛有柔、因剛柔之畫而立之象、卽因剛柔之畫而繫以辭、其道先在於辨畫、故以爲名。末有輔圖一卷、則卽朱子舊圖而略爲損益之。其說專主卦畫立義、如屯之大象云、四偶以次條列、如絲中貫一奇、如梭上互艮手、下動震足、如織紝然、故有經綸之象。未免穿鑿太甚。然其逐卦詳列互體、剖析微眇、亦頗有合於精理者。蓋卽爻論爻、乃能以易詮易、雖閒有附會之失、而錯綜變化之本旨、猶可藉以參觀、固與高談性道以致惝恍無歸者、尚較有實際焉。

周易圖書質疑二十四卷、安徽巡撫採進本

國朝趙繼序撰。繼序號易門、休寧人、乾隆辛酉舉人。其書以象數言易、而不主陳邵河洛之說、謂作圖者本於易、而反謂作易者本於圖、蓋因錢義方之說而暢之。全書不分卷數、首爲古經十二篇、次逐節詮釋經義、而不載經文、但標卦爻、用漢儒經傳別行之例。次爲圖三十有二、各系以說、而終以大衍象數考、春秋傳論易考、易通歷數、周易考異、卦爻類象。又一篇辨吳仁傑本費直本而不立標題、列於周易考異前、疑卽考異之末簡、傳寫顚倒也。全書多從卦變起象、而兼取漢宋之說、持論頗平允。惟以帝出乎震爲夏之連山、坤以藏之爲殷之歸藏、本程智之說而推衍之、未免曲解夫子所贊周易也。豈忽攙說舊法、自亂其例乎。

周易章句證異十一卷、江蘇巡撫採進本

國朝翟均廉撰。均廉字春沚、仁和人、乾隆乙酉舉人、官內閣中書舍人。是書取周易古今諸本同異之處、互相考證、如李鼎祚卦辭前分冠序卦、周燔卦辭前列大象、卦辭後列彖傳、趙汝楳卦辭前列大象、卦辭後列彖傳、次文言、次爻辭、李過、方逢辰乾卦卦辭後列彖傳、次文言、釋彖處次大象、次爻辭、蔡淵卦辭後列大象、次彖傳、文言別爲一傳、傳低一字、王洙於篇中不載卦辭、別爲一篇之類、此篇章之同異也。如乾卦三爻、孟喜作夕惕若夤句、厲无咎句、荀爽、虞翻、王弼作夕惕若厲句、邵子、朱震、朱子作夕惕若句、此句讀之同異也。逐卦逐爻、悉爲臚列、閒或附以己意、以廉案二字別之、古今本異同之處、校勘頗爲精密、雖近時之書、而所言皆有依據、轉勝郭京舉正、以意刊改、託言於王韓舊本者也。

附錄

乾坤鑿度二卷（永樂大典本）

案乾坤鑿度、隋唐志崇文總目皆未著錄。至宋元祐間始出。紹興續書目有倉頡注鑿度二卷、後以鄭氏所注乾鑿度有別本單行、故亦稱此本爲巛鑿度。程龍謂隋焚讖緯、無復全書、今行於世、惟乾坤二鑿度者是也。其書分上下二篇。上篇論四門四正、取象取物、以至卦爻蓍策之數。下篇謂坤有十性、而推及於蕩配陵配。又雜引萬形經地形經制靈經書成經含靈孕諸緯文、詞多聱牙、不易虓。故晁公武疑爲宋人依託、胡應麟亦以爲元包洞極之流。而胡一桂則謂漢去古未遠、尚有祖述、有神易效。評隲紛然、眞僞莫辨。伏讀

御製題乾坤鑿度詩、定作者爲後於莊子、而舉應帝王篇所云儵忽混沌、分配乾坤太始、以推求鑿字所以命名之義。援据審核、折衷至當。臣等因考列子白虎通博雅諸書、皆以太易太初太始太素爲氣形質之始、與鑿度所言相合。獨莊子於外篇天地略及泰初有無之語、而其他名目、概未之見。則儵忽混沌、實卽南華氏之變文、作鑿度者復本其義而緣飾之耳。仰蒙

聖明剖示、精確不刊、洵永爲是書定論矣。案七經緯皆佚於唐、存者獨易。逮宋末而盡失其傳。今永樂大典所載、易緯具存、多宋以後諸儒所未見、而此書實爲其一。謹校定譌闕、釐勘審正、冠諸易緯之首、而恭疏其大旨於簡端。

周易乾鑿度二卷（永樂大典本）

案周易乾鑿度、鄭康成注、與乾坤鑿度本二書。晁公武竝指爲倉頡修古籀文、誤併爲一。永樂大典遂合加標目。今考宋志有鄭康成注易乾鑿度三卷、而不及乾坤鑿度、則知宋時固自單行也。說者稱其書出於先秦、自後漢書南北朝諸史及唐人撰五經正義、李鼎祚作周易集解、徵引最多。皆於易旨有所發明、較他緯獨爲醇正。至於太乙九宮四正四維、皆本於十五之說、乃宋儒戴九履一之圖所由出。朱子取之、列於本義圖說。故程大昌謂漢魏以降言易學者皆宗而用之、非後世所託爲、誠稽古者所不可廢矣。原本文字斷闕、多有譌舛。謹依經史所引各文及旁采明錢叔寶舊本互相校正、增損若干字。其定爲上下二卷、則從鄭樵通志之目也。

易緯稽覽圖二卷（永樂大典本）

案後漢書樊英傳注、舉七緯之名、以稽覽圖冠易緯之首。隋志鄭康成注易緯八卷、唐志宋均注易緯九卷、皆不詳其篇目。宋志有鄭康成注稽覽圖一卷、通志七卷、而馬氏經籍考載易緯七種、亦首列鄭注稽覽圖二卷。獨陳振孫書錄解題別出稽覽圖三卷、稱與上易緯相出入、而詳略不同。似後人掇拾緯文依託爲之者、非卽康成原注之本。自宋以後、其書亦久佚弗傳。今永樂大典載有稽覽圖一卷、謹以後漢書郎顗楊賜傳隋書王劭傳所見緯文及注、參校無不符合、其爲鄭注原書無疑。惟陸德明釋文引無以教之曰蒙、太平御覽引五緯各在其方之文、此本皆闕如。則意者書亾僅存、已不免於脫佚矣。其書首言卦氣起中孚、而以坎離震兌爲四正卦、六十卦卦主六日七分。又以自復至坤十二卦爲消息、餘雜卦主公卿侯大夫候風雨寒溫以爲徵應。蓋卽孟喜京房之學所自出。漢世大儒言易者、悉本於此、最爲近古。至所稱軌析之數、以及世應遊歸、乃兼通於日家推步之法。考唐一行推大衍之策、以算術本於易、故其本議言代軌德運及六卦議言一月之策九六七八、發斂術言中節候卦、皆與稽覽圖相同。獨所云天元甲寅以來至周宣帝宣政元年、則似甄鸞所推甲寅元歷之術。而又有云太初癸巳、則古無以此爲元者。其他雜引宋永初元嘉魏始光唐上元先天貞元元和年號、紛錯不倫。蓋皆六朝迄唐術士先後所附益、非稽覽圖本文。今審覈詞義、退文附書以爲區別。竝援經注史文、是正譌舛、依馬氏舊錄析爲上下二卷。庶言易學者或有所考見焉。

易緯辨終備一卷（永樂大典本）

案辨終備一作辨中備。後漢書樊英傳注、易緯凡六、爲稽覽圖乾鑿度坤靈圖通卦驗是類謀、而終以此篇。馬氏經籍考皆稱爲鄭康成注、而辨終備著錄一卷。今永樂大典所載僅寥寥數十言、已非完本。且其文頗近是類謀、而史記正義所引辨中備孔子與子貢言世應之說、與此反不類。或其書先佚而後人雜取他緯以成之者、亦未可定也。然別無可證、姑仍舊題云。

易緯通卦驗二卷（永樂大典本）

案易緯通卦驗、馬端臨經籍考及宋史藝文志俱載其名。黄震日抄謂其書大率為卦氣發。朱彝尊經義考則以為久佚、今載於說郛者、皆從類書中湊合而成、不逮什之二三。蓋是書之失傳久矣。經籍考藝文志皆分二卷、此本卷帙不分。核其文義、似於人主動而得天地之道則萬物之蘊盡矣以上為上卷。曰凡易八卦之氣驗應各如其法度以下為下卷。上明稽應之理、下言卦氣之徵驗也。至其中譌脫頗多、注與正文往往相混。其字句與諸經注疏、續漢書劉昭補注、歐陽詢藝文類聚、徐堅初學記、宋白太平御覽、孫瑴古微書等書所徵引、亦互有異同。第此書久已失傳、當世竝無善本可校、類書所載、亦輾轉譌舛、不盡可據。謹於各條下擬列案語、其文與注相混者、悉為釐正。脫漏異同者、則詳加參校、與本文兩存之、蓋通其所可知、闕其所不可知、亦闕疑仍舊之義也。

易緯乾元序制記一卷永樂大典本

案乾元序制記、後漢書注七緯名竝無其目。馬氏經籍考始見一卷、陳振孫疑為後世術士附益之書。今考此篇首簡文王比隆興始霸云云、孔穎達詩疏引之、作是類謀疏。又引坤靈圖法地之瑞云云、今坤靈圖亦無其文、而與此篇文義相合。又隋書王劭傳引坤靈圖泰姓商名宮之文、亦在此篇。至其所言風雨寒溫消息之術、乃與稽覽圖相近。疑本古緯所無、而後人於各緯中分析以成此書者。晁公武謂其本出於李淑、當亦唐宋間人所妄題耳。

易緯是類謀一卷永樂大典本

案是類謀、一作筮類謀。馬氏經籍考一卷、鄭康成注。其書通以韻語綴輯成文、古質錯綜、別為一體。藝文類聚、太平御覽諸書引其文頗多、與此本參校、竝合。蓋視諸緯略稱完備。其間多言禨祥推驗、竝及於姓輔名號、與乾鑿度所引易歷者義相發明。而隋書律歷志載周太史上士馬顯所上表、亦有玉羊金雞之語、則此書固隋以前言術數者所必及也。

易緯坤靈圖一卷永樂大典本

案坤靈圖、孫瑴謂配乾鑿度名篇。馬氏經籍考著錄一卷、今僅存論乾无妄大畜卦辭及史注所引日月連璧數語、則其闕佚者蓋已夥矣。考後漢書注、易緯坤靈圖第三、在辨終備是類謀之上。而王應麟玉海謂三館所藏有鄭注易緯七卷、稽覽圖一、辨終備四、是類謀五、乾元序制記六、坤靈圖七、二卷三卷無標目。永樂大典篇次亦然。今略依原第編次、蓋從宋時館閣本也。

案儒者多稱讖緯、其實讖自讖、緯自緯、非一類也。讖者詭為隱語、預決吉凶。史記秦本紀稱盧生奏錄圖書之語、是其始也。緯者經之支流、衍及旁義。史記自序引易失之毫釐、差以千里。漢書蓋寬饒傳引易五帝官天下、三王家天下、注者均以為易緯之文是也。蓋秦漢以來、去聖日遠、儒者推闡論說、各自成書、與經原不相比附。如伏生尚書大傳、董仲舒春秋陰陽、核其文體、即是緯書。特以顯有主名、故不能託諸孔子。其他私相撰述、漸雜以術數之言、既不知作者為誰、因附會以神其說。迨彌傳彌失、又益以妖妄之詞、遂與讖合而為一。然班固稱聖人作經、賢者緯之。楊侃稱緯書之類謂之祕經、圖讖之類謂之內學、河洛之書謂之靈篇。胡應麟亦謂讖緯二書、雖相表裏、而實不同。則緯與讖別、前人固已分析之。後人連類而譏、非其實也。右乾鑿度等七書、皆易緯之文、與圖讖之熒惑民志、悖理傷教者不同、以其無可附麗、故著錄於易類之末焉。

右易類一百五十八部、一千七百五十七卷、附錄八部、十二卷、皆文淵閣著錄。

案盈虛消息、理之自然也。理不可見、聖人即數以觀之、而因立象以著之。以乾一卦而論、積一至六、自下而上者數也。一潛、二見、三惕、四躍、五飛、六亢者理也、而象以見焉。至於互體變爻、錯綜貫串、易之數無不盡、易之理無不通、易之象無不該矣。左氏所載、即古占法、其條理可覆案也。故象也者、理之當然也、進退存亡所由決也。數也者、理之所以然也、吉凶悔吝所由生也。聖人因卜筮以示教、如是焉止矣。宋人以數言易、已不甚近於人事。又務欲究數之所以然、於是由畫卦推奇偶、由奇偶推河圖洛書、由河圖洛書演為黑白方圓、縱橫順逆、至於汗漫而不可紀、曰此作易之本也。及其解經、則彖義爻象又絕不本圖書立說。豈畫卦者一數、繫辭者又別一數耶。夫聖人垂訓、實教人用易、非教人作易。今不談其所以用、而但談其所以作、是易之一經非千萬世遵爲法戒之書、而一二人密傳元妙之書矣。經者常也、曾是而可爲常道乎。朱子以康節之學爲易外別傳、持論至確。其作易學啓蒙、蓋以程子易傳不及象數、故兼備此義以補所闕、非專以數立教也。後人棄置本義而專以啓蒙爲口實、殆倒置其本末矣。今所編錄、於推演數學者略存梗概、以備一家。其支離曼衍、不附經文、於易杳不相關者、則竟退置於術數家、明不以魏伯陽陳摶等方外之學淆六經之正義也。

欽定四庫全書總目卷六

欽定四庫全書總目卷七

經部七

易類存目一

關氏易傳一卷、內府藏本

舊本題北魏關朗撰、唐趙蕤注。朗字子明、河東人。蕤字大賓、梓州鹽亭人。詳見子部雜家類長短經條下是書隋志、唐志皆不著錄。晁公武讀書志謂李淑邯鄲圖書志始有之。中興書目亦載其名、云阮逸詮次刊正。陳師道後山叢談、何薳春渚紀聞及邵博聞見後錄皆云、阮逸嘗以僞撰之槀示蘇洵。則出自逸手、更無疑義。逸與李淑同爲神宗時人、故李氏書目始有也。吳萊集有此書後序、乃據文中子之說力辨其眞、文士好奇、未之深考耳。

方舟易學二卷、浙江吳玉墀家藏本

宋李石撰。石字知幾、資陽人。陸游老學菴筆記載其本名知幾、後感夢兆、改名石、而以知幾爲字。宋史不爲立傳、資川志載其舉進士高第、紹興末以薦任太學博士、黜成都學官、乾道中再入爲郎、後歷知合州、黎州、眉州、皆以論罷、終於成都轉運判官。鄧椿畫繼則載其少負才名、既登第、以趙逵薦任太學博士、今倅成都。蓋椿與石同時、故舉其現居之官也。是書專論互體、每卦標兩互卦之名、而以爻詞證之。考漢儒說易、多主象占、後孟喜焦贛京房流爲災變、鄭元又配以爻辰、固不免有所附會。自王弼掃滌舊文、併謂互體卦變皆無足取、於是棄象不論。夫納甲五行本非易義所重、棄之可也。若互卦及動爻之變、其說見於繫詞、其法著於左傳、歷代諸儒相承有自、概從排斥、未免偏涉元虛。故石專闢王弼之學。其上卷詳言互體之義、下卷曰象統、曰明閏。象統但存一序、其說未竟。明閏以六十四卦分月、以明置閏之法也。朱彝尊經義考曰、方舟集止存二卷、崑山徐秉義家藏有易互體例、卷首不著撰人名氏、但題門人劉伯熊編。此本卷首有竹垞二字小印、豈其書後歸彝尊歟。考書錄解題載李石方舟集五十卷、後集二十卷、而永樂大典所載左氏君子例、詩如例、詩補遺及此書皆題曰李石方舟集。則是四書皆其集中所載、徐氏惟得其兩卷、故卷端無姓名耳。今方舟集已於永樂大典中裒輯成帙、此四書亦仍其舊例併入集中、故不復重錄、而附存其目於此焉。

周易繫辭精義二卷、兩淮馬裕家藏本

舊本題宋呂祖謙撰。祖謙有古周易、已著錄。初、程子作易傳、不及繫辭、此書似集諸家之說、補其所缺。然去取未爲精審。陳振孫書錄解題引館閣書目、以是書爲託祖謙之名、殆必有據也。

東萊易說二卷、江西巡撫採進本

舊本題宋呂祖謙撰、朱彝尊經義考亦列其名。今勘驗其文、實呂喬年所編麗澤論說集錄之前二卷、書賈鈔出以售僞、非祖謙所自著也。

周易輯說明解四卷、江西巡撫採進本

舊本題宋馮椅撰。椅有厚齋易學、已著錄、此其別行之僞本也。案椅原書、宋史藝文志作五十卷、此本卷數懸殊、其不合者一。又朱彝尊經義考載中興藝文志云、馮椅爲輯注、輯傳、外傳、以程沙隨朱文公雖本古易爲注，猶未及盡正孔傳名義，乃改彖曰象曰爲贊曰，又改繫詞上下爲說卦上中，以隋經籍志有說卦三篇也。此本仍作彖曰象曰，不作贊曰，繫詞傳亦仍分上下，不作說卦上下。其不合者二。胡一桂易本義附錄纂疏曰：馮厚齋講明夷六五箕子之明夷云：箕字蜀本作其字，此繼統而當明揚之時之象，其指大君當明揚之時而傳之子，則其子亦爲明夷矣。又謂文王作爻詞，移置君象於上六，以初登於天，後入於地，況明夷之主，六五在下而承之，明夷之主之子之象也。子繼明夷之治，利在於貞明，不可以復夷也。後世以其爲箕，遂傅會於文王與紂事，甚至以爻詞爲周公作，而非文王。蓋箕子之囚在文王羑里之後，方演易時，箕子之明未夷也。李隆山深然其說云云。此本解明夷六五上六二爻，仍用舊說，未嘗改箕字爲其字。其不合者三。且永樂大典具載楠書，有輯注輯傳之目，與中興藝文志同，其議論與胡氏之言同。又其以古訓改今文者甚多，如裳之爲常，瀆之爲黷，寵之爲龍，拯之爲承，皆本說文釋文諸家，履否諸卦則以爲舊脫卦名，宜補，姤卦則以爲勿用取下衍女字，漸卦則以漸之進之字爲漸字之譌。今此書皆無其文。又輯注外傳所引諸家，如司馬光、王安石凡二三十家，多外間所未有，今并無之。至其各卦講解，多沿襲本義，與永樂大典所載全殊，其爲僞託，更無疑義。今楠之全書業已重編成帙，此本已可不存，以外間傳寫已久，恐其亂眞，故存其目而論之焉。

水村易鏡一卷（兩江總督採進本）

宋林光世撰。光世字逢聖，莆田人。館閣續錄載其淳祐十一年以易學召赴闕，充祕書省檢校文字。十二年，教授常州。文字職事如舊。寶祐二年，補迪功郎，添差江西提舉司幹辦公事。閩書則謂淮東漕臣黃濩章上所著易鏡，由布衣召爲史館檢閱，遷校勘，改京秩，自將作出知潮州。開慶元年召爲都官郎中，入爲司農少卿，兼史館官，階頗有異同。又稱其景定二年賜進士出身，在都官郎中後，二年均未詳孰是也。是書序稱丙午，蓋成於理宗淳祐六年。大旨據繫詞之語，謂諸儒詁易，獨遺仰觀俯察之義，因居海上，測驗天文，悟天澤火雷風水山地八宮之星皆自然有六十四卦，遂以星配卦，先取繫詞所列自離至夬十三卦，推闡其旨，以發大凡。所列星圖，穿鑿附會，自古說易之家未有紕繆至此者。夫庖犧仰觀天文，亦採其盈虛消息之運耳，何嘗準列宿畫卦哉。後永豐陳圖作周易起元，又以名山大川分配六十四卦，謂之察於地理，充乎其類，殆不至以鳥獸配卦不止矣。

易序叢書十卷（浙江吳玉墀家藏本）

舊本題宋趙汝楳撰。汝楳有周易輯聞六卷、易雅一卷、筮宗三卷，總謂之易序叢書，已著於錄。此本亦分十卷，各爲目，惟首二卷爲易雅、筮宗，自第三卷至七卷則言兵法，所載營陳隊伍圖法甚備，皆與易絕不相涉，又所題衍義拾遺等目，核之書中，亦多不甚分晰。其中惟第八卷六日七分論及第九卷十卷辨方納甲二篇，尚頗存漢學之舊。然文字亦多脫誤，疑好事者偶得其殘本，不知完帙尚存，雜鈔他書以足十卷之數也。卷首有董其昌名印，則其來已久，殆明人所雜編歟。

周易上下經解殘本四卷（兩淮鹽政採進本）

宋丁易東撰。易東有易象義，已著錄。此卽易象義殘本，傳鈔者改其名也。十翼惟存彖傳象傳，其餘皆佚。上經自乾卦至泰卦僅有一頁，尤爲殘缺。惟下經晉大壯睽蹇中孚五卦爲永樂大典所佚者，此本獨完，今已採掇補錄，而別存其目於此，俾世知與易象義非兩書焉。

大易衍說（無卷數，安徽巡撫採進本）

舊本題元李簡撰。簡有學易記，已著錄。是編卽以學易記序冠於卷首，而書則絕不相同。核其文義，與今村塾講章相類，朱彝尊經義考亦未載其名，蓋書肆僞託之本也。

大易法象通贊七卷（浙江吳玉墀家藏本）

元鄭滁孫撰。滁孫字景歐，處州人。宋景定間進士，嘗知溫州樂淸縣，還宗正丞、禮部郎官。入元，以薦召授集賢直學士。事蹟具元史儒學傳。此書首爲諸圖，次以中天述考、述衍等說，終以甲辰乙巳丙午三年所作習坎書院旅語。其中天圖後署曰：至元三十年十一月吉日，宣召赴闕儒人臣鄭滁孫。蓋卽其被薦時所進也。其序自言年踰五十，探索先天圖，忽得中天元景云云。案中天之說，始見於干寶周禮註，朱元昇衍之爲三易備遺，然滁孫所謂中天元景與干寶之說又異。大旨謂中天卽天也，由其運用合一居中，故曰中天。由其在生兩之後、用九之前、故曰中天。其象藏於互體、而義發見於文王周公孔子之辭。其說大抵皆幽渺恍惚、不可究詰。計滁孫登第、自宋景定至元世祖至元中、當已五六十歲、而此書之成在成宗之末、又在進圖後十餘年、逮至嘉興溫州升席說經、年已耄耋矣。其始終數析者、皆一中天之義。又刪周易繫辭傳以遷就己說、而牽合諸經以證之、支離曼衍、終無歸宿。自來以奇偶推易者病於穿鑿、以老莊談易者病於虛無。此書更以穿鑿之數附會於虛無之理、兩家流弊、兼而有之、可謂敝精神於無用者矣。

周易訂疑十五卷、序例一卷、易學啟蒙訂疑四卷、周易本義原本十二卷、（山東巡撫採進本）

舊本題董養性撰。不著時代。考元末有董養性、字邁公、樂陵人。至正中嘗官昭化令、攝劍州事。入明不仕、終於家。所著有高閒雲集。或卽其人歟。是書前有自序、謂用力三十餘年乃成。其說皆以朱子爲宗、不容一字之出入。蓋亦胡一桂陳櫟之末派也。

學易舉隅三卷、（浙江吳玉墀家藏本）

元鮑恂撰。恂字仲孚、崇德人。登至元乙亥進士。薦爲翰林、不就。王禕造邦勳賢錄、稱洪武初嘗應召至京師、授文華殿大學士、輔導東宮。明史吳伯宗傳則稱與吉安余詮高郵張長年登州張紳同薦。恂年八十、詮年亦七十、並命爲文華殿大學士。皆以老疾固辭、遂放還。惟紳授鄠縣教諭、後官至布政使、則恂固未嘗仕明。造邦勳賢錄載陶珽續說郛中、疑爲僞託、當以史爲據。又陶宗儀輟耕錄載鮑恂以妻父建德知縣俞鎭之力、貢繇中浙江鄉試第十四名。考其籍乃嘉興、其年乃至正甲申。蓋名姓偶同、非此鮑恂也。是書略舉讀易之法、分析門目、指陳綱要、大抵皆約舉舊文。卷首有寧王權序、題曰旃蒙單閼、蓋宣德十年乙卯也。序稱程蕃伯昌重加訂正、而稱蕃生於至元十七年丁酉。考後至元無十七年、惟順帝至正十七年歲在丁酉、則至元乃至正之誤也。是書本名學易舉隅、權爲刊板、始更名大易鉤元。然朱彝尊經義考載之、仍曰舉隅。考所言僅粗陳崖略、不足當鉤元之名。題曰舉隅、於義爲近。故今亦仍恂原目著錄焉。

周易旁注圖說二卷、（山東巡撫採進本）

明朱升撰。升字允升、休寧人。元至正乙酉舉於鄉、授池州路學正。秩滿歸里。丁酉太祖兵至徽州、以升從軍。吳元年拜侍講學士。洪武中官至翰林學士。事蹟具明史本傳。是書原本十卷、冠以圖說上下二篇。上篇凡八圖、下篇則全錄元蕭漢中讀易考原之文。萬歷中姚文蔚易其旁注、列於經文之下、已非其舊。此本又盡佚其注、獨存此圖說二篇。漢中書已別著錄、餘此八圖、僅敷衍陳摶之學、蓋無可取矣。

八卦餘生十八卷、（江西巡撫採進本）

明鄧夢文撰。夢文字志文、安成人。是書前有永樂甲辰自序、稱著是書時夢神授以八卦餘生之名、覺而不識其所謂、但既有所受之、則不敢不以是名之。其說甚怪。其書卷首列總論五條、一曰偶感、記經文之有會於心者、凡十九處。二曰記臆、指程子蘇軾二家之說大不合於經者、七十處。三曰論應、斥諸家某爻應某爻之非、而取其不謬於理者、十一處。四曰論五位、辨諸家以五爻爲君之非、凡九處。五曰論變、謂卦不必至三爻而變、凡三處。其大旨主於以身爲易、不假蓍策而自然與造化相符。多掊擊前人之說、而攻程傳爲尤甚。至繫辭諸傳則併攻傳文。如繫辭成性存存二句、則注曰其語意頗似老子、不類夫子口氣。刳木爲舟節、則注曰自神農黃帝堯舜時始有舟楫、而當堯之時、天下猶未平、洪水橫流、不知神農以前天下之民何以涉河。服牛乘馬節、則注曰牛馬之用似不待取諸卦象而後然。古之葬者節、則注曰本義云送死大事而過於厚、然則聖人制葬埋之禮、蓋亦自爲大過矣。則於墨子之薄葬又何譏焉。易之興也其當殷之末世節、則注曰此節與易道似無甚發揮、而又皆前經之所已言者。又曰、夫子殷人也、紂之事所不忍言、卽贊文王不須以紂、以紂贊文王亦非文王之所願聞也。說卦傳昔者聖人之作易也將以順性命之理節、則注曰仁知之不足以盡道也久矣、此云爾、似亦不合。帝出乎震節、則注曰此節似弄字法。序卦傳飲食必有訟二句、則注曰訟何必專始於飲食。訟必有衆起六句、則注曰物自蒙之時必有所依附而後成立、比似莫切於此時、且不比何以成師、亦似在師之前。有大而能謙必豫二句、則注曰必待大有能謙而後樂其爲樂也、不亦隘乎。豫必有隨二句、則注曰同人而物歸之、已大有矣，於此而始隨乎。有事而後可大句，則注曰：然則大有者非人乎。物大然後可觀句，則注曰：然則同人大有之時尚不可觀乎。賁者飾也三句，則注曰：大有臨觀，尚未足亨乎，必待飾而後亨耶。復則不妄矣句，則注曰：然則剝以前諸卦皆妄乎。物畜然後可養句，則注曰：然則需不已早乎。故受之以坎三句，則注曰：旣曰陷矣，而可受乎，聖人豈欲陷人者哉。遯者退也四句，則注曰：有是理否也。物不可以終壯句，則注曰：旣不終壯而又晉，將欲何之。傷於外者必反其家句，則注曰：似非確論。升而不已必困句，則注曰：困乎下者柰何。震者動也四句，則注曰：何待不可終動而後受之以艮耶。旅而無所容句，則注曰：然則不毁方耶。巽者入也四句，則注曰：是不得入則終不說矣。渙者離也二句，則注曰：然則是離渙一卦也，以渙繼坎，不亦可乎。如是之類，不能殫舉。是其所見，殆欲出十翼上矣，恐無此事也。

石潭易傳撮要一卷（江西巡撫採進本）

明劉髦撰。髦字孟悔，永新人。永樂戊子舉人。是書大旨以程子之全體大用具於易傳，朱子嘗欲將其要處別寫爲書，而竟未成編，髦因摘錄其文，分類排纂，定爲本性、道精、公私、正身心、施政治四門，又分子目三十有三。前有蕭鎡序，云總爲四卷，而此刻則僅有一卷，然門目與鎡序皆符，知無所佚闕。朱彝尊經義考亦作一卷，蓋重刻者所合併也。

易經圖釋十二卷（江西巡撫採進本）

明劉定之撰。定之字主敬，號呆齋，永新人。正統丙辰進士，官至禮部侍郎，兼翰林院學士，謚文安。事蹟具明史本傳。其書用古本，以上下經及十翼釐爲十卷。惟彖傳則以大象爲彖傳上，以小象爲彖傳下，又與古本小異。然以爲象分大小，猶之雅分大小，出於孔子所定，則於古無徵，不足信也。卷首列先天後天諸圖，率同本義。惟不列卦變圖，蓋卦變之說從程子，不從朱子。亦不列河圖洛書，蓋其說皆由太極兩儀四象八卦互推，不甚用奇偶方位。其伏羲先天六十四卦方位圖下注云：此圖二經十傳皆無明文可見。又圖末總注云：已上諸圖，昔者學易之家失其傳，而異端方士祕藏焉。邵子始復取歸於易。程子與之同時，而於易傳問置之不論，豈未嘗得見此於邵子歟。則雖堅主陳摶之學，而亦微覺其未安矣。上經下經每卦六爻各總爲一圖，各以儷偶之辭括其爻義，左右上下，以次排列，而以墨線分合交貫之，頗類坊本講章之節旨。彖傳則上經下經各爲一總圖，橫行六十四卦，而以卦德、卦象、卦體、卦變直列四格，以經文分隸之，如史家之年表。大象則以大學三綱領八條目橫行爲綱，以經文相類者分配其下。小象則爲列一韻圖，以三百八十四爻爲經，四聲十九部爲緯，如等韻之譜，皆與經義渺不相關。文言繫辭則或一節爲一圖，或總括數節爲一圖，各標其語脈相貫之處。說卦傳前數節仍以先天後天諸說作圖，其取象諸節，又作一表，經以八卦，緯以天象、地法、人身、物類、草木、鳥獸六格，塡列傳文，亦毫無取義。序卦僅附反對一圖，而雜卦則不爲圖，遂不置一語。蓋大旨在標六爻之義，餘皆蔓衍成書，取盈卷帙而已。

玩易意見二卷（浙江汪啟淑家藏本）

明王恕撰。恕字宗貫，三原人。正統戊辰進士，官至吏部尚書，謚端毅。事蹟具明史本傳。恕於宏治壬戌養病家居，因搆一軒，名玩易，於程朱之說有所未愜於心者，劄記以成此書。前有自序，作於正德丙寅，時年已九十一矣。其說頗自出新意，然於文義有不可通者，輒疑經文有譌，殊不可訓。凡上經一卷，下經合繫辭爲一卷，而不及其餘，蓋意有所見乃筆之，故不盡解全經云。

學易象數舉隅二卷（安徽巡撫採進本）

明汪敬撰。敬字思敬，一字益謙，婺源人。宣德癸丑進士，官戶部主事。所著有易傳通釋及此書。明史藝文志不著錄，朱彝尊經義考載此書四卷，而通釋則闕其卷數。江南通志載之，則均無卷數。此本二卷，似尚非完書也。其書專明象數，自天地自然之易至邵子經世書全數，皆列圖於前，而繫說於後，大抵皆因襲舊文，糾纏奇偶。中閒論大衍之數一條，證以陳摶龍圖之說，不知龍圖準易數以作，非易數出於龍圖也。其上卷圖書象數，下卷九卦及觀象玩辭觀變玩占四篇，皆標通釋之名，豈本與其所謂易傳通釋者共爲一帙，後來通釋殘缺，傳寫者誤併爲一書，而標題則未及改歟。是不可詳矣。

周易傳義約說十二卷（兩江總督採進本）

明方獻夫撰。獻夫初名獻科，字叔賢，南海人。宏治乙丑進士。案朱彝尊經義考引姓譜，以獻夫爲正德辛巳進士，誤也。官至武英殿大學士，謚文襄。事蹟具明史本傳。是書用朱子所定古經本，以上下經十翼各自分篇，兼取程傳本義，而參以邵子之學，頗以象數爲主，其說務在簡明。然大抵依違舊說，不能別有發明。末附易雜說四則，深辯爻辭非周公作，蓋本元胡炳文之論，亦未能確有所據也。

圖書紀愚一卷，福建巡撫採進本

明阮琳撰。琳字廷佩，號晶山，莆田人。嘗官敎諭。其人在成化宏治間。朱彝尊經義考列諸嘉靖之末，由未見其書故也。經義考載此書不著卷數，注曰未見。其書首載太極河洛諸圖，次及六十四卦橫方圖，終之以五行生尅，大率因前人舊說，無所發明。

易圖識漏，無卷數，浙江范懋柱家天一閣藏本

明黃芹撰。芹字德馨，號畏菴，龍巖人，蔡清之弟子也。正德九年以歲貢生官海陽縣訓導。是編爲發明先天圖學而作。前有正德丁卯自序，稱易圖凡二十七面，而今書新舊諸圖凡二十有八，蓋以陳眞晟天地聖人之圖君子法天之圖總名爲心學圖也。其謂伏羲八卦橫圖、八卦圓圖皆爲贅設，乃後人因繫辭說卦之語而誤加之，則未嘗不知後人因易以作圖。又謂胡一桂於伏羲六十四卦圓圖分配節氣，非其本旨。其伏羲本河圖以作易圖，先天八卦合洛書數圖，皆穿鑿可疑。於圖書之學亦未嘗不覺其不安，而堅信先天圖出自伏羲，推而至於心學，推而至於歷法，曼衍支離，殊不可解。鈔本亦黑白混淆，奇偶參錯，殆不可辨識，此眞覆瓿之書也。

周易說翼三卷，江西巡撫採進本

明呂柟撰。柟字仲木，號涇野，高陵人。正德戊辰進士第一，官至南京禮部右侍郎。事蹟具明史儒林傳。是編乃柟平時講授，其門人馬書林、章鸞、滿潮等錄其問荅之語而成。每卦皆有論數條，專主義理，不及象數。前有嘉靖己亥王獻芝序，後有李遂跋。

易經大旨四卷，浙江吳玉墀家藏本

明唐龍撰。龍字虞佐，蘭谿人。正德戊辰進士，官至吏部尚書，謚文襄。事蹟具明史本傳。此書其提學陝西時所作，專爲舉業而設，故皆擇科場擬題釋之，凡九百八十五條。

周易議卦一卷，編修程晉芳家藏本

明王崇慶撰。崇慶字德徵，開州人。正德戊辰進士，官至南京吏禮二部尚書。是書泛論卦名卦義，閒亦推及爻辭。自序謂以六十四卦大義本諸象、質諸象，而又參諸人事，然所得頗淺。本載所著五經心義中，曹溶摘入學海類編。考明史藝文志亦載崇慶周易議卦二卷，則當時已別行矣。

讀易索隱六卷，浙江巡撫採進本

明洪鼐撰。鼐字廷器，壽昌人。正德庚午舉人，官國子監助敎。朱彝尊經義考載有是書，注曰未見。此本紙墨尚新，蓋刻於彝尊後也。其書不載經文，但隨意標舉某節某句而說之。大旨主於良知之學，故於朱子本義、蔡清蒙引頗有所辨駁云。

古易考原三卷，兩淮鹽政採進本

明梅鷟撰。鷟，旌德人。正德癸酉舉人，官南京國子監助敎，終鹽課司提舉。是書謂伏羲之易已有文字，畫卦在前，河圖後出，伏羲但則之以揲蓍。大衍之數當爲九十有九，以五十數爲體，以四十九爲用，無有中五乘十，置一不用之理。論殊創闢，然於古無所授受，皆臆撰也。

周易贊義七卷，浙江范懋柱家天一閣藏本

明馬理撰。理字伯循，三原人。正德甲戌進士，官至南京光祿寺卿。事蹟具明史儒林傳。其書雖參用鄭元、王弼及程朱二家之說，然大旨主於義理，多引人事以明之。朱睦㮮序稱此書發凡舉例，闡微摘隱，博求諸儒異同，得十餘萬言，原書十有七卷，其門人涇陽龐俊繕錄，藏於家，河南左參政莆田鄭絅爲付梓。今本僅存七卷，繫辭上傳以下皆佚。案朱彝尊經義考已注曰闕，則其來久矣。

易問箋一卷，兩江總督採進本

明舒芬撰。芬字國裳，進賢人。正德丁丑進士第一，授翰林院修撰，以諫南巡廷杖，謫福建鹽課司副提舉。嘉靖初復職，又以爭議大禮廷杖，尋遭母憂歸，卒。萬歷閒追謚文節。事蹟具明史本傳。芬嘗裒生平著作爲梓溪文鈔凡十八卷，分內外集，外集爲雜文，內集則皆所著諸書，是編其首也。大抵以意推衍，泛言義理，而多有牽合之病。如解潛龍勿用，謂用則動，動則變而之姤，引韓愈詩賢愚同一初，乃一龍一豬爲證。又如解鼎利貞，謂重器不可以輕舉，春秋書納宋郜鼎爲不知利貞之訓。凡若斯類，於經義皆無當也。

易學四同八卷、別錄四卷（浙江巡撫採進本）

明季本撰。本字明德、山陰人。正德丁丑進士。官至長沙府知府。是編以四同爲名、蓋以朱子本義首列九圖、謂有天地自然之易、有伏羲之易、有文王之易、有孔子之易、四者不同。本極以其說爲不然。故以四同標目、亦閒有闡發。然其大旨乃主於發明楊簡之易、以標心學之宗、則仍不免墮於虛渺。至於祖歐陽修之說、以繫辭爲講師所傳、非孔子所作、故多割裂經文、從吳澄所定之本。上傳第七章易其至矣乎五字、删子曰二字、屬易簡之善配至德以下。第八章聖人有以見天下之至賾至擬議以成其變化九十五字、謂前五十六字重出、後三十五字移并於第十二章。鳴鶴在陰七節及古本十二章易曰自天祐之五十一字、與下傳古本第五章合。乾坤文言另歸一卷、附繫辭之後。下傳夫乾確然示人易矣三節、分爲二章。天地之大德曰生一節、合第十章將叛者其辭慙爲第三章。雜卦末大過顚也一節、本亦以卦不反對、從吳澄所採蔡本爲定。考澄說多可取、而其謬則在於改經、原爲瑕瑜竝存。本之理不及澄、而改經則效之、益無取矣。其別錄則爲圖文餘辨二卷、分內外二篇。內篇辨朱子九圖之誤、其論後天圖非文王所作、是矣。至謂先天圓圖亦尚有可疑、則仍糾繞於圖之中、不能確定也。外篇雜論術數之數、如皇極經世、易林、京房易傳、火珠林、太元、潛虛、洪範九九數、參同契之類、皆辨之、至於梅花數亦與詰難、則泛濫矣。又著法別傳二卷、自序謂發明蓍法本旨者、定爲占辨、占例、占戒、占斷、合卜筮論爲內篇。若象占取應於易詞之中、物類增分於易象之外、及以己意斷占有驗而非出於易理之自然者、爲外篇。朱彝尊經義考云、二書各一卷。此本乃各二卷、或刊本誤二字爲一字。彝尊又載古易辨一卷、此本無之、則當由脫佚矣。

圖書質疑（無卷數、河南巡撫採進本）

明薛侃撰。侃字尚謙、號中離、揭陽人。正德丁丑進士、官至行人司司正。事蹟具明史本傳。是書爲侃門人所記。前列卦位、河圖、太極、洛書等十三圖、圖各有說。後爲圖書總解及與諸生荅問。其大旨謂卽數爲圖、卽圖成卦、皆造化自然之理。其荅問中所論格致、體用、虛實、及儒釋之辨、皆守姚江良知之說。史稱侃師事王守仁於贛州、歸語兄助教俊、俊大喜、率羣子姪宗鎧等往學焉。自是王氏學盛行於嶺南。蓋不誣云。

易經淺說八卷（內府藏本）

明陳琛撰。琛字思獻、晉江人。正德丁丑進士、官至吏部考功司主事、乞終養歸。嘉靖中起授貴州提學僉事、不赴。再起江西提學僉事、亦不赴。事蹟附見明史蔡清傳。是書一名易經通典、原刻作六卷。此本乃其後人擬欲重刻之藁本、分爲八卷。中多塗乙、有標某句爲後人增改者、有標採入折中者。然文言傳知至至之一條、標採入折中、而折中實未採、則亦有所假借依託、不盡可據矣。琛易學出蔡清、故大旨主於義理、然欲兼爲科舉之計、故順講析講、全如坊本高頭講章。較清易經蒙引、可謂每況愈下矣。

易象解四卷（浙江鄭大節家藏本）

明劉濂撰。濂字濬伯、南宮人。正德辛巳進士。由杞縣知縣擢監察御史。是書惟解上下經文、而無十翼。自序謂十翼之辭不盡出於聖門、故其言多無謂、且叛於三聖之教云云。蓋襲歐陽修之說、而益加甚焉。所謂象占亦多悖謬。濂嘗著樂經元義八卷、駁樂記與周禮大司樂。此書復駁十翼、亦可謂勇於自用者矣。

補齋口授易說（無卷數、浙江巡撫採進本）

不著撰人名氏。題曰門人永豐周佐編次。蓋補齋乃其師之號、佐錄所講授以成書。朱彝尊經義考題曰周氏佐補齋口授易說、蓋如胡瑗口義題倪天隱之名、非佐所撰也。補齋不知何許人、佐亦不詳其始末。經義考據聚樂堂書目定爲正嘉以前人、亦約度之詞耳。所言皆科舉之學、止乾坤二卦及繫辭上下傳、似乎尚非完本也。

周易古經（無卷數、浙江吳玉墀家藏本）

明雷樂編。樂、建安人。嘉靖閒由貢生官廣州訓導。是書明史藝文志不著錄、朱彝尊經義考亦不載。所據乃宋吳仁傑本、稱爲費直之所傳。首列沿革一篇、歷載前儒古易之式、凡初本、費直本、鄭元本、王弼本、胡且胡瑗本、呂大防本、邵子本、晁說之本、程迥本、呂祖謙本、朱子本、共十二家。樂據吳仁傑本爲費氏之易、原無確證。且朱子本卽呂祖謙本、亦未可分爲二家。至十二家外尚有王洙、周燔、馮椅諸本、未及載入、亦殊挂漏。末闕雜卦一篇、蓋傳寫佚之。然吳仁傑本具在、正不假此本以傳也。

周易不我解二卷、（浙江鄭大節家藏本）

明徐體乾撰。體乾字行健、長淮衞人。嘉靖癸未進士。自序謂嘗得青山易半卷、希夷易一卷。其法以天星配四時。解乾卦六龍卽指龍星。解坤爲牛、亦指犧牛星。蓋卽林光世水村易鏡之說而變幻之、殊爲附會。書中多引邵子及左傳占法、而以青陳左邵並稱。其名不我解者、言解不以我也。然陳摶之易但有龍圖一卷、載於宋志、今未見其書、而尚見其序、絕無仰觀星象之說。青山易則更莫知所自來。其亦在影響有無閒矣。序稱爲書六卷。朱彝尊經義考引黃百家之言曰、是編流傳者寡、余家止存乾坤一卷、後五卷訪之不得。此本乾坤二卦一卷、與百家所言合。又有古易辨諸條別爲一卷、則百家之所未言。蓋殘闕之餘、所存者互有詳略、故其本不同。百家又云、其易本陳希夷趙青山。然體乾自序云青山不知何許人、未審百家何以知其姓趙。殆因趙文號青山、而以意揣之歟。

周易義叢十六卷、（浙江巡撫採進本）

明葉良佩撰。良佩字敬之、台州太平人。嘉靖癸未進士。官至刑部郎中。是編用王弼本、採輯古今易說自子夏傳迄元龍仁夫、凡一百七十七家。或自抒己見、則稱測曰、以附於後。諸家皆有去取、惟程傳全錄。諸家皆以時世爲次、惟朱子本義則升列衆說之首。其大旨可以概見也。

古易世學十七卷、（兩淮鹽政採進本）

明豐坊撰。坊字存禮、鄞縣人。嘉靖癸未進士。除禮部主事。免官家居、坐法竄吳中、改名道生。事蹟附見明史豐熙傳。坊平生喜作僞書、於諸經皆竄亂篇第、別爲訓詁、詭言古本以欺世。此其一也。書中正音略說傳義、託之於遠祖稷、曾祖慶、父熙、而己自爲考補。其實皆坊一手所作、當代已灼知其妄。惟石經大學子貢詩傳申培詩說三書、以篆籀寫之、一時頗爲所惑。久之乃能辨定。詳具各本條下、茲不具論云。

易辨一卷、（浙江鄭大節家藏本）

明豐坊撰。此書以孔子授易於商瞿、文言諸傳凡何謂也皆以爲商瞿問辭、子曰以下皆瞿錄夫子之荅辭。又以周公爻辭謂之易繫。其論筮法則以彖專爲卜、繫專爲筮。大抵無根之談。其論太極圖說、謂朱子得之葛長庚、託名周子、尤爲誣說。考朱子太極圖傳及通書解成於乾道九年癸巳、見於年譜。長庚生於紹熙五年甲寅、見瓊琯集長庚事實。是注太極圖後二十一年長庚乃生、安得指爲長庚所授歟。

易脩墨守一卷、（浙江汪啟淑家藏本）

明唐樞撰。樞字惟鎭、歸安人。嘉靖丙戌進士。授刑部主事。以疏爭李福達事、斥爲民。隆慶初復官、以年老加秩致仕。事蹟具明史本傳。其書以連山爲文王八卦圖、以歸藏爲伏羲方圖、於義頗疎。樞文集中已載之、此其初出別行之本也。

易象大旨八卷、（浙江巡撫採進本）

明薛甲撰。甲字應登、江陰人。嘉靖己丑進士。官至江西按察司副使。是書經文之外、惟彖傳全文分列六爻之前。象傳則刪大象而存小象、分綴六爻之下。文言繫辭說卦序卦雜卦諸傳則全刪焉。變亂經文、殊乖古義。其大旨主於因象以明理。如解訟卦元吉中正、解升卦亨於岐山之類、頗出新意。然如解乾卦潛龍勿用爲泯思慮忘知識、解坤卦括囊无咎爲將迎意必之私一無所容於中之類、則闌入老莊之說矣。

胡子易演十八卷、（浙江汪啟淑家藏本）

明胡經撰。經號前岡、廬陵人。嘉靖己丑進士。明史藝文志載胡經易演義十八卷。此本但稱易演、疑史衍文也。其書用注疏本、移乾彖傳大明終始三句於乃利貞之下、謂是周易原本得之於師者。蒙卦六爻皆主君臣。凡若此類、大約喜爲新說、務與朱子立異。夫朱子之易固不能無所遺議、然經以尋章摘句之學、於古義無所考證、而漫相牴牾、則過矣。

周易卦變圖傳二卷、（安徽巡撫採進本）

明呂懷撰。懷字汝愚、號巾石、永豐人。嘉靖壬辰進士。官至南京太僕寺少卿。事蹟附見明史洪垣傳。是書主卦變之學、其例有宮變、有卦變、有爻變。大旨謂六十四卦者八卦之重也。天四卦、各重八卦、乾八卦爲太陽、兌八卦爲少陰、離八卦爲少陽、震八卦爲太陰。地四卦、各重八卦、坤八卦爲太陰、艮八卦爲少陽、坎八卦爲少陰、巽八卦爲太陽。八卦各變天地陰陽太少、變者七、不變者一。天太陽八卦、不變者乾。少陰八卦、不變者中孚。少陽八卦、不變者離。太陰八卦、不變者頤。地太陰八卦、不變者坤。少陽八卦、不變者小過。少陰八卦、不變者坎。太陽八卦、不變者大過。計六宮、各變七卦、通計五十六卦。而不變之八卦又自陽卦變陰、陰卦變陽、以統五十六卦之變。蓋八卦以卦變、五十六卦以爻變、八卦以體變、五十六卦以用變。其爻變之例、若乾上九變爲夬上六、夬九五變爲大有六五、大有九四變爲小畜六四、小畜九三變爲履六三、履九二變爲同人六二、同人初九變爲姤初六之類。大抵支離牽合、若有意義、而實非易之本旨也。

易經中說四十四卷、浙江巡撫採進本

明盧翰撰。翰字子羽、潁州人。嘉靖甲午舉人。官兗州府推官。其講易專主人事、而證以卜筮。每爻皆列變卦之圖。而雜引經語史事之近似者、類附於下、頗爲宂雜。亦多附會。又立圖太多、每成蛇足。如雲行雨施六位時成諸句、亦繪畫縱橫、明其相配之義。覺理本簡易、圖反治絲而棼之。愛奇嗜博、無關經義、其亦可已不已矣。

看易凡例圖說一卷、江西巡撫採進本

明龍子昂撰。子昂、泰和人。嘉靖庚子舉人。官知縣。是編不標書名、前列讀易凡例共三十二條、後列圖說、則解河圖洛書及朱子本義九圖象數之理。疑爲全書之首卷、非完本也。

周易私錄、無卷數、江蘇巡撫採進本

明王樵撰。樵字明逸、號方麓、金壇人。嘉靖丁未進士。官至刑部侍郎、改南京都察院右都御史。諡恭簡。事蹟具明史本傳。是書凡三冊、前二冊編次一依東萊呂氏所定古本、酌取程子之傳朱子之本義錄於前、兼採諸家之說錄於後、亦間以己意折衷之。卷端有題記數條、其一曰周易經傳十二篇、手錄自嘉靖壬戌至萬歷己丑春、修潤粗定、尚俟有所進、特恐精力不逮耳、成予之志者、其肎堂乎。其餘多標示繕寫體例、蓋僅脫初稾、猶未全定之本也。後一冊題曰方麓先生周易程傳私錄原稾、注其旁曰、震卦以下闕。然檢核其稾、乃六十四卦皆全、未喻其故。後又別爲一卷、題曰方麓先生原稾、所列爲朱子九圖及說、附項氏卦變綱領五贊、蓍占法、筮法、易學傳授、而總題曰附錄、蓋全書之末卷、裝輯者誤置程傳私錄稾後也。自此而下又全錄元蕭漢中讀易考原一卷、像象金鍼一卷、而終以河圖洛書、糾紛無緒、是又鈔錄備用之稾、其後人誤以爲所著書矣。

九正易因、無卷數、江蘇周厚堉家藏本

明李贄撰。贄本名載贄、晉江人。嘉靖壬子舉人。官至姚安府知府。坐妖言逮問、自殺。事蹟附見明史耿定向傳。是書每卦先列經文、次以己意總論卦象、又附錄諸儒之說於每卦之後。書止六十四卦。其文言繫辭等傳、皆未之及。經文移大象於小象之後、則贄臆改也。朱彝尊經義考載其原序、述馬經綸之言曰、樂必九奏而後備、丹必九轉而後成、易必九正而後定、故有是名。贄所著述、大抵皆非聖無法。惟此書尚不敢詆訾孔子、較他書爲謹守繩墨云。

今文周易演義十二卷、江蘇巡撫採進本

明徐師曾撰。師曾字伯魯、吳江人。嘉靖癸丑進士。官至吏科給事中。師曾初從呂祖謙本、爲古文周易演義一書。後以明代取士用注疏本、乃復爲此書。大旨以闡發本義爲主。初刻於杭州。隆慶戊辰又修改而重刻、即此本也。

周易傳義補疑十二卷、編修勵守謙家藏本

明姜寶撰。寶字廷善、號鳳阿、丹陽人。嘉靖癸丑進士。官至南京禮部尚書。是編大旨以程子易傳主理、朱子易本義主占、其初頗有所疑、既而研究十五年、乃定從傳義者十之八九、旁及諸家者十之一二。於傳義或有所疑者、亦以己意斷之、故曰補疑。卷端有孫承澤題識印記、卷中亦多塗乙標注之處、蓋承澤說易、以是書爲稾本云。

顧氏易解、無卷數、浙江吳玉墀家藏本

明顧曾唯撰。曾唯字一貫、號魯齋、吳江人。嘉靖癸丑進士。朱彝尊經義考載顧曾唯周易詳蘊十三卷、而無易解之名。此書用注疏本、止上下經。卷首載元蕭漢中讀易考原明朱升邵子三十六宮圖說、而皆不著其姓氏。其自序一篇、則即宋楊簡慈湖易解之序、稍爲節鈔、而題以曾唯之名。大抵出於依託、非彝尊著錄之原本。至解經亦多支離。如乾坤二卦之名妄加純乾純坤之目、解乾元二字至引道家之混元禪家之妙明心元、其虛誕可知矣。

淮海易譚四卷、兩淮鹽政採進本

明孫應鰲撰。應鰲字山甫、貴州清平籍、南直隸如皋人。嘉靖癸丑進士。官至南京工部尚書。諡文恭。

是書謂天地萬物、在在皆有易理、在乎人心之能明。故其說雖以離數談理爲非、又以程子不取卦變爲未合。而實則借易以講學、縱橫曼衍、於易義若離若合、務主於自暢其說而止、非若諸儒之傳惟主於釋經者也。自說卦乾坤六子以下、卽置而不言、蓋以八卦取象之類無可假借發揮耳。其宗旨可知矣。

易經淵旨一卷、山西巡撫採進本

舊本題吳郡歸有光撰。有光字熙甫、嘉靖乙丑進士、官至太僕寺丞。事蹟具明史文苑傳。案文苑傳及明史藝文志均不載此書、朱彝尊經義考亦不著錄。惟江南通志載有光易圖論上下篇、大衍解二書、而無淵旨之目、眞僞蓋莫可知也。其書每卦摘論數條、大抵剿襲舊說。其中自出新義者、如說卦傳坤爲布、因九家尚有坤爲帛而以布爲泉貨。震爲龍、因九家已有乾爲龍而以爲當從虞、干本作駹。蓋虞云蒼色、干云雜色也。艮爲黔喙之屬、以黔喙爲口有鈐如蟋蟀螳螂蝤蛑之類、惟蟲屬有之、因引爾雅注螳螂有斧蟲爲證。蓋黔與鈐通、較冷氏注謂爲鳴喙、似屬有據。然僅數條耳。

周易古今文全書二十一卷、內府藏本

明楊時喬撰。時喬字宜遷、號止菴、上饒人。嘉靖乙丑進士、官至吏部侍郎、謚端潔。事蹟具明史本傳。此書凡分六部、曰論例二卷、古文二卷、今文九卷、易學啟蒙五卷、傳易考二卷、附龜卜考一卷。每部皆有自序。其大意在薈萃古今、以闢心學說易之謬、所宗惟在程朱。雖兼稱古今文、而所發明者古文略而今文詳。中多互見其義、故閒有繁複、不害宏旨。然周易古文本無可考、郭忠恕汗簡所引古周易諸字、已不能究所自來。時喬此本更古篆籀文、隨意塡綴、往往竄入譌字、殊不免杜撰之訾。又或竄改經文、如旁行而不流句下加正行而不泥一句。自經典釋文以後、未見此文、竟不知其何所本。而其解今文卷中又置之不論、竟似乎經所本有、殊近於誣。至傳易考二卷、分宗傳、衍傳、正傳、輔傳、異傳、別傳等名、亦類於門戶之見。王守仁、湛若水兩家弟子各述師承、競分途轍、此書正以闢其非、而轉區分名目、是以闢解闢矣。朱彝尊經義考摘所引諸家姓氏譌舛、猶其小焉者爾。

六爻原意一卷、編修鄭際唐家藏本

明金瑤撰。瑤字德溫、號栗齋、休寧人。嘉靖辛卯選貢生。授會稽縣丞、再補廬陵縣丞。遷桂林中衞經歷、以母老不赴。教授鄉里、年九十七乃卒。是書成於萬歷辛巳、乃其晚年所作。其曰原意者、原周公爻辭之意也。每卦皆先列六爻於前、而爲統論於後。前有自序、謂周公作爻辭、必先得一卦之意、然後因爻而布之。此爻是此意、則以此意屬此爻、彼意合彼爻、則以彼爻繫彼意云云。然易本天地自然之數、聖人因其盈虛消息過與不及而以人事準之、明其吉凶悔吝、以決進退存亡。如瑤所論、是聖人先立一說而牽引易象以合之、假借易數以證之。施於此處不可通者、移其說於彼、施於彼處不可通者、又移其說於此。反覆遷就、務申己意而後已。此後世著書之法、非聖人演易之本旨也。

易疑三卷、江蘇周厚堉家藏本

明陳言撰。言字獻可、號東涯、海鹽人。嘉靖丁酉舉人。其書用周易注疏本、題上經曰經之上、題下經曰經之下。題繫辭、說卦、序卦、雜卦四傳曰經之旁。殊爲杜撰。其名易疑者、據其自述有曰、吾疑乎庖犧之卦非使人卜筮也。吾疑乎卜筮之因卦而作也。吾又疑乎文王周公卦爻之詞未有占也、卜筮者占之也。吾疑乎卦詞論卦之吉凶、爻詞論爻之得失而已也。吾又疑乎繫辭之傳不必上下、其章不必皆十有二也。吾又疑乎卦爻之詞閒有未安者也。吾又疑乎馬、鄭、王弼、孔穎達輩明其義而疎、希夷、康節精矣、而一於數。伊川得易之用、紫陽得易之深。吾又疑乎羲文之一理而通之者也云云。其持論甚高、而其書乃無甚精義。蓋不知古聖人之立教、不託空言、必假一事以寓之、遂妄疑易非卜筮之書、而生種種似是而非之論耳。經義考作四卷、此本三卷、江西採進之本亦三卷、疑或尚有所佚脫、抑或經義考誤三爲四歟。

易學十二卷、江西巡撫採進本

明沈一貫撰。一貫字肩吾、號蛟門、鄞縣人。隆慶戊辰進士、官至中極殿大學士。案明史本傳作建極殿大學士、蓋字之誤。語詳史部詔令奏議類敬事草條下。謚文恭。事蹟具明史本傳。是書掃除先天之說、惟偶及象與卦變、亦不甚以爲主。大旨斟酌於伊川易傳、東坡易傳之閒、惟以人事爲主。較糾紛奇偶者尚爲篤實近理。然頗借以寓其私意。如說亢龍有悔曰、夫以龍德而亢極、猶有悔也、時之既極、無論德矣。此自解固位招攻之意

也。其解訟卦大象曰：人每以正氣流爲客氣，又每
以其客氣流爲健訟。說訟九二曰：夫人之訟，未必
其身自爲之也，亦因羣從在旁操持之而不得休。
此解臺諫搘擊之事也。其他借經抒意，往往如此。
他如解日中爲市取諸噬嗑，謂噬嗑與市合同音
之類，亦頗穿鑿。經義考引陸元輔之言，以此書爲
進呈講義。案顧起元序稱子皆歸田且十年，研摩
編削又不知凡幾，更乃版而行之，而先生遂厭人
閒世矣。則其晚年所作，非進呈本也。

圖卦億言四卷（江西巡撫採進本）

明賀沚撰。沚字汝定，廬州人。隆慶庚午舉人，官至
蘇州府同知。是書以圖書爲易原本。首卷圖書八
卦說，卷二六十四卦說、太極圖說，皆剿掇朱子緒
論，無所發明。卷三卦繫雜言，卷四圖卦績言，則皆
其所自撰也。如以河圖爲先天體，洛書爲後天用。
不知八卦之有先天圖，本道家抽坎填離之說，猶
有所本。至圖書亦分先後天，則前人所未有也。又
引陰符經所稱五賊證五行。陰符經出自李筌，稱
傳自北魏寇謙之，本道家之僞本，用以說易，相去
愈遠矣。

大象觀二卷（浙江吳玉墀家藏本）

明劉元卿撰。元卿字調父，安福人。隆慶庚午舉人，
萬歷中官至禮部主事。明史儒林傳附見鄧元錫
傳中。史稱所著有山居草、還山續草、諸儒學案、賢
弈編、思問編、禮律類要、大學新編，而不及此書，蓋
偶未見。然是書詮釋易象，謹依文訓詁，不足盡示
人用易之義。至其以雜卦爲序，尤爲顛倒。夫雜者
相錯之餘義也，綴十翼之末，明非正經也。經文不
以爲次，而元卿改經以從傳，然則序卦可不用矣。

周易象義四卷（河南巡撫採進本）

明唐鶴徵撰。鶴徵號凝菴，武進人。隆慶辛未進士，
官至太常寺少卿。凡例中屢稱先君，蓋右都御史
順之之子也。事蹟附見明史順之傳中。是編用王
弼本，故不注繫辭以下。大旨述順之之說，主於以
象明理。卷首所載讀易法六：一曰易須象與理合，
象與爻合；二曰上下卦宜分看；三曰一卦必有主
爻；四曰互卦最有關繫；五曰倒體亦有關繫；六曰
每卦各有大意。則是書之綱領也。所解如屯六二，
謂二以五爲屯膏之主，非可事者，故守貞不字；而
字初以爻辭觀之，則匪寇婚媾女子貞不字，指五
之坎而言也。十年乃字者，謂二不字五，至四互坤，
得十年之象，乃下應初，故六四亦云求婚媾也。訟
九二謂二旣歸，則下復成坤，坤衆三爻有三百戶
象，坎多眚，變坤則不爲坎，故無眚。六三在二旣歸
之後，坎復坤體，全有坤德，故曰食舊德，觀或從王
事亦坤三舊文可見矣。雖自出新解，而於經義亦
足相發。至於陽極而亢，陰極而戰，乾坤二上爻其義
相近，而鶴徵解乾之上爻以反本還元、歸根復命
爲說，已涉道家之旨。於坤之上爻謂龍戰爲懼而
戰栗，以過時退居故稱野，以貶損自傷故稱血，則
穿鑿而不當理矣。

易象會旨一卷（浙江巡撫採進本）

舊本題曰延伯生述，不著名氏。前有萬歷己酉熊
惟學序，稱爲同年臨川文臺吳君，亦不著其名。考
惟學爲隆慶辛未進士，是年榜有臨川吳撝謙，或
卽其人歟。其說取反對之卦，如乾坤、屯解、蒙蹇之
類，合兩卦大象辭而會釋之，故曰會旨。大象統論
一卦，又每卦皆有以字，示人用易之方，初無取於
對卦。其對卦乃易中之一義，不能標舉以詁全經，
是書所論殊非易之本旨也。

易象管窺十五卷（浙江巡撫採進本）

明黃正憲撰。正憲字懋容，秀水人，與其兄少詹事
洪憲皆喜談易。洪憲有周易集說三卷，今未見傳
本。惟正憲此書存。所用乃王弼之本，所注專主於
義理。前有膚見七條，卽其凡例也。正憲自記稱是
書始於乙未，成於壬寅，凡六易稾。每早起則讀金
剛經，終朝則讀周易，且以西方北方聖人竝言，則
其書概可知矣。

蠙衣生易解十四卷（江西巡撫採進本）

明郭子章撰。子章字相奎，號青螺，又自號曰蠙衣
生，泰和人。隆慶辛未進士，官至兵部尚書。是編成
於萬歷丁巳，其歸田以後所作也。卷一爲易論六
篇，卷二至卷九六十四卦各爲總論，少者一篇，多
者至八篇。總論之外，又標舉爻句，發揮其義。自師、
謙、噬嗑、復、頤、大過、咸、恆、損、萃、革、鼎、旅、節、中孚、未濟
十六卦無所標舉外，餘卦少者一條，多者至五條。
十卷至十四卷則雜論繫辭、說卦，而序卦以下不
及焉。其易論以繫辭生生之謂易一句爲本，而以
人性當生生之理。其諸卦所論，乃皆不歸此義，往
往牽合時事，或闌入雜說。如論謙卦云：漢文、宋仁
皆謙德之君也；尉佗自王，元昊自帝，皆非撝謙之

臣，故佗吳後俱削弱，王導、劉裕皆勳勞之臣也。周顗之不顧導，劉毅之不敬裕，皆非撝謙之友，故顗毅終見誅戮。其論已不切當日情事。至論遯卦，謂懷愍不遯，故青衣行酒；徽欽不遯，故獻俘金廟；當時固執死社稷之說，爲晉宋大臣不學之過，尤紕繆不足與辨。他如論震卦而及於雷之擊人，已非經義；又謂雷之所擊皆治其宿生之業，孔氏之門安得是言哉。

學易舉隅六卷（浙江汪啟淑家藏本）

明戴廷槐撰。廷槐，長泰人。隆慶中貢生。其說謂易自商瞿而後，斯道遂晦，至宋三子而後大明。其漢魏至唐諸儒，則槪目爲不知易，持論頗偏。且其謂日月爲易，本參同契之文，而六十四卦圓圖即參同契六十卦周張布爲輿之說，既謂之不知易矣，何爲又陰襲其義乎。

易傳闡庸一百卷（江蘇巡撫採進本）

明姜震陽撰。震陽字復亨，自稱曰東楚，蓋淮泗間人也。其書以朱子本義爲主，附綴諸說於其下，而經文次第仍用王弼之本，蓋惟見坊刻本義，未見朱子原書也。其說皆循文衍義，冗沓頗甚，不出坊刻講章之習。卷前標曰十名家批評，其陋亦可以想見矣。經義考作一百二卷，注曰未見。此本惟一百卷，殆彝尊偶誤歟。

今易詮二十四卷（浙江吳玉墀家藏本）

明鄧伯羔撰。伯羔字孺孝，常州人。朱彝尊經義考載其古易詮二十九卷、今易詮二十四卷，併載伯羔自序，謂詮次成帙，爲上下經若干卷，爲彖象繫辭文言說卦序卦雜卦諸傳若干卷，一遵東萊古易；其外詮則以廣未盡之旨云云。今觀此二十四卷，前無自序，而有自述例十條，云前詮從古，此改從今，則彝尊所引蓋其古易詮之序也。然此書雖用注疏本，而其總論一卷、外詮一卷，則仍與前序之言相應。經義考又載史孟麟序，云先是輯今人言爲今述若干卷，藏於家，茲乃裒古今人言及已所論著合爲一帙，命曰易詮。此本但有今易詮，非完帙矣。

羲經十一翼二卷（浙江巡撫採進本）

明傅文兆撰。文兆，金谿人。其書凡分五篇：上古易第一，觀象篇第二，玩詞篇第三，觀變篇第四，觀占篇第五。其論爻辭，以爲文王所作，其大旨專主圖書象數之學。其稱十一翼者，蓋以孔子傳易爲十翼，而己又翼孔子，故曰十一也。核其名稱，殊爲僭妄。明史藝文志載此書五卷，經義考亦注曰存。此本僅有上古易一卷、觀象篇一卷，其玩辭、觀變、觀占三卷並闕，其近時始佚歟。

欽定四庫全書總目卷七

欽定四庫全書總目卷八

經部八

易類存目二

周易象通八卷（浙江吳玉墀家藏本）

明朱謀㙔撰。謀㙔字鬱儀，寧獻王七世孫。萬歷間以中尉攝石城王府事。是書惟釋上下經文，不及十翼，大旨欲稍還古義，而轉生塵說。如不用陳搏先天圖，亦不用周子太極圖，是矣；而別造河圖四，謂三代以來世藏祕府，以爲寶，學者莫得而窺，迨宋徽宗考古搜奇，始出示於外。是出何典記乎？邵陳以前無論矣，耿南仲、張根諸家皆徽宗時人，王湜以下諸家皆徽宗後人，何不一見也。其說易以象象取於互體變體，是矣；然如謂乾居西北，當奎婁白虎之尾，故曰履虎尾，已穿鑿附會；至於解既濟云涉者多繫匏以防危，離爲大腹，匏瓜之象，則涉者也；坎爲川瀆，則津濟也，因外卦爲離而生大腹，因大腹而生匏瓜，因匏瓜而牽合於繫匏涉水，以遷就既濟之象，易果若是之迂曲乎？又解困卦初爻、二爻，云坎爲叢棘，初其株也，六三居泉谷之閒，故爲石梁，株木石梁皆因未涸而爲橋梁，是急於濟渡而遭困也；因坎生叢棘，因在初爻而變文曰株木，因六三在兌坎之閒生泉谷，因泉谷而生石梁，而省文曰石。易果若是之晦澀乎？上經始乾坤而終坎離，下經始咸恆而終既濟未濟，確有義理。序卦即不出孔子，亦必漢以前經師所傳。謀㙔乃合上下經而一之。易未經秦火，譌脫甚少，而謀㙔或隨意改字，或動稱錯簡衍文，甚至漸卦上九併經文改爲鴻漸于逵，並不言舊作鴻漸于陸。其武斷尤甚。謀𡍬以博洽名，此書尤爲曹學佺所推許。然其實多出臆見，不爲定論。學佺序詮釋易中諸字，如王安石字說，亦可笑也。

易學識遺一卷（內府藏本）

明朱睦㮮撰。睦㮮字灌甫，號西亭，周定王六世孫。萬歷五年舉宗正，領宗學事。事迹附見明史周王橚傳。是書大旨皆辨論諸家說易之異同，雖薈萃不多，而頗有卓見。如乾之四德，謂程傳本文言，視本義爲勝。乾九二利見大人，不專指九五。明夷九三不可疾貞，從項安世以貞字爲句。井泥之泥讀平聲，勿幕之幕即冪字。數往者順，用王安石解。皆於經傳有裨，非同剿說雷同者。然明史藝文志不載此書，核其文，即睦㮮五經稽疑中說易之一卷。或其初出別行之本，抑或書賈作僞，改題此名歟。

易經疑問十二卷（浙江巡撫採進本）

明姚舜牧撰。舜牧字虞佐，烏程人。萬歷癸酉舉人，歷官新興、廣昌二縣知縣。考舜牧生於嘉靖癸卯，其五經疑問皆年過六十所撰，迨年過八十，又重訂詩、禮二經及此書，其序並載所著來恩堂集中。歲月先後，一一可考。計其一生精力，殫於窮經，然此書率敷衍舊說，實無可取。間出己意，亦了不異人。蓋其學從坊刻講章而入，門徑一左，遂終身勞苦而無功耳。

易測十卷（江蘇巡撫採進本）

明曾朝節撰。朝節字植齋，臨武人。萬歷丁丑進士，官至禮部尚書。是編取王弼注、孔穎達疏、程子傳、朱子本義及楊氏易傳之說，參互考訂。惟解上下經、彖、象、文言、繫辭，而置說卦、序卦、雜卦。又倣王弼略例之意，別作說凡一卷，附於末。大旨主於觀辭玩占，一切卦圖卦變之說，悉所不取，頗足掃宋易之葛藤。然其去取衆說，則未能一一精審也。

周易冥冥篇四卷（兩淮鹽政採進本）

明蘇濬撰。濬字君禹，號紫溪，晉江人。萬歷丁丑進士，官至廣西布政司參政。此書惟解上下經、繫辭、說卦，刪序卦、雜卦。大旨主王弼虛無之說，一切歸之於心學。非惟屏卜筮之說，乃併宋儒言理而偶及數者，亦以爲執泥牽拘。其訓潛龍勿用，以爲心之寂然不動；訓大明終始，以爲心之靈明不昧。而於繫辭之末，以易主忘言爲歸宿。觀其以冥冥名書，則其說之涉於二氏，不問可知矣。

易經兒說四卷（浙江吳玉墀家藏本）

明蘇濬撰。濬周易冥冥篇，恍惚支離，頗涉異學。及作是書，乃墨守朱子本義，尺寸不踰。其首先曰講者，詮釋文句也；次曰意者，推闡大旨也；次曰總論，則一卦之綱領也；又間出旁注，以一二語標題。蓋專爲科舉之學而設。因在家塾以此書爲子姪講授，故稱兒說。萬歷中嘗刊行，板後散佚。康熙丁卯，其裔孫堯松等重刊之。

續韋齋易義虛裁八卷（浙江巡撫採進本）

明涂宗濬撰。宗濬字鏡原，南昌人。萬歷癸未進士，官至兵部尚書，謚恭襄。是編用注疏本，彙前儒之說以作解。大旨依傍程朱傳義，而亦時有所糾正。如坤六五一爻，駁程子女媧、武后之說是也。所說頗潔淨，而隨文生義，罕所發明。其首列易圖，以河圖作旋毛，洛書作拆甲，蓋本吳澄之說，非所臆造。然澄說實臆造也。

易會八卷（浙江鄭大節家藏本）

明鄒德溥撰。德溥字汝光，安福人。萬歷癸未進士，官至司經局洗馬。明史儒林傳附見其祖守益傳末。是書用注疏本，其說多主義理，亦兼言象。自繫辭以下所解甚略。自序謂就心所會者述之，故名易會。然往往亦借以寓意，如解亢龍有悔，曰：亢而曰龍，則亢乎其所不得不亢也。蓋人處時勢之極，固有必亢而後濟者，惟聖人純乎天德，無一毫全軀保命之思，雖履盛滿，蒙譏謗，冒天下之不韙而弗之避也。即勢且至於悔，亦爲天下甘之矣。若慮其有悔而先自處於不亢之地，則智士之所爲耳，何龍德之云乎。此明季清流之見，以愧遜愞則可矣，實非經義也。

像鈔六卷（內府藏本）

明錢一本撰。一本有像象管見，已著錄。是書雖以像爲名，實則衍陳摶之數學。凡卦圖二卷，附錄書札及雜吟二卷，上下經解二卷。其卦圖以朱子本義所列九圖衍爲三十二圖，圖各有說，縱橫比對，自謂言象而理在其中。然孔子所謂象者像也，即指卦爻。朱子所列九圖，後儒已不免異同。一本借以旁推，尤爲支蔓。雖易道廣大，隨拈一義皆有理可通，然究非聖人設教本旨也。

四聖一心錄六卷（兩淮馬裕家藏本）

明錢一本撰。是書於像鈔之外，又舍數而言理。其鄭康成以彖傳連經文，於是十二篇之序始紊，如今乾卦是也。至王弼又自坤卦以下每卦每爻取傳辭連綴經文之下，幷取文言入乾卦坤卦之中，即今注疏本是也。後王洙、呂大防、周燔、吳仁傑輩遞有考核，而晁說之、呂祖謙所定爲善，故朱子本義參用二家。至吳澄又謂繫辭內居室七條、祐助一條、何思十一條實文言之文，由王弼既取乾坤文言入乾卦坤卦，其無可附者，後人幷入繫辭內，而孔疏復曲爲之說。復古易者但取乾坤文言別爲一卷，而散入繫辭者未之改也。故其作易纂言，取此諸條入文言。是書篇第悉依朱子本，而文言則用澄本，故曰古易。然朱子本於古有據，吳澄說自昔未聞，以杜撰之說目爲古本，於義殊爲乖剌也。其書分爲三集：一曰意辭，二曰象數，三曰變占。意辭之目凡八：曰古易附見書，前曰辭會，即經傳十二卷，自第十三卷以下另爲一編，有胡國鑑序。曰明意，曰釋名，曰詳易，曰玩辭，曰誤異，曰易派。象數之目亦八：曰圖書，象曰圖書，數曰總論，曰畫象，曰三易，曰廣象，曰觀象，曰衍數。變占之目凡十：曰蓍變，曰之變，曰反對，曰變例，曰辨成，曰觀變，曰不卜，曰玩占，曰卜筮，曰斷法。

玩易微言摘鈔六卷（浙江巡撫採進本）

明楊廷筠撰。廷筠字仲堅，錢塘人。萬歷壬辰進士。是編采諸家說易之言，彙集成帙，故曰摘鈔。首卷載論易大旨十餘條，亦皆徵引前人論說，未嘗自立一義。蓋仿李鼎祚集解之例，而鼎祚所采多漢以來不傳之佚文，足資考證。廷筠此書特撮錄近內編。蓋敬所著九經解皆編入文集，此其集中之第二種耳。

易學飲河八卷（兩淮馬裕家藏本）

明張納陛撰。納陛字以登，宜興人。萬歷己丑進士，官禮部主事。事蹟附見明史顧允成傳。納陛以爭並封去官，乃閉門注易。其書惟解上下經，每卦皆注互體，而不甚發互體之義。如解亢龍有悔，謂處亢之時，不得不亢，不得不悔，何病乎亢龍，則取鄒德溥之說；解龍戰於野，謂戰者懼也，栗也，非與陽爭戰，乃疑於陽而自爲戰懼也，則取唐鶴徵之說，皆苟務趨新，乖違古義。又刪除上下經之名，以咸恆二卦移附坎離二卦之末，尤竄亂舊次，割裂聖文。至六十四卦惟否與未濟二卦置而不註，蓋納陛丁明末造，以否爲亂世，未濟爲窮時，託不言以寓其慨也。前有錢一本序，其詞頗譏之，大抵不得志而著書之意，則是書不必盡以經義核矣。

周易旁注會通十四卷（浙江吳玉墀家藏本）

明姚文蔚撰。文蔚字養谷，錢塘人。萬歷壬辰進士，歷官南京太僕寺少卿。初休寧朱升作周易旁注，用王弼本。後程應明更定，從朱子本。文蔚以經傳相離，不便誦習，且旁注細字難讀，於是改爲此本。於原文一無增損，但易旁註爲直下，又仍取十二篇舊文列之於前，以其可以通今，題曰會通，蓋專爲諸俗訓蒙而設也。

古易彙編十七卷（浙江汪啟淑家藏本）

明李本固撰。本固字維寧，臨清州人。萬歷壬辰進士，官至太僕寺少卿。案易自費直以十翼解經，而言理，舍天而言人，其言人又舍事而言心，推闡之以至於性命，體例近乎語錄，其論亦多支離。如謂許由讓王爲能知河洛之道，又謂序卦傳爲格物之學，大抵皆無根之高論也。

易筌六卷附論一卷（江蘇巡撫採進本）

明焦竑撰。竑字弱侯，應天旗手衛籍，山東日照人。萬歷己丑進士第一，授翰林院修撰，尋遷東宮講讀官，謫福寧州同。事迹具明史文苑傳。是書大旨欲以二氏通於易，每雜引列子、黃庭內景經、抱朴子諸書以釋經。史稱竑講學以羅汝芳爲宗，而善耿定向、耿定理及李贄，時頗以禪學譏之，蓋不誣云。

周易正解二十卷（浙江吳玉墀家藏本）

明郝敬撰。敬字仲輿，京山人。萬歷己丑進士，歷官縉雲、永嘉二縣知縣，擢禮科給事中，遷戶科，尋謫宜興縣丞，終於江陰縣知縣。明史文苑傳附見李維楨傳末。所著有九經解，此即其一。用王弼註本，凡上下經十七卷，其說較詳；繫辭以下僅三卷，則少略焉。大旨以義理爲主，而亦兼及於象。其言理，多以十翼之說印正卦爻；其言象，亦頗簡易。然好恃其聰明，臆爲揣論，如釋蠱卦爲武王之事，而以先甲後甲爲取象甲子昧爽，其他亦多實以文武之事。蓋本作易者其有憂患一語而演之，遂橫生穿鑿。其所著經解，大抵均坐此弊也。

易領四卷（浙江鄭大節家藏本）

明郝敬撰。是書專釋卦序之義。自序謂冠以序卦傳，如衣之挈領，故以領名。卷前標山草堂集第二代講義而已。

易引九卷、江蘇周厚堉家藏本

明方時化撰。時化字伯雨、歙縣人。萬歷甲午舉人、官至敘州府同知。時化傳其高祖社昌之易學、著書六種。其子龐彙輯合刊。此其第一種也。共一百有一篇。前後泛論易理、中則每卦爲一篇、兼及繫辭各章。大旨以佛經解易、根本已謬、其是非不待辨也。

周易頌二卷、江蘇周厚堉家藏本

明方時化撰。其易學之第二種也。上卷九十頌、下卷亦九十頌、前後泛言象數、中閒每卦爲一頌、亦有兩卦爲一頌者。其體格頗倣焦氏易林、要不脫佛家之宗旨。

學易述談四卷、江蘇周厚堉家藏本

明方時化撰。其子龐筆而誌之、故以述談爲名。其易學之第三種也。分密義述二十則、名象述十二則、卦爻述四十則、凡例述十二則。總以禪機爲主、故首卷之末、有佛家三乘之說也。

易指要繹三卷、江蘇周厚堉家藏本

明方時化撰。初、時化高祖社昌嘗著周易指要五卷、至時化乃取而繹之。每段之下、凡稱繹曰者、皆時化之言。其易學之第四種也。

易疑四卷、江蘇周厚堉家藏本

明方時化撰。其易學之第五種也。首卷密義疑二十一則、二卷名象疑十二則、三卷卦爻疑三十六則、四卷凡例疑二十四則。所分四類、與易學述談相同、皆別無精義。

易通一卷、江蘇周厚堉家藏本

明方時化撰。其易學之第六種也。多取通書正蒙之言、發明易理。案通書一名易通、正蒙亦多詮解造化陰陽之妙、其理本自相貫。然一經時化之發揮、則儒言悉淆於異學。蓋其紕繆在宗旨之閒、故不免貌同而心異也。

周易鐵笛子一卷、兩江總督採進本

明耿橘撰。橘字庭懷、獻縣人。萬歷甲午舉人。官至監察御史。是書每卦畫六爻、而繫爻辭於畫下、又取反對之卦爻辭倒書之、自謂古易。蓋據稅與權之本。其於十翼、則取文言乾元者以下六十六字、坤至柔以下三十四字、謂當入彖。取文言潛龍勿用下也以下一百七字、謂當入象。又分繫辭傳爲上中下三段、則皆無據之說也。

易經通論十二卷、浙江巡撫採進本

明曹學佺撰。學佺字能始、侯官人。萬歷乙未進士。官至四川按察使。以著野史紀略削籍。崇禎初、起廣西按察司副使、不就。後爲朱聿鍵禮部尚書。聿鍵敗、學佺自殺。事蹟具明史文苑傳。是書專釋各卦彖詞、六爻融會一卦之意。其釋鳴鶴在陰、藉用白茅諸句、頗有前人所未發之義。惟於河圖洛書推求不已、則以家在閩中、習聞漳浦之學也。然漳浦之學本別傳於易外、學佺拾其緒論、愈衍愈支、既不及其術數之精、而又無當於經義、是進退無據矣。朱彝尊距學佺最近、而經義考注曰未見、殆當時已不甚行歟。

周易可說七卷、浙江巡撫採進本

明曹學佺撰。是書以象占爲主、於前人中多采來知德易注、而深疑朱子本義。如謂凡辭皆象也、本義一辭而分爲象占。如潛龍勿用本一句、而以潛龍爲象、勿用爲占者非。其說頗允。又謂陰變爲陽、陽變爲陰、只是剛柔相推、而變化在中、非眞陰變爲陽、陽變爲陰。譬如男子有時行陰柔的事、卽可變作婦人否。婦人有時行剛方的事、卽可變作男子否云云。則殊膠固不知變、論其德、不論其人也。又謂如小畜之下三爻、本義云以君子欲上進見畜於小人、上三爻則云以柔順之君子畜止剛暴之小人。遯之二陰浸長、則陽遯矣、爻之初六六二則云君子之遯在後、與夫固守必遯者、一卦之中乍賢乍佞、何可以訓云云。不知易之理變動不拘、隨爻取象、不可以一格繩也。亦自爲一家之說而已矣。

易經澹窩因指八卷、安徽巡撫採進本

明張汝霖撰。汝霖字明若、山陰人。萬歷乙未進士。官至江西布政司參議。其書隨文訓釋、蓋專爲科舉制藝而作。

周易古文鈔二卷、浙江巡撫採進本

明劉宗周撰。宗周字起東、號念臺、山陰人。萬歷辛丑進士。官至左都御史。南都破後、絕粒而死。事迹具明史本傳。乾隆乙未賜諡忠介。宗周與漳浦黃道周、明末俱以善易名。道周長於數、宗周長於理、其學多由心得、故不盡墨守傳義。其刪說卦序卦雜卦三傳、雖本舊說、已失先儒謹嚴之義。至於經文序次、每以意移置、較吳澄纂言更爲無據，亦勇於竄亂聖經矣，故其人可重，而其書終不可以訓焉。

周易宗義十二卷（浙江吳玉墀家藏本）

明程汝繼撰。汝繼字志初，朱之蕃序又稱其字曰敬承，蓋有二字也。婺源人。萬歷辛丑進士，官至袁州府知府。是書前有自述凡例，云以朱子本義爲宗，故名曰宗義。然亦往往與朱子異。朱之蕃序稱萬歷辛卯遇汝繼於天界禪林，方以易學應制舉。又稱比擢南曹，乃得乘其政暇，羅列諸家之說，不泥古，不執今，句櫛字比，必求其可安於吾心，以契諸人心之所共安，而後錄之。蓋其初本從舉業而入，後乃以意推求，稍參別見，非能元元本本，究易學之根柢者，故終不出講章門徑云。

周易象義十卷（江蘇巡撫採進本）

明章潢撰。潢字本清，南昌人。萬歷乙巳以薦授順天府學訓導，時年已七十九，不能赴官，詔用陳獻章例，官給月米，後至八十二歲，終於家。明史儒林傳附載鄧元錫傳末。是書主於言象，故引張行成說以駁晁公武主理之論。大抵以漢上易傳爲椎輪，雜引虞翻、荀爽九家易及李鼎祚、鄭汝諧、林栗、項安世、馮椅、徐大爲、呂楧卿諸家，而參以己意。其取象之例甚多，約其大旨，不出本體、互體、伏體三者，雖多本古法，而推衍頗爲繁碎，未能一一盡得經義也。

易經會通十二卷（浙江巡撫採進本）

明王邦柱、江柟同撰。邦柱字砥之，萬歷丙午舉人。柟字楚餘，皆休寧人。其所徵引至一百七十餘家，然大旨本爲舉業而設，故皆隨文衍義，罕所發明。其所標舉，有全彖合旨，有六爻合旨，有二卦合旨，有繫辭合旨，亦皆不出講章窠臼。至於卷首列取象之義，分正體、互體、變體、複體、積體、移體、半體、似體、反體、伏體、對體諸例，自謂偶有巧合者，錄其一二，實則橫生枝節，隨意立名，蓋冗瑣無當，徒生轇轕而已。

易芥八卷（浙江吳玉墀家藏本）

明陸振奇撰。振奇字庸成，仁和人。萬歷丙午舉人。是書經義考作十卷，與此本不符。然所引鄭之惠說稱陸庸成爲諸生時著易芥八卷，與此本合，則十卷乃字之誤也。書中不載經文，其訓詁專主義理，每卦多論反對之意。其論用九謂非六爻皆變，與左傳蔡墨所稱乾之坤者顯相乖刺，知其不以古義爲宗矣。

易林疑說（無卷數，浙江汪啟淑家藏本）

明楊瞿崍撰。瞿崍字稚實，晉江人。萬歷丁未進士，官至江西提學副使。先是，瞿崍之父著易經蒙筌，未就而卒。瞿崍承其家學，考索諸家，有疑卽爲之說，故名曰疑說。其論九疇子目，胳合河圖，謂洛書可以敍疇，亦可以畫卦，以及橫圖、圓圖、逆數、順數、八卦序次、五行生尅，皆繳繞旁文，無關經義。明史藝文志作十卷，今此本止三冊，不分卷數，疑就其初成稾本傳寫者也。

易經勺解三卷（浙江汪啟淑家藏本）

明林欲楫撰。欲楫字平菴，晉江人。萬歷丁未進士，官至禮部尚書，兼掌詹事府事。是書乃其子華昌所錄，其說專主人事，以發明理義爲主，不及象數。欲楫與楊瞿崍同里同年，又同說易，而持論各局於一偏，豈相激而相反歟？然瞿崍似探易之本原，實牽合於易之外；欲楫似得易之皮毛，猶尋求於易之中也。

松蔭堂學易六卷（內府藏本）

明賈必選撰。必選字直生，上元人。萬歷己酉舉人，官戶部主事，以辯倪嘉慶冤謫外，旋陞南京工部郎中。其解易以數爲本，於河圖洛書之異同，先天後天之分別，上經下經之反對，皆發明邵子之說。

易略三卷（兩江總督採進本）

明陸夢龍撰。夢龍字君啟，會稽人。萬歷庚戌進士，官至山東按察司副使，調陝西，進布政司參政，分守固原，以奮擊土寇戰歿，贈太僕寺卿，事蹟附見明史張問達傳。是書隨筆標識，不載經文，頗融會宋儒之說，而參以史事，大抵亦推尋文句之學，惟不取河圖洛書之說，則頗有卓見。

易臆三卷（浙江鮑士恭家藏本）

明鄭圭撰。圭字孔肩，錢塘人。是書成於萬歷庚戌。前二卷以六十四卦各爲一論，後一卷則於繫辭諸傳中標舉字義發明之。如論乾卦閑邪存誠云：心者人中龍也，其剛明不息，渾然乾也。著一物爲則不化，著一念爲則不神，所自邪也。邪識愈多，邪行愈妙，而赤子之心愈失，人道息矣。又云：天運不已，以其無著，天體無著，以其純乾。論屯卦云：侯爲國主，心爲人主，心有主，心境自開朗，世界有主，世界自開朗。論蒙卦云：屯者混沌之世，宏治也；蒙者混沌之心可教也。論離卦云，坎陽內，心學也。離陽外，治道也。論繫辭洗心藏密云，易有太極，聖有心極，其旨皆近於二氏。觀其論精變神一條，引楊簡心之精神謂之聖，則源出慈湖，概可見矣。其他亦多涉明季時事，如論師卦謂汲長孺與公孫宏其忠佞相去天淵，然汲恃忠不能善道，故不相世路通塞，雖得之有命，亦求之有道。論否泰二卦云，非中行之臣不能包容小人，包容小人不得，如何消得小人。論大過卦謂過而不過者，郭林宗、陳仲弓以過濟過者，梁伯鸞、徐孺子。論遯卦云，舜禹與四凶雜處堯朝，曾不見一毫同異之跡，故所謂肥遯者，舜禹是也。持論皆不純粹，大抵有爲言之，亦非經之本旨也。

重訂易學說海八卷（福建巡撫採進本）

明郭宗磐撰。宗磐號鵬海，晉江人。是書成於萬歷辛亥，用注疏本，順文推衍，專主義理，不及象數。大抵以本義爲宗，而雜采諸家講義，貫以己說。於本義亦時有辨證，然不多見也。其曰重訂者，蓋此書先經付梓，後覺其未善，復自加釐正云。

周易易簡編（無卷數，江蘇巡撫採進本）

明陸起龍撰。起龍字雲從，上海人，萬歷壬子舉人，官永寧縣知縣。是書自序謂采漢、唐、宋以來注疏暨家藏未刻本，多至充棟，篡之成帙，猶病其瑣而雜，遂歸根易簡，融會精理，彙而成編。又謂其學淵源所出在屠隆與歸有光。有光篤志宋儒，隆則希蹤兩晉。二家學問，分道揚鑣。書中義理切實之處，當由宗法於歸。詞旨輕儁之處，當由漸染於屠矣。

易學殘本十二卷（浙江巡撫採進本）

明卓爾康撰。爾康字去病，仁和人，萬歷壬子舉人，官至工部屯田司郎中，謫常州府檢校，後終於兩淮鹽運通判。據明史藝文志，載爾康易學五十卷。此本僅存圖一卷、圖說六卷及說卦傳二卷、序卦傳二卷、雜卦傳一卷，每卷首但有卷之二字，而空其數，蓋刻刊未竟之本也。其大旨附會河洛，推演奇偶，紛紜轇轕，展卷如歷家之數表。所謂聖人因象示教之本旨，渺不知其所在。以此爲作易之奥，則老算博士人人皆妙契先天矣。其首列爲起數之根者，有古河圖、古洛書、陳希夷龍圖、別傳古河圖、今河圖、古洛書、今洛書，豈龍馬所負一圖，而有此四本；神龜所呈一書，而有此兩本耶？抑後人以意造作也。爲書如是，其完也不足貴，其闕也亦不足惜矣。

易竅（無卷數，浙江汪啟淑家藏本）

明程玉潤撰。玉潤字鉉吉，常熟人，萬歷癸丑進士。據經義考所引倪長玗語，知其嘗官部郎，始末則未能詳也。然經義考但載程玉潤周易演旨六十五卷，而無易竅之名，又此書僅有十冊，不分卷數，亦與六十五卷不合。惟所解止上下經，與程子易傳同，其大意在申暢程傳，凡傳義與朱子本義異同者，多調停其說，與倪長玗所稱取正叔先生傳而增益之者，宗旨相符。或原名易竅，後改演旨，此猶其初藁，後以一卦爲一卷，併總論爲六十五卷，此藁則尚未分卷歟？今未見演旨，其爲一爲二，莫之考矣。

易學管見（無卷數，浙江吳玉墀家藏本）

明洪啟初撰。啟初字爾還，南安人，萬歷癸丑進士，官兵部主事。是書用注疏本，大抵訓詁之恆言。至於繫辭說卦，每章之首皆標首句爲章名，亦非古式也。

易學五卷（浙江巡撫採進本）

明吳極撰。極字元無，漢陽人，萬歷丙辰進士，嘗官知縣，而其所官之地則不可考。是編首有天啟丙寅自序，謂初好讀易，即尋究萬廷言易原一書，恍然有得。迨三仕南中，官邸多暇，日以樂玩爲業。研證既久，繙搜亦倦。其不甚異意者，於程子易傳外，獨楊簡之己易、蘇軾之易解、焦竑之易筌、鄭德溥之易會，以故編中多采四家之書云。

周易揆十二卷（浙江巡撫採進本）

明錢士升撰。士升字抑之，嘉善人，萬歷丙辰進士第一，官至文淵閣大學士，事蹟附見明史錢龍錫傳。是書用注疏本，雜采前人之說，斷以己意。許譽卿序云：邵子揆諸氣，程子揆諸理，朱子揆諸象，此書自屯以下，於每卦前設互卦，後設對卦，舉氣與理象而兼融之，此揆之所以名也。在明人易解中持擇尚爲詳審，特溺於河洛反對之說，體例糾紛，未能盡除錮習耳。

周易時論合編二十二卷（安徽巡撫採進本）

明方孔炤撰。孔炤字潛夫，號仁植，桐城人，萬歷丙辰進士，官至右僉都御史，巡撫湖廣，爲楊嗣昌劾罷，逮治論戍，久之釋歸。崇禎末起故官，屯田山東河北，兼理軍務。事蹟附見明史鄭崇儉傳。是書即其罷官後所著。凡圖象幾表八卷、上下經繫辭說卦序卦雜卦十五卷。其立說以時爲主、故名時論。蓋孔炤初筮仕、卽攖璫禍、及膺封疆之任、値時事孔棘、又遭齮齕。有所憂患而發於言、類多證據史事、感慨激烈。其講象數、窮極幽渺、與當時黃道周董說諸家相近。孔炤自著凡例、稱少侍先廷尉敎以三陳九卦。案孔炤父大鎭、字君靜、萬歷己丑進士、官大理寺少卿、著有易意四卷、載朱彝尊經義考。則易固其家學也。是編刊於順治庚子、前有李世洽序。經義考作十五卷、或朱彝尊所見之本無圖象幾表歟。

易就六卷　兩淮鹽政採進本

明徐世淳撰。世淳字中明、嘉興人。萬歷戊午舉人。官至隨州知州。張獻忠之亂、城破巷戰死。贈太僕寺卿。事蹟具明史忠義傳。是書前有張溥序、比之王弼胡瑗王安石三家、而序多微辭、頗寓不滿之意。光時亨序、則稱易當從自己性徹入、不可依傍先儒。蓋世淳命意如此。故其書似儒家之語錄、又似禪家之機鋒、非說經之正軌也。

伏羲圖贊二卷　浙江巡撫採進本

明陳第撰。第字季立、連江人。以諸生從軍、官至薊鎭遊擊。是書上卷、於奇耦之數、皆以黑白爲陰陽。兩儀四象八卦、皆規方而爲圓。於先儒所傳卦畫方位先後天方圓諸圖、一一辨其所失。下卷爲圖贊二十一。末附圖向一篇。大抵皆臆造之說、不足爲據。惟雜卦傳古音考一篇、用其所長、轉勝於全書。如傳文屯見而不失其居、蒙雜而著、第謂居古讀倨、引詩蟋蟀無已大康、職思其居、好樂無荒、良士瞿瞿。漢韋元成戒子孫詩、昔我之墜、畏不此居、今我度茲、戚戚其懼爲證。考周禮春官、凡以神仕者掌三辰法、以猶鬼神示之居。鄭注、居謂坐也。故春官釋文、居紀慮反。則與踞通。前漢趙禹傳、爲人廉倨、亦通作居。郅都傳、丞相條侯至貴居、則居與倨通。與第說皆足以相合。知其考辨之確。而惜非大旨之所存、如移以附所作古音考、則庶幾矣。

風姬易遡五卷　江西巡撫採進本

明王宣撰。宣字紀卿、一字虛舟、金溪人。其書止上下經卦爻辭。前有自序曰、風、伏羲姓。遡風者、溯卦。姬、文周姓。溯姬者、溯彖爻。獨不遡孔者、余觀象家、非舉業家也。如其所言、則孔子十翼竟爲舉業而作。其妄謬殆不足道。此因四聖人各自有易之說、而報讎流爲行劫者也。所言多主於象、亦破碎支離、不盡合於經義。

周易古本一卷　浙江鮑士恭家藏本

明華兆登編。兆登、無錫人。是書成於萬歷中。分文王卦辭上下、周公爻辭上下爲四篇。以孔子彖傳象傳爻傳文言繫辭說卦序卦雜卦爲八篇。以合十二篇之數。其所謂象傳、卽今大象。爻傳卽今小象也。附古本辯一篇、記疑六條、皆自述更定編次之意。案周易十二篇見於漢書藝文志、其十二篇之次第不可知。顏師古注曰、上下經及十翼、故十二篇。孔穎達周易正義曰、十翼謂上彖下彖上象下象上繫下繫文言說卦序卦雜卦。自宋以來、復古易者甚多、皆各有更定、彼此互異。然未有以卦辭爻辭分篇者。兆登據馬融陸績之說以爲爻辭周公作、故應與文王異卷。究爲單辭孤證、經傳別無明文。且孔子明言二篇之策、今以上下經爲四篇、亦無證據。至六爻有爻畫、見於吳仁傑之費氏古易、朱子已譏其重複。今用爻畫而刪初九初六之文、則孔子傳內稱九六者何所自昉、豈孔子所見尚非古本乎。名爲復古、實則臆說而已矣。

易經增注十卷　直隸總督採進本

明張鏡心撰。鏡心字用晦、磁州人。天啟壬戌進士。官至兵部尚書。是編用注疏之本、隨文闡發、多釋義理。無弔詭之詞、亦無深微之論、說易家之墨守宋儒者也。

繫辭十篇書十卷　江蘇巡撫採進本

明陳仁錫撰。仁錫字明卿、長洲人。天啟壬戌進士第三。官至南京國子監祭酒。事蹟具明史文苑傳。此編以十篇爲名。今核其數、曰翼易書、曰太極書、曰河洛書、曰羲易書、曰文易書、曰文序書、曰孔易書、曰蓍占書、曰卦爻書、僅有九名。其首冠以繫辭說、不入目錄。文易書下附以羲文合論、而翼易書分上下、不知以何一篇足爲十也。其書立名詭異、至其所說則不過掇拾舊文、編綴成帙而已。

易經頌十二卷　副都御史黃登賢家藏本

明陳仁錫撰。是書多剖析字句、以發揮意義、亦閒與本義異同。大抵據文臆斷之處多、而研究古訓之處少。蓋仁錫文士、於經學本非專門也。

易思圖解　無卷數、江西巡撫採進本

明劉日曦撰。日曦字仲升、彭澤人。天啟壬戌進士。

是書以邵子大横大圓二圖爲先天横排圓排爲大成其小横爲太極陰陽卦序小圓爲先天小成文王卦位爲後天小成漢儒卦氣圖加以四正之卦爲後天大成雜卦之次則爲孔子序卦與文王序卦一例後附以河圖洛書及周子太極圖邵子皇極經世陰陽剛柔四象圖與一元消長數各爲之說大抵出於臆撰其序卦雜卦二圖非方非圓尤不知其何所受也

易傭十四卷兩江總督採進本

明文安之撰安之字鐵菴夷陵人天啟壬戌進士官至國子監祭酒朱由榔僭號粤西以爲大學士告歸尋卒事蹟具明史本傳是書乃其官南京司業時所刊行首列諸儒著述次以伏羲卦位明易之數以文王卦位明易之氣又以先後天之圖一上一下反覆合之以明對待流行之體大槩本來知德之說然其詮釋經文又多主義理不本諸圖以立論往往求高而涉於元虛求深而病於穿鑿不能盡歸醇正也

易史象解二卷江蘇巡撫採進本

明林允昌撰允昌字爲磐號素菴晉江人天啟壬戌進士官至吏部郎中案朱彝尊經義考載允昌周易耨義六卷稱莆田有金石社允昌集子弟月三會自崇禎庚辰四月至十一月凡二十二會門人張拱辰何承都等輯而成編因允昌以請學爲圃名齋故曰耨義此書書名卷數皆不符當各自一書彝尊失載也其說取易象大義各摭史事以配之每一卦爲一解自序爲本程傳朱義誠齋紫溪諸說而參以己見然牽合附會處頗多所謂必求其人以實之則鑿矣

周易纂六卷浙江巡撫採進本

明朱之俊撰之俊字滄起汾陽人天啟壬戌進士官至翰林院侍講是編用注疏本彙先儒舊說融以己意兼主義理象數亦采來注錯綜之例詞旨頗爲淺顯而隨文敷衍者多

易學統此集二十卷兩江總督採進本

明孫維明撰其子越續成之維明字克晟江寧人前有天啟四年維明自序其書多取宋元以來諸說不甚考究古義每節之下皆敷衍語氣如坊刻講章之式越所補入各條及引述其父之言皆別爲標識亦無奥旨

易經小傳二十卷浙江吳玉墀家藏本

明鄭友元撰卷前有自序自稱其號曰澹山不著歲月明史畢自嚴傳稱時有詔縣令行取者先核其錢穀華亭知縣鄭友元已入爲御史先任青浦逋金花銀二千九百帝以詰戶部尚書畢自嚴自嚴飾辭辨遂下自嚴獄遣使逮友元又湖廣通志鄭友元字元章京山人天啟乙丑進士官御史當卽其人也其書於乾卦經文卦辭下卽接彖傳而分文言之釋彖者附之次大象次爻辭下接小象而分文言之釋爻辭者附之未免汩亂古經其以爻辭爲文王作亦與先儒之論不合也

周易爻物當名二卷兩淮馬裕家藏本

明黎遂球撰遂球字美周番禺人天啟丁卯舉人從朱由榔起兵後守贛州城破巷戰死其書惟載三百八十四爻以互變推求其象然互體變卦雖古法而遂球所推則自出新意往往支離曼衍附會成文不必盡當名辨物之本旨也

廣易筌四卷浙江巡撫採進本

明沈瑞鍾撰瑞鍾字德培平湖人自序言先嘗爲易意筌十九年後復爲廣易筌而書中又有稱家先生古筌者則述其父之說其閒經文次序用注疏本惟乾卦分節解之自坤以下每卦爲一說繫辭以後每章爲一說多主人事不取象數之學凡上經下經繫辭傳上下各爲一卷而說卦雜卦乃附諸下繫之後朱彝尊經義考作易廣筌二卷與此不合殆僅見上下經耶自宋李光楊萬里以來多以史事證易義瑞鍾是書蓋亦是意然逐卦逐爻務求比例牽強既所不免且於當代時事概行闌入尤爲駁雜造語遣詞亦多涉明季纖佻之習蓋浴李氏楊氏之餘波而失之泛濫者也

周易獨坐談五卷兩淮馬裕家藏本

明洪化昭撰化昭自號日北居士新都人經義考列之馬元調前則啟禎閒人也是書明史藝文志著錄然無卷數今本五卷不知何人所分其說以說卦序卦雜卦三傳皆爲漢儒所增入故置而不言惟說上下經繫辭然雜引古事語皆粗鄙如周公作歌招夷齊夷齊答歌之類雜以俳諧殊乖說經之體至謂文王八卦退乾於西北者乃因岐在西北意在以天自處尤穿鑿矣其自述乃曰日北居士談易每一卦六爻合成一片不知者以爲迂而非迂也發揮文王周公心事不知者以爲鑿而

非鑿也。謂之獨坐談，聊以自娛，而不可以語人也。何其果於自信歟。

雪園易義四卷、圖說一卷（浙江巡撫採進本）

明李奇玉撰。奇玉字元美，嘉善人。崇禎戊辰進士，官至汝寧府知府。是編惟解六十四卦，議論縱橫，而詞勝於理。前列增補四易圖說、參訂圖說、進退變化圖、對待流行圖、生蓍圖、卦變圖、納甲圖說，皆推衍先天之學。其因雲林傳氏之說，以先天爲歸藏，後天爲連山，又出邵氏本論之外矣。

易疏五卷（浙江吳玉墀家藏本）

明黃端伯撰。端伯字元公，江西新城人。崇禎戊辰進士，除寧波府推官。福王時官禮部儀制司郎中。南京破，死難。事蹟附見明史高倬傳。乾隆乙未賜謚忠節。其書專主京房易傳，卷首所列諸圖，皆以發明京氏卦變之義，旁及陰符、乾鑿度、握奇、遁甲等書。其說頗近荒渺，又先天圖震巽互易，後天圖乾艮互易，亦從來所未有也。

苑洛易學疏四卷（浙江巡撫採進本）

明周一敬撰。一敬，衢州人。崇禎戊辰進士，官至監察御史。初韓邦奇作啟蒙意見五卷，推闡河洛之義，與卜筮之法。一敬因而疏之，自萬歷甲寅至崇禎壬午，凡二十九年乃成。於原書次序，稍爲易置，亦頗有刪削。自序謂韓子以開明初學爲心，故疏從其詳。此書以溯源明理，竊附前人，故多遺末而尋本云。

易鼎三然（無卷數，江蘇周厚堉家藏本）

明朱天麟撰。天麟字震青，吳江人，寄籍崑山。崇禎戊辰進士，由兵部主事改授編修。後桂王由榔僭號，以天麟爲大學士，卒於廣西。是書成於崇禎庚午，以讀易譬之食味，遡周易之旨者曰庖然，發歸藏之義者曰湫然，闡連山首艮之蘊者曰飽然。已爲怪異，其子目有混沌譜、中化連氣、穴孫孫等三十六名，無一非弔詭之辭，於經義絲毫無當也。

周易廣義四卷（浙江鄭大節家藏本）

明鄭敷教撰。敷教字汝敬，吳縣人。崇禎庚午舉人。是編用注疏本，以程傳、朱義爲主，而推廣其說，故名廣義。凡諸儒之說與傳義合者取之，稍有不合者則去之。朱彝尊經義考載敷教易經圖考十二卷，而不載是書，殆偶未見歟。

尺木堂學易誌三卷（山西巡撫採進本）

明馬權奇撰。權奇字巽倩，會稽人。崇禎辛未進士，官兵部主事。王臺序稱權奇才高召忌，甫問仕版，在縶者數月，縶維邸舍者三年，後事白歸里，因成是編。其說皆詮釋大旨，不規規於訓詁，間引莊子、文中子諸說，旁及經史禪乘以證之，蓋憂患之餘借抒憤懣，固不以說經論矣。

十願齋易說一卷、霞舟易箋一卷（浙江鄭大節家藏本）

明吳鍾巒撰。鍾巒字巒稚，武進人。崇禎甲戌進士，官桂林府推官。魯王監國，以爲禮部尚書。後自焚死。乾隆乙未賜謚忠烈。是編每卦摘箋數語，止有上經三十卦，而無下經，似非足本。朱彝尊經義考惟載鍾巒周易卦說，不著卷數，注曰未見，而無此書名。江南通志儒林傳所載亦同，殆輾轉傳聞，相沿而誤歟。此本前有小引，題曰霞舟易箋，又題曰十願齋全集。以易說爲卷一，易箋爲卷二，蓋編入文集之中，如李石方舟集例，今僅存此兩卷耳。

易經說意七卷（浙江吳玉墀家藏本）

明陳際泰撰。際泰字大士，臨川人。崇禎甲戌進士，官行人司行人。明史文苑傳附見艾南英傳中。際泰本以時文名，故其說經亦即用時文之法，中間或有竟作兩比者。自有訓詁以來，一二千年無此體例也。

周易翼簡捷解十六卷、附羣經輔易說一卷（浙江巡撫採進本）

明陳際泰撰。是編謂河圖洛書體用相爲附麗，表裏經緯，悉師羲易。首卷載古今諸圖，中十六卷爲捷解，末卷又爲圖說二十四條、拾遺九條。散漫支離，未得要領。附載羣經輔易說一卷，僅十四頁。大旨謂大學、中庸諸書皆所以明易，而西方之教獨與之背。蓋明末心學橫流，大抵以狂禪解易，故爲此論以救之。所見特爲篤實，其八比高出一時，亦由其根柢之正也。

易辰九卷（江西巡撫採進本）

明賀登選撰。登選號濟餘，鄱陽人。崇禎甲戌進士，官至監察御史。是書以三百八十四爻取象之義，雜引史事以證經，蓋仿誠齋易傳之例，而深切則不及之。其以乾初爻爲象人心，乾四爻爲象太子之類，亦頗穿鑿。自序謂易無象而三百八十四爻其象辰，無象而三百六十五度其象，故以辰名其書焉。

易序圖說二卷（浙江巡撫採進本）

明秦鏞撰。鏞字大音、無錫人。崇禎丁丑進士。官清江縣知縣。是書以序卦言義理而不及象數、因合先後天而求之。上經分五節、象陽。下經分四節、象陰。每節中又一一分析而引雜卦及彖象爻辭以爲之解。案序卦雜卦先儒多疑非孔子之書、故言易諸家往往粗陳梗槩。至元蕭漢中讀易考原、述分卦序卦之義、始詳爲發明。是書較漢中所言推闡加密、而穿鑿附會亦以過密而生。蓋此類皆易之末義、必求其說、亦皆有理之可通。然謂四聖本旨在是、則殊不然也。

讀易略記（無卷數、浙江鄭大節家藏本）

明朱朝瑛撰。朝瑛字美之、號康流、又號罍菴、海寧人。崇禎庚辰進士。官旌德縣知縣。其易學出於黃道周、此書亦闡引道周之語。然持論與道周又異。其言象數、不主邵子之說。又別爲先天後天之圖、取一索再索之序爲先天、取對卦化氣爲後天、殊爲糾見。鈔本不分卷數。朱彝尊經義考作一卷、然細字至二百五十一頁、必非一卷。疑彝尊所見或不完之本耶。

讀易隅通二卷（浙江巡撫採進本）

明來集之撰。集之字元成、蕭山人。崇禎庚辰進士。官安慶府推官。是書多觸類旁推以求其融貫、自序言一隅之通、故謂隅通。其論四時五行、多本之皇極經世書。又謂後天卦圖爲周家全象、龍亢上應天星、皆不免於穿鑿。

卦義一得（無卷數、浙江巡撫採進本）

明來集之撰。是編於每卦約舉大義、所發明不過數語、故名一得。其中頗有精澈之語。然支離處亦復不少。如釋訟謂天開於子、水歸於壑、見其始而不見其終、此天水訟之可以謀始而不可以成終也。釋師謂五行之用莫大於水、土有衆多之義、而五行之用土又尅水、有勝負之義。且土在上者爲高、水在下者爲深、即兵法之右背山林、前阻水澤也。亦未免失之纖巧矣。

易圖親見一卷（浙江巡撫採進本）

明來集之撰。此書取序卦雜卦以及三陳九德、先天後天之義爲圖四十有五、而各爲之說。用力雖勤、然究不免於牽強湊合。至上繫所引中孚等七爻亦爲之圖、而下繫所引十一爻即不能爲說。亦可見其出於臆度、而非本自然矣。

讀易緒言二卷（浙江巡撫採進本）

明錢棻撰。棻字仲芳、嘉善人。崇禎壬午舉人。文淵閣大學士士升子也。士升嘗作易揆、棻作是編、復推衍其未盡之意、故曰緒言。首以八宮各統八卦、爲說八篇。次於六十四卦、卦爲一說。次爲繫傳箋略、附以圖書說、先後天說、上下篇說、觀象說、觀變說、錯綜互代說、反對說、大小彖象爻辭說、六爻主輔說、順逆說。大旨兼取象數、以推求易理。其間牽強附會、多不能免。又如以師出以律爲律呂之律、包羞爲小人羞惡之良心、觀我生爲長養之生、亦未免好求新異。至於君子小人陰陽消長之際、多有感於明末門戶分爭之禍、借以發洩其不平。亦不必與經義盡相比附也。

易窩四卷（編修勵守謙家藏本）

明沈泓撰。泓字臨秋、華亭人。崇禎癸未進士。官刑部主事。是編隨文詮義、不載本義原文、而全書宗旨一一與本義合。在舉業家則可謂之簡而有要矣。

說易十二卷（直隸總督採進本）

明喬中和撰。中和字還一、內邱人。崇禎中由拔貢生官至太原府通判。是書前列圖說、次卦象、次彖傳、次爻象、次文言、次繫辭、次說卦、次序卦、次雜卦、次附錄。其分卷前後與古今本皆不合、頗近臆斷。第二卷先列卦象、以孔子之易移於文周之前、尤乖次序。案朱彝尊經義考載中和易林補四卷、又名大易通變。今此書名說易、版心又標躋新堂集、疑即從文集中析出單行。而其卷數不止四卷、則易林補又當在此書之外也。

桂林點易丹十六卷（兩江總督採進本）

明顧懋樊撰。懋樊字霖調、仁和人。其自題桂林者、乃舉所居之地而言也。崇禎中副榜貢生。其科分則未詳。是書前有其父七寶山解易影數則、并諸儒姓氏考一卷。所臚列自周至明幾數百家、而頗多前後失次。蓋以摭錄示富、未必悉覩原書。其所訓解、大都順文敷衍、不出講章門徑。經義考引張雲章之說、斥其以聖經比之道家鑪火、亦特據其書名而言、實則無一字涉丹經也。

周易說統十二卷（浙江巡撫採進本）

明張振淵撰。振淵字彥陵、仁和人。是編大旨宗程朱傳義、凡諸儒說理可互證者、亦旁采竝存、標爲四例。其與本義相左而理有闡發者、曰附異。其互有異同與傳義相發明者、曰附參。其出自獨見者、曰附別。其可以備類旁通者、曰附餘。凡所援引、各標姓氏、間或附以己意、則以彥陵氏別之。

周易去疑十一卷、兩江總督採進本

明舒宏諤撰。宏諤字士一、旌德人。老於授徒。故鈔撮講章、纂而成帙、以便課誦。其舉例有五、曰演脈、曰闡旨、曰互參、曰摹象、曰注字。初梓於池氏。後版燬於火、蔣時機又重刊之、而改其體例。卷首又題蔣先庚增補。標目雜糅、不可究詰。大抵書賈射利之本也。

四易通義六卷、內府藏本

明程觀生撰。觀生字仲孚、歙縣人。流寓嘉興。崇禎中知天下將亂、卽棄去諸生、以相地之術自給。朱彝尊靜志居詩話載其事蹟頗詳。然經義考惟載其易內三圖注三卷、注曰已佚、而不及此書。蓋遺書散失、此編幸而僅存、久乃復出、彝尊未及見也。其意以說易者多以我解易、而不能以易解易、故其義轉爲傳疏所淆、因作是編。首列橫圖方圖圓圖合參要旨、次卦象爻定辭微旨、而於每卦每爻下各系錯綜互變所在以貫通之。其大旨主於明人事。自序謂時當大亂、非藉四聖之力不足以救。故每發一義、以舉今之非、而折衷於易理之是。類多隱切明季時勢立言。至釋晉之上九、乃極稱封建爲良法、且言天地一日不改、此法終不可易。則立論未免迂僻矣。

易發八卷、編修王汝嘉家藏本

明董說撰。說字雨若、湖州人。黃道周之弟子也。後爲沙門、名南潛。其論易、專主數學、兼取焦京陳邵之法、參互爲一、而推闡以己意。其根柢則黃氏三易洞璣也。其研索具有苦心、而究不免失之雜。如飛龍訓一篇、歷引堯禹周孔、謂皆以飛龍治萬世、而復舉圜覺道德二經、以爲釋迦老子亦然。未免援儒入墨。又黃鸝河洛徵、謂黃鸝一聲、卽河洛之全機大用。杏葉飛龍表、謂黃鐘之律爲杏葉之正位。其說皆近於怪誕。極其博辨之才、洸瀁自喜則可矣。謂易之精奧在是、則殊不然也。

周易時義注、無卷數、浙江巡撫採進本

明章佐聖撰。佐聖字右臣、歙縣人。其書依經訓解、而以卦圖一卷附於後。大旨主於言理、而徵引蕪雜、頗乏持擇。書成於崇禎甲申正月。前有自序、謂以明經獲雋、而烽火交訌、行路艱阻、因坐臥小樓、自爲箋注。大都自憂患中來、蓋有託而爲之、故其言頗譏切時事云。

易參五卷、浙江巡撫採進本

明錢彭曾撰。彭曾號覺龕、錢塘人。是書用注疏本而不載經文、但標每節之目。首爲圖說、其方圖黑白雖皆易外之枝節、而自宋以來猶有所受。又旁及歷法推步奇門九宮干支納音、雖不得漢儒之本法、而其說猶有所傳。又廣而推及五岳地形禹貢水道堪輿律呂井田兵法道家佛家選擇六壬、殊泛濫龐雜、無所紀極。然則五藏六府亦配陰陽、將曰易爲醫作乎。方罫圓棋亦合奇偶、將曰易爲弈作乎。至所詮解則與圖渺不相關、仍不過摘句尋章、循文推演、間或自出新意、又往往乖舛。如謂乾爲四月之卦、猶未分龍、雨未時行、故曰潛龍。坤之履霜堅冰、乃指忠臣孝子而言、其初發一念爲履霜、歷久不變爲堅冰。自有易以來無此說也。

易旨一覽四卷、江蘇周厚堉家藏本

明蔣時雍撰。時雍字繩武、江都人。其書訓詁字句、乃村塾課蒙之本。

周易辨正一卷、浙江巡撫採進本

明喻國人撰。國人字春山、郴州人。其書大旨謂先儒多是非倒置、以十爲圖、九爲書、因作辨十九章、以九爲圖配天、以十爲書配地、且及河圖主生、洛書主尅之理。蓋仍祖劉牧之舊說。第十七辨言古人左圖右書、左陽也、故左字五畫、右陰也、故右字六畫。殊爲悠謬。書中率皆類此。其凡例乃云秦漢諸儒昧其則者千餘年、宋元諸儒枉其則者五百年、國人辨正、四聖知必冥慰。何其誕也。

河洛定議贅一卷、浙江巡撫採進本

明喻國人撰。其說以伏羲則河圖、畫乾坎艮震四卦。則洛書、畫巽離坤兌四卦。由河圖四卦得訟遯十六陽卦。由洛書四卦得家人中孚十六陰卦。合河洛迭爲上下而得否姤履泰三十二陰陽配合之卦。且以揲蓍之數不惟康節茫然、卽一行亦屬妄附。自以河洛之議至此書而始定。書成、且祭河洛之神及天地四聖、爲文以告。其誕至此、又何異於中風狂走者乎。

全易十有八變成卦定議一卷、浙江巡撫採進本

明喻國人撰。大旨謂數九則滿、滿則損。數六則謙、謙則益。故大易總不外乾九損三、變爲坤六。坤六

益三變爲乾九，或乾九坤六交相損益，十有八變以成卦而已。

周易對卦數變合參一卷（浙江巡撫採進本）

明喻國人撰。謂朱子不知易中十年、三年、七日、八日之旨，及訟九二三百戶之數。國人乃於反對兩卦得之。合屯蒙二卦，以屯下蒙上，謂屯二爻爲一年，逆數之至蒙五爻，歷十爻爲十年。合需訟二卦，以需下訟上，謂訟二畫九，卽九十戶；訟初畫六，卽六十戶；需上畫六，卽六十戶；五畫九，卽九十戶；合之得三百戶。以爲此意數千年不明，眞穿鑿附會之說也。

河洛眞傳一卷（浙江巡撫採進本）

明喻國人撰。其說謂天地十二會眞數不出五十五，借陳邵俱未發明，因演天地五十五數圖。卷末復附以河洛眞傳說數頁，辨蓍短龜長之說，謂記云「假爾泰龜有常，假爾泰筮有常」，原龜筮並重。朱子妄更祝詞，故重視泰筮。然所引證據，仍不過廣輿記、本草圖經諸書而已。

周易生生眞傳一卷（浙江巡撫採進本）

明喻國人撰。謂先儒解易爲變易，爲交易，總不如繫辭「生生之謂易」五字最確。又謂伏羲則河九洛六，始畫八卦，以木德王也。木主仁，仁爲生生眞種子。每卦六爻，推演五行相生之數以配合之。

三易大傳七十二卷（江西巡撫採進本）

明李陳玉撰。書分二冊，一曰先天古易，以解圖畫，又每篇繫以贊語。其最異者，以無極、太極、無極而太極分爲三圖，而先天八卦配以英輔九星之名，後天八卦配以疏附先後之名，支離破碎，全無理據。一曰後天周易，以解經傳，雖言象數，而皆出臆說，附以易導、易鈐、易眼諸書。其易鈐有云：「若欲易學了澈，直須將一切訓詁辭章盡情剗却，卽孔文之語亦不過易象一端之論，方有入處。」可謂敢爲大言。蓋言圖畫者病於支離，破碎談心性者病於杳冥恍惚。陳玉兼二家之說，而各得二家之極弊，眞所謂誤用其心者也。

易經補義四卷（浙江巡撫採進本）

明方芬撰。芬字舒林，歙縣人。其書全列本義於前，而以己所發明附贅於末，皆標「補」字以別之。所得頗爲膚淺。其凡例云：述其王父有度所撰易旨正宗，及其父希萊易經要旨而爲之。今二書皆未見，然觀芬之書，其大略可睹矣。

讀易鏡六卷（兩江總督採進本）

明沈爾嘉撰。爾嘉字公亨，常熟人。是書悉依今本次序，每一卦一節，列經文於前，列講義於後，而講義高經文一格，全爲繕寫時文之式。其說皆循文敷衍，別無發揮。經文旁加圈點，講義上綴評語，亦全以時文法行之。卽其書可知矣。

易學古經正義十二卷（湖北巡撫採進本）

明鄒元芝撰。元芝字立人，竟陵人。自費直合十翼於上下經，唐用王弼易注作正義，易遂用王弼之本。宋晁說之、呂祖謙諸家始倡爲復古之說，互有考訂，而亦互有異同。至朱子之本義，始定從呂本，分爲經二篇，傳十篇，至今與王本並行。元芝是書，欲駕出朱子之上，謂孔子十翼與經並尊，不得抑之稱傳，遂臆爲分別。如乾卦以「乾元亨利貞」五字爲本經之彖，割「天行健」三字爲本經之象，而綴以六爻。他皆倣此。其十翼則仿制藝之體，經文反低二格，而彖辭、小象之辭各冠以「彖曰」、「象曰」字，跳行頂格書之。其大象「天行健」、「地勢坤」諸句，因刪之不能成文，遂旣以爲本經之文，又複見於象辭之內。一文兩屬，莫定所歸，皆有意立異，而詭稱復古，不知所據何古本也。其說經大旨，則以羲文之易爲卜筮之書，孔子之易爲盡性至命之書。故所注皆舍象數而言義理，蓋借尊孔子之名以劫伏衆論，實則茫無確證，徒見其割裂聖經而已。

射易淡詠二卷（江蘇周厚堉家藏本）

不著撰人名氏。卷端惟題「西農」二字，前有陳愫素射易書一篇，稱其字曰孝若。考愫至
國朝尚存，嘗與邱象隨等共注李賀昌谷集。又書中稱張九山青衣得射易半部於虎邱僧舍，乃錄寄尹子求者。考明尹伸字子求，宜賓人，萬歷戊戌進士，官至湖廣布政使。崇禎甲申，張獻忠部賊陷敘州，伸殉節死。此書旣云寄伸，則是時伸尚無恙，當爲明末人作矣。其說易但解六十四卦，每卦但標彖象及第幾爻字，不列經文，大抵皆借經發議。其言辨博自喜，而詞勝於理。又喜作似了非了語，類禪宗之機鋒，殊乏先儒明白淳實之意。每卦之末，各系以五言古詩一首，以發明一卦之大義，蓋卽所謂淡詠者。自古以來，亦無此說經之體例也。

大易衍說（無卷數，安徽巡撫採進本）

不著撰人名氏，亦不著時代，乃明人舊錄藏本也。

其書乃鄉塾講義隨文敷衍不能發明大旨亦姑存之可耳。

原易二卷兩江總督採進本

不著撰人名氏上卷原太極圖書凡十一條下卷原六十四卦皆剿襲舊文別無挑發不足以言著書也。

易傳義十二卷內府藏本

不著編輯者名氏取程子易傳朱子易本義合為一書冠以圖說綱領各一篇皆從易經大全中錄出故改朱本之次第以從程本版式字畫頗為工楷曹寅楝亭書目亦載有此書一函蓋明代經廠本也。

易象與知編一卷圖書合解一卷兩淮馬裕家藏本

題曰天山道人撰不著名氏不知何許人也其書惟論河圖洛書八卦方位及對待流行之義五行生成之理皆於諸家易解之中鈔合成帙蓋欲講陳邵之學而僅掇拾其糟粕者。

欽定四庫全書總目卷八

欽定四庫全書總目卷九

經部九

易類存目三

讀易蒐十二卷浙江吳玉墀家藏本

國朝鄭賡唐撰賡唐字紹雲人前明天啓丁卯舉人官至福建按察使僉事是書序稱丁亥蓋成於順治四年經文全用注疏本每卦之末附論一篇多經生之常義至繫辭舊雖分章然自漢晉以來未有標目賡唐直加以天尊章設位章諸名則是自造篇題殊乖古式又說卦章次亦加刪併而不言所以改定之故更不免變亂之譏蓋猶明季諸人輕改古經之餘習也。

大易則通十五卷閏一卷湖北巡撫採進本

國朝胡世安撰世安字處靜別號菊潭井研人前明崇禎戊辰進士歷任少詹事入國朝官至大學士是書專主闡明圖學集萃諸家之圖各為之說雖亦及於辭變象占而總以數為主其閏卷則續採明羅喻義讀易珊瑚筯及劉養貞易遺象義之說也。

周易感義無卷數兩江總督採進本

此書爲未刻藁本中多朱墨塗乙其撰人姓名墨筆題東海衲民岳嵐壘山氏述蓋所自書朱筆題江西兵憲岳虞巒衡山氏述爲其同里曾釗所書攷太學題名碑錄前明崇禎辛未科有岳虞巒南直隸武進人又江南通志儒林傳稱虞巒字舜牧官至江西按察使晚尤好易撰有周易感及春秋平義二書書中云幼時及見熹廟初年時代亦復相合然則所謂周易感者當卽此書特刻板誤脫義字耳書中又云丙申五月著藁則成於國朝順治十三年疑其明亡以後變服爲僧改名岳嵐故自號東海衲民也是書惟解六十四卦分作八巨冊而朱筆又開有標二編第幾卷者殆本有初編二編經釗刪併爲今本耶其說詳於取象近錢一本之學然皆參以佛氏如稱西域之有迦文猶中國之羲文周孔云云謬妄非一釗雖多所刊削欲滅其迹而能潤飾其字句究不能改易其宗旨蓋於王宗傳沈作喆之說又變本加厲矣。

易學筮貞四卷浙江吳玉墀家藏本

國朝趙世對撰世對字襄臣衢州人茲編論易爲卜筮之書故經秦火而獨存命之曰筮貞謂以筮而貞萬世之變也不載經文惟采先儒議論分類編輯一卷曰綴集本旨曰易學源流曰圖書節要二卷曰著法指南三卷曰占變詳考四卷曰易道同歸論筮法與占變條理頗爲詳明蓋純以數言易者也。

周易明善錄二卷江西巡撫採進本

國朝徐繼發撰繼發字繩武貴溪人其書專以後天諸圖爲主由占筮卦氣而蔓衍於律呂等韻前有自序謂後天之道以致用爲主而造化之流行有常有變常者宰之於帝變者藏之於神履其常者以卦爲體通其變者以筮爲用是故帝者流行一定之極而神者造化不測之機也其推闡亦頗極苦心然與講先天之圖者亦同一關紐總爲易外之別傳而已。

麗奇軒易經講義無卷數、編修勵守謙家藏本

國朝紀克揚撰。克揚字武維，號六息，文安人。是編用注疏本，不錄經文，但每卦約詁數條，皆略象數而談義理，詳其文義，蓋標識於經傳之上，而其後人錄之成帙者也。

羲畫憤參二十五卷浙江巡撫採進本

國朝陸位時撰。位時字與偕，錢塘人。在前明嘗官鄞縣訓導。是書成於順治丙戌，前有位時自序，稱小憤小悟，大憤大悟，不憤不悟，憤之云者，心求通而未得之意，故云憤參。其書專闡河洛之數，而附益以先天之時令、後天之節序。首列卦爻彖象諸解、圖書諸說，每條之首設卦難數條，卦畫之下列卦旨數條，卦後列六爻總論一篇，而以字義諸說別標題目，參錯於經文之中，體例頗為龐雜。前又有黃道周序，不署年月，中有時值鼎革語。考順治乙酉丙戌之間，黃道周方從朱聿鍵稱兵閩中，勢不暇為位時作序，況方輔聿鍵僭號改元，亦決不肯自稱鼎革。其為依託無疑，蓋以道周喜談象數，與此書宗旨相近，故假借之以為重耳。

周易辨疑無卷數、山東巡撫採進本

國朝李開先撰。開先字傳一，長壽人。與嘉靖中太常寺卿李開先名姓偶同，非一人也。其易學受於鄉人來知德，案知德雖嘉靖三十一年舉人，其授待詔則在萬歷三十年，下距明亡僅四十年，故其門人能至順治初尚在。故其書詮解象數，多推闡其師錯綜之例，惟卦變之說與知德不合。其中駁本義者頗多，如九三重剛而不中，九四重剛而不中，本義謂九四重字疑衍。開先則謂三畫卦重為六畫，自四書始卦重，則剛亦重。其說近鑿。又如坤六二直方大，本義賦形有定，坤之方也。開先謂方即經一圖四伏羲方圖之方，尤為不倫。至所自立之新義，如說卦乾為馬，而爻詞取象于龍，朱子以為理會不得。開先則謂伏羲時龍馬負圖，乾雖為馬，而非馬，乃龍馬也，周公畧去馬字而止言龍，非擬之以馬又擬之以龍也云云。按乾與震合德，龍與馬同性，故說卦傳乾震皆取馬象，至震之為龍，亦以一索得男，體從乾化，故二卦皆取龍象。聖人繫易，偶舉一端，不得膠此以疑彼，而委曲以遷合之也。且爻詞潛見飛躍諸義，豈能施之龍馬耶？亦好異而不顧其安矣。

易存無卷數、大理寺卿王昶家藏本

國朝蕭雲從撰。雲從字尺木，蕪湖人。前明崇禎己卯副榜貢生。是書乃雲從年八十時所撰，以數言易，而其數乃以律呂歷算為宗，旁及於三命六壬之術。前列易存四學一條，稱學者先讀易卦爻詞、大傳著法，次學卦氣以及支干陰陽、五行生尅、氣運衰旺，次學算歸除因乘，次學音律詞曲、聲調管弦以及翻切諸法，方得其說，頗屬支離。夫奇偶陰陽為萬事萬物之根本，故易道廣大，推之無所不通。律呂為易中之一理，非因律呂作易，亦非因易作律呂也。歷算亦易中之一理，非因歷算作易，亦非因易作歷算也。即以醫術而論，榮衞者陰陽也，七竅者奇偶也，心腎者坎離之宅也，其消長則姤復之機，其升降則既濟未濟之象也，至於五運六氣、司天在泉，無一不與易理通，亦將曰因醫有易，因易有醫乎哉？王士禎池北偶談嘗記雲從作杜律細一書，凡吳體拗句，俱強使協於平仄，如盤渦浴鷺底心性句，則讀底為高低之低；江草日日喚愁生句，則讀草為離騷之騷。此書言易，殆亦類斯，與連江童能靈作律呂古義二卷，純以河圖洛書為聲音之本者，均可謂誤用其心矣。

周易說畧四卷山東巡撫採進本

國朝張爾岐撰。爾岐字稷若，濟陽人。篤守朱子之學，因作此書以發明本義之旨。內惟第四卷分為二，故亦作五卷。李煥章作爾岐傳云八卷者，誤也。

周易纂解正宗六卷江西巡撫採進本

國朝謝復苑撰。復苑字菁來，吉水人。其書先列朱子本義，以直解、大全、蒙引諸家之說各系於其下。其子能立以圖說未備，重加纂訂，別為一編附之於後，蓋里塾講授之本也。

周易塵談無卷數、兩淮馬裕家藏本

不著撰人名氏。朱彝尊經義考載孫應龍有周易塵談十二卷，疑此本是也。應龍字海門，餘杭人，順治丁亥進士，官隰州知州。其書多引先儒語錄，排比成文，或標曰注，或標曰解，或標曰傳，每章之中，三名疊見，竟莫得而詳其例也。

周易纂註無卷數、江蘇巡撫採進本

國朝朱奇穎撰。奇穎字九愚，嘉定人。順治辛卯拔貢生，官平遙縣知縣。此書大槩依附朱子本義，而稍參以己說。後有附錄一卷，則其子所刻墓誌行狀也。

易史參錄二卷江西巡撫採進本

國朝葉矯然撰。矯然字思菴、閩縣人。順治壬辰進士。官樂亭縣知縣。是書於每卦象爻各證以史事、蓋仿李光、楊萬里二家易傳之意、而所舉不免於偏枯。夫易道廣大、無所不包、而不膠滯於一二事。文王箕子偶引以明卦義、無所不可。至於每象每爻必求其事以實之、則挂漏牽合、固其所矣。

大易疏義五卷、江蘇巡撫採進本

國朝王芝藻撰。芝藻字洪瞻、溧水人。順治甲午舉人。其書論九疇本於洛書、謂萬物之生始於五行、故五行居一。皇建有極爲天地人物之主、故皇極居中。天時人事之應盡於五福六極、故福極居九。三八政王者所以治明、七稽疑王者所以合幽。此中央四正所以立其幹也。五事盡乎人事、五紀考乎天時、故居肩之左右。三德以輔皇極、庶徵以驗五行、故居足之左右。宋人九疇自九疇、洛書自洛書之說、未足以窺易書之奧。蓋芝藻並主象數、故立論如此。然繫辭雖有洛書之名、而所爲洛書者其文實不可考。後人影附太乙九宮之法以造洛書、因而牽洛書以解易、是徒借洛書之名而非孔子所謂洛書也。夫連山歸藏名見周禮、可以劉炫之書當之乎。芝藻亦眩於舊文、未之深考耳。

周易滴露集、無卷數、直隸總督採進本

國朝張完臣撰。完臣字艮哉、平原人。順治乙未進士。是書皆訓釋文句、不及象數。大旨取朱子本義爲主、而附益以諸家之說。於吳澂訂疑、蔡清蒙引、姚舜牧疑問所引尤多。閒亦附以己意。所注僅上下兩經、而無繫辭以下、蓋用程子本也。

周易疏略四卷、河南巡撫採進本

國朝張沐撰。沐字仲誠、上蔡人。順治戊戌進士。官資縣知縣。沐於五經四書皆有疏略、其解周易、自謂悉本孔子十翼之義。所注多取舊文、融以己意、不復標古人名氏。書中力排京房、陳摶、邵康節之學、而摶等所造河圖洛書及伏羲文王諸圖仍列於卷首。其洛書條下注曰、聖人因之以明吉凶、著於易之首。是竟以今本九圖爲孔子所定也。又揲蓍求卦必自內而外、由初而上、故古本相傳卦畫之下所注皆先下後上。沐獨用朱睦㮮之例、改爲先上後下、於卦爻之始初終上、繫辭之小成大成、俱無一可通。前有康熙庚申趙御衆序、稱韋編以來易學久晦、得此書乃明。又有王澗序、稱孔子之說有不可易、則張先生之說亦不可易。沐自謂朱子所不能解者、繹諸孔訓、恍然來告。敢曰獨信、亦談何容易乎。

加年堂講易十二卷、編修戈岱家藏本

國朝周漁撰。漁字大西、興化人。順治己亥進士。官翰林院編修。是書前有自序、稱與朱子本義程子傳及古今來言易之家大相違戾。謂直接加年寡過之學、漁不敢當也。謂四聖人覺世明道之旨、不欲終晦於天下、賴四聖人之靈竅吾之聰鑿吾之明、假吾之心慮口宣以代爲發之也、是則何能辭。其自命甚高。今觀其書、非惟盡反漢宋諸家之說、併繫辭文言亦指爲非孔子之說、橫加排詆。卽彖傳亦有所去取。末附一卷、闢洛書之僞。首弁一卷、別衍河圖之奇偶、而深斥繫辭太極生兩儀、兩儀生四象、四象生八卦之文。所解六十四卦、亦多創論。如謂乾卦以龍喻性、六爻皆言見性盡性。見羣龍無首、猶言見性而實無所見。要之性亦強名、見亦落見。故增此以掃六爻名象之迹。謂復卦言賢人之去就、先儒作復善解、不知何所見而云然。其翻新出奇、大率類此、亦可謂好怪矣。

讀易近解二卷、江西巡撫採進本

國朝湯秀琦撰。秀琦號弓菴、臨川人。順治中以歲貢生官鄱陽縣訓導。是編取周易圖說爲之發明、使淺顯易解。舊有圖者、因圖而推衍之。舊有說而無圖者、補圖以證佐之。蓋於易專主數、於數專主宋學者也。

周易郁溪記十四卷、江西巡撫採進本

國朝郁文初撰。文初號郁溪、蘄州人。官至肇慶府知府。此書爲河朔賈棠所刊。凡總論一卷、上下經九卷、繫辭上傳三卷、而繫辭下傳至雜卦傳則皆標卷下以統之、不復分析卷目。蓋編次者之失也。書中首推河洛、縱橫曼衍、不出常談。至於各卦象爻、立論尤多僻異。大率以五行生尅精氣骨肉爲言。如解需于血出自穴、則云乾者精氣之極、而血脈之生通之中行、需是已。坤爲血脈之極、而精氣之生通之中行、晉是已。出自穴者、謂人自有生以來、耳穴已有、而今則天地通水自穴中出也。目苞之啟、亦猶是也。解入於左腹獲明夷之心于出門庭、則云明之入也、自右腹而下、自左腹而上、意巽也。火復則風生、心開則意隨。蓋愈鑿而障礙愈多矣。

周易起元十八卷、江西巡撫採進本

國朝陳圖撰。圖字寄嚴、永豐人。是書以太極先天河洛諸圖合而演之，支離曼衍，不可究詰。如周子太極圖以無極作一空圈，此則變爲一純黑圈形，以爲陽合於陰。至於太極圖乃爲半黑半白圈，是先生陰而後生陽，非太極生陰陽也。又以名山大川分配六十四卦之陰陽，尤爲牽合。昔林至水村易鏡以卦配星，以爲仰觀天文，此更以卦配地，以爲俯察地理。此非惟聖人作易慮不及此，即邵子、周子傳陳摶之圖，豈料其末流至此耶。其詮釋經文，每句皆隨意叶韻，如象傳天行健，君子以自強不息，則以天行爲一句，健爲一句，君子以自强爲一句，不息爲一句，而注曰：行叶杭，息叶襄。坤卦初爻則注曰：六叶翕，至叶室。殆不知其何據。他如雲行雨施，飛龍在天之類，必破爲二字一句，雖嫌煩碎，理尚可通。至於乾卦三爻以君子終日爲一句，乾乾夕惕爲一句，若厲爲一句，无咎爲一句，則君子終日四字不知是何文義矣。又經文之中多閒以圖，其圖皆奇形怪狀，如文言傳見龍在田節下附一物欲所蔽圖，作純黑壺盧形，上段分布五小白圈，中書人欲一萌，血自攻心云云，四言詩十二句。下段則書慾海茫茫，不計深其中灼灼產黃金云云，七言詩八句，左右注致知格物四字，下注云：此亦黑體用陰文。其圖大抵皆類此，真不知意欲何爲也。

易贊二卷（安徽巡撫採進本）

國朝王艮撰。艮字無悶，號不巷，歙縣人。是書每條皆泛論易理，不標經文，凡與人問荅書中有論及易者，亦節錄附入。自序云：漢儒亂其數，宋儒鑿其理，其有合於易而不失厥旨者，要非全易矣。然大旨仍主義理而不言象數。經義考作一卷，稱其友始安吳懷鄒陽史白序之。今二序並存，而卷分爲二，題曰王焯，蓋艮之初名也。

易大象說錄二卷（浙江吳玉墀家藏本）

國朝吳舒鳬撰。舒鳬一名逸，字吳山，吳縣人。是書惟釋大象，蓋因杭人施相周易大象頌而作。每條附以贊語。其中改天行健爲天行乾，天地交爲地天交之類，其子向榮跋語述其父言，稱不闕疑而改經文，獲罪千古，蓋已自知之矣。前有施相傳，謂崇禎乙卯相年十七。明崇禎無乙卯，當是己卯之譌也。

周易惜陰錄四十六卷（兩江總督採進本）

國朝徐世沐撰。世沐字爾瀚，江陰人。江南通志列之儒林傳中，稱其與陸隴其相契。考隴其三魚堂集中有世沐四書惜陰錄跋，蓋亦講學家也。其解經皆以變爻爲主，蓋宋都絜之緒論。其法爲太卜蓍法，其說則空談義理，不出語錄之窠臼。

周易存義錄十二卷（兩江總督採進本）

國朝徐世沐撰。其文與周易惜陰錄並同，蓋自覺其冗雜，刪爲此本，非別一書也。

周易惜陰詩集三卷（兩江總督採進本）

國朝徐世沐撰。是書取經傳字義分題賦咏，或爲四言贊，或爲五言七言詩，多至一千餘首。蓋本張九成論語詩例而益曼衍之。其惜陰錄用呂祖謙本，此集所列彖爻象傳次第，則仍用王弼本。其文皆體近歌括，不可入於詩集，今仍附之易類焉。

圖易定本一卷（江蘇周厚堉家藏本）

國朝邵嗣堯撰。嗣堯，郃陽人。康熙庚戌進士，官至江南提學副使。其言易以河洛之數一乘一除之。小圓圖即小橫圖之順往逆來，大橫圖即小橫圖之因重成爻，大圓圖即小圓圖之運行寒暑，方圖即大圓圖之乾君坤藏。文王二圖實由此變而通之，蓋本於皇極經世者爲多。末附以揲蓍之法。自序謂一刻於都門，再刻於上谷，三刻於襄陽，屢有改易，此本刻於康熙甲戌，凡四易稾，始爲定本云。

易經述（無卷數，浙江巡撫採進本）

國朝陳詵撰。詵字叔大，號實齋，海寧人。康熙壬子舉人，由中書科中書官至禮部尚書，諡清恪。其書取六十四卦每兩卦爲一篇，前列經文而綴總論於其後，前無序文，亦無凡例。觀其兩卦合併之意，有以陰陽相反言者，乾坤剝夬復姤坎離震巽艮兌臨遯是也；有以上下反對言者，屯蒙需訟師比泰否未濟既濟同人大有隨蠱歸妹无妄大壯晉明夷是也；有以卦名比合言者，小畜大畜小過大過損益是也；有以雜卦連合言者，咸恆家人睽豐旅渙節萃升是也。至於履與謙、豫與漸、盤與困、觀與頤、噬嗑與中孚、賁與革、井與鼎，則未審其所以合并之意矣。

周易廣義六卷（江蘇周厚堉家藏本）

國朝潘元懋撰。元懋字友碩，鄞縣人。是書成於康熙壬子，以朱子本義爲主，逐句發明，如注之有疏。又以章旨節旨及敷衍語氣者冠於上方，所謂坊刻高頭講章也。

大易蓄疑七卷陝西巡撫採進本

國朝劉蔭樞撰。蔭樞字喬南，韓城人。康熙丙辰進士，官至貴州巡撫。是編用王弼之本，但有六十四卦而無繫辭以下。其說多用朱子本義而小變之。然措語塞滯，多格格不能自達其意。

易論無卷數浙江范懋柱家天一閣藏本

國朝徐善撰。書首有沈廷勱序，稱為南州徐敬可。則當為南昌人。而善自署曰嘉禾。考朱彝尊曝書亭集有徐敬可左傳地名考序，又閻若璩潛邱劄記亦稱秀水徐勝敬可為人作左傳地名考云云。其字與里貫皆合，惟名有異，未知為一人二人也。其書成於康熙丙辰。不載經文，亦不及十翼。惟六十四卦各為一篇，條舉其義而論之。才辨縱橫，而頗浸淫於佛老。

周易應氏集解十三卷浙江吳玉墀家藏本

國朝應撝謙撰。撝謙字嗣寅，錢塘人。康熙己未嘗舉博學鴻詞。是書朱彝尊經義考作十七卷，此本僅十三卷。然首尾完具，不似有所佚脫，或彝尊偶誤耶。其注雜采諸說，故名集解。所取多依文訓詁之說，未為精密。首列諸圖，謂上經三十卦，下經三十四卦，多寡不均，乃創為上經三十六卦往來之圖，下經三十六卦往來之圖，一往一來，共成七十二卦，尤為枝節。

易原無卷數江蘇巡撫採進本

國朝趙振芳撰。振芳字香山，山陰人。是書列古本圖書古本易經為首卷，列諸圖與說為次卷。其古本周易集諸家舊本而考其異同，於章句文字頗有釐訂。惟所載圖說自河洛蓍法、五行卦氣而外，並及天行地勢之類，則不免曼衍支離。夫易為象數之總，推而衍之，三才萬物無不貫通。故任舉一端，皆能巧合。然於聖人立象設教之旨則究為旁義也。

易或十卷江蘇巡撫採進本

國朝徐在漢撰。在漢初名之裔，字天章，晚年乃易今名。字寒泉，歙縣人。初與趙振芳同著易原，後復自作是編。曰或者，疑不自信之意也。書中不載經文，止按其節次自為解義，復兼采諸儒之說，皆未見精要。卷首列觀玩要領一篇，其第二條謂爻辭係於文王，而非周公。然文王作彖辭，周公作爻辭，自馬融、陸績以來，相沿無異。在漢乃欲去周公而存三聖，亦過於臆斷矣。

易經辨疑七卷浙江巡撫採進本

國朝張問達撰。問達字天民，江都人。前有康熙己未廣平冀如錫序，稱其得力於陽明良知之學，故其書黜數崇理，而談理一歸之心，力掃卜筮之說。未免主持太過。問達自序，首推王弼，又引王守仁箇箇人心有仲尼及求諸我心之是諸語，是即陸九淵六經注我之說也，宜有取於弼之虛無矣。

周易通十卷浙江巡撫採進本

國朝浦龍淵撰。龍淵字潛夫，吳縣人。嘗佐洪承疇幕，以承疇薦授城步縣知縣。其書名易通者，謂六爻之義本一理，四聖之旨本一貫，自說易者解以己意，遂致卦辭不通於彖辭，下卦之辭或不通於上卦之辭。故六十四卦各立論發揮，於卦義爻義或逐條剖析，或連類推闡，務使相通而後已。其說不為無見。然卦爻之義宛轉相通，亦猶一人之身，脈絡孔穴宛轉相通也。必從一脈以通百脈，由一穴以通百穴，則必有所隔礙於其際。故龍淵所說，有時而融洽，亦不免有時而穿鑿。至既欲牽合於理學，又欲比附於史事，縱橫曼衍，辨而太華，是又作論之才，非詁經之體也。

周易辨二十四卷浙江吳玉墀家藏本

國朝浦龍淵撰。茲編因繫辭包犧氏王天下之文，遂謂六十四卦無一非帝王師相之事，乃明主良臣所以致太平之書。因乾卦六位時成之文，謂六爻中君臣上下各有攸司，周公分位繫辭，正名定分，皆取諸此。歷來一切圖書象數卦變等說，皆略而不論。夫人事準乎天道，治法固易理之所包，然謂帝王師相之學當求於易則可，謂易專為帝王師相作，則主持太過矣。朱彝尊經義考載此書作二十八卷，此本少四卷，疑亦經義考傳寫之誤也。

周易義參六卷浙江巡撫採進本

國朝于琳撰。琳，平湖人。茲編皆因仍舊說，依文訓釋，罕所發明。末列三十三圖，亦皆勦襲舊圖而小變其貌。其自作者，如在天成象圖以日星霞露虹左列為陽，以月漢風霜雪右列為陰，而以雲雨雷電霧居中為兼陰陽，殊為無理。在地成形圖以水金山右列為柔，土火石左列為剛，木絲穀鹽並列於中為兼柔剛，尤不可解。而成男成女圖作⊙○之形，一陰一陽謂之道圖又作[symbol]形，益怪誕矣。

身易實義五卷浙江巡撫採進本

國朝沈廷勱撰。廷勱字克齋，嘉興人。康熙中由副貢生授欒城縣知縣，官至商州知州。是書一以程朱爲宗，凡宋明諸儒稱引程朱之說者，摭拾無遺。其別有發明者，概屏勿錄。前有自序，云以心言易，未若以身體易之爲實；以身體易，又必以易見諸用之爲實。故名其書爲身易實義云。

河圖洛書原舛編一卷（浙江巡撫採進本）

國朝毛奇齡撰。奇齡有仲氏易，已著錄。河圖洛書，辨者既非一家，駁者亦非一說。奇齡謂今之河圖卽大衍之數，當名大衍圖，而非古所謂河圖；今之洛書則太乙行九宮之法，亦非洪範九疇。旣著其說於前，更列其圖於後。其排擊異學，殊有功於經義。顧其所列之圖，又復自生名例，轉起葛藤，左右佩劍，相笑無休，是仍以鬭解鬭，轉益其鬭而已矣。

易宗集注十二卷（兩江總督採進本）

國朝孫宗彝撰。宗彝，高郵人。是書成於康熙庚申，以象數理各有宗，因象而測其數，因數而測其理，而所宗者以中爲主，故卷首冠以中論三篇。其說謂河圖洛書五皆居中，五象之宗也，五數之中也，中理之宗也，故名易宗。案易所言中，皆指中畫，過與不及，皆因象示戒，則謂易爲用中，未始不可。然必執河圖洛書之五位以爲用中之本，則橫生枝節，附會經義矣。注中於變爻變卦及反對互體之義獨詳，而卷首兼論歲運，其學蓋出於黃道周，而參以他說。小變之中閒詆斥先儒，殊爲已甚。又每節之下必注宗彝曰云，以擬象傳，尤無謂也。

周易清解（無卷數，浙江巡撫採進本）

國朝江見龍撰。見龍字壽水，杭州人。康熙中諸生。其說易主象與理，而略於數。如解屯六四，四止而初動，有班如之象；大壯九三用壯用罔之故；旅六二得童僕爲得三爻，此類凡數十條，皆於經傳有裨。惟經前傳後，次序昭然，漢晉以來，或亦析傳以附經，從無後經而先傳。見龍乃移繫辭說卦雜卦序卦於上下經之前，分爲二卷，名曰孔子讀易傳，則欲尊孔子而不知所以尊矣。

周易本義述蘊四卷（江蘇巡撫採進本）

國朝姜兆錫撰。兆錫字上均，丹陽人。康熙庚午舉人，乾隆初薦充三禮館纂修官。是書取名述蘊者，蓋取通書聖人之精畫卦以示，聖人之蘊因卦以發之義。大旨恪遵朱子本義，如解屯卦六二匪寇婚媾句，解否卦否之匪人句，舍本義而從程傳孔疏者亦偶有之，非其通例也。其經傳之次第，則於卦畫之後繼以彖辭彖傳，於彖辭彖傳之後繼以象辭象傳，而乾坤二卦則又割文言傳爲二段，分綴於彖象二傳之下。其以大小象傳列彖傳後者，自謂用今本乾卦之例；列彖傳於彖辭後者，自謂用今本坤卦之例也。然割裂文言，又用何例乎？旣非今本，又非古本，殊爲進退無據。又旣解本義之九圖，而卦變一圖其說與本義互異者，置不一言，亦爲疏漏。至訂定雜卦大過以下八卦，本蔡淵之說，而小變之，以漸歸妹旣濟未濟四卦相次爲隔句韻體，亦殊勇於改經也。

周易蘊義圖考二卷（江蘇巡撫採進本）

國朝姜兆錫撰。是編主先天之學，皆根柢圖書，演錯綜互變之旨，大抵推闡舊說也。

硯北易鈔十二卷（編修勵守謙家藏本）

國朝黃叔琳撰。叔琳字昆圃，大興人。康熙辛未進士，官至詹事府詹事。乾隆辛未

恩加吏部侍郎銜。是編用注疏本，以程傳本義爲主，雜采諸說附益之，中多朱墨校正商榷之處，蓋猶未定之稾也。

宋元周易解提要附易解別錄（無卷數，副都御史黃登賢家藏本）

不著撰人名氏。前署養素堂纂本，又有黃叔琳名字二私印，蓋卽叔琳所錄也。其書蓋仿李鼎祚周易集解之例，但裒諸說，不加論斷。然所采錄頗簡，且書名旣題宋元，而書中復錄子夏易傳語十數條，未免失於斷限。又宋時說易者如王湜易學、林至易裨傳、鄭汝諧易翼傳、趙汝楳易敍叢書、林光世水村易鏡之類，傳於世者尚多，茲皆未錄，而元人說易者竟未采一家。其書未分卷帙，亦無序目，殆猶未成之本也。後附易解別錄一冊，並旁采異說，亦僅有宋而無元云。

周易淺解四卷（江蘇巡撫採進本）

國朝張步瀛撰。步瀛字翰仙，河南新安人。康熙辛未進士。是編題其父含命意而步瀛筆受者，昔房融譯楞嚴經，稱爲筆受，此注經而襲佛氏之稱，蓋偶未檢。其凡例稱家傳易學已歷六世，自其曾祖至其父與伯叔及其弟姪均以易得科名，又稱易家自明嘉隆以後，穿鑿附會，置本義程傳不顧，惟喜新奇異說，見之文者，蒙混支離。大象傳孔子所著，庚辰房書竟認作周公語云云，蓋其家傳科舉之

學也。

易經詳說無卷數、山東巡撫採進本

國朝冉覲祖撰。覲祖字永光，中牟人。康熙辛未進士，改庶吉士。是書兼用程傳本義，謂朱子分象占、程傳說理，二書不可偏廢，故兼取二家之説，低一格以別於經。又采諸儒之説互相發明者，再低一格以別於二家。覲祖時有所見，亦附著焉。其中亦閒有與朱子異者，如朱子謂左傳穆姜筮遇艮之八，宜以係小子失丈夫爲占，而史妄引彖辭爲非法。覲祖則謂艮卦只二不變，當爲隨，既以二爲八，則非六二矣，當以彖辭爲是，史非妄也。又謂文王八卦方位未必分配父母男女，較量卦畫陰陽，朱子從後推論，未必是文王當日之意。又不取卦變之説。蓋大旨不出程朱，而小節則兼采諸論也。至所論卦變，謂來知德爲姚江之支派，餘裔創立異説，以翻程朱傳義之案。考王守仁未嘗講易，知德亦不傳姚江之學。黄宗羲明儒學案列之諸儒案中，謂其與陽明相異，而惜其獨學無朋，師心自用，可爲明證。覲祖以門戶餘習，見近似者而咻之，亦考之未審耳。

易學參説二卷、浙江巡撫採進本

國朝馮昌臨撰。昌臨字與肩，嘉興人。是書分內外二編。內編爲説六篇，自先天八卦圖以至八卦納甲。外編亦六篇，自天干化氣五行以至七政四餘。蓋欲從漢學而不究古法，遂以後世斗首化曜之説參雜而敷演之，可謂逐影而失形矣。

易象二卷、陝西巡撫採進本

國朝王明弼撰。明弼字亭二，陝西人。康熙閒官鳳翔府教授。是編取六十四卦大象列本義於前，而各敷衍數語於後，殊無所發明。

易宮三十八卷、浙江巡撫採進本

國朝吳隆元撰。隆元號易齋，歸安人。康熙甲戌進士，官至太常寺少卿。其書前後無序跋，末闕雜卦傳。其中亦多闕文闕卷，又頗有塗乙，或注未定本字，或注非先生手授本字，則隆元草創未竟之書，其門人追錄之也。大旨取來知德之説，以不反對之卦爲錯，反對之卦爲綜，錯者一卦自爲一宮，綜者兩卦合爲一宮。上經三十卦，不反對者六，合之爲十八卦；下經三十四卦，不反對者二，合之亦十八卦。總二篇分配之數，適符邵子三十六宮之義，故以名書。中多從吳澄纂言，改易經文，頗傷於輕信。

讀易管窺五卷、浙江巡撫採進本

國朝吳隆元撰。是編卷一爲考畧，次列河圖洛書諸圖。其河圖旋毛、洛書坼甲二圖，云得之朱升易經旁注。然升洪武時人，非伏羲時人，不知何自而見之。案旋毛坼甲二圖乃吳澄所傳，非始於朱升。卷二爲先天後天卦圖，卷三爲蓍數太極圖、卦象太極圖、性理太極圖、性理即周子之圖也。餘二圖，隆元所造也。卷四爲參伍錯綜圖，爲納甲，爲卦變。卷五爲啟蒙三十二圖，而附以占例私言。大抵力闢陳摶之學，其辨歸有光先天圖晚出一條，謂舜典首二十八字齊建武時始出，學者未嘗疑之，豈先天四圖不可出於太平興國時，是又未考經典釋文之語矣。

讀易約編四卷、內府藏本

國朝朱江撰。江字東注，江都人。是書成於康熙丁丑。其凡例有云，是編原爲便舉子業，凡可備大小試題者，著其精意，餘止存經文，蓋鄉塾課蒙之本也。

孔門易緒十六卷、山西巡撫採進本

國朝張德純撰。德純字能一，號松南，長洲人。康熙庚辰進士，官常山縣知縣。是書專以十翼解經，其説謂經本無陰陽剛柔之名，及天地風雷水火山澤之象，皆夫子所顯示以闡經，故曰孔門易緒。爲目凡三：曰經緒，説上下經也；曰傳緒，説繫辭、説卦、序卦、雜卦也；曰緒餘，則以諸家易圖爲未善，而以己意推衍，自立新圖新譜也。別以引緒冠於首，則總論也。其説與諸家迥異，蓋易道廣大，隨引一端推衍之，皆可成理耳。

易韋二卷、兩淮鹽政採進本

國朝朱襄撰。襄，無錫人。是書成於康熙庚辰。卷首爲易圖説，凡十二圖。其以九數爲河圖，宗劉牧之説，而以洛書爲八卦，又與牧異。其尚占一圖，獨有圖而無説，殆傳寫佚之歟。次爲讀易字義，凡十四篇。其説無一不與前人相反，蓋不究聖人立教之本，而惟黑白奇偶之是求，其勢必至於此，不足異也。其讀易字義序稱命之曰易韋，而撮取大傳中之字，推明其義凡十四則，冠於易韋之前，然則易韋別有全書，此特其卷首圖説及字義耳。

周易闡理四卷、浙江吳玉墀家藏本

國朝戴虞皐撰。虞皐號遯軒，崑山人。是編原稾凡三四百紙，虞皐自以爲太繁，刪存十之一二。其子孫貽又以爲太簡，復采原槀補其遺闕，即此本也。書成於康熙壬午。前有孫貽序，後有虞皐從子鑑跋。大旨黜象數而明義理，故名曰闡理。首冠授易源流一篇，分言數、言理二宗，於漢以來諸儒之學皆有所排擊，惟推尊郝敬之書，持論頗偏。其述數學，以爲老子傳鬼谷子，後焦延壽得之以傳京房，陳摶得之以授穆脩、李之才以及邵子。按老子與孔子同時，鬼谷子與蘇秦同時，相距百有餘年，邈乎無涉，不知老子之易何以得傳鬼谷子。又漢書載焦贛之學莫知所出，自稱出於孟喜，而喜弟子施讎等力攻其非，無所謂得之鬼谷子者。至焦京乃占候之術，而陳摶所傳先天諸圖，則以道家爐火之說推衍陰陽奇偶，其法截然不同，亦無所謂得之焦京者。虞皐所云，均不知其何本。其述理學，以爲孔子授商瞿，後分田何、費直二家，田何學傳晁說之、呂祖謙，費直學傳鄭元，元傳王弼，至宋而爲周程朱三家之學，至明而爲胡廣之大全、蔡清之蒙引、林希元之存疑、陳深之通典，而郝敬之書獨能脫盡陳腐。案鄭元、王弼截然兩派，一漢一魏，時代又殊，無元傳於弼之事，所考尤疎矣。

易盪二卷（安徽巡撫採進本）

國朝方鯤撰。鯤字羽南，桐城人。其書不載經文，不依周易卦次，惟據大傳八卦相盪之義，縱橫圖之八卦相重，一卦盪爲八卦，故名曰易盪。每卦各爲之說，說後附以自注、集注及補遺。卷首有自序二，一在康熙癸未，一在戊戌。蓋成書之後又十六年，復加訂定云。

易說要旨二卷（江蘇巡撫採進本）

國朝李寅撰。寅字東崖，吳江人。是書用王弼本，僅解上經、下經。前有康熙甲申自序，云法紫陽本義。然語多龐雜，往往並本義原旨而失之。

易象數鉤深圖三卷（山西巡撫採進本）

國朝張文炳撰。文炳字明德，絳州人。康熙中以實錄館供事議敘，授高唐州州判，終於泗州知州。近世胥吏之能著書者，文炳及泰安聶鈫而已。是編稱本之成氏五經講義，而不著其名。考通志堂所刻經解，皆冠以納蘭成德之序，其中如劉牧易數鉤隱圖、張理易象圖說、雷思齊易圖通變，皆發明數學。文炳蓋會萃諸書以成一編，以其不明纂述體例，故誤以宋元經解統名曰五經講義，又不著成氏之名。不知滿洲氏族源流，故誤以納蘭爲其自號，成德爲其姓名，而稱爲成氏也。其書由割裂而成，頗爲龐雜，閒有文炳所附論，亦皆捃拾之學。

周易象義合參十二卷（江西巡撫採進本）

國朝吳德信撰。德信字成友，九江人。是書以繫辭、文言、說卦、序卦、雜卦各自爲篇，而以彖傳、象傳仍散附經文之內，蓋用宋人所傳鄭氏之本。其例以本義大書，而發明本義者夾注句下。每節之末，又隨文衍說，如舉業家之講章。前有康熙丙戌自序，稱淮安舟次，中宵假寐，忽因剛柔相摩句，恍悟河圖本有八卦，特假伏羲畫出云云。是其學本從圖書而入，眞以爲先有此五十五點黑白之圖，伏羲乃因之作易。又卷首伏羲八卦次序圖後附注云：按說卦傳是故易逆數也，在天地定位章末，似承上文通解圓圖之辭云云。是又眞以爲方圓二圖爲在孔子之前，孔子作傳以解之，故根本先已轇轕，枝葉從而曼衍。卷首所列新舊圖說，至於四十有二。其河洛二圖，各有本文，各有朱子之本。其奇偶陰陽方位並同，惟朱子本則作黑白圈，本文則河圖作旋毛，洛書作坼裂之狀。考河圖字始見於書，古注不言其質，似不應以馬革一片從伏羲流傳至周，久而不腐。始以此五十五圈畫於尺簡之上，即傳爲重寶，似又於事理不然。至於龜文之說，僅見後周盧辯大戴禮注，爲經典之所不載。果有其物，不應周人棄之，專寶河圖；果無其物，則古書別無繪象，何由覩其文理。朱謀㙔等摭拾吳澄僞作，造爲宣和內府祕本之說，鑿空無證。德信乃摹而傳之。至所列太極自然圖，如今工匠刻鏤器物所畫，蓋即來知德所作。德信不能言其授受，但以相傳二字注於其下，足知其罕所考證矣。

周易通義十四卷（浙江巡撫採進本）

國朝方棻如撰。棻如字菂房，淳安人。是書悉取四書成語以證周易，古無此體，徒標新異而已，於經義無關也。

周易本義斷（無卷數，湖北巡撫採進本）

國朝胡艮顯撰。艮顯字忠遂，別號得吟，漢陽人。康熙辛卯舉人，官武城縣知縣。是編皆推衍朱子本義之旨，而經傳次序仍用王弼之本。至於經文字句，如坤卦初六小象履霜堅冰句上，增初六字；文言傳後得主而有常句中，增入利字；漸卦象傳漸之進也句，刊除之字。雖其說本於朱子，然本義但注於句下，未敢遽改。辰顯乃據以筆削，亦可謂信傳不信經矣。

易說十卷（山西巡撫採進本）

國朝田嘉穀撰。嘉穀字樹滋，陽城人。康熙壬辰進士，官翰林院編修。是書以本義爲主，而取程傳輔之。凡他說之羽翼本義者，乃採緝彙編。然所見未廣，引用之語不外永樂周易大全一書。自序謂學者應舉，由是求之，庶乎不迷所往。則本不爲發明經義作矣。

先天易貫五卷（直隸總督採進本）

國朝劉元龍撰。元龍字凝爲，饒陽人。是編前有康熙壬辰自序，又有雍正癸卯補序。蓋其書先成三卷，刊於江南，後又續增二卷，故兩序也。元龍自稱歷三十年乃成書。其首卷即數以言理，首河圖，次洛書，附以妙合而凝之圖。次卷即象以言理，首畫卦圖，次太極圖，次儀象卦爻錯變圖，附以易貫圖。三卷即氣以言理，首變卦圖，次八卦圖、綜卦圖，附以致知格物圖。四卷、五卷即六十四卦以言理，標舉伏羲大象、孔子大象傳，附以錯卦、互卦之解。蓋惟講陳、邵之學者也。其謂易不爲卜筮而作，所言似高，而實不然。夫聖人立教，隨時寓義，初不遺於一事一物。三代以上，無鄙棄一切空談理氣之學問也。故詩之教，理性情，明勸戒，其道至大，而謂詩非樂則不可。春秋之教，存天理，明王政，其道亦至大，而謂春秋非史則不可。聖人準天道以明人事，乃作易以牖民，理無迹，寓以象，象無定，準以數，數至博而不可紀，求其端於卜筮，而吉凶悔吝進退存亡於是見之，用以垂訓示戒。曰蓍曰龜，經有明文。曰揲曰扐，傳亦有成法。豈取盡性至命之書而褻而玩之哉？俗儒但見拋珓擲錢之爲卜筮，又見夫方技之流置義理而談趨避，遂以爲侮我聖經，乃務恢其說，欲離卜筮而談易。然則四聖人中，周公居一，公作周官，以三易掌之太卜，無乃先不知易乎？是猶觀優伶歌曲，而謂聖人必不作樂；觀小說傳奇，而謂聖人必不作史也。

易經彙言（無卷數，兵部侍郎紀昀家藏本）

國朝王士陵撰。士陵字阿瞻，武邑人。康熙癸巳舉人，官翁源縣知縣。是編用注疏本，大旨以本義爲宗，而雜引衆說以相印證，蓋鄉塾講章也。

周易本義拾遺六卷（湖南巡撫採進本）

國朝李文炤撰。文炤字朗軒，長沙人。康熙癸巳舉人。其書用朱子古本，併爲六卷。自序謂本義於辭多得之，而於象未深考，因爲補葺。釋經則以象數爲主，釋傳則以義理爲歸。各條載本義全文，而以己說附於後。於變爻互體言之特詳，而所釋諸象則大抵隨文傅會。至於爻辭之首，各冠以本卦六畫，而以所值之畫陽作○，陰作×，以別之，如世傳錢卜動爻之式。其法雖見賈公彥周禮疏中，乃卜筮者臨時之所記，用以詁經則非矣。

易經釋義四卷（浙江巡撫採進本）

國朝沈昌基撰。昌基字儒珍，烏程人。其書刪節本義，敷衍成文，前列擬題三頁。其自序云先世多以易發解成名，蓋所講乃科舉之術也。

易鏡（無卷數，浙江吳玉墀家藏本）

國朝戴天章撰。天章字漢文，湖州人。所著僅上經、下經，惟言卜筮。其解釋甚略，而皆雜以互變、納甲、五行之說，蓋言數而流於術矣。又沿漢學而失之者也。

心易一卷（浙江汪啟淑家藏本）

國朝戴天恩撰。天恩字福承，蕭山人。是書成於康熙癸巳，自太極至八卦，變六十四卦，爲圖十五，而各爲說於其後。卷末爲象說、字義、統義三篇。其所圖所說皆前人所有，所附三論亦無所發明。

易經粹言三卷（江西巡撫採進本）

國朝應麟撰。麟字圖呈，宜黃人。康熙丁酉舉人。是編不載經文，首卷總論卦圖，上下二卷依上下經卦次解之，十翼則略焉。河圖、洛書，數學也，邵子之傳也。吉凶法戒，理學也，程子之傳也。兼而言之，是朱子之傳也。麟講圖書與所說卦爻不相關，其講卦爻與所說圖書又不相關。兼而取之，又分而治之，亦足見先天之說與爻象爲兩事矣。

易互六卷（江蘇巡撫採進本）

國朝楊陸榮撰。陸榮字采南，青浦人。是書卷一曰卦互，若乾坤反對是也。卷二曰爻互，若小畜、大有、大畜、需、大壯、夬、泰下卦皆三畫陽，則相互；姤、同人、履、遯、訟、无妄、否上卦皆三畫陽，則相互，而皆統以乾。推之巽、離、兌、艮、坎、震、坤七卦皆然。卷三曰卦爻互，若姤初爻陰與復初爻陽互，夬上爻陰與剝上爻陽互是也。卷四、五曰雜說上下，卷六曰輔參，乃經文及句讀異同者。大抵本何楷、黃道周之餘論也。

成均課講周易（無卷數，山西巡撫採進本）

國朝崔紀撰。紀原名珺，字君玉，後更今名，字南有，永濟人。康熙戊戌進士，官至副都御史。此書乃乾隆辛酉紀官國子監祭酒時所著。其說以本義爲主，而亦閒有異同。至其以經文專主卜筮，十翼專言義理，謂孔子恐人惑於吉凶禍福之說，要求趨避之術，故專以義理言，則似傳非以解經，惟以補救夫經矣。

索易臆說二卷（兩江總督採進本）

國朝吳啟昆撰。啟昆字宥函，江寧人。康熙辛丑進士，官翰林院編修。其書惟總論易之大旨，不復爲章解句釋。如上下經之分篇，諸卦之命名，以及先天後天圓圖方圖等類，各爲一篇，以闡其義。其卦變一篇，謂彖傳所云剛來柔進之類，必本卦貞悔二體實有此象，而云然，非本卦所無，外卦所有，而必假之以得解也。在本義遂爻細推，以爲此自某卦而來，不過兼此一說，欲使經無剩義，非眞先有彼卦而後方有此卦也。後人尊信本義，遂誤以餘意爲正意。又如分宮卦象次序一篇，謂天地之造化不離五行，八卦率領諸卦，分掌五行以用事，術家以父子才官兄弟論生尅制化，而不知其所以然。然剛柔者立本者也，綱領之八卦是也。變通者趨時者也，所屬之諸卦是也。一切往來屈伸之理無一不在此六十四卦變通之中，其發明象數皆爲有見。然所言皆宋以來之象數，非漢以來之象數，故不離乎圖書之說焉。

陸堂易學十卷（浙江巡撫採進本）

國朝陸奎勳撰。奎勳字坡星，平湖人。康熙辛丑進士，官翰林院檢討。是編講易宗朱子者十之六，宗諸儒者十之四，閒以己意訓釋，於前人亦無大異同。惟謂伏羲但畫八卦而無卦名，黃帝始立蓍數，乃名以乾坤震巽坎離艮兌，堯舜始增加屯蒙諸卦名，更定方圖卦位，文王始定序卦之錯綜，與夫揲蓍用九用六，於是首列伏羲方圖、黃帝方圖、唐虞方圖、連山圓圖、歸藏圓圖、周易卦序圖，其說新異，所引據亦皆未確。

周易錄疑無卷數（福建巡撫採進本）

國朝陳綽撰。綽字文裕，福安人。是編用注疏本而不載經文，上下經但標卦名，繫辭說卦標章次，序卦雜卦則但標篇名而已。所解皆循文生義，罕所考證。每條之下多有標湜附二字者，湜字亦徵綽之子也。

欽定四庫全書總目卷九

欽定四庫全書總目卷十

經部十

易類存目四

易義隨記八卷（江蘇巡撫採進本）

國朝夏宗瀾撰。宗瀾字起八，江陰人。由拔貢生薦授國子監助教。是編乃宗瀾恭讀

御纂周易折中，意有所會，即標記之，多因集說而作。時宗瀾方從楊名時於雲南，以修周易折中時李光地爲總裁官，而名時爲光地門人，故參互以光地榕村易解，就正於名時，以成此書。其體例在講章語錄之閒。凡問者皆宗瀾，語答者皆名時語也。兩江總督採進本，末有附刻一卷，皆從名時文集中採錄其鄉賢夏君傳一篇，即爲宗瀾之父調元作。此本無之，殆以其冗贅刪除歟。

易卦劄記四卷（江蘇巡撫採進本）

國朝夏宗瀾撰。是書惟解上下二經，不及繫辭以下。前列易例舉要一篇，讀易指要一篇。其指要有曰，要明易理，須先將伏羲畫卦次序方位、文王八卦方位及先後天方圓諸圖反覆記看，令其曉然，再說卦傳記得極熟，然後讀易方有入手處。其宗旨不外是矣。

程氏易通十四卷（江蘇巡撫採進本）

國朝程廷祚撰。廷祚有大易擇言，已著錄。是書凡易學要論二卷，周易正解十卷，易學精義一卷，又附錄占法訂誤一卷。易通其總名也。其要論盡去漢人爻變互體飛伏納甲諸法，未免主持稍過。然舉宋人河洛先天諸圖及乘承比應諸例掃而空之，

則實有芟除轇轕之功。其正解則經傳之義疏、不用今本、亦不用古本、以彖傳小象散入經文、十翼併為六翼、頗嫌變亂、而詮釋尚為簡明。其精義統論易理、通其說於道學、略如語錄之體。其占法訂誤、謂畫有奇偶九六而上下進退於初二三四五上之際、所謂六爻發揮者、易之變惟在於此之卦則所以識別動爻之用、而所取仍在本卦。故以洪範之說為占法、而以春秋內外傳所載為附會、變亂不與易應、然箕子殷人、未睹周易。太卜掌三易之法、則三易異占、灼然可證。左氏所紀、其事或有附會、其占法則當代所用、卜史通行、斷不至實無此法而憑虛自造。是則信理黜數、至於矯枉過直者矣。

易說辨正四卷、江蘇巡撫採進本

國朝程廷祚撰。此書蓋其中年所作、在大易擇言、易通二書之前。後多附入二書中、然亦時有采取未盡者。蓋所見隨年而進、故不一一盡執其舊說也。

學易闡微四卷、福建巡撫採進本

國朝羅登標撰。登標字子建、寧化人。康熙間舉人、官松溪縣教諭。是書皆辨易中疑義、凡為論者七十四、為考者五、為解者三十三、共一百十二篇、多循前人之說。其首卷第一篇論畫前有易、不免膚辭。卷三中以三百八十四爻割隸入卦、於全卦之義反有未融。至卷四中以六十四卦之五爻配歷代帝王解一篇、亦屬挂一漏百。其以恆五爻婦人吉、夫子凶、擬武后之幽囚太子、竊弄神器、尤為悖理。夫武后可稱婦人吉乎。

讀易質疑二十卷、浙江巡撫採進本

國朝汪璲撰。璲字文儀、號默菴、休寧人。其書置象數而專言理。其凡例有云、今說易之家、謂易以道陰陽、務以圓妙幽渺、髣髴影響、如捕風、如捉影、無當實用。故愚以為學易當就平實切近處用功云云。其宗旨可見。故隨文詮釋、無所穿鑿、而亦無所發明。卷末雜卦一篇、有錄無書、疑裝緝者偶脫云。

周易會緝、無卷數、山東巡撫採進本

國朝吳映撰。映字沐日、晉江人。其書大旨皆宗朱子本義、而折衷於蒙引存疑諸書、持論亦頗平實。然取材太寡、用意太拘、尚未能深研精奧也。

大易闡微錄十二卷、直隸總督採進本

國朝劉琯撰。琯字獻白、襄強人。先天之圖、於周易之上別尊一義。其傳出自陳摶、自參同契以外、別無授受之確證。故邵子之學、朱子以為易外別傳。自元以來、諸儒互有衍說、亦遞相攻擊。至國朝黃宗炎、胡渭諸人、始抉摘根源、窮究依託。渭書考究尤詳。琯未睹黃胡二家之書、不知其偽之已破、故又因而推衍、加以穿鑿。如謂八之生亾、八止一个、而所生之亾个个有對。又謂男女雖是二个、合來仍是一个、故男鰥女寡、俗稱半个人。其辭皆不雅馴。於月令天氣上升、地氣下降、閉塞成冬、及周髀四游之說、攻駁尤甚。大抵皆憑臆而談。其敘跋皆自命甚高、以為聖賢所未發、過矣。

周易詳說十九卷、陝西巡撫採進本

國朝劉紹攽撰。紹攽、三原人。是書大旨以程傳為宗、於本義頗有同異。於邵子先天之說、亦不謂盡然、不為無見。惟於漢儒舊訓、掊擊過當、頗近於偏。其議論縱橫、亦大抵隨文生義、故往往自相矛盾。如卷首論玩辭一條、駁諸儒之失、曰甚有釋傳與彖傳不合、釋彖與爻不合、無以自解、則藉口有伏羲之易、有文周之易、有孔子之易云云。至開卷元亨利貞一條、又主大通而利正固之說、謂王弼泥於穆姜之言、以元亨利貞為四德、後多宗之、殊不知文王有文王之易、孔子有孔子之易、彖辭彖傳不相牽合者甚多云云。是二說者、使後人何所從乎。

周易原始六卷、浙江巡撫採進本

國朝范咸撰。咸字貞吉、號九池、錢塘人。雍正癸卯進士、官至監察御史。其書惟解經文、不及十翼。大旨以理始於象、象始於畫。又以萬物始於陰陽、象始於日月、取繫辭陰陽之義配日月之語、而總以陰始於陽為斷、故名原始。其說多採輯古義、不以白圖黑點依託圖書、亦不以禪偈道經空標心性、較明以來諸家說易、頗為篤實。然其長在盡掃卮言、其短亦在好生新意。如謂元亨之元為陽在下、至於陰卦亦每稱元、義有難通者、亦曲伸其說。又謂上經皆陽盛之卦、下經皆陰盛之卦、而上經有剝復、下經有中孚大壯、理有所格、亦必強合其義。是又好持己見、務勝先儒之過矣。

易經理解一卷、浙江巡撫採進本

國朝郜煜撰。煜字光庭、汝州人。雍正癸丑進士、官至中書科中書。其書不釋十翼、惟六十四卦每卦撰說一篇、詮釋大意。其大旨欲以義理矯象數之失、以平易救穿鑿之失、以切實救支離泛濫之失、而矯枉不免過直云。

周易撥易堂解二十卷（江蘇巡撫採進本）

國朝劉斯組撰。斯組字斗田，新建人。雍正甲辰舉人，官杞縣知縣。是書前有記略，載梓此書時，其壻夢二童歌詩曰：不不不，九六乾坤七四執。黃農非古世非今，理數瓜分一太極。又載著是書時，其姪夢閣上有硃題撥易閣三字，因以為名。其事頗涉幻杳，似乎故神其說。又謂撥字有發揮三才之義，不知說文撥字在手部，篆作𢴲，隸省作才，非从才也。其書首二卷皆圖說，大抵因舊解而曼衍之。又謂論語、中庸皆通於易，卽陳際泰羣經輔易說之意。夫六經一貫，理無不通，至於才辨縱橫，隨心牽引，如解飛龍在天曰：此則唐人所謂龍池躍龍龍已飛矣，入天門開黃道，艮閼亦具爻內。讀易方解詩中寫龍德特全，是豈詁經之體耶。

周易摘鈔五卷（江蘇巡撫採進本）

國朝顧昺撰。昺號盧莊，南匯人。雍正甲辰舉人。是編為其三經解之一，皆節錄御纂周易折中內所集諸儒之說，參以李光地周易觀彖通論，故曰摘鈔。閒附己意，亦罕所發明。

學易大象要參四卷（編修林樹蕃家藏本）

國朝林贊龍撰。贊龍字雲澤，侯官人。雍正丙午舉人。是書以發明大象為主，六十四卦各為一篇，以上下經分二卷，而冠以綱領六篇為一卷：一曰發凡，二曰彖例，三曰義理象數，四曰卦爻中相錯陰陽相應，五曰憂患九德，六曰大象有通於四書，殿以附解二篇為一卷：一曰作易憂患解，二曰雜卦傳解。大旨以大象上一句為天地萬物之象，下句為人事。以天象為人事之則，不言吉凶而言理義，不言神聖而言君子，以明人人可學。故所闡發皆切日用。其綱領有曰：借易明理，自夫子已然。學以聚之，問以辨之，寬以居之，仁以行之，為乾九二而言也。而乾之九二豈有學問寬仁之義乎？日月相推而明生焉，寒暑相推而歲成焉，為咸九四而言也。而咸之九四豈有日月寒暑之義乎？是則借象立言之旨矣。

經義管見一卷（浙江巡撫採進本）

國朝饒一辛撰。一辛字冶人，南城人。是書成於雍正丙午。凡圖說七，周易統天旋卦賦一，說卦傳論一，納音五行論一，古今本得失論一。於周子太極圖、邵子先天圖多所攻駁，而其所自造之圖，亦初無所受。至擬歸藏、連山等圖，則以乾北、坤南、坎東、離西、艮東北、兌西南、震東南、巽西北為位，尤於古無徵。

周易解翼十卷（陝西巡撫採進本）

國朝上官章撰。章字闇然，乾州人。是書成於雍正丁未，自稱凡二十六易稾。大旨本京房納甲之法，而以八宮經綸錯綜為脈絡，一切舊圖皆屏不用。頗為潔淨不支，然不用古圖，而又重乾巽艮坤四卦十二畫，別立為圖，以為河洛方圓先後天諸說皆足以包括，是掃一圖學之障，又生一圖學之障也。

東易問八卷（奉天府尹採進本）

國朝魏樞撰。樞字叉弼，一字愼齋，承德人。雍正庚戌進士，官永平府教授。乾隆元年薦舉博學鴻詞，未及試而卒。是書用王弼本，列朱子本義於前，而以己意附於後。其凡例謂生長遼東，日與東人相問荅，故敘其原委而集之，以示初學，名之曰東易問，紀其實也。其論卦變曰：剛柔皆當指卦，不當指爻。如訟之剛來而得中者，坎也；隨之剛來而下柔者，震下于兌也；蠱之剛上而柔下，坎在巽上也；噬嗑、晉、睽、鼎四卦言柔得中而上行者，皆離火也；賁柔來而文剛，離文乎艮之內也；分剛上而文柔，艮文乎離之外也；无妄之剛自外來者，震也；大畜之剛上者，艮也；咸柔上而剛下，兌在艮上也；恆剛上而柔下，巽在震下也；柔以時升者，巽也。是凡言剛者皆陽卦，凡言柔者皆陰卦也，則以剛來柔來指一爻而言者，固未足以盡其義矣云云。其論似近理而不盡然。其論來知德錯綜曰：乾本至健也，以錯言，則又可以謂之順；初爻變巽為入，以錯言，則又可以謂之動；以綜言，則又可以謂之說；二爻變離為明，以錯言，則又可以謂之陷；中爻巽，可以謂之入；以錯言，則又可以謂之動；以綜言，則又可以謂之說。推之三四五上，莫不皆然，則亦何所不像哉。是故初以在下變巽而潛，有以為錯震而躁動者，其將何以應之乎？二以在田變離而見，有以為錯坎而隱伏者，其將何以應之乎？則持論固為明確矣。

易貫十四卷（江蘇巡撫採進本）

國朝張敘撰。敘字鳳岡，太倉人。雍正壬子舉人。是書用注疏本，而以小象總列六爻之後，如乾坤二卦例又以大象置彖傳之前考彖辭列六爻後是吳仁傑所傳鄭本大象置彖傳前是周燔本而敘乃以爲創獲蓋未知有吳周二本也至圖學傳自邵子其位置皆依說卦周子太極圖初不言八卦此書皆强爲牽合又斥諸儒爻變之說而以左氏所載占法爲周易未成經時卜筮家雜用以測驗則又過於疑古矣

周易緯史無卷數浙江巡撫採進本

國朝錢偲撰偲號堅瓠老人錢塘人雍正壬子副榜貢生是書以卦爻分配史事故曰緯史夫引事證經鄭氏易注卽有之至吳園易解誠齋易傳始大暢厥旨以人事之成敗證易象之吉凶是亦以古爲鑑之意未爲無所發明至此書所引則多不考據如屯六二稱曹操待壽亭侯需上六稱劉備桃園投結皆未嘗校以史傳也

空山易解四卷直隸總督採進本

國朝牛運震撰運震字階平號眞谷滋陽人雍正癸丑進士官平番縣知縣其學博涉羣書於金石考據爲最深經義亦頗研究是編務在通漢晉唐宋爲一然大旨主理不主數故於卦氣值日及虞翻半象兩象等說皆排抑之是仍一家之學不能疏通衆說也

周易剩義二卷福建巡撫採進本

國朝童能靈撰能靈字龍儔號寒泉連江人雍正中貢生其論易專主河圖以明象數之學雖曼衍縱橫旁推曲闡亦皆有一說之可通然云得作易之本旨則未必然也其亦張行成之支裔歟

易學圖說會通八卷江蘇巡撫採進本

國朝楊方達撰方達字符蒼一字扶蒼武進人此書自序云尋繹宋元經解及近代名家纂述見其精研象數或著爲圖或著爲說有裨易學者類而錄之左圖右說集成八卷一曰太極探原二曰圖書測微三曰卦畫明德四曰變互廣演五曰筮法考占六曰律呂指要七曰外傳附證八曰雜識備參大旨以朱子本義九圖爲主而博采諸家附己論蓋專講先天之學故前列周子太極圖說後論律呂八陣圖而不及乎辭占云

易學圖說續聞一卷江蘇巡撫採進本

國朝楊方達撰方達既爲易學圖說會通復自出己意成此編凡三十二條總不離陳摶之學其後泛衍及於天文物理雜類諸說皆牽合比附務使與易相通荀卿所謂持之有故言之成理者歟

周易輯說存正十二卷附易說通旨略一卷江蘇巡撫採進本

國朝楊方達撰是書分經二篇傳十篇一依本義之舊大旨亦多主本義惟卦變之說主程而不主朱其體例以爲必使正義先明而後以旁義參之賓主秩然則條理各得故凡言變互者皆列之圈外使不與正義相混又以爻位之正不正有應無應乃卦中之大義彖辭爻辭皆從此推出故每卦卦畫之下卽爲注明末附易說通旨略一卷雜引先儒彖象爻位之說閒亦參以己見蓋仿王弼略例而爲之也

周易蛾術七十四卷戶部尚書王際華家藏本

國朝倪濤撰濤字岷渠錢塘人其書於每卦中分尙辭尙變尙象尙占四類各采錄舊說發明之故又名周易四尙其言義理多以程傳爲主其言象占則遵馬鄭荀虞之說而自稱折衷於朱子然以世應納甲列圖於每卦之前乃京氏之學非朱子之學也所引諸書往往止載姓氏而未錄其辭蓋亦編纂未成之稾本耳

易說一卷山東巡撫採進本

國朝吳汝惺撰汝惺字匪席德州人所論十五事皆闡發宋儒舊說自序謂漢儒所傳三禮不可盡信故不主漢易書中致疑邵子之說亦不盡主先天諸圖然未能竟廢圖學也

易經一說無卷數浙江巡撫採進本

國朝王俶撰俶字善思彭山人其書大旨以程傳本義原互相發明不容偏廢坊本依費王之次已錯亂聖經復止載本義不及程傳注不全而解益艱因遵朱子十二篇舊次復參取衆家歸於一說使初學易讀易曉蓋亦爲科舉經義而設也

周易彙解衷翼十五卷陝西巡撫採進本

國朝許體元撰體元字御萬靈武人其書大旨以象爲主每於一卦先觀本象次觀繫辭所取之象凡時義德用之所在胥於象中見之然謂八卦有本象有象中之象有理中之象又謂象中象理中象各有兩端有自然之象有懸設之象多端辨析未免涉於煩碎也

易象援古無卷數浙江巡撫採進本

國朝申爾宣撰爾宣字伯言河南人此書乃其父舒坦命意而爾宣本之成書其曰援古者援古事以

證易理也大旨謂程傳引古釋經者六十餘條朱子本義引古釋經者亦四十餘條故取三百八十四爻每爻隸以一事又復自分甲乙以圈點四項別之其中逐爻取譬如蒙之初爻謂如伊尹之於太甲需之五爻謂如虞舜恭己無爲漢文恭修元默師之三爻謂如宋伐江南泰之二爻謂狄仁傑事周之類多於經義不甚比附也

大易合參講義十卷江西巡撫採進本

國朝朱用行撰用行字翼承新建人是書大旨以朱子爲主首列本義而以正義析義次之正義以闡朱子之旨析義則兼採他說又以象數不可竟廢間採瞿塘來知德之說補於析義之後大抵循文推衍未能深造自得也

周易粹義五卷江蘇巡撫採進本

國朝薛雪撰雪字生白號一瓢蘇州人自署曰河東稱郡望也其書採摭諸說融以己意仿朱子論孟集注之例皆不載所引姓名詮釋頗爲簡明而大抵墨守宋學也

易蓍圖說十卷河南巡撫採進本

國朝潘咸撰咸不知何許人所著別有音韻源流中引李漁詩韻則其人在李漁後矣是書凡周易大衍蓍六卷連山易蓍二卷歸藏易蓍一卷咸自爲之序其說謂讀易者當自知蓍始易有三蓍亦有三周易大衍蓍用四十九策以四爲揲內含六百八十七萬一千九百四十七萬六千七百三十六卦共用四千九十六卦以象爻二辭占左傳繇辭皆四千九十六之卦辭也邵子皇極經世爲連山蓍用九十七策以八爲揲正卦一千一十有六互卦一千一十有六變卦三萬二千五百十有二以數斷不以辭斷其吉凶一定而不可易後周衞嵩元包爲歸藏蓍用三十六策以三爲揲以飛伏世應渾天納甲五行生尅占吉凶用十二支十千爲千有二百兆又以焦贛易林參同契月卦乾坤鑿度軌數及讖緯諸占爲大衍之遺意以管輅觀枚數參同契納甲及奇門遁甲煇夢契響鳥鳴辨音拆字諸占爲連山之遺意以京房火珠林翼氏風角素問五運六氣揚子太元及元珠密語杯珓洞靈望雲省氣諸占爲歸藏之遺意其中惟元包云出歸藏於古有徵其餘大抵臆說無所授受如畫、爲少陽畫‥爲少陰易卦畫爲點多與古法相背其雜卦蓍數圖以四象起卦反易爲義本無甚奇特而託之緗閣舊籍偶獲一帖蓋又在豐坊僞經之下矣

讀易自識無卷數江蘇巡撫採進本

國朝金綎撰綎字絲五吳縣人是書隨筆記錄未分卷帙首爲總論次爲繫辭序卦次乃爲六十四卦次序與諸本迥異又序卦論中乃多解說卦標目亦不相應蓋未成之稾後人以意鈔合遂倒亂無緒也其說易好爲新解如謂南華取象率本於易如逍遙遊曰鯤陰物類也猶坤卦之象馬也曰鵬陽物類也猶乾卦之象龍也鯤化爲鵬陰變爲陽自北溟而徙南溟蓋自一陽之動於至陰而歷六位以時成故曰六月息也曰九萬里曰六月息卽卦之用九用六以言變也言鯤化而不言鵬變蓋復可喜而變不可言亦易之扶陽抑陰也云云持論之異大抵如是亦可謂之好奇矣

易觀十二卷江西巡撫採進本

國朝凌去盈撰去盈號旭齋爵里未詳書中引毛奇齡說則近時人也是書主於卽象以明理大旨謂象有三例有定象有化象有互象一卦之定象如乾爲天坤爲地是也其化象如剝皆言牀漸皆言鴻是也一爻之定象如陽必爲九陰必爲六是也其化象如陽動化陰陰動化陽是也又有中爻之互象如二四互三五互是也所引多來知德毛奇齡之說而所重尤在化象互象二義謂王弼崇卦變來氏置錯卦毛氏主推易以求一得之偶當凡以不知有化象故也其解乾之九四或躍在淵謂四化巽互兌有淵象乾化巽風虛薄天表躍所自起解屯之初九磐桓謂大石曰磐大柱曰桓石者土之核震九以乾陽而爲坤初索而爲坎屯鬱而互處坤下二四互坤有若核然磐之象也柱者木之豎震九以坤索而爲天三化天三生木而爲坎屯鬱而倔強初下有若豎然桓之象也皆牽附古義半參臆說因互體變爻而穿鑿之不足爲說易之準也

周易小疏十四卷兩江總督採進本

國朝虞楷撰楷字孝思號麥園里籍未詳書無序跋亦不知作於何時中述周易折中稱
聖祖仁皇帝廟號則近人也其次序用古本大旨亦主圖書而以爲先天寓理於數後天因數以闡理文王之易卽伏羲之易其說彌縫調停變而愈巧至於

捃摭左傳諸占、尤似是而非。夫左氏周人所述者、即周之占法、周之占法、所用即太卜之三易。謂其占驗之詞多所附會則可、謂古易占法不如是則不可。居百世之下而生疑竇於百世之上、將周人之法周人不知之、今人反知之乎。

易經貫一二十二卷、兩江總督採進本

國朝金誠撰。誠字開存、華亭人。是書分元亨利貞四部。元部載略言六則、談餘雜錄四卷、易學問經說、程子易傳序、周子太極圖說、張子西銘及河洛卦象諸圖、與會講之語。亨利兩部解上下經、而亨部之首冠以經文定本四卷、及程子篇義。貞部解繫辭說卦序卦雜卦、以用注疏本、故止此四傳也。其大旨以程傳朱義爲歸。

易觀四卷、大理寺卿陸錫熊家藏本

國朝胡淳撰。淳字厚菴、慶雲人。乾隆丙辰進士。授蒙自縣知縣、未上而卒。是編惟解上下經、大旨謂聖人作易、使學者研究卦爻、推吉凶悔吝之由、以知進退存亡之道。故孔子稱假年學易、可無大過。至於求諸卜筮以決從違、乃爲常人設、非爲君子設也。故其說掃除圖學、惟玩六爻。然皆隨文生義、未能融會貫通。其謂繫辭傳河出圖洛出書聖人則之句爲漢儒讖緯者所竄入、更主持太過矣。

易象約言、無卷數、兩江總督採進本

國朝吳鼐撰。鼐字大年、無錫人。乾隆丙辰進士。官工部主事。是書詮釋文句、頗爲簡明。惟自序言、考究先儒更定諸本、而從其是者。然以文言分上下、而彖辭象辭反不分上下、又每卦彖辭以卦名割繫卦畫之下、每爻又於句中截斷體例、似皆未允。至於參同契稱日月爲易、虞翻注雖亦引之。然核以說文易字、實不從日月。今其末冊既以懸象著明、畫易爲圖、而又以此字大書於卷首、據爲宗旨。亦泥古太甚也。

易經提要錄六卷、兩江總督採進本

國朝徐鐸撰。鐸字令民、鹽城人。乾隆丙辰進士。官至山東布政使。此書不載經文、第摭古今論易之語。前有總義一卷、又圖象一卷、皆不載其圖、惟存其說。餘各分卦分章、第取總括大意而止、故以提要爲名焉。

易讀、無卷數、江蘇巡撫採進本

國朝宋邦綏撰。邦綏字逸才、號況梅、長洲人。乾隆丁巳進士。官至兵部左侍郎。是編用注疏之本。其凡例云、專爲課子而成、故以行文之體爲講書、使孺子易於記誦。又云、是書專奉朱注、自序又稱取之方氏時論者十之二三、不敢隱其所自。其大旨盡是數言矣。

大易理數觀察二卷、江西巡撫採進本

國朝朱如日撰。如日字洞彝、號荷軒、蓮花廳人。是編成於乾隆丁巳。大抵掇拾圖書之陳言。

來易增刪八卷、陝西巡撫採進本

國朝張祖武撰。祖武、長安人。乾隆戊午舉人。是編即明來知德易注原本、去其煩冗、間補以易傳本義諸說。其錯綜變爻中爻大象卦情卦畫卦占之類、則一仍其舊焉。

周易輯要五卷、安徽巡撫採進本

國朝朱璜撰。璜字稱雲、全椒人。是書成於乾隆庚申。不言河洛、亦不取朱子卦變之說、頗能芟除枝蔓。惟逐句詮釋辭義、雖潔淨而未精微。

周易讀翼揆方十卷、浙江巡撫採進本

國朝孫夢逵撰。夢逵字中伯、常熟人。乾隆壬戌進士。官至宗人府主事。是編不取陳摶先天諸圖、深有考證。惟謂孔子作彖傳以釋彖辭、作爻傳以釋爻辭、世所稱小象傳、乃爻傳非象傳、當附彖傳之後、而大象則另歸繫辭之後。用吳仁傑本而變之、於歷來諸本之外、自爲一例。謂經文經孔子作傳、後人豈能加毫末、故但釋傳而不釋經。於諸家易解之外、亦自爲一例。其論揲蓍、左扐得一得三爲奇、得四得二爲偶、亦不同於舊解。皆自我作古之說也。

易深八卷、湖南巡撫採進本

國朝許伯政撰。伯政字惠棠、巴陵人。乾隆壬戌進士。官山東道監察御史。是書以爲圖書皆出太昊之世、卦數生於河圖、蓍數生於洛書。又兼取漢人卦氣納甲及京房易傳火珠林之法、而不用卦變及變占之法。其論卦變曰、重卦自具兩體。凡傳稱上下者、如乾下乾上震下坎上之類。凡稱進退往來內外者、如乾九四上下无常進退无恆及否泰反其類也。泰之小往大來傳曰內陽外陰、否之大往小來傳曰內陰外陽之類、皆易例之顯而易見者。又剛柔之稱有以爻言者、有以卦言者、以義求之、皆象明理顯、無取於卦變之穿鑿。其論變占曰、啟蒙所論、依傍左國、參以己意、其實卜筮以衍忒、空各隨其人其地其事其時而推衍之、乃能旁通其變、曲暢其情、未可先爲例以拘之。左氏卜筮之法、如秦伯伐晉、卦遇蠱、是上六爻不變之卦、而其占全不用象辭。孔成子筮立君、卦遇屯之比、史朝以靈公名元、卽以元亨屬之。孟縶弱行、卽以利居貞屬之。皆非繫辭之本旨云云。其言甚辨。然所論有合有離、不能一一精確也。

易經講義八卷、河南巡撫採進本

國朝萇仕周撰。仕周字穆亭、氾水人。乾隆壬戌進士。官宜君縣知縣。是書以程傳及本義爲宗、不用象數之說、於卦變辨之尤力。大旨謂凡卦有二體、卽有內外上下。有內外上下、卽有上下往來。凡彖傳言上下往來者、皆虛象耳。大概在內卦曰來、在外卦則曰往也云云。其說與魏樞東易問同。今按賁言柔來而文剛、分剛上而文柔。噬嗑渙俱言剛柔分、分者是合而分也。不用卦變自泰否之說、亦當用卦本乾坤之說。方於分字之解有合、以泰否卽乾坤也。今但云柔在下爲來、剛在上爲往、三陰三陽爲平分、恐可以解上下往來、而不可解分合也。

周易析義十五卷、江蘇巡撫採進本

國朝張蘭皋撰。蘭皋原名一是、字天隨、武進人。是書初刻於乾隆甲子、至己巳又改訂八十頁而重刻之、是爲今本。大旨以程子易傳朱子本義爲宗、而佐證以宋元諸說。其謂卦必先分、而後序不用古文十二篇之說、蓋從蕭漢中讀易考原。其繫辭以下略不置解、則用王弼例也。

易說存悔二卷、編修邵晉涵家藏本

國朝汪憲撰。憲字千波、錢塘人。乾隆乙丑進士。官刑部陝西司員外郎。是書大旨謂學易期於寡過、欲過之寡、唯在知悔。悔存而凶吝漸消、可日趨於吉。故以存悔顏其齋、因以名其易說。蓋卽耿南仲周易新講義以无咎爲主之意。所說唯上下經、而不及十翼。前有擬議數條、譏自漢以來儒者說易之病、在調停經傳。文王作彖辭、今不求諸彖而執彖傳以解彖。是有孔子之易、無文王之易矣。周公作爻辭、今不求諸爻而執爻傳以解爻。是有孔子之易、無周公之易矣。孔子作傳、多取言外之意、當別爲孔子之易。雖述而實作云云。亦朱子不可便以孔子之易爲文王之易之舊說也。夫傳以翼經、必依經以立義。故釋名曰、傳、傳也。案上傳字去聲、下傳字平聲。以傳示後人也。朱子作詩集傳、不能不依詩立義。卽分大學爲一經十傳、亦不能曰此曾子所傳孔子之大學、此門人所傳曾子之大學也。何至於易乃曰孔子之傳必異於文王之經乎。

易義便覽三卷、侍講劉亨地家藏本

國朝向德星撰。德星字雲路、溆浦人。是書前有乾隆丙寅德星自序。大旨以朱子本義爲主、附採大全蒙引存疑諸說、取初學易於循省、故以便覽爲名。其卷首六十七圖、則德星因舊說而推衍者也。

周易集解增釋八十卷、浙江巡撫採進本

國朝張仁浹撰。仁浹、秀水人。是書前有乾隆戊辰自序。首八卷載諸儒傳授及王氏略例朱子啟蒙。九卷以後始釋經文。其說惟以朱子本義爲主、故本義與經文一例大書、而雜取前儒諸說合於本義者著於下。如程傳之類、與朱子異義者、偶附一二、不以爲例。蓋名爲釋經、實則釋本義也。其首列引用姓氏、特升朱子於漢儒之前、題曰先賢、以示尊崇之義。然所列先賢三人、一曰卜子、實則張弧之易。一曰左氏、考丘明於易未有成書、亦不知其何以特列。至周程張邵五子、則雜於先儒之中、以時代爲序。考邵子爲易外別傳、張子於二程亦尚爲友敎。至朱學本程、程學本周、源流燦然。抑周程而獨尊朱、似非朱子所樂受。又謂張弧優於周程、恐亦非周程所甘矣。

周易曉義九卷、江蘇巡撫採進本

國朝唐一麟撰。一麟、定興人。由貢生官江寧府學訓導。是書成於乾隆戊辰、大旨主於義理、與本義不甚異同、惟不取朱子卦變之說。

易例舉要二卷、浙江巡撫採進本

國朝吳鼎撰。鼎字尊彝、號易堂、金匱人。乾隆辛未薦舉經學、授國子監司業、官至翰林院侍講學士、後降補侍講。易有義例、繫辭傳說卦傳已括其要。是書仿
御纂周易折中卷首義例、而益加推衍。上卷多輯先儒之說、下卷多出己意、凡一百四十八條。書中惟不及互卦卦變二義。其自序云、已詳中爻考卦變考中。今書中不載中爻卦變二考、或別有成書歟。

十家易象集說九十卷、大學士于敏中家藏本

國朝吳鼎撰。是編採宋俞琰元龍仁夫吳澄胡一桂明來知德錢一本唐鶴徵高攀龍郝敬何楷十家之說、其論辨去取、別爲附錄十卷、蓋以漢唐舊說

略備於李鼎祚周易集解、宋儒新義略備於董楷周易會通、惟元明諸解則未有專彙一書者。因裒此十家以繼二書之後。大旨主於明象、其論六十四卦之對體覆體雜卦傳非錯簡、出於來易者爲多云。

周易井觀十二卷、編修吳壽昌家藏本

國朝周大樞撰。大樞字元木、號存吾、山陰人。乾隆壬申舉人、官平湖縣教諭。此編論天地之數、謂與大衍相符、必漢儒遞相傳授以及康成。是以古來說易竝無先天八卦、故不取邵子所傳圖位。蓋先天八卦、卽從所稱後天圖演出、不過取其一畫交易則各成乾坤、乃道家抽坎塡離之說、不合聖經之旨也。於六十四卦則尊離重震、各爲之解。爲圓圖以應一歲節候之數、爲方圖以應三才旋轉之象。以雜卦傳爲孔子之序易、取文王所序卦而雜之他卦、皆用文王覆卦。至大過而後、獨不覆焉。終之以剛決柔、與卦首之乾相接、卽無大過之道、作雜卦傳三十六宮圖以差次之。又創爲兼兩卦、每六畫覆之、則爲十二畫、仍可併爲六畫、以盡易之變化。他如用九用六、四象八卦以及蓍策占驗諸說、俱博綜衆論、斷以己意。惟引性空眞火性火眞空、火愈分愈多、愈與愈有云云、頗涉二氏之旨焉。

大易近取錄、無卷數、浙江巡撫採進本

國朝邵晉之撰。晉之字敘階、號檀波、仁和人。乾隆丙子舉人。其大旨以朱子本義有有註而可疑者、有可疑而無註者、偶有所見、卽以己意補之。其曰近取者、自序謂遠取諸物、必俟宏通該博之士、而近取諸身則人莫不有身也。首列卦圖初參、自謂所得者淺、或將來更有所見、故以初參爲名。次大凡發明、乃著書之義例。其所詮釋、多切人事。自序云館海州三閱月而成、傳之家塾、爲子弟求釋字義者觀之云。

周易觀瀾、無卷數、山東巡撫採進本

國朝喬大凱撰。大凱字頤菴、濟寧州人。乾隆癸酉舉人。此書每彖爻之下皆先列本義程傳、次列諸儒舊說、而以己意折衷之。其所採掇、不出習見之書。閒有自出新義者、如謂乾之彖辭不設象、坤則曰利牝馬之貞、乾無分於先後、無擇於西南東北、坤則不然、爲天道地道陽全陰半之分云云。爲先儒之所未發。然亦隨文生義之說、彖不說象、不止乾一卦也。

易經觀玩篇、無卷數、山西巡撫採進本

國朝朱宗洛撰。宗洛字紹川、無錫人。乾隆庚辰進士。官天鎭縣知縣。是編凡例謂用費直本、然其書每卦畫六爻於前、而分書初九九二等字於爻畫之中。右列爻辭、左列小象、而後列卦辭及彖傳。至文言大象則另錄置繫辭前。則是宗洛自定本、非費直本矣。宗洛酷信圖書、故其解經多引參同契爲說。其序卦圖說亦主五行納甲。其雜卦圖說以爲卽古歸藏易、孔子附之易末、如錄詩之有商頌、亦無所據也。

易解拾遺七卷、附周易句讀讀本二卷、湖南巡撫採進本

國朝周世金撰。世金字仲蘭、衡山人。是書成於乾隆辛巳。大旨以數言易。卷一、卷二衍河圖洛書先天後天之說、務拔奇於舊說之外。卷三、卷四、卷五爲觀玩四法、各繫以圖解。卷六解易象卦宮及標舉繫辭說卦雜卦要義。卷七又別爲十九卦解、據目尙有詩一首、呈一篇、而有錄無書、蓋繕寫佚之矣。後附周易句讀讀本、上下經各註句讀字、繫辭以下則但以黑白圈分章段。其自序謂句讀有譌則經旨皆晦、故爲此本以正之云。

周易集註十一卷、圖說一卷、陝西巡撫採進本

國朝王琬撰。琬、渭南人。是書成於乾隆乙酉。自序稱年八十有一、蓋積一生之力爲之也。其論來知德列太極圖於河圖前、所圖黑白各半、明是陰陽、不得謂之太極。論洛書無關於畫卦、繫辭竝舉圖書、猶之竝舉蓍龜、不過帶言。論伏羲八卦次序及六十四卦次序、竝改邵子之右陽左陰爲左陽右陰、以合於逆數。論伏羲六十四卦方位、既有圓圖、則方圖可以不作。論文王八卦次序、卽帝出乎震一節、不得當以乾坤六子一節。論羲文二圖竝無對待流行之分、不過一明二氣、一明五行。論易有太極一節、卽生蓍之數、觀不言天地萬物有太極、而言易有太極、可得其旨。論來知德所謂錯卦、卽橫反對卦、所謂綜卦、卽豎反對卦、不必添立名目。論本義筮儀第一變歸奇之策、通挂一數、不五則九、二三變去第一變所挂之一而不用、惟於本數策中挂一策、仍復合而通數其奇、是以四八與初之五九不同。來知德謂第一變不通挂一數、所見爲是。然謂二三變竝不挂一、則少象三一營、止三營而非四營矣。惟第一變挂一而歸奇、不必通挂一數、二三變卽用第一變所挂之一而歸奇、亦不必

通挂一數，斯皆不四則八，無所謂不五則九也。其大旨雖亦糾繞圖學，然所說均自出新意，亦可備一解。惟以十翼兼象辭爻辭數之，未免於古無稽。其解經亦皆數衍成文，殊乏精義。蓋所注意惟在圖說而已。

易準四卷　浙江巡撫採進本

國朝曹庭棟撰。庭棟字六吉，嘉善人。是書爲圖學而作。一卷河圖，二卷洛書，三卷大衍，四卷蓍法。其於河圖改中宮十點之舊，於洛書信鳳來道士之傳，通洛書大衍之說於易，更分挂扐揲之法於蓍。又皆圖學中後起之說矣。

易圖疏義四卷　江蘇巡撫採進本

國朝劉鳴珂撰。鳴珂字伯容，蒲城人。是書因周易啟蒙本圖書原卦畫二篇之說而疏通其義。其稍有異同者，大傳河出圖洛出書聖人則之，謂聖人兼指義文，非專云伏羲；至則之之義，既取邵子加一倍法，則如朱子之說，可自六十四而加之以至無窮矣，乃復謂六十四卦之畫限以六位爲三才之義，又不知乾一兌二之數出於小橫圖，而以爲邵子逐爻漸生之說與之天然脗合，皆未免彌生轇轕。其解易逆數也，謂自震一陽歷離兌二陽至乾三陽，左旋而順；自兌一陰歷坎艮二陰至坤三陰，左旋而逆；以乾一兌二之序推之，則陽進陰退皆爲逆數，則較邵朱之說頗爲貫穿。然亦易外之旁義，至於本來知德之說以義易爲錯、文易爲綜，益強生區別矣。

易見九卷　江蘇巡撫採進本

國朝貢渭濱撰。渭濱字羨溪，丹陽人。是書前列易序傳序、諸儒姓氏、易學源流、邵子程子朱子綱領及筮儀、五贊、經傳音釋、本義異同、程傳異同，不入卷數；末附啟蒙大旨，亦不入卷數。其解經以本義爲宗，而雜錄先儒舊說以足之，然往往曲相遷就。如坤彖先迷後得主，以文言後得主而有常考之，應以主爲句，以陽爲陰主故也；渭濱附合本義主利之讀，乃云主利者不主於迷而主於利也。又漸爻辭九三九五取象於婦，本義於九五取六二正應在下爲解，於九三則云九三過剛不中而無應，於象傳云自二至九五位皆得正，故其占爲女歸吉，前後自相牴牾；渭濱則云艮非婦，但以二爲陰，故云然耳。然何以處九三乎？是亦偏主之過也。

易象圖說二卷　山東巡撫採進本

國朝吳脈鬯撰。脈鬯字灌先，蓬萊人。是書櫽括諸圖，各爲之說，以圓圖象天，方圖象地，因創爲竪圖象人，以配三才。復集邵子、朱子詠易諸詩，附以己作及沈時升詩，末附八宮納甲占例，則今以錢代卜者之所用也。

周易後天歸圖四卷　江西巡撫採進本

國朝黎由高撰。由高字鵬翥，通城人。是書專明後天之易，六十四卦反對之義，而一歸之於圖。一卷總論後天方位，見經之當歸於圖；二卷說乾坤爲歸經於圖之綱領；三卷說反對爲歸經於圖之門戶；四卷摘錄諸卦爲歸經於圖之凡例。首卷方位圖其三四長少序次變爲自右而左，與本義異。大旨以邵子諸說爲宗，而參用本義之解也。

易經衍疏四卷　江西巡撫採進本

國朝黃家杰撰。家杰，臨川人。其書刪邵子之橫圖，謂此邵子之易，非羲文之易，而不免仍用先天之說。又謂來知德之卦錯卦綜勝於卦變，而不免仍用卦變之說。觀其自序，稱來易恐不近於舉業，是既欲詁經，又牽合以就程試，遂兩者騎牆耳。

易經會意解　無卷數，河南巡撫採進本

國朝王芝蘭撰。自序稱伊南人，未詳其仕履。是書首句讀質疑，皆與本義句讀相異者；次辨本義衍文，謂易爲卜筮之書，不經秦火，應無衍文；次乾卦質疑、坤卦質疑；次乾坤以下八卦說；其序六十四卦，專取兩卦相對相反之義；一頁之中分上下二格，上格列一卦之辭，其文自前左行；下格列其相對相反之卦，其文自後右行，一順一逆，體若回文，爲自來經典所未有。其繫辭傳以下亦各分篇次名目，有開宗明義篇、綱領篇、申明爻辭篇、彌綸篇、四道篇、尚辭尚變尚象尚占諸篇、先後天圖辨，又有徵時篇、終意篇，亦先儒傳授所未聞也。

河洛先天圖說二卷　江西巡撫採進本

國朝劉天眞撰。天眞字汝迪，號去僞，興國州人。由歲貢生官安仁縣訓導。其言易大旨謂天數五，地數五，五位相得而各有合，其六七八九之數乃一二三四倚五而成，蓋即參天兩地而倚數之說。張尙瑗序之，以爲後天八卦配洛書若合符契，帝震一章是其註腳。不知圖書之數正影附此章而作，即以配河圖亦相脗合，不僅洛書可配也。

周易象訓十二卷　兩江總督採進本

國朝姚球撰。球字頤眞，無錫人。其凡例稱辛未歲年二十七始讀周易，二十餘年閒見註疏百三四十部，不知爲前辛未後辛未也。是書雖用古本，分十二篇，而篇數迥異。其分象傳於爻傳之外，本於宋吳仁傑。又分說卦爲三，以繫辭上下傳爲說卦之第一、第二，以隋志三篇之目，而合彖爻傳之上下爲一，以爲古本。殊不見其確據。每卦前之六畫古本皆先下後上，乃用朱謀㙔之例，標曰上某卦下某卦，亦非古本之舊也。

易經辨疑四卷（湖南巡撫採進本）

國朝鄭國器撰。國器，湘鄉人。是書首爲圖書辨疑，次爲義易辨疑，以爲傳先天八卦方位衍爲數十圖，頗爲繁碎。

周易剩義四卷（湖南巡撫採進本）

國朝黃燦撰。燦字暘谷，湘潭人。其凡例謂說經者有未備未當，而作此以補之，故曰剩義。然體例頗近講章，所註亦皆先儒之舊說，無甚新義也。

易經告蒙四卷圖註三卷（侍講劉亨地家藏本）

國朝趙世迥撰。世迥字鐸峯，湘潭人。是書凡例稱遵仿本義分卷，然其書仍用註疏本，未喻其故。殆據坊刻本義言之歟。卷首圖註三卷，皆推演河洛之義。書中時時附圖，蓋欲以圖書明易，而反以易明圖書者也。

周易懸象八卷（編修周永年家藏本）

國朝黃元御撰。元御字坤載，號研農，昌邑人。早爲諸生，因庸醫誤藥損其目，遂發憤學醫，於素問、靈樞、難經、傷寒論、金匱玉函經皆有註釋，凡數十萬言。已別著錄醫家類中。大抵自命甚高，欲駕出魏晉以來醫者上，自黃帝、岐伯、秦越人、張機外，罕能免其詆訶者。未免師心太過，求名太急。惟其詁經，乃頗能沿泝古義。其訓釋以觀象爲主，其觀象以說卦爲主，而參以荀九家之說，亦兼用互體。大抵緣象以明理，不糾繞飛伏納甲之術，亦不推演河洛先天之說，在近人易說中猶可謂學有根據。惟好以己意改古書，併彖象傳於經，而合文言爲一篇，此猶據鄭元本也。（鄭元本文言自爲一篇，見崇文總目。）改乾卦之次序，使與坤卦以下同，此猶據王弼本六十三卦之例也。割繫辭十九卦之說移入文言，於古僅吳澄有此說，（見易纂言。）斯已無據矣。至繫辭全移其次第，併多所刪節，又割援說卦以補之，說卦更多所改正。直以孔翼爲稾本，而筆削其文，別造一經，尤非古法也。

易經本義翼十二卷（編修勵守謙家藏本）

不標撰人名氏。惟卷首題籤云蘇州府學附生曹湰手輯，吳敬菴義經本義二十本，上大宗師鑒定。今呈到十九本，其一本係圖說，因繪畫不及，俟於原本錄出補送呈云云。蓋江南諸生錄送提學之本，不知吳敬菴者爲何人也。其書圖說分六編：一曰河洛圖說，二曰卦畫圖說上，三曰卦畫圖說下，四曰明筮圖說，五曰序卦圖說，六曰合纂圖說，而附以易說綱領，皆不入卷數。其解釋經文，共十二卷，亦分爲八編：上經乾至履爲一編，泰至觀爲二編，噬嗑至離爲三編；下經咸至解爲一編，損至艮爲二編，漸至未濟爲三編；附以上下經分六編，說則以彖傳上下、象傳上下、繫辭傳上下、文言傳分七卷，共爲一編；說卦、序卦、雜卦三傳分三卷，共爲一編。體例頗爲宂碎。大抵以河洛之說輾轉推衍，其解經則惟以本義爲宗，閒有出入，不過百分之一，故名曰本義翼云。

讀易隨鈔（無卷數，兩江總督採進本）

不著撰人名氏，亦無序目。其書用反對之說，除乾、坤、頤、大過、坎、離六卦兩名並列外，餘五十八卦皆每二卦順逆相對畫之。所解多參以人事，雖以隨鈔爲名，實雜採諸家之言，而融貫以己意，不出原採書名也。

卦爻遺稿演一卷（左副都御史黃登賢家藏本）

不著撰人名氏。前有小引，乃其子所作，謂其父於易多有論說，未有完書，其子始類次成編，而閒附己說於後。其自稱曰覲者，即其子之名，而姓則不可考矣。書中每一卦爲一篇，於每爻下具列中正應三義，而不載經文，詞旨簡略，殊無心得。

周易觀彖疑問二卷大傳章旨二卷（原任工部右侍郎李友棠家藏本）

不著撰人名氏。前但署上谷手授，莫知爲誰，亦不詳其時代。其書於六十四卦各爲總說，大傳章旨於各章亦總爲疏解，俱無甚奧義。

附錄

古三墳一卷（內府藏本）

案三墳之名見於左傳，然周秦以來經傳子史從無一引其說者，不但漢代至唐咸不著錄也。此本晁公武讀書志以爲張商英得於比陽民舍，陳振孫書錄解題以爲毛漸得於唐州，蓋北宋人所爲。

其書分山墳氣墳形墳，以連山為伏羲之易，歸藏為神農之易，乾坤為黃帝之易，各衍為六十四卦而繫之以傳。其名皆不可訓詁，又雜以河圖代姓紀及策辭政典之類，淺陋尤甚，至以燧人氏為有巢氏子，伏羲氏為燧人氏子，古來僞書之拙莫過於是。故宋元以來，自鄭樵外，無一人信之者。至明何鏜刻入漢魏叢書，又題為晉阮咸註，僞中之僞，益不足辨矣。

案左傳稱倚相能讀三墳五典八索九丘，孔安國書序所解，雖出依託，至劉熙釋名，則確屬古書。據所訓釋，則三墳乃書類，非易類也。然僞本既託於三易，不可復附書類中，姑從易緯之例，附其目於諸家易說之末。

右易類三百十七部，二千三百七十一卷，內四十六部無卷數。

附錄一部一卷，皆附存目。

欽定四庫全書總目卷十

欽定四庫全書總目卷十一

經部十一

書類一

書以道政事，儒者不能異說也。小序之依託，五行傳之附會，久論定矣。然諸家聚訟，猶有四端：曰今文古文，曰錯簡，曰禹貢山水，曰洪範疇數。夫古文之辨，至閻若璩始明。朱彝尊謂是書久頒於學官，其言多綴輯逸經成文，無悖於理。汾陰漢鼎，良亦善喻。吳澄舉而刪之，非可行之道也。禹跡大抵在中原，而論者多當南渡，昔疎今密，其勢則然。尺短寸長，互相補苴，固宜兼收並蓄，以證異同。若夫劉向記酒誥召誥脫簡僅三，而諸儒動稱數十。班固牽洪範於洛書，諸儒併及河圖，支離轇轕，淆經義矣。故王柏書疑、蔡沈皇極數之類，非解經之正軌者，咸無取焉。

尚書正義二十卷內府藏本

舊本題漢孔安國傳。其書至晉豫章內史梅賾始奏於朝。唐貞觀十六年，孔穎達等為之疏。永徽四年，長孫無忌等又加刊定。孔傳之依託，自朱子以來遞有論辨。至

國朝閻若璩作尚書古文疏證，其事愈明。其灼然可據者，梅鷟尚書考異攻其注禹貢瀍水出河南北山一條、積石山在金城西南羌中一條，地名皆在安國後。朱彝尊經義考攻其注書序東海駒驪扶餘馯貊之屬一條，謂駒驪王朱蒙至漢元帝建昭二年始建國，安國武帝時人，亦不及見。若璩則攻其注泰誓雖有周親不如仁人與所注論語相反。又安國傳有湯誓，而注論語予小子履一節，乃以為墨子所引湯誓之文。案安國論語注今佚，此條乃何晏集解所引。皆證佐分明，更無疑義。至若璩謂定從孔傳，以孔穎達之故，則不盡然。考漢書藝文志敘古文尚書，但稱安國獻之，遭巫蠱事，未立於學官，不云作傳。而經典釋文敘錄乃稱藝文志云安國獻尚書傳，遭巫蠱事，未立於學官，始增入一傳字，以證實其事。又稱今以孔氏為正，則定從孔傳者乃陸德明，非自穎達。惟德明於舜典下注云孔氏傳亡舜典一篇，時以王肅注頗類孔氏，故取王注從慎徽五典以下為舜典，以續孔傳。又云曰若稽古帝舜曰重華協于帝十二字，是姚方興所上，孔氏傳本無，阮孝緒七錄亦云方興本或此下更有濬哲文明溫恭允塞玄德升聞乃命以位凡二十八字，異聊出之，於王注無施也。則開皇中雖增入此文，尚未增入孔傳中，故德明云爾。今本二十八字當為穎達增入耳。梅賾之時，去古未遠，其傳實據王肅之注而附益以舊訓，故釋文稱王肅亦注今文，所解大與古文相類，或肅私見孔傳而祕之乎。此雖以末為本，未免倒置，亦足見其根據古義，非盡無稽矣。穎達之疏，晁公武讀書志謂因梁費甝疏廣之。然穎達原序稱為正義者，蔡大寶、巢猗、費甝、顧彪、劉焯、劉炫六家，而以劉焯、劉炫最為詳雅。其書實因二劉，非因費氏。公武或以經典釋文所列義疏僅甝一家，故云然歟。朱子語錄謂五經疏周禮最好，詩禮記次之，易書為下。其言良允。然名物訓故究賴之以有考，亦何可輕也。

洪範口義二卷永樂大典本

宋胡瑗撰。瑗有周易口義，已著錄。是書文獻通考作洪範解，朱彝尊經義考注云未見。今其文散見永樂大典中，尚可排纂成書。周易口義出倪天隱之手，傳有明文。晁公武讀書志謂此書亦瑗門人編錄，故無銓次首尾。蓋二書同名口義，故以例推。其爲瑗所自著與否，固無顯證。至其說之存於經文各句下者，皆先後貫徹，條理整齊，非雜記語錄之比，與公武所說不符。豈原書本無次第，修永樂大典者爲散附經文之下，轉排比順序歟。抑或公武所見又別一本也。洪範以五事配庶徵，本經文所有。伏生大傳以下，逮京房、劉向諸人，遂以陰陽災異附合其文。劉知幾排之詳矣。宋儒又流爲象數之學，惟圖書同異之是辯，經義愈不能明。瑗生於北宋盛時，學問最爲篤實，故其說惟發明天人合一之旨，不務新奇。如謂天錫洪範爲錫自帝堯，不取神龜負文之瑞；謂五行次第爲箕子所陳，不辨洛書本文之多寡；謂五福六極之應通於四海，不當指一身而言。俱駁正注疏，自抒心得。又詳引周官之法，推演八政，以經注經，特爲精確。其要皆歸於建中出治，定皇極爲九疇之本，辭雖平近，而深得聖人立訓之要，非讖緯術數者流所可同日語也。宋史本作一卷，今校定字句，析爲二卷。

案朱彝尊經義考凡訓釋一篇者，悉彙載各經之末，不與訓釋全經者敘時代先後。然隋志載繫辭注、洪範五行傳、月令章句、中庸講疏，固雜置各經中也。今從古例，不復別編，後均倣此。

東坡書傳十三卷內府藏本

宋蘇軾撰。軾有東坡易傳，已著錄。是書宋志作十三卷，與今本同。萬卷堂書目作二十卷，疑其傳寫誤也。晁公武讀書志稱熙寧以後專用王氏之說，進退多士。此書駁異其說爲多。今新經尚書義不傳，不能盡考其同異。但就其書而論，則軾究心經世之學，明於事勢，又長於議論，於治亂興亡披抉明暢，較他經獨爲擅長。其釋禹貢三江，定爲南江、中江、北江，本諸鄭康成，遠有端緒。惟未嘗詳審經文，考覈水道，而附益以味別之說，遂以啟後人之議。至於以羲和曠職爲貳於羿而忠於夏，則林之奇宗之；以康王之誥服冕爲非禮，引左傳叔向之言爲證，則蔡沈取之。朱子語錄亦稱其解呂刑篇以王享國百年耄作一句、荒度作刑作一句，甚合於理。後與蔡沈帖，雖有蘇氏失之簡之語，然語錄又稱或問諸家書解誰最好，莫是東坡，曰然。又問但若失之太簡，曰亦有只須如此解者，則又未嘗以簡爲病。洛閩諸儒以程子之故，與蘇氏如水火，惟於此書有取焉，則其書可知矣。

尚書全解四十卷內府藏本

宋林之奇撰。之奇字少穎，號拙齋，侯官人。官至宗正丞。事蹟具宋史儒林傳。之奇辭祿家居，博考諸儒之說，以成是書。宋志作五十八卷，此本僅標題四十卷。考其孫畊後序，稱脫稾之初，爲門人呂祖謙持去，諸生傳錄，僅十得二三。書肆急於鋟梓，遂譌以傳譌。至淳祐辛丑，畊從陳元鳳得宇文氏所傳書說拾遺手稾一冊，乃康誥至君陳之文。乙巳得建安余氏所刻完本，始知麻沙所刻，自洛誥以下皆僞續。又得葉眞所藏林、李二先生書解參校證驗，釐爲四十卷。然則宋志所載，乃麻沙僞本之卷數。朱子所謂洛誥以後非林氏解者，此本則畊所重編，朱子所未見，夏僎作尚書解時亦未見，故所引之奇之說，亦至洛誥止也。然畊既稱之奇初稾爲呂祖謙持去，則祖謙必見完書，何以東萊書說始於洛誥以下，云續之奇之書，毋乃畊又有所增修，託之乃祖歟。自宋迨明，流傳既久，又佚其三十四卷、多方一篇。通志堂刊九經解，竭力購之，弗能補也。惟永樂大典修自明初，其時猶見舊刻，故所載之奇書解，此篇獨存。今錄而補之，乃得復還舊觀。之奇是書，頗多異說，如以陽鳥爲地名、三俊爲常伯、常任、準人，皆未嘗依傍前人。至其辨析異同，貫穿史事，覃思積悟，實卓然成一家言。雖眞贋錯雜，不可廢也。屢經散佚，而卒能完善，亦其精神刻摯有足以自傳者矣。前有自序一篇，述尚書始末甚詳。然舛誤特甚。漢書藝文志已明云古文尚書孔安國獻之，遭巫蠱不立於學官，而用僞孔傳序藏於家之說，併謂劉歆未見。儒林傳明言伏生壁藏其書，漢興亡數十篇，獨得二十九篇，而用衛宏古文尚書序使女傳言之說，併謂齊語難曉。尤其致謬之大綱。閻若璩諸人已有明辨，茲不具論焉。

鄭敷文書說一卷兩淮馬裕家藏本

宋鄭伯熊撰。伯熊字景望，永嘉人。紹興十五年進士。累官吏部郎、兼太子侍讀、進國子司業。宗正少卿。以直龍圖閣出知寧國府。卒。諡文肅。其詩文有景望集。今已不傳。此乃所作尚書講義。皆摘其大端而論之。凡二十九條。每條各標題其目。浙江通志稱伯熊邃於經術。紹興末伊洛之學稍息。伯熊復出而振起之。劉塤隱居通義亦謂伯熊明見天理。篤信固守。言與行應。蓋永嘉之學自周行己倡於前。伯熊承於後。呂祖謙、陳傅良、葉適等皆奉以爲宗。是書雖爲科舉而作。而尚不汨於俗學。惟誤信書序。謂眞孔子所作。故於太甲序則以爲體常盡變。存正明權。得春秋之法。於泰誓序則以爲經稱十三年者誤。當依序作十一年。於洪範序則以爲所稱勝殷殺紂、亦誅獨夫紂之義。皆未免牽合傳文、失於考證。然其大端醇正。如釋作服汝明則發明服以彰德之義。釋俶擾天紀則推言天人相應之機。大禹謨言謙受益、滿招損、仲虺之誥言好問則裕、自用則小、皆能反覆推詳。以明其說。於經世立教之義。亦頗多闡發。有足採焉。

禹貢指南四卷。永樂大典本

宋毛晃撰。晃宋史無傳。其始末未詳。世傳其增注禮部韻略。於紹興三十二年表進。自署曰衢州免解進士。蓋高宗末年人也。是書宋史藝文志不著錄。焦竑經籍志載禹貢指南一卷。宋毛晃撰。朱彝尊經義考云未見。又云文淵閣書目有之。不著撰人。疑卽晃作。則彝尊之佚久矣。今考永樂大典所載。與諸家注解散附經文各句下。謹綴錄成篇。釐爲四卷。以世無傳本。其體例之舊不可見。謹以經文次第標列。其無注者則經文從略焉。其書大抵引爾雅、周禮、漢志、水經注、九域志諸書而旁引他說。以證古今山水之原委。頗爲簡明。雖生於南渡之後。僻處一隅。無由睹中原西北之古蹟。一一統核其眞。而援據考證。獨不泥諸儒附會之說。故後來蔡氏集傳多用之。亦言地理者所當考證矣。

禹貢論五卷後論一卷山川地理圖二卷。永樂大典本

宋程大昌撰。大昌有易原已著錄。宋史藝文志載大昌禹貢論五卷後論一卷。又禹貢論圖五卷。陳振孫書錄解題則謂論五十二篇。後論八篇。圖三十一。王應麟玉海則謂淳熙四年七月大昌上禹貢論五十二篇。後論八篇。詔付祕閣。不及其圖。蓋偶遺也。今諸論皆存。其圖據歸有光跋稱吳純甫家有淳熙辛丑泉州舊刻。則嘉靖中尚有傳本。今已久佚。故通志堂經解惟刻其前後論。而所謂禹貢山川地理圖者。則僅刻其敘說。今以永樂大典所載校之。祇缺其九州山水實證及禹河漢河二圖耳。其餘二十八圖。巋然並在。誠世所未覯之本。今依通志堂圖敘原目。併爲二卷。而大昌之書復完。大昌喜談地理之學。所著雍錄及北邊備對、皆刻意冥搜、考尋舊蹟。是書論辨尤詳。周密癸辛雜識載、大昌以天官兼經筵、進講禹貢、闕文疑義、疏說甚詳、且多引外國幽奧地理。阜陵頗厭之、宣諭宰執云。六經斷簡闕疑可也。何必強爲之說。且地理既非親歷。雖聖賢有所不知。朕殊不曉其說。想其治銓曹亦如此。旣而補外云云。與自序及陳應行後序所言。殊相乖剌。夫帝王之學與儒者異。大昌講尙書於經筵。不舉唐虞三代之法以資啟沃。而徒炫博奧。此誠不解事理。然以詁經而論。則考證不爲無功。蓋其失在不當於經筵講禹貢。而不在辨定禹貢之山水也。其前論於江水、河水、淮水、漢水、濟水、弱水、黑水皆糾舊傳之誤。後論則專論河水汴水之患。陳振孫譏其身不親歷。烏保其皆無牴牾。亦如孝宗之論。歸有光亦譏其以鳥鼠同穴指爲二山之非。要其援據釐訂。實爲博洽。至今注禹貢者終不能廢其書也。

尙書講義二十卷。永樂大典本

宋史浩撰。浩字直翁。鄞縣人。紹興十四年進士。孝宗爲建王。浩以司封郎中兼直講。卽位後。遷翰林學士知制誥。累官右丞相。致仕。事蹟具宋史本傳。此書宋史藝文志作二十二卷。文淵閣書目、一齋書目、竝載其名。而藏弆家已久無傳本。故朱彝尊經義考亦注云未見。惟永樂大典各韻中尙全錄其文。謹依經文考次排訂。釐爲二十卷。案宋館閣書目云。淳熙十六年正月。太傅史浩進尙書講義二十二卷。詔藏祕府。蓋本當時經進之本。故其說皆順文演繹。頗近經幄講章之體。其說大抵以注疏爲主。參考諸儒。而以己意融貫之。當張浚用兵中原時。浩方爲右僕射。獨持異論。論者責其沮恢復之謀。今觀其解文侯之命一篇。亦極美宣王之勤政復讐。而傷平王之無志恢復。則其意原不以用兵爲非。殆以浚未能度力量時。故不欲僥倖嘗試耶。朱子語類嘗稱史丞相說書亦有好處。如命公後、衆說皆云命伯禽爲周公之後。史云成王旣

歸、周公在後、看公定予往矣一言、便見得周公且在後之意云云。其後命蔡沈訂正書傳、實從浩說。則朱子固於此書有所取。孫應時燭湖集有上史越王書、云書傳多所發明帝王君臣精微正大之蘊、剖抉古今異同偏見、開悟後學心目、使人沛然飽滿者、無慮數十百條。又云、欲以疑義請教者一一疏諸下方。則浩此書實與應時商榷之、亦非率爾苟作矣。

尚書詳解二十六卷、永樂大典本

宋夏僎撰。僎字元肅、號柯山、龍游人。時瀾作是書序、稱其少業是經、妙年擷其英、以掇巍第、則嘗舉進士也。陳振孫書錄解題、稱是書集二孔王蘇陳林程張及諸儒之說、以時瀾序及書中所引參考之、二孔者、安國穎達之傳疏。蘇者、蘇軾書傳。陳者、陳鵬飛書解。林者、林之奇尚書全解。程者、程子書說。張者、張九成尚書詳說。惟王氏瀾序不之及、蓋王雱新經尚書義、諱言之也。然僎雖博采諸家、而取於林之奇者實什之六七、蓋其淵源在是矣。明洪武開初定科舉條式、詔習尚書者竝用夏氏蔡氏兩傳。後永樂中書經大全出、始獨用蔡傳、夏氏之書浸微。亦猶易竝用程朱、後程廢而獨用朱、春秋竝用張胡、後張廢而獨用胡也。今觀其書、視蔡傳固不免少冗。然其反覆條暢、深究詳繹、使唐虞三代之大經大法、燦然明白、究不失爲說書之善本。淳熙間、麻沙劉氏書坊有刻版、世久無傳。今惟存鈔帙、脫誤孔多。浙江采進之本、虞書堯典至大禹謨全闕、周書闕泰誓中泰誓下牧誓三篇、又闕泰誓之末簡。謹以永樂大典參校。惟泰誓永樂大典亦闕、無從校補外、其餘所載、尙竝有全文。各據以補輯、復成完帙。書中文句、則以永樂大典及浙本互校、擇所長而從之。原本分十六卷、經文下多附錄重言重意、乃宋代坊本陋式、最爲鄙淺。今悉刪除、重加釐訂、勒爲二十六卷。

禹貢說斷四卷、永樂大典本

宋傅寅撰。寅字同叔、義烏人。嘗從唐仲友游。仲友稱其職方輿地盡在腹中。是編其所著禹貢圖說也。案朱彝尊經義考、有寅所著禹貢集解二卷、通志堂嘗刊入九經解中。而永樂大典載其書、則題曰禹貢說斷、無集解之名。又經解所刊本稱原闕四十餘簡。今檢永樂大典、不獨所闕咸在、且其五服辨三千餘言、九州辨千數百言、較之原注闕文、多至數倍。又山川總會及九河三江九江四圖、經解俱誤編入程大昌禹貢論中、與其書絕不相比附。而永樂大典獨繫之說斷篇內。蓋當時所見、實宋時原本、足以援據。而經解刊行之本、則已傳寫錯漏、致并書名而竄易之、非其舊矣。書中博引衆說、斷以己意、具有特解、不肎蹈襲前人。其論孟子決汝漢、排淮泗而注之江、爲古溝洫之法、尤爲諸儒所未及、洵卓然能自抒所見者。今取經解刊本與永樂大典互相勘校、補闕正譌、析爲四卷。仍題說斷舊名、而於補闕之起訖、各加注語以別之。庶幾承學之士、得以復見完書焉。

書說三十五卷、內府藏本

宋呂祖謙撰。祖謙有古周易、已著錄。是編文獻通考作十卷、趙希弁讀書附志作六卷、悉與此本不合。蓋彼乃祖謙原書、未經編次、傳鈔者隨意分卷、故二家互異。此本則其門人時瀾所增脩也。原書始洛誥、終秦誓、其召誥以前、堯典以後、則門人雜記之語錄、頗多俚俗。瀾始刪潤其文、成二十二卷。又編定原書爲十三卷、合成是編。王應麟玉海云、林少穎書說至洛誥而終、呂成公書說自洛誥而始。蓋之奇受學於呂居仁、祖謙又受學於之奇。本以終始其師說爲一家之學、而瀾之所續、則又終始祖謙一人之說也。瀾、婺州清江人。厲鶚宋詩紀事收其詩一篇、而不能舉其仕履。考周必大平園集有祭瀾文、稱從政郎差充西外睦宗院宗學教授、而瀾自序則稱以西邸文學入三山監丞、蓋作是書時爲監丞、其後則以教授終也。吳師道曰、清江時鑄字壽卿、呂成公同年進士、與弟鏜、率羣從子弟十餘人悉從公遊。若澐、若瀾、若溉、尤時氏之秀。成公輯書說、瀾以平昔所聞纂成之。今所行書傳是也。然則是書一名爲書傳矣。又朱彝尊經義考、是書三十五卷之外、又別出時瀾增修書說三十卷、竝注曰存。今三十卷者未見、不知所據何本也。

尚書說七卷、內府藏本

宋黃度撰。度字文叔、號遂初、新昌人。紹興間登進士。寧宗時爲御史、嘗劾韓侂冑誤國、又劾內侍楊舜卿陳源、又奏吳曦必反、以正直稱。累官禮部尚書、龍圖閣學士、謚宣獻。事蹟具宋史本傳。陳振孫書錄解題稱其篤學窮經、老而不倦、晚年制閫江淮、著述不輟、時得新意、往往晨夜叩書塾、爲友朋道之。其勤摯如此。所注有書說、詩說、周禮說。詩與周禮說今佚、惟書說僅存。此本乃明呂光洵與唐順之所校。前有光洵序、述度始末甚詳。當度之時、吳棫書裨傳始出、未爲世所深信、尚不知孔安國傳出於梅賾託名。故度作是編、其訓詁一以孔傳爲主。然梅賾當東晉之初、去古未遠、先儒舊義往往而存。注尚書者要於諸家爲最古、度依據其文、究勝後來之臆解。至於推論三代興衰治亂之由、與夫人心道心精一、執中安止惟幾、綏猷協一、建中建極諸義、亦皆深切著明。以義理談經者固有取焉。

五誥解四卷、（永樂大典本）

宋楊簡撰。簡有慈湖易傳、已著錄。昔韓愈稱周誥殷盤、佶屈聱牙。宋儒如呂祖謙書說、亦先釋周誥而後及虞夏商書。蓋先通其難通者、則其餘易於究尋。簡作是書、惟解康誥以下五篇、亦是意也。簡受學於陸九淵、好舉新民保赤之政、推本於心學。又當宇說盛行之後、喜穿鑿字義、爲新奇之論。措辭亦迂曲委重、未能暢所欲言。然如康誥言惠不惠、懋不懋、則歸重於君身。服念旬時、則疑孔傳三月爲過久。酒誥厥心疾很、指民心而言。召誥顧畏于民碞、謂民愚而神可畏如碞險。洛誥公無困哉、謂困有倦勤之意。皆能駁正舊文、自抒心得。至如先卜黎水、用鄭康成顧虎之說。封康叔時未嘗洛邑、用蘇氏書傳之說。復子明辟之訓詁、圻父薄違之句讀、用王氏書義之說。又能兼綜羣言、不專主一家之學矣。此書世久失傳。文淵閣書目作一冊。焦竑經籍志作一卷。朱彝尊經義考以爲未見。今從永樂大典各韻中案條薈萃、唯闕梓材一篇、餘皆章句完善。謹依經文前後、釐爲四卷。

絜齋家塾書鈔十二卷、（永樂大典本）

宋袁燮撰。燮字和叔、絜齋其自號也、鄞縣人。淳熙辛丑進士、官至顯謨閣學士、諡正獻。事蹟具宋史本傳。燮之學出陸九淵。是編大旨在於發明本心、反覆引申、頗能暢其師說。而於帝王治蹟、尤參酌古今、一一標舉其要領。王應麟發明洛閩之學、多與金谿殊軌。然於燮所解儆誡無虞諸條、特采入困學紀聞中。蓋其理至足、則異趣者亦不能易也。其書宋史藝文志作十卷。陳振孫書錄解題稱爲燮子喬錄其家庭所聞、至君奭而止。則當時本未竟之書、且非手著。紹定四年、其子甫刻置象山書院。蓋重其家學、不以未成完帙而廢之。明葉盛菉竹堂書目尚存其名、而諸家說尚書者罕聞引證。知傳本亦稀、故朱彝尊作經義考注云未見。今聖代博采遺編、珍笈祕文、罔不畢出、而竟未睹是書之名。則其佚久矣。謹從永樂大典所載、採輯編次、俾復還舊觀。以篇帙稍繁、釐爲一十二卷。蠹殘賸簡、復顯於湮沒之餘、亦可云燮之至幸矣。喬字崇謙、嘗爲溧陽令。與燮相繼而卒、未顯於世。故宋史但有其弟甫傳、而不立喬傳。據眞德秀所作燮行狀、稱燮有子四人、喬其伯子、甫則其叔子云。

書集傳六卷、（通行本）

宋蔡沈撰。沈字仲默、號九峯、建陽人、元定之子也。事蹟附載宋史元定傳。慶元己未、朱子屬沈作書傳。至嘉定己巳、書成。（案此據自序年月。眞德秀作沈墓誌、稱數十年然後克成、蓋誤衍一數字。）淳祐中、其子杭表進於朝、稱集傳六卷、小序一卷、朱熹問答一卷、繕寫成十二冊。其問答一卷久佚。董鼎書傳纂注、稱淳祐經進本、錄朱子與蔡仲默帖、及語錄數段、今各類入綱領輯錄內。是其文猶散見於鼎書中、其條目則不復可考。小序一卷、沈亦逐條辨駁、如朱子之攻詩序。今其文猶存、而書肆本皆削去不刊。考朱升尚書旁注、稱古文書序自爲一篇、孔注移之、各冠篇首。蔡氏刪之而置於後、以存其舊、蓋朱子所授之旨。（案陳振孫書錄解題載朱子書古經四卷、序一卷、則此本乃朱子所定、先有成書。升以爲所授之旨、蓋偶未考。）是元末明初、刊本尚連小序。然宋史藝文志所著錄者亦止六卷、則似自宋以來、即惟以集傳單行矣。元何異孫十一經問對、稱吉州所刊蔡傳、仍以書序置之各篇、初不害其爲蔡傳。蓋一家之版本、非通例也。沈序稱二典三謨經朱子點定。然董鼎纂注於正月朔旦條下注曰、朱子親集書傳、自孔序止此。其他大義、悉口授蔡氏、併親稾百餘段、俾足成之。則大禹謨猶未全竣。序所云二典三謨、特約舉之辭。鼎又引陳櫟之言曰、（案櫟此條不載所作書傳纂疏中、蓋其書傳折衷之文也。）朱子訂傳原本有曰正月、次年正月也。神宗、說者以爲舜祖顓頊而宗堯、因以神宗爲堯廟。未知是否。如帝之初等、蓋未嘗質言爲堯廟。今本云云、其朱子後自改乎、抑蔡氏所改乎。則序所謂朱子點定者、亦不免有所竄易。故宋末黃景昌等各有正誤辨疑之作。陳櫟、董鼎、金履祥皆篤信朱子之學者、而櫟作書傳折衷、鼎作書傳纂注、履祥作尚書表注。斷斷有辭。明洪武中修書傳會選。改定至六十六條。

國朝

欽定書經傳說彙纂。亦多所考訂釐正。蓋在朱子之說尚書。主於通所可通。而闕其所不可通。見於語錄者不啻再三。而沈於殷盤周誥。一一必求其解。其不能無憾也固宜。然其疏通證明。較為簡易。且淵源有自。大體終醇。元與古注疏竝立學官。見元史選舉志。而人置注疏。肆此書。明與夏僎解竝立學官。見楊慎丹鉛錄。而人亦置僎解。肄此書。固有由矣。

尚書精義五十卷。永樂大典本

宋黃倫撰。宋史藝文志載有是書十六卷。陳振孫書錄解題亦著於錄。稱為三山黃倫彝卿所編。知為閩人。此本前有余氏萬卷堂刊行小序。稱為釋褐黃君。則又嘗舉進士。然閩書及福建通志已均不載其名。其仕履則莫能詳矣。其刊書之余氏亦不知何時人。案岳珂九經三傳沿革例。稱世所傳九經本。以興國于氏及建安余仁仲本為最善。又林之奇尚書全解。亦惟建安余氏刊本獨得其眞。見之奇孫畊所作跋語中。此當即所稱余氏。當即其人。是在宋時坊刻中猶為善本也。其書薈萃諸說。依經臚載。不加論斷。間有同異。亦兩存之。其所徵引。自漢迄宋。亦極賅博。惟編次不以時代。每條皆首列張九成之說。似即本九成所著尚書詳說而推廣之。故陳振孫頗疑其出於偽託。然九成詳說之目。僅見宋志。久經湮晦。即使果相沿襲。亦未嘗不可藉是書以傳九成書也。其他如楊氏繪顧氏臨周氏範李氏定司馬氏光張氏沂上官氏公裕王氏日休王氏當黃氏君愈顏氏復胡氏伸王氏安石王氏雱張氏綱孔氏武仲孔氏文仲陳氏鵬飛孫氏覺朱氏震蘇氏洵吳氏孜朱氏正大蘇氏子才等。當時著述。竝已散佚。遺章賸句。猶得存什一於是編。體裁雖稍涉氾濫。其裒輯之勤。要亦未可盡沒矣。其書傳本久絕。朱彝尊經義考亦曰已佚。今從永樂大典各韻中採掇編綴。梗概尚存。惟永樂大典之例。凡諸解已見前條者。他書再相援引。則僅注某氏曰見前字。其為全錄摘錄。無由考校。今亦不復補錄。姑就所現存者釐訂成帙。分為五十卷。存宋人書說之梗概。備援證焉。

尚書詳解五十卷。編修汪如藻家藏本

宋陳經撰。經字顯之。一云字正甫。安福人。慶元中登進士第。官至奉議郎泉州泊幹。所著有詩講義存齋語錄諸書。已佚不傳。是編宋史藝文志作五十卷。今鈔帙僅存。檢勘卷目。猶為完本。寧宗之世。正蔡氏傳初出之時。而此書多取古注疏。或閒參以新意。與蔡氏頗有異同。每援後世之事。以證古經。蓋趙岐注孟子已有此例。無庸以駁雜為嫌。惟如解說築傳巖。引伊川訪董五經事之類。稍為汎濫。當分別觀之。至於論舜放四凶。云欲安其居止。俾無所憂愁。則欲明先王愛物之心。轉失聖人懲惡之義。頗有未協。又自序稱今日語諸友以讀此書之法。當以古人之心求古人之書。吾心與是書相契而無閒。然後知典謨訓誥誓命皆吾胸中之所有。亦吾日用之所能行云云。尤近於陸九淵六經注我之說。殆傳金谿之學派者。亦不可立訓。然其句櫛字比。疏證詳明。往往發先儒所未發。實可與林之奇夏僎諸家相為羽翼。固無庸拘蔡氏之學。執一格以相繩焉。

融堂書解二十卷。永樂大典本

宋錢時撰。時字子是。淳安人。受學於楊簡。嘉熙中以丞相喬行簡薦。授祕閣校勘。遷史館檢閱。案時兩漢筆記之前。載有尚書省劄。列時所著諸書。有尚書啟蒙。又載嚴州進狀。則稱尚書演義。同時案牘之文。已自相違異。永樂大典所載。則皆題錢時融堂書解。其名又殊。然永樂大典皆據內府宋本採入。當必無誤。朱彝尊經義考以尚書演義著錄。蓋未睹中祕書也。舊本久佚。今采掇裒輯。重為編次。惟伊訓梓材泰誓三篇全佚。說命呂刑亦閒有闕文。餘尚皆篇帙完善。不失舊觀。時之意。主表章書序。每篇之首。皆條具大旨。其說書之序。則參考史記。核其時事。以釋篇題。復采經典釋文史記集解史記索隱所引馬融鄭康成說。引伸其義。雖因仍舊說。不知書序非詩序之比。未免稍失考證。然用意則可謂精勤。所解如義和曠厥職。則本諸蘇軾。康叔封衛在成王時。則仍用孔安國傳。康王之誥。則兼采張九成書說。不專主一家之學。至以泰誓為告西岐師旅。牧誓為告遠方諸侯。皆不傍前人。自抒心得。又謂武成本無脫簡。前為武王告師之辭。後為史臣紀事之體。康誥首節。以周公初基定為東都營洛邑。封康叔以撫頑民。不當移置於洛誥。尤為不惑於曲說。亦宋人經解中之特出者也。其書省劄進狀皆不著卷數。經義考作八卷，未知何據。今以篇帙頗繁，謹約略離析，勒爲二十卷。

洪範統一一卷（永樂大典本）

宋趙善湘撰。善湘字清臣，濮安懿王五世孫。仕至資政殿大學士，封文水郡公，贈少師。事蹟具宋史本傳。據其子汝楳周易輯聞序，善湘於易學用力至深，而所著書五種皆不傳。此書藏弆之家亦罕著錄，故朱彝尊經義考注曰未見。今從永樂大典繕錄，復爲完編。書成於開禧時。宋史謂之洪範統論，文淵閣書目又作統紀。今據善湘謂漢儒解傳祇以五事庶徵爲五行之驗，而五行八政謂疇散而不知所統，徵引事應，語多傅會，因宋歐陽修唐志、蘇洵洪範圖論遺意，定皇極爲九疇之統。每疇之中，如五行則水火木金皆統於土，五事則貌言視聽皆統於思，得其統而九疇可一以貫之矣云云，則永樂大典題曰洪範統一，爲名實相應矣。考朱子與陸九淵論皇極之義，往復辨難，各持一說。此書以大中釋皇極，本諸注疏，與陸氏合。復謂九疇皆運於君心，發爲至治，又合於朱子建極之旨。蓋能通懷彼我，兼取兩家之說者。生當分朋講學之時，而超然不預於門戶，是難能也。

尚書要義十七卷序說一卷（浙江鄭大節家藏本）

宋魏了翁撰。了翁謫居靖州時，著九經要義，凡二百六十三卷，皆摘注疏中精要之語，標以目次，以便簡閱。其周易要義已著錄。此其所摘尚書注疏也。孔安國傳本出依託，循文衍義，無大發明，亦無大瑕纇。故宋儒說詩排小序，說春秋排三傳，而說書則不甚排孔氏。孔穎達正義雖詮釋傳文，不肯稍立同異，而原原本本，考證粲然。故朱子語錄亦謂尚書名物典制當看疏文。然尚書文既聱牙，注疏又復浩汗，學者卒業爲艱。了翁汰其冗文，使後人不病於蕪雜，而一切考證之實學已精華畢擷，是亦讀注疏者之津梁矣。是書傳寫頗稀，此本有曠翁手識一印、山陰祁氏藏書一印、澹生堂經籍記一印，猶明末祁彪佳家所藏也。原目二十卷中，第七卷第八卷第九卷並佚，無別本可以校補，今亦姑仍其闕焉。

尚書集傳或問二卷（內府藏本）

宋陳大猷撰。自序稱既集書傳，復因同志問難，記其去取曲折以成此編，則此編本因集傳而作。今集傳已佚，存者惟此兩卷。朱彝尊經義考引張雲章之言，謂大猷東陽人，登紹定二年進士（案紹定刻本誤紹興，今改正），由從仕郎歷六部架閣，著尚書集傳。又有都昌陳大猷者，號東齋，饒雙峰弟子，著書傳會通，仕爲黃州軍州判官，乃陳澔之父，與東陽陳氏實爲兩人。彝尊附辨其說，則謂鄱陽董氏書傳纂注列引用姓氏，於陳氏書集傳特注明東齋字，未可定集傳爲東陽陳氏之書，而非都昌陳氏之書。納喇性德作是書序，則仍從雲章之說。案董鼎書傳纂注所引，其見於輯錄者有東齋書傳、復齋集義。其見於纂注者，則一稱復齋陳氏，仍連其號；一稱陳氏大猷，惟舉其名。（案是書標氏標名，例不畫一，大抵北宋以前皆稱某氏，南宋以後則入朱子學派者稱某氏，不入朱子學派者雖王十朋、劉一止皆稱其名。）所列大猷諸說，此書不載，蓋皆集傳之文。惟甘誓怠棄三正一條，採用此書，亦稱陳氏大猷，則所謂陳氏大猷者，卽此人，而非東齋矣。又此書皆論集傳去取諸說之故，與朱子四書或問例同。董鼎書於禹貢冀州引東齋書傳一條，謂與蔡氏傳所論梁州錯法不合，然蔡亦似未的云云。於此書之例當有辨定，而書中不一及之，知其集傳中無此條矣。且此陳大猷爲理宗初人，故所引諸家僅及蔡沈而止。其稱朱子曰朱氏晦菴，持論頗示異同。至論堯典敬字一條，首舉心之精神謂之聖，此孔叢子之語，而楊簡標爲宗旨者，其學出慈湖，更無疑義。若都昌陳大猷乃開慶元年進士（見其子澔禮記集說序），當理宗之末年，時代既後，又大猷受業饒魯，魯受業黃榦，榦受業朱子，淵源相接，尊朱子若神明，而視楊氏若敵國，安有是語哉。彝尊蓋偶見董鼎注東齋字，而未及核檢其書也。今參考諸說，仍定爲東陽陳大猷之書，著於錄焉。

尚書詳解十三卷（內府藏本）

宋胡士行撰。士行，廬陵人，官臨江軍軍學教授。是編焦竑國史經籍志作書集解，朱彝尊經義考又作初學尚書詳解，稱名互異，其實一書也。其解經多以孔傳爲主，而存異說於後。孔傳有未善，則引楊時、林之奇、呂祖謙、夏僎諸說補之。諸說復有所未備，則以己意解之。堯典星辰之伏見列爲四圖，以驗分至。洪範初一曰五行，則補繪太極圖以釋初字，見五行生尅之有本。雖皆根據舊說，要能薈萃以成一家言，猶解經之篤實者也。所引漢晉人訓詁間有異字，如益稷篇引鄭康成云，黹，紩也，紩以爲繡也、與注疏所載不同。凡斯之類、亦見其留心古義、不但空談名理矣。

尚書表注二卷、兩江總督採進本、

宋金履祥撰。履祥字吉父、號仁山、蘭谿人。從學於王柏。德祐初、以史館編修召。不赴。入元、隱居教授以終。事蹟具元史儒學傳。初、履祥作尚書注十二卷。柳貫所撰行狀、稱早歲所著尚書章釋句解、已有成書是也。朱彝尊經義考稱其尚存、今未之見。惟此書刻通志堂經解中。前有自序、稱擺脫衆說、獨抱遺經、復讀玩味、爲之正句畫段、提其章旨、與其義理之微、事爲之概。考正文字之誤、表諸四闌之外。蓋其晚年定本也。其書於每頁之上下左右、細字標識、縱橫錯落、初無行款、於古來著經之家別爲一體。大抵摭拾舊說、折衷己意、與蔡沈集傳頗有異同。其徵引伏氏孔氏文字同異、亦確有根原。所列作書歲月、則與所作通鑑前編悉本胡宏皇王大紀。參考後先、雖未必一一盡確、然要非盡無據而作也。至於過爲高論、求異先儒、如欲以康誥之敘冠於梓材篇首、謂前爲周公咸勤之事、後卽洪大誥治之文、集庶邦則營東都以均四方朝貢之道里、先後迷民則所謂毖殷遷洛以密邇王化、其說甚辨。而於篇首王曰封三字、究無以解、因復謂王字當作周公、封字因上篇酒誥而衍、則未免於竄改經文以就己意矣。是則其瑜不掩瑕者也。

欽定四庫全書總目卷十一

欽定四庫全書總目卷十二

經部十二

書類二

書纂言四卷、內府藏本、

元吳澄撰。澄有易纂言、已著錄。是編其書解也。古文尚書自貞觀敕作正義以後、終唐世無異說。宋吳棫作書裨傳、始稍稍掊擊。朱子語錄亦疑其僞、然言性言心言學之語、宋人據以立教者、其端皆發自古文、故亦無肎輕議者。其考定今文古文、自陳振孫尚書說始。其分編今文古文、自趙孟頫書古今文集注始。其專釋今文、則自澄此書始。自序謂晉世晚出之書、別見於後。然此四卷以外、實未釋古文一篇。朱彝尊經義考以爲權詞、其說是也。考漢代治尚書者、伏生今文傳爲大小夏侯歐陽三家。孔安國古文別傳都尉朝庸生胡常、自爲一派。是今文古文本各爲師說。澄專釋今文、尚爲有合於古義、非王柏詩疑舉歷代相傳之古經、肆意刊削者比。惟其顚倒錯簡、皆以意自爲、且不明言所以改竄之故、與所作易纂言體例迥殊、是則不可以爲訓。讀者取所長而無效所短、可矣。

尚書集傳纂疏六卷、兩江總督採進本、

元陳櫟撰。櫟字壽翁、號定宇、休寧人。宋亡之後、隱居三十八年。至延祐甲寅、年六十三、復出應試、中浙江鄉試。以病不及會試。越二年、上書干執政、不報。遂終於家、年八十有三。事蹟具元史儒學傳。董鼎書傳纂注所稱新安陳氏、卽其人也。是編以疏通蔡傳之意、故命曰疏。以纂輯諸家之說、故命曰纂。又以蔡傳本出朱子指授、故第一卷特標朱子訂正之目。每條之下、必以朱子之說冠於諸家之前。間附己意、則題曰愚謂以別之。考櫟別有書說折衷、成於此書之前、今已散佚。惟其序尚載定宇集中、稱朱子說書、通其可通、不强通其所難通、而蔡氏於難通罕闕焉。宗師說者固多、異之者亦不少。予因訓子、遂掇朱子大旨及諸家之得經本義者、句釋於下。異同之說、低一字折衷之。則櫟之說書、亦未嘗株守蔡傳。而是書之作、乃於蔡傳有所增補、無所駁正、與其舊說迥殊。自序稱聖朝科舉興行、諸經四書一是以朱子爲宗、書宗蔡傳、固亦宜然云云。蓋延祐設科以後、功令如斯、故不敢有所出入也。

讀書叢說六卷、浙江吳玉墀家藏本、

元許謙撰。謙字益之、金華人。延祐中以講學名一時、儒者所稱白雲先生是也。事蹟具元史儒學傳。自蔡沈書集傳出、解經者大抵樂其簡易、不復參考諸書。謙獨博覈事實、不株守一家、故稱叢說。如蔡氏釋堯典本張子天左旋、處其中者順之少遲則反右之說。不知左旋者東西旋、右旋者南北旋、截然殊致、非以遲而成右也。日東出西沒、隨大氣而左、以成晝夜、非日之自行。其自行則冬至後由南斂北、夏至後由北發南、以成寒暑。月之隨大氣而左、及其自行亦如之。謙雖不能盡攻其失、然七政疑一條、謂七政與天同西行、恐錯亂紛雜、泛然無統、可謂不苟同矣。舊說洛誥我乃卜澗水東瀍水西爲王城、據召誥洛誥、周公皆乙卯至洛、在召公得卜經營攻位五日位成之後、是王城無庸再卜。謙謂此時王城已定、但卜處殷民之地、故先河朔黎水、以近殷舊都、民遷之便。次及澗東瀍西、次及瀍東、皆以洛與此地相對定墨、而皆惟洛食。瀍澗流至洛、所經已遠、不知周公所卜者何處。又呂刑稱惟作五虐之刑曰法、爰始淫為劓刵椓黥、舊說以為其刑造自有苗。謙謂苗乃專以刑為治國之法、乃始過用其刑、非創造刑也。如此之類、亦頗不為習聞所囿。至於說六律五聲、漫錄律呂新書。說唐虞之脩五禮、漫錄周官大宗伯之文。說酒誥太史內史、漫錄周官太宰六典八灋八則八柄之文。殊屬泛衍。書內載其師金履祥說為多、卷首書紀年一篇、即據履祥通鑑前編起算。其閒得失雜出、亦不盡確。然宋末元初說經者多尚虛談、而謙於詩考名物、於書考典制、猶有先儒篤實之遺、是足貴也。其書與詩名物鈔、四書叢說並刊於至正六年、其版久佚。此本為浙江吳玉墀家所藏、其第二卷中脫四頁、第三卷中脫兩頁、第五卷第六卷各脫四頁、勘驗別本、亦皆相同。今亦無從校補、姑仍其舊焉。

尚書輯錄纂注六卷、內府藏本

元董鼎撰。鼎字季亨、鄱陽人。朱子之學授於黃榦、鼎族兄夢程嘗從榦游、鼎又從夢程聞緒論、故自敘謂得朱子之再傳。是編雖以蔡沈集傳為宗、而集傳之後續以朱子語錄及他書所載朱子語、謂之輯錄。又採諸說之相發明者附列於末、謂之纂注。自序稱集傳既為朱子所訂定、則與自著無異。又稱薈萃成朱子之一經、則仍以朱子為主也。考蔡沈書集傳序、惟稱二典三謨嘗經先生點定。故陳櫟作書集傳纂疏、惟虞書首標朱子、而夏書以下則不然。其凡例曰、首卷有朱子訂定四字、不忘本也。自二卷起去四字、紀實也。吳澄作是書序、亦稱朱子訂定蔡傳僅至百官若帝之初而止。此書大禹謨正月朔旦條下、鼎併附注其說、是鼎於此書源委本自分明。其稱集傳為朱子所訂定、似未免假借。然澄序又稱集傳自周書洪範後寖覺疎脫、師說甚明而不用者有焉。疑其著述未竟而人為增補、或草稾初成而未及脩改。所舉金縢召誥洛誥諸條、皆顯相舛異。又稱鼎作是書、有同有異、俱有所裨。如解西伯戡黎則從吳棫、解多士則從陳櫟、解金縢則兼存鄭孔二義、不以蔡傳之從鄭為然云云。然則鼎於集傳蓋不免有所未愜。恐人以源出朱子為疑、故特引朱子之說補其闕失。其舉集傳歸之朱子、猶曰以朱翼朱、則不以異蔡為嫌耳。非其考之不審也。

尚書通考十卷、江西巡撫採進本

元黃鎮成撰。鎮成字元鎮、邵武人。以薦授江南儒學提舉、未上而卒。其書徵引舊說、以考四代之名物典章、亦閒附以論斷、頗為詳備。其中如論閏月而牽及後代司天之書、論律而旁引京房之法、論樂而臚陳自漢至宋之樂名、皆與經義無關、失之汎濫。其他四仲五品五教九疇六府三事之類、皆經有明文、而復登圖譜、別無發明、亦為冗瑣。又全書皆數典之文、而曰若稽古一條獨參訓詁、尤為例不純。似乎隨筆記錄之稾、未經刊潤成書者。然書本以道政事、而儒者以大經大法為麤蹟、類引之而言心。王應麟困學紀聞曰、仲虺之誥、言仁之始也。湯誥、言性之始也。太甲、言誠之始也。說命、言學之始也。然則刪書錄此四篇、果僅因此四語乎。鎮成此編、雖頗嫌蕪雜、然猶為以實用求書、不以空言求書者。其自序有曰、求帝王之心易、考帝王之事難、可謂知說經難易之故矣。

書蔡傳旁通六卷、兩江總督採進本

元陳師凱撰。師凱家彭蠡、故自題曰東匯澤。其始末則不可得詳。此書成於至治辛酉、以鄱陽董鼎尚書輯錄纂注本以羽翼蔡傳、然多採先儒問答、斷以己意、大抵辨論義理、而於天文地理律歷禮樂兵刑龜策河圖洛書道德性命官職封建之屬、皆在所略。遇傳文片言之賾、隻字之隱、讀者不免囁嚅齟齬。因作是編、於名物度數蔡傳所稱引而未詳者、一一博引繁稱、析其端委。其蔡傳歧誤之處、則不復糾正。蓋如孔穎達諸經正義、主於發揮注文、不主於攻駁注文也。然不能以回護注文之故廢孔氏之疏、則亦不能以回護蔡傳之故廢師凱之書矣。知其有所遷就、而節取所長可也。

讀書管見二卷、兩江總督採進本

元王充耘撰。黃虞稷千頃堂書目稱充耘字與耕、而原序及梅鷟跋並稱耕野、疑虞稷誤也。吉水人。元統甲戌進士、授承務郎、同知永新州事。後棄官養母、著書授徒、因成是編。所說與蔡氏多異同。其中如謂堯典乃舜典之緣起、本為一篇、故曰虞書。

謂九族既睦，既當訓盡；謂象以典刑爲各象其罪而加之，非垂象之意；謂同爲逆河以海潮逆入而得名，皆非故爲異說者。至於洪範錯簡之說，伊訓改正不改月之辨，尚未能糾正。所附周不改月惟魯史改月一條，尤爲强辭。大醇小疵，別白觀之可也。又禹貢篇嶧陽孤桐一條，語不可解。梅鷟跋稱此書得之西皋王氏，寫者草草，其末尤甚。此條疑亦當時所訛脫。今無別本可校，姑仍其舊焉。

書義斷法六卷　浙江巡撫採進本

元陳悅道撰。其自題曰鄒次，不知何許人。書首冠以科場備用四字，蓋亦當時坊本爲科舉經義而設者也。其書不全載經文，僅摘錄其可以命題者，載之逐句詮解，各標舉作文之竅要。蓋王充耘書義矜式如今之程墨，而此書則如今之講章。後來學者揣摩擬題，不讀全經，實自此濫觴。錄而存之，知科舉之學流爲剽竊，已非一朝一夕之故，猶易類錄王宗傳，禮類錄俞廷椿，著履霜堅冰，其來有漸，不可不紀其始也。書末原附作義要訣一卷，爲新安倪士毅所輯，分冒題、原題、講題、結題四則，又作文訣數則，尙具見當日程式，以世有別本，且論文之作不可附麗於經部，故著錄於詩文評類，而此則從刪焉。

尚書纂傳四十六卷　兩江總督採進本

元王天與撰。天與字立大，梅浦人。大德二年以薦授臨江路儒學教授，蓋天與爲贛州路先賢書院山長時，憲使臧夢麟以是書申臺省，得聞於朝，故有是命也。是書雖以孔安國傳、孔穎達疏居先，而附以諸家之解，其大旨則以朱子爲宗，而以眞德秀說爲羽翼。蓋朱子考論羣經，以書屬蔡沈，故天與以蔡氏傳爲據。德秀則書說精義以外，復有大學衍義一書，所言與虞夏商周之大經大法多相出入，故天與亦備采之。其注疏或刪或存，亦以二家之說爲斷。自序所謂期與二先生合而已，不敢以私意去取，蓋道其實也。所說於名物訓詁多有闕略，而闡發義理則特詳，亦王元杰春秋讞義之流亞也。

尚書句解十三卷　兩江總督採進本

元朱祖義撰。祖義字子由，廬陵人。於諸經皆有句解，今多散佚，惟此書僅存。考元史選舉志，延祐中定經義取士之制，尙書以古注疏及蔡沈集傳爲宗，故王充耘書義矜式尙兼用孔傳。迨其末流，病古注疏之繁，而蔡傳遂獨立於學官。業科舉者童而習之，莫或出入。祖義是書，專爲啓迪幼學而設，故多宗蔡義，不復考證舊文。於訓詁名物之間，亦罕所引據。然隨文詮釋，辭意顯明，使殷盤周誥詰屈聱牙之句，皆可於展卷之下了然於心口。其亦古者離經辨志之意歟。以視附會穿鑿，浮文妨要，反以晦蝕經義者，此猶有先儒篤實之遺矣，亦未可以其淺近廢也。

書傳會選六卷　浙江朱彝尊家曝書亭藏本

明翰林學士劉三吾等奉敕撰。案蔡沈書傳雖源出朱子，而自用己意者多。當其初行，已多異論。宋末元初，張葆舒作尚書蔡傳訂誤，黃景昌作尚書蔡氏傳正誤，程直方作蔡傳辨疑，余芑舒作讀蔡傳疑，遞相詰難。及元仁宗延祐二年，議復貢舉，定尚書義用蔡氏，於是葆舒等之書盡佚不傳。陳櫟初作書傳折衷，頗論蔡氏之失。迨法制既定，乃改作纂疏，發明蔡義，而折衷亦佚不傳。其自序所謂聖朝科舉興行，書宗蔡傳，固亦宜然者，蓋有爲也。至明太祖始考驗天象，知與蔡傳不合，乃博徵績學，定爲此編。凡蔡傳之合者存之，不預立意見以曲肆詆排；其不合者則改之，亦不堅持門戶以巧爲回護。計所糾正凡六十六條。祝允明枝山前聞載其劄示天下者，惟堯典注日月左旋、洪範注相協厥居二條，舉大凡耳。顧炎武日知錄曰：此書謂天左旋，日月五星違天而右旋，主陳氏祥道。高宗肜日謂祖庚繹於高宗之廟，主金氏履祥。西伯戡黎謂是武王，亦主金氏。惟周公誕保文武受命惟七年謂周公輔成王之七年，主張氏、陳氏，皆不易之論。又如禹貢厥賦貞主蘇氏軾，謂賦與田正相當。涇屬渭汭主孔傳，水北曰汭。太甲自周有終主金氏，謂周當作君。多方不克開於民之麗主葉氏，惟金縢周公居東駁孔氏以爲東征，非是。至洛誥又取東征之說，自相牴牾耳。每傳之末，繫以經傳音釋，於字音字體字義辨之甚悉。其傳中用古人姓氏、古書名目，必具出處，兼亦考正典故，蓋宋元以來諸儒之規模猶在，而其爲此書者皆自幼爲務本之學，非由八股發身之人，故所著之書雖不及先儒，而尙有功於後學云云。以炎武之淹博絕倫，罕所許可，而其論如是，則是書之足貴可略見矣。閻若璩尙書古文疏證因禹貢注中瀠水至復州竟陵境者一語誤者字爲來字遂肆毒詈非篤論也考明太祖實錄與羣臣論蔡傳之失在洪武十年三月其詔脩是書則在二十七年四月丙戌而成書以九月己酉僅五閱月觀劉三吾敘稱臣三吾備員翰林屢嘗以其說上聞皇上允請乃詔天下儒士倣石渠白虎故事與臣等同校定之則是十七年間三吾已考證講求先有定見特參稽衆論以成之耳惟實錄所載纂脩諸臣姓名與此本卷首所列不符朱彝尊經義考謂許觀景清盧原質戴德彝等皆以死建文之難剷去其說是已然胡季安門克新王俊華等十一人何以倂剷且靳觀吳子恭朱麟三人此書所不載又何以增入蓋永樂中重脩太祖實錄其意主於誣惠宗君臣以罪明靖難之非得已耳其餘草草非所注意故舛謬百出不足爲據此書爲當時舊本當以所列姓名爲定可也

書傳大全十卷通行本

明胡廣等奉敕撰書以蔡沈集傳爲主自延祐貢舉條格已然元制猶兼用古注疏故王充耘書義程式得本孔傳立義也明太祖親驗天象知蔡傳不盡可據因命作書傳會選參考古義以糾其失頒行天下是洪武中尚不以蔡傳爲主其尚主蔡傳定爲功令者則始自廣等是其書雖不似詩經大全之全鈔劉瑾詩傳通釋春秋大全之全鈔汪克寬胡傳纂疏而實非廣等所自纂故朱彝尊經義考引吳任臣之言曰書傳舊爲六卷大全分爲十卷大旨本二陳氏二陳氏者一爲陳櫟尚書集傳纂疏一爲陳師凱書蔡傳旁通纂疏皆墨守蔡傳旁通則於名物度數考證特詳雖同護蔡傳之處在所不免然大致較劉氏說詩汪氏說春秋爲有根柢故是書在五經大全中尙爲差勝云

尚書考異五卷浙江范懋柱家天一閣藏本

明梅鷟撰鷟有古易考原已著錄是編辨正古文尚書其謂二十五篇爲皇甫謐所作蓋據孔穎達疏引晉書皇甫謐傳案穎達作正義時今本晉書尙未成此蓋臧榮緒晉書之文稱謐姑子外弟梁柳得古文尚書故作帝王世紀往往載孔傳五十八篇之書云云然其文未明未可據爲謐作之證至謂孔安國序并增多之二十五篇悉雜取傳記中語以成文則指摘皆有依據又如謂瀍水出谷城縣兩漢志並同晉始省谷城入河南而孔傳乃云出河南北山積石山在西南羌中漢昭帝始元六年始置金城郡而孔傳乃云積石山在金城西南孔安國卒於漢武時載在史記則猶在司馬遷以前安得知此地名乎其爲依託尤佐證顯然陳第作尚書疏衍乃以譸張爲幻詆之過矣明史藝文志不著錄朱彝尊經義考作一卷此本爲范懋柱家天一閣所藏不題撰人姓名而書中自稱鷟案則出鷟手無疑原稾未分卷數而實不止於一卷今約略篇頁釐爲五卷鷟又別有尚書譜大旨略同而持論多涉武斷故今別存其目不復錄焉

尚書疑義六卷浙江范懋柱家天一閣藏本

明馬明衡撰明衡字子萃莆田人正德甲戌進士官至監察御史事蹟附見明史朱淛傳是編成於嘉靖壬寅前有自序云凡於所明而無疑者從蔡氏其有所疑於心而不敢苟從者輒錄爲篇書中如六宗從祭法輯五瑞謂是朝衆之常非爲更新立異洪範日月之行取沈括之說於金縢頗有疑辭皆能參酌衆說不主一家非有心與蔡立異者惟三江必欲連震澤而於所其無逸之所字亦不從蔡傳則未免意見之偏又往往闌入時事亦稍失解經體例蓋不免醇駁互存然明人經解冗濫居多明衡是編猶能研究於古義固不以瑕掩瑜也明史稱閩中學者率以蔡淸爲宗至明衡獨受業於王守仁閩有王氏學自明衡始考明衡當嘉靖三年世宗尊所生而薄所後於興國太后誕節詔命婦入賀於慈壽皇太后誕辰乃詔免朝賀盈庭附和新局而明衡惓惓故君與朱淛力爭皆遭禍幾殆坐是終身廢棄可謂不愧於經術更不必以門戶之見論是書之醇疵矣

尚書日記十六卷浙閩總督採進本

明王樵撰樵有周易私錄已著錄茲編不載經文惟案諸篇原第以次詮釋大旨仍以蔡傳爲宗制度名物蔡傳所未詳者則採舊說補之又取金履祥通鑑前編所載凡有關當時事蹟者悉爲採入如微子抱器箕子受封周公居東復辟諸條皆引據詳明考證精核前有李維楨序稱書有古文今文今之解書者又有古義時義書傳會選以下數十家是爲古義而經生科舉之文不盡用書經大全以下主蔡氏而爲之說者坊肆所盛行亦數十家是爲時義其言足括明一代之經術又稱樵是書

於經旨多所發明，而亦可用於科舉，尤適得是書之分量，皆確論云。

尚書砭蔡編一卷（浙江吳玉墀家藏本）

明袁仁撰。仁字良貴，號蓡波，蘇州人，與季本同時相善，故解經往往似之。是編糾蔡沈之誤，所論如粤若越若之前後異訓，三百六旬有六日乃宋歷非古歷，方命當從蜀志音書所引，梅賾事不出晉書，宣夜有漢郗萌所傳，非無師說，并州不在冀東，醫無閭即遼東，不得既爲幽州，又爲營州，鳥鼠同穴，實有其事，用爽厥師，爽訓失，說築傅巖爲版築，遯於荒野爲甘盤，西伯戡黎爲武王，四輔非三輔之義，洪舒適作洪荼，虎賁不掌射御，荒度作刑不速耄字爲句，皆確有所據。至謂史記索隱南譌不作爲字，則但據今本，不格姦爲不止其姦，鮮食非肉食，怪石爲資服，何汨陳之陳訓爲舊，則又有意立異，不可爲訓矣。朱彝尊經義考載此書，注曰未見。此本載曹溶學海類編中，題曰尚書蔡注考誤，案沈道原序，亦稱砭蔡編，則經義考所題爲是。溶輯學海類編，多改易舊名，以示新異，不足爲據也。

尚書註考一卷（浙江吳玉墀家藏本）

明陳泰交撰。朱彝尊經義考載陳氏泰來尚書注考一卷，注曰未見。又注泰來字長水，平湖人，萬歷丁丑進士，官至禮部精膳司員外郎。案吳永芳嘉興府志載陳泰交字同倩，萬歷中國子監生，所著有尚書注考，與經義考迥異。然經義考引項臯謨之說，稱同倩治尚書作注考云云，明出泰交之字，則彝尊未見其書，誤以泰交爲泰來審矣。其書皆考訂蔡沈書傳之譌，謂有引經注經不照應者三條，又有同字異解者三百六十二條，皆直錄注語，不加論斷。其同字異解者，一字或有數義，抉摘未免過嚴。其不照應者三條，如凡厥正人引惟厥正人爲證，曰若稽古帝堯引越若來爲證，德懋懋官引時乃功懋哉爲證，則前後顯相矛盾，誠蔡氏之疎略矣。馬明衡尚書疑義、袁仁砭蔡編頗以典制名物補正蔡傳之闕誤，泰交此書，則惟較量於訓詁之閒，而所謂訓詁異辭者，又皆以矛攻盾，未及博援古義，證以舊文，故爲少遜於二家。然釋事釋義，二者相資，均謂之有功蔡傳可也。

尚書疏衍四卷（江蘇巡撫採進本）

明陳第撰。第有伏羲圖贊，已著錄。是書前有第自序，稱少受尚書，讀經不讀傳注，口誦心維，得其意於深思者頗多。後乃參取古今注疏，而以素得於深思者附著之。然第學問淹博，所著毛詩古音考、屈宋古音義諸書，皆援據該洽，具有根柢。其作是書，雖其初不由訓詁入，而實非師心臆斷，以空言說經者比。如論舜典五瑞五玉五器，謂不得以周禮釋虞書，斥注疏家牽合之非，其理確不可移。論武成無錯簡，洪範非龜文，亦足破諸儒穿鑿附會之說。惟篤信梅賾古文，以朱子疑之爲非，於梅鷟尚書考異、尚書譜二編排詆尤力，則未能深考源流，經師授受，自漢代已別戶分門，亦聽其各尊所聞可矣。

洪範明義四卷（福建巡撫採進本）

明黃道周撰。道周有易象正，已著錄。是編乃崇禎十年道周官左諭德，掌司經局時纂集進呈之書。其進序曰：上卷言天人感召，性命相符，及好德用人之方，下卷言陰騭相協，彝倫條貫，旁及陰陽歷數之務，初終兩卷，考正篇章，分别倫序。其學深於術數，於五行汨敘，類陳災異，以明鑒戒，不免沿襲伏生、董仲舒、劉向等附會之文。至八政疇敘以食配坤，以貨配巽，以祀配離，以司空配兌，以司徒配艮，以司寇配坎，以賓配震，以師配乾，已屬牽合。又配以六十四卦、先後天圖，更爲穿鑿。其最異者，至以河圖洛書配歷數，而曰某年至某年爲稽積初際中際末際，以至從革曲直潤下炎上，其例皆然。是更沿皇極經世之餘波，曼衍而不可究詰矣。至於改農用爲辰用，衍忒爲衍成，六極爲六殛，殊爲臆說。其改定章段次第，亦未見其必然。惟其意存啟沃，借天人相應之理，以感動恐懼脩省之心，其文不盡合於經義，其意則與經義深有合焉。置其小節，存其宏旨可也。

日講書經解義十三卷

康熙十九年

聖祖仁皇帝御定。尚書一經，漢以來所聚訟者，莫過洪範之五行，宋以來所聚訟者，莫過禹貢之山川，明以來所聚訟者，莫過今文古文之眞僞。然伏生、董仲舒、劉向、劉歆之所推，特術家傅會之說；程大昌、傅寅、毛晃之所辨，歸有光、梅鷟之所爭，特經生考證之資耳。實則尼山删定，本以唐虞三代之規，傳爲帝王之治法，不徒爲尋章摘句設也。是編爲大學士庫勒納等奉

詔以講筵舊稾編次而成。大旨在敷陳政典、以昭宰馭之綱維、闡發心源、以端慎脩之根本。而名物訓詁、不復瑣瑣求詳。蓋
聖人御宇、將上規堯舜、下挹成康、所學本與儒生異。故
黼幄之所對揚、
玉音之所闡繹、亦惟是大者遠者、與儒生音訓迥然有殊。
臨御六十一年、
聖德神功、同符於典謨、所述信有由矣。

欽定書經傳說彙纂二十四卷、

康熙末
聖祖仁皇帝敕撰、雍正八年告成、
世宗憲皇帝御製序文刊行。宋以來說五經者、易詩春秋各有門戶。惟三禮則名物度數不可辨論以空言、故無大異同。書則帝王之大經大法、其聞其見、故自古文今文互有疑信外、義理亦無大異同。蔡沈集傳始睥睨先儒、多所排擊。然書出未久、而張葆舒黃景昌程直方余芑舒等紛紛然交攻其誤。是必有未愜者在矣。自元延祐中始以蔡傳試士、明洪武中雖作書傳會選、以正其譌、而永樂中脩書經大全、仍懸爲功令、莫敢岐趨。我
國家經術昌明、競研古義、
聖祖仁皇帝聰明天縱、念典維勤、於唐虞三代之鴻規、尤
加意。既爲
日講書經解義、復
敕編爲

指授儒臣、纂輯是編。雖仍以蔡傳居前、衆說列後、而參稽得失、辨別瑕瑜。於其可從者、發明證佐、不似袁仁等之有意抨彈。於其不可從者、辨訂譌舛、亦不似陳櫟等之違心回護。其義可兩通者、皆別爲附錄、以明不專主一家。蓋即一訓詁之學、而
聖人執兩用中之道、大公至正之心、悉可以仰窺焉、又不僅爲說書之準繩已也。

書經稗疏四卷、湖南巡撫採進本

國朝王夫之撰。夫之有周易稗疏、已著錄。是編詮釋經文、亦多出新意。其閒有失之太鑿者、如謂虞書自戛擊鳴球以下至庶尹允諧皆韶樂之譜。以詠二字貫下祖考來格三句爲升歌、以配笙瑟之詩。鳥獸蹌蹌爲下管之所舞。鳳凰來儀爲第九成吹簫之所舞。百獸率舞、庶尹允諧爲樂終擊磬之所舞。又謂作歌賡歌卽大韶升歌之遺音、夔以被之管弦者。故繫之庶尹允諧之後。前數語不用韻、如樂府之有豔、有和有唱。其三句一韻者、如樂府之有辭。其說附會支離、全無文義。其論洛書配九疇之數、以履一爲五皇極、而以居中之五爲一五行。雖推衍百端、畫圖立說、終與經文本數相戾。其於地理、至以崑崙爲洮州臙脂嶺、尤爲武斷。然如蔡傳引爾雅水北曰汭、實無其文、世皆知之。夫之則推其致誤之由、以爲譌記孔安國涇屬渭汭之傳。謂禋非周禮之禋、類非周禮之類、五服五章亦不以周制解虞制、與陳第論周之五玉不可解虞之五玉者、同一爲古人所未發。引夔相之射證侯以明之、謂以與射不與射爲榮辱、非以射中不中爲優劣。因周禮日月辰次、正泰誓十三年爲辛卯。引說文大戴禮記證蠙珠非蚌珠、蔡傳不知古字假借。引周禮玉府供王食玉證玉食、引左傳證奄與淮夷爲二、引喪大記證狄人、引說文美字之訓以解美若、駁蘇軾傳及蔡傳之失。則大抵辭有根據、不同游談。雖醇疵互見、而可取者較多焉。

古文尚書疏證八卷、內府藏本

國朝閻若璩撰。若璩字百詩、太原人、徙居山陽。康熙己未薦舉博學鴻詞。古文尚書較今文多十六篇、晉魏以來絕無師說。故左氏所引、杜預皆注曰逸書。東晉之初、其書始出、乃增多二十五篇。初猶與今文並立、自陸德明據以作釋文、孔穎達據以作正義、遂與伏生二十九篇混合爲一。唐以來雖疑經惑古如劉知幾之流、亦以尚書一家列之史通、未言古文之僞。自吳棫始有異議、朱子亦稍稍疑之。吳澄諸人本朱子之說、相繼抉摘、其僞益彰。然亦未能條分縷析、以抉其罅漏。明梅鷟始參考諸書、證其剽剟、而見聞較狹、蒐采未周。至若璩乃引經據古、一一陳其矛盾之故、古文之僞乃大明。所列一百二十八條、毛奇齡作古文尚書冤詞、百計相軋、終不能以強辭奪正理、則有據之言先立於不可敗也。其書初成四卷、餘姚黃宗羲序之。其後四卷又所次第續成。若璩沒後、傳寫佚其第三卷。其二卷第二十八條、二十九條、三十條、七卷第一百二條、一百八條、一百九條、一百十條、八卷第一百二十二條至一百二十七條、皆有錄無書。編次先後、亦未歸條理。蓋猶草創之本。其中偶爾未核

者。如據正義所載鄭元書序注、謂馬鄭所傳與孔傳篇目不符、其說最確。至謂馬鄭注本亡於永嘉之亂、則殊不然。考二家之本、隋志尚皆著錄、稱所注凡二十九篇。經典釋文備引之、亦止二十九篇。蓋去其無師說者十六篇、止得二十九篇、與伏生數合、非別有一本注孔氏書也。若璩誤以鄭逸者卽爲所注之逸篇、不免千慮之一失。又史記漢書但有安國上古文尚書之說、竝無受詔作傳之事。此僞本鑿空之顯證、亦辨僞本者至要之肎綮。乃置而未言、亦稍疏略。其他諸條之後往往衍及旁文、動盈卷帙。蓋慮所著潛邱劄記或不傳、故附見於此、究爲支蔓。又前卷所論、後卷往往自駁、而不肎刪其前說、雖仿鄭元注禮先用魯詩後不追改之意、於體例亦究屬未安。然反復釐剔、以祛千古之大疑、考證之學則固未之或先矣。

古文尚書冤詞八卷、浙江巡撫採進本

國朝毛奇齡撰。奇齡有仲氏易已著錄。其學淹貫羣書、而好爲駮辨以求勝。凡他人所已言者、必力反其辭。故儀禮十七篇古無異議、惟章如愚山堂考索載樂史有五可疑之言、後儒亦無信之者。奇齡獨拾其緒論、詆爲戰國之僞書。古文尚書自吳棫朱子以來皆疑其僞、及閻若璩作古文尚書疏證、奇齡又力辨以爲眞。知孔安國傳中有安國以後地名、必不可掩、於是別遁其辭、摭隋書經籍志之文、以爲梅賾所上者乃孔傳、而非古文尚書。其古文尚書本傳習人閒、而賈馬諸儒未之見。其目一曰總論、二曰今文尚書、三曰古文尚書、四曰古文之冤始於朱氏、五曰古文之冤成於吳氏、案吳棫書裨傳在朱子稍前、故朱子語錄述棫說、當云始於吳氏、成於朱氏。此二門殊爲顚倒、附識於此。六曰書篇題之冤、七曰書序之冤、八曰書小序之冤、九曰書詞之冤、十曰書字之冤。考隋書經籍志云、晉世祕府存有古文尚書經文、今無有傳者。及永嘉之亂、歐陽大小夏侯尚書竝亡。至東晉豫章內史梅賾、始得安國之傳、奏之。其敘述偶未分明、故爲奇齡所假借。然隋志作於尚書正義之後、其時古文方盛行、而云無有傳者、知東晉古文非指今本。且先云古文不傳、而後云始得安國之傳、知今本古文與安國傳俱出、非卽東晉之古文。奇齡安得離析其文、以就己說乎。至若璩所引馬融書序云、逸十六篇、絕無師說。又引鄭元所注十六篇之名爲舜典汨作九共大禹謨益稷五子之歌允征湯誥咸有一德典寶伊訓肆命原命武成旅獒冏命、明與古文二十五篇截然不同。奇齡不以今本不合馬鄭爲僞作古文之徵、反以馬鄭不合今本爲未見古文之徵、亦頗巧於顚倒。然考僞孔傳序未及獻者、乃其傳若其經、則史云安國獻之。故藝文志著錄。賈逵嘗校理祕書、不應不見。又司馬遷爲安國弟子、劉歆嘗校七略、班固亦爲蘭臺令史、典校藝文。而遷史記儒林傳云、孔氏有古文尚書、安國以今文讀之、逸書得多十餘篇。歆移太常博士書、稱魯恭王壞孔子宅、得古文於壞壁之中、逸書十六篇。班固漢書藝文志亦稱、以考二十九篇、得多十六篇。則孔壁古文有十六篇、無二十五篇、鑿鑿顯證。安得以晉人所上之古文合之孔壁歟。且奇齡所藉口者、不過以隋志稱馬鄭所注二十九篇、乃杜林西州古文、非孔壁古文。不知杜林所傳、實孔氏之本。故馬鄭等去其無師說者十六篇、正得二十九篇。經典釋文所引、尚可覆驗。徒以脩隋志時梅賾之書已行、故志據後出僞本、謂其不盡孔氏之書。奇齡舍史記漢書不據、而據唐人之誤說、豈長孫無忌等所見反確於司馬遷班固劉歆乎。至杜預韋昭所引逸書、今見於古文者、萬萬無可置辨、則附會史記漢書之文、謂不立學官者卽謂逸書。不知預注左傳、皆云文見尚書某篇、而逸書則皆無篇名。使預果見古文、何不云逸書某某篇耶。且趙岐注孟子、郭璞注爾雅、亦多稱尚書逸篇。其中見於古文者、不得以不立學官假借矣。至孟子欲常常而見之、故源源而來、不及貢以政接於有庳、岐注曰、此常常以下皆尚書逸篇之詞。爾雅釗明也、璞注曰、逸書釗我周王。核之古文、絕無此語。亦將以爲不立學官故謂之逸耶。又岐注九男二女、稱逸書有舜典之書、亡失其文。孟子諸所言舜事、皆堯典及逸書所載。使逸書果指古文、則古文有舜典、何以岐稱亡失其文耶。此尤舞文愈工而罅漏彌甚者矣。梅賾之書、行世已久。其文本采掇佚經、排比聯貫、故其旨不悖於聖人、斷無可廢之理。而確非孔氏之原本、則證驗多端、非一手所能終掩。近惠棟王懋竑等續加考證、其說益明。本不必再煩較論。惟奇齡才辨足以移人、又以衞經爲辭、託名甚正。使置而不錄、恐人反疑其說之有憑。故竝存之、而撮論其大旨、俾知其說不過如此庶將來可以互考焉。

尚書廣聽錄五卷（浙江巡撫採進本）

國朝毛奇齡撰。奇齡欲注尚書而未及，因取舊所雜記者編次成書，名曰廣聽，用漢志書以廣聽語也。奇齡嘗語其門人曰：尚書事實乖錯，如武王誥康叔、周公居洛邑、成王寧周公、周公留召公，皆竝無此事。是書之意，大約為辨證三代事實而作。初作於禹州，繼撰於嵩山，凡屢易稾，至作尚書冤詞訖，而始刪成為五卷。其堅護孔傳，至謂安國解舜典文與周禮同者，乃相傳之虞禮，竝非出自周禮。夫杞宋無徵，孔子已嘆，不知相傳之虞禮竟出何書，可謂虛辭求勝，不顧其安。然於名物典故則引據考證，時有可採。置其臆斷之說，而取其精核之論，於經義亦有所補也。

尚書埤傳十七卷（浙江巡撫採進本）

國朝朱鶴齡撰。鶴齡字長孺，別號愚菴，吳江人。前明諸生。是書前有考異一卷，辨經文同異；後有逸篇、僞書及書說餘一卷。大抵以孔傳為真，故史記所載湯誥，親受於孔安國者，反以為僞，所見未免偏僻。然中閒埤傳十五卷，旁引曲證，亦多可採。如於沂水則取金履祥之言，而魯之沂與徐之沂截然分明；於分別九州則取章俊卿之考索；於西伯戡黎則取王樵之日記。如此之類，頗見別裁。至於三江故道，左袒郭璞，殊嫌失考。多士、多方竝錄王柏更定之本，尤失於輕信瑣記，竄改古經。又堯典俊德，謂徧考字書，俊不訓大，不知俊者大也，乃夏小正傳文。如是之類，或亦閒有疎漏。要其詮釋義理而不廢考訂訓詁，斟酌於漢學、宋學之閒，較書肆講義則固遠勝焉。

禹貢長箋十二卷（浙江巡撫採進本）

國朝朱鶴齡撰。是編專釋禹貢一篇。前列二十五圖，自禹貢全圖以及導山導水，皆依次隨文詮解，多引古說而以己意折衷之。禹貢自宋元以來，注釋者不下數十家，雖得失互見，要以胡渭之禹貢錐指為最善。此書作於胡渭之前，如解治梁及岐，力主狐岐為冀州之境，則於理未合。蓋岐實雍地，當時水之所壅，惟雍為甚，故治冀必先治雍，而後壺口可得而疏。孔傳所云壺口在冀州，岐在雍州，從東循山治水而西，此語最為明晰。鶴齡所以反其說者，殆以冀州之中不當及雍地，不知冀為天子之都，何所不包。古人字句原未拘泥，如荊州云江漢朝宗於海，荊固無海，亦不過推江漢所歸言之耳。卽此可以為例，又何必斤斤致疑乎。至其三江一條，既主鄭康成左合漢、右合彭蠡、岷江居中之說，而又兼取蔡傳，以韋昭、顧夷所謂三江口者當之，亦殊無定見。又古黑水聯絡雍、梁，而鶴齡必區而二之。蜀漢之山本相連，而鶴齡謂蜀之嶓非雍之嶓，俱未為精密。又於敷淺原兼取禹過之及江過之二說，尤屬騎牆。此類皆其所短，殊不及胡渭書之薈稡精博。而旁引曲證，亦時多剏獲，尚屬瑕瑜參半。且其於貢道漕河經由脈絡，剖析條理，亦較他本為詳，故仍錄存其書，與禹貢錐指相輔焉。

禹貢錐指二十卷、圖一卷（浙江巡撫採進本）

國朝胡渭撰。渭有易圖明辨，已著錄。其生平著述甚夥，而是書尤精力所專注。康熙乙酉，恭逢聖祖仁皇帝南巡，曾呈御覽，蒙賜耆年篤學扁額，稽古之榮，至今傳述。原本標題二十卷，而首列圖一卷，其中卷十一、卷十四皆分上下，卷十三分上中下，而中卷又自分上下，實共為二十六卷。其圖凡四十有七，如禹河初徙、再徙及漢唐宋元明河圖，尤考究精密。書中體例，亞經文一字為集解，又亞一字為辨證。歷代義疏及方志輿圖，搜采殆徧。於九州分域、山水脈絡、古今同異之故，一一討論詳明。宋以來傅寅、程大昌、毛晃而下，注禹貢者數十家，精核典贍，此為冠矣。至於陵谷遷移，方州分合，數千年內往往不同，渭欲於數千載後皆折衷以定一是。如郭璞注山海經，臨渝、驪成已兩存碣石之說，渭必謂文穎所指臨渝為是，漢地理志所指驪成為非，終無確驗。又九江一條，堅守洞庭之說，不思九江果在洞庭南，則經當曰九江孔殷，江漢朝宗于海矣。徐文靖之所駁，恐渭亦不能再詰也。千慮一失，殆不屑闕疑之過乎。他若河水不知有重源，則由其時西域未平，無由徵驗；又所引酈道元諸說，經注往往混淆，則由傳刻舛譌，未覩善本，勢之所限，固不能執為渭咎矣。

洪範正論五卷（浙江巡撫採進本）

國朝胡渭撰。大旨以禹之治水本於九疇，故首言鯀堙洪水，繼言禹乃嗣興，終言天乃錫禹，則洪範為體，而禹貢為用，互相推闡，其義乃彰。然主於發明奉若天道之理，非鄭樵禹貢、洪範相為表裏之說、惟以九州次序分配五行者比也。其辨證前人之說。如謂漢人耑取災祥、推衍五行、穿鑿附會、事同讖緯。其病一。洛書本文卽五行五事至五福六極二十字、惟敬用農用等十八字乃爲禹所加、與危微精一之心法同旨。初一次二至次九不過是次第名目、亦非龜文所有。龜之有文、如木石之文理、有可推辨、又如魯夫人公子友有文在手之類。宋儒創爲黑白之點、方員之體、九十之位、變書而爲圖。以至九數十數、劉牧蔡季通紛紜更定。其病二。又洪範原無錯簡、而王柏胡一中等任意改竄。其病三。皆切中舊說之失。蓋渭經術湛深、學有根柢、故所論一軌於理、漢儒附會之談、宋儒變亂之論、能一掃而廓除焉。

尚書解義一卷、兩江總督採進本

國朝李光地撰。是書僅解堯典舜典大禹謨臯陶謨益稷禹貢洪範七篇、蓋未竟之本。所說不以訓詁爲長、辭旨簡約而多有精義。大禹謨篇不以古文爲僞、而云孔安國有所刪添、東漢以後儒者又有所竄亂、以解文辭平易之故。未免出於調停。禹貢篇解五服五千以飛鳥圖爲算、謂塞盡處北極出地四十二度、至廣海戴日北極出地二十三度、一度爲二百五十里、南北恰距五千、以遷就入於南海之文。亦由光地閩人、不欲其鄉出禹貢揚州之外、故立是說。與訓洪爲大、訓範爲訓、謂洪範卽顧命之大訓、皆未免巧而不確。至於堯典之論中星歲差、舜典之論蓋天渾天、十有二州與詩歌聲律、禹貢之論潛水沔水相通、沔水淯水不相入、彭蠡卽今巢湖、會于匯爲卽鄱陽、原隰豬野非地名、則皆實有考證之言、非講學家之據理懸揣者矣。

書經衷論四卷、江蘇周厚堉家藏本

國朝張英撰。英有易經衷論、已著錄。此書不全載經文、但每篇各立標題、而逐條繫說、亦如其說易之例。凡虞書六十三條、夏書三十二條、商書五十二條、周書一百六十七條。前有康熙二十一年正月進書原序一篇。時英以翰林學士侍講幄、故因事敷陳、頗類宋人講義之體。其說多采錄舊文而參以新義。如益稷篇稱其有暨益稷之文、故借此二字以名篇、乃林希逸之說。甘誓篇稱啟未狎行陣而能素明軍旅之事、足見古人學無不貫、乃呂祖謙之說。微子篇稱比干荅微子之言、當無異於箕子、故不復著、乃孔安國之說。君牙篇稱古來制誥之辭、必自述祖功宗德、而因及其臣子之祖父、此立言之體、乃朱子語類之說。至於高宗肜日爲祖己訓祖庚之書、西伯戡黎爲武王之事、皆不從蔡氏而從金履祥通鑑前編。頗總括羣言、不拘門戶。其以牧誓庸蜀羌髳微盧彭濮爲在友邦冢君外舉小國之君連及之、而不用蔡氏八國近周西都、陳氏舉遠概近之說。以君奭爲周公召公共相勉勵輔翼成王之言、而不用諸家留之慰之之說。則皆所自抒之解、核諸經義、亦較爲精切。雖卷帙無多、而平正通達、勝支離蔓衍者多矣。

尚書地理今釋一卷、山東巡撫採進本

國朝蔣廷錫撰。廷錫字揚孫、常熟人。康熙癸未進士。官至大學士。諡文肅。是編乃其官內閣學士時所作。首題恭錄

聖訓、蓋儼直

內廷之日、仰承

指授、敬繕成帙者也。其中訂定諸儒之說者。如堯典宅嵎夷、則據後漢書定爲朝鮮、正薛季宣于欽之誤。宅西、則據黃度尚書說、不限以一地、正徐廣史記注之誤。嶽降嬀汭、則據孔安國傳陸德明釋文之說、正水經注嬀汭二水之誤。舜典恆山、則據渾源曲陽之道里、正漢志上曲陽之誤。滎波既豬、則據傳寅之說、正孔傳滎波分二水之誤。又訂定蔡沈集傳之說者。如禹貢治梁及岐、則據曾旼之說辨其非呂梁狐岐。九河既道、則據經典釋文辨簡潔非一河。灉沮會同、則據元和郡縣志元豐九域志辨此沮水非汳沮。浮于濟漯、則據漢書地理志陳師凱書傳旁通辨其不知漯水所在。濰淄既道、則據水經注辨淄水不東入濟。浮于淮泗、則據史記河渠書辨禹時泗水上源不自沭通河。三江既入、則據鄭元之說辨其誤從庾闡吳都賦注。和夷底績、則據水經注時瀾書說辨嚴道以西無夷道。盤庚于今五遷、則據史記索隱辨邢卽耿、祖乙並未兩遷。以及三危有二、嶓冢亦有二、熊耳有二而實一、雍梁二州兼得岷山、荊梁二州各有沱潛、南亳西亳皆湯所都。均考訂精核、足證往古之譌、釋後儒之惑。至於崑崙河源之說、非惟訂漢儒之謬、並證元史之非。是則恭逢

聖代、混一輿圖、得以考見其實據、尤非前代經師輾轉耳食者比矣。

欽定書經傳說彙纂已備采其文。此蓋其先出別行之本。
敬著於錄、俾天下萬世知
聖學高深、度越千古、仰觀俯察、協契庖犧。一時珥筆之臣、
鞠膯螭坳、備聆
聖訓、得餘緒之萬一、已能總括古今、爲說經家所未曾有
也。

禹貢會箋十二卷、安徽巡撫採進本、

國朝徐文靖撰。文靖字位山、當塗人。雍正癸卯舉人。
乾隆元年薦舉博學鴻詞、試不入格。十七年又薦
舉經學、
特授翰林院檢討。是書首列禹貢山水總目、以水經所載爲主、附論於下。次爲圖十有八、各係以說。書中皆先引蔡傳而續爲之箋、博據諸書、斷以己意。如汾水西入河、非東入河、徒駭卽河之經流、非別有一經流。三江既入、終以南江北江中江爲正。九江在潯陽、非洞庭。皆不爲蔡傳所囿。至於蔡山則闕其所疑、不主寰宇記周公山卽蔡山之說。於惇物則取金史地理志、謂在乾州武亭縣、今武功縣之東南二百里。三危山引西河舊事爲昇雨山、謂史記注作卑羽山、蓋字之誤。並辨胡渭之譏、皆具有考證。蓋說禹貢者、宋以來棼如亂絲、至胡渭錐指出、而摧陷廓除、始有條理可案。文靖生渭之後、因渭所已言而更推尋所未至、故較之渭書、益爲精密。蓋繼事者易有功也。惟信山海經竹書紀年太過、是則僻於好古、不究眞僞之失耳。

附錄

尚書大傳四卷、補遺一卷、兵部侍郎紀昀家藏本、

舊本題漢伏勝撰。勝、濟南人。考史記漢書但稱伏生、不云名勝、故說者疑其名爲後人所妄加。然晉書伏滔傳稱遠祖勝、則相傳有自矣。漢志書類載經二十九卷、傳四十一篇、無伏勝字。隋志載尚書三卷、鄭元注、亦無伏勝字。陸德明經典釋文、稱尚書大傳三卷、伏生作。晉書五行志稱漢文帝時伏生刱紀大傳。玉海載中興館閣書目、引鄭康成尚書大傳序曰、蓋自伏生也。伏生爲秦博士、至孝文時年且百歲。張生歐陽生從其學而受之、音聲猶有譌誤、先後猶有舛差。重以篆隸之殊、不能無失。生終後、數子各論所聞、以己意彌縫其闕、別作章句。又特撰大義、因經屬指、名之曰傳。劉向校書得而上之。凡四十一篇、銓次爲八十一篇云云。然則此傳乃張生歐陽生所述、特源出於勝爾、非勝自撰也。唐志亦作三卷。書錄解題則作四卷。今所傳者凡二本。一爲杭州三卷之本、與隋志合。然實雜採類書所引、裒輯成編、漫無端緒。一爲揚州四卷之本、與書錄解題合、兼有鄭康成注、校以宋仁宗洪範政鑒所引鄭注、一一符合、知非依託。案洪範政鑒世無傳本、惟永樂大典載其全書。二本各附補遺一卷、揚州本所補較備。然如郊特牲注引大傳云、宗室有事、族人皆侍終日、大宗已侍於賓奠、然後燕私。燕私者何也、已而言族人飲也一條、猶未採入。信乎著書之難矣。其文或說尚書、或不說尚書、大抵如詩外傳春秋繁露、與經義在離合之閒、而古訓舊典、往往而在、所謂六藝之支流也。其第三卷爲洪範五行傳、首尾完具。漢代緯候之說、實由是起。然月令先有是義、今列爲經、不必以董仲舒劉向京房推說事應、穿鑿支離、歸咎於勝之刱始。第四卷題曰略說、王應麟玉海別爲一書。然如周禮大行人疏引孟侯一條、玉藻疏引祀上帝于南郊一條、今皆在卷中。是大傳爲大名、略說爲小目。應麟析而二之、非也。惟所傳二十八篇、無泰誓、而此有泰誓傳。又九共帝告歸禾揜誥皆逸書、而此書亦皆有傳。蓋伏生畢世業書、不容二十八篇之外全不記憶、特舉其完篇者傳於世。其零章斷句、則偶然附記於傳中。亦事理所有、固不足以爲異矣。

案尚書大傳於經文之外掇拾遺文、推衍旁義、蓋卽古之緯書。諸史著錄於尚書家、究與訓詁諸書不從其類。今亦從易緯之例、附諸經解之末。

書義矜式六卷、浙江范懋柱家天一閣藏本、

元王充耘撰。充耘以書經登第、此乃所作經義程式也。自宋熙寧四年、始以經義取士。當時如張才叔自靖人自獻于先王義、學者稱爲不可磨滅之文。呂祖謙編次文鑑、特錄此一篇、以爲程式。元仁宗皇慶初、復行科舉、仍用經義、而體式視宋爲小變。綜其格律、有破題接題小講、謂之冒子。冒子後入官題。官題下有原題、有大講、有餘意、亦曰從講。又有原經、亦曰考經。有結尾。承襲既久、以冗長繁複爲可厭、或稍稍變通之、而大要有冒題原題講題結題、則一定不可易。充耘卽所業之經、篇摘數題、各爲程文、以示標準。其愼徽五典一節、引孔傳大錄萬幾爲說、不全從蔡傳。考元史選舉志、載書

用蔡傳及注疏。當時經義，猶不盡廢舊說，故應試者得兼用之。此元代經學所以終勝明代也。

案此書乃科舉程文，當歸集部。然雖非詁經之書，實亦發明經義，入之別集爲不類，故仍入經部附錄中。

右書類五十六部，六百五十一卷，附錄二部，十一卷，皆文淵閣著錄。

案蔡沈洪範皇極數諸書，雖以洪範爲名，而實以洛書九數推衍成文，於洪範絕無所涉。舊以爲書類，於義殊乖。今悉退列子部術數類中，庶不使旁門小技淆亂聖經之大義焉。

欽定四庫全書總目卷十二

欽定四庫全書總目卷十三

經部十三

書類存目一

書古文訓十六卷（內府藏本）

宋薛季宣撰。季宣字士龍，號艮齋，永嘉人。起居舍人徽言之子。紹興二十九年，年甫十七，即從荆南帥辟寫機宜文字。調鄂州武昌令，以王炎薦，改知常熟縣。入爲大理寺主簿，進大理寺正，知湖州。乾道元年，遷知常州，未上卒。然宋人多稱爲薛常州，未之詳也。事蹟具宋史儒林傳。是編所載經文，皆以古文奇字書之。案孔壁蝌蚪古文，漢時已佚，無人見其書。蹟後漢書杜林傳，稱林於西川得漆書古文尚書，常寶愛之，雖遭艱困，握持不離身，出以示衞宏云云。此言漆書古文之始。又儒林傳曰：扶風杜林傳古文尚書，同郡賈逵爲之作訓，馬融作傳，鄭元作解云云。今賈馬鄭之注俱不傳。然考陸德明經典釋文敘錄，稱馬鄭所注竝伏生所誦，非古文也。隋書經籍志亦稱杜氏所傳，與賈馬鄭三家所注惟二十九篇，又雜以今文，非孔舊本。然則當時所謂古文，已非今本五十八篇之全矣。郭忠恕作汗簡，所引有古尚書。玉海載後周顯德六年郭忠恕定古文尚書刻版。沈括夢溪筆談稱宋太宗得古本尚書，改雲夢土作乂爲雲土夢作乂，均不言所自。晁公武讀書志，稱古文尚書呂大防得本於宋次道、王仲至家，以核陸氏釋文，雖有小異同，而大體相類。觀其作字奇古，非字書傳會穿鑿者所能到，學者考之，可以見制字之本云云。亦不言宋王之本何來。考顏師古匡謬正俗，引古文尚書，戮作翦，誓作斲，則唐初即有此書。又冊府元龜載天寶三載詔曰：先王令範，莫越於唐虞，上古遺書，實稱於訓誥。雖百篇奧義，前代或亡，而六體奇文，舊規猶在。但以古先所制，有異於當今，傳寫寖譌，有疑於後學。永言刊革，必在從宜。尚書應是古體文字，竝依今字繕寫施行。其舊本仍藏之書府云云。是宋王二氏所傳，宋太宗所得，即郭忠恕所見本。忠恕所見，即唐內府本也。然隋志稱晉世祕書所存，有古文尚書經文，今無有傳者。是唐初古尚書已亡，元宗時何以仍在祕府。惟魏江式論書表中稱所撰古今文字四十篇，宋孔氏尚書、五經音注、籀篇、爾雅等書，似其時河北尚有傳本。然經典釋文敘錄稱尚書之字本爲隸古，既是隸寫古文，則不全爲古字。今宋齊舊本及徐李等音所有古字，蓋亦無幾。穿鑿之徒，務欲立異，依傍字部，改變經文，疑惑後生，不可承用。是式所據者，即出此。元宗祕府所藏，正是本耳。陸德明已先辨之，何宋人又紛紛崇尚乎。季宣此本，又以古文筆畫改爲今體，奇形怪態，不可辨識，較篆書之本尤爲駭俗。其訓義亦無甚發明。朱子語錄謂其惟於地名上用功，頗中其病。故雖宋人舊帙，今亦無取焉。

書疑九卷（內府藏本）

宋王柏撰。顧炎武日知錄稱爲元儒王柏，考柏以度宗咸淳十年卒，未嘗入元，炎武偶誤也。柏字會之，號魯齋，金華人。受業於何基之門，基，黃榦弟子，榦又朱子壻也。故托克托等脩宋史，以朱子之故列柏於道學傳中。然柏之學、名出朱子、實則師心、與朱子之謹嚴絕異。此其辨論尚書之文也。尚書一經、疑古文者自吳棫朱子始。見朱子語錄。併今文而疑之者自趙汝談始。見陳振孫書錄解題。改定洪範自龔鼎臣始。見所作東原錄。改定武成自劉敞始。見七經小傳。其併全經而移易補綴之者則自柏始。考漢書載劉向以中古文校歐陽大小夏侯三家經文、酒誥脫簡一、召誥脫簡二、率簡二十五字者脫亦二十五字、簡二十二字者脫亦二十二字。文字異者七百有餘、脫字數十云云。此言脫簡之始也。然向既校知脫簡、自必一一改正、必不聽其仍前錯亂。又惟言酒誥脫簡一、召誥脫簡二、則其餘併無脫簡可知、亦非篇篇悉有顛倒。且一簡或二十五字或二十二字、具有明文、則必無全脫一章一段之事。而此二十餘字之中、亦必無簡首恰得句首、簡尾恰得句尾、無一句割裂不完之事也。柏作是書、乃動以脫簡爲辭、臆爲移補。其併舜典於堯典、刪除姚方興所撰二十八字、合益稷於皋陶謨、此有孔穎達正義可據者也。以大禹謨皋陶謨爲夏書、此有左傳可據者也。以論語咨爾舜二十二字補舜讓於德弗嗣之下、其爲堯典本文、抑或爲他書所載、如鬻子述帝王遺語之類、已不可知。案鬻子所述帝王遺語、今本不載、見賈誼新書所引。以孟子勞之來之二十二字補敬敷五教在寬之下、則孟子明作堯言、柏乃以爲舜語、已相矛盾。然亦尚有論語孟子可據也。至於堯典皋陶謨說命武成洪範多士多方立政八篇、則純以意爲易置、一概託之於錯簡。有割一兩節者、有割一兩句者、何脫簡若是之多、而所脫之簡又若是之零星破碎、長短參差、其簡之長短廣狹、字之行款疏密、茫無一定也。其爲師心杜撰、竄亂聖經、已不辨而可知矣。其所辨說、如謂盤庚之言、所欠者理明辭達。又信泰誓序十有一年之說、謂武王承祖父之餘慶、藉友邦之歸心、氣焰既張、體貌且盛、改元紀年、視紂猶諸侯、後世曲爲覆護、反生荊棘。又謂大誥寧王貽我大寶龜、西土有大艱、人亦不靖之語、無異唐德宗奉天之難、諉之於定數。是排斥漢儒不已、併集矢於經文矣。豈濂洛關閩諸儒立言垂教之本旨哉。托克托等脩宋史、乃與其詩疑之說並特錄於本傳、以爲美談、何其寡識之甚乎。

古洪範一卷、永樂大典本

宋賀成大撰。成大字季常、爵里未詳。其自序以爲洪範自三八政以下、紊亂無次、因援朱子大學分經傳之例、每疇以禹之言爲經、以箕子之言爲傳。如五行一曰水至五曰土、此禹之經也。水曰潤下至稼穡作甘、此箕子之傳也。五事一曰貌至五曰思、爲禹之經。貌曰恭至睿作聖、爲箕子之傳。三八政一曰食至八曰師爲經、而移惟辟作福至民用僭忒爲傳。五紀一曰歲至五曰歷數爲經、而以王省惟歲至則以風雨爲傳。五皇極則以皇建其有極一句爲經、而以惟皇作極無偏無陂至以爲天下王爲傳。三德則以一曰正直至三曰柔克爲經、而以平康正直至高明柔克爲傳。稽疑則以擇建立卜筮人至衍忒爲經、而以立時人作卜筮至用作凶爲傳。庶徵則以曰雨至曰時爲經、而以五者來備至恆風若爲傳。五福則以一曰壽至五曰考終命爲經、而移斂時五福至其作汝用咎爲傳。六極則以一曰凶短折至六曰弱爲經、而移惟時厥庶民于汝極、錫汝保極、一極備凶、一極無凶、凡厥庶民、無有淫朋、人無有比德、不協于極、不罹于咎、無虐煢獨而畏高明、時人斯其惟皇之極爲傳。顛倒錯亂、純出臆斷、而自以爲古洪範、自伏生以後、傳授歷歷可考、何處有此古本乎。

定正洪範二卷、內府藏本

元胡一中撰。一中字允文、諸暨人、官紹興路參軍。是編因王柏文及翁吳澄三家改定洪範之本、而以己意參酌之。首爲圖說、次考訂經文、次爲雜說。案河圖洛書名見繫辭、不云有關於洪範。漢書五行志始載劉歆之言、稱禹治洪水、錫洛書法而陳之、洪範是也。於是洛書始合於洪範、然猶未及河圖。一中又因歆有河圖洛書相爲經緯、八卦九章相爲表裏之文、遂以河圖洛書併合於洪範、而又參以陳摶先天之說、所列二十八圖、大抵支離破碎。至於無偏無黨亦以五行生尅立論、尤爲無理。其以九爲河圖、十爲洛書、沿用劉牧之說、於彼法之中自生轇轕、猶其小焉者矣。且說既穿鑿、理多窒礙、乃於必不可通者、更遁爲錯簡之說、以巧飾其謬。遂割裂舊文、強分經傳、移曰王省惟歲以下八十七字爲第四第五章之傳、移無偏無陂以下五十六字於皇建其有極句下爲五章之經、移斂時五福以下割裂其文爲九章之傳。其餘亦多移彼綴此、臆爲顛倒。並據吳澄之說、改而康而色句為而康而寧。改是彝是訓句為是彝是倫。則併其字而竄易之。考尚書正義載漢書五行志以初一曰五行六十五字為洛書本文。孔安國則以為禹所第敘。劉向以為龜背先有三十八字。劉歆以為先有二十字。孔穎達已均謂其無據。其以一五行以下為箕子所演、則諸家並同、絕無逐章各有經傳之說。一中欲仿朱子考定大學孝經之例、強為分別、既已無稽。且一中既稱一行十三字、何以於庶民錫汝保極以七字而錯一簡、五皇極曰皇建其有極以九字而錯一簡、曰王省惟歲以下復以八十七字錯一簡也。鄭明之中吳紀聞、載北宋余燾嘗上書請移洪範曰王省惟歲以下八十七字於四五紀一節之下、為臺諫所彈、不果施行。是前此已嘗論定矣、何一中又祖其說耶。

尚書旁注六卷、兩江總督採進本、

明朱升撰。升有周易旁注圖說、已著錄。是編以尚書本文大書正行、以訓釋字義者細書於旁、間有疏明大旨者、又別作一行書之。蓋鄉塾課蒙之本、不足以言詁經也。梅文鼎序、謂升有四書五經旁注、明嘉靖間程閭禮為重鋟、止存易詩書三種、餘皆散佚。國朝康熙五十年、石城蔡壑再為鋟版以行。近坊肆五經旁訓之本、實倡始於升。經學至此而極陋、又出朱申句解下矣。

書義卓躍六卷、浙江范懋柱家天一閣藏本、

舊本題廬陵陳雅言撰。案經義考載鄒緝所作墓表、稱雅言、永豐人。廬陵蓋舉其郡名。又卷首彭勗序、稱鄉先生雅言陳公、似乎雅言其字也。舊本又作元人。考黃虞稷千頃堂書目、稱其洪武中薦舉不起、後領永豐教事以終。墓表稱其著述多所發明、有四書一覽、大學管窺、中庸類編、書義卓躍行於世。今其他書未見、此書則殊無可觀。蓋元代以經義取士、遂有擬題之書、以便剽竊。此書蓋亦其一。故每段必以此題二字冠首。所論亦皆作文之法、於經旨無所發明。楊士奇跋亦稱其專為科舉設云。

書傳通釋六卷、浙江吳玉墀家藏本、

明彭勗撰。勗字祖期、永豐人。永樂乙未進士。官至山東按察司副使。事蹟具明史本傳。其書卷首備列四代譜系圖、及定時成歲七政五辰璿璣玉衡河洛九疇聲音律呂五服九州等圖。編內於蔡傳之下、摘錄諸儒舊說、間於篇題之後、加以案語。總論一篇大旨、率皆陳因之談。觀其自敘、蓋節錄永樂中書經大全為之。考陸容菽園雜記曰、正統初、南畿提學彭御史勗、嘗以永樂間纂脩四書五經大全討論欠精、諸儒之說有與集注背馳者、當刪正自為一書、欲繕寫以獻、或以大全序出自御製而止云云。則勗於四書五經大全均有刪定之本、此特其一種耳。夫大全之謬、在於偏主一家之說、荒棄古來之經義。勗更以其偏主為未堅、必鋤盡異同而後已。門戶之見尤為深固。史稱勗官建寧教授時、疏請春秋祭朱子、蠲其子孫徭役、又欲尊賢堂祀胡安國、蔡沈、真德秀。蓋尊信至深、所以欲盡廢漢唐舊詁云。

尚書直指六卷、浙江范懋柱家天一閣藏本、

不著撰人名氏。朱彝尊經義考曰、是書徐文肅為東宮講官時所進、未曾刊行、亦未署名。其後中璫錢能從宮中攜出、遂鏤版於時。錢溥、劉宣序之、童軒跋之、皆不知為文肅所著。予從曹侍郎溶家見之、因為標出云云。則此書乃徐善述撰也。善述字好古、天台人。以薦授桂陽州學正。仁宗為太子時、簡為左春坊左司直郎、陞左贊善。時宮僚多被罪、善述亦坐累死。洪熙初、贈太子少保、謚文肅。事蹟附見明史鄒濟傳。其書櫽括蔡傳大義、已漸類後來講章、於蔡傳得失、未嘗糾定。又所纂之注、亦時有時無、如禹貢注震澤而不注三江、注王屋而不注太行恆山、顧命注大訓而不注赤刀琬琰之類。不應罣漏至此。意剞劂之時、並注脫去。能本內官、姑借刊書噉名、未嘗一為校正歟。

書經提要、無卷數、浙江吳玉墀家藏本、

明章陬撰。陬字仲寅、黃巖人。正統丙辰進士。官禮部主事。是編以天文、地理、圖書、律呂四者皆釋經之要、故分為四類。每類又各分細目、繫以圖說。自序謂見於蔡傳者不復出。然其圖皆從諸書採錄、其說亦多襲取陳言、無所考辨。召誥土中說一條、引周禮日東則景夕多風、日西則景朝多陰、謂蔡傳所引王氏之說、誤為景朝多陽、景夕多陰。今案蔡傳祇以多風誤為多陽、未嘗誤為景夕多陰。或陬所見與今刊本不同耶。

書傳洪範考疑一卷、浙江巡撫採進本、

明吳世忠撰。世忠字懋貞、金谿人。宏治庚戌進士。

官至延綏巡撫僉都御史。是書取蔡沈所釋洪範有疑於心者、略爲考正。大旨歸本於治法、立意未嘗不善。然如以六三德爲馭臣之法、以剛克柔克爲恩威之義、用張㬌之說、尙爲可通。以禹貢貢金之類解五行、已覺附會。至五福六極皆指刑賞而言、以保全愛養不使短折爲壽之法、以殺戮勦絕不使得壽爲凶短折之法、則牽强太甚矣。

禹貢詳略、無卷數、浙江范懋柱家天一閣藏本

明韓邦奇撰。邦奇有易學啟蒙意見、已著錄。邦奇學有原本、著作甚富。而此書訓釋淺近、惟言擬題揣摩之法。所附歌訣圖考、亦極鄙陋。前有邦奇自爲小引云、略者、爲吾家初學子弟也。復講說者、舉業也。詳釋之者、使之進而有所考也。後有薊門歐思誠跋、述邦奇之言、亦曰特以敎吾子弟、非敢傳之人人。則是書本鄉塾私課之本、思誠刻之、轉爲邦奇累矣。至每州之下各加每州之域四字、參於經文之中、尤乖體例。邦奇必不如是之妄、或亦思誠校刊之時、移其行款也。朱彝尊經義考載邦奇書說一卷、注曰未見、而不載此書。其卷數則相同。或卽因此書而傳譌歟。

尙書說要五卷、浙江汪啟淑家藏本

明呂柟撰。柟有周易說翼、已著錄。是編乃其與門人論書之說、詮次成帙。與蔡傳閒有出入。如以舜典在璿璣玉衡爲北斗、以武成非錯簡之類、改從古說、異乎蔡傳者也。以洪範爲洛書、以伊訓元祀十有二月證三代不改月之類、沿襲誤解、仍同乎蔡傳者也。大抵推尋文句、雖閒有闡發、亦皆以私意揣摩。如謂堯典仲夏稱日永、仲冬不稱宵永爲扶陽抑陰之義、以書序君奭不悅爲不悅仕進。是果經意乎。其言禹貢水土之序及五服之遠近、亦皆臆度之辭、無典據也。

書經旨略一卷、浙江吳玉墀家藏本

明王大用撰。大用字時行、號巽谷、興化人。正德戊辰進士、官至副都御史。是編不載經文、惟推闡傳注之意、載某段某句宜對看、某段某句宜串看、不出科舉之學。而拘牽淺陋、又在書義卓躍之下。

尙書譜五卷、編修汪如藻家藏本

明梅鷟撰。鷟有古易考原、已著錄。鷟因宋吳棫朱子及元吳澄之說、作尙書考異及此書。考異引據頗精核。此則徒以空言詆斥、無所依據。如謂孔壁之十六篇出於孔安國所爲、實以臆斷之、別無確證。又謂東晉之二十五篇出於皇甫謐所爲、則但據孔穎達引晉書謐傳從其姑子外弟梁柳得古文一語、其說亦在影響之閒。且辭氣叫囂、動輒醜詈、亦非著書之體。故錄其考異、而是書僅存目焉。

書疇彝訓一卷、監察御史蕭際韶家藏本

明蔡悉撰。悉字士備、合肥人。嘉靖己未進士、官至南京尙寶司卿、移署國子監祭酒。明史儒林傳附載王畿傳末、稱其嘗請立東宮、又極言礦稅之害、爲人有學行、恬於宦情、仕五十載、家食強半、清操亮節、爲淮西所宗、在姚江末派之中、爲最能謹嚴不肆者。是書闡發洪範九疇與易象合一之理。前五條總明其理、次九章分晰其旨。蓋卽劉歆河圖洛書相爲經緯、八卦九章相爲表裏之說也。

禹貢圖說一卷、浙江巡撫採進本

明鄭曉撰。曉字窒甫、海鹽人。嘉靖癸未進士、官至刑部尙書、諡端簡。事蹟具明史本傳。是書自總圖以下分圖者凡三十、旁綴以說、仍載禹貢經文於後。其中精核可從者、胡渭禹貢錐指每徵引之。然核其全書、實多疎舛。渭未及一一辨也。

禹貢說一卷、兩江總督採進本

明鄭曉撰。是編詮釋禹貢之文。其中如解大野既瀦一條、解揚州一條、解浮于江沱潛漢一條、解江漢一條、皆爲閻若璩潛邱劄記所取。然大致多隨文演義、辭旨淺近。其門人徐允錫跋、稱受業於曉數月、因出此帙授之、曰子能了此、禹貢無難矣。蓋本爲舉業講授而設。允錫尊其師說、遂從而刊行、非曉意也。

古書世學六卷、兩淮鹽政採進本

明豐坊撰。坊有古易世學、已著錄。是篇以今文古文石經列於前、而後以楷書釋之。且采朝鮮倭國二本以合於古本、故曰古書。又以豐氏自宋迄明世學古書、稷爲正音、慶爲續音、熙爲集說、道生爲考補、故曰世學。其序曰、正統六年、慶官京師、朝鮮使臣嫣文卿、日本使臣徐睿入貢。二人皆讀書能文辭、議論六經、出人意表。因以尙書質之。文卿曰、吾先王箕子所傳、起神農政典、至洪範而止。睿曰、吾先王徐市所傳、起虞書帝典、至泰誓而止。又笑官本錯誤甚多、孔安國僞序皆非古經之舊。如虞書帝告紀堯舜禪授之事、汨作紀四凶之過、九共紀四岳九官十二牧考績之事、槀飫紀后稷種植之法、序皆不知。吾國之法、有傳古經一字入中國

者、夷九族。使臣將行、搜檢再三、遣兵衞之出境。則六一翁謂令嚴不許傳中國者、不信然歟。冏請訂其錯誤、僅錄一典二謨禹貢盤庚泰誓武成康誥酒誥洛誥顧命見示。僅錄附先清敏公正音之下、俾讀是經者尚有考於麟角鳳毛之遺雋云。又曰、梁姚方興妄分堯典舜典爲二篇。伏生今文孔安國古文鴻都石經魏三體石經合爲一篇、止名堯典。箕子朝鮮本徐市倭國本、總作帝典、與子思大學合。王魯齋王深寧皆以爲最是、今從之。考補云姚方興本齊纂主蕭道成之臣、僞增曰若稽古帝舜曰七字於重華之上、變亂其文、分爲二典。於建武二年上之。後事纂主蕭衍、以罪見誅。箕子封於朝鮮、傳書古文、自帝典至微子而止、後附洪範一篇。徐市爲秦博士、因李斯坑殺儒生、託言入海求仙、盡載古書至島上立倭國、卽今日本是也。二國所釋書經、先曾祖通奉府君與楊文懿公皆嘗錄得、以藏於家。顧炎武日知錄曰、案宋歐陽永叔日本刀歌、徐福行時書未焚、逸書百篇今尚存、蓋昔已有是說。夫詩人寄興之辭、豈必眞有其事哉。日本之職貢於唐久矣、自唐及宋、歷代求書之詔不能得、而二千載之後慶乃得之。其得之又不以獻之朝廷、而藏之家。何也。至曰箕子傳書古文、自帝典至微子、則不應別無一篇逸書、而一一盡同於伏生孔安國之所傳。其曰後附洪範一篇者、蓋徒見左氏傳三引洪範皆謂之商書、而不知王者周人之稱、十有三祀者周史之記、不得謂商人之書也。禹貢以導山導水移於九州之前、此不知古人先經後緯之義也。五子之歌爲人上者奈何不敬、以其不叶、而改之曰可不敬乎、謂本之鴻都石經、據正義言、蔡邕所書石經尚書、止今文三十四篇、無五子之歌、既又何以不考而妄言之也。其辨可謂明矣。今考明英宗實錄、正統六年、無此二國使臣之名、則其爲子虛烏有、已可不辨。又朝鮮今爲外藩、其書不異於中國、絕無箕子本之說。日本所刻七經孟子考文、其書爲中國所佚者、惟孔安國孝經傳皇侃論語義疏、而孝經傳山井鼎等又自言其僞。至其尚書、則一一與中國注疏本同、不過字句偶異耳。然則朝鮮本倭國本者何自來哉。是又不待證以篇章字句而後知其妄也。

書經直解十三卷 內府藏本

明張居正撰。居正字叔大、江陵人。嘉靖丁未進士。官至太師吏部尚書中極殿大學士。卒諡文忠。事蹟具明史本傳。是書爲萬歷初進講所作、時神宗幼沖、故譯以常言、取其易解。吳澄草廬集中所載經筵講義體、亦如是也。

書經說意十卷 江西巡撫採進本

明沈偉撰。偉號虹野、吳江人。嘉靖壬子舉人。是書分節總論大旨、不出講章之習。所標某句截某句斷者尤陋。案朱彝尊經義考有杜氏偉尚書說意、不著卷數、注云未見。考偉本姓杜、少育於沈漢家、因冒其姓、後乃歸宗。此書蓋其未復姓時所著、故仍題沈姓。彝尊所載、則據其後而言之也。

書經講義會編十二卷 江西巡撫採進本

明申時行撰。時行字汝默、號瑤泉、長洲人。嘉靖壬戌進士第一。官至大學士。諡文定。事蹟具明史本傳。是編乃時行官翰林直日講時所進。其說皆恪守蔡傳、務取淺近易明。考徐允錫作鄭曉禹貢說跋云、嘗屬徐瑤泉作虞商周書說、以補所未備。徐瑤泉者、卽謂時行、蓋時行初冒徐姓。允錫跋作於隆慶二年、時猶未復姓也。據其所言、時行蓋深於尚書者。然其書說竟不及成、惟此編存於世云。

禹貢山川郡邑考四卷 浙江汪啟淑家藏本

明王鑑撰。鑑字汝明、無錫人。嘉靖乙丑進士。官至太僕寺卿。事蹟附見明史邵寶傳。其書以禹貢水道爲主、每條用水名標目、而歷引諸書所載源流分合於下。其名爲經文所無而見於蔡氏傳者、並附釋之。山名亦同此例。郡邑名則專取蔡傳所有者釋之、然地名僅載其沿革至到。山名引書亦頗略。惟水道稍詳、亦未爲該博。朱彝尊經義考不著錄。無錫縣志列鑑名於文苑傳、亦不言其著有此書。疑草創之稿、未行於世歟。

禹貢元珠一卷 兩江總督採進本

明俞鯤撰。鯤字之鵬、嘉興人。是書朱彝尊經義考不著錄。而別載其百家尚書彙解、列於申時行袁仁之後、屠本畯鄧元錫之前。蓋嘉隆閒人也。大旨取禹貢篇蔡沈集傳刪節浮文、歸於簡要。於青州濰淄二水、則據毛晃禹貢指南之說、謂淄入海而以蔡傳淄入泲者爲誤、亦閒有考證。然大致主於詮釋文句、於山川地理未能洞悉原委。卷末附九州總歌、導山導水歌、九州田法賦法歌、尤村塾記誦之學矣。

欽定四庫全書總目卷十三

欽定四庫全書總目卷十四

經部十四

書類存目二

書經疑問十二卷（浙江巡撫採進本）

明姚舜牧撰。舜牧有易經疑問，已著錄。是編於經義罕所考定，惟推尋文句，以意說之，往往穿鑿杜撰。如解堯典湯湯洪水方割云，湯湯如湯滾沸一般樣；解舜典有能奮庸熙帝之載曰，載字下得極妙，天下事重且大矣，帝王以一身擔當負荷，如車載者然。可謂遊談無根矣。

書帷別記四卷（浙江汪啟淑家藏本）

明王樵撰。樵所著尚書日記十六卷，說者稱其該洽，已著於錄。此書則爲科舉而作，曰別記者，所以別於日記也。書前舊有萬歷甲申自序，見朱彝尊經義考。此本不載，蓋偶佚之。

尚書要旨三十卷（兩江總督採進本）

明王肎堂撰。肎堂字宇泰，金壇人，樵之子也。萬歷己丑進士，官至福建布政司參政。事蹟附見明史樵傳。是書承樵所著尚書別記，鈔撮緒言，敷衍其說，以備時文之用。其經文較講義低二格，每節惟書首尾二句，亦如時文之體然。

尚書辨解十卷（浙江汪啟淑家藏本）

明郝敬撰。敬有周易正解，已著錄。是編前八卷解伏書二十八篇，後二卷辨孔書，故曰辨解。其解周公居東爲就管叔以兄弟之義感之，解罪人斯得爲成王與太公召公誅管叔，而周公不與聞。他若周公稱成王爲孺子，爲國史代公之辭，非自周公口出。其說多與先儒異。蓋敬之解經，無不以私意穿鑿，亦不但此書爲然也。

禹貢備遺增注二卷（兩江總督採進本）

明胡瓚撰。其曾孫宗緒增注。瓚字伯玉，桐城人。萬歷乙未進士，官至江西布政司參政。宗緒字襲參，雍正庚戌進士，官至國子監司業。是書先發明禹貢書法，別爲卷首。自禹敷土至西戎卽敘爲一卷，道岍及岐以下爲一卷，依經附注，多遵蔡氏集傳。宗緒增注，則閒引蔡傳原文以證其同異。如謂淄水入海不入濟，考左傳昭公二十六年，成人伐齊師之飲馬于淄者，杜註云，淄水出泰山梁父縣西北入汶。鄭樵誤會其文，遂據此謂濰淄之淄爲入汶不入海，因爲牽合蔡傳云，淄水東入濟，亦不知通淄濟之開乃漢時事，有河渠書可證也。禹貢之淄出益都縣東南岳陽山，歷今臨淄博興樂安至壽光縣北，由淸水泊入海。水道顯然，此糾正之得實者也。至謂汾本西流，則從蔡傳，考水經注，汾水出太原汾陽縣北管涔山，南流與東西溫谿合，以今地輿考之，自汾陽至臨汾縣東，皆南流，自此而南，西流，經曲沃縣，所謂故絳也，由曲沃至河津、榮河諸縣，則皆西流，蔡傳未爲明晰，如是之類，尙未盡正也。

書傳會衷十卷（江蘇周厚堉家藏本）

明曹學佺撰。學佺有易經通論，已著錄。是書自一卷堯典至六卷召誥，題曰書傳會衷；七卷洛誥以下，則題曰書傳折衷，篇帙相連，而兩名互見，莫喻其故。今姑從其前名，以歸畫一。其說多沿襲舊文。

閒自立議，則又舛誤。如四岳舊說皆以爲四人，學佺則以爲一人，而總四岳諸侯之事，不知下文僉曰爲衆應之辭也。其以三江爲松江、婁江、東江，九江爲洞庭，則皆取舊說之不可信者。洪範之六三德不取鄭康成臣道之說，而用孔傳，亦爲寡識也。

虞書箋二卷（浙江巡撫採進本）

明茅瑞徵撰。瑞徵字伯符，歸安人。萬歷辛丑進士，官至南京光祿寺卿。解官後自號苕上漁父，又稱澹泊居士。此書前有自序，言南局多暇，讀唐虞論治之書，輒次數語，蓋即官光祿時作也。考定陵注略，瑞徵官職方郎中時，欲黜一副將不遂，反爲所搆。又御史姚永濟、韓浚皆有所請託，瑞徵不從，遂合力排擠之去。其人蓋亦錚錚者，而此書所箋，大抵敷衍舊說，無所發明。如解柔遠能邇句云：柔字下得最妙。解惟時亮天工句云：即熙帝載意。解天敘有典節云：兩我字正與兩天字相應。解慎乃在位句云：即慎乃有位，皆膚淺不足采錄，殆閒曹無事，姑以遣日，本無意於著書，而其子漫付剞劂耳。

禹貢匯疏十五卷（兩淮鹽政採進本）

明茅瑞徵撰。其書前冠圖經二卷，上卷二十四圖，皆鄭曉原本，下卷二十四圖，則瑞徵所補輯也。次以九州爲九卷，導山導水各一卷，而九州攸同至末自爲一卷。又採摭大禹神怪之事爲附錄一卷。書作於崇禎壬申，多借以抒寫時事，故其自序曰：讀禹貢者，詳九州之山川，則可供聚米之畫，習滄渠之岐路，則可商飛輓之宜，察東南之物力，則當念杼軸之空，考甸服之遺制，則當興樹藝之利，而挈要於底慎財賦一語。疏解浩繁，可一言以蔽之，如必句櫛字比，執今圖誌疑古山川，此不離經生之耳食，何益孔、蔡之舊文，蓋其志不在於解經也。然徵引浩繁，而無所斷制，動引及天文分野，未免泛濫。至其附錄一卷，盡摭雜家之言，侈談靈異，則非惟無與於經義，亦並無關於時事矣，豈說經之體哉。

尚書傳翼十卷（浙江巡撫採進本）

明陸鍵撰。鍵字實府，秀水人。其時又有一陸鍵，平湖人，萬歷丙午舉人，未知一人二人也。是書惟敷衍蔡、沈之說，無所異同，故曰傳翼。然於集傳實無所發明，其體例全似語錄，亦頗不雅馴。

尚書晚訂十二卷（編修勵守謙家藏本）

明史維堡撰。維堡字心傳，金壇人。萬歷丙辰進士，官至工部郎中。是書本名尚書集覽，後更名晚訂，蓋取晚年論定之意也。大旨以蔡傳爲藍本，惟考據典故，頗引舊文，不盡同於蔡傳，蓋參用朱子尚書名物度數當看注疏之語也。

尚書揆一六卷（浙江汪啟淑家藏本）

明鄒期楨撰。期楨字公寧，無錫人。萬歷中諸生。江南通志儒林傳附見桂森傳中，稱與桂森俱從高攀龍學，稱兩素衣先生。是書專主蔡傳，而雜引諸儒之說以發明之，蓋爲科舉而作。書成於萬歷丙辰，前有高攀龍序，又有讀尚書六要，其孫陞所述也。國朝康熙庚戌，其門人顧宸序而刊之。

尚書葦籥二十一卷（兩江總督採進本）

明潘士遴撰。士遴字叔獻，烏程人。天啟壬戌進士，官至大理寺寺副。是書大意欲囊括漢宋諸儒，而折衷以己見，然博引繁稱，卮言多而精理少。其凡例高自標置，謂從來說經非穭天之射，即無病之呻。葦籥指點虛實，筆光閃洞，眞可引人心氣入聰明。其經如經星之左旋，其緯如緯星之右轉，無可增減，無可讚宣，烟霞寶氣，結爲祥光瑞靄，萬古執迷，一旦葦籥獨見曉焉云云。自古以來，著述之家，未有誇誕至於如是者。其華而不實，亦可概見矣。目錄止二十一卷，而分編則爲五十八卷，蓋以篇數爲子卷也。

書經集意六卷（江西巡撫採進本）

明萬嗣達撰。嗣達字孝仲，潯陽人。其履貫無可考。自序稱天啟壬戌書於陪京，序中謂雲曹簡靜，蓋官南京刑部時所作。書中分節講論，蓋家塾課蒙之本。至禹貢內雜引明代漕輓東埔諸事，以便答策，尤非解經之體矣。

禹貢圖注（無卷數，江西巡撫採進本）

明艾南英撰。南英字千子，東鄉人。天啟甲子舉人。朱聿鍵僭號於福建，以爲監察御史，病卒於延平。事蹟具明史文苑傳。楊陸榮三藩紀事本末，則以爲殉節。自經傳聞異辭，莫之詳也。是編以禹貢九州分繪九圖，列於各州經文之前，又繪五服圖，列於五百里甸服一節之前，後附輿地總圖，據明代郡縣紀其大略。採錄蔡注之簡明者爲內注，有不可廢者，仍錄爲外注。其圖與注俱頗簡略，無足以資考證。南英自序亦云爲便於童蒙記誦也。

禹貢合注五卷（江蘇巡撫採進本）

明夏允彝撰。允彝字彝仲，華亭人。崇禎丁丑進士。官長樂縣知縣。遭母憂歸。福王時召爲吏部主事。以終制辭。南都失守，投水死。事蹟附見明史陳子龍傳。是書多證合時務，指言得失。又雜取水經注及諸家小說，旁載山水形狀及諸奇異，似乎博贍，實於經義無關也。

讀尚書略記（無卷數，浙江巡撫採進本）

明朱朝瑛撰。朝瑛有讀易略記，已著錄。此書力辨攻古文者之非，殊失深考。其所注釋，亦不過隨文敷衍，在所作諸經略記之中，獨爲最下。

書釋六卷（江西巡撫採進本）

明楊文彩撰。文彩字治文，寧都人。是編冠以指略十六條、先儒論二十一條、四十二篇亡書目，次汲冢周書篇名，其餘卷次一如蔡傳。文彩崇信古文，其注或如策論，或如語錄，或如時文批語，無復先儒詁經之體。前有其門人魏禧序，推尊甚至。文彩自序亦謂與門人魏叔子共處一室，相與揚搉，正謬薙繁，義有未盡，復著爲論，以補所未逮。是書之成，其功爲多。然禧工於文章，而學問則多講權略，解經亦非所長也。

禹貢廣覽三卷（浙江吳玉墀家藏本）

明許胥臣撰。胥臣，錢塘人。茲編首載九州總圖，次以九州各爲一圖，而經文分附於後。又以導山導水南條北條分析爲圖，亦各以經文附焉。至九州攸同及五百里甸服諸條，又分山水總敘及弼服諸名，體例頗爲詳悉。而經文下所引諸家注釋，則粗明訓詁，未足爲考證之資也。

尚書講義（無卷數，兩江總督採進本）

明蔡璋撰。璋字達夫，無錫人。是書順文敷衍，無所發明。卽其開卷釋曰若，若字作設問之如字解，則大略可覩矣。書凡兩冊，爲明季寫本。當時朱墨標識，猶存疑卽璋之原稾云。

尚書解意六卷（直隸總督採進本）

明李楨扆撰。楨扆字華麓，任邱人。是編不甚訓詁名物，亦不甚闡發義理，惟尋繹語意，標舉章旨節旨，務使明白易曉而止。蓋專爲初學而設，故名以解意云。

禹貢通解一卷（江蘇巡撫採進本）

舊本題檇李邵璜撰，不著時代。前有竇坻杜立德序，當爲國朝人。而其圖中稱北直隸，稱承天府，皆明人語。疑序爲立德未入國朝以前作也。立德之序，頗斥據後代地理以疑蔡傳之非，乃併河源之說亦指爲不近理，而璜之所注，乃與蔡傳多有異同。其循傳發揮者謂之通解，其不從傳者謂之辨異。每州之首及導山導水各列爲圖，自云多本之鄭曉、夏允彝。然其青州圖下卽駁允彝之說，亦不盡用二家也。是書頗有意於考正，而所學未博，引據疏略，視胡渭諸家不止上下牀之別矣。

尚書集解二十卷（直隸總督採進本）

國朝孫承澤撰。承澤號退谷，山東益都人，世隸上林苑籍，故自稱曰北平。前明崇禎辛未進士，官兵科給事中。李自成僭位，受僞職爲四川防禦使。入國朝，官至吏部侍郎。平生以尊崇朱子得名，而是書篤信古文，與朱子獨異。所解自蔡沈集傳外，多采呂祖謙書說、金履祥表注、許謙叢說，而力斥馬融、鄭康成。蓋欲尊宋學，故不得不抑漢儒。然宋儒解經，惟易詩春秋掊擊漢學，其尚書三禮實不甚異同。承澤堅持門戶，又併排斥之耳。然千古之是非，曷可掩也。

九州山水考三卷（安徽巡撫採進本）

國朝孫承澤撰。是書取禹貢所載山水，分類相從。山凡四十有三，正導者二十有七，雜見者十有六。水凡四十有二，正導者九，雜見者三十有三。附以澤九、原隰十，冠以水道會通源委。皆首標其名，而以所合諸水旁行斜貫，引以烏絲，略似族譜世系，與地圖之式迥殊。中多附論時事，引明代諸人議論事實以相證佐，如水利海運之類，與經義多不相關。蓋借事抒議，不專爲注經設也。書首標曰格致錄卷，而卷字之上缺一字未鐫。其子目乃題九州山水考上中下字。蓋其格致錄中之一種，刊而未竣者耳。

尚書近指六卷（江西巡撫採進本）

國朝孫奇逢撰。奇逢有讀易大旨，已著錄。是書前有自序，以主敬存心爲尚書之綱領。其說多標舉此義，不甚詮釋經文。然蔡沈書集傳序所謂堯舜存此心，桀紂亡此心，太甲成王困而存此心者，已先揭大旨，不煩重演矣。

尚書引義六卷（湖南巡撫採進本）

國朝王夫之撰。夫之有尚書稗疏、已著錄。此復推論其大義、多取後世事爲之糾正。如論堯典欽明、則以闢王氏良知。論舜典元德、則以闢老氏元旨。論依永和聲、斥宋濂、詹同等用九宮塡郊廟樂章之陋。論象以典刑、攻鍾繇、陳羣等言復肉刑之非。論人心道心、證釋氏明心見性之誤。論聰明明威、破呂不韋月令、劉向等五行傳之謬。論甲冑起戎、見秦漢以後制置之失。論知之非艱、行之維艱、詆朱陸學術之短。論洪範九疇、薄蔡氏數學爲無稽。論周公居東、鄙季友避難爲無據。議論馳騁、頗根理要。至於王敬作所、不可不敬德、及所其無逸等句、從孔傳而非呂蔡、亦有依據。惟文侯之命以爲與詩錄小弁之意同、爲孔子有取於平王、至謂高宗諒闇與豐昵同爲不惠於義、則其論太創。又謂黃帝至帝舜皆以相而紹位、古之命相、猶後世之建嗣。又謂虞夏有百揆、商有阿衡、皆相也、至周則六卿各率其屬、周之不置相自文王起。此皆臆斷之辭。他若論微子去紂、恐文王有易置之謀。周公營洛、亦以安商民反側之心。則益涉於權術作用、不可訓矣。

尚書體要六卷、江蘇巡撫採進本

國朝錢肅潤撰。肅潤字礎日、無錫人。是書章分句解、止於隨文生義、未能有所折衷。其訓禹貢三江、既以松江、婁江、東江爲三江。又謂江漢發源於梁、合流於荆、入海於揚、定是江漢、爲何又生松江、婁江、東江出來云云。則又主蘇氏岷江爲中江、嶓冢爲北江、豫章爲南江之說矣。又云、東湖未築以前、江水直注太湖、是岷江、嶓冢、豫章三江未嘗不通震澤也。考江水雖入海於揚、然自古未與震澤通。若如是說、則京口以東皆成巨浸矣。殊爲無據。惟其辨九江有三、頗爲詳晰、差足備考耳。

書經疏略六卷、江南巡撫採進本

國朝張沐撰。沐有周易疏略、已著錄。是書從注疏本、以書序分冠諸篇。又從古本合爲一篇、列於卷首。其次第與孔安國傳及鄭康成所注百篇之序俱互有異同。又所載孔安國序、於春秋左氏傳句闕其左氏二字、解之曰、傳附經左曰左傳、以人號傳、古無此體。考左傳或曰左氏、或曰左邱、漢以來說者不同、總爲人姓。沐乃以爲左右之左、殊駭視聽。且謂傳以人號、古無此體、是併漢藝文志亦未見矣。蓋沐著春秋疏略、以左傳爲孔子作、故於此書亦護其說耳。所解多襲蔡傳、其獨出己見者、率多杜撰。如解無逸篇、則知小人之依、句曰、於是知小民者君子之所依賴以安也、豈復成文義乎。

古文尚書考一卷、編修程晉芳家藏本

國朝陸隴其撰。隴其字稼書、平湖人。康熙庚戌進士。官嘉定、靈壽二縣知縣、行取御史。雍正二年從祀孔子廟庭。乾隆二年

賜謚清獻。是書原載隴其三魚堂集中、曹溶學海類編始摘錄別行。大旨惟據朱子告輔廣之言、以申古文尚書非僞。然朱子語錄曰、書序恐不是孔安國所作、只是魏晉時文字。又曰、孔氏書傳某疑決非安國所注、恐是魏晉閒人託安國爲名、與毛公詩傳大段不同。又曰、傳之子孫、以貽後代、漢時無這般文章。嘗疑安國書是假書。漢儒訓釋文字、有疑則闕、此却盡釋之。豈有千百年前人說底話、收拾於灰燼屋壁之中、與口傳之餘、更無一字譌舛。況孔書至東晉方出、前此諸儒皆不曾見、可疑之甚。然則朱子辨古文非眞、不一而足、未可據輔廣所記一條、遂謂他弟子所記皆非朱子語也。

尚書惜陰錄六卷、兩江總督採進本

國朝徐世沐撰。世沐有周易惜陰錄、已著錄。是編乃世沐七十二歲時作。其篤信古文、猶先儒之舊論。至於尊古文而排抑今文、則變本而加厲矣。其排抑今文、惟以不全爲辭、不思古文五十八篇亦不足百篇之數也。其說皆因蔡傳而衍之、往往支離於文外。如解蒙羽其藝、謂蒙多蒙昧、亦要隨刊。羽多禽鳥、亦必翦除。益稷之有勞可知。夫益稷佐禹、豈必在此二山。且以山名一字穿鑿生義、然則熊耳必多冬蟄之獸、外方必爲中矩之形哉。又如解厥貢惟土五色、謂徐之東原乃中原正地、厥土五色而赤多、亦文明天闢。孔子雖爲兗產、實徐產也。斯文之統、蓋像地靈、是與經義何涉也。至謂唐尚無史、舜乃設史追書、故曰虞書。謂舜以諸侯之禮祀瞽瞍、二妣並祔、正舜母、繼象母、一一秩之不紊、大小宗無餘憾、故官曰秩宗、益不知其所據矣。

尚書口義六卷、浙江巡撫採進本

國朝劉懷志撰。懷志字貞儒、武強人。康熙中左都御史謙之父也。其孫自潔原跋、稱爲大司空、蓋其贈官。然未詳何以贈工部尚書也。是書於經文之內注小字以貫串之、大旨悉遵蔡傳、而衍以通俗之

文以便童蒙凡蔡傳所謂錯簡者俱移易經文以從之凡蔡傳所謂衍文者則徑從刪薙可謂信傳而不信經矣

禹貢正義三卷（江蘇巡撫採進本）

國朝曹爾成撰爾成字得忍無錫人是書成於康熙甲寅據蔡氏集傳爲本或偶出己見又於古無稽如揚之三江則以爲錢塘江有兩源北源爲黟江西源爲太末江併錢塘而爲三梁之沱潛則以爲皆江之別源非江漢別流其說導水也於導河節以東過洛汭爲禹過之以大陸爲去河絕遠禹從洚水取陸路到高平之處下又北接上北過洚水非自大陸又北於導漾節過三澨至於大別亦爲禹取陸路從三澨至大別下南入於江接上又東爲滄浪之水而轉南非自大別而南於導江節過九江至於東陵爲禹從九江取陸路至東陵下東迤北接上又東至於澧非自東陵又東於導沇水節以東出於陶邱北又東爲濟之正派下至於菏爲分流南行通泗又東北接又東正派非自菏又東北其又北東入於海以又北爲分流北出爲沮而合於濰以東入於海爲正派皆膠滯破碎使文理不相貫也

舜典補亡一卷（浙江巡撫採進本）

國朝毛奇齡撰奇齡有仲氏易已著錄舜典舊無篇首二十八字至梁姚方興始得別本於大航頭以補之其事本屬可疑然相沿已久無可刊削之理所謂有其舉之莫敢廢也奇齡堅信古文而獨不信二典之分篇遂以爲自月正元日以下乃爲舜典而闕其前半篇遂摭史記以補之夫司馬遷書豈可以補經即用遷書爲補亦何可前半遷書後半忽接以古經混合爲一奇齡以竄亂古經詆朱子而所爲又加甚焉雖善辨者殆亦難爲之辭矣

尚書義疏（無卷數，檢討蕭芝家藏本）

國朝蔣家駒撰家駒字千里丹陽人康熙庚午舉人官懷集縣知縣是編亦高頭講章之類鈔本綴以圈點其體段皆類時文

書經詳說（無卷數，河南巡撫採進本）

國朝冉覲祖撰覲祖有易經詳說已著錄是書以蔡傳爲主旁引孔傳孔疏及宋元以下諸家之說以釋之雖引證頗繁然如六宗三江皆援据諸說而終以蔡傳爲主其有稍異於傳者多刪而不錄如文侯之命引孔疏其下注云傳疏多與蔡傳說異故僅錄此又如費誓徂茲淮夷句引孔傳亦必注其下云徂訓往征與蔡傳異蓋篤守宋學不肯一字異同者也

禹貢臆參（無卷數，江蘇巡撫採進本）

國朝楊陸榮撰陸榮有易互已著錄是書於經文之下詳載蔡傳而並錄地理今釋以糾其誤亦閒附己說然頗有攻詰未當者若三江既入震澤厎定一條初學記引鄭康成注漢江爲北江右合彭蠡爲南江岷江居中爲中江後儒咸主鄭義而陸榮力攻之謂周禮職方於荊州曰其川江漢於揚州曰其川三江若江漢即三江之二又何以一表之於荊又再表之於揚也考職方氏有曰河東曰兗州其川河泲東北曰幽州其川河泲一河泲而既表之於兗又表之於幽陸榮又何以難之也陸榮又謂職方氏曰其川三江其浸五湖苟彭蠡可以爲南江則是一水而分列於川浸蓋主李善司馬貞之注以彭蠡爲五湖之一然虞翻韋昭張勃酈道元張守節陸龜蒙李宗諤諸家皆與善及貞注不同則五湖必兼彭蠡尚未可確定亦不得執以駁三江矣

禹貢譜二卷（浙江巡撫採進本）

國朝王澍撰澍字若霖亦自書爲篛林金壇人康熙壬辰進士歷官給事中是書各著經文於前而附圖於後州爲二圖一言疆界一言貢道導山導水及山川田賦亦各有圖凡四十圖大抵皆本蔡傳而參以諸家之說條理簡明頗易尋覽然多因仍舊說依違遷就不能折衷歸一與胡渭錐指蓋未可同日語也

禹貢解八卷（浙江巡撫採進本）

國朝晏斯盛撰斯盛有楚蒙山房易經解已著錄禹貢一篇自注疏而外無慮數十百家迨胡渭禹貢錐指出條分縷晰辨正詳博斯盛是編大概全取渭書而變其體例中如渭引水經注漳至斥漳縣入河斯盛則以漢志斥漳下應劭云漳水出治北入河蓋言漢時漳水在治北其云入河者以下流至阜城言也漳水遷行鄴東已當入故大河若漢時阜城以上安得有河渭據水經注濟歷琅槐縣故城北淄入馬車瀆逕琅槐故城南故言淄濟各自入海斯盛以漢書甾至博昌入泲師古注云泲音子禮反孔疏引作入海誤也甾入泲不在馬車

瀆，而在琅槐東之博昌界，其辨別亦頗精密。至其論碣石，據漢志驪成之大碣石山，即今昌黎縣北二十里所謂仙人臺天橋柱者，不取王橫淪於海中之說。又謂河濟相通，浮濟自陶邱而西以達於河，周以後滎川道塞，至東漢時僅存滎菏澤渚之本源，故漢志云軼出滎陽北平地，非禹貢職方舊蹟，不取三伏三見之說。其他如冀之恆衞，以恆由恆山得名，滱水出靈邱縣北高氏山，與渾源州恆山相連屬，衞由惡池得名，衞轉曰惡，惡轉曰虖，滱即恆，虖乇即衞，皆因渭說而附益之。導河後附歷代徙流，亦因渭之書，刪繁就簡。於雍之黑水，欲以打沖河當之，究不協入於海之文，且漫無實證。又渭不知今呼老黃河者爲宋之二股河，而以爲二股河行唐馬頰河故道，斯盛亦曰二股河尋唐景福以前馬頰河之道也，則又沿渭之誤，不能糾正矣。

今文尚書說三卷 浙江巡撫採進本

國朝陸奎勳撰。奎勳有陸堂易學，已著錄。是編皆訂補蔡沈書傳之闕失，大抵推求於字句之間，離合參半。所解惟伏生二十八篇，而古文則置之不言，蓋用吳澄書纂言之例，未爲無見。而所附古文尚書辨二篇，不引梅鷟閻若璩的然有證之言，而又變爲古文尚書半眞半僞之說，自稱年將及艾，於詩禮春秋探成經說三十八卷，夢見孔子，心似別開一竅者。凡於書之眞贋，一覽自明云云。其亦近於語怪矣。

尚書通義十四卷 浙江巡撫採進本

國朝方葇如撰。葇如有周易通義，已著錄。是書亦仿周易通義之例，以四書成語釋之，如禹貢冀州至四海會同，則曰所謂然後人得平土而居之也。五百里甸服至五百里米，則曰所謂五十而貢，可想見矣。洪範無虐煢獨而畏高明，則曰此三代之所以直道而行也。全書皆用此例，可謂附會經義矣。

尚書舉隅六卷 江南巡撫採進本

國朝徐志遴撰。志遴字掄英，江西新城人，雍正甲辰舉人。其書刪節蔡傳，而於蔡傳後每條各以己意附注一二語，簡略殊甚，蓋於舉業之中更闢捷徑矣。

書經劄記 無卷數，江蘇巡撫採進本

國朝顧昺撰。昺有周易鈔，已著錄。是編爲其三經解之二，取明陳第之說，謂古文尚書非僞，冠以古文今文辯，盡掃諸家考證，而斷以大禹謨之精一危微，咸有一德之主善克一數語，謂非漢晉所能作。蓋撫近時方苞之論，此明知徵實之難誣，又變而蹈空以求勝也。

禹貢方域考一卷 江西巡撫採進本

國朝湯奕瑞撰。奕瑞號玉峯，南豐人，雍正中官福建鹽場大使。其書載禹貢本文，而專疏其方域界址。附江河入海記、河源記數篇於後。前有自序，謂刪撮胡渭禹貢錐指而爲之，故卷首自稱曰纂輯，明爲渭書之節本云。

尚書約旨六卷 江蘇巡撫採進本

國朝楊方達撰。方達有易經圖說會通，已著錄。是書大略墨守蔡傳，依文訓義，間有與蔡傳異者，亦僅鑽研語氣，未能考證其失，故所著凡例，亦自謂未脫講章舊局，至於名物典故，不甚詮釋，則以別撰尚書通典略故也。

尚書通典略二卷 江西巡撫採進本

國朝楊方達撰。是書皆考辨尚書典故，首卷力主梅書之非僞，至以馬融鄭元不見古文，所見皆張霸僞書，而顧命銳字又以爲說文本孔傳，蓋猶毛奇齡之緒論。其訓釋名物，多據理斷制，不由考證。如河出崑崙，信水經注五萬里之說，而駁元以來探求河源之謬，不知輿圖俱在，道里井然，是爲泥古而不徵今。允征篇中謂日食可以推算，不應馳走，不知自漢以前無預知日食之術，是爲知今而不稽古。蓋典制之學與義理之學，南轅而北轍也久矣。

禹貢約義 無卷數，兩江總督採進本

國朝華玉淳撰。玉淳字師道，號澹園，金匱人。是編考證禹貢山水，詳略頗不畫一，蓋隨事紀載，未及成書之稾本也。其論三江，主鄭元蘇軾之說，極爲有見。論九江則以九江爲洞庭，大抵與胡渭所見同。不知九江自在潯陽，古者江則名江，河則名河，未有以洞庭爲九江者。應劭諸家不可廢，且澧江已見於經，而雲夢亦跨岳陽之界，洞庭之說終屬未安。玉淳蓋未深考耳。

尚書質疑八卷 安徽巡撫採進本

國朝王心敬撰。心敬有豐川易說，已著錄。是書用趙孟頫吳澄之說，分今文古文爲二，不爲無據。惟是康誥等三篇，據書語則在武王時受封，據左傳則

在成王時受封，先儒皆疑不能明。今徑升大誥之前，紊亂舊第，殊失謹嚴之義。伏書顧命一篇，孔氏古文分出康王之誥，見史記周本紀，馬融舊本亦見於經典釋文。今以爲後人妄分，於考證亦疎。至於沿豐坊僞本之說，改堯典爲帝典，自謂根據大學，不知無以處孟子。又以二典非虞史所作，出夫子筆削，曰若稽古帝堯出孔子增加，尤爲臆說矣。

書經參義六卷浙江巡撫採進本

國朝姜兆錫撰。兆錫有周易本義述蘊，已著錄。是編以朱子命蔡沈作書傳，甫越歲而朱子亡，其間未是正者頗多，如集注行夏之時及歲十一月、十二月之屬，昭如日星，而蔡傳於伊訓之元祀十有二月及泰誓之十有三年春、武成惟一月之屬，皆力著不改時不改月之辯，是顯與朱子有異。因作是書正之。計經文錯互篇簡者二條，錯分段落者五條，錯混句讀者二條，錯解文義者十二條，定錯復錯者一條。考蔡傳自南宋以來，即多異議，原非一字不刊之典。然兆錫所改，大抵推求字句，以意竄定，未能確有考證也。

尚書質疑二卷江西巡撫採進本

國朝顧棟高撰。棟高字震滄，晚年好治春秋，又自號左畬，無錫人。康熙辛丑進士，乾隆辛未薦舉經學，賜國子監司業，丁丑又賜國子監祭酒銜。所著春秋大事表，最爲精密，其注詩亦有可觀。惟此一編較他書爲次乘。其例不載經文，亦不訓釋經義，惟標舉疑義，每條撰論一篇，爲數凡四十有一。大抵多據理臆斷，不甚考證本末。如謂帝王巡狩必不能一歲而至四嶽，因疑惟泰山爲天子親至，餘皆不至其地，引泰山獨有明堂爲證。且稱華山、恆山、衡山久在晉楚境內，若有明堂而爲晉楚所毀，列國定何如問罪，春秋定何如大書特書。夫春秋明例，承告乃書，二百四十年中未有以毀某來告者也，安得以春秋不書毀爲本無明堂之證。晉不奉正朔，春秋凡載晉事，傳與經皆差兩月，杜預以爲晉用夏正。楚僭稱王號，孰問其罪，又安得以春秋無書毀明堂者爲本無明堂之證乎。古文尚書晉時乃出，棟高既確信危微精一數語，斷其必眞，案危微精一數語實荀子所載，云出道經。乃獨以兩階干羽一事爲劉歆竄入，主名確鑿，此出何典記也。山海經本不足信，蔡傳引其怪說以注禹貢，自是一失，棟高駁之是也。至謂爲劉歆所僞作，則禹本紀、山海經之名先見於史記大宛傳贊，亦歆所竄入歟。周代諸侯所以能知其名者，賴春秋傳耳。夏商年遠文略，靡得而徵，乃謂夏商不封建同姓。考史記夏本紀曰，禹爲姒姓，其後分封，用國爲姓，故有夏后氏、有扈氏、有男氏、斟尋氏、彤城氏、褒氏、費氏、杞氏、繒氏、辛氏、冥氏、斟戈氏云云，則夏代分封，史有明證，烏得遽斷其無。如以不見於書而斷之，則今文惟有齊呂伋、魯伯禽、晉文侯、秦穆公，古文惟有蔡仲耳，周公封魯、召公封燕，書且無明文矣。他如論堯舜禹非同姓，論商周改時改月，論亂臣十人中有膠鬲，論洪範不本河圖洛書，論微子面縛而又左牽羊右把茅，論周公未嘗居攝，亦皆前人之舊論，不足以言心得。大抵棟高竆經之功，春秋爲最，而書則用力差少，人各有所短長，不必曲爲之諱也。

書經提要十卷兩江總督採進本

國朝徐鐸撰。鐸有易經提要錄，已著錄。是書體例亦不錄經文，但標舉字句，雜采諸家之說而以己意融貫之。然大抵推求文義之學，如王心敬以曰若稽古一句爲孔子所加，至爲無理，而鐸曰其說可從，殊乏考訂。他如解大禹謨曰：堯曰大哉堯之爲君，舜曰大舜有大焉，舜繼堯稱大舜，禹繼舜故亦稱大禹。然則大禹謨之作在論語孟子後乎。

尚書小疏一卷江蘇巡撫採進本

國朝沈彤撰。彤字貫雲，號果堂，吳江人。嘗預脩三禮及一統志，議敘九品官。是編所解，自堯典至禹貢，僅數十則，而往往失之好異。如謂禹時交州本屬荆梁，胡渭禹貢錐指以九州大略不踰五嶺者非是，蓋沿閻若璩潛邱劄記之說。然潛邱劄記精核者多，惟此條則過泥通典。今姑以禹貢經文求之，自五百里甸服至五百里荒服，每面各二千五百里，九州凡五千里，自孔鄭諸儒無有異辭者也。經稱荆及衡陽惟荆州，通典稱衡陽郡去洛陽二千七百六十八里，以南北兩面計之，已逾於五千里。至稱荆州之域兼有零陵、江華、桂陽、連山諸郡，又稱零陵去洛陽三千五十五里，江華去洛陽三千五百八十里，桂陽去洛陽三千五十七里，連山去洛陽三千五百八十九里，則荆州南域已逾千里有奇。恐經所云衡山之陽，未必遼闊如此。禹貢錐指謂騎田嶺北爲桂陽，嶺南爲連山，連山亦古南越地，不當入荆域，其駁正最爲允協，必反其說已爲非是，乃更謂荆州之域直統交阯，則距洛陽凡七千二百二十五里，較經文荒服里數，三倍過之。寧有是事乎？至引後漢書爲證，尤屬牽合。考獻帝本紀，建安十八年復禹貢九州，注引獻帝春秋曰：時省幽并州，以其郡國并於冀州；省司隸校尉及涼州，以其郡國并爲雍州；省交州，并荆州、益州。於是有兗、豫、青、徐、荆、揚、冀、益、雍。據此則當時特復禹貢九州之名，非謂漢之疆域即禹疆域。又安得以後證前耶？其他附會遊移之說，往往類此。蓋彤長於三禮，而尙書非其所精，又務欲求勝於胡渭，故糾紛至是，不足爲據也。

心園書經知新八卷（浙江巡撫採進本）

國朝郭兆奎撰。兆奎，平湖人。是書成於乾隆乙亥，兆奎年七十三矣。大旨以蔡沈集傳爲本，而時參己見，故曰知新。如解堯典命羲和數節，則謂後世日晷爲定分至之要，而舉南北極及歲周歲差之法，皆以爲不足信。解禹貢，則謂黑水非有二水，因九江三江未盡入海，上流泛濫，溢出於西，謂漢枝分於大別入江，其正流爲北江，在彭蠡之北；江枝分會於彭蠡，其正流爲中江，在彭蠡之南。他如涇屬渭汭條下，訾周禮職方爲後來雜湊之書；於甘誓條下，訾禮記曾子問一篇率多不經；於伊訓論三年之喪，訾儀禮喪服之經及禮記爲非；說六律，則謂古無六呂及隔八相生，其國語禘郊宗祖報，左傳羿浞管蔡之事，皆訾爲謬說。大抵不信古經，自以意斷，惟篤信梅賾古文，故卷末附古今文辯，謂秦焚民間詩書，其博士所職，漢初猶有全書，又謂蔡邕書石經，即全古文，蓋取毛奇齡古文尙書冤詞之說，重爲申衍，不知漢時古經果亡，何以立於學官者僅伏生所傳，以及賈、馬、鄭諸大儒親見古文者，其所傳述，何以絕不涉伏生所傳之外也。

尙書讀記一卷（編修周永年家藏本）

國朝閻循觀撰。循觀字懷庭，號伊蒿，昌樂人。乾隆丙戌進士，官吏部考功司額外主事。是編爲濰縣韓夢周所刊，凡七十六條。循觀亦不信古文，其解金縢我之弗辟爲弗攝政之嫌，康誥首四十八字非錯簡，及費誓伯禽征徐戎爲周公在時事，竝根據史記爲說，蓋司馬遷受古文尙書於孔安國，其所引證足爲根據也。其他則多循文生義之說，蓋本其讀書之時，偶記簡端，循觀沒後，夢周錄爲此帙，初非著成之書，故所解止此耳。

尙書私學四卷（編修程晉芳家藏本）

國朝江昱撰。昱字賓谷，號松泉，甘泉人，貢生。是書大旨謂古文尙書論政論學，莫不廣大精深，非聖人不能道，故其說多據理意斷，然亦有偶然標識無關大義者，如謂予若朽索之馭六馬，若蹈虎尾，涉於春冰，皆晉人危語之祖云云，殆非詁經之體。又如稱刑金氣也，苗爲暴虐淫過之刑，殺戮無辜，金氣盛極，故惡臭薰蒸，變而爲腥，腥於五臭爲金云云，亦過於求深也。

尙書注解纂要六卷（湖北巡撫採進本）

國朝吳蓮撰。蓮字余嘉，江都人。是書融會蔡沈集傳之義，每節之下先標指意，而各隨文句詮釋之，無所考證。

尙書剩義四卷（湖南巡撫採進本）

國朝黃璘撰。璘有周易剩義，已著錄。是書分條疏解，大旨爲制義而作，與所註周易體例相同。

附錄

別本尙書大傳三卷補遺一卷（兩江總督採進本）

國朝孫之騄編。之騄號晴川，仁和人。雍正閒官慶元縣教諭。伏生尙書大傳久無刻本，外閒傳寫殘帙，譌缺顚倒，殆不可讀。元和惠棟號爲博洽，脩明堂大道錄時，亦未見其原本，僅從他書輾轉援引。故之騄蒐採補綴，仍勒爲三卷，其不注出典者，殘缺之原文，其注某書引者，之騄所增入也。殘章斷句，頗賴以存。近時宋本復出，揚州已有雕版，此本原可不存，然之騄於舊帙未出之前，鉤稽參考，閱歲月而成，是編其好古之勤，亦不可沒，故仍附存其目焉。

右書類七十八部，四百三十卷（內十部無卷數），附錄一部，四卷，皆附存目。

案：尙書文句古奧，訓釋爲艱，故宋元以前注是經者差少，歷年久遠，傳本彌稀，凡有遺編，率皆採錄。惟薛季宣之僞古，王柏、賀成大、胡一中之改經，特黜而存目，一以杜好奇之漸，一以杜變亂古經之漸也。

欽定四庫全書總目卷十四

欽定四庫全書總目卷十五

經部十五

詩類一

詩有四家，毛氏獨傳，唐以前無異論，宋以後則衆說爭矣。然攻漢學者，意不盡在於經義，務勝漢儒而已；伸漢學者，意亦不盡在於經義，憤宋儒之詆漢儒而已。各挾一不相下之心，而又濟以不平之氣，激而過當，亦其勢然歟。夫解春秋者，惟公羊多駁，其中高子、沈子之說，殆轉相附益，要其大義，數十傳自聖門者，不能廢也。詩序稱子夏，而所引高子、孟仲子乃戰國時人，固後來攙續之明證，即成伯璵等所指篇首一句經師口授，亦未必不失其眞。然去古未遠，必有所受。意其眞贋相半，亦近似公羊。全信全疑，均爲偏見。今參稽衆說，務協其平。苟不至程大昌之妄改舊文，王柏之横刪聖籍者，論有可採，並錄存之，以消融數百年之門戶。至於鳥獸草木之名，訓詁聲音之學，皆事須考證，非可空談。今所採輯，則尊漢學者居多焉。

詩序二卷（內府藏本）

案詩序之說，紛如聚訟。以爲大序子夏作，小序子夏、毛公合作者，鄭元詩譜也。以爲子夏所序詩，即今毛詩序者，王肅家語注也。以爲衞宏受學謝曼卿，作詩序者，後漢書儒林傳也。以爲子夏所創，毛公及衞宏又加潤益者，隋書經籍志也。以爲子夏不序詩者，韓愈也。以爲子夏惟裁初句，以下出於毛公者，成伯璵也。以爲詩人所自製者，王安石也。以小序爲國史之舊文，以大序爲孔子作者，明道程子也。以首句即爲孔子所題者，王得臣也。以爲毛傳初行，尚未有序，其後門人互相傳授，各記其師說者，曹粹中也。以爲村野妄人所作，昌言排擊而不顧者，則倡之者鄭樵、王質，和之者朱子也。然樵所作詩辨妄一出，周孚即作非鄭樵詩辨妄一卷，摘其四十二事攻之，質所作詩總聞，亦不甚行於世。朱子同時，如呂祖謙、陳傅良、葉適，皆以同志之交，各持異議。黃震篤信朱學，而所作日鈔，亦申序說。馬端臨作經籍考，於他書無所考辨，惟詩序一事，反覆攻詰，至數千言。自元明以至今日，越數百年，儒者尚各分左右袒也。豈非說經之家第一爭詬之端乎。考鄭元之釋南陔曰：子夏序詩，篇義合編，遭戰國至秦而南陔六詩亡，毛公作傳，各引其序冠之篇首，故詩雖亡而義猶在也。程大昌考古編亦曰：今六序兩語之下，明言有義無辭，知其爲秦火之後見序而不見詩者所爲。朱鶴齡毛詩通義序，又舉宛丘篇序首句與毛傳異辭，其說皆足爲小序首句原在毛前之明證。邱光庭兼明書舉鄭風出其東門篇，謂毛傳與序不符，曹粹中放齋詩說亦舉召南羔羊、曹風鳲鳩、衞風君子偕老三篇，謂傳意序意不相應，序若出於毛，安得自相違戾。其說尤足爲續申之語出於毛後之明證。觀蔡邕本治魯詩，而所作獨斷，載周頌三十一篇之序，皆祇有首二句，與毛序文有詳略，而大旨略同，蓋子夏五傳至孫卿，孫卿授毛亨，毛亨授毛萇，是毛詩距孫卿再傳。申培師浮邱伯，浮邱伯師孫卿，是魯詩距孫卿亦再傳，故二家之序大同小異。其爲孫卿以來遞相授受者可知。其所授受祇首二句，而以下出於各家之演說，亦可知也。且唐書藝文志稱韓詩卜商序、韓嬰注二十二卷，是韓詩亦有序，其序亦稱出子夏矣。而韓詩遺說之傳於今者，往往與毛迥異，豈非傳其學者遞有增改之故哉。今參考諸說，定序首二語爲毛萇以前經師所傳，以下續申之詞爲毛萇以下弟子所附，仍錄冠詩部之首，明淵源之有自，併錄朱子之辨說，著門戶所由分，蓋數百年朋黨之爭，茲其發端矣。隋志有顧歡毛詩集解敘義一卷、雷次宗毛詩序義二卷、劉炫毛詩集小序一卷、劉瓛毛詩序義疏一卷（案序叙二字互見，蓋史之駁文，今仍其舊）。唐志則作卜商詩序二卷。今以朱子所辨，其文較繁，仍析爲二卷。若其得失，則諸家之論詳矣，各具本書，茲不復贅焉。

毛詩正義四十卷（內府藏本）

漢毛亨傳，鄭元箋，唐孔穎達疏。案漢書藝文志毛詩二十九卷，毛詩故訓傳三十卷，然但稱毛公，不著其名。後漢書儒林傳始云趙人毛長傳詩，是爲毛詩，其長字不從艸。隋書經籍志載毛詩二十卷，漢河間太守毛萇傳，鄭氏箋，於是詩傳始稱毛萇。然鄭元詩譜曰：魯人大毛公爲訓詁傳於其家，河間獻王得而獻之，以小毛公爲博士。陸璣毛詩草木蟲魚疏亦云：孔子刪詩授卜商，商爲之序，以授魯人曾申，申授魏人李克，克授魯人孟仲子，仲子授根牟子，根牟子授趙人荀卿，荀卿授魯國毛亨，毛亨作訓詁傳，以授趙國毛萇，時人謂亨爲大毛公甚爲小毛公。據是二書，則作傳者乃毛亨，非毛萇。故孔氏正義亦云大毛公爲其傳，由小毛公而題毛也。隋志所云，殊爲舛誤，而流俗沿襲，莫之能更。朱彝尊經義考乃以毛詩二十九卷題毛亨撰，注曰佚，毛詩訓故傳三十卷題毛萇撰，注曰存，意主調停，尤爲於古無據。今參稽衆說，定作傳者爲毛亨，以鄭氏後漢人，陸氏三國吳人，併傳授毛詩，淵源有自，所言必不誣也。鄭氏發明毛義，自命曰箋。博物志曰：毛公嘗爲北海郡守，康成是此郡人，故以爲敬。推張華所言，蓋以爲公府用記，郡將用箋之意。然康成生於漢末，乃修敬於四百年前之太守，殊無所取。案說文曰：箋，表識書也。鄭氏六藝論云：注詩宗毛爲主，毛義若隱略，則更表明，如有不同，卽下己意，使可識別。案此論今佚，此據正義所引。然則康成特因毛傳而表識其傍，如今人之簽記，積而成帙，故謂之箋，無庸別曲說也。自鄭箋既行，齊魯韓三家遂廢。案此陸德明經典釋文之說。然箋與傳義亦時有異同。魏王肅作毛詩注、毛詩義駁、毛詩奏事、毛詩問難諸書，以申毛難鄭。歐陽修引其釋衞風擊鼓五章，謂鄭不如王。見詩本義。王基又作毛詩駁，以申鄭難王。王應麟引其駁芣苢一條，謂王不及鄭。見困學紀聞，亦載經典釋文。晉孫毓作毛詩異同評，復申王說。陳統作難孫氏毛詩評，又明鄭義。並見經典釋文。袒分左右，垂數百年。至唐貞觀十六年，命孔穎達等因鄭箋爲正義，乃論歸一定，無復歧塗。毛傳二十九卷，隋志附以鄭箋作二十卷，疑爲康成所併。穎達等以疏文繁重，又析爲四十卷。其書以劉焯毛詩義疏、劉炫毛詩述義爲稾本，故能融貫羣言，包羅古義，終唐之世，人無異詞。惟王讜唐語林記劉禹錫聽施士匄講毛詩所說維鵜在梁、陟彼岵兮、勿翦勿拜、維北有斗四義，稱毛未注，然未嘗有所詆排也。至宋鄭樵，恃其才辨，無故而發難端，南渡諸儒，始以掊擊毛鄭爲能事。元延祐科舉條制，詩雖兼用古注疏，其時門戶已成，講學者迄不遵用。沿及明代，胡廣等竊劉瑾之書作詩經大全，著爲令典，於是專宗朱傳，漢學遂亡。然朱子從鄭樵之說，不過攻小序耳，至於詩中訓詁，用毛鄭者居多。後儒不考古書，不知小序自小序，傳箋自傳箋，鬨然佐鬭，遂併毛鄭而棄之。是非惟不知毛鄭爲何語，殆併朱子之傳亦不辨爲何語矣。我

國家經學昌明，一洗前明之固陋。乾隆四年

皇上特命校刊十三經注疏，

頒布學宮，鼓篋之儒，皆駸駸乎研求古學。今特錄其書與小序同冠詩類之首，以昭六義淵源，其來有自，孔門師授，端緒炳然，終不能以他說掩也。

毛詩草木鳥獸蟲魚疏二卷通行本

吳陸璣撰。明北監本詩正義全部所引，皆作陸機。考隋書經籍志，毛詩草木蟲魚疏二卷，注云烏程令吳郡陸璣撰。陸德明經典釋文序錄，陸璣毛詩草木鳥獸蟲魚疏二卷，注云字元恪，吳郡人，吳太子中庶子、烏程令。資暇集亦辯璣字从玉，則監本爲誤。又毛晉津逮祕書所刻，據陳振孫之言，謂其書引爾雅郭璞注，當在郭後，未必吳人，因而題曰唐陸璣。夫唐代之書，隋志烏能著錄？且書中所引爾雅注僅及漢犍爲文學、樊光，實無一字涉郭璞，不知陳氏何以云然。姚士粦跋已辨之，或晉未見士粦跋歟。原本久佚，此本不知何人所輯，大抵從詩正義中錄出。然正義衞風淇澳篇引陸璣疏淇澳二水名，今本乃無此條，知由採摭未周，故有所漏，非璣之舊帙矣。又衞風椅桐梓漆一條，稱今雲南牂牁人績以爲布。考漢書地理志，益州郡有雲南縣，後漢書郡國志，永昌郡有雲南縣，皆一邑之名。唐書地理志：姚州雲南郡，武德四年以漢雲南縣地置。蓋至是始升爲大郡，而袁滋雲南記、竇滂雲南別錄諸書作焉。璣在三國，卽以雲南配牂牁，似乎諸家傳寫，又有所竄亂，非盡原文。然勘驗諸書所引，一一符合，要非依託之本也。末附四家詩源流四篇，而毛詩特詳。考王柏詩疑已詆璣所敘與經典釋文不合。王應麟困學紀聞亦議其誤以曾申爲申公，則宋本已有之，非後人所附益矣。蟲魚草木，今昔異名，年代迢遙，傳疑彌甚。璣去古未遠，所言猶不甚失眞，詩正義全用其說，陳啓源作毛詩稽古編，其駁正諸家，亦多以璣說爲據，講多識之學者，固當以此爲最古焉。

毛詩陸疏廣要二卷內府藏本

吳陸璣撰，明毛晉注。晉原名鳳苞，字子晉，常熟人。家富圖籍，世所傳影宋精本，多所藏收。又喜傳刻古書，汲古閣版至今流布天下，故在明季以博雅好事名一時。嘗刻津逮祕書十五集，皆宋元以前舊帙，惟此書爲晉所自編。陸璣原書二卷，每卷又分二子卷，蓋儲藏本富，故徵引易繁。採摭既多，故

異同滋甚。辨難考訂、其說不能不長也。其中如南山有臺一條、則引韻書證其佚脫。有集維鵲一條、則引詩緝證其同異。其考訂亦頗不苟。至於嗜異貪多、每傷支蔓。如鶴鳴于九皐一條、後附焦山瘞鶴銘考一篇。蔓延及於石刻、於經義渺無所關。核以詁經之古法、殊乖體例。然雖傷冗碎、究勝空疎。明季說詩之家、往往簸弄聰明、變聖經爲小品。晉獨言言徵實、固宜過而存之、是亦所謂論其世矣。

毛詩指說一卷、（兩江總督採進本、）

唐成伯璵撰。伯璵爵里無考。書凡四篇。一曰興述、明先王陳詩觀風之旨、孔子刪詩正雅之由。二曰解說、先釋詩義、而風雅頌次之、周南又次之、詁傳序又次之、篇章又次之、后妃又次之、終以鵲巢騶虞。大略即舉周南一篇、隱括論列、引申以及其餘。三曰傳受、備詳齊魯毛韓四家授受世次、及後儒訓釋源流。四曰文體、凡三百篇中句法之長短、篇章之多寡、措辭之異同、用字之體例、皆臚舉而詳之。頗似劉氏文心雕龍之體。蓋說經之餘論也。然定詩序首句爲子夏所傳、其下爲毛萇所續、實伯璵此書發其端、則決別疑似、於說詩亦深有功矣。伯璵尚有毛詩斷章二卷、見崇文總目、稱其取春秋斷章之義、鈔取詩語、彙而出之。蓋即李石詩如例之類。宋熊克嘗與毘陵沈必豫欲合二書刻之、而斷章一書、竟求之不獲、乃先刻指說。此本末有克跋、蓋即從宋本傳刻也。克嘗著中興小歷、別見史部編年類中。其刻此書時、方分教於京口、故跋稱刻之泮林云。

毛詩本義十六卷、（兩江總督採進本、）

宋歐陽修撰。是書凡爲說一百十有四篇、統解十篇、時世本末二論、豳魯序三問、而補亡鄭譜及詩圖總序附於卷末。修文章名一世、而經術亦復湛深。王宏撰山志、記嘉靖時欲以修從祀孔子廟、衆論靡定。世宗諭大學士楊一清曰、朕閱書武成篇、有引用歐陽修語、豈得謂修於六經無羽翼於聖門無功乎。一清對以修之論說見於武成、蓋僅有者耳。其從祀一節、未敢輕議云云。蓋均不知修有此書也。自唐以來、說詩者莫敢議毛鄭。雖老師宿儒、亦謹守小序。至宋而新義日增、舊說幾廢。推原所始、實發於修。然修之言曰、後之學者、因迹先世之所傳而較得失、或有之矣。使徒抱焚餘殘脫之經、倀倀於去聖人千百年後、不見先儒中閒之說、而欲特立一家之學者、果有能哉、吾未之信也。又曰、先儒於經、不能無失、而所得固已多矣。盡其說而理有不通、然後以論正之。是修作是書、本出於和氣平心、以意逆志。故其立論未嘗輕議二家、而亦不曲徇二家。其所訓釋、往往得詩人之本志。後之學者、或務立新奇、自矜神解。至於王柏之流、乃併疑及聖經、使周南召南俱遭刪竄。則變本加厲之過、固不得以濫觴之始歸咎於修矣。林光朝艾軒集、有與趙子直書曰、詩本義初得之如洗腸、讀之三歲、覺有未穩處。大率歐陽二蘇及劉貢父談經多如此。又一書駁本義關雎樛木兔罝麟趾諸解、辨難甚力。蓋文士之說詩、多求其意。講學者之說詩、則務繩以理。互相掊擊、其勢則然。然不必盡爲定論也。

詩集傳二十卷、（內府藏本、）

宋蘇轍撰。其說以詩之小序反復繁重、類非一人之詞、疑爲毛公之學、衞宏之所集錄。因惟存其發端一言、而以下餘文悉從刪汰。案禮記曰、騶虞者、樂官備也。貍首者、樂會時也。采蘋者、樂循法也。是足見古人言詩、率以一語括其旨。小序之體、實肇於斯。王應麟韓詩考所載、如關雎、刺時也。芣苢、傷夫有惡疾也。漢廣、悅人也。汝墳、辭家也。蝃蝀、刺奔女也。黍離、伯封作也。賓之初筵、衞武公飲酒悔過也。劉安世元城語錄亦曰、少年嘗記讀韓詩、（案崇文總目、韓詩北宋尚存、范處義逸齋詩補傳謂韓詩世罕有之、此語不可信、蓋偶未考、）有雨無極篇、序云、正大夫刺幽王也。首云雨無其極、傷我稼穡云云。是韓詩序亦括以一語也。又蔡邕書石經、悉本魯詩、所作獨斷、載周頌序三十一章、大致皆與毛詩同、而但有其首句。是魯詩序亦括以一語也。轍取小序首句爲毛公之學、不爲無見。史傳言詩序者、以後漢書爲近古、而儒林傳稱謝曼卿善毛詩、乃爲其訓。衞宏從曼卿受學、因作毛詩序。轍以爲衞宏所集錄、亦不爲無徵。唐成伯璵作毛詩指說、雖亦以小序爲出子夏、然其言曰、衆篇之小序、子夏惟裁初句耳。葛覃、后妃之本也。鴻鴈、美宣王也。如此之類是也。其下皆大毛公自以詩中之意而繫其詞云云。然則惟取序首、伯璵已先言之、不自轍創矣。厥後王得臣程大昌李樗皆以轍說爲祖、良有由也。轍自序又曰、獨採其可者見於今傳、其尤不可者皆明著其失。則轍於毛氏之學亦不激不隨，務持其平者，而朱翌猗覺寮雜記乃曰蘇子由解詩不用詩序，亦未識轍之本志矣。

毛詩名物解二十卷（兩江總督採進本）

宋蔡卞撰。卞字元度，興化仙遊人。熙寧三年與兄京同舉進士第，官至觀文殿學士，事蹟具宋史本傳。自王安石新義及字說行，而宋之士風一變。其爲名物訓詁之學者，僅卞與陸佃二家。佃，安石客；卞，安石壻也。故佃作埤雅，卞作此書，大旨皆以字說爲宗。陳振孫稱卞書議論穿鑿，徵引瑣碎，無裨於經義，詆之甚力。蓋佃雖學術本安石，而力沮新法，斷斷異議，君子猶或取之；卞則傾邪姦憸，犯天下之公惡，因其人以及其書，羣相排斥，亦自取也。然其書雖王氏之學，而徵引發明，亦有出於孔穎達正義、陸璣草木蟲魚疏外者，寸有所長，不以人廢言也。且以邢昺之疏邪，而爾雅疏列在學官，則卞書亦安得竟棄乎？書凡十一類：曰釋天、釋百穀、釋草、釋木、釋鳥、釋獸、釋蟲、釋魚、釋馬、雜釋、雜解。陳氏書錄解題稱分十類，蓋傳寫誤脫一字也。

毛詩集解四十二卷（內府藏本）

不著編錄人名氏。集宋李樗、黃櫄兩家詩解爲一編，而附以李泳所訂呂祖謙釋音。樗字若林，閩縣人，嘗領鄉貢，著毛詩詳解三十六卷。櫄字實夫，龍溪人，淳熙中以舍選入對，升進士兩科，調南劍州教授，終宣教郎，著詩解二十卷，總論一卷。泳字深卿，始末未詳，與樗、櫄皆閩人，疑是書爲建陽書肆所合編也。樗爲林之奇外兄（見書錄解題），又爲呂本中門人（見何喬遠閩書），其學問具有淵源。書錄解題稱其書博取諸家訓釋名物文義，末用己意爲論斷。今觀櫄解，體例亦同，似乎相繼而作，而稍稍補苴其罅漏，不相攻擊，亦不相附合。如論詩序，樗取蘇轍之說，以爲毛公作而衞宏續；櫄則用王安石、程子之說，以爲非聖人不能作。所見迥爲不同。其學雖似少亞於樗，而其說實足以相輔。編是書者，惟音釋取呂祖謙，而訓釋之文則置讀詩記而取樗、櫄，殆亦以二書相續如驂有靳，故不欲參以他說歟。

詩補傳三十卷（浙江范懋柱家天一閣藏本）

舊本題曰逸齋撰，不著名氏。朱彝尊經義考云：宋史藝文志有范處義詩補傳三十卷，卷數與逸齋本相符。明朱睦㮮聚樂堂書目直書處義名，當有證據。處義，金華人，紹興中登張孝祥榜進士云云。則此書爲處義所作，逸齋蓋其自號也。大旨病諸儒說詩好廢序以就己說，故自序稱以序爲據，兼取諸家之長，揆之性情，參之物理，以平易求古詩人之意。又稱文義有闕，補以六經史傳；詁訓有闕，補以說文篇韻。蓋南宋之初，最攻序者鄭樵，最尊序者則處義矣。考先儒學問，大抵淳實謹嚴，不敢放言高論。宋人學不逮古，而欲以識勝之，遂各以新意說詩，其間剔抉疏通，亦未嘗無所闡發，而末流所極，至於王柏詩疑，乃併舉二南而刪改之。儒者不肯信傳，其弊至於誣經，其究乃至於非聖，所由來者漸矣。處義篤信舊文，務求實證，可不謂古之學者歟。至詩序本經師之傳，而學者又有所附益，中間得失，蓋亦相參。處義必以爲尼山之筆，引據孔叢子，旣屬僞書，牽合春秋，尤爲旁義，矯枉過直，是亦一瑕，取其補偏救弊之心可也。

詩總聞二十卷（內府藏本）

宋王質撰。質字景文，興國人，紹興三十年進士，官至樞密院編修，出通判荊南府，改吉州。周亮工書影以爲宋末人，蓋考之未審也。亮工又稱是書世久無傳，謝肇淛始錄本於祕府，後肇淛諸子盡賣藏書，爲陳開仲購得，乃歸諸亮工，則其不佚者僅矣。其書取詩三百篇，每篇說其大義，復有聞音、聞訓、聞章、聞句、聞字、聞物、聞用、聞跡、聞事、聞人，凡十門。每篇爲總聞，又有聞風、聞雅、聞頌，冠於四始之首。南宋之初，廢詩序者三家：鄭樵、朱子及質也。鄭朱之說最著，亦最與當代相辨難。質說不字字詆小序，故攻之者亦稀。然其毅然自用，別出新裁，堅銳之氣，乃視二家爲加倍。自稱覃精研思幾三十年，始成是書。淳祐癸卯，吳興陳日強始爲鋟版於富川，日強跋稱其以意逆志，自成一家，其品題最允。又稱其刪除小序，實與文公朱先生合，則不盡然。質廢序與朱子同，而其爲說則各異。黃震日鈔曰：雪山王質、夾漈鄭樵始皆去序言詩，與諸家之說不同。晦菴先生因鄭公之說，盡去美刺，探求古始，其說頗驚俗，雖東萊先生不能無疑云云。言因鄭而不言因王，知其趣有不同矣。然其冥思研索，務造幽深，穿鑿者固多，懸解者亦復不少，故雖不可訓，而終不可廢焉。

詩集傳八卷（通行本）

宋朱子撰。宋志作二十卷，今本八卷，蓋坊刻所併。朱子注易，凡兩易稿，其初著之易傳，宋志著錄，今已散佚，不知其說之同異。注詩亦兩易稾。凡呂祖謙讀詩記所稱朱氏曰者，皆其初稾，其說全宗小序。後乃改從鄭樵之說，（案朱子攻序用鄭樵說，見於語錄。朱升以爲用歐陽修之說，殆誤也。）是爲今本。卷首自序，作於淳熙四年，中無一語斥小序，蓋猶初稾。序末稱時方輯詩傳，是其證也。其注孟子，以柏舟爲仁人不遇，作白鹿洞賦，以子衿爲刺學校之廢。周頌豐年篇小序辨說，極言其誤，而集傳乃仍用小序說，前後不符。亦舊稾之刪改未盡者也。楊愼丹鉛錄謂文公因呂成公太尊小序，遂盡變其說，雖意度之詞，或亦不無所因歟。自是以後，說詩者遂分攻序、宗序兩家，角立相爭，而終不能以偏廢。

欽定詩經彙纂，雖以集傳居先，而序說則亦皆附錄，允爲持千古之平矣。舊本附詩序辨說於後，近時刊本皆刪去。鄭元稱毛公以序分冠諸篇，則毛公以前，序本自爲一卷。隋志、唐志亦與毛詩各見。今已與辨說別著於錄，茲不重載。其閒經文譌異，馮嗣京所校正者，如鄘風終然允臧，然誤焉。王風牛羊下括，括誤栝。齊風不能辰夜，辰誤晨。小雅求爾新特，爾誤我。胡然厲矣，然誤爲。朔月辛卯，月誤日。家伯維宰，維誤冢。如彼泉流，泉流誤流泉。爰其適歸，爰誤奚。大雅天降滔德，滔誤慆。如彼泉流，亦誤流泉。商頌降予卿士，予誤于。凡十二條。陳啟源所校正者，召南無使尨也吠，尨誤厖。何彼襛矣，襛誤穠。衛風遠兄弟父母，誤遠父母兄弟。小雅言歸斯復，斯誤思。昊天大憮，大誤泰。楚茨以享以祀，享誤饗。福祿膍之，膍誤媲。民不能趨，趨誤趍。不皇朝矣，皇誤遑。（下二章同。）大雅淠彼涇舟，淠誤渒。以篤于周祜，脫于字。周頌既右饗之，饗誤享。魯頌其旂茷茷，誤茷茷。商頌來格祁祁，誤祈祈。凡十四條。又傳文譌異，陳啟源所校正者，召南騶虞篇豝牝豕也，牝誤牡。終南篇黻之狀亞，亞兩弓相背，亞誤亞，弓誤己。南有嘉魚篇鯉質鱒鱮，鱮誤鯽，又衍肌字。甫田篇或耘或耔，引漢書苗生葉以上，脫生字。隤其土，誤墤其上。類弁篇賦而比也，誤增興又二字。（案此輔廣詩童子問所增。）小宛篇俗呼青雀，雀誤觜。文王有聲篇減成溝也，成誤城。召旻篇池之竭矣章比也，誤作賦。閔予小子篇引大招三公穆穆，誤三公揖讓。賚篇此頌文王之功，王誤武。駉篇此言魯侯牧馬之盛，魯侯誤僖公。凡十一條。史榮所校正者，衞風伯兮篇傳曰女爲悅己者容，已下脫者字。王風采葛篇蕭萩也，萩誤荻。唐風葛生篇域營域也，營誤塋。秦風蒹葭篇小渚曰沚，小誤水。小雅四牡篇今鵓鳩也，鵓誤鵻。蓼蕭篇在衡曰鸞，衡誤鑣。采芑篇卽今苦蕒菜，蕒誤賈。正月篇申包胥曰人定則勝天，定誤衆。小弁篇江東呼爲鵯鳥，鵯誤鴨。巧言篇君子不能堲讒，堲誤塈。凡十條。蓋五經之中，惟詩易讀，習者十恆七八，故書坊刊版亦最夥，其輾轉傳譌亦爲最甚。今悉釐正，俾不失眞。至其音叶，朱子初用吳棫詩補音。（案棫詩補音與所作韻補爲兩書，書錄解題所載甚明。經義考合爲一書，誤也。）其孫鑑又意爲增損，頗多舛迕。史榮作風雅遺音，已詳辨之，茲不具論焉。

慈湖詩傳二十卷（永樂大典本）

宋楊簡撰。簡有慈湖易傳，已著錄。是書原本二十卷。焦竑國史經籍志及黃虞稷千頃堂書目尚載其名，而朱彝尊經義考注曰已佚，今海內藏書咸集

祕府，而是書之目闕焉，則彝尊所說爲可信。蓋竑之所錄，皆據史志所載，類多虛列；虞稷徵刻書目，亦多未見原書，固不足盡據耳。今從永樂大典所載，裒輯成編，仍勒爲二十卷，又從慈湖遺書內補錄自序一篇、總論四條，而以攻媿集所載樓鑰與簡論詩解書一通，附於卷首。其他論辨若干條，各附本解之下，以資考證。至其總論列國雅頌之篇，永樂大典此卷適闕，無從採錄。其公劉以下詩十六篇，則永樂大典不載其傳，豈亦如呂祖謙之讀詩記獨闕公劉以下諸篇，抑在明初卽已殘闕耶。是書大要，本孔子無邪之旨，反覆發明，而據後漢書之說，以小序爲出自衞宏，不足深信。篇中所論，如謂左傳不可據，謂爾雅亦多誤，謂陸德明多好異音，謂鄭康成不善屬文，甚至自序之中，以大學之釋淇澳爲多牽合，而詆子夏爲小人儒，蓋簡之學出陸九淵，故高明之過，至於放言自恣，無所畏避。其他箋釋文義，如以聊樂我員之員爲姓，以六駁爲赤駁之譌，以天子葵之之葵有向日之義，閒有附會穿鑿，然其於一名一物一字一句，必斟酌去取，旁徵遠引，曲暢其說。其考核六書，則自說文爾雅釋文以及史傳之音注，無不悉蒐，其訂正訓詁，則自齊魯毛韓以下以至方言雜說，無不博引，可謂折衷同異，自成一家之言，非其所作易傳以禪詁經者比也。昔吳棫作詩補音十卷，又別爲韻補

五卷。韻補明人有刻本，其書採摭詩騷以下及歐陽修、蘇軾、蘇轍之作，頗爲雜濫。補音久佚，惟此書所引尚存十之六七。然往往以漢魏以下之韻牽合古音，其病與韻補相等。朱子語類謂才老補音亦有推不去者，蓋卽指此類。顧炎武亦嘗作韻補正一書，以糾其失。考古音者，固未可全以爲準焉。

呂氏家塾讀詩記三十二卷（浙江汪汝瑮家藏本）

宋呂祖謙撰。祖謙有古周易，已著錄。此其說詩之作也。朱子與祖謙交最契，其初論詩亦最合。此書中所謂朱氏曰者，卽所採朱子說也。後朱子改從鄭樵之論，自變前說，而祖謙仍堅守毛、鄭。故祖謙沒後，朱子作是書序，稱少時淺陋之說，伯恭父誤有取焉。既久，自知其說有所未安，或不免有所更定，伯恭父反不能不置疑於其閒。熹竊惑之。方將相與反覆其說，以求眞是之歸，而伯恭父已下世云云。蓋雖應其弟祖約之請，而夙見深有所不平。然迄今兩說相持，嗜呂氏書者終不絕也。陳振孫書錄解題稱自篤公劉以下，編纂已備，而條例未竟，學者惜之。此本爲陸釴所重刊，釴序稱得宋本於友人豐存叔。呂氏書凡二十二卷，公劉以後，其門人續成之，與陳氏所說小異，亦不言門人爲誰。然書錄解題及宋史藝文志均著錄三十二卷，則當時之本已如此。釴所云云，或因戴溪有續讀詩記三卷，遂誤以後十卷當之歟。陳振孫稱其博採諸家，存其名氏，先列訓詁，後陳文義，翦截貫穿，如出一手。有所發明，則別出之。詩學之詳正，未有逾於此書者。魏了翁作後序，則稱其能發明詩人躬自厚而薄責於人之旨。二人各舉一義，已略盡是書所長矣。了翁後序乃爲眉山賀春卿重刻是書而作，時去祖謙沒未遠，而版已再新，知宋人絕重是書也。

續呂氏家塾讀詩記三卷（永樂大典本）

宋戴溪所續呂祖謙之書也。溪，永嘉人，淳熙五年爲別頭省試第一，歷官工部尚書、文華閣學士，卒贈端明殿學士，理宗紹定閒賜謚文端。事蹟具宋史儒林傳。傳稱溪字肖望，黃震日鈔亦同。而沈光作溪春秋講義序，稱字少望。震爲溪同時人，不應有誤。溪子桷刊父遺書，乞光作序，亦不應有誤，或溪有二字歟。溪以呂氏家塾讀詩記取毛傳爲宗，折衷衆說，於名物訓詁最爲詳悉，而篇內微旨，詞外寄託，或有未貫，乃作此書以補之，故以續記爲名。實則自述己意，非盡墨守祖謙之說也。其中如謂摽梅爲父母之擇壻，有狐爲國人之憫鰥，甘棠非受民訟，行露非爲侵陵，故書錄解題謂其大旨不甚主小序。然皆平心靜氣，玩索詩人之旨，與預存成見，必欲攻毛、鄭而去之者，固自有殊。溫州志稱溪平實簡易，求聖賢用心，不爲新奇可喜之說，而識者服其理到，於此書可見一斑矣。原本三卷，久佚不傳，散見於永樂大典中者，尚得十之七八。謹綴緝成帙，仍釐爲三卷。永樂大典詩字一韻，闕卷獨多，其原序總綱無從補錄，則亦姑闕焉。

絜齋毛詩經筵講義四卷（永樂大典本）

宋袁燮撰。燮有絜齋家塾書鈔，已著錄。此書乃其爲崇政殿說書時撰進之本。宋史藝文志、直齋書錄解題皆不著錄，朱彝尊經義考亦不列其名。惟永樂大典頗載其文，蓋其失傳亦已久矣。宋代經筵講章，如朱震、范沖左氏講義，戴溪春秋講義，類多編輯別行。燮此書亦同其例。其中議論和平，頗得風人本旨。於振興恢復之事，尤再三致意。如論式微篇，則極稱太王、句踐轉弱爲强，而貶黎侯無奮發之心；論揚之水篇，則謂平王柔弱爲可憐；論黍離篇，則直以汴京宗廟宮闕爲言。皆深有合於獻納之義。胡安國作春秋傳，意主復讎，往往牽經以從己，而燮則因經文所有而推闡之，故理明詞達，無所矯揉，可謂能以古義資啓沃矣。謹以次編定，釐爲四卷，皆國風也。其雅頌諸篇，則永樂大典闕載，或輪番進講，燮偶未當直歟。

毛詩講義十二卷（永樂大典本）

宋林岊撰。岊字仲山，古田人。紹熙元年特奏名，嘉定閒嘗守全州。宋史不爲立傳，而福建通志稱其在郡九年，頗多惠政，重建淸湘書院，與諸生講學，勉敦實行，郡人祀之柳宗元廟，則亦循吏也。是編皆其講論毛詩之語。觀其體例，蓋在郡時所講授，而門人錄之成帙者。大都簡括箋疏，依文訓釋，取裁毛、鄭而折衷其異同，雖範圍不出古人，然融會貫通，要無枝言曲說之病。當光、甯之際，廢序之說方盛，岊獨力闡古義，以詔後生，亦可謂篤信謹守者矣。宋史藝文志、馬端臨經籍考及文淵閣書目，此書皆作五卷。自明初以來，久無傳本，故朱彝尊經義考以爲已佚。今從永樂大典各韻所載，次第裒輯，用存其概。永樂大典所原軼者，則亦闕焉。因篇帙稍繁，謹釐為一十二卷，不復如其舊目云。

詩童子問十卷（浙江吳玉墀家藏本）

宋輔廣撰。廣字漢卿，號潛菴，其父本河朔人，南渡居秀州之崇德縣。初從呂祖謙遊，後復從朱子講學，即世所稱慶源輔氏也。是編大旨主於羽翼詩集傳，以述平日聞於朱子之說，故曰童子問。卷首載大序、小序，採錄尚書、周禮、論語說詩之言，各為注釋。又備錄諸儒辨說，以明讀詩之法。書中不載經文，惟錄其篇目，分章訓詁。末一卷則惟論叶韻。朱彝尊經義考載是書二十卷，有胡一中序，言問建陽書市，購得而鋟諸梓，且載文公傳於上，童子問於下。此本僅十卷，不載朱子集傳，亦無一中序，蓋一中與集傳合編，故卷帙加倍。此則汲古閣所刊廣原本，故卷數減半，非有所闕佚也。其說多掊擊詩序，頗為過當。張端義貴耳集載陳善送廣往考亭詩曰：「見說平生輔漢卿，武夷山下啜殘羹。」似頗病其暖暖姝姝，奉一先生。然各尊其所聞，各行其所知，謹守師傳，分門別戶，南宋以後亦不僅廣一人，不足深異。陳啟源毛詩稽古編糾其注周頌潛篇不知季春薦鮪為月令之文，誤以為序說，而辨之，則誠為疎舛。蓋義理之學與考證之學分途久矣，廣作是書，意自有在，固不以引經據古為長也。

毛詩集解二十五卷（兩江總督採進本）

宋段昌武撰。昌武字子武，廬陵人。焦竑國史經籍志作段文昌，蓋因唐段文昌而誤。朱睦㮮授經圖作段武昌，則傳寫倒其文也。其始末無考，惟書首載其從子維清請給據狀，稱先叔朝奉昌武以詩經而兩魁秋貢，以累舉而擢第春官而已。其書舊本題叢桂毛詩集解，蓋以所居之堂名之。其書首為學詩總說，分作詩之理、寓詩之樂、讀詩之法三則；次為論詩總說，分詩之世、詩之次、詩之序、詩之體、詩之派五則。餘皆依章疏解，大致仿呂祖謙讀詩記，而詞義較為淺顯。原書三十卷，明代惟朱睦㮮萬卷堂有宋槧完本，後沒於汴梁之水。此本為孫承澤家所鈔，僅存二十五卷，其周頌清廟之什以下並已脫佚。朱彝尊經義考載是書三十卷，注曰闕，又別載讀詩總說一卷，注曰存。讀詩總說今未見傳本，而卷首學詩總說、論詩總說今在原目三十卷之外，疑即所謂讀詩總說者，或一書而彝尊誤分之，或兩書而傳寫誤合之，則莫可考矣。

詩緝三十六卷（直隸總督採進本）

宋嚴粲撰。粲字坦叔，邵武人，官清湘令。是書以呂祖謙讀詩記為主，而雜採諸說以發明之。舊說有未安者，則斷以己意。如論大小雅之別，特以其體不同，較詩序政有大小之說於理為近。又如鄘之柏舟，舊謂賢人自比，粲則以柏舟為喻國，以汎汎為喻無維持之人。干旄之「良馬四之」、「良馬五之」，舊以為良馬之數，粲則以為乘良馬者四五輩，見好善者之多。中谷有蓷，舊以蓷之嘆乾喻夫婦相棄，粲則以歲旱草枯由此而致離散。凡若此類，皆深得詩人本意。至於音訓疑似、名物異同，考證尤為精核。宋代說詩之家，與呂祖謙書並稱善本，其餘莫得而鼎立，良不誣矣。

詩傳遺說六卷（兩江總督採進本）

宋朱鑑編。鑑有朱文公易說，已著錄。是編乃理宗端平乙未，鑑以承議郎權知興國軍事時所成。蓋因重槧朱子集傳，而取文集、語錄所載論詩之語足與集傳相發明者，彙而編之，故曰遺說。其書首綱領，次序辨，次六義，總之以風雅頌之論斷，終之以逸詩、譜叶韻之義，以朱子之說明朱子未竟之義，猶所編易傳例也。鑑自序有曰：「先文公詩集傳，豫章、長沙、後山皆有本，而後山校讎最精。第初脫稾時音訓間有未備，刻版已竟，不容增益，欲著補脫，終弗克就，仍用舊版，葺為全書，補綴趲那，久將漫漶，竭來富川，郡事餘暇，輒取家本，新加是正，刻寘學宮」云云。

國朝寧波史榮撰風雅遺音，據鑑此序，謂今本集傳音叶多鑑補苴，非朱子所手定，其說似非無因。然則以音叶之誤議朱子，與以朱子之故而委曲回護吳棫書者，殆均失之矣。

詩考一卷（直隸總督採進本）

宋王應麟撰。應麟有周易鄭康成注，已著錄。此編則考三家之詩說者也。隋書經籍志云：齊詩魏代已亡，魯詩亡於西晉，韓詩雖存，無傳之者。今三家詩惟韓詩外傳僅存，所謂韓故、韓內傳、韓說者亦並佚矣。應麟檢諸書所引，集以成帙，以存三家逸文，又旁搜廣討，曰詩異字異義，曰逸詩，以附綴其後。每條各著其所出，所引韓詩較夥，齊、魯二家僅寥寥數條，蓋韓詩最後亡，唐以來注書之家引其說者多也。卷末別為補遺，以掇拾所闕，其蒐輯頗為勤摯。明董斯張嘗摘其遺漏十九條，其中子華子涵風婉兮一條、本北宋僞書、不得謂之疎略。近時會稽范家相、因應麟之書、撰三家詩拾遺十卷。其所條錄、又多斯張之所未蒐。併摘應麟所錄逸詩、如楚辭之駕辯、夏侯元辨樂論之網罟豐年、穆天子傳之黃竹、呂氏春秋之燕燕破斧、葛天八闋、尚書大傳之晳陽南陽初慮朱于苓落歸來緩緩、皆子書雜說、且不當錄及殷以前所言。亦不爲無理。然古書散佚、蒐採爲難、後人踵事增修、較創始易於爲力、篳路藍縷、終當以應麟爲首庸也。

詩地理攷六卷（通行本）

宋王應麟撰。其書全錄鄭氏詩譜、又旁採爾雅、說文、地志、水經、以及先儒之言、凡涉於詩中地名者、薈萃成編。然皆採錄遺文、案而不斷、故得失往往並存。如小雅六月之四章、玁狁匪茹、整居焦穫、侵鎬及方、至于涇陽。其五章曰、薄伐玁狁、至于太原。其地於周爲西北、鎬方在涇陽外、焦穫又在其外、而太原更在焦穫之外、故劉向疏稱千里之鎬、猶以爲遠。孔穎達乃引郭璞爾雅注池陽之瓠中以釋焦穫。考漢志、池陽屬左馮翊、而涇陽屬安定、不應先至焦穫、乃至涇陽。又以太原爲晉陽、是玁狁西來、周師東出、尤乖地理之實、殊失訂正。又大雅韓奕首章曰、奕奕梁山、其六章曰、溥彼韓城、燕師所完。應麟引漢志夏陽之梁山、通典同州韓城縣古韓國、以存舊說、引王肅燕北燕國、及涿郡方城縣有韓侯城、以備參考。不知漢王符潛夫論曰、昔周宣王時有韓侯、其國近燕、後遷居海中。水經注亦曰、高梁水首受灅水于戾陵堰、水北有梁山、是王肅之說確有明證。應麟兼持兩端、亦失斷制。然如騶虞、毛傳云、仁獸、賈誼新書則曰、騶者天子之囿。俟我于著、毛傳云、門屏之閒曰著、漢志則以爲濟南著縣。滮池北流、毛傳云、滮、流貌。水經注則有滮池水、十道志亦名聖女泉。兼採異聞、亦資考證。他如二子乘舟、引左傳盜待于莘之說、秦穆三良、引括地志冢在雍縣之文、皆經無明文、而因事以存其人。亦徵引該洽、固說詩者所宜考也。

欽定四庫全書總目卷十五

欽定四庫全書總目卷十六

經部十六

詩類二

詩集傳名物鈔八卷（內府藏本）

元許謙撰。謙有讀書叢說、已著錄。謙雖受學於王柏、而醇正則遠過其師。研究諸經、亦多明古義。故是書所考名物音訓、頗有根據、足以補集傳之闕遺。惟王柏作二南相配圖、移甘棠何彼襛矣於王風、而去野有死麕、使召南亦十有一篇、適如周南之數。師心自用、竄亂聖經、殊不可訓。而謙篤守師說、列之卷中、猶未免門戶之見。至柏所刪國風三十二篇、謙疑而未敢遽信、正足見其是非之公。吳師道作是書序、乃反謂已放之鄭聲、何爲尚存而不削、於謙深致不滿。是則以不狂爲狂、非謙之失矣。卷末譜作詩時世、其例本之康成、其說則改從集傳、蓋淵源授受、各尊所聞。然書中實多采用陸德明釋文及孔穎達正義、亦未嘗株守一家。名之曰鈔、蓋以此云。

詩傳通釋二十卷（內府藏本）

元劉瑾撰。瑾字公瑾、安福人。其學問淵源出於朱子。故是書大旨在於發明集傳、與輔廣詩童子問相同。陳啓源作毛詩稽古編、於二家多所駁詰。然廣書皆循文演義、故所駁惟訓解之辭。瑾書兼辨訂故實、故所駁多考證之語。如注何彼襛矣、以齊桓公爲襄公之子。注魏風、以魏爲七國之魏。注陟岵、謂毛傳先出、爾雅後出。注綢繆、謂心宿之象、三星鼎立。注鹿鳴之什、謂上下通用、止小雅二南、其大雅獨爲天子之樂。注節南山，以家父卽春秋之家父、師尹卽春秋之尹氏。案此項安世之說，見朱善詩解頤，瑾襲之而隱其名也。注楚茨，誤讀鄭康成玉藻注，以楚茨爲卽采齊。注甫田，誤讀毛傳車梁，以爲卽小戎之梁輈。注殷武，杜撰殷廟之昭穆及祧廟世次。皆一經指摘，無可置辭。故啟源譏胡廣修詩經大全，收瑾說太濫。案大全卽用瑾此書爲藍本，故全用其說。啟源未以二書相較，故有此語。謹附訂於此。然徵實之學不足，而研究義理究有淵源，議論亦頗篤實，於詩人美刺之旨，尙有所發明，未可徑廢。至周頌豐年篇，朱子詩辨說既駁其誤，而集傳乃用序說，自相矛盾。又三夏見於周禮，呂叔玉注以時邁、執競、思文當之，朱子既用其說，乃又謂成康是二王謚，執競是昭王後詩，則不應篇名先見周禮。瑾一一回護，亦爲啟源所糾。然漢儒務守師傳，唐疏皆遵注義。此書既專爲朱傳而作，其委曲遷就，固勢所必然，亦無庸過爲責備也。

詩傳旁通十五卷 山東巡撫採進本

元梁益撰。益字友直，號庸齋，江陰人。自署三山者，以其先福州人也。嘗舉江浙鄉試，不及仕宦，教授鄉里以終。事蹟附載元史儒學傳陸文圭傳內。朱子詩傳，詳於作詩之意，而名物訓詁僅舉大凡。益是書仿孔賈諸疏證明注文之例，凡集傳所引故實，一一引據出處，辨析源委。因杜文瑛先有語孟旁通，體例相似，故亦以旁通爲名。其中如聖人之耦，則引西漢書劉歆論董仲舒語；見堯於羹、見舜於牆，則引後漢書李固傳，以明出典。或朱子所未詳者，亦旁引諸說以補之。如五緎五總，引陸佃之語；三單，引鄭箋羨卒孔疏副丁之類。亦閒有與朱子之說稍異者，如頃筐塈之，集傳音許器切；大雅民之攸塈，集傳音許既切者，從陸德明經典釋文。益則引禮部韻謂許既切者在未韻，音齂，注云取也；許器切者在至韻，音洎，作巨至切。朱子之音與禮部韻不同云云。是是非非，絕不堅持門戶。視胡炳文等之攀附高名，言言附合，相去遠矣。卷首爲類目，末一卷則其敘說。內一條論秦造父封趙，因錄羅泌國姓紀原之文，自謂此於詩傳雖無所繫，而宋氏有國，其姓亦當知，故通之。則冗贅之文，汗漫無理，可已而不已者也。前有至正四年太平路總管府推官濱州翟思忠序，明朱睦㮮授經圖遂以詩傳旁通爲思忠作，殊爲疎舛。今從朱彝尊經義考所辨，案彝尊所引乃陸元輔之言。附訂正焉。

詩經疏義二十卷 浙江吳玉墀家藏本

元朱公遷撰。公遷字克升，樂平人。江西通志載其至正閒爲處州學正。何英後序則稱以特恩授校官，得主金華郡庠。二說互異。考樂平縣志，載公遷以至正辛巳領浙江鄉試，教婺州，改處州。然則英序舉其始，通志要其終耳。是書爲發明朱子集傳而作，如注有疏，故曰疏義。其後同里王逢及逢之門人何英，又采衆說以補之。逢所補題曰輯錄，英所補題曰增釋。雖遞相附益，其宗旨一也。其說墨守朱子，不踰尺寸，而亦閒有所辨證。如卷耳篇內，朱子誤用毛傳舊說，以崔嵬爲土山戴石，公遷則引爾雅說文，明其當爲石戴土。又七月之詩，朱子本月令以流火在六月，公遷推驗歲差，謂公劉時當五六月之交。皆足以補集傳之闕。又集傳所引典故，一一詳其出處。卽所引舊說，原本不著其名者，如衞風之趙子，注爲趙伯循；小雅斯干篇之或曰，注爲曾氏之類，皆一一考訂。雖與宏旨無關，亦足見其用心不苟也。書成於至正丁亥。正統甲子，英始取逢所授遺稾重加增訂，題曰詩傳義詳釋發明，以授書林葉氏刊行之，而版心又標詩傳會通，未喻其故。今仍從公遷舊名，題曰詩經疏義，以不沒其始焉。

詩疑問七卷附詩辨說一卷 內府藏本

元朱倬撰。倬字孟章，建昌新城人。至正二年進士，官遂安縣尹。壬辰秋，寇至，吏卒逃散，倬獨坐公所以待盡。及寇焚廨舍，乃赴水死。蓋亦忠節之士，元史遺漏未載。國朝納喇性德作是書序，始據新安文獻志汪叡所作哀辭，爲表章其始末。其書略舉詩篇大旨發問，而各以所注列於下，亦有闕而不注者。劉錦文序稱其閒有問無荅者，豈眞以爲疑哉，在乎學者深思而自得之耳。又稱舊本先後無緒，今爲之論定，使語同而旨小異者，因得以互觀焉。是此本乃錦文所重編，非倬之舊。其有問無荅者，或亦傳寫佚脫，而錦文曲爲之辭歟。末有趙悳詩辨說一卷。悳，宋宗室，舉進士，入元隱居豫章東湖。其書與倬書略相類，殆後人以倬忠烈、悳高隱，其人足以相配，故合而編之歟。倬書七卷，附以悳書爲八卷。朱睦㮮授經圖、焦竑經籍志乃皆作六卷，疑爲傳寫之譌。或倬原書六卷，劉錦文重編之時析爲七卷，亦未可定也。

詩纘緒十八卷（永樂大典本）

元劉玉汝撰。玉汝始末未詳。惟以周霆震石初集考之，知其爲廬陵人，字成之，嘗舉鄉貢進士。所作石初集序，末題洪武癸丑，則明初尚存也。此書諸家書目皆未著錄，獨永樂大典頗載其文。其大旨專以發明朱子集傳，故名曰纘緒。體例與輔廣童子問相近。凡集傳中一二字之斟酌，必求其命意所在，或存此說而遺彼說，或宗主此論而兼用彼論，無不尋繹其所以然。至論比興之例，謂有有取義之興，有無取義之興，有一句興通章，有數句興一句，有興兼比，賦兼比之類；明用韻之法，如曰隔句爲韻，連章爲韻，疊句爲韻，重韻爲韻之類；論風雅之殊，如曰有腔調不同，有詞義不同之類；於朱子比興叶韻之說，皆能反覆體究，縷析條分。雖未必盡合詩人之旨，而於集傳一家之學，則可謂有所闡明矣。明以來諸家詩解，罕引其說，則亾佚已久。今就永樂大典所載，依經排纂，正其訛謬，定爲一十八卷。

詩演義十五卷（浙江范懋柱家天一閣藏本）

元梁寅撰。寅有周易參義，已著錄。是書推演朱子詩傳之義，故以演義爲名。前有自序云：此書爲幼學而作，博稽訓詁，以啟其塞；根之義理，以達其機；隱也使之顯，略也使之詳。今考其書，大抵淺顯易見，切近不支。元儒之學，主於篤實，猶勝虛談高論，橫生臆解者也。朱彝尊經義考載此書作八卷，注曰未見。此本至小雅苕之華篇止，以下皆闕，而已有一十五卷，則八卷之說殊爲未確。蓋彝尊未覩此本，但據傳聞錄之，卷數譌異，其亦有由矣。

詩解頤四卷（內府藏本）

明朱善撰。善字備萬，號一齋，豐城人。洪武中官至文淵閣大學士。事蹟附見明史劉三吾傳。是編不載經文，但以詩之篇題標目，大抵推衍朱子集傳爲說。亦有闕而不說者，則併其篇目略之。其說不甚訓詁字句，惟意主借詩以立訓，故反覆發明，務在闡興觀羣怨之旨，溫柔敦厚之意，而於興衰治亂，尤推求源本，剴切著明。在經解中爲別體，而實較諸儒之爭競異同者爲有裨於人事。其論何彼襛矣爲後人誤編於召南，蓋沿王柏之謬說，不足爲據。其論二子乘舟，謂壽可謂之悌弟，伋不可謂之孝子。律以大杖則逃之文，固責備賢者之意。實則申生自縊，春秋無貶，尚論古人，亦未可若是苛也。然論其大旨，要歸醇正，不失爲儒者之言。其於太王翦商一條，引金履祥之言，補集傳所未備。其據宣王在位四十六年，謂節彼南山之申伯、蹶父、皇父、尹氏，皆非當日之舊人，駁項安世之說，亦時有考據。明史載其引據往史，駁律禁姑舅兩姨爲婚之說，極爲典核，知其研思典籍，具有發明。蓋元儒篤實之風，明初尤有存焉，非後來空談高論者比也。

詩經大全二十卷（通行本）

明胡廣等奉敕撰，亦永樂中所修五經大全之一也。自北宋以前，說詩者無異學。歐陽修、蘇轍以後，別解漸生。鄭樵、周孚以後，爭端大起。紹興、紹熙之閒，左右佩劍，相笑不休。迄宋末年，乃古義黜而新學立。故有元一代之說詩者，無非朱傳之箋疏。至延祐行科舉法，遂定爲功令，而明制因之。廣等是書，亦主於羽翼朱傳，遵憲典也。然元人篤守師傳，有所闡明，皆由心得。明則靖難以後，耆儒宿學，略已喪亡。廣等無可與謀，乃剽竊舊文以應詔。此書名爲官撰，實本元安城劉瑾所著詩傳通釋而稍損益之。今劉氏之書尙有傳本，取以參校，大約於其太冗蔓者略刪數條，而餘文如故，惟改其中瑾案二字爲劉氏曰，又劉書以小序分隸各篇，是書則從朱子舊本合爲一篇，小變其例而已。顧炎武日知錄、朱彝尊經義考並抉摘其非。陳啟源毛詩稽古編但責廣等採劉瑾之說太濫，猶未究其源也。其書本不足存，惟是恭逢
聖代，考定藝文，既括千古之全書，則當備歷朝之沿革，而後是非得失，釐然具明。此書爲前明取士之制，故仍錄而存之，猶小學類中存洪武正韻之例云爾。

詩說解頤四十卷（兩淮鹽政採進本）

明季本撰。本有易學四同，已著錄。是書凡總論二卷，正釋三十卷，字義八卷。大抵多出新意，不肯剽襲前人，而徵引該洽，亦頗足以自申其說。凡書中改定舊說者，必反覆援據，明著其所以然。如以南山篇之必告父母句，爲魯桓告父母之廟，九罭篇

之公歸不復句、謂以鴻北向、則不復爲興。下泉篇之郇伯、爲指郇之繼封者而言。皇父卿士章、謂以寵任爲先後、故崇卑不嫌雜陳。頍弁篇之無幾相見句、爲兄弟甥舅自相謂。如斯之類、皆足於舊說之外、備說詩之一解。雖間傷穿鑿、而語率有徵、尚非王學末流以狂禪解經者比也。存此一編、使知姚江立教之初、其高足弟子研求經傳、考究訓詁乃如此。亦何嘗執六經注我之說、不立語言文字哉。

讀詩私記二卷（浙江巡撫採進本）

明李先芳撰。先芳字伯承、號北山、監利人、寄籍濮州。嘉靖丁未進士。官至尚寶司少卿。明史文苑傳載王世貞所定廣五子、先芳其一也。是書成於隆慶四年。所釋大抵多從毛、鄭、毛、鄭有所難通、則參之呂氏讀詩記、嚴氏詩緝諸書。其自序曰、文公謂小序不得小雅之說、一舉而歸之刺。馬端臨謂文公不得鄭衛之風、一槩而歸之淫。胥有然否。不自揣量、折衷其間云云。蓋不專主一家者、故其議論平和、絕無區分門戶之見。如說鄭風子衿、仍從學校之義、則不取朱學。謂國風小雅初無變正之名、則不從漢說。至楚茨南山等四篇、則小序與集傳之說並存、不置可否。蓋小序皆以爲刺幽王、義有難通。而集傳所云、又於古無考。故闕所疑也。雖援據不廣、時有闕略。要其大綱、則與鑿空臆撰者殊矣。朱彝尊經義考載先芳有毛詩考正、不列卷數、注曰未見、而不載此書。其爲一書兩書、蓋不可考。然此書亦多辨定毛傳、或彝尊傳聞未審、誤記其名歟。

詩故十卷（浙江吳玉墀家藏本）

明朱謀㙔撰。謀㙔有周易象通、已著錄。是書以小序首句爲主、略同蘇轍詩傳之例、而參用舊說以考證之。其曰詩故者、考漢書藝文志詩類有魯故二十五卷、齊后氏故二十卷、齊孫氏故二十七卷、韓故三十六卷、毛詩故訓傳三十卷。顏師古註曰、故者、道其旨意也。謀㙔是編、蓋用漢儒之舊名。故其說詩、亦多以漢學爲主、與朱子集傳多所異同。其間自立新義者、如以小星爲瞽御入直、以斯干爲成王營洛、周公所賦之類、未免失之穿鑿。然謀㙔博極羣書、學有根柢、要異乎剽竊陳言。蓋自胡廣等五經大全一出、應舉窮經久分兩事。謀㙔深居朱邸、不藉進取於名場、乃得以研究遺文、發揮古義也。經術盛衰之故、此亦可知其大凡矣。

六家詩名物疏五十四卷（內府藏本）

明馮應京撰。應京字可大、號慕岡、盱眙人。萬歷壬辰進士。官至湖廣按察使僉事。事蹟具明史本傳。是書因宋蔡卞詩名物疏而廣之。江南通志稱其少業詩、鉤貫箋疏、作詩六家名物疏是也。其徵引頗爲賅博。每條之末、間附考證。如被之僮僮、鄭箋以被爲髲鬄、集傳以爲編髮、應京則據周禮追師、謂編則列髮爲之、次則次第髮長短爲之、所謂髮髢。定集傳之誤混爲編。又如鄭風緇衣、集傳以爲緇衣羔裘、大夫燕居之服。應京則據賈公彥周禮疏、以爲卿士朝于天子、服皮弁服、其適治事之館、改服緇衣。鄭箋所謂所居私朝、卽謂治事之館。凡此之類、其議論皆有根柢、猶爲徵實之學者。惟所稱六家、乃謂齊魯毛韓鄭箋朱傳、則古無是目、而自應京臆創之。且毛鄭本屬一家、析而爲二、亦乖於傳經之支派。以非宏旨所繫、亦姑仍其舊名焉。

詩經疑問十二卷（內府藏本）

明姚舜牧撰。舜牧有易經疑問、已著錄。是編釋詩、兼用毛傳朱傳及嚴粲詩緝、時亦自出新論。如辨成王未嘗賜周公天子禮樂、其說頗爲有見。又論三經三緯之說、謂賦比興乃通融取義、非截然謂此爲賦、此爲比、此爲興也。惟截然分而爲三、於是求之不得其說、則將爲賦而興又比也、賦而比又興也、而寖失其義。其說亦足解轇轕之談。舜牧於諸經皆有疑問、惟此編說詩爲差善。自序稱所疑凡經數十年、重加訂問、前此誤解、亟與辨正。蓋其用力較深也。惟不信古人字少假借通用之說、於龍光伴奐之類、皆徑以本字解之、強生論辨。是則隆萬以後儒者少見古書之故、亦足見詁訓不明而欲義理之不謬、無是事矣。

詩經世本古義二十八卷（浙江巡撫採進本）

明何楷撰。楷有古周易訂詁、已著錄。其論詩專主孟子知人論世之旨。依時代爲次、故名曰世本古義。始於夏少康之世、以公劉七月大田甫田諸篇爲首。終於周敬王之世、以曹風下泉之詩殿焉。計三代有詩之世、凡二十八王、各爲序目於前。又於卷末仿序卦傳例、作屬引一篇、用韻語排比成文、著所以論列之意。考詩序之傳最古、已不能盡得作者名氏。故鄭氏詩譜闕有閒焉。三家所述、如關雎出畢公，乘離出伯封之類，茫昧無據，儒者猶疑之。茀傳楷乃於三千年後鉤棘字句，牽合史傳，以定其名姓時代。如月出篇有舒窈糾兮、舒慢受兮之文，即指以爲夏徵舒。此猶有一字之近也。碩鼠一詩，茫無指實，而指以爲左傳之魏壽餘，此孰見之而孰傳之？以大田爲幽雅，豐年良耜爲幽頌，即屬之於公劉之世，此猶有先儒之舊說也。以草蟲爲南陔，以菁菁者莪爲由儀，以緡蠻爲崇丘，又孰傳之而孰受之？大惑不解，楷之謂乎。然楷學問博通，引援賅洽，凡名物訓詁，一一考證詳明，典據精確，實非宋以來諸儒所可及。譬諸蒐羅七寶，造一不中規矩之巨器，雖百無所用，而毀以取材，則火齊木難，片片皆爲珍物。百餘年來，人人嗤點其書，而究不能廢其書，職是故矣。

待軒詩記八卷（浙江巡撫採進本）

明張次仲撰。次仲有周易玩辭困學記，已著錄。是書前載總論二篇，其餘國風以一國爲一篇，二雅周頌以一什爲一篇，魯頌、商頌亦各爲一篇。大抵用蘇轍之例，以小序首句爲據，而兼採諸家以會通之。其於集傳，不似毛奇齡之字字譏彈，以朱子爲敵國；亦不似孫承澤之字字附和，併以毛氏爲罪人。（案承澤詩經朱傳翼自序，稱王弼亂易，罪深桀紂，毛氏之罪，亦不在王弼之下。）故持論和平，能消融門戶之見。雖憑心揣度，或不免臆斷之私，而大致援引詳明，詞多有據，在近代經解之中，猶爲典實。卷末別有逸遺一卷，有錄無書。目下注嗣刻字，蓋欲爲之而未成也。今併削其目，不復虛列焉。

讀詩略記六卷（浙江巡撫採進本）

明朱朝瑛撰。朝瑛有讀易略記，已著錄。是書朱彝尊經義考作二卷，此本六冊，不分卷數，核其篇頁，不止二卷，疑原書本十二卷，刊本誤脫一十字。傳寫者病其繁瑣，併爲六冊也。朝瑛論詩，以小序首句爲主，其說謂亾詩六篇僅存首句，則首句作於未亾之前，其下作於既亾之後明矣。所見與程大昌同，而所辨較大昌尤明白，足決千古之疑。然其訓釋不甚與朱子立異，即鄭衛淫奔，不從集傳，以外其他說有乖迕者，多斟酌以折其中。如論楚茨爲刺幽王之詩，則據荀子以爲恰在鼓鐘之後，或幽王尙好古樂，故賢士大夫稱述舊德，擬雅南而奏之，以感導王志。論抑爲刺厲王之詩，則據詩文其在於今一語，以爲當爲衞武公少時所作。大抵皆參稽融貫，務取持平。其以生民篇姜嫄巨跡爲必不可信，亦先儒舊義，至於求棄之之由而不得，乃援後世綠綈方底之事以證之，則未免反失之附會。又頗信竹書紀年，屢引爲證，亦乖說經之體。然綜其大旨，不合者十之二三，合者十之五六也。

欽定詩經傳說彙纂二十卷，序二卷

康熙末

聖祖仁皇帝御定，刻成於雍正五年，
世宗憲皇帝製序頒行。詩序自古無異說，王肅、王基、孫毓、陳統爭毛鄭之得失而已。其舍序言詩者，萌於歐陽修，成於鄭樵，而定於朱子之集傳。輔廣、童子問以下，遞相羽翼，猶未列學官也。元延祐中行科舉法，始定詩義用朱子，猶參用古注疏也。明永樂中修詩經大全，以劉瑾詩集傳通釋爲藍本，始獨以集傳試士。然數百年來，諸儒多引據古義，竊相辨詰，亦如當日之攻毛鄭。蓋集傳廢序，成於呂祖謙之相激，非朱子之初心。故其閒負氣求勝之處，在所不免，原不能如四書集註句銖字兩，竭終身之力，研辨至精。特明代纂修諸臣，於革除之際，老師宿儒誅鋤略盡，不能如劉三吾等輯書傳會選，於蔡氏多所補正。又成祖雖戰伐之餘，欲興文治，而實未能究心經義，定衆說之是非。循聲附和，亦其勢然歟。是編之作，恭逢
聖祖仁皇帝天亶聰明，道光經籍，研思六義，綜貫四家，於衆說之異同，既別白瑕瑜，
獨操衡鑑，而編校諸臣，亦克承
訓示，考證詳明。一字一句，務深溯詩人之本旨。故雖以集傳爲綱，而古義之不可磨滅者，必一一附錄以補闕遺。於學術持其至平，於經義乃協其至當。風雅運昌，千載一遇，豈前代官書任儒臣拘守門戶者所可比擬萬一乎。

欽定詩義折中二十卷

乾隆二十年

皇上御纂，鎔鑄衆說，演闡經義，體例與周易述義同。訓釋多參稽古義，大旨亦同。蓋我
聖祖仁皇帝欽定詩經彙纂，於集傳之外，多附錄舊說，實昭千古之至公。我
皇上幾暇研經，洞周窔奧，於漢以來諸儒之論，無不衡量得失，鏡別異同。伏讀
御製七十二候詩中虹始見一篇，有晦翁舊解我疑生

句，句下

御注，於詩集傳所釋蝃蝀之義，詳爲辨證，併於所釋鄭風諸篇，概作注詩者，亦根據毛、鄭，訂正其譌。反覆一二百言，益足見

聖

聖相承，心源如一。是以諸臣恭承

彝訓，編校是書，分章多準康成，徵事率從小序。使孔門大義，上溯淵源，卜氏舊傳，遠承端緒。因

欽定詩經以樹義，即因

御纂周易以立名。

作述之隆，後先輝耀，經術昌明，洵無過於

昭代者矣。

田間詩學十二卷（左都御史張若淮家藏本）

國朝錢澄之撰。澄之有田間易學，已著錄。是書成於康熙己巳。大旨以小序首句爲主，所採諸儒論說，自注疏、集傳以外，凡二程子、張子、歐陽修、蘇轍、王安石、楊時、范祖禹、呂祖謙、陸佃、羅願、謝枋得、嚴粲、輔廣、眞德秀、邵忠允、季本、郝敬、黃道周、何楷二十家。其中王、楊、范、謝四家今無傳本，蓋採於他書。陸、羅二家本無詩注，蓋草木鳥獸之名，引其埤雅、爾雅翼也。自稱毛、鄭、孔三家之書，錄者十之二；集傳錄者十之三；諸家各本錄者十之四。持論頗爲精核，而於名物訓詁、山川地理言之尤詳。徐元文序稱其非有意於攻集傳，於漢唐以來之說亦不主於一人。無所攻，故無所主。無所攻無所主而後可以有所攻有所主云云。深得澄之著書之意。張英序又稱其嘗與英書，謂詩與尚書、春秋相表裏，必考之三禮以詳其制作，徵諸三傳以審其本末，稽之五雅以核其名物，博之竹書紀年、皇王大紀以辨其時代之異同（案二書所序時代多不可據，此語殊爲失考，謹附訂於此。）與情事之疑信，即今輿記以考古之圖經，而參以平生所親歷云云。則其考證之切實，尤可見矣。

詩經稗疏四卷（湖南巡撫採進本）

國朝王夫之撰。夫之有周易稗疏，已著錄。是書皆辨正名物訓詁，以補傳箋諸說之遺。如詩譜謂得聖人之化者謂之周南，得賢人之化者謂之召南。此則據史記謂雒陽爲周、召之語，以陝州爲中線而兩分之，則周南者周公所治之南國也，證之地理，亦可以備一解。至於鳥則辨雎鳩之爲山禽而非水鳥，雀角之角爲咮，詩意言雀實有角、鼠實有牙。於獸則辨九十其犉之語，當引爾雅七尺曰犉之文釋之，不當以黃牛黑脣釋之。騂剛之剛爲犅，則以牛脊言之。於草則辨葽爲萑葦之屬，而非葽繞。薇自爲可食之菜，而非不可食之蕨。於木則辨詩言樸樕者，實今之柞；言柞者，實今之櫟；榛楛之榛，即詩之所謂栵，而非榛栗之榛。於蟲則辨斯螽、莎雞、蟋蟀之各類，而非隨時異名之物；果蠃負螟蛉以食其子，而非取以爲子。於魚則辨鱣之即鯉，而集傳誤以爲黃魚；鮪之似鯉，而集傳誤以爲鱘魚。於器用則辨集傳訓重較爲兩輢上出軾者之未諳車制，及毛傳訓槃爲歷錄，歷錄爲紡車交縈之名，而集傳增一然字之差。於禮制則辨公堂稱觥爲飲酒於序，而非如集傳所云豳公之堂；祼將之訓爲灌，與奠一義，而歷詆白虎通灌地降神之謬。皆確有依據，不爲臆斷。其謂猗嗟爲作於魯莊如齊觀社之時，指莊娶哀姜而言，則據爾雅姊妹之夫曰甥以釋甥字。謂無衣爲作於秦哀公，則指楚之僭號以釋王字，義亦可通。惟以葛屨五兩之五通爲行列之義，木瓜、木桃、木李爲刻木之物，堇荼之荼如塗爲穢草和泥，奉璋之璋爲牙璋，連下文六師以爲言，未免近鑿。至於生民一篇，謂姜嫄爲帝摯妃，后稷爲帝摯子，平林爲帝摯時諸侯之國，推至見棄之由，則疑爲諸侯廢摯立堯之故，即以不康不寧爲當日情事，無論史冊無明文，抑與祭法禘嚳郊稷之說異矣。四卷之末，附以考異一篇，雖未賅備，亦足資考證。又叶韻辨一篇，持論明通，足解諸家之轇轕。惟贅以詩譯數條，體近詩話，殆猶竟陵鍾惺批評國風之餘習，未免自穢其書，雖不作可矣。

詩經通義十二卷（浙江汪啟淑家藏本）

國朝朱鶴齡撰。鶴齡有尚書埤傳，已著錄。是書專主小序，而力駁廢序之非。所採諸家，於漢用毛、鄭，唐用孔穎達，宋用歐陽修、蘇轍、呂祖謙、嚴粲，國朝用陳啟源。其釋音，明用陳第，國朝用顧炎武。其凡例九條，及考定鄭氏詩譜，皆具有條理。惟鶴齡學問淹洽，往往嗜博好奇，愛不能割，故引據繁富而傷於蕪雜者有之，亦所謂武庫之兵，利鈍互陳者也。要其大致，則彬彬矣。鶴齡與陳啟源同里，據其自序，此書蓋與啟源商榷而成。又稱啟源毛詩稽古編專崇古義，此書則參停於今古之間，稍稍不同。然稽古編中屢稱已見通義，

茲不具論，則二書固相足而成也。

毛詩稽古編三十卷（江西按察使王昶家藏本）

國朝陳啓源撰。啓源字長發，吳江人。是書成於康熙丁卯，卷末自記謂閱十有四載，凡三易稾乃定。前有朱鶴齡序，又有康熙辛巳其門人趙嘉稷序。鶴齡作毛詩通義，啓源實與之參正。然通義兼權衆說，啓源此編則訓詁一準諸爾雅，篇義一準諸小序，而詮釋經旨則一準諸毛傳，而鄭箋佐之。其名物則多以陸璣疏爲主。題曰毛詩，明所宗也。曰稽古編，明爲唐以前專門之學也。所辨正者惟朱子集傳爲多，歐陽修詩本義、呂祖謙讀詩記次之，嚴粲詩緝又次之。所掊擊者惟劉瑾詩集傳通釋爲甚，輔廣詩童子問次之。其餘偶然一及，率從略焉。前二十四卷依次解經，而不載經文，但標篇目。其無所論說者，則併篇目亦不載。其前人論說已明，無庸複述者，亦置不道。次爲總詁五卷，分六子目，曰舉要，曰考異，曰正字，曰辨物，曰數典，曰稽疑。末爲附錄一卷，則統論風雅頌之旨。其間堅持漢學，不容一語之出入，雖未免或有所偏，然引據賅博，疏正詳明，一一皆有本之談。蓋明代說經，喜騁虛辨。

國初諸家，始變爲徵實之學，以挽頹波，古義彬彬，於斯爲盛。此編尤其最著也。至於附錄中西方美人一條，牽及雜說，盛稱佛教東流始於周代，至謂孔子抑三王，卑五帝，藐三皇，獨歸聖於西方；捕魚諸器一條，稱廣殺物命，恬不知怪，非大覺緣果之文莫能救之，至謂庖犧必不作網罟。是則於經義之外，橫滋異學，非惟宋儒無此說，即漢儒亦豈有是論哉。白璧之瑕，固不必爲之曲諱矣。

詩所八卷（福建巡撫採進本）

國朝李光地撰。光地有周易觀彖，已著錄。是編大旨不主於訓詁名物，而主於推求詩意。其推求詩意，又主於涵泳文句，得其美刺之旨而止，亦不刻徵事跡，必求其人以實之。又以爲西周篇什，不應寥寥。二南之中，亦有文武以後詩。風雅之中，亦多東遷以前詩。故於小序所述姓名，多廢不用，併其爲朱子所取者亦或斥之。其間意測者多，考證者少，如謂有女懷春爲祀高禖，則附會古義；謂有扁斯石，扁字從戶從冊，古者額書於戶曰扁，以石爲之（案戶冊爲扁，義本說文，以石爲之，則光地之新解），在光地所注諸經之中，較爲次乘。然光地邃於經術，見理終深。其所詮釋，多能得興觀羣怨之旨。他如鄭衛之錄淫詩，引春秋之書亂臣賊子爲之證；楚茨以下爲豳雅，載芟以下爲豳頌，引豳風之後附鴟鴞諸篇，以釋豳雅後有瞻洛諸詩、豳頌後有酌桓諸詩之疑。其言皆明白切實，足闡朱子未盡之義，亦非近代講章揣骨聽聲者所可及也。

毛詩寫官記四卷（浙江巡撫採進本）

國朝毛奇齡撰。奇齡有仲氏易，已著錄。是書皆自記其說詩之語，凡一百八十八條。取漢書藝文志武帝置寫書之官語爲名。自序謂依汝南太守聽寫官言詩，憶而錄之。蓋寓名以爲問荅，猶之或問焉耳。案奇齡自述早年著毛詩續傳三十八卷，其稾已失。後乃就所記憶者作國風省篇、詩札及此書。其門人所述經例，則云早刻詩說於淮安，未能刊正。又李塨所作序目云，嘗以詩義質之先生，先生曰：予所傳諸詩，有未能改者數端，如以十畝之閒爲淫奔，以鴟鴞爲避居於東，以封康叔爲武王，以有部家室爲太姜，瑯琊之騐，凡此皆誤也。據此則此中之誤，奇齡固自知之，但所自知者猶未盡耳。然其書雖好爲異說，而徵引詳博，亦不無補於考證。瑕瑜並見，在讀者擇之而已。

詩札二卷（浙江巡撫採進本）

國朝毛奇齡撰。奇齡既作毛詩寫官記，復託與寫官以札問訊，而寫官荅之之詞，以成此書，凡八十四條。第二卷首有其門人所記云：此西河少時所作，故其立說有暮年論辨所不合者。其閒校韻數則，尤所矛盾。行世既久，不便更易云云。據此，則其中多非定論，其門人亦不諱之。然奇齡學本淵博，名物詁訓頗有所長，必盡廢之，亦非平允之道。毛韓異義，齊魯殊文，漢代儒門已不限以一說，兼收並蓄，固亦說經家所夯採矣。

詩傳詩說駁義五卷（浙江巡撫採進本）

國朝毛奇齡撰。明嘉靖中鄞人豐坊作魯詩世學一書，往往自出新義，得解於舊注之外，恐其說之不信，遂託言家有魯詩，爲其遠祖稷所傳；一爲子貢詩傳，一爲申培詩說，並列所作世學中。厥後郭子章傳刻二書，自稱得黃佐所藏祕閣石本，於是二書乃單行。明代說詩諸家，以其言往往近理，多採用之，遂盛傳於時。奇齡因其託名於古，乃引證諸書以糾之。夫易傳託之子夏，書傳託之孔安國，其說之可取者皆行於世。至其源流授受、則說經之家務核其眞。奇齡是書、不以其說爲可廢、而於依託之處則一一辨之、亦可謂持平之論矣。

續詩傳鳥名三卷、浙江巡撫採進本、

國朝毛奇齡撰。奇齡作毛詩續傳、以遭亂避仇佚之。後從鄰人吳氏子得卷末鳥名一卷、與其門人莫春園張文檒其緝綴之、衍爲三卷。大意在續毛詩而正朱傳、每條皆先列集傳之文於前、而一一辨其得失。考訓釋毛詩草木蟲魚者、自吳陸璣以後、作者實繁。朱子作詩集傳、大旨在發明美刺之旨、而名物訓詁則其所略。奇齡此書、則惟以考證爲主、故其說較詳。惟恃其博辨、往往於朱傳多所吹求、而所言亦不免於疎舛。如奇齡所作毛詩省篇既以齊風雞鳴爲讒人、此書又用舊說、爲賢妃之告旦、前後時相矛盾。鳲鳩之名桃蟲、猶竊脂之名桑扈、原不因木而名。乃謂所棲所食、俱不在桃、以喙銳如錐、專剖葦中蟲食之、謂之掏蟲。掏桃字通、尤杜撰無理。至於解睍睆黄鳥用毛萇舊訓、於義本長。乃謂鸎字從二目一八。其二目、離之二目。一八者艮八之喙。又謂鶯字從二火、離爲目、目本離火。尚書洪範伏傳以五事之目屬五行之火。鶯首之戴兩火、卽鸎之戴兩目。此雖王安石之字說不穿鑿至此矣。然大致引證賅洽、頗多有據、錄而存之、以廣考訂、固不害于多識之義爾。

詩識名解十五卷、浙江巡撫採進本、

國朝姚炳撰。炳字彥暉、錢塘人。自多識之訓、傳自孔門、爾雅一書、訓詁名物略備。厥後諸儒纂述、日久多佚。惟陸璣之疏尚有裒輯重編之本、自宋蔡卞以來、皆因璣書而輾轉增損者也。此書亦以鳥獸草木分列四門、故以多識爲名。其稍異諸家者、兼以推尋文義、頗及作詩之意爾。然孔子言鳥獸草木本括舉大凡、譬如史備四時、不妨以春秋互見。炳乃因此一語、遂不載蟲魚、未免近高叟之固。其中考證辨駁、往往失之蔓衍。如辨麟麐二物、義本說文、尚有關於訓詁。至於鳳凰神物、世所罕睹、而連篇累牘、辨其形狀之異同、則與經義無關矣。又詩中八鸞和鸞之類、本爲鈴屬、非鸞鳥之鸞、而列之鳥部。然則車之伏兔將入獸部乎。是皆愛奇嗜博、故有此弊。然核其大致、可取者多、固宜略其蕪雜、採其菁英焉。

詩傳名物集覽十二卷、湖北巡撫採進本、

國朝陳大章撰。大章字仲夔、號雨山、黄岡人。康熙戊辰進士、改庶吉士。以母老乞歸。其於毛詩、用功頗深。所作集覽本百卷、凡三易稾而後成。此乃其摘錄附梓之本、凡鳥二卷、獸二卷、蟲豸一卷、鱗介一卷、草四卷、木二卷。蓋尤其生平精力所注也。毛詩自陸璣以下、詮釋名物者毋慮數十家。此書成之最後、故於諸家之說採輯尤夥。其中體例未合者、如釋鶉之奔奔、則莊子之鶉居、列子之性變、以及朱鳥爲鶉首、子夏衣若懸鶉之類、無所不引。釋雞棲于塒、則列子之木雞、呂氏春秋之雞跖、漢官儀之長鳴雞、亦無不備載。皆體近類書、深乖說經之旨。又每條首錄集傳大意、以紫陽爲主。故如鄂不韡韡則取豈不光明之義、而駁鄂作萼不作跗之說爲不煩改字。亦過於偏執。至如載宋太宗賜耶律休哥旗鼓杓窊印、則以遼事誤作宋事。尤爲乖舛。然其徵引既衆、可資博覽、雖精核不足、而繁富有餘、固未始非讀詩者多識之一助也。

詩說三卷、江蘇巡撫採進本、

國朝惠周惕撰。周惕字元龍、長洲人。康熙辛未進士、由庶吉士改密雲縣知縣。惠氏三世以經學著、周惕其𠡠始者也。是書於毛傳鄭箋朱傳無所專主、多自以己意考證。其大旨謂大小雅以音別、不以政別。謂正雅變雅美刺錯陳、不必分六月以上爲正、六月以下爲變、文王以下爲正、民勞以下爲變。謂二南二十六篇皆疑爲房中之樂、不必泥其所指何人。謂周召之分、鄭箋誤以爲文王。謂天子諸侯均得有頌、魯頌非僭。其言皆有依據。至謂頌兼美刺、義通於誦、則其說未安。考鄭康成注儀禮正歌備句曰、正歌者、升歌及笙各三終、閒歌三終、合樂三終、爲一備。核以經文、無歌後更誦及一歌一誦之節。其周禮瞽矇職曰、諷誦詩。鄭注謂闇讀之不依永也。則歌誦是兩事。知頌誦亦爲兩事。周惕合之、非矣。又謂證以國策、禮無歸寧之文、訓歸寧父母爲無父母遺罹之義。考歸寧文見左傳、於禮經必有所承。何休注公羊傳稱諸侯夫人尊重、既嫁、非有大故不得反、惟士大夫妻雖無事、歲一歸寧。此文當必有所受。曲禮曰、女子許嫁纓、非有大故、不入其門。姑姊妹女子子已嫁而反、兄弟弗與同席而坐、弗與同器而食。其文承上許嫁而言、則已嫁而反、是卽歸寧之明證。不得曰禮無文矣。然其餘類、皆引據確實、樹義深切、與枵腹說經、徒以臆見決是非者、固有殊焉。

詩經劄記一卷、兩江總督採進本

國朝楊名時撰。名時有周易劄記、已著錄。是編乃其讀詩所記、大抵以李光地詩所為宗、而斟酌於小序朱傳之閒。其論關雎、從小序求賢之說、最為明允。其論鄭風不盡淫詩、而聖人亦兼存淫詩以示戒、論亦持平。而謂鄭聲即鄭詩、力駁鄭樵之說、則殊不然。淫詩可存以示戒、未有以當放之淫聲被之管弦、可以示戒者也。至詩所論季札觀樂、所陳皆西周之詩、非東遷以後之詩。名時據變風終於陳靈、在宣公十年、至襄公二十九年、吳子使札來聘、已越五十五年。又引左傳卿大夫所賦以見東遷以後之詩、列國具備其文。絕不回護其師說、可謂破除講學家門戶之見。又十月之交一篇、謂辛卯日食、則云應問於知歷者。殷武一章於朱子始祔而祭之說、則云更宜考定。亦不強不知以為知。惟二雅諸篇、頗有臆斷。然如論國語弔二叔之不咸、引富辰所云封建親戚以藩屏周者、首舉管蔡郕霍、知二叔不為管蔡。引禮記月三五而盈、證三五在東。引周禮祭天地三辰、皆有奉璋之禮、辨朱傳之專指宗廟。引月令節嗜慾及集韻嗜字註、解上帝耆之。引大司樂享先妣之文在享先祖之上、證大雅魯頌所以止稱姜嫄。引儀禮下管新宮在宣王之前、證新宮非斯干。亦皆具有考據。於其師說、可謂有所發明矣。

讀詩質疑三十一卷、附錄十五卷、江蘇巡撫採進本

國朝嚴虞惇撰。虞惇字寶成、常熟人。康熙丁丑進士。官至太僕寺少卿。是編乃其孫湖南驛鹽道有禧所刊、乾隆十二年經進
御覽。首為列國世譜、次國風世表、次詩指舉要、次讀詩綱領、次刪次、次六義、次大小序、次詩樂、次章句音韻、次訓詁傳授、次經傳逸詩、次三家遺說、次經傳雜說、次詩韻正音、次經文考異。每一類為一卷、皆附錄篇首、不入卷數。其正經則國風為十五卷、小雅為八卷、大雅為三卷、而每卷析一子卷、頌為五卷。大旨以小序為宗、而參以集傳。其從序者十之七八、從集傳者十之二三。亦有二家皆不從、而虞惇自為說者。每篇之首、冠以序文、及諸家論序之說。每章之下、各疏字義。篇末乃總論其大旨、與去取諸說之故。皆以推求詩意為主、頗略於名物訓詁、亦不甚引據考證。如墨子稱文王舉閎夭太顛於罝網中、授之政、西土服。墨子在春秋戰國之閒、當及聞古義。而虞惇以為附會兔罝之詩。至左傳稱祭仲有寵於莊公、所謂寵者、信任顯榮之意、故楚靈王對申無宇自稱盜有寵也。虞惇因此一字、指祭仲為安陵龍陽之流、以山有扶蘇之狡童當之、謂仲雖為卿、詩人醜其進身之始。此不更附會乎。又申培詩說、出自豐坊、其中多剽朱傳之義。而虞惇反謂朱傳多引申培、亦殊失考。然大致皆平心靜氣、玩味研求於毛朱兩家、擇長棄短、非惟不存門戶之心、亦併不涉調停之見。核其所得、乃較諸家為多焉。

毛詩類釋二十一卷、續編三卷、江蘇巡撫採進本

國朝顧棟高撰。棟高有尚書質疑、已著錄。是編成於乾隆壬申。序文案語皆稱臣、蓋擬進之本。凡分二十一類。其序中抒所自得者、如於釋地理、知邶鄘衛乃三地名、非三國名。於釋山、知崧高維岳乃吳岳、非中岳。於釋水、知吉日之漆沮非豳詩潛頌之漆沮。於釋時令、知公劉已先以建子為正。於釋祭祀、知禘饗明堂俱周公剏舉。於釋官職、知司徒司空司馬皆在周官以前。於釋兵器、知古甲皆用革。於釋宮室、知君子陽陽乃伶官之詩、非婦人所作。於釋草、知麻有二種。於釋鳥、知桑扈亦有二種。於釋馬、知衛風騋牝、魯頌牧馬、皆以備兵事、司馬法馬牛車乘俱出於民、乃王莽偽託之文。今考其書、禘及大享明堂一條、司徒司空司馬一條、皆與序文不相應、未喻何故。其邶鄘衛一條、為顧炎武說。崧高一條、為閻若璩說。漆沮一條、為許謙說。公劉用子正一條、為毛亨說。古甲用革一條、為陳祥道說。麻有二種一條、為蔡卞說。桑扈二種一條、為陸佃說。巨句不出車馬一條、為李廉說。惟君子陽陽一條、以楚茨之文證小序、自出新意耳。然諸家說詩中名物、多泛濫以炫博。此書則採錄舊說、頗為謹嚴。又往往因以發明經義、與但徵故實、體同類書者有殊。於說詩亦不為無裨也。其續編三卷、則成於乾隆癸酉、取爾雅釋詁釋言釋訓之文、有關於詩者、摘而錄之、亦略為疏解。蓋訓詁名物相輔而行之義。以爾雅校之、尚闕之匹也言戒也二條。或繕稾時偶誤脫歟。

詩疑辨證六卷、江蘇巡撫採進本

國朝黃中松撰。中松字仲嚴、上海人。是書主於考訂名物、折衷諸說之是非、故以辨證爲名。其中亦瑕瑜互見。如古說雎鳩爲雕類、鄭樵及朱子則以爲鳧類。左傳云、鴡鳩、司馬也。馮復京引朱傳云、江淮所有、當年恐未入詩人之目、已爲定論。至爾雅云、鵙鳩王鵙、郭注鵰類、今江東呼之爲鶚、好在江渚山邊食魚。爾雅又云、楊鳥白鷢、郭注似鷹、尾上白。是則二鳥明矣。乃揚雄許愼皆以白鷢釋雎鳩、是傎也。中松竝存其說、未免兩岐。黍稷一條、獨載雷禮黍貴稷賤黍早稷晚之說。案后稷以官名、社稷以壇名、稷爲五穀之長、諸書皆然。稷未嘗賤也。月令以稷爲首種、尙書緯云、春鳥星昏中以種稷、夏火星昏中以種黍、是稷亦非晚也。中松乃取其說。又引家語之文以廢羣議、不知家語王肅僞撰、不足據也。韓奕之梁山韓城、王應麟兩存舊說、而其意以在晉爲主。中松本王肅之說、謂皆在燕地、持論自確。而又疑梁山在晉地、且不明乾州之梁山與在夏陽者本一山緜亙、孔疏最明。乃用胡渭雍州有二梁山之說、竝疑梁山宮爲三梁山、則支離轇轕、弊亦與應麟等矣。應田不取鄭箋田當作𨋍聲轉字誤之說、案陳之爲田、此聲轉也。𨋍之變陳、此字誤也。中松徒疑𨋍非引而曰讀爲引、以爲費力。不知𨋍與朄同、說文解字曰、朄、擊小鼓引樂聲也。其文甚明、何足爲疑乎。至全書之中、考正譌謬、校定異同、其言多有依據。在近人中、猶可謂留心考證者焉。

三家詩拾遺十卷、浙江巡撫採進本

國朝范家相撰。家相字蘅洲、會稽人。乾隆甲戌進士。官至柳州府知府。漢代傳詩者四家。隋書經籍志稱齊詩亡於魏、魯詩亡於西晉、惟韓詩存。宋修太平御覽、多引韓詩、崇文總目亦著錄、劉安世晁說之尙時時述其遺說。而南渡儒者不復論及。知亡於政和建炎間也。自鄭樵以後、說詩者務立新義、以掊擊漢儒爲能。三家之遺文、遂散佚而不可復問。王應麟於咸淳之末、始掇拾殘賸、輯爲詩考三卷。然刱始難工、多所挂漏。又增綴逸詩篇目、雜採諸子依託之說、亦頗少持擇。家相是編、因王氏之書、重加裒益、而少變其體例。首爲古文考異、次爲古逸詩、次以三百篇爲綱、而三家佚說一一併見。其以三家詩拾遺爲名、則古文考異不盡三家之文者、自宜附錄。其逸詩不繫於三家者、自宜芟除。乃一例收入、未免失於貪多。且冠於篇端、使開卷卽名實相乖、尤非體例。其中如張超稱關雎爲畢公作一條、說見超所作誚蔡邕青衣賦、非超別有解經之說、而但據詩補傳所載、泛稱張超云云、竝不錄其賦語、蒐採亦閒有未周。然較王氏之書、則詳贍遠矣。近時嚴虞惇作詩經質疑、內有三家遺說一篇、又惠棟九經古義、余蕭客古經解鉤沈、於三家亦均有採掇、論其賅備、亦尙不及是編也。

詩瀋二十卷、浙江巡撫採進本

國朝范家相撰。是編乃其釋詩之說。家相之學、源出蕭山毛奇齡。奇齡之說經、引證浩博、善於詰駁、其攻擊先儒最甚、而盛氣所激、出爾反爾、其受攻擊亦最甚。家相有戒於斯、故持論一出於和平、不敢放言高論。其作是書、大旨斟酌於小序朱傳之閒、而斷以己意。首爲總論三十篇、以下依次詮說、皆不載經文、但著篇目。其先儒舊說無可置辨者、則併篇目亦不著之。今核其所言、短長互見。如謂卷耳爲文王在羑里、后妃遣使臣之作、謂中谷有蓷爲憐申后、謂褰裳爲在晉楚爭鄭之時、謂丰爲男親迎而女不從、謂敝笱爲嘆王綱廢弛、謂采苓爲申生而作、謂采薇爲文王伐玁狁、謂沔水爲宣王信讒、皆以意揣度、絕無確證。然如總論第十四條力破黍離降爲國風之說、謂太史不采風、王朝無掌故、諸侯之國史亦不紀錄以進、蓋四詩俱亡、非獨雅也。詩亡而諷諭彰癉之道廢、是以春秋作焉。此與孟子迹熄之說深有發明。第十五條謂三百五篇之韻叶之而不諧者、其故有三。列國之方音不同、一也。古人一字每兼數音、而字音傳譌已久、非可執一以諧聲、二也。詩必歌而後出、每以餘音相諧、自歌詩之法不傳、而餘音莫辨、三也。此亦足解顧炎武毛奇齡二家之鬭。其解采蘩篇、謂被之僮僮爲夫人齋居之首服、而歷引周禮內司服玉藻及聶氏三禮圖以證之。蓋被者所以配褖衣。今據聶氏謂婦人之褖衣因男子之元端、又玉藻云、元冠丹組纓、諸侯之齋冠也、則知夫人服被爲齋。夫人齋於正寢、既不可如祭之服副褘、又不可服告桑之編、故服燕寢朝君之被。此說爲前人所未及。其解楚茨信南山諸篇、尤爲詳晣。如南東其畝及中田有廬之類、於溝洫田制咸依據確鑿、不同附會在近代說詩之家，猶可謂瑜不掩瑕，瑕不掩瑜者也。

詩序補義二十四卷浙江巡撫採進本

國朝姜炳璋撰。炳璋字石貞，號白巖，象山人。乾隆甲戌進士，官石泉縣知縣。是編以詩序首句爲國史所傳，如蘇轍之例，但轍於首句下申明之語竟删除不論，炳璋則存其原文，與首句中離一字書之，而一一訂其疎舛。例又小殊。蓋參用朱子詩序辨說之義，以貫通兩家也。其論江有汜謂古者嫡媵竝行，無待年于國之禮。然春秋伯姬歸紀，叔姬歸酅，實非一年之事，未可斷其必無。論魯頌謂用天子禮樂自吉禘莊公始見於經，斷以爲僭自僖公。然呂覽史角之事雖出雜說，而考仲子之宮初獻六羽，註謂前此用八，故曰初獻，是已在隱公先矣。是過於考證，轉失之眉睫之前。他如論野有死麕以尨吠爲喻人之類，亦失經旨。要其恪守先儒詁必有據，而於廢序諸家亦置而不爭，不可不謂篤實近裏之學也。其綱領有云：有詩人之意，有編詩之意。如雄雉爲婦人思君子，凱風爲七子自責，是詩人之意也；雄雉爲刺宣公，凱風爲美孝子，是編詩之意也。朱子順文立義，大抵以詩人之意爲是詩之旨；國史明乎得失之迹，則以編詩之意爲一篇之要。尤可謂解結之論矣。

虞東學詩十二卷安徽巡撫採進本

國朝顧鎮撰。鎮字備九，號古湫，常熟人。常熟古海虞地，鎮居城東，故又號曰虞東。乾隆甲戌進士，官至宗人府主事。是書大旨以講學諸家尊集傳而抑小序，博古諸家又申小序而疑集傳，搆釁者四五百年，迄無定論。故作是編，調停兩家之說，以解其紛。所徵引凡數十家，而歐陽修、蘇轍、呂祖謙、嚴粲四家所取爲多。雖鎔鑄羣言，自爲疏解，而某義本之某人，必於句下註其所出。又集傳多闡明義理，於名物訓詁聲音之學皆在所略。鎮於是數端亦一一考證，具有根柢。蓋於漢學宋學之間能斟酌以得其平。書雖晚出，於讀詩者不爲無裨也。

案：諸經之中惟詩文義易明，亦惟詩辨爭最甚。蓋詩無達詁，各隨所主之門戶，均有一說之可通也。今核定諸家，始於詩序辨說，以著起釁之由，終於是編，以破除朋黨之見。凡以俾說是經者化其邀名求勝之私而已矣。是編錄此門之大旨也。

附錄

韓詩外傳十卷通行本

漢韓嬰撰。嬰，燕人，文帝時爲博士，景帝時至常山太傅。漢書藝文志有韓故三十六卷，韓內傳四卷，韓外傳六卷，韓說四十一卷。歲久散佚，惟韓故二十二卷新唐書尚著錄，故劉安世稱嘗讀韓詩雨無正篇。然歐陽修已稱今但存其外傳，則北宋之時士大夫已有見有不見。范處義作詩補傳在紹興中，已不信劉安世得見韓詩，則亡在南北宋閒矣。惟此外傳至今尚存。然自隋志以後卽較漢志多四卷，蓋後人所分也。其書雜引古事古語，證以詩詞，與經義不相比附，故曰外傳。所采多與周秦諸子相出入。班固論三家之詩，稱其或取春秋，采雜說，咸非其本義，殆卽指此類歟。中閒阿谷處女一事，洪邁容齋隨筆已議之。他如稱彭祖名竝堯禹，稱長生久視，稱天變不足畏，稱韶用干戚，稱舜兼二女爲非，稱荆蒯芮僕不恒其德，語皆有疵。謂柳下惠殺身以成信，謂孔子稱御說恤民，謂舜生於鳴條，一章爲孔子語，謂輪扁對楚成王，謂冉有稱吳楚燕代伐秦王，皆非事實。顏淵子貢子路言志事，與申鳴死白公之難事，皆一條而先後重見，亦失簡汰。然其中引荀卿非十二子一篇，删去子思孟子二條，惟存十子，其去取特爲有識。又繭絲卵雛之喻，董仲舒取之爲繁露，君羣王往之訓，班固取之爲白虎通，精理名言，往往而有，不必盡以訓詁繩也。是書之例，每條必引詩詞，而未引詩者二十八條；又吾語汝一條起無所因，均疑有闕文。李善註文選引其孔子升泰山觀易姓而王者七十餘家事，及漢皐二女事，今本皆無之，疑竝有脫簡。至藝文類聚引雪花六出之類，多涉訓詁，則疑爲內傳之文，傳寫偶誤。董斯張盡以爲外傳所佚，又似不然矣。

案：漢志以韓外傳入詩類，蓋與內傳連類及之。王世貞稱外傳引詩以證事，非引事以明詩，其說至確。今內傳解詩之說已亡，則外傳已無關於詩義，徒以時代在毛萇以前，遂列爲古來說詩之冠，使讀詩者開卷之初卽不見本旨，於理殊爲未協。以其舍詩類以外無可附麗，今從易緯、尚書大傳之例，亦別綴於末簡。

右詩類六十二部，九百四十一卷，附錄一部，十卷，皆文淵閣著錄。

欽定四庫全書總目卷十六

欽定四庫全書總目卷十七

經部十七

詩類存目一

詩說一卷（内府藏本）

宋張耒撰。耒字文潛，楚州淮陰人。登進士第。元祐中官至起居舍人。紹聖中謫監黃州酒稅。徽宗召爲太常寺卿。坐元祐黨，復貶房州別駕，黃州安置。尋得自便，居於陳州，主管崇福宮，卒。事蹟具宋史文苑傳。是書載柯山集中，納喇性德以其集不甚傳，因刻之通志堂經解中。凡十二條，如抑篇慎爾出話一條，蓋爲蘇軾烏臺詩案而發。卷阿篇爾土宇昄章一條，蓋爲熙河之役而發。餘亦多借抒熙寧時事，不必盡與經義比附也。

詩論一卷（編修程晉芳家藏本）

宋程大昌撰。大昌有易原，已著錄。是書本載大昌考古編中，故宋志不列其名。朱彝尊經義考始別立標題，謂之詩議。曹溶學海類編則作詩論。江南通志則作毛詩辨正。考原本實作詩論，則曹溶本是也。又曹溶本作十八篇，而彝尊引陸元輔之言，謂程氏詩議十七篇。一論古有二南而無國風之名。二論南雅頌爲樂詩，諸國爲徒歌。三論南雅頌之爲樂無疑。四論四始品目。五論國風之名出於左荀。六論左荀創標風名之誤。七論逸詩有豳雅豳頌而無豳風，以證風不得抗雅。八論豳詩非七月。九辨詩序不出於子夏。十辨小序綴詩出於衛宏。十一辨詩序不可廢。十二據季札序詩篇次，知無風名。（案此篇爲改定毛詩標題，元輔此語未明。）十三論毛詩有古序，所以勝於三家。十四論採詩序詩，因乎其地。十五論南爲樂名。十六論關雎爲文王詩。（案此解周道闕而關雎作一語，非論文王，元輔此語亦未明。）十七論詩樂及商魯二頌，乃併末兩篇爲一考。原本亦作十七篇，元輔之言不爲無據。然詳其文意，論詩樂與論商魯頌了不相屬，似考古編刻本誤合。曹本分之，亦非無見也。其大旨謂國風之名出漢儒之附會，其說甚辨。惟左傳風有采蘩采蘋語，荀子風之所以爲風語，不出漢儒，無可指駁，則以左氏爲秦人，風字出於臆說；謂荀子之學出於仲弓，仲弓非商賜可與言詩之比，故荀子所傳亦爲臆說。近時蕭山毛奇齡據樂記正直而靜、廉而謙者宜歌風，表記引詩我躬不閱，遑恤我後，又引詩心之憂矣，於我歸說，皆稱國風，以駁詰大昌。不知大昌之意，惟在求勝於漢儒，原不計經義之合否。即引樂記表記以詰之，亦不難以戴記四十九篇指爲漢儒附會也。觀其於左氏所言季札觀樂合於己說者，則以傳文爲可信；所言風有采蘩采蘋不合己說者，則又以傳文爲不可信。顛倒任意，務便己私，是尚可與口舌爭乎。且即所謂可據者言之，十五國風同謂之周樂，南雅頌亦同謂之歌，不云南雅頌奏樂、國風徒歌也。豈此傳又半可據、半不可據乎。傳又稱金奏肆夏之三，工歌鹿鳴之三，亦將謂頌入樂、雅徒歌乎。是與所引孔子正樂但言雅頌不言風，而忘其亦不言南者，同一不充其類而已矣。

詩疑二卷（内府藏本）

宋王柏撰。柏有書疑，已著錄。書疑雖頗有竄亂，尙未敢刪削經文。此書則攻駁毛、鄭不已，併本經而攻駁之。攻駁本經不已，又併本經而刪削之。其以行露首章爲亂入，據列女傳爲說，猶有所本也。以小弁無逝我梁四句爲漢儒所妄補，猶曰其詞與谷風相同，似乎移綴也。以下泉末章爲錯簡，謂與上三章不類，猶著其疑也。至於召南刪野有死麕，邶風刪靜女，鄘風刪桑中，衞風刪氓、有狐，王風刪大車、丘中有麻，鄭風刪將仲子、遵大路、有女同車、山有扶蘇、籜兮、狡童、褰裳、丰、東門之墠、風雨、子衿、野有蔓草、溱洧，秦風刪晨風，齊風刪東方之日，唐風刪綢繆、葛生，陳風刪東門之池、東門之枌、東門之楊、防有鵲巢、月出、株林、澤陂，凡三十二篇。案書中所列之目實止三十一篇，疑傳刻者脱其一篇。又曰：小雅中凡雜以怨誹之語，可謂不雅。予今歸之王風，且使小雅粲然整潔。其所移之篇目，雖未具列，其降雅爲風，已明言之矣。又曰：桑中當曰采唐，權輿當曰夏屋，大東當曰小東，則併篇名改之矣。此自有六籍以來第一怪變之事也。柏亦自知詆斥聖經爲公論所不許，乃託詞於漢儒之竄入。夫漢儒各尊師說，字句或有異同，至篇數則傳授昭然，其增減一一可考。如易雜卦傳爲河内女子壞老屋所得，書出伏生者二十九篇，孔安國以孔壁古文增十六篇，而泰誓三篇亦爲河内女子所續得，舜典首二十八字爲姚方興所上，周禮考工記爲河閒獻王所補，具有明文。下至左傳增其處者爲劉氏一句，秦穆姬登臺履薪一段，先儒亦具有記載。惟詩不言有所增加，安得指國風三十二篇爲漢儒竄入也。王弼之易，杜預之左傳，以傳附經，離其章句。鄭元禮記目錄，與劉向別錄不同，亦咸有舊說。惟詩不言有所更易，安得謂王風之詩竟移入小雅也。且春秋有三家，可以互考，故公羊經文增孔子生一條，而左傳無。詩有四家，亦可以互考，故三家般詩多於繹思一句，毛詩無之，見經典釋文。毛詩都人士有首章，而三家無之，見禮記緇衣注，即韓詩雨無正多雨無其極二句，宋人亦尚能道之，見元城語錄。一句一字之損益，即彼此參差，昭昭乎不能掩也。此三十二篇之竄入，如在四家既分以後，則齊增者魯未必增，魯增者韓未必增，韓增者毛未必增，斷不能如是之畫一。如在四家未分以前，則爲孔門之舊本確矣。柏何人斯，敢奮筆而進退孔子哉。至於謂碩人第二章形容莊姜之色太褻，秦風黃鳥乃淺識之人所作，則更直排刪定之失，不復託詞於漢儒，尤爲恣肆。陳振孫書錄解題載陳鵬飛作詩解二十卷，不解商頌、魯頌，以爲商頌當闕，魯頌當廢。其說已妄，猶未如柏之竟刪也。後人乃以柏嘗師何基，基師黃榦，榦師朱子，相距不過三傳，遂併此書亦莫敢異議，是門戶之見，非天下之公義也。

毛詩正變指南圖六卷（兩淮鹽政採進本）

是書爲明末陳重光所刻，前有李雯序，謂其書爲宋人未竟之本，故詳於大而略於小。今考卷首列漢迄宋諸儒訓故圖譜音訓之目，頗叢雜無次第。一卷全錄小序首句，二卷作詩次序，皆本鄭氏詩譜。三卷世次，四卷族譜，五六卷雜釋名物，俱爲簡略，惟五卷釋刻漏稍詳。其義例淺陋，不似古人著作，且亦別無佐證，疑即重光自輯，而託之舊本也。

重光字端羲，華亭人。

詩義斷法五卷（浙江范懋柱家天一閣藏本）

不著撰人名氏。卷首有建安日新書堂刊行字，又有至正丙戌字，蓋元時所刻。朱彝尊經義考載宋謝叔孫詩義斷法，不列卷數，注引江西通志曰：叔孫，南城人，舉進士，官翰林編修。又載詩義斷法一卷，不著名氏，注曰見菉竹堂書目，並云已佚。此本五卷，與後一部一卷之數不符，其叔孫之書歟。首有自序，詞極鄙俚，殆不成文。卷前冠以作義之法，分總論、冒題、原題、講題、結題五則，次爲學詩入門須知，次爲先儒格言，次爲總論六義，皆剽竊陳言，不出兔園冊子。又書中但列擬題，於經文刊削十七，殆於鄘風之干旄，不知何取。蓋揣摩弋取之書，本不爲解經而作也。

國風尊經一卷（編修朱筠家藏本）

舊本題明陶宗儀撰。宗儀字九成，黃巖人，元末舉進士不中，即棄去，累辭辟舉。洪武中乃出爲教官。事蹟具明史文苑傳。是書前有宗儀自序。案孫作滄螺集有陶九成小傳，備列其生平著述，無此書名。明史藝文志及朱彝尊經義考皆不著錄。其書多用字說，如序中解大小雅云：雅知風者也，故名相風。解君子好逑云：逑從求從辵，謂行而求之也。解參差荇菜云：荇從草從行，謂草生水中而東西行者也。解左右芼之云：芼從草從毛，言以菜加於食物之上，如毛之附麗於外。解螽斯羽云：螽從冬從虫，蓋子產於冬而生於春也。解招招舟子云：招從手從召。謂舉手召也。解簡兮云。竹閒為簡。言衆工來會。如竹之稠密也。解隰有苓云。未知何草。然從草從令。草之善者。解終窶且貧之窶。從穴從婁。謂上下皆空也。貧從分從貝。謂所有輒散也。解靜女其姝。云姝女。顏之若朱者。解中冓之言。云冓之為文。有材木從橫。屢累增高之義。中冓當國之中而構者。則君之居也。其穿鑿不通。不可枚舉。其最謬者。如謂桑中為關雎之遺。是以淫女擬聖后也。謂人之無良。我以為兄。兄者長也。居上為民長也。毛氏以為君之兄者非也。自古以來。有稱君為兄者乎。崇儀亦何至於此。核其詞氣。似明萬曆以後人。蓋僞託也。惟卷耳篇專一詩。其說似近情理。然以國策觸讋之語。證古者諸侯之女無歸寧之禮。則又不然。息嬀歸寧而過蔡。獻舞止享而召兵。其事具載左傳。安得謂其必無。以觸讋之言疑古禮。是猶以華督目逆一事。疑古婦人無出必蔽面之禮。以崔杼見棠姜一事。疑古婦人無嫠哭之禮。以陶嬰中夜悲鳴一語。疑古寡婦無不夜哭之禮也。豈通論乎。原目自周南至曹風。惟無豳風。此本僅至衛風而止。蓋佚其半。然如此支謬之書。佚亦正不足惜耳。

毛詩說序六卷 浙江朱彝尊家曝書亭藏本

明呂柟撰。柟有周易說翼已著錄。是書以小序為主。而設為門人問答以明之。每章標舉大意。主於疏通毛義而止。其諸說之異同。皆不置辯。其名物訓詁亦皆弗詳。猶詩說家之簡嚴者。但疏解未免太略。此本傳寫譌脫。不可解處尤多。

毛詩或問一卷 通行本

明袁仁撰。仁有砭蔡編已著錄。是編大旨主於伸小序。抑集傳。設為問答以明之。所說止於魯頌。疑佚其末數頁也。其自序。詆余頎卿孫鑛元於毛詩訓詁之外。不能措一詞。而謂他經可理測。而詩則不落理路。他經可意會。而詩則不涉意想。三千在門。獨許商賜可與言詩。以其各有悟門。又詆朱子解詩。如盲人捫象。而自謂其說言思莫及。理解俱融。不知我之為古人。古人之為我。其言甚誕。今觀其書。一知半解時亦有之。然所執者乃嚴羽詩話不涉理路。不落言詮。純取妙悟之說。以是說詩。鮮之詩。尚且不可。況於持以解經乎。

魯詩世學三十二卷 兩淮馬裕家藏本

明豐坊撰。坊有古易世學已著錄。是編首列子貢詩傳。詭云石本。次列詩序。而以正音託之宋豐稷。以續音託之豐慶。以補音託之豐耘。以正說託之豐熙。諱稱祖父所傳。而自為之考補。故曰世學。又附以門人何昆之續考。共為一書。實則坊一人所撰也。其書變亂經文。詆排舊說。極為妄誕。朱彝尊經義考辨之甚詳。而康熙中禮部侍郎平湖陸葇家乃尊信其中三年之喪必三十六月之說。遭憂家居。已閱二十七月。猶不出補官。其門人邸嘉穗載之東山草堂邇言中。以為美談。不知此唐王元感之論。當時已為議者所駁。載於舊唐書中。非古義也。則僞書之貽害於經術者甚矣。

詩傳一卷 內府藏本

舊本題曰子貢撰。實明豐坊所作。明史坊本傳稱坊為十三經訓詁。類多穿鑿。世所傳子貢詩傳。即坊編本者是也。其說升魯於邶鄘之前。降鄭於鄶曹之後。大雅小雅各分為三。曰續。曰傳。皆與所作申培詩說同。二書皆以古篆刻之。不知漢代傳經。悉用隸書。故孔壁科斗。世不能辨。謂之古文。安得獨此二書參用籀體。郭子章李維楨皆為傳刻釋文。何鏜收入漢魏叢書。毛晉收入津逮祕書。并以為曾見宋搨。皆謬妄也。

詩說一卷 江蘇巡撫採進本

舊本題曰申培撰。亦明豐坊僞作也。何楷詩世本古義。黃虞稷千頃堂書目。毛奇齡詩傳詩說駁義皆力斥之。今考漢書杜欽傳稱佩玉晏鳴。關雎歎之。後漢書楊賜傳稱康王一朝晏起。關雎見幾而作。注皆稱魯詩。而此傳仍訓為太姒思淑女。又坊記注引先君之思以畜寡人。為衛定姜之作。釋文曰。此是魯詩。而此仍為莊姜送戴嬀。豈傳魯詩乃用毛傳乎。其僞妄不待問矣。

詩傳纂義 無卷數 浙江巡撫採進本

明倪復撰。復字汝新。鄞縣人。茲編不載經文。惟於有所發明者。標其篇名。所說多襲前人。或全錄之而不言所本。其自出新意者。如謂皇華四牡通為燕饗樂歌之類。於古皆無所考證。

張氏說詩一卷 江蘇周厚堉家藏本

明張廷臣撰。廷臣字元忠。崑山人。嘉靖戊子舉人。是編題曰上編甲之己。蓋其全集之一種也。大旨謂詩序有所傳授。不應盡廢。持論甚正。而其所推闡則以意斷制者多。

讀風臆評無卷數江蘇巡撫採進本

明戴君恩撰。君恩字仲甫，長沙人。嘉靖癸丑進士，官巴縣知縣。是書取詩經國風加以評語，又節錄朱傳於每篇之後。烏程閔齊伋以朱墨版印行之。纖巧佻仄，已漸開竟陵之門。其於經義，固了不相關也。

詩經正義二十七卷安徽巡撫採進本

明許天贈撰。天贈字德天，黟縣人。嘉靖乙丑進士，官至山東布政使參政。是書不載經文，但標章名節目，附以己說，頗爲弇陋。如於采蘋章云「大夫妻講中不可說出」，此就說詩者言，非詩人口氣。書中大率如此，蓋全爲時文言之也。經學至是而弊極矣。

詩經存固八卷福建巡撫採進本

明葉朝榮撰。朝榮字艮時，福清人，大學士向高之父也。隆慶元年歲貢，授九江府通判，官至養利州知州。是編乃其教授生徒時，酌取詩經大全，參以己意而成。後官九江，復加改定，更作義略一卷，總論十五國及雅頌諸篇大義。萬歷四十四年，向高致仕歸，復整齊而重刻之。前有朝榮自序，序末附以向高跋語。

詩序解頤一卷浙江巡撫採進本

明邵弁撰。弁字元偉，太倉州人。隆慶中貢生。此書申朱子詩序辨說之義，而又以己意更正之，中多臆論。所定小雅世次，諸條尤無確據。卷末附洛書辨一篇，無所闡發，徒事空言。又三江既入震澤底定辨一篇，主中江北江南江之說，參參數語，亦未暢明也。

毛詩多識編七卷浙閩總督採進本

明林兆珂撰。兆珂字孟鳴，莆田人。萬歷甲戌進士，官至安慶府知府。是編本陸璣疏而衍之，凡草部二卷，木部、鳥部、獸部、蟲部、鱗介部各一卷。多引鄭樵、陸佃、羅願之語，又兼取豐坊之僞子貢傳、僞申培說，貪多務博，頗乏持擇。其凡例稱鳥獸昆蟲草木非三百篇所有，不載，然如龍旂之龍，非真龍；鸞鑣之鸞，非真鸞，而徵引故實，累牘連篇，此自類書，何關經義？又如因爾雅苕接余之文，遂謂漢之婕好取義於荇菜，其穿鑿抑又甚焉。據其凡例，尚有外編、雜編二書，此本無之，未知其爲未刻，抑爲偶佚也。

毛詩原解三十六卷浙江巡撫採進本

明郝敬撰。敬有周易正解，已著錄。是書前有讀法一卷，大指在駁朱傳改序之非。於小序又惟以卷首一句爲據，每篇首句增「古序曰」三字，餘文則以「毛公曰」別之。序或有所難通者，輒爲委曲生解，未免以經就傳之弊。而又立意與集傳相反，亦多過當。夫小序確有所受，而不能全謂之無所附益；集傳亦確有所偏，而不能全謂之無所發明。敬徒以朱子務勝漢儒，深文鍛鍊，有以激後世之不平，遂即用朱子吹求小序之法，以吹求朱子，是直以出爾反爾示報復之道耳，非解經之正軌也。

詩經類考三十卷浙江巡撫採進本

明沈萬鈳撰。萬鈳字玉臺，嘉善人。萬歷丁酉舉人，官知縣。茲編於三百篇所載名物典故，分門編錄。前有古今論詩考、逸詩考、音韻考，後有風雅頌異同考、羣書字異考。凡所援據，不能盡本經傳，故往往不精不詳。如天文類釋三五小星，引釋名曰「星，散也」，說文曰「萬物之精，上爲列宿」，如此之類，與經義無涉，實爲泛濫。又如朝制有大朝覲之朝，若韓侯入覲是也；又有常朝之朝，若雞鳴之詩是也。而此書禮制類乃止引曲禮「天子當扆而立，當宁而立」及周禮太宰大朝覲會同數則，而玉藻朝辨色始入諸條乃竟遺之。如此之類，亦多失於考核。蓋此書本詩名物疏而作，而實不及原書也。

毛詩微言二十卷內府藏本

明張以誠撰。以誠字君一，華亭人。萬歷辛丑進士第一，官翰林院修撰。是書雜採舊說，無所發明。如豐坊僞詩傳之類，皆不辨而濫收之，亦嗜博而失於別擇。

詩經說通十三卷兩淮鹽政採進本

明沈守正撰。守正字允中，號無回，錢塘人。萬歷癸卯舉人，官國子監博士。是編成於萬歷乙卯。其說頗以朱傳廢序爲非，然又不甚用古義。其所列引用諸書，不過三十六種，而以豐坊僞魯詩爲冠。又謂隋志稱韓詩雖存，乃其外傳，竟不知崇文總目尚有韓詩。持論多茫無考證，故所引皆明人影響之談。雖大旨欲以意逆志，以破拘牽，而純以公安竟陵之詩派竄入經義，遂往往恍惚而無著。如解關雎云所謂憂之喜之者，不必泥定文王，亦不必泥定宮人。然則究何指也？至於以行露野有死麕爲貞女設言自誓，不必定有強娶私誘之事，然則女子待年於室，無故而作一誓詞，傳播於衆，天下有此情事乎？又謂文王之化，必無强暴之男子，然則堯舜之世，亦不當有四凶矣。其膠固不解，更甚於訓詁之家，烏在其能得言外意也。

詩經六帖重訂十四卷（兩江總督採進本）

明徐光啓撰，國朝范方重訂。光啓字子先，上海人。萬歷甲辰進士，官至東閣大學士，謚文定，事蹟具明史本傳。方字令則，如皋人。前有方自序，謂徐光啓六帖後先錯互，爲未定之書，爰爲重訂，而去其博物一帖，其餘五帖皆移定其次，而無所增改。五帖者，一翼傳，二存古，三廣義，四攟藻，六正叶也。卷首有光啓韻譜說并例，於諸詩皆不載其詞，但於有韻之句以白圈爲識，無韻之句以黑圈爲識，體例殊爲未善。且既以古音無叶爲全書注意之處，乃於圈識之外，絕不言其所以然，題曰韻譜，名實亦復相乖。又六帖名始於帖經，程大昌演繁露疏解頗明。白居易以名類書，殊無所取義。光啓以名經解，爲轉不失其初。然考明史藝文志載徐光啓毛詩六帖六卷，是每帖爲一卷也。方既刪博物一門，則六帖僅存其五，與光啓作書之意全不相合，安得復以六帖稱乎？

毛詩說四卷（浙江巡撫採進本）

明陳以藴撰。以藴字仲宣，南昌人。萬歷己酉舉人。是書成於崇禎癸酉，前有以藴自序，大旨謂小序固陋淺拙，詞必徵之事，事必實之人，往往不得其義，則概謂之刺君，非得卜子夏之傳者。又以朱子集傳祖夾漈而詆毛傳，亦未盡孟子說詩之法。然觀編中所言，乃似坊選詩集之批語，卽朱子集傳亦尚非以藴所可議，無論小序矣。

詩經圖史合考二十卷（浙江巡撫採進本）

明鍾惺撰。惺字伯敬，竟陵人。萬歷庚戌進士，官至福建提學僉事。明史文苑傳附載袁宏道傳中。是書雜考詩之名物典故，亦間繪圖，故稱圖史合考。然名雖釋經，實則隸事。如周南桃夭篇，首引本草綱目載桃仁去於血、桃梟療中惡腹痛一條，次引家語六果桃爲下一條，次引管子五沃之土宜桃一條，次引鹽鐵論桃實多則歲穰一條，次引江淹桃頌一條，次引崑崙山玉桃一條，次引唐明皇目桃爲消恨花一條，次引酉陽雜俎王母桃一條，次引列仙傳綏山桃一條，其文遂畢，於經義一字無關。全書所載，皆類於此，不知其何所取也。

毛詩解（無卷數，江蘇周厚堉家藏本）

明鍾惺撰。是編取古人說詩之書卷帙簡少者，合爲一編，曰詩序，曰詩說，曰詩外傳，曰讀詩一得，曰山堂詩考，曰困學紀詩，曰詩地理考，曰詩考，曰逸詩，曰文獻詩考，曰詩傳綱領，曰詩識，曰讀詩錄，曰印古詩語。其中讀詩一得卽黃氏日鈔之一門，山堂詩考卽山堂考索之一門，困學紀詩卽困學紀聞中論詩之語，逸詩卽王氏詩考中之逸詩篇名，讀詩錄卽讀書錄中論詩數條，詩傳綱領卽詩經大全之綱領，謬陋殆難言狀。至申培詩說本僞書，詩韓詩外傳明標韓字，乃題曰毛詩解，是尤不足深責者矣。

詩通四卷（浙江巡撫採進本）

明陸化熙撰。化熙字羽明，常熟人。萬歷癸丑進士，官至廣西提學僉事。是編不載經文，止標篇什名目，而發揮其意旨，大都依文詮釋，尋味於詞氣之閒。其自序云：朱注所不滿人意者，止因忽於所謂微言託言，致變風刺淫之語概認爲淫，變雅近美之刺卽判爲美耳。故傳中於鄭衞之詩多存小序，卽二雅三頌亦多引序說，而又間引鄭箋孔疏以證之，頗異乎株守門戸者，但所得不深耳。

詩傳闡二十三卷闡餘二卷（浙江吳玉墀家藏本）

明鄒忠允撰。忠允字肇敏，無錫人。萬歷癸丑進士，官至江西按察司副使。是書卽豐坊僞詩傳每章推演其義，而於坊僞詩說則深斥其妄。一手所造之書，而目爲一眞一贋，此眞不可理解之事矣。

詩經脈八卷（江蘇周厚堉家藏本）

明魏浣初撰。其標題又曰閔非臺先生增補。浣初字仲雪，常熟人。萬歷丙辰進士，官至布政司參政。閔非臺則不知何許人也。其書分上下二格，如高頭講章之式。下格爲浣初原書，前列正文，後有附考，頗知原本註疏，旁及諸家。如君子偕老章副笄六珈，毛傳云笄衡笄，蓋述師追衡笄之文，衡垂於耳，笄貫於髮，見於追師註疏甚詳，浣初引以證朱傳衡笄一物之誤，尙小有考證。惟大致拘文牽義，鉤剔字句，摹仿語氣，不脫時文之習。上格爲閔氏補義，則純乎鄉塾之說矣。

毛詩發微三十卷（副都御史黃登賢家藏本）

明宋景雲撰。景雲字祥禎，博興人。萬歷己未進士。

官至監察御史，巡按湖廣。其說詩以朱子集傳爲主，亦間採毛傳及他說以參之。爲例有三：標正字者，衍集傳者也；標附字者，採他說者也；標考字者，釋名物者也。然大抵以批點時文之法推求經義耳。

聖門傳詩嫡冢十六卷附錄一卷（浙江巡撫採進本）

明凌濛初撰。濛初字稚成，烏程人。是書輯詩序及毛傳鄭箋，又以豐坊詩傳冠各篇之首，而互考其異同。以詩序舊稱出子夏，詩傳亦稱子貢，故以聖門傳詩嫡冢爲名。其末附錄一卷，則豐坊所作申培詩說也。

言詩翼六卷（兩浙總督採進本）

明凌濛初撰。此編仍列詩傳詩序於每篇之前，又以詩傳詩序次序不同，復纂書詩傳冠於篇端，而雜採徐光啓、陸化熙、魏浣初、沈守正、鍾惺、唐汝諤六家之評，直以選詞遣調造語鍊字諸法論三百篇。每篇又從鍾惺之本加以圈點。明人經解，眞可謂無所不有矣。

詩逆四卷（浙江吳玉墀家藏本）

明凌濛初撰。卷首有七月表一篇，以其中獨闕三月，乃摘春日載陽至公子同歸，蠶月條桑至猗彼女桑諸事，布於二月四月之閒，標爲蠶月，殊屬穿鑿。又詩考一篇，獨載一御車圖，尤爲挂漏。其所詮釋亦罕逆奥義。

毛詩鳥獸草木考二十卷（兩淮馬裕家藏本）

明吳雨撰。雨自題但稱閩郡人，不知隸籍何縣也。是書爲其同郡徐𤊹所編次。鳥考三卷，獸考三卷，蟲考二卷，鱗考一卷，草考四卷，穀考一卷，木考三卷，而以天文考二卷終焉。惟不考地理，或無以加於王應麟書，故置之歟。曹學佺序，稱其體本吳仁傑離騷草木疏，又以配陳第毛詩古音考。然如雜本家禽，而繁文旁衍，鼠原常物，而異種橫增，駢拇枝指，殊爲可已不已，視吳陳兩書之精核，相去遠矣。

詩經備考二十四卷（兩江總督採進本）

明章調鼎撰。調鼎字玉鉉，富順人。是編因鍾惺未成之本，增損成書，以攻擊朱子集傳。夫集傳排斥毛鄭，固未必盡無遺議，先儒亦互有異同，然非鍾惺等所可置議也，況又拾惺之餘緒乎。

詩牖十五卷（浙江巡撫採進本）

明錢天錫撰。天錫字公永，竟陵人。天啓壬戌進士，官至僉都御史。是編大抵推敲字義，尋求語脈，爲程式制藝之計。首載馮元颺序，謂其書不但存朱子，存毛詩，并可以存齊，存魯，存韓，祧衞宏而禰子夏，其功不在鄭孔下，亦夸之甚矣。

詩經考十八卷（江西巡撫採進本）

明黃文煥撰。文煥字維章，永福人。天啓乙丑進士，崇禎中由山陽縣知縣擢翰林院編修，坐鉤黨與黃道周同下詔獄。後獲釋，流寓南都以終。是書專考三百篇中名物典故，其凡例有六：一曰世系，二曰畿甸，三曰人物，四曰天時地利，五曰兵農禮樂，六曰動植。仍以經文篇第爲序，各標其目而解之。徵引頗爲繁富，惟愛博嗜奇，頗傷冗雜。其於人物，皆詳其始末，成一列傳，而又不著其所本，尤爲曼衍。窺其用意，似欲與何楷世本古義抗行一時，然不似楷之穿鑿，亦不及楷之博洽也。

詩經微言合參八卷（江蘇巡撫採進本）

明唐汝諤撰。汝諤字士雅，華亭人。天啓中以歲貢生官常熟縣教諭。汝諤初著毛詩微言二十卷，繼復刪汰贅詞，標以今名。自序謂溯源毛鄭，參以讀詩記及嚴氏詩緝，而折衷於朱子。今核其書，實不過科舉之學也。

毖泉手學二卷（浙江巡撫採進本）

不著撰人名氏。惟卷首自序有二私印，一曰閔性道字大直，一曰明山鑑西薛蘿香弄隱人知爲閔性道所作。序稱吾鄉豐氏，則鄞人也。序中所稱壬辰，蓋萬歷二十年。又稱歲在丁卯，則天啓七年。其冊末云己巳手補朱字者，則崇禎二年也。是書取豐坊所作子貢詩傳申培詩說二書合爲一編，以篆文與釋文皆出手鈔，故謂之手學。案古文自許慎所存二百餘字外，鐘鼎款識隨人音釋，已均在疑似之閒，況此二書又出豐坊妄造，性道乃珍重鈔摹之，亦好古而不知考古者歟。

桂林詩正八卷（兩江總督採進本）

明顧懋樊撰。懋樊有點易丹，已著錄。是編成於崇禎庚辰，博採衆說，參以己見，然多不根之創解。如謂鄭之丰及風雨篇皆齊詩，而誤入於鄭。丰詩爲小白適莒，國人有悔不送而望其歸之詞，風雨詩以雞鳴失時，比齊之昏亂，桓公與仲父相，乃晦明之大際。孔子刪詩錄風雨，亦猶微管仲之意也。如斯之類，不知何據而云然。至於笙詩六篇，竟以東晳補亡，列入瀏亂經文，尤爲乖剌矣。

詩經註疏大全合纂三十四卷（江蘇巡撫採進本）

明張溥撰。溥字天如，太倉人。崇禎辛未進士，改庶吉士。事蹟具明史文苑傳。自宋儒說詩廢序，毛、鄭之學遂微。明永樂中修五經大全，詩則取鄱陽朱克升疏義，增損劉瑾之書，縣爲令甲，經學於是益荒。溥是書雜取註疏及大全合纂成書，差愈於科舉之士株守殘匱者，然亦鈔撮之學，無所考證也。

詩經偶箋十三卷（江西巡撫採進本）

明萬時華撰。時華字茂先，南昌人。是編成於崇禎癸酉。大旨宗孟子以意逆志之說，而掃除訓詁之膠固，頗足破腐儒之陋。然詩道至大而至深，未可以才士聰明測其涯際。況於以竟陵之門徑，掉弄筆墨，以一知半解，訓詁古經。其自序有曰：「今之君子知詩之爲經，不知詩之爲詩，一蔽也。謝太傅嘗問諸從毛詩何句最佳，遏以楊柳依依對，公所賞乃在訏謨定命，遠猶辰告。譚友夏亦言讀詩不能使國風與雅頌同趣，且覺雅頌更於國風有味，易入處便入，終是讀書者之病。今之君子少此元致，二蔽也」云云。蓋鍾惺、譚元春詩派盛於明末，流弊所極，乃至以其法解經。詩歸之貽害於學者，可謂酷矣。

詩經副墨八卷（江蘇周厚堉家藏本）

明陳組綬撰。組綬字伯玉，武進人。崇禎甲戌進士，官兵部主事。是書前列讀書二十四觀，次爲通考，次爲總論。每篇之前，皆並列集傳、小序之文，而以集傳居小序前。其每章詮解，則循文敷衍而已。卷首凡例有曰：「諸說雖精，或於制義未當者，吾從宋。」是其著書之大旨矣。

詩志二十六卷（兩江總督採進本）

明范王孫撰。王孫字士文，休寧人，寄籍錢塘。是書乃館於金聲家時所著，聲爲序而梓之。皆雜採諸說而成。於同時人中多取沈守正說通及陳際泰五經讀、顧夢麟說約，不甚研求古義也。

詩問略一卷（編修程晉芳家藏本）

明陳子龍撰。子龍字人中，一字臥子，華亭人。崇禎丁丑進士，官紹興府推官。後魯王以爲兵科給事中。事敗被執，乘閒投水死。事蹟具明史本傳。乾隆四十一年

賜謚忠裕。此編乃其讀詩劄記之文，曰詩問者，取問諸有道之意。又所解皆偶標己意，隨拈各條，非說全經，故謂之略。明史藝文志不著錄，見於曹溶學海類編中。其說不主朱子集傳，亦不甚主毛詩鄭箋。大抵因小序而變其說，如有女同車，序以爲刺忽，子龍則以爲美忽。以籜兮狡童爲刺祭仲，率以意爲解，不必有據。觀其自序，知其學從郝敬入也，宜其臆斷矣。

詩觸四卷（江西巡撫採進本）

明賀貽孫撰。貽孫字子翼，禾州人。是書前後無序跋，不著作書年月。考陳士業鈎莊初集有賀子翼制藝序，而凡例中引梅膺祚字彙，書中多引鍾惺詩經評，亦皆明末之書，當即其人也。是書以小序首句爲主，而刪其以下之文，以爲毛萇衞宏之附益，蓋宗蘇轍之例。大旨調停於小序、朱傳之閒，作詩之旨多從序，詩中文句則多從傳，國風多從序，雅頌則多從傳。每篇先列小序，次釋名物，次發揮詩意。主孟子以意逆志之說，每曲求言外之旨，故頗勝諸儒之拘腐，而其所從入乃在鍾惺詩評，故亦往往以後人詩法詁先聖之經，不免失之佻巧。所謂楚既失之，齊亦未爲得也。卷首冠以四論，其第三篇論淫詩，第四篇論風刺，皆爲有見。第二篇論以意逆志，是以全書之根本，而涉於掉弄聰明，全書之病，即坐於是。第一篇論詩與歌謠諷誦謗諺不同，三百篇皆樂章，其說甚是，而謂漢魏之樂府，宋之詞，元之南北曲，皆用此例，則不盡然。無論宋詞元曲各有宮調，其句法之長短，音律之平仄，字數之多少，具有定譜，不可增減，與三百篇迥殊。即漢魏樂府，有倚聲製詞者，亦有採詩入樂者。觀郭茂倩樂府所載，孰爲本調，孰爲魏樂所奏，孰爲晉樂所奏，其增減字句以就聲律者，班班可考。何嘗有一定之調，亦何嘗田夫販婦一一解音律哉。故三頌者郊祀歌之類也，自諸管弦者也。二雅十五國風者相和歌之類也，採以被之管絃者也。貽孫所說，似是而非。蓋迂儒解詩，患其視與後世之詩太遠；貽孫解詩，又患其視與後世之詩太近耳。

鑑湖詩說四卷（江蘇周厚堉家藏本）

明陳元亮撰。元亮字寅倩，山陰人。是書乃鄉塾講章。其凡例有十：曰尊經，曰從註，曰存序，曰辨俗，曰標新，曰考古，曰博物，曰章旨，曰節解，曰集說。其所取裁，不出永樂大全諸書。

詩經精意（無卷數，江西巡撫採進本）

明詹雲程撰。雲程字念庭，江西人。是編詮釋經文，皆敷衍語氣，爲時文之用，乃塾師訓蒙講章也。

詩意（無卷數，兩淮馬裕家藏本）

明劉敬純撰。敬純，武進人。是書大旨宗朱子集傳，雖間採諸家，然其發明集傳者，亦科舉揣摹之本也。

欽定四庫全書總目卷十七

欽定四庫全書總目卷十八

經部十八

詩類存目二

詩經朱傳翼三十卷（浙江吳玉墀家藏本）

國朝孫承澤撰。承澤有尚書集解，已著錄。承澤初附東林，繼降闖賊，終乃入於國朝。自知爲當代所輕，故末年講學，惟假借朱子以爲重。獨此編說詩，則以小序、集傳並列，而又雜引諸說之異同，窺其大意，似以集傳爲未愜，而又不肎訟言，故顢頇模稜，不置論斷，紛紜糅亂，究莫名其指歸，首鼠兩端，斯之謂矣。

詩說簡正錄十卷（直隸總督採進本）

國朝提橋撰。橋字景如，號澹如居士，河間人。前明天啟壬戌進士，入國朝，官至刑部侍郎。是編以詩經大全諸書卷帙浩博，難以披尋，因採擇諸說，輯爲一編，名曰簡正錄，言其說簡而義正也。每篇首列經文，次摘採諸家之說，融會訓釋，又次附以己見，皆以通俗之語講解文義，蓋取便於初學而已。

詩問一卷（浙江朱彝尊家曝書亭藏本）

國朝吳肅公撰。肅公字雨若，號街南，宣城人。是書大旨攻朱子詩集傳，然亦不甚從小序，往往皆臆揣武斷之說。其中引世歷紀一條，證出車爲文王詩，又引竹書紀年一條，證菀柳爲諸侯盟太室詩，皆牽引雜說，不足據以解經也。

詩經傳說取裁十二卷（兩淮馬裕家藏本）

國朝張能鱗撰。能鱗字西山，順天人。順治丁亥進士，官至四川按察司副使。其書以豐坊僞詩傳爲主，而旁採申培詩說及詩六帖以發明之，宗旨先謬，其餘亦不足深詰矣。

毛詩日箋六卷（兩江總督採進本）

國朝秦松齡撰。松齡字留仙，號對嚴，無錫人。順治乙未進士，改庶吉士。以江南奏銷案罷歸。康熙己未舉博學鴻儒，官至左春坊左諭德。是編以紫陽集傳宗孟子以意逆志之旨，多不依小序，因取歐、蘇、王、呂、程、李、輔、嚴諸家，以及明郝敬、何楷、近時顧炎武之言，互相參核，而以己意斷之。不專主小序，亦不專主集傳。凡有疑義，乃爲疏解，亦不盡解全詩，故曰日箋。王士禎居易錄云，秦宮諭所輯毛詩日箋，所論與余夙昔之見頗同。其所採取亦甚簡當，然大旨多以意揣之，不盡有所考證也。

詩經疏略八卷（河南巡撫採進本）

國朝張沐撰。沐有周易疏略，已著錄。其說以小序爲主，而亦時有異同，大抵調停前人之說，而參以臆斷。如平王之孫、齊侯之子，既不用舊說，又不用春秋王姬之說，乃訓平爲等，謂唐棣本不同於桃李，而華如桃李；王之孫本不齊於侯之子，今觀其車服，則等王之孫，以齊於侯之子。以附會序中不繫其夫下王后一等之說，於經義殊爲乖刺，亦何取乎宗小序也。

詩經比興全義一卷（江蘇巡撫採進本）

國朝王鍾毅撰。鍾毅字遠生，華亭人。順治中松江府學歲貢生。是書據朱子詩傳，發明比興之義。每詩各標篇名，而推求託物抒懷之意，前有大意一篇，

篇末有云關雎之爲求賢菁莪棫樸之爲養士此等義非不佳然與集注全異功令所格不敢濫收云云蓋專爲科舉作也

詩經惜陰錄二十卷兩江總督採進本

國朝徐世沐撰世沐有周易惜陰錄已著錄是書前有自記又有小引謂曾請正於李光地陸隴其每卷皆記其起草繕眞之年月蓋亦苦志著述者然循文衍說於詩教未得其要領也

白鷺洲主客說詩一卷浙江巡撫採進本

國朝毛奇齡撰奇齡有仲氏易已著錄初施閏章爲江西參議延湖廣楊洪才講學於吉安之白鷺洲書院併續招奇齡往奇齡與洪才論詩不合及與閏章同官翰林重錄其向時所講毛詩諸條皆設爲甲乙問答故以主客爲名大旨洪才主朱子淫詩之說而奇齡則謂鄭風無淫詩洪才主朱子笙詩無詞之說而奇齡則謂笙詩之詞亾故是書所論惟此二事夫先王陳詩以觀民風本美刺兼舉以爲法戒旣他事有刺何爲獨不刺淫必以爲鄭風語語皆淫固非事理必以爲鄭風篇篇皆不淫亦豈事理哉且人心之所趨向形於詠歌不必實有其人其事六朝子夜諸曲諸歌唐人香匳諸集豈果淫者自述其醜亦豈果實見其男女會合代寫其狀不過人心佚蕩相率摹擬形容視爲佳話而讀者因知爲衰世之音推之古人諒亦如是此正采風之微旨亦安得槪以淫者必不自作一語遂謂三百篇內無一淫詩也至於笙詩之說未爲無理然併儀禮而詆爲僞抑又橫矣

國風省篇一卷浙江巡撫採進本

國朝毛奇齡撰皆其避讐出亾之時以意說詩之語後追憶而錄之其初設爲問答故名問答後去其問而存其答以其出於追憶故以省篇爲名凡二十六章所論多與傳義不同或據他說或自爲斷制雖閒有考證要於詩義未能盡合如以黍離爲念亂以雞鳴爲讒人皆憑臆見而失之者也以式微爲黎侯夫人作以衞武公爲殺兄皆據舊說而失之者也至於十畝之閒諸篇李塨所作序自已記奇齡自悔之言矣

詩蘊四卷浙江巡撫採進本

國朝姜兆錫撰兆錫有周易本義述藴已著錄是書一以朱子集傳爲宗力攻小序至以僞子貢詩傳僞申培詩說同類而譏未免失於鑒別於近代諸家之說頗取李光地詩所然惟合集傳者始采之稍有異同卽爲所汰至於木瓜諸篇知不能全泯舊說則依違兩可於其閒尤不免門戶之見矣

詩經集成三十卷江蘇周厚堉家藏本

國朝趙燦英撰燦英字殿颺武進人是書成於康熙庚午大旨爲揣摩場屋之用故首列朱子集傳次敷衍語氣爲串講串講之後爲總解全如坊本高頭講章至總解之後益以近科鄉會試墨卷則益非說經之體矣

詩經詳說無卷數河南巡撫採進本

國朝冉覲祖撰覲祖有易經詳說已著錄是書以朱子集傳爲主仍採毛鄭孔及宋元以下諸儒之說附錄於下每章小序與集傳竝列蓋欲尊集傳而又不能盡棄序說欲從小序而又不敢顯悖傳文故其案語率依文講解往往模棱閒有自出新義者如鄭風有女同車謂男女同車爲必無之事改爲二女同車改溱洧爲夫婦偕游之作又以豳風伐柯爲東人得遂室家之願歸美周公之詞考之古說皆無所依據也

詩統說三十二卷左都御史黃登賢家藏本

國朝黃叔琳撰叔琳有研北易鈔已著錄是編雜採諸家詩說分類鈔錄所摭頗爲繁富而朱墨縱橫塗乙未定蓋猶草創之本也前後無序跋亦無目錄以其排纂之例推之十四卷以前皆總論詩之綱領十五卷以後乃依經文次第而論之不列經文惟集衆說故以統說爲名云

毛詩通義十四卷浙江巡撫採進本

國朝方葇如撰葇如有周易通義已著錄是書但列經文別無訓釋各章之下必引四書一兩句以證之如關雎章卽引君子之道造端乎夫婦葛覃章卽引夫人蠶繅以爲衣服之類至於牆有茨篇無可附會則謂宜姜所生如壽如文公如宋桓及許穆夫人皆有賢德引犂牛之子騂且角句殆於以經爲戲矣

詩經測義四卷浙江巡撫採進本

國朝李鍾僑撰鍾僑字世邠安溪人康熙壬辰進士官翰林院編修降補國子監丞是編不載正文隨其所見各爲評論大旨以夫子未嘗刪詩特據所得編之而已若謂三千刪爲三百則春秋時君卿大夫所賦多三百篇中所有且其人皆在夫子之

前，豈能預合聖人之意而去取之。風雅正變之說亦難據。楚茨以下噆洛諸篇皆承平之作，而列之於變。平王之孫列在二南。編詩不必以正變爲低昂，正變不必以世代爲前後。其持論類皆如此。至如釋關雎首章非宮人作，乃世臣承命襄事而賦之。其次章蓋博求四國，未得其人，故憂至於反側。釋雖則如燬句，謂役於王室而歸者，其室家勞之如此。亦多前人未有之說也。

詩經旁參二卷 江西巡撫採進本

國朝應麟撰。麟有易經粹言，已著錄。是編於三百篇中摘篇標目，略爲之說。大抵因朱傳而敷衍其餘意。

陸堂詩學十二卷 浙江巡撫採進本

國朝陸奎勳撰。奎勳有陸堂易學，已著錄。是編雖託名闡發朱子集傳，而實則務逞其博辨。大抵自行己意，近王柏詩疑；牽合古事，近何楷詩世本古義。如以節南山之尹氏即春秋隱公三年所稱尹氏卒者，家父作誦即隱公八年天王使來求車者。此類核以時代，已無以決其必然。其最新奇者，謂詩三百篇爲史克所定，非孔子所刪。謂燕燕爲衞君悼亾之作，其夫人爲薛女，故曰仲氏任只。謂柏舟之共伯即公子伋，謂君子偕老爲哀挽夫人之詩，之子不淑乃禮家之弔詞。謂淇澳兼詠康叔武公。謂葛藟爲周鄭交質之詩。謂丘中有麻之子國爲鄭武公字，其子嗟當作子多，爲鄭桓公字。謂著爲刺魯莊公娶哀姜。謂園有桃爲劉向說苑所載邯鄲子陽亾桃事。謂防有鵲巢爲陳宣公殺太子禦寇事。謂澤陂爲鄧元所作。謂黃鳥爲共伯歸國。謂行野爲幽王廢后。謂何人斯居河之麋爲虢石父。謂大東西人之子爲褒姒。謂小明之共人爲二相共和。謂鼓鐘爲穆王作，而淑人爲盛姬。謂青蠅之搆我二人爲申后宜臼。謂敬之小毖爲成王作，乃雅混於頌。謂駉爲頌魯莊公，謂泮宮爲魯惠公頌孝公，皆隨意配隸，於古無徵。他如旣指竹書爲僞託，而揚之水、鼓鐘諸篇又援以爲詞。旣以鄭譜爲妄作，而有杕之杜諸篇又據以爲證。家語贋作，孔叢晚出，乃動輒引爲確典，亦不可爲訓。雖閒有辨正精核之處，而以愛奇嗜博，反掩其所長。較毛奇齡之說經，又變本加厲者矣。

詩經廣大全二十卷 浙江吳玉墀家藏本

國朝黃夢白、陳曾同撰。夢白字金儒，曾字衣聖，皆無錫人。夢白謂明初詩經大全有裨朱傳，但所採羣經典故，未備本末，所引諸儒論說，未有折衷，因與曾推廣之。大略以集傳爲主，而閒存諸說。前有韓菼序，引顧炎武言，自五經有大全而經學衰。玆編雖爲廣大全而作，然其採擇精詳，詮釋簡當，或有功於朱傳。今考是書，雖溯源注疏，然未能深研古義。其訓釋名義，亦惟以蔡卞、馮復京二書爲藍本，罕所考正。玄菼之有微詞也。

復菴詩說六卷 陝西巡撫採進本

國朝王承烈撰。承烈字復菴，涇陽人。康熙己丑進士，官翰林院檢討。是書奉朱子詩集傳爲主，以攻擊毛、鄭，其非薄漢儒，無所不至。惟淫詩數篇，稍與朱子爲異耳。蓋揚輔廣諸人之餘波，而又加甚焉者也。其中間有不從序，亦不從傳者。如謂關雎爲周公擬作之類，皆懸空無據。至於注釋之中，附以評語，如論周南云周南十一篇，祇就文字而論，其安章頓句、運調鍊字、設想無一不千古傾絕。論女曰雞鳴云弋鳧飲酒，武夫之興何其豪，琴瑟靜好，文人之態又何其雅。如是之類，觸目皆是，是又岐入鍾譚論詩之門徑矣。

毛朱詩說一卷 通行本

國朝閻若璩撰。若璩有古文尚書疏證，已著錄。是書論小序爲不可盡信，而朱子以詩說詩爲矯枉過正，皆泛論兩家得失，非章句訓詁也。所引尚書左傳以爲詩之本序，誠爲確鑿。其餘則多懸揣臆斷之詞，不類若璩他著作，未喩其故也。

詩經序傳合參 無卷數 江蘇巡撫採進本

國朝顧昺撰。昺有周易摘鈔，已著錄。是編爲其三經解之三。大旨從蘇轍之說，以小序第一句爲國史之舊文，次句以下爲後儒之附益。因以朱子集傳互核其異同，而斷以己見，故曰合參。多採李光地詩所之說，持論頗平允。然推究文義，以意斷制者多，未能元元本本，合衆說以斷兩家之是非也。

毛詩說二卷 浙江巡撫採進本

國朝諸錦撰。錦字襄七，號艸廬，秀水人。雍正甲辰進士，改庶吉士，散館外補知縣，改補教授。乾隆丙辰召試博學鴻詞，授翰林院檢討，官至右春坊右贊善。是篇以小序爲主，故題曰毛詩。序文惟存首句，用蘇轍之例，不釋全經，惟有所心得則說之，用劉敞七經小傳例也。首爲通論九篇，上卷周南至曹風所說凡五十八篇下卷幽風至商頌所說凡二十七篇疏證旁通時有新意而亦不免於附會古義如以死麕死鹿爲古儷皮之禮以仲氏任只其心塞淵爲陳執州吁由戴嬀內援之證以西方之人兮卽方言之凡相哀憐湘潭之閒謂之人兮以木瓜爲刺衞於齊桓沒後同宋人伐齊以水經注段干冢證十畝之閒以春秋時秦境東至於河證所謂伊人爲思周以僖負羈之妻證季女斯飢皆有强經從我之失其長發篇後附禘說三篇謂孔穎達春秋疏以祫爲禘其說固是而謂穎達之誤在以王制祭統郊特牲有春禘夏禘之文遂誤混大祭於時祫則失之誣考王制曰春曰礿夏曰禘祭統曰春祭曰礿夏祭曰禘郊特牲曰春禘而秋嘗祭義曰春禘秋嘗俱據時禘而言與祫祭略不相涉經文最爲明晰孔尙不能混時禘於時祫又何至混大禘於時祫是無故而羅之咎也推錦之意不過以王制又有祫禘祫嘗祫烝之文因祫禘二字相連遂以爲時禘亦兼祫而疑孔疏緣此而誤不知王制注曰天子先祫而後時祭蓋三時各先爲祫祭而後更舉禘嘗烝是時祭之禘本不兼祫孔卽略不曉事何至以大禘混時禘又混時祫耶然則孔疏之誤在於信春秋不書祫祭而竟廢禮記不在附會禮記以解春秋也錦又謂漢儒據春秋書禘一春一夏因以附會禮記遂有春禘夏禘時祭之名今考昭公十五年二月癸酉有事于武宮則所謂一春也閔公二年夏五月乙酉吉禘于莊公則所謂一夏也然春秋僖公八年又有秋七月禘于太廟之文漢儒果因春秋書禘一春一夏遂附會春禘夏禘爲時祭之名何以秋禘獨不附會乎至於三代之禮制同名異者多如夏世室殷重屋周明堂周弁殷哻夏收之類不一而足今錦必斥春祫夏禘秋嘗冬烝夏殷之制爲非持論殊偏若謂鄭元以三年一祫五年一禘爲據春秋非禮之制則又聚訟之緒餘無庸辨矣

學詩闕疑二卷河南巡撫採進本

國朝劉青芝撰青芝字芳草襄陽人雍正丁未進士改庶吉士未散館卒是編皆引舊說以駁朱子詩集傳從毛傳鄭箋者十之三四從蘇轍穎濱詩傳者十之六七其偶涉他家者不過數條耳詩序之見廢始於鄭樵而成於朱子諸儒之論自宋代卽有異同青芝是編大抵前人所已辨其中自爲說者往往推求於字句之閒如行露以爲實未成訟不過設言以拒之此泥經文二雖字也然與經文二何以字義又不協矣

詩貫十八卷浙江吳玉墀家藏本

國朝張敘撰敘有易貫已著錄是書首載詩說一卷詩本旨一卷詩音表二卷後案經文次序爲之注釋凡十四卷頗多與朱子異同如以關雎爲后妃求賢之詩義本小序而遂謂此篇竝下二篇皆后妃自作又以駉篇爲美伯禽而非頌僖公引書經費誓竊馬牛有常刑之語謂出師時丁寧馬牛如此則平日之留心牧事可知夫伯禽固勤牧事又何以知僖公之獨不然乎其說皆不免於牽合且各章訓釋已詳經文之下而又仿小序之體別爲本旨一卷冠之於前於體例亦傷繁贅也

毛詩訂韻五卷浙江巡撫採進本

國朝謝起龍撰起龍字天愚餘姚人是書成於雍正癸丑其自序詆吳棫韻補之謬而發明陸德明古人韻緩不煩改字之說持論最確乃核其所注則仍謂古音之外有所謂叶韻但以音屬讀取其順吻而止絕不究音韻之本原與古人之舊法則與吳棫之書均爲臆定未可同浴而譏裸裎也觀其於漢廣末章云蔞有閭樓二音駒亦有居鉤二音只從傳讀閭讀居可也如桃夭首章華家古讀敷姑今入麻韻不妨依今韻讀之韻者使之叶於音而適於口也叶且適於吟詠矣何必斤斤古之是泥云云是於此事茫然未解殆無從與之詰難矣

詩義記講四卷江蘇巡撫採進本

國朝夏宗瀾撰宗瀾有周易劄記已著錄是編卷首標題江陰楊名時講授然觀名時之序則名時以李光地詩所授宗瀾宗瀾讀而自記所見非名時書也鄭風之首有名時批二段其不出名時審矣

詩經提要錄三十一卷兩江總督採進本

國朝徐鐸撰鐸有易經提要錄已著錄是書以朱子集傳爲宗而亦參取小序大旨多本李光地詩所楊名時詩經劄記二書蓋鐸爲名時之門人名時則光地之門人也

豐川詩說二十卷陝西巡撫採進本

國朝王心敬撰心敬有豐川易說已著錄是編大旨謂自宋至今毛氏之傳廢於朱傳之盛行郝敬云

序近古而朱在後，不合以後說而反廢前說，固爲得之。然使後說而合經，安在不可舍前而遵後。且齊魯韓三家盡在毛詩之前，而皆以毛傳盡廢，安在後之更合者不可獨行。又將謂毛序必承傳有自，不可改，不思三家之傳亦必承傳有自，而一廢盡廢，何也。其持論頗近和平，故其書從毛傳及鄭箋解者居其大半。然自二家以外，諸儒之書無一字引及，則亦抱殘守匱之學耳。其每節必效鄉塾講章，敷衍語氣，尤可以無庸也。

詩經拾遺十三卷 安徽巡撫採進本

國朝葉酉撰。酉字書山，桐城人，乾隆己未進士，官至左春坊左庶子，降補翰林院編修。是書專以詩之次第立說，分正編附編餘編，不取小序，併不取左傳。以季札觀樂所列諸國不足信，而斷以左氏失之誣一語；以木瓜美齊桓爲穿鑿悖謬，而斷以五尺童子羞稱五霸一語；又以雅頌分什爲毛鄭之可笑，而分合其數篇，別爲編次。蓋漢以來相傳之古經，自酉而一變其例矣。

風雅遺音四卷 兩江總督採進本

國朝史榮撰。榮自號雪汀老人，鄞縣人。其書據朱子孫鑑所作詩傳補遺後序，定朱子集傳原本有音未備，其音多後人所妄加，因以集傳與音互相考證，得其矛盾之處，條分縷析以辨之。一曰集傳用舊訓義而無音，二曰集傳有異義而不別爲之音，三曰音與傳義背，四曰古今未有之音，五曰聲誤，六曰韻誤，七曰音誤，八曰誤音爲叶，九曰誤叶爲音，十曰四聲誤讀，十一曰泛云四聲之誤，十二曰邶風注與某同之誤，十三曰補音，十四曰叶音闕誤，十五曰叶音誌略。又附錄經文誤字、經文疑義、京本音切考異、釋文叶韻、紀原、吳棫韻補考異、集傳相沿之譌、俗書相沿之譌、集傳偶考、俗音訂誤九門，共二十四類。其音與義背、用舊義而無音、異義而不別音三門，辨論頗爲精確。誤音、誤叶、補音及俗音訂誤四門，亦多可取。惟未有之音與四聲誤讀二門，所言卽是音誤，分目未免太繁。至泛云四聲及邶風音與某同二門，則有意吹求，未爲平允。又榮考今音頗詳，而古音則茫無所解，故叶音闕誤、叶音誌略二門所言，往往大謬。吳棫韻補見行於世，榮自言未見其書，摭諸書所引爲考異，尤爲贅疣。至於舊音舛謬之處，動輒漫罵，一字之失，至詆爲全無心肝，亦殊乖著書之體。蓋考證頗有所長，而蕪雜亦所未免焉。

詩深二十六卷 浙江吳玉墀家藏本

國朝許伯政撰。伯政有易深，已著錄。是書用蘇轍之說，以小序首句爲古序，而以其餘爲續序。次列集傳，次列辨義。於集傳多所攻難，而所立異義不能皆有根據。

毛詩廣義 無卷數，編修曹錫黼家藏本

國朝紀昭撰。昭字懋園，獻縣人，乾隆丁丑進士，官內閣中書舍人。是編全載毛萇之傳，其以小序冠各篇之首，亦從毛氏，故題曰毛詩。傳及小序之下，雜引鄭箋、孔疏及諸儒之說以發明之。大旨以毛傳與朱子集傳互相勘正，以己意斷其短長。其閒不盡用毛說，故名曰廣義云。

詩經彙詁二十四卷 兩江總督採進本

國朝范芳撰。芳字令則，如皋人。其書大旨以朱子集傳爲主，而裒諸常熟楊彝、太倉顧夢麟之說。蓋彝與夢麟同輯詩經說約者也。全書共一千二百五十餘番，約六十萬言，採摭非不詳贍，而本意爲科舉而設，於經義究鮮發明。

詩經正解三十卷 江蘇周厚堉家藏本

國朝姜文燦撰。文燦字我英，丹陽人。是書首爲詩經字畫辨疑，次爲天文輿地服飾禮樂器具車馬兵制圖考，次爲姓氏草木禽獸鱗介諸考，大抵襲六經圖及名物疏諸書而爲之。其訓釋亦頗淺易。

右詩類八十四部，九百一十三卷，內八部無卷數，皆附存目。

欽定四庫全書總目卷十八

欽定四庫全書總目卷十九

經部十九

禮類一

古稱議禮如聚訟。然儀禮難讀，儒者罕通，不能聚訟。禮記輯自漢儒，某增某減，具有主名，亦無庸聚訟。所辨論求勝者，周禮一書而已。考大司樂章先見於魏文侯時，理不容僞。河間獻王但言闕冬官一篇，不言簡編失次，則竄亂移補者亦妄。三禮竝立，一從古本，無可疑也。鄭康成注，賈公彥、孔穎達疏，於名物度數特詳。宋儒攻擊，僅摭其好引讖緯一失，至其訓詁則弗能踰越。蓋得其節文，乃可推制作之精意，不比孝經論語可推尋文句而談。本漢唐之注疏，而佐以宋儒之義理，亦無可疑也。謹以類區分，定爲六目：曰周禮，曰儀禮，曰禮記，曰三禮總義，曰通禮，曰雜禮書。六目之中，各以時代爲先後，庶源流同異可比而考焉。

周禮注疏四十二卷（內府藏本）

漢鄭元注，唐賈公彥疏。元有易注，已著錄。公彥，洺州永年人。永徽中官至太學博士。事蹟具舊唐書儒學傳。周禮一書，上自河間獻王，於諸經之中，其出最晚，其眞僞亦紛如聚訟，不可縷舉。惟橫渠語錄曰：周禮是的當之書，然其閒必有末世增入者。鄭樵通志引孫處之言曰：周公居攝六年之後，書成歸豐，而實未嘗行。蓋周公之爲周禮，亦猶唐之顯慶開元禮，預爲之以待他日之用，其實未嘗行也。惟其未經行，故僅述大略，俟其臨事而損益之。故建都之制不與召誥洛誥合，封國之制不與武成孟子合，設官之制不與周官合，九畿之制不與禹貢合云云。（案此條所云，惟召誥、洛誥、孟子顯相舛異。至禹貢乃唐虞之制，武成、周官乃梅賾古文尚書，王制乃漢文帝博士所追述，皆不足以爲難。其說蓋離合參半。）其說差爲近之，然亦未盡也。夫周禮作於周初，而周事之可考者不過春秋以後，其東遷以前三百餘年，官制之沿革，政典之損益，除舊布新，不知凡幾，其初去成康未遠，不過因其舊章，稍爲改易，而改易之人不皆周公也。於是以後世之法竄入之，其書遂雜。其後去之愈遠，時移勢變，不可行者漸多，其書遂廢。此亦如後世律令條格，率數十年而一修，修則必有所附益，特世近者可考，年遠者無徵，其增刪之迹，遂靡所稽，統以爲周公之舊耳。迨乎法制旣更，簡編猶在，好古者留爲文獻，故其書閱久而仍存。此又如開元六典、政和五禮，在當代已不行用，而今日尚有傳本，不足異也。使其作僞，何不全僞六官，而必闕其一，至以千金購之不得哉？且作僞者必剽取舊文，借眞者以實其贗，古文尚書是也。劉歆宗左傳，而左傳所云禮經，皆不見於周禮。儀禮十七篇皆在七略所載古經七十篇中，禮記四十九篇亦在劉向所錄二百十四篇中，而儀禮聘禮賓行饔餼之物，禾米芻薪之數，籩豆簠簋之實，鉶壺鼎甕之列，與掌客之文不同；又大射禮天子諸侯侯數侯制與司射之文不同；禮記雜記載子男執圭與典瑞之文不同；禮器天子諸侯席數與司几筵之文不同。如斯之類，與二禮多相矛盾。歆果贗託周公爲此書，又何難牽就其文，使與經傳相合，以相證驗，而必留此異同，以啓後人之攻擊？然則周禮一書，不盡原文，而非出依託，可概睹矣。考工記稱鄭之刀，又稱秦無廬，鄭封於宣王時，秦封於孝王時，其非周公之舊典，已無疑義。南齊書稱文惠太子鎭雍州，有盜發楚王冢，獲竹簡書，靑絲編，簡廣數分，長二尺，有奇，得十餘簡，以示王僧虔。僧虔曰：是科斗書考工記。則其爲秦以前書，亦灼然可知。雖不足以當冬官，然百工爲九經之一，其工爲九官之一，先王原以制器爲大事，存之尚稍見古制。俞庭椿以下，紛紛割裂五官，均無知妄作耳。鄭注隋志作十二卷，賈疏文繁，乃析爲五十卷，新舊唐志竝同。今本四十二卷，不知何人所併。元於三禮之學，本爲專門，故所釋特精。惟好引緯書，是其一短。歐陽脩集有請校正五經箚子，欲刪削其書，然緯書不盡可據，亦非盡不可據，在審別其是非而已，不必竄易古書也。又好改經字，亦其一失。然所注但曰當作某耳，尚不似北宋以後連篇累牘，動稱錯簡，則亦不必苛責於元矣。公彥之疏亦極博核，足以發揮鄭學。朱子語錄稱五經疏中周禮疏最好。蓋宋儒惟朱子深於禮，故能知鄭賈之善云。

周官新義十六卷附考工記解二卷（永樂大典本）

宋王安石撰。安石事蹟詳宋史本傳。晁公武讀書志曰：熙寧中置經義局，撰三經義，皆本王安石經說。三經，書、詩、周禮也。新經毛詩義凡二十卷，尚書義凡十三卷，今竝佚。周禮新義本二十二卷，明萬曆中重編內閣書目，尚載其名。故朱彝尊經義考不敢著其已佚。但注曰未見。然外閒實無傳本。卽明以來內閣舊籍。亦實無此書。惟永樂大典中所載最夥。蓋內閣書目據文淵閣書目。文淵閣書目卽脩永樂大典所徵之書。其時尚有完帙。故采之最詳也。考蔡絛鐵圍山叢談曰。王元澤奉詔爲三經義。時王丞相介甫爲之提舉。詩書蓋多出元澤及諸門弟子手。周禮新義實丞相親爲之筆削者。政和中。有司上言。天府所籍吳氏資多有王丞相文書。於是朝廷悉藏諸祕閣。用是吾得見之。周禮新義筆蹟如斜風細雨。誠介甫親書云云。然則三經義中惟周禮爲安石手著矣。安石以周禮亂宋。學者類能言之。然周禮之不可行於後世。微特人人知之。安石亦未嘗不知也。安石之意本以宋當積弱之後。而欲濟之以富強。又懼富強之說必爲儒者所排擊。於是附會經義以鉗儒者之口。實非眞信周禮爲可行。迨其後用之不得其人。行之不得其道。百弊叢生。而宋以大壞。其弊亦非眞緣周禮以致誤。羅大經鶴林玉露詠安石放魚詩曰。錯認蒼姬六典書。中原從此變蕭疏。是猶爲安石所紿。未究其假借六藝之本懷也。因是而攻周禮。因是而攻安石所注之周禮。是寬其影附之巧謀。而科以迂腐之薄譴矣。故安石怙權植黨之罪。萬萬無可辭。安石解經之說。則與所立新法各爲一事。程子取其易解。朱子王應麟均取其尚書義。所謂言各有當也。今觀此書。惟訓詁多用字說。病其牽合。其餘依經詮義。如所解八則之治都鄙。八統之馭萬民。九兩之繫邦國者。皆具有發明。無所謂舞文害道之處。故王昭禹林之奇王與之陳友仁等注周禮。頗據其說。

欽定周官義疏亦不廢采用。又安可盡以人廢耶。安石神宗時所上五事劄子。及神宗日錄。載安石所引周官及楊時龜山集中所駁平頒興積一條。其文皆在地官中。今永樂大典闕地官夏官二卷。其說遂不可考。然所佚適屬其瑕纇。則所存者益不必苛詆矣。安石本未解考工記。而永樂大典乃備載其說。據晁公武讀書志。蓋鄭宗顏輯安石字說爲之。以補其闕。今亦竝錄其解。備一家之書焉。

周禮詳解四十卷。浙江巡撫採進本。

宋王昭禹撰。陳振孫書錄解題曰。昭禹未詳何人。近世爲舉子業者多用之。其學皆宗王氏新說。王與之作周禮訂義類編姓氏世次。列於龜山楊時之後。曰字光遠。亦不詳其爵里。當爲徽欽時人。今案其書。解惟王建國云。業格於上下謂之王。或而闔之謂之國。解匪頒之式云。散其所藏曰匪。以等級之曰頒。故匪從匚從非。言其分而非藏也。頒從分從頁。言自上而頒之下。解圃曰。圃有衆甫謂之圃。解鮑魚曰。魚之鮮者包以致之。解鱐曰。魚之乾者肅以致之。解司徒云。於文反后爲司。蓋后從一從厂從口。則所以出命。司反之則守令而已。從一則所以一衆。司反之則分衆以治之而已。從厂則承上世之庇覆。以君天下。司反之則以君之爵爲執事之法而已。其附會穿鑿。皆遵王氏字說。蓋當時三經新義列在學官。功令所懸。故昭禹因之不改。然其發明義旨。則有不盡同於王氏之學者。如解泉府以國服爲之息云。各以其所服國事貢物爲息。若農以粟米。工以器械。皆以其所有也。周之衰。不能爲民正田制地。稅斂無度。又從而貸之。則凶年饑歲無以爲償矣。下無以償。上之人又必責之。則稱貸之法。豈特無補於民哉。求以國服爲之息。恐收還其母而不得。蓋已目睹青苗之弊。而陰破其說矣。至其闡發經義。有足訂注疏之誤者。如解載師里布屋粟。謂國宅無征。民居有征無布。以其不毛。使之有里布。民出耕在田廬。入居在里。其屋有田以出粟。今不耕田。則計屋而斂之。謂之屋粟。不從先儒以里布爲二十五家之泉。屋粟爲三夫之粟。又解近郊十一。遠郊二十而三。甸稍縣都皆無過十二。固當時正役。後因遠近劇易而制。云云皆爲先儒所未發。故宋人釋周禮者。如王與之訂義。林之奇講義。多引其說。固不得以遵用新說而盡廢之也。五官皆不載敘官。宋末朱申作句解。蓋從其例。究爲一失。今姑仍舊本錄之。內附載陸德明釋文。而卷首以德明之名冠昭禹前。今考昭禹自序末云。因釋文而作。或後人所增入。以德明時代在前。遂題諸昭禹上歟。今仍錄其音釋。而德明之名則附著於此。不復竝列簡端焉。

周禮復古編一卷。山東巡撫採進本。

宋俞庭椿撰。庭椿字壽翁。臨川人。乾道八年進士。官古田令。是書宋志作三卷。今本作一卷。標曰陳友仁編。蓋友仁訂正周禮集說。而以此書附其後也。庭椿之說。謂五官所屬皆六十。不得有羨。其羨者皆取以補冬官。鑿空臆斷。其謬妄殆不足辯。又謂天官世婦與春官世婦、夏官環人與秋官環人爲一官複出，當省并之。其說似巧，而其謬尤甚。二世婦與二環人無論職掌各殊，卽以序官考之，天官世婦爲王之後宮，故與九嬪、八十一御女皆無官屬。至於春官世婦爲王之宮官，故每宮卿一人、下大夫四人、中士八人、女府二人、女史二人、奚十六人，與天官世婦顯異。鄭注以漢之大長秋、詹事、中少府、太僕爲證，其說本確。庭椿乃合而一之，是誤以春官之世婦爲婦人也。至於司馬環人之屬下士六人、史二人、徒十有二人，秋官環人之屬中士四人、史四人、胥四人、徒四十人。若二環人是一官，何所屬之中士及史、胥、徒乃各不同如此耶？此好立異說者之適以自蔽也。然復古之說始於庭椿，厥後邱葵、吳澄皆襲其謬，說周禮者遂有冬官不亡之一派，分門別戶，輾轉蔓延，其弊至明末而未已。故特存其書，著竄亂聖經之始，爲學者之炯戒焉。

禮經會元四卷內府藏本

宋葉時撰。時字秀發，自號竹埜愚叟，錢塘人。淳熙十一年進士及第，授奉國軍節度推官，歷官吏部尚書。理宗初以顯謨閣學士出知建寧府，後以寶文閣學士提舉崇福宮。卒謚文康。其立朝無大功過，惟劾韓侂胄首以乞和出時之謀。是書前有竹埜先生傳，不著撰人名氏，稱時奏侂胄專政無君，罔上不道，乞梟首置之淮甸積屍叢冢之閒，以謝天下，上納之云云。案此傳稱寧宗爲上，當出宋人之筆，曲諱其事，非實錄也。其書括周禮以立論，凡一百篇。第一篇泛論禮經，乃其總序；第二篇駁漢儒之失；第一百篇補冬官之亡；其發揮經義者實九十七篇。內朝儀、宮衞、王畿、祭樂、明堂、分星六篇，各系以圖。其祭樂後所附之圖賓樂舞之圖，蓋刊本舛譌，移於前幅。其說與鄭伯謙太平經國之書體例略同，議論亦多相出入。時於伯謙爲前輩，然竹埜先生傳中稱其晚居嘉興，乃著此書以授門人三山翁合，則二書之作相去不遠。或伯謙取時書而約之，或時因伯謙書而廣之，均未可定。然伯謙所論或有駁雜，時則大體無疵，惟必欲復封建、井田、肉刑之類，頗迂闊爾。其注疏一篇謂劉歆誣周禮，猶先儒舊論；至謂河閒獻王以考工記補冬官爲將周禮，且謂漢武帝不信周禮由此一篇，其說鑿空無據。又謂鄭康成注深害周禮，詆其不當用緯書注耀魄寶等帝名，及用國語注分野，用司馬法注邱乘，用左傳注冕服九章，用禮記注褘衣副編。夫康成引緯，歐陽修乞校正五經剳子已專論之，無煩時之剿說。至於國語、司馬法、左傳、禮記皆古書也，時乃謂不當引以證經，然則注周禮者當引何等書耶？其補亡一篇謂冬官散見五官，亦俞庭椿之瑣說。時不咎其亂經，陰相襲用，案補亡用庭椿之說，而不言說出於庭椿。反以讀鄭注者爲叛經，傎又甚矣。傳稱其與紫陽朱文公相友善，然朱子於詩攻康成，於禮不攻康成，此足知朱子之得於禮者深，時之得於禮者淺也。以其大旨醇正，多能闡發體國經野之深意，故數百年來講禮者猶有取焉。

太平經國之書十一卷內府藏本

宋鄭伯謙撰。伯謙字節卿，永嘉人，官脩職郎、衢州府學教授。王與之周禮訂義首列宋代說周禮者四十五家，伯謙爲第三十一，居黃度、項安世之閒，蓋寧宗、理宗時人。是書發揮周禮之義，其曰太平經國書者，取劉歆周公致太平之迹語也。首列四圖：一曰成周官制，一曰秦漢官制，一曰漢官制，一曰漢南北軍。所圖僅三朝之職掌宿衞，蓋其大意欲以宮中府中文事武事一統於太宰，故惟冠此四圖，明古制也。其書爲目三十，曰教化、奉天、省官、內治、官吏、宰相、官民、官刑、攬權、養民、稅賦、節財、保治、考課、賓祭、相體、內外、官制、臣職、官民、宮衞、奉養、祭享、愛物、醫官、鹽酒、理財、內帑、會計、內治。其中內外一門、會計一門，又各分爲上下篇，凡論三十二篇。皆以周官制度類聚貫通，設爲問荅，推明建官之所以然，多參證後代史事，以明古法之善。其論天官玉府諸職一條，車若水腳氣集頗稱之。然其閒命意，閒有不可解者。如齊東野語記韓侂胄之敗，殿司夏震尚聲喏於道旁；梅礀詩話記紹定辛卯臨安大火，九廟俱燬，獨丞相史彌遠賜第以殿司軍救撲而存，故洪咨夔詩有「殿前將軍猛如虎，救得汾陽令公府。祖宗神靈飛上天，痛哉九廟成焦土」之句。其時武統於文，相權可謂重極，而此書宰相一篇尚欲更重其權。又宋人南渡之餘，湖山歌舞，不復措意中原，正宜進臥薪嘗膽之戒，而此書奉養一篇乃深斥漢文帝之節儉爲非。所論皆不可爲訓，毋乃當理宗信任賈似道時，曲學阿世以干進歟？以他篇貫通經義，尚頗有發明。舊本流傳久行於世，始節取焉而已。

周官總義三十卷（永樂大典本）

宋易祓撰。祓有周易總義，已著錄。是書陳振孫書錄解題不載，惟趙希弁讀書附志著錄，稱許儀爲之序，刻於衡陽。今衡陽本世已無傳，惟永樂大典尚載其天官、春官、秋官、考工記，而地官、夏官亦佚。謹裒合四官之文，編次成帙，以存其舊。其地官、夏官則宋王與之周禮訂義所引以補其亡，仍依讀書附志所列，勒爲三十卷。雖非完帙，然十已得其八九矣。其書研索經文，斷以己意，與先儒頗有異同。如論大宰九賦，則援載師之任地及司市、司關、廿人、角人、職幣等職，以駁口率出泉之說；論宗廟九獻，則合邊人、醢人、內宰、司尊彝及行人、王禮再祼之文，以駁列祼事於九獻之說；論肆師之祈珥，則引羊人、小子及山虞諸條，以糾改祈爲刉、改珥爲衈之說；論輈人之四旗，則歷辯巾車、司常、大司馬、大行人與考工記不合，以明曲禮車騎爲戰國之制。諸如此類，雖持論互有短長，要皆以經釋經，非鑿空杜撰。至於內宰二事，則改爲副貳之貳；於酒正式灋，則指爲九式之灋；於圜廛、漆林諸賦，則謂以什一取民，又於一分中分十一、十二、二十而三數等而輸之於王；於凌人斬冰，則謂十二月爲建亥之月，先令之於亥月，而後三爲凌室以待亥子丑三月之藏。亦皆自出新義。而於職方氏之地理山川，尤爲詳悉。蓋祓雖人品卑污，而於經義則頗有考據，不以韓侂冑、蘇師旦故掩其著書之功也。

周禮訂義八十卷（內府藏本）

宋王與之撰。與之字次點，樂清人。淳祐二年六月行在祕書省准敕訪求書籍，牒溫州宣取是編。知溫州趙汝騰奏進，特補一官，授賓州文學，後終於通判泗州。此本首載牒州狀、都司看詳及敕旨，均錄載卷首，蓋猶宋本之舊。前有眞德秀序，作於紹定五年壬辰，下距進書時十年。又有趙汝騰後序，作於嘉熙元年丁酉，下距進書時六年。故汝騰奏稱素識其人，又稱德秀歿後與之益刪繁取要，由博得約，其書益精粹無疵也。所采舊說凡五十一家。然唐以前僅杜子春、鄭興、鄭衆、鄭元、崔靈恩、賈公彥等六家，其餘四十五家則皆宋人。凡文集語錄無不搜采，蓋以當代諸儒爲主，古義特附存而已。德秀稱鄭、賈諸儒析名物，辯制度，不爲無功，而聖人微旨終莫之睹。惟洛之程氏、關中之張氏，獨得聖經精微之蘊。永嘉王君，其學本於程、張云云。蓋以義理爲本，典制爲末，故所取宋人獨多矣。其注考工記，據古文尚書周官司空之職，謂冬官未嘗亡，實沿俞庭椿之謬說。汝騰後序亦稱之，殊爲舛謬。然庭椿淆亂五官，臆爲點竄，與之則僅持是論而不敢移掇經文，視庭椿固爲有閒。至其以序官散附諸官，考陸德明經典釋文音干寶注周禮，雖先有此例，究事由意擬，先儒之所不遵，不得援以爲據也。惟是四十五家之書，今佚其十之八九，僅賴是編以傳。雖貴近賤遠，不及李鼎祚周易集解能存古義，而蒐羅宏富，固亦房審權周易義海之亞矣。又案邱葵周禮補亡序，稱嘉熙閒東嘉王次點作周官補遺，由是周禮之六官始得爲全書。今本實無補遺，未審別爲一書，或附此書內而佚之。然憑臆改經之說，正以不存爲最善，固無庸深考也。

鬳齋考工記解二卷（江蘇巡撫採進本）

宋林希逸撰。希逸字肅翁，福清人。端平二年進士，景定閒官司農少卿，終中書舍人。自漢河閒獻王取考工記補周官，於是經與記合爲一書。然後儒亦往往別釋之，唐有杜牧注，宋有陳祥道、林亦之、王炎諸家解，今並不傳。獨希逸此注僅存。宋儒務攻漢儒，故其書多與鄭康成注相剌謬。然以綆參分寸之二爲輪外兩邊有護牙者，以較爲車箱前横在式之上，則不合於輪輿之制；於倨句一矩有半，解仍鄭氏注，其圖乃以鼓爲倨、股爲句，則不合於磬折之度；於戈之長內則折前，謂援與胡句相延如磬之折；於臯鼓之倨句磬折，謂鼓爲圜物，何緣有倨句磬折之形，恐有脫文，皆於古器制度未之詳核。特以經文古奧，猝不易明，希逸注明白淺顯，初學易以尋求；且諸工之事非圖不顯，希逸以三禮圖之有關於記者，采摭附入，亦頗便於省覽。故讀周禮者至今猶傳其書焉。

周禮句解十二卷（浙江范懋柱家天一閣藏本）

宋朱申撰。申事蹟無考，里貫亦未詳。案江西通志，有朱申字繼宣，宋太學生，又李心傳道命錄，有淳祐十一年新安朱申序，其結銜題朝散大夫、知江州軍州兼管內勸農營田事，似爲二人，不知此書誰所著也。逐句詮釋，大略根據注疏，義取簡約，其中所見有與注疏異者。若太宰之職五曰貢賦、鄭注曰、賦口率出泉也、貢功也、九職之功所稅也。是書則易之曰、賦稅也、貢獻也。有力主注疏而曲爲引證者。若大司徒諸公之地封疆方五百里以下、則堅守注中半爲附庸之說、而不執孟子王制以疑周禮。至於注疏之疑不能決者。若小司徒四丘爲甸以下、注謂旁加之數、乃治洫澮之數。大司樂圜鍾爲宮以下、注謂天宮夾鍾、不用中呂等律、以其與地宮同位之類。則皆闕而不載。雖循文詁義、無大發明。而較之竄亂古經、橫生新義者、猶不失謹嚴之義。惟序官乃經文之綱領、申以其無假詮釋、遂削而不載、頗乖體要。是則因陋就簡之失矣。

周禮集說十卷（編修汪如藻家藏本）

不著撰人名氏。前有元初陳友仁序、稱其友雲山沈則正近得此書於霅、編節條理與東萊讀詩記東齋書傳相類、名氏則未聞也。癸未攜以歸、訓詁未詳者、益以賈氏、王氏之疏說。辨析未明者、附以前輩諸老之議論云云。蓋友仁因宋人舊本重輯也。友仁字君復、湖州人。序題丙子後九歲、丙子爲宋亡之歲。友仁不題至元年號而上溯丙子以系年、蓋亦宋之遺民。故仿陶潛不書年號、但稱甲子之例。然陶潛在晉諸詩、亦但題甲子、非以入宋之故。原集具存、友仁未之詳考耳。卷首有總綱領一篇、官制總論一篇、又凡例一篇、分條闡說、極爲賅洽。每官之前、又各爲總論一篇、所引注疏及諸儒之說、俱能擷其精粹、而於王安石新經義采摘尤多。蓋安石三經新義雖爲宋人所攻、而周官新義則王昭禹述之於前、（見所作周禮詳解）林之奇述之於後、（案之奇學出呂本中、本中元祐一派、而作周禮全解亦用安石之說、見王與之周禮訂義）故此書亦相承援引、不廢其文也。考工記後附俞庭椿周禮復古編一卷、殊爲疣贅、有失別裁。然不肓變易古經而兼存其說、以待後人之論定、較庭椿之妄誕則略有間矣。原佚地官二卷、其春官總論亦佚。黃虞稷千頃堂書目云、闕中劉儲秀嘗補注以行。今未之見、亦姑仍其舊闕之焉。

周官集傳十六卷（永樂大典本）

元毛應龍撰。案張萱內閣書目、稱應龍字介石、豫章人。大德間嘗官澧州教授。而江西志乘俱軼其名、始末已不可詳考矣。是書於諸家訓釋、引據頗博、而於鄭鍔之解義、徐氏之音辨及歐陽謙之之說所采尤多。其自出己意者、則題應龍曰以別之。其中有沿襲誤說、未考古義者。如鍾師掌金奏以鍾鼓奏九夏、杜子春、鄭康成皆以九夏爲樂曲。而應龍獨引歐陽謙之之說、謂左傳襄四年曰、金奏肆夏之三、工歌文王之三。文王而曰工歌、是有詩而可歌者也。肆夏而曰金奏、是徒有其聲、可以金奏而無詩可歌、明矣。今考孔穎達左傳疏云、作樂先擊鐘、故稱金奏。此晉人作樂先歌肆夏、肆夏是作樂之初、故於肆夏言金奏也。次工歌文王、樂已先作、非復以金爲始、故言工歌也。其說足與鄭注相發明。如以九夏之文統金奏之下、即以爲非樂曲。則鍾師又有凡射王奏騶虞、諸侯奏貍首、卿大夫奏采蘋、士奏采蘩之文、貫於金奏下、豈亦均非樂曲乎。又甸祝禂牲、禂馬、鄭註禂讀如伏誅之誅、今侏大字也。爲牲祭求肥充、爲馬祭求肥健也。應龍亦主謙之之說、謂禂、稠也、禱牲稠盛也、以康成改讀爲非。考禂侏二字古音本通、非康成改讀。揚雄國三老箴、負乘覆餗、姦宄侏張。晉書慕容垂載記、苻堅報書曰、侏張幽顯。魏書恩倖傳、侏張不已。北齊源彪傳、吳賊侏張。侏張即譸張、侏與譸、猶侏與禂、音同故義借。安得指爲康成改讀乎。又㮚氏爲鬴、應龍引鄭鍔之說曰、晏子謂六斗四升爲鬴、管子謂百升而成釜。康成則謂四升曰豆、四豆曰區、四區曰釜、爲六斗四升。以下文觀之、其臀一寸、其實一豆、豆當爲斗。釜之臀、一寸而容一斗、則釜之內方一尺、而容十斗、無可疑者。十斗則百升、正管仲所謂釜也。康成謂四升曰豆、每四而加、故區至釜而六斗四升。彼殊不考之於梓人也。梓人爲飲器、爵一升、觚三升、獻以爵而酬以觚、一獻而三酬、則一豆矣。夫一獻則一升矣、三酬則九升也。以一合九、非十升爲豆而何。而康成謂四升爲豆、失之矣。今考康成謂鬴六斗四升、實據經文方尺深尺以粟米法算之。蓋粟米法方一尺深一尺六寸二分乃容一石。鍔以鬴容一石、則是鬴方尺深尺六寸二分矣。其何以解於經文方尺深尺耶。管子海王篇、鹽百升而釜。房元齡注、謂鹽十二兩七銖一黍十分之一爲升、當米六合四勺。百升之鹽七十六斤十二兩十七銖、二鬴爲釜、當米六斗四升。則是海王篇百升之釜、乃實百升之鹽、非實百升之粟也。今鍔以管子量鹽之鬴爲㮚氏量粟之鬴、比擬已爲不倫。至於康成注梓人、以豆爲斗、實以豆止四升、不及一獻三酬之數。鍔誤以豆爲飲器、遂牽合十升之文、反詆改豆爲斗之非。不知古以斗飲、不以豆飲。詩行葦篇毛傳曰、大斗長三尺。戰國策曰、令工人作爲金斗、長其尾、與代王飲、即因反斗擊之。此斗爲飲器之證也。越語曰、觴酒豆肉。韓子外儲篇曰、取一豆肉。是豆實食器、而非飲器之證也。又安得引梓人之文爲管子之旁證乎。諸如此類、皆未免膠執舊文、疎於考核。至於冕服車旗之度、廟祧昭穆之制、司尊彝之六尊六彝、司几筵之五几五席、方弓義弓之異名、正歲正月之竝用、條例引證、頗爲明晰。宋以來諸家散佚之說、尚因是以存其崖略。則蒐輯之功、固亦非尠矣。其書諸家著錄、皆云二十四卷。今散見於永樂大典者、地官夏官適當闕帙。其餘四官、首尾頗爲完具。謹錄爲十六卷、以一官四卷、共得二十四卷。計之仍其舊第也。應龍所著、別有周官或問五卷、在集傳之外。永樂大典割附集傳之後。其存者僅天官十九條、春官十四條、秋官冬官各一條、篇幅寥寥、不能別成一帙。今仍附於各傳下、既免以畸零散佚、且使一家之說互相參證、亦足以資發明焉。

周禮傳十卷圖說二卷翼傳二卷（浙江范懋柱家天一閣藏本）

明王應電撰。應電字昭明、崑山人。嘉靖中遭倭亂、避居江西、遂終於泰和。受業魏校之門、其書中稱師云者、即述校語。故明史儒林傳即附之校傳後焉。史稱應電篤好周禮。謂周禮自宋以後、胡宏、季本各著書指摘其瑕釁、至數十萬言。俞壽翁、吳澄則以爲冬官不亡、雜見於五官中、而更次之。近世何喬新、陳鳳梧、舒芬亦各以己意更定。然此皆諸儒之周禮也。乃覃研十數載、先求聖人之心、溯斯禮之源、次考天象之文、原設官之意、推五官離合之故、見綱維統體之極、因顯以探微、因細以繹大、成周禮傳詁數十卷云云。蓋應電於周禮之學、用力頗深。此三書雖各爲卷帙、實相輔而行。核其大致、亦瑕瑜互見。其傳十卷、黜考工記不錄、猶曰專解古經。至割裂序官之文、凡同職相統者、使區分部居、各以類從、則頗嫌竄亂。然論說頗爲醇正、雖略於考證、而義理多所發明。其圖說二卷、用以稽考傳義。中如職方氏九州之類、有圖無說。又有如女官女奚女奴諸辨、有說無圖。上卷明堂表一篇、亦有錄無書。蓋原本所闕。下卷闕井邑邱甸諸圖、則別見翼傳、故不複載也。所說間有舛誤者。如謂社即地祇、夏至有事於方澤、乃祭大社。考春官司服希冕以祀社稷五祀、序於毳冕以祀四望山川之下。故鄭康成酒正注、列社稷於小祭、其說本明。應電以當地祇大祭、殊於經義有乖。至謂明堂即王之六寢、宗祀文王以配上帝、不得於王之寢地。當在南郊、與郊天同。迎尸則於明堂。又謂郊天迎尸、亦當於明堂。考通典載南郊去國五十里、明堂在國三里之外、七里之內、則相距凡四十餘里。安有祭時迎尸、遠在四十里外者。周禮掌次、凡祭祀張尸次。蓋尸幄切近壝宮、迎尸即於此幄。應電未核注疏、故有此譌。他如圖南郊於朝日之前、既從其序、而圖祈穀於迎暑之後、又頗顛舛。然其自序、謂舊周禮圖冕服則類爲男女之形、而章服仍不明、井邑則類爲大方隔、而溝洫仍不分。則亦頗有所訂正。今姑與其傳竝存、以備一家之說。其翼傳二卷、凡分七篇。上卷曰冬官補義、曰天王會通、曰學周禮法、曰治地事宜。下卷曰握奇經傳、曰非周禮辨、曰經傳正譌。其冬官補義、擬補土司空、工師、梓人、器府、四瀆、匠人、蟲壁氏、巡方、考工、準人、嗇夫、柱下史、左史、右史、水泉、魚政、鹽法、家人十八官。未免意爲揣測。其天王會通、以天官書所列諸星分配諸官、以爲王者憲天而出治、亦多涉附會。其學周禮法、論周禮有必不可復者、及後人假仿之妄、舊注解釋之謬、改聲改字之非、與細物爲自古相傳之遺、官事有兼涉不攝之法、皆爲有見。餘則多錄舊文。其治地事宜、欲復井田之制、殊失之迂。其握奇經傳、雜參以後世之法、亦失之駁。其非周禮辨、駁正諸家、尚爲明析。其經傳正譌、則於周禮以外兼涉羣經。非惟以篆改隸、併欲以籀改篆、則拾其師魏校六書精蘊之說、而不知其流於詭誕矣。大抵三書之中、多參臆說、不盡可從。以周禮儀禮至明幾爲絕學、故取長棄短、略採數家、以姑備一朝之經術。所謂不得已而思其次也。三書凡十四卷、明史作數十卷、蓋約舉之詞。朱彝尊經義考惟載傳十卷、圖說二卷、學周禮法一卷、非周禮辨一卷、而不載翼傳之名、頗爲疎漏。又所引黃虞稷語、乃翼傳之解題、而繫之周禮傳下、亦爲舛誤。豈偶然疎略、未及檢其全書歟。

周禮全經釋原十四卷（安徽巡撫採進本）

明柯尚遷撰。尚遷字喬可、長樂人、自號陽石山人。

嘉靖中由貢生官邢臺縣縣丞。其書自天官至冬官凡十二卷，又附以周禮通論、周禮通今續論各一卷。前列序二篇、源流序論一篇、六官目問四篇、全經綱領十二條、釋原凡例七條。書中訓解，其稱釋者，皆采輯古注。其曰原者，則尙遷推闡作經本意也。周禮本闕冬官，尙遷宗俞庭椿之說，稍爲變易，取遂人以下地官之事，分爲冬官。自遂人至旅下士，正六十人，以符六官各六十之數，故曰全經。較庭椿之紛更割裂，差爲稍勝。故唐順之、羡實皆深是之。然仍不出宋人錯簡之曲說，且改經文安擾邦國爲富邦國，又以吳澄所補惟王建國以下四十字冠於冬官之首，則猶之乎竄亂古經矣。以其訓詁經義尙條暢分明，有所闡發，故與王應電書皆節取以備一家。朱彝尊經義考所載，與此本卷數相同，而注云內源流敘論一卷、通論一卷。今此本通論之外，尙有續論，而源流敘論乃在卷首，不列十四卷之中，與彝尊所注不合。或彝尊未及細檢，亦如王應電書歟。

周禮注疏刪翼三十卷　直隸總督採進本

明王志長撰。志長字平仲，崑山人，萬歷中舉人。明史文苑傳附見其兄志堅傳中，稱其亦深於經學。是書於鄭注、賈疏多刊削其繁文，故謂之刪。又雜引諸家之說以發明其義，故謂之翼。周禮一書，得鄭注而訓詁明，得賈疏而名物制度考究大備。後有作者，弗能越也。周、張、程、朱諸儒，自度徵實之學必不能出漢唐上，故雖盛稱周禮，而皆無箋注之專書。其傳於今者，王安石、王昭禹始推尋於文句之閒。王與之始脫略舊文，多輯新說。葉時、鄭伯謙始別立標題，借經以抒議。其於經義，蓋在離合之閒。於是考證之學，漸變爲論辯之學，而鄭、賈幾乎從祧矣。志長此書，亦多采宋以後說，浮文妨要，蓋所不免。而能以注疏爲根柢，尙變而不離其宗。且自朱申以後，苟趨簡易，以敘官爲無用而刪之，經遂有目無綱。俞庭椿、邱葵以後，又多騁臆見，竄亂五官，以補冬官之亡，經遂更無完簡。沿及明代，彌逐頹波，破碎支離，益非其舊。志長能恪遵古本，亦爲力遏橫流。在經學荒蕪之日，臨深爲高，亦可謂研心古義者矣。惠棟作精華錄訓纂，因金榮誤引其文，遂併以村書詆志長，乃相輕已甚之詞，不必盡允也。

欽定周官義疏四十八卷

乾隆十三年

御定三禮義疏之第一部也。考漢志載周官經六篇，傳四篇。故杜子春、鄭興、鄭衆、賈逵、衛宏、張衡所注，皆稱周官。馬融、鄭元所注，猶稱周官禮。迨唐賈公彥作疏，始沿用省文，稱爲周禮，實非本名。今仍題曰周官，從其朔也。首冠以

御製日知薈說論周官者十則，以昭千古之權衡。其采掇羣言，則分爲七例：一曰正義，直詁經義，確然無疑者也。二曰辨正，後儒駁正，至當不易者也。三曰通論，或以本節本句參證他篇，比類以測義，或引他經與此互相發明者也。四曰餘論，雖非正解，而依附經義，於事物之理有所推闡者也。五曰存疑，各持一說，義亦可通，又或已經駁論，而持此者多，未敢偏廢者也。六曰存異，名物象數，久遠無傳，難得其真，或創立一說，雖未卽愜人心，而不得不存之以資考辨者也。七曰總論，本節之義已經訓解，又合數節而論之，合一職而論之者也。大抵周官六典，其源確出周公，而流傳既久，不免有所竄亂。不必以爲疑，亦不必以爲諱。說周官者以鄭氏爲專門，而訓詁既繁，不免有所出入，不可護其短，亦不可沒其長。是書博徵約取，持論至平。於考工記注，奧澀不可解者，不強爲之詞，尤合聖人闕疑之義也。

周禮述注二十四卷　福建巡撫採進本

國朝李光坡撰。光坡字耜卿，號茂夫，安溪人，大學士光地之弟也。杭世駿榕城詩話稱其家居不仕，潛心經學，著有三禮述注，此卽其一也。其書取注疏之文，刪繁舉要，以溯訓詁之源，又旁采諸家，參以己意，以闡制作之義。雖於鄭、賈名物度數之文多所刊削，而析理明通，措詞簡要，頗足爲初學之津梁。考其兄光地榕村集中，有周官筆記一卷，皆標舉要義，不以考證辨難爲長。其姪鍾倫亦有周禮訓纂，與光坡此書體例相近，蓋其家學如是也。宋儒喜談三代，故講周禮者恆多。又鑑於熙寧之新法，故恆牽引末代弊政，支離詰駁，於注疏多所攻擊。議論盛而經義反淆。光坡此書，不及漢學之博奧，亦不至如宋學之蔓衍，平心靜氣，務求理明而詞達，於說經之家，亦可謂適中之道矣。

周禮訓纂二十一卷　福建巡撫採進本

國朝李鍾倫撰。鍾倫字世得，安溪人，康熙癸酉舉人。

未仕而卒。此書自天官至秋官，詳纂注疏，加以訓義。惟闕考工記不釋，蓋以河間獻王所補，非周公之古經也。書後有乾隆丁丑其子廣平府知府淸馥跋，稱鍾倫初受三禮於其叔光坡。康熙癸酉，鄉薦，公車後，日侍其父光地於京邸。及光地出督順天學政，復遷直隸巡撫，十餘年中，鍾倫皆隨行，得其指授。又多與宣城梅文鼎、長洲何焯、宿遷徐用錫、河間王之銳、同里陳萬策等互相討論。故其學具有本源。凡所詮釋，頗得周官大義。惟於名物度數，不甚加意，故往往考之弗詳。如巾車重翟、錫面朱總、厭翟勒面繢總、安車彫面鷖總，皆有容蓋。注，總以繒爲之，著馬勒直兩耳與兩鑣。車衡輨亦宜有焉。容爲幨車，山東謂之裳幃，蓋如今小車蓋也。皆有容有蓋，則重翟、厭翟，謂蔽也。安車無蔽，謂去飾也。鍾倫謂總惟當施馬，於車義無所取。考蔡邕獨斷曰，飛軨以緹油，廣八寸，長注地，左畫蒼龍，右畫白虎，繫軸頭。續漢輿服志曰，乘輿重牙斑輪，升龍飛軨。注引薛綜東京賦注，飛軨以緹油，廣八寸，長注地，繫軸頭，所云緹油，卽注所云總以繒爲之。所云軸頭，卽注所云輨。然則飛軨卽總之在車者，而鍾倫謂總惟飾馬，誤矣。鍾倫又謂容以繒結四旁之上際，其四旁之下際則以翟爲蔽。考經文皆有容蓋，實兼承上重翟、厭翟、安車而言。但重翟、厭翟二車既有容蓋，又有翟蔽兩旁，以畫飾。安車則惟有容蓋，而無翟飾耳。既無翟飾，卽惟藉裳幃爲障蔽。裳幃之制，當四面圍合，上下通徹。故詩曰，漸車帷裳。箋云，帷裳，童容也。方言，襜褕，江淮南楚謂之襜褕，童容與襜褕義同，蓋襜褕長襦，上下相連，以覆體。車之帷裳，垂覆上下，形相似也。又士昏禮，婦車亦如之，有裧。注，裧，車裳幃。續漢輿服志注，舊典傳車驂駕，乘赤帷裳，唯郭賀爲冀州，敕去襜帷。釋名，衽，襜也，在旁襜襜然。云襜帷，蓋如裳衽下垂也。凡此皆同於巾車之安車，但有帷裳，無重翟、厭翟者也。如鍾倫所云，帷裳但結四旁之上際，其四旁下際以翟爲蔽，則安車但蔽上際，不復蔽下際矣。釋名曰，容車，婦人所載小車也。其蓋施帷，以隱蔽其形容也。若容但蔽上際，不及下際，豈能隱蔽形容乎。如此之類，頗爲疎舛。然如辨禘祫、社稷、學校諸篇，皆考證詳核。又如司馬法謂革車一乘，甲士三人，步卒七十二人。鍾倫據蔡氏說，謂一乘不止甲士三人，步卒七十二人。此是輕車用馬馳者。更有二十五人，將重車在後。今考新書，攻車七十五人，前拒一隊，左右角二隊，守車一隊，炊子十人，守裝五人，廄養五人，樵汲五人，共二十五人。攻守二乘，共百人。又尉繚子伍制令，軍中之制，五人爲伍，伍相保也。十人爲什，什相保也。五十人爲屬，屬相保也。百人爲閭，閭相保也。起於五人，訖於百人，蓋軍中之制，自一乘起。此皆一乘百人之明驗，足證其說之精核。又明於推步之術，訓大司徒土圭之法，謂百六十餘里，景已差一寸，亦得諸實測，非同講學家之空言也。

周官集注十二卷（安徽巡撫採進本）

國朝方苞撰。苞字鳳九，號靈皋，亦號望溪，桐城人。康熙丙戌會試中式舉人，官至內閣學士，兼禮部侍郎。後落職，脩書，特賜侍講銜致仕。是編集諸家之說，詮釋周禮。謂其書皆六官程式，非記禮之文。後儒因漢志周官六篇列於禮家，相沿誤稱周禮，故改題本號，以復其初。其注仿朱子之例，采合衆說者，不復標目。全引一家之說者，乃著其名。凡其顯然舛誤之說，皆置不論。惟似是而非者，乃略爲考正。有推極義類，旁見側出者，亦仿朱子之例，以圈外別之。訓詁簡明，持論醇正，於初學頗爲有裨。其書成於康熙庚子。後苞別著周官辨十篇，指周官之文爲劉歆竄改，以媚王莽，證以漢書莽傳事蹟，歷指某節某句爲歆所增，言之鑿鑿，如目睹其筆削者，自以爲學力既深，鑑別眞僞，發千古之所未言。然明代金瑤先有是論，特苞更援引史事耳。持論太高，頗難依據，轉不及此書之謹嚴矣。

禮說十四卷（副都御史黃登賢家藏本）

國朝惠士奇撰。士奇有半農易說，已著錄。是編不載周禮經文，惟標舉其有所考證辨駁者，各爲之說，依經文次序編之。凡天官二卷，計六十一條。地官三卷，計六十三條。春官四卷，計九十五條。夏官二卷，計六十一條。秋官二卷，亦六十一條。考工記一卷，計四十條。古聖王經世之道，莫切於禮。然必悉其名物而後可求其制度，得其制度而後可語其精微。猶之治春秋者不核當日之事實，卽不能明聖人之襃貶。故說禮則必以鄭氏爲宗，亦猶說春秋者必以左氏爲本。鄭氏之時，去周已遠，故所注周禮，多比擬漢制以明之。今去漢末復閱千六百年、鄭氏所謂猶今某物某事某官者、又多不解爲何語。而當日經師訓詁、輾轉流傳、亦往往形聲並異、不可以今音今字推求。士奇此書、於古音古字皆爲之分別疏通、使無疑似。復援引諸史百家之文、或以證明周制、或以參考鄭氏所引之漢制、以遞求周制、而各闡其制作之深意。在近時說禮之家、持論最有根柢。其中如因巫降之禮、遂謂漢師丹之使巫下神爲非惑左道。因貍首之射、遂謂周萇宏之射諸侯爲非依物怪。因庶民攻說、翦氏攻禜、遂謂段成式所記西域木天壇法禳蟲爲周之遺術。皆不免拘泥古義、曲爲之詞。又如因含玉而引及餐玉之法、則失之蔓衍。因左傳稱仍叔之子爲弱、遂據以斷犂牛之子爲犢、亦失之附會。至於引墨子以證司盟之詛、併以證春秋之觀社。取其去古未遠、可資旁證可也。遂謂不讀非聖之書者非善讀書、則詞不達意、欲矯空談之弊、乃激而涉於偏矣。然統觀全書、徵引博而皆有本原、辨論繁而悉有條理、百瑜一瑕、終不能廢其所長也。

周官祿田考三卷、浙江巡撫採進本、

國朝沈彤撰。彤有尚書小疏、已著錄。自歐陽修有周禮官多田少、祿且不給之疑、後人多從其說。卽有辨者、不過以攝官爲詞。彤獨詳究周制、以與之辨。因撰是書、分官爵數、公田數、祿田數三篇。凡田爵祿之數不見於經者、或求諸注。不見於注者、則據經起例、推闡旁通、補經所無、乃適如經之所有。其說精密淹通、於鄭賈注疏以後、可云特出。其中稍有牴牾者、如謂子男之國不得有中士、考孟子稱小國地方五十里、有中士倍下士之文。趙岐注曰、子男爲小國。王制曰、王者之制祿爵、公侯伯子男、凡五等。諸侯之上大夫卿下大夫上士中士下士、凡五等。孔穎達疏、謂諸侯統公侯伯子男、則子男有中士矣。王制又曰、其有中士下士、數各居其上之三分。鄭注謂上中下士二十七人、各三分之。周禮太宰賈疏釋此文、謂朝聘之位、次國之上士當大國之中士、中士當下士、下士當其空。小國之上士當次國之中士、中士當下士、下士當其空。故云各居其上之三分。若子男無中士、則小國之士不敷三分之數、與經文戾矣。彤又謂加田之制、國八十里者、其加田極於百里。四十里者、極於五十里。二十里者、極於二十五里。考司勳文曰、凡賞地無常、輕重視功。又曰、惟加田無征。鄭注曰、加田、既賞之又加賜以田。夫賞田且無常數、況加田乎。春秋宣公十五年傳、晉侯賞桓子狄臣千室、又賞士伯以瓜衍之縣。襄公二十六年傳、三月甲寅朔、享子展、賜之先輅三命之服、先八邑。襄公二十七年傳、公與免餘邑六十。襄公二十八年傳、與晏子邶殿、其鄙六十。此無論其爲賞爲加、率無常數、正可與司勳文相證。而彤定以二十里十五里、稽諸經傳、略無明文。又彤算畿內百萬井、去山陵林麓等三十六萬井、存田六十四萬井、以爲三分去一、本於班固刑法志。今考百萬井而去三十六萬井、乃二十五分而去九。班志本不云三分去一、彤所引殊爲誤記。且班志非爲周官作注、故立算不必盡據經文。今彤既據經文、卽當參校經義、求其脗合。考鄭載師注、算近郊百里、則用三分去一之法。蓋近郊以內、不易之地家百畝、一易之地家二百畝、再易之地家三百畝、相通三夫而受六夫之地。至六遂以外、上地家百畝、萊五十畝、中地家百畝、萊百畝、下地家百畝、萊二百畝、相通六夫而受十三夫之地。其所受之田、既較近郊爲加多、則所去之地、卽當較近郊爲加少。故郊內三分去一、而遂外僅十八分去五也。夫以三分去一算遂外之地、且猶病其過多、而況於二十五分而去九乎。此不信鄭注之所以疎也。至謂遂人十夫亦爲井田、乃襲宋人緒論、尤疎於考校。然其百慮一失者、僅此三四條耳。亦可云湛深經術者矣。

周禮疑義舉要七卷、安徽巡撫採進本、

國朝江永撰。永字愼修、婺源人。是書融會鄭注、參以新說、於經義多所闡發。其解考工記二卷、尤爲精核。如經文六尺有六寸之輪、軹崇三尺有三寸也。加軫與轐焉、四尺也。軫圍尺一寸、見於經文、而轐圍不著。幷軫轐以求七寸之崇、頗爲難合。鄭注亦未及詳解。永則謂軫方徑二寸七分有半、自軸心上至軫面、總高七寸、轂入輿下、左右軓在轂上、須稍高容轂轉、故轂上必有轐庋之。轐之圍徑無正文。輈人當兔之圍、居輈長十之一、方徑三寸六分。輈亦在輿下庋輿者、則兔圍與當兔同可知。軸半徑二寸二分、加轐方徑三寸六分、其高五寸八分。以密率算、轂半徑五寸一分弱、中間距軓七分強、可容轂轉。以五寸八分、加後軫出轐上者約一寸二分總高七寸。輿版之厚上與軫平，亦以一寸二分爲率。後軫在輿下餘一寸五分，輈踵爲闕曲以承之。算加軫與轐之七寸，當從輈算起，蓋輈在軸上，必當輿底相切，而兩旁伏兔亦必與輈齊平，故知輈之當兔圍，必與兔圍等大。後不言兔圍者，因輈以見云云。考釋名曰：軫橫在前，如臥牀之有枕也。枕，橫也，橫在下也。薦版在上，如薦席也。似輿版在上而軫在下。永謂軫面與輿版相平，似乎不合。然輿版之下仍餘軫一寸五分，則其說仍不相悖。又考說文曰：轐，車伏兔下革也。則是伏兔鉗轂之處，尚有革承其閒。永算伏兔距轂祟三寸六分，而伏兔下革厚尚未算入，要其增分甚微，固亦無妨於約算也。又經文曰：參分其隧，一在前，二在後，以揉其式。式之制，具詳於曲禮孔疏。其說謂車箱長四尺四寸而三分，前一後二，橫一木，下去車牀三尺三寸，謂之爲式。又於式上二尺二寸橫一木，謂之爲較。至宋林希逸，又謂揉者揉其木使正直而爲之。永則謂揉兩曲木，自兩旁合於前，通車前三分隧之一，皆可謂之式。式祟三尺三寸，并式深處言之。兩端與兩輢之植軹相接，軍中望遠，亦可一足履前式，一足履旁式。左傳長勺之戰，登軾而望是也。若較在式上，如何能登軾而望。若較於隧三分之前橫架一木，則在陰版之內，車外不見式矣。記如何云苟有車必見其式云云。考鄭注曰：兵車之式深尺四寸三分寸之二，則經所云一在前者皆爲式。凡一尺四寸有奇之地，注始得云式深。若僅於兩輢之中橫架一木，名之曰式，則一木前後更不爲式，注又何得以深淺度式乎。孔疏謂橫架一木於車箱內，蓋未會鄭注式深二字之義。又鄭注云：較，兩輢上出式者。兩輢則兩箱版也。上出式而度之以兩輢，則兩較各在兩箱之上明矣。故釋名曰：較在箱上。不云較在式上，是其明證。孔疏之誤顯然。至於經文凡云揉者，皆揉之使曲，而希逸反謂揉之使直，尤屬不考。均不及永之所說確鑿有徵。其他援引典核，率皆類此。其於古制，亦可謂考之詳矣。

右禮類周禮之屬，二十二部，四百五十三卷，皆文淵閣著錄。

案：周禮古謂之周官，欽定三禮義疏已復其本名。以諸家注本題周禮者十之九，難於一一追改，故姑從鄭元以來相沿之稱。

欽定四庫全書總目卷十九

欽定四庫全書總目卷二十

經部二十

禮類二

儀禮注疏十七卷（內府藏本）

漢鄭元注，唐賈公彥疏。儀禮出殘闕之餘，漢代所傳凡有三本：一曰戴德本，以冠禮第一，昏禮第二，相見第三，士喪第四，既夕第五，士虞第六，特牲第七，少牢第八，有司徹第九，鄉飲酒第十，鄉射第十一，燕禮第十二，大射第十三，聘禮第十四，公食第十五，覲禮第十六，喪服第十七。一曰戴聖本，亦以冠禮第一，昏禮第二，相見第三，其下則鄉飲第四，鄉射第五，燕禮第六，大射第七，士虞第八，喪服第九，特牲第十，少牢第十一，有司徹第十二，士喪第十三，既夕第十四，聘禮第十五，公食第十六，覲禮第十七。一曰劉向別錄本，即鄭氏所注。賈公彥疏謂別錄尊卑吉凶次第倫序，故鄭用之；二戴尊卑吉凶雜亂，故鄭不從之也。其經文亦有二本：高堂生所傳者謂之今文，魯恭王壞孔子宅得亡儀禮五十六篇，其字皆以篆書之，謂之古文。元注參用二本：其從今文而不從古文者，則今文大書，古文附注，士冠禮闑西閾外句注古文闑爲槷，閾爲蹷是也；從古文而不從今文者，則古文大書，今文附注，士冠禮醴辭孝友時格句注今文格爲嘏是也。其書自元以前絕無注本，元後有王肅注十七卷，見於隋志。然賈公彥序稱周禮注者則有多門，儀禮所注後鄭而已，則唐初肅書已佚也。爲之義疏者有沈重，見於北史；又有無名氏二家，見於隋志。

然皆不傳。故賈公彥僅據齊黃慶隋李孟悊二家之疏、定爲今本。其書自明以來、刻本舛譌殊甚。顧炎武日知録曰、萬歷北監本十三經中、儀禮脱誤尤多。士昏禮脱壻授綏姆辭曰未教不足與爲禮也一節十四字、賴有長安石經、據以補此一節、而其注疏遂亡。鄉射禮脱士鹿中翿旌以獲七字。士虞禮脱哭止告事畢賓出七字。特牲饋食禮脱舉觶者祭卒觶拜長者答拜十一字。少牢饋食禮脱以授尸坐取簞興七字。此則秦火之所未亡、而亡於監刻矣云云。蓋由儀禮文古義奥、傳習者少、注釋者亦代不數人、寫刻有譌、猝不能校、故紕漏至於如是也。今參考諸本、一一釐正、著於録焉。

儀禮識誤三卷、永樂大典本、

宋張淳撰。淳字忠甫、永嘉人。是書乃乾道八年兩浙轉運判官直祕閣曾逮刊儀禮鄭氏注十七卷、陸氏釋文一卷、淳爲之校定、因舉所改字句、彙爲一編。其所引據、有周廣順三年及顯德六年刊行之監本、有汴京之巾箱本、有杭之細字本、嚴之重刊巾箱本、參以陸氏釋文賈氏疏、覈訂異同、最爲詳審。近世久無傳本、故朱彝尊經義考以爲已佚。惟永樂大典所載諸條、猶散附經文之後、可以綴録成編。其鄉射大射二篇適在永樂大典闕卷中、則不可復考矣。朱子語録有曰、儀禮人所罕讀、難得善本。而鄭注賈疏之外、先儒舊說多不復見、陸氏釋文亦甚疎略。近世永嘉張淳忠甫校定印本、又爲一書以識其誤、號爲精密、然亦不能無舛謬。又曰、張忠甫所校儀禮甚仔細、較他本爲最勝。今觀其書、株守釋文、往往以習俗相沿之字轉改六書正體。則朱子所謂不能無舛謬者、誠所未免。然是書存而古經漢注之譌文脱句藉以考識、舊槧諸本之不傳於今者亦藉以得見崖略。其有功於儀禮、誠非淺小。今覆加檢勘、各疏明其得失、俾瑜瑕不揜。其原本殘闕數處、亦考訂補輯、附於下方。其書宋史藝文志作一卷、而陳振孫書録解題作三卷。考淳自序言、哀所校之字、次爲二卷、以釋文誤字爲一卷、附其後、總爲三卷。則宋志一卷爲傳寫之誤明矣。今仍釐爲三卷、存其舊焉。

儀禮集釋三十卷、永樂大典本、

宋李如圭撰。如圭字寶之、廬陵人。官至福建路撫幹。案文獻通考引宋中興藝文志曰、儀禮既廢、學者不復誦習。乾道閒有張淳始訂其譌、爲儀禮識誤。淳熙中、李如圭爲集釋、出入經傳、又爲綱目以別章句之旨、爲釋宫以論宫室之制。朱熹嘗與之校定禮書、蓋習於禮者云云。則如圭當與朱子同時。而陳振孫書録解題言如圭淳熙癸丑進士。文獻通考引振孫語、又作紹興癸丑進士。考淳熙紀元凡十六年、中閒實無癸丑。紹興癸丑爲高宗改元之三年。朱子校正儀禮、乃在晚歲。疑當爲紹熙癸丑。陳氏馬氏竝譌一字也。宋自熙寧中廢罷儀禮、學者鮮治是經。如圭乃全録鄭康成注、而旁徵博引、以爲之釋。多發賈公彥疏所未備。又撰綱目、釋宫各一篇。世無傳本、故朱彝尊經義考云俱未見。今從永樂大典録出、排纂成書。十七篇中、首尾完具者尚十五篇。惟鄉射大射二篇在永樂大典闕卷內、其綱目一篇亦闕。無從考補、姑仍其舊。然已得其十之九矣。儀禮一經、因治之者希、經文併注、往往譌脱。如圭生於南宋、尚見古本、今據以校正、補注疏本經文脱字二十四、改譌字十四、刪衍字十、補注文脱字五百有三、改譌字一百三十二、刪衍字一百六十九。竝參考唐石經及陸德明經典釋文、張淳儀禮識誤及各本文句字體之殊、應加辯證者、不勝指數、各附案語於下方。其鄉射大射兩篇、如圭之釋雖佚、亦參取惠棟沈大成二家所校宋本、證以唐石經本、補經文脱字七、改譌字四、刪衍字二、補注文脱字四十一、改譌字三十九、刪衍字十七、以成儀禮之完帙。如圭舊本本十七篇、篇自爲卷。其閒文句稍繁者、篇頁太多、難於分帙。今析之得三十卷。其釋宫則仍自爲一書、別著於録焉。

儀禮釋宫一卷、永樂大典本、

宋李如圭撰。如圭既爲儀禮集釋、又爲是書以考論古人宫室之制。仿爾雅釋宫、條分臚序、各引經記注疏、參考證明。如據顧命東西序東西夾東西房之文、證寢廟之制異於明堂、而不用鄭志成王崩在鎬京、宫室因文武不改作、故制同諸侯之說。案鄭志此條見顧命孔疏、又如大夫士東房西室之說、雖仍舊注、而據聘禮賓館於大夫士、證其亦有右房。據鄉飲酒及少牢饋食、證大夫士亦有左房東房之稱、與天子諸侯言左對右、言東對西者同。其辨析詳明、深得經意、發先儒之所未發、大抵類此。非以空言說禮者所能也。考朱子大全集亦載其文、與此大略相同，惟無序引。宋中興藝文志稱朱子嘗與之校定禮書，疑朱子固嘗錄如圭是篇，而集朱子之文者遂疑為朱子所撰，取以入集，猶蘇軾書劉禹錫語題姜秀才課冊，遂誤編入軾集耳。觀朱子儀禮經傳通解於鄉飲酒薦出自左房、聘禮賓右房，皆但存賈疏，與是篇所言不同，是亦不出朱子之一證矣。古者宮室皆有定制，歷代屢更，漸非其舊。如序、楹、楣、阿、箱、夾、牖、戶、當榮、當碑之屬，讀儀禮者尚不能備知其處，則於陳設之地、進退之位，俱不能知，甚或以後世之規模臆測先王之度數，殊失其真。是編之作，誠治儀禮者之圭臬也。宋陳汶嘗序集釋，刻之桂林郡學舍，兼刻是篇。今刻本不傳，惟永樂大典內全錄其文，別為一卷，題云李如圭儀禮釋宮。蓋其所據猶為宋本。今據以錄出，仍與集釋相附。其閒字句與朱子本稍有異同，似彼為初槀，此為定本。今悉從永樂大典所載，以存如圭之舊焉。

儀禮圖十七卷、儀禮旁通圖一卷（內府藏本）

宋楊復撰。復字茂才，號信齋，福州人。鄭逢辰為江西漕，以所撰儀禮經傳通解續獻於朝，贈文林郎。是書成於紹定元年戊子。書錄解題謂成於淳祐中，蓋未核其自序也。序稱嚴陵趙彥肅作特牲、少牢二禮圖，質於朱子。朱子以為更得冠昏圖及堂室制度并考之，乃佳。復因原本師意，錄十七篇經文，節取舊說，疏通其意，各詳其儀節陳設之方位，繫之以圖，凡二百有五。又分宮廟門、冕弁門、牲鼎禮器門，為圖二十有五，名儀禮旁通圖，附於後。其於是經，可謂用心勤摯。惟是讀儀禮者必明於古人宮室之制，然後所位所陳，揖讓進退，不失其方，故李如圭儀禮集釋、朱子儀禮經傳通解皆特出釋宮一篇，以總挈大綱，使眾目皆有所麗。是書獨廢此一門，但隨事立圖，或縱或橫，既無定向，或左或右，僅列一隅，遂似滿屋散錢，紛無條貫。其見於宮廟門僅止七圖，頗為漏略。又遠近廣狹，全無分數，如序外兩夾，劉熙釋名所謂在堂兩頭故曰夾是也。圖乃與房室竝列，則公食大夫禮宰東夾北西面，疏云位在北堂之南，特牲饋食禮豆籩鉶在東堂，注云房中之東當夾北者，皆茫然失其處所矣。門與東西塾同在一基，圖乃分在東隅、西隅，則士虞禮七俎在西塾之西無其地，及士冠禮擯者負東塾之類，皆非其處所矣。如斯之類，殊未能條理分明。然其餘諸圖，尚皆依經繪象，約舉大端，可粗見古禮之梗概，於學者不為無裨。一二舛漏，諒其剏始之難工可也。

儀禮要義五十卷（浙江吳玉墀家藏本）

宋魏了翁所撰九經要義之一。於每篇各為條目，而節取注疏，錄於下方，與周易要義略同。蓋其著書本例如是也。儀禮一經，最為難讀，諸儒訓詁亦稀。其著錄於史者，自喪服諸傳外，隋志僅四家，舊唐志亦僅四家，新唐志僅三家，今惟鄭元注、賈公彥疏存耳。鄭注古奧，既或猝不易通，賈疏文繁句複，雖詳贍而傷於蕪蔓，端緒亦不易明。朱子語錄謂其不甚分明，蓋亦有故。了翁取而刪劉之，分臚綱目，條理秩然，使品節度數之辨，展卷即知，不復以辭義轇轕為病。其梳爬剔抉，於學者最為有功。雖所采不及他家，而儀禮之訓詁備於鄭、賈之所說，鄭、賈之精華備於此書之所取。後來詮解雖多，大抵以注疏為藍本，則此書亦可云提其要矣。

儀禮逸經傳二卷（兩江總督採進本）

元吳澄撰。澄有易纂言，已著錄。是編捃拾逸經，以補儀禮之遺。凡經八篇，曰投壺禮，曰奔喪禮，取之禮記；曰公冠禮，曰諸侯遷廟禮，曰諸侯釁廟禮，取之大戴禮記，而以小戴禮記相參定；曰中霤禮，曰禘於太廟禮，曰王居明堂禮，取之鄭康成三禮注所引逸文。其編次先後，皆依行禮之節次，不盡從其原文。蓋倣朱子儀禮經傳通解之例。其引二戴記，著所出，鄭注不著所出，則與王應麟鄭氏易同。由古人著書不及後來體例之密，不足異也。其傳十篇，則皆取之二戴記，曰冠儀，曰昏儀，曰士相見儀，曰鄉飲酒儀，曰鄉射儀，曰燕儀，曰大射儀，曰聘儀，曰公食大夫儀，曰朝事儀。其鄉射儀、大射儀取禮記射義篇所陳天子諸侯卿大夫之射，釐之為二。其士相見、公食大夫二儀，則取宋劉敞之所補。敞擬記而作者尚有投壺儀一篇，亦見公是集中。澄偶遺之，明何喬新嘗取以次朝事儀後，并為之跋。通志堂刻九經解，復佚其文，蓋所據乃未補之舊本，非喬新本也。又閻若璩尚書古文疏證第二十一篇曰：漢興，高堂生傳禮十七篇，孔壁出多三十九篇，謂之逸禮。平帝時，王莽立之，旋廢，猶相傳至東漢，鄭康成注三禮，曾引之。天子巡狩禮云，制幣丈八尺，純四䄛。中霤禮云，以功布為道布，屬於凡烝嘗禮云射豕者單禮云無干車無自後射朝貢禮云純四𥿄制丈八尺禘於太廟禮云日用丁亥不得丁亥則己亥辛亥亦用之無則苟有亥焉可也又中霤禮云凡祭五祀於廟用特牲有主有尸皆先設席於奧祀戶之禮南面設主於戶內之西乃制脾及腎爲俎奠於主北又設盛於俎西祭黍稷祭肉祭醴皆三祭肉脾一腎再旣祭徹之更陳鼎俎設饌於筵前迎尸畧如祭宗廟之儀王居明堂禮云出十五里迎歲又云帶以弓韣禮之禖下其子必得天材又云季春出疫於郊以攘春氣又中霤禮云祀竈之禮先席於門之奧東面設主於竈陘乃制肺及心肝爲俎奠於主西又設盛於俎南亦祭黍三祭肺心肝各一祭醴三亦旣祭徹之更陳鼎俎設饌於筵前迎尸如祀戶之禮又王居明堂禮云毋宿於國又中霤禮云祀中霤之禮設主於牖下乃制心及肺肝爲俎其祭肉心肺肝各一他皆如祀戶之禮又云祀門之禮北面設主於門左樞乃制肝及肺心爲俎奠於主南又設盛於俎東其他皆如祭竈之禮又王居明堂禮云仲秋九門磔攘以發陳氣禦止疾疫又云仲秋農隙民畢入於室曰時殺將至毋罹其災又云季秋除道致梁以利農也又中霤禮云祀行之禮北面設主於軷上乃制腎及脾爲俎奠於主南又設盛於俎東祭肉腎一脾再其他皆如祀門之禮又王居明堂禮云孟冬之月命農畢積聚繫牧牛馬又云季冬命國爲酒以合三族君子說小人樂又云仲秋乃命國醵逸奔喪禮云不及殯日於又哭猶括髮卽位不袒告事畢者五哭而不復哭也又云哭父族與母黨於廟妻之黨於寢朋友於寢門外壹哭而已不踊又云凡拜吉喪皆尙左手又云無服袒免爲位者唯嫂與叔凡爲其男子服其婦人降而無服者麻凡二十五條爲篇名者八吳草廬逸經八篇僅及其三云云則亦不免有所疏漏然較之汪克寬書則條理精密多矣明一統志沇州劉有年洪武中爲監察御史永樂中上儀禮逸經十有八篇楊愼求之內閣不見其書朱彝尊經義考謂有年所進卽澄此本逸經八篇傳十篇適符其數其說似乎有據今世傳內閣書目惟載澄書不著有年姓名蓋當時亦知出於澄矣

儀禮集說十七卷（兩江總督採進本）

元敖繼公撰繼公字君善長樂人家於吳興趙孟頫嘗從受業後以江浙平章高彥敬薦授信州教授是書成於大德辛丑前有自序稱鄭康成注疵多而醇少刪其不合於經者意義有未足則取疏記或先儒之說以補之又未足則附以一得之見又疑喪服傳違悖經義非子夏作皆未免南宋末年務詆漢儒之餘習然於鄭注之中錄其所取而不攻駁所不取無吹毛索瘢百計求勝之心蓋繼公於禮所得頗深其不合於舊說者不過所見不同各自抒其心得初非矯激以爭名故與目未睹注疏之面而隨聲佐鬬者有不同也且鄭注簡約又多古語賈公彥疏尙未能一一申明繼公獨逐字研求務暢厥旨實能有所發揮則亦不病其異同矣卷末各附正誤考辨字句頗詳知非徒騁虛詞者其喪服傳一篇以其兼釋記文知作於記後又疑爲鄭康成散附經記之下而不敢移其舊第又十三篇後之記朱子經傳通解皆割裂其語分屬經文各條之下繼公則謂諸篇之記有特爲一條而發者有兼爲兩條而發者有兼爲數條而發者亦有於經義之外別見他禮者不敢移掇其文失記者之意自比於以魯男子之不可學柳下惠之可卷末特爲後序一篇記之則繼公所學猶有先儒謹嚴之遺固異乎王柏吳澄諸人奮筆而改經者也

經禮補逸九卷（兩淮馬裕家藏本）

元汪克寬撰克寬字德輔祁門人泰定丙寅舉於鄉元亡不仕明初徵修元史以老疾辭歸洪武五年卒於家事蹟具明史儒林傳是書取儀禮周官大小戴記春秋三傳以及諸經之文有涉於禮者以吉凶軍賓嘉五禮統之吉禮之目六十有八凶禮之目五十有七軍禮之目二十有五賓禮之目十有三嘉禮之目二十有一而以禮經附說終焉克寬究心道學於禮家度數非所深求於著書體例亦不甚講如每條必標出典是矣乃一類之中條條連綴書之合爲一篇文相屬而語不屬遂參差無緒又此書實考典文非考故事乃多載春秋失禮之事雜列古制之中如祠禮之昭公十五年有事於武宮嘗禮之桓公十四年壬申御廩災乙亥嘗烝禮之桓公八年正月五月再烝大閱禮之桓公六年秋八月大閱朝禮春秋之書朝三十六遇禮隱公四年公及宋公遇于淸會禮之春秋書

會九十五錫命禮之莊公元年王使榮叔錫桓公命燕饗禮之莊公四年夫人饗齊侯于祝丘尚略繫以論說糾正其謬至於祫嘗禮之文公二年躋僖公又諸侯大祫禮亦引此條賻賵禮之隱公元年宰咺歸惠公仲子之賵三年武氏子來求賻襚禮之襄公二十八年楚人使公親襚會葬禮之襄公二年諸姜宗婦來送葬皆失禮之尤乃臚列其文不置一語不幾使讀者謂古禮當如是乎至於祭寒暑禮下誣鄭康成徒見木鐸徇令一節與夏書孟春合遂指正月爲夏正似未見隋書經籍志載康成注書祗有二十九篇又王居明堂禮謂月令漢儒所作指爲呂不韋作者不知何據似未見呂氏春秋有十二月紀亦殊疎漏程敏政篁墩集有書是書後曰環谷汪先生著書凡十餘種先生既歿悉被一人竊去攘爲己書經禮補逸一編尤號精確乃百計購得之其原本雖被改竄然有附麗而無刓補眞贋之迹皦然甚明先生元孫文彙等力圖刊布因爲手校且摹先生之像於編首別爲附錄一卷云云此本有附錄關文行狀之類而無其像亦無敏政此跋或後人別得改竄之本刻之歟以其元人舊帙議論尚不失醇正姑存以備一家焉

欽定儀禮義疏四十八卷

乾隆十三年

御定三禮義疏之第二部也其詮釋七例與周官義疏同分經文爲四十卷冠以綱領一卷釋宮一卷不入卷數殿以禮器圖四卷禮節圖四卷儀禮至爲難讀鄭注文句古奧亦不易解又全爲名物度數之學不可以空言騁辯故宋儒多避之不講即偶有論述亦多不傳惟元敖繼公儀禮集說疏通鄭注而糾正其失號爲善本故是編大旨以繼公所說爲宗而參核諸家以補正其舛漏至於今文古文之同異則全採鄭注而移附音切之下經文記文之次第則一從古本而不用割附之說所分章段則多從朱子儀禮經傳通解而以楊復敖繼公之說互相參校釋宮則用朱子點定李如圭本禮器則用聶崇義三禮圖本禮節用楊復儀禮圖本而一一刊其譌繆拾其疎脫毫釐數百年庋閣之塵編搜剔疏爬使疑義奧詞渙然冰釋先王舊典可沿溯以得其津涯考證之功實較他經爲倍徙豈非遭遇

聖朝表章古學萬世一時之嘉會歟

儀禮鄭注句讀十七卷附監本正誤石經正誤二卷　浙江鮑士恭家藏本

國朝張爾岐撰爾岐有周易說略已著錄是書全錄儀禮鄭康成注摘取賈公彥疏而略以己意斷之因其文古奧難通故並爲之句讀馬端臨文獻通考載其父廷鸞儀禮注疏序稱其家有景德中官本儀禮疏正經注語皆標起止而疏文列其下因以監本附益之手自點校并取朱子禮書與其門人高弟黃氏楊氏續補之編分章析條題要其上今廷鸞之書不傳爾岐是編體例略與相近案禮記曰一年視離經辨志注曰離經斷句絕也則句讀爲講經之先務沈約宋書樂志於他樂歌皆述書惟鐸舞曲聖人制禮樂篇有聲音而無文義恐迷其句遂每句空一字書之則離句者爲之離析亦古法也至於字句同異考證尤詳所校除監本外則有唐開成石經本元吳澄本及陸德明音義朱子與黃榦所次經傳通解諸家其謬誤脫落衍羨顚倒經注混淆之處皆參考得實又明西安王堯惠所刻石經補字最爲舛錯亦一一駁正蓋儀禮一經自韓愈已苦難讀故習者愈少傳刻之譌愈甚爾岐茲編於學者可謂有功矣顧炎武少所推許而其與汪琬書云濟陽張君稷若名爾岐者作儀禮鄭注句讀一書頗根本先儒立言簡當以其人不求聞達故無當時之名而其書實似可傳使朱子見之必不僅謝監嶽之稱許也又其廣師一篇曰獨精三禮卓然經師吾不如張稷若乃推挹之甚至非徒然也爾岐蒿菴集中有自序一篇稱尚有吳氏儀禮考注訂誤一卷今不在此編中然此編乃新刊之本無所佚脫或是卷又自別行歟

儀禮商二卷附錄一卷　浙江巡撫採進本

國朝萬斯大撰斯大字充宗鄞縣人是書取儀禮十七篇篇爲之說頗有新義而亦勇於信心前有應撝謙序稱善其覃思而嫌其自用亦篤論也其聘禮解衣之裼裘謂裘外之衣謂之裼衣裼衣即禮服聘禮既聘而享賓主皆裼以將事推此則凡裘外之裼衣皆禮服矣考聘禮鄭注曰裼者免上衣見裼衣則裼衣之上更有衣明矣賈疏曰假令冬有裘襯身禪衫又有襦袴襦袴之上有裘裘上有

褐衣、褐衣之上又有上服、皮弁祭服之等、則禮服也。如斯大之說、則裼衣之上不得更有皮弁祭服之等矣。至玉藻所謂君衣狐白裘、錦衣以裼之。蓋諸侯皮弁視朔、特以錦衣爲裼、未聞其不加皮弁服而專用錦衣也。玉藻又謂、君子狐青裘、豹褎、元綃衣以裼之。大夫助祭、服爵弁純衣。亦特以元綃衣爲裼、未聞其不用純衣而用元綃衣也。然則謂裼衣之上無禮服、不特迕注、且悖經矣。斯大又謂襲衣乃於裼衣上加深衣。蓋裼衣直衿、故露美。深衣交衽、故不露美也。今即以聘服皮弁考之、皮弁服之下爲朝服、朝服之下爲元端、元端之下爲深衣。深衣爲庶人之服、聘禮重聘而輕享、若享時皮弁而裼、聘時深衣而襲、則聘服反殺於享服三等矣、隆殺之義何在乎。且主國之君與使臣行聘於廟、而各服庶人之服以相見、以爲此其充美、無是理也。其廟寢圖列東西箱在東西堂之下、如今廊廡。考公食大夫禮云、賓升、公揖退於箱。又云、公降、再拜。若箱在堂下、則既退於箱、又何降乎。故鄭注以箱爲堂上東夾之前。漢書董賢傳、太皇太后召大司馬賢、引見東箱、則東箱非廊廡閒明矣。王延壽魯靈光殿賦曰、右个清晏。李善注引杜預左傳注曰、个、東西箱也。東西个在堂上、則東西箱不在堂下明矣。斯大所圖、亦非經義也。然斯大學本淹通、用思尤銳。其合處往往發明前人所未發。卷末附荅應嗣寅書、辨治朝無堂、尤爲精核。棄所短而取所長、亦深有助於考證也。

儀禮述注十七卷、福建巡撫採進本

國朝李光坡撰。光坡有周禮述注、已著錄。是書取鄭注賈疏、總撮大義、而節取其辭、亦閒取諸家異同之說、附於後。其中注疏原文有可刪削者。如士冠禮筮人執筴抽上韇、注曰、今時藏弓矢者謂之韇丸也。考左傳昭公二十五年、公徒釋甲執冰而踞、杜注、冰、韇丸。或云、韇丸、箭筩。方言曰、弓藏謂之韔、或謂之韇丸。後漢書南匈奴傳曰、今齎雜繒五百匹、弓韔韇丸一、矢四發、遣遺單于。廣雅作皾丸。此傍借韇丸以明韇字之訓、非經之正義、刪之可也。至如士冠禮贊者洗于房中、側酌醴注、贊酌者、賓尊、不入房。光坡節此二句、則賓不自酌而用贊者、義遂不明、爲刪所不應刪矣。又注載古文今文、最關經義。如士喪禮設決麗于擘注、引古文擘作捥。考管子弟子職、飯必捧擥、羹不以手。呂覽本味篇、述蕩之擥、高誘注曰、擥、古手捥之字也。據此、則以古文之捥證今文之擥、義更明晰。而光坡槪節之、亦爲太簡。其旁採諸家之言、尤時有未審。如公食大夫禮曰、飲酒漿飲俟於東房。注、飲酒先言飲、明非獻酬之酒也。又曰、宰夫右執觶、左執豐、進設於豆東。注、食有酒者、優賓也。光坡引楊孚之說曰、上飲酒漿飲俟于東房、疏云、酒漿皆以酳口、此進設于豆東。疏又云、漿以酳口、不用酒。主人猶設之、是以優賓。兩說牴牾不同。下文祭飲酒于上豆之閒、魚腊醬湆不祭、夫魚腊醬湆不祭、而祭飲酒、則知酒以優賓、但賓不舉耳、豈酳口之物哉。當以優賓之義爲正云云。今考賈前疏云、酒漿皆以酳口、謂二飲本竝設以待賓用也。後疏云、漿以酳口、不用酒、謂二飲雖竝設、其實賓止用漿耳。前後一義相承、竝無牴牾。楊氏殊未解疏意。至於鄭注優賓之義、亦謂賓酳口止用漿、而主人仍特設酒、故曰優賓。下文之祭飲酒、乃賓加敬以報酳禮之優、與他篇獻酬之酒祭酒不同。觀鄭上注明云飲酒非獻酬之酒、則爲飯後潔口之物可知。楊氏以設飲酒爲優賓、而謂飲酒非以酳口、於鄭注優賓之義亦爲未明。且考周禮酒人曰、共賓客之禮酒、飲酒而奉之。注、禮酒、饗燕之酒。飲酒、食之酒。賈疏、飲酒食之酒者、曲禮曰、酒漿處右、此非獻酬之酒、是酳口之酒。則楊氏謂飲酒非酳口之物、與酒人經注皆相矛盾矣。光坡取之、實未深考。然如士冠禮母拜受、子拜送、光坡謂母拜受乃受脯而拜、非拜子也。其義最允。蓋此拜受如大射儀主人盥洗象觚、升酌膳、東北面獻於公、公拜受、乃拜受觚、非公先拜其卿大夫也。又如特牲饋食禮、主人洗角、升酌酳尸、尸拜受、乃拜受角、非祖考先拜其子孫也。凡此之類、頗有可取。又如喪服記、夫之所爲兄弟服、妻降一等、萬斯同據以爲嫂叔有服之證。光坡不取其說、亦深有決擇。三禮之學、至宋而微、至明殆絕。儀禮尤世所罕習、幾以爲故紙而棄之。注其書者寥寥數家、即郝敬完解之類、稍著於世者、亦大抵影響揣摩、橫生臆見。蓋周禮猶可談王談霸、禮記猶可言敬言誠、儀禮則全爲度數節文、非空辭所可敷演、故講學家避而不道也。光坡此編、雖瑕瑜互見、然疏解簡明、使學者不患於難讀、亦足爲說禮之初津矣。

儀禮析疑十七卷（江蘇巡撫採進本）

國朝方苞撰。苞有周官集注，已著錄。是書大旨在舉儀禮之可疑者而詳辨之，其無可疑者並經文不錄。苞於三禮之學，周禮差深。晚年自謂治儀禮十一次，用力良勤。然亦頗勇於自信。如士冠禮緇布冠缺項，鄭康成讀缺如頍弁之頍，敖繼公則謂以緇布一條圍冠爲缺項，別以一物貫之，其兩相又以纓屬。自來講儀禮者多用其說。苞謂既有紒以束髮，何爲又以緇布圍冠？據經文乃以青組爲緇，後屬缺項，而前繫於兩相，以結於頤下。不知鄭氏讀缺爲頍，固爲改字，而別注云項中有緇，疏謂兩頭皆爲緇，別繩穿緇中結之。廣韻訓緇爲缺，類篇曰緇，結也。則鄭之此注，大可依據，明是缺項有布爲之結，然後加繩。敖繼公說猶有未詳，苞則去敖氏更遠矣。士昏禮納徵元纁束帛，苞云致幣之儀不具，何也，士庶人所通行，人皆知之。夫經文儷皮以下，既曰如納吉禮，則非以人所通行而略之也。且束帛爲十端，詳於周禮鄭注、禮記雜記注，十箇爲束，二端相向卷之，共爲一兩。苞第云執一兩以致辭，則一兩不知爲何語矣。有司徹侑俎二字，蓋總挈羊左肩左肫以下，下節阼俎，則以起羊肺諸品。而苞以前文有侑有俎，謂此衍文，果如所說，則與下阼俎不配，皆不詳考之故也。然其用功既深，發明處亦復不少。於士相見禮，辨注謂賓反見即有燕禮之非。辨張侯下綱之文所以見於鄉射，而不載於大射儀之故，皆由周禮以通之。於聘禮公答再拜，擯者出立於門中以相拜，以爲待公既拜，然後反還振幣。於覲禮侯氏迎于帷門之外，再拜，解使者不荅，以王命未宜，不敢受拜禮，皆細心體認，合乎經義。其他稱是者尚夥。檢其全書，要爲瑜多於瑕也。

儀禮章句十七卷（浙江吳玉墀家藏本）

國朝吳廷華撰。廷華字中林，初名蘭芳，仁和人。康熙甲午舉人，由中書舍人歷官福建海防同知。乾隆初，嘗薦修三禮。杭世駿榕城詩話，稱廷華去官後寄居蕭寺，穿穴賈孔，著二禮疑義數十卷。案廷華所著周禮疑義，今未之見，而此書則名章句，未審別有儀禮疑義抑或改名章句也。其書以張爾岐儀禮句讀過於墨守鄭注，王文清儀禮分節句讀以句讀爲主，箋注失之太略，因折衷先儒，以補二書所未及。每篇之中，分其節次，每節之內，析其句讀。其訓釋多本鄭賈箋疏，亦間採他說，附案以發明之。於喪禮尤爲詳審。如喪服嫡孫條，疏謂祖孫本非一體，此謂祖爲適子服斬，故於孫不重服，特隆於大功，疏說非是。士喪禮陳大斂具條，熬黍稷各二筐，敖繼公謂留此代奠，此獨從注說，謂設以聚蟻，去熬而蟻亦俱去，蓋善法也。又謂既夕禮皆木桁久之句，久當作廬，人灸諸牆之灸，柱也，以辨注疏之非。又謂祖奠主人當在柩東，奠在其南，則亦在柩東，注謂主人及奠俱在柩西，非是。頗見精確。惟於三年之喪，過信毛奇齡三十六月之說，不知此說倡自唐王元感，當時已爲禮官所駁。閻若璩潛邱劄記辨之尤悉，廷華蓋偶未考。又謂袒免之免，疑襯冠者。案疏謂髽與括髮，以麻布自項鄉前交於額上，卻繞紒，免亦如之，但布廣一寸爲異，未聞有襯冠。其說亦穿鑿。然其章分句釋，箋疏明簡，於經學固不爲無補也。

補饗禮一卷（浙江巡撫採進本）

國朝諸錦撰。錦有毛詩說，已著錄。是編以儀禮十七篇有燕禮，有公食大夫禮，而獨無饗禮。然其見於周官春秋傳禮記者，猶可得而考。元吳澄作纂言，及考注，嘗有補經八篇，補傳十篇，獨於饗禮之文未有特著。蓋緣聘覲篇中俱兼及饗食，謂其可以相通而略之，殊不知饗之爲禮也大，非一聘覲所能該。有祭帝祫祭之大饗，復有天子享元侯，兩君相見，及凡饗賓客之不同，使不自爲一篇，則雖諸書可考，亦無自而察其全。因據周官賓客之禮，聯事而比次之，並取左傳禮記中相發明者，條注於下，爲補饗禮一卷。考敖繼公儀禮集說序曰：公食大夫禮云，設洗如饗，謂如其公饗大夫之禮也，而今之經乃無是禮，則是逸之也云云。據其所考，則儀禮本有饗禮一篇，經文可證，錦之所補，非鑿空。且是編以周官爲宗，周禮固儀禮綱領，以經補經，固無背於不類，至於分注之傳記，證佐天然，咸有條理，尤非牽强附會之比。至薦籩不薦籩之異文，庭燎門燎掌于閽人甸人之殊說，並兩存其義，不生穿鑿，亦勝於空談臆斷之學。雖寥寥不滿二十葉，而古典所存，足資考證，不以其篇帙之少而廢也。

禮經本義十七卷（浙江巡撫採進本）

國朝蔡德晉撰。德晉字仁錫，無錫人。雍正丙午舉人。

乾隆初以揚名時薦官司務是書前十六卷皆本經第十七卷附吳澄所輯逸禮八篇皆引朱子元明以來諸家之說與注疏互相參證大旨皆不戾於古名物制度考辨頗悉亦閒出新義如士冠禮文白屨以魁柎之鄭注魁屨蛤柎注也蓋以蛤灰柎注於屨取其潔素說文所云魁蛤是其確證乃引萬斯大之說謂魁以木為之明時巾帽以木為範名曰魁頭蓋本於此殊不免杜撰無稽然如士冠禮經文曰卽筵坐櫛設笄敖繼公以為固冠之笄德晉則謂笄有二種一是髻內安髮之笄一是弁冕固冠之笄此未加冠明是安髮之笄繼公所說為誤則亦頗辨析精密為前儒所未及也

宮室考十三卷江蘇巡撫採進本

國朝任啟運撰啟運有周易洗心已著錄是書於李如圭釋宮之外別為類次曰門曰觀曰朝曰廟曰寢曰塾曰宁曰等威曰名物曰門大小廣狹曰明堂曰方明曰辟雍考據頗為詳核惟謂房東為東廂西為西廂北墉東墉西墉南戶屬諸堂東為東堂西為西堂堂上東西牆曰序序東為東夾室西為西夾室南墉東墉西墉北戶偏諸東為東堂西為西堂如其所說則東西廂在房之東西東西夾室在堂之東西東西廂之南東西夾室之北則四東西堂矣然考之經傳實全無根據儀禮覲禮篇注曰東箱東夾之前相翔待事之處特牲饋食禮注曰西堂西夾之前近南疏曰卽西箱也爾雅釋宮曰室有東西廂曰廟郭璞注曰夾室前堂據此則東西廂卽東西堂明在東西夾室之前而啟運謂在東西夾室之後誤矣公食大夫禮曰公揖退於箱下公受宰夫束帛以侑西鄉立注云箱東夾之前俟事之處受束帛於序端蓋東廂卽接序端公當於序端受束帛故先立於東廂以俟之地近則事便也若東廂在東房之東夾室之北則南距序端中間隔一正堂使於此而俟事則往來不便孰甚焉是證以經文無一相合又漢書周昌傳呂后側耳於東箱聽顏師古注曰正寢之東西室皆曰箱若東箱僻在房東遠在夾北則又何從側耳聽乎又金日磾傳莽何羅從外入從東箱上見日磾色變走趨臥內蓋從東堂趨室內故云從外入也若東廂在房東夾北則是從內出矣後漢書周舉傳天子親自露坐德陽殿東廂請雨則東廂不應在房東夾北明矣是核以史事亦無一相合且儀禮燕禮小臣共槃匜在東堂下注曰為公盥也下又云公降盥蓋降東階就槃匜故共槃匜在東堂下就近也啟運謂東堂在東夾北則是公降盥於東夾北之堂下豈經義乎又特牲饋食禮主婦視饎爨於西堂下注曰近西壁南齊于坫如東堂在東夾北則注於堂下當云北齊于坫矣啟運不究儀禮全經自立新說其失如此又謂周之為學者五中曰成均左之前曰東膠左之後曰東序右之前曰瞽宗右之後曰虞庠於四郊先為四國學南之東曰東膠北之東曰東序南之西為瞽宗北之西為虞庠今考周太學曰東膠在公宮南之左小學曰虞庠在西郊見於王制注三代之學所在無文至劉敞始謂辟廱居中其北為虞學其東為夏學其西為殷學至陸佃禮象始謂辟廱居中其南為成均北為上庠東為東序西為瞽宗啟運蓋襲其說遂謂四代之學皆在學中而不考其無所出又三禮義宗曰凡立學之法有四郊及國中在東郊謂之東學在南郊謂之南學在西郊謂之西學在北郊謂之北學故鄭注祭義曰周有四郊之虞庠據此則周特為虞庠於四郊而啟運謂竝立東序瞽宗于郊尤為特創不足據也他若謂宗廟在雉門內引禮運仲尼與于蜡賓事畢出遊于觀之上穀梁傳禮送女毋不出祭門諸母兄弟不出闕門如此之類則頗為精審可以與鄭注相參矣儀禮一經久成絕學啟運能研究鉤貫使條理秩然雖閒有疵謬而大致精核要亦不愧窮經之目矣

肆獻祼饋食禮三卷兩江總督採進本

國朝任啟運撰是編以儀禮特牲少牢饋食禮皆士禮因據三禮及他傳記之有關於王禮者推之不得於經則求諸注疏以補之凡五篇一曰祭統二曰吉蠲三曰朝踐四曰正祭五曰繹祭其名則取周禮以肆獻祼享先王以饋食享先王之文每篇之內又各為節次每節皆先撮己說而自注其說之所出其後竝附載經傳較之黃榦所續祭禮更為精密其中如吉蠲篇省牲視濯節曰饗人概鼎廩人概甑甗司宮概豆籩及勺爵今考周禮天官世婦曰掌祭祀之事帥女宮而濯概為齍盛賈疏謂少牢濯概以饗人廩人司官者彼大夫家無婦官故幷使男子官此天子禮有婦官與彼異啟運

此書、既推天子之禮、而仍據少牢之文。則世婦帥女官濯溉之文、遂無歸宿。又列位節、啟運謂同姓皆在阼階、自北而南、以序昭穆爵位。則於一世中自西而東、以尊卑爲序。蓋世異則子不可先父、世同則弟不妨先兄。觀中庸於燕毛言序齒、則昭穆不序齒可知。案同姓之位、舊說多岐。文王世子、公族在宗廟之中、如外朝之位。宗人授事、以爵以官。中庸宗廟之禮所以序昭穆也。孔疏謂同姓無爵者從昭穆、有爵者則以官、與公侯列西階。孔意蓋欲使中庸與文王世子二義并歸一義。其說尚爲意測。祭統曰、凡賜爵、昭爲一、穆爲一、昭與昭齒、穆與穆齒、羣有司皆以齒。此之謂長幼之序。注曰、昭穆猶特牲少牢饋食禮之衆兄弟、則兄弟賜爵以齒、其位亦以齒、確有明文。啟運不用孔義、又不用鄭義、別刱昭穆不序齒之說、與經義殊爲不合。又正祭篇有薦幣節、自注云、據薛氏禮圖、鄭氏孔氏皆未及引大宰小宰文及大戴禮諸侯遷廟禮爲據。今考大宰曰、及祀之日、贊玉幣爵之事、上承祀五帝之文、不與宗廟相涉。小宰曰、凡祭祀贊玉幣爵之事、祼將之事。賈疏云、贊玉幣爵、據祭天而下云祼將、是據祭宗廟、則贊幣非祭宗廟明矣。大宗伯以玉作六器、其幣各以其方之色、亦是據祀五帝也。惟諸侯遷廟禮有云、祝聲三、曰孝嗣侯某敢以嘉幣告於皇考。今考宗廟之禮、惟告奠有幣、而祭無幣。故曾子問曰、凡告用牲幣。注曰、牲當爲制字之誤也。制幣一丈八尺。又大祝注云、告用牲幣、諸侯遷廟禮明云成廟將徙、敢告。又云告事畢、乃曰擇日爲祭焉。則告禮而非祭禮明甚。而啟運以之證宗廟正祭、亦爲牽附。又正祭篇曰、后又羞籩二、糗餌粉餈、羞豆二、酏食糝食、內饔贊薦。自注云、孔疏但云內饔薦、茲據薛氏禮圖。今考內饔職曰、凡宗廟之祭祀、掌割亨之事。無薦內羞明文。孔疏亦無所出。又春官內宗曰、掌宗廟之祭祀、薦加豆籩。夫加豆籩隆於內羞、王后已不親薦、況內羞乎。啟運沿薛圖之誤、亦爲失考。然大致綜覈諸家、首尾融貫、極有倫要。如后薦朝事豆籩、啟運列在納牲之前、薛圖列在三獻之後。今考內宰疏曰、王出迎牲、時祝延尸於戶外之西南面、后薦八豆籩、王牽牲入、則啟運之說確有所本。又考明堂位、君肉袒迎牲於門、夫人薦豆籩。其下云、君親牽牲、大夫贊幣而從。據此、則朝事薦豆籩、賈疏列在納牲之前甚確。薛圖舛謬、亦復顯然。又后薦饋食之豆籩、啟運列在五獻之前、薛圖列在五獻之後。今考鄭司尊彝注曰、饋獻薦孰時、后於是薦饋食之豆籩。云薦孰時、則其時初薦孰而未及五獻甚明。故少牢禮主婦薦韭菹醓醢葵菹蠃醢、尚在尸未入以前、即知后於饋食薦豆籩必不在五獻以後。凡此之類、啟運考正薛圖之誤、俱精核分明。存而錄之、與續儀禮通解亦可以詳略互考焉。

儀禮釋宮增注一卷、安徽巡撫採進本、

國朝江永撰。永有周禮疑義舉要、已著錄。是書取朱子儀禮釋宮一篇、案釋宮本李如圭之書、誤編於朱子集中。永作此書之時、永樂大典尚未顯於世、故不知非朱子之筆。今仍其原書所稱、而附著其故於此。爲之詳注、多所發明補正。其稍有出入者、僅一二條。而考證精密者、居十之九。如鄭注謂大夫士無左右房、朱子疑大夫士亦有西房而未決。考詩正義曰、鄉飲酒義尊于房戶之閒、賓主共之、由無西房、故以房與室戶之閒爲中。又鄉飲酒禮、席賓於戶牖閒、鄉飲酒義曰、坐賓于西北、則大夫士之戶牖閒在西、而房戶閒爲正中明矣。此大夫士無西房之顯證。永乃謂賓坐戶牖閒、主人自阼階上望之、若在西北、故云坐賓於西北、其實在北而正中。不知鄉飲酒義又云、坐介于西南、坐僎于東北。若以永說推之、則鄉飲酒注所謂主席阼階上、西面、介席西階上、東面、其東西正相向者、自主人望介、乃在西而不在西南也。鄉飲酒禮所謂僎席在賓東者、自主人望僎、乃在北而不在東北也。其說殊有難通。且鄉飲酒義亦云、主人坐于東南、即知坐賓西北、自據堂之西北、非主人之西北明矣。又詩斯干云、築室百堵、西南其戶、鄭箋謂天子之寢左右房、異於一房者之室戶也。永謂詩南東其畝、謂或南其畝、或東其畝、與此西南其戶、語勢正同。此燕寢室內或開西戶以達於東房。考燕寢西戶之制、不見於經。玉藻曰、君子之居恆當戶、寢恆東首、則燕寢也。而注以當戶爲嚮明、則燕寢之戶南嚮也。即以漢制考之、漢書龔勝傳云、勝爲牀室中、戶西南牖下、使者入戶西行、南面立、若爲西向之戶、則入戶即東行矣。然則燕寢戶皆南嚮、同於正寢。西嚮之說、略無所據也。其他若謂東夾西夾不當稱夾室、雜記大戴禮夾室二字、乃指夾與室言之、本各一處、注疏連讀之、故相沿而誤。又謂門屏之閒曰宁、乃路門之外，屏樹之內。邢疏前說爲得，其後說又以爲路門之內，則誤。又謂李巡爾雅注宁正門內兩塾間，乃與詩之著義同，非門屏間之宁也。如此之類，不可殫舉。其辨訂俱有根據，足證前人之誤。知其非同影響剽掇之學矣。

儀禮小疏一卷（江蘇巡撫採進本）

國朝沈彤撰。彤有尚書小疏，已著錄。是書取儀禮士冠禮、士昏禮、公食大夫禮、喪服、士喪禮五篇，爲之疏箋，各數十條。每篇後又各爲監本刊誤，卷末附左右異尚考一篇。考證頗爲精核。如謂牲二十一體兼有髀，周禮內饔及士昏禮兩疏，乃不數髀，陳祥道則去髀而用觳，殊爲舛誤。又謂祥道以骨折乃止折脊脅，不及肩臂臑之骨。不知士虞記云，用專膚爲折俎，取諸脰膉。折亦謂之折俎，則脊脅亦折可知。又辨萬斯大解緇布缺項及廟寢之誤。又辨士喪禮衆主人在其後，鄭注所云庶昆弟于死者乃爲衆子，是斬衰之親。敖繼公謂齊衰大功之親殊誤。又謂婦人俠牀東面，鄭注所云妻妾子姓乃謂死者之妻。萬斯大乃云凡儀禮喪祭稱主婦者，皆宗子之妻，非宗子之母。殊失鄭義。凡斯之類，其說皆具有典據，足訂舊義之譌。其中過於推求，轉致疎舛者，如士冠禮注，今時卒吏及假吏也。彤謂後漢志司隸校尉州刺史並有假佐，劉昭注引漢官，雒陽令有假，皆不兼吏名。此云假吏者，疑吏字衍。考後漢書光武紀，有空且罷輕車騎士材官樓船士及軍假吏。百官志謂太常卿有假佐十三人，太僕卿有假佐三十一人，廷尉卿有假佐一人，司隸校尉有假佐二十五人，每州刺史皆有從事假佐。佐即吏也。故志稱佐吏以下，則鄭注假吏之文灼然不誤。又士冠禮設洗直於東榮，注云，榮屋翼也。釋宮引說文，屋梠之兩頭起者爲榮。梠即檐也。檐之東西起者乃曰榮。彤據此，指郭璞上林賦注所云南榮屋南檐者爲誤。考景福殿賦曰，南距陽榮，北極幽崖。是南檐通名榮之顯證，亦不得云郭注爲誤。又士喪禮牢中旁寸，注云，牢讀爲樓。彤雖深信鄭注，而終以牢讀爲樓無他證。考焦延壽易林曰，失志懷憂，如幽狴牢。又曰，失羊補牢，無益於憂。爲韻。淮南子本經訓，牢籠天地，彈壓山川。高誘注曰，牢讀如屋霤之霤，楚人謂牢爲霤。蓋蕭、肴、豪九四韻，古音本通。鄭注即從當時之讀。又考水經注引釋氏西域記曰，南河自于闐至鄯善，入牢蘭海。牢蘭即樓蘭，尤與鄭注闇合。彤疑無證，是未深考。又喪服曰，布總箭笄髽衰三年。注曰，髽露紒也，猶男子之括髮。斬衰括髮以麻，則髽亦用麻。以麻者，自項而前交於額上，卻繞紒如著幓頭焉。彤不取此注，別用喪服小記疏所引皇侃之說，謂斬衰麻髽，齊衰布髽，皆未成服之髽。其既成服，則髽不用麻布，惟露紒耳。且引此條注中髽露紒之文以證麻布二髽外，別爲一露髻之髽。不知鄭注雖云髽露紒，而其下更有髽亦用麻之文。其注士喪禮亦同。蓋注中露紒二字，乃明髽之去纚。既去纚而露紒，又以麻自項卻交於額，則髽之制始全。皇侃乃止取喪服注露紒二字，而截去其下髽亦用麻等句，遂指鄭注以髽服三年之髽爲露紒之髽，不用麻布，斯亦誣矣。彤安得據以攻鄭耶。然自此數條之外，則大抵援據淹通，無可訾議。蓋彤三禮之學亞於惠士奇，而醇於萬斯大。此書所論，亦亞於所作周官祿田考，而密於所作尚書小疏焉。

儀禮集編四十卷（浙江巡撫採進本）

國朝盛世佐撰。世佐，秀水人，官龍里縣知縣。是書成於乾隆丁卯。裒輯古今說儀禮者一百九十七家，而斷以己意。浙江遺書總錄作十七卷，且稱積帙共二千餘翻，爲卷僅十七者，案經篇數分之，不欲於一篇之中橫隔也。然此本目錄列十七卷，書則實四十卷。蓋終以卷軸太重，不得已而分之。總錄又稱末附勘正監本石經補顧炎武張爾岐之闕。此本亦有錄而無書，豈總錄但據目錄載之歟。其謂朱子儀禮經傳通解析諸篇之記分屬經文，蓋編纂之初，不得不權立此例，以便尋省。惜未卒業而門人繼之，因仍不改，非朱子之本意。吳澄亦疑其經傳混淆，爲朱子未定之稾。故是編經自爲經，記自爲記，一依鄭氏之舊。其士冠士相見喪服等篇，經記傳注，傳寫混淆者，則從蔡沈考定武成之例，別定次序於後，而不敢移易經文。其持論頗爲謹嚴，無淺學空腹高談，輕排鄭賈之錮習。又楊復儀禮圖久行於世，然其說皆本注疏，而時有併注疏之意失之者，亦一一是正。至於諸家謬誤，辨證尤詳。雖持論時有出入，而可備參考者多，在近時說禮之家，固不失爲根據之學矣。

附錄

內外服制通釋七卷（兩淮鹽政採進本）

朱軾垓撰。垓字經臣，天台人。咸淳中由特奏名授迪功郎、浦城縣尉。以年老不赴。德祐二年卒。垓及從兄若水皆受業於季父安行，安行受業於陳埴，埴受業於朱子。故垓是書一仿文公家禮而補其所未備，有圖有說，有名義，有提要。凡正服、義服、加服、降服皆推闡明晰，具有條理。弁楮序，謂家禮著所當然，此釋其所以然，蓋不誣也。朱彝尊經義考曰：車氏書余所儲者闕第八卷以後。卷八書目爲三殤以次降服，應服期而殤者降服大功小功，應服大功而殤者降服小功，應服小功而殤者降服緦麻。卷九爲深衣疑義。其標題則仍稱九卷，注存而不注闕。蓋未敢斷後二卷之必佚。然今所傳寫皆與彝尊本同，則此二卷已佚矣。據馬良驥所作垓行狀，其深衣疑義本別爲一書，特附錄於此書之後。良驥所舉，用皇氏廣頭在下之注，以續衽爲裳之上衣之旁者，說亦頗核。惜其全文不可睹也。

讀禮通考一百二十卷 江蘇巡撫採進本

國朝徐乾學撰。乾學字原一，號健菴，崑山人。康熙庚戌進士第二，官至刑部尚書。是編乃其家居讀禮時所輯，歸田以後又加訂定，積十餘年，三易稿而後成。於儀禮喪服、士喪、旣夕、士虞等篇及大小戴記，則倣朱子經傳通解，兼采衆說，剖析其義。於歷代典制，則一本正史，參以通典及開元禮、政和五禮新儀諸書。立綱統目，其大端有八：一曰喪期，二曰喪服，三曰喪儀節，四曰葬考，五曰喪具，六曰變禮，七曰喪制，八曰廟制。喪期歷代異同則有表，喪服暨儀節、喪具則有圖。穠析條分，頗爲詳備。蓋乾學傳是樓藏書甲於當代，而一時通經學古之士，如閻若璩等，亦多集其門。合衆力以爲之，故博而有要，獨過諸儒。乾學又欲并脩吉、軍、賓、嘉四禮，方事排纂而歿。然是書蒐羅富有，秦蕙田五禮通考即因其義例而成之。古今言喪禮者，蓋莫備於是焉。

右禮類儀禮之屬，二十二部，三百四十四卷，附錄二部，一百二十七卷，皆文淵閣著錄。

案儀禮不專言喪服，而古來喪服之書則例附於儀禮。蓋周官凶禮無專門，禮記又儀禮之義疏，言喪服者大抵以儀禮爲根柢，故從其本而類附也。

欽定四庫全書總目卷二十

欽定四庫全書總目卷二十一

經部二十一

禮類三

禮記正義六十三卷 內府藏本

漢鄭元注，唐孔穎達疏。隋書經籍志曰：漢初，河間獻王得仲尼弟子及後學者所記一百三十一篇獻之，時無傳之者。至劉向考校經籍，檢得一百三十篇，第而敘之。又得明堂陰陽記三十三篇、孔子三朝記七篇、王史氏記二十一篇、樂記二十三篇，凡五種，合二百十四篇。戴德刪其煩重，合而記之，爲八十五篇，謂之大戴記。而戴聖又刪大戴之書爲四十六篇，謂之小戴記。漢末馬融遂傳小戴之學。融又益月令一篇、明堂位一篇、樂記一篇，合四十九篇云云。其說不知所本。今考後漢書橋元傳云：七世祖仁著禮記章句四十九篇，號曰橋君學。仁卽班固所謂小戴授梁人橋季卿者，成帝時嘗官大鴻臚。其時已稱四十九篇，無四十六篇之說。又孔疏稱別錄禮記四十九篇，樂記第十九。四十九篇之首，疏皆引鄭目錄。鄭目錄之末必云此於劉向別錄屬某門。月令目錄云：此於別錄屬明堂陰陽記。明堂位目錄云：此於別錄屬明堂陰陽記。樂記目錄云：此於別錄屬樂記。蓋十一篇今爲一篇，則三篇皆劉向別錄所有，安得以爲馬融所增？疏又引元六藝論曰：戴德傳記八十五篇，則大戴禮是也；戴聖傳禮四十九篇，則此禮記是也。元爲馬融弟子，使三篇果融所增，元不容不知，豈有以四十九篇屬於戴聖之理？況融所傳者乃周禮，若小戴之學，一授橋仁，一授楊榮。後傳其學者有劉祐、高誘、鄭元、盧植。融絕不預其授受，又何從而增三篇乎。知今四十九篇實戴聖之原書，隋志誤也。元延祐中，行科舉法，定禮記用鄭元注。故元儒說禮，率有根據。自明永樂中敕修禮記大全，始廢鄭注，改用陳澔集說，禮學遂荒。然研思古義之士，好之者終不絕也。爲之疏義者，唐初尚存皇侃、熊安生二家（案明北監本以皇侃爲皇甫侃，以熊安生爲熊安。二人姓名並誤，足徵校刊之疏。謹附訂於此。）貞觀中，敕孔穎達等修正義，乃以皇氏爲本，以熊氏補所未備。穎達序稱熊則違背本經，多引外義，猶之楚而北行，馬雖疾而去愈遠。又欲釋經文，惟聚難義，猶治絲而棼之，手雖繁而絲益亂也。皇氏雖章句詳正，微稍繁廣，又既遵鄭氏，乃時乖鄭義，此是木落不歸其本，狐死不首其邱。此皆二家之弊，未爲得也。故其書務伸鄭注，未免有附會之處。然採摭舊文，詞富理博，說禮之家，鑽研莫盡，譬諸依山鑄銅，煮海爲鹽，即衛湜之書，尚不能窺其涯涘，陳澔之流，益如莛與楹矣。

月令解十二卷（永樂大典本）

宋張虙撰。虙，慈溪人。慶元丙辰進士，官至國子祭酒。是編乃虙端平初入侍講幄時所纂，未及竟，以病歸，家居時乃續完之，表進於朝。十二月各自爲卷，奏稱每一月改，則令以此一月進於御前，可以裁成天地之道，輔相天地之宜，雖未免過膠古義，不盡可見諸施行，然辭義明暢，於順時出政之際，皆三致意焉。其用心有足取者。月令於劉向別錄屬明堂陰陽記，當即漢書藝文志所云古明堂之遺事，在明堂陰陽三十三篇之內者。呂氏春秋錄以分冠十二紀，馬融、賈逵、蔡邕、王肅、孔晁、張華皆以爲周公作。鄭康成、高誘以爲即不韋作。論者據漢百官表言太尉爲秦官，或又據國語晉有元尉、輿尉之文，謂尉之名不必起於秦。然究不得因元尉、輿尉遂斷三代必有太尉也。意不韋採集舊文，或傅益以秦制，歟。今考其書古帝王發政施令之大端，皆彰彰具存，得其意而變通之，未嘗非通經適用之一助。至其言某令則致某災，殆因洪範庶徵而推衍之，遂爲漢儒陰陽五行之濫觴。虙解皆未能駁正，然列在禮經，相沿已久，亦不能獨爲虙咎也。原書因隨月進御，故凡解見孟月者，仲月季月皆重見。永樂大典所載，合爲一編，多刪其複，於例爲協。間有刪之不盡者，今併汰除，以歸畫一焉。

禮記集說一百六十卷（兩江總督採進本）

宋衛湜撰。湜字正叔，吳郡人。其書始作於開禧、嘉定間，自序言日編月削，幾二十餘載而後成。寶慶二年官武進令時，表上於朝，得擢直祕閣。後終於朝散大夫、直寶謨閣、知袁州。紹定辛卯，趙善湘爲鋟版於江東漕院。越九年，湜復加覈訂，定爲此本。自作前序、後序，又自作跋尾，述其始末甚詳。蓋首尾閱三十餘載，故採摭羣言，最爲賅博，去取亦最爲精審。自鄭注而下，所取凡一百四十四家，其他書之涉於禮記者，所採錄不在此數焉。今自鄭注孔疏而外，原書無一存者。朱彝尊經義考採摭最爲繁富，而不知其書與不知其人者，凡四十九家，皆賴此書以傳，亦可云禮家之淵海矣。明初定制，乃以陳澔注立於學官，而湜注在若隱若顯間。今

聖朝

欽定禮記義疏，取於湜書者特多。豈非是非之公，久必論定乎。又湜後序有云：他人著書，惟恐不出於己；予之此編，惟恐不出於人。後有達者，毋襲此編所已言，沒前人之善也。其後慈谿黃震讀禮記日鈔，新安陳櫟禮記集義詳解，皆取湜書刪節附以己見。黃氏融匯諸家，猶出姓名於下方（案此見黃氏日鈔），陳氏則不復標出（案櫟書今不傳，此見定字集中櫟所作自敘），即此一節，非惟其書可貴，其用心之厚，亦非諸家所及矣。

禮記纂言三十六卷（兩淮馬裕家藏本）

元吳澄撰。澄有易纂言，已著錄。案危素作澄年譜，載至順三年澄八十四，留撫州郡學，禮記纂言成。而虞集行狀則稱成於至順四年，即澄卒之歲。其言頗不相合，然要爲澄晚年手定之本也。其書每一卷爲一篇，大旨以戴記經文龐雜，疑多錯簡，故每一篇中，其文皆以類相從，俾上下意義聯屬貫通，而識其章句於左。其三十六篇次第，亦以類相從。凡通禮九篇，喪禮十一篇，祭禮四篇，通論十一篇，各爲標目。如通禮首曲禮，則以少儀、玉藻等篇附之，皆非小戴之舊。他如大學、中庸依程朱別爲一書，投壺、奔喪歸於儀禮，冠義等六篇別輯爲儀禮傳，亦並與古不同。虞集稱其始終先後，最爲精密，先王之遺制，聖賢之格言，其僅存可考者，既表而存之，各有所附，而其糾紛固泥於專門名家之手者，一旦各有條理，無復餘蘊，其推重甚至。考

漢書藝文志禮記本一百三十一篇戴德刪爲八十五戴聖刪爲四十九與易書詩春秋經聖人手定者固殊然舊唐書元行沖傳載行沖上類禮義疏張說駁奏曰今之禮記歷代傳習著爲經敎不可刊削魏孫炎始改舊本先儒所非竟不行用貞觀中魏徵因孫炎所修更加整比兼爲之注其書竟亦不行今行沖等解徵所注勒成一家然與先儒第乖章句隔絕若欲行用竊恐未可云云則古人屢經修緝迄不能變漢儒舊本唐以前儒風淳實不搖惑於新說此亦一徵澄復改併舊文儼然刪述恐亦不免僭聖之譏以其排比貫串頗有倫次所解亦時有發明較諸王柏刪詩尙爲有間故錄存之而附論其失如右

雲莊禮記集說十卷通行本

元陳澔撰澔字可大都昌人雲莊其號也是書成於至治壬戌朱彝尊經義考作三十卷今本十卷坊賈所合併也初延祐科舉之制易書詩春秋皆以宋儒新說與古注疏相參惟禮記則專用古注疏蓋其時老師宿儒猶有存者知禮不可以空言解也澔成是書又在延祐之後亦未爲儒者所稱明初始定禮記用澔注胡廣等修五經大全禮記亦以澔注爲主用以取士遂誦習相沿蓋說禮記者漢唐莫善於鄭孔而鄭注簡奧孔疏典贍皆不似澔注之淺顯宋代莫善於衞湜而卷帙繁富亦不似澔注之簡便又南宋寶慶以後朱子之學大行而澔父大猷師饒魯魯師黃榦榦爲朱子之壻遂藉考亭之餘蔭得獨列學官其注學記術有序句引周禮鄉大夫春秋以禮會民而射於州序周禮鄉大夫實無此文注檀弓五十以伯仲句引賈公彥儀禮疏乃孔穎達禮記疏文正與賈說相反頗爲論者所議然朱子注詩騋牝三千引禮記問國君之富數馬以對禮記無此文注孟子神農之言引史遷所謂農家者流史記無此文蔡沈注書釐降二女於嬀汭引爾雅水北曰汭爾雅無此文又注西伯戡黎引史記紂使膠鬲觀兵注星有好雨引漢志軫星好雨史記漢書亦均無此文是皆偶然筆誤未足以累全書且何休漢代通儒號爲學海而注公羊傳舟中之指可掬句引天子造舟諸侯維舟卿大夫方舟士特舟語尙誤記爾雅爲禮文又何有於澔澔所短者在不知禮制當有證據禮意當有發明而箋釋文句一如注考經論語之法故用爲蒙訓則有餘求以經術則不足朱彝尊經義考以兎園冊子詆之固爲已甚要其說亦必有由矣特禮文奧賾驟讀爲難因其疏解得知門徑以漸進而求於古於初學之士固亦不爲無益是以

國朝定制亦姑仍舊貫以便童蒙然復

欽定禮記義疏博採漢唐遺文以考證先王制作之旨

併退澔說於諸家之中與易詩書三經異例是則

聖人御宇經籍道昌視明代大全抱殘守匱執一鄉塾課冊以錮天下之耳目者盛衰之相去蓋不可以道里計矣

禮記大全三十卷少詹事陸費墀家藏本

明胡廣等奉敕撰以陳澔集說爲宗所採掇諸儒之說凡四十二家朱彝尊經義考引陸元輔之言謂當日諸經大全皆攘竊成書以罔其上此亦必元人之成書非諸臣所排纂云云雖頗涉鄉人寫鈇之疑然空穴來風桐乳來巢以他經之蹈襲例之或亦未必無因歟諸經之作皆以明理非虛懸而無薄故易之理麗於象數書之理麗於政事詩之理麗於美刺春秋之理麗於褒貶禮之理麗於節文皆不可以空言說而禮爲尤甚陳澔集說略度數而推義理疎於考證舛誤相仍納喇性德至專作一書以攻之凡所駁詰多中其失廣等乃據以爲主根柢先失其所援引亦不過箋釋文句與澔說相發明顧炎武日知錄曰自八股行而古學棄大全出而經說亡洪武永樂之間亦世道升降之一會誠深見其陋也特欲全錄明代五經以見一

朝之制度姑並存之云爾

月令明義四卷福建巡撫採進本

明黃道周撰道周有易象正已著錄崇禎十一年道周官少詹事注禮記五篇以進此其一也其說以二至二分四立皆歸於中央之土爲取則於洛書之中五而五氣於以分布此歲功所由成政事所從出故作月令氣候生合總圖又以月令載晉旦中星故有十二月中星圖併細載中星距極遠近度數及寅泰卯大壯等十二卦象以爲此聖人敷治之原每一月分爲一章其日躔星度則各列原本於前而別列授時歷新測於後考堯典中星與月令不同故大衍歷議曰顓頊歷即夏歷湯作殷歷更以十一月甲子合朔冬至爲上元周人

因之。距羲和所記昏明中星、俱差半次。是不韋更考中星、斷取近距。然先儒論說、大抵推求差分、而不追改經文。至唐明皇始黜月令舊文、更附益時事、名御刪定月令、改置禮記第一。故開成石經於昏旦中星悉改從唐歷。宋景祐二年、仍復舊本月令、而唐月令別行。以其變亂古經、不足垂訓故也。道周乃別立經文曰、孟春之月、日在危、昏昴中、旦房中。仲春之月、日在東壁、昏參中、旦箕中云云。是又道周自爲月令、蹈唐人之失、殊爲未協。特其所注雜採易象夏小正逸周書管子國語、參稽考證、於經義頗有闡發。其臚舉史傳、亦皆意存規戒、非漫爲推衍禨祥。則改經雖謬、而其因事納誨之忱、則固無悖於經義也。

表記集傳二卷、福建巡撫採進本、

明黃道周撰。是書爲所進禮記解五篇之二。自序以爲古者窺測天地日月、皆先立表、爲表記之所由名。考說文解字、表裏字皆從衣。此篇名表記者、蓋謂人之言行、猶衣之章身。故鄭康成云、以其記君子之德、見於儀表者也。先儒舊義、本無可疑。道周乃謂取於八尺之表、殊爲附會。又是篇古注分九節。正義曰、稱子言之、凡有八所。皇氏云、皆是發端起義、記者詳之、故稱子言之。若於子言之下更廣開其事、或曲說其理、則直稱子曰。今檢上下體例、或如皇氏之言、今依用之云云。故疏文於諸節脈絡相承處、必詳記之。如云此經又廣明恭敬之事。又云此一節總明仁義之事。又云自此以下至某句、更廣明仁義之道。前儒說經、於章段離合之閒、其慎如此。陳澔集說、不用注疏次第、彊分四十餘章、已乖違古義。道周乃約爲三十六章、併彊立篇名、隨心標目、尤爲自我作古、無所師承。其說則全引春秋解之、謂坊表二記不專爲春秋、而以春秋發其條理、則百世而下、有所稽測、得其晷影。夫坊記一篇、如曰以此坊民、諸侯猶有畔者。又云以此示民、民猶爭利而忘義。又云以此坊民、諸侯猶有薨而不葬者。其通於春秋、初無事彊合。至表記篇則多言君子恭敬仁義之德、而必以春秋證之、於經旨亦爲牽合。然其借春秋之義、互證旁通、頗有發明。猶之胡安國春秋傳、雖未必盡得經意、而議論正大、發揮深切、往往有關於世教、遂亦不可廢焉。

坊記集傳二卷、附春秋問業一卷、福建巡撫採進本、

明黃道周撰。是書爲所進禮記解五篇之三。自序以爲聖人之坊亂、莫大於春秋。故是書之體、以坊記爲經、而每章之下皆臚舉春秋事迹以證。但國語所載、若內史過之論號亡、近於語怪、而以爲借神怪以防欲、義涉荒忽。隱公元年鄭伯克段於鄢、而以爲爲三桓而發。夫三桓之事、春秋著之詳矣。乃謂寓其意於鄭伯之克段、是舍形而論其影也。又戴記本爲一篇、而分爲三十章、章各創爲之目、其臆斷亦與表記集傳等。第其意存鑒戒、於君臣父子夫婦兄弟之閒、原其亂之所自生、究其禍之所終極、頗爲剴切。且坊記之文、如曰治國不過千乘、都城不過百雉、家富不過百乘、以此坊民、諸侯猶有畔者。是隱爲春秋書大夫之彊起例。又云春秋不稱楚越之王喪、亦明著春秋之法。則道周此書、固非漫無根據、盡出附會矣。

緇衣集傳四卷、福建巡撫採進本、

明黃道周撰。是書爲所進禮記解五篇之四。分二十三章、亦各創立名目。案鄭康成云、緇衣篇善其好賢者之原、故述其所稱之詩以爲其名。是本有辨別善惡之義。故道周因而推衍其說、證以史事、於愛憎之公私、人才之邪正、莫不詳明剴切、再三致意。自序云、是傳略採經史關於好惡刑賞治道之大者、凡二百餘條、以繫於篇。其於經濟庶務條目之閒、雖有未悉、而於君心好惡綱領之原、以至三代而下治亂盛衰之故、亦略云備。蓋莊烈帝銳於求治、而闇於知人、輕信輕疑、漫無鑒別。十七年內、易閣臣者五十、賢姦淆雜、卒至於亡。賀逢聖致仕之時、斷以振作無緒一語、可云先見。道周此書、意主於格正君心、以權衡進退、所重在君子小人消長之閒、不必盡以章句訓詁繩也。

儒行集傳二卷、福建巡撫採進本、

明黃道周撰。是書爲所進禮記解五篇之五。雖亦有彊分篇目之失、然記文稱其自立有如此者、其剛毅有如此者云云、則章旨本經中所有。道周分一十七章、較表記坊記緇衣之目、尙近於自然。其所集之傳、亦雜引歷代史傳、以某某爲能自立、某某爲剛毅。意在上之取士、執此爲則、以定取舍之衡。故其自序云、仲尼恐後世不學、不知先王之道存於儒者、故併舉以明之、使後之天子、循名考實、知人善任、爲天下得人。蓋經爲儒者言、道周之傳

則爲用儒者言也。大抵道周於諸經，其用力最深者莫如易學，觀其與及門朱朝瑛、何瑞圖、劉履丁輩往復商搉，至再至三，所謂一生精力盡在此書者也。其孝經集傳亦歷六年而成，故推衍亦爲深至。若禮記五篇，則借以納諫，意原不主於解經。且一年之中，輯書五種，亦成之太速，故考證或不免有疎。然賦詩斷章，義各有取，郢書燕說，國以大治，苟其切於實用，則亦不失聖人垂教之心。故雖非解經之正軌，而不能不列之經部焉。

日講禮記解義六十四卷

謹案：是書爲
聖祖仁皇帝經筵所講，皆經
御定，而未及編次成帙。
皇上御極之初，乃
命取繙書房舊稾，校刊頒行。禮爲治世之大經，周禮具其政典，儀禮陳其節文，禮記一書，朱子以爲儀禮之傳。然特冠義等六篇及喪服諸篇與儀禮相發明耳，至於他篇則多整躬範俗之道，別嫌明微之防，不盡與儀禮相比附。蓋儀禮皆古經，禮記則多志其變；儀禮皆大綱，禮記則多謹於細。儀禮皆度數，禮記則多明其義。故聖賢之微言精意，雜見其中。斂之可以正心修身，推之可以齊家治國平天下，自天子以至庶人，莫不於是取裁焉。是編推繹經文，發揮暢達，而大旨歸於謹小愼微，皇自敬德，以納民於軌物。衞湜所集一百四十四家之說，鎔鑄翦裁，一一皆其精要。信乎聖人制作之意，惟
聖人能知之矣。

欽定禮記義疏八十二卷

乾隆十三年
御定三禮義疏之第三部也。經文四十九篇，釐爲七十七卷，附載圖五卷。其詮釋七例，亦與周官義疏同。三禮以鄭氏爲專門，王肅亦一代通儒，博觀典籍，百計難之，弗勝也。後儒所見，曾不逮肅之棄餘，乃以一知半解，譁然詆鄭氏不聞道，韓愈所謂「不自量」者，其是類歟。然周官、儀禮皆言禮制，禮記則兼言禮意。禮制非考證不明，禮意則可推求以義理，故宋儒之所闡發，亦往往得別嫌明微之旨。此編廣摭羣言，於郊社、樂舞、裘冕、車旗、尊彝、圭鬯、燕飲、饗食以及月令、內則諸名物，皆一一辯訂，卽諸子軼聞、百家雜說，可以參考古制者，亦詳徵博引，曲證旁通，而辯說則頗採宋儒，以補鄭注所未備。其中庸、大學二篇，陳澔集說以朱子編入四書，遂刪除不載，殊爲妄削古經。今仍錄全文，以存舊本。惟章句改從朱子，不立異同，以消門戶之爭。蓋言各有當，義各有取，不拘守於一端，而後見
衡鑒之至精也。至於
御纂諸經，易不全用程傳本義，而仍以程傳本義居先；書不全用蔡傳，而仍以蔡傳居先；詩不全用朱傳，而仍以朱傳居先；春秋於胡傳尤多所駁正刊除，而尚以胡傳標題，列三傳之次。惟禮記一經，於陳澔集說僅廁瑕錄瑜，雜列諸儒之中，不以冠首。仰見
睿裁精審，務協是非之公，尤足正胡廣等禮記大全依附門牆、隨聲標榜之謬矣。

深衣考一卷（浙江巡撫採進本）

國朝黃宗羲撰。宗羲有易學象數論，已著錄。是書前列己說，後附深衣經文，幷列朱子、吳澄、朱右、黃潤玉、王廷相五家圖說，而各闢其謬。其說大抵排斥前人，務生新義。如謂衣二幅，各二尺二寸，屈之爲前後四幅，自掖而下殺之，各留一尺二寸。加衽二幅，內衽連於前右之衣，外衽連於前左之衣，亦各一尺二寸。其要縫與裳同七尺二寸，蓋衣每一幅屬裳狹頭二幅也。今以其說推之，前後四幅下屬裳八幅，外右衽及內左衽亦各下屬裳二幅，則裳之屬乎外右衽者，勢必掩前右裳；裳之屬乎內左衽者，勢必受掩於前左裳。故其圖止畫裳四幅，蓋其後四幅統於前圖，其內掩之四幅則不能畫也。考深衣之裳十二幅，前後各六，自漢唐諸儒沿爲定說，宗羲忽改刱四幅之圖，殊爲臆撰。其釋衽當旁也，謂衽衣襟也，以其在左右，故曰當旁。考鄭注，衽裳幅所交裂也。郭璞方言注及玉篇注俱云衽裳際也。云裳際，則爲裳旁明矣。故釋名曰衽，襜也，在旁襜襜然也。蓋裳十二幅，前名襟，後名裾，惟在旁者始名衽。今宗羲誤襲孔疏，以裳十二幅皆名衽，不明經文當旁二字之義，遂別以衣左右衽當之，是不特不知衽之爲裳旁，而幷不以衽爲裳幅。二字全迕，益踵孔疏而加誤矣。其釋續衽也，謂裳與衣相屬，衣通袂長八尺，裳下齊一丈四尺，衣裳相屬處乃七尺二寸，則上下俱闊而中狹，象小要之形，故名續衽。其說尤爲穿鑿。其釋袂圜以應規也，謂衣長二尺二寸，袂屬之，亦如其長，掖下裁入一尺，留其一尺二寸，可以運肘，以漸還之至於袂

末。仍得二尺二寸。玉藻言袪尺二寸。乃袂口之不縫者。非謂袂止一尺二寸。今考說文。袪。袂也。禮玉藻鄭注。謂袪。袂口也。蓋袂末統名曰袪。今謂袂口半不縫者乃名袪。則袂口之半縫者豈遂不得名袪乎。且袂口半縫之制。經無明文。又不知宗義何所據也。宗義經學淹貫。著述多有可傳。而此書則變亂舊詁。多所乖謬。以其名頗重。恐或貽誤後來。故摘其誤而存錄之。庶讀者知所決擇焉。

陳氏禮記集說補正三十八卷內府藏本

國朝納喇性德撰。性德有刪補合訂大易集義粹言已著錄。是編因陳澔禮記集說疏舛太甚。乃爲條析而辨之。凡澔所遺者謂之補。澔所誤者謂之正。皆先列經文。次列澔說。而援引考證以著其失。其無所補正者。則經文與澔說竝不載焉。頗採朱元明人之論。於鄭注孔疏亦時立異同。大抵考訓詁名物者十之三四。辨義理是非者十之六七。以澔注多主義理。故隨文駁詰者亦多也。凡澔之說皆一一溯其本自何人。頗爲詳核。而愛博嗜奇。亦往往泛採異說。如曲禮席閒函丈。澔以兩席併中閒爲一丈。性德引文王世子席之制三尺三寸三分寸之一駁之。是也。而又引王肅本文作杖。謂可容執杖以指揮。則更謬於集說矣。月令羣鳥養羞。性德既云集說未爲不是。而又引夏小正丹鳥羞白鳥及項安世人以鳥爲羞之說。云足廣異聞。則明知集說之不誤。而強綴此二條矣。曾子問嘗昭公慈母一條。既用鄭注孔疏以補澔注。又引陸佃之謬解。蔓延於集說之外。是正陸氏。非正集說矣。凡斯之類。皆徵引繁富。愛不能割之故。然綜核衆論。原委分明。凡所指摘。切中者十之八九。卽其據理推求者。如曲禮很毋求勝。分毋求多。澔注稱況求勝者未必能勝。求多者未必能多。性德則謂此乃不忮不求。懲忿窒慾之事。陳氏所云。不免計較得失。若是則可以必勝。可以必多。將不難於爲之矣。是雖立澔於獲。恐亦無以復應也。然則讀澔注者。又何可廢是編與。

禮記述注二十八卷福建巡撫採進本

國朝李光坡撰。光坡有周禮述注。已著錄。是編成於康熙戊子。前有自序。云始讀陳氏集說。疑其未盡。及讀注疏。又疑其未誠。如序內稱鄭氏祖讖。孔氏惟鄭之從。不載他說。以爲可恨。鄭氏祖讖。莫過於郊特牲之郊祀。祭法之禘祖宗。而孔氏正義皆取王鄭二說。各爲臚列。其他自五禮大者。至零文單字。備載衆詁。在諸經注疏中。最爲詳核。何妄詆歟。又禮器篇斥後代封禪爲鄭祖緯啟之。秦皇漢武前鄭數百年。亦鄭注啟之乎。又多約注疏而成。鮮有新意。而指注疏爲舊說。凡此之類。抵冒前人。卽欺負後人。何以示誠乎。抑譏漢唐儒者說理如夢。此程朱進人以知本。吾儕非其分也。今於禮運則多指爲漢儒之附會。逐節不往復其文義。通章不鉤貫其脈絡。而訓禮運之本仁以聚。亦曰萬殊一本。一本萬殊。仲尼燕居之仁鬼神。仁昭穆。亦曰克去己私。以全心德。欲以方軼前人。恐未能使退舍也。其論可謂持是非之公心。埽門戶之私見。雖義取簡明。不及鄭孔之賅博。至其精要。則亦略備矣。

禮記析疑四十六卷江蘇巡撫採進本

國朝方苞撰。苞有周官集註。已著錄。是書亦融會舊說。斷以己意。如文王世子以大司成卽大司樂。辨注疏以周官大樂正爲大司樂。師氏爲大司成之非。於郊特牲郊血大饗腥。序爲璧用樂薦血。實柴之次一條。謂凡經傳中言郊禮而有獻薦者皆爲祭稷之事。其論至爲明晰。於饗禘有樂而食嘗無樂一條。取荆南馮氏之言。引楚茨之詩以爲嘗當有樂。於內則天子之閣一條。謂疏以閣爲庖廚。非是。蓋閣所以置果蓏飴餌也。又付豚一條。注疏解爲豚全而羊析。不知是豚胖共鼎。羊以羔耳。於喪服小記慈母與妾母不世祭一條。謂庶子之子立禰廟。則可以祭父之生母。於士不攝大夫。士攝大夫惟宗子一條。謂大夫以公事出。而家人攝祭。則義當使親子弟。雖無爵者可攝。無攝以宗子之義也。於祭統祭之日一獻一條。謂祭禮獻酬交錯。所以和通神人。不宜獻飲未終而爵命羣臣。以閉之惟特假于廟。故備其禮而用一獻。今注謂一獻一酳尸。疏謂其節當在後。編者誤列於前。皆具有所見。足備禮家一解。他如謂執鴈與鴈皆爲舒鴈。而非鴈鴻之鴈。不知禮用鴈贄。取其不失時。能守節也。若舒鴈則何守節之有。又謂深衣純袂緣純邊。純卽緣也。緣字疑衍。其意蓋謂當作純袂純邊。按鄭注曰。緣緆也。孔疏云。既夕禮鄭注在幅曰綼。在下曰緆。方氏愨曰。袞口謂之袂。裳下謂之緣。衣側謂之邊。其純皆半寸。緣字自有典。則非衍字也。凡斯之類。

未免武斷。然無傷於宏旨。其最不可訓者、莫如別爲考定文王世子一篇、刪文王有疾至武王九十三而終一段。又刪不能涖阼踐阼而治八字、及虞夏商周有師保有疑丞一段。周公抗世子法于伯禽一段。成王幼至不可不慎也一段。末世子之記一段。夫禮記糅雜、先儒言之者不一。然刪定六經、惟聖人能之。孟子疑武成不可信、然未聞奮筆刪削也。朱子改大學、刊孝經、後儒且有異同。王柏吳澄竄亂古經、則至今爲世詬厲矣。苞在近時、號爲學者、此書亦頗有可採。惟此一節、則不效宋儒之所長、而效其所短、殊病乖方。今錄存其書、而附辨其謬於此、爲後來之炯戒焉。

檀弓疑問一卷、兩淮馬裕家藏本、

國朝邵泰衢撰。泰衢字鶴亭、錢塘人。明於算術、雍正初以薦授欽天監左監副。其書以禮記出自漢儒、而檀弓一篇尤多附會。乃摘其可疑者、條列而論辨之。如以脫驂舊館人爲失禮之正、以夫子夢奠之事爲杳冥渺茫、皆非聖人所宜出。又親喪哭無常聲、不應以孺子泣爲難繼。居仇者不反兵而鬬、爲啓亂端。曾點之狂、乃志大而有所不爲、非狂肆之狂。倚門而歌、斷無此事。以王姬爲齊襄公妻、非魯莊公之外祖母。大都皆明白正大、深中理解。非劉知幾之橫生臆解、惑古疑經者可比。惟師及齊師戰于郎一條、泰衢以郎字爲郊字之誤、蓋據春秋戰于郊之文。不知魯有二郎、隱公元年費伯所城之郎、在今魚臺縣地。哀公十一年與齊戰之郎、則爲魯近郊地。案說詳江永春秋地理考實、謂郎即郊則可、謂郎爲誤則不可。又乘丘之戰一條、泰衢疑魯莊公敗績之誤。不知古人軍潰曰敗績、車覆亦曰敗績、左傳所云敗績覆壓者是也。概以戰衂爲疑、亦疎於考據。然偶然疎舛、固亦不害其大旨也。

禮記訓義擇言八卷、兩江總督採進本、

國朝江永撰。永有周禮疑義舉要、已著錄。是書自檀弓至雜記、於注家異同之說、擇其一是、爲之折衷。與陳澔注頗有出入。然持論多爲精核。如檀弓殷練而祔、周卒哭而祔、呂氏謂祔祭即以其主祔藏于祖廟、既除喪而後遷于新廟。永據左氏傳特祀于主、烝嘗禘于廟、謂祔後主反殯宮、至喪畢乃遷新廟。引大戴禮諸侯遷廟禮、奉衣服由廟而遷于新廟、此廟實爲殯宮。今考顧命、諸侯出廟門俟。孔傳曰、殯之所處曰廟。又儀禮士喪禮曰、巫止于廟門外。注曰、凡宮中有鬼神曰廟。賈疏曰、廟門者士死于適室、以鬼神所在、則曰廟、故名適寢曰廟。然則大戴禮所云由廟者、實由殯宮、非由祖廟。永說有據、可以解程張諸儒之異同。又如玉藻曰、襲裘不入公門。疏云、裘上有裼衣、裼衣之上有襲衣、襲衣之上有正服。據曲禮疏、襲衣即所謂中衣。永謂裼衣上即謂正服、不得更有中衣。今考玉藻君衣狐白裘、錦衣以裼之。注曰、錦衣復有上衣。天子狐白之上衣皮弁服。皮弁即爲錦衣之上服、而裼衣之上不復更有中衣可知。雖孔疏所說據玉藻有長中繼揜尺之文、然繼揜尺之中衣、不襲裼衣。後漢輿服志、宗廟諸祀、冠長冠、服袀元絳緣領袖爲中衣、絳袴袜。漢書萬石君傳注、中帬若今中衣。襗名、中衣言在小衣之外。小衣即褻衣也。然則中衣但得襲褻衣、不得襲裼衣也。孔疏顯誤、亦以永說爲確。又雜記曰、如三年之喪、則既顈、其練祥皆行。注曰、言今之喪既服顈、乃爲前三年者變除、而練祥祭也。此主謂先有父母之服、今又喪長子者。其先有長子之服、今又喪父母、其禮亦然。永謂玩注既字乃字之意、本謂未顈以前、值練祥不得行。正如纂言附論後喪變麻可補行之說、非謂既顈而值前喪一期再期也。今考上節曰、有父之喪、如未沒喪而母死、其除父之喪也、服其除服、卒事反喪服。疏曰、謂母死既葬、後值父應大祥、除服以行祥事。然則母未葬而值父大祥、亦不可行、必待既葬然後補行、明矣。永於下節既字乃字之義、疏解明確。即上下二節之義、亦俱可貫通。其他若辨程大昌袒爲免冠、及皇氏髽衰爲露紒髽之誤、尤爲精鑿不磨。至喪服小記生不及祖父母諸父昆弟、而父稅喪、己則否。王肅謂計己之生不及此親之存、則不稅。永特宗其說、而於經文之弟字、雖不敢如劉知蔡謨直以爲衍文、乃謂言弟者因昆連及之。則其說臆度、終不如鄭注爲得。然全書持義多允、非深於古義者不能也。

深衣考誤一卷、安徽巡撫採進本、

國朝江永撰。深衣之制、衆說糾紛。永據玉藻深衣三袪、縫齊倍要、衽當旁云、如裳前後當中者爲襟、爲裾、皆不名衽。惟當旁而斜殺者乃名衽。今以永說求之訓詁諸書、雖有合有不合、而衷諸經文、其義最當。考說文曰、衽、衣裣也。裣即襟。永以裳之前爲禨、而旁爲衽。説文乃以衣襟爲衽、則不獨裳爲衽矣。爾雅曰、執衽謂之袺、扱衽謂之襭。李巡曰、衽者裳之下也。云下則裳之下皆名衽、不獨旁矣。然方言曰、褸謂之衽。郭璞注曰、衣襟也、與説文前襟名衽義正同。而郭注又云、或曰衽裳際也。云裳際則據兩旁矣。永之所考、蓋據璞注後説也。又劉熙釋名云、襟、禁也、交於前、所以禁禦風寒也。裾、倨也、倨倨然直、亦言在後當見倨也。衽、襜也、在旁襜襜然也。證以永説謂裳前襟後裾、皆直幅不交裂、則即釋名所云倨倨然直也。謂在旁者乃名衽、則即釋名在旁襜襜之義也。其釋經文衽當旁三字、實非孔疏所能及。其後辨續衽鉤邊一條、謂續衽在左、前後相屬、鉤邊在右、前後不相屬。鉤邊在漢時謂之曲裾、乃別以裳之一幅斜裁之、綴於右後衽之上、使鉤而前。孔疏誤合續衽鉤邊爲一。其説亦考證精核、勝前人多矣。

附錄

大戴禮記十三卷、江西巡撫採進本、

漢戴德撰。隋書經籍志曰、大戴禮記十三卷、漢信都王太傅戴德撰。崇文總目云、大戴禮記十卷、三十五篇。又一本三十三篇。中興書目云、今所存止四十篇。晁公武讀書志云、篇目自三十九篇始、無四十三四十四四十五六十一四篇、有兩七十四。而韓元吉熊朋來黄佐吳澄竝云兩七十三。陳振孫云、兩七十二。蓋後人於盛德第六十六別出明堂一篇爲六十七。其餘篇第、或至文王官人第七十一改爲七十二。或至諸侯遷廟第七十二改爲七十三。或至諸侯釁廟第七十三改爲七十四。故諸家所見不同。蓋有新析一篇、則與舊有之一篇篇數重出也。漢許愼五經異義論明堂稱禮戴説、禮盛德記、即明堂篇語。魏書李謐傳、隋書牛宏傳俱稱盛德篇、或稱泰山盛德記。知析盛德篇爲明堂篇者、出於隋唐之後。又鄭康成六藝論曰、戴德傳記八十五篇。司馬貞曰、大戴禮合八十五篇、其四十七篇亡、存三十八篇。蓋夏小正一篇多別行。隋唐間錄大戴禮者、或闕其篇、是以司馬貞云然。原書不別出夏小正篇、實闕四十六篇、存者宜爲三十九篇。中興書目乃言存四十篇、則竄入明堂篇題、自宋人始矣。書中夏小正篇最古。其諸侯遷廟諸侯釁廟投壺公冠皆禮古經遺文。又藝文志、曾子十八篇、久逸。是書猶存其十篇、自立事至天圓篇、題上悉冠以曾子者是也。書有注者八卷、餘五卷無注、疑闕逸、非完本。朱子引明堂篇鄭氏注云、法龜文、殆以注歸之康成。考注內徵引有康成譙周孫炎宋均王肅范甯郭象諸人、下逮魏晉之儒。王應麟困學紀聞、指爲盧辯注、據周書、辯字景宣、官尚書右僕射。以大戴禮未有解詁、乃注之。其兄景裕謂曰、昔侍中注小戴、今爾注大戴、庶續前修矣。王氏之言、信而有徵。是書正文併注、譌舛幾不可讀。而永樂大典內散見僅十六篇。今以各本及古籍中摭引大戴禮記之文、參互校訂、附案語於下方。史繩祖學齋佔畢言、大戴記列之十四經中、其説今不可考。然先王舊制、時有徵焉、固亦禮經之羽翼爾。

夏小正戴氏傳四卷、兩江總督採進本、

宋傅崧卿撰。崧卿字子駿、山陰人。官至給事中。夏小正本大戴禮記之一篇。隋書經籍志始於大戴禮記外、別出夏小正一卷、注云、戴德撰。崧卿序謂隋重賞以求逸書、進書者遂多以邀賞帛、故離析篇目而爲此。有司受此、又不加辨、而作志者亦不復考。是於理亦或然。然考吳陸璣詩草木鳥獸蟲魚疏、曰大戴禮夏小正傳云、蘩、由胡。由胡、旁勃也。則三國時已有傳名。疑大戴禮記舊本但有夏小正之文、而無其傳。戴德爲之作傳別行、遂自爲一卷。故隋志分著於錄。後盧辯作大戴禮記注、始採其傳編入書中、故唐志遂不著錄耳。又隋志根據七錄、最爲精核、不容不知夏小正爲三代之書、漫題德撰。疑夏小正下當有傳字、或戴德撰字當作戴德傳字。今本譌脱一字、亦未可定。觀小爾雅亦孔叢之一篇、因有李軌之注、遂別著錄、是亦旁證矣。崧卿以爲隋代誤分、似不然也。惟是篇屢經傳寫、傳與本文混淆爲一。崧卿始仿杜預編次左氏春秋之例、列正文於前、而列傳於下。每月各爲一篇、而附以注釋。又以關澮藏本與集賢所藏大戴禮記本參校異同、注於下方。其關本注釋二十三處、亦併附錄、題曰舊注、以別之。蓋是書之分經傳、自崧卿始。朱子作儀禮經傳通解、以夏小正分析經傳、實沿其例。其詮釋之詳、亦自崧卿始。金履祥通鑑前編所注、實無以勝之。於是書可謂有功。儒者盛稱朱子考定之本與履祥續作之注、而不以創始稱崧卿、蓋講學家各尊所聞、非公論也。其中如正月之斗柄縣在下，五月之萩麋將閑諸，則九月之辰繫于日，十一月之于時月也，萬物不通。皆空爲經文，而誤列於傳。其正月之始用暢，乃以解初歲祭耒，明用暢以祭自此始。空爲傳文，而誤列於經。皆爲未允。然大戴之學，治之者稀。小正文句簡奧，尤不易讀。崧卿獨稽核舊文，得其端緒，俾讀者有徑之可循，固考古者之所必資矣。

右禮類禮記之屬，二十部，五百九十四卷，附錄二部，十七卷，皆文淵閣著錄。

案：訓釋大學中庸者，千頃堂書目仍入禮類。今併移入四書，以所解者四書之大學中庸，非禮記之大學中庸。學問各有淵源，不必彊合也。大戴禮記，舊附於經，史繩祖學齋佔畢亦有大戴禮記，宋列爲十四經之說。然繩祖所云，別無佐證。且其書古不立博士，今不列學官，未可臆加以經號。今以二戴同源，附錄於禮記之末，從其類也。

欽定四庫全書總目卷二十一

欽定四庫全書總目卷二十二

經部二十二

禮類四

三禮圖集注二十卷（內府藏本）

宋聶崇義撰。崇義，洛陽人。周顯德中，累官國子司業。世宗詔崇義參定郊廟祭玉，因取三禮舊圖凡得六本，重加考訂。宋初上於朝，太祖覽而嘉之，詔頒行。考禮圖始於後漢侍中阮諶。其後有梁正者，題諶圖云：陳留阮士信受學於潁川綦毋君，取其說爲圖三卷，多不案禮文，而引漢事與鄭君之文違錯。正稱隋書經籍志列鄭元及阮諶等三禮圖九卷。唐書藝文志有夏侯伏朗三禮圖十二卷，張鎰三禮圖九卷。崇文總目有梁正三禮圖九卷。宋史載吏部尚書張昭等奏云：四部書目內有三禮圖十二卷，是開皇中敕禮部修撰。其圖第一、第二題云梁氏，第十後題云鄭氏。今書府有三禮圖，亦題梁氏、鄭氏。則所謂六本者，鄭元一，阮諶二，夏侯伏朗三，張鎰四，梁正五，開皇所撰六也。然勘驗鄭志，元實未嘗爲圖，殆習鄭氏學者作圖，歸之鄭氏歟。今考書中宮室車服等圖，與鄭注多相違異。即如少牢饋食敦皆南首，鄭注云：敦有首者，尊者器飾也。飾蓋象龜，周之制，飾器必以其類。龜有上下甲。此言敦之上下象龜上下甲，蓋者意擬之辭。而是書敦與簠簋皆作小龜，以爲蓋頂。是一器之微，亦失鄭意。沈括夢溪筆談，譏其犧象尊黃目尊之誤。歐陽修集古錄，譏其簋圖與劉原甫所得真古簋不同。趙彥衛雲麓漫鈔，譏其爵爲雀背承一器，犧象尊作一器繪牛象。林光朝亦譏之曰：聶氏三禮圖全無來歷，穀璧則畫穀，蒲璧則畫蒲，皆以意爲之。不知穀璧止如今腰帶銙上粟文耳。是宋代諸儒亦不以所圖爲然。然其書鈔撮諸家，亦頗承舊式，不盡出於杜撰。淳熙中陳伯廣嘗爲重刻，題其後云：其圖度未必盡如古昔，苟得而考之，不猶愈於求諸野乎。斯言允矣。今姑仍其舊帙錄之，以備一家之學。此書世所行者爲通志堂刊本，或一頁一圖，或一頁數圖，而以說附載圖四隙，行款參差，尋覽未便。惟內府所藏錢曾也是園影宋鈔本，每頁自爲一圖，而說附於後，較爲清整易觀。今依仿繕錄焉。

三禮圖四卷（浙江吳玉墀家藏本）

明劉績撰。績字用熙，號蘆泉，江夏人。宏治庚戌進士，官至鎮江府知府。是書所圖，一本陸佃禮象、陳祥道禮書、林希逸考工記解諸書，而取諸博古圖者爲尤多，與舊圖大異。考漢時去古未遠，車服禮器猶有存者，鄭康成圖雖非手撰，要爲傳鄭學者所爲。阮諶、夏侯伏朗、張鎰、梁正亦皆五代前人。其時儒風淳實，尚不以鑿空臆斷相高。聶崇義參考六本，定爲一家之學，雖踵謬沿譌，在所不免，而遞相祖述，終有典型。至宣和博古圖所載，大半揣摩近似，强命以名。其間疎漏多端，洪邁諸人已屢攻其失。績以漢儒爲妄作，而依據是圖，殊爲顛倒。然所采陸陳諸家之說，如齊子尾送女器出於魏太和中，犧尊純爲牛形，王肅據以證鳳羽婆娑之誤。齊景公器出晉永康中，象尊純爲象形，劉杳據以證象骨飾尊之非蒲璧刻文如蒲𦵔敷時穀璧如粟粒其器出於宋時沈括據以證蒲形禾形之謬此書並採用其說亦足以備一解至於宮室制度輿輪名物凡房序堂夾之位軹較賢藪之分亦皆一一分析不惟補崇義之闕且以拾希逸之遺其他瑣茶曲植之屬增舊圖所未備者又七十餘事過而存之未始非兼收並蓄之義也

學禮質疑二卷副都御史黃登賢家藏本

國朝萬斯大撰斯大有儀禮商已著錄是書考辨古禮頗多新說如謂魯郊惟日至一禮祈穀不名郊自魯僭行日至之郊其君臣託於祈穀以輕其事後人不察郊與祈穀之分遂以魯爲祈穀見春秋不書祈穀遂以祈穀爲郊今考襄公七年傳孟獻子曰夫郊祀后稷以祈農事啓蟄而郊郊而後耕桓公五年秋大雩左氏傳曰書不時也凡祀啓蟄而郊龍見而雩與孟獻子之言亦合斯大旣不信左氏又據詩序謂昊天有成命爲郊祀天地而不言祈穀遂立是說不知大戴禮公符篇載郊祝曰承天之神興甘風雨庶卉百穀莫不茂者則郊兼祈穀之明證家語雖出依託然皆綴緝舊文其郊問篇稱至於啓蟄之月則又祈穀於上帝王肅注曰啓蟄而郊郊而後耕與鄭杜二家尤爲契合斯大別爲創論非也斯大又謂大社祭地在北郊王社祈穀在國中今考五經通義大社在中門之外王社在籍田之中孔賈疏及通典俱宗其說又左傳閔公二年傳閒於兩社爲公室輔杜預注周社亳社兩社之閒朝廷執政所在孔穎達疏曰魯是周之諸侯故國社謂之周社則國社之所在爲朝廷執政之所在其爲中門內無疑諸侯之國社與天子之大社同也周書作雒篇曰乃設立丘兆於南郊以上帝配后稷日月星辰先王皆與食諸侯受命於周乃建大社於國中國中與南郊對舉則大社不在郊而在國可知斯大所云誤亦顯著斯大又謂士止爲小宗不得爲大宗以士無祖廟也今考喪服小記曰士不攝大夫士攝大夫惟宗子又荀子曰故王者天太祖諸侯不敢壞大夫士有常宗楊倞注曰繼別子之後爲族人所常宗百世不遷之大宗也據此則士亦得爲大宗明矣又喪服小記曰庶子不祭殤與無後者殤與無後者從祖祔食鄭元注曰宗子之諸父無後者爲墠祭之孔穎達疏曰若宗子是士無曾祖廟故諸父無後者爲墠祭之又曾子問曰若宗子死告於墓而後祭於家鄭注曰祭於家容無廟也孔疏曰祭於家是容宗子無爵其家無廟而祭於庶子之家是且有無廟而爲宗子者矣今斯大謂有始祖廟乃得爲大宗充其說不特士不得爲大宗據祭法則大夫止有曾祖廟將大夫亦不得爲大宗乎斯大又變其說謂大夫士皆得祭高曾祖禰引大傳曰大夫士有大事省於其君干祫及其高祖今考孔疏祫合也謂雖無廟而得與有廟者合祭大夫蓋祫於曾祖廟而上及高祖上士則祫於祖廟而上及曾祖高祖中士則祫於禰廟而上及祖與曾祖高祖又安得援爲皆得有廟之証乎斯大又謂小記大夫士之妾祔於妾祖姑亡則中一以上而祔則祔於高祖姑是高祖有廟今考小記孔疏曰妾無廟爲壇祔之耳則妾雖祔於高祖之妾不必高祖有廟觀雜記父母之喪尙功衰而祔兄弟之殤孔疏其小功兄弟身及父是庶人不合立祖廟則曾祖嫡孫爲之立壇祔小功兄弟之長殤於從祖立神而祭不爲從祖立廟也又安得謂高祖之妾有廟乎凡此皆自立異說略無顯據其他若辨商周改月改時周詩周正及兄弟同昭穆皆極精確宗法十餘篇亦頗見推闡置其非而存其是亦未始非一家之學也

讀禮志疑六卷浙江巡撫採進本

國朝陸隴其撰隴其有古文尚書考已著錄是編以三禮之書多由漢儒采輯而成其所載古今典禮自明堂清廟吉凶軍賓嘉以及名物器數之微互相考校每多齟齬不合因取鄭孔諸家注疏折衷於朱子之書務得其中並旁及春秋律呂與夫天時人事可與禮經相發明者悉爲采入其有疑而未決者則仍闕之故曰讀禮志疑案禮經自經秦火雖多殘闕不完而漢代諸儒去古未遠其所訓釋大抵有所根據不同於以意揣求宋儒義理雖精而博考詳稽終不逮注疏家專門之學隴其覃思心性墨守程朱其造詣之醇誠近代儒林所罕見至於討論三禮究與古人之終身穿穴者有殊然孔疏篤信鄭注往往不免附會而陳澔集說尤爲弇陋隴其隨文糾正考核折衷其用意實非俗儒所能及如論孔疏月令引太史職鄭注中數曰歲朔數曰年並舉則分年歲單舉則可互稱又祥

禘主鄭駁王。廟制尊劉駁鄭。於禮有擯詔、樂有相步、溫之至也之文、謂溫直是蘊藉、不當如孔疏所云以物承藉於耒卜。禘不視學、取孔疏不當禘祭之年、亦待時祭之後、駁集說不五年不視學之說。謂司尊彝變朝踐爲朝獻、變再獻爲饋獻、爲省文互文之法。皆自抒所見、絕無門戶之私。至於緇紂純三字、謂純當作紂、古人字亦誤用、後來不可不慎。不知古字多通、原未可以近例相限。又袁黃羣書備考、以賈公彥譌作賈逵、人所共知、何煩深辨。而亦特立一條、爲之駁正。此蓋閱書時隨筆標記。門弟子編次校刊、乃誤入正文、未加簡擇。固不足爲隴其病矣。

郊社禘祫問一卷 浙江巡撫採進本、

國朝毛奇齡撰。奇齡有仲氏易、已著錄。是書前答門人李塨問南北郊分祀及問有禘無祫之說、末附艾堂問。自注云、同郡學人集於艾堂所問、此則專論禘祫者也。其中如南郊北郊以冬夏至分祀、見於周禮、本有明文。疑無北郊之祀者、本無庸置辨。奇齡性喜攻駁、反覆詰辨、未免繁雜。至於時祭之外、禘爲大祭、所謂三年一祫、五年一禘者、語出緯書、本不足據。祫對犆爲義、不對禘爲義也。奇齡辯大禘與吉禘不相蒙、又言大禘吉禘時祭必合祭、故稱祫、則皆發昔儒所未及、於經義不爲無補。錄存其說、亦足資禮家之采擇焉。

參讀禮志疑二卷 編修勵守謙家藏本、

國朝汪紱撰。紱一名烜、字燦人、號雙池、婺源人。是書取陸隴其所著讀禮志疑、以己意附參於各條之下。其於三禮大端、若謂南郊卽爲圜丘、大社卽爲北郊、禘非祭天之名、路寢不得倣明堂之制。又力斥大饗明堂文王配五天帝、武王配五人帝之說。皆主王肅而黜鄭元、故頗與舊注相左。其謂東西夾室不在堂之兩旁、而在東西房之兩旁。考儀禮公食大夫禮、公迎賓入、大夫立於東夾南、士立於門、小臣東堂下、宰東夾北、內官之士在宰東上、介門西。蓋均卽位於堂之上下。如紱所云、則大夫及宰乃違衆而獨立於堂後、及東西房兩旁隱蔽之地矣。又聘禮設飧、亦云堂上之饌八、西夾六。蓋致饌於賓、其陳設皆自堂及庭及門、取其羅布目前。如紱所云、則饌亦設於堂後矣。紱又謂士無朝服、元端卽士之朝服、上士元裳、中士黃裳、下士雜裳。考士冠禮曰、主人元冠朝服、緇帶素韠。既云素韠、則素裳矣、與卿大夫以上之朝服初無以異、未嘗獨以黃裳元裳雜裳之元端爲朝服也。又魯語曰、列士之妻加之以朝服、則士固非無朝服。紱皆未之深考也。至所謂大夫士無西房、故士喪禮主人括髮、衆主人免於房、而婦人乃獨髽於室、以無西房故也。其說本孔疏、可破陳祥道禮書之惑。又謂大夫士廟亦當有主、與通典所載徐邈及清河王懌之議相合。如斯之類、亦多深得經義。固可與隴其之書竝存不廢也。

右禮類三禮總義之屬、六部、三十五卷、皆文淵閣著錄、

案鄭康成有三禮目錄一卷。此三禮通編之始。其文不可分屬。今共爲一類、亦五經總義之例也。其不標三禮之名、而義實兼釋三禮者、亦竝附焉。

禮書一百五十卷 內府藏本、

宋陳祥道撰。祥道字用之、福州人。李廌師友紀談、稱其許少張榜登科。又稱其元祐七年進禮圖儀禮注、除館閣校勘。明年用爲太常博士、賜緋衣。不旬餘而卒。又稱其仕宦二十七年、止於宣義郎。宋史則作官至祕書省正字。然晁公武讀書志載是書、亦稱左宣義郎太常博士陳祥道撰、與廌所記同。廌又稱嘗爲禮圖一百五十卷、儀禮說六十餘卷、內相范公爲進之、乞送祕閣及太常寺。陳振孫書錄解題則稱元祐中表上之。晁公武則稱朝廷聞之、給札繕寫奏御。宋史陳暘傳則稱禮部侍郎趙挺之上言、暘所著樂書二十卷、案樂書實二百卷、宋史字誤、貫穿明備、乞援其兄祥道進禮書故事給札。則廌振孫所記爲確。公武朝廷聞之之說非其實也。其中多掊擊鄭學。如論廟制引周官家語荀子穀梁傳、謂天子皆七廟、與康成天子五廟之說異。論禘祫謂圜丘自圜丘、禘自禘、力破康成禘卽圜丘之說。論禘大於祫竝祭及親廟、攻康成禘小祫大祭不及親廟之說。辨上帝及五帝、引掌次文闢康成上帝卽五帝之說。蓋祥道與陸佃皆王安石客、案祥道爲王安石之徒、見晁公武讀書志祥道論語解條下、安石說經、既刱造新義、務異先儒、故祥道與陸佃亦皆排斥舊說。佃禮象今不傳、惟神宗時詳定郊廟禮文諸議、今尚載陶山集中。大抵多生別解、與祥道駁鄭略同。蓋一時風氣所趨、無庸深詰。然綜其大致、則貫通經傳、

縷析條分、前說後圖、考訂詳悉。陳振孫稱其論辨精博、間以繪畫、唐代諸儒之論、近世聶崇義之圖、或正其失、或補其闕。晁公武元祐黨家、李廌蘇門賓客。皆與王氏之學異趣。公武則稱其書甚精博。廌亦稱其禮學通博、一時少及。則是書固甚為當時所重、不以安石之故廢之矣。

儀禮經傳通解三十七卷、續二十九卷、（浙江巡撫採進本）

儀禮經傳通解、宋朱子撰。初名儀禮集傳集注。朱子乞修三禮劄子所云以儀禮為經、而取禮記及諸經史雜書所載有及於禮者、皆以附於本經之下、具列注疏諸儒之說、略有端緒、卽是書也。其劄子竟不果上。晚年修葺、乃更定今名。朱子沒後、嘉定丁丑始刊版於南康。凡家禮五卷、鄉禮三卷、學禮十一卷、邦國禮四卷、共二十三卷、為四十二篇。中闕書數一篇、大射至諸侯相朝八篇尚未脫稾。其卷二十四至卷三十七凡十八篇、則仍前草創之本、故用舊名集傳集注。是為王朝禮。中闕卜筮一篇、目錄內踐阼第三十一以後、序說並闕、蓋未成之本也。所載儀禮諸篇、咸非舊次、亦頗有所釐析。如士冠禮三屨本在辭後、仍移入前。陳器服章戒宿加冠等辭本總記在後、乃分入前各章之下。末取雜記女子十五許嫁笄之文、續經立女子笄一目。如斯者不一而足。雖不免割裂古經。然自王安石廢罷儀禮、獨存禮記、朱子糾其棄經任傳、遺本宗末。因撰是書以存先聖之遺制、分章表目、開卷瞭然、亦考禮者所不廢也。其喪祭二門則成於朱子門人黃榦、蓋朱子以創稾屬之。楊復原序述榦之言有曰、始余創二禮粗就、奉而質之先師、喜謂余曰、君所立喪祭禮、規模甚善、他日取吾所編家鄉邦國王朝禮、其悉用此更定云云。則榦之所編、尚不失朱子之意。然榦僅修喪禮十五卷、成於嘉定己卯。其祭禮則尚未訂定而榦又歿。越四年壬午、張虙刊之南康、亦未完本也。其後楊復重修祭禮、鄭逢辰進之於朝。復序榦之書云、喪禮十五卷、前已繕寫、喪服圖式今別為一卷、附於正帙之外。前稱喪服圖式、祭禮遺稾、尚有未及訂定之遺憾。則別卷之意固在此。又自序其書云、南康學宮舊有家鄉邦國王朝禮、及張侯虙續刊喪禮、又取祭禮稾本并刊而存之。竊不自揆、遂據稾本、參以所聞、稍加更定、以續成其書、凡十四卷。今自卷十六至卷二十九皆復所重修。合前經傳通解及集傳集注、總六十有六卷。雖編纂不出一手、而端緒相因、規模不異。古禮之梗概節目、亦略備於是矣。

禮書綱目八十五卷、（安徽巡撫採進本）

國朝江永撰。其書雖仿儀禮經傳通解之例、而參考羣經、洞悉條理、實多能補所未及、非徒立異同。如士冠禮屨夏用葛以下五十字、本在辭後記前、通解移置經文陳器服節末。是書亦沿襲其說、不故相詰難。至於士昏記父醮子命之辭曰以下三十一字、通解列在陳器饌節下。而是書改列在親迎節下。又通解以記文婦入三月然後祭行二句、別為祭行一節、在奠菜節之前。而是書以此二句附於廟見節之末。蓋是書廟見、卽通解之所謂釋奠也。揆以禮意、較通解為有倫次。又通解割士冠禮無大夫冠禮而有婚禮以下四句、謂當在家語冠頌內、疑錯簡於此經、頗涉臆斷。是書則仍記文之舊、不從通解、尤為詳慎。亦未嘗曲相附合也。蓋通解朱子未成之書、不免小有出入。其間分合移易之處、亦尚未一一考證、使之融會貫通。永引據諸書、釐正發明、實足終朱子未竟之緒。視胡文炳輩務博篤信朱子之名、不問其已定之說、未定之說、無不曲為袒護者、識趣相去遠矣。

五禮通考二百六十二卷、（江蘇巡撫採進本）

國朝秦蕙田撰。蕙田字樹峯、金匱人。乾隆丙辰進士。官至刑部尚書。謚文恭。是書因徐乾學讀禮通考惟詳喪葬一門。而周官大宗伯所列五禮之目、古經散亡、鮮能尋端竟委。乃因徐氏體例、網羅眾說、以成一書。凡為類七十有五。以樂律附於吉禮宗廟制度之後。以天文推步句股割圜、立觀象授時一題統之。以古今州國都邑山川地名、立體國經野一題統之。並載入嘉禮。雖事屬旁涉、非五禮所應該。不免有炫博之意。然周代六官、總名曰禮。禮之用、精粗條貫、所賅本博。故朱子儀禮經傳通解於學禮載鐘律詩樂。又欲取許氏說文解字序說及九章算經為書數篇而未成。則蕙田之以類纂附、尚不為無據。其他考證經史、元元本本、具有經緯。非剽竊餖飣、挂一漏萬者可比。較陳祥道等所作、有過之無不及矣。

右禮類通禮之屬、四部、五百六十三卷、皆文淵閣著錄。

案、通禮所陳、亦兼三禮。其不得併於三禮者、注三禮則發明經義，輯通禮則歷代之制皆備焉。爲例不同，故弗能合爲一類也。

書儀十卷（江蘇巡撫採進本）

宋司馬光撰。考隋書經籍志，謝元有內外書儀四卷，蔡超有書儀二卷，以至王宏、王儉、唐瑾皆有此著。又有婦人書儀八卷，僧家書儀五卷。蓋書儀者，古私家儀注之通名。崇文總目載唐裴茝、鄭餘慶、宋杜有晉、劉岳尚皆用斯目，光是書亦從舊稱也。凡表奏公文私書家書式一卷，冠儀一卷，婚儀二卷，喪儀六卷。朱子語錄，胡叔器問四先生禮，朱子謂二程與橫渠多是古禮，溫公則大概本儀禮而參以今之所可行者。要之溫公較穩，其中與古不甚遠，是七分好。又與蔡元定書曰：祭儀只是於溫公書儀內少增損之云云。則朱子固甚重此書。後朱子所修祭儀爲人竊去，其槀不傳，則此書爲禮家之典型矣。馬端臨文獻通考，載其父廷鸞之言，謂書儀載婦入門之日卽拜先靈，廢三月廟見，爲非禮。引朱子語錄以爲惑於陳鍼子先配後祖一語。又謂檀弓明言殷練而祔，周卒哭而祔，孔子善殷。而云周已戚，書儀載祔廟在卒哭後，於禮爲太遽。案杜預左傳注謂禮逆婦必先告廟而後行，故楚公子圍稱告莊共之廟。鄭忽先逆婦而後告廟，故謂先配而後祖，其事與廟見無關，光未必緣此起義。又古者三月廟見乃成爲婦，故有反馬之禮。有未及三月而死，則仍歸葬母家之禮。後世於親迎之日卽事事成其爲婦，三月之內設有乖忤，斷不能離婚而逐之；設有殀折，斷不能舉柩而返之也。何獨廟見之期堅執古義乎？至於殷練而祔，孔子善之，其說雖見檀弓，考宋史禮志所載祔廟之儀，實從周禮。國制如是，士大夫安得變之？亦未可以是咎光也。他如深衣之制，朱子家禮所圖，不內外掩襲，則領不相交。此書釋曲袷如矩以應方句，謂孔疏及後漢書馬融傳注所說似於頸下別施一衿，映所交領使之正方，如今時服上領衣，不知領之交會處自方，疑無他物云云。闡發鄭注交領之義最明，與方言衿謂之交，郭璞注爲衣交領者，亦相符合。較家禮所說特爲詳確，斯亦光考禮最精之一證矣。禮記大全檀弓忌日不樂條下，載劉璋之說，引司馬氏書儀忌日則去華飾之服，薦酒食云云。此本無之，然此本首尾完具，尙從宋本翻雕，不似有所闕佚，或劉璋偶誤記歟。

家禮五卷附錄一卷（少詹事陸費墀家藏本）

舊本題宋朱子撰。案王懋竑白田雜著有家禮考，曰家禮非朱子之書也。家禮載於行狀，其序載於文集，其成書之歲月載於年譜，其書亡而復得之由載於家禮附錄。自宋以來，遵而用之，其爲朱子之書，幾無可疑者。乃今反覆考之，而知決非朱子之書也。李公晦敘年譜，家禮成於庚寅居祝孺人喪時。文集序不記年月，而序中絕不及居喪事。家禮附錄陳安卿述朱敬之語，以爲此往年僧寺所亡本，有士人錄得，會先生葬日攜來，因得之。其錄得攜來不言其何人，亦不言其得之何所也。黃勉齋作行狀，但云所輯家禮世所遵用，其後有損益未及更定。既不言成於居母喪時，亦不言其亡而復得。其書家禮後亦然。敬之，朱子季子。公晦、勉齋、安卿皆朱子高第弟子，而其言參錯不可考據如此。案文集朱子荅汪尙書書與張敬夫書、呂伯恭書，其論祭儀祭說往復甚詳。汪、呂書在壬辰、癸巳，張書不詳其年，計亦在其前後也。壬辰、癸巳距庚寅僅二三年，家禮既有成書，何爲絕不之及，而僅以祭儀祭說爲言耶？陳安卿錄云：向作祭儀祭說，甚簡而易曉，今已亡之矣。則是所亡者乃祭儀祭說，而非家禮也明矣。文集語錄自家禮序外，無一語及家禮者，惟與蔡季通書有已取家禮四卷納一哥之語，此儀禮經傳通解中家禮六卷之四，而非今所傳之家禮也。甲寅八月跋三家禮範後云：嘗欲因司馬氏之書參考諸家，裁訂增損，舉綱張目，以附其後。顧以衰病不能及已，後之君子必有以成吾志也。甲寅距庚寅二十年，庚寅已有成書，朱子雖耄老，豈盡忘之，至是而乃爲是語耶？竊嘗推求其故，此必有因三家禮範跋語而依仿以成之者，蓋自附於後之君子，而傳者遂以託之朱子所自作。其序文亦依仿禮範跋語，而於家禮反有不合。家禮重宗法，此程張司馬氏所未及，而序中絕不言之，以跋語所未有也。其年譜所云居母喪時所作，則或者以意附益之爾。敬之但據所傳，不加深考，此如司馬季思刻溫公書之比。公晦從遊在戊申後，其於早年固所不詳，祇敘所聞以爲譜，而勉齋行狀之作在朱子沒後二十餘年，其時家禮已盛行，又爲敬之所傳錄，故不欲公言其非，但其詞略而不盡。其書家禮後，謂經傳通解未成爲百世之遺恨、則其微意亦可見矣。後之人徒以朱子季子所傳、又見行狀年譜所載、廖子晦陳安卿皆爲刊刻、三山楊氏上饒周氏復爲之考訂。尊而用之、不敢少致其疑。然雖云尊用其書、實未有能行者。故於其中謬誤、亦不及察。徒口相傳、以熟文公家禮云爾。惟元應氏作家禮辨、其文亦不傳、僅見於明邱仲深濬所刻家禮中。其辨專據三家禮範跋語、多疎略、未有以解世人之惑。仲深亦不然之。故余今徧考年譜行狀及朱子文集語錄所載、俱附於後、而一一詳證之。其應氏邱氏語、亦並附焉。其他所載謬誤、亦數十條、庶來者有以知家禮決非朱子之書。而余亦得免於鑿空妄言之罪云云。其考證最明。又有家禮後考十七條、引諸說以相印證。家禮考誤四十六條、引古禮以相辨難。其說並精核有據。懋竑之學、篤信朱子、獨於易本義九圖及是書斷斷辨論、不肯附會。則是書之不出朱子、可灼然無疑。然自元明以來、流俗沿用、故仍錄而存之、亦記所謂禮從宜、使從俗也。

泰泉鄉禮七卷、兩淮鹽政採進本

明黃佐撰。佐字才伯、泰泉其號也。香山人。正德辛巳進士、官至少詹事。事蹟具明史文苑傳。佐之學雖恪守程朱、然不以聚徒講學名、故所論述多切實際。是書乃其以廣西提學僉事乞休家居時所著、凡六卷。首舉鄉禮綱領、以立教明倫敬身爲主。次則冠婚以下四禮、皆略爲條教、第取其今世可行而又不倍戾於古者。次舉五事、曰鄉約、鄉校、社倉、鄉社、保甲、皆深寓端本厚俗之意。末以士相見禮及投壺鄉射禮別爲一卷附之。大抵皆簡明切要、可見施行。在明人著述中、猶爲有用之書。視所補注之皇極經世、支離曼衍、敝精神於無益之地者、有空言實事之分矣。

朱子禮纂五卷、江蘇巡撫採進本

國朝李光地撰。光地有周易觀彖、已著錄。是書於朱子儀禮經傳通解及家禮二書外、凡說禮之條散見於文集語類者、以類纂集、分爲五目。曰總論、曰冠昏、曰喪、曰祭、曰雜儀。縷析條分、具有統貫。雖採輯不無遺闕。若文集有荅潘恭叔書、論編儀禮禮記章句、荅王子合書、論居喪家祭、又有周禮三德說、樂記動靜說、書程子禘說後等篇、此書皆不見錄。又與吳晦叔書、論太廟當南向、太祖當東向、雖與此書所錄荅王子合書大義相似、然荅晦叔書更爲詳盡。今乃刪詳而存略。又集載鄂州社壇記、前列羅願在鄂州所定壇壝制度、及社稷向位。朱子必以其深合典禮、故詳述之、以補禮文之闕。而此書乃盡刪前篇、但存某案以下云云。亦失朱子備載之意。然朱子說禮之言、參差散見、猝不能得其端緒。光地類聚而區分之、使秩然有理、於學禮者亦爲有功矣。

辨定祭禮通俗譜五卷、浙江巡撫採進本

國朝毛奇齡撰。奇齡有仲氏易、已著錄。是編一名二重禮譜。蓋欲成喪祭二禮、嗣以喪禮別有吾說編、因惟存祭禮。其說取古禮而酌以今制、故以通俗爲名。凡分七門、一曰祭所、二曰所祭者、三曰主祭之人、四曰祭之時、五曰祭儀、六曰祭器、七曰祭物。末附外神。其中各條、雖間與朱子家禮爲難、不出奇齡平日囂爭之習。然考朱子年譜、家禮成於乾道六年庚寅、朱子時四十一歲。其稾旋爲人竊去。越三十年、朱子沒後、始復有傳本行世。儒者或以爲疑。黃榦爲朱子弟子之冠、亦云爲未暇更定之本。則家禮之出自朱子手定與否、尚無顯證。卽眞獲朱子已失之稾、而草創初成、亦恐尚非定本。以王懋竑之篤信朱子、而所作白田雜著、乃反覆辨是書之依託。其言具有根據。則奇齡之辨、又不能盡以好勝目之矣。其閒如謂漢唐以來、人臣無建廟之文。南渡紹興嘉泰諸年、爲秦檜韓侂胄立廟、而制終未定。考宋龔鼎臣東原錄、稱文彥博家廟不作七閒、乃用唐杜岐公家舊式。則安得謂漢以後人臣無建廟之文。其論後世不世爵世官、今之宗子非古宗子、引阡陌不同於井田、郡縣不同於封建爲證。其說是也。然井田廢而正供之義不廢。封建廢而臂指相維之義不廢。世官廢而宗子支子之義不廢。漢書載當時詔令、每稱賜天下爲父後者。其時已不世官、而云爲父後、則有不爲父後者可知。今制、父母在而子先卒者、其長孫於祖父母之喪服斬衰三年、卽宗子爲後之義、灼然可推。安能一舉而廢之。使主祭之時、但以行輩年齒爲序乎。至於祭必以子一條、謂祠堂合祭先代、使宗子主四親之祭、致凡爲人子者不得祭父。則所祭四親係他人之親、並非己親。所祭之父、係他人之父、並非己父。措語尤乖、皆不免於瑕纇。蓋其大意務通人情、故不免有違古義。然大致斟酌變通、於古禮之必不可行及俗禮之誤託於古者、剖析考證、亦往往釐然有當。固不妨存備一家之說也。

右禮類雜禮書之屬、五部、三十三卷、皆文淵閣著錄、

案公私儀注、隋志皆附之禮類。今以朝廷制作、事關國典者、隸史部政書類中。其私家儀注、無可附麗。謹彙爲雜禮書一門、附禮類之末。猶律呂諸書皆得入經部樂類例也。

欽定四庫全書總目卷二十二

欽定四庫全書總目卷二十三

經部二十三

禮類存目一

周禮補亡六卷（衍聖公孔昭煥家藏本）

元邱葵撰。葵字吉甫、莆田人。閩書作同安人、未之詳也。是書本俞庭椿王與之之說、謂冬官一職散見五官。又參以諸家之說、訂定天官之屬五十九、地官之屬五十七、春官之屬六十、夏官之屬五十、秋官之屬五十七、冬官之屬五十四。又云、先王不能以祿食養無用之官、故周官雖曰三百六十、而兼攝相先。如掌葛徵絺綌、掌染草斂染草之類、每官掌一事、無是事未必有是官也。其說皆自信不疑。周禮一書、不過闕冬官耳。至南宋淳熙嘉熙之閒、俞王二家倡爲異說、而五官俱亂。葵又從而推波助瀾。閩書稱宋末科舉廢、葵杜門勵學、居海嶼中、因自號釣磯翁。所著有易解義書解義詩口義春秋通義四書日講周禮補亡。今諸書散佚、惟此書爲世所詬病、轉以見異而存。據葵自序、書蓋成於泰定丙子、葵年八十一矣。虛殫一生之力、使至今談周禮者稱俞庭椿爲變亂古經之魁、而葵與王與之爲煽助異說之黨、不亦俱歟。其書世有二本、其一分六卷、題曰周禮註。其一卽此本、不分卷數、而題曰周禮冬官補亡。經義考又作周禮全書、而註曰一作周禮補亡。案此書別無他長、惟補亡是其本志、故今以補亡之名著錄焉。

周禮集註七卷（兩淮馬裕家藏本）

明何喬新撰。喬新字廷秀、江西廣昌人。景泰甲戌進士。官至刑部尚書。諡文肅。事蹟具明史本傳。是書謂冬官不亡、大約沿俞庭椿王與之邱葵及晏璧僞託吳澄之說、臆爲竄亂。如引邱葵說、謂太史直筆而書、爲天官之屬無疑。不知太史之文曰讀禮書而協事、又曰以書協禮事、又曰執其禮事、然則太史當入春官、經有明文可據。唐職官志以太史令屬禮曹、是其遺意。今并入天官、既不通經、且不明史矣。又如引僞本吳澄考註說、謂諸子掌國子之倅、使之修德學道、當入教官之屬。不知諸子之職曰、若有兵甲之事、則授之車甲、合其卒伍、置其有司、以軍法治之。蓋主以戎事詔國子、故隷司馬。今徒以修德學道之語、并入司徒、則夏官都司馬之職曰、掌其政學、亦未嘗不及於教、將竝移入司徒歟。是皆妄取前人謬戾之論、割裂倒置、踵其失而加甚。故前後義例、率不能自通、徒爲談周禮者所詬病耳。

周禮定本四卷（兩江總督採進本）

明舒芬撰。芬有周易箋、已著錄。茲編亦其所著梓溪內集之一。大旨祖俞庭椿冬官不亡、雜出於五官之說、而參以僞本吳澄考註、復以己意進退之。凡爲五官敘辨五篇、六官圖說一篇、周官剔僞一篇、周禮正經六篇。刪舊本考工記、移天官太宰地官大司徒之文以入於冬官大司空、移小司徒及遂人之文入小司空。又移天官之掌舍、幕人、掌次、地官之遂師、遂大夫、縣正、鄙師、鄭長、里宰、鄰長、土訓、誦訓、司稼、草人、稻人、場人、囿人、載師、閭師、縣師、均人、稍人、旅師、山虞、林衡、川衡、澤虞、迹人、丱人、角

人、羽人、掌葛、掌染草、掌炭、掌荼、掌蜃、春人、舍人、倉人、廩人、遺人、委人、稾人、夏官之掌畜、職方氏、形方氏、山師、川師、邍師、司勳、量人以屬冬官。明史芬本傳稱、芬精於周禮、嘗謂周禮視儀禮禮記猶蜀之視吳魏、疾革、其子請所言、惟以未及表章周禮爲恨、於是經可云篤信。夫俞氏之書爲荒經蔑古之祖、芬不能訂正其譌、乃噓其已燼之焰而更加厲焉。甚且刪削舊文十幾二三。自命曰定本、傎彌甚矣。

讀禮疑圖六卷、兩江總督採進本、

明季本撰。本有易學四同、已著錄。是書辨論周禮賦役諸法、祖何休林孝存之說、以爲戰國策士之所述。前三卷以其疑周禮者爲圖辨之。後三卷依據孟子立斷、因及後代徭役軍屯之法、論其得失。大旨主於輕徭薄賦、其意未始不善、其說亦辨而可聽。然古今時勢各殊、制度亦異、有不得盡以後世情形推論前代者。至其牽合魯頌公車千乘公徒三萬、則欲改小司徒四井爲邑、四邑爲丘、四甸爲縣、四縣爲都之文、謂四當作五。又增四都爲同一語、則更輾轉竄亂矣。蓋本傳姚江之學、故高明之過、其流至於如斯也。

考工記述註二卷、福建巡撫採進本、

明林兆珂撰。兆珂有詩經多識編、已著錄。此編因考工記一書文句古奥、乃取漢唐注疏參訂訓詁、以疏通其大意、於記文皆旁加圈點、綴以評語。蓋仿謝枋得批檀弓標出章法句法字法之例、使童蒙誦習、以當古文選本。於名物制度、絕無所發明。末附考工記圖一卷、亦林希逸之舊本、無所增損也。

周禮訓雋二十卷、副都御史黃登賢家藏本、

明陳深撰。深字子淵、長興人。嘉靖乙酉舉人。官至雷州府推官。是書略無考證、而割裂五官、歸於冬官。則沿俞庭椿之謬論、無足錄也。

周禮因論一卷、浙江汪啟淑家藏本、

明唐樞撰。樞有易脩墨守、已著錄。是書以民極爲周禮本原、蓋本葉時禮經會元之說。謂詩蔽以一言曰思無邪、周禮蔽以一言曰爲民極也。其駁夏休井田譜之妄、亦卓然有識。然其文如語錄、寥寥數條、未爲詳備、不足以言詁經也。

周禮發明一卷、江西巡撫採進本、

明沈瑤撰。瑤字林珍、德淸人。嘉靖癸丑進士。官至兵部郎中。是編於六官之後各爲總論一篇。冬官一職則雜取司徒之屬補其闕。蓋用三禮考註之本。所錄經文、頗多刪節。所謂發明者寥寥數頁、亦僅如鄉塾之講章。

周禮述註六卷、編修鄭際唐家藏本、

明金瑤撰。瑤有六爻原意、已著錄。是書成於萬歷己卯。前有瑤自序、并所作凡例十條。謂周禮之文爲漢儒所竄改、其中有僞官亂句、悉爲考定、別以陰文書之。大旨本元吳澄三禮考註、明何喬新周禮集註之說、而又以臆見更定之。其補冬官之末、附以改官議改文議二篇、即評論二氏之得失者也。案冬官不亡、亂入五官之邪說、倡於宋俞庭椿、益之以元之邱葵、皆變亂古文、爲經學之蠹賊。至吳澄三禮考註、本晏璧所僞託、實亦沿三家之流弊。何喬新之集註、又其重儓也。瑤未見俞邱之書、遂奉吳何爲鼻祖。所定僞官亂句諸條、若親得周公舊本、一一互校而知者、其無稽更不足辨矣。

周禮說十四卷、兩淮馬裕家藏本、

明徐即登撰。即登字獻和、又字德峻、號匡岳、豐城人。萬歷癸未進士。官至河南按察使。其書前十三卷解五官、不載考工記。末一卷爲冬官闕疑。蓋亦取俞庭椿之說、但尚未敢改經耳。然明言某官移易爲最允、某官移易爲未協、已毅然斷爲當改矣。何闕疑之云乎。

批點考工記一卷、內閣學士紀昀家藏本、

明郭正域撰。正域字美命、江夏人。萬歷癸未進士。官至禮部侍郎。諡文毅。事蹟具明史本傳。是編取考工記之文、圈點批評、惟論其章法句法字法、每節後所附註釋、亦頗淺略。蓋爲論文而作、不爲詁經而作也。

周禮完解十二卷、浙江吳玉墀家藏本、

明郝敬撰。敬有周易正解、已著錄。此書亦謂冬官散見於五官、而又變幻其辭、謂陽分六官以成歲序、陰省冬官以法五行、穿鑿尤甚。中間橫生枝節、不一而足。如典瑞職王晉大圭、執鎮圭。晉即搢字、鄭衆註本不誤、賈疏云、搢、插也。謂插大圭長三尺玉笏於帶間、手執鎮圭尺二寸、其義亦最明。而敬謂接見曰晉、晉、進也。行禮從容漸進、如日之升、以附會於經文朝日之語。果終歲如是乎。此亦務勝古人之過矣。

周禮古本訂註六卷、浙江吳玉墀家藏本、

明郭良翰撰。良翰字道憲，莆田人。萬歷中以蔭官太僕寺寺丞。是編自序，謂俞庭椿王與之邱葵吳澄何喬新五家補本，分割殊甚。不知冬官可以不補，五官必不可淆。五官自存，冬官自闕，何必强膽以亂成經，因取古本訂正之。其持論甚允。而附葉時冬官補亡一篇於考工記之前，仍俞庭椿等冬官散在五官之說，又自相矛盾矣。其註亦皆揣摩文句，無所考正，非解三禮之法也。

古周禮六卷（兩淮馬裕家藏本）

明郎兆玉撰。兆玉字完白，仁和人。萬歷癸丑進士。是書謂之古周禮者，自別於俞庭椿諸人之改本也。其註皆鈔撮舊文，罕能通貫，然暖暖姝姝守一先生之言，視他家之變亂古經，與其妄也寧拘矣。

考工記通二卷（浙江吳玉墀家藏本）

明徐昭慶撰。昭慶字穆如，宣城人。是書凡例有曰，此註本之朱周翰之句解，上而參之鄭康成，下而合之周啓明孫士龍諸家，用成是帙。惟欲取便初學，故自忘其固陋云云。今觀其書，多斤斤於章法句法字法，而典據殊少，則凡例蓋道其實也。其中時亦自出己意，攻駁前人，如務谿汶則死，此汶本齊魯間水，陸德明音釋不誤，而昭慶謂此是岷江，不當音問，引史記爲證，不知史記固汶與岷通，未嘗以考工記之汶爲岷山也。

重訂古周禮六卷（兩江總督採進本）

明陳仁錫撰。仁錫有繫辭十篇書，已著錄。是編不用俞庭椿改本，與郎兆玉相同。其稱重訂，當即因兆玉本也。然五官皆移敘官於惟王建國之前，亦非古本。又其凡例曰，考漢藝文志，是書原闕冬官，漢儒補以考工記，未免割裂聖經，不必妄爲補綴。而六卷仍列考工記，乃自違其說。其註釋多剽竊朱申句解，體例尤爲猥雜，殆庸劣坊賈託名，未必眞出仁錫也。

周禮註疏合解十八卷（兩淮馬裕家藏本）

明張采撰。采字受先，太倉人。崇禎戊辰進士，官臨川縣知縣，福王時爲禮部員外郎。明史文苑傳附見張溥傳中。采與溥爲復社領袖，在當日聲望動天下。然此書疎淺特甚，豈亦託名耶。

讀周禮略記六卷（浙江巡撫採進本）

明朱朝瑛撰。朝瑛有讀易略記，已著錄。是書不全錄經文，但每段標其起止，云自某句至某句。其註於漢唐舊說頗不留意，如稻人下駁鄭氏每井九夫旁加一夫以治溝洫，不知旁加一夫即所謂閒民者也。大概朝瑛涉獵九經，而三禮則用功較淺云。

古周禮釋評六卷（河南巡撫採進本）

明孫攀撰。攀字士龍，宣城人。是書因朱申周禮句解稍爲訂補，別以音釋評語標註上方，如村塾讀本之式，均無足採。惟當明之季，異學爭鳴，能不刪削經文，亦不竄亂次序，兢兢守鄭賈之本，猶此勝於彼焉。

考工記纂註二卷（浙江巡撫採進本）

明程明哲撰。明哲字如晦，歙縣人。是書主於評點字句，於經義無所發明。名爲纂註，實僅勦襲林希逸考工記圖解之文。其誤亦皆沿林本。惟經中軓字皆改爲軌，獨與林本不同。考詩匏葉篇疏曰，說文云，軌，車轍也；軓，車軾前也。軌聲九，軓聲凡。輈人之軓前十尺而策半之，鄭司農云，軓謂軾前也。大馭王祭兩軹，祭軓，乃飲。古書軓爲範，杜子春云，範當爲軓，小戎傳曰，陰揜軓也。箋曰，揜軓在軾前垂輈上。然則諸言軾前皆謂軓也。中庸云車同軌，匠人云經塗九軌，注云，軌謂轍廣也。是二字辨別顯然。林希逸圖解尙不誤，今明哲於希逸之誤皆襲之，其不誤者轉改之，亦可謂不善改矣。

周禮說略六卷（浙江吳玉墀家藏本）

不著撰人名氏。於周禮之中偶有所見，即摘其一節一語而疏之，以非解全經，故云說略。書中多引郝敬之說，則在敬以後矣。大抵議論多而考證少。如謂官屬三百六十以象天，今檢其數，乃贏其一，如易之大衍虛其一也，可謂穿鑿無理。又如牧師孟春焚牧，仲春通淫，與月令季春游牝不合。蓋鳥獸孳尾，多乘春氣。經特略舉其大凡，仲春季春相去無幾，不必過泥。而此書謂月令爲秦時書，秦地寒涼，萬物後動，故後周禮一月。不知秦地即周地，無中外南北之分也。是足見其隨文生義，不能深考事實矣。

周禮文物大全（無卷數，浙江巡撫採進本）

不著撰人名氏，亦無序跋。其版爲藍朱二色，首列六官之所屬，次爲制度器物諸圖，終以諸儒傳授圖。大抵轉相勦襲，摹寫失眞。如王宮制圖，外朝爲致民三詢之地，雉門爲人民觀法之區，則外朝應在雉門之外，而此圖列於庫門之外。他若袞冕無

旒六贄未備壇壝市肆亦弗詳載蓋鄉塾兔園冊也考宋乾道中昌州楊甲作六經圖其周禮圖曰文物大全與此書之名相合又

國朝盧江盧雲英因其父所刻信州石本五經圖重為編輯其周禮圖亦曰文物大全然楊氏圖凡四十有三盧氏圖凡五十有一均與此本不符疑坊肆書賈於盧氏五經圖中摘其周禮諸圖而稍稍竄亂之別為一書以售其欺耳

周禮訂釋古本無卷數江蘇巡撫採進本

國朝王芝藻撰芝藻有大易疏義已著錄是書前有康熙丁丑自序大抵宗俞庭椿之說而小變之謂冬官未亡而不必補考工記之文奇變而軌乎法非周公莫能為之虛其官而詳具其法官省則繁費滅法詳則凡事有作五官可以兼攝冬官可無設也其說甚巧然鄭封於宣王時秦封於孝王時周公安得稱鄭之刀又安得稱秦無廬是開卷即無以自解更奚論其他也其解九賦云邦中四郊即鄉遂地是併百里為郊六鄉在遠郊六遂在甸之異亦未詳考惟遂人溝洫說云遂人所謂十夫者十井之夫也其云十夫有溝則是十井之遂同歸於溝也故匠人謂之井閒既謂之閒則非一井可知較舊註差為明晰耳

高註周禮二十二卷兩江總督採進本

國朝高愈撰愈字紫超無錫人順治中歲貢生江南通志載愈著周官集解十六卷當即是書其分卷各異殆傳寫者不同也書中採前人之說多本諸王昭禹訂義亦閒有發明其中有最駁者數條如大司徒諸公之地封疆方五百里其食者半諸侯之地封疆方四百里其食者三之一諸伯之地封疆方三百里其食者三之一諸子之地封疆方二百里其食者四之一諸男之地封疆方百里其食者四之一鄭康成註謂其食者半參之一四之一者乃天子食此諸侯之貢也不用先鄭之說愈謂諸侯自食其半三之一四之一而以其餘貢天子其說頗詆康成今考春秋昭公十三年傳曰昔天子班貢輕重以列列尊貢重周之制也杜註公侯地廣故所貢者多如愈所說公地五百里乃自食其半以其半貢天子侯伯地四百里三百里僅自食其三之一乃以其二貢天子子男地二百里一百里僅自食其四之一乃以其三貢天子則尊反貢輕而卑反貢重矣昭公十三年傳又曰卑而貢重者甸服也杜註甸服謂天子畿內共職貢即公卿大夫之采地鄭元小司徒註采地食者皆四之一公凡四都一都之田稅入於王卿凡四縣一縣之田稅入於王大夫凡四甸一甸之田稅入於王是食采者卑與尊同故云卑而貢重是周制甸服貢重尚不過四分之一而邦國所貢乃至於三之二四之三乎司勳文曰凡頒賞地三之一食註云賞地之稅三分王食其一與大司徒所云其食者半其食者三之一四之一均為王之所食與大司徒文例義略同愈乃不一其解而獨於此別生異說似未貫洽全經也又小司徒曰乃經土地而井牧其田野九夫為井四井為邑四邑為丘四丘為甸四甸為縣四縣為都鄭元註曰此謂造都鄙也愈乃曰四縣為都計田止一千二十四井以稍人丘乘法推之止得兵車六十四乘視百乘之家猶遜焉而傳稱先王之制大都三國之一中五之一小九之一今此八千一百九十二家不能當天子六鄉六遂十五之一是猶不足稱小都而況大都乎今考春秋隱公元年傳先王之制大都不過三國之一杜註謂都城當國三分之一非謂田邑車乘當國三分之一也愈不得引以為難且四縣為都本小都也積四小都乃為大都今愈以四縣之都為大都於鄭註尚未詳考又春秋襄公二十七年傳曰惟卿備百邑杜註云此一乘之邑孔疏云百乘為采邑之極坊記疏謂公之孤侯伯之卿與天子之三公同俱方百里是惟大都方百里者乃得有百乘而天子之卿止得小都五十里安得同於侯伯之卿又寧以不及百乘為嫌耶至四縣為都凡一千二十四井以司馬甸出一乘之法求之所出本不及十六乘而愈乃謂得兵車六十四乘尤舛誤矣稍人掌丘乘之政令鄭讀乘為甸謂掌丘及甸之政令也愈謂乘字不當改讀遂謂一丘出一乘考春秋成公元年三月作丘甲杜註長轂一乘甸所賦今魯使丘出之譏重斂故書若稍人已令丘出一乘則與周之制也春秋又何得書以示譏耶又韓詩維禹敶之毛詩敶作甸敶訓曰乘甸亦訓曰乘古陳乘甸三字音同故讀乘為甸愈不知古音故有此疑是亦妄難鄭氏也他如謂郊社相對社即祭地更無北郊九夫為井即十夫有溝都鄙鄉遂不異制則均襲舊文無庸更辨者

矣。

周禮惜陰錄六卷（兩江總督採進本）

國朝徐世沐撰。世沐有周易惜陰錄，已著錄。是編於典制罕所考證，惟推求於文句之閒，好以臆斷。如王齊日三舉，所以增一舉者，爲助氣以行禮。而世沐謂三字誤，當作不。則致齋豈茹素之謂乎。樂師職帗舞，帗之爲羽，無可疑者。而世沐獨取先鄭祓除之義，亦爲未合。考工記畫繢之事，青與白相次，赤與黑相次，自是配色之法。而世沐以爲仁義相資，禮智相合，健順相成，亦過於穿鑿也。

周官辨非一卷（浙江巡撫採進本）

國朝萬斯大撰。斯大有儀禮商，已著錄。是編力攻周禮之僞，歷引諸經之相牴牾者，以相詰難。大旨病其官冗而賦重。案古經滋後人之疑者，惟古文尚書與周禮。然古文尚書突出於漢魏以後，其傳授無徵，而牴牾有證。吳棫所疑，雖朱子亦以爲然。閻若璩之所辨，毛奇齡百計不能勝，蓋有由也。周官初出，林孝存雖相排擊，然先後二鄭，咸證其非僞。通儒授受，必有所徵。雖其書輾轉流傳，不免有所附益，容有可疑。然亦揣摩事理，想像其詞，迄不能如尚書一經，能指某篇爲今文，某篇爲古文也。斯大徒見劉歆、王安石用之而敗，又見前代官吏之濫，賦斂之苛，在在足以病民，遂意三代必無是事。竟條舉周禮而詆斥之。其意未始不善，而懲羹吹齏，至於非毀古經，其事則終不可訓也。魏禧疾明末諸臣屈身闖賊，遂疑論語論管仲召忽一章爲不出於孔子，其亦此類歟。

周禮問二卷（浙江巡撫採進本）

國朝毛奇齡撰。奇齡有仲氏易，已著錄。是書皆設爲或問，辨周禮出戰國之末，不出劉歆。凡十七目：一論周禮非漢人僞作，凡四條；一論六官三官二官，凡二條；一論古無三司名；一論冢宰；一論周禮與尚書大戴禮表裏；一論周六卿唐虞六卿；一論司徒司空；一論天地四時之名所始；一論宰夫；一論官名官職同異；一論人數多寡；一論祿數不及入數；一論分土三等同異；一論九州閒田；一論周官非秦制；一論羅氏攻周禮之謬；一論與他經同文。而其書與目不甚相應，蓋亦其門人所誤題也。其持論是非相半。如小宰紀大官之屬各六十，賈疏謂指宮正至夏采諸職。奇齡謂經文其屬六十，乃據六卿本職之下所屬大夫士也。六卿各有長官，如後世所稱堂上官。除一卿二中大夫外，所屬有下大夫四人、中士十六人、下士三十二人，合得六十人，略無闕溢。今考春官除宗伯卿一人、小宗伯中大夫二人，擬於堂上官，不入六十之數，則肆師下大夫四人，即爲屬官，如後世所稱曹郎矣。乃肆師之職曰，凡國之大事，治其禮儀，以佐宗伯。賈疏曰，肆師與小宗伯同爲中下大夫，命數如一，故二人同佐宗伯。據此，則肆師明爲宗伯副貳之官。即經文亦明云肆師掌禮治事如宗伯之儀。今奇齡必屈肆師爲屬吏，同於後世之曹郎，其說似弗能通。奇齡又以周禮公五百里、侯四百里、伯三百里、子二百里、男一百里，不合於王制、孟子。遂據周禮謂封國有大功者必需益地，即不能以百里七十里五十里限之。特約爲之制，公不過五百里，侯不過四百里，伯與子男以是爲差。其說似巧。但明堂位封周公于曲阜七百里，則奇齡所謂公不過五百里者，則已過之矣。加封之制，不應已創之而已又隳之也。故司勳文曰，凡賞無常，輕重視功，明乎加封亦不得立常數矣。奇齡立論，大率類此。其他不無翼經之說，然以爲戰國人作，則仍用何休六國陰謀之說，與指爲劉歆所作者亦相去無幾。陽雖翼之，陰實攻之矣。與其以儀禮爲戰國之書，同一好爲異論，不足據也。

周禮節訓六卷（編修勵守謙家藏本）

國朝黃叔琳撰。叔琳有研北易鈔，已著錄。是編名曰節訓，蓋節錄而訓釋之也。經文既非完本，所輯註文亦皆不著名氏。觀其自序，蓋家塾私課之本，故其凡例亦曰聊備兔園之一冊云。

周官析疑三十六卷考工記析義四卷（安徽巡撫採進本）

國朝方苞撰。苞有周官集注，已著錄。是書以周官爲一編，考工記爲一編，各分篇第。世亦兩本別行。然前有顧琮序，稱合考工爲四十卷，則本非兩書。特不欲以河閒獻王所補與經相淆，故各爲卷目耳。其書體會經文，頗得大義。然於說有難通者，輒指爲後人所竄，因力詆康成之註。若太宰以九賦斂財賄，鄭註賦口率出泉也，今之算泉，民或謂之賦。苞謂九賦即九職邦郊甸稍縣都之田賦，則農所貢公田之九穀，與圃牧嬪婦之貢也。關市之賦，即商賈百工之貢也。山澤之賦，即虞衡之貢也。園圃藪牧，即邦郊甸稍縣都之地，農工商賈嬪婦臣妾閭民，卽邦郊甸稍縣都之人。今考載師，首言園廛、次近郊、次遠郊、次甸稍縣畺，明別園廛於甸稍縣畺之外，則九職之園圃，不得合於九賦之邦郊甸稍縣都可知。苞以九職之圃牧嬪婦臣妾閭民，統於九賦之邦郊甸稍縣都，而九賦之關市山澤，豈獨出於邦郊甸稍縣都之外。經文又何以別舉之乎。苞不過因九職內百工商賈可以當九賦之關市，虞衡可以當九賦之山澤，而園圃、藪牧、嬪婦、臣妾、閭民於九賦更無所歸，遂強入於邦郊甸稍縣都之中。庶乎九職九賦得混爲一，卽以斥鄭註口率出泉之非，而不知鄭註此文，實據本文財賄二字起義。外府曰，掌邦布之入出。其下曰，凡祭祀賓客喪紀會同軍旅，其其財用之幣齎賜予之財用。註曰，布，泉也。泉府曰，凡國事之財用取具焉。此皆以泉爲財。荀子曰，厚刀布之斂以奪之財，重田野之稅以奪之食，則以刀布爲財，與田稅爲食對舉。經於九府既云斂財賄，則知九賦內兼有泉矣。九賦所以供九式，故九賦曰財賄，而九式曰財用。凡祭祀賓客喪荒羞服工事幣帛芻秣匪頒好用，資於穀者少，資於泉者多。而泉之所入，止有市征之絘布、緫布、質布、罰布、廛布，不過當關市之一賦。此外則惟有宅不毛者之里布，均未足以充九式之用。若不資泉於邦郊甸稍縣都等，則職歲所云官府都鄙之出財用，恐終年常不給也。考漢書本紀，高祖四年，初爲算賦，民十五以上至六十五出賦錢，人百二十爲一算。賈捐之傳，民賦四十，丁男三歲一事，是一歲每丁不過賦十三錢有奇。又新論，漢宣以來，百姓賦錢，歲餘二十萬，僅二百貫耳。較之後代封樁留州諸色目，不及萬分之一。而周之九賦，視之亦云薄矣。乃苞襲宋人之說，猶以鄭註口率出泉爲厚斂，此因末流而病其本也。又泉府曰，凡民之貸者，與其有司辨而受之，以國服爲之息。苞以劉歆增竄此節，附會王莽，且謂司市職以泉府同貨而斂賒，則有賒而無貸明矣。今考周書大匡解曰，賦洒其幣，鄉正保貸。又管子，發故屋辟故鄉，以假貸。而以公量收之，則是齊之家有貸由於國有貸也。又左氏傳，齊使有司寬政，毀關去禁，薄斂已責。註曰，除逋責。又成二年傳亦曰，楚乃大戶已責，逮鰥救乏。考責卽是貸，故小宰曰，聽稱責以傅別。鄭註，稱責謂貸予。賈疏，稱責謂舉責生子，於官於民俱是稱也。故房元齡註管子，責而食者幾何家，亦以責爲出息也。然則貸民之制，自泉府外，既見於小宰，又見於春秋傳、管子。而苞指爲王莽創制，誤矣。管子治國篇曰，則民倍貸以給上之徵矣。註，倍貸謂貸一還二。此所謂橫斂也。若以國服爲之息，約所出不過十一，略使子餘於母，以爲不涸之藏，取於民者微，而濟於民者大。此先王惠鮮之精意。苞乃反以疑經，不亦過乎。又載師，近郊十一，遠郊二十而三，甸稍縣都皆無過十二。苞亦指爲劉歆之所竄。不知以近郊遠郊甸稍縣都通計之，則四十分而稅六，猶是什一而少贏耳。賈疏引異義公羊云，什一據諸侯邦國。載師特據王畿。王畿稅法，輕近而重遠者，近者勞，遠者逸故也。諸侯邦國無遠近之差者，以其國地狹少，役賦事暇。據此，則賦踰什一者止王畿內四百里，而通邦國萬里計之，仍未乖乎什一之大凡也。禹貢因九州差爲九等，荊州田第八賦第三，雍州田第一賦第六。通典謂禹貢定稅什一，而輕重有九等之不同，則知什一乃統九州計之，非每州皆什一也。故三禮義宗謂稅俱什一，而郊內郊外收藉不同。苞乃力詆經文，亦爲勇於自信。蓋苞徒見王莽王安石之假借經義以行私，故鰓鰓然預杜其源，其立意不爲不善，而不知弊在後人之依託，不在聖人之制作。曹操復古九州以自廣其封域，可因以議禹貢冀州失之過廣乎。

周官辨一卷（安徽巡撫採進本）

國朝方苞撰。是書就周禮中可疑者摘出數條，斷以己見，分別僞辨惑二門，大旨以竄亂歸之劉歆。凡十篇。已錄入所著望溪文集中。此其初出別行之本也。

周禮集傳六卷（湖南巡撫採進本）

國朝李文炤撰。文炤有周易本義拾遺，已著錄。是書前有自序，謂朱子嘗稱周禮爲天理爛熟之書，衰章雖明，而訓釋未逮，諸儒之說，不能有醇無疵。因遠稽博採，上推列聖之因革，下鑑歷代之興衰，以竊附於詩書集傳之後，其自命甚高。今觀其書，不過隨文釋義，無所考證，多引先儒議論及後世事蹟，曼衍牽合，亦非詁經之正體。惟考工記之前，復旁搜官名於傳記之中，以補冬官之闕。計官三十有五，中有大司空、小司空、冢人、權人、都司空、家司空六官，皆不言所據。昔錢輿病俞庭椿以後割取五官，殊失古本之舊，因著冬官補亡三卷，所補凡二十有一。其與炤相同者、惟后稷農正農師水師匠師工師舟牧工正圬人九官、司空則不立大小之名。餘尚有十一官、爲文炤所未載。殆由未見與書歟。

周官翼疏三十卷、山西巡撫採進本

國朝沈淑撰。淑字季和、常熟人。雍正癸卯進士。是書彙輯漢唐宋明以來及

國朝李光地顧炎武方苞之說、分爲五部。凡疏解經義者、曰正義。於本義引伸旁通者、曰通論。考訂註疏之失者、曰辨正。綜列後世事迹、援史證經者、曰餘論。別著新義、以備參考者、曰存異。書各六卷、而總以翼疏爲名。其正義六卷、則又每卷自爲上下。皆採輯前人之說、不以已見參之。書成於雍正丁未。前有自作條例十二則。

周禮會要六卷、侍講劉亨地家藏本

國朝王文清撰。文清號九溪、寧鄉人。雍正甲辰進士。官至宗人府主事。是編以周禮註疏浩繁、但約括諸家、略疏字義、以便讀者。其凡例稱、經文一字不遺、亦一字不動。然敘官亦經文也、自五官之長外、餘官則俱刪之矣。

周禮質疑五卷、河南巡撫採進本

國朝劉青芝撰。青芝有學詩闕疑、已著錄。是書摘周禮舊註及前人經訓、互相參證。間亦取後代之事以引伸其義、頗與鄭賈爲難。然臆斷多而考證少。宋儒事事排漢儒、獨三禮註疏不敢輕詆、知禮不可以空言說也。青芝視之太易矣。

周禮輯義十二卷、浙江巡撫採進本

國朝姜兆錫撰。兆錫有周易本義述蘊、已著錄。是書多本周禮訂義、攻詰鄭註。若謂匠人、遂人同制、井田不分都鄙、公邑。大司馬凡令賦上地家三人、中地二家五人、下地家二人、非專指邦國。又力斥小司徒鄭註旁加之說。此類皆襲前人緒論、不足深求。其自出新意者、如司尊彝春祠夏禴、祼用雞彝鳥彝、皆有舟。其朝踐用兩獻尊、其再獻用兩象尊、皆有罍。諸臣之所昨也。兆錫謂皆有舟與皆有罍對舉、則舟罍皆是尊名。今考禮圖、六彝爲上尊、盛三斗。六尊爲中尊、盛五斗。六罍爲下尊、盛一石。故爾雅曰、彝卣罍器也。郭璞註云、皆盛酒尊。孫炎註云、尊彝爲上、罍爲下、卣居中。然則罍本下尊、不待兆錫申說。若以舟爲尊、則未會此經之義。夫彝尊罍得列於上中下三尊者、以司尊彝於雞彝鳥彝則曰祼用、於獻尊象尊則曰朝踐用、再獻用、於罍則曰諸臣之所昨。獨於舟不著所用、則舟不得列於尊可知。兆錫但知皆有舟與皆有罍對舉、謂舟與罍同。而不知皆有罍句下有諸臣所昨明文、皆有舟句下別無明文。此舟罍不同之明證也。考鄭司農曰、舟、尊下臺、若今時承槃。鄉射記曰、命弟子設豐。注云、設以承其爵。玉藻曰、大夫側尊用棜、士側尊用禁。亦所以承尊。舟之承尊、蓋亦猶是。安得曰尊。賈公彥疏、謂舟宜若後世酒船。陸佃亦謂若今酒船。殆以形類酒船、故名曰舟耳、非以酒船即舟也。如此之類、頗傷於臆斷。至若辨賈疏北郊用裘之說、謂盛夏用裘、必不能行、後世遂至天地合祭。謂大司徒公五百里、侯四百里、伯三百里、子二百里、男一百里、爲制賦之成數。孟子百里、七十里、五十里、爲出軍之實數。此類亦自樹一義、不爲無見。然遽詆鄭元爲過、始又談何容易也。

周禮拾義、無卷數、浙江巡撫採進本

國朝李大濬撰。大濬、安溪人。是書採輯註疏及諸家之說、間附以案語。然於禮家所聚訟者、如幣餘之賦、馬氏與林孝存王與之之說不同。井田之法、孟子與漢志不同。九獻之禮、諸儒各異。皆竝採其說、不加論斷。書中多載李光地說、蓋大濬爲光地之族云。

周禮三註粹鈔二卷、福建巡撫採進本

國朝高宸撰。宸字北侍、福清人。雍正中諸生。是書詮釋周禮、而不錄考工記。其冬官補亡篇有云、俞庭椿著復古編、謂冬官不亡、雜出於五官之中。其後王次點、邱吉甫皆因之。吳草廬遂爲考註云云。是所據之本爲俞庭椿復古編、則所謂三註當即指王、邱、吳三家。而書中不標名氏、直以己意融貫成文。又多迂闊不情之論、爲三家之所無。莫明其體例何似。卷首自序一篇、亦泛論治法道法、無一字及著書之旨。

附錄

周禮井田譜二十卷、永樂大典本

宋夏休撰。休、會稽人。紹興中進士。樓鑰序云、以上書補官、一試吏而止。亦未詳爲何官也。其書因井田之法、別以己意推演、創立規制。於鄉遂之官聯、溝遂之縱橫、王侯之畿疆、田萊之差數、兵農之相因、頒祿之多寡、門子遊倅之法、兆域昭穆之制、郊

社宗廟之位，城郭內外之分，以及次舍廬室市廛，大斂三鼓四金五常九旗五路五車和門八節，皆摹繪爲圖，若眞可坐言起行者。其考訂舊文，亦多出新意。如曰：野之萊田，以時治之而已，不必盡耕作也，以其菽蒲之利，柴薪之屬，刈之復生，采之復出也。不然，旣不謂之易，則一家之力豈能歲耕田百畝，萊二百畝。蓋萊者刈穫之名，虞人萊所田之野是也。又曰：庶人受一廛，耕百畝，適長用力，所謂可任用者家二人，適子之適，力役及耕，則可任用者三人矣。故適子之適謂之餘子。雖適子之適，力未及耕，而有庶子及耕，則亦三人，故庶子謂爲餘夫也。又曰：古之附庸，不可以爲國，地方百里則可以爲同。春秋蕭同叔子，何休註以爲國名是也。又曰：五十里爲則，大宗伯曰五命賜則，註云則者未成國之名。以漢制考之可見。如是之類，尚可存備一說。至於以管子經言解論語自經於溝瀆爲經正溝瀆之制，則僻甚矣。夫阡陌旣開以後，井田廢二千餘載矣。雖以聖人居天子之位，亦不能割裂州郡，剗平城堡，驅天下久安耕鑿之民，悉奪其所有，使之蕩析變遷，以均貧富。一二迂儒乃竊竊然私議復之，是亂天下之術也。使果能行，又豈止王安石之新法哉。同時瑞安黃穀乃爲作荅問一篇，條舉或者之說，一一爲之疏通證明，殆不知其何心矣。陳傅良之序有曰：其說以不能成都鄙者爲閒田，不可爲軍師者爲閒民，鄉遂市官皆小者兼大者，他亦上下相攝，備其數不必具其員，皆通論。餘多泥於度數，未必皆叶。似稍稍致其不滿。永嘉之學，雖頗涉事功，而能熟講於成敗，此亦一證矣。此書宋志著錄，明唐樞作周禮論，力斥其謬，則樞尚及見之。朱彝尊經義考註曰未見，蓋無用之書，傳之者少也。惟永樂大典之內，全部具存，檢核所言，實無可採，姑附存其目，而糾正其失如右。

周禮沿革傳四卷（安徽巡撫採進本）

明魏校撰。校字子才，號莊渠，崑山人。宏治乙丑進士，官至太常寺卿，還國子監祭酒，未上卒，謚恭簡。事蹟具明史儒林傳。是編取周禮六官之屬，證以秦漢而下官制沿革，訖明代而止。僅有天官、地官、春官，蓋未成之稾也。夫時殊事異，文質異宜，雖三代亦不相沿襲。校於數千年後乃欲舉陳迹以繩今，不亂天下不止。其斷斷不可行，人人能解，卽校亦非竟不知，特以不談三代，世卽不目爲醇儒，故不能不持此論耳。自序一篇，故舉典誥，亦此意也。

右禮類周禮之屬，三十七部，二百七十七卷（內三部無卷數），附錄二部，二十四卷，皆附存目。

釋宮一卷（通行本）

舊本題宋朱子撰，原載晦菴大全集中，此其別行之本也。然實李如圭作，編集者誤入，說見如圭釋宮條下。

儀禮節解十七卷（浙江汪啟淑家藏本）

明郝敬撰。敬有周易正解，已著錄。敬所作九經解，皆好爲議論，輕詆先儒，此編尤誤信樂史五可疑之說，謂儀禮不可爲經，尤其乖謬。所解亦粗率自用，好爲臆斷。如士昏禮升自西階一條，經於饗婦而後云舅姑降自西階，婦降自阼階，則未饗以前婦固不得以主自處，壻亦不得以室相授。升自西階，在婦爲無專制之義，在壻則亦猶舅姑於婦先以客禮之之義，而敬謂父在子不由阼，不知爲人子者居不主奧，而此時何以卽席于奧耶。蓋由此升者，特以道婦故也。於舅坐荅拜一條，又謂新婦拜舅立，而使其舅坐荅拜之，於理未當。不知此是婦人肅拜，故舅坐以荅之，尊卑之分宜然，無可疑也。又如士冠禮七體二十一體，度數宜詳。公食大夫禮魚腸胃倫膚若九若十有一，下大夫則若七若九，與陳祥道禮書謂諸侯當十三，天子當十五者未合。宜有折衷，而往往以數語了之，知其於考據之學終淺，非說禮之專門也。其閒有可取者，如裼襲有衣之裼襲，有玉之裼襲。鄭註泥玉藻之文，於聘義還玉還璋皆以爲易衣加衣之儀，覲禮匹馬卓上，蓋卓立向前之義，鄭註誤以卓爲的，及公食大夫禮又鼎冪若束若編，非以茅爲冪之類，敬之所辨，亦時有千慮之一得。然所見亦罕矣。

禮經集註十七卷（山東巡撫採進本）

明張鳳翔撰。鳳翔字蓬元，堂邑人，萬歷辛丑進士，官至兵部尚書。是書主朱子儀禮爲經之說，大旨以鄭注爲主，其間自出新義者，則多所未允。如士冠禮文降自西階適東壁，北面見于母。鄭注以適東壁爲出闈門，賈疏謂母冠子無事在闈門外，故子出闈門見之。敖繼公不從鄭義，以適東壁爲在東堂下。其說已非。鳳翔又以爲適東壁者又升自阼階，適東壁房前，北面見母。是時母已在房，果如所言，則降自西階之後，仍當有升阼階之文。何以經文無之耶。此類數處，皆立異而不能精確也。

讀儀禮略記十七卷（兩江總督採進本）

明朱朝瑛撰。朝瑛有讀易略記，已著錄。是書於經文不全錄，第曰自某至某，所錄多敖繼公、郝敬之說，取材頗儉，其自為說者，亦精義無幾。

儀禮惜陰錄八卷（兩江總督採進本）

國朝徐世沐撰。世沐有周易惜陰錄，已著錄。是書逐節逐句分解，撮標註義，頗為明簡，較所註他經稍善。然亦疎於考證，如士冠禮云闕項青組纓，汲古閣本鄭註闕讀如有頍者弁之頍，滕薛名蔮為頍。世沐謂字書無此蔮字，而疑之，不知蔮本當作簂。後漢烏桓傳云猶中國有簂步搖，注云簂音吉悔反，字或為幗，蓋簂幗二字通。續漢書輿服志云太皇太后皇太后入廟，簪蔮簂。公卿列侯二千石夫人紺繒簂。廣雅曰簂謂之幘。故玉篇廣韻集韻類篇俱作簂字，可以正刊本作蔮之譌。至若釋名曰簂，恢也，齊人曰頍，頍傾也，著之傾近前也。卽鄭註滕薛名簂為頍之確證，而釋名作簂不作蔮，則汲古閣本鄭註作蔮，其誤顯然。世沐心知其誤，而不能究其所以誤，殊核之未審。又此書多載鄭註所引古今文，然闕漏不可枚舉。卽如士冠禮注云古文闑為槷，閾為蹙。又云古文旅作臚。又云今文纚皆作縰。又云古文盥皆作浣。又云壹古文皆作一。又云今文枋為柄。又云古文啐為呼。又云古文亶為癉。又云今文格為嘏。此九條俱失載，則他篇可知。又若士冠禮戒賓節在筮賓之前，而世沐謂戒賓當在筮賓之後。今考鄭注戒賓者，戒主人之僚友，筮賓者，筮其可使冠子者。蓋先戒衆賓，後乃於衆賓內更筮其最吉特使冠子。故賈疏謂取人之法，先筮後戒，今以此賓是賢者，必知是吉，故先戒賓，賓已許，方始筮之，以其賢恒自吉，故先戒後筮。此義最易曉，而世沐謂當先筮後戒，疎矣。至謂冠子一醮足矣，三醮則意複詞繁，其文滋僞。又謂字冠者不當有祝詞之類，尤臆斷之說也。

喪禮吾說篇十卷（浙江巡撫採進本）

國朝毛奇齡撰。奇齡有仲氏易，已著錄。奇齡說經好立異議，而顛舛乖謬，則莫過於是書。大旨以子夏喪服傳為戰國以後人僞作，故逐條攻擊，務反其說。其叛經之尤者，如謂喪服有齊衰無斬衰，考釋名釋喪服曰，斬衰不緝其末，直翦斬而已，齊，齊也。故鄭註喪服傳曰，斬，不緝；齊，緝也，與釋名之義相符。奇齡乃謂齊而不緝，乃齊之本名，而從而緝之，則又以緝齊得名。三年之重，齊不緝，期功則緝之。然所謂齊而不緝，仍是釋名斬衰不緝其末之說，又何必陽改其名而陰存其實乎。至謂期功以下之齊乃緝，則齊衰三年者皆已不緝，是改斬之名下同於齊，又改齊之實上同於斬，支離怪變，彌為不可究矣。奇齡以周禮儀禮同出戰國人僞撰，故於周禮司服職齊衰斬衰之文，置之不道。至左氏乃奇齡所最信者也，考昭公十年傳晉平公卒，叔向曰孤斬焉在衰絰之中，杜預註曰既葬未卒哭，猶服斬衰，明為斬衰之確證。乃引雜記三年之喪如斬語，謂非服斬之義。襄公十七年傳，齊晏桓子卒，晏嬰麤縗斬，苴絰帶杖菅屨，是斷斷不得謂之非斬服者，奇齡亦謂斬字下屬苴絰帶為句，乃斬苴麻以為絰帶。荀子一書，亦奇齡之所最信也。考三年問篇明出斬衰之名，不能復辨，則曰禮論篇中但有齊衰無斬衰，三年問篇乃後人妄改。夫稍可穿鑿之處，卽改易其訓詁句讀以就己說；至必不可掩之處，則遁而謂之妄改。持是以往，天下復有可據之書乎。奇齡又謂三年之喪當為三十六月，不得折月，而又無解於荀子禮論篇二十五月而畢之文，遂謂畢者乃畢衰服也，至二十七月禫後又加禫服九月。考閒傳曰中月而禫，禫而纖，無所不佩，孔穎達疏曰此謂禫祭既畢，吉祭以後，無所不佩。又喪服小記曰再期之喪三年也，期之喪二年也。喪大記曰禫而從御，吉祭而復寢。檀弓曰是月禫，徙月樂。閒傳又曰中月而禫，禫而飲醴酒，飲酒者先飲醴酒，食肉者先食乾肉。是徵諸禮經，顯有典訓。今奇齡謂禫後服綅冠素端者凡十月，與經義無一相合，豈先王制禮之意乎。其他若謂父在為母不當期年，父母不當為長子三年，皆據律以議經。至謂本生父母不當降在期服，傳重者不必嫡孫，則不特叛經，且背律矣，豈非恃其博洽，違心巧辨哉。

儀禮訓義十七卷（庶吉士蔡廷舉家藏本）

不著撰人名氏。前有自序，題康熙庚申，則近時人也。其書以一篇爲一卷，第約取註疏而參以朱子及楊復之說。其餘諸家，概不採錄。雖頗簡易，然禮制委曲，非一家之言所可盡。註疏以外，限以朱子師弟二人，遂舉諸儒而屏之，殆非該貫之道也。

儀禮釋例一卷（安徽巡撫採進本）

國朝江永撰。永有周禮疑義舉要，已著錄。是書標曰釋例，實止釋服一類，寥寥數頁，蓋未成之書。其釋冕服一條，辨註家冕廣八寸，長尺六寸，積麻三十升布爲之之誤，謂禮家相傳八十縷爲升，古布幅闊二尺二寸，周尺甚短，以八尺當今之五尺，二尺二寸當今之一尺三寸七分半。如冕延有三十升，其經二千四百縷，是今尺一分之地，須容十七縷有奇，雖績麻極細，亦不能爲此。其說驗諸實事，最爲細析。又謂冕有前旒無後旒，故大戴禮及東方朔俱云冕而前旒，所以蔽明。玉藻郊特牲云十有二旒，不云二十四旒。漢明帝制冕旒有前無後，正合古義。玉藻云前後邃延，不過謂冕長尺六寸，前延後延至武皆深邃耳，非謂前後皆有旒也。其說與鄭註互異，亦可相參。惟宗陳祥道之說，謂周禮之韋弁即爵弁，其說過新，不可信。考士冠禮爵弁服註曰，爵弁者冕之次，其色赤而微黑，如爵頭然。或謂之緅，其布三十升。周禮凡兵事韋弁服註曰，韋弁以韎韋爲弁，又以爲衣裳。此爵弁韋弁顯異者也。惟書云二人雀弁執惠，僞孔傳云雀韋弁，似即以爵弁爲韋弁者。然孔穎達疏云，據阮諶三禮圖，雀弁以布爲之，此傳言雀韋弁者，此人執兵，宜以韋爲之。然下言冕執兵者不可以韋爲冕，未知孔意如何。則孔疏於此傳原不深信。且即以爵韋爲之，要止得名曰爵弁，不得通名韋弁。故釋名曰以爵韋爲之謂之爵弁，韎韋爲之謂之韋弁。二語極爲分晰，不容相混。至於周禮司服有韋弁無爵弁，賈疏云爵弁之服，惟有承天變及天子哭諸侯乃服之，所服非常，故天子吉服不列之。此義頗得。如必謂韋弁即爵弁，司服未嘗遺爵弁，則王之吉服自大裘至冠弁，其等殺凡八。公之服自袞冕以下，大裘不得服。侯伯之服自鷩冕以下，袞冕不得服。以次殺之，士之服自皮弁而下，韋弁不得服。其制甚明。如韋弁即爵弁，士於禮已不得服矣，何以士冠禮曰爵弁服纁裳乎。且儀禮士冠禮、士昏禮、士喪禮既有爵弁服，而聘禮曰君使卿韋弁歸饔餼。又曰夕夫人使下大夫韋弁歸禮。則是既有爵弁，又有韋弁明矣。又安得以司服不載爲疑也。永又補祥道之說曰，詩方叔將兵，服其命服，朱芾斯皇。又曰韎韐有奭，以作六師。皆爵弁服之韠也。今考詩服其命服，朱芾斯皇，箋曰云命服者，命爲將，受王命之服也。天子之服韋弁服，朱衣裳也。據此則即左氏傳所云韎韋之跗注，正戎服之常也。必云爵弁之韠，殊無顯據。又詩韎韐有奭，以作六師，箋曰此諸侯世子也，除三年之喪，服士服而來，未遇爵命之時，時有征伐之事，天子以其賢，任爲將軍。疏曰將軍之時，猶未得命，由是仍服韎韐。據此，則經云以作六師，蓋將受命爲將軍，非已臨六師而以爵弁之韎韐爲戎服也。故三章皆云君子至止，言諸侯初至天子之朝，非即臨戎可知。永引此二詩，亦未爲確據。蓋永考證本精，而此則草創之本耳。

儀禮易讀十七卷（浙江巡撫採進本）

國朝馬駉撰。駉字德淳，山陰人。儀禮經文詰曲，註疏浩繁，向稱難讀。是編刻於乾隆乙亥，於經文諸句之中，略添虛字，聯絡之以疏通大意。又仿高頭講章之式，彙諸說於上方。大約以鄭註賈疏爲主，而兼採元敖繼公集說、明郝敬集解及近時張爾岐句讀諸書，間亦參以己意，取便初學而已，不足以闡經義也。

附錄

五服集證六卷（浙江吳玉墀家藏本）

明徐駿撰。駿，常熟人。是書成於正統戊午。考論五服之制，設爲問答以明之。大旨於古制遵朱子家禮，當代之制則遵明太祖孝慈錄，所採諸書，不過十餘種而已。明史藝文志作一卷，此本六卷。考序末有大明歲次壬申進德書堂新刊字，則此本猶屬舊刻，不由竄亂，明史誤以六字爲一字耳。

讀禮問一卷（浙江巡撫採進本）

國朝吳肅公撰。肅公有詩問，已著錄。是書取禮家喪服之制意所未喻者辨之，又雜論俗禮之不合於古者，共六十五條。間有可採，而師心之處爲多。

服制圖考八卷（江西巡撫採進本）

國朝朱建子撰。建子字辰起，秀水人，朱彝尊之從子也。是編集歷代喪服禮制，每條下分古有今無、古無今有、古重今輕、古輕今重四目，後爲雜問篇。凡三十九條。所引經傳禮書及諸家文集，頗稱該洽。然斬衰之喪有三十四條，而所引僅三十一條。如政和禮所載夫爲祖曾祖高祖承重者、妻從夫之喪，及孝慈錄所載爲人後者爲所後祖母之喪，皆古今異制，而建子未及詳載。又齊衰杖期如儀禮所載繼母嫁從爲之服，報大功九月，如通典所載爲人後者爲本生祖父母服，亦古今異制，當一例詳辨者，亦皆脫略，則考核尚未甚密也。

讀禮紀略六卷附婚禮廣義一卷（浙江巡撫採進本）

國朝朱董祥撰。董祥字熊占，長洲人。是書成於康熙乙卯，乃其居父喪時所作，皆以糾正世俗之謬。其閒有泥古而過者，如母喪齊衰三年，固古者喪無二斬之義。然自明洪武以後，凡律令之文皆云爲母斬衰，仍欲依喪服之文服齊衰，等而上之，將遵古禮爲母期年耶。是亂王制也。昭穆祔遷之說，陸佃已與何張異議，至同堂異室而無左昭右穆之次者，朱子已云爲禮者猶執祔祖之文，似無意義，而兩存其說矣。董祥必欲昭遷而穆不動，穆遷而昭不移，不幾於親盡者不必祧，而祧者不必親盡乎。其他微文瑣節，事事繩以古義，持之有故，言之成理，而實多滯礙而難行。至於喪親匿喪之類，皆律有正條，懸如日月，更不待斷斷辨論矣。後附婚禮廣義一卷，斟酌今古之閒，較爲易行，然皆前人家儀所已有，無勞復衍爲也。

右禮類儀禮之屬，九部，一百五卷，附錄四部，二十二卷皆附存目。

欽定四庫全書總目卷二十三

欽定四庫全書總目卷二十四

經部二十四

禮類存目二

批點檀弓二卷（兵部侍郎紀昀家藏本）

舊本題宋謝枋得撰。枋得字君直，號疊山，信州弋陽人。寶祐四年進士。宋末爲江東制置使，臨安破後，即弋陽起義兵，兵潰後，遁迹浦城。元福建行省魏天佑迫脅送燕京，遂絕食而卒。事蹟具宋史忠義傳。是編莫知所自來。明萬歷丙辰，烏程閔齊伋始以朱墨版刻之。齊伋序稱得謝高泉所校舊本，亦不言謝本出誰氏。書中圈點甚密，而評則但標章法、句法等字，似孫鑛等評書之法，不類宋人體例。疑因枋得有文章軌範，依託爲之。又題楊升菴附注，而與愼檀弓叢訓復不相同。據齊伋序，稱彙注疏、集注、集說諸書，去其繁而存其要，以著於簡端，則齊伋之所加，非愼原注也。蓋明季刊本，名實舛互，往往如斯矣。

月令七十二候集解一卷（通行本）

舊本題元吳澄撰。其書以七十二候分屬於二十四氣，各訓釋其所以然。考禮記月令，本無七十二候之說，逸周書時訓解乃以五日爲一候。澄作禮記纂言，亦引唐月令，分著五日一候之義，然不聞更有此書。其說以經文所記，多指北方，非南方之所習見，乃博考說文、埤雅諸書，兼訪之於農牧，著爲此編。然考證名物，罕所發明，又既以螻蟈爲土狗，又載鼫鼠五技之說，自相矛盾；既以虹爲日映雨氣，又引虹首如驢之說，兼採雜書，亦乖解經之法。疑好事者爲之、託名於澄也。

檀弓叢訓二卷、浙江汪啓淑家藏本、

明楊慎撰。慎字用修、號升菴、新都人。正德辛未進士第一。授翰林院修撰。以諫大禮、謫戍滇中。事蹟具明史本傳。此本前有慎自序、後有永昌張含跋。蓋慎在滇中、採鄭孔賀陸黃吳諸家注義、以補陳澔集傳所未備。然如胡寅以檀弓爲曾子門人、與子思同纂修論語。魏了翁又斷爲子游門人。此書既單行、何得於著書之人略而不敘、但引孔疏數言、無所訂正。又言思爲子游之子、注復遺之。至大夫遣車五乘、與周官典命之文不合者、亦未置一語。蓋邊地無書、姑以點勘遣日、原不足以言詁經也。

就正錄禮記會要六卷、浙江巡撫採進本、

明宗周撰。周字維翰、興化人。嘉靖辛卯舉人。官至馬湖府知府。是編於先王之制、先聖之言、多以意爲斷制、懸定是非。其意皆不考於古、其體亦近於語錄、頗不雅馴。

禮記明音二卷、浙江巡撫採進本、

明王覺撰。覺、江陰人。江南通志作武進人。嘉靖辛丑進士。書末有南京禮部郎中巴郡劉起宗跋、稱溝東王子。溝東蓋其別號也。是書大抵據陳澔集說、專標字音、因書而及其義、因聲而及其形。其所引諸書、刪節詳略、初無體例、亦間有不著出典者。雖於訂正俗讀、不爲無功。要亦鄉塾課蒙之本而已。

禮記集說辨疑一卷、浙江鮑士恭家藏本、

明戴冠撰。冠字章甫、長洲人。以選貢授紹興府訓導。是書所論凡曲禮六條、檀弓九條、王制三條、曾子問二條、文王世子一條、禮器一條、郊特牲一條、內則五條、玉藻二條、大傳一條、少儀一條、喪大記二條、祭義一條、表記一條、緇衣一條。蓋未竟之書也。嘉靖丁未、陸粲刊冠所作濯纓亭筆記、附載於末。然筆記爲雜說、而此書究爲經解。今仍析爲二、各著錄焉。

禮記集註三十卷、江蘇巡撫採進本、

明徐師曾撰。師曾有今文周易演義、已著錄。是書以陳澔集說爲未得經義、故別採先儒舊說以爲此注。於鄭賈注疏閒能體會、然訾斥經文者不一而足。如曾子問云、如將冠子而未及期日、而有齊衰大功小功之喪、則因喪服而冠、除喪不改冠乎。孔子曰、天子賜諸侯大夫冕弁、服於太廟、歸設奠、服賜服、於斯乎有冠醮、無冠醴。師曾謂齊衰大小功待除而冠、未爲遲、何必因喪而冠。冠禮三加而醮、冠畢而醴。若諸侯大夫服賜服、不云三加、安得有醮而無醴。遂指二句爲誤、當云有冠醴、無冠醮。蓋師曾以儀禮士冠禮之三醮一醴、并爲周人一代之制。故謂三醮之時各有醮、冠畢而又醴。今經文既無三加、則第當有醴、不當有醮。不知周制三加之時、並無三醮、待冠畢而始一醴耳。其三加三醮乃殷禮、故經文夾在冠畢而醴之後、先本朝而後前代也。士冠禮鄭注賈疏甚明。此經因遭喪殺禮、故改冠後之一醴爲一醮、自用周制。師曾不考注疏、誤執殷禮、故有是說。蓋於三禮經義未能融合。僅隨文而生義、宜其說之多誤也。

禮記日錄三十卷、浙江巡撫採進本、

明黃乾行撰。乾行字玉巖、福寧人。嘉靖癸未進士。官至重慶府知府。是書首有嘉靖乙卯鍾一元序、言乾行以是經擢科第、拜京秩、膺命相禮衡藩、乃以公之士類。今觀其書、割裂周禮儀禮、散綴於禮記之中、不復別識。與朱子經傳通解之例已大相剌謬。又以小學故實竄入經文、混合爲一、尤爲龐雜。其注或一節附論一篇、或十餘節附論一篇、多牽引道學語錄、義皆膚廓。

禮記輯覽八卷、兩淮鹽政採進本、

明徐養相撰。養相、睢陽衞籍、鳳陽人。嘉靖丙辰進士。其書蓋爲科舉而設、不載經文、惟以某章某節標目。循文訓釋、不出陳澔之緒論。

禮記要旨補十卷、兩江總督採進本、

舊本題戈九疇撰。聞人德行增補。蔡必大序又稱古睢守戈公以聞人先生舊所傳要旨版行、先生獨弗是、曰是吾土苴也。因取舊槀改竄補綴、以備一家之言。據此、則是書始終出德行手、九疇特刊行之耳。與標題殊相矛盾。又朱彝尊經義考載聞人德行禮記要旨補十六卷、又載戈九疇禮記要旨十六卷、戈氏書既載其後、不應聞人氏書先云補、尤爲舛互。此本僅有十卷、而兼題二人之名。其書乃鄉塾講章、每節下綴以破題、最爲猥陋。殆書賈以二家之言合併竄亂、以成此本歟。明季坊本、其不足信類如此、不足深詰也。九疇字兩泉、錦衣衞人。嘉靖己未進士。據蔡必大序、其官爲嚴州府知府。德行字越望，餘姚人，嘉靖戊戌進士。據呂本序，其官乃由翰林外謫，其詳則均不可考矣。

禮記中說三十六卷（內府藏本）

明馬時敏撰。時敏字晉卿，陳留人，隆慶中貢生。是編不載經文，但如坊刻時文題目之式，標某章某節，而敷衍其語氣。其名中說者，謂折衆說而得其中也。然大旨株守陳澔集說，未見其折中者安在。

禮記新義三十卷（江西巡撫採進本）

明湯三才撰。三才字中立，丹陽人。朱彝尊經義考敘其書於王翼明、趙宧光之前，蓋隆慶萬歷間人也。前有其子道衡序。其書與先儒傳注多所牴牾，如解純素謂純字不當讀準，解負劒辟咡謂負劒爲長者背負童子，皆不可爲訓。惟於名物度數偶有考證，閒或可備一解耳。

禮記疑問十二卷（浙江巡撫採進本）

明姚舜牧撰。舜牧有易經疑問，已著錄。是書依文訓義，多作語錄之體。閒有新說，則多與經義違背。如曲禮爲人子者，父母存，冠衣不純素，孤子當室，冠衣不純采。鄭氏注，純，緣也。玉藻曰，縞冠玄武，子姓之冠也。縞冠素紕，既祥之冠也。深衣曰，具父母，衣純以青。孤子，衣純以素。訓最明晰。舜牧乃云論語麻冕禮也，今也純儉，此純字亦將作飾緣解乎。是併字義未及詳攷，而漫與鄭孔爲難也。

檀弓輯註二卷（浙江巡撫採進本）

明陳與郊撰。與郊字廣野，海寧人，萬歷甲戌進士。官至太常寺少卿。是書惟解檀弓上下二篇。於鄭注全錄，於孔疏則刪繁存簡，謂之疏略。其陳澔諸家之說，則分行附書，各略以己意爲論斷。所論如檀弓名篇取首二字，不從正義非門徒而違禮之說。孔子少孤一條，釋其慎也卽如字，謂必誠必信曰慎，不從鄭氏改慎爲引之訓，皆有可取。然於喪禮與同、反無是正，未免舉小而遺大耳。

檀弓述註二卷（浙江巡撫採進本）

明林兆珂撰。兆珂有詩經多識編，已著錄。是書集鄭注及諸家之說，而斷以己意。如二三子羣居則絰，辨鄭注以爲朋友之非。速貧速朽，取方希古之言，以爲傳者之誤，皆爲有見。惟經文加以評點，非先儒訓詁之法。如王廷相論立後，弁榛與王應麟考證蒼梧之類，皆事關經義，而轉與論文剩語刻在上方，亦非體例也。

禮記通解二十二卷（浙江汪啟淑家藏本）

明郝敬撰。敬有周易正解，已著錄。言禮記者當以鄭注爲宗，雖朱子掊擊漢儒，不遺餘力，而亦不能不取其禮注。蓋他經可推求文句，據理而談，三禮則非有授受淵源，不能臆揣也。敬作此註，於鄭義多所駁難，然得者僅十之一二，失者乃十之八九。如謂未仕者不稅人，稅當爲襚。國君七个，遣車七乘，个字同介。月令冬祀行，是祀井，非祀道塗之行，若祀道塗，則祀土矣。又謂鄉人禓，是裼禓相逐，不讀爲陽。鄭訓爲強鬼，非也。又謂動乎四體，爲人之四體，非龜也。凡此之類，有前人已言者，亦有自立義者，固足以匡鄭氏之誤。至於曲禮蔥渫處末，鄭訓渫爲熟蔥，本自不誤。蓋上文有膾炙，有醯醬，膾爲細切之肉腥，細者爲膾，炙爲炮肉，皆二物也。蔥渫分生熟，亦承上二物而來。而敬引井渫不食，謂渫卽渫字，通爲屑，蓋蔥屑也。考之爾雅、說文、玉篇、廣韻諸書，古無訓渫爲屑者也。又謂醆酒涗于清，汁獻涗于醆酒，猶明清與醆酒于舊澤之酒，本以茅泲醴盛於醆，和之以水，加鬱金汁以獻，如今人以水和飲陳酒之類。舊澤謂舊酒醲厚如膏澤。鄭援周禮，謂明酌爲事酒，醆酒爲盎齊，清爲清酒，汁獻作汁沙，舊澤當作舊醳，皆誤。今詳推鄭義，皆援據精詳，無可駁詰。敬乃以意更易，徒形臆斷。又謂襲上有衣，不宜又加以裼。多衣則累，古義不明。不知錦在裘上，上有絅衣，經典分明，何可居今而議古。又謂孚尹，孚爲信，尹爲割。鄭作浮筠者，非。不知玉之浮光旁達，猶誠信之及人。若第訓孚爲信，則下文固有信字在，豈非重文累句乎。大抵鄭氏之學，其閒附會讖文，以及牽合古義者，誠不能無所出入，而大致則貫穿羣籍，所得爲多。魏王肅之學百倍於敬，竭一生之力與鄭氏爲難，至於僞造家語以助申己說，然日久論定，迄不能奪康成之席也。敬乃恃其聰明，不量力而與之角，其動輒自敗，固亦宜矣。

禮記新裁三十六卷（浙江巡撫採進本）

明童維巖撰。維巖字叔巖，錢塘人。其書但標舉題目，詮發作法，蓋鄉塾課本，專爲制義而設者。

檀弓原二卷（浙江吳玉墀家藏本）

明姚應仁撰。應仁字安之，徽州人。是編取檀弓上下二篇，刪節陳氏集說，益以諸家評註，而參以己意，亦往往失之臆斷。如何居之居，謂不應音姬，當作何處講，則併不知古義。又君子有終身之憂，故忌日不樂。蓋以喪期有限、而思慕無窮、故於此日戒之終身。而應仁謂一日不足以概終身、唯曾子不忍食羊棗、謂之日日忌。尤曲說矣。

禮記說義集訂二十四卷、浙江吳玉墀家藏本

明楊梧撰。梧字鳳閣、一字嶧珍、涇陽人。萬歷壬子舉人。官青州府同知。是書不載經文、但如時文題目之式、標其首句、而下注曰幾節。大旨以陳澔禮記集說、胡廣禮記大全爲藍本、不甚研求古義。如鄭注釋曾子弔於負夏一條、謂塡池當作奠徹。胡氏詮謂池以竹爲之、衣以靑布、所謂池視重霤者。塡者懸也、魚以貫之、謂將行也。與鄭大異。而此書但云塡池當作奠徹、不言本自康成、亦不復考訂同異。又如孺子䵋一條、論設撥之制、謂設撥是設置撥榆沈之人。蓋以榆性堅忍、所謂不剝不木十年成轂者、性沈難轉、故設撥以撥輴。其說本諸陸佃。與鄭注讀撥爲拂者迥殊。亦不題出陸名及參校鄭義。凡此之類、不可勝數。蓋鈔撮講章、非一一採自本書、故不能元元本本、折衆說之得失也。

禮記纂注三十卷、浙江汪啓淑家藏本

明湯道衡撰。道衡字平子、丹陽人。萬歷丙辰進士。官至僉都御史、巡撫甘肅。其父三才、嘗作禮記新義三十卷、已著於錄。此本乃道衡居憂之時、自採陳澔集說、徐師曾集注、擷其所長、裒爲一編、而以己所偶得、附載書之下方、故名纂注。與新義截然二書。卷首標題、亦不名新義。而李維楨、胡士容二序皆稱曰禮記纂注新義、竟合兩書而一之、殊爲舛誤。朱彝尊作經義考、但載三才書、而不及此書、殆亦誤以爲一也。獨是刊書之時、道衡尚在、不應不一視維楨、士容之序、遽授之梓。此則理所不可解耳。

禮記手書十卷、副都御史黃登賢家藏本

明陳鴻恩撰。鴻恩、黃岡人。萬歷中舉人。此書成於崇禎癸未、乃鄉塾課蒙之本。

檀弓通二卷、浙江吳玉墀家藏本

明徐昭慶撰。昭慶有考工記通、已著錄。此編亦取便於初學、體例與所解考工記同。其釋曾子易簀一章、謂簀簀無定制、不過大夫華而士樸、案古制流傳、雖不可悉考。然以席之重數與夫粉純黼純之異、及車旂衣服之別推之、則大夫士之簀亦必有辨。既明曰大夫之簀、則簀爲大夫之制明矣、不必好立異說也。

禮記意評四卷、浙江巡撫採進本

明朱泰貞撰。泰貞字道子、海鹽人。萬歷丙辰進士。官至監察御史。漢儒說禮、考禮之制。宋儒說禮、明禮之義。而亦未敢盡略其制。蓋名物度數、不可以空談測也。泰貞此書、乃棄置一切、惟事推求語氣。某字應某字、某句承某句、如場屋之講試題、非說經之道也。

說禮約十七卷、安徽巡撫採進本

明許兆金撰。兆金字丙仲、餘姚人。天啓中貢生。官弋陽縣知縣。是書乃坊刻講章、於名物制度、絕無考證。其注王制有曰、三命元、再命絺。考周禮孤四命絺冕、非再命也。如此者比比而是、亦太疎舛矣。

禮記敬業八卷、江蘇周厚堉家藏本

明楊鼎熙撰。鼎熙字緝菴、京山人。崇禎庚午舉人。是書專爲舉業而作、徑以時文之法詁經。又刪去曾子問、明堂位、喪服小記、喪大記、奔喪、問喪、閒傳、三年問、喪服四制九篇。宋人禮部韻略、凡字出喪禮者不載、已爲紕繆、然未敢刪經也。至明代而喪禮不命題、士子亦遂棄而不讀。如鼎熙輩者、汨於俗學、乃併經文去之。時文盛而經義荒、此亦一驗矣。宋人亦以檀弓爲喪禮、故何居之居、韻略不載。楊伯嵒九經韻補欲增之。此編獨有檀弓、蓋以坊選古文多錄之、以爲有資於八比、故不敢去也。

讀禮記略記四十九卷、浙江巡撫採進本

明朱朝瑛撰。朝瑛有周易略記、已著錄。是書以一篇爲一卷、每段之下、附以注、無注亦存經文。其研究典物、有裨於實義者僅十之一。餘皆詮釋文句而已。至於三年一禘、五年一祫之說、謂不可信、考證尤疏。惟前有三禮總論、言異同之故、乃頗有可採。

檀弓評二卷、江蘇巡撫採進本

明牛斗星撰。斗星字杓司、杭州人。是編每章皆摘錄陳澔集說、而以評語載於上闌。如唐韓愈、宋謝枋得、元吳澄、明楊慎、茅坤諸家悉採入之、而謝氏之說獨多。

禮記提綱集解四卷、山東巡撫採進本

國朝邱元復撰。元復字漢標、號嵋菴、諸城人。是書不列經文、但如時文之式、標某章某節題目、隨文衍義、以陳氏集說爲主。蓋經生揣摩弋獲之本也。前有李煥章序、煥章以淹通名、未必有序此書、或託名歟。

禮記疏略四十七卷、河南巡撫採進本

國朝張沐撰。沐有周易疏略、已著錄。沐於易、詩、書、春秋皆有完書。此經則但有禮運、禮器、樂記、學記四篇。其餘乃武進王渭登封馮五典、上蔡李範世及

其從子熾所分注、而沐總其成。書內又有張燧張弑所注者。內則一篇、則又全用陳澔注。龐雜湊泊、無復體例。自序謂他經皆疏略、五經闕一不可。又謂老矣倦於勤、不得已、會同志而屬之以分注云云。夫詁經本著所心得、何必務取足數乎。

禮記惜陰錄八卷、兩江總督採進本、

國朝徐世沐撰。世沐有周易惜陰錄、已著錄。是書合曲禮檀弓雜記各爲一篇、刪古本上下之目。大學中庸二篇則仍從古本、全錄以成完書。每篇之首各注其大意、每篇之末各評其得失。所注多襲陳澔之文、而簡略彌甚。如月令是月也、天子乃以元日祈穀于上帝、乃擇元辰、天子親載耒耜、措之于參保介之御閒。世沐釋元日曰上辛。釋元辰曰郊後吉日。今考正義、甲乙丙丁等謂之日、郊用上辛、故云元日。子丑寅卯等謂之辰、耕用亥日、故云元辰。蔡邕獨斷曰、青帝以未臘卯祖、赤帝以戌臘午祖、白帝以丑臘酉祖、黑帝以辰臘子祖、黃帝以辰臘未祖。是皆祭之用元辰與用元日異者也。今世沐知元日爲上辛、而不知元辰之爲亥日、但云郊後吉日、是併未考正義也。又月令令百工審五庫之量。世沐云、庫門設此五庫。今考玉海引三禮義宗曰、因其近庫、卽以爲名、非卽於庫門設此五庫也。周書作雒篇、應門庫臺元閫、蓋謂庫門亦爲臺門之制。公羊傳注、禮、天子諸侯臺門外闕兩觀、諸侯內闕一觀。此兩觀一觀之地、豈遂以爲可設五庫乎。又玉藻曰、日中而餕、奏而食。世沐云、疑朝食無樂、至日中餕餘乃用樂勸飫。今考膳夫曰、王日一舉、鼎十有二、物皆有俎、以樂侑食、卒食以樂徹于造。此非謂餕餘之食也、而侑食皆有樂。故玉藻孔疏曰、言餕餘之時、奏樂而食。餕尚奏樂、卽朝食奏樂可知。此義甚顯、而世沐疑其無樂、疎矣。觀其自序、世沐手錄此稾時、年七十四矣。可謂耄而好學、而其書如是。蓋講學家之談經、類以訓詁爲末務也。

禮記偶箋三卷、浙江巡撫採進本、

國朝萬斯大撰。斯大有儀禮商、已著錄。是書與所爲學禮質疑相表裏、皆欲獨出新義、而多不能自通。如謂士喪禮所云乘車道車稾車、卽是遣車、則士亦有遣車。鄭注謂士無遣車、誤。又謂牲體不載於遣車。今考雜記遣車疏布輤、四面有章、注、輤其蓋也。四面皆有章蔽、以陰翳牢肉。而既夕記薦乘車、鹿淺幦干笮革靾、載旜纓轡貝勒縣于衡。但稱鹿幦、則僅覆式之章、而無四面之章可知。又凡喪車之有輤者、經文必特著之。雜記曰、其輤有裧、緇布裳帷。又曰、大夫以布爲輤。又曰、士輤蒲席以爲裳帷。其於遣車、亦特著曰布輤。士喪禮經文於乘車詳及幦笮靾旜及纓轡貝勒之細、而不著輤及四面之章、則異於遣車明矣。又士喪禮乘車載皮弁、道車載朝服、稾車載蓑笠。而雜記曰、遣車疏布輤、四面有章、置於四隅、載粻。蓋載牲兼載粻也、與載皮弁朝服蓑笠不同。乃斯大謂遣車載粻而不載牲、烏知載皮弁朝服之車、又豈容兼載粻乎。又鄭注置于四隅、謂以此遣車置于椁之四隅。故周禮巾車云、大喪飾遣車。鄭亦云、使人以次舉之以如墓。蓋遣車小、故可以人舉之、置諸椁中。卽斯大亦信其說。若士喪禮之乘車道車稾車、賈疏云、此三車皆當有馬、故有纓轡勒、則非人力之所能舉而椁之所能容也。與遣車安得合而爲一。檀弓曰、諸侯七个、遣車七乘、大夫五个、遣車五乘。是遣車載牲之明證。乃斯大謂个與介通、七乘五乘乃視七介五介之數。今考雜記曰、遣車視牢具。注言車多少、各如所包遣奠牲體之數也。遣奠、天子太牢包九个、諸侯亦太牢包七个、大夫亦太牢包五个、士少牢包三个。大夫以上、乃有遣車。據此、則雜記所云牢具、卽檀弓所云七个五个。惟遣車載牢具、故其數視牢具。其牢具有七个五个、故檀弓有七乘五乘。斯大乃謂遣車不載牲、於檀弓雜記顯相剌謬。特牲禮曰、佐食盛所俎、俎釋三个。鄭注、个猶枚也。有司徹曰、乃摭于魚腊俎、俎釋三个。士虞禮曰、舉魚腊俎、俎釋三个。少儀曰、太牢則以牛左肩臂臑九个。是个爲牲體、諸經鑿鑿。斯大於檀弓乃廢个之正文、而從介之借讀、影響甚矣。斯大又謂雜記大夫三月而葬、五月而卒哭、諸侯五月而葬、七月而卒哭。大夫以上閒月卒哭、若亦閒日虞、則終虞與卒哭相去日遠。於檀弓所言必于是日也接不合。大夫以上、初虞皆是葬日、自後或閒五日、或七日、或九日。今考檀弓曰、其變而之吉祭也、比至於祔、必於是日也接、不忍一日末有所歸。注曰、有所用接之處。禮所謂他用剛日也。賈疏喪服小記、赴葬者赴虞、三月而後卒哭。彼據士禮而言。速葬速虞而後卒哭之前、其日尚賒、不可無祭、謂之爲變。大夫以上依時葬、及虞者從卒哭、雖遠、其閒不復祭。據此、則大夫以上虞與卒哭異月、本是常禮。為赴葬赴虞者設、並不為大夫以上虞卒哭異月設也。然則虞卒哭不相接於大夫以上何嫌哉。檀弓曰、葬日虞、弗忍一日離也、故再虞、次虞止閒日一舉。若閒五日七日九日一舉、則與弗忍離之意太遠。又喪服章大功三月、受以小功衰卽葛九月者注、凡天子諸侯卿大夫既虞、士卒哭而受服、正言三月者、天子諸侯無大功、主於大夫士也。據此、大夫於虞訖受服、經明云三月受服、則大夫之卒哭自在五月、而初虞自在三月明矣。斯大謂大夫以上虞必與卒哭之日相接、因延虞期以下就卒哭之月、殊屬臆測。又斯大謂魯有周廟、卽頖宮也。魯立頖宮之學、以后稷為先聖、文王為先師。後人因頖宮祀文王、故以周廟為文王之廟。今考文王世子、必釋奠于先聖先師。鄭注、先聖、周公若孔子。又曰、凡學、春官釋奠于先師。鄭注、周禮曰、凡有道有德者、使教國子、死則以為樂祖、祭于瞽宗。此先師之類也。斯大謂魯頖宮以后稷為先聖、文王為先師、未之前聞也。又考襄公十二年傳曰、吳子壽夢卒、臨于周廟、禮也。凡諸侯之喪、異姓臨于外、同姓于宗廟、同宗于祖廟、同族于禰廟。是故魯為諸姬、臨于周廟。為邢凡蔣茅胙祭、臨于周公之廟。杜注、宗廟所出王之廟。又考檀弓、兄弟吾哭諸廟。若頖宮則鄭禮器注所謂郊之學也。為同姓哭臨、不應在郊學。則周廟非頖宮明矣。昭十八年傳、鄭使祝史徙主祏於周廟、豈亦曰頖宮乎。是其尤不可通者也。其他若謂周每年時祭皆祫、儀禮覲禮與曲禮天子當宁而立曰朝、本是一禮。深衣十二片、四片屬於內衽、四片屬於外衽。其誤已於所為儀禮商學春秋隨筆黃宗羲深衣考中辨之。至謂祭天之圜丘卽覲禮之方明壇、則尤駭見聞、不足深詰已。

曾子問講錄四卷　浙江巡撫採進本

國朝毛奇齡撰。奇齡有仲氏易、已著錄。是書載許輸以下諸人質問之辭、而各為之答。大抵掊擊鄭注孔疏、獨標已見。其中決不可通者。如經文、壻免喪、女之父母使人請、壻弗取而後嫁之、禮也。女之父母死、壻亦如之。孔疏曰、女之父母已葬、壻家使人請、女家不許、壻然後別取、禮也。蓋孔氏以女家不許而男別取、與男家不許而女別嫁、互文見義。奇齡則謂壻辭婚後、女家復請重理前說、而男家反故以餘哀未忘、弗敢卽取、然後女家徐徐嫁之、謂仍嫁此壻、弗別嫁也。殆因何孟春餘冬序錄深疑此記之有譌、故奇齡解以此說。然案之經文、全不相合。夫讀古人書、當心知其立言之意、而不可拘滯於其辭。禮記此文、蓋為屆婚期而遭喪者、男或以中饋之乏主、不能待其女免喪、而先議別取。女或以摽梅之過期、不能待其壻免喪、而先議別嫁。故聖人明為之制、使必待三年免喪而後請。明未三年免喪以前、不容有異說也。使必待壻不取而後別嫁、必待女不嫁而後別取、明苟非壻不取女不嫁、則斷無別嫁別取之理也。然則所謂壻不取女不嫁者、乃充類至義之盡、要以必無之事。猶晉文公曰、待我二十五年而後嫁耳。何必作是曲說哉。況左傳載齊桓公出蔡姬、蔡人嫁之。魏犨以嬖妾屬其子曰、必嫁之。則嫁之為別嫁、明矣。何得解為仍嫁此壻、弗別嫁也。是皆橫生臆見、殊不可從。惟謂三月廟見為廟見舅姑、謂除喪不復昏為不復行昏禮數條、尚能恪守經文注義、不為詭變之說耳。

禮記詳說　無卷數、河南巡撫採進本

國朝冉覲祖撰。覲祖有易經詳說、已著錄。其自序謂明太祖時專以注疏衡士、及成祖始用陳氏集說。考元史選舉志、仁宗皇慶中、已以禮記注疏取士、不始於明。覲祖考之未審也。其書於注疏錄十之五、兼採衛湜吳澄郝敬及諸家之說、大旨取足與陳澔集說相發明者。自序謂坊本諸講、其標宗旨、剟字句、順口吻、聯脈絡、化板為圓、亦足醒人心目。故編檢而分載之、附先儒後。則其作書之旨、大略可知已。

禮記章義十卷　浙江巡撫採進本

國朝姜兆錫撰。兆錫有周易本義述蘊、已著錄。是書大意、謂禮記由漢儒掇拾而成、章段繁碎、說者往往誤斷誤連。當分章以明其義、故曰章義。其說謂如曲禮姑姊妹女子子已嫁而反當通下父子兄弟二條為章、儗人必於其倫當通下君大夫士庶各條為章。又有本非一篇而牽合為篇者、如經解之天子以下、聘義之問玉之屬。有簡篇互錯者、如射義篇首之射必先燕飲、當是領起燕義鄉飲酒義之總辭、燕義篇首之秋合諸射節、當是領起射義之辭。逐條討論、時有所見。至於孔氏之不喪

出母、及降婦人而後行禮諸條、皆徵引儀禮以駁前人之謬、亦閒有考證。較之陳澔所注、固爲稍密。而大致循文推衍者多、如檀弓子張死、曾子有母之喪、齊衰而往哭之、此自孔子沒後之事。兆錫乃注曰、豈其未聞敎之初則然歟。是未詳子張少孔子四十八歲也。疎略如是、而動輒排擊鄭孔、談何容易乎。

校補禮記纂言三十六卷、江西巡撫採進本、

元吳澄原本。國朝朱軾重訂。澄有易纂言、軾有周易傳義合訂、皆已著錄。是書篇目注釋、一仍原刻。惟軾有所辨定發明者、以軾案二字爲別、附載於澄注之末。然不及十分之一二。其中閒有旁涉他文者、如注曲禮左青龍而右白虎一節云、軾案此節、一首絶好古詩。急繕其怒四字、摹寫入神。予嘗閱兵、壁壘森嚴、旌旗四帀、中建大纛、鼓停金靜、寂無人語。已而風動大纛、如驚鴻乍起、急不可引。又如雷聲、山鳴谷應、奔濤駭浪、澎湃衝擊。乃知急繕其怒四字之妙。殆偶有所見、卽筆於書。後來編錄校刊之時、失於刪削歟。

戴記緒言四卷、浙江巡撫採進本、

國朝陸奎勳撰。奎勳有陸堂易學、已著錄。是書大旨以禮記多出漢儒、不免有附會古義之處。而鄭康成以下諸家、又往往牽合穿鑿、以就其說。乃參考諸經、旁采衆說以正之。每篇各以小序爲綱、而逐字逐句條辨於後。然自信太勇、過於疑經、疑傳、牽合穿鑿、亦自不能免也。

禮記類編三十卷、浙江巡撫採進本、

國朝沈元滄編。元滄字麟洲、仁和人。康熙丁酉副榜貢生。以修書議敘、官文昌縣知縣。是書取禮記四十七篇、分類排纂。先五典、次五禮、而冠以通論。通論兼禮樂、廣論分敬、仁、行、學、治政六條目。末附諸禮儀節。如曲禮毋不敬至樂不可極數語、列於廣論敬之首。賢者狎而敬之至直而勿有數語、列於廣論行之首。夫禮者所以定親疎、至貧賤而知好禮則志不懾數段、列於開卷通論禮之首。頗爲繁碎。自序云、割截經文、各依門類、先儒有行之者。且謂此書非誦習之書、而考索之書也。誦習則檀弓有檀弓之文、緇衣有緇衣之文。考索則曲禮有內則之事、內則有少儀之事云云。其書蓋取檢閱之便。然而經文變爲類書矣。

學禮闕疑八卷、河南巡撫採進本、

國朝劉青蓮撰。青蓮字華岳、襄城人。是書皆補正陳澔禮記集說之譌漏。凡有所辨定者、咸著於篇。其無所疑者、則不載焉。始於雍正戊申、至乾隆己未、僅成七卷。自曲禮至奔喪篇止。末一卷則其弟青芝所續成也。其駁陳氏之誤者、如入臨不翔、集說臨、哭也。青蓮則引周禮注以尊適卑曰臨、以駁之、謂臨當解作莅。禮不下庶人、集說從黃氏之誤、續大夫撫式士下之之下。此謂先儒俱合下刑不上大夫爲一節、辭句對屬、皆頗有所據。其拾陳氏之遺者、如黃冠草服及好田好女者亡其國、集說俱云未詳。此引周禮注及先儒舊說以補之、亦多可取。然詳於議論、而略於考據。又時時橫生臆說、如以喪服之免爲明之網巾、與吳廷華之以免爲卽今之襯冠、同一杜撰也。

檀弓論文二卷、兩江總督採進本、

國朝孫濩孫撰。濩孫字蓮人、高郵人。雍正庚戌進士。官至監察御史。是書專論檀弓之文、故圈點旁批、以櫛疏其章法句法之妙。每章之下、復綴以總評、亦附注其文義。其凡例謂檀弓有益舉業。凡制義中大小題格局法律、無一不備。是爲時文而設、非詁經之書也。

禮記章句十卷、江蘇巡撫採進本、

國朝任啟運撰。啟運有周易洗心、已著錄。是編前有康熙戊戌自序、蓋其未通籍時所輯也。案禮記諸篇之分類、自劉向別錄首肇其端。如以內則屬子法、文王世子屬世子法、曲禮少儀王制禮器玉藻深衣屬制度之類。今孔疏篇目猶備載之。其後魏有孫炎、復改易舊本、以類相從。而唐魏徵亦以戴記綜彙不倫、更作類禮二十篇、上之祕府。其書今皆不傳。至宋朱子、嘗與呂祖謙商訂三禮編次。欲取戴記中有關於儀禮者附之經、其不係於儀禮者仍別爲記。其大綱存於文集、而晚年編次儀禮經傳通解、則其條例與前所訂又有不同。元吳澄作三禮敘錄、別投壺奔喪補儀禮之經、冠婚鄉飲燕射聘義爲儀禮之傳。其餘三十六篇爲通禮者九、爲喪禮者十有一、爲祭禮者四、爲通論者十二。此則啟運是書之所本也。然啟運之意、則以朱子經傳通解一書中喪祭二禮續諸黃氏、其於禮記不爲完書。而僞本吳澄考注、分合增減、尚多未安。惟國初芮城所定三十八篇名禮記通識其條分規合遠過僞吳氏本然於啟運之意猶有異同因復更其後先補其闕略定爲四十二篇以大學中庸冠於首明倫敬身立政次之五禮又次之樂又次之通論又次之其移易章次如深衣篇全附入玉藻內而又取少儀之句以附之服問篇全附入小記內檀弓則分其半合諸問喪三年問閒傳喪服四制而總謂之喪義郊特牲則分其半入禮器篇內而其半分入冠昏祭義其餘補附參合或章或句尙非一處蓋與劉向別錄之以全篇分類者大不同矣

禮記彙編八卷（浙江吳玉墀家藏本）

國朝王心敬撰心敬有豐川易說已著錄是編取禮記四十九篇自以己意排纂分爲三編上編首孔子論禮之言曰聖賢訓拾遺次以大學中庸又次以曾子拾遺諸子拾遺又次以樂記中編括記中禮之大體曰諸儒紀要次以月令又次以王制又次以嘉言善行下編聚列記中瑣節末事及附會不經之條曰紀錄雜聞其意蓋欲別勒一經踞漢儒之上然自孫炎以來弗能也況心敬乎

附錄

夏小正解一卷（江西巡撫採進本）

國朝徐世溥撰世溥字巨源新建人前明諸生是編總題曰榆墩集選蓋其集中之一卷也其注鳴蜮曰凡釋者貴以通言土名通之釋扎以寧縣釋蜮以屈造是猶釋荇菜以接余彌令人不可解矣其注匽之興五日翕望乃伏曰六字以爲夏五可也是亦不務奧僻不尙穿鑿之旨然注爽死以爲爽鳩祭鳥恐古文雖奧不至此解俊風爲俊美之風是又未考尙書大傳時有俊風俊者大也之文而以意解之矣

夏小正註一卷（編修勵守謙家藏本）

國朝黃叔琳撰叔琳有硯北易鈔已著錄夏小正一書原載大戴禮中自隋志始別爲一卷宋傅崧卿始分別經傳而爲之注朱子沿用其例稍加考定附於儀禮經傳通解中而未言所本元金履祥亦未見傅氏之書遂以爲朱子舊本採附通鑑前編夏禹元年下而句爲之注與傳頗有異同

國朝濟陽張爾岐合輯傳注爲一編附以己說叔琳以傳注多相重複乃汰其繁蕪以成是注亦以己說附之其稱傳者大戴禮之文其稱注者履祥之說注中稱張氏曰者爾岐說稱案者叔琳說也其中如改種黍菽糜作菽糜而下菽糜作菽糜鹿人從引易卽鹿從禽丹鳥白鳥不主螢火蝙蝠及蚊蚋之說以匽爲蝘以納卵蒜爲二物皆與舊說不同至鳴蜮傳中屈造之屬引淮南子鼓造之文謂爲蝦蟆則牽合甚矣

大戴禮刪翼四卷（江蘇巡撫採進本）

國朝姜兆錫撰是編節錄大戴禮記而自爲之註其孫奭跋其後曰刪翼者因舊本而刪其繁冗翼其義理者也刪其繁冗如保傅篇刪去魏公子無忌等文翼其義理如禮三本篇據荀子利爵以正利省之誤是也有註在家語而從略者如王言五義五帝德盛德等篇是也有注在禮記而從略者如哀公問禮察曾子大孝朝事投壺等篇是也有注在儀禮外編而略互見其義者如夏小正武王踐阼等篇是也有舊文無注而箋解者如曾子立事本孝制言天圓與少閒本命等篇是也其述兆錫之意頗悉然古書存者僅矣翼可刪不可也

夏小正詁一卷（浙江巡撫採進本）

國朝諸錦撰錦有毛詩說已著錄是編解夏小正之文或採他說或出己意欲仿鄭元之說檀弓注簡於經故所注最略然頗斷以臆見如正月雉震呴此自感陽氣而震動舊解謂雷在地中人不聞而雉聞之已爲穿鑿錦乃斷雉爲一句震爲一句呴爲一句意訓震爲雷正月安得有雷乎雞孚粥讀粥如字解爲祝雞聲引韓愈詩羣雌粥粥之爲證然則二月出初俊羔助厥母粥亦解粥爲祝雞聲乎古文簡奧傳寫多譌固不必一一強爲之辭必欲盡通之則不鑿不止耳

右禮類禮記之屬四十一部五百五十四卷（內一部無卷數）附錄四部七卷皆附存目

欽定四庫全書總目卷二十四

欽定四庫全書總目卷二十五

經部二十五

禮類存目三

禮經奧旨一卷編修程晉芳家藏本

舊本題宋鄭樵撰。考其文卽六經奧論之一卷也。六經奧論本危邦輔託之鄭樵。此更僞中作僞。摘其一卷。別立書名以炫世。曹溶漫收之學海類編中。失考甚矣。

三禮考一卷內府藏本

舊本題宋眞德秀撰。諸家書目不著錄。惟曹溶學海類編載之。書止五頁。引程朱諸儒之說凡九條。條下係以案語。然案語內引元泰定中邱葵更定周禮。又引吳澄三禮考註。德秀何由得見之。其僞不待言矣。

三禮考注六十四卷兩淮馬裕家藏本

舊本題元吳澄撰。其書據尚書周官篇以改周禮六官之屬。分大司徒之半以補冬官。而考工記別爲一卷。儀禮十七篇爲正經。於大小戴記中取六篇爲儀禮逸經。取十六篇爲儀禮傳。別有曲禮八篇。然澄作尚書纂言。不信古文。何乃據周官以定周禮。卽以澄三禮敘錄及禮記纂言考之。所列篇目亦不合。其經義混淆。先後矛盾者。不一而足。虞集作澄墓誌。宋濂元史澄本傳。皆不言澄有此書。相傳初藏廬陵康震家。後爲郡人晏璧所得。遂掩爲己作。經楊士奇等鈔傳改正。然士奇序及成化中羅倫校刻序。皆疑其爲璧所作。則當時固有異論矣。士奇又言。聞諸長老。澄晚年於此書不及考訂。授意於其孫當。當嘗爲之而未就。朱彝尊經義考言。曾購得當所補周官禮。以驗今書多不合。又張爾岐蒿菴閒話曰。愚讀儀禮。偶得吳氏考註。其註皆採自鄭賈。往往失其端末。其不用鄭賈者四十餘事。惟少牢篇尸入正祭章補入尸受祭肺四字爲有功於經。餘皆支離之甚。草廬名宿。豈應疏謬至此。後得三禮考注序云。輒因朱子所分禮章。重加倫紀。其經後之記。依經章次秩序。其文不敢割裂。一仍其舊。今此書則割裂記文。散附經內矣。序又云。二戴之記中有經篇。離之爲逸經。禮各有義。則經之傳也。以戴氏所存兼劉氏所補合之。而爲傳十五篇。今此書十五篇則具矣。士相見、公食大夫二篇但採掇禮記之文以充數。求所謂清江劉氏之書無有也。至於逸經八篇。序詳列其目。公冠、遷廟、釁廟取之大戴。奔喪、投壺取之小戴。中霤、禘於太廟、王居明堂取之鄭氏註。逸經雖曰八篇。實具其書者五篇而已。其三篇僅存篇題。非實有其書也。今此書大戴明堂列之第二。蓋不知王居明堂之與明堂爲有辨也。三者與序皆不合。其不出於吳氏也審矣。序又云。正經居首。逸經次之。傳終焉。皆別爲卷而不相紊。此外悉以歸諸戴氏之記。朱子所輯及黃氏喪禮、楊氏祭禮亦參伍以去其重複。名曰朱氏記。而與二戴爲三。本書次第略見於此。今此書朱記了不可見。而又雜取二戴之書。名爲曲禮者八篇。龎雜萃會。筆之欲迷。與所云悉以歸諸戴氏之記者又不合。何物妄人謬誣先儒至此云云。然則是書之僞。可以無庸疑似矣。

二禮經傳測六十八卷原任工部侍郎李友棠家藏本

明湛若水撰。若水字元明。增城人。宏治乙丑進士。歷官南京吏禮兵三部尚書。事蹟具明史儒林傳。是編從孔子曲禮三千、經禮三百之說。故曰二禮。以戴記曲禮附以少儀爲曲禮上經三卷。以儀禮爲下經十七卷。冠義等十六篇爲儀禮正傳十六卷。王制等二十三篇爲二禮雜傳通傳二十三卷。又別分小戴郊特牲等五篇與大戴公符等四篇爲儀禮逸經傳。每節各爲章目。標目殊傷煩碎。所註亦皆空談。

廟制考議無卷數浙江巡撫採進本

明季本撰。本有易學四同。已著錄。是書總論凡七義。附錄七十七圖。其中如謂天子五廟。周加文武二世室乃七廟。其說主鄭康成注。惟書咸有一德稱七世之廟可以觀德。則似商以前已有七廟。無以爲解。乃謂自太甲逆溯至相土爲七世。所謂七世之廟專指相土。今考魯語曰。商人禘舜而祖契。郊冥而宗湯。將觀列祖之德。何遠不及契。近不及湯。而獨舉相土。又考殷本紀。相土以下曰昌若。曰曹圉。曰冥。曰振。曰微。曰報丁。曰報乙。曰報丙。曰主壬。曰主癸。曰湯。曰太丁。曰太甲。自太甲逆溯至相土十四世。而本謂太甲上溯相土爲七世。其說舛謬。蓋緣僞古文尚書之言七廟。致生穿鑿。不知呂氏春秋引商書實作五世之廟。無庸如是牽合也。本又謂禘非審諦昭穆。惟有功德而廟不毀者。則當禘於所出之祖廟。而以受命之祖配之。長發之詩小序曰。大禘也。而述契及相土。以至於湯。是特審諦其賢君而以湯配也。今考魯語曰，上甲微能帥契者，商人報焉。祭法曰，冥勤其官而水死，以死勤事則祀之。自湯以上雖微、冥得永列祀典，而未聞商人列諸不毀之廟。今本謂相土有功德而廟不毀，擬於三宗，殊爲疎舛。況相土本在毀廟之列，而長發爲大禘之詩，得及相土，則毀廟、未毀廟之主皆得與矣。此正可以折本之說，而本反引以爲難乎。至謂公劉、太王、王季廟皆不當毀，不特文、武，則益不經矣。本又斥朱子考妣同祫之說，謂禘祫男主得入，女主不得入，故周公營洛邑，特立文、武廟，父子同廟，而其廟無妣主。今考春秋僖八年秋七月，禘于太廟，用致夫人。左氏傳曰，禘而致哀姜焉，非禮也。凡夫人不薨于寢，不殯于廟，不赴于同盟，不祔于姑，則弗致也。據此則夫人薨于寢，殯于廟，赴于同盟，祔于姑者，皆得以禘致太廟矣。何得云妣主不得與於禘祫乎。祭統，鋪筵設同几，爲依神也。鄭註，同之爲言詞也，祭者以其妃配，亦不特几也。據此則凡祭皆有配明矣。洛誥，烝祭歲，文王騂牛一，武王騂牛一。又曰，王入太室祼。孔傳曰，王賓異周公，殺牲精意以享文、武，皆至其廟親告也。據云皆至其廟，則祭文、武別廟可知。本何得云父子同廟。雝詩序，禘太祖也。鄭箋，太祖謂文王。而其詩曰，既右烈考，亦右文母，則明以文母配也。本又何得謂洛邑之文廟獨無文母乎。本又謂七廟之制，太祖居中，昭不必居左，穆不必居右。古人以右爲尊，當于太祖廟之東平行，以次而東爲四親廟。今考廟以昭穆爲左右，雖不見於經，然考周禮冢人曰，先王之葬居中，以昭穆爲左右。注曰，昭居左，穆居右，夾處東西，則昭穆分左右之明證也。故賈疏即以墓之昭穆推廟之昭穆。今本謂廟之昭穆皆在祖廟之中，又何以解於墓之昭穆別左右乎。又考匠人曰，左祖右社。賈疏引祭義注云，周尚左。又考桓二年取郜大鼎于宋，納于太廟。何休云，文家左宗廟，尚尊。據此則於王宮之外立祖廟與社稷，既尚左，而立祖廟與羣廟則又尚右，何同一地而所尚頓異耶。眞無據之談也。本又謂禘祫在太廟，容主多，則太廟宜大。高祖以下羣廟僅容考妣足矣，故其制小。周禮祭僕言小喪復於小廟，隸僕言大喪復于小寢、大寢是也。今考閔二年夏五月乙酉，吉禘于莊公。定八年冬十月辛卯，禘于僖公。則春秋禘祭有於羣廟者矣。而未見羣廟之不容多主，則亦未見羣廟之必小於太廟也。周禮言小寢、大寢、小廟，非以規制之大小言，特以尊卑言耳。故鄭注但云高祖以下、高祖以上。考工記曰，廟門容大扃七个，于凡廟之門同，可以知凡廟之室亦同矣。而何大小之別乎。本又不信商祖契，周祖后稷。今考周語明云，我太祖后稷之所經緯也。祭法明云，祖契而宗湯。而本不信之，尤爲蔑古之甚矣。其論歷代廟制，若謂漢光武但當立高祖、春陵節侯以上四世廟，不當爲宣、元、成、哀立廟，則明世宗明倫大典之說，時勢所牽，又當別論者也。前明三禮之學本最著稱，後世儒者往往承其謬說，故舉其最誤者辨之，庶可得其是非之實焉。

三禮纂註四十九卷（兩淮馬裕家藏本）

明貢汝成撰。汝成字玉甫，宣城人。嘉靖中官翰林院待詔。其書周禮六卷，主俞庭椿冬官不亡散在五官之說，而變本加厲，不惟移其次第，且點竄其字句，塗改其名目，甚至於別造經文。後附周禮餘二卷，則禮記王制、月令兩篇也。儀禮十六卷，以禮記冠義附士冠禮，昏義附士昏禮，鄉飲酒義附鄉飲酒禮，射義附鄉射禮，燕義附燕禮，聘義附聘禮，服問、三年問、喪服四制、喪服小記四篇附士喪服，問喪、閒傳二篇附士喪禮，喪大記附既夕禮，雜記上下、曾子問三篇附士虞禮，祭義、祭統、祭法三篇附有司徹。後附儀禮逸經四卷，則投壺、奔喪、文王世子、明堂位四篇也。儀禮餘八卷，則曲禮上下、內則、少儀、玉藻、深衣、大傳、郊特牲、檀弓上下十篇也。其禮記十二卷，所存者禮運、禮器、經解、哀公問、仲尼燕居、孔子閒居、坊記、表記、緇衣、儒行、學記、樂記十二篇，而大學、中庸不與焉。大抵亦剽朱子及吳澄諸說。其周禮序，自稱如有用我，執此以往，蓋襲文中子之言，尤昧於時勢。前有萬歷九年應天巡撫宋儀望序，乃詆賈、鄭諸人用力愈勤，大義愈晦，而稱汝成是書周公復起不能易，傎之甚矣。

三禮編繹二十六卷（兩淮鹽政採進本）

明鄧元錫撰。元錫字汝極，南城人。嘉靖乙卯舉人，萬歷中以翰林待詔徵，未至而卒。事蹟具明史儒林傳。是編以三禮爲名，而實非歷代相傳之三禮。一曰曲禮，以禮經所載雜儀細曲者爲緯，以表記、坊記、緇衣爲記。二曰儀禮，以十七篇爲經，以射義諸篇爲記。三曰周禮，以周官爲經，而考工記大戴禮家語及禮記諸篇不可分入曲禮者、皆彙列於後爲記。句下夾注、音訓頗簡。蓋非所重。其自爲發明者、則大書而附經文下、所謂繹也。昔俞庭椿首亂周禮、儒者所譏。朱子作儀禮經傳通解、雖列附禮記、而仍以儀禮爲主、不過引經證經。至吳澄禮記纂言、始刪削其文、顛倒其次。貢汝成因而更定三禮、彌爲變亂紛紜、已大乖先儒謹嚴之意。至元錫此書、則非惟亂其部帙、併割裂經文、移甲入乙。別爲標目分屬之。甚至採掇他書、臆爲竄入。古經於是乎蕩盡矣。非聖人而刪定六籍、不亦異乎。

二禮集解十二卷、浙江巡撫採進本、

明李黼撰。黼始末未詳。黃虞稷千頃堂書目稱爲嘉靖閒無錫人。亦據卷首題錫山、卷末題嘉靖十六年常州府刊行字耳、無他證也。是書以陳友仁周禮集說、楊復儀禮圖爲藍本。故周禮以序官分冠各官之首、用陳氏例。儀禮逐節分注各章之後、用楊氏例。其說率循文箋釋、罕所考證發明。陸元輔稱其自出新意者、案元輔說見經義考。如謂太宰卿一人至旅下士三十二人凡六十三人、而府史胥徒不與焉。除太宰與府史胥徒、其餘六十二人、自宮正以下凡中大夫、卽此小宰中大夫也。凡下大夫、卽此宰夫下大夫也。凡上中下士、卽此上中下士也。非此六十二人之外又有一項官也。後五官倣此云云一條。蓋欲以解設官太多之疑。然使王朝之內、事事攝官、恐亦非先王之體制。又稱疑六官之屬、卿大夫之數、與禮記王制二十七大夫八十一元士多寡不同云云一條。不知王制一篇、漢文帝博士所作。各述所聞、不能比而同之。徒增轇轕也。

禮經類編三十卷、江西巡撫採進本、

明李經綸撰。經綸字大經、號寅清、南豐人。正嘉閒諸生。是編取周禮儀禮禮記合而彙之。大意謂聖人之命禮有三、曰經禮也、曲禮也、制度之禮也。經禮所以接神人、曲禮所以正言行、制度之禮所以治名物。後儒昧於分辨、知有經曲而不知有制度。故以曲禮經禮制禮三者爲大綱、而各繫以目。曲禮之目分爲五、一曰曲禮正經、二曰曲禮別經、三曰曲禮逸經、四曰曲禮之傳、五曰曲禮增經。諸目中又雜分子目。其別經盛德篇皆大戴記之文。逸經則兼採三傳國語及說苑列女傳。其所謂增經則全錄鄉黨孝經文也。經禮之目亦分爲五、一曰經禮之經、二曰經禮之變禮、三曰經禮之曲禮、四曰經禮之制禮、五曰經禮之傳。然仍以吉凶軍賓嘉爲經、而以五者緯焉。其經文有正經析經逸經補經增經之別、傳亦如之。正經者、儀禮之正文。析經者、舊混爲一、今析而出之。他如郊天之採乎家語、藉田之採乎國語、則名逸經。又如取尚書康王之誥增天王卽位禮、取夏官司士之文補天王聽朝禮、則名增經補經也。制禮之目分爲二、一曰制禮之經、則王制月令周官之文幷深衣考工等篇是也。二曰制禮之傳、學記樂記等篇是也。三大綱之後、又有三禮通傳、謂經曲制度合、而論者不可以彊分、如禮運禮器坊記表記及哀公問等篇是也。合是數者、又冠之以大學、終之以中庸。大學曰禮冒之經、謂其規模節目之該括、如五玉之有瑁也。故其諸篇以明德新民格致誠正修齊治平分配焉。中庸曰禮藉之經、謂由博返約、所以爲承藉、猶四圭之有邸也。其於大學、以止至善配焉。末又以明堂位儒行及諸篇之疵複者別爲外記一卷、以示區別。其條分縷析、用力亦爲勤摯。然而割裂經文、參糅雜說、取憑胷臆、隨意增刪、殊失先儒謹嚴之意。是欲踵朱子儀禮經傳通解、而失其初旨者也。

三禮合纂二十八卷、江蘇巡撫採進本、

國朝張怡撰。怡一名遺、字自怡、初名鹿徵、號瑤星、江寧人。前明登萊總兵官可大之子。崇禎中、袁崇煥用陳繼儒之言、殺皮島帥毛文龍。遼兵乘機爲變、可大死之。蔭怡錦衣衛千戶。李自成僭位、逼之使降、不從。自成敗遁、乃逃入深山中。至康熙三十四年以壽終。是書凡例、稱從周子雪客借衞湜禮記集說。雪客爲周在浚字、則康熙初年所作也。其書大體仿儀禮經傳通解、而敘次微有不同。首通禮、次祭禮、次王朝之禮、次喪禮。其通禮以大學中庸爲首、大學從王守仁所解古本、不用朱子改定之本。次王朝之禮、則首周官、而以儀禮覲聘燕射諸篇附焉。其言曰、禮記昉于漢儒、中閒性道微言、天人奧義、時時吐露。然眞贗相雜、瑕瑜不掩。如月令王制諸篇、皆未經夫子刪定者也。周官多操切富強之術、詳於政而略於敎。儀禮皆周旋升降之節、儀則繁而禮則疏。先儒欲推二書爲經、以記爲傳、似非定論云云。然儀禮禮記彼此相應、周官所云、頗與之遠。強爲通之、必成轇轕。如因是而斥周官、則大不可。且以周禮爲有政無教，儀禮爲儀，繁禮疏，則尤不得先王因事寓訓之旨。大抵其解出於郝敬，而又益以姚江之心學。凡先王大典，皆視爲粗迹，無足怪也。又其凡例有云：文義會通，彼此互舉者，悉照原篇，不敢割裂。今案儀禮一書，有經有記，恰於昏聘諸篇，咸裁截記文，分附經文，較其發凡亦屬矛盾。惟周官不用俞氏復古編之說，差爲有見耳。

讀禮竊註一卷（山東巡撫採進本）

國朝孫自務撰。自務字樹本，號立菴，安邱人，歲貢生。是書摭舉三禮，凡五十七條，其中閒有可採者。若釋名字林皆以姪爲兄弟之女稱，自務引儀禮喪服經姪丈夫婦人報，證姑於兄弟之子亦有姪稱。引據頗爲明確。至謂祭法以王考皇考顯考祖考各稱爲始祖及高曾之別，爲字義不清。又斥坊記寡婦之子不有見焉則不友也，爲附會孔子之言。皆以私意疑經，並無明證。又謂朱子以門屏之閒爲臯門，今檢全集及各注，並無此文。若襲萬斯大之論，以大社爲方丘，不免好從異說。又述斯大之言曰：曲禮天子當依而立，諸侯北面而見天子，曰覲。天子當宁而立，諸公東面，諸侯西面，曰朝，止是一禮。蓋天子將入廟受覲，至宁先下車而立，諸公子是分班朝見，以通姓名，卽所謂朝也。覲禮不具文之略也云云。今考儀禮本篇，未覲之前，自郊勞授館，至於侯氏釋幣，既覲之後，自三享聽事，至於三勞及賜車馬，雖繁文曲節，無不詳載，而獨謂略此朝禮，殊考之未詳。郊特牲曰：覲禮，天子不下堂而見諸侯。若天子先見諸侯於路門外，則其失甚於下堂矣。自務甚推此說，亦輕信也。觀其篇首敘所見禮家諸書，寥寥無幾，蓋皆據理推測，而以意斷制之耳。

稽禮辨論一卷（江西巡撫採進本）

國朝劉凝撰。凝字二至，南豐人，由貢生官崇義縣訓導。是書凡爲論者十六，爲辨者六，合二十二篇。引證頗古，而考核未精。若月令論一篇，謂太尉不始於秦，卽國語之元尉，及夏官之軍司馬。今考漢百官表，太尉與大司馬更置，黃霸傳亦云以丞相兼之，續漢志又云太尉公一人。若夏官之軍司馬，則位在小司馬之下，與太尉尊卑懸絕。又晉語曰：知祁奚之果而不淫也，使爲元尉。韋昭注：元尉，中軍尉也。又云：知鐸遏寇之恭敬而信彊也，使爲輿尉。韋昭注：輿尉，上軍尉也。蓋古者三軍皆有尉，尉繚子曰：長伯教成合之兵尉，兵尉教成合之裨將，兵尉卽國語之元尉、輿尉也。其職位在軍將下，今凝以元尉爲太尉，尤屬不倫。又若續唐仲友周禮武成孟子論一篇，謂諸侯百里爲井者萬，以十井起乘，天子千里爲井者百萬，以百井起乘。今考井田以一甸起乘，無分天子諸侯。成公元年三月作丘甲，杜注：長轂一乘，甸所賦，今魯使丘出之，譏重斂，故書。丘，十六井也。諸侯以十六井起乘，尚乖於制，則謂以十井起乘者，不尤謬乎。又若公路公行公族論一篇，謂詩左傳之公行，卽周禮之諸子，文王世子之庶子，專掌庶子之政令，諸子文曰掌國子之倅，對適子與母弟言之，故云副貳也。今考諸子職又云：國有大事，則帥國子而致于太子。周禮全經凡稱國子者，無不統有適庶。師氏以三德教國子，保氏養國子以道，大司樂以樂德樂語樂舞教國子，樂師掌國學之政，以教國子小舞，皆是也。今凝獨以諸子所帥之國子爲妾子，與全經無一可通。且凝既知諸子卽庶子，而文王世子曰：庶子以公族之無事者守于公宮，正室守太廟。鄭注：正室，適子也。是庶子明掌適子之政，而凝乃誤以國子之倅爲適子母弟之副貳，遂誤以諸子所掌惟妾子之政，使合於左傳之公行，不特不會鄭注倅字之義，且并周禮全經及文王世子之文亦皆乖剌矣。又若十二章服辨一篇，謂郊天未至泰壇，先服狐白裘，次加衮服爲裼衣，衮服上加大裘，狐白與黑羔相爲表裏，卽家語所云天子大裘以黼之是也。當祀之時，脫裘而服狐白及衮，卽家語所云既至泰壇，王脫裘是也。今考司服曰：祀昊天上帝，則服大裘。如凝之說，則是服狐白裘而冕矣。又玉藻疏引劉氏說，凡六冕之裘皆用羔。引熊氏說，謂六冕皆用狐青裘。蓋冕服皆元，羔及狐青裘色亦元。今以衮表狐白裘，則裘裼異色。又玉藻曰：惟君有黼裘以誓省。鄭注以羔與狐白雜爲黼文，而凝乃以內服狐白，外服黑羔，爲黼文穿鑿，尤甚。疑是書於三禮之學頗勤，亦閒能致力於漢魏諸書，而喜新好異，故持論往往不確焉。

昏禮辨正一卷（浙江巡撫採進本）

國朝毛奇齡撰。奇齡有仲氏易，已著錄。是書力詆三禮經文，引曲禮男女非有行媒不相知名，而士昏禮乃不言行媒。引曲禮齊戒以告鬼神、謂親迎必先告廟、而士昏禮不言告廟。引春秋桓三年傳夫人至自齊朝至之文、謂婦至之日當朝廟、而士昏禮不言朝廟。引春秋齊侯越境以送女、謂女之父既迎壻于門外、亦當送之門外、而士昏禮乃言不降送。引穀梁傳納采問名納徵告期、謂止當有四禮、而士昏禮乃誤增納吉一禮、又誤入親迎於六禮之內。引詩關雎琴瑟鐘鼓、謂嫁娶亦當用樂、而郊特牲乃謂昏禮不用樂。其說頗爲辨博。其中論告廟朝至之儀、雖頗有根據。而核其大致、穿鑿者多、未足據爲定論也。

廟制折衷三卷、浙江巡撫採進本

國朝毛奇齡撰。是書大抵宗王肅而駁鄭康成。康成謂天子五廟、周加文武二祧爲七。肅謂天子七廟、周加文武二廟爲九。漢唐以來言廟制者、互相祖述。禮以義起、原不必膠執一說。然未有淆亂舊文如此書之甚者。夫天子七廟之見於禮器王制祭法穀梁傳者、奇齡既皆以爲不專言周矣、然禮器稱周旅酬六尸、則明明言周。鄭注孔疏謂后稷之尸發爵不受旅。餘自文武及四親廟凡六尸。周止七廟、此爲確證。奇齡乃謂六尸爲六廟昭穆之尸、文武二尸不在內。故祫祭出堂、后稷尸與文武二尸俱南向。餘東西向。考禮器孔疏、旅酬之時、毀廟之主咸在、特無尸耳。又春秋文公二年傳曰、文武不先不窋。魯語亦曰、周之烝也、未嘗躋湯與文武。奇齡乃謂文武二尸獨與后稷同向。則毀廟之主自太王王季以上皆列在文武之旁、是子孫得躋其父祖、而謂文武歆此祀乎。奇齡又謂、曾子問七廟無虛主、明遷廟文武廟皆可虛主。今考曾子問明云、天子巡守、以遷廟主行。又云、今也取七廟之主以行、則失之矣。常七廟五廟無虛主。據此、則得虛主者惟遷廟耳。至於文武之廟、卽奇齡亦知其爲百世不遷者也。而乃於經文遷廟之外、強增一文武廟、是又以不遷之廟爲可虛主矣。與經文遷廟二字顯相剌謬。蓋奇齡謂周九廟、而欲增高曾以上二世於七廟內、卽不得不出文武二廟於七廟外。又以其在七廟外、卽不得云無虛主。故鑿空杜撰而爲此說也。其餘因襲前人已廢之說者、尤難枚舉。蓋準以德厚流光、德薄流卑之義、則天子九廟、於義未嘗有乖。而一自奇齡言之、援諸經傳、反多未合。甚矣其彊辨也。

大小宗通繹一卷、浙江巡撫採進本

國朝毛奇齡撰。是書謂鄭康成禮記大傳注、以別子之世長子爲大宗、別子庶子之長子爲小宗。則是別子一世無大宗。繼別一世無小宗。凡國君繼世必有三世無大小宗者。於是謂別子之身卽爲大宗。今考大傳文曰、別子爲祖、繼別爲宗。若別子卽得爲大宗、則經文曷不曰別子爲宗乎。經文既明以祖與宗對舉、卽顯然不可相混。而奇齡乃混之、是叛經矣。奇齡又謂、康成以別子爲妾子、萬一僅有一母弟而無庶、將以無庶而反絕宗乎。今考儀禮喪服傳曰、庶子不得爲長子三年、則兼據爲父後者之同母弟、不專指妾子也。故賈公彥疏云、庶子妾子之號、適妻所生第二者同名庶子、遠別於長子。則儀禮經文已以庶該嫡矣、何獨於康成致難焉。至奇齡謂別子諸弟之子亦得各爲小宗、不特別子庶子之子而已。則其說頗有根據。晉語曰、黃帝之子二十五人。又曰、黃帝之子二十五宗。韋昭注、以爲小宗。可與奇齡此說相證。若如喪服要記別子之庶兄弟、其嫡繼之、各有一大宗。則是別子有十、大宗卽有十矣。與宗子統族之義殊有未合。奇齡謂要記各一大宗之說、當爲各一小宗、其義較允。亦不可以好爲彊辨、遂併沒所長也。

學校問一卷、浙江巡撫採進本

國朝毛奇齡撰。前荅門人張希良問學校之名、繼以荅門人吳鼎問廟學中稱先師設主、因及鄉飲養老之禮。考夏后氏之學名序、與州學亦名序者、其制一有室、一無室、兩不相蒙。州學之序、爾雅所謂無室曰榭是也。字或作謝、或作豫。而爾雅又曰東西牆謂之序。則室內曰墉、堂上曰序、堂下曰壁、同爲牆名。是序之名有三、而義各殊。奇齡乃曰、五架之屋、由戶牖以北爲室、戶牖以南爲序、爲堂。而堂序之分則兩楹以北爲序、以南爲堂。學之楹東爲東序、楹西爲西序。兼言庠序、則有室。單言序、則不及室。殊爲牽合溷淆也。

明堂問一卷、浙江巡撫採進本

國朝毛奇齡撰。以門人姜堯問九室五室之辨發端、而終於九宮卦位。其大意專訾鄭康成之主五室爲非。而言五室卽九室、九室卽十二堂。考之月令、四正之堂曰太廟。其左右曰左个右个、而最中一室曰太廟太室。明四正之堂同以此爲室、則左右堂以四隅之室爲室可知也太廟太室僅一月令襍之中央土所居奇齡乃云太廟太室五是併月令之文不察且涸室與堂而一之輕議前儒未免反成舛漏矣

郊社考辨一卷 直隸總督採進本

國朝李塨撰塨有周易傳註已著錄是編立論主南北郊分祀大致皆本之毛奇齡

三禮約編十九卷 江蘇巡撫採進本

國朝汪基撰基字警齋休寧人是書取儀禮周禮禮記刪汰全篇節錄其文蓋取其便於誦習然若周禮天官六十職刪宮正宮伯而宿衛之制缺地官七十八職存閭師而刪縣師則六鄉有徵稅之官而都鄙丘甸遂無職長此其關係之最大者周公制作固不容以意爲黜竄也

三禮會通二卷 安徽巡撫採進本

國朝張必剛撰必剛字繼夫潛山人乾隆壬戌進士是書凡典制考一卷郊社辨一卷典制考謂禮本於天因而臚舉禮文之與天相應者以實之夫天秩天敘誰曰不然然於千百年後掇殘缺之古經一名一物必錙銖比較以求其所以法天者何在則幾於鑿矣其閒至以六門配六爻某周公本義耶郊社辨以祭莫大於事天地天地莫大於郊社自郊社與圜丘方澤牽混而國內外之社又相牽混而其禮不明漢鄭氏以郊特牲之郊屬孟春不與圜丘混其說本確而王肅顧非之因据郊特牲及周禮以證王肅之誤其說是矣又辨周之始郊日以至至字乃辛字之誤引逸周書辛亥柴上帝漢史辛亥祀天位兩條以證之其論亦辨然於周書丁未祀周廟之下云越三日庚戌其說又不可通遂謂五日誤爲三日辛亥誤爲庚戌操是術以往將義有所窒即改經文以就之天下無不可通之說天下亦竟無可據之經矣

右禮類三禮總義之屬二十部三百一十卷 內一部無卷數 皆附存目

禮樂合編三十卷 兩淮馬裕家藏本

明黃廣撰廣無錫人是書成於崇禎癸酉以經典古訓與說部小史雜採成文且每事不詳其源流本末但舉其一語又有並非禮樂而闌入者殊鮮條理所立門目分本紀紀諸名亦皆漫無體例前有鄭鄤等九人序皆明末人標榜之辭不足據也

禮學彙編七十卷 浙江巡撫採進本

國朝應撝謙撰撝謙有周易集解已著錄是書蓋倣儀禮經傳通解續通解之例而稍變通之分爲六十一篇視朱子黃榦舊目或省或增或仍其文而變其名然往往參以臆見如王祭一篇鄭康成郊特牲注謂朝踐在堂饋食在室後儒相承初無異說而撝謙乃謂朝踐在室饋食在堂引禮運玄酒在室醴醆在戶粢醍在堂澄酒在下謂朝踐用醴醆醴醆在室戶內即知朝踐當在室饋食用粢醍粢醍在堂即知饋食當在堂今考儀禮特牲禮尊於戶東鄭注云室戶東少牢禮尊兩甒於房戶之閒鄭注云房西室戶東也是皆在堂之明證即此知醴醆雖在室而朝踐自得在堂粢醍雖在堂而饋食自得在室亦猶士冠禮側尊一甒醴在服北行禮之地與設尊之地異所耳又安得以設尊之地即爲行禮之地耶又鄭注司尊彝謂王以圭瓚酌鬱鬯后以璋瓚酌亞祼則再祼也今撝謙乃據大雅殷士膚敏祼將于京之文增以賓祼爲三祼考周禮小宰云祭祀行祼將之事注云又從太宰助王祼也小宗伯云凡祭祀賓客以時將瓚祼注云將送也猶奉也祭祀以時奉而授王賓客以時奉而授大宗伯然則殷士祼將亦第奉而助王祼耳豈自行祼祭乎至所謂郊天當有十二獻不特爲經典所不載亦爲史志所不傳益不足辨矣夫三禮鄭注合經者十得八九而撝謙必一一反其說舍康莊而旁騖其惑於多岐亦宜也

儀禮節要二十卷 江西巡撫採進本

國朝朱軾撰軾有周易傳義合訂已著錄是編分冠昏喪祭四大綱而冠禮後附以學義昏禮後附以士相見鄉飲酒於喪祭二禮尤詳附圖三卷則其門人王棻滋所爲軾所訂定者也大旨以朱子家禮爲主雜採諸儒之說而斷以己意蓋欲權衡於今古之閒故於今禮多所糾正於古禮亦多所變通然如士相見鄉飲酒二篇朱子以爲今不可行蓋通儒明晰事勢之言軾事事遵朱子惟此條所見與朱子相左必欲復之然其說迄不可行則終以朱子爲是也是書別有一本僅三卷乃軾之初稾此本成於康熙己亥蓋其後來定本云

禮樂通考三十卷 浙江巡撫採進本

國朝胡掄撰掄字應麟武進人掄以儀禮經傳通解五禮雜糅又不能各詳始終本末疑非朱子親筆

故作是書首以通論一卷次吉禮凶禮各六卷次賓禮二卷次軍禮一卷次嘉禮七卷而終以樂制七卷然其間雜引經史叢脞少緒且儀禮經傳通解本朱子未竟之書屬黃榦續成授受源流灼然可證擒欲竄改其書而又嫌於改朱子乃巧爲之辭謂非朱子之親筆蓋即宋儒刪改諸經託言於漢儒竄亂之故智雖出爾反爾足驗好還然尢而效之夫亦可以不必矣

儀禮經傳內編二十三卷外編五卷江蘇巡撫採進本

國朝姜兆錫撰兆錫有周易本義述蘊已著錄是書內編首嘉禮以士冠禮冠之大夫冠禮以下繼焉昏禮飲食饗燕賓射脤膰賀慶又次之次軍禮次賓禮次凶禮次吉禮外編爲喪服本經又補喪服又採經四篇終之以圖考大率以儀禮爲主儀禮所未備則採他書以補之類多因襲前人發明最少即如大夫冠禮在古禮本無可據此本但取禮記無大夫冠禮而有其昏禮古者五十而後爵何大夫冠禮之有又引國語趙文子冠一段以此爲足以補大夫之冠禮是欲以空言當實義挍其著書之意蓋欲補正儀禮經傳通解然不及原書遠矣

重刊朱子儀禮經傳通解六十九卷大學士于敏中家藏本

國朝梁萬方撰萬方字廣菴絳州人朱子儀禮經傳通解本未竟之書至黃榦乃續成之此本名爲重刊實則改修大致據楊復序文謂朱子稱黃榦所續喪祭二禮規模甚善欲依以改定全書而未暇遂以榦之體例更朱子之體例與榦書合爲一編補其闕文刪其宂複正其譌誤又採近代諸說參以己意發明之其中間有考證而亦頗失之蕪雜如所補學禮書數篇朱子原序本云取許氏說文序說及九章算經爲此篇萬方乃曼衍及五百四十部之首附以周伯琦之字原非略非詳已無裁制至於以楷書運筆諸法爲一章更爲泛濫又不採古人舊說而惟取近時傅山馮班之論其中傅山一條云亂嚷吾書好吾書好在那點波人應儘分數自知多漢隸中郎想唐真魯國識相如頌布濩老腕一雙壓捲其書名而觀之殆莫能知爲儀禮經傳通解之文也

右禮類通禮之屬六部二百四十七卷皆附存目

鄭氏家儀無卷數浙江巡撫採進本

元鄭泳撰泳字仲潛浦江人官溫州路總管府經歷義門八世孫濤之弟也其書依五禮分爲五篇蓋本司馬氏書儀朱子家禮而損益之幷錄其家日用常行之式編次成書後附泳所作祭田祠堂記二首又附十五世孫崇岳祭田號冊記是書爲崇岳所刊蓋即所附入也

家禮儀節八卷少詹事陸費墀家藏本

明邱濬撰濬字仲深瓊山人景泰甲戌進士官至文淵閣大學士謚文莊事蹟具明史本傳是書取世傳朱子家禮而損益以當時之制每章之末又附以餘注及考證已非原本之舊惟所稱文公家禮五卷不聞有圖今刻本載於卷首而不言作者多不合於本書通禮曰立祠堂而圖以爲家廟一也深衣緇冠冠梁包武而屆其末圖則安梁於武之上二也本文黑纓而圖下注用白三也喪禮陳襲衣有深衣等物而不用儀禮質殺二冒圖乃陳之四也本文大斂無布絞之數而圖有之五也大斂無棺中結絞之文而圖下注則結於棺中六也尺式圖下載天台潘時舉說末識歲月曰嘉定癸酉是時距文公沒時慶元庚申十有三年矣豈可謂爲文公作哉又稱或曰信如此言圖固非朱子作何以祠堂章下有主式見喪禮及前圖八字愚案南雝舊本於立祠堂下註圖外止云主式見喪禮治葬章並無見前圖三字不知近本何據改治葬章三字爲見前圖云云其辨證頗明然此本祠堂章神主一條下並無見治喪章字乃有詳具圖三字與濬所言不合又圖散於各章之中龐雜錯落殊無倫敘其香案圖前以二丫髻童子執幡前導如釋家之狀決非舊圖所有亦決非濬之所爲蓋又坊刻所竄亂者矣

禮問二卷浙江巡撫採進本

明呂柟撰柟有周易說翼已著錄是書雜論冠昏喪祭之禮皆與門人問荅之辭末載入學儀及渭陽公祭儀之類則此書之附錄也朱彝尊經義考載柟禮問內外篇二卷云未見今本卷數相符而不分內外篇或彝尊傳聞未確歟其中如正子夏傳妾不得體君爲其父母遂二語之誤本於鄭注解曾子問接祭之接爲接續之接本於衛湜禮記集說持擇頗爲有見至論廟制謂古之諸侯多出於天子其始祖天子祀之故諸侯五廟今考王制祭法諸侯五廟皆有始祖廟則諸侯原祀及始祖

不特天子祀之也。況王制鄭注曰、太祖別子始爵者。孔疏曰、凡始封之君、謂王之弟封爲諸侯、爲後世之太祖。如以此始封之別子爲始祖、天子安得祀之。如以爲始封之君所自出之王、則諸侯不得祖天子。魯有文王廟、鄭有厲王廟、孔疏皆以爲非禮之正、安得據以爲通例耶。柟又謂儀禮喪服父卒繼母嫁、從爲之服期、則從生母嫁者當三年。不知儀禮經文必特著從之一字、是知繼母嫁、必從乃服期、不從卽不服也。檀弓子思之母死于衞、鄭注、嫁母齊衰期。則知生母嫁卽不從亦必服期也。生母之厚於繼母、義在於此。若必加服至三年、豈不念嫁母有絕族之義、安得與無故而服三年者同也。今律文生母嫁者在期服章、不別從與不從、蓋準鄭義。柟說似過於情。其他條亦多循舊義、少所闡發。若全載家祭及焚黃文、則更爲泛濫矣。

別本家禮儀節八卷、少詹事陸費墀家藏本、

舊本題明楊愼編。愼有檀弓叢訓、已著錄。是編前有愼序、詞極鄙陋、核其書、卽邱濬之本、改題愼名。其圖尤爲猥瑣、送葬圖中至畫四僧前導、四樂工鼓吹而隨之。眞無知坊賈所爲矣。

四禮初稾四卷、江蘇巡撫採進本、

明宋纁撰。纁字伯敬、號栗菴、商邱人。嘉靖丙辰進士。官至吏部尚書。諡莊敏。事蹟具明史本傳。是編分冠昏喪祭四禮、略仿古經詞句而純用後世之法。如適子冠于阼、古制也。纁以爲今制南面爲尊、長子宗子皆宜西向、以避父祖與賓。昏有六禮、今合納采問名爲一、請期納幣爲一、與家禮所刪併者又不同。大都以意爲之也。

鄉射禮儀節、無卷數、浙江巡撫採進本、

明林烈撰。烈、福州人。其始末未詳。據嘉靖丙寅烈自序、稱嘗於其鄉之嵩陽社創射圃。擇子弟一百七十三人、每月朔望行古鄉射之禮。因作是書。前列嵩陽射圃記一篇、述復古之義。其書則節錄儀禮經文、各略爲詮釋而繫之以圖。然意取簡明、或往往刊削過甚、晦其本旨。如經文司射節、將乘矢之下有云、執弓不挾、右執弦。蓋司射既發乘矢之後、矢雖盡而弓不釋。其執弓之儀則右手執弦、左執弣也。烈於將乘矢之下刪此二語、則執弓南面揖之節、遂不知何所措施。又經文初射節、司馬出于下、射之南還其後降自西階下、有云反由司射之南適堂西、釋弓襲、反位立于司射之南數語。烈又刪去、則降自西階之後、其反位由何道、立何方、及由袒而襲之節、皆不可考。是書雖不主於釋經、然經義不明、則儀節俱爽、於行事亦多違礙矣。

四禮疑五卷、江蘇巡撫採進本、

明呂坤撰。坤字叔簡、寧陵人。萬歷甲戌進士。官至刑部侍郎。事蹟具明史本傳。是書首載通禮一卷、冠昏喪祭各一卷。意在酌通古今、自成一家之學。其大旨亦本於書儀家禮。然好用臆說、未可據爲典要。如謂爲庶母之有子者杖期、無子者當亦同制。長幼尊卑、未有不報者。嫡與妾不報服、猶云名分稱尊。諸子不尊於父妾、父妾爲之期、而諸子不報、非禮也。今考儀禮喪服齊衰不杖期章曰、公妾大夫之妾、爲其子期。又喪服記曰、公子爲其母練冠麻衣縓緣。據此、則公之妾自爲其子期、其子且不得爲妾母服。則諸子安得爲父妾報。又喪服緦麻章曰、士爲庶母。傳曰、何以緦也。以名服也。馬融曰、以有母名爲之服緦。蓋妾之子於己爲同父兄弟、兄弟之生母於己亦得有母名。故唐律以庶母爲妾之有子者、蓋取儀禮之義。唐會要載長孫無忌之奏、謂己之庶昆弟爲其母不杖衰、而己與之無服、同氣之內、凶吉頓殊。求之禮情、深非至理。請依典故、爲服緦麻。則爲庶母服緦麻、亦全從有子起義。妾若無子、則無爲人母之道。傳又安得云以名服乎。自開元禮政和禮書儀家禮及明集禮皆本唐律。坤乃橫生異議、過矣。坤又謂經既云日中而虞、又云始虞用柔日、再虞用柔日、三虞卒哭用剛日。葬日卽虞、安問剛柔。其意蓋謂虞葬同日。葬既無剛柔定日、則虞又安得擇剛柔也。不知古制不可以繩今、猶今制不可以推古。古之葬恒用柔日、故始虞自得柔日。曲禮曰、喪事先遠日。註曰、葬與練祥也。蓋特於旬之外卜乙丁己辛癸等柔日也。考春秋經傳、凡書葬三十有五、而用柔日者三十有一。其宣八年十月己丑、葬敬嬴、雨、不克葬。庚寅乃葬。定十五年九月丁巳、葬定公、雨、不克葬。戊午乃葬。其卜葬本日亦仍用柔日。惟成十五年八月庚辰、葬宋共公。左傳隱公元年十月庚申、改葬惠公。偶變此例耳。則葬用柔日、乃古定制。虞葬同日、其事相因。故開元禮政和禮書儀家禮明會典始虞再虞無不用柔日者。坤不知古禮、遽議經文、其說亦乖。其餘攻經文者不一而足。如戴記庶子攝祭、不假不配不歸肉、宗子死、庶子代有爵稱介、無爵稱子、祭必告于宗子之墓、三年之喪及齊衰大功之喪則因喪而冠、不改冠爲次于中門之外、三年之喪不弔哭諸條、坤皆謂非孔子之言。至儀禮士冠禮一篇、則逐句詰難、幾無完膚。坤之講學在明代最爲篤實。獨此一編、輕於疑古。白璧之瑕、雖不作可矣。

四禮翼四卷、浙江巡撫採進本、

明呂坤撰。自序謂以民間日用常行淺近鄙俗可以家喻戶曉者、析爲條目。凡冠禮翼二、曰蒙養、曰成人。婚禮翼二、曰女子、曰婦人。喪禮翼二、曰侍疾、曰修墓。祭禮翼二、曰事生、曰睦族。

四禮輯一卷、兩淮馬裕家藏本、

明馬從聘撰。從聘字起莘、靈壽人。萬歷己丑進士。官至右僉都御史、巡撫延綏。崇禎十一年靈壽城破、與三子同殉節。乾隆乙未賜諡忠節。是書亦多以意爲之。考儀禮士冠禮賈疏、古者天子諸侯皆十二而冠、士庶人二十而冠。故曲禮稱二十曰弱冠。後漢書馬防傳、年十六、仍自稱未冠。此書冠禮目錄、謂男子年十五至二十皆可冠。如此之類、皆於古義未協、未可據爲確論也。

明四禮集說八卷、兩江總督採進本、

明韓承祚撰。承祚自署曰東魯、不知何郡邑人也。是書成於萬歷壬子。大約宗朱子家禮、而參以明會典。冠婚喪祭、以次分條、雜述前人之儀、而圖說儀注祝文等、因類附焉。

四禮約言四卷、江西巡撫採進本、

明呂維祺撰。維祺字介孺、號豫石、河南新安人。萬歷癸丑進士。官至南京兵部尚書。李自成陷開封、抗節死。事蹟具明史本傳。是編分冠昏喪祭四目、皆因古禮之名而刪除儀節、務趨簡易、以通俗易行。然施之一家則可、不宜制爲程式以範天下也。

讀禮偶見二卷、江蘇周厚堉家藏本、

國朝許三禮撰。三禮字典三、湯陰人。順治辛丑進士。官至兵部右侍郎。嘗受業於孫奇逢之門。故書中雖多參講學語、而於五禮亦頗有證核。大抵據書儀家禮會典諸書、折衷一是、以便於行。其於俗禮解誤者八、釋疑者十。又若增哭與家禮儀注、及增定招魂葬服說諸篇、皆頗有考據。惟謂喪服古二十五月、今二十七月、則其說頗謬。考喪服二十五月、不過王肅一家之說。士虞禮曰、期而小祥、又期而大祥、中月而禫。鄭注、中、閒也。喪服小記、妾祔于妾祖姑、亡則中一以上而祔。又學記云、中年考校、皆以中爲閒。故二十七月而禫。雜記父在、爲母妻十三月大祥、十五月禫。爲母妻尚祥禫異月、豈三年之喪而祥禫反同月。戴德喪服變除篇、禮二十五月祥、二十七月而禫。白虎通德論、三年之喪再期二十五月。又云、二十七月而禫。釋名閒月而禫。是皆爲鄭注確證。三年問云、三年之喪二十五月而畢。據喪事終、除衰去杖。其餘哀未忘、更延兩月、非喪之正。故第據二十五月言之耳。六朝諸儒多宗鄭注。今律以二十七月而禫。蓋三年之喪、萬世之通義也。三禮乃以王肅一家之說爲古制、豈宏通之論乎。

學記五卷、直隸總督採進本、

國朝李塨撰。塨有周易傳注、已著錄。是編乃所定家儀。一曰冠、二曰昏、三曰喪、四曰祭、五曰士相見。塨學術出於顏元。其禮樂之學則出自毛奇齡。奇齡講禮、好言諧俗、故是編亦多主簡易。其士相見禮一卷、張潮摘錄於昭代叢書中。然天下迄無行之者也。

家禮辨定十卷、浙江巡撫採進本、

國朝王復禮撰。復禮字需人、號草堂、錢塘人。其書刱始於康熙壬午、定本於丁亥。因朱子家禮而增損之、仍分冠昏喪祭四類。每類之中首以事宜、復禮所酌定者也。次以論辨、闡所以更定之意也。次以人鑑、引古事以證得失也。次以律例、申王法之所禁也。次以擇日、代卜筮也。終以啟式、爲不嫻文詞者設也。其刪去繁文、則用呂維祺之說。其刪去圖式、則用邱濬之說。考李方子作朱子年譜云、乾道五年、先生居母喪、成家禮。晚年多所損益、未暇更定。朱子門人黃榦亦云、其書始定、爲一行童竊以逃。先生歿、其書始出、今行於世。然其閒有與先生晚歲之論不合者。又明邱濬云、家禮不聞有圖。今卷首圖注多不合於本書、文公豈自相矛盾。未識歲月曰嘉定癸酉、是時距文公沒十有三年矣、豈可謂之公作哉。蓋楊氏贅入、昭然也。據是數說、則家禮實朱子未定之本、且久亡其稾、迨其復出、眞贗已不可知。又參以門人所附益、固未可執爲不刊之典。近日王懋竑爲篤信朱子之學者、所作白田雜著、亦深以家禮爲疑。復禮之辨定、未爲不可。然所辨定者意在宜古宜今、而純以臆斷。乃至於非古非今。又泛引律例、且濫及五行家言、尤爲蕪雜。中引馬弔鬬毆賭博諸律、已爲不倫。又引官吏宿娼律一條、擅食田園瓜果律一條、使掩其卷而思之、是於四禮居何門哉。

四禮寧儉編無卷數、浙江巡撫採進本、

國朝王心敬撰。心敬有豐川易說、已著錄。是書以冠昏喪祭四禮無貴乎繁重、宜崇尚質樸、始易遵行。因取前人所傳家禮纂本、更爲刪易、務從省約。又名豐川家規、蓋所以教其子弟者。與呂維祺四禮約言、朱纁四禮初稾用意大約相近、而立法則尤爲簡略焉。

昏禮通考二十四卷、浙江巡撫採進本、

國朝曹庭棟撰。庭棟有易準、已著錄。是編詳考昏禮、冠以

大清會典、

大清律例、不入卷數、尊

功令也。其下乃博考故實、以類編次。然核其體例、多有未合。夫通有二義、一則自天子達於庶人、通乎上下者也。一則自先王以迄後世、通乎古今者也。既考昏禮、則當以貴賤各爲門目、知等威之所別。古今各著沿革、知異同之所自。復各考核典文、釐爲子目、以理其緒。而後以變禮、如曾子問所謂親迎遭喪之類俗禮、如陰陽拘忌及催妝撒果之類、非禮如元史所禁割襟指腹之類、別彙於後、以備其全。庶乎源委秩然、足資考證。庭棟此書、採摭雖富、而端緒糅雜。所分子目、不古不今。第十四卷至以妝資爲一門、此於古居何禮也。媒氏一門、藏索紞占冰下人語、韋固見老人月下檢書。是直類書、非通禮矣。

齊家寶要二卷、江蘇周厚堉家藏本

國朝張文嘉撰。文嘉字仲嘉、錢塘人。是書本書儀家禮諸書、酌爲古今通禮。曰居家禮、曰童子禮、曰義學約、曰師範、曰家誡、曰家規、曰宗講約、曰鄉約、曰社約、曰冠禮、曰昏禮、曰喪禮、曰祭禮。每門前引經傳及新定儀注、間有附論、折衷頗爲詳慎。但據沈堯中之說、謂三年之喪當三十六月。今考三年問二十五月而畢、檀弓祥而縞、是月禫、徙月樂。王肅主之、爲二十五月之證。士虞記曰、期而小祥、又期而大祥、中月而禫。鄭康成以中月爲閒月、則三年之喪實二十七月。至謂喪三十六月、則始於唐王元感、而張柬之駁之。其議遂寢、載在唐書張柬之傳。文嘉乃取唐人已廢之說、謂宣公新宮災在薨後二十九月、其時主猶在寢、證古人喪不止於二十七月、尤爲誤中之誤。考成三年二月甲子、新宮災。杜注、三年喪畢、宣公神主新入廟、故謂之新宮。據此、則宣公之主已入廟矣。公羊傳曰、新宮者宣公之宮也。宣宮則曷爲謂之新宮、不忍言也。穀梁傳曰、新宮者、禰宮也。迫近不敢稱諡、恭也。據此、則不稱宣宮而稱新宮、必不由於主不在廟。至胡傳始引劉絢之說、謂不稱宣宮、以未遷主。於三傳略無所據。然絢謂宣公薨至是二十有八月、緩於遷主、則以緩遷爲失明矣。今文嘉乃引以爲三十六月之證、則是以二十八月主不遷廟爲持喪之正經。其誤又甚於絢矣。文嘉又謂凡期喪皆有禫。今考雜記曰、期之喪十一月而練、十三月而祥、十五月而禫。注曰、此謂父在爲母也。喪服小記曰、爲父母妻長子禫。是期之喪得禫者、止有母妻及長子耳。小記曰、庶子在父之室、則爲其母不禫。又曰、宗子母在爲妻禫。明父在爲妻不禫、則是母妻期喪且有不得禫者矣。今文嘉謂凡期皆得禫、尤未詳考。蓋是書未能窮源於禮經注疏、第從家禮諸書略求節目、宜其說之有離合也。

右禮類雜禮書之屬、十七部、八十七卷、內三部皆無卷數

附存目、

欽定四庫全書總目卷二十五

欽定四庫全書總目卷二十六

經部二十六

春秋類一

說經家之有門戶、自春秋三傳始。然迄能竝立於世。其間諸儒之論、中唐以前則左氏勝。啖助趙匡以逮北宋則公羊穀梁勝。孫復劉敞之流、名爲棄傳從經、所棄者特左氏事跡、公羊穀梁月日例耳。其推闡譏貶、少可多否、實陰本公羊穀梁法、猶誅鄧析用竹刑也。夫刪除事跡、何由知其是非。無案而斷、是春秋爲射覆矣。聖人禁人爲非、亦予人爲善。經典所述、不乏褒詞、而操筆臨文、乃無人不加誅絕、春秋豈吉網羅鉗乎。至於用夏時則改正朔、削尊號則貶天王、春秋又何僭以亂也。沿波不返、此類宏多。雖舊說流傳、不能盡廢。要以切實有徵、平易近理者爲本。其瑕瑜互見者、則別白而存之。遊談臆說、以私意亂聖經者、則僅存其目。蓋六經之中、惟易包衆理、事事可通。春秋具列事實、亦人人可解。一知半見、議論易生。著錄之繁、二經爲最。故取之不敢不慎也。

春秋左傳正義六十卷、內府藏本

周左丘明傳。晉杜預注。唐孔穎達疏。自劉向劉歆桓譚班固皆以春秋傳出左丘明、左丘明受經於孔子。魏晉以來儒者、更無異議。至唐趙匡、始謂左氏非丘明。蓋欲攻傳之不合經、必先攻作傳之人非受經於孔子、與王柏欲攻毛詩、先攻毛詩不傳於子夏、其智一也。宋元諸儒相繼竝起。王安石有春秋解一卷、證左氏非丘明者十一事。陳振孫書錄解題謂出依託。今未見其書、不知十一事者何據。其餘辨論、惟朱子謂虞不臘矣爲秦人之語。葉夢得謂紀事終於智伯、當爲六國時人。似爲近理。然考史記秦本紀、稱惠文君十二年始臘。張守節正義、稱秦惠文王始效中國爲之、明古有臘祭。秦至是始用、非至是始創。閻若璩古文尚書疏證亦駁此說曰、史稱秦文公始有史以記事、秦宣公初志閏月、豈亦中國所無、待秦獨創哉。則臘爲秦禮之說、未可據也。左傳載預斷禍福、無不徵驗、蓋不免從後傳合之。惟哀公九年稱趙氏其世有亂、後竟不然、是未見後事之證也。經止獲麟、而弟子續至孔子卒。傳載智伯之亡、殆亦後人所續。史記司馬相如傳中有揚雄之語、不能執是一事指司馬遷爲後漢人也。則載及智伯之說、不足疑也。今仍定爲左丘明作、以袪衆惑。至其作傳之由、則劉知幾躬爲國史之言、最爲確論。疏稱大事書於策者、經之所書。小事書於簡者、傳之所載。觀晉史之書趙盾、齊史之書崔杼、及甯殖所謂載在諸侯之籍者、其文體皆與經合。墨子稱周春秋載杜伯、燕春秋載莊子儀、宋春秋載祏觀辜、齊春秋載王里國中里、徼其文體皆與傳合。經傳同因國史而修、斯爲顯證。知說經去傳、爲舍近而求諸遠矣。漢志載春秋古經十二篇、經十一卷。注曰、公羊穀梁二家。則左氏經文不著於錄。然杜預集解序、稱分經之年與傳之年相附、比其義類、各隨而解之。陸德明經典釋文曰、舊夫子之經與丘明之傳各異、杜氏合而釋之。則左傳又自有經。考漢志之文、既曰古經十二篇矣、不應復云經十一卷。觀公穀二傳皆十一卷、與經十一卷相配、知十一卷爲二傳之經、故有是注。徐彥公羊傳疏曰、左氏先著竹帛、故漢儒謂之古學。則所謂古經十二篇、卽左傳之經、故謂之古。刻漢書者誤連二條爲一耳。今以左傳經文與二傳校勘、皆左氏義長、知手錄之本確於口授之本也。言左傳者、孔奇孔嘉之說、久佚不傳。賈逵服虔之說、亦僅偶見他書。今世所傳、惟杜注孔疏爲最古。杜注多強經以就傳、孔疏亦多左杜而右劉、案劉炫作規過以攻杜解、凡所駁正孔疏皆以爲非是、皆篤信專門之過、不能不謂之一失。然有注疏而後左氏之義明、左氏之義明而後二百四十二年內善惡之跡一一有徵。後儒妄作聰明、以私臆談褒貶者、猶得據傳文以知其謬。則漢晉以來藉左氏以知經義、宋元以後更藉左氏以杜臆說矣。傳與注疏、均謂有大功於春秋可也。

春秋公羊傳注疏二十八卷、內府藏本

漢公羊壽傳。何休解詁。唐徐彥疏。案漢書藝文志、公羊傳十一卷。班固自注曰、公羊子、齊人。案漢藝文志不題顏師古名者、皆固之自注、顏師古注曰、名高。案此據春秋說題辭之文、見徐彥疏所引、徐彥疏引戴宏序曰、子夏傳與公羊高、高傳與其子平、平傳與其子地、地傳與其子敢、敢傳與其子壽。至漢景帝時、壽乃與齊人胡母子都著於竹帛。何休之注亦同。休說見隱公二年紀子伯莒子盟於密條下。今觀傳中有子沈子曰、子司馬子曰、子女子曰、子北宮子曰、又有高子曰、魯子曰、蓋皆傳授之經師、不盡出於公羊子。定公元年傳，正棺於兩楹之閒二句，穀梁傳引之，直稱沈子，不稱公羊，是併其不著姓氏者亦不盡出公羊子。且併有子公羊子曰，尤不出於高之明證。知傳確爲壽撰，而胡母子都助成之。舊本首署高名，蓋未審也。又羅璧識遺稱公羊穀梁自高赤作傳外，更不見有此姓。萬見春謂皆姜字切韻脚，疑爲姜姓假託。案鄒爲邾婁，披爲勃鞮，木爲彌牟，殖爲舌職，記載音譌，經典原有是事。至弟子記其先師，子孫述其祖父，必不至竟迷本字，別用合聲。璧之所言，殊爲好異。至程端學春秋本義竟指高爲漢初人，則講學家臆斷之詞，更不足與辨矣。三傳與經文，漢志皆各爲卷帙。以左傳附經始於杜預，公羊傳附經則不知始自何人。觀何休解詁但釋傳而不釋經，與杜異例，知漢末猶自別行。今所傳蔡邕石經殘字，公羊傳亦無經文，足以互證。今本以傳附經，或徐彥作疏之時所合併歟。彥疏，文獻通考作三十卷，今本乃止二十八卷，或彥本以經文併爲二卷，別冠於前，後人又散入傳中，故少此二卷，亦未可知也。彥疏，唐志不載，崇文總目始著錄，稱不著撰人名氏，或云徐彥。董逌廣川藏書志亦稱世傳徐彥，不知時代，意其在貞元長慶之後。考疏中邲之戰一條，猶及見孫炎爾雅注完本，知在宋以前。又葬桓王一條，全襲用楊士勛穀梁傳疏，知在貞觀以後。中多自設問荅，文繁語複，與邱光庭兼明書相近，亦唐末之文體。董逌所云，不爲無理，故今從逌之說，定爲唐人焉。

春秋穀梁傳注疏二十卷（內府藏本）

晉范甯集解，唐楊士勛疏。其傳則士勛疏稱穀梁子名俶，字元始，一名赤，受經於子夏，爲經作傳，則當爲穀梁子所自作。徐彥公羊傳疏又稱公羊高五世相授，至胡母生乃著竹帛，題其親師，故曰公羊傳。穀梁亦是著竹帛者題其親師，故曰穀梁傳，則當爲傳其學者所作。案公羊傳定公卽位一條，引子沈子曰，何休解詁以爲後師。（案此注在隱公十一年所引子沈子條下。）此傳定公卽位一條亦稱沈子曰，公羊穀梁既同師子夏，不應及見後師。又初獻六羽一條，稱穀梁子曰，傳既穀梁自作，不應自引己說。且此條又引尸子曰，尸佼爲商鞅之師，鞅既誅，佼逃於蜀，其人亦在穀梁後，不應預爲引據。疑徐彥之言爲得其實，但誰著於竹帛，則不可考耳。漢書藝文志載公羊穀梁二家經十一卷，傳亦各十一卷，則經傳初亦別編。范甯集解乃併經注之，疑卽甯之所合。定公元年春王三月一條，發傳於春王二字之下，以三月別屬下文，頗疑其割裂。然考劉向說苑稱文王似元年，武王似春王，周公似正月，向受穀梁春秋，知穀梁經文以春王二字別爲一節，故向有此讀。至公觀魚于棠一條，葬桓王一條，杞伯來逆叔姬之喪以歸一條，曹伯廬卒于師一條，天王殺其弟佞夫一條，皆冠以傳曰字，惟桓王一條與左傳合，餘皆不知所引何傳。疑甯以傳附經之時，每條皆冠以傳曰字，如鄭元王弼之易有彖曰象曰之例，後傳寫者刪之，此五條，其削除未盡者也。甯注本十二卷，以兼載門生故吏子弟之說，各列其名，故曰集解。晉書本傳稱甯此書爲世所重，既而徐邈復爲之注，世亦稱之。今考書中乃多引邈注，未詳其故。又自序有商略名例之句，疏稱甯別有略例百餘條，此本不載。然注中時有傳例曰字，或士勛割裂其文，散入注疏中歟。士勛始末不可考。孔穎達左傳正義序，稱與故四門博士楊士勛參定，則亦貞觀中人。其書不及穎達書之賅洽，然諸儒言左傳者多，言公穀者少，既乏憑藉之資，又左傳成於衆手，此書出於一人，復鮮佐助之力。詳略殊觀，固其宜也。其疏長狄眉見於軾一條，連綴於身橫九畝句下，與注相離，蓋邢昺刊正之時，又多失其原第，亦不盡士勛之舊矣。

箴膏肓一卷起廢疾一卷發墨守一卷（山西巡撫採進本）

漢鄭元撰。後漢書元本傳稱任城何休好公羊學，遂著公羊墨守、左氏膏肓、穀梁廢疾。元乃發墨守，鍼膏肓，起廢疾。休見而歎曰：康成入吾室，操吾矛以伐我乎。其卷目之見隋書經籍志者，有左氏膏肓十卷，穀梁廢疾三卷，公羊墨守十四卷，皆注何休撰，而又別出穀梁廢疾三卷，注云鄭元釋，張靖箋。似鄭氏所釋與休原本，隋以前本自別行。至舊唐書經籍志所載膏肓廢疾二書卷數並同，特墨守作二卷爲稍異，其下並注鄭元箴，鄭元發，鄭元釋云云，則已與休書合而爲一。迨於宋世，漸以散佚。惟崇文總目有左氏膏肓九卷，而陳振孫所見本復闕宣定哀三公。振孫謂其錯誤不可讀，疑爲後人所錄，已非隋唐志之舊。其後漢學益微，卽振孫所云不全之左氏膏肓，亦遂不可復見矣。此本凡箴膏肓二十餘條、起廢疾四十餘條、發墨守四條、竝從諸書所引、掇拾成編、不知出自誰氏。或題爲宋王應麟輯、亦別無顯據。殆因應麟嘗輯鄭氏周易注、齊魯韓三家詩考、而以類推之歟。然玉海之末、不附此書、不應其孫不見、而後來反有傳本也。今以諸書校勘、惟詩大明篇疏所引宋襄公戰泓一條尚未收入、其餘竝已蒐采無遺。雖不出自應麟手、要亦究心古義者之所爲矣。謹爲掇拾補綴、著之於錄。雖視原書不及什之一二、而排比薈萃、略存梗概。爲鄭氏之學者、或亦有所考焉。

春秋釋例十五卷、永樂大典本。

晉杜預撰。預事蹟詳晉書本傳。是書以經之條貫必出於傳、傳之義例歸總於凡。左傳稱凡者五十、其別四十有九、皆周公之垂法、史書之舊章。仲尼因而修之、以成一經之通體。諸稱書不書先書故書不言不稱書曰之類、皆所以起新舊發大義、謂之變例。亦有舊史所不書、適合仲尼之意者、仲尼卽以爲義。非互相比較、則襃貶不明。故別集諸例及地名譜第歷數、相與爲部。先列經傳數條、以包通其餘、而傳所述之凡繫焉。更以己意申之、名曰釋例。地名本之泰始郡國圖、世族譜本之劉向世本、與集解一經一緯、相爲表裏。晉書稱預自平吳後、從容無事、乃著集解。又參考衆家譜第、謂之釋例。又作盟會圖春秋長歷、備成一家之學、比老乃成。今考土地名篇、稱孫氏僭號於吳、故江表所記特略。則其屬稾實在平吳以前、故所列多兩漢三國之郡縣、與晉時不盡合。至盟會圖長歷則皆書中之一篇、非別爲一書。觀預所作集解序、可見史所言者未詳。晉書又稱、當時論者謂預文義質直、世人未之重、惟祕書監摯虞賞之。考嵇含南方草木狀、稱晉武帝賜杜預蜜香紙萬番、寫春秋釋例及經傳集解、則當時固重其書。史所言者、亦未盡確也。其書自隋書經籍志而後、竝著於錄、均止十五卷。惟元吳萊作後序、云四十卷。豈元時所行之本、卷次獨分析乎。自明以來、是書久佚、惟永樂大典中尚存三十篇、竝有唐劉蕡原序。其六篇有釋例而無經傳、餘亦多有脫文。謹隨篇掇拾、取孔穎達正義及諸書所引釋例之文補之。校其譌謬、釐爲四十七篇、仍分十五卷、以還其舊。吳萊後序亦竝附焉。案預集解序云、釋例凡四十部。崇文總目云凡五十三例。而孔穎達正義則云、釋例事同則爲部、小異則附出、孤經不及例者、聚於終篇。四十部次第、從隱卽位爲首、先有其事則先次之。世族土地、事既非例、故退之終篇之前。是土地名起於宋衞遇于垂、世族譜起於無駭卒。無駭卒在遇垂之後、故地名在世族前。今是書原目不可考。攷因孔氏所述之大旨、推而廣之、取其事之見經先後爲序。長歷一篇則次之土地名世族譜後、以集解序述歷數在地名譜第後也。土地名篇釋例云、據今天下郡國縣邑之名、山川道涂之實、爰及四表、皆圖而備之。然後以春秋諸國邑盟會地名附列之、名曰古今書春秋盟會圖、別集疏一卷附之釋例。所畫圖本依官司空圖、據泰始之初郡國爲正。孫氏初平、江表十四郡皆貢圖籍。荆揚徐三州皆改從今爲正、不復依用司空圖。則是書應有圖、而今已佚。又有附盟會圖疏、臚載郡縣、皆是元魏隋唐建置地名、非晉初所有。而陽城一條、且記唐武后事。當是預本書已佚、而唐人補輯。又土地名所釋亦有後人增益之語。今仍錄原文、而各加辨證於下方。考預書雖有曲從左氏之失、而用心周密、後人無以復加。其例亦皆參考經文、得其體要、非公穀二家穿鑿月日者比。摯虞謂左丘明本爲春秋作傳、而左傳遂自孤行。釋例本爲傳設、而所發明、何但左傳、故亦孤行。案故字文義未明、疑爲當字之譌。以晉書原本如是、姑仍其舊文。良非虛美。且永樂大典所載、猶宋時古本。觀夫人內女歸寧例一篇末云、凡若干字、經傳若干字、釋例若干字、當時校讎精審、概可想見。如長歷載文公四年十有二月壬寅、夫人風氏薨。杜云、十二月庚午朔、無壬寅。近刻注疏本竝作十有一月。案十一月庚子朔、三日得壬寅、不可謂無壬寅也。又襄公六年經文本云十有二月齊侯滅萊、而近刻左傳本前則曰十一月齊侯滅萊、萊恃謀也。後則曰晏弱圍棠、十一月丙辰而滅之。今考長歷十一月丁丑朔、是月無丙辰。十二月丁未朔、十日得丙辰。杜預係此日於十二月下、不言日月有誤。可見今本傳文兩言十一月、皆十二月之譌也。如此之類、可以校訂舛譌者、不可縷數。春秋以左傳爲根本、左傳以杜解爲門逕、集解又以是書爲羽翼。緣是以求筆削之旨、亦可云考古之津梁、窮經之淵藪矣。

春秋集傳纂例十卷、浙江汪啟淑家藏本。

唐陸淳撰蓋釋其師啖助並趙匡之說也助字叔佐本趙州人從關中官潤州丹陽縣主簿匡字伯循河東人官洋州刺史淳字伯冲吳郡人官至給事中後避憲宗諱改名質事跡具唐書儒學傳案二程遺書陳振孫書錄解題及朱臨作是編後序皆云淳師助匡舊唐書云淳師匡匡師助新唐書則云趙匡陸淳皆助高弟案呂溫集有代淳進書表稱以啖助爲嚴師趙匡爲益友又淳自作修傳始終記稱助爲啖先生稱匡爲趙子餘文或稱爲趙氏重修集傳義又云淳秉筆執簡侍於啖先生左右十有一年而不及匡又柳宗元作淳墓表亦稱助匡爲淳師友當時序述顯然明白劉昫以下諸家並傳聞之誤也助之說春秋務在考三家得失彌縫漏闕故其論多異先儒如論左傳非丘明所作漢書丘明授魯曾申申傳吳起自起六傳至賈誼等說亦皆附會公羊名高穀梁名赤未必是實又云春秋之文簡易先儒各守一傳不肎相通互相彈射其弊滋甚左傳序周晉齊宋楚鄭之事獨詳乃後代學者因師授衍而通之編次年月以爲傳記又雜采各國諸卿家傳及卜書夢書占書縱橫小說故序事雖多釋經殊少猶不如公穀之於經爲密其論未免一偏故歐陽修晁公武諸人皆不滿之而程子則稱其絕出諸家有攘異端開正途之功蓋舍傳求經實導宋人之先路生臆斷之弊其過不可掩破附會之失其功亦不可沒也助書本名春秋統例僅六卷卒後淳與其子異裒錄遺文請匡損益始名纂例成於大歷乙卯定著四十篇分爲十卷唐書藝文志亦同此本卷數相符蓋猶舊帙其第一篇至第八篇爲全書總義第九篇爲魯十二公並世緒第三十六篇以下爲經傳文字脫謬及人名國名地名其發明筆削之例者實止中閒二十六篇而已袁桷後序稱此書嚴已久所得爲寶章桂公校本聞蜀有小字本皆未之見吳萊柳貫二後序皆稱得平陽府所刊金泰和三年禮部尚書趙秉文家本是元時已爲難得其流傳至今亦可謂巋然獨存矣

春秋微旨三卷內府藏本

唐陸淳撰案陳振孫書錄解題稱唐志有淳春秋集傳二十卷今不存又有微旨一卷未見袁桷作淳春秋纂例後序稱杭得微旨三卷乃皇祐閒汴本蓋其書刻於開封故南渡之後遂罕傳本至桷得北宋舊槧乃復行於世也柳宗元作淳墓表稱春秋微旨二篇唐書藝文志亦作二卷此本三卷不知何時所分然卷首有淳自序實稱總爲三卷或校刊柳集者誤三篇爲二篇修唐書者因之歟是書先列三傳異同參以啖趙之說而斷其是非自序謂事或反經而志協乎道跡雖近義而意實蘊姦或本正而末邪或始非而終是介於疑似之閒者並委曲發明故曰微旨其書雖淳所自撰而每條必稱淳聞之師曰不忘本也自序又謂三傳舊說亦並存之其義當否則以朱墨爲別今所行本於應用朱書者皆以方匡界畫其起訖意皇祐舊槧以木本不能具朱墨故用嘉祐本草之例以陰文陽文爲別後人傳寫又艱於雙鈎遂以界畫代之以非大旨所繫今亦姑仍其式而附著舊例於此焉

春秋集傳辨疑十卷江蘇巡撫採進本

唐陸淳所述啖趙兩家攻駁三傳之言也柳宗元作淳墓誌稱辨疑七篇唐書藝文志同吳萊作序亦稱七卷此本十卷亦不知何人所分刊本於萊序之末附載延祐五年十一月集賢學士克酬原作曲出今改正言唐陸淳所著春秋纂例辨疑微旨三書有益後學請令江西行省鋟梓云云其分於是時歟淳所述纂例一書蓋啖助排比科條自發筆削之旨其攻擊三傳總舉大意而已此書乃舉傳文之不入纂例者縷列其失一字一句而詰之故曰辨疑所述趙說爲多啖說次之冠以凡例一篇計十七條但明所以刪節經文傳文之故其去取之義則仍經文年月以次說之中如鄭伯克段傳啖氏謂鄭伯必不囚母殊嫌臆斷以是爲例豈復有可信之史況大隧故蹟水經注具有明文安得指爲左氏之虛撰如斯之類不免過於疑古又如齊衛胥命傳其說與荀子相符當時去聖未遠必有所受而趙氏以爲譏其無禮如斯之類多未免有意求瑕又如叔姬歸于紀傳穀梁以爲不言逆逆之道微淳則謂不言逆者皆夫自逆夫禮聞送媵不聞逆媵傳固失之禮聞親迎妻不聞親迎娣姪淳說亦未爲得如斯之類亦不免愈辨而愈非然左氏事實有本而論斷多疎公羊穀梁每多曲說而公羊尤甚漢以來各守專門論甘者忌辛是丹者非素自是書與微旨出抵隙蹈瑕往往中其窾

會。雖瑕瑜互見、要其精核之處、實有漢以來諸儒未發者。固與鑿空杜撰、橫生枝節者異矣。

春秋名號歸一圖二卷、兩江總督採進本、

蜀馮繼先撰。陳振孫書錄解題載是書所列人名、周一、魯二、齊三、晉四、楚五、鄭六、衛七、秦八、宋九、陳十、蔡十一、曹十二、吳十三、邾十四、杞十五、莒十六、滕十七、薛十八、許十九、雜小國二十。崇文總目謂其以官諡名字裒附初名之左。文獻通考引李燾云、昔丘明傳春秋、於列國君臣之名字、不一其稱、多者或至四五。始學者蓋病其紛錯難記、繼先集其同者爲一百六十篇。以是二端推之、是繼先舊本本爲旁行斜上、如表譜之體、故以圖爲名、而分至一百六十篇也。今本目次與振孫所言合。其每一人爲一條、既非裒附初名之左、亦無所謂一百六十篇者、與崇文總目及李燾所說迥異。案岳珂雕印相臺九經例云、春秋名號歸一圖二卷、刻本多譌錯。嘗合京杭建蜀本參校、有氏名異同、實非一人、而合爲一者。有名字若殊、本非二人、而析爲二者。有自某國適他國、而前後互見者。有稱某公與某年、而經傳不合者。或以傳爲經、或以注爲傳、或偏旁疑似而有亥豕之差。或行款牽連而無甲乙之別。今皆訂其譌謬、且爲分行、以見別書。然則今本蓋珂所刊定移易、非復李燾以前之舊本。觀燾所稱宋大夫莊堇、秦右大夫詹傳、未始有父字、而繼先輒增之。若子韓晳者、蓋齊頃公孫、世族譜與傳同、而繼先獨以爲韓子晳、與楚鄭二公孫黑其篇。今檢驗此本、皆無此文、則爲珂所削改明矣。

春秋年表一卷、浙江鮑士恭家藏本、

不著撰人名氏。陳振孫書錄解題云、春秋二十國年表一卷、不知何人作。自周而下、次以魯、蔡、曹、衛、滕、晉、鄭、齊、秦、楚、宋、杞、陳、吳、越、邾、莒、薛、小邾。館閣書目有年表二卷、元豐中楊彥齡撰。自周之外、凡十三國。又董氏藏書志、有年表、無撰人。自周至吳越、凡十國。征伐朝覲會同皆書。今此表正二十國、與書錄解題所載同、蓋卽陳振孫所見也。其書在宋本自單行。岳珂雕印九經、乃以附春秋之後。珂記云、春秋年表、今諸本或闕號名、或紊年月、參之經傳、多有舛錯。今皆爲刊正。諸國君卒與立皆書。惟魯闕。今依經傳添補。廖本無年表歸一圖。今既刊公穀、幷補二書、以附經傳之後。是此書經珂刊補、與馮繼先之名號歸一圖同刻者。通志堂經解不考岳珂之語、乃與名號歸一圖連爲一書、亦以爲馮繼先所撰、誤之甚矣。

春秋尊王發微十二卷、內府藏本、

宋孫復撰。復字明復、平陽人。事蹟詳宋史儒林傳。案李燾續通鑑長編曰、中丞國子監直講孫復、治春秋不惑傳注、其言簡易、得經之本義。旣被疾、樞密使韓琦言於上、選書吏給紙札、命其門人祖無擇卽復家錄之。得書十五卷、藏祕閣。然此書實十二卷。考中興書目、別有復春秋總論三卷、蓋合之共爲十五卷爾。今總論已佚、惟此書尚存。復之論上祖陸淳、而下開胡安國、謂春秋有貶無褒、大抵以深刻爲主。晁公武讀書志載常秩之言曰、明復爲春秋、猶商鞅之法、棄灰於道者有刑、步過六尺者有誅。蓋篤論也。而宋代諸儒、喜爲苛議、顧相與推之、沿波不返、遂使孔庭筆削、變爲羅織之經。夫知春秋者莫如孟子、不過曰春秋成而亂臣賊子懼耳。使二百四十二年中無人非亂臣賊子、則復之說當矣。如不盡亂臣賊子、則聖人亦必有所節取。亦何至由天王以及諸侯大夫、無一人一事不加誅絕者乎。過於深求、而反失春秋之本旨者、實自復始。雖其間辨名分、別嫌疑、於興亾治亂之機、亦時有所發明。統而核之、究所謂功不補患者也。以後來說春秋者、深文鍛鍊之學、大抵用此書爲根柢、故特錄存之、以著履霜之漸、而具論其得失如右。程端學稱其尊王發微總論二書外、又有三傳辨失解、朱彝尊經義考因之。然其書史不著錄、諸儒亦罕所稱引。考宋史藝文志及中興書目、均有王日休撰春秋孫復解三傳辨失四卷、或卽日休所撰之書、端學誤以爲復作歟。然則是駁復之書、非復所撰也。

春秋皇綱論五卷、內府藏本、

宋王晳撰。晳自稱太原人。其始末無可考。陳振孫書錄解題言其官太常博士。考龔鼎臣東原錄、載眞宗天禧中、錢惟演奏留曹利用丁謂事、稱晏殊以語翰林學士王晳、則不止太常博士矣。王應麟玉海云、至和中、晳撰春秋通義十二卷、據三傳注疏及啖趙之學、其說通者、附經文之下。闕者、用己意釋之。又異義十二卷、皇綱論五卷。今通義異義皆不傳、惟是書尚存。凡爲論二十有二、皆發明夫子筆削之旨、而考辨三傳及啖助趙匡之得失。案趙

（臣書中皆作趙正，蓋避太祖之諱。其尊王下篇引論語作一正天下，亦同此例。）其言多明白平易，無穿鑿附會之習。其孔子修春秋篇曰，若專為誅亂臣賊子使知懼，則尊賢旌善之旨闕矣。足破孫復等有貶無褒之說。其傳釋異同篇曰，左氏善覽舊史，兼該眾說，得春秋之事蹟甚備。然於經外自成一書，故有貪惑異說，采掇過當。至於聖人微旨，頗亦疎略。而大抵有本末，蓋出一人之所撰述也。公穀之學本於議論，擇取諸儒之說，繫於經文，故雖不能詳其事蹟，而於聖人微旨多所究尋。然失於曲辨贅義，鄙淺叢雜，蓋出於眾儒之所講說也。又曰，左氏好以一時言貌之恭惰與卜筮巫醫之事，推定禍福，靡有不驗，此其蔽也。固當裁取其文，以通經義，如玉之有瑕，但棄瑕而用玉，不可并棄其玉也。二傳亦然。亦足破孫復等盡廢三傳之說。在宋人春秋解中，可謂不失古義。惟郊禘篇謂周公當用郊禘，成王賜之不為過，魯國因之不為僭。殺大夫篇謂凡書殺大夫，皆罪大夫不能見幾先去，則偏駁之見，不足為訓矣。

春秋通義一卷（兩江總督採進本）

不著撰人名氏。考宋史藝文志，蹇遵品、王晳、家安國、邱葵皆有春秋通義。其書均佚不傳。蹇氏、王氏書各十二卷，家氏書二十四卷，邱氏書二卷。此本僅存一卷，凡四十八條。編端冠以小序，稱孔子之修春秋也，因其舊文，乘以新意，正例筆之，常事削之。其有繆戾乖剌，然後從而正之，別彙之曰特筆。而小序之後亦以特筆二字為標題，蓋此卷為通義中之一種，但不知四家中為誰氏之書耳。然如星隕如雨一條，公羊引不修春秋曰，隕星不及地尺而復，君子修之曰星隕如雨。此特潤色舊文，非關褒貶。以為特筆，於義不倫。至華督有無君之心，而後動於惡。故先書殤公，後書孔父，傳有明文，眞特筆也。而反不及之，亦屬挂漏。至於謂春秋二百四十二年而終之以獲麟，明亂極必治，而王者之迹卒不熄，則其說高於諸家多矣。

春秋權衡十七卷（內府藏本）

宋劉敞撰。敞字原父，臨江新喻人。慶歷中舉進士，官至集賢院學士。事蹟具宋史本傳。據其弟攽作敞行狀，及歐陽修作敞墓誌，俱稱敞春秋傳十五卷，權衡十七卷，說例二卷，文權二卷，意林五卷。王應麟玉海所記亦同。陳振孫書錄解題曰，原父始為權衡，以平三家之得失，然後集眾說，斷以己意而為之傳。傳所不盡者，見之意林。然則傳之作在意林前，此書又在傳前。敞春秋之學，此其根柢矣。自序謂權衡始出，未有能讀者。又謂非達學通人，則亦必不能觀之。其自命甚高。葉夢得作石林春秋傳，於諸家義疏多所排斥，尤詆孫復尊王發微，謂其不深於禮學，故其言多自牴牾，有甚害於經者。雖概以禮論當時之過，而不能盡禮之制，尤為膚淺。惟於敞則推其淵源之正，蓋敞邃於禮，故是書進退諸說，往往依經立義，不似復之意為斷制。此亦說貴徵實之一驗也。

春秋傳十五卷（內府藏本）

宋劉敞撰。敞所作春秋權衡及意林，宋時即有刊本。此傳則諸家藏弆，皆寫本相傳。近時通志堂刻入經解，始有版本。故論者或疑其僞。然核其議論體裁，與敞所著他書一一脗合，非後人所能贗作也。其書皆節錄三傳事蹟，斷以己意，其褒貶義例多取諸公羊、穀梁。如以莊公圍郕師還為仁義，以公孫寧、儀行父為有存國之功，以晉殺先縠為疾過，以九月用郊為用人，而趙鞅入晉陽以叛一條，尚沿二傳以地正國之謬，皆不免於膠固。其經文雜用三傳，不主一家，每以經傳連書，不復區畫，頗病混淆。又好減損三傳字句，往往改竄失眞。如左傳惜也越竟乃免句，後人本疑非孔子之言，敞改為討賊則免，而仍以孔子曰冠之，殊為踳駁。考黃伯思東觀餘論稱考正書武成實始於敞，則宋代改經之例，敞導其先，宜其視改傳為固然矣。然論其大致，則得經意者為多。蓋北宋以來出新意解春秋者，自孫復與敞始。復沿啖趙之餘波，幾於盡廢三傳。敞則不盡從傳，亦不盡廢傳，故所訓釋為遠勝於復焉。

春秋意林二卷（內府藏本）

宋劉敞撰。宋史藝文志作二卷。王應麟玉海作五卷。馬端臨經籍考則併春秋權衡、春秋傳、春秋意林總題三十四卷。今考權衡實十七卷，傳實十五卷，合以意林二卷，正得三十四卷，與宋志合。則玉海作五卷，傳寫誤也。元吳萊嘗作是書後序曰，劉子作春秋權衡，自稱書成，世無有能讀者。至意林猶未脫藁，多遺闕。今觀其書，或僅標經文數字，不置一辭；或草草數言，文不相屬，而下注云云二字；或一條之下，別標他目一兩字，與本文迥不相屬。

或詰屈聱牙，猝難句讀，或僅引其端而詞如未畢，其爲隨筆劄記屬稿未竟之書，顯然可證。萊所說誠不誣也。又敞既苦志研求，運意深曲，又好雕琢其詞，使在可解不可解之間。然考葉夢得石林春秋傳，稱不知經者以其難入，或詆以爲用意太過，出於穿鑿。然熟讀深思，其間正名分，別嫌疑，大義微言，灼然聖人之意者，亦頗不少。文體之澀，存而不論可矣。

春秋傳說例一卷（永樂大典本）

宋劉敞撰。案敞行狀、墓誌俱稱春秋說例二卷，陳振孫書錄解題則以爲一卷，蓋傳鈔分合，互有不同。至宋史藝文志獨稱敞說例十一卷，殆傳寫誤衍一十字，或竟以十一篇爲十一卷也。敞春秋傳權衡意林三書，通志堂經解有刊版。文權與說例二書則僅有其名，絕無傳本。今檢永樂大典，尙雜引說例之文，謹詳加綴輯，仍釐爲一卷。據書錄解題稱說例凡四十九條，今之所裒僅二十五條，止得其半，且多零篇斷句，不盡全文。又惟公卽位例與例使來例師行例大夫奔例殺大夫例弗不例七條載有原文標目，餘則說存而標目復佚。今並詳釋本文，倣原存諸條體例，爲之校補。又諸書所載，但稱春秋說例，惟永樂大典加傳字。案是編比事以發論，乃其傳文褒貶之大旨，永樂大典所載似尙屬宋刻之舊，今亦從之。敞說春秋頗出新意，而文體則多摹公穀，諸書皆然，是編尤爲節古。惟說大夫帥師例一條，稱魯不當有三軍，而以周禮爲後人附會，未免稍偏。又宣公十八年經文歸父還自晉，敞春秋傳從左氏作至笙，而是編則從公穀作至檉，亦頗自相牴牾。其餘則大致精核，多得經意。而宋元說經諸家都未徵引，可知自宋以後已稱罕覯。是編崖略幸存，固春秋家所當寶貴矣。

春秋經解十三卷（兵部侍郞紀昀家藏本）

宋孫覺撰。覺字莘老，高郵人。擢進士第，官至御史中丞。事蹟具宋史本傳。此書題曰龍學孫公，蓋其致仕之時，以龍圖閣學士兼侍講提舉醴泉觀也。覺早從胡瑗游，傳其春秋之學。大旨以抑霸尊王爲主。自序稱左氏多說事蹟，公穀以存梗概。今以三家之說，較其當否，而穀梁最爲精深，且以穀梁爲本。其說是非褒貶，則雜取三傳及歷代諸儒啖趙陸氏之說長者從之。其所未聞，則以安定先生之說解之。今瑗口義五卷已佚，傳其緒論，惟覺此書。周麟之跋稱初王安石欲釋春秋以行於天下，而莘老之傳已出，一見而有惎心，自知不能出其右，遂詆聖經而廢之。邵輯序稱是書作於晚年，謂安石因此廢春秋，似未必盡然。然亦可見當時甚重其書，故有此說也。宋史藝文志載覺春秋經解十五卷，又春秋學纂十二卷，春秋經社要義六卷。朱彝尊經義考據以著錄，於經解注曰存，於學纂要義皆注曰佚。然今本實十三卷，自隱公元年至獲麟，首尾完具，無所殘闕，與宋志所載不符。考陳振孫書錄解題載春秋經解十五卷，春秋經社要義六卷，而無春秋學纂。王應麟玉海載春秋經社要義六卷，春秋學纂十二卷，而無春秋經解。其學纂條下注曰：其說以穀梁爲本，及採左氏公羊歷代諸儒所長，間以其師胡瑗之說斷之。分莊公爲上下云云，與今本一一相合。然則春秋學纂卽春秋經解之別名，宋志旣誤分爲二書，并譌其卷數。書錄解題亦譌十三卷爲十五卷，惟玉海所記爲得其眞矣。

春秋集解十二卷（浙江吳玉墀家藏本）

宋蘇轍撰。先是劉敞作春秋意林，多出新意，孫復作春秋尊王發微，更舍傳以求經，古說於是漸廢。後王安石詆春秋爲斷爛朝報，廢之不列於學官。轍以其時經傳並荒，乃作此書以矯之。其說以左氏爲主，左氏之說不可通，乃取公穀啖趙諸家以足之。蓋以左氏有國史之可據，而公穀以下則皆意測者也。自序稱自熙寧間謫居高安，爲是書，暇輒改之，至元符元年，卜居龍川，凡所改定，覽之自謂無憾，蓋積十餘年而書始成。其用心勤懇，愈於奮臆遊談者遠矣。朱彝尊經義考載陳宏緒跋曰：左氏紀事纍然具備，而亦間有悖於道者；公穀雖以臆度解經，然亦得失互見。如戎伐凡伯於楚丘，穀梁以戎爲衞，齊仲孫來，公穀皆以爲魯慶父，魯滅項，又皆以爲齊實滅之，顯然與經謬戾，其失固不待言。至如隱四年秋翬帥師會宋公陳侯蔡人衞人伐鄭，桓十有四年秋八月壬申，御廩災，乙亥嘗，莊二十有四年夏公如齊逆女，諸如此類，似公穀之說妙合聖人精微，而頴濱一概以深文詆之，因噎廢食，讀者捨其短而取其長可也。其論是書頗允。此本不載，蓋刻在宏緒前也。宋史藝文志稱是書爲春秋集傳，文獻通考則作集解，與今本合。

知宋志為傳寫誤矣。

春秋辨疑四卷（永樂大典本）

宋蕭楚撰。楚字子荊，廬陵人。紹聖中游太學，貢禮部不第。於時蔡京方專國，楚憤嫉其姦，謂京且將為宋王莽，誓不復仕，遂退而著書，明春秋之學。趙暘、馮澥、胡銓皆師事之。建炎四年始卒。曾敏行獨醒雜志稱所著春秋經辨行於廬陵，宋史亦載其春秋經解十卷。朱彝尊經義考謂其已佚，僅摭錄胡銓之序。此本所載銓序，與經義考合，惟題曰春秋辨疑為小異。或後來更定，史弗及詳歟。江西通志及萬姓統譜皆云是書四十九篇，今止四十四篇，蓋有佚脫。宋志云十卷，今永樂大典所載止二卷，則明人編輯所合併也。書之大旨，主於以統制歸天王，而深戒威福之移於下，雖多為權姦柄國而發，而持論正大，實有合尼山筆削之義，與胡安國之牽合時事、動乖經義者有殊，與孫復之名為尊王而務為深文巧詆者用心亦別。陳振孫書錄解題稱胡銓以春秋登第，歸拜牀下，楚告之曰：學者非但拾一第，身可殺，學不可辱，毋禍我春秋乃佳。厥後銓以孤忠讜論震耀千秋，則其師弟之於春秋，非徒以口講耳受者矣。每篇各有注文，皆楚自作，亦閒有胡銓及他弟子所附入，謹以原注及胡銓附注別題之，而以今所校正附其下，俾各不相淆焉。

欽定四庫全書總目卷二十六

欽定四庫全書總目卷二十七

經部二十七

春秋類二

春秋經解十二卷（永樂大典本）

宋崔子方撰。子方，涪陵人，字彥直，號西疇居士。晁說之集又稱其字伯直，蓋有二字也。朱彝尊經義考稱其嘗知滁州，曾子開為作茶仙亭記。經解諸書皆罷官後所作。考子方宋史無傳，惟李心傳建炎以來繫年要錄稱其於紹聖間三上疏，乞置春秋博士，不報，乃隱居眞州六合縣，杜門著書者三十餘年。陳振孫書錄解題所載，大略相同。朱震進書劄子亦稱為東川布衣。彝尊之說，不知何據。惟永樂大典引儀眞志一條，云子方與蘇、黃遊，嘗為知滁州，曾子開作茶仙亭記，刻石醉翁亭側，黃庭堅稱為六合佳士。殆彝尊誤記是事，故云然歟。考子方著是書時，王安石之說方盛行，故不能表見於世。至南渡以後，其書始顯。王應麟玉海載建炎二年六月，江端友請下湖州取崔子方所著春秋傳藏祕書。紹興六年八月，子方之孫若上之。是時朱震為翰林學士，亦有劄子上請，當時蓋甚重其書矣。子方自序云：聖人欲以繩當世之是非，著來世之懲勸，故辭之難明者著例以見之，例不可盡，故有日月之例，有變例，慎思精考，若網在綱。又後序一篇，具述其疏解之宗旨，大抵推本經義，於三傳多所糾正。如以晉文闈鄭謂討其不會翟泉，以郕伯來奔為見迫於齊，以齊侯滅萊不書名，辨禮記諸侯滅同姓名之誤，類皆諸家所未發。雖其中過泥日月之例，持論不無偏駁，而條其長義，實足自成一家。所撰凡經解、本例、例要三書。通志堂經解刊本僅有本例，今從永樂大典裒輯成編，各還其舊。自僖公十四年秋至三十二年，襄公十六年夏至三十一年，永樂大典並闕，則取黃震日鈔所引及本例補之。其他本例所釋有引伸此書所未發，或與此書小有異同者，並節取附錄，而卷袠書名則並遵宋史。至子方原書經文已不可見，今以所解參證，知大略皆從左氏，而亦閒有從公穀者，故與胡安國春秋傳或有異同焉。

春秋本例二十卷（內府藏本）

宋崔子方撰。是書大旨以為聖人之書，編年以為體，舉時以為名，著日月以為例，而日月之例又其本，故曰本例。凡一十六門，皆以日月時推之，而分著例、變例二則，州分部居，自成條理。考公羊、穀梁二傳專以日月為例，固有穿鑿破碎之病，然經書公子益師卒，左傳稱公不與小斂，故不書日，則日月為例已在二傳之前，疑其時去聖未遠，必有所受，但予奪筆削，寓義宏深，日月特其中之一例，故二家所說時亦有合，而推之以概全經，則支離轇轕而不盡通。至於必不可通，於是委曲遷就，變例生焉。此非日月為例之過，而全以日月為例之過也。亦猶易中互體未嘗非取象之一義，必卦卦以互體求象，則穿鑿遂甚耳。啖助、趙匡一埽諸例，而空之，豈非有激而然，如王弼之棄象言易乎？子方此書，陳振孫書錄解題稱其學辨正三傳之是非，而專以日月為例，則正蹈其失而不悟，所論甚允。

然依據舊傳，雖嫌墨守，要猶愈於放言高論，逞私臆而亂聖經。說春秋者古來有此一家，今亦未能遽廢焉。

春秋例要一卷（永樂大典本）

宋崔子方撰。考宋史藝文志，子方春秋經解十二卷，本例例要二十卷。知子方所著原本，此書與本例合并矣。朱彝尊經義考稱本例例要十卷並存，而今通志堂刊行之本例則析目錄別爲一卷，以足二十卷之數，而例要闕焉。蓋誤以本例目錄爲例要，而不知其別有一篇。恐彝尊所見即爲此本，其曰並存，亦誤注也。今考永樂大典所載，雖分析爲數十百條，繫於各字之下，而裒輯其文，尚可相屬。較通志堂本所載目錄，一字不同，灼知爲刊刻之誤。謹編綴前後，略依本例次序，排纂成編，以還子方所著三書之舊焉。

春秋五禮例宗七卷（浙江吳玉墀家藏本）

宋張大亨撰。大亨字嘉父，湖州人。登元豐乙丑乙科。何薳春渚紀聞、王明清玉照新志並載其嘗官司勳員外郎，以王國侍讀侍講官名與朝廷相紊，奏請改正事。陳振孫書錄解題載大亨春秋通訓及此書，則稱爲直祕閣吳興張大亨撰，蓋舉其所終之官也。考左傳發凡，杜預謂皆周公禮典，韓起見易象春秋，亦謂周禮在魯。孫復作春秋尊王發微，葉夢得議其不深於禮學，故其言多自牴牾。蓋禮與春秋本相表裏，大亨是編以杜預釋例與經踳駁，兼不能賅盡，陸淳所集啖趙春秋纂例，亦支離失眞，因取春秋事蹟，分吉凶軍賓嘉五禮，依類別記，各爲總論，義例賅貫，而無諸家拘例之失。陳振孫稱爲考究詳洽，殆非溢美。元吳澄作春秋纂言，分列五禮，多與此書相出入，澄非剽襲人書者，殆偶未見傳本歟？朱彝尊經義考載此書十卷，注曰存，而諸家寫本皆佚其軍禮三卷，已非彝尊之所見。然永樂大典作於明初，凡引此書皆吉凶賓嘉四禮之文，軍禮絕無一字，則此三卷之佚久矣。彝尊偶未核檢也。

春秋通訓六卷（永樂大典本）

宋張大亨撰。是書自序，謂少聞春秋於趙郡和仲先生。考宋蘇軾年譜，軾本字和仲，又蘇洵族譜稱爲唐相蘇頲之裔，系出趙郡。今所傳軾題烟江疊嶂圖詩石刻，末亦有趙郡蘇氏印，然則趙郡和仲先生即軾也。蘇籀雙溪集載大亨以春秋義問軾，軾答書云：「春秋儒者本務，然此書有妙用，學者罕能領會，多求之繩約中，乃近法家者流，苛細繳繞，竟亦何用？惟左丘明識其用，終不肎盡言，微見端兆，欲使學者自求之」云云。與大亨自序亦合。蓋其學出於蘇氏，故議論宗旨亦近之。陳振孫書錄解題及宋史藝文志並作十六卷，朱彝尊經義考云已佚。此本載永樂大典中，十二公各自爲卷，而隱公、莊公、襄公、昭公又自分上下卷，與十六卷之數合。然每卷篇頁無多，病其繁碎，今併爲六卷，以便省覽。其文則無所佚脫也。

春秋傳二十卷（浙江朱彝尊家曝書亭藏本）

宋葉夢得撰。夢得字少蘊，號石林，吳縣人。紹聖四年進士，南渡後官至崇信軍節度使，事蹟具宋史文苑傳。夢得以孫復春秋尊王發微主於廢傳以從經，蘇轍春秋集解主於從左氏而廢公羊、穀梁，皆不免有弊，故其書參考三傳以求經，不得於事則考於義，不得於義則考於事，更相發明，頗爲精核。開禧中，其孫筠刊於南劍州，眞德秀跋之，稱其闢邪說，黜異端，有補世教不淺。宋史藝文志又載夢得別有春秋考三十卷、讞三十卷、指要總例二卷、石林春秋八卷。今讞、考二書散見永樂大典中，尚可得其大概，餘皆散佚。惟此傳猶爲完書。南窗紀談載夢得爲春秋書，其別有四，解釋音義曰傳，訂正事實曰考，掊擊三傳曰讞，編列凡例曰例，嘗語徐惇濟曰：「吾之爲此名，前古所未見也。」惇濟曰：「吳程秉著書三萬餘言，曰周易摘、尚書駁、論語弼，得無近是乎」云云。案此傳不專釋音義，其說已非。至於以一字名書，古人多有，即以春秋而論，傳爲通名，不必言矣。如漢志所載鐸氏、張氏皆有春秋微，公羊傳疏有閔因春秋序，後漢書有鄭衆春秋刪，隋志有何休春秋議、崔靈恩春秋序，孫炎併先有春秋例。夢得博洽，安得不見，乃以爲古無此名，必非事實。且宋志載夢得春秋指要總例，亦不名曰春秋例，殆小說附會之辭，不足據也。

春秋考十六卷（永樂大典本）

宋葉夢得撰。是書於寧宗開禧中與春秋傳、春秋讞同刻於南劍州。元程端學作春秋三傳辨疑，多引其說，則當時猶有傳本。自明以來，藏書家皆不著錄，故朱彝尊經義考注曰已佚。惟永樂大典頗載其文，以次檢校，尚可得十之八九。今排比綴緝，復勒成編。其書大旨在申明所以攻排三傳者。實本周之法度制作以爲斷。初非有所臆測於其間。故所言皆論次周典。以求合於春秋之法。其文辨博縱横。而語有本原。率皆典核。陳振孫書錄解題稱其辨定考究。無不精詳。殆不誣也。原書前有統論。其後乃列十二公。逐條詮敘而不錄經文。今悉仍舊例。其卷帙則約略篇頁。輯爲統論三卷。隱公以下。以次編爲十三卷。不復拘宋志三十卷之數。據夢得自序。稱自其讞推之。知吾所正爲不妄。而後可以觀吾考。自其考推之。知吾所擇爲不誣。而後可以觀吾傳。然書錄解題已先列傳。次列考。次列讞。蓋傳其大綱。而考讞其發明之義疏也。今仍從陳氏之序。次於傳後焉。

春秋讞二十二卷。永樂大典本。

宋葉夢得撰。是書抉摘三傳是非。主於信經不信傳。猶沿啖助孫復之餘波。於公羊穀梁多所駁詰。雖左傳亦據傳末韓魏反而喪之之語。謂知伯亡時左氏猶在。斷以爲戰國時人。案經有續書傳亦有續書夢得蓋未深考語詳左傳注疏條下。昌言排擊。如辨諸侯世相朝爲衰世之事。辨宰孔勸晉獻公及魯穆姜悔過之言皆出附會。辨十二次分十二國之謬。辨夾谷之會孔子沮齊景公事亦出假託。辨墮郈墮費非孔子本意。辨諸侯出入有善有惡。辨諸侯卒之或日或不日。非盡屬褒貶。魯侯之至與不至。亦不可拘牽成例。雖辨博自喜。往往有瀾翻過甚之病。於經旨或合或離。不能一一精確。而揆之所向。無不如志。要亦文章之豪也。惟古引春秋以決獄。不云以決獄之法治春秋。名書以讞。於義既爲未允。且左氏公羊穀梁皆前代經師。功存典籍。而加以推鞫之目。於名尤屬未安。是則宋代諸儒藐視先儒之錮習。不可以爲訓者耳。考宋藝文志是書本三十卷。又夢得自記左傳四百四十二條。公羊三百四十條。穀梁四百四十條。今據永樂大典所載。參以程端學春秋辨疑通加檢核。左傳闕九十條。公羊闕六十五條。穀梁缺八十四條。蓋已非完帙。然其大較已略具矣。謹依類排次。釐爲左傳讞十卷。公羊穀梁讞各六卷。

春秋集解三十卷。內府藏本。

宋呂本中撰。舊刻題曰呂祖謙。誤也。本中字居仁。好問之子。宋史本傳載其靖康初官祠部員外郎。紹興六年賜進士。擢起居舍人。八年遷中書舍人。兼侍講。權直學士院。學者稱爲東萊先生。故趙希弁讀書附志稱是書爲東萊先生撰。後人因祖謙與朱子遊。其名最著。故亦稱爲東萊先生。而本中以詩擅名。詩家多稱呂紫微。東萊之號稍隱。遂移是書於祖謙。不知陳振孫書錄解題載是書。固明云本中撰也。朱彝尊經義考嘗辨正之。惟以宋志作十二卷爲疑。然卷帙分合。古今每異。不獨此書爲然。況振孫言是書自三傳而下。集諸儒之說。不過陸氏兩孫氏兩劉氏蘇氏程氏許氏胡氏數家。而采擇頗精。全無自己議論。以此本考之。亦合。知舊刻誤題審矣。惟宋志此書之外。別出祖謙春秋集解三十卷。稍爲牴牾。疑宋末刻本。已析其原卷改題祖謙。故相沿譌異。史亦因之重出耳。祖謙年譜備載所著諸書。具有年月。而春秋集解獨不載。固其確證。不必更以他說疑也。本中嘗撰江西宗派圖。又有紫微詩話。皆盛行於世。世多以文士目之。而經學深邃乃如此。林之奇從之受業。復以其學授祖謙。其淵源蓋有自矣。

春秋傳三十卷。通行本。

宋胡安國撰。安國事蹟詳宋史儒林傳。案玉海載紹興五年四月詔徽猷閣待制胡安國經筵舊臣。令以所著春秋傳纂述成書進入。十年三月書成。上之。詔獎諭。除寶文閣直學士。賜銀幣。是安國此傳久已屬稾。自奉敕撰進。又覆訂五年而後成也。俞文豹吹劍錄稱其自草創至於成書。初稾不留一字。其用意亦勤矣。顧其書作於南渡之後。故感激時事。往往借春秋以寓意。不必一一悉合於經旨。朱子語錄曰。胡氏春秋傳有牽强處。然議論有開合精神。亦千古之定評也。明初定科舉之制。大略承元舊式。宗法程朱。而程子春秋傳僅成二卷闕略太甚。朱子亦無成書。以安國之學出程氏。張洽之學出朱氏。故春秋定用二家。蓋重其淵源。不必定以其書也。後洽傳漸不行用。遂獨用安國書。漸乃棄經不讀。惟以安國之傳爲主。當時所謂經義者。實安國之傳義而已。故有明一代。春秋之學爲最弊。馮夢龍春秋大全凡例有曰。諸儒議論儘有勝胡氏者。然業已尊胡。自難並收以亂耳目。則風尚可知矣。我

本朝敦崇經術。

欽定春秋傳說彙纂於安國舊說始多所駁正。棄瑕取瑜。

頗其精粹，已足以綜括原書。第其書行世已久，亦未可竟廢。謹校而錄之，以存一家之言。若其中紕漏之處，則

欽定彙纂中業已抉摘無遺，昭示海內，茲不復論辨焉。

春秋集注四十卷（永樂大典本）

宋高閌撰。閌字抑崇，鄞縣人。紹興元年以上舍選賜進士第，歷官禮部侍郎。事蹟具宋史儒林傳。是書以程子春秋傳爲本，故仍冠以程子原序。其說則雜采唐宋諸家，鎔以己意，不復標舉其姓名。史稱秦檜疑閌薦張九成出知筠州，不赴，卒。而樓鑰序是書則云，以直道忤時宰，一斥不復，家食累年，略不以事物自攖，日有定課，風雨弗渝。蓋閌家居以後，歷久始卒，晚年精力，盡在是書，史文言之未詳也。閌大旨雖宗程傳，然如程子據漢薄昭與淮南王書有齊桓殺弟之語，遂謂子糾爲弟，齊桓爲兄。閌則仍用三傳、史記、荀子之文，云子糾、小白皆襄公弟，糾居長，爲當立。絕不依阿牽就，務存門戶之私。他如解衛人立晉，解夫人氏之喪至自齊，解取濟西田諸條，皆深得聖人微旨。其解及向戌盟于劉，云凡因來聘而盟者，必在國內。劉，王畿采地，豈有來聘魯而遠盟于劉者？蓋下文有劉夏，傳者以爲春夏之夏，與文四年夏逆婦姜于齊文同，故誤增于劉二字。又如以州蒲爲州滿之譌，亦皆足以備一解。惟隱公九年會防之防在琅邪華縣東南，十年取防之防在高平昌邑縣西南；文公十二年城諸及鄆之鄆在成陽姑幕南，成公四年城鄆之鄆在東郡廩邱縣東，閌皆混爲一地，未免於考據少疎耳。原書久佚，惟散見永樂大典中，謹按次排比，薈稡成編。其永樂大典原闕者，則采各書所引閌說補之，首尾完具，復爲全帙。陳振孫書錄解題稱是書十四卷，今以篇頁繁重，析爲四十卷。又宋史本傳稱閌有春秋集解，而永樂大典實作集注，與書錄解題同，當是宋本原題，今並從之。至所載經文多從左氏，而亦間有從公穀者，蓋宋代諸儒大都兼采三傳，不盡如漢世專門之學也。

春秋後傳十二卷（兩江總督採進本）

宋陳傅良撰。傅良字君舉（案傅良或作傳良，諸本互有異同，然其字曰君舉，則爲傅說舉於版築之義，故今定爲傅字。）號止齋，溫州瑞安人。乾道八年進士，官至中書舍人、寶謨閣待制，謚文節。事蹟具宋史本傳。是編有其門人周勉跋，稱傅良爲此書，將脫稾而病，學者欲速得其書，俾傭書傳寫，其已削者或留，其帖於編增入是正者或揭去，弗存。是今所傳已非傅良完本矣。趙汸春秋集傳自序於宋人說春秋者，最推傅良，稱其以公穀之說參之左氏，以其所不書實其所書，以其所書推見其所不書，得學春秋之要，在三傳後卓然名家。而惜其誤以左氏所錄爲魯史舊文，而不知策書有體，夫子所據以加筆削者，左氏亦未之見。左氏書首所載不書之例，皆史法也，非筆削之旨。公羊穀梁每難疑以不書發義，實與左氏異師。陳氏合而求之，殊失其本。故於左氏所錄而經不書者，皆以爲夫子所筆削，則其不合於聖人者亦多云云。考左氏爲春秋作傳，非爲策書作傳。其所云某故不書者，不得經意或有之，必以爲別發史例，似非事實。況不修春秋二條，公羊傳尚有傳聞，不應左氏反不見，恐均不足爲傅良病。惟以公穀合左氏，爲切中其失耳。自王弼廢象數而談易者日增，自啖助廢三傳而談春秋者日盛，故解五經者惟易與春秋二家著錄獨多，空言易騁，茲亦明效大驗矣。傅良於臆說蠭起之日，獨能根據舊文，研求聖人之微旨。樓鑰序稱其於諸生中擇能熟誦三傳者三人，曰蔡幼學、曰胡宗、曰周勉，游宦必以一人自隨，遇有所問，其應如響。其考究可謂至詳。又其書雖多出新意，而每傳之下必注曰此據某說，此據某文，其徵引亦爲至博。以是立制世之柄，寓而談褒貶者，庶有豸乎。傅良別有左氏章旨三十卷，樓鑰所序蓋兼二書言之。朱彝尊經義考注曰未見。今永樂大典中尚存梗概，然已殘闕，不能成帙，故不復裒錄焉。

春秋左氏傳說二十卷（兩江總督採進本）

宋呂祖謙撰。祖謙有古周易，已著錄。其生平研究左傳凡著三書：一曰左傳類編，一曰左傳博議，一即是編。其類編取左氏之文分別爲十九目，久無傳本，惟散見永樂大典中，頗無可采。博議則隨事立義，以評其得失，是編持論與博議略同，而推闡更爲詳盡。陳振孫書錄解題稱其於左氏一書，多所發明，而不爲文。似一時講說，門人所鈔錄者。其說良是。朱子語錄亦稱其極爲詳博，然遣辭命意頗傷於巧。考祖謙所作大事記，朱子亦謂有纖巧處，而稱其指公孫宏、張湯姦狡處，皆說得羞愧殺人云云。然則朱子所謂巧者，乃指其筆鋒穎利，凡

所指摘、皆刻露不留餘地耳。非謂巧於馳辨、或至顛倒是非也。書錄解題載是書爲三十卷。此本僅二十卷。考明張萱内閣書目所載傳說四冊外、尚有續說四冊、知陳氏所謂三十卷者、實兼續說十卷計之。今續說別於永樂大典之中裒采成帙。以其體例自爲起訖、仍分著於錄云。

春秋左氏傳續說十二卷、永樂大典本、

宋呂祖謙撰。是編繼左氏傳說而作、以補所未及、故謂之續說。久無傳本。今見於永樂大典者、惟自僖公十四年秋八月至三十三年、襄公十六年夏至三十一年、舊本闕佚、無足采錄。其餘則首尾完具、以傳文次第排比之、仍可成帙。其中如臾騈送狐射姑之帑、孟獻子愛公孫敖二子兩條、俱以博議所云爲非。是則是書當成於晚年矣。其體例主於隨文解義、故議論稍不如前說之闊大。然於傳文所載、闡發其蘊、並抉摘其疵。如所謂左氏有三病、不明君臣大義、一也。好以人事附會災祥、二也。記管晏事則盡精神、說聖人事便無氣象、三也云云。雖亦沿宋儒好軋先儒之習、然實頗中其失。至於朝祭軍旅官制賦役諸大典、及晉楚興衰、列國向背之事機、詮釋尤爲明暢。惟子服景伯系本桓公、而以爲出自襄公、稍爲譌舛耳。蓋祖謙邃於史事、知空談不可以說經、故研究傳文、窮始末以核得失。而不倡廢傳之高論、視孫復諸人、其學爲有據多矣。

詳注東萊左氏博議二十五卷、浙江巡撫採進本、

宋呂祖謙撰。相傳祖謙新娶、於一月之内成是書。今考自序、稱屏處東陽之武川、居半歲、里中稍稍披蓬藋從予遊。談餘語隙、波及課試之文。乃取左氏書理亂得失之跡、疏其說於下。旬儲月積、浸就篇帙。又考祖謙年譜、其初娶韓元吉女、乃紹興二十七年在信州、不在東陽。後乾道三年五月持母喪、居明招山、學子有來講習者。四年已成左氏博議。五年二月除母服、五月乃繼娶韓氏女弟。則是書之成、實在喪制之中、安有新娶之事。流俗所傳誤也。書凡一百六十八篇、通考載作二十卷、與此本不同。蓋此本每題之下附載左氏傳文、中間徵引典故、亦略爲注釋、故析爲二十五卷。其注不知何人作、觀其標題版式、蓋麻沙所刊。考宋史藝文志有祖謙門人張成招標注左氏博議綱目一卷、疑當時書肆以成招標注散入各篇也。楊士奇稱別有一本十五卷、題曰精選。黃虞稷稱明正德中有二十卷刊本。今皆未見。坊間所鬻之本僅十二卷、非惟篇目不完、併字句亦多妄刪。世久不見全書。此本有董其昌名字二印、又有朱彝尊收藏印、亦舊帙之可寶者矣。

春秋比事二十卷、浙江吳玉墀家藏本、

舊本題宋沈棐撰。棐始末無可考。惟是書前有陳亮序、稱其字文伯、湖州人、嘗爲婺之校官。陳振孫書錄解題曰、案湖有沈文伯、名長卿、號審齋居士、爲常州倅。忤秦檜、貶化州、不名棐也。不知同父何以云然。豈別有名棐而字文伯者乎。然則非湖人也云云。其說與亮迥異。都穆聽雨紀談、又據嘉定辛未盧陵譚月卿序、以爲莆陽劉朔撰。併稱月卿親見劉氏家本。此本不載月卿序、亦未審穆何所據。疑以傳疑、無從是正。以陳亮去棐世近、姑從所序、仍著棐名。其書前以諸國類次、後以朝聘征伐會盟事蹟相近者、各比例而爲之說。持論頗爲平允。本名春秋總論、亮爲更此名。元至正中嘗刊於金華。其版久燬、世罕傳本。故朱彝尊經義考注曰已佚。此本前有中興路儒學教授王顯仁序、蓋猶從元刻傳錄者也。

春秋左傳要義三十一卷、兩江總督採進本、

宋魏了翁撰。亦所輯九經要義之一也。其書節錄注疏之文、每條之前、各爲標題、而系以先後次第。與諸經要義體例並同。考了翁序李明復春秋集義云、余嘗覽諸儒之傳、至本朝先正、謂此爲經世之大法、傳心之要典。余懼益深、乃裒萃以附於經。尚慮觀書未廣、擇理未精、故未敢輕出。李君乃先得我心而爲是書云云。是了翁亦嘗裒輯衆說以注春秋、其書未就。而其所取於注疏者、則尚見於是編。凡疏中日月名氏之曲說、煩重瑣屑者、多刊除不錄。而名物度數之間、則削繁舉要、本末燦然。蓋左氏之書、詳於典制。三代之文章禮樂、猶可以考見其大凡。其遠勝公穀、實在於此。了翁所輯、亦可謂得其要領矣。原本六十卷、朱彝尊經義考注曰未見。此本僅存三十一卷、末有萬歷戊申中秋後三日龍池山樵彭年手跋一篇。稱當時鏤帙不全、後世無原本可傳。甘泉先生有此書三十一卷、藏之懷古閣中、出以相示。因識數言於後。則亦難覯之本矣。然甘泉爲湛若水之號、若水登宏治乙

丑進士，至萬歷戊申凡一百四年，不應尚在，彭年與文徵明爲姻家，王世貞序其詩集，稱年死之後家人鬻其遺槀，則萬歷末亦不復存，且九經要義皆刪節注疏，而跋稱其訂定精密，爲先儒所未論及，尤不相合，疑殘本偶存，好事者僞爲此跋，而未核其年月也。

春秋分紀九十卷（兩淮馬裕家藏本）

宋程公說撰。公說字伯剛，號克齋，丹稜人，居於宣化，年二十五登第，官邛州教授，畏曦之亂，棄官攜所著春秋諸書匿安國山中，修之甫成而卒，年僅三十七。是書前有開禧乙丑自序，淳祐三年，其弟公許刊於安春。凡年表九卷，世譜七卷，名譜二卷，書二十六卷，周天王事二卷，魯事六卷，大國世本二十六卷，次國二卷，小國七卷，附錄三卷。其年表則冠以周，及列國，而后夫人以下與執事之卿皆各爲一篇。其世譜則王族公族以及諸臣每國爲一篇，魯則增以婦人名仲尼弟子，而燕則有錄無書，蓋原闕也。名譜則凡名著於春秋者分五類列焉。書則歷法天文五行疆理禮樂征伐職官七門，其周魯及列國世本以及次國小國附錄則各以經傳所載分隸之，條理分明，敘述典贍，所采諸儒之說與公說所附序論亦皆醇正，誠讀春秋者之總匯也。明以來其書罕傳，故朱彝尊經義考注曰未見，顧棟高作春秋大事表，體例多與公說相同，棟高非剽竊著書之人，知其亦未見也。此本出自揚州馬曰璐家，與通考所載卷數相合，內宋諱猶皆闕筆，蓋從宋刻影鈔者。劉光祖作公說墓誌，稱其所作尚有左氏始終三十六卷，通例二十卷，比事十卷，是殆刻意於左氏之學者。宋自孫復以後，人人以臆見說春秋，惡舊說之害己也，則舉三傳義例而廢之。又惡左氏所載證據分明，不能縱橫顛倒，惟所欲言也，則併舉左傳事蹟而廢之。譬諸治獄，務毀案牘之文，滅證佐之口，則是非曲直乃可惟所斷，而莫之爭也。公說當異說坌興之日，獨能考核舊文，使本末源流犁然具見，以杜虛辨之口舌，於春秋可謂有功矣。

春秋講義四卷（永樂大典本）

宋戴溪撰。溪有續呂氏家塾讀詩記，已著錄。開禧中，溪爲資善堂說書，累轉太子詹事。時景獻太子命類易詩書春秋論語孟子通鑑各爲說以進，此即其春秋說也。書中如以齊襄追紀侯去國爲託復讎以欺諸侯，以秦與楚滅庸爲由巴蜀通道，以屢書公如晉至河乃復爲晉人啟季氏出君之漸，以定公戊辰即位爲季氏有不立定公之心，皆具有理解，而時當韓侂胄北伐敗衄，和議再成，故於內脩外攘，文事武備之道，尤惓惓焉。至卒葬之類，並闕而不釋，考宋代於喪服之制，避忌頗深，如何居居字語出檀弓，禮部韻略即不載其他，可知溪之不釋此類，蓋當時講幄之體也。嘉定癸未五月，溪長子桷鋟木金陵學舍，沈光序之。寶慶丙戌，牛大年復刻於泰州，其序稱是書期於啟沃君聽，天下學士不可得而聞，蓋非經生訓詁家言，故流傳未廣，陳氏書錄解題不著於錄，殆以是歟。宋史藝文志作四卷，王瓚溫州志作三卷，朱彝尊經義考注曰已佚，今外間絕無傳本，惟永樂大典所采，尚散見各條經文之下，今謹爲裒輯校正，自僖公十四年秋至三十三年，襄公十六年三月至三十一年，永樂大典所闕，則取黃震日鈔所引補之，仍從宋史釐爲四卷，而每卷又各分上下，其所釋經文多從左氏，故其間從公穀者並附案語於下方焉。

春秋集義五十卷綱領三卷（江蘇巡撫採進本）

宋李明復撰。明復亦名俞，字伯勇，始末無考，據魏了翁序，知爲合陽人，嘉定中大學生爾。是書首行題校正李上舍經進春秋集義，次行又題後學巴川王夢應。案朱彝尊經義考云，宋藝文志載李明復春秋集義五十卷，又載王夢應春秋集義五十卷，嘗見宋季舊刻，即李氏原本，而王氏刊行之，非王氏別有集義也。此本乃無錫鄒儀蕉綠草堂藏本，核其題名，與彝尊所見本相合，知經義考所說有據，而宋志誤分爲二也。張萱內閣書目稱其采周程張三子，或著書以明春秋，或講他經以及春秋，或其說有合於春秋者，皆廣收之，然所采如楊時謝湜胡安國朱子呂祖謙之說，不一而足，謝湜尤多，萱蓋考之未審耳。經義考載是書前有綱領二卷，又有魏了翁序，此本乃皆不載，蓋傳寫佚之。然春王正月條下自注曰，餘見綱領上中二卷，則綱領當有三卷，故有上中下之分，經義考作二卷，亦小誤矣。今檢永樂大典，明復所著綱領尚存，謹錄而補之，仍釐爲三卷，以還其舊焉。

春秋集注十一卷綱領一卷（江西巡撫採進本）

宋張洽撰。洽字元德，清江人，嘉定中進士，官至著作佐郎。端平元年、朝廷知洽家居著書、宣命臨江軍守臣、以禮延訪、齎紙札謄寫以進。書既上、除洽知寶章閣。會洽卒、謚之曰文憲。以其書付祕閣。書首有洽進書狀、自言於漢唐以來諸儒之議論、莫不考覈研究。取其足以發明聖人之意者、附於每事之左、名曰春秋集傳。既又因此書之粗備、復倣先師文公語孟之書、會其精意、詮次其說、以爲集注云云。考朱子語錄、深駁胡安國夏時冠周月之說。洽此書以春爲建子之月、與左傳王周正月義合、足破支離轇輵之陋。車若水腳氣集乃深以洽改從周正爲非、門戶之見、殊不足據。至若水謂春秋一書、質實判斷不得、除非起孔子出來、說當時之事、與所以褒貶去取之意、方得。今作集注、便是質實判斷、此照語孟例不得。語孟是說道理、春秋是紀事。且首先數句便難明。惠公仲子、不知惠公之仲子耶、或惠公同仲子耶。尹氏卒、一邊道是婦人、一邊道是天子之世卿。諸儒譏世卿之說、自是明訓。恐是舉燭尙明之論、理雖是而事則非也云云。其論亦頗中洽之病。要其合者不可廢也。明洪武中、以此書與胡安國傳同立學官。迨永樂閒、胡廣等剽襲汪克寬纂疏爲大全、其說專主胡傳、科場用爲程式、洽書遂廢不行。今此書遺本僅存、而所謂集傳則佚之久矣。

春秋王霸列國世紀編三卷、浙江范懋柱家天一閣藏本、

宋李琪撰。琪字開伯、吳郡人、官國子司業。其書成於嘉定辛未、以諸國爲綱、而以春秋所載事蹟類編爲目。前有序、後有論斷。第一卷爲王朝及霸國。霸國之中、黜秦穆楚莊而存宋襄。又於晉文以下列自襄至定十君。而特附以魯。二卷、爲周同姓之國。而特附以三恪。三卷、皆周異姓之國。而列秦楚吳越於諸小國後。所論多有爲而發。如譏晉文借秦抗楚、晉悼結吳困楚、則爲徽宗之通金滅遼而言。譏紀侯讎於讎敵而不能自強、則爲高宗之和議而言。其意猶存乎鑒戒。至於稱魯已滅之後至秦漢猶爲禮義之國、則自解南渡之弱。霸國之中退楚莊秦穆而進宋襄、則自解北轅之恥。置秦楚吳越於諸小國後、則又隱示抑金尊宋之意。蓋借春秋以寓時事、略與胡安國傳同。而安國猶堅主復讎之義、琪則徒飾以空言矣。流傳已久、姑錄以備一家。且以見南宋積削之後、士大夫猶依經託傳、務持浮議以自文。國勢日頹、其來漸矣。存之亦足示炯戒也。

春秋通說十三卷、兩江總督採進本、

宋黃仲炎撰。仲炎字若晦、永嘉人。其進是書表稱肄舉業而罔功。李鳴復奏舉狀、稱科舉之外、窮經篤古。蓋老而不第之士也。書成於紹定三年。其奏進則在端平三年。自序謂春秋爲聖人教戒天下之書、非褒貶之書。所書之法爲教、所書之事爲戒。自三傳以褒貶立意、專門師授、仍陋襲譌。由漢以後、類例益岐、大義隱矣。故其大旨謂直書事蹟、義理自明。於古來經師相傳、王不稱天、桓不稱王之類、一切闢之。案朱子語錄云、聖人據實而書、是非得失、有言外之意、必於一字一辭閒求褒貶所在、竊恐未然。仲炎表中所云、酌朱熹之論者、蓋本於是。何夢申作呂大圭春秋或問序、謂傳春秋者幾百家、大抵以褒貶賞罰爲主。惟或問本朱子而盡斥之。不知仲炎已先發之矣。中如於南季來聘、據三傳戴記、謂天子無聘諸侯之禮、周禮時聘之說不足信。於滕薛來朝、謂諸侯無私相朝之禮、三傳俱謬。則過於疑古。以盟首止爲王世子立黨制父、則過於深文。以子同生爲傳語誤入經文、以葬蔡桓侯爲公字之譌、以同圍齊爲圍字重寫之誤、疑及正經、亦未免臆爲推測。然如謂季友爲巨姦竊交宮闈、則成風私事、傳有明文、辭嚴義正、足以爲千古之大防矣。其論胡安國之書曰、孔子雖因顏淵之問、有取於夏時、不應修春秋而遽有所改定也。胡安國氏謂春秋以夏正冠月、而朱熹氏非之當矣。孔子之於春秋、述舊禮者也。如惡諸侯之強而存天子、疾大夫之偪而存諸侯、憤吳楚之橫而尊中國。此皆臣子所得爲者。若夫更革當代之王制、竊用天子之賞罰、決非孔子意也。夫孔子修春秋、方將以律當時之僭、其可自爲僭哉。其立義明白正大、深得聖人之意。蓋迥非安國所及也。

春秋說三十卷、永樂大典本、

宋洪咨夔撰。咨夔字舜俞、於潛人。歷官端明殿學士。事蹟具宋史本傳。是書有咨夔自序、稱自考功罷歸、杜門深省、作春秋說。案本傳稱理宗初咨夔爲考功員外郎、以忤史彌遠。又言李全必爲國患、爲李知孝梁成大所劾、鐫秩家居者七年。是書蓋是時所作也。又本傳第稱咨夔所著有兩漢詔令擥鈔春秋說等書、而皆不載其卷數。朱彝尊經義

考引吳任臣之言、云止三卷。而永樂大典載吳潛所作咨夔行狀、則謂春秋說實三十卷。今考是書、篇帙繁重、斷非三卷所能盡。潛與咨夔同官相契、當親見其手定之本。任臣所言、蓋後來傳聞之誤耳。其書議論明𣈶、而考據事勢、推勘情僞、尤多前人所未發。如以書公子友如陳爲著季氏專魯之始。以晉侯執曹伯負芻而不爲曹立君正爲異日歸之之地。以書大蒐昌閒爲季氏示威於衆以脅國人。皆得筆削微意。惟謂慶父出奔爲季友故縱、謂劉子單子以王猛入王城爲不知有君。頗爲紕繆。然棄短取長、其卓然可傳者、不能沒也。今兩漢詔令等書久已散佚、此書亦無傳本。惟永樂大典尚多載其文。謹裒輯編次、釐正譌舛、仍分爲三十卷、以還舊觀。至春秋經文、三傳各有異同。今咨夔原本、經文已不可見、就其所說推之、知其大槪多從左氏、而閒亦參取於公穀。今並加案語、附識其下。又自僖公十四年秋至三十三年、襄公十六年夏至三十一年、永樂大典原本已佚、而他家經解又絕無徵引。無從葺補、今亦姑闕之焉。

春秋經筌十六卷、湖北巡撫採進本、

宋趙鵬飛撰。鵬飛字企明、號木訥、綿州人。其意以說經者拘泥三傳、各護師說、多失聖人本旨。故爲此書、主於據經解經。其自序曰、學者當以無傳明春秋、不可以有傳求春秋。無傳以前、其旨安在、當默與心會矣。又曰、三傳固不足據、然公吾心而評之、亦有時得聖意者。夫三傳去古未遠、學有所受。其閒經師衍說、漸失本意者、固亦有之。然必一舉而刊除、則春秋所書之人、無以核其事。所書之事、無以核其人。卽以開卷一兩事論之。元年春王正月不書卽位、其失在夫婦嫡庶之閒。苟無傳文、雖有窮理格物之儒、殫畢生之力、據經文而沈思之、不能知聲子仲子事也。鄭伯克段於鄢、不言段爲何人、其失在母子兄弟之際。苟無傳文、雖有窮理格物之儒、殫畢生之力、據經文而沈思之、亦不能知爲武姜子、莊公弟也。然則舍傳言經、談何容易。啖助趙匡攻駁三傳、已開異說之萌。至孫復而全棄舊文、遂貽春秋家無窮之弊。蔡絛鐵圍山叢談載鹿谿生黃沇之說曰、今時爲春秋者、不探聖人之志。逐傳則論魯三桓鄭七穆、窮經則會計書甲子者若干、書侵書伐凡幾云云。沇從學於陳瓘黃庭堅、其授受尚有淵源、而持論業已如此。蓋皆沿復之說也。鵬飛此書、亦復之流派。其最謬者、至謂經書成風、不知爲莊公之妾僖公之妾、付之闕疑。張尚瑗三傳折諸、議其臆解談經、不知左氏有成風事季友而屬僖公之事、不値一噱。頗爲切中其病。然復好持苛論、鵬飛則頗欲原情。其平允之處亦不可廢。寸有所長、存備一說可矣。

春秋或問二十卷附春秋五論一卷、兩江總督採進本、

宋呂大圭撰。大圭字圭叔、號樸鄉、南安人。淳祐七年進士。官至朝散大夫、行尚書吏部員外郎、兼國子編修、實錄檢討官、崇政殿說書、出知興化軍。嘗撰春秋集傳、今已散佚。此或問二十卷、卽申明集傳之意也。大旨於三傳之中、多主左氏穀梁、而深排公羊。於何休解詁、斥之尤力。考三傳之中、事蹟莫備於左氏、義理莫精於穀梁、惟公羊雜出衆師、時多偏駁。何休解詁、牽合讖緯、穿鑿尤多。大圭所論、於三家得失、實屬不誣。視諸家之棄傳談經、固迥然有別。所著五論、一曰論夫子作春秋、二曰辨日月褒貶之例、三曰特筆、四曰論三傳所長所短、五曰世變。程端學嘗稱五論明白正大、而所引春秋事、時與經意不合。今考或問之中、與經意亦頗有出入。大槪長於持論而短於考實。然大圭後於德祐初由興化遷知漳州、未行而元兵至。沿海都制置蒲壽庚舉城降、大圭抗節遇害。其立身本末、皎然千古。可謂深知春秋之義。其書所謂明分義、正名實、著幾微、爲聖人之特筆者、侃侃推論、大義凜然、足以維綱常而衞名敎。又不能以章句之學錙銖繩之矣。

春秋詳說三十卷、兩江總督採進本、

宋家鉉翁撰。鉉翁號則堂。以蔭補官、後賜進士出身。官至端明殿學士、簽書樞密院事。事蹟具宋史本傳。是書末有龔璛跋曰、至元丙子宋亡、以則堂先生歸、置諸瀛州者十年、成此書。自瀛寄宣、託於其友潘公從大藏之。今考宋史本傳、稱鉉翁在河閒、以春秋教授弟子。河閒卽瀛州也。又鉉翁則堂集中有爲其弟所作志堂說、稱余自燕以來瀛、卒春秋舊業、成集傳三十卷。篇末題甲申正望。甲申爲至元二十一年、上距宋亡凡十年。與璛跋十年之說合。下距元貞元年賜號放歸復十年。與璛跋成書於瀛之說亦合。惟鉉翁自稱集傳、而此曰詳說、或後又改名歟。其說以春秋主乎垂法、不主乎

記事。其或詳或略。或書或不書。大率皆抑揚予奪之所繫。要當探得聖人心法所寓。然後參稽衆說而求其是。故其論平正通達。非孫復胡安國諸人務爲刻酷者所能及。其在河間作假館詩云。平生著書苦不多。可傳者見之春秋與周易。蓋亦確然自信者。今惟此書存。其周易則不可考矣。

讀春秋編十二卷 內府藏本

宋陳深撰。深字子微。平江人。嘗題所居曰清全齋。因以爲號。朱彝尊經義考引盧熊蘇州志。稱深生於宋末。宋亡。篤志古學。閉門著書。天歷間奎章閣臣以能書薦。潛匿不出。考鄭元祐僑吳集有深次子植墓誌。據其所稱。植以至正二十二年卒。年七十。則植生於至元三十年癸巳。又自稱長於植一年。少於深三十餘年。則深之生當在開慶景定間。宋亡之時。僅及弱冠。故至天歷間尚存也。所著有讀易編讀詩編。今竝未見。惟此書僅存。其說大抵以胡氏爲宗。而兼采左氏。蓋左氏身爲魯史。言必有據。非公羊穀梁傳聞疑似者比。自宋人喜以空言說春秋。遂併其事實而疑之。幾於束諸高閣。深所推闡。雖別無新異之見。而獨能考據事實。不爲虛憍恃氣廢傳求經之高論。可謂篤實君子。未可以平近忽之矣。

欽定四庫全書總目卷二十七

欽定四庫全書總目卷二十八

經部二十八

春秋類三

春秋提綱十卷 兩江總督採進本

舊本題鐵山先生陳則通撰。不著爵里。亦不著時代。其始末未詳。朱彝尊經義考列之劉莊孫後。王申子前。然則元人也。是書綜論春秋大旨。分門凡四。曰征伐。曰朝聘。曰盟會。曰雜例。每門中又區分其事。以類相從。題之曰例。然大抵參校其事之始終。而考究其成敗得失之由。雖名曰例。實非如他家之說春秋以書法爲例者。故其言閎肆縱橫。純爲史論之體。蓋說經家之別成一格者也。其雜例門中論春秋爲用夏正。猶堅守胡安國之說。然安國解文公十四年有星孛于北斗。解昭公十七年有星孛于大辰。全襲董仲舒劉向之義。則通災異例中獨深排漢儒事應之謬。則所見固勝於安國矣。

春秋集傳釋義大成十二卷 內府藏本

元俞皐撰。皐字心遠。新安人。初。其鄉人趙良鈞。宋末進士及第。授修職郎。廣德軍教授。宋亡不仕。以春秋教授鄉里。皐從良鈞受學。因以所傳著是書。經文之下。備列三傳。其胡安國傳亦與同列。吳澄序。謂兼列胡氏。以從時尚。而四傳之名亦權輿於澄序中。胡傳日尊。此其漸也。然皐雖以四傳竝列。而於胡傳之過偏過激者。實多所匡正。澄序所謂玩經下之釋。則四傳之是非不待辯而自明。可謂專門而通者。固亦持平之論矣。觀皐自序。稱所定十六例。悉以程子傳爲宗。又引程子所謂微辭隱義。時措時宜。於義不同而辭同。事同而辭不同者。反復申明。不可例拘之意。又稱學者宜熟玩程傳。均無一字及安國。蓋其師之學本出於程子。特以程傳未有成書。而胡傳方爲當代所傳習。故取與三傳竝論之。統核全書。其大旨可以概見。固未嘗如明代諸人竟尊胡傳爲經也。

春秋纂言十二卷總例一卷 兩淮鹽政採進本

元吳澄撰。澄有易纂言。已著錄。是書采摭諸家傳注。而間以己意論斷之。首爲總例。凡分七綱八十一目。其天道人紀二例。澄所創作。餘吉凶軍賓嘉五例。則與宋張大亨春秋五禮例宗互相出入。似乎蹈襲。然澄非蹈襲人書者。蓋澄之學派。兼出於金谿新安之間。而大亨之學派則出於蘇氏。澄殆以門戶不同。未觀其書。故與之闇合而不知也。然其縷析條分。則較大亨爲密矣。至於經文行款。多所割裂。而經之闕文。亦皆補以方空。於體例殊爲未協。則澄於諸經率皆有所點竄。不獨春秋爲然。讀是書者取其長而置其所短可也。明嘉靖中。嘉興府知府蔣若愚嘗爲鋟木。湛若水序之。歲久散佚。世罕傳本。王士禎居易錄自云未見其書。又云朱檢討曾見之吳郡陸醫其清家。是朱彝尊經義考之注存。亦僅一覩。此本爲兩淮所採進。殆卽傳寫陸氏本歟。久微而著。固亦可寶之笈矣。

春秋諸國統紀六卷目錄一卷 浙江吳玉墀家藏本

元齊履謙撰。履謙字伯恒。大名人。官至太史院使。事蹟具元史本傳。此書乃其延祐丁巳爲國子司業時所作。前有自序、謂今之春秋、蓋聖人合二十國史記爲之。自三傳專言褒貶、於諸國分合與春秋所以爲春秋、概未之及。故敍類此書、以備諸家之闕。凡二十有二篇、首魯、次周、次宋、次齊、次晉、次衞、次蔡、次陳、次鄭、次曹、次秦、次薛、次杞、次滕、次莒、次邾、次許、次宿、次楚、次吳。自內魯尊周外、各以五等之爵爲次。其入春秋後降爵者、則隨所降之爵列之。而楚吳以僭王殿焉。目錄謂此皆國史具在、聖人據以作春秋者。又以諸小國諸亡國釐爲二篇、附錄於末。目錄謂此無國史、因二十國事所及而載者。皆先於各國下列敍大勢與其排比之意、題曰某國春秋統紀。蓋據墨子有百國春秋、徐彥公羊疏有孔子求周史記得百二十國寶書之文、故不主因魯史從赴告之義也。案春秋如不據魯史、不應以十二公紀年。如不從赴告、不應僖公以後晉事最詳、僖公以前晉乃不載一事。此蓋掇拾雜說、不考正經。且魯史不紀周年、內魯可也。履謙分國編次、而魯第一、周第二、不曰王人雖微、加於諸侯之上乎、況天王也。至於隱公八年葬蔡宣公、宣公十七年葬蔡文公、並經有明文。履謙漏此二條、乃於桓公十七年葬蔡桓侯、謂諸國皆僭稱公、惟蔡仍舊章。反引左傳爲證、殊爲疎舛。又經書桓公三年夫人姜氏至自齊、六年九月丁卯子同生、其事更無疑義。穀梁傳疑故志之說、已爲不核事實。履謙乃竟以莊公爲齊侯之子、尤爲乖謬。以其排比經文、頗易尋覽、所論亦時有可采、故錄存之。吳澄序稱其縷數旁通、務合書法、間或求之太過、要之不苟爲言。蓋瑕瑜不掩、澄已有微辭矣。

春秋本義三十卷、兩江總督採進本

元程端學撰。端學字時叔、號積齋、慶元人。至治元年舉進士第二、官國子助教、遷翰林國史院編修官。事蹟附載元史儒學傳韓性傳中。是書乃其在國學時所作。所采自三傳而下凡一百七十六家、卷首具列其目。寧波府志及千頃堂書目均稱所採一百三十家、未喻其故也。首爲通論一篇、問答一篇、綱領一篇。其下依經附說、類次羣言、間亦綴以案語。左傳事蹟、即參錯於衆說之中。體例頗爲糅雜。其大旨仍主常事不書、有貶無褒之義。故所徵引、大抵孫復以後之說、往往繳繞支離、橫加推衍、事事求其所以貶。如經書紀履緰來逆女、伯姬歸于紀、此自直書其事、舊無褒貶。端學必謂履緰非命卿、紀不當使來迎、魯亦不當聽其迎。夫履緰爲命卿、固無明文。其非命卿、又有何據乎。紀叔姬之歸酅、舊皆美其不以盛衰易志、歸於夫族。端學必以爲當歸魯而不當歸酅、斯已刻矣。乃復誣以失節於紀季、此又何所據乎。至於宋儒之駮左傳、不過摘其與經相戾、如經曰楚子麇卒、而傳曰遇弒之類耳。端學乃事事皆云未知信否、則天下無可據之古書矣。以其尚頗能糾正胡傳、又所採一百七十六家、其書佚者十之九、此書猶略見其梗概。姑錄之、以備參考焉。

春秋或問十卷、浙江范懋柱家天一閣藏本

元程端學撰。端學既輯春秋本義、復歷舉諸說得失以明去取之意、因成此書。蓋與本義相輔而行者也。其中最紕繆者、莫過於堅執周用夏正一條。反覆引證、至於一萬餘言、無一不郢書燕說。甚至於隱公元年不書即位、亦謂即位當在前年十一月、故正月不書、以爲改正不改月之證。其陋殆不足與辨。然其他論說、乃轉勝所作之本義。蓋本義由誤從孫復之說、根柢先乖。故每事必穿鑿其文、務求聖人所以貶。即本條無可譏彈、亦必旁引一事或旁引一人以當其罪。遂至於支離轇轕、多與經義相違。此書則歷舉諸家、各加抨擊。雖過疑三傳、未免乖方。至於宋代諸儒一切深刻瑣碎之談、附會牽合之論、轉能一舉而摧陷之。然則本義之失、失於芟除糾結之後、又自生糾結耳。若此書所辨訂、則未嘗盡不中理也。棄短取長、固亦未可竟廢焉。

春秋三傳辨疑二十卷、永樂大典本

元程端學撰。是書以攻駁三傳爲主。凡端學以爲可疑者、皆摘錄經文傳文而疏辨於下。大抵先存一必欲廢傳之心、而百計以求其瑕纇、求之不得、則以不可信一語概之。蓋不信三傳之說、剏於啖助趙匡。案韓愈贈盧仝詩有春秋三傳束高閣、獨抱遺經究終始之句、仝與啖趙同時、蓋亦宗二家之說者。以所作春秋摘微已佚、故今據現存之書、惟稱啖趙。其後析爲三派。孫復尊王發微以下、棄傳而不駁傳者也。劉敞春秋權衡以下、駁三傳之義例者也。葉夢得春秋讞以下、駁三傳之典故者也。至於端學、乃兼三派而用之、且併以左傳爲僞撰。變本加厲、罔顧其安。至是而橫流極矣。平心而論、左氏身爲國史、記錄最眞。公羊穀梁去聖人未遠、見聞較近。必斥其一無可信世寧復有可信之書。此眞妄搆虛辭、深誣先哲。至於褒貶之義例、則左氏所見原疎。公穀兩家書由口授、經師附益、不免私增、誠不及後來之精密。端學此書於研求書法、糾正是非、亦千慮不無一得。固未可惡其剛愎、遂槪屛其說也。通志堂經解所刊、有本義、有或問、而不及此書。據納喇性德之序、蓋以殘闕而置之。此本爲浙江吳玉墀家所藏、第一卷蠹蝕最甚、有每行惟存數字者。然第二卷以下則尙皆完整。今以永樂大典所載校補其文、遂復爲全帙。吳本於左氏所載諸軼事、每條之下俱注非本義不錄字。疑爲端學定稾之時加以簽題、俾從刪削。而繕寫者仍誤存之也。以原本如是、今亦姑仍其舊焉。

春秋讞義九卷　浙江汪啓淑家藏本

元王元杰撰。元杰字子英、吳江人。至正間領鄉薦。以兵興不仕、教授鄉里以終。昔程子作春秋傳未成、朱子之論春秋亦無專書。元杰乃蒐其緒言、分綴經文之下、復刪掇胡安國傳以盡其意。安國之書在朱子前、而其說皆列朱子後。欲別所尊、故不以時代拘也。其閒如隱公四年州吁條下、備錄朱子邶風擊鼓篇傳、於春秋書法無關、亦以意所推崇、一字不欲芟削耳。三家之末、元杰以己意推闡、別標曰讞。如桓公四年紀侯大去條下、程子以大爲紀侯之名、意主責紀不責齊。元杰之讞則委曲恕紀、不從程子之說。而全書之內、於朱子無一異辭。其宗旨槪可見矣。恭讀

御題詩註、以程朱之重儓目之、允足破鄉曲豎儒守一先生之錮見。又其書襲葉夢得之謬、以讞爲名、亦經

御題嚴闢、尤足以戒刻深鍛鍊以法家說春秋者。以其謹守舊文、尙差勝無師瞽說。故仍錄存之、而敬述

聖訓、明正其失如右。原書十二卷、久無刊本。今諸家所藏皆佚脫其後三卷、無從校補、亦姑仍之焉。

春秋諸傳會通二十四卷　浙江范懋柱家天一閣藏本

元李廉撰。廉字行簡、廬陵人。明楊士奇東里集云、廉於至正壬午以春秋舉於鄉、擢陳祖仁榜進士。官至信豐令。遇寇亂、守節死。時南北道梗、未及旌褒。明初修元史時、故交無在當路者、有司又不知採錄以聞、故史竟遺之。則廉實忠義之士、非以空言說經者矣。此書以諸家之說薈萃成編。自序謂先左氏、事之案也。次公穀、傳經之始也。次三傳注、專門也。次疏義、釋所疑也。總之以胡氏、貴乎斷也。陳張並列、擇其長也。又備采諸儒成說及他傳記略加疏剔、於異同是非始末之際、每究心焉。然是編雖以胡氏爲主、而駁正殊多。又參考諸家、並能掇其長義。一事之疑、一辭之異、皆貫串全經以折衷之。如謂仲子非嫡、隱公不得謂之攝。齊桓之霸基於僖襄、三桓之盛兆於魯僖。不書吳敗越夫椒、責其不能復讎。書葬昭公、罪魯不以季氏爲逆。書葬劉文公、罪畿內諸侯之僭。書築蛇淵囿、責定公受女樂而荒。持論俱明白正大。總論百餘條、權衡事理、尤得比事屬辭之旨。故

欽定春秋傳說彙纂多採錄焉。廉自序題至正九年己丑。又稱讀經三十年、竊第南歸、叨錄劇司、乃成是書。考元史陳祖仁榜在順帝至正二年。蓋廉於鄉舉之歲卽登進士第、而通籍頗晚。閉戶著書、故得潛心古義、不同於科舉之學也。

春秋經傳闕疑四十五卷　浙江鮑士恭家藏本

元鄭玉撰。玉事蹟詳元史忠義傳。其體例以經爲綱、以傳爲目。敍事則專主左氏、而附以公穀。立論則先以公穀、而參以歷代諸儒之說。經有殘闕則考諸傳以補其遺。傳有舛誤則稽於經以證其謬。大抵平心靜氣、得聖人之意者爲多。所著師山集中有屬王季溫刊春秋闕疑書、至被執就死之時、惓惓以此書爲念。蓋其平生精力所注也。其序謂常事則直書而義自見、大事須變文而義始明。蓋春秋有魯史之舊文、有聖人之特筆。不可字求其義、如酷吏之刑書。亦不可謂全無其義、如史官之實錄。又曰、聖人之經、辭簡義奧、固非淺見臆說所能窺測。所以歲月既久、殘闕滋多。又豈懸空想像所能補綴。與其通所不可通、以取譏於當世、孰若闕其所當闕、以俟知於後人。其論皆洞達光明、深得解經之要。故開卷周正夏正一事、雖其理易明、而意有所疑、卽闕而不講、愼之至也。昔程端學作春秋本義等三書、至正中官爲刊行、而日久論定、人終重玉此書。豈非以玉之著書主於明經以立教、端學之著書主於詆傳以邀名、用心之公私迥不同哉。玉字子美、歙縣人。元末除翰林待制、以疾辭。明兵入徽州、守將迫之降、玉不屈死、與宋呂大圭及同時李廉均可謂能明大義、不愧於治春秋矣。明郎瑛七修類稾乃謂玉旣不受元爵、自當

仕明謂之當生而不生其說殊謬伯夷叔齊豈嘗受殷爵哉瑛所云云所謂小人好議論不樂成人之美者也

春秋集傳十五卷兩江總督採進本

元趙汸撰汸有周易文詮已著錄是書有汸自序及其門人倪尚誼後序尚誼稱是書初稾始於至正戊子一再刪削迄丁酉成編既而復著屬辭義精例密乃知集傳初稾更須討論而序文中所列史法經義猶有未至歲在戊寅重著是傳草創至昭公二十八年乃疾疢難厄閣筆未續至洪武己酉遂卒自昭公二十八年以下尚誼據屬辭義例續之序中所謂策書之例十有五筆削之義八者亦尚誼更定而原本有譌誤疏遺者咸補正焉則此書實成於尚誼之手然義例一本於汸猶汸書也汸自序曰學者必知策書之例然後筆削之義可求筆削之義既明則凡以虛辭說經者皆不攻而自破可謂得說經之要領矣

春秋師說三卷兩江總督採進本

元趙汸撰汸常師九江黃澤其初一再登門得六經疑義十餘條以歸已復往留二載得口授六十四卦大義與學春秋之要故題曰師說明不忘所自也汸作左傳補注序曰黃先生論春秋學以左丘明杜元凱為主又作澤行狀述澤之言曰說春秋須先識聖人之氣象則一切刻削煩碎之說自然退聽又稱嘗考古今禮俗之不同為文十餘通以見虛辭說經之無益蓋其學有原本而其論則持以和平多深得聖人之旨汸本其意類為十一篇其門人金居敬又集澤思古十吟與吳澂二序及行狀附錄於後行狀載澤說春秋之書有元年春王正月辨筆削本旨諸侯取女立子通考魯隱不書即位義殷周諸侯禘祫考周廟太廟單祭合食說作丘甲辨春秋指要蓋即所謂為文十餘通者朱彝尊經義考又載有三傳義例考今皆不傳惟賴汸此書尚可識黃氏之宗旨是亦讀孫覺之書得見胡瑗之義者矣

春秋屬辭十五卷兩江總督採進本

元趙汸撰汸於春秋用力至深至正丁酉既定集傳初稾又因禮記經解之語悟春秋之義在於比事屬辭因復推筆削之旨定著此書其為例凡八一曰存策書之大體二曰假筆削以行權三曰變文以示義四曰辨名實之際五曰謹內外之辨六曰特筆以正名七曰因日月以明類八曰辭從主人其說以杜預釋例陳傅良後傳為本而亦多所補正汸東山集有與朱楓林書曰謂春秋隨事筆削決無凡例前輩言此亦多至丹陽洪氏之說出則此段公案不容再舉矣其言曰春秋本無例學者因行事之迹以為例猶天本無度歷家即周天之數以為度此論甚當至黃先生則謂魯史有例聖經無例非無例也以義為例隱而不彰則又精矣今汸所纂述却是比事屬辭法其間異同詳略觸事貫通自成義例與先儒所纂所釋者殊不同然後知以例說經固不足以知聖人為一切之說以自欺而漫無統紀者亦不足以言春秋也是故但以屬辭名書又有與趙伯友書曰承筆削行狀作黃先生傳特奉納師說一部屬辭一部竊見既熟行狀又觀師說則於六經復古之學艱苦之由已得大概然後細看屬辭一過乃知區區抱此二十餘年非得已不已強自附於傳注家以徼名當世之謂也其書參互錯綜若未易觀然其入處祇是屬辭比事法無一義出於杜撰云云其論義例頗確其自命亦甚高今觀其書刪除繁瑣區以八門較諸家為有緒而目多者失之糾紛目少者失之強配其病亦略相等至日月一例不出公穀之窠臼尤嫌繳繞故仍為卓爾康所譏語見爾康春秋辨義蓋言之易而為之難也顧其書淹通貫穿據傳求經多由考證得之終不似他家之臆說故附會穿鑿雖不能盡免而宏綱大旨則可取者為多前有宋濂序所論春秋五變均切中枵腹游談之病今併錄之俾憑臆說經者知情狀不可掩焉

春秋左氏傳補注十卷兩江總督採進本

元趙汸撰汸嘗黃澤之說春秋以左氏傳為主注則宗杜預左有所不及者以公羊穀梁二傳通之杜所不及者以陳傅良左傳章旨通之是書即采傅良之說以補左傳集解所未及其大旨為杜偏於左傳良偏於穀梁若用陳之長以補杜之短用公穀之是以救左傳之非則兩者兼得筆削義例觸類貫通傳注得失辨釋悉當不獨有補於杜解為功於左傳即聖人不言之旨亦灼然可見蓋亦春秋家持平之論也至杜預釋例自孔穎達散入疏文久無單行之本永樂大典所採錄得見者亦稀陳傅良之章旨世尤罕睹汸所采錄略存梗概

是固考古者所亟取矣。

春秋金鎖匙一卷、兩江總督採進本、

元趙汸撰。其書撮舉聖人之特筆與春秋之大例、以事之相類者、互相推勘、考究其異同、而申明其正變。蓋合比事屬辭而一之。大旨以春秋之初、主於抑諸侯。春秋之末、主於抑大夫。中閒齊晉主盟、則視其尊王與否而進退之。其中如謂聖人貶杞之爵、降侯爲子。與毛伯錫命稱天王稱錫爲以君與臣之詞。召伯賜命稱天子稱賜爲彼此相與之詞。雖尚沿舊說之陋、而發揮書法、條理秩然。程子所謂大義數十、炳如日星者、亦庶幾近之矣。考宋沈棐嘗有春秋比事一書、與此書大旨相近。疑汸未見其本、故有此作。然二書體例各殊、沈詳而盡、趙簡而明、固不妨於並行也。

春秋胡傳附錄纂疏三十卷、浙江吳玉墀家藏本、

元汪克寬撰。克寬有禮經補逸、已著錄。是書前有克寬自序、稱詳註諸國紀年謚號、可究事實之悉。備列經文同異、可求聖筆之眞。益以諸家之說、而裨胡氏之闕疑。附以辨疑權衡、而知三傳之得失。然其大旨、終以胡傳爲宗。考元史選舉志、延祐二年定經義經疑取士條格、春秋用三傳及胡安國傳。虞集序中亦及其事。蓋兼爲科舉而設。吳澄序俞皐春秋釋義所謂以胡傳從時尚者也。陳霆兩山墨談譏其以魯之郊祀爲夏正、復以魯之烝嘗爲周正、是亦遷就胡傳、不免騎牆之一證。然能於胡傳之說、一一考其援引所自出、如注有疏。於一家之學、亦可云詳盡矣。明永樂中、胡廣等修春秋大全、其凡例云紀年依汪氏纂疏、地名依李氏會通、經文以胡氏爲據、例依林氏。其實乃全剿克寬此書。原本具在、可以一一互勘也。

春王正月考二卷、兩江總督採進本、

明張以寧撰。以寧字志道、古田人。元泰定丁卯進士。官至翰林侍講學士。入明仍故官。洪武二年奉使冊封安南王、還卒於道。事蹟具明史文苑傳。史稱以寧以春秋致高第、故所學尤專春秋、多所自得。撰胡傳辨疑最辨博、惟春王正月考未就。寓安南踰半歲、始卒業。今胡傳辨疑已佚、惟此書存。考三正疊更、時月並改。經書正月繫之於王、則爲周正不待辨。正月正歲二名載於周禮。兩正並用、皆王制也。左氏發傳特曰王周正月。則正月建子、亦無疑。自漢以來、亦無異議。至唐劉知幾史通、始以春秋爲夏正、世無信其說者。自程子泥於行夏之時一言、盛名之下、羽翼者衆。胡安國遂實以夏時冠周月之說。程端學作春秋或問、遂堅持門戶。以梅賾僞書爲據、而支離蔓引以證之。愈辨而愈滋顚倒。夫左氏失之誣、其閒偶爾失眞、或亦閒有。至於本朝正朔、則婦人孺子皆知之。不應左氏誤記。即如程子之說、以左氏爲秦人、亦不應距周末僅數十年、即不知前代正朔也。異說紛紛、殆不可解。以寧獨徵引五經、參以史漢、著爲一書。決數百載之疑案、可謂卓識。至於當時帝王之後、許用先代正朔、故宋用商正、見於長葛之傳。諸侯之國、亦或用夏正。故傳載晉事、與經皆有兩月之差。古書所記、時有參互。後儒執爲論端者、蓋由於此。以寧尚未及抉其本原。又伊訓泰誓諸篇、皆出古文、本不足據。以寧尚未及明其僞託。而周禮正歲正月之兼用、僅截鄭注數語、亦未分析暢言之、以祛疑似。於辨證尚爲未密。然大綱既得、則細目之少疏、亦不足以病矣。

春秋鉤元四卷、浙江吳玉墀家藏本、

明石光霽撰。光霽字仲濂、泰州人。張以寧之弟子也。洪武十三年以薦爲國子監學正、擢春秋博士。明史文苑傳附載張以寧傳中。史稱元故官來京者、危素及以寧名尤重。素長於史、以寧長於經。素宋元史稾俱失傳、而以寧春秋學遂行。門人石光霽作春秋鉤元云云。則此書猶以寧之傳也。大旨本張大亨、吳澄之意、以春秋書法分屬五禮。凡失禮者則書之以示褒貶。因考周禮經注、詳錄吉凶軍賓嘉五禮條目。其有五禮不能盡括者、如年月日時名稱爵號之類、則別爲雜書法以冠於首。每條書法之下、採集諸傳之詞、以切要者爲綱、發揮其義者爲目。大概以左傳、公穀胡氏張氏爲主。義有未備者、亦閒採啖趙諸儒之說、而總以己意折衷之。其所稱張氏、即以寧也。史稱以寧長於春秋、著有春秋胡傳辨疑及春王正月考。今辨疑已佚、賴光霽能傳其說。是編所引以寧之言爲最多、尚可見其梗概。前有序文一篇、無撰人名氏。言啖趙之纂例、詳於經而略於傳。纂疏會通之書、備於傳而略於經。茲能損益其所未備。其稱許頗當。朱彝尊經義考作四卷。此本不分卷數。疑傳寫者所合併。今從彝尊之說、仍析爲四卷著錄焉。

春秋大全七十卷（內府藏本）

明永樂中胡廣等奉敕撰。考宋胡安國春秋傳，高宗時雖經奏進，而當時命題取士，實兼用三傳。禮部韻略之後所附條例，可考也。元史選舉志載延祐科舉新制，始以春秋用胡安國傳，定爲功令。汪克寬作春秋纂疏，一以安國爲主，蓋遵當代之法耳。廣等之作是編，即因克寬之書，稍爲點竄。朱彝尊經義考引吳任臣之言曰，永樂中敕修春秋大全，纂修官四十二人。其發凡云，紀年依汪氏纂疏，地名依李氏會通，經文以胡氏爲據，例依林氏。實則全襲纂疏成書。雖奉敕纂修，實未纂修也。朝廷可罔，月給可糜，賜予可邀，天下後世詎可欺乎云云。於廣等之敗闕，可爲發其覆矣。其書所採諸說，惟憑胡氏定去取，而不復考論是非。有明二百餘年，雖以經文命題，實以傳文立義。至於元代合題之制，尚考經文之異同。明代則割傳中一字一句，牽連比附，亦謂之合題。使春秋大義日就榛蕪，皆廣等導其波也。迨我

聖祖仁皇帝欽定春秋傳說彙纂，於胡傳鑿刻不情、迂闊鮮當之論，始一一駁正，頒布學宮。我

皇上又刊除場屋合題之例，以杜穿鑿，筆削微旨，乃灼然復著於天下。廣等舊本原可覆瓿置之。然一朝取士之制，既不可不存以備考，且必睹荒途之蒙翳，而後見芟蕪除穢之功；必經歧徑之迷惑，而後知置郵樹表之力。存此一編，俾學者互相參證，益以見前代學術之陋，而

聖朝經訓之明也。

春秋經傳辨疑一卷（內府藏本）

明童品撰。品字廷式，號慎齋，蘭溪人。宏治丙辰進士。朱彝尊經義考稱其官至兵部員外郎。朱國楨湧幢小品則稱其登第後爲兵部主事，僅兩考，引年致仕，家居十九年，以讀書喪明而卒。其學問行誼，不後於章懋，而以有傳有不傳爲惜。所述本末甚詳。知經義考以傳聞誤也。是書前有自序，題成化戊戌冬十一月。末又有宏治壬戌二月跋，云是帙距今二十五年云云。考國楨所紀品以成化丙午始舉於鄉，是書之成在前八年，故自稱曰儒學生。其登第在宏治丙辰，下距壬戌七年，正僅滿兩考之歲。蓋序作於未第時，跋作於致仕後也。春秋三傳，左氏采諸國史，公穀授自經師，草野之傳聞，自不及簡策之紀載，其義易明。是編論左氏所載事蹟凡九十三條，於三傳異同者，大抵多主左氏，而駁公穀，蓋由於此。然於宋師圍曹，則疑左氏所載不甚明曉；於華元出奔晉一條，亦有疑於左氏。則亦非堅持門戶，偏黨一家者也。刻本久佚，故朱彝尊經義考注云未見。此蓋傳鈔舊本，幸未佚亡者，固宜亟錄而存之矣。

春秋正傳三十七卷（禮部尚書曹秀先家藏本）

明湛若水撰。若水有二禮經傳測，已著錄。此書大旨以春秋本魯史之文，不可強立義例，以臆說汩之。惟當考之於事，求之於心，事得而後聖人之心、春秋之義皆可得。因取諸家之說，釐正之。其曰正傳者，謂正諸傳之謬也。其體例先引三傳，次列諸儒之言，而以己意爲之折衷，頗與劉敞權衡相近。中間如論隱公不書即位，則謂以不報故不書。乃史之文，非夫子之所削。論宋公陳侯蔡人衛人伐鄭，則謂若以稱爵稱人有褒貶，則人衛可矣，人蔡何爲，其不人宋又何爲，決非聖人之義。其論衛人立晉，則謂衛人者他國稱之之詞。諸說皆不足泥。其論滕侯卒，則謂諸侯或薨而書卒，或葬或不葬，皆魯史之舊，聖人無所加損。論宋公衛侯遇于垂，則謂史因報而書之，聖人因史而存之。前後議論，率本此意。春秋治亂世之書，謂聖人必無特筆於其閒，亦不免矯枉過正。然比事屬辭，春秋之教，若水能舉向來穿鑿破碎之例，一掃空之，而核諸實事以求其旨，猶說經家之謹嚴不支者矣。

左傳附註五卷（浙江巡撫採進本）

明陸粲撰。粲字子餘，長洲人。嘉靖丙戌進士，官至工科給事中。以劾張璁、桂萼謫都鎮驛驛丞，終於永新縣知縣。事蹟具明史本傳。是編前三卷駁正杜預之注義，第二卷駁正孔穎達之疏文，第五卷駁正陸德明左傳釋文之音義，多窮采諸家之論，亦閒斷以己意。於訓詁家頗爲有裨。顧炎武日知錄於駁正左傳注後附書曰，凡邵陸傅三先生所已辨者，不錄。邵者邵寶左傳觽，傅者傅遜左傳屬事，陸即粲也。蓋炎武亦甚重此書矣。粲又有春秋左傳鐫二卷，大意以左傳爲戰國人作，而劉歆又以意附益，故往往卑賤不中道，或爲奇言怪說，鶩於末流。考粲以左傳爲出戰國，蓋因程子謂臘爲秦禮，庶長爲秦官，已爲膠固。其以竄亂歸之劉歆，

蓋因林栗謂左傳凡言君子曰是劉歆之詞，尤無佐證。未免務爲高論，仍蹈明人臆揣之習，所謂畫蛇添足者也。故惟錄此編，而左傳鐫則別存其目焉。

春秋胡氏傳辨疑二卷（江蘇巡撫採進本）

明陸粲撰。前有自序，謂胡氏說經，或失於過求，詞不厭煩，而聖人之意愈晦，故著此以辨論之。大旨主於信經而不信例，其言曰，不以正大之情觀春秋，而曲生意義，將焉所不至矣。又曰，昔之君子有言春秋無達例，如以例言，則有時而窮。惟其有時而窮，故求其說而不得，從而爲之辭。又曰，春秋褒善貶惡，不易之法。今用此說以誅人，又忽用此說以賞人，使後世求之而莫識其意，是直舞文吏所爲，而謂聖人爲之乎。其抉摘說經之弊，皆洞中癥結。其例皆先列胡傳於前，而以己說糾正於後。如以春秋始於隱公，獨取歐陽氏之說，以爲遠而難明者不修，而不取胡氏罪平王之說。於紀履緰來逆女，以爲齊侯滅紀葬伯姬書，而不取胡氏逆女必親，使大夫非正之說。於遂以夫人婦姜至自齊，以爲聲姜敬嬴穆姜皆稱婦，以文宣成皆有母稱婦，以別於君母，而不取胡氏貶稱婦以見惡之說。於齊人來歸鄆讙龜陰田，以爲魯及齊平而歸田，不必以夾谷之會悉歸功於孔子，三傳家語及史記皆未足據，而不取胡氏所稱攝相卻齊兵之說。如此者凡六十餘條，大抵明白正大，足以破繁文曲說之弊。自元延祐二年立胡傳於學官，明永樂纂修大全，沿而不改，世儒遂相沿墨守，莫敢異同。惟粲及袁仁始顯攻其失，其後若俞汝言、焦袁熹、張自超等，踵以論辨，乃推闡無餘。雖卷帙不多，其有功於春秋固不尠也。朱彝尊經義考作四卷，注云未見，此本祇上下二卷，實無所闕佚，殆彝尊考之未審歟。

春秋明志錄十二卷（浙江吳玉墀家藏本）

明熊過撰。過有周易象指決錄，已著錄。其著周易，頗不主先儒舊說，此書亦多自出新意，辨駁前人。於公羊、穀梁及胡安國傳俱有所糾正，而攻左傳者尤甚。如以邢遷于夷儀爲邢自遷，非桓公遷之。以城楚丘爲魯備戎而城，非桓公城以封衛。以晉人執虞公爲存於其國，制之使不得他去，而非執以歸。以甯母之會鄭子華爲不實，以洮盟謀王室爲誣說。以用鄫子爲出自邾人，非宋公之命。以晉懷公爲卓子之謚，文公未嘗殺子圉，以趙盾並未使先蔑逆公子雍于秦。以衛石惡爲孫氏黨，非甯氏黨。以楚殺慶封非以罪討，無負斧鉞徇軍事。俱不免鑿空立說。又如以郭公爲鳥名，謂如螟蜮之類，書以紀異。以梁亾爲魯大夫會盟所罰，歸而言之，不由赴告，故不著其亾之由。亦多出於臆斷。大抵務黜三傳，如程端學。端學不過疑傳，過乃至意造事蹟，其弊更甚於端學。然端學多繳繞拘牽，格格然不能自達。過則斷制分明，紕繆者極其紕繆，平允者亦極其平允。卓爾康春秋辨義謂其頗出新裁，時多微中，亦春秋之警策者，語固不誣。故今糾其廢傳之失，以彰炯戒，而仍不沒其所長焉。

春秋正旨一卷（安徽巡撫採進本）

明高拱撰。拱字肅卿，新鄭人。嘉靖辛丑進士，官至吏部尚書、中極殿大學士，諡文襄。事蹟具明史本傳。是編之作，蓋以宋以來說春秋者穿鑿附會，欲尊聖人而不知所以尊，欲明書法而不知所以明，乃推原經意，以訂其謬。首論春秋乃明天子之義，非以天子賞罰之權自居。次論孔子必不敢改周正朔而用夏時。次論託之魯史者，以其尚存周禮，非以其周公之後而假之。次論王不稱天乃偶然異文，滕侯稱子乃時王所黜，聖人斷無貶削天子降封諸侯之理。次論齊人歸鄆讙龜陰田，非聖人自書其功，深斥胡傳以天自處之非。次論春秋作於哀公十四年，乃孔子卒之前一歲，適遇獲麟，因而書之，經非感麟而作，麟亦非應經而至。次論說經以左氏爲長，胡氏爲有激而作。餘諸家之紛紛，皆由誤解天子之事一語。其言皆明白正大，足破說春秋者之痼疾。卷帙雖少，要其大義凜然，多得經意，固迥出諸儒之上矣。

春秋輯傳十三卷宗旨一卷春秋凡例二卷（直隸總督採進本）

明王樵撰。樵有周易私錄，已著錄。是編朱彝尊經義考作十五卷，又別出凡例二卷，注曰未見。此本凡輯傳十三卷，前有宗旨三篇，附論一篇，共爲一卷，與十五卷之數不符，蓋彝尊偶誤。又凡例二卷，今實附刻書中，彝尊亦偶未檢也。其輯傳以朱子爲宗，博采諸家，附以論斷，未免或失之冗。然大旨猶爲醇正。其凡例則比類推求，不涉穿鑿，較他家特爲明簡。明人之說春秋，大抵範圍於胡傳，其爲科舉之計者，庸濫固不足言。其好持議論者，又因

仍苛說彌用推求巧詆深文爭爲刻酷尤失筆削之微旨樵作此書差爲篤實其在當日亦可云不移於俗學者矣

春秋億六卷（江蘇巡撫採進本）

明徐學謨撰學謨字叔明嘉定人嘉靖庚戌進士官至禮部尚書是編序題春秋億而卷首題曰徐氏海隅集目錄又題曰外編蓋其全集之一種十二公各爲一篇不載經文而一一排比年月隨經詮義蓋漢代經傳別行原不相屬似乎創例實古法也大旨以春秋所書皆據舊史舊史所闕聖人不能增益如隱莊閔僖不書卽位桓三年以後不書王衞人陳人從王伐鄭不稱天以及日月之或有或無皆非聖人所筆削一掃公羊穀梁無字非例之說與孫復胡安國無事非譏之論夫春秋之作旣稱筆削則必非全錄舊文漫無襃貶學謨持論雖未免矯枉過直然平心靜氣不事囂爭言簡理明多得經意實勝宋元諸儒之穿鑿其駁夏時周月之說曰爲下而先倍烏在其爲春秋也可謂要言不煩者矣

春秋事義全考十六卷（浙江巡撫採進本）

明姜寶撰寶有周易傳義補疑已著錄明史藝文志朱彝尊經義考俱載是書二十卷而此少四卷然檢其篇帙未見有所闕佚疑或別有附錄而佚之歟其大旨雖以胡傳爲本而亦頗參以己意襄公昭公以下胡傳多闕亦胥爲補葺中閒地名以今證古雖閒有考訂皆無以甚異於諸家惟向來說春秋者以筆削襃貶爲例故如王不稱天公不書卽位之類皆謂孔子有意貶絕是襃譏之法且將上施於君父撰諸聖人明倫垂教之本意當必不然寶獨謂孔子於周王魯侯事有非者直著其非而已後人說經用惡字貶字譏貶字皆非聖人之意其言明白正大爲啖趙以來所未及可謂闡筆削之微意立名教之大防雖頗近科舉之學不以害其宏旨也

春秋胡傳考誤一卷（通行本）

明袁仁撰仁有尚書砭蔡編已著錄是書前有自序謂宋胡安國憤王氏之不立春秋承君命而作傳志在匡時多借經以申其說其意則忠而於經未必盡合其說良是至謂安國之傳非全書則不盡然安國是編自紹興乙卯奉敕纂修至紹興庚申而後繕本進御豈有未完之理哉然其抉摘安國之失如周月非冠夏時盟宿非宿君與盟宰渠伯糾宰非冢宰伯非伯爵夏五非舊史闕文齊仲孫來之非貶召陵之役齊桓不得爲王德管仲不得爲王佐首止序王世子於末非以示謙晉卓子立已踰年非獨里克奉之爲君季姬之遇鄫子非愛女使自擇壻鼷鼠食牛角非三桓之應正月書襄公在楚非以存魯君之名吳子使札非罪其讓國左傳莒展輿事以攻當爲已攻齊豹非求名不得歸鄆讙龜陰非聖人自書其功獲麟而誇以簫韶河洛爲傳者之陋皆深有理解他若會防一條義不係於胡傳蔡桓侯一條謂葬以侯禮亦以意爲之別無顯證石之紛如本非大夫不應與孔父仇牧一例見經仁一概排之則吹求太甚矣

左傳屬事二十卷（浙江巡撫採進本）

明傅遜撰遜字士凱太倉人嘗遊歸有光之門困頓場屋晚歲乃以歲貢授建昌訓導是書發端於其友王執禮而遜續成之倣建安袁樞紀事本末之體變編年爲屬事以題分題以國分傳文之後各櫽括大意而論之於杜氏集解之未安者頗有更定而凡傳文之有乖於世教者時亦糾正焉遜嘗自云傳中文義頗竭思慮特於地理殊多遺憾恨不獲徧蒐天下郡縣志而精考之又云元凱無漢儒不能爲集解遜無元凱不能爲此注其用心深至推讓古人勝於文人相輕者多矣

左氏釋二卷（江蘇巡撫採進本）

明馮時可撰時可字敏卿號元成華亭人隆慶辛未進士官至湖廣布政司參政事蹟附見明史馮恩傳此書皆發明左傳訓詁中如解莊公二十五年秋大水鼓用牲于社于門謂王者事神治民有祠而無祈有省而無禳用鼓已末何況於攻董仲舒杜預之說皆誤考周禮大祝六祈一曰類二曰造三曰禬四曰祭五曰攻六曰說鄭康成注謂攻說則以辭責之如其鳴鼓然則攻固六祈之一矣時可所言殊爲失考至昭公二十九年賦晉國一鼓鐵以鑄刑鼎杜注孔疏皆謂冶石爲鐵用橐扇火謂之鼓計會一鼓便足時可則引王肅家語注云三十斤爲鈞四鈞爲石四石爲鼓蓋用四百八十斤鐵以鑄刑書適給於用則勝注疏說多矣蓋雖閒有臆斷而精核者多固趙汸補註之亞也此書舊與左氏討左氏論合爲一書總標曰元敏天

池集。意當時編入集內、故鈔本尚襲舊題。今惟錄此編、而所謂討與論者則別存目。故各分著其名焉。

春秋質疑十二卷、安徽巡撫採進本、

明楊于庭撰。于庭字道行、全椒人。萬歷庚辰進士。官至兵部職方司郎中。此書之旨、以胡安國春秋傳意主納牖、褒諱抑損、不無附會。於春秋大義合者十七、不合者十三。又於左氏、公、穀或採或駁、亦不能悉當。因條舉而論辨之。如胡氏謂春王正月乃以夏時冠周月。于庭則引禮記孟獻子曰、正月日至、可以有事于上帝。七月日至、可以有事于祖。證日至之爲冬至、即知周以子月爲正月。又胡氏謂經不書公即位爲未請命于王。于庭則引文公元年春王正月公即位、越四月、天王使毛伯來錫公命。成公八年秋七月、天子使召伯來賜公命。據此、則錫命皆在即位之後數年或數月、可知前此之未嘗請命而皆書即位。胡說未可通。又胡氏以從祀先公爲昭公至是始得從祀于大廟。于庭則謂季氏斬昭公不得從祀、其事不見於三傳。至馮山始創言之、胡氏不免於輕信。凡此之類、議論多爲精確。固非妄攻先儒、肆爲異說者比也。

春秋孔義十二卷、浙江汪啟淑家藏本、

明高攀龍撰。攀龍有周易易簡錄、已著錄。是書斟酌於左氏、公羊、穀梁、胡安國四家之傳、無所考證、亦無所穿鑿。意主於以經解經、凡經無傳有者不敢信、傳無經有者不敢疑。故名曰孔義、明爲孔子之義而非諸儒之臆說。雖持論稍拘、較之破碎繳繞、橫生異議、猶說經之謹嚴者矣。朱彝尊經義考此書之外別有李攀龍春秋孔義十二卷、注曰未見。今案書名卷數竝同、攀龍之名又相同、不應如是之巧合。考李攀龍惟以詩名、不以經術見。其墓誌本傳亦不云嘗有是書。豈諸家書目或有以攀龍之名同、因而誤高爲李者、彝尊未及考核、誤分爲二歟。

春秋辨義三十九卷、浙江巡撫採進本、

明卓爾康撰。爾康有易學、已著錄。是書大旨分爲六義。曰經義、曰傳義、曰書義、曰不書義、曰時義、曰地義。持論皆爲醇正。其經文每條之下、皆雜取舊說排比詮次、而斷以己意。每公之末、又各附以列國本末一篇。舉繫於盛衰興亾之大者、別爲類敘、亦頗有體要。中閒如甲戌己丑陳侯鮑卒、以爲是甲戌年正月己丑、史官偶倒其文。不知古人紀歲自有閼逢攝提格等歲陰歲陽二十二名。其六十甲子、古人但用以紀日、不以紀歲。又如五石六鷁爲外災、何以書。爲其三恪、且在中國。不知晉之梁山崩、宋衞陳鄭災、豈皆三恪乎。又天王狩于河陽謂晉欲率諸侯朝王、恐有畔去者、故使人言王狩以邀之。其心甚盛、無可訾議。尤爲有意翻新、反於理有礙。此類皆不可爲訓。然如謂鄭人來渝平當依左氏訓更成、其以爲墮成不果成者、文義皆誤。又解戎伐凡伯于楚丘、謂一國言伐、一邑亦言伐、一家言伐、一人亦言伐。公羊以伐爲大、乃不知侵伐之義、强爲之辭。則皆明白正大、足破諸說之拘牽。在明季說春秋家、猶爲有所闡發焉。

讀春秋略記十卷、兩江總督採進本、

明朱朝瑛撰。朝瑛有讀易略記、已著錄。其學出自黃道周。頗不拘墟於俗見、而持論不必皆醇。是書輯錄舊文、補以己意。所採上自啖助、趙匡、下及季本、郝敬、大抵多自出新義、不肎傍三傳以說經者。朝瑛之所論斷、亦皆冥搜別解、不主故常。如謂甫父二字、古文通用、爲男子之美稱。孔父之字嘉、猶唐杜甫之字美。此與程子以大爲紀侯之名、援欒大爲例者何異。又力斥漢書五行志穿鑿傅會之非、而於恆星不見一條、乃引何休之說以爲法度廢絕、威信不行之驗。與胡安國不談事應、而星孛北斗大辰仍採董仲舒劉向義者亦同。至於論隱公三年春王二月己巳日有食之、乃三月非二月。夫人子氏爲隱公之夫人、而非仲子。亦未嘗不考證分明。大致似葉夢得之三傳讞、而學不能似其博。又似程端學之三傳辨疑、而論亦不至似其迂。其於二書、蓋皆伯季之閒。置其偏僻、擇其警策、要不失爲讀書者之說經也。

春秋四傳質二卷、湖南巡撫採進本、

明王介之撰。介之字石崖、衡陽人。是書取三傳及胡安國傳異同、斷以己意。其無駭卒一條、云春秋二百四十二年閒、事屢變、文亦屢易。四傳各成其說、而斷以義、則胡氏精而公、穀尤正。質以事、則左氏有徵、爲可信也。蓋作書大旨如此。其中有本舊說者、如隱公元年闕胡傳元即仁也之說、本楊時答胡康侯書。闕胡傳建子非春之說、本熊朋來說是也。有據一傳而去取互異者。如王正月爲大一統從公羊傳而闕其王謂文王之說是也有就四傳互質之者如文公逆婦姜于齊四傳異說舍左氏公羊胡傳而從穀梁有專據胡傳而亦不盡從者如定公從祀先公取其昭公始祀于廟之說而闕其事出陽虎而不可詳之說是也俱頗有所見不同剿說至於桓公即位公羊以爲如其意也介之誤作胡傳而詆其巧而誣文公公四不視朔左氏公羊以爲疾穀梁以爲厭政胡傳從穀梁介之誤作三傳皆以爲疾而胡氏辨其無疾亦未免時有舛誤然明之末造經傳俱荒介之尚能援據古義糾胡安國之失亦可謂拔俗千尋矣

左傳杜林合注五十卷（左都御史崔應階進本）

明王道焜趙如源同編案朱彝尊經義考載宋林堯叟春秋左傳句解四十卷引鄭玥之言曰堯叟字唐翁崇禎中杭州書坊取其書合杜注行之又載此書五十卷引陸元輔之言曰王道焜杭州人中天啟辛酉鄉試與里人趙如源濬之共輯此書云云今書肆所行卷數與彝尊所記合而削去道焜如源之名又首載凡例題爲堯叟所述而中引永樂春秋大全殆足哈噱蓋即以二人編書之凡例改題堯叟也杜預注左氏號爲精密雖隋劉炫已有所規元趙汸明邵寶傅遜陸粲

國朝顧炎武惠棟又遞有所補正而宏綱巨目終越諸家堯叟之書徒以箋釋文句爲事實非其匹第古注簡奧或有所不盡詳堯叟補苴其義使淺顯易明於讀者亦不無所益且不似朱申句解於傳文橫肆刊削故仍錄存之以備一解中附陸德明音義當亦道焜等所加原本所有今亦並存焉

欽定四庫全書總目卷二十八

欽定四庫全書總目卷二十九

經部二十九

春秋類四

日講春秋解義六十四卷

謹案是書爲

聖祖仁皇帝經筵舊稾

世宗憲皇帝復加考論乃編次成帙說春秋者莫夥於兩宋其爲進講而作者宋史藝文志有王葆春秋講義二卷今已散佚張九成橫浦集有春秋講義一卷永樂大典有戴溪春秋講義三卷大抵皆演繹經文指陳正理與章句之學迥殊是非惟崇政邇英奏御之體裁如是亦以統馭之柄在愼其賞罰賞罰之要在當其功罪而別嫌疑明是非定猶豫者則莫精於春秋聖人筆削之旨實在於是也故孟子曰春秋天子之事也公羊子曰有國者不可以不學春秋春秋國之鑑也董仲舒推演公羊之旨得二百三十二條作春秋決事十六篇其義蓋有所受矣是編因宋儒進御舊體以闡發微言每條先列左氏之事蹟而不取其浮夸次明公穀之義例而不取其穿鑿反覆演繹大旨歸本於王道允足明聖經之書法而探帝學之本原

聖祖仁皇帝

世宗憲皇帝

聖

聖相承鄭重分明以成此一編豈非以經世之樞要具在斯乎

欽定春秋傳說彙纂三十八卷

康熙三十八年奉

敕撰。初、胡安國作春秋傳、張栻已頗有異議。朱子編南軒集存而不刪、蓋亦以栻說爲然。至元延祐中復科舉法、始以安國之傳懸爲功令、而有明一代因之。故元吳澄作俞皋春秋集傳序、稱兼列胡氏以從時尚。明馮夢龍作春秋大全凡例、稱諸儒議論儘有勝胡傳者、然業以胡傳爲宗、自難並收以亂耳目。豈非限於科律、明知其誤而從之歟。欽惟

聖祖仁皇帝道契天經、

心符聖義。於尼山筆削、

洞鑒精微。雖

俯念士子久誦胡傳、難以驟更、仍綴於三傳之末。而

指授儒臣、詳爲考證。凡其中有乖經義者、一一駁正、多所刊除。至於先儒舊說、世以不合胡傳擯弃弗習者、亦一一采錄表章、闡明古學。蓋以

聖人之德、居

天子之位。故能蕩滌門戶、辯別是非、挽數百年積重之勢而反之於正也。自時厥後、能不爲胡傳所錮者、如徐庭垣之春秋管窺、焦袁熹之春秋闕如編、嚮然並作、不可殫數。袞鉞之義、遂皦若三光。維風維草之效、誠有自來矣。臣等繕校之餘、爲春秋幸、并爲天下萬世讀春秋者幸也。

御纂春秋直解十五卷、

乾隆二十三年奉

敕撰。以十二公爲十二卷。莊公僖公襄公篇頁稍緐、各析一子卷、實十五卷。大旨在發明尼山本義、而剷除種種迂曲之說、故

賜名曰直解。冠以

御製序文、揭胡安國傳之傅會臆斷、以明誥天下、與

欽定春秋傳說彙纂宗旨同符。考班彪之論春秋曰、平易正直、春秋之義也。王充之論春秋曰、公羊穀梁之傳、日月不具、輒爲意使。平常之事有怪異之說、徑直之文有曲折之義、非孔子之心。蘇軾之論春秋曰、春秋儒者本務、然此書有妙用、儒者罕能領會、多求之繩約中、乃近法家者流、苛細繳繞、竟亦何用。朱子之論春秋亦曰、聖人作春秋、不過直書其事、而善惡自見。又曰、春秋傳例多不可信、聖人紀事、安有許多義例。然則聖經之法戒、本共聞共見。聖人之勸懲、亦易知易從。自啖助趙匡倡爲廢傳解經之說、使人人各以臆見私相揣度、務爲新奇以相勝、而春秋以荒。自孫復倡爲有貶無褒之說、說春秋者必事事求其所以貶、求其所以貶而不得、則鍛鍊周內以成其罪、而春秋益荒。俞汝言春秋平義序、謂傳經之失不在於淺、而在於深、春秋尤甚。可謂片言居要矣。是編恭承

訓示、務斟酌情理之平、以求聖經之微意。凡諸家所說穿鑿破碎者、悉斥不採。而筆削大義、愈以炳然。學者恭讀

御纂春秋傳說彙纂以辨訂其是非、復恭讀是編以融會其精要、春秋之學已更無餘蘊矣。

左傳杜解補正三卷、通行本、

國朝顧炎武撰。炎武一名絳、字寧人、崑山人。博極羣書、精於考證。

國初稱學有根柢者、以炎武爲最。李光地嘗爲作小傳、今載榕村集中。是書以杜預左傳集解時有闕失、賈逵服虔之注、樂遜之春秋序義、今又不傳、於是博稽載籍、作爲此書。至邵寶左觽等書、苟有合者、亦皆采輯。若室如懸磬、取諸國語。肉謂之羹、取諸爾雅。車之有輔、取諸呂覽。田祿其子、取諸楚辭。千畝原之在晉州、取諸鄭康成。祏爲廟主、取諸說文。石四爲鼓、取諸王肅家語注。祝其之爲萊蕪、取諸水經注。凡此之類、皆有根據。其他推求文義、研究訓詁、亦多得左氏之意。昔隋劉炫作杜解規過、其書不傳。惟散見孔穎達正義中。然孔疏之例、務主一家。故凡炫所規、皆遭排斥。一字一句、無不曲而杜直、未協至公。炎武甚重杜解、而又能彌縫其闕失、可謂掃除門戶、能持是非之平矣。近時惠棟作左傳補注、糾正此書尨涼一條、大司馬固一條、文馬百駟一條、使封人慮事一條、遇艮之八一條、豆區釜鍾一條。然其中文馬之說、究以炎武爲是。棟又摘其引古春秋左氏說但舉漢書五行志之名、又摘其禮爲鄰國闕一條用服虔之說而不著所自。案徵引佚書、當以所載之書爲據。棟引世本不標史記注、引京相璠土地名不標水經注、正體例之疏、未可反譏炎武。至服虔一條、當由偶忘出典。棟注昭公二十九年賦晉國一鼓鐵、證以王肅家語注、亦明馮時可之說、未標時可之名也。是固不以掠美論矣。

春秋稗疏二卷、湖南巡撫採進本、

國朝王夫之撰。夫之有周易稗疏、已著錄。是編論春秋書法及儀象典制之類僅十之一。而考證地理者居十之九。其論書法、謂閔公元年書季子仲孫

高子皆不名，乃閔公幼弱，聽國人之所爲，故從國人之尊稱。然考襄公之立，實止四歲，昭公之出，亦非一年，均未聞以君不與政，書事或有變文，何獨閔公見存，反從國人立議。其論春秋書戎，皆指徐戎，斥杜預陳留濟陽東有戎城之非。且謂曹衞之間不應有戎，證以費誓，似乎近理。然周之戎如今土司，參錯於郡縣。觀追戎濟西，則去曹近而去徐遠。至於凡伯聘魯歸周而戎伐之於楚丘，則凡伯不涉徐方，徐戎亦斷難越國。安得謂曹衞之間戎不雜居。如此之類，固未免失之臆斷。至以鸜鵒爲寒號蟲，反斥埤雅之譌，以延廄爲延冢其廄，亦爲穿鑿。杜注陘亭在召陵南，不云即在召陵，乃删除南字而駁之，尤爲文致其失。然如莒人入向之向，謂當從杜預在龍亢，而駁水經注所引闞駰之說，誤以邑名爲國名，足以申杜注之義。辨杞之東遷在春秋以前。辨殺州吁于濮非陳地。辨洮爲曹地非魯地，音推小反，不音他刀反。辨貫字非貰字之誤。辨厲即賴國，非隨縣之厲鄉。辨踐土非鄭地。辨翟泉周時不在王城之內。辨莒魯之間有二鄆。辨仲遂所卒之垂非齊地。辨犬邱之邱非邱國，亦非鄭地。辨春秋之祝其非漢之祝其，皆足以糾杜注之失。據後漢郡國志，謂郎在高平。據括地志，謂胡在郾城。據漢書地理志，謂重邱在平原。據應劭漢書注，謂陽在都陽，皆足以補杜注之闕。至於謂子糾爲齊襄公之子，（案劉瑾詩集傳通釋解何彼襛矣篇，亦以桓公爲襄公子，然瑾由誤記，與夫之有所考辨者不同。）謂魯襄公時頻月日食由於誤視暈珥，亦足以備一解。在近代說經之家，尚頗有根柢。其書向未刊行，故子糾之說，近時梁錫璵據爲新義，翬不書族、定姒非謚之說，近時葉酉亦據爲新義，殆皆未見其書也。

春秋平義十二卷（浙江巡撫採進本）

國朝俞汝言撰。汝言字石吉，秀水人，前明諸生。是書多引舊文，自立論者無幾。然自宋孫復以來，說春秋者務以攻擊三傳相高，求駕乎先儒之上，而穿鑿煩碎之弊日生。自元延祐以後，說春秋者務以尊崇胡傳爲主，求利於科舉之途，而牽就附合之弊亦遂日甚。明張岐然嘗作五傳平文，以糾其謬，而去取尚未能皆允。汝言此書，亦與岐然同意，而簡汰精審，多得經意，正不以多生新解爲長。前有自序，謂傳經之失不在於淺，而在於深，春秋爲甚，可謂片言居要矣。此本爲汝言手稾，其中塗乙補綴，朱墨縱橫，其用心勤篤，至今猶可想見也。朱彝尊經義考載繆泳之言，稱汝言研精經史，尤熟於明代典故，嘗撰有宰相列卿年表，其詩古文曰漸川集，今皆未見，蓋亦好學深思之士，所由與枵腹高談者異歟。

春秋四傳糾正一卷（浙江巡撫採進本）

國朝俞汝言撰。康熙丙辰，汝言春秋平義始脫稾。是歲之夏，復續作此書，以綜括大旨，相傳其晚年失明，口授而成之者也。書中摘列春秋三傳及胡安國傳之失，隨事辨正，區爲六類：一曰尊聖而忘其僭，計八條。二曰執理而近於迂，計十五條。三曰尚異而鄰於鑿，計二十三條。四曰臆測而近於誣，計四十三條。五曰稱美而失實情，計八條。六曰摘瑕而傷鍥刻，計六條。末附春王正月辨一篇，舉左氏、公羊、孔安國、鄭元之說，明周正改時改月，春秋正朔皆從周。其中如華督奪孔父之妻、齊桓因蔡姬而侵蔡、史家簡策相傳，必有所據，即就傳文而論，亦無以斷其必不然。汝言皆以爲臆測近誣，轉未免自蹈臆測。又公羊褒齊襄之復仇，固爲謬戾，然紀侯譖齊哀公於周，至於見烹，則實有其事。汝言乃謂語言之故不足爲仇，亦不甚可解。至春王正月辨中謂左傳王周正月，句王周二字，猶漢稱皇漢、宋稱皇宋之義，則不知正月正歲，並見周禮，兼用夏正，實亦王制，故特言王周正月，明非夏時，無庸牽引漢宋，橫生曲說。又一行、衞朴推驗春秋日食，皆合於建寅一條，汝言無以難之，遂泛謂不足深據。不知日月交食，推朔望不推時令，建子建寅，食限無殊，一語可明，亦不必顢頇其說。如斯之類，雖或間有小疵，然六類之中，大抵皆立義正大，持論簡明。一卷之書，篇帙無幾，而言言皆治春秋者之藥石，亦可謂深得經意者矣。

讀左日鈔十二卷補二卷（浙江巡撫採進本）

國朝朱鶴齡撰。鶴齡有尚書埤傳，已著錄。是書採諸家之說，以補正杜預春秋經傳集解之闕譌。於趙汸、陸粲、傅遜、邵寶、王樵五家之書所取爲多。大抵集舊解者十之七，出己意者十之三，故以鈔名。所補二卷，多用顧炎武說。炎武杜解補正三卷，具有完帙，此所採未及什一。其凡例稱庚申之秋，炎武自華陰寄左傳注數十則，蓋是時杜解補正尚未成也。鶴齡斥林堯叟音義之陋，所取僅三四條，持論極允至孔穎達正義家弦戸誦久列學官斷無讀注而不見疏者乃連篇累牘殊屬贅疣至襄九年傳閏月當作門五日本爲杜注乃引以補杜尤爲牀上牀矣他如於定公八年傳謂公山不狃之意在於張公室陽虎之意不在公室但欲假公室以制三桓爲利而已定公十二年傳則云公山不狃叔孫輒之徒據費以畔說者謂畔季非畔魯其說非也彼殆見三家不臣之迹尤而效之藉口於張公室耳云云是一事而臧否頓殊又如莊公二十二年傳引史記正義以未羊爽女爲姜姓之訛於昭九年傳又續引汪琬之說駁張守節失左氏之指是一義而去取迥異皆未免於小疵然其中如引闔辛以駁伍員之復讎天經地義爲千古儒者所未發引定公五年文公十七年二傳證公壻池非晉侯之壻引檀弓越人弔衞將軍文子事證秦人歸僖公成風之禭引漢書王嘉傳證屈蕩尸之當作戸之類亦具有考證雖瑕瑜並陳不及顧炎武惠棟諸家之密而薈粹衆長斷以新義於讀左傳者要亦不爲無補焉

左傳事緯十二卷附錄八卷山東巡撫採進本

國朝馬驌撰驌字驄御又字宛斯鄒平人順治己亥進士官淮安府推官終於靈璧縣知縣是書取左傳事類分爲百有八篇篇加論斷首載晉杜預唐孔穎達序論及自作丘明小傳一卷辨例三卷圖表一卷覽左隨筆一卷名氏譜一卷左傳字奇一卷合事緯爲二十卷內地輿有說無圖蓋未成也王士禎池北偶談稱其博雅嗜古尤精春秋左氏學載所著諸書與此本並同惟無字奇及事緯豈士禎偶未見歟三傳之中左氏親覩國史事蹟爲眞而襃貶則多參俗議公羊穀梁二家得自傳聞記載頗謬而義例則多有師承朱子語錄謂左氏史學事詳而理差公穀經學理精而事謬蓋篤論也驌作是書必謂左氏義例在公穀之上是亦偏好之言然驌於左氏實能融會貫通故所論具有條理其圖表亦皆考證精詳可以知專門之學與涉獵者相去遠矣

春秋毛氏傳三十六卷浙江巡撫採進本

國朝毛奇齡撰奇齡有仲氏易已著錄自昔說春秋者但明義例至宋張大亨始分五禮而元吳澄因之然蠭具梗槪而已奇齡是書分改元即位生子立君朝聘盟會侵伐遷滅昏覯享唁喪期祭祀蒐狩興作甲兵田賦豐凶災祥出國入國盜殺刑戮凡二十二門又總該以四例曰禮例曰事例曰文例曰義例然門例雖分而卷之先後依經爲次無割裂分隸之嫌較他家體例爲善其說以左傳爲主間及他家而最攻擊者莫若胡安國傳其論安國開卷說春王正月已辭窮理屈可謂確論然左傳元年春王周正月之文本以周禮正歲正月兼用夏正夏正亦屬王制故變文稱王周正月以爲建子之明文而奇齡乃讀春王爲一句周正月爲一句謂王字乃木王於春之王而非天王之王其爲乖謬殆更甚於安國又如鄭康成中庸注策簡也蔡邕獨斷亦曰策者簡也其制長二尺短者半之春秋正義曰大事書於策者經之所書也小事書於簡者傳之所載也又曰大事後雖在策其初亦記於簡據此則經傳簡策並無定名故崔杼之事稱南史氏執簡而華督之事稱名在諸侯之策其文互見奇齡乃以簡書策書爲經傳之分亦爲武斷然其書一反胡傳之深文而衡以事理多不失平允之意其義例皆有徵據而典禮尤所該洽自吳澄纂言以後說春秋者罕有倫比非其說詩說書好逞臆見者比至於喧呼叫呶則其結習所成千篇一律置之不議不論可矣

春秋簡書刊誤二卷浙江巡撫採進本

國朝毛奇齡撰是書刊正三傳經文之誤其以簡書爲名者蓋仍執其傳據策書經據簡書之說也大旨以左傳爲主而附載公穀之異文辨證其謬因胡安國傳多從穀梁併安國亦排斥之其舍左氏而從公羊者惟襄公十四年衞侯衎出奔齊一條耳考左傳雖晚出而其文實竹帛相傳公穀雖先立於學官而其初皆經師口授或記憶之失眞或方音之遞轉勢所必然不足爲怪奇齡所考正者如會袲不當有齊侯單伯送王姬不應作逆齊人來歸衞俘據書序知俘卽是寶非經傳有異公伐齊納子糾不應無子字齊人殲于遂不應作瀸曹羈出奔陳赤歸于曹與鄭忽出奔衞突歸于鄭同例會洮不應有鄭世子華欒書救鄭不應作侵鄭召公來錫公命不應作賜命襄公五年救陳不應有莒子邾子滕子薛伯會戚之衞齊惡不應作石惡齊欒施不應作晉欒施叔孫婼不應名舍公會齊侯盟于黃不應作晉侯衞趙陽不應作晉趙陽

皆極精核。至於經書冬宋人取長葛，傳乃作秋，但知經傳不符，而不知宋以先王之後用商正，取以建酉之月，則此冬而彼猶秋，實與晉用夏正，經傳皆差兩月一例。又衞師入郕，公羊郕作盛，遂詆其宋將作送，衞將作藝，不知穆天子傳所載盛姬，即郕國之女，考古圖許或作鄦，曾或作鹵，俱勒諸鐘鼎，斷非譌寫。古字異文，如斯者衆，未可盡以今文繩之。又謂昔恒星不見夜中星隕如雨，昔字訓夜，雖見列子，然不應一作昔，又一作夜，不知列子稱夜則昏憊而熟寐，昔昔夢爲國君，又稱夜亦昏憊而寐，昔昔夢爲人僕，正昔夜二字並用。又謂皋陶可作咎由，由於晉同，西乞術不可作西乞，遂由於晉異，是以後世之平仄律古人之轉音，不知檀弓以木爲彌牟，戰國策以包胥爲勃蘇者，不一而足也。如斯之類，特以偏主一家，曲加排斥，均爲未得其平。甚至于作於饗作享，經傳處處通用，於公穀亦縷摘之，益瑣屑矣。然其可取者多，瑕究不掩其瑜也。

春秋屬辭比事記四卷 浙江巡撫採進本

國朝毛奇齡撰。奇齡作春秋傳，分義例爲二十二門，而其書則仍從經文十二公之序，此乃分門隸事，如沈棐趙汸之體，條理頗爲明晰，考據亦多精核。蓋奇齡長於辨禮，春秋據禮立制，而是書據禮以斷春秋，宜其秩然有紀也。至周禮一書，與左傳多不相合，蓋周禮爲王制，而左傳則皆諸侯之事，周禮爲初制，而左傳則皆數百年變革之餘，强相牽附，徒滋糾結。奇齡獨就經說經，不相繳繞，尤爲特識矣。是書爲奇齡門人所編，云本十卷，朱彝尊經義考惟載六卷，且云未見。此本於二十二門之中僅得七門，而侵伐一門尚未及半，蓋編次未竟之本，雖非完書，核其體要，轉勝所作春秋傳也。

春秋地名考略十四卷 浙江巡撫採進本

國朝高士奇撰。士奇字澹人，錢塘人，居於平湖。以諸生薦直

內廷，授中書舍人，改翰林院侍講，官至內閣學士。是編乃康熙乙丑士奇奉

敕撰春秋講義，因考訂地理，併成是書奏

進。據閻若璩潛邱劄記，稱秀水徐勝敬可爲人作左傳地名，詫問余成公二年鞌之戰云云，則實士奇倩勝代作也。其書以春秋經傳地名分國編次，皆先列國都，次及諸邑。每地名之下，皆先列經文傳文，及杜預注，而復博引諸書，考究其異同，砭正其誤舛，頗爲精核。惟時有貪多炫博，轉致瑣屑者，如魯莊公築臺臨黨氏，遂立黨氏臺一條，殊於地理無關。又如晉以先茅之縣賞胥臣，遂立先茅之縣一條，既不能指爲何地，但稱猶云蘇忿生之田，則亦安貴於考耶。是則過求詳備之失也。

春秋管窺十二卷 浙江巡撫採進本

國朝徐庭垣撰。據浙江遺書總錄，庭垣秀水人，官新昌縣縣丞，然不言書成於何時。前有庭垣自序，亦無年月。案庭垣爲朱彝尊同縣人，而彝尊經義考不載是書，則在彝尊以後矣。自宋以來，說春秋者尊聖人而不知所以尊，遂以貶黜天王，改易正朔，與天下千名犯義之事，皆誣稱爲孔子之特筆，而不知已亂名教之大防。庭垣自序，駁諸儒之失，有曰世但知推尊聖人，而不知孔子當日固一魯大夫也。於周天子則其大君，於魯公則其本國之君，於列國諸侯則俱周天子所封建，與魯君並尊者也。身爲人臣，作私書以賞罰王侯君公，此犯上作亂之爲，而謂聖人肯爲之乎。如謂所誅絶者非在位之王公，豈先王先公遂可得而誅之乎。昌言無忌，禍之招也。縱曰深藏其書，不輕示人，然聖人者不欺屋漏，明知犯上干禁而故作之，又深匿之以圖幸免，亦必無之事矣。舉世襲先儒之論，而不究其非。藉有妄人亦曰我欲法春秋也，亦削天子位號，黜當代公卿，其將何辭以過之云云。其持論最爲正大。又自述注釋之例曰，以左傳之事實，經以經之異同，辨例於公羊穀梁二傳及諸儒論釋，其合於義例先後無悖者，不復置議。如其曲說偏斷，理有窒礙，則據經文先後以駁正之云云。其立義亦爲明坦。其中如桓不書王之類，間亦偶沿舊說，然其大旨醇正，多得經意，與焦袁熹之闕如編，其識皆在啖趙諸儒之上，正未可貴遠而賤近也。舊帙蠹蝕，字句閒有殘闕，無別本可以校補。然大旨宏綱，炳然無損，正不以一二斷爛廢之矣。

三傳折諸四十四卷 江蘇巡撫採進本

國朝張尚瑗撰。尚瑗字宏蘧，一字損持，吳江人。康熙戊辰進士，改庶吉士，散館外補興國縣知縣。尚瑗初從朱鶴齡遊，講春秋之學。鶴齡作讀左日鈔，尚瑗亦作讀三傳隨筆，積累既久，卷帙遂夥，乃排纂而成是書。曰折諸者，取揚雄羣言淆亂折諸聖之

語也。凡左傳三十卷、公羊、穀梁各七卷、而用力於左傳尤多。如卷首所列郊禘五嶽考、地名同考、名謚同考、名姓世表諸篇、皆引據典核、可資考證。惟其書貪多務得、細大不捐、每捃摭漢魏以下史事與傳文相證、往往支離曼衍。如因衞懿公好鶴遂涉及唐元宗舞馬之類、不一而足。與經義或渺不相關、殊爲蕪雜。然取材既廣、儲蓄遂宏。先儒訓詁之遺、經師授受之奧、微言大義、亦多錯見於其中。所謂披沙簡金、往往見寶、固未可以其糠粃遂盡棄其精英。且春秋一經、說者至夥、自孫復、劉敞之徒倡言廢傳、後人沿其流派、遂不究事實而臆斷是非。胡安國傳自延祐以來懸爲功令、而僖公十七年之滅項、乃誤歸獄於季孫。由議論多而考證少也。尚瑗是書、雖未能刊削浮文、頗乖體要、而蒐羅薈稡、猶爲撫實之言。過而存之、視虛談褒貶者固勝之遠矣。

春秋闕如編八卷、江蘇巡撫採進本、

國朝焦袁熹撰。袁熹字廣期、金山人。康熙丙子舉人。是編爲袁熹未成之書、僅及成公八年而止。每卷有袁熹名印、蓋猶其稾本。前有其孫鍾璜跋、亦當時手跡也。自穀梁發常事不書之例、孫復衍有貶無褒之文。後代承流、轉相摹仿、務以刻酷爲經義。二百四十二年之中、上至天王、下至列國、無一人得免於彈刺。遂使游夏贊之而不能者、申韓爲之而有餘。流弊所極、乃有貶及天道者。呂柟春秋說志謂書季孫意如卒、所以見天道之左、春秋於是乎亂矣。袁熹是書、獨酌情理之平、立褒貶之準、謹持大義而刊削煩苛。如隱公盟蔑、諸家皆曰惡私盟。袁熹則謂繼好息民、猶愈於相虞相詐。至七年伐邾、事由後起、不容逆料而加貶辭。又謂會潛之戎、本雜處中國、修好息民、亦衰世之常事、褒貶俱無可加。謂無駭之書名、若後世帝室之胄不繫以姓、非貶而去之。謂書齊侯弟年、見齊之重我、使其親貴、非譏過寵其弟。謂書螟爲蟲傷苗稼、即當畱意補助、不以此一事便爲惡。如此之類數十條、皆一洗曲說。至於武氏子求賻、乃魯不共命。天王詰責、豈敢反譏天王。家父求車、乃天子責貢賦有闕。經婉其文曰求車、不應舍其下、責其上。尤大義凜然、非陋儒所及。末附讀春秋數條、論即位或書或不書、四時或備或不備、有史所本無、有傳寫脫佚、非聖人增減於其間。亦足破穿鑿之說。近代說春秋者、當以此書爲最。雖編輯未終、而義例已備、於經學深爲有裨。非其經說諸書出於門人雜錄者比也。

春秋宗朱辨義十二卷、浙江巡撫採進本、

國朝張自超撰。自超字彝歎、高淳人。康熙癸未進士。未仕而卒。江南通志列之儒林傳中。是書大意本朱子據事直書之旨、不爲隱深阻晦之說。惟就經文前後、參觀以求其義、不可知者則闕之。篇首總論二十條、頗得比事屬辭之旨。其中如單伯逆王姬則從王氏之說、以爲魯之大夫。於秦獲晉侯辨所以不書名之故。於宋師敗績辨所以不書公之故。於司馬華孫來盟、辨胡傳義不係乎名之說。於盟宋罪趙武之致弱。於楚公子比公子棄疾弒立、書法見春秋微顯之義。於齊殺高厚謂非說晉、而於衞人立晉一條、尤得春秋深意。雖以宗朱爲名、而參求經傳、務求心得、實非南宋以來穿鑿附會之說。後方苞作春秋通論、多取材此書。近時解春秋者、焦袁熹春秋闕如編外、此亦其亞矣。

春秋通論四卷、江蘇巡撫採進本、

國朝方苞撰。苞有周官集注、已著錄。是編本孟子其文則史、其義則某竊取之意、貫穿全經、按所屬之辭、合其所比之事、辨其孰爲舊文、孰爲筆削、分類排比、爲篇四十。每篇之內、又各以類從。凡分章九十有九。考筆削之跡、自古無徵。公羊傳曰、不修春秋曰、霣星不及地尺而復。君子修之曰、星霣如雨。原本改本並存者此一條耳。左傳甯殖曰、載在諸侯之策、曰孫林父甯殖出其君。經文則曰衞侯衎出奔齊。其爲聖人所改與否、已不可定。至左傳稱仲尼謂以臣召君不可以訓、書曰天王狩於河陽。則但有改本、不知原本爲何語矣。故黃澤曰、春秋所以難看、乃是失却不修春秋。若有不修春秋互相比證、則史官記載、仲尼所以筆削者正自顯然易見。是自昔通儒、已以不見魯史無從辯別爲憾。苞乃於二千餘載之後、據文臆斷、知其孰爲原書、孰爲聖筆、如親見尼山之操觚。此其說未足爲信。惟其掃公穀穿鑿之談、滌孫胡鍥薄之見、息心靜氣、以經求經、多有協於情理之平。則實非俗儒所可及。譬諸前脩、其吳澄之流亞歟。

春秋長歷十卷、兩江總督採進本、

國朝陳厚耀撰。厚耀字泗源、泰州人。康熙丙戌進士。官蘇州府教授。以通算入直

內廷，改授檢討，終右論德。是書補杜預長歷而作。原本不分卷帙，今約略篇頁，釐爲十卷。其凡有四：一曰歷證，備引漢書、續漢書、晉書、隋書、唐書、宋史、元史、左傳注疏、春秋屬辭、天元歷理、朱載堉歷法新書諸說，以證推步之異。其引春秋屬辭載杜預論日月差謬一條，爲注疏所無。又引大衍歷義春秋歷考一條，亦唐志所未錄，尤足以資考證。二曰古歷，以古法十九年爲一章，一章之首，推合周歷正月朔日冬至，前列算法，後以春秋十二公紀年橫列爲四章，縱列十二公，積而成表，以求歷元。三曰歷編，舉春秋二百四十二年，一一推其朔閏及月之大小，而以經傳干支爲證佐，皆述杜預之說而考辨之。四曰歷存，以古歷推隱公元年正月庚戌朔，杜氏長歷則爲辛巳朔，乃古歷所推之上年十二月朔，謂元年之前失一閏，蓋以經傳干支排次知之。厚耀則謂如預之說，元年至七年中書日者雖多不失，而與二年八月之庚辰、三年十二月之庚戌、四年二月之戊申，又不能合。且隱公三年二月己巳朔日食，桓公三年七月壬辰朔日食，亦皆失之。蓋隱公元年以前非失一閏，乃多一閏，因退一月就之，定隱公元年正月爲庚辰朔，較長歷實退兩月，推至僖公五年止。以下朔閏，一一與杜歷相符，故不復續載焉。杜預書惟以干支遞排，而以閏月小建爲之遷就。厚耀明於歷法，故所推較預爲密，蓋非惟補其闕佚，並能正其譌舛，於考證之學極爲有裨，治春秋者固不可少此編矣。

春秋世族譜一卷（兩江總督採進本）

國朝陳厚耀撰。春秋之世，自王朝以迄諸侯大夫，得姓受氏，各有源流，其人之見於經傳者，不可殫數。漢宋衷有世本四卷，唐代尚傳，今惟孔氏正義中偶載其文，而書則久佚。隋書經籍志有春秋左氏諸大夫世譜十三卷，不知何人所撰，今亦無存。杜預作春秋釋例，中有世族譜一篇，具載其世系昭穆之詳，而自宋以來，湮沒不見。今恭遇

聖代表章遺籍，釋例一書，得於永樂大典中，裒輯叢殘，復爲完帙，獨世族譜僅存數條，仍不免於闕略。厚耀當時既未覩釋例原本，因據孔氏正義，旁參他書，作此以補之。其體皆仿旁行斜上之例，首周世次圖，而以周之卿大夫附後，次魯，次晉，次衛，次鄭，次齊，次宋，次楚，次秦，次陳，次蔡，次曹，次莒，次杞，次滕，次許，次邾，次吳，次越，次小國諸侯，皆先敘其君王世系，而附以卿大夫。其偶見經傳而無世次可稽，如周之凡伯、南季，魯之衆仲、秦子之類，則別曰雜姓氏名號，另爲一篇，附卿大夫世系之後，搜採頗爲該洽。近時顧棟高作春秋大事表，有世系表二卷，其義例與此相近，而考證互有異同。如周卿大夫之周公忌父、召莊公諸人，此書徵引不及顧本之備。又脫漏王叔氏世系不載，亦爲遜於顧本。然顧氏於有世系者敘次較詳，其無可考者概闕而不錄，此書則於經傳所載之人，祇稱官爵及字者，悉臚採無遺，實爲顧本所未及。讀春秋者以此二書互相考證，則春秋氏族之學，幾乎備矣。

半農春秋說十五卷（內府藏本）

國朝惠士奇撰。士奇有半農易說，已著錄。士奇父周惕，長於說經，力追漢儒之學。士奇承其家傳，考證益密，於三禮核辨尤精。是書以禮爲綱，而緯以春秋之事，比類相從，約取三傳附於下，亦間以史記諸書佐之。大抵事實多據左氏，而論斷多採公穀。每條之下，多附辨諸儒之說。每類之後，又各以己意爲總論。大致出於宋張大亨春秋五禮例宗、沈棐春秋比事，而不立門目，不設凡例。其引據證佐，則尤較二家爲典核。雖其中災異之類，反復辨詰，務申董仲舒春秋陰陽、劉向劉歆洪範五行之說，未免過信漢儒，物而不化。然全書言必據典，論必持平，所謂元元本本之學，非孫復等之枵腹而談，亦非葉夢得等之恃博而辨也。

春秋大事表五十卷輿圖一卷附錄一卷（兩江總督採進本）

國朝顧棟高撰。棟高有尚書質疑，已著錄。是書以春秋列國諸事，比而爲表。曰時令，曰朔閏，曰長歷拾遺，曰疆域，曰爵姓存滅，曰列國地理犬牙相錯，曰都邑，曰山川，曰險要，曰官制，曰姓氏，曰世系，曰刑賞，曰田賦，曰吉禮，曰凶禮，曰賓禮，曰軍禮，曰嘉禮，曰王迹拾遺，曰魯政下逮，曰晉中軍，曰楚令尹，曰宋執政，曰鄭執政，曰爭盟，曰交兵，曰城築，曰四裔，曰天文，曰五行，曰三傳異同，曰闕文，曰吞滅，曰亂賊，曰兵謀，曰引據，曰杜注正譌，曰人物，曰列女。其險要表後附以地形口號，五禮表後附以五禮源流口號。輿圖則用朱字墨字，以分別古今地名。附錄則皆諸表序，并表中所未及者，又爲辨論以訂舊說之譌。凡百三十一篇。考宋程公說作春秋分紀，以傳文類聚區分，極爲精密。刊版久佚，鈔本流

傳亦罕。棟高蓋未見其書。故體例之閒往往互相出入。又表之爲體昉於周譜，旁行斜上，經緯成文，使參錯者歸於條貫。若其首尾一事，可以循次而書者，原可無庸立表。棟高事事表之，亦未免繁碎。至參以七言歌括，於著書之體亦乖。然條理詳明，考證典核，較公說書實爲過之。其辨論諸篇，皆引據博洽，議論精確，多發前人所未發，亦非公說所可及。其朔閏一表，用杜預隱公元年正月起辛巳朔之說，與陳厚耀所推長歷退一閏者不合。蓋厚耀之書，棟高亦未之見，故稍有異同云。

春秋識小錄九卷 浙江巡撫採進本

國朝程廷祚撰。廷祚有大易擇言，已著錄。是書凡春秋職官考略三卷、春秋地名辨異三卷、左傳人名辨異三卷。其考職官，首爲數國共有之官，次爲一國自有之官，皆分列排纂，凡與周禮異同者，一一根據注疏爲之辨證，頗爲精核。末爲晉軍政始末表，序晉軍八變之制，而詳列其將佐之名，又以御戎、戎右附表於後，亦皆整密。惟置諸國而獨詳晉，則未知其例云何也。其考地名，首爲地同而名異，次爲地異而名同，末爲晉書地理志證。今以杜預注左傳皆用晉代地名故也。其辨人名，自一人二名以逮一人八名者，皆彙列而分注之。大致與春秋名號歸一圖互相出入，而較爲簡明，雖似與經義無關，然讀經讀傳者往往因官名、地名、人名之舛異，於當日之事迹不能融會貫通，因於聖人之襃貶不能推求詳盡，如胡安國之誤執季孫橫生異論，毛奇齡之附會尹氏牽合正經者，蓋有之矣。則廷祚是書，固讀春秋家所當知也。

左傳補注六卷 桂林府同知李文藻刊本

國朝惠棟撰。棟有周易述，已著錄。是書皆援引舊訓以補杜預左傳集解之遺，本所作九經古義之一，以先出別行，故九經古義刊本虛列其目而無書。目作四卷，此本實六卷，則後又有所增益也。其中最典確者，如隱五年則公不射，引周禮射人祭祀則贊射牲、司弓矢供射牲之弓矢，及國語倚相之言，證旁引射蛟之誤；案此朱子之說，非杜注也，蓋因補杜而類及之。莊公十四年繩息嬀，引呂覽周公作詩以繩文王之德，及表記鄭注譽繩也，證杜訓譽之由。二十八年臧孫辰告糴于齊，禮也，引周書糴匡解年儉穀不足，君親巡方，卿告糴，證爲古禮。僖五年虞不臘矣，引太平御覽舊注及風俗通、月令章句，證臘不始秦。十年七輿大夫，引王肅詩傳，證七當作五。二十二年大司馬固諫曰，引晉語公子過宋與司馬公孫固相善，證固爲人名。二十七年夏書曰，引墨子明鬼篇，證尙書但有夏書、商書、周書，本無虞書。文十八年在九刑不忘，引周書嘗麥解，證爲刑書九篇。宣二年以視于朝，引毛詩鹿鳴箋、儀禮士昏禮注，證視爲正字，郭忠恕作示爲誤。三年不逢不若，引郭璞爾雅注作禁禦不若，詰以杜注逢字在下文，知今本譌寫。六年以盈其貫，引韓非子以我滿貫證貫字。成十六年徹七札焉，引呂覽愛士篇，證鄭康成一甲七札之說。襄二十三年娶于鑄，引樂記鄭注，證鑄即祝國；又踞轉而鼓琴，引許愼淮南子注，證轉卽軫。二十五年愼始而敬終，終以不困，引周書常訓解，證不出古文蔡仲之命。二十七年崔杼生成及彊而寡，引墨子辭過篇，證無妻曰寡。昭元年具五獻之籩豆于幕下，引禮記正義，證杜注五獻之誤。十五年一歲而有三年之喪二，引墨子公孟、非儒二篇，證妻喪三年爲春秋末造之禮。二十六年鑋而乘於他車，引說文，證蹩誤作鑋。哀二十五年韈而登席，引少儀，證燕必解韈，皆根據昭然，不同臆撝。至文二年廢六關，引公羊傳注，證廢訓置，則是；又引韋昭國語注，證置訓廢，則非。蓋置有二義，一爲建置之置，公羊注所言是也；一爲棄置之置，國語注所言是也。此猶亂可訓治，而亂離瘼矣，不可訓治；臭可訓香，而逐臭之夫不可訓香。古之設關，在譏而不在征，臧文仲廢六關以博寬大之譽，而使姦宄莫詰，陰以厲民，故誅其心而謂之不仁。棟但執反覆旁通之義，殊爲偏駁。又文十三年其處者爲劉氏，孔穎達疏明言漢儒加此一句，則爲劉字無疑，而必謂原作丣字，漢儒改爲卯金刀。宣二年文馬百駟，當以邱光庭兼明書所辨爲是，而必引說文畫馬之訓。襄十七年澤門之皙，謂古皐澤字通，又謂諸侯有皐門，其說固是，然邑中澤門，各指所居，皐門非所居之地也。二十一年公姑姊，旣謂注疏皆非，斷爲同宗之女，然於姑可解，於姊終無解也。二十五年執簡以往，引服虔說一簡八字，證太史書崔杼事亦八字，殊嫌牽合。三十年亥有二首六身，卽指爲孟子之亥唐，尤爲附會。昭七年余敢忘高圉亞圉，引竹書紀年補杜預之闕，不知汲郡古文預所目睹，預旣不引，知原書必無此文，未可以後來僞本證其疏漏。（案：書中屢引竹書紀年，蓋未及詳考今本之僞。）至於二十一年鄭翩願爲鸛，引陸佃埤雅之雜說；（案：鸛井出酉陽雜俎，非始於佃。）哀六年無疾而死，引汲冢瑣語之野談；十二年效夷言，謂春秋時已重吳音，不始於晉，更非注經之體矣。他如公卽位之位，必欲從古經作立；屢豐年之屢，必欲從說文作婁，亦皆徒駭耳目，不可施行。蓋其長在博，其短亦在於嗜博；其長在古，其短亦在於泥古也。

春秋左氏傳小疏一卷（江蘇巡撫採進本）

國朝沈彤撰。彤有尚書小疏，已著錄。是編以趙汸、顧炎武所補左傳杜注爲未盡，更爲訂正。其中得失互見。如襄公二十六年傳享子展賜之先路三命之服，先八邑；賜子產次路再命之服，先六邑。彤謂八邑六邑，其數少，乃司勳所云賞地，非采邑之加田，疏亦誤。今考司勳曰：凡頒賞地，參之一食，惟加田無國正。注曰：加田既賞之，又加賜以田，所以厚恩也。據此則是特以賞田有所未盡，更加以賞，未有賞田反少、加田反多者。今彤謂八邑六邑爲數少，當是賞地，則加田爲數當多矣，與周禮殊爲未合。蓋彤著周官祿田考，誤以大司徒注小都大都旁加之數卽爲司勳之加田，故今以子展、子產皆國卿，若受加田，則約得小都旁加四里。傳云八邑者，據注不過三十二井；云六邑者，不過二十四井，故疑其數少非加田，其實皆不然也。又如文公元年傳歸餘于終，彤謂積氣朔餘日以置閏在四季月，故曰歸餘於終。經傳所書閏月皆不得其正，惟昭公二十年閏八月，於夏時適爲閏六月，偶合耳。今考昭公二十年書春王正月，傳曰：二十年春王二月己丑，日南至。杜注謂當言正月己丑朔日南至，時史失閏，更在二月後，故經因史而書正月，傳更具於二月。疏謂歷之正法，往年十二月後宜置閏月，卽此年正月當是往年閏月，此年二月乃是正月。時史於往年錯不置閏，閏更在二月之後，傳於八月之下乃云閏月戊辰殺宣姜是也。注不言在八月後者，以正月之前當置閏，二月之後卽不可也。據此則是年八月置閏，正史官之失，彤反以爲偶合，亦非也。至如襄公二十八年傳令倍其賦，孔疏謂賞地之稅三分，王食其一，二入於王臣，此采邑貢王之數。然則諸侯之臣受采地者，亦當三分之一歸於公，言重倍其賦，當以三分而二入公。今考采邑貢王，大司徒注曰：采地食者皆四之一。百里之國凡四都，一都之田稅入于王；五十里之國凡四縣，一縣之田稅入于王；二十五里之國凡四甸，一甸之田稅入于王。其賞地貢王，則孔疏所引司勳注三分計稅，王食其一是也。然則采地、賞地貢數顯異，今孔疏於侯國采地之賦，不計四分之一而計三分之一，是誤以賞地爲采地矣。彤辨正其非，足闢相沿之謬。又如襄公二十五年傳賦車兵徒兵，杜注云：車兵，甲士。孔疏云：知非兵器者，上云數甲兵，下云甲楯之數，故知此謂人也。顧炎武謂執兵者之稱兵，自秦始，三代以上無之，凡杜之以士卒解兵者皆非。彤引隱公五年傳諸侯之師敗鄭徒兵，襄公元年傳敗其徒兵于洧上，云徒兵則不得謂非士卒矣，亦可以補正顧氏之失。雖未完之書，錄而存之，於讀左傳者亦有所裨也。

春秋地理考實四卷（安徽巡撫採進本）

國朝江永撰。永有周禮疑義舉要，已著錄。是編所列春秋山川國邑地名，悉從經傳之次。凡杜預以下舊說已得者仍之，其未得者始加辨證，皆確指今爲何地，俾學者按現在之輿圖，卽可以驗當時列國之疆域，及會盟侵伐之迹，悉得其方向道里。意主簡明，不事旁摭遠引，故名曰考實。於名同地異、注家牽合混淆者，辨證尤詳。如謂隱公元年傳費伯帥師城郎，其地在今魚臺縣，去曲阜二百里許；而九年經書城郎，及桓十年齊侯、衛侯、鄭伯來戰于郎，莊十年齊師、宋師次于郎者，別爲魯近郊地名，則公羊傳所謂吾近邑，左傳記公子偃自雩門出，先犯宋師，與哀十一年師及齊師戰于郊，檀弓作戰于郎者，皆無疑矣。僖公三十年傳燭之武見秦伯曰：許君焦瑕。杜預以焦瑕爲晉河外列城二邑，與傳所云晉惠公賂秦以河外列城之五，東盡虢略，南及華山，內及解梁者不合。永則謂之武所言，乃于河外列城舉焦，于內及解梁城者舉瑕，以該所許之邑。引水經注云：涑水西逕郇城，又西南逕解縣故城南，解梁卽斯城也；又西南逕瑕城，晉大夫詹嘉之故邑也云云。且考定郇城在解故城東北二十四里，瑕城在解西南五里，二地相距三十里許。杜預於成公六年絳大夫言郇瑕氏之地沃饒近鹽，合郇瑕爲一；於僖公十五年瑕呂飴甥，以瑕呂爲姓，皆失之。其訂譌補闕，多有可取。雖卷帙不及高士奇春秋左傳地名考之富，而精核則較勝之矣。

三正考二卷（編修勵守謙家藏本）

國朝吳鼐撰。鼐有易象約言、已著錄。春秋以周正紀時、原無疑義。唐劉知幾始有春秋用夏正之說。至宋儒泥行夏之時一言、遂是非蠭起。元李濂著夏周正辨疑、明張以寧著春王正月考、而經義始明。鼐復取兩家之說、節其繁冗、益以近儒所論、補所未備。駁胡氏蔡氏改月不改時及諸儒時月俱不改之說、以明左氏王周正月之旨。辨證極有根據。其中三正通於民俗一條、所引陳廷敬蔡德晉諸說、於三代諸書所紀年月差互之處、一一剖其所以然。更足以破疑似之見。雖篇帙無多、而引證詳明。判數百年紛紜轇轕之論、於經學亦爲有功矣。

春秋究遺十六卷（安徽巡撫採進本）

國朝葉酉撰。酉有詩經拾遺、已著錄。是編多宗其師方苞春秋通論、而亦稍有從違。其曰究遺者、蓋用韓愈贈盧仝詩春秋三傳束高閣、獨抱遺經究終始語也。於胡傳苛刻之說及公穀附會之例、芟除殆盡。於左氏亦多所糾正、乃往往并其事迹疑之。如開卷之仲子、謂惠公違禮再娶、以嫡禮聘之可也。酉必據此謂諸侯可再娶。則衞莊公於莊姜見在復娶於陳、陳之厲嬀、有娣戴嬀、其正名爲嫡可知。亦將據以爲諸侯之禮可竝建兩嫡乎。郎之戰距桓公之立已十年、酉乃謂三國來討弒隱公之罪。左傳周班後鄭之說爲誣。鄫季姬之事。左氏以爲歸寧見止、於事理稍近。公羊以爲使自擇配、已屬難據。酉乃斷爲季姬已許鄫子、而僖公悔婚。故季姬義不改適、私會鄫子。天王狩于河陽、左氏所傳必有所受、此正筆削之微旨。而酉以爲周王欲省諸侯殷見之費、自往就之。所傳仲尼之言不可信。皆未免鑿空。文公十二年之子叔姬與十四年之子叔姬、酉以爲孿生之女、已屬臆度。又以齊人所執之子叔姬爲舍之妻、傳誤以爲舍之母。又以宣公五年齊高固所娶之子叔姬卽以妻舍之子叔姬、竝非兩人。輾轉牽合、總以叔之一字不容有兩生義。不知女笄而字、不過伯仲叔季四文。益以庶長之孟、亦不過五。設生六女、何以字之。是知未笄以前、用名爲別。旣笄而字、字不妨復。因此而駁傳文、未免橫生枝節。莒人滅鄫、傳言恃賂。酉以爲襄公五年鄫已不屬魯、傳爲失實。而下文季孫宿如晉、又用傳晉以鄫故來討曰何故亡鄫之語。使鄫不屬魯、其亡與魯何關。亦爲矛盾。他如王不稱天、桓無王之說、因仍舊文、不能改正。而以趙岐孟子注曹交曹君之弟語、證左傳哀公八年宋人滅曹之誤。更爲倒置。然大致準情度理、得經意者爲多。其凡例中所謂變例特文、隱文闕文之說、亦較諸家之例爲有條理。他若據漢地理志辨戎伐凡伯之楚丘非衞地。據史記夷姜爲衞宣夫人、非烝父妾。據宣公三年經書春王正月郊牛之口傷、改卜牛、牛死乃不郊、辨魯不止僭祈穀之郊。若斯之類、亦時有考證。統核全書、瑕固不掩其瑜也。

春秋隨筆二卷（浣馬劉權之家藏本）

國朝顧奎光撰。奎光字星五、無錫人。乾隆乙丑進士。官瀘溪縣知縣。是編不載經文、但偶有所得則錄之、故名隨筆。其中如桓公會稷以成宋亂、成自訓平。其下取鼎納廟之事、所謂美始而惡終也。而奎光取劉敞之說、以爲成就其亂。春秋諱國惡。二百四十二年無此徑遂之筆也。公子翬之寵、自以翼戴之故。華氏之立、自以賂故。兩不相謀。而奎光謂立華氏爲翬之私、華氏立而翬遂命爲公子。夫國君樹其私人、豈必援鄰國之例。不立華氏、翬將終身不命乎。鄭滅虢檜、晉滅魏霍、其事舊矣。而奎光謂滅國自齊桓始、何不考也。紀叔姬歸於酅、自重叔姬之節。而奎光謂以酅存紀、是牽陳滅書陳災之傳。莊公之娶哀姜、奎光謂因其色美、已爲臆度之詞。而又謂莊公未聞好色。彼築臺以臨黨氏、割臂以盟孟任、非好色之明證歟。公子友敗莒于酈、奎光以爲與翬帥師、慶父帥師其專相等。此無論莒人責賂而來、居於必應之勢、非出軍疆外者比。且核以傳文、絕無專行之證、何所據而斷非君命也。子卒不書弒、自與隱公不書弒一例。而奎光以爲史臣之曲筆、豈春秋亦曲筆乎。敬嬴雨不克葬、自是適值其時。公羊以爲咎徵、已出附會。而奎光乃借以明天道、豈弒逆者葬必遇雨耶。且春秋以襃貶爲賞罰、不以果報爲勸戒、此非經義也。如斯之類、瑕纇蓋所不免。然如謂春秋例從義起、非義從例生。謂春秋有達例、有特筆、然亦須理會大處、不可苛細繳繞。謂春秋時天子僅守府、方伯亦失職、說者乃於小國見伐、責其不告、不足以服其心。謂春秋將以治世之無王者、而胡氏於宰咺歸賵則曰貶而書名。於榮叔歸含及賵則曰王不稱天。

如此則無王自春秋始矣。謂說春秋者自相矛盾。既云爲賢者諱。又曰責賢者備。既曰隱公爲攝。又曰桓公爲簒。何者爲是。皆深中春秋家苛刻迂謬之弊。故其所論多能得筆削之旨。奎光嘗撰然疑錄。所載說春秋諸條。與此相同。其爲先有此本。又編於然疑錄中。或先載錄中。又摘出別爲此本。均不可考。然然疑錄頗爲瑣雜。論其菁華。則已盡此兩卷中矣。

附錄

春秋繁露十七卷永樂大典本

漢董仲舒撰。繁或作蕃。蓋古字相通。其立名之義不可解。中興館閣書目謂繁露冕之所垂。有聯貫之象。春秋比事屬辭。立名或取諸此。亦以意爲說也。其書發揮春秋之旨。多主公羊。而往往及陰陽五行。考仲舒本傳。蕃露、玉杯、竹林皆所著書名。而今本玉杯、竹林乃在此書之中。故崇文總目頗疑之。而程大昌攻之尤力。今觀其文。雖未必全出仲舒。然中多根極理要之言。非後人所能依託也。是書宋代已有四本。多寡不同。至樓鑰所校。乃爲定本。鑰本原闕三篇。明人重刻。又闕第五十五篇及第五十六篇首三百九十八字。第七十五篇中一百七十九字。第四十八篇中二十四字。又第二十五篇顚倒一頁。遂不可讀。其餘譌脫。不可勝舉。蓋海內藏書之家。不見完本三四百年於茲矣。今以永樂大典所存樓鑰本詳爲勘訂。凡補一千一百二十一字。删一百二十一字。改定一千八百二十九字。神明煥然。頓還舊笈。雖曰習見之書。實則絕無僅有之本也。倘非幸遇

聖朝右文稽古。使已湮舊籍。復發幽光。則此十七卷者。竟終沈於蠹簡中矣。豈非萬世一遇哉。

案春秋繁露雖頗本春秋以立論。而無關經義者多。實尚書大傳詩外傳之類。向來列之經解中。非其實也。今亦置之於附錄。

右春秋類一百十四部。一千八百三十八卷。附錄一部。十七卷。皆文淵閣著錄。

案春秋三傳。互有短長。世以范甯所論爲允。甯實未究其所以然也。左氏說經。所謂君子曰者。往往不甚得經意。然其失也。不過膚淺而已。公羊穀梁二家。鉤棘月日以爲例。辨别名字以爲襃貶。乃或至穿鑿而難通。三家皆源出聖門。何其所見之異哉。左氏親見國史。古人之始末具存。故據事而言。卽其識有不逮者。亦不至大有所出入。公羊穀梁則前後經師。遞相附益。推尋於字句之間。故憑心而斷。各徇其意見之所偏也。然則徵實迹者其失小。騁虛論者其失大矣。後來諸家之是非均持此斷之可也。至於左氏文章。號爲富豔。殘膏賸馥。沾溉無窮。章沖聯合其始終。徐晉卿排比其對偶。後人接踵。編纂日多。而概乎無預於經義。則又非所貴焉。

欽定四庫全書總目卷二十九

欽定四庫全書總目卷三十

經部三十

春秋類存目一

左傳節文十五卷兵部侍郎紀昀家藏本

舊本題宋歐陽修編。明萬歷中刊版也。取左傳之文略爲删削。每篇之首。分標敘事議論詞令諸目。又標神品能品眞品具品妙品諸名。及章法句法字法諸字。前有慶歷五年修自序。序中稱胡安國春秋傳及眞德秀文章正宗。是不足與辨矣。

春秋道統二卷兩江總督採進本

是書僅分上下二卷。而鈔本細字乃八巨冊。不著撰人名氏。惟冠以乾道八年晉江傅伯成序。稱爲元祐間春秋博士劉絢質夫所作。考陳振孫書錄解題載劉絢春秋傳。無道統二字之名。文獻通考作十二卷。玉海作五卷。與二卷之數亦不合。又振孫稱所解明正簡切。而此本竝無解經之語。止鈔撮左氏傳閒及公穀國語及略採諸家一二條。且不特傳文多所删節。卽經文亦止摘錄一二字。如明代坊本之標題。宋人經說亦無此例。序中以何休學連爲八名。其陋已極。又稱後之有功於春秋者有杜預林堯叟。林堯叟乃在南宋中年。伯成此序作於南宋之初。何由得見。且杜林合注是明末坊閒所刻。伯成又何由以杜林竝稱乎。又伯成慶元初爲太府丞。寶慶初始加龍圖閣學士。此序既曰乾道八年壬辰。是時伯成方舉進士。何得先以龍圖閣學士結銜。譌謬種種。不可殫述。僞書之拙無過是矣。其卷首收藏諸印。亦一手僞造。不足信

也。

左氏君子例一卷、詩如例一卷、詩補遺一卷。內府藏本。

宋李石撰。石有方舟易學，已著錄。左氏春秋傳多有君子曰字，林栗指爲劉歆所加，其說無據。案栗說見經義考所引。石則以爲左氏傳有所謂君子曰者，又有稱仲尼孔子曰者，皆示後學以褒貶大法，聖人作經之意義，因錄爲例。凡君子七十三條，而以聖語三十二條附之，皆無所發明。又以左傳引詩不皆與今說詩者同，因取所載一篇一句，悉裒集而闡論之，以斷合於斷章取義之旨。凡一百六十八條，名曰詩如例。復采左傳所載箴詞歌謠三十八事，名曰詩補遺。於經義悉無大裨益。特當南北宋間正說春秋者掊擊三傳之時，而石獨篤志古學，爲足尚耳。舊載方舟集中，石門人劉伯熊合爲一編，題曰左氏諸例，實非石之舊名。今仍各標本目，其文則與方舟易學仍歸諸方舟集中，不更錄焉。

春秋通論二卷。兩江總督採進本。

舊本題曰宋人撰，不著名氏，諸家書目亦不著錄。其書統論周及列國大勢，推其興廢之由。周及魯齊晉宋衞鄭楚秦各爲一篇，吳越共爲一篇，皆捃拾舊文，爲事後成敗之論，每句隸事而各引傳以爲之注，其言膚淺，無所發明。

春秋握奇圖一卷。永樂大典本。

金利鑾孫撰。鑾孫字士貴，盱江人。前有自序，稱握奇圖者，春秋家之學也。二百四十二年而該之萬八千言，編年以爲經，而列五伯內外諸侯以緯之，縱取則年與事類，衡切則國之本末具在。乃各敘事略於其後，一覽而思過半矣云云。據其所言，則此書所重在於年表，今年表散佚，祇存其論，已非鑾孫著書之本旨，不足取矣。

春秋左傳句解三十五卷。兩淮馬裕家藏本。

元朱申撰。申有周禮句解，已著錄。是書惟解左傳，不參以經文，蓋猶用杜預以前之本。其一事而始末別見者，各附注本文之下，端委亦詳。惟傳文頗有刪節，是其所短。如隱公之首刪惠公元妃孟子一節，則隱桓兄弟之故何自而明哉。

春秋經疑問對二卷。永樂大典本。

元黃復祖撰。復祖字仲篪，廬陵人。元史仁宗皇慶三年復科舉法，漢人南人第一場明經經疑二問，大學論語孟子中庸內出題，經義一道，各治一經。元統以後，少變程式，易漢人南人第一場四書爲本經。復祖序云至正辛巳大科載復有經疑之條，卽元史志所謂變程式之時也。其書以經傳之事同辭異者求其常變，察其詳略，以經裁傳，以傳考經，以待學子之問，蓋亦比事屬辭之遺意。其大旨則專爲場屋進取而作，故議論多而義理則疎焉。

春秋合題著說三卷。永樂大典本。

元楊維楨撰。維楨字廉夫，號鐵崖，山陰人。泰定四年進士，初署天台尹，改錢清場鹽司令，轉建德總管府推官，擢江西儒學提舉，未及上而兵亂，遂不復仕，放浪於詩酒歌舞之間。明初命修禮樂書，旋以老病辭歸。事蹟具明史文苑傳。案宋禮部貢舉條式，崇寧貢舉令，春秋義題聽於三傳解經處出，靖康元年改，止用正經出題。紹興五年禮部議，春秋正經詞語簡約，比之五經爲略，問目所在易於周徧，往往州郡問目重複甚多，每遇程文，鮮不相犯。請仍聽於三傳解經處相兼出題。元史選舉志所載延祐條例，不言春秋出題之法。以維楨是書考之，蓋亦以經文易複，改爲合題，明制春秋合題之法，蓋沿元舊也。維楨自序曰：春秋正變無定例，故闗合無定題，筆削有微旨，故會通有微意。初學者不知通活法以求義，場屋中往往不得有司之意。今以當合題凡若干，各題著說，使推其正變無常，縱橫各出，以禦場屋之敵。又曰：學者因是而得其活法，則求經之微亦無出於此，不止決科之計。然其書究爲科舉而作，非通經者所尚也。

春秋透天關四卷。永樂大典本。

舊本題晏兼善撰，不著時代。據其兼及合題，是元人也。其書專爲場屋而作，義殊膚淺。如解元年春王正月云：若就春字正月上用工，則春者天之所爲，聖人紀人道之始，全以天道王道立說亦可云云，則一書之大指可知矣。

春秋四傳三十八卷。內府藏本。

不知何人所編，首載杜預何休范甯胡安國四序，次春秋綱領，述各家議論，次春秋提要，如周十二王魯十二公以及會盟戰伐之數，並撮舉大凡，次春秋列國圖說，次春秋二十國年表，次春秋諸國興廢說。凡經文之下，皆分注左氏公羊穀梁三傳，而胡傳則別爲標出，間加音注，別無發明參考之處。考元俞臯春秋集傳釋義大成，始於三傳之後附錄胡傳，吳澄序稱其兼列胡氏，以從時尚。而四傳之稱亦即見於澄序中。知胡傳躐躋三傳之列、自元初已然。此本驗其版式、猶爲元槧、蓋當時鄉塾讀本也。

麟經指南一卷、永樂大典本
不著撰人名氏。前有自序、署曰退修巷題。亦不詳何人也。序稱幼習是經、以舉進士爲業。投老山林、兵火之餘、先世遺書無復存者。閒因餘暇、條分大義、立題命意。凡可引用之語、各附於後、又閒引先儒破題。蓋元末鄉塾之陋本也。

春秋圖說、無卷數、浙江吳玉墀家藏本
不著撰人名氏。前列目百二十有二、始十二公年譜、終諸儒傳授。中閒列國世次、輿地山川名號、以及經傳所載名物典故、悉有圖有說。其年表皆鈔史記。其名號歸一圖、即馮繼先所撰、而分爲十九圖。至歲星入音西凶十六相諸圖、則又掇之五經圖中。春秋列國圖說、則摭自東坡指掌圖。又列鄭樵考定諸國地名、及敘國邑地同異說、敘山水同異說。大抵雜駁不倫、未見精核。卷首題曰春秋筆削發微考。楊甲六經圖中有春秋筆削發微圖、以此本互勘、一一相合。蓋掇取甲書春秋一卷、而攙以雜說、僞立此名。卷首有竹垞二字朱文印、蓋朱彝尊所藏、而經義考不著此名。是必後覺其贋託、棄之不錄、而所棄之本又爲吳氏所收耳。

春秋提要四卷、江西巡撫採進本
明饒秉鑑撰。秉鑑字憲章、號雯峯、廣昌人。正統甲子舉人、官至廉州府知府。朱彝尊經義考載秉鑑春秋會通十五卷、提要一卷。今按此書實四卷、與春秋會通另爲一書。彝尊蓋未見其本、故傳聞譌異。其書以春秋書時書月難於記誦、故錯綜而次序之、分十二公爲十二篇。先列經文於右、而總論其義於後。大旨以胡傳爲宗。

左觽一卷、通行本
明邵寶撰。寶字國賢、號二泉、無錫人。成化甲辰進士、官至南京禮部尚書、謚文莊。事蹟具明史儒林傳。是編乃其讀左傳所記、雜論書法及注解、然寥寥無多。蓋隨意標識於傳文之上、亦其簡端錄之類也。其中精確者數條、顧炎武左傳補注已採之。所遺者、其糟粕矣。

春秋經世一卷、安徽巡撫採進本
明魏校撰。校有周禮沿革傳、已著錄。是編名春秋經世者、蓋取莊子春秋經世先王之志語也。所注惟隱公一卷。其注多從左氏。然如公矢魚于棠、全錄臧僖伯諫詞。惟移傳末非禮也且言遠地也二句於傳首、此亦何需校鈔錄耶。閒有自出新意者。如謂紀子伯莒子盟于密、當作紀侯子帛、以子帛爲紀侯之名。又謂挾卒乃異姓之卿。則又皆杜撰之談矣。

春秋說志五卷、浙江吳玉墀家藏本
明呂柟撰。柟有周易說翼、已著錄。柟所著他書率篤實近理。惟此書務爲新說苛論。凡所譏刺、皆假他事以發之、而所書之本事反置不論。如以公及邾儀父盟于蔑、祭伯來、公及戎盟于唐、鄭人伐衛、衛人殺州吁、皆爲平王之罪。又如叔孫豹卒、謂經不書餓死、乃爲賢者諱。謂邾子來朝、以其知禮錄之。大抵褒貶迂刻、不近情理。至謂書季孫意如之卒爲見天道之左、則聖人併怨天矣。其失不止於穿鑿也。

春秋集要十二卷、浙江巡撫採進本
明鍾芳撰。芳字仲實、瓊山人。正德戊辰進士、官至戶部左侍郎。是書以集要爲名、故文殊簡略。中閒如謂春王正月爲建子、謂桓公三年書有年非紀異、謂襄公二十八年書衛侯衎非侯其改過、謂昭公元年書敗狄大鹵非譏毀車崇卒、與胡傳異者不過數條。餘大抵依回其說。甚至如僖公十七年夏滅項、胡傳誤以爲季孫者、亦因仍不變、無所短長。又多採董仲舒劉向劉歆災異之說、穿鑿事應。至以宣公八年之大旱爲十五年稅畝之由、事在七年之後、而應在七年之前、尤爲乖謬。其採用公穀月日之例、既多附會、而採用左傳、尤無體例。其最甚者、莊公二十年陳殺公子御寇下、忽注晉獻公患桓莊之族偪而士蔿譖去之十五字。僖公二十二年宋公伐鄭下、忽附錄被髮而祭於野、夷俗皆然十字。二十三年楚人伐陳下、忽附錄男女同姓、其生不蕃八字。此類不可殫數。其採用左氏義者、襄公四年叔孫豹如晉下、惟辨古自歌工歌二義。僖公九年會於葵丘下、責宰孔不當阻晉侯。成公五年梁山崩下、責伯宗之攘善。亦皆與經義渺不相關。陳烈序乃稱其擴前人之所未發、過矣。

春秋私考三十六卷、浙江汪啟淑家藏本
明季本撰。本有易學四同、已著錄。本不信三傳、故釋經處謬戾不可勝舉。如言惠公仲子非桓公之毋盜殺鄭三卿乃晉人使刺客殺之晉文公歸國非秦伯所納諸如此類皆無稽之談夫孫復諸人之棄傳特不從其褒貶義例而已程端學諸人之疑傳不過以所記爲不實而已未有於二千餘年之後杜撰事蹟以改易舊文者蓋講學家之恣橫至明代而極矣

春秋世學三十二卷（兩淮鹽政採進本）

明豐坊撰坊有古易世學已著錄是書自稱即其先世宋御史中丞稷之案斷而爲之釋義故曰世學然案斷之名宋人書目及宋史藝文志皆不著錄向來說春秋者亦所未聞其僞蓋無足辨也

左氏春秋鐫二卷（浙江巡撫採進本）

明陸粲撰粲有左傳附注已著錄是編乃其由工科給事中坐劾張璁桂萼謫都勻驛丞時途中所作皆糾正左氏議論之失亦柳宗元非國語之類然於左氏釋經之謬闢之可也至記事記言但各從其實事乖言謬咎在古人與紀載者無與也亦謂之鐫左則非其罪矣甚哉其固也

春秋讀意一卷（浙江汪啟淑家藏本）

明唐樞撰樞有易修墨守已著錄其論春秋以爲不當以褒貶看聖人祇備錄是非使人自見蓋以救宋儒穿鑿之失然謂春秋字字褒貶固爲偏論謂春秋竟無褒貶則敷十特筆亦灼然不可誣也讀者知其矯枉之意可矣

春秋錄疑十六卷（浙江范懋柱家天一閣藏本）

明趙恒撰恒字志貞晉江人嘉靖戊戌進士官至姚安府知府是書本胡氏傳而敷衍其意專爲科舉而設故經文可爲試題者每條各於講義之末總括二語如制藝之破題其合題亦附於後標所以互勘對舉之意

春秋國華十七卷（兩淮馬裕家藏本）

明嚴訥撰訥字敏卿常熟人嘉靖辛丑進士官至武英殿大學士謚文靖事蹟具明史本傳是書以春秋所書周及列國之事分隸其國而仍以魯十二公之年編之雜採三傳附於經下亦閒及國語史記諸書其甥陳瓚序稱訥請沐三月而成是書則潦草編排取盈卷帙玄但鈔錄舊文無所發明考證矣

春秋四傳私考十三卷（兩淮鹽政採進本）

明徐浦撰浦字伯源浦城人官監察御史是書舉左氏公穀胡傳之異同衷以己意於胡傳之深刻者多所駁正持論頗平允然每就事論事不相貫串如宋公和卒謂不書葬以示褒不知外諸侯經皆書卒也又凡浦無所論斷之條皆不存經之原文似乎刪削聖經亦非體制

左傳注解辨誤二卷（江蘇巡撫採進本）

明傅遜撰遜有左傳屬事已著錄是編皆駁正杜預之解間有考證而以意推求者多視後來顧炎武惠棟所訂未堪方駕前有古字奇字音釋一卷乃左傳屬事之附錄裝緝者誤置此書中頗淺陋無可取後附古器圖一卷則其孫熙之所彙編亦勦襲楊甲六經圖無所考訂也

左氏討一卷左氏論一卷（江蘇巡撫採進本）

明馮時可撰時可有左氏釋已著錄是書前有自序稱先爲左氏討繼爲左氏釋後爲左氏論其釋則訓詁爲多討與論則皆評其事之是非不知分爲二書以何別其體例也然所討論皆以意爲之往往失於迂曲如謂陽虎之攻季氏爲必受命魯君是眞信其張公室也豈春秋書盜爲曲筆乎故今惟錄左氏釋而二書則附存其目焉

春秋翼附二十卷（浙江汪啟淑家藏本）

明黃正憲撰正憲有易象管窺已著錄是書大旨以胡安國傳未免過於刻覈因博採舊聞自唐孔穎達以下悉爲折衷於明世諸家則多取山陰季本私考金壇王樵輯傳二書今觀其所論如謂尹氏卒爲吉甫之後非即詩家父所刺者仲孫蔑會齊高固於無婁地非牟婁亦閒有考證然核其大體則未能悉精確也

春秋諸傳辨疑四卷（浙江范懋柱家天一閣藏本）

明朱睦㮮撰睦㮮有易學識遺已著錄是編凡一百八十八條明史藝文志著錄卷數與此本相合然與睦㮮所撰五經稽疑中說春秋者文竝相同據睦㮮五經稽疑自序蓋此書先成別本行世後乃編入五經稽疑中今五經稽疑已別著錄則此本無庸複載故附存其原名備考核焉

春秋以俟錄一卷（兩淮馬裕家藏本）

明瞿九思撰九思字睿夫黃梅人萬歷癸酉舉人爲知縣張維翰所誣構謫戍塞下張居正援之得釋後薦授翰林待詔不赴詔有司歲廩給之終其身事蹟具明史文苑傳是書多穿鑿附會之談如十二公配十二月二百四十年配二十四氣之類

皆迂謬不經。與洪化昭周易獨坐談皆明儒之行怪者也。

春秋疑問十二卷（浙江巡撫採進本）

明姚舜牧撰。舜牧有易經疑問、已著錄。是書不盡從胡傳、亦頗能掃諸家穿鑿之說、正歷來刻深嚴酷之論。視所注諸經、較多可取。而亦不免於以意推求、自生義例。如列國之事、承告則書、左氏實爲定說。舜牧於宿男卒不書名、既云告不以名矣。乃於鄭伯克段則曰此鄭事也、魯春秋何以書。見鄭莊處母子兄弟之間、忍心害理、凡友邦必不可輕與之。此一語專爲後日渝平歸祊、助鄭伐宋起、非謂此事極大、漫書於魯之春秋也。是不考策書之例、但牽引經文、橫生枝節。至於解紀季姜歸京師、謂自季姜歸後、周聘不復加於魯。乃知以前三聘特在謀婚。此無論別無確據。即以年月計之、三聘之首、是爲凡伯、其事在隱公九年、距祭伯之逆十四年矣。有天子求婚、惟恐弗得、謀於十四年之前者乎。此併經文亦不能牽合矣。說經不應如是也。

春秋匡解六卷（浙江巡撫採進本）

明鄒德溥撰。德溥有易會、已著錄。是書專擬春秋合題、每題擬一破題。下引胡傳作注、又講究作文之法。蓋鄉塾揣摩科舉之本。德溥陋必不至是、疑或坊刻僞託耶。

春秋直解十五卷（浙江汪啟淑家藏本）

明郝敬撰。敬有周易正解、已著錄。是編前有讀春秋五十餘條。其言曰、今讀春秋、勿主諸傳先入一字。但平心觀理、聖人之情、恍然自見。蓋即孫復等廢傳之學而又加甚焉。末二卷題曰非左、凡三百三十餘條、皆摘傳文之紕繆。其中如費伯城郎、駁左氏非公命不書之誤、其說甚辨。公爲天王請糴於四國、不書者諱之也、其說亦有理。凡此之類、不可謂非左氏諍臣。至於曲筆深文、務求瑕釁。如論賓媚人稱五霸一條、不信杜預豕韋昆吾之說、必以宋襄楚莊足其數、而謂五霸之名非其時所應有。如此之類、則不免好爲議論矣。

讀左漫筆一卷（編修程晉芳家藏本）

明陳懿典撰。懿典字孟常、秀水人。萬歷壬辰進士。官至中允、乞假歸。崇禎初、起爲少詹事、不赴。此書蓋其讀左傳時隨筆漫記、凡二十七條。嘉禾徵獻錄載懿典有讀左史二卷、此即其讀左一卷也。大抵如時文評語。如開卷石碏殺州吁一條云、石碏誘州吁離窟穴而執之、大是高識。又如孟僖子知孔子一條云、孟僖子能知夫子、且能稱其上世、而知後有達者、可謂具隻眼人。此類亦何須贅論也。

春秋闡義十二卷（浙江汪啟淑家藏本）

明曹學佺撰。學佺有易經通論、已著錄。是書朱彝尊經義考注曰未見、蓋不甚傳。大抵捃摭舊文、無所闡發。

麟經統一篇十二卷（浙江巡撫採進本）

明張杞撰。杞字成夫、湖州人。萬歷丁酉舉人。官福清縣教諭。其書不載經文、惟以經文之可作試題者、截其中二三字爲目、各以一破題括其意。即注胡傳於下。後列合題數條、亦各擬一破題、并詮注作文之要。其體又在講章下矣。

春秋麟寶六十三卷（浙江汪啟淑家藏本）

明余敷中撰。敷中不知何許人。是書成於萬歷乙卯。全錄左國公穀之文於經文之下。左國則錄其全。公穀則除其複。國語事有在春秋前者、別爲首卷於前。無所訓釋、亦無所論斷。前有萬歷乙卯自序、言夫子獲百二十國寶書作春秋、而絕筆於獲麟、故曰麟寶。其命名取義、殆於札闥鴻休矣。

春秋續義發微十二卷（兩淮馬裕家藏本）

明鄭良弼撰。良弼字子宗、號肖巖、淳安人。萬歷中舉人。此編取胡安國傳所未及者、拾遺補闕、續明其義。一步一趨、皆由安國之義而推之、故其得失亦與安國相等。朱彝尊經義考載良弼有春秋或問十四卷、存疑一卷、並續義三卷、俱云未見。今此本分十二卷、與所記卷數不符、殆彝尊以傳聞誤載歟。

春秋心印十四卷（兩江總督採進本）

明鄭鉌撰。鉌、上海人。萬歷中由貢生官青田縣訓導。是編取林堯叟春秋句解中所爲提要而推廣其門目。依類摘取經傳、疏列其下、雜引諸儒之說而附以己意。前列春秋總論十二篇、語多凡陋、率以私意窺測聖人。其體例尤爲複沓。如莊元年王使榮叔來錫桓公命、列於錫命類。定十四年天王使石尙來歸脤、列周歸脤類。而五始類中皆載之。桓十一年柔會宋公陳侯蔡叔盟于折、既列盟類、又入會類。僖九年九月戊辰盟于葵丘、亦列盟類、又入殊盟類。舛互殆不勝舉。其凡例末一條、云書成之時、夢齊桓公晉文公各持一單、單開七事、相揭諭子、若謝而辭之意。貫而思之、咎開單七事者、二十七十四也。卷完十四、其義已盡、以示不必再錄。又隆慶初輯通史聚精八十卷、亦夢文公朱先生慰余曰、余綱目甚覺煩冗、子能爲我刪葺、深愜我意、故玆致謝。語殊怪妄、是又與吳與弼日錄之故智矣。

春秋左翼四十三卷、浙江汪啟淑家藏本、

明王震撰。震字子省、烏程人。其書繫傳於經文之下、凡先經起義、後經終事者、悉撮爲一。左傳中稱號不一者、皆改從經文稱名。有經無傳者、采他書補之。前後編次、亦間有改易。案朱彝尊經義考有王氏春秋左翼、不著撰人名氏、亦不載卷數。而所錄焦竑之序、與此本卷首序合。當卽此書也。

春秋衡庫三十卷、浙江吳玉墀家藏本、

明馮夢龍撰。夢龍字猶龍、吳縣人。崇禎中由貢生官壽寧縣知縣。其書爲科舉而作、故惟以胡傳爲主、雜引諸說發明之。所列春秋前事後事、欲於經所未書、傳所未盡者、原其始末。亦殊昏雜。

別本春秋大全三十卷、內府藏本、

明馮夢龍撰。是書雖以春秋大全爲名、而非永樂中官修之原本。其體例惟胡安國傳全錄。亦間附左傳事蹟、以備時文捃摭之用。諸家之說、則僅略存數條。其凡例有云、大全中諸儒議論、儘有勝胡氏者。然業已宗胡、自難竝收、以亂耳目。是不亦明知其謬而爲之歟。

春秋四傳通辭十二卷、浙江巡撫採進本、

明陳士芳撰。士芳字清佩、海寧人。是書采輯左氏公羊穀梁胡氏四傳、削其繁冗。其左氏傳之不附經文者、咸刪汰無遺。亦間附己意於其下。因董仲舒有春秋無通辭、隨變而移之語、遂題曰通辭、以明義例之有定。然名曰四傳、實則依附胡氏、無所異同。名曰考校經文、去取三傳、實則合胡氏者留、不合胡氏者去、未嘗以經正傳也。

春秋左傳典略十二卷、江蘇巡撫採進本、

明陳許廷撰。許廷字靈茂、海鹽人。萬歷中諸生、以薦授兵部司務。其書每一公爲一卷、皆摘取左氏中單文隻字之可資考核者、證以他書、繁稱博引、以詭麗爲宗、不專主於疏通經義。然就其所論、亦往往失之穿鑿。如衞懿公好鶴、則取浮邱公之言、秦人歸𧧐、則指爲漢輿之讖。多未免於蕪雜也。

春秋揆一卷、浙江汪啟淑家藏本、

明黃道周撰。道周有易象正、已著錄。是書以天人之故、若表之於晷景。春秋以天治人、故以揆名書、通爲一篇。其說謂揆者晷也、表晷也。日南則其晷陰、日北則其晷陽。揆之則於其景也。宣公之三年、景中也。僖公之十七年而景乃南、襄公之十年而景乃北。景南者極近、景北者極遠。又謂春秋之紀二百四十有二、其三之八十有一、兩之一百二十。自文王受命之年、以至仲尼之沒、參之而得七、兩之而得五。文王以四千三百二十年爲春秋、仲尼以三千六百年爲春秋、五文王之春秋、有五文王者出。六仲尼之春秋、有六仲尼者出。十一大聖人者、以行其二統、而天地爲再開闢云云。蓋以皇極經世之學說春秋、自三傳以來、未之前聞。卽邵子亦未發此義也。道周禮記諸傳、雖不必盡當於本旨、而借經抒論、於人事猶有所裨。此則眞無用之數學。不能以道周之故、曲爲之說矣。

春秋實錄十二卷、浙江吳玉墀家藏本、

明鄧來鸞撰。來鸞字繡靑、宜黃人。天啟壬戌進士、官至武昌府知府。是編專爲科舉而作。故其凡例曰、春秋從胡、凡左與胡齮者必削、定是非也。又曰、春秋左傳惟有關經題者載之、從簡便也。其書可不必問矣。

春秋纂、無卷數、山西巡撫採進本、

明朱之俊撰。之俊有周易纂、已著錄。是書大抵隨文生義、罕所根據。如成風請救須句、乃婦人左袒母家之常態、遽以繼絕美之。如斯之類、所見頗淺。又如芮伯萬母事、引隋獨孤后以責其妬、與經義了不相關。至於災異必推事應、尤多穿鑿。

麟旨定、無卷數、浙江汪啟淑家藏本、

明陳于鼎撰。于鼎字爾新、宜興人。是書成於崇禎庚午。以麟字代春秋字、命名已陋。又但標擬題、各以一破題爲式、而略爲詮釋於下。卽在舉業之中、亦爲下乘矣。

春秋三書三十二卷、副都御史黃登賢家藏本、

明張溥撰。溥有詩經注疏大全合纂、已著錄。是書第一編曰列國論、凡二十四卷。第二編曰四傳斷、凡七卷。第三編曰書法解、凡一卷。同時徐汧張采爲之序。采又有例言、稱列國論中尚闕雜國一題、四傳斷中僖公闕十餘年、文公全闕、襄公以下亦全闕。采間爲補之。書法解爲目多端、僅成一則。溥

與宋倡立復社，聲氣交通，蔓延天下，爲明季部黨之魁。其學問則多由涉獵，未足專門。其所撰述，惟漢魏六朝一百三家集蒐羅放佚，採摭繁富，頗於藝苑有功。然在當時，止與梅鼎祚文紀諸書齊驅並駕。較之楊慎、朱謀㙔考證，已爲少遜矣。至於經學，原非所擅長。此書爲未成之本，亦別無奧義。采等以交游之故，爲掇拾補綴而刊之，實不足以爲溥重也。

春秋說三十卷、附錄三卷、（山東巡撫採進本）

明王震大撰。震大字幼章，合肥人。崇禎丁丑進士。是書雜採諸說，斷以己意，而本於卓爾康辨義者爲多。其首爲諸家考，敘古來春秋家及所著書。次爲經傳大旨，輯諸家議論之與己合者。次紀傳輯周及列國事蹟，分析經文，各以類從，而附以時義地義論。次爲春秋總義。次比事四十二則，自跋附焉。總爲三卷，弁於首。次乃詮釋經文，分十二公爲三十卷。朱彝尊經義考不載，蓋此本爲震大孫雲龍所錄，未及刊版故也。震大以春秋本魯史原文，孔子修之，蓋筆削史文以見義，非變史文以起義。自說經者不舉大義，而求之名字爵號日月及會盟之類以爲義例，蓋昉於公穀，盛於胡氏。詮說愈繁，而經學愈亂。故著是書以破諸家之言書法者。然春秋固本魯史，其閒亦有聖人特筆。如天王狩于河陽，左傳具述改修之義，坊記所引魯春秋，公羊傳所引不修春秋，及甯殖所稱載在諸侯之策者，揆之聖經，有同有異。欲駁一字襃貶之說，而謂聖經僅魯史之節文，未免矯枉而過直。其說經亦多臆斷。如解尹氏卒，云公穀謂譏世卿，繫矣。欒郤韓范世專晉，七穆世專鄭，曷爲不譏，而特譏王朝大夫乎。夫外大夫卒，例不見經，春秋何由譏之耶。解肆大眚，云文姜罪惡通天，歿後必有陰禍，莊公肆眚，爲之求福免罪耳。不知春秋時浮屠之教未入中土，何得有罪福之說。解鄭棄其師，云此高克怨辭。夫克一逋臣，豈能以其事徧赴列國。杜預所謂克狀其事以告魯者，本無確證，何得遽斷爲據。克之言。又比事中解城築一條，云邑書城，臺館囿書築。城，土功也，故須築。南門、雉門書作，木功也，故須作。夫南門雉門豈竟不須土功。且兩觀何以亦書作也。凡此皆隨意生文，不爲典要。至其紀傳敘事，並始於隱元年，訖於哀十四年。其中止云某事書於經，某事不書。又自齊晉以下，皆以魯公年數紀年，卽周本紀亦然。是屈天王之正朔，就侯國之紀年。經解史裁，蓋兩無所當矣。其諸家考中升胡傳於西漢諸儒之前，已爲無識。卷後又自識云，呂大圭、灌甫、趙企明、姜廷善未詳。案灌甫，明宗室朱睦㮮字。已見考中，而遽忘之。呂大圭字圭叔，南宋末人，所著有春秋或問及五論。企明，宋趙鵬飛字，所著有春秋經筌。廷善，明姜寶字，所著有春秋事義考。而震大俱曰未詳，是卽此數家，尚未窺全帙。甚至引杜預集解，亦稱之爲杜疏，尤爲無據。蓋所見未博，故議論多而考證少也。

春秋義三十卷、（江蘇周厚堉家藏本）

明顧懋樊撰。懋樊有桂林點易丹，已著錄。是書朱彝尊經義考云未見。前有懋樊自序，稱以胡傳爲宗，參之左氏、公穀三家，佐以諸儒之說。今觀其書，直敷衍胡傳爲舉業計耳。未嘗訂正以三傳，亦未訂正以諸儒之說也。

鍾評左傳三十卷、（內府藏本）

是編爲毛晉汲古閣所刻，惟錄杜預左傳集解，較坊本兼刻林堯叟注者，特爲近古。然綴以鍾惺評點，改其名爲鍾評左傳，殊爲蛇足。惺撰詩歸，別開蹊徑，尚能成一家之言。至於詁經，則非其所長也。

春秋左傳評注測義七十卷、（浙江吳玉墀家藏本）

明凌稚隆撰。稚隆字以棟，烏程人。是書詮釋左傳，以杜預注爲宗，而博採諸說增益之。其於左氏之不合者，亦閒有辨正。又取世次、姓氏、地名、諡號、封爵，標於卷首，以便檢閱。然皆冗碎不足觀。朱彝尊經義考作七十卷，浙江通志作三十卷。此本與彝尊所記合，知通志爲傳寫誤矣。

麟傳統宗十三卷、（浙江巡撫採進本）

明夏元彬撰。元彬本名彪，字仲彂，德清人。其書餖飣成編，漫無體例。隱公之前，冠以國語十數條，以志周東遷始末。蓋仿馮夢龍春秋衡庫爲之，而疏略尤甚。經文之下，或錄左氏，或取公穀國語隸之，或標傳名，或不標傳名。其附錄者，或有附字，或無附字。端緒茫然，猝難究詰。又如費伯之注誤在盟唐之下，楚殺公子側傳上忽注云出宋楚平傳。衛州吁弒君下祇載詩綠衣一章，並無他注。壬午大閱，全錄周官中春教振旅以下四則，亦不置一詞。如是者指不勝屈。文震孟序乃稱其得於經術者深亦可異矣。

春秋因是三十卷（浙江巡撫採進本）

明梅之熉撰。之熉字惠連，麻城人。是編專爲春秋制義比題傳題而作。每題必載一破題，而詳列作文之法。蓋舊制以春秋一經可命題者不過七百餘條，慮其易於弋獲，因而搿爲合題。及合題之說紛紜淆亂，試官舉子均無定見，於是此類講章出焉。夫信傳不信經，先儒以爲詬厲，猶爲三傳言之也。至於棄置經文而惟於胡傳之中推求語氣，以行文，經已荒矣，其弊也。又於胡傳之中摘其一字兩字，牽合搭配，以聯絡成篇，則併傳亦荒矣。此類講章，皆經學之蟊賊，本不足錄。特一以見場屋舊制，所謂比題傳題者，其陋如此，並非別有精微；一以見明季時文之弊，名爲發揮經義，實則割裂傳文，於聖人筆削之旨，南轅北轍。均可以爲炯鑑，故附存其目，爲學春秋者戒焉。

春秋三傳衷考十二卷（浙江巡撫採進本）

明施天遇撰。天遇字昌辰，武康人。是編雖以三傳爲名，實以胡傳爲去取。凡胡傳所駁，槩從刊削，故所存僅三傳之事蹟。又雜引詩書禮記及國語之文以足之。特取備時文之捃摭而已。

春秋左傳地名錄二卷（浙江巡撫採進本）

明劉城撰。城字伯宗，貴池人。是編前列國名，後列地名，各以十二公時代爲序。地名之下各有注，少僅一二字，多亦不過六七字。蓋隨手集錄，姑備記誦，無所考正。視後來高士奇、江永二家之書，不及遠矣。

春秋五傳平文四十一卷（內府藏本）

明張岐然編。岐然字秀初，錢塘人。其書採左傳、公羊傳、穀梁傳、胡安國傳，而益以國語。國語亦稱春秋外傳，故謂之五傳。曰平文者，明五傳兼取，無所偏重之義也。其自序曰：嘗與虞子仲皜泛覽春秋七十二家之旨，蓋鮮有不亂者。及觀近時經生家之說，殆不可復謂之春秋。究其弊，率起於不平心以參諸家，而過尊胡氏。久之，惟知有胡氏傳，更不知有他氏。又久之，惟從胡傳中牽合穿鑿，併不知有經。此所謂亂之極也云云。考胡安國當高宗之時，以春秋進講，皆準南渡時勢以立言，所謂喪欲速貧，死欲速朽，有爲言之者也。元明兩代，時異勢殊，乃以其源出程子，遂用以取士，已非安國作傳之初意。元制兼用三傳，明制兼用張洽傳，蓋亦陰知胡安國之多僻，而補救其偏。永樂中修春秋大全，襲用汪克寬纂疏，乃專尊胡傳，又非延祐、洪武立法之初意。然胡廣等之大全，雖偏主一家，傷於固陋，猶依經立義也。其後剽竊相仍，棄經誦傳，僅摘經文二三字以標識某公某年，迨其末流，傳亦不誦，惟約略傳意，標一破題，轉相授受而已。蓋又併非修大全之初意矣。岐然指陳流弊，可謂深切著明，故其書皆參取四傳以救胡傳之失。雖去取未必盡當，要其鍼砭俗學，破除錮習，於春秋不爲無功。惟五傳皆具有成編，人所習誦，不待此刻而傳，故取其衞經之意，而不復錄其書焉。

春秋年考一卷（浙江巡撫採進本）

不著撰人名氏。後有自跋，稱初成於天啟甲子，重訂於崇禎辛未，自署曰天畸人。有三小印，一曰三戟，一曰仲先，一曰且止菴居。不知爲何許人也。其書仿史記十二諸侯年表之例，以年爲經，以國爲緯，各書大事於年下。然體例頗爲叢雜。如周爲第一格，平王四十九年稱宰咺來賵仲子，此內魯之詞，當繫之魯，不當繫之周也。至五十九年稱武氏子來魯求賻，則稱來似內魯，稱魯又似外魯，更無體例矣。又瓦屋之盟列之於晉，則排纂有譌。晉獲秦諜，增晉伐秦字，則事實或誤。均不足以爲據。

欽定四庫全書總目卷三十

欽定四庫全書總目卷三十一

經部三十一

春秋類存目二

春秋程傳補二十卷（浙江汪啟淑家藏本）

國朝孫承澤撰。承澤有尚書集解、已著錄。是編以程子春秋傳非完書、集諸儒之說以補之。其詞義高簡者重為申明、闕略者詳為補綴。書成於康熙九年。按伊川春秋傳、宋史藝文志作一卷。陳亮龍川集有跋云、伊川先生之序此書也、蓋年七十有一矣、四年而先生歿。今其書之可見者纔二十年。陳振孫書錄解題云、略舉大義、不盡為說。襄昭後尤略。考程子春秋傳序作於崇寧二年、書未定而黨論興、至桓公九年止。門人閒取經說續其後、此陳亮所謂可見者二十年也。是書桓公九年以前全載程傳、十年以後以經說補之。經說所無者採諸說補之。中取諸新安汪克寬纂疏者居多。纂疏即明代春秋大全所本、其書堅守胡安國傳、則仍胡氏之門戶而已。未必盡當程子意也。又所補諸傳皆不出姓氏、於原文亦多所芟改。其桓公九年以前程子無傳者亦為補之。則是自為一書、特託名於程子耳。考陳亮跋有云、先生於是二十年之閒、其義甚精、其類例甚博。學者苟優柔饜飫、自得於意言之表、不必惜其闕也。然則何藉承澤之補乎。

左傳統箋三十五卷（浙江汪啟淑家藏本）

國朝姜希轍撰。希轍字二濱、餘姚人。明崇禎壬午舉人。國朝官至奉天府府丞。此書循文衍義、所據者特杜預林堯叟孔穎達三家、參以朱申句解。其所引證、又皆不標所出、猶沿明季著書之習。

春秋家說三卷（湖南巡撫採進本）

國朝王夫之撰。夫之有周易稗疏、已著錄。是書前有自序、稱大義受於其父、故以家說為名。其攻駁胡傳之失、往往中理、而亦好為高論、不顧其安。其弊乃與胡傳等。如文姜之與於弒、夫之謂不討則不免於忘父、討之則不免於殺母。為莊公者、惟有一死而別立桓公之庶子。庶子可以申文姜之誅。不知子固無殺母之理、即桓之庶子亦豈有殺嫡母之理。視生母為母而視嫡母為非母、此末俗至薄之見。可引以斷經義乎。閔公之弒、夫之謂當歸獄於慶父、不當歸獄於哀姜。哀姜以母戕子、與文姜不同、不得以人爵壓天倫。此亦牽於俗情、以常人立論。不知作亂於國家、即為得罪於宗廟。唐武后以母廢中宗、天下譁然而思討。君子不以為非。彼獨非母子乎。首止之會、定王世子、所以消亂端於未萌。世子非不當立、則不得謂之謀位。諸侯非奉所不當奉、則不得謂之要挾。夫之必責以伯夷叔齊之事、則張良之羽翼惠帝、何以君子不罪之乎。如此之類、皆以私情害大義。其他亦多詞勝於意。全如論體、非說經之正軌。至於桓公元年、無端而論及人君改元宜建年號之類。連篇累牘、橫生枝節、於春秋更無關矣。

春秋傳註三十六卷（浙江吳玉墀家藏本）

國朝嚴啟隆撰。啟隆字爾泰、烏程人。前明諸生。其說謂孔子欲討陳恆而不得、故作春秋以戒三家。不始惠公而始隱公者、以隱有鍾巫之難、特託以發凡。不終於陳恆簡公之事、而終以獲麟者、欲以諱而不書、陰愧三家之心。又謂春秋治大夫、非治諸侯。以三十六君之事為經、而其餘為緯。以文公以前為賓、而以後為主。經之義當明、緯之義可以不問。主之義當明、賓之義可以不問。又謂春秋一字一句皆史舊文、聖人並無筆削。其意蓋深厭說春秋者之穿鑿、欲一掃而空之。而不知矯枉過直、反自流於偏駁也。

春秋論二卷（江蘇巡撫採進本）

國朝嚴殼撰。殼字佩之、無錫人。前明諸生。是書凡九十九篇。每篇略如袁樞紀事本末之例、標舉事目、類聚經文於前、而附論於下。其體在經義史評之閒。而持論嚴酷、又頗傷輕薄。其莊公忘父讎一篇云、王姬之卒、文姜之幸也。不然、何以奪新婚之宴而復敘淫奔之好也。文姜數數與齊侯享會、是又莊公之幸也。不然、安得結懽於齊侯而有狩獵之馳驟、衛伋之弋獲也。是豈儒者說經之體耶。

春秋正業經傳刪本十二卷（江蘇周厚堉家藏本）

國朝金甌撰。甌字完城、一字寧武、秀水人。是書專為舉業而設、以胡傳為主。凡經文之不可命題者、皆刪去之、極為誕妄。又上格標單題合題等目、每題綴一破題、而詳論作文之法、與經義如風馬牛之不相及。其目本不足存。然自有制藝以來、坊本五經講章如此者不一而足。時文家利於剽竊、較先儒傳注轉易於風行。苟置之不論不議、勢且蔓延不止、貽患於學術者彌深。故存而闢之、俾知凡類於此者，皆在所當斥焉。

春秋傳議四卷（山東巡撫採進本）

國朝張爾岐撰。爾岐有周易說略，已著錄。是書意在折衷三傳，歸於至當。然發明胡傳之處居多，猶未敢破除門戶。同時有樂安李煥章爲爾岐作傳，云著春秋傳議，未輟而卒。今此本闕略特甚，蓋未成之稾，而好事者刻之也。

學春秋隨筆十卷（浙江巡撫採進本）

國朝萬斯大撰。斯大有儀禮商，已著錄。斯大嘗編纂春秋爲二百四十二卷，燬於火。其後更自蒐輯，以成此書。其學根柢於三禮，故其釋春秋也，亦多以禮經爲根據。較宋元以後諸家空談書法者，有殊。然斯大之說經，以新見長，亦以鑿見短。如解閔二年吉禘於莊公，謂四時之祭惟禘特大，故又曰大事。王制天子犆礿祫禘祫嘗祫烝，三祫中惟禘特大，故又曰大祫。先儒因傳八年宣八年定八年皆有禘，推合於三年一禘，惡知傳宣定八年之禘皆以有故而書，非謂惟八年乃禘，六年七年與九年皆不禘也。今考禮緯三年一祫，五年一禘，公羊曰五年而再殷祭，是五年而一祫一禘也。公羊必非無據，斯大謂每年皆祫，即以時祭爲祫祭，蓋襲皇氏虞夏每年皆祫之說，而不知皇氏固未嘗以時祭爲祫祭。王制曰：天子犆礿、祫禘、祫嘗、祫烝。諸侯礿犆、禘一犆一祫、嘗祫、烝祫。注謂天子先祫而後時祭，諸侯先時祭而後祫。如謂禘烝嘗即是祫，則與祫無分先後，何以經文於天子先言祫而後言禘烝嘗，於諸侯先言禘烝嘗而後言祫耶？又禘一犆一祫，疏謂諸侯當夏禘時，不爲禘祭，惟一犆一祫而已。皇氏謂諸侯夏時若祫則不禘，若禘則不祫，俱謂時禘不與祫竝行也。若時禘即是祫，則經文又何以云禘一犆一祫耶？至於謂四時之祭，夏禘爲大，故曰大事；又曰大祫，尤爲牽合穿鑿。周禮司勳曰：凡有功者銘書于王之大常，享于大烝。禮記祭統曰：內祭則大嘗禘。是嘗烝亦得稱大矣，烏得執一大字，獨斷爲夏禘也。又祔而作主，特祀于主，烝嘗禘于廟。斯大謂祔于祖廟，主不復反于寢，引黃宗羲之說，謂祥禫則于祖廟特祭新死者，不及皇祖，故云祭于主。烝嘗禘則惟及皇祖，不及新死者，故云于廟。今考鄭元士虞禮注：凡祔已，主復于寢。說最精確。大戴禮諸侯遷廟曰：徙之日，君元服，從者皆元服，從至于廟。盧辯注：廟謂殯宮也。其下又曰：奉衣服者至碑，君從，有司皆以次從，出廟門，至于新廟。據此，則遷廟以前，主在殯宮明矣。鄭注謂練而遷廟，杜注謂三年遷廟，若卒哭而祔之後，主常在廟，則于練及三年又何得更自殯宮遷主乎？又引王廷相之說，謂遷廟禮出廟門至于新廟，是自所祔之廟而至新廟。今考喪服小記：無事不辟廟門。注曰：廟，殯宮。雜記曰：至于廟門，不毀牆，遂入適所殯。凡以殯宮爲廟，見於經傳者甚多。其以大戴禮出廟門之廟爲祔廟，由不知殯宮之亦名廟也。又考禮志云：更釁其廟，則必先遷高祖于太廟，而後納祖考之主。又候遷祖考于新廟，然後可以改釁故廟，而納新祔之主。是新主祔于祖廟，即遷于祖廟甚明。謂自所祔之廟遷于新廟，則是祔者一廟，遷者又一廟矣，與禮志全悖。斯大乃襲其說，而反攻鄭元及朱子，尤誤。又成元年三月作丘甲，斯大謂車戰之法，甲士三人，一居左以主射，一居右以主擊刺，一居中以御車，閒有四人共乘者，則謂之駟乘。魯畏齊強，車增一甲，皆爲駟乘，因使一丘出一甲。今考春秋傳叔孫得臣敗狄于鹹，富父終甥駟乘，在文十一年，則是成元年以前魯人已有駟乘矣。其不因此年三月令丘出一甲，始爲駟乘，可知。又考襄二十三年傳齊侯伐衞，燭庸之越駟乘，然則駟乘者豈特魯乎？謂魯畏齊始爲駟乘，尤屬臆測。又成十年齊人來媵，左氏曰：同姓媵之，異姓則否。故杜注謂書以示譏。斯大襲劉敞之說，謂諸侯得以異姓媵。今考公羊曰：諸侯娶一國，則二國往媵之，以姪娣從之。白虎通曰：備姪娣從者，爲其必不相嫉妒也。不娶兩娣何？博異氣也。娶三國何？廣異類也。又周語曰：王御不參一族。韋昭注：參，三也。一族，一父子也。故取姪娣以備三，不參一族之女。據此，則是同姓異族者得媵也。若異姓得媵，則周語當云不參一姓，不得云不參一族矣。至以仲子爲惠公嫡配，孟任爲莊公元妃，以叔姬歸于紀爲歸于紀季，則尤不根之論，全憑意揣者矣。

春秋志十五卷（河南巡撫採進本）

國朝湯秀琦撰。秀琦有讀易近解，已著錄。是書爲表者八：曰春秋事蹟年表，曰春秋大綱年表，曰天王年表，曰十二伯主年表，曰魯十二公年表，曰列國年表，曰經傳小國年表，曰列國卿大夫世表。爲書法者四：曰書法精義，曰書法條例，曰書法比事，曰書法遺旨。表以考事，書法以考義也。考南史稱司馬遷作表，旁行斜上，體仿周譜。蓋以端緒參差，恐其昏亂，故或國經而年緯，或國緯而年經，使一縱一橫，絲牽繩貫，雖篇章隔越，而脈絡可尋。秀琦所作八表，惟列國年表不失古法。其餘年表但以字之多少，每半頁分爲數格，橫讀之成文，縱讀之卽不相貫。半頁以外，則格數寬狹多寡互異，併橫讀亦不可通。其經傳小國年表，列國卿大夫世表，或半頁之中，一行之內，參差界畫，各自爲文，更縱讀橫讀皆不相屬，烏在其爲年表也。書法精義皆依遵胡安國之文，書法條例亦剽竊崔子方之式。惟書法比事，謂有順文上下以爲比者，有分別事類以爲比者。如方有天王之事，而遽會蟲牢，著其無王。楚滅江，而晉伐秦，譏其不救。既伐邾而公如齊，則侵小附強可知。介再朝而後侵蕭，則求援舉兵可知。如斯之類，皆順文上下，以見褒貶。其說爲沈棐諸家所未及。又書法遺旨，自抒己論，雖不免閒有騎牆，而駁正處時有特見，其長亦不可沒耳。蓋秀琦之說，本可分繫經文之下，共爲一書，而必欲變例見奇，多分門目，轉致重複糾結，治絲而棼，亦可謂不善用長矣。

春秋備要三十卷〈江蘇周厚堉家藏本〉

國朝翁漢麐撰。漢麐字仔安，常熟人。其書以胡傳爲主，亦節錄左氏以明事之本末。至於書之上闌標破題，下闌標合題，則全非詁經之體矣。

春秋類義折衷十六卷〈浙江巡撫採進本〉

國朝王芝藻撰。芝藻有大易疏義，已著錄。是書以左氏、公羊、穀梁、胡傳爲主，亦閒採程子及臨川吳氏、廬陵李氏諸家以爲之注。其自出己見，則加臆解二字以別之。後附總論二十條。書成於康熙三十五年。自序稱公羊襲取穀梁之書而續爲之，其說不知所據。大旨謂左傳可信者十之四，不可信者十之六。公羊亦多繆戾，惟穀梁猶不失聖門之舊。前有自題口號云：自讀春秋四十年，只如聾動對青天。遍求深考流傳義，始覺先儒多誤傳。其命意所在，可槩見矣。

春秋疏略五十卷〈河南巡撫採進本〉

國朝張沐撰。沐有周易疏略，已著錄。是書以經文爲魯史，以左傳爲孔子所作，謂孔子取魯史尊之爲經，而以不可爲經者挨年順月附錄經左，命之曰左傳。異哉斯言，自有經籍以來，未之聞也。

春秋類考十二卷、春秋疑義一卷〈兩淮鹽政採進本〉

國朝華學泉撰。學泉字天沐，無錫人。順治中布衣。其書取春秋大事分八十八門，以類排比，每事之下，附以諸家之注，閒綴己說。大旨崇尚宋儒，尤多主胡傳。其疑義一卷，則專抒類考中未盡之蘊。然有無庸疑而疑者，如謂司馬法一甸五百一十二家而出兵車一乘，甲士步卒七十五人，若萬二千五百人爲軍，當八萬五千三百家而後足一軍之數。天子六鄉止七萬五千家，不能供一軍，不知一甸五百一十二家出七十五人，此采地出軍之法也。每一家卽出一人者，鄉遂出軍之法也。天子六軍出自六鄉，不出自采地。六鄉以七萬五千家而出七萬五千人，何患不足六軍之數。學泉混二法而爲一，宜其疑也。如此之類，頗爲失考。近時顧棟高著春秋大事表，體例亦略仿此書，而大致皆不出宋程公說之春秋分紀。疑二人皆未見公說書也。

春秋輯傳辨疑〈無卷數，直隸總督採進本〉

國朝李集鳳撰。集鳳字翽升，山海衞人。今其地爲臨榆縣。集鳳嘗官洛陽縣丞。畿輔通志稱其淹貫羣籍，尤善春秋。彙先儒注解，討辨詳核，歷三十年，凡四易稾，然後成書六十五卷，名曰春秋辨疑。此本細字密行，凡五十二巨冊，不分卷帙，蓋猶其未編之稾。以紙數計之，當得一百餘卷。通志所言似未確也。其書所載經文皆從胡傳，而三傳之異同則附錄之。未免信新本而輕古經。說經則事多主左，義多主胡，故並尊之曰左子、胡子。比擬亦爲不類。其諸家所解，則臚列而參考之。徵引浩博，辨論繁複，殆有堯典二字說十四萬言之勢焉。

春秋惜陰錄八卷〈兩江總督採進本〉

國朝徐世沐撰。世沐有周易惜陰錄，已著錄。是編於經義刻意推求，而往往失之迂曲。如春王正月，知斷斷不能稱夏正，而必回護其說，謂冠之以春，正見周正之不善，言外見行夏時之意。至經末春西狩獲麟，亦謂春爲夏之冬，蓋終以夏時之意。經必一時無事，乃空書首月，以備天道。其二月、三月有事，則正月可以不書，此通例也。而於定公元年春王三月，晉人執宋仲幾于京師，蓋因穀梁氏發傳於春王二字之下，故注疏家斷春王二字別爲一條，其文實與三月相貫。世沐見其別爲一條，遂謂無君不可書正月，故但書春王二字。聖人有是書法乎。鄭伯克段則謂鄭莊謀逐其弟魯當討之聖人書此與討陳恆同義是爲臣討君綱常倒置矣。紀履緰來逆女則疑魯喪制未滿不應嫁女聖人用以示譏考是時距隱公卽位已二十二月踰年改元之前不知其已經幾月安見惠公之卒不在前一年之春夏乎。其他節外生枝率皆此類又自襄公二十二年以後每年必增書孔子事夫左傳書孔子卒二傳紀孔子生先儒已以爲非禮以先師家牒年譜增入國史之中殆於周有二王魯有兩公尊聖人者不宜尊以所不受也。

春秋蓄疑十一卷陝西巡撫採進本

國朝劉蔭樞撰蔭樞有大易蓄疑已著錄是編以治春秋者信傳而不信經故於經文各條下列三傳及胡氏傳爲案而以己意斷其得失於胡傳尤多駁正頗能洗附會穿鑿之習而或併左傳事實疑之則師心太過矣。

春秋集解十二卷附校補春秋集解緒餘一卷春秋提要補遺一卷浙江汪啟淑家藏本

國朝應撝謙撰撝謙有周易集解已著錄是書節錄三傳及胡安國傳參證諸家之說而以己意折衷之前有自序末附校補春秋集解緒餘一卷則其門人錢塘淩嘉邵所補輯也凡撝謙之說稱曰應氏而嘉邵之說則退一格以別之皆摘論經中疑義又附春秋提要補遺一卷如軍賦祭祀等事分門類紀不書撝謙姓氏當亦嘉邵所著歟。

春秋遵經集說二十六卷兩淮鹽政採進本

國朝邱鍾仁撰鍾仁字近夫崑山人康熙戊午應博學鴻詞老不與試

特賜中書舍人其凡例稱是編本述孟子朱子說經之義故冠二子之說於簡端其集說則兼取諸家然其書瑕瑜互見如春王正月之說自張以寧以後辨析已無疑義乃仍以夏時謬論反覆支離又如荆敗蔡師于莘以蔡侯獻舞歸乃以爲志楚之強所以旌將來齊桓之功凡此之類多不足據其他如叔孫得臣卒一條以不日爲闕文而以胡安國之從公羊爲非許世子止一條用歐陽修之說而證以蔡景公之書葬凡此之類亦閒有可取然統核全書瑜究不掩其瑕也。

春秋條貫篇十一卷浙江巡撫採進本

國朝毛奇齡撰奇齡有仲氏易已著錄初康熙乙丑奇齡充會試同考官分閱春秋房舊制春秋一單題二雙題一脫經題是時初罷脫經題其雙題猶未罷案合題罷於乾隆初奇齡與監試御史論雙題不合因舉及經之條貫必出於傳語案此杜預之說奇齡以爲經文自有條貫不待於傳乃排比經文標識端委使自相聯絡以成此書大致用章沖類事本末之意惟沖類傳而奇齡則類經沖於傳有去取奇齡於經則十二公事仍其舊第但以事之相因者移附首條之下又每條各附論說以闡發比事屬詞之義耳其以隱公三年四月尹氏卒六年春鄭人來輸平十一年冬十有一月壬辰公薨三條爲一貫蓋據金履祥通鑑前編之說以尹氏爲鄭尹氏然尹氏非卿其卒例不見經與叔肸之以公弟書者不同似巧合而實附會是爲不當合而合至於隱公元年三月公及邾儀父盟于蔑七年秋公伐邾桓公十有七年二月丙午公會邾儀父盟于趡秋八月及宋人衞人伐邾其閒邦交離合事亦相因而歸單簡是爲不當分而分以其體例而論既於經文之首各題與某事相因則何不仍經文舊第而逐條標識其故脈絡亦自可尋又何必移後綴前使相陵亂奇齡說春秋諸書頗有可觀惟此一編則欲理之而反棼之殆無取焉。

春秋大義無卷數湖北巡撫採進本

國朝張希良撰希良字石虹黃安人康熙乙丑進士官至翰林院侍讀學士是編前有自序謂善說經者莫若康侯私心竊有所未滿者聖心忠恕刻則離聖心簡直曲則離聖心明白而正大纖則離左氏卽未親見聖人亦必竊窺魯史公穀二氏得之傳聞難以依據康侯據二氏以駁左亦未爲盡得故一本左氏錯綜當時之事勢平心以想聖人之心而名字人爵時日諸例概所不取其持論甚確然如文公四年甯俞來聘謂以納饘貨醫而書昭公十七年郯子來朝謂以仲尼學官而紀宣成公三年之孫良夫襄公元年之公孫剽七年之孫林父盡屬衞之君子而春秋書來朝者四十皆因孔子之問乎此又過執左氏以經外附錄之事橫生議論者也至宣公八年之公子遂卒夫人嬴氏薨謂八月之內同登鬼錄有陰奪其魄者春秋之法論是非不論禍福以是立義所見彌淺矣。

春秋參義十二卷浙江巡撫採進本

國朝姜兆錫撰兆錫有周易本義述蘊已著錄是書

仍以胡安國傳爲宗。其所必不安者、亦閒有附論一二。然必援朱子。蓋恐人議其異於胡氏、故稱朱子以正之。猶之書經參義恐人議其異於蔡氏、亦必稱朱子以正之也。故卷首有綱領三十三條、於孔孟之說題曰特標。於諸儒題曰彙輯彙錄。惟於朱子語錄六則題曰遵錄。其宗旨可以概見云。

春秋事義慎考十四卷、江蘇巡撫採進本

國朝姜兆錫撰。其書凡上中下三考、共十二卷、而附以考前考後各一卷。考上曰紀時、曰系名。考中曰正位、曰大婚、曰喪紀、曰祀典、曰賦稅、曰工役、曰軍旅、曰蒐狩、曰刑法、曰朝聘之屬、曰會盟之屬、曰侵伐之屬、曰歸遺之屬、曰徵求之屬、曰告假之屬、曰取竊之屬、曰遊觀之屬、曰奔執之屬、曰歸入之屬、曰削亡之屬、曰弑殺之屬、曰災荒之屬、曰變異之屬。考下曰事詞通義、曰事同書異、曰書同文異、曰釋文明義、曰隱文存義、曰省文約義、曰互文推義、曰單文錯義、曰闕文、曰衍文、曰誤文。考前曰聖經本末、曰列傳本末、曰王侯邦國、曰王侯世系、曰庶邦雜服、曰伯功本末、曰聖治本末。考後曰傳有經無。每條皆分析辨論、大旨主于羽翼胡傳。然春秋一書、古今聚訟、胡氏曲爲之解、已多牴牾。兆錫復從而割裂分配、彌繁瑣而失當也。

公穀彙義十二卷、浙江巡撫採進本

國朝姜兆錫撰。其書以公穀二傳主於發義、與左傳主於紀事者不同。且左氏失誣、其事文與義不待言。至二傳中有混其文以害義者、有泥其文以害義者、並有竄其文而事與義俱害者。惟正終以正始、貫道不貫惠之屬、固卓乎道義之權衡、聖哲之軌範也。故擇之宜愼焉。因彙編二傳異同之處、別白其是非。而左氏發例釋經之文亦附見焉。於三家褒貶之例、無所偏主、頗足以資參考。較兆錫所註諸經似爲可取。然春秋事蹟、二傳多據傳聞、左氏所述則皆據簡策。兆錫駁二傳之事蹟、往往併左氏而駁之、則終不出宋人臆斷之學也。

春秋義疏、無卷數、檢討蕭芝家藏本

國朝蔣家駒撰。家駒有尚書義疏、已著錄。是書以胡傳爲藍本、而稍以己意更正之。然終不出胡傳苛刻之習。或自出新意、又往往未安。如謂孝公惠公賢未著、隱爲賢君、是以託始。且稱隱親親而尊王、睦鄰而守禮。夫讓桓可謂親親、若平王葬而不會、凡伯聘而不報、可謂尊王乎。無駭入極、翬伐鄭、伐郳、敗宋、可謂睦鄰乎。易祊於鄭、矢魚於棠、可謂知禮乎。後文每事示譏、而開卷極詞稱善、是自相矛盾也。宰咺歸仲子之賵、左氏但云子氏未薨耳。家駒謂以仲子爲夫人、惠公宜死、仲子亦宜死、故天王并賵以示意、是以車馬之錫爲灰釘之賜、諷使仲子自裁也、有是情事耶。

春秋指掌三十卷、前事一卷、後事一卷、內府藏本

國朝儲欣、蔣景祁同撰。欣字同人、康熙庚午舉人。景祁字京少。皆宜興人。是書於三傳及胡氏傳外、多取馮夢龍春秋指月、春秋衡庫二書。蓋科舉之學也。末附春秋前事一卷、皆國語之文。後事一卷、備錄左傳小邾射來奔以下諸事、亦用馮氏之例。

春秋詳說、無卷數、河南巡撫採進本

國朝冉覲祖撰。覲祖有易經詳說、已著錄。是書大旨、事蹟多取左傳、而論斷則多主胡傳。閒有與胡傳異同者、如胡傳以惠公欲立桓爲邪心、隱公探其邪心而成之。覲祖則謂父之令可行於子、子之孝不當拒乎父、依泰伯夷之事觀之、不可以爲逆探其邪心。使桓不弑而隱終讓、可不謂之賢君。其論頗爲平允。又如於孔父之死、則駁杜孔從君於非之說、於滕子來朝、則從杜孔時王所黜之說。亦時時自出己意。然徵引諸家、頗傷蕪漫。又略於考證、而詳於議論。如夏正周正、累牘連篇、卒不得一言之要領。而莊公元年王使榮叔來錫桓公命傳、則又謂聖人筆削、寧爲深求、不可泛視。存此意以說春秋、宜失之穿鑿者多矣。

宋元春秋解提要、無卷數、左副都御史黃登賢家藏本

國朝黃叔琳編。叔琳有研北易鈔、已著錄。是編雜採宋元諸家之說、而不加論斷。前有總論凡例、亦皆採集舊文。卷首有自注脫落未寫者四十二條。書中亦多空白。蓋與其宋元易解提要均未竟之稿也。

或菴評春秋三傳、無卷數、江西巡撫採進本

國朝王源撰。源字崑繩、號或菴、大興人。康熙癸酉舉人。是書本名文章練要、分六宗百家。六宗以左傳爲首、百家以公羊傳穀梁傳爲首。然六宗僅左傳有評本、百家亦惟評公羊穀梁二傳而已。經義文章、雖非兩事、三傳要以經義傳、不僅以文章傳也。置經義而論文章、末矣。以文章之法點論而去取之、抑又末矣。眞德秀文章正宗始錄左傳、古無是

例，源乃復沿其波乎。據其全書之例，當歸總集，以其僅成三傳，難以集名，姑仍附之春秋類焉。

春秋鈔十卷（江西巡撫採進本）

國朝朱軾撰。軾有周易傳義合訂，已著錄。是編不全載經文，但有所論說者，標經文為題，而註某年於其下。其敘雖稱惟恪守胡傳，閒有詞旨未暢及意有所未安者，始妄陳管窺之見。然駁胡傳者不一而足。如春王正月，即駁夏時之說；伯姬歸于紀，即駁諸侯親迎之說；州吁弒其君完，即駁不稱公子為責君之說；桓公宣公書有年，即駁變異之說；諸侯盟于幽，即駁首叛盟之說；楚宜申來獻捷，即駁當力拒楚使上告天王之說；齊人侵西鄙公追齊師，即駁書人見示弱書師見伏衆之說；陽處父救江，即駁責晉不合諸侯之說；齊人弒其君商人，即駁歸罪國人之說；楚子圍鄭，即駁嘉楚討賊之說；新宮災，即駁神主未入哭為非禮之說；甯喜弒其君剽，即駁廢立之說；叔孫豹會虢，即駁尚信之說；公如晉至河乃復，即駁從權適變之說；暨齊平，即駁暨為不得已之說；季孫意如會厥慭，即駁力不能加之說；盜殺衛侯之兄縶，即駁歸獄宗魯之說；從祀先公，即駁出于陽虎之說。如斯之類，不可殫數。所謂恪守胡傳，蓋遜詞耳。至於攻擊左傳，則頗傷臆斷。如以鄭叔段餬口四方為詭詞，謂段果出奔，鄭莊豈置之不問。以戎伐凡伯于楚丘以歸為凡伯忍辱而自歸，非戎挾之以去。以楚執蔡世子有用之，為猶後世執蓋行酒之類，斷無殺而用祭之理。以哀公八年宋執曹伯陽為未嘗滅曹。擯之古書皆無佐證，核以事理亦未盡安。他如以成宋亂之說，從劉敞而駁杜預。然聖經之意，正以始於義而終於利兩節相形，其事婉而章耳。如直書先公之助亂，暴揚國惡，春秋無此法也。許叔入許，責其不告於王。不知乘隙復國，機在呼吸，往返告王，不衣冠而救焚溺乎。召陵之役，不聲楚僭王之罪，自以王樵之說為定，而必謂苟以去王號責楚，迫於大義，當無不從，似非當日之事勢。至首止之會，責王世子不能為伯夷、泰伯，抑又強天下以所難矣。其持論大旨，往往類此。雖駁胡傳，實仍在胡傳門徑之中。不及所作周易傳義合訂遠矣。

春秋比事目錄四卷（江蘇巡撫採進本）

國朝方苞撰。苞有周官集注，已著錄。苞既作春秋通論，恐學者三傳未熟，不能驟尋其端緒，乃取其事同而書法互異者，分類彙錄，凡八十有五類。然宋沈棐、元趙汸皆已先有此著。沈書僅有鈔本，趙書亦近日始刊行。苞在康熙中，二書未出，故不知而為此屋下之屋，猶之顧棟高未見程公說書，乃作春秋大事表也。

春秋三傳纂凡表四卷（兩淮馬裕家藏本）

國朝盧軒撰。軒字六以，海寧人。康熙己丑進士，官翰林院編修。其書以三傳所言書法之例，彙而為表。經文直書為經，傳文橫書為緯。凡分三格，以左氏居上格，公羊居中格，穀梁居下格。皆但列舊文，而於其同異是非不加考證。蓋軒欲作三傳擇善一書，故先纂此表，以便檢閱，尚未及訂正其得失也。

左傳拾遺二卷（直隸總督採進本）

國朝朱元英撰。元英字師晦，上元人。康熙己丑進士。是書摘取左傳一百一十事，為文一百一十有一。蓋仿東萊博議之體。惟博議多闡經義，此則頗訂傳文耳。然好出新意，亦往往失之過苛。如桓公十七年冬十月朔日有食之，傳曰不書日，官失之也。元英則以不日為特筆，譏左氏不知聖人之意。襄公二十九年吳季札請觀周樂，歌小雅，有周德之衰一語，元英以為訓詁之失，而引九章算法，謂差分為衰分。其說皆不能確也。

春秋說十二卷（山西巡撫採進本）

國朝田嘉穀撰。嘉穀有易說，已著錄。是書以胡傳為主。三傳有為胡傳所採者，亦附錄之。胡傳所引事實，則依春秋大全小注錄之。卷首兼論作文之法。蓋其書專為舉業而設，至於遣調鍊詞，皆入凡例，與說經之體遠矣。

春秋義十五卷（山西巡撫採進本）

國朝孫嘉淦撰。嘉淦字錫公，興縣人。康熙癸巳進士，官至吏部尚書、協辦大學士，諡文定。嘉淦以春秋一書，比事屬詞，經本甚明，無藉於傳，乃盡去各傳，反覆經文，就事之前後比而屬之，尋其起止，通其脈絡，其事俱存，義亦可見。至日月名氏爵諡之閒，則不復為之穿鑿。然大抵以公羊常事不書之說為根本，於春秋本旨未能盡愜。後自覺其失，旋燬其版。此猶其初刊時所印行云。（語詳楊方達春秋義補註條下。）

春秋集傳十卷（湖南巡撫採進本）

國朝李文炤撰。文炤有周易本義拾遺，已著錄。是書大旨宗胡傳而稍採諸說，變其面貌，往往曼延於經義之外。如解元年而牽及改元，已爲旁文。又因改元而深譽前明十三帝之不改元，不更蛇足乎。衛桓書葬，是爲據事而筆，諸毋乃牽及衛侯不當謚桓，謂以著衛人之私。然則凡葬必書謚，以何者別其非譏耶。許世子不嘗藥，引張氏之說，謂其必用砒霜鍛之不熟，已屬臆揣；又責以不能窮理居敬，去本事不太遠乎。是但知拾五子之緒言，而未嘗知三傳之古義者耳。

左傳杜註補義一卷（山西巡撫採進本）

國朝蘇本潔撰。本潔字幼清，常熟人。康熙癸巳舉人，官興化府知府。是編因顧炎武左傳杜解補正有所未盡，乃作此以補之。多推求文句，體味語意，而罕所引據考證，故名曰補義。前有康熙庚子陶貞一序，稱本潔原本兼補林堯叟注義，貞一爲刪之。知所據者坊刻杜林合注之本，非注疏本也。

左傳姓名考四卷（江蘇巡撫採進本）

國朝高士奇撰。士奇有左傳地名考，已著錄。是編蓋與地名考相輔而行，然體例龎雜，如出二手。如不論嫡妾，皆謂之夫人，已於篇首發例，而於齊乃別出悼公妾季姬一條；有世系者從其世系，不論歲月，亦於篇首發例，而晉平鄭父、平豹、巫臣、邢伯皆不相隨，楚伯州犂、吳伯嚭仍系之晉，楚管修仍系之齊，而巫臣之子乃不系之楚；魯婦人戴己、楚婦人鬬伯比妻、齊婦人棠姜、陳婦人夏姬、宋婦人蕩伯姬之類，各出一條，而他國皆不載；僖負羈下旁注一妻字，尤不畫一。魯君女紀伯姬、莒君女、江芈之類，亦各出一條，而他國不載；秦女簡璧、衛孔伯姬併列之夫人條中，尤爲舛謬；周石速以勝夫列之大夫，晉優施、寺人披、豎頭須，竝以賤役列之士；許叔名見於傳，削之不載；滕、薛、杞、莒皆自爲篇，而虢公、虞公、紀侯、隨侯皆儼然躬桓之班，乃與潞子嬰兒、介葛盧等併爲一篇。其他顛倒雜亂，自相矛盾者，幾於展卷皆然，不能徧數。其委諸門客之手，士奇未一寓目乎。

春秋測微十三卷（浙江巡撫採進本）

國朝朱奇齡撰。奇齡字與三，號拙齋，海寧人。康熙中貢生。是書前冠以王朝列國世次族系一卷，經文則一公爲一卷。其說多主胡傳，而稍糾其刻酷過當之論。然胡傳之所未及，而奇齡從而鍛鍊者亦復不少。大旨以意揣量，據理斷制，而不信左氏之事實，故往往不考典制，不近情理。如左氏稱聲子爲繼室，此娣姪之名，而奇齡見今人繼妻稱繼室，遂謂聲子爲嫡妻，而隱公爲嫡子，稱其當立。胡傳指滅項爲季氏，已爲不考；然尚無主名。奇齡遂歸獄於行父，以執政在文公之世者，移之僖公之世，如斯之類，皆失之不考。至於葬衛桓公一條，謂桓之爲謚，不宜加於衛完，閔其未有失德，不忍加以惡謚，故春秋因之。然則儻有失德，孔子當爲改惡謚乎。戎伐凡伯一條，在衛地，乃責魯失於防送，以境外之事責之主人。然則凡有使臣，皆當大具甲卒，衛入本國而後返乎。以此說經，恐非筆削之旨也。其所自信，在於以經解經，然說刺公子買一條，言魯無殺大夫者，惟此一事，則未檢成公十六年又刺公子偃也。其說刺公子偃一條，謂刺者非明正其罪而隱殺之之謂，則又未檢刺買一條經書不卒戍，刺之，傳亦稱以不卒戍說於楚，固明正其罪也。是亦難言以經說經矣。

春秋三傳同異考一卷（浙江巡撫採進本）

國朝吳陳琬撰。琬字寶崖，錢塘人。其書取三傳人名地名相異及事之不同者，各著於篇，又辨別三傳義例得失，而斷以己意。

春秋左傳事類年表一卷（浙江鮑士恭家藏本）

國朝顧宗瑋撰。宗瑋字廷敬，吳江人。其書每一年爲半頁，橫分十格：一曰周，二曰魯，三曰列國，四曰災異，五曰郊祀，六曰朝聘，七曰會盟，八曰征伐，九曰城築，十曰土田。各以經文散書其內，而傳文爲經所不載者亦附見焉。據其凡例，尚有三傳異同一卷、春秋通例一卷、春秋稽疑一卷、春秋參同一卷、春秋提要發明一卷、春秋圖譜一卷、春秋箋釋一卷、春秋餘論一卷，今皆未見，蓋非完書也。

左繡三十卷（通行本）

國朝馮李驊、陸浩同編。李驊字天閑，錢塘人。浩字大瀛，定海人。是編首載讀左卮言、十二公時事圖說、春秋三變說、列國盛衰說、周十四王說。書中分上下二格，下格列杜預經傳集解及林堯叟左傳解。杜解悉依原文，林解則時多刪節；又摘取孔氏正義及

國朝顧炎武左傳補正二書與杜氏有異同者，附於其後，別無新義。上格皆載李驊與浩評語，則竟以時文之法商榷經傳矣。

春秋剩義二卷（江西巡撫採進本）

國朝應麟撰。麟有易經粹言，已著錄。是編亦摘經文標題而各爲之說。其論春王正月，以爲夫子行夏之時，改周正朔。大端已失，其他亦皆陳因之論。

春秋義存錄十二卷（浙江巡撫採進本）

國朝陸奎勳撰。奎勳有陸堂易學，已著錄。是編力破春秋一字褒貶之說，頗能掃公穀拘例之失與宋儒深刻嚴酷之論。而矯枉過直，謂孔子全因舊史之文，然則所謂筆削者安在，所謂其義竊取者又安在。況公羊著不修春秋之文，左氏記河陽書狩之語，去聖未遠，必有所受，舉一二節可例其餘。乃謂除此數條之外，悉因魯國之成書，然則必如倪思之班馬異同，字字著原本改本，郭茂倩之樂府詩集，篇篇分本詞入樂，而後信爲孔子有所修改耶。其疑胡傳而信左氏，亦足破以經解經之空談。而乃別出新奇，欲以孔子之言解春秋。凡一切子書緯書所引，不問眞僞，一概闌入，已爲蕪雜。至於其文與春秋無關，如莊公八年齊無知一條，引坊記曰子云君不與同姓共車一節；又引文言傳積善之家一節，註曰衆前條之義爲齊傳言也，後條之義爲齊襄言也。似乎孔子一生無一語不因春秋而發者，有是理耶。至於僖公二十年杞子卒一條，引論語子曰夏禮吾能言之一節，以合於左傳夷禮之說，而又註宋杞稱子，左傳以爲經夷之，不若穀註時王所黜之說爲善，是併駁孔義矣。全書大抵類是，皆務高求勝之過也。

春秋筆削微旨二十六卷（陝西巡撫採進本）

國朝劉紹攽撰。紹攽有周易詳說，已著錄。是編採公穀二傳附會之說，與孫胡諸家臆斷之論，彙爲一書，而更以己意穿鑿之。大旨惟以名字月日爲褒貶，而掊擊左氏尤力。其說謂左氏不過敘事，於經義毫無發明，不知有事迹而後有是非，有是非而後有褒貶。但據書字爲褒矣，其所以褒之故，紹攽能研求其字而知之乎。但據書人爲貶矣，其所以貶之故，紹攽能研求一人字而知之乎。如宰咺歸惠公仲子爲貶，設無左傳，何由知仲子爲妾而貶之。齊高子來爲褒，設無左傳，何由知爲高傒存魯而褒之。幸藉傳而知其事，又諱所自來，以傳爲不足據，是何異迷途之人藉人爲導，得途之後，鞭其人而逐之乎。

春秋通論五卷（陝西巡撫採進本）

國朝劉紹攽撰。是書與所著筆削微旨相爲經緯，而往往循文數衍，罕所發明。如桓三年日有食之既一條，云春秋日食三十六，隱之食者一，桓文成食者各二，僖宣定食者各三，莊之食者四，襄之食者九，昭之食者七。其中食既者三，此及宣八年七月，襄二十四年七月，皆變之甚者。又莊十五年鄭人侵宋一條，云外書侵五十有七，始於此，終哀十三晉魏曼多侵衞。書伐二百一十三，始隱二年鄭人伐衞，終哀十三公子申伐陳。天下之無道甚矣。僖十九年邾人執鄫子用之一條，云用人者二，此年用鄫子，昭十一年楚執蔡世子有用之。其虐爲已甚矣。夫日食之爲災，侵伐之爲無道，殺人以祭之爲虐，亦何待贅言乎。

空山堂春秋傳十二卷（通行本）

國朝牛運震撰。運震有空山堂易傳，已著錄。是編說經不信三傳，動相駁難，蓋宋劉敞孫復之流。由其記誦淹通，足以濟其博辨，故異論往往而生也。

春秋管見（無卷數，奉天府尹採進本）

國朝魏樞撰。樞有東易問，已著錄。是書雜採春秋三傳及胡傳之文，亦以己意附註於後。然大抵用意苛深，不出胡氏之門徑。其自出新意者，尤往往乖舛。如春秋魯史，以魯紀年，故正月書王，以明有統。樞乃擅改經文，以周紀年，以魯附註，是但知竊襲通鑑綱目之例，而不知以周紀年，則正月書王爲複，與僞本元經既書某帝某年，又書帝正月者同一失矣。哀公十四年春西狩獲麟，自當以獲麟爲重。樞乃謂冬獵曰狩，經雖絕筆於十四年之春，而實則十有三年之冬。不沒其春者，所以奉正朔而大一統之尊，必終於冬者，所以明天道而順四時之序，蓋隱寓行夏時之意。是又節外生枝，屈孔子以就己說矣。如斯之類，比比而然，皆不足爲訓也。

春秋義補註十二卷（江蘇巡撫採進本）

國朝楊方達撰。方達有易學圖說會通，已著錄。初，孫嘉淦作春秋義，大旨祖胡安國之說，後漸悟其非，旋自燬版（案嘉淦自燬其版事，見此書凡例第三條中）。方達嘗受知於嘉淦，因爲刪補其文，以成是編。大旨於三傳多取公穀經文，如裂繻作履緰，矢魚作觀魚，叔孫婼作叔孫舍，定姒作定弋之類，亦多從公穀。其左傳事迹，往往在所擯斥。如天王狩于河陽，傳有明文，乃云或魯史本書狩，或夫子書狩，皆不可知。是併其可取之說亦不信也。於諸家多取宋以後，其唐以前之說僅採劉向災異一兩條如文公喪娶一條全用春秋繁露而不冐標董仲舒之名蓋諱言宗漢儒也其持論尤務爲深刻二百四十二年之中僅免譏彈者惟叔姬歸于紀紀季以酅入于齊紀叔姬歸于酅葬蔡桓侯齊師宋師曹師城邢齊侯伐楚次陘盟于召陵諸侯遂救許宋公御說卒狄救齊楚人救衞甯俞來聘叔肸卒伯姬歸于宋仲孫蔑卒宋伯姬卒劉子單子以王猛入于王城叔孫舍卒宋公佐卒于曲棘劉卷卒十八九條而已而召陵之盟甯俞之聘嘉淦所許者方達又推論其失咎齊桓不聲楚僭王之罪咎甯俞知聘魯而不知朝周實則倖邀寬論者僅十五六事也其中自相矛盾者如既謂隱公爲篡又謂桓公爲弑是以討篡爲弑也既謂州吁弑桓公而王不問衞人立晉而王不問咎在天王於王人子突救衞又罪其知順逆而不知衆寡是爲天王者進退無不干咎也朱子稱孫復說春秋如商君之法若是書者又豈止於商君乎其最甚者拘泥常事不書之說於十二公之薨卽終於路寢合禮之正者亦必求其所以貶然則苟無所貶則國君易代史可不詳歟至於紀季姜歸于京師謂季姜非嫡長不可以爲王后許叔入于許謂許君有子叔不奉之而自立又不知其所據矣

春秋原經二卷副都御史黃登賢家藏本

國朝王心敬撰心敬有豐川易說已著錄是編不載經文亦不及經中所書之事惟泛論孔子之意分爲四篇一曰講讀八法二曰通論三曰原春秋之由作四曰諸儒論春秋其大旨本孟子之言以尊王抑伯爲主持論甚正其謂孔子不以一字爲褒貶亦足以破諸家紛紜轇轕之陋而矯枉過直加以懸揣臆斷不顧事理之安至謂左傳事迹皆聖人之所刪不當復存其說考古者左史記言右史記事尚書者左史類也春秋者右史類也劉知幾作史通敘述源流至爲明析心敬乃援尚書爲例謂事迹之可存者聖人必存如典謨訓誥是也事迹之不可存者聖人必刪如左傳所載是也因而盡廢諸傳惟以經解經不思經文簡質非傳難明卽如鄭伯克段于鄢一條設無傳文則段于鄭爲何人鄭伯克之爲何故經文旣未明言但據此六字之文抱遺經而究終始雖聖人復生沈思畢世無由知其爲鄭伯之弟以武姜內應作亂也是開卷數行巳窒礙不行無論其餘矣況自有六經以後歷漢至今通儒輩出其失經意者固多得經意者亦不少心敬乃一概排斥謂孔子之後惟孟子能知孟子之後直至心敬乃能知甚至謂孔門諸子未見春秋故論語無一字及之子思亦未見春秋故中庸亦無一字及之至孟子搜索闕里始見本經揆以事理豈其然乎

春秋深十九卷湖北巡撫採進本

國朝許伯政撰伯政有易深已著錄是書謂孔子旣因魯史作春秋其史中所載事實卽爲之傳今左傳中敘而不斷言約旨精者卽孔子所作其有加註解如段不弟故不言弟之類又加論贊如君子曰仲尼曰之類詞氣浮夸多與經旨相悖乃屬左氏增設書內皆列之小註使不與本傳相混其有傳無經者則全刪不錄按近時河南張沐著春秋疏略以左爲列於經左之義不爲人姓伯政蓋踵是說然又覺傳中論贊或稱孔子或稱仲尼究不類孔子所自作故變更其說歸於左氏增加耳至春秋之用周正原無可疑其兼用夏正以便民事則有周禮正月正歲之文顯然可據伯政但據經書中夏正之文以相詰難蓋知其一不知其二其左傳王周正月一語尤爲確證伯政并此二字詆爲不通以爲後人所加則凡古書之害於己說者悉以後人竄入概之天下無不可伸之論矣惟其考定每年十二月朔日甲子及節氣時刻俾二百四十年閒置閏之得失干支之次序一一可見以伸其合於夏正之說似乎可據不知周正夏正在月不在日其月雖相差六十日而其日則六十甲子剛及一週不論周正夏正其朔望原未嘗改不足以爲建寅之據亦不揣本而齊末也

春秋集古傳註二十六卷或問六卷兩江總督採進本

國朝郜坦撰坦淮安人是書成於乾隆乙丑首爲纂例十五篇末爲或問六卷言所以去取諸家之意經文皆遵左氏不遵左氏者惟紀子帛改從伯君氏卒改從尹鄭人來渝平改從輸三條耳其事蹟亦據左氏其所集傳註多用杜預孔穎達啖助趙匡陸淳孫復劉敞孫覺程子許翰胡安國高閌陳傅良張洽趙鵬飛家鉉翁吳澄十七家之說而別採宋元諸家以輔之在說春秋家亦非純尚空談者然持論亦傷深刻又時時好出新意而不盡允

協如改君氏爲尹氏仍以爲卽公四子鄭之尹氏則沿襲金履祥之說殊爲附會又如趙盾弒君越境乃免趙匡劉敞孫覺朱子呂祖謙諸儒皆以爲必非孔子之言而坦於或問中則云越境而不返乎晉國董狐又何言以正其弒於集古傳註中則云去國不返然後君臣之義絕越境乃免之言爲今無將之心者開一門路云云夫春秋作而亂臣賊子懼曾謂聖人而爲後世開一門路使姦雄藉口乎至於城楚丘之說其傳註本主劉敞而或問則以爲主孫復一書之中不免偶傷牴牾猶其小節矣

春秋義解十二卷湖北巡撫採進本

國朝劉夢鵬撰夢鵬字雲翼蘄水人乾隆辛未進士官饒陽縣知縣是書卷首列孟子朱子之論春秋者爲述孟述朱次爲王朝世次考列國世次考魯世次考以下十二公爲十二卷大旨尊公穀而斥左氏其自序謂公穀比事屬辭義不詭於儒者而斤斤於日月名氏爵號以求例曾謂春秋之旨盡如是乎若左氏紀事多而誤說經疏而謬如莒密州之事經不云世子展輿也而左以爲展輿莒庶其之事經不云世子僕也而左以爲僕蔡侯申之事經賊者書盜也而左以爲公孫翩晉州蒲之事經不云欒書中行偃也而左以爲欒書中行偃晉夷皋之事經以爲趙盾也而左以爲穿鄭伯夷之事經以爲歸生也而左以爲宋吳僚之事經不云公子光也而左以爲公子光鄭髡頑經以爲卒也而左以爲公子騑之謀楚子麇經以爲卒也而左以爲公子圍之逆齊陽生經以爲卒也而左以爲陳乞以說於吳其他大夫奔殺經或止一二人而左增入數人會盟侵伐經各有其事而左或牽移他事滕薛杞宋蔡鄭各二國經載分明而左誤合爲一緣陵城杞實繫兩地而左以爲俱繫淳于入祊假田各有情事而左以爲魯鄭相易子帛君氏譌誤字也而左以爲名稱甲戌己丑兩存日也而左以爲再赴葬桓王諱也而左以爲改葬子般卒也而左以爲殺子牙卒也而左以爲酖諸如此次增添事迹舛誤難以殫述其持論甚辨幾於季本郝敬毛奇齡然經垂書法傳述事實必以經所不書卽爲增設則河陽之狩周天子眞巡狩矣其論似通而實謬至於深文過當憑臆率斷如以隱爲竊國歎桓幼而攘之垂涎十有餘年以子同生爲哀姜娠本自子生至婦入見其過期不取昬姻不時以季友志在奉僖援齊得復故賊閔公者乃季友非慶父以齊崔杼之事亦因景公附杼故杼爲立景而生逆謀以昭公三十二年吳伐越乃南越芊姓非於越之越亦可謂果於自信者矣

讀左補義五十卷浙江巡撫採進本

國朝姜炳璋撰炳璋有詩序補義已著錄是書欲破說春秋者屈經從例之弊謂春秋無例左傳所言之例皆史氏之舊文其凡有五一曰西周舊典二曰東遷後列國相沿之例三曰魯史自相傳授之例四曰霸國更定之例五曰魯君臣私定之例杜預所謂凡例皆周公之禮經變例皆聖人之新意者未爲定論其援據頗典博參考亦頗融貫然謂史氏相沿有此五例左氏遂據以推測聖經可也謂春秋全因五例之舊文則聖人直錄魯史不筆不削何以云其義竊取何以云知我罪我其惟春秋乎觀襄公二十年傳甯殖曰名藏在諸侯之策曰孫林父甯殖出其君而經書襄公十四年夏四月己未衛侯出奔齊是亦不盡用策書之明證矣所註用杜解者十之六七兼採他說并參以己意亦頗簡潔而傳後必附以說簡端又冠以評或論事或論文如坊選古文之例殊非註經之體也

春秋經傳類求十二卷兩江總督採進本

國朝孫從添過臨汾同編從添號石芝常熟人臨汾長洲人是書始刻於乾隆己卯取春秋三傳及胡安國傳分爲一百二十門每門前列書法後載事類事類之中又自分經傳其自述謂本於蘇軾春秋當以類求一語雖亦欲發比事屬辭之旨然割裂繁碎彌難尋檢卷首列春秋諸國圖說一篇亦取之蘇軾指掌圖不知指掌圖後人贋作非軾書也

春秋一得一卷編修周永年家藏本

國朝閻循觀撰循觀有尚書讀記已著錄然尚書讀記多推求文句未能闡帝王經世之大法是編則於筆削大義多所發明如曰胡氏夏時冠周月之說理所必無夫子作春秋以明文武之道文武之制而夫子更之可乎曰武氏子來求賻罪魯也曰州吁不稱公子絕之於衛也胡氏謂莊公不待以公子之道以爲人君父之戒何以懼亂臣乎曰諸侯不得專殺大夫故凡大夫之殺春秋皆稱國

舉官不論有罪無罪及殺當其罪否也此義先儒多誤會曰說者謂王不稱天為春秋貶黜天子不亦甚乎春王正月不曰天王則天王一也曰梁山崩穀梁氏曰君親縞素帥羣臣而哭之既而祠焉斯崩山之壅河流者矣此術者之言也左氏曰君為不舉降服乘縵徹樂出次祝幣史辭以禮焉此有司之存也胡氏曰古之遺變異而外為此文者必有恐懼修省之心生於內徒舉其文而無實以先之何以弭災變乎此儒者之道也其言明白正大多類此惜止八十八條未能成書也

左傳評三卷山東巡撫採進本

國朝李文淵撰文淵字靜叔益都人春秋左傳本以釋經自眞德秀選入文章正宗亦遂相沿而論文近時寧都魏禧桐城方苞於文法推闡尤詳文淵以二家所論尚有未盡乃自以己意評點之僅及僖公二十四年而文淵夭逝書遂未畢其兄文藻裒次遺稾編為三卷刊版於潮陽末有文藻跋稱其潛心易禮兩經取古人圖象傳註羅而繹之者數年以至於病且死故所評閱多未終卷云

春秋日食質疑一卷編修程晉芳家藏本

國朝吳守一撰守一字萬先歙縣人是書推考歲差加減以證春秋所載日食之誤春秋日月以長歷考之往往有譌見於杜預釋例此更詳其進退遲速以求交限末附詩書日食考二條以互相參證但其云隱公三年春王二月己巳朔日有食之當是三月己巳朔書二月者晦朔之誤桓公三年秋七月壬辰朔日有食之當是五月癸丑朔書三月者或夏正之誤近者陳厚耀作春秋長歷表以為隱公元年以前非失一閏乃多一閏退一月就之隱公元年正月為庚辰朔較長歷實退兩月推至僖公五年止以閏月小建為之遷就則隱桓三年日食更不必疑矣僖公十五年夏五月日有食之守一以為當是三月甲戌而顧棟高春秋長歷拾遺表以為當是四月癸丑朔襄公二十四年七月八月遞食守一與棟高皆從大衍歷以為八月無食其他守一棟高說亦多同而皆不及厚耀之密生數千載之後必欲求歲差於秒忽之間亦未見其悉得姑存其說焉可矣

春秋不傳十二卷江蘇巡撫採進本

國朝湯啓祚撰啓祚字迪宗寶應人其書自稱不傳者謂於四傳無所專從也今觀所說特不從左傳耳於公羊穀梁胡氏皆掇其餘論而日月之例公穀尤篤蓋三家之傳皆以譏貶為主而亦各有所平反啓祚乃專取三家嚴刻鍛鍊之說合為一書如其所論是聖人之立法更酷於商鞅韓非也

春秋集解讀本十二卷安徽巡撫採進本

國朝吳應申撰應申字文在歙縣人以春秋經解卷帙浩繁難於徧讀因薈萃衆說擇其合於經旨者詳註經文之下以資記覽自序謂詞可計日而誦為愚魯者計甚便蓋特課讀之本非有意於闡發經義者也

春秋三傳事實廣證無卷數兩江總督採進本

不著撰人名氏採諸書所載春秋時事迹列於三傳之下意取互相參證然左氏親見國史公穀兩家已不及其確實乃兼採諸子雜說寓言欲以考校其是非亦徒成其龐雜而已矣於經義無補也

右春秋類一百十八部一千五百七十六卷內十部無卷數皆附存目

案明科舉之例諸經傳註皆因元制用宋儒然程子作春秋傳未成朱子又未註春秋以胡安國學出程子張洽學出朱子春秋遂定用二家蓋重其所出之淵源非眞有見於二人之書果勝諸家也後張傳以文繁漸廢胡傳竟得孤行則又考官舉子共趨簡易之故非律令所定矣且他經雖限以一說立言猶主經文春秋一經則惟主發揮傳義其以經文命題不過傳文之標識知為某公某年某事而已觀張朝瑞貢舉考備列明一代試題他經皆具經文首尾惟春秋僅列題中兩三字如盟密夾谷之類其視經文不為輕重可知矣是春秋雖列在學官實以胡傳當一經孔子特擁其虛名而已經義之荒又何足怪乎

欽定春秋傳說彙纂總括衆說折衷聖言凡安國迂謬之談悉一一駁正此足見是非之公終有不能強掩者矣今檢校遺書於明代說春秋家多所刊削庶不以科舉俗學蝕聖經之本旨云爾

欽定四庫全書總目卷三十一

欽定四庫全書總目卷三十二

經部三十二

孝經類

蔡邕明堂論引魏文侯孝經傳，呂覽審微篇亦引孝經諸侯章，則其來古矣。然授受無緒，故陳騤、汪應辰皆疑其僞。今觀其文，去二戴所錄爲近，要爲七十子徒之遺書。使河間獻王採入一百三十一篇中，則亦禮記之一篇，與儒行、緇衣轉從其類。惟其各出別行，稱孔子所作，傳錄者又分章標目，自名一經。後儒遂以不類繫辭、論語繩之，亦有由矣。中間孔、鄭兩本互相勝負，始以開元御註用今文，遵制者從鄭；後以朱子刊誤用古文，講學者又轉而從孔。要其文句小異，義理不殊，當以黃震之言爲定論。（語見黃氏日鈔。）故今之所錄，惟取其詞達理明，有裨來學，不復以今文、古文區分門戶，徒釀水火之爭。蓋註經者明道之事，非分朋角勝之事也。

古文孝經孔氏傳一卷 附宋本古文孝經一卷（光祿寺卿陸錫熊家藏本）

舊本題漢孔安國傳，日本信陽太宰純音。據卷末乾隆丙申歙縣鮑廷博新刊跋，稱其友汪翼滄附市舶至日本，得於彼國之長崎澳。核其紀歲干支，乃康熙十一年所刊。前有太宰純序，稱古書亡於中夏，存於日本者頗多。昔僧奝然適宋，獻鄭注孝經一本，今去其世七百餘年，古書之散逸者亦不少，而孔傳古文孝經全然尚存。惟是經國人相傳之久，不知歷幾人書寫，是以文字譌謬，魚魯不辨。純既以數本校讎，且旁採他書所引，苟有足徵者，莫不參考。十更裘葛，乃成定本。其經文與宋人所謂古文者亦不全同，今不敢從彼改此。傳中間有不成語，雖疑其有誤，然諸本皆同，無所取正，故姑傳疑，以俟君子。今文唐陸元朗嘗音之，古文則否。今因依陸氏音例，並音經傳，庶乎令讀者不誤其音云云。考世傳海外之本，別有所謂七經孟子考文者，亦日本人所刊，稱西條掌書記山井鼎輯，東都講官物觀補遺，中有古文孝經一卷，亦云古文孔傳，中華所不傳，而其邦獨存。又云其眞僞不可辨，末學微淺，不敢輒議云云。則日本相傳，原有是書，非鮑氏新刊僞造。此本核其文句，與山井鼎等所考大抵相應，惟山井鼎等稱每章題下有劉炫直解，其字極細，寫之與註文蠅細弗類，又有引及邢昺正義者，爲後人附錄。此本無之爲少異耳。其傳文雖證以論衡、經典釋文、唐會要所引，亦頗相合。然淺陋冗漫，不類漢儒釋經之體，并不類唐宋元以前人語。殆市舶流通，頗得中國書籍，有桀黠知文義者，摭諸書所引孔傳，影附爲之，以自誇圖籍之富歟。考元王惲中堂紀事有曰：中統二年，高麗世子植來朝，宴於中書省。問曰：傳聞汝邦有古文尚書及海外異書。答曰：與中國書不殊。高麗、日本比鄰相接，海東經典大概可知。使果有之，何以奝然不與鄭註並獻，至今日而乃出？足徵彼國之本出自宋元以後。觀山井鼎亦疑之，則其事固可知矣。特以海外祕文，人所樂覩，使不實見其書，終不知所謂古文孝經孔傳不過如此，轉爲好古者之所惜，故特錄存之，而具列其始末如右。

孝經正義三卷（內府藏本）

唐元宗明皇帝御註，宋邢昺疏。案唐會要，開元十年六月，上註孝經，頒天下及國子學。天寶二年五月，上重註，亦頒天下。舊唐書經籍志孝經一卷，元宗註。唐書藝文志今上孝經制旨一卷，註曰元宗。其稱制旨者，猶梁武帝中庸義之稱制旨，實一書也。趙明誠金石錄載明皇註孝經四卷，陳振孫書錄解題亦稱家有此刻，爲四大軸。蓋天寶四載九月，以御註刻石於太學，謂之石臺孝經，今尚在西安府學中，爲碑凡四，故拓本稱四卷耳。元宗御製序末稱一章之中，凡有數句；一句之內，義有兼明。具載則文繁，略之則義闕。今存於疏，用廣發揮。唐書元行沖傳，稱元宗自註孝經，詔行沖爲疏，立於學官。唐會要又載天寶五載詔孝經書疏，雖麤發明，未能該備，今更敷暢，以廣闕文，令集賢院寫頒中外。是註凡再修，疏亦再修。其疏唐志作二卷，宋志則作三卷，殆續增一卷歟。宋咸平中，邢昺所修之疏，卽據行沖書爲藍本，然孰爲舊文，孰爲新說，今已不可辨別矣。孝經有今文、古文二本。今文稱鄭元註，其說傳自荀昶，而鄭志不載其名。古文稱孔安國註，其書出自劉炫，而隋書已言其僞。至唐開元七年三月，詔令羣儒質定。右庶子劉知幾主古文，立十二驗以駁鄭。國子祭酒司馬貞主今文，摘閨門章文句凡鄙，庶人章割裂舊文，妄加子曰字，及註中脫衣就功諸語，以駁孔。其文具載唐會要中。厥後今文行而古文廢。元熊禾作董鼎孝經大義序、遂謂貞去閨門一章、卒啟元宗無禮無度之禍。明孫本作孝經辨疑、併謂唐宮闈不肅、貞削閨門一章乃爲國諱。夫削閨門一章、遂啟幸蜀之衅、使當時行用古文、果無天寶之亂乎。唐宮闈不肅誠有之、至於閨門章二十四字、則絕與武韋不相涉。指爲避諱、不知所避何諱也。況知幾與貞兩議並上、會要載當時之詔、乃鄭依舊行用。孔註傳習者稀、亦存繼絕之典。是未因知幾而廢鄭、亦未因貞而廢孔。迨時閱三年、乃有御註太學刻石、署名者三十六人、貞不預列。御註既行、孔鄭兩家遂併廢、亦未聞貞更建議廢孔也。禾等徒以朱子刊誤偶用古文、遂以不用古文爲大罪。又不能知唐時典故、徒聞中興書目有議者排毀、古文遂廢之語、遂沿其誤說、憤憤然歸罪於貞。不知以註而論、則孔佚鄭亦佚、孔佚罪貞、鄭佚又罪誰乎。以經而論、則鄭存孔亦存、古文並未因貞一議亡也。貞又何罪焉。今詳考源流、明今文之立、自元宗此註始。元宗此註之立、自宋詔邢昺等修此疏始。衆說喧呶、皆揣摩影響之談、置之不論不議可矣。

古文孝經指解一卷（內府藏本）

不著編輯者名氏。以宋司馬光范祖禹之說合爲一書。案宋中興藝文志曰、自唐明皇時議者排毀古文、以閨門一章爲鄙俗、而古文遂廢。（案此說舛誤、辨已見孝經正義條下。）至司馬光始取古文爲指解。又范祖禹進孝經說劄子曰、仁宗朝司馬光在館閣、爲古文指解表上之。臣妄以所見、又爲之說。書錄解題載光書祖禹書各一卷。此本殆以二書相因而作、故合編也。王應麟玉海載光書進於至和元年、時爲殿中丞直祕閣、與祖禹說小異。然光集所載進表、稱嘗撰古文孝經指解、皇祐中獻於仁宗皇帝、竊慮歲久不存、今繕寫爲一卷上進云云。則祖禹所說者初進之本、應麟所說者重進之本耳。孝經今文古文自隋志所載王劭劉炫以來、即紛紛聚訟。至唐而劉知幾主古文、司馬貞主今文、其彼此駁議、唐會要具載其詞。至今說經之家、亦多遞相左右。然所爭者不過字句之閒。觀光從古文而句下乃備載唐元宗今文之註、使二本南轅北轍、可移今文之註以註古文乎。宋黃震日鈔有曰、案孝經一爾、古文今文特所傳微有不同。如首章今文云仲尼居、曾子侍、古文則云仲尼閒居、曾子侍坐。今文云子曰先王有至德要道、古文則曰子曰參先王有至德要道。今文云夫孝德之本也、教之所由生也、古文則曰夫孝德之本、教之所由生。文之或增或減、不過如此、於大義固無不同。至於分章之多寡、今文三才章其政不嚴而治、與先王見教之可以化民通爲一章、古文則分爲二章。今文聖治章第九其所因者本也、與父子之道天性通爲一章、古文則分爲二章。不愛其親而愛他人者、古文又分爲一章。章句之分合、率不過如此、於大義亦無不同。古文又云、閨門之內具禮矣乎、嚴父嚴兄、妻子臣妾、猶百姓徒役也。此二十二字、今文全無之、而古文自爲一章、與前之分章者三、共增爲二十二。所異者又不過如是。非今文與古文各爲一書也。其說可爲持平。光所解及祖禹所說、讀者觀其宏旨以求天經地義之原足矣。其今文古文之爭、直謂賢者之過可也。胡爌拾遺錄嘗譏祖禹所說以光註言之不通也、句誤爲經文。今證以朱子刊誤、爌說信然。然亦非大義所係、今姑仍原本錄之、而附存爌說以糾其失焉。

案註孝經者、駁今文而遵古文、自此書始。五六百年門戶相持、則自朱子用此本作刊誤始。皆逐其末而遺其本也。今特全錄黃震之言、發其大凡、以著詬爭之無謂。餘一切紛紜之說、後不復載、亦不復辨焉。

孝經刊誤一卷（通行本）

宋朱子撰。書成於淳熙十三年、朱子年五十七、主管華州雲臺觀時作也。取古文孝經分爲經一章、傳十四章、刪舊文二百二十三字。後有自記曰、熹舊見衡山胡侍郎論語說、（案胡宏高宗時爲禮部侍郎、居衡州、故曰衡山。所著有五峯論語指南一卷。）疑孝經引詩非經本文、初甚駭焉。徐而察之、始悟胡公之言爲信。而孝經之可疑者不但此也。因以書質之沙隨程可久丈、（案可久程迥之字也。）程答書曰、頃見玉山汪端明、（案汪應辰孝宗時爲端明殿學士。）亦以此書多出後人附會。於是乃知前輩讀書精審、其論固已及此。竊幸有所因述而得免於鑿空妄言之罪云云。今以朱子語錄考之、黃㽦記云、孝經除了後人所添前面子曰及後面引詩、便有首尾。又云、以順則逆、民無則焉、是季文子之詞、言斯可道、行斯可樂一段、是北宮文子論令尹之威儀、在左傳中自有首尾、載入孝經、都不接續、全無意思。又葉賀孫記云、古文孝經有不似今文順者。如父母生之、續莫大焉、又著一個子曰字、方說不愛其親而愛他人者、謂之悖德。此本是一段、以子曰分爲二、恐不是。又輔廣記云、孝莫大於嚴父、嚴父莫大於配天、豈不害理。如此則須是如武王周公方能盡孝道、尋常人都無分、豈不啟人僭亂之心。是朱子詆毁此書、已非一日、特不欲自居於改經、故託之胡宏汪應辰耳。歐陽修詩本義曰、刪詩云者、非止全篇刪去也、或篇刪其章、或章刪其句、或句刪其字、引唐棣君子偕老節南山三詩爲證。朱子蓋陰用是例也。陳振孫書錄解題載此書、註其下曰、抱遺經於千載之後、而能卓然悟疑辨惑、非豪傑特起獨立之士、何以及此。此後學所不敢仿效、而亦不敢擬議也。斯言允矣。南宋以後、作註者多用此本。故今特著於錄、見諸儒淵源之所自、與門戶之所以分焉。

孝經大義一卷、（兩江總督採進本）

元董鼎撰。鼎有尚書輯錄纂註、已著錄。初、朱子作孝經刊誤、但爲檃定經傳、刪削字句、而未及爲之訓釋。鼎乃因朱子改本爲之詮解。凡改本圈記之字、悉爲芟除、改本辨正之語、仍存於各章之末。所謂右傳之幾章釋某義者、一一順文衍出、無所出入。第十三章十四章所謂不解經而別發一義者、亦即以經外之義說之、無所辨詰。惟增註今文異同、爲鼎所加耳。其註稍參以方言、如云今有一箇道理、又云至此方言出一孝字之類、畧如語錄之例。其敷衍語氣、則全爲口義之體、雖遣詞未免稍冗、而發揮明暢、頗能反覆以盡其意。於初學亦不爲無益也。前有熊禾序、蓋大德九年鼎子眞卿從胡一桂訪禾於雲谷山中、以此書質禾、禾因屬其族兄熊敬刊行、而自序其首。序稱朱子爲桓桓文公。案書曰、勗哉夫子、尚桓桓。孔傳曰、桓桓、武貌。爾雅曰、桓桓烈烈、威也。均與著書明道之旨無關、頗爲杜撰。又文公字跳行示敬、而孔子曾子字乃均不跳行、亦殊顛倒。以原本所有、姑仍其舊錄之焉。

孝經定本一卷、（兩江總督採進本）

元吳澄撰。澄有易纂言、已著錄。此書以今文孝經爲本、仍從朱子刊誤之例、分列經傳。其經則合今文六章爲一章、其傳則依今文爲十二章、而改易其次序。至朱子所刪一百七十二字、（案朱子刊誤凡刪二百二十三字、中有句刪其字者、此惟載所刪之句、故止一百七十二字。）與古文閨門章二十四字、竝附錄於後。後有大德癸卯澄門人河南張恒跋、稱澄觀邢疏而知古文之僞、觀朱子所論、知今文亦有可疑。因整齊諸說、附入已見、爲家塾課子之書、不欲傳之、未嘗示人云云。蓋心亦有所不安也。其謂漢初諸儒始見此書、蓋未考魏文侯嘗爲作傳、見於蔡邕明堂論中。至其據許氏說文所引古文孝經仲尼居無閒字、知古文之仲尼閒居爲劉炫所妄增。又據桓譚新論稱古文千八百七十二字、與今文異者四百餘字。今劉炫本止有千八百七十字、多於今文八字。除增閨門一章二十四字外、與今文異字僅二十餘字。則較司馬貞之攻古文但泛稱文句鄙俗者、特有根據。所定篇第雖多分裂舊文、而詮解簡明、亦秩然成理。朱子刊誤既不可廢、則澄此書亦不能不存。蓋至是而孝經有二改本矣。

孝經述註一卷、（永樂大典本）

明項霦撰。霦始末無可考。惟江西志載、項霦、浙江臨海人、洪武閒爲按察司僉事。與黃昭原序所言合、當即其人也。是編用古文孝經本、其所詮釋、不務爲深奧之論、而循文衍義、案章標旨、詞意頗爲簡明、猶說經家之不支蔓者。明史藝文志不著錄。朱彝尊經義考亦不載其名。惟永樂大典僅存此本。然編次佚脫、以第七章註文入第六章經文下、遂使六章無註、七章無經。今以所佚經文案古文原本補入、所佚註文、則世無別本、無從葺完矣。以其沈埋蠹簡之內三百餘年、世無能舉其名者、今幸際

昌期、發其光耀、亦萬世一時之遭際。故特採掇出之、俾闡於後、不以殘闕而廢焉。

孝經集傳四卷、（福建巡撫採進本）

明黃道周撰。道周有易象正、已著錄。是書作於廷杖下獄之時。其作書之旨、見於門人所筆記者、曰孝經有五大義。本性立教、因心爲治、令人知非孝無教、非性無道、爲聖賢學問根本、一也。約教於禮、約禮於敬、敬以致中、孝以導和、爲帝王致治淵源、二也。則天因地、常以地道自處、履順行讓、使天下銷其戾心、覺五刑五兵無得力處、爲古今治亂淵源、三也。反文尚質、以夏商之道救周、四也。闢楊誅墨、使佛老之道不得亂常、五也。以是五者、別其章分、然後以禮記諸篇條貫麗之。其自序中所謂五微義十二著義者、不出於此。實其著書之綱領也。

然其初說以引詩數處各屬下章，如中庸尚絅章例，今則仍附於各章之後，蓋亦自知其說之不安。又其初欲先明篇章，次論孝敬淵源，三論反文歸質，似欲自立名目，如大學衍義之體，今本則仍依經文次第，而雜引經記以證之，亦與初例不同。昔朱子作刊誤後序，曰欲掇取他書之言可發此經之旨者，別爲外傳，顧未敢耳。道周此書蓋與之闇合。其推闡頗爲詳洽。蓋起草於崇禎戊寅，卒業於癸未，屢變其例而後成，故較所註禮記五篇成於一歲之中者爲精密云。

御註孝經一卷

順治十三年

世祖章皇帝御撰。孝經詞近而旨遠，等而次之，自天子以至於庶人，推而廣之，自閨門可放諸四海，專而致之，卽愚夫愚婦可通於神明。故語其平易，則人人可知可行；語其精微，則
聖人亦覃思於闡繹。是編
御註約一萬餘言，用石臺本，不用孔安國本，息今文古文門戸之爭也；亦不用朱子刊誤本，杜改經之漸也；義必精粹而詞無深隱，期家喻戸曉也。考歷代帝王註是經者，晉元帝有孝經傳，晉孝武帝有總明館孝經講義，梁武帝有孝經義疏，今皆不存。惟唐元宗御註列十三經註疏中，流傳於世。司馬光、范祖禹以下，悉不能出其範圍。今更得
聖製表章，使孔曾遺訓，無一義之不彰，無一人之不喻，回視元宗所註，度而越之，又不啻萬倍矣。

御纂孝經集註一卷

雍正五年

世宗憲皇帝御定。孝經書止一卷，而虞淳熙稱作傳註者，自魏文侯而下至唐宋，有名可紀者凡九十九部，二百二卷，元明兩代不預焉。其書雖歲久多佚，近時曹庭棟孝經通釋所引，尚於唐得五家，宋得十七家，元得四家，明得二十六家，
國朝得十家。然宋以前遺文緒論，傳者寥寥；宋以後之所說，大抵執古文以攻今文，又執朱子刊誤以攻古文，於孔曾大義微言，反視爲餘事。註愈多而去經愈遠。
世宗憲皇帝以諸註或病膚廓，或傷蕪雜，不足闡天經地義之理，爰
指授儒臣，精爲簡汰，刊其糟粕，存其菁華，仿朱子論語、孟子集註之體，纂輯此編。凡斧藻羣言，皆
親爲鑒定，與
世祖章皇帝御註竝發明聖教，齊曜儀璘。蓋我
世祖章皇帝四海會同，道光纘緒；我
世宗憲皇帝
九重問視，禮備承
顏，
孝治覃敷，臚驩萬國。以
聖契聖，實深造至德要道之原，故能
衡鑒衆論，得所折衷，於以建
皇極而立人紀，固非儒生義疏所能比擬萬一矣。

孝經問一卷（浙江巡撫採進本）

國朝毛奇齡撰。奇齡有仲氏易，已著錄。是編皆駁詰朱子孝經刊誤及吳澄孝經定本二書，設爲門人張燧問而奇齡荅，凡十條：一曰孝經非僞書；二曰今文古文無二本；三曰劉炫無僞造孝經事；四曰孝經分章所始；五曰朱氏分合經傳無據；六曰經不宜刪；七曰孝經言孝不是效；八曰朱氏吳氏刪經無優劣；九曰閒居侍坐；十曰朱氏極論改文之弊。然其第十條乃論明人敢詬劉炫，不敢詬朱吳，附及朱子之尊二程過於孔子，與所標之目不相應。蓋目爲門人所加，非奇齡所自定，故或失其本旨也。漢儒說經以師傳，師所不言，則一字不敢更；宋儒說經以理斷，理有可據，則六經亦可改。然守師傳者，其弊不過失之拘；憑理斷者，其弊或至於橫決而不可制。王柏諸人點竄尚書，刪削二南，悍然欲出孔子上，其所由來者漸矣。奇齡此書負氣叫囂，誠不免失之過當，而意主謹守舊文，不欲啟變亂古經之習，其持論則不能謂之不正也。

右孝經類十一部，十七卷，皆文淵閣著錄。

案：孝經文義顯明，篇帙簡少，註釋者最易成書，然陳陳相因，亦由於此。今擇其稍有精義者，略錄數家，以見梗概，故所存獨少。

孝經類存目

孝經句解一卷（內府藏本）

元朱申撰。申有周禮句解，已著錄。是編註釋極淺陋，如仲尼閒居句下註曰：孔子名某，字仲尼；閒居，謂閒暇居處之時。曾子侍句下註曰：曾子，孔子弟子，名參，字子輿，侍孔子坐。子曰句下註曰：孔子言曰。參字下註曰：呼其名而告之。蓋鄉塾課蒙之本，不足以言詁經者也。卷首題晦菴先生所定古文孝經句解，而書中以今文章次標列其間，其字句

又不從朱子刊誤本，亦殊糅雜無緒。通志堂經解刻之，蓋姑以備數而已。

孝經正誤一卷附錄一卷　兩江總督採進本

明潘府撰。府字孔修，上虞人。成化丁未進士，官至太常寺卿。事蹟具明史儒林傳。府以孝經皆孔子語，不應強分經傳，因舊本而校正之。或數章而合為一章，或一章而分作數章。一節之內，前後互移；數節之中，上下變置。定為一十三章。其註則兼采諸儒之說。附錄曾子孝實一卷。卷首有府自序，并載總說六條。自謂幸復聖經之舊，然亦孰見聖經之舊本而證其能復否乎。

孝經宗旨一卷　通行本

明羅汝芳撰。汝芳字維德，南城人。嘉靖癸丑進士，官至布政使參政。明史儒林傳附見王畿傳中。此書皆發明孝經之大旨，用問荅以暢己說，與依文詮釋者不同。汝芳講良知之學，書中專明此旨，故以宗旨二字標題。朱彝尊經義考以為未見，而陳繼儒祕笈中實有此本，彝尊殆偶然失考。黃虞稷千頃堂書目又別引一說，以為羅洪先撰，亦非也。

孝經疑問一卷　浙江巡撫採進本

明姚舜牧撰。舜牧有易經疑問，已著錄。是書以孝經語意聯貫，不應分章，尤不宜立章名。如首章之開宗明義，七章之三才，十七章之事君，無所取義，因悉為刪去。其所詮釋，則皆老生常談也。又謂經文多出漢儒附會，如則天之經，因地之利，以順天下等語，似類漢儒之言；父子之道天性也以下，義不接續，竝宜刪去。又病其各章皆引詩書為結，與韓詩外傳、天祿閣外史相類。夫孝經今文古文，雖至今聚訟，然自漢以來，卽分章無合為一篇者也。其字句異同，雖以朱子之學，因古文而作刊誤，終不能厭儒者之心也。舜牧何人，乃更變亂古籍乎。況惟聖人能知聖人，舜牧何所依據，而能一一分別此為孔子之語，此非孔子之語，若親見聖人之原本耶。

孝經集講一卷　浙江范懋柱家天一閣藏本

原本首題直隸揚州府泰州端本社學教讀後學草茅臣熊兆集講，又有直隸揚州府知府、巡按直隸監察御史再呈看過收受字，蓋鄉曲陋儒投獻干進之書也。其訓釋皆詞旨鄙陋，一無可觀。前列一圖，以圈內為五品人倫之正，圈外為萬物之偏邪。又以元為天父君，亨為長男中男少男，利為長女中女少女，貞為地母后。又演為天經地義人行之圖、修學致用推孝為忠之圖，皆迂謬穿鑿，毫無義理，蓋無知妄作之尤者也。

孝經註義一卷　直隸總督採進本

國朝魏裔介撰。裔介字石生，號貞菴，柏鄉人。順治丙戌進士，官至保和殿大學士。乾隆元年追謚文毅。是書以孝經分章詮釋，其訓詁字義者標題曰註，其敷衍語意者標題曰義，詞旨淺近，蓋課蒙之作也。

孝經集解一卷　江蘇巡撫採進本

國朝蔣永修撰。永修字慎齋，宜興人。順治丁亥進士，官至平越府知府。是編順文詮釋，以訓童蒙。乃其官給事中督學湖廣時所作，本與小學合刊，名曰孝經小學集解大全。以宋儒雜纂之本與聖經併為一編，擬不於倫，難於著錄，今分為二書，各存其目焉。

讀孝經四卷　江西巡撫採進本

國朝應是撰。是字敬非，號敬齋，宜黃人。康熙己酉舉人。是書以唐宋註疏為主，參以陳選集註及各家之說。其自為之註者，稱愚案，多循文摘句，無所發明。

孝經類解十八卷　安徽巡撫採進本

國朝吳之騄撰。之騄字耳公，歙縣人。康熙壬子舉人，官績溪縣教諭，遷鎮江府教授。是書多引經史子集以證經文。然釋經在發揮微意，不當傍引後代故實，牽合比附。若釋中於事君句，所引之經則曲禮四十曰強而仕、五十曰服官政等語，所引之史則文天祥起兵入衞等事，是每句之下皆可成類書一門，典籍浩博，豈復勝載乎。

孝經正文一卷內傳一卷外傳三卷　湖北巡撫採進本

國朝李之素撰。之素字定菴，麻城人。是書成於康熙丙辰，以朱子古文孝經刊誤為本。首為正文一卷，經文每章之後，綴以註釋數語，詞旨頗為淺略。次為內傳一卷，雜引經史子集之言與孝經相證佐者。次為外傳三卷，則大舜以下迄於明末孝子行實也。

孝經詳說二卷　河南巡撫採進本

國朝冉覲祖撰。覲祖有易經詳說，已著錄。是書遵用今文，全載唐元宗之註，節錄邢昺之疏，兼採元董鼎、明瞿罕、陳士賢諸家之說，末附以朱子刊誤，而大旨則在辨定呂維祺所著孝經本義大全或問三書。所附呂氏或問摘錄一篇。既逐條闡發其義。復附敘義一篇。以糾其誤。蓋維祺之學兼入陸王。覲祖則恪守程朱。故所論有合有不合也。碩所載維祺表章孝經疏。後附錄擬題數目。有單句題。有奇題。連句題。摘段題。搭截題。全章合章搭章題諸名。非詁經之體。亦非講學之道。覲祖頗深取之何耶。

孝經一卷（江西巡撫採進本）

國朝朱軾註。軾有周易傳義合訂。已著錄。是編用吳澄考定之本。而略為推衍其義。凡不題姓名者。皆澄原文。凡稱軾案者。皆所加也。前有自序。又有梁份殷元福二序。份序稱其書不標目第。自稱曰朱某學。公大儒也。大臣也。而撝謙若是云云。案漢儒傳經如梁邱氏易夏侯氏尚書之類。多不立名目。軾蓋從此例。又何休註公羊傳。稱何休學。亦非軾所自刱也。

孝經三本管窺一卷（江西巡撫採進本）

國朝吳隆元撰。隆元有易宮。已著錄。是編首為孝經今古文考。次為古文本。次為今文本。次為朱子刊誤本。其大旨以古文為是。蓋以朱子刊誤用古文本云。

孝經集解一卷（福建巡撫採進本）

國朝張星徽撰。星徽號北山。永城人。自朱子作孝經刊誤。始刪削字句。分別經傳。定為經一章。傳十四章。後儒已不能無疑。至國朝蔡衍鎤又合為經一章。傳十章。以合於朱子更定大學之本。夫聖經賢傳。其垂訓之意並同。而文章體例則非有一定。今大學一經十傳。孝經亦必一經十傳以相配。合是孔曾著作竟如時文程式。必限以八比矣。有如是之聖賢乎。衍鎤所見殊謬。星徽乃遵而用之。即所解可知矣。

孝經章句一卷（江蘇巡撫採進本）

國朝任啓運撰。啓運有周易洗心。已著錄。是書一遵朱子刊誤本。而於傳之十章增君子無不敬也云云一百一十二字。其文與禮記小有異同。而今本孝經皆無之。啓運自序。稱得之山西佛寺中。疑為熊安生所傳之本。又云王肅於家語言本文有見戴記者。後人輒於家語除其文。此章之闕。亦必因本文見戴記而後人於此除其文也。案熊安生為北齊人。其傳本安得至今猶在。其說無徵。且馬昭以家語為王肅偽作。其說今載禮記疏中。言之鑿鑿。啓運乃又引以為證。恐此章亦王肅家語之類矣。

孝經通義一卷（兩江總督採進本）

國朝華玉淳撰。玉淳有禹貢約義。已著錄。其書成於雍正甲寅。大旨謂孝經一篇首尾通貫。不必分經與傳。其間字句刪削。則從朱子刊誤。簡文錯誤。則從吳澄所考定。蓋孝經至玉淳而又變一本矣。

孝經本義一卷（浙江巡撫採進本）

國朝姜兆錫撰。兆錫有周易本義述蘊。已著錄。是書隨文詮釋。別無考訂。僅塾師課蒙之本。

孝經通釋十卷（浙江巡撫採進本）

國朝曹庭棟撰。庭棟有易準。已著錄。此書力主古文。而以今文附載於下。其輯註則徵引頗備。所錄凡唐五家。宋十七家。元四家。明二十六家。國朝十家。旁證諸說者又十有二家。然孝經詞義顯明。不比他經之深隱。諸說大同小異。特多出名氏而已。

右孝經類十八部。五十三卷。皆附存目。

案虞淳熙孝經集靈。舊列經部。然侈陳神怪。更緯書之不若。今退列於小說家。黃榦孝經本旨。江直方孝經外傳。李長桂孝經綱目。朱鴻經書孝語。絕不箋釋經文。今別列於儒家。若李之素孝經內外傳。猶列孝經正文。後則姑附存焉。

欽定四庫全書總目卷三十二

欽定四庫全書總目卷三十三

經部三十三

五經總義類

漢代經師如韓嬰治詩兼治易者，其訓故皆各自為書。宣帝時，始有石渠五經雜義十八篇。漢志無類可隸，遂雜置之孝經中。隋志錄許慎五經異義以下諸家，亦附論語之末。舊唐書志始別名經解，諸家著錄因之。然不見兼括諸經之義，朱彝尊作經義考，別目曰羣經，蓋覺其未安，而採劉勰正緯之語以改之，又不見為訓詁之文。徐乾學刻九經解，顧湄兼採總集經解之義，名曰總經解，何焯復斥其不通。（語見沈廷芳所刻何焯點校經解目錄中。）蓋正名若是之難也。考隋志於統說諸經者，雖不別為部分，然論語類末稱孔叢、家語、爾雅諸書，併五經總義附於此篇，則固稱五經總義矣。今準以立名，庶猶近古。論語、孝經、孟子雖自為書，實均五經之流別，亦足以統該之矣。其校正文字以及傳經諸圖，併約略附焉，從其類也。

駁五經異義一卷、補遺一卷（山西巡撫採進本）

漢鄭元所駁許慎五經異義之文也。考後漢書許慎傳，稱慎以五經傳說臧否不同，於是撰為五經異義傳於世。鄭元傳載元所著百餘萬言，亦有駁許慎五經異義之名。隋書經籍志有五經異義十卷，後漢太尉祭酒許慎撰，而不及鄭元之駁議。舊唐書經籍志、五經異義十卷，許慎撰，鄭元駁。新唐書藝文志並同。蓋鄭氏所駁之文，即附見於許氏原本之內，非別為一書，故史志所載亦互有詳略。至宋史藝文志，遂無此書之名，則自唐以來失傳久矣。學者所見異義，僅出於初學記、通典、太平御覽諸書所引，而鄭氏駁義則自三禮正義而外，所存亦復寥寥。此本從諸書採綴而成，或題宋王應麟編，然無確據。其閒有單詞隻句，駁存而義闕者，原本錯雜相參，頗失條理。今詳加釐正，以義駁兩全者彙列於前，其僅存駁義者，則附錄以備參考。又近時朱彝尊經義考內，亦嘗旁引鄭駁數條，而長洲惠氏所輯，則蒐羅益為廣備，往往多此本所未及。今以二家所採參互考證，除其重複，定著五十七條，別為補遺一卷，附之於後。其閒有異義而鄭無駁者，則鄭與許同者也。兩漢經學，號為極盛，若許若鄭，尤皆一代通儒，大敵相當，輸攻墨守，非後來一知半解所可望其津涯。此編雖散佚之餘，十不存一，而引經據古，猶見典型，殘章斷簡，固遠勝於後儒之累牘連篇矣。

鄭志三卷、補遺一卷（兩江總督採進本）

案隋書經籍志，鄭志十一卷，魏侍中鄭小同撰。鄭記六卷，鄭元弟子撰。後漢書鄭元本傳則稱門生相與撰元荅弟子，依論語作鄭志八篇。劉知幾史通亦稱鄭弟子追論師說及應荅，謂之鄭志，分授門徒，各述師言，更不問荅，謂之鄭記。（案通典及初學記所引鄭記，均有王贊荅詞，與知幾所云更不問荅者不合。考孝經疏引此文作各述師言，更為問荅，知不字乃為字之譌。王應麟玉海、朱彝尊經義考並沿用誤本，殊失訂正。又通典所引鄭志，皆元與門人問荅之詞；所引鄭記，皆其門人互相問荅之詞，知志之與記，其別在此。曲禮正義引鄭志有崇精之問，焦氏之荅；月令正義引鄭志有王權之問，焦喬之荅；焦氏之問，張逸之荅，疑本鄭記之文，校刊者惟據史通更不問荅之說，改為鄭志也。）其說不同。然范蔚宗去漢未遠，其說當必有徵。隋志根據七錄，亦阮孝緒等所考定，非唐宋諸志動輒疏舛者比，斷無移甲入乙之事。疑追錄之者諸弟子，編次成帙者則小同。後漢書原其始，隋書要其終，觀八篇分為十一卷，知非諸弟子之舊本也。新、舊唐書載鄭記六卷，尚與隋志相同，而此書則作九卷，已佚二卷。至崇文總目始不著錄，則全佚於北宋初矣。此本三卷，莫考其出自誰氏。觀書中禮運註澄酒一條，荅趙商之問者，前後兩見，而詳略小異；又陳鏗之名前後兩見，而後一條註一作鏗，知為好鄭氏之學者，惜其散佚，於諸經正義裒輯而成。然如所載弼成五服荅趙商問一條，不稱益稷而稱臯陶謨，則正合孔疏所云鄭氏之本。又卷首冷剛問大畜童牛之牿一條，今周易正義中不見，而周禮正義引之，較此少冷剛問云以下六十餘字。周禮正義引荅孫皓問一條，較此少夏二月仲春太簇用事，陽氣出地，始溫，故禮應開冰，先薦寢廟五句。其臯陶謨註與經典釋文及正義所引，亦互有詳略。而堯典註一條，乃不載正義中。則亦博採諸書，有今日所不盡見者，非僅剽剟正義。又玉海十八卷引定之方中詩張逸問仲梁子何時人，荅曰先師魯人，此本先師之下多一云字，方知先師非指仲梁子。如此之類，亦較他書所載為長，足證為舊人所輯，非近時所新編也。閒有蒐採未盡者，諸經正義及魏書禮志、南齊書禮志、續漢書郡國志註、藝文類聚諸書所引，尚有三十六條。又鄭記一書，亦久散佚，今可以考見者，尚有初學記、通典、太平御覽所引三條，併附錄之，以存鄭學之梗概。併以見漢代經師專門授受，師弟子反覆研求，而後筆之爲傳註。其既詳且愼至於如此。昔朱子與胡紘爭寧宗持禫之禮，反覆辨難，終無據以折之。後讀禮記喪服小記疏所引鄭志一條，方得明白證驗。因自書於本議之後，記其始末，有向使無鄭康成，則此事終未有所斷決語。是朱子議禮，未嘗不折服於元矣。後之臆斷談經，而動輒排斥鄭學者，亦多見其不知量也。

經典釋文三十卷　內府藏本

唐陸元朗撰。元朗字德明，以字行，吳人。貞觀中官國子博士，兼太子中允。事蹟具唐書本傳。此書前有自序云，癸卯之歲，承乏上庠，因撰集五典、孝經、論語及老、莊、爾雅等音，古今並錄，經註畢詳，訓義兼辯，示傳一家之學。考癸卯爲陳後主至德元年，豈德明年甫弱冠，即能如是淹博耶。或積久成書之後，追紀其草創之始也。首爲序錄一卷，次周易一卷、古文尚書二卷、毛詩三卷、周禮二卷、儀禮一卷、禮記四卷、春秋左氏六卷、公羊一卷、穀梁一卷、孝經一卷、論語一卷、老子一卷、莊子三卷、爾雅二卷。其列老、莊於經典而不取孟子，頗不可解。蓋北宋以前，孟子不列於經，而老、莊則自西晉以來爲士大夫所推尙，德明生於陳季，猶沿六代之餘波也。其例諸經皆摘字爲音，惟孝經以童蒙始學，老子以衆本多乖，各摘全句。原本音經者用墨書，音註者用朱書，以示分別。今本則經註通爲一例，蓋刊版不能備朱墨，又文句繁夥，不能如本草之作陰陽字。自宋以來已混而併之矣。所採漢魏六朝音切凡二百三十餘家，又兼載諸儒之訓詁，證各本之異同。後來得以考見古義者，註疏以外，惟賴此書之存。眞所謂殘膏賸馥，沾溉無窮者也。自宋代監本注疏，即析附諸經之末，故文獻通考分見各門。後又散附注疏之中，往往與注相淆，不可辨別。此爲通志堂刻本，猶其原帙。何焯點校經解目錄，頗嗤顧湄校勘之疏。然字句偶譌，規模自在。研經之士終以是爲考證之根柢焉。

七經小傳三卷　兩江總督採進本

宋劉敞撰。敞有春秋傳，已著錄。是編乃其雜論經義之語。其曰七經者，一尙書，二毛詩，三周禮，四儀禮，五禮記，六公羊傳，七論語也。然公羊傳僅一條，又皆校正傳文衍字，於傳義無所辨正。後又有左傳一條、國語一條，亦不應獨以公羊標目。蓋敞本欲作七經傳，惟春秋先成。凡所劄記，已編入春秋傳意林、權衡、文權、說例五書中。此三條一校衍字，一論都城百雉，一論禘郊祖宗，報於經文無所附麗，故其文仍在此書中。其標題當爲春秋，故得兼及外傳。寫者見第一條爲公羊，第二條末亦有公羊字，遂題曰公羊，而註曰國語附，失其旨矣。論語諸條，有與諸經一例者，又有直書經文而夾註句下，如註疏體者，亦註論語而未成，以所註雜錄其中也。吳曾能改齋漫錄曰：慶歷以前，多尊章句註疏之學。至劉原甫爲七經小傳，始異諸儒之說。王荊公修經義，蓋本於原甫。案讀書志亦載此文，以爲元祐史官之說。晁公武讀書志亦證以所說湯伐桀升自陑之類，與新經義同，爲王安石勦取敞說之證。大旨均不滿於敞。朱子語類乃云七經小傳甚好。其說不同。今觀其書，如謂尙書愿而恭當作愿而荼，此厥不聽當作此厥不德，謂毛詩烝也無戎當作烝也無戍，謂周禮誅以馭其過當作誅以馭其禍，士田賈田當作工田賈田，九簭五曰巫易當作巫陽，謂禮記諸侯以貍首爲節當作以鵲巢爲節，皆改易經字以就己說。至禮記若夫坐如尸一節，則疑有脫簡，人喜則斯陶九句，則疑有遺文，禮不王不禘及庶子王亦如之，則疑有倒句，而尙書武成一篇考定先後，移其次序，實在蔡沈之前。蓋好以己意改經，變先儒淳實之風者，實自敞始。又如解尙書鳥獸蹌蹌，謂古者制樂，或法於鳥，或法於獸。解毛詩葛之覃兮，謂葛之茂盛，則有人就而刈之，以爲絺綌，如后妃在家，德美充茂，則王者就而聘之，以爲后妃。解論語乘桴浮於海，謂夫子周流列國，如桴之在海，流轉不定。其說亦往往穿鑿，與安石相同。故流俗傳聞，致遭斯謗。然考所著弟子記，排斥安石，不一而足，實與新學介然異趣。且安石剛愎，亦非肯步趨於敞者。謂敞之說經，開南宋臆斷之弊，敞不得辭。謂安石之學由於敞，則敞實之疑矣。且略其卮詞，採其粹語，疏通剔抉，精鑿者多，又何可以末流之失，併廢敞書歟。

程氏經說七卷　通行本

不著編輯者名氏。皆伊川程子解經語也。書錄解題謂之河南經說，稱繫辭一，書一，詩二，春秋一，論語一，改定大學一。又稱程氏之學，易傳爲全書，餘經具此。其門目卷帙，與此本皆合，則猶宋人舊本也。其中若詩書解論語說本出一時雜論，非專著之書。春秋傳則專著而未成，觀崇寧二年自序可見。至繫辭說一卷，文獻通考併於易傳，共為十卷。宋志則於易傳九卷之外別著錄一卷。然程子易傳實無繫辭，故呂祖謙集十四家之說為繫辭精義以補之。此卷疑或後人掇拾成帙，以補其闕也。改定大學兼載明道之本，或以兄弟之說互相參考歟。明徐必達編二程全書，併詩解二卷為一卷，而別增孟子解一卷、中庸解一卷，共為八卷。然經義考引康紹宗之言，謂孟子解乃後人纂集遺書外書而成，非程子手著。至中庸解之出呂大臨，朱子辨證甚明，亦不得竄入程氏經說。增此二種，故今所錄仍用宋本之舊焉。

六經圖六卷通行本

宋楊甲撰，毛邦翰補。甲字鼎卿，昌州人。乾道二年進士。成都文類載其數詩，而不詳其仕履。其書成於紹興中。邦翰不知何許人，嘗官撫州教授。其書成於乾道中。據王象之輿地記勝碑目，甲圖嘗勒碑昌州郡學，今未見拓本，無由考其原目。陳振孫書錄解題引館閣書目載邦翰所補之本，易七十圖，書五十有五圖，詩四十有七圖，周禮六十有五圖，禮記四十有三圖，春秋二十有九圖，合為三百有九圖。此本惟易、書二經圖與館閣書目數相合，詩則四十有五，禮記四十有一，皆較原數少二；周禮六十有八，較原數多三；春秋四十有三，較原數多十四。不知何人所更定。考書錄解題載有東嘉葉仲堪字思文，重編毛氏之書，定為易圖一百三十，書圖六十三，周禮圖六十一，禮記圖六十三，春秋圖七十二，惟詩圖無所增損，其卷則增為七，亦與此本不符。然則亦非仲堪書，蓋明人刊刻舊本無不臆為竄亂者，其損益之源委無從究詰。以其本出楊、毛二家，姑從始事之例，題甲及邦翰名云爾。

六經正誤六卷兩淮馬裕家藏本

宋毛居正撰。居正字誼父，或曰義甫。義、誼，父、甫，古字通也。衢州人。免解進士晃之子。晃嘗著增註禮部韻略及禹貢指南，居正承其家學，研究六書。嘉定十六年，詔國子監刊正經籍，當事者聘居正司校讎。已整定四經，會居正目疾罷歸，其禮記及春秋三傳遂未就。然所校四經，亦以工人憚煩，詭竄墨本以紿有司，版之誤字未改者猶十之二三。居正乃裒所校正之字，補成此編。楊萬里為作序，述其始末甚詳。陳振孫書錄解題謂其惟講偏旁之疑似。今觀是書，校勘異同，訂正譌謬，殊有補於經學。其中辨論既多，不免疏舛者，如勑古文作敕，隸變作勑，居正乃因高宗御書石經誤寫作勑，遂謂來字中從兩入，不從兩人。亨字古文作亯，隸變作享，或省作亨，居正乃謂享字訓祭，亨字訓通，兩不相溷。坤古從土從申，隸別為巛，居正乃謂巛是古字，乾、离、坎等俱有古文，如卦畫之形。遲、遅古文本一字，說文以為遲籀文作遅者是也，居正乃謂兩字是非相半，不敢擅改。賴字古從貝從剌，俗誤書作頼，居正乃謂賴從束從負。其於六書皆未確。又禮大行人立當前疾，疾乃侯字之誤，疾在車轅前，鄭康成所謂車轅前胡下垂拄地者是也，居正乃以為應作軓，軓前揜版，實與疾不相涉。如此類者，於經義亦不合。然許氏說文解字、陸德明經典釋文亦不免小有出入，為後人所摭拾，在居正又烏能求備。論其大致，則審定字畫之功，固有不可泯沒者矣。

刊正九經三傳沿革例一卷兩江總督採進本

宋岳珂撰。珂字肅之，號倦翁，湯陰人，居於嘉興。鄂忠武王飛之孫，敷文閣待制霖之子也。官至戶部侍郎、淮東總領制置使。宋時九經刊版，以建安余氏、興國于氏二本為善。廖剛又釐訂重刻，當時稱為精審。珂復取廖本九經，增以公、穀二傳及春秋年表、春秋名號歸一圖二書，校刊於相臺書塾，並述校刊之意，作總例一卷。余仁仲左傳字辨嘗論其誤以杜註不皆與今說詩者同，倒寫為皆不與今說詩者同，則尚見原刻。今則諸經印本率已罕傳，僅王弼易註有翻刻之本，已失其眞；春秋年表及名號歸一圖有重刻之本，亦頗非其舊。惟此總例一卷尚行於世。其目一曰書本，二曰字畫，三曰註文，四曰音釋，五曰句讀，六曰脫簡，七曰攷異，皆參訂同異，考證精博，釐舛辨疑，使讀者有所據依，實為有功於經學。其論字畫一條，酌古準今，尤屬通人之論也。

融堂四書管見十三卷浙江吳玉墀家藏本

宋錢時撰。時有融堂書解，已著錄。此編凡論語十卷，孝經一卷，大學一卷，中庸一卷，卽嘉熙二年喬行簡奏下嚴州取時所著書之一也。俱先列經文略加音訓、而詮釋其大旨於後。孝經用古文。大學但析爲六章、不分經傳。蓋時之學出於楊簡、簡之學出於陸九淵、門戶迥殊、故不用程朱之本。其解論語崇德辨惑章、謂誠不以富亦祇以異二句乃證愛欲其生惡欲其死者之爲異。齊景公有馬千駟節、合上文爲一章、謂其斯之謂與句乃指夷齊便是求志達道而言。又大學此謂知本此謂知之至也二句、仍附第一章末、謂是聖人承上厚本薄末反覆曉人之意。亦俱根據舊文、不肎信爲錯簡。朱子與陸九淵書所謂各尊其所聞、各行其所知也。然金谿之學、惟憑心悟、或至於恍惚窈冥。時則以篤實爲宗、故其詮發義理、類多平正簡樸、不爲離析支蔓之言。又敖繼公儀禮集說後序所謂以魯男子之不可學柳下惠之可者矣。卷首有紹興己丑時自序、末有景定辛酉天台錢可則刊書跋。宋史藝文志、馬端臨經籍考皆不著錄。獨張萱內閣書目有之。雖以四書爲名、所解不及孟子。與朱子所稱四書者異、故附列於五經總義類焉。

四如講稾六卷、福建巡撫採進本、

宋黃仲元撰。仲元字善甫、號四如、莆田人。咸淳七年進士。授國子監簿、不赴。宋亡、更名淵、字天叟、號韻鄉老人。教授鄉里以終。考福建通志暨莆田縣志、皆載仲元有四書講稾。今觀是書所講、實兼及諸經、不止四書。其說多述朱子之緒論、然亦時出新義、發前儒所未發。如行夏之時、則據禮運孔子得夏時於杞註、謂夏四時之書、而不取三正之說。周官井田、則謂周時皆用井田、而不取鄭氏畿內用貢、都鄙用助之說。伯魚爲周南召南、則據詩鼓鐘及內傳季札觀樂、謂南卽是樂。又謂周召爲二公采邑、非因二公得名。雖按之經義、不必一一脗合。要爲好學深思、能自抒所見者也。此本出其裔孫文炳家藏、已有殘闕。嘉靖丙午始雕版印行。朱彝尊經義考但載其所著經史辨疑、而不及是書。當由刊在家塾、閩中僻遠、偶然未見傳本歟。

六經奧論六卷、浙閩總督採進本、

舊本題宋鄭樵撰。朱彝尊曝書亭集有是書跋曰、成化中盱江危邦輔藏本、黎溫序而行之、云是鄭漁仲所著。荆川唐氏輯稗編從之。今觀其書、議論與通志略不合。樵嘗上書自述其著作、臚列名目甚悉。而是書曾未之及、非樵所著審矣。後崑山徐氏刻九經解、仍題樵名。今檢書中論詩、皆主毛、鄭、已與所著詩辨妄相反。又天文辨一條引及樵說、稱夾漈先生、足證不出樵手。又論詩一條引晦菴說詩。考宋史樵本傳、卒於紹興三十二年。朱子詩傳之成在淳熙四年、而晦菴之號則始於淳熙二年、皆與樵不相及。論書一條併引朱子語錄、且稱朱子之謚、則爲宋末人所作、具有明驗。不知顧湄校九經解時、何未一檢也。第相傳既久、所論亦頗有可採、故仍錄存之、綴諸宋人之末、而樵之名則從刪焉。

明本排字九經直音二卷、江蘇巡撫採進本、

不著撰人名氏。書中春秋傳桒王二字下引眞宗宣聖諱、但標眞宗、不稱宋、又稱御製、則爲宋人所著可知。卷首題曰明本者、宋時刊版多舉其地之首一字、如建本、杭本之類。此蓋明州所刊本、卽今寧波府也。末題歲次丁亥、梅隱書堂新刊、不著年號。考丁亥爲元世祖至元二十四年、是元初刊本矣。其書不用反切而用直音、頗染鄉塾陋習。然所音俱根據經典釋文、猶爲近古。釋文一字數音者皆並存之。如金縢辟字下云、孔音闢、法也、說文音必、鄭音避。大誥賁字下云、音墳、王讀爲賁卦之賁。禮內則接以太牢、接字下云、鄭音捷、王杜並以爲接待。祭法相近於坎壇、坎字下云、註作禳祈、孔叢子以爲祖迎。祭義爓字下云、徐廉反、古音㷗。周禮太宰圃字下云、布古反、又音布。牧字下云、徐音目、劉音茂。頒字下云、鄭音班、徐音墳。遂人茆字下云、茆音卯、又音柳。遺人下云、遺音位、劉音遂。乃與卷首序遺人音推異。如此者不可枚舉、固非後來坊本直音、以意剏讀、惟趨便捷者比也。惟禮記敖不可長、釋文敖依註五報反、慢也。王肅五高反、遨遊也。長竹丈反、盧植、馬融、王肅並直亡反。此書云敖王音平、則釋文所云王五高反也。而於長字下又註云長張上又平、則又兼用鄭註竹丈反。一句之內、於鄭註半從半違、遂使敖字長字音義兩不相應。又周禮太宰斿貢下云、斿音留、燕游也。今考鄭註、斿讀如燕游之游。此書既用鄭義、則斿當作以周反。其作㠯周反音留者、乃春秋傳鞶厲游纓之游、更自相矛盾。又月令審端徑術下云、術註作遂、方曰徑、道之小、術道之末、則如字。是今考學記術有序、註術當爲遂。水經注引學記術有序、作遂有序。春秋文公十二年、秦伯使術來聘。公羊傳漢書五行志術益作遂。是古字術遂本通。此書反信方氏之曲說、殊爲未協。又中庸壹戎衣下云、書武成作如字者是。註讀爲殷者無據。今考古衣字作㐆、从反身、殷字从此。故讀殷爲㐆、音與衣同。白虎通曰、衣之爲言隱也、所以隱身也。則衣隱音近。楚詞新浴必振衣、與汶塵合韻、則衣殷二字音通。是書以爲無據、亦爲失考。然核其大致、則多能決擇是非。如於三禮雖多守方慤註、然如祭法幽宗註讀如禜、方慤宗作如字、則兼存鄭義。又書武成識字下云、陸無音、漢翟酺疏引此作恭、則補苴闕遺、亦頗能有所考據。又檀弓卜人師扶右下云、卜讀爲僕、如字者非。考鄭註、卜當爲僕聲之誤也、僕人射人皆平生時贊正君服位者。若卜人則於義無取。此書不用釋文所載前儒之說、最當。又周禮醢人箈字下云、音治、又音代。今考釋文云、又丈之反、未知所出。不知說文箈、水衣、本作菭、从草治聲。水衣之箈既以治爲聲、則丈之反乃爲箈之古音矣。故箈藨草名作澄之切、可以相證。是書用丈之切爲本音、而以代爲又音、較之釋文以丈之切爲無出、考核尤精。且釋文所載皆唐以前音、而此書則兼取宋儒。如於詩中庸論語孟子則多採朱子、於易則兼採程朱、於禮則多採方慤、其他經引胡瑗司馬光音讀尤多。與陸氏之書尤足相續。在宋人經書音釋中、最爲妥善。若九經前後失次、則當爲坊刻之誤、既無關大旨、固無庸深論矣。

五經說七卷、江蘇巡撫採進本、

元熊朋來撰。朋來字與可、南昌人。登宋咸淳十年進士。仕元爲福清縣判官。事蹟具元史儒林傳。朋來之學、恪守宋人、故易亦言先天後天河圖洛書、書亦言洪範錯簡、詩亦不主小序、春秋亦不主三傳。蓋當時老師宿儒、相傳如是。門戶所限、弗敢尺寸踰也。惠棟九經古義詆其論大學親民一條、不知親新通用、本馬鄭之解金縢、爲夏蟲之見。又詆其論言乃讙一條、不考史記魯世家所引無逸及裴駰集解所引鄭註。論周禮樂師皐字與大祝皐字、不考皐告嗥三字相同、乃謂鄭氏先後異讀、均爲妄下雌黃。蓋於古義古音亦多所出入。然其書發明義理、論頗醇正、於禮經尤疏證明白。在宋學之中、亦可謂切實不支矣。寸有所長、固無妨錄備一家也。

十一經問對五卷、兩江總督採進本、

舊本題何異孫撰。不著時代。考其第二卷中論孟子徹法助法、稱大元官制承宋職田、則當爲元人。第一卷中論論語暮春者、稱王稼村先生於杭州府學講此一章。稼村爲王義山之號、義山宋景定中進士、入元官江西儒學提舉。異孫及見其講經、則當在元初。故論孟子恆心恆產一條、謂老儒猶讀恆爲常、避宋眞宗諱、今當讀胡登反。是宋亡未久之證也。所說凡論語孝經孟子大學中庸詩書周禮儀禮春秋三傳禮記十一經。其敘次先後頗無倫理。又以大學中庸各爲一經、亦爲杜撰。皆頗不可解。其書皆仿朱子或問之體、設爲問答。大學中庸論語孟子大致用章句集註、而小有異同。如君子居之、何陋之有、則以爲箕子曾居其地、至今禮義敎化與中州同、不可謂之爲陋。案鄭汝諧論語意原已先有此說、異孫蓋與之闇合。至於日至之時皆熟矣、則以爲夏至。君子不亮惡乎執、以惡字讀去聲。皆不爲無理。至於菉竹猗猗、因毛傳綠木賊之說、遂以切磋琢磨爲用此艸以治物。父母惟其疾之憂、謂孟武伯爲人多憂、夫子寬以他事不必憂、惟當憂父母之疾。雍也可使南面、謂孔子之言爲礙理。人皆謂我毀明堂、謂當時七國皆僭造明堂。則未免橫生異說。他若以汲冢記年爲淳于髡所作、謂孝經十八章次序爲唐元宗所定、尤鑿空無據矣。其餘說詩多據鄭元譏、說書多據蔡沈傳、說三禮三傳多撮舉註疏。然其間隨文生義、觸類旁通、用以資幼學之記誦、亦不爲無益。其論趙岐注孟子曰、六經論語孟子、前後凡經幾手訓解、宋儒不過集衆說以求一是之歸。如說易便罵王弼、講周禮便責鄭康成、賈公彥、解尙書便駁孔安國、傷乎已甚。畢竟漢儒亦有多少好處。趙岐在夾柱中三年、註一部孟子、也合諒他勤苦云云。尤平心之論也。

五經蠡測六卷、兩江總督採進本、

明蔣悌生撰。悌生字叔仁、福寧州人。洪武初以明經官訓導。是書乃其元季避兵藍田谷中所作。嘉靖戊戌、案原序不題年號、但稱戊戌、以序中一百六十餘年語推之、知爲嘉靖十七年。浮梁閔文振纂修州志、始得稿於其裔孫宗雨、序而刻之。前有洪武庚戌悌生自序。凡易一卷、書一卷、詩三卷、春秋一卷。後有文振附記曰、右五經詩說獨多、易書次之、春秋爲少、禮記亡闕。今猶題曰五經蠡測、仍其舊也云云。今觀其書、或載經文或但

標章句之目、所說或大書、或夾註、體例絕不畫一、蓋猶未成之草槀。又尚書太甲篇首有曰、詩書小序、前已詳言之矣。然以前絕未論詩書序。則不但禮記散佚、併尚書亦有佚脫也。其說易、多斟酌程傳本義之異同。如解頤卦虎視眈眈其欲逐逐、謂大臣之求賢爲助、如虎之求肉爲食。穿鑿太甚。如解龍戰于野、謂坤象不得稱龍、龍卽乾卦六爻之龍。陰盛而與之戰、嫌於无陽、故稱龍以明陽未嘗无、則立義特爲正大。其說書、於蔡沈集傳多所訂正。解盤庚疑有錯簡三章、未免因王柏謬說、又加推廣。至於高宗肜日、謂果爲高宗之事、則當稱王、不當首稱廟號。用鄒氏音釋之說、以爲祖庚祀高宗、亦不爲無見。其說詩、謂小序固有紕繆、而朱子疾之太甚。於諸篇同異、務持兩家之平。在元明之閒、可謂屹然獨立、無依門傍戸之私。至其以鴟鴞爲美周公、乃豳風之詩、錯簡入於曹風。則又臆斷之餘習矣。春秋僅說滕子來朝、子同生、夫人姜氏孫于齊、夫人姜氏會齊侯于禚、公及夫人會齊侯于陽穀、齊仲孫來六條。（案孫於齊與會禚合爲一條、）而仲孫一條與陽穀一條年月又復顛倒。其說不甚主胡傳。然既曰胡傳不合筆削之初意、又曰聖人復生、亦將有取於胡氏之言、又何必一一盡合於筆削之初意、則於胡傳亦尚在疑信閒也。大抵僻處窮山、罕窺古籍、於考據引證、非其所長、而覃精研思、則往往有所心得。名雖不及熊朋來、書則實在朋來上也。

簡端錄十二卷、（江蘇巡撫採進本、）

明邵寶撰。寶有左觿、已著錄。是編皆其讀書有得、卽題釋簡端、積久漸多、其門人天台王宗元鈔合成帙、因以簡端爲名。凡易三卷、書二卷、春秋三卷、禮記一卷、大學中庸合一卷、論語孟子合一卷。前有寶自序。又有雍正壬子華希閔重刊序。稱格物一義、頓悟者方欲掃除一切。先生則曰、格物猶言窮理也、理卽物之所以爲物也。不曰窮理而曰物者、要之於其實也云云。蓋時方趨向良知、以爲聖人祕鑰。儒者日就元虛。寶所學獨篤實不支、故其言如此。全書大旨、不外於斯。雖步步趨趨、尚未爲沈酣經窟。然馬鄭孔賈之學、至明殆絕。研思古義者、二百七十年內、稀若晨星。迨其中葉、狂禪瀾倒、異說飈騰、乃併宋儒義理之學亦失其本旨。寶所劄記、雖皆寥寥數言、而大旨要歸於醇正。亟錄存之、亦不得已而思其次也。

五經稽疑六卷、（浙江巡撫採進本、）

明朱睦㮮撰。睦㮮有易學識遺、已著錄。據明史睦㮮傳、稱其萬歷五年舉周藩宗正、領宗學。約宗生以三、六、九日午前講易詩書、午後講春秋禮記。雖盛寒暑不輟。所撰有五經稽疑六卷。藝文志載睦㮮五經稽疑六卷外、又載睦㮮春秋經傳辨疑四卷。其春秋稽疑又有別行之本、析爲四卷。乃與明史所稱春秋經傳辨疑合。考睦㮮自序、稱少靡所好、游心六經、嘗作春秋稽疑、餘未及爲也。癸未四月、（案明史稱睦㮮以萬歷五年舉宗正、又三年卒。則其卒當在萬歷八年。癸未乃萬歷十一年、與史文不合。疑史誤也、）杜門謝客、乃取四經、時披閱焉。或有疑者、參訂諸家而折衷之。且述且作、得若干卷云云。據其所言、絕不及春秋經傳辨疑一字。殆初註春秋四卷、名以經傳辨疑、先行於世。後乃足成五經、併爲一帙、統改今名。著錄家各據所見之本、遂析而爲二耳。明史睦㮮傳但稱作五經稽疑六卷、不及春秋經傳辨疑、從其最後之定本也。春秋乃其初槀、蓋以全力爲之。大旨取直書其事、美惡自見之義。其中如誤以邾儀父爲邾命卿、蓋沿程端學之曲說、不思及晉處父盟、經自有例。未免傷於武斷。然如春正月不書王、王使榮叔來錫桓公命不書天、譚子不書名、柯之盟不書日、祭叔來聘不書使之類、以爲傳寫脫誤、非孔子有意筆削。旁引曲證、足破穿鑿附會之論。又謂穀伯綏來朝、鄧侯吾離來朝、二朝字當作奔。鄭游速帥師滅許、滅當作入。又辨左氏以城小穀爲城穀之非。公羊謂晦不書事之誤。則精核者居多。易書詩禮所說殊略。易多誤採郭京之本。書既以古文爲疑、又以大禹謨臯陶謨篇首之語爲後人所加。又用程子之說、引文命允迪之文以駁放勳之非號、亦頗涉矛盾。詩多採用小序、亦乏新義。禮則所辨後儒增益之詞、頗爲有見、而末附以所定藩府禮制八條、則亙古說經無此體例矣。以其考證古義、尚時有可取、亦併錄之。鈔本不分卷帙、今約其篇頁、以四經各爲一卷、春秋爲兩卷、仍合於明史所載之卷數焉。

經典稽疑二卷、（江蘇巡撫採進本、）

明陳耀文撰。耀文字晦伯、確山人。萬歷庚戌進士。官至按察司副使。此書取漢唐以來說經之異於宋儒者、分條輯載。上卷爲四書、下卷爲易書詩春秋、禮記、周禮。先儒專門之學、各有師承、非同臆說。耀文欲存諸經古訓、但當採鄭、王、賈、孔遺言、不應雜以明人議論。又如宰予晝寢、但取七經小傳寢爲內寢之說、而不引資暇集所載梁武帝繪畫寢室一條。竊比老彭、但取經典釋文所引鄭云老老聃、彭彭祖之說、而不引禮記疏文選註所載鄭註老聃周之太史、彭彭咸也一條。乾元亨利貞、但取子夏傳始通和正之說、而不引義海撮要所載梁武帝義始爲元、遂爲亨、益爲利、不私爲貞一條。此類頗多、亦傷漏略。又如周禮備載宋元諸儒攻駁之語、則徒啓紛紛。孟子備載筆談所紀王聖美因何却見梁惠王之言、則更涉諧謔。蓋耀文因當時帖括之士、墨守方隅、稍爲裒集異同、以存古義、而不必一一悉從其朔、故所採亦未盡精純。然嘉隆之閒、心學盛而經學衰、耀文獨能遠討遐搜、潛心訓詁、亦可云空谷之足音矣。

欽定繙譯五經五十八卷、四書二十九卷、

乾隆二十年初、

欽定繙譯四書。續繙譯易書詩三經。續又繙譯春秋禮記二經。至乾隆四十七年、而聖賢典籍釋以

國書者、燦然備焉。案鄭樵通志七音略曰、宣尼之書、自中國而東則朝鮮、西則涼夏、南則交阯、北則朔易、皆吾故封也。故封之外、其書不通。何瞿曇之書能入諸夏、而宣尼之書不能至跋提河、聲音之道有障礙耳。其說良是。然文字之聲音、越數郡而或不同。文字之義理、則縱而引之、千古上下無所異。橫而推之、四海內外無所異。苟能宣其意旨、通以語言、自有契若符節者、又何聲音之能障礙乎哉。考隋書載魏氏遷洛、未達華語。孝文帝命侯伏侯可悉陵以其言譯孝經之旨、教於國人、謂之國語孝經。經籍志載其書作一卷。是古人已有行之者。特其學其識、均未窺六藝之閫奧、故能譯者僅文句淺顯之孝經、而諸經則未之及耳。我

國家肇興東土、刱作十二字頭、貫一切音。復

御定清文鑒、聯字成語、括一切義。精微巧妙、實小學家所未有。故六書之形聲訓詁、皆可比類以通之。而

列聖以來、表章經學、天下從風、莫不研究微言、講求古義。尤非前代之所及。故先譯四書、示初學之津梁。至於五經、易則略象數之迹、示其吉凶。書則疏佶屈之詞、歸於顯易。詩則曲摹其咏嘆、而句外之寄託可想。春秋則細核其異同、而一字之勸懲畢見。禮記則名物度數、考訂必詳、精理名言、推求必當。尤足破講家之聚訟。蓋先儒之詁經、多株守其文、故拘泥而鮮通。此編之詁經、則疏通其意、故明白而無誤。不立箋傳之名、不用註疏之體、而脣吻輕重之閒、自然契删述之微旨。厥有由矣。學者守是一編、或因經義以通

國書、而同文之

聖化被於四方。或因

國書以通經義、而明道之遺編彰於萬世。其有裨於文教、均爲至大。雖堯帝之文章、尼山之删定、又何以加於茲哉。

七經孟子考文補遺一百九十九卷、浙江汪啓淑家藏本、

原本題西條掌書記山井鼎撰、東都講官物觀校勘。詳其序文、蓋鼎先爲考文、而觀補其遺也。二人皆不知何許人。驗其版式紙色、蓋日本國所刊。凡爲易十卷、書二十卷、附古文考一卷、詩二十卷、左傳六十卷、禮記六十三卷、論語十卷、孝經一卷、孟子十四卷。別孟子於七經之外者、考日本自唐始通中國、殆猶用唐制歟。前有凡例、稱其國足利學有宋版五經正義一通、又有古文周易三通、略例一通、毛詩二通、皇侃論語義疏一通、古文孝經一通、孟子一通、又有足利本禮記一通、周易論語孟子各一通、又有正德、嘉靖、萬歷、崇禎十三經註疏本。崇禎本即汲古閣本也。其例首經、次註、次疏、次釋文、專以汲古閣本爲主、而以諸本考其異同。凡有五目、曰考異、曰補闕、曰補脫、曰謹案、曰存舊。按所稱古本爲唐以前博士所傳。足利本乃其國足利學印行活字版。今皆無可考信。書中所稱宋版五經正義、今以毛居正六經正誤及岳珂九經三傳沿革例所引宋本參校、如尚書益稷篇註、粉若粟冰。六經正誤引紹興本作粟冰、監本作粟水、興國軍本作粟米、今汲古閣本作粟冰、而此書不引粟水粟米二條。毛詩鴟鴞章、予尾翛翛。經傳沿革例引監本蜀本越本作翛翛、今汲古閣作翛翛、而此書不引翛翛一條。生民章箋、訏謂張口鳴呼。經傳沿革例引余仁仲本鳴作鳴、今汲古閣本作鳴、而是書不引鳴字一條。春秋左氏傳、隱四年、老夫耄矣。六經正誤引潭本耄作耄、今汲古閣本作耄、而此書不引耄字一條。襄三十一年、天厲不戒。六經正誤引臨川本天作天、今汲古閣本作天、而此書不引天字一條。禮記曲禮

二名不偏諱。經傳沿革例引蜀大字本與國本偏作徧、今汲古閣本作偏。而此書不引偏字一條。悉與毛岳兩家所稱宋本不符。不知所據宋本、定出誰氏。然如周易小過九四註、不爲責主。此書引宋版責作貴、與六經正誤所引善本合。又春秋傳昭十二年、昔我先王熊繹與呂級。此書引宋永懷堂本級作伋、與六經正誤所引興國本合。昭二十四年註、不依獻王。此書引宋版王作玉、與六經正誤所引臨川本合。僖三十一年註、濟水滎陽東過魯之西。此書引宋永懷堂本滎作熒、與經傳沿革例所據之善本合。僖二十三年、懷其安實敗名。此書引宋永懷堂本其作與、與經傳沿革例所引監本蜀本及諸善本合。禮記曾子問註、則卒哭而致事。此書引宋版則作周。喪服小記殤無變文不縞、此書謂縞乃縟字之誤。皆與經傳沿革例所引興國本合。考經傳沿革例所載宋版二十一種、多不附釋文。其附釋文者獨有建本及蜀中大字本。此書載宋版毛詩左傳、獨附釋文。則或爲建本及蜀中大字本歟。又鼎稱足利本乃統括古本、而所引古本如尚書舜典註云、使各陳進治理之言。古理作禮、而六經正誤所引監本亦云理作禮。則知古本非無稽也。至所正釋文錯誤、多稱元文、不知元文爲何本。今以通志堂所刊考之、一一皆合。蓋徐本未出以前、其書已傳入彼國矣。歐陽修作日本刀歌曰、徐福行時書未焚、遺書百篇今尚存。今考此書所列尚書、與中國之本無異。又明豐坊僞造諸經、皆稱海外之本。今考此書與坊本亦無一同、是亦足釋千古之疑也。

九經誤字一卷、內府藏本、

國朝顧炎武撰。炎武有左傳杜解補正、已著錄。是書以明國子監所刊諸經、字多譌脫、而坊刻之誤又甚於監本。乃考石經及諸舊刻作爲此書。其中所摘監本坊本之誤、諸經尚不過一二字。惟儀禮脫誤比諸經尤甚。如士昏禮視諸衿鞶下、脫壻授綏姆辭曰未教不足與爲禮也十四字。鄉射禮各以其物獲下、脫士鹿中翿旌以獲七字。燕禮享于門外東方下、脫其牲狗也四字。特牲饋食禮長皆荅拜下、脫舉觶者祭卒觶拜長皆荅拜十一字。少牢饋食禮振之三下、脫以授尸坐取簞興七字。其一兩字之脫、尚有二十處。皆賴炎武此書校明、今本得以補正。則於典籍不爲無功矣。惟所引石經子朝奔郊四字、字體與唐不類。考左傳昭公二十二年、王師軍于京楚。辛丑伐京。註云、京楚、子朝所在。又昭公二十三年王子朝入于尹。註云、自京入尹氏之邑。則子朝無奔郊之事。此四字爲王堯惠等妄加、明矣。炎武亦復採之、未免泥古之過。然不以一眚掩也。

經問十八卷、經問補三卷、浙江巡撫採進本、

國朝毛奇齡說經之詞、其門人錄之成編。皆一問一荅、故題曰經問。其後三卷、則其子遠宗所補錄也。其中如論褚師聲子不解襪。論肅容肅揖肅拜三者之分。論婦人不稱斂衽。論稽首頓首之誤用。論杜預註乓甲之非。論儀禮出二戴、禮記不出二戴。論甘盤不遯於荒野。論姓分爲氏、氏分爲族。論以字爲氏、不必定用王父。論兄弟不相爲後、破汪琬以弟後兄之說。以史記諸侯年表正趙世家記屠岸賈之譌。謂衛宣公無烝夷姜事。謂孟子記齊楚伐宋時、宋猶未滅滕。謂春秋桓公多闕文。論公行子有子之喪。論微子微仲。論鄭康成誤註勦說爲雷同。論孔子非攝相。論孔子適周非昭公二十四年。論畏厭溺。論魯鼓薛鼓非無詞。論媒氏禁遷葬嫁殤。論子文三仕三已。論束牲載書。皆證佐分明、可稱精核。至其中所排斥者、如錢丙蔡氏之類、多隱其名。而指名而攻者、惟顧炎武閻若璩胡渭三人。以三人皆博學重望、足以攻擊、而餘子則不足齒錄。其傲睨可云已甚。李塨序目、稱仁和汪祭酒嘗荅人書、謂西河說經、終不見有紕理。似乎鄭康成杜預孔穎達賈公彥輩皆有贏有紕、而西河隨問隨荅、無是焉。其推挹甚至。而其以辨才求勝、務取給一時、不肎平心以度理、亦於是見之。可謂皮裹陽秋矣。然以馬鄭之淹通、濟以蘇張之口舌、實足使老師宿儒變色失步。固不可謂非豪傑之士也。

十三經義疑十二卷、江蘇巡撫採進本、

國朝吳浩撰。浩字養齋、華亭人。是書取諸經箋註、標其疑義、考訂之力頗勤。如季本讀禮疑圖以萬八爲一軍、浩襲其說。於詩公車千乘、公徒三萬、不主鄭箋舉成數之解、而引司馬法又以一乘總三十八人、定千乘當三萬人、而疑賈疏附會此法爲畿內之制。今考大司馬萬有二千五百人爲軍。小司徒五人爲伍、五伍爲兩、四兩爲卒、五卒爲旅、五旅爲師、五師爲軍。天子諸侯同制。小司徒疏、謂司馬法

成百井三百家、革車一乘、士十人、徒二十人。至同方百里萬井三萬家、革車百乘、士千人、徒二千人、乃天子畿內采地法。又司馬法甲士三人、步卒七十二人、乃是畿外邦國法。此周之定制也。齊語管子制國、五家爲軌、故五人爲伍。十軌爲里、故五十人爲小戎。四里爲連、故二百人爲卒。十連爲鄉、故二千人爲旅。五鄉爲師、故萬人爲軍。韋昭註、萬人爲軍、齊制也。周則萬二千五百人爲軍。此春秋列國之變制也。僖公之頌、正當齊桓之時、或其時卽用齊法、亦未可知。浩據以疑周禮則非也。浩又於儀禮聘禮引崔靈恩之說、謂諸侯三卿、司徒兼冢宰、司馬兼宗伯、司空兼司寇。諸侯雖正卿、猶不敢稱大。史記謂魯以孔子爲大司寇、若然、豈魯有六卿如天子耶。宋二王之後、故有大司馬。楚之有大司馬也、因僭稱王耳。今考管子王言篇、甯戚藝粟盡地利、立爲大司徒、王子城父爲大司馬、則春秋時諸侯正卿明稱大。而稱大司馬者又不止宋楚矣。又左氏傳曰、向爲人爲大司寇、則宋稱大者又不特司馬矣。魯司寇爲司空兼官、本非正卿、或止得稱司寇、而槪謂諸侯正卿皆不得稱大、則亦弗之考也。又周禮乃立春官宗伯、鄭註引夏父弗忌爲宗人。浩謂春秋內外傳俱作我爲宗伯、宗人雖亦掌禮之官、但位卑權輕、焉能擅爲逆祀。今考宗人之名、通於上下。左傳哀公二十四年、使宗人釁夏獻其立夫人之禮、對曰、無之。公怒曰、汝爲宗司。尊之曰宗司、是非卑位矣。又文王世子公族其在宗廟之中、則如外朝之位、宗人授事、以爵以官。註宗人掌禮及宗廟。與鄭氏周禮大宗伯註、宗官典國之禮、與其祭祀合。又大戴禮諸侯遷廟、齊祝宗人及從者皆齊、宗人擯、與周禮大宗伯職掌王之儐相合。鄭註宗伯爲宗人、蓋卽據此。此天子諸侯之宗人也。魯語、公父文伯之母欲室文伯、饗其宗老。韋昭註、宗、宗人。晉語范文子謂其宗祝、韋昭註亦曰、宗、宗人。此卿大夫之宗人也。浩以宗人爲位卑權輕、是以卿大夫之宗人與天子諸侯之宗人合爲一也。考核頗疏。其他如釋左傳得祏於槖中、謂大夫士亦有主、與蔡謨之說合。而引說文大夫以石爲主、則出前儒所引之外。釋爾雅昏强也、謂昏當作昬。書不昬作勞、昬音閔、與睯同、强也。又爾雅夏曰復胙、郭註未見所出、浩引穀梁楊疏云、復胙者、復前日之禮。有司徹賈疏云、復胙者復昨日之胙祭。則均可補郭註。其說亦頗有可採者。蓋於註疏之學雖未能貫通融會、而研究考證、具有根柢。視剿剟語錄、枵腹談經、徒以大言臆斷者、則勝之遠矣。

九經古義十六卷、桂林府同知李文藻刊本

國朝惠棟撰。棟有周易述、已著錄。是編所解、凡周易、尚書、毛詩、周禮、儀禮、禮記、左傳、公羊、穀梁、論語十經。其左傳六卷、後更名曰補註、刊版別行。故惟存其九。曰古義者、漢儒專門訓詁之學、得以考見於今者也。古者漆書竹簡、傳寫爲艱、師弟相傳、多由口授。往往同音異字、輾轉多歧。又六體孳生、形聲漸備。毫釐辨別、後世乃詳。古人字數無多、多相假借。沿流承襲、遂開通用一門。談經者不考其源、每以近代之形聲、究古書之義旨。穿鑿附會、多起於斯。故士生唐宋以後、而操管摛文、動作奇字、則生今反古、是曰亂常。至於讀古人之書、則當先通古人之字、庶明其文句而義理可以漸求。棟作是書、皆蒐採舊文、互相參證。其中愛博嗜奇、不能割愛者、如易之需卦、據歸藏作溽。於象傳飲食之義固符、於爻詞需泥需沙、則義不相協。書之曰若稽古、用鄭康成之義。實則訓古爲天、經典更無佐證。儀禮士昏禮之皇舅某子、申註疏張子李子之義、駁顧炎武之說。實則春秋傳所謂男婦辨姓、乃指婚姻、不指稱號。禮記檀弓之子夏喪明、漢冀州從事郭君碑作喪名。實係假借之字、乃引爾雅目上爲名、謂名爲目珠。實則目珠不在眉目之閒。公羊隱十一年傳、蔡邕石經以弒爲試、引白虎通證之、已屬附會。又引荀子議兵篇威厲而不試、刑措而不用句爲證。實則此試字又別一意、蔡邕所書、義不緣此。成二年傳、是土齊也、自以何休註文爲正解。而引周禮司馬法解土爲杜、實則盡東其畝、原非杜塞鄰國之交通。論語之詠而歸、據鄭康成王充之說、以歸爲饋。實則風雩無饋祭之理。如斯之類、皆不免曲徇古人、失之拘執。又如據周禮牛人謂任器字出於經文、不出子史、駁宋祁筆記之誤。則體同說部、與經訓無關。引荀子、墨子證學記之撞鐘、引荀子證秦穆公之能變、引墨子證許止不嘗藥、引楊方五經鉤沈證論語生知、亦皆牽引旁文、無關訓詁。未免爲例不純。然自此數條以外、大抵元元本本、精核者多。較王應麟詩攷鄭氏易註諸

書有其過之無不及也。

經稗六卷（福建巡撫採進本）

國朝鄭方坤撰。方坤字則厚、號荔鄉、建安人。雍正癸卯進士。官至兗州府知府。是編雜採前人說經之文、凡易書詩春秋各一卷、三禮共一卷、四書共一卷。以多摭諸說部之中、故名曰稗言。猶正史之外別有稗官耳。漢代傳經、專門授受。自師承以外、罕旁徵。故治此經者、不通諸別經。即一經之中、此師之訓故、亦不通諸別師之訓故。專而不雜、故得精通。自鄭元淹貫六藝、參互鉤稽、旁及緯書、亦多採摭。言考證之學者自是始。宋代諸儒、惟朱子窮究典籍。其餘研求經義者、大抵斷之以理、不甚觀書。故其時博學之徒、多從而探索舊文、網羅遺佚、舉古義以補其闕。於是漢儒考證之學、遂散見雜家筆記之內。宋洪邁王應麟諸人、明楊愼焦竑諸人、

國朝顧炎武閻若璩諸人、其尤著者也。夫窮經之要、在於講明大義、得立教之精意。原不以搜求奇祕為長。然有時名物訓詁之不明、事迹時地之不考、遂有憑臆空談、乖聖人之本旨者。諸人於漢學放失之餘、捃摭而存一綫、亦未始非餼羊之遺也。顧諸家無談經之專書、篇帙紛繁、頗難尋檢。方坤能薈稡衆說、部居州分、於考核之功深為有裨。特錄存之、亦朱子註中庸不廢沈括夢溪筆談之意也。

十三經註疏正字八十一卷（浙江巡撫採進本）

國朝沈廷芳撰。廷芳字椒園、仁和人。乾隆丙辰召試博學鴻詞、授翰林院編修。官至山東按察使。是編校正十三經註疏、以監本重修監本陸氏閩本毛氏汲古閣本參互考證。而音義釋文則以徐氏通志堂本為準。凡周易三卷、尚書五卷、詩十四卷、周禮十卷、儀禮十一卷、禮記十五卷、左傳十卷、公羊傳四卷、穀梁傳二卷、孝經一卷、論語二卷、孟子一卷、爾雅三卷。考諸經正義、宋端拱咸平景德遞有校正、而版本久湮。明以來公私刊版、亦有據宋本刊正者、而所校往往不同。廷芳是書、每條標其本句、而疏其譌誤於下。其據某本改者、並顯出之。有未定者、則以疑存之。或有據某人說者、亦綴附焉。於形聲六體、尤所究詳。然籀改而篆、篆改而八分、而隸書偏旁點畫、或因或革、不能限以許慎之所述。又經師口授、各據專門。春秋則三傳異文、詩則四家殊字。而假借通用、又復錯出於其閒。故曰若越若、書自不同。桑葚桑椹、詩亦各體。此一經自不相同者也。周禮之簭、不可通乎周易之筮。儀禮之庿、不可通於禮記之廟。此諸經各不相謀者也。鄭康成之屢稱舊書、陸德明之多引別本、更不論矣。故是書所舉、或漏或拘、尚未能毫髮無憾。至於參稽衆本、考驗六書、訂刊版之舛譌、袪經生之疑似。註疏有功於聖經、此書更有功於註疏。較諸訓詁未明而自謂能窮理義者、固有虛談實際之分矣。

朱子五經語類八十卷（江蘇巡撫採進本）

國朝程川編。川字鄘渠、號春暠、錢塘人。乾隆元年薦舉博學鴻詞。是書成於雍正乙巳、乃川肄業敷文書院時所刊。取朱子語錄之說五經者、州分部居、各以類從、以便參考。凡易四十卷、書九卷、詩七卷、春秋三卷、禮二十一卷。昔朱子之孫鑑、嘗緝文公易說二十三卷、又緝詩傳遺說六卷。

國朝李光地又有朱子禮纂五卷。而書與春秋卒無專書。特諸家援引遺文、據以折衷衆說而已。且其閒各以意為去取、不能盡睹其全。又不著為某氏某年所錄、亦無以考其異同先後之由。黎靖德所編語錄、雖薈稡無遺、然不及一一詮次、亦猝不得其端緒。川此編於每經皆以總論居前、論舊說得失者次之。其餘則以經文為序、並各著某人所錄於下。且註其年月及朱子是時年若干歲於首條。條分縷析、至為明白。雖其閒記錄或失其眞、前後偶異其說者、未為一一辨明。然比類而觀、互相勘校、其得失亦粲然具見矣。三禮之末、綴以大戴禮記、似乎不倫。考是書歷代史志皆著錄於禮類。史繩祖學齋佔畢稱宋時嘗并大戴記於十三經末、稱十四經。雖繩祖不詳事在何朝、然諒非誣說。且其文與三禮多相出入、可以為參考之資。附錄於末、亦不得以泛濫為疑矣。

羣經補義五卷（安徽巡撫採進本）

國朝江永撰。永有周禮疑義舉要、已著錄。是書取易書詩春秋儀禮禮記中庸論語孟子九經、隨筆詮釋。末附雜說、多能補註疏所未及。惟有過矯鄭義者。如禮記補義云、主常在室、朝事雖延尸出戶、而主不動。故云詔祝于室、坐尸于堂。堂上有尸無主也。大司樂職云、尸出入則令奏肆夏、而司巫無奉主出入之文也。今考郊特牲註曰、朝事延尸于戶西、南面。布主席、東面。取牲膟膋燎于爐炭、洗肝于

鬱鬯而燔之。入以詔神于室、又出以墮于主。主人親制其肝、所謂制祭也。時尸薦以籩豆、至薦孰、乃更延主于室之奧。尸來升席、自北方坐于主北焉。康成此註、雖不見於經傳、必有根據。今永謂坐尸于堂、則堂上無主。不知下文云直祭祝于主、謂薦孰時也。經亦但云祝于主、不云祝于尸、豈亦得謂薦孰時尸不在室乎。蓋言室則統有主、言主則統有尸。經以互文見義、益以見尸主之不相離也。況大司樂尸出入奏肆夏、註謂出入廟中。如第據出入廟中、則曾子問曰、主出廟入廟必蹕、此不得以司巫不言主出入、而遂不信曾子問也。公羊傳曰、祫祭者、毀廟之主陳于太祖、未毀廟之主皆升、合食于太祖。周旅酬六尸、則毀廟有主而無尸。若朝踐之節、但有尸在堂、而主皆在室、則毀廟之主不得與於朝踐之禮矣。曲禮曰、措之廟、立之主、曰帝。主所以識世系也。尸之所在、以主辨其昭穆、故尸與主不相離。白虎通曰、主所以依神也。淮南子曰、神之所依者尸也。若主在室而尸在堂、則朝踐之節、神一依于在堂之尸。又一依乎在室之主、散而無統、非所以明精專也。論語補義又謂魯禘行於秋嘗之時。周正之秋、實是夏月。故明堂位曰、季夏六月、禘周公于明堂也。今考閔二年夏五月吉禘于莊公、僖八年秋七月禘于太廟、文二年八月大事于太廟、宣八年夏六月有事于太廟、昭十五年二月禘于武宮、定八年冬禘于僖公。據此、則魯之禘祭、四時皆舉、不得拘以嘗月也。明堂位曰、季夏六月、以禘禮祀周公于明堂。雜記、孟獻子曰、正月日至、可以有事于上帝、七月日至、可以有事于祖。七月而禘、獻子爲之也。稱七月日至、乃夏至、建午之月、則六月實建巳之月、於周正爲夏、不爲秋也。永既據明堂位六月爲禘月、而以六月爲周正之秋、則是以六月爲建未之月矣。同一魯也、記者於正月七月稱日至、則用周正。而于六月則又用夏正。恐無是理。永又引祭統內祭則大嘗禘、嘗禘于嘗下、明大禘在嘗月。不知禘在嘗下、不過錯舉之詞。猶之傳曰烝嘗禘於廟、嘗在烝前而錯舉之、則曰烝嘗也。然則經文嘗在禘上、原不謂禘在嘗月也。永又引魯頌秋而載嘗、夏而楅衡、白牡騂剛、爲禘在嘗月之證。不知毛傳曰、諸侯夏禘則不礿、秋祫則不嘗、惟天子兼之。鄭箋曰、秋嘗祭于夏、則養牲、是毛鄭皆不以此節爲禘祭也。今據魯頌爲禘嘗同月、尤爲未允。然其他條則多典確不磨。若尚書補義以西海爲青海、謂西海郡雖始立於王莽、而山海經云、西海之南、流沙之濱、則西海之名甚古、並不始于莽也。春秋補義謂兄終弟及宗廟昭穆之世、天子諸侯不得過四親、而昭穆之廟不必限以四。並斥萬斯大所據明堂五室之說。又謂春秋之世、兵農已分。引管子制國二十一鄉、工商之鄉六、士鄉十五。公帥五鄉、國子高子各帥五鄉。是在當時、齊之三軍悉出近國都之十五鄉、而野鄙之農不與。論語補義謂先儒以麻冕用三十升。布八十縷爲升、三十升則二千四百縷。布一尺二寸、容一千二百縷、朱子已謂其極細、如今之細絹。豈更可倍爲二千四百縷。然則麻冕亦不過十五升。辨析尤爲精核。其他於禹貢之輿地、春秋之朔閏、皆考證賅洽、於經文註義均有發明。固非空談者所及、亦非捃拾爲博者所及也。

經咫一卷、江蘇巡撫採進本

國朝陳祖范撰。祖范字亦韓、亦字見復、常熟人。雍正癸卯會試中式舉人、未及殿試。乾隆辛未薦舉經學、特賜國子監司業銜。是書皆其說經之文。名經咫者、用國語晉文公咫聞語也。祖范嘗應薦時、曾錄呈御覽。此其門人歸宣光等所刊。凡易七條、書十二條、詩七條、春秋十三條、禮六條、論語十三條、中庸二條、孟子十條、而以雜文之有關禮義者八篇列於禮後。其論書不取梅賾、論詩不廢小序、論春秋不取義例、論禮不以古制違人情、皆通達之論。原序稱文不離乎六經四書、說不參乎支離怪僻。觀蕭山毛奇齡之專攻前人、同一說經、而純駁顯然。今觀其書、如駁公羊傳弟爲兄後之說、而取其母以子貴之文。駁婚禮不告廟之非。論語無所取材、主鄭康成桴材之說。謂甯武子不及仕衛文公。謂瓜祭非必祭。及政逮大夫四世之類、取奇齡說者不一而足。惟古文尚書顯然立異耳。祖范學問篤實、必非剽取人書者。或奇齡之書盛氣叫囂、肆行誹詆、爲祖范所不欲觀、故不知先有是說、偶然闇合耶。然如奇齡經說以諸賢配享爲多事、而謂學宮祀文昌魁星爲有理、則祖范終無是也。

九經辨字瀆蒙十二卷、浙江巡撫採進本

國朝沈炳震撰。炳震歸安人。是書校正九經文字。第一卷爲經典重文，如闢闢坎坎之類；第二卷爲經無重文，如襁字繦字之類；第三卷爲經典傳記，如文言傳重剛而不中，重字本義疑衍，象傳履霜堅冰，魏志作初六履霜之類；第四卷、第五卷爲經典異文，以註疏本列於上，以石經不同者列於下，其諸書援引異文亦併附焉；第六卷爲經典通借，如君子以順德，王肅本作愼德，磐桓利居貞，磐釋文一本作盤之類；第七卷、第八卷、第九卷爲先儒異讀，如易大人造也，造劉歆引作聚，君子體仁，仁董遇本作信之類；第十卷爲同音易義，如彖本訓豕走，而易之彖則訓爲斷，毒本訓害，而王弼註師卦毒天下訓爲役之類，然其音不改；第十一卷爲易音易義，如元亨之亨，在王用亨于岐山則讀烹，乾坤之乾，在噬嗑乾胏則讀干之類，併其音而改之矣，併附以異字同義，如易之鼫鼠即詩之碩鼠，易之鼫鼫即書之杌隉之類；第十二卷則註解傳述人也。其排比鉤稽，頗爲細密，可以因文字之異同，究訓詁之得失，於經學頗爲有裨。惟末卷註解傳述人全錄陸德明釋文所載，無所考證，苟盈篇帙，殊無可取，駢拇枝指，姑置而不論可矣。

古經解鉤沈三十卷　江蘇巡撫採進本

國朝余蕭客撰。蕭客字仲林，長洲人。是編採錄唐以前諸儒訓詁，首爲敍錄一卷，次周易一卷，尚書三卷，毛詩二卷，周禮一卷，儀禮二卷，禮記四卷，左傳七卷，公羊傳一卷，穀梁傳一卷，孝經一卷，論語一卷，孟子二卷，爾雅三卷，共三十卷，而敍錄、周易、左傳均各分一子卷，實三十三卷也。自宋學大行，唐以前訓詁之傳率遭掊擊，其書亦日就散亡。洎及明人說經者，遂憑臆空談，或蕩軼於規矩之外。

國朝儒術昌明，士敦實學，復仰逢我

皇上稽古右文，

詔校刊十三經註疏，

頒行天下，風教觀摩，凡著述之家，爭奮發而求及於古。

蕭客是書其一也。其敍錄備述先儒名氏爵里及所著義訓，其書尚存者不載，或名存而其說不傳者亦不載，餘則自諸家經解所引，旁及史傳類書，凡唐以前之舊說，有片語單詞可考者，悉著其目。雖有人名而無書名，有書名而無人名者，亦皆登載。又以傳從經，鉤稽排比，一一各著其所出之書，並仿資暇集、龍龕手鏡之例，兼著其書之卷第，以示有徵。又經文同異，皆以北宋精本參校，正前明監版之譌闕。自序謂創始於己卯，成稟於壬午，晝夜手錄，幾於左目靑盲，而後成帙，其用力亦可謂勤矣。至梁皇侃論語義疏，日本尚有全帙，又唐史徵周易口訣義，今永樂大典尚存遺說，是書列皇氏書於佚亡，而史氏書亦未採。蓋海外之本，是時尚未至中國，而天祿之珍，庋藏淸祕，非下里寒儒力所能睹也。然經生耳目之所及者，則捃摭亦可謂備矣。

附錄

古微書三十六卷　江蘇巡撫採進本

明孫瑴編。瑴字子雙，華容人。考劉向七略不著緯書，然民間私相傳習，則自秦以來有之。非惟盧生所上見史記秦本紀，即呂不韋十二月紀稱某令失則某災至，伏生洪範五行傳稱某事失則某徵見，皆讖緯之說也。漢書儒林傳稱孟喜得易家候陰陽災變書，尤其明證。荀爽謂起自哀平，據其盛行之日言之耳。隋志著錄八十一篇，燔燒之後，湮滅者多。至今僅有傳本者，朱彝尊經義考稱易乾鑿度、乾坤鑿度、禮含文嘉猶存，顧炎武日知錄又稱見孝經援神契。然含文嘉乃宋張師禹所撰，非其舊文，援神契則自宋以來不著於錄，殆炎武一時筆誤，實無此書。則傳於世者，僅乾鑿度、乾坤鑿度二書耳。

皇上光崇文治，四庫宏開，二酉祕藏，罔弗津逮，又於永樂大典之中捜得易緯稽覽圖、通卦驗、坤靈圖、是類謀、辨終備、乾元序制記六書，爲數百年通儒所未見，其餘則仍不可稽，蓋遺編殘圖，十不存其一矣。瑴嘗雜採舊文，分爲四部，總謂之微書：一曰焚微，輯秦以前逸書；一曰綫微，輯漢晉間箋疏；一曰闕微，徵皇古七十二代之文；一曰刪微，即此書。今三書皆不傳，惟此編在，遂獨被微書之名，實其中之一種也。所採凡尚書十一種，春秋十六種，易八種，禮三種，樂三種，詩三種，論語四種，孝經九種，河圖十種，洛書五種。以今所得完本校之，瑴不過粗存梗概。又唐瞿曇悉達開元占經，去隋未遠，所引諸緯，如河圖聖洽符、孝經雌雄圖之類，多者百餘條，少者數十條，瑴亦未睹其書，故多所遺漏。又摘伏勝尚書大傳中洪範五行傳一篇，指爲神禹所作，尤屬杜撰。然其採摭編綴，使學者生於千百年後，猶見東京以上之遺文，以資考證，其功亦不可汲。經義考毖緯一門所引、據出緯書者十之八九、則用力亦可謂勤矣。緯與經、名雖相輔、實各自爲書。卦氣之說、孟喜始據以詁易、何休、鄭元援引尤多。宋歐陽修乞校正五經劄子、欲於註疏中全削其文、而說不果用。魏了翁作九經正義、始盡削除。此實說經家謹嚴之旨、與孫復說春秋而廢傳、鄭樵說詩而廢序、深文巧詆、務排漢學者不同。然義理則當尊正軌、考證則不廢旁稽。如鄭元註禮、五天帝具有姓名、此與道家符籙何異。宋儒闢之是也。至於蔡沈書集傳所稱周天三百六十五度四分度之一。實洛書甄耀度、尚書考靈耀之文。黑道二去黃道北、赤道二去黃道南、白道二去黃道西、青道二去黃道東。實河圖帝覽嬉之文。朱子註楚詞、崑崙者地之中也、地下有八柱、互相牽制、名山大川、孔穴相通。實河圖括地象之文。三足烏陽精也。實春秋元命包之文。案此四條皆朱彝尊經義考之說、以至七日來復、自王弼以來承用。六日七分之說、朱子作易本義亦弗能易。實易稽覽圖之文。洛書四十五點、邵子以來傳爲祕鑰、其法出於太乙九宮。實易乾鑿度之文。是宋儒亦未能盡廢之。然則裒輯此編、於經義亦不無所裨、未可盡斥爲好異。故今仍附著五經總義之末焉。

右五經總義類三十一部、六百七十五卷、附錄一部、三十六卷、皆文淵閣著錄。

案漢儒五經之學、惟易先變、且盡變。惟書與禮不變。詩與春秋則屢變而不能盡變。蓋易包萬彙、隨舉一義、皆有說可通。數惟人所推、象惟人所取、理惟人所說、故一變再變而不已。書紀政事、禮具器數、具有實徵。非空談所能眩亂、故雖欲變之而不能。詩則其美其刺、可以意解。其名物訓詁、則不可意解也。春秋則其襃其貶、可以詞奪。其事迹始末、則不可以詞奪也。故二經雖屢變而不盡變。劉勰有言、意翻空而易奇、詞徵實而難巧。此雖論文、可例之於說經矣。今所甄錄、徵實者多。不欲以浮談無根啓天下之捷徑也。蓋自王柏諸人以下、是小辨而汨聖籍者、其覆轍可一一數矣。

欽定四庫全書總目卷三十三

欽定四庫全書總目卷三十四

經部三十四

五經總義類存目

五經圖六卷 河南巡撫採進本、

不著撰人名氏。雍正癸卯、襄城常定遠得明章達原本重刻。達序稱是本得自盧侍御、盧又得之信州鉛山爲鵞湖石刻本。考明盧謙字默存、廬江人。萬歷甲辰進士。官至江西布政使參政。初官永豐縣知縣時、得信州學五經圖石本、盧江縣知縣章達爲刻之。其始末見李維楨序、及謙孫雲英重編五經圖中。此本稱章達刊、當即謙所傳信州石本也。前有萬邦榮序、稱是書與信州石本對校、前後參錯、多所不同。蓋又有所竄亂矣。且原書兼圖周禮、是以名爲六經。此本仍存周禮諸圖、而改題曰五經、名實亦相舛迕。又每經縮爲八頁、而諸圖雜列其間、大圖之餘隙、即塡小圖補之、尤毫無體例矣。

羣經辨疑錄三卷 浙江吳玉墀家藏本、

明周洪謨撰。洪謨字堯弼、長寧人。正統乙丑進士。官至禮部尚書。謚文安。事蹟具明史本傳。是編蓋其官祭酒時與諸生講論之語、凡辨正四書五經訓釋與經旨違誤者百有四條。又發明先儒言外之旨者百有九條。自序稱寧爲朱子佞臣。成化十五年、嘗疏進於朝、併請敕修諸經。憲宗以大全諸書久爲學者所誦習、不允所請。觀此書、頗可得其用意所在。然其說以三光五行爲七政、則不及古傳日月五星之確。其辨周書八誥及蘇軾之說、以爲思殷叛周者皆紂所比昵之罪人則於當時情事未合，仍不及蘇傳之允當。至謂社稷之神龍柱農棄以前，仍當有所謂稷者，其言雖似有理，然亦無所依據。至下卷則多屬空言，益無所取矣。

石渠意見四卷拾遺二卷補闕二卷（兩淮鹽政採進本）

明王恕撰。恕有玩易意見，已著錄。考明史恕本傳，其初致仕在成化二十二年。孝宗立，復召用。後與邱濬不合求去，以弘治六年閏五月復致仕。自是家居凡十五年。此本首篇自題云己未季秋撰，七卿表當在弘治十二年，則是書作於再致仕時。故自序稱作意見時八十四，作拾遺時八十六，作補闕時八十八，可謂老而好學矣。其書大意以五經四書傳註列在學官者，於理或有未安，故以己意詮解而筆記之。間有發明可取者，而語無考證，純以臆測武斷之處尤多。如謂左傳爲子貢等所作之類，殊游談無根也。

五經心義（無卷數。浙江巡撫採進本）

明王崇慶撰。崇慶有周易議卦，已著錄。此本又合所著書經說略、詩經衍義、春秋斷義、禮記約蒙與議卦共爲一編。唯周易無序，餘皆有自序。大抵皆剽掇舊文，罕所心得。

十三經解詁五十六卷（兩淮鹽政採進本）

明陳深撰。深有周禮訓雋，已著錄。是編凡易三卷，書三卷，詩四卷，周禮六卷，儀禮四卷，禮記十卷，左傳十四卷，公羊傳三卷，穀梁傳二卷，論語一卷，孝經一卷，爾雅三卷，孟子二卷。其易惟取程傳及本義，各標其名。書惟取孔傳、蔡傳，不復分別。詩取小序及朱子集傳，亦兼採子貢詩傳。周禮分序官於各職之前，使長屬相統，用王應電本。稱曰古本。禮記增入夏小正一篇，置曾子問前。左傳主夏正之說，謂用周正爲誣。論語、孝經、孟子俱無註，惟孟子加以評點，用世所稱蘇洵本。餘亦皆鈔錄舊註，無所發明。

說經劄記八卷（浙江巡撫採進本）

明蔡汝楠撰。汝楠字子木，號白石，德清人。嘉靖壬辰進士，官至南京工部侍郎。明史文苑傳附見高叔嗣傳中。是編說易、說書、說詩、說春秋、說禮記、說論語、說學庸、說孟子，各爲一卷。末附太極問答數則。史稱汝楠以憂歸，聚諸生石鼓書院，講求經義。此書即是時作也。汝楠少嘗從湛若水游，晚更友鄒守益、羅洪先，其學皆本於良知，欲以治經爲治心之功，故所說多如語錄，罕博考之功云。

五經異文十一卷（浙江巡撫採進本）

明陳士元撰。士元有易象鉤解，已著錄。是編考訂五經文字異同，大抵以許慎說文、陸德明經典釋文爲主，而捃摭雜說附益之。所援據頗爲寒窘。如易本義坤初爻小象順當作愼，詩集傳景古影字之類，亦縷載之。又如宋本恒之作恒，避眞宗諱，貞眞之作貞，避仁宗諱，愼之作𣅟，避孝宗諱，而於恒卦註曰恒，釋文作恒，殊爲失考。至雖一字而於書於變時雍註路史作時雝，眉眉一字，而於以介眉壽註呂氏讀詩記眉作𥄂，益可以不必矣。

五經繹十五卷（江西巡撫採進本）

明鄧元錫撰。元錫有三禮編繹，已著錄。是書凡易五卷，書二卷，詩三卷，三禮四卷，春秋一卷。元錫先有三禮編繹二十卷別行，故此編惟摘錄其中自作發明之語，而刪其經文及註。書、詩、春秋亦不載經文，惟存篇目。其所詮釋，多屬空談。易則雖載經文，而頗更其次第，如乾卦乾元亨利貞句下，繼以大哉乾元至萬國咸寧五十七字，又繼以元者善之長也至故曰乾元亨利貞六十四字，又繼以乾元者至天下平也五十七字，又繼以天行健十字，乃繼以六爻及小象。小象以後，復繼以文言初九曰以下之文。皆元錫以意更定。其繫辭說卦序卦雜卦則全刪傳文，而自撰天圖原等三卷以代之，其憑臆杜撰，亦略與三禮編繹等也。

經書音釋二卷（浙江汪啟淑家藏本）

明馮保撰。保字永亭，號雙林，深州人。嘉靖中秉筆司禮太監。隆慶及萬歷之初最用事，事蹟具明史宦官傳。是編摭拾經典釋文、說文、廣韻諸書，參以己意，如解論語過則勿憚改憚字曰難也畏也，則已詳於朱註。解宓不齊宓字曰三國時秦宓人名，則更與音釋無關。至其鈔襲舛誤，更不可枚舉。末有隆慶辛未保自跋，其私印曰內翰之章，尤可怪矣。史稱保善琴能書，是編當即所自撰。當時士大夫憚其權勢，必有從而譽之者，故竟至於災梨。其人其書本均不足存，以趙高爰歷六篇漢志著錄，姑存其目，亦以見明代貂璫之橫，至儼然以詞臣自居，而無一人議之，足爲萬世之炯戒也。

孫月峯評經十六卷（江蘇周厚堉家藏本）

明孫鑛撰。鑛字文融，月峯其號也。萬歷甲戌進士，官至南京兵部尚書。是編詩經四卷，書經六卷，禮記六卷、每經皆加圈點評語。禮記卷前載其所評書目、自經史以及詩集、凡四十三種。而此止三種、非其全書。然詩經前有慈谿馮元仲序、稱其舉詩書禮鼎足高峙。蓋元仲所別刻者、以三經自爲一類也。經本不可以文論、蘇洵評孟子、本屬僞書。謝枋得批點檀弓、亦非古義。鑛乃竟用評閱時文之式、一一標舉其字句之法、詞意纖仄、鍾譚流派、此已兆其先聲矣。今以其無門目可歸、姑附之五經總義類焉。

七經圖七卷（副都御史黃登賢家藏本）

明吳繼仕編。繼仕字公信、徽州人。案宋館閣書目載六經圖六卷、楊甲撰、毛邦翰增補之、爲圖三百有九。又宋史藝文志有葉仲堪六經圖七卷。陳振孫書錄解題謂仲堪卽以邦翰舊本增損改定。是書刊於萬歷己卯。前有繼仕自序、云得舊本摹校、舊圖三百有九、今加校正爲三百二十有一。又增儀禮圖二百二十有七、共爲圖五百四十有八。所謂舊本、卽毛邦翰之書。所謂儀禮圖、亦卽楊復之書。均非繼仕所自撰也。

九經考異十二卷附九經逸語一卷（兩淮馬裕家藏本）

明周應賓撰。應賓、鄞縣人。萬歷癸未進士、官至禮部尚書。是編考證九經之異文。九經者、以五經四書合而爲九、非古所謂九經。又以四書居五經前、益非古矣。其書以陳士元五經異文爲藍本、稍拓充之、而舛漏彌甚。如書浮于江沱潛漢下云、陸一作潛于漢。今釋文並無此文。又如詩有渰萋萋、知引韓詩作有弇、而不引呂氏春秋之有晻。興雨祁祁、知引韓詩之興雲、而不知呂氏春秋亦作興雲。如斯之類、尤失之目睫之前也。

談經九卷（江蘇巡撫採進本）

明郝敬撰。敬有周易正解、已著錄。此書一名經解緒言。敬所著九經解凡一百六十五卷、一百六十七萬餘言。此則提其大要、別爲九卷、總題曰山草堂集。蓋後來編入集中也。凡易七十條、書三十條、詩五十四條、春秋五十六條、禮記十三條、儀禮二十條、周禮四十二條、論語二十六條、孟子三十二條。敬天資高邁、論多創闢、而臆斷者亦復不少。其詳皆具經解中。此亦可見所學之大概也。

六經三註粹鈔（無卷數、浙江巡撫採進本）

明許順義撰。順義字如齋、晉江人。是書前後無序跋、不知何時所作。驗其版式、蓋萬歷以後之坊本。其書以易詩書春秋禮記周禮爲六經、名既杜撰。又經文多所刪節、其註亦割裂餖飣。所謂三註者、亦不知三家爲誰。殆書賈射利所刊也。

五經纂註五卷（江蘇周厚堉家藏本）

舊本題竟陵鍾惺纂註。有惺自序、而書前又有舒文鼎所爲凡例、云今本朱蔡陳胡之統訓、一就伯敬先生爲取衷、則其書非惺所爲矣。其書皆刪節經文。易則一卦內刪數爻、詩則一篇中刪數章、書則一篇中刪數段、春秋禮記刪節尤甚。惺似不謬陋至此、或亦書賈所託名歟。

峚陽草堂說書七卷（浙江巡撫採進本）

明鄭鄤撰。鄤號峚陽、武進人。天啟壬戌進士、改庶吉士。崇禎中爲溫體仁所搆、誣以杖母不孝、磔於市。是編首爲中庸說一卷、次大學意一卷。以中庸冠大學前者、其說謂中庸以明德終、大學以明德始、大學實繼中庸而作也。論語詠一、仿宋張九成之例、以絕句代箋疏。次孟子略述、隨意標舉而說之、故曰略焉。四書皆崇禎十二年詔獄中作、以授其子珏者。次詩書論世三卷、則雜論詩書二經、大抵皆明末狂禪、提唱心學、無當於聖賢之本旨。

拙存堂經質二卷（兩江總督採進本）

明冒起宗撰。起宗字宗起、如皐人。崇禎戊辰進士、官至湖廣布政使參議。是書凡九十六篇、分條考辨。其中頗有典核之條。如辨書七政皆右旋、蔡傳未爲實測。詩小序與經傳多相符、申公詩說不合於魯詩者凡數端。國風非徒詩、程大昌詩議頗誤。引方言東齊土作謂之杼、木作謂之柚、證詩杼柚其空。引史記國語證趙朔生年。其他考書與春秋輿地者、亦見根據。他如謂大司徒小司徒等止言都鄙而不及鄉遂、以都鄙卽鄉遂也。鄉師言六鄉、遂人言六遂、而不及都鄙、以鄉遂卽都鄙也。且謂六鄉七萬五千家、六遂亦如之、則十五萬家一人受百畝、百里之國、田九百萬畝、除公田外、僅八萬家、其餘七萬家將於何處受田。若都鄙在鄉遂外、彼公侯伯等國卿大夫士之采地將何所受。今考大司徒曰、辨其邦國都鄙之數。又曰帥六鄉之衆。小司徒曰、以稽國中及四郊都鄙之夫家九比之數。又曰乃頒比法于六鄉之大夫。則一職之內、都鄙與六鄉並舉、何得謂大司徒小司徒等止言都鄙而不及鄉遂耶。至謂百里之國尚不能容六鄉六遂之夫田、何得更有都鄙。不知天子六鄉六遂、大國止有三鄉三遂、次國二鄉二遂、小國一鄉一遂。費誓、魯三郊三遂、是其明證。且鄉遂之制、旣據周禮、卽當以周禮封國之數爲正。如公五百里、開方百里者五五二十五。侯四百里、開方百里者四四十六。大國三鄉、止三萬七千五百家、合三遂止七萬五千家。二十五同而容七萬五千家、僅得三十五分之一、豈此外更不容有都鄙乎。起宗誤以侯國亦六鄉六遂、與天子同制、而又不用周禮封國之數、宜乎以百里之國不能容六鄉六遂也。春秋襄七年傳、叔仲昭伯爲隧正。隧與遂通、則有遂之名。又襄九年傳曰、二師令四鄉正敬享。則有鄉之名。莊二十八年傳曰、凡邑有宗廟先君之主曰都。則有都之名。又莊二十八年傳曰、羣公子皆鄙。昭二十年傳曰、縣鄙之人。則有鄙之名。襄三十年傳曰、子產使都鄙有章。則有都鄙之名。何謂諸侯有鄉遂卽不得有都鄙乎。起宗徒以遂官所統之縣正鄙師與稍縣之縣都鄙之鄙名稱相混、遂謂都鄙統於鄉遂。不知周禮名同者不一而足。閭師之名與閭胥同、縣師之名與縣正同、豈得謂閭師縣師卽閭胥縣正乎。又周禮有都宗人、家宗人、都司馬、家司馬、皆都鄙之官也。而起宗謂周禮有鄉遂之官、無都鄙之官、誤矣。又雜記曰、大夫爲其父母兄弟之未爲大夫者之喪服如士服。註大夫雖尊、不以其服服父母兄弟、嫌若踰之于禮。其意最精、而起宗乃以爲悖。又於書則極尊古文尙書、力詆梅鷟。於春秋謂周不用子正、幷謂秦不用亥正。此皆誤襲前人之說、而不知所擇、以致失其綱要也。

五經讀五卷、浙江巡撫採進本

明陳際泰撰。際泰有易經說意、已著錄。其平生以制藝傳、經術非所專門。故是編詮釋五經、亦皆似時文之語、所謂習慣成自然也。

五經圭約、無卷數、浙江巡撫採進本

明蔣鳴玉撰。鳴玉字楚珍、號中完、金壇人。崇禎丁丑進士。官台州府推官。鳴玉於四書五經皆有講義。解四書者名舌存、今未見。解五經者名圭約、言如土圭之測日影、以至約而賅至廣也。其初每經皆分總論、別論、緒論三編。康熙九年、其子編修超校正付梓、以分析瑣屑、難以檢閱、乃循經文次第、合三編而一之。仍分標總論別論緒論之名、以存其舊。王崇簡、魏裔介各爲之序。其書皆採用舊文而不著前人之姓名。超所述凡例、稱鳴玉食貧之時、借書鈔撮、故不及詳載書名、理或然耳。其說易先義理而後象數。書則多本註疏。詩多宗小序、與朱傳時有異同。春秋兼取三傳、不主胡安國刻深之說。禮惟闡發文義、於考證頗疎。附以周禮儀禮二論、亦皆推測之談。蓋於明季經解之中、猶不失爲平近易究者、而精深則未之能也。

經髓七卷、兩淮鹽政採進本

明陳世濬撰。世濬字學元、閩縣人。其書成於崇禎己卯。前有自序、稱題於九龍學署。按涛流縣有九龍灘、或卽是縣之學官歟。五經各爲一卷、益以周禮一卷。皆摘錄經文之可入制藝者、略爲詮釋。末爲孫子一卷、蓋併以備對策之用、而與聖籍同名曰經髓、不倫尤甚也。

墨菴經學、無卷數、浙江巡撫採進本

國朝沈起撰。起字仲方、秀水人。前明諸生、後爲沙門。此編皆其所著經說、凡五種。一曰大易測、分圖象疏義字畫訂譌二篇。二曰春秋經傳分經引傳引十六篇。三曰詩說、凡四十五則、皆隨時有所得、劄而記之者。四曰詩匡偶存、起嘗著有詩匡一書、因爲人借去遺失、僅存十一則、故曰偶存。五曰四書愼思錄、皆雜論四書之語。其中亦閒有新意、而寥寥數條、不能大有所發明也。

五經翼二十卷、原任工部侍郎李友棠家藏本

國朝孫承澤撰。承澤有尙書集解、已著錄。是編雜取前人諸經序跋論說、以類相次。得易四卷、書二卷、詩四卷、春秋六卷、禮記二卷。餘杭嚴沆、益以承澤所著周禮舉要二卷、其爲一編刊之。其書採摭未備、不及朱彝尊經義考之淹洽。至周禮舉要、舉五官大義、亦頗有所發明。然議論多而考證少、亦異於先儒專門之學。王士禎池北偶談、記康熙辛亥與承澤論經學。承澤自言五經翼是十五年前所撰、不過集說經緒論耳、無當經學也。是承澤亦有自知之明矣。

稽古訂譌、無卷數、江蘇巡撫採進本

國朝龔廷歷撰。廷歷字玉成、書中稱震西氏者、其別號也。武進人。順治壬辰進士。嘗任湖南推官、其官於何府、則不可考矣。是編首摘周禮鄭註之可疑及後人引用誤解周禮之文者、次解釋儀禮、次論朱子孝經刊誤之失、及諸家解經之謬。其論周禮、謂祀昊天于南郊，服裘固宜，祀黃帝于季夏，盛暑之月，豈亦服裘。此論足破宋儒等加葛于裘之議。又五服九服辨，謂禹之五服各五百里，自其一面數之。此說雖本羅泌五服圖，而辨析較暢。至以周官之制，冢宰統膳夫、褻人及宿衛之士，後世不宜分屬他職。是則不知時世異宜，未免泥古太甚。又謂唐之門下省乃周官宮伯宮正之遺，宋之閤門使、內侍省亦掌宿衛。不知唐之門下省專掌覆奏書制，宋之閤門使專掌宣贊，內侍省專掌承應奉御之事，並非宿衛也。至其儀禮各條，皆鈔撮註疏，無所辨正闡發。惟士冠禮北面見于母，母拜受，引孔氏正義，謂母拜其酒脯，重尊者處來，非拜子也。差可存備一解耳。至孝經專駁朱子刊誤之非，所爭不過字句之末，抑又細矣。勘其標題體例，似乎此本所存，僅辨論此三經之語，全書尚不止此。今無別本相校，故以所存者著於錄焉。

五經辨譌五卷（浙江巡撫採進本）

國朝呂治平撰。治平號愚菴，海寧人。順治中歲貢生，官德清縣教諭。是編考論五經疑義，皆就坊本講章辨駁語意之是非。

勉庵說經十卷（直隸總督採進本）

國朝齊祖望撰。祖望字望子，號勉菴，廣平人。康熙庚戌進士，官至南安府知府。是書凡讀易辨疑三卷、尚書一得錄一卷、詩序參朱一卷、說禮正誤三卷、春秋四傳偶筆一卷、續筆一卷。大概易則辨程朱之誤，書則正蔡氏之譌，詩多遵小序而攻朱註，禮則正陳氏之失，春秋則糾駁胡傳，而左氏、公穀亦互有是非。然率以臆斷，不能根據古義，元元本本以正宋儒之失也。

七經同異考三十四卷（江蘇巡撫採進本）

國朝周象明撰。象明字懸著，太倉人。康熙壬子舉人。是編凡易四卷、書五卷、詩六卷、春秋六卷、三禮十三卷，皆裒集舊說，亦閒附以己意，略爲折衷。然採摭之功多而考證之功少，其體例略近黃震日鈔章如愚山堂考索也。

經說一卷（副都御史黃登賢家藏本）

國朝冉覲祖撰。覲祖有易經詳說，已著錄。是編或錄其序，或偶論一二條，似乎偶鈔成冊，以質正於人，非勒爲定本者也。覲祖以講學自命，惡漢唐諸儒如讐。故是編宗旨，皆深以研求註疏爲戒，門戶之見既深，是不可以口舌爭矣。

此木軒經說彙編六卷（江蘇巡撫採進本）

國朝焦袁熹撰。袁熹有春秋闕如編，已著錄。是編乃袁熹讀諸經註疏，閒爲標識，其門人掇拾成編。凡易、書、詩、三禮、三傳、爾雅十經，而書僅三十四條，周禮僅十六條，儀禮僅一條，公羊傳僅九條，穀梁傳僅七條，皆殊寥寥，實止五經而已。其說易主義理，惟末列說卦傳諸條，推言卦象，然其門人編輯凡例，以爲雜鈔諸書，非所自撰。說詩力排小序，而兼主叶韻。說禮記不考禮制，惟推言禮意。說左傳差詳，末附評語，如號叔死焉句下註怕人二字，王曰無之句下註如何瞞得四字之類，蓋從其讀本鈔出。爾雅頗有考證，如嫁之訓往，引列子將嫁于衛句爲證，孟之訓進，引班固幽通賦盍孟晉以迨羣句爲證，則皆郭璞、鄭樵所未及也。大抵袁熹究心註疏，時有所觸，隨筆記錄，本非有意著書，故其說往往泛及雜事。如因左傳懿氏之卜有鳳皇字，疏引山海經首文曰德，翼文曰順之語，遂譏崇禎甲戌進士文德翼之名爲割截。因季友酖叔牙，遂議石崇以鴆鳥與王愷養之，爲晉政不綱。因長狄鄋瞞，遂論其國女子亦必長大，乃能配合生子，否則八尺之婦，不可配三丈之男。因公子宋嘗黿染指，遂記康熙中吳門進士顧三典因食一黿暴下不止，遂殞其命。皆偶然筆記，非以談經。其門人過尊師說，一一錄而編之，遂爲後人口實。觀其於木瓜一詩，前後兩解，但註前後不同，不敢刪一存一。狡童一詩，說詩則以刺忽爲非，說左傳又以刺忽爲是，亦不訂正。又論齊桓九合兵車之會，原稾譌兵爲丘，此無庸擬議，而亦云丘車當作兵車，但原稾作丘，不敢擅改。推信過甚，至有此失，反爲其師之累，殆亦非袁熹意矣。末附讀朱子語類一卷，列之經說，殊爲不類，尤見編錄之無體例也。

六經圖十六卷（通行本）

國朝江爲龍等編。爲龍，桐城人。康熙庚辰進士，官吏部主事。是編皆以前人舊圖鈔錄成書，末附以四書圖，亦自諸書摘入也。

重編五經圖十二卷（浙江汪啟淑家藏本）

國朝盧雲英編。雲英，廬江人，明江西布政司參政盧謙之曾孫。以謙在永豐所刻五經圖，原本行款參差，復釐定增補，以成是編。凡例稱所改正凡五百餘處。今以楊甲本與此相較，楊於大易有象數鉤深圖七十。此則存六十八。於尚書有軌範撮要圖五十有五。此則存七十三。於毛詩有正變指南圖四十有七。此則存四十有八。於春秋有筆削發微圖二十有九。此則存十五。於周禮有文物大全圖六十有五。此則存五十七。於戴記有制度示掌圖四十有三。此則存五十有一。增減多有不同。然大抵以楊書爲藍本也。

冬餘經說十二卷、編修邵晉涵家藏本

國朝邵向榮撰。向榮字東葵。餘姚人。康熙壬辰會試中式舉人。官鎮海縣教諭。此書雜釋諸經。凡易說二卷。書說一卷。詩說二卷。春秋說二卷。周禮說一卷。儀禮說一卷。禮記說一卷。論語說一卷。孟子說一卷。多引先儒成說。而辨其同異。如謂孔穎達兼領五經正義。然諸經分手編纂。穎達未嘗統覈。詩般正義引鄭註。九河周時齊桓公塞之。同爲一。稱鄭氏云。齊桓公塞爲一者。不知所出何書。又禹貢正義亦引鄭註而釋之曰。春秋緯寶乾圖云。移河爲界。在齊呂塡閼八流以自廣。鄭氏據此文爲齊桓公塞之。是撰詩正義者不知有書正義也。左氏哀十七年傳。衛侯繇辭云。如魚竀尾。衡流而方羊裔焉。正義謂裔焉爲語助之辭。不當以方羊斷句。詩汝墳正義又引左傳如魚頳尾。衡流而彷徉。以鄭衆註爲證。是撰左傳正義者不知有詩正義也。其言頗切中歷代官書雜出衆手之病。其書則猶未完之稾。其子孫以簡端標識雜鈔而成也。

三傳三禮字疑六卷、附春秋大全字疑一卷、禮記大全字疑一卷、江蘇巡撫採進本

國朝吳浩撰。浩有十三經疑義。已著錄。是編因十三經註疏。明王鏊震澤長語稱其時惟汀州版存。今汀州版不概見。世所行者惟明萬歷中北監版及毛晉汲古閣版。均有譌誤。而明代諸儒。註疏皆庋閣不觀。三傳、三禮尤幾成絕學。其版更乖舛不可讀。浩因取監本、毛本校其字畫之譌謬。集錄成編。凡三傳三卷。三禮三卷。大抵推尋文句。未能有所考證。亦未能博徵互勘。以定是非。後附春秋大全、禮記大全各一卷。二書爲胡廣陋本。何足訂正。且坊本歧出。校此一本之誤。而他本之誤又不相同。欲盡校之。是畢世莫殫之功也。尤敝精神於無用之地矣。

經史辨疑一卷、兩江總督採進本

國朝朱董祥撰。董祥有讀禮記略。已著錄。是書前有目次。載辨經者三十二條。辨史者二十三條。當爲五十五條。此本僅五十一條。蓋經史各闕二條。其中辨繼父同居一條。徐乾學讀禮通考嘗採用之。然全書好爲新說。未見根據。如謂喪服大功章曰。爲人後者降其昆弟。則知伯叔父母不降。小功章曰。爲人後者降其姊妹適人者。則知姑不降也。凡人無子。以嫡兄弟之子爲後。本生父母降爲伯叔父母期。本生兄弟姊妹降爲伯叔兄弟姊妹服大功。禮也。第伯叔父諸姑則仍嫡也。曷爲而槩降之哉。家禮大功槩及伯叔父母。小功及姑適人。於禮未當。今考斬衰三年章曰。何如而可爲之後。同宗則可爲之後。疏曰。同宗謂同承別子一宗之內。是雖族遠而宗同者亦得爲後。本篇自有明文。董祥獨據嫡兄弟之子何也。至於經云爲人後者降其昆弟。不及世叔父母。降其姊妹適人者。不及姑。猶齊衰不杖期章。但載世叔父母不及姑。而鄭註則云爲姑在室亦如之。但載昆弟不及姊妹。而鄭註則云爲姊妹在室亦如之。但載爲衆子不及女子子。而鄭註則云女子子在室亦如之。又焉得謂經文偶省。卽本未嘗有此服哉。至小功降服并及姑適人。始於開元禮。而董祥歸之家禮。尤誤。董祥又謂喪服小記曰。妾母不世祭。蓋言祀妾之禮當殺耳。小記本文曰。妾無妾祖姑者。易牲而祔于女君。禮有牲曰祭。無牲曰薦。易牲則不用牲矣。不用牲則謂之薦。不謂之祭。豈絕之而不祀耶。註家以爲子祭孫不祭。非也。不世祭者。非惟孫不爲祭。卽子亦不得爲祭。據董祥此說。卽小記世字內兼統子孫言。世世俱得薦。特不得祭耳。但考雜記曰。主妾之喪。則自祔至于練祥。皆使其子主之。其殯祭不于正室。是妾之子祭其母。明曰祭。不曰薦。則何妾不得祭之有乎。又隱五年考仲子之宮。穀梁傳曰。禮。爲其母築宮。使公子主其祭。註曰。公子者。長子之弟及妾之子。是公子祀妾母。禮得稱祭之顯證也。而董祥謂不得祭。尤爲不根。又禮凡言易牲。非謂不得用牲也。小記曰。士祔于大夫則易牲。註曰。不敢以卑牲祭尊也。大夫少牢。據此。則是易士之牲。用大夫之牲。義主隆。不主殺。故小記又曰。妾無妾祖姑者。易牲而祔于女君可也。註。易牲而祔。則凡妾下女君一等。是方易妾之牲。用女君之牲。而董祥反以易牲爲不用牲。誤矣。又小記疏曰。妾與女

君牲牢無文，既云易牲，故註云下女君一等。若女君少牢，妾則特牲；若女君特牲，妾則特豚。據此，則妾得有牲可知。而董祥謂妾不得有牲，總由誤會經文易牲二字耳。其他若以郊爲天地合祭，中月而禫爲二十五月，三代不改時亦不改月，太襲前人已廢之說。至謂置閏當在四季之月，及解盍斯揖揖爲拱揖之揖，則又杜撰顯然者也。

經玩二十卷（山西巡撫採進本）

國朝沈淑編。淑有周官翼疏，已著錄。此書錄唐陸德明經典釋文中文字之異者爲六卷，次以經傳中文字互異及錄春秋左傳分國土地名職官器物宮室之類爲四卷，次輯註疏十三經瑣語爲四卷。其檢核之功頗爲勤篤，然無所考證發明。若毛詩異文補之全引僞申培詩說，尤失考也。

三經附義六卷（浙江巡撫採進本）

國朝李重華撰。重華字君實，號玉洲，吳江人。雍正庚戌進士，官翰林院編修。是編所說凡易經二卷、書經二卷、詩經二卷。於易皆推求於反對正對之閒。中引閩本異文者十八條。惟賁卦小利有攸往一條、中孚卦信及豚魚一條、既濟卦小亨一條，重華不以爲然，餘皆從之。其所據實皆郭京周易舉正之文，不知何以稱閩本。京書誣託王韓，宋趙以夫、王應麟諸人皆排其謬，重華取之，亦好奇之過歟。又謂繫辭所釋十九爻皆文言傳之文，王弼輩將經文參雜，遂遺入繫辭傳中，折中尙未歸正，古本不如是也。案王弼以前之古本無可考矣，晁呂以來之古本一一可稽，並無十九爻原在文言傳之本。惟元吳澄作易纂言，始以臆見移之。而重華以爲古本，誤之甚矣。其說書亦多臆斷。如謂堯典象恭滔天當作饕餮，音聲相近，由伏生之女口授而譌。然漢書藝文志稱秦燔書禁學，濟南伏生獨壁藏之，漢興亡佚，求得二十九篇，以教齊魯之閒。儒林傳及王充論衡亦同。是伏生本自有書，獨遭亂亡失百篇，僅存二十有九。自衞宏定古文尙書序，以今文詰屈，始造爲伏生之女口授晁錯之說，其事本無根據。重華乃因此以改經，未爲至當。其於古文之僞，亦灼然能解，而又執後世文體揣度經文，謂若無舜典之首二十八字，則釐降以下徑接愼徽五典，文勢究不和順，必須此段另起一頭，通篇始有綱領，則又騎牆之見。他如謂竹書紀年成王十一年命周平公治東都，沈約註平公卽君陳，伯禽之弟。鄭康成以君陳爲周公之子，蓋據此。按竹書及約註皆屬僞本，固不必論。卽姑以眞本論之，約註作於梁代，竹書出於晉太康中，康成惡得而據之耶。其說詩較二經爲詳，頗欲推求言外之意，勝於株守文句者，而亦每以好生新意失之。如燕燕篇謂戴嬀大歸，莊姜送之，恐其不終，不愼，美之而實戒之。又曰先君之思，以勗寡人，勗戴嬀也，而反言勗寡人，此立言之妙也。春秋時妾媵歸國，鮮克有終，懷嬴與焉。其明徵已云云。案史記年表，魯隱公之元年，當衞桓公之十三年。桓公以隱公四年見弒，在位已十七年。計其年雖至幼弱，已在二十以外，則戴嬀之年已在四十外矣，既非盛顏，諒不慮其改節，不合者一。且春秋妾媵見出而嫁者，惟齊桓蔡姬有明文，遽以爲無不鮮終，亦涉武斷。不合者二。懷嬴，秦穆公之女，晉懷公之嫡妃，實非妾媵。其備奉匜之數，乃在文公，不合者三。此豈非循文生義，不加深考之過乎。至於晉風名唐，亦猶邶鄘之因舊地，而重華謂唐叔封唐，號仍其舊，其子孫雖有失德，而猶狎主夏盟，皆始封之遺澤，亦傷穿鑿。特以三經較之，則所得視易書爲多耳。

松源經說四卷（浙江吳玉墀家藏本）

國朝孫之騄撰。之騄所輯尙書大傳，已著錄。是編皆說經之文，或提舉一義，各立篇題，大抵薈稡成說，而不能自研經義，其體例頗近於策略。又以所作檡山學記、新荷賦、括蒼山賦雜列於第一卷中，尤非說經之體。

心園說二卷（浙江巡撫採進本）

國朝郭兆奎撰。兆奎有書經知新，已著錄。是書於四書及易書春秋諸經各摘舉而詮釋之，然淺近特甚。如子在齊聞韶，謂須知夫子之聞不是季札觀樂。柳下惠不以三公易其介，謂此章獨舉惠之和以明其介，皆里塾訓蒙之語，別無剏獲。又釋尙書敬授人時，多論西洋推測之法，爲臆造。且議其所載月令僅取東風解凍一條，而於迎春祈穀之大、覆巢殺胎之禁，一切不載云云，不知取月令之文分爲七十二候，自逸周書已然，並非始自歐邏巴人也。

六經圖六卷（江蘇巡撫採進本）

國朝王皜撰。皜字又皜，號雪鳿。（案鳿字見周伯琦六書正譌，蓋不知江字古亦音工，遂別造此字，取工字諧聲，反以說文鴻字爲俗體。皜不知其誤而從之，亦好奇之過也。）

六安人。是編刻於乾隆庚申，取六經圖舊本，稍加損益。凡所補校，具列於每卷之末。其中如書經圖中所繪十二章服，日爲三足烏形，已自非古。月作白兔搗藥形，杵臼宛然，曾唐虞而有此說乎。周禮圖中所繪墨車，以四馬盡置兩轅之中，亦全不解古車之制。如此之類，觸毫無訂正，其校補概可見矣。

十三經字辨，無卷數，兩江總督採進本。

國朝陳鶴齡撰。鶴齡字瑤賓，南通州人。初著有五經四書字辨，後又自爲補訂，以成此書，刻於乾隆乙酉。前爲校畫，後爲校音，皆多舛漏。所謂十三經者，爲大學、中庸、論語、孟子、易、書、詩、春秋、禮記、周禮、儀禮、爾雅。無論古無此例，卽以所列計之，如分三傳爲三，則加四書爲十四。如併三傳總爲春秋，則又爲十二，於數亦不相合也。

古學偶編一卷，安徽巡撫採進本。

舊本題潛山張綗撰，不著時代。考明代有吉水張綗，嘉靖癸未進士，官河南巡撫，非潛山人也。書中自註云本之

御製周易述義云云，則知其爲近時人。書止三卷。一曰觀物篇，皆述易旨，猶圖書家恆談。一曰月令夏小正同異說，參校頗詳，而牽引先天易圖，則橫生枝節。其言醫書九十二候，不知所據，考宋林億等校正素問有此文，然億等所述乃唐月令，非醫書也。春秋天王辨，謂特書則稱天，合書則稱王，其特書而不稱天者，乃闕文，孔子無貶削天王之理。其說甚正，然亦先儒舊義也。

九經圖，無卷數，福建巡撫採進本。

國朝楊魁植編，其子文源增訂。魁植字輝斗，文源字澤汪，長泰人。是書以信州學宮石刻易、書、詩、禮記、周禮、春秋六經圖，析春秋三傳爲三，而益以儀禮爲九經。其信州石刻原本殘脫者，則仍闕之。但其中如易既載河圖洛書，又載古河圖洛書二圖，一爲旋毛，一爲龜坼，據明以來之僞本，殊爲失考。末復載邵子皇極經世、司馬光潛虛、關朗洞極、揚雄太元準易、運會、曆數等圖，皆易外支流，亦失之泛濫。書不載序而詩獨載序，例不畫一。所註地理皆沿石本之舊，如魯云今仙源縣，荊山云今襄州之類，時代未明。春秋列國表內增入孔子，亦非體例。三禮皆勦聶崇義、楊復諸圖，而喪禮及行禮諸圖又刪不載。蓋科舉對策之本，不足以資考據也。

說書偶筆四卷，山東巡撫採進本。

國朝丁愷曾撰。愷曾字芳亭，日照人。是書一卷、二卷說大學、論語、中庸，三卷說孟子，附以四書補遺及宗獻九獻歌括，四卷一爲大學孟子主制周禮造士之制，一爲虞書三苗辨，一爲天官九賦斂財賄解，一爲冬官考，一爲古建國分田原非死法，而附以說詩。前有李在坊序，稱愷曾之子東生就其寫於書文者，蒐錄成帙，則愷曾偶然筆記，本無意於著書，故皆鄉塾課授之語，而說行夏之時句，至載時文二比以爲程式。在坊序又稱明永樂間有專以詆朱註爲能者，上其所著書，成祖深加譴責，急命火其書，磔其人。考楊士奇三朝聖諭錄，載永樂二年，饒州府士人朱季之獻所著書，專斥濂洛關閩之說。上覽之怒甚，敕行人押季之還饒州，會布政司府縣官及鄉之士人，明論其罪，笞以示罰，而搜檢其家所著書，會衆焚之，則但火其書耳，無磔人之事。在坊意在尊朱，故僞造此說，不足據也。

經解五卷經義雜著一卷，浙江巡撫採進本。

國朝黃文澍撰。文澍字雨田，一曰穀田，又曰穀亭，豐城人。是編每卷首題曰桃穀山房稾，而側註其下曰石畦集經解、石畦集經義雜著。蓋桃穀山房稾者，其集之總名，石畦集者，其稾中之一種。經解諸書，又其集中之子部也。經解凡易二卷，書一卷，詩、春秋共一卷，禮一卷。易多衍圖書之學，書多辨禹貢山川，因而蔓延於輿地形勝，爲經所不載者。詩最寥寥，惟主廢小序而尊朱傳。春秋多排擊三傳。禮多拘泥古制，糾時俗之非。大抵皆衍宋儒舊說。經義雜著凡序四篇，說十一篇，辨二篇，大旨亦不出所著經解之內。其顏子心齋坐忘辨二篇，乃莊子之文，無關經義，泛濫及之，亦猶經解之中，因解禹貢而及五嶺以南山川脈絡考也。書祇一卷，而標題乃曰卷之一，或刊版未竟，抑裝釘者有所遺歟。

右五經總義類四十三部，三百四十九卷，內七部無卷數，皆附存目。

案先儒授受，大抵專治一經，其兼通諸經，各有論說者，鄭康成以下，曠代數人耳。宋以後著作漸夥，明以來撰述彌衆，非後人學問遠過前修，精研之則見難，涉獵之則見易。求實據則議論少，務空談則卷軸富也。孫承澤鈔撮經解諸序，寥寥數卷，亦命之曰五經翼，則

孰非兼通五經者哉。略存其目而不錄其書、古今人巧拙之異、華實之分、亦大概可睹矣。

欽定四庫全書總目卷三十四

欽定四庫全書總目卷三十五

經部三十五

四書類一

論語孟子、舊各爲帙。大學中庸、舊禮記之二篇。其編爲四書、自宋淳熙始。其懸爲令甲、則自元延祐復科舉始。古來無是名也。然二戴所錄曲禮、檀弓諸篇、非一人之書。迨立名曰禮記、禮記遂爲一家。卽王逸所錄屈原、宋玉諸篇、漢志均謂之賦。迨立名曰楚詞、楚詞亦遂爲一家。元邱葵周禮補亡序、稱聖朝以六經取士、則當時固以四書爲一經。前創後因、久則爲律、是固難以一說拘矣。今從明史藝文志例、別立四書一門、亦所謂禮以義起也。朱彝尊經義考於四書之前、仍立論語孟子二類。黃虞稷千頃堂書目、凡說大學中庸者、皆附於禮類。蓋欲以不去餼羊、略存古義。然朱子書行五百載矣。趙岐、何晏以下、古籍存者寥寥。梁武帝義疏以下、且散佚並盡。元明以來之所解、皆自四書分出者耳。明史併入四書、蓋循其實。今亦不復強析其名焉。

孟子正義十四卷 內府藏本

漢趙岐註。其疏則舊本題宋孫奭撰。岐字邠卿、京兆長陵人。初名嘉、字臺卿。永興二年、辟司空掾、遷皮氏長。延熹元年、中常侍唐衡兄玹爲京兆尹、與岐夙隙、岐避禍逃避四方、乃自改名字。後遇赦得出、拜并州刺史。又遭黨錮十餘歲。中平元年、徵拜議郎、舉燉煌太守。後遷太僕、終太常。事蹟具後漢書本傳。奭字宗古、博平人。太宗端拱中九經及第。仁宗時官至兵部侍郎、龍圖閣學士。事蹟具宋史本傳。是註卽岐避難北海時、在孫賓家夾柱中所作。漢儒註經、多明訓詁名物。惟此註箋釋文句、乃似後世之口義、與古學稍殊。然孔安國、馬融、鄭元之註論語、今載於何晏集解者、體亦如是。蓋易書文皆最古、非通其訓詁則不明。詩禮語皆徵實、非明其名物亦不解。論語孟子詞旨顯明、惟闡其義理而止。所謂言各有當也。其中如謂宰予、子貢、有若緣孔子聖德高美而盛稱之。孟子知其太過、故貶謂之汚下之類。紕繆殊甚。以屈原憔悴爲徵於色、以甯戚扣角爲發於聲之類。亦比擬不倫。然朱子作孟子集註、或問於岐說不甚掊擊。至於書中人名、惟盆成括、告子不從其學於孟子之說、季孫、子叔不從其二弟子之說、餘皆從之。書中字義、惟折枝訓按摩之類、不取其說、餘亦多取之。蓋其說雖不及後來之精密、而開闢荒蕪、俾後來得循途而深造、其功要不可泯也。胡爌拾遺錄、據李善文選註引孟子曰、墨子兼愛、摩頂致於踵。趙岐曰、致、至也。知今本經文及註均與唐本不同。今證以孫奭音義所音、岐註亦多不相應、語詳孟子音義條下。蓋已非舊本。至於盡心下篇、夫子之設科也、註稱孟子曰、夫我設教授之科云云。則顯爲予字。今本乃作夫子。又萬子曰句、註稱萬子、萬章也。則顯爲子字。今本乃作萬章。是又註文未改而經文誤刊者矣。其疏雖稱孫奭作、而朱子語錄則謂邵武士人假託、蔡季通識其人。今考宋史邢昺傳、稱昺於咸平二年、受詔與杜鎬、舒雅、孫奭、李慕清、崔偓佺等校定周禮、儀禮、公羊、穀梁、春秋傳、孝經、論語、爾雅義疏、不云有孟子正義。涑水紀聞載爽所定著、有論語孝經爾雅正義、亦不云有孟子正義。其不出爽手、確然可信。其疏皆敷衍語氣、如鄉塾講章。故朱子語錄謂其全不似疏體、不曾解出名物制度、只繞纏趙岐之說。至岐註好用古事爲比、疏多不得其根據。如註謂非禮之禮、若陳質娶妻而長拜之。非義之義、若藉交報讎。此誠不得其出典。案藉交報讎似謂藉交游之力以報讎、如朱家郭解、非有人姓藉名交也、疏不能明、謹附識於此。至於單豹養其內而虎食其外、事出莊子、亦不能舉、則弇陋太甚。朱彝尊經義考摘其欲見西施者人輸金錢一文事、詭稱史記。今考註以尾生爲不虞之譽、以陳不瞻爲求全之毀、疏亦並稱史記。尾生事實見莊子、陳不瞻事實見說苑、案說苑作陳不占、蓋古字同音假借。皆史記所無。如斯之類、益影撰無稽矣。以久列學官、姑仍舊本錄之爾。

論語義疏十卷　浙江巡撫採進本

魏何晏註、梁皇侃疏。書前有奏進論語集解序、題光祿大夫關內侯孫邕、光祿大夫鄭沖、散騎常侍中領軍安鄉亭侯曹羲、侍中荀顗、尚書駙馬都尉關內侯何晏五人之名。晉書載鄭沖與孫邕、何晏、曹羲、荀顗等共集論語諸家訓詁之善者、義有不安、輒改易之、名集解。亦兼稱五人。今本乃獨稱何晏。考陸德明經典釋文、於學而第一下題集解二字。註曰、一本作何晏集解。又序錄曰、何晏集孔安國、包咸、周氏、馬融、鄭元、陳羣、王肅、周生烈之說、并下己意爲集解。正始中上之、盛行於世。今以爲主云云。是獨題晏名、其來久矣。殆晏以親貴總領其事歟。邕字宗儒、樂安青州人。沖字文和、滎陽開封人。羲、沛國譙人、魏宗室子。顗字景倩、荀彧之子。晏字平叔、南陽宛人、何進之孫、何咸之子也。侃、梁書作偘、蓋字異文。吳郡人、青州刺史皇象九世孫、武帝時官國子助教、尋拜散騎侍郎、兼助教如故。大同十一年卒。事蹟具梁書儒林傳。傳稱所撰禮記義五十卷、論語義十卷。禮記義久佚、此書宋國史志、中興書目、晁公武讀書志、尤袤遂初堂書目皆著錄。國史志稱侃疏雖時有鄙近、然博極羣言、補諸書之未至、爲後學所宗。蓋是時講學之風尚未甚熾、儒者說經亦尚未盡廢古義、故史臣之論云爾。迨乾淳以後、講學家門戶日堅、羽翼日衆、剷除異己、惟恐有一字之遺、遂無復稱引之者、而陳氏書錄解題亦遂不著錄。知其佚在南宋時矣。惟唐時舊本流傳、存於海外。康熙九年、日本國山井鼎等作七經孟子考文、自稱其國有是書、然中國無得其本者。故朱彝尊經義考註曰未見。今恭逢

我

皇上右文稽古、經籍道昌、乃發其光於鯨波鮫室之中、藉海舶而登祕閣。殆若有神物撝訶、存漢晉經學之一綫、俾待

聖世而復顯者。其應運而來、信有非偶然者矣。據中興書目、稱侃以何晏集解去取爲疏十卷。又列晉衛瓘、繆播、欒肇、郭象、蔡謨、袁宏、江淳、蔡系、李充、孫綽、周瓌、范甯、王珉等十三人爵里於前、云此十三家是江熙所集。其解釋於何集、案何集二字、不甚可解、蓋何氏集解之省文。今姑仍原本錄之。無妨者亦引取爲說、以示廣聞云云。此本之前、列十三人爵里、數與中興書目合。惟江厚作江淳、蔡溪作蔡系、周懷作周瓌、殆傳寫異文歟。其經文與今本亦多有異同、如舉一隅句下有而示之三字、頗爲冗贅。然與文獻通考所引石經論語合。夫子之言性與天道不可得而聞也下有已矣二字、亦與錢曾讀書敏求記所引高麗古本合。其疏文與余蕭客古經解鉤沈所引、雖字句或有小異、而大旨悉合。知其確爲古本、不出依託。觀古文孝經孔安國傳、鮑氏知不足齋刻本信以爲眞、而七經孟子考文乃自言其僞、則彼國於授受源流、分明有考、可據以爲信也。至臨之以莊則敬、作臨民之以莊則敬、七經孟子考文亦疑其民字爲誤衍。然謹守古本而不敢改、知彼國遞相傳寫、偶然譌舛或有之、亦未嘗有所竄易矣。至何氏集解、異同尤夥。雖其中以包氏爲苞氏、以陳恒爲陳桓之類、不可據者有之、而勝於明刻監本者亦復不少、尤可以旁資考證也。

論語正義二十卷　內府藏本

魏何晏註、宋邢昺疏。昺字叔明、曹州濟陰人。太平興國中擢九經及第、官至禮部尚書。事蹟具宋史本傳。是書蓋咸平二年詔昺改定舊疏、頒列學官。至今承用、而傳刻頗譌。集解所引十三家、今本各題曰某氏。皇侃義疏則均題其名。案奏進序中稱集諸家之善、記其姓名。侃疏亦曰、何集註皆呼人名、惟包獨言氏者、包名咸、何家諱咸、故不言也。與序文合。知今本爲後來刊版之省文。然周氏與周

生烈遂不可分，殊不如皇本之有別。考邢昺疏中亦載皇侃何氏諱咸之語，其疏記其姓名句，則云註但記其姓，而此連言名者，以著其姓所以名其人，非謂名字之名也。是昺所見之本已惟題姓，故有是曲說。七經孟子考文稱其國皇侃義疏本爲唐代所傳，是亦一證矣。其文與皇侃所載亦異同不一，大抵互有短長。如學而篇不患人之不己知章，皇疏有王肅註一條；里仁篇君子之於天下也章，皇疏有何晏註一條，今本皆無。觀顧炎武石經考，以石經儀禮校監版，或併經文全節漏落，則今本集解傳刻佚脫，蓋所不免。然蔡邕石經論語於而在蕭牆之內句，兩本並存，見於隸釋；陸德明經典釋文於諸本同異，亦皆並存。蓋唐以前經師授受，各守專門，雖經文亦不能畫一，無論註文。固不必以此改彼，亦不必以彼改此。今仍從今本錄之，所以各存其舊也。昺疏，宋志作十卷，今本二十卷，蓋後人依論語篇第析之。晁公武讀書志稱其亦因皇侃所採諸儒之說刊定而成。今觀其書，大抵翦皇氏之枝蔓，而稍傳以義理。漢學、宋學，茲其轉關。是疏出而皇疏微，迨伊洛之說出而是疏又微。故中興書目曰：其書於章句訓詁名物之際詳矣。蓋微言其未造精微也。然先有是疏，而後講學諸儒得沿溯以窺其奧。祭先河而後海，亦何可以後來居上，遂盡廢其功乎。

論語筆解二卷 浙江鄭大節家藏本

舊本題唐韓愈、李翺同註。中間所註，以韓曰、李曰爲別。考張籍集祭韓愈詩，有論語未訖註，手蹟今微茫句。邵博聞見後錄遂引爲論語註未成之證。而李漢作韓愈集序，則稱有論語註十卷，與籍詩異。王楙野客叢談又引爲已成之證。晁公武讀書志稱四庫邯鄲書目皆無之，獨田氏書目有韓氏論語十卷、筆解兩卷。是論語註外別出筆解矣。新唐書藝文志載愈論語註十卷，亦無筆解，惟鄭樵通志著錄二卷，與今本同。意其書出於北宋之末。然唐李匡乂，宣宗大中時人也，所作資暇錄一條，云論語宰予晝寢，梁武帝讀爲寢室之寢，晝作胡卦反，且云當爲畫字，言其繪畫寢室。今人罕知其由，咸以爲韓文公所訓解。又一條云：傷人乎不問馬，今亦謂韓文公讀不爲否。然則大中之前已有此本，未可謂爲宋人僞撰。且晝寢一條，今本有之；廄焚一條，今本不載。使作僞者剽掇此文，不應兩條相連，摭其一而遺其一。又未可謂因此依託也。以意推之，疑愈註論語時，或先於簡端有所記錄，翺亦間相討論，附書其間。迨書成之後，後人得其稾本，採註中所未載者，別錄爲二卷行之。如程子有易傳，而遺書之中又別有論易諸條；朱子有詩傳，而朱鑑又爲詩傳遺說之例。題曰筆解，明非所自編也。其今本或有或無者，則由王存以前世無刊本，傳寫或有異同。邵博所稱三月字作音一條，王楙所見本亦無之，則諸本互異之明證矣。王存本今未見，魏仲舉刻韓文五百家註，以此書附末，今傳本亦稀。此本爲明范欽從許勃本傳刻，前載勃序，仍稱筆解論語一十卷，疑字誤也。又趙希弁讀書附志曰：其間翺曰者，李習之也。明舊本愈不著名，而翺所說則題名以別之。此本改稱韓曰、李曰，亦非其舊矣。

孟子音義二卷 兩江總督採進本

宋孫奭撰。唐陸德明經典釋文於羣經皆有音義，獨闕孟子。奭奉敕校定趙岐註，因刊正唐張鎰孟子音義及丁公著孟子手音二書，兼引陸善經孟子註以成此書。其序文前半，與世傳奭孟子正義序同。蓋正義僞序，即緣此序而點竄也。書中所釋，稱一遵趙註，而以今本校之，多不相符。如梁惠王篇上曰集穆、曰大平、曰譎，篇下曰恂、曰無墮、曰夫將。公孫丑篇上曰介者，篇下曰素餐、曰藉道、曰危行、曰食功。滕文公篇上曰景行、曰論語、曰力行近仁、曰師知，篇下曰素餐、曰涅、曰駢蹴、曰周公仰思。離婁篇上曰踏、曰恐栗、曰三省、曰而錯、曰桐子，篇下曰不比、曰由天、曰風諭、曰見幾、曰好言、曰忮、曰之行、曰行其、曰五伯、曰辟害、曰跌、曰汙。萬章篇上曰百行、曰舍小，篇下曰沮溺、曰景行、曰伊發有莘。告子篇上曰長義、曰好下、曰幾成，篇下曰雨雪、曰瀌瀌、曰見晛、曰或折。盡心篇上曰遠之、曰下賤、曰邪辟、曰辟若、曰蟠辟、曰論之、曰費、曰簪、曰柚梓、曰和寡，篇下曰遠禍、曰惡殺、曰舍生、曰爲之、曰造、曰臧否、曰自遺、曰子率、曰剖其末、曰孟子。篇敘曰其行、曰當期、曰括。凡六十有九條，皆今本註文所無。惟孟子註之單行者，世有傳鈔宋本，尚可稽考。僞正義删改其文，非復趙岐原書，故與音義不相應也。因是書可以證岐註之舊、並可以證奭疏之僞、則其有功典籍、亦不細矣。

案宋禮部韻略所附條式、自元祐中卽以論語孟子試士。是當時已尊爲經。而晁氏讀書志、孟子仍列儒家。至陳氏書錄解題、始與論語同入經部。蓋宋尊孟子、始王安石。元祐諸人務與作難、故司馬光疑孟、晁說之詆孟作焉。非攻孟子、攻安石也。白珽湛淵靜語所記、言之頗詳。晁公武不列於經、猶說之之家學耳。陳振孫雖改晁氏之例、列之於經。然其立說、乃以程子爲詞、則亦非尊孟子、仍尊程子而已矣。考趙岐孟子題詞、漢文帝時已以論語孝經孟子同置博士。而孫奭是編、實大中祥符間奉敕校刊孟子所修。然則表章之功、在漢爲文帝、在宋爲眞宗。訓釋之功、在漢爲趙岐、在宋爲孫奭。固不始於王安石、亦不始於程子。紛紛門戶之愛憎、皆逐其末也。

論語拾遺一卷、江蘇巡撫採進本

宋蘇轍撰。轍有詩傳、已著錄。是書前有自序、稱少年爲論語略解、其兄軾謫黃州時、撰論語說、取所解十之二三。大觀丁亥、閒居潁川、與其孫籀等講論語、因取軾說之未安者、重爲此書。軾書、宋志作四卷。文獻通考作十卷。今未見傳本、莫詳孰是。其說亦不可復考。此書所補凡二十七章、其以思無邪爲無思、以從心不踰矩爲無心、頗涉禪理。以苟志於仁矣無惡也爲有愛而無惡、亦冤親平等之見。以朝聞道夕死可矣爲雖死而不亂、尤去來自如之義。蓋眉山之學本雜出於二氏故也。其駁軾說者凡三條。請討陳恆一章、軾以爲能克田氏則三桓不治而自服、孔子欲借此以張公室。轍則以爲雖知其無益、而欲明君臣之義。子見南子及齊人歸女樂二章、軾以爲靈公未受命者故可、季桓子已受命者故不可。轍則以爲諸侯之如衞靈公者多、不可盡去、齊閒孔子、魯君大夫已受其餌、孔子不去則坐受其禍。泰伯至德一章、軾以爲泰伯不居其名、故亂不作、魯隱宋宣取其名、是以皆被其禍。轍則以爲魯之禍始於攝、宋之禍成於好戰、皆非讓之過。其說皆較軾爲長。他如以剛毅木訥與巧言令色相證、以六蔽章之不好學與入孝出弟章之學文互勘、亦頗有所發明。歷來著錄、今亦存備一家焉。

孟子解一卷、江蘇巡撫採進本

宋蘇轍撰。舊本首題潁濱遺老字、乃其晚歲退居之號。以陳振孫書錄解題考之、實少年作也。凡二十四章。一章謂聖人躬行仁義而利存、非以爲利。二章謂文王之囿七十里、乃山林藪澤與民共之。三章謂小大貴賤、其命無不出於天、故曰畏天樂天。四章引責難於君、陳善閉邪、畜君爲好君。五章謂浩然之氣、卽子思之所謂誠。六章論養氣在學而待其自至。七章論知言、曰知其所以病。八章以克己復禮解射者正己。九章論貢之未善、由先王草創之初、故未能周密。十章論陳仲子之廉、病在使天下之人無可同立之人。十六章論孔子以微罪行、爲上以免君、下以免我。十八章論事天立命。十九章論順受其正。二十二章論進銳退速。二十四章論擴充仁義、立義皆醇正不支。二十章以周官八議駁竊負而逃。二十三章以司馬懿楊堅得天下、言仁不必論得失、亦自有所見。惟十一章謂學聖不如學道。十二章、十三章、十四章以孔子之論性難孟子之論性。十五章以智屬夷惠、力屬孔子。十七章以貞而不亮難君子不亮。二十一章以形色天性爲強飾於外。皆未免駁雜。蓋瑕瑜互見之書也。然較其晚年著述、純入佛老者、則謹嚴多矣。

論語全解十卷、浙江汪啟淑家藏本

宋陳祥道撰。祥道有禮書、已著錄。晁公武讀書志云、王介甫論語註、其子雱作口義、其徒陳用之作解。紹聖後皆行於場屋、爲當時所重。又引或人言、謂用之書乃鄒浩所著、託之用之。考宋史藝文志別有鄒浩論語解義十卷、則浩所著原自爲一書、並未託之祥道、疑或人所言爲誤。此本有祥道自序、首題門人章粹校勘、而每卷皆標曰重慶陳用之眞本、入經論語全解。未詳其義。豈爾時嘗以是本爲經義通用之書、故云然耶。祥道長於三禮之學、所作禮書、世多稱其精博。故詮釋論語、亦於禮制最爲明晰。如解躬自厚而薄責於人章、則引鄉飲酒之義以明之。解師冕見章、則引禮待瞽者如老者之義以明之。雖未必盡合經義、而旁引曲證、頗爲有見。又如臧文仲居蔡章、則云冀多良馬稱驥、盧水之黑稱盧、蔡出寶龜稱蔡。於關雎之亂章、則云治汙謂之汙、治弊謂之弊、治荒謂之荒、治亂謂之亂。

此類俱不免創立別解，而連類引伸，亦多有裨於考證。惟其學術本宗信王氏，故往往雜據莊子之文以作證佐，殊非解經之體。以其間徵引詳核，可取者多，故不以一眚掩焉。

孟子傳二十九卷（內府藏本）

宋張九成撰。九成字子韶，自號無垢居士，其先開封人，徙居錢塘。紹興二年進士第一人，授鎮東軍僉判，歷宗正少卿，兼侍講，權刑部侍郎。忤秦檜，誣以謗訕，謫居南安軍。檜死，起知溫州，丐祠歸，卒。贈太師崇國公，謚文忠。事蹟具宋史本傳。宋史藝文志載九成孟子拾遺一卷，今附載橫浦集中。文獻通考載九成孟子解十四卷，朱彝尊經義考註云未見。此本為南宋舊槧，實作孟子傳，不作孟子解。又盡心篇已佚，而告子篇以上已二十九卷，則亦不止十四卷。蓋通考傳寫誤也。九成之學出於楊時，又喜與僧宗杲遊，故不免雜於釋氏，所作心傳、日新二錄，大抵以禪機詁儒理，故朱子作雜學辨，頗議其非。惟註是書，則以當時馮休作刪孟子，李覯作常語，司馬光作疑孟，晁說之作詆孟，鄭厚叔作藝圃折衷，皆以排斥孟子為事，故特發明於義利經權之辨，著孟子尊王賤霸有大功，撥亂反正有大用，每一章為解一篇，主於闡揚宏旨，不主於箋詁文句，是以曲折縱橫，全如論體。又辨治法者多，辨心法者少，故其言亦切近事理，無由旁涉於空寂。在九成諸著作中，此為最醇。至於草芥寇讎之說，謂人君當知此理，而人臣不可有此心，觀其眸子之說，謂瞭與眊乃邪正之分，不徒論其明暗，又必有孟子之學識，而後能分其邪正。尤能得文外微旨。王若虛滹南老人集有孟子辨惑一卷，其自述有曰：孟子之書，隨機立教，不主故常，凡引人於善地而已。司馬君實著所疑十餘篇，蓋淺近不足道也。蘇氏解論語，與孟子辨者八，其論差勝，及細味之，亦皆失其本旨。張九成最號深知者，而復不能盡。如論行仁政而王，王者之不作，曲為護諱，不敢正言，而猥曰王者王道也。此猶是鄭厚叔輩之所見，至於對齊宣湯武之問，辨任人食色之惑，皆置而不能措口云云。蓋於諸家註中，獨許九成，而尚有所未盡慊。不知行仁政而王之類，文義分明，九成非不能解，特以孟子之意，欲拯當日之戰爭，九成之解，則欲防後世之僭亂，雖郢書燕說，於世道不為無益。至於湯武放伐，任人食色，闕其所疑，正足見立說之不苟，是固不足為九成病也。

尊孟辨三卷續辨二卷別錄一卷（永樂大典本）

宋余允文撰。允文字隱文，建安人。陳振孫直齋書錄解題載是書，卷數與今本合。朱彝尊經義考僅云附載朱子全集中，而條下註闕字，蓋自明中葉以後已無完本矣。今考永樂大典所載，凡辨司馬光疑孟者十一條，附史剡一條，辨李覯常語者十七條，鄭厚叔藝圃折衷者十條。續辨則辨王充論衡刺孟者十條，辨蘇軾論語說者八條。此後又有原孟三篇，總括大意，以反覆申明之。其尊孟辨及續辨別錄之名，亦釐然具有條理，蓋猶完書。今約略篇頁，以尊孟辨為三卷，續辨為二卷，別錄為一卷，冠原序於前，而繫朱子讀余氏尊孟辨說於後，首尾完具，復還舊觀，亦可謂久湮復顯之祕帙矣。考朱子集中有與劉共父書，稱允文干預宋家產業，出言不遜，恐引惹方氏復來生事，令陳丈二婦作狀經府告之，則允文蓋武斷於鄉里者，其人品殊不足重。又周密癸辛雜識載晁說之著論非孟子，建炎中宰相進擬除官，高宗以孟子發揮王道，說之何人，乃敢非之，勒令致仕。然則允文此書，其亦窺伺意旨，迎合風氣而作，非眞能闢邪衛道者歟。然當羣疑蠭起之日，能別白是非而定一尊，於經籍不為無功。但就其書而觀，固卓然不磨之論也。

大學章句一卷論語集註十卷孟子集註七卷中庸章句一卷（通行本）

宋朱子撰。案論語自漢文帝時立博士，孟子據趙岐題詞，文帝時亦嘗立博士，以其旋罷，故史不載。中庸說二篇，見漢書藝文志，戴顒中庸傳二卷，梁武帝中庸講疏一卷，見隋書經籍志。惟大學自唐以前無別行之本。然書錄解題載司馬光有大學廣義一卷，中庸廣義一卷，已在二程以前，均不自洛閩諸儒始為表章，特其論說之詳，自二程始，定著四書之名，則自朱子始耳。原本首大學，次論語，次孟子，次中庸。書肆刊本以大學中庸篇頁無多，併為一冊，遂移中庸於論語前。明代科舉命題，又以作者先後，移中庸於孟子前，然非宏旨所關，不必定復其舊也。大學古本為一篇，朱子則分別經傳，顛倒其舊次，補綴其闕文。中庸亦不從鄭註分節。故均謂之章句。論語孟子融會諸家之說。故謂之集註。猶何晏註論語裒八家之說稱集解也。惟晏註皆標其姓。朱子則或標或不標。例稍殊焉。大學章句。諸儒頗有異同。然所謂誠其意者以下。竝用舊文。所特刱者不過補傳一章。要非增於八條目外。既於理無害。又於學者不爲無裨。何必分門角逐歟。中庸雖不從鄭註。而實較鄭註爲精密。蓋考證之學。宋儒不及漢儒。義理之學。漢儒亦不及宋儒。言豈一端。要各有當。況鄭註之善者。如戒愼乎其所不睹四句。未嘗不採用其意。雖有其位一節。又未嘗不全襲其文。觀其去取。具有鑒裁。尤不必定執古義以相爭也。論語孟子亦頗取古註。如論語瑚璉一條與明堂位不合。孟子曹交一註與春秋傳不合。論者或以爲疑。不知瑚璉用包咸註。曹交用趙岐註。非朱子杜撰也。又如夫子之牆數仞註七尺曰仞。掘井九軔註八尺曰仞。論者尤以爲矛盾。不知七尺亦包咸註。八尺亦趙岐註也。是知鎔鑄羣言。非出私見。苟不詳考所出。固未可槩目以師心矣。大抵朱子平生精力。殫於四書。其剖析疑似。辨別毫釐。實遠在易本義詩集傳上。讀其書者要當於大義微言求其根本。明以來攻朱子者務摭其名物度數之疎。尊朱子者又併此末節而回護之。是均門戶之見。烏識朱子著書之意乎。

四書或問三十九卷（江蘇巡撫採進本）

宋朱子撰。朱子既作四書章句集註。復以諸家之說紛錯不一。因設爲問答。明所以去取之意。以成此書。凡大學二卷。中庸三卷。論語二十卷。孟子十四卷。其書非一時所著。中庸或問原與輯略俱附章句之末。論語孟子則各自爲書。其合爲一帙。蓋後來坊賈所併也。中間大學或問用力最久。故朱子荅潘恭叔問。嘗自稱諸書修得一過。大學所改尤多。比舊已極詳密。中庸或問則朱子平日頗不自愜。語類載游某問中庸編集如何。曰。緣前輩諸公說得多了。其間儘有差舛處。又不欲盡駮難他底。所以難下手。不比大學。都未曾有人說。又載朱子以中庸或問授黃榦。云。亦未有滿意處。如評論程子朱子說處尚多粗。云云。是其意猶以爲未盡安也。至論孟或問。則與集註及語類之說往往多所牴牾。後人或遂執或問以疑集註。不知集註屢經修改。至老未已。而或問則無暇重編。故年譜稱或問之書。未嘗出以示人。書肆有竊刊行者。亟請於縣官。追索其版。又晦菴集中有與潘端叔書曰。論語或問。此書久無工夫修得。只集註屢更不定。却與或問前後不相應。云云。可見異同之迹。即朱子亦不諱言。竝錄存之。其與集註合者。可曉然於折衷衆說之由。其於集註不合者。亦可知朱子當日原多未定之論。未可於語錄文集偶摘數語。即爲不刊之典矣。

論孟精義三十四卷（江蘇巡撫採進本）

宋朱子撰。初。朱子於隆興元年輯諸家說論語者爲要義。其本不傳。後九年爲乾道壬辰。因復取二程張子及范祖禹呂希哲呂大臨謝良佐游酢楊時侯仲良尹焞周孚先等十二家之說。薈粹條疏。名之曰論孟精義。而自爲之序。時朱子年四十三。後刻版於豫章郡。又更其名曰要義。晦菴集中有書論語孟子要義序後曰。熹頃年編次此書。鋟版建陽。學者傳之久矣。後細考之。程張諸先生說尚或時有所遺脫。既加補塞。又得毘陵周氏說四篇有半於建陽陳焞明仲。復以附於本章。豫章郡文學南康黃某商伯。既以刻於其學。又慮夫讀者疑於詳略之不同也。屬熹書於前序之左。且更定其故號精義者曰要義。云云。是其事也。後又改其名曰集義。見於年譜。今世刊本仍稱精義。蓋從朱子原序名之也。凡論語二十卷。孟子十四卷。又各有綱領一篇。不入卷數。朱子初集是書。蓋本程氏之學以發揮經旨。其後採擷菁華。撰成集註。中間異同疑似。當加剖析者。又別著之於或問。似此書乃已棄之糟粕。然考諸語錄。乃謂讀論語須將精義看。又謂語孟集義中所載諸先生語。須是熟讀。一一記於心下。時時將來玩味。久久自然理會得。又似不以集註廢此書者。故今亦仍錄存之焉。

中庸輯略二卷（江蘇巡撫採進本）

宋石𡼖編。朱子刪定。𡼖字子重。號克齋。新昌人。紹興十五年進士。官至太常主簿。出知南康軍。中庸爲禮記第三十一篇。孔穎達疏引鄭元目錄云。此書於別錄屬通論。漢書藝文志有中庸傳二篇。顏師古註曰。今禮記中有中庸一篇。亦非本禮經。蓋子思之作。是書本以闡天人之奧。漢儒以無所附麗。編之禮記。實於五禮無所屬。故劉向謂之通論。師古以爲非本禮經也。梁武帝嘗作義疏見於隋志，然其書不傳。迨有宋諸儒研求性道，始定爲心傳之要，而論說亦遂日詳。故𦤎輯是編，斷自周子、二程子、張子，而益以呂大臨、謝良佐、游酢、楊時、侯仲良、尹焞之說，初名集解。乾道癸巳，朱子爲作序，極稱其謹密詳審。越十有六年，淳熙己酉，朱子作中庸章句，因重爲刪定，更名輯略，而仍以集解原序冠其首。觀朱子中庸章句自序，稱既定著章句一篇，以俟後之君子，而一二同志復取石氏書刪其繁亂，名以輯略，且別爲或問以附其後云云。據此，則是編及或問皆當與中庸章句合爲一書。其後章句孤行，而是編漸晦。明嘉靖中，御史新昌呂信卿始從唐順之得宋槧舊本，刻之毘陵。凡先儒論說見於或問所駁者，多所芟節。如第九章游氏以舜爲絶學無爲之說，楊氏有能斯有爲之說，第十一章游氏離人立於獨未發有念之說，多竟從刪薙，不復存其說於此書。至如第一章內所引程子荅蘇季明之次章，或問中亦力斥其紀錄失眞，而原文乃仍載書中，或爲失於刊削，或爲別有取義，則其故不可得詳矣。

論語意原二卷（浙江吳玉墀家藏本）

宋鄭汝諧撰。汝諧有東谷易翼傳，已著錄。是編前有自序，稱二程、橫渠、楊、謝諸公互相發明，然後論語之義顯。謂諸公有功於論語則可，謂論語之義備見於諸公之書則不可。予於此書少而誦，長而辨，研精覃思，以求其指歸。既斷以己說，復附以諸公之說，期歸於當而已。又稱初鐫版於贛，於洪，始意欲以誘掖晚學，失之太詳。輒掇其簡要者，復鐫於池陽。則汝諧此書凡再易稿，亦可謂刻意研求矣。陳振孫書錄解題載論語意原一卷，不著撰人。宋志因之，似乎尚別有一書，適與同名。然振孫載詩總聞謂爲三卷，亦云不知撰人。及核其解題，則確爲王質之書。疑所載者即汝諧此書，偶未考其名也。眞德秀序稱其學出於伊洛，然所說頗與朱子集註異。如以衛靈公問陳非不可對，乃有託而行；以子賤爲八沈厚簡默，非魯多君子不能取其君子，皆足以備一解。至以使民戰栗爲魯哀公之語，以見善如不及二節連下齊景公、伯夷叔齊爲一章，則大奇矣。（案錢時四書管見亦以見善如不及章與下章聯合爲一。）然綜其大致，則精密者居多。故德秀稱其言雖異於先儒，而未嘗不合義理之正。朱子亦曰：贛州所刊論語解，乃是鄭舜舉侍郎者，中間略看，亦有好處。是朱子亦不以其異己爲嫌矣。

癸巳論語解十卷（浙江汪啟淑家藏本）

宋張栻撰。其書成於乾道九年，是年歲在癸巳，故名曰癸巳論語解。考朱子大全集中，備載與栻商訂此書之語，抉摘瑕疵，多至一百一十八條。又訂其誤字二條。以今所行本校之，從朱子改正者僅二十三條，餘則悉仍舊稾，似乎齗齗不合。然父在觀其志一章，朱子謂舊有兩說，當從前說爲順，反覆辨論，至於二百餘言。而後作論語集註，乃竟用何晏集解所引孔安國義，仍與栻說相同。蓋講學之家於一字一句之異同，務必極言辨難，斷不肯附和依違，中間筆舌相攻，或不免於激而求勝。迨學問漸粹，意氣漸平，乃是是非非，坦然共白，不復回護其前說。此造詣之淺深，月異而歲不同者也。然則此一百一十八條者，特一時各抒所見，共相商榷之言，未可以是爲栻病。且二十三條之外，栻不復改，朱子亦不復爭，當必有渙然冰釋，始異而終同者，更不必執文集舊稾，以朱子之說相難矣。

癸巳孟子說七卷（浙江汪啟淑家藏本）

宋張栻撰。是書亦成於乾道癸巳，於王霸之辨、義利之分，言之最明。自序稱歲在戊子，綴所見爲孟子說，明年冬會有嚴陵之命，未及終篇。辛卯歲自都司罷歸，秋冬行大江中，讀舊說多不滿意，從而刪正之。還抵故廬，又二載始克繕寫。蓋其由左司員外郎出知嚴州，退而家居時作也。栻之出也，以諫除張說爲執政，故是編於臧倉沮孟子及王驩爲輔行兩章，皆微有寄託於時事。至於解交鄰章云：所謂畏天者，亦豈但事大國而無所爲也，蓋未嘗委於命而已。故修德行政，光啟王業者，太王也；養民訓兵，卒殄寇仇者，句踐也。末及周平王惟不怒驪山之事，故東周卒以不振，其辭感憤，亦爲南渡而發。然皆推闡經義之所有，與胡安國春秋傳務於借事抒議，而多失筆削之旨者，固有殊焉。

石鼓論語問荅三卷（江蘇巡撫採進本）

宋戴溪撰。溪有續呂氏家塾讀詩記，已著錄。是書卷首有寶慶元年許復道序，稱淳熙丙午丁未間，溪領石鼓書院山長，與湘中諸生集所聞而爲此書。朱子嘗一見之，以爲近道。陳振孫書錄解題所載與序相符。其書詮釋義理，持論醇正，而考據間有疏舛。如解緇衣羔裘節，先加明衣親身，次加中衣，冬則次加裘，裘上加裼衣，裼衣之上加朝服，其說本於崔靈恩，不爲無據。然詩羔裘篇孔疏，謂玉藻君衣狐白裘，錦衣以裼之。又云以帛裏布，非禮也。鄭註云，冕服中衣用素，朝服中衣用布。若皮弁之下，卽以錦衣爲裼，卽是以帛裏布。故知中衣在裼衣之上，其文甚明。溪蓋未之深考。又解吉月必朝服而朝節，謂玉藻天子元端而朝日於東門之外，不必依鄭註改端爲冕。蓋稱端者通冠冕言之。其說亦據樂記端冕而聽古樂，鄭註端爲元衣，孔疏端爲元冕，凡冕服皆其制正幅，故稱端也。然玉藻天子元端而朝日於東門之外，與下文元端而居對舉，見異，故朝日元冕卽不得通稱元端。此鄭所以決冕之誤爲端，溪亦失考也。然訓詁、義理，說經者向別兩家，各有所長，未可偏廢。溪能研究經意，闡發微言，於學者不爲無補，正不必以名物典故相繩矣。

蒙齋中庸講義四卷（永樂大典本）

宋袁甫撰。甫字廣微，鄞縣人，寶文閣直學士燮之子。嘉定七年進士，官至吏部侍郎，兼國子祭酒，權兵部尚書，諡正肅。事蹟具宋史本傳。史稱所著有孟子解，今未見傳本，殆已亡佚。此書散見永樂大典中，而史志顧未之及。惟朱彝尊經義考有甫所撰中庸詳說二卷，註云已佚，或卽是書之別名歟。其書備列經文，逐節訓解，蓋平日錄以授門弟子者。中閒委曲推闡，往往言之不足，而重言以申之。其學出於楊簡，簡之學則出於陸九淵，故立說多與九淵相合。如講語大語小一節，云包羅天地，該括事物，天下不能載者，惟君子能載之，而天下又何以載。幽通鬼神，微入毫髮，天下不能破者，惟君子能破之，而天下又何以破。此卽象山語錄所云天下莫能載者，道大無外，若能載則有分限矣；天下莫能破者，一事一物，纖悉微末，未嘗與道相離之說也。其講自誠明一節，云誠不可傳，可傳者明。明卽性也，不在誠外也。此卽象山語錄所云誠則明，明則誠，此非有次第，其理自如此之說也。其他宗旨，大都不出於此。雖主持過當，或不免惝怳無歸，要其心得之處，未嘗不自成一家。謹依經排輯，釐爲四卷，以存金溪之學派。至其甚謬於理者，則於書中別加案語，考正其誤，以杜狂禪恣肆之漸焉。

四書集編二十六卷（兩江總督採進本）

宋眞德秀撰。德秀字希元，浦城人。慶元五年進士，中詞科，紹定中拜參知政事，進資政殿直學士，提舉萬壽觀。卒諡文忠。事蹟具宋史儒林傳。此書惟大學一卷、中庸一卷，爲德秀所手定。大學章句序後有題記一行，稱寶慶三年八月丁卯，後學眞德秀編於學易齋者，其成書年月也。其子志道序，亦惟稱大學、中庸，而云論語、孟子集註雖已點校，集編則未成。咸淳九年（案原本作咸寧九年，宋無此年號，今改正），劉才之序，始稱西山所編中庸、大學，惟論、孟二書闕焉。扣之庭聞，則云已經點校，但未編輯。是論、孟固未嘗無成書。一旦論諸堂上，學正劉樸谿承謂讀書記中所載論、孟處，與今所刊中庸、大學凡例同，其他如文集、衍義等書，亦有可採摭者，因勉其彙集成書。凡五閱月而帙就，又五閱月而刊成云云。是論語十卷、孟子十四卷，皆劉承以德秀遺書補輯成之者也。朱子以大學、中庸、論語、孟子合爲四書，其章句多出新意，其集註雖參取舊文，而亦多與先儒異。其所以去取之意，散見或問、語類、文集中，不能一一載也。而或問、語類、文集又多一時未定之說，與門人記錄失眞之處，故先後異同，重複顛舛，讀者往往病焉。是編博採朱子之說，以相發明，復閒附已見，以折衷譌異。志道序述德秀之言，自稱有銓擇刊潤之功，殆非虛語。趙順孫四書纂疏備列德秀所著諸書，而不載其目。蓋至宋末始刊，其出最晚，順孫未之見也。自是以後，踵而作者汗牛充棟，然其學皆不及德秀，故其書亦終不及焉。

孟子集疏十四卷（兩江總督採進本）

宋蔡模撰。模字仲覺，號覺軒，建安人，蔡沈之子，蔡抗之兄也。趙順孫四書纂疏載模所著有大學演說、論語集疏、孟子集疏，今惟此書存。據卷末抗後序，稱沈書以論語、孟子集註氣象涵蓄，語意精密，至引而不發，尤未易讀。欲取集義、或問及張、呂諸賢門人高第往復問答語，如朱子所謂蒐輯條流，附益諸說者，類聚纖析，期於語脈分明，宗旨端的。未及編次而卒，模乃與抗商榷，以成此書。皆備列朱子集註原文，而發明其義，故曰集疏，言如註之有疏也。然賈、孔諸疏循文闡衍，章句不遺，此則或佐證註義，或旁推餘意，不盡一一比附。又謹守一家之說，亦不似疏文之曲引博徵。大抵於諸說有所去取，而罕所辨訂。惟不得於言一條，致疑於語錄、集註之不同，以爲未及修改，效死而民勿去一條，引語錄謂註中義字當改經字而已。又是乃仁術一條，集註以術爲法之巧。楳則引蔡氏之說曰，樂記註，術所由也。又曰術猶道也。此言仁術，恐是仁心所發之路。又禹疏九河一條，集註以簡潔爲兩河。楳則引爾雅九河以簡潔爲一，謂書傳與集註少異。書傳實經先師晚年所訂正，當以爲定。案朱子訂正書傳，僅及大禹謨之半。此楳委曲回護之言，不足爲據。又仁之端也，集註訓端爲緒，蔡元定則訓端爲尾，亦兩存之。蓋他說與師說異，則舍他說從師說；師說與祖父說異，則又不得不舍師說以從祖父之說。此亦人情之至也。然抗序稱始事於嘉熙己亥，至丙午尚未敢脫稿。其簡汰頗爲不苟，故所取甚約，而大義已皆賅括。迥異後來鈔撮朱子之說，務以繁富相尚者。亦可知其淵源有自，知之確，故擇之精矣。

論語集說十卷（內府藏本）

宋蔡節撰。節，永嘉人。始末未詳。惟書首淳祐五年進表結銜，稱朝散郎、試太府卿、兼樞密副都承旨。末有淳祐丙午文學掾姜文龍跋，即進書之次年也。其例於全用一家者，則獨書姓名；於參用一兩家者，則各註本語之下。雜用衆說者，則壘書姓名於末。潤色以己意者，則曰本某氏，皆謂之曰集。或附己說於後，則別曰節謂。節自爲說者，謂之曰釋。其互相發明之說，則夾註於下。其推闡旁意之說，則低一字書之。是時朱子之說已行，故大旨率從集註。其閒偶有異同者，如賢賢易色，謂賢人之賢，爲之改容更貌；攻乎異端，謂攻爲攻擊，害爲反貽吾道之害。案此鄭汝諧之說。知其說者之於天下也，謂知魯之僭禘則名正，名正而天下不難治。無所取材，謂無所取桴材。案此鄭元之說。不有祝鮀之佞三句，謂美色尚不足以免禍，惟口才乃可免。不圖爲樂之至於斯也，謂韶本揖遜之樂，今乃至於齊國。案此亦鄭汝諧之說。五十以學易，謂夫子是時年未五十，故云加年。互鄉童子一章，不作錯簡。不至於穀，謂三年不能至於善，則所學已難乎有得。沒階趨進，謂進疑作退。雖疏食菜羹瓜祭，謂瓜爲如字，以祭字屬下句。三嗅而作，謂嗅疑作嘆。案此徐積之說。冉有退朝，謂朝爲從季氏至魯君之朝。不恒其德一節，謂別爲一章。曰今之成人者何必然，謂爲子路之言。有馬者借人乘之，謂即史之闕文。齊景公有馬千駟章連上爲一章。案此鄭汝諧、錢時二家之說。太師摯適齊一章，謂魯君荒於女樂，故樂官散去。其中惟太師摯一章可備一說，餘皆牽強穿鑿。蓋朱子於註易、註詩，誠不免有所遺議。至於論語集註，則平生精力具在於斯，其說較他家爲確。務與立異，反至於不中理也。然出入者不過此數條，其餘則皆詮釋簡明，詞約理該，終非胡文炳等所可及焉。

中庸指歸一卷中庸分章一卷大學發微一卷大學本旨一卷（浙江巡撫採進本）

宋黎立武撰。立武字以常，新喻人。咸淳中舉進士第三。仕至軍器少監、國子司業。宋亡，不仕，閒居三十年以終。立武官撫州時，校文舉吳澄，充貢士，故澄誌其墓，自稱曰門人。又稱立武官祕省時，閱官書，愛二郭氏中庸。郭游程門，新喻謝尚書仕夷陵，嘗傳其學。將由謝溯程，以嗣其傳，故言大學中庸等書，閒與世所崇尚者異義。蓋中庸之學，傳自程子。後諸弟子各述師說，門徑遂歧。游酢、楊時之說爲朱子所取，而郭忠孝中庸說以中爲性，以庸爲道，亦云程子晚年之定論。立武中庸指歸皆闡此旨。至其中庸分章，則以天命之謂性以下爲一章。仲尼曰以下爲二章。君子之道費而隱以下爲三章。道不遠人以下爲四章。君子素其位而行以下爲五章。君子之道辟如行遠以下爲六章。鬼神之爲德以下爲七章。哀公問政以下爲八章。誠者天之道也以下爲九章。惟天下至誠以下爲十章。誠者自成以下爲十一章。大哉聖人之道以下爲十二章。仲尼祖述堯舜以下爲十三章。惟天下至聖以下爲十四章。詩曰衣錦尚絅以下爲十五章。皆發明郭氏之旨，所言亦具有條理。其大學則發微一卷，謂曾子傳道在一貫，悟道在忠恕，造道在易之艮。大旨以止至善爲歸，而以誠意爲要。本旨一卷，仍用古本，皆以爲曾子之書，不分經傳，而以所稱曾子爲曾晳之言。要其歸宿，與程朱亦未相牴牾，異乎王守仁等借古本以伸己說者也。惟其謂中庸大學皆通於易，列圖立說，絲連繩貫而排之，則未免務爲高論耳。此四書本合編，前有大德八年趙秉政序。其先中庸，後大學，蓋亦從禮記原次。此本從今本四書之序，移大學於中庸前，而以秉政之序介於四書之閒，殊失本旨。今釐正之，還其舊第焉。

四書纂疏二十六卷（內府藏本）

宋趙順孫撰。順孫字格菴，括蒼人。考黃溍集有順孫阡表曰自考亭朱子合四書而爲之說其微詞奧旨散見於門人所記錄者與克互見公始採集以爲纂疏蓋公父少傅魏公霤師事考亭門人滕先生璘授以尊所聞集公以得於家庭者溯求考亭之原委纂疏所由作也則順孫距朱子三傳矣故是書備引朱子之說以翼章句集註所旁引者惟黃榦輔廣陳淳陳孔碩蔡淵蔡沈葉味道胡泳陳埴潘柄黃士毅眞德秀蔡模一十三家亦皆爲朱子之學者不旁涉也鄧文原作胡炳文四書通序頗病順孫此書之氾濫炳文亦頗摘其失然經師所述體例各殊註者詞尚簡明疏者義存曲證順孫書以疏爲名而自序云陪穎達公彥後則固疏體矣繁而不殺於理亦宏文原殆未考孔賈以來之舊式故少見而多怪歟

大學疏義一卷浙江巡撫採進本

宋金履祥撰履祥有尙書考註已著錄履祥籍隸蘭溪於王柏爲同郡故受業於王柏然柏之學其詆毀聖經乖方殊甚履祥則謹嚴篤實猶有朱子之遺初朱子定大學章句復作或問以申明之其後章句屢改而或問則不復改故前後牴牾學者猶有所疑履祥因隨其章第作疏義以暢其旨並作指義一篇以括其要柳貫嘗爲之序朱彝尊經義考於二書皆註未見但據一齋書目著於錄此本爲金氏裔孫所刊蓋出於彝尊經義考之後然僅存此疏義一卷其指義及貫序則並佚之矣書中依文詮解多所闡發蓋仁宗延祐以前尙未復科舉之制儒者多爲明經計不爲程試計故其言切實與後來時文講義異也

論語集註考證十卷孟子集註考證七卷浙江巡撫採進本

宋金履祥撰後有自跋謂古書之有註者必有疏論孟考證卽集註之疏以有纂疏故不名疏而文義之詳明者亦不敢贅但用經典釋文之例表其疑難者疏之其書於朱子未定之說但折衷歸一於事跡典故考訂尤多蓋集註以發明理道爲主於此類率沿襲舊文未遑詳核故履祥拾遺補闕以彌縫其隙於朱子深爲有功惟其自稱此書不無微牾自我言之則爲忠臣自他人言之則爲讒賊則殊不可訓夫經者古今之大常理者天下之公義議論之得失惟其言不惟其人使所補正者果是雖他人亦不失爲忠臣使所補正者或非雖弟子門人亦不免爲讒賊何以履祥則可他人則必不可此宋元門戶之見非篤論也其中如辨論語註公孫枝云案左傳當作公叔發集註或傳寫之誤辨孟子註許行神農之言史遷所謂農家者流云史記六家無農家漢書藝文志九流之中乃有農家皆爲典確至於辨公劉后稷之曾孫一條謂公劉避桀居邠去后稷世遠非其曾孫不知古人凡遠祖多稱高祖左傳郯子稱我高祖少皞是也凡遠孫多稱曾孫左傳蒯聵稱曾孫蒯聵敢昭告皇祖文王是也如此之類則註不誤而履祥反誤亦未盡確當不移然其旁引曲證不苟異亦不苟同視胡炳文輩拘墟迴護知有註而不知有經者則相去遠矣書凡一十七卷首有許謙序後有呂遲刊書跋猶爲舊本朱彝尊經義考稱一齋書目作二卷註曰未見蓋沿襲之誤不足據也

欽定四庫全書總目卷三十五

欽定四庫全書總目卷三十六

經部三十六

四書類二

四書集義精要二十八卷（兩淮鹽政採進本）

元劉因撰。因字夢吉，號靜修，容城人。世祖至元十九年徵授承德郎、右贊善大夫，未幾辭歸。再以集賢學士徵，不起。事蹟具元史本傳。朱子爲四書集註，凡諸人問答與集註有異同者，不及訂歸於一。而卒後盧孝孫取語類、文集所說，輯爲四書集義凡一百卷。讀者頗病其繁冗，因乃擇其指要，刪其複雜，勒成是書。張萱內閣書目作三十五卷，一齋書目則作三十卷。考蘇天爵作因墓誌，亦稱是書三十卷，則萱所記誤矣。此本僅存二十八卷，至孟子滕文公上篇而止，其後並已闕佚，亦非完帙。然朱彝尊經義考註云未見，則流傳頗罕，亦元人遺笈之僅存者，不以殘闕病也。其書芟削浮詞，標舉要領，使朱子之說不惑於多岐。蘇天爵以簡嚴粹精稱之，良非虛美。蓋因潛心義理，所得頗深，故去取分明，如別白黑，較徒博尊朱之名，不問已定未定之說，片言隻字無不牽若球圖者，固不同矣。

四書辨疑十五卷（內府藏本）

不著撰人名氏。書中稱自宋氏播遷，江表南北分隔纔百五六十年，經書文字已有不同，則元初人所撰矣。蘇天爵安熙行狀云：國初有傳朱子四書集註至北方者，滹南王公雅以辨博自負，爲說非之。趙郡陳氏獨喜其說，增多至若干言。是書多引王若虛說，殆寧晉陳天祥書也。朱彝尊經義考曰：四書辨疑，元人凡有四家：雲峯胡氏、偃師陳氏、黃巖陳成甫氏、孟長文氏。成甫、長文並浙人，雲峯一宗朱子，其爲偃師陳氏之書無疑。所說當矣。其曰偃師者，元史稱天祥因兄祐仕河南，自寧晉家洛陽，嘗居偃師南山，故也。天爵又謂安熙爲書以辨之，其後天祥深悔而焚其書。今此本具存，或天爵欲張大其師學，所言未足深據也。凡大學十五條，論語一百七十三條，孟子一百七十四條，中庸十三條。其中如駁湯盤非沐浴之盤，謂盤乃淺器，難容沐浴，是未考禮喪大記鄭註有盤長二丈深三尺之文，頗爲疎舛。又多移易經文以就己說，亦未見必然。然亦多平心剖析，各明一義，非苟爲門戶之爭。說春秋者三傳並存，說詩者四家互異，古來訓詁原不專主一人，各尊所聞，各行所知，固不妨存此一家之書，以資參考也。

讀四書叢說四卷（兩江總督採進本）

元許謙撰。謙有詩集傳名物鈔，已著錄。案元史本傳，謙讀四書章句集註，有叢說二十卷，謂學者曰：學以聖人爲準的，然必得聖人之心，而後可學聖人之事。聖賢之心，具在四書，而四書之義，備於朱子。顧辭約意廣，讀者安可易心求之乎。黃溍作謙墓誌，亦稱是書敷繹義理，惟務平實，所載卷數與本傳相同。明錢溥祕閣書目尚有四書叢說四冊，至朱彝尊經義考則但據一齋書目編入其名，而註云未見，蓋久在若存若亡閒矣。此本凡大學一卷，中庸一卷，孟子二卷，中庸闕其半，論語則已全闕，亦非完書。然約計所存，猶有十之五六，即益以所闕之帙，亦不能足原目二十卷之數，殆後來已有所合併歟？書中發揮義理，皆言簡意該，或有難曉，則爲圖以明之，務使無所疑滯而後已。其於訓詁名物，亦頗考證，有足補章句所未備。於朱子一家之學，可謂有所發明矣。

四書通二十六卷（兩江總督採進本）

元胡炳文撰。炳文有周易本義通釋，已著錄。是編以趙順孫四書纂疏、吳真子四書集成皆闡朱子之緒論，而尚有與朱子相戾者，因重爲刊削，附以己說，以成此書。凡朱子以前之說，嫌於補朱子之遺，皆斥不錄，故所取於纂疏、集成者僅十四家。二書之外，又增入四十五家，則皆恪守考亭之學者也。大抵合於經義與否，非其所論，惟以合於註意與否定其是非。雖堅持門戶，未免偏主一家，然觀其凡例，於顏淵好學章哀樂哀懼一字之筆誤亦必辨明，於爲政以德章初本作行道而有得於身，祝洙本作行道而有得於心，改本又作得於心而不失，刊本先後之差，亦悉加考正，其於一家之學用心亦勤且密矣。章句集註所引凡五十四家，今多不甚可考。蔡模集疏閒有所註，亦不甚詳。是書尚一一載其名字，頗足以資訂證。然如集註以有婦人焉爲邑姜，所引劉侍讀曰者即劉敞七經小傳之說也。炳文獨遺漏不載，蓋敞在北宋，閉戶窮經，不入伊洛之派，講學之家惡其不相攀附，遂無復道其姓名者，故朱子雖引之，而炳文不知爲誰也。是亦各尊所聞之一驗矣。

四書通證六卷（兩江總督採進本）

元張存中撰。存中字德庸，新安人。初，胡炳文作四書通，詳義理而略名物。存中因排纂舊說，成此書以附其後，故名曰四書通證。炳文為之序，稱北方杜緱山有語孟旁通，平水薛壽之有四書引證，（案杜緱山名瑛，金人。薛壽之名引年，元初人。）皆失之太繁。存中能刪冗從簡，去非取是。又曰學者於余之通，知四書用意之深；於通證，知四書用事之審。推之甚至。今核其書，引經數典，字字必著所出。而論語夏曰瑚、商曰璉一條，承包氏之誤者，乃不引禮記以證之。又時見曰會、衆頫曰同，與周禮本文小異，蓋宋代諱殷，故改殷為衆。乃但引周禮於下，而不辨其何以不同，皆不免有所回護。不知朱子之學在明聖道之正傳，區區訓詁之閒，固不必為之諱也。孟子與楚將昭陽戰亡其七邑一條，存中謂史記作八邑，未詳孰是。不知司馬貞史記索隱明註史記古本作七邑，是朱子稱七邑乃據古本，原非謬誤。存中持疑不決，亦失於考核。又如三讓引吳越春秋、泛及雜說，而於歷代史事每多置正史而引通鑑，亦非根本之學。然大概徵引詳明，於人人習讀不察者，一一具標出處，可省檢閱之煩，於學者亦不為無補矣。

四書疑節十二卷（浙江汪啟淑家藏本）

元袁俊翁撰。俊翁字敏齋，袁州人。前有黎立武、李應星序，又有彭元龍序二篇。應星、元龍序皆稱俊翁，獨立武序作雋翁，蓋傳寫字異也。其仕履無可考。立武序稱以重吾梹，應星序亦稱奕奕魁文，知嘗首舉於鄉矣。立武、應星序及元龍前一序並側註經史疑義字，元龍後一序又側註四書經疑字，而卷首標題則作待問集四書疑節，互相參錯。考俊翁題詞，稱科目以四書設疑，以經史發策，因取四書經史門分而類析之。蓋待問集者其總名，經史疑義、四書經疑其中之子部。今經史疑義已佚，故序與書兩不相應也。惟疑節之名不甚可解。卷首有溪山家塾刊行字，或重刻時有所刪節，故改題曰節歟。朱彝尊經義考中載之，註曰未見。此本猶從元版傳鈔，其例以四書之文互相參對為題，或似異而實同，或似同而實異，或闡義理，或用考證，皆標問於前，列荅於後，蓋當時之體如是。雖亦科舉之學，然非融貫經義，昭晰無疑，則格閡不能下一語，非猶夫明人科舉之學也。

四書經疑貫通八卷（浙江范懋柱家天一閣藏本）

元王充耘撰。充耘有讀書管見，已著錄。是編黃虞稷千頃堂書目謂其已佚，此本為明范欽天一閣舊鈔，尚首尾完具，惟第二卷中脫一頁，第八卷中脫一頁，無從校補，則亦僅存之笈矣。其書以四書同異參互比較，各設問荅以明之。蓋延祐科舉經義之外有經疑，此與袁俊翁書皆程試之式也。其閒辨別疑似，頗有發明，非經義之循題衍說可以影響揣摩者比，故有元一代，士猶篤志於研經。明洪武三年初行科舉，其四書疑問以大學古之欲明明德於天下者一節，與孟子道在邇而求諸遠一節合為一題，問二書所言平天下大指同異，（案此題見日知錄。）蓋猶沿元制。至十七年改定格式，而經疑之法遂廢。錄此二書，猶可以見宋元以來明經取士之舊制也。

四書纂箋二十八卷（內府藏本）

元詹道傳撰。道傳，臨川人。其始末未詳。是書略仿古經箋疏之體，取朱子四書章句集註或問，正其音讀，考其名物度數，各註於本句之下。亦閒釋朱子所引之成語，如眞積力久出荀子勸學篇，孝子愛日出揚子孝至篇，皆為證其出處。其所援引，亦閒有牴牾。如論語夏瑚商璉，朱子本引包咸舊註，（案咸註久佚，此據何晏集解所引。）道傳既引明堂位夏后氏之四璉、殷之六瑚，辨其異同，而復謂夏曰瑚、商曰璉本於爾雅釋器。今檢校爾雅，實無此文，則道傳杜撰附會也。又此書於朱子所引諸儒，皆詳其名字里居，而孟子盡心章引陳氏厭於嫡母之說，實陳書卿孟子紀蒙中語。書卿字壽老，臨海人，見葉適水心集。此獨失載，亦未免有所疏漏。然大致皆有根柢，猶元儒之務實學者，與張存中四書通證相較，固猶在其上矣。

四書通旨六卷（內府藏本）

元朱公遷撰。公遷有詩傳疏義，已著錄。是編取四書之文，條分縷析，以類相從，凡為九十八門。每門之中，又以語意相近者聯綴列之，而一一辨別異同，各以右明某義云云標立言之宗旨。蓋昔程子嘗以此法教學者，而公遷推廣其意以成是書。其閒門目既多，閒涉冗碎，故朱彝尊經義考謂讀者微嫌其繁。又如樊遲請學稼，不過局於末業，乃列之於異端門，與許行同譏。上士一位、中士一位、下士一位，本周室班爵之制，乃列之於士門，與處士一例，亦頗傷踳駁。堯舜禹湯文武周公孔子孔門弟子子思孟子諸門、以人隸事、體近類書、尤爲無所發明。然於天人性命之微、道德學問之要、多能剖其疑似、詳其次序、使讀者因此證彼、渙然冰釋。要非融會貫通、不能言之成理如是也。所引諸家之說、獨稱饒魯爲饒子、其淵源蓋有自矣。明正統中何英作詩傳疏義序、稱永樂乙酉因閱四書通旨而語及疏義、則是書行世、在疏義之前。顧明以來說四書者罕見徵引。近通志堂經解始刊行之、蓋久微而復出也。句下開列異同、如喜怒哀樂一條、謂右以體言、而註亦曰以性言字。允執其中一條、謂右以用言、而註亦曰以事理言字。如是者不一、疑刊是書者參校諸本所附、非公遷之舊。其出自誰手、則不可考矣。

四書管窺八卷（兩江總督採進本）

元史伯璿撰。伯璿字文璣、溫州平陽人。據所作管窺外篇成於至元丁未、卽元亡之年、計其人當已入明。然始末不可考矣。是編見於祕閣書目者五冊。楊士奇東里集則稱有四冊、刻版在永嘉郡學。永嘉葉琮知黃州府、又刊置府學。是明初所行、已有二本。然刊本皆散佚不傳、故朱彝尊經義考註云未見。此本乃毛晉汲古閣舊鈔、大學、中庸、孟子尚全、惟論語闕先進篇以下。蓋傳寫有所佚脫。然量其篇頁、釐而析之、已成八卷。經義考乃作五卷、或誤以五冊爲五卷歟。其書引趙順孫四書纂疏、吳眞子四書集成、胡炳文四書通、許謙四書叢說、陳櫟四書發明及饒氏、張氏諸說、取其與集註異同者、各加論辨於下。諸說之自相矛盾者、亦爲條列而釐訂之。凡三十年而後成。於朱子之學、頗有所闡發。考朱子著述最多、辨說亦最夥。其閒有偶然問荅未及審核者、有後來考正未及追改者、亦有門人各自記錄、潤色增減、或失其本眞者。故文集語錄之內、異同矛盾、不一而足。卽四書章句集註與或問、亦時有牴牾。原書具在、可一一覆按也。當時門人編次、旣不敢有所別擇、後來讀朱子書者、遂一字一句奉爲經典、不復究其傳述之眞僞與年月之先後、但執所見一條、卽據以詆排衆論、紛紜四出、而朱子之本旨轉爲尊信者所淆矣。夫載寶而朝、論南宮者有故、越境乃免、惜趙盾者原誣、述孔子之言者、尚不免於舛異、況於朱門弟子斷不及七十二賢、又安能據其所傳、漫無釐正。伯璿此書、大旨與劉因四書集義精要同。而因但爲之刊除、伯璿更加以別白。昔朱子嘗憾孔門弟子留家語作病痛。如伯璿者、可不謂深得朱子之心歟。

大學中庸集說啓蒙二卷（內府藏本）

元景星撰。星號訥菴、餘姚人。據卷末宣德九年錢時跋、稱得禮部侍郎蔣驥寫本。驥跋題庚辰歲、當爲建文元年。驥爲景之門人、則星元末人也。前有星自序、標題爲學庸集說啓蒙、而序中實曰四書集說啓蒙。凡例中如孟子章指云云、亦兼言四書。驥跋稱訥菴先師用功於四書十年、去取諸說而爲此書。大學已有刊本、而語孟中庸則未刊。時跋稱得驥中庸寫本、謄校刊梓。然則星本全註四書、驥先刊其大學、時續刊其中庸、而語孟則已佚。通志堂刻經解、病其不完、併序文標題改之耳。其書發揮頗簡切。大學聖經章句欲其一於善而無自欺句註、一於善、祝本改作必自慊。於字句亦復不苟。又傳之二章註盤、邵氏謂恐是盥頮之盤。傳之四章註備引程子、饒魯、吳澄之說。中庸三十二章註、引鄱陽李氏之說、皆與章句異同、亦非胡炳文等堅持門戶者比。蓋猶能自抒心得者也。書上闌附載細字、如大學傳之五章、載矩堂董氏之說。中庸第一章、載饒魯之說、亦與章句有出入。據錢時跋稱、增魯齋批點、勿軒標題、以便幼習、則時益以許衡、熊禾二人之語、非星本書也。其孰爲衡語、孰爲禾語、刊板一同、今則不可辨別矣。

四書大全三十六卷（通行本）

明永樂十三年翰林學士胡廣等奉敕撰。成祖御製序文、頒行天下。二百餘年、尊爲取士之制者也。其書因元倪士毅四書輯釋稍加點竄。顧炎武日知錄曰、自朱子作大學中庸章句或問、論語孟子集註之後、黃氏有論語通釋。其采語錄附於朱子章句之下、則始於眞氏、祝氏仿之、爲附錄。後有蔡氏四書集疏、趙氏四書纂疏、吳氏四書集成。論者病其泛濫。於是陳氏作四書發明、胡氏作四書通、而定宇之門人倪氏（案定宇、陳櫟之別號）合二書爲一、頗有刪正、名曰四書輯釋。永樂所纂四書大全、特小有增刪。其詳其簡、或多不如倪氏。大學中庸或問則全不異、而閒有舛誤云云。於是書本末言之悉矣。考士毅撰有作義要訣一卷、附刻陳悅道書義斷法之末。今尚有傳本。蓋頗講科舉之學者。其作輯繹、殆亦為經義而設。故廣等以夙所誦習、勦剟成編歟。初與五經大全竝頒、然當時程式以四書義為重。故五經率皆庋閣、所研究者惟四書、所辨訂者亦惟四書。後來四書講章、浩如烟海、皆是編為之濫觴。蓋由漢至宋之經術、於是始盡變矣。特錄存之、以著有明一代士大夫學問根柢具在於斯、亦足以資考鏡焉。

四書蒙引十五卷、別附一卷。江蘇巡撫採進本

明蔡清撰。清有易經蒙引、已著錄。其作此書、初已有稾本而遺失。乃追憶舊文、更加綴錄。久而復得原稾、以兩本相校、重複過半、又有前後異同未歸畫一者。欲刪正而未暇、乃題為蒙引初稾、以明其非定說。虛齋集有是書序、述其始末頗詳。嘉靖中武進莊煦參校二稾、刊削冗複、十去三四、輯成一書而刊之。書末又別附一冊、則煦與學錄王升商推訂定之語也。清人品端粹、學術亦醇。此書雖為科舉而作、特以明代崇尚時文、不得不爾。至其體認眞切、闡發深至、猶有宋人講經講學之遺。未可以體近講章、遂視為揣摩弋獲之書也。

四書因問六卷。浙江巡撫採進本

明呂柟撰。柟有周易說翼、已著錄。是編皆記其門人質問四書之語。大學、中庸各一卷、論語、孟子各二卷。然其中稱柟為先生、又先生字或跳行、似乎非柟自作。卷首有門人魏廷萱等校刊字、當即廷萱等所記也。其書大學從古本次序、中庸亦從古本分章。所說多因四書之義推而證諸躬行、見諸實事。如講八佾舞於庭章、因指在座門人衣服華靡者曰、此便是僭之類。皆開示親切、不徒為訓詁空談。柟文集佶屈聱牙、純為僞體、而其解四書平正篤實乃如此。蓋其文章染李夢陽之派、而學問則宗法薛瑄。二事淵源各別、故一人而如出兩手也。

四書問辨錄十卷。副都御史黃登賢家藏本

明高拱撰。拱有春秋正旨、已著錄。此編取朱子四書章句集註疑義、逐條辨駁。其論大學、謂新民即明德中事、不應分之為三綱領。不知經文三在字顯然竝列、安能不區別為三。又論賢賢易色一章、謂人能如是、必其務學之至、覺生質之美四字、朱子可不必加。亦未深體抑揚語意。如斯之類、皆不免有意推求。至如伊川謂敬事而信一章皆言所存而不及於事。拱則謂節用使民、非事而何。又謂孔子之責臧文仲、正以其賢而責之備。如斯之類、則皆確有所見、足以備參考而廣見聞。鄭汝諧論語意原、頗與朱子異同、而朱子於汝諧之說反有所取。朱子作周易本義、與程傳亦有異同、世未嘗以是病朱子。拱之是編、亦可作如是觀矣。

論語類考二十卷。浙江巡撫採進本

明陳士元撰。士元有易象鉤解、已著錄。是編皆考證論語名物典故、分十八門、又分子目四百九十有四。朱子以後解四書者、如眞德秀、蔡節諸家、主於發明義理而已。金履祥始作論語孟子集註考證、後有杜瑛論語孟子旁通、薛引年四書引證、張存中四書通證、詹道傳四書纂箋、始考究典故、以發明經義。今杜薛之書不傳。惟金氏、張氏、詹氏書尙傳於世。三人皆篤信朱子。然金氏於集註之承用舊文偶失駁正者、必一一辨析。張氏、詹氏皆於舛誤之處諱而不言。其用意則小異。士元此書大致遵履祥之例。於集註不為苟同、每條必先列舊說、而蒐討諸書、互相參訂、皆以元案二字列之。凡一切杜撰浮談、如薛應旂四書人物考稱有若字子有之類、悉為糾正。較明代諸家之書、殊有根柢。特以專考論語、不備四書、故不及應旂書之盛傳。實則有過之無不及也。

孟子雜記四卷。浙江汪啟淑家藏本

明陳士元撰。自宋熙寧以前、孟子僅列於儒家。史記以孟子荀卿合傳、寥寥數語。於所歷鄒、滕、任、薛、魯、宋之事、略不一書。至朱子綱目、始於適魏之齊、大書特書、明聖賢之去就。而編年之體亦不能詳述一人之始末。明薛應旂撰四書人物考、始採摭他書、以為補傳。而應旂不長於考證、舛漏頗多。士元嗣輯此書、第一卷敘孟子事蹟、後三卷發明孟子之言。名以傳記、實則經解居多。其所援引亦皆謹嚴有體、不為泛濫之卮言。若趙岐註義以尾生抱柱不去證不虞之譽、以陳不瞻失氣而死證求全之毀、概為刪薙。與所作論語類考均為有裨於經義。故今特附於四書類焉。

學庸正說三卷。直隸總督採進本

明趙南星撰。南星字夢白、號儕鶴、高邑人。萬歷甲戌進士。官至吏部尙書。以忤魏忠賢削籍、謫戍。崇禎初追謚忠毅。事蹟具明史本傳。是編凡大學一卷、中庸二卷。每節衍為口義、逐句闡發、而又以不

盡之意附載於後。雖體例近乎講章、然詞旨醇正、詮釋詳明。其說大學、不從姚江之知本、而仍從朱子之格物。併補傳一章亦爲訓解。其說中庸、不以無聲無臭虛論性天、而始終歸本於慎獨。皆確然守先儒之舊。蓋南星爲一代名臣、端方勁直、其立朝不以人情恩怨爲趨避。故其說經亦不以流俗好尚爲是非。雖平生不以講學名、而所見篤實過於講學者多矣。未可以其平近而忽之也。

論語商二卷、浙江汪啟淑家藏本

明周宗建撰。宗建字季侯、吳江人。萬歷辛丑進士。官至監察御史、巡按湖廣、爲魏忠賢所害。崇禎初追贈太僕寺卿。謚忠毅。事蹟具明史本傳。此書乃其授徒湖州之時與諸生所講論也。宗建剛方正直、屹然獨立。而其學則沿姚江之末派、乃頗近於禪。如云人心之樂、非情非趣、非思非爲、虛中之影、水中之相。如斯之類、殆似宗門語錄。然講素絢章、謂後人求深反淺、在當時夫子子夏不過隨境觸悟、非子夏欲抹煞禮、亦非夫子不重禮。講顏淵問爲邦、云夫子略指大意、非只執定數件。其言皆簡要明通、足釋訓詁之轇轕。且其人與日月爭光、則其書亦自足不朽。小小疵瑕、不足累之。此固不與講學之家爭一句一字之出入也。

論語學案十卷、浙江巡撫採進本

明劉宗周撰。宗周有周易古文鈔、已著錄。宗周講學、以慎獨爲宗。故其解爲政以德及朝聞道章、首揭此旨。其傳雖出姚江、然能救正其失。其解多聞擇善多見而識章有云、世謂聞見之知與德性之知有二、予謂聰明睿知非性乎。睿知之體不能不窮於聰明、而聞見啟焉。今必以聞見爲外、而欲隳明黜聰求睿知、并其睿知而槁矣。是隳性於空而禪學之談柄也。其鍼砭良知之末流、最爲深切。其解性相近章、謂氣質還他氣質、如何扯著性。性是就氣質中指點義理者、非氣質卽爲性也。雖與朱子之說稍異、然亦頗分明不苟。蓋宗周此書、直抒己見、其論不無純駁、然要皆抒所實得、非剽竊釋氏以說儒書、自矜爲無上義諦者也。其解見危致命章曰、人未有錯過義理關而能判然於生死之分者。卒之明社既屋、甘蹈首陽之一餓、可謂大節皭然、不負其言矣。與其爲孫承澤、又何如爲劉宗周乎。

四書留書六卷、江蘇巡撫採進本

明章世純撰。世純字大力、臨川人。天啟辛酉舉人。官至柳州府知府。聞流寇陷京師、悲憤而卒。明史文苑傳附見艾南英傳中。所著總名曰留書。此其說四書者六卷。又別有內集一卷、乃所著子書。散集一卷、乃所作筆記。明史藝文志總題曰留書、入之儒家類中。然說四書六卷之前、有天啟丁卯世純自序、後有世純自作四書留書跋、皆言詮釋四書之意、不及其他。其書分章抒論、體例類劉敞春秋意林。但敞不標經文、止標某章某章耳。解經家本有此體、入之子書、殊非其類。今劃其內集散集別著錄、而說四書者入經部、存其實也。世純與艾南英、羅萬藻、陳際泰號臨川四家、悉以制義名一時、而世純運思尤銳。其詁釋四書、往往於文字之外標舉精義、發前人所未發。不規規於訓詁、而亦未嘗如講良知者至於滉瀁以自恣。揚雄所謂好深湛之思者、世純有焉。

日講四書解義二十六卷、

康熙十六年

聖祖仁皇帝御定。自朱子定著四書、由元明以至
國朝、懸爲程試之令甲。家絃戶誦、幾以爲習見無奇。實則內聖外王之道備於孔子、孔子之心法寓於六經、六經之精要括於論語。而曾子子思孟子遞衍其緒。故論語始於言學、終於堯舜湯武之政、尊美屏惡之訓。大學始於格物致知、終於治國平天下。中庸始於中和位育、終於篤恭而天下平。孟子始於義利之辨、終於堯舜以來之道統。聖賢立言之大旨、灼然可見。蓋千古帝王之樞要、不僅經生章句之業也。我
聖祖仁皇帝初年訪落、卽以
經筵講義
親定是編。所推演者、皆作聖之基、爲治之本。詞近而旨遠、語約而道宏。
聖德神功所爲契洙泗之傳、而繼唐虞之軌者、蓋胥肇於此矣。

四書近指二十卷、直隸總督採進本

國朝孫奇逢撰。奇逢有讀易大旨、已著錄。是編於四子之書、挈其要領、統論大指。閒引先儒之說以證異同。然旨意不無偏倚。如云聖人之訓、無非是學、此論最確。乃兩論逐章皆牽合學字、至謂道千乘之國章、敬信節愛時使皆時習事。大學聖經章所

論本末先後、以明德須在民上、明修身須在天下國家上修。又云格物無傳、是大學最精微處。以物不可得而名、無往非物、即無往非格。朱子所謂窮至事物之理、乃通大學數章而言云云。皆不免高明之病。蓋奇逢之學、兼採朱陸、而大本主於窮則勵行、出則經世、故其說如此。雖不一一皆合於經義。而讀其書者、知反身以求實行實用、於學者亦不為無益也。

孟子師說二卷（浙江巡撫採進本）

國朝黃宗羲撰。宗羲有易學象數論、已著錄。是編以其師劉宗周於論語有學案、於大學有統義、於中庸有慎獨義、獨於孟子無成書。乃述其平日所聞、著為是書、以補所未備。其曰師說者、仿趙汸述黃澤春秋之學、題曰春秋師說例也。宗周之學、雖標慎獨為宗、而大旨淵源、究以姚江為本。故宗義所述、仍多闡發良知之旨。然於滕文公為世子章、力闢沈作喆語辨無善無惡之非。於居下位章、力闢王畿語辨性亦空寂隨物善惡之說。則亦不盡主姚江矣。其他議論、大都案諸實際、推究事理、不為空疎無用之談。略其偏駁而取其明切、於學者不為無益。固不必執一格而廢衆論、因一眚而廢全書也。

大學翼眞七卷（浙江巡撫採進本）

國朝胡渭撰。渭有禹貢錐指、已著錄。是書卷一分四目。曰大學二字音義、曰先王學校之制、曰子弟入學之年、曰鄉學之教。卷二分三目。曰小學之教、曰大學之教、曰學校選舉之法。卷三分三目。曰大學經傳撰人、曰古本大學、曰改本大學。皆引據精核、考證詳明、非空疎游談者可比。卷四以下為渭所考定之本。大旨仍以朱子為主、力闢王學改本之誤。以經為一章、傳為八章。其誠意章以下與諸本並同。惟以康誥曰至是故君子無所不用其極為第一章。統釋三綱領、以詩云邦畿千里至此以沒世不忘也為第二章。謂前三節釋經知止能得之序、後兩節釋知止之由與能得之序。以聽訟吾猶人也一節為第三章。謂釋本末之意、而移此謂知本二句於前章止於信之下、與諸本為異。其說與朱子雖小異。然僅謂格致一章不必補傳耳。其論格物、固仍然朱子之旨也。其卷末一條、謂古之大學所以教人者。其文則詩書禮樂。其道則父子君臣夫婦長幼朋友。其法則博學審問慎思明辨篤行。故孟子謂庠序學校皆所以明人倫云云。所見切實。視泛為性命理氣之談、似五常百行之外別有一物謂之道、別有一事謂之學者、勝之遠矣。

四書講義困勉錄三十七卷（浙江巡撫採進本）

國朝陸隴其撰。隴其有古文尚書、已著錄。是書因彥陵張氏講義原本、刪剟精要、益以明季諸家之說、而參配以己意。凡大學一卷、中庸二卷、論語二十卷、孟子十四卷。創始於順治戊戌、草稾尚未全定。而隴其歿。後其族人公穆始為繕寫編次。其門人席永恂等為之刊板。其曰困勉錄者、則隴其所自署也。明自萬歷以後、異學爭鳴。攻集註者固人自為說、即名為闡發集註者、亦多陽儒陰釋、似是而非。隴其篤信朱子、所得於四書者尤深。是編薈粹羣言、一一別擇。凡一切支離影響之談、刊除略盡。其羽翼朱子之功、較胡炳文諸人有過之無不及矣。

松陽講義十二卷（浙江巡撫採進本）

國朝陸隴其撰。是書乃其官靈壽知縣時與諸生講論而作。故所說止一百十八章。以四書不能遍及、蓋隨時舉示、非節節而為之解也。隴其之學、期於潛修自得、不甚以爭辨為事。惟於姚江一派、則異同如分白黑、不肎假借一詞。時黃宗羲之學盛於南、孫奇逢之學盛於北、李容之學盛於西、隴其皆不以為然。故此編於學術醇疵、再三致意。其閒融貫舊說、亦多深切著明、剖析精密。蓋朱子一生之精力盡於四書。隴其一生之精力盡於章句集註。故此編雖得諸簿書之餘、而抒所心得、以啟導後生、剴切詳明、有古循吏之遺意。較聚生徒、刻語錄以博講學之名者、其識趣固殊焉。

大學古本說一卷中庸章段一卷中庸餘論一卷讀論語劄記二卷讀孟子劄記二卷（福建巡撫採進本）

國朝李光地撰。光地有周易觀象、已著錄。是編大學用古本。後有自記、稱讀朱子之書五十年、凡如易之卜筮、詩之雅鄭、周子無極之旨、邵子先天之傳、皆能灼然不惑、老而逾堅。獨於此書、亦牽勉應和焉、而非所謂心通默契者。閒考鄭氏舊本、尋逐經意、竊疑舊貫之仍、文從理得。況知本誠身二義、尤為大學樞要所存。似不應溷於衆目中、致學王之徒得攘袂扼腕、自託於據經詰傳云云。蓋意所未合、不欲附和以自欺。非故與朱子為難也。其中庸不用朱子本、亦不用鄭註古本。自分爲一十二章。然特聯屬其文、使節次分明、大旨則固無異。餘論一卷、闡發精義尤多。論語孟子則隨有所見卽劄記之。但舉經文首句、標曰某章。其無所詮解者則併其章目不存焉。大旨皆主於尋求義理、宛轉發明。不似近代講章、惟以描摹語氣爲時文敷衍地也。

論語稽求篇四卷、（浙江巡撫採進本）

國朝毛奇齡撰。奇齡有仲氏易、已著錄。朱子四書章句集註、研究文義、期於愜理而止、原不以考證爲長。奇齡學博而好辨、遂旁採古義以相詰難。此其攻駮論語集註者也。其中有強生支節者。如古人有所師法皆謂之學、卽至鱄諸學炙、秦青學謳、亦無異訓。朱子註學爲效、原無疵病。奇齡必謂學者業道之名、泛訓作效、與工師授受何別。不知學道與學藝、所學之事異、而學字不能別釋。亦猶喻義喻利、所喻之事異、而喻字不能兩解。以此發難、未見其然。有半是半非者。如非其鬼而祭之、註引季氏旅泰山、固爲非類。奇齡謂鬼是人鬼、專指祖考、故曰其鬼、引周禮大宗伯文爲證、謂泰山之神不可稱泰山之鬼、其說亦辨。然鬼實通指淫祀、不專言人鬼。果如奇齡之說、宋襄公用鄫子於次睢之社、傳稱淫昏之鬼者、其鬼誰之祖考耶。有全然無理者。如無所取材、鄭康成註材爲桴材、殊非事理。卽牛刀之戲、何至於斯。朱子訓材爲裁、蓋本諸韋昭國語註、未爲無據。奇齡必申康成假設之說、以攻集註、不幾於侮聖言乎。然其中如謂甯俞不仕文公及祿去公室三世、政逮大夫四世之類、考據特詳。解爲政以德之類、持論亦正。較陳天祥四書辨疑、徒推尋於文句之間以難朱子者、固自勝之。漢代學官、齊論魯論古論三家竝立、兼採異說以備參考、是亦古人諸家竝存之義也。

四書賸言四卷、補二卷、（浙江巡撫採進本）

國朝毛奇齡雜論四書之語。前二卷爲其門人盛唐、王錫所編、後二卷爲其子遠宗所編、補二卷則其門人章大來所編也。其書本語錄之流、隨時雜記、不以經文次序爲先後、亦不以四書分編、惟每卷目錄各稱論語若干條、大學若干條、中庸若干條、孟子若干條耳。奇齡說經善考證而喜辨論。故詮釋義理、往往反覆推衍、以典籍助其駁詰、支離曼衍、不顧其安。至於考核事實、徵引訓詁、則偏僻者固多、而精核者亦復不少。如以姚方興所補舜典二十八字爲僞、其論本確。而考其所著古文尚書冤詞、則力以此二十八字爲眞、引證諸史、亦言之鑿鑿。豈非辯之所至、輒負氣求勝、遂不暇顧其矛盾耶。至於以畏匡爲鄭地、以公山弗擾之畔不在定公十二年諸條、則證據確然、實有出於集註之外者。棄短取長、未嘗不可與閻若璩四書釋地竝傳也。補二卷中多載其門人子姪之說、疑唐錫等亦有所刪潤、非盡奇齡之舊觀。大來序稱補綴所聞、各有記憶、且亦陸續成此書、不能一轍。則雜出於衆手明矣。

大學證文四卷、（浙江巡撫採進本）

國朝毛奇齡撰。是書備述諸家大學改本之異同。首列註疏本、大學之眞古本也。次列漢熹平石經本、有錄無書、以原本不傳、且考驗書文、知卽今註疏之本、故不複列。次爲魏正始石經本、卽豐坊所依託者、仍列於前、從其所僞之時代也。次爲明道程子改本。次爲伊川程子改本。次爲朱子改本。皆錄全文。次爲王柏改本。次爲季本改本。次爲高攀龍改本、卽崔銑改本。次爲葛寅亮改本。皆僅列其異同之處、而不錄全文。漢以來專門之學、各承師說、但有字句訓詁之異、無人敢竄亂古經。鄭元稱好改字、特註某當作某耳、不敢遽變其字也。費直始移周易、杜預始移左傳、但析傳附經耳、亦未敢顚倒經文也。自劉敞考定武成、列之七經小傳、儒者視爲故事、遂寖以成風。大學一篇、移掇尤甚。譬如增減古方、以治今病、不可謂無裨於醫療、而亦不可謂卽扁鵲倉公之舊劑也。奇齡備列諸本、使沿革秩然、亦足以資考證。蓋一則欲綱目分明、使學者易於致力。一則欲章句不易、使古經不至失眞。各明一義、固可以竝行不悖耳。

四書釋地一卷、四書釋地續一卷、（以上二種、江蘇巡撫採進本）四書釋地又續二卷、四書釋地三續二卷、（以上二種、編修勵守謙家藏本）

國朝閻若璩撰。若璩有古文尚書疏證、已著錄。是編因解四書者昧於地理、往往致乖經義、遂撰釋地一卷、凡五十七條。復摭所未盡、爲釋地續一卷、因牽連而及人名、凡八十條。復因地理人名而及物類訓詁典制、得一百六十三條、謂之又續。其他解釋經義者、又得一百二十六條、謂之三續。總以釋地爲名、從其朔也。大抵事必求其根柢、言必求其依據、旁參互證、多所貫通。雖其中過執己意、如以鄒君假館謂曹國爲復封、以南蠻鴃舌指許行爲永州人者、亦閒有之。然四百二十一條之中、可據者十之七八。蓋若璩博極羣書、又精於考證、百年以來、自顧炎武以外、罕能與之抗衡者。觀是書與尚書古文疏證、可以見其大槩矣。

四書劄記四卷、兩江總督採進本

國朝楊名時撰。名時有周易劄記、已著錄。是編乃其讀四書所記也。大學不標古本之名、亦不顯言古本改本之是非、而皆用李光地古本之說。故其首條曰、文貞公以知止屬志學、以靜安屬主敬、能慮能得屬致知力行、知所先後爲知本知至、此解確不可易。其以格物爲明善、不取王守仁格庭前一竹之說、亦不主朱子補傳之說。論語、如謂之吳孟子句及非禮勿視四句、雖以時文爲說、而大致主於闡明義理、多所心得。中庸、立論切實。如云鬼神之爲德章、以前說子臣弟友妻子父母、忽然說到鬼神、似乎隱怪、不知如何接逗。曰宗廟社稷、卽人倫之極致處、不說到此、如何得完人倫分量。又云、無聲臭卽以無極言之、亦無弊。然卻落空、不如以天無心而成化言之。又云、無聲無臭謂天命本然、莫說入於元妙。其宗旨可見。孟子一卷最簡略、疑其未成之書、然總非近時講章所有也。

此木軒四書說九卷、江蘇巡撫採進本

國朝焦袁熹撰。袁熹有春秋闕如編、已著錄。是書據其子以敬、以恕所作凡例、袁熹手定者十之六、以敬等掇拾殘稾補綴成編者十之四。故與所作經說偶有重複。然較經說多可取。其中強傅古義者、如大學章句中常目在之、自爲所在之在、乃從尚書訓爲察。中庸、如鼓瑟琴、卽本詩亦但言聲和耳、乃以爲琴屬陽、瑟屬陰、輸陰陽之和。論語、女弗能救、自是匡救、乃引周禮司救註、解爲防禁。天將以夫子爲木鐸、自取覺世之義、乃引明堂位天子振木鐸、謂夫子當有天下。達巷黨人本無名氏、乃因史記有童子二字、指爲項橐。雖不免賢智之過、然其他皆疏理簡明、引據典確、閒與章句集註小有出入、要能釐然有當於人心。自明以來、講四書者、多爲時文而設、袁熹是書、獨能深求於學問。原序稱其心師陸隴其、終身不名不字、而不走其門。蓋志不近名、宜其言之篤實矣。

鄉黨圖考十卷、安徽巡撫採進本

國朝江永撰。永有周禮疑義舉要、已著錄。是書取經傳中制度名物有涉於鄉黨者、分爲九類。曰圖譜、曰聖蹟、曰朝聘、曰宮室、曰衣服、曰飲食、曰器用、曰容貌、曰雜典。考核最爲精密。其中若深衣車制及宮室制度、尤爲專門、非諸家之所及。閒有研究未盡者、若謂每日常朝、王但立於寢門外、與羣臣相揖而已。旣畢朝、若有所議、則入內朝。引左傳成公六年晉人謀去故絳、韓獻子將新中軍、公揖而入、獻子從公立於寢庭、爲內朝議政之證。謂鄭注太僕燕朝王圖宗人嘉事者、特舉其一隅、非謂宗人得入、異姓之臣不得入。後儒誤會大僕注、以異姓之臣不得入路門、遂謂攝齊升堂爲升路門外之堂、其實路門之外無堂云云。今考永謂異姓之臣得入內朝、永說爲是。若謂路門之外無所議、欲有所議必入內朝、則永未詳考。魯語曰、天子及諸侯合民事於外朝註言與百官合考民事於外朝也。又曰、合神事於內朝。註、內朝在路門內。是則路門以外之朝、天子諸侯於以合考民事、豈謂無所議耶。永又謂禮緯天子外屏、乃樹屏於應門之外、諸侯內屏、乃樹屏於應門之內、以內屏爲在路門內者誤云云。今考曲禮爾雅疏、俱云諸侯內屏爲在路門內。且爾雅曰、門屏之閒謂之宁。此門旣據路門、則屏之內外亦自據路門內外可知。晉語曰、驪姬之讒爾射子於屏內。韋昭註、樹謂之屏、禮諸侯內屏亦謂路門內也。吳語、王乃入命夫人、王背屏而立、夫人向屏。又曰、王遂出、夫人送王不出屏。韋昭註、屏寢門內屏也。婦人禮送迎不出門。據此、則諸侯之屏明在寢門內矣。淮南子主術篇、天子外屏所以自障、高誘註、諸侯在內、天子在外、故曰所以自障。若諸侯亦設屏於朝門外、其何以別天子之自障乎。但考大戴禮武王踐阼篇、師尚父亦端冕奉書而入、負屏而立。王下堂南面而立。云下堂、則路寢也。奉書而入、則入路門也。其內有屏、則似天子亦內屏。不知釋名曰、罘罳在門外。罘、復也。罳、思也。臣將請事、於此復重思之。又曰、蕭牆在門內。蕭、肅也。將入於此、自肅敬之處也。論語孔安國註、蕭牆、屏也。則門內蕭牆亦通名屏。崔豹古今注、罘罳、屏之遺象。行至門內屏外、復應思惟。則門內之牆、古今注又名曰罘罳。天子外屏、乃釋名所云門外罘罳也。大戴禮所云負屏、則又古今註所云門

內罘罳也古今註又謂西京門闕殿舍前皆有罘罳蓋天子非若諸侯內屏門內堂前亦宜有隱蔽之處故路門內外俱有屏證諸大戴禮釋名等書最確鑿今永謂天子屏在應門外則未知所據考三輔黃圖漢未央宮擬於路寢五行志未央宮東闕所以朝諸侯之門則擬於路門罘罳在東闕外則天子外屏在路門外漢時猶存遺制覲禮侯氏再拜稽首出自屏南適門西遂入門左則廟門外有屏也管子明日皆朝於太廟之門則廟門外之朝宁與路門外之朝宁同天子廟門外之朝宁有屏則路門外之朝宁亦當有屏故可以廟門例路門也鄭氏於覲禮引天子外屏爲證實有精義而永必易之仍不若依鄭之爲得也然全書數十百條其偶爾疎漏者不過此類亦可謂邃於三禮者矣

四書逸箋六卷湖南巡撫採進本

國朝程大中撰大中字拳時號是菴應城人乾隆丁丑進士是編採輯諸書之文與四書相發明者或集註所已引而語有舛誤或集註所未發而義可參訂皆爲之箋其出處其與集註小異者則爲附錄其他書中所載四子書文與今本異者則爲附記第六卷則專考四書人物遺事又雜事數十條別爲雜記援據頗極詳明中如束帶一條不引玉藻紳束及帶勤者有事則收之之文朋友死無所歸一條引白虎通而不引檀弓夫子曰生於我乎館死於我乎殯之文廛無夫里之布一條集註止引載師職而此不引閭師職凡無職者出夫布之文以補之未免疎漏至雜記內因論語有夢周公一語遍引堯舜禹文諸夢事如夢書六帖皆爲引入亦稍涉泛濫然詞皆有據雖不能與閻若璩四書釋地並駕齊驅較張存中之通證詹道傳之纂箋要無所讓也

右四書類六十二部七百二十九卷皆文淵閣著錄

案四書定於朱子章句集註積平生之力爲之至垂沒之日猶改定大學誠意章註凡以明聖學也至元延祐中用以取士而闡明理道之書遂漸爲弋取功名之路然其時經義經疑並用故學者猶有研究古義之功今所傳袁俊翁四書疑節王充耘四書經疑貫通詹道傳四書纂箋之類猶可見其梗概至明永樂中大全出而捷徑開八比盛而俗學熾科舉之文名爲發揮經義實則發揮註意不問經義何如也且所謂註意者又不甚究其理而惟揣測其虛字語氣以備臨文之摹擬併不問註意何如也蓋自高頭講章一行非惟孔曾思孟之本旨亡併朱子之四書亦亡矣今所採錄惟取先儒發明經義之言其爲揣摩舉業而作者則概從刪汰惟胡廣大全既爲前代之功令又爲經義明晦學術升降之大關亦特存之以著明二百餘年士習文風之所以弊蓋示戒非示法也

欽定四庫全書總目卷三十六

欽定四庫全書總目卷三十七

經部三十七

四書類存目

蘇評孟子二卷兵部侍郎紀昀家藏本

舊本題宋蘇洵評考是書宋志不著錄孫緒無用閒談稱其論文頗精而摘其中引洪邁之語在洵以後知出依託則正德中是書已行矣此本爲康熙三十三年杭州沈季雲所校其子心友刻之然無所謂洪邁語者豈經緒指摘故削之以滅跡耶抑併非孫緒所見之本又僞本中之重儓耶宋人讀書於切要處率以筆抹故朱子語類論讀書法云先以某色筆抹出再以某色筆抹出呂祖謙古文關鍵樓昉迂齋評註古文亦皆用抹其明例也謝枋得文章軌範方回瀛奎律髓羅椅放翁詩選始稍稍具圈點是盛於南宋末矣此本有大圈有小圈有連圈有重圈有三角圈已斷非北宋人筆其評語全以時文之法行之詞意庸淺不但非洵之語亦斷非宋人語也

孟子解二卷浙江吳玉墀家藏本

舊本題宋尹焞撰案陳振孫書錄解題載尹氏論語解十卷孟子解十四卷徽猷閣待制河南尹焞彥明紹興中經筵所上孟子解未成不及上而卒趙希弁讀書附志則謂焞於紹興初再以崇政殿說書召旣侍經筵首解論語以進繼解孟子甫及終篇而卒邢正夫嘗刻於岳陽泮宮其書世罕傳本故朱彝尊經義考註曰已佚此本出浙江吳玉墀家莫知其所自來每章之末略贅數語評論大

意多者不過三四行，皆詞義膚淺，或類坊刻史評，或類時文批語，無一語之發明。焞爲程氏高弟，疑其陋不至於此。又書止上下二卷，首尾完具，無所闕佚，與十四卷之數亦不相合，殆近時妄人所依託也。

孟子發題一卷（江蘇巡撫採進本）

宋施德操撰。德操字彥執，海昌人。以病廢不能婚宦，坎壈而歿。此書所述孟子七篇之旨，大意謂孟子有大功四：一曰道性善，二曰明浩然之氣，三曰闢楊墨，四曰黜五霸而尊三王，皆聖人心術之要，而孟子直指以示人者。其前後反覆，不外此意。張九成門人嘗取附九成橫浦集末鋟版以傳。今析出存目於經部，庶不沒其名焉。

或問小註三十六卷（安徽巡撫採進本）

舊本題朱子撰。宋以來諸家書目皆不著錄，諸儒傳朱子之學者亦無一人言及之。康熙壬午，始有陳彝則家刻本，稱明徐方廣所增註。越二十年壬寅，鄭任鑰又爲重刻，而附以己說，併作後序，反覆力辨，信爲朱子書。如卷首載朱子與劉用之書及序四篇，晦菴集中不載，則以爲集中偶佚，年譜不記作此書，則以爲年譜遺漏。書中多講時文作法，則以爲制義始王安石，朱子亦十九歲進士，必善時文，連篇累牘，欲以強詞奪理。至如解中庸其至矣乎一節、道之不行也一節，皆剿四書大全所載雙峯饒氏語，射有似乎君子一節，全剿四書大全所載新安陳氏語，僞蹟昭然，萬難置喙，則以爲大全誤題姓名，其偏執殆不足與辨。又既稱此書作於集註之後，而孟子萬物皆備於我矣一章，乃於第三條下附記曰：此條係語類說，第八條係或問說，前輩多疑此爲未完之說，在集註之前，信哉是小註又在集註前矣。不亦自相牴牾耶？所載中庸原序稱淳熙己酉冬十月壬申。考宋史孝宗本紀，是月有庚子、壬寅二日，使庚子爲朔，則下推三十二日爲壬申，使壬寅爲晦，則上推三十一日爲壬申，均不得在十月。文獻通考載朱子之言曰：集註後來改定處多，遂與或問不相應，又無工夫修得。云云。是或問尚未暇改，何暇又作小註？陳振孫書錄解題又曰：論語通載十卷，黃榦撰，其書兼載或問，發明婦翁未盡之意。使朱子果有此書，榦亦何必發明乎？其爲近人依託無疑。王懋竑白田雜著有是書跋，稱任鑰刻是書後，自知其謬，深悔爲湯友信所賣，併稱序及諸論皆友信之筆，任鑰未嘗寓目云。

四書問目（無卷數，浙江吳玉墀家藏本）

舊本題曰考亭朱元晦先生講授，門人雲莊劉爚、睦堂劉炳述記。前有永樂壬寅其九世孫劉文序，稱四書問目世所傳者，四書大全、朱子文集內載數條而已，近於覲表教授程葦家求得論語二十篇，及任江西豐城尉，適吳侍御家得大學、中庸數十條，而孟子則同修國史崇邑邱公永錫家藏焉。於是散者復合，而闕者幾全。又有宏治十一年鄭京序，稱宣德閒書林有與同姓者，欲附其族，爲劉氏子孫所辱，遂於凡載籍閒二人姓名悉剷去之，或易以他名，欲滅其迹。又稱劉文所輯遭晦失傳，其裔孫復於應山游氏得其全帙云云。案朱彝尊經義考，劉爚有四書集成，劉炳有四書問目，並註已佚，則問目獨出於炳，不應兼題爚名。又豐城縣志載明一代典史六十三人，亦無所謂建陽劉文。且建陽一書賈，其力幾何，安能盡毀爚炳之書，又安能盡剷爚炳之名，易以他氏。其說皆牴牾支離。書中問答亦皆粗淺，不類朱子之語，殆皆其後人所依託歟。

朱子四書語類五十二卷（江西巡撫採進本）

國朝周在延編。在延，祥符人，後流寓於江寧。其書乃於朱子語類中專取四書諸卷刊行，別無增損，亦無所考訂發明。

論語孟子考異二卷（浙江巡撫採進本）

舊本題宋王應麟撰。凡註疏諸儒之說與集註互異者，各爲考訂。然應麟著作傳世者多，而此書諸家皆不著錄。今考所載，實皆採之困學紀聞中。蓋書肆作僞之本也。

中庸合註一卷（浙江汪啓淑家藏本）

不著撰人名氏。前有元吳澂序，然篇末題曰序，而篇首題曰總說，其文亦不類序體。殆割裂移掇，強爲標目。書中所載雙峯饒氏、新安陳氏所說，皆澂同時之人，而郊社之禮一條，乃引吳氏澂曰云云，其不出於澂，更無疑義。元史澂傳亦不言澂有此書。考其所引，皆明永樂中所修四書大全之說，必書賈摘錄大全，僞託澂名以售也。

重訂四書輯釋二十卷（浙江巡撫採進本）

元倪士毅撰。士毅字仲宏，歙縣人。是書前有至正丙戌汪克寬序，稱近世儒者取朱子平日所以語諸學者及其弟子訓釋之詞，疏於四書之左。眞氏有集義，祝氏有附錄，蔡氏、趙氏有集疏、纂疏，相繼成編，而吳氏最晚出。但辨論未爲完備，去取頗欠精審。定宇陳氏、雲峯胡氏因其書行於東南，輾轉承誤。陳氏因作四書發明，胡氏因作四書通。陳氏晚年又欲合二書爲一而未遂。士毅受業於陳氏，因成此書。至正辛巳，刻於建陽。越二年，又加刊削，而克寬爲之序。卷首有士毅與書賈劉叔簡書，述改刻之意甚詳。此重訂所由名也。此本改題曰重訂輯釋章圖通義大成。首行列士毅之名，次列新安東山趙汸同訂，次列鄱陽克升朱公遷約旨，次列新安林隱程復心章圖，莆田王元善通考，次列鄱陽王逢訂定通義。書中亦糅雜蒙混，紛如亂絲，不可復究其端緒。是已爲書賈所改竄，非士毅之舊矣。然陳櫟、胡炳文本因吳眞子之書，士毅又因陳、胡之書。究其由來，實轉相稗販，則王逢因人成事，亦有所效法，不足爲譏。至明永樂中詔修四書大全，胡廣等又併士毅與逢之書一槩竊據，而輯釋通義並隱矣。有明一代，尊大全爲蓍蔡，沿及近代講章，亦無非依傍大全，變換面貌，烏知其淵源所自，不過如斯哉。

四書通義二十卷（江西巡撫採進本）

明劉剡撰。剡字用章，休寧人。是書因倪士毅四書輯釋重爲訂正，更益以金履祥疏義、指義，朱公遷通旨、約說，程復心章圖，史伯璿管窺，王元善通考，及當時諸儒著述，改題此名。夫吳眞子撰眞氏、祝氏、蔡氏、趙氏之書，纂爲四書集成，自以爲善矣。而胡炳文、陳櫟重訂之。胡氏、陳氏自以爲善矣，而倪士毅又重訂之。倪氏自以爲善矣，而剡又重訂之。自剡以後，重訂者又不知凡幾。蓋隸首不能算其數也。而大旨皆曰前人未善，吾不得已而作焉。實則轉相剽襲，改換其面貌，更易其名目而已。輯一四書講章，是何名山不朽之業，而紛紛竊據如此，是亦不可以已乎。

大學指歸二卷、附考異一卷（安徽巡撫採進本）

明魏校撰。校有周禮沿革傳，已著錄。是編乃其所解大學。首以古篆寫古本正文，奇形詭狀，多所作六書精蘊中杜撰之字。次乃爲指歸一卷。其辨致知在格物，云致知不可懸空，就格物上用功，則著實知誘乎外物引之也。何故反求諸物，曰物欲令人心走，豈有物理走心者。所謂格，捍物定理也。理乃在外乎。曰物在外，理固在心。理非一定，其見於物者各有定也。又云朱子嘗取程叔子之意以補傳。校謂樂記一章乃天留之以補格物致知傳也。其言曰，人生而靜，天之性也。感於物而動，性之欲也。物至知知，而好惡形焉。好惡無節於內，知誘於外，不能反躬，天理滅矣。夫物之感人無窮，而人之好惡無節，則是物至而人化物也。人化物也者，滅天理而窮人欲者也。人生而靜，天之性也，非大學所謂至善耶。性之欲非他，動以天也。人欲不可謂性之欲，好惡之形，非大學所謂意耶。物至知知，知人與聖人亦同耳。聖人內有節而人無節，故流而不反。節也者，本然之權度，非耶。古語無節於內者，其察物弗之省矣。反躬也者，非大學所謂知本耶。反躬力如萬鈞，把柄在手，可以作聖矣。是故病莫重於知誘物化，樂莫重於格物致知。其說介於朱、王二本之閒，而更巧於附會。其他所論，亦往往重守約而輕博文，仍未免失之偏枯。夫捍物定理，必有所以能捍物定理者，究不知以何法捍定之也。考異一卷，凡十五條，亦多穿鑿篆文，不爲典要。總一好異而已矣。

大學管窺一卷（衍聖公孔昭煥家藏本）

明廖紀撰。紀字時陳，號龍灣，東光人。宏治乙丑進士，官至吏部尚書，諡靖僖。事蹟具明史本傳。是書首載琴川周木所集大學古本及二程、朱子改本。其後依大學古本次序，採輯衆說，加以己意而疏解之。其書流傳絕少，朱彝尊經義考僅列其目，亦未之見也。

中庸管窺一卷（衍聖公孔昭煥家藏本）

明廖紀撰。是書不用朱子章句，亦不從鄭元舊註，分中庸爲二十五段，與章句同者十四段。其異者以中庸其至矣乎以下二章爲第三段，道其不行矣夫二章爲第四段，人皆曰予知二章爲第五段，天下國家可均也三章爲第六段，道不遠人至亦勿施於人爲第八段，君子之道四一節爲第九段，武王周公至孝之至也爲第十五段，郊社之禮一節爲第十六段，哀公問政合自誠明二章爲第十七段，大哉聖人之道至王天下三章爲第二十三段，仲尼祖述堯舜至唯天下至誠三章爲第二十四段，其中如以道其不行一節與舜其大知一節合爲一段、殊爲牽強。謂君子之道一節與上文不相蒙。以郊社之禮一節承上起下、亦未能深思文意。特自抒其一人之見而已。後附性學、心學二篇、亦無甚精微之論。

大學千慮一卷（副都御史黃登賢家藏本）

明穆孔暉撰。孔暉字元庵、堂邑人。弘治乙丑進士。官至翰林院侍講學士。謚文簡。是書就章句或問引伸其說。中引佛遺教經以爲儒釋一本、可謂小言破道。其引隋智顗法華經文句解分別功德品及大莊嚴經論之說、以格量訓格物之義、亦深爲王士禎池北偶談所譏。明史儒林傳附孔暉於鄒守益傳中、稱孔暉端雅好學、初不肎宗王守仁說。久而篤信之、自名王氏學、浸淫入於釋氏。觀是書良不誣云。

大學稽中傳三卷（江西巡撫採進本）

明李經綸撰。經綸有禮經類編、已著錄。是編攻擊朱子大學章句深闢格物之說、而以誠意爲根本、蓋推衍姚江古本義也。上卷凡十章。一爲稽中、二爲原明、三爲稽聖經、四爲原敬、五爲慎致知之要、六爲原內外動靜之合一、七爲原誠意、八爲原正心、九爲原修身、十爲舉全書。每章各疏大意於末。其不及治平之事、則謂天德修而王道隨之也。中卷爲辨疑四條、設問荅以申上卷之旨、兼抉摘句讀之謬。如舉而不能先命也、以先命二字連讀、謂不能先命以官、尚可強通。至下句以遠過二字連讀、訓過爲責、謂不能屏之遠方而責之、則無此文義矣。下卷爲考證、引朱子書七條、陸九淵書六條、謂二人其初均有弊、其終均無所偏。亦王守仁晚年定論之餘緒耳。

四書講義（無卷數、浙江汪啟淑家藏本）

明鄭曉撰。曉有禹貢圖說、已著錄。是編乃其爲南京太常寺卿時所作、以授其子履準。萬歷己酉、其孫心材始刊之。其說皆隨文闡意、義理異同之處亦閒有論辨。持論頗醇、而不免失之曼衍。

大學註一卷（御史蕭際韶家藏本）

明蔡悉撰。悉有書疇彝訓、已著錄。此編詮解大學、雖分章立說、而不錄經文。頗似論體、與依文訓詁者不同。後有致知格物及誠意關二圖、大旨以慎獨爲要義、致知格物爲先務。書末載居身訓言十則、居家訓言十則。蓋以敷衍修齊之義、故附大學之後云。

四書人物考四十卷、補考八卷（通行本）

明薛應旂撰。應旂字仲常、武進人。嘉靖乙未進士。官至陝西按察司副使。是編於四書所載人物、援引諸書、詳其事蹟。凡記三卷、傳三十七卷。記傳之末、各系以論贊、蓋仿宋王當春秋臣傳之體。中閒多採雜說、而不著所出。其自序有云、況引雜證、雖嘗刪次、而文章事行、苟有裨於問學治理者、或在所錄、固不敢過求其眞贗也。其得失固自知之矣。閒有附註、題閩朱焯維盛撰、其言頗爲淺陋。續考八卷、題應旂元孫宷編。雜考四書名物、餖飣尤甚。明代儒生、以時文爲重。時文以四書爲重。遂有此類諸書、襞積割裂、以塗飾試官之耳目。斯亦經術之極弊。非惟程朱編定四書之時、不料其至此。即元延祐用四書義、明洪武定三場法、亦不料其至此者矣。

日進直講五卷（河南巡撫採進本）

明高拱撰。拱有春秋正旨、已著錄。嘉靖三十一年、拱以翰林編修與檢討陳以勤同爲裕王講官、進講四子書。先訓句解、次敷陳大義、蓋從日講之例。裕王即穆宗也。時拱已遷國子祭酒、於嘉靖庚申編次成帙。千頃堂書目作十卷。今本止五卷、自學庸至論語子路問成人章止、蓋未全之本也。

大學新編五卷（江西巡撫採進本）

明劉元卿撰。元卿有大象觀、已著錄。是書前列大學正文一卷、以豐坊僞石經爲據、殊爲不考。其略疏一卷、乃詮發大旨、以誠意爲主、亦與朱子互異。發明一卷、乃取明儒所論與己意相合者。廣義二卷、則本眞德秀衍義而刪節之。又附益以明初諸事。朱彝尊經義考作一卷、由未見其書、據傳聞載之故也。

孟義訂測七卷（浙江吳玉墀家藏本）

明管志道撰。志道字登之、婁縣人。江南通志稱其由隆慶辛未進士、官南京刑部主事。疏陳利弊九事、忤張居正、出爲分巡嶺東道、與巡按御史齟齬。爲御史劾奏鐫秩、遂移疾歸。考明史顏鯨傳、載御史顧雲程疏言、神宗大起遺逸、獨鯨及管志道以考察格之。又登用被察臭中行、艾穆、魏時亮、趙世卿、獨靳鯨、志道。是志道以察典罷官、疑通志誤也。是書詮解孟子、分訂釋、測義二例。訂釋者、取朱子所釋而訂之。測義則皆自出臆說、恍惚支離、不可勝舉。蓋志道之學出於羅汝芳、汝芳之學出於顏鈞、本明季狂禪一派耳。

四書疑問十一卷（浙江巡撫採進本）

明姚舜牧撰。舜牧有易經疑問、已著錄。是編但各章總論其大旨、不復逐句箋釋、立說多與朱子異。如謂大學親民之親不當作新。格物之物即物有本末之物。此謂知本此謂知之至也二句非衍文、亦無闕文。蓋沿姚江古本之說、自為一解。謂孟子無以則王保民而王是心足以王矣數王字、俱讀如字、不作去聲。伯夷非其君不事章、是論去就、非論清和。隘與不恭非其流弊。亦尚有見。至於訓格物之格為品格、自謙之謙為謙虛、命也之命為命數、致曲之曲為心曲、則穿鑿附會、礙不可通。他若謂中庸不睹不聞即是隱微、即是獨。戒慎恐懼即是慎其獨。而以朱子為支離破碎。又謂性分中不墮形體、不落方所、直恁廣大。又謂喻義喻利之喻是不待詞說、都無知覺而默與之俱、註訓曉字便有知覺、不得此字之旨。尤以禪機詁儒理矣。前有萬歷丁巳自序、謂夢見夫子出一玉印、牧肅拜於下、夫子亦荅拜於座右、視其髮特焦黃云云。尤怪誕不經也。

經籍異同三卷（兩淮馬裕家藏本）

明陳禹謨撰。禹謨字錫元、常熟人。萬歷中由舉人官至四川按察司僉事。其書雜引五經之文、證四書所引之異同、併波及他書語意相近、字句略同者。頗為龐雜。如李尤盤銘、與經一字無涉、而引以證湯之盤銘。又如班昭東征賦中由力行而近仁句、乃運用中庸之語、而引以為力行近乎仁句之異同。殊為舛誤。至石經大學本豐坊偽撰、據為定論、尤失考矣。

經言枝指一百卷（浙江巡撫採進本）

明陳禹謨撰。是編於四書集註之外、旁搜諸說。故取莊子駢拇枝指之意為名。凡漢詁纂十九卷、談經苑四十卷、引經釋五卷、人物概十五卷、名物考二十卷。其漢詁纂乃刪取註疏之文、割裂餖飣、全無義例。其談經苑則自經史子集以逮二氏之言、苟與四書文義彷彿者、即摭以相證、冗雜尤甚。其引經釋則以四書所引經文為綱、而雜採訓釋以附之。既非釋四書、又非釋五經、莫究其何所取義。其人物概名物考摭拾舊文、亦罕能精核。蓋浮慕漢儒之名、而不能得其專門授受之奧者也。

別本四書名物考二十四卷（內府藏本）

明陳禹謨撰。已載經言枝指中。此則錢受益、牛斗星所補訂也。受益字謙之、杭州人。斗星有檀弓評、已著錄。禹謨原本多疎舛、受益等所補乃更蕪雜。如淇澳綠竹而引及爾雅會稽之竹箭、華陽國志哀牢之僕竹。已泛濫矣、更引及異苑竹化蛇、蛇化雉。釋肺肝而引素問靈樞、已旁支矣、更引及黃庭經肺神皓華字虛成、肝神龍烟字含明語。是於經義居何等也。其最異者、如標一目字為題、釋大學十目所視也而目字下註曰附眼。無論四書無眼字、且目之與眼、又何所分別而別為附錄乎。尤不可解也。

孟子說解十四卷（浙江汪啟淑家藏本）

明郝敬撰。敬有周易正解、已著錄。是書前有孟子遺事、及讀孟子三十一條。所論孟子生卒、以為當在安王時、非定王時。其說近是。但直斷孟子生安王初年、卒於赧王元年、則似未可為定。孟子生卒大略、當以閻若璩所訂為正。考去齊章云、由周而來七百有餘歲。盡心章云、由孔子而來百有餘歲。若據呂氏大事記及通鑑綱目、孟子於赧王元年始致為臣而歸、則周已八百有九年、距孔子生年已二百三十餘歲矣。孟子如梁、仕齊、適宋、之魯、之滕、還鄒、游歷先後、班班可考。魯平公元年即赧王元年、其時孟子似未至八十九歲也。至書中所解、往往失之粗獷、好議論而不究其實。蓋敬之說經、通坐此弊、不但此書矣。

論語義府二十卷（浙江巡撫採進本）

明王肎堂撰。肎堂有尚書要旨、已著錄。是編不列經文、但標章目。歷引宋元明諸家講義。其唐人以前舊說、偶亦採錄、然所取無多。或與集註兩歧者則低一格錄之。觀其體例、似尊朱子。然其說頗雜於禪。如解子貢問貧而無諂一章、有境無境諸義、豈可以詁儒書哉。

中庸點綴一卷（江蘇周厚堉家藏本）

明方時化撰。時化有易引、已著錄。是書首為中庸總提、次全載中庸之文。每段或總批、或旁批、其體例略如時文。其宗旨則純乎佛氏。

元晏齋困思鈔三卷（浙江巡撫採進本）

明孫慎行撰。慎行字聞斯、武進人。萬歷乙未進士。官至禮部尚書。事蹟具明史本傳。是書乃其自萬歷庚戌至甲寅積年鈔存。其中頗多心得之語、然亦不免好出新論。如解鄉黨色斯舉矣節、以虞廷獸舞志聖之隆、山梁雌雉志聖之逸。又以中庸致曲之曲爲卽經禮三百曲禮三千之曲。雖才辨縱橫、足以自暢其說、然非經之本旨矣。卷首繪性善性教爲二圖。卷末一條、則愼行自序其作書大旨也。

大學中庸讀二卷、浙江汪啓淑家藏本

明姚應仁撰。應仁有檀弓原、已著錄。是書成於萬歷乙未、據豐坊僞撰魏政和石經以攻朱子章句。至修身章中竄入顏淵問仁五句、應仁不能曲說、乃言只須削去此節。夫此五句旣屬當削、則所謂石經豈復可信哉。至其持論、則多引佛經。解淇澳節有曰、密多者瑟也、金剛不壞者僩也、枝枝葉葉光明者、赫喧也。是不止陽儒而陰釋矣。

四書湖南講九卷、浙江巡撫採進本

明葛寅亮撰。寅亮、錢塘人。萬歷辛丑進士。是書分標三例。凡剖析本章大義者曰測。就經文語氣順演者曰演。與其門人問答辨難者曰商。閒有引證他書及先儒之論、則細書於後。大抵皆其口授於門弟子者也。浙江通志載寅亮四書湖南講二十六卷、與此本卷數不合。然此本首尾完具、或通志之誤歟。抑或別有續編也。

四書會解十卷、浙江巡撫採進本

明毛尚忠撰。尚忠字子亮、號誠菴、嘉善人。萬歷甲辰進士。官至監察御史。其書分章立說、不錄經文。頗似書塾講義。而議論則務與朱子相左。如大學首章、謂當因其所發非聖經本旨。親民卽明德內事、不親民叫不得明德、何須說推以及人。曰皆當止於至善、是分明德親民而二之。謂止卽止泊之止、何須添不遷二字。定乃明道靜亦定動亦定之定、不是志有定向。安卽居之安、安字以心言、曰所處而安、似著身矣。且謂物有本末節是起下文、非結上文也。物與事只泛說、若定分物屬明親事屬知得何等拘滯。至明明德於天下、若曰使之明、則民不可使知、且於文法甚不類。如此類凡十數條。其解格物、旣不從朱子事物之說、而亦不取王守仁所云格去此心之物。乃謂卽上文物有本末之物、其中精微處如等格然、不可不分曉。信如尚忠說、則格乃實字、無用力之意。致知在格物句文義豈復可通。亦徒好立異而已。

四書正學淵源十卷、副都御史黃登賢家藏本

明章一陽編。一陽、金華人。自何基受業黃榦之門、其後王柏金履祥許謙遞相傳受、皆自稱朱子之傳。一陽因取四人之發明四書者、分載於章句集註之下、名曰正學淵源。蓋以闡揚金華之宗派、不爲發明四書作也。

大學古今通考十二卷、浙江巡撫採進本

明劉斯源編。斯源字憲仲、臨潁人。是書成於萬歷戊申。首列朱子大學改本、次列禮記古本、次列魏石經本、次列二程本。而以宋元明諸儒說大學者附焉。以諸說並陳、無所去取、故名通考。然禮記傳自戴聖、鄭元不過依經作註、指爲鄭元之本、已爲未安。至政和石刻出自豐坊僞撰、其政和年號以宋爲魏、賈逵姓名以漢爲魏、前人駁之悉矣。斯源猶珍重而信之耶。

四書測六卷、內府藏本

明萬尚烈撰。尚烈字思文、南昌人。是書首有萬歷辛亥自序。於大學中庸獨尊古本。而議論宗旨則全入異端。如解季路問事鬼神章、專取釋氏輪回因果之說、以釋聖言、駁雜已甚。其尤誕者、如原壤夷俟、乃取其母死而歌、爲喜死者之得所、而非放乎禮法之外。蓋姚江末流、其弊每至於此。不但李贄諸人彰彰耳目者然也。

四書說叢十七卷、浙江汪啓淑家藏本

明沈守正撰。守正有詩經說通、已著錄。是書彙萃諸家之說、分章條列、同異兼收。每案而不斷、以待人之自考。亦或偶存己說一二。所採書凡二百二十六種。雖釋道家言亦頗兼取。其中如解子游問孝章、則用古說。解士而懷居章、則用管志道說、以爲卽懷土。解不動心、則用郝敬說、以爲非比枯木槁灰。解心之官則思、則用羅欽順困知記。皆頗有所見。然所引明人諸說、榛楛錯陳、不免傷於蕪雜。

四書說約、無卷數、直隸總督採進本

明鹿善繼撰。善繼字伯順、定興人。萬歷癸丑進士。官至太常寺少卿。崇禎壬午、大兵攻定興、善繼率鄉人拒守。城破死之。贈大理寺卿。謚忠節。事蹟具明史本傳。是書就四書以講學、與明人講義爲時文而作者頗殊。卷首爲認理提綱九條、如曰此理不是涉元空的、子臣弟友是他著落。不然則日新顧諟、成湯且爲枯禪矣。其自序

亦曰，夫讀聖賢書而不反求之心，延平所謂玩物喪志者，可汗人背也。即云反求之心，而一切著落不以身實踐之，徒以天倪之頓現，虛爲承當，陽明所稱將本體只作一番光景玩弄者，更可汗人背也。其持論亦頗篤實。然學出姚江，大旨提唱良知，與洛閩之學究爲少異。

四書酌言三十一卷（陝西巡撫採進本）

明寇慎撰。慎字永修，號禮亭，自號殺禍逸叟，同官人。萬歷丙辰進士，官至蘇州府知府。天啓中周順昌被逮，顏佩韋等五人擊殺緹騎，後佩韋臨刑，稱曰，公好官，知我等倡義，非倡亂者，即其人也。其學出於姚江，故是編多與朱子立異。如解論語至於犬馬句，主犬馬養人之義，本諸注疏，猶有說也。至於解齊必變食句，謂爲心齋之齋，非齋戒之齋；解弗如也二句爲盡奪前塵，忽渡彼岸；解始可與言詩句爲入無上妙明；解是知也句謂知原在知不知外理會，其他學問，不過此知中之法塵，此處掃除，乃爲逆機，又扭來補綴，則純乎明末狂禪之習矣。

四書考二十八卷、四書考異一卷（江蘇周厚堉家藏本）

明陳仁錫撰。仁錫有繫辭十篇書，已著錄。是書因薛應旂四書人物考而廣之，仍飣餖之學。卷首別爲考異一卷，載四書字句異同，摭拾亦頗簡略。如惟之作維，頁之作贛，不過字體偶別，無關文意。至豐坊古本大學，其僞託可不待辨，而仁錫乃爲持疑之辭，則茫無考證，亦可見矣。

四書通義三十八卷（江西巡撫採進本）

明魯論撰。論字孔壁，號西麓，江西新城人。天啓中以貢生授潁州州同，官至福州府同知。論以取士必重制科之經義，崇禎時雜用薦舉，不足以得人，乃作此書以發明體用合一之理。其解大學平天下章，言潢池弄兵，外患踵至，勢不得不加田賦，而聚斂之臣半以聚之於國，半且以聚之於囊，以致天菑流行而不常之命已去。專爲明末時事而發。又解孟子許行章，謂堯之欽明，足以知人，四岳之咸舉，爲之師錫，猶其難其慎，然則枚卜豈易易哉。亦以隱指莊烈帝命相之非。全書大旨不出於此，故往往雜引史事以相發明，固不主於闡繹經義也。

三經見聖編一百八十卷（江蘇巡撫採進本）

明譚貞默撰。貞默字梁生，別號埽菴，嘉興人。崇禎戊辰進士，官至國子監祭酒。是編前有自序，結銜稱敕掌國子監整理祭器書籍等務，而不言祭酒。明史職官志亦無此稱，蓋明人杜撰之文也。其序稱六經無非孔經，而論語爲曾子、思子之書，今名中庸大學者實一中庸，統稱孔經。編孟子七篇，則曰孟經。編又言論語，子夏述也；中庸，子思繼論語而作也；大學即中庸之後半也；孟子，繼中庸而作也。中庸天命之謂性三句接論語知命章，明是釋詁論語。讀予懷明德，而大學之道在明明德，不膠自連；讀國不以利爲利，以義爲利，而孟子何必曰利，亦有仁義，不呼自應。今之所謂四書，實三書也云云。說殊穿鑿。至其詮釋支離，類皆因言求事，如以論語孝弟章爲有子譏刺三家，巧言章爲孔子評論老聃，皆牽其胸臆，務與程朱牴牾，可謂敢爲異說者矣。卷中或稱默案，或自稱譚子，體例亦叢雜不一云。

四書經學考十卷、補遺一卷、續考六卷（江蘇周厚堉家藏本）

四書經學考，明徐邦佐撰；續考，陳鵬霄撰。邦佐字孟超，錢塘人。鵬霄字天羽，山陰人。經學考成於崇禎戊辰，雜鈔故實，疏漏實甚。續考成於甲戌，又皆時文評語，講章瑣說，而題曰經考，未詳其義。然坊刻陋本，亦不足以究詰也。

四書讀十卷（江西巡撫採進本）

明陳際泰撰。際泰有易經說意，已著錄。際泰以制義名一代，是編詮發四書大義，亦略如制藝散行之體。其議論駿發，視章世純留書過之，而不及世純留書時有精義。蓋際泰用縱横之才去說經之道遠，世純用深湛之思去說經之道稍近也。

四書則（無卷數，山西巡撫採進本）

明桑拱陽撰。拱陽字暉升，蒲州人。崇禎癸酉舉人。其書取諸家講章立說不同者，刪定歸一，閒以己意參之。命之曰則，以見其則不遠之意。先大學、中庸，次論語、孟子，各有圖說總論，大旨爲舉業而作。

四書集說二十八卷（直隸總督採進本）

明徐養元、趙漁同撰。養元字長善，漁字問源，俱唐山人。崇禎癸未同榜進士。是編採集朱子或問、存疑、大全諸書及諸家之說而成，不出流俗講章之派。

圖書衍五卷（直隸總督採進本）

明喬中和撰。中和有說易，已著錄。是編爲四書講義。而名之爲圖書。行者、凡四書所言。皆以五行八卦配合之也。如說大學明德爲火、新民爲水、至善爲土之類。皆穿鑿無理、不足與辨。

四書大全辨三十八卷、附錄六卷江蘇周厚堉家藏本

明張自烈撰。自烈字爾公、宜春人。崇禎末南京國子監生。自烈與艾南英爲同鄉、而各立門戶、以評選時文相軋。詬厲喧呶。沒世乃休。蓋亦社黨之餘派也。是編舉永樂中胡廣等所修四書大全條析而辨之。冠以古本大學一卷、明道程子伊川程子改定大學各一卷、顧起元中庸外傳一卷、王應麟論語孟子考異各一卷。福王時、嘗以擅改祖宗頒行之書、挂諸彈章、至憤而罵譁於朝。案四書大全誠爲猥雜、然自烈所辨又往往強生分別、不過負氣求勝、借以立名。觀其首列揭帖序文之類、盈一巨冊、而所列參訂姓氏至四百八十六人。非惟馬鄭以來無是體例、即宋人盛相標榜、亦未至是也。

學庸切己錄二卷江西巡撫採進本

明謝文洊撰。文洊字約齋、號程山、南豐人。其書首作君子有三畏講義一篇、發明張子主敬之旨。次爲程山十則、亦以躬行實踐爲主。書中皆隨文講解、旁採大全諸儒之說、而參以己見、其體頗似語錄。卷末附西銘解一篇、謂其立義宏深、爲學者究竟指歸。篇名不可不尊、因易之曰事天讃、以示崇信之意。然究不免自我作古也。

麗奇軒四書講義無卷數、編修勵守謙家藏本

國朝紀克揚撰。克揚有易經講義、已著錄。其書不錄正文、每章約詁數語、大旨爲科舉而作。

四書翊註四十二卷直隸總督採進本

國朝刁包撰。包有易酌、已著錄。是編凡大學五卷、中庸三卷、論語二十卷、孟子十四卷。於大學三綱八目、詮解特備。又以中庸論孟爲格物之書、五經諸史皆條貫於其中、故於格物條目尤爲曲盡。其他闡發義理、於史傳事蹟、先儒議論、亦多所徵引。然其去取是非、總以朱子之說爲斷、不必自有所見也。卷首有黃越所作綱領一篇、其孫顯祖所作緣起一篇、敍述著書大旨及刊刻始末。

聖學心傳無卷數、山東巡撫採進本

國朝薛鳳祚編。鳳祚字儀甫、益都人。嘗師事定興鹿善繼、容城孫奇逢。因會輯善繼四書說約、奇逢四書近指、共爲一編。卷首列善繼認理提綱、尋樂大旨、又列善繼奇逢二人小傳。前有鳳祚自序、謂此書出、當與孔曾思孟四聖賢書共揭星日而行中天。其說殊夸。又謂於舉業非相遠、倘於此有得、以應試場、主司必當驚羨、以冠多士。又何其陋歟。鳳祚天文地理之學、皆能明其深奧、如兩河清彙、天學會通、天步眞元諸書、已卓然足以自傳、又何必畫此蛇足乎。且二書皆有刊本、豈藉鳳祚之標榜。即以二書而論、亦蛇足也。

四書大全纂要無卷數、直隸總督採進本

國朝魏裔介撰。裔介有孝經註義、已著錄。是編以明永樂間所著四書大全泛濫廣博、舉業家鮮能窮其說。乃採其要領、俾簡明易誦。然大全龐雜萬狀、沙中金屑、本自無多。裔介所摘、又未能盡除枝蔓、獨得精華。則亦虛耗心力而已。

四書惜陰錄二十一卷兩江總督採進本

國朝徐世沐撰。世沐有周易惜陰錄、已著錄。是書前有胡渭生、趙天潤、仇兆鼇序、并自記一首。後有陸隴其跋、以隴其三魚堂集勘之、其文相合、實非依託。然其書則不稱隴其之所言。據世沐自記曰、仇滄柱示以關中李中孚反身錄、中孚曾講學毘陵、會過一次。彼深惜南浙兩省學者害於舉業、彼時心不甘南士必遜北士。如此迄今幾三十年、彼學已成、名已立、南士竟無與頡頏。細讀其錄、愈不心服。摘錄中數處、以質滄柱翁。狂不自量、續爲惜陰二集、不覺積成二十一卷、幾乎有六百葉。又曰、李從陸王入、而出入於程朱四子。余從程朱入、而準則於周宋八賢。雖沐桊南風剛峻、良有不逮。而古人所云醇正、則當仁不欲多讓云云。則世沐此書蓋爲與盩厔李容相詬而作。故隴其喜其能排陸王、爲之作跋。然講學以明道、非以求勝。但爲朱陸而爭、已不免門戶之見。況世沐以聖學自任、而不能化一南北之畛域、則先不自克其私心矣、又何學之可講乎。

三魚堂四書大全四十卷通行本

國朝陸隴其編。隴其有古文尚書考、已著錄。初、明永樂間、胡廣等奉詔撰四書大全、陰據倪士毅舊本、潦草成書。而又不善於剽竊、龐雜割裂、痕蹟顯然。雖有明二百餘年懸爲功令、然講章一派從此而開。庸陋相仍、遂似朱子之書專爲時文而設、而經義於是遂荒。是編取胡廣書、除其煩複、刊其舛謬、又採蒙引存疑淺說諸書之要、以附益之、自較原

本爲差勝。然終未能盡廓清也。其初稾成於康熙辛酉，前有自序，尚歉然以爲未定。及晚年輯困勉錄，復取是書互相參考，別以朱筆點次，乃成定本。然未及重爲之序。故其門人席永恂、侯銓、王前席等校刊之時，仍以原序冠卷端，實則序在前而書在後也。大學、中庸并載或問，亦仍大全之舊。卷末附載王應麟論語孟子考異，不知何人採摭困學紀聞爲之，非應麟原有是書也。

續困勉錄六卷（江蘇周厚堉家藏本）

國朝陸隴其撰。隴其所著困勉錄，分學問思辨行五類。此續錄則專解四書。凡大學一卷、中庸一卷、論語二卷、孟子二卷。中多採錄時文評語，似乎狹視四書矣。

四書初學易知解十卷（內府藏本）

國朝邵嗣堯撰。嗣堯有易圖定本，已著錄。是編乃督學江南時所刊。每章前爲口義，後附論斷，專爲童蒙講解而設，故曰易知。嗣堯服官清苦，至今凡歷任之地皆稱名宦。而自命太高，亦或傷於偏激。如解於我如浮雲句，謂不特不義之富貴如浮雲，即義中之富貴亦如浮雲；不特富貴如浮雲，即我亦如浮雲。如此之類，蓋欲以發明不愛官、不愛錢、不愛命之意，而過於取快，未免墮入禪宗矣。

四書述十九卷（浙江巡撫採進本）

國朝陳詵撰。詵有易經述，已著錄。是書多不主朱子章句集註，如以大學聽訟章爲解格物，而以朱子補傳爲不知聖賢經傳化工之妙。其學蓋源出於姚江，而於姚江之中又主調停之說者。觀其自序曰：朱子慮佛教之足以惑人，故確切分疏，以爲下學所遵守；陸子略其枝葉而獨抉其宗旨，蓋於朱子有一本散殊之分，而非有所悖謬云云。其所學可以睹矣。

四書鈔十八卷（直隸總督採進本）

國朝祕丕笈撰。丕笈字仲負，故城人。康熙癸丑進士，官至陝西提學副使。是編以四子之書近世多爲新說所惑，於是纂輯或問及大全、蒙引、存疑等說，彙成一編。以非自己出，故以鈔爲名。其旁註批閱之語，則丕笈自抒所見也。

四書貫一解十二卷（編修閔惇大家藏本）

國朝閔嗣同撰。嗣同字來之，號雙溪，烏程人。康熙乙卯副榜貢生，官景寧縣教諭。此書於每章各爲總解，而不錄經文，皆取諸儒之說，以己意融貫成篇。其說有同異者，則別附於後，以備參考。

四書索解四卷（浙江巡撫採進本）

國朝毛奇齡撰。奇齡有仲氏易，已著錄。是書爲其子遠宗所編，本名四書疑義。有問有荅。奇齡沒後，遠宗裒輯成書，存所疑而刪所解，名曰疑案。奇齡門人王錫序之，謂必有以解之，直是索解人不得耳。一經考索，則世多學人，豈無始而驚，既而疑，又既而劃然以解者。因更名索解。然有問無荅，其旨在於駁註，而其迹乃似於攻經。且據錫所序，其解已散見奇齡各書中，亦何必更出此書，蹈禪家機鋒之習。則非欲詁經，直欲駭俗耳。漢晉以來，儒家無此體例也。

大學知本圖說一卷（浙江巡撫採進本）

國朝毛奇齡撰。是書由古本大學之說以攻朱子格物之傳。首爲知本圖說，次爲知本圖四：一曰大學有本，一曰格物知本，一曰格物以修身爲本，一曰修身以誠意爲本。末爲附錄，又有後圖，以大學知本與中庸立本竝列二圖，節次相配，亦前有圖說，後有附錄。夫知行竝用，博約兼資，聖賢經典之文或有偏舉，而理無偏廢。經文既明言格物，即不補傳亦必有說。奇齡乃以格物爲量度之意，以知本爲誠意。不知未知本時持何術以量度之。且既已指誠意爲本，則遵而行之已矣，又何用量度。蓋奇齡歷詆先儒，而頗尊其鄉學。其直指知本，仍王守仁之良知。其主誠意，則劉宗周之慎獨也。而自稱嵩山廟市高笠先生所傳，爲遼東賀欽之孫所祕授，蓋託詞也。

大學問一卷（浙江巡撫採進本）

國朝毛奇齡撰。以荅其門人餘姚邵廷采之問者也。仍因其大學知本圖說而衍之，以歸於良知之說。其解在明明德句，以明明二字重文連讀，如明德連讀則德已明，何用復明，是不必遠引他說，即以大學克明峻德言之，德已峻，何用復明乎。所引明明重文之證，尚書三條、詩四條，皆其四書賸言中所謂以雩見爲龍、以王良爲星者也。

逸講箋三卷（浙江巡撫採進本）

國朝毛奇齡所論，而其子及門人編錄之。上卷爲章世法所錄，乃所講孟子不動心章之稾。第二卷爲其姪文輝所錄，乃所講論語問荅。第三卷題曰大學辨業，爲樓宅中所錄。大學辨業者，奇齡門人蠡縣李塨所著。塨初師博野顏元，旣而舍之，從奇齡後撰是書，又兼用元說，故奇齡惡其叛己而攻之，大抵皆詬爭之言也。以錄其叢殘之稾，故曰逸講。中雜門人子姪之附論，故曰箋焉。

中庸說五卷。浙江巡撫採進本。

國朝毛奇齡所論，其門人章大來樓宅中朱樟陳佑及其子遠宗姪文輝編次，而各附以己說，皆與朱子章句互異。大旨以愼獨爲主，闡劉宗周之旨。蓋宗周，奇齡之鄉人也。奇齡博洽羣書，其說經善於考證。至於舍考證而談義理，則違才易務，非其所長。又以辨才濟之，愈辨而愈支，固其所矣。

聖門釋非錄五卷。浙江巡撫採進本。

國朝陸邦烈編。邦烈字又超，平湖人，毛奇齡之門人也。是書因朱子四書集註頗有疑諸賢之說，或有流弊者，因取奇齡經說所載諸論，裒合成帙，而附以奇齡門人子姪諸說，以辨其非。前有邦烈自記稱北宋諸儒，高樹門幟，不容一人訾議，如劉共父改二程全書一二字，便作札四布，痛加譏貶，必欲使其還復舊文而後已，而於先聖先賢恣情敲駁，大學孝經連篇刪改，卽孔門諸賢何一不受其削斲，相其用心，實有抑聖賢以揚同類之意，因稍輯先生所言，與他書偶錄可引據者，彙爲一卷，名曰釋非，以爲聖門口語各有精義，或未可盡非云云。考宋儒標榜門戶，以劫制天下之異端，誠所不免。至坐以誣詆聖賢，則未免深文。且朱子集註補苴舊說，原恐後學之誤會，亦非主於排斥孔門。邦烈此書雖無作可也。此本刻西河合集中，舊題奇齡自撰，今考究始末，實邦烈所爲。其中如謂本字書不訓始，惟宋人廣韻因程子是解，增一始訓，案陳彭年邱雍等重修廣韻在大中祥符間，其時程子未生，安得因程子之說。如斯之類，似非奇齡所宜有。又朱子與張栻劉共父書，謂二程遺書乃胡安國所改，而此序作劉共父所改，亦誤。故改題邦烈，從其實焉。

論語傳註二卷大學傳註一卷中庸傳註一卷傳註問一卷。直隸總督採進本。

國朝李塨撰。塨有周易傳註，已著錄。是編解釋經義，多與宋儒相反。蓋塨之學出於顏元，務以實用爲主，故於程朱之講習，陸王之證悟，凡不切立身經世者，一槪謂之空談，而於心性之學，排擊尤甚。其解四書亦卽此旨。中惟孟子註未成，今傳者論語、大學、中庸耳。論語多用古義，亦兼取毛奇齡之說，如以無所取材從鄭康成作桴材，偏其反而從何晏作反經合道之譬，則不免故相違迕，有意異同。大學用古本，讀大爲泰，及親民之親讀本字，皆仍舊說。其以格物之物爲周禮司徒之鄉三物，則塨自申其學也。中庸不取朱子天道人道之說，一切歸於實際，證以人事，在三書之中較爲完密。傳註問則仿朱子或問之例，一一辨其去取之所以然。辭氣多不和平，徒以氣相勝而已。

四書反身錄六卷續補一卷。浙江巡撫採進本。

國朝李容撰。容字中孚，盩厔人。康熙己未薦舉博學鴻詞，以年老不能赴京而罷。康熙四十二年

聖祖仁皇帝西巡，召容入見，時容已衰老，遣子愼言詣

行在陳情，以所著二曲集反身錄奏進。

上特賜御書「操志高潔」以奬之。是書本題曰二曲先生口授鄠縣門人王心敬錄。二曲者容之別號，水曲曰盩，山曲曰厔，盩厔當山水之曲，故因其地以稱之。是此書成於心敬之手，容特口授。然核其序文年月，則是書之成，容猶及見，非身後追錄之比，實仍容所自定也。容之學本於姚江，書中所載，如大學格物之物爲身心意知家國天下之物，卽物有本末之物。又謂明德與良知無分別，念慮微起，良知卽知善與不善，知善卽實行其善，知惡卽實去其惡，不昧所知，心方自慊云云。其說皆仍本王守仁。又書中所引呂原明渡橋，輿人墜水，有溺死者，原明安坐橋上，神色如常。原明自謂未嘗動心。容稱其臨生死而不動，世間何物可以動之，夫死生不變，固足徵學者之得力，然必如容說，則孔子之微服過宋，孟子之不立巖牆，皆爲動心矣。且廄焚必問傷人，乍見孺子入井必有怵惕惻隱之心，輿夫溺死，而原明安坐不動，此正原明平時強制其心而流爲谿刻之過。容顧稱之爲不動，則與告子之不動心何異乎。是亦主持太過，而流於偏駁者矣。

辟雍講義一卷大學講義一卷中庸講義一卷。兩江總督採進本。

國朝楊名時撰。名時有周易劄記，已著錄。辟雍講義乃乾隆元年名時兼領國子監時所著。大學中庸講義則因其劄記之說而暢之耳。

雜說。無卷數。江蘇巡撫採進本。

國朝焦袁熹撰。袁熹有春秋闕如編，已著錄。是編乃以禮記中大學中庸註疏及論語孟子註疏與朱子章句集註兩兩相勘，決擇是非，而左袒朱子者爲多。其中考證過疏，如謂論語孔註誄禱篇名，不知誄乃施於死後者，未詳孔註所出。今考大祝作六辭以通上下親疏遠近，其六曰誄。註引論語誄曰禱爾于上下神祇。賈公彥疏：生人有疾亦誄，列生時德行而爲辭，與哀公誄孔子意同，是死謚名誄，生禱亦名誄之顯證。奈何於孔註疑之耶。

考定石經大學經傳解一卷（戶部尚書王際華家藏本）

國朝邱嘉穗撰。嘉穗字實亭，上杭人。康熙壬午舉人，官歸善縣知縣。是編大旨謂大學格致一傳，本未闕佚，不過錯簡。非惟朱子所補爲誤，即諸儒所定亦皆未安。因參取舊說，以物有本末一節、子曰聽訟一節、詩云邦畿千里一節、知止而后有定一節，終以此謂知之至也句，合爲格物致知之傳。而詮解以明之。其意以豐坊僞石經爲眞，而又未見坊之原本，但據鍾惺四書聚考所載，又見朱彝尊、毛奇齡等素號博洽者，皆引據舊文，掊擊甚力，遂依違瑟縮，不敢訟言。然其割取詩云邦畿千里十字，實用僞石經本也。

中庸本旨二卷（江蘇巡撫採進本）

國朝朱謹撰。謹號雪鴻，崑山人。是編前有康熙己丑魏一川序，稱其歲易一稾，逾三十年。今觀其書首列中庸圖十七，其分配五行者多涉牽合。其解中字，謂中卽太極，卽伏羲一畫，而縱之。其解天字，謂上一畫爲天，下一畫爲地，人居其中。一川序又爲補解庸字，以爲古文作𩫖，𩫖古庚字，爲陽金，用古鏞字爲樂器，而附於黃鍾之末，亦皆附會。其註以天命爲源，以無聲無臭爲歸宿，多涉恍惚。其中庸續論，又時時評論文法，如謂三重章大哉章是兩扇格局，不露排偶之類，併引而歸之時文矣。

大學本文一卷大學古本一卷中庸本文一卷（通行本）

國朝王澍撰。澍有禹貢譜，已著錄。是書取大學中庸本文及朱子章句原序，各爲批點，大意欲因文法以闡書理，然聖經雖文字之祖，而不可以後人篇法句法求之。世傳蘇洵評孟子、謝枋得評檀弓，皆出於明人刊本，其源流授受莫得而明，大抵皆後人僞撰。澍因仍其例，實非先儒之舊法。又旣用朱子改本，發揮文字之妙，又列古本一卷，其發揮妙處亦如之。古本是，則改本非；改本是，則古本非。兩相角奉，不亦合之兩傷乎。

大學困學錄一卷中庸困學錄一卷（浙江巡撫採進本）

國朝王澍撰。自明以來，解四書者惟以尋繹語脈爲時文敷衍之具。澍是二書獨發揮學問之功，其識在坊刻講章上，而意取詳明，或失之冗，遂不免間有出入。如大學補傳第五章，辨陸王致知之誤，極爲分明，而傳第七章乃云心中不可存一物，則仍闌入金谿姚江門徑矣。呂坤呻吟語謂佛氏論心爭有無，儒者論心爭是非。如貞女思夫，忠臣思君，可謂之放心乎。其說當矣。又何可以不存一物爲正心也。亦間有寬廓語，如中庸第二章謂君子時中只是敬其意，以敬爲無忌憚之反，而不知此時中字徹上徹下，徹內徹外，當由格物窮理，明體達用而來，非一敬字所能盡。又如中庸第二十章謂九經句句有一篇西銘在內，其理固然，然不可如此說書。必充類至盡，雖謂句句有一篇太極圖說在內，亦何嘗不可通乎。

成均講義（無卷數，江西巡撫採進本）

國朝孫嘉淦撰。嘉淦有春秋義，已著錄。是編乃嘉淦攝國子監祭酒時，以大學聖經一章爲學者入德之門，乃逐節疏解，以發明朱子章句之義。其講致知格物，謂釋氏欲正心而不先誠意，陸子靜欲誠其意而不先致知，王陽明欲致其知而不先格物，惟程朱之書詳言格物，獨得孔子之傳。今日學者之流弊，譏釋氏之不能誠意，並其正心而失之；譏子靜之不能致知，並其誠意而失之；譏陽明之不能格物，並其致知而失之。名爲守程朱之學，並其格物而失之。古之所謂物者，盈天地之法象道器，書其一也。古之所謂格物者，極事理之廣大精微，讀書其一也。古之所謂讀書博洽，無所不通，作文其一也。古之所謂作文者，體製不可枚舉，制藝其一也。然則今日士子之所學，視古者綱領條目之大全，相去何如哉。亦頗中學者之流弊也。

五華纂訂四書大全十四卷（洗馬劉權之家藏本）

國朝孫見龍撰。見龍字叶飛，號潛村，烏程人。康熙癸巳進士，改庶吉士。是編乃見龍掌教雲南五華書院時所輯，故以五華爲名。自序謂於四書大全舊本，譌者正之，偏者刪之，明以來諸家制藝評語，併爲採入。間附以近時李光地、楊名時之說，見龍有所自見，亦附著於後云。

四書纂言無卷數兵部侍郎紀昀家藏本
國朝王士陵撰士陵有易經纂言已著錄是編採摭
坊刻四書講章排比成書以先儒之說列前近人
之說列後亦閒以己意推闡大抵以永樂四書大
全為藍本

大學偶言一卷浙江巡撫採進本
國朝張文檒撰文檒字鳳林又字樹聲蕭山人康熙
甲午舉人官成都縣知縣是書凡四十六條雖以
大學偶言為名前有劉紹攽序亦以大學為說而
其書多論理氣心性辨諸家之是非說中庸者為
多解大學者僅數條未喻其故也文檒受業于毛
奇齡故此書亦因其師說特文檒至乾隆甲子尚
存當日久論定之餘知奇齡以負氣詬厲為後人
所不滿鑒於前車詞氣較為和平耳其論人無二
性與顏元存性編之說同不為無理其論朱子補
大學格物傳全為禪學則有意巧詆純乎門戶之
見矣

成均課講學庸無卷數江蘇巡撫採進本
國朝崔紀撰紀有成均課講周易已著錄是書亦其
官國子監祭酒時所著也其旨謂大學以慎動為
宗故所言多顯中庸以主靜為宗故所言多微究
則體用一原顯微無閒者也學者惟是微大學之
顯而闡中庸之幽庶有以得其源流旨趣之一矣
云云然以學庸分屬微顯且謂中庸以主靜為宗
而不言存誠似於理終未周密也

讀孟子劄記無卷數江蘇巡撫採進本
國朝崔紀撰是書以七篇大旨出於大學其言性情
即明德言知言養氣即明之之事告齊梁諸君以
憂樂同民即恕與絜矩之意其論執中以射之巧
稱之權譬之即至善之理其說亦自成理然聖賢
之旨原自貫通正不必如此節節比附又稱本於
中庸亦可不必也

論語溫知錄二卷山西巡撫採進本
國朝崔紀撰皆其平日讀論語所筆記官湖北巡撫
時乃彙而輯之每章統論其大意皆以闡發集註
為主

四書參註無卷數直隸總督採進本
國朝王植撰植字槐三深澤人康熙辛丑進士官至
邳州知州是書多掊擊註疏以自表尊崇朱子之
意而掊擊鄭元孔穎達尤甚於趙岐何晏孫奭邢
昺然先有漢儒之訓詁乃能有宋儒之義理相因
而入故愈密愈深必欲盡掃經師獨標道學未免門
戶之私譬之天文算數皆今密而古疏亦豈容排
擊羲氏詆訛隸首哉且所採多近時王廷諍崔紀
傅泰諸人之說在諸人研究四書固各有所得然
遽躋諸鄭孔諸儒之上恐諸人亦未必自安矣

菜根堂劄記十二卷檢討蕭芝家藏本
國朝夏力恕撰力恕字觀川孝感人康熙辛丑進士
官翰林院編修是編乃乾隆己未至辛酉力恕在
武昌書院時與諸生講授四書所作初名曰題解
蓋專為制藝言之已授梓矣丙寅以後又取程朱
之說參校同異勒為此編至戊辰而脫稿其父以
此事不止關係時文題解之名不佳乃改題今名
見於力恕之自序而題解舊序亦併存之於卷端
不沒其始也原書本十八卷其後六卷別題曰證
疑備覽則皆考辨四書中名物典故者此本有錄
無書而前有朱印曰證疑備覽嗣出蓋刊尚未竟
云

中庸解一卷江蘇巡撫採進本
國朝任大任撰大任字釣衡吳江人此書分段詮釋
但標節次不錄經文大抵多先儒緒言也

四書錄疑三十九卷福建巡撫採進本
國朝陳綽撰綽有周易錄疑已著錄是書成於康熙
後壬寅凡大學二卷中庸三卷論語二十卷孟子
十四卷皆每章摘句解之然解章句集註者多解
經文者轉少其大旨在於鑽研朱子之說一字一
句務發明盡致殆如業春秋者以經命題以胡傳
行文耳據其子湜跋語綽實積數十年之力乃成
此書湜亦時有所附記蓋其父子以此為世學也

四書本義匯參四十五卷贊善章謙恆家藏本
國朝王步青撰步青字漢階或自書曰罕皆以同音
相代也號已山金壇人雍正癸卯進士官翰林院
檢討是書凡大學三卷附一卷中庸七卷附一卷
論語二十卷孟子十四卷大旨據章句集註斷諸
家之是非而引朱子或問語類文集及元明以來
之講章條分縷析為之詮佐於語脈字義推闡頗
詳在近時講章之中尚較為切實考古無四書之
名其名實始於朱子朱子註詩註易未必遽凌跨
漢唐至詮解四書則實亦無逾朱子故自明以來
科舉之學以朱子為斷然聖賢立訓以垂教非以
資後人之辯說為作語錄計也即朱子章句集註

亦以明聖賢之道，非以資後人之揣摩為取科第計也。是書乃以場屋八比之法，計較得失，斯已逐影而失形矣。其發凡病汪份刪纂四書大全，參取閻若璩、顧炎武之說，或與朱子相左。是未考漢學、宋學各有源流，至於廢本或問小註，明知其依託朱子，而有意模稜，殆慮一斥其偽，即不能假朱子之名鉗伏衆論，故存為疑案，不欲顯言。不知其說可取，不必以廢本而廢之，其書非眞，亦不必以其說可取，併諱其贋本。是是非非，當以其書為斷，不必定使其書出朱子而後謂之是也。是又門戶之見未能盡化矣。

鼇峯講義四卷（兩江總督採進本）

國朝潘思榘撰。思榘有周易淺釋，已著錄。鼇峯書院在福州，為巡撫所掌。此其官福建巡撫時與諸生講大學、中庸之語，諸生編而刊之者也。

論語說二卷（浙江巡撫採進本）

國朝桑調元撰。調元字弢甫，錢塘人。雍正癸丑進士，官工部主事。是書詮解論語凡五百條，分上下二卷，每卷又分五子卷，所言皆闡集註未盡之義。如謂人知有慾不剛，而不知無慾尚非剛之類，頗為細密。然是書為其門人所錄，尊崇師說，一字不遺，或併其偶批數字亦悉載之，如不有祝鮀之佞章，但註自古如此可傷可歎八字，別無一言，是豈詁經之法、著書之體耶？再刪汰之則善矣。

四書約旨十九卷（禮部尚書德保家藏本）

國朝任啓運撰。啓運有周易洗心，已著錄。是編乃平日與門人講貫，隨筆劄記之文。其中如論管叔以殷畔，謂管叔監殷在武王時，有功，引汲冢書為據之類，亦間有所考證。然大旨為科舉作也。

翼藝典略十卷（江西巡撫採進本）

國朝蕭正發撰。正發字次方，廬陵人。是書首至聖紀一卷、諸賢紀一卷、二帝三王紀一卷、春秋紀三卷、戰國紀一卷、麗紀三卷，皆詮釋四書典故，曰翼藝者，據卷首劉吳龍序，謂以羽翼制藝也。其著書之意可知矣。

讀大學中庸日錄二卷（陝西巡撫採進本）

國朝康呂賜撰。呂賜字復齋，別號一峯，又自稱南阿山人，武功人。是書讀大學日錄一卷、讀中庸日錄一卷。其言王文成以格物致良知，此功夫知行兼到，自是切實精詳。又云中庸揭出慎獨，即孔子修己以敬血脈，王文成更提掇明快。二錄大旨已盡於此。書首載自作墓誌一篇，述其講學宗旨最詳，亦自稱為姚江之支派云。

江漢書院講義十卷（陝西巡撫採進本）

國朝王功述其父心敬之論也。心敬有豐川易說，已著錄。此其在湖北江漢書院時與諸生講論四書之說，功錄而存之，故每條稱家君曰，以附刻文集之中，故標目為豐川全集，而以存省稾為子目云。

四書說註卮詞十卷（直隸總督採進本）

國朝胡在甪撰。在甪，永年人。乾隆丙辰進士，官湖北松滋縣知縣。是編雖以說註為名，然頗因以講學，尚不似鄉塾講章全為時文而作，然亦未全脫坊刻之窠臼，蓋其用力之始從講章入也。

四書順義解十九卷（御史戈岱家藏本）

國朝劉琴撰。琴字松雪，任邱人。乾隆丙辰舉人，官順義縣教諭。是編皆先標章次，而後循文以衍其意。每節之末，又雜引舊說以析之，以成於官順義時，因以為名。前有同邑邊連寶序，稱其自雍正丁未至乾隆壬午，三十年而後脫稾，臨沒猶斟酌改竄，又稱其一以紫陽為主，不敢稍背云。

四書就正錄十九卷（江蘇巡撫採進本）

國朝陳鋐撰。鋐字宏猷，嘉定人。是書雜採坊本講章而敷衍之，多沿陸隴其、汪份兩家重訂四書大全之說。

四書晰疑（無卷數，江蘇巡撫採進本）

國朝陳鋐撰。是書成於乾隆辛酉，前有例言，謂四書疑義雖多，其間或有一說之確當於經義者，概不敢贅，特輯朱註以來諸說之所未備，而或未定者，故論孟皆少，而學庸多云云。今核其見解，仍不出所著就正錄也。

虹舟講義二十卷（浙江巡撫採進本）

國朝李祖惠撰。祖惠本姓沈，字屺望，嘉興人。乾隆壬申進士，官高安縣知縣。是編大抵涵泳章句集註之文，一字一句，推求語意，其體會頗費苦心，在時文家亦可云操觚之指南矣。

四書句讀釋義十九卷（山西巡撫採進本）

國朝范凝鼎撰。凝鼎字庸齋，自號磨鏡居士，洪洞人。選拔貢生。是編成於乾隆癸酉，四書次第用朱子原本，皆先明句讀，次詮文義，先列集註，次錄或問語類，其餘諸儒議論與朱註相發明者，乃採錄之，稍有同異，則斥不載焉。

四書講義尊聞錄二十卷江蘇巡撫採進本

國朝戴鋐撰。鋐字景亭、長洲人。以四書大全諸說紛錯、無所適從、因以己意點次之。每章列總旨於前。每節列本義及附解於下。總旨附解皆本大全所錄諸儒之語、而附益元明以來諸說。本義則順文詮釋、略如直講之體、蓋亦科舉之學也。

四書窮鈔十六卷山西巡撫採進本

國朝王國瑚撰。國瑚字夏器、號珍吾、臨縣人。是書卷首郭九有序、稱爲四書主意、而標題又稱爲四書窮鈔六補定本。疑其書非一稾、故命名亦隨時而異歟。其解頗與朱子立異、然僅鑽研於字句之閒、無以相勝也。

古本大學解二卷湖北巡撫採進本

國朝劉醇驥撰。醇驥字千里、號廓菴、廣濟人。是書遵用古本大學、不分經傳。首大學考、次戴記中古本。又次爲大學解、力辨二程子朱子及董槐王柏諸人改本之非。夫竄易古經以就己意、其事原不可訓。然姚江之徒所以必復古本者、實欲引託始知本、不言格物之義、以陰助良知。非盡爲尊經也。

雜說八卷江蘇巡撫採進本

不著撰人名氏、亦無序跋。相其紙墨圈點、不過數十年中物、殆近人作也。其書凡讀論語註疏一卷、讀大學註疏一卷、讀中庸註疏一卷、讀孟子註疏五卷。皆標舉舊文、辨其得失。大抵以意斷制之。其讀大學註疏、以今本糾古本、頗爲柄鑿。今本以格物爲先、自有今本之義。古本以誠意爲始、亦自有古本之義。既不從古本、則竟置註疏不用可矣。必強合之、則不揣其本而齊其末也。

右四書類一百一部、一千三百四十一卷、內十四部無卷數、皆附存目、

案古書存佚、大抵有數可稽。惟坊刻四書講章、則旋生旋滅、有若浮漚。旋滅旋生、又幾如掃葉。雖隸首不能算其數。蓋講章之作、沽名者十不及一、射利者十恒逾九。一變其面貌、則必一獲其贏餘。一改其姓名、則必一趨其新異。故事同幻化、百出不窮。取其書而觀之、實不過陳因舊本、增損數條、卽別標一書目、別題一撰人而已。如斯之類、其存不足取、其亡不足惜、其剽竊重複、不足考辨、其庸陋鄙俚、亦不足糾彈。今但據所見、姑存其目。所未見者、置之不問可矣。

欽定四庫全書總目卷三十七

欽定四庫全書總目卷三十八

經部三十八

樂類

沈約稱樂經亡於秦。考諸古籍、惟禮記經解有樂敎之文。伏生尚書大傳引辟雝舟張四語、亦謂之樂。然他書均不云有樂經。隋志樂經四卷、蓋王莽元始三年所立、賈公彥考工記磬氏疏所稱樂曰、當卽莽書、非古樂經也、大抵樂之綱目具於禮、其歌詞具於詩、其鏗鏘鼓舞則傳在伶官。漢初制氏所記、蓋其遺譜、非別有一經爲聖人手定也。特以宣豫導和、感神人而通天地、厥用至大、厥義至精、故尊其敎得配於經。而後代鍾律之書亦遂得著錄於經部、不與藝術同科。顧自漢氏以來、兼陳雅俗、豔歌側調、並隸雲韶。於是諸史所登、雖細至箏琶、亦附於經末。循是以往、將小說稗官未嘗不記言記事、亦附之書與春秋乎。悖理傷敎、於斯爲甚。今區別諸書、惟以辨律呂、明雅樂者、仍列於經。其謳歌末技、弦管繁聲、均退列雜藝、詞曲兩類中。用以見大樂元音、道侔天地、非鄭聲所得而奸也。

皇祐新樂圖記三卷、兩淮馬裕家藏本、

宋阮逸、胡瑗奉敕撰。仁宗景祐三年二月、以李照樂穿鑿、特詔校定鍾律、依周禮及歷代史志立議範金。至皇祐五年、樂成奏上、此其圖記也。舊本從明文淵閣錄出、後有宋陳振孫嘉定己亥跋、云借虎邱寺本錄、蓋當時所賜、藏之名山者。又有元天歷二年吳壽民跋、明萬歷三十九年趙開美跋、敘是書源委頗詳。考初置局時、逸瑗與房庶等皆驛

召預議。詔命諸家各作鍾律以獻、而持論互異。司馬光主逸瑗之說、范鎮主房庶之說、往反爭議、卒不能以相一。其往返書牘、具光傳家集中、而鎮所作東齋記事、亦略存其概。大抵逸瑗以爲黃鍾之管積八百一十分、容一千二百黍。又以九章圜田算法計之、黃鍾管每長一分、積九分、容十三黍三分黍之一、空徑三分四釐六毫、圍十分三釐八毫。圍徑用徑三圍九古率、而改圍九分爲九方分、別遷就之術也。司馬光曰、古律已亡、非黍無以見度、非度無以見律。律不生於度與黍、將何從生。非謂太古以來律必生於度也、特以近世古律不存、故返從度法求之耳。其論最明。范鎮譏其以度起律、誠爲過當。然鎮以秬黍律尺、龠籥斛算數權衡鍾磬十者、必相合而不相戾、然後爲得、亦不爲無見也。以律起度、與以度起律、源流本無異同。而二家算術不精、逸瑗等徇之於橫黍、而失之於圍徑。又以大黍累尺、小黍實管、自相乖反。房庶以千二百黍實之管中、隨其長短、斷之以爲九寸之管、取三分以度空徑、則空徑不生於黍、而別有一物爲度以起分、竟不必實黍於管、亦未見其爲通論也。是書上卷具載律呂黍尺四量權衡之法、皆以橫黍起度。故樂聲失之於高。中下二卷攷定鍾磬晉鼓及三牲鼎鸞刀制度、則精核可取云。

樂書二百卷、福建巡撫採進本。

宋陳暘撰。暘字晉之、閩清人。紹聖中登制科、官禮部侍郎。事蹟具宋史本傳。此書乃建中靖國間暘爲祕書省正字時所進。自第一卷至九十五卷、引三禮詩書春秋周易孝經論語孟子之言、各爲之訓義。其第九十六卷至二百卷、則專論律呂本義、樂器樂章及五禮之用樂者、爲樂圖論。引據浩博、辨論亦極精審。視其兄祥道禮書、殆相伯仲。第禮書所載、祗詳於三代器數。是書則又推及律呂本原及後世雅俗諸部。故陳振孫書錄解題謂樂書博則博矣、未能免於蕪穢也。然暘書包括歷代、總述前聞、既欲備悉源流、自不得不兼陳正變。使振孫操筆而修史、將舉古來秕政亂法一切刪之不載乎。此南宋人迂謬之見、不足據也。其中惟辨二變四清二條、實爲紕繆。自古論四清者、舉民臣相避以爲尊卑立說、本屬附會。暘則曰、黃鍾至夾鍾四清聲、以附正聲之次、其意蓋謂夷則至應鍾四宮而設。既謂黃鍾至夾鍾爲清、又謂爲夷則至應鍾而設、是兩四清也。不知每一均必具五聲。夷則一均以夷南無應爲次、而闕角聲、必須黃鍾清爲角。南呂一均以南無應爲次、而闕羽角二聲、必須黃清爲羽、大清爲角。以調而論、則謂夷南無應四律。以聲而言、則爲黃大太夾四清。非有二也。其不用正聲而用清聲者、樂之高下以漸、無驟高驟下之理。以夷則一均言之、如用夷南無應四正律、則其聲以次而高、而忽用黃鍾正律、雖同在一均、而高下不協、故必以黃清協之也。暘引李照十二鍾之說、殊爲舛誤。又論二變曰、五聲者、樂之拇指也。二變者、五聲之駢枝也。五聲可益爲七音、則五星五行五常亦可益而七之乎。二變之說始於尚書、而曼衍於左傳國語書傳漢志。是不知書之在治忽、有五聲而無七始。國語之七同、有四宮而無徵也。左氏爲七音之說、蓋八音耳。八音以土爲主、而七音非土不和。故書之益稷、禮之樂記、其言八者皆虛其一、猶大衍虛其一也。云云。不知二變之生、由於高下之次。蔡元定相去二律則音節遠之說、最有根據。若不究其理之所由然、而但以數相較、則七較之五而多其二者、將十二較之五而亦多其七。是音不得有其七、而律亦不得有其十二乎。且五聲二變、有管律弦度之不同。半太蔟與正黃鍾應、半夾鍾與正大呂應。此理尤爲暘所不知也。至以七音爲八音虛土而言、尤爲牽强矣。又其釋周官三宮之樂、以圜黃太姑爲宮之旋而在天者、故其合別而爲四。函太姑南爲宮之旋而在地者、故其合降而爲三。黃大太應爲宮之旋而在人者、故其合降而爲二。若然、則天宮用八律、地宮用六律、人宮用四律、以多少爲差別也。而圜丘樂六變、方丘樂八變、宗廟樂九變、又何以解耶。凡此之類、皆不可據爲典要。然唐以來樂書無傳。北宋樂書惟皇祐新樂圖記及此書存耳。遺文緒論、條理可徵、又安可以一眚廢耶。

律呂新書二卷、編修李潢家藏本。

宋蔡元定撰。元定字季通、建陽人。慶元中坐黨禁流道州卒。事蹟具宋史道學傳。朱子稱其律書法度甚精、近世諸儒皆莫能及。又云季通理會樂律、大段有心力、看得許多書。及爲是書作序、又曰黃鍾圍徑之數、則漢斛之積分可考。寸以九分爲法、則淮南太史小司馬之說可推。五聲二變之數、變律半聲之例、則杜氏之通典具焉。變宮變徵之不得爲調、則孔氏之禮疏固亦可見。至於先求聲氣之元、而因律以生尺、則尤所謂卓然者。而亦班班雜見於兩漢之制、蔡邕之說、與夫國朝會要以及程子張子之言。蓋是書實朱蔡師弟子相與共成之者、故獨見許如此。書分二卷。一爲律呂本原、凡十三篇。黃鍾第一、黃鍾之實第二、黃鍾生十一律第三、十二律之實第四、變律第五、律生五聲圖第六、變聲第七、八十四聲圖第八、六十調圖第九、候氣第十、審度第十一、嘉量第十二、謹權衡第十三。其一卷爲律呂證辨、凡十篇。造律第一、律長短圍徑之數第二、黃鍾之實第三、三分損益上下相生第四、和聲第五、五聲大小之次第六、變宮變徵第七、六十調第八、候氣第九、度量權衡第十。今考元定之說、多截竹以擬黃鍾之管、皆即以其長權爲九寸、而度其圍徑如黃鍾之法、更迭以吹、則中聲可得。淺深以列、則中氣可驗。是截管之法必本之候氣也。而候氣之說最爲荒渺。後漢晉隋志所載、又各異同。既云以木爲案、加律其上。又云埋之土與地平。又云置於案上而以土埋之、上平於地。此置律有淺深高下之不一也。既云以葭莩灰抑其內端、氣至者灰去。又云以竹灰實律、以羅縠覆律口、氣至吹灰動縠、有小動大動不動三說。又云灰飛動素、散出於外、而氣應有早晚、灰飛有多少。其說又不一也。然則候氣既不足憑、人聲又無左驗。是蔡氏所謂聲氣之元者、亦徒爲美聽而已、非能見之實事也。劉歆銅斛、具詳漢志。而隋志又詳載其銘曰、律嘉量斛、方尺而圜其外、庣旁九釐五毫、冪百六十二寸、深尺、積一千六百二十寸、容十斗。祖沖之所議、以爲漢世斛銘、劉歆詭謬其數、爲算氏之劇疵者是也。元定乃併漢志取之、以定黃鍾積實爲八百一十分、何也。荀勖之尺、隋志所謂晉前尺也。當晉之時、阮咸已譏其高。而元定以爲此尺出於汲冢之律、與劉歆之斛最爲近古。樂聲高急、不知當時之圍徑果爲何如。夫古人所云徑三分圍九分者、言圓徑三分而周九分也。空圍即圓周也。胡瑗疑其管狹、不足容千二百黍、遂大其空徑四釐六毫、而周爲十分三釐八毫。是亦徑三圍九之率也。因以空圍爲管內之面冪爲容九方分矣。元定從之、而以圓田術起算黃鍾積實、又失之太大、則不精算術之誤也。至謂黃鍾六變律不與本均之聲相應、而不知當用清聲。又謂二變不可以爲調、而不知二變之調具足五音。若以二變音爲每調之七音、則反爲出調。凡此皆元定之所未及詳者、故特著之以糾其失焉。

瑟譜六卷、永樂大典本、

元熊朋來撰。朋來有五經說、已著錄。是書大旨以爲在禮堂上侑歌、惟瑟而已。他弦莫侑、爲古人所最重。自瑟教廢而歌詩者莫爲之譜。既作瑟賦二篇、發明其理。復援據古義、參以新意、定爲一編。首爲瑟弦律圖。次爲旋宮六十調圖。次爲雅律通俗譜例。次爲指法。次爲詩舊譜、凡鹿鳴、四牡、皇皇者華、魚麗、南有嘉魚、南山有臺、關雎、葛覃、卷耳、鵲巢、采蘩、采蘋十二篇、即趙彥肅所傳開元十二詩譜。次曰詩新譜、凡騶虞、淇澳、考槃、黍離、緇衣、伐檀、蒹葭、衡門、七月、菁菁者莪、鶴鳴、白駒、文王、抑、崧高、烝民、駉十七篇、皆朋來所補。次曰樂章譜、爲學宮釋奠樂章。終以瑟譜後錄、則古來論瑟之語也。其瑟弦律圖、以中弦爲極清之弦、虛而不用、駁姜氏瑟圖二十五弦全用之非。案聶崇義三禮圖、雅瑟二十三弦、其所常用者十九弦、其餘四弦謂之番。番、贏也。頌瑟二十五弦盡用之。又莊子淮南子均有鼓之二十五弦皆動之文、則姜氏之說於古義有徵、未可盡斥。其旋宮圖內所列六十調、皆據蔡氏律呂新書所推。其十二宮則用禮記正義黃鍾一、林鍾二之次、與蔡氏黃鍾一、大呂二之次不同。又改二變爲二少、少與老相應、變與正不相應、實不如律呂新書之確。又黃鍾一均、惟黃鍾宮用七正律、無射商則一正一半五變半、夷則角則二正二半三變半。朋來列七正律於黃鍾宮之前、而無射商以下不書正變及半律變半律、亦爲疎略。其樂章譜既用唐樂三和之法、注曰、如大呂爲角、則於大呂均取中呂起調畢曲。太蔟爲徵、則於太蔟均取南呂起調畢曲。應鍾爲羽、則於應鍾均取夷則起調畢曲。然於黃鍾爲宮無義。又曰、今釋奠迎神或祗用黃鍾爲宮一曲叠奏之云云。案范鎮皇祐新樂圖記曰、黃鍾爲角者、夷則爲宮。黃鍾之角者、姑洗爲角。十二律之於五聲、皆如此率。而世俗之說乃去之字、謂太蔟曰黃鍾商、姑洗曰黃鍾角、林鍾曰黃鍾徵、南呂曰黃鍾羽。其義至明。今因大呂爲角而取中呂起調畢曲、太蔟爲徵而取南呂起調畢曲、應鐘爲羽而取夷則起調畢曲、則是大呂之角、太蔟之徵、應鐘之羽、而非大呂爲角、太蔟爲徵、應鐘爲羽矣。至於黃鐘爲宮、與黃鐘之宮則同一黃鐘、無以異也。朋來既用唐制、而又云祇用黃鐘爲宮一曲疊奏、豈非於意亦有所未安、而爲騎牆之論歟。他如後錄中以堯作十五弦之瑟見於呂覽者、誤爲樂記。記憶偶疎、又其小疵矣。然樂律一門、諸家著錄、琴譜爲多。瑟則東晉之初尚有桓伊歌曹植詩事。以後傳者寥寥。錢起所云二十五弦彈夜月、李商隱所云錦瑟無端五十弦者、特詩人寄興之詞、不必眞有其事。古調之僅存者不過郊廟朝會備雅樂之一種而已。朋來於舊譜放佚之餘、爲之考訂蒐羅、尚存梗概。史稱其通曉樂律、尤善鼓瑟。則與儒者不通宮調而坐談樂理者、尚屬有殊。存之亦足見古樂之遺也。

韶舞九成樂補一卷、（永樂大典本）

元余載撰。載始末無考。惟據其進書原序、自稱三山布衣、前福州路儒學錄。又據其門人新安朱模進樂通韶舞補略序、知爲仁宗天歷中人。其字曰大車。以養親辭官、篤行授徒、自甘嘉遯而已。是編文淵閣書目著錄、世無傳本。惟永樂大典所載篇帙猶完。首爲九德之歌音圖、次爲九德之歌義圖、次爲九磬之舞綴兆圖、次爲九磬之舞采章圖。其歌圖以五聲五言相配、所謂平濁平清者、與沈約、徐景安分平聲爲上下以配五音者異。（沈約說見宋芾畫史、徐景安說見王應麟困學紀聞。）與司馬光、劉鑑諸家以喉舌脣齒牙配五音者亦異。又以六律六呂分用、與諸家樂書以十二律相生之次爲旋宮七音之次者、尤截然不同。然考周德清中原音韻所謂陰平陽平、卽載平濁平清之說也。周官大司樂鄭元註所謂六律合陽聲、六呂合陰聲、卽載律呂分用之說也。則雖自出新意、亦不爲無據。至於準大衍之數以製河圖、準太乙行九宮法以造洛書、皆起於陳摶以後。后夔典樂之日、實無是文。載所定舞圖、皆根河洛以起數、尤不免附會牽合。然數不外於奇偶、奇偶不外於陰陽。易道廣大、事事可通、亦未始不言之成理。東晳之補六詩、皮日休之補九夏、不必其定合於古。要猶存古義於萬一、終勝於側調幺弦、導欲增悲者也。則載是書亦不妨存備一說矣。其書屢經傳寫、譌誤宏多。如音圖第八章至哉坤元之坤字、據後義圖應在第八格、而舊本誤在第七格。又如綴兆始成圖中層左右皆闕兩位。據舞用八佾當得六十四人、不應再成以下皆六十四、始成乃止六十。且復綴卽始成之位、次後采章圖內亦各有黃衣二人之位。則此圖之佚脫顯然。今竝校正、使復其舊。其以朱圈墨圈記舞人之位者、亦間有淆亂、竝釐正焉。

律呂成書二卷、（永樂大典本）

元劉瑾撰。瑾有詩集傳通釋、已著錄。是書以候氣爲定律之本、因而推其方圓周徑、以考求其積分。蓋瑾之學篤信宋儒、故其註詩、守朱子之說、不踰尺寸。其論樂、守蔡氏、彭氏之說、亦不踰尺寸也。考管子地員篇稱呼音中徵中羽之數、及呂氏春秋古樂篇稱伶倫先制黃鐘之宮、次制十有二筩、咸不言候氣。至司馬彪續漢書志、始載其法。相傳爲出於京房、然別無顯證。隋書載後齊信都芳能以管候氣、仰觀雲色、嘗與人對語、卽指天曰孟春之氣至矣。人往驗管而飛灰果應。又稱毛爽草候氣法、述漢魏以來律尺稍長、灰悉不飛。其先人柄誠與其兄喜所爲律管、皆飛灰有徵應。然後來均不用其法。蔡邕有言、古之爲鍾律者、以耳齊其聲。後人不能、假器以定其度。以度量者可以文載口傳、然不如耳治之明決也。然則舍可辨之音而求諸杳茫不可知之氣、斯亦末矣。至蔡氏律呂新書推衍舊文、仍言候氣、其數以徑一圍三立度、爲算頗疎。彭氏覺其未合、改用祖沖之徑七圍二十二之率。然稽諸隋志、此猶約率、非密率也。瑾合二家之書、反復推衍以成是編。較諸古人之神解、誠未必窺其精微。然宋儒論樂、所見不過如此。有元一代著述尤稀、此書猶不甚支離者、長短兼存、以資考訂、固亦不妨姑備一說云爾。

苑洛志樂二十卷、（浙江汪啟淑家藏本）

明韓邦奇撰。邦奇有易學啟蒙意見、已著錄。是書首取律呂新書爲之直解、凡二卷。前有邦奇自序、後有衞淮序。第三卷以下乃爲邦奇所自著。其於律呂之原、較明人所得爲密、而亦不免於好奇。如雲門、咸池、大章、大夏、大韶、大濩六樂、名雖見於周官、而音調節奏、漢以來無能傳者。邦奇乃各爲之譜。謂黃帝以土德王、雲門象天、用火起黃鐘之徵以生、爲用則林鐘也。咸池象地、用水起大呂之羽以土所剋、爲用則無射也。大章大韶皆起於黃鐘、夏以金德王、林鍾屬金、商聲、故大夏用林鍾之商。南呂以南呂起聲、商以水德王、應鍾屬水、羽聲、故大濩用應鍾之羽。夷則以夷則起聲。今考旋宮之法、林鍾一律以黃鍾之徵爲火、以仲呂之商爲金。若以月律論之、則是六月之律而非金也。故邦奇於大夏下自注云、相緣如此、還用夷則爲是。則夷則爲七月之律屬金、與大濩用應鍾爲十月之律屬水者一例矣。然則林鍾夷則不已兩岐其說乎。又謂大司樂圜鍾爲宮、以南呂起聲、一變在姑洗、至六變在圜鍾、故云若樂六變則天神皆降。函鍾爲宮、以應鍾起聲、一變在蕤賓、至八變在函鍾、故云若樂八變、則地祇皆出。黃鍾爲宮、以南呂起聲、一變在姑洗、至九變在黃鍾、故云若樂九變、則人鬼可得而禮。今考左氏傳謂五降之後不容彈矣、則宮徵商羽角五聲也。前漢書禮樂志曰、八音七始、則宮徵商羽角變宮變徵七聲也。凡譜聲者率不越此二端。此書圜鍾爲宮、初奏以黃鍾之羽、南呂起聲、順生至黃鍾收宮、凡得十聲。次奏用林鍾之羽、姑洗起聲、而姑洗實爲前奏黃鍾之角、所謂用宮逐羽而清角生也。函鍾爲宮、用太蔟之羽、應鍾起聲、順生至本宮太蔟、又順生徵商二律、復自商逆轉徵宮二律、收宮、凡得十四聲。商不順生羽而逆轉爲徵、所謂引商刻羽而流徵成也。黃鍾爲宮、凡陽律之奏用宮逐羽、陰呂之奏引商刻羽、是以十聲與十四聲各五奏也。至謂周樂皆以羽起聲、本於咸池、而於黃鍾爲宮、起南呂則用黃鍾本宮之羽。函鍾爲宮、起應鍾、應鍾爲太蔟之羽、太蔟爲林鍾之徵、則又用徵之羽矣。圜鍾爲宮、起南呂、南呂爲黃鍾之羽、黃鍾爲圜鍾之羽、則又用羽之羽矣。同一用羽起聲、而所用之法又岐而爲三。推其意、不過誤解周禮八變九變之文、以函鍾爲宮當在初奏之第九聲、方與八變合、卽不得不以應鍾爲第一聲、而應鍾非函鍾之羽也。以圜鍾爲宮當在初奏之第七聲、方與六變合、卽不得不以南呂爲第一聲、而南呂非圜鍾之羽也、卽又不得不謂應鍾爲羽之羽、南呂爲徵之羽矣。由杜撰而遷就、由遷就而支離、此數卷最爲偏駁。其他若謂凡律空圍九分、無大小之異、其九分爲九方分。蕤賓損一、下生大呂、優於益一、上生大呂。以黃鍾至夾鍾四清聲爲可廢。以夷則至應鍾四律圍徑不當遞減。雖其說多本前人、然決擇頗允。又若攷定度量權衡樂器樂舞樂曲之類、皆能本經據史、具見學術。與不知而妄作者究有逕庭。史稱邦奇性嗜學、自諸經子史及天文地理樂律術數兵法之書、無不通究。所撰志樂、尤爲世所珍、亦有以焉。末有嘉靖二十八年其門人楊繼盛序。據繼盛自作年譜、蓋嘗學樂於邦奇、所云夜夢虞舜擊鍾定律之事、頗爲荒渺。然繼盛非妄語者、亦足見其師弟覃精是事、寤寐不忘矣。

鍾律通考六卷 浙江范懋柱家天一閣藏本

明倪復撰。復有詩傳纂義、已著錄。是書凡二十七章、始於黃鍾本原、終於風雅十二詩圖譜。其中或標卷目、或不標卷目。疑傳寫者有所佚脫、非其舊也。卷首有嘉靖丙戌張邦奇序。謂其本之儀禮經傳、參之西山蔡氏之說、歷考古今制度、辨正百家之得失、以求合乎聲氣之元。今考是書、大端不失古法。其中如呂氏春秋黃鍾三寸九分、與歷代律書九寸之說不合。是書則謂三寸者、三三九寸也。九分者、九方分也。後何瑭及鄭世子載堉皆用是說。至於五聲二變、明有國語伶州鳩之說可證。而是書乃謂宮屬君、周加變宮、因誅紂也。徵屬事、周加變徵、示革商之舊政也。殊杜撰無稽。又所載六十調圖、若黃鍾五調以無射爲商、夷則爲角、仲呂爲徵、夾鍾爲羽之故、同時韓邦奇於蔡氏書圖疏解甚詳、而此書乃竟不之及、尤不免於漏略。然其中亦頗有可採者。如左氏傳中聲以降、五降之後不容彈矣。蔡元定謂五聲之後二變不容爲調。朱子謂蕤賓以下不可爲宮。是書則謂朱子之說與禮記所云旋相爲宮似有未合、故特從元定。又若黃鍾生十一律、倍其實、四其實、三其法、及角音六十四、生變宮變徵類、能竝列朱蔡異同之法、參互詳審、頗爲不苟、亦可謂勤於此事者矣。

樂律全書四十二卷 浙江巡撫採進本

明朱載堉撰。載堉、鄭恭王厚烷世子也。是書萬歷閒嘗進於朝。明史藝文志作四十卷。今考此本所載、凡書十一種。惟律呂精義內外篇各十卷、律學新說四卷、鄉飲詩樂譜六卷、皆有卷數。其樂學新說、算學新說、操縵古樂譜、六代小舞譜、八佾綴兆圖、靈星小舞譜、旋宮合樂譜七種、則皆不分卷。與藝文志所載不符、疑史誤也。載堉究心律數、積畢生之力以成是書。卷帙頗爲浩博、而大旨則盡於律呂精義一書。其說謂度本起於黃鍾之長。就此黃鍾而均分爲十寸、寸十分。命曰一尺。當橫黍百粒、是爲度尺。若以此黃鍾分爲八寸一分、寸九分。凡八十一分。當縱黍八十一粒、是爲律尺。又橫黍百粒、縱黍八十一粒、當斜黍九十粒、是黃鍾之長。以橫黍尺度之、則爲一尺、寸十分、凡百分。以縱黍尺度之、則爲八寸一分、寸九分、凡八十一分。以斜黍尺度之、則爲九寸、寸十分、凡九十分也。其十二律長短之數、則據㮚氏爲量內方尺而圜其外之文、謂圜徑卽方斜、命黃鍾正律爲一尺、用句股求弦術、得弦爲蕤賓倍律。蓋黃正爲句股、則蕤倍爲弦。蕤正爲句股、則黃正爲弦。黃蕤二律互爲句股也。其生南呂應鍾諸律、非句股所能御、蓋本於諸乘方比例相求之法。載堉云句股術者飾詞也。律管長短、由於尺有大小。其云黃鍾九寸者、蓋算術設率如此。亦猶鄭康成注十二律分寸釐毫絲之數、破一寸以爲十分、乃審度之正法。太史公約十爲九、則欲其便於損益而爲假設之權制也。或者訶其以一尺爲黃鍾、與九寸之文相反、可謂不達其意矣。仲呂反生黃鍾、自何承天、劉焯、胡瑗皆有是說。蔡氏論之、以爲惟黃鍾一律成律、他十一律皆不成律。不知律生於聲、不生於數。吹之而聲應則成律矣。若遷就其聲以就數、則五音且不和矣、尚得謂之律耶。又或者以其開方乘除有不盡之數爲病。夫理之當用開方乘除而數有畸零者、雖秒忽不盡何害。假令句股求弦而句方股方相併以平方開之不盡、亦將謂之不成弦耶。此不知算術者也。是書所論橫黍百粒當縱黍八十一粒之尺度、及半黃鍾不與黃鍾應、而半太蔟與黃鍾應之說、皆精微之論。

聖祖仁皇帝律呂正義一書、備採其說、不可以其與蔡氏有異同而置之也。至其十二律相生之法、以黃鍾正律一尺爲第一率、倍黃鍾二尺爲第十三率、則蕤賓倍律爲第七率。故仲呂可以反生黃鍾、左旋右旋、皆可徑求次律、卽諸乘方用連比例相求之法也。試列十三率明之。以眞數一爲首率、卽第一率。方邊二爲二率。平方四爲三率。立方八爲四率。三乘方十六爲五率。四乘方三十二爲六率。五乘方六十四爲七率。六乘方一百二十八爲八率。七乘方二百五十六爲九率。八乘方五百一十二爲十率。九乘方一千零二十四爲十一率。十乘方二千零四十八爲十二率。十一乘方四千零九十六爲末率。卽十三率。以首率一乘末率四千零九十六開平方、卽得七率六十四、卽黃鍾求蕤賓法。以七率六十四乘首率一開平方、得八爲四率、卽蕤賓求南呂法也。以首率一自之、又以四率八乘之、開立方得二率方邊二、卽南呂求應鍾法也。若四率八自之、再以首率一乘之、開立方得三率四、卽南呂求無射法也。其比例則首之於二、猶二之於三。二之於三、猶三之於四。依次至第十三率、比例皆同。或前隔一位、隔二三位、與後隔一位、隔二三位、比例亦同。卽各律求各次律法也。書中未明言其立法之根。又黃鍾正律倍律相乘開方、有類句股求弦與方求斜二術。自蕤賓求南呂法以下、非句股法所能御。而亦以句股言之、未免過於祕惜、以塗人耳目耳。江永著律呂闡微一書、專解載堉之法。永最深嘶算術、而猶不能得其立法之意。餘可知矣。

御定律呂正義五卷、

康熙五十二年

聖祖仁皇帝御定律歷淵源之第三部也。凡分三編。上編二卷、曰正律審音、以發明黃鍾起數及縱長體積面冪周徑律呂損益之理、管弦律度旋宮之法。下編二卷、曰和聲定樂、以明八音制器之要、各有圖說。而於各篇之中詳考古今之同異。續編一卷、曰協均度曲、則取波爾都哈兒國人徐日升及壹大里呀國人德里格所講聲律節奏、證以經史所載律呂宮調諸法、分配陰陽二均字譜、亦有圖有說。案造律之法必先累黍。漢魏以後、迄無定論。尺旣不定、則黃鍾眞度亦無由得。恭惟

聖祖仁皇帝天縱神聖、以縱橫二黍相較、橫黍百粒適當縱黍八寸一分之限。用四率比例、推得古黃鍾九寸爲今尺之七寸二分九釐。其體積面冪周徑、皆用密率乘除、至爲精密。此千古難明之絕學、待

聖人而明者也。又言樂者率宗司馬遷、淮南子之說、以三分損益之術誤爲管音五聲二變之次、復執管子弦音五聲度分率合於十二律呂之中。故管律弦度俱不可得而明。而陽律陰呂又錯互用之、益滋譌謬。不知律呂分用、顯有周官六律合陽聲、六呂合陰聲、及國語六閒之文可據。而弦管之生聲取分、各有不同。弦度全半相應、管音半律較全律則

下一音。呂覽以三寸九分之管爲聲中黃鍾之宮、卽半太蔟合黃鍾之義。若不問管弦全半之分而概以三分損益所得之黃林太南姑應蕤爲七音、又以半黃鍾爲淸宮、失之遠矣。至旋宮之法、宮自爲宮、調自爲調。管子羽徵之數大於中、國語宮逐羽音、是其遺法。故以宮主宮、羽主調、則當二變者不起調、而與調首不合之徵音、亦不起調。一均凡羽宮商角四調、七均凡二十八調。至弦度自首音至第八音、得六全分、與管律之得全分者不同。若以律呂之分索之弦音、則陰陽相雜、聲隨度移、卽隋志所云七聲之內三聲乖應者是也。故但以弦音奏之而不和、以管音亦止有宮商徵羽之四調而已。凡此皆自來論樂家所昧昧者、非

聖人心通制作之原、烏能律均出度、妙合造化、有如是之精微廣大耶。若夫播之聲氣、則和聲定樂、論竹音以律呂相和而設孔、琴以倍徵爲第一弦、協均度曲、論弦音淸濁二均遞轉合聲之法、皆迥出昔人論議之外、而一一莫不與經史所載相發明。斯誠

聰明天亶、度越千古者矣。

御製律呂正義後編一百二十卷、

乾隆十一年、奉

敕撰。律呂之書、人各異說。

聖祖仁皇帝累黍而得黃鍾眞度、陰陽分用、各加以一半律而成七音、共爲淸濁一十四音。又以管律弦度生聲取分、各有不同、明弦音不可以律呂之度取分。凡所以定尺考度、製器審音、與夫五聲五變應和之原、剖析徵芒、發千古未有之精義。而樂器樂章則尚未及釐定。蓋欲俟審比樂音之法具有成書、而後考證古今、勒爲定制、以徵大樂之明備也。

我

皇上德蘊中和、業隆繼述。凡太常之襲謬承譌者、音節篇章、

親加釐定。合則仍其故、不合則易其辭、更其調。字櫛句比、盡美盡善。爰

命廷臣詮次以成是編。凡分十類、曰祭祀樂、曰朝會樂、曰宴饗樂、曰導引樂、曰行幸樂、並詳其用樂節次、隨月旋宮之法。而備及曲詞調譜、佾數舞勢、鼓拍疾徐之節。次曰樂器考、器各有圖、圖各有說。而

御製諸銘具載焉。次曰樂制考、溯自上古、若雲門大卷以降、迄於前明、博采精義、徧徵史志。凡其制作命名之由、因革損益之故、靡不殫述。次曰樂章考、亦自上古迄明、依類臚舉。次曰度量權衡考、制器定律之本也。次曰樂問、則設爲問荅、以窮竟其義、而前人舊說可采者、間亦附錄。蓋

御製律呂正義殫窮理數之蘊、妙契聲氣之元者、至是而被諸金石、形諸歌頌、一一徵實用焉。

神聖製作、洵先後同揆矣。至於首載歷奉

諭旨、及館臣諸奏議、積盈二卷、於古今異同之辨、名物度數之詳、並

指示是非、考詢得失、務協於伶倫榮猨之舊。又豈皇祐定樂、但聽司馬光范純仁等盈廷聚訟、莫能稱制臨決者所可比擬萬一哉。古者六經並重、而樂無專書。漢魏而下、歷代沿革之故、具在史冊。先儒殫精推測、究莫能以相一者、一則尺度不同、莫能定黃鍾之眞數、一則無制作之權、而空談其理、未能實諧諸管絃也。是編本

御製律呂正義正律審音和聲定樂之法、而審訂源流、驗諸器數。揚雄法言所謂羣言淆亂折諸

聖、鄭氏禮記注所謂作禮樂者必

聖人在

天子之位也。依永和聲之盛、蔑以加於此矣。

欽定詩經樂譜三十卷、樂律正俗一卷、

乾隆五十三年、奉

敕撰。我

皇上啟六義不傳之祕、示千秋大樂之原。

特命

皇子暨樂部諸臣、據文義以定宮調、援古證今、

親加指示、而於永言之微旨、

御定爲一字一音、合於大音希聲之義。並遵

御製律呂正義體例、分列八音譜、旋宮表。字色各異、而聲律則同、可謂盡美盡善、足以識性情之正、而建中和之極矣。考歌詩之見於史冊者、漢宗廟樂用登歌、而猶仿淸廟遺音。晉正會樂奏於赫而不改鹿鳴聲節、則知古樂雖屢變、而其音節不能盡變也。唐開元鄉飲樂雖不著宮譜、而獨取一字一音、朱子蓋嘗言之。豈非古有其法而不能用。我

皇上深究其本原、適合於古哉。後世譜詩者、明朱載堉樂律全書所載關雎數篇、琴瑟至用一字十六彈、

皇上親命樂工按譜試之、俱不成聲。屢降

諭旨駁正之。又撰樂律正俗一書、以糾其誤。又考嘉靖十五年國子祭酒呂柟著詩樂圖譜、共六集、分爲

六譜、以教六館諸生。而其譜專取黃鍾一調、即朱載堉以笛合字爲宮聲之法也。歌字不論平仄、亦不取某字起某字止之例。鐘磬止用黃大仲林南清黃六音、而虛其十二不用。琴瑟止用六絃、蓋以意爲之、不知而作者也。且自周南至商頌僅八十餘譜、烏足與語全詩之盛美。
聖皇之作述哉。總計原詩三百五篇、增入
御製補笙詩六篇、凡三百十一篇。篇笛鐘琴瑟凡一千五百五十五譜云。

古樂經傳五卷、左副都御史黃登賢家藏本。

國朝李光地撰。光地有周易觀彖、已著錄。是書取周禮大司樂以下二十官爲經、以樂記爲之傳。又有附樂經、附樂記、統爲五卷。樂經樂記爲光地所自訂。其樂教樂用二篇、則其孫清植以遺稾輯成者也。樂經之最不易通者、莫若大司樂一篇。蓋竇公以後、久失其傳。鄭氏所注、亦自隱奧難曉。學者各爲之說、遂至紛紜轇轕、聚訟無休。光地之論、謂經文圜鍾爲宮、當作黃鍾爲宮。蓋即以黃鍾爲宮也。黃鍾爲角、則黃鍾角調也。其起調畢曲之律以姑洗。太蔟爲徵、則太蔟徵調也。其起調畢曲之律以南呂。姑洗爲羽、則姑洗羽調也。其起調畢曲之律以大呂。據此則黃鍾爲角、乃姑洗爲黃鍾之角。太蔟爲徵、乃南呂爲太蔟之徵。姑洗爲羽、乃大呂爲姑洗之羽。經文似當云黃鍾之角、太蔟之徵、姑洗之羽、不得云黃鍾爲角、太蔟爲徵、姑洗爲羽。光地錯綜比附、亦未免迂曲而不可通。然其以上文祀天神四望所用之律爲證、亦自有意義、正不妨存此一解、以補前人所未備也。其他立說、亦多考核確當、議論精詳。蓋其究心此事、用力甚深、與一切師心臆度者固自有閒矣。

古樂書二卷、浙江巡撫採進本。

國朝應撝謙撰。撝謙字嗣寅、仁和人。是書上卷論律呂本原、大旨本蔡氏新書、而參以注疏及朱子之說。下卷論樂器制度、則本陳祥道禮書及李之藻頖宮禮樂疏者爲多。議論醇正、考訂簡核、頗得要領。其閒立說之未合者、如六十聲圖以宮爲最濁之音、謂十二律旋宮、自黃鍾而下林鍾均則太姑二律爲陵宮、南呂均則大姑蕤三律爲陵宮。其意蓋以太姑二律長於林鍾之六寸、太姑蕤三律長於南呂之五寸餘、故應鍾爲最短之律。應鍾均則徵商羽角四律皆爲陵宮也。不知旋宮之法、本於十二律之相生、不以長短爲相生之次。至長生短爲下生、短生長爲上生、不過以上下爲別、非謂徵必短於宮、商必短於徵也。其失總由於宮爲最濁之一言、而不知宮爲中聲、故致此誤。撝謙又謂古人既云黃鍾九寸、則其制度必加一寸而爲尺。謂黃鍾九寸竟作一尺者固非、謂黃鍾九寸止得八寸一分者亦非云云。夫黃鍾九寸爲本造律度十分之九、而析九寸爲一尺、則橫黍之度、約九寸爲八寸一分、則縱黍之度。是云九寸與云一尺云八寸一分者、非有異也。撝謙強加分析、尤屬未合。然其他精審處、亦往往足資考證。如考工記鳧氏爲鍾、兩欒謂之銑、銑閒謂之于、于上謂之鼓、鼓上謂之鉦、鉦上謂之舞。十分其銑、去二以爲鉦。以其鉦爲之銑閒、去二分以爲鼓閒。以其鼓閒爲之舞脩、去二分以爲舞廣。記文不言鉦閒及鼓徑之度。鄭注云、鉦閒亦當六、故又云鉦六、鼓六、舞四、此鍾口十者、其長十六。然鉦閒鼓閒既同方六、而記又云大鍾十分、其鼓閒以其一爲之厚。小鍾十分、其鉦閒以其一爲之厚。則鼓閒鉦閒不得同度。撝謙云鉦閒與舞廣同爲四、較之鄭注、頗爲可通。又銑閒謂之于、先儒皆無明訓。撝謙作正體二圖、則鼓閒下段兩角之下垂者、即銑閒。蓋古之鍾制、如鈴而不圓、兩角相距之中徑爲十分、其自兩角至鼓閒之長、體爲八分、至兩角相距之外、體獨缺。故鄭注鍾長十六、不算銑閒。又以于鼓鉦舞四名爲皆鍾體、則銑閒自有體長之度可知。撝謙此二圖、固爲最明晰也。

聖論樂本解說二卷、浙江巡撫採進本。

國朝毛奇齡撰。奇齡有仲氏易、已著錄。是書成於康熙三十一年五月、擬進
呈。未果。至三十八年三月、
聖祖仁皇帝南巡、奇齡迎
駕於嘉興、乃以是書恭
進。故卷首載三十五年一疏、而卷末又有三十八年附記。其書因大學士伊桑阿論樂原疏、本於徑一圍三、隔八相生之
聖論。故推闡考證、分條注釋。其進書原疏稱合三書十三卷、首爲樂本解說一卷。今此本乃分二卷、蓋全書文義相屬、本爲一篇。刊版之時、乃以論徑一圍三者爲前卷、論隔八相生者爲後卷。取其條例明晰。
當迎

駕恭進之時、卽此刊本、則仍奇齡所自分矣。

皇言定聲錄八卷、浙江巡撫採進本、

國朝毛奇齡撰。書內推本聖祖仁皇帝論樂、而自附其九聲七調之說。合五聲及宮清商清角清徵清爲九聲。合五聲及變宮變徵爲七調。謂曲終不用二變、而器色以七調之色字應之、故九聲爲聲、七調爲調。因又辯昔人以變宮在宮前、變徵在徵前爲非、而移二變於二正後。蓋熟於吹簫笛者、翻宮換調。以宮逐羽聲則羽爲宮、而宮當商、商當角、角當徵、徵當羽、皆差一位。故變宮本在羽後宮前者、變而居宮後商前矣。變徵本在角後徵前者、變而居徵後羽前矣。此今時管色字所常用、非奇齡以獨創得之者也。其餘自行己意、攻駁古人、辭氣往往太過。姑存之以備參考可矣。

竟山樂錄四卷、浙江巡撫採進本、

國朝毛奇齡撰。是書據明寧王權唐樂笛色譜爲準、以四乙上尺工凡六字循環成七調。如四爲領調、則乙爲變宮、上爲商、尺爲角、工爲徵、凡爲變徵、六爲羽。又除羽無清聲、置乙凡二字不用、復從六而推。高四爲宮清、高上爲商清、高尺爲角清、高工爲徵清、合之宮爲九聲。蓋簫笛色字譜及金元曲調、其動盪曲折、總不出此九聲之環轉。伶官遞相授受、稱爲唐樂之遺法。奇齡遂據以解五音十二律、還相爲宮、以攻司馬遷律書、蔡元定律呂新書之說。欲舉古來所謂三分損益、隔八相生者、一切廢之。併伶州鳩所對亦斥爲妄言。夫寧王笛色譜果否爲唐人之舊、未可知也。卽眞出唐人、而唐之雅樂固未聞能與三代比。乃執其優伶賸譜、以定天地之元音、舉漢氏以來諸儒授受去古未遠者、悉指爲謬。揆以事理、似乎未然。惟寧王譜今已不傳、存錄是編、俾唐以來教坊舊調、金以來院本遺音、猶有考焉、亦技藝之一種也。是書本奇齡作、而託於其父鏡所傳、故題曰竟山樂錄。竟山者、鏡之字也。末一卷爲采衣堂論樂淺說十四條、稱出自其兄仁和教諭萬齡、而詞氣亦宛似奇齡。無可佐證、亦姑妄聽之焉。

李氏學樂錄二卷、浙江巡撫採進本、

國朝李塨撰。塨有周易傳注、已著錄。塨嘗學五音七聲十二律以器色相配之說於毛奇齡。作宮調圖、七調全圖及十二律旋相爲宮隔八相生合圖、器色七聲還相爲宮隔八相生圖、簫色下生上生圖、五音七聲十二律器色七字爲七調還相爲宮隔八相生全圖、六律正五音圖、而皆爲之論。其說主於四上尺工六五字。除一領調字、餘字自領調一聲遞高、又自領調一聲遞低、圓轉爲用。雖於黃鍾之宮所以爲律本者無所發明、然亦可備一家之說。是書本塨所編、以皆述其聞於奇齡者、奇齡又手定之、故後人編入西河合集中、而題奇齡之名於首。然實非奇齡所自著。趙汸春秋師說未嘗題黃澤之名、古之例也。故今改題塨名、以不沒其眞焉。

樂律表微八卷、浙江巡撫採進本、

國朝胡彥昇撰。彥昇字竹軒、德清人。雍正庚戌進士、官定陶縣知縣。是書凡度律二卷、審音二卷、製調二卷、考器二卷、多糾正古人之謬。如謂十二律相生終於仲呂、其復生黃鍾之清聲、以爲仲呂之徵夷則之角者、淮南所謂變宮生徵、變徵生商、變商生羽、變羽生角、變角生宮也。其聲由五音之變生、非由仲呂之數生。若欲由仲呂還生黃鍾、則其數有所不足。五音相生窮於角、其又生變宮遞相生以至仲呂之爲角者、淮南所謂角生姑洗、姑洗生應鍾、應鍾生蕤賓、而七音備也。其音由律生、非由角之數生。若欲由角更生變宮、再生變徵、則其數有所不盡。故十二律相生不計餘數、五音相生不計變音。其論甚正。蓋旋宮之法、清濁以漸、而清極則反濁、濁極則反清、亦一定之理。仲呂爲宮、其黃清之爲徵者、在弦音則黃鍾之半音、在管音則太蔟之半音。由絲竹之生聲取分、各有不同。但取高下之相協、不必計其數之損益者盡與不盡也。必欲數之適盡、則京房之六十律亦有不盡之數矣。至錢樂之三百律、杜佑之十二變律、蔡西山之六變律、則又皆襲京房之謬說而失之者也。古人止十二律旋宮、最爲簡便。卽如琴之七弦、每位必有三準、其音皆與全弦散音合。簫笛六孔、竝出音孔爲七、而四字高吹卽五、合字高吹卽六、此其聲之高下清濁、自然相應、豈假於變律耶。至於變宮變徵二音、本在五音之外、故以變目之。今因仲呂以下之十律、而皆如地形訓之說、目以變宮變商、恐黃鍾變律縱與正律有分、亦必不能獨成一聲。彥昇是論、可謂精且審矣。彥昇又謂荀勖十二笛是古人遺法。今但作黃鍾大呂二笛、而十二畢具。其法黃鍾笛用黃林太南姑應蕤七律、大呂笛用太夾無仲黃林七律。作大呂笛之法、但以黃鍾笛相較。其黃林二律之孔無所挪移、餘四孔及出音孔皆下黃鍾笛半孔。其七調除黃林二調相同外、其大夾仲夷無五調合黃鍾笛之七調爲十二律調。較古人之云六十調及八十四調者亦爲簡易可從。在近代講樂諸家、猶爲有所心得者也。

律呂新論二卷、山東巡撫採進本、

國朝江永撰。永有周禮疑義舉要、已著錄。是編上卷首論蔡氏律書、次論五聲、次論黃鍾之宮、次論黃鍾之長、次論黃鍾之積、次論十二律、次論三分損益、次論二變聲、次論變律。下卷首論琴、次論四清聲、次論旋宮、次論樂調、次論造律、次論候氣、次律呂餘論。其大旨以琴音立說、考古人皆以管定律、漢京房作準定數、由十二律生六十律、因而生三百六十律、此用弦求聲之始。永之說殆源於是。然管音弦音其生聲取律微有不合、故不免有所牽合。然其論黃鍾之積、論宋儒算術之誤、論律生於歷諸條、皆能自出新意。蓋律歷皆由算積、故漢書併爲一志。永深於算法、故於律度能推其微渺也。至於定黃鍾之宮、則據蔡邕月令章句以校呂氏春秋之譌、併糾漢志刪削之誤、辨損益相生以爲均勻截管、則不致往而不返、亦能發前人所未發。固亦可存備一家之學者矣。

律呂闡微十卷、兩江總督採進本、

國朝江永撰。是書引

聖祖仁皇帝論樂五條爲

皇言定聲一卷、冠全書之首。而

御製律呂正義五卷、永實未之見。故於西人五線六名八形號三遲速、多不能解。其作書大旨、則以明鄭世子載堉爲宗。惟方圓周徑用密率起算、則與之微異。載堉之書、後人多未得其意、或妄加評隲。今考載堉命黃鍾爲一尺者、假一尺以起句股開方之率、非於九寸之管有所益也。其言黃鍾之律長九寸、縱黍爲分之九寸也。寸皆九分、凡八十一分、是爲律本。黃鍾之度長十寸、橫黍爲分之十寸也。寸皆十分、凡百分、是爲度母。縱黍之律、橫黍之度、名數雖異、分劑實同。語最明晰。而昧者猶執九寸以辨之、不亦惑乎。考工記㮚氏爲量、內方尺而圜其外、則圓徑與方斜同數。方求斜術與等邊句股形求弦等。今命內方一尺爲黃鍾之長、則句股皆爲一尺。各自乘併之、開方得弦爲內方之斜、卽外圓之徑、亦卽蕤賓倍律之率。蓋方圓相函之理、方之內圓得外圓之半、其外圓必得內圓之倍。圓之內方得外方之半、其外方亦必得內方之倍。今圓內方邊一尺、其冪一百。外方邊二尺、其冪四百。若以內方邊一尺求斜、則必置一尺自乘而倍之以開方。是方斜之冪二百、得內方之倍、外方之半矣。蕤賓倍律之冪、得黃鍾正律之倍、倍律之半。是以圓內方爲黃鍾正律之率、外方爲黃鍾倍律之率、則方斜卽蕤賓倍律之率也。於是以句乘之、開平方得南呂倍律之率。以股再乘之、開立方得應鍾倍律之率。旣得應鍾、則各律皆以黃鍾正數十寸乘之爲實、以應鍾倍數爲法除之、卽得其次律矣。其以句股乘除開方所得之律、較舊律僅差毫釐、而稍贏。而左右相生、可以解往而不返之疑。且十二律周徑不同、而半黃鍾與正黃鍾相應、亦可以解同徑之黃鍾不與半黃鍾應、而與半太蔟應之疑。永於載堉之書、疏通證明、具有條理。而以蕤賓倍律之率生夾鍾一法、又能補原書所未備。惟其於開平方得南呂之法、知以四率比例解之、而開立方得應鍾法、則未能得其立法之根而暢言之。蓋連比例四率之理、一率自乘用四率再乘之、與二率自乘再乘之數等。今以黃正爲首率、應倍爲二率、無倍爲三率、南倍爲四率、則黃正自乘、又以南倍乘之、開立方卽得二率爲應鍾倍律之率也。其實載堉之意、欲使仲呂返生黃鍾、故以黃正爲首率、黃倍爲末率、依十二律長短之次、列十三率、則應鍾爲二率、南呂爲四率、蕤賓爲七率也。其乘除開平方立方等術、皆連比例相求之理、而特以方圓句股之說隱其立法之根、故永有所不覺耳。

琴旨二卷、兩江總督採進本、

國朝王坦撰。坦字吉途、南通州人。自來言琴律者、其誤有五。一在不明管子五音四開之法、而以管音律呂定弦音。一在不知以五聲二變明弦音之度分、而以律呂分徵位。一在不知管子百有八爲倍徵、及白虎通離音尚徵之意、泥於大不踰宮之說、而以大弦爲宮。一在不知三弦爲宮、而以一弦十徽爲仲呂。一在據正宮一調論律呂、謂隋廢旋宮、止存黃鍾一均、而不知五聲旋宮轉調之全。惟御製律呂正義一書，考定詳明，發古人之所未發。坦作是書，一一本正義之旨，而反覆推闡，其五聲數論琴說，謂絲樂弦音，其體本實，當以五聲之數定其絲綸多寡之數爲之體，徽分疏密之數爲之用，不可以黃鐘九寸、太簇八寸爲準。蓋管音全半不相應，弦音全半相應，以管律與徽分較之，欲取其聲之同，則其分不同；欲取其分之同，則其聲不同，即正義以五聲二變定弦音之度，及管音弦音全半應聲不同二篇之旨也。其釋黃鐘均以仲呂爲角之疑說，謂一弦全度散聲爲林鐘徵，則十徽乃黃鐘宮位，故應三弦散聲。如以一弦全度散聲爲黃鐘，則十徽乃仲呂之位，不能應三弦之姑洗角，即正義絲音尚徵，一弦非宮之義也。其三弦獨下一徽說，謂十分之徽爲全度四分之三，宮聲三弦之全度八十一分，三因之則爲二百四十三，以二百四十三而四分之，則六十零七五爲十徽之分，而五弦之全度則爲角聲六十四之分，必按三弦六十四之分始與之應，故在十一徽。其五弦獨上半徽說，謂五聲以倍半取應，凡九徽之分爲全度三分之二，其聲爲本弦相生之聲，五弦角聲，角生變宮，其三弦爲宮聲，故不能與九徽變宮聲變而必在上半徽，即正義宮聲三弦之角位在十一徽，與角聲之宮位在八徽九徽正中之義也。其泛音四準說，謂全弦以七徽爲界，自七徽上至岳山得聲之清，所出五聲二變度分之聲與實音相應。八徽至十三徽得聲之濁，泛音不與實音相應，乃從焦尾至各徽而出。其旋宮轉調說，謂角調之角弦緊一聲而爲宮聲，即爲旋宮。角既爲宮，則宮轉徵，徵轉商，商轉羽，羽轉角，皆以次而移。於正義諸圖說，尤能精思闡發，在近時言琴諸家，可謂不失其宗者矣。

右樂類二十二部，四百八十三卷，皆文淵閣著錄。

案：天文、樂律，皆積數之學也。天文漸推漸密，前不及後；樂律則愈久愈失，後終不得及前。蓋天文有象可測，樂律無器可憑也。宋儒不得其器，因遁辭於言樂理，又遁辭於言樂本。夫樂生於人心之和，而根於君德之盛，此樂理樂本也。備是二者，莫過堯舜，而后夔所典，尚規規於聲音器數，何哉？無聲音器數，則樂本樂理無所附。使十二律之長短不按陰陽，八音之宮調不分抗墜，雖奏諸唐虞之廷，知其不能成聲也。泛談樂本樂理，豈非大言寡當歟？今所採錄，多以發明律呂者爲主，蓋制作之精，以徵諸實用爲貴焉耳。

欽定四庫全書總目卷三十八

欽定四庫全書總目卷三十九

經部三十九

樂類存目

雅樂發微八卷 兩淮馬裕家藏本

明張敔撰。考明有兩張敔，其一字伯起，合肥人，永樂中貢入太學，除廣東道監察御史，官至陝西按察使僉事，所著有京氏易考，見朱彝尊經義考。此張敔，饒州人，朱載堉律呂精義第五卷中載有其名。又明史陸粲傳載粲劾張璁、桂萼疏，有禮部員外郎張敔假律歷而結知之語，與此書亦相合，蓋即其人也。敔論樂大旨，以入聲最低者命爲黃鐘，其最高者爲應鍾之變宮。是書自元聲正半律諸法，以逮樂器、樂歌、懸圖、舞表，分門畢具。後又作雅義三卷附之。六十律、八十四調、十六鍾，以及累黍生尺之法，無不悉究。其序謂論琴律本之朱子，論笛制本之杜夔，論旋宮本之周禮，論鍾鎛本之國語，於樂制頗有考證。然如論蕤賓生大呂，主呂覽、淮南子上生之說，不知律呂相生定法，上生與下生相閒，故左旋與右旋相乘。今應鍾既上生蕤賓，而蕤賓又上生大呂，與上下相生之序極爲錯迕，乃先儒已廢之論，殊不足據也。

大樂律呂元聲六卷附律呂考註四卷 兩淮鹽政採進本

明李文利撰。文利字乾遂，號兩山，莆田人，成化庚子舉人，官思南府教授。是書據呂氏春秋黃鍾長三寸九分之說，駁司馬遷黃鍾長九寸之誤。明史藝文志又載黃積慶作樂律管見二卷，駁文利之說。考呂氏春秋仲夏古樂篇言黃帝令伶倫自大夏之西、阮隃之陰、取竹嶰溪之谷、空竅厚均者、斷兩節間。其長三寸九分、而吹之以爲黃鍾之宮。吹曰舍少。次制十二筒、以聽鳳凰之鳴、以別十二律。其雄鳴爲六、雌鳴亦六、以比黃鍾之宮、而皆可以生之。故曰黃鍾之宮、律呂之本。其季夏音律篇又曰、黃鍾生林鍾、林鍾生太蔟、太蔟生南呂、南呂生姑洗、姑洗生應鍾、應鍾生蕤賓、蕤賓生大呂、大呂生夷則、夷則生夾鍾、夾鍾生無射、無射生仲呂。三分所生、益之一分以上生。三分所生、去其一分以下生。黃鍾、大呂、太蔟、夾鍾、姑洗、仲呂、蕤賓爲上、林鍾、夷則、南呂、無射、應鍾爲下。是其損益相生、與史記同也。假令以三寸九分爲黃鍾、而如其上下相生之法、而三分損益之至於應鍾、止長一寸八分四釐有奇、何以成聲耶。又案吳韋昭註國語曰、黃鍾陽之變、言陽氣變而爲黃鍾耳。猶漢志云黃鍾爲乾之初九也、與蕤賓無與也。其言黃鍾爲管長九寸、徑三分、圍九分。而又舉蕤賓成數云、管長六寸三分。所以分別黃鍾蕤賓者、尋文案數、甚爲明了。其不以九寸本蕤賓之律而爲黃鍾之變者、亦甚明矣。至呂覽先言三寸九分爲黃鍾之宮、又云次制十二筒以比黃鍾之宮、而皆可以生之、則黃鍾之宮非卽黃鍾。與月令云六月律中黃鍾之宮、十一月律中黃鍾者正同也。文利誤解呂覽韋昭之意、而堅執三寸九分爲黃鍾、并以黃鍾之九寸爲蕤賓、不至舛乎。至於以三寸九分起數、循環升降。自大呂以至蕤賓五陽辰、皆以陽升而進九分。惟黃鍾陽氣尚微、故止進六分。自林鍾以至黃鍾五陰辰、皆以陰降而退九分。惟林鍾陰氣未盛、故止退六分。夫陰陽進退、皆由馴致、或多或少、以漸而加。不得進退先以六分、而後驟增至九分也。又五聲生數次第、宮五十、商八十、角九十、徵七十、羽六十、多少之數、毫無法象。又云變宮五十、變徵七十、二變與正律同數、尤不可解也。其六十調圖雖本律呂新書、改其次序、以從左旋、而每五調之後又列一宮、與大司樂奏歌之說相附。其雙宮對調圖、則止據奏歌二律分配之、更爲牽強矣。

六樂說、無卷數、江蘇巡撫採進本。

明劉績撰。績有三禮圖說、已著錄。此其論樂之書也。前有自序、謂蔡氏律呂新書不合者多、因以古義求已亡之器、以古器推未言之義、作爲此書。然持論偏執、且多疎略。如云七音漢以前但謂之和繆、不能立名。又云天地自然之聲、每律有極清聲、清多濁少聲。五聲未盡、故又生變徵極清、變商清多濁少、以盡之。而不取先儒變宮之說。夫變宮之說、漢以前固無有矣。若變商之說、則淮南以後亦無有也。斯亦杜撰之甚者矣。又云凡字能調爲他字者爲陰聲、不能調爲他字者爲陽聲、如黃陽荒陰之類。案字分陰陽、始於周德清中原音韻、以聲之高下論之、非謂其能調他聲否也。以字母言之、則見有陰無陽、疑有陽無陰、卽純清純濁字也。見之陽、疑之陰、雖有聲而無其字。溪羣二母、則卽一聲而溪陰羣陽、自爲清濁。劉氏所言、於音韻殊爲闇。至於鐘磬等制、多據博古圖、以變亂古人舊說、尤不可訓矣。

古樂經傳三卷、兩淮鹽政採進本。

明湛若水撰。若水有二禮經傳測、已著錄。是書補樂經一篇、若水所擬古樂正傳十篇、則錄其門人呂懷之書。古樂本傳一篇、卽樂記原文。別傳一篇、皆周禮所言樂事。雜傳一篇、律傳一篇、則雜採孟子以下及歷代論樂語也。其大旨以論度數爲主、以論義理爲後。故以己所作者反謂之經、而樂記以下古經反謂之傳。然古之度數、其密率已不可知。非聖人聲律身度者、何由於百世之下、闇與古合、而用以播諸金石管弦之器。若水遽定爲經、未免自信之過矣。

樂律纂要一卷、兩淮馬裕家藏本。

明季本撰。本有易學四同、已著錄。是書凡十三篇。其論聲氣之源、欲舍古尺而治以耳、亦不甚取候氣之法。其論律管圍徑、頗以祖沖之密率疑胡瑗三分四釐六毫有奇之說。其論黃鍾生十一律、以蕤賓生大呂非本法。其論十二律寸法、以六變律補鍾律解之闕。其論正變倍半、駁但用四清聲之非。其論五聲相生、不取沈括筆談論二變聲、不取杜佑通典後附趙彥肅所傳開元詩譜十二章、則舊文也。本承姚江之學派、其持論務欲掃滌舊文、獨標心得。至於論禮論樂、亦皆自出新裁。一知半解、雖不無可取、而大致不根於古義。觀其自序、亦言無所師承、以意考究而得之也。

蔡氏律同二卷、浙江吳玉墀家藏本。

明蔡宗兗撰。宗兗字我齋、山陰人。正德丁丑進士。官興化府教授。是書以本性稽數候氣三篇爲上卷。以文聲協律制器正度量權四篇爲下卷。其稽數所據史記生鍾分演爲圖說、皆人所同有。其以古人半律當元定蔡氏變律、不如仍古人之名爲是。其謂變律之不必增設、亦似有所見而未盡其奥。文聲一篇、不用二變古亦有此論。驗之於今、南曲如此、北曲則必有二變矣。皆其宮調之乙凡二字也。至謂五聲則有二變、如樓之梯、堂之階、則殊未協。又以學字散聲之說而當二變、則益不合矣。制器篇皆古人樂書中所有、而漏略未全。正度量權篇亦律呂新書之舊文。其候氣之說、尤拘泥而不驗者也。協律篇舉引四聲、究古人歌法。不知近起水磨腔、乃斤斤於此。前人以平上去入配宮商角徵羽、分爲舌居中口開張等說、實於五聲無與、不可混幷爲一。宗兗雖小變其意、然以入配隆麻禾等韻配十二律、則亦尚沿其誤耳。

樂律舉要一卷 編修程晉芳家藏本

明韓邦奇撰。邦奇有易學啟蒙意見、已著錄。此書爲曹溶學海類編所載。校核其文、乃從邦奇苑洛志樂中摘錄十條、爲立此名也。

樂經元義八卷 直隸總督採進本

明劉濂撰。濂有易象解、已著錄。是書第一卷曰律呂篇、二卷曰八音篇、三卷曰萬舞篇、四卷至七卷曰古詩音調篇、八卷曰微言篇。其論律呂也、專駁樂記與周禮大司樂。其論音調也、謂三百篇之中宮商近雅、徵羽近淫。每篇每章、分出某宮某律。又於其中分列有和有亂。其論頌、又極駁闔鍾函鍾。大都自任臆見、無所師承。前有嘉靖二十九年自序、稱上下數千年、閱歷聖哲不知凡幾、皆見不及此。亦僨之甚矣。

樂典三十六卷 副都御史黄登賢家藏本

明黄佐撰。佐有泰泉鄉禮、已著錄。是編自一卷至十二卷爲樂均、自十三卷至二十一卷爲樂義、自二十二卷至二十四卷爲大司樂義、自二十五卷至三十五卷爲樂記、三十六卷爲詩樂。其所重者則尤在樂均。其言律呂之數、以爲每律虛三分、吹口黄鍾之管其數七十八、半之爲合少、以求合於呂氏春秋黄鍾之宮三寸九分之說。又引史記律書黄鍾太蔟姑洗林鍾南呂五律之數、以爲虛三分之證。不知律書中諸七分字皆爲十分字之譌、司馬貞索隱已辨之。而三寸九分亦爲四寸五分之譌、近時江永律呂闡微辨之尤詳。佐據此誤本爲宗、故其說愈推愈謬。又古者吹律本爲無孔之管、後乃一律一呂、各爲一聲。每管設孔備五聲二變之數、兼旋宮換調之法。佐乃疑爲無孔之管氣從下洩、欲每管設孔以爲律始、亦殊臆撰。至於解釋經義、往往支離。若解大司樂奏黄鍾歌大呂、舞雲門、以祀天神、謂黄鍾七變、蕤賓爲繆羽、應合大呂。大呂七變、函鍾爲繆羽、應合太蔟。其圖列黄鍾大呂各正聲三調、變聲九調、合爲十二調。然謂正聲第一調七聲俱備、第二調則有變宮而無變徵、第三調則變宮變徵全無、至變聲第六調則自宮至羽幷無角音、第七調則自宮至商幷無羽音、第八調則自宮至徵幷無商音、第九調則惟宮之一聲。夫天下安有一聲而可列爲一調者乎。徒爲異說而已。明史本傳載佐自稱此書洩造化之祕、殆不然乎。

琴瑟譜三卷 浙江巡撫採進本

明汪浩然撰。浩然始末未詳。自稱廣東瓊州府正樂生員、殆樂生也。第一卷言琴瑟之制、以及圖說指法。下二卷則各分諸調。浩然能協琴瑟之聲爲八音。嘗譜大成樂奏之廣州學宮、湛若水嘗爲作記。其自序謂與其子合奏之。蓋以專門世業、故言之特詳耳。

八音摘要二卷 兩淮鹽政採進本

明汪浩然撰。是書凡二十五目。上卷自歷代樂議旋相爲宮議以下爲十五目。下卷分列八音及舞圖歌譜爲十目。大抵摭拾舊論、如制氏之記其鏗鏘而已。

律呂新書分註圖筭十三卷 安徽巡撫採進本

明許珍撰。珍字時聘、號靜菴、天長人。卷首龔良佩序、有掌教吾庠之語。據太學題名碑、良佩嘉靖癸未進士、浙江太平人。則珍乃太平學官也。是編以蔡氏律呂新書分前後二卷、前爲律呂本原、後爲證辨。前後隔越、不便初學。乃以後卷證辨分入前卷各章之末。又取性理大全三註集覽補註諸書分疏於前章各段之下、以便觀覽。大抵依文爲訓、無所發明。

簫韶考逸二卷 浙江巡撫採進本

明呂懷撰。懷有周易卦變圖傳、已著錄。懷律呂之學受之於湛若水、若水嘗採所論入古樂經傳中。是書則又懷與其門人胡采輩問荅而作也。其說以黃大太夾姑仲蕤林夷九均爲韶之九成雜引五行納音以相配合其論韶舞則仿周人四表之制以黃林太夾南姑應蕤夷爲九成其論樂器則據風俗通竽柷鼓簫琴塤鐘磬爲八音之器卷末又雜錄問荅之語所載十二律積數繁衍無當又以陰陽術數之說附會其閒益雜糅矣

律呂古義三卷兩淮鹽政採進本

明呂懷撰此編前載總序後列七圖分律本律變候氣納音等門並載雜說內外篇及荅問數條其中心統之說頗近釋氏所論亦時多牽合未能得律呂之本也

律呂分解二卷律呂發明二卷浙江巡撫採進本

明孫應鼇撰應鼇有淮海易談已著錄是書考辨律呂多出臆斷如旋宮之法以十二律相生爲次每調用五聲二變止得七聲如通計一均五調所用之七律則三十五聲祇得十一律今以黃鍾一均言之自黃鍾而上用夷則夾鍾無射仲呂四律自黃鍾而下用林鍾太蔟南呂姑洗應鍾蕤賓六律併黃鍾爲十一律其不用大呂者以旋宮之法所不及也應鼇不解其義乃云大呂助黃鍾宣氣后妃之象地道無成而代有終故虛而不用穿鑿殊甚其算漢斛銘文之徑尤爲疎舛嘉量方尺圓其外方斜卽圓徑也方求斜術以方尺自乘倍之開方得斜卽以之爲圓徑用祖氏密率得圓周乃不易之法今應鼇以徑一圍三最疎之率起算命斜徑爲一尺四寸有奇周四尺二寸是以開方乘除所得之數無一不謬與祖氏所有徑一一四周三五五密率相去殊遠乃自云依祖氏布算何也況卽以徑一圍三論之則斜徑一尺四寸有奇者周亦不止於四尺二寸總之根柢不明故無往而不牴牾也

舞志十二卷浙江鮑士恭家藏本

明張敉撰敉初名獻翼有讀易紀聞已著錄是書凡十二篇一曰舞容二曰舞位三曰舞器四曰舞服五曰舞人六曰舞序七曰舞名八曰舞音九曰舞什十曰舞述十一曰舞議十二曰舞例大旨以韓邦奇志樂爲本而雜引史傳以暢其旨頗爲詳備然多闌入後世俗樂未免雅鄭雜糅至援山海經刑天舞干戚之類以證古義尤爲貪多嗜奇擇焉不精矣

李氏樂書十九卷山東巡撫採進本

明李文察撰文察里貫未詳嘉靖十七年官遼州同知時表進此書於朝詔授太常寺典簿其書凡古樂筌蹄九卷律呂新書補註一卷青宮樂調三卷典樂要論三卷樂記補說一卷四聖圖解二卷文察生平所學具見於古樂筌蹄大旨本史記律書與周官大司樂職文而自爲之說律書生鍾術上九商八羽七角六宮五徵九置一而九三之以爲法實如法得長一寸凡得九寸命曰黃鍾之宮文察解之曰上九者以九爲上尺取九寸寸取九分去十而存九之謂也以下八七六五九之數皆自酉而定蓋酉爲寸法其位當乎十也商八太蔟爲商居寅自寅數酉當八羽七南呂爲羽居酉酉衡在卯自卯數酉當七角六姑洗爲角居辰自辰數酉當六宮五黃鍾爲宮居子自子數酉當十十者二其五也是亦五焉徵九林鍾爲徵居未未衡在丑自丑數酉當九今以其言考之酉爲寸法而位居十已與上九之義不合八七六五九之數羽酉徵未皆取衡位雖可以六陽當位自得六陰則居其衡解之而自宮子至酉實爲十數不得云宮五乃云十者二其五也勉強牽合莫此爲甚六十調圖率以羽聲起調如黃鍾宮起南呂黃鍾徵起姑洗黃鍾商起應鍾黃鍾羽起蕤賓黃鍾角起大呂之類皆以羽聲數至黃鍾而止以合宮五徵九商八羽七角六之數今以黃鍾言之黃鍾林鍾太蔟南呂姑洗應鍾蕤賓七律卽宮徵商羽角變宮變徵一均之數黃鍾爲宮則七律自蕤賓止矣文察不用黃鍾林鍾太蔟三律而以其南呂羽起調至蕤賓以下乃取大呂夷則夾鍾無射仲呂黃鍾六律繼之共得十聲而合宮五之數大呂夷則等律於黃鍾宮不相干涉而第十聲之黃鍾亦非黃鍾爲宮之原律至黃鍾徵調林鍾爲宮七律以林鍾太蔟南呂姑洗應鍾蕤賓大呂爲次文察不用林鍾太蔟南呂三律而以其姑洗羽起調至大呂下取夷則夾鍾無射仲呂黃鍾五律繼之共得九聲以合徵九之數其謬與黃鍾宮同而更有甚者黃鍾宮雖不用黃鍾本律而有第十聲之變律猶可言也黃鍾徵調以林鍾徵爲宮今棄之不用而自姑洗至黃鍾九聲並無林鍾之律得命之爲宮而仍名之爲黃鍾徵是名實錯亂也大司樂三大祀樂天神之樂文察以黃鍾林鍾太蔟南呂姑洗

應鍾蕤賓大呂夷則夾鍾順行爲十奏之次。大呂蕤賓應鍾姑洗南呂太蔟林鍾黃鍾仲呂無射逆行爲十歌之次。姑洗應鍾蕤賓大呂夷則夾鍾爲六變之次。六變之樂夾鍾爲宮，則黃鍾爲羽，起聲在羽之羽，則爲南呂。故一變姑洗，至六變仍得夾鍾合南呂六變數之，則羽七也。夫經文明言黃鍾爲角，太蔟爲徵，文察因其不合，則云黃鍾乃夾鍾羽在第九奏，爲夷則之角。太蔟乃夾鍾變宮，在第二奏，爲林鍾之徵。至姑洗爲羽，萬不得通。乃云姑洗在夾鍾前一位，乃黃鍾之角。黃鍾乃夾鍾之羽，其氣相關，在第三奏，爲林鍾之羽。夫六十調八十四聲旋宮之法，每一律皆含五聲二變，特以宮調不同，某律之爲某聲，乃一定之次，而不相假借。若彼此移易而仍不可通，亦徒爲好異而已矣。其律呂新書補註青宮樂調典樂要論三書，大旨不出乎此。樂記補說因陳澔之註而補之，以發明禮先樂後之旨，不及於器數。四聖圖解上卷四圖，一爲伏羲先天卦圖，一爲文王後天卦圖，一爲夏禹九疇圖，一爲箕子洪範圖。下卷四圖，一曰用保聖躬，二曰用明聖心，三曰用一聖動，四曰用直聖政，更一字不及於樂。據其自序，欲以德政爲作樂之本也。然當世宗元修之日，而引蔡沈之說稱老彭得之以養身云云，毋亦欲希時好乎。

雅樂考二十卷（兩淮鹽政採進本）

明韋煥撰。煥，常熟人，嘉靖中官福建仙游縣教諭。是書雜引前代論樂之事，鈔撮成編。前三卷題曰經書，皆引六經言樂之文，論語孟子亦皆詳載，而左傳惟引初獻六羽、季札來聘二條，儀禮則不錄一字。四卷題曰諸子，自太公六韜以至莊子列子皆取一二條。五卷爲五聲，六卷七卷爲六律，八卷九卷爲律制，十卷至十二卷爲八音，十三卷至十六卷爲樂制，皆剽劉習見之言。十七卷至末皆明之樂章，倂教坊曲令亦載焉。全書無所發明，惟六羽條下稱祀孔子當增武舞耳。

律呂正聲六十卷（內府藏本）

明王邦直撰。邦直字子魚，即墨人。李維楨序以爲曾官鹽山縣縣丞，林增志序則以爲鉛山縣縣丞。二序同時，自相矛盾。考明世宗實錄實作鹽山，則增志序誤也。其書以卦氣定律呂，推步準之太元經，分寸準之呂覽，故大旨主李文利黃鍾三寸九分之說，而獨斜其律，以左律爲右律，又以三分損一、隔八相生截然兩法，而力辨古來牽合爲一之非。援引浩繁，其說甚辨。自漢司馬遷至明韓邦奇諸家，皆有節取，而無一家當其意。蓋邦直當嘉靖間上書論時政，坐是閒廢，閉戶二十年乃成此書。王士禎池北偶談記萬歷甲午詔修國史，翰林周如砥嘗上其書於史館，蓋亦篤志研思之作也。然維楨序述其欲比孔子自衞反魯，使雅頌得所。邦直自序亦稱千載之謬可革，往聖之絕學不患於無繼，則未免過夸矣。

律呂正論四卷（浙江巡撫採進本）

明朱載堉撰。是書掃除古法，自生新意，謂史記稱黃鍾八寸十分一，乃約十分爲寸。管子稱九九以是生黃鍾，乃約九分爲寸。自京房劉歆始以九寸爲九十分，以空圍相乘得八百一十分。宋蔡元定祖之，其說皆謬。因創爲縱黍斜黍橫黍三等尺圖，謂元定誤以斜黍之積爲橫黍之積，故諸律尺度皆謬。於是每律長短皆列三等新法，以糾其失。又以密術推內外周徑面冪及積實，而終之以琴律圖說。大抵皆掊擊前人之說也。以載堉所撰律呂精義與是書相考，是書大呂橫黍律長九寸四分三釐九毫，而律呂精義則載大呂橫黍律長九寸四分三釐八毫七絲四忽三微一纖。是書太蔟橫黍律長八寸九分一釐九毫，而律呂精義載太蔟橫黍律長八寸九分一釐八毫九絲八忽七微一纖。是書夾鍾橫黍律長八寸四分一釐九毫，而律呂精義夾鍾橫黍律長八寸四分一釐八毫九絲六忽四微一纖。其餘絲忽以下，收零作整者甚多。蓋此書爲載堉草剏之本，而律呂精義後出，其算術與年俱進，故得數不同也。

律呂質疑辨惑（無卷數，浙江巡撫採進本）

舊本題曰句曲山人伯勤甫撰。伯勤者，明鄭世子載堉字也。書中有云律呂精義內篇備載各律內外周徑面冪積實乘除算術已詳，今恐文煩，故不細解，只將倍正半三十六律內外徑數開如左。蓋載堉既爲律呂精義，又爲此書以約其義也。其說謂前漢志度本起於黃鍾之長，黃鍾之長便是一尺。若外加一寸，然後成尺，則不可謂度本起於黃鍾之長矣。故全書俱從黃鍾長一尺立算，與所謂律呂精義及正論互相闡發。千頃堂書目不著錄，蓋未之見。今鈔本附於律呂正論之後，而以王所用律呂正論序冠於卷端。則二書一時傳寫裘漢者誤移也。

樂經以俟錄無卷數、兩江總督採進本

明瞿九思撰。九思有春秋以俟錄、已著錄。是編首以十二律衍爲十二月令、摹仿禮記之文、頗爲蕪雜。其解用宮逐羽而清角生、引商刻羽而流徵成、以爲凡樂調每均自下而上。初律謂之宮、次二謂之商、次三謂之角、次四謂之徵、次五謂之羽、則五乃羽位、非宮與商之位。因下宮居於羽調之羽位、似乎以宮逐羽、而宮下間一之陽律即是角、故曰用宮逐羽而清角生。以下商居於羽調之羽位、似乎引商逐羽、而商下間一之陰律即是徵、故曰引商刻羽而流徵成云云。案下宮之名見國語伶州鳩所論七律。下商之名則亙古未聞。殆由九思杜撰。又以四清爲清宮清商清角清徵、如商調之數少、宮調之數多、則宮調謂之正宮。宮調之數少、而商調之數多、則宮調謂之下宮。其法以宮與商相較、商與角相較、角與徵羽莫不皆然。惟羽居五調之末、更無他調相較、以知其孰爲正羽、孰爲清羽。然宮商商角角徵徵羽、既以次相較、羽調獨不可與宮相較乎。且古人有少羽繆羽清羽諸說、管子又有倍羽之律。九思不知凡一律皆有正倍半三聲、遂謂羽無清調、誤矣。又論蔡元定旋相爲宮圖、黃律雖在黃鍾宮調之首、而黃律不在黃鍾羽調之末、不得謂之以黃鍾起調畢曲。案樂律始終、條理出於自然。起調畢曲、必用本律、本屬臆度。蔡元定以黃太姑蕤林南應爲黃律宮者、乃合五聲二變而計之。黃鍾既在一均之內、自可以爲起調畢曲。九思乃分十二律爲五段、每調止用五聲、而其所用者乃長短大小之次、非相生之律。已屬乖舛。又謂一均以十二律周而復始、不知五聲二變可以該括萬聲、亦爲淺陋。至謂十二律之黃太姑夾等字即爲均腳、尤不知而作矣。

律呂解註二卷浙江汪啓淑家藏本

明鄧文憲撰。文憲號念齋、新會人。官晉江縣教諭。是書成於萬歷癸未。全錄律呂新書舊註、所自爲詮解者、殊不及十之一。至蔡書六十調一圖、於旋宮之法已爲賅備。文憲又每調各爲一圖、附於蔡圖之後、尤徒爲繁碎矣。

樂經集註二卷山東巡撫採進本

明張鳳翔撰。鳳翔有禮經集註、已著錄。是書取春官大司樂以下二十官爲樂經、謂漢竇公獻古樂經、文與大司樂合、是其明證。今以所述二十官之義證之註疏、多相符合。惟大司樂一官序樂制最詳、而文亦最奧。鄭註圜鍾爲宮以下文謂天宮夾鍾陰聲、其相生從陽數。其陽無射、無射上生中呂。中呂與地宮同位、不用中呂上生黃鍾。黃鍾下生林鍾。林鍾地宮、又不用林鍾上生太蔟。太蔟下生南呂。南呂與無射同位、又不用南呂上生姑洗。其林鍾爲宮、黃鍾爲宮、相生之例亦然。其義頗奧、故宋元人多不從。是書於此類要義、多未發明。而徒事牽衍文句、蓋亦無足深取矣。

大樂嘉成一卷浙江巡撫採進本

明袁應兆撰。應兆字瑜石、江寧人。崇禎中舉人。官休寧縣教諭。明自洪武二十六年頒大成雅樂於天下、令學官依式制造。然奉行者或舉或不舉。其舉者或久而廢。故明之季年、休寧學尚不備樂。應兆乃與知縣王佐考核定制、編爲此書。實明一代享祭先師之樂譜、非一縣之樂譜也。

古樂義十二卷湖南巡撫採進本

明邵儲撰。儲此書明史藝文志不著錄。書中考辨韶樂九詳。大概據虞書戛擊鳴球搏拊琴瑟以詠爲堂上之樂、合止柷敔笙鏞以閒爲堂下之樂、簫韶九成爲樂之始終節奏。又據漢志樂歌九德顏師古註、九功之德皆可歌也之語、以水火金木土穀惟修至勸之以九歌俾勿壞、自天敘有典至政事懋哉懋哉、自庶頑讒說至於否則威之、自股肱喜哉至百工熙哉、自元首明哉至庶事康哉、爲九德之歌。據舞蹈宜八風之氣及文始五行舞諸說、推之爲九韶之舞。不知經傳所云韶樂、本寥寥數語、毫無聲律器數可推。而儲乃敷衍之以爲當時韶樂如是。其勉強附會、自不待言。至其論十二律皆具正管正聲子管子聲、爲二十四律。其十二律衍唱之法、如黃鍾宮衍唱以黃林太南姑應爲一均、應蕤大夾夾爲一均、皆用正管。無仲黃林太一均、四律皆用正管、獨黃鍾用子管。南姑應蕤太一均、獨大呂用子管。不知聲音之道、高下以漸。諸高之中而忽雜一下、或諸下之中而忽雜一高、則律不成律、歌不成歌。儲侈言韶樂、實於尋常聲音之道尚未能辨也。

大成樂律一卷山東巡撫採進本

國朝孔貞瑄撰。貞瑄字璧六，號歷洲，晚號聊叟，曲阜人。順治庚子舉人，官大姚縣知縣。是編乃貞瑄爲濟南教授時作。推洞簫七調，以明三分損一上生下生之旨。尤詳於琴瑟譜。其節奏大概本之闕里廟中。其辨鄭世子瑟以合宮命之別於旋宮之說有五不可通，頗多訂正。然謂樂亡而求諸俗，至以箏爲瑟之遺制，未免亂鄭聲於雅樂矣。

律呂新書衍義一卷（浙江巡撫採進本）

國朝呂夏音撰。夏音字大昭，新昌人。雍正丙午舉人，官知縣。是編取蔡元定之書，更爲推闡。凡爲說五，圖六。圖後又各附以論及歌訣。其論律呂相生之次，與元定頗有異同。元定謂六律在子寅辰午申戌六陽辰者，皆損而下生；六呂在丑卯巳未酉亥六陰辰者，皆益而上生。至蕤賓生大呂，損而下生，其管只四寸一分八釐三毫；夷則生夾鍾，損而下生，其管只三寸六分六釐三毫；無射生仲呂，損而下生，其管只三寸二分八釐六毫。於是謂三呂在陰無所增損，三呂在陽則用倍數，使與十二月之氣相應。夏音不從，專主呂氏春秋及淮南子之說，謂自子至巳前六辰爲陽，皆下生，下生則損；自午至亥後六辰爲陰，皆上生，上生則益。子之生未，一陽生二陰；未之生寅，二陰生三陽；寅之生酉，三陽生四陰；酉之生辰，四陰生五陽；辰之生亥，五陽生六陰；午之生丑，一陰生二陽；丑之生申，二陽生三陰；申之生卯，三陰生四陽；卯之生戌，四陽生五陰；戌之生巳，五陰生六陽。自矜其說爲前人未發。然應鍾生蕤賓，以亥之六陰生午之一陰，與陰陽相生之例不合，終未若元定之書，深有合於司馬遷、班固諸家古法也。

律呂圖說九卷（陝西巡撫採進本）

國朝王建常撰。建常字仲復，渭南人。是書成於康熙戊辰，自謂殫四十餘年之功。大抵依蔡氏律呂新書次第爲之圖說，尤力申候氣之法。歷引隋志及明人韓邦奇、王邦直之說爲之發明。案候氣之說雖詳具於續漢志，然隋開皇九年高祖遣毛爽、蔡子元候氣於普明寺，其法已不能應。其事具詳隋志。即蔡氏所謂多截管以求黃鍾者，亦究未之能得。建常所論亦泥古而不知變通者矣。末有王宏撰後序，歷稱黃宗羲、梅文鼎、毛奇齡諸家，以爲與建常此書皆不合，其惑滋甚，安得聚諸人於一堂，窮其本而究其變，則亦深有微詞矣。

鍾律陳數一卷（兩江總督採進本）

國朝顧陳垿撰。陳垿字玉亭，太倉人。康熙己酉舉人，官行人司行人。自孟康、韋昭皆有黃鍾管徑三分圍九分之說，算家以其周徑相求之率，於術最疎，久廢不用。陳垿仍本舊說，以徑三分爲生律之數。又云即九爲寸，律之九度之十也。取徑之三十，因九歸得三分又三分分之一，爲律生之度。黃鍾管徑三分又三分分之一，以九還原，即三周十分又三百三十九分分之一十六，以九還原爲九分又一百一十三分之四十八，則是徑九分者乃虛立之率，而非實數。其說與蔡氏約十爲九之論合。然圍九之率終爲疎舛，即陳垿究不能強解也。隋書律志載祖沖之密率徑一百一十三周三百五十五，陳垿用此率以算周徑，較徑三圍九之法爲密。如以新率四率比例推之，徑一爲一率，周三一四一五九二六五爲二率，徑一百一十三爲三率，推得四率之周爲三五五九九九六九四五，比祖氏三五五密率尾數尚多八位，又陳垿所未知矣。

樂經內編二十卷（江蘇巡撫採進本）

國朝張宣猷撰。雜採諸經書言樂之文，排纂成書，無所考正。自序又稱採諸史者謂之外編，今外編未見，非完書也。

律呂新書註三卷（河南巡撫採進本）

國朝周模撰。模，儀封人。是書成於雍正甲辰。所註皆依文訓義，惟於魯齋彭氏所算黃鍾圍徑字畫譌舛者能訂正其失耳。自序云不得黃鍾則十一律無由而正，然不究黃鍾之眞度，而徒以在聲爲中聲，在氣爲中氣，在人爲喜怒哀樂未發與發而中節等理語解之，此所謂言之可聽，而用之無當者也。

賡和錄二卷（廣東巡撫採進本）

國朝何夢瑤撰。夢瑤字報之，南海人。雍正庚戌進士。是書恭錄

聖祖仁皇帝律呂正義爲述要上下二卷，又以所纂蔡氏律呂新書訓釋，曹庭棟琴學纂要附入下卷。謹案正義所論琴律，據管子、白虎通諸書以大弦爲倍徵，三弦爲宮，與諸家云一弦爲宮者迥異。蔡曹二書尚仍舊說，夢瑤依文訓釋，尚未能推闡

御製之精微，以糾正流傳之舛誤也。

易律通解八卷（浙江巡撫採進本）

國朝沈光邦撰。光邦，臨海人。雍正中官中書舍人。易道陰陽，律呂亦本陰陽。易爲天地自然之數，律呂亦本天地自然之數。故推而衍之，其理可以相通。然易不爲律作，律亦不爲易作，無容牽合而一之也。是書引律以合易，以天地五十有五之數畫爲三角圖，與算家開方廉率立成之法相類。所用過揲之數以九八不以九六，策數以五十五不以五十。於律義頗多牴牾。至律管不用圍徑，又於十二律之外，增小呂含少二律於無射之後，亦自我作古也。

樂律古義二卷（福建巡撫採進本）

國朝童能靈撰。能靈有周易剩義，已著錄。是書謂洛書爲五音之本，河圖爲洛書之源。河圖圓而爲氣，洛書方而爲體。五音者氣也，氣凝爲體，體以聚氣，然後聲音出焉。蔡氏律呂新書沿淮南子、漢書之說，誤以亥爲黃鍾之實，惟所約寸分釐絲忽之法，其數合於史記律書，因取其說爲之推究源委，以成是書。夫萬事萬物，不離乎數，故旁牽蔓引，無不可比附於圖書，而律歷兩家以數爲根，尤易於假借。其文數衍成理，然非聖人作樂之本旨也。伶倫製律，何嘗一字及圖書哉。

大樂元音七卷（山東巡撫採進本）

國朝潘士權撰。士權號龍菴，黔陽人。官太常寺博士。是書成於乾隆己丑，前五卷據琴定樂，大旨本管子下徵之數一百八，下羽之數九十六，白虎通絃音離故首徵二說而通之。案絃審音，以首絃爲下徵，二絃爲下羽，三絃爲宮，四五六七爲商角徵羽，

并附以儀禮樂譜十二篇，圖說頗繁，然實本聲而推諸樂，與近時江永律呂新論所見略同。但不及永書之精密耳。六卷附以琴譜曲譜，七卷附歷學音調，類例甚詳。惟合四乙上尺工凡，唐人新法，茲既不取，而又兼以凡字代變宮，乙字代變徵，則矛盾在所不免矣。

律呂新書箋義二卷附八音考略一卷（湖南巡撫採進本）

國朝羅登選撰。登選，衡山人。是編取蔡元定書爲之訓釋，亦有強爲之說者。如八十四聲圖箋云合爲黃鍾古，六爲黃鍾清，本之宋志所載燕樂字譜，合六皆頭管翕聲，非笛色也。六十調圖箋云，今民間俗樂亦有調法，如用六字調是古清黃鍾調，不知俗樂以笛色正宮之字定調，頭管之翕聲爲合，是加上字哨吹之而爲合，若去哨吹之，則祇是上字也。且唐宋時燕樂高於雅樂三律，以夾鍾清爲宮。蔡氏新書云緊五者夾鍾之清聲，俗樂以爲宮是也。燕樂之黃鍾，其聲當雅樂夾鍾。新唐書云，宮聲應夾鍾之律是也。然則笛色六字，已非雅樂黃鍾，其非古黃鍾益可知矣。至於書中所引推步算術之類，尤爲牽合。末附八音考略一卷，亦無大闡明云。

律呂圖說一卷（江蘇巡撫採進本）

國朝張紫芝撰。紫芝字鶯山，一字秀山，杭州人。是書首引朱子鍾律篇，次列黃鍾圖，自此以下凡三十八圖，以月建日躔圖終焉。每圖皆爲之說，大都不出蔡元定、韓邦奇及鄭世子載堉舊說。前有孔毓璣序，稱其爲學徒講解，以六律正五音句，著爲此

書。於四子書中不留纖毫疑義，則亦舉業之緒餘矣。

音律節略考一卷（兩江總督採進本）

國朝潘繼善撰。繼善號本菴，婺源人。是編首列律呂損益上下相生之法，次列正半變半諸律長短之法，次列十二律還相爲宮之法，後列黃宮七管至應宮七管十二圖，即律呂新書所謂八十四聲，蓋旋宮譜也。其中所云本朱子儀禮經傳通解者，乃局於所見而云然。朱子亦考據舊文，非自立新法也。

黃鍾通韻二卷（翰林院筆帖式都保家藏本）

國朝都四德撰。都四德字乾文，號秋莊，滿洲鑲紅旗人。是書凡十篇，曰律度量衡第一，五音位次第二，六律第三，七均第四，五音六律相生第五，律呂名義第六，律本第七，循環爲宮第八，聲字第九，律數第十。末又附以琴圖，共爲上下二卷。多本蔡元定律呂新書而附益以己意。如聲字一篇，於國書十二字頭獨取第一、第二、第四、第五、第十二章之字，而其餘皆不之及。而五章中又雜取第四章之（安）（恩）二字以配宮，第五章之（昂）（鞥）二字以配商，第一章之（阿）（額）二字以配角，第十章之（敖）（歐）二字以配徵，第二章之（愛平聲）（額依）二字以配羽。以上十字，分之配十干。又取首章之（依）（烏）兩字，共爲十二字，分配十二律。作爲橫直方圓之圖，且謂人之言語聲音止此數字。殊不知我

國書十二字頭，整齊肅括，無音不備，無韻不該，非可偏舉其五字頭以爲分配也。據其所論，蓋以此五

章可用漢字對音，其餘七章雙聲疊韻為漢文所無，故不用耳。然
國書有二合三合切音之不同，推其原本，則自首句六字而外，其餘何一非雙聲疊韻，而謂止於七章而已乎。今以漢文字有無為
國音之區別，漢文所有者，則取配五音十二律，而漢文所無者，概置弗論，是未究
國書制作之本也。且字頭十二，雖曰平列，其實十一章皆以第一章為綱領，而第一章又以第一句為綱領。觀
國語中竝無以他字加於阿額依鄂烏之上者，其偶遇此音，亦以他字代之。蓋此數字總貫十二章，如臣之有君，子之有母，其體統實為最尊，不宜與衆音竝列。又所列阿、愛平聲讀、安、昂、敖等字反居額、額依、恩、鞥、歐等字之下，亦多未安。伏稽
欽定國書新語，即以阿為陽，以額為陰。以此可見阿之類皆陽位也，額之數皆陰位也。陰不可以先陽，乃
國書之義例，不可以隨章布列矣。至其以五章字頭統詩韻三十部，雖亦近似，然限以前所拈之數字，亦不足以盡清文之蘊。惟所論清字切音之法，皆中窾要，為有益於學者耳。

樂原，無卷數，江蘇巡撫採進本。

舊本題嚣嚣子撰，不著名氏。相其紙色版式，蓋近時人也。首為總論一篇，泛摭聲律身度之常談。書中亦錄通典玉海之舊文。其他若謂陽律有二變，陰律無二變，不知十二律旋相為宮，各有五聲二變，故得八十四聲。若陰律無二變，則十二律旋宮止得七十二聲矣。又謂吉事用九寸起律，則黃鍾也；凶事用八寸起律，則大呂也。考之周禮大司樂，凡日月食、四鎮五嶽崩、大傀異烖、諸侯薨，令去樂。從未見有凶事用樂，亦未見先王特別八寸之管為凶事用者。至史記述漢制，始有吹簫給喪之語，然豈可以論古樂歟。

律呂纂要，二卷，內府藏本。

不著撰人名氏，前後亦無序跋。分上下二篇，每篇各十有三說，大意以律呂之要在辨其聲音之高下長短。上篇則發明高下之節，下篇則發明長短之度，似乎近人節錄
欽定律呂正義，以便記誦者也。

右樂類四十二部，二百九十一卷，內四部無卷數，皆附存目。

案：樂為古制，宜遵古法。阮咸荀勖之爭，不過尺之長短；房庶范鎮之爭，不過黍之縱橫耳。宋魏漢津以徽宗指節定尺，明李文利以黃鍾為長三寸九分，盡改古法，皆世衰而邪說作也。今於詭詞新論悉斥不錄，庶不失依永和聲之本旨焉。

欽定四庫全書總目卷三十九

欽定四庫全書總目卷四十

經部四十

小學類一

古小學所教，不過六書之類，故漢志以弟子職附孝經，而史籀等十家四十五篇列為小學。隋志增以金石刻文，唐志增以書法書品，已非初旨。自朱子作小學以配大學，趙希弁讀書附志遂以弟子職之類併入小學，又以蒙求之類相參竝列，而小學益多岐矣。考訂源流，惟漢志根據經義，要為近古。今以論幼儀者別入儒家，以論筆法者別入雜藝，以蒙求之屬隸故事，以便記誦者別入類書，惟以爾雅以下編為訓詁，說文以下編為字書，廣韻以下編為韻書，庶體例謹嚴，不失古義。其有兼舉兩家者，則各以所重為主。如李燾說文五音韻譜實字書，袁子讓字學元元實論等韻之類。悉條其得失，具於本篇。

爾雅註疏，十一卷，內府藏本。

晉郭璞註，宋邢昺疏。璞字景純，河東聞喜人，官至宏農太守，事蹟具晉書本傳。昺有孝經疏，已著錄。案：大戴禮孔子三朝記稱孔子教魯哀公學爾雅，則爾雅之來遠矣，然不云爾雅為誰作。據張揖進廣雅表，稱周公著爾雅一篇，案經典釋文以揖所稱一篇為釋詁。今俗所傳三篇，案漢志爾雅三卷，此三篇謂三卷也。或言仲尼所增，或言子夏所益，或言叔孫通所補，或言沛郡梁文所考，皆解家所說，疑莫能明也。於作書之人，亦無確指。其餘諸家所說，小異大同。今參互而考之，郭璞爾雅註序，稱豹鼠既辨，其業亦顯；邢昺疏以為漢

武帝時終軍事。七錄載犍爲文學爾雅註三卷、（案七錄久佚、此據隋志所稱梁有某書亡、知爲七錄所載。）陸德明經典釋文以爲漢武帝時人、則其書在武帝以前。曹粹中放齋詩說曰、（案此書今未見傳本、此據永樂大典所引。）爾雅、毛公以前、其文猶略。至鄭康成時、則加詳。如學有緝熙于光明、毛公云、光廣也。康成則以爲學於有光明者。而爾雅曰、緝熙光明也。又齊子豈弟、康成以爲猶言發夕也、而爾雅曰、豈弟發也。薄言觀者、毛公無訓。振古如茲、毛公云、振自也、康成則以觀爲多、以振爲古。其說皆本於爾雅。使爾雅成書在毛公之前、顧得爲異哉。則其書在毛亨以後。（案詩傳乃毛亨作、非毛萇作、語詳詩正義條下。）大抵小學家綴緝舊文、遞相增益、周公孔子皆依託之詞。觀釋地有鶼鶼、釋鳥又有鶼鶼、同文複出、知非纂自一手也。其書歐陽修詩本義以爲學詩者纂集博士解詁、高承事物紀原亦以爲大抵解詁詩人之旨。然釋詩者不及十之一、非專爲詩作。揚雄方言以爲孔子門徒解釋六藝、王充論衡亦以爲五經之訓故。然釋五經者不及十之三四、更非專爲五經作。今觀其文、大抵採諸書訓詁名物之同異、以廣見聞、實自爲一書、不附經義。如釋天云、暴雨謂之涷、釋艸云、卷施艸拔心不死、此取楚辭之文也。釋天云、扶搖謂之猋、釋蟲云、蒺藜蝍蛆。此取莊子之文也。釋詁云、嫁往也、釋水云、瀵大出尾下。此取列子之文也。釋地四極云、西王母、釋畜云、小領盜驪、此取穆天子傳之文也。釋地云、東方有比目魚焉、不比不行、其名謂之鰈、南方有比翼鳥焉、不比不飛、其名謂之鶼鶼。此取管子之文也。又云、邛邛岠虛負而走、其名謂之蟨。此取呂氏春秋之文也。又云、北方有比肩民焉、迭食而迭望。釋地云、河出崑崙虛。此取山海經之文也。釋詁云、天帝皇王后辟公侯。又云、洪廓宏溥介純夏幠。釋天云、春爲青陽、至謂之醴泉。此取尸子之文也。釋鳥曰、爰居雜縣。此取國語之文也。如是之類、不可殫數。蓋亦方言急就之流、特說經之家多資以證古義、故從其所重、列之經部耳。璞時去漢未遠、如遂幠大東稱詩、釗我周王稱逸書、所見尚多古本。故所註多可據。後人雖迭爲補正、然宏綱大旨、終不出其範圍。昺疏亦多能引證、如尸子廣澤篇、仁意篇、皆非今人所及睹。其犍爲文學樊光李巡之註、見於陸氏釋文者、雖多所遺漏、然疏家之體、惟明本註。註所未及、不復旁搜。此亦唐以來之通弊、不能獨責於昺。惟既列註文、而疏中時復述其文、但曰郭註云云、不異一字、亦更不別下一語、殆不可解。豈其初疏與註別行歟。今未見原刻、不可復考矣。

爾雅註三卷、（兩淮鹽政採進本）

宋鄭樵撰。樵字漁仲、莆田人。居夾漈山中、因以爲號。又自稱西溪逸民。紹興間以薦召對、授右迪功郎、兵部架閣、尋改監潭州南嶽廟、給札歸鈔所撰通志。書成、入爲樞密院編修。事蹟具宋史儒林傳。南宋諸儒大抵崇義理而疎考證。故樵以博洽傲睨一時、遂至肆作聰明、詆譏毛鄭、其詩辨妄一書、開數百年杜撰說經之捷徑、爲通儒之所深非。惟作是書、乃通其所可通、闕其所不可通、文似簡略、而絕無穿鑿附會之失。於說爾雅家爲善本。中間駁正舊文、如後序中所列饙餾訙言禰祀袞黻四條、峨峨丁丁嚶嚶三條、註中所列釋詁台朕陽之予爲我賚畀卜之予爲與一條、關關噰噰當入釋訓一條、釋親據左傳辨正娣姒一條、釋天謂之景風上脫文一條、星名脫實沈鶉首鶉尾三次一條、釋水天子造舟一條、釋蟲食根蟊一條、釋魚鯉鱣一條、蝮虺首大如臂一條、皆極精確。惟魚枕謂之丁一條、牽引假借、以就其六書略之說。又堅執作爾雅者江南人、凡郭璞所云蜀語河中語者、悉駁辨之。是則偏僻之過、習氣猶未盡除。又汪師韓集有書此書後一篇、駁其誤改郭註者、以劉劉杙爲安石榴、以藒雔蓬爲其米雕胡二條。補郭註而未確者、孟勉也以爲孟卽猛、於代也以爲更詞二條。仍郭註之誤未改者、訓鄦過也爲道路所經過、不知鄦古字同九、訓比目魚爲王餘、不知吳都賦雙則比目、片則王餘二條。亦頗中其失。至於議其釋言篇內經文脫弇同也三字、釋水篇內經文脫水之由膝以下爲揭至爲厲十八字、釋草篇內經文脫葦醜芀三字、釋魚篇內經文脫蛭蟣二字、釋鳥篇內脫倉庚鵹黃也五字、皆當爲毛氏刊本之誤、併以詆樵則過矣。

方言十三卷、（永樂大典本）

舊本題漢揚雄撰、晉郭璞註。考晉書郭璞傳有註方言之文、而漢書揚雄傳備列所著之書、不及方言一字、藝文志亦惟小學有雄訓纂一篇、儒家有雄所序三十八篇、註云、太元十九、法言十三、樂四、箴二、雜賦有雄賦十二篇、皆無方言。東漢一百九十年中、亦無稱雄作方言者。至漢末應劭風俗通義序、始稱周秦常以歲八月、遣輶軒之使、求異代方言、還奏籍之、藏於祕室。及嬴氏之亾、遺棄脫漏、無見之者。蜀人嚴君平有千餘言、林閭翁孺才有梗概之法、揚雄好之、天下孝廉衞卒交會、周章質問、以次注續、二十七年爾乃治正凡九千字。又劭注漢書、亦引揚雄方言一條。是稱雄作方言、實自劭始。魏晉以後、諸儒輾相沿述、皆無異詞。惟宋洪邁容齋隨筆、始考證漢書、斷非雄作。然邁所摘劉歆與雄往返書中、既稱在成帝時、不應稱孝成皇帝一條、及東漢明帝始諱莊、不應西漢之末卽稱莊遵爲嚴君平一條、則未深中其要領。考書首成帝時云云、乃後人題下標注之文、傳寫舛譌、致與書連爲一、實非歆之本詞、文義尚釐然可辨。書中載揚莊之名、不作嚴字、實未嘗預爲明帝諱。其嚴君平字、或後人傳寫追改、亦未可知。皆不足斷是書之僞。惟後漢許慎說文解字、多引雄說、而其文皆不見於方言。又慎所注字義、與今方言相同者不一而足、而皆不標揚雄方言字。知當慎之時、此書尚不名方言、亦尚不以方言爲雄作。故馬鄭諸儒未嘗稱述。至東漢之末、應劭始有是說。魏孫炎註爾雅莫貈螳蜋蛑字、晉杜預註左傳授師子焉句、始遞相徵引。沿及東晉、郭璞遂註其書。後儒稱揚雄方言、蓋由於是。然劭序稱方言九千字、而今本乃一萬一千九百餘字、則字數較原本幾溢三千。雄與劉歆往返書、皆稱方言十五卷。郭璞序亦稱三五之篇。而隋志唐志乃並載揚雄方言十三卷、與今本同。則卷數較原本闕其二。均爲牴牾不合。考雄答歆書、稱語言或交錯相反、方復論思詳悉集之。如可寬假延期、必不敢有愛云云。疑雄本有此未成之書、歆借觀而未得、故七略不載、漢志亦不著錄。後或侯芭之流收其殘稾、私相傳述。閱時旣久、不免於輾轉附益、如徐鉉之增說文。故字多於前、厥後傳其學者、以漢志無方言之名、恐滋疑竇、而小學家有別字十三篇、不著撰人名氏、可以假借影附、證其實出於雄、遂併爲一十三卷、以就其數。故卷減於昔歟。反覆推求、其眞僞皆無顯據。姑從舊本、仍題雄名、亦疑以傳疑之義也。雄及劉歆二書、據李善文選注引懸諸日月不刊之書句、已稱方言。則自隋唐以來、原附卷末、今亦仍之。其書世有刊本、然文字古奧、訓義深隱、校讐者猝不易詳。故斷爛譌脫、幾不可讀。錢曾讀書敏求記、嘗據宋槧駁正其誤。然曾家宋槧、今亦不傳。惟永樂大典所收、猶爲完善。檢其中秦有榛娥之臺一條、與錢曾所舉相符、知卽從宋本錄入。今取與近本相校、始知明人妄行改竄、顚倒錯落、全失其初。不止錢曾所舉之一處。是書雖存而實亾、不可不亟爲釐正。謹參互考訂、凡改正二百八十一字、刪衍文十七字、補脫文二十七字。神明煥然、頓還舊觀。併逐條援引諸書、一一疏通證明、具列案語。庶小學訓詁之傳、尚可以具見崖略、併以糾坊刻之謬、俾無迷誤。後來舊本題曰輶軒使者絕代語釋別國方言、其文冗贅。故諸家援引及史志著錄、皆省文謂之方言。舊唐書經籍志則謂之別國方言。實卽一書。又容齋隨筆稱此書爲輶軒使者絕域語釋別國方言、以代爲域、其文獨異。然諸本並作絕代、書中所載亦無絕域重譯之語。洪邁所云、蓋偶然誤記。今不取其說焉。

釋名八卷、內府藏本、

漢劉熙撰。熙字成國、北海人。其書二十篇。以同聲相諧、推論稱名辨物之意、中間頗傷於穿鑿。然可因以考見古音。又去古未遠、所釋器物、亦可因以推求古人制度之遺。如楚辭九歌薜荔拍兮蕙綢。王逸註云、拍、搏壁也。搏壁二字、今莫知爲何物。觀是書釋牀帳篇、乃知以席搏著壁上謂之搏辟。孔穎達禮記正義、以深衣十二幅皆交裁謂之衽。是書釋衣服篇云、衽、襜也、在旁襜襜然也。則與玉藻言衽當旁者、可以互證。釋兵篇云、刀室曰削、室口之飾曰琫、下末之飾曰琕。又足證毛詩詁訓傳之譌。其有資考證、不一而足。吳韋昭嘗作辨釋名一卷、糾熙之誤。其書不傳。然如經典釋文引其一條曰、釋名云、古者車音如居、所以居人也。今曰車音尺遮反、舍也。（案釋名本作古者曰車聲如居、言行所以居人也。今曰車、車舍也、行者所處若居舍也。此蓋陸德明約舉其文、又取文義顯明、增入音尺遮反四字耳。）又韋昭云、車古皆音尺奢反、後漢以來、始有居音。案何彼穠矣之詩、以車韻華。桃夭之詩、以華韻家。家古音姑、華古音敷、則車古音居、更無疑義。熙所說者不譌。昭之所辨、亦未必盡中其失也。別本或題曰逸雅。蓋明郎奎金取是書與爾雅、小爾雅、廣雅、埤雅合刻、名曰五雅。以四書皆有雅名、遂改題逸雅以從類。非其本目。今不從之。又後漢書劉珍傳、稱珍撰釋名五十篇以辨萬物之稱號其書名相同姓又相同鄭明選作秕言頗以爲疑然歷代相傳無引劉珍釋名者則珍書久佚不得以此書當之也明選又稱此書爲二十七篇與今本不合明選萬歷中人不應別見古本殆一時失記誤以二十爲二十七歟

廣雅十卷內府藏本

魏張揖撰揖字稚讓清河人太和中官博士其名或從木作楫然證以稚讓之字則爲揖讓之揖審矣後魏江式論書表曰魏初博士清河張揖著埤倉廣雅古今字詁究諸埤廣增長事類抑亦於文爲益者也然其字詁方之許篇或得或失矣是式謂埤倉廣雅勝於字詁今埤倉字詁皆久佚惟廣雅存其書因爾雅舊目博採漢儒箋註及三蒼說文諸書以增廣之於揚雄方言亦備載無遺隋祕書學士曹憲爲之音釋避煬帝諱改名博雅故至今二名並稱實一書也前有揖進表稱凡萬八千一百五十文分爲上中下隋書經籍志亦作三卷與表所言合然註曰梁有四卷唐志亦作四卷館閣書目又云今逸但存音三卷憲所註本隋志作四卷唐志則作十卷卷數各參錯不同蓋揖書本三卷七錄作四卷者由後來傳寫析其篇目憲註四卷卽因梁代之本後以文句稍繁析爲十卷又嫌十卷煩碎復併爲三卷觀諸家所引廣雅之文皆具在今本無所佚脫知卷數異而書不異矣然則館閣書目所謂逸者乃逸其無註之本所謂存音三卷者卽憲所註之本揖原文實附註以存未嘗逸亦未嘗闕惟今本仍爲十卷則又後人析之以合唐志耳考唐元度九經字樣序稱音字改反爲切實始於唐開成閒憲雖自隋入唐至貞觀時尚在然遠在開成以前今本乃往往云某字某切頗爲疑竇殆傳刻臆改又非憲本之舊歟

匡謬正俗八卷安徽巡撫採進本

唐顏師古撰師古名籀以字行雍州萬年人歷官祕書監事蹟具唐書本傳是書永徽二年其子符璽郎揚庭表上於朝高宗敕錄本付祕閣卷首載揚庭表稱藁草纔半部帙未終蓋猶未竟之本又稱謹遵先範分爲八卷勒成一部則今本乃揚庭所編宋人諸家書目多作刊謬正俗或作糾謬正俗蓋避太祖之諱錢曾讀書敏求記作刋謬正俗則刻本偶誤也前四卷凡五十五條皆論諸經訓詁音釋後四卷凡一百二十七條皆論諸書字義字音及俗語相承之異攷據極爲精密惟拘於習俗不能知音有古今其註漢書動以合聲爲言遂與沈重之音毛詩同開後來叶音之說故此書謂葬音臧誼議音宜反音扶萬反歌音古賀反彝音上聲怒有上去二聲壽有授受二音縣有平去二聲迴音戶罄反皆誤以今韻讀古音謂穰音而成反上音盛又音市郢反先音西逢音如字不讀龐皆誤以古音讀今韻均未免千慮之一失然古人攷辨小學之書今皆失傳自顏之推家訓音證篇外實莫古於是書其邱區禹宇之論韓愈諱辨引之知唐人已絕重之矣戒山堂讀史漫筆解都鄙二字詫爲獨解不知爲此書所已駁毛奇齡引書序伻厥寶玉解春秋備伻詫爲特見不知爲此書所已引洵後人證據終不及古人有根柢也鄭樵通志校讐略曰刊謬正俗乃雜記經史惟第一卷起論語而崇文總目以爲論語類知崇文所釋只看帙前數行率意以釋之耳今檢崇文總目樵說信然當時館閣諸人不應荒謬至此檢是類所列以論語三種家語一種居前次爲白虎通次爲五經鉤沈次卽此書次爲六說次爲經史釋題次爲授經圖次爲九經餘義次爲演聖通論皆統解羣經之文蓋當時仿隋志之例以五經總義附之論語類中雖不甚允要不可謂之無據樵不考蒼文而務爲苛論遽以只看數行詆之失其旨矣

羣經音辨七卷通行本

宋賈昌朝撰昌朝字子明獲鹿人天禧初賜同進士出身慶歷中同中書門下平章事英宗初加左僕射封魏國公諡文元事蹟具宋史本傳此書其侍講天章閣時所上凡羣經之中一字異訓音從而異者彙集爲四門卷一至卷五曰辨字同音異仿唐張守節史記正義發字例依許慎說文解字部目次之卷六曰辨字音清濁曰辨彼此異音曰辨字音疑混皆卽經典釋文序錄所舉分立名目卷七附辨字訓得失一門所辨論者僅九字書中沿襲舊文不免謬誤者如卷一言部謙慊也下云鄭康成說謙爲慊慊厭也厭謂閉藏貌據禮記註曰謙讀爲慊慊厭也此解正文自謙註又曰厭讀爲厭厭閉藏貌也此解正文厭然與上註厭足之厭絕不相蒙昌朝混而一之殊爲失考又卷二丌

部、典、堅刃貌也、據考工記輈欲頎典註曰、頎典堅刃貌、以頎典爲形容之辭、不得單舉一典字。卷三巾部、幓頭括髮也、幓本幧字之譌。據儀禮註、一以解婦人之髽、以麻申之曰以麻者、如著幓頭焉。一以解括髮以麻免而以布申之曰此用麻布爲之、狀如今著幓頭矣。是括髮免髽皆如著幓頭、幓頭自是吉服。揚雄方言、帞頭自河以北趙魏之閒曰幧頭。劉熙釋名作綃頭。又有䰂帶鬟帶等名、豈可以括髮釋之。是皆疎於考證之故。然釋文散見各經、頗難檢核。昌朝會集其音義、絲牽繩貫、同異粲然、俾學者易於尋省、不爲無益。小學家至今不廢、亦有以也。自序云、編成七卷、凡五門。紹興中王觀國後序亦云凡五門七卷。惟宋史藝文志作三卷。此本爲康熙中蘇州張士俊從宋槧翻雕、實爲七卷。則宋史所載爲字畫之誤明矣。

埤雅二十卷　浙江巡撫採進本

宋陸佃撰。佃字農師、越州山陰人。少從學於王安石。熙寧三年擢進士甲科、授蔡州推官、選爲鄆州教授。召補國子監直講、歷轉至左丞。未幾罷爲中大夫、出知亳州。卒於官。事蹟具宋史本傳。史稱其精於禮家名數之學、所著埤雅、禮象、春秋後傳之類凡二百四十二卷。王應麟玉海又記其修說文解字。其子宰作此書序、又稱其有詩講義、爾雅註。今諸書竝佚。其爾雅新義僅散見永樂大典中、文句譌闕、亦不能排纂成帙。傳於世者惟此書而已。凡釋魚二卷、釋獸三卷、釋鳥四卷、釋蟲二卷、釋馬一卷、釋木二卷、釋草四卷、釋天二卷。刊本釋天之末註後闕字。然則併此書亦有佚脫、非完本矣。宰序稱佃於神宗時召對、言及物性、因進說魚說木二篇。後乃竝加筆削、初名物性門類、後註爾雅畢、更修此書、易名埤雅、言爲爾雅之輔也。其說諸物大抵略於形狀而詳於名義、尋究偏旁、比附形聲、務求其得名之所以然。又推而通貫諸經、曲證旁稽、假物理以明其義。中多引王安石字說、蓋佃以不附安石行新法、故後入元祐黨籍。其學問淵源則實出安石。晁公武讀書志謂其說不專主王氏、亦似特立。殆未詳檢是編、誤以論其人者論其書歟。觀其開卷說龍一條、至於謂曾公亮得龍之脊、王安石得龍之睛、是豈不尊安石者耶。然其詮釋諸經、頗據古義、其所援引、多今所未見之書。其推闡名理、亦往往精鑿。謂之駁雜則可、要不能不謂之博奧也。

爾雅翼三十二卷　浙江巡撫採進本

宋羅願撰。元洪焱祖音釋。願字端良、號存齋、歙縣人。以蔭補承務郎。乾道二年登進士第。通判贛州。淳熙中知南劍州事、遷知鄂州。卒於官。事蹟附載宋史羅汝楫傳。焱祖字潛夫、亦歙縣人。天歷中官遂昌縣主簿、以休寧縣尹致仕。是書卷端有願自序、又有王應麟後序、方回跋及焱祖自跋。應麟後序稱以咸淳庚午刻此書郡齋、而玉海所列爾雅諸本乃不著於錄。據方回跋、稱序見鄂州小集、世未見其書。回訪得副本於其從孫裳、蓋其出在玉海後也。越五十年爲元延祐庚申、郡守朱霽重刻、乃屬焱祖爲之音釋。而願序及應麟後序隸事稍僻者亦併註焉。焱祖跋稱釋草八卷、凡一百二十名。釋木四卷、凡六十名。釋鳥五卷、凡五十八名。釋獸六卷、凡七十四名。釋蟲四卷、凡四十名。釋魚五卷、凡五十五名。今勘驗此本名數皆合。惟釋獸七十四名、此本內有八十五名、與原跋互異。豈字畫傳寫有誤歟。其書考據精博、而體例謹嚴、在陸佃埤雅之上。應麟後序稱其卽物精思、體用相涵、本末靡遺、殆非溢美。後陳櫟刪削其書、別爲節本、謂其好處可以廣人之識見處儘多、可恨處牽引失其精當者不少。內引三百篇之詩處多不是云云。案櫟著作傳於今者、有尚書集傳纂疏、歷朝通略、定宇集三書。核所聞見、曾不能望願之項背。遽糾其失、似不自量。至願書成於淳熙元年甲午、朱子詩集傳作於淳熙四年丁酉、在願書後三年。而櫟乃執續出新說、繩願所引據之古義、尤屬拘墟。今願書流傳不朽、而櫟之節本片字無存。則其曲肆詆諆、無人肎信而傳之、略可見矣。

駢雅七卷　浙江巡撫採進本

明朱謀㙔撰。謀㙔有周易象通、已著錄。此書皆刺取古書文句典奧者、依爾雅體例、分章訓釋。自釋詁、釋訓以至蟲魚鳥獸、凡二十篇。其說以爲聯二爲一、駢異爲同、故名曰駢雅。謀㙔淹通典籍、其一齋書目所載、往往爲諸家所未窺。故徵引詳博、頗具條理、非鄉塾陋儒捃拾殘剩者可比。中閒如藻井乃屋上方井、刻爲藻文、西京賦註引風俗通訓義甚明、而謀㙔以爲刻屏之屬、改易舊文、殊爲未確。又謂都御史爲大司憲、詹事爲端尹、乃流俗之稱，亦乏典據。至如釋天內之歲陽月名，釋地內之五丘四荒，太平太蒙丹穴空桐之類，皆爾雅所已具，更為複引，尤病冗蕪。然奇文僻字，搜輯良多，擷其膏腴，於詞章要不為無補也。

字詁一卷（安徽巡撫採進本）

國朝黃生撰。生字扶孟，歙縣人，前明諸生。是編取魏張揖字詁以名其書。於六書多所發明，每字皆有新義，而根據博奧，與穿鑿者有殊。間有數字未安者，如謂靃說文呼郭切，飛聲也，而諸書用靃靡處又音髓。今書地名人姓之類多用霍，獨樊噲傳之霍人，正義註先累蘇果山寡三反，先累反即髓音也。韻會諸家紙藥二韻兼收靃，而霍則止一音。蓋霍從隹，其音當為髓。靃本飛鳥聲，借為地名，因又借為人姓，後省便作霍。既為借義所奪，其本音本訓遂失，而於字之當用霍音髓者，反作靃。此霍之所以轉為呼郭切，而靃之所以轉為先累反也。據其所說，則霍但有先累反之本音，靃但有呼郭反之本音矣。今考音切之古，莫過玉篇廣韻。玉篇靃字下註云息委切，露也，呼郭切，飛聲。廣韻於四紙靃字下註云靃靡，草於十九鐸靃字下註云地名。說文飛聲也，則是靃本有髓之一讀，並不因省借為霍始音髓也。又玉篇霍字下註云呼郭切，揮霍。廣韻霍字下註云虛郭切，揮霍。爾雅霍山為南岳。又姓。則是霍之一字，在玉篇廣韻原止有呼郭反一音，並無髓音。惟史記正義註有息累反，而要不得為止有息累反一音也。況白虎通曰，南方霍山者，霍之為言護也，護乃呼郭反之轉音，非先累反之轉音。然則班固讀霍已為呼郭反矣，豈漢音猶不足據乎。生又謂打字始於六朝，今考後漢王延壽夢賦曰，捎魍魎，拂諸渠，撞縱目，打三顱。又易林曰，口饑打手。則打字不始於六朝明矣。此類殊為失考。其他若謂大鼎七个之鼏當從冖諧聲，與從冖者不同，似蛇之鱓既借徒何切之鼉，又借張演切之鱣，而皆轉為常演切，漢書註誤以張連切之鱣為釋。又謂周禮玉人註瓚讀為餈屡之屡，說文饋以羹澆飯，釋文膏屡作膏饋，故篇海屡即饋字。內則釋文酏讀為餈之然反，屡本又作餈，並之然反。此蓋明酏屡當並讀為餈，非謂屡即餈字。若以諸延切屡，何以處玉人註之餈屡乎。又謂干乾字通，引後漢書獨行傳云明堂之奠，干飯寒水，又在晉帖所云淡悶干嘔之前。此類則最為精核。其他條似此者不可枚舉。蓋生致力漢學，而於六書訓詁尤為專長，故不同明人之勦說也。

續方言二卷（浙江巡撫採進本）

國朝杭世駿撰。世駿字大宗，號堇浦，仁和人。乾隆丙辰

召試博學鴻詞，授翰林院編修。是書採十三經註疏、說文、釋名諸書，以補揚雄方言之遺。前後類次，一依爾雅，但不明標其目耳。蒐羅古義，頗有裨於訓詁。惟是所引之書，往往耳目之前顯然遺漏。如玉篇引倉頡篇云楚人呼竈曰寵，列子黃帝篇註引何承天纂文云吳人呼瞬目為眴目，古今韻會引魏李登聲類云江南曰辣，中國曰辛，爾雅釋草釋文宋庠國語補音引晉呂忱字林云楚人名蓤曰芰。鰶，秦名雅烏鶏。青州人呼鮎鯷。初學記及太平御覽引纂文云，梁州以豕為豬，河南謂之彘，漁陽以豬為豝，齊徐以小豬為豯。太平御覽又引纂文云，秦以鈷鏻為銼鑹。爾雅釋親釋文引纂文云，妹婿也。初學記引服虔通俗文曰，南楚以美色為娃。初學記及山堂考索又引通俗文云，晉船曰舶，埤雅引廣志小學篇云，蟪蛄，會稽謂之蟪蛄。北戶錄引顏之推證俗音云，南人謂凝牛羊鹿血為衉。[illegible][illegible]，內國呼為糧餅，亦呼寒具。粰粇，今江南呼曰饊飵。蝘蜓，山東謂之蛦蟆。鰿，吳人呼為鯽魚也。凡此諸條，皆六朝以前方言，正可以續揚雄之書，而俱佚之，豈舉遠者反略近歟。又如書中引說文秦晉聽而不聞，聞而不達，謂之眸，引史記集解齊人謂之顙，汝南淮泗之閒曰顏諸條，本為揚雄方言所有，而複載之，亦為失檢。然大致引據典核，在近時小學家猶最有根柢者也。

別雅五卷（江蘇巡撫採進本）

國朝吳玉搢撰。玉搢字山夫，山陽人，廩貢生，官鳳陽府訓導。是書取字體之假借通用者，依韻編之，各註所出，而為之辨證。於考古深為有功。惟是古人用字，有同聲假借，有轉音變異，有別體重文，同聲轉音，均宜入之此書。至於郊鄠一作岐豐之類，則郊乃岐之本字，說文明云郊一作岐，實屬重文，偶然別體。說文玉篇以後累千盈百，何可勝收，未免自亂其例。又徵引雖博，而挂漏亦夥，即以開卷東冬二韻覈之，若大戴禮一室而有四戶八牕，牕即窗，楚辭九歎登逢龍而下隕兮，註，古本逢作蓬，逢

子樂辱篇引詩下國駁蒙註、今詩作駿厖。莊子盜跖篇士皆蓬頭突鬢註、蓬本作鏠。吳越春秋吳王壽夢傳使公子蓋餘燭傭註、左傳傭作庸。史記秦始皇本紀秦王爲人蜂準、徐廣曰蜂一作隆。龜策傳雉渠鸞門註、新序有熊渠子。漢書古今人表鬼臾區、師古註云即鬼容區。陳豐、師古註云即陳鋒。衞青傳青至龍城、師古註云龍讀爲龍。皆目前習見者、乃佚而不載。則推之儀禮之古文、周禮之故書、及漢人箋註某讀作某之類、一一攷之、所漏多矣。然就所徵引、足以通古籍之異同、疏後學之疑滯、猶可以攷見漢魏以前聲音文字之槩。是固小學之資糧、藝林之津筏、非俗儒剽竊之書所能彷彿也。

右小學類訓詁之屬、一十二部、一百二十二卷、竝文淵閣著錄、

舊唐書經籍志以詁訓與小學分爲二家。然詁訓亦小學也、故今仍從漢志、列爲小學之子目。又爾雅首釋詁釋訓、其餘則雜陳名物。蓋析其類而分之、則蟲魚草木之屬與字義門目各殊。統其類而言之、則解釋名物亦即解釋其字義。故訓詁者、通名也。方言釋名、相沿繼作、大體無殊。至埤雅爾雅翼、務求博洽、稍泛濫矣。要亦訓詁之支流也、故亦連類編之。埤雅廣要之屬、蕪雜已甚、則退之小說家焉。

欽定四庫全書總目卷四十

欽定四庫全書總目卷四十一

經部四十一

小學類二

急就章四卷（通行本）

漢史游撰。漢書藝文志註、稱游爲元帝時黃門令、蓋宦官也。其始末則不可考矣。是書漢志但作急就一篇、而小學類末之敘錄則稱史游作急就篇。故晉夏侯湛抵疑稱鄉曲之徒、一介之士、曾諷急就、通甲子。北齊書稱李鉉九歲入學、書急就篇。或有篇字、或無篇字、初無一定。隋志作急就章一卷、魏書崔浩傳亦稱人多託寫急就章。是改篇爲章、在魏以後。然考張懷瓘書斷曰、章草者、漢黃門令史游所作也。王愔云、（案此蓋引王愔文字志之語、）漢元帝時史游作急就章、解散隸體、漢俗簡惰、漸以行之是也。然則所謂章草者、正因游作是書、以所變草法書之。後人以其出於急就章、遂名章草耳。今本每節之首俱有章第幾字、知急就章乃其本名、或稱急就篇、或但稱急就、乃偶然異文也。其書自始至終、無一複字。文詞雅奧、亦非蒙求諸書所可及。玉臺新詠載梁蕭子顯烏栖曲、有帬邊雜佩琥珀龍句、馮氏校本改龍爲紅。今檢此書、有繫臂琅玕虎魄龍句、乃知子顯實用此語。馮氏不知而誤改之、則遺文瑣事、亦頗賴以有徵、不僅爲童蒙識字之用矣。舊有曹壽崔浩劉芳顏之推註、今皆不傳。惟顏師古註一卷存。王應麟又補註之、釐爲四卷。師古本比皇象碑多六十三字、而少齊國山陽兩章、止三十二章。應麟藝文志考證、標貞定常山至高邑句、以爲此二章起於東漢、最爲精確。其註亦考證典核、足補師古之闕。別有黃庭堅本、李燾本、朱子越中本、字句小有異同。應麟所註、多從顏本、蓋以其考證精深、較他家爲可據焉。

說文解字三十卷（通行本、）

漢許愼撰。愼字叔重、汝南人、官至太尉南閣祭酒。是書成於和帝永元十二年。凡十四篇、合目錄一篇爲十五篇、分五百四十部、爲文九千三百五十三、重文一千一百六十三、註十三萬三千四百四十字。推究六書之義、分部類從、至爲精密、而訓詁簡質、猝不易通。又音韻改移、古今異讀、諧聲諸字、亦每難明。故傳本往往譌異。宋雍熙三年、詔徐鉉、葛湍、王惟恭、句中正等重加刊定。凡字爲說文註義序例所載、而諸部不見者、悉爲補錄。又有經典相承、時俗要用、而說文不載者、亦皆增加、別題之曰新附字。其本有正體、而俗書譌變者、則辨於註中。其違戾六書者、則別列卷末。或註義未備、更爲補釋、亦題臣鉉等案以別之。音切則一以孫愐唐韻爲定。以篇帙繁重、每卷各分上下、即今所行毛晉刊本是也。明萬歷中、宮氏刻李燾說文五音韻譜、陳大科序之、誤以爲即鉉校本。陳啟源作毛詩稽古編、顧炎武作日知錄、竝沿其謬。豈毛氏所刊、國初猶未盛行歟。書中古文籀文、李燾據唐林罕之說、以爲晉幢令呂忱所增。考愼自序云、今序篆文、合以古籀、其語甚明。所記重文之數、亦復相應。又法書要錄載後魏江式論書表曰、晉世義陽王典祠令任城呂忱、表上字林六卷、尋其況趣、附託

許愼說文，而按偶章句，隱別古籀奇惑之字，文得正隸，不差篆意。則忱書竝不用古籀，亦有顯證。如䍐之所云，呂忱字林，多補許愼遺闕者，特廣說文未收字耳。其書今雖不傳，然如廣韻一東部烔字、從字，四江部嚷字之類，云出字林者，皆說文所無，亦大略可見。燾以說文古籀爲忱所增，誤之甚矣。自魏晉以來言小學者，皆祖愼。至李陽冰始曲相排斥，未協至公。然愼書以小篆爲宗，至於隸書、行書、艸書，則各爲一體。孳生轉變，時有異同，不悉以小篆相律。故顏元孫干祿字書曰，自改篆行隸，漸失其眞。若總據說文，便下筆多礙。當去泰去甚，使輕重合宜。徐鉉進說文表亦曰，高文大冊，則宜以篆籀著之金石。至於常行簡牘，則艸隸足矣。二人皆精通小學，而持論如是。明黃諫作从古正文，一切以篆改隸，豈識六書之旨哉。至其所引五經文字，與今本多不相同，或往往自相違異。顧炎武日知錄嘗摭其汜下作江有汜，洍下又作江有洍；昏下作赤舄已已，擊下又作赤舄擊擊。是所云詩用毛氏者，亦與今本不同。蓋雖一家之學，而支派既別，亦各不相合。好奇者或據之以改經，則謬戾殊甚。能通其意而又能不泥其迹，庶乎爲善讀說文矣。

案愼序，自稱易孟氏、書孔氏、詩毛氏、禮周官、春秋左氏、論語、孝經皆古文。考劉知幾史通，稱古文尚書得之壁中，博士孔安國以校伏生所誦，增多二十五篇。（案此亦據梅賾古文而言，實則孔氏原本僅增多十六篇。）更以隸古字寫之，編爲四十六卷。司馬遷屢採其事，故遷多有古說。至於後漢，孔氏之本遂絕。其有見於經典者，諸儒皆謂之逸書。是孔氏壁中之書，愼不得見。說文末載愼子沖上書，稱愼古學受之賈逵，而後漢書儒林傳又稱扶風杜林傳古文尚書，林同郡賈逵爲之作訓，馬融作傳，鄭元註解，由是古文尚書遂顯於世。是愼所謂孔氏書者，卽杜林之本。顧隋志稱杜林古文尚書所傳僅二十九篇，又雜以今文，非孔舊本。（案古文除去無師說者十六篇，正得伏生二十九篇之數，非雜以今文。隋志此文亦據梅賾古文，未及與漢書互校。）自餘絕無師說。陸德明經典釋文採馬融註甚多，皆今文尚書，無古文一語。卽說文註中所引，亦皆在今文二十八篇之中。朱彝尊經義考辨之甚明。（案彝尊又謂惟若藥不瞑眩一句，出古文說命，殆因孟子所引而及之。然此句乃徐鍇說文繫傳之語，非許愼之原註。彝尊偶爾誤記，移甲爲乙，故今不取其說。）則愼所謂孔氏本者，非今五十八篇本矣。以意推求，漢書藝文志稱劉向以中古文校歐陽、大小夏侯三家經文，酒誥脫簡一，召誥脫簡二，文字異者七百有餘，脫字數十云云。所謂中古文，卽孔氏所上之古文存於中祕者。是三家之本立在博士者，皆經劉向以古文勘定，改其譌脫，其書已皆與古文同。儒者據其訓詁言之，則曰大小夏侯、歐陽尚書；據其經文言之，則亦可曰孔氏古文尚書。第三家解說，祇有伏生二十八篇遞相授受，餘所增十六篇不能詮釋，遂置不言。故馬融書序稱逸十六篇絕無師說也。（案融序今不傳，此語見孔穎達尚書正義中。）使賈逵所傳杜林之本卽今五十八篇之本，則融嘗因之作傳矣，安有是語哉。又後漢書杜林傳，稱林前於西州得漆書古文尚書，嘗寶愛之，雖遭艱困，握持不離身云云。是林所傳者乃古文字體，故謂之漆書。是必劉向校正三家之時，隨二十八篇傳出，以字非隸古，世不行用，林偶得之以授逵，逵得之以授愼，故愼稱爲孔氏本，而亦止二十八篇，非眞見安國舊本也。論尚書者，惟說文此句最爲疑竇。閻若璩尚書古文疏證牽於此句，遂誤以馬、鄭所註爲孔氏原本，亦千慮之一失，故附考其源流於此。

說文繫傳四十卷（兵部侍郎紀昀家藏本）

南唐徐鍇撰。鍇字楚金，廣陵人，官至右內史舍人。宋兵下江南，卒於圍城之中。事蹟具南唐書本傳。是書凡八篇，首通釋三十卷，以許愼說文解字十五篇，篇析爲二。凡鍇所發明及徵引經傳者，悉加臣鍇曰及臣鍇案字以別之。繼以部敘二卷，通論三卷，祛妄、類聚、錯綜、疑義、系述各一卷。祛妄斥李陽冰臆說。疑義舉說文偏旁所有而闕其字，及篆體筆畫相承小異者。部敘擬易序卦傳，以明說文五百四十部先後之次。類聚則舉字之相比爲義者，如一二三四之類。錯綜則旁推六書之旨，通諸人事，以盡其意。終以系述，則猶史記之自敘也。鍇嘗別作說文篆韻譜五卷，宋孝宗時李燾因之作說文解字五音譜。燾自序有曰，韻譜當與繫傳竝行。今韻譜或刻諸學官，而繫傳迄莫光顯，余蒐訪歲久僅得其七八闕卷。誤字無所是正、每用太息。則繫傳在宋時已殘闕不完矣。今相傳僅有鈔本、錢曾讀書敏求記至詫爲驚人祕笈、然脫誤特甚。卷末有熙寧中蘇頌記云、舊闕二十五、三十共二卷、俟別求補寫。此本卷三十不闕、或續得之以補入。卷二十五則直錄其兄鉉所校之本、而去其新附之字。殆後人求其原書不獲、因摭鉉書以足之。猶之魏書佚天文志、以張太素書補之也。其餘各部闕文、亦多取鉉書竄入。考鉉書用孫愐唐韻、而鍇書則朝散大夫行祕書省校書郎朱翺別爲反切。鉉書稱某某切、而鍇書稱反。今書內音切與鉉書無異者、其訓釋亦必無異。其移掇之迹、顯然可見。至示部竄入鉉新附之祧、祆、祚三字、尤鑿鑿可證者。鍇編篇末、其文亦似未完。無可採補、則竟闕之矣。此書成於鉉書之前、故鉉書多引其說、然亦時有同異。如鉉本禡、祐也、此作備也。鉉本荖、耕多艸、此作耕名。鉉本迹、前頡也、此作前頓也。鉉本鶖、大鶖也、此從爾雅作天鸙也。又鉉本禜字下引禮記、禂字下引詩之類、此作臣鍇案禮記曰、臣鍇案詩曰。則鍇所引、而鉉本淆入許氏者甚多。又如㠜字下云闕、此作家本無注、臣鍇案、疑許慎子許沖所言也。是鉉直刪去家本無注四字、改用一闕字矣。其憑臆刪改、非賴此書之存、何以證之哉。此書本出蘇頌所傳篆文、爲監察王聖美、翰林祗候劉允恭所書。卷末題子容者、即頌字也。乾道癸巳、尤袤得於葉夢得家、寫以與李燾。詳見袤跋。書中有稱臣次立案者、張次立也。次立官至殿中丞、嘗與寫嘉祐二字石經。陶宗儀書史會要載其始末云。

案是書在徐鉉校說文之前、而列其後者、鉉校許慎之原本、以慎爲主、而鉉附之。此書鍇所論著、以鍇爲主、故不得而先慎也。

說文繫傳考異四卷、附錄一卷　浙江巡撫採進本

國朝汪憲撰。憲號魚亭、仁和人。乾隆乙丑進士、候選主事。未就銓而卒。南唐徐鍇作說文繫傳四十卷、歲久散佚。自明以來、方以智號精於小學、而通雅稱楚金所繫、今皆遺失、則世罕傳本、已非一日。好事者祕相傳寫、魚魯滋多、或至於不可句讀。憲所見者、猶屬影宋鈔本、然已譌不勝乙。因參以今本說文、旁參所引諸書、證其同異、以成是編。譌者正之、其不可解者則竝存以俟核定焉。考洪适隸釋載漢石經論語碑、末有而在於蕭牆之內盍毛包周無於一行、是則考異之鼻祖。經典釋文以下、沿流而作者頗衆。惟韻書字書節目繁碎、從未有纖析舊文、徹首徹末、訂舛互而彙爲一編者。憲作是書、亦可云留心小學者矣。末有附錄二卷、乃朱文藻所編。上卷爲諸家評論繫傳之辭、下卷載鍇詩五首及其兄弟軼事、亦頗費蒐羅。然所收李燾序一篇、採自文獻通考、本燾之說文五音韻譜序。因通考刻本誤脫標題一行、遂聯屬於說文繫傳下。乃不辨而收之、殊失考訂。至於二徐瑣記、於繫傳更爲無關、以是爲例、將郭璞爾雅方言註、未亦附載游仙詩乎。今存其上卷、以資考核。其下卷則竟從刪汰、庶不以貪博嗜奇、破著書之體例焉。

說文解字篆韻譜五卷　兩江總督採進本

南唐徐鍇撰。其書取許慎說文解字、以四聲部分編次成書。凡小篆皆有音訓、其無音訓者、皆慎書所附之重文。註史字者籀書、註古字者古文也。所註頗爲簡略、蓋六書之義已具於說文繫傳中、此特取便檢閱、故不更複贅耳。據李燾說文五音韻譜序、此書篆字皆其兄鉉所書。鉉集載有此書序二篇。後篇稱韻譜既成、廣求餘本、孜孜讎校、頗有刊正。今承詔校定說文、更與諸儒精加研覈。又得李舟所著切韻、殊有補益。其間有設文不載而見於序例註義者、必知脫漏、竝從編錄。疑者則以李氏切韻爲正。是此書鉉又更定、不僅出鍇一手。其以序例註義中字添入、亦鉉所爲也。前序稱命鍇取叔重所記、以切韻次之、聲韻區分、開卷可睹云云。故後序稱又得李舟切韻、則所謂切韻次之者、當即陸法言書、即唐韻廣韻所因也。然鍇所編部分、與廣韻稍異。又上平聲內痕部併入魂部、下平聲內一先二仙後別出三宣一部。然魂部之下註痕部附字、而宣部則不著別分。似乎切韻原有此部、殆不可曉。或此書部分、鉉亦以李舟切韻定之、非陸法言之切韻、故分合不同歟。是書傳本甚少。此爲明巡撫李顯所刻、寒部㒼灡漣瀾闌五字當在乾蘭讕調四字之後、豪部高皋䑋毊膏五字當在獋謕號䚽䟆五字之後、皆譌前一行。麻部蝸譁謣觰䥶五字當在秅庛訏侉夸家加茄葭九字之前、譌後二行。蓋刻其書者失於校覈。其後序一篇亦佚去不載。今從鉉騎省集錄出補入、以成完帙焉。

重修玉篇三十卷（兵部侍郎紀昀家藏本）

梁大同九年黄門侍郎兼太學博士顧野王撰。唐上元元年富春孫強增加字。宋大中祥符六年陳彭年、吳銳、邱雍等重修。凡五百四十二部。今世所行凡三本。一爲張士俊所刊，前有野王序一篇，啟一篇，後有神珙反紐圖及分毫字樣，朱彝尊序之，稱上元本。一爲曹寅所刊，與張本一字無異，惟前多大中祥符敕牒一道，稱重修本。一爲明內府所刊，字數與二本同，而每部之中，次序不同，註文稍略，亦稱大中祥符重修本。案文獻通考載玉篇三十卷，引晁公武讀書志曰，梁顧野王撰，唐孫強又嘗增字，釋神珙反紐圖附於後。又載重修玉篇三十卷，引崇文總目曰，翰林學士陳彭年與史館校刊吳銳、直集賢院邱雍等重加刊定。是宋時玉篇原有二本。彭年等進書表稱，肅奉詔條，俾從詳閱，譌謬者悉加刊定，數淺者仍事討論。其敕牒後所列字數，稱舊一十五萬八千六百四十一言，新五萬一千一百二十九言，新舊總二十萬九千七百七十言，註四十萬七千五百有三十字。是彭年等大有增刪，已非孫強之舊。故明內府本及曹本均稱重修。張本既與曹本同，則亦重修本矣。乃刪去重修之牒，詭稱上元本，而大中祥符所改大廣益會之名，及卷首所列字數，仍未及削改，可謂拙於作僞。彝尊序乃謂勝於今行大廣益本，殆亦未見所刊，而以意漫書歟。元陸友研北雜志，稱顧野王玉篇惟越本最善，末題會稽吳氏三一孃寫，楷法殊精。又考永樂大典，每字之下皆引顧野王玉篇云云，又引宋重修玉篇云云，二書並列。是明初上元本猶在，而其篇字韻中所載玉篇全部，乃仍收大廣益會本，而不收上元舊本。顧孫原帙，遂不可考。殆以重修本註文較繁，故以多爲貴耶。當時編纂之無識，此亦一端矣。卷末所附沙門神珙五音聲論及四聲五音九弄反紐圖，爲言等韻者所祖。近時休寧戴氏作聲韻攷，力辯反切始魏孫炎，不始神珙，其說良是。至謂唐以前無字母之說，神珙字母乃剽竊儒書而託詞出於西域，則殊不然。攷隋書經籍志，稱婆羅門書以十四音貫一切字，漢明帝時與佛經同入中國，則遠在孫炎前。又釋藏譯經字母，自晉僧伽婆羅以下，可攷者尚十二家，亦遠在神珙前。蓋反切生於雙聲，雙聲生於字母，此同出於喉吻之自然，華不異梵，梵不異華者也。中國以雙聲取反切，西域以字母統雙聲，此各得於聰明之自悟，華不襲梵，梵不襲華者也。稽其源流，具有端緒。特神珙以前，自行於彼教，神珙以後，始流入中國之韻書，亦如利瑪竇後，推步測驗參用西法耳。豈可謂歐羅巴書全剽竊洛下鮮于之舊術哉。戴氏不究其本，徒知神珙在唐元和以後，遂據其末而與之爭。欲以求勝於彼教，不知聲音之學，西域實爲專門，儒之勝於釋者，別自有在，不必爭之於此也。

干祿字書一卷（兩淮馬裕家藏本）

唐顏元孫撰。元孫，杲卿之父，眞卿之諸父也。官至滁、沂、濠三州刺史，贈祕書監。大歷九年，眞卿官湖州時，嘗書是編勒石。開成四年，楊漢公復摹刻於蜀中。今湖本已泐闕，蜀本僅存。宋寶祐丁巳，衡陽陳蘭孫始以湖本鋟木。

國朝揚州馬曰璐得宋槧翻刻之，即此本也。然證以蜀本，率多謬誤。如卷首序文本元孫作，所謂伯祖故祕書監，乃師古也。蘭孫以元孫亦贈祕書監，遂誤以爲眞卿稱元孫，而以序中元孫二字改爲眞卿以就之。曰璐亦承其譌，殊爲失考。其他闕誤，亦處處有之。今以蜀本互校，補闕文八十五字，改譌體十六字，刪衍文二字，始稍還顏氏之舊。是書爲章表書判而作，故曰干祿。其例以四聲隸字，又以二百六部排比字之後先，每字分俗、通、正三體，頗爲詳核。其中如虫蟲、啇商、涷凍，截然兩字，而以爲上俗下正，又如皃古貌字，而云貌正皃通，韭之作韮，芻之作蒭，蕫直是俗字，而以爲通用，雖皆不免千慮之失，然其書酌古準今，實可行用，非詭稱復古，以奇怪釣名，言字體者當以是爲酌中焉。至二百六部之次序，與廣韻間有不同，或元孫所用乃陸法言之舊第，而廣韻次序乃宋人所改歟。

五經文字三卷（兩淮馬裕家藏本）

唐張參撰。參里貫未詳。自序題大歷十一年六月七日，結銜稱司業，蓋代宗時人。唐書儒學傳序，稱文宗定五經，鑱之石，張參等是正譌文。誤也。考後漢書熹平四年春三月，詔諸儒正五經文字，刻石立於太學門外，參書立名，蓋取諸此。凡三千二百三十五字，依偏旁爲百六十部。劉禹錫國學新修五經壁記云，大歷中名儒張參爲國子司業，始詳定五經書於講論堂東西廂之壁，積六十餘載，祭酒皞博士公肅再新壁書、乃析堅木負墉而比之。其製如版牘而高廣、背施陰關、使衆如一。觀此言、可以知五經文字初書於屋壁、其後易以木版、至開成間乃易以石刻也。朱彝尊跋云、五經文字獨無雕本爲一闕事。考冊府元龜、稱周顯德二年尚書左丞兼判國子監事田敏獻印版書五經文字、奏稱臣等自長興三年校勘雕印九經書籍。然則此書刻本在印版書甫創之初已有之、特其本不傳耳。今馬曰璐新刻版本跋云、舊購宋拓石經中有此、因舊樣繕寫、雕版於家塾。然曰璐雖稱摹宋拓本、今以石刻校之、有字畫尚存而其本改易者。又下卷幸部脫去睪字註十九字、盩字併註凡八字。今悉依石刻補正、俾不失其眞焉。

九經字樣一卷、兩淮馬裕家藏本、

唐唐元度撰。元度里籍未詳。惟據此書、知其開成中官翰林待詔。考唐會要、稱大和七年二月、敕唐元度覆定石經字體。十二月、敕於國子監講論堂兩廊創立石九經。元度字樣、蓋作於是時。凡四百二十一字、依倣五經文字爲七十六部。前載開成二年八月牒云、准大和七年十二月敕覆九經字體者。今所詳覆、多依司業張參五經文字爲準。諸經之中、別有疑闕、古今體異、隸變不同。如總據說文、卽古體驚俗。若依近代文字、或傳寫乖譌。今與校勘官同商較是非、取其適中。纂錄新加九經字樣一卷、請附於五經文字之末。蓋二書相輔而行。當時卽列石壁九經之後。明嘉靖乙卯地震、二書同石經並損闕焉。近時馬曰璐得宋拓本而刊之、猶屬完善。其閒傳寫失眞及校者意改、往往不免。今更依石刻殘碑、詳加覆訂、各以案語附之下方。五經文字音訓多本陸德明經典釋文、或註某反、或註音某。元度時避言反字、無同音字可註者、則云某平某上、就四聲之轉以表其音。是又二書義例之異云爾。

汗簡三卷目錄敘略一卷、兩淮馬裕家藏本、

宋郭忠恕撰。忠恕字恕先、洛陽人。是書首有李建中題字。後有附題兩行、稱忠恕仕周朝爲朝散大夫、宗正丞、兼國子書學博士、疑亦建中所記。然據郭若虛圖畫見聞志及蘇軾集所載忠恕小傳、並稱宋太宗時召忠恕爲國子監主簿、後流登州、道卒。則不得爲周人。又陶岳五代史補、載周祖入京師時、忠恕爲湘陰公推官、面責馮道之賣國。則先已仕漢。題周更誤矣。宋史藝文志以此書與佩觿並載、而晁陳諸家書目皆不著錄。則在宋代亦罕見。此本乃宋李建中得之祕府。大中祥符五年、李直方得之建中。初無撰人名字。建中以字下註文有臣忠恕字、證以徐鉉所言、定爲忠恕所作。其分部從說文之舊。所徵引古文凡七十一家、前列其目、字下各分註之。時王球呂大臨薛尚功之書皆未出、故鍾鼎闕焉。其分隸諸字、卽用古文之偏旁、與後人以眞書分部、案韻繫字者不同。鈍吟雜錄載馮舒嘗論此書、以汚汸𦙶駛諸字援文就部爲疑。然古文部類不能盡繩以隸楷、猶之隸楷轉變、不能盡繩以古文。舒之所疑、蓋不足爲累。且所徵七十一家、存於今者不及二十分之一、後來談古文者、輾轉援據、大抵從此書相販鬻。則忠恕所編、實爲諸書之根柢、尤未可以忘所自來矣。

佩觿三卷、兩淮馬裕家藏本、

宋郭忠恕撰。此書上卷備論形聲譌變之由、分爲三科。一曰造字、二曰四聲、三曰傳寫。中下二卷則取字畫疑似者、以四聲分十段。曰平聲自相對、曰平聲上聲相對、曰平聲去聲相對、曰平聲入聲相對、曰上聲自相對、曰上聲去聲相對、曰上聲入聲相對、曰去聲自相對、曰去聲入聲相對、曰入聲自相對。末附與篇韻音義異者十五字、又附辨證舛誤者一百十九字。不署名字、不知何人所加。以其可資考證、仍並存之。惠棟九經古義嘗駁忠恕以示字爲視、而反以視爲俗字。今考其中如謂車字音尺遮反、本無居音。蓋因韋昭辨釋名之說、未免失於考訂。又書號八分、久有舊訓。蔡文姬述其父語、自必無譌、乃以爲八體之外別分此體、強爲穿鑿、亦屬支離。至於以天承口爲吳、已見越絕書、而引三國志爲徵。景爲古影字、已見高誘淮南子註、而云葛洪字苑加彡。案此沿顏氏家訓之誤。又陶侃本字士行、而誤作士衡。東方朔以來爲棗本約略近似、而遂造棗字。均病微疎。然忠恕洞解六書、故所言具中條理。如辨逄姓之逄音皮江反、不得讀如逢遇本字。證之漢隸字源、逢字下引逄盛碑通作逢。則姓氏之逄雖通作逢、亦仍作皮江反。可證顏師古之譌。又若辨甪里本作角里、與角亢字無異。亦不用顏師古恐人誤讀故加一拂之說。證之漢四老神位神胙几石刻、甪里實作角里、與此書合。則知忠恕所論，較他家精確多矣。

古文四聲韻五卷（刑部郎中汪啓淑家刊本）

宋夏竦撰。竦字子喬，江州德安人。景德三年舉賢良方正，官至武寧軍節度使，謚文莊。事蹟具宋史本傳。據吾衍學古編稱，夏竦古文四聲韻五卷，前有序，併全銜者好，別有僧翻本不可用。又據全祖望鮚埼亭集，有是書跋，稱借鈔於范氏天一閣，爲紹興乙丑浮屠寶達重刊，蓋即吾衍所謂僧翻本也。此本從汲古閣影寫宋刻翻雕，有慶歷四年竦自序。卷首題開府儀同三司、行吏部尚書、知亳州軍州事夏竦集，是吾衍所謂前有序及全銜者矣。其書以四聲分隸古篆，全祖望跋稱所引遺書八十八家，以校郭氏汗簡，未嘗多一種，實即取汗簡而分韻錄之，絕無增減異同，雖不作可也。其說固是，然汗簡以偏旁分部，而偏旁又全用古文，不從隸體，猝不易尋。此書以韻分字，而以隸領篆，較易於檢閱。此如既有說文，而徐鍇復作篆韻譜相輔而行，固未可廢其一也。惟其書由雜綴而成，多不究六書之根柢。如親即古親字也，親字下既云古尚書作[illegible]，又別出一窺字，譌從宀爲從穴，云即古雲字也。雲字既云說文作[illegible]，云字下又云王存乂切韻作[illegible]。明即古瞿字也，明字下引汗簡作[illegible]，瞿字下又引崔希裕纂古作[illegible]，以及朝鼂、聞䎽、協叶之類，不可殫數。龕字引古尚書是西伯戡黎之戡，古字通也，乃不併於戡字，而自爲一條，是由不知古文，誤以一字爲二也。澄即澂字之別體，澄字下引雲臺碑作[illegible]，澂字下引王庶子碑作[illegible]。彩即采字之別體，采字下引雲臺碑作[illegible]，彩字下引義雲章作[illegible]，以及桐桌、崇宗、窺闚、叅譲、仙僊、員圓、熈熙、奉捧、准準、帽冒、覓覔之類，不可殫數。是又由不辨俗書，誤以一字爲二也。覃韻之亩，乃亩蓋字。咸韻之亩，乃亩谷字，而竝引南岳碑作[illegible]。仙韻之鮮，乃腥鮮字，於古當從三魚。獮韻之鮮，乃鮮少字，於古當從是從少。乃竝云古老子作[illegible]，顏黃門說作[illegible]。古尚書作[illegible]，說文訓㐬爲大，訓荒爲蕪，本爲兩字，而以古尚書之荒字、籀韻之㐬字竝列荒字下。是不辨音義，以二字合爲一也。[illegible]三字竝出說文，乃惟云[illegible]字出說文，[illegible]字則云出貝邱長碑、古老子，三字則云出天台經幢。[illegible]字出石鼓文，乃云出王存乂切韻。鐳字出說文，廣字出儀禮，[illegible]字、㱿字、飄字、䍃字出周禮，乃竝云出崔希裕纂古。沵字出荀子、公羊傳，乃云出古文。是不求出典，隨所見而摭也。貿字說文本作[illegible]，乃云出唐韻。夢字說文本作[illegible]，乃云出汗簡。燒字說文本作[illegible]，乃云出崔希裕纂古，以及[illegible]之類，全與說文相同者，亦不可殫數。是併不辨小篆也。至於室字云季札墓銘作[illegible]，季札墓銘無室字。怕字云古孝經作[illegible]，古孝經無怕字。益杜撰矣。他如[illegible]、[illegible]之類，相連竝立，猶云一篆文，一改篆爲隸也。至保字下云崔希裕纂古作保，鴈字下云籀韻作鴈，則全作隸書，點畫不異，更不解其何故。讀是書者亦未可全據爲典要也。所列韻目，據自序云本唐切韻。仙韻下增一宣韻，與徐鍇韻譜同。覃談二韻列於麻後陽前，蒸登二韻列於添後咸前，與顏元孫干祿字書同，蓋唐制如是。至齊韻之後、佳韻之前增一栘韻，與二書又不同，殆唐韻亦非一本歟。是則不可考矣。

類篇四十五卷（兩淮馬裕家藏本）

舊本題司馬光撰。景定癸亥董南一作光切韻指掌圖序，亦稱光嘗被命修纂類篇，古文奇字，蒐獵殆盡。然書後有附記曰：寶元二年十一月，翰林學士丁度等奏，今修集韻，添字既多，與顧野王玉篇不相參協，欲乞委修韻官將新韻添入，別爲類篇，與集韻相副施行。時修韻官獨有史館檢討王洙在職，詔洙修纂。久之，洙卒。嘉祐二年九月，以翰林學士胡宿代之。三年四月，宿奏乞光祿卿直祕閣掌禹錫、大理寺丞張次立同加校正。六年九月，宿遷樞密副使，又以翰林學士范鎮代之。治平三年二月，范鎮出鎮陳州，又以龍圖閣直學士司馬光代之。時已成書，繕寫未畢，至四年十二月上之。然則光於是書，特繕寫奏進而已，傳爲光修，非其實也。書凡十五卷，每卷各分上中下，故稱四十五卷。末一卷爲目錄，用說文解字例也。凡分部五百四十四，其編纂之例有九：一曰同音而異形者皆兩見；二曰同意而異聲者皆一見；三曰古意之不可知者皆從其故；四曰變古而有異義者皆從今；五曰變古而失眞者皆從古；六曰字之後出而無據者皆不特見；七曰字之失故而遂然者皆明其由；八曰集韻之所遺者皆載；九曰字之無部分者皆以類相聚。考集韻所收，併重文爲五萬三千五百二十五字。此書凡文三萬一千三百一十九，重音二萬一千八百四十六，僅五萬三千一百六十五字。較集韻所收尚少三百六十字，而例云集韻所遺皆載者，蓋集韻重文頗爲雜濫，此書凡字之後出而無據者皆不特見，故所刪之數多於所增之數也。其所編錄雖不及說文、玉篇之謹嚴，然字者孳也，輾轉相生，有非九千舊數所能盡者。玉篇已增於說文，此書又增於玉篇，時會所趨，久則爲律，有不知其然而然者，固難以一格拘矣。

歷代鐘鼎彝器款識法帖二十卷（浙江總督採進本）

宋薛尚功撰。尚功字用敏，錢塘人。紹興中以通直郎僉定江軍節度判官廳事。是書見於晁公武讀書志，宋史藝文志均作二十卷，與今本同。惟陳振孫書錄解題作鐘鼎法帖十卷，卷數互異，似傳寫脫二字。然吾邱衍學古編亦作十卷，所云刻於江州，與振孫之說亦符。蓋當時原有二本也。所錄篆文雖大抵以考古、博古二圖爲本，而蒐輯較廣，實多出於兩書之外。其中如十六卷中載比干墓銅槃銘之類，未免真偽雜糅，然大致可稱博洽。卽以卷首商鼎一類考之，若箕鼎及維揚石刻之出於古器物銘，濟南鼎之出於向瀚刻本，皆非舊圖之所有。至其箋釋名義，考據尤精。如攷古圖釋蠆鼎云周景王十三年，鄭獻公蠆立，此書獨從博古圖，以爲商鼎。夔鼎銘五字，博古圖云上一字未詳，此書以上一字爲夔字。父乙鼎銘亦五字，博古圖云末一字未詳，此書以末一字爲彝字。又如博古圖釋召夫鼎銘詞有午刊二字，此書作家刊。博古圖釋父甲鼎銘作立戈父甲，此書作子父甲。又凡博古圖所云立戈、橫戈形者，此書多釋爲子字。其立說並有依據。蓋尚功嗜古好奇，又深通篆籀之學，能集諸家所長，而比其同異，頗有訂譌刊誤之功，非鈔撮蹈襲者比也。尚功所著，別有鍾鼎篆韻七卷，蓋卽本此書而部分之。今其本不傳，然梗概已具於此矣。舊刻久佚，此本爲明崇禎中朱謀垔所刊，自序稱購得尚功手書本，雖未否真蹟，無可證明，然鉤勒特爲精審，較世傳寫本爲善云。

案此書雖以鐘鼎款識爲名，然所釋者諸器之文字，非諸器之體製，改隸字書，從其實也。至博古圖中之因器及銘者，則宜入譜錄，不在此例。隋志併石經入小學，以刻文同異，可資參考之故。然萬斯大石經考之類，皆但溯源流，不陳字體，與小學無涉，今仍附之金石焉。

復古編二卷（兵部侍郎紀昀家藏本）

宋張有撰。有字謙中，湖州人，張先之孫。出家爲道士。是書根據說文解字，以辨俗體之譌，以四聲分隸諸字，於正體用篆書，而別體、俗體則附載註中。猶顏元孫干祿字書分正、俗、通三體之例。下卷入聲之後附錄辨證六篇：一曰聯縣字，二曰形聲相類，三曰形相類，四曰聲相類，五曰筆迹小異，六曰上正下譌，皆剖析毫釐，至爲精密。然惟以說文正小篆，而不以小篆改隸書，故小篆之不可通於隸者，則曰隸作某，亦顏元孫所謂總據說文則下筆多礙，當去泰去甚，使輕重合宜者也。樓鑰集有此書序，稱其嘗篆楊時踵息菴記，以小篆無菴字，竟作隸體書之，知其篤不以俗體入篆。爾作隸則未嘗不諧俗。鑰序又記其爲林攄母撰墓碑，書魏字作巍，終不肯去山字。陳振孫所記亦同。然考此書巍字下註曰：今人省山以爲魏國之魏，不以爲俗體別字。是其說復古而不戾今，所以爲通人之論。視魏校等之詭僻盜名，強以篆籀入隸者，其識趣相去遠矣。此本爲明萬歷中黎民表所刊，字畫頗爲清析。惟不載鑰序，然鑰所云陳瓘、程俱前後序，則皆相符，蓋猶從舊本傳刻者也。

漢隸字源六卷（內府藏本）

宋婁機撰。機字彥發，嘉興人。乾道二年進士，寧宗朝累官禮部尚書兼給事中，權知樞密院事，兼太子賓客，進參知政事，提舉洞霄宮。事蹟具宋史本傳。其書前列攷碑、分韻、辨字三例，次碑目一卷，凡漢碑三百有九，魏晉碑三十有一，各紀其年月地里書人姓名，以次編列，卽以其所編之數註於卷中碑字之下，以省繁文。次以禮部韻略二百六部分爲五卷，皆以真書標目，而以隸文排比其下。韻不能載者十四字，附五卷之末終焉。其文字異同，亦隨字附註。如後漢修孔子廟禮器碑內韓明府名勅，字叔節，歐陽修謂前世見於史傳未有名勅者，而此書引繁陽令楊君碑陰亦有程勅，以證集古錄考核之疎。又若曲江之爲曲紅，引周憬碑；遭罹之爲遭離，引馬江碑；陂障之爲波障，引孫叔敖碑；委蛇之爲禕隋，引衡方碑。於古音古字，亦多存梗概，皆足爲考證之資，不但以點畫波磔爲書家模範已也。

班馬字類五卷（內府藏本）

宋婁機撰。前有樓鑰序，稱爲史漢字類。案司馬在前，班固在後，倒稱班馬，起於杜牧之詩，於義未合，似宜從鑰序之名。然機跋實自稱班馬，今姑仍之。其書採史記、漢書所載古字僻字，以四聲部分編次，雖與文選雙字、兩漢博聞、漢雋諸書大概略同，而考證訓詁，辨別音聲，於假借通用諸字，臚列頗詳，實有裨於小學，非僅供詞藻之捃撦。末有機自跋二則，辨論字義，亦極明析。其中有如降古音洪，眉古作省之類，可以不載者亦有。如璇璣玉衡本尚書，袀服振振本左傳之類，不得以史漢爲出典者；與幾致刑措之幾，不茹園葵之茹，音義與今竝同者。一概捃拾，未免小失簡汰。又袁文甕牖閒評糾其引史記禮書不稟京師之稟當從示，不當從禾；漢書西域傳須諸國稟食之稟當從禾，不當從示。二字交誤，亦中其失。然古今世異，往往訓詁難通。有是一編，區分類聚，雖閒有出入，固不失爲考古之津梁也。

字通一卷（兩淮鹽政採進本）

宋李從周撰。從周始末未詳。據嘉定十三年魏了翁序，但稱爲彭山人，字曰肩吾。末有寶祐甲寅虞兟刻書跋，亦但稱得本於了翁，均不及從周之仕履，莫能考也。是書以說文校隸書之偏旁，凡分八十九部，爲字六百有一。其分部不用說文門類，而分以隸書之點畫，既乖古法，又既據隸書分部，乃仍以篆文大書，隸書夾註，於體例亦頗不協。且如水字、火字既入上兩點類，而下三點內又出水字、火字，旁三點示字類又再出水字，下四點內又出火字、水字。如此之類，凡一百二十三字。破碎穴雜，殊無端緒。至於干字收於上兩點類，獨從篆而不從隸，既自亂其例；回字收於中日字類，臣字、巨字、𦣞字收於自字類，東字收於里字類，併隸書亦不相合。均爲乖剌。然其大旨主於明隸書之源流，而非欲以篆文改隸，猶顏元孫所謂去泰去甚，使輕重合宜者。宋人舊帙，流傳已久，存之亦可備檢閱也。卷末別附糾正俗書八十二字。其中如壅塞必作邕塞，芝草必作之草，衣裳必作衣常，添減必作沾減，規矩必作規巨，心膂必作心呂，鐙炷必作鐙主，袒裼必作但裼，負荷必作負何，巾帨必作巾帥，竭力必作渴力，肘腋必作肘亦。是雖於古有據，而今斷斷不能行。其前題詞有復古編、字通尚未及之略，具如左文云云。似非從周之語。又庀字類虛字條下既稱今別作墟，非是，而又出虛作墟非一條，指爲字通所未及，使出從周，不應牴牾如此。其或後人所竄入歟。

六書故三十三卷（兩江總督採進本）

元戴侗撰。考姓譜，侗字仲達，永嘉人。淳祐中登進士第，由國子監簿守台州。德祐初，由祕書郎遷軍器少監，辭疾不起。其所終則莫之詳矣。是編大旨主於以六書明字義，謂字義明則貫通羣籍，理無不明。凡分九部：一曰數，二曰天文，三曰地理，四曰人，五曰動物，六曰植物，七曰工事，八曰雜，九曰疑。盡變說文之部分，實自侗始。其論假借之義，謂前人以令長爲假借，不知二字皆從本義而生，非由外假。若韋本爲韋背，借爲韋革之韋；豆本爲俎豆，借爲豆麥之豆。凡義無所因，特借其聲者，然後謂之假借。說亦頗辯。惟其文皆從鐘鼎，其註既用隸書，又皆改從篆體，非今非古，頗礙施行。元吾邱衍學古編曰：侗以鐘鼎文編此書，不知者多以爲好。以其字字皆有，不若說文與今不同者多也。形古字今，雜亂無法。鐘鼎偏旁不能全有，卻只以小篆足之。或一字兩法，人多不知。如[illegible]本音戛，加山不過爲寰字，乃音作官府之官；邨字不從寸木，乃書爲村，引杜詩無村眺望賖爲證，甚誤學者。許氏解字引經，漢時有篆隸，乃得其宜。今侗亦引經而不能精究經典古字，反以近世差誤等字引作證據。鎊鍾鏨鋸尿屎等字，以世俗字作鐘鼎文。卵字解尤爲不典。六書到此，爲一厄矣云云。其詆諆甚至。雖不爲不中其病，然其苦心考據，亦有不可盡泯者。略其紕繆而取其精要，於六書亦未嘗無所發明也。

龍龕手鑑四卷（浙江吳玉墀家藏本）

遼僧行均撰。行均字廣濟，俗姓于氏。晁公武讀書志謂此書卷首僧智光序，題云統和十五年丁酉七月一日。沈括夢溪筆談乃謂熙寧中有人自契丹得此書，入傅欽之家，蒲傳正取以刻版，其序末舊云重熙二年五月序，蒲公削去之云云。今案此本爲影鈔遼刻，卷首智光原序尚存，其紀年實作統和，不作重熙，與晁公武所說相合。知沈括誤記。又文獻通考載此書三卷，而此本實作四卷，智光原序亦稱四卷，則通考所載顯然誤四爲三。殆皆隔越封疆，傳聞紀載，故不免失實歟。其書凡部首之字以平上去入爲序，各部之字復用四聲列之。後南宋李燾作說文五音韻譜，實用其例而小變之。每字之下必詳列正俗今古及或作諸體，則又行均因唐顏元孫干祿字書之例而小變之者也。所錄凡二萬六千四百三十餘字，註一十六萬三千一百七十餘字，幷註總一十八萬九千六百一十餘字。於說文、玉篇之外多所搜輯。雖行均尊其本教，每引中阿含經、賢愚經中諸字以補六書所未備，然不專以釋典爲主。沈括謂其集佛書中字爲切韻訓詁，殊屬不然。不知括何以云爾也。括又謂契丹書禁至嚴，傳入別國者法皆死，故有遼一代之遺編，諸家著錄者頗罕。此書雖頗參俗體，亦閒有舛譌，然吉光片羽，幸而得存，固小學家所宜寶貴也。

六書統二十卷（浙江汪啟淑家藏本）

元楊桓撰。桓字武子，號辛泉，兗州人。中統四年以郡諸生補濟州教授，累官太史院校書、監察御史，終國子監司業。事蹟具元史本傳。是書至大丙申其子守義進於朝，詔下江浙鏤版。前有翰林直學士倪堅序，又有國子博士劉泰後序，而桓自序爲尤詳。大旨以六書統諸字，故名曰統。凡象形之例十，會意之例十有六，指事之例九，轉注之例十有八，形聲之例十有八（案周禮注作諧聲，此作形聲，蓋從許慎說文），假借之例十有四。其象形、會意、轉注、形聲四例，大致因戴侗六書故門目而衍之；指事、假借二例則桓以意鉤稽，自生分別。所列先古文大篆，次鐘鼎文，次小篆。其說謂文簡意足，莫善於古文大篆，惜其數少，不足於用。文字備用者莫過小篆，而譌謬於後人之傳寫者亦所不免。今以古文證之，悉復其舊。蓋桓之自命在是，然桓之紕繆亦卽在於是。故其說至於不可通則變一例，所變之例復不通則不得不又變一例。數變之後，紛如亂絲。於是一指事也，有直指其事，有以形指形，有以意指意，有以形指意，有以意指形，有以注指形，有以注指意，有以聲指形，有以聲指意。一假借也，有聲義兼借，有借聲不借意，有借意不借聲，有借諧聲兼義，有借諧聲，有借近聲兼義，有借諧近聲，有借近聲，有因借而借，有因省而借，有借同形，有借同體，有非借而借。輾轉遁詞，幾於不可究詰。蓋許慎說文爲六書之祖，如作分隸行草，必以篆法繩之，則字各有體勢，必格閡而難行。如作篆書，則九千字者爲高曾之矩矱矣。桓必欲偭而改錯，其支離破碎，不足怪也。以六書論之，其書本不足取。惟是變亂古文，始於戴侗，而成於桓。侗則小有出入，桓乃至於橫決而不顧。後來魏校諸人，隨心造字，其弊實濫觴於此。置之不錄，則桓穿鑿之失不彰，故於所著三書之中錄此一編，以著變法所自始。朱子所謂存之正以廢之者，茲其義矣。

周秦刻石釋音一卷（編修汪如藻家藏本）

元吾邱衍撰。衍字子行，錢塘人。初宋淳熙閒有楊文昺者著周秦刻石釋音一書，載石鼓文、詛楚文、泰山嶧山碑。至是衍以所取琅邪碑不類秦碑，不應收入，因重加刪定，以成是書。前有至大元年衍自序，謂石鼓以所藏甲秀堂圖譜爲之，而削去鄭樵音訓。又正詛楚文二字，合泰山嶧山石刻字共爲一卷，而仍其書名。又列諸家音注書評於後。其敘石鼓次第，與薛尚功、楊慎本合，而與今本異。其曰文幾行，行幾字，重文、闕文幾字者，卽朱彝尊據以編石鼓攷者也。然其所謂闕文幾字者，仍第執一時所見之本而言。卽潘迪音訓與衍是書同作於元時，其音釋亦不盡同。蓋金石之文，摹搨有明晦，裝潢有移掇，言人人殊，不足異也。至所正詛楚文二字，絆之爲縫，其說於古無所據，以文義字體按之，皆未可信。逫之爲遂，則逫遂二字，詛楚文石本版本皆無其文，不知衍所據何本。然衍距今四百年，其所見之本或有異同，未可執今本相詰難。錄備一說，要亦足廣異聞耳。

字鑑五卷（兩淮馬裕家藏本）

元李文仲撰。文仲，長洲人，自署吳郡學生。其始末則無考也。文仲從父世英以六書惟假借難名，因輯類韻二十卷，以字爲本，音爲榦，義訓爲枝葉。自一而二，井然不紊。凡十年始成，而韻內字畫尚有未正者。文仲因續爲是書，依二百六部之韻編次之。辨正點畫，刊除俗謬，於諸家皆有所駁正。中閒如稾从禾高聲，而誤作稾；隙从𨸏从㙊，而誤作隟，則糾干祿字書之失。如肇原有二字，而止收肇字，反以肇爲俗；豎字誤从立作竪，徹字誤从去作徹；析字誤从片作㭊，則糾五經文字之失。如屯本訓難，借爲屯聚字，而郭忠恕以屯音迍，別出屯爲屯聚字，於假借之義不合，則糾佩觿之失。他若增韻韻會諸本，則舉正之處尤多。大旨悉本說文，以訂後來沿襲之謬，於小學深爲有裨。至若芟字變爲孶、隊字變爲墮、隆字變爲隳之類，則以爲承譌既久，難於遽改，而但於本字下剖析其所當然。深得變通之宜，亦非泥古駭俗者所可比也。其書久無傳本。康熙中朱彝尊從古林曹氏鈔得，始付長洲張士俊刊行之云。

說文字原一卷、六書正譌五卷、（大學士于敏中家藏本）

元周伯琦撰。伯琦字伯溫，饒州人。官至兵部侍郎。明郎瑛七修類稾載其降於張士誠，士誠破後，爲明太祖所誅。謂元史稱其後歸鄱陽病卒爲誤。考徐禎卿翦勝野聞，先有此說。然宋濂修史在太祖時，使伯琦果與士誠之黨同誅，濂等不容不知。至翦勝野聞本出依託，不足爲據。瑛所言殆傳聞失實也。是二書前有至正乙未國子監丞宇文公諒總序。說文字原之首有伯琦自序，題至正己丑。而六書正譌則無序，意其佚脫也。明嘉靖元年，滁陽于器之重刊於浙中，瓊州黃芳爲序。崇禎甲戌，胡正言又重刊之。正言字曰從，海陽人。官中書舍人。工於鐫篆，有十竹齋印譜兩集。此二書篆文即所手書也。昔許慎說文凡分五百四十部，其先後之序，或有義或無義，不盡可考。徐鍇作說文繫傳，仿周易序卦之例，一一明其次第連屬之故，未免失之牽合。伯琦是書又以慎之部分增廿丣吕亍屮丱爿屵丫𡗜乙乚毋九卩一十七部。又改𠁁爲百，改箕爲其，改危爲厃，改雲爲云，變其字者四部。刪其飛几毒凶鹵矛辛豈鼓白有丂䖒㓞會ㄎ亣十七部。移其原第，使以類相從，以明輾轉孳生之義，分爲一十二部。如禿字說文从人在禾中，伯琦則謂从木諧聲，从禾爲謬。尸字小篆一筆三折，屈曲相連，伯琦則謂爲傳寫之誤，當从臥人之形作二筆書之。與慎亦頗有異同。至於以側山爲𠂤，倒㞢爲帀之類，訓爲轉注，則仍與會意無分。未免自我作古耳。其六書正譌，以禮部韻略部分，分隸諸字。列小篆爲主，先註制字之義，而以隸作某、俗作某某辨別於下。略如張有復古編之意。其閒如芙蓉之蓉必書爲容，枝幹之幹必書爲干，多牽強而不可行。且全書皆用今韻，而宜字則以篆文从多諧聲，移於歌韻。全書皆用小篆，而香字仍從古文作𦤎，別註小篆作香。如斯之類，尤未免爲例不純。大抵伯琦此二書，推衍說文者半，參以己見者亦半。瑕瑜互見，通蔽相仿，不及張有復古編之精密，而亦不至如楊桓六書統之糅雜。采葑采菲，無以下體，姑存以備一解，亦兼收竝蓄之意云爾。

漢隸分韻七卷、（江蘇巡撫採進本）

不著撰人名氏，亦無時代。考其分韻以一東、二冬、三江等標目，是元韻非宋韻矣。其書取洪适等所集漢隸，依次編纂。又以各碑字迹異同，纏列辨析。考吾邱衍學古編有合用文集品目一門，其第七條隸書品中列有隸韻兩冊、麻沙本與隸韻爲一副（案此隸韻爲劉球刊碑本隸韻十卷）。字體不好，以其冊數少，乃可常用之，故列目於此云云。疑即此本。顧藹吉隸辨序，稱別有漢隸分韻，字既乖離，迹復醜惡。其詆諆此書，與吾邱衍略同。然二人第以書迹筆法論耳。要其比校點畫，訂正舛互，亦有足資考證者。前人舊本，寸有所長，要未可竟從屏斥也。

六書本義十二卷、（江蘇巡撫採進本）

明趙撝謙撰。撝謙原名古則，餘姚人。宋秦悼惠王之後。明初徵修洪武正韻，持議不協，出爲中都國子監典簿。罷歸，尋以薦爲瓊山縣教諭。事蹟具明史文苑傳。焦竑筆乘稱其字學最精，行世者惟六書本義及學範六篇。學範蕪雜，殊無可取。是編六書論及六書相生諸圖，大抵祖述鄭樵之說。其凡例有曰：說文原作五百四十部，今定爲三百六十部，不能生者附各類後。今以其說考之，若說文畕字爲一部，以畺字爲子，而撝謙則併入田部。說文包字爲一部，以胞匏字爲子，而撝謙則併入勹部。說文𢆶字爲一部，以幾幽字爲子，而撝謙則併入幺部。凡若此類，以母生子，雖不過一二，而未嘗無所生之子，與凡例所云不能生者不同，乃一概併之，似爲未當。又若說文儿部儿讀若人，充兇諸字從之，與人字異體，而撝謙則併入人部。說文本部皋字從本從白，而撝謙誤以從白爲從自，附入自部。則於字體尤舛。第於各部之下，辨別六書之體，頗爲詳晰。其研索亦具有苦心，故錄而存之，以不沒所長焉。

奇字韻五卷、（浙江巡撫採進本）

明楊慎撰。慎有檀弓叢訓，已著錄。是編標字體之稍異者，類以四聲，故曰奇字。考六書以說文所載小篆爲正，若衛宏、揚雄所學，則別有古文奇字，以非六書偏旁所可推也。此書以奇字標名，而若說文引經、豐其屋豐作豐、克岐克嶷、嶷作𡾊。靜女其姝、姝作㛜。庶草蕃廡、廡作無。天地絪縕、絪縕作壹壹。營營青蠅止于樊、樊作棥。故源源而來、源源作謜謜。泣血漣如、漣作𢘬之類、雖與今經文異、而皆有六書偏旁可求、則正體而非奇字。且此類甚多、不勝載。如說文引尙書嵎夷作堣夷。引論語友便佞、便作諞。引詩赫兮喧兮、喧作愃。引周禮膳膏臊、臊作鱢、狐乘夏篆、篆作䡅。引易包荒用馮河、荒作巟。引詩在河之洲、洲作州。引易服牛乘馬、服作犕。引書濬畎澮距川、畎澮作く巜。引春秋傳豥歲而愒日、豥作忨、愒作𣢟。引易夫乾確然、確作隺。引春秋傳執玉惰、惰作憜。引詩納于凌陰、凌作𦫼。又引詩白圭之玷、玷作𡊄。引書闢四門、闢作闢。異同之處、不可殫數。此書所摭、殊不及十之二三。至於岷之作汶、禱之作禂、皆假借字。而亦槪列爲奇字、尤屬不倫。又如葘字下但註一災字、而不云本鹽鐵論罕被寇葘、葘音災。牆字下但註一牄字、而不云本管子地員篇行廧落、房元齡註爲行牆及籬落。閔字下但註一閞字、而不云本漢書匈奴傳乃遣閞陵侯將兵別圍車師、及今欲與漢闓大關、顏師古註、闓與開同。槎字下但註一槎字、而不云本漢書貨殖傳然猶云山不茬蘖、師古註、茬古槎字。闓字下但註一閭字、而不云本漢書揚雄傳東鄰昆崙、西馳閭闔、師古註、闔與閭同。則全逃其所出。其字下註音該、但引曹植詩、而不知淮南子爨其燧火、高誘註其音該。汖字下註音流、但引賈誼傳朔廷之視端汖平衡、而不知考荀子榮辱篇其汖長矣、楊倞註汖古流字、則不溯其所始。又如冬韻寀字、引說文而不知漢書地理志蒼梧、師古曰、梧古松字、與寀同一古今字。賁字下註云、古文斑、而不知荀子彊國篇曰、如此下比周賁潰以離上矣、楊倞註、賁讀如墳、漢書翟方進傳賁麗善爲星、師古曰、賁音肥。蝯字下註與猨同、而不知漢書李廣傳又作爰臂、如淳曰、臂如猨臂。其闕佚又不可枚舉。蓋愼充於腹笥、特就所記憶者錄之、故於諸書不暇詳考。然於秦漢載籍亦已十得三四、講六書者去其疵而錄其醇、或亦不無所助焉。

古音駢字一卷、續編五卷、（江蘇巡撫採進本）

古音駢字一卷、明楊愼撰。續編五卷、

國朝莊履豐、莊鼎鉉全撰。古人字少而韻寬、故用字往往假借。是書取古字通用者以韻分之、各註引用書名於其下。由字體之通、通求字音之通、於秦漢以前古音頗有考證。但遺闕過多、牽合亦復時有。卽以開卷東冬韻論之、如荀子議兵篇云、案角鹿埵、隴種、東籠而退耳、註曰、隴種、新序作龍鍾、禮論篇曰、彌龍、註曰、彌如字、又讀爲弭。楚辭九章曰、孫詳聾而不聞、補註云、詳與佯同。九歎云、登逢龍而下隕兮、違故都之漫漫、註云、逢一作逄、古本作蓬。吳越春秋越王無餘外傳曰、大夫曳庸、註曰、左傳作后庸、國語舌庸。史記五帝本紀曰、其後有劉累擾龍、應劭曰、擾音柔、故五帝本紀又曰擾而毅、徐廣曰、擾一作柔、則擾柔字通。倉公列傳曰、臣意胗其脈曰迥風、註曰、迥音洞、言洞入四肢。漢書地理志曰、都龐、應劭曰、龐音龍、師古曰、音蘢。揚雄傳曰、奮六經以摅頌、師古曰、頌讀若容。大戴禮衞將軍文子篇曰、詩云受小共大共、爲下國恂蒙、註曰、今詩爲駿龐。五帝德篇曰、鳥獸昆虫、考說文以虫爲虺、然漢代碑刻卽用虫爲蟲、則虫蟲通。此書原本續本均未舉及、則採摭之未備也。又如原本於蘴門二字註出荀子、而史記龜策列傳亦作蘴門、乃不註。續本於虋冬、滿冬、門冬、引爾雅註、而山海經曰其草多芍藥虋冬、乃不註。又引廣雅胷匈二字謂匈胷通、而管子內政篇曰、平正擅匈、註曰、和氣獨擅匈中、亦古胷字、乃亦不註、則訓釋之未詳也。他如圜鍾卣鍾是黃鍾林鍾別名、非黃通爲圜、林通爲卣。其浸盧維讀作盧灘、恐亦鄭元之改字、未可盡槩以古音。乃一例定爲通用、未免附會。然大勢徵引賅洽、足資考證。古字之見於載籍者十已得其四五、亦可云小學之善本矣。

俗書刊誤十二卷、（江蘇巡撫採進本）

明焦竑撰。竑有易筌、已著錄。是書第一卷至第四卷類分四聲、刊正譌字、若丰之非丯、容不從谷、是也。第五卷考字義、若赤之通尺、䟦之同猶、是也。第六卷考駢字、若句婁之不當作岣嶁、辟歷之不當作霹靂、是也。第七卷考字始、若對之改口從士、本於漢文、疊之改晶從畾、本於新莽、是也。第八、第九卷考音同字異、若庖犧之爲炮羲、神農之爲神由、是也。第十卷考字同音異、若敦有九音、葺凡兩讀、是也。第十一卷考俗用雜字、若山岐曰岔、水岐曰汊、是也。第十二卷考字形疑似、若禾之與禾、支之與攴、是也。其辨最詳、而又非不可施用之僻論、愈於拘泥篆文、不分字體者多矣。

字辨四卷（江蘇巡撫採進本）

明葉秉敬撰。秉敬字敬君、衢州西安人。萬歷辛丑進士。官至荆西道布政司參議。尋移南瑞、未行而卒。秉敬學頗淹通、著書四十餘種。是編取字形似而義殊者、分類詁之、與郭忠恕佩觿大旨略同。每字綴以四言歌訣、則秉敬自創之體。凡例謂辨子肖目髮肩雖無別、而伯仲先後弗淆。當察乎子母相生之微、引伸觸類。故其說悉根柢說文、毫釐辨析。於偏傍點畫、分別了然。又該以韻語、便於記誦、亦小學之津筏也。其書爲杭人潘之淙所刻、前有篆體辨訣一篇、乃以七言歌括辨篆文偏傍之同異、不知何人所撰、由來已久。之淙以其與此書可互相參究、故附刊以行。其區別形體、亦頗有資於六書。惟其末比舊本增多一百二十四句、則紕繆杜撰、不一而足。如謂抽字不當從由、咽字不當從因、已顯與說文相背。甚且臆造篆文、如琴上加一、對內從干、均極譌誤。至甬本從甬、而云角力爲勇。稷古文省作畟、而云與槐柳同。此類尤爲乖舛。蓋無識者所竄入、不足依據。今姑從原本錄之、而糾正其失於此、庶不疑誤後學焉。

康熙字典四十二卷

康熙五十五年

聖祖仁皇帝御定。古小學存於今者、惟說文、玉篇爲最舊。說文體皆篆籀、不便施行。玉篇字無次序、亦難檢閱。類篇以下諸書、則惟好古者藏弆之、世弗通用。所通用者、率梅膺祚之字彙、張自烈之正字通。然字彙疎舛、正字通尤爲蕪雜、均不足依據。康熙四十九年、乃

諭大學士陳廷敬等刪繁補漏、辨疑訂譌、勒爲此書。仍兩家舊目、以十二辰紀十二集、而每集分三子卷。凡一百一十九部。冠以總目、檢字、辨似、等韻各一卷。殿以補遺、備考各一卷。部首之字、以畫之多寡爲序、部中之字亦然。每字之下、則先列唐韻、廣韻、集韻、韻會、正韻之音。唐韻久佚、今能一一徵引者、徐鉉校說文所用即唐韻之翻切也。次訓釋其義、次列別音別義、次列古音。均引證舊典、詳其始末、不使一語無稽。有所攷辨、即附於註末。又每字必載古體、用說文例。改從隸書、用集韻例。兼載重文別體俗書譌字、用干祿字書例。皆綴於註後、用復古編例。仍從其字之偏旁、別出於諸部、用廣韻互見例。至於增入之字、各依字畫多寡、列於其數之末、則說文之新附、禮部韻略之續降例也。其補遺一卷、收稍僻之字。備考一卷、收不可施用之字。凡古籍所載、務使包括無遺。蓋拘泥古義者、自說文九千字外、皆斥爲偽體。遂至音韻必作音均、衣裳必作衣常、韓愈書爲韓癒、諸葛亮書爲諸葛諒。動生滯礙、於事理難通、固爲不可。若夫孫休之所自造、王起之所未識、傅奕之稱巠人、段成式之作毲字、皆攷之古而無徵、用之今而多駭。存而並列、則通儒病其荒唐。削之不登、則淺儒疑其挂漏。別爲附錄等諸外篇、尤所謂去取得中、權衡盡善者矣。

御製序文謂古今形體之辨、方言聲氣之殊、部分班列、開卷了然。無一義之不詳、無一音之不備。信乎六書之淵海、七音之準繩也。

御定清文鑑三十二卷、補編四卷、總綱八卷、補總綱二卷、

乾隆三十六年奉

敕撰。我

國家發祥長白、實金源之苗裔。金史章宗本紀、載明昌五年、以葉魯谷神始製國字。詔依倉頡立廟例、祀於上京。又選舉志、稱進士科以策論試國人、用國字爲程文。陶宗儀書史會要、則稱金太祖命完顏希尹撰國字、其後熙宗亦製字並行。希尹所製謂之大字、熙宗所製謂之小字。其字體波磔繁密、頗類籀文。當時必有字書、今已無攷。惟趙崡石墨鐫華所載天會十二年都統經略郎君行記一篇、僅存其形製而已。蓋有元一統之後、其法漸不傳也。我

太祖高皇帝肇建丕基、

命巴克什額爾德尼以蒙古字聯綴

國語成句、尚未別爲書體。

太宗文皇帝始

命巴克什庫爾纏刱造

國書。以十二字頭貫一切音、因音而立字、合字而成語。今內閣所貯舊籍（今謂之老檔）、即其初體。厥後增加圈點、音義益詳。亦如籀變小篆、隸變八分、踵事而增、以日趨於精密。我

聖祖仁皇帝慮口傳筆授、或有異同、乃

命別類分門、一一排纂、勒爲清文鑑一書、以昭法守。惟未

及音譯其文。
皇上復
指授館臣，詳加增定，爲部三十有五，子目二百九十有
二。每條皆左爲
國書，右爲漢語。
國書之左，譯以漢音，用三合切韻。漢書之右，譯以
國書，惟取對音。以
國書之聲，多漢字所無，故三合以取之。漢字之聲，則
國書所具，故惟用直音也。至於
欽定新語，一一載入，尤爲詳備。蓋字者孳也，許慎說文
九千餘字，李登聲類已增至一萬一千五百二十
字。（聲類今無其書，此據封演聞見記。）陸法言切韻一萬二千五十
六字，陳彭年等重修廣韻已增至二萬六千一百
九十四字，呂忱字林、丁度集韻以下，更莫能殫記。
是由名物日繁，記載遂不能不備。
聖人制作，亦因乎勢之自然，爲事之當然而已。伏而讀
之，因漢文可以通
國書。因
國書可以逈漢文，形聲訓詁，無所不具，亦可云包羅
巨細，辯別精微者矣。書中體例，兼列字體字音，宜
入訓詁類中。然譯語得音，騈音爲字，與訓詁之但
解音義者不同，故仍列諸字書類焉。

御定滿洲蒙古漢字三合切音清文鑑三十三卷

乾隆四十四年奉
敕撰。初
聖祖仁皇帝敕撰清文鑑，
皇上既
命補註漢字，各具翻切釋文，嗣以蒙古字尚未備列，因
再命詳加考校，續定是編。以
國書爲主，而貫通於蒙古書、漢書。每
國語一句，必兼列蒙古語一句，漢語一句，以明其義。
又以蒙古字漢字各對
國語之音，以定其聲。漢字之音不具，則三合以取之。
蒙古字之音不具，則分各種讀法寫法收法以取
之。經緯貫穿，至精密而至明顯，循文伏讀，無不一
覽了然。考遼史太祖本紀稱神冊五年始製契丹
大字。天贊三年詔礱闕遏可汗故碑，以契丹突厥
漢字紀其功云云。然則三體互通，使彼此其驗實
本古義。許慎作說文，小篆之下兼列籀文古文，以
互證其字。揚雄作方言，每一語一物，亦具載其地
謂之某，以互證其語。則三體兼爲一編，使彼此相
釋，亦因古例，用達書名於四方，雖成周大同之盛
亦無以逾於斯矣。

欽定西域同文志二十四卷

乾隆二十八年奉
敕撰。先是乾隆二十年
威弧遐指，戡定伊犂，續又削平諸回部，崑崙月窟，咸隸
黃圖，琛賮旅來，狄鞮重譯，乃
命考校諸番文字，定著是編。其部族之別，曰天山北路，
曰天山南路，曰青海，曰西番。其門目之別，曰地，曰
山，曰水，曰人。其文字之別，首列
國書以爲樞紐，次以漢書詳註其名義，次以三合切
音曲取其音聲，次列蒙古字、西番字、托忒字、回字，
排比連綴，各註其譯語對音，使綱舉目張，絲連珠
貫。考譯語之法，其來已久。然國語謂之舌人，特通其
音聲而已，不能究其文字。左傳稱楚人謂乳爲穀，謂
虎爲於菟，穀梁傳稱吳人謂善爲伊，謂稻爲緩，亦於
附近中國者通其聲音之異，非於遐荒絕域識其
書體，辨其音讀也。惟隋志載有番爾雅，其書不傳，
度其所載，亦不過天曰撐犁，子曰孤塗之類，未必
能知旁行右引之文。且書止一卷，疏略尤可想見。
又輟耕錄載元杜本編五聲韻，自大小篆分隸眞
草以至外番書、蒙古新字，靡不收錄，題曰華夷同
音。然統以五聲，則但能載其單字，不能聯貫以成
文。且外國之音多中國所不具，而本以中國之字
領韻，乖舛必多。蓋前代帝王聲教未能遠播，山川
緜邈，輾轉傳聞，自不免於譌漏。有元雖混一輿圖，
而未遑考正其文字，杜本以山林之士區區掇拾，
亦未能通其語言。我
國家重熙累洽，含識知歸。我
皇上又神武奮揚，濛汜以東，皆爲屬國，雁臣星使，來往
駢闐，既一一諳其字形，悉其文義，迨編摩奏
進，又一一
親御丹毫，
指示改正，故能同條共貫，和會諸方。一展卷而異俗殊
音，皆如面語，非惟
功烈之盛爲千古帝王所未有，即此一編，亦千古帝王
所不能作矣。

篆隸考異二卷（兩淮鹽政採進本）

國朝周靖撰。靖字枚寧，吳縣人，明吏部文選司郎中
周順昌之曾孫也。是書辨別篆隸同異，用意與張

有復古編相類其小異者有書以篆文爲綱而附列隸字之正俗此則以隸字爲綱於合六書者註曰隸不合六書者註曰俗於隸相通而篆則不相假借者註曰別如隸字好醜之好與好惡之好而篆則分好㚟二字之類爲一字各列篆文於其下又說文分部五百四十此則以隸字點畫多少爲次分部二百五十有七俾讀者以所共知通其所未知較易於尋檢大旨斟酌於古今之閒盡斥鄙俚杜撰之文而亦不爲怪僻難行之論其凡例有曰庖犧畫卦已開書契之宗降至小篆無慮幾變然許叔重以前雖有周鼓秦碑究無成書可據故鄭樵曰六書無傳惟藉說文此考以說文爲主鐘鼎款識一槩不錄又曰如犅畜等字止載說文而剛出見於經史反覺簡易此考寧取其簡不取其繁故去牛與艸是非悖謬說文實欲羽翼經史固者可舉一以例百云云汪琬作是書序亦以泥古變古二者交譏而稱是書上引六經旁及子史究其本末析其是非至詳至悉而未嘗有詭異之說其論允矣其書未有刊版此本爲康熙丙辰長洲文倉所手錄篆文頗爲工整迥非鈔胥所能驗其私印有小停雲字蓋文徵明之裔故筆法猶有家傳歟今錄存其書以著顏元孫去泰去甚之義俾從俗而戾古與從古而不可行於今者均知所別擇焉

隸辨八卷內府藏本

國朝顧藹吉撰藹吉號南原長洲人是書鉤摹漢隸之文以宋禮部韻編次每字下分註碑名并引碑語其自序云銳志精思採摭漢碑所有字以爲解經之助有不備者求之漢隸字源又云字源多錯謬舩船舟再體或不分血皿朋多形常莫別悉從隸釋隸續詳碑定字指摘無餘今考此書字形廣狹與世所刻婁機漢隸字源相同是陰以機書爲藁本且漢碑之出於機後者僅魯孝王刻石太室少室開母諸石闕及尹宙孔褒曹全張遷韓仁數種視機書所列不過百分之一二機所見三百九種其存於今者不過景君孔和史晨韓勑孔謙孔宙魯峻鄭固孔宙耆頡衡方張壽孔彪潘乾武榮王渙郙季宣白石神君西狹頌郙閣頌二十餘種較其碑目所列已不及十分之一此二十餘種之外縱舊拓流傳亦斷璧零璣偶然一遇決不能如是之多藹吉何由得見原碑一一手摹其字則所云不備之字始求之字源殆不足憑又每字下所引碑語亦多舛錯如忠字下引孔宙碑躬忠恕以及人誤去躬字宿字下引孔霓碑諾則不宿誤連上文如毛二字爲句叁字下引史晨前碑得在叁宴句誤以爲後碑秦字下引華山碑改秦淫祀句誤以爲韓勑碑此或讀碑時偶不及檢至通字下引唐扶頌通天之祐而唐扶頌實無此語蓋以隸釋所載受天之祜句與前行通天三統句適相齊而誤寫之是尤僅據隸釋未見原碑之一證洪适之書具在安得諱所自來乎即以原碑尚存者而論如韓勑造孔廟禮器碑并碑陰碑兩側字數較多文義尚大概可考碑云莫不騶思歎印師鏡而師字下引之誤截師鏡二字連下文顏氏二字爲句碑云更作二輿朝車威熹而車字下引之誤以作二輿朝車爲句碑云仁聞君風燿敬咏其德而聞字下引之誤以聞君風燿爲句其君字下所引亦然碑云長期蕩蕩於盛而長字下引之誤截去於盛二字碑云於是四方士仁而方字下引之誤連下文仁字爲句碑陰有陳國苦虞崇之文苦者縣名虞崇者人姓名也而虞字下引之誤作陳國苦虞碑陰有雒陽李申伯之文而申字下引之誤截去伯字又有蕃加進子高之文而進字下引之誤截去蕃字碑側有河南匽師度徵漢賢之文其旁別有河南匽師青鄰通國一人顯然可證乃匽字泐痕似厚字遂誤以爲厚又不知匽偃通用復贅辨河南有偃師無厚師至於鄉字下引碑側題名金鄉師耀不知此乃碑陰小字後人所加非漢字亦非碑側又於率字下引碑陰魯孔方廣率不知碑文明是廣平惟明王雲鷺刊隸釋始誤爲廣率是併現存之碑亦僅沿襲舊刻未及詳考乃云採摭漢碑其亦誣矣惟其於婁機以後續出之碑盡爲摹入脩短肥瘠不失本真則實足補字源之闕所纂偏旁一卷五百四十部能依說文次第辨證精核又附碑考二卷碑之存者註今在某處亡者引某書云在某處其有引證以年代先後爲次條理頗爲秩然則較字源碑目爲詳核後附隸八分考筆法二篇採輯舊說亦均有裨後學與婁氏書相輔而行固亦不必盡以重儓譏也

右小學類字書之屬三十六部四百八十卷皆文淵閣著錄

案字體與世爲變遷古文籀文不可以繩小

篆。小篆不可以繩八分。八分不可以繩隸。隸即今之楷書。然其相承而變則源流一也。故古今字書統入此門。至急就章之類但有文字而不講六書。然漢志列之小學家。觀陸羽茶經所引司馬相如凡將篇亦以韻語成句。知古小學之書其體如是。說文解字猶其後起者也。故仍與是書竝列焉。

欽定四庫全書總目卷四十一

欽定四庫全書總目卷四十二

經部四十二

小學類三

廣韻五卷（內府藏本）

不著撰人名氏。考世行廣韻凡二本。一為宋陳彭年邱雍等所重修。一為此本。前有孫愐唐韻序。註文比重修本頗簡。朱彝尊作重修本序。謂明代內府刊版中涓欲均其字數。取而刪之。然永樂大典引此本皆曰陸法言廣韻。引重修本皆曰宋重修廣韻。世尚有麻沙小字一本。與明內府版同。題曰乙未歲明德堂刊。內匡字紐下十三字皆闕一筆。避太祖諱。其他宋諱則不避。邵長蘅古今韻略指為宋槧。雖未必然。而平聲東字註中引東不訾事。重修本作舜七友。此本譌作舜之後。熊忠韻會舉要已引此本。則當為元刻矣。非明中涓所刪也。又宋人諱殷。故重修本改二十一殷為欣。此尚作殷。知非作於宋代。且唐人諸集以殷韻字少。難於成詩。閒或附入眞諄臻韻。如杜甫東山草堂詩。李商隱五松驛詩。不一而足。說文所載唐韻翻切。殷字作於身切。欣字作許巾切。亦借眞韻中字取音。竝無一字通文。此本註殷獨用。重修本始註欣與文通。尤確非宋韻之一徵。考唐志宋志皆載陸法言廣韻五卷。則法言切韻亦兼廣韻之名。又孫愐以後。陳彭年等以前。修廣韻者尚有嚴寶文。裴務齊。陳道固三家。重修本中皆列其名氏。郭忠恕佩觿上篇。尚引裴務齊切韻序。辨其老考二字左回右轉之譌。知三家之書。宋初尚存。此本蓋即三家之一。故彭年等所定之本不曰新修。而曰重修。明先有此廣韻。又景德四年敕牒。稱舊本註解未備。明先有此註文簡約之廣韻也。彝尊精於考證。乃以此本為在後。不免千慮之一失矣。惟新舊廣韻皆在集韻之前。而上去二聲乃皆用集韻移併之部分。平入二聲又不從集韻移併。疑賈昌朝奏併十三部以後。校刻廣韻者以豏檻儼陷鑑釅六部字數太窄。改從集韻以便用。咸銜嚴洽狎業六部字數稍寬。則仍其舊而未改。觀徐鍇說文韻譜上聲以湛檻儼相次。去聲以陷鑑釅相次。則唐人舊第可知也。此於四聲次序。前後乖違。殊非體例。以宋槧如是。今姑仍舊本錄之。而訂其誤如右。

重修廣韻五卷（兩淮馬裕家藏本）

宋陳彭年邱雍等奉敕撰。初隋陸法言以呂靜等六家韻書各有乖互。因與劉臻顏之推魏淵盧思道李若蕭該辛德源薛道衡八人撰為切韻五卷。書成於仁壽元年。唐儀鳳二年。長孫訥言為之註。後郭知元關亮薛峋王仁煦祝尚邱遞有增加。天寶十載。陳州司法孫愐重為刊定。改名唐韻。後嚴寶文裴務齊陳道固又各有添字。宋景德四年。以舊本偏旁差譌。傳寫漏落。又註解未備。乃命重修。大中祥符四年書成。賜名大宋重修廣韻。即是書也。舊本不題撰人。以丁度集韻考之。知為彭年雍等爾。其書二百六韻。仍陸氏之舊。所收凡二萬六千一百九十四字。考唐封演聞見記載陸法言切韻凡一萬二千一百五十八字。則所增凡一萬四千三十六字矣。此本為蘇州張士俊從宋槧翻雕中開巳闕欽宗諱，蓋建炎以後重刊。朱彝尊序之，乃斥劉淵韻合殷於文，合隱於吻，合焮於問之非。然此本實合殷隱焮於文吻問，彝尊未及檢也。註文凡一十九萬一千六百九十二字，較舊本爲詳，而冗漫頗甚。如公字之下載姓氏至千餘言，殊乏翦裁。東字之下稱東宮得臣爲齊大夫，亦多紕繆。考孫愐唐韻序，稱異聞奇怪傳說，姓氏原由，土地物產，山河草木，鳥獸蟲魚，備載其間，已極蔓引。彭年等又從而益之，宜爲丁度之所譏。潘耒序乃以註文繁複爲可貴，是將以韻書爲類書也。著書各有體例，豈可以便於剽竊，遂推爲善本哉。流傳既久，存以備韻書之源流可矣。

集韻十卷　兩淮馬裕家藏本

舊本題宋丁度等奉敕撰。前有韻例，稱景祐四年太常博士直史館宋祁、太常丞直史館鄭戩等建言，陳彭年、邱雍等所定廣韻多用舊文，繁略失當。因詔祁、戩與國子監直講賈昌朝、王洙同加修定。刑部郎中知制誥丁度、禮部員外郎知制誥李淑爲之典領。晁公武讀書志亦同。然考司馬光切韻指掌圖序，稱仁宗皇帝詔翰林學士丁公度、李公淑增崇韻學，自許叔重而降凡數十家，總爲集韻，而以賈公昌朝、王公洙爲之屬。治平四年，余得旨繼纂其職，書成上之，有詔頒焉。嘗因討究之暇，科別清濁爲二十圖云云。則此書奏於英宗時，非仁宗時，成於司馬光之手，非盡出丁度等也。其書凡平聲四卷，上聲、去聲、入聲各二卷，共五萬三千五百二十五字，視廣韻增二萬七千三百三十一字。案廣韻凡二萬六千一百九十四字，應增二萬七千三百三十一字，於數乃合。原本誤以二萬爲一萬，今改正。熊忠韻會舉要稱舊韻但作平聲一二三四，集韻乃改爲上平下平。今檢其篇目，乃舊韻作上下平，此書改爲平聲一二三四。忠之所言，殊爲倒置。惟廣韻所註通用、獨用，封演聞見記稱爲唐許敬宗定者，改併移易其舊部，則實自此書始。東齋記事稱景祐初以崇政殿說書賈昌朝言，詔度等改定韻窄者十三處，許令附近通用，是其事也。今以廣韻互校，平聲併殷於文，併嚴於鹽添，併凡於咸銜；上聲併隱於吻；去聲併廢於隊代，併焮於問；入聲併迄於物，併業於葉帖，併乏於洽狎。凡得九韻，不足十三。然廣韻平聲鹽添咸銜嚴凡與入聲葉帖洽狎業乏皆與本書部分相應，而與集韻互異。惟上聲併儼於琰忝，併范於豏檻；去聲併釅於豔㮇，併梵於陷鑑，皆與本書部分不應，而乃與集韻相同。知此四韻亦集韻所併，而重刊廣韻者誤據集韻以校之，遂移其舊第耳。其駁廣韻註凡姓望之出，廣陳名系，既乖字訓，復類譜牒，誠爲允協。至謂兼載他切，徒釀細文，因併刪其字下之互註，則音義俱別與義同音異之字，難以遽明，殊爲省所不當省。又韻主審音，不主辨體，乃篆籀兼登，雅俗並列，重文複見，有類字書，亦爲繁所不當繁。其於廣韻，蓋亦互有得失，故至今二書並行，莫能偏廢焉。

切韻指掌圖二卷附檢例一卷　永樂大典本

宋司馬光撰。其檢例一卷，則邵光祖所補正。光有溫公易說，已著錄。光祖字宏道，自稱洛邑人。其始末未詳。考江南通志儒林傳，載元邵光祖字宏道，吳人，研精經傳，講習垂三十年，通三經，所著有尚書集義。當即其人，洛邑或其祖籍歟。據王行後序作於洪武二十三年，稱其歿已數年，則元之遺民，入明尚在者也。光書以三十六字母科別清濁，爲二十圖。首獨韻，次開合韻，每類之中，又以四等字多寡爲次，故高爲獨韻之首，干官爲開合韻之首。舊有檢例一卷，光祖以爲全背圖旨，斷非光作，因自撰爲檢圖之例，附於其後。考光自序，實因集韻而成，是圖光祖乃云廣韻凡二萬五千三百字，其中有切韻者三千八百九十文，止取其三千一百三十定爲二十圖，餘七百六十字應檢而不在圖者，則以在圖同母同音之字備用而求其音，則是據廣韻也。然光祖據光之圖以作例，則其例仍與圖合，所註七百六十字之代字及字母，亦足補原圖所未備。光例既佚，即代以光祖之例，亦無不可矣。光書反切之法，據景定癸亥董南一序云，遞用則名音和，傍求則名類隔，同歸一母則爲雙聲，同出一韻則爲疊韻，同韻而分兩切者謂之憑切，同音而分兩韻者謂之憑韻，無字則點窠以足之，謂之寄聲，韻闕則引鄰以寓之，謂之寄韻。所謂雙聲疊韻諸法，與今世所傳劉鑑指南諸門法並同。惟音和類隔二門則大相懸絕。檢例云，取同音同母同韻同等四者皆同，謂之音和，取脣重脣輕舌頭舌上齒頭正齒三音中清濁同者，謂之類隔。是音和統三十六母，類隔統脣舌齒等二十六母也。劉鑑法，則音和專以見溪羣疑爲說，而又別立爲一四音和、四一音和兩門，類隔專以端知八母爲說。

又別出輕重重輕交互照精精照互用四門。似乎推而益密。然以兩法互校，實不如原法之簡該也。其廣韻類隔，今更音和一條，皆直以本母字出切同等字取韻，取字於音和之理，至爲明了。獨其辨來日二母云，日字與泥孃二字母下字相通。辨匣喻二字母云，匣闕三四喻中覓，喻虧一二匣中窮。即透切之法，一名野馬跳澗者，其法殊爲牽强。又其法兼疑泥孃明等十母，此獨舉日泥孃匣喻五母，亦爲不備。是則原法之疎，不可以立制者矣。等韻之說，自後漢與佛經俱來，然隋書僅有十四音之說，而不明其例。華嚴四十二字母，亦自爲梵音，不隸以中國之字。玉篇後載神珙二圖，廣韻後列一圖，不著名氏，均粗舉大綱，不及縷舉節目。其有成書傳世者，惟光此書爲最古。孫奕示兒編辨不字作逋骨切，惟據光說。知宋人用爲定韻之祖矣。第光傳家集中，下至投壺新格之類，無不具載，惟不載此書，故傳本久絕。今惟永樂大典尚有完本，謹詳爲校正，俾復見於世，以著等韻之舊譜。其例不過如此，且以見立法之初，實因集韻而有是書，非因是書而有集韻。凡後來紛紜轇轕，均好異者之所爲焉。

韻補五卷 兩淮鹽政採進本

宋吳棫撰。棫字才老，武夷人。徐蕆爲是書序，稱與蕆本同里，而其祖後家同安。王明清揮麈三錄則以爲舒州人，疑明清誤也。宣和六年第進士，召試館職，不就。紹興中爲太常丞，以爲孟仁仲草表忤秦檜，出爲泉州通判以終。蕆序稱所著有書稗傳、詩補音、論語指掌、考異續解、楚辭釋音、韻補凡五種。陳振孫書錄解題詩類載棫毛詩補音十卷，註曰棫又別有韻補一書，不專爲詩作。小學類載棫韻補五卷，註曰棫又有毛詩補音一書，別見詩類。今補音已亡，惟此書存。自振孫謂朱子註詩用棫之說，朱彝尊作經義考，未究此書僅五卷，於補音十卷條下誤註存字。世遂謂朱子所據即此書，莫敢異議。考詩集傳如行露篇二家字，一音谷，一音各空反。騶虞篇二虞字，一音牙，一音五紅反。漢廣篇廣音古曠反，泳音于誑反。綠衣篇風音孚愔反之類，爲此書所無者，不可殫舉。兔罝篇仇音渠之反，以與逵叶。此書乃據韓詩逵作馗，音渠尤反，以與仇叶。顯相背者亦不一。又朱子語錄稱棫音務爲蒙，音嚴爲莊。此書有務而無嚴。周密齊東野語稱朱子用棫之說，以艱音巾，替音天。此書有艱而無替。則朱子所據，非此書明甚。蓋棫音詩、音楚辭，皆據其本文，推求古讀，尚能互相比較，粗得大凡，故朱子有取焉。此書則泛取旁搜，無所持擇，所引書五十種中，下逮歐陽修、蘇軾、蘇轍諸作，與張商英之僞三墳，旁及黃庭經、道藏諸歌，故參錯冗雜，漫無體例。至於韻部之上平註文殷元魂痕通眞，寒桓刪山通先，下平忽註侵通眞，覃談咸銜通刪，鹽沾嚴凡通先，上聲又註梗耿靜迥拯等六韻通軫，寑亦通軫，感敢琰忝豏檻儼范通銑，去聲又註問焮通震，而願慁恨自爲一部，諫襇通霰，而翰換自爲一部，勘闞通翰，豔㮇釅通霰，陷覽梵通諫，割爲三部。入聲又註勿迄職德緝通質，爲一部，曷末黠轄屑薛葉帖業乏通月，爲一部。顛倒錯亂，皆亙古所無之臆說。世儒不察，乃執此書以誣朱子，其傎殊甚。然自宋以來，著一書以明古音者，實自棫始。而程迥之音式繼之。迥書以三聲通用、雙聲互轉爲說，所見較棫差的。今已不傳。棫書雖牴牾百端，而後來言古音者皆從此而推闡加密，故闕其謬而仍存之，以不沒篳路藍縷之功焉。

附釋文互註禮部韻略五卷附貢舉條式一卷 兵部侍郎紀昀家藏本

禮部韻略，舊本不題撰人。晁公武讀書志云，丁度撰。今考所併舊韻十三部，與度所作集韻合，當出度手。其上平聲三十六桓作歡，則南宋重刊所改。觀卷首載郭守正重修條例，稱紹興本尚作桓，是其證也。考曾慥類說引古今詞話曰，眞宗朝試天德清明賦，有閩士破題云，天道如何，仰之彌高。會試官亦閩人，遂中選。是宋初程試，用韻尚漫無章程。自景祐以後，敕撰此書，始著爲令式，迄南宋之末不改。然收字頗狹，如歡韻漏判字，添韻漏尖字之類，嘗爲俞文豹吹劍錄所議。故元祐中博士孫諤、紹興中朝散大夫黃積厚、福州進士黃啓宗、淳熙中吳縣主簿張貴謨、嘉定中嘉定府教授吳桂，皆屢請增收。而楊伯嵒亦作九經補韻以拾其遺。然每有陳奏，必下國子監看詳，再三審定，而後附刊韻末。其間或有未允者，如黃啓宗所增躋一作齊，鰥一作矜之類，趙彥衞雲麓漫鈔尚駁詰之。蓋既經廷評，又經公論，故較他韻書特爲謹嚴。然當時官本已不可見，其傳於今者題曰附釋文互註禮部韻略。每字之下皆列官註於前、其所附互註則題一釋字別之。凡有二本。一本爲康熙丙戌曹寅所刻。冠以余文焴所作歐陽德隆押韻釋疑序一篇、郭守正重修序一篇、重修條例十則、淳熙文書式一道。考守正所重修者名紫雲韻、今尚有傳本、已別著錄。則此本非守正書。又守正條例稱德隆註疴僂其例之辨、似失之拘。今此本無此註、則亦非德隆書。觀守正序稱書肆版行、漫者凡幾、一漫則一新、必增數註釋、易一標題。然則當日韻略非一本、此不知誰氏所刻、而仍冠以舊序及條例。其條例與書不相應、而淳熙文書式中乃有理宗御名。是則移掇添補之明證也。一本爲常熟錢孫保家影鈔宋刻。前五卷與曹本同。但首無序文條例、而末附貢舉條式一卷、凡五十三頁。所載上起元祐五年、下至紹熙五年、凡一切增刪韻字、廟諱祧諱、書寫試卷格式、以及考校章程、無不具載。多史志之所未備、猶可考見一代典制。視曹本特爲精善。惟每卷之末各以當時避諱不收之字附錄一頁、據跋乃孫保所加、非原書所有。今削去不載、以存其舊。至曹寅所刻不完之本、則附見於此、不別著錄焉。

增修互註禮部韻略五卷、（江蘇巡撫採進本）

宋毛晃增註、其子居正校勘重增。諸家所稱增韻、卽此書也。晃嘗作禹貢指南、居正嘗作六經正誤、皆別著錄。是書因禮部韻略收字太狹、乃蒐採典籍、依韻增附。又韻略之例、凡字有別體別音者、皆以墨闌圈其四圍、亦往往舛漏。晃併爲釐定、於音義字畫之誤、皆一一辨證。凡增二千六百五十五字、增圈一千六百九十一字、訂正四百八十五字。居正續拾所遺、復增一千四百二字。各標總數於每卷之末、而每字之下又皆分註其曰增入、曰今圈、曰今正者、皆晃所加。曰重增者、皆居正所加。其辨論考證之語、則各署名以別之。父子相繼以成一書、用力頗爲勤摯。其每字疊收重文、用集韻之例。每字別出重音、用廣韻之例。然不知古今文字之別、又不知古今聲韻之殊。如東部通字紐下據漢樂府增一桐字、是以假借爲本文。同字紐下據豳風增一重字、是以省文爲正體。又如先部先字紐下據漢樂府增一西字、是以古音入律詩。煙字紐下據杜預左傳註增一殷字、是以借聲爲本讀。皆所謂引漢律斷唐獄者。不古不今、殊難依據。較歐陽德隆互註之本、殆不止上下牀之別。特其辨正訓詁、考正點畫、亦頗有資於小學。故後來字書韻書多所徵引、而洪武正韻之註、據是書者尤多。爲錄而存之、亦足以備簡擇也。明代刊版、頗多譌舛。此本凡宋代年號皆空一格、猶存舊式。末題太歲丙辰仲夏秀巖山堂重刊。蓋理宗寶祐四年蜀中所刻、視近本特爲精善云。

增修校正押韻釋疑五卷、（江蘇巡撫採進本）

押韻釋疑、宋紹定庚寅廬陵進士歐陽德隆撰。景定甲子郭守正增修。守正字正己、自號紫雲山民。永樂大典所引紫雲韻、卽此書也。初、德隆以禮部韻略有字同義異、義同字異者、與其友易有開因監本各爲互註、以便程試之用。辰陽袁文焴爲之序。後書肆屢爲刊刻、多所竄亂。守正因取德隆之書、參以諸本、爲刪削增益各十餘條、以成此書。前載文焴序。次守正自序。次重修條例。次紹興新制。次韻字沿革。次前代名姓有無音釋之疑。次韻略音釋與經史子音釋異同之疑。次韻略字義與經史子字義異同之疑。次經史子訓釋音義異同之疑。次本韻字異義異經史子合而一之之疑。次兩韻字同義異而無通押明文者。次出處連文兩音之疑。次押韻經前史後之疑。次經史用古字今字之疑。次有司去取之疑。次世俗相傳之誤。次賦家用韻之疑。次疑字。次字同義異。次正誤。次俗字。皆列卷首。其每字之下、先列監註。次列補釋。次列他韻他紐互見之字。詳其音義點畫之同異、而辨其可以重押通用與否。多引當時程試詩賦、某年某人某篇曾押用某字、考官看詳故事以證之。每韻之末、列紹興中黄啓宗、淳熙中張貴謨等奏添之字。或常用之字而官韻不收者、如㤝幪之幪諸字、則註曰官韻不收、宜知。考證頗爲詳密。但孰爲德隆原註、孰爲守正之所加、不復分別、未免體例混淆耳。別本禮部韻略註文甚簡、與此不同。而亦載文焴守正二序及重修條例十則。然其書與條例絶不相應、疑本佚其原序、而後人移掇此書以補之也。別本首載淳熙文書式數條、列當時避諱之例甚詳、此本無之。然如慶元中議宏字殷字已祧不諱、可押韻、不可命題。紹興中指揮以威字代桓字、如齊威魯威之類可用、不可押。丁丑福州補試士人押齊威字見黜諸條、又較淳熙諸式爲詳備。

名曰釋疑、可謂不忝其名矣。其書久無刊版、此本猶從宋槧鈔出。曹寅所刻別本序中闕六字、條例中闕二字、此本皆完。知寅未見此本也。

九經補韻一卷（兩江總督採進本）

宋楊伯嵒撰。伯嵒字彥思、號泳齋、自稱代郡人。然南宋時代郡已屬金、蓋署郡望也。淳祐閒以工部郎守衢州。周密雲烟過眼錄載伯嵒家所見古器、列高克恭胡泳之後、似入元尚在矣。宋禮部韻略、自景祐中丁度修定頒行、與九經同列學官、莫敢出入。其有增加之字、必奏請詳定而後入。然所載續降六十三字、補遺六十一字、猶各於字下註明。其音義弗順及喪制所出者、仍不得奏請入韻。故校以廣韻集韻所遺之字頗多。伯嵒是書、蓋因官韻漏略、擬摭九經之字以補之。周易尚書各一字、毛詩六字、周禮禮記各三十一字、左傳五字、公羊傳孟子各二字、凡七十九字。各註合添入某韻內或某字下。又附載音義弗順喪制所出者八十八字。蓋當時於喪制一條、拘忌過甚。如檀弓何居之居本爲語詞、亦以爲涉於凶事、不敢入韻、故附載之。然自序稱非敢上於官以求增補、則并所列應補之字亦未行用也。其書考據經義、精確者頗多。惟其中如周禮司尊彝修爵之修音滌、禮記聘義孚尹之孚音浮之類、乃古字假借、不可施於今韻。又如詩泮水之䪞字、周禮占人之簭字、公羊傳成五年之沶字、乃重文別體、與韻無關。一概擬補、未免少失斷限耳。

五音集韻十五卷（內府藏本）

金韓道昭撰。道昭字伯暉、眞定松水人。世稱以等韻顚倒字紐、始於元熊忠韻會舉要。然是書以三十六母各分四等、排比諸字之先後、已在其前。所收之字、大抵以廣韻爲藍本、而增入之字則以集韻爲藍本。考廣韻卷首云、凡二萬六千一百九十四言。集韻條例云、凡五萬三千五百二十五言、新增二萬七千三百三十一言。是書亦云凡五萬三千五百二十五言、新增二萬七千三百三十一言。合計其數、較集韻僅少一字。殆傳寫偶脫。廣韻註十九萬一千六百九十二字、是書云註三十三萬五千八百四十言、新增十四萬四千一百四十八言。其增多之數、則適相符合。是其依據二書、足爲明證。又廣韻註獨用同用、實仍唐人之舊、封演聞見記言許敬宗奏定者是也。終唐之世、下迄宋景祐四年、功令之所遵用、未嘗或改。及丁度編定集韻、始因賈昌朝請改併窄韻十有三處。今廣韻各本、儼移鹽添之前、釅移陷鑑之前、獨用同用之註、如通殷於文、通隱於吻、皆因集韻頒行後竄改致舛。是書改二百六韻爲百六十、而併忝於琰、併檻於豏、併儼於范、併㮇於豔、併鑑於陷、併釅於梵。足證廣韻原本上去聲末六韻之通爲二、與平聲入聲不殊。其餘如廢不與隊代通、殷隱焮迄不與文吻問物通、尚仍唐韻之舊、未嘗與集韻錯互。故十三處犂然可考、尤足訂重刊廣韻之譌。其等韻之學亦深究要渺。雖用以顚倒音紐、有乖古例。然較諸不知而妄作者、則尚有閒矣。

古今韻會舉要三十卷（浙江巡撫採進本）

元熊忠撰。忠字子中、昭武人。案楊慎丹鉛錄、謂蜀孟昶有書林韻會、元黃公紹舉其大要而成書、故以爲名。然此書以禮部韻略爲主、而佐以毛晃劉淵所增併、與孟昶書實不相關。舊本凡例首題黃公紹編輯、熊忠舉要、而第一條即云今以韻會補收闕遺、增添註釋、是韻會別爲一書明矣。其前載劉辰翁韻會序、正如廣韻之首載陸法言孫愐序耳、亦不得指舉要爲公紹作也。自金韓道昭五音集韻、始以七音四等三十六母顚倒唐宋之字紐、而韻書一變。南宋劉淵淳祐壬子新刊禮部韻略、始合併通用之部分、而韻書又一變。忠此書字紐遵韓氏法、部分從劉氏例、兼二家所變而用之、而韻書舊第至是盡變無遺。其字母通考之首、拾李涪之餘論、力排江左吳音。洪武正韻之鹵莽、此已胚其兆矣。又其中今韻古韻、漫無分別。如東韻收窗字、先韻收西字之類、雖舊典有徵、而施行頗駭。子註文繁例雜、亦病榛蕪。惟其援引浩博、足資考證、而一字一句、必舉所本、無臆斷僞撰之處。較後來明人韻譜、則尚有典型焉。

四聲等子一卷（浙江范懋柱家天一閣藏本）

不著撰人名氏。錢曾讀書敏求記謂即劉鑑所作之切韻指南、曾一經翻刻、特易其名。今以二書校之、若辨音和類隔廣通侷狹內外轉攝振救正音憑切寄韻憑切喻下憑切日寄憑切及雙聲疊韻之例、雖全具於指南門法玉鑰匙內、然詞義詳略顯晦、迥然不侔。至內攝之通止遇果宕曾流深、外攝之江蟹臻山效假梗咸十六攝圖、雖亦與指南同。然此書曾攝作內八、而指南作內六。流攝此書作內六、而指南作內七。深攝此書作內七、指南作內八。皆小有不同。至以江攝外一附宕攝內五下、梗攝外七附曾攝內六下、與指南之各自爲圖、則爲例迥殊。雖指南假攝外六附果攝內四之下、亦閒併二攝。然假攝統歌麻二韻、歌麻本通、故假得附果。若此書之以江附宕、則不知江諸東冬、不通陽唐、以梗附曾、則又誤通庚蒸爲一韻、似不出於一手矣。又此書七音綱目、以幫滂並明非敷奉微爲脣音、爲宮、影曉匣喻之喉音爲羽、頗變玉篇五音之舊。指南五音訣具在、未嘗以脣爲宮、以喉爲羽、亦不得混爲一書。切韻指南卷首有後至元丙子熊澤民序、稱古有四聲等子、爲傳流之正宗。然而中閒分析、尚有未明。關西劉士明著書曰經史正音切韻指南、則劉鑑之指南十六攝圖、乃因此書而革其宕攝附江、曾攝附梗之誤、此書實非鑑作也。以字學中論等韻者、司馬光指掌圖外、惟此書頗古、故並錄存之、以備一家之學焉。

經史正音切韻指南一卷（浙江汪啟淑家藏本）

元劉鑑撰。鑑字士明、自署關中人。關中地廣、不知隸籍何郡縣也。切韻必宗等子、司馬光作指掌圖、等韻之法於是始詳。鑑作是書、卽以指掌圖爲粉本、而參用四聲等子、增以格子門法、於出切行韻取字、乃始分明。故學者便之。至於開合二十四攝、內外八轉、及通廣侷狹之異、則鑑皆略而不言。殆立法之初、已多挂礙糾紛、故姑置之耶。然言等韻者、至今多稱切韻指南。今姑錄之、用備彼法沿革之由。原本末附明釋眞空直指玉鑰匙一卷、驗之卽眞空編韻貫珠集中之第一門第二門。不知何人割裂其文、綴於此書之後。又附若愚直指法門一卷、詞指拙澀、與貫珠集相等、亦無可采。今並刪不錄焉。

洪武正韻十六卷（江蘇周厚堉家藏本）

明洪武中奉敕撰。時預纂修者爲翰林侍講學士樂韶鳳、宋濂、待制王僎、修撰李淑允、編修朱右、趙壎、朱廉、典簿瞿莊、鄒孟達、典籍孫蕢、荅祿與權。預評定者爲左御史大夫汪廣洋、右御史大夫陳寧、御史中丞劉基、湖廣行省參知政事陶凱。書成於洪武八年、濂奉敕爲之序。大旨斥沈約爲吳音、一以中原之韻更正其失。併平上去三聲各爲二十二部、入聲爲十部。於是古來相傳之二百六部、併爲七十有六。其註釋一以毛晃增韻爲稾本、而稍以他書損益之。蓋歷代韻書、自是而一大變。考隋志載沈約四聲一卷、新舊唐書皆不著錄。是其書至唐已佚。陸法言切韻序作於隋文帝仁壽元年、而其著書則在開皇初。所述韻書、惟有呂靜、夏侯該、陽休之、周思言、李季節、杜臺卿六家、絕不及約。是其書隋時已不行於北方。今以約集詩賦考之、上下平五十七部之中、以東冬鍾三部通、魚虞模三部通、庚耕清青四部通、蒸部登部各獨用、與今韻分合皆殊。此十二部之仄韻、亦皆相應。他如八詠詩押葦字入微韻、與經典釋文陳謝嶠讀合。梁大壯舞歌押震字入眞韻、與漢書敘傳合。早發定山詩押山字入先韻、君子有所思行押軒字入先韻、與梁武帝江淹詩合。冠子祝文押化字入麻韻、與後漢書馮衍傳合、與今韻收字亦頗異。濂序乃以陸法言以來之韻指爲沈約、其謬殊甚。法言切韻序又曰、昔開皇初有儀同劉臻等八人、同詣法言門宿、論及音韻、以今聲調既自有別、諸家取捨亦復不同。吳楚則時傷輕淺、燕趙則多傷重濁。秦隴則去聲爲入、梁益則平聲似去。江東取韻與河北復殊。因論南北是非、古今通塞、欲更捃選精切、除削疏緩。蕭顏多所決定。魏著作謂法言曰、向來論難疑處悉盡、我輩數人定則定矣。法言卽燭下握筆略記綱紀。今廣韻之首、列同定八人姓名、曰劉臻、顏之推、魏淵、盧思道、李若、蕭該、辛德源、薛道衡。則非惟韻不定於吳人、且序中江左取韻諸語、已深斥吳音之失、安得復指爲吳音。至唐李涪、不加深考、所作刊誤、橫肆譏評、其誣實甚。濂在明初、號爲宿學、不應沿譌踵謬至此。蓋明太祖既欲重造此書、以更古法、如不誣古人以罪、則改之無名。濂亦曲學阿世、强爲舞文耳。然源流本末、古籍昭然、天下後世何可盡掩其目乎。觀廣韻平聲三鍾部恭字下註曰、陸以恭蜙縱等入冬韻、非也。蓋一紐之失、古人業已改定。又上聲二腫部湩字下註曰、冬字上聲。蓋冬部上聲惟此一字、不能立部、附入腫部之中、亦必註明、不使相亂。古人分析不苟、至於如此。濂乃以私臆妄改、悍然不顧、不亦傎乎。李東陽懷麓堂詩話曰、國初顧祿爲宮詞、有以爲言者、朝廷欲治之。及觀其詩集、乃用洪武正韻、遂釋之。此書初出、亟欲行之故也。然終明之世、竟不能行於天下，則是非之心終有所不可奪也。又周賓所識小編曰：洪武二十三年，正韻頒行已久，上以字義音切尚多未當，命詞臣再校之。學士劉三吾言：前後韻書惟元國子監生孫吾與所纂韻會定正音韻歸一，應可流傳。遂以其書進，上覽而善之，更名洪武通韻，命刊行焉。今其書不傳云云。是太祖亦心知其未善矣。其書本不足錄，以其爲有明一代同文之治，削而不載，則韻學之沿革不備。猶之記前代典制者，雖其法極爲不善，亦必錄諸史冊，固不能泯滅其迹，使後世無考耳。

古音叢目五卷、古音獵要五卷、古音餘五卷、古音附錄一卷（浙江巡撫採進本）

明楊慎撰。慎有檀弓叢訓，已著錄。是四書雖各爲卷帙，而核其體例，實本一書。特以陸續而成，不及待其完備，每得數卷，即出問世，故標目各別耳。觀其古音獵要，東冬二韻共標鞠崩衆務調夢窗誦雙明萌用江十三字，與古音叢目東冬二韻所標者全複。與古音餘東冬二韻所標亦複五字。是即隨所記憶，觸手成編，參差互出，未歸畫一之明證矣。其書皆仿吳棫韻補之例，以今韻分部，而以古音之相協者分隸之。然條理多不精密。如周易渙六四渙有丘，匪夷所思，丘與思爲韻；无妄六三无妄之災，或繫之牛，行人之得，邑人之災，古音牛古音尼，與災爲韻；繫辭乾以易知，坤以簡能，能古音奴來反，與知爲韻。慎於古音叢目支韻內丘字下但註云詩；牛字下但註云楚詞；能字下則並不註出典。又繫辭神而化之，使民宜之。慎於古音叢目五歌韻內知宜字之爲牛何切，下註云易神而化之，爲毀禾切，則但註云見楚詞。又易家傳父父、子子、兄兄、弟弟、夫夫、婦婦，與子及弟字爲韻。慎於古音叢目四紙韻內婦字下但引西京賦作房詭切。豐六二豐其蔀，日中見斗。蔀古音蒲五切，斗古音滴主切，故九四蔀斗二字與主爲韻。又繫辭傳无有師保，如臨父母，母字與上度懼故爲韻。慎於古音叢目語麌韻內斗字下但註云毛詩；母字下但註云易林。凡此皆不求其本，隨意掇摭。又古音皆其本讀，非可隨意諧聲，輾轉分隸。如江韻之江窗雙椌四字，古音獵要皆收入冬韻是也。而古音叢目又以東韻之紅、冬韻之封龍三字收入江韻。考易說卦傳震爲雷爲龍，虞翻、干寶並作駹。周禮巾車革路龍勒，註：駹也。駹車故書作龍車。犬人凡幾珥沈辜用駹可也，註：故書作龍。則駹本音龍，以在東韻爲本音，不容改龍以叶駹。封與邦通，邦之古音諸丰聲；紅與江通，江之古音諸工聲。亦以東冬爲本韻，不得改封紅以入江也。蓋慎博洽過陳第，而洞曉古音之根柢則不及之，故蒐輯秦漢古書，頗爲該備，而置之不得其所，遂往往舛漏牴牾。以其援據繁富，究非明人空疏者所及，故仍錄其書，以備節取焉。

古音略例一卷（兩江總督採進本）

明楊慎撰。是書取易詩禮記楚詞老莊荀管諸子有韻之詞，標爲略例。若易例日昃之離，離音羅，與歌嗟爲韻；三歲不覿，覿音徒谷切，與木谷爲韻；並受其福，福音偪，與食汲爲韻；吾與爾靡之，靡音磨，與和爲韻，頗與古音相合。他如嘒彼小星，維參與昴，昴音叶力求切。慎據史記天官書徐邈音昴爲旄，下文抱衾與裯之裯音調，寔命不猶之猶音搖。今考郭璞註方言，裯丁牢反。檀弓咏斯猶，鄭註：猶當作搖。則二音實有所據。慎又謂吳棫於詩棘心夭夭、母氏劬勞，勞必叶音僚；我思肥泉，茲之永嘆，嘆必叶他涓切；出自北門，憂心殷殷，門必叶眉貧切；四牡有驕，朱幩鑣鑣，驕必叶音高，不思古韻寬緩，如字讀自可叶，何必勞脣齒費簡冊。其論亦頗爲得要。至如老子朝甚除，田甚蕪，倉甚虛，服文彩，帶利劍，厭飲食，貨財有餘，是謂盜夸。慎據韓非解老篇改夸爲竽，謂竽方與餘字叶，柳子厚詩仍押盜夸，均誤。今考說文，夸从大于聲，則夸之本音不作枯瓜切明矣。故楚詞大招，朱脣皓齒，嫭以姱只，比德好閑，習以都只，集韻姱或作夸。又吳都賦列寺七里，俠棟楊路，屯營櫛比，解署棊布，橫塘查下，邑屋隆夸，長干延屬，飛甍舛互，是夸與餘爲韻，正得古音。而慎反斥之，殊爲失考。又易晉晝也，明夷誅也，慎謂古誅字亦有之由切，與晝爲韻。孫奕改誅爲昧，昧叶音暮，殊誤。今考周禮甸祝禂牲禂馬，亦如之，鄭讀禂爲誅，則慎說似有所據。但晝字古音讀如註，張衡西京賦徼道外周，千廬內附，衛尉八屯，警夜巡晝。又易林井之復，晝與據爲韻；井之渙，晝與故爲韻；渙之蠱，晝與懼爲韻。則古韻晝不作陟救切可知。何得舍其本音而反取誅之別音爲叶。他若莊子竊鉤者誅，竊國者爲諸侯，慎讀誅爲之由切，而不知侯之古音胡，正與誅爲韻。又易林蜘蛛之務不如蠶之綸，愼讀務爲蛩，綸爲鈎，不知綸古音倫，正與務爲韻。蓋其文由掇拾而成，故其說或離或合，不及後來顧炎武、江永諸人能本末融貫也。

轉注古音略五卷江蘇巡撫採進本

明楊愼撰。是書前有自序，大旨謂毛詩、楚詞有叶韻，其實不越保氏轉注之法，易經疏云賁有七音，始發其例，宋吳才老作韻補，始有成編，學者知叶韻自叶韻，轉注自轉注，是猶知二五而不知十也。考叶韻之說始於沈重毛詩音義（見經典釋文），後顏師古註漢書、李善註文選並襲用之，後人之稱叶韻自此而誤，然與六書之轉注則渺不相涉。愼書仍用叶韻之說，而移易其名於轉注，是朝三暮四改爲朝四暮三也。如四江之釭字，說文云從金工聲，窻字說文云从穴悤聲，則釭讀工，窻讀悤，皆其本音，無所謂轉，亦安所用其注乎。姑即就愼書論之，所注轉音亦多舛誤，如二冬之龍字，引周禮龍勒雜色，謂當轉入三江，不知玉人上公用龍，鄭司農云龍當爲尨，而左傳狐裘尨茸，即詩之狐裘蒙戎，則尨當從龍轉，龍不當作莫江反也。又如蒸韻之朋字，愼引逸詩翹翹車乘，招我以弓，豈不欲往，畏我友朋，謂當轉入一東，不知弓古音肱，有小戎、采綠、閟宮及楚詞九歌諸條可證，則弓當從朋轉，朋不當讀爲蓬也。如此之類，皆昧於古音之本，以其引證頗博，亦有足供考證者，故顧炎武作唐韻正猶有取焉。

毛詩古音考四卷福建巡撫採進本

明陳第撰。第有伏羲圖贊，已著錄。言古韻者自吳棫，然韻補一書，庬雜割裂，謬種流傳，古韻乃以益亂。

國朝顧炎武作詩本音，江永作古韻標準，以經證經，始廓清妄論，而開除先路，則此書實爲首功。大旨以爲古人之音原與今異，凡今所稱叶韻，皆即古人之本音，非隨意改讀，輾轉牽就，如母必讀米，馬必讀姥，京必讀疆，福必讀偪之類，歷考諸篇，悉截然不紊。又左國易象、離騷楚詞、秦碑漢賦，以至上古歌謠箴銘頌贊，往往多與詩合，可以互證。於是排比經文，參以羣籍，定爲本證、旁證二條。本證者，詩自相證，以探古音之源；旁證者，他經所載，以及秦漢以下去風雅未遠者，以竟古音之委。鉤稽參驗，本末秩然，其用力可謂篤至。雖其中如素音爲蘇之類，不知古無四聲，不必又分平仄；家又音歌、華又音和之類，不知爲漢魏以下之轉韻，不可以通三百篇，皆爲未密。然所列四百四十四字，言必有徵，典必探本，視他家執今韻部分妄以通轉古音者，相去蓋萬萬矣。初第作此書，自焦竑以外，無人能通其說，故刊版旋佚，此本及屈宋古音義皆建寧徐時作購得舊刻，復爲刊傳。雖卷帙無多，然欲求古韻之津梁，舍是無由也。

屈宋古音義三卷福建巡撫採進本

明陳第撰。第既撰毛詩古音考，復以楚詞去風人未遠，亦古音之遺，乃取屈原所著離騷等二十五篇，除其天問一篇，得二十四篇，又取宋玉九辯九篇、招魂一篇，益以文選所載高唐賦、神女賦、風賦、登徒子好色賦四篇，得十四篇，共三十八篇。其中韻與今殊者二百三十四字，各推其本音，與毛詩古音考互相發明。惟每字列本證、旁證，則間附字下，不另爲條，體例小異，以前書已明故也。書本一卷，其後二卷則舉三十八篇各爲箋註，而音仍分見諸句下，蓋以參考古音，因及訓詁，遂附錄其後，兼以音義爲名，實則卷帙相連，非別爲一書，故不析置集部，仍與毛詩古音考同入小學類焉。

欽定音韻闡微十八卷

康熙五十四年奉

敕撰，雍正四年告成。

世宗憲皇帝御製序文，具述

聖祖仁皇帝指授編纂之旨，刊刻頒行。自漢明帝時西域切韻之學與佛經同入中國，所謂以十四音貫一切字是也。然其書不行於世。至漢魏之間，孫炎剏爲翻切，齊梁之際，王融乃賦雙聲，等韻漸萌，實鬭合其遺法。迨神珙以後，其學大行，傳於今者有司馬光指掌圖、鄭樵七音略、無名氏四聲等子、劉鑑切韻指南，條例日密，而格礙亦日多。惟我

國書十二字頭，用合聲相切，緩讀則爲二字，急讀則爲一音，悉本乎人聲之自然，證以左傳之丁寧爲鉦、句瀆爲穀，國語之勃鞮爲披，戰國策之勃蘇爲胥，於三代古法亦復相協。是以

特詔儒臣，以斯立準，首列韻譜，定四等之輕重。每部皆從今韻之目，而附載廣韻之子部，以存舊制，因以考其當合當分。其字以三十六母爲次，用韓道昭五音集韻、熊忠韻會舉要之例，字下之音則備載諸家

之異同協者從之不有心以立異不協者改用合聲亦不遷就以求同大抵以上字定母皆取於支微魚虞歌麻數韻以此數韻能生諸音卽
國書之第一部也以下字定韻清聲皆取於影母濁聲皆取於喻母以此二母乃本韻之喉音凡音皆出於喉而收於喉也其或有音無字者則借他韻他母之字相近者代之有今用協用借用三例使宛轉互求委曲刻證亦卽漢儒訓詁某讀如某某音近某之意惟辨別毫芒巧於比擬非古人所及耳自有韻書以來無更捷徑於此法者亦更無精密於此書者矣

欽定同文韻統六卷

乾隆十五年奉
敕撰以西番字母參考天竺字母貫合其異同而各以漢字譯其音首爲天竺字母譜凡音韻十六字翻切三十四字次爲天竺音韻翻切配合十二譜以字母音韻十六字翻切三十四字錯綜相配成一千二百一十二字次爲西番字母配合十四譜其字母凡三十天竺所有者二十四天竺所無西番所有者六除與天竺同者所生之字亦同外其六母所生之字凡四百三十有四叢佛經諸咒皆天竺之音惟佛號地名多用西番之語故別出以備用也次爲天竺西番陰陽字二譜各分陰字陽字可陰可陽字可陽可陰字四例次大藏字母同異譜以
欽定天竺字母爲經而以僧伽波羅等十二家所譯字母爲緯以互證其分合增減次爲華梵字母合璧譜則中西諸音新舊諸法一一條貫集厥大成焉其西域有是音中國無是字者悉以合聲之法取之二合者卽以二字並書三合者卽以三字並書前有發聲後有餘聲者卽以其字爲書其中音有輕重者則重者大書輕者細書併詳註翻切及喉牙齒脣舌諸音於下皆辨別分寸窮極毫芒次聲韻之學實肇於西域自漢明帝時與佛書同入中國以文字互異故中國不行其緣起僅見諸隋書經籍志所謂十四聲貫一切字者其法已不可詳晉太始初沙門竺曇摩羅察譯光讚般若經始傳四十一字母其後諸僧所譯互有異同然皆自行於彼教唐貞觀中吐蕃宰相阿努始以西番字譯天竺五十字母亦自行於彼土自沙門神珙作四聲五音九弄反紐圖收於大廣益會玉篇之末始流入儒書自鄭樵得西域僧七音韻鑑始大行於中國然西域之音無窮而中國之字有數其有音而無字者十之六七等韻諸圖或記以虛圈或竟爲空格使人自其上下左右連類排比而求之非心悟者弗能得也故鄭樵六書略謂華有二合之音無二合之字梵有二合三合四合之音亦有其字因舉娑縛之二合囉馱曩之三合悉底哩野之四合爲證沈括夢溪筆談亦謂梵語薩嚩訶三字合言之卽楚詞之些字然括無成書樵所作七音略於無字之音仍爲空格豈非知其法而不究其類哉我
皇上天聲遐播紺園龍象慕
德東來梵筴唄音得諸
親譯旣能不失其眞至編校此書又以
國書十二字頭之法補所未備而發凡起例更屢經
聖裁改定而後成故古所重譯而不通者今一展卷而心契聲聞韻通歌頌同文之盛眞亙古之所無矣

欽定叶韻彙輯五十八卷

乾隆十五年奉
敕撰字數部分皆仍佩文詩韻惟以今韻之離合別古韻之異同如江韻獨用則一韻爲一部東冬兩韻同用則兩韻爲一部支微齊三韻同用則三韻爲一部是也每部皆附叶韻略如吳棫韻補惟韻補於今韻每部各載叶韻此則一部獨用者附本部末諸部同用者卽總附諸部末如蒙字叶莫邦切則獨附江部後江字叶戶公切則總附東冬二部後魚字叶魚羈切則總附支微齊三部後是也夫古今聲音之遞變亦如大小篆隸八分之遞變或相因或迥不相近以迥不相近之音施於歌詠於古雖有徵而於今不能悉協唐人古詩大抵皆相近之音故東冬江古音雖同而此書東冬自爲部江自爲部支微齊佳灰古音雖同而此書支微齊自爲部佳灰自爲部皆取不戾於古而可行於今也至於叶韻之說宋以來糾紛彌甚謂庚收穿鼻眞收舐齶兩不相叶然嘉名靈均乃見於屈原之騷謂江本通東陽本通庚兩不相叶然成雙鴛鴦乃見於徐陵之賦此異而彼同此通而彼礙各執一理勝負互形所謂愈治而愈棼也此書所錄惟據古書註有是音者使以類相從明前有所承卽後有所本不復窮牽博辨致枝蔓橫生解結釋紛尤爲

得要，於數百年講古韻者，誠為獨酌其中矣。

欽定音韻述微三十卷、

乾隆三十八年奉

敕撰，其合聲切字，一本

欽定音韻闡微，其稍變者，闡微以三十六母為字紐之次序，故東韻首公字之類，與部首標目或相應或不相應，在所不拘。今則部首一字屬何母，即以其母為首，其下諸母所領字，以次相從，使歸於畫一。其部分仍從

御定佩文詩韻，其稍變者從音韻闡微分文殷為兩部，而以殷部附眞部，不附文部。其字數自佩文詩韻所收一萬二百五十二字外，凡所續收每紐之下，以據音韻闡微增者在前，據廣韻增者次之，據集韻增者又次之，或有點畫小異，音訓微殊，舊韻兩收而實不可複押者，則刪不錄。至於舊韻所無而今所恒用者，如阿字舊惟作陵阿之義，收入歌韻，今為

國書十二字頭之首，則收入麻韻，鎗字舊訓為酒器，收入庚韻，今則酒器無此名，而軍器有此字，則增入陽韻。又如查本浮木，而今訓察核，參本稽考，而今訓糾彈，礮本飛石，而今訓火器，埽本汜除，而今訓楗茭，既已萬口同音，即屬勢不可廢。此如麻韻之字，古音皆與魚虞相從，自字母入中國，始有麻韻一呼，遂不能不增此一韻；姬本周姓，自戰國以後，始以為妾御之名，亦遂不能不增此一解。蓋從宜從俗，義各有當，又不可以古法拘也。其互註之例，凡一字兩部皆收，義同者註曰又某韻，義異者註曰與某韻義異。體例與禮部韻略同。其與他韻一同一異者，註曰又某韻與某韻音異，或字有數訓而僅一解可通者，則註曰惟某義與某韻同。餘韻集韻所有者，書非稀覯，無庸贅著篇名。其他則一字一句，必著所出，以明有據，亦諸韻書之所無。蓋音韻闡微所重在字音，故訓詁不欲求詳。此書所重在字義，故考據務期核實。兩書相輔而竝行，小學之蘊奧，眞毫髮無遺憾矣。

音論三卷、安徽巡撫採進本

國朝顧炎武撰。炎武有左傳杜解補正，已著錄。自陳第作毛詩古音考、屈宋古音義，而古音之門徑始明，然創闢榛蕪，猶未及研求邃密。至炎武乃探討本原，推尋經傳，作音學五書以正之。此其五書之一也。上卷分三篇，一古曰音今曰韻，二韻書之始，三唐宋韻譜異同。中卷分六篇，一古人韻緩不煩改字，二古詩無叶音，三四聲之始，四古人四聲一貫，五入為閏聲，六近代入聲之誤。下卷分六篇，一六書轉注之解，二先儒兩聲各義之說不盡然，三反切之始，四南北朝反語，五反切之名，六讀若某。共十五篇，皆引據古人之說以相證驗。中惟所論入聲變亂舊法，未為甚確。餘皆元元本本，足以訂俗學之譌。蓋五書之綱領也。書成於崇禎癸未，其時舊本集韻與別本廣韻皆尚未出，故不知唐宋部分之異同由於陳彭年、丁度。又唐封演聞見記其時亦未刊行，故亦不知唐人官韻定自許敬宗。然全書持論精博，百餘年來，言韻學者雖愈闡愈密，或出於炎武所論之外，而發明古義，則陳第之後，炎武屹為正宗。陳萬策近道齋集有李光地小傳，稱光地音學受之炎武；又萬策作李光地詩集後序，稱光地推炎武音學，妙契古先。故所註古音不用吳棫韻補，而用炎武詩本音，則是書之為善本，可概見矣。

詩本音十卷、安徽巡撫採進本

國朝顧炎武撰，音學五書之二也。其書主陳第詩無叶韻之說，不與吳棫補音爭，而亦全不用棫之例。但即本經所用之音互相參考，證以他書，明古音原作是讀，非由遷就，故曰本音。每詩皆全列經文，而註其音於句下。與今韻合者註曰廣韻某部，與今韻異者即註曰古音某。大抵密於陳第而疏於江永，故永作古韻標準，駁正此書者頗多。然合者十九，不合者十一，南宋以來，隨意叶讀之謬論至此始一一廓清，厥功甚鉅。當以永書輔此書，不能以永書廢此書也。若毛奇齡之逞博爭勝，務與炎武相詰難，則文人相輕之習，益不足為定論矣。

易音三卷、安徽巡撫採進本

國朝顧炎武撰，音學五書之三也。其書即周易以求古音。上卷為彖辭、爻辭，中卷為彖傳、象傳，下卷為繫辭、文言、說卦、雜卦。其音往往與詩不同，又或往往不韻，故炎武所註，凡與詩音不同者，皆以為偶用方音，而不韻者則闕焉。考春秋傳所載繇詞，無不有韻，說者以為連山歸藏之文。然漢儒所傳，不過周易，而史記載大橫之兆，其繇亦然。意卜筮家別有其書，如焦贛易林之類，非易之本書，而易之

本書則如周秦諸子之書，或韻或不韻，本無定體。其韻或雜方音，亦不能盡求其讀。故彖辭、爻辭不韻者多，韻者亦間有。十翼則韻者固多，而不韻者亦錯出其間，非如詩三百篇協詠歌、被管弦，非韻不可以成章也。炎武於不可韻者，如乾之九二、九四，中隔一爻，謂義相承則韻亦相承之類，未免穿鑿。又如六十四卦彖辭惟四卦有韻，殆出偶合，標以爲例，亦未免附會。然其考核精確者，則於古音亦多有裨，固可存爲旁證焉。

唐韻正二十卷（安徽巡撫採進本）

國朝顧炎武撰，音學五書之四也。其書以古音正唐韻之譌。書首有凡例，曰：凡韻中之字，今音與古音同者，即不註。其不同者，乃韻譜相傳之誤，則註云古音某，並引經傳之文以證之。其一韻皆同而中有數字之誤，則止就數字註之，一東是也。一韻皆誤，則每字註之，四江是也。同者半則同者註其略，不同者註其詳，且明其本二韻而誤併爲一，五支是也。一韻皆同，無誤則不註，二冬、三鍾是也。蓋逐字以求古音，當移出者移而出，當移入者移而入，視他家謬執今韻言古音，但知有字之當入而不知有字之當出，以至今古糾牽不可究詰者，其體例特爲明晰。與所作韻補正，皆爲善本。然韻補誤叶古音，可謂之正。至唐韻則本爲四聲而設，非言古韻之書，聲隨世移，是變非誤，概名曰正，於義未協。是則炎武泥古之過，其偏亦不可不知也。

古音表二卷（安徽巡撫採進本）

國朝顧炎武撰，音學五書之五也。凡分十部，以東冬鍾江爲第一，支脂之微齊佳皆灰咍爲第二，魚虞模侯爲第三，眞諄臻文殷元魂痕寒桓刪山先仙爲第四，蕭宵肴豪幽爲第五，歌戈麻爲第六，陽唐爲第七，耕清青爲第八，蒸登爲第九，侵覃談鹽添咸銜嚴凡爲第十。皆以平聲爲部首，而三聲隨之。其移入之字與割併之部，即附見其中。考以古法，多相胞合。惟入聲割裂分配，其說甚辨，然變亂舊部，論者多有異同。其門人潘耒作類音八卷，深爲李光地榕村語錄所詬厲。其濫觴即從此書也。以與所著五書共爲卷帙，當並存以具一家之言，且其配隸古音，實有足糾吳棫以來之謬者，故仍錄備參考焉。

韻補正一卷（安徽巡撫採進本）

國朝顧炎武撰。案宋志，吳棫有毛詩叶韻補音十卷，又韻補五卷。自朱子作詩集傳，用其毛詩叶韻補音，儒者因朱子而不敢議棫，又因毛詩叶韻補音併不敢議其韻補。炎武此書於棫雖亦委曲迴護，有安得如才老者與之論韻之言，然所作詩本音已不從棫說，至於此書，則更一一糾彈，不少假借。蓋攻韻補者其本旨，推棫者其巽詞也。案朱子語錄，稱吳才老補音甚詳，然亦有推不去者，則朱子於棫之書原不謂盡無遺議。馬端臨經籍考特錄朱子此條於毛詩叶韻補音之下，亦具有深心。炎武此書，絕不爲叫囂攻擊之詞，但於古音叶讀之舛誤，今韻通用之乖方，各爲別白註之，而得失自見，可謂不悖是非之正，亦不涉門戶之爭者矣。

古今通韻十二卷（江蘇巡撫採進本）

國朝毛奇齡撰。奇齡有仲氏易，已著錄。是書爲排斥顧炎武音學五書而作。創爲五部、三聲、兩界、兩合之說。五部者，東冬江陽庚青蒸爲一部，支微齊佳灰爲一部，魚虞歌麻蕭肴豪尤爲一部，眞文元寒刪先爲一部，侵覃鹽咸爲一部。三聲者，平上去三聲相通，而不與入通，其與入通者謂之叶。兩界者，以有入聲之東冬江陽庚青蒸眞文元寒刪先侵覃鹽咸十七韻爲一部，無入聲之支微齊佳灰魚虞歌麻蕭肴豪尤十三韻爲一部，兩不相通，其相通者謂之叶。兩合者，以無入十三韻之去聲與有入十七韻之入聲通用，而不與平上通，其與平上通者謂之叶。案奇齡論例，既云所列五部，分配五音，雖欲增一減一而有所不可，乃又分爲兩界，則五音之例亂矣。既分兩界，又以無入十三韻之去聲與有入十七韻之入聲同用，則兩界之例又亂矣。至三聲之例，本云平上去通而不與入通，而兩合之例又云去入通而不與平上通，則三聲兩合不又自相亂乎。蓋其病在不以古音求古音，而執今韻部分以求古音，又不知古人之音亦隨世變，而一概比而合之，故徵引愈博，異同愈出，不得不多設條例以該之。迨至條例彌多，矛盾彌甚，遂不得不遁辭自解，而叶之一說生矣。皆逞博好勝之念，牽率以至於是也。然其援據浩博，頗有足資考證者，存備一家之學，亦無不可，故已黜而終存之焉。

易韻四卷（浙江巡撫採進本）

國朝毛奇齡撰。古人繇詞，多諧音韻，周易爻象，亦大祗有韻、而往往不拘。故吳棫作韻補、引易絕少。至明張獻翼始作讀易韻攷七卷。然獻翼不知古音、或隨口取讀、或牽引附會、殊龐雜無緒。奇齡此書、與顧炎武易本音皆還其無韻之文、而論其有韻之文、故所言皆有條理。兩家所撰韻書、互有出入、故其論易韻亦時有異同。大抵引證之博、辨析之詳、則奇齡過於炎武。至於通其可通、而闕其所不可通、則奇齡之書又不及炎武之詳慎。如乾卦上九用九爲一節、本奇齡臆說、而此併牽古韻以實之、則尤爲穿鑿。且所謂兩界兩合纂韻者、其中皆自申其古今通韻之例、亦不及炎武偶雜方言之說爲通達而無弊。然炎武書太簡略、而奇齡則徵引賅洽、亦頗足互證。以韻讀易者、以炎武書爲主、而參之是書以通其變、略短取長、未始不可相輔而行也。

唐韻考五卷（兵部侍郎紀昀家藏本）

國朝紀容舒撰。容舒字遲叟、號竹厓、獻縣人。康熙癸巳舉人、官至姚安府知府。初隋陸法言作切韻、唐禮部用以試士。天寶中、孫愐增定其書、名曰唐韻。後宋陳彭年等重修廣韻、丁度等又作禮部韻略、遂爲一代場屋程式、而孫氏之書漸佚。唐代舊韻遂無復完帙。惟雍熙三年徐鉉校定許慎說文、在大中祥符重修廣韻以前。所用翻切、一從唐韻、見於鉉等進書表。容舒以爲翻切之法、其上字必同母、其下字必同部、謂之音和。間有用類隔法者、亦僅假借其上字、而不假借其下字。因其翻切下一字、參互鉤稽、輾轉相證、猶可以得其部分。乃取說文所載唐韻翻切、排比分析、各歸其類、以成此書。始知廣韻部分、仍如唐韻。但所收之字不同、有唐韻收而廣韻不收者、如東部詷字覓字烘字之類是也。有唐韻在此部而廣韻在彼部者、如賨字廣韻作藏宗切、在冬部。唐韻作徂紅切、則在東部。瓏字廣韻作盧紅切、在東部。唐韻作力鍾切、則在鍾部之類是也。有唐韻兩部兼收、而廣韻止存其一者、如虞部苴字、廣韻註又子余切、與唐韻合、而魚部子余切乃不收苴字之類是也。有廣韻移其部分而失於改其翻切、如諄部麕囷䐃頵四字移入眞部、而仍用唐韻諄部翻切、刪部鰥字移入山部、仍用刪部翻切之類是也。有唐韻本有重音、而徐鉉祇取其一者、如規字作居追切、宜在脂部、而證以隓字作許規切、闚字作去隓切、知規字當有居隨一切、兼入支韻之類是也。其推尋考校、具有條理。唐韻分合之例、與宋韻改併之迹、均可由是得其大凡、亦小學家所當參證者矣。

古韻標準四卷（桂林府同知李文藻刊本）

國朝江永撰。永有周禮疑義舉要、已著錄。自昔論古音者不一家。惟宋吳棫、明楊慎、陳第、國朝顧炎武、柴紹炳、毛奇齡之書最行於世。其學各有所得、而或失於以今韻部分求古韻、或失於以漢魏以下隋陳以前隨時遞變之音均謂之古韻。故拘者至格閡而不通、泛者至叢脞而無緒。永是書惟以詩三百篇爲主、謂之詩韻、而以周秦以下音之近古者附之、謂之補韻。視諸家界限較明。其韻分平上去聲各十三部、入聲八部。每部之首先列韻目。其一韻歧分兩部者、曰分某韻。韻本不通而有字當入此部者、曰別收某韻。四聲異者、曰別收某聲某韻。較諸家體例亦最善。每字下各爲之註、而每部末又爲之總論。書首復冠以例言及詩韻舉例一卷。大旨於明取陳第、於國朝取顧炎武、而復補正其譌闕。吳棫、楊慎、毛奇齡之書、間有駁詰。柴紹炳以下、則自鄶無譏焉。古韻之有條理者、當以是編爲最。未可以晚出而輕之也。

右小學類韻書之屬、三十三部、三百十三卷、皆文淵閣著錄。

案韻書爲小學之一類、而一類之中又自分三類、曰今韻、曰古韻、曰等韻也。本各自一家之學。至金而等韻合於今韻。（韓道昭五音集韻始以等韻顚倒今韻之字紐。）至南宋而古韻亦合於今韻。（吳棫韻補始以古韻分隸今韻、又註今韻某部古通某部之類。）至國朝而等韻又合於古韻。（如劉凝熊士伯諸書。）三類遂相牽而不能分。今但通以時代次之。其纂韻之類本不爲韻而作者、則仍歸之於字書。

附錄

六藝綱目二卷（兵部侍郎紀昀家藏本）

元舒天民撰。天民字執風、鄞縣人。是書取周禮保氏六藝之文、因鄭元之註、標爲條目、各以四字韻語括之。其子恭爲之註、同郡趙宧中爲之附註。均能考證精核、於小學頗有發明。惟其中論六書轉注一門、以爲轉注者、乃轉形互用、有倒、有側、有反、有背。今求其說、若云倒首爲県、反正爲乏、雖本傳記然究屬會意字至謂尸爲側人匚爲側口則謬從周伯琦說文字原之論於制字之意反乖耳至其九數一門以密術推鄭註頗爲詳至以之補正賈疏亦攷禮之一助也恭字自謙號說齋宏中字彥夫其書刊於至正甲辰前有張翥胡世佐揭汯劉仁本四序皆未言及宏中附註事末有舒睿後序題戊申歲已爲洪武元年亦不及宏中則宏中疑爲明人其始末則不可考矣

案六藝皆古之小學而自漢志以後小學一類惟收聲音訓詁之文此書轉無類可歸今附錄於小學之末存古義也

欽定四庫全書總目卷四十二

欽定四庫全書總目卷四十三

經部四十三

小學類存目一

爾雅補註六卷（江蘇巡撫採進本）

國朝姜兆錫撰兆錫有周易本義述蘊已著錄是註多以後世文義推測古人之訓詁如釋詁在終也則註曰凡物有定在亦有終竟之意今人云不知所在亦云不知所終又好以意斷制如釋訓子子孫孫三十二句則註曰每語皆以三字約舉其義與經書小序略相似而又皆以韻叶之此等文疑先賢卜氏受詩於聖人而因爲之也云云蓋因詩序首句之文而推求及於子夏然考周易彖傳全爲此體王逸注楚詞抽思諸篇亦用此體是又安足爲出自子夏之證乎

小爾雅一卷（通行本）

案漢書藝文志有小爾雅一篇無撰人名氏隋書經籍志唐書藝文志並載李軌註小爾雅一卷其書久佚今所傳本則孔叢子第十一篇鈔出別行者也分廣詁廣言廣訓廣義廣名廣服廣器廣物廣鳥廣獸十章而益以度量衡爲十三章頗可以資考據然亦時有舛迕如廣量云豆四謂之區區四謂之釜本諸春秋傳四升爲豆各自其四以登於釜之文下云釜二有半謂之藪與儀禮十六斗曰藪合其下又云藪二有半謂之缶缶二謂之鍾則實八斛乃春秋傳所謂陳氏新量非齊舊量六斛四斗之鍾是豆釜區用舊量鍾則用新量也廣衡曰兩有半曰捷倍捷曰舉倍舉曰鋝公羊傳疏引賈逵稱俗儒以鋝重六兩者蓋即指此使漢代小學遺書果有此語逵必不以俗儒目之矣他如謂鵠中者謂之正則併正鵠之名不辨謂四尺謂之仞則考工記澮深二仞與洫深八尺無異矣漢儒說經皆不援及迨杜預註左傳始稍見徵引明是書漢末晚出至晉始行非漢志所稱之舊本晁公武讀書志以爲孔子古文殆循名而失之相傳已久姑存其目若其文則已見孔叢子不復錄焉

崔氏小爾雅一卷（戶部尚書王際華家藏本）

舊本題明崔銑撰銑有讀易餘言已著錄此書凡分十篇核檢其文實即孔叢子中之小爾雅也閔元衢歐餘漫錄曰小爾雅漢孔鮒撰汝郡袁氏金聲玉振集誤爲崔仲梟撰收入撰述部以漢爲本朝以崔易孔豈其不詳考耶抑以世可欺也則是僞題姓名明人已言之矣

彙雅二十卷續編二十八卷（兩淮馬裕家藏本）

明張萱撰萱字孟奇博羅人萬歷壬午舉人由中書舍人官至戶部郎中此書每篇皆列爾雅次以小爾雅廣雅方言之屬下載註疏附以萱所自釋亦頗有發明然如釋詁肅延誘薦餤晉寅藎進也郭註寅未詳萱於他註義未詳者無所證據而晉之爲進人皆解者乃反詳之殊失體要又若釋詁祪祖也萱釋之曰祪遠祖也親在高曾之上危矣此義尤爲未安蓋明人不尚稽據而好作新論其流弊往往如此也續編二十八卷則皆割裂陸佃埤雅羅願爾雅翼合爲一集每條以佃願之名別之惟第一卷說風一門有一條題張萱曰爲所自

釋耳。蓋未成之本，後人不察而誤刊之。陸氏、羅氏原書具在，亦安用此鈔胥為哉。是尤畫蛇之足矣。

方言據二卷（福建巡撫採進本）

明魏濬撰。濬有易象古義通，已著錄。是書乃紀四方言語之異，而求其可據者凡二百餘條，多見考據。然其中亦有字出經史，本非方言，如張口笑曰哆，頤下曰頦，足背曰跗，毛多曰毹之類。小學諸書義訓甚明，毋煩更為索解。又如畔牢之與畔愁，兒艮之為郎，皆聲音之轉，亦非因方域而殊，乃一概闌入於輶軒絕代語，體例頗不類也。

方言類聚四卷（浙江巡撫採進本）

明陳與郊撰。與郊有檀弓集註，已著錄。是編取揚雄原本，依爾雅篇目，分為釋詁、釋言等十六門，別為編次，使以類相聚。如原本第三卷氓民也至棖隨也數語，移入卷首為釋詁。其原本卷首黨曉也兩節則列為釋言，反載於敦豐厖夰一節之後。郭璞原註則總附每節後，低一格以別之。間有雙行夾註，為與郊所考訂者，僅略及音切字畫之異同而已。

越語肎綮錄一卷（浙江巡撫採進本）

國朝毛奇齡撰。奇齡有仲氏易，已著錄。是編皆記其鄉之方言，而證以古音古訓，以為與陸法言韻多相合。因宋趙叔向有肎綮錄，故襲其名。然叔向書多述朝制，此則但一隅之里諺耳。昔揚雄方言，多關訓詁，歷代史志及諸家書目均入之經部小學類中。是編皆里巷常談，似未可遽廁六經之末。然舊唐書經籍志載李少通俗語難字，新唐書藝文志載張推證俗音、顏愍楚證俗音略、李虔續通俗文，皆在小學類中。以類相從，古有此例，故今仍列之小學焉。

連文釋義一卷（通行本）

國朝王言撰。言字慎旃，仁和人。是編凡二字連文及一名而兼兩義，與兩字各為一義者，均分別訓釋，釐為十門。詞頗淺近，蓋為課蒙而作，視方以智通雅所載，相去遠矣。

右小學類訓詁之屬，八部，六十四卷，皆附存目。

別本干祿字書一卷（直隸總督採進本）

唐顏元孫撰。其原本已著錄。此本乃柏鄉魏裔介所刊，卷端加以考證，其題炎武按者，當為顧炎武語，亦有不標姓名者，不知出於誰手，或即裔介所加歟。元孫是書本依韻編次，而不標韻部之目。石本可據。此依廣韻加之，然原本與廣韻次序實不相同，如覃談列陽唐之前，蒸列鹽之後，仄聲亦並相應。考夏竦古文四聲韻稱用唐韻，部分者其次序亦與此同，知非謬誤，蓋當時韻書非一本。炎武議其顛倒，亦非通論也。

說文解字五音韻譜十卷（通行本）

宋李燾撰。燾字仁父，桯史云，一字子眞，號巽巖，丹稜人。紹興八年進士，官至敷文閣學士，贈光祿大夫，謚文簡（案文獻通考作謚文定）。事蹟具宋史本傳。初徐鍇作說文韻譜十卷，音訓簡略，粗便檢閱而已，非改許愼本書也。燾乃取說文而顛倒之。其初稟以類篇次序，於每部之中易其字數之先後，而部分未移。後復改從集韻，移自一至亥之部為自東至甲。說文舊第，遂蕩然無遺。考徐鍇說文繫傳，仿易序卦傳例，作部敘二篇，述五百四十部以次相承之故，雖不免有所牽合，而古人學有淵源，要必有說，未可以臆見紛更。又徐鉉新附之字，本非許愼原文，一概混淆，亦乖體例。後人援引，往往以鉉說為愼說，實燾之由。其中惟手部撝字徐鉉作許歸切一條，能糾本書之謬。其餘如閭字本作似醉切，乃改為房九切；苜字本模結切，乃改為徒結切；又臤字本苦閑切，乃改為邱耕切，則多所竄亂。說文酉部有酓字，音咽嗛切，而燾刪去不載，則有所遺漏。甚至犛字本里之切，而誤作莫交切；氂字本莫交切，而誤作里之切，顛倒錯亂，全乖其本義本音，尤為疎舛。顧其書易於省覽，故流俗盛行。明人刊文獻通考，又偶佚此書標題，而連綴其前後序文於徐鍇繫傳條下，世遂不知燾有此書。明陳大科作序，竟誤以為許愼舊本；茅溱作韻譜本義，遂推闡許愼說文所以始於東字之意，殊為附會。顧炎武博極羣書，而所作日知錄，亦曰說文原本次第不可見，今以四聲列者，徐鉉等所定也，是雖知非許愼書，而又以燾之所編誤歸徐鉉，信乎考古之難矣。

續千文一卷（通行本）

宋侍其良器撰。良器里貫未詳，官左朝散大夫、知池州軍事。是編皆摭周興嗣千字文所遺之字，仍仿其體製，編為四言韻語，詞采亦頗可觀。其孫嘗刻石浯溪，後有乾道乙酉鄉貢進士謝雩跋。

四聲篇海十五卷（通行本）

金韓孝彥撰。孝彥字允中，眞定松水人。是編以玉篇五百四十二部依三十六字母次之，更取類篇及龍龕手鏡等書增雜部三十有七，共五百七十九部。凡同母之部，各辨其四聲爲先後。每部之內，又計其字畫之多寡爲先後，以便於檢尋。其書成於明昌承安間。迨泰和戊辰，孝彥之子道昭改併爲四百四十四部，韓道昇爲之序，殊體僻字靡不悉載。然舛謬實多，徒增繁碎。道昇序稱泰和八年歲在强圉單閼。考泰和八年乃戊辰，而曰强圉單閼，則丁卯矣。刻是書者又記其後云：崇慶己丑新集雜部，至今成化辛卯，刪補重編。考崇慶元年壬申，明年卽改元至寧，自己丑者亦誤。道昭又因廣韻改其編次，爲五音集韻十五卷。明成化丁亥，僧文儒等校刊二書，合稱篇韻類聚。篇謂孝彥所編以玉篇爲本，韻謂道昭所編以廣韻爲本。二書共三十卷，較之他本多五音類聚徑指目錄，餘無所增損云。

六書泝源十二卷（江蘇巡撫採進本）

元楊桓撰。桓有六書統，已著錄。六書統備列古文篆籀，此書則專取說文所無或附見於重文者，錄之。六書統所載古文，自愿胸臆增損改易其字，已多不足信。至於此書，皆說文不載之字，本無篆體，乃因後世增益之諸文爲之推原作篆，一以會意起，僅一十一字。次指事，僅十四字。合轉注爲兩卷。其卷三至十二皆諧聲字，獨闕象形一門。名曰六書，實止五也。桓好講六書而不能深通其意，所說皆妄生穿鑿，不足爲憑。其論指事、轉注，尤爲乖異。大抵從會意、形聲之內，以己見强爲分別。故其指事有以形指形、以注指形、以聲指形、以意指形、以聲指意之屬；其轉注有從二文、三文、四文及從一文一字、從二文一字、從一文二字之屬。蓋字學至元明諸人，多改漢以來所傳篆書，使就己見，幾於人人可以造字。戴侗導其流，周伯琦揚其波，猶閒有可採，未爲大甚。至桓與魏校而橫溢旁決，矯誣尤甚，是固宜著諸戒律，以杜變亂之源者矣。

增修復古編四卷（浙江汪啟淑家藏本）

舊本題吳均撰。但自署其字曰仲平，不著爵里，亦不著時代。其凡例稱註釋用黃氏韻會，而書中分部全從周德清中原音韻，則元以後人也。初張有作復古編，辨別篆隸之譌異，持論甚平。又惟主辨正字畫，而不復泛引訓詁，其說亦頗簡要。均乃病其太略，補輯是編。所分諸部皆以俗音變古法，而所載諸字又皆以古文繩今體，其拘者如童子必從人作僮之類，率滯礙而不可行。其濫者如仝字之類，引及道書，又蕪雜而不盡確。所分六書尤多舛誤，如般字爲國名、孫字爲人姓、階字訓等差、賓字訓客、環字訓繞之類，皆謂之假借，則天下幾無正字矣。其書自平聲至入聲，首尾完具，而每韻皆題曰上卷，殆尚有下卷而佚之。然其佚亦無足惜也。

蒙古譯語一卷（永樂大典本）

不著撰人名氏。前有自序，稱言語不通，非譯者無以達其志。今詳定譯語一卷，好事者熟之，則問荅之閒，隨叩隨應，而無鯁喉之患云云。似乎元代南人所記。然其書分類編輯，簡略殊甚，對音尤似是而非，殊無足取。

華夷譯語一卷（永樂大典本）

明洪武二十二年翰林侍講火源潔奉敕撰，錢曾讀書敏求記作史源潔，字之譌也。前有劉三吾序，稱元初未制文字，借高昌之書，後命番僧造蒙古字，反復紐切，然後成文，繁複爲甚。翰林侍講火源潔乃朔漠之族，遂命以華文譯之，聲音諧和，隨用各足云云。其分類編輯，與蒙古譯語略同，而差爲詳備，然粗具梗概，譌漏孔多。欽定元國語解已有成書，源潔此編直付之覆瓿可矣。讀書敏求記又別載華夷譯語二卷，云爲回回館所增定。今雖未見其本，然明人於翻譯之學，依稀影響，十不得一，其書亦可想像而知也。

篇海類編二十卷（江蘇周厚堉家藏本）

舊本題明宋濂撰，屠隆訂正。濂字景濂，浦江人。元至正末召爲國史院編修官，不就。洪武中官至翰林學士承旨，事蹟具明史本傳。隆字長卿，鄞縣人，萬歷丁丑進士，官至禮部主事，明史文苑傳附見徐渭傳中。其書取韓道昭五音篇海，以部首之字分類編次，舛陋萬狀，無論宋濂本無此書，卽以所引之書而論，如田汝耔、都俞、李登、湯顯祖、趙銘、章黼、楊時喬、劉孔當、趙宧光，皆明正德至萬歷時人，濂何從見之。至於以趙撝謙列林罕、李陽冰閒，既有一鄭樵，註曰著六書略，又有一鄭漁，註曰字仲明，夾漈人。他如以玉篇爲陳新作，以韻會箋爲黃紹作，以高似孫爲高衍孫，以洪武正韻爲毛晃作，以古文字號爲馬融作，鄭元注，以五聲韻爲張有作，以別字十三篇爲孫張作，以六書精蘊爲孫愐作，殆於醉夢顛倒，病狂譫語。唐隆雖不甚讀書，亦不至此，殆謬妄坊賈所託名也。

童蒙習句一卷（通行本）

明趙撝謙撰。撝謙有六書本義，已著錄。焦竑筆乘載撝謙著書十種，此書居第八。惟六書本義及學範行世，餘書則邱濬、李東陽、謝遷先後訪於嶺南不獲，則此書爲明人所未見，亦僅存之本矣。其例凡列一字，必載篆隸眞草四體。然小篆及眞書各有定格，而隸草變體至多，不能賅備，姑見崖略而已。撝謙本以小學名，此則鄉塾訓課之作，非其精義之所在也。

從古正文五卷（禮部尚書曹秀先家藏本）

明黃諫撰。諫字世臣，蘭州人。天順壬戌進士，官至翰林院侍講學士，後坐與石亨交，謫廣州府通判。其書考正字畫之譌，以洪武正韻隸字，每字大書正文，而分疏訓詁註作某某非於其下。所推論六書之義，未嘗不確，而篆變八分，八分變楷，相沿既久，勢不能同。故楷之不可繩以小篆，猶小篆之不可繩以籀文，諫乃一一以小篆作楷，奇形怪態，重譯乃通，而究其底蘊，實止人人習見之說文九千字，非僻書也。無裨義理，而有妨施用，所謂其言成理，而其事必不可行者，此類是矣。

六書精蘊六卷音釋一卷（兩淮馬裕家藏本）

明魏校撰。校有周禮沿革傳，已著錄。是書自序謂因古文正小篆之譌，擇小篆補古文之闕，又謂惟祖頡而參諸籀斯，篆可者取之，其不可者釐正之云云。然字者滋也，輾轉滋生，如子孫之於祖父，血脈相通，而面目各別。校必以古文正小篆，是子孫之貌有不似祖父者，即謂非其子孫也。又擇小篆以補古文，是子孫之貌有偶似其祖父者，即躋之於祖父之列，以補其世系之闕也。元以來好異之流，以篆入隸，如熊忠韻會舉要所譏者，已爲駭俗。校更層累而高，求出其上，以籀改小篆之文，而所用籀書都無依據，名曰復古，實則師心，其說恐不可訓也。末附音釋一卷，乃其門人徐官所作，以釋註中奇字者。書有難解，假註以明，而其註先需重譯，則乖僻無用可知矣。

集古隸韻五卷（兩淮馬裕家藏本）

明方仕撰。案是時有二方仕，一爲固始人，正德戊辰進士，一即此方仕，字伯行，寧波人也。其書以漢碑隸書分四聲編次，全襲宋婁機漢隸字源，而變其一二三四等目，以千字文天地元黃諸字編之，體例甚陋。又摹刻拙謬，多失本形。前有嘉靖丙戌市舶太監賴恩序，蓋仕爲恩題射廳榜，恩因爲損貲刻之。又有浙江進士章沼序，亦頌恩之功，蓋均不足道云。

石鼓文音釋三卷附錄一卷（浙江范懋柱家天一閣藏本）

明楊愼撰。愼有檀弓叢訓，已著錄。是編第一卷爲石鼓古文，第二卷爲音釋，第三卷爲今文，附錄則自唐韋應物至明李東陽所作石鼓詩凡五篇。前有正德辛巳愼自序，稱東陽嘗語愼，及見東坡之本，篆籀特全，將爲手書上石，未竟而卒。愼因以東陽舊本錄而藏之。金石古文亦言升菴得唐人拓本，凡七百二字，乃其全文。馮惟訥詩紀亦據以載入古逸詩中。當時蓋頗有信之者。後陸深作金臺紀聞，始疑其以補綴爲奇。至朱彝尊日下舊聞考證古本，以六轡下沃若二字，靈雨上我來自東四字，皆愼所強增。第六鼓第七鼓多所附益，咸與小雅同文。又鼓有㚖文，郭氏云恐是㚖字，白澤也。愼遂以惡獸白澤入正文中，尤爲欺人。明證且東陽石鼓歌云：拾殘補闕能幾何，若本有七百餘字，東陽不應爲是言云云。其辨託名東陽之僞，更無疑義。今考蘇軾石鼓歌自註，稱可辨者僅維鱮貫柳數句，則稱全本出於軾者妄。又韓愈石鼓歌有年深闕畫之語，則稱全本出唐人者亦妄。即眞出東陽之家，亦不足據，況東陽亦僞託歟。

六書索隱五卷（江蘇巡撫採進本）

明楊愼撰。自序謂取說文所遺，彙萃成編，以古文籀書爲主，若小篆則舊籍已著，予得而略云云。蓋專爲古文篆字之學者。然其中所載古文籀書，實多略而未備，即以首卷而論，如東韻工字，考之鐘鼎釋文，若乙酉父丁彝、穆公鼎、尨敦、九工鑑之類，各體不同，而是書均未載及。又如共字，止載汾陰鼎，而好畤鼎、上林鼎、綏和鼎之類，亦均不取。且古文罕見者，必著所自來，乃可傳信，而是書不註所出者十之四五，使考古者將何所據依乎。

經子難字二卷（浙江吳玉墀家藏本）

明楊愼撰。上卷乃讀諸經義疏所記，凡易詩書三傳三禮爾雅十書，下卷乃讀諸子所記，凡老子莊子列子荀子法言中說管子十洲記戰國策太元經逸周書楚詞文選十三書。或摘其字音，或摘其文句，絕無異聞。蓋隨手雜錄之文，本非著書。其孫宗吾過珍手澤，編輯成帙，而王尚修序刻之，均失愼本意也。

石鼓文正誤二卷（兩淮馬裕家藏本）

明陶滋撰。滋字時雨，絳州人。正德甲戌進士。是編以薛尚功鄭樵施宿等石鼓訓釋不免舛譌，因親至太學石鼓旁，抉剔刻文，一一校定。然年深闕畫，仍多影響揣摩。其後序踵楊愼之說，謂曾見蘇軾摹本六百一十一字，亦失考也。

金石遺文五卷（兩淮鹽政採進本）

明豐道生撰。道生即豐坊所更名也。所著古易世學已著錄。坊頗能篆籀書，其諸經僞本多以古文書之，至今爲世所詬厲。此書雜采奇字，分韻編次。但以眞書一字直音於下，無所考證，亦不註所出。體例略近李登摭古遺文，雖未必全出依託，然以道生好撰僞書，凡所論撰，遂無不可疑。故世無遵而用之者。此本又傳寫失眞，益不足據矣。

同文備考八卷附聲韻會通韻要粗釋二卷（浙江范懋柱家天一閣藏本）

明王應電撰。應電有周禮傳，已著錄。是編考辨文字聲音，其學出於魏校，而乖僻又過其師。前有自序，謂洪武正韻開以小篆正楷書之譌，而未嘗以古文正小篆之譌，於是著爲是書，取古文篆書而修定之，並欲以定正許愼說文之失。襲戴侗之遺法，分爲八類，曰天文，曰地理，曰人客，曰人道，曰人體，曰動物，曰植物，曰用物。舉是八綱，以領其目，又舉諸目以附綴偏傍，系屬諸字。攷書有古文，有大篆，有小篆。三代以下，得以考見六書大略者，惟賴小篆之存。得以考見小篆本旨者，惟賴說文始一終亥之目。州居部次，不相淩亂，是以上通古籀，下貫隸楷，猶可知其異同因革之由。若大篆則見於說文者不及二百字，即岐陽石鼓傳爲籀書，尚不能盡目爲大篆，況古文見於說文與出於鐘鼎者已自不同，必欲併合論之，名爲復古，實則鑿空。遂至杜撰字體，臆造偏傍，竟於千百世後重出一製字之倉頡，不亦異乎。且旣不信說文矣，而於說文引述諸經文句互異者，乃反據以駁正經文，不知漢代經師多由口授，被諸竹帛，往往異文，馬鄭以來諸儒商榷折衷，乃定爲今本。愼書所據，如易用孟喜之類，其序本有明文，不過當時一家之學。應電乃執爲古經，拘泥殊甚。至所附聲韻會通韻要粗釋二卷，改字母爲二十八，改韻類爲四十五，爲橫圖以推衍之，其於古今異宜，南北異讀，皆所不考，合其所不當合，分其所不當分。又每字合以篆體，端緒叢雜，如治亂絲，亦可云勞而鮮功矣。

古俗字略七卷（兩江總督採進本）

明陳士元撰。士元有易象鉤解，已著錄。是編標題之下題曰歸雲別集，與所著周易同，蓋亦其別集之一種也。其例仿顏元孫干祿字書，而小增損之。亦以韻分字，所列首一字即元孫所謂正也，所列古體及漢碑借用字，即元孫所謂通也，所列俗用雜字，即元孫所謂俗也。古字多以鐘鼎之文改爲隸體，已失其眞，又不註所出，彌爲難據。他如竊之爲[illegible]，晉之爲晉，則周伯琦之譌文；靝之爲天，卍之爲萬，則釋典之謬體。一概濫收，殊乏考正。其有見經典者，如左傳民生敦厖，毛詩民之方殿屎等字，皆斥爲俗字。而徐鉉校正說文所云俗書，如亹个等二十八字，反未刊正。棄取亦殊失倫。士元撰述之富，幾與楊愼朱謀㙔相埒，而是編疏舛不一而足，亦貪奇愛博之過歟。

字考啟蒙十六卷（浙江巡撫採進本）

明周宇撰。宇字必大，自署關中人。前有萬歷十一年自序。考太學進士題名碑，萬歷癸丑科有周宇，崇禎初所定逆案中亦有其名。然碑稱四川成都人，與自題關中不合。序作於萬歷十一年，已自稱老且疾，則不應尚及媚魏忠賢。惟咸寧縣志載周宇西安左衛人，嘉靖己酉舉人，官戶部主事，精識古文奇字云云，當即其人也。是編辨字學之譌，分爲四考：曰正形，曰殊音，曰辨似，曰通用。前三門俱以洪武正韻分部編次，惟通用一門分實名虛聲疊字三篇，別爲一例。其正形多以篆繩隸，如東字同字皆以起鉤爲譌體字，如其所說，必八法全廢，殊拘礙難通。殊音即韻書之互註，然辨古音今音及雙聲轉語，均不甚精核。辨似一門，尤爲瑣屑，如壺之與壸，傳之與傅，稍把筆者皆知之，何必縷縷乎。通用一門，雜取假借之字，旣多挂漏，又頗泛濫，均不足以言小學也。

六書賦音義三卷（兩江總督採進本）

明張士佩撰。士佩號濂濱，韓城人。嘉靖丙辰進士。

官至南京戸部尚書。明史鄒元標傳載其與禮部尚書徐學謨俱爲元標劾罷，其事蹟始末，則史未詳也。是書取洪武正韻所收諸字，依偏旁分爲八十五部，每部之字皆仿周興嗣千字文體，以四言韻語聯貫之，文義或屬或不屬，取便誦讀而已。每字皆粗具訓詁，疏明大義。凡字有數體者，惟載一體，而各體皆附於後。有數音者亦然。蓋專爲初學而設。然其所分諸部，不遵說文、玉篇之舊，如月字入肉部，戸字入尸部，支字入攴部之類，皆與六書不合。又如源字音于權切，江字音居艮切，沂字音延知切之類，亦皆沿正韻之誤，於聲音多乖。其註釋亦多譌舛，無足觀也。

古器銘釋十卷（浙江巡撫採進本）

明卞蓑撰。蓑，揚州人。是書成於嘉靖中，皆鈔襲博古圖及薛尚功鐘鼎款識之文，前後失次，摹刻舛譌，殊不足依據。

字義總略四卷（浙江巡撫採進本）

明顧充撰。充字回瀾，上虞人。隆慶丁卯舉人，官至南京工部都水司郎中。是書辨諸字音義點畫，分四十四門，體例最爲冗碎。又不明六書本旨，與古字假借之例，如字始門註景字云：卽影字，葛洪字苑始加彡，是誤採顏氏家訓之說，不知漢高誘註淮南子，已云景古影字也。註爾朱字云：百千家姓皆無，始見唐神仙爾朱洞，是併魏書亦未考矣。避忌門註齒字云：張萬歲牧馬，衆以張諱，因以馬歲爲齒，是併公羊傳、禮記亦未考矣。甚至字始門註回文字云：始於溫嶠，註雲土字云：雲土夢作乂，舊誤作雲夢土，宋太宗得古本，始詔改正，已與字義無涉。至避忌門註海棠字云：杜子美母名海棠，故集中無詩，註道字云：師道淵避蕭道成諱，稱師淵，註崇字云：姚元之避開元年號，改名崇，是與字義不更風馬牛乎。半字通用門中如庾廋、彌弥、灑灑、污汙、蟰蠨之類，本一字而體分今古，乃區別爲二，强指曰通。各音門中如庚桑作亢倉、裂繻作履綸，本音之轉，非庚桑卽音亢倉、裂繻卽音履綸。佽累作韓傀，本名之譌，更非佽累卽音韓傀。乃又混合爲一，謂上字卽讀下音。凡斯之類，不可縷數。他若二字分書門，旣收旱旴、皇昰諸字，而別卷又以愈愉、怠怡等字立心小各開一門，則互相重複矣。正音門積字註：旣云音恣，非動靜門中積字註又云凡指所聚之物音恣，取物而積聚之音迹。字始門車字註云：尺遮切，自漢以來始有居音。正音門下字註又云：古音虎，魏了翁云六經凡下皆音戸，故下皆音虎，則自相矛盾。其餘如俎豆當作組斗，周人避文王諱，讀昌爲去聲者，更不知其何據矣。

問奇集一卷（兩江總督採進本）

明張位撰。位字明成，新建人。隆慶戊辰進士，官至吏部尚書、武英殿大學士。事蹟具明史本傳。是書考論諸字形聲訓詁，分十九門：一六書大義，一三十六字母，一早梅詩切字例，一好雨詩切字例，一辨聲音要訣，一辨五音訣，一四聲三聲例，一分毫字辨，一誤讀諸字，一奇字考，一假借圈發字音，一書同音異，舊不旁發諸字，一音義同而書畫異諸字，一音義異而可通用諸字，一一字數音例，一誤習已久難改字音，併正韻不載諸字，一相近字音，一各地鄉音。辨論頗詳，而不免舛陋。如合併字母，已非古法，所用直音，如黽音圭、冰音兵之類，併部分不辨。又如倒景之景卽影本字，而誤云音影。𧈡卽虹之別體，而誤云音虹。李陽冰之名出木華海賦，而泥於所篆之碑，自書爲冫，誤云音佞。甚至臺駘誤音胡苔，而註曰左傳人名，考左傳子產稱臺駘汾神，註無胡苔之音。又臧之狐裘敗我于狐駘，註云駘音詒，亦無苔音。惟檀弓引之作敗于臺駘，雖註云臺音壺，又非左傳人名。殊爲刺謬，如此之類，不可毛舉，不足以言小學也。

大明同文集五十卷（浙江巡撫採進本）

明田藝蘅撰。藝蘅字子藝，錢塘人。以歲貢生官休寧縣學訓導。明史文苑傳附見其父汝成傳中。是編割裂說文部分，而以其諧聲之字爲部母，如東字爲部母，卽以棟凍之屬從之，顛倒本末，務與古人相反，又自造篆文，詭形怪態，更在魏校六書精蘊之上。考沈括夢溪筆談曰：王聖美治字學，演其義以爲右文，如水類其左皆從水，所謂右文者，如戔，小也，水之小者曰淺，金之小者曰錢，貝之小者曰賤。如斯之類，皆以戔爲義也云云。夢溪筆談非僻書，藝蘅不應不見，殆剿襲其說而諱所自來。不知王聖美之說先不可通也。

正韻彙編四卷（浙江巡撫採進本）

明周嘉棟撰。嘉棟字隆之，黃州人。萬歷己丑進士，官至監察御史。其書取洪武正韻，以偏旁分八十部，所分之部與部中所列之字，皆以字畫多少爲序。每字之下仍各註曰某韻。特因韻書之本文編爲字書。以便檢尋。無所損益。其分部頗多乖迕。至於乃字丹字之類。以爲無偏旁之可歸。編爲雜部。附於末。尤不考古義矣。

六書指南二卷（浙江巡撫採進本）

明李登撰。登字士龍。自號如眞生。上元人。官新野縣縣丞。是書成於萬歷壬辰。用千字文體。以四字爲句。辨俗傳譌體之字。以誨童蒙。亦顏氏干祿字書之類。然俗字頗多。書中不能該載。又不爲剖析其義。於初學仍無所啟發也。

摭古遺文二卷補遺一卷（浙江巡撫採進本）

明李登撰。是書本夏竦篆韻之體。取鐘鼎古文以韻分編。其韻併東於冬。併江於陽。併侵於眞。併肴於蕭。分齊微二韻之字於支灰。分覃咸鹽三韻之字於寒先。分蒸韻之字於青庚。而從廣韻分眞諄桓寒各爲二。大抵皆以意杜撰。所列古文。亦皆不著所出。未可執爲依據。又出金石韻府之下矣。

諸書字考二卷（江蘇周厚堉家藏本）

明林茂槐撰。茂槐字穉虛。福清人。萬歷乙未進士。官至吏部郎中。是編辨別字音。分四十四類。其例有八。一字有異音而讀譌者。如格澤音鶴鐸之類。一偏旁譌者。如沴音戾之類。一假借通用者。如霸本音魄之類。一音同可通用者。如辟歷爲霹靂之類。一以譌書而讀譌者。如颶音貝之類。一字有動靜二音。如解音蟹。壞音怪之類。一二音通用。如孛有佩音之類。一古今音異。如鴻臚音廬。太守音狩之類。然於古字古音皆未明其根柢。故捃摭成編。頗傷疎略。如詩南音尼心反。風音孚金反。天音汀因反。此自古今韻異。非關字有重音。若斯之類。浩如煙海。何爲僅收三五字。又如擁篲之擁音湧。北邙之邙音茫。此自人人能曉。何必作音。至於謂張翰之名當作平聲。是未見李商隱詩越桂留烹張翰鱠也。謂寧馨之寧當音甯。是未見劉禹錫詩幾人雄猛得寧馨也。觀其訓哉爲始。不引爾雅而引韻會。讀煙煴曰氤氳。不引班固賦而引周易註。知其爲餖飣之學。未能悉考源流矣。

五侯鯖字海二十卷（安徽巡撫採進本）

不著撰人名氏。題曰湯海若訂正。考湯顯祖號曰若士。亦曰海若。臨川人。萬歷辛丑進士。官至禮部主事。終於遂昌縣知縣。明史有傳。則當爲顯祖所作矣。前有陳繼儒序云。取海篇原本。遵依洪武正韻。參合成書。然其註釋極爲簡略。體例亦頗蕪雜。每字皆用直音。尤多譌謬。至卷首以四書五經難字別爲一篇。則弇陋彌甚。顯祖猶當日勝流。何至於此。蓋明末坊賈所依託也。

字學指南十卷（浙江巡撫採進本）

明朱光家撰。光家字謙甫。上海人。是書成於萬歷辛丑。首二卷。一曰辨體辨音。二曰同音異義。三曰古今變體。四曰同音互體。五曰駢奇解義。六曰同體異義。七曰正誤舉例。八曰假借從譌。自三卷以下則以韻隸字。併爲二十二部。每一部以一字調四聲。如東董凍篤之類。各標一字爲綱。而同音之字列於其下。如蝀從東。懂從董。棟從凍。督從篤之類。蓋本諸韋𣸣韻學集成。惟𣸣聚四聲於一韻。仍各自爲部。此則四聲參差聯貫。併爲一部。爲小變其例耳。其前二卷所列。大抵漫無考證。如斷断、燈灯、來来。皆上正下俗。而此書斷音短。断音段。燈爲燈籠。灯爲灯火。來爲往來。来爲来牟。均以臆自爲分別。非有根據也。

字學訂譌二卷（浙江巡撫採進本）

明李當泰撰。當泰字元祉。泗州人。是書乃萬歷丁未殷城黃吉士督學江南。命當泰合張位問奇集焦竑字學二書。纂爲一編。首六書大畧。而終以俗用雜字。共二十四門。義例殊爲錯雜。至分門訂譌內所載。若甘露名天酒。酒名紅友之類。直是類書。豈復小學訓詁乎。

合并字學集篇集韻二十三卷（內府藏本）

明徐孝編。張元善校。孝。順天布衣。元善。永城人。彭城伯騏之後。襲封惠安伯。是書凡集篇十卷。分二百部。附拾遺一卷。皆不究說文玉篇之旨。偏旁多誤。若𥝌𥢔二字从禾。禾讀若稽。木曲頭也。與禾稼之禾迥異。而乃并𥝌𥢔入禾部。則於六書本義茫無考據可知。又集韻十卷。分一百部。附四聲類率譜一卷。等韻一卷。亦不究陸法言孫愐舊法。如并扃登等字於東韻。合箴簪與眞臻同入根韻之類。皆乖舛殊甚。又刪十六攝爲十四攝。改三十六母爲二十二母。且改濁平濁入爲如聲。事事皆出杜撰。較篇海正韻等書。變亂又加甚焉。

字考二卷（浙江汪啟淑家藏本）

明夏宏撰。宏字用德。號銘乾。海陽人。是書上卷凡三類。曰誤寫字。曰疑似字。曰誤讀字。下卷凡二類。

曰通用古字。曰通用聯字。意在訂六書之譌。而不能深研古義。但裨販於近代韻書字書之聞。如說雞字必從隹。不知古文實從鳥。見於說文。謂豸字連獬則稱廌。不知本字實作廌。其豸乃蟲豸字。亦見於說文。頗爲失考。些字於誤寫字條下注音梭。楚歌聲。於通用聯字條下以楚些標目。而注曰梭去聲。亦自相矛盾。又不通翻切。多用直音。如欃槍之槍云音當。臨邛之邛云音窮者。尤不一而足。其去佩觿字鑑諸書。蓋不可以道里計矣。

類纂古文字考五卷（安徽巡撫採進本）

明都俞撰。俞字仲良。錢塘人。仕履未詳。考其序跋蓋萬歷閒人也。是書以古文爲名。而實則取洪武正韻之字。以偏旁分類編之。凡爲部三百一十有四。冠以辨疑一篇。切字一篇。而末附以雜字。其字皆用直音。直音不得。則用四聲。四聲不得。乃用翻切。如鈞音君。銘音明。全乖沈陸之舊。又分部別月於舟。別灬於火。援之六書。亦多失許顧之本義。惟其每部之中。以字畫多少分前後。較說文玉篇類篇頗易檢尋。故後來字書皆用其體例云。

六書正義十二卷（江蘇巡撫採進本）

明吳元滿撰。元滿字敬甫。歙縣人。萬歷中布衣。焦竑筆乘曰。新安吳敬甫博雅士也。精意字學。所著有六書正義十二卷。今觀是書。大抵指摘許慎而推崇戴侗楊桓。根本先已顚倒。又體例冗瑣。既略倣六書故。分數位天文地理人倫身體飲食衣服宮室器用鳥獸蟲魚草木十二門。分隸五百三十四部。又畧倣六書統而蔓延之。象形指事會意諧聲廣爲二十九體。轉注假借數衍爲一十四門。殆於紛若亂絲。其附會存疑闕疑備考楷書俗用俗借俗轉諸條。亦多舛漏。所論轉注。以曲逆讀去遇之類當之。所論假借。以一本數名借爲太一貴神。九本數名借爲陽九眞本僞之對借爲眞州眞姓之類當之。尤爲不確。至於以帝爲帝。以卍爲萬。昴字上加三圜。火字直排四畫。或誤採梵書。或造作僞體。乃動輒云說文篆譌。尤可異矣。

六書總要五卷（江蘇巡撫採進本）

明吳元滿撰。是書亦分數位天文地理人倫身體飲食衣服宮室器用鳥獸蟲魚草木十二部。蓋承戴侗楊桓之緒論。而變本加厲。所分部首皆以象形爲主。謂之正生。而指事會意以下。則有正生變生兼生之別。不取許愼說文。概爲諧聲之說。其字皆以柳葉篆寫之。謂其有鳥跡遺意。足排斥小篆方整妍媚之態。然所謂古文。大抵出於杜撰。又往往自相矛盾。如於三字下注云。俗作叁弎。是以說文之弎爲俗字矣。於一字下云或加弋作弌。又用說文之說。豈三從弋則俗。一從弋則不俗乎。至所引經傳諸文。率以意改。如二字下引詩衣服不二。論語不二過。米字下引左傳不米菽麥之類。尤爲疎舛矣。

六書泝原直音二卷（江蘇周厚堉家藏本）

明吳元滿撰。是書主於辨別字體。所分十二門。亦與六書正義同。其龎雜瞀亂亦同。所用直音尤多舛誤。如凡音煩。千音簽。必音璧。禛音眞。皆參雜方言。有乖舊讀。至於士是本皆上聲。既注士音是矣。又注叶上聲。尤自相牴牾也。

諧聲指南一卷（浙江汪啓淑家藏本）

明吳元滿撰。其說六書。以諧聲爲多。而古有數字同從一字諧聲。而數字之讀乃迥異者。於是爲之說曰。諧本聲。諧叶聲。諧本音。諧叶音。諧轉聲。諧轉叶聲。諧轉音。諧轉叶音。有是八者之別。夫古字本止一聲。所從諧聲之字。其讀要不相遠。後人讀字。自與古殊。乃謂古作字時有所謂諧叶諧轉之聲。祇憑臆說。故設多岐。實非六書之本旨也。

說文長箋一百四卷（安徽巡撫採進本）

明趙宧光撰。宧光字凡夫。吳縣人。是書前列解題一卷。載其平生所著字學之書七十餘種。其虛實存佚皆不可考。次列凡例一卷。次列說文原序宋初官牒。附以自撰通誤釋文及徐鍇部敘二篇。合爲卷首上。次列其少時所撰子母原一篇。泛論字學大意。又取說文五百四十部原目竄亂易置。區分門類。撰說文表一卷。合爲卷首下。其書用李燾五音韻譜之本。而凡例乃稱爲徐鍇徐鉉奉南唐敕定。殊爲昧於源流。所列諸字。於原書多所增刪。增者加方圍於字外。刪者加圓圍於字外。其字下之註。謂之長語。所附論辨。謂之箋文。故以長箋爲名。然所增之字。往往失畫方圓。與原書淆亂。所註所論。亦疎舛百出。顧炎武日知錄摘其以論語虎兕出於柙。誤稱孟子。爲四書亦未嘗覩。雖詆之太甚。然炎武所指摘者。如詩錦衾爛兮本有衾字。乃以爲青青子衿之衿。即衾字。瓜分字見史記虞卿傳及漢書賈誼傳。乃以爲瓜當作爪。竄突字見漢書霍光傳、乃以爲突當作𥦗。民愁則墊隘見左傳、鵲鶪醜其飛也翪、驈馬白州也並見爾雅、而以爲未詳。顧野王陳人也、而以爲晉之虎頭。陸龜蒙唐人也、而以爲宋之象山。王筠梁人也、而以爲晉。王禹偁宋人也、而以爲南朝。防風氏身横九畝本穀梁傳之文、而引於野字註下、誤以爲身横九野。又誤以爲左傳。後漢書劉虞傳、故吏尾敦於路刼虞首歸葬之、而以爲後漢尾敦路刼劉虞首歸之葬。晉書虞嘯父傳、爲孝武帝所親愛、侍飲大醉、拜不能起、帝顧曰、扶虞侍中、而以爲晉獻帝醉、虞侍中命扶之。漢宣帝諱詢、乃以爲諱恂。漢平帝諱衎、乃以爲諱衍。以至簿正祭器見孟子、而以爲唐中晚詩文始見簿字、前此無之。夏州至唐始置、而以爲中國稱華夏從此起。邛地在京兆藍田、而以爲地近京口、故從口。禰衡漁陽三撾、本音七紺反、而以爲當作操。凡十餘條、皆深中其失。然則炎武以宧光爲好行小慧、不學牆面、不爲太過矣。

六書長箋七卷、安徽巡撫採進本、

明趙宧光撰。此書與說文長箋合刻、本一書也。以許氏敘内釋六書之義者、分爲前六卷之首。又備列班固、衛恒、賈公彥、徐鍇、張有、鄭樵、戴侗、楊桓、劉泰、余謙、周伯琦、趙古則、王應電、王鏊、僧眞空、朱謀㙔、張位、熊朋來、吳元滿十九家之說、逐條辨論。更以己說列於後。其中轉注一條、許氏引考老二字證之。裴務齊切韻謬言考字左迴、老字右轉、本非許氏之旨。宧光乃誤以左迴右轉爲許氏之說、譏其自相矛盾。殊爲疎舛。末又列六書餘論一卷、亦支離敷衍、於制字之精意、皆無當也。

集鐘鼎古文韻選五卷、通行本、

明釋道泰撰。黄虞稷千頃堂書目載此名、註曰字來峯、泰州人。其書分韻集鐘鼎古文、然所收頗雜。秦權、漢鑑與三代之文並載之、殊乖條貫。他如滕公石槨銘本屬僞迹、收之已失別裁。又鉤摹全非其本狀、則傳寫失眞者多矣。其分韻改咍爲開、改添爲凡、上平有元魂而無痕、下平多三宣一部、皆與廣韻不同。蓋從徐鍇篆韻譜也。

正字通十二卷、通行本、

舊本或題明張自烈撰、或題國朝廖文英撰、或題自烈、文英全撰。考鈕琇觚賸粵觚下篇載此書本自烈作、文英以金購得之、因掩爲己有、敘其始末甚詳。然其前列國書十二字母、則自烈之時所未有、殆文英續加也。裘君宏妙貫堂餘談、又稱文英殁後、其子售版於連帥劉炳、有海幢寺僧阿字知本爲自烈書、爲炳言之、炳乃改刻自烈之名。諸本互異、蓋以此也。其書視梅膺祚字彙考據稍博、然徵引繁蕪、頗多舛駁、又喜排斥許愼說文、尤不免穿鑿附會、非善本也。自烈字爾公、南昌人。文英字百子、連州人、康熙中官南康府知府、故得鬻自烈之書云。

篆韻五十卷、江蘇巡撫採進本、

不著撰人名氏。其書每頁右側印欽賜商河王勉學書樓之記十一篆字、上下與朱絲闌齊。考明史諸王表、衡王祐楎之孫載塨、於嘉靖三十五年襲封商河王、萬歷二十五年、其長子翊鏆襲封。至四十四年薨。無子、國除。書無序跋、不知爲載塨所鈔、翊鏆所鈔也。首題篆書正韻四字、而考其部分乃用壬子新刊禮部韻、與洪武正韻截然不同。書中別無考證、惟據周伯琦六書正譌註俗作某某非而已。蓋藩邸偶錄以備檢閲、非著書也。

字韻合璧二十卷、内府藏本、

不著撰人名氏。但題明鄱東朱孔陽訂正刊行。篇中分上下二層。上辨音韻、下別偏旁、而謬悠舛誤、不可枚舉。如天音添、則以兩韻爲一聲。吳作吴、則以俗字爲正體。分韻則從洪武併合之本。分部則紊許愼說文之例。蓋於六書之義、茫乎未窺者也。

廣金石韻府五卷、浙江汪啟淑家藏本、

國朝林尚葵、李根同撰。尚葵字朱臣、莆田人。根字阿靈、一字雲根、晉江人。是書用朱墨二色校、以四聲部次、朱書古文籀篆之字、墨書楷字領之、亦各註其所出。乃因明朱時望金石韻府而作、故名曰廣。然所引諸書、今已什九不著錄、尚葵等何自得觀。今核之所列之目、實即夏竦四聲韻而稍撫郭忠恕汗簡之書以附益之。觀其備陳羣籍、而獨遺竦書之名、則諱所自來、故滅其迹可知矣。

他山字學二卷、安徽巡撫採進本、

國朝錢邦芑撰。邦芑字開少、丹徒人。晚爲僧、號大錯。其書辨正字畫及音讀之誤、凡四十三目。大抵本於郭忠恕佩觿及李文仲字鑑諸書、而蒐輯未廣。如一字數音考内茸字載至十五音、爲書中極多之數。而韻會小補載此字實有十八音。他若廣韻集韻所載重音闕卷可見者、亦百不得其一二。

六書準四卷、內府藏本。

國朝馮調鼎撰。調鼎字雩鳴、華亭人。其書分象形指事會意諧聲四類。每類分平上去入、而假借轉注即見於四類之中。然其書雖力闢古義、而於六書本旨多所未明。如社之一字、說文繫傳从示土聲。此書不見繫傳、乃以社爲會意字。又如風之一字、說文从虫凡聲。此書不知風之古音、而以爲从蟲省聲。則其他概可知矣。

六書通十卷、江蘇巡撫採進本。

國朝閔齊伋撰。齊伋字寓五、烏程人。世所傳朱墨字版五色字版、謂之閔本者、多其所刻。是書成於順治辛丑、齊伋年八十二矣。大致仿金石韻府之例、以洪武正韻部分、編次說文、而以篆文別體之字類從於下。其但有小篆而無別體者、則謂之附通、亦併列之。不收鐘鼎文、而兼采印譜。自稱通許慎之執、不知所病正在以許慎爲執也。

韻原表一卷、兩淮馬裕家藏本。

國朝劉凝撰。凝有稽禮辨論、已著錄。凝初作文字韻原一編、謂說文以形相次、韻原以聲相從。又以韻原限於篇幅、其層次排列、未免間斷、而生生之序不見。乃倣史記諸表之例、從各字偏旁、序其世系、分其支派、以濟韻原之窮。然篆隸屢更、變化不定、必一一謂某生於某、終未免失於穿鑿也。

石鼓文定本二卷、兩江總督採進本。

國朝劉凝撰。是書上卷爲石鼓音訓釋文、下卷爲附錄古今人辨說及詩歌石鼓刻文。且以殘闕搨本漸不可辨、惟以摹本及釋文相傳。釋文之中、潘迪最著。摹本之中、薛尚功楊慎最著。案宋金以前爭石鼓之時代、斷斷不休。元以來眞僞論定矣、而爭文字者又鬨而聚訟。凝作此書、既不以今日所存之三百二十餘字以考定其眞、又不詳列諸家之本以糾其異。徒以楊慎僞本猶屬全文、而據以爲主。根本先謬、又加以意爲增減、彌起糾紛。如第四鼓其寫上之吾字、第五鼓靁雨下之蔞字、爲各本所無、莫知何以增入。至於後卷辨說第一條、即載薛尚功云云、而薛尚功跋語內亦無其文、皆不可解。又以石鼓之文強合於說文之籀體。案趙師尹石鼓文考註所摭說文與石鼓相同之字、員辭皮樹西則旁中閹九字而已。然旁字石鼓無之、乃楊慎以壬鼓辭其用導用字妄改爲旁。其餘諸字亦均有同異。凝必欲附會其文、亦鄭樵以秦權一二字之合、定爲秦鼓之類矣。

黃公說字、無卷數、湖北巡撫採進本。

國朝顧景星撰。景星字黃公、蘄州人。康熙己未薦舉博學鴻詞。其說自稱推本許慎、而大抵以梅膺祚字彙廖文英正字通爲稾本、仍以楷字分編。如丑字从ヨ从丨、象手有所執也、而列之一部。於六書之義、未免有乖。至於西域梵文、尤自別爲一體、儒書所載、已改爲楷畫、非其本眞。一概收載、亦爲泛濫。其註皆雜採諸書、不由根柢。所列各書、唐說文蜀說文葛洪字苑何承天纂文呂靜韻集李啟聲韻呂忱字林陽休之夏侯該韻略孟昶書林韻會林罕字源等目、不知何從見之。又以李燾說文五音譜爲徐鉉、以楊桓六書泝源爲吳元滿、以趙明誠金石錄爲歐陽修、以張守節史記正義爲六書正義、以司馬貞史記索隱爲六書索隱、舛誤不一而足。至於司馬光集韻解、諸家目錄未著斯名。米芾大宋五音正韻、僅名見所著畫史中。蓋欲爲之而未成、亦非眞有其書也。

讀書正音四卷、浙江巡撫採進本。

國朝吳震方撰。震方字青壇、石門人。康熙己未進士。官至監察御史。是書卷一以一音異讀者分門編輯。其無類可歸者、附以通用一門。卷二別爲六類、曰字音清濁辨、曰同音借義、曰借同音不借義、曰因義借音、曰音借而借、曰語詞之借。卷三以四聲編錄僻字。卷四則各依部分編習見字樣、以正時師誤讀。前有毛奇齡序、頗稱其精審。然實於六書音韻源流多所舛漏。其謂本字不讀本音者、如隨附時去辵爲隋、本文帝之臆造、在說文隋裂肉也、徐鉉音徒果切、乃其本音。他如在支韻者、作旬爲切、順裂肉也。又翾規切、周禮大祝隋釁通作綏是也。在歌韻者、作土禾切、集韻中高四下是也。在寘韻者、作呼恚切、周禮守祧既祭則藏其隋是也。此所謂本字不讀本音者也。今震方誤以隋隨爲一音、反以音妥者爲非本音、而在支歌寘三韻者乃不見錄。未免失考。又如僊之爲僊、𠃊之爲鄰、尒之爲攀、俱列在本字不讀本音卷內。考漢書賈誼傳曰、其次僊得舍人。註曰、僊與僊同。揚雄傳曰、㒸既尒夫傅說兮、奚不信而遂行。註曰、尒古攀字。敘傳曰、東𠃊虐而殲仁兮、王合位乎三五。註、𠃊、古鄰字。震方槃附諸同字異讀、亦未悉今字古字之殊。至於景爲影之本字、暒爲晴之本字、丣丣爲卯酉之本字、顯著說文。震方亦與本字不讀本音者一例列之、益乖迕矣。若此類者、不一而足。其餘耳目之前、亦多遺失。漢地理志曰、屯留、師古屯音純。䣕亭、師古䣕音潛。脩亭、應劭脩音條。計斤、師古音介。根句氐道、李奇句音朐。卑水、孟康卑音班。樸劅、孟康音蒲環。澤索、師古澤音鐸。驪軒、李奇音遲虔。祖厲、師古音罝賴。莫䍜、師古音切怛。遼隊、師古隊音遂。黏蟬、服虔蟬音提。鸏泠、孟康音蟆蛉、師古音蘗零。芎陂、師古芎音鵲。凡此皆字同音異之顯然者。震方俱弗收輯、則僻書概可知也。蓋以正塾師之謬讀、則所得爲多。以言古人之小學、則又當別論耳。

篆文纂要四卷、浙江汪啟淑家藏本、

國朝陳策撰。策字嘉謀、錢塘人。其書亦依韻分編。每字下首列說文、次大篆、次鐘鼎文。然不載所引書名、註亦率略。於字體無所辨證、殆僅爲鐫刻印章之用也。

字辨七卷、安徽巡撫採進本、

國朝熊文登撰。文登字于岸、南昌人。是書詳辨字音字義字形、分爲十門。一曰誤寫辨、二曰誤讀辨、三曰一字數音數義辨、四曰宜寫古文奇文辨、五曰宜讀經史眞字辨、六曰形相類字辨、七曰聲相類字辨、八曰形聲相類字辨、九曰從今從古辨、十曰楷篆異體辨。皆從梅膺祚字彙分部。大意在糾俗學之誤、反之於古。然不知古文、亦不知古音、遂至不古不今、進退無據。如謂回本作囘、不知篆文作回、本一筆旋轉。若變而五筆、已非本義。謂冊本作册、不知篆文作𠕁、本象以韋貫簡、僅編其一畫、彌失眞形。又如謂洚音降、又音紅、不知東江古本一音也。謂彭音朋、又音滂、不知庚陽古亦一音也。至謂逍遙必當作消搖、伏羲必當作虙戲、渤海必當作勃澥、躊躇必當作蹢著、皆見一古字之省文、遂謂凡書是字者無不當省。見一古字之假借、遂謂凡用是字者無不當借。所謂知其一、不知其二者也。殆愈辨而愈遠矣。

六書分類十二卷、兩江總督採進本、

國朝傅世垚撰。世垚字賓石、歸德人。其書分部、一依梅膺祚字彙之例。每字以小篆古文次於楷書之後。古文之學、漢魏後久已失傳。後人所譯鐘鼎之文、什九出於臆度、確然可信者無幾。況古器或出剝爛之餘、或出僞作、尤不足爲依據。謂之好古則可。謂有當於古義、則未然也。

說文廣義十二卷、浙江巡撫採進本、

國朝程德洽撰。德洽字學瀾、長洲人。是書本許氏說文而旁採諸家篆文、竝列於下。然不著出處。蓋李登摭古遺文之流、又不及金石韻府尚云某字本某書矣。

篆字彙十二卷、通行本、

國朝佟世男編。世男、滿洲鑲黃旗人。康熙中官知縣。其書本梅膺祚字彙、各繫以篆文。篆文所無之字、則依楷書字畫以意造之。不可以爲典據也。

鐘鼎字源五卷、河南巡撫採進本、

國朝汪立名編。立名號西亭、婺源人。官工部主事。是編成於康熙丙申。自序稱金石雖皆傳自三代、而銘器與篆碑之文不容强同。乃專採鐘鼎文、依今韻編次爲五卷。其石刻之類於銘款者、惟附錄石鼓文。其他碑篆則皆不收。然立名知鑄金刻石古文體制有殊、而不知鐘鼎之中又有時代之分、音釋之異、與眞僞之別。三代固均爲古文矣。至秦權秦斤、如斯字𦣞字𠃵字之類、已頗近小篆。漢鐙漢壺、如綏和壺之供字、汾陰宮鼎之共字、汾字、首山宮鐙之年字、併時參隸體。一槩目爲鐘鼎之文、混淆殊甚。又如歐陽修集古錄所載晉姜毛伯諸鼎、楊南仲劉攽訓釋互異者、不一而足。旣莫能考定是非。嘯堂集古錄所載比干銅槃銘、宋人顯斥其僞託、亦不免併載。且卷末列二合三合四合之字、竝不註出典、尤無根據。蓋僅以金石韻府爲主、而取博古考古諸圖參校之、故不免瑕纇耳。

天然窮源字韻九卷、兩江總督採進本、

國朝姜日章撰。日章字旦童、如皋人。是編成於康熙丁酉。分日月水火木金土七部、又冠以首部曰字說、綴以末部曰韻說。詩易二叶、日月二部爲字書。不以偏旁分部、而以筆畫多寡分部、自一畫至四十八畫止。水火木金四部爲韻書。併爲天星風山官上地支郊階州波夫下十四韻、每韻分爲中平上去入五音。土部則古文奇字也。自明以來字書莫陋於字彙正字通、而日章遵以講字畫。韻書莫乖於洪武正韻、而日章執以分韻等。收字之妄濫無稽莫甚於篇海、而日章據以談奇字。其餘偶有援引、不過從此四書採出而已。宜其不合於古義

也。

六書辨通五卷（浙江巡撫採進本）

國朝楊錫觀撰。錫觀字容若，無錫人。是書大旨謂六書假借，於義可通，爲變而不失其正。其不可通者，即不得不著辨以明之。因分韻編次，於每字之下，各標出處，并著本字之義，而於其誤通者則一一辨正。然古人假借，多取音同，不求義合。若是書所載漢孟郁碑借舟爲周，堯廟碑云委曲舟帀，亦借舟爲周，是其例也。而錫觀謂周借舟於義不通，漢碑舟字當𦨶字之誤，𦨶音周，帀偏也。不知經典釋文鵃鳩之鵃與雕字通，類篇五月鳴蜩之蜩一作蚒，則周舟二字本通，是其顯證。鵃蚒非有周帀之義，豈亦得指爲從𦨶耶。又如家語望羊，左傳注作望陽，漢書歐陽，漢碑則作歐羊之類，近在耳目之前，乃多失載，亦未爲賅備也。

六書例解一卷附六書雜說一卷八分書辨一卷（浙江巡撫採進本）

國朝楊錫觀撰。是書首冠黃之雋篆學三書序，蓋錫觀嘗作秦篆韻編、正字啟蒙短箋二書，與此書爲三也。書凡六篇，分論六書，以鄭元註周禮六書以象形爲首，失制字之序，改從許愼說文之次，首以指事。其論指事，謂有籠統言之者，有指其一點一畫言之者。其論象形，謂小篆日月作日𠁼，已不知古文之作⊙𠁼。又謂凡字之从舟旁者，皆當改爲月旁，以象倉限。其論形聲，謂爲因形而附聲，不取周禮註諧聲之說，併謂三百篇之韻皆不足據。其論會意，列字至三百之多，至謂其下从六，乃取六爲老陰，名上从夕，爲陰晦之義。其論轉注，則從許愼之說而廣之。一爲意可相通，老字轉爲耆耇之類。一爲兩字相反，如可轉爲叵，正轉爲乏，與𣎳木爲片，𡿨水爲川之類。一爲展轉注釋而後可通，如元轉爲仁，仄轉爲丸之類。其論假借，極論隸書之非，併經典通用之字，如恭作共，齋作齊，而作如者，皆斥爲乖謬。大抵陽尊許愼說文，而陰以魏校六書精蘊爲藍本，故於制字之義多所未明。其六書雜記，論六書分界，亦多強生辨別。至八分書說一卷，申歐陽修、洪适之說，以八分爲隸，而謂今之楷書爲八分，引據牽合，亦失於考證也。

五經字學攷五卷（山西巡撫採進本）

國朝成端人撰。端人字友端，陽城人。此書分五經各一卷。每字先以訓詁，並及形聲，兼辨俗寫之譌。然引據未能淹博，考證亦未能精密。如春秋隱公之彄字，此爲公子彄名訓也，而註曰從弓，區聲，音摳。又人名公子彄，文公之顏字，此爲楚成王名訓也，而註曰從頁，君聲，徐曰頭大也。又楚成王名，此反以本義爲旁義也。又如易坤卦馴字註曰，音同旬，字彙引徐邈讀作訓，蛇足。案徐邈之說出陸德明經典釋文，以爲出自字彙，已不求其本。至經師異讀，自古並存，乃以爲蛇足，更不確矣。

六經字便（無卷數，江蘇巡撫採進本）

國朝劉臣敬撰。臣敬字恭卲，江陰人。是書載六經字體，自一畫至二十九畫，頗能辨正偏旁點畫。又於諸字之轉音不轉音者分類釐訂，亦易於省覽。特所見古籍無多，故舛誤時復不免。如謂易亢龍之亢音剛，非康去聲。不知說文人頸之亢及角亢、龍亢、亢父，固均音剛，而亢龍之亢見於經典釋文者止苦浪切一讀。又謂易觀卦之觀，正韻附去聲爲非，解卦之解，正韻讀音蟹爲非。然經典釋文載觀官喚反，示也，解音蟹，緩也。先儒授受於二卦各止一讀，迄今未改。正韻收之附音，猶爲近古。臣敬皆以爲非，是未考古之失也。至謂陰疑於陽，疑字不當轉擬，考禮記前疑後丞，或作擬。周官司服云，大夫疑衰，鄭元註云，疑之言擬也。又漢書食貨志，遠方之能疑者，顏師古註云，疑讀爲擬，則疑之轉爲擬，顯有義例。又謂社字不當有杜音，考史記秦本紀，蕩社明作蕩杜，社杜字通，其爲一音可知。而以爲社無杜音尤誤。蓋自漢以後，經史各有專家，即各分音讀，遞稟師傳，不能偏廢。臣敬以啟迪蒙稚，難於博引繁徵，固不妨止取一音。其所不取，則置之不論可矣，概斥爲誤，豈通方之論乎。

字學正本五卷（江蘇巡撫採進本）

國朝李京撰。京字元伯，高陽人。是書凡例，謂以小篆爲本，而正偏旁之不正者，故名正本。凡所根據，多得之周伯琦六書正譌、張有復古編。如復古編祟字下註云，別作崇俗。不知漢郊祀志曰，封崇山，又曰莽遂崇淫鬼神祀。又漢隸字源載韓良碑，亦有崇字，未可云俗。是書能引郊祀志以證其誤，頗爲近古。又於周伯琦杜撰之說，時爲駁正，亦間有可採。然如東韻戎字，復古編謂隸作戎，而此書乃謂俗作戎，不知泰山都尉孔宙碑，戎已作戎，與復古編所云隸作戎合。京謂之俗字，則考之不審矣。又於周氏書採摭頗備、而張氏書反多挂漏。郎以東之一韻考之、復古編載䃂誤作䃂、䃂誤作龖、䤈誤作䤈、壞誤作稷、潒誤作蒙、禮誤作禮、功誤作㓛。此書均遂不載、亦殊疎略。且誤依中原音韻分部、全乖唐宋之舊法。既有變古之嫌、而以說文篆體並改隸字、或窒礙而不可行。又不免泥古之過、均不可以爲訓者也。

字學同文四卷、江蘇巡撫採進本、

國朝衞執榖撰。執榖字子觀、韓城人。是書凡分十三目、曰上類、下類、上中類、上下左右類、上下左類、上下右類、上左類、下左類、上右類、下右類、左類、右類、左右類。類各統部、皆從古未有之例。其中又多所謬誤、如元在一部、从一、兀聲。今入兀部。寬在目部、从目、攴在穴上。今入文部。南字本在𣎳部、从𣎳、羊聲。今入十部。𡙷字本爲部首、从壺从吉。今入士部。今字本在亼部、从亼从乁。今入人部。矣字本在矢部、从矢从㠯。今入厶部。知於六書偏旁未之深講也。

文字審一卷、浙江巡撫採進本、

不著撰人名氏。亦無序跋。中閒頗有塗乙。相其紙墨、葢近人手稾也。其書取李燾說文五音譜、鈔其大略、仍以燾之部分爲序、而不標部分之名。篆文筆意、頗圓潤。字下隸書、字皆從古體。葢亦留心六書者。特偶然鈔錄、自備檢核。非欲著書問世、故漫無體例耳。

右小學類字書之屬、六十八部、六百六卷、内二部無卷數、皆附存目、

欽定四庫全書總目卷四十三

欽定四庫全書總目卷四十四

經部四十四

小學類存目二

韻經五卷、安徽巡撫採進本、

舊本題梁吳興沈約撰、類宋會稽夏竦集古、明宏農楊慎轉注、江夏郭正域校。前有正域自序曰、近體詩惟宗沈韻。今所傳韻、非沈也、唐禮部韻也。故唐詩宗之。沈韻上平有九哈十八痕、下平有二十二凡。上有十六混、十九謙、去有八祭十代十七㶜、入有十六昔。而今韻無之。其凡例又稱家藏有四聲韻及約故本。案梁書南史沈約傳、並載約撰四聲譜、隋志載其書一卷、而唐志已不著錄。觀陸法言切韻序、歷述呂靜夏侯該陽休之周思言李季節杜臺卿六家之韻、獨不及約書。是隋開皇時其書已不顯。唐李涪作刊誤、但詆陸韻而不及沈書。則僖宗時已佚矣。正域何由於數百年後得其故本。且沈韻雖不可見、而其集猶存。今以所用之韻一一排比鉤稽之、惟東冬鍾三韻同用、魚虞模三韻同用、庚耕清青四韻同用、而蒸登兩韻各獨用、與廣韻異。餘則四聲並同、又安得如正域所云九哈之類。其爲屬託、殆不足辨。至夏竦古文四聲五卷、本採鐘鼎奇字分韻編次、以便檢尋。乃字書、非韻書。乃古文、非今文。正域乃稱夏竦集古、尤爲乖迕。觀其首列徐蔵所作吳棫韻補序、楊慎轉注古音略自序、而不及竦序。知並未見其書、而但以名剿說也。王宏撰山志乃指此爲沈約眞本、譏屠隆未見韻經、誤指平水韻爲約書、不亦傎乎。又朱彝

尊重刊廣韻序曰、近有嶺外妄男子、僞撰沈約之書、信而不疑者有焉。考王士禎居易錄、記康熙庚午、廣東香山縣監生楊錫震自言、得沈約四聲譜古本於廬山僧令帾。因合吳棫韻補而詳考音義、博徵載籍、爲古今詩韻註凡二百六十一卷、赴通政司疏上之。奉
旨付內閣、與毛奇齡所進古今通韻訂其同異。彝尊所指、當卽其人。今
內府書目但有奇齡之書、而錫震之書不錄、未知其門目何如。疑其所據、卽正域此本也。

書學正韻三十六卷、安徽巡撫採進本

元楊桓撰。桓既著六書統、六書溯原、又依韻編次是書。兼以字母等韻各分標一二三四、以辨其聲之高下。然或有或闕、體例不一。所列之字、兼存篆隸二體、逐字之下註云、統指統形統聲統意統注者、見於六書統者也。註云原指原形原聲原意原注者、見於六書溯原者也。指卽指事、形卽象形、聲卽諧聲、意卽會意、注卽轉注、省其文耳。其所分韻目、大槩因集韻之舊而稍有訂改。如眞韻三等合口呼麕囷䴥筠等字、移入於諄。諄韻四等開口呼遵字、移入於眞。則眞與諄一爲開口呼、一爲合口呼、兩不相雜。陸法言以魂痕次元後、許敬宗等遂註三韻同用。是書移魂痕於前、與眞諄文欣爲一類。移元於後、與寒桓刪山先僊爲一類。於古音以侈斂分二部者、亦各從其類。然一以今讀移舊部、一以古音移今韻、雖言之有故、執之成理、究不免變亂之嫌。至於平聲併臻於眞、少一韻目、而入聲不併櫛於質。且隱韻㶲韻內二等開口呼𧿒齔等字、不知其卽臻櫛之上去聲。是四聲一貫之故猶未盡知、其亦好爲解事矣。

蒙古字韻二卷、兩淮鹽政採進本

元朱宗文撰。宗文字彥章、信安人。前有劉更序、又稱爲朱巴顏。蓋宗文嘗充蒙古字學弟子、故別以蒙古語命名也。案元史釋老傳、元初本用威烏爾字、案威烏爾原作畏吾兒、今改正。以達國言。至世祖中統元年、始命帝師製蒙古新字。其字僅千餘、其母凡四十有一。其相關紐而成字者則有韻關之法。其以二合三合四合而成字者則有語韻之法。而大要以諧聲爲宗。字成、詔頒行天下。又於州縣各設蒙古字學教授以敎習之。故當時頗有知其義者。宗文以蒙古字韻字與聲合、而諸家漢韻率多譌誤、莫知取舍。因重爲校正。首列各本誤字及重入漢字。次列總括變化之圖。次字母三十六字。次篆字母九十八字。次則以各蒙古字分韻排列、始一東、迄十五麻、皆上冠蒙古文、下註漢文對音。先平聲、而附以上去入聲。每一蒙古字、以漢字音註、自四五字至二三十字。末附迴避字樣一百六十餘字。蓋文移案牘通行備檢之本也。元代國書國語音譯久已傳譌。宗文生於至正間、雖自謂能通音譯、而以南人隔膜之見、比附推尋、實多不能脗合。卽如陶宗儀輟耕錄載元國字以可侯字爲首、而是書又依韻會以見經堅𨑳字爲首、其字母已不相合。而元史旣稱首有二合三合四合之法、而此書乃用直對、而不用切音。甚至累數字以釋一音、清濁重輕、毫無分別。又字皆對音、而不能翻譯成語。觀元史及諸書所載蒙古字詔旨行移、皆能以國語聯屬成文。是當日必別有翻譯之法、而是書槩未之及。遂致湮沒而不可復考。蓋其時朝廷旣無頒行定式、官司胥吏輾轉傳習、舛謬相仍。觀於國姓之却特而譌作奇渥溫、載之史冊、則其他錯互、大槩可知。且刊本久佚、今所存者惟寫本、其點畫旣非鈔胥所能知、其舛誤亦非文士所能校。不過彷彿鉤摹、依稀形似、尤不可據爲典要。我
國家同文盛治、邁越古今。
欽定元史蒙古國語解、考訂精確、凡相沿之踳謬、盡已闡剔無遺。傳譌之本、竟付覆瓿可矣。

正韻牋四卷、江西巡撫採進本

明楊時偉撰。時偉有春秋編年舉要、已著錄。是書前有崇禎辛未自序、大旨以洪武正韻不行於當代、故因其原本、增註於下、謂之補牋。又取吳棫韻補、陳第古音考諸書所據古書之音、附於各韻之後、謂之古音。又取熊忠韻會舉要、楊愼丹鉛錄諸書所收字、增附於韻後、謂之逸字。其用意頗勤。然洪武正韻分合舛誤、窒礙難通。雖以天子之尊、傳國十餘世、懸是書爲令甲、而終不能使行於天下。二百六七十年之中、若存若亡、無人置議。時偉乃於舉世不用之中、出奇立異、冀以匹夫之力顚倒千古之是非、抑亦難矣。且所註古音、雜取吳棫陳第二家、不知其體例各別。所收逸字、不能究廣韻集韻之源、僅據楊愼等之書、尤爲疎略。所補牋亦皆輾轉裨販、如曰在木中爲束、此許愼所引官溥說、

明載於說文，而乃引鄭樵通志，足知非根本之學矣。

聲音文字通三十二卷（浙江范懋柱家天一閣藏本）

明趙撝謙撰。撝謙有六書本義，已著錄。是書乃所定韻譜也。考皇極經世聲音唱和圖，日月星辰凡一百六十聲，爲體數，去太陰少陰太柔少柔之體數四十八，得一百一十二，爲日月星辰之用數。水火土石凡一百九十二音，爲體數，去太陽少陽太剛少剛之體數四十，得一百五十二，爲水火土石之用數。撝謙此書則取音爲字母，聲爲切韻，各自相配，而註所切之字於上。凡有一音，和以十聲，蓋因邵子之圖而錯綜引伸之。然以一卦配一音，又以一卦配十聲，使音與聲爲唱和，卦與卦爲唱和，欲於邵子經世圖之外增成新義，而不知於聲音之道彌滋穿鑿，殊無足取。焦竑筆乘載撝謙歿後，其門人柴廣敬以是書進於朝，未及版行。明史藝文志載是書爲一百卷，此本尚存三十二卷，蓋別本之流傳者。然卷首起自一之四，亦殘闕之書，不足取證，以敗楮視之可矣。

韻學集成十三卷（浙江鮑士恭家藏本）

明章黼撰。黼字道常，嘉定人。是書分部，一準洪武正韻。每部之中，以平仄相從，四聲具者九部，三聲無入者十一部。其隸字先後，則從韻會舉要之例，以字母爲序。其分配五音，以影曉二母從玉篇舊圖屬宮，不從韻會屬羽；匣喻二母從韻會屬羽，不從玉篇舊圖屬宮；幫滂竝明四母從玉篇屬宮，不從韻會屬羽；非敷二母則以舊譜均誤屬宮，而改爲屬徵。其字多收篇海、龍龕手鑑之怪體，其音兼載中原音韻之北聲，凡四萬三千餘字。自記稱始於宣德壬子，成於天順庚辰，計其用力凡二十九年，可謂專精於是。然以正韻爲主，根本先謬，其他不足言矣。

韻略易通二卷（兩淮馬裕家藏本）

明蘭廷秀撰。廷秀字止菴，正統中人，爵里未詳。其書併平聲爲二十部，三聲隨而隸之。以東洪、江陽、眞文、山寒、端桓、先全、庚晴、侵尋、緘咸、廉纖有入聲者十部爲上卷，以支辭、西微、居魚、呼模、皆來、蕭豪、戈何、家麻、遮蛇、幽樓無入聲者十部爲下卷。又併字母爲二十攝，以東風破早梅，向暖一枝開，冰雪無人見，春從天上來二十字，盡變古法以就方音。其凡例稱惟以應用便俗字樣收入，讀經史者當取正於本文音釋，不可泥此。則亦自知其陋矣。

韻學大成四卷（江蘇巡撫採進本）

明濮陽淶撰。淶字貞菴，廣德人。嘉靖丁酉舉人，官南昌府通判。是書大抵本之中原音韻，而不取其入聲隸三聲之說。又廣其十九部爲二十，如魚模之分爲須魚、蘇模，江陽之分爲江黃、姜陽是也。其字母則專以新鮮仁然等立法，稍增益之爲三十母，而不用見溪群疑四等門法，意在簡捷。然新鮮等母仍即字母之變，不識字母，又烏從而識之。其所分各部，亦無義例。既云宏萌不竝入東鍾，又不附之庚青，且分京青爲庚生、京青二部，眞所謂進退失據者也。

讀易韻考七卷（浙江吳玉墀家藏本）

明張獻翼撰。獻翼有讀易紀聞，已著錄。此書專考易中之韻。案易象傳實有韻，至於彖詞、繫詞之類，則無常格，亦如淮南子諸書偶然叶讀耳。獻翼一一舉而韻之，非惟漢魏以下之音雜然竝陳，甚至釋氏之偈言、道家之章咒，亦泛引以證聖經，殊傷蕪雜。卽如爻詞潛龍龍字，忽以爲勿用之用，音庸，是從本音也。文言傳則謂龍當音性，與遯世無悶叶。又曰龍當音麗，與不成乎名叶。顚倒瞀亂，豈復有體例乎。此眞不知而作也。

古今韻分註撮要五卷（江蘇巡撫採進本）

明甘雨撰，陳士元註。雨字子開，永新人。萬曆丁丑進士，由翰林院檢討謫德安府推官，遷南京刑部郎中。士元有易象鉤解，已著錄。是書首列今韻，而以古韻附後。今韻誤稱沈約，足見其茫無根據。古韻又誤執通轉之說，既云東通冬轉江、陽，則四韻爲一部矣。而東韻後所列之古韻與冬韻、江韻、陽韻後所列之古韻乃各有其字，是其隨叶取讀，知有通而不知所以通。徵引愈繁愈亂，似治絲而棼之矣。

書文音義便考私編五卷附難字直音一卷（浙江巡撫採進本）

明李登撰。登有六書指南，已著錄。此書刻於萬曆丁亥，前有姚汝循、焦竑、王兆雲序，并登自序及例論。其部分既不合於古法，又不盡合於洪武正韻。如灰皆既分，支微齊反不分；庚青既分，江陽反不分，而且眞之兼侵，寒之兼覃，咸先之兼鹽，尤錯亂無緒矣。至於三十六母中，知徹澄孃非五母之複出，前人亦有疑之者，然竟去之，而又改竝母爲平母，定母爲廷母，則未免勇於師心。若如其說，則敷奉二母、端定穿牀四母、心邪二母亦皆歸併矣，而何以仍不併乎。又字之平仄雖分，而紐之從來無二。入聲部分雖少，而上去轉紐則同。今謂平則三十一母，仄則二十一母，以臆改創，誰其信之。其謂仄聲純用清母，似爲直截，然淸濁相配，猶陰陽律呂之義，六律可該六呂，而不容盡刪六呂之名。如平聲之淸濁旣分，則四聲依轉，自可從流溯源，如葉從枝，枝從榦，不可以平聲而廢仄也。所論殊爲偏枯。又其每韻所收古字，多沿篆籀之體，雖其例剏自集韻，然亦不怪僻至此。登當作摭古遺文，攟摭龐雜，加以杜撰，以爲字書尚不可，以爲韻書益以偵矣。其難字直音，尤爲舛漏，如佟音同、偵音稱之類，皆參雜方言，豈可以註韻書乎。

併音連聲字學集要四卷（浙江巡撫採進本）

不著撰人名氏。明萬曆二年會稽陶承學得此書於吳中，屬其同邑毛曾刪除繁冗，以成是編。承學自爲之序。其書併上下平爲二十二部，以上去入三聲分隸平聲之下，併略爲箋釋字義。前列切字要法，刪去羣疑透牀禪知徹孃邪非微匣十二母，又增入勤逸歎三母，蓋以勤當羣，以逸當疑，以歎當透，而省併其九母，又無說以申明之，殊爲師心自用。承學序乃擬爲徐鍇說文韻譜與李燾說文五音譜，作者、刪者與刻者均可謂漫無考證矣。

交泰韻一卷（左都御史張若溎家藏本）

明呂坤撰。坤有四禮疑，已著錄。是編乃所立切韻簡要之法，僅有序文、凡例、總目，而未及成書。然書之體要，則已具括於是。其法於平聲之字，各以陰陽相切。如同字備用徒紅切，通字舊用他紅切，坤則以爲他紅二字仍切同字，不切通字，改通字爲他翁切。又上去二聲各以本聲爲母，如寵字用楚隴切，送字用素貢切之類。平入二聲則互相爲母，如空字用酷翁切，酷字用空屋切之類。其交泰韻之名，卽以平入互爲終始之義也。蓋因古來合聲之法，更加以辨別，故不用字母攝法，而於字母攝法相輔而不相礙。其論定首領一條，謂東董凍篤何等明白，乃舊譜相沿，領韻則以東董送屋，領聲則以公孔貢穀，殊爲淆亂。其說亦極有理。惟其分部純用河南土音，併鹽於先，併侵於眞，併覃於山，支微齊佳灰五部俱割裂分隸，則太趨簡易。於無入之部強配入聲，復以強配之入聲轉而離合平聲之字，則太涉糾纏，未免變亂古法，不足立訓矣。

音聲紀元六卷（通行本）

明吳繼仕撰。繼仕有六經圖，已著錄。是書大旨以沈約以來諸韻書但論四聲七音，而不以律呂風氣爲本，未爲盡善。惟邵子皇極經世書、李文利律呂元聲爲能窮天地之原而正律呂之誤，於是根據二家，作爲此書。綜以五音，合以八風，加以十二律，應以二十四氣，有圖有表，有論有述，而以風雅十二詩附焉。然所見未精，得失參半。如八風之配八卦，本之服虔左傳注；十二律之配十二支，八風之分爲十二風，以及十二支十二律之配二十四氣，本之鄭康成周禮注，其說尚有根據。至於黃鍾律長九寸，歷代相傳，初無異說，惟李文利獨據呂氏春秋，謂黃鍾之長三寸九分，而以司馬遷九寸之說爲誤。又卽其三寸九分之說推之，以爲黃鍾極淸，而以宮聲極濁之說爲誤。單文孤證，乖謬難憑，而此書獨以之爲本，遂致宮羽舛錯，淸濁逆施，以是審音，未睹其可。又論與表自相矛盾，亦爲例不純。他如以風雅十二詩譜爲傳自漢儒，以禮部韻爲毛晃作，以平水韻爲韻會，以禮部韻略爲唐韻，又云是今所傳詩韻，失於考據之處，不一而足，更不必論矣。

字學元元十卷（內府藏本）

明袁子讓撰。子讓字仔肩，郴州人。萬曆辛丑進士，官眉州知州。是編因劉鑑切韻指南所載音和類隔二十門，出切行韻，參差不一，其取字有憑切者，有憑韻者，學者多所轇轕，因爲疏明，使有條理。又廣等子門法爲四十八類，較玉鑰匙、貫珠集諸書頗爲分明。名曰元元，蓋取班固元元本本語也。然惟憑脣吻，未見古書，至謂禮部韻略爲陸德明作，故分元魂爲二，而合東冬淸青爲一。又忽論七音，忽論六書，體例糅雜，茫無端緒。所論六書，亦純以臆測，不考許、顧以來之舊義，所謂聰明過於學問者，其子讓之謂乎。

韻表（無卷數，浙江鮑士恭家藏本）

明葉秉敬撰。秉敬有字孿，已著錄。是編凡韻表三十，又聲表三十。其韻表用劉淵舊部，而以東冬江陽魚虞佳灰支微齊寒刪先蕭肴豪歌麻尤二十部爲居中開口音，謂之中韻；以庚青蒸三部爲向內開口音，謂之內韻；以眞文元三部爲向外開口音，謂之外韻；以侵覃鹽咸四部爲向外合口音，謂之合韻，故顛倒其次序，不與舊同。其聲表於三十六字母中刪除知、徹、澄、孃、敷、疑六母，僅存三十。其法以輕淸爲陰，重濁爲陽，以齶、舌、脣、齒、喉、半舌、半齒七音爲經，以納口、出口、半出口、出口半納口三陽聲爲緯。改舊譜四等爲二等，而以麤、大、細、尖、圓、滿、圓、尖分庚、干、戀、堅、觥、官、扃、涓四紐爲四派祖宗，以覺攝之。又以眞、文、元諸部向外之韻，非四祖宗所能統，又於庚干派中附以根干一派，經堅派中附以巾堅一派，觥官派中附以昆官一派，扃涓派中附以君涓一派。其用法不爲不密。然亦自爲葉氏之法而已。乃自云聖人復起，不易吾言，談何容易乎。舊稱無入十三部分配入聲自章黼始。然考黼韻學集成，皆仍舊譜，其以意分配實始自秉敬。此書說者誤以爲黼也。

音韻日月燈七十卷（河南巡撫採進本）

明呂維祺撰。維祺有四禮約言，已著錄。是書凡韻母五卷，同文鐸三十卷，韻鑰三十五卷。其說譏沈約知縱有四聲而不知衡有七音，司馬光知衡有七音而不知縱有四等，故作此三書以正其謬。總名音韻日月燈，象三光也。亦名正韻通，以遵用洪武正韻及續刊洪武通韻二書也。其韻母以一百六韻爲經，以三十六母四等爲緯，而以開口、合口標於部上，獨音、泉音註於字旁。其同文鐸舉一百六部之字，以三十六母易其先後，大致本之韻會，而註則稍減。蓋通韻即孫吾與韻會定正之改名也。所註古韻通轉，則吳棫韻補之緒餘耳。其韻鑰則仍以同文鐸所收之字，刪其細註，但互註其字共幾音幾叶，以便檢尋，故名曰鑰。自序稱同文鐸如編年，此如紀傳是也。維祺於等韻之學頗有所見，而今韻、古韻之源流未能深考。觀其稱古韻二百六部，沈約併爲一百六部，則其他可知矣。

律古詞曲賦叶韻十二卷（江蘇周厚堉家藏本）

明程元初撰。元初字全之，歙縣人。是編成於萬曆甲寅，前有自序及凡例，大旨以古韻、律韻、詞韻、曲韻、賦韻、叶韻合爲一書。其例每部以四聲相從，而緯以三十六母，諸通轉之法則冠於各部之首。體例冗雜，持論亦無根據。其凡例稱沈休文因律詩分四聲，作詩韻。夫齊、梁時安有律詩，又安有詩韻乎。

韻譜本義十卷（江蘇巡撫採進本）

明茅溱撰。溱字平甫，丹徒人。其書成於萬曆間。就世所通行韻書每字下作一篆文，略採說文原註列於其下，故云本義。然說文所有之篆文，此書或取或否，皆無義例。又每韻後附以通叶，不標出典，亦茫無根據也。

韻總持三卷（浙江汪啟淑家藏本）

明朱簡撰。簡字修能，萬曆中人。其書一卷爲古韻，以干、葛、該等十四字標全韻，使各歸其類。又取安、干等三十八字爲陰陽平之準，分注於各類中。與陳第、顧炎武所考古韻未嘗有一字之合。不知其何以稱古韻也。二卷爲唐韻，乃世傳平水韻本，以爲唐韻尤誤。三卷爲元韻，即周德淸中原音韻也。其前例謂古人有上平、入、下平三聲，而無上去，舉詩、離騷上去之讀爲平者作證，不知此乃四聲通用，非必無上去二音也。釋文一字數讀，多兼四聲。類篇、集韻亦同。簡未之詳考耳。

韻會小補三十卷（江蘇巡撫採進本）

明方日升撰。日升字子謙，永嘉人。萬曆間館於京山李維楨家，成此書。維楨門人周士顯令建陽時刻之。韻會原收一萬二千六百五十二字，是書一從其舊，無所增減，惟每字考其某音爲本音，某義爲本義，其餘音義，次第附後。註文多所增益。凡一字有數音者列於前，如止有一音者則云獨音，列於後。若字在他韻而可讀入此韻者則云古讀，可叶入此韻者則云古叶，亦並附於後。其搜討頗勤，於原書之外多有援引辯正，然亦時有譌誤。如一東曈字、憧字、曨字之類，皆引說文，不知爲徐鉉新附字，實說文本書所無。又如韻會稷字註引周禮註四秉曰筥，十筥曰稷，十稷曰秅，不知此儀禮聘禮之文。錽字註引後漢輿服志金錽，不知輿服志本作錽，音亡范切。凡此之類，多未能駁正。其他古音古讀，舛謬尤多。顧炎武音論詆其勞脣吻、費簡冊，有甚於前人者，亦非無故云然矣。

篇韻貫珠集一卷（兩淮馬裕家藏本）

明釋眞空撰。眞空號淸泉，萬曆中京師慈仁寺僧也。是書分爲八門，編成歌訣。一曰五音篇首歌訣，二曰五音借部免疑海底金，三曰檢五音篇海捷法總目，四曰貼五音類聚四聲篇海捷法，五曰訂四聲集韻卷數並韻頭總例，六曰貼五音四聲集韻捷法總目，七曰創安玉鑰匙捷徑門法歌訣，八曰類聚雜法歌訣。大旨以五音集韻、篇海爲本。二書卷帙稍繁，門目亦碎，故立捷法檢尋之，無所發明考證。又俗僧不知文義，而強作韻語，讀之十九不可曉。註中語助之詞，亦多誤用，其難通更甚於篇韻也。

西儒耳目資無卷數，兩江總督採進本

明金尼閣撰。金尼閣字四表，西洋人。其書作於天啟乙丑，成於丙寅，以西洋之音通中國之音。中分三譜。一曰譯引首譜，二曰列音韻譜，皆因聲以隸形；三曰列邊正譜，則因形以求聲。其說謂元音有二十九，自鳴者五，曰丫額依阿午；同鳴者二十，曰則測者撦格克百魄德忒日物弗額勒麥搦色石黑；無字者四。自鳴者為萬音之始，無字者為中國所不用也，故惟以則測至石黑二十字為字父。其列音分一丫、二額、三衣、四阿、五午、六愛、七澳、八盎、九安、十歐、十一硬、十二恩、十三鵶、十四葉、十五藥、十六魚、十七應、十八音、十九阿若切、二十阿德切、二十一瓦、二十二五石切、二十三尾、二十四屋、二十五而、二十六翁、二十七至二十九非中國所有之聲，皆標西字而無切。三十監、三十一堯、三十二陽、三十三有、三十四烟、三十五月、三十六用、三十七雲、三十八阿盞切、三十九無切、四十阿剛切、四十一阿干切、四十二阿根切、四十三歪、四十四威、四十五王、四十六彎、四十七五庚切、四十八溫、四十九碗、五十遠，皆謂之字母。其輾轉切出之字，則曰子，曰孫，曰曾孫，皆分清濁上去入五聲，而五聲又各有甚次，與本聲為三。大抵所謂字父，即中國之字母，所謂字母，即中國之韻部，所謂清濁，即中國之陰平陽平，所謂甚次，即中國之輕重等子。其三合四合五合成音者，則西域之法，非中國韻書所有矣。考句瀆為穀，丁寧為鉦，見左氏傳；彌牟為木，見於檀弓；相切成音，蓋聲氣自然之理。故華嚴字母出自梵經，而其法普行於中國。後來雖小有增損，而大端終不可易。由文字異而聲氣同也。鄭樵七音略稱七音之韻出自西域，雖重百譯之遠，一字不通之處，而音義可傳。所以瞿曇之書能入諸夏，而宣尼之書不能至跋提河，聲音之道有障礙耳。是或一說歟。歐邏巴地接西荒，故亦講於聲音之學。其國俗好語精微，凡事皆刻意研求，故體例頗涉繁碎，然亦自成其一家之學。我

皇上耆定成功，拓地葱嶺，

欽定西域同文志，兼括諸體，巨細兼收。歐邏巴驗海占風，久修職貢，固應存錄是書，以備象胥之掌。惟此本殘闕頗多，列音韻譜惟存第一攝至十七攝，自十八攝至五十攝皆佚，已非完書，故附存其目焉。

元韻譜五十四卷浙江巡撫採進本

明喬中和撰。中和有說易，已著錄。是書以上平為陽，下平為陰；上聲為陰，去聲為陽，入聲則陰極而陽生。刪三十六母為十有九，四重之為七十六。去蒙音四，得七十有二。而七十二母之中又析之為柔律柔呂剛律剛呂。又據律法十二宮分十有二佸，以佸統母，以母統各韻之字。凡始英終穀五十有四韻，條分縷析，似乎窮極要眇，而實則純用俗音。沈陸以來之舊法，蕩然俱盡。如以東冬併入英韻，岑林併入寅韻之類，雖洪武正韻之乖謬，尚未至是也。

皇極圖韻一卷江西巡撫採進本

明陳藎謨撰。藎謨字獻可，嘉興人，黃道周之門人也。是書本邵子皇極經世聲音倡和之說，而推衍之。專以經緯子母為說，實即邵子之言陰陽剛柔也。其說以為天數九，地數十二。平上去入為四聲，每聲各有闢闢翕翕闢之翕翕之闢四等，每等九聲，得三十六聲，則四天九也。開發收閉為四音，每音有純清次清純濁次濁四等，每等十二音，共得四十八音，則四地十二也。又推其數合於九宮八卦九疇，雖理有相通，然聲氣之原實不在於是也。

元音統韻二十八卷浙江巡撫採進本

明陳藎謨撰。其門人胡邵瑛增修。凡通釋二卷，類音六卷，統韻十卷，古韻疏二卷，唐韻疏二卷，共二十二卷。其後六卷為字彙補，則

國朝吳任臣所撰，范廷瑚補入者也。其通釋，詳論七音三十六母，本邵子皇極經世天聲地音之法，推為四聲經緯圖，以標舉條貫。其類音，取梅膺祚字彙諸部，刪其訓釋，而各註以韻部音紐，以便檢核。其統韻，平上去三聲各分三十六部，入聲分二十部，每部之字各以三十六母為序。其部母改用一弓二枵三乩四居之屬，分合易置，全改廣韻以來之舊。其古韻疏，用吳棫叶音之說，實非古韻；唐韻疏用近韻一東二冬三江之部，而以字母顛倒之，亦非唐韻。蓋於辨別等韻，或偶有所得，而於音學源流則未之有考也。其字彙補六卷，多收俗字，未

爲精核。既附此書以見、今亦不別著錄焉。

青郊雜著一卷、文韻考衷六聲會編十二卷、（湖南巡撫採進本）

明桑紹良撰。紹良字遂叔、零陵人。是編前列青郊雜著一卷。發凡起例、併舊韻爲東江侵覃庚陽眞元歌麻遮皆灰支模魚尤蕭十八部。又以重次重輕次輕分爲四科。以喉舌齶齒脣分爲五位。以啓承進止衍分爲五品。以浮平沉平上仄去仄淺入深入分爲六聲。以國開王向德天乃賚禎昌仁壽增千歲苞盤民弗忘、分爲二十母。又衍爲三十母七十二母之說。皆支離破碎、憑臆而談。觀其尊蘭廷秀韻略易通、而詆徐鉉兄弟爲說文之蟊賊、韓道昭父子爲集韻之蟲蠹。既是非顛倒、輕肆譏彈。又稱廣韻每聲分五十餘部、唐韻約爲三十、則於韻書沿革尚未詳考矣。

古叶讀五卷、（通行本）

明龔黃撰。黃爵里無考。是書考究古韻、自屈原離騷及漢晉以後詞賦、皆徵引參證、而大抵以吳棫韻補爲指歸。其紕繆在於根柢、其餘不必深詰矣。

詩韻辯略二卷、（編修汪如藻家藏本）

明楊貞一撰。貞一字孟公、新都人。是書以朱子毛詩叶韻未爲盡善、因取吳棫韻補熊忠韻會舉要之說、參考成書。其實皆以洪武正韻爲準、於音韻源流、固未能博考也。

重訂馬氏等音外集一卷內集一卷、（江蘇巡撫採進本）

此本爲康熙戊子宣城梅建所刊。內自稱槃什馬氏自撰。建序惟稱得自雲益州明經張聖功、亦不知自撰何許人。今考其書、引梅膺祚字彙、則當在明末。又自稱籍本秦而生於滇、則雲南人。得自雲益、蓋其鄉里也。又稱所學得自江右楊夫子、嘉興李夫子、不著名字、則莫知爲誰矣。其書自立新意、併三十六母爲見溪疑端透泥邦滂明精清心照穿審曉影非微來日二十一母、而緯以光官公裩口垂口規戈國孤骨瓜十三韻。以舊讀四聲爲未備、增爲五聲、曰平上去入全。又謂舊讀有無入之韻、皆爲錯誤、立借入之法以通之。其刪併字母、即蘭廷秀韻略易通括以早梅詩之說也。其四聲外增一全聲、即周德清中原音韻陰平陽平之說也。其借用入聲、即葉秉敬韻表之說也。其末附傳響射字法、矜爲神妙者、即宋趙與旹賓退錄擊鼓射字法也。而實皆未見諸書。觀其謂禮部韻爲沈約作、其陋可想。檢所引證、不過據洪武正韻及字彙韻法橫直二圖、私心揣測、以成是編。其中惟平分陰陽、稍合古法。米芾畫史嘗明此義、而晉李登聲類以宮商角徵羽各爲一篇、當即其源。然以全聲列入聲後、如通桶痛突同灘坦炭忒壇、則究非先發後斂之序。總之一知半解、自生妄見而已矣。

古韻通八卷、（兩淮馬裕家藏本）

國朝柴紹炳撰。紹炳字虎臣、仁和人。其書大旨、即今韻部分立三法、以求古韻之通。一曰全通、東冬江之類是也。二曰半通、元入寒刪先、魂痕入眞文之類是也。三曰旁通、則俗所謂叶韻是也。分平上去爲十一部、分入聲爲七部。其引據甚繁、其考證亦甚辨。然今韻以今音讀之、則一部之內字字相諧。如以古音讀之、則字字各歸本音、難復齊以今部。如支部之儀字古實音俄、齊部之西字古實音先、槩曰支與齊通、是已使俄與先叶。則紹炳所謂全通半通者、與古韻皆不免牴牾。又今韻固與古殊、古韻亦自與古別。如東冬江自爲部、至漢而東已通陽、魚虞尤自爲部、至魏晉而虞兼通灰、輾轉漸移、各隨時代。紹炳乃上薄風雅、下迄晉宋、凡未定四聲以前、總名之曰古韻、雜然並編。此讀甫諧彼音已礙、條例益廣、蹊徑滋繁。所謂旁通者、淆亂古音尤甚。至於以許敬宗之所定指爲沈約、以陳彭年之所音指爲孫愐、又其小節矣。

古韻叶音六卷、（陝西巡撫採進本）

國朝楊慶撰。慶字憲伯、泰州人。前明諸生。是書首爲類從、註部分之通轉。次爲審音、列每部相叶之字。次爲集引、則雜採古書以證之。其凡例稱類從仿之焦弱侯陳季立吳才老周伯溫、不知四家之中、惟焦竑陳第其論相合。餘則南轅北轍。慶合而一之、自不得不棼如亂絲。又分上平東至山二十三部、下平仙至嚴二十三部、上聲董至范四十四部、去聲送至梵四十八部、入聲屋至乏二十六部。共一百六十四部、與廣韻之二百六部、壬子禮部韻略之一百七部、俱不相符、亦不知其所據也。

佐同錄五卷、（陝西巡撫採進本）

國朝楊慶撰。是編據其自序、當有四集、共百餘卷。此本題曰潛齋更刪補釋佐同錄類要集、冠以五音圖、次爲更刪補釋舉要、則皆論六書偏旁、欲改隸從篆。次爲釋略、次爲發例、次爲俚喭、體例龐雜、無自尋其端緒。次乃爲新定等韻、考原等子舊法、自果字至流字十六攝、分開合為二十四。有通廣狹侷內外六門、各有四聲。每等分四層、秩然不紊。慶則統以如是觀三字、分為前後六攝。其字母數奉二字改為凡弦二字、凡敷母諸字歸之非母、而以奉母諸字收入凡母。弦母下止收弦咸魂篋碗洼益七字。至分韻輯呼合圖、共分四十三轉、前二十八轉皆平上去三聲、後十五轉皆入聲。未免好事新奇、反滋淆亂。蓋有志於小學、而既無師授、又未多見古書、徒竦臆以為之者也。

聲韻叢說一卷、韻問一卷、浙江巡撫採進本

國朝毛先舒撰。先舒字稚黃、一名騤、字馳黃、仁和人。是編雜論三百篇及古來有韻之文、凡四十條、所見略與柴紹炳古韻通同。其韻問一卷則設為問荅以自暢其說也。

韻學通指一卷、浙江汪汝瑮家藏本

國朝毛先舒撰。是編與柴紹炳古韻通、沈謙詞韻同時而出。三人本相友善、故兼舉二家之說。其得失離合亦略相等。如謂風字可以入侵韻、非東韻之字全可入侵。舒字可以入支韻、非魚韻之字全可入支。謂古韻之差等有三、今韻之差等有四。所見皆視前人為確。惟所稱沈約韻、孫愐韻及唐人韻入聲表、孫愐二百六部、唐人一百七部之說、則多無依據、以意為之。夫沈約四聲久佚、不必言矣。語詳韻經條下。孫愐唐韻惟廣韻之首僅存其序。徐鉉校正說文、僅存其反切。書則久佚、又安得以宋人韻目為司法本書。且二百六部之分、據其末則陳彭年等之書、有廣韻可考。原其初則沈約之書、有約集諸詩賦可考。孫愐但增加其字、補綴其註、竝無分部之說。忽舉而歸之於愐、古無典記也。至其同用獨用之註、在唐則許敬宗所定、見封演聞見記。在宋則賈昌朝移併窄韻十三部、見東齋記事、亦見玉海。自昌朝以前、無一百七部之說也。又唐人程試則用官韻、自為詠歌則多用私韻。如東與冬鍾為二部、官韻也。其他如孟浩然田家元日詩、杜甫雨晴詩、魏兼恕送張兵曹赴營田詩之類、皆近體律詩、以東冬鍾通押、則私韻也。蕭宵肴豪為三部、官韻也。李商隱送從翁赴東川尚書幕詩之類、亦五言長律、以蕭宵肴豪通押、則私韻也。盡字在軫部、官韻也。李商隱無題詩與衩同押。婦字在有部、官韻也。白居易琵琶行與故同押、亦皆私韻也。是其時自程試以外、韻原不一、安有所謂徧考唐人無不合於一百七部者哉。尤可異者、上下平聲五十七部、有入者三十四、無入者二十三、自唐以來、絕無異說。至明葉秉敬作韻表、始以後世方音割裂分配、使部部有入。先舒祖其說而小損益之、乃標曰唐人韻入聲表、則不但考之不詳、併依託古人如郭正域之沈約韻經矣。

韻白一卷、浙江汪汝瑮家藏本

國朝毛先舒撰。皆雜論古韻、今韻、詞韻、曲韻、蓋其韻學通指之緒餘也。其中駁古詩三聲相通一條、最為失考。古無四聲、聲近者即可諧讀、諸書不一而足。即以習見者而論、古詩上山采蘼蕪一首、素餘同押。劉琨握中有元璧一首、璆叟竝用。豈亦未檢耶。駁蘇軾屈原廟賦、謂東部本不與陽合、此拘於三百篇之例。不知易象傳固中諧當、老子固盲諧聾也。又謂宋人填詞韻始江與陽合、是又泥魏晉以前之例、不知沈演之嘉禾頌、徐陵鴛鴦賦、江已通陽久矣。大抵審定今韻之功多、而考證古韻之力少。故往往知其一、不知其二焉。

韻統圖說、無卷數、兩江總督採進本

國朝耿人龍撰。人龍字齊升、號岵雲、江陰人。是書於三十六母刪知徹澄娘敷微六母、定為三十位。以呼呵噫嘘四聲、分配宮商角羽。一聲之中、兼攝平上去入、而又分清針濁針、別為十二通、析為四十八韻。又於十二通之中別為三轉。其圖有橫直二母、以直母統三十位、橫母統四十八韻、故名韻統。其苦思密審、亦竭一生之功。然千古之音、隨時而異。一時之音、隨地而異。一地之音、隨人而異。一人之音、隨年而異。故周公以聖人之才、行天子之事、而周禮保氏以六書教國子、小史掌達書名於四方、皆以同天下之文、而不能同天下之音。三百篇中、今有不能得其韻者、非本無韻、不同也。歷代韻書、大抵守其大綱以存古、通其小節以隨時。以漸而變、莫知其然。未有能毅然決裂、盡改前代舊法者。知聲音萬變、不可以一人之私意定也。人龍乃欲以一人之口吻、強天下萬世而從我。其自謂窮極精妙者、以叩他人則扞格矣、豈能行之事乎。其不用見溪羣疑等字為字母、而以一英二英烟至三十焚煩為聲母、不過改頭換面、其用實同。其所論反切之法、以為切密於反、切可通反而反不可通切。反為翻讀、其途易泛。切為疾讀、其用尤的。不知自孫炎以來、但稱某字某反、唐人諱反、乃皆稱切。唐元度九經字樣、具有明文。其後乃兼稱反切。不必穿鑿字義、橫生分別。其謂徵音不立專部、寄之角部轉音啼韻之中、而宮商各部皆雜入正徵變徵諸音、此卽徵音爲事、散見於君臣民物之理、亦殊爲附會。至論今韻無入十三部、古皆有入、今韻有入之部古皆無入、此卽回互通轉之所由生。則又故示顛倒、以駭俗聽者矣。

韻叢一卷、江蘇巡撫採進本

國朝徐世溥撰。世溥有夏小正解、已著錄。此其所著韻書。前有自序、其所謂華嚴字母、如曲澗泉行。諸韻遞及、如九歷重階。四聲順次、如司天刻漏。經世交切、如機中織錦。後復爲圖以釋之、所見未嘗不合。至其論韻、則以洪武正韻爲主、而於廣韻似未寓目。第執今所行平水韻以上下古今之韻學、隘矣。又欲於三十六母影喻之外增以烏汪等母、與其辨上下平之說、大抵皆師心自用之學也。

詩韻更定五卷、內府藏本

國朝吳國縉編。國縉字玉林、全椒人。順治壬辰進士。韻書之作、所以辨別聲音、不專爲詩而設。流俗名曰詩韻、莫知所本。毛奇齡古今通韻、以爲詩韻者試韻之譌。然唐宋以來、竝無試韻之名、奇齡不免於臆說。考吳澄支言集、有張壽翁事韻擷英序、曰荆國東坡山谷、始以用韻奇險爲工。蓋其胸中蟠萬卷書、隨取隨有。儻記覽之博不及前賢、則不能免於檢閱。於是乎有詩韻等書。然其中往往陳腐、用之不能起人意云云。然則其始以韻府之類便於作詩押用、遂謂之詩韻。其後但收韻字、不載詞藻者、亦遂沿用其名耳。國縉此本、以詩韻爲名、已失於不考。又每部之字分一選二選三選汰字四類。大抵以最熟易押者爲上選、稍難用者次之、不常用者則汰除。如一東汰潼字、二冬汰淞字。是併臨潼吳淞亦爲僻字禁用也。其詩當作何等語耶。

聲韻源流考、無卷數、浙江巡撫採進本

國朝萬斯同撰。斯同有廟制圖考、已著錄。其作此編、蓋欲詳考聲韻之沿革。首列歷代韻書之可考者、次列歷代韻書之無考者、而採摭其序文凡例、自錄以存梗概。上起魏李登聲類、下迄

國朝顧炎武毛奇齡邵長蘅之書、無不採錄。而草創未終、略無端緒、匡廓粗具、挂漏宏多。如首列李登呂靜周容沈約蕭該陽休之陸法言唐元宗孫愐顏元孫顏眞卿李舟李涪徐鍇陳彭年丁度吳棫毛晃劉淵周德清韓道昭黃公紹陰時夫宋濂、案此書以樂韶鳳爲首、其序則濂所撰、專歸之濂、殊誤。孫吾與楊黼、案韻學集成著者章黼、此楊黼亦誤。張之象潘恩之書、已爲不備。而李涪刊誤不過偶論韻一條、竝非韻書、尤爲循名失實。續列歷代韻書總目、自周研至張貴謨、凡三十二家、皆宋以前人。註云已見前篇者不錄。然其中有名可考者、如唐僧智猷辨體加字切韻五卷、見於唐志。宋志、宋僧鑒聿韻總五篇、見於歐陽修集、皆前篇所遺。竟漏不載。又載李啓聲類十卷、注曰魏校書令。隋唐二志俱無、不知斯同何所本。殆輾轉裨販、誤左校令爲校書令、誤李登爲李啓、而未能考正耶。所列諸韻目錄、僅廣韻平水韻韻會正韻韻經五家、其他卽姑勿論。廣韻繁簡二本、有殷文獨用、欣文同用之分。集韻與唐韻有改併窄韻十二部之別。乃韻書沿革之大者、亦竟遺之。至於論古韻、則吳棫陳第顧炎武毛奇齡邵長蘅諸說、南轅北轍、互相攻擊、而竝全錄其文、無一字之考訂。知爲雜鈔之本、不過儲著書之材、而尚未能著書。後人以其名重、遂錄傳之、故觸處罅漏如是也。

諧聲品字箋、無卷數、內府藏本

國朝虞德升撰。德升字闇子、錢塘人。其書以字韻之學向來每分爲二、不相統攝、因取六書諧聲之義品列字數。其法總五十七聲、分三十九字、合九十六音、共千六百母、而六萬有奇之字畢歸之。使學者可因聲以檢字。蓋本其父咸熙草創之本、而復爲續成之者也。不知諧聲僅六書之一、不能綜括其全。故自來字書韻書、截然兩途。德升必強合而一之、其破碎支離、固亦宜矣。

類音八卷、編修汪如藻家藏本

國朝潘耒撰。耒字次耕、號稼堂、吳江人。康熙己未召試博學鴻詞、授翰林院檢討。耒受業於顧炎武。炎武之韻學、欲復古人之遺。耒之韻學、則務窮後世之變。其法增三十六母爲五十母、每母之字橫播爲開口齊齒合口撮口四呼、四呼之字各縱轉爲平上去入四聲。四聲之中各以四呼分之、惟入聲十類、餘三聲皆二十四類。凡有字之類二十二、有聲無字之類二。以有字者排爲韻譜、平聲得四十九部、上聲得三十四部、去聲得三十八部、入聲得二十六部、共爲一百四十七部。蓋因等韻之法而又推

求以己意。於古不必合、於今不必可施用、亦獨成一家之言而已。李光地榕村語錄曰、潘次耕若肯將其師所著音學五書撮總纂訂、令其精當、豈不大快。却自出意見、欲駕亭林之上、反成破綻。以自己土音、影響意揣、便欲武斷從來相傳之緒言、豈可乎。是亦此書之定評也。

韻學要指十一卷（浙江巡撫採進本）

國朝毛奇齡撰。奇齡有仲氏易、已著錄。先是、奇齡撰古今通韻十二卷、進呈御覽。久經刊版單行。因其卷帙繁重、乃櫽括其議論之尤要者、以爲此書。李天馥序之。然較通韻特削去各部所收之字、而存其條例及考證耳。意在簡徑易明、而韻字不存、等於有斷而無案。欲究其說、彌費檢閱。編西河合集者、廢通韻而存此書、非其韻學之全矣。

韻雅五卷（兩淮馬裕家藏本）

國朝施何牧撰。何牧、蘇州人。康熙戊辰進士。其書仍用劉淵之部分、以收字必從經典、故以雅爲名。所載古通、不甚謬誤、而引據皆非其根柢。其雜論十條、則語多影響。至謂元之取士、不以詩而以曲、無稽實甚。又末附識餘數十條、每韻下雜採古事、挂一漏萬。似乎欲爲韻府而不成者、益無體例矣。

古音正義一卷（江西巡撫採進本）

國朝熊士伯撰。士伯字西牧、南昌人。官廣昌縣教諭。是書成於康熙丙子、又重訂於戊寅。版心書首皆題卷一、似乎尚有別卷。而核其目錄、已首尾完具、且附錄三篇亦在焉。則刊版誤也。是書所論、大抵以說文諧聲爲古音之原、以後世方言爲古音之轉、而以等韻經緯於其閒。言之似乎成理、而其實不然。夫韻始諧聲、其來古矣。然許愼說文主於解字、不主於辨聲。所謂某字某聲、不過約略近似。如郵今音奴顚切、而云讀若寧。寧、年雙聲之轉也。虔今音渠焉切、而云讀若矜。矜、鰥古字之通也。此本不可據以定韻。且以今韻古韻互相參考、其閒有可解者、有不可解者。有可解者、如江、杠、工聲。此諧聲之字已變、而所諧之字未變者也。隨、𨻰聲。波、皮聲。此諧聲之字未變、而所諧之字已變者也。（𨻰古音所、皮古音婆。）儀、議、義聲。此諧聲之字與所諧之字俱變者也。（義、儀、議古並音俄。）祖、且聲。姐亦且聲。此諧聲之字與所諧之字俱半變半不變者也。（且字入虞韻、又入馬韻。）諸、渚、者聲。奢亦者聲。此所諧之字全變、而諧聲之字半變半不變者也。（者古音主、今韻諸、渚、諸此聲而奢字則入麻韻。）風、鳳、凡聲。汎亦凡聲。此所諧之字不變、而諧聲之字半變半不變者也。皆與今說古韻者絕不相異。又如梏、咎聲、讀若皓。此蕭、肴、豪、尤之通用也。魔、麻聲。此歌、麻之通用也。哇、圭聲、讀若醫。此支、佳、齊之通用也。魂、云聲。此文、元之通用也。茜、西聲。移、多聲。此古今音別一字之通用者也。（西古音先、多古音夷。）槐、鬼聲。遺、貴聲。此古無平仄三聲之通用者也。亦與今說古韻者絕不相異。凡此可以解者、何必待說文諧聲而後知。若夫衮、公聲。輅、略、路、各聲。訏、于聲。莙、君聲。而云讀若威。摯、執聲。而云讀若晉。此已難解。至如熊爲炎省聲。旬爲勻省聲。杏爲可省聲。更茫不知其所云。甚至如萆、椑、卑聲。卑又甲聲。則萆椑皆當讀若甲。䫌、霌聲。需又而聲。則䫌當讀若而。（䫌、奴豆切、去而音絕遠。）更輾轉至於不可通。凡此不可解者、或爲傳寫譌誤、或爲漢時方音、均不可知。又豈可據以定古音哉。況經典初皆古文、許愼所說乃小篆。字體轉變、或相同或不相同。如愼、眞聲、而古文作昚。津、聿聲、而古文作𣴎。續、賣聲、而古文作賡。虹、工聲、而古文作蚺。囿、有聲、而古文作𡈚。皆無可諧之聲。即說文所載、已不可枚舉。而欲據小篆偏旁以究三代之音、其亦左矣。至方言則脣吻之閒、隨時漸變、亦隨地頓殊。其時同者其地未必同。劉熙釋名所載天坦天顯之別、五方異呼之證也。其地同者其時又未必同。左傳稱楚謂乳曰穀、謂虎曰於菟。穀梁傳稱吳謂善伊、謂稻曰緩。狄謂賁泉曰失台。今驗諸土俗、皆無一合。是古今異語之證也。偶執其一字二字援以爲證。則曾慥類說載眞宗時閩人作賦、以何高相叶、嶺南人作詩、以先添並押者、亦將曰宋韻如是乎。若夫等韻之辨、尤似是而非。考隋書經籍志曰、自後漢佛法行於中國、又得西域書、能以十四字貫一切音。文省而義廣、謂之婆羅門書、與八體六字之義殊別。是等韻久入中國、而審音者弗之用。唐以前無取以定韻者。自宋以後、其說漸行、乃以字母入韻書。實因韻而分等、非因等而定韻。古書所載源委甚明。以等韻核今韻、已言人人殊。至以等韻定古韻、益本末倒置、全迷端緒矣。乃詆陳第古音考不知等韻、是猶怪斷漢獄者不能引唐律也。大抵三代去今數千年、當日音聲、但可以據經典有韻之文、約其大略。猶之考地理者、可以據名山大川、知某省當爲古冀州、某省當爲古揚州耳。必以今之州縣村堡犬牙相錯之處定古某州之疆界、則萬無是事矣。故士伯此書引證愈博、辨駁愈巧、而不合於古法乃愈甚。總由於不揣其本故也。至謂經典皆北人所作、即屈宋亦北學於中國、是以古無入聲、如周德清之中原音韻攤入三聲。則益爲臆斷之談矣。

等切元聲十卷、江西巡撫採進本。

國朝熊士伯撰。是編成於康熙癸未。又其講明今韻之書也。案等韻之法、約三十六母爲二十三行、排端精於一四、知照於二三。是以出切行韻、彼此轇轕。元劉鑑以類隔交互等二十門法取字、後人咸遵其說。是書於等子門法頗有駁正。至內外八轉、通廣偈狹之類、辨論尤爲詳悉。然等韻之學、唯憑脣吻、雖精究此事者、不能不雜以方音。故彼亦一是非、此亦一是非。左右佩劍、相笑不休。自以爲豪髮無憾、而聽之又未嘗不別有說也。即如此書、內外以照二爲限。內門二等、惟照有字、俱切入三等。所謂內轉切三也。外門則牙舌脣齒喉二等俱有字、仍切二等、所謂外轉切二也。內三外二門法、不過如此。然臻之開合二攝二等、止照有字、何以謂之外轉耶。通廣偈狹等子、明列四門。而切法以三等切及第四爲通廣一門、四等切及第三爲偈狹一門。此外又有小通廣偈狹門、又有通廣偈狹不定門。是門法與等子互異也。又謂知徹澄同照穿牀、泥同孃、敷同非、皆可省。按照穿牀係齒音、知徹澄係舌音。士伯云莊之與章、是照與照別、非與知有異。不知章與張自別、惟中原音韻中鐘追錐之類、皆不分別、不可以律等子也。然則泥孃以上下等爲別、非敷以清濁之次爲別、又安可廢乎。獨其於雙聲疊韻及五音九弄反紐圖、剖析徵至、足證前人之誤、爲不可沒耳。

古今韻表新編五卷、兩淮鹽政採進本。

國朝仇廷模撰。廷模字季亭、寧波人。康熙辛卯舉人、官知縣。其書每韻分舌齒喉脣牙聲。至其末卷論古韻、則多遵毛奇齡兩界五通之說。奇齡古今通韻、欲以博辨勝顧炎武、已不免汗漫支離。廷模沿其緒論、又造爲經通緯通變通正叶變叶外叶諸例、尤爲支蔓。古人用韻之法、軌轍可尋、又安有是紛紛也。

八矢注字圖說一卷、兩江總督採進本。

國朝顧陳垿撰。陳垿有鐘律陳數、已著錄。是編乃其所定韻書。八矢者、嘗字爲的、以八矢注之。一分四聲、二經聲、三定清濁之界、四審五音、五分陰陽、六分正變、七分輕重、八分留送。凡八門也。經聲分先天九聲、後天九聲。凡四聲直下爲先天。其二九並入圖枯苦庫酷、伊倚意乙之類是也。四聲旁轉爲後天。空恐控酷、因引印一之類是也。四聲之外又增一下聲、則亙古之所未聞矣。其緯音清濁正變陰陽輕重留送圖、分宮爲濁、商爲清、實皆喉音。角徵羽皆分清濁、而清濁二徵之外、又增淺中深三徵音。其外又有清閏濁閏二音、實即非敷二母之輕脣音也。其所謂正變者、正即開口呼、變即合口呼。又分輕重留送爲三成、皆變幻面目、別立名字。而反謂三十六母爲亂道、過矣。

聲韻圖譜、無卷數、浙江巡撫採進本。

國朝錢人麟撰。人麟字籌菴、武進人。康熙庚子舉人、官蕭山縣知縣。是書即等韻舊法而變通之。以三十五母定聲、刪徵音四、輕脣音一、析齒頭音五母。以十四攝定韻、併江於宕、併曾於梗、剔蟹之三等入正。以四十五韻爲圖譜、併恇於光、併黔於兼、併肱於觥、併諸字四等於三等。首列諸母陰陽均變之圖、及諸韻正閏內外等第之圖。末爲韻法八條、叢論十八條。附翻切古韻轉音例、及詞曲韻通轉例。

類字本意、無卷數、浙江巡撫採進本。

國朝莫宏勳撰。宏勳字誠齋、錢塘人。前有康熙庚子自序。其書取梅膺祚字彙之字、依其卷末所列韻法橫直二圖、一一分隸。平上去三聲爲一類、入聲自爲一類。盡改古來韻部之舊、並盡乖古來等韻之舊。不足據爲典要也。

韻學臆說一卷、直隸總督採進本。

國朝王植撰。植有四書參註、已著錄。此書前列唐韻目、吳棫古韻目、及所爲臆說十條。次列光官公昆高乖鉤規過皆孤基瓜等十三字首羣字譜。大抵不知韻學因革源流、而惟恃脣吻之閒、以等韻辨別。猶之以近日詞曲之工尺、而評定夔曠之樂章。其辨愈精、其說愈密、而愈南轅北轍、畢世不得其所適。其所引據、不過宋吳棫近時毛奇齡馬自援之說。而抗詞以攻顧炎武、所見左矣。

韻學五卷、直隸總督採進本。

國朝王植撰。音韻之學，自古迄今，變而不常，亦推而愈密。古音數變而爲今韻，歷代各殊，此變而不恒者也。今韻既定，又剖析而爲等韻，此推而益密者也。古韻與今韻音讀各異，部分亦殊，吳棫不知其故，而以音讀之異名爲叶，部分之殊注爲通轉，而古韻遂亂。今韻之定在前，等韻之分在後，實因韻字而分等，非因韻等而分字。韓道昭、熊忠不知其故，於是以字母顛倒韻字，而今韻又亂。自明以來，惟陳第、顧炎武及近日之江永識其源流，他若馬自援之講今韻，愈細而舊法愈失，毛奇齡之講古韻，愈辨而端緒愈淆矣。植作是書，不能從源而分流，而乃執末以議本，攻所必不能攻，而遵所必不可遵，故用力彌勤而彌於古法未合也。

五方元音二卷（浙江巡撫採進本）

國朝樊騰鳳撰。騰鳳字凌虛，堯山人。是書論切字之法，以陰平、陽平析四聲爲五，猶屬舊例。其部分則併爲十二：曰一天，二人，三龍，四羊，五牛，六獒，七虎，八駝，九蛇，十馬，十一豺，十二地。字母則併爲二十，曰梆、匏、木、風、斗、土、鳥、雷、竹、蟲、石、日、剪、鵲、系、雲、金、橋、火、蛙，皆純用方音，不究古義。如覃、鹽、咸之併入天，庚、青、蒸之併入龍，其變亂韻部，又甚於洪武正韻矣。

詩經叶音辨譌八卷（通行本）

國朝劉維謙撰。維謙字讓宗，自號雙虹半士，松江人。是書首列等子圖，次爲分隸字母總音，次爲音叶互異彙辨，次爲疊韻雙聲，次爲辨論顧炎武音學五書、毛奇齡古今通韻，次發明康熙字典。其三百五篇之叶音，則一一逐句詳註，考論頗勤。然古音之學，自宋吳棫而晦，自明陳第乃漸明。國朝顧炎武諸家闡發其旨，久有定論。維謙欲翻爲異說，以駕乎前人之上，反以吳棫爲是，陳第爲非，業已黑白倒置。而又以等韻三十六母牽合古音。夫等韻所別，爲今音，而詩三百篇則古音，音隨世變，截然不同。維謙乃執後以繩前，是何異以行艸之偏旁而釋倉頡、史籀之篆文哉。至於雙聲疊韻，乃永明以來之法，古人或偶爾相合，實非有意。維謙之牽合經文，亦多附會。充其量之所至，將覯閔既多，受侮不少，亦且謂古詩有對偶乎。

詩傳叶音考三卷（江蘇巡撫採進本）

國朝吳起元撰。起元字復一，震澤人。是書專論三百篇叶音，如關雎服古音匐，引禮記扶服救之爲證，亦閒有可采。至如吁嗟乎騶虞，不知爲無韻之句，乃謂虞乎相叶。然則周南之吁嗟麟兮，鄭風之狂童之狂也且，又以何法叶之乎。大抵其病由於不知古音自有部分，惟以今韻部分取讀，又不知古無四聲，更以華嚴字母分等，故愈辨而愈遠也。

四聲切韻表一卷（兵部侍郎紀昀家藏本）

國朝江永撰。永有周禮疑義舉要，已著錄。是書前列凡例六十二條，備論分析考定之意，而列表於後。其論古法七音三十六母不可增減移易，凡更定者皆妄作，最爲有見。其論入聲尤詳。大旨謂顧炎武古音表務反舊說之非，然永亦不遵古法，頗以臆見改變。夫字有數而音無窮，故無無音之字，而有無字之音。永既知冬韻無上聲字，臻韻無上去二聲字，祭、泰、夬、廢四韻無平上二聲字，而入聲乃必使之備，或一部之字使分入於數部，或數部之字使合入於一部，自謂窮極精微，其用心不爲不至。然如伐之一字，公羊自有兩呼。天之一字，釋名亦復異讀。陸法言亦云吳楚時患輕浮，燕趙多傷重濁。顧炎武至謂孔子傳易亦不免於方音。其說永亦深取之，而乃欲以一人一地之音改古來入聲之部分，豈沈、陸諸人惟能辨三聲，不能辨四聲乎。至其雜引偏旁諧聲以申交互之說，雖有理可通，而牽合亦甚。永作古韻標準，知不以今韻定古韻，獨於此書乃以古韻定今韻，亦可謂不充其類矣。

本韻一得二十卷（浙江巡撫採進本）

國朝龍爲霖撰。爲霖字雨蒼，成都人。由拔貢生官至湖州府知府。是書爲所定新韻，卷首載者趙國麟論韻書，有此道自漢以後如漆室長夜千數百年於茲之語，其自命甚高，故歷代相傳之舊法，無一不遭詆斥，亦無一不遭變亂。大意以十二律分平聲，以七音分入聲，又以四聲不備五音，分陽平、陰平爲二，以合五聲之數。驟而觀之，以樂律定聲音，以聲音定部分，端緒井然，言之成理，似乎得聲氣之自然。其附會不能遠見，亦不能遽攻。然探其本而論之，律之作也，應陰陽之氣而寫之以音，此出乎天者也。至於文字之作，其始用以記載，別而爲形，因而宣諸語言，別而爲聲，其聲由點畫而起，不由律呂而起，此定於人者也。故古人律呂之妙，窮析毫芒，而音則竝無平仄，此韻不與律俱生之明證矣。顏之推家訓音辭篇曰、鄭元註六經、高誘解呂覽淮南、許慎造說文、劉熙製釋名、始有譬況假借以證音字、而古語與今殊別。其閒輕重清濁、猶未可曉。孫叔然㸔爾雅音義、是漢末人獨知反語。此韻之始也、不言配律也。封演聞見記曰、魏時有李登者、撰聲類十卷、凡一萬一千五百二十字、以五聲命字。此乃漸配五聲、然每聲之中、尚未析平仄也。南齊書陸厥傳曰、沈約等文皆用宮商、以平上去入爲四聲、以此制韻。梁書沈約傳曰、撰四聲譜、自謂入神之作。此今韻平仄之始、亦不言叶樂也。自釋神珙始作等韻、其圖今載宋本玉篇之末、相傳爲北魏人、而其自序中乃稱昔梁沈約㸔紐字之圖。又有南陽釋處忠撰元和韻譜、元和爲唐憲宗年號、則當爲晚唐時人。故唐一代詩人未言字母、至宋而其說乃大行。以韻配律、漸起於是矣。然沈括夢溪筆談曰、樂家所用、隨律命之、本無定音。常以濁者爲宮、稍清爲商、最清爲角、清濁不常爲徵羽。切韻家則定脣齒牙舌喉爲宮商角徵羽、其間又有半徵半商者、如來日二字是也。是盛談等韻之時、尚以韻與樂律截然分爲兩事。今爲霖乃因字母有七音之例、遂更廣其例、以十二律爲斷。舉隋陸法言以來、上下平聲五十七部併爲十二部。夫樂之有十二律、不猶天之有十二宮乎。古聖人畫地分州、建侯樹國、各因其山川之勢、初不取象於天、迨其後測驗之術興、乃以列宿分野隸十二宮之次。聲韻之始、隨呼吸取讀、亦猶分州建國也。及其配以音律、亦猶列宿分野也。其理不必不相通、而其勢不能以彼改此。今以韻通於律、遂併爲一十二部以應律、亦將以地理通於星野、而合併天下之千百郡縣、割裂天下之疆界、合爲十二州以應天乎。況自漢以來、有韻之書不一、有韻之文亦不一。一旦盡舉而廢之、獨標一爲霖之書爲千古韻學之聖、即其說果通、亦斷斷難行於天下。況倒置本末、併其理亦牽合乎。至於入聲併十二爲七、尤爲乖理。聲生於口、一呼皆備四聲。字生於六書、非有所取義則無其字。故二百六部之中無入聲者二十七、此二十七部無平上二聲者又四。非無其聲、無其字也。爲霖必一一配合、使無入者皆有入、亦誤以字生於聲、而不知聲生於字、復倒置其本末也。今撮其大概、略爲駁正如右、庶講韻學者不至以新說改古法焉。

音韻源流五十卷（河南巡撫採進本）

國朝潘咸撰。咸有易菁圖說、已著錄。是書分三部、一曰倉沮元韻、凡三十六卷、分翁烏罌安阿丫衣埃烏隈謳爊譆屋鞏搯遏匼一十八韻、而以其翕音闢音謂之諸字、以其本音轉音謂之分音。一曰詩騷通韻、一曰中都雅韻、各十卷、亦以十八韻分合之。元韻又有卷首二卷、通韻雅韻亦各有卷首一卷。大抵皆以意杜撰、戾於古而乖於今。其敍述古韻源流、如魏李登聲類、周顒四聲、隋志僅列其名、唐志已不著錄、而咸云獨得見之。其書皆分東陽耕眞寒侵覃支佳魚蕭歌尤十三類。陸法言之切韻、孫愐之唐韻、今皆不傳、惟愐之音切尚散見徐鉉所校說文中、而咸亦云獨得見之。其二百六部、爲法言所分、其獨用通用爲愐所定、多與今不同。韓愈著作、班班可考、獨不聞其有何韻書、而咸云獨見韓愈唐韻、其同用獨用與今廣韻同。又列禮部韻略、毛晃增韻、劉淵平水韻於陳彭年廣韻之前、而謂廣韻比禮部韻略多數部。又謂丁度集韻分七音、東部首公不首東、核以諸書、亦不相合。蓋鄉曲之士、不知古書之存亡、姑以意說之而已。

韻岐四卷（編修程晉芳家藏本）

國朝江昱撰。昱有尚書私學、已著錄。是編於官韻之中、擇其一字數音者、各分別字義異同、蓋亦宋人押韻釋疑之類。

音韻清濁鑑三卷（江蘇巡撫採進本）

國朝王祚禎撰。祚禎字楚珍、大興人。是書以金韓道昭五音集韻、元劉鑑切字玉鑰匙、與周德清中原音韻合爲一書、而以己意竄改之。夫道昭書配三十六母、鑑書配內外十六攝、德清書則北曲之譜、以入聲配入三聲。祚禎既狃於方音、併四聲爲三、混淆古法、而乃屑屑然區分門目、辨別等次、非今非古、非曲譜、非等韻、莫喻其意將安取。其序自稱博極諸家、如揚雄訓纂、許慎說文、玉篇、唐韻、廣韻、韻會、篇海、集韻、正韻、呂氏同文鐸、白月燈、無不繹其論說、證其異同。說文、玉篇以下、其書具在、不知揚雄訓纂、孫愐唐韻、祚禎何從見之。又稱隱侯四聲、宣城字彙、正字通、戶誦家吟、更不知祚禎何由見沈約書也。

聲音發源圖解一卷（江蘇巡撫採進本）

國朝潘遂先撰。遂先、句容人。是書爲遂先草創、其子命世續成之。分四聲爲六聲、曰初平、次平、終平、初仄、次仄、終仄。初平屬少陽、出舌根。次平屬陽明、出舌後。終平屬太陽、出舌中。初仄屬少陰、居舌前。次仄屬太陰、屬舌稍。終仄屬厥陰、出舌尖。謂五音羽出在下之門牙、徵出在上之門牙、角出上下之槽牙、商出上下之盡牙、宮出上下之虎牙、而皆通於舌、以成五音。又分舌根舌後舌中舌前舌稍舌尖六舌爲十二舌。以黃鍾大呂爲一舌二舌、則舌根之一後一前也、主冬至以後。太簇夾鍾爲三舌四舌、則舌後之一後一前也、主雨水以後。以姑洗仲呂爲五舌六舌、則舌中之一後一前也、主穀雨以後。以蕤賓林鍾爲七舌八舌、則舌前之一後一前也、主夏至以後。以夷則南呂爲九舌十舌、則舌稍之一後一前也、主處暑以後。以無射應鍾爲十一舌十二舌、則舌尖之一後一前也、主霜降以後。又以宮分五音、音分五位、則二十五位。以韻五乘之、則一百二十五位、位具六聲、則七百五十聲。商分五音、音繞九位、則四十五位。以韻四乘之、則百八十位、位具六聲、則千有八十聲。角分五音、音繞八位、以韻三乘之、則百有二十位、位具六聲、則七百二十聲。徵分五音、音繞七位、以韻七乘之、爲二百四十五位、位具六聲、爲千四百七十聲。羽分五音、音繞六位、以韻六乘之、爲百有八十位、位具六聲、爲千有八十聲。總計五音之韻、共二十有五、分音百二十有五、位凡八百五十、聲凡五千一百、而皆統之於元宗。今考遂先所稱初平、以上聲之濁音當之。不知指南謂濁上當讀如去、實而有徵。卽如止攝羣母奇上爲技。蟹攝匣母孩上爲亥。遇攝旁母蒲上爲部。咸攝奉母凡上爲范。果攝從母矬上爲坐。效攝澄母鼂上爲肇。上音皆別作去、今讀之實有此音。而遂先乃指以爲初平、未見其能合也。惟皇極經世多以上爲平、如通攝泥母農上爲貜。邵以貜爲平、入乃母。蟹攝來母雷上爲磊。邵以磊爲平、入呂母。臻攝微母文上爲吻。邵以吻爲平、入武母。宕攝來母良上爲兩。邵讀兩爲平、入呂母。今遂先以舌根爲初平、而上之爲平、不必皆舌根、則亦不得據以爲初平明矣。自六聲之說既誤、而支離穿鑿、盡廢齒牙脣舌而專以牙之一音定宮商角徵羽。又盡廢齒牙腭脣而以十二舌定平仄六聲。至以雨水後立夏前中商音、立夏後大暑前中角音、與月令、管子、逸周書全反、尤無據也。

右小學類韻書之屬、六十一部、五百三十七卷、內七部無卷數。皆附存目。

欽定四庫全書總目卷四十四

欽定四庫全書總目卷四十五

史部總敘

史之爲道，撰述欲其簡，考證則欲其詳。莫簡於春秋，莫詳於左傳。魯史所錄，具載一事之始末，聖人觀其始末，得其是非，而後能定以一字之褒貶。此作史之資考證也。丘明錄以爲傳，後人觀其始末，得其是非，而後能知一字之所以褒貶。此讀史之資考證也。苟無事蹟，雖聖人不能作春秋。苟不知其事蹟，雖以聖人讀春秋，不知所以褒貶。儒者好爲大言，動曰舍傳以求經，此其說必不通。其或通者，則必私求諸傳，詐稱舍傳云爾。司馬光通鑑，世稱絕作，不知其先爲長編，後爲考異。高似孫緯略，載其與宋敏求書，稱到洛八年，始了晉、宋、齊、梁、陳、隋六代，唐文字尤多，依年月編次爲草卷，以四丈爲一卷，計不減六七百卷。又稱光作通鑑，一事用三四出處纂成，用雜史諸書凡二百二十二家。李燾巽巖集亦稱張新甫見洛陽有資治通鑑草稾盈兩屋。（案燾集今已佚，此據馬端臨文獻通考述其父廷鸞之言。）今觀其書，如淖方成禍水之語，則採及飛燕外傳；張彖冰山之語，則採及開元天寶遺事；並小說亦不遺之。然則古來著錄，於正史之外兼收博採，列目分編，其必有故矣。今總括羣書，分十五類，首曰正史，大綱也。次曰編年，曰別史，曰雜史，曰詔令奏議，曰傳記，曰史鈔，曰載記，皆參考紀傳者也。曰時令，曰地理，曰職官，曰政書，曰目錄，皆參考諸志者也。曰史評，參考論贊者也。舊有譜牒一門，然自唐以後，譜學殆絕。玉牒既不頒於外，家乘亦不上於官，徒存虛目，故從刪焉。考私家記載，惟宋、明二代爲多。蓋宋、明人皆好議論，議論異則門戶分，門戶分則朋黨立，朋黨立則恩怨結，恩怨既結，得志則排擠於朝廷，不得志則以筆墨相報復。其中是非顛倒，頗亦熒聽。然雖有疑獄，合衆證而質之，必得其情；雖有虛詞，參衆說而核之，亦必得其情。張師棣南遷錄之妄，鄰國之事無質也，趙與旹賓退錄證以金國官制而知之；碧雲騢一書，誣謗文彥博、范仲淹諸人，晁公武以爲眞出梅堯臣，王銍以爲出自魏泰，邵博又證其眞出堯臣，可謂聚訟。李燾卒參互而辨定之，至今遂無異說。此亦考證欲詳之一驗。然則史部諸書，自鄙倍冗雜，灼然無可採錄外，其有裨於正史者，固均宜擇而存之矣。

史部一

正史類

正史之名，見於隋志，至宋而定著十有七。明刊監版，合宋、遼、金、元四史爲二十有一。

皇上欽定明史，又

詔增舊唐書爲二十有三。近蒐羅四庫，薛居正舊五代史得裒集成編，欽稟

睿裁，與歐陽修書並列，共爲二十有四。今並從官本校錄。凡未經

宸斷者，則悉不濫登。蓋正史體尊，義與經配，非懸諸令典，莫敢私增。所由與稗官野記異也。其他訓釋音義者，如史記索隱之類；掇拾遺闕者，如補後漢書年表之類；辨正異同者，如新唐書糾繆之類；校正字句者，如兩漢刊誤補遺之類。若別爲編次，尋檢爲繁，卽各附本書，用資參證。至宋、遼、金、元四史譯語，舊皆舛謬，今悉改正，以存其眞。其子部、集部亦均視此，以考校釐訂自正史始，謹發其凡於此。

史記一百三十卷（內府刊本）

漢司馬遷撰，褚少孫補。遷事蹟具漢書本傳。少孫據張守節正義引張晏之說，以爲潁川人，元、成閒博士；又引褚覬家傳，以爲梁相褚大弟之孫，宣帝時爲博士，寓居沛，事大儒王式，故號先生。二說不同。然宣帝末距成帝初不過十七八年，其相去亦未遠也。案遷自序，凡十二本紀、十表、八書、三十世家、七十列傳，共爲百三十篇。漢書本傳稱其十篇闕，有錄無書。張晏注以爲遷歿之後，亡景帝紀、武帝紀、禮書、樂書、兵書、漢興以來將相年表、日者列傳、三王世家、龜策列傳、傅靳列傳。劉知幾史通則以爲十篇未成，有錄而已，駁張晏之說爲非。今考日者、龜策二傳，並有太史公曰，又有褚先生曰，是爲補綴殘稾之明證，當以知幾爲是也。然漢志春秋家載史記百三十篇，不云有闕，蓋是時官本已以少孫所續合爲一編。觀其日者、龜策二傳，並有臣爲郎時云云，是必嘗經奏進，故有是稱。其褚先生曰字，殆後人追題，以爲別識歟？周密齊東野語摘司馬相如傳贊中有揚雄以爲靡麗之賦，勸百而諷一之語；又摘公孫宏傳中有平帝元始中詔賜宏子孫爵語。焦竑筆乘摘賈誼傳中有賈嘉最好學，至孝昭時列爲九卿語。皆非遷所及見。王懋竑白田雜著亦謂史記止紀年而無歲名，今十二

諸侯年表上列一行載庚申甲子等字，乃後人所增，則非惟有所散佚，且兼有所竄易。年祀緜邈，今亦不得而考矣。然字句竄亂，或不能無，至其全書則仍遷原本。焦竑筆乘據張湯傳贊如淳註，以爲續之者有馮商、孟柳。又據後漢書楊經傳，以爲嘗刪遷書爲十餘萬言，指今史記非本書，則非其實也。其書自晉唐以來，傳本無大同異。惟唐開元二十三年敕升史記老子列傳於伯夷列傳上。錢曾讀書敏求記云，尚有宋刻，今未之見。南宋廣漢張材又嘗刊去褚少孫所續，趙山甫復病其不全，取少孫書別刊附入，今亦均未見其本。世所通行惟此本耳。至僞孫奭孟子疏所引史記西子金錢事，今本無之。蓋宋人詐託古書，非今本之脫漏。又學海類編中載僞洪邁史記眞本凡例一卷，於原書臆爲刊削，稱即遷藏在名山之舊藁，其事與梁鄱陽王漢書眞本相類，益荒誕不足爲據矣。註其書者，今惟裴駰、司馬貞、張守節三家尚存。其初各爲部帙，北宋始合爲一編。明代國子監刊版，頗有刊除點竄。南監本至以司馬貞所補三皇本紀冠五帝本紀之上，殊失舊觀。然彙合羣說，檢尋校易，故今錄合併之本，以便觀覽，仍別錄三家之書，以存其完本焉。

史記集解一百三十卷（江蘇巡撫採進本）

宋裴駰撰。駰字龍駒，河東聞喜人，官至南中郎參軍。其事蹟附見於宋書裴松之傳。駰以徐廣史記音義粗有發明，殊恨省略，乃採九經諸史幷漢書音義及衆書之目，別撰此書。其所引證，多先儒舊說，張守節正義嘗備述所引書目次。然如國語多引虞翻注，孟子多引劉熙注，韓詩多引薛君注，而守節未著於目。知當日援據浩博，守節不能徧數也。原本八十卷，隋唐志著錄竝同。此本爲毛氏汲古閣所刊，析爲一百三十卷，原第遂不可考。然註文猶仍舊本。自明代監本以索隱、正義附入，其後又妄加刪削，訛舛遂多。如五帝本紀昔高陽氏有才子八人句下，高辛氏有才子八人句下，俱脫名見左傳四字。秦始皇本紀輼車重馬東就食句下，脫徐廣曰一無此重字八字。項羽本紀其九月會稽守句下，脫徐廣曰爾時未言太守九字。武帝紀祠上帝明堂句下，脫徐廣曰常五年一修耳，今適二年，故但祀明堂十八字。然其效可覩矣句下，脫又數本皆無可字七字。河渠書岸善崩句下，脫如淳曰河水岸六字。司馬相如傳彷徨乎海外句下，此引郭璞云，靑邱山名，上有田，亦有國，出九尾狐在海外。太史公自序易大傳句下，此引張晏曰謂易繫辭。監本均誤作正義。至於字句異同，前後互見。如夏本紀九江入賜大龜句下，孔安國曰出於九江水中。監本作山中。孝文本紀昌至渭橋句下，引蘇林曰在長安北三里。監本多渭橋二字。祁侯賀爲將軍句下，引徐廣曰姓繒。監本多一賀字。當有玉英見句下，引瑞應圖云，玉英五帝竝修則見。監本作五常。（案五帝竝修語不可解，似當以監本爲是。）厲國悍爲將屯將軍句下，引徐廣曰姓徐。監本多一悍字。孝景本紀封故御史大夫周苛孫平爲繩侯句下，引徐廣曰一作應。監本多一平字。武帝紀自太主句下，引徐廣曰武帝姑也。監本多太主二字。龜策列傳蝟辱於鵲句下，引郭璞曰蝟憎其意心惡之也。監本作而心惡之。凡此之類，當由古注簡質，後人以意爲增益，已失其舊。至坊本流傳，脫誤尤甚。如夏本紀灃水所同句下，引孔安國曰灃水所同，同於渭也。坊本闕一同字。項羽本紀乃封項伯爲射陽侯句下，脫徐廣曰項伯名纏，字伯九字。是又出監本下矣。惟貨殖傳蘖麴鹽豉千瓵句下，監本引孫叔敖云瓵瓦器受斗六升合爲瓵（音貽），當是孫叔然之訛。此本亦復相同，是校讎亦不免有疏。然終勝明人監本也。

史記索隱三十卷（江蘇巡撫採進本）

唐司馬貞撰。貞，河內人，開元中官朝散大夫、宏文館學士。貞初受史記於崇文館學士張嘉會，病褚少孫補司馬遷書多傷踳駁，又裴駰集解舊有音義年遠散佚，諸家音義延篤音隱、鄒誕生、柳顧言等書亦失傳，而劉伯莊、許子儒等又多疏漏，乃因裴駰集解，撰爲此書。首注駰序一篇，載其全文。其注司馬遷書，則如陸德明經典釋文之例，惟標所注之字，蓋經傳別行之古法。凡二十八卷。末二卷爲述贊一百三十篇，及補史記條例，欲降秦本紀、項羽本紀爲系家，而呂后、孝惠各爲本紀，補曹許邾吳芮吳濞淮南系家，而降陳涉於列傳，蕭何、曹參、張良、周勃、五宗、三王各爲一傳，而附國僑、羊舌肸於管晏，附尹喜、莊周於老子，附韓非於商鞅，附魯仲連於田單，附宋玉於屈原，附鄒陽、枚乘於賈生。又謂司馬相如、汲鄭傳不宜在西南夷後、大宛傳不合在游俠酷吏之閒，欲更其次第，其言皆有條理。至謂司馬遷述贊不安，而別爲之，則未喻言外之旨。終以三皇本紀自爲之註，亦未合闕疑傳信之意也。此書本於史記之外別行，及明代刊刻監本，合裴駰、張守節及此書散入句下，恣意刪削，如高祖本紀母媼毋溫之辨，有關考證者，乃以其有異舊說，除去不載。又如燕世家啟攻益事，貞註曰：經傳無聞，未知其由。雖失於考據竹書，（案今本竹書不載此事，此據晉書束晳傳所引。）亦當存其原文，乃以爲宂句，亦刪汰之。此類不一，漏略殊甚。然至今沿爲定本，與成矩所刊朱子周易本義，人人明知其非，而積重不可復返。此單行之本，爲北宋祕省刊板，毛晉得而重刻者，錄而存之，猶可以見司馬氏之舊，而正明人之疎舛焉。

史記正義一百三十卷（兵部侍郎紀昀家藏本）

唐張守節撰。守節始末未詳。據此書所題，則其官爲諸王侍讀、率府長史也。是書據自序三十卷，晁公武、陳振孫二家所錄則作二十卷。蓋其標字列注，亦必如索隱。後人散入句下，已非其舊。至明代監本，採附集解、索隱之後，更多所刪節，失其本旨。如守節所長在於地理，故自序曰：郡國城邑，委曲詳明。而監本於周本紀子帶立爲王句下，脫左傳云周與鄭人蘇忿生十二邑，溫其一也十七字。秦本紀反秦於淮南句下，脫楚淮北之地盡入於秦九字。項羽本紀項王自立爲西楚霸王句下，脫孟康云舊名江陵爲南楚，吳爲東楚，彭城爲西楚十九字。呂后本紀呂平爲扶柳侯句下，脫漢扶柳縣也有澤七字。孝景本紀遂西圍梁句下，脫梁孝王都睢陽，今宋州九字。立楚元王子平陸侯句下，脫應劭云平陸西河縣八字。孝武本紀見五畤句下，脫或曰在雍州雍縣南，孟康曰：畤者神靈上帝也十八字。晉世家是爲晉侯句下，脫其城南半入州城中，削爲坊，城牆北半見在十七字。趙世家吾國東有河薄洛之水句下，脫案安平縣屬定州也八字。餓死沙邱宮句下，脫括地志云趙武靈王墓在蔚州靈邱縣東三十里，應說是也二十三字。韓世家得封於韓原句下，脫古今地名云韓武子食采於韓原故城也十六字。淮陰侯列傳家在伊盧句下，脫韋昭及括地志皆說之也十字。貨殖列傳殷人都河西句下，脫盤庚都殷墟，地屬河西也十字。周人都河南句下，脫周自平王以後都洛陽九字。自序戹困鄱句下，脫漢末陳蕃子逸爲魯相，改音皮。田褒魯記曰：靈帝末，汝南陳子游爲魯相，陳蕃子也，國人爲諱而改焉三十九字。又如秦本紀樗里疾相韓句下，此本作福昌縣東十四里，監本脫十四里三字。貨殖傳夫燕亦勃碣之閒句下，此本作碣石渤海在西北，監本脫北字。又守節徵引故實，頗爲賅博，故自序曰：古典幽微，竊探其美。而監本夏本紀皐陶作士句下，脫士若大理卿也六字。周本紀於是褒行樂句下，脫若今太常卿也六字。周本紀作臩命句下，脫應劭云太僕周穆王所置，蓋大御衆僕之長中大夫也二十一字。以應爲太后養地句下，脫太后秦昭之母宣太后羋氏十一字。秦始皇本紀爲我遺鎬池君句下，脫張晏云武王居鎬，鎬池君則武王也，伐商，故神云始皇荒淫若紂矣，今武王可伐矣三十二字。敘論孝明皇帝句下，脫班固典引云後漢明帝永平十七年，詔問班固，太史遷贊語中寧有非耶？班固上表陳秦過失及賈誼言秦之四十二字。項羽本紀會稽守句下，脫守音狩。景帝中二年七月更郡守爲太守十六字。孝景本紀伐馳道樹殖蘭池句下，脫案馳道天子道，秦始皇作之，丈而樹十四字。孝武本紀是時上求神君句下，脫漢武帝故事云起柏梁臺以處神君。神君者，長陵女子也，先是嫁爲人妻，生一男，數歲死，女子悼痛之，歲中亦死，而靈宛若祠之，遂聞言宛若爲主，民人多往請福，說家人小事有驗。平原君亦祠之，至後子孫尊貴，及上即位，太后延於宮中祭之。聞其言，不見其人，至是神君求出，爲營柏梁臺舍之。初，霍去病微時，自禱神君，及見其形，自修飾，欲與去病交接，去病不肎，謂神君曰：吾以神君精潔，故齋戒祈福，今欲婬，此非也。自絕不復往，神君慙之，乃去也一百七十字。見安期生句下，脫列仙傳云安期生，瑯琊阜鄉亭人也，賣藥海邊，秦始皇請語三夜，賜金數千萬，出於阜鄉亭，皆置去，留書以赤玉舄一量爲報，曰：後千歲求我於蓬萊山下五十九字。李少君病死句下，脫漢書起居注云李少君將去，武帝夢與共登嵩高山，半道，有使乘龍時從雲中云太一請少君，帝謂左右將舍我去矣。數月而少君病死。又發棺看，惟衣冠在也六十一字。史寬舒受其方句下，脫姓史名寬舒五字。禮書疏房牀第句下，脫疏謂窗也四字。律書其於十二支爲丑句下，脫徐廣曰此中闕不說大呂及丑也案此下闕文或一本云丑者紐也言陽氣在上未降萬物厄紐未敢出也四十一字。天官書氐爲天根句下，脫星經云氐四星爲露寢聽朝所居其占明大則臣下奉度合誠圖云氐爲宿宮也三十一字。其內五星五帝坐句下，脫犨下從殊也五字。楚世家伐申過鄧句下，脫服虔云鄧曼姓也七字。趙世家事有所止句下，脫爲人君止於仁爲人臣止於敬爲人子止於孝爲人父止於慈與國人交止於信三十一字。封廉頗爲信平君句下，脫言篤信而平和也七字。韓世家公何不爲韓求質於楚句下，脫質子蟣蝨四字。又脫公叔嬰知秦楚不以蟣蝨爲事必以韓合於秦楚王聽入質子於韓二十六字。又脫秦下云知秦楚不以蟣蝨爲事重明脫不字十七字。田叔列傳相常從入苑中句下，脫堵牆也三字。田蚡列傳其春武安侯病句下，脫然夫子作春秋依夏正九字。衞將軍列傳平陽人也句下，脫漢書云其父鄭季河東平陽人以縣吏給事平陽侯之家也二十三字。至守節於六書五音，至爲詳審，故書首有論字例論音例二條，而監本於周本紀懼太子釗之不任句下，脫釗音招又吉堯反任而針反十一字。秦始皇本紀彗星復見句下，脫復扶富反見行見反八字。以發縣卒句下，脫子忽反下同五字。佐弋竭句下，脫弋音翊三字。二十人皆梟首句下，脫梟古堯反懸首於木上曰梟十一字。憚解軻以徇句下，脫紅賣反三字。東收遼東而王之句下，脫王于放反四字。故歸其質子句下，脫質音致三字。衣服旌旄節旗句下，脫旌音精旄音毛旗音其九字。祇誦功德句下，脫祇音脂三字。赭其山句下，脫赭音者三字。僕射周青臣句下，脫音夜二字。上樂以刑殺爲威句下，脫五孝反三字。二世紀以安邊竟句下，脫音境二字。敘論爲君討賊句下，脫于僞反三字。項羽本紀將秦軍爲前行句下，脫胡郎反三字。高祖本紀時時冠之正義音館句下，脫下同二字。孝景紀天下乂安句下，脫乂音魚廢反五字。龍頟拔墮句下，脫徒果反三字。攀龍胡頟號句下，脫戶高反下同五字。爲且用事泰山句下，脫爲于僞反將爲封禪也九字。鄭世家段出奔鄢句下，脫音偃二字。田叔列傳喜游諸公句下，脫喜許記反諸公謂丈人行也十一字。其他一兩字之出入，殆千有餘條，尤不可毛舉。苟非震澤王氏刊本具存，無由知監本之妄刪也。

讀史記十表十卷（副都御史黃登賢家藏本）

國朝汪越撰，徐克范補。越字師退，康熙己酉舉人。克范字堯民，皆南陵人。是書有後記一篇，記越初作此書成，以書抵克范曰，有讀史記十表一帙，徧求友人商榷，殊無一人案定子長原表，通首訖尾，印證鄙說之是非者，不解何故。仰惟細加推勘，示明紕繆，以便改訂，有補義則亦書於篇，將來授梓云云。蓋古來增減前人舊本，多在其人之身後。惟此書則同時商榷而補之，故考校頗爲精密，於讀史者尙屬有裨。考史家之難，在於表志，而表文經緯相牽，或連或斷，可以考證，而不可以誦讀，學者往往不觀。劉知幾考正史例，至爲詳悉，而史通已有廢表之論，則其他可知。越等獨排比舊文，鉤稽微義，雖其閒一筆一削，務以春秋書法求之，未免或失之鑿，而訂譌砭漏，所得爲多。其存疑諸條，亦頗足正史記之牴牾，異乎瞶捧一書，纖毫必爲回護者。於史學之中，可謂人略我詳矣。

史記疑問一卷（兩淮馬裕家藏本）

國朝邵泰衢撰。泰衢有檀弓疑問，已著錄。史記採眾說以成書，徵引浩博，不免牴牾。班固嘗議其宗旨之乖，劉知幾頗摘其體例之謬，至其敘述之舛漏，先儒雖往往駁正，然未有專著一書抉其疵舛者。泰衢獨旁引異同而一一斷之以理。如謂高祖紀解縱罪人，坦然回沛之非情實。留侯世家諸將偶語沙中之不可信。李陵傳兵矢既盡，尙殺匈奴萬餘人之言爲誇誕。據功臣表，漢九年呂澤已死，而駁留侯世家所紀漢十一年不應又有呂澤。大抵皆參互審勘，得其閒隙，故所論多精確不移。不但如吳縝之糾新唐書，祇求諸字句閒也。是書本與所作檀弓疑問合爲一編，今以檀弓疑問入經部，而是書析入史部，俾各從其類焉。

漢書一百二十卷（內府刊本）

漢班固撰，其妹班昭續成之。始末具後漢書本傳。是書歷代寶傳，咸無異論。惟南史劉之遴傳云：鄱陽嗣王範得班固所撰漢書眞本，獻東宮皇太子，令之遴與張纘、到溉、陸襄等參校異同。之遴錄其異狀數十事，以今考之，則語皆謬妄。據之遴云，古本漢書稱永平十年五月二十日己酉郎班固上，而今本無上書年月日子。案固自永平受詔修漢書至建初中乃成。又班昭傳云，八表幷天文志未竟而卒，和帝詔昭就東觀藏書踵成之。是此書之次第續成，事隔兩朝，撰非一手。之遴所見古本既有紀表志傳，乃云總於永平中表上，殆不考成書之年月也。之遴又云，古本敘傳號爲中篇，今本爲敘傳。又今本敘傳載班彪事行，而古本云彪自有傳。夫古書敘皆載於卷末，固自述作書之意，故謂之敘，追溯祖父之事迹，故謂之傳。後代史家皆沿其例。之遴謂原作中篇，文繫篇末，中字竟何義也。至云彪自有傳，語尤荒誕。彪在光武之世舉茂才，爲徐令，以病去官，後數應三公之召，實爲東漢之人，惟附於敘傳，故可於況伯斿穉之後詳其生平。若自爲一傳，列於西漢，則斷限之謂何？奚不考敘傳所云起元高祖，終於孝平王莽之誅乎。之遴又云，今本紀及表志列傳不相合爲次，而古本相合爲次，總成三十八卷。案固自言紀表志傳凡百篇，篇即卷也，是不爲三十八卷之明證。又言述紀十二，述表八，述志十，述列傳七十，是各爲次第之明證。且隋志作一百十五卷，今本作一百二十卷，皆以卷帙太重，故析爲子卷。（今本紀分一子卷，表分二子卷，志分八子卷，傳分九子卷。）若併爲三十八卷，則卷帙更重，古書著之竹帛，殆恐不可行也。之遴又云，今本外戚在西域後，古本次帝紀下。又今本高五子、文三王、景十三王、孝武六子、宣元六王雜在諸傳中，古本諸王悉次外戚下，在陳項傳上。夫紀表志傳之序，固自言之。如之遴所述，則傳次於紀，而表志反在傳後，且諸王既以代相承，並總題諸王傳，何以敘傳作高五王傳第八、文三王傳第十七、景十三王傳第二十三、武五子傳第三十三、宣元六王傳第五十耶？且漢書始改史記之項羽本紀、陳勝世家爲列傳，自應居列傳之首，豈得移在諸王之後？其述外戚傳第六十七、元后傳第六十八、王莽傳第六十九，明以王莽之勢成於元后，史家微意寓焉。若移外戚傳次於本紀，是惡知史法哉。之遴又引古本述云，淮陰毅毅，仗劍周章，邦之傑子，實惟彭、英，化爲侯王，雲起龍驤。然今本尹江湖句有張晏注，是晏所見者即是今本。況之遴傳所云獻太子者，謂昭明太子也。文選載漢書述贊，云信惟餓隸，布實黥徒，越亦狗盜，芮尹江湖，雲起龍驤，化爲侯王，與今本同。是昭明亦知之遴所謂古本者不足信矣。自漢張霸始撰僞經，至梁人於漢書復有僞撰古本。然一經考證，紕繆顯然。顏師古註本冠以指例六條，歷述諸家，不及之遴所說，蓋當時已灼知其僞。李延壽不訊端末，遽載於史，亦可云愛奇嗜博，茫無裁斷矣。固作是書，有受金之謗，劉知幾史通尙述之。然文心雕龍史傳篇曰，徵賄鬻筆之愆，公理辨之究矣。是無其事也。又有竊據父書之謗，然韋賢、翟方進、元后三傳俱稱司徒掾班彪曰，顏師古注發例於韋賢傳曰，漢書諸贊，皆固所爲。其有叔皮先論述者，固亦顯以示後人，而或者謂固竊盜父名，觀此可以免矣。是亦無其事也。師古注條理精密，實爲獨到。然唐人多不用其說，故猶覺寮雜記稱，師古注漢書，魁梧音悟，票姚皆音去聲，杜甫用魁梧票姚皆作平聲。楊巨源詩，請問漢家誰第一，麒麟閣上識酇侯，亦不用音贊之說，殆貴遠賤近，自古而然歟。要其疏通證明，究不愧班固功臣之目，固不以一二字之出入，病其大體矣。

班馬異同三十五卷（浙江汪汝瑮家藏本）

舊本或題宋倪思撰，或題劉辰翁撰。楊士奇跋曰，班馬異同三十五卷，相傳作於須溪，觀其評泊批點，臻極精妙，信非須溪不能，而文獻通考載爲倪思所撰，豈作於倪而評泊出於須溪耶。其語亦兩持不決。案通考之載是書，實據直齋書錄解題，使果出於辰翁，則陳振孫時何得先爲著錄。是固可不辨而明矣。是編大旨以班固漢書多因史記之舊而增損其文，乃考其字句異同，以參觀得失。其例以史記本文大書，凡史記無而漢書所加者，則以細字書之，史記有而漢書所刪者，則以墨筆勒字旁。或漢書移其先後者，則注曰漢書上連某文，下連某文。或漢書移入別篇者，則注曰漢書見某傳。二書互勘，長短較然，於史學頗爲有功。昔歐陽棐編集古錄跋尾，以眞跡與集本並存，使讀者尋刪改之意，以見前人之用心。思撰是書，蓋即此意。特棐所列者一人之異同，思所列者兩人之異同，遂爲創例耳。其中如戮力作勠力，沈船作湛船，由是作繇是，無狀作亡狀，鈇質作斧質，數却作數卻之類，特今古異文。半菽作芋菽，蛟龍作交龍之類，特傳寫譌舛。至於秦軍作秦卒，人言作人謂，三兩人作兩三人之類，尤無關文義，皆非有意竄改。思一一贅列，似未免稍傷繁瑣。然既以異同名書，則隻字單詞，皆不容略。失之過密，終勝於失之過疎。

也。至英布陳涉諸傳、軼而未錄。明許相卿作史漢方駕、始補入之。則誠千慮之一失矣。思字正甫、湖州歸安人。乾道二年進士。歷官寶文閣學士、謚文節。事蹟具宋史本傳。

後漢書一百二十卷、（內府刊本）

後漢書本紀十卷、列傳八十卷、宋范蔚宗撰。唐章懷太子賢注。蔚宗事蹟具宋書本傳。賢事蹟具唐書本傳。考隋志載范書九十七卷、新舊唐書則作九十二卷、互有不同。惟宋志作九十卷、與今本合。然此書歷代相傳、無所亡佚。考舊唐志又載章懷太子注後漢書一百卷。今本九十卷、中分子卷者凡十。是章懷作注之時、始併爲九十卷、以就成數。唐志析其子卷數之、故云一百。宋志合其子卷數之、故仍九十。其實一也。又隋唐志均別有蔚宗後漢書論贊五卷、宋志始不著錄。疑唐以前論贊與本書別行、亦宋人散入書內。然史通論贊篇曰、馬遷自序傳後歷寫諸篇、各敘其意。既而班固變爲詩體、號之曰述。蔚宗改彼述名、呼之以贊。固之總述、合在一篇、使其條貫有序。蔚宗後書、乃各附本事、書於卷末、篇目相離、斷絕失序。夫每卷立論、其煩已多、而嗣論以贊、爲黷彌甚。亦猶文士製碑序終而續以銘曰、釋氏演法義盡而宣以偈言云云。則唐代范書論贊已綴卷末矣。史志別出一目、所未詳也。范撰是書、以志屬謝瞻。范敗後、瞻悉蠟以覆車、遂無傳本。今本八志凡三十卷、別題梁剡令劉昭注。據陳振孫書錄解題、乃宋乾興初判國子監孫奭建議校勘、以昭所注司馬彪續漢書志與范書合爲一編。案隋志載司馬彪續漢書八十三卷、唐書亦同。宋志惟載劉昭補注後漢志三十卷、而彪書不著錄。是至宋僅存其志、故移以補後漢書之闕。其不曰續漢志而曰後漢志、是已併入范書之稱矣。或謂酈道元水經注嘗引司馬彪州郡志、疑其先已別行。又謂杜佑通典述科舉之制、以後漢書續漢志連類而舉、疑唐以前已併八志入范書、似未確也。自八志合併之後、諸書徵引、但題後漢書某志。儒者或不知爲司馬彪書。故何焯義門讀書記曰、八志、司馬紹統之作。（案紹統、彪之字也。）本漢末諸儒所傳、而述於晉初。劉昭注補、別有總敍、緣諸本或失載劉敍、故孫北海藤陰劄記亦誤出蔚宗志律歷之文云云。考洪邁容齋隨筆、已誤以八志爲范書、則其誤不自孫承澤始。今於此三十卷並題司馬彪名、庶以祛流俗之譌焉。

補後漢書年表十卷、（編修汪如藻家藏本）

宋熊方撰。方字廣居、豐城人。由上舍生官至右迪功郎、權澧州司戶參軍。是書前後進表、不著年月。表中有皇帝陛下奮神武以撥亂、致太平而中興、仰稽聖功、同符光武之語。又有灑宸翰於九經、永光庠序、煥雲章於八法、冠絕鍾王之語。御書太學石經乃高宗時事、則方爲南渡初人矣。昔司馬遷作史記、始立十表。梁書王僧虔傳稱其旁行斜上、體仿周譜。蓋三代之遺法也。班固八表、實沿其例。范蔚宗作後漢書、獨闕斯製、遂使東京典故、散綴於記傳之內、不能絲聯繩貫、開帙釐然。方因作此編、補所未備。凡同姓侯王表二卷、異姓諸侯表六卷、百官表二卷。其所證據、一本范氏舊文、義例則仿之前書、而稍爲通變。如王子外戚恩澤諸侯表皆不復分析、惟各書其狀於始封之下、而以功以親、自可瞭如指掌。又百官雖因西漢、而廢置不一。方取劉昭之志、自太傅至河南尹凡二十有三等、以繫於年、而除拜薨免之實悉見。其貫穿鉤考、極爲精詳。綱目條章、亦俱燦然有法。惟中閒端緒繁密、故踳駁之處亦閒有之。如海昏侯會邑安衆侯松、其肇封固自西漢、而前書皆云今見爲侯、則明章以後尚嗣封弗絕。自應在東京列侯之數。雖史文闕略、不能得其傳世之詳、亦當標其國號名氏、而注云後闕、始合史法。方乃因其世系無徵、遂黜其名、僅以見前書王子侯表一語附識篇末。審如是、則城陽恭王祉亦見前書王子侯表、何以此書又得載入乎。此其爲例不純者也。又如伏完乃伏湛七世孫、襲封不其侯、見於湛傳及皇后紀者甚明。惟袁宏漢紀有建安元年封董承伏完十三人爲列侯之文、范史誤採入本紀中。方不加考辨、於伏湛下既書侯完嗣爵、而孝獻時諸侯表內又別出一列侯伏完、殊爲複舛。又皇后紀稱完爲屯騎校尉、建安十四年卒、子典嗣。是曹操弒伏后時完已先卒、故史但稱操殺后兄弟宗族而不及完。方乃誤以爲曹操所誅國除、而於侯典一代竟不列入。又如漢壽亭侯世但稱壽亭侯、沿習舊譌、未能糾正。此其考核偶疏者也。又漢制以太傅至將軍爲五府、自大將軍車騎將軍度遼將軍以外、其餘雜將軍號、隨時建置、見於紀傳者尚多。乃於百官表內槩不之及，頗傷闕漏。此其採摭之未備者也。凡此數端，皆爲所短。要其經緯周密，敍次井然，使讀者按部可稽，深爲有裨於史學。豐城縣志稱方作是書，自題其堂曰補史。其深自矜重，殆亦非徒然矣。

兩漢刊誤補遺十卷（兩淮馬裕家藏本）

宋吳仁傑撰。仁傑有易圖說，已著錄。是書前有淳熙己酉曾絳序，稱仁傑知羅田縣時自刊版。又卷末有慶元己未林瀛跋，稱陳虔英爲刊於全州郡齋。殆初欲刊而未果，抑虔英又重刊歟。書刻久佚，此本乃朱彝尊之子昆田鈔自山東李開先家，因傳於世。據其標題，當爲劉攽兩漢書刊誤而作，而書中乃兼補正劉敞、劉奉世之說。考趙希弁讀書附志載西漢刊誤一卷，東漢刊誤一卷，稱劉攽撰。文獻通考載東漢刊誤一卷，引讀書志之文，亦稱劉攽撰。又載三劉漢書標注六卷，引讀書志之文，稱劉敞、劉攽、劉奉世同撰。又引陳振孫書錄解題稱別本題公非先生刊誤，其實一書。徐度却埽編引攽所校陳勝、田橫傳二條，稱其兄敞及兄子奉世皆精於漢書，每讀隨所得釋之，後成一編，號三劉漢書。以是數說推之，蓋攽於前後漢書初各爲刊誤一卷，趙希弁所說是也。後以攽所校漢書與敞父子所校合爲一編，徐度所記是也。然當時乃以攽書合於敞父子書，非以敞父子書合於攽書，故不改敞父子漢書標注之名，而東漢一卷無所附麗，仍爲別行，則馬端臨所列是也。至別本乃以攽書爲主，而敞、奉世說附入之，故仍題刊誤之名，則陳振孫所記是也。厥後遂以東漢刊誤併附以行，而兩漢刊誤名焉。仁傑之兼補三劉，蓋據後來之本，而其名則未及改也。文獻通考載是書十七卷，宋史藝文志則作十卷。今考其書，每卷多者不過十四頁，少者僅十二頁，勢不可於十卷之中析出七卷。而十卷之中補前漢者八卷，補後漢者僅二卷，多寡亦太相懸。殆修宋史時已佚其七卷，以不完之本著錄歟。劉氏之書，於舊文多所改正，而隨筆標記，率不暇剖析其所以然。仁傑是書，獨引據賅洽，考證詳晰，元元本本，務使明白無疑而後已。其淹通實勝於原書。雖中閒以麟止爲麟趾之類，閒有一二之附會，要其大致，固瑕一而瑜百者也。曾絳序述周必大之言，以博物洽聞稱之，固不虛矣。

三國志六十五卷（內府刊本）

晉陳壽撰，宋裴松之注。壽事蹟具晉書本傳。松之事蹟具宋書本傳。凡魏志三十卷，蜀志十五卷，吳志二十卷。其書以魏爲正統，至習鑿齒作漢晉春秋，始立異議。自朱子以來，無不是鑿齒而非壽。然以理而論，壽之謬萬萬無辭；以勢而論，則鑿齒帝漢順而易，壽欲帝漢逆而難。蓋鑿齒時晉已南渡，其事有類乎蜀，爲偏安者爭正統，此孚於當代之論者也。壽則身爲晉武之臣，而晉武承魏之統，僞魏是僞晉矣，其能行於當代哉。此猶宋太祖篡立近於魏，而北漢、南唐蹟近於蜀，故北宋諸儒皆有所避而不僞魏。高宗以後偏安江左，近於蜀，而中原魏地全入於金，故南宋諸儒乃紛紛起而帝蜀，此皆當論其世，未可以一格繩也。惟其誤沿史記周秦本紀之例，不託始於魏文，而託始曹操，實不及魏書敍紀之得體，是則誠可已不已耳。宋元嘉中，裴松之受詔爲注，所注雜引諸書，亦時下己意。綜其大致，約有六端：一曰引諸家之論以辨是非，一曰參諸書之說以核譌異，一曰傳所有之事詳其委曲，一曰傳所無之事補其闕佚，一曰傳所有之人詳其生平，一曰傳所無之人附以同類。其中往往嗜奇愛博，頗傷蕪雜。如袁紹傳中之胡母班，本因爲董卓使絀而見，乃注曰班嘗見太山府君及河伯，事在搜神記，語多不載。斯已贅矣。鍾繇傳中乃引陸氏異林一條，載繇與鬼婦狎昵事；蔣濟傳中引列異傳一條，載濟子死爲泰山伍伯，迎孫阿爲泰山令事。此類鑿空語怪，凡十餘處，悉與本事無關，而深於史法有礙，殊爲瑕纇。又其初意似亦欲如應劭之注漢書，考究訓詁，引證故實。故於魏志武帝紀沮授字則注沮音菹，獷平字則引續漢書郡國志注獷平縣名屬漁陽，甬道字則引漢書高祖二年與楚戰築甬道，贅旒字則引公羊傳，先正字則引文侯之命，釋位字則引左傳，致屆字則引詩，綏爰字率俾字昏作字則皆引書，糾虔天刑字則引國語。至蜀志郤正傳釋誨一篇，句句引古事爲注，至連數簡。又如彭羕傳之革不訓老，華佗傳之旉本似專，秦宓傳之棘革異文，少帝紀之叟更異字，亦閒有所辨證。其他傳文句，則不盡然。然如蜀志廖立傳首，忽注其姓曰補救切；魏志涼茂傳中，忽引博物記注一繈字之類，亦閒有之。蓋欲爲之而未竟、又惜所已成、不欲刪棄。故或詳或略、或有或無。亦頗爲例不純。然網羅繁富、凡六朝舊籍今所不傳者、尚一一見其厓略。又多首尾完具、不似酈道元水經注、李善文選注皆翦裁割裂之文。故考證之家、取材不竭、轉相引據者反多於陳壽本書焉。

三國志辨誤三卷、兩淮鹽政採進本、

不著撰人名氏。亦莫詳時代。蘇州府志、載陳景雲字少章、吳江縣學生、長洲人。少從何焯遊、博通經史、淹貫羣籍。長於考訂、凡譌謬處能剖析毫芒。所著書凡九種、其四爲三國志校誤、似卽此書。然考義門讀書記中有何焯所校三國志三卷、其魏志楊阜傳阜嘗見明帝著帽披縹綾半褎袖一條、稱褎袖古今字。少章疑下一字衍、檢宋書五行志果然云云。此書不載此條、則又似非景雲作。疑不能明、闕所不知可也。三國志簡質有法、古稱良史。而牴牾亦所不免。如孫權之攻合肥、魏吳二志先後不同、當時已爲孫盛所議。明以來南北監本、傳寫刊刻、脫誤尤多。是書所辨陳書及裴注之誤、凡魏志二十八條、蜀志八條、吳志二十一條。其間於字之譌異者、如三少帝紀定陵侯繁、繁當作緐。少府褎、褎當作表之類。於文之倒置者、如正元二年八月戊辰不當在辛未後之類。於正文與注淆亂者、如王肅傳評末附劉寔語、本裴注所引之類。於原本之闕佚者、如徐詳不當附胡綜傳之類、竝參校異同、各有根據。雖所辨僅數十條、不能如何焯書校正之詳、而不似焯之泛作史評。又大抵以前後文互相考證、參以後漢書、晉書、不能如杭世駿書徵據之博、而亦不似世駿之蔓引雜說。其抉摘精審之處、要不減三劉之於西漢書、吳縝之於五代史也。

三國志補注六卷、附諸史然疑一卷、浙江巡撫採進本、

國朝杭世駿撰。世駿有續方言、已著錄。是書補裴松之三國志注之遺、凡魏志四卷、蜀志、吳志各一卷。松之注捃摭繁富、考訂精詳、世無異議。世駿復掇拾殘賸、欲以博洽勝之。故細大不捐、瑕瑜互見。如某人宅在某鄉、某人墓在某里、其體全類圖經。虞荔之鼎錄、陶宏景之刀劍錄、皆按年編入、而鍾繇等傳書評書品、動輒連篇。其例又如雜記。至於神怪妖異、如嵇康見鬼、諸葛亮祭風之類、稗官小說、纍牘不休。尤誕謾不足爲據。他如魏文帝角中彈棊、裴注已引博物志、而又引世說。曹操之發邱摸金、裴注已載陳琳檄、而又引宋書廢帝紀。書名有異、而事迹不殊、亦何取乎屋上之屋。至於崔琰捉刀、劉孝標世說注中已辨裴啟語林之誤、乃棄置劉語而別引史通之文。張飛豹月烏本出葉廷珪海錄碎事、乃明標葉書、又冠以藝苑之目。大抵愛博嗜奇、故蔓引巵詞、多妨體要。又異苑王粲識暴石事、伏其荊州劉表數言。諸葛亮梁甫吟不載出藝文類聚。輾轉稗販、疎漏亦多。然如魏文帝紀之王淩謝亭侯一條、明帝紀之孔晏乂一條、陳泰年三十六一條、臧洪傳之徐衆一條、崔琰傳之陳煒一條、華歆傳之東海郡人一條、嚴包交通一條、蔣濟傳之弊勉一條、張遼傳之大呼是名一條、楚王彪傳之徙封白馬一條、蜀志先主傳之譙周爲從事一條、後主傳之不置史官一條、諸葛亮傳之躬耕南陽一條、鄧芝傳之廖化襄陽人一條、吳志孫休傳二子之名一條、太史慈傳之神亭一條、黃蓋傳之黃子廉一條、賀齊傳之徐盛失矛一條、皆參校異同、頗爲精核。餘如黃初五經課試之法、王昶考課五事之目、司馬芝復錢之議、王肅祕書監之表、王象繆襲之撰皇覽、引正義辨鄭元解稽古同天之譌、引後漢書注證宗賊之義、引風俗通證周生爲複姓、引困學紀聞證況長寧爲蜀人、亦皆足以資考證。故書雖蕪雜、而亦未可竟廢焉。末附諸史然疑一卷、亦世駿所撰、皆糾史文之疎漏。凡後漢書十四條、三國志六條、晉書三條、宋書三條、魏書八條、北史六條、陳書三條。蓋後人鈔其遺稾、錄之成帙。其中引史通一條、云習鑿齒以劉爲僞國者、蓋定邪正之途、明順逆之理爾。而檀道鸞稱其當桓氏執政、故撰此書、欲以絕彼瞻烏、防茲逐鹿。審若所言、則鑿齒似未嘗奪蜀者。案此條見史通探賾篇。核其上下文義、蓋傳寫史通者誤於以劉二字之上脫一不字。其稱謂篇中自注有曰、習氏漢晉春秋、以蜀爲正統、其敘事皆謂蜀先主爲昭烈帝。本書之內、證佐甚明。近時浦起龍刻史通、以此句文義違背、改劉爲魏、猶無大害。世駿竟據誤本、遽發創論、殊失之不考。牛繼馬後一條、責晉書不當襲舊史、全因史通之說、亦不免勦襲。至於三老五更一條、據楊賜伏恭周澤三傳補杜佑通典之闕、則蔓延於本書之外、於後漢書絕不相關。亦爲

自亂其例。然大致訂訛考異，所得爲多。於史學不爲無補。以篇頁無多，附載三國志補注之後。今亦併錄存之，以資參訂云。

晉書一百三十卷 內府刊本

唐房喬等奉敕撰。劉知幾史通外篇謂貞觀中詔前後晉史十八家未能盡善，敕史官更加纂撰。自是言晉史者皆棄其舊本，競從新撰。然唐人如李善注文選、徐堅編初學記、白居易編六帖，於王隱、虞預、朱鳳、何法盛、謝靈運、臧榮緒、沈約之書，與夫徐廣、干寶、鄧粲、王韶、曹嘉之、劉謙之之紀，孫盛之晉陽秋、習鑿齒之漢晉陽秋、檀道鸞之續晉陽秋，並見徵引。是舊本實未嘗棄，毋乃書成之日即有不愜於衆論者乎。考書中惟陸機、王羲之兩傳其論皆稱制曰。蓋出於太宗之御撰。夫典午一朝，政事之得失，人材之臧否，不知凡幾，而九重揆藻，宣王言以彰特筆者，僅一工文之士衡、一善書之逸少，則全書宗旨，大槩可知。其所褒貶，略實行而奬浮華；其所採擇，忽正典而取小說。波靡不返，有自來矣。即如文選注馬汧督誄引臧榮緒王隱書，稱馬汧立功孤城，死於非罪，後加贈祭，而晉書不爲立傳，亦不附見於周處、孟觀等傳。又太平御覽引王隱書云，武帝欲以郭琦爲佐著作郎，問尚書郭彰，彰憎琦不附己，答以不識。上曰，若如卿言，烏丸家兒能事卿，即堪郎也。及趙王倫篡位，又欲用琦。琦曰，我已爲武帝吏，不能復爲今世吏，終於家。琦蓋始終亮節之士也，而晉書亦削而不載。其所載者大抵宏獎風流，以資談柄，取劉義慶世說新語與劉孝標所注一一互勘，幾於全部收入，是直稗官之體，安得目曰史傳乎。黃朝英緗素雜記詆其引世說和嶠峩峩如千丈松礧砢多節目，既載入和嶠傳中，又以嶠字相同，並載入溫嶠傳中，顚倒舛迕，竟不及檢，猶其枝葉之病，非其根本之病也。正史之中，惟此書及宋史後人紛紛改撰，其亦有由矣。特以十八家之書並亡，考晉事者舍此無由，故歷代存之不廢耳。音義三卷，唐何超撰。超字令升，自稱東京人。楊齊宣爲之序。其審音辨字，頗有發明，舊本所載，今仍附見於末焉。

宋書一百卷 內府刊本

梁沈約撰。約事蹟具梁書本傳。約表上其書，謂本紀列傳繕寫已畢，合志表七十卷，所撰諸志須成續上。今此書有紀志傳而無表。劉知幾史通謂此書爲紀十、志三十、列傳六十，合百卷，不言其有表。隋書經籍志亦作宋書一百卷，與今本卷數符合。或唐以前其表早佚，今本卷帙出於後人所編次歟。以志序考之，稱凡損益前史諸志爲八門，曰律歷，曰禮，曰樂，曰天文，曰五行，曰符瑞，曰州郡，曰百官。是律歷未嘗分兩門。今本總目題卷十一志第一志序，卷十二志第二歷上，卷十三志第三歷下，而每卷細目作志第一律志序、志第二歷上、志第三歷下，則出於後人編目，強爲分割，非約原本之舊次，此其明證矣。八志之中，惟符瑞實爲疣贅。州郡惟據太康地志及何承天、徐爰原本，於僑置剏立、併省分析，多不詳其年月，亦爲疎略。至於禮志合郊祀、祭祀、朝會、輿服總爲一門，以省支節。樂志詳述八音衆器及鼓吹鐃歌諸樂章，以存義訓。如鞞舞曲、聖人制禮樂篇，有聲而詞不可詳者，每一句爲一斷，以存其節奏，義例九善。若其追述前代，晁公武讀書志雖以失於限斷爲譏，然班固漢書增載地理，上敘九州，創設五行，演明鴻範，推原溯本，事有前規。且魏晉並皆短祚，宋承其後，歷時未久，多所因仍。約詳其沿革之由，未爲大失，亦未可遽用糾彈也。觀徐爰傳述當時修史，議爲桓元等立傳。約則謂桓元、盧循等身爲晉賊，非關後代，吳隱、謝混等義止前朝，不宜濫入，劉毅、何無忌等志在興復，情非造宋，並爲刊除，歸之晉籍。其申明史例，又何嘗不謹嚴乎。其書至北宋已多散失。崇文總目謂闕趙倫之傳一卷。陳振孫書錄解題謂獨闕到彥之傳。今本卷四十六有趙倫之、王懿、張邵傳，惟彥之傳獨闕，與陳振孫所見本同。卷後有臣穆附記，謂此卷體同南史，傳末無論，疑非約書。其言良是。蓋宋初已闕此一卷，後人雜取高氏小史及南史以補之，取盈卷帙。然南史有到彥之傳，獨舍而不取；又張邵傳後附見其兄子暢，直用南史之文，而不知此書卷五十九已有張暢傳，忘其重出，則補綴者之疎矣。臣穆當即鄭穆。宋史有傳，嘉祐中嘗校勘宋書。其所考證，僅見此條，蓋重刊之時削除偶賸，亦足見明以來之刊本隨意竄改，多非古式云。

南齊書五十九卷 內府刊本

梁蕭子顯撰。子顯事蹟附載梁書蕭子恪傳。章俊卿山堂考索引館閣書目云，南齊書本六十卷，今存五十九卷亡其一。劉知幾史通、曾鞏敍錄則皆云八紀、十一志、四十列傳，合為五十九卷，不言其有闕佚。然梁書及南史子顯本傳實俱作六十卷，則館閣書目不為無據。考南史載子顯自序，似是據其敍傳之詞。又晁公武讀書志載其進書表云：天文事祕，戶口不知，不敢私載。疑原書六十卷為子顯敍傳，末附以表，與李延壽北史例同。至唐已佚其敘傳，而其表至宋猶存。今又併其表佚之，故較本傳闕一卷也。又史通序例篇謂令升先覺，遠述丘明，史例中興，於是為盛。沈、宋之志序，蕭齊之序錄，雖以序為名，其實例也。子顯雖文傷蹇躓，而義甚優長，為序例之美者。今考此書良政、高逸、孝義、倖臣諸傳皆有序，而文學傳獨無敘，殆亦宋以後所殘闕歟？齊高好用圖讖，梁武崇尚釋氏，故子顯於高帝紀卷一引太乙九宮占，祥瑞志附會緯書，高逸傳論推闡禪理，蓋牽於時尚，未能釐正。又如高帝紀載王蘊之撫刀，袁粲之郊飲，連綴瑣事，殊乖紀體。至列傳尤為冗雜。然如紀建元創業諸事，載沈攸之書於張敬兒傳，述顏靈寶語於王敬則傳，直書無隱，尚不失是非之公。高十二王傳引陳思之表、曹冏之論，感懷宗國，有史家言外之意焉，未嘗無可節取也。自李延壽之史盛行，此書誦習者尠，日就譌脫。州郡志及桂陽王傳中均有闕文，無從補正。其餘字句舛誤，如謝莊傳南史作韶從越嶲，此書作越州；崔懷慎傳南史作臣子兩遂，此書作兩節者，又不可勝乙。今裒合諸本，參核異同，正其灼然可知者，其或無考，則從闕疑之義焉。

梁書五十六卷內府刊本

唐姚思廉奉敕撰。唐書思廉本傳稱貞觀三年詔思廉同魏徵撰，藝文志亦稱梁書、陳書皆魏徵同撰。舊本惟題思廉，蓋徵本監修，不過參定其論讚（案此據史通古今正史篇魏徵總知其務凡有論讚徵多預焉之文），獨標思廉，不沒秉筆之實也。是書舊唐書經籍志及思廉本傳俱云五十卷，新唐書作五十六卷。考劉知幾史通謂姚察有志撰勒，施功未周，其子思廉憑其舊稾，加以新錄，述為梁書五十六卷，則新唐書所據為思廉編目之舊，舊唐書誤脫六字審矣。思廉本推其父意以成書，每卷之後題陳吏部尚書姚察者二十五篇，題史官陳吏部尚書姚察者一篇，蓋仿漢書卷後題班彪之例。其專稱史官者，殆思廉所續纂歟？思廉承藉家學，既素有淵源，又貞觀二年先已編纂，及詔入祕書省論撰之後，又越七年，其用力亦云勤篤。中如簡文紀載大寶二年四月丙子，侯景襲郢州，執刺史蕭方諸，而元帝紀作閏四月丙午，則兩卷之內月日參差。侯景傳上云張彪起義，下云彪寇錢塘，則數行之閒書法乖舛。趙與旹賓退錄譏其於江革傳中則稱何敬容掌選，序用多非其人，於敬容傳中則稱其銓序明審，號為稱職，尤是非矛盾。其餘事蹟之複互者，前後錯見，證以南史，亦往往牴牾，蓋著書若是之難也。然持論多平允，排整次第，猶具漢、晉以來相傳之史法，要異乎取成眾手、編次失倫者矣。

陳書三十六卷內府刊本

唐姚思廉奉敕撰。劉知幾史通謂貞觀初思廉奉詔撰成二史，彌歷九載，方始畢功。而曾鞏校上序謂姚察錄梁、陳之事，其書未就，屬子思廉繼其業。武德五年，思廉受詔為陳書，貞觀三年，論撰於祕書內省，十年正月壬子始上之。是思廉編輯之功，固不止於九載矣。知幾又謂陳史初有顧野王、傅縡各為撰史學士，太建初中書郎陸瓊續撰諸篇，姚察就加刪改。是察之修史，實兼採三家。考隋書經籍志有顧野王陳書三卷、傅縡陳書三卷、陸瓊陳書四十二卷，殆即察所據之本。而思廉為傅縡、陸瓊傳，詳述撰著，獨不言其修史篇第，殊為疎略。至顧野王傳稱其撰國史紀傳二百卷，與隋志卷帙不符，則疑隋志舛譌，思廉所記得其真也。察傳見二十七卷，載其撰梁、陳二史事甚詳。是書為奉詔所修，不同私撰，故不用序傳之例，無庸以變古為嫌。惟察陳亡入隋，為祕書丞、北絳郡開國公，與同時江總、袁憲諸人竝稽首新朝，歷踐華秩，而仍列傳於陳書，揆以史例，失限斷矣。且江總何人，乃取與其父合傳，尤屬自汙。觀李商隱贈杜牧詩有前身應是梁江總句，乃借以相譽，豈總之為人，唐時尚未論定耶？書中惟二卷、三卷題陳吏部尚書姚察，他卷則俱稱史臣，蓋察先纂梁書，此書僅成二卷，其餘皆思廉所補撰。今讀其列傳，體例秩然，出於一手，不似梁書之參差，亦以此也。惟其中記傳年月閒有牴牾，不能不謂之疵累，然諸史皆然，亦不能獨責此書矣。

魏書一百十四卷內府刊本

北齊魏收奉敕撰。收表上其書，凡十二紀、九十二列傳，分爲一百三十卷。今所行本爲宋劉恕、范祖禹等所校定。恕等序錄，謂隋魏澹更撰後魏書九十二卷，唐又有張太素後魏書一百卷，今皆不傳。魏史惟以魏收書爲主，校其亡逸不完者二十九篇，各疏於逐篇之末。然其據何書以補闕，則恕等未言。崇文總目謂澹書纔存紀一卷，太素書存志二卷。陳振孫書錄解題引中興書目，謂收書闕太宗紀，以魏澹書補之；志闕天象二卷，以張太素書補之。又謂澹、太素之書既亡，惟此紀志獨存，不知何據。是振孫亦疑未能定也。今考太平御覽皇王部所載後魏書帝紀，多取魏收書，而芟其字句重複。太宗紀亦與今本首尾符合，其中轉增多數語。永興四年宴羣臣於西宮，使各獻直言下，多弗有所諱四字。泰常八年廣西宮，起外牆垣，周回二十里下，多是歲民饑，詔所在開倉賑給十一字。按此數語北史有之，然北史前後之文與御覽所引者絕異。夫御覽引諸史之文，有刪無增，而此紀獨異，其爲收書之原本歟？抑補綴者取魏澹書而間有節損歟？然御覽所引後魏書，實不專取一家。如此書卷十二孝靜帝紀亡，後人所補，而御覽所載孝靜紀，與此書體例絕殊，又有西魏孝武紀、文帝紀、廢帝紀、恭帝紀，則疑其取諸魏澹書。隋書魏澹傳，自道武下及恭帝爲十二紀。劉知幾史通云：澹以西魏爲眞，故文帝稱紀。又此書卷十三皇后傳亡，亦後人所補。今以御覽相校，則字句多同。惟中有刪節，而末附西魏五后，當亦取澹書以足成之。蓋澹書至宋初尚不止僅存一卷，故爲補綴者所取資。至澹書亦闕，始取北史以補之。如崔彧、蔣少游及西域傳。故崇文總目謂魏澹魏史、李延壽北史與收史相亂，卷第殊舛。是宋初已不能辨定矣。惟所補天象志二卷爲唐太宗避諱，可信爲唐人之書無疑義耳。收以是書爲世所詬厲，號爲穢史。今以收傳考之，如云收受爾朱榮子金，故減其惡，其實榮之凶悖，收未嘗不書於册。至論中所云，若修德義之風，則韓、彭、伊、霍夫何足數，反言見意，正史家之微詞。指以虛褒，似未達其文義。又云楊愔、高德正勢傾朝野，收遂爲其家作傳。其預修國史，得陽休之之助，因爲休之父固作佳傳。案愔之先世爲楊椿、楊津，德正之先世爲高允、高祐，椿、津之孝友亮節，允之名德，祐之好學，實爲魏代聞人，寧能以其門祚方昌，遂引嫌不錄。況北史陽固傳稱，固以譏切聚斂，爲王顯所嫉，因奏固剩請米麥，免固官，從征硤石，李平奇固勇敢，軍中大事，悉與謀之，不云固以貪虐先爲李平所彈也。李延壽書作於唐代，豈亦媚陽休之乎。又云盧同位至儀同，功業顯著，不爲立傳；崔綽位止功曹，本無事蹟，乃爲首傳。夫盧同希元乂之旨，多所誅戮，後以乂黨罷官，不得云功業顯著。綽以卑秩見重於高允，稱其道德，固當爲傳獨行者所不遺。觀盧文訴辭，徒以父位儀同，綽僅功曹，較量官秩之崇卑，爭專傳附傳之榮辱，魏書初定本，盧同附見盧元傳，崔綽自有傳，後奉敕更審，同立專傳，綽改入附傳。是亦未足服收也。蓋收恃才輕薄，有驚蛺蝶之稱，其德望本不足以服衆。又魏、齊世近，著名史籍者並有子孫，孰不欲顯榮其祖父，既不能一一如志，遂譁然羣起而攻。平心而論，人非南董，豈信其一字無私。但互考諸書，證其所著，亦未甚遠於是非。穢史之說，無乃已甚之詞乎。李延壽修北史，多見館中墜簡，參核異同，每以收書爲據，其爲收傳論云：勒成魏籍，婉而有章，繁而不蕪，志存實錄，其必有所見矣。今魏澹等之書俱佚，而收書終列於正史，殆亦恩怨併盡而後是非乃明歟。收敘事詳贍，而條例未密，多爲魏澹所駁正。北史不取澹書，而澹傳存其敘例，絕不爲掩其所短，則公論也。

北齊書五十卷內府刊本

唐李百藥奉敕撰。蓋承其父德林之業，纂緝成書，猶姚思廉之繼姚察也。大致仿後漢書之體，卷後各繫論贊。然其書自北宋以後漸就散佚，故晁公武讀書志已稱殘闕不完。今所行本，蓋後人取北史以補亡，非舊帙矣。今核其書，本紀則文襄紀吞集冗雜，文宣紀孝昭紀論辭重複，列傳則九卷十卷十一卷十四卷十五卷二十六卷二十七卷二十九卷至四十卷俱無論贊，二十八卷有贊無論，十二卷四十六卷四十七卷四十八卷四十九卷有論無贊。又史通引李百藥齊書論魏收云：若使子孫有靈，竊恐未挹高論。又云：足以入相如之室，游尼父之門。志存實錄，詆訐姦私。今魏收傳無此語，皆掇拾者有所未及也。至如庫狄干傳之速及其子士文，元斌傳之稱齊文襄，則又掇拾者刊削未盡之辭矣。北齊立國本淺，文宣以後，綱紀廢弛，兵事俶擾，既不及後魏之整飭疆圉，復不及後周之修明法制。其倚任爲國者，亦鮮始終貞亮之士。均無奇功偉節，資史筆之發揮。觀儒林文苑傳敘去其已見魏書及見周書者，寥寥數人，聊以取盈卷帙。是其文章萎茶，節目叢脞，固由於史材史學不及古人、要亦其時爲之也。然一代興亡、當有專史。典章之沿革、政事之得失、人材之優劣、於是乎有徵焉。未始非後來之鑒也。

周書五十卷（内府刊本）

唐令狐德棻等奉敕撰。貞觀中修梁陳周齊隋五史、其議自德棻發之。而德棻專領周書、與岑文本崔仁師陳叔達唐儉同修。晁公武讀書志稱宋仁宗時出太清樓本、合史館祕閣本、又募天下書而取夏竦李巽家本、下館閣是正其文字。其後林希王安國上之。是北宋重校、尚不云有所散佚。今考其書、則殘闕殊甚、多取北史以補亡。又多有所竄亂、而皆不標其所移掇者何卷、所削改者何篇。遂與德棻原書混淆莫辨。今案其文義、粗尋梗槩、則卷二十五卷二十六卷三十一卷三十二卷三十三俱傳後無論。其傳文多同北史、惟更易北史之稱周文者爲太祖。韋孝寬傳連書周文周孝閔帝、則更易尚有未盡。至王慶傳連書大象元年開皇元年、不言其自周入隋、尤剽取北史之顯證矣。又如韋孝寬傳末刪北史兄夐二字、則韋夐傳中所云與孝寬並馬者、事無根源。盧辯傳中刪去其會事節閔帝事、則傳中所云及帝入關者、語不可曉。是皆率意刊削、遂成疎漏。至於遺文脫簡、前後彙出、又不能悉爲補綴。蓋名爲德棻之書、實不盡出德棻。且名爲移掇李延壽之書、亦不盡出延壽。特大體未改而已。劉知幾史通曰、今俗所行周史、是令狐德棻等所撰、其書文而不實、雅而不檢、真迹甚寡、客氣尤繁。尋宇文開國之初、事由蘇綽。軍國詞令、皆準尚書。太祖敕朝廷他文、悉準於此。蓋史臣所記、皆稟其規。柳虬之徒、從風而靡。案綽文雖去彼淫麗、存茲典實、而陷於矯枉過正之失、乖乎適俗隨時之義。苟記言若是、則其謬愈多。爰及牛宏、彌尚儒雅、即其舊事、因而勒成、務累清言、罕逢佳句。而令狐不能別求他述、用廣異聞、惟憑本書、重加潤色、遂使周氏一代之史、多非實錄。又議其以王劭蔡允恭蕭韶蕭大圜裴政杜臺卿之書中有俚言、故致遺略。其詆諆德棻甚力。然文質因時、紀載從實。周代既文章爾雅、仿古製言。載筆者勢不能易彼妍辭、改從俚語。至於敵國詆謗、里巷諺謠、削而不書、史之正體。豈能用是爲譏議哉。況德棻旁徵簡牘、意在摭實。故元偉傳後於元氏戚屬事迹湮沒者、猶考其名位、連綴附書、固不可槩斥爲疎略。庾信傳論、仿宋書謝靈運傳之體、推論六義源流、於信獨致微辭、良以當時儷偶相高、故有意於矯時之弊、亦可見其不尚虛辭矣。知幾所云、非篤論也。晁公武讀書志祖述其語、掩爲己說、聽聲之見、尤無取焉。

隋書八十五卷（内府刊本）

唐魏徵等奉敕撰。貞觀三年、詔徵等修隋史。十年成紀傳五十五卷。十五年又詔修梁陳齊周隋五代史志。顯慶元年、長孫無忌上進。據劉知幾史通所載、撰紀傳者爲顏師古孔穎達。（案集古錄據穎達墓碑、謂穎達與魏鄭公同修隋書、而傳不著。蓋但據舊唐書言之、未考知幾書也。）撰志者爲于志寧李淳風韋安仁李延壽令狐德棻。（案宋刻隋書之後、有天聖中校正舊跋、稱同修紀傳者尚有許敬宗。同修志者尚有敬播。至每卷分題、舊本十志内惟經籍志題侍中鄭國公魏徵撰。五行志序或云褚遂良作。紀傳亦有題太子少師許敬宗撰者。今從眾本所載、紀傳題以徵、志題以無忌云云。是此書每卷所題撰人姓名、在宋代已不能畫一。至天聖中重刊、始定以領修者爲主、分題徵及無忌也。）其紀傳不出一手、間有異同。如文帝本紀云善相者趙昭、而藝術傳則作來和。又本紀云以賀若弼爲楚州總管、而弼本傳則作吳州。蓋卷帙浩繁、牴牾在所不免。至顧炎武日知錄所摘突厥傳中上言沙鉢略可汗擊阿波破擒之、下言雍虞閭以隋所賜旗鼓西征阿波、敵人以爲隋兵所助、多來降附、遂生擒阿波一條、則疑上文本言擊阿波破之、傳寫誤衍一擒字。炎武以爲一事重書、似未必然也。其十志最爲後人所推、而或疑其失於限斷。考史通古今正史篇稱太宗以梁陳及齊周隋氏並未有書、乃命學士分修、仍以祕書監魏徵總知其務。始以貞觀三年創造、至十八年方就、合爲五代紀傳、併目錄凡二百五十二卷。書成、下於史閣。惟有十志、斷爲三十卷。尋擬續奏、未有其文。太宗崩後、刊勒始成。其篇第編入隋書、其實別行、俗呼爲五代史志云云。是當時梁陳齊周隋五代史本連爲一書、十志即爲五史而作、故亦通括五代。其編入隋書、特以隋於五史居末、非專屬隋也。後來五史各行、十志遂專稱隋志、實非其舊。乃議其兼載前代、是全不核始末矣。惟其時晉書已成、而律歷志所載備數和聲審度嘉量衡權五篇、天文志所載地中晷影漏刻經星中宮二十八舍十煇諸篇皆上溯魏晉與晉志複出殊非史體且同出李淳風一人之手亦不應自相剿襲已說殆以晉書不在五史之數故不相避歟五行志體例與律歷天文三志頗殊不類淳風手作疑宋時舊本題褚遂良撰者未必無所受之地理志詳載山川以定疆域百官志辨明品秩以別差等能補蕭子顯魏收所未備惟經籍志編次無法述經學源流每多舛誤如以尚書二十八篇爲伏生口傳而不知伏生自有書教齊魯間以詩序爲衛宏所潤益而不知傳自毛亨以小戴禮記有月令明堂位樂記三篇爲馬融所增益而不知劉向別錄禮記已載此三篇在十志中爲最下然後漢以後之藝文惟藉是以考見源流辨別眞僞亦不以小疵爲病矣

欽定四庫全書總目卷四十五

欽定四庫全書總目卷四十六

史部二

正史類二

南史八十卷（內府刊本）

唐李延壽撰延壽事蹟附載新唐書令狐德棻傳延壽承其父大師之志爲北史南史而南史先成就正於令狐德棻其乖失者皆爲改定宋人稱延壽之書刪煩補闕爲近世佳史顧炎武日知錄又摘其李安民諸傳一事兩見爲紀載之疎以今考之本紀刪其連綴諸臣事蹟列傳則多刪詞賦意存簡要殊勝本書然宋齊梁陳四朝九錫之文符命之說告天之詞皆沿襲虛言無關實證而備書簡牘陳陳相因是芟削未盡也且合累朝之書勒爲通史發凡起例宜歸畫一今延壽於循吏儒林隱逸傳既遞載四朝人物而文學一傳乃因宋書不立此目遂始於齊之邱靈鞠豈宋無文學乎孝義傳搜綴湮落以備闕文而蕭矯妻羊氏衞敬瑜妻王氏先後互載男女無別將謂史不當有列女傳乎況北史謂周書無文苑傳遂取列傳中之庾信王褒入於文苑則宋之謝靈運顏延之何承天裴松之諸人何難移冠文苑之前北史謂魏書有列女傳齊周並無此篇今又得趙氏陳氏附備列女則宛陵女子等十四人何難取補列女之闕書成一手而例出兩歧尤以矛陷盾萬萬無以自解者矣蓋延壽當日專致力於北史南史不過因其舊文排纂刪潤故其減字節句每失本意間有所增益又緣飾爲多如宋路太后傳較宋書爲詳然沈約修史工於詆毀前朝而不載路太后飲酒置毒之事當亦揆以前後恩慈不應存此異說也延壽採雜史爲實錄又豈可盡信哉然自宋略齊春秋梁典諸書盡亡其備宋齊梁陳四史之參校者獨賴此書之存則亦何可盡廢也

北史一百卷（內府刊本）

唐李延壽撰延壽表進其書稱本紀十二卷列傳八十八卷爲北史與今本卷數符合文獻通考作八十卷者誤也延壽既與修隋書十志又世居北土見聞較近參覈同異於北史用力獨深故敘事詳密首尾典贍如載元韶之姦利彭樂之勇敢郭琬沓龍超諸人之節義皆具見特筆出酈道元於酷吏附陸法和於藝術離合編次亦深有別裁視南史之多仍舊本者迥如兩手惟其以姓爲類分卷無法南史以王謝分支北史亦以崔盧繫派故家世族一例連書覽其姓名則同爲父子稽其朝代則各有君臣參錯混淆殆難辨別甚至長孫儉附長孫嵩傳薛道衡附薛辨傳遙遙華胄下逮雲仍隔越抑又甚矣考延壽之敘次列傳先以魏宗室諸王次以魏臣又次以齊宗室及齊臣下逮周隋莫不皆然凡以勒一朝始末限斷分明乃獨於一二高門自亂其例深所未安至於楊素父子有關隋室興亡以其系出宏農遂附見魏臣楊敷傳後又魏收及魏長賢諸人本非父子兄弟以其同爲魏姓遂合爲一卷尤爲舛迕觀延壽敘例凡累代相承者皆謂之家傳豈知家傳之體不當施於國史哉且南北史雖曰二書實通爲一家之著述

故延壽於裴蘊傳云，祖之平，父忌，南史有傳。王頒傳云，父僧辯，南史有傳。郎互相貫通之旨也。乃南史既有晉熙王昶傳，北史復有劉昶傳。南史既有鄱陽王寶寅傳矣，北史復有蕭寶夤傳。南史既有豫章王綜、樂良王大圜傳矣，北史復有蕭贊（蕭綜入魏改名贊）、蕭大圜傳。宋修之、薛安都諸人南史則取諸宋書，北史則取諸魏書，不爲刪併，殆專意北史，無暇追刪南史，以致有此誤乎。然自宋以後，魏書、北齊書、周書皆殘闕不全，惟此書僅麥鐵杖傳有闕文，苻濟傳脫去數行，其餘皆卷帙整齊，始末完具，徵北朝之故實者，終以是書爲依據。故雖八書具列，而二史仍並行焉。

舊唐書二百卷（內府刊本）

晉劉昫等奉敕撰。五代史記昫本傳，不言昫撰此書，史漏略也。自宋嘉祐後，歐陽修、宋祁等重撰新書，此書遂廢。然其本流傳不絕，儒者表昫等之長以攻修、祁等之短者，亦不絕。今觀所述，大抵長慶以前，本紀惟書大事，簡而有體。列傳敘述詳明，贍而不穢，頗能存班范之舊法。長慶以後，本紀則詩話、書序、婚狀、獄詞，委悉具書，語多支蔓。（如文宗紀云：上每誦杜甫曲江行云：江頭宮殿鎖千門，細柳新蒲爲誰綠。乃知天寶以前，曲江四岸皆有行宮臺殿、百司廨署。又云：戶部侍郎判度支王彥威進所撰供軍圖略，其序云云。武宗紀云：右庶子呂讓進狀，亡兄溫女，太和七年嫁左衞兵曹蕭敏，生二男。開成三年，敏心疾乖忤，因而離婚。今敏日愈，却乞與臣姪女配合。又云：御史臺奏，據三司推勘吳湘獄，謹具逐人罪狀如後。揚州都虞候盧行立、劉羣於會昌二年五月十四日於阿顏家喫酒云云。）列傳則多敘官資，曾無事實，或但載寵遇，不具首尾。（如夏侯孜傳祇載歷官所至及責讓詔詞，不及一事。朱朴傳祇載其相昭宗而不及其始末。）所謂繁略不均者，誠如宋人之所譏。案崇文總目，初吳兢撰唐史，自創業訖於開元，凡一百一十卷。韋述因兢舊本更加筆削，刊去酷吏傳，爲紀志列傳一百十二卷。至德乾元以後，史官于休烈又增肅宗紀二卷。史官令狐峘等復於紀志傳後隨篇增輯，而不加卷帙。爲唐書一百三十卷，是唐書舊槀，實出吳兢，雖衆手續增，規模未改。昫等用爲藍本，故具有典型。觀順宗紀論題史臣韓愈，憲宗紀論題史臣蔣係，此因仍前史之明證也。至長慶以後，史失其官，無復善本，昫等自採雜說傳記，排纂成之，動乖體例，良有由矣。至於卷一百三十二既有楊朝晟傳，卷一百四十四復爲立傳。蕭穎士既附見於卷一百二，復見於卷一百九十文苑傳。宇文韶諫獵表既見於卷六十二，復見於卷六十四。蔣乂諫張茂宗尚主疏既見於卷一百四十一，復見於卷一百四十九。輿服志所載條議，亦多同列傳之文。蓋李崧、賈緯諸人各自編排，不相參校，昫掌領修之任，曾未能鉤稽本末，使首尾貫通，舛漏之譏，亦無以自解。平心而論，蓋瑕瑜不掩之作。黨新書者必謂事事勝舊書，黨舊書者又必謂事事勝新書，皆偏見也。我

皇上獨秉

睿裁，定於正史之中，二書並列，相輔而行，誠千古至公之道，論史諸家可無庸復置一議矣。

新唐書二百二十五卷（內府刊本）

宋歐陽修、宋祁等奉敕撰。其監修者則曾公亮。故書首進表以公亮爲首。陳振孫書錄解題曰：舊例修書止署官高一人名銜，歐公曰：宋公於我爲前輩，且於此書用力久，何可沒也。遂於紀傳各著之。宋公感其退遜。故書中列傳題祁名，本紀志表題修名。然考隋書諸志，已有此例，實不始於修與祁。又宋史呂夏卿傳稱宰相世系表夏卿所撰，而書中亦題修名，則仍以官高者爲主。特諸史多用一人，此用二人爲異耳。是書本以補正劉昫之舛漏，自稱事增於前，文省於舊。劉安世元城語錄則謂事增文省，正新書之失，而未明其所以然。今卽其說而推之，史官記錄，具載舊書，今必欲廣所未備，勢必蒐及小說，而至於猥雜。唐代詞章，體皆詳贍，今必欲減其文句，勢必變爲澀體，而至於詰屈。安世之言，所謂中其病源者也。若夫史漢本紀，多載詔令，古文簡質，至多不過數行耳。唐代王言，率崇縟麗，駢四儷六，累牘連篇。宋敏求所輯唐大詔令，多至一百三十卷，使盡登本紀，天下有是史體乎。祁一例刊除，事非得已。過相訾議，未見其然。至於呂夏卿私撰兵志，見晁氏讀書志，宋祁別撰紀志，見王得臣麈史，則同局且私心不滿，書甫頒行，吳縝糾謬卽踵之而出，其所攻駁，亦未嘗不切中其失。然一代史書，網羅浩博，門分類別，端緒紛拏，出一手則精力難周，出衆手則體裁互異，爰從三史以逮八書，牴牾參差，均所不免，不獨此書爲然。呂宋之書，未知優劣，吳縝所糾，存備考證則可，因是以病新書，則一隅之見矣。

新唐書糾謬二十卷（兩淮鹽政採進本）

宋吳縝撰。縝字廷珍，成都人，嘗以朝散郎知蜀州，後歷典數郡，皆有惠政。其著此書，專以駁正新唐

書之譌誤凡二十門四百餘事初名糾謬後改爲辨證而紹興閒長樂吳元美刊行於湖州仍題曰糾謬故至今尚沿其舊名王明清揮麈錄稱歐陽修重修唐書時縝嘗因范鎮請預官屬之末修以其年少輕佻拒之縝鞅鞅而去及新書成乃指摘瑕疵爲此書鼂公武嘗引張九齡爲相事謂其誤有詆訶今觀其書實不免有意掊擊如第二十門字書非是一條至歷指偏旁點畫之譌以譏切修等大都近於吹毛索瘢然歐宋之作新書意主文章而疏於考證抵牾踳駮本自不少縝自序中所舉八失原亦深中其病不可謂無裨史學也今世所行刊本第二十卷柳宗元傳至蘇定方傳凡六條皆全脫而錯入第六卷郭潛曜姓不同以下四條之文重複舛誤已非完書獨兩淮所進本尚屬南宋舊槧其柳宗元傳六條原文具在謹據以訂正焉

舊五代史一百五十卷目錄二卷永樂大典本

宋薛居正等奉敕撰考鼂公武讀書志云開寶中詔修梁唐晉漢周書盧多遜扈蒙張澹李昉劉兼李穆李九齡同修宰相薛居正等監修玉海引中興書目云開寶六年四月戊申詔修五代史七年閏十月甲子書成凡百五十卷目錄二卷爲紀六十一志十二傳七十七多據累朝實錄及范質五代通錄爲稾本其後歐陽修別撰五代史記七十五卷藏於家修沒後官爲刊印學者始不專習薛史然二書猶竝行於世至金章宗泰和七年詔學官止用歐陽修史於是薛史遂微元明以來罕有援引其書者傳本亦漸就湮沒惟明內府有之見於文淵閣書目故永樂大典多載其文然割裂淆亂已非居正等篇第之舊恭逢
聖朝右文稽古網羅放佚零縑斷簡皆次第編摩臣等謹就永樂大典各韻中所引薛史甄錄條繫排纂先後檢其篇第尚得十之八九又考宋人書之徵引薛史者每條採錄以補其闕遂得依原本卷數勒成一編晦而復彰散而復聚殆實有神物呵護以待時而出者遭逢之幸洵非偶然也歐陽修文章遠出居正等上其筆削體例亦特謹嚴然自宋時論二史者卽互有所主司馬光作通鑑胡三省作通鑑註皆專據薛史而不取歐史沈括洪邁王應麟輩爲一代博洽之士其所著述於薛歐二史亦多兼採而未嘗有所軒輊蓋修所作皆刊削舊史之文意主斷制不肎以紀載叢碎自貶其體故其詞極工而於情事或不能詳備至居正等奉詔撰述本在宋初其時秉筆之臣尚多逮事五代見聞較近紀傳皆首尾完具可以徵信故異同所在較核事蹟往往以此書爲證雖其文體平弱不免敍次煩冗之病而遺聞瑣事反藉以獲傳實足爲考古者參稽之助又歐史止述司天職方二考而諸志俱闕凡禮樂職官之制度選舉刑法之沿革上承唐典下開宋制者一槩無徵亦不及薛史諸志爲有裨於文獻蓋二書繁簡各有體裁學識兼資難於偏廢昔修與宋祁所撰新唐書事增文省足以括劉昫舊書而昫書仰荷
皇上表章今仍得列於正史況是書文雖不及歐陽而事蹟較備又何可使隱沒不彰哉謹考次舊文釐爲梁書二十四卷唐書五十卷晉書二十四卷漢書十一卷周書二十二卷世襲列傳二卷僭僞列傳三卷外國列傳二卷志十二卷共一百五十卷別爲目錄二卷而蒐羅排纂之意則著於凡例茲不贅列焉

新五代史記七十五卷內府刊本

宋歐陽修撰本名新五代史記世稱五代史者省其文也唐以後所修諸史惟是書爲私撰故當時未上於朝修歿之後始詔取其書付國子監開雕遂至今列爲正史大致褒貶祖春秋故義例謹嚴敍述祖史記故文章高簡而事實則不甚經意諸家攻駁散見他書者無論其特勒一編者如吳縝之五代史纂誤楊陸榮之五代史志疑引繩批根動中要害雖吹求或過要不得謂之盡無當也然則薛史如左氏之紀事本末賅具而斷制多疏歐史如公穀之發例褒貶分明而傳聞多謬兩家之竝立當如三傳之俱存尊此一書謂可兼賅五季是以名之輕重爲史之優劣矣且周官太史掌國之六典漢法亦天下計書先上太史史之所職兼司掌故八書十志遷固相因作者洊興遞相撰述使政刑禮樂沿革分明皆所謂國之大紀也修作是書僅司天職方二考寥寥數頁餘槩從删雖曰世衰祚短文獻無徵然王溥五代會要蒐輯遺編尚裒然得三十卷何以經修編錄乃至全付闕如此由信史通之謬談劉知幾欲廢表志見史通表歷書志二篇成茲偏見元纂宋遼金三史明纂元史

國朝纂明史，皆仍用舊規，不從修例。豈非以破壞古法，不可以訓乎。此書之失，此爲最大。若不考韓通之褒贈，（案宋太祖褒贈韓通，載今載宋文鑑中。）有所諱而不立傳者，一節偶疎，諸史類然，不足以爲修病也。修之文章冠冕有宋，此書一筆一削，尤具深心，其有裨於風教者甚大。惟其考證之疎，則有或不盡知者，故具論如右，俾來者有所別白。其註爲徐無黨作，頗爲淺陋，相傳已久，今仍竝錄之焉。

五代史記纂誤三卷（永樂大典本）

宋吳縝撰。案周密齊東野語曰：劉羲仲，道原之子也。（案道原，劉恕之字也。）道原以史學自名，羲仲世其家學，摘歐公五代史之譌，爲糾謬一書，以示坡公。公曰：往歲歐公著此書初成，荆公謂余曰：歐公修五代史而不修三國志，非也，子盍爲之乎。余固辭不敢當。夫爲史者網羅千百載之事，其閒豈無小得失耶。余所以不敢當荆公之託者，正畏如公之徒，掇拾於其後耳云云。據其所說，似乎此書爲劉羲仲作。然晁公武讀書志、陳振孫書錄解題載此書五卷，宋史藝文志載此書三卷，雖卷數小異，然均題縝作，不云羲仲。又密引揮麈錄之言，亦稱縝有此書，而不辨其爲一爲二。（案揮麈錄所云乃新唐書糾謬，此引爲五代史誤，則）密亦自疑其說，蓋傳聞異詞，不足據也。是書南渡後嘗與新唐書糾謬合刻於吳興，附唐書五代史末。今糾謬尚有槧本流傳，而是書久佚。惟永樂大典頗載其文，採掇裒集，猶能得其次序。晁公武稱所列二百餘事，今檢驗僅一百十二事，約存原書十之五六，然梗概已略具矣。歐陽修五代史義存褒貶，而考證則往往疎舛。如司馬光通鑑考異所辨晉王三矢付莊宗等事，洪邁容齋三筆所摘失載朱梁輕賦等事，皆譌漏之甚者。至徐無黨註，不知參核事蹟，寥寥數語，尤屬簡陋。縝一一抉其闕誤，無不疏通剖析，切中癥結，故宋代頗推重之。章如愚山堂考索亦具列紀傳不同各條，以明此書之不可以不作。未可遽以輕議前修，斥其浮薄。至如所稱唐明宗紀趙鳳罷一條，徐無黨註中忘其日三字，檢今本無之。又晉出帝紀射雁於繁臺句，今本竝無雁字。周太祖紀之甲辰當作甲申，今本亦正作甲申，不作甲辰。縝既糾修誤，不應竟搆虛詞。或後來校刊五代史者因其說而追改之耶。謹依宋史目次，釐爲三卷。其閒有與薛史同異者，竝略加附識於下，以備考證焉。

宋史四百九十六卷（內府刊本）

元托克托等奉敕撰。（案托克托原作脫脫，今改正。）其總目題本紀四十七、志一百六十二、表三十二、列傳二百五十五。然卷四百七十八至卷四百八十三實爲世家六卷，總目未列，蓋偶遺也。其書僅一代之史，而卷帙幾盈五百。檢校既已難周，又大旨以表章道學爲宗，餘事皆不甚措意，故舛謬不能殫數。柯維騏宋史新編僅引容齋五筆辨正向敏中、李宗諤數事，未能旁及。其後沈世泊撰宋史就正編，綜覈前後，多所匡糾。如謂高宗紀紹興十三年八月戊戌洪皓至自燕，而洪皓傳作七月見於內殿。朱倬傳宣和五年登進士第，據徽宗紀則宣和六年策進士，是爲甲辰科，實非五年。此紀傳之互異也。宋準傳云：李昉知貢舉，擢準甲科，會貢士徐士廉擊登聞鼓訴昉取舍非當，太宗怒，召準覆試後，遂行殿試。據選舉志，則開寶六年御殿給紙筆，別賜殿試，遂爲常制，是太祖時事，誤作太宗。蘇舜欽傳云：康定中河東地震，舜欽詣匭通疏。據五行志，則地震在寶元元年，康定止一年，無地震事。此志傳之互異也。杜太后傳云：母范氏，生五子三女，太后居長。而杜審琦傳則云審琦，昭憲皇太后之兄。太后昆仲五人，審琦居長。又太后傳云：生太祖、太宗、秦王廷美。據廷美傳，則其母爲陳國夫人耿氏。張浚傳云：浚擢殿中侍御史，駕幸東南，後軍統制韓世忠所部逼逐諫臣墜水死，浚奏奪世忠觀察使。據韓世忠傳，世忠乃左軍統制，非後軍統制。（案本紀後軍統制爲張俊，紀又云後軍將孫琦等作亂，逼左正言盧臣中溺水死，不言世忠。）又滕康傳世忠以不能戢所部，坐贖金。康復論世忠無赫赫功，詔降世忠一官。是奏奪世忠觀察使者乃滕康，非張浚。此傳文前後之互異也。譏宋史者謂諸傳載祖父之名而無事實，似誌銘之體，詳官階之遷除而無所刪節，似申狀之文。然好之者或以爲世系官資，轉可藉以有考。及證以他書，則宋史諸傳多不足憑。如晁補之傳云：太子少傅迥五世孫，宗慤之曾孫也。父端友。據黃庭堅爲補之父端友撰誌銘云：晁氏世載遠矣，有諱迥者，以太子少保致仕，謚文元，君之曾王父，諱迪，贈刑部侍郎。王父諱宗簡，贈吏部尚書。父諱仲偃，庫部員外郎。刑部梘文元母弟也。是補之實非迥五世孫。又晁迥傳云：迥子宗慤。據曾鞏南豐集，宗慤父名遘，是補之實非宗懿曾孫。謝絳傳云、祖懿文、父濤。據范仲淹撰謝濤誌銘、懿文生崇禮、崇禮生濤、濤生絳。是謝絳實爲懿文曾孫。然則所述世系、豈足盡信哉。洪邁傳云、乾道二年知吉州、六年知贛州、辛卯歲饑、十一年知婺州、十三年拜翰林學士、淳熙改元、進煥章閣學士。據本紀、淳熙十四年有翰林學士洪邁言、則淳熙改元當作紹熙改元。乾道無十三年。傳云辛卯歲饑爲乾道七年、則十三年上當加淳熙二字。又邁以淳熙十年知太平州、今瑞麻讚姑孰帖尚在太平、而傳文闕載。然則所敘官資、又豈可盡信哉。至於宋師伐遼、高鳳以易州來歸、見北盟會編、而宋史誤作郭藥師。紹興中趙鼎以奉國軍節度使出知紹興府、見宰輔編年錄、而宋史誤作忠武軍。失載王堅之守城不降、與林同之題壁自盡、忠義之士、尚多闕落、尤爲疎漏之大者矣。其所攻駁、皆一一切中其失。然其前後複沓牴牾、尚不止此、世泊亦不能悉舉也。蓋其書以宋人國史爲稾本、宋人好述東都之事、故史文較詳。建炎以後稍略。理度兩朝、宋人罕所紀載、故史傳亦不具首尾。文苑傳止詳北宋、而南宋止載周邦彥等數人。循吏傳則南宋更無一人。是其明證。至於南唐劉仁贍之死節、歐陽修五代史記、司馬光通鑑俱爲之證明、而此書仍作以城降。李瀚終於遼、未嘗入宋、見遼史本傳、而此書仍附於李濤傳。是於久列學官之書、其在史局之稾、尚不及互相勘證、則其他抑可知矣。自柯維騏以下、屢有改修、然年代縣邈、舊籍散亡、仍以是書爲稾本、小小補苴、亦終無以相勝。故考兩宋之事、終以原書爲據、迄今竟不可廢焉。

遼史一百十六卷內府刊本

元托克托等奉敕撰。至正三年四月、詔儒臣分撰、於四年三月書成。爲本紀三十卷、志三十一卷、表八卷、列傳四十六卷、國語解一卷。考遼制、書禁甚嚴、凡國人著述、惟聽刊行於境內、有傳於鄰境者、罪至死。見沈括夢溪筆談僧行均龍龕手鏡條下。蓋國之虛實、不以示敵、用意至深。然以此不流播於天下。迨五京兵燹之後、遂至舊章散失、澌滅無遺。觀袁桷修三史議、蘇天爵三史質疑、知遼代載籍可備修史之資者、寥寥無幾。故當時所據、惟耶律儼、陳大任二家之書。見聞既隘、又蒇功於一載之內、無暇旁搜、潦草成編、實多疎略。其間左支右詘、痕迹灼然。如每年遊幸、既具書於本紀矣、復爲遊幸表一卷。部族之分合、既詳述於營衛志矣、復爲部族表一卷。屬國之貢使、亦具見於本紀矣、復爲屬國表一卷。義宗之奔唐、章肅之爭國、既屢見於紀志表矣、復屢書於列傳。文學僅六人、而分爲兩卷。伶官宦官、本無可紀載、而強綴三人。此其重複瑣碎、在史臣非不自知、特以無米之炊、足窮巧婦、故不得已而綴割分隸、以求卷帙之盈、勢使之然、不足怪也。然遼典雖不足徵、宋籍非無可考。東都事略載遼太宗建國號大遼、聖宗即位、改大遼爲大契丹國、道宗咸雍二年、復改國號大遼。考重熙十六年釋迦佛舍利鐵塔記石刻、今尚在古爾板蘇巴爾漢、其文稱維大契丹國興中府重熙十五年丙戌歲十一月丁丑朔云云、與王偁所記合、而此書不載、是其於國號之更改、尚未詳也。文獻通考稱遼道宗改元壽昌、洪遵泉志引李季興東北諸蕃樞要云、契丹主天祚年號壽昌、又引北遼通書云、天祚即位壽昌七年、改爲乾統、而此書作壽隆、殊不思聖宗諱隆緒、道宗爲聖宗之孫、何至紀元而犯祖諱。考今興中故城即古爾板蘇巴爾漢、譯言三塔也、故土人亦稱三座塔云。東南七十里柏山、有安德州靈巖寺碑、稱壽昌初元歲次乙亥。又有玉石觀音像倡和詩碑、稱壽昌五年九月。又易州有興國寺太子誕聖邑碑、稱壽昌四年七月。均與洪遵所引合。又老學菴筆記載聖宗改號重熙、後避天祚嫌名、追稱重熙曰重和。考興中故城鐵塔旁記、有天慶二年釋迦定光二佛舍利塔記、稱重和十五年鑄鐵塔、與陸游所記亦合、而此書均不載、是其於改元之典章、多舛漏也。潛研堂金石文跋尾又稱據太子誕聖邑碑諸人結銜、知遼制有知軍州事、通判軍州事、知縣事之名、而百官志亦不載、是其於制度有遺闕也。至厲鶚遼史拾遺所摭、更不可以僕數。此則考證未詳、不得委之文獻無徵矣。然其書以實錄爲憑、無所粉飾。如宋史載太平興國七年戰於豐州、據此書則云宋使請和。宋史忠義傳有康保裔、據此書則云保裔被擒而降、後爲昭順軍節度使。審其事勢、遼史較可徵信。此三史所由竝行而不可偏廢歟。

遼史拾遺二十四卷浙江巡撫採進本

國朝厲鶚撰。鶚字太鴻、錢塘人、康熙庚子舉人。是書拾遼史之遺、有註有補、均摘錄舊文爲綱、而參考他書條列於下。凡有異同，悉分析考證，綴以按語。國語解先後次第與目錄有不合者，亦悉爲釐正。又補輯遼境四至，及風俗物產諸條於後。其中如劉守光自爲節度使，唐書及五代史列傳載之最詳，乃獨取資治通鑑一條。李嗣源之救幽州，不引契丹國志，亦僅引通鑑。王都破唐兵，五代史與諸書互有同異，而不加考辨。金克中京，大金國志敘次最悉，乃獨取松漠紀聞數言。保大以後，遼事載於宋史紀傳者最多，皆略而不取。似此之類，皆頗有所遺。又蘭亭石刻之類，蔓延鋪敘，與史事毫無所關，亦未免嗜博愛奇，傷於泛濫。然元修三史，莫繁冗於宋，莫疎略於遼。又遼時書禁最嚴，不得傳布於境外，故一朝圖籍，漸滅無徵。鶚採摭羣書，至三百餘種，均以旁見側出之文，參考而求其端緒。年月事蹟，一一鉤稽。其補唐中和諸人之傳，及禮志之補幡勝，樂志之補聒帳，輿服志之補金冠窄袍，食貨志之補賦税名目，皆採輯散佚，足備考證。鶚樊榭詩集中自稱所註遼史，比於裴松之之三國史註，亦不誣也。至於卷末國語解，對音舛誤，名義多乖。由作史者昧於翻譯，故因仍故牘，致失其眞。鶚雖釐正其次第，而索倫舊語，既非所知，故舊史駁文，未能考定。今三史國語，悉蒙
欽定，一洗前代之譌，足以昭示萬古。鶚所附贅，存而不論可矣。

金史一百三十五卷（內府刊本）

元托克托等奉敕撰。凡紀十九卷，志三十九卷，表四卷，列傳七十三卷。金人肇基東海，奄有中原，制度典章，彬彬爲盛。徵文考獻，具有所資。卽如大金弔伐一錄，自天輔七年交割燕雲，及天會三年再舉伐宋，五年廢宋立楚，至康王南渡，所有國書、誓誥、冊表、文狀、指揮、牒檄，以載於故府案牘者具有年月，得以編次成書。是自開國之初，卽已遺聞不墜。文藝傳稱元好問晚年以著作自任，以金源氏有天下，典章法制，幾及漢唐，國亡史作，己所當任。時金國實錄在順天張萬戶家，乃言於張，願爲撰述。既因有阻而止，乃搆野史亭，著述其上。凡金源君臣遺言往行，採摭所聞，有所得輒以片紙細字爲記，錄至百餘萬言。纂修金史，多本其所著。又稱劉祁撰歸潛志，於金末之事，多有足徵。是相承纂述，復不乏人。且考托克托等進書表，稱張柔歸金史於其前，王鶚輯金事於其後，是以纂修之命，見諸敷遺之謀，延祐申舉而未遑，天歷推行而弗竟。是元人之於此書，經營已久，與宋、遼二史取辦倉卒者不同，故其首尾完密，條例整齊，約而不疎，贍而不蕪，在三史之中，獨爲最善。如載世紀於卷首，而列景宣帝、睿宗、顯宗於世紀補，則酌取魏書之例。歷志則採趙知微之大明歷，而兼考渾象之存亡。禮志則掇韓企先等之大金集禮，而兼及雜儀之品節。河渠志之詳於二十五埽，百官志之首敘建國諸官，咸本本元元，具有條理。食貨志則因物力之微，而歎其初法之不慎。選舉志則因令史之正班，而推言仕進之末弊。交聘表則數宋人三失，而惜其不知守險，不能自強，皆切中事機，意存殷鑒，卓然有良史之風。惟其列傳之中，頗多疎舛。如楊朴佐太祖開基，見於遼史，而不爲立傳。晉王宗翰之上書乞免，見北盟會編。瀋王宗弼之遺令處分，見建炎以來繫年要錄，皆有關國政，而本傳不書。海陵之失德，既見於本紀，而諸嬖之猥褻，復詳述於后妃傳。王倫以奉使被留，未嘗受職，而傳列於酈瓊、李成之後。張邦昌傳既云宋史有傳，事具宗翰等傳，而復複引本紀之文，列於劉豫之前，皆乖體例。至昌本之南走，施宜生之泄謀，宇文虛中之謗訕，傳聞異辭，皆未能核定，亦由於祇據實錄，未暇旁考諸書。然宋史載兩國兵事，多採摭宋人所記，不免浮詞。如采石之戰，其時海陵士卒，聞大定改元，離心自潰，虞允文攘以爲功，殊非事實。此書所載，獨得其眞。泰和以後諸臣傳，尤能悉其情事。蓋好問等得諸目覩，與傳聞異詞者殊也。卷三十三、卷七十六中有闕文，蓋明代監版之脫誤，今以
內府所藏元版校補，仍爲完帙云。

元史二百十卷（內府刊本）

明宋濂等奉敕撰。洪武二年，得元十三朝實錄，命修元史，以濂及王禕爲總裁。二月，開局天寧寺，八月書成，而順帝一朝史猶未備，乃命儒士歐陽佑等往北平採其遺事。明年二月，詔重開史局，閱六月書成，爲紀四十七卷，志五十三卷，表六卷，列傳九十七卷。書始頒行，紛紛然已多竊議。迨後來遞相考證，紕漏彌彰。顧炎武日知錄摘其趙孟頫諸傳備書上世贈官，仍誌銘之文，不知芟削。河渠志言耿參政、祭祀志言田司徒，引案牘之語，失於翦

裁。朱彝尊曝書亭集又謂其急於成書，故前後複出，因與共一人兩傳者，條其篇目，爲倉猝失檢之病。然元史之舛駁，不在於蒇事之速，而在於始事之驟。以後世論之，元人載籍之存者，說部文集尚不下一二百種，以訂史傳，時見牴牾，不能不咎考訂之未密。其在當日，則重開史局，距元亡二三年耳。後世所謂古書，皆當日時人之書也。其時有未著者，有著而未成者，有成而未出者，勢不能裒合衆說，參定異同。考徐一夔始豐稾，有重開史局時與王褘書云：近代論史者，莫過於日曆，日曆者，史之根柢也。至起居注之設，亦專以甲子起例，蓋紀事之法無踰此也。元則不然，不置日曆，不置起居注，獨中書置時政科，遣一文學掾掌之，以事付史館。及易一朝，則國史院據所付修實錄而已。其於史事固甚疎略。幸而天曆閒虞集倣六典法，纂經世大典，一代典章文物粗備，是以前局之史既有十三朝實錄，又有經世大典，可以參稽，廑而成書。若順帝二十六年之事，既無實錄可據，又無參稽之書，惟憑採訪以足成之，竊恐事未必覈，言未必馴，首尾未必貫穿也云云。則是書之疎漏，未經屬草以前，一夔已預知之，非盡濂等之過矣。惟是事蹟雖難以遽詳，其體例則不難自定，其譌脫則不難自校也。今觀是書，三公宰相，分爲兩表，禮樂合爲一志，又分祭祀輿服爲兩志，列傳則先及釋老，次以方技，皆不合前史遺規，而刪除藝文一志，收入列傳之中，遂使無傳之人所著皆不可考，尤爲乖迕。又帝紀則定宗以後，憲宗以前，闕載者三年，未必實錄之中竟無一事，其爲漏落顯然。至於姚燧傳中述其論文之語，殆不可曉，證以元文類，則引其送暢純甫序，而互易其問荅之辭，殊爲顚倒。此不得委諸無書可檢矣。是則濂等之過，無以解於後人之議者耳。解縉集有與吏部侍郎董倫書，稱元史舛誤，承命改修云云。其事在太祖末年，豈非太祖亦覺其未善，故有是命歟。若夫歷志載許衡、郭守敬之歷經，李謙之歷議，而幷及庚午元歷之未嘗頒用者，以證其異同；地理志附載潘昂霄河源考，而取朱思本所譯梵字圖書，分註於下；河渠志則北水兼及於盧溝河、御河，南水兼及於鹽官海塘、龍山河道，並詳其繕濬之宜，未嘗不可爲考古之證。讀者參以諸書而節取其所長可也。

欽定遼金元三史國語解四十六卷

乾隆四十六年奉
勅撰。考譯語對音，自古已然。公羊傳所稱地物從中國，邑人名從主人是也。譯語兼釋其名義，亦自古已然。左傳所稱楚人謂乳穀，謂虎於菟，穀梁傳所稱吳謂善伊，謂稻緩，號從中國，名從主人是也。閒有音同字異者，如天竺之爲捐篤、身毒、印度，烏桓之爲烏丸，正如中國文字偶然假借，如歐陽漢碑作歐羊，包胥戰國策作勃蘇耳。初非以字之美惡分別愛憎也。自魏書改柔然爲蠕蠕，比諸蠕動，已屬不經。唐書謂回紇改稱回鶻，取輕健如鶻之意，更爲附會。至宋人武備不修，鄰敵交侮，力不能報，乃區區修隙於文字之閒，又不通譯語，竟以中國之言求外邦之義。如趙元昊自稱兀卒，轉爲吾祖，遂謂吾祖爲我翁；蕭鷓巴本屬蕃名，乃以與曾淳甫作對，以鷓巴鶉脯爲惡謔。積習相沿，不一而足。元托克托等修宋遼金三史，多襲舊文，不加刊正。考其編輯成書，已當元末。是時如台哈布哈號爲文士，今所傳納新（案納新原本誤作迺賢，今改正。）金臺集首，有所題篆字，亦自署曰泰不華，居然譌異，蓋舊俗已漓，併色目諸人亦不甚通其國語，宜諸史之譌謬百出矣。迨及明初，宋濂等纂修元史，以八月告成，事迹挂漏，尚難殫數，前代譯語，更非所諳，三史所附國語解，顚舛支離，如出一轍，固其宜也。我
皇上聖明天縱，邁古涵今，洞悉諸國之文，灼見舊編之誤，
特命館臣，詳加釐定，併一一
親加指示，務得其眞。以索倫語正遼史凡十卷，首君名，附以后妃皇子公主，次宮衞，附以軍名，次部族，附以屬國，次地理，次職官，次人名，次名物，共七門；以滿洲語正金史凡十二卷，首君名，附以后妃皇子，次部族，次地理，次職官，附以軍名，次姓氏，次人名，附以名物，共六門；以蒙古語正元史凡二十四卷，首帝名，附以后妃皇子公主，次宮衞，附以軍名，次部族，附以國名，次地理，次職官，次人名，次名物，共七門。各一一著其名義，詳其字音，字音爲漢文所無者，則兩合三合以取之，分析微茫，窮極要眇。即不諳繙譯之人，繹訓釋之明，悟語聲之轉，亦覺釐然有當於心，而恍然於舊史之誤也。蓋自
欽定三合切音清文鑑出，而
國語之精奧明；至此書出，而前史之異同得失亦明。不但宋明二史可據此以刊其譌，即四庫之書，凡人名地名官名物名涉於三朝者，均得援以改正，
使音訓皆得其眞，
聖朝考文之典，洵超軼乎萬禩矣。

明史三百三十六卷（內府刊本）

國朝保和殿大學士張廷玉等奉敕撰。乾隆四年七月二十五日書成表進。凡本紀二十四卷、志七十五卷、表一十三卷、列傳二百二十卷、目錄四卷。其進表有曰：仰惟聖祖仁皇帝搜圖書於金石、羅耆俊於山林。創事編摹、寬其歲月。蓋康熙十八年始詔修明史、並召試彭孫遹等五十人入館纂修。以記載浩繁、異同岐出。遲相考證、未遽定也。又曰：我世宗憲皇帝重申公慎之旨、載詳討論之功。臣等於時奉敕充總裁官、率同纂修諸臣開館排纘。十五年之內、幾經同事遷流。三百餘卷之書、以次隨時告竣。蓋雍正二年詔諸臣續成其事、至是乃成書也。又曰：籤帙雖多、牴牾互見。惟舊臣王鴻緒之史稾、經名人三十載之用心。進在彤幃、頒來祕閣。首尾略具、事實頗詳。爰卽成編、用爲初稾。蓋康熙中戶部侍郎王鴻緒撰明史稾三百十卷、惟帝紀未成、餘皆排比粗就、較諸家爲詳贍。故因其本而增損成帙也。其間諸志、一從舊例、而稍變其例者二。歷志增以圖、以歷生於數、數生算、算法之句股面線、今密於古、非圖則分刌不明。藝文志惟載明人著述、而前史著錄者不載、其例始於宋孝王關中風俗傳、劉知幾史通又反覆申明、於義爲允。唐以來弗能用、今用之也。表從舊例者四、曰諸王、曰功臣、曰外戚、曰宰輔。剏新例者一、曰七卿。蓋明廢左右丞相、而分其政於六部、而都察院糾核百司、爲任亦重、故合而七也。列傳從舊例者十三、剏新例者三、曰閹黨、曰流賊、曰土司。蓋貂璫之禍、雖漢唐以下皆有、而士大夫趨勢附羶、則惟明人爲最夥、其流毒天下亦至酷、別爲一傳、所以著亂亡之源、不但示斧鉞之誅也。闖、獻二寇、至於亡明、勦撫之失、足爲炯鑒、非他小醜之比、亦非割據羣雄之比、故別立之。至於土司、古謂羈縻州也、不內不外、釁隙易萌、大抵多建置於元、而滋蔓於明。控馭之道、與牧民殊、與禦敵國又殊、故自爲一類焉。若夫甲申以後、仍續載福王之號、乙酉以後、仍兼載唐王、桂王諸臣、則頒行以後、宣示綸綍、特命改增。聖人大公至正之心、上洞三光、下昭萬禩。尤自有史籍以來所未嘗聞見者矣。

右正史類三十八部、三千七百三十九卷、皆文淵閣著錄。

案註釋諸史之書、皆各從其類。惟班馬異同附漢書後、以有漢書而後考及史記、是由漢書作也。兩漢刊誤補遺附後漢書後、後及見前、前尚未及見後也。若茅國縉、蔣之翹之晉書、刪改原文、宋史新編之屬、非其本書、五代史補、五代史闕文、亦增益於本書之外。如斯之類、則均入別史焉。

正史類存目

訂正史記眞本凡例一卷（編修程晉芳家藏本）

舊本題宋洪遵撰。遵字景嚴、鄱陽人、皓仲子。官至同知樞密院事、諡文安、事蹟具宋史本傳。是編載曹溶學海類編中、前有自序、稱手錄司馬遷史記一帙、盡汰去楊惲、褚少孫等所補十篇、并去其各篇中增益之語、而以己所校定者錄於下方。此其書前凡例也。考諸家目錄、皆不載遵有此書。諸家言史學者、如漢書刊誤、新唐書糾謬、五代史纂誤、俱表表於世。自宋以來、亦從無引及此本者。今觀其所刊正、不盡無理、而云得司馬遷名山所藏眞本、與今本核其異同、知其孰爲楊惲所增、孰爲褚少孫所補、則三洪皆讀書人、斷不謬妄至此。豈有由漢及宋、尚有司馬遷眞本藏於山中、遵忽然得之者耶。其爲明季妄人託名僞撰、殆無疑義。且既謂之凡例矣、而某篇同、某篇異、某篇自某處至某處刪若干句、某篇某句下刪若干字、直以全書悉載例中、可使人按例而塗乙之、卽得眞本、無庸更有全書矣。此尤作僞之一證也。

史記瑣瑣二卷（山東巡撫採進本）

明郝敬撰。敬有周易正解、已著錄。黃虞稷千頃堂書目載敬山草堂集、不詳卷數、亦未見全本。此其集中外篇之第十八種也。取史記疑義、略爲考正訓釋、然多臆撰。如殷本紀西伯伐饑國、蓋黎、饑古字假借、乃云書作伐黎、黎飢色也。書曰黎民阻飢、爲其民失養而弔伐之。然則黎民於變時雍、又當何解。又周本紀輕呂之劍、謂卽赤刀、龍漦謂卽龍溺。項羽本紀楚歌、爲激楚之音。皆漫無根據、不足信也。

史詮五卷（內府藏本）

明程一枝撰。一枝字巢父、休寧人。是編專釋史記字句、校考諸本、頗有發明。惟參雜時人評語、頗近鄉塾陋本體例、亦有過於膠固者。如欲據荀子樂記刪改禮書樂書之類、皆不可據爲定論也。

班馬異同評三十五卷（浙江汪汝瑮家藏本）

宋倪思撰，劉辰翁評。辰翁字會孟，廬陵人。景定壬戌廷試對策，忤賈似道，置丙第。遂以親老請掌濂溪書院。後召入史館，及除太常博士，皆不就。宋亡後隱居以終。其文集散佚，僅存四景詩及須溪記鈔，蓋不及十分之一。今從永樂大典裒輯遺篇，始稍成卷帙。惟所評諸書尚傳，此本亦其一也。辰翁人品頗高潔，而文章多涉僻澀。其點論古書，尤好爲纖詭新穎之詞，實於數百年前預開明末竟陵之派。此書據文義以評得失，尚較爲切實。然於顯然共見者，往往贅論，而筆削微意，罕所發明。又倪思原書本較其文之異同，辰翁所評，乃多及其事之是非，大抵以意斷制，無所考證。既非論文，又非論古，未免兩無所取。楊士奇跋以爲臻極精妙，過矣。舊無專刻，僅附倪思書以行。然究爲以辰翁之書亂思之書，故有疑班馬異同即爲辰翁作者。（詳語班馬異同條下）今各著錄，俾兩不相淆焉。

史漢方駕三十五卷（兩江總督採進本）

明許相卿編。相卿字台仲，海寧人。正德丁丑進士，官至兵科給事中。事蹟具明史本傳。是編因倪思原本稍爲釐訂，改題此名。陳勝、英布二傳，思書偶遺，此補綴所闕。他如衞青、霍去病傳附錄諸將，漢書別自立傳，與史記文不相襲者，思書刪去，此皆摭拾所遺。其先後次第，改從司馬貞索隱，亦稍更其序。然所益不及百分之一。惟思書史記大書，漢書細書，文相連屬，但以字形廣狹爲分，頗易混淆。又字旁鉤勒，傳寫尤舛誤。相卿變其體例，以史漢相同者直書行中，不同者分行夾註。凡史記有而漢書無者，偏列於右；漢書有而史記無者，偏列於左。條理井然，較思書爲勝。所列評語，亦因劉辰翁之本稍爲損益，頗不及舊文。又舊文皆標置簡端，相卿意取便覽，或移附句旁，如批點時文之例，反參錯難觀，則未免於不善變矣。

五代史志疑四卷（江蘇巡撫採進本）

國朝楊陸榮撰。陸榮有易互，已著錄。歐陽修作五代史，多倣春秋書法，自謂是非之旨，不謬於聖人。然褒貶謹嚴，而事蹟或在所略，故重複舛漏，間亦不免。吳縝作五代史纂誤，頗糾其譌。其本久佚，惟永樂大典中尚存梗概，今奉
詔編纂，始排比成帙。陸榮此編成於康熙庚子，蓋未睹縝書，故以意研求，摘其疎謬。如梁太祖本紀謂洹水之戰，擒李克用子落落，而家人傳不載其名。唐昭宗遺難以後，不書立昭宣帝，則紀中前後所稱天子，不可辨別。晉出帝紀謂馬全節戰於榆林，兩軍俱潰，其一軍不知爲誰，又與附錄所載榆林之戰全不相合。瀛州之戰，書梁漢璋敗績，王清戰死。附錄則書漢璋戰死，而不及清。唐太祖兄弟傳所載太祖有四弟克讓、克修、克恭、克寧，而李嗣昭傳乃有太祖弟克柔。唐莊宗諸子傳謂五子繼岌、繼潼、繼嵩、繼蟾、繼嶢，而劉后傳乃多一幼子滿喜。晉出帝家人傳漏延煦母楚國夫人丁氏，而張延澤傳中乃有之。漢隱帝家人傳漏耿夫人，而楊邠傳中乃有之。王景仁傳以朗王存之子友寧爲梁太祖子。羅紹威傳以兒守文爲弟守文。白再榮傳李崧和凝留鎮州時，契丹已北歸，不應云隨契丹留。安重榮傳謂其祖父皆爲刺史，不應云暴至富貴。劉昫傳不應漏修唐書。皆頗有考訂。然其餘不過爭文句之繁簡，論進退之當否，毛舉細故，往往失當。大抵惟就本書之中互相校勘，所引他書，僅茅坤五代史鈔評一條，此外更無旁證也。

宋史偶識三卷（浙江巡撫採進本）

明項夢原撰。夢原字希憲，秀水人。萬曆己未進士，官至刑部郎中，管河張秋。其書乃讀宋史時隨筆摘錄，又他書所見可以參考者附之，間加評斷，亦甚寥寥。蓋當時強授梨棗，以充書帕之本，非有意於著述也。

右正史類七部，八十五卷，皆附存目。

案：凡考註一代之史者，雖工拙有殊，然非淹貫全書，則不能論著，不比語錄之類，人人皆可成編。故撰述者無多，即存目之書亦寥寥可數。

欽定四庫全書總目卷四十六

欽定四庫全書總目卷四十七

史部三

編年類

司馬遷改編年爲紀傳，荀悅又改紀傳爲編年。劉知幾深通史法，而史通分敘六家，統歸二體，則編年紀傳均正史也。其不列爲正史者，以班馬舊裁，歷朝繼作，編年一體，則或有或無，不能使時代相續，故姑置焉，無他義也。今仍蒐羅遺帙，次於正史，俾得相輔而行。隋志史部有起居注一門，著錄四十四部。舊唐書載二十九部，併實錄爲四十一部。新唐書載二十九部，存於今者穆天子傳六卷，溫大雅大唐創業起居注三卷而已。穆天子傳雖編次年月，類小說傳記，不可以爲信史。實惟存溫大雅一書，不能自爲門目，稽其體例，亦屬編年。今併合爲一，猶舊唐書以實錄附起居注之意也。

竹書紀年二卷（內府藏本）

案晉書束晳傳，晉太康二年，汲縣人發魏襄王冢，得古書七十五篇，中有竹書紀年十三篇。今世所行題沈約注，亦與隋志相符。顧炎武考證之學最爲精核，所作日知錄中，往往引以爲據。然反覆推勘，似非汲冢原書。考平王東遷以後，惟載晉事；三家分晉以後，惟載魏事，是魏承晉史之明驗。然晉靈公桃園之事，董狐所書，明見左傳，孔子稱趙盾爲法受惡，足知未改史文。乃今本所載，仍以趙穿蔽獄，則非晉史之舊也。束晳傳稱竹書夏年多殷，益干啟位，啟殺之。今本皆無此文。又杜預注左傳攜王奸命句，引服虔說以爲伯服，疏併引束晳以爲伯盤。今本乃有余臣之說，使竹書原有此文，不應二人皆未睹，則非束晳、杜預所見本也。郭璞注穆天子傳，引紀年七條，以今本核之，相同者三條。璞稱紀年而今在注中者三條。璞時不應先有注，且三條併爲一條，文亦不屬。其穆天子見西王母，西王母止之曰有鳥䳡人一條，今本無之，則非郭璞所見本也。隋書經籍志曰：紀年皆用夏正建寅之月爲歲首。今本自入春秋以後，時月竝與經同，全從周正，則非隋時所見本也。水經注引竹書七十六條，皆以晉國紀年，如春秋之爲魯史，而此本晉國之年皆附周下。又所引出公六年荀瑤成宅陽，梁惠王元年鄴師邯鄲師次于平陽，魏襄王六年秦取我焦，及齊師伐趙東鄙圍中牟諸條，今本皆無，其他年月亦多舛異，則非酈道元所見本也。史通引竹書文王殺季歷，今本作文丁；又引竹書鄭桓公厲王之子，今本錫王子多父命居洛，在宣王二十二年，王子多父爲鄭公，在幽王二年，皆不云厲王子，則非劉知幾所見本也。文選注引竹書五條，今惟有太甲殺伊尹一條，則非李善所見本也。開元占經引竹書四條，今本皆無，則非瞿曇悉達所見本也。史記索隱引竹書晉出公二十三年奔楚，乃立昭公之孫，是爲敬公。今本作出公薨。又引秦與衛戰岸門，惠王後元十一年會齊于平阿，十三年會齊于甄，齊桓公君母、齊宣王后，宋易成肝廢君自立，楮里疾圍蒲七條，今本皆無，則非司馬貞所見本也。穀梁傳疏引竹書紀年周昭王膠舟之事，以駁呂氏春秋，今本但曰王陟，無膠舟事，則非楊士勛所見本也。元豐九域志引竹書陰司馬敗燕公子翌于武垣一條，今本亦無，則非王存所見本也。路史引竹書周武王年五十四，辨武王非年九十三。今本乃作九十三。又注引竹書夏后不降六十九年，證世紀五十九年之異，今本乃亦作五十九。路史又引梁惠成八年雨骨于赤鞞，注又引夏桀末年社坼裂，今本竝無，則非羅泌、羅苹所見本也。戰國策注引竹書魏救中山，塞集胥口，今本無之，則非鮑彪所見本也。廣川書跋引竹書秦穆公十一年取靈邱，今本無之，則非董逌所見本也。雖其他證以竹書，往往相合，然允征稱辰弗集于房，說命稱舊學于甘盤，均出梅賾古文尚書，在西晉之後，不應先見竹書，豈亦明人鈔合諸書以爲之，如十六國春秋類歟？觀其以春秋合夏正，斷斷爲胡傳盛行以後書也。沈約注外，又有小字夾行之注，不知誰作，中殷小庚一條稱約案史記作太庚，則亦當爲約說，考元和郡縣志，魏武定七年始置海州，隋煬帝時始置衛縣，而注舜在鳴條一條，稱今海州，夏啟十一年放武觀一條，稱今頓丘衛縣，則非約語矣。所注惟五帝三王最詳，他皆寥寥，而五帝三王皆全鈔宋書符瑞志語，約不應既著於史，又不易一字移而爲此本之注，然則此注亦依託耳。自明以來，流傳已久，姑錄之以備一說，其僞則終不可掩也。

竹書統箋十二卷（安徽巡撫採進本）

國朝徐文靖撰。文靖有禹貢會箋，已著錄。是編蓋作於孫之騄考定竹書以後、亦因僞沈約注爲之引證推闡。首仿司馬貞補史記例、作伏羲神農紀年、題曰前編、而自爲之注。多據毛漸僞三墳、殊失考正。次爲雜述、述竹書源流、皆不入卷數。其箋則仿諸經注疏之例、發明於各條之下。蓋文靖誤以紀年爲原書、又誤以其注眞出沈約。故以箋自名、如鄭元之尊毛萇也。然其引證諸書、皆著出典、較孫之騄爲切實。而考正地里、訂正世系、亦較之騄爲詳晰。如坊本誤於外丙元年後、係以小庚五年、小甲十七年、雍己十二年、太戊三十五年、乃繼以二年陟。蓋舊本顚倒一頁、重刻者因而仍之。陳仁錫作四書考、遂據以駁難異同。文靖以殷本紀排比、知其脫誤。亦較之騄爲密也。

漢紀三十卷、安徽巡撫採進本、

漢荀悅撰。悅字仲豫、潁陰人。獻帝時官祕書監侍中。後漢書附見其祖荀淑傳。稱獻帝好典籍、以班固漢書文繁難省、乃令悅依左氏傳體爲漢紀三十篇。詞約事詳、論辨多美。張璠漢紀亦稱其因事以明臧否、致有典要、大行於世。唐劉知幾史通六家篇、以悅書爲左傳家之首。其二體篇又稱其歷代寶之、有逾本傳。班荀二體、角力爭先。其推之甚至。故唐人試士、以悅紀與史漢爲一科。文獻通考載宋李燾跋曰、悅爲此紀、固不出班書、亦時有所刪潤。而諫大夫王仁、侍中王閎諫疏、班書皆無之。又稱司馬光編資治通鑑、書太上皇事及五鳳郊泰畤之月、要皆舍班而從荀。蓋以悅修紀時、固書猶未舛譌。又稱其君蘭君簡端瑞與譽寬竟諸字與漢書互異者、先儒皆兩存之。王銍作兩漢紀後序、亦稱荀袁二紀、於朝廷紀綱、禮樂刑政、治亂成敗、忠邪是非之際、指陳論著、每致意焉。反復辨達、明白條暢。啟告當代、而垂訓無窮。是宋人亦甚重其書也。其中若壺關三老茂、漢書無姓、悅書云姓令狐。朱雲請上方劍、漢書作斬馬、悅書乃作斷馬。證以唐張渭詩、願得上方斷馬劍、斬取朱門公子頭句、知漢書字誤。資考證者亦不一。近時顧炎武日知錄乃惟取其宣帝賜陳遂璽書一條、及元康三年封海昏侯詔一條、能改正漢書三四字。其餘則病其敘事索然無意味、閒或首尾不備。其小有不同、皆以班書爲長。未免抑揚過當。又曰、紀王莽事自始建國元年以後、則云其二年、其三年、以至其十五年、以別於正統。而盡沒其天鳳地皇之號云云。其語不置可否。然不曰盡削而曰盡沒、似反病其疏略者。不知班書莽自爲傳、自可載其僞號。荀書以漢系編年、豈可以莽紀元哉。是亦非確論、不足爲悅病也。是書考李燾所跋、自天聖中已無善本。明黃姬水所刊亦閒有舛譌。康熙中襄平蔣國祥蔣國祚與袁宏後漢紀合刻、後附兩漢紀字句異同考一卷。今用以參校、較舊本稍完善焉。

後漢紀三十卷、安徽巡撫採進本、

晉袁宏撰。宏字彥伯、陽夏人。太元初官至東陽太守。事蹟具晉書文苑傳。是書前有宏自序、稱嘗讀後漢書、煩穢雜亂、聊以暇日、撰集爲後漢紀。其所綴會漢紀、案此漢紀蓋指荀悅之書涉及東漢初事者、非張璠書也。謝承書司馬彪書華嶠書謝沈書漢山陽公記漢靈獻起居注漢名臣奏旁及諸部耆舊先賢傳、凡數百卷。前史闕略、多不次序。錯繆同異、誰使正之。經營八年、疲而不能定。頗有傳者。始見張璠所撰書、其言漢末之事差詳。故復探而益之云云。蓋大致以漢紀爲準也。案隋志載璠書三十卷、今已散佚。惟三國志注及後漢書注閒引數條。今取與此書互勘、璠記所有、此書往往不載。其載者亦多所點竄、互有詳略。如璠記稱盧芳安定人、屬國夷數十畔在參蠻芳從之、詐姓劉氏。此書則作劉芳、安定三川人、本姓盧氏。王莽末、天下咸思漢、芳由是詐稱武帝後、變姓名爲劉文伯。及莽敗、芳與三川屬國羌胡起兵北邊。以及朱穆論梁冀池中舟覆、吳祐諫父寫書事、皆較璠記爲詳。璠記稱明德馬皇后不喜出遊、未嘗臨御窻牖。此書則作性不喜出入遊觀。璠記稱楊秉嘗曰我有三不惑、酒色財也、天下以爲名公。此書刪下一句。又如序王龔與薛勤喪妻事、璠記先敘龔而追敘勤。此書則先敘勤而後敘龔。敘呂布兵敗、勸王允同逃事、璠記敘在長安陷時。此書追敘於後。亦頗有所移置、而核其文義皆此書爲長。其體例雖仿荀悅書、而悅書因班固舊文、翦裁聯絡。此書則抉擇去取、自出鑒裁、抑又難於悅矣。劉知幾史通正史篇、稱世言漢中興作史者惟袁范二家、以配蔚宗。要非溢美也。

元經十卷、江蘇巡撫採進本、

舊本題隋王通撰、唐薛收續、併作傳。宋阮逸注。其書始晉太熙元年、終隋開皇九年、凡九卷、稱爲通之原書。末一卷自隋開皇十年迄唐武德元年、稱收所續晁公武讀書志曰，崇文無其目，疑阮逸依託爲之。陳振孫書錄解題曰，河汾王氏諸書，自中說以外，皆唐藝文志所無。其傳出阮逸，或云皆逸僞作也。唐神堯諱淵，其祖景皇諱虎，故晉書戴淵石虎皆以字行。薛收唐人，於傳稱戴若思石季龍宜也。元經作於隋世大業四年，亦書曰若思何哉。今考是書，晉成帝咸和八年書張公庭爲鎭西大將軍，康帝建元元年書石虎侵張駿。公庭卽駿之字，猶可曰書名書字，例本互通。至於康寧三年書神虎門爲神獸門，則顯襲晉書，更無所置辨矣。且於周大定元年直書楊堅輔政，通生隋世，雖妄以聖人自居，亦何敢於悖亂如是哉。陳師道後山談叢何蘧春渚紀聞邵博聞見後錄竝稱逸作是書，嘗以稾本示蘇洵。蘧與博語未可知，師道則篤行君子，斷無妄語，所記諒不誣矣。逸字天隱，建陽人，天聖五年進士，官至尚書屯田員外郎。宋史胡瑗傳，景祐初，更定雅樂，與鎭東軍節度推官阮逸同校鐘律者，卽其人也。王鞏甲申雜記又載其所作詩，有易立太山石，難芳上林柳句，爲怨家所告，流竄以終。生平喜作僞書，此特其一耳。文獻通考載是書十五卷，此本止十卷，自魏太和以後，往往數十年不書一事，蓋又非阮逸僞本之全矣。至明鄭伯羔藝穀稱是書爲關朗作，朗北魏孝文帝時人，何由書開皇九年之事。或因宋人記關朗易傳與此書同出阮逸，偶然誤記耶。其書本無可取，以自宋以來流傳已久，姑錄存之，而參考諸說，附糾其依託如右。

大唐創業起居注三卷（浙江巡撫採進本）

唐溫大雅撰。大雅字彥弘，并州祁人，官禮部尙書，封黎國公，事蹟具唐書本傳。是書唐志宋志皆作三卷，惟文獻通考作五卷。此本上卷記起義旗至發引四十八日之事，中卷記起自太原至京城一百二十六日之事，下卷記起攝政至卽眞一百八十三日之事。與書錄解題所云記三百五十七日之事者，其數相符，首尾完具，無所佚闕，不應復有二卷。通考殆譌三爲五也。大雅本傳稱高祖兵興，引爲記室參軍，主文檄，則此書得諸聞見，記錄當眞。今取與高祖本紀相較，若劉仁恭爲突厥所敗，煬帝驛繫高祖，此書稱高祖側耳謂秦王曰，隋運將盡，吾家繼膺符命，所以不早起兵者，爲爾兄弟未集耳。今遭羑里之厄，爾昆季須會盟津之師，是與師由高祖，而本紀則謂舉事由秦王。又此書載隋少帝以夏四月詔曰，今遵故事，遜於舊邸，而本紀則繫之五月戊午。凡此之類，皆頗相牴牾。書中所謂大郎卽建成，二郎卽太宗，於太宗殊無所表異。胡震亨跋謂大抵載筆之時，建成方爲太子，故凡言結納賢豪，攻略城邑，必與太宗竝稱，殆其然歟。抑或貞觀十七年敕播房元齡許敬宗等所修高祖實錄，欲以刱業之功獨歸太宗，不能無所潤色也。觀大雅所諱，獨宮婢私侍一事耳。至於稱臣突厥，則以不用書而用啟，隱約其詞。而於煬帝命爲太原道安撫大使，則載高祖私喜此行，以爲天授。於煬帝命擊突厥，則載高祖私謂人曰，天其或者將以畀余。俱據事直書，無所粉飾。則凡與唐史不同者，或此書反爲實錄，亦未可定也。

資治通鑑二百九十四卷（內府藏本）

宋司馬光撰，元胡三省音注。光以治平二年受詔撰通鑑，以元豐七年十二月戊辰書成奏上，凡越十九年而後畢。光進表稱精力盡於此書。其採用之書，正史之外，雜史至三百二十二種。其殘稾在洛陽者尙盈兩屋，既非掇拾殘賸者可比。又助其事者，史記前後漢書屬劉攽，三國南北朝屬劉恕，唐五代屬范祖禹，又皆通儒碩學，非空談性命之流。故其書網羅宏富，體大思精，爲前古之所未有。而名物訓詁，浩博奧衍，亦非淺學所能通。光門人劉安世嘗撰音義十卷，世已無傳。南渡後注者紛紛，而乖謬彌甚。至三省乃匯合羣書，訂譌補漏，以成此注。元袁桷清容集載先友淵源錄，稱三省天台人，寶祐進士，賈相館之，釋通鑑三十年，兵難稾三失。乙酉歲留袁氏家塾，日手鈔定注，己丑寇作，以書藏窖中得免。案三省自序稱乙酉徹編，與桷所記正合。惟桷稱定注，而今本題作音注，疑出三省所自改。三省又稱初依經典釋文例，爲廣注九十七卷，後失其書，復爲之注。始以考異及所注者散入通鑑各文之下，歷法天文則隨目錄所書而附注焉。此本惟考異散入各文下，而目錄所有之歷法天文，書中竝未附注一條。當爲後人所刪削，或三省有此意而未及爲歟。通鑑文繁義博，貫穿最難。三省所釋，於象緯推測，地形建置，制度沿革諸大端，極爲賅備。故唐紀開元十二年內注云，溫公作通鑑，不特紀治亂之迹而已，至於禮樂歷數天文地理尤致其詳。讀者如飲河之鼠、各充其量。蓋本其命意所在、而於此特發其凡、可謂能見其大矣。至通鑑中或小有牴牾、亦必明著其故。如周顯王紀秦大良造伐魏條注云、大良造下當有衛鞅二字。唐代宗紀董晉使回紇條注云、此韓愈狀晉之辭、容有溢美。又嚴武三鎭劒南條注云、武只再鎭劒南、蓋因杜甫詩語致誤。唐穆宗紀冊回鶻嗣君條注云、通鑑例、回鶻新可汗未嘗稱嗣君。文宗紀鄭注代杜悰鎭鳳翔條注云、如上卷所書、杜悰鎭忠武、不在鳳翔。凡若此類、並能參證明確、而不附會以求其合。深得注書之體。較尹起莘綱目發明附和回護、如諂臣媚子所爲者、心術之公私、學術之眞僞、尤相去九牛毛也。雖徵摭既廣、不免檢點偶疎。如景延廣之名、山師表敗軍之事、庾亮此手何可著賊之語、沈懷珍之軍洋水、阿那瓌之趨下口、烏丸軌宇文孝伯之誤、何周太祖詔令兄之作令兄、顧炎武日知錄並糾其失。近時陳景雲亦摘地理譌舛者作舉正數十條。然以二三百卷之書、而蹉失者僅止於此、則其大體之精密、益可概見。黃溥簡籍遺聞、稱是書元末刊於臨海、洪武初取其版藏南京國學。其見重於後來、固非偶矣。

資治通鑑釋文辨誤十二卷（內府藏本）

元胡三省撰。通鑑釋文本南宋時蜀人史炤所作、淺陋特甚。時又有海陵所刊釋文、稱司馬康本。又蜀廣都費氏進修堂版行通鑑、亦以注附之、世號龍爪通鑑。皆視史炤本差略、而實相蹈襲。三省既自爲通鑑音注、復以司馬康釋文本出僞託、而史炤所作譌謬相傳、恐其疑誤後學、因作此書以刊正之。每條皆先舉史炤之誤、而海陵本、龍爪本與之同者、則分注其下。其已見於此書者、音注之中即不復著其說。然如唐德宗紀韓旻出駱驛一條、音注云、史炤謂駱谷關之驛、余案韓旻若過駱谷關驛、則已通奉天而西南矣、炤說非也。此類隨文考正者、亦不盡見於辨誤。蓋二書本相輔而行、故各有詳略、以便互爲考證也。其書援據精核、多足爲讀史者啓發之助。所云音訓之學因文見義、各有攸當、不可滯於一隅。又云晉宋齊梁陳之疆里、不可以釋唐之疆里。其言實足爲千古注書之法、又不獨爲史炤一人而設矣。

通鑑胡注舉正一卷（浙江巡撫採進本）

國朝陳景雲撰。景雲里貫已附見三國辨誤條下。是書皆參訂胡三省資治通鑑音注之誤、凡六十三條。而所正地理居多、頗爲精核。然如周赧王五十七年大梁夷門監者注、以夷門爲大梁北門、不知史記信陵君傳本作東門。又隋煬帝大業元年奇章公牛宏注、但引隋書新唐書作其章縣、不知舊唐書本作奇章、謂以縣東八里奇章山得名。又後漢明帝永平十四年隧鄉名見漢書地理志泰山郡虵邱縣條下。唐高祖武德三年滌州見隋書煬帝紀大業元年及地理志汝南郡條下。後晉高祖天福四年康化軍見陸游南唐書烈祖本紀。而注皆云無考。凡斯之類、尚未悉舉。考書後附載王峻所作景雲墓誌、稱作通鑑胡注舉正十卷。而卷末其子黃中跋、亦稱書本十卷、屋漏鼠齧之餘、僅存什一。然則是編乃殘闕之稟、其多所挂漏宜矣。要此所存諸條、亦未始不足資考據也。

通鑑地理通釋十四卷（江蘇巡撫採進本）

宋王應麟撰。應麟有周易鄭氏注、已著錄。是書以通鑑所載地名異同沿革、最爲糾紛、而險要阸塞所在、其措置得失、亦足爲有國者成敗之鑒。因各爲條例、釐定成編。首歷代州域、次歷代都邑、次十道山川、次歷代形勢、而終以唐河湟十一州、石晉十六州、燕雲十六州。書本十四卷、宋史本傳作十六卷、疑傳刻之譌也。其中徵引浩博、考核明確、而敍列朝分據戰攻、尤一一得其要領、於史學最爲有功。原書無序、後人以書後應麟自跋移冠於前。所云上章執徐橘壯之月、乃元世祖至元十六年庚辰八月。是時宋亡已三年、蓋用陶潛但書甲子之義。書內稱梓愼爲梓諱、亦猶爲宋諱云。

資治通鑑考異三十卷（安徽巡撫採進本）

宋司馬光撰。此書於元豐七年隨通鑑同奏上。高似孫緯略載光編集通鑑、有一事用三四出處纂成者。文獻通考載司馬康所述、有司馬彪荀悅袁宏崔鴻蕭方等李延壽及太清記唐歷之類。洪邁容齋隨筆所摘、有河洛記魏鄭公諫錄李司空論事張中丞傳涼公平蔡錄鄴侯家傳兩朝獻替記後史補金鑾密記彭門紀亂平剡錄廣陵妖亂志之類。不過偶舉其數端、不止是也。其閒傳聞異詞、稗官既喜造虛言、正史亦不皆實錄。光既擇可信者從之、復參考同異、別爲此書、辨正謬誤、以祛將來之惑。昔陳壽作三國志、裴松之注之、詳引諸書錯互之文、折衷以歸一、是其例最善、而修史之家未有自撰一書、明所以去取之故者。有之、實自光始。其後李燾續通鑑長編、李心傳建炎以來繫年要錄、皆沿其義。雖散附各條之下、爲例小殊、而考訂得失則一也。至陳桱、王宗沐、薛應旂等欲追續光書、而不能網羅舊籍、僅據本史編排、參以他書、往往互相牴牾、不能遽定其是非。則考異之法不講、致留遺議於本書、滋疑竇於後來者矣。其中如唐關播平章事拜罷、專引舊唐書而不及引新唐書紀傳年表以證其誤者、小小滲漏、亦所不免。然卷帙既繁、所謂牴牾不敢保者、光固已自言之、要不足爲全體累也。其書原與通鑑別行。胡三省作音注、始散入各文之下。然亦頗有漏略。此乃明初所刊單本、猶光原書卷第、故錄之以存其舊焉。

資治通鑑目錄三十卷、光祿寺卿陸錫熊家藏本

宋司馬光撰。此書亦與通鑑同奏上、即進書表所謂略舉事目以備檢閱者也。其法年經國緯、著其歲陽歲名於上、而各標通鑑卷數於下。又以劉羲叟長歷氣朔閏月及列史所載七政之變著於上方。復撮書中精要之語散於其間。次第釐然、具有條理。蓋通鑑一書包括宏富、而篇帙浩繁。光恐讀者倦於披尋、故於編纂之時、提綱挈要、併成斯編。使相輔而行、端緒易於循覽。其體全仿年表、用史記、漢書舊例。其標明卷數、使知某事在某年、某年在某卷、兼用目錄之體、則光之創例。通鑑爲紀志傳之總會、此書又通鑑之總會矣。至五星凌犯之類、見於各史天文志者、通鑑例不備書、皆具列上方、亦足補本書所未及。書錄解題稱、光患本書浩大難領略、而目錄無首尾、晚著通鑑舉要歷八十卷、其稾在晁說之以道家。紹興初、謝克家任伯得而上之。今其本不傳。讀書志又別載通鑑節文六十卷、亦稱光所自鈔。今亦不傳。惟此書以附通鑑得存、尚足爲全書之綱領云。

通鑑釋例一卷、內府藏本

宋司馬光撰、皆其修通鑑時所定凡例。後附與范祖禹論修書帖二通。有光曾孫尚書吏部員外郎伋跋語、稱遺稾散亂、所藏僅存、脫略已甚。伋輒掇取分類、爲三十六例。末題丙戌仲秋、乃孝宗乾道二年。胡三省通鑑釋文辯誤序、謂光沒後、通鑑之學其家無傳。後因金使問司馬光子孫、朝廷始訪其後之在江南者、得從曾孫伋、使奉公祀。凡言書出於司馬公者、必鋟梓行之。蓋伋之始末如此。其編此書時、嘗有浙東提舉常平茶鹽司版本。惟伋跋稱三十六例、而今本止分十二類、蓋并各類中細目計之也。伋又稱文全字闕者亦從而闕之、而今本並無所闕、則已非原刻之舊。胡三省又云、溫公與范夢得修書二帖、得於三衢學宮。與劉道原十一帖則得於高文虎氏。伋取以編於前例之後。今本止有與夢得二帖、而道原十一帖無之。殆後人以通鑑問疑別有專本、而削去不載歟。其書雖出於南渡後、恐不無以意損益、未必盡光本旨。而相傳已久、今故與問疑並著於錄、以備參考焉。

稽古錄二十卷、光祿寺卿陸錫熊家藏本

宋司馬光撰。光既撰資治通鑑及目錄考異、又有舉要歷、有歷年圖、有百官表。歷年圖仍依通鑑、起於三晉、終於顯德。百官表止著宋代。是書則上溯伏羲、下訖英宗治平之末、而爲書不過二十卷。蓋以各書卷帙繁重、又歷年圖刻於他人、或有所增損、亂其卷帙、故芟除繁亂、約爲此編。而諸論則仍歷年圖之舊。元祐初表上於朝。陳振孫書錄解題曰、越本彙聚諸論於一卷、潭本則分係於各代之後。此刻次第、蓋依潭本、較越本易於循覽。朱子語錄曰、稽古錄一書、可備講筵宮僚進讀。小兒讀六經了、令讀之亦好。末後一表、其言如蓍龜、一一皆驗。今觀其諸論、於歷代興衰治亂之故、反復開陳、靡不洞中得失。洵有國有家之炯鑒、有裨於治道者甚深。故雖非洛學之派、朱子亦不能不重之。足見其不可磨滅矣。南渡以後、龔頤正嘗續其書、今永樂大典尚有全本。然是非頗乖於公議。陳振孫深不取之。蓋其心術學問皆非光比、故持論之正亦終不及光也。

通鑑外紀十卷、目錄五卷、少詹事陸費墀家藏本

宋劉恕撰。恕字道原、其先世京兆萬年人。祖受爲臨川令、葬於高安、因家焉。宋史本傳稱其舉進士入高等、不著何年。考司馬光作此書序、稱恕卒於元豐元年九月、年四十七。則當生於明道元年。又稱其登第時年十八、則皇祐元年進士也。初授鉅鹿主簿、尋遷知和州翁源二縣。會司馬光受詔修資治通鑑、奏以恕同司編纂、轉著作郎。熙寧四年以忤王安石乞終養、改祕書丞、仍令就家續成前書。遂終於家。此書乃其臨沒時所成也。蓋修資治通鑑時、恕欲與司馬光採宋一祖四宗實錄國史爲後紀、而摭周威烈王以前事蹟爲前紀。會遭

憂遘疾右股痺廢知遠方不可得國書後紀必不能就乃口授其子義仲以成此書改名曰外紀凡包羲以來紀一卷夏紀商紀共一卷周紀八卷又目錄五卷年經事緯上列朔閏天象下列外紀之卷數悉與司馬光通鑑目錄例相同金履祥作通鑑前編詆其好奇今觀其書周成王元年丙戌稱周公攝王之元年越七年癸巳始稱成王元年則是周公殆類新莽之爲矣又稱魯惠公爲隱公娶於宋見其女好而自納之生桓公是惠公先有衞宣之醜如斯之類頗爲不經又如齊桓觀龍殆如戲劇熊渠射虎何預勸懲雖曰細大不捐亦未免貪多務得履祥所論未可謂之吹求然外紀於上古之事可信者大書其異同舛誤以及荒遠茫昧者或分註或細書未嘗不具有別裁目錄於共和以後據史記年表編年共和以前皆謂之疑年不標歲陽歲陰之名並不櫽列其數亦特爲審慎且其自序稱陶潛擬爲祭文杜牧自撰墓誌夜臺甫邇歸心若飛不能作前後紀而爲外紀他日書成公爲前後紀則可刪削外紀之繁冗而爲前紀以備古今一家之言云云則恕作此書特剏爲草藁儲才備用如通鑑之有長編以待司馬光之刊定耳履祥不察當日書局編纂之例遽加輕詆操之未免爲已蹙矣

皇王大紀八十卷浙江范懋柱家天一閣藏本

宋胡宏撰宏字仁仲號五峯崇安人安國之季子也以蔭補承務郎紹興中嘗上書忤秦檜久不調檜死始召用辭疾不赴事蹟附載宋史儒林傳胡安國傳中是書成於紹興辛酉紹定閒嘗宣取入祕閣所述上起盤古下迄周末前二卷皆粗存名號事蹟帝堯以後始用皇極經世編年博採經傳而附以論斷陳振孫書錄解題嘗譏其誤取莊子寓言及敍邃古之初無徵不信然古帝王名號可考統系斯存典籍相傳豈得遽爲刪削至其採摭浩繁雖不免小有出入較之羅泌路史則切實多矣未可以一眚掩也朱彝尊曝書亭集有是書跋稱近時鄒平馬驌撰繹史體例頗相似疑其未見是書正可並存不廢今考驌書多引路史而不及皇王大紀一字彝尊以爲未見理或有然至於此書體用編年繹史則每事標題而雜引古書之文排比倫次略如袁樞記事本末之法體例固截然不同不知彝尊何以謂其相似殆偶未詳檢驌書歟

中興小紀四十卷永樂大典本

宋熊克撰克字子復建陽人孝宗時官至起居郎兼直學士院出知台州事蹟具宋史文苑傳是編排次南渡以後事蹟首建炎丁未迄紹興壬午年經月緯勒成一書宋制凡累朝國史先修日紀其曰小紀蓋以別於官書也陳振孫書錄解題稱克之爲書往往疏略多牴牾不稱良史岳珂桯史亦摘其記金海陵南侵誤以藥風殿之議與武德殿之議併書於紹興二十八年合而爲一蓋以當時之人記當時之事耳目既有難周是非尙未論定自不及李心傳書纂輯於記載詳備之餘然其上援朝典下參私記綴緝聯貫具有倫理其於心傳之書亦不失先河之導剏始難工固未可一例論也宋史藝文志載克所著尙有九朝通略一百六十八卷今永樂大典僅存十有一卷首尾零落已無端委惟此書尙爲完本惟原書篇第爲編纂者所合併舊目已不可尋今約略年月依宋史所載原數仍勒爲十卷

續資治通鑑長編五百二十卷永樂大典本

宋李燾撰燾有說文解字五音韻譜已著錄燾博極載籍尤究心掌故以當時學士大夫各信所傳不考諸實錄正史家自爲說因踵司馬光通鑑之例備採一祖八宗事蹟薈粹討論作爲此書以光修通鑑時先成長編燾謙不敢言續通鑑故但謂之續資治通鑑長編文獻通考載其進書狀四篇一在隆興元年知榮州時先以建隆迄開寶年事一十七卷上進一在乾道四年爲禮部郎時以整齊建隆元年至治平四年閏三月五朝事蹟共一百八卷上進一在淳熙元年知瀘州時以治平後至靖康凡二百八十卷上進一在淳熙元年知遂寧府時重別寫呈并舉要目錄計一千六十三卷六百八十七冊上進故周密癸辛雜識稱韓彥古盜寫其書至盈二廚然文獻通考所載僅長編一百六十八卷舉要六十八卷與進狀多寡迥殊考陳振孫書錄解題稱其卷數雖如此而冊數至逾三百蓋逐卷又分子卷或至十餘云云則所稱一千六十三卷者乃統子卷而計之故其數較多矣又據燾進狀其書實止於欽宗而王明清玉照新志稱紹興元年胡彥修疏在長編一百五十九卷

註後，則似乎兼及高宗。或以事相連屬，著其歸宿，附於註末，如左傳後經終事之例歟。癸辛雜識又稱，燾為長編，以木廚十枚，每廚抽替匣二十枚，每替以甲子誌之。凡本年之事有所聞，必歸此匣。分日月先後次第之，井然有條云云。則其用力之專且久，可概見矣。其書卷帙最多，當時艱於傳寫，書坊所刻本及蜀中傳本已有詳略之不同。又神哲徽欽四朝之書，乾道中祇降祕書省依通鑑紙樣繕寫一部，未經鏤版，流播日稀。自元以來，世鮮傳本。

本朝康熙初，崑山徐乾學始獲其本於泰興季氏，凡一百七十五卷。嘗具疏進之於

朝，副帙流傳，無不珍為祕乘。然所載僅至英宗治平而止，神宗以後仍屬闕如。檢永樂大典宋字韻中，備錄斯編，以與徐氏本相較，其前五朝雖大概相合，而分註考異，往往加詳。至熙寧迄元符三十餘年事蹟，徐氏所闕而朱彝尊以為失傳者，今皆粲然具存，首尾完善，實從來海內所未有。惟徽欽二紀原本不載，又佚去熙寧、紹聖間七年之事，頗為可惜。然自哲宗以上，年經月緯，遂已詳備無遺，以數百年來名儒碩學所欲見而不得者，一旦頓還舊物，視現行諸本增多幾四五倍，斯亦藝林之鉅觀矣。昔明成化中詔商輅等續修通鑑綱目，時永樂大典庋藏內府，外庭無自而窺，竟不知燾之舊文全載卷內，乃百方別購，迄不能得，論者以為遺憾。今恭逢我

皇上稽古右文，編摩四庫，乃得重見於世，豈非顯晦有時，待

聖世而發其光哉。燾原目無存，其所分千餘卷之次第，已不可考。謹參互校正，量其文之繁簡，別加釐析，定著為五百二十卷。燾作此書，經四十載乃成，自實錄正史官府文書以逮家錄野紀，無不遞相稽審，質驗異同。雖採摭浩博，或不免虛實並存，疑信互見，未必一一皆衷於至當。不但太宗斧聲燭影之事，於湘山野錄考據未明，遂為千古之疑竇。即如景祐二年三月賜鎮東軍節推毛洵家帛米一事，核以余靖所撰墓銘，殊不相符，為曾敏行獨醒雜志所糾者，亦往往有之。然燾進狀自稱寧失之繁，毋失之略，蓋廣蒐博錄，以待後之作者。其淹貫詳贍，固讀史者考證之林也。

綱目續麟二十卷、校正凡例一卷、附錄一卷、彙覽三卷、（江西巡撫採進本）

明張自勳撰。自勳字卓菴，南昌人。是編成於崇禎癸未，首為校正凡例一卷，列朱子凡例與劉友益書法凡例而各著所疑。次為附錄一卷，備列朱子論綱目手書十二篇及李方子綱目後序、王柏書綱目大全後、徐昭文綱目考證序。謂綱目一書，非惟分註非朱子手定，即正綱亦多出趙師淵手，併譏劉友益誤以晚年未定之本為中年已定之本，遂不求端訊末，強辨誣眞。其續麟二十卷，則案原書次第，摘列綱目及考異書法發明考證之文而一一辨正其是非。彙覽三卷，則列增刪正綱者三千六百四十餘字，增刪分注者四百四十餘字，蓋彙覽為改正之本，而續麟則發明改正之所以然。分注之文，彙覽僅改其年號君名謚號之類，而其他所當改者，以其文太繁，則散見於續麟中。蓋二書詳略互見，相輔為用者也。其宗方孝孺之論，不以統予秦晉隋，未免儒生膠固之見。然其他參互比校，每能推其致誤之所以然。如唐以前太子即位皆書名，至唐獨不書名，劉友益曲為之說。自勳則以為太子即位，前史皆書名，至唐書本紀獨不書名，綱目不過誤從史文，不必強為穿鑿。又如漢景帝中元年十二月晦日食，綱目漏書；三年九月晦日食既，綱目漏書既字。自勳以為皆漢書本紀先漏，綱目但據本紀而未見五行志，故有此失。別無他義，皆足破陋儒附會之說。他若唐太宗貞觀元年書徵隋祕書監劉子翼不至，劉友益書法稱書不至何，美子翼也。尹起莘發明亦以特書隋官為美之。自勳則據唐書劉禕之傳，載子翼後復召拜吳王府功曹參軍、修著作郎、宏文館直學士，謂綱目失考，誤以為陶潛一例。如是之類，其說皆鑿鑿有徵，非故與朱子為難者比。至於凡例稱曹丕劉裕書姓，而綱目書宋王裕乃無劉字；又凡例稱宦者封爵皆加宦者字，如鄭眾之屬，而綱目書鄭眾封鄛鄉侯乃無宦者字，用證綱目傳寫刊刻，不免譌脫，不必以鈔胥刻工之失執為朱子之筆削。尤為洞悉事理之言。視徒博尊朱子之名而牽合迂謬，反晦朱子之本旨者，相去遠矣。

謹案四庫編纂之例，凡箋註古書者，仍以所箋所注之時代為次。是書本為朱子綱目而作，綱目經

聖祖仁皇帝御批。當以御批為主。已恭錄於史評類中。故編年類中不錄綱目。而是編及芮長恤、陳景雲書則仍從綱目之次序列諸此焉。

綱目分註補遺四卷（浙江巡撫採進本）

國朝芮長恤撰。長恤字蕎子，原名城，字嚴尹，溧陽人。前明諸生。初朱子因司馬光通鑑作綱目，以分註浩繁，屬其事於天台趙師淵。師淵訥齋集中載其往來書牘甚詳。蓋分註之屬師淵，猶通鑑之佐以劉范。在朱子原不諱言。因流傳刊版，未題師淵之名，後人遂誤以爲分註亦出朱子。間有舛漏，皆委曲強爲之辭。長恤考究本原，知不出朱子之手。故凡分註之刪削通鑑以至失其本事者，悉列原文某句某字之下，有某句某字。於前而推求事理，爲之考辨於後。使證佐分明，具有條理。昔元汪克寬力崇道學，篤信新安，而作考異一編，訂譌正舛。至今與綱目並刊。蓋是非者天下之公，苟一間未達，於理人不能無誤。而大儒之心廓然無我，亦必不以偶然疎漏，生回護之私。是即眞出朱子，亦決不禁後儒之考訂。況門人代擬之本哉。且其說皆引據舊文，原書具在，亦非逞臆私談，憑虛肆辨。如姚江末流所爲者，是亦可爲綱目之功臣矣。陳鼎留溪外傳，列長恤於理學部中，稱其手著綱目存遺等書。蓋嫌於朱子尚有所遺，待人之補，故改補爲存，以諱其事。門戶之見，又何其陋歟。

綱目訂誤四卷（江蘇巡撫採進本）

國朝陳景雲撰。初尹起莘作通鑑綱目發明，凡有疑義，率委曲以通其說。至周密作癸辛雜識，始辨其中宗武后並書年號一條，然其說不甚確。後作齊東野語，又辨綱中北齊高緯殺其從官六十八一條，郭威弑隱帝書殺弑，湘陰王書弑一條，開元九年冬十一月罷諸王都督刺史等四條，貞元二年十一月皇后不書氏一條，目中開皇十七年赦蕭摩訶一條，貞觀元年太宗詰杜淹一條，則頗中其失。後明末張自勳

國朝芮長恤亦遞有訂正。景雲是書，又掊摭諸家所未及，悉引據前史原文，互相考證。其中毛舉細故，雖未免稍涉吹求，然如漢蕭望之誤書下獄，漢中王即位條下誤載司馬光論雍闓之叛，誤四郡爲三郡；鍾會過王戎，誤書其祖官曹志免官，誤作除名；拓拔賀傉誤爲鬱律之子；石虎擒劉岳，誤以爲殺；王導論劉允語，誤脫布在江州四字；乞伏步頹之叛，誤在苻堅敗後；孫恩走郁州，誤作陷廣陵；宋高祖誠義符語，誤刪非如兒韶有五字；始興王濬在西州，誤刪朱法瑜事；沈文季爲僕射，誤與蕭坦之並書；賀拔岳誤書雍州刺史；高洋誤漏還晉陽；西魏洛陽平陽以東地入於齊，誤刪以東字；陳武帝祔祖於廟，誤作周事；隋文帝斬問事，誤作斬所捶之人；柴紹爲長史，誤連下文作諮議；李吉甫漏書罷相；李行言秘強盜，誤作殺北司官軍；亂焚殺李克恭，誤作自焚；羅紹威表詞，誤以設言爲實事；梁以錢鏐爲吳越國王，誤複上卷；王峻以樞密使同平章事兼領平盧，誤作出鎮。皆指摘精確，足正傳譌。附糾汪克寬考異，誤讀高密王恢，陳濟正誤解太興殿後屬胡寅讀史管見，誤指宇文孝伯譏王軌，及誤論安史、劉友益書法誤論、高侃名諸條，亦皆允當。其於摭實之學，亦可云愈推愈密矣。

大事紀十二卷通釋三卷解題十二卷（浙江吳玉墀家藏本）

宋呂祖謙撰。祖謙有古周易，已著錄。是書取司馬遷年表所書，編年系月，以紀春秋後事，復採摭諸書以廣之。始周敬王三十九年，迄漢武帝征和三年。書法皆祖太史公所錄，不盡用策書凡例。朱子語錄所謂伯恭子約宗太史公之學，以爲非漢儒所及者，此亦一證也。其書作於淳熙七年。每以一日排比一年之事，本欲起春秋後迄於五代。會疾作而罷，故所成僅此。然亦足見其大凡矣。當時講學之家，惟祖謙博通史傳，不專言性命。宋史以此黜之降於儒林傳中。然所學終有根柢。此書亦具有體例，即如每條下各註從某書修云云。一一具載出典，固非臆爲筆削者可及也。通釋三卷，如說經家之有綱領，皆錄經典中要義格言。解題十二卷則如經之有傳，略具本末，而附以己見。凡史漢同異及通鑑得失，皆縷析而詳辨之。又於名物象數旁見側出者，並推闡貫通，夾註句下。朱子語錄每譏祖謙所學之雜，獨謂此書爲精密。又謂解題煞有工夫，只一句要包括一段意思。觀書中周慎靚王二年載魏襄王問孟子事，取蘇轍古史之論，後孟子集註即引用其說。蓋亦心服其淹通，知非趙師淵輩所能望其項背也。所附通釋文獻通考作一卷，此本乃宋嘉定壬申吳郡學舍所刻，實分三卷。通考蓋傳寫之誤云。

建炎以來繫年要錄二百卷（永樂大典本）

宋李心傳撰。心傳字微之，井研人，官至禮部侍郎。事蹟具宋史儒林傳。是書述高宗朝三十六年事蹟，仿通鑑之例，編年繫月，與李燾長編相續。寧宗時嘗被旨取進，永樂大典別載賈似道跋，稱寶祐初曾刻之揚州，而元代修宋遼金三史時，廣購逸書，其目具見袁桷蘇天爵二集，並無此名，是當時流傳已絕，故修史諸臣均未之見。至明初始得其遺本，亦惟文淵閣書目載有一部二十册，諸家書目則均不著錄。今明代祕府之本又已散亡，其存於世者惟永樂大典所載之本而已。其書以國史日歷爲主，而參之以稗官野史、家乘誌狀、案牘奏議、百司題名，無不臚採異同，以待後來論定。故文雖繁而不病其冗，論雖岐而不病其雜，在宋人諸野史中最足以資考證。宋史本傳稱其重川蜀而薄東南，然如朱人以張栻講學之故，無不堅持門戶，爲其父張浚左袒。心傳獨於淮西富平之債事、曲端之枉死、岳飛之見忌，一一據實直書，雖朱子行狀亦不據以爲信，初未嘗以鄉曲之私稍爲回護，則宋史之病是書者殆有不盡然矣。大抵李燾學司馬光而或不及光，心傳學李燾而無不及燾。其宏博而有典要，非熊克陳均諸人所能追步也。原本所載秦熺張匯諸論，是非顛倒，是不待再計而刪者，而並存以備參稽，究爲瑕纇。至於本註之外，載有留正中興聖政草、呂中大事記講義、何俌龜鑑諸書，似爲修永樂大典者所附入，然今無別本可校，理貴闕疑，姑仍其舊。其中與宋史互異者，則各爲辨證，附註下方。所載金國人名官名地名，音譯均多舛誤，謹遵

欽定金史國語解詳加訂正，別爲考證，附載各卷之末。仍依原第析爲二百卷。至其書名，文獻通考作繫年要記，宋史本傳作高宗要錄，互有不同。今據永樂大典所題，與心傳朝野雜記自跋及王應麟玉海相合，故定爲繫年要錄著於錄焉。

宋九朝編年備要三十卷（兩淮鹽政採進本）

宋陳均撰。均字平甫，號雲巖，莆田人。端平初有言是書於朝者，敕下福州宣取，賜均官迪功郎。馬端臨文獻通考載均編年舉要三十卷、備要三十卷，又有中興舉要十四卷、備要十四卷。今中興舉要備要皆佚，此書前有紹定二年眞德秀序，稱皇朝編年舉要、備要合若干卷，則當時本共爲一書，今舉要亦佚，存者惟此編耳。其書取日歷實錄及李燾續通鑑長編刪繁撮要，勒成一帙，兼採司馬光徐度趙汝愚等十數家之書，博考互訂。始太祖至欽宗凡九朝事蹟，欲其篇帙省約，便於尋閱，故苟非大事，則略而不書。林㽦序謂取司馬氏之綱而時有修飾，取李氏之目而頗加節文，足以括其體例。然實以通鑑綱目爲式，特據事直書，不加褒貶耳。觀均自序，其宗旨可見也。

續宋編年資治通鑑十五卷（浙江巡撫採進本）

宋劉時舉撰。時舉里貫無考，其結銜稱通直郎、戶部架閣、國史實錄院檢討、兼編修官。宋季三朝政要載史嵩之父喪去位，詔以右丞相起復，時舉爲庠學生，有與王元野黃道等九十四人上疏力爭一事，其始末則未之詳也。是書所記，始高宗建炎元年，迄寧宗嘉定十七年，當成於理宗之世。而書末附論一條，稱理宗撐拄五十年而後亡，不可謂非幸云云。其言乃出於宋亡以後，似非時舉原文。案舊本目錄後有書坊題識一則，稱是編繫年有考，據事有本末，增入諸儒集議，三復校正，一新刊行云云，則書中所附議論，又元時刊書者所增入，非其舊矣。其中紀載，雖以簡約爲主，或首尾未具，於事蹟間有脫遺，然如論張浚不附和議，而不諱其黨汪黃，攻李綱，引秦檜之罪，辨李綱之被謗遠謫，而不諱其庇翁彥國陷宋齊愈之失，褒貶頗協至公，無講學家門戶之見。卷端有朱彝尊題詞，稱其過於王宗沐薛應旂所撰，殆不誣云。

西漢年紀三十卷（永樂大典本）

宋王益之撰。益之字行甫，金華人，官大理司直。所著有漢官總錄職原等書，見馬端臨經籍考，蓋能熟於兩漢掌故者。今他書散佚，惟此本以載入永樂大典獨存。考益之自序，稱年紀三十卷，考異十卷，鑒論若干卷，各自爲書。今此本不載鑒論，而考異則散附年紀各條之下，與序不合，殆後人離析其文如胡三省之於通鑑考異歟。又序稱自高祖迄王莽之誅，而此本終於平帝居攝以後闕焉，且其文或有尾不完，中間已有脫佚，蓋編入永樂大典之時已殘闕矣。司馬光通鑑所載漢事，皆本班馬二書及荀紀爲據，其餘鮮所採掇。益之獨旁取楚漢春秋、說苑諸書，廣徵博引，排比成書，視通鑑較爲詳密。至所作考異，於一切年月舛誤、紀載異

同名地錯出之處，無不參稽互覈，折衷一是。多出二劉刊誤、吳仁傑補遺之外。尤通鑑考異所未及。其考證亦可謂精審矣。今依益之自序目次，釐爲三十卷。其考異亦即從舊本仍附各條之下，以便檢核。不復拘自序之文，别爲編次焉。

靖康要錄十六卷（兩淮鹽政採進本）

不著撰人名氏。陳振孫書錄解題曰：靖康要錄五卷，不知作者。記欽宗在儲時及靖康一年之事，案日編次，凡政事制度及詔誥之類，皆詳載焉。其與金國和戰諸事，編載尤詳云云。是振孫之時已莫知出誰手矣。今觀其書，記事具有日月，載文俱有首尾，決非草野之士不睹國史日歷者所能作。考書錄解題又載欽宗實錄四十卷，乾道元年修撰洪邁等進。此必實錄既成之後，好事者撮其大綱以成此編，故以要錄名也。宋人雜史傳於今日者，如熊克中興小紀、李心傳建炎以來繫年要錄之類，大抵於南宋爲詳。其詳於北宋者惟李燾續資治通鑑長編。然長編已多佚闕，今以永樂大典所載補之，亦僅及哲宗而止。徽宗、欽宗兩朝之事遂以無徵。徐夢莘三朝北盟會編起政和迄建炎，雖較他書爲賅備，而所錄事蹟章疏，惟以有涉金人者爲主，餘則略焉。此書雖敘事少略，載文太繁，而一時朝政具有端委，多有史所不詳者，即以補李燾長編，亦無不可也。

兩朝綱目備要十六卷（永樂大典本）

不著撰人名氏。所紀自宋光宗紹熙元年迄寧宗嘉定十七年事蹟。諸家書目皆不著錄。考元吳師道禮部集有答陳衆仲問吹劍錄云：續宋編年於吳曦誅數月後，載李好義遇毒死。又有題牟成父所作鄧平仲小傳及濟邸事略後云：吳曦之誅，實楊巨源結李好義之功。爲安丙輩媢忌掩沒。近有續陳均宋編年者，頗載巨源事。雖能書安丙殺其參議官楊巨源，而復以擅殺孫忠銳之罪歸之。大抵當時歸功於丙，故其事不白云云。核其所引與此書所載相合，疑此書在元時嘗稱爲續宋編年，然師道亦未嘗明言其撰自何人也。觀其載嘉定十四年六月乙亥，與莒補秉義郎。其目云：即理宗皇帝。考宋代條制，皆名亦諱。此乃直斥不避，似乎元人。然其書內宋而外元，又敘元代得國緣始，多敵國傳聞之詞。或宋末山林之士不諳體例者所作歟。陳均編年備要因通鑑長編而刪節之。此書則本兩朝實錄，參以李心傳所論。中如稱趙鼎爲趙丞相，安丙爲安觀文，錢象祖爲錢參政，李壁爲李參政，史彌遠爲史丞相，多仍當時案牘之文，未盡刊正。紀金元啟釁之事，追敘金源創業、譜牒職官，具載顛末，似單行之書，非增續傳史之體。然敘次脩明，議論亦多平允。如蜀中之減重額，湖北之行會子，范祖禹之補謚，何致之罷制科，胥足補宋史所未備。其紀年互異者，宋史韓侂胄傳載薛叔似宣諭京湖，程松、吳曦同赴四川，鄧友龍宣慰兩淮，徐邦憲罷知處州，皆在開禧四年，而開禧實無四年。此書載於二年丙寅，當得其實。其姓氏互異者，如宋史趙彥逾傳有中郎將范任，此書作范仲任。趙汝愚傳有宣贊舍人傳昌朝，此書作昌期。步帥閻仲夜，此書作王仲先。本紀副都統翟朝宗得寶璽，此書作輿宗。俱足以互證異同。惟於史彌遠廢立濟王事，略而不書。或時代尚近，衆論不同，其事未經論定，故闕所疑歟。然彌遠之營家廟，求起復，一一大書於簡，知非曲筆隱諱也。其書世罕傳本，惟見於永樂大典者尚首尾完具。謹校正繕錄，以備參稽。原書卷目已不可考。今案年編次，釐爲十有六卷。其中間有敘述失次，端委相淆者，睿鑒指示，曠若發蒙。謹仰遵聖訓，詳爲核正，各加案語以明之。俾首尾秩然，不惟久湮陳笈，得以表章；且數百年未補罅漏，一經御覽，義例益明，尤爲是書之幸矣。

宋季三朝政要六卷（編修汪如藻家藏本）

不著撰人名氏。卷首題詞稱理宗國史爲元載入北都，無復可考，故纂集理度二朝及幼主本末，附以廣益二王事。其體亦編年之流。蓋宋之遺老所爲也。然理宗以後國史，修宋史者實見之，故本紀所載反詳於是書。又是書得於傳聞，不無舛誤。其最甚者，謂寶慶元年趙葵、趙范、全子才建守河據關之議，遣楊誼、張迪據洛陽，與北軍戰潰歸。案寶慶元年葵、范名位猶微，其後五年，范始爲安撫副使，葵始爲淮東提刑，討李全，子才乃爲參議官。至端平元年滅金，子才乃爲關陝制置使，知河南府，西京留守，有洛陽潰敗之事。上距寶慶元年九年矣。所紀非實也。其餘敘次，亦乏體要。然宋末軼事頗詳，多有史所不載者，存之亦可備參考也。其以理宗、度宗、瀛國公稱爲三朝，而廣益二王則從附錄，體例頗公。卷末論宋之亡，謂君無失德，歸咎權相，持論亦頗正。而忽推演命數，兼陳因果，轉置人事爲固然，殊乖勸戒之旨。殆欲附徐鉉作李煜墓誌之義而失之者歟。

宋史全文三十六卷（內府藏本）

不著撰人名氏。原本題曰續通鑑長編，而以李燾進長編表冠之於前，是直以爲燾之長編矣。案燾成書在孝宗時，所錄止及北宋。此本實載南宋一代之事，其非出燾手明甚。檢勘此書，每卷標題皆有宋史全文四字，而永樂大典宋字韻內亦多載宋史全文與長編，截然二書。又此本目錄前有坊閒原題，稱本堂得宋鑑善本，乃名公所編，前宋已盛行，再付諸梓云云。蓋本元人所編，而坊賈假託燾名，詭稱前宋盛行耳。惟永樂大典所收之書，皆載入文淵閣書目，乃宋鑑多至六部，獨不見宋史全文之名，或亦楊士奇等編輯時因標題而致誤歟。又別本之末有商邱宋犖跋曰：宋李燾有通鑑長編百六十八卷，續長編集要六十八卷，續宋編年十八卷。今世藏書家往往求之甚渴。此三十六卷是元人所刊，卷首剷去著書人姓名，卷末剷去大元字，其爲元胡宏續通鑑長編無疑云云。則又臆斷之語，未見其有確證也。其書自建隆以迄咸淳，用編年之體，以次排纂。其靖康以前，亦本於燾之長編，而頗加刪節。高孝二代則取諸留正之中興聖政草。今以永樂大典所載聖政草相與參校，其文大同小異。留正等所附案語，亦援引甚多。至光寧以後，則別無藍本可據，爲編書者所自綴輯。故永樂大典於光寧二宗下亦全收此書之文。勘對並合。其於諸家議論，採錄尤富。如呂中講義、何俌龜鑑、李沆太祖實錄論、定國論、富弼等釋、呂源等增釋、陳瓘論、大事記諸書，雖其立說不盡精醇，而原書世多失傳，亦足以資參考也。惟原本第三十六卷內度宗少帝及益王廣王事蹟，俱有錄無書，永樂大典亦未採，今姑仍其闕焉。

通鑑前編十八卷、舉要三卷（編修邵晉涵家藏本）

宋金履祥撰。履祥有尚書表注，已著錄。案柳貫作履祥行狀曰：司馬文正作資治通鑑，繫年著代，祕書丞劉恕作外紀，以記前事。顧其志不本於經，而信百家之說，不足傳信。乃用邵氏皇極經世書、胡氏皇王大紀之例，損益折衷，一以尚書爲主，下及詩禮春秋，旁採舊史諸子，表年繫事，復加訓釋，斷自唐堯以下，接於資治通鑑，勒爲一書。既成，以授門人許謙曰：二帝三王之盛，其嘉言懿行，後王所當法。戰國申韓之術，其苛法亂政，亦後王所當戒。自周威烈王二十三年以後，司馬公既已論次，而春秋以前無編年之書，是編固不可少之著也云云。蓋履祥撰述之意，在於引經據典，以矯劉恕外紀之好奇。惟履祥師事王柏，柏勇於改經，履祥亦好持新說，如釋桑土既蠶，引後所謂桑間爲證；釋封十有二山濬川，謂營州當云其山碣石，其川遼水；以篤公劉、七月二篇爲豳公當時之詩，非周公所追述；又以七月爲豳詩，篤公劉即爲豳雅，皆不免於臆斷。以春秋書尹氏卒爲即與隱公同歸於魯之鄭大夫尹氏，尤爲附會。至於引周書記異，於周昭王二十二年書釋氏生，則其徵引羣籍，去取失當，亦未必遽在恕書上也。然援據頗博，其審定羣說，亦多與經訓相發明。在講學諸家中，猶可謂究心史籍，不爲游談者矣。履祥自撰後序，謂既編年表，例須表題，故別爲舉要三卷。凡所引經傳子史之文，皆作大書。惟訓釋及案語，則以小字夾註，附綴於後。蓋避朱子綱目之體，而稍變通鑑之式。後來浙江重刻之本，列舉要爲綱，以經傳子史之文爲目，而訓釋仍錯出其閒，已非其舊。又通鑑綱目刊本，或以此書爲冠，題曰通鑑綱目前編，亦後來所改名。今仍從原本，與綱目別著於錄，以存其眞焉。

通鑑續編二十四卷（左副都御史黃登賢家藏本）

舊本題元陳桱撰。桱字子經，奉化人。流寓長洲，後入明爲翰林編修，以附楊憲遷待制，見明史憲本傳。題元人者誤也。桱祖著，宋時以祕書少監知台州，嘗作書名歷代紀統；其父泌，爲校官，又續有撰述，世傳史學。桱以司馬氏通鑑、朱子綱目並終於五代，其周威烈王以上雖有金履祥前編，而亦斷自陶唐，因著此書。首述盤古至高辛氏，以補金氏所未備，爲第一卷。次摭契丹在唐及五代時事，以志其得國之故，爲第二卷。其二十二卷皆宋事，始自太祖，終於二王，以繼通鑑之後，故以續編爲名。然大書分註，全仿綱目之例，當名之曰續綱目，仍襲通鑑之名，非其實也。沈周客座新聞載桱著此書時，書宋太祖云匡允自立而還，未輟筆，忽迅雷擊其案。桱端坐不懾，曰：霆雖擊吾手，終不爲之改易也云云。此雖小說附會之談、亦足見桱以褒貶自任、乃造作此說。今觀其義例、於宋自太平興國四年平北漢後、始爲大書繫統。鄭瑗井觀瑣言、稱其本晦翁語錄、持論已偏。至於金承麟稱末帝、爲之紀年。西遼自德宗以下諸主年號、亦詳爲分註。雖各本史文、然承麟立僅一日、未成爲君。西遼竝無事蹟可紀、而必縷列其閒、亦不免循名失實。蓋委曲以存昺、昰二王、使承宋統。故輾轉相牽、生是義例、非千古公評。明史何喬新傳、載喬新年十一時、侍父京邸、修撰周旋過之。喬新方讀通鑑續編、旋問書法何如。對曰、呂文煥降元不書叛、張世傑溺海不書死節、曹彬包拯之卒不書其官、而紀羲軒多採怪妄、似未有當云云。亦未始不中其失也。他如取宋太祖燭影斧聲之說、載文天祥黃冠故鄉之語。皆漫無考正、輕信傳述。陳燿文學林就正、又謂桱誤以范仲淹赴桐廬郡至淮遇風詩爲唐介作、又改詩中強楚爲狂楚、盜室爲今日、蛟鼉爲魚龍。則引據未免疏舛。黃溥簡籍遺聞、又謂桱紀其先戶部尚書顯吏部尚書伸工部尚書德綱諸事、爲宋史所不載。成化閒續綱目者亦皆削去、疑其或出於妄託。則挾私濫載、尤不協至公。然自通鑑綱目以後、繼而作者、實始於桱。其後王宗沐薛應旂等、雖遞有增修、而才識卒亦無以相勝。姑存以備參考、亦未爲不可也。

大事記續編七十七卷（兩江總督採進本）

明王禕撰。禕字子充、義烏人。少遊柳貫黃溍之門。明初徵爲中書省掾。修元史成、拜翰林待制。使雲南、抗節死。贈翰林學士、追謚忠文。事蹟具明史忠義傳。此書乃續呂祖謙大事記而作、體例悉遵其舊。惟解題即附各條之下、不別爲一書。俞恂稱其書自征和迄宋德祐二年、凡一千三百六十五年。而今所傳本、實自漢武帝征和四年至周恭帝顯德六年、不知恂何所據而云然。或是書鈔本僅藏蜀王府中、至成化閒始刊版、傳寫有所佚脫歟。考何喬新集嘗稱禕此書予奪褒貶、與綱目不合。如綱目以昭烈紹漢統、章武紀年直接建安。此書乃用無統之例、以漢與魏吳竝從分註。又綱目斥武后之號、紀中宗之年、每歲書帝所在、用春秋公在乾侯例。而此書乃以武后紀年。又李克用父子唐亡稱天祐年號、以討賊爲詞、名義甚正。故綱目紀年、先晉後梁。此書乃先梁後晉、皆好奇之過。所言亦頗中其失。然其閒考訂同異、如通鑑載漢武帝仙人妖妄之言、淖方成禍水之說、以爲出於漢武故事、飛燕外傳、譏司馬光輕信之失。紀光武帝省并十三國、以地志正本紀之誤。此類考證、辨別皆爲不苟。又宋庠紀年通譜、久無傳本、劉羲叟長歷僅通鑑目錄用以紀年、書亦散佚。此書閒引及之、亦可以備參稽。至前賢議論、薈萃尤多。瑕瑜不掩、讀者節取其長焉可矣。

元史續編十六卷（浙江汪汝瑮家藏本）

明胡粹中撰。粹中名由、以字行、山陰人。永樂中官楚府長史。此書大旨以明初所修元史、詳於世祖以前攻戰之事、而略於成宗以下治平之迹。順帝時事、亦多闕漏。因作此以綜其要。起世祖至元十三年、終順帝至正二十八年。編年繫月、大書分註。有所論斷、亦隨事綴載。全仿通鑑綱目之例。然綱目訖五代、與此書不能相接。其曰續編、蓋又續陳桱書也。黃虞稷千頃堂書目、載有此書十六卷、又別出元史評、而不著卷數。疑當時或析其評語、別爲一本以行、如後漢書贊之例歟。其中書法、如文宗之初、知存泰定太子天順年號、而於明宗元年轉削而不紀、仍書文宗所改之天歷二年。進退未免無據。又英宗南坡之變、書及其丞相云云。蓋欲仿春秋之文、而忘其當爲內辭。亦劉知幾所謂貌同心異者。其他議論、雖尺尺寸寸、學步宋儒、未免優孟衣冠、過於刻畫。然如謂張世傑奪舟斷港、未能決性命於義利之閒、謂吳直方勸托克托大義滅親、爲不知春秋之義。持論亦未嘗不正。至於文宗陰謀害兄、更能據故老之傳聞、揭史家未發之隱。尤爲有關於懲戒。商輅等修續綱目、全取此書爲藍本、竝其評語亦頗採之。至明太祖起兵稱王以後、續綱目即分註元年、斥其國號。而粹中獨大書至正、直至二十八年八月而止。內外之辭、未嘗少紊。其持論之公、非輅等之所及。又宋末二王、不予以統、亦協其平。鄭瑗井觀瑣言乃曰、胡粹中元史續編、又下於陳桱續編。德祐北遷、閩廣繼立、宋之統緒、猶未絕也。乃遽抑景炎祥興之年於分書、非綱目書蜀漢東晉之例云云。何其偏歟。

皇清開國方略三十二卷

乾隆三十八年奉

敕撰。洪惟我

國家
世德緜延，篤承
眷顧，白山天作，朱果靈彰。十有五王，聿開周祚。肇基所自，
遐哉源遠而流長矣。迨我
太祖高皇帝以軒轅之敦敏，當榆罔之衰微，丕建
鴻圖，受
天明命，
帝出乎震，萬物知春。所以提挈天樞，經綸草昧，亨屯而濟
險，保大而定功者，
謨烈昭垂，實書契以來所未有。洎我
太宗文皇帝纘承
前緒，益擴販章，日月高衢，煥乎繼照，成湯秉鉞，十一征罔
弗奏功，周武臨河，八百國莫不來會。
聲靈遐播，制作更新。
文德
武功，繩
先啟
後，麟麟炳炳，亦史冊之所未聞。然事閱
五朝，時逾十紀，舊臣之所誦說，故老之所歌吟，口耳相傳，
或不能盡著於竹帛。而
實錄
寶訓，尊藏金匱，自史官載筆以外，非外廷所得而窺。是以
特詔館臣恭錄
締造規模，勒成
帝典。冠以
發祥世紀一篇，猶商頌之陳元鳥，周雅之咏公劉。雖時代
緜邈，年月不可盡詳，而事既有徵，理宜傳信。所以
明啟佑之自來也。其餘並編年紀月，列目提綱。自
太祖高皇帝癸未年夏五月起兵討尼堪外蘭，克圖倫城，
始至天命十一年秋七月，
訓戒羣臣，編爲八卷。自
太宗文皇帝御極，始至順治元年
世祖章皇帝入關定鼎以前，編爲二十四卷。蓋
神功
聖德，史不勝書，惟恭述
勳業之最顯著、政事之最重大，
謨猷之最宏遠者，已累牘連篇，積爲三十二卷矣。唐虞之
治，具於典謨；文武之政，布在方策。臣等繕校之餘，
循環跪讀，
創業之艱難，
貽謀之遠大，尚可一一仰窺也，豈非萬世所宜聰聽者
哉。

御批通鑑輯覽一百十六卷，附明唐桂二王本末三卷，
乾隆三十二年奉
敕撰。是書排輯歷朝事蹟，起自黃帝，迄於明代，編年紀
載，綱目相從。目所不該者，則別爲分註於其下。而
音切訓詁、典故事實有關考證者，亦詳列焉。蓋
內府舊藏明正德中李東陽等所撰通鑑纂要一書，
皇上幾暇披尋，以其襃貶失宜，紀載蕪漏，不足以備
乙覽，因
命重加編訂，發凡起例，咸稟
睿裁，每一卷成，即繕稿進
御，
指示書法，悉準麟經。又
親灑丹毫，詳加評斷。
微言大義，燦若日星。凡
特筆昭垂，皆天理人情之極則，不獨詞臣載筆，不能窺
見
高深，即涑水、紫陽亦莫能仰鑽於萬一。所謂原始要終，
推見至隱者，文成數萬，其指數千，不可一一縷陳。
而尤於系統表年，著
筆削之大旨，
予奪進退，悉準至公。故大業冠號，則義等於存陳；至正
書年，則旨同於在鄆。知景炎、祥興之不成爲宋，而
後遯荒棄國者始不能以濫竊虛名；知泰定、天順
之相繼爲君，而後乘釁奪宗者不得以冒干大統。
凡向來儒者聚訟不決者，一經
燭照，無不得所折衷，用以斥彼偏私，著爲明訓。仰見
聖人之心體，如鑑空衡平。
聖人之制作，如天施地設，惟循自然之理，而千古定案
遂無復能低昂高下於其閒。誠
聖訓所謂此非一時之書，而萬世之書也。至明季北都
淪覆，大命已傾，福王竊號江東，僅及一載。
皇上如天聖度，謂猶有疆域可憑，
特命分註其年，從建炎南渡之例。又唐桂二王蹟同昰
昺，雖黜其僞號，猶
軫念其遺臣，亦
詔別考始終，附綴書後，俾不致湮沒無傳。大哉
王言，量同天地，尤非臣等所能仰贊一辭矣。

御定通鑑綱目三編四十卷，
乾隆四十年奉

敕撰。初大學士張廷玉等奉
敕採明一代事蹟、撰通鑑綱目三編、以續朱子及商輅之書。然廷玉等惟以筆削褒貶求書法之謹嚴、於事蹟多所挂漏。又遼外諸部、於人名地名多沿襲舊文、無所考正、尤不免於舛譌。夫朱子義例之初、原以綱仿春秋、目仿左傳。春秋大義數千、炳若日星。然不詳核左傳之事蹟、於聖人予奪之旨尚終不可明。況史籍編年、僅標梗概於大書、而不具始末於細註、其是非得失又何自而知耶。
聖諭所指福藩田土一條、其他條之疏略、皆可以例推。至於譯語、原取對音。唐以前書、凡外邦人名地名見於史冊者、班班可考。惟兩宋屈於強鄰、日就削弱。一時秉筆之人、既不能決勝於邊圉、又不能運籌於帷幄、遂譯以穢語、洩其怨心。實有乖紀載之體。沿及明代、此習未除。如
聖諭所指朶顏青海諸人名、書圖爲兔之類、亦往往而有。鄙倍荒唐、尤不可不亟爲釐正。是編仰稟
睿裁、於大書體例、皆遵
欽定通鑑輯覽。而細註則詳核史傳、補遺糾繆、使端委秩然。復各附發明、以闡褒鉞之義。各增質實、以資考證之功。而譯語之誕妄者、亦皆遵
欽定遼金元國語解、一一改正、以傳信訂譌。較張廷玉等初編之本、實倍爲精密。
聖人制事、以至善爲期。義有未安、不以已成之局而憚於改作。此亦可仰窺萬一矣。

資治通鑑後編一百八十四卷、江蘇巡撫採進本

國朝徐乾學撰。乾學有讀禮通考、已著錄。是編以元明人續通鑑者、陳桱、王宗沐諸本、大都年月參差、事蹟脫落。薛應旂所輯、雖稍見詳備、而如改宋史周義成軍爲周義、以胡瑗爲朱子門人、疏謬殊甚。皆不足繼司馬光之後。乃與鄞縣萬斯同、太原閻若璩、德清胡渭等、排比正史、參考諸書、作爲是編。草創甫畢、欲進於朝、未果而歿。今原稾僅存、惟闕第十一卷。書中多塗乙刪改之處、相傳猶若璩手蹟也。其書起宋太祖建隆元年、迄元順帝至正二十七年。凡事蹟之詳略先後有應參訂者、皆依司馬光例、作考異以折衷之。其諸家議論足資闡發者、並採系各條之下。間附己意、亦依光書之例、標臣乾學曰以別之。其時永樂大典尚庋藏祕府、故熊克、李心傳諸書皆未得窺。所輯北宋事蹟、大都以李燾殘帙爲稾本、援據不能賅博。其宋自嘉定以後、元自至順以前、尤爲簡略。至宋末昰、昺二王、皆誤沿舊史、系年紀號、尤於斷限有乖。又意求博贍、頗少翦裁。如西夏姻戚之盛、備敘世系。慶元僞學之禁、詳載謝表。元末事蹟、多採輟耕錄、鐵崖樂府。敘書藝則稱其日寫三萬字、紀隱居則述其懷抱幾時開。無關勸懲、徒傷煩冗。又載元順帝初生之事、過信庚申外史、尤涉鑿空。然其裒輯審勘、用力頗深、故訂誤補遺、時有前人所未及。如宋史富弼傳以樞密使出判揚州、今據宰輔編年錄改作河陽。余玠傳淳祐十三年及元人戰於嘉定、今據家傳改作十二年。元末寇陷淮安、本紀首尾不具、今從王逢梧溪集定作趙國用。至正十六年張士誠陷湖州、本紀作二月、今從明實錄作四月。皆案文覈實、信而有徵。又是時乾學方領一統志局、多見宋元以來郡縣舊志、而若璩諸人復長於地理之學、故所載輿地、尤爲精核。如宋王堅之守合州、則採四川總志。牟子才之諫張燈、則採西湖遊覽志。而明人紀事之書、若劉辰國初事蹟、吳寬平吳錄之類、亦並從附載、以資考證。年經月緯、犂然可觀。雖不能遽稱定本、而以視陳、王、薛三書、則過之遠矣。

右編年類三十八部、二千六十六卷、皆文淵閣著錄。

案有歷代之編年、竹書紀年以下是也。有一代之編年、漢紀以下是也。其間或有或無、既不相續、今亦各以作者時代編之、不復以統系爲先後。其通鑑地理通釋、綱目續麟之類、則仍附本書之後、便參閱也。

欽定四庫全書卷四十七

欽定四庫全書總目卷四十八

史部四

編年類存目

考定竹書十三卷（浙江巡撫採進本）

國朝孫之騄撰。之騄有尚書大傳已著錄。是編以沈約所注竹書紀年未爲詳備，因采摭諸書，別爲之注。然之騄愛博嗜奇，多所徵引，而不能考正眞僞。如帝癸十年地震，引華嚴合論大地有六種震動，所謂徧動徧起徧涌徧震徧吼徧擊者爲說，殊爲蕪雜。又劉知幾史通疑古篇中，排詆舜禹，以末世莽操心事推測聖人，至爲乖謬，而一概引用，漫無辨正。沈約注出依託，尚能知伊尹自立之誣，太甲殺伊尹之妄，之騄乃旁取異說，以褻耳目，云能補正沈注，未見其然。惟拾遺記商均暴天下之類，辨別誣妄，路史帝杼遷老王之類，考訂譌謬，間有數處可取耳。至所稱逸文，采摭頗備。然如晉幽公會魯季孫一條，今本有之，而注曰無；又如湯十九年至二十四年皆書大旱，蓋作書者依託墨子湯五年旱之文，此本竟脫去二十一年大旱鑄金幣二條，則亦不可盡據也。

五代春秋二卷（兩江總督採進本）

宋尹洙撰。洙字師魯，河南人。天聖二年進士，授絳州正平主簿，以薦爲館閣校勘，累遷右司諫，知渭州，兼領涇原路經略公事。以爭水洛城事，移慶州。復爲董士廉所訟，貶崇信軍節度副使，監均州酒稅，卒。事蹟具宋史本傳。考邵伯溫聞見錄載歐陽脩作五代史，嘗約與洙分撰，此書或卽作於是時。然體用編年，與脩書例異，豈本約同撰而不果，後乃自著此書歟。所載始梁太祖開平元年甲子，迄周顯德七年正月甲辰。鄭樵通志藝文略作二卷，與今本合。趙希弁讀書附志則作五卷，或別本流傳，以一代爲一卷歟。穆脩春秋之學，稱受之於洙，然洙無說春秋之書，惟此一編，筆削頗爲不苟，多得謹嚴之遺意，知其春秋之學深矣。已載入所作河南集中，此蓋其別行之本，以初原自爲一書，故仍存其目焉。

少微通鑑節要五十卷（内府藏本）

宋江贄編。贄字叔直，崇安人。政和中，太史奏少微星見，朝命舉遺逸之士，有司以贄應詔，贄辭不赴。賜號少微先生。是書取司馬光資治通鑑刪存大要，然首尾賅貫，究不及原書。此本爲明正德中所刊，前有武宗御製序。考羅願鄂州小集末載王瓚月山錄跋，結銜稱通鑑節要纂脩官，疑正德時又爲重脩，非復贄之舊本。又明史李東陽傳，稱東陽奉命編通鑑纂要，旣成，瑾令人摘其筆畫小疵，除謄錄官數人名，欲因以及東陽。東陽大窘，屬焦芳與張綵爲解，乃已。又張元禎傳，稱爲通鑑纂要副總裁。纂要當卽節要，蓋史偶異文。然則此書乃東陽及元禎所定也。

續宋編年資治通鑑十八卷（浙江鮑士恭家藏本）

舊本題朝散郎尚書禮部員外郎兼國史院編脩官李燾經進。考宋史藝文志及燾本傳，惟載所著續通鑑長編，無此書之名。此本目錄末有武夷主奉劉深源校定一行，亦不知爲何許人。書中所記皆北宋事蹟，體例與宋史全文約略相似，而闕漏殊甚，蓋亦當時麻沙坊本，因燾有續通鑑長編，託其名以售欺也。

增節音注資治通鑑一百二十卷（内府藏本）

宋陸唐老編。唐老會稽人，淳熙中進士第一，故此書亦稱陸狀元通鑑。皆於司馬光書內鈔其可備科舉策論之用者，間有音注，然淺陋頗甚，亦寥寥不詳。首有總例，云學者未能徧曉出處，則於詞賦一場，未敢引用，足以見其大旨矣。

通鑑綱目測海三卷（江西巡撫採進本）

元何中撰。中字太虛，一字養正，撫州人。事蹟具元史儒學傳。是書以糾通鑑綱目書法之同異。卷末有大德丙午自跋，曰朱子作綱目，續春秋，然其間書法可商略者猶多，間附己意，輯成綱目測海三卷，示兒輩云云。蓋不知綱目出趙師淵之手，猶誤以爲朱子書也。書中所列凡三例：一辨胡呂二家所注，如魏徙都大梁條，胡氏謂魏王不恨不用孟子，而恨不聽公叔之言，中以爲徙都之後六年，孟子方至魏之類是也。一發明二家所未注，如秦人誅衞鞅條下，中補注曰，書秦人何，鞅得罪於衆，猶其誅之之類是也。一乃糾正本書之譌異，於全書之中，不過十之二三耳。其中如秦魏冉出其故君之妃歸於魏一條，中謂諸侯之妻宜稱夫人，不宜稱妃，不知元妃孟子，固左傳文也。又漢元狩六年封三王一條，中謂宜載誥策之辭，不知綱目紀事之書，非載文之書也。又莽廢孺子一條，中謂旣書始建國元年，則不必書莽，不知孺子廢而後成爲始建國也又秦王世民殺太子建成一條中謂宜削秦王字此泥以爵字爲褒貶例也又張柬之等舉兵討武氏一條中謂多之亂二字不知書法在討字此二字刪之固可存之亦無害也又晉主重貴發大梁一條中謂宜書北遷不知朱子未入避二帝北遷之事變其文也其他間有可取不過掇拾細碎不能深裨於史學綱目非無可糾如中此書尚未足以糾綱目也

通鑑綱目釋地糾繆六卷補注六卷浙江巡撫採進本

國朝張庚撰庚字浦山秀水人是書以通鑑綱目集覽質實謬誤不少惟胡三省通鑑注頗屬精當可以正二書之謬又校以顧祖禹讀史方輿紀要及輿圖等書爲糾繆以正其失又爲補注以拾其遺用力頗爲勤摯然集覽質實之荒陋本不足與辨今既與之辨矣則宜元元本本詳引諸書使沿革分合言言有據庶幾以有證之文破無根之論而所糾所補乃皆不著出典則終不能關其口也

帝王紀年纂要一卷戶部尚書王際華家藏本

元察罕撰明黃諫補察罕官至平章事事蹟具元史本傳諫有從古正文已著錄其書本皇極經世爲準自太皞以下諸帝王各載其在位年數而略述興廢大旨於每代之前察罕成此書在皇慶元年嘗奏進於朝程鉅夫爲之序至明景泰中諫復爲續輯改原本每代下至延祐戊午若干年爲下至洪武戊申若干年并補入元代諸帝紀年然簡略太甚不足以資考訂也

明本紀一卷左都御史張若溎家藏本

不著撰人名氏紀明太祖事蹟自起兵濠梁迄建國金陵皆分年排載頗爲詳備蓋亦自實錄中摘出編次者惟自洪武三年正月以後並闕或草創未竟之本歟

世史正綱三十二卷副都御史黃登賢家藏本

明邱濬撰濬有家禮儀節已著錄是書本明方孝孺釋統之意專明正統起秦始皇帝二十六年訖明洪武元年以著世變事始之所由於各條之下隨事附論然立說多偏駁不經如紀年干支之下皆規以一圈中書國號至元代則加以黑圈迨至正十五年明太祖起兵則爲白圈其說以爲本之太極圖之陰陽至是天運轉而陽道復陰翳消也牽臆妄作爲史家未有之變例可謂謬誕王士禎池北偶談稱其議論嚴正殊爲太過陶輔桑榆漫志稱其義嚴理到括盡幽隱深得麟經之旨胡應麟史學佔畢稱春秋之後有朱氏而綱目之後有邱氏更乖舛矣

通鑑綱目前編三卷江蘇巡撫採進本

明許誥撰誥自號函谷山人靈寶人吏部尚書進之子文淵閣大學士讚之兄兵部尚書論之弟宏治己未進士官至南京戶部尚書謚莊敏事蹟附見明史許進傳是書以司馬光通鑑朱子綱目皆不直接春秋中間闕七十餘年之事金履祥通鑑前編書法又多舛迕乃重輯是編以訂譌補闕其中如辨宋昭公非周元孫魏文侯未弑晉幽公趙鞅趙無卹之卒歲史記並誤亦小有考證而摹仿春秋過甚拘文牽義往往畫虎不成又或生例於春秋之外如春秋書衞侯燬滅邢說者謂惡其滅同姓又或以爲因下衞侯燬卒之文而譌已非成例而誥於楚子章滅陳書名於越句踐滅吳併削爵史記越世家越致貢於周周元王使人賜句踐胙命爲伯所謂伯者蓋爲方伯非由子爵晉爲伯爵也誥乃自是但書越伯至於春秋無事必書時例也於春特書王正月明正朔也誥於無事之年既不備書又不書王正月必於年下別標一春字自序謂行夏時重歲首也亦不善於學步矣

經世策一卷安徽巡撫採進本

明魏校撰校有周禮沿革傳已著錄是書編年紀事起漢高祖奉楚懷王命伐秦之歲止文帝末年似於通鑑綱目中偶拈一二卷以己意筆削之大旨欲仿春秋而既非經體又非傳體如高帝元年書曰沛公㨿蕭何收丞相府圖籍不及收博士所藏先王典籍遂滅齊魯諸儒傳習自孔氏者不復全此仿春秋何例也

八代紀要三十卷兩淮馬裕家藏本

明顧應祥撰應祥字惟賢號箬溪長興人宏治乙丑進士官至南京刑部尚書是書以編年紀事雖無事必書其年蓋合甲子會紀大事記而一之然繁簡失倫多未盡當其中無年可編者亦往往隨意科配如荀悅著漢紀申屠蟠皆強係之獻帝乙酉年恐必不然也

嘉隆兩朝聞見紀十二卷浙江巡撫採進本

明沈越撰越字韓峯南京錦衣衛人嘉靖壬辰進士官至監察御史是編以薛應旂憲章錄鄭曉吾

學編諸書止載武宗以前事、故續取世穆兩朝政蹟、彙次成編。起正德十六年世宗卽位、止於隆慶六年。朱之蕃謂其爲野史之良。然所採書目、自明倫大典以下僅四十一種、未爲賅備。而所附案之文如五元臣皆不利之類、亦體雜說部。

明大政記二十五卷（內府藏本）

明雷禮撰。禮字必進、豐城人。嘉靖壬辰進士。官至工部尚書。明史藝文志載禮大政記三十六卷。此本爲萬曆中應天周時泰所刊。其中禮所輯者至武宗而止、僅二十卷。其世宗四卷、卽范守已之肅皇外史。穆宗一卷、則譚希思所續編。卷目與史志不符、蓋時泰已有所合併也。禮明習朝典、以史學自任。而所記多採撮實錄、詳略未能得中、異同亦尠能考據。

明六朝索隱十六卷（兩江總督採進本）

舊本題明雷禮撰、何應元校。應元不知何許人。其書以正統景泰天順成化弘治正德六朝事蹟編年紀錄。考明史藝文志不載是書。疑後人從實錄鈔撮而成、託名於禮。其稱索隱、亦不知何所取義也。

通鑑綱目前編二十五卷（編修邵晉涵家藏本）

明南軒撰。軒字叔後、渭南人。據軒自序題吏部文選司郎中、前翰林院庶吉士。明史附見南居益傳、亦云官吏部郎中。嘗著綱目前編。然又有其門人楊光訓序、稱軒爲渭上先生、壯遊金馬、閱銓曹、歷瀟臬。是其官不終於郎中。陝西通志稱其終山東參議、與光訓序合、當得其實。然太學進士題名碑錄載軒爲嘉靖癸丑進士、而通志作甲辰進士。則通志又傳寫之誤矣。此書以金履祥通鑑前編、陳桱通鑑前編外紀合併刪削、其爲一編。起自伏羲、終於周威烈王。然不明提綱分目之法、冗瑣糅雜、殊無可取。至於引爾雅曰、熊羆貔貅貙虎六者猛獸、可以教戰。引左傳曰、龍角亢星也、建戌之月見於東方、故戒民以土工之事。爾雅左傳皆無其文。蓋有明一代、八比盛而古學荒、諸經注疏、皆以不切於時文、庋置高閣、故雜采類書、以譌傳譌、至於如此。又金履祥受業王柏、故徵引師說、稱子王子。此書既盡變履祥之例、而引王柏之說、仍稱爲子王子。是更與不去葛龔同一例矣。

龍飛紀略八卷（兩江總督採進本）

明吳樸撰。樸字華甫、詔安人。是編仿綱目體例、紀明太祖事蹟。初名征伐禮樂書、後改今名。自壬辰至壬午、共五十一年。蓋據元史及明初武臣貼黃列傳、則例紀載、旁蒐博採而成。前有嘉靖甲辰林希元序、及樸自編通例。是時建文年號未復、故於己卯以後四年、仍以洪武紀年、旁注建文於下。自屬當時功令、未足爲譏。若自壬辰至丙午、明號未建、順帝儼存、猶是元之天下、乃削去至正年號、惟書甲子、則偏僻太甚、於公議爲不協矣。至所謂成化間續編綱目、托克托用兵六合、有賊勢大蹙之句、不知彼時明祖正在六合、罔識諱避云云。律以臣子之義、繫然正論、雖起商輅於九原、無詞以解也。

宋元資治通鑑一百五十七卷（內府藏本）

明薛應旂撰。應旂有四書人物考、已著錄。是編續司馬光資治通鑑而作。朱彝尊靜志居詩話嘗譏其孤陋寡聞。如王偁李燾楊仲良徐夢莘劉時舉彭百川李心傳葉紹翁陳均徐自明諸家之書、多未寓目。并遼金二史亦削而不書。唯道學宗派特詳。今核其書、大抵以商輅等通鑑綱目續編爲藍本、而稍摭他書附益之。於宋元二史、未嘗參考其表志。故於元豐之更官制、至元之定賦法、一切制度、語多闕略。於本紀列傳亦未條貫。凡一人兩傳、一事互見者、異同詳略、無所考證。往往文繁而事複。如永寧公主衣貼繡鋪翠襦、入宮中、請以金飾肩輿、爲藝祖所戒。既載於開寶五年矣、復見於開寶八年。而譌爲永康公主。丁謂誣譖寇準、王曾疑其太重、丁謂曰、居停主人勿復言。既載於天禧四年矣、復見於乾興元年。越州升爲府、既載於建炎四年矣、復見於紹興元年。甚至眞德秀兼宮教勸濟王孝敬以俟天命語、一篇之中、前後兩見。其餘重沓竄易之誤、不可枚舉。所紀元事、尤爲疎漏。惟所載道學諸人、頗能採據諸家文集、多出於正史之外。然雜列制誥贈言寄札祭文、鋪敘連篇、有同家牒。律以史法、於例殊乖。至於引用說部、以補正史之闕者、又不辯虛實、徒求新異。如載吳曦之誅云、初曦未叛時、嘗校獵塞上。一日夜歸、笳鼓競奏、轔轔雜襲。曦方垂鞭四視、時盛秋天宇澄霽、仰見月中有一人、騎而垂鞭、與己惟肖。問左右、所見皆符、殊以爲駭。嘿自念曰、我當貴、月中人其我也。揚鞭而揖之、其人亦揚鞭。乃大喜。異謀由是決云

云其事雖見岳珂程史小說家無稽之語可入諸編年之史乎雖多亦奚以爲此之謂矣

甲子會紀五卷江蘇巡撫採進本

明薛應旂撰前四卷以六十甲子紀年上自黃帝八年下至嘉靖四十二年爲七十二甲子又每年之下亦略紀大事以備檢閱第五卷則取邵子以元經會之語略論洪荒以來而以邵子觀化詩附焉

憲章錄四十七卷內府藏本

明薛應旂撰所載上起洪武下迄正德用編年之體蓋以續所作宋元通鑑然採摭雜書頗失甄別如惠帝遜國事本傳疑應旂乃於正統五年十二月書思恩州土知州岑瑛送建文帝入京號爲老佛豈史氏闕文之義耶

考信編七卷江蘇周厚堉家藏本

明杜思撰思字子睿鄞縣人嘉靖丙辰進士官至青州府知府是書皆載上古之事其目有二曰原始考始自盤古氏迄於燧人氏曰讀墳考始自庖犧氏迄於帝魁編年紀月記動記言全作策書之體如珥筆其側親注起居又不言其何所據乃題曰考信名實可謂舛迕矣

昭代典則二十八卷江蘇周厚堉家藏本

明黃光昇撰光昇字明舉晉江人嘉靖乙丑進士官至刑部尚書是書起元至正壬辰明太祖起兵至穆宗隆慶二年而止編年紀事每條皆提綱列目其前四卷自至正壬辰迄洪武建元以前以明紀年而元事則隨年附見雖當時臣子之詞然順帝北行以後以明紀年可也若至正戊申以前非惟元祚未移儼然共主卽韓林兒龍鳳紀年明主亦自奉其朔乃於其初起兵時卽削元號究非萬世之公論也

成憲錄十一卷浙江范懋柱家天一閣藏本

不著撰人名氏記明太祖至英宗五朝之事考明太宗廟號至嘉靖十七年始改曰成祖此書仍稱太宗是作於成化後嘉靖前也書中所載事實少而詔敕多如洪武元年二月詔以太牢祀先師孔子於國學仍遣使詣曲阜致祭並載太祖遣祭之諭今本紀乃止書祀國學而不及闕里又本紀載洪武十年十二月高麗使至以嗣王未立卻之十二年十二月高麗貢黃金百斤白金萬兩以不如約卻之而此書又載洪武十二年五月諭遼東守將潘敬葉旺勿納鄭白一事亦足以補史傳之闕然浮文妨要者終多也

祕閣元龜政要十六卷浙江孫仰曾家藏本

不著撰人名氏書中已稱成祖則嘉靖以後人作也所紀皆明太祖事然起於元順帝至正十六年張士德取常熟終於洪武二十八年首尾皆不完具殆前後各佚一冊今本卷第又傳寫者所改題歟大致與太祖實錄相出入亦無異聞也

明通紀述遺十二卷浙江汪啟淑家藏本

舊本一卷二卷四卷五卷八卷九卷十卷十二卷皆題繡水卜世昌校訂三卷六卷七卷十一卷皆題繡水屠衡校訂前有馮夢禎序惟稱世昌又有卜萬祺屠隆二序則兼稱衡蓋二人合作仿新唐書各署姓名例也其書補東莞陳建明通紀之遺起元至正十一年終明隆慶六年編年紀載多捃拾稗史之言冗雜特甚如首卷多載元順帝荒淫瑣事與明無關殊失斷限之義又如以成祖征漠北時太監沐敬進諫之事寘入建文四年之末則紀載之無法可以槩見矣

世穆兩朝編年史六卷內府藏本

明支大綸撰大綸字華平嘉善人萬曆甲戌進士由南昌府教授擢泉州府推官謫江西布政司理問終於奉新縣知縣是編成於萬曆丙申所載自嘉靖元年至四十五年凡四卷自隆慶元年至六年凡二卷前有項維楨序但稱永陵信史據大綸自序蓋先成世宗編年後乃續以穆宗云

明大政纂要六十卷浙江巡撫採進本

明譚希思撰希思茶陵人萬曆甲戌進士官至四川巡撫是書所記自洪武元年至隆慶六年凡大事皆編年記載每帝皆有論贊卷首載萬曆己未修撰韓敬序有云侍御方壺劉公持斧畿輔捐俸刻之是此書向曾刊刻今鈔本卷首仍存巡按直隸監察御史印則當爲未刊以前藏本其中多塗乙增損之處似卽希思之原稾也

大政記三十六卷兩江總督採進本

明朱國楨撰國楨字文寧烏程人萬曆己丑進士官至文淵閣大學士諡文肅事蹟附見明史朱國祚傳是書始洪武元年戊申終隆慶六年壬申編年記載繁簡多有未當殊乏史裁

兩朝憲章錄二十卷浙江朱彝尊家曝書亭藏本

明吴瑞登撰。瑞登字雲卿、武進人。由貢生官光州訓導。先是薛應旂纂洪武至正德九朝事、爲憲章錄。瑞登因輯嘉靖、隆慶兩朝以續應旂之書。大抵鈔撮邸報而成。有巡撫河南御史陳登雲、李時華二序。一作於萬歷癸巳、一作於甲午。又有瑞登自序。惟頌世宗初政及遺詔、併費宏調燮之勳、徐階受顧之蹟、蓋謂嘉靖中年壞於任用嚴嵩、而不欲顯言也。

國史紀聞十二卷（江蘇周厚堉家藏本）

明張銓撰。銓字宇衡、沁州人。萬歷甲辰進士。官至監察御史、巡按遼東。天啟元年、大兵破遼陽、殉節死。贈兵部尚書、謚忠烈。事蹟具明史忠義傳。是編起元至正十二年明太祖起兵濠州、迄於武宗之末。編年紀載、有綱有目、名曰紀聞者、銓自以職非史官、不得見實錄、記注、僅取各家之書、討論異同、編次成帙、所謂得之傳聞而不敢據以爲信也。書成於萬歷庚戌、至天啟甲子始刊行。徐揭先爲之序、其子道濬又重爲校訂云。

綱鑑正史約三十六卷（內府藏本）

明顧錫疇撰。錫疇字九疇、號瑞屏、崑山人。萬歷己未進士。崇禎末官至南京禮部侍郎。福王時進尚書。後爲總兵官賀君堯所殺。事蹟具明史本傳。是書編年紀載、於歷代故實粗存梗概。蓋鄉塾課蒙之本。至綱鑑之名、於綱目、通鑑各摘一字稱之、又顛倒二書之世次、尤沿坊刻陋習也。

歷代二十一傳殘本十二卷（浙江巡撫採進本）

明程元初撰。元初有律古詞曲賦叶韻、已著錄。是書略仿資治通鑑綱目之例、以二十一史各編年爲傳、故曰二十一傳。然非傳體也。此本惟存季周傳十一卷、嬴秦傳一卷。其爲刊刻未竟、抑傳本闕佚、均不可知。據所存者觀之、大抵疏漏百出、漫無體例。其佚亦不足惜也。

春秋編年舉要無卷數（兩江總督採進本）

明楊時偉撰。時偉有正韻牋、已著錄。是書成於崇禎甲戌。凡前後二編、皆仿史記年表之例、以國爲經、以事爲緯。前爲春秋列國編年舉要、起周平王四十九年己未、訖敬王三十九年庚申、以括春秋大要。後爲獲麟後七十七年編年舉要、起敬王三十九年庚申、訖威烈王二十三年戊寅、以補通鑑前編。首有春秋託始論、據洪邁容齋隨筆之說、謂春秋始隱公、爲治鄭莊、以強侯跋扈、實自甯生始也。次爲春秋列國君臣總論三篇、隨意斷制、未爲精確。其謂無季氏則魯不昌、無三氏則季孫立、頗爲乖刺。又有獲麟後編年總論、辨魏文侯師子夏在未命爲諸侯以前、亦無關大義。二編惟後編有引、稱竊於諸書中採十一於千百、私爲編年舉要。既而深思、恐開後人以懶惰之端、遂舉覆瓿、不復災木、止存七十七年事。然則當時僅刊其後編。今則二編俱在、蓋猶其家藏未刻之稾矣。

皇王史訂四卷（陝西巡撫採進本）

國朝李學孔撰。學孔字瞻黃、渭州人。順治中嘗官大甯衛斷事。是編以劉恕外紀義類未確、端緒難明、因訂正其文。上自盤古氏、下迄周幽王。東遷而後、春秋既作、則不復錄焉。大抵摭拾羅泌路史之說、加以臆斷耳。

此木軒紀年略五卷（江蘇巡撫採進本）

國朝焦袁熹撰。袁熹有春秋闕如編、已著錄。康熙甲午、故戶部尚書王鴻緒纂輯明史、袁熹預其事。開局月餘、以持論齟齬辭去。乃自以其意著此書。紀事始於帝堯。編年則始於春秋。撮其治亂興亡之大端、而各繫以論、亦頗考證其異同。未及卒業、僅及漢順帝而止。其門人徐逵照裒輯賸稾、編爲此本。首卷及第三卷皆袁熹手自標識、提其綱要。二卷、四卷、五卷則逵仿袁熹之例、補爲標識者也。其書敘述簡明、非他家史略不完卽漏者比。持論亦多平允。而愛奇嗜博、好取異說。如周文王商末受命稱王、九年衛武公攻殺其兄共伯而自立、雜書謬異、皆不以爲非。甚至何休注公羊傳、謂平王之四十九年爲魯隱公受命之元年、而比周於二王之後、亦以爲其理謬而其意善、殊爲乖舛。其訂正事實、多所糾正。然好以明人所刻竹書紀年爲據、不知其僞。如周威烈王十四年公孫會以廩丘叛、安王十九年田侯剡立之類、皆執以駁史記、亦爲失考。至於孟子所載之曹交、本不云曹君之弟、稱曹君之弟者乃漢趙岐注。朱子偶然因之、失於詳核。袁熹不考舊文、誤執之以疑史記、併疑春秋、所見更左矣。

讀史綱要一卷（直隸總督採進本）

國朝王植撰。植有四書參注、已著錄。此書紀歷代帝王年號、而附錄僭僞諸國、排比舊文、有如簿籍、不足以當著書。其以西夏、遼、金并列、尤爲紕繆。

右編年類三十七部，八百四十七卷，(內一部無卷數)皆附存目。

案綱鑑正史約之類，坊刻陋本，不足以言史矣。然五經四書講章，雖極陋劣，不能不謂之經解也。故亦附存其目。此類至猥，姑就所見者載之，如經書講章之例。

欽定四庫全書總目卷四十八

欽定四庫全書總目卷四十九

史部五

紀事本末類

古之史策，編年而已，周以前無異軌也。司馬遷作史記，遂有紀傳一體，唐以前亦無異軌也。至宋袁樞以通鑑舊文每事為篇，各排比其次第，而詳敘其始終，命曰紀事本末，史遂又有此一體。夫事例相循，其後謂之因，其初皆起於創。其初有所創，其後即不能不因。故未有是體以前，微獨紀事本末創，即紀傳亦創，編年亦創。既有是體以後，微獨編年相因，紀傳相因，即紀事本末亦相因。因者既衆，遂於二體之外別立一家。今亦以類區分，使自為門目。凡一書備諸事之本末，與一書具一事之本末者，總彙於此。其不標紀事本末之名，而實為紀事本末者，亦併著錄。若夫偶然記載，篇帙無多，則仍隸諸雜史傳記，不列於此焉。

通鑑紀事本末四十二卷(通行本)

宋袁樞撰。樞字機仲，建安人。孝宗初試禮部詞賦第一，歷官至工部侍郎，以右文殿修撰知江陵府。尋提舉太平興國宮。事蹟具宋史本傳。案唐劉知幾作史通，敘述史例，首列六家，總歸二體。自漢以來，不過紀傳、編年兩法乘除互用。然紀傳之法，或一事而複見數篇，賓主莫辨；編年之法，或一事而隔越數卷，首尾難稽。樞乃自出新意，因司馬光資治通鑑區別門目，以類排纂，每事各詳起訖，自為標題，每篇各編年月，自為首尾。始於三家之分晉，終於周世宗之征淮南，包括數千年事蹟，經緯明晰，節目詳具，前後始末，一覽了然。遂使紀傳、編年貫通為一，實前古之所未見也。王應麟玉海稱淳熙三年十一月，參政龔茂良言，樞所編紀事有益見聞，詔嚴州摹印十部，仍先以繕本上之。宋史樞本傳又稱孝宗讀而嘉歎，以賜東宮及分賜江上諸帥，曰：治道盡在是矣。朱子亦稱其書部居門目，始終離合之間，皆曲有微意，於以錯綜溫公之書，乃國語之流。蓋樞所綴集，雖不出通鑑原文，而去取翦裁，義例極為精密，非通鑑總類諸書割裂捃撦者可比。其後如陳邦瞻、谷應泰等遞有沿仿，而包括條貫，不漏不冗，則皆出是書下焉。

春秋左氏傳事類始末五卷(江蘇巡撫採進本)

宋章沖撰。沖字茂深，章惇之孫也。淳熙中嘗知台州。其妻乃葉夢得女。夢得深於春秋，故沖亦頗究心於左傳。取諸國事蹟排比年月，各以類從，使節目相承，首尾完具。前有沖自序及謝諤序。考沖與袁樞俱當孝宗之時，樞排纂資治通鑑，創紀事本末之例，使端緒分明，易於循覽。其書刊於淳熙丙申。沖作是書，亦同斯體。據自序刊於淳熙乙巳，在樞書之後九年，殆踵樞之義例而作。雖篇帙無多，不及樞書之淹博，其有裨學者則一也。惟通鑑本屬史家，樞不過理其端緒。春秋一書，經則比事屬詞，義多互發；傳文則或先經以始事，或後經以終義，或依經以辨理，或錯經以合異。絲牽繩貫，脈絡潛通。沖但以事類裒集，遂變經義為史裁，於筆削之文，渺不相涉。舊列經部，未見其然。今與樞書同隸史類，庶稱其實焉。

三朝北盟會編二百五十卷（左都御史張若淮家藏本）

宋徐夢莘撰。夢莘字商老，臨江人。紹興二十四年進士，爲南安軍教授，改知湘陰縣，官至知賓州。以議鹽法不合罷歸。事蹟具宋史儒林傳。夢莘嗜學博聞，生平多所著述，史稱其恬於榮進，每念生靖康之亂，思究見顛末，乃網羅舊聞，薈稡同異，爲三朝北盟會編。自政和七年海上之盟，迄紹興三十一年，上下四十五年。凡敕制、誥詔、國書、書疏、奏議、記序、碑志，登載靡遺。帝閱而嘉之，擢直祕省云云。今其書鈔本尚存，凡分上中下三帙：上爲政宣二十五卷，中爲靖康七十五卷，下爲炎興一百五十卷。其起訖年月，與史所言合。所引書一百二種，雜考私書八十四種，金國諸錄十種，共一百九十六種，而文集之類尚不數焉。史所言者殊未盡也。凡宋金通和用兵之事，悉爲詮次，本末年經月緯，案日臚載。惟靖康中帙之末，有諸錄雜記五卷，則以無年月可繫者，別加編次，附之於末。其徵引皆全錄原文，無所去取，亦無所論斷，蓋是非並見，同異互存，以備史家之採擇，故以會編爲名。然自汴都喪敗及南渡立國之始，其治亂得失，循文考證，比事推求，已皆可具見其所以然，非徒餖飣瑣碎已也。雖其時說部糅雜，所記金人事蹟往往傳聞失實，不盡可憑；又當日臣僚劄奏，亦多夸張無據之詞，夢莘槪錄全文，均未能持擇。要其博贍淹通，南宋諸野史中，自李心傳繫年要錄以外，未有能過之者，固不以繁蕪病矣。考夢莘成書後，又以前載不盡者五家，續編次於中下二帙，以補其闕。靖康、炎興各爲二十五卷，名曰北盟集補。今此本無之，殆當時二本各行，故久而亡佚歟。

蜀鑑十卷（兩淮鹽政採進本）

不著撰人名氏。前有方孝孺序，稱宋端平中，紹武李文子嘗仕於蜀，蒐採史傳，起秦取南鄭，至宋平孟昶，上下千二百年事之繫乎蜀者，爲書十卷云云。世遂題爲文子作。考亭淵源錄亦載李文子字公瑾，光澤人（案光澤即紹武之屬縣，今尚仍古名）。李方子之弟。紹興四年進士，官至知太安軍，綿閬州，潼川府，著蜀鑑十卷。然考端平三年文子所作序中，稱燕居深念，紬繹前聞，因俾賓州郭允蹈緝爲一編云云，則此書爲賓州郭允蹈所撰，文子特總其事耳。世卽以爲文子作，亦猶大易粹言本曾穜命方聞一作，而直齋書錄解題遂誤以爲穜作也。其書每事各標總題，如袁樞通鑑紀事本末之例。每條有綱有目有論，如朱子通鑑綱目之例。其兼以考證附目末，則較綱目爲詳贍焉。宋自南渡後，以荆襄爲前障，以興元漢中爲後戶，天下形勢恒在蜀，故允蹈是書所述，皆戰守勝敗之蹟，於軍事之得失，地形之險易，恆三致意。而於古人用兵故道，必詳其今在某處，其經營擘畫，用意頗深。他如辨荆門之浮橋，引水經注以證荆州記之誤；陳倉之馬鳴閣，引蜀志以證寰宇記之誤；斜谷之遮要，引興元記以補裴松之注之闕；諸葛亮之築樂城，引通鑑以辨華陽國志、寰宇記之異同，於地理亦頗精核。又所載羅尚之抗李雄，張羅之據犍爲，亦較晉書載記及十六國春秋爲詳，皆足裨史乘之考證。唯所論蜀之地勢，可以北取中原，引漢高祖爲證，則與李舜臣江東十鑑同意，姑以勵恢復之氣耳。諸葛亮所不能爲，而謂後人能之乎。末二卷敘西南夷始末，其載犍爲郡之置，始於漢代，不知唐之韋皋、播郞等州卽其故地；又所載南詔始末，謂驃信敗於韋皋，而南蠻始衰，不知敗於高駢，而蠻乃不振，所記未免稍略。然其時方慮內訌，無暇外攘，著書之志，主於捍拒秦隴之師，扼控巴渝之險，其他邊徼之事，固在所略，亦其時勢爲之矣。

炎徼紀聞四卷（浙江巡撫採進本）

明田汝成撰。汝成字叔禾，錢塘人。嘉靖丙戌進士，官至廣西布政司右參議。事蹟具明史文苑傳。史稱其博學工古文，尤善敘述，歷官西南，諳曉先朝遺事，撰炎徼紀聞，卽此編也。書凡十四篇，首紀王守仁征岑猛事，次紀岑璋助擒岑猛事，次紀趙楷李寰事，次紀黃竑請立東宮事，次紀征大藤峽事，次紀奢香事，次紀安貴榮事，次紀田琛事，次紀楊輝事，次紀阿溪事，次紀阿向事，次紀雲南諸夷，次紀猛密孟養，次雜紀諸蠻夷，每篇各繫以論。所載較史爲詳。前有汝成自序，稱自涉炎徼，所聞諸事，皆起於撫綏闕狀，賞罰無章，切中明代之弊。其論田州之事，歸咎於王守仁之姑息；論黃竑之事，歸咎於于謙之隱忍，亦持平之議，不蹈門戶之見。史稱汝成分守右江時，龍州土酋趙楷、憑祥州土酋李寰各弒主自立，與副使翁萬達密討誅之。努灘賊侯公丁爲亂，斷藤峽羣賊與相應，汝成復借萬達設策誘擒公丁，而進兵討峽賊，大破之。又與萬達建善後七事，一方遂靖云云。則汝成於邊地情形得諸身歷，是書據所見聞而記之，固與講學迂儒賢賢而談兵事者迥乎殊矣。

宋史紀事本末二十六卷（兩淮鹽政採進本）

明陳邦瞻撰。邦瞻字德遠，高安人。萬歷戊戌進士，官至兵部左侍郎。事蹟具明史本傳。初禮部侍郎臨朐馮琦欲仿通鑑紀事本末例，論次宋事，分類相比，以續袁樞之書，未就而沒。御史南昌劉日梧得其遺稿，因屬邦瞻增訂成編。大抵本於琦者十之三，出於邦瞻者十之七。自太祖代周，迄文謝之死，凡分一百九目。於一代興廢治亂之迹，梗概略具。袁樞義例最為賅博，其鎔鑄貫串，亦極精密。邦瞻能墨守不變，故銓敍頗有條理。諸史之中，宋史最為蕪穢，不似資治通鑑本有脈絡可尋。此書部列區分，使一一就緒，其書雖稍亞於樞，其尋繹之功，乃視樞為倍矣。惟是書中紀事既兼及遼、金兩朝，當時南北分疆，未能統一，自當稱宋遼金三史紀事，方於體例無乖。乃專用宋史標名，殊涉偏見。至元史紀事本末，邦瞻已別有成書，此內如蒙古諸帝之立、蒙古立國之制諸篇，皆專紀元初事實，即應析歸元紀之中，使其首尾相接。乃以臨安未破，一概列在宋編，尤失於限斷。此外因仍宋史之舊，舛謬疏漏，未及訂正者，亦所不免。然於紀載冗雜之內，實有披榛得路之功。讀通鑑者不可無袁樞之書，讀宋史者亦不可無此一編也。

元史紀事本末四卷（江蘇巡撫採進本）

明陳邦瞻撰。凡列目二十有七。其律令之定一條下注一補字，則歸安臧懋修所增也。明修元史，僅八月而成書，潦草殊甚。後商輅等撰續綱目，不能旁徵博采，於元事亦多不詳。此書採摭不出二書之外，故未能及宋史紀事之賅博。又於元明間事，皆以為應入明國史，遂於徐達破大都、順帝駐應昌諸事，皆略而不書。夫元紀草創之迹，邦瞻既列於宋編，又以燕京不守，元帝北徂，為當入明史，是一代興廢之大綱，皆沒而不著。揆以史例，未見其然。至正二十六年韓林兒之死，乃廖永忠沈之瓜步。洪武中，寧王權作通鑑博論，已明著其事，不過以太祖嘗奉其年號，嫌於項羽義帝之事，歸其獄於永忠耳。邦瞻更諱之書卒，尤為曲筆。庫庫特穆爾自順帝北遷之後，尚為元盡力，屢用兵以圖興復，故太祖稱王保保真男子，以為勝常遇春。後秦王樉妃即納其女。邦瞻乃以為不知所終，亦不免於失實。特是元代推步之法、科舉學校之制，以及漕運河渠諸大政，措置極詳，邦瞻於此數端，紀載頗為明晰。其他治亂之迹，亦尚能撮舉大槩，攬其指要，固未嘗不可以資考鏡也。

平定三逆方略六十卷

康熙二十一年，大學士勒德洪等奉
勅撰。紀平定逆藩吳三桂、尚之信、耿精忠事。初孔有德、尚可喜、耿仲明均以故明將佐，於
太祖時率衆來歸，隨八旗征討，多立戰功。有德封定南王，可喜封平南王，仲明封靖南王。吳三桂本明總兵，
世祖驅除流寇，定鼎燕京，亦以效命執殳，得邀
榮錫，封平西王。後有德死殉孤城，至今廟食。惟仲明分藩於福建，可喜分藩於廣東，三桂亦分藩於雲南，膺股肱心膂之寄，
恩最洪深。後仲明先歿，以其子精忠嗣封。可喜年老乞閒，以其子之信攝軍事。吳三桂遂獨稱宿將，列重鎮於西南，乃逞毒滑吠，狼心叵測，於康熙十二年十一月稱戈抗
命。進薄衡湘，與官軍相距於常德。之信、精忠亦乘機蠢動。
聖祖仁皇帝特簡八旗勁旅，迅掃欃槍，
相度機宜，
指授方略，勦撫並用，以次戡平。三桂勢蹙憂怖，旋伏冥誅。僅孽孫世璠游魂釜底。既而之信、精忠窮迫歸正，均正刑章。至康熙二十年十月，世璠惶懼自戕，三逆並滅焉。
開國之初，殷頑未靖，其勢易於煽惑，其地皆襟帶山海，勢逾於唐之藩鎮，其黨羽皆百戰之餘，嫻習攻守，力逾於漢之七國。故一時蠭起，敢肆披猖。我
聖祖時在沖齡，乃從容鎮定，而掃蕩之。自玆以後，大定永清，豈非亘古所未有歟。伏讀
實錄，載康熙二十五年十一月，大學士勒德洪以此書進呈，蒙
諭：其中舛錯，如王輔臣由雲南援勦總兵官授為陝西提督，今謂由陝西總兵官陞任，至論贊中援宋太祖杯酒釋兵權事，吳三桂非宋功臣可比，乃唐藩鎮之流，飭酌改之。仰見深籌遠慮，事事皆經
聖心，即一二小節，亦毫髮無遺。益徵
神謨獨斷，非廷臣所能參贊者矣。當時尚未奉刊布，僅有

寫本尊藏大內。今蒙皇上宣示、特命繕錄編入四庫。臣等校錄之餘、旣欣睹聖祖仁皇帝實兼守成創業之隆。亦彌仰我皇上覲揚光烈之盛云。

親征朔漠方略四十卷、

康熙四十七年、大學士溫達等撰進。聖祖仁皇帝御製序文、深著不得已而用兵之意。蓋噶爾丹凶頑、爽誓、屢爲邊患。因於康熙三十五年二月、親統六師往征。鋒蝟斧螳、慴慄遠遁。噶爾丹僅以身免、大軍凱旋。是年九月、再幸塞北、諭噶爾丹以束身歸罪、並納其所屬之歸降者。迨明年二月、復統大軍親征。刑天之技旣窮、貳負之尸遂梏。於是廓清沙漠、輯定邊陲、爲萬古無前之偉績。書中所紀、始於康熙十六年六月厄魯特噶爾丹奉表入貢、及賜敕諭令與喀爾喀修好、以爲緣起。訖於三十七年十月策妄阿拉布坦獻噶爾丹之尸而止。其閒簡鍊將卒、經畫糧餉、翦除黨惡、曲赦脅從、以及設奇制勝之方、師行緩急之度、凡稟之睿算者、咸據事直書、語無增飾。首載御製紀略一篇。後載告成太學及勒銘察罕七羅拖諾昭木多狼居胥山諸碑文。恭誦之餘、仰見大聖人不特崇高、不懷燕逸、櫛風沐雨、與士卒同甘苦。用能於浹歲之中、建非常之業。竹冊昭垂、非獨比隆訓誓矣。

欽定平定金川方略三十二卷、

乾隆十三年大學士來保等恭撰奏進。凡二十六卷。後恭錄御製詩文一卷。又附載諸臣紀功詩文五卷。金川土司、在四川徼外、本吐蕃之遺種、卽明史所謂金川寺者是也。國朝康熙中、其土舍色勒奔初慕化歸誠、奉職惟謹。雍正中、頒給印信號紙、俾世守故疆。其子郎卡襲職、漸肆鴟張、稍搏噬其族類。守臣請加征討、以寧九姓之宗。我皇上以荒憬蠻陬、自相鬬食、不足以勞我六師。惟敕慎固邊圉、以防其變。而沙羅奔狠性原貪、鴞音弗改。不思緩行九伐、爲寬以悔過之途。仍肆凶殘、自干天討。乃於乾隆十三年冬、特簡大學士傅恒爲經略、董率熊羆、翦除蛇豕。靈夔聲震、山鬼伎窮。掃穴焚巢、在於指顧。始知螳螂之臂、不足抗拒雷霆。窮蹙乞降、籲呼請命。於是桓桓七萃、猶思直斬樓蘭。而我皇上聖度符天、宏開湯網、閔其知罪、許以自新。特詔班師、貸存餘息。計自禡牙以迄飲至、往返一二萬里、爲期不及兩年。蓋終沙羅奔之身、蹐伏荒巖、莫敢吹毒厲牙焉。雖文王因壘而崇降、舜帝舞干而苗格、豐功盛德、何以加於茲乎。其閒決機制勝、悉稟睿謨。是編所載詔諭之指授、章奏之批荅、隨在可見神武不殺之至意。併以見厥後索諾木夜郎自大、終戮藁街、實辜德逞凶、禍由自取。於理於勢、皆不可姑容、非聖人之有意於用兵也。

御定平定準噶爾方略前編五十四卷、正編八十五卷、續編三十三卷、

乾隆三十七年、大學士傅恒等恭撰奏進。凡分三編。考準噶爾部落、系出元阿魯台。譯語轉音、故稱厄魯特。太祖高皇帝時、嘗遣使入貢。世祖章皇帝時、錫以封爵、俾自領其衆。迨噶爾丹肆其豕心、侵擾喀爾喀諸部。聖祖仁皇帝親討平之、北邊於以敉寧。其姪策妄阿拉布坦、先與噶爾丹搆釁、跳而西遁、跧伏伊犂。後生息漸蕃、稍爲邊患。由我聖祖仁皇帝、世宗憲皇帝屢申撻伐、折其逆萌。澤旺阿拉布坦之子噶爾丹策凌震我天聲、始戢鋒受命。我皇上化周六幕、威惠交孚、示以綏柔、許通貢市、用廣幬載之仁。後達瓦齊戕噶爾丹策凌之子喇嘛達爾札、竊擁衆自立。部曲不附、紛紛然內向款關。準噶爾遂大亂。是書前編五十四卷、所紀自康熙三十九

年七月乙未，至乾隆十七年九月壬申，即詳述其緣起也。嗣杜爾伯特台吉策凌、策凌烏巴什、輝特台吉阿睦爾撒納等先後來歸，籲請
天討，以人心之大順，如
帝命之式臨。
特詔六師，分行兩道，降番員弩忭，舞前驅。餘黨倒戈，騈羅膜拜，兵不血刃，五月而定伊犂，俘達瓦齊於圖爾滿。既而阿睦爾撒納豺狠反噬，旋見函顱；波羅尼都霍集占梟獍齊鳴，亦隨獻馘。天山南北，桴鼓不鳴，展拓黃圖凡二萬餘里。是書正編八十五卷，所紀自乾隆十八年十一月甲戌至二十五年三月戊申，即備錄其始末也。至續編三十三卷，則乾隆二十五年三月庚戌以後至三十年八月乙亥，凡一切列戍開屯、設官定賦、規畫久遠之制，與討定烏什及絕域諸藩占風納賮者咸載焉。自有書契以來，未有
威弧之所震如是其遠，
皇輿之所拓如是其廓者，亦未有龍沙葱雪之間控制撫綏，一如中冀，如是之制度周詳者。而運籌策於幾先，計久長於事後，一一出
睿謨之獨斷，豈非
天錫勇知以光
列聖之緒，而貽奕世之謨哉。伏讀是編，知舜德之賓王母，禹迹之被流沙，均不足與
聖功比也。

欽定平定兩金川方略一百五十二卷

乾隆四十六年大學士阿桂等恭撰
奏進。凡
御製序文紀略一卷，
天章八卷，冠於前。臣工詩文八卷，附於末。所紀平定兩金川事，自乾隆二十年六月癸亥起，至乾隆四十四年十一月壬午止。金川自郎卡歸命之後，
威稜所懾，已不敢復逞凶鋒，而狠更生貙野心不改。其子索諾木與其頭人丹巴沃雜爾煽惑小金川酋僧格桑，鯨吞九姓，無故稱戈，諭之不從，彌滋狂悖。蓋十稔之將蚤，故兩階之弗格也。且夫食殘無厭，谿壑難盈，密邇維州，將生窺伺，與其後來貽患，待之於邊陲，不如先發制人，殲之於巢穴。是以力排浮議，
天斷獨行，再舉六師，重申九伐。雖逆酋恃其地險，暫肆披猖，而震我雷霆，終歸魚爛。僧格桑專車之骨，先獻旌門；既而轉鬬千盤，剷平三窟，索諾木力窮勢蹙，亦泥首而就俘焉。蓋自三古以來，中國之兵力未有能至其地者。惟我
皇上睿算精詳，
天聲震疊，始開闢化外之草昧。是以語其道里，視河源萬里為近；考其疆界，視天山兩道為狹；計其生齒，不能敵三十六國之一。而頌
聖武者，乃覺與乙亥、丙子征撫地二萬餘里後先同軌。豈非以涉歷之遠，至伊犂而極；山川之險，至兩金川而極。均為克千古之所不能克哉。恭讀是編，具詳決機制勝之始末，益知戊辰之役，為
天心仁愛，不欲窮兵，非力有所不能至也。

欽定臨清紀略十六卷

乾隆四十二年大學士于敏中等恭撰
奏進。乾隆三十九年九月，山東壽張逆寇王倫反，突掠陽穀，趨臨清。直隸、山東合兵殲之，而大學士舒赫德奉
詔統八旗勁旅亦至，王倫窮迫自焚死，盡俘其黨，械送京師，磔於市。因
命述戡定始末，為此編。我
朝自
列聖以來，醲化懿綱，重熙累洽，普天率土，含識知歸。我
皇上念切痌瘝，
德符幬載，求寧求瘼。
宵旰憂勞，恆恐一夫之不獲，
深仁厚澤，縷數難窮。即田賦之蠲除，動千百萬；漕粟之寬貸，亦動千百萬。水旱偶沴，賑卹頻仍，更不知其幾千百萬，數十年來，述
聖政者亦不勝其紀載。四瀛之內，徧沃衢尊，蓋莫不食福飲和，熙春泳化，無論圓顱方趾具有彝良，即悍戾驁忍之徒，亦皆當革彼鴞音，化其鷹眼。王倫等乃肆萌逆節，敢亂天常，遂煩鄭澤之攻，自取貝州之戮。蓋天地之大，無所不生，狠貪實出於性成，虺毒自為其種類。初則事魔喫菜，託以斂財；繼乃聚衆焚香，因而成黨，自知妖言左道，
聖世不容，遂僥倖苟延，鋌而走險，變生意外，蓋以此也。然而
運策九重，
指揮七萃，不旋踵而斧螳鋒蝟，殲滅無遺。奏功之速，未有過於是役者，豈非人心之所共憤，即

天道之所必誅。予是編所錄詳述
制勝之機宜，並明倡亂之緣起，所以爲天下萬世自外
生成之炯戒也。至於安輯流亡，撫綏困乏，兵燹之餘，所
以善籌其後者，謀畫無所不周，恩養無所不至。益
足見
聖德如天，而王倫等之辜
恩謀逆，爲罪深於梟獍矣。

欽定蘭州紀略二十卷

乾隆四十六年，奉
敕撰。考回人散處中國，介在西北邊者尤獷悍。然其教
法則無異。劉智天方典禮擇要解，卽彼相沿之規
制也。其祖國稱默德那，其種類則居天山之南北。
後準噶爾據有山北，乃悉避處於山南。今自哈密
吐魯番以外，西暨和闐、葉爾羌，皆所居也。迨我
皇上星弧遙指，月窟咸歸，諸回部並隸版圖，爲我臣僕。
中國回人亦時時貿遷服賈，來往其閒。姦黠之徒
遂詭稱傳法於祖國，別立新教，與舊教搆爭，守臣
狃於晏安，不早爲防微杜漸，互相讐殺，乃馴至嘯
聚稱戈。辛丑四月，循化廳逆回蘇四十三等突陷
河州，復擁衆犯蘭州。會援師既集，斷其歸路，而羽
林勁卒，益部番兵，亦皆奉
詔遄征，尅期並赴。逆回飛走路絕，乃退據城南十里龍
尾山，扼險死守。然釜魚暫活，穽獸終殲，塡塹焚巢，
百道俱進，蹙之於華林寺，或俘或馘，無一人倖漏
網焉。蓋是役也，平日釀釁之漸，在大吏之積薪厝
火，故猝發而不及防；臨時制勝之方，在
聖主之省括張機，故一奉而無不克。是編所錄，始末釐
然，至於規畫兵制，愼固邊防，一切敷陳
批荅，亦皆備書，併足見長駕遠馭之謀，杜漸防微之略，
所以貽萬世之安者，
睿慮尤深且遠也。

欽定石峯堡紀略二十卷

乾隆四十九年，奉
敕撰。初撒拉爾逆回之變，渠魁蘇四十三等雖全就殲
戮，而馬明心餘孽猶多。我
皇上天地爲心，兼包並育，不欲盡翦其族類，
特命陝甘總督李侍堯密爲經理，以杜亂萌，務曲導其
自新，而陰鋤其怙惡。乃李侍堯籌畫未周，疎於防
制，致逆回田五噓馬見心已燼之焰，詭稱官軍將
盡勦新教，恐脅同衆，轉相煽惑，醜黨遂繁，因而據
險營巢，伏戎于莽，以乾隆四十九年四月十五日，
猝起變於小山。迨田五爲提督剛塔所敗，勢蹙自
戕，餘黨張文慶、馬四娃等復乘機嘯聚，與剛塔相
拒於馬家堡，剛塔不能仰承
指示，預斷其飛走之路，致翻山宵遁，遂蔓延四出，肆其
猖獗。賴我
皇上魁柄親操，
威弧遐指，赫然
天斷，易將臨戎。
特命兵部尚書福康安爲陝甘總督，統兵進討，復
詔大學士阿桂督師策應，擢鋒轉戰，捷書旅來，逆回無
路可逃，釜底游魂，羣聚守於石峯堡。石峯堡者，通
渭之所屬也。萬山環抱，孤峯雲舉，羊腸鳥道，詰屈
僅通，自前代號天險。阿桂、福康安等恭承
方略，先列柵樹砦，使聲勢相連，以防衝突，復斷其水道，
使困喝難存，生路既窮，迫而宵潰。是歲七月初五
日，焚巢掃穴，並俘致
行殿，明正典刑，鯨鯢梟獍，所殲戮幾及萬人，而後淨盡
根株，西陲大定。館臣因恭錄
諭旨奏章，編次月日，勒爲一編，以昭
睿謨之廣遠。臣等鞠膝恭讀，而深繹戡定之
聖算，蓋秦隴左右，跬步皆山，深巖巨谷，繚繞潛通，雖土
著或不得其端緒。而逆回陰鷙狡黠，又其天性，故
力足抗則鴟張，勢不敵則鼠竄，藉幽蹊曲徑爲蔽
藏，得以出入無常，聚散不定，或方在於此，忽移而
在彼，方在於前，忽轉而在後。諸臣用兵之始，但躡
其蹤而尾追之，是以左右周章，卒莫得其要領。我
皇上坐照如神，通籌全局，先
命斷其去路，然後合圍而蹙之，故賊之險阻不足據，
賊之詭譎無所施，本欲求爲流寇以牽制官軍，
至是乃窮而負嵎，苟延殘喘，遂一鼓而無噍類。
仰見
睿鑒無遺，超乎萬古。凡
聖諭所預籌，一一炳燭先幾，驗如操券，益信前此之囊
括濛汜，底定冉駹，皆早握萬全之略，非一時偶致
也。勒諸

冊府，洵足垂範千古矣。

欽定臺灣紀略七十卷

乾隆五十三年奉

敕撰。臺灣孤懸海外，自古不入版圖。然實閩粵兩省之屏障。明代爲紅毛所據，故外無防禦，倭患蔓延。後鄭芝龍據之，亦負嵎猖獗，誠重地也。

聖祖仁皇帝七德昭宣，削平鯨窟。

命靖海侯施琅等俘鄭克塽，而郡縣其地，設官置戍，屹爲海上金城。徙以山箐叢深，百產豐溢，廣東及漳州泉州之民爭趨其地。雖繁富日增，而姦宄亦因以竄跡。故自朱一桂以後，針蝟斧螳，偶或竊發，然旋亦撲滅。惟林爽文、莊大田等逆惡鴟張，凶徒蟻附，致稽藁街之誅。仰賴

神謨指揮駕馭，乃渠首就檻，炎海永清。蓋始由官吏之貪黷，司封疆者未察巢穴，而其所以蕩平者，則仰藉

皇上坐照幾先，於鮫室鯨波，視如指掌，事事皆預爲籌，及早設周防。又

睿鑒精詳，物無遁狀，申明賞罰，百度肅清。弛者改而奮，怯者改而勇，並凜凜

天威近猶咫尺，而重臣宿將乃得以致力其閒，生縛猰貐，以申國憲。

威棱所慴，併內臺生番亘古未通中國者，亦先驅效命，助翦元凶，稽首闕廷，虔修職貢。中外臣民，跽讀

御製紀事詩二篇，以手加額，謂軒轅之戮蚩尤，猶親在行閒；武丁之克鬼方，非路經海外。今

皇上運籌九天之上，而

坐照萬里之外，亘古聖帝明王，更無倫比。至江漢常武諸什，僅在近地者，更無足道矣。奏凱之後，廷臣敬輯

諭旨

批答奏章，分析月日，編排始末，勒成是編，以垂示萬古。

臣等回環跽讀，仰見

聖神文武，經緯萬端，雖地止偏隅，而險阻重深，委曲籌畫，實與伊部向部金川三大事

功烈相等。載筆之下，彌覺歌頌之難罄也。

綏寇紀略十二卷（浙江巡撫採進本）

國朝吳偉業撰。偉業字駿公，號梅村，太倉人。崇禎辛未進士，授翰林院編修，入

國朝，官至國子監祭酒。是編專紀崇禎時流寇，迄於明亡，分爲十二篇：曰澠池渡，曰車箱困，曰眞寧恨，曰朱陽潰，曰黑水擒，曰穀城變，曰開縣敗，曰汴渠墊，曰通城擊，曰鹽亭誅，曰九江哀，曰虞淵沈。每篇後加以論斷。其虞淵沈一篇，皆記明末災異，與篇名不相應。考朱彝尊曝書亭集有此書跋，云梅村以順治壬辰舍館嘉興之萬壽宮，輯綏寇紀略，久之，其鄉人發雕，是編僅十二卷，而止虞淵沈中下二卷未付棗木傳刻。明史開局，求天下野史，盡上史館，於是先生是本出，予鈔入百六叢書，歸田之後，爲友人借失云云。意者明末降闖勸進諸臣，子孫尚存，故當時諱而不出歟。此本爲康熙甲寅鄒式金所刻，在未開史局之前，故亦闕虞淵沈中下二卷。而彝尊所輯百六叢書爲人借失者，雖稱後十八年從吳興書賈購得，今亦不可復見。此二卷遂佚之矣。彝尊又稱其書以三字標題，仿蘇鶚杜陽雜編、何光遠鑑戒錄之例。考文章全以三字標題，始於繆襲魏鐃歌詞，鶚、光遠遂沿以著書。偉業敘述時事，乃用此例，頗不免小說纖仄之體。其閒護楊嗣昌、左良玉，亦涉恩怨之私，未爲公論。然記事尚頗近實，彝尊所謂聞之於朝，雖不及見者之確切，而終勝草野傳聞，可資國史之采輯，亦公論也。

明史紀事本末八十卷（通行本）

國朝谷應泰撰。應泰字賡虞，豐潤人。順治丁亥進士，官至浙江提學僉事。其書仿袁樞通鑑紀事本末之例，纂次明代典章事蹟，凡八十卷，每卷爲一目。當應泰成此書時，明史尚未刊定，無所折衷，故紀靖難時事，深信從亡致身諸錄，以惠帝遜國爲實，於滇黔游蹟，載之極詳。又不知懿安皇后死節，而稱其青衣蒙頭，步入成國公第，俱不免沿野史傳聞之誤。然其排比纂次，詳略得中，首尾秩然，於一代事實極爲淹貫。每篇後各附論斷，皆仿晉書之體，以駢偶行文，而遣詞抑揚，隸事親切，尤爲曲折詳盡。考邵廷采思復堂集明遺民傳，稱山陰張岱嘗輯明一代遺事爲石匱藏書，應泰作紀事本末，以五百金購請，岱慨然予之。又稱明季稗史雖多，體裁未備，罕見全書。惟談遷編年、張岱列傳兩家具有本末，應泰並採之以成紀事。據此，則應泰是編取材頗備，集衆長以成完本，其用力亦可謂勤矣。

滇考二卷（浙江巡撫採進本）

國朝馮甦撰。甦字再來，臨海人。順治戊戌進士，官至刑部侍郎。是書乃康熙元年甦爲永昌府推官時作。凡一切山川人物物產，皆削不載，惟自莊蹻通滇至明末、

國初，撮其沿革之蹟，治亂之大端，標題記述，爲三十七篇。每事皆首尾完具，端緒分明，非採綴瑣聞，條理不相統貫者比。其名似乎輿記，其實則紀事本末之體也。其中建文遜蹟一篇，雖不免沿致身錄之說，至其征麓川、三宣六慰、鎮守太監、議開金沙江諸篇，皆視史傳爲詳。且著書之時，距今僅百餘年，所言形勢，往往足以資考證，愈於標題名勝，徒供登臨吟詠者多矣。

繹史一百六十卷（通行本）

國朝馬驌撰。驌有左傳事緯，已著錄。是編纂錄開闢至秦末之事，首爲世系圖、年表，不入卷數。次太古十卷，次三代二十卷，次春秋七十卷，次戰國五十卷，次別錄十卷。仿袁樞紀事本末之例，每一事各立標題，詳其始末。惟樞書排纂年月，鎔鑄成篇，此書則惟篇末論斷出驌自作，其事蹟皆博引古籍，排比先後，各冠本書之名。其相類之事，則隨文附註，或有異同譌舛，以及依託附會者，並於條下疏通辨證。與朱彝尊日下舊聞義例相同。其別錄則一爲天官，二爲律呂通考，三爲月令，四爲洪範五行傳，五爲地理志，六爲詩譜，七爲食貨志，八爲考工記，九爲名物訓詁，十爲古今人表。蓋以當諸史之表志。其九篇亦皆稡諸書之文，惟古今人表則全仍漢書之舊，以所括時代與漢書不相應，而與此書相應也。雖其疏漏牴牾，間亦不免，而蒐羅繁富，詞必有徵，實非羅泌路史、胡宏皇王大紀所可及。且史例六家，古無此式，與袁樞所撰，均可謂卓然特創，自爲一家之體者矣。

左傳紀事本末五十三卷（浙江巡撫採進本）

國朝高士奇撰。士奇有春秋地名考略，已著錄。此書因章沖左傳事類始末而廣之，以列國事蹟分門件繫，其例有曰補逸，則雜採諸子史傳與左氏相表裏者；曰考異，則與左氏異詞，可備參訂者；曰辨誤，則糾其傳聞失實，舛駁不倫者；曰考證，則取其事有依據，可爲典要者；又時附以己見，謂之發明。凡周四卷，魯十一卷，齊十卷，晉十一卷，宋三卷，衞四卷，鄭四卷，楚四卷，吳三卷，秦二卷，列國一卷，目各如其卷之數。大致亦與沖書相類。然沖書以十二公爲記，此則以國爲記，義例略殊。又沖書門目太傷繁碎，且於左氏原文頗多裁損，至有裂句摘字聯合而成者。士奇則大事必書，而略於其細，部居州次，端緒可尋，與沖書相較，雖謂之後來居上可也。

平臺紀十一卷附東征集六卷（江西巡撫採進本）

國朝藍鼎元撰。鼎元字玉霖，號鹿洲，漳浦人。由貢生官至廣州府知府。是編紀康熙辛丑平定臺灣逆寇朱一貴始末，始於是年四月，迄於雍正元年四月，凡二年之事。前有自序，稱有市靖臺實錄者，惜其未經身歷目睹，得之傳聞，其地其人，其時其事，多謬誤舛錯，乃詳述其實爲此編。蓋鼎元之兄廷珍，時爲南澳總兵官，與福建水師提督施世驃合兵進討，七日而恢復臺灣，旋擒一貴。俄世驃卒於軍，其後餘孽數起，廷珍悉勦撫平之。事後經畫，亦多出廷珍之議。鼎元在廷珍軍中，一一親見，故記載最悉。其敍述功罪，亦無所避忌，頗稱直筆。所論半線一路，地險兵寡，難於鎮壓，後分立彰化一縣，竟從其說，至今資控制之力，亦可謂有用之書，非紙上談兵者矣。東征集六卷，皆進討時公牘書檄，雖廷珍署名，而其文則皆鼎元作，舊本別行，今附載是書之後，俾事之原委相證益明。其第六卷中紀地形七篇，於山川險要，尤言之井井，可資考證。雍正壬子，鼎元旅寓廣州，始鋟版，天長王者輔序之。又有廷珍舊序一篇，作於康熙壬寅，稱擇可存者百篇，而此刻之文止六十篇，蓋鼎元又加刪削存其精要也。

右紀事本末類二十二部，一千二百四十七卷，皆文淵閣著錄。

紀事本末類存目

鴻猷錄十六卷（通行本）

明高岱撰。岱字伯宗，京山人。嘉靖庚戌進士，官至景王府長史。是書乃岱官刑部主事時作，仿紀事本末之體，所錄凡六十事，每事標四字爲題，前敍後論，起於龍飛淮甸，終於追戮仇鸞，皆事之關於用兵者也。前有自序，曰：歷代實錄，祕不可見，惟是諸臣傳誌書疏，參質考訂，稍得要領，暇日論次，錄而成帙云。

永陵傳信錄六卷（江蘇巡撫採進本）

明戴笠撰。笠字耘野，吳江人。是書用紀事本末之體，一曰興獻大禮，一曰更定郊祀，一曰欽明大獄，一曰二張之獄，一曰曾夏之獄，一曰經略倭寇事，各爲卷。每卷皆先敘而後斷，其論河套事，謂爲難效之功，幸觸犯上怒，其事中止。不然，請兵轉餉，工役騷擾，禍患將有大於是者云云。則自宋以來儒者因循苟且之見，所以終明之世無一日無邊患也。

高廟紀事本末無卷數，浙江汪啟淑家藏本

舊本不著名氏。黃虞稷千頃堂書目載有是書，亦云不知撰人。王鴻緒明史例議引紀事本末辨太祖葬孝陵之日爲閏五月辛酉，而此編無之，則鴻緒所引又別一書矣。其書仿通鑑紀事本末之例，載明祖事蹟爲四十篇，大抵鈔撮實錄之文，如載韓林兒以太祖與張天祐爲左右副元帥，太祖不受，及懿文太子卒，太祖欲立第四子爲太子，劉三吾對何以處秦晉二王，此皆實錄之說，永樂諸臣之誣詞，非可以傳信者也。

三藩紀事本末四卷浙江巡撫採進本

國朝楊陸榮撰。陸榮有易互，已著錄。是編成於康熙丁酉，首紀福王、唐王、桂王始末，及四鎮兩案、馬阮之姦，次紀順治初年平浙、平閩、平粵、平江右事蹟，及魯王、益王之亂，饒州死難諸人，金聲桓之亂，及大兵南征，何騰蛟、瞿式耜之死，孫可望、李延齡之變，次爲桂王入緬，蜀亂、閩亂及雜亂，其凡例自云搜羅未廣，頗有疎漏，又閒有傳聞異詞者，如明史文苑傳載艾南英以病死，而此載其自縊殉節，亦僅據其耳目所及，未一一詳核也。

右紀事本末類四部，二十六卷，內一部無卷數，皆附存目。

欽定四庫全書總目卷四十九

欽定四庫全書總目卷五十

史部六

別史類

漢藝文志無史名，戰國策、史記均附見於春秋。厥後著作漸繁，隋志乃分正史、古史、雜史諸目。然梁武帝、元帝實錄列諸雜史，義未安也。陳振孫書錄解題創立別史一門，以處上不至於正史、下不至於雜史者，義例獨善，今特從之。蓋編年不列於正史，故凡屬編年，皆得類附。史記、漢書以下，已列爲正史矣，其歧出旁分者，東觀漢記、東都事略、大金國志、契丹國志之類，則先資草創；逸周書、路史之類，則互取證明；古史、續後漢書之類，則檢校異同。其書皆足相輔，而其名則不可以並列，命曰別史，猶大宗之有別子云爾。包羅既廣，六體兼存，必以類分，轉形瑣屑，故今所編錄，通以年代先後爲敘。

逸周書十卷內府藏本

舊本題曰汲冢周書。考隋經籍志、唐藝文志俱稱此書以晉太康二年得於魏安釐王冢中，則汲冢之說其來已久。然晉書武帝紀及荀勗、束晳傳載汲郡人不準所得竹書七十五篇，具有篇名，無所謂周書；杜預春秋集解後序載汲冢諸書，亦不列周書之目，是周書不出汲冢也。攷漢書藝文志先有周書七十一篇，今本比班固所紀惟少一篇。陳振孫書錄解題稱凡七十篇，敘一篇在其末，京口刊本始以序散入諸篇，則篇數仍七十有一，與漢志合。司馬遷紀武王克商事，亦與此書相應。許慎作說文引周書大翰若翬雉又引周書貘有爪而不敢以撅馬融註論語引周書月令鄭元註周禮引周書王會註儀禮引周書北唐以閭皆在汲冢前知爲漢代相傳之舊郭璞註爾雅稱逸周書李善文選註所引亦稱逸周書知晉至唐初舊本尚不題汲冢其相沿稱汲冢者殆以梁任昉得竹簡漆書不能辨識以示劉顯顯識爲孔子刪書之餘其時南史未出流傳不審遂誤合汲冢竹簡爲一事而修隋志者誤採之耶鄭元祐作大戴禮後序稱文王官人篇與汲冢周書官人解相出入汲冢書出於晉太康中未審何由相似云云殊失之不考文獻通考所引李燾跋及劉克莊後村詩話皆以爲漢時本有此書其後稍隱賴汲冢竹簡出乃得復顯是又心知其非而巧爲調停之說惟舊本載嘉定十五年丁黼跋反覆考證確以爲不出汲冢斯定論矣其書載有太子晉事則當成於靈王以後所云文王受命稱王武王周公私計東伐俘馘殷遺秡殄原獸鞏括寶玉動至億萬三發下車懸紂首太白又用之南郊皆古人必無之事陳振孫以爲戰國後人所爲似非無見然左傳引周志勇則害上不登於明堂又引書慎始而敬終終乃不困又引書居安思危又稱周作九刑其文皆在今書中則春秋時已有之特戰國以後又輾轉附益故其言駁雜耳究厥本始終爲三代之遺文不可廢也近代所行之本皆闕程寤秦陰九政九開劉法文開保開八繁其子書穆月令十一篇餘亦文多佚脫今考史記楚世家引周書欲起無先主父假傳引周書安危在出令存亡在所用貨殖傳引周書農不出則乏其食工不出則乏其事商不出則三寶絕虞不出則財匱少漢書引周書無爲創首將受其咎又引周書天予不取反受其咎唐六典引周書湯放桀大會諸侯取天子之璽置天子之座今本皆無之蓋皆所佚十一篇之文也觀李燾所跋已有脫爛難讀之語則宋本已然矣

東觀漢記二十四卷永樂大典本

案東觀漢記隋書經籍志稱長水校尉劉珍等撰今考之范書珍未嘗爲長水校尉且此書剏始在明帝時不可題珍等居首案范書班固傳云明帝始詔班固與睢陽令陳宗長陵令尹敏司隸從事孟異共成世祖本紀固又撰功臣平林新市公孫述事作列傳載紀二十八篇此漢記之初創也劉知幾史通古今正史篇云安帝詔史官謁者僕射劉珍諫議大夫李尤雜作紀表名臣節士儒林外戚諸傳起建武訖永初范書劉珍傳亦稱鄧太后詔珍與劉騊駼作建武以來名臣傳此漢記之初續也史通又云珍尤繼卒復命侍中伏無忌與諫議大夫黄景作諸王王子功臣恩澤侯表與單于西羌傳地理志元嘉元年復令大中大夫邊韶大軍營司馬崔寔議郎朱穆曹壽雜作孝穆崇二皇及順烈皇后傳又增外戚傳入安思等后儒林傳入崔篆諸人寔壽又與議郎延篤雜作百官表順帝功臣孫程郭願鄭衆蔡倫等傳凡百十有四篇號曰漢記范書伏湛傳亦云元嘉中桓帝詔伏無忌與黄景崔寔等共撰漢記延篤傳亦稱篤與朱穆邊韶共著作東觀此漢記之再續也蓋至是而史體粗備乃肇有漢記之名史通又云熹平中光祿大夫馬日磾議郎蔡邕楊彪盧植著作東觀接續紀傳之可成者而邕別有朝會車服二志後坐事徙朔方上書求還續成十志董卓作亂舊文散逸及在許都楊彪頗存註紀案范書蔡邕傳邕在東觀與盧植韓說等撰補後漢記所作靈紀及十意又補諸列傳四十二篇因李傕之亂多不存盧植傳亦稱熹平中植與邕說並在東觀補續漢記又劉昭補註司馬書引袁崧書云劉洪與蔡邕共述律歷紀又引謝承書云胡廣博綜舊儀蔡邕因以爲志又引謝沈書云蔡邕引中興以來所修者爲祭祀志章懷太子范書註稱邕上書云臣科條諸志所欲刪定者一所當接續者四前志所無臣欲著者五此漢記之三續也其稱東觀者後漢書註引雒陽宮殿名云南宮有東觀范書竇章傳云永初中學者稱東觀爲老氏藏室道家蓬萊山蓋東漢初著述在蘭臺至章和以後圖籍盛於東觀修史者皆在是焉故以名書隋志稱書凡一百四十三卷而新舊唐書志則云一百二十六卷又錄一卷蓋唐時已有闕佚隋志又稱是書起光武訖靈帝今考列傳之文間紀及獻帝時事蓋楊彪所補也晉時以此書與史記漢書爲三史人多習之故六朝及初唐人隸事釋書類多徵引自唐章懷太子集諸儒註范書盛行於代此書遂微北宋時尚有殘本四十三卷趙希弁讀書附志郡博閗見後錄並稱其書乃高麗所獻蓋已罕得南宋中興書目

則止存鄧禹、吳漢、賈復、耿弇、寇恂、馮異、祭遵、景丹、蓋延九傳、共八卷。有蜀中刊本流傳、而錯誤不可讀。上蔡任浵始以祕閣本讎校、羅願爲序行之、刻版於江夏。又陳振孫書錄解題稱、其所見本、卷第凡十二、而闕第七第八二卷。卷數雖似稍多、而核其列傳之數、亦止九篇、則固無異於書目所載也。自元以來、此書已佚、永樂大典於鄧、吳、賈、耿諸韻中、竝無漢記一語、則所謂九篇者、明初卽已不存矣。

本朝姚之駰撰後漢書補逸、曾蒐集遺文、析爲八卷。然所採祇據劉昭續漢書十志補註、後漢書註、虞世南北堂書鈔、歐陽詢藝文類聚、徐堅初學記五書。又往往掇拾不盡、挂漏殊多。今謹據姚本舊文、以永樂大典各韻所載、參考諸書、補其闕逸、所增者幾十之六。其書久無刻版、傳寫多譌。姚本隨文鈔錄、謬戾百出。且漢記目錄雖佚、而紀表志傳載記諸體例、史通及各書所載、梗概尚一一可尋。姚本不加考證、隨意標題、割裂顛倒、不可殫數。今悉加釐正、分爲帝紀三卷、年表一卷、志一卷、列傳十七卷、載記一卷。其篇第無可考者、則爲佚文一卷、而以漢紀與范書異同附錄於末。雖殘珪斷璧、零落不完、而古澤斑斕、罔非瑰寶。書中所載、如章帝之詔、增修羣祀、杜林之議郊祀、東平王蒼之議廟舞、竝一朝大典、而范書均不詳載其文。他如張順預起義之謀、王常贊昆陽之策、楊政之嚴正、趙勤之潔清、亦復概從闕如、殊爲疏略。惟賴茲殘笈、讀史者尚有所稽、則其有資考證、良非淺鮮、尤不可不亟爲表章矣。

建康實錄二十卷 江蘇巡撫採進本

唐許嵩撰。嵩自署曰高陽、蓋其郡望。其始末則不可考。書中備記六朝事迹、起吳大帝、迄陳後主、凡四百年、而以後梁附之。六朝皆都建康、故以爲名。其積算年數、迄唐至德元年丙申而止、則肅宗時人也。前有自序、謂今質正傳、旁採遺文、具君臣行事、事有詳簡、文有機要、不必備舉。若土地山川城池宮苑、各明處所、用存古蹟、其異事別聞、辭不相屬、則皆註記以益見知、使周覽而不煩、約而無失云云。蓋其義例主於類敘興廢大端、編年紀事、而尤加意於古蹟。其閒如晉以前諸臣事實、皆用實錄之體、附載於薨卒條下。而宋以後復沿本史之例、各爲立傳。爲例未免不純。又往往一事而重複牴牾。至於名號稱謂、略似世說新語、隨意標目、漫無一定、於史法尤乖。然引據廣博、多出正史之外。唐以來考六朝遺事者、多援以爲徵。如張彥遠歷代名畫記、引以證曹不興、顧愷之、陸探微畫品。鄭文寶南唐近事、引以證元武湖。劉羲仲通鑑問疑載宋書高祖紀景平二年書日食舛誤、劉恕修長編定日食在是年二月癸巳朔、皆取此書爲據。又陳後主時覆舟山及蔣山松柏常出木醴、俗呼雀餳之類、陳書遺漏不載、王鞏甲申雜錄亦取此書爲據。謝尚謂蔡謨讀爾雅不熟、幾爲勸學死、案勸學荀子第一篇、蟹有六跪二螯、卽是篇之語。晉書誤作勸學。姚寬西溪叢語亦據此書駁正。又裴子野宋略、當時所稱良史、沈約自以爲不及者、今已不傳、資治通鑑載有論贊數條、亦多首尾不具、而是書於劉宋一代、全據爲藍本、竝子野論贊之詞、尚存什一。是亦好古者所宜參證矣。新唐書志載入雜史類、蓋以所載非一代之事、又不立紀傳之名、尚爲近理。郡齋讀書志載入實錄類、已不免循名失實。馬端臨經籍考載入起居註類、則乖舛彌甚。至鄭樵藝文略編年一類、本案代分編、乃以此書系諸劉宋之下、與宋春秋、宋紀竝列、尤爲紕繆。今考所載、惟吳爲僭國、然三國志已列正史、故隸之於別史類焉。

隆平集二十卷 兩江總督採進本

舊本題宋曾鞏撰。鞏字子固、南豐人。嘉祐二年進士。調太平州司法參軍、召爲集賢校理、出知福明諸州。神宗時官至中書舍人。事蹟具宋史本傳。是書紀太祖至英宗五朝之事、凡分目二十有六、體似會要。又立傳二百八十四、各以其官爲類。前有紹興十二年趙伯衛序。其記載簡略瑣碎、頗不合史法。晁公武讀書志摘其記太平御覽與總類爲兩書之誤、疑其非鞏所作。今考鞏本傳、不載此集。曾肇作鞏行狀及韓維撰鞏神道碑、臚述所著書甚備、亦無此集。據玉海、元豐四年七月、鞏充史館修撰、十一月、鞏上太祖總論、不稱上意、遂罷修五朝史。鞏在史館、首尾僅五月、不容遽撰此本以進。其出於依託、殆無疑義。然自北宋之末已行於世。李燾作續通鑑長編、如李至拜罷等事、閒取其說。則當時固存而不廢。至元修宋史、袁桷作搜訪遺書條例、亦列及此書、以爲可資援證。蓋雖不出於鞏、要爲宋人之舊笈、故今亦過而存之、備一說焉。

古史六十卷（副都御史黃登賢家藏本）

宋蘇轍撰。轍有詩傳，已著録。轍以司馬遷史記多不得聖人之意，乃因遷之舊，上自伏羲、神農，下訖秦始皇，爲本紀七、世家十六、列傳三十七。自謂追録聖賢之遺意，以明示來世，至於得失成敗之際，亦備論其故。以今考之，如於三皇紀增入道家者流，謂黄帝以無爲爲宗，其書與老子相出入；於老子傳附以佛家之説，謂釋氏視老子體道愈遠，而立於世之表；於孟子傳謂孟子學於子思，得其説而漸失之，反稱騶田駢、愼到之徒；又謂其爲佛家所謂鈍根聲聞者。班固論遷之失，首在先黄老而後六經。轍所更定，烏在其能正遷耶。朱子語録曰：「伯恭、子約宗太史公之學，某嘗與之痛辨。子由古史言馬遷淺陋而不學，疎略而輕信，此二句最中馬遷之失，伯恭極惡之。古史序云：古之帝王，其必爲善，如火之必熱，水之必寒；其不爲不善，如騶虞之不殺，竊脂之不穀。此語最好。某嘗問伯恭，此豈馬遷之所及。然子由此語雖好，卻又有病處。如云帝王之道以無爲爲宗之類，他只説得箇頭勢大，然下面工夫又皆空疎」云云。蓋與呂祖謙議論相激，故平日作雜學辨以攻轍，此時反爲之左袒。然其混合儒墨之失，亦終不能爲之掩也。平心而論，史至於司馬遷，猶詩至於李、杜，書至於鍾、王，畫至於顧、陸，非可以一支一節比擬其長短者也。轍乃欲點定其書，殆不免於輕妄。至其糾正補綴，如史記載堯妻舜之後，瞽瞍尚欲殺舜，轍則本尚書，謂妻舜在瞽瞍允若之後；史記載伊尹以負鼎説湯、造父御周穆王見西王母事，轍則删之；史記不載禱雨桑林事，轍則增之；宋世家史記贊宋襄公泓之戰爲禮讓，轍則貶之；辨管子之書爲戰國諸子所附益；於晏子傳增入晏子處崔杼之變、知陳氏之篡與諷諫數事；於宰我則辨其無從叛之事；於子貢則辨其無亂齊之事；又據左氏傳爲柳下惠、曹子臧、吴季札、范文子、叔向、子產等傳，以補史記所未及；魯連傳附以虞卿，刺客傳不載曹沫，其去取之間，亦頗爲不苟。存與遷書相參考，固亦無不可矣。書中閒有附註，以葉大慶考古質疑考之，蓋其子遜之所作。舊本不載其名，今附著焉。

通志二百卷（内府刊本）

宋鄭樵撰。樵有爾雅註，已著録。通史之例，肇於司馬遷。故劉知幾史通述二體，則以史記、漢書共爲一體；述六家，則以史記、漢書別爲兩家。以一述一代之事，一總歷代之事也。其例綜括千古，歸一家言。非學問足以該通，文章足以鎔鑄，則難以成書。梁武帝作通史六百二十卷，不久卽已散佚。故後有作者，卒莫敢措意於斯。樵負其淹博，乃網羅舊籍，參以新意，撰爲是編。凡帝紀十八卷、皇后列傳二卷、年譜四卷、略五十一卷、列傳一百二十五卷。其紀傳删録諸史，稍有移掇，大抵因仍舊目，爲例不純。其年譜倣史記諸表之例，惟閒以大封拜、大政事錯書其中，或繁或漏，亦復多歧，均非其注意所在。其平生之精力，全帙之菁華，惟在二十略而已。一曰氏族，二曰六書，三曰七音，四曰天文，五曰地理，六曰都邑，七曰禮，八曰謚，九曰器服，十曰樂，十一曰職官，十二曰選舉，十三曰刑法，十四曰食貨，十五曰藝文，十六曰校讎，十七曰圖譜，十八曰金石，十九曰災祥，二十曰草木昆蟲。其氏族、六書、七音、都邑、草木昆蟲五略，爲舊史之所無。案史通書志篇曰：「可以爲志者，其道有三：一曰都邑志，二曰氏族志，三曰方物志。」樵增氏族、都邑、草木昆蟲三略，蓋竊據是文。至於六書、七音，乃小學之支流，非史家之本義，矜奇炫博，泛濫及之，此於例爲無所取矣。餘十五略，雖皆舊史所有，然謚與器服乃禮之子目，校讎、圖譜、金石乃藝文之子目，析爲別類，不亦冗且碎乎。且氏族略多挂漏，六書略多穿鑿，天文略祇載丹元子步天歌，地理略則全鈔杜佑通典州郡總序一篇，前雖先列水道數行，僅雜取漢書地理志及水經注數十則，卽禹貢山川亦未能一一詳載。謚略則別立數門，而沈約、扈琛諸家之謚法悉删不録，卽唐會要所載杲字諸謚亦並漏之。器服略器則所載尊彝爵觶之制，制既不詳，又與金石略複出；服則全鈔杜佑通典之嘉禮。其禮樂、職官、食貨、選舉、刑法六略，亦但删録通典，無所辨證。至職官略中以通典註所引之典故悉改爲案語大書，更爲草率矣。藝文略則分門太繁，又韓愈論語解、論語類前後兩出，張弧素履子儒家、道家兩出，劉安淮南子道家、雜家兩出，荆浩筆法記乃論畫之語，而列於法書類，吳興人物志、河西人物志乃傳記之流，而列於名家類，段成式之玉格乃酉陽雜俎之一篇，而列於寶器類，尤爲荒謬。金石略則鍾鼎碑碣，核以博古、考古二圖，集古金石二錄脫略至十之七八災祥略則悉鈔諸史五行志草木昆蟲略則幷詩經爾雅之註疏亦未能詳核蓋宋人以義理相高於考證之學罕能留意樵恃其該洽睥睨一世諒無人起而難之故高視闊步不復詳檢遂不能一一精密致後人多所議彈也特其採摭既已浩博議論亦多警闢雖純駁互見而瑕不掩瑜究非游談無根者可及至今資為考鏡與杜佑馬端臨書並稱三通亦有以焉

東都事略一百三十卷浙江孫仰曾家藏本

宋王偁撰偁字季平眉州人父賞紹興中為實錄修撰偁承其家學旁搜九朝事蹟採輯成編洪邁修四朝國史奏進其書以承議郎知龍州特授直祕閣其書為本紀十二世家五列傳一百五附錄八敘事約而該議論亦皆持平如康保裔不列於忠義張方平王拱辰不諱其瑕疵皆具史識熙寧之啟釁元符之紹述尤三致意焉朱勔傳後附載僧祖秀艮岳記蓋仿三國志諸葛亮傳後附載文集目錄及陳壽進表之例雖非史法亦足資考證而南宋諸人乃多不滿其書蓋偁閉門著述不入講學之宗派黨同伐異勢所必然未可據為定論也近時汪琬復謂元修宋史實據此書為稾本以今考之惟文藝傳為宋史所資取故所載北宋為多南宋文人寥寥無幾其餘事迹異同如符彥卿二女為周室后而宋史闕其一劉美本姓龔目附於外戚事略直書其事宋史採其家傳轉為之諱趙普先閱章奏田錫極論其非而宋史誤以為彝臣章奏必先白錫楊守一以涓人補右班殿直遷翰林副使而宋史誤作翰林學士新法初行坐倉糴米吳申等言其不便宋史誤以為司馬光之言至地名謚法宋史尤多舛謬元人修史蓋未嘗考證此書琬之言未得其實也其中如張齊賢以雍熙三年忤旨出外而誤作自請行邊以副使王履楚辭誤屬之李若水又不載王履於忠義傳雖不免間有牴牾然宋人私史卓然可傳者唯偁與李燾李心傳之書而三家宜為考宋史者所寶貴矣

路史四十七卷兩江總督採進本

宋羅泌撰泌字長源廬陵人是書成於乾道庚寅凡前紀九卷述初三皇至陰康無懷之事後紀十四卷述太昊至夏履癸之事國名紀八卷述上古至三代諸國姓氏地理下逮兩漢之末發揮六卷餘論十卷皆辨難考證之文其國名紀第八卷載封建後論一篇究言一篇必正衍子一篇國姓衍慶紀原一篇蓋以類相附惟歸藏子大衍數一篇大衍說一篇四象說一篇與封建渺無所涉考發揮第一卷之首有論太極一篇明易彖象一篇易之名一篇與大衍等三篇為類疑本發揮之文校刊者以卷帙相連誤竄入國名紀也泌自序謂皇甫謐之世紀譙周之史考張愔之系譜馬總之通歷諸葛耽之帝錄姚恭年之歷帝紀小司馬之補史劉恕之通鑑外紀其學淺狹不足取信蘇轍古史第發明索隱之舊未為全書因著是編餘論之首釋名書之義引爾雅訓路為大所謂路史蓋曰大史也句下註文題其子苹所撰核其詞義與泌書詳略相補似出一手殆自註而嫁名於子與皇古之事本為茫昧泌多採緯書已不足據至於太平經洞神經丹壺記之類皆道家依託之言乃一一據為典要殊不免龐雜之譏發揮餘論皆深斥佛教而說易數篇乃兼取道家其青陽遺珠一條論大惑有九以貪仙為材者之惑謂物為不材之惑尤為偏駁然引據浩博文采瑰麗劉勰文心雕龍正緯篇曰羲農軒皞之源山瀆鍾律之要白魚赤烏之符黃金紫玉之瑞事豐奇偉詞富膏腴無益經典而有助文章是以後來詞人採摭英華泌之是書殆於此類至其國名紀發揮餘論考證辨難語多精核亦頗有祛惑持正之論固未可盡以好異斥矣

契丹國志二十七卷浙江鮑士恭家藏本

宋葉隆禮撰隆禮號漁林嘉興人淳祐七年進士由建康府通判歷官祕書丞奉詔撰次遼事為此書凡帝紀十二卷列傳七卷晉降表宋遼誓書議書一卷南北朝及諸國饋貢禮物數一卷雜載地理及典章制度二卷行程錄及諸雜記四卷錢曾讀書敏求記稱其書法謹嚴筆力詳贍有良史風而蘇天爵三史質疑則謂隆禮不及見國史其說多得於傳聞譏其失實甚多今觀其書大抵取前人紀載原文分條採摘排比成編穆宗以前紀傳則本之資治通鑑穆宗以後紀傳及諸雜紀則本之李燾長編等書其胡嶠陷北記則本之歐史四夷附錄諸番記及達錫伊都等傳則本之洪皓松漠記聞雜記則本之武圭燕北雜記案圭書今不傳其言略見曾慥類說皆全襲其詞無所更改間有節錄亦多失當

如通鑑載太祖始立爲王事，上云恃強不受代，故下云七部求如約。今此書刪去不受代之文，則所謂如約者果何事乎。又長編載聖宗南侵事，云天雄軍聞契丹至，闔城惶遽。契丹潛師城南，設伏狄相廟，遂南攻德清。王欽若遣將追擊，伏起，天雄兵不能進退，其情事甚明。今此書於闔城惶遽下卽接伏起云云，而盡刪其潛師設伏之文，則所伏者果誰之兵乎。又松漠記聞載黃頭女眞，金人每當出戰，皆令前驅，蓋洪皓所親見，其爲金人事甚明。今此書乃徑改金人爲契丹，採入遼志，則益爲顚倒事實矣。又帝紀中凡日食星變諸事，皆取長編所記，案年臚載。然遼宋歷法不齊，朔閏往往互異。如聖宗開泰九年，遼二月置閏，宋十二月置閏，宋之七月在遼當爲八月，而此書仍依宋法書七月朔日食。此類亦俱失考。蓋隆禮生南渡後，距遼亡已久，北土載籍，江左亦罕流傳，僅據宋人所修史傳及諸說部鈔撮而成，故本末不能悉具。蘇天爵所論，深中其失，錢曾蓋未之詳核也。特諸家目錄所載，若遼庭須知、使遼圖鈔、北遼遺事、契丹疆宇圖、契丹事迹諸書，隆禮時尚未盡佚，故所錄亦頗有可據。如道宗壽隆紀年，此書實作壽昌，與遼史所遺碑刻之文並合，可以證遼史之誤。又天祚紀所載與金攻戰及兵馬漁獵諸事，較遼史紀志爲詳，存之亦可備參考。惟其體例參差，書法顚舛，忽而內宋，則或稱遼帝，或稱國主，忽而內遼，則以宋帝年號分注遼帝年號之下，旣自相矛盾。至楊承勳劫父叛君，蔑倫傷敎，而取胡安國之謬說，以爲變不失正，尤爲無所別裁。又書爲奉宋孝宗敕所撰，而所引胡安國說，乃稱安國之諡，於君前臣名之義，亦復有乖。今並仰遵

聖訓，改正其譌，用以昭千古之大公，垂史冊之定論焉。

大金國志四十卷（兩江總督採進本）

舊本題宋宇文懋昭撰。前有端平元年進書表一通，自署淮西歸正人，改授承事郎、工部架閣，而不詳其里貫。表中有偷生淮浦、少讀父書等語，亦不知其父何人也。書中取金太祖至哀宗九主一百十七年事迹，裒集彙次。凡紀二十六卷，開國功臣傳一卷，文學翰苑傳二卷，雜錄三卷，雜載制度七卷，許亢宗奉使行程錄一卷。似是雜採諸書，排比而成。所稱義宗卽哀宗，金史謂息州行省所上諡，而此則云金遺臣所上，與史頗不合。又懋昭旣降宋，卽當以宋爲內詞，乃書中分註宋年，又直書康王出質及列北遷宗族於獻俘，殊爲失體。故錢曾讀書敏求記嘗稱爲無禮於君之甚者。然其可疑之處，尚不止此，詳悉檢勘，紕漏甚多。如進書表題端平元年正月十五日，而金亡卽在是月十日，相距僅五日，豈遽能成書進獻。又紀錄蔡州破事如是之詳，於情理頗不可信。又端平正當理宗時，而此書大書宋甯宗太子不得立，立其姪爲理宗，於濟邸廢立略無忌諱。又生而稱諡，舛謬顯然。又懋昭以金人歸宋，乃於兩國俱直斥其號，而獨稱元兵爲大軍，又稱元爲大朝，轉似出自元人之辭，尤不可解。又開國功臣傳僅寥寥數語，而文學翰苑傳多至三十二人，驗其文，皆全錄元好問中州集中小傳，而略加刪削。考好問撰此書時，在金亡之後，原序甚明。懋昭更不應豫襲其文。凡此皆疑竇之極大者。其他如愛王作亂等事，亦多輕信僞書，冗雜失次。恐已經後人竄亂，非復懋昭原本，故牴牾若此。然其首尾完具，閒有與金史異同之處，皆足資訂證。所列制度服色，亦能與金史各志相參考。故舊本流傳不廢，今亦著其僞而仍錄其書焉。

古今紀要十九卷（安徽巡撫採進本）

宋黃震撰。震字東發，慈谿人，官至浙東提舉。事蹟具宋史儒林傳。是書撮舉諸史，括其綱要，上自三皇，下迄哲宗元符，每載一帝之事，則以一帝之臣附之。其僭竊割據，亦隨時附見，詞約事該，頗有條貫。非曾先之十八史略之類粗具梗槩、傷於疎陋者比。所敘前代諸臣，各分品目，惟北宋諸臣事迹較歷代稍詳，而無忠佞標題，蓋不敢論定之意也。朱子作通鑑綱目，始遵習鑿齒漢晉春秋之例，黜魏帝蜀。同時張栻作經世紀年，蕭常作續後漢書，持論並同。震傳朱子之學，故是書亦用綱目之例。其謂論昭烈者每以族屬疎遠爲疑，使昭烈果非漢子孫，曹操蓋世姦豪，豈不能聲其罪而誅其僞。今反去之千百載下，而創疑其譜牒耶。其所發明，可謂簡而盡矣。

續後漢書四十七卷（編修莊承籛家藏本）

宋蕭常撰。常，廬陵人，鄉貢進士。初，常父壽朋，病陳壽三國志帝魏黜蜀，欲爲更定，未及成書而卒。常因述父志爲此書，以昭烈帝爲正統，作帝紀二卷、年表二卷、列傳十八卷。以吳魏爲載記，凡二十卷。

又別爲音義四卷、義例一卷。於蜀志增傳三十二、廢傳四。移魏志傳入漢十。吳志廢傳二十。魏志廢傳八十九。多援裴註以入傳。其增傳亦皆取材於註。間有註所未及者、建安以前事則據范書。建安以後則不能復有所益。蓋其大旨在書法、不在事實也。然其義例精審、實頗得史法。如魏吳諸臣本附見二國載記之後、而中有一節可名、如孟宗陳表等、則別入孝友傳。杜德張悌等、則別入忠義傳。管寧吳範等、則別入隱逸方技傳。其體實本之晉書。又曹操封魏公、加九錫等事、陳志皆稱天子命公、而此乃書操自爲云云。則本之范蔚宗後漢書本紀。其他筆削、亦類多謹嚴。惟陳志先主傳稱封涿縣陸城亭侯、而常於昭烈紀但云封陸城侯。陳志建安十四年魏延爲都督、而常則云拔魏延爲鎮遠將軍。裴註槩無此語、不知常何所本。然常之所長不在考證。殆偶然筆誤、非別有典據也。常成此書時、嘗以表自進於朝。所列但有本紀表傳載記、而無音義。至周必大序、始并音義言之。或成書之後、又續輯補入歟。

續後漢書九十卷、永樂大典本

元郝經撰。經字伯常、陵川人。官至翰林侍讀學士。贈昭文館大學士、榮祿大夫、追封冀國公、諡文忠。事迹具元史本傳。經以中統元年使宋、爲賈似道所拘、留居儀眞者十六年。於使館著書七種、此卽七種之一也。時蕭常續後漢書尚未行於北方、故經未見其本、特著此書、正陳壽帝魏之謬。卽三國志舊文重爲改編、而以裴註之異同、通鑑之去取、參校刊定。原本九十卷、中閒各分子卷、實一百三十卷。升昭烈爲本紀、黜吳魏爲列傳。其諸臣則以漢魏吳別之。又別爲儒學文藝行人義士高士死國死虐技術狂士叛臣篡臣取漢平吳列女四夷諸傳。復以壽書無志、作八錄以補其闕、各冠以序。而終以議贊、別有義例、以申明大旨。持論頗爲不苟。而亦不能無所出入。如士燮太史慈皆委質吳廷、而入之漢臣。李密初仕漢、終仕晉、晉書以陳情一表列之孝友、而入之高士。則於名實爲乖。又黃憲卒於漢安之世、葛洪顯於晉元之朝、而皆入此書。則時代竝爽。其他漢晉諸臣以行事閒涉三國而收入列傳者、不一而足。又八錄之中、往往雜採史記前後漢書晉書之文、紀載冗沓、亦皆失於限斷。揆諸義例、均屬未安。然經敦尚氣節、學有本原。故所論說、多有裨於世教。且經以行人被執、困苦艱辛、不肎少屈其志。故於氣節之士、低徊往復、致意尤深。讀其書者、可以想見其爲人。又非蕭常謝陛諸家徒推衍紫陽緒論者比也。是書與經所撰陵川集、皆延祐戊午、官爲刊行。然明以來絕少傳本。惟永樂大典所載尚多。核以原目、惟年表一卷、刑法錄一卷、全佚不傳。其全篇完好者、猶十之六七。其序文議贊存者、亦十之八九。今各據原目、編輯校正。所分子卷、悉仍其舊。閒有殘闕、其文皆已具於陳志、均不復採補、以省繁複。又經所見乃陳志舊本、其中字句、與今本往往異同。謹各加案語標明、以資考證。書中原註、乃書狀官河陽苟宗道所作。經集載壽正甫詩、有新書總付徐無黨、半臂誰添宋子京句。正甫卽宗道之字。元史所謂經留宋久、書佐皆通於學、苟宗道後至國子祭酒者是也。宗道序中有繾綣患難十有三年之語。考經以庚申使宋、則是序當作於壬申歲。而書中不書至元九年。蓋時南北隔絕、尚不知中統之改爲至元也。其註於去取義例、頗有發明。而列傳中或有全篇無註者、殆傳寫有所佚脫歟。

春秋別典十五卷、兩淮鹽政採進本

明薛虞畿撰。前有虞畿自序、不署年月。稱嘗閱往牒、見春秋君臣往迹、不下千事。散見百家、皆三氏所未錄。閒或微援其端、而未究其緒。存其半而不採其全。因不自度、略仿左例、分十二公以統其世。稽三傳人名、以繫其事。凡十五卷。末又有其弟虞賓跋、稱先仲氏輯春秋別典、未脫稾而不幸下世。不無挂甲漏乙、年代倒置之病。故特廣閱博蒐、參互考訂。世懸者更、數殊者析、刪其繁複者十一、苴其闕略者十三云云。則此書乃虞畿兄弟二人相續而成也。舊無刊版。此本爲朱彝尊家所藏。有康熙辛巳十月彝尊題字、惜其鈔撮具有苦心、惟各條之末不疏明出何書、明人之習、大都若是、所譏誠中其病。然網羅繁富、頗足以廣見聞、要亦博洽之一助也。虞畿序自署曰粵瀛。彝尊跋稱其字里通志不載、莫得其詳。虞賓跋中稱仲氏列章縫、洽博士家言。蓋廣東諸生也。考胡恂潮州府志曰、薛虞畿字舜祥、海陽人。初爲諸生、後棄去、隱韓山之麓、以農圃自娛。郡長吏欲致之、鑿垣而遁。著有聽雨蓬稾云云。當卽其人。又考潮州在梁爲東陽州、後改曰瀛州，與粤瀛之稱亦合。惟志不言其有此書，疑偶未見耳。咸襲序又稱書目凡例列在左方。今卷首有凡例七條而無書目，則傳寫者佚之矣。

欽定歷代紀事年表一百卷

康熙五十一年

聖祖仁皇帝御定。初，康熙四十六年

聖駕南巡，布衣龔士炯獻歷代年表，所載至隋而止。乃

詔工部侍郎周清源重修，未蕆事而清源歿，復

詔內閣學士王之樞踵修，而以清源子嘉禎佐之，乃相續成編。所載事蹟上起帝堯元載甲辰，下迄元順帝至正二十八年戊申，首末凡三千七百二十五年。其表以年爲經，以國爲緯，維以正統居第一格，爲全書之通例。其餘時殊世異，不可限以一法，則每代變例，而各以例說繫表首。大抵準史記年表、月表、司馬光資治通鑑目錄，惟每條多附史評。又每代各冠以地理圖、世系圖，而總冠以三元甲子紀年圖，爲小變舊式耳。考南史王僧孺傳稱太史公年表旁行斜上，體仿周譜，則史表實三代之舊法。然史記以下，率以一類自爲一表，未能貫通。資治通鑑目錄亦粗舉大綱，未能詳備。近時萬斯同作歷代史表，頗稱賅洽，而其大旨惟考核於封爵世系之閒，亦未能上下數千年，使條目分明，脈絡連屬也。是書綱羅歷代，總括始終，記錄無遺，而義例至密，剪裁得體，而書法至明，誠韓愈所稱紀事必提其要，歐陽修所稱春秋之文簡而有法者也。讀史者奉此一書，亦可以知所津逮矣。

欽定續通志五百二十七卷

乾隆三十二年奉

敕撰。紀傳譜略一仍鄭氏之舊。惟鄭氏列傳因諸史舊文，標題錯互，而又稍有所改竄。如史記無隱逸傳，則析伯夷、四皓諸人以當之；史記無方術傳，則析司馬季主、扁鵲諸人以當之；後漢書無孝友傳，則析毛義、江革諸人以當之；三國志無忠義傳，則析典韋諸人以當之。體例自相矛盾，不因不埶，乃至於非馬非嬴。今參考異同，折衷沿革，定爲二例。一曰異名者歸一。如五代史家人傳析入后妃宗室，一行傳析入隱逸孝友，元史儒學傳析入儒林文苑，宋史道學傳併入儒林，元史釋老傳併入方伎，唐書、明史公主傳附綴宗室，庶各核其實，無致多岐。一曰未備者增修。如唐書之姦臣、叛臣、逆臣傳，明史之閹黨、流賊、土司傳，皆諸史所無，而其目實不可易。今考核事體，亦分立此門。又孔氏世系封爵，明史附入儒林傳，今則從鄭氏原書孔子列傳例，補立孔氏後傳。至於

五朝國史以貳臣別爲列傳，新出

聖裁，於旌別淑慝之中，寓扶植綱常之意，允昭褒貶之至公，實爲古今之通義。今亦恪遵

彝訓，於前代別立此門，以昭彰癉。較諸原書體例，實詳且核焉。二十略中變其例者亦有三：一爲藝文略。鄭氏但列卷數書名，今各補撰人名氏爵里。一爲圖譜略。鄭氏原以索象原學，明用三篇辨其源流，又以記有、記無二篇考其存佚，今刪除諸名，別以經學、天文、地理、世系、兵刑、食貨、算術、儒學、醫藥爲子目。一爲昆蟲草木略，所紀動植之類，不比文章典制，有時代可分。考鄭氏原書，惟以所撰詩名物志、爾雅補註、本草外類約而成編，如百蔬未列瓠匏，九穀不收䵂麥，釋魚則存鰿遺鮪，釋獸則有虎無貔。混菅蕢於瓊茅之叢，合芸薹於夫須之臺，舛漏不一而足。今惟於未載者補其闕遺，已載者正其譌誤。至其鍊石煮丹之類，事涉迂怪，則概不續增。蓋雖同一傳，而條理倍爲分明；雖同一略，而考證尤爲精核。斯由於仰承

睿鑒，得所折衷，與鄭氏之徒爲大言，固迥然異矣。

歷代史表五十三卷 副都御史黃登賢家藏本

國朝萬斯同撰。斯同有廟制圖考，已著錄。是編以十七史自後漢書以下，惟新唐書有表，餘皆闕如，故各爲補撰。宗史記、前漢書之例，作諸王世表、外戚侯表、外戚諸王世表、異姓諸王世表、將相大臣及九卿年表。宗新唐書之例，作方鎮年表、諸鎮年表。其宦者侯表、大事年表，則斯同自創之例也。其書自正史本紀、志、傳以外，參考唐六典、通典、通志、通鑑、冊府元龜諸書及各家雜史，次第彙載，使列朝掌故端緒釐然，於史學殊爲有助。考自宋以前，唯後漢書有熊方所補年表，他如鄭樵通志年譜，僅記一朝大事及正閏始末，其於諸王將相公卿大臣興廢拜罷之由，率略而不書。近人作十六國年表，亦多舛漏，其綱羅繁富，類聚區分，均不及斯同此書之賅備。惟晉書既補功臣世表，則歷代皆所當補。十六國如成、趙、燕、秦既有將相大臣年表，則十國如南唐、南漢、北漢、閩、蜀不當獨闕。又魏將相大臣中不載上大將軍，五代諸王世表獨闕後漢

註謂後漢子弟未嘗封王，然考承訓追封魏王，承勳追封陳王，與後周鄭杞越吳諸王事同一例，何以獨削而不登，是皆其偶有脫略者。然核其大體則精密者居多，亦所謂過一而功十者矣。

後漢書補逸二十一卷（兩江總督採進本）

國朝姚之駰撰。之駰字魯斯，錢塘人。康熙辛丑進士，官至監察御史。是編蒐輯後漢書之不傳於今者八家，凡東觀漢記八卷，謝承後漢書四卷，薛瑩後漢書、張璠後漢記、華嶠後漢書、謝沈後漢書、袁山松後漢書各一卷，司馬彪續漢書四卷。劉知幾史通稱范蔚宗所採凡編年四族，紀傳五家，今袁宏書尚有傳本，故止於八也。其捃拾細瑣，用力頗勤。惟不著所出之書，使讀者無從考證，是其所短。至司馬彪書雖佚，而章懷太子嘗取其十志以補范書之遺，今後漢書內劉昭所著即彪之書，而之駰不究源流，謂之范志，乃別採他書之引司馬志者錄之，字句相同，曾莫之悟，其謬實為最甚。然洪邁博極羣書，而所作容齋隨筆亦以司馬志為范志，則其誤有所承矣。至東觀漢記，核以永樂大典所載，較之駰所錄十尚多其五六，蓋祕府珍藏，非草茅之士所能睹，亦不能以疎漏咎之駰也。

春秋戰國異辭五十四卷、通表二卷、摭遺一卷（兩江總督採進本）

國朝陳厚耀撰。厚耀有春秋長歷，已著錄。是編採羣書所載與春秋三傳、國語、戰國策有異同者，分國編次，以備考證，亦間為辨定。又取史記十二諸侯表、六國年表合而聯之，為通表二卷。其諧談瑣記、神仙藝術無關體要、難以年次者，別為摭遺一卷，以附於後。其通表排比詳明，頗有條理。異辭以切實可據者為正文，而百家小說悠謬荒唐之論，皆降一格附於下，亦頗有體例。雖其間真贗雜糅，如莊列之寓言、亢倉子之偽書，皆見採錄，未免稍失裁斷；而採摭浩繁，用力可稱勤至。又所引諸書，多著明某篇某卷，蓋仿李涪刊誤、程大昌演繁露之例，令觀者易於檢核，亦無明人杜撰炫博之弊。蓋馬驌繹史用袁樞記事本末體，厚耀是書則用齊履謙諸國統紀體，而驌書兼採三傳、國語、戰國策，厚耀則皆摭於五書之外，尤獨為其難。雖涉蕪雜，未可斥也。厚耀所著春秋長歷及春秋世族譜，皆與是編相表裏，而自言平生精力用於是書者多云。

尙史一百七卷（兵部侍郎紀昀家藏本）

國朝李鍇撰。鍇字鐵君，鑲白旗漢軍，卷首自署曰襄平，考襄平為漢遼東郡治，今為盛京遼陽州地，蓋其祖籍也。康熙中，鄒平馬驌作繹史，採摭百家雜說，上起鴻荒，下迄秦代，仿袁樞紀事本末之體，各立標題，以類編次，凡所徵引，悉錄原文，雖若不相屬而實有端緒。鍇是編以驌書為橐本，而離析其文，為之翦裁連絡，改為紀傳之體，作世系圖一卷、本紀六卷、世家十五卷、列傳五十八卷、繫六卷、表六卷、志十四卷、序傳一卷。仍於每段之下各註所出書名，其遺文瑣事不入正文者，則以類附註於句下。蓋體例準諸史記，而排纂之法則仿路史而小變之。自序謂始事於雍正庚戌，卒業於乾隆乙丑，閱十六載而後就。其用力頗勤。考古來漁獵百家，勒為一史，實始於司馬遷。今觀史記諸篇，其出遷自撰者，率經緯分明，疎密得當；操縱變化，惟意所如。而其雜採諸書以成文者，非唯事迹異同，時相牴牾，亦往往點竄補綴，不能隱斧鑿之痕。知鎔鑄衆說之難也。此書一用其文，翦裁排比，使事迹聯屬，語意貫通，體如詩家之集句，於歷代史家特為創格，較鎔鑄衆說為尤難。雖運掉或不自如，組織或不盡密，亦可云有條不紊矣。至於晉逸民傳中列杜蕢、猨賄、鉏麑、提彌明、靈輒，逆臣傳中列趙穿而不列趙盾，亂臣傳中列郤芮、瑕呂飴甥，嬖臣傳中列頭須，魯列女傳中列施氏婦，子奪多所未允。又諸國公子皆別立傳，而魯、宋、蔡、曹、莒、邾六國則雜列諸臣中。叛臣傳中如巫狐庸叛楚入吳，吳、楚兩見，公山不狃叛魯入吳，吳、魯兩見，已為重出，而屈巫見於楚，不見於晉，苗賁皇見於晉，不見於楚，又復自亂其例。如斯之類，不一而足，亦未能一一精核。固不必為之曲諱焉。

右別史類二十部，一千六百十四卷，皆文淵閣著錄。

案東觀漢記、後漢書補逸之類，本皆正史也。然書已不完，今又不列於正史，故概入此門，其先後從作者時代，亦與編年類例同，均稍示區別於正史爾。

別史類存目

歷代帝王纂要譜括一卷（永樂大典本）

不著撰人名氏。其書敘歷代帝王世系年號歲數，亦略及賢否。各以數語括之、簡陋殊甚。蓋村塾俗書也。永樂大典載之、亦可云漫無採擇矣。以其爲宋人舊帙、姑附存其目焉。

蜀漢本末三卷、浙江范懋柱家天一閣藏本、

元趙居信撰。居信字季明、許州人。至治中官至翰林學士承旨。是書宗資治通鑑綱目之說、以蜀爲正統、起桓帝延熹四年昭烈之生、終晉泰始七年後主之亡。末有總論一篇、稱至元九年戊子所作。其成書則至元十二年辛卯也。前序一篇、不知誰作。稱朱子出而筆削綱目、有以合乎天道、而當乎人心。信都趙氏復因之廣其未備之文、參其至當之論。然是書所取議論、不出胡寅、尹起莘諸人之內。所取事蹟則載於三國志者尚十不及五。特於資治通鑑綱目中斷取數卷、略爲點竄字句耳。不足當著書之目也。

十八史略二卷、浙江巡撫採進本、

元曾先之撰。先之字從野、廬陵人。自稱曰前進士、而西江通志選舉中不載其名。蓋前明之制、會試中式稱進士、鄉試中式者稱舉人、皆得銓注授官。自唐宋至元、則貢於鄉者皆稱進士。試禮部中選、始謂之登第。不中選者、次舉仍由本貫取解。南宋之季、始以三舉不中選者一體徑試於禮部、謂之免解進士。先之所謂進士、蓋鄉舉而試不入選者、故志乘無名也。然李肇國史補、稱唐時進士登第者、遇舊題名處增前字。今先之自稱前進士、則又相沿失考矣。其書鈔節史文、簡略殊甚。卷前冠以歌括、尤爲弇陋。蓋鄉塾課蒙之本、視同時胡一桂古今通略、遜之遠矣。

讀史備忘八卷、浙江范懋柱家天一閣藏本、

明范理撰。理字道濟、天台人。宣德庚戌進士。官至南京吏部右侍郎。其書自西漢迄唐代、先列諸帝於前、而以諸臣事實摘敘於後。大略皆因正史而參以綱目。其所分謀臣、丞相、名將、名臣等目、割裂煩碎、殊無體要。如季布入名臣、而曹參入名將之類、義例尤不可解。蓋隨筆記錄、而於史學殊無當也。

天潢玉牒一卷、戶部尚書王際華家藏本、

不著撰人名氏。載明太祖歷代世系、及其自微時以至即位後事。略以編年爲次。凡皇后、太子、諸王諡號封爵、皆詳列之。書中稱成祖爲今上、則永樂時編也。其紀懿文太子爲諸妃所生、而高皇后所生者祇成祖及周王二人、與史不合。蓋當時諛妄之詞、不足據爲實錄者矣。

案此書述明代世系、於例當入譜牒。然譜牒傳本寥寥、不能自爲門目、故附著別史類中。蓋其文與本紀世表相出入也。

宋史質一百卷、衍聖公孔昭煥家藏本、

明王洙撰。洙字一江、臨海人。正德辛巳進士。其仕履未詳。是編因宋史而重修之、自以臆見、別掇義例。大旨欲以明繼宋、非惟遼金兩朝皆列於外國、即元一代年號亦盡削之。而於宋益王之末、即以明太祖之高祖追稱德祖元皇帝者承宋統。大德三年。以太祖之曾祖追稱懿祖恆皇帝者繼之。延祐四年。以太祖之祖追稱熙祖裕皇帝者繼之。後至元五年。以太祖之父追稱仁祖淳皇帝者繼之。至正十一年、即以爲明之元年。且於瀛國公降元以後、歲歲書帝在某地云云、仿春秋書公在乾侯、綱目書帝在房州之例。荒唐悖謬、縷指難窮。自有史籍以來、未有病狂喪心如此人者。其書可焚、其版可斧、其目本不宜存。然自明以來、印本已多、恐其或存於世、熒無識者之聽、爲世道人心之害。故辭而闢之、俾人人知此書爲狂吠、庶邪說不至於誣民焉。

宋史新編二百卷、浙江孫仰曾家藏本、

明柯維騏撰。維騏字奇純、莆田人。嘉靖癸未進士、授南京戶部主事、未任事而歸。事蹟具明史文苑傳。史稱其家居三十載、乃成是書。沈德符敝帚軒剩語稱其作是書時、至於發憤自宮、以專思慮。可謂精勤之至。凡成本紀十四卷、志四十卷、表四卷、列傳一百四十二卷。糾謬補遺、亦頗有所考訂。然托克托等作宋史、其最無理者莫過於道學、儒林之分傳。其最有理者莫過於本紀終瀛國公而不錄二王、及遼金兩朝各自爲史、而不用島夷索虜互相附錄之例。蓋古之聖賢、亦不過儒者而已、無所謂道學者也。如以爲儒者有悖於道、則悖道之人何必爲之立傳。如以爲儒者雖不悖道而儒之名不足以盡道、則孔子之詔子夏、其誤示以取法乎下耶。妄生分別、徒滋門戶。且太平御覽五百十卷中嘗引道學傳二條、一爲欒鉅、一爲孔總、乃清淨棲逸之上，襲其舊目，亦屬未安，此必宜改者也。而維騏仍之。至於元破臨安，宋統已絕，二王崎嶇海島，建號於斷檣壞櫓之間，偷息於魚鱉黿鼉之窟，此而以帝統歸之，則淳維遠遁以後，武庚構亂之初，彼獨非夏商嫡冢，神明之胄乎？何以三代以來，序正統者不及也。他如遼起滑鹽，金興肅慎，竝受天明命，跨有中原，必似元經帝魏，黜南朝，固屬一偏。若夫南北分史，則李延壽之例，雖朱子生於南宋，其作通鑑綱目，亦沿其舊軌，未以爲非。元人三史竝修，誠定論也。而維騏強援蜀漢，增以景炎、祥興，又以遼金二朝置之外國，與西夏、高麗同列，又豈公論乎？大綱之謬如是，則區區補苴之功，其亦不足道也已。

徵吾錄二卷（浙江汪啟淑家藏本）

明鄭曉撰。曉有禹貢圖說，已著錄。曉初撰吾學編，記當時之事，又縷分條析，爲今言三百四十餘條。復刊汰二書，撮其指要，以成是編。體例略與紀事本末相近，凡三十一篇。然事迹本繁，而篇帙太簡，荀悅刪班固之書，尚不能不至三十卷，而欲以寥寥兩卷包括一朝，此雖左氏司馬之史才，恐亦不能綜括也。

史略詳註補遺大成十卷（內府藏本）

明李紀撰。紀字大正，金谿人。初，元廬陵曾先之撰十八史略，至宋而止。明初臨川梁孟寅益以元事，名十九史略。嘉靖戊戌，紀復以舊註未備，爲增補以成是編。然弇陋亦甚。據所列引用書目僅十餘種，曰萬氏史略筌蹄，曰郭氏帝王世紀，曰朱子四書，曰倪氏四書輯釋，曰蔡氏書傳，曰鄒氏音釋，曰陳氏禮記集說，曰朱子詩傳，曰資治通鑑，曰呂氏集註，曰劉氏翰墨全書，曰左氏春秋傳，曰林朱音訓，曰李氏劉氏宋鑑，是惡足以談史乎？

荒史六卷（兩淮鹽政採進本）

明陳士元撰。士元有易象鉤解，已著錄。是書述洪荒開闢之事，九頭等十紀之前，增以元始本紀，言盤古；二靈本紀，言天皇地皇。共爲十二紀。疏仡紀則至帝摯止焉。共爲三卷。帝師、帝臣、叛臣三傳各一卷。大抵以羅泌路史爲藍本，而稍附益之，皆恍惚無稽之說。胡宏皇王大紀，未至侈談神異，陳振孫書錄解題已有無徵不信之疑，況動引道藏以爲史乎？

藏書六十八卷（兩江總督採進本）

明李贄撰。贄有九正易因，已著錄。是編上起戰國，下迄於元，各採摭事蹟，編爲紀傳。紀傳之中，又各立名目。前有自序曰：前三代吾無論矣，後三代漢唐宋是也。中閒千百餘年，而獨無是非者，豈其人無是非哉？咸以孔子之是非爲是非，固未嘗有是非耳。然則予之是非人也，又安能已？又曰：藏書者何？言此書但可自怡，不可示人，故名曰藏書也。而無奈一二好事朋友索覽不已，予又安能以已耶？但戒曰：覽則一任諸君覽，但無以孔夫子之定本行賞罰也，則善矣云云。贄書皆狂悖乖謬，非聖無法。惟此書排擊孔子，別立褒貶，凡千古相傳之善惡，無不顚倒易位，尤爲罪不容誅。其書可燬，其名亦不足以汚簡牘，特以贄大言欺世，同時若焦竑諸人幾推之以爲聖人。至今鄉曲陋儒，震其虛名，猶有尊信不疑者，如置之不論，恐好異者轉矜創獲，貽害人心，故特存其目，以深暴其罪焉。

續藏書二十七卷（浙江總督採進本）

明李贄撰。贄所著藏書，爲小人無忌憚之尤。是編又輯明初以來事業較著者若干人，以續前書之未備。其書分開國名臣、開國功臣、遜國名臣、靖難功臣、內閣輔臣、勳封名臣、經濟名臣、理學名臣、忠節名臣、孝義名臣、文學名臣、郡縣名臣諸目，因自記其本朝之事，故議論背誕之處比藏書爲略少。然冗雜顚倒，不可勝舉。如一劉基也，既列之開國名臣，又列之開國功臣。一方孝孺也，既列之遜國名臣，又列之文學名臣。經濟本無大小，安見守令設施不足以當經濟，乃於經濟名臣外別立郡縣名臣？又王禕殉節滇南，不入之忠義傳中，而列之開國名臣內。種種蹐駁，毫無義例，總無一長之可取也。

函史上編八十一卷下編二十一卷（江西巡撫採進本）

明鄧元錫撰。元錫有三禮纂，已著錄。是編蓋倣鄭樵通志而作。上編卽其紀傳，下編卽其二十略也。然樵之紀傳病於因，故體例各隨舊史，不能畫一。其二十略病於剏，故多夸大不根之論。元錫是編則又紀傳病於太剏，諸志病於太因。如紀傳分立多名，以古初至商爲表，自周以下，正統謂之紀，偏霸列國謂之志，后妃謂之內紀，宰相謂之謨，儒者謂之述，大儒謂之訓，尊如孔子則別名曰表，次則西漢經學及王通則竝稱訓，餘則總名曰列傳。列傳之中，又分大臣貞臣良臣爭臣忠節名將循吏循良各別立一傳，分附歷代之末。以隱逸方技貨殖列女各合立一傳，總附全編之末。已爲糅雜，至物性一志，或歸之下編之中，尚爲有例，而綴於上編與人竝列，更屬不倫。其尤誕者，南北史中南朝全載吳晉宋齊梁陳，而北朝但有北魏，其北齊周隋俱削其君臣不錄。惟隋錄王通一人。宋金遼元四史中惟錄宋元，亦不涉遼金一字，而十六國乃得立志，舛謬顛倒，殆難僂數。下編凡天官方域人官時令歷數災祥土田賦役漕河封建任官學校經籍禮儀樂律財賄刑法兵制邊防戎狄異教二十一門，而名書者三，名考者八，名志者八，名記者二，亦蕪雜可厭。其所敘述，亦僅類書策略之陳言，毫無所發明考訂，與所作五經繹均無可取也。

明書四十五卷　浙江鮑士恭家藏本

明鄧元錫撰。是書所紀，起於太祖，終於世宗。凡帝典十卷，后妃內紀一卷，外戚傳一卷，宦官傳一卷，臣謨五卷，名臣九卷，循吏三卷，能吏一卷，忠節一卷，將謨一卷，名將一卷，理學三卷，文學二卷，篤行一卷，孝行義行貨殖方技共一卷，心學三卷，列女一卷，案二十二史皆列后妃於傳，惟後漢書以后爲紀，爲後儒所譏，元錫獨尊用之，殊爲乖剌。他如分臣謨名臣將謨名將，又別篤行義行於孝行之外，則皆元錫之創例，繁碎亦甚。至於道學之外別立心學一門，考元錫之學淵源於王守仁，而不盡宗其說。當心學盛行之時，皆謂學惟求覺，不必致力羣書。元錫力排其說，別心學於道學之外，其說固是。然史者紀一代之政事，其他皆在所輕。宋史別道學於儒林，已爲門戶。此更別心學於道學，是學案而非國史矣。若夫史家之例，必列外戚宦官於各傳之後。茲先外戚次宦官者，而臣謨諸傳又次之，次序顛倒，尤不可解。至以張璁桂萼列於臣謨，則曲筆更不免矣。

綵線貫明珠秋檠錄一卷　浙江巡撫採進本

不著撰人名氏。所紀歷代帝王，自伏羲至明武宗止，則是嘉靖以後書也。亦史略蒙求之類，而言不雅馴，觀其立名可知矣。

明帝后紀略一卷　內府藏本

明鄭汝璧撰。汝璧，縉雲人。隆慶戊辰進士，官至兵部侍郎兼僉都御史，總督宣大。是編專紀明代帝后卽位冊立年月及生辰壽數諡號山陵之類，而不載其事蹟，故云紀略。上自德祖懿祖熙祖仁祖四代，下迄穆宗而止。首冠以帝系圖，末以藩封附焉。諸王惟錄其有國者，餘則一見其名於帝系而已。

遂古記八卷　浙江鮑士恭家藏本

明朱謀㙔撰。謀㙔有周易通，已著錄。是書所記，始於盤古，迄於有虞。提綱紀事，而雜引諸書以爲目。大抵出入於劉恕外紀、胡宏皇王大紀、羅泌路史前紀、金履祥通鑑前編之閒，所引多緯書荒誕之說。既非信史，又尠異聞。謀㙔號爲博洽，平生著述一百餘種，今不盡傳。其傳者此爲最劣矣。

季漢書五十六卷　內府藏本

明謝陛撰。陛字少連，歙縣人。其書遵朱子綱目義例，尊漢昭烈爲正統。自獻帝迄少帝爲本紀三卷。附以諸臣爲內傳。吳魏之君則別爲世家，而以其臣爲外傳。復以董卓袁紹袁術公孫瓚公孫度及呂布張邈陶謙諸人爲載記。凡更事數姓與依附董袁諸人者則爲雜傳。又別作兵戎始末人物生歿二表以括一書之經緯。卷首冠正論五條、答問二十二條、凡例四十四條，以揭一書之宗旨。中閒義例既皆創立名目，往往失當。如晉之劉石苻姚擅號稱尊，各有雄長，自當列之載記。董袁之屬，既非其倫。五季更五姓十主，爲之臣者不能定以時代，自當編爲雜傳。董袁之賓客僚屬，亦殊是例。陛乃沿襲舊名，實不免於貌同心異。又西京之祚，迄於建安，續漢之基，開於章武，雖緒延一綫，實事判兩朝。陛乃於帝紀中兼及山陽，其後漢書晉書已有專傳者，陛亦概取而附入之，尤爲駢拇枝指，傷於繁複。薛岡天爵堂筆餘稱其改蜀爲季漢，爲今人作事偶勝古人。然陳壽季漢輔臣贊已在其前，未爲刱例。況德符敝帚軒剩語稱世之議陛者謂吳中吳尚儉已曾爲此書，不知元時郝經，宋時蕭常，俱先編葺。案宋史藝文志有蕭常續後漢書，又有李杞改修三國志六十七卷，不止蕭常。此未詳考。不特謝書非出創見，卽吳之舊本亦徒自苦。其言誠當矣。

晉史删四十卷　浙江巡撫採進本

明茅國縉撰。國縉字薦卿，歸安人。萬歷癸未進士。

官至監察御史、謫淅川縣知縣、終於南京工部主事。是書之名、載浙江通志中、卷數與此本相合。大旨以晉書原本繁冗、故删存其要。然不深知史例、刊削者多不甚當。如諸志槩行删去、使一朝制度典章、無可考證。是以新五代史繩諸史、而不知新五代史先非古法也。至所併紀傳、尤往往乖於體例。如羊祜杜預同傳、以其同鎮荆州、涉吳事也。郭璞葛洪同傳、以同爲方技之流也。陸機陸雲同傳、以同爲文士也。阮籍嵇康諸人同傳、以同爲放達也。陳壽王隱諸人同傳、以同有記述也。此斷不可移易者、而國縉隨意改併。甚至以庾亮入於葛洪傳後、以謝安入於陶回傳後。其尤踈舛者、如阮嵇諸人傳後史臣論詞、專爲放達之流而言。國縉以傳元諸人俱合於阮嵇傳、而其卷末仍載史臣論曰云云。矛盾殊甚。且晉書所以猥雜者、正爲喜採小說耳。而國縉乃多取瑣碎故實及清談謔語、與房喬等所見正同。是如塗塗附矣。至於以一傳原文而前後移置。又有節錄傳中數語、移爲他傳之分註。大都徒見紛更、而毫無義例。以是而改晉書、恐無以服修晉書者之心也。

南宋書六十卷、浙江鮑士恭家藏本、

明錢士升撰。士升有周易揆、已著錄。是編以宋史繁冗、故爲删薙。然所刊削者不過奏疏及所歷官階而已。別無事增文省之處、亦不見翦裁鎔鑄之功。又去姦臣叛臣之例、仍列於衆人之中。案隋書以前、姦臣叛臣本不別傳、新唐書始另列之。後來作者、多仍其例、亦足見彰癉之公。今併而一之、殊失示戒之意、未足以言復古。至所增鄭思肖數人列傳、亦疏略不詳。惟遵循古例、不以道學儒林分傳。能埽除門戶之見、爲短中之一長耳。

晉書別本一百三十卷、浙江巡撫採進本、

明蔣之翹撰。之翹字楚穉、秀水人。朱彝尊靜志居詩話、稱其嘗詳對晉書、鏤版以行。而嘉禾獻徵錄則又稱其有晉書註一百三十卷。此本又題作删補晉書、標目不同。今考之翹所作釋例、既謂删定此書數十卷、質之陳繼儒、繼儒曰、此可爲晉書別本矣、遂以是顏之。且引孫盛作晉陽秋先寫別本之語爲證。是晉書別本乃其定名也。唐修晉書、本據臧榮緒等舊史、而益以諸家小說、煩碎猥雜、及牴牾錯互之處、皆所不免。劉知幾史通古今正史篇、已極言其病。之翹因芟其冗複、正其遺闕、別爲此本。凡節原文者十之四、全删者十之二、正其舛誤者十之三。其文義疏略者則據元經十六國春秋世說注華陽國志等書、各加潤色、而稍細書以別之。其事有異同、亦仿通鑑考異之例、詮註於下。雖體例不盡精核、然亦犁然有序。其闕失之過簡者、如職官志藝術傳則全删之。武十三王傳删其七、簡文四王傳删其二、四夷諸國删其十。甚至明穆皇后孫惠等傳有關國是者亦多所刊削。未免矯枉過直。又踵宋祁之說、汰去駢體詔令、而於他文亦多評隲優劣。凡文選所已載者、卽不具錄。殊非史體。又首載列籍志、全用焦竑經籍志。年表、全用鄭樵通志年譜。尤無謂也。

閱史約書五卷、副都御史黃登賢家藏本、

明王光魯撰。光魯字漢恭、淮安人。是書專爲讀史者考訂之用。地圖一卷、皆朱書今地名、而墨書古地名、以著古今沿革之異。地理直音二卷、圖所不能具者、又詳於此。歷代事變官制圖譜一卷、則世表年表百官表之類。古語訓略一卷、元史備忘錄一卷、以元代同名人最多、易相混淆、故記錄重名、以便區別。自敘稱商評人物者易、語名物制度者難。頗自矜其用力之勤。然其書祇自便於初學尋檢、未爲精深。又不無舛誤。至訓略一篇、用釋名廣雅體以訓釋史文、既不能賅備、則徒然支贅而已。

讀史圖纂一卷、編修查瑩家藏本、

明俞煥章撰。管一驂删正。煥章字文伯、一驂字左仲、竝宣城人。是書成於萬歷辛亥。凡列圖五十有七。上起三皇、下迄明之神宗、各以世系地域列而爲圖。其割據僭僞之國、亦依各代附見。而歷年甲子附焉。金元二代無地圖、疑長城以外考之未詳。然遼代則有地圖、其義例殊不可解。明代帝系之外、又增一世系圖、敘所自出、亦春秋詳內之意。惟自明太祖以下廟諱及神宗御名、一一明註於下。非惟不避、亦併不闕筆、則於禮殊爲悖謬矣。

唐紀、無卷數、編修勵守謙家藏本、

明孫慤撰。慤字士先、華容人。作古徵書之孫瑴、卽其弟也。是書以新舊唐書皆爲踳駁、其所指摘、如舊書楊朝晟一人兩傳、新書旣立武后本紀、又復立傳。舊書列薛懷義於外戚、新書附張易之昌宗兄弟於張行成傳。舊書於元和四年麟德元年皆闕不書。穆宗卽位之年、桂仲武誅楊清收安南事、

六月八月再見李光弼傳播周贊事亦再見李光顏弟光進從郭子儀收西京事誤入李光弼弟光進傳中代宗生時李林甫尚未仕而新書語涉林甫安祿山至洛陽卽不能睹物而新書紀其至長安祖孝孫之樂律僧一行之算術新書皆不入方技傳又譚忠之効忠王室沈既濟之議立中宗紀申春秋之義新書皆不立傳其說大抵皆當其體例參取於編年紀傳之閒以諸臣列傳分附於本紀之後蓋仿前代實錄附載諸臣列傳之例亦未爲特創至刪宰相世系表惟存宰相方鎮公主三表義例亦允然宰相方鎮皆甚略公主仍是刪節新書之文殊非表體蓋散附本紀則不能各成一傳總爲一傳又自亂其例改題曰表亦不得已之變例也至刪除諸志而云欲通漢唐宋合爲一志其意蓋仿宋書隋書然宋去漢晉不遠事多相因不得不原其沿革唐享國三百餘載自有一代之典制其事迥殊隋志則本名五代史志不過附編於隋書亦不可爲例矣前列引用書目下至明人文集一一備載而吳縝新唐書糾謬五代史纂誤至爲切要獨不見引王銍僞龍城錄乃屢據以考異同宜其龐雜冗漫也簡端及字旁多有批評乃其姪禔瞿之筆頗多失考如徐勣賜姓一條上批曰賜姓一事唐爲尤甚其弊至明代始革是併江彬錢寧不知矣

書系十六卷浙江巡撫採進本

明唐大章撰大章字士一仙遊人天啓中貢生此書摘漢以來詔令疏奏及前人事略迄元而止以爲史家善惡竝傳法戒胥備此錄善而不及惡所以養其善心而惡自消蓋春秋之義褒貶竝存尚書所錄則多以垂法此編名曰書系實欲續尚書故其例如是也昔劉知幾序列六體尚書原列一家然王通擬經儒者猶議其僭此書去取踳駁而自命續書亦太高自位置矣

稽古編五十五卷江蘇巡撫採進本

明郭之奇撰之奇揭陽人崇禎戊辰進士類姓登科考載之奇官副使擢授詹事府詹事而此書結銜則稱武英殿大學士考明莊烈帝五十相傳無之奇名而集中所載年月上有闕文第云著雍閹茂乃戊戌歲當爲順治十五年案梧獄紀略載桂王諸臣有詹事府禮部右侍郎郭之奇則所云大學士者亦桂王所授之官蓋是時雲南未入版圖故猶題其私署也所載自上古至秦而止以各代君臣分爲表傳夏以前則全鈔路史禪通諸紀三代至秦則多用史記漢書其所敘君臣各表有聖賢大賢希賢諸名龐雜殊甚漢書古今人表後儒多訾其失倫是書義例多乖更沿流而失之者矣

識大錄無卷數浙江汪啓淑家藏本

明劉振撰振字自成宣城人其書紀明君臣事蹟倣各史例惟改本紀爲帝典自太祖至穆宗凡二十四卷列傳則不分卷數自毋后儲宮宗室宰輔以至四裔皆以類分編大抵以實錄爲本而旁採諸家文集銘誌之類然敘述疏舛義例雜糅不足自名一史也

從龍譜無卷數兩江總督採進本

原本題錫山華公李澤長編集澤長不知何時人書中多引邱濬語又元陸正傳末稱正曾孫宗秀編入大明臣譜知其爲明人也其書諸家書目皆不著錄前無序例大概鈔撮宋元通鑑綱目續編而爲之從龍之名不知義何所取宋譜則題歷朝從龍譜首載譜系圖而名之曰南北宋趙氏譜系稱名已誤而以夏元昊繫據譜系與宋竝列次太祖紀次爲家譜載宣祖及太后皇后太子皇弟次前朝附譜專載周恭帝及諸臣事次藩國譜載南漢劉鋹蜀孟昶北漢劉鈞南唐李煜吳越錢俶及周行逢符彥卿二人次文武人才譜則載太祖時諸臣事太宗以下至宋末則皆先帝紀次藩國或曰藩宼或曰鎭國叛逆譜文武人才譜或曰文武臣譜或曰文武大臣譜或曰諸臣士行譜或曰文武官士民譜皆隨筆起例茫無定法金元譜系圖則列於徽宗之前金遼兩朝事實散附於徽欽以後及南渡各帝之末元憲宗以上亦散附焉又有南宋黑白譜則又專紀元太祖以至憲宗及諸臣事以黑●白○黑、白○爲標識元世祖則獨立一部止名曰從龍黑白譜亦不標元國號而諸臣之譜則又稱元朝從龍黑白譜成宗以下九帝則竝不列譜進退頗倒體例淆雜全無倫理而驗其細字密行朱墨甲乙尚是當年手鈔之稾亦可謂勞而罔功矣

明書一百七十一卷浙江孫仰曾家藏本

國朝傅維鱗撰維鱗初名維楨靈壽人順治丙戌進

士官至工部尚書是書爲其子汀州府知府夔詞所鐫冠以移取咨送諸案牘蓋康熙十八年詔修明史徵其書入史館凡本紀十九卷世家三十三卷宮闈紀二卷表十二卷志二十二卷記五卷世家列傳七十六卷敘傳二卷自謂搜求明代行藏印鈔諸書與家乘文集碑誌聚書三百餘種九千餘卷參互實錄考訂異同可謂博矣然體例舛雜不可縷數學士祭酒表已病其繁矣乃又有制科取士年表上列考官下列會試第一人殿試一甲三人此以志乘之例施之國史也司天歷法分二志以一主占候一主推步也而象緯之變既已載於司天又別立一禨祥志不洽絲而棼乎嘉靖時更定祀典最爲紛呶仿漢書別志郊祀可也綸渙一志惟載詔令此劉知幾之牀說史家未有用之者循是而往不用其載文之例不止矣土田賦役食貨分三志服輦輿衞分二志此通典文獻通考類書之體非史法也所謂記者蓋沿東觀漢記載記之名而皇子諸王與元末羣雄合爲一類未免不倫世家止列王公其侯伯以下則別入勳臣傳不知史記蕭相國世家曹相國世家皆侯爵也豈王公世及侯以下不世及歟列傳分勳臣忠節儒林名臣孝義循良武臣隱逸雜傳文學權臣藝術列女外戚殘酷姦回宦官異教亂賊四國元臣二十一門無一專立之傳已與古體全乖其分隸尤爲不允忠節傳列遜國諸臣至盈四卷而梁良玉雪菴和尚補鍋匠乃別入隱逸傳中如曰以死不死爲別則忠節傳中之程濟葉希賢楊應能固未嘗死隱逸傳中之東湖樵夫又未嘗不死是何例也劉基不入勳臣宋濂不入文學以嘗仕元均與危素等入之雜傳是也納哈出元色目人何以又入勳臣傳乎張玉譚淵以其爲靖難佐命入之亂賊傳與唐賽兒聯名已不倫矣朱能邱福事同一例何以又入武臣傳中姚廣孝首倡逆謀尤爲亂首何以又入異教傳中乎儒林傳中列邱濬名臣傳中列嚴震直胡廣徐有貞李東陽呂本成基命其於儒林名臣居何等也嚴嵩入權臣傳與張居正並列溫體仁周延儒薛國觀併泯其姓名而劉吉萬安尹旻焦芳則入姦回傳嵩等罪乃減於四人耶石亨石彪實有戰功但跋扈耳仇鸞交結嚴嵩冒功縱惡亦未嘗得幸世宗與馬昂錢寧同入佞倖則非其罪陸炳有保全善類之事乃入之殘酷而許顯純田爾耕竟不著名此亦未足服炳也蓋一代之史記載浩繁非綜括始終不能得其條理而維麟節葉葉湊合成編動輒矛盾固亦勢使之然矣

廿二史紀事提要八卷江西巡撫採進本

國朝吳綬撰綬字韓章無錫人是書成於順治中於諸史中擇其大事爲綱而櫽括原文以爲之目起自太古迄於明末故以廿二史爲名然實取之坊刻綱鑑非採諸全史也

春秋紀傳五十一卷浙江巡撫採進本

國朝李鳳雛撰鳳雛字梧岡東陽人康熙中由拔貢生官曲江縣知縣是書變編年之體從史遷之例以周爲本紀列國及孔子爲世家卿大夫爲列傳又爲周魯列國世系圖其徵引以左傳國語爲主輔之以公穀檀弓國策家語等書蒐羅考核頗爲詳備惟採摭繁富而皆不著其出典是其所短其列國世系圖全取馬驌繹史亦嫌諱所自來也

讀史津逮四卷江蘇巡撫採進本

國朝潘永圖撰永圖字大生金壇人是書成於康熙丙午自三皇五帝迄於有明屬正統者標曰世紀屬偏霸者標曰世次僭僞叛亂及藩鎭標曰本末皆詳其世系略標事實冠以甲子編年及年號考同末附傳國璽考古今都會考

季漢五志十二卷江西巡撫採進本

國朝王復禮撰復禮有家禮辨定已著錄是編以陳壽三國志昭烈止於作傳諸葛關張趙雲等傳亦失之簡略他如王隱蜀記諸書荒謬尤多乃參考羣籍重爲纂述首昭烈本紀次諸葛以下四傳前冠以總紀中附雜事雜文將以補陳志之闕獨是陳壽之失儒者類能言之無煩辨駁昭烈君臣名懸日月亦不待表章至於三國演義乃坊肆不經之書何煩置辨而諄復不休適傷大雅亦可已而不已矣

半窗史略四十二卷江西巡撫採進本

國朝龍體剛撰體剛號鐵芟永新人是編輯歷朝史事各撰爲歌每歌綴以略言其三十八卷以前則起上古以訖於明其三十九卷至四十二卷則分乾象坤輿官制經史等七類而撮其要以隸之亦課蒙之本無關考據也

晉記六十八卷浙江巡撫採進本

國朝郭倫撰。倫字凝初，號酉山，蕭山人。乾隆丙子舉人。是書前有倫自序，稱讀晉書荀勗傳至高貴鄉公欲爲變一語，以爲大悖於理。又如宣、景、文及身不帝，而列諸本紀；孫旂、牽秀助亂之徒，乃與繆播、閻鼎同列；賈充、姚萇傳述鬼神事，竟如優俳；諸國載記，不年不月，複雜而無章；譙登、許肅之忠義，闕而不載；潘岳諸人之文，無關治亂，乃皆臚之本傳；其間謀臣碩士，如張華、羊祜、杜預、王濬、劉琨、祖逖、陶侃、王導、溫嶠、謝安之謨猷，以及劉、石諸人之雄武，而本傳蕪冗，殆不足發其不可磨滅之概；至淸言娓娓，乃司馬氏所以亂亡，而縷述不衰，皆取舍失衷，是非瞀亂。因重爲刊定，勒成此編。其中唯諸志稍有可觀，悉仍舊貫，其餘刪其冗瑣，更易舊文，爲世系一、本紀三、丙紀一、志八、列傳四十一、十六國錄十四，積十五年乃成。較原本頗明簡，然亦有體例未善者。如司馬懿父子改爲世系，是已。至於呂后本紀見於史記，實以臨朝，范史沿流，已失編年之本義。倫改傳爲紀，於例殊乖。平吳功臣別立名目，史家亦無此法。推其根據，蓋襲史記高祖功臣。然彼自表例，非傳例也。五行志散入本紀，固足破附會之論，若刪除列女，使因事附見於諸傳，設如陶嬰之類，黃鵠不雙，既與時事無關，又無族屬可繫者，將竟遺之乎？阮籍雖未仕晉，然勸進一牋，本集具載，此其意存黨篡，百喙無詞，自當以徐昂發畏壘筆記所論爲是。載之晉史，所以誅心，乃附之阮咸傳中，俾與陶潛稱晉爲一例，非至公也。桓溫雖未親篡，而跋扈不臣，至擅廢立，其先導桓元，何啻曹操之開曹丕，律以無將之義，書叛何詞？倫故未減之，亦爲好持異論。他如史家之難，莫過表志。晉書既不立表，自宜補作；諸志漏略頗多，地理尤無端緒，亦急宜掇拾放逸，爲之葺完。乃憚於改作，竟仍其舊，是亦未免因陋就簡者矣。

遼大臣年表一卷、金大臣年表一卷（浙江汪啓淑家藏本）

不著撰人名氏。前列諸帝統系圖，後爲遼、金二表。俱係年於上，而以諸臣名爵緯列其下。大抵據二史本紀所載命官年月，編次成書，但取便檢尋，無所考訂。

右別史類三十六部，一千三百六卷（內三部無卷數），皆附存目。

案：晉、宋及明，皆帝王之正傳。其郭倫晉記、柯維騏宋史新編、鄧元錫、傅維麟明書，亦均一代之紀傳，今並存目於別史者，或私撰之本，或斥汰不用之書也。若舊唐書、舊五代史之類，雖本列正史者，已廢之後，有朝廷之功令乃得復之，則其餘可知矣。

欽定四庫全書總目卷五十

欽定四庫全書總目卷五十一

史部七

雜史類

雜史之目，肇於隋書。蓋載籍既繁，難於條析，義取乎兼包衆體，宏括殊名。故王嘉拾遺記、汲冢瑣語，得與魏尚書、梁實錄並列，不爲嫌也。然既繫史名，事殊小說，著書有體，焉可無分。今仍用舊文，立此一類。凡所著錄，則務示別裁。大抵取其事繫廟堂，語關軍國，或但具一事之始末，非一代之全編；或但述一時之見聞，祗一家之私記。要期遺文舊事，足以存掌故，資考證，備讀史者之參稽云爾。若夫語神怪，供詼啁，里巷瑣言，稗官所述，則別有雜家、小說家存焉。

國語二十一卷（戶部員外郎章銓家藏本）

吳韋昭注。昭字宏嗣，雲陽人，官至中書僕射。三國志作韋曜，裴松之注謂爲司馬昭諱也。國語出自何人，說者不一，然終以漢人所說爲近古。所記之事，與左傳俱迄智伯之亡，時代亦復相合。中有與左傳未符者，猶新序、說苑同出劉向，而時復牴牾。蓋古人著書，各據所見之舊文，疑以存疑，不似後人輕改也。漢志作二十一篇，其諸家所注，隋志虞翻、唐固本皆二十一卷，王肅本二十二卷，賈逵本二十卷，互有增減，蓋偶然分併，非有異同。惟昭所注本，隋志作二十二卷，唐志作二十卷，而此本首尾完具，實二十一卷。諸家所傳南北宋版，無不相同。知隋志誤一字，唐志脫一字也。前有昭自序，稱兼采鄭衆、賈逵、虞翻、唐固之注。今考所引鄭說、虞說參寥數條、惟賈唐二家援據駁正爲多。序又稱凡所發正三百七事。今考注文之中、昭自立義者。周語凡服數一條、國子一條、虢文公一條、常棣一條、鄭武莊一條、仲任一條、叔妘一條、鄭伯南也一條、請隧一條、瀆姓一條、楚子入陳一條、晉成公一條、共工一條、大錢一條、無射一條。魯語朝聘一條、刻桷一條、命祀一條、郊禘一條、祖文宗武一條、官寮一條。齊語凡二十一鄉一條、士鄉十五一條、良人一條、使海於有蔽一條、八百乘一條、反胙一條、大路龍旂一條。晉語凡伯氏一條、不懼不得一條、聚居異情一條、貞之無報一條、轅田一條、二十五宗一條、少典一條、十月一條、嬴氏一條、觀狀一條、三德一條、上軍一條、蒲城伯一條、三軍一條、錞于一條、呂錡佐上軍一條、新軍一條、韓無忌一條、女樂一條、張老一條。鄭語凡十數一條、億事一條、秦景襄一條。楚語聲子一條、懿戒一條、武丁作書一條、屏攝一條。吳語官帥一條、錞于一條、自剄一條、王總百執事一條、兄弟之國一條、來告一條、向檐一條。越語乘車一條、宰一條、德虐一條、解骨一條、重祿一條。不過六十七事。合以所正譌字衍文錯簡、亦不足三百七事之數。其傳寫有誤、以六十爲三百歟。崇文總目作三百十事、又七字轉譌也。錢曾讀書敏求記、謂周語昔我先世后稷句、天聖本先下有王字。左右免胄而下句、天聖本下下有拜字。今本皆脫去。然所引注曰云云、與此本絕不相同、又不知何說也。此本爲衍聖公孔傳鐸所刊。如魯語公父文伯飲酒一章、注中此堵父詞四字、當在將使鼈長句下、而誤入遂出二字下。小小舛譌、亦所不免。然較諸坊本則頗爲精善。自鄭衆解詁以下、諸書並亡。國語注存於今者、惟昭爲最古。黃震日鈔嘗稱其簡潔、而先儒舊訓亦往往散見其中。如朱子注論語無所取材、毛奇齡詆其訓材爲裁、不見經傳、改從鄭康成桴材之說。而不知鄭語計億事材兆物句、昭注曰、計、算也、材、裁也、已有此訓。然則奇齡失之眉睫間矣。此亦見其多資考證也。

案國語二十一篇、漢志雖載春秋後、然無春秋外傳之名也。漢書律歷志始稱春秋外傳。王充論衡云、國語、左氏之外傳也。左氏傳經、詞語尚略、故復選錄國語之詞以實之。劉熙釋名亦云、國語亦曰外傳。春秋以魯爲內、以諸國爲外、外國所傳之事也。考國語上包周穆王、下暨魯悼公、與春秋時代首尾皆不相應、其事亦多與春秋無關。係之春秋、殊爲不類。至書中明有魯語、而劉熙以爲外國所傳、尤爲舛迕。附之於經、於義未允。史通六家、國語居一、實古左史之遺。今改隸之雜史類焉。

國語補音三卷、衍聖公孔昭煥家藏本、

唐人舊本、宋宋庠補葺。庠字公序、安陸人、徙居雍邱。天聖二年進士第一。歷官檢校太尉平章事、樞密使、封莒國公、以司空致仕。謚文憲。事蹟具宋史本傳。自漢以來注國語者、凡賈逵王肅虞翻唐固韋昭孔晁六家、然皆無音。宋時相傳有音一卷、不著名氏。庠以其中鄮州字推之、知出唐人。然簡略殊甚、乃采經典釋文及說文集韻等書、補成此編。觀目錄前列二十一篇之名、詳注諸本標題之異同。後列補音三卷、夾注其下曰、庠自撰附於末。知其初本附韋昭注後。後人以昭注世多傳本、遂鈔出別行。明人刊本、又散附各句之下。閒多脫誤、蓋非其舊。此本猶從宋本錄出。其例、存唐人舊音於前。舊音所遺及但用直音而闕反切者、隨字增入、皆以補注二字別之。其釋正文者、大書其字、夾注其音。其釋韋昭注者、亦大書其字、而冠以注字爲別。較陸德明經典釋文以朱墨分別經注、輾轉傳寫、遂至混合爲一者、頗便省覽。自記稱舊本參差不一、最後得其同年宋緘本、大體爲詳。因取公私書十五六本、與參互考正、以定是編。其辨證最爲詳核。惜其前二十一卷全佚、僅存此音也。又庠此音實全收唐人舊本、而附益其說、故謂之補。諸家著錄、惟署庠名、殊爲失考。今仍標唐人於前、以存其實焉。

戰國策注三十三卷、衍聖公孔昭煥家藏本、

舊本題漢高誘注。今考其書、實宋姚宏校本也。文獻通考引崇文總目曰、戰國策篇卷亡闕、第二至第十、第三十一至第三十三闕。又有後漢高誘注本二十卷、今闕第一、第五、第十一至二十、止存八卷。曾鞏校定序曰、此書有高誘注者二十一篇、或曰三十二篇。崇文總目存者八篇、今存者十篇。此爲毛晉汲古閣影宋鈔本。雖三十三卷皆題曰高誘注、而有誘注者僅二卷至四卷、六卷至十卷、與崇文總目八篇數合。又最末三十二、三十三兩卷、合前又卷與曾鞏序十篇數合。而其餘二十三卷則但有考異而無注。其有注者多冠以續字。其偶遺續字者如趙策一鄭疵注稚陽注皆引唐林寶元和姓纂。趙策二甌越注引魏孔衍春秋後語。魏策三芒卯注引淮南子注。衍與寶在誘後。而淮南子注即誘所自作。其非誘注可無庸置辨。蓋鞏校書之時官本所少之十二篇。誘書適有其十。惟闕第五第三十一。誘書所闕。則官書悉有之。亦惟闕第五第三十一。意必以誘書足官書。而又於他家書內摭二卷補之。此官書誘書合爲一本之由。然鞏不言校誘注。則所取惟正文也。迨姚宏重校之時。乃併所存誘注入之。故其自序稱不題校人并題續注者皆余所益。知爲先載誘注。故以續爲別。且凡有誘注復加校正者。並於夾行之中又爲夾行。與無注之卷不同。知校正之時注已與正文並列矣。卷端曾鞏李格非王覺孫朴諸序跋皆前列標題。各題其字。而宏序獨空一行。列於末。前無標題。序中所言體例又一一與書合。其爲宏校本無疑。其卷卷題高誘名者。殆傳寫所增以贗古書耳。書中校正稱曾者曾鞏本也。稱錢者錢藻本也。稱劉者劉敞本也。稱集者集賢院本也。無姓名者即宏序所謂不題校人爲所加入者也。其點勘頗爲精密。吳師道作戰國策鮑注補正。亦稱爲善本。是元時猶知注出於宏。不知毛氏宋本何以全題高誘。考周密癸辛雜識稱賈似道嘗刊是書。豈其門客廖瑩中等皆媟褻下流。昧於檢校。一時誤題。毛氏偶從其本影鈔歟。近時揚州所刊。即從此本錄出。而仍題誘名。殊爲沿誤。今於原有注之卷題高誘注。姚宏校正續注原注已佚之卷則惟題姚宏校正續注。而不列誘名。庶幾各存其眞。宏字令聲。一曰伯聲。剡川人。嘗爲刪定官。以伉直忤秦檜。瘐死大理獄中。蓋亦志節之士。不但其書足重也。

案漢藝文志戰國策與史記爲一類。歷代史志因之。晁公武讀書志始改入子部縱橫家。文獻通考因之。案班固稱司馬遷作史記。據左氏國語。采世本戰國策。述楚漢春秋。接其後事。迄於天漢。則戰國策當爲史類。更無疑義。且子之爲名。本以稱人。因以稱其所著。必爲一家之言。乃當此目。戰國策乃劉向裒合諸記。併爲一編。作者既非一人。又均不得其主名。所謂子者安指乎。公武改隸子部。是以記事之書爲立言之書。以雜編之書爲一家之書。殊爲未允。今仍歸之史部中。

鮑氏戰國策注十卷（内府藏本）

宋鮑彪撰。案黃鶴杜詩補注郭知達集注九家杜詩引彪之語。皆稱爲鮑文虎。說則其字爲文虎也。縉雲人。官尚書郎。戰國策一書。編自劉向。注自高誘。至宋而誘注殘闕。曾鞏始合諸家之本校之。而於注文無所增損。姚宏始稍補誘注之闕。而校正者多。訓釋者少。彪此注成於紹興丁卯。其序中一字不及姚本。蓋二人同時。宏又因忤秦檜死。其書尚未盛行於世。故彪未見也。彪書雖首載劉向曾鞏二序。而其篇次先後則自以己意改移。非復向鞏之舊。是書竄亂古本。實自彪始。然向序稱中書餘卷錯亂相糅莒。（案莒字未詳。今姑仍原本錄之。）又有國別者八篇。少不足。臣向因國別者略以時次之。分別不以序者以相補。除重複得三十三篇。又稱中書本號或曰國策。或曰國事。或曰短長。或曰事語。或曰長書。或曰脩書云云。則向編此書本裒合諸國之記。刪併重複。排比成帙。所謂三十三篇者。實非其本來次第。彪核其事蹟年月而移之。尚與妄改古書者有閒。其更定東西二周。自以爲考據之特筆。元吳師道作補正。極議其誤。考趙與旹賓退錄曰。戰國策舊傳高誘注。殘闕疎略。殊不足觀。姚令威寬補注。（案補注乃姚寬之兄姚宏所作。此作姚寬殊誤。謹附訂於此。）亦未周盡。獨縉雲鮑氏校注爲優。雖閒有小疵。殊不害大體。惟東西二周一節。極其舛謬。深誤學者。反不若二氏之說。是則南宋人已先言之矣。師道注中所謂補者。即補彪注。所謂正者。亦即正彪注。其精核實勝於彪。然彪注疏通詮解。實亦殫一生之力。故其自記稱四易稾後始悟周策之嚴氏陽豎即韓策之嚴遂陽堅。而有校書如塵埃風葉之歎。雖踵事者益密。正不得遽沒刱始之功矣。

戰國策校注十卷（兵部侍郎紀昀家藏本）

元吳師道撰。師道字正傳。蘭谿人。至治元年進士。仕至國子博士。致仕。後授禮部郎中。事蹟具元史儒學傳。師道以鮑彪注戰國策雖云糾高誘之譌漏。然仍多未善。乃取姚宏續注與彪注參校。而雜引諸書考正之。其篇第注文一仍鮑氏之舊。每條之下。凡增其所闕者謂之補。凡糾其所失者謂之正。各以補曰正曰別之。復取劉向曾鞏所校三十三篇四百八十六首。舊第爲彪所改竄者、別存於首。蓋既用彪注爲槀本、如更其次第、則端緒益棼、節目皆不相應。如泯其變亂之迹、置之不論、又恐古本遂亡、故附錄原次以存其舊。孔穎達禮記正義、每篇之下、附著別錄第幾。林億等新校素問、亦每篇之下、附著全元起本第幾。即其例也。前有師道自序、撮舉彪注之大紕繆者凡十九條。議論皆極精審。其他隨文駁正、亦具有條理。古來注是書者、固當以師道爲最善矣。舊有曲阜孔氏刊本、頗未是正。此本猶元時舊刻、較孔本多爲可據云。

貞觀政要十卷、（內府藏本）

唐吳兢撰。兢、汴州浚儀人。以魏元忠薦、直史館。累官太子左庶子、貶荊州司馬、歷洪舒二州刺史、入爲恆王傅。天寶初、年八十卒。事蹟具唐書本傳。宋中興書目、稱兢於太宗實錄外、采其與羣臣問荅之語、作爲此書、用備觀戒。總四十篇。新唐書著錄十卷、均與今本合。考舊唐書曹確傳、載確奏臣覽貞觀故事、太宗初定官品云云。其文與此書擇官篇第一條相同。而唐志所錄、別無貞觀故事、豈即此書之別名歟。其書在當時嘗經表進、而不著年月。惟兢自序所稱、侍中安陽公者、乃源乾曜。中書令河東公者、乃張嘉貞。考元宗本紀、乾曜爲侍中、嘉貞爲中書令、皆在開元八年。則兢成此書、又在八年以後矣。書中所記太宗事蹟、以唐書通鑑參考、亦頗見牴牾。如新舊唐書載太宗作威鳳賦、賜長孫無忌。而此作賜房元齡。通鑑載張蘊古以救李好德被誅。而此謂其與囚戲博、漏洩帝旨。事狀迴異。又通鑑載皇甫德參上書、賜絹二十四匹、拜監察御史。而此但作賜帛二十段。又通鑑載宗室諸王降封、由封德彝之奏。貞觀初放宮人、由李百藥之奏。而此則謂出於太宗獨斷。俱小有異同。史稱兢敘事簡核、號良史、而晚節稍疎牾。此書蓋出其耄年之筆、故不能盡免滲漏。然太宗爲一代令辟、其良法善政、嘉言懿行、臚具是編、洵足以資法鑒。前代經筵進講、每多及之。故中興書目稱歷代寶傳、至今無闕。伏讀

皇上御製樂善堂集、開卷首篇、即邀

褒詠。千年舊籍、榮荷表章。則是書之有裨治道、亦概可見矣。書中之注、爲元至順四年臨川戈直所作。又採唐柳芳、晉劉昫、宋宋祁、孫甫、歐陽脩、曾鞏、司馬光、孫洙、范祖禹、馬存、朱黼、張九成、胡寅、呂祖謙、唐仲友、葉適、林之奇、眞德秀、陳惇脩、尹起莘、程奇及呂氏通鑑精義二十二家之說附之、名曰集論。吳澄郭思貞皆爲之序。直字伯敬、即澄之門人也。

渚宮舊事五卷、補遺一卷、（江蘇巡撫採進本）

一名渚宮故事、唐余知古撰。其銜稱將仕郎守太子校書。里貫則未詳也。其書上起鬻熊、下迄唐代、所載皆荊楚之事、故題曰渚宮。渚宮名見左氏傳、孔穎達疏以爲當郢都之南、蓋楚成王所建。樂史太平寰宇記則以爲建自襄王。未詳何據也。書本十卷。唐書藝文志著錄。此本惟存五卷、止於晉代。考晁公武郡齋讀書志、載渚宮故事十卷、則南宋之初、尚爲完本。至陳振孫書錄解題所言、已與今本同。則宋齊以下五卷、當佚於南宋之末。元陶宗儀說郛、節鈔此書十餘條、晉以後乃居其七。疑從類書引出、非尚見原本也。唐書藝文志載此書、注曰、文宗時人。又載漢上題襟集十卷、注曰、段成式溫庭筠余知古。則與段溫二人同時倡和。此書皆記楚事、其爲游漢上時所作、更無疑義。陳氏以爲後周人、已屬譌誤。通考引讀書志之文、併脫去余字、竟題爲唐知古撰、則謬彌甚矣。今仍其舊爲五卷。其散見於他書者、別輯爲補遺一卷、附錄於後焉。

東觀奏記三卷、（浙江范懋柱家天一閣藏本）

唐裴庭裕撰。庭裕一作廷裕、字膺餘、聞喜人。官右補闕。其名見新書宰相世系表、所謂裴氏東眷者也。王定保摭言、稱其乾寧中在內廷、文書敏捷、號下水船。其事蹟則無可考焉。其書專記宣宗一朝之事。前有自序、稱上自壽邸即位二年、監脩國史丞相晉國公杜讓能、奏選碩學之士十五人、分脩三聖實錄。以吏部侍郎柳玭、右補闕裴庭裕、左拾遺孫泰、駕部員外郎李允、太常博士鄭光庭、專脩宣宗實錄。自宣宗至今垂四十載、中原大亂、日歷起居注不存一字。謹采耳目聞覩、撰成三卷、奏記於晉國公、藏之於閣、以備討論。蓋其在史局時所上監脩槀本也。序末不署成書年月。考杜讓能以龍紀元年三月兼門下侍郎、十二月爲司徒。景福元年守太尉。二年貶死。昭宗之二年、即大順元年。此序云奏記於監國史晉國公、則當在大順景福之間。其云自宣宗至是垂四十年、蓋由大中以來約計之辭。若以宣宗末年計至光化初年、始爲四十

載則杜讓能之死已久，無從奏記矣。書中記事頗具首尾，司馬光作通鑑，多采其說，而亦不盡信之。蓋聞見所及，記近事者多確，恩怨未盡，記近事者亦多誣，自古而然，不但此書矣。

五代史闕文一卷（浙江巡撫採進本）

宋王禹偁撰。禹偁字元之，鉅野人，太平興國八年進士，官至知黃州，事蹟具宋史本傳。是書前有自序，不著年月。考書中周世宗遣使諭王峻一條，自注云使即故商州團練使羅守素也，嘗與臣言，以下事蹟是在由左司諫謫商州團練副使以後。其結銜稱翰林學士，則作於眞宗之初，是時薛居正等五代史已成，疑作此以補其闕。然居正等書凡一百五十卷，而序稱臣讀五代史總三百六十卷，則似非指居正等所修也。晁公武讀書志曰：凡十七事，此本梁史三事，後唐史七事，晉史一事，漢史二事，周史四事，與晁氏所記合，蓋猶舊本。王士禎香祖筆記曰：王元之五代史闕文僅一卷，而辨正精嚴，足正史官之謬，如辨司空圖清眞大節一段，九萬古公論所繫，非眇小也。如敍莊宗三矢告廟一段，文字淋漓慷慨，足爲武皇父子寫生，歐陽五代史伶官傳全用之，遂成絕調。惟以張全義爲亂世賊臣，深合春秋之義，而歐陽不取，於全義傳略無貶詞，蓋卽舊史以成文耳，終當以元之爲定論也云云。其推挹頗深。今考五代史於朱全昱、張承業、王淑妃、許王從益、周世宗符皇后諸條，亦多采此書，而新唐書司空圖傳卽全據禹偁之說，則雖篇帙寥寥，當時固以信史視之矣。

五代史補五卷（浙江朱彝尊家曝書亭藏本）

宋陶岳撰。岳字介立，潯陽人。宋初薛居正等五代史成，岳嫌其尚多闕略，因取諸國竊據、累朝創業事蹟，編次成書，以補所未及。自序云時皇宋祀汾陰之後，歲在壬子，蓋眞宗之祥符五年也。晁公武讀書志載此書，作五代補錄，然考岳自序，實稱五代史補，則公武所記爲誤。公武又云共一百七事，今是書所載，梁二十一事，後唐二十事，晉二十事，漢二十事，周二十三事，共一百四事，較公武所記少三事。考王明清揮麈錄載毋邱儉貧賤時，借文選於交遊間，有難色，發憤異日若貴，當版鏤之，遺學者。後仕蜀爲宰相，遂踐其言刊之，印行書籍，方見於此。事載陶岳五代史補云云，今本無此條，殆傳寫有遺漏矣。此書雖頗近小說，然敍事首尾詳具，率得其實，故歐陽脩新五代史、司馬光通鑑多采用之。其閒如莊宗獵中牟，爲縣令所諫一條，云忘其姓名，據通鑑則縣令乃何澤。又楊行密詐盲一條，云首尾僅三年，考行密詐盲至殺朱三耶實不及三年之久。又王氏據福建一條，云王審知卒，弟延鈞嗣，據薛史、通鑑，延鈞乃審知之子。又梁震裨贊一條，云莊宗令高季興歸，行已浹旬，莊宗易慮，遣以詔命襄州節度劉訓伺便囚之。季興行至襄州，心動，遂棄輜重南走，至鳳林關已昏黑，於是斬關而去。是夜三更，向之急遞果至。通鑑考異辨莊宗當時並無詔命遣急遞之事，岳所據乃傳聞之誤。凡此之類，雖亦不免疎失，然當薛史既出之後，能網羅散失，裨益闕遺，於史學要不爲無助也。

北狩見聞錄一卷（兩江總督採進本）

宋曹勛撰。勛字功顯，陽翟人。宣和五年進士，南渡後官至昭信軍節度使，事蹟具宋史本傳。是編首題保信軍承宣使知閤門事兼客省四方館事臣曹勛編次。蓋建炎二年七月初至南京時所上。其始於靖康二年二月初七日，則以徽宗之入金營，惟勛及姜堯臣、徐中立、丁孚四人得在左右也。所記北行之事，皆與諸書相出入，惟述密齎衣領御書及雙飛蛺蝶金環事，則勛身自奉使，較他書得自傳聞者節次最詳。末附徽宗軼事四條，亦當時所並上者。紀事大都近實，足以證北狩日記諸書之妄。且與高宗繼統之事，尤爲有關，雖寥寥數頁，實可資史家之考證也。

松漠紀聞一卷續一卷（兩淮鹽政採進本）

宋洪皓撰。皓字光弼，鄱陽人。政和五年進士。建炎三年以徽猷閣待制假禮部尚書爲大金通問使，旣至金，金人迫使仕劉豫，皓不從，流遞冷山，復徙燕京，凡留金十五年方得歸，以忤秦檜貶官，安置英州而卒，久之始復徽猷閣學士，諡忠宣，事蹟具宋史本傳。此書乃其所紀金國雜事，始於留金時，隨筆纂錄，及歸，懼爲金人搜獲，悉付諸火。旣被譴謫，乃復追述一二，名曰松漠紀聞。尋有私史之禁，亦祕不傳。紹興末，其長子适始校刊爲正續二卷。乾道中，仲子遵又增補所遺十一事。明代吳琯嘗刻入古今逸史中，與此本字句閒有異同，而大略相合。皓所居冷山，去金上京會寧府纔百里，又嘗爲陳王延敎其子，故於金事言之頗詳。雖其被囚日久僅據傳述者筆之於書不若目擊之親切中閒所言金太祖太宗諸子封號及遼林牙達什北走之事皆與史不合又不曉音譯往往譌異失眞然如敍太祖起兵本末則遼史天祚紀頗用其說其熙州龍見一條金史五行志亦全采之蓋以其身在金庭故所紀雖眞贋相參究非鑿空妄說者比也

燕翼詒謀錄五卷浙江鮑士恭家藏本

宋王林撰林字叔永自署稱晉陽人寓居山陰號求志老叟其名氏不概見於他書今考書中有紀紹興庚戌仲父軒山公以知樞密院兼參知政事一條庚戌爲紹興元年核之宋史是年正月甲午王藺知樞密院是林當爲藺之猶子藺宋史無傳據徐自明宰輔編年錄載藺無爲軍人是書第三卷中所述無爲軍建置特詳可以爲證其稱晉陽者蓋舉祖貫而言書中又有余曩仕山陽語知其嘗官淮北而所居何職則已不可考矣其書大旨以宋至南渡以後典章放失祖宗之良法美政俱廢格不行而變爲一切苟且之治故采成憲之可爲世守者上起建隆下迄嘉祐凡一百六十二條幷詳及其興革得失之由以著爲鑑戒蓋亦魚藻之義自序謂悉考之國史實錄寶訓聖政等書凡稗官小說悉棄不取今觀其臚陳故實如絲聯繩貫本末粲然誠雜史中之最有典據者也

太平治迹統類前集三十卷江蘇巡撫採進本

宋彭百川撰百川字叔融眉山人是書凡八十八門皆宋代典故文獻通考載前集四十卷又後集三十三卷載中興以後事此本乃朱彝尊從焦竑家藏本鈔傳但有前集不分卷數又中閒譌不勝乙彝尊跋謂焦氏本卷帙次第爲裝釘者所亂備書人不知勘正別用格紙鈔錄以致接處文理不屬初紹興中江少虞作皇朝事實類苑李攸又作皇朝事實與百川此書皆分門隸事少虞書采摭雖富而俳諧瑣事一一兼載體例頗近小說攸書於典制特詳記事頗略惟此書於朝廷大政及諸臣事蹟條分縷析多可與史傳相參考雖傳寫久譌而規模終具闕其斷爛之處而取其可以考見端委者固與李心傳建炎以來朝野雜記均一代記載之林矣

咸淳遺事二卷永樂大典本

不著撰人名氏宋史藝文志不著錄惟明文淵閣書目載有此書一冊核其詞意疑宋之故臣遺老爲之也其書於褒崇錫命諸政典紀載頗詳並備錄學士院所行制命之詞而朝廷大政乃多闕略不載或兵火之餘收僅存之案牘排比成編歟然其遺聞瑣記多史氏之所未備雖識小之流亦足以資考訂而明鑑戒也考度宗咸淳紀號盡於十年而永樂大典載是書自即位改元迄於八年而止尚闕其後二年不知何時散佚其文字亦多脫誤不盡可讀以宋代遺編頗存舊事外閒絕無傳本不可竟使之湮沒謹釐訂其文編爲二卷備史籍之一種焉

大金弔伐錄四卷永樂大典本

不著撰人名氏其書紀金太祖太宗用兵克宋之事故以弔伐命名蓋當萃故府之案牘編次成帙者也金宋自海上之盟已通聘問以天輔六年以前舊牘不存故僅於卷首一條略存起事梗概自天輔七年交割燕雲及天會三年四月再舉伐宋五年廢宋立楚所有國書誓詔冊表文狀指揮牒檄之類皆排比年月具錄原文迄康王南渡而止首尾最爲該貫後復附以降封昏德公重昏侯海濱詔書及所上各表而終於劉豫建國之始末所錄與徐夢莘三朝北盟會編詳略互見不識夢莘何以得之考張端義貴耳集曰道君北狩凡有小小吉凶喪祭節序金主必有賜賚一賜必要一謝表集成一帙刊在権場中博易四五十年士大夫皆有之余曾見一本云云此書殆亦是類歟然夢莘意存忌諱未免多所刊削獨此書全據舊文不加增損可以互校闕譌補正史之所不逮亦考古者所當參證也永樂大典所載未分篇目不知原本凡幾卷今詳加釐訂析爲四卷著於錄

汝南遺事四卷永樂大典本

元王鶚撰鶚字伯翼東明人金正大元年登進士第一哀宗時爲左右司員外郎金亡降元官至翰林學士承旨事蹟具元史本傳是編即隨哀宗在蔡州圍城所作故以汝南命名所記始天興二年六月迄三年正月隨日編載有綱有目共一百有七條皆所身親目擊之事故紀載最爲詳確其稱哀宗爲義宗則用息州行省所上諡也金史哀宗本紀及烏庫哩鎬金史作烏古論鎬今改正完顏仲德張天綱等傳皆全采用之足徵其言皆實錄矣鶚身事兩

朝。不能抗西山之節。然本傳載其祭哀宗一事、猶有惓惓故主之心。其作是書於喪亂流離、亦但有痛悼而無怨謗。較作南燼錄者猶末減焉。自序云四卷。元史本傳作二卷。蓋傳刻之譌。今仍從自序所言、編爲四卷。

錢塘遺事十卷（浙江汪啟淑家藏本）

元劉一清撰。一清臨安人。始末無可考。其書雖以錢塘爲名、而實紀南宋一代之事。高孝光寧四朝所載頗略。理度以後、敍錄最詳。大抵雜采宋人說部而成、故頗與鶴林玉露、齊東野語、古杭雜記諸書互相出入。雖時有詳略同異、亦往往錄其原文。如一卷十里荷花一條、二卷辛幼安詞一條、韓平原一條、大字成犬一條、皆采自鶴林玉露。既不著其書名、其中所載余謂愚聞及余亦作一篇云云、皆因羅大經之自稱、不加刊削、遂使相隔七八十年、語如目睹、殊類於不去葛龔。又書中稱北兵、稱北朝、憲宗皇帝、稱帝㬎曰嗣君、稱謝后曰太皇太后、曰大元國兵、稱元世宗曰皇帝、乃全作元人之語、似屬宋人之詞。而復稱元曰大元、稱元兵曰大兵、蓋雜采舊文、合爲一帙、故內外之詞、不能畫一、亦皆失於改正。然於宋末軍國大政、以及賢姦進退、條分縷析、多有正史所不及者。蓋革代之際、目擊僨敗、較傳聞者爲悉、故書中大旨、刺賈似道居多。第九卷全錄嚴光大所紀德祐丙子祈請使行程。第十卷全載南宋科目條格故事、而是書終焉。殆以宋之養士如此周詳、而諸臣自祈請以外、一籌莫効、寓刺士大夫歟。孔齊至正直記所列元朝典文可爲史館之用者、一清是書居其一。世無刊本、傳寫頗稀。陶宗儀說郛僅載數條、此乃舊鈔足本、前後無序跋、惟卷端題識數行、惜高宗不都建康而都於杭、士大夫湖山歌舞、視天下事於度外、卒至納土賣國。不署名氏。詳其詞意、殆亦宋之遺民也。

平宋錄三卷（浙江鮑士恭家藏本）

舊題杭州路司獄燕山平慶安撰。一名大元混一平宋實錄、又名丙子平宋錄。前有大德甲辰鄧錡、方回、周明三序。紀至元十三年巴顏下臨安及宋幼主北遷之事、與史文無大異同。惟元世祖封瀛國公詔、巴顏賀表諸篇、及追贈河南路統軍鄭江事、爲史所未備、頗足以資參考。此書黃虞稷千頃堂書目以爲劉敏中作。今案周明序、稱平慶安請於行省、奏加巴顏封謚、建祠於武學故基、武成王廟之東、且鋟梓王行實行於世。後又有大德八年甲戌月（案大德元年爲甲辰、九月當建甲戌、此蓋當時習俗之文、不合古例、謹附識於此）燕山平慶安開版印造平宋錄一行、俱不言新著此書。是此書實劉敏中所撰、慶安特梓刻以傳。後人以其書首不題敏中姓名、未加深考、遂舉而歸之慶安耳。今改題敏中名、從其實焉。敏中字端甫、章邱人。由中書掾歷官至翰林學士承旨、卒追封齊國公。事蹟具元史本傳。

弇山堂別集一百卷（兩江總督採進本）

明王世貞撰。世貞字元美、太倉人。嘉靖丁未進士、官至南京刑部尚書。事蹟具明史文苑傳。是書載明代典故。凡盛事述五卷、異典述十卷、奇事述四卷。史乘考誤十一卷。表三十四卷、分六十七目。考三十六卷、分十六目。世貞自序云、是書出、異日有裨於國史者十不能二、耆儒掌故取以考證十不能三、賓幀酒筵以資談謔參之十或可得四。其用如是而已。然其間如史乘考誤、及諸侯王百官表、親征命將、謚法、兵制、市馬、中官諸考、皆能辨析精覈、有裨考證。蓋明自永樂間改修太祖實錄、誣妄尤甚。其後累朝所修實錄、類皆闕漏疏蕪。而民間野史競出、又多憑私心好惡、誕妄失倫。史愈繁而是非同異之蹟愈顛倒而失其實。世貞承世家文獻、熟悉朝章、復能博覽羣書、多識於前言往行、故其所述、頗爲詳洽。雖徵事既多、不無小誤。又所爲各表、多不依旁行斜上之體、所失正與雷禮相同。其盛事、奇事諸述、頗涉談諧、亦非史體。然其大端可信、此固不足以爲病矣。

革除逸史二卷（浙江范懋柱家天一閣藏本）

明朱睦㮮撰。睦㮮有易學識遺、已著錄。是書以建文帝一朝事蹟編年敍之。明史藝文志載睦㮮遜國記二卷、不載此名。然不容同記一事、乃分著兩書、卷數又復相同。殆即此書之別名也。革除一事、其初格於文禁、記載罕傳。在當日已無根據。迨公論大明、人人以表章忠義爲事、撰述日夥、而從亡致身諸錄、遂相續而出、眞僞相半、疑信互爭、遂成一聚訟之案。糾結廝休、符驗黃佐、稍有辨正、尚未能確斷。睦㮮自序、獨辨建文帝髡緇遜去、及正統閒迎入大內之說、乃好事者爲之。故載建文四年六月事、祗以宮中火起、帝遜位爲傳疑之詞、亦可謂善持兩家之平矣。

欽定蒙古源流八卷

乾隆四十二年奉

敕譯進。其書本蒙古人所撰，末有自序，稱庫圖克徹辰鴻台吉之裔小徹辰薩囊台吉，原知一切，因取各汗等源流，約略敍述，並以講解精妙意旨紅冊沙爾巴胡土克圖編纂之蓮花漢史、雜噶拉斡爾第汗所編之經卷源流、古昔蒙古汗源流大黃冊等七史合訂，自乙丑九宮值年八宮翼火蛇當值之二月十九日角木蛟鬼金羊當值之辰起，至六月初一日角木蛟鬼金羊當值之辰告成。書中所紀乃額納特珂克土伯特蒙古汗傳世次序，及供養諸大喇嘛闡揚佛教之事，而其國中興衰治亂之蹟，亦多案年臚載，首尾賅備，頗與永樂大典所載元朝祕史體例相近。前者我

皇上幾餘覽古，以元代奇渥温得姓所自，必史乘傳譌，詢之定邊左副將軍喀爾喀親王成衮札布，因以此書進

御。考證本末，始知奇渥温為却特之誤，數百年之承譌襲謬，得藉以釐訂闡明。既已揭其旨於

御批通鑑輯覽，復以是編

宣付館臣，譯以漢文，潤色排比，纂成八卷。其第一卷內言風壇、水壇、土壇初定，各種生靈降世，因由及六噶拉卜乘除算量運數，而歸於釋迦牟尼佛教之所自興，是為全書緣起。次紀額納特珂克國汗世系，首載星哈哈努汗之曾孫薩爾斡阿爾塔實迪汗之子丹巴多克噶爾成佛事，而自烏迪雅納汗以下崇信佛教諸大汗及七贊達七巴拉四錫納等汗，則但詳著其名號，與藏經內之釋迦譜約略相仿。次紀土伯特汗世系，始於尼雅特贊博汗，在善布山為衆所立，終於札實德汗，大致亦頗與西番嘉喇卜經合。其中載持勒德蘇隆贊娶唐太宗女文成公主，持勒丹租克丹汗娶唐中宗弟景德王女金城公主，核之唐書，太宗貞觀十五年以宗女文成公主妻吐蕃贊普棄宗弄贊，中宗景龍初以雍王守禮女為金城公主妻吐蕃贊普棄隸蹜贊，其事蹟多屬相符。是土伯特即吐蕃國號，而唐書所稱棄宗弄贊，乃特勒德蘇隆贊之譌，其汗世以贊博為名，與唐書所稱贊普亦音相近也。其第三卷以後，則皆紀蒙古世系，謂土伯特色爾持贊博汗之季子布爾特齊諾避難至必塔地方，其衆尊為君長，數傳至勃端察爾，母曰阿隆郭斡哈屯，感異夢而生，又九傳至元太祖，與元本紀多相合，而間有異同。其稱元太祖為索多博克達青吉斯汗，元世祖為呼必賚徹辰汗，元順帝為托歡特穆爾烏哈噶圖汗，自順帝北奔後，世傳汗號，至林丹庫克圖汗，而為我

朝所克。中間傳世次序，名號生卒年歲，釐然具載，詮敍極為詳悉。明代帝系，亦附著其略。其最蹐駁者，如以庫色勒汗為元明宗弟，在位二十日，史無其事。又以明太祖為朱葛，仕元至左省長官，譎殺托克托噶太師，遂舉兵迫逐順帝，亦為鑿空失實。其他紀年前後，亦往往與史乖迕。蓋內地之事，作書者僅據傳聞錄之，故不能盡歸確核。至於塞外立國，傳授源流，以逮人地諸名，語言音韻，皆其所親知灼見，自不同歷代史官摭拾影響附會之詞，妄加纂載，以致魯魚謬戾，不可復憑。得此以定正舛譌，實為有裨史學。仰惟我

國家萬方同軌，中外嚮風，蒙古諸部，久為臣僕，乃得以其流傳祕冊，充外史之儲藏，用以參考舊文，盡却耳食沿譌之陋。一統同文之盛，洵亙古為獨隆矣。

謹案：此書為外藩所錄，於例應入載記類中。然所述多元朝帝王之事，與高麗、安南諸史究有不同，是以仍編於雜史。

右雜史類二十二部，二百七十三卷，皆文淵閣著錄。

欽定四庫全書總目卷五十一

欽定四庫全書總目卷五十二

史部八

雜史類存目一

左逸一卷、短長一卷、（兩江總督採進本）

是書凡左傳逸文三則、戰國策逸文三則。二書各有小引。前稱嶧陽樵者獲石篋、得竹簡漆書古文左傳、讀之中有小牴牾三、余得而錄之。或謂秦漢人所傳而託也、余不能辨。後稱耕於齊野者、地墳得大篆竹策一袠、曰短長。劉向敘戰國策一名短長、所謂短長者、豈戰國逸策歟。然多載秦及漢初事。意文景之世、好奇之士僞託以撰。前題延陵蔣謹手次、及子世枋重訂。又冠以世枋序、稱二帙爲其先人手錄。貯篋中者四十年、未詳作者誰氏。幷所序嶧陽齊野二說、亦不知何人。惟是紀事用意、筆法遒古、非秦漢以下所能道隻字云云。漆書竹簡、豈能閱二千年而不毀。其僞殊不足辨也。

戰國策談棷十卷、（兩江總督採進本）

明張文爚撰。文爚字維昇、仁和人。是書全用吳師道補正鮑彪之本。惟增入李斯諫逐客書、楚人以弱弓微繳說頃襄王、中山君饗都士大夫三章、爲吳本所無。注中國名人名、或閒補數言。餘皆采諸家評語。書之觕端、究雜特甚。所謂談棷、即指是也。棷、集韻蘇后切、與藪同。談棷即談藪。特變易其字以見異耳。

七雄策纂八卷、（安徽巡撫採進本）

明穆文熙編。文熙字敬止、東明人。嘉靖壬戌進士。官吏部員外郎。是編取戰國策之文、加以評語。並集諸家議論附於上闌。大抵剿襲陳因、無所考證。

戰國策去毒二卷、（江蘇周厚堉家藏本）

國朝陸隴其編。隴其有古文尙書考、已著錄。此書前有自記、謂戰國策一書、其文章之奇、足以悅人耳目。而其機變之巧、足以壞人心術。如厚味之中有大毒焉。故今舉文士所共讀者、指示其得失。庶幾嚌其味而不中其毒也。故以去毒名。其持論甚正。然百家諸子、各自爲書。原不能盡繩以儒理。旣以縱橫爲術、又安怪其但言縱橫。況自漢以來、孔孟之道大明。如戰國策之類、不過史家或考其事蹟、詞人或取其文章、是以至今猶存。原無人奉爲典型、懸以立教、與釋氏之近理亂眞、異學之援儒入墨、必須辨別者、截然不同。是固不必懲羹而吹虀也。

藝祖受禪錄一卷、（永樂大典本）

舊本題宋趙普、曹彬同撰。記太祖初生及幼時事特詳。末云、先是、晉天福中兩浙兒童聚戲、率以趙字爲語助、如得曰趙得、可曰趙可云云。亦傛陳符瑞之故智。帝王受命自有本原、豈以小兆爲驗耶。

龍飛記一卷、（永樂大典本）

舊本題宋趙普撰。書作於建隆元年、記太祖受禪事。普時爲樞密學士、蓋太祖卽位之初也。然普旣有受禪錄、何以又爲此書。疑與受禪錄皆後人所依託、以普及曹彬爲文武佐命、各假借其名耳。

昃命萬年錄一卷、（永樂大典本）

不著撰人名氏。記太祖受禪之事、略與趙普龍飛記同、而敘得姓及前數代事特詳。末載顯德末有男子升中書政事堂、據案而坐曰、宋州官家教我來。范質曰、此人病風、急遣之。忽不見。是時太祖始鎭許州、至是乃驗云云。頗類小說家言、殊出於附會也。

青溪寇軌一卷、（編修程晉芳家藏本）

宋方勺撰。勺字仁聲、婺州人。元祐中、蘇軾知杭州、値省試、嘗薦送之。浙江通志載潘良貴之言、稱其超然遐舉、神情散朗、如晉宋閒高士。似以隱遯終身者。而所作泊宅編中、記虔州安遠龍南二縣有獞、因自述其嘗勾當平李點到邑事、則亦曾官於江右也。是編記宣和二年青溪妖寇方臘作亂、童貫譚稹等討平之事。原載勺泊宅編中。曹溶摘入學海類編、因改題此名。所述睦州之陷、及譚稹之爲兩浙制置使、劉延慶王禀王渙楊維忠之功、皆與宋史不合。蓋傳聞異詞。後附論二則。其一追述魔教之始、不署姓名。其一署曰容齋、追敘致亂之故甚詳。幷載韓世忠時爲王淵裨將、潛行谿谷、問野婦得徑、卽挺身直前、度險數重、擣其穴、格殺數十人、擒臘以出。又稱泊宅翁之志寇軌也、蘄王猶未知名、故略之。且時宰猶多在朝、臘等陰謀亦多忌諱、故削不載。今表而出之、以戒後世司民者。容齋爲洪邁之號、疑或邁所附題歟。宋史韓世忠傳載其平青溪之功、與此所載合、當卽據此載入也。

清溪弄兵錄二卷、（浙江范懋柱家天一閣藏本）

宋王禰大編。禰大字約父、爵里未詳。是編記宣和中方臘寇睦州事、分前後二篇。其前篇從方勺泊宅編錄出。其後篇從續會要第二百五十三卷出師門中錄出。後有自識，稱嘉泰元年夏在金陵時命表姪陳知新摘錄，以備參考。蓋哀合舊文，非所自撰也。青溪縣即今浙江淳安縣，宋屬睦州，字當作青。此本從水作清，傳寫者誤耳。

避戎夜話一卷（兩浙總督採進本）

宋石茂良撰。按陳振孫書錄解題載茂良字太初，其爵里則振孫亦未詳，無可考也。是編載靖康元年十一月金人陷汴京事，蓋親在圍城之內，記所見聞。其中多言都統制姚友仲守禦東南兩壁之功，史不爲友仲立傳，然欽宗本紀頗采用之。徐夢莘三朝北盟會編第九十八卷引此書有云：汴京城陷，僕逃難於鄉人王升卿舍館，夜論朝廷守禦之方，一話一言，莫不驗其文。摭其實，直而不訐，非所見聞，則略而不書云云。蓋茂良自敍之詞，此本爲明末李蘅刊入巢探內者，檢勘並無此文，知爲刪節不全之本矣。尤袤遂初堂書目載有靖康夜話，疑即此書。晁公武讀書志列金人背盟錄七卷、圍城雜記一卷、避戎夜話一卷、金國行程十卷、南歸錄一卷、朝野僉言一卷，總注曰皇朝汪藻編，記金人叛契丹，迄於宣和乙巳犯京城。圍城雜記等五書，皆記靖康時事。其意蓋謂金人背盟錄以下六書，皆靖康時人所作，藻合而編之耳。而其文義混淆，似乎六書皆出於藻，故有引是書爲汪藻作者。其實書錄解題載朝野僉言爲夏少曾作，南歸錄爲直祕閣沈琯作，此書爲茂良作，各有主名也。況汪藻未從北行，安得有金國行程乎。

孤臣泣血錄一卷（編修汪如藻家藏本）

舊本題宋太學丁特起撰。所紀自欽宗靖康元年十一月五日起，至高宗建炎元年五月一日即位止。載汴京失守、二帝播遷之事。徐夢莘北盟會編頗采之。文獻通考載其書三卷，又補遺一卷。此本僅存一卷，然首尾完具，年月聯貫，不似有所闕佚者。殆後人所合併耶。然其中稱范瓊爲高義，而於瓊殺吳革一事亦無貶詞，頗乖公論。特起不知何許人，又直書太學生丁特起上書者三，皆不似自述之語。前載特起自序，粗鄙少文，其敍事亦多俚語，豈當時好事者所爲，以特起上書有名，故以託之歟。此本爲明吳思所刊，前有思序，而附載汪旦復評語。語皆凡鄙，仍多舛誤。如吳革起兵謀反正句，實以當時僞楚僭號，故以反正爲文，乃誤讀正字屬下句，謂以謀反書革，乃特起之微詞，則其謬不足與辯矣。

靖康蒙塵錄一卷（浙江范懋柱家天一閣藏本）

不著撰人名氏。所載宋徽、欽二帝北狩事，與世所傳南燼紀聞文多相同。徐夢莘三朝北盟會編載所采集書目甚詳，亦無此書。蓋坊賈改易其名以欺世者。卷後附有建炎復辟錄一卷，似爲高宗苗劉之變而作，而所紀仍北狩本末，寥寥數條，年月皆舛錯不合，作僞之尤甚者也。

靖康紀聞拾遺一卷（浙江巡撫採進本）

不著撰人名氏。案文獻通考載靖康拾遺錄一卷，何烈撰，又名靖康小史，又名草史，疑即是書也。考東都事略載靖康元年閏十一月癸巳，迎土牛以借春，不言其故。是書則謂去年十二月冬至，術者以爲大忌，因於是月借春。此類頗足以考故事。又東都事略載王雲以靖康元年二月使金，十月重使金。而是書則謂九月再遣雲使金，亦可以考異。惟是書大旨在責宋不於太原未下之前，早割三鎭與金，致有青城之禍。考宋史載靖康元年十月，金人遣楊天吉、王汭來，欲割三鎭，朝廷以三鎭稅數遣王雲與汭行。則是下太原之後，金何嘗不仍以割三鎭要和。宋又何嘗不以三鎭稅數與之。然終無解於汾澤之攻陷。則此書割地請和之說，仍誤國之餘唾矣。

北狩行錄一卷（浙江吳玉墀家藏本）

舊本題宋蔡鞗撰。鞗，蔡京之子，尚茂德帝姬。靖康元年從徽宗北行者也。然是書卷末云：北狩未有行紀，太上語王若沖曰：一自北遷，於今八年，所履風俗異事，不爲不多，深欲紀錄，未得其人。詢之蔡鞗，以爲學問文采無如卿者，爲予記之云云。則是此書爲若沖所作，惟是宋史藝文志亦以此書爲蔡鞗撰，疑不能明。或鞗述其事，而若沖潤色其文歟。馬端臨文獻通考載是書，亦並列二人之名。是時去靖康僅百餘年，當尚見舊本。獨其以鞗爲條，則刊本之誤。按宋史條於是時久已流竄嶺南，未嘗從徽宗入金也。書中多諛頌徽宗之詞，在當時臣子之言自不得不爾，未足爲異。惟稱太上紹述神考之志，未嘗忘懷，適有貨王安石日錄者，欣然以絹十匹易之云云。則鞗等堅護紹述之局，至敗亡而不變，爲可恨耳。書中稱徽宗在金嘗得春秋，披覽不倦。凡理亂興廢之蹟，賢君忠臣之行，莫不采摭其華實，探涉其源流，鈎纂樞要，而穪節之，改歲脩而成書，併稱太上賦詩寄淵聖，用親仁善鄰事，曰此出春秋。然則徽宗嘗刪纂左傳，勒爲一書矣。此則古來志經籍者所未及，朱彝尊經義考中亦未引及，是亦可資異聞矣。

靖炎兩朝見聞錄二卷（兩淮鹽政採進本）

舊本題曰陳東撰。東字少陽，鎮江丹陽人。欽宗時貢入太學，嘗伏闕上書，請去蔡京、王黼，而用李綱。高宗卽位，召至行在，又劾黄潛善、汪伯彥，爲二人所搆論死。後追贈承信郎，又加贈朝奉郎、祕閣修撰。事蹟具宋史本傳。是編記徽宗北遷、高宗改元時事特詳，末及紹興以後事，亦足資考據。然東以建炎元年八月見殺，何由得記紹興後事，蓋傳本闕撰人，後人不考，誤題爲東也。

建炎時政記三卷（浙江范懋柱家天一閣藏本）

宋李綱撰。綱字伯紀，邵武人。政和二年進士，積官至太常少卿。欽宗時授兵部侍郎，尚書右丞。南渡後拜尚書右僕射兼中書侍郎，爲御史所劾罷，爲觀文殿大學士。事蹟具宋史本傳。是編乃綱奉詔所編，前有奏書原序。起建炎元年六月，終八月，卽其奏議附錄中之一種。永樂大典亦別載之，則自明以前已析出單行矣。惟綱代高宗所草通問徽欽二帝表內所稱臣某言者，乃高宗署名，故諱而不書。永樂大典本俱誤作臣綱言，蓋明人不知而妄改。今此書尚仍原文，則所據者未改之本也。

建炎通問錄一卷（浙江范懋柱家天一閣藏本）

宋傅雱撰。雱始末未詳。考李心傳建炎以來繫年要錄載建炎元年六月，宣議郎傅雱特遷宣教郎，充大金通問使，此錄卽所述奉使之事。文獻通考載此書，稱宣教郎傅雱撰。建炎初李丞相所進，蓋李綱以其書上於朝也。書終以館伴李侗之語，其文未畢。北盟會編一百十卷所載，闕處亦同，蓋後人從徐氏書中錄出也。

建炎維揚遺錄一卷（浙江范懋柱家天一閣藏本）

不著撰人名氏。記高宗建炎二年冬至次年三月事。高宗自建炎元年十月如揚州，至三年二月如杭州，此所記者由揚入杭之事，故以維揚爲名。文獻通考云戊申維揚錄一卷，無名氏。戊申卽建炎二年，當卽此書也。別有維揚巡幸記一卷，自二月初十日以前與此本字句小異，而敍述盡同，惟無錫令任諒逸其名姓。初十日以後則至十五日而止。凡此所載詔書悉不錄，蓋一本而傳寫互異，又有所刪竄於其間，不及此本之詳也。

維揚巡幸記一卷（浙江巡撫採進本）

不著撰人名氏。記建炎三年金兵至天長，高宗自揚州奔杭州事。起正月十三日，盡二月十五日。大意罪汪伯彥、黄潛善之苟且晏安，變生倉卒而不知。北盟會編一百二十三卷所載與此本全同，亦後人錄出別行者也。

己酉航海記一卷（浙江巡撫採進本）

宋李正民撰。亦曰乘桴記。正民字方叔，揚州人。政和二年進士。高宗時官至中書舍人、徽猷閣待制。建炎三年己酉七月，高宗在金陵，聞金兵深入，遂趨平江，歷越州、明州。十二月乘舟航海，避兵台温之閒。正民時以中書舍人從行，按日記駐蹕之所。蓋起居注體也。正民尋奉使通問隆祐宮，故所記止於四年正月二十一日，蓋非完書。北盟會編一百三十四卷王明清揮麈三錄第一卷皆全載其文。明清記尤袤謂高宗東狩四明，數月之閒排日不可稽考。後於茂苑得此書，所記頗備，蓋當日國史實藉此書考定矣。

燕雲錄一卷（浙江巡撫採進本）

宋趙子砥撰。子砥以宗室子官鴻臚寺丞。靖康丁未隨二帝北行。建炎戊申遁還，持徽宗御札謁高宗於揚州，仍命以故官。子砥在金，嘗密刺其國事，備知情狀，又與續歸之楊之翰互相參證，所述金事，一曰陷沒宗室從官，二曰陷沒百姓，三曰金人族帳所出與設官之實，四曰政事之紀，五曰虛實之情，六曰南北離潰之情，皆據所見聞，與金史或同或異。惟其末稱金人必不可和，則其後驗如操券，可謂眞得其虛實矣。

建炎復辟記一卷（江蘇巡撫採進本）

不著撰人名氏。書錄解題亦不知爲何人作。但稱其敍苗傅、劉正彥事始末，文頗繁冗，末敍世忠戰功特詳，疑卽韓氏之客所爲，理或然歟。

紹興甲寅通和錄一卷（浙江范懋柱家天一閣藏本）

宋王繪撰。紹興四年，以和議未成，遣魏良臣如金，繪副之。是時金軍壓境，朱勝非尚主和議，趙鼎頗不以爲然。良臣等行至天長，僅達國書而還。繪因備錄其事，蓋鄙勝非等之無謀也。繪父名仲通，宜和中爲平海軍承宣使。以書抵蔡攸、力言用兵有十不可。其書附載卷末、蓋其父子皆有度時之識云。

順昌戰勝錄一卷、浙江鮑士恭家藏本

宋楊汝翼撰。紹興十年、劉錡順昌之戰、汝翼適在軍中、因紀其事。末附順昌倅汪若海劄子、所言亦大概略同。

淮西從軍記一卷、編修程晉芳家藏本

不著撰人名氏。據書中所言、蓋劉錡幕客也。敍錡自紹興十年春赴東都留守、中途戰於順昌。十一年戰於柘皋、及張俊楊沂中濠州之敗、錡全軍得歸事。

回鑾事實一卷、編修程晉芳家藏本

宋万俟卨撰。卨事蹟具宋史本傳。紹興十二年、宣和太后至自金。卨新爲參知政事、紀事獻頌、稱爲千載一時之榮遇。蓋貢諛之詞、非其事實也。

采石戰勝錄一卷、編修程晉芳家藏本

宋員興宗撰。興宗字顯道、仁壽人。未第時、讀書九華山、因以自號。用薦除教授。召試、擢著作郎、國史編修、實錄院檢討。乾道中疏劾貴倖、中讒奉祠去。僑居潤州以終。所著辯言及九華集、歲久散佚。近始從永樂大典采摭成帙。惟此書世有傳本。所記乃虞允文督師江上、拒金海陵王之事。大致與史文相出入。永樂大典亦載之、題曰采石大戰始末、而冠以九華集字。蓋其集中之一篇、後人析出別立此名也。

南渡錄二卷竊憤錄一卷、編修汪如藻家藏本

此二書所載、語竝相似。舊本或題無名氏、或竝題爲辛棄疾撰。蓋本出一手所僞託、故所載全非事實。按金太宗建號天會、十三年崩。熙宗襲舊號兩年、乃改元。故天會止於十五年。天輔乃金太祖年號、止於七年。此錄既誤以天輔爲太宗年號、又妄謂天輔十七年改元天眷。乖謬殊甚。金太宗生日在十月、名天清節。金熙宗生日在正月、名萬壽節。此錄記天輔十一年徽欽二帝在雲州、正月値金主生日作宴、是徒聞金主生日有在正月者、而不知朝代之不合也。金太宗天會五年三月、以宋二帝至燕。十月徙之中京。六年七月、徙之上京。八月、以見太祖廟、封徽宗爲昏德公、欽宗爲重昏侯。十月徙之韓州。熙宗天會十四年、昏德公薨。皇統元年、改昏德公爲天水郡王、重昏侯爲天水郡公。事竝見金本紀。是天水之封、實在徽宗歿後。此錄乃云靖康二年五月至燕京、見金主、封太上爲天水郡公、帝爲天水郡侯。後徙安肅軍、又徙雲州。天輔十一年三月、徙西漢州。十四年、徙五國城。核以正史、無一不謬且妄。夫二帝不能死社稷、舉族北轅。其辱固甚、亦何至卑污苟賤、如錄所云云。且金朝開國、具有規模。野利亦何至而人之祖、淫其女孫、如所謂醜惡之聲、二帝共聞者耶。此必南北宋閒亂臣賊子不得志於君父者、造此以洩其憤怨。斷乎非實錄也。

禦侮錄二卷、浙江鄭大節家藏本

不著撰人名氏。紀宋南渡後與金人搆兵及和議之事。書中稱高宗爲太上皇帝。蓋孝宗時人所作。宋史藝文志載此書作一卷。而此本實二卷、疑後人所分析也。書中於金人初起事蹟、記載頗略。至於紹興三十二年、金海陵王南侵、及孝宗初年張浚出兵撓敗始末、則節目具詳。自乾道元年魏杞使回、和議既成以後、則不復具載。前後皆系日編次。於朝廷拜罷禮祀諸大事、亦閒及焉。似從日歷國史諸書節採而成。中閒如劉彥宗在遼官僉書樞密院事。國破降金、未嘗事宋、而稱爲吾叛臣。金世宗由東京留守卽位、而以爲燕京。此類皆爲失實。知爲鄰國傳聞、不盡實錄也。

重明節館伴語錄一卷、永樂大典本

宋倪思撰。思有班馬異同、已著錄。此書據永樂大典標題、乃思承明集之一篇。蓋紹熙二年七月、金遣完顏兖路伯達來賀重明節、思爲館伴。因紀一時問荅之詞、饋送之禮。考宋制、凡奉使伴使皆例進語錄於朝。馬永卿嬾眞子、記蘇洵與二子同讀富鄭公使北語錄、則自北宋已然。此其偶存之一也。時金强宋弱、方承事不遑、而序謂北人事朝廷方謹、遣使以重厚爲先。已爲粉飾。其他虛夸浮誕、不一而足。上下相欺、苟掩耳目。亦可謂言之不怍矣。

正隆事迹記一卷、兩淮鹽政採進本

宋張棣撰。棣始末無考。書中但稱歸正官、蓋自金入宋之後、述所見聞也。所記皆金海陵煬王之事。始於初立、終於瓜州之變、凡十有二年。煬王凡三改元、但稱正隆、要其終也。大抵約略傳聞、疏漏殊甚。末附錄世宗立後事數條、亦殊草略、不足以爲信史也。

金圖經一卷、（兩淮鹽政採進本）

一名金國志。自京邑至族帳部曲、凡十七門。陳振孫書錄解題曰、淳熙中歸正人張棣撰、記金事頗詳。振孫又言、又一卷、不著名氏、似節略張棣書。其末又雜錄金主亮以後事。此本僅一卷、不著棣名、疑即陳氏所稱節本也。

煬王江上錄一卷、（兩淮鹽政採進本）

不著撰人名氏。敘宋內侍梁漢臣爲金人所得、謀欲弱金事。所載漢臣勸金主都燕山、營汴梁、開海口、進兵采石、退至瓜州、爲其下所害諸事、皆首尾畢具。觀其煬王之稱、當爲金人所撰。故虞允文拒守之事、略不一言也。

使金錄一卷、（編修汪如藻家藏本）

宋程卓撰。卓字從元、休寧人。大昌從子。淳熙十一年進士。歷官同知樞密院事、封新安郡侯。贈特進資政殿大學士、謚正惠。嘉定四年、卓以刑部員外郎同趙師嵒充賀金國正旦國信使、往返凡四閱月。是書乃途中紀行所作。於山川道里及所見古蹟、皆排日載之。中間如順天軍廳梁題名、光武廟石刻詩句之類、亦間可以廣見聞。然簡略太甚、不能有資考證。又稱接伴使李希道等往還不交一談、無可紀述。故於當日金人情事、全未之及。所記惟道途瑣事。世傳宋高宗泥馬渡江、即出此書所記磁州崔府君條下。蓋建炎之初、流離潰敗、姑爲此神道設教、以聳動人心。實出權謀、初非實事。卓之所錄、亦當時臣子之言、未足據也。

襄陽守城錄一卷、（兩淮馬裕家藏本）

宋趙萬年撰。萬年里籍未詳。開禧二年、元兵二十萬圍襄陽、趙淳新知府事、以萬餘人禦之。自十一月至次年二月、大戰者十二、水陸攻劫者三十有四。措置多方、出奇制勝、元兵竟解去。萬年時爲幕僚、詳錄其事。後附戰具諸法頗詳。惟文多殘闕、不盡可辨、爲足惜耳。

誅吳錄一卷、（永樂大典本）

宋張革之撰。革之字西仲、潼川人。吳曦據蜀叛、合江倉官楊巨源倡義討逆、與隨軍轉運安丙共謀誅曦。既而丙嫉其功、以計殺之。革之此書、蓋以鳴巨源之冤。自序云、時從旁目擊、懼久失其傳、因直書以詔後世云。

丁卯實編一卷、（永樂大典本）

宋毛方平撰。方平不知何許人。安丙害楊巨源時、方平爲四川茶馬司幹辦公事、因作此書。大旨與張革之同。自序云、一夫不獲、則六月飛霜、匹婦抱恨、則三年致旱。其詞至爲痛切。考郭士寧平叛錄、與巨源陰謀誅曦者九人、方平爲首。所記當爲實錄。曰丁卯者、曦之叛在開禧二年丙寅、而誅於三年丁卯也。陳振孫書錄解題作李珙撰。今檢永樂大典標題及序中署名、均作方平。則振孫所載誤矣。

平叛錄一卷、（永樂大典本）

宋郭士寧撰。士寧始末未詳。其作此書時、則與毛方平同官四川茶馬司幹辦公事也。吳曦之叛、不受僞官者、有蜀帥楊輔、瀘帥李寅仲、史次秦、范仲壬、陳咸、毛午。起義者有薛九齡。死節者有楊震仲。而陰謀誅曦者惟毛方平、李好義、李好古、楊君玉、党公濟、程夢錫、李坤辰、陳安、楊巨源等。此錄所載、較史爲詳。蓋亦表章忠義之志云。

辛巳泣蘄錄一卷、（浙江吳玉墀家藏本）

宋趙與𥲅撰。與𥲅、宗室子。官蘄州司理、權通判事。寧宗嘉定十四年、金兵圍蘄州、與𥲅偕郡守李誠之拒守。時朝命權殿前司職事馮榯將兵應援、榯逗遛不進。誠之等竭力捍禦、凡二十五日而城陷。誠之及其僚佐家屬皆死之。與𥲅全家十五人亦並歿於難。僅以身免。其後事定、乃爲是錄、具詳被兵始末、同時與難諸人。朝廷褒贈誠之等、勘狀告詞、一一備錄。按與𥲅、宋史李誠之傳作與裕、蓋𥲅轉爲稌、因譌爲裕。又載與𥲅率民兵百餘人奪關外出云云、與是編所言單身出城、及於積屍中死而復活、夜半奔從南門之語、俱有異同。且十五人作十六人、其數亦不相合。疑十五人之數、當以自敘爲據。其奪關外出、則自敘諱之也。

使北日錄一卷、（浙江巡撫採進本）

宋鄒伸之撰。理宗紹定六年癸巳、史嵩之爲京湖制置使、與蒙古會兵攻金。（案是時尚未建大元之號、故史仍以國名爲稱。）蒙古遣王檝來通好、因假伸之朝奉大夫、京湖制置使參議官往使。以是歲六月偕王檝自襄陽啟行。至明年甲午二月、始見蒙古主於行帳。尋即遣回。以七月抵襄陽。計在途者十三月。因取所聞見及往復問荅、編次紀錄、以爲此書。案宋史理宗本紀、宋與大元合圍汴京、（案此大元爲史臣追書之詞。）金主奔蔡州。大元再遣使議攻金、史嵩之以鄒伸之報謝、蓋卽此事。特宋史稱王檝來議攻金、而此錄祇言通好。又宋史載伸之出使在紹定五年十二月、而此錄實以六年六月出疆。皆當以此錄所紀爲得其實。時孟珙已會蒙古滅金、廷議遂欲出師取河南。蒙古復遣王檝來責敗盟、因再進伸之二秩遣之報謝。史載同使爲李復禮、喬仕安、劉溥等。據此錄、皆先曾副行之人。復禮假京西路副總管。溥假京西兵馬都監。仕安以東南第七正將神勁馬軍統制、充防護官。其官爵亦史所未詳云。

廣王衞王本末一卷（浙江汪啟淑家藏本）

宋陳仲微撰。仲微字致廣、高安人。嘉泰二年舉進士。調莆田尉。咸淳中爲兵部侍郞。丙子宋亡、從二王入廣。目擊時事、遂日鈔錄。厓山敗、仲微遁入安南而歿。事蹟具宋史本傳。其後安南國使攜此書入覲、因傳於世。文多簡略、不甚賅備。其書載入宋季三朝政要中、後人鈔出別行。而卷末跋語猶政要原文、則其失於刊削也。

三朝野史一卷（兩淮鹽政採進本）

不著撰人名氏。記理度恭三朝軼事瑣言、僅十有九條。疑非完本。書中附記丙子三宮赴北事、蓋亦宋遺民所作也。詞旨猥瑣、殊不足觀。

平巢事蹟考一卷（浙江巡撫採進本）

舊本題曰宋人撰、不著名氏。曹溶收入學海類編。近時平湖陸烜又刊入奇晉齋叢書、後有烜跋、稱爲元人鈔本。今考其書、卽明茅元儀之平巢事蹟考、但刪去元儀原序耳。蓋溶爲狡黠書賈所紿、烜又沿溶之誤也。

碧溪叢書八卷（浙江汪汝瑮家藏本）

不著編輯者名氏。諸家書目亦不著錄。其目凡八。曰吳武安公功績紀、記吳玠戰功。曰蔡條（案條當作絛。）北狩行錄、記從徽宗入金事。曰万俟禼皇太后回鑾事實、記韋太后南歸事。曰順昌戰勝錄、記劉琦遇金兵事。曰洪皓松漠記聞、記金國事。曰洪皓金國文具錄、記宇文虛中爲金定制事。曰湘水樵夫紹興正論、記不附秦檜和議人姓名。曰楊堯弼僞豫傳、記劉豫僭逆事。其書皆刪節之本、蓋書賈從說郛中鈔合、僞立此名者也。

案此編以八種爲一帙、應從叢書之例、入之雜編。然雜編之名、爲不名一家者立也。此八種皆史之流別、故仍入之雜史類焉。

焚椒錄一卷（內府藏本）

遼王鼎撰。鼎字虛中、涿州人。淸寧五年進士。官至觀書殿學士。事蹟具遼史文學傳。是書紀道宗懿德皇后蕭氏爲宮婢單登搆陷事。前有大安五年自序、稱待罪可敦城、蓋謫居鎭州時也。王士禛居易錄曰、契丹國志后妃傳道宗蕭皇后本傳云、性恬寡欲、嘗王宗元之亂、道宗同獵、未知音耗。后勒兵鎭帖中外、甚有聲稱。崩葬祖州云云而已。焚椒錄所紀絕無一字及之。又錄稱后爲南院樞密使惠之少女、而志云贈同平章事顯烈之女。志云勒兵、似嫺武略、而錄言幼能誦詩、旁及經子、所載射虎應制諸詩及回心院詞、皆極工、而無一語及武事。且本紀道宗在位四十七年、改元者三、淸寧、咸雍、壽昌、初無太康之號。而耶律乙辛密奏太康元年十月云云、皆牴牾不合。按遼史宜懿皇后傳雖略、而與焚椒錄所紀同。蓋契丹志之疎耳。今考葉隆禮契丹國志、皆雜採宋人史傳而作。故蘇天爵三史質疑議其未見國史、傳聞失實。又沈括夢溪筆談稱遼人書禁甚嚴、傳至中國者法皆死。是書事涉宮闈、在當日益不敢宣布、宋人自無由而知。士禛以史證隆禮之疎、誠爲確論。或執契丹國志以疑此書、則誤矣。

南遷錄一卷（浙江范懋柱家天一閣藏本）

舊題金通直郞祕書省著作郞騎都尉張師顏撰。紀金愛王大辨叛據五國城、及元兵圍燕、貞祐遷都汴京之事。按金史、世宗太子允恭生章宗、而夔王允升最幼。今此書乃作長子允升、次允猷、次允植。允升、允猷以謀害允植被誅、而允植子得立爲章宗。世次俱不合。又稱章宗被弒、磁王允明立爲昭王。磁王又被弒、立潞王允文爲德宗。德宗殂、乃立淄王允德爲宣宗。與史較多一代、尤不可信。至金史鄭王允蹈誅死絕後、不聞有愛王大辨其人。所稱天統、興慶等號、金史亦無此紀年。舛錯謬妄、不可勝舉。故趙與旹賓退錄、陳振孫書錄解題皆斷其僞。振孫又謂或云華岳所作。岳卽宋殿前司軍官、嘗作翠微南征錄者。今觀其書所言、亂金國者章宗、大辨、皆趙氏所自出。又謂大辨初生、其母夢一人乘馬持刀、稱南紹興主遣來云云。蓋必出於宋人雪憤之詞、而又假造事實以證佐之。故其牴牾不合如此。或果出岳手、未可知也。羅大經鶴林玉露，以遺秦檜南還事，見此書所載張大鼎疏而證其可信。未免好異。然金史所載宣宗見浮碧池有狐相逐而行，遂決南遷之計，其事實本此書。不知元時修史者又何所見而採用之也。

南宋補遺（無卷數，兩淮鹽政採進本）

舊本題古吳謝朱勝復廬撰。不知朱勝為何許人。其書稱南宋而中有宋末之語，當為元人所作。跋語所稱丙申，蓋元成宗元貞二年，非宋理宗之丙申也。載南渡後將帥軼事，弁採及詩詞書啟。於韓岳尤詳，亦附及靖康時事。然多他書所習見，殊尠異聞。殆亦鈔撮宋人說部而成歟。

皇元聖武親征錄一卷（兩淮鹽政採進本）

不著撰人名氏。首載元太祖初起及太宗時事。自金章宗泰和三年壬戌始紀甲子，迄於辛丑，凡四十年。史載元世祖中統四年，參知政事修國史王鶚，請延訪太祖事蹟付史館。此卷疑即當時人所撰上者。其書序述無法，詞頗蹇拙，又譯語譌異，往往失真，遂有不可盡解者。然以元史較之，所紀元初諸事實，大概本此書也。史言太祖滅國四十，而其名不具，是書亦不能悉載。知太祖時事，世祖時已不能詳，非盡宋濂王禕之挂漏矣。

平猺記一卷（浙江吳玉墀家藏本）

元虞集撰。集字伯生，號道園，崇仁人。仕至翰林直學士、兼國子祭酒。事蹟具元史本傳。元統二年冬，猺寇賀州富州。至元元年，廣西宣慰使章巴顏（案巴顏原本作伯顏，今改正）討平之。集為記其始末。後有舊跋云：此紀章巴顏平粵西猺洞事蹟，備國史之採也，而同事出師之人，不記其姓名，及上功於朝之諸臣名，以某某概之，失史家法矣。今核其文體，乃勒石紀功之作，非勒為一書上之於史館者，故所存之稾，皆闕其名姓以待塡，猶之唐宋文集書首稱年月日某再拜、墓志之末稱某年月日葬公於某原例耳。遽以有乖史法詆之，非也。

大狩龍飛錄二卷（左都御史張若溎家藏本）

明世宗肅皇帝御撰。嘉靖十八年二月，帝幸湖廣承天府，相度顯陵。三月，享上帝於龍飛殿，奉睿宗配。四月，還京。是編皆紀其事。上卷乃自啟行以迄回蹕，祭告郊社宗廟及所過山川羣祀之文。下卷為前後所降敕諭，末附以龍飛殿奏告上帝樂章，及途中御製賦一首、詩十六首、詩餘二首。

洪武聖政記二卷（戶部尚書王際華家藏本）

明宋濂撰。濂有篇海類編，已著錄。是書略倣貞觀政要之例，標題分記。分嚴祀事、正大本、肅軍政、絕倖位、定民志、新舊俗六類，而新舊俗下又分巾禁令、覈實效、育人才、優前代、正禮樂之失、去海嶽之封、嚴宮闈之法、厲忠節之訓、剗積歲之弊九子目。濂自為序，見所作文憲集中，蓋當時奏御之書也。梅純損齋備忘錄曰：本朝文章近臣，在洪武初，則學士宋濂，其所記當時盛美，有洪武聖政記。自永樂以後，則少師楊士奇，有三朝聖諭錄。至天順改元，則少保李賢，有天順日錄。二錄皆近有印本，而聖政記獨亡，僅見其序文。惜哉。據其所云，則此書在成化間已無傳本，不知何以得存於今。然勘驗文義，實非贗託，或純偶未見，遂以為佚歟。然是書之不行於明代，亦可見矣。

庚申外史二卷（編修汪如藻家藏本）

明權衡撰。衡字以制，號葛溪，吉安人。元末兵亂，避居彰德黃華山。明初歸江西，寓居臨川以終。是書見於明史藝文志者，卷目與此相合。陳繼儒嘗刻入祕笈，佚脫譌舛，殆不可讀。此乃別行鈔本，猶當日原帙也。所紀皆元順帝即位以後二十八年治亂大綱。時順帝猶未追謚，以其庚申年生，故稱之曰庚申帝。又元史亦尚未修，故別名曰史外見聞錄。所言多與元史相合，於宮庭搆煽、盜賊縱橫之事，皆能剖析端委。至於順帝誅博囉（原作孛羅，今改正）與秀才徐思奇謀之，博囉誅，思奇不受賞，逃去。及危素為權臣草詔諸事，皆他書所不載。惟其中稱順帝為瀛國公子一條，最為無稽。厥後袁忠徹著之於文集，寧王權載之於史略，程敏政又選忠徹之文入明文衡，錢謙益又引余應之詩證實寧王權之說，其端實自此書發之。蓋元之中葉，宋遺民猶有存者，因虞集草詔有託歡特穆爾非明宗之子一語，遂造此言以洩其怨。明人又讎視元人，遂附合而盛傳之。核以事實，渺無可據，實為荒誕之尤，非信史也。書前別附一序，稱洪武二年迪簡受命訪庚申帝史事云云，不著其姓。詳其文，乃庚申帝大事紀序，非此書之序，後人移綴此書中耳。考王禕造邦勳賢錄，稱劉迪簡安春人，國初徵授尚賓副使，則迪簡當為劉姓。又考黃溥閒中今古錄，稱劉尚賓集庚申帝大事紀，則此序為劉迪簡大事紀序明矣。

國初禮賢錄一卷（浙江范懋柱家天一閣藏本）

舊本題明劉基撰。基字伯溫、青田人。元至順中舉進士。除高安丞、罷去。旋起爲江浙儒學副提舉、再投劾歸。復辟爲元帥府都事、爲方國珍所搆、羈管紹興。後從石抹宜孫勦捕山寇、執政者抑其功、僅授總管府判、遂棄官還里。明初聘入禮賢館、參預機密、拜御史中丞、兼太史令。又授宏文館學士、敍功封誠意伯。正德九年、追謚文成。事蹟具明史本傳。此書藝文志千頃堂書目皆作基撰。然錄中所載、即明太祖任用基及葉琛章溢宋濂四人事、且有基馳驛歸里、居家一月而薨之文。則非基所作審矣。其中紀述、多與史傳相合、無他異同。又基溢皆載其卒時事、而宋濂得罪徙蜀事則無之。葉琛事蹟亦甚寥寥。蓋後人雜採成書、故詳略不同如此也。

平蜀記一卷（戶部尚書王際華家藏本）

不著撰人名氏。載明洪武四年遣湯和等伐蜀、明昇出降事。後附劉基平西蜀頌一篇。末有袁褧跋、稱定遠黃金開國功臣錄、載平蜀事於潁川侯傅友德德慶侯廖永忠傳中甚詳。惟平章楊璟與明昇書、乃詳於斯記云。

北平錄一卷（戶部尚書王際華家藏本）

不著撰人名氏。載明洪武三年徐達李文忠分道出塞、追王保保、及襲破應昌府事。紀錄頗爲簡略。惟達與文忠所上二表、及太祖封爵諸臣詔諭、則全篇載之。疑後人[illegible]錄中鈔出者也。

別本北平錄一卷（浙江范懋柱家天一閣藏本）

不著撰人名氏。紀明洪武元年命徐達常遇春等北征之事、而終以君臣鑑戒之語。其年月皆與史合。核檢其文、亦從實錄鈔出也。

雲南機務鈔黃一卷（戶部尚書王際華家藏本）

明張紞編。紞字季昭、富平人。洪武初、以通經舉送京師。歷官雲南左布政使、召爲吏部尚書。燕王篡立、仍其故官。後以建文時變亂祖制事詰責、紞懼自殺。事蹟具明史本傳。是編乃洪武初以雲南梁王未下、命潁川侯傅友德等帥師征之。紞以左參政在行閒。後平定雲南、紞擢布政使、留治其地。因檢閱錄黃槀本、取前後制敕詔誥之文有關軍務者、彙爲一編、藏之文廟尊經閣。自十五年二月至二十一年七月、凡三十七篇。紞自爲之序。明史本傳載紞出爲左參政在平定雲南之後、殆偶未考紞此序歟。

明高皇后傳一卷（浙江范懋柱家天一閣藏本）

不著撰人名氏。前有永樂四年明成祖與徐皇后二序、俱謂永樂九年類輯古今列女傳、以高皇后聖訓與古后妃爲一卷。而諸侯大夫士庶人妻各爲卷。徐后請以高皇后傳別刻之、徧賜內外。然則此卽古今列女傳之文而別出之者。其文則永樂初詞臣所撰也。又前有世宗致楚王書、并章聖太后誥諭楚藩一道。章聖太后卽興獻后也。嘉靖七年上尊號曰慈仁。九年頒太后製女訓於天下。此在十年之春、蓋與所頒女訓同賜藩服。其時高帝高后之謚號尚未改定、故仍前號也。其楚王卽端王榮滅、以嘉靖十三年卒、爲昭王楨之四世孫。故世宗以叔祖稱之云。

案此編亦傳記之類。然皇后爲天下母儀、敵體人主、不可參錯諸傳記中。今變例置之於雜史、亦所謂禮以義起者也。

漢唐祕史二卷（兩淮鹽政採進本）

明寧王權撰。權自號臞仙、太祖第十七子。洪武二十四年封。逾二年、就藩大寧。燕王謀反、挾之同行。爲燕王草檄、約中分天下。永樂元年秋、封南昌、而仍其故號。正統十三年始薨。事蹟具明史本傳。傳載此書作二卷、與今本合。權自序云洪武二十九年奉命纂輯、成於辛巳六月。考是年爲建文三年、權已爲燕軍所劫、故不書建文年號。而其弟安王楹跋、亦第書歲在壬午也。其書以劉三吾等洪武閒進講漢唐事實類次成編、故詞多通俗。其諸帝論贊皆太祖御撰。唐末繫司馬光論、亦奉敕載入、故特題曰欽取。其大旨以後世之亂亡、皆推本於貽謀之不善。所論不爲無理。而擇焉弗精、多取委巷之談。如高帝斬蛇、蛇後轉生王莽之類、皆僞妄不足辨也。

奉天靖難記四卷（浙江汪啟淑家藏本）

不著撰人名氏。紀明成祖初起至卽位事。蓋永樂初年人所作。其於懿文太子及惠帝、皆誣以罪惡、極其醜詆。於王師皆斥爲賊。故黃虞稷千頃堂書目稱其語多誣僞、殊不可信。按建文元年十一月、成祖戰勝白溝河、上惠帝書、并移檄天下。軍中倉卒、語多可笑。姜氏祕史所載、最得其眞。是書於上惠帝書頗有刪潤、而移檄則置之不錄。則其文飾概可見矣。

別本洪武聖政記十二卷（浙江汪啟淑家藏本）

不著撰人名氏。其書與宋濂洪武聖政記同名，而載至太祖之末，又有成祖時夏元吉等進太祖實錄表文。卷端有浙江丁敬題語數行，稱其繕寫古雅，疑出永樂時沈度諸人手。檢連江陳氏所藏只四卷，絳雲樓所藏亦只八卷，此得一十二卷，眞祕冊也云云。然其文皆鈔撮實錄，別無異聞。其繕寫亦鈔胥俗書，未見所謂古雅者。疑書與跋語皆書賈膺託耳。

國初事蹟一卷（浙江范懋柱家天一閣藏本）

明劉辰撰。辰字伯靜，金華人。太祖起兵之初，署吳王典籤，又入李文忠幕府。建文中擢監察御史。永樂初，李景隆薦修太祖實錄，後官至北京刑部左侍郎。事蹟具明史本傳。此書卷首有臣劉辰今將太祖高皇帝國初事蹟開寫一行，後俱分條件，繫頗似案牘之詞，蓋即修實錄時所進事略草本也。辰於明初嘗使方國珍，又嘗在李文忠幕下，所見舊事皆眞確，而其文質直，無所隱諱。明代史乘多採用之，故其文並散見於他書，轉無異聞之可取焉。

北征錄一卷、後北征錄一卷（戶部尚書王際華家藏本）

明金幼孜撰。幼孜本名善，以字行，新淦人。建文己卯舉人，授戶科給事中。燕王篡位後，改翰林檢討，歷官禮部尚書兼武英殿大學士，卒諡文靖。事蹟具明史本傳。幼孜在永樂中參預機務，因北征，阿嚕台時扈從出塞，紀所歷山川古蹟及行營之所見聞，以成前錄。本傳稱成祖重幼孜文學，所過山川要害，輒命記之。幼孜據鞍起草立就。又稱所撰有北征前後二錄，即此本也。前錄自永樂八年二月至七月，後錄自永樂十二年三月至八月，並按日記載其往返大綱，均與史傳相合。其瑣語雜事，則史所不錄者也。

後北征記一卷（戶部尚書王際華家藏本）

明楊榮撰。榮初名子榮，字勉仁，建安人。建文庚辰進士，除翰林編修。燕王篡位後，入直內閣，更今名。歷官工部尚書兼謹身殿大學士，卒諡文敏。事蹟具明史本傳。榮以永樂二十二年四月扈從北征，記其往還始末，著此書。編排月日，敘述頗詳。榆木川之事，即是役也。其事世多異說，榮所記則與史符合，蓋史官以其帷幄之臣，身預顧命，故用以為據。然其實錄與否，亦無可考矣。

小史摘鈔二卷（副都御史黃登賢家藏本）

不著撰人名氏。明史藝文志亦未著錄。蓋洪永間人所編，皆載明太祖瑣事，末附建文遺事八條。大抵多委巷之語，如李文忠納款於張士誠、劉基死後焚屍揚灰，皆必無之事，其謬妄固不待辨也。

欽定四庫全書總目卷五十二

欽定四庫全書總目卷五十三

史部九

雜史類存目二

三朝聖諭錄三卷（左都御史張若溎家藏本）

明楊士奇撰。士奇名寓，以字行，泰和人。建文中充翰林編修官。燕王篡位，入內閣典機務，官至華蓋殿大學士，諡文貞。事蹟具明史本傳。士奇自降附燕王以後，歷事仁宗、宣宗、英宗，以功名終始。是編乃自錄其永樂、洪熙、宣德三朝面承詔旨及奏對之語，蓋仿歐陽脩奏事錄、司馬光手錄之例。明史士奇本傳多採用之。序題壬戌十二月，為正統七年，乃士奇未卒之前二年也。

天順日錄一卷（浙江汪啟淑家藏本）

明李賢撰。賢字原德，鄧州人。宣德癸丑進士。景泰初由文選郎中超拜兵部右侍郎，轉吏部。英宗復位，兼翰林學士，入直文淵閣，歷官華蓋殿大學士，諡文達。事蹟具明史本傳。是錄隨手紀載於天順時事頗詳。史稱自三楊以來，得君無如賢者。然自郎署結知景帝，超擢侍郎，而所著書顧謂景帝為荒淫。今觀此錄，於景帝一則曰荒淫失度，再則曰流於荒淫，醜詆頗為失實，史之所譏，蓋即指此。又謂學士王文與太監王誠謀取襄王子為東宮，昌平侯楊洪不急君父之難，當寇薄宣府，驚惶無措，閉門不出，頗與正史不合。至於葉盛、岳正、羅倫諸人之事，諱而不言，其他事亦概未紀及，皆未免愛憎之見。然日久論定，是非亦烏可掩也。

否泰錄一卷（浙江范懋柱家天一閣藏本）

明劉定之撰。定之有易經圖釋，已著錄。初，英宗北狩，額森（案：額森原作也先，今改正。）遣使報，景帝不許，定之疏引故事以請，帝下廷議，竟不果遣。天順改元，定之由右庶子調通政使，歷官翰林學士，入直文淵閣。蓋以是疏蒙遇也。此書所記，即英宗北狩之事。自言參用楊善奉使錄暨錢博所述袁彬傳。其曰出征之月為否卦用事之月，回鑾之年當景泰紀元之年，先以否，繼以泰，雖世運而關天數焉。蓋所記訖於英宗初歸之時，未敘及後來丁丑復辟之事，故其立言如此。其曰身備史官者，正其遷右庶子時。他書引此或作閣老劉定之撰者，據其所終之官言之耳。

朝鮮紀事一卷（浙江巡撫採進本）

明倪謙撰。謙字克讓，錢塘人，徙上元。正統己未進士，官至南京禮部尚書，謚文僖。是編乃景泰元年謙奉使朝鮮頒詔紀行之作。自鴨綠江至王城，計一千一百七十里，所歷賓館凡二十有八，語意草略，無足以資考證。時朝鮮國王世子竝稱疾不迎詔，謙爭之不得，亦無如之何。蓋新有土木之變，正國勢危疑之日也。亦足見明之積弱，雖至近而令亦不行矣。

南征錄一卷（浙江范懋柱家天一閣藏本）

明張瑄撰。瑄字廷璽，江浦人。正統壬戌進士，官至南京刑部尚書。是編乃天順八年瑄為廣西右布政使時，值廣西諸峒蠻搆廣東肇高雷連土寇為亂，遣左參將范信、都指揮徐寧督官兵四千、士兵一萬討之，以瑄監其軍。瑄因述其征勦始末為此書。始於是年正月初二日，止於三月初九日，逐日紀載。所述當日軍政，殊無紀律。蓋明人積弱，自其盛時已然，非一朝一夕之故也。

出使錄一卷（浙江范懋柱家天一閣藏本）

一名使北錄。明李實撰。實字孟誠，合州人。正統壬戌進士，官至右都御史。以居鄉暴橫，斥為民。事蹟附見明史楊善傳。景泰初，額森議和，朝議遣使報之，實時為禮科給事中，自請行，乃權為禮部右侍郎，偕少卿羅綺往使，頗得額森要領。及楊善再往，遂奉英宗南還。此乃所紀在漠北見英宗及與額森辨論之語。史稱實謁上皇，請還京引咎自責，失上皇意，而錄中乃云實以上昔任用非人，當謙遜避位之理，懇切應對，上喜從之，與史不合。蓋英宗急於求返，陽諾而陰憾之，實未之覺也。

東征紀行錄一卷（左都御史張若淮家藏本）

明張瓚撰。瓚字宗器，孝感人。正統戊辰進士，官至總督漕運左副都御史。事蹟具明史本傳。瓚為四川巡撫時，以播州宣慰司楊輝言所屬大壩千灣溪寨及重安長官司為生苗竊據，率兵討平之。此書所錄乃其自重慶啟行迄於班師之事。起成化十二年丙申十月，終次年丁酉正月，凡一百三日，皆排日紀載，附以所作詩句。明史瓚傳載此事在成化十年，與此書互異。然此書為瓚所自記，年月必無舛誤也。史又稱瓚功名著西蜀，其後撫蜀者如謝士元、蕭，雖有名，不及瓚。惟天壩干之役，或言楊輝溺愛少子友，欲官之，詐言生苗為亂，瓚信而興師，其功不無矯飾。今觀錄中所記，瓚但駐於黃平，居中調度，實未督兵親行，或出於所屬之妄報，瓚不加審核，遽以入告歟。此則當以史文為據，不以所自記者為據矣。

馬端肅三記三卷（戶部尚書王際華家藏本）

明馬文升撰。文升字負圖，鈞州人。景泰辛未進士，官至兵部尚書，加少師、太子太師。端肅其謚也。事蹟具明史本傳。此三篇皆所自述：一曰西征石城記，紀成化初為陝西巡撫，與項忠平滿四之亂事；一曰撫安遼東記，紀成化十四年遼東巡撫陳鉞冒功激變，而文升奉命撫定之事；一曰興復哈密記，紀宏治初土魯番襲執哈密忠順王，而文升持議用兵，遣許進等討平之事。三記本在文升所著集中，此其析出別行之本也。

案此三記皆文升所自述，宜入傳記類中。然三事皆明代大征伐，文升特董其役耳，實朝廷之事，非文升一人之事也，故仍隸之雜史類焉。

復辟錄一卷（浙江吳玉墀家藏本）

明楊暄撰。暄字廷獻，豐城人。景泰甲戌進士，官至浙江按察使。當徐有貞等奪門時，暄官御史，事皆目覩。又嘗劾曹吉祥、石亨，坐譴論戍，於二人事蹟知之尤悉，故其辨于謙、王文之被誣，石亨、曹吉祥之恣肆，皆與史合。後附李賢天順日錄、祝允明蘇材小纂、陳循辨冤疏、葉盛水東日記、王瓊雙溪雜記數條，蓋皆同時親與其事者，故引以為據，明所述之不誣云。

平蠻錄一卷（左都御史張若淮家藏本）

明王軾撰。軾字用敬，公安人。天順甲申進士，官至南京兵部尚書、參贊機務。諡襄敏。事蹟具明史本傳。史稱軾於宏治十三年督貴州軍務、討普安賊婦米魯。用兵五月、破賊砦千餘、盡平其地。是編所錄、卽其奏捷之疏也。

北征事蹟一卷、浙江范懋柱家天一閣藏本

明袁彬撰。彬字文質、江西新昌人。以錦衣衞校尉從英宗北狩。護蹕南歸、官至掌錦衣衞都督僉事、莅前軍都督府。事蹟具明史本傳。是編乃憲宗初年詔詢從行事蹟、彬具述本末上之、宣付史館。書中首尾皆用題本之式。末有成化元年七月二十二日所奉諭旨。蓋卽當時錄進本也。所述與劉定之否泰錄大略相似。然有否泰錄所載而是書闕者、亦閒有互異者。如否泰錄有正統十四年十一月二十三日額森遣使求索大臣迎駕、及景泰元年正月初七日英宗書至求索大臣來迎二事、此書皆未載。又否泰錄稱天順元年七月初一日李實羅綺馬顯等至額森營、十三日見英宗、而是書載在五月內。明史本紀則載在六月。其他與明史異者、若喜寧等燒毀紫荊關、殺都御史孫祥事、此書在正統十四年九月、而明史則在十月。彬日侍英宗左右、其見聞當獨眞、而所記與他書輒有異同。豈其書上於成化元年、距從征之年前後凡十有七載、諸所記憶、或有疑闕歟。千頃堂書目載此書云一作尹宣撰、未知何據、似不然也。

正統臨戎錄一卷、浙江范懋柱家天一閣藏本

不著撰人名氏。記明英宗北狩始末。考明史藝文志、有楊銘正統臨戎錄一卷。此書末專敍銘官職陞遷之事、當卽銘所述也。銘本名哈銘、蒙古人。幼從其父爲通事。至英宗北狩、銘與袁彬俱隨侍。及從帝還、賜姓楊。數奉使外蕃爲通事。孝宗立、汰傳奉官、銘以塞外侍衞功、獨如故。以壽卒於官。事蹟附見明史袁彬傳。此書所記與北征事蹟略同、而詳悉過之。惟首尾俱作通俗語、蓋銘未必知書、當時口述、令人書之於冊爾。

燕對錄一卷、浙江巡撫採進本

明李東陽撰。東陽字賓之、號西涯、茶陵人。天順甲申進士。官至謹身殿大學士。諡文正。事蹟具明史本傳。是書自宏治十年三月至正德六年八月、凡召見奏對之詞、悉著於編。其中所載有數大事。若明本紀宏治十七年三月癸未定太廟各室一帝一后之制、此書載定制端末甚悉、蓋禮志中所未及詳。又考本紀宏治十一年二月己巳小王子遣使求貢。夏五月戊申甘肅參將楊翥敗小王子於黑山。此書則載六月小王子求貢甚急、大同守臣以聞。已許二千人入貢、既而不來。六月閒走回男子報小王子有異謀、內閣具揭帖以聞。證之本紀、繫求貢於二月、先後差五月。又本紀載楊翥敗小王子在五月、則小王子之叛已在五月前矣。而此書載六月閒始報小王子有異謀、頗爲不合。考本紀載小王子之敗在五月戊申、而六月首標己酉、次標癸亥。戊申距己酉止一日、則五月之戊申乃五月盡日、當六月閒內閣揭帖時、或猶不及聞耳。書末載正德六年四月命閣會試錄一條、八月召對禦流賊劉七齊彥明等一條、與楊廷和所著視草餘錄全符、似足徵信。又考謝遷、劉健於正德九年十月致仕、楊廷和於二年十月入閣、梁儲於五年九月入閣。故是書於宏治十八年以後皆止書遷健、至正德六年則書廷和及儲也。

平吳錄一卷、戶部尚書王際華家藏本

不著撰人名氏。末有袁褧跋、稱此書相傳爲吳文定公所撰。案吳寬字原博、號匏菴、長洲人。成化壬辰進士第一。官至禮部尚書。諡文定。明史載入文苑傳。則所謂吳文定者乃寬也。千頃堂書目別載有黃標平吳錄一卷、與此書同名。其書見陸楫古今說海中、與此本詳略不同、截然二書。則謂此書爲寬作、或亦有所傳歟。所紀皆張士誠據吳始末。起元順帝至正十三年、迄明太祖吳元年、敍述頗有條理。然亦多史所已具者。惟明初書檄之文皆全載之、則他書所未及耳。

史餘一卷、兩淮鹽政採進本

不著撰人名氏。相傳爲明王鏊撰。鏊字濟之、吳縣人。成化乙未進士。官至戶部尚書、文淵閣大學士。諡文恪。事蹟具明史本傳。是編紀明代朝廷典故、凡四十九條。中多及正德初年事、或其致政以後所作。閒附考證。署曰五川。五川者、常熟楊儀別號也。豈儀嘗點勘是書、隨手附注、而後人爲之錄入歟。

明政要二十卷、浙江汪啟淑家藏本

明婁性撰。性、上饒人。成化辛丑進士。官至南京兵部武庫司郎中。明史馬中錫傳所謂兵部郎中婁性與守備太監蔣琮相訐坐除名者、卽其人也。是

書仿貞觀政要之體，編載明太祖、太宗、仁宗、宣宗、英宗五朝之事，凡四百五十二條，分類四十。弘治十六年表進於朝，自稱篇目皆其父諒所定，凡歷十餘年始纂成書。所錄英宗之事，大抵在天順以後，則以正統初政之不綱也。諒字克貞，吳與弼之門人，王守仁亦嘗從之受業，事蹟具明史儒林傳。

蘇州府纂修識略六卷（浙江汪汝瑮家藏本）

明楊循吉撰。循吉字君謙，吳縣人，成化甲辰進士，官禮部主事。明史文苑傳附見徐禎卿傳中。正德元年，以脩孝宗實錄，禮部遣官至江南采訪事蹟，蘇州亦開局編類，而請循吉總其事，因為撮紀大略，凡分十五目，所錄皆已得旨舉行之事。其奏疏碑記等作有關時事者，亦附載之，而以蘇州府公牒一通冠諸卷首。

安楚錄十卷（浙江汪啟淑家藏本）

明秦金撰。金字國聲，無錫人，宏治癸丑進士，官至南京兵部尚書，諡端敏，事蹟具明史本傳。是書乃其以副都御史巡撫湖廣時討平猺寇所作也。卷一為敕諭，卷二卷三為奏疏，卷四卷五為檄文，卷六至卷九為題贈詩文，卷十附錄封邱遺事。蓋金曾任河南左參政，禦流寇有功，土人為立生祠，併輯其詩為天成集，以紀金之戰績，故以類附見焉。

東征忠義錄無卷數（江西巡撫採進本）

明劉昭撰。昭字仲賢，號東崖，廬陵人，宏治癸丑進士，官至嘉興府知府。正德中，昭罷官里居，寧王宸濠反，王守仁起兵討之，昭時在幕府。及事平，昭紀其始末為此書。中閒闕略頗多，而大旨在著己之長，暴王守仁等之短，所紀亦不盡實。如謂守仁往福建勘事，至吉安始知遺敕書在贛，因不赴宸濠之宴。又謂伍文定、邢珣諸人破賊時，舟中金寶俱為所得，厥後伍謝二繡衣以得銀太多，假他事謫官云云。考守仁討宸濠始末，詳見明史及陽明全集，俱不載遺敕書事，其有無蓋不可知。至伍文定、邢珣之擄掠，當時諸璫忌守仁之功，沮其賞格，原有斯言，然究不得其確證。觀昭所記，則文定等之譴，正以昭等爭功故也。其自謂破省城時禁止殺掠、釋放脅從諸事，皆出其所畫諾。既不見於他書。又謂守仁不聽其言，奏捷疏遲，以致激怒武宗南巡，荼毒地方。不知武宗數出遊幸，諸璫皆欲邀功，親征之詔，固不在奏捷之遲速也。以此歸罪守仁，是亦未免於巧詆矣。

治世餘聞二卷（浙江范懋柱家天一閣藏本）

不著撰人名氏。所記皆明孝宗時事。考明史藝文志有陳洪謨治世餘聞四卷，此書止分上下二卷，而卷上標目又闕焉。蓋即洪謨之書，傳鈔者合併其卷帙耳。其題曰治世餘聞錄，錄字亦後人所增也。洪謨字宗禹，武陵人，宏治丙辰進士，官至兵部左侍郎。

繼世紀聞五卷（浙江范懋柱家天一閣藏本）

不著撰人名氏。據明史藝文志，亦陳洪謨撰。然此書與治世餘聞，史皆作四卷，此本乃有五卷。其第三卷僅一頁有奇，疑又為傳寫者誤分也。其書皆記武宗時事，謂韓文等劾劉瑾，司禮監太監王岳等佐之，瑾已垂誅，李東陽黨於瑾，先期漏言，遂不可制，卒成擅權之禍，所以罪東陽者甚至。其事容或有之，至謂張綵於瑾多所匡正，反復為辨其枉，則公論具在，安能以一手掩乎。

壬午功臣爵賞錄一卷壬午功臣別錄一卷（左都御史張若溎家藏本）

明都穆撰。穆字元敬，吳縣人，宏治己未進士，官至禮部主客司郎中，加太僕寺少卿致仕。燕王篡立以後，封賞功臣，藏其籍於有司。正德壬申九月，穆官禮部，簡視故牘，得其名數，而繕寫失次，因略加條整，編成爵賞錄一卷，凡三十三人。後二月復得指揮而下功賞之數，又次第為別錄一卷，以補前錄之闕。建文五年，歲在壬午，革除以後稱洪武三十五年，次年乃改元永樂云。

平番始末一卷（浙江范懋柱家天一閣藏本）

明許進撰。進字季升，靈寶人，成化丙戌進士，官至兵部尚書，諡襄毅，事蹟具明史本傳。初，宏治七年，土魯番阿黑麻攻陷哈密，執忠順王陝巴去。進為甘肅巡撫，潛師襲復其城，致仕後因檢閱奏槀案牘，編為此書。嘉靖九年，其子誥疏進於朝，詔付史館。其述用兵始末及西番情事頗詳，今明史土魯番、哈密諸傳，大略本之於此。

南城召對錄一卷（浙江范懋柱家天一閣藏本）

明李時撰。時字宗易，號松溪，任邱人，宏治壬戌進士，官至華蓋殿大學士，諡文康，事蹟具明史本傳。是編乃世宗親祀祈嗣壇時，與大學士翟鑾、尚書汪鋐、侍郎夏言等，侍於南城御殿，召見論郊廟禮制、兼及用人賑災之事。時因錄諸臣問荅之詞。史稱時恆召對便殿、接膝咨詢。雖無大匡救、而議論多本於厚。於是編亦略見一斑云。

南巡日錄一卷、北還錄一卷、兩江總督採進本

明陸深撰。深字子淵、號儼山、上海人。宏治乙丑進士。官至詹事府詹事、兼翰林院學士。卒諡文裕。事蹟具明史文苑傳。世宗嘉靖十八年、南幸承天、相度顯陵。深時官學士、命掌行在翰林院印扈行。是編乃紀其往返程頓、自二月癸丑至四月壬子、凡六十日之事。南巡日錄中載有永樂後內閣諸老歷官年月一篇、乃得之於孫元者。深最留心史學、故隨所見而錄之云。

革除編年、無卷數、浙江范懋柱家天一閣藏本

不著撰人名氏。浙江通志作嘉善袁仁撰。而朱彝尊又稱陳洪謨有革除編年一書。明史藝文志俱無之、未知孰是也。其書提綱列目、用編年之體、諸臣列傳即詳附目中。大致與諸書所記略同。書末終於建文四年六月己卯。自庚辰以後至乙丑破金川門、凡十日事、俱闕焉。疑殘其末數頁也。

姜氏祕史一卷、浙江汪啟淑家藏本

明姜清撰。清、弋陽人。正德辛未進士。官至尚寶司少卿。自靖難之後、建文一朝事蹟大抵遺失。是書於故案文集搜輯遺聞、編年紀載。至於地道出亡等事、則未嘗載及。紀錄頗見精核。案明史稾例議辨野史所載建文元年二月燕王來朝、行御道、登陛不拜、為御史曾鳳韶所劾、以為必無之事。而是書載鳳韶劾燕王事、云本吉安府志。又證以南京錦衣百戶潘瑄貼黃冊、內載校尉潘安三月二十三日欽撥隨侍燕王、還北平陞坐云云。據此、則來朝明矣。第不知所云潘瑄貼黃者、果足徵信否也。又世傳王艮於成祖入城前一日、與胡靖、解縉集吳溥舍、靖、縉陳說慷慨、艮流涕而已。其後獨艮死節。是書載其事而辨之、以為艮家譜載艮以建文辛巳九月卒、上遣黃觀諭祭、未嘗及成祖之來也。其言似乎可據。然革除之際、誅鋤異己、凡効忠於建文者、皆禍及子孫。安知王氏家譜非為宗族之計、諱其死難以自全。未必遽為定論。明史艮傳仍用前說、蓋必有所考也。

明良集十二卷、浙江范懋柱家天一閣藏本

明霍韜編。韜字渭先、南海人。正德甲戌進士。官至太子少保、禮部尚書。諡文敏。事蹟具明史本傳。是書所錄、凡宋濂洪武聖政記一卷、金幼孜北征前錄一卷、後錄一卷、楊士奇三朝聖諭錄三卷、楊榮北征記一卷、李賢天順日錄一卷、李東陽燕對錄一卷。韜後序但稱若宋濂、金幼孜、楊士奇、李賢、李東陽等、而不及楊榮。又序云赴召過韶、以貽韶守臣鄭驪等。或驪等付梓時增入北征記歟。

革朝志十卷、兩淮鹽政採進本

明許相卿撰。相卿有史漢方駕、已著錄。是編記建文一朝君臣始末、仍用記傳之體、而以門目分褒貶。一曰君紀、二曰闈宮傳、記后妃諸王。三曰死難列傳、記方孝孺等四十八人。四曰死事列傳、記鐵鉉等四十人。五曰死志列傳、記黃鉞等八人。六曰死遁列傳、記彭與明等十六人。七曰死終列傳、記王度等三人。八曰傳疑列傳、記王璡等十二人。九曰別傳、記沐春等六人。十曰外傳、記李景隆等二十五人。其說仍主出亡為僞、故有死遁一傳。其持論非不正。然革除年號、當時格於祖宗之所廢、不敢遽復。相卿不奏論於朝廷之上、而私著一書以復之、於義反有所未安矣。

維禎錄一卷、附錄一卷、浙江范懋柱家天一閣藏本

明陳沂撰。沂字魯南、號小坡。其先鄞人、徙家南京。正德丁丑進士。官至太僕寺卿。宏治十子之一也。明史文苑傳附見顧璘傳中。是書雜記朝廷典章、及明初故事、鈔撮而成、殊多疎略。其載景帝時英宗在南宮、有勸為不利者、帝怒、踐其疏地上。後英宗復辟、見疏有踐污跡、詢知其言、因復景皇帝號。案景帝復號在憲宗成化初、非英宗之事。此類未免失實也。

平漢錄一卷、戶部尚書王際華家藏本

明童承敘撰。承敘字漢臣、沔陽人。正德辛巳進士。官至左春坊左庶子。是編記太祖平陳友諒事。首載宋濂平江漢頌一首、次即載史臣贊一首。而以友諒興滅本末附於其後、謂之外傳。

茂邊紀事一卷、戶部尚書王際華家藏本

明朱紈撰。紈字子純、長洲人。正德辛巳進士。官至提督浙閩海防軍務、巡撫浙江右副都御史。事蹟具明史本傳。此書乃嘉靖十五年紈官四川兵備副使時、與副總兵何卿共平深溝諸砦番、因述其措置始末、作四六文一篇、而各以崖略分注其下。又附以紀事詩五十章、及李鳳翔靖柔編、王元正

平蠻或問各一首彭汝實等詩二十一首末有自跋稱此本藏篋中二十年及開府浙閩處議畏譏回思前事大小一轍乃萃爲卷錄原行文移足之蓋紈在閩以嚴立海禁爲勢家所齮齕鬱鬱不得志故託此以致意也卒爲衆口所排飲酖齎恨士大夫雖漁利以自肥然姦民得志內外交通海氛不靖者十餘年生靈塗炭者數千里仕閩浙者咸以紈爲忠貫禍爲戒無敢復嬰衆怒者蓋有明朝議有朋黨而無是非自其中葉已然矣

革除遺事節本六卷浙江范懋柱家天一閣藏本

明黃佐撰佐有泰泉鄉禮已著錄是書有列傳無本紀明史藝文志載黃佐革除遺事六卷當卽此書然佐書實有本紀其所自撰序可考又郁衮革朝遺忠錄別載佐序稱舊本繁文今皆芟之定爲七卷是知十六卷之革除遺事乃佐之全書此則佐所自節之本通本紀爲七卷此本佚其本紀故止有列傳六卷也又原書如姚廣孝諸人皆別爲外傳此則不復分析其體例亦稍不同

案此本惟存列傳似應入傳記類中然實原有本紀而佚之則仍以雜史論矣

楚紀六十卷浙江范懋柱家天一閣藏本

明廖道南撰道南字鳴吾蒲圻人正德辛巳進士官至翰林院侍講學士謫徽州府通判尋復舊職此書乃道南歸田以後爲世宗而作也世宗以興王繼統實受封於楚之安陸府道南大旨以爲太祖平陳理於武昌實開定鼎之基世宗復由安陸履帝位更啟中興之業故以楚地爲受命之符天心所屬博採古今鋪張潤色爲紀十有五曰皇運曰國基曰徵獻曰懋庸曰崇道曰昭文曰孚誠曰稽謀曰樹節曰經變曰考履曰闡幽曰登績曰穆風曰景則每紀分內外內外中又分前後凡一人一事與楚稍有所涉者亦必牽引以入焉道南於當時頗負文名此書亦殫十餘年精力其末卷景則紀中有原肯敘宗愍過等篇詳述已之世系出處仿太史公自敘蓋隱然自以其書比於史記然其體例蕪雜援引附會殊不足觀也

哈密事蹟一卷附趙全讞牘一卷浙江范懋柱家天一閣藏本

是編不題著名亦不著撰人名氏前載正德中土魯番侵擾哈密及經略彭澤與王瓊搆釁事又附載經略張海奏議一篇後載嘉靖間刑部議讞誘諳達原作俺答今改正叛人趙全等九人奏牘蓋明人雜鈔之殘帙也其序瓊澤二人事語皆袒瓊謂澤因靳貴陸完納賂於錢寧以求召後又附通紀略一條則載瓊激錢寧以傾澤其說自相矛盾今明史從通紀之說其敘趙全之事亦與明史無大異同但曲折差詳蓋讞牘之與史傳各有體耳

今言四卷兩江總督採進本

明鄭曉撰曉有禹貢圖說已著錄此書補吾學編所未備首有薛三省序稱此書之輔吾學編而行猶漢史之外有西京雜記與東觀漢記凡三百四十四條其中爲憲言者十之四爲世言者十之二爲事言品言者十之三爲證言術言者十之一蓋據所見聞隨筆記錄古雜史之支流也

雲中紀變一卷浙江范懋柱家天一閣藏本

明孫允中撰案世宗時有兩孫允中其一太原人嘉靖癸未進士官至應天府丞事蹟附見明史楊允繩傳其一卽此孫允中魯府儀衛司人嘉靖癸未進士官至山西按察司僉事嘉靖十二年大同兵變殺總兵官李瑾遣總督侍郎劉源清討之會巡撫潘倣縶賊首以獻請班師而源清縱兵大掠城下五堡遺孽遂盡反源清圍城久不下詔奪其職以張瓚代之未至而督餉郎中詹榮等已悉捕斬首惡亂乃定時議者俱以源清用兵爲非允中前後入城撫定并力言將士妄殺狀爲源清所惡以他事劾罷黃綰奏其功得復官致仕因據所目擊作此書以紀之大抵皆歸獄源清之詞末題丁酉八月乃嘉靖之十六年也

遼記一卷浙江汪啟淑家藏本

明田汝成撰汝成有炎徼紀聞已著錄是編載遼東邊事始於洪武二年迄於嘉靖十六年敘事疎略挂漏至多又多載未行之奏議殊不足以資考訂又三衞之中惟福餘跨遼而東朶顏已爲遼西境朶顏則大寧都司地非遼東地矣書中詳於朶顏是疆域且未分明無論記事矣

龍憑紀略一卷浙江范懋柱家天一閣藏本

明田汝成撰是編紀龍州土酋韋應趙楷李寰之亂已見於炎徼紀聞中此其摘出別行之本

行邊紀聞一卷浙江汪啟淑家藏本

明田汝成撰前有嘉靖丁巳顧名儒序以書中所載考之卽汝成炎徼紀聞也但闕後論數條又彼分四卷此爲一卷耳名儒序稱私實前帙十載乃

出而梓之。蓋所得乃其初稾，後汝成編次成帙，改易書名，名儒未及見之，故與炎徼紀聞至今兩行於世也。

洗海近事二卷（浙江巡撫採進本）

明俞大猷撰。大猷字志輔，晉江人。嘉靖中舉武進士，累官至都督同知，兼征蠻將軍，進右都督，諡武襄。考明史大猷傳，稱海賊曾一本者，吳平黨也。既降復叛，執澄海縣知縣，敗官軍，守備李茂材中礮死。詔大猷暫督廣兵協討。隆慶二年，一本犯廣州，尋犯福建，大猷合郭成、李錫軍擒滅之。是書乃大猷裒輯用兵之時奏疏、公牘、書札，始於隆慶二年正月，終於三年閏六月。前載譚綸、張瀚、朱炳如薦疏，後附操法及兵部覆本，並錄成功後友人賀贈之文，而終以勦林道乾諸議。卷首有大猷自序。是書論用兵委曲，較史為詳，而不先敘其事之始末，編紀年月以為提綱，雖諸篇以次編排，而端緒不一，閱之猝不能了了。蓋大猷雖通曉文翰，而於著書敘事之法則尚未習，故不能使經緯燦然，首尾該貫也。

奉天刑賞錄一卷（戶部尚書王際華家藏本）

自題懶生袁子，不著其名。以千頃堂書目考之，蓋袁褧所撰也。其書皆紀成祖靖難時僇賞誅戮之事，多本都穆壬午功臣錄、無名氏致坊錄，復雜採客座新聞、震澤紀聞、立齋閒錄諸書以附益之。所載建文死事諸臣家屬被禍慘毒，殆非人理。稱皆得於官府故牘，似不盡誣。成祖毒虐之政，至於此極，亦可證史書所載，尚未能得其什一矣。

廣右戰功錄一卷（戶部尚書王際華家藏本）

明唐順之撰。順之字應德，一字義修，武進人。嘉靖己丑進士，官至右僉都御史，巡撫淮揚。天啟中追諡襄文。事蹟具明史本傳。此錄述右江參將都督同知沈希儀討平廣西諸蠻事。順之工於古文，故敘事具有法度。明史希儀本傳全採用之。惟錄稱希儀為臨淮人，而史稱貴縣人，稍有不同。蓋希儀世官指揮，史據其籍言之，而錄則仍書本貫也。其書已載荊川集中，此為袁褧摘出，錄入金聲玉振集者也。

建文事迹備遺錄一卷（左都御史張若溎家藏本）

不著撰人名氏。前有自序，稱嘉靖辛卯陽月，太嶽山人書於水竹村居。考明史藝文志黃虞稷千頃堂書目，皆不載此書之名，不知其為何人。明人惟張居正號太岳，亦不聞有此書，莫能詳也。錄中皆紀建文死事諸臣，殊多傳聞失實。其稱太祖恆欲廢燕王，賴廷臣力諫得免，又嘗幽於別苑，不許進食，賴高后私食之得不死，皆荒唐無稽之言，不足取信。

平濠記一卷（編修程晉芳家藏本）

明錢德洪撰。德洪本名寬，字德洪，後以字行，改字洪甫，餘姚人。嘉靖壬辰進士，官至刑部郎中。事蹟具明史儒林傳。初，王守仁之平宸濠也，其大綱具於敘功疏，其細目具於年譜。德洪受業守仁，據師友所見聞，其陰謀祕計及一切委曲彌縫之處，有疏及年譜所不詳者，因作此記以補之。凡黃綰所說四條，龍光所說二條，雷濟所說一條，附載德洪隨事附論者五條，又自跋一條。大旨謂寧藩之敗，由於遲留半月，其遲留半月則由於守仁多設反閒以疑之。守仁在日，祕不言，守仁歿後始得其閒書閒牌之稾於龍光，而馮馭峒、酉葉芳及陰令知縣陳晃詭漁舟以誘擒宸濠，皆當時所不盡知者云。

南泰紀略一卷（浙江范懋柱家天一閣藏本）

明尹耕撰。耕字子莘，蔚州人。嘉靖壬辰進士，官至河南按察司僉事。明嘉靖四年，廣西土舍李寰、盧四、趙楷等煽亂，副使翁萬達以計討平之，而未蒙遷擢。耕因作是書紀其功。然書中於盧四煽九司作亂，及韋應附從諸事，俱未能悉敘，未免脫略，不及明史張經、翁萬達及土司列傳中載此事為詳也。

處苗近事一卷（浙江范懋柱家天一閣藏本）

明李愷編。愷字克諧，惠安人。嘉靖壬辰進士，官至辰沅兵備副使。是書分征討、巢穴、哨道、轉運、調發、防守六目。蓋記洪武至嘉靖湖廣苗民叛服征勦之事。

革除遺事十六卷（浙江范懋柱家天一閣藏本）

明符驗撰。驗字大充，號松巖，黃巖人。嘉靖戊戌進士，官至廣西按察司僉事。此書卷首有驗序，稱泰泉欲修國史之闕，出檇李郁氏本俾覈訂，為十六卷，以復於泰泉。泰泉者，黃佐之別號。蓋驗此書實因嘉興郁袞舊本而修緝之，筆其議者則黃佐也。又有一序，舊本題為郁袞作，其文與黃佐集中所載此書之序正同。蓋傳寫者誤題袞名，袞書有傳無紀。此書則列傳十卷、外傳一卷、冠以本紀五卷。截然兩書，不容移甲爲乙。別本或兼題佐名。考中書徐妙錦一條，佐集載之，題曰徐妙錦傳，然則佐亦潤色其閒矣。朱彝尊嘗謂黃佐革除遺事與當時紀建文事諸書，皆不免惑於從亡致身二錄。蓋於虛傳妄語，猶未能盡加芟削云。

安南奏議一卷（左都御史張若溎家藏本）

不著撰人名氏。嘉靖中，安南莫登庸簒國，國主之孫黎寧遣其臣鄭惟僚等赴京告難，乞興師問罪。廷議請討之，衆論不一。已而中罷。至十七年，詔申前議，以咸寧侯仇鸞總督軍務，兵部尚書毛伯溫爲參贊，剋日進師。而兩廣總督張經上疏，頗以爲難。兵部不能決，奏請廷議。議上，帝責諸臣不能協心謀國，復罷不行，而留鸞、伯溫別用。是書所載，乃兵部尚書張瓚等會題疏稾及所奉詔旨也。

議處安南事宜一卷（左都御史張若溎家藏本）

不著撰人名氏。嘉靖十八年，復命仇鸞、毛伯溫征安南。伯溫抵廣西，傳檄諭意。莫登庸自至鎭南關請降。伯溫承制赦之，馳疏以聞。詔改安南國爲安南都統使司。此本列伯溫原疏、兵部揭帖及詔旨一通，而兵部議覆疏未載，疑尚有所闕佚也。

伏戎紀事一卷（浙江鮑士恭家藏本）

明高拱撰。拱有春秋正旨，已著錄。拱在內閣時，值諳達之孫巴罕鼐吉（原作把漢那吉，今改正）率衆來降。拱決策脅諳達內附，且定封貢互市諸約。因記其前後本末爲此書。考之明史，巴罕鼐吉既降，總督王崇古上言，宜給官爵豐餼，飾輿馬，以示諳達。諳達急則使縛送諸叛，不聽即脅誅巴罕牽沮之。又不然，因而撫納。據此，則封巴罕以脅諳達，乃崇古先主其計，拱第力贊成之。而此書乃謂已先定計，遣書崇古，使之奉行，與史不合。又明史本紀謂高拱及張居正同主是議，居正本傳亦同，而是書乃畧不及居正，亦可見拱之矜功自伐，其所紀未足盡憑也。

靖夷紀事一卷（河南巡撫採進本）

明高拱撰。隆慶四年，貴州土司安國亨與安智相讎殺，撫臣以叛聞。拱因推太僕寺少卿阮文中爲巡撫。文中意欲勦之，拱議遣給事中賈三近往勘。國亨聽命，遂平其亂。拱因著是篇以紀其事。

綏廣紀事一卷（河南巡撫採進本）

明高拱撰。時廣東久遭寇亂，拱自錄其在內閣時籌畫地方事宜奏疏，及與人往復書札。書頗多自矜語，如若殷士儋書，非公在彼，孰能經略，非僕在此，孰能主張諸語，則其沾沾自喜，已見於此。宜其不獲以功名終也。

防邊紀事一卷（河南巡撫採進本）

明高拱撰。拱於隆慶四年再入內閣，兼理吏部。時邊事孔棘，拱有議添設協理戎政侍郎及議處邊鎭諸疏，彙爲此書。其所條畫利害，多與明史相合。

平倭錄（無卷數，江蘇周厚堉家藏本）

不著撰人名氏。紀明任環平倭事蹟。萬歷中，吏科給事中翁憲祥巡撫陝西，監察御史吉人重刊。憲祥作前序，人作後序，亦不言爲誰所作也。嘉靖癸丑，倭寇由越入吳，環時爲蘇州府同知，力戰殲之。以功晉山東布政司參政，卒贈光祿卿。是編首乞歸終制疏，蓋環用兵時適丁生母艱，事平因上此疏。次錄諭祭碑文誌銘，及其孫可復所錄事蹟。又以環所著詩文簡牘名山海漫談，並列之。末又附後人歌頌詩文，合爲一帙。編次叢雜，漫無體例。海虞陳禹謨說儲載環方出兵時，以靈棋經占得益友卦，其繇曰：客有王孫，來叩我門，語我福慶，主得蒙恩，薄暮常熟，王公鐵果叩門，遂決策進兵，我師大克云云。而此錄無之，蓋小說附會之談，不足據也。

世廟識餘錄二十六卷（浙江巡撫採進本）

明徐學謨撰。學謨有春秋億，已著錄。是書乃其歸田以後所作，記嘉靖一代之事。學謨練習典故，於世宗實錄多所駁正。如謂瑞州知府朱以方爲宸濠所殺，而國史誤稱赴水死。謂汪鋐通李資坤賄曲媚張孚敬，國史以爲內行修潔者不足信。謂仇鸞之戮由徐階密揭，作史者不及知。謂楊繼盛劾嚴嵩疏中顯指陸炳，國史以私沒其姓名。謂郭希顏雖以邪說取死，亦由嚴嵩傾陷，史臣評駁稍涉苛刻。謂沈坤以桀驁被劾，國史曲爲辨雪，未免黨護。謂任環忠義之士，能遏賊前，國史削其俘斬甚衆，亦爲失實。謂抗御史黃廷聘之陳安，乃湘潭知縣，國史誤記爲衡山。謂議禮諸臣互有得失，謂郭勛專權驕恣而能不受餽遺，未嘗無一節可取。均與史臣所記互有異同。然學謨在世宗時嘗爲禮部祠祭司郎中，第十九卷中載拒王金之賂，及抑符義金事，所云郎某者，即學謨自謂。又學謨爲荆州知府以拒景王徵沙市地租事得罪第二十四卷中亦具載之稱沙市本不在景王所給莊田之數王上疏密奮入其中司農莫之省獨學謨執不肯與云云皆自述所長明標箇牘劉知幾史通敘傳篇譏揚雄以降其自敘也始以誇尚爲宗身兼片善行有微能皆剖析具言一二必載豈所謂憲章前聖謙以自牧繩以是義殊於體例有乖又趙文華之攘功郤罪搆陷張經其事炳然在人耳目而學謨以爲史臣所記過甚其詞亦不免恩怨之私未爲公論也

西南紀事六卷江蘇巡撫採進本

明郭應聘撰應聘字君賓莆田人嘉靖庚戌進士官至南京兵部尚書謚襄靖事蹟具明史本傳粵西府江上起陽朔下達昭平亙三百餘里諸猺夾江而居怙險剽竊隆慶四年攻圍荔浦永安府應聘代殷正茂爲巡撫集漢土兵六萬征之三閱月悉定又討平懷遠陽朔洛容上沖邊山五㺐猺寇以憂歸因錄其攻取之略以成是書其刊版則萬歷八年復起巡撫廣西時也所言與明史應聘本傳及李錫傳大略相符

交黎撫勦事略五卷浙江汪啟淑家藏本

明方民悅撰民悅歙縣人嘉靖乙未進士官至廣東按察司副使嘉靖二十八年安南范子儀及瓊州黎那燕入寇時歐陽必進方總督兩廣檄都指揮俞大猷等討平之民悅述其始末爲此書卷一爲地圖卷二至卷四爲奏疏卷五爲公移案明史俞大猷傳是役皆大猷之力以嚴嵩薄其賞不得敘民悅專歸功於督府亦非事實也

召對錄一卷內府藏本

明申時行撰時行有書經講義會編已著錄此書乃記萬歷十三年五月迄十八年七月召對之詞時行時爲首輔六年中凡召對九次當神宗怠政之際君臣否隔萬事叢脞時行不能匡救乃反謂孝宗後此典久廢不舉至是復行沾沾誇爲盛事過矣

平夷功次錄一卷浙江汪啟淑家藏本

明焦希程編希程榜姓周象山人嘉靖辛丑進士官至貴州兵備副使希程在四川時值宜賓夷人作亂巡撫張臬檄委希程勦平因彙刻當時部檄以成此書

嘉靖倭亂備鈔二卷兩淮鹽政採進本

不著撰人名氏始嘉靖二十三年日本入貢終於四十五年閏十月凡倭之搆亂以及平戢始末皆載之大旨謂倭亂始於謝氏之通海成於嚴嵩之任用非人功罪顛倒所言比正史爲詳

瀛艖談苑十二卷左都御史張若溎家藏本

舊本題釣瀛子撰不知何許人所紀故事至弘治而止所紀年號至正德而止蓋在嘉靖以後矣其體例仿佛李心傳建炎以來朝野雜記多紀明代典章分目編次無所論斷大致與史傳相出入

平黔三記一卷浙江范懋柱家天一閣藏本

不著撰人名氏記明洪武中傅友德等平雲南暨正統中王驥平麓川嘉靖中呂光洵平武定三事末署隆慶庚午十月點蒼山人書於玉屏精舍蓋雲南人所爲其題曰平黔者以雲南亦黔中地故稱之耳三記雖並列而意則在於表彰呂光洵之功光洵字信卿浙江新昌人嘉靖間巡撫雲南其誅鳳繼祖事在嘉靖四十五年明史及雲南通志載之甚詳此書前有張元忭鄔璉二序張元忭之父與鄔璉皆嘗在軍中親贊其策所言不容有誤而元忭序作於辛未鄔璉序作於壬申正當書成之時序中亦言不知出誰手蓋當時光洵以人言去位同事者相繼褫謫其功抑而不揚是書獨紀實不諱故有所避而不敢言也考明史藝文志千頃堂書目俱載趙汝謙平黔三記一卷則是書實汝謙所著而隱其名者爾

使琉球錄二卷浙江巡撫採進本

明郭世霖撰據浙江遺書目錄稱世霖永豐人官吏科給事中而類姓登科考載嘉靖癸丑進士郭汝霖永豐人官至南京太僕寺卿當卽其人特譌世爲汝耳萬歷中蕭崇業使琉球錄稱陳侃郭世霖二錄其明證也初嘉靖十一年命吏科左給事中陳侃行人高澄冊封中山王尚清侃述其事爲琉球錄自爲之序至嘉靖三十七年又遣世霖與行人司行人李際春冊封中山王尚元世霖因取侃舊本綴續成編所言大略與明史琉球傳合惟每條列原錄於前而附所續於後皆以霖按二字冠之似乎考訂舊聞實則鋪敘新事於體例殊未協也

欽定四庫全書總目卷五十三

欽定四庫全書總目卷五十四

史部十

雜史類存目三

平播始末二卷（江西巡撫採進本）

明郭子章撰。子章有蠙衣生易解，已著錄。萬歷閒，播州宣慰使楊應龍叛，子章方巡撫貴州，被命與李化龍同討平之。化龍有平播全書，備錄前後進勦機宜。子章亦嘗有黔記，頗載其事。晚年退休家居，聞一二武弁造作平話（案永樂大典有平話一門，所收至夥，皆優人以前代軼事敷衍成文而口說之），左袒化龍，飾張功績，多乖事實，乃倣記事本末之例，以諸奏疏稍加詮次，復爲此書，以辨其誣。

平播全書十五卷（副都御史黃登賢家藏本）

明李化龍撰。化龍字于田，長垣人。萬歷甲戌進士。歷官兵部尚書，謚襄毅。事蹟具明史本傳。播州楊氏，自唐乾符中據有其地，歷二十九世，八百餘年。萬歷初，楊應龍爲宣慰使，恃險作亂，詔起化龍巡撫四川，尋進總督四川湖廣貴州軍務，進討平之，以其地置遵義、平越二府。因裒軍中前後文牘，編爲是書。前五卷爲進軍時奏疏，六卷爲善後事宜奏疏，七卷爲咨文，八卷至十一卷爲牌票，十二卷至十四卷爲書札，十五卷爲評批，爲祭文。明代用兵，大抵十出而九敗，不過苟且以求息事，而粉飾以奏功。惟平播一役，自出師至滅賊，凡百有十四日，成功頗速。史稱化龍是役，可與韓雍、項宗埒。其出師次第，雖載其大綱，而情形曲折，則不及此書之詳具。錄存其目，亦足資參考也。末有萬歷辛丑四川布政使參議王嘉謨後序，稱身在軍中，備見行事，蓋所言猶爲實錄云。

案此書雖載文而不紀事，然其文全爲平定播州而作，實具斯一事之始末。其載文卽紀事也。又雖冠以奏疏，而僅三之一，不可入奏議。雖出一人之手，而大抵書記吏胥之所爲，不可以入別集。故從其本事，入之雜史類焉。

建文朝野彙編二十卷（兩淮馬裕家藏本）

明屠叔方撰。叔方，秀水人。萬歷丁丑進士，官至監察御史。其書分遜國編年、報國列傳、建文傳紀、建文定論諸目，蓋雜採野史傳聞之說，裒合成編。大抵沿襲譌傳，不爲信史。至摭典故輯遺之謬說，謂宣宗爲惠帝之子，尤無忌憚矣。

明祖四大法十二卷（內府藏本）

明陳棟如撰。棟如字子極，無錫人。萬歷戊戌進士，官至太僕寺少卿。事蹟附見明史馮應京傳。是書乃其自襄陽推官下獄釋歸時所輯，以明太祖事實分心法、治法、祀法、兵法四門，皆於寶訓、實錄中擇其有關政體者，分條類載，蓋本宋濂聖政記而擴充之。然配隸多未切合，詳略亦往往失中，不足以資檢核也。

肅皇外史四十六卷（內府藏本）

明范守己撰。守己字介儒，洧川人。萬歷甲戌進士，官至按察司僉事。是編記明世宗一代朝政，編年系月，立綱分目，頗見詳備，而詞近瑣碎，不合史體。當時南京書坊嘗刻其節本，附雷禮大政記以行，此則其全書也。

聖典二十四卷（山東巡撫採進本）

明朱睦㮮撰。睦㮮有易學識遺，已著錄。是書紀太祖開國事蹟，分八十一目，仿貞觀政要之體。視宋濂洪武聖政記所載較詳。

倭患考原二卷（兩淮鹽政採進本）

明黃俣卿撰。自題曰閩人，其始末未詳。俣卿以嘉隆閒福建瀕海郡縣嘗被倭患，故爲是書，以推其致禍之由。上卷溯洪武初年遣使通倭，終萬歷初廣賊林鳳之亂。下卷恤援朝鮮，則紀宋應昌、楊鎬東征事也。卷末附以倭俗考。其中所載閩事居多，草野傳聞，殊爲簡略。

典故紀聞十八卷（浙江吳玉墀家藏本）

明余繼登撰。繼登字世用，號雲衢，交河人。萬歷丁丑進士，官至禮部尚書，謚文恪。事蹟具明史本傳。是編雜記前明故事，自洪武迄於隆慶。然其帝曰云云之屬，多屬空談，大抵皆記注、實錄潤色之詞，亦頗及瑣屑雜事，不盡關乎政要。如太祖攻婺城時，見五色雲，無論其事眞僞，總不在法戒之列。又如成祖時靈邱氏一產三男，有司議給廩至八歲，成祖命給至十歲，亦細故，不足毛舉也。

使琉球錄二卷（浙江汪啓淑家藏本）

明蕭崇業、謝杰同撰。崇業，雲南臨安衞人。隆慶辛未進士，官至右僉都御史，提督操江。杰，長樂人。萬歷甲戌進士，官至戶部尚書，總督倉場。萬歷七年，崇業爲戶科給事中，杰爲行人司行人，奉使往封琉球國世子尚永爲中山王。是年六月，渡海抵其國。十月還閩。因記其行事儀節，及琉球山川風俗爲此書。大抵本嘉靖十三年陳侃、四十年郭世霖二錄而稍潤益之。明史藝文志載謝杰使琉球錄六卷。此本止分上下二卷。檢勘茲無闕佚。殆六字爲傳寫之誤歟。

乙未私志一卷、浙江范懋柱家天一閣藏本。

明余寅撰。案明有兩余寅。其一字仲房、歙縣人。與徐渭、沈明臣俱入胡宗憲幕中。明史附見徐渭傳中。此余寅鄞縣人、本字君房、晚年改字僧杲。萬歷庚辰進士。官至太常寺少卿。萬歷二十三年乙未冬、帝以軍政失察、貶科道官三十餘人、九卿力諫不納。既而惡大學士陳于陛論救、復命改謫遠方。吏部尚書孫丕揚等再抗疏諫、帝益怒、盡除其名。寅因作此書紀其本末、及貶削諸臣姓名。案明史陳于陛傳載此事作兩都言官、而孫丕揚傳則作南京言官、微有不同。據寅所紀、乃北京科道耿隨龍等、南京科道伍文煥等、與于陛傳相合。知丕揚傳中南字、以與兩字形似而譌也。

馭倭錄九卷、浙江巡撫採進本

明王士騏撰。士騏字冏伯、太倉人。尚書世貞子。萬歷己丑進士。官至吏部員外郎。坐妖書逮獄削籍。明史文苑傳附載世貞傳末。是編乃其爲兵部主事時採明一代倭寇事蹟、起洪武元年、訖萬歷二十四年。凡當時所奉詔旨及諸臣章奏、茲中外戰守方略、案年編紀、本末頗具。自序以爲薛浚考略、王文光補遺、鄭若曾籌海圖編、多取野史爲證、往往失眞。故所錄皆就國史中拈出。然當時奏報亦多掩敗爲功、欺蔽蒙飾。國史所載、正未必盡爲實錄也。

建文書法儗五卷、江蘇巡撫採進本

明朱鷺撰。鷺字白民、吳縣人。其書作於萬歷乙未詔復革除年號之時。蓋欲上之於朝以補國史、故稱曰儗、而署名自稱曰臣。其書前編一卷、紀惠帝初生至爲太孫時事。正編二卷、記惠帝在位四年事。體例全仿朱子通鑑綱目。附編二卷、則雜錄明人之論述。卷首冠以頌聖德十條、紀明歷朝恕待惠帝君臣之旨、述公論六條、紀歷朝請復革除年號之奏章。儗書法十六條、則自敘其紀事之例。其論惠帝之失、惟在削宗藩、變祖制、持論未嘗不正。惟行遯從亡、尚沿舊說。又成祖未即位以前、削帝稱王、於義雖當。然不宜出於明之臣子。至序末題識一條、稱萬歷甲午、夢明太祖示以一朝表諱四金字。次日具奏、焚孝陵下、復夢太祖召見。則幾於妖言矣。

繩武編三十四卷、浙江巡撫採進本

明吳瑞登撰。瑞登有兩朝憲章錄、已著錄。是編成於萬歷壬辰、以洪武至隆慶事迹、分類編輯。其例一依眞德秀大學衍義、凡四大綱。一曰格致、二曰誠正、三曰修身、四曰齊家。爲目十有二、又分子目五十。然明自太祖開創之初、已多過舉。成祖篡立、虐焰橫煽。英宗以下、亦瑕多瑜少。至世宗、穆宗、善政不及什之一、稗政逾於十之九矣。瑞登乃臚列虛詞、使與古帝王媲美、雖臣子之體宜然、然非事實也。至於法戒茲存、在德秀編錄前代史書、自無不可。瑞登乃舉歷朝之失、昌言排擊、孔子諱內之謂何、是又併非臣子之體矣。此所謂進退無據也。

北樓日記二卷、浙江巡撫採進本

不著撰人名氏。考明史神宗本紀、萬歷二十年、寧夏致仕副總兵哱拜殺巡撫都御史党馨、副使石繼芳、據城反。此書即記其事。北樓者、寧夏鎮城樓、賊所據以爲變者、故以名編。所載自正月己丑始亂、至九月辛未平賊、按日繫事、頗爲詳悉。其中月日先後、往往與史不合。如賊聚衆殺馨、縱獄囚、焚案牘、在二月戊申、而史作三月戊辰。總督魏學曾下檄安撫在二月壬子、而史作三月壬申。河套諸部大入助賊在三月庚午、而史作六月乙未。葉夢熊代爲總督在六月甲午、而史作七月甲申。都督李如松以遼陽宣大兵至在六月戊申、而史作四月甲辰之類、不一而足。似當以此書爲得實。史蓋所見異詞。其記原州總兵李昫率副總兵王通參將趙武等統兵馬五萬屯靈州討賊、及河套諸部再入定邊、掠延慶、數千騎渡河云云。本紀皆不載。亦偶遺之。蓋史書該一朝之事、總其大綱。私記載一方之事、具在細目。體例固各不同爾。

明寶訓四十卷、江蘇巡撫採進本

明萬歷壬寅南京禮部郎中陳治本、工部郎中呂允昌、禮部主事朱錦等所刊。蓋裒合歷朝官撰之本以爲一編者也。原本洪武六卷、成於永樂十六年。永樂十五卷、洪熙二卷、均成於宣德五年。宣德十二卷、成於正統三年。正統十二卷、成於成化三年。成化十卷、成於宏治四年。宏治十卷、成於正德四年。正德十卷、成於嘉靖四年。嘉靖二十四卷、成於隆慶五年。隆慶八卷成於萬曆二年。皆有當時御製序。統紀一百一十三卷。此本四十卷。洽本等所合併也。建文本無實錄。景泰雖有實錄而未修實訓。故所刊止於十朝。英宗一朝併入天順年事。總以正統標名。殊乖體例。蓋當時官書本題廟號。而洽本等彙刻改題年號。以從簡易。既不可一書兩名。遂總題爲正統也。其書皆自實錄撮出。分類編載。門目大同小異。皆以貞觀政要爲式云。

吳淞甲乙倭變志二卷（浙江巡撫採進本）

明張鼐撰。鼐字世調。華亭人。萬曆甲辰進士。官至南京吏部右侍郎兼詹事府詹事。吳淞倭患。在嘉靖甲寅乙卯之間。故記二歲事獨詳。上卷分紀兵、紀捷、殲渠、周防四目。下卷分十德、十勳、十忠、十節、僧兵、狼兵、鹽丁、遣祀、三太學、四辯士、兩孝子、三乞兒、三腐儒等十三目。明史藝文志著於錄。此本題曰甲乙倭變鈔錄者。省其文也。鼐自序云。松之難。松之遺老能道之。然案之籌海圖編及海防考諸書。其日月頗不合。得非境外事境外人不能傳耶。吾寧信其目擊者焉。今考正史。倭寇松江。始於嘉靖甲寅。而此云癸丑。張經王江涇之捷。歲紀乙卯。而此云甲寅。諸所記載。率差一年。非第日月而已。鼐作是書時。已官諭德。直史館。於故府典故得以考核。不應差謬至此。疑其必有所受之也。書中汪直俱作王直。未喻其故。殆傳寫之誤耶。

兩朝平攘錄五卷（浙江巡撫採進本）

明諸葛元聲撰。元聲。會稽人。是書凡紀五大事。考明史載隆慶五年三月己丑。封諳達爲順義王。六月甲寅。順義王諳達貢馬。告廟受賀。丙辰。諳達執趙全餘黨十三人來獻。此書卷一紀其事。又萬曆元年九月丙戌。四川都掌蠻平。此書卷二紀其事。又萬曆二十年三月戊辰。寧夏致仕副總兵哱拜殺巡撫党馨、副使石繼芳。據城反。壬申。總督魏學曾討寧夏賊。秋七月。以葉夢熊代之。九月壬申。寧夏賊平。十一月壬辰。御午門受寧夏俘。此書第三卷紀其事。又萬曆二十年五月。倭犯朝鮮。二十一年正月。李如松攻倭於平壤。克之。四月。倭使小西飛納款。二十四年九月。平秀吉復攻朝鮮。二十六年十二月。總兵官陳璘破倭於乙山。朝鮮平。此書第四卷紀其事。又萬曆二十五年七月。楊應龍叛。掠合江綦江。二十八年二月。李化龍帥師分路進討播州。六月。克海龍囤。楊應龍自縊。播州平。是書第五卷紀其事。卷首有萬曆丙午商濬序。考丙午爲萬曆三十四年。則元聲之成是書。得之目睹爲多也。

梃擊始末一卷（浙閩總督採進本）

明陸夢龍撰。夢龍有易略。已著錄。是書乃其官刑部員外郎時所記。備述張差事始末。明末三案之一也。於一時諸人牽就彌縫情狀。摹寫甚詳。核以明史張問達傳。語皆相合。蓋實錄也。

遜國君記鈔一卷、臣事鈔六卷（兩淮鹽政採進本）

舊本題曰鹽官淡泉翁編。句吳潛菴子訂。淡泉。鄭曉之別號。其書多與吾學編相出入。蓋因曉之書而增改之。觀其中載隆慶六年詔書。則潛菴子爲明季人。但不知名氏爲誰耳。其君記鈔。載惠帝及太后皇后儲貳諸王事。臣事鈔。分爲十類。曰首事并諫死、曰謀國死、曰戰守死、曰守義死、曰事後圖報死、曰出隱死、曰論逮死、曰事後自盡死、曰隱避傳、曰外傳。其辨湯宗曾事文皇。終於宣德之世。足正吾學編表忠記之誤。而於建文皇子育宮中一事。隱取宣宗爲建文帝子之說。殊妄誕不足取矣。

虐政集一卷、邪氛集一卷、倒戈集一卷（兩淮鹽政採進本）

不著撰人名氏。皆載天啟中閹禍始末。各以年月編次。虐政集記東林黨人先後被難之事。邪氛集記閹黨諸人進擢柄用之事。倒戈集則以閹黨既盛。其徒自相攻擊。旋有被逐而去者。因併記之。每條有綱有目。備載當時所行詔旨。而間爲評論。如知縣唐紹堯逮治一條。稱實刑曹姚誠立下手。而猶翱翔藩臬。又御史方大任一條。稱大任如此受苦而竟忘之。蓋崇禎初年韓爌等旣定逆案之後。被禍者皆得牽復。而斥逐起用。猶有所未盡。故有是言。然明季門戶喧呶。黨同伐異。實有牢不可破者。固未可據一人好惡之口。而概以爲定論也。

泰昌日錄一卷（浙江汪啟淑家藏本）

明楊惟休撰。惟休字叔度。豐城人。天啟中監生。明光宗以萬曆四十八年八月朔即位。改明年爲泰昌元年。九月庚辰。熹宗即位。又改明年爲天啟。於是以萬曆四十八年八月以後爲泰昌。是書所記光宗在位一月之事。皆正史所具。無甚異同。文句亦頗蹇拙。末載所撰河清賦。亦不甚工。

閹黨逆案一卷（兩淮鹽政採進本）

明崇禎二年正月。大學士韓爌等奉敕定。以黨附魏忠賢諸臣、分別首從、擬爲等次。每名之下、各著罪狀、皆當日之爰書。其夾注科分籍貫、則似乎後人附益也。

遜國逸書七卷、內府藏本

明錢士升編。士升有周易揆、已著錄。是書前有崇禎甲申自序。所錄書凡四種。一曰拊膝錄、稱玉海子劉琳撰。琳不知何許人。所記皆建文君臣事迹、分紀傳三十餘篇。一曰從亾隨筆、稱程濟撰。一曰致身錄、稱史仲彬撰。皆敘建文帝出亾之事。一曰鐵老先生冤報錄、所記陳瑛中冓之惡、尤極穢褻。乃惡瑛者所爲。大都誕妄不可信也。

守鄖紀略一卷、浙江巡撫採進本

明高斗樞撰。斗樞字象先、鄞縣人。崇禎戊辰進士。由刑部主事累官湖廣按察使、分守鄖陽。自辛巳六月以後、屢被寇攻。斗樞盡力守禦者兩載、城幸獲全。癸未六月、斗樞具疏請援朝廷、始知鄖尚在。而閣臣陳演與斗樞有隙、乃別推鄖陽知府徐起元爲鄖陽巡撫。僅加斗樞太僕寺少卿銜。及甲申二月、始遷斗樞陝西巡撫。時全陝已陷、不能之官。後福王建國南京、以斗樞巡撫湖廣。道路不通、斗樞亦竟未聞。國亾後、遯歸故里而卒。事蹟具明史本傳。此書乃其歸里後追述守鄖之事。所載戰守法頗具、亦陳規守城錄之類也。

建文史待、無卷數、內府藏本

明陳繼儒撰。繼儒字仲醇、松江華亭人。事蹟具明史隱逸傳。是書乃所輯建文事蹟。前列引用書凡一百二十六種。首爲遜國編年、次報國列傳、次有官職而姓名無考者四人、次有姓名而官職無考者七人、次隱遁十五人、次宮闈十五人。末附以建文傳疑、則遜國出亾之說也。

事辭輯餘、無卷數、浙江巡撫採進本

明沈謏撰。前有謏自序。其私印一曰沈謏之印、一曰渚椒。卷首又有渚椒手書一長印、天彝二字一連珠印。署曰歸安沈炳震錄。字迹與序出一手。炳震近人、蓋重錄其先世舊本、仍以先世私印識之也。序稱嘗撰明事詞類輯、繼見同郡朱國楨所撰大政大事二紀、復爲此書。目錄分七略。曰除官略、曰武功略、曰封貢略、曰宮藩略、曰貴幸略、曰禮制略、曰內閣事實略。復有補遺六篇附於末。此本僅存前六略。其內閣事實略及補遺竝佚、蓋殘闕之本。國楨官內閣、得見國史所紀時事年月、較野史爲眞。如五朝注略、載嘉靖間言官劾尚書王瓊、及起王守仁南兵部尚書、彭澤兵部尚書、俱在十六年六月。而此書載在四月。梁儲致仕在四月、而此書載在五月。又注略於正德十六年五月、稱分遣行人存問在籍韓文、劉健、章懋、謝遷、王鏊、楊一清。而證之此書、則存問劉健在五月、謝遷、韓文在七月、王鏊、楊一清、章懋在十二月。皆當以此書爲正。然簡略太甚、於諸事皆有綱而無目、究不能有資於考證也。

遜國正氣紀二卷、副都御史黃登賢家藏本

明曹參芳撰。紀明建文時事蹟、大略鈔撮致身錄、靖難記、遜國記諸書而成。上卷首詔諭、次年表、次本紀。下卷首外紀、次從亾諸臣。每條之下、各附以論斷。其所載事蹟、如燕王來朝、行御道、登陛不拜、及程濟等從亾以後諸事、又以牢落西南四十秋一律爲惠帝之詩。大抵沿襲傳聞、無所考正。參芳爵里無考。惟所著本紀表一篇、自署南國郡博士弟子員。又載崇禎甲申上建文尊謚、稱爲今上。其從亾諸臣傳內、復稱愍帝爲先皇帝。其書殆成於福王南渡時歟。明史藝文志作九卷。今本二卷、然首尾完具。疑九字爲傳寫誤也。

嘉靖大政類編二卷、三通館本

明茅元儀撰。元儀字止生、歸安人。茅坤之孫、茅國縉之子也。崇禎初、以薦授翰林院待詔、尋參孫承宗軍務、改授副總兵官、守覺華島。旋以兵譁下獄、遣戍漳浦而卒。是編記嘉靖一朝大政、自大禮四郊以下、計十九類。鈔本多闕譌。末有萬歷己酉跋語、記茲編始事於癸巳、脫稾於丁酉。藏之篋笥、己侵蟫蠹。屢有目眚、弗能再加訂正。爰口占數語、付諸剞劂之後。然則當時蓋別有刻本也。

平巢事蹟考一卷、兩江總督採進本

明茅元儀撰。是編因明季流賊猖獗、官兵不能禦。元儀建策、欲用宣大降丁勦之。因謂唐黃巢發難時、沙陀五百、卽能殲其衆。而唐人疑不肻用、迄至亾國。故敘錄其事、冀鑒其禍而用已說。其大旨見自序中。然亦一偏之見。自古以來、召外兵以救內難、無論克與不克、未有不終於致亂者也。書中所載、始於唐僖宗乾符元年王仙芝作亂、迄於中和四年平黃巢、皆全勦資治通鑑之文。有刪除他事不盡者、如乾符五年鄭畋盧攜憤爭南詔事是也。

有偶遺本事者，如廣明元年漏載義武軍節度使王處存舉兵入援，而其下敘王重榮事，突出處存之名，莫知所自來，是也。蓋元儀姑借巢事以寄意，故疎略至於如是耳。

定保錄無卷數　浙江汪啟淑家藏本

明趙元祉撰。元祉，無錫人。是書成於崇禎十年。以明諸帝事蹟仿貞觀政要之體，分修身、尊賢、訓儲、納諫、馭臣、嚴宦寺、子民、詰戎兵、帝訓爲九類。編爲三集，首集載太祖事，二集載成祖事，三集載仁宗至世宗六朝，僅寥寥數言，不復分類，大抵序述尤雜，頗無體例。自題稱錫山草莽臣，而又有師鄒期楨謹訂一行，疑元祉本期楨弟子，故標此稱，然亦太妄矣。

蜀國春秋十八卷　浙江巡撫採進本

明荀廷詔撰。廷詔字宜子，成都人。崇禎癸未進士。其書自一卷至十四卷，上溯唐虞，下迄元明，凡與蜀事蹟之有關蜀國者，均分代紀之。若西漢之公孫述，東漢之劉焉，西晉之李雄，唐之王建，後唐之孟知祥，元之明玉珍，皆附焉。自十五卷至末，則通釋郡縣之沿革，大抵從正史鈔出，別無蒐討，較蜀中廣記諸書，不及十之一二，且議論亦多未醇正，不出明末積習也。

先撥志始二卷　浙江巡撫採進本

明文秉撰。秉字蓀符，吳縣人，大學士震孟之子。是書江南通志作六卷，此本乃僅二卷，然首尾無闕，或卷數有分合耶。所記皆明末遺事，上卷起萬歷訖天啟四年，下卷起天啟五年，訖崇禎二年。如妖書、梃擊、紅丸、移宮三案，以及魏忠賢亂政，崇禎欽定逆案之類，靡不詳載。自序謂首紀國本，著門戶之所由始也，終以逆案，著眞佞之所由判也。名曰先撥志始，所謂辨之於早也。又別一鈔本，後附逆案十九頁，有跋云，欽定逆案一冊，與先撥志始微異，得之石惠珍家，而石則得之馮涿州家，有刻本，因錄於館中。又附東林列傳十頁，乃江陰陳鼎所編。又附魏忠賢建祠二頁。此三種皆非秉書，不知何人彙附於卷末也。

守汴日志一卷　大學士英廉家藏本

明李光壂撰。光壂，祥符人。崇禎十五年以城守功由貢生議敘知縣。是編成於崇禎癸未，光壂流寓南京之時，記李自成三攻開封，終於河決城沒之事。大致與史傳相出入，而分日記載，於情事委曲特爲詳細。史稱陳永福射李自成眇其左目，此記爲永福之子守備陳德所射，光壂登埤目擊，當得其眞。光壂創造車營，擬連抵河畔，以應北岸之援兵，衆議相持，車成未試而城圮，頗以爲恨。然時非三代，而車戰是資，恐終爲房琯之續。故康熙乙巳鄢陵梁熙跋是書，亦深以是舉爲疑。又諸書記城中擬決河以灌賊，反以自灌，光壂此志，殊無是事。且志稱九月初一日以後，守城之兵，每日餓死三四百人，其枵腹待盡者不滿千人，守埤尚且不能，況能攖賊之鋒，出而荷鍤？熙跋亦謂決灌寇營，乃諫垣之議，城中不及與聞，或亦持平之論乎。是役也，賊三攻不克，光壂與生員張爾猷最爲有力，而推官黃澍、總兵陳永福拒守尤堅。其後永福終降自成，澍亦歸附國朝，復潛入徽州誘執金聲，皆非忠於所事者。此特記其一時之功耳。

東林始末一卷　編修程晉芳家藏本

明蔣平階撰。平階字大鴻，華亭人。是書述東林門戶始末，始於萬歷二十一年吏部稽勳司員外郎虞淳熙、兵部職方司郎中楊于廷之中京察，終於崇禎十六年大學士周延儒之賜死，惟敘朋黨攻擊之事。故於梃擊、紅丸、移宮之爭，客魏之禍，與遼東經撫之構，均不敘述，蓋意在齊、楚、浙三黨勝負之関，餘非所詳。然諸案止諸人之假以攻擊者，既以是案著沈郭搆釁之由，而不及諸案，則遺漏孔多。中如記顧憲成之援李三才、徐石麒之釁吳昌時，一著其受欺之由，一著其畀禍之故，頗無隱諱。而延儒通曹化淳以復相，由張溥之力，乃歸其事於丹陽監生賀順及應城之侯氏，未免曲筆。至吳昌時之改吏部，由交通周延儒，乃歸其事於鄭三俊，與延儒若無預者，尤非事實矣。

談往一卷　大學士英廉家藏本

舊本題花村看行侍者偶錄，不知何許人，蓋明之遺民遁跡爲僧者也。所記皆明末軼聞，凡二十七條。其中搗錢造鈔一條，票擬部覆一條，足以見當時塗飾之弊、巧詐之習；兩讞翻案一條，宜興再相一條，足以見當時上下蒙蔽之失。惟宜興再相一條，以周延儒之賜死爲過；項周惡過一條，力鳴項煜、周鍾之冤，殊乖公論。至前朝宮女一條，極述莊烈帝之奢侈，如宮中日食三千金，一宴用十萬金，>

月金銀火爐以數千計之類亦似非實錄又燈廟二市一條謂明之亾亾於燮者爲儉其持論尤謬也

平叛記二卷浙江巡撫採進本

國朝毛霦撰霦字荊石掖縣人是書記崇禎四年叛兵李九成等攻圍萊州始末大旨著知府朱萬年總兵楊御蕃參將彭有謨巡撫御史徐從治謝璉等死守全城之功而著孫元化劉宇烈余大成撫寇誤國之罪始於是年閏十一月二十八日吳橋之激變終於崇禎六年四月十三日麻坨之捷分日記載有綱有目其事皆霦所目擊故纖悉具備其自序云使當年之文武諸臣誰爲墨守誰爲血戰誰爲痛哭而乞師誰爲選懦而縱寇爲功爲罪靡不昭然明季軍政之壞此亦可見一斑云

平寇志十二卷浙江巡撫採進本

舊本題管葛山人撰不著姓名前有序文題曰龍湫山人李確著以著之一字推之疑卽出於確手案海鹽縣志李天植字因仲前明崇禎癸酉舉人甲申後遁跡龍湫山中改名確字潛夫當卽其人也是編載明末羣盜之亂分年紀載起崇禎元年迄

國朝順治十八年平定滇南張獻忠餘黨孫可望李定國等而止敘述頗爲詳悉其間有關於兵機之勝負國事之興亾者附以論斷其持議頗爲平允然體例未免蕪雜敘事亦不無重複參錯如以郭中傑爲副總兵充督輔中軍已見於甲申正月己酉日下復見於乙卯日下賊射僞詔於城中都城未陷以前之事而敘於莊烈帝崩後王章死於彰義門外城初陷時事而編於帝出宮之後丁未都城始陷而敘內城陷及帝幸南宮於丁未之先又於帝崩之下附所作大行輓詞八首殊非史例又如孫傳庭而此作傳廷陳永福降賊而此云爲賊所殺襄城伯李國禎降賊已久經論定而此云斬衰徒步哭大行殯畢自縊尚仍野史之誤周奎被賊拷不死後復還吳而此云賊令擔水執爨以死閻爾梅卽世所稱閻古古康熙中尚在而此僅附存其疑皆記載之失實者蓋自甲申以後南北間隔傳聞異詞故所載不能盡確也

明倭寇始末一卷編修程晉芳家藏本

舊本題

國朝谷應泰撰應泰有明紀事本末已著錄此卽本末中之一卷書賈鈔出以給收藏之家者也

見聞隨筆二卷浙江巡撫採進本

國朝馮甦撰甦有滇考已著錄是編首載李自成張獻忠傳次敘永明王竊號始末及載何騰蛟堵允錫瞿式耜張同敞陳子壯張家玉陳邦彥李元允李乾德楊展王祥皮熊楊畏知沐天波李定國十五人傳蓋時方開局修明史總裁葉方藹以甦久官雲南詢以西南事實因摭所記憶述爲此編以送史館毛奇齡分纂流寇傳其大略悉取材於此以視稗野之荒誕者較爲確實然亦不能一一詳備也

安南使事記一卷兩淮鹽政採進本

國朝李仙根撰仙根字南津遂寧人順治辛丑進士官至戶部侍郎康熙七年仙根以內祕書院侍讀偕兵部職方司主事楊兆傑使安南還備述宣諭事實編爲此書其詞多質樸少文蓋隨筆記錄未及刪潤也

交山平寇本末三卷附詩一卷詳文一卷書牘一卷浙江汪啟淑家藏本

國朝夏駰撰駰紀交城知縣趙吉士勦賊事也交山故爲盜藪康熙七年吉士往蒞事以計次第擒之閱四年而盡平駰時客吉士幕中因紀其本末上溯盜起之由中述定計之豫終陳制勝之略松江陸慶臻爲之評點并附賀贈詩篇於後餘姚邵以發復取吉士詳文書牘有關平寇者別爲二帙評論而刊之駰字宛東湖州人吉士字天羽錢塘人順治辛卯舉人官至戶科給事中

平閩記十三卷直隸總督採進本

國朝楊捷撰捷字元凱鑲黃旗漢軍官至昭武將軍江南提督是編皆其康熙十七年征勦鄭成功時奏疏及箋啟咨文牌檄告示諸稾馮溥王廣心序葉映榴跋皆稱平閩紀事前有張玉書序則又稱平閩記蓋初名紀事後改今名也

師中紀績一卷山西巡撫採進本

國朝王得一撰得一字種龍螺陽人福建水師提督萬正色之幕友也是書皆紀正色戰功凡二十三事始於康熙十二年由興安調守寧羌州迄於康熙二十年議征臺灣計首尾十年之事正色與姚啟聖異議堅不欲攻臺灣爲啟聖所奏得

旨調陸路提督而以施琅提督水師然琅卒蕩平餘孽則

正色之議未足為據。得一以議罷遠征為紀續之一、未免曲筆矣。

武宗外紀一卷、浙江巡撫採進本

國朝毛奇齡撰。奇齡有仲氏易、已著錄。是書記明武宗之事、凡九十四條、皆取之於實錄。前有自序、謂同館之為史者、凡武宗諸可鑒事、皆軼而不書、故作此以補之。然本紀自有體裁、無纏陳瑣屑之例。且其事已具實錄中、而野史又多備載。既無異聞、何必復贅耶。奇齡註大學、備引漢以來訓一切二字為苟且、斥朱子章句誤解一切之謬、證據確然。乃於彤史拾遺記仁宗張皇后傳中有勿干預一切語。此書復有上一切行禮語。在張后傳猶曰述其原書未可潤色。此書則敘事語矣。是亦負氣求勝、不顧其後之一端也。

後鑒錄七卷、浙江巡撫採進本

國朝毛奇齡撰。皆記有明一代盜賊之事。蓋亦明史擬稿之所餘也。自敘稱建溪謝給合作後鑒錄、大抵輯明代治盜始末、定為爰書。是編因襲故老舊聞、裒積成帙、仍用謝書之舊名。其事蹟今率見正史中、無大異聞。惟推論致亂之由、謂明三百年過於輕武。儒臣以奴隸遇閫帥。尺籍冒濫、病坊菜傭、過不罷省。師中動掣兩肘。又中官監進止無已、則冠冕文者操名法以持其後。亦目擊之篤論也。

封長白山記一卷、大學士英廉家藏本

國朝方象瑛撰。象瑛字渭仁、遂安人。康熙丁未進士。官至翰林院侍講。是編記康熙十六年聖祖仁皇帝遣官至長白山事。大略言是年六月三日由烏喇啟行。歷文德痕河、阿虎山庫納納林邪爾薩河、渾陀河、法布爾堪河、納丹佛勒地方、輝發江、法河、水敦林巴克塔河、納爾渾河、敦敦山、卓龍窩河諸處、至訥陰。十一日復自訥陰啟行。十四日乃至山麓。併記所見諸靈瑞。蓋隱括當日奏疏為之、故僅粗述梗概。而使臣亦佚其名、但稱覺羅武某云。

辨苗紀略八卷、浙江巡撫採進本

國朝俞益謨撰。益謨字嘉言、號澹菴、寧夏人。官至湖廣提督。康熙四十二年、辰州紅苗為亂、詔吏部尚書席爾達督荊州駐防兵及廣西貴州湖南三省漢土兵勦平之。益謨時率湖南兵從征、攻奪小天星寨、以臨天星寨、而紅苗乞降。是編詳記其事。首以地圖、次以明以來用兵得失及近時啟釁之由、次為條議案牘記事之文。大意謂明事壞於撫字。廢鵰勦之法、而土豪營弁又緣以為利。釀變者非一日、至是始一舉底定云。

遜代陽秋二十八卷、內府藏本

國朝余美英撰。美英一名珣、字璈伯、錢塘人。其書專紀明惠帝事蹟。一卷至十二卷為君紀、凡分三十二篇、附以論九首、書一首。十三卷至二十四卷為臣紀、皆建文諸臣列傳。二十五卷為後死表、闕表。二十六卷為歸命表。二十七卷為不義表。二十八卷為備遺篇、餘闕。書中蒐採頗富、而採用從亡致身諸錄。自建文四年後每歲具書帝在某處、帝幸某處。言之鑿鑿、不存疑案、未免失之於誤信也。

二申野錄八卷、浙江巡撫採進本

國朝孫之騄撰。之騄有重編尚書大傳、已著錄。是編採錄明一代妖異之事、編年紀載。始於洪武元年戊申、終於崇禎十七年甲申。故以二申為名。與明史五行志亦多相合。其誕者則小說家言也。

衡湘稽古五卷、兩江總督採進本

國朝王萬澍撰。萬澍字霍霖、別號勉亭、常寧人。卷首題衡湘野人述、而不著名。名字乃見於他人序中、亦好僻之士也。大意以衡湘為古帝王巡狩都會之區。春秋時芊楚兼併、聖人屛之、後人遂忘其先之盛。於是歷述伏羲、神農、黃帝、少昊、顓頊、帝嚳、堯、舜、夏、商二代以迄周昭、撰為此錄。每事標舉其綱、而雜引羣書為目、多摭自路史諸書。既非地志、又非史傳、與廖道南之楚紀、其叢雜約略相等云。

右雜史類一百七十九部、七百五十七卷、內七部無卷數皆附存目。

欽定四庫全書總目卷五十四

欽定四庫全書總目卷五十五

史部十一

詔令奏議類

記言記動，二史分司。起居注，右史事也。左史所錄，蔑聞焉。王言所敷，惟詔令耳。唐志史部，初立此門。黃虞稷千頃堂書目則移制誥於集部，次於別集。夫渙號明堂，義無虛發，治亂得失，於是可稽。此政事之樞機，非僅文章類也。抑居詞賦，於理爲褻。尚書誓誥，經有明徵，今仍載史部，從古義也。文獻通考始以奏議自爲一門，亦居集末。考漢志載奏事十八篇，列戰國策史記之閒，附春秋末，則論事之文，當歸史部，其證昭然。今亦併改隸，俾易與紀傳互考焉。

太祖高皇帝聖訓四卷

康熙二十五年

聖祖仁皇帝恭編，凡九十有二則，分二十六門。乾隆四年

我

皇上敬製序文，

宣付剞劂，昭示萬方。昔者有明末葉，海水羣飛，

景命有歸，

眞人首出，亶聰明而應運，錫智勇以匡時。以遺甲一十三

人仗順興師，

肇開鴻業。

威弧震疊，妖孛熸芒。仰溯

臨御之日，大抵秉旄執鉞者居多。然而外播

天聲，內修

王政。

經綸扐造，文武兼資。凡一時

指授開陳，

皇極敷言，罔非彝訓。黃帝七十戰，而銘著於巾机；成湯十一征，而義彰於誓誥。以今方古，厥道同符。特以

國初淳樸，僅傳於故老舊臣之口，故記載未詳。

聖祖仁皇帝追維

前烈，敬勒鴻編，昭千古之

帝圖，垂萬年之

家法。書所謂啟佑我後人，咸以正無缺者，

締造規模，猶可仰窺而見焉。

太宗文皇帝聖訓六卷

順治末

世祖章皇帝編次未竟，康熙二十六年

聖祖仁皇帝續成，凡一百一十一則，分二十三門。乾隆四年

皇上御製序文刊布。惟我

太宗文皇帝纘承

前緒，益拓

鴻基，因壘崇墉，觀兵姆野，

威棱震耀，旣遠邁成周，至於敦敘彝倫，正名百物，禮樂大備，書契肇興，則與軒帝膺圖，外奮涿野之威，而內

肅合宮之典者，後先同揆。誠以

守成而兼

創業，

奮武而竝

揆文，蓋宰馭乎萬類者，其聰明睿智必超乎萬類之上；

太祖有爲，垂裕乎萬年者，其制作精神必周乎萬年之後。

太宗有爲。稱

天上

謚尊，以經天緯地之文名，義所稱也。

豐功偉烈，史臣珥筆，已恭紀

琅函。至於

聖德所形，

聲律身度，

一舉一動，效法乎乾坤，

一話一言，表裏乎典誥者，則恭傳

天語，具在斯編，於以上彰

祖德，下啟

孫謀，理珠囊而握金鏡，誠億萬世之法守矣。

世祖章皇帝聖訓六卷

康熙二十六年

聖祖仁皇帝恭編，凡一百一十三則，分三十二門。乾隆四年

皇上御製序文刊布。洪維我

世祖章皇帝夙齡踐祚，

定鼎燕京，視帝堯起自唐封，尚先五載。然生而神靈，幼而徇齊，長而敦敏，則比德於黃軒。是以

提挈天樞，驅策羣力，削平三藩，底定四瀛，大同文軌，建億載之

丕基。加以

宵旰之餘，始終典學。

御註孝經，則操至德要道之原。

御纂內則衍義，則昭篤近舉遠之本。

御製人臣儆心錄，則振舉政典，澄敘官方。

御撰資政要覽、則敦敘綱常、砥礪世教。凡聖賢之理蘊、無不闡明。凡帝王之治法、無不講貫。固已本心出治、舉措咸宜。至於教闡聖謨、言爲世則、亦出同綸綍、寶竝球圖。夫天不可測、測以星辰之行。地不可度、度以山川之紀。聖不可知、知以典籍之所傳。堯誡湯銘、貽留奕禩、亦庶幾稍窺高厚之萬一矣。

聖祖仁皇帝聖訓六十卷

雍正九年世宗憲皇帝恭編。乾隆六年皇上御製序文刊布。凡三十二類、總一千九百餘則。篇帙視列聖爲富。蓋我聖祖仁皇帝道符帝緯、命自天申。景祚延洪、卜年久遠。六甲五子、首末循環、與天運相終始。故神功聖德、史不勝書。實錄數盈千卷、而貽留大訓、亦紀載獨繁。伏考周易有曰、日月得天而能久照、四時變化而能久成、聖人久於其道而天下化成。實祚綿長、故彝訓最爲詳備。此誠帝王之盛軌也。然其故有不止於此者。昔虞舜鳴韶、鳳儀獸舞、而皋陶賡拜、猶期以慎憲省成。慮其始勤而終惰也。使歷年久遠而暇豫之念或萌、則怠氣所乘、又安能於天下之事一一爲之衡量、於在廷之臣一一爲之啟導。今恭讀聖謨所爲保泰而持盈、謹小而慎微者、六十一年殆如一日。然則聖訓之獨多、固在享國之永、亦在蒞政之勤矣。周公誥誡成王、歷舉太戊、武丁、祖甲、文王之壽考、而歸本於無逸。聖人之心、固異世而同符也。

世宗憲皇帝聖訓三十六卷

乾隆五年皇上恭編。御製序文刊布。分三十類、九百十六則。卷帙亦極繁富。蓋我世宗憲皇帝勵精圖治、日昃不遑。端拱九重而念周四海、爲萬世永賴之計、故理繁治劇而不避其煩。廑一夫不獲之心、故慮遠防微而不遺於細。所由都俞吁咈、誥誡特詳。且癸卯踐祚以前、侍聖祖仁皇帝之日長。上則政教之條制、刑賞之權衡、聞之最悉。下則百度之利弊、萬物之情僞、知之最深。故睿照無遺、如金鑑澂明、物來畢肖。隨時誨示、每泛應無窮。而皇上問視龍樓、親聆綸綍、亦二十餘載。御極以後、聖慕彌深、追述玉音始末、猶能詳備十三年中之記錄、積盈三十餘卷。元元本本、有自來矣。堯典禹謨、流傳簡冊。大聖人健行不息之心、明作有爲之政、昭垂天壤、炳然與日月齊光也。

世宗憲皇帝上諭內閣一百五十九卷

雍正七年世宗憲皇帝俯允廷臣之請、命和碩莊親王允祿繕錄刊布。所載起御極之初、止於是年、以雍正九年告成。皇上御祚以後、復命和碩和親王弘晝編次雍正八年至十三年上諭、校正續刻、補爲全書、以乾隆六年告成。原本皆以每月別爲起訖、不標卷數。今恭依舊次、釐爲一百五十九卷。原本亦未題書名。今恭繹諭旨、由內閣宣示者居多、謹題曰上諭內閣、以別於上諭八旗諸編焉。伏考國家舊制、始置內三院、後乃改置內閣、以出納

綸言恭達
列聖膺圖
乾綱獨攬自增用奏摺以後皆
高居紫極
親御丹毫在廷之臣一詞莫贊即
硃批諭旨是也其題本由內閣票擬者遇事涉兩岐輒恭
繕雙簽以請無敢擅專至於
訓誥特頒則
指授內直諸臣於
禁廷具草有纖微未達
聖意者必
御筆塗乙添注亦罔敢以私意參其間
鑒定之後降付內閣宣布中外而已更無由如前代宰輔假批荅以竊威福者此一百五十九卷名爲臣工所繕錄實與
御札手敕無以異
勵精宵旰之懷謹持魁柄之意萬世可伏讀而見之也我
皇上御跋程頤經筵劄子力斥其天下安危繫於宰相之說誠所謂聰聽
彝訓垂裕後昆者矣

世宗憲皇帝硃批諭旨三百六十卷

雍正十年奉
敕校刊乾隆三年告成冠以
世宗憲皇帝諭旨殿以
皇上御製後序所載臣工奏摺凡二百二十三人多者以一人分數冊少者以數人合一冊所奉
硃批一一恭錄或在簡端或在句旁或在餘幅少者數十言多者每至數百言其肎綮之處經
御筆圈出抹出者尤爲詳悉無不循名責實斥僞求眞或即委而知源或見微而識著
玉衡之平不可欺以重輕
金鑑之明不可炫以妍醜
推求一事而旁燭萬端
端拱九天而坐照四海凡
堯傚舜咨具寓於
義畫禹書之中天下臣民循環跪誦蓋皆得而仰喻焉伏考典謨所載都俞吁咈大抵面陳秦漢以後章奏旣興載於史者不過有省有不省有行有不行耳所謂鳳尾諾不過一字未有連篇累牘一一手敕報之者唐宋以後多出代言故諸臣文集或以批荅爲內制之一體如宋太祖於截木之書宋眞宗於鄰壤之字皆偶然涉筆不過數言亦未有句櫛字比標注甲乙無幾微之不到者至於集彼書囊積爲巨帙多至三四百卷而數奏報聞無煩
訓示者不與焉內外章牘由內閣奏進者亦不與焉尤書契以來所未嘗聞見者矣臣等校錄之餘知我
皇上勵精無逸登
七袠而彌勤者
家法淵源有所自來也以上專集

世宗憲皇帝上諭八旗十三卷
上諭旗務議覆十二卷
諭行旗務奏議十三卷

雍正九年和碩莊親王允祿等奉
敕編凡三集共爲一書自康熙六十一年十一月十七日以後所奉
諭旨涉於八旗政務者曰
上諭八旗其前錄
諭旨而附載八旗大臣所議於後者曰
上諭旗務議覆其前錄八旗大臣所奏而恭錄
諭旨於後者曰
諭行旗務奏議並兼用
國書漢書刊刻頒行伏考三代以上兵與民同體文與武亦不分途故凡其著名版籍者十六以下上所長六十以上上所養無事皆可合以訓練有事即人人可以荷戈而當時之將帥亦即以卿大夫爲之未嘗治民而不治兵治兵而不治民也三代以下時異勢殊雖堯舜禹湯亦不能復行古法我
國家八旗之制則古法猶存雖臂指相維統以軍律而其人如比閭族黨之相保民事具焉其官如郡
國州縣之相隸吏事具焉故六職百司之選八旗無不備而科條案牘亦遂至夥至繁我
世宗憲皇帝深維根本之重
睿謨規畫鉅細咸周故宣於
綸綍者特多猶慮纖毫之或遺也謀及卿士而議覆積而成帙詢於芻蕘而奏議亦積而成帙蓋
輦轂之側視聽至近
籌度周詳
咨詢周密猶若此然則萬方廣遠百度殷繁
睿慮精勤一息而周四海者不益可仰窺哉

謹案

列聖御製及官撰諸書、竝恪遵

聖諭、冠於

國朝著作之首。惟詔令奏議一門、例以事集居前、總集居後。而所錄漢唐詔令、皆總集之屬、不應在專集之前。是以恭錄

聖訓

聖諭、弁冕此門。前代詔令列後焉。

唐大詔令集一百三十卷、編修朱筠家藏本

宋宋敏求編。敏求字次道、趙州平棘人。參知政事綬之子。進士及第。官至史館修撰、龍圖閣直學士。事蹟具宋史本傳。敏求嘗預修唐書、又私撰唐武宗以下實錄一百四十八卷。於唐代史事、最爲諳悉。此集乃本其父綬手輯之本、重加緒正、爲三十類。熙寧三年自爲之序、稱繕寫成編、會忤權解職。顧翰墨無所事、第取唐詔令目其集而弃藏之云云。蓋其以封還李定詞頭、由知制誥罷奉朝請時也。其書世無刊本。輾轉鈔傳、譌誤頗甚。中闕卷第十四至二十四、八十七至九十八、凡二十三卷。參校諸本皆同。其脫佚蓋已久矣。唐有天下三百年、號令文章、粲然明備。敏求父子復爲裒輯編類、使一代高文典冊、眉列掌示、頗足以資考據。其中不盡可解者。如裴度門下侍郎彰義軍節度使宣慰等使制、據舊唐書、其文乃令狐楚所草。制出後、度請改制內翦其類爲革其志、改更張琴瑟爲近輟樞衡、改煩我台席爲授以成算。憲宗從之。楚亦因此罷內職。是當時宣布者、卽度奏改之辭。今此集所載、尚仍楚原文、不從改本、未詳何故。又寶歷元年冊尊號赦書。據敬宗本紀、時李紳貶官、李逢吉等不欲紳量移、乃於赦書節文內但言左降官已經量移者量移近處、不言未量移者至與量移。翰林學士上疏論列、帝命追赦書添改之。今此集所載、祇及赦罪一條、而無左降官量移之文。疑亦有所佚脫。又舊唐書所載詔旨最多。今取以相較、其大半已入此集、而亦有遺落未載者。如紀號則改元天祐詔。除授則尹思貞御史大夫、李光弼兵馬副元帥諸制。追贈則張說贈太師、楊綰顏眞卿李絳贈司徒、郭曖贈太傅、鄭朗贈司空、田布贈僕射諸詔。優禮則杜佑蕭俛致仕諸詔。獎勸則勞解琬、獎李朝隱、褒美令狐彰、獎伊西北庭二鎭諸詔。譴降則王毛仲韓皐呂渭張又新李續之熊望貶官諸詔。誅竄則決殺長孫昕、流裴景仙裴茂諸敕。皆關朝廷舉措之大者、而此集竝闕而不登。以敏求博洽、不應疎於蒐採。或卽在散佚之中、亦未可定也。然唐朝實錄、今既無存。其詔誥命令之得以考見者、實藉有是書。亦可稱典故之淵海矣。

兩漢詔令二十三卷、副都御史黃登賢家藏本

西漢詔令十二卷、宋林虙編。東漢詔令十一卷、宋樓昉所續編也。虙字德祖、吳郡人。嘗爲開封府掾。昉字暘叔、鄞縣人。官宗正寺主簿。先是、虙以西漢文類所載詔令闕略、乃采括紀傳、得西漢詔令四百一篇。以世次先後、各爲一卷。大觀三年、程俱爲之序。南渡後、昉又依虙之體、編東漢詔令以續之。有嘉定十五年自序。是編合爲一書、題曰兩漢詔令。而各附原序於後。其首又載洪咨夔所作兩漢詔令總論一篇。案咨夔有兩漢詔令擥鈔、見於本傳。而此總論內云、夔假守龍陽、縱觀三史、裒其詔制書策令敕之類、事著其略、每嘗以臆見繫之。然則所云擥鈔者、必尙有咨夔議論之辭。而今書內無之。則此特後人取林虙樓昉二書合編、而掇咨夔之論冠其前耳。其與擥鈔、實非一書也。兩漢詔令、最爲近古。虙等採輯詳備、亦博雅可觀。雖陳振孫謂其平獻兩朝、莽操用事、如錫莽及廢伏后之類、皆當削去。是於裁制亦間有未合。然其首尾完贍、殊便觀覽。固有足資參考者焉。以上總集

右詔令奏議類詔令之屬、十部、八百二十二卷、皆文淵閣著錄、

案詔令之美、無過漢唐。唐大詔令爲宋敏求蒐輯而成、多足以裨史事。兩漢詔令雖取之於三史、然彙而聚之、以資循覽、亦足以觀文章爾雅、訓詞深厚之遺。兩宋以後、國政得失、多見於奏議。內外制亦多散見於諸集。故所錄從略焉。

政府奏議二卷、江蘇巡撫採進本、

宋范仲淹撰。仲淹字希文。其先邠州人、後徙家江南、遂爲吳縣人。大中祥符八年進士。歷官資政殿學士、戸部侍郎、知青州。卒。贈兵部尚書、諡文正。事蹟具宋史本傳。仲淹自慶歷三年拜參知政事、五年罷爲陜西四路宣撫使。在政府者首尾三載。是編皆其時奏劄、故以爲名。分治體邊事薦舉雜奏四類、凡八十五篇。皇祐五年、韓琦爲河東經略安撫使、始序而行之。稱輯之者爲寺丞君、謂仲淹子

純仁也。宋史藝文志載仲淹奏議十五卷、與此本不同。考琦序、稱奏議十七卷、政府論事二卷、所謂十七卷者、當卽宋志所載。特宋志荒謬、誤七爲五。所謂二卷者、當卽此本。特名曰論事、不名曰奏議。然陳振孫書錄解題有范文正公奏議二卷、則其名奏議久矣。史稱方仲淹執政時、仁宗銳意治平、數問以當世要務。嘗開天章閣、手詔諸詢。仲淹退而條上十事、仁宗悉采用之。獨府兵法衆以爲不可而止。今集中荅詔條陳治道一篇、蓋卽其事。又請以輔臣兼制諸曹、其疏亦在集中。蓋仲淹方以天下爲己任、意在裁削倖濫、考覈官吏、而論者多不以爲然。自所陳之十事既行、任子之恩薄、磨勘之法密。僥倖者益不便、相與造作謗譭、仲淹因不安其位而去。其所施爲、亦遂稍稍沮罷。觀於是集、其條制規畫、猶略可考見。史贊所稱宏毅之器、足任斯責者、亦庶幾乎無愧矣。

包孝肅奏議十卷（編修朱筠家藏本）

宋包拯撰。拯字希仁、廬州合肥人。天聖五年進士。歷官御史中丞、知開封府、終禮部侍郎、樞密副使。贈禮部尚書、謚孝肅。事蹟具宋史本傳。案宋志載拯奏議十五卷。今此本爲拯門人張田所編。自應詔至求退、分三十門、止有十卷。田序亦稱十卷、與史志不合。然宋志顚倒悖謬、爲自來史家所未有、不可援以爲據。殆誤衍五字歟。惟是田所編次、多不可曉。文獻通考引汪應辰序曰、公奏議分門編類。其事之首尾、時之先後、不可考也。如請那移河北兵馬凡三章、其二在八卷議兵門、其一迺在九卷議邊門。其不相貫穿如此。所言與此本相符。序又云、今考其歲月、繫於每章之下、而記其履歷於後。若其歲月見於章中、與夫不可得而考者、不容以不闕也。庶讀者尚可以尋其大概。是應辰於是編因每篇皆爲箋注、而此本無之。蓋應辰箋注久佚、今存者仍原本耳。序又云、如劾罷張方平、宋祁三司使而奏議不載。豈包氏子孫所不欲以示人者耶。案史稱拯攻去張方平、宋祁、朝廷遂以拯代。祁爲三司使、歐陽修有蹊田奪牛之奏、拯家居避命者久之。應辰所云、蓋指此事。然拯之剛正、豈逐人而覬其位者。修雖有此奏、特宋人好爲議論之習。拯之心迹、天下後世皆可諒之。遽諱而削其稾、反若拯實有此短者。此張田編次之無識、非拯志也。張田字公載、澶州人。嘉祐中嘗知廬州、甚著清異。蓋能不愧其師者。此書第九卷中有進張田邊說七篇狀、併附以賜張田敕書、與他篇例異。知確爲田之所編。應辰以爲其子孫諱之、非其實矣。

盡言集十三卷（山東巡撫採進本）

宋劉安世撰。安世字器之、大名人。少師事司馬光。哲宗初以光薦、除秘書省正字。又以呂公著薦、除右正言、遷左諫議大夫。紹聖初落職、知南安軍、又貶新州別駕、英州安置。徽宗立、移衡州、尋以濮州團練副使、鼎州居住。後復直龍圖閣、卒。事蹟具宋史本傳。安世有集二十卷、今未見傳本。此集皆其奏劄、不知何人所編。前有隆慶辛未石星、張應福序、皆云得鈔本於西亭王孫家。西亭者、宋睦㮮也。星序稱是集凡三卷、而此本實十三卷、與序不合。然證以永樂大典所載、一一相符。殆校讐偶疎、三字上脫十字也。史稱安世忠孝正直、似司馬光、而剛勁則過之。故彈擊權貴、盡言不諱。當時有殿上虎之稱。集中所論諸事、史不具載、頗足以考見時政。其中稍有遺議者、如吳處厚之劾蔡確、本出羅織。而安世申處厚之說、章凡一十二上、務欲寘確於死地。殊不免意見之偏。然由其嫉惡太嚴、至於已甚。故徒知確爲僉邪、而不察處厚非善類。見無禮於君者、遂如鷹鸇之逐、實非故相排擠之比。觀歐陽棐爲蘇軾所善、程子爲蘇軾所讐、而安世論棐差遣不當、章凡九上、併程子詆爲五鬼、絕無所區別於其間。是亦其孤立無黨之一證、不足以爲疵瑕也。惟是氣質用事、詞或過激。故王偁東都事略論之曰、爲君子不能深思遠慮、優游浸漬以消小人之勢、而痛心疾首、務以口舌爭之。事激勢變、遂成朋黨。是爲平允之論。至朱子作名臣言行錄、於王安石、呂惠卿皆有所採錄、獨以安世嘗劾程子之故、遂不載其一字、則似乎有意抑之矣。要其於朝廷得失、知無不言、言無不盡、嚴氣正性、凜凜如生。其精神自足以千古、固非人力所能磨滅也。

讜論集五卷（永樂大典本）

宋陳次升撰。次升字當時、興化仙遊人。熙寧六年第進士。知安邱縣、以薦爲監察御史、提點淮南河東刑獄。入爲殿中侍御史、進左司諫、貶南安軍監酒稅。徽宗立、召還爲右諫議大夫、復除名、編管循州。政和中復舊職、卒。事蹟具宋史本傳。次升爲太學諸生時、卽斥王安石字說爲秦學、坐是屏棄、通籍後三居言責，建議鯁切，爲時所憚。其最大者在止呂惠卿之使嶺南，劉安世謂其大有功於元祐諸臣。至其彈劾章惇、蔡京、蔡卞、曾布諸疏，尤爲明白痛切，聳動耳目。雖其根株不能盡拔，卒爲所中，以致垂老投荒。而剛直之氣，凜然猶可想見。本傳載所陳前後凡十餘事，皆有關於賢姦消長、政治得失之故，爲他人所不敢發。而謂其他所言曾肇、王覿、黄庭堅、賈易、李昭玘、呂希哲、范純禮、蘇軾等，公議或不謂然。今即集中所存諸疏觀之，其論王覿也，以曾布所善。其論曾肇也，以布之至親。其論呂希哲也，亦以韓忠彦之親。其論范純禮也，以對遼使誤犯御名。事各有因，與曲加指摘者不同。且是是非非，雖當代清流，亦不肎稍存假借。此正其破除成見，毫無黨同伐異之私。作史者乃以門戸之局爲次升之病，謬之甚矣。是集爲次升兄子南安丞安國所編，取哲宗顧問之語以名之。所錄奏疏凡二百七篇，久佚不傳。惟永樂大典中頗散見其篇題。採掇編次，共得八十六篇。又於歷代名臣奏議中增補三十篇，較諸原本所存，僅什之五六。然昌言偉論，爲史冊所未載者，尚可考見其梗概。謹考證時事，次第先後，釐爲五卷，而以行實一篇附於卷末，庶讀史者得以參證焉。

左史諫草一卷（兩淮馬裕家藏本）

宋呂午撰。午字伯可，歙縣人，嘉定四年進士，官至起居郎、右文殿修撰、知漳州。事蹟具宋史本傳。是編凡奏議六首，後附其子沆奏議一首，後又附載家傳、詩文之類。最後載呂氏節女事，皆因家傳附編者也。午兩爲諫官，以風節自厲，知無不言。理宗嘗稱其議論甚明切，又謂其論邊事甚好。此六疏皆理宗嘉熙二年所上，雖篇數無多，而宋末時事頗可考見。其論宋宰相臺諫之弊，尤極詳懇。其子沆一疏，并方回所爲午及沆傳，亦多與宋史本傳可以相證。回稱午文集名竹坡類藁，是午本有全集，而今佚之。茲六疏蓋存於散軼之餘者。其他遺文則頗散見於新安文獻志諸書中云。

商文毅疏藁略一卷（浙江范懋柱家天一閣藏本）

明商輅撰。輅字宏載，淳安人，正統乙丑進士第一，官至吏部尚書、謹身殿大學士，卒謚文毅，事蹟具明史本傳。是集爲其子侍講良年所編，後有其孫汝頤跋，稱輅素菴文集凡數十卷，兩遭回祿，悉爲煨燼。幸此卷獨存，因鋟諸梓云云。此本爲天一閣所鈔，則刊版又佚矣。其偶傳者幸也。所載奏疏凡三十三篇。明史所載景泰時請清理塞上軍田、招集開封鳳陽諸處流民，成化時首陳八事，及辯林誠之誣，請皇太子視紀妃疾，弭災八事，劾西廠太監汪直諸疏，今皆在集中。惟劾汪直一疏，史載列直十一罪，而不言其目。此集所載乃止十條，或爲傳寫佚脫一條，抑或史文誤衍一字歟。又邊務一疏凡言二事，其一論養軍莫善於屯田，若不屯田，雖傾府庫之財，竭軍民之力，不能使邊城充實，宜禁勢豪侵佔，令邊軍分二班耕種，非專言清理官田。史但稱覈還之軍，未盡其實。其一論守邊爲上，守關次之，若徒守京城，最爲下策，不宜全調保定等處精銳官軍備禦京城，而以紫荊、倒馬諸要隘委之輪撥京兵，致望風先潰。其言尤深中明代之弊。史削而不載，亦刪除過當。是集所載，乃其全文，尤足以補史闕也。

王端毅公奏議十五卷（浙江巡撫採進本）

明王恕撰。恕有玩易意見，已著錄。恕吏部奏議九卷，宏治四年文選郎孫交編次，李東陽序之。後兵部尚書王憲取其自大理寺左寺副至南京兵部尚書時奏議六卷，刻於蘇州。御史程啓元又刻於三原。此本則正德辛巳三原知縣王成章合二本而刻之者。第一卷爲大理寺及巡撫荆襄河南時所上，二卷爲南京刑部戸部及總理河道時所上，三卷爲雲南巡撫時所上，四卷爲前參贊機務時所上，五卷爲巡撫南直時所上，六卷爲後參贊機務時所上，七卷至十五卷皆吏部所上。劉昌懸笥瑣探，稱恕歷仕四十五年，凡上三千餘疏，則此猶汰而存之者矣。明史恕本傳稱其敭歷中外五十餘年，剛正清嚴，始終一致。集中所載，如參奏鎮守太監及論中使擾人等疏，皆剴切直陳，無所回護。又如處置地方及撥船事宜諸狀，皆籌畫詳盡，具有經略。其他亦多有關一時朝政，可資史傳之參證。沈德符顧曲雜言稱邱濬作五倫全備雜劇，王恕謂其程學大儒，不宜留心詞曲，濬大恨之，遂謂恕所刻疏藁凡成化間留中之疏，俱書不報，故彰先帝拒諫之失。侍醫劉文泰因以此事疏攻恕，恕因去位。所以報恕之輕詆也。明史恕傳則謂二人因爭坐位，故搆是獄。案濬本很忮，恕一日不去，則濬一日不得快其私。其忌恕未必以此數語，亦未必以此一事，然恕亦殊乖避人焚草之意，故史謂其昧於遠名之戒。今刊本已無此二字，或後來刪之歟。

馬端肅奏議十二卷　浙江巡撫採進本

明馬文升撰。文升有三紀，已著錄。案文升砥礪廉隅，練達政體，朝端大議往往待之而決。與王恕、劉大夏俱負一時重望。此集奏議五十五篇，乃嘉靖丁未其孫天祐所編次，而以恩命錄及行略、墓誌等文附之。凡史傳所載直言讜論，全文皆具在集中。其請正北岳祀典於渾源州一疏，則本傳不載，而見於禮志。其爲左都御史時所言振肅風紀十五章，本傳不詳其目，今亦獨見此書。大抵有關國計，不似明季臺諫惟事囂爭。惟文升於成化中巡撫遼東，總督漕運，當時必多所建白，而集中概不之及，則不詳其何故矣。

關中奏議十卷　直隸總督採進本

明楊一清撰。一清字應寧，安寧人。成化壬辰進士。官至華蓋殿大學士，謚文襄。事蹟具明史本傳。此編以其生平章疏分爲五類。卷一、卷二曰馬政類，卷三曰茶馬類，宏治十五年以副都御史督理陝西馬政時所上。卷四、卷五、卷六曰巡撫類，則寇入花馬池，命巡撫陝西時所上。卷七、卷八、卷九曰總制類，則正德初寇犯固原、隆德，一清以延綏、甘肅、寧夏有警，不相援，患無所統攝，請遣大臣領之，即命一清總制時所上。第十卷曰後總制類，則其忤劉瑾致仕後，以安化王寘鐇反，復起時所上也。以所陳多陝甘邊事，故以關中爲名。嘉靖初始刊行於南京。其閒所載，不盡皆一清奏藁。凡當時部臣覆疏，及前後所奉諭旨，悉編入之，故於時事本末頗爲詳盡。史稱一清官陝西提學副使時，卽詳究邊情利弊，嘗當羽書旁午，一夕草十疏，悉中機宜。其才一時無兩，或比之姚崇云。

楊文忠公三錄七卷　浙江孫仰曾家藏本

明楊廷和撰。廷和字介夫，新都人。成化戊戌進士。官至華蓋殿大學士，謚文忠。事蹟具明史本傳。是編名爲三錄，實則題奏前錄一卷、題奏後錄一卷、視草餘錄一卷、辭謝錄四卷。凡四種。題奏前錄，正德時所上；題奏後錄，嘉靖時所上。喬宇爲之序。視草餘錄，蕭大亨爲之序，又有自序，謂官內閣時凡朝廷奏對之詞，政事可否之議，隨事錄之。序題嘉靖六年，而所記止於嘉靖二年，則廷和以嘉靖三年正月去位也。其中有足與史參考者，如武宗本紀十三年正月丙午至自宣府，命羣臣具綵帳羊酒郊迎，御帳受賀，是其事竟行也。廷和本傳則言帝命回鑾日羣臣各製旗帳迎，廷和執不從，乃已，是又未行。此書載上傳諭五府及團營三大營各爲旗帳奉迎，廷和不從，錢寧及廖鵬、張龍屢傳旨要脅，廷和終不從，駕回竟不用旗帳，上意亦無所忤。據此，則本紀書其始，未詳其卒，知本傳所言爲是。又此書載正德十四年正月七日，散本官送兵部侍郎馮清奏捷本至內閣，欲擬旨獎勵威武大將軍。廷和執不可。張龍、錢寧相繼催取，廷和卒擬旨獎勵馮清，而不及威武大將軍一字。又載慈壽遣散本官傳諭欲改懿旨爲聖旨，廷和力爭，至再方寢。又載壽安后崩，世宗堅欲持喪三年，且擬頒遺詔。廷和力爭，乃僅服二十七日，於宮中遂止遺誥之命。凡此數事，本紀及廷和本傳俱不載。又若擒戮江彬及議興獻廟，曲折始末，亦較史爲詳。辭謝錄皆辭職謝恩諸疏，林俊爲之序。其卷帙多於三錄，而不在三錄之數，以一人之事，非國政也。其奏疏有過於樸率之病，然告君以達意爲主，不以修詞爲工。如正德中請慎重郊廟疏、請還宮疏，嘉靖中請停齋醮疏，皆指陳時弊，在當日可謂讜言。其他亦多切直中理，言雖質直而義有啟沃，固與春華自炫者異矣。

胡端敏奏議十卷　江蘇巡撫採進本

明胡世寧撰。世寧字永清，號靜菴，仁和人。宏治癸丑進士。官至兵部尚書。事蹟具明史本傳。世寧爲推官時，屢折岐藩之勢，爲主事時，上書極論時政闕失，與李承勛、魏校、余祐善，稱南都四君子。爲江西副使時，上疏劾寧王宸濠，爲所搆中危禍，幾於不免。宸濠敗後復起，又屢糾中官趙欽、劉聰等，風節震一世。惟議大禮與張璁、桂萼合，而他事又無一不與璁、萼忤。蓋意見偶同，非有所依附也。是集所錄奏議，皆與史傳相發明。史稱世寧吶不出口，及具疏，援據古今，洞中窾會。今觀是集，良然。中多辭職乞罷之疏。考正德末，宸濠、劉瑾內外交訌；嘉靖初，璁、萼專權相軋，世寧牴牾其閒，動多掣肘，遂時時有引退之心，蓋孤立危疑，不能自安其位，不得已而出於斯。或以恬退稱之，非其志矣。薛應旂方山文錄有世寧小傳曰：公嘗言學貴經濟，不在詩文。故其奏議二十卷及所著書數十種，皆有裨於世務，非空言也。今此本乃止十卷，汪汝瑮家藏本亦同，豈應旂所見乃其全稾，後授梓時僅汰存其半歟。

何文簡疏議十卷（兩淮馬裕家藏本）

明何孟春撰。孟春字子元，郴州人。宏治癸丑進士，授兵部主事，累官右副都御史，巡撫雲南，入爲吏部左侍郎，以爭大禮左遷南京工部左侍郎，尋削籍。隆慶初贈禮部尚書，謚文簡。事蹟具明史本傳。孟春沒後，遺稾散佚。萬歷初，巡撫湖廣僉都御史汝陽趙賢始搜輯其詩文，刻之永州。又別錄其奏議爲一集，刊於衡州，即此本也。前二卷爲官兵部時作，第三卷爲官河南參政入爲太僕寺卿時作，第四卷至八卷爲巡撫雲南時作，末二卷爲官侍郎時作。孟春少游李東陽之門，學問該博，而詩文頗拙，卒不能自成一家。惟生平以氣節自許，歷官所至，於時事得失數奏剴切，章疏乃卓然可傳。本傳所載如救言官麗泮等，請停萬歲山工役，清寧宮災陳八事，出理陝西馬政，上釐弊五事，諫武宗幸宣府。嘉靖初以旱潦相仍，條奏八事，皆侃侃鑿鑿，有關大計。然此集所載，讜論尚多，史特舉其最著者爾。

垂光集二卷（安徽巡撫採進本）

明周璽撰。璽字天章，號荆山，合肥人。宏治丙辰進士，官至禮科都給事中。爲劉瑾所搆，斃於廷杖。瑾敗後，禮科給事中孫禎疏訟其枉，詔復官，蔭其一孫。事蹟具明史本傳。是集上卷載疏十三篇，上於宏治朝者七，上於正德朝者六，言皆痛切，而劾瑾二疏，則尤直氣坌涌，聲溢簡外。明史本傳但稱其劾法王眞人，劾太監齊元，侍郎李溫，太監苗逵，尚書崔志端，熊翀，賈斌，都御史金澤，徐源，又應詔陳八事，劾大傅賈斌等十一人，太監李興等三人，勳戚張懋等七人，遼將朱廷等三人，又稱其論太監韋興不當命守鄖陽，及忤瑾黨楊玉，不及劾瑾之事。此集可補史之闕。疏後附載家書一通，其許國忘家之意，已早決於未劾逆璫之前。與盡忠錄陳東八月二十五日家書，詞氣相似，亦可謂食其祿不避其難者矣。下卷附錄敕命祭文墓表碑記及題詠詩歌。其中嘉靖二年諭祭文曰「權姦搆禍，削籍歸田，抑鬱未伸，遽爲淪沒」，似謂璽卒於歸田之後者，與史載璽杖斃事狀絕不相符，豈當時諱其杖死，案牘所載僅以削籍爲詞耶，亦足見明政不綱，悉爲欺罔矣。

孫毅菴奏議二卷（浙江范懋柱家天一閣藏本）

明孫懋撰。懋字德夫，號毅菴，慈谿人。正德辛未進士，官至應天府尹。事蹟具明史本傳。懋官給事中時，武宗方狎昵小人，嬖倖用事，言官多所譎降。懋獨抗直不回，如劾奏太監于喜，史宸，張澤諸疏，俱能直陳無隱，頗著丰采。又所奏湖廣之管解綿花絨及嚴考察各條，皆足補明史食貨選舉各志所未備。又懋是時扈從行在，其請急定平宸濠功賞，又請還京，屢陳遺警，直指天變，至千餘言，亦具見忠讜。其劾江彬也，史言人皆爲懋危，而彬方日侍帝娛樂，亦不之見，懋以幸免，亦可謂彈劾權貴奮不顧身者矣。集中諸疏，史但摘其大端，不能備載，今備錄存之，以與本傳相參考，猶可想見其遺直也。惟疏中所劾諸人，刻本多剷除其姓名，蓋其子孫避怨之計，今無從一一考補，亦姑從其舊焉。

玉坡奏議五卷（浙江巡撫採進本）

明張原撰。原字士元，三原人。正德甲戌進士，授吏科給事中，以疏論時事，謫貴州新添驛丞。嘉靖元年，召復故官，坎坷八年，其志不挫，益以慷慨直諫自許。如正殷通等陞職世襲疏，趙雲陞命疏，選近習疏，請逐太監蕭敬二疏，論錦衣衞朱宸等異狀疏，寢楊倫職命疏，停國戚張鶴齡等恩典疏，停司禮監乞請疏，論國戚張延齡等異狀疏，論內官提督織造疏，論張璁桂萼疏，皆力折權倖，不避禍患，言人所不能言。今具載集中。當其賜環之初，趙漢與之同科，贈之以詩，有「碧桃雨露空千樹，老竹冰霜見一竿」句，又有「回來龍劒星文在，遲暮提攜得共看」句，今載漸齋詩稾中。觀於是集，原可謂不愧斯言矣。

南宮奏稾五卷（編修勵守謙家藏本）

明夏言撰。言字公謹，貴溪人。正德丁丑進士，授兵科給事中，歷官禮部尚書，武英殿大學士。後以主復河套，爲嚴嵩所搆，坐與曾銑交關棄市。隆慶初追復原官，謚文愍。事蹟具明史本傳。言初以才器受知世宗，而柄用之後，志驕氣溢，傲復自專，卒以致敗。其事業殊無可稱，特學問淹博，於故事夙所留意，又值世宗銳意改制之時，故於一朝典禮多所酌定。如南北郊分祀，更定文廟祀典，及大禘禮儀立先蠶壇之類，悉言所贊成。迨帝擢掌禮部，益力舉其職。前後奏牘，亦多有可採。此本爲御史王廷瞻所刊行，即其官尚書時所上。自郊廟大典以至封爵貢舉，大端略具。其間牽合古義，附會時局者，往往不免。然明代典章至嘉靖而一大變。史志但撮舉綱要，不能具其建議之所以然。觀於是集，端委一一具在，錄而存之，亦議禮者得失之林，非謂其持論之皆當也。

訥谿奏疏一卷（浙江巡撫採進本）

明周怡撰。怡字順之，號都峰，改號訥谿，太平人。嘉靖戊戌進士，授順德府推官，擢吏科給事中。以疏劾嚴嵩廷杖，下錦衣獄。三年，世宗感乩仙之言，得與楊爵、劉魁同出獄。未幾，以能浹劾乩仙誣妄，激世宗怒，復逮入獄。又二年，始得釋。隆慶初，召爲太常寺少卿，又上疏忤中官，外調山東按察使僉事。稍遷司業，仍爲太常寺少卿，以卒。蓋其平生觸犯權倖，至再至三，困躓顛連，僅存一息，而其志百折不改。勁直忠亮，卓然爲一代完人。是集爲其弟恪所編，許穀爲之序。凡吏科奏疏十一篇，太常奏疏二篇，雖卷帙無多，而生氣凜然，猶足以見其梗概也。卷末乞休一疏，注曰李石麓相公不允上。李石麓者，大學士李春芳號也。蓋怡放廢以後，不欲再出，而春芳以穆宗新政，欲獎用直臣，故格之不使上達。然怡訖不得大用，殆亦郭公之善善歟。

譚襄敏奏議十卷（兩江總督採進本）

明譚綸撰。綸字子理，宜黃人。嘉靖甲辰進士，官至兵部尚書，襄敏其謚也。事蹟具明史本傳。此編乃其歷官疏草，分爲三集：曰閩稾，嘉靖四十二年再起爲右僉都御史，巡撫福建時所上也；曰蜀稾，嘉靖四十四年起爲陝西巡撫，會大足民作亂，陷七城，調任四川以後所上也；曰薊遼稾，隆慶元年至四年，由兵部右侍郎進左侍郎，兼右僉都御史，總督薊遼保定軍務時所上也。史稱綸沈毅知兵，爲台州知府時，即與戚繼光立束伍法，練兵破倭寇，會斬始盡。官浙江海道副使時，又連破之。再起爲浙江右參政時，破饒平賊林朝曦。調福建參政時，郡縣多爲倭所陷，力戰恢復閩地以平。官四川巡撫時，滅雲南叛酋鳳繼祖於會理。總督兩廣時，岑岡賊江月照等望風而降。朝廷倚以辦賊，遇警輒調，居官無淹歲。後在薊遼與戚繼光協力修邊備，三衞諸部迄不敢南牧。終始兵事垂三十年，積首功二萬一千五百，計其功名，不在王守仁下。而儒者顧豔稱守仁，則以守仁聚徒講學，羽翼者衆也。今特錄是集，以見其謀畫之大略，庶不沒其實焉。

潘司空奏疏六卷（浙江巡撫採進本）

明潘季馴撰。季馴字時良，烏程人。嘉靖庚戌進士，官至總督河道、工部尚書兼右都御史。事蹟具明史本傳。此集凡巡按廣東奏疏一卷，督撫江西奏議四卷，兵部奏疏一卷。季馴巡按廣東在嘉靖三十八年，奏疏後有其子大復附記，稱原稾幾三寸許，散佚不存，僅從掖垣覓之，故所錄止此。其督撫江西在萬歷四年，奏疏之前有李邏、萬恭二序。其爲南京尚書則在萬歷九年，舊本列在兵部之前，編次誤也。季馴雖以治河顯，而所至皆有治績。集中如查議弓兵工食及損益南京兵政諸疏，皆足補明會典所未備。又查解兵餉、存留糧餉、濟邊諸奏，亦深切當時弊政，足與史志相參考云。

兩河經略四卷（浙江范懋柱家天一閣藏本）

明潘季馴撰。萬歷初，河決高家堰，淮揚高寶皆爲巨浸。季馴建議築隄防，疏淤塞，論水勢之強弱，復黃河之故道。條上六事，詔如議行。書中所載，皆其時相度南北兩河奏疏。首冠以圖，末附書一通，不著所上者爲何人。書中有奉大司空之教，親往閱視之語。考是時工部尚書李幼滋始終主張其事，殆即其人歟。季馴先後總河務二十七年，晚著河防一覽，其大旨在以隄束水，以水刷沙，卒以此奏功。此集所載諸疏，並規度形勢，利弊分明，足以見一時施工之次第，與所作河防一覽均爲有裨實用之言。不但補史志之疎略，備輿圖之考證已也。

兩垣奏議一卷（山東巡撫採進本）

明逯中立撰。中立有周易劄記，已著錄。是書凡奏議六篇，皆中立爲給事中時所上。以歷官吏兵二科，故稱兩垣。其中論公用舍，論修史用人，及論會推閣臣三疏，本末略具明史本傳。蓋中立以是三疏，一忤旨停俸，一見忌輔臣，一被貶外授，故史特摘錄於本傳。其請罷織造、論東倭及請停例金三疏，雖事不施行，然亦皆錚錚不阿，無愧封駮之職，不得以卷帙之少廢之矣。舊本附刻中立所作周易劄記後，今既分隸四庫，則列於經部爲不倫，故析出別著錄焉。

周忠愍奏疏二卷（福建巡撫採進本）

明周起元撰。起元字仲先，號綿貞，海澄人。萬歷辛丑進士，官至右僉都御史，巡撫江南。以忤璫魏忠賢被害。崇禎初，追贈兵部侍郎，諡忠愍，改諡忠惠。事蹟具明史本傳。是集凡西臺奏疏十一首，爲一卷，乃擢湖廣道御史巡漕時所上。曰撫吳奏疏十九首，爲一卷，乃巡撫江南時所上。原本第一卷所載皆起元之傳。第四卷爲蘭言錄，皆係題贈詩文。第五卷爲崇祀錄，皆呈詞碑記。後又錄諸人貽祭詩文及起元遺詩七首。蓋出其後裔搜輯開雕，故隨得隨增，無復次第。又明末積習，好以譁訐取名。其奏議大抵客氣浮詞，無裨實用。起元諸疏，尚多有關國計民生，非虛矜氣節者比。其人其言，足垂不朽。今錄其奏疏二卷，以遺詩七首附後。至起元名光史冊，初不藉傳誌以傳。茲並從刪汰，以省繁複焉。

張襄壯奏疏六卷浙江巡撫採進本

國朝張勇撰。勇字飛熊，上元人。積功官至靖逆將軍、提督甘肅軍務，封靖逆侯，加少傅兼太子太師。是集爲其子雲翼所編。始於順治六年謝賞授甘肅總兵官疏，終於康熙二十三年甘州遺疏，凡百二十篇。勇初任甘肅總兵官時，即內值肅州回民作亂，外值昂漢夷人窺邊，日事攻討。中閒奉調南征，旋回甘肅，復值王輔臣之亂，往來征剿，日無寧晷。其沒也，猶以防禦彝力幹之故，力疾出師，卒於軍營。計始終兵閒四十餘年。王進寶、趙良棟等皆由其偏裨起爲名將。自康熙十三年以後，箭創病足，以肩輿督師者十年。屢乞解職，皆荷
優詔慰留，臥理。蓋兩朝受知之深，諸將無逾於勇者。今觀集中諸疏，大抵皆兵閒所作，並剴切詳明，言無不盡。讀之可見
開國之初，底定秦隴之方略。並可見
列聖知人善任，風雲際會，極千載一時之盛焉。

靳文襄奏疏八卷直隸總督採進本

國朝靳輔撰。輔字紫垣，鑲紅旗漢軍。初授翰林院修撰，官至總督河道、兵部尚書。文襄其諡也。是編皆前後治河奏疏，其子治豫彙刊之。輔自安徽巡撫擢授河道總督時，值河患方棘，洪流逆溢，高堰橫潰，合淮水而東注，故道反湮。輔疏言河水挾沙而行，易於壅閼，惟賴清水助刷，始能無滯。當審其全局，徹首尾而合治之，不可漫爲施工，堵使東築西決，終歸無益。因條具八事入告。
聖祖仁皇帝悉俞其請。於是疏濬運河及清口，以至海口河道。又開白洋清河以東引水河，而黃流始暢。開清口爛泥淺諸引河，而淮水始出敵黃。築河崖遙隄縷隄，修高堰，堵翟壩，置減水六壩，而宣洩咸有所恃。至開中河、皁河諸役，尤其設施之大者。其持論以築隄崖疏下流，塞決口，有先後而無緩急，數語爲綱領。故在事十年，具著成績，諸疏並在集中。無不指陳原委，言之鑿鑿。至今論治河者，猶稱輔焉。末附輔官巡撫時奏疏三篇，其極論驛擾驛站，亦具見風力云。

華野疏稾五卷山東巡撫採進本

國朝郭琇撰。琇即墨人，華野其字也。康熙庚戌進士，官至湖廣總督。此編乃其歷官奏疏，起康熙二十七年，迄四十一年，凡四十四篇。疏末多載原奉
諭旨。蓋琇所恭錄，而其後人併敬刊也。琇初由吳江知縣行取入臺，即劾罷大學士明珠、余國柱等。
聖祖仁皇帝嘉其敢言，洊擢左僉都御史，進左都御史。復劾奏王鴻緒、高士奇、徐乾學等黨援交通，亦皆譴退。後緣事鐫秩，復起爲湖廣總督。在官四年，劾以紅苗搶掠一事褫職歸。蓋當其彈抨得實，則拔擢以旌其忠。當其貽誤封疆，則罷斥以明其罪。仰見
聖祖仁皇帝行政用人，大公獨斷，賞罰悉視其自取，而無一毫畸輕畸重於其閒。前者纂輯
五朝國史列傳，
特命於明珠傳中載琇劾疏全文，毋庸刪削。嗣復
命於王鴻緒、高士奇、徐乾學諸傳中補載琇之劾疏，毋庸隱諱。並復頒示
綸音，闡明其進退之由，俾共知琇之擢用，無人能排擠，報復琇之罷官，亦非由有人傾軋。百爾臣工，仰承
誥誡，已無不曉然共喻。臣等謹錄琇此編，並恭錄前奉
諭旨冠諸卷端，庶
彝訓昭然，永垂成憲，益共知所警勵焉。以上專集

案以上所錄，皆以奏議自爲一集者。其或編入文集之中，則仍著錄於集部。

諸臣奏議一百五十卷浙江巡撫採進本

宋趙汝愚編。前有淳熙十三年劄子，稱嘗備數三館，獲觀祕府四庫所藏，及累朝史氏所載忠臣良士便宜章奏，收拾編綴，殆千餘卷。文字紛亂，疲於檢閱。自假守閩郡，輒因政事之暇，因事爲目，以類分次。而去其複重與不合者，猶餘數百卷。釐爲百

餘門。始自建隆，迄於靖康。推尋歲月，粗見本末。若非芟繁舉要，恐勞乙夜之觀。欲更於其間擇其至精至要尤切於治道者，每繕寫十卷一次投進。又有淳祐庚戌史季溫序，稱其開端於閩郡，奏書於錦城。是其經歷歲時，屢經簡汰，乃成是編。故其去取頗不苟。自稱上可以知時事之得失，言路之通塞，下可以備有司之故實。其大旨以備史氏之闕遺，非夸飾也。凡分君道、帝系、天道、百官、儒學、禮樂、賞刑、財賦、兵制、方域、邊防、總議十二門，子目一百一十四。每篇之末，各附注其人所居之官與奏進之年月，亦極詳核。其奏劄自序及史季溫序皆稱名臣奏議，而此本題曰諸臣奏議，豈以中有丁謂、秦檜諸人而改其名歟？案朱子語錄云：趙子直要分門編奏議，先生曰：只是逐人編好。因論舊編精義逐人編，自始終有意。今一齊節去，更拆散了，不見其全意矣云云。今此集仍以門分，不以人分，不用朱子之說。蓋以人而分，可以綜括生平，盡其人之是非得失，爲論世者計也。以事而分，可以參考古今，盡其事之沿革利弊，爲經世者計也。平心而論，汝愚所見者大矣。

歷代名臣奏議三百五十卷 兩淮鹽政採進本

明永樂十四年黃淮、楊士奇等奉敕編。自商周以迄宋元，分六十四門。名目未免太繁，區分往往失當。又如文王、周公、太公、孔子、管仲、晏嬰、鮑叔、慶鄭、宮之奇、師曠、麥邱邑人諸言，皆一時荅問之語，悉目之爲奏議，則尚書颺言何一不可採入？亦殊踳駁失倫。然自漢以後，收羅大備。凡歷代典制沿革之由，政治得失之故，實可與通鑑、三通互相考證。當時書成，刊印僅數百本，頒諸學宮，而藏版禁中。世頗希有。崇禎間，太倉張溥始刻一節錄之本，其序自言生長三十年，未嘗一見其書，最後乃得太原藏本，爲刪節重刊。卷目均依其舊。所不同者，此本有慎刑一門，張本無之；張本有漕運一門，此本無之。不知爲溥所改移，爲傳本互異。然溥所去取，頗乏鑒裁。至唐宋以後之文，盡遭割裂，幾於續鳧斷鶴，全失其眞。此本爲永樂時頒行原書，猶稱完善。雖義例蕪雜，而採摭賅備，固亦古今奏議之淵海也。

名臣經濟錄五十三卷 浙江巡撫採進本

明黃訓編。訓，歙縣人。嘉靖己丑進士，官至副都御史。是書輯洪武至嘉靖九朝名臣經世之言，中闕建文一朝，以革除諱之也。分十門。凡開國一卷，保治十卷，內閣四卷，吏部四卷，戸部五卷，禮部七卷，兵部十三卷，刑部三卷，工部五卷，都察院、通政司、大理寺共一卷。每門各有子目。開國、保治二門，以時代爲序。吏、禮、兵、工四部各以所屬四司分四類。戸部分圖志、田土、賦役、給賜、黃冊、屯田、婚姻、糧運、祿俸、鹽法、茶法、課程、賑恤十三類。刑部分律例、論奏、題奏、雜論四類。以二部諸司皆以省分，無專掌一事者故也。內閣無子目，百司之總，無不該也。都察院、通政司、大理寺亦無子目，篇帙寡也。明永樂間，敕黃淮等編歷代名臣奏議，至元而止，雖門目浩繁，不無冗雜，而二千年訏謨碩畫，歷歷可徵。是編所載，如陶安傳、劉基行狀、蹇義墓誌、李東陽年譜諸篇，兼紀言行，漢府、趙府、石亨、曹吉祥之變諸篇，併錄時事，以及謝鐸焉用彼相說、何依休菴詩序之類，採及雜文。邱濬大學衍義補之類，至節取所著之書，不純爲奏議之體。故但以經濟錄爲名。其實奏議居十之九，與淮等所編時代相接，頗足以資考鏡。今附之奏議類中。其間如湖廣碑錄之類，閒有濫收；或亦朱子名臣言行錄取呂惠卿、趙汝愚名臣奏議不遺章惇、秦檜之意歟。分別觀之可矣。

欽定明臣奏議二十卷

乾隆四十六年奉
敕編。以
皇子司選錄，而
尚書房入直諸臣預繕寫，每成一卷，卽恭呈
御覽，斷以
睿裁。蓋敷陳之得失，足昭法戒，而時代既近，殷鑒尤明。
將推溯勝國之所以亡，與
昭代之所以興者，以垂訓於無窮。故重其事也。考有明一代，惟太祖以大略雄才，混一海內，一再傳後，風氣漸移，朝論所趨，大致乃與南宋等。故二百餘年之中，士大夫所敷陳者，君子置國政而論君心，一劄動至千萬言，有如策論之體；小人舍公事而爭私黨，一事或至數十疏，全爲訐訟之詞。迨其末流，彌增詭薄，非惟小人牟利，卽君子亦不過爭名。臺諫鬨於朝，道學譁於野。人知其兵防吏治之日壞，不知其所以壞者由閹臣奄豎爲之奧援；人知閹臣奄豎之日訌，不知其所以訌者由門戸朋黨爲之傾構。蓋宋人之弊，猶不過議論多而成功少。明人之弊，則直以議論亡國而已矣。然一代之臣，多賢姦竝進，無人人皆忠之理，亦無人人皆佞之理，卽一人之身，多得失互陳，無言言皆是之事，亦無言言皆非之事。是以眾芳蕪穢之時，必有名臣碩輔挺出於其閒，羣言淆亂之日，必有讜論嘉謨搘拄於其際。所謂披沙簡金，在乎謹爲持擇也。是編

裒承

訓示，務别瑕瑜，芟薙浮文，備存偉議，研求史傳，以後效驗其前言，考證情形，以眾論歸於一是。譬諸童謠婦唱，一經尼山之删定，而列在六經，一代得失之林，卽千古政治之鑒也。至於人非而言是，不廢蒐羅，論正而詞乖，但爲删潤。

聖德之廣，一善不遺。

聖度之宏，大公無我，尤非尋常所可測量矣。以上總集

右詔令奏議類奏議之屬，二十九部七百二十六卷，皆文淵閣著錄。

欽定四庫全書總目卷五十五

欽定四庫全書總目卷五十六

史部十二

詔令奏議類存目

火警或問一卷 左都御史張若溎家藏本

明世宗肅皇帝御製。時大內東偏火，帝詔戶禮二部及都察院命百官修省，復製此文。大略謂火本非災異，而人事不可不修，竝非惑於禍福事應之說。前有帝所作自序，後附修省敕諭六條。案明史五行志，宮中之火在嘉靖十年正月辛亥，此本或問末亦題嘉靖辛卯正月終旬，與史相合。而敕諭末乃作嘉靖九年十二月，歲月俱誤，疑傳鈔之譌，當以史文爲正也。

案此書爲世宗御製之文，敕諭乃其附錄，然宣示中外，是亦詔令類矣。故明臺從祀諸編著錄於故事，此編無預典禮，則附諸詔令焉。

代言錄一卷 江西巡撫採進本

明楊士奇撰。士奇有三朝聖諭錄，已著錄。是書乃其東里別集之一種，所錄皆在內閣撰擬碑冊詔誥之文，自永樂四年至正統九年，每篇末具標年月日，核諸明實錄俱合。惟上皇太后尊號詔標曰洪熙元年七月十五日，而明宣宗實錄是詔實載在七月丁丑，是月戊辰朔，丁丑則初十日也。又實錄載七月乙亥上奉冊寶尊母后張氏爲皇太后，乙亥爲是月初八日，未有初八日已上冊，至十五日始下詔者。又實錄載七月戊寅行在禮部奏恭上皇太后尊號，已詔告天下云云，戊寅爲是月十一日，於十一日云已詔告天下，則詔在十一日以前無疑，此書標十五日，蓋傳寫之誤。又洪熙元年六月十二日卽位詔款有云，原差去官養官員人等，卽便回京，毋致重擾軍民，實錄載此篇毋致重擾軍民句作不許託故遲延，則此書當爲士奇初稾，臨時或更加潤飾，實錄由定本錄之耳。又加洪熙元年八月初六日諭吏部申明薦舉敕自中有廉潔公正句下尚有十五句，而今本實錄載此篇皆脱之。又如宣德二年十一月十五日皇子生詔第一條載大赦天下，今實錄於第一條則僅載蠲免稅糧鹽糧三分，而大赦反載在第六。此類文字異同，頗可與實錄相參。然其事則皆史所已具也。

論對錄三十四卷 浙江汪啓淑家藏本

明張孚敬所奉世宗密諭及其奏草也。孚敬初名璁，字秉用，永嘉人。正德辛巳進士，歷官少師、華蓋殿大學士，諡文忠，事蹟具明史本傳。孚敬以議禮被遇，六年而秉大政，甚爲世所詬病。而世宗始終眷禮不衰，每稱少師羅山而不名，嘗諭孚敬，朕有密諭毋泄，朕有御筆悉親書。又仿楊士奇故事，賜孚敬銀章二，以便封奏。前後所奉手敕凡三百八十一道，因彙爲一書，幷奏對劄子，皆隨事附之。於後蓋孚敬既沒，其孫汝紀汝經等所裒輯也。以上專集

明詔制八卷 浙江范懋柱家天一閣藏本

明霍韜編。韜有明良集，已著錄。是編載明代詔制，始洪武元年，終嘉靖十八年。大抵皆典禮具文，不足考一代之政令。

明詔令二十一卷 浙江汪啓淑家藏本

不著編輯者名氏，所載自太祖至嘉靖十八年止。

蓋嘉靖時人所爲也。考秦漢天子之語皆謂之詔。宋以來以璽印頒天下之書乃謂之詔。臣下面奉玉音謂之聖旨。是書若兼載聖旨，則所遺不可勝道。若專載詔令，則吳元年遇變省躬旨、授宋濂學士等旨及正統中諭五府三法司等旨，皆不當載。而又雜厠其閒，編次龐雜，殊無義例。

絲綸捷要便覽一卷（兩淮馬裕家藏本）

不著編輯者名氏。乃明萬歷天啟中內閣票旨成式，以曹司爲次，分類標載。蓋兩房中書舍人所鈔撮而成者。末題秋審題本，亦一時案牘之文。（以上總集）

案此編無類可歸，以其爲當日王言之式，附錄於詔令之末。

右詔令奏議類詔令之屬，六部，六十六卷，皆附存目。

田表聖奏議一卷（浙江范懋柱家天一閣藏本）

宋田錫撰。錫字表聖，其先京兆人，唐末徙蜀之洪雅。登太平興國三年進士，官至諫議大夫。事蹟具宋史本傳。其奏議見於宋史藝文志者二卷，已久散佚。此本乃明給事中安磐所搜輯，共得奏疏十四篇，附以錫所作箴序二篇、本傳及墓誌銘二篇。世所傳咸平集今尚有傳本。凡是編所錄者，已具載集中。磐蓋未見其書，故復爲裒輯。焦竑國史經籍志載錫奏議一卷，與宋史不合，蓋亦僅據此本也。

范文正公奏議二卷、書牘一卷、范忠宣公奏議二卷（浙江巡撫採進本）

明范惟一編。惟一爲仲淹十六世孫，官湖廣按察司僉事。卷首題朱希周、孫承恩、文徵明、陸師道同校，前後無序跋，止於文正奏議前載韓琦舊序一篇。國朝康熙中，范時崇巡撫廣東，往來吳中，再謁祠宇，因捐貲命主奉孫能濬校刊。能濬後序云，舊本忠宣集二十卷，獨闕奏議。明嘉靖中，世孫惟一視學兩浙，復續編文正忠宣奏議書牘，命嚴州守韓叔陽梓行，即此本也。案此本忠宣奏議，其目錄標題、編次前後與時崇本不合。能濬後序中又云，合家藏舊本，細加校勘，正其譌謬。文集悉遵舊本摹刻，而忠宣奏議則考趙忠定奏議標目，而次第其年月，分爲二卷。其前此續刻附錄中有前後簡編斷續錯亂者，稍爲序次，而條分諸目，以便稽考云云。是重刻之本已多所校定，然忠宣奏議實賴此爲初刻，故別存其目，以不沒經始之勤焉。

李忠定奏議六十九卷、附錄九卷（內府藏本）

宋李綱撰。綱有建炎時政記，已著錄。案陳俊卿作綱梁谿集序，稱其子秀之編其表章奏劄爲八十卷。此本僅六十九卷，已非秀之之舊。卷末附錄，一曰靖康傳信錄，一曰建炎進退志，一即建炎時政記，共爲三卷。第四卷以下皆綱所爲制詔表劄，疑即宋史所云建炎制詔表劄集也。俱已編入梁谿集中，故僅存其目，不複錄焉。

朱子奏議十五卷（兩江總督採進本）

明朱吾弼編。吾弼字諧卿，號密林，高安人。萬歷己丑進士，官至南京太僕寺卿。事蹟具明史本傳。是編皆自晦菴集中鈔出，凡章奏十卷，書狀劄子五卷。朱子文集家絃戶誦，此刻可謂屋下屋、牀上牀矣。

奏對錄一卷（浙江巡撫採進本）

明楊士奇撰。皆其正統初在內閣所上奏疏，凡十九篇，多關係軍國大計。已載入東里別集中，此其單行之本也。

葉文莊奏疏四十卷（浙江巡撫採進本）

明葉盛撰。盛字與中，崑山人。正統乙丑進士，官至吏部左侍郎，謚文莊。事蹟具明史本傳。盛初官兵科給事中，有西垣奏草九卷。出官山西參政，協贊軍務，有邊奏存稾七卷。巡撫兩廣，有兩廣奏草十六卷。巡撫宣府，有上谷奏草八卷。其子淇初併水東稾、開封紀行稾、菉竹堂涇東稾，合爲九十卷，刻於衢州。此本則崇禎辛未其六世孫重華所刊也。

兩廣奏草十六卷（江西巡撫採進本）

明葉盛撰。已載入所著奏議中。據卷首嘉靖辛亥張寰序，稱盛著作頗多，其子若孫已刻之家塾，獨兩廣奏議未有刻本，至是始續成之云云。蓋初刻本自爲一帙，後乃與他奏議合爲一編，故又有此別行之本傳於世也。

王介菴奏稾六卷（兩淮鹽政採進本）

明王恕撰。恕有玩易意見，已著錄。是編乃其官南京兵部尚書時所刻，有成化乙巳程廷珙序。又有陳公懋後序，作於壬寅。李東陽後序，作於宏治壬子。皆初刻也。又有謝應徵序，則嘉靖丁未揚州重刻所作。又有程啟元序，正德壬申三原重刻所作。諸序皆不言篇數卷數。程啟元序稱六卷，亦據舊刻。惟宏治壬戌楊循吉序，稱東魯王公往使關中，得疏草二百餘篇。又稱以余之居郡下、授而使編焉。馬魯魚、謫勞得效。刊正得八十六篇、釐爲六卷云云。然則此本循吉所定也。其疏各以官標目。始於大理寺、次撫治鄖襄、次南京刑部、次總理河道、次南京戶部、次巡撫雲南、次前參贊機務、次巡撫南直隸、次後參贊機務。所謂參贊機務、皆官南京時所兼、非北京閣務也。惟吏部諸疏、不在編內。後正德辛巳、三原知縣王成章始益以吏部諸疏、刻爲全帙。然此本先出、世亦竝行、故今亦仍存其目焉。

晉溪奏議十四卷、江蘇周厚堉家藏本

明王瓊撰。瓊字德華、太原人。成化丙戌進士。官至吏部尚書。諡恭襄。事蹟具明史本傳。是書刊於嘉靖甲辰、皆其官兵部尚書時所上、故又名本兵敷奏。分地爲卷。首京畿、次遼薊宣大三關、次陝西延寧甘肅、次山東河南西川南畿兩浙湖廣、次江南、次閩粵雲貴、又次則淸軍驛傳馬政、而以雜行類終焉。共十四卷。明史藝文志作四卷、殆刊版誤脫十字歟。史稱正嘉閒、瓊與彭澤皆有才略、相中傷不已、亦迭爲進退。而瓊險忮、公論尤不予。楊廷和視草餘錄亦痛詆之。蓋其才幹足稱、而心術則不足道也。

密勿稾三卷、兩江總督採進本

明毛紀撰。紀字維之、掖縣人。成化丁未進士。官至謹身殿大學士。諡文簡。事蹟具明史本傳。是編皆在內閣所進奏疏題本揭帖。第一卷二十五首、武宗北巡時作。其請車駕還京諸疏、皆在卷內。二卷十四首、武宗南征時作。三卷十七首、嘉靖初政時作。皆紀歸田以後、彙輯舊稾、手自編定者也。

辭榮錄一卷、兩江總督採進本

明毛紀撰。紀自爲禮部侍郎至大學士、凡有朝命、必具疏陳辭。合之得二十有六首。每首各註年月。其第一首乃正德七年壬申作、而註曰壬午。蓋坊刻譌也。

毛襄懋奏議二十卷、江西巡撫採進本

明毛伯溫撰。伯溫字汝厲、吉水人。正德戊辰進士。官至僉都御史、巡撫寧夏山西順天、晉工部尚書、改兵部尚書。天啓初追諡襄懋。事蹟具明史本傳。是集乃其歷任奏疏、以一官爲一集。凡臺中撫臺內臺總邊宮賓平南總憲樞垣八集。其籌邊諸議、頗詳晰當時利弊云。

方改亭奏草、無卷數、江蘇巡撫採進本

明方鳳撰。鳳字時鳴、改亭其號也。崑山人。正德戊辰進士。官至廣東提學僉事。是編載奏議一十八首。其兄鵬跋云、時鳴舊稾凡五十餘疏、今散失、止存此。考江南通志、稱鳳當武宗時官御史、屢諫巡幸。胡世寧爲寧王宸濠所構、力辨其誣。世宗初大禮議起、尤力持正論、頗著風裁。然以其兄鵬附和張璁桂萼、遂併其兄劾之。又自劾以謝其兄。則矯激已甚。使其兄首倡邪說、事關君父、竟大義滅親可也。考興王而伯孝宗、其根株在璁與萼。其兄不過依阿其閒。破璁萼之局、則鵬不攻自敗耳。何必先操同室之戈乎。卷首有王守仁題詞、其詞凡近、不類守仁他作。其題名稱餘姚新建伯王守仁撰、守仁之陋亦不應至此。守仁於大禮一議、不甚非張璁桂萼。其稱大禮一疏力折姦諛、尤不似守仁之語。疑其後人假守仁之名以爲重也。

石峯奏疏四卷、直隸總督採進本

明邵錫撰。錫字天佑、號石峯、安州人。正德戊辰進士。官至右副都御史、巡撫山東。是集前三卷爲官御史給事中時所上奏疏。後一卷爲官巡撫時所上奏疏。錫立朝頗著風節。武宗幸昌平、疏請回鑾。議北征、陳不可者十。及駕出、又偕同官遮道泣諫。史不具載。今諸疏竝在集中、尚可考見云。

桂文襄奏議八卷、江西巡撫採進本

明桂萼撰。萼字子實、安仁人。正德辛未進士。嘉靖初以議禮驟貴、官至吏部尚書、武英殿大學士。諡文襄。事蹟具明史本傳。是集冠以大禮疏。案其初議、但稱興獻帝曰皇考、而別立廟於大內、未及入廟稱宗。如末流之甚。其後何淵希旨、遂請入興獻帝神主於太廟。萼上請罷非議、以全大禮疏、斥爲破壞典章、姦邪陷君云云。則初意亦未甚決裂。厥後希旨固寵、循聲附和、遂以數載之榮華、博千秋之詬厲。凡所建白、均爲讀史者所厭觀矣。衡以彰癉之公、此集固在所必斥也。

漕河奏議四卷、浙江范懋柱家天一閣藏本

明王以旂撰。以旂字士招、江寧人。正德辛未進士。官至兵部尚書、總督三邊。卒諡襄敏。事蹟具明史本傳。當嘉靖時、徐呂二洪水竭、運船膠滯、命以旂以兵部右侍郎兼僉都御史、總理河漕。踰年、渠水通、晉秩一等。是編其督漕時題奏章疏。前後無序跋、亦無目錄、不知爲完本否也。

諫垣奏草四卷（兩江總督採進本）

明毛憲撰。憲字式之，武進人。正德辛未進士。卽於是年八月除刑科給事中。至正德十三年二月，以禮科給事中致仕。前後在諫垣八年，所上凡三十一疏。前附鄉試策一篇。憲別有古菴文集，此其集外別行者也。

夢虹奏議二卷（江西巡撫採進本）

明鄧顯麒撰。顯麒字文瑞，奉新人。夢虹其號也。正德甲戌進士。授行人司副。時諸臣共諫南巡，其疏稾爲顯麒所擬，故再予廷杖，謫國子監學正。嘉靖初，擢監察御史。是集爲其子夷惠所編，凡三十一篇。有嘉靖甲寅李楨序。後舊版漫漶，其裔孫繡又重刊之。前有凡例，稱以事之大小、時之先後改易舊次。考顯麒以正德時諫疏得名，其嘉靖講學疏不過循例陳言，體同策論。而此本乃列諫疏於講學疏後。蓋明人以講學爲至榮，故視爲第一大事，取以冠編，而不計其年月顚倒也。卷首載一統志顯麒傳，稱其劾戚畹陳萬言及論蔚州買木二事。此本乃無其疏，殆原稾散佚歟。

桂洲奏議二十一卷（安徽巡撫採進本）

明夏言撰。言有南宮奏稾，已著錄。是編又益以諫垣所上，分爲二十一卷，乃言入閣之後巡撫江西副都御史王暐等所刊，事在嘉靖十八年。後暐以事獲罪，主其獄者卽言也。言以論南北郊分祀受知世宗，遂被擢用。史稱其奏定典禮，多可採者。今核其所論，實惟議禮一事有關典制沿革，故錄其南宮奏稾，而此集則別存其目焉。

復套議二卷（江蘇周厚堉家藏本）

明曾銑撰。銑字子重，江都人。正德丁丑進士，官至兵部侍郎，總督陝西三邊軍務。事蹟具明史本傳。嘉靖二十五年，銑建議欲西自定邊營東至黃甫川千五百里築邊牆，以禦剽掠。並以河套諸部久爲中國患，因上疏請復其地，條八議以進。嗣又與諸撫鎭條上方略十八事，此卽其前後疏稾。是時夏言主銑議。後卒以此爲嚴嵩所搆，言及銑併棄市。王肎堂鬱岡齋筆麈云：徐階門客呂生者，殺人亡命河套中三年，盡得其山川之險易，城堡之虛實，因悉繪爲圖，謂其地不難於攻，而難於守。於是併調畫守禦之策若干條，挾以說總督曾銑。銑聞而深信之，遂以白夏言云云。則銑諸奏蓋皆據呂生目睹之說也。

奏對稾十二卷（江蘇巡撫採進本）

明張孚敬撰。孚敬有諭對錄，已著錄。其諭對錄中乃備載世宗密諭，卽當時奏草亦併載於中。共三十四卷，篇帙頗繁。是編乃萬曆中巡按浙江御史楊鶴所選，凡十一卷，視原集汰三之二。第十二卷附刻序文十九篇。蓋刪繁舉要，以便流傳。然李綱奏議六十九卷，爲世所貴，不病其多而難讀也。田錫奏議一卷，爲世所貴，亦非取其少而易竟也。

督撫經略疏八卷（浙江巡撫採進本）

明李遂撰。遂字邦良，號克齋，豐城人。嘉靖丙戌進士，官至南京參贊機務兵部尚書，諡襄敏。事蹟具明史本傳。是編乃其以右僉都御史巡撫鳳陽四府時所上奏疏，起嘉靖三十六年，至三十八年遷秩還京，因裒輯成帙。史稱遂官巡撫時，淮揚三中倭，歲復大水，且日役民輓大木輸京師，遂請餉增兵，恤民節用，次第畫戰守計。劉景韶序亦稱其時値凋弊之秋，獨以急病厚生爲念，請蠲恤之疏不下數十章。今觀集中請恤疏止數篇，餘皆言倭寇事。序并書前不應顯相矛盾，或有所刪汰歟。

前川奏疏二卷（江西巡撫採進本）

明曾忭撰。忭號前川，泰和人。嘉靖丙戌進士，官至兵部都給事中。千頃堂書目載前川奏疏二卷，與此本合。其作曹抃，則以字形相近而譌也。忭明史無傳，惟劉源清傳附載其申救源清下詔獄事。其疏今在集中。然疏中陳處置大同事宜頗詳，申救源清特其中之一事，則未審爲史文之略，爲其後人有所潤色也。卷末有跋，不署名氏，核其語意，似忭族人所作。稱忭叔監察御史翀，嘉靖乙未亦以劾汪鋐廷杖死。泰和東門內有叔姪諫臣坊，卽爲翀忭所建云。

本兵疏議二十四卷（江西巡撫採進本）

明楊博撰。博字惟約，蒲州人。嘉靖己丑進士，官至吏部尚書，諡襄毅。事蹟具明史本傳。此集爲其子士俊所編，始嘉靖三十四年，迄隆慶六年，皆博爲兵部尚書時所上，故名曰本兵疏議。是時倭寇亂於南，諳達侵於北，請餉請兵，羽檄旁午，故案牘之繁至於如是。考本傳稱博於肅州奏金塔之功，薊鎭著馬蘭之績，大同有牛心之捷，西北兵機，爲所素習。宜其言之頗悉。然當時倭患之不熄，由經略內倚權相，顚倒是非。博身居本兵，不能糾趙文華

之姦辨張經之枉其依違牽就抑亦不無可議矣

臺省疏稾八卷江西巡撫採進本

明張瀚撰瀚字元洲仁和人嘉靖乙未進士官至吏部尚書謚恭懿事蹟具明史本傳是集分門編次一卷曰賀謝類二卷三卷曰前後關中類四卷五卷曰漕運類六卷七卷八卷曰兩廣類咸當時案牘之文

平倭四疏三卷浙江鄭大節家藏本

明張煥撰煥字揚華一字茂實長洲人嘉靖戊戌進士官至督理南京倉儲右副都御史煥初由刑部主事改吏部擢南京太僕寺卿值倭犯兩浙諸郡乃上平倭疏凡十二篇及轉光祿寺卿復上安攘八事旋擢右僉都御史巡撫福建又陳明職守授成算二疏前後四疏皆爲倭事而發此本乃嘉靖己未煥由河南巡撫拜督漕之命將去汴時周藩鎭國中尉睦㮮爲序而刻之者也

南宮奏牘二卷安徽巡撫採進本

明高拱撰拱有春秋正旨已著錄嘉靖壬戌拱爲禮部左侍郎改吏部進禮部尚書召入直廬皆在一年之中自序云視篆南宮未久故奏牘無多然一二有關處分者皆自屬草故特存之云

綸扉內稾一卷外稾一卷安徽巡撫採進本

明高拱撰拱於嘉靖丙寅入閣隆慶丁卯罷己巳復召還是編乃其先後在閣時疏稾也前有自序稱內閣有關機密人不與知者不敢洩惟言外事及辭免諸疏則存之云

掌銓題稾十四卷安徽巡撫採進本

明高拱撰拱於隆慶己巳復召入內閣兼掌吏部事者凡二年是編皆其疏稾也史稱拱在吏部欲徧識人材授諸司以籍使署賢否誌爵里姓氏月要而歲會之倉卒舉用無不得人蓋其才固有足取者矣

獻忱集二卷安徽巡撫採進本

明高拱撰所載皆賀謝奏疏自序云國制廷臣賀謝皆無疏近歲章奏寖盛節賀無俟言凡有瑞應必疏賀而大僚遷官及有譴有賜無不疏謝者乃次第成帙名獻忱集明史藝文志作五卷豈先有別行之本五卷後編入文集乃刪併爲二卷耶

奏疏輯略一卷兩江總督採進本

明董傳策撰傳策字原漢上海人嘉靖庚戌進士授刑部主事以疏劾嚴嵩謫戍南寧隆慶初復故官萬歷初官至南京禮部右侍郎事蹟具明史本傳是編有其弟傳文識後云伯子由常博至右宗伯疏草半逸今輯梓者寥寥十餘疏耳考傳策始以論嚴嵩欺君誤國遣戍南寧乃其生平大節宜以弁集而乃冠以極陳時政疏實則未上之稾附錄之尚爲空言況首列乎此則編次之失也

粵西疏稾三卷浙江巡撫採進本

明吳文華撰文華字子彬連江人嘉靖丙辰進士官至南京兵部尚書謚襄惠事蹟附見明史鄒應龍傳此集乃其巡撫廣西時所上諸疏凡二十一首葉向高作文華濟美堂集序稱其督粵西所剏平林箐巨憝累世爲患害者不可勝紀今集中敘報雕勦人員疏地方賊情疏勦平上下四屯疏勦平北山等處地方疏題報地方賊情疏皆其事也然史稱河池咘咳北三獞未爲逆總督淩雲翼喜事殺戮甚慘得廕襲文華亦受賞遷戶部侍郎則向高所云不免有所文飾矣

留都疏稾一卷浙江巡撫採進本

明吳文華撰文華於萬歷十五年任南京工部尚書十六年進兵部尚書旋以病乞歸此其兩年之中所上諸疏凡十一首謝恩者三乞休者二爲人請廕者一其四皆營伍常事惟乞誅內監張鯨一疏尚見風力云

存笥錄一卷江西巡撫採進本

明張槚撰槚字叔養號心吾江西新城人嘉靖己未進士官至南京工部右侍郎事蹟附見明史鄒應龍傳是編乃其曾孫道登所刻首載誥敕末錄墓碑誌銘所載槚文惟奏疏六篇而已一爲救論嚴嵩言官吳時來一復召上論三事一薦王世貞一薦石星一劾內監滕祥一劾大學士高拱卷首標題之下側註摘要二字蓋非完本也

王文肅奏草二十三卷江蘇巡撫採進本

明王錫爵撰錫爵字元馭號荆石太倉人嘉靖壬戌進士官至建極殿大學士謚文肅事蹟具明史本傳是集乃其綸扉進御之詞自萬歷十三年訖三十八年以歲月先後編次其子衡所輯其孫時敏所刊也

小司馬奏草六卷兩江總督採進本

明項篤壽撰篤壽字子長秀水人嘉靖壬戌進士官至兵部郎中是編郎篤壽官兵部時議覆內外

陳奏之文凡駕部槀一卷職方槀五卷其曰小司馬者蓋取周禮夏官之屬然明無此職以古名題後世之奏牘似有據而實不典也

沖菴撫遼奏議二十卷督撫奏議八卷（江蘇周厚堉家藏本）

明顧養謙撰養謙字益卿南通州人嘉靖乙丑進士官至戸部侍郎總督薊遼兼經略以議倭封貢事被劾去撫遼奏議乃巡撫遼東時所上凡九十餘疏督撫奏議乃總督薊遼時所上凡三十餘疏

敬事草十九卷（山西巡撫採進本）

明沈一貫撰一貫有易學已著錄是書乃其歷官所上奏疏揭帖始於萬歷四年正月初充講官迄於三十四年七月以大學士乞休一貫當國頗爲清議所不滿如明史本傳所載楚獄妖書二案所不待言卽京察一事集中深自辨白然終無以解免於物論也本傳稱一貫位至建極殿大學士據此編所書銜名乃中極殿蓋史家偶誤云

內閣奏題槀十卷（浙江巡撫採進本）

明趙志皋撰志皋字汝邁蘭谿人隆慶戊辰進士官至建極殿大學士謚文懿事蹟具明史本傳史稱志皋身在牀蓐於罷礦建儲諸大政數力疾草疏爭在告四年疏八十餘上此本乃其在內閣十年之奏槀於萬歷二十八年手自編定者也明史藝文志作十六卷與此本卷數不合殆志皋尚有他奏議明史總舉其數歟

王文端奏疏四卷（兩江總督採進本）

明王家屏撰家屏字仲伯山西山陰人隆慶戊辰進士官至東閣大學士諡文端事蹟具明史本傳家屏輔政在萬歷中年奏疏多爲冊儲之事餘皆占謝之詞本傳稱其柄國僅半載而去朝野惜之閱八年儲位始定遣官存問賚金幣羊酒是編終以此篇明其志也諸疏已載入所著文端集此蓋初出別行之本目錄作二卷而書實四卷蓋目錄之誤其編校亦可謂疏矣

奏議二卷（江西巡撫採進本）

明李頤撰頤字維貞號及泉餘干人隆慶戊辰進士官至總督河漕都察院右都御史兼工部侍郎事蹟具明史本傳是編皆其歷官時所上奏疏與明史相合獻徵錄載頤行狀稱奏議十卷今止二卷乃

國朝段藻所重刊末附重建儒學祭器庫記一首而以誌傳行狀制誥及諭祭敕葬文冠於卷首

掖垣題槀三卷（刑部員外郎顧葵家藏本）

明顧九思撰九思字與睿長洲人隆慶辛未進士官至通政司右通政是編皆其爲給事中時所上奏疏在戸科者一在禮科者十三在兵科者二十其間如持宗藩之冒封劾邊將之驕詐皆具有風節江南通志亦謂其條奏多關切軍國大計時咸推其讜直云

諫垣疏槀四卷（兩江總督採進本）

明姚學閔撰學閔字順山武陵人隆慶辛未進士由知縣歷官禮刑兵三科給事中嘗一視京營一閱宣大山西邊務以其前後奏疏彙爲此編卷首有陳所蘊序稱當時不察有以枌榆故相爲口實者今疏槀具在有一左袒相君語乎又有其門人吳中明序亦云先生當柄國時世或靳爲同而能不爲同迨其後也世或靳爲異而能不爲異蓋學閔官諫垣時在萬歷初正其鄉人張居正獨相之日故二人竝爲辨別心蹟云

海防奏議四卷（江蘇周厚堉家藏本）

明萬世德撰世德山西偏頭千戸所人隆慶辛未進士歷官右都御史總督薊遼萬歷二十五年倭寇朝鮮議設海防巡撫以世德爲都察院僉都御史管理天津登萊旅順等處海務至二十六年改世德經理朝鮮而以汪應蛟爲代是編所載自二十五年九月至二十六年六月一年之中條上一切海防事宜凡爲疏四十八篇

治河奏疏四卷（直隸總督採進本）

明李化龍撰化龍有平播全書已著錄是編奏疏乃萬歷三十一年化龍以工部右侍郎總督河道時所上時黃河橫決化龍徧行淮徐得泇河遺蹟乃奏請疏鑿凡開二百六十丈工訖而爲流沙所阻化龍持之益力復改鑿嶇頭一路運道遂通故此編於泇河一事最爲注意言之尤爲懇切云

黃門集三卷（浙江巡撫採進本）

明陳與郊撰與郊有檀弓集註已著錄是編爲其奉常佚槀之第二種皆其爲給事中時奏疏與郊黨附大學士申時行王錫爵其論大峪壽宮事詆李植江東之其疏今載集中明史萬國欽傳又載給事中李春開劾趙南星張士昌與郊助之亦以二人糾政府私人也

奏疏遺槀（無卷數江蘇巡撫採進本）

明吳達可撰。達可字安節，宜興人。萬歷丁丑進士，官至通政司左通政。是集爲其孫洪裕等所編，分西臺、冏寺、勳寺、銀臺四類，詞氣頗多率易。惟官御史時劾兵部尚書田樂等一疏，頗爲切直。疏中極數樂子爾耕開門納賄之罪。爾耕卽後以世廕官錦衣，黨附魏忠賢，鍛鍊楊漣、左光斗諸人，流毒天下者。達可可云先見矣。

周中丞疏稿十六卷（江西巡撫採進本）

明周孔教撰。孔教字明行，臨川人。萬歷庚辰進士，官至右都御史，總理河道。是集凡西臺疏稿二卷、中州疏稿五卷、江南疏稿九卷。其西臺疏內極論趙志皐、石星等封日本棄朝鮮之非。江南疏內停織造，止加派，及丁未救荒諸疏，尤具見風力。其餘則案牘之文爲多。據趙南星序，此集乃孔教由應天巡撫遷總督河道時所刊。其時吳中士民請留孔教，言者劾爲孔教陰使之。孔教由此去國，乃裒刊平日之疏，使南星序之，而顧憲成、高攀龍亦爲之序。三人皆一代名臣，所言當不假借。然當嫌疑交起之際，而急刻疏稿以自表，日相激薄，黨禍遂成，是則東林諸人負氣求勝之過，難盡委諸命數也。

青瑣藎言二卷（江西巡撫採進本）

明楊東明撰。東明字啟昧（案明史作字啟修），號晉菴，虞城人。萬歷庚辰進士，官至刑部右侍郎。事蹟附見明史王紀傳。東明爲禮科給事中時，正當萬歷開朝政紕繆，東明多所建白。如停遣譚一召、安希范及東事播事諸疏，持論頗正而不激。後卒以抗論被斥，家居二十六年。因彙其前後疏稿爲一集。寶陵喬允序之。允亦嘗官御史，與東明同以言罷者也。

掖垣諫草五卷（兩江總督採進本）

明張貞觀撰。貞觀字惟誠，別號惺宇，沛縣人。萬歷癸未進士，官至禮科給事中。萬歷甲午，以請皇長子出閣講讀罷職爲民。此其歷年疏草也。凡在兵垣者二卷，工垣者一卷，禮垣者二卷。

蘭臺奏疏（無卷數，直隸總督採進本）

明馬從聘撰。從聘有四禮輯疑，已著錄。是集爲從聘所自編，凡二十六疏。前有自序，稱萬歷戊戌題於兩淮公署，蓋其爲江西道御史出理鹽課時所刊也。

畿南奏議六卷（山西巡撫採進本）

明王紀撰。紀字惟理，號憲葵，芮城人。萬歷己丑進士，官至刑部尚書。事蹟具明史本傳。此其自萬歷四十一年至四十五年巡撫保定時所上奏疏也。於閭閻災疚言頗詳盡。史亦稱其居四年，部內大治云。

楊全甫諫草四卷（山西巡撫採進本）

明楊天民撰。天民號全甫，山西太平人。萬歷己丑進士，官至禮科右給事中，降永從縣典史，後贈光祿寺少卿。事蹟具明史本傳。天民在諫垣，敢於言事。建儲之疏至十二上，卒以是謫死。其鄉人爲梓先後疏稿共成四卷，後附贈官制及諭祭文。贈官在天啟二年九月，諭祭在三年十月，而卷首許維新序作於天啟元年十一月，已有臺臣請加卹錄之語，蓋奏請在前，得允在後耳。

督蜀疏草十二卷（浙江巡撫採進本）

明朱燮元撰。燮元字懋和，浙江山陰人。萬歷壬辰進士，歷官兵部尚書、總督四川貴州軍務，晉左柱國少師，諡襄毅。事蹟具明史本傳。燮元久膺閫寄，歷樹邊功，威望著於西南。史稱其治事明果，軍書絡繹，不假手幕佐。此編乃其總督四川時經理苗疆事宜，及舉劾僚屬諸疏。其曾孫人龍校刻者也。

朱襄毅疏草十二卷（浙江巡撫採進本）

明朱燮元撰。是書皆其總督雲貴時論平定諸苗奏疏，與督蜀諸疏始末均具明史本傳中。其事蹟委曲，年月先後，則較史爲詳。

朱少師奏疏八卷（兩江總督採進本）

明朱燮元撰。此編爲其曾孫世衞所重刊，冠以倪元璐所撰行狀及劉宗周所撰墓誌銘，末有世衞跋，稱燮元奏疏原鐫成二十四卷（案此卽以督蜀疏草十二卷、朱襄毅疏草十二卷合而計之，非別有二十四卷之本），以版留家塾，又別鈔一百三十餘疏，合蜀事紀略共爲一帙。其蜀中疏草刪爲四卷，黔中疏草刪爲三卷，蜀事紀略又自爲一卷，冠於蜀中疏草之前。

留垣奏議四卷（福建巡撫採進本）

明黃起龍撰。起龍字應興，號雨石，莆田人。萬歷戊戌進士，官至南京吏科給事中。是編爲起龍所自刊，分十六類：曰儲講，曰藩封，曰國典，曰聖政，曰修省，曰賑恤，曰糧儲，曰錢法，曰財用，曰諡典，曰起廢，曰用人，曰考選，曰糾邪，曰時事，曰請告，共計疏三十六首。而以戶部議覆三疏附其後。曰留垣奏議者，以當時稱南京爲留都也。

晉垣疏草　無卷數，兩江總督採進本

明黃建中撰。建中字艮輔，揚州興化人。萬歷戊戌進士，官至南京戶科給事中。是集凡疏二十四篇。其中若論薦撫疏、劾李三才、論救劉光復原爲自救。考明史李三才傳，稱光復坐事下獄，三才陽請釋之，則與建中疏意相符。而建中疏劾之事，則不見於三才傳中，此疏實可以補其闕。又若惡監狂逞疏，劾稅璫高宷，尤見風力。至於案臣輕去疏，劾應天巡按御史荆養喬而申理熊廷弼。考明史廷弼督學南畿，嚴明有聲。以杖死諸生事，與荆養喬相訐奏。養喬投劾去，廷弼亦聽勘。不及詳其始末。據定陵註略，則湯賓尹奪人聘妻，逼貞女自盡，諸生芮應元等不平而鳴之官。廷弼爲賓尹所取士，因杖應元殺之。其事曲在廷弼，建中此疏，顛倒是非實甚。建中明史無傳，江南通誌載其初授南陽府推官，下車卽置姦猾於法。邑令餽金，笞其使，令解綬去。爲給事中時，遇事敢言，中內計罷去，則其人非附宣黨者，殆一時意見之偏耶。

湖湘五略十卷　浙江巡撫採進本

明錢春撰。春字梅谷，武進人。萬歷甲辰進士，官至戶部尚書。事蹟附見明史錢一本傳。萬歷四十年春，以監察御史巡按湖廣，至四十二年代還。因輯其在官時所作章疏文移，彙爲此編。凡疏略三卷，牘略一卷，檄略二卷，詳略二卷，讞略二卷。大都案牘之文。其中請釋滿朝薦一疏，自言當時具草未上，而亦載之編中。殆與董傳策刻極陳時政一疏，其事等矣。

兵垣奏疏一卷　陝西巡撫採進本

明劉懋撰。懋字養中，別號渭溪，臨潼人。萬歷癸丑進士，官至兵科給事中。是集凡奏疏十二篇。案平寇志，稱崇禎元年，給事中劉懋、御史毛羽健請裁驛站，以足國用。非敕使不得給郵符，歲省費無算。謂蘇驛累也。而燕、趙、秦、晉輪蹄孔道，游手之民多仰食驛糈，至是益無賴，又歲儉無所得食，遂羣聚爲盜云云。考天、崇之閒，政亂而民困，重以饑歲，卽不裁驛站，亦必亂，未可專以咎二人。況天下之驛皆裁，而亂獨起於秦，是亦不由裁驛之明徵矣。平寇志又載懋崇禎三年論流寇二疏，於當日情形極切，而此集佚之，則不知其何故也。

吳侍御奏疏一卷　山西巡撫採進本

明吳玉撰。玉，壽陽人。天啓壬戌進士，官至河南布政司參議。此編乃其崇禎初官廣西道監察御史時所上之疏，凡十篇。劾魏忠賢餘黨者三，劾輔臣者二，劾本兵者三，清釐國用者一。其末一篇則懇辭加銜者也。

按晉疏草　無卷數，兩江總督採進本

不著撰人名氏，亦無卷次目錄，惟分四巨冊。皆明崇禎五年、六年奏疏。每篇首署巡按山西監察御史李，而不書其名。末各載所奉諭旨。疑皆當時胥吏鈔錄副本，未經重繕者。案山西通志，崇禎閒巡按御史有李嵩者，棗強人。畿輔通志載嵩字影石，天啓壬戌進士，官至布政使。是此書卽嵩案晉時疏稾也。時流賊勢已猖獗，故疏中言兵事者十之八九。其五年八月急請移兵厚餉一疏，稱寧武兵驕而狡，一遇大敵，非鼓譟卽脫逃。標營兵悍而猾，經過地方，橫索如虎，避盜如鼠。卽有一二守法者，又遲迴不用命。明季軍政敝壞至此，固不待獻、闖並熾，而亡徵先見矣。

治河奏疏二卷　侍講劉亨地家藏本

明周堪賡撰。堪賡字仲聲，號五峯，寧鄉人。天啓乙丑進士，官至工部侍郎。集中有崇禎十六年十二月陞南京戶部尚書乞賜骸骨疏。三藩紀事本末亦載福王時起用戶部尚書周堪賡，以疾不赴，則堪賡雖未南京任事，實以尚書歸里也。明史河渠志載，崇禎十五年流賊決河灌城，民盡溺死。總河侍郎黃希憲以身居濟寧，不能攝汴，請特設重臣督理。命工部侍郎周堪賡督修汴河。此治河奏疏蓋卽是時所上。然史載十六年六月堪賡言河之大勢盡歸於東，運道已通，陵園無恙。疏甫上，決口再潰。帝趣鳩工，未奏績而明亡云云。而集中有十六年十二月汴工築塞已完、歲修防守宜豫一疏，與史不符，未詳何故也。

眞定奏疏一卷附刻一卷　陝西巡撫採進本

明衛楨固撰。楨固字紫嵐，韓城人。崇禎甲戌進士，歷官雲南道監察御史。此其巡按眞定時所上疏稾也。凡二十六篇。其論劾白廣恩淫掠及領兵官潘鳳閣擅責縣官諸疏，於明季軍政不修，可以槩見一二。其子執蒲跋而刻之。執蒲字禹濤，國朝順治辛丑進士，官至左都御史。其初授監察時，適亦得雲南道，遂以己疏一冊附刻其後。

文襄公奏疏十五卷附年譜一卷　山東巡撫採進本

國朝李之芳撰。之芳字鄴園，武定人。順治丁亥進士，官至文華殿大學士，謚文襄。是編奏疏前十一卷，爲總督浙江時所上。又臺諫集二卷，爲監察御史時所上。康熙甲申、耿精忠之變，經理征剿，疏稾亦具載集中。末附年譜一卷，淄川唐夢賚所編也。

郝恭定集五卷（直隸總督採進本）

國朝郝惟訥撰。惟訥字敏公，霸州人。順治丁亥進士，官至吏部尚書。此集凡都察院奏疏八篇，刑部奏疏四篇，禮部奏疏一篇，戸部奏疏九篇，吏部奏疏六篇。其禮部請行釋奠疏、戸部稅銀款目疏，皆註疏存部案字。蓋當時同官公議，而惟訥具草，故仍刻之私集也。

清忠堂奏疏（無卷數，江蘇周厚堉家藏本）

國朝朱宏祚撰。宏祚字徽蔭，高唐人。是編乃其官廣東巡撫時奏疏，始於康熙二十六年十二月，終於三十一年八月，凡七十五篇。前有梁佩蘭序，稱其在粵五年，凡上一百六十有五疏，則此刻亦選擇而存之者也。

西臺奏議一卷、京兆奏議一卷、附曲徙錄一卷（陝西巡撫採進本）

國朝楊素藴撰。素藴字筠湄，宜君人。順治壬辰進士，官至湖廣巡撫。西臺奏議，其爲四川道監察御史時所上。京兆奏議，其官順天府尹時所上。曲徙錄則東明劉祚昌集其劾奏吳三桂疏，及謫官復起始末也。然三桂逆蹟一形，素藴即邀擢用，未可謂之曲突徙薪無恩澤也。祚昌之命名，亦不思之甚矣。

大觀堂文集三卷（浙江巡撫採進本）

國朝余縉撰。縉字仲紳，號浣公，諸暨人。順治壬辰進士，官至河南道監察御史。是集即其官御史時所上諸疏，凡四十三篇。其外官告病諸疏，皆縉私擬未上之稾，未嘗見之施行，不當一例附入也。

疏稾一卷（兩江總督採進本）

國朝胡文學撰。文學字卜言，鄞縣人。順治壬辰進士，官至福建道監察御史。此即爲御史時題奏之稾也。自順治十七年起，至康熙元年巡視兩淮鹽政止，凡十六篇。

存菴奏疏（無卷數，江蘇巡撫採進本）

國朝徐越撰。越字山琢，山陽人。順治壬辰進士，官至監察御史，遷兵部督捕左理事官，仍留御史之任。是集皆其所上奏疏，自順治十七年至康熙十二年止，凡五十四篇，皆具年月，併恭載

諭旨。江南通志稱其在臺十有三年，所條奏皆有關時政之大者。言漕河事先後凡十六疏，歷陳淮黃分合變遷及兩河衝決狀尤悉。

楊黃門奏疏（無卷數，浙江巡撫採進本）

國朝楊雍建撰。雍建字自西，一字以齋，海寧人。順治乙未進士，官至兵部侍郎。此編乃其官給事中時所上奏疏，故以黃門爲名。前有康熙元年胡兆龍序，謂雍建壬寅假歸，梓其前後疏章三十餘篇。又自序云，歷吏、禮、兵、刑四垣，章凡三十餘上。今卷內實五十一篇，末四篇稱西臺奏議，蓋康熙十八年官左副都御史時也。目錄後有自識云：余以丙陞復入垣署，章奏及西臺諸疏原稾散失無存。賴吾姪存理中發篋心蒐輯，得以繡梓。然則此所載者，蓋合前後所刻通爲一編矣。

撫黔奏疏八卷（浙江巡撫採進本）

國朝楊雍建撰。雍建自康熙十八年巡撫貴州，凡在任六年。內陞兵部侍郎，閱一年有餘，告請終養。是編合載貴州及兵部奏疏，共五百四十一篇。

于山奏牘七卷、附詩詞一卷（江蘇周厚堉家藏本）

國朝于成龍撰。成龍字北溟，永寧人。前明拔貢生，入國朝，授廣西羅城縣知縣，官至湖廣總督。此集刊於康熙癸亥，自卷一至卷七，皆載其歷任所上奏疏，及詳文牌示，並一時同官往來書牘。第八卷則詩詞，而終之以制藝一首。其後政書之刻，即因此本而增損之。此編蓋猶其初稿。至於詩詞，本非所長；制藝一首，尤不入格，亦不如政書之刊除潔淨也。

平岳疏議一卷、平海疏議一卷、附平海咨文一卷、師中小札一卷（山西巡撫採進本）

國朝萬正色撰。正色號中菴，晉江人。康熙十三年，正色以岳州水師總兵官征吳三桂，累立戰功。平岳疏議作於是時。尋提督福建水師，同總督姚啟盛平海壇及金廈兩島，平海疏議及咨文作於是時。小札亦是時師中作也。

督漕疏草二十二卷（山東巡撫採進本）

國朝董訥撰。訥字茲重，號默菴，平原人。康熙丁未進士，官至江南總督。是編乃其督理漕河時所上疏草，皆吏牘之文。

奏議稾（無卷數，江西巡撫採進本）

國朝江蘩撰。蘩有四譯館考，已著錄。是編冠以康熙二十五年十月蘩由靈寶縣知縣擢御史時

御試策二道，次爲陝西道御史時疏三篇，次爲巡視東城時疏二篇，次爲協理江西道時疏三篇，次爲巡視北城時疏一篇，次爲巡視長蘆鹽課時疏三篇，次爲掌山東道時疏一篇，掌京畿道時疏一篇。

撫豫宣化錄四卷（內府藏本）

國朝田文鏡撰。文鏡，正黃旗漢軍，官至河東總督，謚端肅。是編乃文鏡官河南巡撫時奏疏一卷，條奏一卷，文移一卷，告示一卷。內文移又分一子卷。均始於雍正二年七月，迄五年九月。惟告示迄於五年正月。前有河南布政使費金吾、按察使彭維新、分守開歸河道楊夢琬、河務兵備道祝兆鵬、分守河北兵備道朱藻、分巡南汝光道孫蘭芬會請刊刻詳文一道，及文鏡批詞。

河防疏略二十卷（兩淮馬裕家藏本）

國朝朱之錫撰。之錫字孟九，號梅麓，義烏人。康熙壬辰進士，官至兵部尚書、都察院右副都御史，總督河道。是編即其治河奏稾也。（以上專集）

赤城論諫錄十卷（浙江巡撫採進本）

明謝鐸、黃孔昭同編。鐸字鳴治，天順甲申進士，官至禮部侍郎，兼國子監祭酒，謚文肅。孔昭字世顯，天順庚辰進士，官至工部侍郎，謚文毅。事蹟具明史本傳。二人皆天台人。是編裒其鄉先輩奏議，自南宋至明初，凡十四人，文六十六篇。又吳芾、葉夢鼎二人在宋末亦以言事著稱，而奏稾不可復得，亦附名於後，略載其出處行事，以存其人焉。

大儒奏議六卷（江蘇巡撫採進本）

明邵寳編。寳有左觿，已著錄。是書取宋二程子及朱子奏議彙鈔成帙，蓋寳督學江西時所刊。然三子以道學傳，不以經濟見也。

右編四十卷（直隸總督採進本）

明唐順之編。順之有廣右戰功錄，已著錄。是編所錄皆歷代名臣論事之文，凡分二十一門，九十子目。古來崇論宏議，切於事情，可資法戒者，菁華略備。其曰右編者，取右史記言之義也。然其稾未定而順之沒。後萬歷中焦竑得其殘本，南京國子監祭酒劉曰寧、司業朱國楨仿左編義例，爲定其部分，且補其遺軼付之梓。然其中所補之文，如司馬師上高貴鄉公勸學書、李斯諫秦王逐客書，及唐武后時諸臣所上書，多以詞藻見收，恐非順之本意。又如論晉鑄刑鼎一書，自是左氏之文，而題曰仲尼，尤爲無識。蓋明自萬歷以後，國運既頹，士風亦佻，凡所著述，率竊據前人舊帙，而以私智變亂之，曰寧等之補此書，亦其一也。

明疏議輯略三十七卷（內府藏本）

明張瀚編。是書乃瀚官大名知府時督學御史阮鶚以世所行名臣經濟錄、名臣奏議二書去取猥雜，因屬瀚別加刪補，以成此本。略倣宋名臣奏議之例，分君道、聖學、修省、儲正、納諫、史職、銓選、考課、財計、賦役、征榷、漕運、荒政、禮儀、律歷、陵廟、祀典、制科、學校、武備、征伐、撫治、馬政、禦邊、議獄、屯田、河渠、營繕、風紀、糾劾三十門。然當時有所避忌，所載亦不能盡備也。

嘉隆疏鈔二十卷（內府藏本）

明張鹵編。鹵字召和，儀封人。嘉靖乙未進士，歷官右副都御史，調南京太常寺卿。是編專錄嘉靖、隆慶兩朝臣僚奏疏，分三十七類，凡四百餘篇，蓋續張瀚疏議輯略而作，故類例雖稍有出入，而大致略相仿佛云。

兩朝疏鈔十二卷（浙江范懋柱家天一閣藏本）

明顧爾行編。爾行，歸安人。萬歷甲戌進士，官大名府推官。初，張瀚撰疏議輯略，所載止武宗以前，故爾行復錄世宗、穆宗朝諸疏，以續其書。明至世宗以後，紀綱日弛，議論日多，當時諸疏，或忿爭訐戾，使聽者不平；或支蔓冗沓，使讀者欲臥，士大夫淳厚忠樸之風，自是漸壞。其間忠義激發，非爲名計者，亦參雜其中，混淆而不能別矣。是則世運爲之也。

留臺奏議二十卷（浙江巡撫採進本）

明朱吾弼、李雲鵠、蕭如松、孫居相同編，取正嘉隆萬間南京御史所上奏疏，分二十門，所載諸疏，四人自撰者爲多，露才揚己，蓋所不免焉。吾弼有朱子奏議，已著錄。雲鵠字黃羽，內鄉人。萬歷壬辰進士。如松字鶴侶，內江人。居相字伯輔，沁水人。並萬歷壬辰進士，時皆官南京御史，故與吾弼同輯是編也。

右編補十卷（直隸總督採進本）

明姚文蔚編。文蔚字元素，錢塘人。萬歷壬辰進士，官至太僕寺卿。初，唐順之爲右編，其書未完，劉曰寧補而輯之，尚多闕略。文蔚因取永樂中所修名臣奏議，拾其所遺，其門目則仍從奏議之舊，分四十二類，大抵皆習見之文，特於順之所不錄者覆爲掇拾，以成一編耳。

古奏議無卷數，兩江總督採進本

明黃汝亨編。汝亨字貞父，仁和人。萬歷戊戌進士，官至江西提學僉事，轉布政司參議。此書輯古人奏議，自戰國迄於唐宋，共一百一十首。每首系以評論，然若蘇秦、范雎、韓非輩，不過辨士功利之談，論文則當取其工，論奏議則當斥其詭，奈何託始於是也。

二李先生奏議二卷，副都御史黃登賢家藏本

明徐宗夔所編李夢陽、李三才二人奏議也。夢陽以風節振一世，三才結納東林，亦負當代之望。而智數用事，不及夢陽之伉直，其爲人不甚相類。宗夔以二人俱產關中，故合刻之，末各附詩數首，於體例亦爲不倫。宗夔字傚虞，蘇州人。

奏議稽詢四十四卷，湖北巡撫採進本

國朝曹本榮編。本榮，黃岡人，順治己丑進士，官至侍講學士。是書倣歷代名臣奏議之體，彙輯自周訖明諸臣奏疏，分六十六門。然自君德至弭盜六十五門，止二十六卷，其中律歷一門，又有錄無書。最後禦邊一門，自二十七卷起至四十四卷止，共十八卷。未免繁簡不倫，體例未能盡善，疑草刱未全之本也。以上總集

右詔令奏議類奏議之屬，九十部，八百十八卷，內十部無卷數，皆附存目。

欽定四庫全書總目卷五十六

欽定四庫全書總目卷五十七

史部十三

傳記類一

紀事始者，稱傳記始黃帝，此道家野言也。究厥本源，則晏子春秋是卽家傳，孔子三朝記其記之權輿乎。裴松之註三國志，劉孝標註世說新語，所引至繁，蓋魏晉以來，作者彌夥。諸家著錄，體例相同，其參錯混淆，亦如一軌。今略爲區別：一曰聖賢，如孔孟年譜之類；二曰名人，如魏鄭公諫錄之類；三曰總錄，如列女傳之類；四曰雜錄，如驂鸞錄之類。其杜大圭碑傳琬琰集、蘇天爵名臣事略諸書，雖無傳記之名，亦各核其實，依類編入。至安祿山、黃巢、劉豫諸書，既不能遽削其名，亦未可薰蕕同器，則從叛臣諸傳附載史末之例，自爲一類，謂之曰別錄。

孔子編年五卷，浙江范懋柱家天一閣藏本

舊本題宋胡舜陟撰。考書首有紹興八年舜陟序，乃自靜江罷歸之日，命其子仔所撰，非舜陟自作也。舜陟字汝明，績溪人，大觀三年進士，靖康間官侍御史，南渡初，知廬州，有禦寇功，更歷數鎮，最後爲廣西經略使。欲爲秦檜父建祠，高登不可，因劾登以媚檜，會以他事忤檜意，亦逮治死於獄，事蹟具宋史本傳。仔字元任，後流寓吳興，嘗輯詩話行於世，卽所謂苕溪漁隱者是也。是書輯錄孔子言行，以論語、春秋三傳、禮記、家語、史記諸家所載，按歲編排，體例亦如年譜，其不曰年譜而曰編年，尊聖人也。自周秦之閒，讖緯雜出，一切詭異神怪之說，率託諸孔子，大抵誕謾不足信。仔獨依據經傳，考尋事實，大旨以論語爲主，而附以他書。其採掇頗爲審慎，惟諸書紀錄聖言，不能盡載其歲月，仔既限以編年，不免時有牽合。如左氏襄公二十一年，鄭人游鄉校傳，仲尼聞是語也云云，杜預注謂仲尼於是年實是十歲，長而後聞之，知孔子爲此言，不當在是年也。仔乃繫其事於十歲之下，殊爲疎舛。又禮記儒行篇，對魯哀公云云，則繫之六十八歲；哀公問篇，大禮何如云云，則又繫之七十二歲。不知何所據而云然。此類尤失於穿鑿。然由宋迄元明，集聖蹟者其書日多，亦猥雜日甚，仔所論次，猶爲近古。故錄冠傳記之首，以見濫觴所自焉。

東家雜記二卷，浙江范懋柱家天一閣藏本

宋孔傳撰。傳字世文，至聖四十七代孫。建炎初，隨孔端友南渡，遂流寓衢州。紹興中，官至右朝議大夫、知撫州軍州事，兼管內勸農使，封仙源縣開國男。是編成於紹興甲辰。上卷分九類：曰姓譜，曰先聖誕辰諱日，曰母顏氏，曰娶亓官氏，曰追封謚號，曰歷代崇封，曰嗣襲封爵沿改，曰改衍聖公，曰鄉官。下卷分十二類：曰先聖廟，曰手植檜，曰杏壇，曰後殿，曰先聖小影，曰廟柏，曰廟中古碑，曰本朝御製碑，曰廟外古蹟，曰齊國公墓，曰祖林古蹟，曰林中古碑。其時去古未遠，舊蹟多存，傳又生長仙源，事皆目睹，故所記特爲簡核。前有孔子生年月日考異一篇，末題淳祐十一年辛亥秋九月戊午朔去疾謹書。末有南渡廟記一篇，題寶祐二年二月甲子汝騰謹記。二人宋宗室子，故皆不署姓。去疾

稱舊有尹梅津跋此本無之而後有淳熙元年葉夢得跋蓋三篇皆重刻所續入也去疾考中歷駁諸家之誤而以爲春秋用夏正定孔子生於十月二十一日辛於四月十八日其說殊謬殆由是時理宗崇重道學胡安國傳方盛行故去疾據以爲說歟錢曾讀書敏求記曰壬戌冬日葉九來過芳草堂云有宋槧本東家雜記因假借繕寫此書爲先聖四十七代孫孔傳所編首列杏壇圖說記夫子車從出國東門因覩杏壇歷級而上顧弟子曰茲魯將臧文仲誓將之壇也覩物思人命瑟而歌其歌曰暑往寒來春復秋夕陽西去水東流將軍戰馬今何在野草閒花滿地愁考諸家琴史俱失載附錄於此詳其語意未知果爲夫子之歌否也云云案此歌僞妄不辨而明曾乃語若存疑蓋其平生過尊宋本之失然曾云三卷此本實二卷曾云首列杏壇圖說此本杏壇爲下卷第三篇且有說無圖亦無此歌不知曾所見者又何本也其或誤記歟

右傳記類聖賢之屬二部七卷皆文淵閣著錄

案以上所錄皆聖蹟也以存目之中有諸賢之敘錄名統於一故總標曰聖賢

晏子春秋八卷 編修勵守謙家藏本

舊本題齊晏嬰撰晁公武讀書志嬰相景公此書著其行事及諫諍之言崇文總目謂後人採嬰行事爲之非嬰所撰然則是書所記乃唐人魏徵諫錄李絳論事集之流特失其編次者之姓名耳題爲嬰者依託也其中如王士禎池北偶談所摘齊景公圉人一事鄙倍荒唐殆同戲劇則妄人又有所竄入非原本矣劉向班固俱列之儒家中惟柳宗元以爲墨子之徒有齊人者爲之其旨多尚兼愛非厚葬久喪者又往往言墨子聞其道而稱之薛季宣浪語集又以爲孔叢子詰墨諸條今皆見晏子書中則嬰之學實出於墨蓋嬰雖略在墨翟前而史角止魯實在惠公之時見呂氏春秋仲春記當染篇故嬰能先宗其說也其書自史記管晏列傳已稱爲晏子春秋故劉知幾史通稱晏子虞卿呂氏陸賈其書篇第本無年月而亦謂之春秋然漢志惟作晏子隋志乃名春秋蓋二名兼行也漢志隋志皆作八篇至陳氏晁氏書目乃皆作十二卷蓋篇帙已多有更改矣此爲明李氏綿眇閣刻本內篇分諫上諫下問上問下雜上雜下六篇外篇分上下二篇與漢志八篇之數相合若世所傳烏程閔氏刻本以一事而內篇外篇複見所記大同小異者悉移而夾註內篇下殊爲變亂無緒今故仍從此本著錄庶幾猶略近古焉

案晏子一書由後人摭其軼事爲之雖無傳記之名實傳記之祖也舊列子部今移入於此

魏鄭公諫錄五卷 浙江鮑士恭家藏本

唐王方慶撰方慶名綝以字行其先自丹陽徙咸陽武后時官至鸞臺侍郎同鳳閣鸞臺平章事終於太子左庶子封石泉縣公謚曰貞事蹟具新唐書本傳此書前題尙書吏部郎中蓋高宗時所居官而本傳不載則史文脫略也傳稱方慶博學練朝章著書二百餘篇此乃所錄魏徵事蹟唐書藝文志以爲魏徵諫事司馬光通鑑書目以爲魏元成故事標題互異惟洪邁容齋隨筆作魏鄭公諫錄與此相合方慶在武后時嘗以言悟主召還廬陵後建言不斥太子名以示復位之漸皆人所難能蓋亦思以伉直自見者故於徵諫爭之語摭錄最詳司馬光通鑑所記徵事多以是書爲依據其未經採錄者亦皆確實可信足與正史相參證元至順中翟思忠又嘗作續錄二卷世罕流傳明蘇州彭年採通鑑唐書補爲一卷今思忠所續錄二卷已於永樂大典內裒輯成編年書寥寥數條殊爲贅設今故刪年所補不復附綴此書之末焉

李相國論事集六卷 浙江孫仰曾家藏本

舊本題曰李深之文集唐李絳撰深之絳字也隴西人擢進士補渭南尉歷中書門下平章事事蹟具新唐書本傳今考其書乃唐史官蔣偕編絳奏議之文與論諫之事雖以集名實魏徵諫錄之類也前有大中五年偕自序稱今中執法夏侯公授余以公平生所論諫凡數十事其所爭皆磊磊有直臣風概讀之令人激起忠義始自內廷終於罷相次成七篇著之東觀目爲李相國論事集云云其說本明此本標題殆後人傳寫所妄改歟偕序稱七篇今佚其一所存惟爲翰林學士時四十六事爲戶部侍郎時四事爲宰相時十五事共六十五條敘事朴拙頗乏文采謝狀賀表之類雜錄其閒多與論諫無關又批答賀屛風一條宣示李栻密疏一條盛夏對宰臣一條皆憲宗之事尤與絳無

涉。編次蕪雜，亦乖體例。然遺聞舊事，紀錄頗詳。多新舊唐書所未載，亦足以備考核。王楙野客叢書引其救鄭絪一條，論採擇良家子一條，謂足補唐書之疎。葉夢得避暑錄話引其論吐突承璀安南寺碑樓一條，訂唐書之誤。是亦有裨史事之一證矣。陸游集有此書跋，稱舊有兩本，其一本七卷，無序。其一本一卷，史官蔣偕作序。以序考之，偕所序蓋七卷者。今一卷之本未見，而此為七卷之殘本，乃有偕序。豈後人以游跋更正歟。

杜工部年譜一卷（江蘇巡撫採進本）

宋趙子櫟撰。子櫟字夢授，太祖六世孫。元祐六年進士。紹興中官至寶文閣直學士。事蹟具宋史本傳。子櫟與魯訔均紹興中人，然子櫟撰此譜時，似未見訔譜。故篇中惟辨呂大防謂甫生於先天元年之誤。考宋人所作甫年譜，又有蔡興宗、黃鶴二家，皆以甫五十九歲為大歷庚戌。獨子櫟持異議，以為卒於辛亥之冬。不知辛亥甫年六十矣。且子櫟以五年庚戌晚秋長河送李十二為甫絕筆。甫生平著述不輟，若以六年冬暴疾卒，何至一年之內竟無一詩。此又其不確之證也。其所援引亦簡略，不及魯譜之詳。以其舊本而存之，以備參考焉爾。

杜工部詩年譜一卷（江蘇巡撫採進本）

宋魯訔撰。訔字季欽，嘉興人。官至福建提點刑獄公事。周必大平園集有訔墓誌，述其官階始末甚詳。諸書或云字季卿，或云海鹽人，或云仕至太府卿，皆誤也。訔嘗注杜詩，今存者惟此譜。篇首有訔編次杜工部詩序。末有王士禎跋，謂甫年譜創始於呂汲公大防，訔以甫生於睿宗先天元年壬子，卒於大歷五年庚戌，蓋承呂譜之舊也。考甫生卒之歲，諸書往往錯誤。舊唐書謂甫卒於永泰二年。永泰在大歷之前，甫詩有大歷三年以下諸作，則舊書為誤。王觀國辨之是也。然觀國云甫生於先天元年癸丑，卒於大歷五年辛亥。不知癸丑乃先天之二年，即開元元年；辛亥乃大歷六年，則觀國亦未深考矣。元稹作甫墓誌云，享年五十九。王洙原叔註子美詩序曰，大歷三年，甫下峽入湖南，游衡山，寓居耒陽。五年夏，一夕醉飽卒。大歷五年為庚戌歲，上距先天元年壬子適五十有九年，則甫生於壬子無疑。訔此譜根據呂譜，未嘗誤也。姚桐壽樂郊私語云，杜少陵集自游龍門至過洞庭，詩目次第，為季卿編定。一循少陵平生行蹟，可以見其詩法。近時滏陽張氏、吳江朱氏所註杜詩，其年譜大率仿此而推拓之，知密於趙子櫟譜多矣。雖閒有附會，又烏可以一眚掩乎。

紹陶錄二卷（江蘇巡撫採進本）

宋王質撰。質有詩總聞，已著錄。質於淳熙中奉祠山居，以陶潛、陶宏景皆棄官遺世，其同時唐汝舟鹿何可繼其風，因作此書。上卷載栗里、華陽二譜，而各摘其遺文遺事為題，別為詞以詠之。下卷紀唐鹿事，而附以林居詠物之詩。其曰山友詞者，皆詠山鳥。曰水友詞者，皆詠水鳥。曰山友續詞者，皆詠山草。曰水友續詞者，皆詠水草。曰山水友續詞者，則雜詠禽蟲諸物。蓋質以耿直忤時，阨於權倖，晚歲欲絕人逃世，故以鳥獸草木為友。蓋亦發憤之作。舊於雪山集外別行。國朝康熙中，商邱宋犖嘗摘錄其山友諸詞，分為五卷，改題曰林泉結契，亦取其有寄懷塵外之致也。今觀錄中諸作，雖惟意所云，往往不甚入格。然人品既高，神思自別，誦其詞者，賞之於酸鹹之外可矣。

金陀粹編二十八卷續編三十卷（兩淮鹽政採進本）

宋岳珂撰。珂有九經三傳沿革例，已著錄。是編為辨其祖岳飛之冤而作。珂別業在嘉興金陀坊，故以名書。粹編成於嘉定戊寅，續編成於紹定戊子。粹編凡高宗宸翰三卷，鄂王家集十卷，籲天辨誣五卷，天定錄三卷。籲天辨誣者，記秦檜等之鍛鍊誣陷，每事引當時記載之文，如熊克中興小歷、王明清揮麈錄之類，而珂各繫辨證。天定錄者，則飛經昭雪之後，朝廷復爵褒封謚議諸事也。續編凡宋高宗宸翰摭遺一卷，絲綸傳信錄十一卷，天定別錄四卷，百氏昭忠錄十四卷。絲綸傳信錄者，飛受官制劄及三省文移劄付。天定別錄者，岳雲、岳雷、岳霖、岳甫、岳琛等辨誣復官告制劄，及給還田宅諸制。百氏昭忠錄者，飛歷陣戰功，及歷官政績，經綸於國史，及宋人劉光祖等所作碑刻行實、黃元振等所編事蹟，以次彙敘者也。其宸翰拾遺中舞劍賦，乃唐喬潭之作，因高宗御書以賜，故亦載焉。編首自序，稱況當規恢大有為之秋，魚復之圖、穀城之略，豈無一二可俎豆於斯世。檢其所當行，稽其所可驗，而勿視之芻狗之已陳云云。殆開禧啟釁之後，端平合擊以前，時局又漸主戰，故珂云爾也。其書歲久散佚，元至正二十三年，重刻於江浙行省，陳基爲之序。又有戴洙後序，稱舊本佚闕，徧求四方，得其殘編斷簡，參互考訂，復爲成書。故書中脫簡闕文，時時而有。明嘉靖中刻本並仍其舊，今無從考補，亦姑仍嘉靖舊刻錄之焉。

象臺首末五卷（浙江鄭大節家藏本）

宋胡知柔編。知柔父夢昱，字季昭，號竹林愚隱，吉水人。嘉定丁丑進士，官大理評事，以論濟王事貶死象州。寶慶元年追贈員外郎，咸淳三年追諡剛簡。知柔始末未詳，考高斯得恥堂存稾有感一首，稱近者昌言多出諸賢之後，其註中有胡評事夢昱之子，不著其名，或即知柔歟？則亦以忠諫世其家者也。知柔於寶祐四年編其奏疏遺文，後又益以謚議及諸家贈荅題跋之作，以成此書。而彈文亦具載焉。其編次頗無法度，如第一卷封事及上史彌遠書之下，忽攙以李孝先桀成大糾彈夢昱二疏及徐瑄救夢昱書，其下又爲夢昱祭弟文一篇，其下又以追復省劄之類，共爲一卷。第二卷告詞行述之下，忽攙以夢昱所進劄子四篇，其下又贊以趙文等所作夢昱水石圖贊五首，共爲一卷。第三卷諸人贈詩十八首之下，忽攙入夢昱自咏步王盧溪韻詩二首，再寄二首，其下又載他人詩七首，共爲一卷。夢昱自咏榕陰圖一首，其下又載他人詩十六首，共爲一卷。第四卷爲諸家哀詞祭文題跋，而第五卷省劄謚議反居其後，末附像贊六首，又與水石圖贊各編，而出身印紙題跋亦與封事題跋各編，均龐雜無緒。又其書作於宋理宗時，安得載及元明人詩文？殆必其後人所竄亂，非知柔之舊矣。徒以夢昱氣節足重，故流傳至今。而宋史夢昱無傳，所載亦不免闕漏，今特著之錄，以示表章之義焉。

魏鄭公諫續錄二卷（永樂大典本）

不著撰人名氏。案元伊足鼎（原作亦祖丁，今改正）魏鄭公諫錄序云：唐王綝諫錄五卷，至順初，下邳翟思忠爲常州知事，摭其餘爲續錄二卷。其書刻於元統中，明初已罕流傳，故彭年蒐採遺文爲續錄一篇，以補其闕。此本載永樂大典中，綴王綝所作諫錄之後，殆數與伊足鼎所說合，蓋即翟思忠所續本也。王氏所輯諫錄，僅據其所見聞，未能賅備。唐書魏徵本傳所云前後凡二百餘奏，無不剴切當帝心者，已不盡傳。其他片語單詞，隨時獻納者，更爲史所不盡紀。此本雖捃拾衆說，與史傳間有異同，且有實非諫諍之事，而泛濫入之錄中者，然大旨明白切要，於治道頗爲有補，要非他小說雜記比也。據伊足鼎序，稱思忠起家爲儒官，曾著易傳衍太元，蓋亦好學稽古之士。然朱彝尊經義考二書悉不著錄，蓋不特著作散佚，併其名氏翳如矣。茲編得復見於世，豈非幸乎。

忠貞錄三卷附錄一卷（江蘇巡撫採進本）

明李維樾、林增志同編。維樾字蔭昌，增志字可任，俱吉州安福人。是編爲其同里卓敬而作。卷一爲遺稾，凡詩十九首，序二首，誌銘一首，而冠以像贊及遺稾序。卷二、卷三爲後人記載題咏詩文，而附錄黃養正、陳茂烈二傳，皆敬鄉人也。然養正爲敬門人，又死於土木之難，其附錄爲宜。茂烈於敬別無淵源，而又以棄官養母終於鄉里，其事截然不類。附之忠貞錄中，名實舛矣。敬非惟死節慷慨，震耀千古，即於乘燕王來朝之時，密請乘其不意，徙封之於南昌，計亦良善。其疏雖無完本，然劉球所作傳中尚載其略，不錄之於遺稾中，亦編次之疎也。敬在明初，不以詩名，而所作落落有氣格。如五言之「小舟衝浪出，幽鳥背人飛」，七言之「白雲忽去山在戶，紅日午晴人倚欄」，絕句晚眺云「浣花溪上雙楠木，老杜草堂生夏寒。門外青山三十六，讀書終日倚欄杆」，題山水云「長松雨過秋聲滿，日日攜琴自往回。安得扁舟乘晚興，載將山色過江來」，栽梅云「風流東閣題詩客，蕭灑西湖處士家。雪冷江深無夢到，自鋤明月種梅花」，亦皆有致。惜其所傳不多，不能自爲一集，故仍從維樾之例入之傳記類焉。

諸葛忠武書十卷（兩江總督採進本）

明楊時偉編。時偉有春秋編年舉要，已著錄。初，太倉王士騏撰武侯全書十六卷，時偉病其蕪累，更撰是書。存其連吳南征北伐、調御法檢遺事六卷，而增年譜傳略，紹漢雜述四卷，共爲十卷。昔陳壽所進諸葛亮集二十四篇，其文久佚，惟其目尚見亮傳末。今世所傳亮集四卷，由後人採摭而成，文多依託，如梁父吟、黃陵廟記之類，時偉皆釐正其譌。又如小說所載轉生韋皐之類，亦援據正史糾其附會，較他本特爲詳審。其排比事迹，具有條理，可以見亮之始末。亦較士驥原本特為精核。舊本與陶潛集合刻、題曰忠武靖節二編。蓋寓意於進則當為亮、退則當為潛。然潛之詩文自為別集之流、亮之事迹自為傳記之類、難以併為一書。故今錄此書於史部、而潛集則仍著錄於集部焉。

寧海將軍固山貝子功績錄一卷內府藏本

不著撰人名氏。所記乃惠獻貝子富喇塔平定浙東之事。康熙十三年、耿精忠據福建反、聖祖仁皇帝命富喇塔為寧海將軍、同大將軍康親王傑書統兵討之。是年至台州、破賊於黃瑞山。又連破之紫雲山九里寺山。十四年、敗其衆於黃土嶺。賊將曾養性乘夜遁去、遂復黃巖縣、進取溫州、浙東底定。其事具載宗室王公功績表傳及八旗通志中。是書蓋即台人所編、自十三年四月耿逆初叛、至十四年八月賊黨自台州遁還溫州、凡所聞見、各舉崖略、隨條紀錄。所述戰功次第、雖不若國史所載見於奏報者明晰賅備、而情事之委折、節目之纖悉、土人得諸目擊者、縷舉為詳。以與本傳相校、亦時有足資參核者焉。書前原有記略一篇、別記貝子溫台二郡戰績。又撫嵊事實一篇、紀嵊縣土寇應賊、貝子遣兵討定之事。亦俱不言何人所撰。又平閩功績聞見錄一篇、為閩人金泳所作、乃記貝子自浙進兵平閩之事、其文亦頗詳悉。謹各仍其舊、附錄於末、以備互稽。惟原本各條下俱綴以七言絕句、凡九十六首。詞旨淺俚、無足採錄、今並從刊刪云。

朱子年譜四卷、考異四卷、附錄二卷兵部侍郎紀昀家藏本

國朝王懋竑撰。懋竑字予中、寶應人。康熙戊戌進士。授安慶府教授。雍正癸卯特召入直內廷、改翰林院編修。初、李方子作朱子年譜三卷、其本不傳。明洪武甲戌、朱子裔孫境別刊一本、汪仲魯為之序、已非方子之舊。正德丙寅、婺源戴銑又刊朱子實紀十二卷、惟主於鋪張襃贈、以誇講學之榮、殊不足道。至嘉靖壬子、建陽李默重編年譜五卷、自序謂猥冗虛謬不合載者、悉以法削之。覘舊本存者十七。然默之學源出姚江、陰主朱陸始異終同之說、多所竄亂、彌失其眞。國朝康熙庚辰、有婺源洪氏續本、又有建寧朱氏新本、及武進鄒氏正譌本。或詳或略、均未為精確。懋竑於朱子遺書、研思最久。因取李本洪本互相參考、根據語錄文集、訂補舛漏、勒為四卷。又備列其去取之故、仿朱子校正韓集之例、為考異四卷。併採掇論學要語、為附錄二卷、綴之於末。其大旨在辨別為學次序、以攻姚江晚年定論之說。故於學問特詳、於政事頗略。如淳熙元年劾奏知台州唐仲友事、後人頗有異論、乃置之不言。又如編類小學、既據文集定為劉子澄、而編類綱目乃不著出趙師淵。楚辭集注本為趙汝愚放逐而作、乃不著其名。至於生平著述、皆一一縷述年月、獨於陰符經考異、參同契考異兩書不載其名、亦似有意諱之。然於朱子平生求端致力之方、考異審同之辨、元元本本、條理分明、無程曈陳建之浮囂、而金谿紫陽之門徑、開卷瞭然。是於年譜體例雖未盡合、以作朱子之學譜、則勝諸家所輯多矣。

右傳記類名人之屬、十三部、一百十三卷、皆文淵閣著錄。

案此門所錄、大抵名世之英、與文章道德之士也。不曰名臣而曰名人者、其中或苦節卓行、而山林終老。或風流文采、而功業無聞。槩曰名臣、殊乖其實。統以有聞於後之稱、庶為兼括之通詞爾。

古列女傳七卷、續列女傳一卷內府藏本

漢劉向撰。向字子政、本名更生、楚元王之後。以父任為輦郎、歷中壘校尉。事蹟具漢書本傳。漢書藝文志儒家類載向所序六十七篇、註曰、新序、說苑、世說、列女傳頌圖也。隋書經籍志雜傳類載列女傳十五卷、註曰、劉向撰、曹大家註。其書屢經傳寫、至宋代已非復古本。故曾鞏序錄稱曹大家所註、離其七篇為十四、與頌義凡十五篇、而益以陳嬰母及東漢以來凡十六事。非向本書然也。嘉祐中、集賢校理蘇頌始以頌義編次、復定其書為八篇、與十五篇者並藏於館閣。是鞏校錄時已有二本也。又王回序曰、此書有母儀、賢明、仁智、貞順、節義、辯通、孽嬖等目、而各頌其義、圖其狀、總為卒篇。傳如太史公記、頌如詩之四言、而圖為屏風。然世所行向書、乃分傳每篇上下、併頌為十五卷。其十二傳無頌、三傳同時人、五傳其後人、通題曰向撰、題其頌曰向子歆撰、與漢史不合。故崇文總目以陳嬰母等十六傳為後人所附。予以頌考之、每篇皆

十五傳耳。則凡無頌者，並皆非向所奏書，不特自陳嬰母爲斷也。向所序書多散亡，獨此幸存，而復爲他手所亂，故併錄其目，而以頌證之，刪爲八篇，號古列女傳。餘十二傳，其文亦奧雅可喜，故又以時次之，別爲一篇，號續列女傳。又稱直祕閣呂縉叔、集賢校理蘇子容、象山令林次中，各言嘗見母儀、賢明四傳於江南人家，其畫爲古佩服，而各題其頌像側，是回所見一本，所聞一本，所刪定又一本也。錢曾讀書敏求記曰：此本始於有虞二妃，至趙悼后，號古列女傳。周郊婦人至東漢梁嫕等，以時次之，別爲一篇，號續列女傳。頌義大序列於目錄前，小序七篇散見目錄中間，頌見各人傳後，而傳各有圖，卷首標題晉大司馬參軍顧愷之圖畫。蘇子容嘗見江南人家舊本，其畫爲古佩服，各題其頌像側者，與此恰相符合，定爲古本無疑云云。此本即曾家舊物，題識印記並存，驗其版式紙色，確爲宋槧，誠希覯之珍笈。惟蘇頌等所見江南本在王回刪定以前，而此本八篇之數與回本合，古列女傳、續列女傳之目亦與回本合，即嘉祐八年回所重編之本，曾據以爲江南舊本，則稍失之耳。其頌本向所作，曾鞏及回所言不誤，而晁公武讀書志乃執隋志之文，詆其誤信顏籀之註，不知漢志舊註凡稱師古曰者，乃籀註，其不題姓氏者，皆班固之自註，以頌圖屬向，乃固說，非籀說也。考顏氏家訓稱列女傳劉向所造，其子歆又作頌，是謂傳頌爲歆作，始於六朝，修隋志時，去之推僅四五十年，襲其誤耳，豈可遽以駮漢書乎。續傳一卷，曾鞏以爲班昭作，其說無證，特以意爲之。晁公武竟以爲項原作，則舛謬彌甚。隋志載項原列女後傳十卷，非一卷也。必牽引旁文，曲相附會，則隋志又有趙母注列女傳七卷，高氏列女傳八卷，皇甫謐列女傳六卷，綦母邃列女傳七卷，又有曹植列女傳頌一卷，繆襲列女讚一卷，將續傳亦可牽爲趙母等，頌亦可牽爲曹植等矣，又豈止劉歆、班昭、項原乎。今前七卷及頌題向名，續傳一卷則不署撰人，庶幾核其實而闕所疑焉。

高士傳三卷（江蘇巡撫採進本）

晉皇甫謐撰。謐字士安，自號元晏先生，安定朝那人，漢太尉嵩之曾孫，嘗舉孝廉，不行，事蹟具晉書本傳。案南宋李石續博物志曰：劉向傳列仙七十二人，皇甫謐傳高士亦七十二人。知謐書本數僅七十二人，此本所載乃多至九十六人。然太平御覽五百六卷至五百九卷全收此書，凡七十一人，其七十人與此本相同，又東郭先生一人，此本無而御覽有，合之得七十一人，與李石所言之數僅佚其一耳，蓋御覽久無善本，傳刻偶脫也。此外子州支父、石戶之農、小臣稷、商容、榮啟期、長沮、桀溺、荷蓧丈人、漢陰丈人、顏斶十人，皆御覽所引嵇康高士傳之文，閔貢、王霸、嚴光、梁鴻、臺佟、韓康、矯慎、法真、漢濱老父、龐公十人，則御覽所引後漢書之文，惟披衣、老聃、庚桑楚、林類、老商氏、莊周六人，爲御覽此部所未載，當由後人雜取御覽，又稍摭他書附益之耳。考讀書志亦作九十六人，而書錄解題稱今自披衣至管寧惟八十七人，是宋時已有二本，竄亂非其舊矣。流傳既久，未敢輕爲刪削，然其非七十二人之舊，則不可以不知也。

卓異記一卷（內府藏本）

舊本題唐李翺撰。唐書藝文志則作陳翺，註曰憲穆時人。案李翺爲貞元、會昌間人，陳翺爲憲、穆間人，何以紀及昭宗，其非李翺亦非陳翺甚明。宋史藝文志作陳翰，而注曰一作翺，亦不言爲何許人。其序稱開成五年七月十一日，乃文宗之末年，其次年辛酉，乃爲武宗會昌元年，何以書中兩稱武宗，則非惟名姓舛譌，併此序年月亦後人妄加，而書則未及竄改耳。其書皆紀唐代朝廷盛事，故曰卓異。然中宗、昭宗皆已廢而復辟，一幽囚於悍母，一迫脅於亂臣，皆國家至不幸之事，稱爲卓異，可謂無識之尤矣。又讀書志稱所載凡二十七事，今檢其標目僅有二十六條，或佚其一，或中宗、昭宗誤合兩事爲一事，均未可知也。

春秋列國諸臣傳三十卷（兩江總督採進本）

宋王當撰。當字子思，眉山人。元祐中，蘇軾以賢良方正薦，廷對策入四等，調龍游縣尉。蔡京知成都，舉爲學官，不就。及京爲相，遂不仕。事蹟具宋史本傳。史稱其嘗舉進士不中，退居田野，嘆曰：士之居世，苟不見用，必見其言，遂著列國名臣傳五十卷，則此書其未仕時作也。所傳凡一百九十一人，各以贊附於後。陳振孫書錄解題稱其議論純正，文詞簡古，於經義多所發明。今核其書，如謂魯哀公如討陳恆，即諸侯可得之類，持論不免踳駁，殊非聖人之本意。史稱當博覽古人，惟取王佐大略，蓋其學頗講作用，故其說云然。然其編次時世，前後證引國語、史記等書，補左傳闕略，該備無遺，於經傳則實有補。宋史藝文志載是書作五十一卷，本傳則作五十卷，均與此本不合，殆三五字形相近，傳寫誤歟。玉海又載當同時有長樂鄭昂字尚明者，亦作春秋臣傳三十卷，以人類事，凡二百十五人，附名者又三十九人。宋志亦著於錄，與此書同名，但無列國字，後人傳錄此書，或省文亦題春秋臣傳，溷昂書矣。今仍以舊名標題，俾有別焉。

廉吏傳二卷（浙江巡撫採進本）

宋費樞撰。樞字伯樞，成都人。自序題宣和乙巳，蓋作於宋徽宗末年。前有辛次膺序，稱其以藝學中高第，其仕履始末則無考也。是書書錄解題作十卷，此本祇分上下二卷，與舊目不符，然斷自列國，訖於隋唐，凡百十有四人，與陳振孫所記人數相合，則卷數有所合併，文字無所刪薙也。大旨以風厲廉隅為主，故但能謹飭簠簋，即略其他事節，錄一長。每傳各系以論斷，如華歆、褚淵之屬，皆極為揚搉褒貶，或偶失謹嚴。如史稱蓋寬饒深刻喜陷害人，樞既病其太清介，不能容物，庫狄士文史亦稱其深文陷害，樞又惜其公正受禍，持論亦自相矛盾。然如載公孫宏，並著其忌賢之謀，載牛僧孺亦書其朋黨之罪，綜核大致，其議論去取，猶可謂不諛不隱者矣。

紹興十八年同年小錄一卷（兩淮馬裕家藏本）

宋王佐榜進士題名錄也。考劉一清錢塘遺事，宋時廷試放榜唱名後，謁先聖先師，赴聞喜宴，列敘名氏、鄉貫、三代之類，具書之，謂之同年小錄。是科為紹興戊辰，南渡後第七科也。所取凡三百三十人，又特奏名四百五十七人。其四百五十六人，原本佚闕，錄內僅存一人。首載前一年御筆手詔，次載策問及執事官姓名，次載進士榜名，末乃載諸進士字號、鄉貫、三代，後又有附錄，記董德以下三十二人之事，而狀元王佐等三人對策之語，亦載其略，皆附會和議甚力，不知何人所記。疑宋元閒相率而成，非出一人之手也。宋代同年小錄，今率不傳，惟寶祐四年榜以文天祥、陸秀夫、謝枋得三人為世所重，如日星河岳，亙古長留，足以搘拄綱常，振興風教；而是榜以朱子名在五甲第九十，講學之家亦自相傳錄，得以至今。明宏治中，會稽王鑑之重刻於紫陽書院，改名曰朱子同年錄。夫進士題名，統以狀頭，曰某人榜進士，國制也。標以年號，曰某年登科小錄，亦國制也。故以朱子傳是書可也，以朱子冠是書而黜特選之大魁，進綴名之末甲，則不可。以朱子重是書可也，以朱子名是書而削帝王之年號，題儒者之尊稱，則尤不可。鑑之所稱，蓋徒知標榜門戶，而未思其有害於名教。今仍以原名著錄，存其真焉。

伊雒淵源錄十四卷（副都御史黃登賢家藏本）

宋朱子撰。書成於乾道癸巳，記周子以下及程子交遊門弟子言行。其身列程門而言行無所表見，甚若邢恕之反相擠害者，亦具錄其名氏，以備考。其後宋史道學、儒林諸傳多據此為之。蓋宋人談道學宗派，自此書始；而宋人分道學門戶，亦自此書始。厥後聲氣攀援，轉相依附，其君子各執意見，或釀為水火之爭；其小人假借因緣，或無所不至。葉紹翁四朝聞見錄曰：程源為伊川嫡孫，無聊殊甚，嘗鬻米於臨安新門之草橋，後有教之以干當路者，著為道學正統圖，自考亭以下，勦入當事姓名，遂特授初品，因除二令，又以輪對改合入官，遷寺監丞。是直以伊雒為市矣。周密齊東野語、癸辛雜識所記末派諸人之變幻，又何足怪乎。然朱子著書之意，則固以前言往行矜式後人，未嘗逆料及是，儒以詩禮發冢，非詩禮之罪也。或因是併議此書，是又以噎而廢食矣。

名臣言行錄前集十卷、後集十四卷、續集八卷、別集二十六卷、外集十七卷（浙江鄭大節家藏本）

前集、後集並朱子撰，續集、別集、外集李幼武所補編。幼武字士英，廬陵人，據其續集序文，蓋理宗時所作。其始末則未詳。觀其外集所錄，皆道學宗派，則亦講學家矣。趙希弁讀書附志載此書七十二卷，今合五集計之，實七十五卷，殆傳刻者誤以五為二歟。朱子自序，謂讀近代文集及紀傳之書，多有裨於世教，於是掇取其要，聚為此書。乃編中所錄，如趙普之陰險，王安石之堅僻，呂惠卿之姦詐，與韓范諸人並列，莫詳其旨。明楊以任序，謂是書各臚其實，亦春秋勸懲之旨，非必專以取法。又解名臣之義，以為名以藏偽，有敗有不敗者。其說詞頗巧，然劉安世氣節凜然，爭光日月，盡言集、元城語錄今日尚傳，當日不容不見，乃不登一字，則終非後人所能喻。考呂祖謙東萊集有與汪尚書書曰，近建寧刻一書，名五朝名臣言行錄。案祖謙所見乃前集，故但稱五朝。云是朱元晦所編。其間當考訂處頗多。近亦往問元晦，未報。不知曾過目否。晦菴集中亦有與祖謙書曰，名臣言行錄一書，亦當時草草爲之。其間自知尚多謬誤，編次亦無法，初不成文字。因看得爲訂正，示及爲幸云云。則是書瑕瑜互見，朱子原不自諱。講學家一字一句尊若春秋，恐轉非朱子之意矣。又葉盛水東日記曰，今印行宋名臣言行錄前集、後集、續集、別集、外集，有景定辛酉浚儀趙崇碒引，云其外孫李幼武所輯。且云朱子所編止八朝之前，士英所編則南渡中興之後四朝諸名臣也。今觀後集一卷有李綱，二卷有呂頤浩，三卷有張浚，皆另在卷前，不在目錄中。又闕殘脫版甚多。頗疑其非朱子手筆，爲後人所增損必多。蓋朱子纂輯本意，非爲廣聞見，期有補於世教，而深以虛浮怪誕之說爲非。今其間呂夷簡非正人，而記龐籍賜藥之詳。余襄公正人，而有杖臀懷金之恥。蘇子瞻蘇木私鹽等事，亦無甚關繫。此者蓋不一也。李居安所謂萬載纂要，豈是之謂歟。嘗見章副使綸有此書巾箱小本，又聞叔簡尙寶家有宋末廬陵鍾堯俞所編言行類編舉要十六卷，前後集，尙俟借觀，以祛所惑云云。則盛於此書亦頗有所疑。顧就其所錄觀之，宋一代之嘉言懿行，略具於斯，要資檢閱，固亦無所不可矣。幼武所補，大抵亦步亦趨，無甚出入。其所去取，不足以爲重輕。以原本附驥而行，今亦姑竝存之，備考核焉。

名臣碑傳琬琰集一百七卷　浙江孫仰曾家藏本

宋杜大珪編。大珪，眉州人。其仕履不可考。自署稱進士，而序作於紹熙甲寅，則光宗時人矣。墓碑最盛於東漢，別傳則盛於漢魏之間。張晏註史記，據墓碑知伏生名勝。司馬貞作史記索隱，據班固泗上亭長碑知昭靈夫人姓溫。裴松之註三國志，亦多引別傳，其遺文佚事，往往補正史所不及。故講史學者恆資考證焉。由唐及宋，撰述彌繁，雖其間韓愈諛筆，不乏諛言，李翺撰詞，亦多誣說，而其議論之同異，遷轉之次序，拜罷之歲月，則較史家爲得眞。故李燾作續通鑑長編，李心傳作繫年要錄，往往採用，蓋以此也。顧石本不盡拓摹，文集又皆散見，互考爲難。大珪乃蒐合諸篇，共爲三集。上集凡二十七卷，中集凡五十五卷，下集凡二十五卷。起自建隆乾德，訖於建炎紹興，大約隨得隨編，不甚拘時代體製。要其梗概，則上集神道碑，中集誌銘行狀，下集別傳爲多。多採諸家別集，而亦閒及於實錄國史。一代鉅公之始末，亦約略具是矣。中如丁謂、王欽若、呂惠卿、章惇、曾布之類，皆當時所謂姦邪，而竝得預於名臣，其去取殊爲未當。然朱子名臣言行錄、趙汝愚名臣奏議亦濫及於丁謂、王安石、呂惠卿諸人。蓋時代既近，恩怨猶存，其所甄別，自不及後世之公。此亦事理之恆，賢者有所不免，固不能獨爲大珪責矣。

錢塘先賢傳贊一卷　浙江鄭大節家藏本

宋袁韶撰。韶字彥純，慶元人。淳熙十三年進士，授吳江丞，歷參知政事，贈太師、越國公，事蹟具宋史本傳。韶嘗知臨安府，請於朝，建許由以下三十九人之祠，而各爲之傳贊。事在寶慶丙戌。至景定五年甲子而祠毀。至正二年，有呂淵者，復其祠，重鋟傳贊。後二年丙戌，浙江等處儒學提舉班惟志敘而行之。是編猶元時舊刻。所紀錄者雖止及一鄉之耆舊，其中郎簡、謝絳等十餘人，又俱見於正史。然是書爲宋人所撰，又在元人修史之前，於事實多所綜覈。如東都事略謝絳傳稱陽夏人，是書稱富陽人。考宋史本傳，謂其先陽夏人，祖懿文爲杭州鹽官令，葬富陽，遂爲富陽人。則是書較爲得實。又東都事略絳本傳不載絳判吏部流內銓及太常禮院，亦不載吏部官職田及使契丹事。此書詳之。又是書錢彥遠傳贊載楊懷敏妄言契丹宗眞死，乃除入內副都知。內侍黎用信以罪竄海島，赦歸，遽得環衞官。許懷德高年未謝事。彥遠上疏極論之。又言楊景宗、郭永祐小人，宜廢不用。而東都事略彥遠本傳不載。又錢藻傳贊載藻改翰林侍讀學士，知審官東院，卒，神宗知其貧，特賻錢五十萬，贈太中大夫。而東都事略藻本傳不載。又錢勰傳贊載王安石許用以御史，勰辭謝，安石知不附己，命權鹽鐵判官。又載奉使高麗，却鳥王金銀器事。而東都事略勰本傳不載。沈遘傳贊載知開封府，後遷右諫議大夫，丁母憂，上賜黃金百兩，居喪日一食，既葬，廬墓側，以卒。而東都事略遘本傳不載。凡此多得之故老流傳，頗爲詳贍。修正史者因採以入傳，故與宋史頗相脗合。傳贊亦古雅可誦，固非後來地志家夸飾附會之比也。

慶元黨禁一卷　永樂大典本

不著撰人名氏。宋史藝文志亦不著錄，惟見永樂大典中。題曰滄州樵叟撰，蓋與紹興正論均出一人之手。序稱淳熙乙巳，則作於宋理宗十八年也。考黨禁起於寧宗慶元二年八月，弛於嘉泰二年二月。是書之作，蓋距弛禁時又四十四年矣。宋代忠邪雜進，黨禍相仍，國論喧呶，已一見於元祐之籍。迨南渡後，和議已成，外憂暫弭，君臣上下，熙熙然燕雀處堂。諸儒不鑒前車，又尋覆轍，求名既急，持論彌高，聲氣交通，賢姦混糅，浮薄詭激之徒，相率攀援，醞成門戶。遂使小人乘其瑕隙，又興黨獄以中之。蘭艾同焚，國勢馴至於不振。春秋責備賢者，不能以敗亡之罪獨諉諸韓侂胄也。且光寧授受之際，趙汝愚等謀及宵人，復處之不得其道，致激成禍變，於謀國尤疏。恭讀

御題詩章，於指陳門戶之弊，再三致意。垂訓深切，實為千古定評。講學之家，不能復以浮詞他說解矣。書中所錄偽黨共五十九人，如楊萬里嘗以黨禁罷官，而顧未入籍，其去取之故，亦頗難解。蓋萬里之薦朱子，實出至公，與依草附木、攀援門戶者迥異，故講學之家終不引之為氣類。觀所作誠齋易傳，陳櫟、胡一桂皆曲相排抑，不使入道學之派，知此書之削除萬里，意亦如斯，未可遽執為定論也。至如薛叔似晚歲改節，依附權姦，皇甫斌猥瑣梯榮，僨軍辱國，侂胄既敗之後，又復列名韓黨，與張巖、許及之諸人並遭貶謫，陰陽反覆，不可端倪，而其姓名亦並見此書中，豈非趨附者眾，梟鸞並集之一證哉。總之，儒者明體達用，當務潛修，致遠通方，當求實濟，徒博衛道之名，聚徒講學，未有不水火交爭，流毒及於宗社者。東漢不鑒戰國之橫議，南北部分而東漢亡，北宋不鑒東漢之黨錮，洛蜀黨分而北宋亡，南宋不鑒元祐之敗，道學派盛而南宋亡。明不鑒慶元之失，東林勢盛而明又亡，皆務彼虛名，受其實禍，決裂潰覆之後，執門戶之見者猶從而巧為之詞，非公論也。張端義貴耳集曰：朝廷大患，最怕攻黨。伊川見道之明，不能免為淳熙則曰道學，慶元則曰偽學，深思由來，皆非國家之福。斯言諒矣。謹恭錄

御題冠此書之端，用昭萬年之炯戒，併詳著古來黨禍之由，俾來者無惑焉。

寶祐四年登科錄一卷（兩淮馬裕家藏本）

宋文天祥榜進士題名也。首列御試策題一道，及詳定編排等官姓名，其覆考檢點試卷官為王應麟，故宋史文天祥傳載考官王應麟奏其卷，稱古誼若龜鑑，忠肝如鐵石，敢為國家得人賀也。其一甲第九人為王應鳳，即應麟之弟，蓋當時法制猶疎，未有回避之例耳。天祥本列第五，理宗親擢第一，第二甲第一人為謝枋得，第二十七人為陸秀夫，與天祥並以孤忠勁節，撐拄綱常，數百年後，睹其姓名，尚凜然生敬，則此錄流傳不朽，若有神物呵護者，豈偶然哉。五甲第一百八十九人朱喇以下，原本脫去二十四人，今檢錄中四甲二百二十七人趙與溥下注兄與鎮同榜，而錄無其名，又括蒼彙紀有趙時陳，堅衡州府志有羅雷春，萬姓統譜有趙艮金，並稱寶祐四年進士，而此錄亦無之，則皆在所闕內矣。後有天祥對策一道，理宗御製賜進士詩及天祥恭謝詩各一首。天祥是年登第後，即丁父憂，歸，至己未始授簽書寧海節度判官廳公事，故謝表中有自叨異數，亦既三年之語。此錄併載其表文，乃後人所增附者也。

京口耆舊傳九卷（永樂大典本）

不著撰人名氏。明楊士奇文淵閣書目、焦竑國史經籍志皆載其名，亦不云誰作。考書中蘇庠傳末云：予家世丹陽，先人知其狀為詳，又從其孫嘉借家傳，則作者當為丹陽人。庠卒於紹興十七年，而作者得交其孫，則當為南宋末年人也。其書採京口名賢事迹，各為之傳，始於宋初，迄於端平、嘉熙間，其中忠烈如陳東，經濟如張慤、張綱、湯東野、劉公彥，風節如王存、王遂、蔣猷、劉宰，文學如沈括、洪興祖，書畫如米芾父子，雖皆著在史傳，而軼聞遺事則較史為詳。至湯東野傳稱明受赦書至，東野謀於張浚，欲匿赦不宣，而宋史浚本傳稱浚命守臣湯東野祕不宣，其說互異，證以劉宰漫塘集湯侍郎勤王錄跋，乃與此書所載合，則足以訂宋史記錄之誤。漫塘集稱陳東於欽宗時凡六上書，高宗時凡四上書，宋史東本傳第云於欽宗時五上書，高宗時三上書，證以此書，乃知宋史有據漫塘集為傳聞之譌。王萃甲申雜記謂陳亢以熙寧八年生，廓與度。證以此書，廓中熙寧九年進士，則距生歲止一年，度中元豐三年進士，則距生歲止四年，尤足以糾小說附會之謬。如此之類，不一而足。蓋是書體例全倣正史，每為一傳，首尾該貫，生卒必詳，與諸家雜說隨筆記載，不備端末者不同。故事實多可依據，於史學深為有裨。文淵閣書目載

是書不列卷數。經籍志則作四卷。今據永樂大典所載、裒合成編、釐爲九卷。考宋史地理志、京口凡丹徒、丹陽、延陵、金壇四縣。神宗熙寧五年、改延陵爲鎮、併入丹陽。則所存者僅三縣。而此書吳致堯傳、其人在宣和之季、乃仍稱曰延陵人。蓋沿襲舊名、偶然失改。猶漢高帝十一年已改眞定爲東垣、而南越王傳猶稱尉佗爲眞定人。史氏駁文、不足爲據。今仍以三縣分隸、庶從其實。至於諸書所載、互有同異、則併附載各條之下、以資考證焉。

昭忠錄一卷（兩淮馬裕家藏本）

不著撰人名氏。所記皆南宋末忠節事蹟、故以昭忠名篇。自紹定辛卯元兵克馬嶺堡、總管田璲等死節、迄於國亡徇義之陸秀夫、文天祥、謝枋得等、凡一百三十人。詳其詞義、蓋宋遺民之所作也。每條先列姓名官爵於前、而記其死難事實於後。其文間有詳略、而大都確實可據。以宋史忠義傳互相校核、其爲史所失載者甚多。即史傳所有、亦往往與此書參錯不合。如紹定辛卯西和州徇難之陳寅、宋史亦有傳、而其同死之守將楊銳、則史竟失載其戰沒事、且譌其姓爲王銳。又宋史林空齋傳以空齋爲林同之子。考此書方知即同之號。史又誤以劉仝子爲劉同祖、併失載其被執自縊及其妻殉節等事。凡此皆當以是書爲得實。又張世傑在崖山及謝枋得被徵事、所載亦比諸書爲詳。考袁桷清容居士集、蘇天爵滋溪文集、均有修元史時採訪遺書之目、不載此名。孔齊至正直記所列修史應採諸書、亦無此名。知元時但民間傳錄、未嘗上送史館。故至正間纂修諸臣無由見也。此本乃舊傳鈔帙、文字亦間有譌脫、而大略尚可考見。謹著之於錄、庶一代忠臣義士未發之幽光、復得以彰顯於世。且俾讀宋史者亦可藉以考正其疎略焉。

欽定四庫全書總目卷五十七

欽定四庫全書總目卷五十八

史部十四

傳記類二

敬鄉錄十四卷（浙江汪啟淑家藏本）

元吳師道撰。師道有戰國策校註、已著錄。是編以宋婺守洪遵東陽志所記人物尚有遺漏、因蒐錄舊聞、以補其闕。始自梁朝、迄於宋末。每人先敘其行略、而附錄其所著詩文。亦有止著其目者、或已散佚、或從刪汰也。明正德間、金華守趙鶴有金華文統十三卷、蓋以是錄爲藍本。然鶴所編次、往往重複舛漏。如此錄載潘良貴矯齋記、靜勝齋記、答畱公達書、君子有三戒說四篇、而文統止載矯齋記及畱公達書二篇、刪汰漫無義例、殊不及師道本書。又如宋方符所編宗忠簡遺集、師道謂不及見。故集中封事諸篇、此錄不載。然此錄有贈羅山陳七四秀才五言一首、方符所編轉未之及、則零篇散什、藉以存者不少矣。至所編輯宋人小傳、猶在宋史未成以前、故記載多有異同。若謂梅執禮密與諸將謀奪萬勝門、夜入金營、劫二帝歸。范瓊以爲無益、獨吳革與趙子方結軍民得衆數萬。王時雍、徐秉哲問之懼、使瓊泄謀於金師。宋史及東都事略本傳俱不載、僅略見三朝北盟會編中。惟此書言之頗悉。又若宋史載嘉定十四年三月丁亥、金師破黃州、知州事何大節棄城遁死。己亥金師陷蘄州、知州事李誠之死之。是錄載李誠之死事與宋史合、而於何大節之遁則引劉克莊答傳諫議伯成書、辨大節初護齊安官吏士民過武昌、復自還齊安固守。半月城破。金師擁入。大節死於赤壁磯下。則大節實未嘗遁。此事與史頗異。亦可以資考證。元好問中州集以詩存史。爲世所重。師道此書殆與相埒。以其因人物以存文章。非因文章以存人物。與好問體例略殊。故隸之於傳記類焉。

唐才子傳八卷（永樂大典本）

元辛文房撰。文房字良史。西域人。其始末不見於史傳。惟陸友仁研北雜志稱其能詩。與王執謙齊名。蘇天爵元文類中載其蘇小小歌一篇耳。是書原本凡十卷。總三百九十七人。下至妓女女道士之類。亦皆載入。其見於新舊唐書者僅百人。餘皆從傳記說部各書採輯。其體例因詩繫人。故有唐名人。非卓有詩名者不錄。即所載之人亦多詳其逸事及著作之傳否。而於功業行誼則祗撮其梗概。蓋以論文爲主。不以記事爲主也。大抵於初盛稍略。中晚以後漸詳。至李建勳孫魴沈彬江爲廖圖能徵孟賓于孟貫陳摶之倫。均有專傳。則下包五代矣。考楊士奇東里集有是書跋。是明初尚有完帙。故永樂大典目錄於傳字韻內載其全書。今傳字一韻適佚。世間遂無傳本。然幸其各韻之內尚雜引其文。今隨條摭拾。裒輯編次。共得二百四十三人。又附傳者四十四人。共二百八十七人。謹依次訂正。釐爲八卷。案楊士奇跋。稱是書凡行事不關大體。不足爲勸戒者不錄。又稱雜以臆說。不盡可據。今考編中如許渾傳稱其夢遊崑崙。李羣玉傳稱其夢見神女。雜采孟棨本事詩范攄雲溪友議荒唐之說。無當史裁。又如儲光羲汙祿山僞命而稱其養浩然之氣。尤乖大義。他如謂駱賓王與宋之問唱和靈隱寺中。謂中興間氣集爲高適所選。謂李商隱曾爲廣州都督。謂唐人學杜甫者惟唐彥謙一人。乖舛不一而足。蓋文房鈔撮繁富。或未暇檢詳。故謬誤牴牾。往往雜見。然較計有功唐詩紀事。敘述差有條理。文筆亦秀潤可觀。傳後間綴以論。多掎摭詩家利病。亦足以津逮藝林。於學詩者考訂之助。固不爲無補焉。

元朝名臣事略十五卷（大學士于敏中家藏本）

元蘇天爵撰。天爵字伯修。真定人。由國子學生試第一。釋褐授從仕郎。蘇州判官。終浙江行省參知政事。事蹟具元史本傳。此書記元代名臣事實。始穆呼哩（原作木華黎。今改正。）終劉因。凡四十七人。大抵據諸家文集所載墓碑墓誌行狀家傳爲多。其雜書可徵信者。亦採掇焉。一一註其所出。以示有徵。蓋仿朱子名臣言行錄例。而始末較詳。又兼仿杜大珪名臣碑傳琬琰集例。但有所棄取。不盡錄全篇耳。後蘇霖作有官龜鑑。於當代事蹟皆採是書。元史列傳亦皆與是書相出入。足知其不失爲信史矣。

浦陽人物記二卷（浙江范懋柱家天一閣藏本）

明宋濂撰。濂有洪武聖政記。已著錄。是書凡五目。曰忠義。曰孝友。曰政事。曰文學。曰貞節。所紀共二十有九人。而以進士題名一篇附於後。歐陽元序稱其至公甚當。不以私意爲予奪。蓋濂本以文章名世。故所作皆具有史法。其書本成於元時。後人編輯濂集者。止採錄其論贊。而全書則仍別行。此本爲明宏治中歷陽王珍所重刻。卷末有濂自跋。稱始立稾。而廉侯景淵遽取刊布。牴牾者多。今補定五十餘處。視舊行爲小勝。末題至正十三年。此跋濂集亦未收。蓋濂元時所作。集多失載。今所傳未刻稾皆至正時之遺文。可以互證也。

古今列女傳三卷（兩江總督採進本）

明解縉等奉敕撰。先是明洪武中。孝慈高皇后每聽女史讀書。至列女傳。謂宜加討論。因請太祖命儒臣考訂。未就。永樂元年。成祖既追上高皇后尊謚冊寶。仁孝皇后因復以此書爲言。遂命縉及黃淮胡廣胡儼楊榮金幼孜楊士奇王洪蔣驥沈度等同加編輯。書成上進。帝自製序文。刊印頒行。上卷皆歷代后妃。中卷諸侯大夫妻。下卷士庶人妻。時仁孝皇后又作貞烈事實。以闡幽顯微。頗留意於風教。故諸臣編輯是書。稍爲經意。不似五經四書大全之潦草。所錄事蹟。起自有虞。迄於元明。漢以前多本之劉向書。後代則略取各史列女傳。而以明初人附益之。去取頗見審慎。蓋在明代官書之中。猶爲善本。此本爲秀水項元汴家所藏。猶明內府初刊之版。黃虞稷千頃堂書目稱此書成於永樂元年十二月。今考成祖御製序。實題九月朔旦。知虞稷未見原書。僅據傳聞著錄矣。

殿閣詞林記二十二卷（浙江范懋柱家天一閣藏本）

明廖道南撰。道南有楚紀。已著錄。道南自正德辛巳改庶吉士。由編修歷官侍講學士。在詞垣最久。嫻習掌故。因集詞林殿閣宮坊臺省諸臣舊事。分類記載、以成是編。其例、凡仕至華蓋武英諸殿者曰殿學。文淵東閣者曰閣學。兼六館者曰館學。詹事者曰宮學。屬春坊者曰坊學。屬宏文者亦曰館學。典成均者曰廱學。陞本院者曰卿學。有節義者曰贈學。掌書翰者曰藝學。終始本院者曰院學。大概仿列傳之例、悉載其官階恩遇、而事實亦附見焉。自卷九以下、標題皆作國子監祭酒黃佐侍講學士廖道南同編。蓋道南採掇黃佐翰林記之文、不沒所自、猶有前輩篤實之遺。今亦仍從舊本、竝存其名焉。

嘉靖以來首輔傳八卷、浙江汪啟淑家藏本

明王世貞撰。世貞有弇山堂別集、已著錄。是編乃紀世宗穆宗神宗三朝閣臣事蹟。案明自太祖罷設丞相、分其事權於六部。至成祖始命儒臣入直文淵閣、參預機務、但稱閣臣而不以相名。其後閹倖干政、閣臣多碌碌充位。至嘉靖間、始委政內閣、而居首揆者責任尤專。凡一時政治得失、皆視其人為輕重。故世貞作此書、斷自嘉靖為始、以明積漸所由來。前有總序、稱閣臣沿革始末、已具年表者、即指弇山堂別集中之百官表也。其所載始楊廷和、訖申時行、皆以首輔為主、而間以他人事蹟附之。於當時國事是非、及賢姦進退之故、序次詳悉、頗得史法。惟世貞與王錫爵同鄉、錫爵家當妄言其女得道仙去、世貞據為作傳。當時劾錫爵者或幷及世貞。世貞作此書時、仍載入曇陽子事、不免文過遂非。其餘所紀、則大抵近實、可與正史相參證、不以一節之謬棄其全書也。

明名臣琬琰錄二十四卷、續錄二十二卷、浙江孫仰曾家藏本

明徐紘編。紘字朝文、武進人。宏治庚戌進士。以刑部郎中出為廣東按察司僉事、分巡嶺東。終於雲南按察司副使。是書乃仿宋杜大珪名臣碑傳琬琰集而作。所輯自洪武迄弘治九朝諸臣事蹟。前錄所載一百十有七人、續錄所載九十五人、凡碑銘誌傳以及地志言行錄之類悉具焉。其中如李景隆之喪師誤國、不得謂之名臣。惠安伯張昇在戚里中雖有賢聲、而始終未嘗任事、亦難與勳臣竝列。又如陳泰墓誌中稱寇深忌其才名、嗾人誣劾、而李賢所作深墓誌亦在錄中、乃極稱其持法嚴明。雖自附識語調停、究不免彼此矛盾。然明自成宏以前、風會淳厚、士大夫之秉筆者、類多質直不支、無緣飾夸大之詞、尙屬可以取信。且其中如郁新吳壽昌等凡數十人、皆史傳所不詳。考獻徵文、亦足以資證據。固非小說家言掇拾傳聞、搆虛無據者比也。

今獻備遺四十二卷、浙江巡撫採進本

明項篤壽撰。篤壽有小司馬奏草、已著錄。是編採明代名臣事蹟、編為列傳。起洪武、訖宏治、計二百四人。蓋本袁袠所著而稍增損之。明史藝文志亦載其目。其曰備遺者、自序謂姑備遺忘、蓋謙不以作史自任耳。明人學無根柢、而最好著書、尤好作私史。其以累朝人物彙輯成編者、如雷禮之列卿記、楊豫孫之名臣琬琰錄、焦竑之國史獻徵錄、卷帙最為浩博、而冗雜氾濫、不免多所牴牾。惟篤壽此書、頗簡明有法。其中所載、如劉基飲西湖上、見西北雲氣、謂是天子氣在金陵、我當輔之。此術家附會悠謬之談、篤壽乃著之基傳中、殊失別擇。又如徐有貞之悍驁、李東陽之模稜、張孚敬之偏愎、皆未可稱一代完人、而篤壽推尊過甚。其進退亦為寡識。然敘述詳贍、凡年月先後事蹟異同、皆可為博考參稽之助。於史學亦未嘗無裨焉。

百越先賢志四卷、兩淮鹽政採進本

明歐大任撰。大任字楨伯、廣東順德人。嘉靖壬戌以歲貢除江都訓導、遷光州學正、又遷國子監博士、官至南京戶部郎中。明史文苑傳附見黃佐傳中。蓋大任、佐之門人也。南方之國越為大、自句踐六世孫無彊為楚所敗、諸子散處海上。其著者東越無諸、都東冶、至漳泉、故閩越也。東海王搖都於永嘉、故甌越也。自湘漓而南、故西越也。牂柯西下邕雍綏建、故駱越也。統而名之、謂之百越。大任家於南越、因蒐輯百越先賢、斷自東漢、得一百二十人、各為之傳。所收兼及會稽、以何踐舊疆、自南越北盡會稽故也。惟秦會稽郡跨有吳地者不載、以非越之舊也。書中所載、如趙煜以著述見收、而作越紐錄之袁康吳平、事出王充論衡、而不見載。方技收徐登趙炳董奉介象、而作參同契之魏伯陽亦上虞人、名見葛洪神仙傳、復不見載。蓋大任多憑史傳、而不甚採錄雜書、其間有遺漏在此。其體例謹嚴、勝於地志之冗蔓、亦即在此。至於引用史文、刊除不盡、如梅福傳稱語見成紀、此自漢書之文、此書無成帝本紀、何得有此語、亦未免失之因仍。而每傳之末必註所據某書、又據其書參修、

一句一字必有所本尤勝於他家之杜撰均未可以一眚議之黄佐修廣東新志漢以前之人物小傳皆採是書蓋亦深知纂述之不苟矣萬歴壬辰其鄉人游朴嘗爲鋟版歲久散佚僅存鈔本第二卷中養奮傳傅蠹地傳鄧盛傳綦毋俊傳李進傳皆殘闕陳某一傳殘闕尤甚僅存姓而佚其名今亦各仍原本從闕疑之義焉

元儒考略四卷浙江巡撫採進本

明馮從吾撰從吾字仲好長安人萬歴己丑進士改庶吉士又改御史以上疏言事廷杖歴遷左副都御史以爭紅丸梃擊事乞歸起工部尚書以疾辭後竟削奪及奄黨敗詔復官謚恭定事蹟具明史本傳是編乃集元代諸儒事實各爲小傳大抵以元史儒學傳爲主而旁採志乘附益之中有大書特傳者亦有細書附傳者皆據其學術之高下以爲進退體例頗爲叢碎又名姓往往乖舛如歐陽元別號圭齋今乃竟題作歐陽圭既以號作名又刪去一字校讎亦未免太疎然宋儒好附門牆於淵源最悉明儒喜爭同異於宋派尤詳語錄學案動輒災棃不啻汗牛充棟惟元儒篤實不甚近名故講學之書傳世者絕少亦無匯合諸家勒爲一帙以著相傳之系者從吾掇拾殘剩補輯此編以略見一代儒林之梗概存之亦足資考證物有以少見珍者此之謂歟

欽定八旗滿洲氏族通譜八十卷

乾隆九年奉

敕撰凡甲族謂之大姓其次則謂之乙姓各詳其受氏之源與始居之地猶劉之標望於彭城韓之溯派於昌黎也或同姓而異居者則以其地識之如蘇完瓜爾佳氏葉赫瓜爾佳氏之類猶王之別太原瑯琊李之判隴西趙郡也或雖同姓而異旗者則連類附見之猶裴之有東西院之有南北也其

賜姓者仍列於本族惟詳其蒙

賜之由以昭光寵而不淆其昭穆蒙古高麗尼堪臺尼堪撫順尼堪久隸八旗者亦追溯從來附著於末每一姓中取其勳勞茂著者冠冕於首各系小傳以示旌異其子孫世系官爵以次綴書如元和姓纂之例考古者族姓掌於官至春秋之末智果別族爲輔氏猶聞於太史秦漢以來古制不存家牒乃作劉歆七略稱案揚子雲家牒以甘露三年生是也案語見李善文選註私記之書亦作世本是也六代及唐雖以門第相高而附會攀援動輒踈舛白居易一朝名士自敘世系乃以楚白公勝秦白乙丙一脈相承他可概見矣洎乎兩宋譜學遂絕非世家舊姓罕能確述其宗派者豈非不掌於官各以臆說之故歟惟我

國家法度修明自

開創之初從龍部屬皆什伍相保聚族而居有古比閭族黨之遺意故其民數可考而生卒必聞於官子孫必登於籍故其族系亦最明披讀是編古太史之成規猶可概見八旗之枝幹相維臂指相屬亦可概見

聖人制作同符三代類如此猗歟盛矣

欽定宗室王公功績表傳十二卷

乾隆四十六年奉

敕撰初乾隆二十九年

命宗人府內閣考核宗室王公功績輯爲表一卷詳列封爵世系傳五卷第一卷第二卷爲親王第三卷爲郡王第四卷爲貝勒貝子鎮國公輔國公第五卷爲王貝勒獲罪褫爵而舊有勳勞者通三十一人又附傳二十一人於乾隆三十年六月告成嗣以所述簡親王喇布順承郡王勒爾錦貝勒洞鄂事實皆不詳悉又順承郡王傳中生有神力之語亦涉不經乃

詔

國史館恭檢

實錄紅本重爲改撰前表後傳體例如舊立傳人數亦如舊而事必具其始末語必求其徵信則視舊詳且核焉考古者同姓分封惟周爲盛然文昭武穆惟魯公伯禽有淮徐之功耳諸史列傳載從龍戰伐雖不乏懿親亦從無多至四五十人竝奮起鷹揚銘勳竹帛共襃萬世之

鴻基者蓋我

國家

世德作求克承

天眷貞元會合光嶽氣鍾太元渾灝之精既挺生乎

列聖扶輿清淑之氣遂竝萃於宗盟記所謂天降時雨山川出雲秉時佐命非偶然也至我

皇上篤念周親不忘舊績俾效命風雲之會者得以表章併使席榮珪組之班者知所觀感用以本支百世帶礪萬年所爲

垂訓而示勸者、
聖意尤深遠矣。參稽詳慎、必再易稾而始成書者、豈徒
然哉。
欽定蒙古王公功績表傳十二卷、
乾隆四十四年奉
敕撰。體例與宗室王公功績表傳同。考今蒙古諸部、其
人率元之部族。其地則遼之故疆。自遼初上溯於
漢初、攻伐之事未嘗絕。自元末下迄於明末、攻伐
之事亦未嘗絕。固由風氣剛勁、習於戰鬭、恒不肎
服屬於人。亦由威德不足以攝之、故不爲用、而反
爲患也。我
國家龍興東土、七德昭宣、扳盟者芟鋤、歸命者綏輯。
自察哈爾林丹汗恃其頑梗、卒就滅亡外。天命四
年、科爾沁首先內附、郭爾多斯杜爾伯忒札賴特
隨之。天聰元年、敖漢柰曼來歸。二年、巴林札嚕特
來歸。三年、土默特來歸。六年、阿祿科爾沁歸化城
土默特來歸。七年、四子部落吳喇忒翁牛特喀喇
沁來歸。八年、蒿齊忒烏朱穆秦克西克騰毛明安
來歸。九年、阿霸垓蘇尼特鄂爾多斯來歸。崇德初、
阿霸哈納爾亦來歸。莫不際會風雲、攀龍附鳳、執
殳効命、拔幟先登。雖彭濮盧髳、景從周武、亦蔑以
加於是焉。故折衝禦侮之力、名列乎旂常。分茅胙
土之榮、慶延於孫子。迄今檢閱新編、披尋舊迹。仰
見我
列聖提挈乾綱、驅策羣力。長駕遠馭之略、能使柳城松漠、
中外一家、咸稽首而效心膂。其炳然可傳者、章章
如是。誠爲前史所未聞。不但諸王公勳業爛然、爲
足炳耀丹青也。
欽定勝朝殉節諸臣錄十二卷、
乾隆四十一年奉
敕撰。明自萬歷以還、朝綱日紊。中原瓦解、
景命潛移。我
國家肇造丕基、龍興東土。
王師順動、望若雲霓。而當時守土諸臣、各爲其主、往
往殞身碎首、喋血危疆。逮乎掃蕩妖氛、
宅中定鼎、乾坤再造、陬澨咸歸。而故老遺臣、猶思以
螳臂當車、致煩齊斧。載諸史冊、一一可稽。我
皇上幾餘覽古、
軫惻遺忠。
念其冒刃攖鋒、雖屬不知天運、而疾風勁草、百折不移、
要爲死不忘君、無慚臣節。用加
贈典、以勵綱常。
特命大學士九卿京堂翰詹科道集議於廷、俾各以原
官、
賜之新謚。蓋
聖人之心、大公至正、視天下之善一也。至於崇禎之季、
銅馬縱橫、或百戰捐生、或孤城効死。雖將傾之厦、
一木難支、而毅魄英魂、自足千古。自范景文等二
十餘人、已蒙
世祖章皇帝易名
賜祭、炳燿丹青外。其繫馬埋輪、沈淵伏劍、在甲申三月以
前者、竝
命博徵載籍、詳錄芳蹤。若夫壬午革除、傳疑行遯、致身
一錄、見聞雖有異詞、抗節諸臣、生死要爲定據。亦
詳爲
甄錄、追慰忠魂。大抵以
欽定明史爲主、而參以官修
大清一統志、各省通志諸書。皆臚列姓名、考證事蹟、
勒爲一編。凡立身始末、卓然可傳、而又取義成仁、
搘拄名教者、各予專謚。共三十三人。若生平無大
表見、而慷慨致命、矢死靡他者、彙爲通謚。其較著
者曰忠烈、共一百二十四人。曰忠節、共一百二十
二人。其次曰烈愍、共三百七十七人。曰節愍、共八
百八十二人。至於微官末秩、諸生韋布、及山樵市
隱、名姓無徵、不能一一議謚者、竝祀於所在忠義
祠、共二千二百四十九人。如楊維垣等失身閹黨、
一死僅足自贖者、則不濫登焉。書成
奏進、
命以勝朝殉節諸臣錄爲名。併
親製宸章、弁諸簡首。
宣付武英殿刊刻頒行、以垂示久遠。臣等竊惟自古代
嬗之際、其致身故國者、每多蒙以惡名。故鄭樵謂
晉史黨晉而不有魏、凡忠於魏者目爲叛臣。王淩
諸葛誕毋邱儉之徒、抱屈黃壤。齊史黨齊而不有
宋、凡忠於宋者目爲逆黨。袁粲劉秉沈攸之之徒、
含冤九原。可見阿徇偏私、率沿其陋。其間即有追
加褒贈、如唐太宗之於堯君素、宋太祖之於韓通、
亦不過偶及一二人而止。誠自書契以來、未有天
地爲心、渾融彼我、闡明風教、培植彝倫、不以異代
而岐視、如我
皇上者。臣等恭繹

詔旨仰見權衡予奪、袞鉞昭然、不獨勁節孤忠、咸邀渥澤。而明昭彰癉、立千古臣道之防者、春秋大義、亦炳若日星。敬讀是編、彌凜然於皇極之彝訓矣。

明儒學案六十二卷（山東巡撫採進本）

國朝黃宗羲撰。宗羲有易學象數論、已著錄。初、周汝登作聖學宗傳。孫鍾元又作理學宗傳。宗羲以其書未粹、且多所闕遺。因搜採明一代講學諸人文集語錄、辨別宗派、輯爲此書。凡河東學案二卷、列薛瑄以下十五人。三原學案一卷、列王恕以下六人。崇仁學案四卷、列吳與弼以下十人。白沙學案二卷、列陳獻章以下十二人。姚江學案一卷、列王守仁一人、附錄二人。浙中相傳學案五卷、列徐愛以下十八人。江右相傳學案九卷、列鄒守益以下二十七人、附錄六人。南中相傳學案三卷、列黃省曾以下十一人。楚中學案一卷、列蔣信等二人。北方相傳學案一卷、列穆孔暉以下七人。閩越相傳學案一卷、列薛侃等二人。止修學案一卷、列李材一人。泰州學案五卷、列王艮以下十八人。甘泉學案六卷、列湛若水以下十一人。諸儒學案上四卷、列方孝孺以下十五人。諸儒學案中七卷、列羅欽順以下十人。諸儒學案下五卷、列李中以下十八人。東林學案四卷、列顧憲成以下十七人。蕺山學案一卷、列劉宗周一人。而以師說一首冠之卷端、所列自方孝孺以下十七人、大抵朱陸分門以後、至明而朱之傳流爲河東、陸之傳流爲姚江。其餘或出或入、總往來於二派之閒。宗羲生於姚江、欲抑王尊薛則不甘、欲抑薛尊王則不敢。故於薛之徒、陽爲引重、而陰致微詞。於王之徒、外示擊排、而中存調護。夫二家之學、各有得失。及其末流之弊、議論多而是非起、是非起而朋黨立、恩讎轇轕、毀譽糾紛。正嘉以還、賢者不免。宗羲此書、猶勝國門戶之餘風、非專爲講學設也。然於諸儒源流分合之故、敘述頗詳、猶可考見其得失。知明季黨禍所由來、是亦千古之炯鑒矣。卷端仇兆鼇序及賈潤所評、皆持論得平、不阿所好。併錄存之、以備考鏡焉。

中州人物考八卷（浙江鮑士恭家藏本）

國朝孫奇逢撰。奇逢有讀易大旨、已著錄。是編載河南人物、分爲七科。一理學、二經濟、三忠節、四清直、五方正、六武功、七隱逸、而文士不與焉。蓋意在黜華藻、勵實行也。所錄皆明人、惟忠節之末附元蔡子英一人。人各爲傳贊、多者連數紙、少或僅一行、云無徵者則不詳、不以詳略爲褒貶也。後一卷曰補遺、曰續補、不復以七科標目。蓋不欲入之七科中、故託詞於補續云爾。然猶與七科一例、雖布衣以公稱。最後有名無傳者三十四人、則直書其名矣。其贊恕於常人而責備於賢者、頗爲不苟。惟張玉傳贊最爲紕繆。考玉以元樞密知院叛而歸明、而奇逢以爲善擇主。是六臣奉璽歸梁、皆善擇主也。玉後輔佐燕王、稱兵犯順、歿於鐵鉉濟南之戰、而奇逢以爲得死所。是李日月助李希烈隕身鋒鏑、亦得死所也。且蔡子英義不忘元、閒關出塞、卒歸故主以終。奇逢既列之忠節矣、而又獎張玉之叛亂、不自相矛盾乎。至薛瑄本河津人、李夢陽本慶陽人、牽合而歸之中州、又其末節矣。奇逢雖以布衣終、而當時實負重望、湯斌至北面稱弟子。其所著作、非他郡邑傳記無足輕重者比、故存其書而具論之、俾讀是編者知其瑕瑜不相掩焉。

東林列傳二十四卷（浙江巡撫採進本）

國朝陳鼎撰。鼎字定九、江陰人。明萬歷閒、無錫顧憲成與高攀龍重修宋楊時東林書院、與同志講學其中。聲氣蔓延、趨附者幾遍天下。互相標榜、自立門戶、流品亦遂糅雜。迨魏忠賢亂政之初、諸人力與搘拄、未始非謀國之忠。而同類之中、賢姦先混、使小人得伺隙而中之。於是黨禍大興、一時誅斥殆盡、籍其名頒示天下。至崇禎初、權閹既殛、公論始明。而餘孽尚存、競思翻案、議論益糾紛不定。其閒姦黠之徒、見東林復盛、競假借以張其鋒。水火交爭、彼此報復。君子博虛名以釀實禍、小人託公論以快私讎。卒至國是日非、迄明亡而後已。是編所載一百八十餘人、蓋即東林黨人榜及沈漼溫體仁等雷平蝇蚋諸錄所著名者也。以節義炳著者、彙載於前、餘亦分傳並列、臚敘事蹟頗詳。其中碩士端人、固所不乏。而依草附木者、實繁有徒。厥後樹幟分朋、干撓時政、禍患卒隱中於國家。足知聚徒講學、其流弊無所不至。雖剏始諸人、未必逆料及此。而推原禍本、一二君子不能不任其咎也。此書仿龔頤正元祐黨籍傳之例、於諸人之姓名履貫、無不本末燦然。俾讀者論世知人、得以辨別

賢姦而深思其熏蕕雜厠之所以然前事不忘後事之師其亦千古炯鑑矣

儒林宗派十六卷（編修周永年家藏本）

國朝萬斯同撰斯同有廟制圖考已著錄是編紀孔子以下迄於明末諸儒授受源流各以時代爲次其上無師承後無弟子者則別附著之自伊雒淵源錄出宋史遂以道學儒林分爲二傳非惟文章之士記誦之才不得列之於儒卽自漢以來傳先聖之遺經者亦幾幾乎不得列於儒講學者遞相標榜務自尊大明以來談道統者揚己淩人互相排軋卒釀門戶之禍流毒無窮斯同目擊其弊因著此書所載斷自孔子以下杜僭王之失以正綱常凡漢後唐前傳經之儒一一具列除排擠之私以消朋黨其持論獨爲平允惟其附錄一門旁及老莊申韓之流未免矯枉過直又唐啖助之學傳之趙匡陸淳宋孫復之學傳於石介皆卓然自立一家宋代說經實濫觴於二子乃列之散儒之中不入宗派亦有所未安至於朱陸二派在元則金吳分承在明則薛王異尚四百年中出此入彼淵源有自脈絡不誣亦未可以朝代不同不爲明其宗系如斯之類雖皆未免少疏然較之學統學案諸書則可謂湔除錮習無畛域之見矣世所傳本僅十二卷此本出自歷城周氏較多四卷蓋其末年完備之定本云

明儒言行錄十卷續錄二卷（浙江巡撫採進本）

國朝沈佳撰佳字昭嗣號復齋仁和人康熙戊戌進士官安化縣知縣是編仿朱子五朝名臣言行錄之例編次有明一代儒者各徵引諸書述其行事亦間摘其語錄附之所列始於葉儀迄於金鉉凡七十五人附見者七十四人續錄所列始於宋濂迄於黃淳耀凡五十九人附見者九人佳之學出於湯斌然斌參酌於朱陸之閒佳則一宗朱子故是編大旨以薛瑄爲明儒之宗於陳獻章則頗致不滿雖收王守仁於正集而守仁弟子則刪汰甚嚴王畿王艮咸不預焉其持論頗爲淳謹初黃宗羲作明儒學案採摭最詳顧其學出於姚江雖於河津一派不敢昌言排擊而於王門末流諸人流於猖狂恣肆者亦頗爲回護門戶之見未免尚存佳撰此錄蓋陰以補救其偏鄞縣萬斯大宗羲之弟子也平生篤信師說而爲佳作是錄序亦但微以過嚴爲說而不能攻擊其失蓋亦心許之也學者以兩家之書互相參證庶乎有明一代之學派可以得其平允矣正不必論甘而忌辛是丹而非素也

史傳三編五十六卷（江西巡撫採進本）

國朝朱軾撰軾有周易傳義合訂已著錄是編凡名儒傳八卷名臣傳三十五卷又續編五卷循吏傳八卷成於雍正戊申時明史尚未成書故所錄至元而止明以來傳名儒者大抵宗宋而祧漢唐而宋又斷自濂洛以下軾所爲傳上起田何伏生申公諸人不沒其傳經之功中及董仲舒韓愈諸人不沒其明道之力於宋則胡瑗孫復石介劉敞陳襄雖軌轍稍殊亦並見甄錄絕不存門戶之見可謂得聖賢之大公其以遷就利祿卽揚雄馬融以祖尙元虛卽王弼何晏以假借經術卽匡衡王安石亦特爲平允惟胡寅修怨於生母王柏披猖恣肆至刪改孔子之聖經咸預斯列似爲少濫據王福畤之虛詞爲薛收作贊亦未免失之不考耳名臣傳所列凡一百八十人去取頗爲矜慎續編所列又三十九人其凡例曰續編者何擇其次焉者也或卷帙編次已定附之於後焉耳然見爲稍亞而乙之與失於偶漏而補之其品第則有閒矣混而無別亦稍疎也循吏傳所列凡一百二十一人雖體例謹嚴而頗未賅備如何易于之類表表在人耳目者多見刊削其去取之例亦未明言殆不可解要其標舉典型以示效法所附論斷亦皆醇正固不失爲有裨世教之書矣前有軾及蔡世遠總序二篇又三編各有專序一篇蓋名儒傳爲李清植所纂名臣傳爲張江藍鼎元李鍾僑所纂循吏傳爲張福昶所纂世遠商搉之而軾則裁定之云

閩中理學淵源考九十二卷（福建巡撫採進本）

國朝李清馥撰清馥字根侯安溪人大學士光地之孫以光地廕授兵部員外郎官至廣平府知府是

編本曰閩中師友淵源考、故序文凡例尚稱舊名。此本題理學淵源考、蓋後來所改。序作於草創之時、成編以後復有增入也。宋儒講學、盛於二程、其門人游楊呂謝號爲高足。而楊時一派、由羅從彥李侗而及朱子。輾轉授受、多在閩中。故清馥所述、斷自楊時。而分別支流、下迄明末。凡某派傳幾人、某人又分爲某派、四五百年之中、尋端竟委、若昭穆譜牒、秩然有序。其中家學相承、以及友而不師者、亦皆並列、以明其學所自來。其例每人各爲小傳。傳末各註所據之書、併以語錄文集有關論學之語摘錄於後。考據頗爲詳核。其例於敗名隳節、貽玷門牆者、則削除不載。間有純駁互見者、則棄短錄長。如廖剛傳中刪其初附和議一事。胡寅傳中但敘不持生母服爲右正言章夏所劾、而不詳載其由。是則門戶之見猶未盡融。白璧微瑕、分別觀之可也。

右傳記類總錄之屬、三十六部、八百八卷、皆文淵閣著錄。

案合衆人之事爲一書、亦傳類也。其源出史記之儒林游俠循吏貨殖刺客諸傳。其別自爲一書、則成於劉向之列女傳。冊府元龜有總錄之目、今取以名之。

孫威敏征南錄一卷、（浙江鄭大節家藏本）

宋滕元發撰。元發初名甫、後以避高魯王諱、以初字元發爲名、而更字曰達道。東陽人。舉進士。歷官龍圖閣學士。謚章敏。事蹟具宋史本傳。此本前有結銜、題承奉郎守大理評事通判湖州軍州事滕甫。蓋猶未改名時所作也。其書乃記皇祐四年孫沔平儂智高事。其時沔爲安撫、狄青爲宣撫使。沔與青會兵計議、進破智高於歸仁鋪、沔留治後事。及師還、余靖勒銘長沙、專美狄青。朝廷亦以青爲樞密使、賞賚甚厚。沔止加秩一等。甫以爲南征之事本出沔議。其措置先備、又能以身下狄青、卒攘寇難。因述爲此書、以顯沔之績。蓋沔知杭州時嘗奇甫才、授以治劇守邊方略。具有知己之分、故力爲之表暴如此。考宋史載征儂智高事、亦於狄青傳爲詳、而沔傳頗略。然此書備見於宋史藝文志。陳振孫書錄解題、當時皆不以爲誣。殆必有說。是亦考史者所宜兼存矣。

案削平寇亂之事、宜入雜史。然此書爲表孫沔之功、非記儂智高之變。故入之傳記類中。

驂鸞錄一卷、（浙江鮑士恭家藏本）

宋范成大撰。成大字致能、號石湖居士、吳郡人。紹興二十四年進士。孝宗時累官權吏部尚書、參知政事。進資政殿學士、提舉洞霄宮。卒謚文穆。事蹟具宋史本傳。此編乃乾道壬辰成大自中書舍人出知靜江府時、紀途中所見。其曰驂鸞者、取韓愈詩遠勝登仙去、飛鸞不暇驂語也。書末有云、若其風土之詳、則有桂海虞衡志。考虞衡志作於自桂林移帥成都時。其初至粵時未有也。則此書殆亦追加刪潤而成者歟。中間序次頗古雅。其辨元結浯溪中興頌一條、排黃庭堅等之刻論、尤得詩人忠厚之旨。其載仰山孚忠廟有楊氏稱吳時加封司徒竹冊尚存、文稱寶大元年。又稱向得吳江村寺石幢所記、亦以寶大紀年。因疑錢氏有浙時或曾用楊氏正朔。以此二物爲證。然考之於史、錢楊屢相攻擊、互有負勝。其勢殊不相下、斷無臣事淮南之理。而楊氏亦自有武義順義乾貞太和諸年號。其吳越之寶大、正當順義四五年、亦不應有一國兩元之事。成大所見、或出自後人僞造也。吳任臣作十國春秋紀元表、於此事不加辨證、當由未檢此書歟。

吳船錄二卷、（浙江鮑士恭家藏本）

宋范成大撰。成大於淳熙丁酉自四川制置使召還。取水程赴臨安、因隨日記所閱歷、作爲此書。自五月戊辰、迄十月己巳。於古蹟形勝言之最悉、亦自有所考證。如釋繼業紀乾德二年太祖遣三百僧往西方求舍利貝多葉書路程、爲他說部所未載、頗足以廣異聞。又載所見蜀中古畫、如伏虎觀孫太古畫李冰父子像。青城山丈人觀孫太古畫黃帝及三十二仙真。長生觀孫太古畫龍虎、及玩丹石寺唐畫羅漢一版。皆可補黃休復益州名畫記所未及。又杜甫戎州詩重碧拈春酒句、印本拈或作酤。而成大謂敘州有碑本乃作粘字。是亦註杜集者所宜引據也。

入蜀記六卷、（光祿寺卿陸錫熊家藏本）

宋陸游撰。游字務觀、號放翁、山陰人。佃之孫、宰之子。初以蔭補登仕郎。隆興初賜進士出身。嘉泰初官至寶謨閣待制。事蹟具宋史本傳。游以乾道五年授夔州通判。以次年閏六月十八日自山陰啟行、十月二十七日抵夔州。因述其道路所經、以爲是記游本工文，故於山川風土，敘述頗爲雅絜，而於考訂古蹟，尤所留意。如丹陽皇業寺，即史所謂皇基寺，避唐元宗諱而改。李白詩所謂新豐酒者，地在丹陽鎮江之間，非長安之新豐。甘露寺很石、多景樓，皆非故蹟。真州迎鑾鎮，乃徐溫改名，非周世宗時所改。梅堯臣題瓜步祠詩，誤以魏太武帝爲曹操。廣慧寺祭悟空禪師文石刻，保大九年，乃南唐元宗，非後主。庾亮樓當在武昌，不應在江州。白居易詩及張舜臣南遷志，並相沿而誤。歐陽修詩江上孤峯蔽緑蘿句，緑蘿乃溪名，非泛指藤蘿。宋玉宅在秭歸縣東，舊有石刻，因避太守家諱毁之。皆足備輿圖之考證。他如解杜甫詩長年三老字及攤錢字，解蘇軾詩玉塔臥微瀾句，解南方以七月六日作七夕之由，辨李白集中姑孰十詠、歸來乎、笑矣乎、僧伽歌、懷素草書歌諸篇，皆宋敏求所竄入，亦足廣見聞。其他搜尋金石，引據詩文，以參證地理者，尤不可殫數。非他家行記徒流連風景，記載瑣屑者比也。

西使記一卷（兩淮鹽政採進本）

元劉郁撰。郁，真定人。是書記常德西使皇弟錫里庫軍中往返道途之所見，王惲嘗載入玉堂雜記中，此蓋別行之本也。元史憲宗紀，二年壬子秋，遣錫喇征西域蘇丹諸國。是歲錫喇薨。三年癸丑夏六月，命諸王錫里庫及烏蘭哈達帥師征西域法勒噶巴哈台等國。八年戊午，錫里庫討回回法勒噶巴平之，擒其王，遣使來獻捷。考世系表，睿宗十一子，次六日錫里庫，而諸王中別無錫喇。郭侃傳侃壬子從錫里庫西行，與此記所云壬子歲皇弟錫喇統諸軍奉詔西征凡六年，拓境幾萬里者相合。然則錫喇即錫里庫，因元史爲明代所修，故譯音譌舛，一以爲錫喇，一以爲錫里庫，誤分二人。而憲宗紀二年書錫喇薨，三年重書錫里庫西征，遂相承誤載也。此記言常德西使在己未正月，蓋錫里庫獻捷之明年。所記雖但據見聞，不能考證古蹟，然亦時有異聞，郭侃傳所載與此略同，惟譯語時有譌異耳。我

皇上神武奮揚，戡定西域，崑崙月𩨨，盡入版圖。訂常德所經，今皆在屯田列障之內。業已

欽定西域圖志，昭示億齡。郁所紀錄，本不足道，然據其所述，亦足參稽道里，考證古今之異同，故仍錄而存之也。

保越錄一卷（浙江吳玉墀家藏本）

不著撰人名氏。載元順帝至正十九年明師攻紹興事。是時明將爲胡大海，禦之者張士誠將呂珍也。凡攻三月，卒不能下，乃還。是錄稱士誠兵曰我軍，稱珍曰公，殆士誠未亡時紹興人所紀。其中稱明爲大軍，及太祖高皇帝字，則疑士誠亡後，明人傳鈔所改耳。紹興自是以後，猶保守八年，及至正二十六年，始歸於明。珍亦至是年湖州之敗，乃降於徐達。雖初事非主，晚節不終，而在紹興則不爲無功矣。大海攻紹興，挫衂，及其縱兵淫掠，發宋陵墓諸惡蹟，明史皆不載，所錄張正蒙妻韓氏女泚奴、馮道二妻抗節事，明史亦皆不書，尤足補史傳之遺。

閩粵巡視紀略六卷（浙江巡撫採進本）

國朝杜臻撰。臻字肇余，秀水人。順治戊戌進士，官至禮部尚書。康熙二十二年，臺灣既平，諸逆殄滅，沿海人民皆安堵復業。臻時爲工部尚書，奉

詔與內閣學士石柱往閩粵撫視，畫定疆理。以十一月啓程，二十三年五月竣事，因述其所經理大略，爲此書。首沿海總圖，次粵略三卷，次閩略二卷，次附紀臺灣澎湖合爲一卷。蓋臻巡歷由廣達閩，故以爲先後之序。臺灣則未經親歷其地，第據咨訪所得者錄之，故附於編末也。書中排日記載，凡沿海形勢及營伍制度，兵數多寡，綫列甚詳。於諸岸列戍控置事宜，俱能得其要領。其山水古蹟及前人題咏，間爲考證，亦可以資博覽。蓋據所目見言之，與摭拾輿記者固異也。

扈從西巡日錄一卷（大學士英廉家藏本）

國朝高士奇撰。士奇有春秋地名考略，已著錄。康熙癸亥，

聖祖仁皇帝巡幸山西，

駐蹕五臺山，士奇時以侍講供奉

內廷，扈從往來，因記途中所聞見。始於二月十二日甲申，迄於三月初七日戊申。凡山川古蹟，人物風土，皆具考源流，頗爲詳核。而

鑾輿時巡，太平盛典，亦一一具載。伏而讀之，猶仰見

聖化咸熙，豫游和樂之象，洵足以傳示來茲。卷末載詩二十四首，皆其途中所作，彙附於後者也。士奇筆札本工，又幸際

聖朝，預驂法從，因得以筆之簡牘，流布至今，亦可謂遭逢之至幸，而文士之至榮矣。

松亭行紀二卷（通行本）

國朝高士奇撰。康熙辛酉二月癸酉，聖祖仁皇帝恭奉太皇太后行幸溫泉。四月戊子，駕出喜峯口。士奇皆扈從，因紀其來往所經。謂喜峯口爲古松亭關，故以名書。然松亭關在喜峯口外八十里，士奇合而一之，未詳考也。所述灤河源流，亦不明確。至溫泉有硃砂礬石硫磺三種，聖祖御製幾暇格物編中言之甚明，士奇日侍禁闥，典文翰之職，不應不睹，乃仍襲宋唐庚揣測之說，殆不可解。以其敘述山川風景，足資考證，而附載詩文，亦皆可觀，故所著塞北小鈔別存其目，而此編則仍錄之焉。

右傳記類雜錄之屬，九部，二十一卷，皆文淵閣著錄。

案傳記者，總名也。類而別之，則敘一人之始末者爲傳之屬，敘一事之始末者爲記之屬。以上所錄皆敘事之文，其類不一，故曰雜焉。

欽定四庫全書總目卷五十八

欽定四庫全書總目卷五十九

史部十五

傳記類存目一

孔子世家補十二卷（永樂大典本）

宋歐陽士秀撰。士秀，廬陵人，仕履未詳。是書成於淳祐辛亥。大抵據皇極經世以駁史記孔子世家之譌。然邵子精於數學，不聞精於史學，所書先聖事蹟，亦未必盡確。自序又稱慮夫事之精粗隱顯，大小本末，錯糅其間，而不易見，則著年表以提其綱；列世本以類其族，且綴弟子年名於其終，於以稽其是非，用決羣疑而袪己惑。今考永樂大典所載，已無所謂年表、世本、弟子年名者，則已非完書矣。

孔氏實錄一卷（永樂大典本）

不著撰人名氏。末一條云大蒙古國領中書省耶律楚材奏准皇帝聖旨，於南京特取襲封孔元措令赴闕里奉祀（案元措以金承安二年襲封衍聖公）。此書或即元措等所撰歟。首錄歷代褒崇之典，凡碑文詔旨皆載其略。末載孔氏鄉官甚詳，然敘次頗無體例。如首載聖母顏氏及聖配亓官氏，而孔子以上歷世之事獨不一敘，疑或傳寫佚脫，非完帙也。考明文淵閣書目有孔子實錄一冊，永樂大典所載則作孔氏，未詳孰是。然文淵閣書目傳寫多譌，未足盡據，今仍從永樂大典之名著於錄焉。

孔子論語年譜一卷（編修程晉芳家藏本）

舊本題元程復心撰。復心字子見，婺源人。皇慶癸丑，江浙行省以所撰四書纂釋進於朝，授徽州路教授，致仕，給半俸終其身。是編以論語各章分隸於孔子年譜之內，而又雜採左傳諸事附會之。如云九歲見季札觀樂於魯；三十五歲從昭公出亡晉齊七年，此因旁文而牽合孔子者也。又云五十三歲孔子聘於齊，執圭鞠躬如也云云。此因論語而妄生旁文者也。又云六十三歲阨於陳蔡，不得已浮海至楚，曰道不行，乘桴浮於海云云。陳蔡之間何由浮海？郢都又豈海道可通？尤夢囈之語，可資笑噱者矣。至所分隸之論語，以子釣而不綱章爲三十一歲，以子以四教章子所雅言章子罕言章子不語章自行束脩以上章爲三十四歲，以八佾雍徹諸章爲三十五歲，以君子食無求飽章爲四十三歲，道千乘之國章爲四十八歲之類，不可殫數，均不知其何所據而云然。復心師朱洪範，友胡炳文，雖亦講學之家，原不究心於考證，然不應繆妄至於如是。考篇末稱季本聖蹟圖考之妄，本王守仁之弟子，元人何自見其書？殆明季妄人所爲，而傳錄者僞題復心之名歟。

孟子年譜一卷（編修程晉芳家藏本）

舊本題元程復心撰。復心既作論語年譜，更取孟子七篇爲編年，其以某章爲某年之言，謬妄與孔子年譜相等。其謂孟子鄒人，乃魯邑，非邾國也，語極辨而不確，亦好異之談。蓋與孔子年譜一手所僞撰也。考朱彝尊經義考載譚貞默孟子編年略一卷，今未見其書。然彝尊所載貞默自述一篇，則與此書之自述不異一字，疑直以貞默之書詭題元人耳，僞妄甚矣。

闕里誌二十四卷（浙江汪啟淑家藏本）

明陳鎬撰。孔允植重纂。鎬，會稽人。成化丁未進士。官至右副都御史，巡撫湖廣。允植，孔子六十五世孫，襲封衍聖公。闕里向無志乘，僅有孔庭纂要、祖庭廣記諸書。宏治甲子，重修闕里孔廟成，李東陽承命致祭。時鎬爲提學副使，因屬之編次成志。崇禎中，允植重加訂補，是爲今本。以圖像、禮樂、世家、事蹟、祀典、人物、林廟、山川、古蹟、恩典、弟子、譔述、藝文分類排纂。而編次冗雜，頗無體例。如歷代誥敕、御製文贊，不入追崇恩典志，而另爲提綱。碑記本藝文中一類，乃別增譔述一門，均爲繁複。

孔顏孟三氏誌六卷（兩江總督採進本）

明劉濬編。濬，永嘉人。成化中官鄒縣教諭。鄒，孟子所生地，孟廟在焉。濬因考證孔顏孟三氏世系，以及褒崇諸典，彙輯成書。先以地圖，次以世系年譜，次以廟制，次以誌事。附述聖於卷後，而前列提綱一卷，則壬子四月紫陽楊奐所述東遊記也。壬子爲元憲宗二年，而濬於壬子下註云元憲宗淳祐十二年。紀年既誤，而又以宋理宗年號移之於元，殊爲疎舛。即此一端，其他可概見矣。

孔孟事蹟圖譜四卷（浙江汪啟淑家藏本）

明季本撰。本有易學四同，已著錄。是書前說後譜，於孔孟事實頗有考核。如云孔子未嘗至楚見昭王，孟子先至齊而後梁，此一二條皆有所見。然其餘大抵習聞者多。

素王記事（無卷數，浙江朱彝尊家曝書亭藏本）

舊本卷首題明浙江嚴州府通判太原傅汝楫校正，則非汝楫所撰。卷末楊奐東遊記之首，又題河南開封府知府西蜀黃濬輯錄，則似爲濬之所撰。然不列名於書首，而綴於書後，體例叢脞，殊不可曉。其書則摭拾闕里志爲之，亦茫然無緒。蓋當時書帕之本，本不以著書爲事者也。（案顧炎武日知錄曰：昔時入覲之官，其饋遺一書一帕，謂之書帕。又曰：歷官任滿則必刻一書，以充饋遺。此亦甚雅，而鹵莽就工，殊不堪讀。陸深金臺紀聞亦稱有司刻書，祇以供饋贐之用，其不工反出坊本下。今藏書家以書帕本爲最下，蓋由於此。）

夷齊錄五卷（浙江范懋柱家天一閣藏本）

明張玭撰。玭字席玉，石州人。嘉靖乙未進士。官至南京戶部右侍郎。永平府城西十八里孤竹故城有清德廟，以祀夷齊。玭守永平時，因蒐輯歷代祀典、諸家藝文，編爲一帙。據目錄，原本有圖，此本無之，蓋爲傳寫者所佚矣。

孔聖全書三十五卷（衍聖公孔昭煥家藏本）

明蔡復賞編。復賞，巴陵人。卷端自題恩貢出身、南京戶部修職郎，不知其爲何官也。前有自序，稱是書始成，就正於兵部侍郎姜廷頤，廷頤廼次爲六卷。上卷曰經書，中卷曰子史，下卷曰雜說，首卷曰帝王崇重盛典，尾卷曰經術經理世務。六卷內復條分爲四十卷云云。案序稱上中下卷首尾卷祇有五卷，不應稱六卷。又書三十五卷與四十卷之數亦不合。其間鄙俚荒唐，麗雜割裂，鬼神怪誕之語，優伶褻諢之詞，無不載入，謂之侮聖人可也。

尊聖集四卷（浙江范懋柱家天一閣藏本）

明陳堯道編。堯道里籍未詳。嘉靖末官大埔縣教諭。是書分圖像、世家、事蹟、遺澤、制敕、譔述、封事七門。多勦襲祖庭纂要諸書，無所考證。

仲志五卷（兩淮馬裕家藏本）

明劉天和撰。天和字養和，麻城人。正德戊辰進士。官至兵部尚書，提督團營，諡莊襄。事蹟具明史本傳。是編乃天和官總督河道都御史時，以濟寧仲家淺有先賢仲子祠，故志其建置之由，而并及其生平行事大略，名之曰仲志。崇禎中，仲子裔孫于陛等復增損舊本，易以今名。又繪像列圖於卷首，殊不雅馴。

閔子世譜十二卷（安徽巡撫採進本）

明張雲漢撰。雲漢字倬侯，宿州人。是編兼及閔子後裔之事，故曰世譜。首姓氏，次里居，次特傳、列傳，次祀典，次修葺，次官生，次世系，次遷徙，次復業，次列女，次藝文，次家約。宿州舊有閔子墓，歷代祠祀不絕。蓋閔子本宿人，春秋時宿屬青州，爲齊地，故家語以爲齊人云。

夷齊考疑四卷（浙江巡撫採進本）

明胡其久撰。其久，崇德人。隆慶丁卯舉人。官龍南知縣。是編以好事者所傳夷齊世系名字皆據韓詩外傳、呂氏春秋而附會之，並以叩馬恥粟等事亦多不實，因各爲駁正，而以先賢論定之語及傳記詩文附其後。其議論亦頗博辨。然傳聞既久，往事無徵，疑以傳疑可矣，不必盡以臆斷也。

夷齊志六卷（浙江巡撫採進本）

明白瑜撰。瑜字紹明，永平人。萬歷乙未進士。官至刑部左侍郎。事蹟具明史本傳。此書乃因張玭夷齊錄損益而成，所載視舊錄加詳。

道統圖贊一卷（浙江巡撫採進本）

不著撰人名氏。據卷首樊維城序，蓋衍聖公家所刻。維城爲萬歷己未進士，則此書出於明季也。即聖蹟圖舊本，而前增以伏羲、神農、黃帝、堯、舜、禹、湯、文、武、周公十像，後附以顏、曾、思、孟、林廟八圖。雖以圖贊爲名，而僅圖前有說數行，無所謂贊，尤不可解。

聖賢圖贊（無卷數，兩江總督採進本）

此書摹仁和縣學石刻，而不著刊書人姓名。首冠以明宣德二年巡按浙江監察御史海虞吳訥序。謂像爲李龍眠筆，高宗於紹興十四年即岳飛第作太學，三月臨幸，首製先聖贊，後自顏回而下亦譔詞。二十六年十二月，刻石於學。又稱舊有秦檜記，磨而去之。則是石刻之題識，非本本之跋語。故顏、曾二子後皆有高攀龍贊，知爲近時人刻也。考玉海，紹興十四年三月十一日己巳，幸太學，覽唐明皇帝及太宗、眞宗御製贊文，令有司取從祀諸贊悉錄以進。二十四日乙亥，御製御書宣聖贊，令揭於大成殿，刻石頒諸路州學。二十五年，又製七十二賢贊，親札刻石頒降焉。二十六年十二月戊午，廷臣請頒諸州郡學校，從之。據此，則高宗所撰宣聖贊，刊石在紹興十四年。七十二賢贊，刊石在紹興二十五年。訥序謂先聖及七十二賢贊俱於三十六年十二月刊石，殊誤。所列七十二子，較史記及唐六典所載七十七人少十人，增五人。與宋史禮志所載八十二人則少十人，與唐宋典制皆異。考玉海卷一百十三又云，高宗七十二子贊，去史記公良孺、公夏首、公肩定、顏祖、鄡單、句井疆、罕父黑、申黨、原亢、顏何、公西輿如十一人，增申棖、蘧伯玉、陳亢、林放、琴牢、申堂續六人，遂爲七十二人。與此書人數正合。然玉海謂所去十一人內有申黨，而此書仍列申黨。玉海稱增申堂續，而此書於申黨之外乃增申棖，互相剌謬。又如顏子封復聖公，曾子封宗聖公，皆始於元至順中。紹興中作贊，安得標此。又考唐開元二十七年，贈顏子兗公，閔子以下至卜商九人皆侯，曾參以降六十七人皆伯。宋祥符二年，贈閔子以下至卜商九人皆公，曾參以下七十二人皆侯。今書標爵皆襲開元，高宗作贊亦不應近廢祥符，而遠從唐制，疑非宋之原石。且李公麟北宋人，安得至紹興中作圖。其圖畫諸賢，多執書卷，既非古簡策之制，而樊須名須，即作一多髯像；梁鱣字叔魚，即作手持一魚像，尤如戲劇，其妄決矣。

闕里書八卷（兩淮馬裕家藏本）

明沈朝陽撰，陳之伸補。朝陽，江寧人，天啟間貢生，官池州府學教授。之伸，海鹽人，仕履未詳。是編雜採聖賢事蹟，湊合成篇，每篇各繫以贊，詞意膚淺，考訂甚疏，如越絕書所載子貢事之類，皆無所辨正。

聖門志六卷（江蘇巡撫採進本）

明呂元善撰。元善字季可，號冠洋，海鹽人。天啟中官山東布政司都事，殉沈寇難。其書一卷爲聖門表傳，二卷爲從祀列傳，三卷爲四氏封典，四卷爲禮樂，五卷爲古蹟，六卷爲東野氏、仲氏世系，分子目六十有五。蓋元善官山東時，所得孔氏諸家譜牒爲詳，因輯其宗系述爲此編。又取後代理學諸儒，附於弟子之後。然如魁名內閣，無關道統，而詳悉臚列，別次於從祀諸儒之末，殊爲不倫。又以諸儒未入祀典者，別載擬祀三十五人。中如岳飛之精忠，不在乎闡明理學；錢唐之直諫，亦未聞其詮釋聖經。乃欲例諸歷代儒林，擬議亦爲失當。元善書成未梓，其子兆祥重加校訂。海鹽令樊維城爲刻入鹽邑志林中。末附崇禎初曲阜祠祀元善及四氏子孫等給匾案牘，冗雜尤甚。

三遷志五卷（安徽巡撫採進本）

明呂元善撰。蓋因史鶚、胡繼先二家舊本爲之訂補。未脫稾而元善殉寇難，其子兆祥、孫逢時乃續成之。所載孟廟事蹟，每卷之中又各分子卷，凡二十一類。每類前爲四言贊一首，紀載頗詳，而體例標目，俱未能雅馴。

宗聖志十二卷（浙江汪啟淑家藏本）

明呂兆祥撰。案曾子祠墓在今山東嘉祥縣。嘉靖中，詔錄其後爲五經博士世襲。求得其裔孫質粹，居江西之永豐，令遷嘉祥，世守祠廟。而歷代崇祀本末，記載未備。兆祥始修訂成書。卷一爲像圖志，卷二爲世家志，卷三、卷四爲追崇志，卷五、卷六爲恩典志，卷七、卷八爲事蹟志，卷九至卷十二爲藝文志。書成於崇禎中，而世家志述其譜系，乃載及國朝康熙中事。恩典志內亦載及順治初年，不知何人所增，蓋非盡兆祥之舊矣。

陋巷志八卷（兩淮馬裕家藏本）

明呂兆祥撰。顏子陋巷、相傳在曲阜孔廟東北六百步、舊無紀載。正德中、提學副使陳鎬始爲作志。萬歷中、御史楊光訓又續編輯之。而兆祥是編蓋因二家之本、重爲訂定。所載皆歷代崇祀典禮、而冠以退省從行諸圖。

東野志四卷、浙江巡撫採進本

舊本題海鹽呂兆祥撰、裔孫東野武訂。考兆祥與武皆明末人。而是編二卷之末附錄順治康熙中奏議、詳載聖祖仁皇帝恩授東野沛然爲五經博士。蓋即沛然因兆祥舊志稍爲續補也。前有呂化舜方應祥原序。而粘本盛跋則作於康熙壬寅、陳艮謨序則作於康熙丙寅、亦續刻所加也。考元和姓纂載伯禽少子別爲東野氏、則東野氏系出周公、更無疑義。世承厥職、原非濫膺。惟是所敘世譜、稱第三代生二子、長聵次晞。六代生二子、長縉次紳。其人皆在春秋以前。則兄弟聯名已在應瑒應璩之前。又二代東野宗、於田中勝處建祠以安先靈、則大夫之廟可不建於家。十六世東野稷、字稷德、號白雲、則別號已見於戰國。二十一代東野質、遭楚滅魯、負子嫡譜竄於東吳。是別族不必於太史、而戰國之末尚延吳祚。蓋譜牒之學、古來即不一說。司馬遷敘五帝世系、往往與載籍牴牾、而白居易自敘世系、亦與左傳相違。記載異同、固不足怪也。

孔子年譜綱目一卷、兩江總督採進本

明夏洪基撰。洪基字元開、高郵人。其書成於崇禎中。於先聖事蹟、分年編輯。各提其要爲綱、而詳載其事爲目。於諸書異同、稍有訂正。而亦未一一精核也。

孔子弟子傳略二卷、兩江總督採進本

明夏洪基撰。其書合家語史記所載孔門弟子、得八十人。卷首凡例稱、家語弟子解止記姓名邑里、而言行散見別卷。史記雜撮經書、語無倫次。四書人物考及備考收錄羣書、龐亂無紀。是編各傳首敘聖賢教學、次及行事、終以評語。於經史典確者大書、列爲正傳。事蹟文異者小書附焉。妄誕者雜錄備覽。其蒐擇頗勤。然論語禮記之文、人人習讀、亦一字一句備錄不遺、未免冗贅。卷末附錄者九人、爲仲孫何忌仲孫說左丘明伯魚子思孟子顏涿聚公罔之裘序點。其稱仲孫說與南宮适爲二人、顏涿聚與顏讎由爲二人、論語左丘明與傳春秋者爲一人、皆爲典核。至公伯寮之列於弟子、雖據史記、然明代已罷其祀。洪基仍濫載入、則不免失考也。

聖門志考略二卷、兩江總督採進本

不著撰人名氏。惟書中自稱其名曰淐。檜樹一條後稱崇禎三年庚午春、隨其大父登岱、詣孔林。祀典一條後稱康熙八年以廷對留京。則國朝人也。而考康熙庚戌進士題名碑、是科無名淐者、殆貢生也。其書雜鈔闕里諸志爲之、殊不足以資考證。

闕里廣志二十卷、浙江汪啟淑家藏本

國朝宋際慶長同撰。際字巖修、慶長字簡臣、俱松江人。闕里志自前明陳鎬後、屢有修輯、皆蕪雜不足觀。康熙十二年、際爲孔廟司樂、慶長爲典籍、相與蒐求典故、因舊志而增損之。分圖像世家禮樂林廟山川古蹟恩典弟子職官聖裔賢裔藝文十二門。所載於故實較詳、然亦不能有所考訂也。

三遷志十二卷、江蘇巡撫採進本

國朝孟衍泰王特選仲蘊錦同撰。書成於康熙壬寅。以呂元善舊志歲久漶漫、而國朝尊崇之典、及子孫世系林廟增修、亦未纂錄成編。乃以次輯補、分爲二十一門。特選、滕縣人。蘊錦、濟寧人。衍泰爲孟子六十五代孫、世襲五經博士。

孟子生卒年月考一卷、江蘇巡撫採進本

國朝閻若璩撰。若璩有古文尚書疏證、已著錄。是編博引諸書、考孟子出處始末。初辨孟子所生之鄒是邾非鄒。次考來往梁齊滕宋之年月、中間旁及萬鍾百鎰之數、與所以去齊不入燕之故。而於生卒年月、卒無的據。案山堂肆考、具載孔孟生卒、謂孟子生於周定王三十七年四月二日、卒於赧王二十六年正月十五日、年八十四。若璩獨不引之。蓋先儒詁經、多不取雜書。鄭元註禮記南風之詩不引尸子、郭璞註爾雅西王母不引穆天子傳山海經、皆義取謹嚴、非其疏漏也。

孔子年譜五卷、直隸總督採進本

國朝楊方晃撰。方晃字東陽、號鶴巢、磁州人。是書中三卷爲年譜、以天地人分紀之。其前一卷曰卷首、末一卷曰卷尾。中間於史記世家歷聘紀年闕里舊志諸書頗有糾正。然註太冗瑣、又參以評語、皆乖體例。至卷首本祖庭廣記作麟吐玉書圖、殊未能免俗。卷尾泛引雜史，爲身後異蹟。如魯人泛海見先聖七十子遊於海上，及唐韓滉爲子路轉生諸事，連篇語怪，尤屬不經矣。

至聖編年世紀二十四卷（江蘇巡撫採進本）

國朝李灼、黄晟同編。灼字松亭，嘉定人。晟字曉峯，歙縣人。是書成於乾隆辛未。一卷至十六卷爲至聖年譜，十七卷至二十四卷爲歷代至國朝尊崇之典。冠以灼所作孔子生日說、孔門出妻辨、坍祀孔璇論三篇。其生日說，謂公羊、穀梁二傳與史記所記差一年。公穀記其懷姙之年，司馬遷記其誕生之年，殊爲穿鑿。自古及今，未聞以懷姙之年筆之於書者也。至孔門出妻，謂之記載外誤則可，必謂庶氏之母爲庶子之母，子思嫡長，安得謂之庶子乎。書中辨野合之說，病亦同此。周道衰微，百氏橫議，造作言語以誣聖者，不可殫陳。史遷妄採，張華誤述，不過斷以一語，斥諸名教之外耳。乃附會其詞，以爲禱於尼山，野宿懷孕，故曰野合。是又愈鑿而愈舛矣。

洙泗源流（無卷數，編修勵守謙家藏本）

不著撰人名氏。前有自序，亦不署年月。序稱所採始於堯舜，以爲洙泗之源，終於顏曾思孟，爲洙泗之流。今考其書，僅自唐虞訖孔門弟子二十餘人至子思而止，未及孟子，蓋不全之本。前有錢曾二印，一曰虞山錢曾遵王藏書，一曰維陽忠孝家。篆刻拙惡，朱色猶新，蓋庸陋書賈所贗託也。

右傳記類聖賢之屬三十二部，二百三十一卷。（內三部無卷數，皆附存目。）

宗孔子，稱伯夷叔齊爲古之賢人，孟子亦曰伯夷聖之清者也。故孤竹之錄得入聖賢，其餘非親炙鄒魯之堂者，概不濫預焉。蓋聖賢之名，惟聖賢能論定之。司馬遷敘仲尼弟子爲列傳，而七十子之門人不及焉。孟子弟子亦不及焉。慎之至也。

別本晏子春秋六卷（內府藏本）

舊本題齊晏嬰撰。其書原本八卷，已著於錄。此本爲烏程閔氏朱墨版，以外篇所載已見內篇者，悉移綴其文附於內篇各條之下，與梅士享所刻管子同一竄亂古書。然今代所行，大抵此本。恐久而迷其原第，因附存其目，以著其失焉。

王文正公遺事一卷（浙江巡撫採進本）

宋王素撰。素字仲儀，旦之幼子也。舉進士，官屯田員外郎，歷工部尚書，謚曰懿。事蹟具宋史本傳。是編所述旦事，雖子孫揚詡之詞，然大概與史傳相出入。旦本賢相故也。惟記眞宗東封西祀之後，令近臣編錄符瑞，旦言兩爲大祀使，所奏符瑞，一一非臣目覩，令堂吏取司天監邢中和狀，稱有此瑞，乞令編修官實錄臣奏，不可漏落一事云云。於事理殊爲不近。蓋旦於符瑞齋醮，不能匡正，論者有遺議焉。故素以此陰解之，非實錄也。晁公武讀書志作四卷，註稱凡五百條。此本僅一卷，蓋非完書。然陳振孫書錄解題已稱一卷，則南宋末已行此節本矣。

韓魏公家傳二卷（江蘇巡撫採進本）

不著撰人名氏。記宋韓琦平生行事。陳振孫書錄解題以爲是其家所傳。晁公武讀書志則以爲其子忠彥所撰錄。公武去忠彥世近，當有所據也。其書隨年排次，頗爲繁冗。公武引陳瓘之言，謂魏公名德在人耳目，如此豈假門生子姓之閒區區自列，其說當矣。

韓魏公別錄三卷（浙江范懋柱家天一閣藏本）

宋王巖叟撰。巖叟字彥霖，清平人。鄉舉省試廷對皆第一。調欒城簿，歷樞密直學士，簽書院事。事蹟具宋史本傳。巖叟嘗在韓琦幕府，每與琦語，輒退而書之。琦歿後，乃次爲別錄三篇。上篇皆琦奏對之語，中篇乃琦平日緒言，下篇則雜記其所聞見也。讀書志稱以國史考之，歲月往往牴牾，蓋失之誣。其書讀書志作四卷，書錄解題載有語錄一卷，亦稱與別錄小異而實同。別錄分四卷，此總爲一篇，皆與此本三卷不合，其爲何時所併，不可考矣。

韓忠獻遺事一卷（內府藏本）

宋強至撰。至字幾聖，錢塘人。諸書不詳其始末。此書結銜稱羣牧判官、尚書職方員外郎。以其祠部集中詩文考之，則登第之後，謁選得泗州掾，以薦歷浦江、東陽、元城三縣令，終於三司戶部判官。尚書祠部郎中，其上河北都運元給事書所謂四歷州縣，三任部屬者，雖不盡可考，參以此書所題，尚可見其大略也。至嘗佐韓琦幕府，故此編敘琦遺事頗詳。世所傳琦重陽詩不嫌老圃秋容淡，且看黄花晚節香句，諸家詩話遞相援引，其始表章者，實見至此編焉。

豐清敏遺事一卷（浙江范懋柱家天一閣藏本）

宋李朴撰。朴字先之，興國人。紹聖中進士，官至國子祭酒。事蹟具宋史本傳。是書編次其師禮部尚書豐稷事蹟。宋志著錄一卷，與今本同。末有紹熙二年朱子後序，并附墓誌、本傳於後。稷歷仕神宗、哲宗、徽宗三朝，屢著讜論，時稱名臣。朴所敘錄，較史傳爲詳。書末又有稷註孟子三章、幸學詩一首、及曾鞏所贈歌行、袁桷祠記，則明景泰中其十一世孫河南參政慶所搜討增入也。

种太尉傳一卷（浙江鄭大節家藏本）

宋趙起撰。起字得君，自稱河汾散人。河汾地廣，不知其里貫何所也。其書專記龍驤四廂指揮使知延州种諤事蹟。諤爲世衡次子，與兄古弟診號關中三种，頗著威名。宋史附載世衡傳後。起所敘述，較史加詳。末云次其行事作种諤傳，而此本前題种太尉傳。考史不言諤官大尉，此傳亦無此文。蓋自唐以後，武臣顯貴者往往加至太尉，遂習爲尊稱，不必實居是職。如李煜歸宋，後祇爲特進隴西郡公，而徐鉉奉詔往謁，乃語閽者稱願見太尉。蓋當時流俗有此等稱謂，意其猶宋人舊題也。史稱諤雖名將，而喜事貪功，實開永樂之釁。今傳中無貶詞，殆亦不無溢美矣。

三蘇年表二卷（永樂大典本）

宋孫汝聽撰。陳振孫書錄解題載三蘇年表三卷，右奉議郎孫汝聽編，即此本也。然永樂大典所載惟存蘇洵一卷、蘇轍一卷。蘇軾則別收王宗稷年譜，而汝聽之本遂佚。蓋當時編錄不出一手，故去取互異如是。今仍以三蘇年表著錄，從其本名也。

東坡年譜一卷（永樂大典本）

宋王宗稷撰。宗稷字伯言，五羊人。自記稱紹興庚申隨外祖守黃州，到郡首訪東坡先生遺蹟，甲子一周矣。思諸家詩文皆有年譜，獨此尙闕，謹編次先生出處大略，敘其歲月先後爲年譜云云。今刻於東坡集首者，卽此本也。迨
國朝查慎行補註蘇詩，於此譜多所駁正，皆中其失。蓋剏始者難工，踵事者易密，固事理之自然耳。

范文正年譜一卷補遺一卷附義莊規矩一卷（浙江巡撫採進本）

年譜一卷，宋樓鑰撰。鑰字大防，鄞縣人。隆興元年進士，官至參知政事，除資政殿大學士，提舉萬壽觀。卒諡宣獻。事蹟具宋史本傳。補遺一卷，不知何人所作。前有自識一條，謂取舊譜所未載者見之各年之下。所摭前譜闕遺頗多，亦足以互相考證。元天歷三年，仲淹八世孫國儁與文正奏議同刊行之。其義莊規矩一卷，則仲淹嘗買田置義莊於蘇州，以贍其族，創立規矩，刻之版牓。後其法漸墮。治平中其子純仁知襄邑縣，奏乞降指揮下本州許官司受理，遂得不廢。南渡後，其五世孫左司諫之柔復爲整理，續添規式。其本爲范氏後人所錄。凡皇祐二年仲淹初定規矩十條，又熙寧、元豐、紹聖、元祐、崇寧、大觀間純仁兄弟續增規矩二十八條。其慶元二年十二條，則之柔所增定。書中稱二相公者謂純仁，三右丞者謂純禮，五侍郎者謂純粹，皆其子孫之詞也。

綦崇禮年譜一卷（永樂大典本）

宋綦煥撰。煥，崇禮孫也。仕至通直郎、知饒州德興縣，主管勸農事。是譜詳敘歷官，而繫以所作詩文。崇禮有北海集，歲久散佚，近始覓永樂大典所載編次成帙。此譜頗可考其著作年月之前後焉。

呂忠穆公遺事一卷（永樂大典本）

不著撰人名氏。陳振孫書錄解題載之，亦不云誰作。所記呂頤浩言行，每條必曰公於某事云云，蓋其後人所述也。

呂忠穆公年譜一卷（永樂大典本）

不著撰人名氏。中頗載頤浩詩句，與他家年譜體例小異。

涪陵紀善錄一卷（浙江巡撫採進本）

宋馮忠恕撰。忠恕，臨汝人。紹興初官黔州節度判官。其父理師事伊川程子，與尹焞爲同門友。忠恕又師事焞。焞自金人陷洛，脫身奔蜀，紹興四年止於涪。時忠恕官峽中，及還黔州，往來必過涪。紹興六年，焞被召赴都，明年忠恕以鞫獄來涪，因紬繹舊聞，輯而錄之，以成此編。忠恕之侍焞多在涪。涪爲程子謫居之地，而是書之成又適在涪，故以涪陵紀善錄爲名。前有忠恕自序。宋史尹焞傳稱焞言行見於涪陵記善錄爲詳，則修史時卽採此書也。

尹和靖年譜一卷（永樂大典本）

不著撰人名氏。和靖，尹焞諡也。據書中稱謂，蓋其門人所編。焞講學以存養爲先，著述無多。又立朝不久，亦無所表見，故是譜所記事蹟殊甚寥寥，又不及涪陵記善錄矣。

周子年譜一卷、浙江鄭大節家藏本

宋度正撰。正字周卿，合州人。紹熙元年進士。官至禮部侍郎。事蹟具宋史本傳。是編乃嘉定十四年正官於蜀時所作。自云於周子入蜀本末爲最詳。其他亦不能保其無所遺誤。此本前有像贊、後附行錄誌銘及宋史本傳。蓋後人又有所增入、非正原本矣。明張元禎嘗與朱子年譜合刻之。

二梅公年譜二卷、兩淮鹽政採進本

梅詢年譜一卷、宋淳熙中陳天麟撰。梅堯臣年譜一卷、元至元中張師曾撰。二人皆籍宣城、與梅氏爲同里也。明萬歷中、梅一科合而刻之。又於詢譜後載詩略一卷、附錄一卷。堯臣譜後載文集拾遺一卷、附錄一卷。

韓柳年譜八卷、編修汪如藻家藏本

韓文類譜七卷、宋魏仲舉撰。仲舉、建安人。慶元中書賈也。嘗刊韓集五百家註、輯呂大防程俱洪興祖三家所撰譜記、編爲此書、冠於集首。柳子厚年譜一卷、宋紹興中知柳州事文安禮撰。亦附刊集中。近時祁門馬曰璐得宋槧柳集殘帙、其中年譜完好。乃與韓譜合刻爲一編、總題此名云。

朱子年譜一卷、江西巡撫採進本

宋袁仲晦撰。案朱子年譜、宋洪友成刻者爲洪本。閩省別刻者爲閩本。明李默刻者爲李本。此本前有朱子後裔懷慶序、謂因各本不同、因訂正重刊。然校以王懋竑本、此本猶多漏略、不能一一精核也。

君臣相遇錄十卷、浙江汪啟淑家藏本

不著撰人名氏。載宋韓琦事蹟。考晁陳二家書目、自今所傳韓魏公家傳韓魏公別錄韓忠獻遺事外。尚有韓魏公語錄一卷。又韓忠彥所撰辨欺錄一卷。語錄即別錄之文、而顚倒其先後。惟卷末多一條。辨欺錄爲忠彥記其父嘉祐末命事、與文富諸人辨。今雖未見其本、而書中大旨皆可考。惟此書晁陳皆不著錄、不知何人所作。蓋南宋時其家子孫所爲。合辨欺錄別錄所載裒爲一書。觀書末載曾孫名十二人、而無侂胄、蓋諱而削之。知其成於開禧後矣。

鄱陽遺事錄一卷、浙江巡撫採進本

宋陳貽範撰。貽範、天台人。初范仲淹嘗守鄱陽、有善政、饒人爲之立祠。紹聖乙亥、貽範爲通判。因取仲淹在饒日所修創堂亭遺蹟、及其游賞吟咏之地、採而輯之、以志遺愛。自慶朔堂至長沙王廟記、凡十有三目。前有貽範自序。

范文正遺蹟一卷、浙江巡撫採進本

不著撰人名氏。輯范仲淹生平遊歷。自其出於吳中、長於山東、以及洛陽陝西睦池饒潤諸地爲仕宦所經、後人傳爲遺蹟者。採其名目、共爲一編。間附以前人題咏碑刻。至於西夏堡寨、亦并載之。中有文正書院等六圖、爲仲淹裔孫安崧所繪、蓋亦其後人所編也。

言行拾遺事錄四卷、編修程晉芳家藏本

不著撰人名氏。記范仲淹言行事蹟爲行狀墓誌所未載者、故曰拾遺。大抵取諸實錄長編東都事略九朝通略諸書。而說部之可採者亦附列焉。其第四卷所錄、則仲淹子純祐純仁純禮純粹四人遺事也。

道命錄十卷、內廷藏本

宋李心傳編。心傳有丙子學易編、已著錄。是書載程子朱子進退始末、備錄其褒贈貶謫薦舉彈劾之文。宋史心傳本傳作五卷。此本十卷、與本傳不合。考卷首元至順癸酉新安程榮秀序、稱宋秀巖先生李公道命錄五卷、刻梓在江州、燬於兵。榮秀嘗得而讀之、疑其爲初稾、尚欲刪定而未成者。齋居之暇、僭因原本略加釐定、彙次爲十卷如左云云。然則此爲榮秀所編、非心傳之舊稾矣。永樂大典載有心傳原本。然所記惟程子事、與此本前六卷相同者過半。此本所有而永樂大典不載者凡二十八條。永樂大典所有而此本不載者凡八條。第七卷以下永樂大典全無之。則榮秀大有所增刪。并所記朱子諸條、亦疑爲榮秀所附益。則所謂略加釐正者、特諱不自居於改竄耳、非其實也。其大旨不出門戶之見。其命名蓋以孔子比程朱。然於道命之義亦未得其解。御製詩序及識語已闢之至悉、茲不具論焉。

饒雙峯年譜一卷、永樂大典本

不著撰人名氏。雙峯、宋饒魯號也。魯自稱從黃榦李燔遊、距朱子僅再傳。當時重其淵源、多相趨附。歷主講於東湖白鹿西澗安定諸書院。故是譜所記、亦惟講學之事爲詳。案周密齊東野語、深致不滿於魯。且稱其自詭爲黃榦弟子。疑以傳疑、蓋莫能明、然亦不足深辨也。

諸篇迄於正統十年。則後人所附入也。

欽定四庫全書總目卷五十九

欽定四庫全書總目卷六十

史部十六

傳記類存目二

草廬年譜二卷附錄二卷（編修汪如藻家藏本）

明危素撰。素字太樸，金溪人。元至正中官至禮部尚書、參知政事、翰林學士承旨，出爲嶺北行省左丞。後退居房山。淮王監國，起爲承旨如故。明洪武二年，授翰林侍講學士。後因御史王著等論素不宜列侍從，謫居和州以卒。事蹟具明史文苑傳。初吳澄孫當嘗編次其祖生平事蹟爲年譜，素爲澄之門人，因重加訂正，刻於至正乙巳。至明嘉靖甲寅，澄裔孫朝禎復增入行狀、神道碑、列傳、祭文一卷，及歷代褒典奏議文移一卷，鄒守益爲之序。即此本也。

褒賢集五卷（浙江巡撫採進本）

不題撰人名氏。取宋元人著作有關范仲淹者及朝廷所降文牒等類，合爲一書。一卷爲傳碑銘祭文，二卷爲優崇典禮，三四卷爲碑記，五卷爲諸賢贊頌論疏。中間載至元順帝至正間，則明初人所編也。

滁陽王廟歲祀冊一卷（左都御史張若溎家藏本）

不著撰人名氏。明初追封郭子興爲滁陽王，立廟滁州，令有司歲時奉祀。此本前列洪武十五年敕諭一通，具載祀典規條及守廟人戶。次爲太常寺丞張羽所撰滁陽王廟碑文。蓋即從廟中碑刻鈔出別行者也。

鍾鼎逸事一卷（浙江范懋柱家天一閣藏本）

許魯齋考歲略一卷（永樂大典本）

元耶律有尚撰。有尚字伯強，號迂齋，東平人。以伴讀功授助教，歷昭文館大學士，謚文正。事蹟具元史本傳。世祖時，許衡除中書左丞，固辭不受，因上奏取舊門生十二人爲伴讀，有尚其一也。是編載衡言行，較史爲詳，然大端已具於史矣。

劉文靖公遺事一卷（浙江范懋柱家天一閣藏本）

元蘇天爵撰。天爵有名臣事略，已著錄。是編乃所述容城劉因行實也。考天爵名臣事略第十五卷即紀因事，然此卷所述，皆事略所未言。天爵於事略既成之後，別採舊聞，補其所闕，故命曰遺事。元史劉因本傳多採用此卷，亦以後來搜輯，較爲詳備歟。

辜君政績書二卷（永樂大典本）

元陶凱撰。凱字中元，江都人。以至正七年丁亥鄉試榜授永豐教諭。適永豐令辜中受代去，縣之父老子弟願以中善政刻諸石，凱因序中政績爲此書，以贈言學記等篇附焉。

思賢錄五卷續錄一卷（浙江范懋柱家天一閣藏本）

元謝應芳撰。應芳字子蘭，武進人。至正中薦授三衢清獻書院山長，阻兵不能赴。明洪武中歸隱橫山以終。自號龜巢老人。事蹟具明史儒林傳。是編爲其鄉宋寶文閣直學士鄒浩而作。正錄成於至正十五年，分爲五目：曰事實，曰文辭，曰祠墓，曰祠墓廢興，曰古今題詠。有楊惟楨、鄭元祐二序。續錄則皆應芳及知府張度等祭墓之作，成於明洪武十二年。其中又載有洪武十三年以後祭文碑記明李文秀撰。文秀，昆明人，黔寧王沐英之閽豎也。是編皆紀英行事。前列祠堂碑記三篇，後爲言行拾遺錄十一條，各爲之論，末附唐愚士贈文秀詩一篇，而冠以張紞、劉有年、王汝玉、王驥序四篇。驥序題洪武壬午，汝玉序則書元年十二月，而剷去年號二字。蓋汝玉作於革除以前，而刻於革除以後，故削建文年號。驥序作於燕王纂立以後，故奉仍稱洪武三十五年之詔耳。閽寺之作，本不足錄，而英本名臣，文秀所錄，尙與史傳相出入，無詭詞夸飾、變亂是非之事，故姑存其目焉。

直道編八卷（兩江總督採進本）

明陳怡編。怡，吳縣人，仕履未詳。其祖祚，字永錫，永樂辛卯進士，授河南布政司參議，坐事落職。洪熙初起爲監察御史，終於福建按察司僉事。歷官俱有直聲。怡因輯其年譜、行狀、墓表、輓詩之類，以成此書，吳寬爲題此名。與明史祚本傳亦大致互相出入。案千頃堂書目，載有孫堪直道編，紀御史陳祚事。堪，嘉靖中人。今未見傳本，其與此書爲一爲二，莫之詳矣。

翊運錄二卷（江蘇周厚堉家藏本）

明劉廌編。廌，誠意伯基之孫也。是書成於永樂中，集其祖父所得御書詔誥及行狀事實，以爲此錄。取誥文中開國翊運之語爲名。同郡王景爲之序。成化中，巡按浙江御史戴用以版久漶漫，因增輯重梓，楊守陳爲之序。嘉靖初，從處州府知府潘潤之請，以基九世孫瑜襲爵，瑜因復增入襲封誥敕及部議題本謝恩表之類，自爲後序。二卷之首，雜入基表頌五篇，頗爲不倫。以序文考之，卽瑜所增入。蓋徒欲侈陳祖德爲閥閱之光，而未知著述體例者也。

崔清獻全錄十卷（兵部侍郎紀昀家藏本）

明崔子璲編。其書成於永樂中。皆其五世祖與之之遺事遺文也。與之字正子，廣州增城人。紹熙四年進士。理宗時累官廣東安撫使，拜參知政事、右丞相，致仕卒。謚清獻。事蹟具宋史本傳。與之所著有菊坡文集，佚於兵火，又有嶺海便民牓、海上澄清錄二書，皆記其當時政事，後亦不傳。僅存其言行錄三卷、奏劄詩文五卷，子璲因裒爲一編。又以理宗御劄及諸家詩文爲附錄二卷。其言行錄三卷，林鉞跋稱宋太社司令李公裒輯，而不載其名。宋端儀序稱略爲更定。甘鏞跋又稱旁考史傳，補其脫略。然則已非原本矣。又蔣會樂家別有寫本，分爲二集。內集二卷，前卷爲言行錄，後卷爲奏劄詩文。外集三卷，上卷爲所賜詔札，中卷爲宋史本傳及續通鑑綱目諸書所記與之事，下卷爲題贈詩文。題其十世孫爌所重編，成於嘉靖庚申。前有測引一篇，稱重編先錄既成，有謂不當以行先言者，有謂不當以臣先君者，後見舊版篇次記號，乃知新本爲後人剷改，爌所重編，實還其舊。今觀其書，雖併十卷爲五卷，而序次略與子璲本合，所謂還其舊者，確不誣也。

陸右丞蹈海錄一卷（浙江鮑士恭家藏本）

明丁元吉編。元吉，鎭江人。是書成於成化中，記宋陸秀夫海上死難事蹟。採宋史本傳及龔開所作傳、黃溍所作年譜，益以諸家題咏，彙爲一編。並載秀夫遺文二首，末附桑海遺錄序、大忠祠碑及祭文一首。

張乖崖事文錄四卷（浙江范懋柱家天一閣藏本）

明顏端、徐瀚同編。端，應山人，官成都縣教諭。瀚，杭州人，官華陽縣教諭。前有文安邢表序。蓋宏治三年表爲四川左布政使，以張詠爲蜀名宦，故屬二人輯錄此編。一卷爲本傳及事實，二卷爲遺文十二篇，三卷、四卷爲同時贈答及後人祠記祭文之類。詠全集尙有傳本，端等未見，故所輯頗挂漏焉。

李衞公通纂四卷（直隸總督採進本）

明王承裕撰。承裕字天宇，三原人，吏部尙書恕之子。宏治癸丑進士，官至南京戶部尙書，謚康僖。事蹟附見明史恕傳。承裕與唐李靖爲同里，故既爲建祠，又纂其遺事爲此書。明史藝文志著錄，作四卷。此本凡史牒纂一卷、遺作纂一卷、文集纂一卷、存蹟纂一卷，與明志合。所載皆習見之文。至李衞公問對一書，出自阮逸僞託，而一概列入，絕無辨證，可知其考訂之疎矣。

陽明先生浮海傳一卷（浙江巡撫採進本）

明陸相撰。相字良弼，餘姚人。宏治癸丑進士，官至長沙府知府。是書專紀王守仁正德初謫龍場驛丞，道經杭州，爲姦人謀害，投水中，因飄至龍宮，得生還之事。說頗詭誕不經。論者謂守仁多智數，慮劉瑾追害，故棄衣冠，僞託投江，而實陰赴龍場。故王世貞史乘考誤嘗力辨此事爲不實。而同時楊儀高坡異纂亦載此事，與相所紀略同。蓋文人之好異久矣。

朱子實紀十二卷（江蘇巡撫採進本）

明戴銑編。銑字寶之、婺源人。宏治丙辰進士。官至給事中。以疏彈太監高鳳、下詔獄、廷杖創甚而卒。事蹟具明史本傳。是書詳述朱子始末。首曰道統源流、世系源流、次年譜、次行狀、本傳、次廟宅、次門人、次褒典、次讚述、次紀題。其書本因年譜而作、其標曰實紀者、銑自序稱、謂之年譜則紹乎前、彰乎後者不足談。必曰實紀、然後并包而無遺。蓋年譜主於明朱子學問之序、出處之道。而銑是書則主於以推崇褒贈誇耀世俗爲榮。其立意本各有取也。

韓祠錄三卷（浙江巡撫採進本）

明葉性、談倫同編。性、里籍未詳。官潮州府同知。倫、上海人。天順丁丑進士。官至工部右侍郎。然是編前有翰林院檢討盛端明序、稱性編錄未成、以述職北上。倫時爲潮州知府、因續成之。考書成於正德甲戌、上距天順丁丑已五十八年。且作序之盛端明爲宏治壬戌進士、上距天順丁丑亦四十六年。與倫似不相及。卽倫老而尚存、亦不應七八十歲尚爲知府、後乃忽至九卿。疑爲別一談倫、名姓偶同也。其書首載韓愈遺像及韓山書院鱷魚、韓木諸圖。次唐書本傳及愈謫潮州時所作詩文。次記祠制、祭儀及後人碑記、詩讚。末附載趙鼎得全書院記、陸秀夫馬發祠記、以皆在潮地、故并錄之。其南珠亭記一篇、則又以潮之人物代興、歸美於愈云。

奕世增光錄八卷（浙江巡撫採進本）

明王道行編。道行字明甫、南陽曲人。嘉靖庚戌進士。官至左布政使。是爲續五子之一。明史文苑傳附見王世貞傳中。是書乃其官常鎮兵備副使時爲魏校所刊也。第一卷至五卷載敕命、祭文以及同時諸人贈答書啟。第六卷載校行狀、誄詞及遺事。七卷八卷則文稾備遺也。因校誥敕中有永增奕世之光語、遂以名其書焉。

薛文清行實錄五卷（江蘇巡撫採進本）

明王鴻撰。鴻、河津人。官石灰山關稅大使。薛瑄之曾孫壻也。是編第一卷爲瑄像贊、行狀、神道碑、事實。二卷爲請從祀疏七篇。三卷爲祠堂書院諸記六篇、祭文三篇。四卷爲讀書錄、文集諸序四篇、詩五首。第五卷則雜錄柱聯之類、而附以薛氏歷世科貢傳芳圖。前有喬宇序、作於正德辛未。而奏疏有隆慶五年、祭文有萬歷二十六年、所記科貢有崇禎壬午、癸未、則瑄後人以次續入、非鴻之舊也。

商文毅公行實一卷（浙江范懋柱家天一閣藏本）

明商汝頤編。汝頤、商輅孫也。以輅遺集兩燬於火、恐先德不傳、乃裒爲是書。凡王獻所作行實一篇、尹直所作墓誌銘一篇、楊子器所作神道碑一篇。末有正德十年汝頤自跋。正德十六年刊版、王子言又爲之跋。

商文毅年譜四卷（兩淮馬裕家藏本）

明商振倫撰。振倫、輅之元孫也。書前有小像八幅、自鄉試第一迨官至謹身殿大學士、皆圖畫之。殊未能免俗。其言行錄一卷、則輅孫汝泰所作、振倫并刊之也。

傳信辨誤錄一卷（浙江吳玉墀家藏本）

明陳虞岳撰。虞岳、泰和人。正統閒輔臣陳循五世孫也。土木之變、循在內閣爲首揆。及景帝欲廢英宗太子、循依違不能匡正、以此爲當世所譏。陳建通紀載其事。虞岳以爲誣衊其祖、乃作此書以辨之。首爲諸名公敘略、節略。次爲傳信六條。一曰首定儲宮之策、一曰力沮南遷之議、一曰計退德勝之圍、一曰密運回鑾之略、一曰保護南宮苦忠、一曰請復南遷讞疏。所引諸書、惟力沮南遷一條、弇山堂別集及叢記載有循名。其五事則皆無確證。次辨誣五條。一曰辨不諍易儲之誤、一曰辨徐有貞餽玉帶之誤、一曰辨請治龔遂榮獄之誤、一曰辨翰林用雜流之誤、一曰辨申明制科之誤。其意與孤兒籲天錄同、亦孝子慈孫不得已之苦心也。

夏忠靖遺事一卷（浙江范懋柱家天一閣藏本）

明夏崇文撰。崇文字廷章、湘陰人。成化戊戌進士。官至南京太僕寺少卿。蓋夏原吉之孫也。是編追述原吉歷官始末甚詳。於世所傳慈感蚌珠事、削之不載、體例頗爲嚴謹。然原吉治水、功在東南、其方略亦不備載。殆以事具國史耶。惟燕王篡立、原吉稱臣、此所謂范質生平惟欠周世宗一死者也。而此云或執之以獻燕王、是則子孫之詞矣。

雲林遺事一卷（浙江巡撫採進本）

明顧元慶撰。元慶字大有、號大石山人、長洲人。都穆之門人也。此書皆紀倪瓚事蹟。分高逸、詩畫、潔癖、游寓、飲食五門。崇禎閒、常熟毛晉別有刻本、云從天竺僧寮見之，不著作者名氏。較此本所載稍繁。而此本後附贈詩及誌銘二首，則毛本無之。江寧李蘅嘗刻其本於所輯璅探中，題云顧元慶撰。雖未知所據，然考元慶所著，尚有瘞鶴銘考、夷白齋詩話，蓋亦雅士。蘇州府志載其兄弟皆纖嗇治產，惟元慶以圖書自娛。王穉登往訪之，年七十五，猶酬對不倦。是其志趣與瓚相近，或輯此編以明所尚，亦事理所有矣。

旌孝錄一卷（浙江巡撫採進本）

不著撰人名氏。載成化十一年旌表朱灝孝行事。考朱觀潛跋朱存理遺文後曰，野航先生著述甚富，自鐵網珊瑚世有刊本，珊瑚本雖好事傳鈔外，祇購樓居雜志一卷、旌孝錄一卷、幷詩文數十篇云云。則此編存理所輯也。灝字景南，長洲人，卽存理之父。親歿，負土成墳，廬於其側，有馴烏之異，詔旌其門。存理字性甫，博雅工文，終於布衣。

岳廟集四卷（編修汪如藻家藏本）

舊本題明徐階編，張庭校，焦煜刊。而首載階序，稱從黃山焦子請所輯武穆祠詩文讀之。又云因不自量，謀於五山張子而去取之。則煜之初稾而階與庭爲之刪定。庭序則云黃山子謂少湖子與庭曰，盍校之，我將刊焉。因取汪氏所輯鈔本往復參校。則初稾又非煜作矣。大抵雜出衆手，不可名以一人也。原本凡傳一卷、制一卷、議序記一卷、辭樂府詩一卷，而附以岳武穆遺文一卷。今以武穆遺文析出，刪入集部，故此本以四卷著錄焉。階字子升，華亭人。嘉靖癸未進士，官至武英殿大學士，謚文貞。事蹟具明史本傳。庭自署曰眉山，煜自署曰宛陵。考太學進士題名碑，嘉靖癸未科有張庭，四川夾江人；焦煜，南直隸太平人，皆階之同年。當卽此二人。至所謂汪氏者，則不可考矣。

吳疏山集十七卷（江南巡撫採進本）

明吳悌撰。悌字思誠，疏山其別號也。金谿人。嘉靖壬辰進士，官至兵部侍郎，謚文莊。事蹟具明史儒林傳。其學出於王守仁，然清苦剛介，卓然不愧於儒者。非姚江末流提唱心學、恣爲橫議者比。集止三卷。然據原跋，則尚有贋作聶氏墓志、胡氏表二篇竄入。第四卷爲言行錄，乃悌門人李約所編。第五卷以下皆誥敕及表章頌美之文。其後人屢屢重刊，輾轉附益者。蓋原本名紀實錄，乃傳記之流，體例不妨如是。此本改題曰集，遂使附錄之文至十四卷，末大於本，失其初編之旨矣。今從崔與之集之例，仍入之傳記類焉。

胡梅林行實（無卷數，兩淮鹽政採進本）

明胡桂奇編。桂奇，績溪人，兵部尚書宗憲之子。此書卽紀宗憲行實。梅林者，宗憲別號也。宗憲平倭之功，載在史冊，不容湮沒。至其比附嚴嵩、趙文華，公論亦不可掩。此書出其後人之手，固未可據爲徵信矣。

忠烈編十卷（浙江范懋柱家天一閣藏本）

明孫堪、孫墀、孫陞同編。三人皆巡撫江西副都御史餘姚孫燧之子也。燧遇宸濠之變，抗節被戕。堪等彙其制誥、卷牘、碑狀、誌傳以及誄祭之文，編爲此集。曰忠烈者，嘉靖初所贈謚也。序爲嘉靖辛亥嚴嵩撰。其言不足爲燧榮。蓋其後人印行，偶失刊削耳。

鄭端簡年譜七卷（浙江巡撫採進本）

明鄭履淳撰。履淳字叔初，海鹽人。嘉靖壬戌進士，官至光祿寺少卿。事蹟具明史本傳。履淳爲鄭曉之子，故追述曉事，以成此譜。凡曉所作奏疏詩文，皆一一附載其中。如鹽政壞於折色及海鹽官軍交掣回衛所操練諸疏，頗足補史志所未備。然冗漫亦由於此。末附祭文、誥諭、卹典、墓志、行略之類，於譜例已爲複出。又以履淳所作思親詩文附鐫於末，多至三卷，於體裁尤不協矣。

董子故里志六卷（兩江總督採進本）

明李廷寶撰。廷寶字國用，號澮溪，曲沃人。嘉靖中官景州知州。考漢書稱董仲舒，廣川人，而廣川地大，今山東德州、直隸景州、棗強縣皆其故地。故三邑皆祀董子，皆有董子故蹟。其作志書，皆自以董子爲鄉人。德州斥景州之牽引，景州斥德州之附會，棗強又出而斥二州之影佔。數百年來，喧如聚訟，迄今未有所歸。廷寶官於景州，故據廣川里名，定仲舒爲景州人。而所載馬偉董子辨一篇，又以董學村割隸故城，欲引之以爲故城重。夫惠跖兄弟，不以惠而寬跖；向歆父子，不以向而榮歆。況夫前代鄉賢，何關後人之事。郡邑志乘，錮習相仍，紛紛爲無益之爭，皆其所見之小也。

濂溪志九卷（兩淮馬裕家藏本）

明李楨撰。楨字維卿，安化人。隆慶辛未進士，官至南京刑部尚書。事蹟具明史本傳。是編雖以濂溪爲名，列平地志，實則述周子之事實。首載太極圖說、通書，次墓志及諸儒議論、歷代褒崇之典，次古今紀述，次古今題詠、並祭告之文。

濂溪志十三卷（河南巡撫採進本）

明李嵊慈撰。嵊慈字元穎，龍城人，官道州知州。是編因李楨舊志稍爲緝補，無所考證闡明。

東方類語十六卷（浙江巡撫採進本）

明朱維陛撰。維陛，海鹽人。其書皆類聚漢東方朔事蹟，自列傳、別傳、外傳以及瑣語、神異經、十洲記諸書，無不採撮，創立十目，分爲內外二篇。內篇記其常事，外篇則涉神仙家言。其條例內辨史記東郭先生爲臨淄人，與東方朔之爲厭次人，地各不同。自來引用多誤，亦稍有考核。然其徵引猥雜，究不能出小說之門徑，不足據也。

二程年譜二卷（安徽巡撫採進本）

明唐伯元撰。

國朝黃中訂補。伯元字仁卿，澄海人，萬歷甲戌進士，官至南京吏部文選司郎中，事蹟具明史儒林傳。中字平子，號雲瀑，舒城人。考二程遺書，有伊川年譜，而無明道年譜。宋文鑑所載明道墓志，朱子又偶未見，故別爲之行狀。此書取明道行狀改爲年譜，又取伊川年譜小變其體例，均無所考正，僅因襲舊文而已。

涑水司馬氏源流集略八卷（浙江巡撫採進本）

明司馬晰編。晰字宗晦，夏縣人，萬歷癸卯舉人。宋司馬光十七世孫也。卷首自序云，自先文正公居於河洛，觥於鳴條，而曾孫開國公扈遷東粵，家於會稽。南北相距殆四千里，代次相承凡十餘世。於是北人以涑水氏爲無後，南人以山陰氏爲失祖。是編所輯，先之以行事系籍之實，繼之以制誥圖跋之傳，終之以紀述標題之富。其意蓋將搜採以備家乘。而第八卷中有積德之什，乃載晰由山陰復歸於夏縣，萬歷癸卯鄉試第一，里人贈賀之作。是又蔓延附載，不出譜牒之窠臼矣。

武侯全書二十卷（江西巡撫採進本）

明王士騏撰。士騏有馭倭錄，已著錄。是編述諸葛亮始末，首三國志本傳，次張栻補傳，次鼎立繼統連求南征北伐遺命調御法簡八篇，以補張傳，次心書，次新書，次陣圖，次篇翰，次世系，次朱子綱目，又附錄後人評論詩賦雜文三卷終焉。按陳壽進諸葛氏集表云，刪除重複，隨類相從，凡爲二十四篇，具列其目於傳後。今其書久不可見，是書搜羅完備，而心書、新書之類，眞僞蕪雜，未能刪汰。諸篇分隸亦或未當。後楊士偉因士騏此本，別改定爲諸葛書，較爲精核，以創始者爲士騏，故仍存其目焉。

米襄陽外紀十二卷（江蘇巡撫採進本）

明范明泰撰。明泰字長康，嘉興人，萬歷庚子舉人。是編紀米芾遺事，分恩遇、顛絕、潔癖、嗜好、麈談、書學、畫學、鑒裁、書評、雜記、考據十二門，多不著出典。未足依據。亦時有舛譌，如恩遇第一條云，皇祐二年詔米芾以黃庭小楷作千字文，考芾生於皇祐三年辛卯，則所稱寫千字文在生前一年矣，有是理乎。

米芾志林十六卷（江西巡撫採進本）

亦題明范明泰撰，與襄陽外紀並同，惟後附刻襄陽遺集一卷，爲明泰所輯。蓋未見寶晉英光集，故有是刻。又海岳名言、寶章待訪錄、硯史各一卷，則皆芾之遺書，然書史、畫史竟不編入，亦殊疏漏矣。

精忠類編八卷（左都御史張若淮家藏本）

明徐縉芳撰。縉芳字奕開，晉江人，萬歷辛丑進士，官至監察御史，事蹟附見明史劉策傳。是編輯錄宋岳飛事實藝文，首爲表類，紀姓氏世系之屬，次爲傳類，記生平始末，次爲遺翰類，皆飛詩文，次爲宸綸類，皆高宗所賜，載於金陀粹編者，次爲褒贈類，皆歷代制誥案牘，次爲家集類，皆岳珂之文有關於飛者，次異感類，紀諸靈應，次詩類、文類，則皆後人題述之作也。編次頗無條理，而異感類中如瘋魔行者罵秦檜、胡迪入冥之類，尤類傳奇演義。飛之忠烈，自與日月爭光，不假此委巷之談，侈神怪以相耀也。

薛文清年譜一卷（江蘇巡撫採進本）

舊本題明楊鶴撰。鶴字脩齡，武陵人，萬歷甲辰進士，官至兵部尚書，總督陝西三邊軍務，事蹟具明史本傳。考是書後有鶴自跋，稱本薛瑄門人張鼎所編，歲久版佚，瑄八代孫士宏偶以舊本示滿朝薦及鶴。朝薦屬鶴訂定，鶴因命其子嗣昌重以瑄集考正年月，並採集中詩文佚事補之。然則此本雖題鶴名，實出嗣昌手耳。嗣昌字文弱，萬歷庚戌進士，官至東閣大學士，事蹟具明史本傳。

蘇米譚史一卷　蘇米譚史廣六卷（江蘇周厚堉家藏本）

明郭化撰。化字肩吾，宣城人。始末未詳。譚史序題辛亥，蓋萬歷三十九年也。是編雜採蘇軾、米芾軼事可資談柄者，各爲一卷。又廣蘇軾事爲四卷，米芾事爲二卷。皆摭拾小說，無他異聞，又皆不著所出，彌難依據。

海珠小志五卷（兩淮馬裕家藏本）

明李韡撰。韡，番禺人。萬歷中官至武定府知府。宋龍圖閣待制、吏部侍郎李昴英之裔也。廣州城外珠江有海珠石，屹立水中。昴英常讀書其地，捐資搆寺曰慈度，後人即寺祠焉。明萬歷中，韡因考尋古迹，輯爲此志，凡四卷。

國朝康熙丁丑，其後人文炤重加校刻，增以近人諸作，共爲五卷。前一卷載圖像、諸記、行實、祭文，後四卷則遊覽、謁祠詩詞也。

襄陽外編（無卷數，浙江巡撫採進本）

明顧道洪編。道洪字嗣岡，無錫人。是編作於萬歷中。首繪孟浩然像，並錄採史書本傳，暨諸家贈荅題詠之作，復以古今詩話附列於後。所採上起於唐，下迄乎明。然王士元浩然集序近在耳目之前，乃反佚之，何也。

程朱闕里志八卷（兩淮馬裕家藏本）

明趙滂編。滂，歙縣人。是書前有高攀龍序，則成於萬歷中也。大旨謂朱子系出新安，二程祖墓亦在焉，故合志之。分爲七門。案闕里乃孔子里名，非推尊之號。宋咸淳五年詔婺源祠所稱文公闕里，已爲失實。今程子亦稱闕里，則尤承譌踵謬，習焉而不察者也。

考亭朱氏文獻全譜十二卷（浙江巡撫採進本）

明朱鍾文撰。鍾文字吾滄，朱子十二世孫，官大足縣知縣。新安朱氏，支派非一。其北洛墩頭之朱，本不出於考亭。時方釀金購譜建祠，鍾文恐其亂宗，乃溯唐茶院公以來世次，纂紀本末，搜討頗詳。分類凡十三門：曰廣睦，曰明宗，曰溯本，曰尊祖，曰著居，曰庭訓，曰褒典，曰彙文，曰列傳，曰宦達，曰女德，曰外戚，曰雜紀。冠以朱子所作世譜原序。

溫公年譜六卷（江西巡撫採進本）

明馬巒撰。巒字子端，夏縣人，與司馬光爲同里。以光舊無年譜，因撰此編，以補史傳所不及。其大指以光行狀爲主，參以史傳及名臣言行錄，潤以光所著傳家集，其餘詩話、小說，皆詳爲考訂，分年編載。其不可專屬一年者，則總爲附錄於末焉。

梅墟先生別錄二卷（兩淮鹽政採進本）

明李日華、鄭琬同撰。日華字君實，號竹懶，嘉興人。萬歷壬辰進士，官至太僕寺少卿。明史文苑傳附載王維儉傳中。琬字翰卿，自稱閩人，其始末未詳。是編爲嘉興周履靖而作。履靖字逸之，能詩好事，與其妻桑貞白自相唱和，多刊書籍以行。夷門廣牘，即其所編。蓋亦趙宧光、陳繼儒之流，明季所謂山人者也。上卷爲日華所撰，載其生平甚悉。下卷爲琬所撰，亦略具事實，而錄其詩中摘句尤多。

蘇米志林三卷（內府藏本）

明毛晉撰。晉有毛詩陸疏廣要，已著錄。是書掇蘇軾瑣言碎事，集中所遺者，編爲二卷。又以米芾軼聞編爲一卷。大概與蘇米譚史互相出入。

顧端文年譜二卷（浙江巡撫採進本）

明顧與沐編。

國朝後其孫樞、曾孫貞觀相續成之。與沐，無錫人，憲成之子。由舉人官至夔州府知府。樞亦舉人。貞觀官中書舍人。其書前冠以崇禎二年諭祭文及誌銘、行狀，復附憲成沒後奏請贈諡諸疏。於原文皆刪節存略，視他家較簡核有體。

張抱初年譜一卷（江西巡撫採進本）

明馮循撰。循字則中，壽安人，師事澠池張信民。信民字孚若，號抱初，澠池人，由鄉貢官懷仁縣知縣。因紀其生平事蹟爲年譜。

關帝紀定本四卷（兩江總督採進本）

明戴光啓、邵潛同編。光啓字方廷，潛字潛夫，皆江都人。初，元至大間，胡琦曾輯關帝事蹟成書。明弘治、嘉靖、天啓間，吳濬、呂柟、薛三省諸人皆有纂錄。光啓、潛因諸家之本，刪補以成此編。首世系，次年譜，次封號，次誥命，次實錄，次遺蹟，次論辨，次頌贊，次奏疏，次碑記，次詩，次祭文，次靈異。刻於崇禎戊辰，姚希孟爲之序。

心齋類編二卷（兩江總督採進本）

明王元鼎編。元鼎，泰州人，王艮之後。書中綸音首節廟謨首錄二跋，自稱艮之元孫；彙遊標題跋，又自稱艮之曾孫，刊版必有一譌也。是書紀崇禎四年艮從祀孔廟始末。上卷爲奏疏類，篇錄嘉靖間巡撫劉節、御史吳悌薦艮二疏，并諸廷臣請從祀三疏，請謚一疏。下卷爲別傳類，編錄萬歷辛丑翰林館課以王民傳命題諸詞臣所擬傳十六篇。上卷之前、冠以崇禎三年諭旨一道、題曰綸音首簡。又載崇禎辛未會試策題一道、問明從祀文廟諸人數及艮名者、題曰廟謨首錄。而以鄉紳揭帖尺牘附卷末。又列諸家著述之有涉於艮者曰彙選標題。列公私祠祀及艮者曰禋祀類。紀元鼎聞邸報志書詩四首、亦編其中。體例頗爲繁碎。考明史儒林傳、以艮附王畿傳中、紀其終始甚詳。然不載有從祀孔廟事。今兩廡俎豆、亦無艮位。不知元鼎何以有此書也。

邵康節外紀四卷（兩江總督採進本）

明陳繼儒編。繼儒字仲醇、號眉公、華亭人。事蹟具明史隱逸傳。是編取邵伯溫聞見錄所載邵子事蹟、略爲詮次始末、並其自稱伯溫及稱康節先公諸字、亦未刊削。殆不免葛龔作奏之誚。又附載伯溫易學辨惑與晁顏散先天方圓圖說、余孟宣經世要旨、及家傳心易數序三篇、而終以邵子及伯溫本傳。繼儒號爲隱君、其作此書、殆以自寓。然伯溫之錄具在、何必復述其文也。

遜志齋外紀二卷續集二卷（安徽巡撫採進本）

明姚履旋撰。履旋上元人。是編採諸書所紀方孝孺殉難後事、及文移案牘之屬、彙爲一編。共分十類、曰表揚、曰像贊、曰傳銘、曰記狀、曰賜言、曰贈遺、曰碑記、曰祭弔、曰復姓、曰祠典。其復姓一類、載孝孺幼子德宗冒姓余氏、及歸宗建祠事、頗具始末。其書成於崇禎中。後有續集二卷、則國朝康熙中婁縣訓導徽州項亮臣所補輯也。

周元公集十卷（編修朱筠家藏本）

明周沈珂編。沈珂、吳縣人、周子裔也。是集卷一爲圖像、卷二爲世系年譜、卷三爲遺書、卷四爲雜著、卷五爲諸儒議論、卷六爲事狀、卷七爲褒崇優䘏、卷八爲祠墓諸記、卷九卷十皆附錄後人詩文。雖以集爲名、實則周子手著僅五之一。今入之傳記類中、從其實也。

周氏遺芳集五卷（編修朱筠家藏本）

明周沈珂及其子之翰編。先是周子十七世孫與爵輯其先世著述事蹟、自周子四世孫興裔以下、爲遺芳集。凡歷代褒崇詔諭及傳誌記序諸作、以次附焉。沈珂父子重爲編次、而與爵以下則仍無所增益。

靈衛廟志一卷（兩淮馬裕家藏本）

明夏寅撰。寅始末未詳。宋建炎三年、金兵攻臨安。守臣康允之棄城走。錢塘令朱蹕偕縣尉金勝、祝威率民兵力戰死之。杭人賴其捍禦、得乘隙以逃。爲立祠於死所。是書以建廟封侯本末、並祀典碑記、彙爲一編。見有功必報之禮、亦風起忠烈之志也。

廱略二卷（浙江巡撫採進本）

明陳念先撰。念先、慈谿人。其八世祖敬宗、字光世。永樂甲申進士。宣德間由司業陞祭酒、官南廱著二十年、嚴重有師法。與北廱祭酒李時勉齊名。世稱南陳北李。念先於崇禎末至南廱、搜輯廱志所載、參以年譜文集、編年紀錄、以成是書。蓋惟備敬宗一人居官之始末、非紀南廱事也。

宋四家外紀四十九卷（內府藏本）

不著編輯者名氏。四家者、蔡襄、蘇軾、黃庭堅、米芾也。蔡紀成於徐𤊹、蘇紀成於王世貞、黃紀成於陳之伸、米紀成於范明泰。本各自爲書、此本蓋明季坊賈所合刻也。

羅江東外紀三卷（兩淮鹽政採進本）

國朝閔元衢撰。元衢字康侯、烏程人、自號歐餘生。自以終身不第、有似羅隱、故作此書。蓋一時寓意之作也。

賀監紀略四卷（兩淮鹽政採進本）

國朝閔性善暨其弟性道同編。性善字與同、性道字天遡、寧波人。其書摭賀知章遺文軼事、及唱酬題詠之詞、彙爲一編。采撷頗富。然如唐明皇帝送知章詩有二本、方回瀛奎律髓具載朱子之說。又韋穀才調集所載楊柳枝詞、標題誤增枝字、遂以天寶以前之絕句爲長慶以後之樂府。皆未考定。則亦多踈舛矣。徵引古書、每事必造一標題、尤類小說體例也。

姑山事錄八卷（浙江巡撫採進本）

國朝吳肅公、杜名齊同撰。肅公有詩問、已著錄。名齊始末未詳。是編述明末沈壽民事實。壽民字眉生、宣城人。崇禎中、巡撫張國維以賢良方正薦、徵赴闕下。抗疏劾楊嗣昌奪情誤國、熊文燦不能制敵之罪。疏奏、留中不報。遂歸隱姑山。肅公、名齊皆其門人、因作此書以記其出處。卷一即劾楊嗣昌、熊文燦疏、及答薦辟書數篇。卷二以下皆撫按薦疏、公揭、及同時友人來往書啟、而終以投贈篇什。福王時、壽民又爲馬阮所惡，幾遭毒手。別有書記其事，曰甲乙存略，見肅公所作凡例中。今未見傳本，其存佚不可知矣。

謝皐羽年譜一卷（兩淮鹽政採進本）

國朝徐沁撰。沁字埜公，會稽人。嘗刊謝翺晞髮集，因復搜採遺事爲作是譜。中間如扎木楊喇勒智（原作楊璉真加，今改正）發宋陵事，以元世祖本紀參核，當在至元戊寅，不當在乙酉。沁則據周密癸辛雜識定爲乙酉。黃宗羲爲作序，頗疑其非。又姜夔乞正雅樂在寧宗慶元閒，而譜以爲理宗時，亦沁之誤也。

寧海將軍固山貝子保越平閩實績一卷（內府藏本）

不著撰人名氏。所紀乃惠獻貝子富喇塔奉
命討逆藩耿精忠，統兵在溫州擊賊及暫回處州之事。起康熙十五年二月十四日，迄六月初九日，按日紀載。蓋卽取寧海將軍行營塘報湊集成帙，故詞句多不雅馴，且所錄僅四月之事，首尾亦未完具。

保台實績錄一卷（內府藏本）

不著撰人名氏。紀台州兵巡道楊應魁政績。應魁字斗垣，射洪人，以兵部郎出巡台州。適閩逆耿精忠遣兵犯闔，圍台州。應魁從貝子富喇塔駐台，拊循兵民，條畫守禦，頗著惠愛，故郡人作此以志其功。自固根本至修庶政，其分二十目，目各爲一篇云。

楊公政績記一卷（編修程晉芳家藏本）

國朝黃家遴撰。家遴，奉天人，官至嘉興府知府。是編述明楊繼宗遺事。繼宗字承芳，陽城人。天順初進士。由刑部主事歷官雲南巡撫僉都御史。家遴以繼宗曾任嘉興府知府，號爲循吏，因裒其事蹟以成此書。末附繼宗本傳一篇，較明史列傳爲詳。然不及載其追謚，亦不知傳出誰手也。豈卽家遴所作歟。

楊文靖年譜二卷（浙江吳玉墀家藏本）

國朝張夏編。夏有雒閩源流錄，已著錄。是編以楊時年譜舊本詳略失宜，乃參稽史冊、語錄、文集，訂爲上下二卷。考宋史時本傳，稱時安於州縣，未嘗求聞達，而德望日隆。有爲蔡京謀者，以爲事勢必敗，宜引舊德老成，置諸左右，庶猶可幾。及蔡京然之，乃薦爲祕書郎。此編於七十一歲書宣和五年癸亥四月，有旨召赴都堂審察，以疾辭。其下分註雖略及張鷟語，而歸其事於高麗王問時安在，副使傅墨卿以聞，故有是召。於七十二歲書六年甲辰十月，召爲祕書郎，仍令上殿。十二月至京師入對。其下分註又以高麗使臣將至，傅墨卿再薦於朝爲詞，並註曰：是時蔡京已斥。若欲泯蔡氏薦辟之蹟者。然時赴蔡氏之薦，朱子語錄亦深言其失，自非聖人，孰無過舉，原不以是沒其生平也。夏以東林託始之故，曲爲文飾，仍不免門戶之見矣。

忠武誌八卷（江西巡撫採進本）

國朝張鵬翮撰。鵬翮字運青，遂寧人。康熙庚戌進士。官至大學士，謚文端。是編裒漢諸葛亮始末，首本傳，次年表，次世系，次心書，次新書，次遺文，次遺制，次遺事，次用人，次勝蹟，次爲後人詩文。其遺文不收黃陵廟記之類，頗有甄別。而心書、新書確爲僞託，乃並載之，則仍蕪雜也。既收心書、新書，姑存其舊，而十六策仍不載，則又疎漏也。梁甫吟詞意雖淺，然見於歐陽詢藝文類聚，其來已久，又增一白鳩篇，則不知其何來矣。

周忠介公遺事無卷數（兩江總督採進本）

國朝彭定求撰。定求字訪濂，長洲人。康熙丙辰進士第一，官至翰林院侍講。是書述周順昌忤璫被逮本末。首載順昌歷官敕誥，次載順昌子茂蘭鳴冤請祠謚二疏，末載書傳碑記，并茂蘭傳，兼附朱祖文及顏佩韋等五人傳於後。定求皆爲之跋。

別本朱子年譜二卷附錄一卷（安徽巡撫採進本）

國朝黃中撰。是編刻於康熙戊午，冠以畫像世系遺名錄，別錄附以慶元黨籍、呂祖泰書及歷代褒典。其別錄惟載朱子言行七條，不知其去取之意與編次之例安在。又以朱子名字號謚夾註於末，益不可解。年譜中多附以議論，大旨主於頌美，無所考證。其附錄之序，謂程朱之顯晦，關宗社之存亡。中以李德裕論邪正一條，列於眞德秀之後、張浚之前，似不知德裕爲唐人也。

王文成集傳本二卷（浙江巡撫採進本）

國朝毛奇齡撰。奇齡有仲氏易，已著錄。王守仁之闢宋儒，與奇齡合。又餘姚、蕭山爲同郡，有鄉黨誼，故奇齡特爲守仁作傳，上諸史館。後佚其半，奇齡子遠宗又摭拾足之。傳中凡低一格者，皆附錄雜事。其標附字者，則辨論考證之詞也。末附門人名籍與襲爵始末。夫史傳非講學之書，守仁一代偉人，亦不必以講學始重。奇齡提唱良知，嘵嘵不已，不免門戶之見。其辨諸附會標榜之事，以爲文成无妄起於門人及諸記述、則至言也。

梅里志四卷、（江蘇巡撫採進本）

國朝吳存禮撰。存禮奉天人。官至江南巡撫。考史記吳世家張守節正義、稱泰伯居梅里、在常州無錫縣東南。存禮以吳氏出自泰伯、因爲是書、以述其祖德。

朱子年譜六卷、（副都御史黃登賢家藏本）

國朝朱世潤編。世潤、朱子十八世孫、襲翰林院五經博士。朱子年譜舊本、明戴銑增之爲實紀。李默修之、復稱年譜。國朝又有洪去蕪本、王懋竑本。諸家之中、惟懋竑本最精核。他家皆不免疎舛。是編意主鋪張、不求考核、故未免踵譌襲謬。至於李公晦敘述朱子生平數萬言、見性理大全。洪本有之、新閩本主本所載則更多於大全。蓋即其所作言行錄也。今乃載魏序而不載李書。又朱子五十六歲辨陸學之非、舊譜有之。惟李默本刪去、以默傳金谿之學故也。此從李本、亦似非朱子之意。且以年譜爲名、而年譜僅居第三卷。自第四卷爲行狀外、其餘褒崇題詠之類、乃占前後四卷。末大於本、於體例亦未協也。

陸象山年譜二卷、（江西巡撫採進本）

國朝李紱撰。紱字巨來、號穆堂、臨川人。康熙己丑進士。官至內閣學士、兼禮部侍郎。陸九淵年譜爲其門人袁燮、傅子雲同編。寶祐四年、李子愿又重輯之。劉林爲刊版于衡陽。紱病陸氏家祠所刻、凡文與本集重見者、多所刊削。又病其不載陸九齡、陸九韶事蹟。乃重加補輯、定爲此本。大旨申王守仁朱子晚年定論之說。

考訂朱子世家一卷、（安徽巡撫採進本）

國朝江永撰。永有周禮疑義舉要、已著錄。永家婺源、與朱子同里、故取年譜舊本重加刪訂。各附考證、而終以婺源子孫承襲博士支派。後附天寧寺會講辨一篇、專論學會錄所載慶元丙辰朱子至新安會講天寧寺事、爲明季良知之徒鑿空撰出、以厚誣朱子云。

左忠毅年譜二卷、（江西巡撫採進本）

國朝左宰編。宰、桐城人。左光斗之曾孫也。光斗事蹟具載明史本傳。乾隆己未、宰復網羅散失、參以祖父傳聞、旁及文集所載、與同難諸人所述、以補成此譜。於當日情事始末、較爲詳備。

胡忠烈遺事四卷、（江西巡撫採進本）

國朝史珥編。珥、鄱陽人。乾隆甲戌進士。官吏部主事。是編紀建文末大理寺少卿胡閏遺事、與後人題詠詩文、而閏女郡姐及連坐親屬竝載焉。珥十一世祖秉方爲閏之壻。閏既死節、壻家亦連坐。故珥述其殉節始末、成此書。先是紀閏事者有英風紀異、史桂芳所刊、而楊際會名之者也。又有風忠錄、瞿鳳翥所刊、而文德翼序之者也。又有忠義類編史乘古所名、其例言則居叔方所纂者也。珥彙合諸書、考證頗詳。如閏妻汪氏非方氏。貞姑傳中所云王安人者、乃史氏之婦、非閏妻。頗有糾譌訂舛之功。惟舊錄載萬歷十二年十月八日詔雪革除諸臣、張榜於縣門、忽風掣其榜入雲中、飛舞空中、自午至申、乃墮。故有風烈英風諸名、紀其實也。而史桂芳所作詩序、乃謂閏之風異、放而往、周流六虛。卷而還、收攝完聚。明明有聖學景象、區區以忠臣目之、恐不足以慰在天之靈云云。其說似高而實謬。文天祥不云乎、孔曰成仁、孟曰取義。讀聖賢書、所學何事。其言至爲明白。奈何以忠臣爲區區、而曰別有聖賢乎。

朱子文公傳道經世言行錄八卷、（浙江巡撫採進本）

國朝舒敬亭撰。敬亭字孝徵、銅山人。是書取朱子言行、彙爲一編。前有朱子小像及父師題辭。又有自題贊及諸人先後題贊。卷一、卷二爲年譜行狀。卷三爲道學淵源。其中濂溪事實記、蓋取之文公文集。明道行實則取之二程文集。卷四爲伊川行狀及道體。卷五爲學存養克己。卷六教人儆戒。卷七觀聖賢辨異端。卷八洽道。皆取之文集近思錄、而以讀書志不自秉文終焉。皆鈔撮習見之文、於朱子之學、不能有所發明也。

曹江孝女廟志十卷、（浙江汪啟淑家藏本）

國朝沈志禮撰。志禮字範先、會稽人。官至廣東按察使。是編紀孝女曹娥事實。其自序謂有同里印文學君素初編、張明經亞續纂、俱未成。志禮乃因舊志重輯。孝女事在漢順帝漢安二年、見於邯鄲淳所撰碑。今法帖所傳本、與此志互有同異、可以相證。後二卷附志宋英宗時孝女朱娥與明初孝女諸娥事。二女亦皆以身救其親、又皆與曹娥同里、故以配食於廟。并錄其傳志歌詠之文於後焉。

右傳記類名人之屬、一百五部、四百九十四卷、（內三部無卷數皆附存目。

欽定四庫全書總目卷六十

欽定四庫全書總目卷六十一

史部十七

傳記類存目三

漢末英雄記一卷（江蘇巡撫採進本）

舊本題魏王粲撰。粲字仲宣、高平人。仕魏為丞相掾。賜爵關內侯。事蹟具三國志本傳。案粲卒於建安中。其時黃星雖兆、玉步未更、不應名書以漢末。似後人之所追題。然考粲從軍詩中已稱曹操為聖君、則儼以魏為新朝、此名不足怪矣。隋志著錄作八卷、注云殘闕。其本久佚。此本乃王世貞雜鈔諸書成之。凡四十四人、大抵取於裴松之三國志註為多。如水經注載白狼山曹操鼓馬鞍作十片事。本習見之書、乃漏而不載。又如築易京本公孫瓚事。乃於瓚外別出一張瓚、以此事屬之。不知據何誤本。尤疎舛之甚矣。

廣卓異記二十卷（浙江鮑士恭家藏本）

宋樂史撰。史字正子、宜黃人。官太常博士、直史館。事蹟附載宋史樂黃中傳。是編前有自序、稱唐李翱卓異記三卷、（案卓異記非李翱作、史蓋考之未詳、謹附訂於此。）述唐代君臣卓絕盛事、中多漏錄。史初為續記三卷、以補其闕。後復以僅載唐代、未為廣博、因纂集漢魏以下迄五代並唐事、共為一帙、名廣卓異記、分為二十卷。首卷記帝王、次卷記后妃王子、公主、三卷雜錄、四卷至十七卷皆記臣下貴盛之極與顯達之速者、十八卷雜錄、十九卷舉選、二十卷專記神仙之事。大抵牽引駁雜、譌謬亦多。如所稱晉書王導以下至王褒九世、皆自有史傳。中有儉子仲寶、仲寶子規云云。案史、仲寶乃王儉字、非其子名也。儉之子名騫、騫之子名規、非仲寶子名規也。且規子褒附見規傳、亦非自有傳。諸傳雜見於宋齊梁書及南史、亦非全在晉書。舛謬殊甚。又石勒每更鼓鼙聲。武士獲聞空中言唐公為天子、與夢高祖乘白馬上天之類。神怪無稽、頗為蕪雜。至引錄傳稱周時尹氏貴盛、會食家數千人、遭饑荒、羅粟作糜吮之、吮糜之聲聞於數十里。亦不近事理之談。其末卷則於自撰總仙記中撮其殊異者入此書。所言不出全家登仙、祖孫兄弟登仙、及三世四世五世登仙、四人六人七人登仙之類。重複支離、尤不足信。自序稱採自漢魏而下、而編中乃及楚孫叔敖、周尹氏。末卷所列神仙、并及堯舜之時。與序自相矛盾、又其小失矣。

靖康小雅一卷（江蘇巡撫採進本）

不著撰人名氏。錄靖康死事之臣傅察、种師中、王稟、劉翊、种師道、何慶彥、黃經臣、劉韐、李若水、徐揆、孫傅、張叔夜凡十二人。宗澤、張慤扼於黃潛善、汪伯彥而死者亦附焉。澤傳中稱潛善卒不適死而令公卒。則此書作於汪黃秉政之日矣。傳末各系以四言詩、故以小雅為名。其文散見北盟會編中。此本次序、似以徐夢莘所載鈔合之、非完書也。

紹興正論一卷（江蘇巡撫採進本）

舊本題湘山樵夫撰。不著名氏。敘列張浚、趙鼎、胡銓、胡寅、連南夫、張戒、常同、呂本中、張致遠、魏矼、張絢、曾開、李彌遜、晏敦復、王庶、毛叔度、范如圭、汪應辰、許忻、方廷實、韓訓、陳鼎、許時行、李光、洪皓、沈正鄭張燾陳康伯陳括陳剛中三十人，皆以不附和議而貶謫者。每人之下，略具事實，少者一二語，多亦不過三四行。案書錄解題載紹興正論二卷，註曰序稱瀟湘野人，不著名氏，錄文武官不附和議及忤秦檜得罪者。又載紹興正論小傳二十卷，則樓昉以正論中姓名，仿元祐黨傳爲之。所謂二卷者，似卽此書。而書名及撰人之號皆大同小異，卷數亦不相符，其故則莫得而詳矣。

桐陰舊話一卷（編修程晉芳家藏本）

宋韓元吉撰。元吉字无咎，宰相維之元孫，以任子仕，歷龍圖閣學士、吏部尚書。嘗居廣信溪南，自號南澗居士。此書宋志云十卷，陳振孫書錄解題亦同。續百川學海所錄，乃祇此一卷，其條數亦與此本同，蓋全書久佚，從諸書鈔撮成編也。書中所記韓億、韓綜、韓絳、韓繹、韓維、韓縝雜事，共存十三條，皆其家世舊聞，以京師第門有桐木，故云桐陰舊話。蓋北宋兩韓氏並盛，世以桐木韓家別於魏國韓琦云。

南渡十將傳十卷（兩淮鹽政採進本）

宋章穎撰。十將者，劉錡、岳飛、李顯忠、魏勝、韓世忠、張俊、虞允文、張子蓋、張宗顏、吳玠也。劉、岳、李、魏四傳，開禧二年表上，後六傳未上，核以宋史本傳，此所採摭未爲詳核。且抑世忠於勝、顯忠後，似亦未安。子蓋、宗顏戰功寥寥，允文亦僥倖不敗，乃與諸人並數，皆未免不倫也。

稗傳一卷（浙江巡撫採進本）

元徐顯撰。顯仕履無可考。觀其稱王艮爲鄉里，又稱居平江東城，則當爲紹興人，而寓於姑蘇者也。是編紀元末王艮、柯九思、陳謙、葛乾孫、潘純、陸友、王冕、王漸、楊椿、王德元、徐文中事，後載沈烈婦等十三人，敘述頗爲詳備。中多及丙申二月平江城陷事，指張士誠軍爲外兵，而載己亥紹興被兵事，於明人則直斥爲寇。疑作此書時，張氏尙存，故其詞如此。其敘柯九思之卒在至正癸亥，案至正紀年無癸亥，而九思之卒實在乙巳，蓋此書傳寫誤也。

萬柳溪邊舊話一卷（浙江鮑士恭家藏本）

元尤玘撰。玘字君玉，號知非子，自稱尤袤之後，不知其世次。舊本題爲宋人，今此書後跋，稱玘爲大司徒，則嘗官戶部尚書。又末條稱終幕公不肯仕元，則當爲元人。而卷首題門人張雨填諱，則又句曲外史之師，應在元中葉以後也。書中所記皆尤氏先世事，末有玘曾孫實跋，稱宏治二十九年於祠屋中求得舊本，簡斷墨闇，不可讀者逾半，命門人許霆鈔其完者，而恨全帙之不可得。是此書已非完本矣。元陳世隆載入藝圃搜奇，所載之文與此本並同，斷無明人所鈔壞爛之本，適與元人所見一字不異者。此亦足證藝圃搜奇必非元人書也。

旌義編二卷（浙江巡撫採進本）

元鄭濤撰。濤字仲舒，浦江人，官太常禮儀院博士。鄭氏稱義門，自宋建炎初名綺者始，至濤爲八世。先是綺六世孫龍灣稅課提領太和，爲家規五十八則，七世孫欽及其弟鉉，增添九十二則，其一百五十則，勒之於石。至濤復謂禮有當隨時變通者，乃酌加增損，爲一百六十八則，列爲上卷。又彙輯諸家傳記碑銘之文有關鄭氏事實者，列爲下卷，通名曰旌義編。宋濂序稱三卷，其書實止二卷，蓋序文傳寫之誤也。

忠傳四卷（永樂大典本）

不著撰人名氏，載於永樂大典中，題云國朝忠傳，則明初人所作也。其書集古今事蹟，各繪圖繫說，語皆鄙俚，似委巷演義之流，殆亦明太祖時官書歟。

草莽私乘一卷（浙江鮑士恭家藏本）

舊本題明陶宗儀編。宗儀有國風尊經，已著錄。是書凡錄胡長孺、王惲、許有壬、虞集、劉因、李孝光、金炯、楊維楨、林清源、龔開、周仔肩、揭傒斯、貢師泰、汪澤民十四人雜文二十首，皆紀當時忠孝節義之作。王世貞集有此書跋，語云係宗儀手鈔。然孫作滄螺集載有宗儀小傳，紀所作書目有說郛一百卷、書史會要九卷、四書備遺二卷、輟耕錄三十卷，無此書名，疑好事者依託也。

宋遺民錄一卷（內府藏本）

不著撰人名氏。乃洪武中鈔本，毛晉刻之，附於忠義集之後。或元人所作，或明初人所作，均未可知。後程敏政亦有宋遺民錄，殆未見此本，故其名相複歟。

金華賢達傳十二卷（浙江范懋柱家天一閣藏本）

明鄭柏撰。柏字叔端，浦江人，宋濂之門人也。是書輯金華一郡人物，各爲小傳，系之以贊，凡三百六十餘人。分忠義、孝友、政事、儒學、卓行五門。亦朱濂浦陽人物記之類。然如樓照迎合和議，曹冠爲秦檜門客，乃並取之，殊不免鄉曲之私。第十一卷內又有柏傳一篇，附鄭楷之後。柏無自作傳之理，或其家子孫所增入歟。

四明文獻錄一卷（浙江范懋柱家天一閣藏本）

明黃潤玉撰。潤玉字孟清，鄞縣人。永樂庚子舉人。官至廣西提學僉事。事蹟具明史本傳。是編成於成化丙戌，以四明文獻分爲二類：一曰鄉先生，自漢夏里黃公以下三十五人，皆四明產也；一曰鄉大夫，自周文種以下九人，皆官於四明者也。人各有傳，并系以贊。據卷末其孫溥跋，蓋原本尚有諸人小像，後莫息重刊，以非眞本削除之。跋又稱是書未出以前，有僞本託潤玉之名以行，潤玉知而燬之。其本前無序，後無贊云。

孝紀十六卷（江蘇巡撫採進本）

明蔡保禎撰。保禎字瑞卿，漳浦人。是書以孝行事實區爲十六類：一曰帝王，二曰聖門，三曰純孝，四曰世孝，五曰祿養，六曰苦行，七曰神助，八曰通神，九曰壽親，十曰格暴，十一曰復仇，十二曰死孝，十三曰永慕，十四曰瑞應，十五曰童孝，十六曰女孝。

潤州先賢錄六卷（浙江汪啟淑家藏本）

明姚堂撰。堂字彥容，慈谿人。正統己未進士，官至鎭江府知府。是編成於天順癸未，錄鎭江先賢，自周迄宋，分高風、忠節、相業、直諫、德望、文學六門，列其人之事實，并後人所爲記讚詩文，旁及其人之著述，所載僅二十八人，不及京口耆舊傳十之一也。

忠義錄十四卷（浙江范懋柱家天一閣藏本）

明王萁撰。萁字時禎，金谿人。景泰辛未進士，官至浙江按察使。是書取史傳忠義之事，分類編輯，以伯夷以下五百九十七人爲上，張良以下五百七人次之，各節錄事實，有祠墓可考者並詳其地。孟達等八十七人，或失節於前，或死不足贖；解文卿以下十八人，或事非其主，或言非其時，皆不以忠義與之。持論頗正。其王克以下一百四人，始終一姓，忠義皎然，乃以其爲遼、金、元之臣，私意區分，曲相排抑，則悖謬甚矣。又自謂此書旁搜諸子百家，庶幾全備，而唐宋閒如成三郎、蘇安恆、韓通、張旦輩俱未及載，則亦未能無所遺漏也。

名相贊一卷（浙江范懋柱家天一閣藏本）

明尹直撰。直字正言，泰和人。景泰甲戌進士，官至華蓋殿大學士，謚文和。事蹟具明史本傳。是書取漢唐宋相業足稱者，始蕭何，終文天祥，凡八十七人，採摭事實，各爲之贊。

南宋名臣言行錄十六卷（浙江范懋柱家天一閣藏本）

明尹直撰。此書續朱子名臣言行錄而作。前有宏治癸亥自序，云取宋史列傳，自陳俊卿以下，芟繁節冗，撮採其要，得百二十有三人。然朱子所作名臣言行錄，原以網羅舊聞，蒐載軼事，用備史氏之採擇。若徒鈔錄史文，一無考證，則宋史列傳具在，亦何必徒煩筆墨乎。

伊洛淵源續錄六卷（浙江巡撫採進本）

明謝鐸撰。鐸有赤城論諫錄，已著錄。是書所錄凡二十一人，蓋繼朱子伊洛淵源錄而作。以朱子爲宗主，始於羅從彥、李侗，朱子之學所自來也；佐以張栻、呂祖謙，朱子友也。自黃榦而下，終於何基、王柏，皆傳朱子之學者也。然所載張栻等七人則全錄宋史道學傳，呂祖謙等七人則全錄宋史儒林傳，李侗等六人略採行狀誌銘遺事，其輔廣一人則但載姓名里居，僅數十字而止，尤爲疏略。案廣卽世所稱慶源輔氏，明一統志載其始末甚詳，鐸偶未考耳。明史鐸本傳載其爲南京國子監祭酒時，上言六事，其三曰正祀典，乃請進宋儒楊時而退吳澄，爲禮部尚書傅瀚所持，僅進時而澄祀如故。夫澄之學雖曰未醇，然較受蔡京之薦者則有閒矣。鐸欲以易澄，蓋以道南一脈之故，而曲諱其出處也。然則是錄之作，其亦不出門戶之見矣。

宋遺民錄十五卷（副都御史黃登賢家藏本）

明程敏政撰。敏政字克勤，休寧人。成化丙戌進士，官至禮部右侍郎。事蹟具明史文苑傳。此書前列王炎午、謝翶、唐珏三人事蹟及其遺文，而後人詩文之爲三人作者，並類列焉。七卷以後，則附錄張宏毅、方鳳、吳思齊、龔開、汪元量、梁棟、鄭思肖、林德暘等八人。第十五卷紀元順帝爲宋瀛國公子，引余應詩、袁忠徹記以實之，至謂庚集私侍文宗之妃，說殊妄誕。所引亦自相矛盾，蓋文宗時嘗下詔書稱順帝非明宗之子，斥居靜江，好事者因造爲此言，其荒唐本不待辨，敏政乃從而信之，乖謬甚矣。

尊鄉錄節要四卷（浙江汪啟淑家藏本）

明王弼撰。弼，黃巖人。成化乙未進士，官至興化府知府。初，謝鐸嘗著尊鄉錄四十一卷，載其鄉先達事實。弼復以己意節其大略，取十大儒、五大臣、六忠臣、十五孝子，各爲之贊。卷末附拾遺二十事，事各爲詩。

考亭淵源錄二十四卷（浙江吳玉墀家藏本）

明宋端儀撰，薛應旂重修。端儀字孔時，莆田人。成化辛丑進士，官至廣東提學僉事。事蹟具明史本傳。應旂有四書人物考，已著錄。此編仿伊洛淵源錄之例，首列延平李侗、籍溪胡憲、屏山劉子翬、白水劉勉之四人，以溯師承之所自。次載朱子始末。次及同時友人，至南軒張栻以下七人。次則備列考亭門人，自勉齋黃榦以下二百九十三人。其二十三卷則門人之無記述文字者，但列其名，凡八十八人。末卷則考亭叛徒趙師雍、傅伯壽、胡紘等三人，亦用伊洛淵源錄載邢恕例也。史稱端儀慨建文朝忠臣湮沒，乃搜輯遺書，爲革除錄。建文忠臣之有錄，自端儀始。然其書今未見，即此書原本亦未見。世所行者惟應旂重修之本。應旂作宋元通鑑，於道學宗派多所紀錄，此書蓋猶是志。然應旂初學於王守仁，講陸氏之學，晚乃研窮洛閩之旨，兼取朱子。故其書目錄後有云，兩先生實所以相成，非所以相反。遂以陸九淵兄弟三人列考亭淵源錄中，名實未免乖舛也。

鹿城書院集（無卷數，浙江巡撫採進本）

明鄧淮撰。淮，吉水人。成化辛丑進士，宏治中官溫州府知府。以南宋時溫州之士遊二程張朱之門者，有周行己等二十三人，乃命永嘉知縣汪循即鹿城建書院，祀二程張朱，而以行己等侑焉。復輯諸人誌銘家傳及其遺事緒論見於志書語錄中者，彙爲此編。雖亦講學家標榜之書，然永嘉學派頗異新安，淮不分門戶，於其閒則視黨同伐異者，其公私相去遠矣。

吳中往哲記一卷、續吳中往哲記一卷、續吳中往哲記補遺一卷（浙江汪啟淑家藏本）

吳中往哲記，明楊循吉撰。續記、補遺，皆黃魯曾撰。循吉有蘇州府纂修志略，已著錄。魯曾字得之，吳縣人。正德丙子舉人。循吉書見明史藝文志，卷數與此相符。記明初蘇州府人物，自勳德至冠祔，分七目，凡四十一人。續記自忠節至散逸，分十七目，凡四十八人。補遺自審進至釋行，分十九目，凡三十一人。其補遺原目本一卷，此本分作二卷，又改其釋行第十七爲第一，則刊刻者之誤也。書中所列小傳，皆寥寥數言，未見端末。又如徐有貞以險枝敗，而循吉稱爲四海物望，蓋未免鄉曲之私。吳寬位終禮部尚書，而魯曾乃題作東閣大學士，尤顯然譌謬，則亦不足徵信矣。

吳中故實記一卷、續記一卷、補遺一卷（浙江巡撫採進本）

舊本題明楊循吉撰。檢勘其文，即循吉吳中往哲記、黃魯曾往哲續記補遺原本，惟於標題中刊去往哲二字，易以故實二字。蓋書賈剜舊版改易新名以售欺者也。

掾曹名臣錄一卷、續集一卷（浙江范懋柱家天一閣藏本）

明王瓊撰。瓊有晉溪奏議，已著錄。是編乃瓊官南京戶部侍郎時，見諸吏中有知琴書可敎誨者，因採錄明興以來由掾曹而列名臣者，編爲此書，以示勸勉。凡劉敏等九人。又續集一卷，凡劉本等四人。前有正德甲戌瓊自序，後有南京戶部郎中卞師敏跋。

蘇材小纂六卷（戶部尚書王際華家藏本）

明祝允明撰。允明字希哲，長洲人。宏治壬子舉人。官至應天府通判。明史文苑傳附見徐禎卿傳中。是書記天順以後蘇州人物。前有自序，稱宏治改元，詔中外諸司撰集事蹟，上史館爲實錄。館允明等數弟子員司其事，因私纂紀爲此書。第一曰簪纓，纂徐有貞以下十九人。第二曰邱壑，纂杜瓊以下五人。第三曰孝德，纂朱灝一人。第四曰女憲，纂王妙鳳以下三人。第五曰方術，纂張豫等二人。大約本之碑誌行狀，而稍爲考據異同，註於本文之下。其敘徐有貞事，頗有諱飾。蓋允明爲有貞外孫，親串之私，不能無所假借云。

莆陽文獻十三卷、列傳七十五卷（福建巡撫採進本）

明鄭岳編，黃起龍重訂。岳字汝華，宏治癸丑進士，官至兵部左侍郎。事蹟具明史本傳。起龍，萬歷戊戌進士。竝莆田人。是書取莆田仙遊二縣，自梁陳迄明著作詩文，輯爲十三卷。又取名人事蹟成列傳七十四卷。文以體分，傳則不分門目。後倭變書燬，起龍爲之重鋟，并附柯維騏所作岳傳一首，爲卷第七十五。岳書採摭繁富，義例頗仿史裁。然起龍譏其文內不載楊琠、林誠兩御史之奏疏，及黃仲元之郭孝子祠記、墓表，傳內載仕梁之徐寅、翁承贊，及永樂初梯榮獻策之林環，而於林光朝傳但紀其文集，而不及所著之易解、尚書解、語錄、說詩等書，去取不無遺憾，則固確論也。

東嘉先哲錄二十卷（浙江鮑士恭家藏本）

明王朝佐撰。朝佐字廷望，浙江平陽人。宏治丙辰進士，官南京工部員外郎。是編刻於正德初。蒐輯溫州先賢事實，分類凡八：曰先達，曰程子門人，曰朱子門人，曰名儒，曰名臣，曰孝子，曰氣節，曰詞章。晉唐以來紀載無考，故所錄託始於宋焉。

國寶新編一卷（浙江巡撫採進本）

明顧璘撰。璘字華玉，吳縣人。宏治丙辰進士，官至刑部尚書。事蹟具明史文苑傳。是書凡錄李夢陽、何景明、祝允明、徐禎卿、朱應登、趙鶴、鄭善夫、都穆、景暘、王韋、唐寅、孫一元、王寵十三人，爲之傳，爲之贊，蓋感於知交凋謝而作，略綴數語以存其人，亦柳宗元先友記類也。

春秋列傳五卷（副都御史黃登賢家藏本）

明劉節撰。節字介夫，號梅國，大庾人。宏治乙丑進士，官至刑部侍郎。是編取春秋內外傳所載列國諸臣，類次行事，各爲之傳，始祭公謀父，終蔡朝吳，凡二百有二人。全本舊文，無所考證。鄒縣潘榛爲之訓釋，亦頗疎略。

備遺錄一卷（浙江范懋柱家天一閣藏本）

明張芹撰。芹，新淦人。明史作峽江人，蓋新淦其試籍也。宏治壬戌進士，官至浙江右布政使。事蹟具明史本傳。是書紀建文殉節諸臣姓名，前有自序，題正德丙子五月。目列四十六人，卷中有事實者二十人，無事實者二十六人。案林塾拾遺書云：近見南院御史張芹增入江右數人，共五十四人。塾所見題正德乙亥，正此錄前一年，而此錄乃轉止於四十六人。又學海類編有張芹建文忠節錄一卷，其序與此同，亦正德丙子所撰，而目次乃與此不同，且有七十人之多。明藝文志既有張芹建文備遺錄二卷，又有張芹備遺錄一卷。考芹序稱錄中四十六人名氏，皆闕中宋君端儀嘗採輯，爲錄而未成者。疑芹初據宋氏原本而作，後又隨時續有增益，原非一本，傳錄者各據所見，遂兩存之耳。

拾遺書一卷（浙江范懋柱家天一閣藏本）

明林塾撰。塾，莆田人。宏治壬戌進士，官至浙江布政司參議。此書載建文諸臣事蹟，文甚簡略。前有正德乙亥自識云：考前史失記者凡五十四人，故以拾遺名其書。然所載與諸書略同，其齊泰以下三十人事實俱闕，亦未能考補也。

台學源流七卷（浙江巡撫採進本）

明金賁亨撰。賁亨字汝白，臨海人。初冒高姓，正德甲戌進士，題名碑之高賁亨，即其人也。官至江西提學副使。是書敘述台州先儒，自宋徐中行迄明方孝孺、陳選，凡三十八人，各爲之傳，其疑而莫考者又有十五人，各以時代類附姓名於傳末。其傳雖多採晦菴文集、伊洛淵源錄諸書，然賁亨當明中葉，正心學盛行之時，故其說調停於朱陸之閒。謂朱子後來頗悔向來太涉支離，又謂朱子與象山先異後同云云，皆姚江晚年定論之說也。

新安學系錄十六卷（安徽巡撫採進本）

明程疃撰。疃號莪山，休寧人。是書以朱子爲新安人，而引據歐陽修黃國公神道碑，謂程子遠派亦出新安，故輯新安諸儒出於二家之傳者，編爲此書，自朱至明凡百有一人，皆徵引舊文以示有據。夫聖賢之學，天下所公也。必限以方隅，拘以宗派，是門戶之私矣。至程子一生，無一字及新安，而遙遙華胄，忽爾見援，以例推之，則朱出於邾，姓源可證，今嶧山之士，不又引朱子爲鄉黨乎？此眞爲夸飾風土而作，不爲闡明學脈而作也。江南通志列疃於儒林傳中，稱所著新安學系，與朱子合者存，背者去，足盡是書之大旨矣。

二科志一卷（江蘇巡撫採進本）

明閻秀卿撰。秀卿，蘇州人。始末未詳。是書分文學、狂簡爲二科，所載自楊循吉以下凡七人，皆偶錄一二事，不爲全傳，蓋一時互相標榜之書。其紀徐禎卿方登賢書，於文徵仲尚稱文璧，而以徵明字之，則猶宏治中所作也。

明璫彰癉錄一卷（兩淮鹽政採進本）

明顧爾邁撰。爾邁，淮安人。始末未詳。是書採掇實錄、憲章錄中官考諸書，而各加論斷，所記止成化中汪直擅政之事，似非完本，抑或於世近者有所諱歟。

革朝遺忠錄二卷（浙江范懋柱家天一閣藏本）

明郁袞撰。袞，嘉興人。其書撰述年月無可考。黃佐革除遺事已稱因郁袞原本，則當在正德以前矣。所列一百六十傳，皆明惠帝時死難諸臣，而附錄一卷，則降燕諸臣如胡廣、黃福之類，後至大官者亦在焉。每傳後或附以贊語，又間有所附註。然其精要已皆採入革除遺事中矣。

別本革朝遺忠錄二卷（兩江總督採進本）

不著撰人名氏。惟題青州府知府杜思子睿重刻。思即撰考信編者也。黃虞稷千頃堂書目於郁衮革除遺忠錄二卷外，又別出杜思革朝遺忠錄二卷，蓋即指此本。然以郁衮本校之，則此錄實即衮書，惟衮於各傳後附以贊語，而此本有傳無贊爲少變其例。又書首冠以張芹備遺錄、黃佐革除遺事敘、英備遺續錄序三篇，皆與書不相應。世別有高㵛刊本，卷首亦有三序，與此正同。蓋明代刊書者往往竄亂舊本而沒所由來。諸版競出，混淆彌甚。其風熾於萬歷以後，今觀此本則嘉靖中已有之矣。（案思登嘉靖丙辰進士。）

睪忠錄二卷（浙江汪啟淑家藏本）

明唐龍撰。龍有易經大旨，已著錄。是編紀明太祖征陳友諒時諸臣姓名行實。凡祀於餘干縣康郎山廟者，有丁普郎等三十五人，祀於南昌府廟者，有趙得勝等十四人，又附載孫燧等五人，皆殉宸濠之難，後賜祀於旌忠祠者。其題旌各疏并祭謌詩文，亦附於後焉。

崑山人物志十卷（浙江巡撫採進本）

明方鵬撰。鵬字子鳳，亦字時舉，崑山人。正德戊辰進士，官至太常寺卿。是書論次崑山先哲，首名賢六人，次節行二十八人，次文學三十七人，次列女三十人，次藝能三十一人，次游寓二十六人，而以雜志終焉。其爲十卷。明史藝文志作八卷，傳寫誤也。

名臣言行錄前集十二卷後集十二卷（浙江范懋柱家天一閣藏本）

明徐咸撰。咸，海鹽人。正德辛未進士，官至襄陽知府。先是，豐城楊廉本彭韶名臣錄贊撰名臣言行錄四卷，所載凡五十五人。咸亦纂近代諸臣言行錄凡四十八人。餘姚魏有本官河南巡撫時，嘗合刻之。及咸歸里之後，病其未備，重爲纂輯，於楊錄增十六人，於己所錄者亦增二十五人，分爲前後二集，自爲序，記其始末，而仍以魏有本初刻之序弁於書首云。

毘陵忠義祠錄四卷附錄一卷（江蘇巡撫採進本）

明葉夔撰。夔字司韶，武進人。成化中以歲貢生官汝陽州訓導。是編第三卷中載夔請祀典書，稱宋德祐元年十一月，巴顏率師攻常州，屠其城，知府事姚訔、通判陳炤俱不屈死。其先後殉難者又有王安節、劉師勇、胡應炎、尹玉、麻士龍、包圭、阮應得、方允武、徐道明、莫謙之、僧萬安諸人。自成化九年郡庠生段瑜等建言於同知柳某，始立訔炤以下木主十一位，附於陳司徒廟，而文天祥、劉師勇、阮應得、僧萬安猶未與也。宏治十年，知府曾望宏乃別創忠義祠，請竝祀文天祥以下十四人，而附以元壬辰靖難之劉濬。巡按御史謝琛亦上書，請著於祀典，詔從之。夔因編其始末爲此書。首圖考，次傳志，次詩，次贊，次文牒。凡史傳所未載者，此皆補其佚闕，足相參證。惟此書載宋臣與祀者止十四人，則未祀文天祥等四人，其附於陳司徒廟者止當有十主耳。夔請祀典書云十一主，未喻其故。又考宋季三朝政要，載元兵至常州，守臣王宗洙遁，權守王良臣以城降。今是書姚訔傳中謂良臣屢舉不第，流落無藉，寓常與錢閭謀竊符印，詐稱郡官，詣巴顏軍前獻之。然則良臣未嘗權守，三朝政要誤書矣。是亦足訂史之譌也。此書作於正德初年。末附錄一卷，載

國朝順治十四年事，蓋後人所續，其姓名則不可考矣。

毘陵人品記四卷（浙江范懋柱家天一閣藏本）

明葉夔撰，其子金及同邑毛憲續成之。憲有諫垣奏草，已著錄。金字誠齋，刻是書時官紹興府通判。其終於何官則未詳也。是書前有自記，稱常州古毘陵地，記人品冠以古名者，古可以統今，今常州之名隋唐以前未有也。然隋唐以前無常州，不可繫以常州；隋唐以後無毘陵，獨可繫以毘陵乎？至其先列五縣沿革於前，使歷代殊名瞭如指掌，則提綱挈領，固體例之最善者也。其書敘述頗簡核，然皆史傳所已載。末附毛憲二小傳，則嘉靖壬寅刻是書時餘姚岑原道所補，見原道所作序中。

毘陵正學編一卷（兩江總督採進本）

明毛憲撰。是編所載凡十二人，首楊時，次鄒浩、周孚先、周恭先、唐彥思、鄒柄、喻樗、胡珵、尤袤、李祥、蔣重珍、謝應芳。自浩以下或籍晉陵，或籍宜興，或籍無錫，或籍武進，獨時爲劍州將樂人，於毘陵爲流寓。蓋以道南一脈，假借之以爲重云。

名臣像圖一卷（浙江鄭大節家藏本）

明吳守大撰。守大字有君，崑山人。是書成於正德

丙子。錄徐達以下至楊繼宗、凡四十九人。人繪一圖、圖後各敘仕履、系之以贊。其書刻於廣西、紙版拙惡、四十九人面貌相同、惟以題名別識、殆如兒戲。

畜德錄一卷、浙江范懋柱家天一閣藏本

明陳沂撰。沂有維楨錄、已著錄。此書皆紀宣德正統間名臣言行、人各一二條。末有嘉靖壬辰自跋、稱以所聞於外祖金靜虛太常夏崇文及吳文定李文正者、著之於篇。雖有不倫、而取善之道不以人廢云云。考所載如于謙、魏驥、徐晞、王翺、姚夔、岳正、韓雍、周忱、劉大夏、房墉、章懋、儲巏、何瑭、朱希周等、皆一時名人。他如蹇義、解縉、夏原吉、楊榮、金幼孜、身事兩朝、已爲其次。至王越、以權術用事、益爲物論所不滿。所云不倫者、殆卽指數人而言歟。趙汝愚編名臣奏議、丁謂、秦檜竝以章疏見收。朱子編名臣言行錄、王安石、呂惠卿亦得以姓名同列。蓋定千秋之品、則隻字不可誣。取一節之長、則片善亦可錄。竝瑕瑜不掩、具有前規。然奏議爲論事之文、苟所論關國計之得失、繫民生之利病、言之當理、行之有裨、自未可以出自僉壬、遂削不錄。至於採前言往行、矜式後人、自當仰溯名賢、用垂規矩。固未可委曲遷就、使有所濫廁於其間矣。

廣州人物傳二十四卷、浙江范懋柱家天一閣藏本

明黃佐撰。佐有泰泉鄉禮、已著錄。是書採自漢迄明廣州人物之散見諸書者、以類區分、各爲之傳。共一百五十餘人。

建寧人物傳四卷、浙江巡撫採進本

明李默撰。默字時言、甌寧人。正德辛巳進士。官至吏部尚書兼翰林學士。爲趙文華誣陷、下詔獄瘐死。萬歷中追謚文愍。事蹟具明史本傳。是書專記建寧人物、起唐建中迄明景泰、凡四百十七人。以諸邑分載、而一邑之中又以時代爲先後。每條之下、各註所引原書。自唐書南唐書五代史宋史而外、大抵皆本之舊志、未爲信史。疏略之處尤多。如謂吳棫爲處士、而遡所著書惟及韻補、則舛漏可知矣。

紀善錄一卷、浙江范懋柱家天一閣藏本

明杜瓊撰。瓊字用嘉、吳縣人。以孝聞。知府況鍾兩薦之、固辭不出。自號鹿冠老人。是書皆載吳中循吏先賢、其列女有操行可紀者亦竝見焉。自洪武迄正統、凡四十人。蓋隨所見聞錄之、故多節取一事、不爲全傳。亦表微闡幽之意也。

三家世典一卷、左都御史張若溎家藏本

明郭勛撰。勛、營國威襄公郭英六世孫、襲封武定侯。正德中奉命鎮兩廣、因輯中山王徐達、黔寧王沐英及其家世系履貫勳閥遭遇本末爲此書。大抵本實錄國史、於事蹟無所增益。考英在諸功臣中猶居其次、以配二王、似乎倚非其倫。自明以來亦無徐沐郭三家竝稱之說也。

淮郡文獻志二十六卷補遺一卷、兩淮馬裕家藏本

明潘塤撰。塤字伯和、山陽人。正德戊辰進士。官至右副都御史、巡撫河南。事蹟具明史本傳。是書前有自序、謂自春秋以來至明正德、上下數千年、德業文章、會於一書。今考其書撏撦陳編、未見決擇。其最謬者、至收入宋龔開所作宋江等三十六人之贊。此何關於文獻耶。

祥符鄉賢傳八卷、兩淮鹽政採進本

明李濂撰。濂字川父、祥符人。正德甲戌進士。官至山西按察司僉事。事蹟具明史文苑傳。是編以祥符縣志所載人物僅有名氏而行實未詳、乃一一稽考、自明初至於嘉靖、得二十九人。撰其事蹟、附以論贊。又安然、馬昂、張泰三人自祥符移籍他方者、竝附列焉。從唐書所載士大夫遷徙四方者俱標其舊貫之例也。

祥符文獻志十七卷、兩淮鹽政採進本

明李濂撰。濂於嘉靖壬寅嘗輯祥符鄉賢傳。其後二年甲辰、又推廣前所未載及其人之履歷梗概略存者、輯爲此書。每人每條之下、皆註出某碑某傳某集。蓋倣名臣言行錄之例。每傳之後或偶附錄詩文、則濂之變例也。所錄皆明一代之人、而至於盈十七卷。時彌近則易詳、亦時太近則易濫、固志乘之通病耳。

金華先民傳十卷、浙江巡撫採進本

明應廷育撰。廷育字仁卿、永康人。嘉靖癸未進士。官至按察司僉事。是書取金華歷代人物自漢迄明、各爲之傳。分道學、名儒、名臣、忠義、孝友、政事、文學、武功、隱逸、雜傳爲十類。自正史外竝參以諸家文集及家狀碑記。於每傳之下、各註明用某書。蓋仿金履祥通鑑前編之例。所據舊籍共四十餘種。而其大概則本諸敬鄉錄、賢達傳、金華府志三書云。

國琛集二卷浙江汪啟淑家藏本

明唐樞撰。樞有易修墨守，已著錄。是書紀明初以來迄於嘉靖人物，大旨以聖人、君子、善人、有恆分爲四科，不以時次，不以類從，錯出雜陳，上自宰輔，下至隸卒，人各一小傳，寥寥數語，殊不詳備。傳後間附以論斷，然亦不定其孰爲聖人、君子，孰爲善人、有恆，體例尤不分明。其曰國琛集者，蓋取國家以人爲寶之意。前有王畿序，并樞自序。樞學宗良知，故於王守仁推崇甚至云。

閩學源流十六卷兩淮馬裕家藏本

明楊應詔撰。應詔，建安人，嘉靖辛卯舉人。是書歷載楊時以後諸儒，終於蔡清，各誌其言行，詳其傳授，凡百九十五人。

道南源委錄十二卷浙江巡撫採進本

明朱衡撰。衡字士南，萬安人，嘉靖壬辰進士，官至工部尚書兼副都御史，總理河漕，事蹟具明史本傳。此書乃其視學閩中時錄道南源委以示諸生，託始於楊時，附以游酢、王蘋，凡閩士之沿波而起者則載焉。明代惟錄陳眞晟、周瑛、黃仲昭、蔡清四人，蓋時代旣近，其餘尚未論定云。

東吳名賢記二卷江蘇巡撫採進本

明周復俊撰。復俊字子顏，崑山人，嘉靖壬辰進士，官至南京太僕寺卿。是編記吳中名賢，自商相巫咸至明太常寺卿魏校，凡四十七人，各爲之傳贊，附傳者又十人。前有自序，歷舉所載諸賢而議論之，蓋略仿華陽國志之體，然所紀簡略，未足以資考證也。

列卿紀一百六十五卷浙江巡撫採進本

明雷禮撰。禮有六朝索隱，已著錄。是書臚列明代職官姓名，起自洪武初，終於嘉靖四十五年。凡內而內閣、部院以至府司寺監長官，外而總督、巡撫，皆以拜罷年月爲次，上標人名，而各著其出身里籍於下，爲年表。又於年表之後附載其居官事蹟，爲行實。年表但以次題名，不用旁行斜上之例。行實略仿各史列傳，而又不詳具始末，止書其事之大者而已。惟第八卷至十三卷爲內閣行實，頗爲詳備，論斷亦多持公道。如謂解縉等盡忠納誨，而責其不能死建文之難；謂陳山存心險刻，臨事乖方，明史頗採之。獨史謂陳文猥鄙無所建白，而禮稱其政體多達，勳德未昭。文，廬陵人，與禮同鄉，蓋曲徇桑梓之私，非公論矣。

內閣行實二卷兩淮馬裕家藏本

不著撰人名氏，亦無序跋。所載僅解縉、黃淮、胡廣、胡儼、楊士奇、楊榮、金幼孜、張英、陳山、楊溥、陳循、高穀、苗衷、馬愉、曹鼐十五人。今核其文，與雷禮列卿紀中內閣行實並同，蓋書賈取不完之本，改其目錄以售欺，併削去禮名，使若別一人所著者。其作僞頗巧，然禮原本具在，何可誣也。

善行錄八卷續錄二卷內府藏本

明張時徹編。時徹字維靜，鄞縣人，嘉靖癸未進士，官至南京兵部尚書，明史附見張邦奇傳。此書徵採史傳，取先哲行誼之高者，彙爲成編。正編起春秋至明代，凡二百九十人；續編起漢迄宋，凡一百四十五人。

義烏人物志二卷浙江范懋柱家天一閣藏本

明金江撰。江字孔殷，義烏人。是書成於嘉靖乙未，取史傳、地志及諸家文集中所載義烏名人，各爲之傳贊。所載凡四十七人，分忠義、孝友、政事、文學四類，蓋全倣宋濂浦陽人物記例，而敍述過於簡略，不及濂書博贍也。

濟美錄四卷兵部侍郎紀昀家藏本

明鄭燭編。燭，歙縣人。是編成於嘉靖乙未，蒐錄其祖元歙縣令鄭安、休寧令鄭千齡、徵授翰林待制鄭玉、歙縣令鄭璉國史、郡志諸傳及制誥、公牒、誌狀之屬，人爲一卷。千齡，安之子；玉、璉皆千齡之子也。前有黃訓序，稱玉之死節，由守徽之將見之不以其禮，使見之以禮，可以無死，而乎先生有舁子爲云云。其說至謬。民生於三，事之如一，臣不二心，天之經也。豈敵國譾爲恭敬，遂可叛君父而從之乎？如訓所云，是玉非爭名節而死，乃爭禮貌而死也。蓋自講學風熾，儒者類以傳道爲重，但能註太極圖、解近思錄，卽爲有功於世道，而綱常大義視若末務焉。訓之此說，其亦狃於習俗而不自覺歟。

逸民傳二卷浙江巡撫採進本

舊本題明少元山人皇甫涍撰。考明史藝文志載皇甫濂逸民傳二卷，江南通志亦同，則舊本傳寫誤也。濂字子約，一字道隆，長洲人，嘉靖甲辰進士，除工部主事，謫河南布政司理問，稍遷興化同知，明史文苑傳附見其兄涍傳中。是編採歷代逸民事迹，人各爲傳，起晉孫登，迄宋林逋，凡百人。其去取義例，不甚可解。如鄧郁一傳，乃純述白日沖舉之事，則葛洪神僊傳以下何可勝收。其他表表在耳目者，乃或不載，殆偶然寄意，不求詳備，如皇甫謐高士傳例歟。卽其託始於晉，亦似續謐書也。中庚易、明僧紹二人有錄無書，其爲傳寫者佚之，爲當時失於檢校，則均不可知矣。

元祐黨人碑考一卷（編修程晉芳家藏本）

明海瑞撰。瑞字汝賢，號剛峯，瓊山人。由舉人官至南京右都御史，諡忠介。事蹟具明史本傳。案元祐黨人碑載於李心傳道命錄、馬純陶朱新錄者互有異同。茲則專以道命錄爲主，其闕者則以他書補之，故所錄人數較他書爲多。如曾任執政之黃履、張商英、蔣之奇，曾任待制之張畏、岑象求、周鼎以下十餘人，皆他本所未載者，搜羅可謂博矣。至所附慶元僞學黨籍，與他書無所同異，固不及永樂大典所載慶元黨禁之詳備也。

續吳先賢贊十五卷（浙江吳玉墀家藏本）

明劉鳳撰。鳳字子威，長洲人。嘉靖甲辰進士，官至河南按察使僉事。鳳所撰述，刻意奧僻，或至於餖飣堆積，晦昧詰屈，不可句讀。是編論贊亦復如是。所錄皆明人。自六卷以前不分門目，七卷以下分寓十門。自序謂自節義以上不爲題目者，所以致節義死事、孝友、儒林、文學、辟命、隱逸、藝事、道術，寄於用，亦各因時，或未可以概之也。然開卷卽爲高啟，概以文學，有何不可，總之好怪而已矣。

羣忠備遺錄二卷（江蘇巡撫採進本）

明羅汝鑑撰。汝鑑字明夫，新喻人。是書記建文殉節諸臣事迹，大致本張芹備遺錄、鄭曉羣忠事略而稍附益之，遂合兩書以爲名。所錄凡八十有四人。每傳後附尹直、謝鐸、何孟春、敖英、陳建諸論。其稱外史氏者，則汝鑑所自作也。其書初刻於楚雄，前有嘉靖辛亥自序。後十年庚申，以校讎未精，復增入數人而重刊之，見卷末自識中。

宋五先生郡邑政績一卷（浙江范懋柱家天一閣藏本）

明李賁撰。賁字廷良，豐城人。嘉靖癸丑進士，改庶吉士。賁先嘗編次程明道郡邑政績一卷，此復增入周、張、朱、陸四子涖民之事，合爲一書。然皆史傳文集所已載，無用賁之表章也。

碩輔寶鑑要覽四卷（浙江巡撫採進本）

明耿定向撰。定向字在倫，麻城人。嘉靖丙辰進士，官至戶部尚書，總督倉場，諡恭簡。事蹟具明史本傳。定向以講學著，論史本非所長。此書乃其爲南直隸督學御史時所作。上述虞夏，下逮唐宋，得輔相之賢者七十九人，各爲讚述，議論亦多膚淺。其卷首論皐陶一條，引陸九淵之言，則其生平宗旨所在也。

守令懿範四卷（直隸總督採進本）

明蔡國熙撰。國熙，永年人。嘉靖己未進士，官至山西提學副使。是編乃其官蘇州府知府時，輯古來守令事迹，自周至元，分儒牧、循牧二類。儒牧自子游而下三十人，循牧自公孫僑而下一百一十八人。前有皇甫汸序，稱儒可以包乎循，而循未必皆合於儒，體用之間，蓋有辨焉云云。夫儒者之學，明體達用，道德事業，本無二源，岐而兩之，殊爲偏見。且唐韓愈、宋歐陽修所學不甚相遠，而列愈於儒牧，列修於循牧，亦不知其以何而分。楊簡傳陸氏之學，黃震傳朱子之學，所著之書，粲然具在。乃升簡於儒牧以繼陸氏，而不升震於儒牧以繼朱子，豈非未見日鈔耶。循名失實，尊儒而不知所以尊，徒成其門戶標榜而已。

槜李往哲前編一卷（浙江巡撫採進本）

明戚元佐撰。元佐字希仲，嘉興人。嘉靖壬戌進士，官至尚寶司卿。是編取洪武至萬歷初年嘉興前哲，自程本立以下共十四人，各爲一傳。王世貞爲之序。其稱前編者，則以

國朝項玉筍有續編之刻，追題此名也。

古今廉鑑八卷（江蘇巡撫採進本）

明喬懋敬撰。懋敬字允德，上海人。嘉靖乙丑進士，官至湖廣右布政使。是書所載，自春秋季文子至明楊繼盛，皆以清操傳於世者。亦宋人廉吏傳之類，而鈔撮大略，挂漏尚多。前有萬歷戊寅自序，自稱其官爲閩封人，乃其官閩時所輯也。

莆陽科第錄二卷（浙江巡撫採進本）

明吳爵編。爵，湖南寧鄉人。嘉靖中官福建興化府訓導。因錄興化一郡科第，自洪武庚戌至嘉靖己酉。其爵里亦皆縷載。前有郡人鄭岳序，後有爵自跋。

懷忠錄（無卷數，浙江范懋柱家天一閣藏本）

明鄭應旂撰。應旂，莆田人。嘉靖中貢生。是編前七卷皆應旂詠靖難諸人詩賦騷詞，後爲革朝遺忠列傳，不分卷數。每傳後附引諸家記載詩文以證

之略似名臣言行錄之體凡四十篇而以外錄補錄終焉大致與黃佐革朝遺事相仿

吳興名賢續錄六卷（江蘇巡撫採進本）

明王道隆撰道隆字客山烏程人其書分道學儒行文藝勳業宦績孝友節義流寓隱逸名宦十門各敘其事實系以論贊其名宦一門採摭最廣頗足補志乘之闕然烏程潘季馴以治河功績爲明代名臣應列勳業錢鎮經史皆有著述應列儒行今具錄其同時同邑之人而二人獨不見收未免疎漏至如敘蔣瑤而不載其陳時弊七事敘張永明而於永明改左都御史後一切整飭臺綱諸政績悉置不錄亦爲脫漏云

桐彝三卷（浙江巡撫採進本）

明方學漸撰學漸字達卿號本菴桐城人以子大鎮貴贈大理寺少卿是編取其鄉忠孝義烈之行凡耳目所及者各爲立傳自序謂風世莫如彝充彝莫如學故以桐彝爲名凡五十人爲傳二十三篇

靖難功臣錄一卷（左都御史張若淮家藏本）

不著撰人名氏黃虞稷千頃堂書目有此書而闕其卷數此本爲明嘉靖中魯藩宗人當㴶編入明朝典故者祇此一卷未知爲完書否也所載姚廣孝李友直譚淵朱能張玉武勝顧成李彬孫巖陳珪劉中孚徐忠薛祿陳賢陳瑄吳中金忠徐增壽凡十八人後又附以封爵名數凡三十四人敘述簡略不足以資考證也

貧士傳二卷（內府藏本）

明黃姬水撰姬水字淳父吳縣人黃省曾之姪也是編載自周至明初貧士七十五人各爲之贊漏略殊甚至如莊周貸粟監河侯一事亦列之貧士中尤不倫也

崑山人物傳十卷名宦傳一卷（浙江鮑士恭家藏本）

明張大復撰大復字元長崑山人與歸有光同時是書舊本題曰梅花草堂集而以崑山人物傳崑山名宦傳爲子目蓋皆編入集中故總以集名實則各一書也先是方鵬有崑山人物志六卷此則斷自明代起洪武至萬歷得三百餘人其間父子祖孫以類附傳略如史體又於官是土者取十五人爲名宦傳附之敘述尚爲雅潔而詞多揚詡亦不免標榜之習其名宦傳別有鈔本題曰玉峯名宦傳析爲二卷佚其中王南昌傳一篇僅有十四人又佚其論尾數行蓋傳鈔脫漏不及集本之完整也

欽定四庫全書總目卷六十一

欽定四庫全書總目卷六十二

史部十八

傳記類存目四

歷代相臣傳一百六十八卷（直隸總督採進本）

明魏顯國撰顯國字汝忠南昌人隆慶丁卯舉人是書明史藝文志著錄卷數與此本相合大抵全鈔史傳原文無所褒貶亦無所考正所敘歷代相臣職名如南朝制一條以梁初罷相國置丞相罷丞相置司徒後又置相國位列丞相上不知置相國列丞相上乃陳制非梁制又謂唐魏後以祕書監參預朝政始有參議得失參知政事之名不知其時先以吏部尚書杜淹參議朝政故有是名又謂開元以後宰相爲鹽鐵轉運延資庫使名尤不正不知其時以宰相兼攝是官非以是官爲宰相況其時太微宮使太清宮使多以宰相兼之不僅延資庫使也又以李光弼列於宰相不知光弼爲河中節度惟加平章不治政事乃唐之使相唐末節度加侍中中書令三公三師者甚多皆使相非宰相載於史志者甚詳元之參議中書省事乃六曹管轄官止四品亦非宰相故元史宰相表不列是官又元制三公非相職故別立三公三師表今俱列於宰相舛謬既甚挂漏尤多至於各史宰相列傳或採或置范無義例更未免疎脫矣

儒林全傳二十卷（浙江汪啟淑家藏本）

明魏顯國撰所錄自孔子至元吳澄皆採錄前史與相臣傳同

歷代守令傳二十四卷（兩淮馬裕家藏本）

明魏顯國撰。自宓不齊、仲由至劉秉直，爲歷代循吏二十一卷。又自郅都至敬羽，爲歷代酷吏三卷。於史傳原文之外，間有所增，而亦多蕪雜。

元相臣傳十二卷（兩淮鹽政採進本）

明魏顯國撰。其書紀元代丞相自耶律楚材至布延巴哈（原作普顏不花，今改正）二十六人，各自爲傳，全襲元史之文，未嘗別有蒐討。又前後淩亂脫誤。如元史宰相表載安圖（原作安童，今改正）爲右丞相，始世祖至元二年乙丑，訖於二十七年庚寅。布呼密（原作不忽木，今改正）爲平章政事，始至元二十八年辛卯，訖成宗元貞二年丙申。是布呼密後於安圖凡二十七年。此書列布呼密於安圖前，殊爲倒置。又如世祖庚申元年王文統、趙璧爲平章政事，尤在史天澤諸人之前。其相業俱見本傳，而此書均汰之，蓋不特於正史之外無所徵引，且於正史之中亦多所挂漏矣。

忠節錄六卷（浙江巡撫採進本）

明張朝瑞撰。朝瑞字子禎，海州人，隆慶戊辰進士，官至南京鴻臚寺卿。朝瑞以宋端儀革除錄至鄭瑛莘忠集記遜國諸臣事者凡十七家，互有舛漏，因輯此書，載當時湔雪之旨於卷首，明非私撰。自第一卷至第五卷，記徐輝祖以下凡一百六十三人，附錄十六人，以官階爲敘，不分差等。第六卷曰考誤，如辨建文於天順中由滇至京，唯太監吳亮識之，當時三楊皆其舊臣，不應僅一吳亮能識舊主；而建文時年六十四，亦不得有九十餘歲。其考證最爲明確。所列十七家書外，尚有高璧之幽光錄、睦時中之逸史、羨清之祕史、王會之野史、袁褧之奉天刑賞錄諸書，朝瑞未及蒐考。然大概已備於此矣。

吳中人物志十二卷（浙江巡撫採進本）

明張昶撰。昶字景春，長洲人，是編成於隆慶庚午。所輯吳中人物，上自成周，迄於明代，分孝友、忠義、吏治、薦舉、宦蹟、儒林、文苑、閨秀、逸民、流寓、列仙、方外十二門，各系以論贊。同郡皇甫汸爲之序。吳中人物，自王賓、楊循吉、祝允明、朱存理等遞有撰述，此本因而廣之，較諸家稍備。然事皆不著出典，未免無徵不信也。

輔世編六卷（江蘇巡撫採進本）

明唐鶴徵撰。鶴徵有周易象義，已著錄。是書取明代諸臣，次其行事，起洪武初李善長、劉基，訖嘉靖中曾銑、胡宗憲，凡五十二人。崇禎間其門人陳睿謨巡撫湖廣，爲評校刊版。其敘稱戎務孔亟之時，輒取名臣傳略，倣其行事，多得變通之法。間嘗鈔書有得，多與我師凝菴唐先生輔世編合者，因綜其成案，翼以已意，勒成一書。則是編已不盡鶴徵原本矣。其所採諸人事實，多主戰略，蓋睿謨身在戎行，意切時用，有所爲而爲之者也。

聖門人物志十二卷（江西巡撫採進本）

明郭子章撰。子章有蠙衣生易解，已著錄。是書則子章官晉陽時所輯。凡遊於聖門與私淑而得從祀廟廡者，各爲之小傳，附以贊論。首孔子世家，次先賢，次先儒，而以有明之會典祀儀終焉。其中雜以周汝登、羅汝芳諸人之論，其時心學橫流，故子章多主張其說。孟子傳論謂孔子之學以從心所欲不踰矩爲的，顏子從之末由，而孟子云能者從之。又云心之官則思，即孔子從心之旨，猶主持門戶之見也。

豫章書一百二十二卷（江西巡撫採進本）

明郭子章撰。是書蓋江西之總志，全用史體爲之。分大記二十卷，志二十二卷，表十卷，事紀二卷，列傳六十八卷。前無序而有總目，其總目以爲列傳六十六卷，刊本誤也。其體例蓋本諸華陽國志，然冗雜太甚，去常璩所撰遠矣。

國士懿軌十卷（浙江巡撫採進本）

明余養蒙撰。養蒙，臨海人。自序謂稟大中丞耿公之命而爲之者。案明史耿定向傳，弟定力，隆慶辛未進士，官至南京兵部右侍郎。時方爲南京都御史，故稱大中丞也。書前有定力序，復有論官屬文一首。大旨以當時專重科目，名實不副，故取古今來士子出於太學及以貲郎起家者，自列國迄明初，凡一百二十七人，刪節諸史及志乘各爲之傳。意欲以矯偏重之弊，然舉一代之進士，概以籠鷹檻駒目之，殊不免於矯枉過直矣。

春秋名臣傳十三卷（浙江汪啟淑家藏本）

明姚咨撰。咨字舜咨，無錫人。初，其邑人邵寶爲是書未畢，咨續成之。始於周之辛伯，迄於虞之宮之奇，凡一百四十八人。傳末各附以小讚。大旨與宋王當春秋列國臣傳相出入，而其義例乃譏當書用魯史編年之非。然既標以春秋，則自應用春秋之年月，若各從列國，轉致錯互難明，以是議當，未爲允也。

戰國人才言行錄十卷（浙江范懋柱家天一閣藏本）

明泰淪撰。淪、無錫人。是書成於隆慶中。類次戰國人物、起魏文侯、迄荆軻、凡一百四十九人。皆鈔錄戰國策史記之文而稍删節之。

鎮平世系記二卷（浙江范懋柱家天一閣藏本）

明朱睦㮮撰。睦㮮有易學識遺、已著錄。永樂元年、封周定王第八子有爌爲鎮平王、睦㮮其六世孫也。以明代玉牒於正德以後多略、遂纂述有爌以下八世支派、以成此書。前曰例義、次世系、次世傳、次內傳、次述訓。

江右名賢編二卷（浙江巡撫採進本）

明喻均劉元卿同撰。均、新建人。隆慶戊辰進士。官至按察使副使。元卿有易大象觀、已著錄。萬歷中、巡按江西御史臨清陳大蘷議修通志。因先欲輯名賢一門、屬均與元卿司其事。分名臣節義理學忠諫方正清介隱逸儒行治功文學孝友十一目。所紀凡二百四十有八人。門類太多、頗涉瑣碎。又所載有明一代人物、尤爲泛濫。前有巡撫都御史過維垣及大蘷序。後有元卿序。元卿謂理一而已、安得紛紛區目。則知分目宂複、出於均意、卽元卿亦心非之矣。

宗譜纂要一卷（安徽巡撫採進本）

明王應昌撰。其子錟續成之。應昌字亮之、嵊縣人。萬歷癸酉舉人。錟字長穎。

國朝官上海縣知縣。是書敘歷代理學源流、分開天一世祖承天第一宗達天第一宗賓天第一宗。標目已近乎二氏。至以荀卿揚雄與孔子並列、尤爲失倫。其分載諸儒支派、大率與黃宗羲明儒學案相出入。蓋爲門戶而設、不爲學問而設也。

貂璫史鑑四卷（兩淮鹽政採進本）

明張世則撰。世則、諸城人。萬歷甲戌進士。官至四川安緜兵備副使。是書嘗於萬歷二十年進呈、得旨下禮部、禮部覆疏附焉。書凡六條。一曰主君、首載明太祖禁抑內臣不得干預外事、然後敘歷代寵閹之弊。二曰㢤臣、載歷朝相臣與宦寺離合之迹。三曰姸範、載閹之賢者。四曰爔戒、載閹之惡者。五曰國祚、載秦漢以來寺人之尤能亂國者。六曰沿革、則閹官職官志也。宦寺賢者萬中不得一二。世則方指陳炯戒、將以啟迪君心、而所列姸範一條、如勃鞮之斬袪、繆賢之薦士、裴寂之宮人私侍、高力士之贊立太子、皆目爲佳事、殊多謬戾。又列及明代寺人、而以阮安預其間、益不可訓矣。

聖學宗傳十八卷（兩淮馬裕家藏本）

明周汝登編。汝登字繼元、又字海門、嵊縣人。萬歷丁丑進士。官至南京尚寶司卿。明史儒林傳附載王畿傳末、稱王守仁傳王艮、艮傳徐樾、樾傳顏鈞、鈞傳羅汝芳、汝芳傳楊起元及汝登。起元清修姱節、然其學不諱禪。汝登更欲合儒釋而會通之、輯聖學宗傳、盡採先儒語類禪者以入。蓋萬歷以後、士大夫講學者多類此云云。卽此書也。首載黃卷正系圖、其序自伏羲傳至伊川程子。下分二支。一支朱子以下、不系一人。一支則陸九淵之下系以王守仁。并稱卷是圖信陽明篤、敘統系明、與聖學宗傳足相發明云。

歷朝璫鑑四卷（編修汪如藻家藏本）

明徐學聚撰。學聚字敬輿、蘭谿人。萬歷癸未進士。官至副都御史、巡撫福建。是編輯錄歷代宦官事蹟、自周秦以迄於明。分善可爲法、惡可爲戒二種、而於明代紀載尤詳。第所錄僅至世宗朝而止、則仍不免有所避忌。又元李邦寧、卽嘗入太學代祀孔子、至大風滅燭之異者、其狂妄可知。乃入之善可爲法中。進退亦未甚允也。

鹽梅志二十卷（內府藏本）

明李茂春撰。茂春字蔚元、杞縣人。萬歷癸未進士。是編採取歷代賢相嘉言善行、錄成一編。始於皐陶、終於范純仁、凡六十六人。

漢唐宋名臣錄五卷（兩江總督採進本）

明李廷機撰。廷機字爾張、晉江人。萬歷癸未進士。官至禮部尚書東閣大學士。謚文清。事蹟具明史本傳。是書所錄、自漢文翁至宋杜衍、凡六十人。黃吉士序、謂其錄取嚴而用意微、蓋借以諷勸當時廷臣、有爲而發、故不求全備云。

栖眞志四卷（浙江巡撫採進本）

明夏樹芳撰。樹芳字茂卿、江陰人。萬歷乙酉舉人。是編取周秦至元代之修眞栖靜者、各詳其事蹟。陳繼儒爲之序。其中時代頗顚舛。至於江淹謝靈運李賀歐陽修蘇軾黃庭堅秦觀朱子諸人、凡談論詞章、語意偶類釋老者、卽引而入志。尤牽合不倫。

獻徵錄一百二十卷（浙江巡撫採進本）

明焦竑撰。竑有易鑒、已著錄。是書採明一代名人事蹟。其體例以宗室戚畹勳爵內閣六卿以下各官分類標目。其無官者則以孝子義人儒林藝苑等目分載之。自洪武迄於嘉靖。蒐採極博。然文頗泛濫。不皆可據。又於引據之書或註或不註。亦不免疎略。考竑在萬歷中嘗應陳于陛聘。同修國史。既而罷去。此書殆卽當時所輯錄歟。

熙朝名臣實錄二十七卷 浙江巡撫採進本

明焦竑撰。此書明史藝文志不著錄。前有自序。謂明代諸帝有實錄。而諸臣之事不詳。因撰此書。自王侯將相及士庶人方外緇黃僮僕妾伎無不備載。人各爲傳。蓋宋人實錄之體。凡書諸臣之卒。必附列本傳。以紀其始末。而明代實錄則廢此例。故竑補修之。其書郭子興諸子之死。及書靖難諸臣之事。皆略無忌諱。又如紀明初有通曉四書等科。皆明史選舉志及明會典所未載。韓文劾劉瑾事。有太監徐智等數人爲之內應。亦史傳所未詳。頗足以資考證。然各傳中多引寓閒雜記及瑣綴錄諸書。皆稗官小說。未可徵信。又或自序事。或僅列舊文。標其書目。於體裁亦乖。所附李贄評語。尤多妄誕。不足據爲定論也。

四侯傳四卷 江蘇巡撫採進本

明王士騏撰。士騏有馭倭錄。已著錄。是編摭文成侯張良忠武侯諸葛亮武侯王猛鄴侯李泌四人行事。以正史及稗官野乘相參而成。蓋隱寓尙友之意。

歷代內侍考十卷 兩淮鹽政採進本

明毛一公撰。一公字震卿。遂安人。萬歷己丑進士。官至給事中。其書取古來閹寺事蹟輯爲一編。自春秋及宋以時代次之。各序其善惡而加以論斷。大旨褒少而貶多。一公天啟末蘇州巡撫一鷺之兄也。一鷺黨魏忠賢事具明史。其兄此書。儻亦有爲而作乎。

友于小傳二卷 兵部侍郎紀昀家藏本

明紀廷相撰。廷相字杜石。獻縣諸生。是書成於萬歷甲申。前有自序。稱孝友皆天性。而人情日薄。往往知愛其親而不推其愛於兄弟。故摭拾舊迹以感發其彝良。不錄帝王之事。分位殊也。不錄聖賢之事。亦不錄奇行異節舍生蹈義之事。不强以所不能也。分二卷。上曰循常。下曰處變。皆士庶人家庭細務。末有其子堯卿跋。稱族有鬩牆者。託詞避暑。借其書室。日日揮汗錄此編。竟愧而復睦云。

明十六種小傳四卷 浙江巡撫採進本

明江盈科撰。盈科字進之。號綠蘿山人。湖廣桃源人。萬歷壬辰進士。官至四川提學副使。是書採輯明代軼事。分四綱十六目。一曰四維。分忠孝廉節四目。二曰四常。分慈寬明愼四目。三曰四奇。分膽怪機俠四目。四曰四凶。分姦諂貪酷四目。大抵委巷之談。自序曰。因閱國乘。摘出三百餘年新異事者。妄也。如方孝儒之滅族。由殺蛇之報。國史安有是事哉。其分配諸目。如薛瑄入節類。于謙入廉類。姚廣孝姊入隱類。亦往往無義例也。

毀壤封疆錄一卷 江蘇巡撫採進本

明魏應嘉撰。應嘉。興化人。萬歷戊戌進士。官至兵部左侍郎。是書前有應嘉自序。稱取劉方壺所臚列未盡者。具名於左。皆天啟中諸臣之不附魏忠賢者也。其詞狂謬之甚。所列執政一人。司禮大璫一人。部堂五人。卿寺三人。翰林七人。臺諫十六人。部署二人。書後有跋。不知何人所作。詆應嘉爲京卞惇確。然應嘉依附奄黨。代爲搏噬。觀其自序。殆不知世有廉恥事。實京卞惇確之所不爲者也。

東林點將錄一卷 江蘇巡撫採進本

明王紹徽撰。紹徽。陝西咸寧人。萬歷戊戌進士。官至吏部尚書。事蹟具明史閹黨傳。其書以水滸傳晁蓋宋江等一百八人天罡地煞之名。分配當時縉紳。今本闕所配孔明樊瑞宋萬三人。蓋後人傳寫佚之。卷末有跋。稱甲子乙丑於毗陵見此錄。傳爲鄒之麟作。所列尙有沈應奎繆希雍二人。與此本不同。蓋其時門戶蔓延。各以恩怨爲增損。不足爲怪。又稱許其孝陳保泰楊茂春郭鞏四人。後列逆案。不知何以厠名。或作此書時。四人尙未附忠賢耶。閻若璩潛邱劄記亦有與王宏撰書曰。頃聞點將錄果出貴鄉王紹徽手否。先生以此書實出阮大鋮。王偶失閹歡。謀所以解之術於阮。阮授以此書。而王上之。而世遂以名之。細思之。殊不然。兒時讀點將錄記。沒遮攔穆宏乃大鋮。豈有自作此錄而竄入己姓名者云云。則當時已傳聞異詞。然崇禎欽定逆案。以此錄屬之紹徽。於時公論方明。諒非誣衊。明史本傳亦以此書屬紹徽。然則輾轉傳寫。雖或有竄改。其造謀之人。要終不能以浮詞他說解也。

東林籍貫一卷 江蘇巡撫採進本

不著撰人名氏。所列北直八人。南直四十一人。浙江十一人。江西十六人。湖廣二十人。河南七人。福建五人、山東十三人、山西十五人、陝西十八人、四川五人、廣東雲南貴州各一人。其北直郭鞏、陝西薛貞、後皆名麗逆案。是又當考其究竟、不當以一時之記錄爲斷矣。

案此書及東林同志錄、東林朋黨錄、天鑒錄、盜柄東林夥、皆天啟中書。其作者雖不可考、要皆萬歷時舊人也。今附諸魏應嘉王紹徽後、從其類也。

東林同志錄一卷（江蘇巡撫採進本）

不著撰人名氏。題下註曰續點將錄。所列政府韓爌以下六人、詞林孫愼行以下十九人、部院李三才以下五十七人、卿寺顧憲成以下七十三人、臺省魏大中以下七十六人、部曹王象春以下四十一人、藩臬郡邑顧大章以下二十六人、貲郎武弁山人吳養春以下二十一人。

東林朋黨錄一卷（江蘇巡撫採進本）

不著撰人名氏。前載趙南星等九十四人、後列東林脅從顧秉謙等五十三人。各繫以科分籍貫座主姓名、而註以已處未處及在籍現任字。考明史閹黨傳、稱盧承欽、餘姚人、由中書舍人擢御史、請以黨人姓名罪狀牓示海內。魏忠賢大喜、敕所司刊籍。凡黨人已罪未罪者、悉編名其中。後承欽官至太僕寺少卿云云。此書中已處字與所言已罪未罪相合、其是時之官本歟。

天監錄一卷（江蘇巡撫採進本）

不著撰人名氏。題下註曰眞心爲國、不附東林、橫被排斥、外抑林野、及冷局外轉者、凡一百三人。皆魏忠賢之黨也。

盜柄東林夥一卷（江蘇巡撫採進本）

不著撰人名氏。分初盛中晚四門、詳列其姓名官爵、而各註其罪狀。詞極醜詆。楊漣、左光斗諸人名下、已註斃獄字、則此書成於天啟末年也。

事編內篇六卷（江蘇巡撫採進本）

明孫愼行撰。愼行字聞斯、武進人。萬歷乙未進士。官至禮部尚書。諡文介。事蹟具明史本傳。是書採史傳中名臣事跡、自公孫僑至王守仁、凡十八人。愼行自序云、尚有外篇雜篇。然檢其子士元所作隱逸六人、以隱寓行藏之旨。附以張璁、薛宋評語。凡例、則但刊內篇、其外篇雜篇未刊也。

廉吏傳（無卷數、浙江巡撫採進本）

明黃汝亨撰。汝亨有古奏議、已著錄。是書以宋費樞所作廉吏傳、自春秋迄五季、止百十有四人、尚爲闕略。因搜採諸史、五季以前增入三十三人。又考宋元二史、續載六十四人。各以時代爲序。復以舊傳不分優劣、乃定爲三等、於傳首姓名之上、各署上中下字以別之。正編之外、又有廉蠹一編、所載爲郅都、張湯等十人、亦有評語。姓名之上則署以酷諸、陋忍、贓姦諸字。體例頗爲杜撰。傳末附評一二語、亦皆膚淺。且汝亨既因費樞舊本增輯成編、自當以孰爲原書、孰爲續補、分別標識、乃混而爲一、但署己名、尤不免於掠美矣。

歷代名臣芳躅二卷（浙江巡撫採進本）

明金汝諧撰。汝諧字啟宸、平湖人。萬歷甲辰進士。是編採摭前人事蹟、自周秦以迄於明、分忠貞節義、良吏、恬退、純孝、友于、範俗、仁恕、學術、言行九類。大抵詳於明人、而略於前代、挂漏已不待言。且排比失倫、品題多謬。學術類以子貢、師曠同稱、殊嫌龎雜。甚至以楊溥、李東陽歸之節義一門。溥固長者、東陽亦不失文士。然一則遷就於靖難革除之間、一則依違於奄豎擅權之日、目以節義、豈足厭後世之心乎。

聖學嫡派四卷（內府藏本）

明過庭訓撰。庭訓字成山、平湖人。萬歷甲辰進士。官至福建按察使、擢應天府丞、未及上而卒。其書自漢董仲舒至明羅洪先、所取幾三十六人、各略錄其言行、皆昭昭耳目、無煩復爲表章者也。

大臣譜十六卷（內府藏本）

明范景文撰。景文字夢章、一字質公、號思仁、吳橋人。萬歷癸丑進士。官至東閣大學士、殉流寇之難。

國朝賜諡文忠。事蹟具明史本傳。其書皆紀明代大臣、內閣七卿、各爲二卷。起自洪武、迄於泰昌、皆用編年之體、而不分列傳。凡例稱一憑實錄、不置褒貶。其銓除去就、國史有佚者、則採傳誌補之。或人非大臣、而章奏事與大臣相關者、亦附見焉。此本世罕流傳、前後無序跋、而有景文二私印、中多墨筆添改之處、蓋卽其家初印覆校之槀本也。

宰相守令合宙十三卷（江蘇巡撫採進本）

明吳伯與撰。伯與字福生、宣城人。萬歷癸丑進士。官至廣東按察司副使。是書序文題曰宰相守令合宙、而此本十三卷、乃有宰相而無守令、蓋非完書矣。所錄雖多採史傳，而不免雜以稗官。又刪節本傳，往往遺其大而識其小。體例殊爲冗瑣。至於以李斯爲禮賢尙德，而以趙高附斯傳，尤爲乖舛。又唐初不載裴寂、劉文靜、竇抗、陳叔達諸人，而先敘蕭瑀。宋曹彬同平章事，蓋沿唐五代使相之制，實不預政。乃列於眞宰相中，亦爲失考也。

毘陵人品記十卷（兩淮鹽政採進本）

明吳亮撰。亮字采于，武進人，吳中行之長子也。萬歷辛丑進士，官至大理寺少卿。事蹟附見明史中行傳。是書因毛憲舊本而增修之。自商迄明，采摭頗富。然十卷之中，歷代居六，而明乃居其四。雖曰時近易詳，亦少乖謹嚴之旨矣。至於泰伯、仲雍，未免借材。梁武子孫，亦殊泛載。皆未免地志之舊習也。

名世編八卷（江蘇巡撫採進本）

明吳亮撰。初，亮罷官歸田，嘗輯古高隱事爲遯世編，及再起，又輯此編。皆不採於史傳，惟剽剟唐順之左編、李贄藏書、李廷機名臣記三書而成。去取絕無義例，編次亦多顚倒。如首列大禹，乃帝王而非人臣。以例推之，何以刊除虞舜。程嬰乃趙氏之臣，魯仲連、侯嬴乃平原信陵之客，皆未登官籍。以例推之，此類何可勝收。百里奚、蹇叔列管仲前，蘧瑗列百里奚前，屈原列蘧瑗前，尤屬昏亂而失次也。

安危注四卷（兩江總督採進本）

明吳甡編。甡字鹿友，南直隸興化人。萬歷癸丑進士，官至禮部尚書，兼東閣大學士。事蹟具明史本傳。是書輯漢晉唐宋將相之事，用陸賈言天下安注意相、天下危注意將之語，以名其書。意在諷時事也。

明表忠記十卷（浙江巡撫採進本）

明錢士升撰。士升有周易揆，已著錄。是書載建文死難諸臣。首列二親臣，次殉難，次死義，次死事，次死戰，次從亡，次隱遁，次後死，次三不忠，次正譌，並附載表忠祠碑記。大旨堅主建文帝出亡之說，非疑以傳疑之義也。

壺天玉露四卷（浙江巡撫採進本）

明錢陞撰。陞字元履，海鹽人。萬歷戊午舉人。其書亦賛樞廉吏傳之流，而兼收隱逸，爲例小殊。所載始於春秋，終於明之萬歷。所錄凡二百九十六人。去取踳駁，頗無義例。如解揚、申包胥當以忠論，尉遲敬德當以勇論，莊周列禦寇當以隱論，田基當以節論，江上丈人、侯嬴當以俠論，趙括母當以識論，西門豹當以術論，概以廉稱，未當其實。又公孫宏之詐儉，揚雄之失節，華歆之佐逆，濫與斯列，亦殊混淆。至舟之僑、介之推合爲一事，則誤從說苑。嚴君平、嚴遵分爲二人，則不攷後漢書，尤疎舛之顯然者也。是書以壺天玉露爲名，而序文題爲壺天玉露廉鑑，每卷之首亦各別標廉鑑字。豈壺天玉露乃其著書之總名，廉鑑乃其一種歟。末又附清士一卷，自詹缺而下六十餘人，各爲小傳，而繫以詩。卷端亦題壺天玉露字，殆其中之又一種也。

浙學宗傳（無卷數，浙江巡撫採進本）

明劉鱗長撰。鱗長字孟龍，號乾所，晉江人。萬歷己未進士，官至南京戸部郎中。是編乃其爲浙江提學副使時所編，以周汝登所輯聖學宗傳頗詳古哲，略於今儒，遂採自宋訖明兩浙諸儒，錄其言行，排纂成帙。大旨以姚江爲主，而援新安以入之。故首列楊時，次以朱子、陸九淵並列，陳亮則附載於末。題曰推豪別錄。又以蔡懋德論學諸條及鱗長所自撰掃背圖諸篇，綴於卷後。懋德、鱗長非浙人，入之浙學，已不類，而自撰是書，自稱劉乾所先生，與古人一例，尤於理未安也。

楉陰新檢八卷（兩淮鹽政採進本）

明徐𤊹撰。𤊹初字惟起，更字興公，閩縣人。聚書數萬卷，並手自丹黃，以博洽名一時，竟終於布衣。明史文苑傳附見鄭善夫傳中。茲編採摭古事，分孝行、忠義、貞烈、仁厚、高隱、方技、名儒、神仙八門。所載多閩中事。大旨表章其鄉人也。

爲臣不易編（無卷數，內府藏本）

明黃廷鵠撰。廷鵠爵里未詳。據書前周延儒序，稱與廷鵠定交，此編卽夙昔所共討論，則萬歷末人也。所錄古來名臣自皐陶至文天祥，凡百人，各爲之傳，而系以序贊。

令史高山集七卷（兩江總督採進本）

舊本題曰臨川令江左吳用先體中編纂，不著時代。核其紙版，乃明萬歷中式也。其書輯古賢令事蹟，以寓高山景行之意。爲目十七，爲事三百八十有九，皆不註所出之書。其標目如循令、廉令之類，尙成文義，如自淸令、薦舉令之類，則拙鄙甚矣。第一卷別名令譜，而隸事與諸卷例同，尤不可解。

晉陵先賢傳二卷（浙江巡撫採進本）

明歐陽東鳳編。東鳳字千仞，潛江人。萬歷己丑進士，官至常州府知府。謝病歸，起山西按察司副使，又起南京太僕寺少卿，並不起。事蹟附見明史顧憲成傳。是編取常州先哲寓賢，自吳延陵季子訖明錢一本，共六十九人。採史傳郡志人各爲傳，傳末各附以頌。其傳於古人必詳所據之書，於近人則率註其文爲某撰，以明有據，體例頗謹嚴。然亦閒有不註者，疑爲疎漏云。

明詞林人物考十二卷（浙江巡撫採進本）

明王兆雲撰。兆雲字元楨，麻城人。是編錄明一代文士，起於洪武，迄萬歷，仿昭明文選之例，其人見在者不登。每人各詳其事蹟與所著作，凡四百二十三人，又補遺四十四人，共四百六十七人。其敍述頗無法，則如劉基一傳至二千言，所記皆望氣占夢、委巷流傳之事，惟傳末附所著有劉誠意伯集一語，並所著犂眉公集亦漏載，此自小說家言，何關文苑。又凌稚隆傳稱其纂輯五車韻瑞，尤爲詞林諸公所鑒賞，亦未免濫美矣。

弇州史料三十卷（左都御史張若溎家藏本）

明董復表編。復表字章甫，華亭人。是書皆採掇王世貞文集說部中有關朝野記載者，裒合成書。無所考正，非集非史，四庫中無類可歸，約略近似，姑存其目於傳記中。實則古無此例也。然世貞本不爲史，強命爲史，實復表之意。胡維霖墨池浪語稱弇州史料凡請弇州作傳誌者，雖中材亦得附名，未請傳誌，雖蓋代勳名節義，亦所不載，後之耳食未可以此爲定案云云。是又誤以爲出世貞之意，非其實矣。

兩浙名賢錄五十四卷外錄八卷（浙江巡撫採進本）

明徐象梅撰。象梅字仲和，錢塘人。其書取兩浙先賢，自唐虞迄明隆慶，別爲二十二門，又外錄元元、空空二門，以載釋道二家。名目既多，體遂冗雜，如輔弼、經濟無故區分，文苑、儒碩過加軒輊。又諸傳皆標題官爵，獨道學一門稱先生而不書其官，於體例亦未畫一。至所列之人本正史者十僅二三，本地志者乃十至六七，以鄉閭粉飾之語依據成書，殆亦未盡核實矣。

古今貞烈維風什四卷（兩淮馬裕家藏本）

明許有穀撰。有穀字子仁，宏興人。其書大旨爲表揚貞烈而作，按輿志區分，各以人繫其地，由古迄明。每地分列傳標題、列名不標題二類。其標題者各題七言絕句，不標題者粗舉事蹟而已。凡例稱詞雖淺俚，意取勸揚。是書長短，有穀已自道之矣。

忠義存褒什二卷（兩淮馬裕家藏本）

明許有穀撰。是書記建文殉難諸臣事蹟，每一傳後繫七言絕句一首。

續列女傳九卷（浙江鮑士恭家藏本）

明邵正魁撰。正魁字長孺，休寧人。是書以續劉向列女傳，仍其體例，分別七門。唯其中節義、賢明各分一子卷。大抵採摭各史后妃列女傳，分類彙敍，閒有略益以他書者，不過十之二三。每傳末必引諸經爲詠嘆之詞，以求肖向書之體，可謂王之學華，皆在形骸之外。末附汪匯所作正魁母鄭氏傳一篇，尤古無此例也。

逸民史二十二卷（內府藏本）

明陳繼儒編。繼儒有邵康節外紀，已著錄。是書雜採自周至元史傳郡志隱逸之士，爲二十卷。其末二卷以元史隱逸不詳，搜取誌銘之類，輯爲元史隱逸補。然是書所載如張良、兩龔之類，皆策名登朝，未嘗隱處。若吾邱衍、王冕之類，皆淹蹇不遇，並非高逸者，亦濫入之，未免擇之不精焉。

東越文苑六卷（兩淮馬裕家藏本）

明陳鳴鶴撰。鳴鶴字汝翔，侯官人。天崇閒諸生。福建通志稱其早棄舉業，與徐𤐶兄弟共攻聲律。是編紀閩中文人行實，起唐神龍，迄明萬歷，爲四百十一篇。唐五代五十人，宋元三百八十五人，明百有六人。

姑蘇名賢小記二卷（兩淮馬裕家藏本）

明文震孟撰。震孟字文起，長洲人。天啟壬戌進士第一，官至東閣大學士，謚文肅，事蹟具明史本傳。是書大意以當世目吳人爲輕柔浮靡，而不知清修苦節之士可爲矜式者不少，故擇長洲、吳縣人物卓絕者各爲之傳，而系以贊。首高啟，終王敬臣，凡五十人。蓋既以表前賢，又以勵後進也。震孟以天啟二年及第，而是書成於萬歷甲寅，蓋其未遇時命意已如此，其立朝清介，有自來矣。

崇禎閣臣行略一卷（浙江巡撫採進本）

明陳盟撰。盟號鶴灘，富順人。天啟壬戌進士，官至吏部右侍郎，兼翰林院學士，加禮部尚書。是編首列崇禎一朝五十閣臣年表，次各爲小傳，據其載及姜瓌叛逆李建泰伏誅之事，則其書當成於桂王未滅時也。所列小傳各有評斷，而大抵深致憾於門戶。夫明以門戶亡國，其憾之是也。然稱溫體仁小心謹愼，兢兢自持，與門戶不協，眈眈伺隙，遂絕私交，謝絕情面。稱薛國觀之賜死，士論冤之。稱李建泰以人望薦舉督師，無一貶詞，顛倒是非，至於如是，其襃貶尚可信乎。亦仍一門戶而已矣。

王謝世家三十卷（江蘇巡撫採進本）

明韓昌箕撰。昌箕字仲弓，烏程人。是書成於天啓壬戌。考南朝王謝二家人物，各爲之傳，冠以譜系圖及同名考。王氏分四派：一曰瑯琊，凡十四卷；二曰太原正派，凡四卷；三曰太原支派，凡二卷；四曰太原別派，凡二卷。謝氏則惟陽夏一派。皆止於六朝，唐以後不預焉。

名臣志鈔二十四卷（浙江巡撫採進本）

明吳孝章撰。孝章字平子，嘉興人。是書前有天啓癸亥吳中偉序，謂其鈔鄭曉吾學編、王世貞四部稾而稍節之。然如孫一元傳乃殷雲霄所作，則亦不全據鄭、王矣。所錄始於洪武，迄於隆慶，凡一百五十三人。卷中有自爲贊詞者，如李善長傳末是也；有襲弇州史稾者，如湯信傳末是也。然若劉基與李善長同卷，而贊詞獨不及於劉；馮勝、傅友德、藍玉同卷，而贊詞獨不及於馮、藍，則未知命意之所存。其所載事實，頗爲闕略。而徐達傳之附增壽，李文忠傳之附景隆，此自史家備詳世系之體，若惟志名臣，烏容及此。至于謙傳之附石亨，益無理矣。中偉序全仿史記自序、漢書敘傳之例，行以韻語，殊乖體裁，謂之不善學步可也。

歷代相業軍功考二卷明代相業軍功考二卷（浙江巡撫採進本）

明沈夢熊撰。夢熊字兆揚，歸安人。是書成於天啓癸亥。所錄歷代相業，自伊尹至陸秀夫四十七人；軍功自呂望至孟珙五十人。明代相業自楊士奇至申時行十三人；軍功自徐達至王崇古三十人。前載事實，末附評語，大抵節錄史文，別無考證，評語亦皆陳因之談。

銀鹿春秋一卷（浙江巡撫採進本）

明陸嘉穎撰。嘉穎字子垂，又字明吾，嘉定人。天啓中嘗官主簿。是編輯古來義僕事蹟。其以銀鹿爲名者，銀鹿爲唐顏峴家僮，事顏眞卿終身，至禍患不避去故也。然奴不負主，古來不止一銀鹿，銀鹿亦不必爲義僕第一，取以立名，不甚可解。殆以二字新穎，故採爲標目耳，殊無理也。所列自欒布以下凡七人，女奴十一人，頗多漏略。如蕭穎士僕人，人耳熟之事，而遺之不載，則無論他僻事也。其中有嘉穎裔孫鑽續補一十六條，然雜列其閒，不可分別，尤無義例。所載史漢後劉武，卽嘉穎家僕；徐永清，卽鑽家僕，事皆不足傳，而躋之古人之列，亦不倫甚矣。

孝友傳二十四卷（江蘇巡撫採進本）

明郭凝之撰。凝之字正中，海寧人。天啓甲子舉人，官至兗東兵備副使。是書採摭商至元末孝義事蹟，按代編次。然體例猥雜殊甚，如君陳絕無事蹟，以成王孝友一言列之，猶有說也。顏子竝不專以孝稱，而亦虛載其名。晉文公對秦使乃舅犯之謀，而亦泪標厥目。至論語問孝四人，以子夏爲主，子游附傳，已屬妄分賓主；孟懿子、孟武伯亦與子游同附，則不知二人之孝以何爲據矣。

明孝友傳八卷（浙江巡撫採進本）

明郭凝之撰。此書採摭明代之事，以續所作孝友傳。上自士大夫，下迄沙彌乞匄，人各爲傳，其四百二十九人。

遜國忠記十八卷（浙江巡撫採進本）

明周鑣撰。鑣字仲馭，金壇人。崇禎戊辰進士，官至刑部員外郎。福王時爲馬士英、阮大鋮所殺。事蹟附見明史姜日廣傳。是書統載建文死事諸臣，而以職官分類，體例小殊。然篤信從亡之事，於諸臣名姓備錄無遺。又如錢士升表忠記載建文潛出西華門，沿河得空舟，而此載舟子夢高皇帝命艤舟以待，更神其說矣。

古今宗藩懿行考十卷（內府藏本）

舊本題曰潞王編，不著其名。按明史諸王年表，穆宗隆慶五年，封第四子翊鏐爲潞王。萬歷四十六年，翊鏐庶子常淓襲封。此書成於崇禎九年，則當爲常淓所輯也。所採皆歷代宗臣之賢者，自周迄明凡百餘人，各著事蹟梗概，加以評論。中閒如劉歆依附王莽，傾覆宗邦，而得與其數，殊乖衮鉞之公。又曹彰、司馬孚等雖非無可節取，而儼然與周、召竝列，亦擬不於倫矣。

明經濟名臣傳四卷（江西巡撫採進本）

明賀中男撰。中男，永新人。是編載明代名臣，自洪武迄萬歷之季，凡文臣五十五人，武臣二十一人。據其子善來所述凡例，稱爲未竟之本。其掛漏猶爲有說，至於李東陽之固位取容，張孚敬、桂蕚之希旨求媚，其經濟安在，而濫列於名臣，不亦傎乎。

宗聖譜十四卷（江蘇巡撫採進本）

明鄒泉撰。泉字子靜，常熟人。是書分八目，曰孔聖譜，曰四配譜，曰十哲譜，曰羣賢譜，曰理學譜，曰經儒譜，曰史氏譜，曰著作譜。蓋欲合儒林道學源流本末彙爲一書，以便檢閱，而體例叢脞，舛次多乖。如經儒譜內書傳列伏生、歐陽、夏侯，不列孔安國，而別列安國於儒拾遺之內。史氏譜內列李燾續通鑑長編，不列司馬光資治通鑑，而別列通鑑於史拾遺之內。進退失倫，絕無義理。其著作講雜錄書名，皆取材於經籍考中，又十不存一。蓋隨意鈔撮，以供里塾佔畢之用，雖以宗聖爲詞，實兔園冊也。

辨隱錄四卷（浙江汪啟淑家藏本）

明趙鳳翀撰。鳳翀字文象，爵里未詳。自序稱十載爲郎，一麾出守，蓋官至知府也。此書爲歸田後所作，列古人之隱居者，分龍隱、高隱、知隱、神隱、右隱、癡隱、仕隱七門，强生分別，殊無義例。高隱列張欽，殆忘其屈節蔡京；右隱列郭璞，殆忘其見戮王敦；癡隱以屈原、雪菴和尚與焦光、朱桃椎連名；仕隱以胡廣、譙周、馮道與柳下惠同傳，皆幾於黑白不分。至李泌入龍隱，張良入神隱，莊周入高隱，列禦寇又入知隱，亦不知其何以分優劣也。

陸氏世史鈔六卷（浙江巡撫採進本）

明陸濬源撰。濬源，平湖人，自稱陸贄二十九世孫。是書採陸氏名見正史者，自漢迄元，得一百二十人，各錄其本傳，裒爲一編，亦自誦清芬之意。然氏族源流，最爲叢雜。唐人世傳譜牒，以門第相高，而白居易自述姓源，且不免以蹇叔之子指爲出自芊勝。況自宋以來，此學不講，支分派別，尤莫能稽。濬源是書，既首列唐書世系表，明吳郡之陸出自田齊，爲嬀姓之後，又引王應麟姓氏急就篇註，謂出自陸終，又引陳留風俗傳，謂出自陸渾之國，是本原先已傳疑。又稱唐陸鴻漸，姓由卜筮，北魏步陸孤氏亦復姓省文，是末派猶難考信。乃取上下數千年中陸姓之人，不問異同，聯爲一譜，然則尼山殷後，可與孔圉稱宗，懿仲齊卿，可與國僑合族，此亦千古譜牒之通病矣。

衡門晤語六卷（兩江總督採進本）

明潘京南撰。京南自號鷇樂生，新都人。是編摘錄古今隱逸閒適之事，分前、後、續、別四集。前集廣成子而下七十五人，自上古逮魏；後集孫登而下七十五人，自晉逮元；續集伯成子高而下百五十人；別集則摭其議論及所作詩賦。亦皇甫謐高士傳之支流。其曰晤語，則千載一堂之意云爾。

楚寶四十五卷（湖南巡撫採進本）

明周聖楷撰。聖楷字伯孔，湘潭人。是書編錄楚中人物名賢，分二十五門，曰大臣，曰名臣，曰大將，曰智謀，曰諫諍，曰文苑，曰良吏，曰命使，曰典故，曰真儒，曰諸子，曰孝友，曰忠義，曰獨行，曰貞隱，曰列女，曰方伎，曰異人，曰宦績，曰遷寓，曰山水，曰名祀，曰列仙，曰名釋，曰祖燈，忞錄史志原文，亦間有考證。前有總論四條，一曰定區域以尊王，二曰別人物以徵傳，三曰約論註以歸雅，四曰考遺勝以闕疑。高世泰序，稱其人物十九，名勝十一，古文十九，今文十一。大致以人物爲主，而稍以山水古蹟附之。既非傳記，又非輿圖，在地志之中別爲一例。姑從其多者爲主，附之傳記類焉。

道南錄五卷（江蘇巡撫採進本）

不著撰人名氏，亦無序跋。道南書院在福州，疑閩人所爲也。其書節錄明道程子、楊時、羅從彦、李侗、朱子言行，末附祠祀始末。道者公器，傳道者亦統爲天下萬世之計，不僅求爲一鄉一邑之榮。況五大儒事蹟著述，照耀古今，亦不復藉此以顯，是特夸耀桑梓，非爲表章道學也。所見亦云小矣。

國殤紀略一卷（浙江巡撫採進本）

不著撰人名氏，以書中所自敘考之，蓋鄭姓，湘鄉人。前明崇禎丙子舉人也。是編紀明末楚中死節之士，前爲何騰蛟、堵允錫、章曠、傅作霖四人遺事，各系以詩，蓋用靖康小雅之體。後附周亮、張世英、王士璞、何應瑞、李有斐五人小傳。允錫以病卒於軍，不得拔死綏之義，士璞爲其弟士琳所攜，死於囹圄，亦非克等四人死於張獻忠者比，未免爲例不純也。

欽定四庫全書總目卷六十二

欽定四庫全書總目卷六十三

史部十九

傳記類存目五

崇禎五十宰相傳一卷（浙江巡撫採進本）

國朝曹溶撰。溶字潔躬、號秋嶽、秀水人。前明崇禎丁丑進士。官監察御史。入國朝、官至戶部侍郎。出爲廣東布政使、左遷山西陽和道。此傳皆崇禎時入閣諸臣事蹟。凡六篇。前有年表一篇。明代自胡惟庸以後、不立丞相、然自後入閣辦事者、亦相沿以相國呼之。此書題曰宰相、從俗稱也。崇禎十六年間、輔臣至五十人、其行事皆見於明史。說者謂其輕進易退、不收實用。溶篇末總論、獨謂其私心朋比、門戶相承、邪正雖殊、植黨則一。斯誠探本之說矣。傳雖分列五十人、而所錄事實、皆取賢否懸殊、關係治亂之大者。其成基命以下十四人、但敘官閥、黃立極以下四人、亦極簡略。蓋以爲無關勸戒、不足書也。溶門人陶越乃取陳盟所作崇禎內閣行略補之、非溶意矣。此書檇李詩系作崇禎五十輔臣傳五卷。其實爲傳六篇、加以年表一篇、非五卷也。所載行事與明史詳略相參、亦可互資考證焉。

五十輔臣編年錄殘本一卷（浙江吳玉墀家藏本）

不著撰人名氏。版心有檇李曹氏倦圃藏書字、蓋曹溶家舊本。疑溶嘗作崇禎五十輔臣傳、此其稾本之一冊爾。始於天啟七年八月、中間惟崇禎元年一月差詳。崇禎二年則惟韓爌調停沈維炳、辟國觀申救任贊一事。而卷尾題曰五十輔臣編年錄、殆不可曉。書中文理斷續、率不可讀。繕寫惡劣、亦幾不成字。

歷代循良錄一卷（山東巡撫採進本）

國朝孫蕙撰。蕙字樹百、號泰巖、又號笠山、淄川人。順治辛丑進士。官至給事中。是書采歷代循良事蹟、惟載縣令而不及他官。其意謂令與民最近也。自秦漢以迄近代、僅盈一卷。去取可謂謹嚴、然挂漏亦所不免。

古人幾部六卷（兩江總督採進本）

國朝陳允衡撰。允衡字伯璣、南昌人。是書所錄、皆明哲保身之士、與急流勇退之人。允衡自序云、平湖陸叔度著古人幾部、始管夷吾、終史天澤、凡八十一人。古之成大功、定大策者咸在焉。而其人亦有功成而身死、名立而毀至者、定是不變、無以語權。因更集古人、顏曰幾部。然其書首載堯舜、以堯之傳舜、舜之逃象、皆目爲知幾、亦淺之乎窺聖人矣。豈姑以寓防患之意、不規規於品題之當否耶。

歷代黨鑑五卷（浙江汪啟淑家藏本）

國朝徐賓撰。賓字用王、常熟人。是書蓋因明季朋黨之禍、爰採輯史傳、作爲此書。上自東漢黨錮、以及魏之曹爽、晉之賈充、唐之王伾王叔文牛僧孺李德裕、宋之洛蜀朔三黨、元祐黨籍、慶元僞學、以及明之東林魏黨、靡不詳載。又採各家論朋黨之語附之於後、而以范祖禹唐鑑終焉。卷首冠以東林黨籍論三篇、亦賓所自作也。

孔庭神在錄八卷（江蘇巡撫採進本）

國朝胡時忠撰。時忠原名時亨、字慎三、無錫人。崇禎丙子舉人。是錄以祀典爲主、故先列位次、而於聖賢諸儒各爲著錄。其第八卷則考證辨論之辭、凡十五篇。

畿輔人物志二十卷（浙江吳玉墀家藏本）

國朝孫承澤撰。承澤有尚書集解、已著錄。是編專志有明一代畿輔人物、然如李東陽之類、究涉假借、不出地志之積習。又如成基命無所瑕疵、亦實無所樹立。承澤以其子克鞏方官大學士、而盛相推重、則亦非盡信史矣。

四朝人物略六卷（副都御史黃登賢家藏本）

國朝孫承澤撰。自漢至唐宋爲五卷、全襲名臣錄之文。明一代總爲一卷、皆用劉孟雷所爲翊運碩輔名卿正學等傳爲之。蓋承澤所長在於習掌故、精賞鑒。故所撰春明夢餘錄、庚子銷夏記諸書、皆考證詳明。而史筆敘述、則非其專門也。

益智錄二十卷（副都御史黃登賢家藏本）

國朝孫承澤撰。起周迄明、凡聖賢名人言行可錄者、詮次爲二十卷。而載明人事居三之一。間有敘事之後、附以論斷者。承澤崇禎庚午鄉試、出姚希孟之門。辛未會試、出何如寵之門。故其附東林也甚力。是書爲萬歷天啟閒諸人傳尤詳。然承澤門戶深固、大抵以異同爲愛憎、以愛憎爲是非、不必盡協於公道也。

顧氏譜系考一卷（兩江總督採進本）

國朝顧炎武撰。炎武有左傳杜解補正、已著錄。是書於顧氏世系考據最詳。然姓氏之書、最爲叢雜。自唐以後譜學失傳、掇拾殘文、未必源流盡合。姑存其說可也。

檇李往哲續編一卷　浙江巡撫採進本

國朝項玉筍撰。玉筍字和父，秀水人。是書續戚元佐之傳而作，補萬歷以前元佐所未載者。又益以天啟、崇禎兩朝凡十二人，而以孝子魏學洢附於其父大中傳。每傳各系以論，與元佐例小異。

金華徵獻略二十卷　浙江巡撫採進本

國朝王崇炳撰。崇炳字虎文，東陽人。嘗於蘭溪唐氏輯其郡人著述爲金華文略，此其所採金華先賢事蹟也。分十有二類，曰孝友，曰忠義，曰儒學，曰名臣，曰文學，曰政績，曰卓行，曰貞烈，曰仙釋，曰方技，曰來宦，曰遊寓。自元以前則本之史傳及吳師道敬鄉錄、宋濂人物志，自明以後則更蒐採諸書以補之。然鄉曲之私，所錄不免氾濫。其序例謂事蹟或無可稱而列之名臣者，乃序爵之義，不知鄉閭耆碩，原不當以祿秩爲重輕。若槩加採錄，則是公卿表而非耆舊傳矣。

聖學知統錄二卷　直隸總督採進本

國朝魏裔介撰。裔介有孝經註義，已著錄。是錄凡載伏羲、神農、黃帝、堯、舜、禹、皋陶、湯、伊尹、萊朱、文王、太公望、散宜生、周公、孔子、顏子、曾子、子思、孟子、周子、二程子、張子、朱子、許衡、薛瑄二十六人，博徵經史，各爲紀傳，復引諸儒之說附於各條之下，而衷以己說。其自序謂見知聞知之統具載於此，然惟聖知聖，惟賢知賢，惟接道統之傳者能知道統之所傳。孟子末章惟孟子能言之耳，奈何遽以自任乎。

聖學知統翼錄二卷　直隸總督採進本

國朝魏裔介撰。裔介既作知統錄，復作此錄以翼之。自序謂以之羽翼聖道，鼓吹六經，亦猶淮泗之歸於江海，鳧繹之儕於岱宗也。凡錄伯夷、柳下惠、董仲舒、韓愈、胡瑗、邵雍、楊時、胡安國、羅從彥、李侗、呂祖謙、真德秀、趙復、金履祥、劉因、曹端、胡居仁、羅倫、蔡清、羅欽順、顧憲成、高攀龍二十二人。其去取之故，亦莫得而詳焉。

希賢錄五卷　直隸總督採進本

國朝朱顯祖撰。顯祖號雪鴻，江都人。順治丙戌副榜貢生。其書載自周至明諸儒言行，各繫以論斷。其意蓋欲仿伊洛淵源錄，然去取多不可解。退邵子、司馬光於朱子後，升張栻、呂祖謙於范仲淹前，未免輕於予奪。其列明儒以薛、曹、邱、胡爲冠，配宋之周、程、張、朱。邱者邱濬也，斯則更屬異聞矣。

洛學編四卷　浙江巡撫採進本

國朝湯斌撰。斌字孔伯，號潛菴，睢州人。順治己丑進士，官至工部尚書，諡文正。是書述中州學派，分爲二編。首列漢杜子春、鄭興、鄭衆、服虔，唐韓愈，宋穆修，謂之前編。次列二程子以下十三人，附錄二人；元許衡以下三人，附錄一人；明薛瑄以下二十人，附錄七人，謂之正編。各評其學問行誼。蓋雖以宋儒爲主，而不廢漢唐儒者之所長。後耿介作中州道學編，乃舉唐以前人悉刪之，則純乎門戶之私，所見又與斌異矣。

續表忠記八卷　副都御史黃登賢家藏本

國朝趙吉士撰。吉士字恆夫，號漸岸，又號寄園，休寧人。順治辛卯舉人，官至戶科給事中。是書記明萬歷以後忠義之士，以明錢士升有表忠記記遜國諸臣，故此以續爲名。所載凡一百二十三人，然前所載皆死魏忠賢之禍者，後所載皆明末殉節者，而參雜以葉向高、顧憲成、趙南星、鄒元標、馮從吾諸傳，體例不純。蓋其時去明未遠，猶存標榜之風。不知諸人致命遂志，取義成仁，其事自足千古，正不必牽附東林而後足以爲重也。

天中景行集　無卷數，江蘇周厚堉家藏本

國朝邵燈撰。燈字無盡，一字薪傳，常熟人。順治壬辰進士，官至河南河道。是編乃燈康熙九年奉檄防河，因取中州名宦鄉賢，上自春秋，下訖宋元，彙爲一編。或全錄本傳，或摘鈔數事，無所考證，亦無所臧否。

中州道學編二卷補編一卷　浙江巡撫採進本

國朝耿介編。介字介石，號逸菴，登封人。初名冲璧，讀北山移文至耿介拔俗之句，遂更今名。順治壬辰進士，官至直隸大名道。以湯斌薦，授詹事府少詹事。是編專載中州道學，自宋二程子至國朝陳愘等五十七人，人各有傳，傳後或附語錄及所著書。末附補編一卷，乃乾隆庚午登封知縣晉江施奕簪所編，兼收漢杜子春以下傳經諸儒，介亦與焉。然道學、儒林自宋史分傳以後，格不相入久矣。介於漢儒、宋儒門戶，判如冰炭，韓愈諸人乃所特黜，非其偶漏。奕簪不自爲一書，而附之介書之後，非其志也。

古懽錄八卷　江西巡撫採進本

國朝王士禛撰。士禛字貽上，號阮亭，又自號漁洋山人山東新城人順治乙未進士官至刑部尚書諡文簡士禎原名下一字與世宗憲皇帝廟諱相同故傳刻其書者皆改爲士正乾隆丁酉奉諭旨追賜今名是編皆述上古至明林泉樂志之人蓋皇甫謐高士傳之意其自序稱取古詩良人惟古懽句爲名案此句見文選古詩第十六首李善註曰良人念昔之歡愛則所謂良人者乃棄妻指其故夫所謂惟者思維也古者舊時也歡者夫婦之私昵也不識士禎何據乃以爲高隱之目無乃解爲與古爲徒之意耶果若是則誤之甚矣

大成通志十八卷陝西巡撫採進本

國朝楊慶撰慶有古韻叶音已著錄是書成於康熙己酉摭拾歷代制度不盡關於孔庭其年表世家列傳大抵掇拾舊文第十七卷爲理齋說要第十八卷爲理齋節要乃慶講學之書而綴於聖賢之後總名曰大成通志似亦未安也

續高士傳五卷浙江鮑士恭家藏本

國朝高兆撰兆字雲客侯官人王晫今世說曰高雲客少遭喪亂自江左還舊鄉布衣疏食塊處蓬室中採摭隱逸輯爲續高士傳鑒別精嚴論者謂其才識不讓士安即此編也據卷首陶潡序稱其始晉皇甫士安斷於有明之穆廟中閒千餘年其得一百四十三人微顯闡幽循名責實起辛丑八月至壬寅二月始告成蓋創稾於順治十八年蕆事於康熙元年也其去取頗不苟故陳日浴序稱其凡名入仕籍後挂冠者黜迷溺於老佛之學者黜然宋种放隱節不終反登爵牘元褚伯秀實道士所註莊子義海纂微今尚著錄也

理學備考三十四卷江西巡撫採進本

國朝范鄗鼎撰鄗鼎字彪西洪洞人康熙丁未進士以養親不仕終於家是編備列有明一代講學諸儒初刻於康熙辛酉卷一至卷六劉取辛全理學名臣錄卷七至卷十劉取孫奇逢理學宗傳十一卷至十六卷乃鄗鼎所續補也續刻於己巳再續刻於甲戌十七十八卷劉取熊賜履學統十九卷至二十九卷劉取張夏洛閩淵源錄三十卷至三十四卷劉取黃宗羲明儒學案計所自作者僅六卷而已其說不出於一家其文不出於一手宜其體例之參差矣

勝朝彤史拾遺記六卷浙江巡撫採進本

國朝毛奇齡撰奇齡有仲氏易已著錄是書皆明一代后妃列傳自稱初得其父所藏宮闈紀聞一卷載事不確文不雅馴後預修明史分撰天順成化宏治正德四朝后妃傳因搜考史宬闕略特甚乃仍取外史所紀與實錄參修而掇其賸稾合之宮闈紀聞撰爲此書凡六十五傳其中如鄭金蓮王滿堂於史例不得立傳崇禎末宮人費氏青霞女子等於史例當別入列女傳即是書以拾遺爲名不得拘以史例亦應隨事附錄不得自爲一傳雜於后妃中也其敘述則頗有法然大端已採入正史此無庸複錄矣

酉溪外傳十八卷江蘇周厚堉家藏本

國朝陳鼎撰鼎有東林列傳已著錄是書凡分十三部曰忠義曰孝友曰理學曰隱逸曰廉能曰義俠曰游藝曰苦節曰節烈曰貞孝曰闡德曰神仙曰緇流所紀皆明末國初之事其閒畸節卓行頗足以闡揚幽隱然其事蹟由於徵送觀卷首徵事啟末附載二行云凡有事實可寄至江寧承恩寺前刻匠蔡丹敬家或揚州新盛街岱寶樓書坊轉付云云則仍然徵選詩文標榜聲氣之風未可據爲實錄如張潮諸人生而立傳殊非蓋棺論定之義其閒怪異諸事尤近於小說家言不足道也

明儒林錄十九卷兩淮馬裕家藏本

國朝張恆撰恆字北山松江人朱彝尊之中表也而彝尊志在稽古恆則志在講學所見頗岐是集紀明代兩浙諸儒言行所載未爲詳備而附採語錄之類亦過於繁冗

雒閩源流錄十九卷江蘇巡撫採進本

國朝張夏撰夏有楊文靖年譜補遺已著錄是書取有明一代講學之儒分別其門戶成於康熙壬戌大旨闡雒閩之緒而力闢新會餘姚之說自一卷至十三卷列爲雒閩之學者正宗十六人羽翼三十九人儒林一百九十二人倂合傳附傳者共二百五十餘人十四卷爲新會之學十五卷爲餘姚之學所列羽翼八人儒林三十九人而正宗則闕十八十九二卷謂之補編所列僅儒林五十八人倂羽翼之名亦不予之矣自明以來講學者醸爲朋黨百計相傾王守仁作朱子晚年定論程敏政作道一編欲援朱子以附陸氏論者譏其舞文張

烈作王學質疑熊賜履作閑道錄又詆斥陸王幾不使居於人類論者亦譏其好勝雖各以衞道爲名而本意所在天下得而窺之也夏此書以程朱之派爲主而於陸氏之派亦節取所長以示不存門戶之見用意較爲深密然卷首稱明太祖以理學開國試錄幾四五百言以爲直接堯舜禹湯文武之統殊非篤論亦非事實其凡例稱人品自人品學術自學術如趙南星楊漣繆昌期李應昇諸人可謂之忠臣不可列之於儒林立說尤偏豈程朱之傳惟教人作語錄乎

錫山官賢考略三卷江蘇周厚堉家藏本

國朝張夏胡永禔同撰永禔字鴻儀與夏同里是編取無錫名宦鄉賢二祠及崇正書院所祀諸先儒起宋迄明皆詳其仕履撮其事實彙爲一編上卷名宦中卷崇禎諸儒下卷鄉賢書成於康熙甲子在雒閩源流錄後二年

吳越順存集三卷外集一卷兩淮馬裕家藏本

國朝吳允嘉撰允嘉字志上錢塘人是書輯吳越錢氏譜冊逸事併詳考其子孫之以文學仕宦顯者薈萃成書蓋允嘉本錢姓吳越王之裔也

道南正學編三卷浙江巡撫採進本

國朝錢肅潤撰肅潤有尙書體要已著錄是書成於康熙辛未所錄皆從祀東林書院諸人自序謂不拘世代不敘年齒不論地位不限科目率以入祠之先後爲次第故元人列明人後焉其末以國朝孫承澤王崇簡二人終承澤傳首曰崇禎辛未進士官至吏部侍郎使不知承澤始末者不將以爲明之吏部侍郎乎

又尙集二卷江西巡撫採進本

國朝何屬乾撰屬乾字不息江西廣昌人由副榜貢生官永新縣訓導是書纂輯永新名宦鄉賢事蹟以已入祀典者各撰小傳自三國分疆迄國朝康熙中分爲上下二卷其傳末論斷多附見軼事與傳意不相重複頗得史記遺意云

聖宗集要八卷兩江總督採進本

國朝費緯祹撰緯祹字約齋鄞縣人是書上溯皇古下迄有明凡大聖大賢及講學諸儒輯爲一編取大宗之義故以聖宗爲名然如聶豹之黨嚴嵩殺楊繼盛具載於益智錄中列於聖賢之大宗固爲有忝即徐階之心術事業亦未必足當此且至於穆脩傳後盛推陳摶躋之於儒宗謂伏羲神農黃帝皆二百歲顓頊堯禹皆百餘歲伊尹百歲文武九十餘歲可以識修煉之道在於凝道淡泊栖志和平時動靜以固元神宣慈惠以培陰德淸心寡慾以培養天年又謂道家者流施之於治則結繩之治可復云云古來有此道學乎

卓行錄四卷浙江巡撫採進本

國朝黃容撰容字敘九吳江人是書成於康熙庚辰所錄多明末國初之事後有自序稱集中體例主於表彰潛德蒐輯逸事其事蹟赫赫在天壤他書具載者反不多錄然而孫承宗之死節史籍彰彰似不在潛德之列而龔佩潛女一條云九龍龔佩潛以進士遇國難投秦淮以死有才女能詩云云此在佩潛爲卓行其女能詩未爲卓行也

荆門耆舊紀略三卷列女紀略一卷浙江巡撫採進本

國朝胡作柄撰作柄荆門人始末未詳荆門舊有志明季散佚作柄於康熙戊戌己亥間初爲耆舊一編志其鄉之人物續又以宋以來列女別爲一編附焉兩編皆自爲之序其於老萊子後次以黃歇但曰爲李園所制不著所終歇之怙權盜國果可列鄉賢俎豆間乎其論宋王大用死難一條據土人祠廟以辨宋史記其降元之誣固善善從長之義然無徵不信也

學統五十六卷湖北巡撫採進本

國朝熊賜履撰賜履字敬修孝[illegible]人康熙戊戌進士官至大學士是書以孔子顏子曾子子思孟子周子二程子朱子九人爲正統以閔子以下至明羅欽順二十三人爲翼統以冉伯牛以下至明高攀龍一百七十八人爲附統以荀卿以下至王守仁七人爲雜統以老莊楊墨告子及二氏之流爲異統夫尙論古人辨其行事之醇疵立言之得失俾後人知所法戒足矣必錙錙銖銖較其品第而甲乙之未免與班固古今人表同一悠謬況薛瑄胡居仁羅欽順俱尊之稱子稱先生而伯牛子路諸賢乃皆卑之而書名軒輊之間不知何所確據又荀況揚雄王通蘇軾均以雜統而稱子陸九淵陳獻章王守仁又以雜統而書字褒貶之閒亦自亂其例也

道統錄二卷附錄一卷江蘇巡撫採進本

國朝張伯行撰伯行字孝先儀封人康熙乙丑進士

官至禮部尚書，諡清恪。是書自序，謂曩於故書肆中購得道統傳一帙，乃仇熙所著，因更爲增輯。上卷載伏羲、神農、黃帝、堯、舜、禹、湯、文、武、周公、孔子及顏、曾、思、孟。下卷載周、程、張、朱。其附錄中則載皋陶、稷、契、益、伊尹、萊朱、傅說、太公、召公、散宜生及楊時、羅從彥、李侗、謝良佐、尹焞八人，各一傳，述其言行，而以總論冠於卷端。

道南源委六卷（河南巡撫採進本）

國朝張伯行編。是編本明朱衡道南源委錄，稍本重加考訂。首卷自楊時至江杞三十六人，次卷自羅從彥至陳紹叔八十一人，三卷自朱子至陳總龜八十人，四卷自李東至劉季裴九十六人，外附朱子弟子張顯甫等十九人，又著述可考者李琪等五十九人，五卷自歐陽佺至黃三陽五十九人，六卷自林希元至李逢甚四十五人，復以張書紳等五十一人有著述者類附焉。

伊洛淵源續錄二十卷（兩江總督採進本）

國朝張伯行撰。是編因明謝鐸伊洛淵源續錄採輯未備，薛應旂考亭淵源錄去取未嚴，因重爲考訂，以補正二家之闕失。然書甫出而譚旭謀道續錄又反覆千百言，糾其漏，胡寅、眞德秀、吳澂講學如聚訟，寔其然乎。有朱子之學識而後可定程子門人之得失。此中進退，恐非後學所易言也。

嘉禾徵獻錄四十六卷（兩淮馬裕家藏本）

國朝盛楓撰。楓字丹山，秀水人。是書所紀皆明一代嘉興人物。冠以妃主一卷，後以職官分紀。凡京朝官二十二卷，外吏十八卷，世職及死事諸將三卷，附以儒學一卷，文苑一卷。其子孫不能自爲傳者，則以史例附其祖父之下。若無事蹟顯著者，則備列其官階遷除而止。若人非善類，如施鳳來之附魏忠賢，吳昌時之黨周延儒者，則僅於目中列其名，而特闕其傳，以示戒。如史仲彬之類，亦間附以辨證之語。其卜大同傳末又附洪武三年給須戶帖一道，以資考訂，敘述亦爲詳贍。惟其錄名徵獻，而首冠以妃主，殊乖義例。又如趙文華傳，盛稱其平倭功績，又於其家祖父各爲立傳，盛加推挹，亦不免鄉曲之私也。

人瑞錄一卷（衍聖公孔昭煥家藏本）

國朝孔尚任撰。尚任號東塘，又號云亭山人，曲阜人。官至戶部郎中。是書記康熙二十七年天下奏報壽民自七十歲至百歲以上者，統三十七萬有奇，以著太平生息之盛。

修史試筆二卷（江西巡撫採進本）

國朝藍鼎元撰。鼎元有平臺紀略，已著錄。是編凡爲傳三十六篇，起唐房杜，終五代王朴，各綴以論。前有雍正戊申衡山曠敏本序，謂鼎元欲修宋史，而以此試筆，先敘有唐名臣，擇其忠節經濟之炳著者，列爲傳云。

道學淵源錄一卷（直隸總督採進本）

國朝王植撰。植有四書參註，已著錄。是書取從祀孔廟先賢先儒，條其事狀官爵，並考其從祀世代，大約襲闕里志諸書爲之。前有自序，於朱陸流派爭之甚力。

節婦傳十五卷（江西巡撫採進本）

國朝楊錫紱撰。錫紱字方來，清江人。雍正丁未進士。官至漕運總督，諡勤愨。是編蒐採近時節烈事蹟，各爲小傳。惟據其耳目所及，故未能賅備。又每得一人，即爲續刊，故印行之本，卷帙多寡往往不同云。

賢祀紀蹟十卷（福建巡撫採進本）

國朝康偉然撰。偉然字中江，漳州人。由拔貢生官羅源縣教諭，遷興化府教授。是編取文廟崇祀先聖先賢，各爲譜傳，後附以春秋祀典、禮樂器圖。自明以來，輯聖門事蹟者最多。此書成於雍正五年，正值釐正祀典之後，故所載位次一遵
本朝定制，校他本爲有體例。然所輯事略，實不出諸書之外，未能有所考訂也。

關學編五卷（江蘇巡撫採進本）

國朝王心敬撰。心敬有豐川易說，已著錄。初，明馮從吾作關學編，心敬病其未備，乃採摭諸書，補其闕略，以成此書。從吾原編始於孔門弟子秦祖，終於明代王之士。心敬所續輯者，於秦祖之前增伏羲、泰伯、仲雍、文王、武王、周公六人，於漢增董仲舒、楊震二人，明代則增從吾至單允昌凡六人，又附以周傳誦、党還醇、白希彩、劉波、王佋諸人。
國朝惟李容一人，則心敬之師也。明世關西講學，其初皆本於薛瑄。王恕又別立一宗，學者稱爲三原支派。大抵墨守主敬窮理之說，而崇尚氣節，不爲空談。黃宗義所謂風土之厚，而加之以學問者。從吾所紀，梗槩已具。心敬所廣，推本羲皇以下諸帝王，未免溯源太遠。又董仲舒本廣川人，心敬以其卒葬皆在關中，因引入之，亦未免郡縣志書牽合

附會之習也。

蜀碧四卷（江西巡撫採進本）

國朝彭遵泗撰。遵泗字磬泉，丹稜人。乾隆丁巳進士，官翰林院編修。是書紀蜀亂始末，及一時死節士女。其曰蜀碧者，取萇宏之血三年化碧意也。起明崇禎元年戊辰，至我朝康熙二年癸卯。末有附記及楊展、劉道貞、鐵脚板余飛等傳。其書大旨以流雲祚稱獻逆殘蜀由風俗之惡，故爲此書備書死難者姓名，以雪斯恥。而體例冗雜，如載桐城二老事，與蜀中無關。又如賊夢梓潼神以宗弟紅東來謁諸事，亦太涉神怪也。

閩學志略十七卷（福建巡撫採進本）

國朝李清馥撰。清馥有閩中理學淵源考，已著錄。是編取自唐迄明閩中之有關講學者，人各係傳，以志其略。蓋仿湯斌洛學編之例。大旨以朱子爲宗。朱子以後傳其教者皆錄之。朱子以前則自歐陽詹以後亦仿斌例爲前編。然隱逸之流，似不在講學之例，收之稍濫。且唐宋元共八卷，而明一代至九卷，其時代先後頗多紊淆，似不及閩中理學淵源考也。

太學典祀彙考十四卷（直隸總督採進本）

國朝張璠撰。璠字玉衡，宛平人。官國子監典簿。是書自孔子而下，四配十哲以及先賢先儒凡祀於太學者，悉裒其言行，各爲之傳。然意在務博，多失詳考。如子夏易傳、子貢詩傳皆後人僞作，而引作事實，絕無辨正。又歷代祀典如金石錄所載後魏太和元年立孔子廟，延興四年太上皇帝祭孔子文之類，皆佚不錄。元設管勾一官，見元文類歐陽元序，並此書附註百石史辛碑，例亦所當收，是亦不免於疎漏也。

循良前傳約編四卷（江蘇巡撫採進本）

國朝張先嶽撰。先嶽字北拱，晉江人。是書一名歷代名吏錄，採諸史循吏傳，各以時代先後編次，亦有旁取於他書者。然爲數無幾也。其所論斷，亦罕新裁。

學宮輯略六卷（河南巡撫採進本）

國朝余丙撰。丙字敬捷，禹州人。是書於先師孔子及從祀先賢先儒俱考其事蹟及世系里居，編次成帙。其祀於崇聖祠者皆併錄其言行。其改祀於鄉者自鄭衆以下三人，罷祀者公伯寮以下十三人，亦皆附入焉。間加案語，以志從祀進退歲月。然敍述頗爲簡略，蓋四書人物考之類也。

吉州人文紀略二十六卷（江蘇巡撫採進本）

國朝郭景昌編。景昌字旭瑞，奉天人。是書仿前陽文獻志之例，取吉安人物各爲之傳。文以諸人撰著分類編次，故統名曰人文列傳，凡爲十三類：曰理學名臣，曰忠節名臣，曰經濟名臣，曰文學名臣，曰內閣輔臣，曰才力，曰孝義，曰死事，曰清正，曰儒行，曰隱逸，曰科名，曰列女。撰著凡爲十九類：曰詔，曰冊，曰制，曰策，曰表，曰狀，曰疏，曰議，曰論，曰序，曰記，曰檄，曰書，曰跋，曰傳，曰贊，曰墓志銘，墓表，曰祭文，曰歌賦頌說雜著。

孝史十卷（兩江總督採進本）

國朝錢尚衡撰。尚衡字雲林，烏程人。是書編次古人孝行，上自唐虞，下迄明季，以朝代先後爲次。其所採錄，本之正史及一統志爲多。其子夙文復蒐訪稗官小說，續補成編，各傳之後，亦或附以論斷。其自序謂割股刲肝、臥冰埋兒之類，雖於不敢毁傷之義有乖，然愚孝之人，忘身事親，又不忍使之泯沒。是尚屬原情之論，善善從長。至於建德農人以蹴虎約而甘蹈亡身之危，尚衡稱爲守信達命，則所見太偏矣。

右傳記類總錄之屬，二百九部，二千三百四十八卷。內六部無卷數。皆附存目。

欽定四庫全書總目卷六十三

欽定四庫全書總目卷六十四

史部二十

傳記類存目六

西征記一卷（浙江巡撫採進本）

宋盧襄撰。襄字贊元，觀其自序，蓋衢州人。此書載於錦繡萬花谷前集之末，不知何人鈔出別行。乃襄赴京春試時紀行之作。末題庚辰仲春元日。案北宋凡三庚辰，以自牧所作歷科狀元表，太宗太平興國五年庚辰暨仁宗康定元年庚辰皆不見有進士科。惟哲宗元符三年庚辰，有李釜榜進士，則是人應試或在此年。所敍述皆無關考據，又雜載詩歌詞多鄙俚，頗近傳奇小說之流，雖出宋人，無可採錄也。

乙巳泗州錄一卷（浙江巡撫採進本）

宋胡舜申撰。舜申，績溪人，舜陟之兄，官至舒州通判。宣和乙巳，舜申在泗州，親見朱勔父子往來及徽宗幸泗州事，因爲此錄，紀載寥寥，無可採擇。

己酉避亂錄一卷（浙江巡撫採進本）

宋胡舜申撰。建炎己酉，金兵攻平江，宣撫周望出走，舜申之兄舜陟時爲參謀，舉家避難。舜申次爲此錄。其言頗詆韓世忠，末復載世忠擒妓一事，似有宿憾之言，未必實錄。此書與乙巳泗州錄，王明清玉照新志皆全載其文，蓋即後人於明清書內鈔出別行也。

逢辰記一卷（永樂大典本）

不著撰人名氏。宋史藝文志著錄，註云呂頤浩歷官次序。此書末有附記云，公平昔所爲文及奏議並載之別集。此外又有公之勤王記及遺事可考，故爲家傳以紀事，則此記乃頤浩後人所撰矣。

勤王記一卷（永樂大典本）

舊本題宋臧梓撰。梓里貫未詳。此書結銜題左宣教郎、荊湖南路安撫制置大使司幹辦公事，蓋作書時所居之官。其始末亦不可考矣。案原序稱紹興五年史館修纂建炎日歷，令勤王臣僚呂頤浩等各錄建炎三年金人攻泗州，諸路勤王事蹟。梓因即頤浩所述，以成此書，則梓特編次頤浩之文，非所自撰也。

西征道里記一卷（永樂大典本）

宋鄭剛中撰。剛中有周易窺餘，已著錄。是書乃剛中爲左宣教郎試祕書少監充樞密行府參謀時記行之作。前有自序，稱紹興己未，陝西初復，命簽書樞密樓公諭以朝廷安輯之意，某以祕書少監預參謀。所過道里集而記之，雖搜覽不能周盡，而耳目所際，亦可以驗遺蹤而知往古，與夫兵火凋落之後，人事興衰，物情向背，時有可得而窺者，同行者右通直郎尚書員外李若虛等九十五人云。

烏臺詩案一卷（編修汪如藻家藏本）

舊本題宋朋九萬編。即蘇軾御史臺獄詞也。案周必大二老堂詩話曰：元豐己未，東坡坐作詩訕謗，追赴御史獄，當時所供詩案今已印行，所謂烏臺詩案是也。靖康丁未歲，臺吏隨駕挈真案至維揚，張全真參政時爲中丞，南渡取而藏之，後張丞相德遠爲全真作墓誌，諸子以其半遺德遠充潤筆。其半猶在全真家，余嘗借觀，皆坡親筆，凡有塗改即押字於下，而用臺印云云。是必大親見真蹟，然不言與刊版有異同。陳振孫書錄解題載是書十三卷，胡仔漁隱叢話所錄則三卷有奇，皆與此本不合。仔稱其父舜陟靖康間嘗爲臺端，臺中子瞻詩案具在，因錄得其本。視近時所刊行烏臺詩話爲尤詳，今節入叢話。是仔書所載已爲節本，今考叢話諸條，不過較此本少一二事，其餘則條目皆同，則未必仔所見本。振孫稱九萬錄東坡下御史獄公案，附以初舉發章疏及謫官後表章書啓詩詞，此本但冠以章疏，而無謫官後表章書啓詩詞，則亦非振孫所見本，或後人摭拾仔之所錄，稍傅益之，追題朋九萬名，以合於振孫之所錄，非九萬本書歟。

客杭日記一卷（光祿寺卿陸錫熊家藏本）

元郭畀撰。畀字天錫，號雲山，京口人。是編乃其所作日記，原本共四冊，真蹟在揚州程氏家。雍正乙巳，厲鶚遊揚州得見之。鶚，杭人也，因手錄其中客杭一冊以歸。其書自至大戊申九月初一日至次年二月初九日，逐日瑣記交遊聞見，中頗記諸託吏胥之事，蓋畀於江浙行省求充學正山長時作也。鶚稱其所記白塔以進士題名碑爲基，銅鐘有淳熙改元曾覿篆銘，爲他書所未載，而寺壁一詩與程史所記康與之題徽宗畫扇詩亦可參考異同云。

使西域記一卷（編修程晉芳家藏本）

明陳誠撰。誠，吉水人，洪武甲戌進士，永樂中官吏部員外郎。誠嘗副中使李達使西域諸國，所歷哈烈撒馬兒罕等凡十七國，述其山川風俗物產，撰成此記。永樂十一年返命上之。明史藝文志載有陳誠西域行程記，即此書也。末有秀水沈德符跋，其所載音譯，旣多譌舛，且所歷之地，不過涉嘉峪關外一二千里而止。見聞未廣，大都傳述失眞，不足徵信。

使交錄十八卷（浙江范懋柱家天一閣藏本）

明錢溥撰。溥字原溥，華亭人。正統己未進士，官至南京吏部尚書，諡文通。是書乃其天順六年爲翰林院侍讀學士時出使安南所作。多載贈答詩文，而其山川形勢、土俗人情，乃略而不詳。

東祀錄一卷（兩淮馬裕家藏本）

明李東陽撰。東陽有燕對錄，已著錄。此錄乃宏治十七年重建闕里廟成，東陽奉使往祭，裒其途中所作記序銘文奏疏詩章等篇，共爲一編，而冠以敕文祝詞，又以記行志附於後。已載懷麓堂集中，此其別行之本也。

七人聯句詩記一卷（江蘇巡撫採進本）

明楊循吉撰。循吉有蘇州府纂修識略，已著錄。是編乃循吉與王仁甫、徐寅、陳章、王弼、侯直、趙寬六人會飲聯句，因成是記。後列六人小傳，而以自撰小傳附其後。復以會中盛事系之卷末，蓋偶然寄興作也。所載勝事以六官一隱者爲大奇，亦未能免俗矣。

歸田雜識二卷（兩江總督採進本）

明毛紀撰。紀有密勿稾，已著錄。紀於成化丁未通籍，嘉靖甲申賜休，自以位登台輔，全節完名，製爲四朝恩遇圖一冊，凡十有六幀，每幀皆先敘作圖始末，而以制詞敕旨具錄左方。又闢尋樂軒，與二三故老立忘形會，軒有記，會有約，有啟，與恩遇圖并刊之，分爲上下二卷，總題此名云。

歸閑述夢一卷（浙江范懋柱家天一閣藏本）

明趙璜撰。璜字廷實，號西峰，安福人。宏治庚戌進士，官至工部尚書，諡莊敏。事蹟具明史本傳。是書追述其平生居官事蹟，卷首載自序一篇，詩數首，詞皆朴俚，蓋亦家傳之類，特出於自作耳。璜本名臣，其所述核以本傳不甚相遠，猶非粉飾失眞者比。然其大端已具於史矣。

淮封日記一卷（江蘇巡撫採進本）

明陸深撰。深有南巡日錄，已著錄。是編乃其正德七年以編修充冊封淮府副使，途中所記。其紀程至蘇州而止，不言所封者爲何人。據深子楫所爲年譜，乃封淮王於饒州。而明史諸王世表，淮定王祐棨宏治十八年已襲封，至嘉靖三年卒，不應正德中始行冊禮。與深年譜不同，莫能詳也。記中錄馬中錫撫賊事，較史所載尤備，可資參考云。

南遷日記一卷（江蘇巡撫採進本）

明陸深撰。嘉靖中深以祭酒侍經筵，因爭閣臣改竄講章，謫延平府同知。是編紀其南行道路所經，以舟中日讀漢書，故評史之語亦雜載其閒。

使西日記一卷（浙江范懋柱家天一閣藏本）

明都穆撰。穆有壬午功臣爵賞錄，已著錄。穆於正德八年奉使冊封慶藩壽陽王妃，自京師至寧夏，因記其道路所經。江南通志稱其奉使秦中，訪其靈勝形勢，故宮遺壤，作西使記，即此書也。於碑碣古蹟，載之頗詳，然大抵多據見聞，罕所考證。時雜齊東之語，如趙州石橋傳張果騎驢處，獲嘉故地稱妲己梳妝臺，皆可笑噱。唯辨黃粱夢事爲誤傳呂洞賓，頗爲典核。所記石龍渦金崇慶二年靜難軍節度判官張瑋詩，亦爲志金石者所未及云。

斷碑集一卷（編修汪如藻家藏本）

明方豪撰。豪字思道，開化人。正德戊辰進士，官至湖廣按察司副使。明史文苑傳附載鄭善夫傳中。此其知沙河縣事時（案明史載豪由崑山縣知縣遷刑部主事，不言嘗知沙河縣，蓋偶然失載），重立顏眞卿所書宋璟神道碑，而記其始末者也。是碑在沙河食勝鋪，宋崇寧中有編修國史官要所檢閱文字范致君者，別書一碑易之，而舊碑遂不顯。正德中，豪始求得原石，已斷爲二，乃錮以鐵而復建之，併裒一時題咏及案牘之文以成是集。編次冗瑣，不出地志之陋體。惟其所載眞卿之文，與世所傳魯公集頗有異同。如集本云嘗夢大鳥銜書吐口中而咽之，遂來而上，石本吐作叶，來作乘。集本云襟懷益爽，石本懷作靈。集本云年十六七時或讀易，曉時不輟，石本於六字之下讀字上惟闕二字。集本云有司特聞，石本特作時。集本云巽而召還，石本異字上多一后字。集本云吾比欲優游自免，石本自免作鄉里。集本云不安與執政通同，石本通同作通問。集本云元宗將幸西蜀，石本作中宗將幸西京。集本云又復遷相州，石本無復字。集本云東宮有大功宗廟社稷主也，石本作春宮有大功主安得異議。集本云無敢不蔵石本蔵作畏。集本云變以陶瓦、石本陶瓦作陶旊。集本云燕國公張說者、石本無者字。集本云尋入爲洛州長史、石本作又爲洛州刺史。集本云思朂以將軍貴幸、泣訴於帝、石本幸作達、訴作辭。集本云改號侍中、石本作復兼侍中。集本云明年駕幸洛陽、石本洛陽作東都。集本云馳道險隘、行不得前、石本作馳道隘、稽車騎不得前。集本云必若致罪二臣、石本無必字。集本云以臣言免之、石本無言字。集本云上嘉而從之、石本上作遂。集本云母寵子愛、石本愛作異。集本云恐非正家之道、王化所不宜、石本無不字。集本云上藥異殊、石本作殊異。集本云蹶公而歿、石本蹶作偃。集本云河西節度行軍司馬、石本河西作河南。集本云忠孝之盛、人倫之綱、石本作人倫紀綱。集本云功成生讓、事軼居羊、石本生作宜。集本云略無交言、石本略作路。集本云讜論泱泱、石本讜論作右揆。一篇之中、舛異者凡二十八處、皆足以訂傳寫之誤。故其書雖不足存、而一節之長、特爲附著於此、以資考證焉。

東觀錄一卷（兩江總督採進本）

明舒芬撰。芬有周易箋、已著錄。此其所著梓溪內集之一也。芬於嘉靖二年被召復官、道出濟寧、謁闕里孔林、修釋菜禮、因錄所撰謁廟記及闕里形勝圖、夫子宮牆圖及釋菜禮儀、士相見禮儀、并附問荅五章、與伍餘福聯句三十韻、彙爲一帙。

滇程記一卷（兩淮鹽政採進本）

明楊慎撰。慎有檀弓叢訓、已著錄。此編乃其謫戍永昌時紀程之作。其中惟記崇寧寺僧滿空遺像、記段思平遺蹟、記吽狗山故事諸條、可備異聞。辨晃州非夜郎一條、可資考證。其餘不過誌山川、表里俗、採風謠而已。末有附錄一篇、則又慎得於醫士張姓、以補此書所未及者云。

却金傳一卷（兩淮鹽政採進本）

明王世懋撰。世懋字敬美、太倉人、世貞弟也。嘉靖己未進士、官至太常寺少卿。明史文苑傳附見其兄世貞傳中。是編乃其官福建提學副使時、值參政王懋德病革、同僚醵金贈之。懋德堅不受。及懋德卒、同官又括六百金遣使渡海致於家、其父艮粥亦堅不受。世懋高其清節、爲敘始末作此傳、又以同時士大夫歌咏附之、蓋意以風示貪吏也。懋德、瓊州文昌人、隆慶戊辰由南京刑部郎中出守金華、擢江西按察司副使、遷福建布政使參政。所至皆以廉著云。

南內記一卷（浙江范懋柱家天一閣藏本）

不著撰人名氏。南內即明英宗所居之南城。復辟後增置殿宇、皆極華麗。此記乃嘉靖庚子所作、敘列規制頗備。與彭時可齋筆記、朱國楨湧幢小品所載、互有詳略。書末自稱韋布之士、蓋以布衣遊京師、從太常卿李開先等入觀而私錄之者。朱彝尊日下舊聞失採、殆偶未見也。

奇遊漫記四卷（浙江汪啟淑家藏本）

明董傳策撰。傳策有奏疏輯略、已著錄。此書之作、則其疏劾嚴嵩、爲所搆陷、謫戍南寧時也。一卷曰出戍道經、二卷曰楚南結纜、乃自京赴粵經行之地。三卷曰粵徼征次、四卷曰行役載途、則在粵時所遊歷。其稱奇遊者、蓋取蘇軾謫儋耳渡海詩老死南荒吾不恨、茲遊奇絕冠平生語也。末附方瑜南寧青山記、吳時來混混亭記、陳大綸洞虛亭記、三者亦爲其在粵所居也。

西遷注一卷（兩淮鹽政採進本）

明張鳴鳳撰。鳴鳳字羽王、豐城人。嘉靖壬子舉人、官桂林府通判。此編乃鳴鳳謫官利州時、自京赴蜀、復自蜀還京、記其道路所見名勝古蹟、於碑刻多載全文、頗裨考證。前有自序、後有其子揆跋、稱其在道不挈書自隨、但直寫所記憶、故徵引亦多牴牾、如以艮鄉料石岡爲遂石岡之類是也。

歷仕錄一卷（山東巡撫採進本）

明王之垣撰。之垣號見峯、山東新城人。嘉靖壬戌進士。是編自記其歷官行事、自荊州府推官歷御史、給事中、太僕寺少卿、鴻臚卿、順天府尹、湖廣巡撫、至戶部左侍郎止。後附錄二條、又紀友、紀夢、紀異各一條。之垣即劾誅何心隱者、是編詳紀其事。萬歷中、御史趙崇善論其殺心隱爲媚張居正、故其曾孫士禛雜著中屢辨之。是編之跋、亦惟爭此事云。

黃粱遺蹟志一卷（兩淮馬裕家藏本）

明楊四知撰。據太學題名碑、明有兩楊四知。其一萬歷甲戌進士、祥符人。其一崇禎戊辰進士、六安人。此書題巡按直隸御史開封楊四知、則萬歷中人也。黃粱遺蹟已詳唐沈既濟枕中記。四知復裒以明人序記數篇、元明詩數十首、次成是書。殊參寥無可採錄。蓋當時書帕本耳。

恩命世錄十卷（浙江巡撫採進本）

明張國祥編。國祥於萬歷丁丑襲爵，爲五十代天師。因彙輯明太祖以來至神宗二十五年誥敕，以時代次序，彙爲此書。而以四十二代天師勸進太祖箋附焉。蓋其家乘也。

饑民圖說一卷（江西巡撫採進本）

明楊東明撰。東明有青瑣藎言，已著錄。是編乃萬歷中東明官刑科右給事中時所上。明史王紀傳稱，東明上河南饑民圖，卽指此也。凡十四圖。前十三圖備繪流民之狀，各繫以說，皆以俚語紀實事，蓋取其易明。末一圖乃東明拜疏之像，疑爲其後人所加。然圖末亦有一跋，稱這望闕叩頭的，就是刑科右給事中小臣楊東明云云。則亦原本所有。殆以神宗宴安深宮，無由知外廷之迫切，故併繪此窘急入告之形歟。首冠以奏疏批荅及戶部議賑疏，併兩宮出內帑百官捐俸之諭。蓋是時神宗猶未全不事事也。此圖本以告君，原不必鋟版行世，涉於居功近名。觀卷末有男春育、春融刊，及六世孫櫊重刊字。知其子孫表章先人，非東明所自爲矣。

視履類編二卷（浙江巡撫採進本）

明李同芳撰。同芳字濟美，號晴原，崑山人。萬歷庚辰進士，官至山東巡撫。是編自錄其生平善蹟，凡四十門，皆以佳名標目。自古以來，自作傳者有之，大抵敘述閱歷始末耳。至於著一書以自譽，則自有文籍未之前聞也。

宮省賢聲錄四卷（兩淮馬裕家藏本）

明高曰化撰。曰化，澄海人。萬歷中官楚府右長史。是書以楚府承奉嶰陽郭倫事楚王華奎，佐理有功，因紀其前後乞休挽留之事。凡啟請文牒及時人稱頌之作，並錄之。華奎以非楚恭王子，爲宗人所訐。郭正域力主其事，內外交訌者數年始定。其眞僞迄不能明。是書體例猥雜，所言倫佐理之功，亦未可盡信也。

繡斧西征錄一卷（兩江總督採進本）

明何鏜編。鏜，泰興人。萬歷戊子舉人。是編載其祖何棐正德間以御史監軍，征蜀寇鄢本恕、藍廷瑞之事。所錄皆序記贈詠之類。開卷卽題第十二卷第二十二頁。其標目則題泰興何氏家乘。中間又題曰西征捷音、西征圖詠，名目紛然。蓋本刻於家乘中，此乃拆出半卷別行者耳。

禮白岳記一卷（禮部尚書曹秀先家藏本）

明李日華撰。日華有梅墟先生別錄，已著錄。是書自紀其萬歷庚戌禮神白岳之事。卷末又題曰篷櫳夜話，殆是書有二名耶。因樹屋書影曰：嘗見檇李李君實所爲禮白岳記，分視之各爲一則，合視之共爲一記，而詩卽連綴於中。分視之則詩，合視之詩亦記也。詩文照映，使山水神情無所遁於其間，眞是合作。今人爲遊記者，意在謀篇，終難逐境。章法固自貫串，境地終未分明。且記自記，詩自詩，使讀者因記以憶詩，持詩以尋記，筆墨閒隔，神情不屬，不敷行欠伸欲臥矣。故予以爲李公之記，可爲今人法也云云。其推挹甚至。然終不出萬歷後纖巧之格，所謂才士之文，非作者之文也。

璽召錄一卷（禮部尚書曹秀先家藏本）

明李日華撰。自記其天啟乙丑召爲尚寶司司丞赴京途中所經。始二月二十四日，終四月十五日。略仿吳船錄、入蜀記之例，而寥寥無所記載。

兩宮鼎建記二卷（編修程晉芳家藏本）

明賀仲軾撰。仲軾字敬養，獲嘉人。萬歷庚戌進士。初，萬歷二十四年建乾清、坤寧兩宮，仲軾父工部營繕司郎中賀盛瑞董役。後京察坐冒銷工料罷官。仲軾因詳述其綜覈節省之數，作此書以鳴父冤。下卷並附以歷年所修諸工，末錄盛瑞京察辨冤疏。陳繼儒嘗刻入普祕笈中，改題曰冬官記事，而佚其辨冤疏一篇。此本爲朱彝尊曝書亭所鈔，猶完帙也。

北行日譜一卷（兩淮鹽政採進本）

明朱祖文撰。祖文字完夫，自號三復居士，長洲人。都督先之孫。少負氣節，與周順昌善。順昌以閹禍被逮，祖文間行詣都，爲納饘粥湯藥及徵贓令急，又爲之奔走稱貸。順昌櫬歸，祖文哀痛發病死。後人以配食順昌祠。明史亦附載順昌傳中。此書乃其北行時所手記，其子壽陽所刻也。

鑒勞錄一卷（山西巡撫採進本）

明孫傳庭撰。傳庭字伯雅（小說或書其名爲傳庭字之誤也），代州鎮武衛人。萬歷己未進士，官至兵部尚書，督師征流寇，沒於柿園之戰。事蹟具明史本傳。傳庭自崇禎九年三月受命撫秦，至十一年十二月，其間擒寇清屯，自以爲所有勞績，無不仰邀帝鑒，隨時紀錄，積以成帙，因題曰鑒勞錄。卷前後俱有傳庭自識語，知當時業經付梓，今惟存鈔本耳。傳庭以功高業忌，數語爲樞部督過，雖朝命賜賚，廢格不行，卒以蜚語被逮。觀於是編，可以見明政之不綱矣。

定變錄六卷浙江鄭大節家藏本

明許徵編。凡六種，皆副都御史銅梁張佳允事蹟也。滑縣擒盜記一卷，黎陽盧柟撰；靖皖紀事一卷，雲間莫如忠撰；宣撫降罰記一卷，太原王道行撰；定浙二亂志一卷，吳郡王世貞撰；浙鎮民變傳一卷，姑蘇錢有威撰；浙鎮兵變始末一卷，山陰鄭舜民撰。其中關於浙江者三，徵，浙人也，故序而彙梓焉。

南征紀略二卷編修勵守謙家藏本

國朝孫廷銓撰。廷銓字伯度，又字次道，益都人。前明崇禎庚辰進士，入國朝官至大學士，諡文定。順治辛卯，廷銓奉使祭告禹陵及南海，此乃其紀程之書。上卷自出都至杭州，下卷自杭州至會稽，迄南祀畢而止。其間遊覽古蹟，多因以追論史事，同時酬贈諸詩亦並載其間。

李贄一卷兩江總督採進本

國朝胡文學撰。文學有疏稾，已著錄。是編乃其爲眞定推官日自敘其政績十八事。推官稱司李，故題曰李贄。每事多先舉古人遺蹟一二條，而後自敘，使若先後媲美者，縱言不盡誣，亦頗嫌於自譽也。

蜀道驛程記二卷內府藏本

國朝王士禎撰。士禎有古懽錄，已著錄。康熙壬子，士禎爲四川鄉試正考官，記其來往所經。上卷自京至成都，下卷自成都至河南新鄉縣止。蓋士禎是年於新鄉聞訃旋里，未及還京故也。中多辨證古事，較士禎他行記頗爲精核。蓋他行記一時筆錄，此則越二十年至康熙辛未始補成之，檢閱修改，歷時旣久，考訂自爲詳密耳。

南來志一卷內府藏本

國朝王士禎撰。是編乃康熙甲子士禎官少詹事時奉使祭告南海，記其驛程所經，全仿范成大吳船錄體，所載自京師至廣州而止，故曰南來。

北歸志一卷內府藏本

國朝王士禎撰。是書乃士禎於康熙乙丑二月至廣州，四月初一日始還，記其歸途所經，至六月十六日至其家新城而止。是時其父與敕猶在，以便途歸省也。所記山水名勝，較南來志爲詳，蓋使事已竣，沿途得以遊覽云。

秦蜀驛程後記二卷內府藏本

國朝王士禎撰。康熙丙子，士禎以戸部左侍郎奉使祭告西岳、西鎮、江瀆，續記其往返所經，爲此書。上卷自京至華陰，迂道至汧陽吳山，所謂西鎮也；由汧陽乃至成都。下卷自成都至其家新城止。

粤遊日記一卷山東巡撫採進本

國朝王鉞撰。鉞號任菴，諸城人。順治己亥進士，官廣東西寧縣知縣。是編爲其世德堂遺書之第二種，記其自家赴西寧任時途中所經，始於康熙己酉正月二十四日，終於四月初八日。仿陸游入蜀記之體，案日記載，敘述頗簡潔，而無所考證。

使琉球記一卷大學士英廉購進本

國朝張學禮撰。學禮字立菴，鑲藍旗漢軍，官至廣西道監察御史。是編乃康熙元年學禮以兵科副理事官與行人司行人王垓奉使冊封琉球國王時所記。前敘請封遣使始末及往來道路之險，後爲中山紀略，則載其土風也。時琉球國王尚質繳故明敕印，舉國內附，故學禮等有是役，蓋國家遣使東瀛，此爲始事云。

治禾紀略五卷內府藏本

國朝盧崇興撰。崇興字斗瞻，廣寧人。康熙二年官嘉興府知府，尋遷台州巡道，因輯其在郡文移、條約、諭語及禾民籲留狀牒，合爲此編。

粤西偶記一卷大學士英廉購進本

國朝陸祚蕃撰。祚蕃字武園，平湖人。康熙癸丑進士，官至貴州貴東道。是編多述其督學廣西時道路險阻之苦，及爲守土有司所不禮事，大抵皆瑣屑細故，不足紀載者也。

海岱日記一卷直隸總督採進本

國朝張榕端撰。榕端字樸園，磁州人。康熙丙辰進士，官至內閣學士兼禮部侍郎。是編乃康熙丙子榕端奉命祭告所作。以是年正月出都，登泰山，歷東鎮沂山、東海，往返凡四閱月，逐日記其道路所見，附以詩歌。於山川古蹟無所考證，而工於點綴景物，敘致時有可觀。其詩則已刊入寶畬堂集，此爲複出矣。

何御史孝子祠主復位錄一卷浙江巡撫採進本

國朝毛奇齡撰。奇齡有仲氏易，已著錄。初，蕭山有德惠祠，祀宋縣令楊時，以報開湘湖之功。明尚書魏驥以修築有勞，亦附祀於祠。後御史何舜賓以清釐侵佔被禍，其子兢殺身以復讎，亦並得祔祀。歲久祠圮，併僑祀於門廡下。迨修祠之後，楊魏二主入祠，而何氏父子主未入。奇齡建議復舊章，魏氏子孫遂與奇齡互愬於官。此其案牘訟牒，奇齡錄而存之者也。

滇行日記二卷（通行本）

國朝李澄中撰。澄中字渭清，號漁村，又號雷田，諸城人，原籍成都。康熙己未召試博學鴻詞，官至翰林院侍讀。是編乃康熙庚午澄中典試雲南時途中所記，凡八十有四日。於山川風土、古蹟故實，無不詳載，而考證之處差少，殆行篋無書之故耶。

塞程別紀一卷（通行本）

國朝余寀撰。寀字同野，山陰人。其書記自京出古北口至喀爾倫一千五百餘里，其時道路初開，未能有所考證，僅述風土氣候、山川草木之屬而已。

塞北小鈔一卷（大學士英廉購進本）

國朝高士奇撰。士奇有春秋地名考略，已著錄。是書乃康熙癸亥六月癸未士奇扈從聖駕北巡，會士奇遘疾，行至鞍匠屯而返，記其途中恩遇及往來所經，以成是編。自鞍匠屯以後，駐蹕之地，仍案日恭載，至閏六月丁酉回鑾。宣示塞外所得盤羊、夜光木諸事，亦並錄焉。自序稱奉職七年，巡幸所至，各有紀錄，次第成編。而上所諮詢以及恩遇之隆，則慎而不書。偶檢明金幼孜北征錄，見其凡有賜予，纖悉必載，亦不忘君恩之意，故是編載錫賚顧問，比他記特為詳悉。至所考塞外古蹟，以今核之，多不甚確，如以喇嘛洞為臥如來館之類，尤涉附會。蓋身所未經，而僅據明以前人之典籍，宜其依稀彷彿。

滇遊記一卷附記一卷（兵部侍郎紀昀家藏本）

國朝畢曰溥撰。曰溥字秋岐，益都人。康熙中由貢生官任縣知縣。是編乃曰溥父忠谷官雲南布政司參議，曰溥省親時所作。案日記載道路見聞，及旅中雜事，自三月十六日起至十月十一日止。而序文及卷首俱不詳其為何年，殊嫌疏漏。考曰溥所作蒼洱小記，有孫寶文題詞，其序稱丙子臘日，曰溥邀飲，欲讀滇記云云，則作於康熙丙子以前也。其附記一卷，則途中所見土風，不可分繫某日者，故總錄於末云。

滇行紀程一卷續鈔一卷東還紀程一卷續鈔一卷（大學士英廉購進本）

國朝許纘曾撰。纘曾字孝修，號鶴沙，華亭人。順治己丑進士，官至雲南按察使。滇行紀程，其赴雲南時所作，東還紀程則自雲南歸途所作，皆述所見山川古蹟、物產土風，大抵志乘所有也。

南征紀程一卷（編修勵守謙家藏本）

國朝黃叔璥撰。叔璥號玉圃，大興人。康熙己丑進士，官至常鎮揚通道。是編乃其為監察御史時巡視臺灣，自京師至閩所記，始於康熙後壬寅正月，而迄於是年六月，分日紀載。

鹿洲公案二卷（江西巡撫採進本）

國朝藍鼎元撰。鼎元有平臺紀略，已著錄。此其知普寧縣時所讞諸案，自敘其推鞫始末，為二十四篇。

念貽贅紀一卷（侍講劉亨地家藏本）

國朝周宣智編。宣智自號鏡亭老人，長沙人。初，張獻忠躪湖廣時，宣智曾祖繼聖聚鄉勇自守。獻忠招授偽官，繼聖不從。劫繫其母馬氏、妻史氏及其弟繼珩妻陳氏、繼隨妻項氏以脅之。馬氏及三婦皆罵賊死，繼聖亦被斷腕，後潛逃以免。卒伺隙破賊復讎，湖廣總督何騰蛟上其功，授教授。事載湖廣通志中。乾隆壬午，宣智裒其行狀墓銘之類，共為一編，而以繼聖遺詩十二首附焉。

東遊紀略二卷（鴻臚寺少卿曹學閔家藏本）

國朝張體乾撰。體乾字確齋，浮山人，官刑部郎中。是編乃其家居時自山西河南東游泰山，往來紀行之作。逐日記載見聞，於古蹟頗有考訂。途中吟詠二百餘首，亦即附於逐日之後，其詩規仿白陸，時亦具體。

右傳記類雜錄之屬，五十八部，一百一十二卷，皆附存目。

安祿山事蹟三卷（兩淮鹽政採進本）

唐姚汝能撰。汝能始末未詳。陳振孫書錄解題稱其官華陰縣尉，未詳里居，則宋時已無可考矣。是書上卷序祿山始生，至元宗寵遇，起長安三年，盡天寶十二載事。中卷序天寶十三四載祿山搆亂事。下卷序祿山僭號被殺，並安慶緒、史思明、史朝義事，下盡寶應元年，記述頗詳。世所傳祿山櫻桃詩，即出此書。葉夢得避暑錄話嘗摭以爲笑，其瑣雜可知矣。

張邦昌事略一卷（編修程晉芳家藏本）

舊本題宋王稱撰。核其文，即東都事略僭僞傳也。摘其一卷，別立名目，又改王偁爲王稱，可謂愈僞愈拙。曹溶收之學海類編，蓋偶未考也。

僞豫傳一卷（兩淮鹽政採進本）

宋楊克弼撰。述劉豫降金僭號始末。其序稱以豫逆臣，不當稱僞齊，故削其國號而名稱之，以示貶也。傳中載豫阜昌八年，遣宣義郎楊克弼乞師大金，克弼他辭，乃改差韓元美。是克弼亦嘗仕豫，豫廢後乃復歸宋耳。陳振孫書錄解題作逆臣劉豫傳，楊堯弼楊載等撰，與此本不同。克堯字形相近，未知孰是也。

徐海本末一卷（戶部尚書王際華家藏本）

明茅坤撰。坤字順甫，歸安人。嘉靖戊戌進士，官至大名兵備副使。事蹟具明史文苑傳。坤好談兵，罷官後值倭事方急，嘗爲胡宗憲招入幕，與共籌兵計。此編乃紀宗憲誘誅冠首徐海之事，皆所親見，故敘述特詳，與史所載亦多相合。袁褧以此書與汪直傳合刻入金聲玉振集中，題曰海寇後編。今析出各著於錄焉。

汪直傳一卷（戶部尚書王際華家藏本）

不著撰人名氏。記嘉靖中汪直引倭入寇海上，及總督胡宗憲以計誘殺直事。所以歸功於宗憲者甚至，或其幕客所爲也。

劉豫事蹟一卷（兩淮鹽政採進本）

國朝曹溶撰。溶有崇禎五十宰相傳，已著錄。是書本楊克弼僞豫傳，又雜採他書附益之，視原傳所述較詳。

右傳記類別錄之屬，六部，八卷，皆附存目。

案：以上皆逆亂之人，自爲一傳者，命曰別錄，示不與諸傳比也。其割據僭竊之雄，別附載記；征討削平之事，別入雜史；均不與此同科。

欽定四庫全書總目卷六十四

欽定四庫全書總目卷六十五

史部二十一

史鈔類

帝魁以後書凡三千二百四十篇，孔子刪取百篇，此史鈔之祖也。宋志始自立門，然隋志雜史類中有史要十卷，註漢桂陽太守衛颯撰，約史記要言，以類相從。又有三史略二十卷，吳太子太傅張溫撰；嗣後專鈔一史者，有葛洪漢書鈔三十卷、張緬晉書鈔三十卷；合鈔衆史者，有阮孝緒正史削繁九十四卷；則其來已古矣。沿及宋代，又增四例：通鑑總類之類，則離析而編纂之；十七史詳節之類，則節汰而刊削之；史漢精語之類，則採摭文句而存之；兩漢博聞之類，則割裂詞藻而次之。迨乎明季，彌衍餘風，趨簡易，利剽竊，史學荒矣。要其含咀英華，刪除冗贅，即韓愈所稱記事提要之義，不以末流蕪濫責及本始也。博取約存，亦資循覽。若倪思班馬異同，惟品文字；婁機班馬字類，惟明音訓；及三國志文類總匯文章者，則各從本類，不列此門。

兩漢博聞十二卷（兩淮鹽政採進本）

明嘉靖中黃魯曾刊本，不著撰人名氏。案晁公武讀書志，乃宋楊侃所編也。侃，錢塘人，端拱中進士，官至集賢院學士，晚爲知制誥，避眞宗舊諱，更名大雅。是編摘錄前後漢書，不依篇第，不分門類，惟節擇其字句故事，列爲標目，而節取顏師古及章懷太子註，列於其下。凡前漢書七卷，後漢書五卷。雖於史學無關，然較他類書採摭雜說者，究爲雅馴。後漢書中間有引及前漢書者，必標顏師古字。而所引梁劉昭續漢志註，乃與章懷註無別。體例未免少疏。至所列紀傳篇目，亦往往多有譌舛。然如四皓條下引顏師古註曰，四皓稱號本起於此，更無姓名可稱，蓋隱居之人，匿蹟遠害，不自標顯，祕其氏族，故史傳無得而詳。至於皇甫謐、圈稱之徒及諸地理書說，竟爲四人安姓字，自相錯互，語又不經，班氏不載於書，諸家皆臆說，今並棄略，一無取爲云云。明監本漢書註竟佚此條，惟賴此書幸存，則亦非無資考證者矣。

通鑑總類二十卷（安徽巡撫採進本）

宋沈樞撰。樞字持要，德清人。紹興閒進士，官至太子詹事、光祿卿，謚憲敏。是書乃其致仕時所編。取司馬光資治通鑑事蹟，仿冊府元龜之例，分爲二百七十一門，每門各以事標題，略依時代前後爲次，亦閒採光議論附之。所分門目，頗有繁碎。如賞罰門外又立貶責、功賞二門，外戚門外又立貴戚一門，近習門外又立寵倖一門，隱逸門外又立高尚一門，積善門外又立陰德一門者，不一而足。又如安重榮奏請踰分不過驕蹇，乃以此一條別立僭竊一門，則配隸不確。東周下迄五代，興廢不一，乃獨取申徽論燕必亡、黃泓論燕必復二條，立爲興廢一門，則疏漏太甚。然通鑑浩博，猝難盡覽，司馬光嘗言惟王勝之曾讀一過，餘人不能數卷即已倦睡，則採摭精華，區分事類，使考古者易於檢尋，其書雖陋，亦不妨過而存之也。嘉定中鋟版潮陽，樓鑰嘗爲之序。元至正中浙江行省重刊，周伯琦又序之。二人皆博物君子，而皆以文章弁其首，殆以操觚數典，尚有一壺千金之用歟。

南史識小錄八卷、北史識小錄八卷（浙江巡撫採進本）

國朝沈名蓀、朱昆田同編。名蓀字澗芳，錢塘人。昆田字文盎，秀水人，彝尊之子也。是書仿兩漢博聞之例，取南北二史，摘其字句之鮮華、事蹟之新異者，摘錄成編，不分門目，惟以原書次第臚列，而各著其篇名，亦不加訓釋，惟摘取數字標目，以原文載於其下。著是語之緣起而已。文獻通考載陳正敏之言曰，李延壽作南北史，粗得作史之體，故唐書本傳亦謂其刪略穢詞，過本書遠甚。然好述妖異兆祥謠讖，特爲繁猥。又引司馬光之言，亦謂李延壽書於禨祥詼嘲小事，無所不載，蓋自沈約宋書以下，大抵競標藻采，務摭異聞，詞每涉乎儷裁，事或取諸小說。延壽因仍舊習，未盡湔除，宜爲論者之所惜。然揆以史體，固曰稍乖，至於賦手取材，詩人隸事，則樵蘇漁獵，捃拾靡窮。此譬如柟瘤爲病，而製杭者反貴其文理也。名蓀等擷其精華，以備選用，使遺文瑣事，披卷燦然。其書雖作自近人，其所採錄則皆唐以前事，與藝文類聚諸書約略相似。存以備考，愈於宂雜之類書多矣。

右史鈔類三部，四十八卷，皆文淵閣著錄。

史鈔類存目

史記法語八卷（浙江巡撫採進本）

宋洪邁編。邁字景盧，鄱陽人。紹興乙丑中博學鴻詞科，官至端明殿學士，謚文敏，事蹟具宋史本傳。是編於史記百三十篇內，自二字以上句法古雋者，依次標出，亦閒錄舊註，蓋與經子法語等編同以備修詞之用。書錄解題載之類書類，稱十八卷。此本乃止八卷，似非完書。然卷末有題識一行云淳熙十二年二月刊於婺州，是當時刊本實止八卷，書錄題解所載衍一十字明矣。

南朝史精語十卷（浙江汪啓淑家藏本）

宋洪邁撰。邁於諸書多有節本，其所纂輯自經子至前漢，皆曰法語，自後漢至唐書，皆曰精語。此所摘宋齊梁陳四朝史中之語也。凡宋書四卷，齊書三卷，梁書二卷，陳書一卷。其去取多不可解。即以卷首宋本紀考之，如桓元與劉邁書有云，北府人情云何，近見劉云何所道，乃獨摘北府人情云何句。宋順帝反正詔曰，故順聲一唱，二溟卷波，英風振路，宸居清翳，乃獨摘二溟卷波句。高祖北討，加領征將軍、司豫二州刺史，以世子爲徐兗二州刺史，下書有云，今當奉辭西旆，有事關中，弱嗣叨蒙，復忝今授，乃獨摘復忝今授四字。又如加高祖九錫策文，駢詞麗句，疊出不窮，乃獨摘出藩入輔，鋒無前對二句。蓋南宋最重詞科，士大夫多節錄古書，以備遺用。其排比成編者，則有王應麟玉海、章俊卿山堂考索之流。巾箱祕本，本非著書，不幸而爲人所傳者，則有如此類。後人以其名重存之，實非其志也。以流傳已久，姑存其目，實則無可採錄。惟其中所錄宋書本紀第一、列傳第二、第三、志第四，志反在列傳之後。考劉知幾史通曰，舊史以表志之帙，分於紀傳之閒，降及蔚宗，肇加釐革。沈魏繼作，相與因循。今北監版魏書志在列傳後，是其頗證與史通合。而宋書則移其次第，列於紀傳之閒，觀邁所序，猶從古本，知幾之言不妄。是則可資考證之一端。十卷之中，惟此一節足取耳。

十七史詳節二百七十三卷　浙江巡撫採進本

宋呂祖謙編。祖謙有古周易，已著錄。此蓋其讀史時刪節備檢之本，而建陽書坊爲刻而傳之者。凡史記二十卷，西漢書三十卷，東漢書三十卷，三國志二十卷，晉書三十卷，南史二十五卷，北史二十八卷，隋書二十卷，唐書六十卷，五代史十卷。前冠以纂理世系紀年之圖。所錄大抵隨時節鈔，不必盡出精要。如東漢書一史內四言贊語，於本書已屬贅拇駢枝，乃一槪摘存，殊爲冗雜。又如北史紀傳爲隋代而作者，業已倂入隋書，乃獨四夷一傳仍及隋事，而隋書內遂刪去之，爲例亦閒有不純。然南宋諸儒大抵研究性命而輕視史學，故朱子作貢舉私議，欲分年試士，以史記、兩漢爲一科，三國、晉書、南北史爲一科，新舊唐書、五代史爲一科。蓋慮談無實之弊，朱子亦深慮之矣。祖謙雖亦從事於講學，而淹通典籍，不肎借程子玩物喪志之說以文飾空疎，故朱子稱其史學分外仔細。附存其目，俾儒者知前人讀書必貫徹首尾，即所刪節之本，而用功之深至可以槪見，則此二百七十三卷者，雖不能盡諸史之全，而足以爲宋儒不廢史學之明證也。

東漢精華十四卷　衍聖公孔昭煥家藏本

宋呂祖謙撰。是編乃其兩漢精華之一，即范氏之書摘其要語而論之，或比類以明之，於光武明章和四帝紀尤爲詳悉，所略者惟表志耳。然不具事之始末，所論每條僅一二語，略抒大意，亦不申其所以然。蓋是書乃閱史之時摘錄於冊，以備文章議論之用，後人重祖謙之名，因而刊之，與洪邁經史法語均非有意著書者也。

諸史提要十五卷　內府藏本

宋錢端禮撰。端禮字處和，臨安人，吳越王俶六世孫，榮國公忱之子。少以恩廕入仕，累官至參知政事，兼權知樞密院事。以莊文太子妃父罷爲資政殿大學士，再知寧國，移紹興，復以觀文殿學士提舉洞霄宮，卒諡忠肅。事蹟具宋史本傳。是書乃取諸史之文可資詞藻者，按部採摘，彙集成編。各以一二語標題，而分註其首尾於下。凡史記一卷，前漢書二卷，後漢書二卷，三國志一卷，晉書三卷，南史一卷，北史一卷，新唐書三卷，五代史一卷。其著錄於宋史藝文志者，與此本卷目相同。前有其門人劉孝韙序，不著年月，詳其詞意，蓋端禮爲參政時所刊行也。其體例頗與洪邁史漢法語、諸史精語相近。陳振孫書錄解題嘗譏其泛然錄鈔，毫無義例。蓋南宋最尚詞科，以妃青儷白相高，故當時有此鈔書之學也。

漢雋十卷　江蘇巡撫採進本

宋林越撰。案陳振孫書錄解題載此書，卷數與今相符，而註稱括蒼林鉞。處州府志亦載林鉞。此本則皆作林越，未詳孰是也。其書取漢書中古雅之字，分類排纂，爲五十篇，每篇即以篇首二字爲名，亦閒附原註。前有紹興壬午越自序，稱大可以詳其事，次可以玩其詞。然割裂字句，漫無端緒，而曰可詳其事，其說殊謬。後有延祐庚申袁桷重刻跋，稱漢雋之作，蓋爲習宏博便利，斯爲定論矣。

元史節要十四卷　兩淮鹽政採進本

明張九韶撰。九韶字美和，淸江人。洪武十年，以薦爲國子助教，歷翰林院編修。是編因當時所修元史版藏內府，人閒多不得見，於是倣曾先之十八史略例，節其要爲一書。其編年繫事，則仍用通鑑之體。前有洪武甲子自序一篇，然紀載多不具首尾，未爲該備。且此書成於洪武閒，而順帝紀內多有稱明太祖高皇帝者，疑其經後人所改竄，非九韶原本也。

兩晉南北奇談六卷　兩江總督採進本

舊本題宋王渙撰。渙爲仁宗慶曆末睢陽五老之一。王闢之澠水燕談稱其官爲太子賓客。祝穆事文類聚載錢明逸五老會詩序，稱爲太原人。其事蹟則未詳。然世僅傳渙五老會詩一首，不聞其著此書。鄭樵以下諸家書目亦不著錄。考太學進士題名碑，宏治丙辰科有王渙，象山人。明史藝文志有渙所著墨池手錄三卷。此本自稱墨池王渙，與墨池之號相合，知此書爲明王渙撰。其稱太原，蓋舉郡望耳。其書摘錄晉書以下八史瑣語雜事。王士禎居易錄稱嘗見書賈攜兩晉奇談，不云誰作，疑即此書也。

分類通鑑四卷　兩江總督採進本

不著撰人名氏。明宏治中河閒知府施槃刊於郡齋，亦不云誰作。其書分類猥雜，標題舛陋，蓋即通鑑總類之節本，又沈樞之重儓矣。

讀書漫筆十八卷（兩淮馬裕家藏本）

明方瀾撰。瀾，莆田人。正德丁丑進士，官禮部郎中。是書上自漢書，下迄唐書，隨筆採摘其字句，兼及訓詁，亦時論斷其是非，發明殊尠。

諸史品節三十九卷（兩江總督採進本）

明陳深編。深有周禮訓雋，已著錄。是書所採，自國語以及後漢書，皆隨意雜鈔，漫無體例。

史纂左編一百二十四卷（安徽巡撫採進本）

明唐順之撰。順之有廣右戰功錄，已著錄。是書以歷代正史所載君臣事蹟，纂集成編，別立義例，分君相名臣謀臣后公主戚儲宗官宦姦篡亂莽鎮夷儒隱逸獨行烈婦方技釋道凡二十四門。其意欲取千古興衰治亂之大者，切著其所以然，故其體與他史稍異。然其間詳略去取，實有不可解者。如君紀祇列漢唐宋三朝，偏安者皆不得與，而隗囂、公孫述、李筠、李重進諸人，乃反附入於列代宦官酷吏敘之極詳，固將以垂鑑戒，而唐之楊復恭、來俊臣、周興等尤為元惡巨憝，乃反見遺。又以房琯為中興之相，高駢為平亂之將，褒貶既已失平。以赫舍哩（案原作紇石烈，今改正）為人名姓氏，幾於其辨，其他妄為升降，顛倒乖錯之處，不可勝言。殆與李贄之藏書狂誕相等，乃贄書世猶多相詬病，而是編獨未有糾其失者，殆震於順之之名，不敢議歟。

史記鈔六十五卷（兩江總督採進本）

明茅坤編。坤有徐海本末，已著錄。是編刪削史記之文，亦略施評點。然坤雖好講古文，恐未必能刊正司馬遷也。

史要編十卷（浙江范懋柱家天一閣藏本）

明梁夢龍編。夢龍字乾吉，真定人。嘉靖癸丑進士，官至吏部尚書，諡貞敏，事蹟具明史本傳。其書雜採諸史之文，為正史三卷，編年三卷，雜史三卷，史評一卷。自序謂學者罕睹全史，是編上下數千載盛衰得失之蹟，大凡具在。蓋為鄉塾無書者設也。

左國腴詞八卷（內府藏本）

明凌迪知撰。迪知字穉哲，烏程人。嘉靖丙辰進士，官至兵部員外郎。是編採左傳國語字句，分類編輯。凡左傳五卷，為類四十；國語三卷，為類四十有三。所摘皆僅存一二語，既不具其始末，又不標為何人之言。且註與正文混淆不辨，非惟不足以資考證，併不可以供撏撦。與所撰太史華句、兩漢雋言、文選錦字諸書，體例皆仿林越漢雋，而冗雜破碎，又出漢雋之下。如以從欲鮮濟一語，列之溷淆類中，蓋誤以為濟川之濟也。是何足與論乎。

太史華句八卷（浙江汪啟淑家藏本）

明凌迪知編。是編成於萬歷丁丑。明史藝文志著錄卷數與此本相同。皆摘史記字句，以類編次。司馬遷史家巨擘，其文豈可以句摘，句又豈可以華。且蓋王李劉剽秦漢之風，至明季而未殄，故書肆尙鐫此等書，以投時好耳。

兩漢雋言十六卷（內府藏本）

明凌迪知編。宋林越作漢雋，所採止於西漢。迪知因仿越體例，輯後漢故實與越書合為一編，改題今名。自第一卷至十卷，皆林氏之舊，題曰前集；十一卷至十六卷，迪知所續者，題曰後集。採摭亦備，然不自為一書，而補葺舊本，剏立新名，是則明人之結習矣。

四史鴻裁四十卷（通行本）

明穆文熙編。文熙有七雄策纂，已著錄。是編選錄左傳十二卷，國語八卷，戰國策八卷，史記十二卷，皆略註字義，無所發明。批點尤為弇陋。其括此四書曰四史，亦杜撰無稽也。

全史論贊八十卷（江蘇巡撫採進本）

明項篤壽編。篤壽有小司馬奏草，已著錄。是書以諸史浩繁，難於尋究，特撮其論贊，以備觀覽。凡史記七卷，漢書六卷，後漢書五卷，三國志三卷，晉書四卷，宋書、南齊書各三卷，梁書二卷，陳書、魏書各三卷，北齊書、後周書、南史各二卷，北史三卷，隋書二卷，唐書七卷，五代史五卷，宋史六卷，遼史、金史、元史各四卷。然讀史必先知其事之始末，而後可斷其人之是非。今篤壽惟存其論，使稱善者不知其所以善，稱惡者不知其所以惡，仍於讀史者無益也。

案此書皆取論贊，宜入史評。然皆摘錄於諸史，非所自評也，故仍入之史鈔類焉。

宋史纂要二十卷（江蘇巡撫採進本）

明王思義撰。思義字允明，松江人。宋史極爲煩冗，是書僅刪存二十卷，可謂約矣。然班范皆號謹嚴，而兩漢書卷帙猶富。宋之歷年，幾於匹漢，而縮爲寥寥數卷，謂事增文省，殆必不然。至以遼金史附宋之後，等諸晉書之載劉石，尤南北史臣互相詆屬之見，非公論也。

古今彝語十二卷（浙江巡撫採進本）

明汪應蛟撰。應蛟字潛夫，婺源人。萬曆甲戌進士，官至戶部尚書，謚清簡，事蹟具明史本傳。是書雜錄史文，上起唐虞，下迄於元，去取漫無義例，特興之所至而已。

史書纂略二百二十卷（浙江巡撫採進本）

明馬維銘撰。維銘字新甫，平湖人。萬曆庚辰進士，官至兵部職方司主事。是書取二十一史本紀列傳，各撮取大略，彙成一編，蓋亦通史之例。然去取失宜，簡略太甚，非傳非紀，殆兩無所居也。

史裁二十六卷（江蘇巡撫採進本）

明吳士奇撰。士奇字無奇，歙縣人。萬曆壬辰進士，官至太常寺卿。是書節錄史文，始自春秋，迄於宋元。雜採舊論，亦間以己意斷之。既非編年，又非紀傳，隨意鈔撮而已。

史觹十七卷（浙江巡撫採進本）

明謝肇淛撰。肇淛字在杭，福建長樂人。萬曆壬辰進士，官至廣西右布政使。明史文苑傳附見鄭善夫傳中。是書摘十七史中隱僻字句，標列成編。凡一史爲一卷，謂之觹者，自序以爲解結之義。人之有疑甚於結，故求其解而筆之也。然於史漢三國諸書，原有舊註者，所載尙爲明晰，於晉書以下原本無註者，亦僅錄舊文，絕無考證，仍不足以釋學者之疑。則所云求其解者，亦徒虛語矣。

讀史快編四十四卷（內府藏本）

明趙維寰撰。維寰字無聲，平湖人。萬曆庚子舉人。是書於諸史之中摘錄其新異之事，始於史記，迄新唐書，割裂剪裁，漫無義例。

史翰二十五卷（兩江總督採進本）

明余文龍編。文龍字起潛，古田人。萬曆辛丑進士，官南京工部主事。其書雜錄舊史，餖飣殊甚，與讀史快編正同，但快編止於唐，此則鈔至金元耳。

南北史鈔（無卷數，兩江總督採進本）

明周詩雅撰。詩雅字廷吹，武進人。萬曆己未進士。是編摘錄南北史新奇纖佻之事，以爲談助，然不及後來沈名蓀、朱昆田書之有條理。

二十一史論贊輯要三十六卷（浙江巡撫採進本）

明彭以明編。以明，廬陵人，萬曆中諸生。是編採錄諸史論贊，以課其子。鈔撮之學，非讀史之正法也。

史品赤函四卷（浙江巡撫採進本）

明陳仁錫編。仁錫有繫詞十篇，書已著錄。是編所錄上起古初，下迄於晉書，或採其文，或節錄一二事，茫無義例。尤時時參以僞撰，如雲長遇害不屈一篇，不知其從何來。而劉聰辱懷愍一篇，稱聰爲漢昭烈元孫，云出續三國志，亦未見有是書也。

讀史集四卷（江蘇周厚堉家藏本）

明楊以任撰。以任字維節，瑞金人。崇禎辛未進士，官國子監博士。是編摘諸史中事蹟之可快可恨及有膽有識者，分爲快恨膽識四集，每條下略綴評語，詞多佻纖。

宋史存二卷（浙江鮑士恭家藏本）

明文德翼撰。德翼字用昭，德化人。崇禎甲戌進士，官嘉興府推官。是編採掇宋史列傳，而刪潤其文。始於宗澤，終於文天祥，蓋福王時所作，故獨寓意於紹興以後云。

讀史漢翹二卷（浙江吳玉墀家藏本）

明施端教編。端教字匪莪，泗州人。是書取史漢中字句新異者，編錄成帙，蓋仿林越漢雋、洪邁史記法語、西漢法語例，然卷帙無多，分類繁瑣，殊無益於考證。

二十一史論贊三十六卷（浙江巡撫採進本）

明沈國元編。國元字飛仲，吳縣人。是書摘錄二十一史論贊，加以圈點評識，全如批選時文之式，以爲評史，則紀傳所載非論贊所能該，事無始末，何由信其是非。以爲論文，則晉書以下八史以及宋遼金元四史，豈可以爲文式哉。眞兩無取也。

三國史瑜八卷（浙江巡撫採進本）

明張毓睿撰。毓睿字聖初，錢塘人。是書成於崇禎癸未，於陳壽三國志中擇其事蹟較著者，條分件繫，綴以評語。自漢獻帝初平元年迄建安二十五年，分國未定，仍稱季漢。自魏黃初元年迄咸熙元年，三國並建，則稱三國。凡晉書中事屬魏朝者，亦採入以補其闕。既非紀傳，又非編年，了無倫緒。又於曹操既改稱名，而編年又以爲魏主，體例亦自相矛盾。評語多取鍾惺之說，其所宗尙可知也。

史書十卷（浙江巡撫採進本）

明姚允明撰。允明字汝服，休寧人。是書自三皇以訖元代，摭採史文，節縮成編。前有張溥、吳應箕二序。蓋亦依附復社者。故書止十卷，而卷首列參閱姓氏至二百八十三人，其聲氣標榜可以概見。應箕序至謂其撰言簡奧近尚書，是何言歟。

廿一史識餘三十七卷（浙江汪啟淑家藏本）

明張墉撰。墉字石宗，錢塘人。是編一名竹香齋類書。摘錄二十一史佳事雋語，分類排纂，共五十七門。末又附補遺一門。略仿世說之體，而每條下皆註原史之名。其發凡譏何氏語林濫及稗官，然世說新語古來本列小說家，實稗官之流，而責其濫及稗官，是猶責弓人不當爲弓，矢人不當爲矢也。且所重乎正史者，在於敘興亡，明勸戒，核典章耳。去其大端而責其瑣事，其去稗官亦僅矣。

史異編十七卷（兩江總督採進本）

明俞文龍撰。文龍，晉江人。其書以諸史所載災祥神怪彙爲一編。既非占驗之書，又無與學問之事，徒見其好怪而已。

讀史蒙拾一卷（副都御史黃登賢家藏本）

國朝王士禛編。士禛字子眞，號西樵，新城人。順治壬辰進士，官至吏部考功司員外郎。是書取諸史新穎之語，標數字爲題，而錄其本文於後。亦洪邁經史法語之類。然書止一卷，聊以寓意而已，實未竟其事。曰蒙拾者，取劉勰文心雕龍辨騷篇童蒙者拾其香草句也。

史緯三百三十卷（內府藏本）

國朝陳允錫撰。允錫字亟齋，晉江人。順治己未，以薦舉授平湖縣知縣。是書蓋仿呂祖謙十七史詳節之意，然祖謙但摘取菁華，以便省覽；允錫則多所改竄於其閒。有合併重複者，如周秦以前入史記，而漢高祖以至武帝則劃入漢書；宋齊梁陳魏齊周隋八史則與南北二史參考歸一。其餘表志紀傳互見者，亦悉從汰除之類是也。有刪削繁冗者，如宋史宗室世系但系族譜，元史刑法志全鈔律文，及但敘官閥無關褒貶之列傳是也。有更易舊第者，如退魏於蜀後，削二牧於昭烈之前，移呂布二袁劉表於東漢之類是也。有竄改舊名者，如項羽呂后武后不稱本紀，宋留從效陳洪進不稱世家之類是也。其他如新唐書則點正其文句，元史食貨志則連屬其篇次者，爲數尤多。卷帙浩繁，用力可謂勤至。然其中繁簡失度，分合無義者亦尚不尠。蓋網羅百代，其事本難。梁武帝作通史六百卷，劉知幾深以爲譏；司馬光進通鑑表亦稱其中牴牾不能自保。允錫此書積畢生之力爲之，而卒之不協於體要，固其所矣。

兩晉南北集珍六卷（浙江巡撫採進本）

國朝陳維崧撰。維崧字其年，宜興人。康熙己未召試博學鴻詞，授翰林院檢討。維崧以四六擅名。此書採南北朝故實，各加標目，蓋即以備駢體採掇之用。前有自序，作於康熙丙辰，乃未舉制科之前四年也。

右史鈔類四十部，一千六百十九卷，內一部無卷數，皆附存目。

欽定四庫全書總目卷六十五

欽定四庫全書總目卷六十六

史部二十二

載記類

五馬南浮，中原雲擾，偏方割據，各設史官，其事蹟亦不容泯滅。故阮孝緒作七錄，僞史立焉；隋志改稱霸史；文獻通考則兼用二名。然年祀綿邈，文籍散佚，當時僭撰，久已無存；存於今者，大抵後人追記而已。曰霸曰僞，皆非其實也。案後漢書班固傳，稱撰平林新市公孫述事爲載記；史通亦稱平林下江諸人東觀列爲載記；又晉書附敘十六國亦云載記。是實立乎中朝以敘述列國之名。今採錄吳越春秋以下，述偏方僭亂遺蹟者，準東觀漢記、晉書之例，總題曰載記，於義爲允。惟越史略一書爲其國所自作，僭號紀年，眞爲僞史，然外方私記，不過附存以擊罪示誅，足昭名分，固無庸爲此數卷別區門目焉。

吳越春秋十卷（兵部侍郎紀昀家藏本）

漢趙煜撰。煜，山陰人，見後漢書儒林傳。是書前有舊序，稱隋唐經籍志皆云十二卷，今存者十卷，殆非全書。又云楊方撰吳越春秋削繁五卷，皇甫遵撰吳越春秋傳十卷，此二書今人罕見，獨煜書行於世。史記注有徐廣所引吳越春秋語，而索隱以爲今無此語。他如文選注引季札見遺金事，吳地記載闔閭時夷亭事，及水經注嘗載越事數條，類皆援據吳越春秋，今煜本咸無其文云云。考證頗爲詳悉。然不著名姓。漢魏叢書所載合十卷爲六卷，而削去此序併注，亦不題撰人，彌失其初。此本爲元大德十年丙午所刊。後有題識云：前有文林郎國子監書庫官徐天祜音注，然後知注中稱徐天祜曰者，即注者之自名，非援引他書之語。惟其後又列紹興路儒學學錄畱堅、學正陳昺伯、教授梁相、正議大夫紹興路總管提調學校官劉克昌四人，不知序出誰手耳。煜所述雖稍傷曼衍，而詞頗豐蔚。其中如伍尙占甲子之日，時加於巳；范蠡占戊寅之日，時加日出，有騰蛇青龍之語；文種占陰畫六陽畫三，有元武天空天關天梁天一神光諸神名。皆非三代卜筮之法，未免多所附會。至於處女試劍，老人化猿，公孫聖三呼三應之類，尤近小說家言。然自是漢晉閒稗官雜記之體。徐天祜以爲不類漢文，是以馬班史法求之，非其倫也。天祜注於事迹異同頗有考證。其中如季孫使越，子期私與吳爲市之類，雖猶有未及詳辨者，而原書失實之處能糾正者爲多。其翦核衆說，不徇本書，猶有劉孝標注世說新語之遺意焉。

越絕書十五卷（兵部侍郎紀昀家藏本）

不著撰人名氏。書中吳地傳稱勾踐徙瑯琊，到建武二十八年，凡五百六十七年，則後漢初人也。書末敘外傳記以廋詞隱其姓名，其云以去爲姓，得衣乃成，是袁字也。厥名有米，覆之以庚，是康字也。禹來東征，死葬其疆，是會稽人也。又云文詞屬定，自于邦賢，以口爲姓，承之以天，是吳字也。楚相屈原與之同名，是平字也。然則此書爲會稽袁康所作，同郡吳平所定也。王充論衡按書篇曰：東番鄒伯奇、臨淮袁太伯、袁文術、會稽吳君高、周長生之輩，位雖不至公卿，誠能知之囊橐，文雅之英雄也。觀伯奇之元思，太伯之易章句（按章疑作卦），文術之箴銘，君高之越紐錄，長生之洞歷，劉子政、揚子雲不能過也。所謂吳君高殆即平字，所謂越紐錄殆即此書歟。楊慎丹鉛錄、胡侍珍珠船、田藝蘅畱青日札皆有是說，核其文義，一一脗合。隋唐志皆云子貢作，非其實矣。其文縱橫曼衍，與吳越春秋相類，而博麗奧衍則過之。中如計倪內經軍氣之類，多雜術數家言，皆漢人專門之學，非後來所能依託也。此本與吳越春秋皆大德丙午紹興路所刊。卷末一跋，諸本所無，惟申明復仇之義，不著姓名，詳其詞意，或南宋人所題耶。鄭明選秕言引文選七命注引越絕書大翼一艘十丈，中翼九丈六尺，小翼九丈。又稱王鏊震澤長語引越絕書風起震方云云，謂今本皆無此語，疑更有全書，惜未之見。按崇文總目稱越絕書舊有內記八，外傳十七，今文題闕舛，裁二十篇，是此書在北宋之初已佚五篇。選注所引蓋佚篇之文，王鏊所稱亦他書所引佚篇之文，以爲此本之外更有全書，則明選誤矣。別有續越絕書二卷，上卷曰內傳本事、吳內傳、德序記、子游內經、外傳越絕後語、西施鄭旦外傳；下卷曰越外傳雜事、別傳變越上、別傳變越下、經內雅琴者序、傳後記。朱彝尊經義考謂爲錢㲄僞撰，詭云得之石匣中。㲄與彝尊友善，所言當實。今未見傳本，其僞妄亦不待辨。以其續此書而作，又即託於撰此書之人，恐其幸而或傳，久且亂眞，又恐其或不能傳，而好異者耳聞其說，且疑此書之眞有續編，故附訂其僞於此，釋來者之惑焉。

華陽國志十二卷、附錄一卷（浙江汪啟淑家藏本）

晉常璩撰。璩字道將，江原人。李勢時官至散騎常侍。晉書載勸勢降桓溫者，即璩，蓋亦譙周之流也。隋書經籍志霸史類中，載璩撰漢之書十卷、華陽國志十二卷。漢之書唐志尙著錄，今已久佚，惟華陽國志存，卷數與隋志、舊唐志相合，新唐志作十三卷，疑傳寫誤也。其書所述，始於開闢，終於永和三年。首爲巴志，次漢中志，次蜀志，次南中志，次公孫劉二牧志，次劉先主志，次劉後主志，次大同志。大同者，紀漢晉平蜀之後事也。次李特雄期壽勢志。次先賢士女總讚論，次後賢志，次序志，次三州士女目錄。宋元豐中呂大防嘗刻於成都，大防自爲之序。又有嘉泰甲子李坖序，稱呂刻刓闕，觀者莫曉所謂，嘗博訪善本，以證其誤，而莫之或得，因摭兩漢史、陳壽蜀書、益部耆舊傳互相參訂，以決所疑。凡一事而前後失序、本末舛迕者，則考正之；一意而詞旨重複、句讀錯雜者，則刊而去之。又第九卷末有坖附記，稱李勢志傳寫脫漏，續成以補其闕。則是書又於殘闕之餘，李坖爲之補綴竄易，非盡璩之舊矣。至刻本世亦不傳，今所傳者惟影寫本。又有何鏜漢魏叢書、吳琯古今逸史及明何宇度所刊三本。何、吳二家之本，多張佳允所補江原常氏士女志一卷，而佚去蜀中士女以下至犍爲士女共二卷，蓋坖本第十卷分上中下，鏜等僅刻其下卷也。又惟後賢志中二十人有讚，其餘並闕。坖本則蜀郡廣漢犍爲漢中梓潼女士一百九十四人各有讚，宇度本亦同。蓋明人刻書，好以意爲刊削。新本既行，舊本漸泯，原書遂不可覩。宇度之本從堊本錄出，此二卷偶存，亦天幸也。惟堊本以序志置於末，而宇度本升於簡端。考堊序稱首述巴中南中之風土，次列公孫述、劉二牧、蜀二主之興廢及晉太康之混一，以迄於特雄壽勢之僭竊，以西漢以來先後賢人、梁益寧三州士女總讚，序志終焉。則序志本在後，宇度不知古例，始誤移之。又總讚相續成文，堊序亦與序志並稱，宜別爲一篇。而堊本亦割冠各傳之首，殊不可解，殆如毛公之移詩序、李鼎祚之分序卦傳乎。今姑從堊本錄之，而附著其改竄之非如右。其張佳允所續常氏士女十九人，亦併從何鏜、吳琯二本錄入，以補璩之遺焉。

鄴中記一卷（永樂大典本）

謹按鄴中記舊有二本，其一本二卷，見隋書經籍志，稱晉國子助教陸翽撰；其一本一卷，見陳振孫書錄解題，稱不知撰人名氏，又稱唐志有鄴都故事二卷，肅代時馬溫撰，今書多引之，是以爲肅代後人作矣。今考是書所記，有北齊高歡、高洋二事，上距東晉之末已一百三四十年，又寒食一條引隋杜臺卿玉燭寶典，時代尤不相蒙，陳氏不以爲翽書，似乎可據。然唐歐陽詢藝文類聚作於太宗貞觀時，徐堅初學記作於元宗開元時，所引翽書，皆一一與今本合。又鄴都故事，唐志雖稱肅代時人，而史通書志篇曰：遠則漢有三輔典，近則隋有東都記，南則有宋南徐州記、晉宮闕名，北則有洛陽伽藍記、鄴都故事。則鄴都故事在劉知幾之前，唐志所言，亦不足爲證。以理推之，殆翽書二卷惟記石虎之事，後人稍摭鄴都故事以補之，併爲一卷，猶之神農本草郡列秦名，漢氏黃圖里標唐號，輾轉附益，漸失本眞，而要其實則一書。觀高歡、高洋二條與全書不類，而與郭茂倩樂府詩集所引鄴都故事文體相同，則此二條爲後人摭入翽書明矣。不得以小小舛異，盡舉而歸之唐以後也。原書久佚，陶宗儀說郛所載寥寥數頁，亦非完本。今以散見永樂大典者蒐羅薈稡，以諸書互證，刪除重複，共得七十二條，排比成編，仍爲一卷，以石虎諸事爲翽本書，其續入諸條亦唐以前人所紀，棄之可惜，則殿居卷末，別以附錄名焉。是書雖篇帙無多，而敘述典核，頗資考證。如王維和賈至早朝大明宮詩「朝罷須裁五色詔」句，李頎鄭櫻桃歌「官軍女騎一千匹」及「百尺金梯倚銀漢」句，不得此書，皆無從而訓詁也。六朝舊籍，世遠逾稀，斷璧殘璣，彌足爲寶，佚而復存，是亦罕覯之祕笈矣。

十六國春秋一百卷（安徽巡撫採進本）

舊本題魏崔鴻撰，實則明嘉興屠喬孫、項琳之僞本也。鴻作十六國春秋一百二卷，見魏書本傳，隋志、唐志皆著錄，宋初李昉等作太平御覽，猶引之。崇文總目始佚其名，晁、陳諸家書目亦皆不載，是亡於北宋也。萬歷以後，此本忽出，莫知其所自來。證以藝文類聚諸書所引，一一相同，遂行於世。論者或疑鴻身仕北朝，而仍用晉宋年號。今考劉知幾史通探賾篇曰：鴻書之紀綱，皆以晉爲主，亦猶班書之載吳項，必繫漢年；陳志之述孫劉，皆宗魏世。喬孫等正巧附斯義，以售其欺。所摘者未中其疾。惟魏書載鴻子子元奏稱刊著趙、燕、秦、夏、梁、蜀遺載，爲之贊序，而此本無贊序。史通表歷篇稱晉氏播遷，南據揚越，魏宗勃起，北雄燕代，其閒諸僞十有六家，不附正朔，自相君長。崔鴻著表，頗有甄明，而此本無表。是則檢閱偶疎，失於彌縫耳。然其文皆聯綴古書，非由杜撰，考十六國之事者，固宜以是編爲總匯焉。

別本十六國春秋十六卷（浙江孫仰曾家藏本）

舊本亦題魏崔鴻撰，載何鏜漢魏叢書中，其出在屠喬孫本之前，而亦莫詳其所自。十六國各爲一錄，惟列僭僞之主五十八人，其諸臣皆不爲立傳。全爲載記之體，其非一百二卷之舊，已不待言。證以晉書載記，大致互相出入，而不以晉宋紀年，與史通所說迥異，豈好事者摭類書之語，以晉書載記排比之，成此僞本耶？然考崇文總目有十六國春秋略二卷，不著撰人名氏，司馬光通鑑考異所引諸書，亦有十六國春秋鈔之名，則或屬後人節錄鴻書，亦未可定也。屠氏所刻百卷之本，既爲依託，此本亦疑以傳疑，未能遽廢，姑並存之，以備參考焉。

蠻書十卷（永樂大典本）

唐樊綽撰。新唐書藝文志著於錄，宋史藝文志則有綽所撰雲南志十卷，而不稱蠻書。永樂大典又題作雲南史記，名目錯異。今考司馬光通鑑考異、程大昌禹貢圖、蔡沈書集傳所引蠻書之文，並與是編相同。則新唐書志爲可信。惟志稱綽爲嶺南西道節度使蔡襲從事。而通鑑載襲實官安南經略使。與綽所紀較合。則新書失考也。綽成此書在懿宗咸通初。書中多自稱臣。又稱錄六詔始末。纂成十卷。於安南郡州江口附張守忠進獻。蓋當時嘗以奏御者。交州境接南詔。綽爲幕僚。親見蠻事。故於六詔種族風俗山川道里。及前後措置始末。撰次極詳。實輿志中最古之本。宋祁作新史南蠻傳。司馬光通鑑載南詔事。多採用之。程大昌等復引所述蘭滄江以證華陽黑水之說。蓋宋時甚重其書。而自明以來。流傳遂絕。雖博雅如楊愼。亦稱綽所撰爲有錄無書。則其亡佚固已久矣。今此本因錄入永樂大典。僅存文字。已多斷爛。不盡可讀。又世無別本可校。考洪武中程本立作雲南西行記。稱麗江通守張翥出示樊綽雲南志。字多謬誤。則當時已然。謹以諸書參考旁證。正其譌脫。而姑闕不可通者。各加按語於下方。釐爲十卷。仍依新唐書志題曰蠻書。從其朔也。

釣磯立談一卷　江蘇巡撫採進本

是書世有二本。此本爲葉林宗從錢曾家宋刻鈔出。後題臨安府太廟前尹家書籍鋪刊行。不著撰人名氏。前有自序云。叟山東一無聞人也。淸泰年中。隨先校書避地江表。始營釣磯於江渚。割江之後。先校書不祿。叟嗣守敝廬。不復以進取爲念。王師弔伐。時移事往。將就蕪沒。隨意所向。跡之於紙。得二百二十許條。題之曰釣磯立談云云。別一本爲曹寅所刊。卷首佚其自序。又卷首有楊氏奄有江淮趙王李德誠二條。其餘亦多異同。而題曰史虛白撰。蓋據宋史藝文志之文。考馬令南唐書。虛白山東人。中原多事。同韓熙載渡淮。以詩酒自娛。不言其有所著述。觀書中山東有隱君子者一條。稱與熙載同時渡淮。以書干烈祖。擢爲校書郎。非其所願。遂卒不仕。又唐祚中興一條云。有隱君子作割江賦以諷。又有隱士詩云。風雨揭却屋。渾家醉不知云云。與虛白傳悉合。則隱君子當即虛白。序中兩稱先校書。則作書者當爲虛白之子。宋志荒謬。不足爲據。曹氏新本竟題虛白者。殊未考也。又南宋費樞亦嘗撰釣磯立談。今尙載陶宗儀說郛中。其文與此迥別。則又名同而實異者矣。其書雜錄南唐事蹟。附以論斷。其中徐鉉一條。稱鉉方奉詔與湯悅書江南事。慮鉉與潘佑不協。或誣以他詞。則亦雜史中之不失是非者也。

江南野史十卷　江蘇巡撫採進本

宋龍袞撰。袞爵里未詳。其書皆記南唐事。用紀傳之體而不立紀傳之名。如陳壽之志吳蜀。第一卷爲先主昪。第二卷爲嗣主璟。第三卷爲後主煜。而附以宜春王從謙及小周后。第四卷以下。載宋齊邱以下僅三十人。陳陶孟賓于諸人有傳。而査文徽韓熙載諸人乃悉不載。考鄭樵通志略。載此書原二十卷。此本闕十卷。晁公武讀書志載此書凡八十四傳。而此本闕五十傳。殆輾轉傳寫。佚脫其半。錢曾讀書敏求記亦作十卷。則明以來已無完本。不自今始也。曾稱其行文贍雅。今觀諸傳。皆敘次冗雜。頗乖史體。陳振孫書錄解題載無名氏江南餘載序。排詆此書頗甚。是當時已譏其疏。黃朝英靖康緗素雜記摘其敘江爲世系與史不符。又摘其記伶人李家明苑中詠牛及皖公山兩詩。與楊億談苑所記王感化對嗣主李璟事。姓名時代互異。又摘其記家明對嗣主雨憎抽稅事。與南唐近事以爲申漸高事者。亦復牴牾。王楙野客叢書摘其記陳陶仙去。而曹松方干皆有哭陶詩。是傳聞異詞。亦所不免。然其中如孫晟林文肇諸傳。與五代史頗有異同。可資考證。馬陸二書亦多採之。流傳旣久。固亦未可廢焉。

江南別錄一卷　安徽巡撫採進本

宋陳彭年撰。彭年字永年。撫州南城人。太平興國中進士。官至兵部侍郎。參知政事。諡曰文。事蹟具宋史本傳。此書所紀爲南唐義祖烈祖元宗後主四代事實。時湯悅徐鉉等奉詔撰江南錄。彭年是編。蓋私相纂述。以補所未備。故以別錄爲名。宋史藝文志晁公武讀書志俱作四卷。當以一代爲一卷。此本一卷。疑後人所合併也。其書頗好語怪。如徐知誨妻呂氏爲吳陳仁杲神助戰。越希操聞鬼語諸條。皆體近稗官。又元宗初名景通。卽位後改名璟。旣稱臣於周。避周諱。又改名景。而此書乃謂初名景與史不合。又烈祖遷吳讓皇於潤州。一年而殂。又一年始遷其族於泰州。而此書併敘於烈祖受禪之初。端緒亦未分明。然其他可取者多。蓋彭年年十三卽著皇綱論萬餘言。爲江左名輩所賞。李後主嘗召入宮中。令與其子仲宣遊處。故於李氏有國時事見聞最詳。又册府元龜亦彭年所預輯其僭僞部中李昪一條稱昪自云永王璘之裔未免附會此書但言唐之宗室亦深得傳疑之義以資治通鑑相參校其爲司馬光所採用者甚夥固異乎傳聞影響之說也

江表志三卷福建巡撫採進本

宋鄭文寶撰文寶字仲賢寧化人南唐鎭海節度使彥華之子初仕爲校書郎入宋舉太平興國八年進士歷官至陝西轉運使兵部員外郎東都事略載入文藝傳中始徐鉉湯悅奉詔集李氏事作江南錄多所遺落文寶因爲此編上卷紀烈祖事中卷紀元宗事下卷紀後主事不編年月於諸王大臣竝標其名亦無事實記載甚簡又獨全錄韓熙載歸國狀張佖諫疏各一首去取亦頗不可解然文寶爲南唐舊臣入宋雜志載其歸宋後常披蓑荷笠作漁者以見李煜深加寬譬煜甚忠之鐵圍山叢談又載其初受業於徐鉉及爲陝西轉運使時鉉方謫居仍叩謁執弟子禮鉉亦坐受其拜蓋惓惓篤故舊之誼者故其紀後主亡國亦祇以果於自信越人始謀爲言與徐鉉墓碑相類其意尚有足取其記李煜時貢獻賦斂一條王銍隨手雜錄全取之且注其下曰江表志鄭文寶撰則亦頗重其書又如江南江北舊家鄉一詩文寶以爲吳讓皇楊溥所作而馬令南唐書則直以爲後主作然文寶親事後主所聞當得其眞是亦可以訂馬書之誤也晁氏讀書志稱文寶有序題庚戌乃大中祥符三年此本無之今從學海類編補錄成完帙焉

江南餘載二卷永樂大典本

不著撰人名氏宋史藝文志載之霸史類中亦不云誰作馬端臨文獻通考載光南唐書音釋竝作江南僞載字之譌也陳氏書錄解題載是書原序略曰徐鉉始奉詔爲江南錄其後王舉路振陳彭年楊億皆有書大槪六家皆不足以史稱而龍袞爲尤甚熙寧八年得鄭君所述於楚州其事迹有六家所遺或小異者刪落是正取百九十五段以類相從云云振孫謂鄭君者莫知何人考鄭文寶有南唐近事二卷作於太平興國二年丁丑又江表志三卷作於大中祥符三年庚戌不在此序所列六家之內則所稱得於楚州者當卽文寶之書檢此書所錄雜事亦與文寶江表志所載互相出入然則所謂刪落是正者實據江表志爲藁本矣今世所行江表志名爲三卷實止二十四頁蓋殘闕掇拾已非完書此書所謂一百九十五段者今雖不可全見而永樂大典內所引尚夥多有江表志所不載者則江表志雖存而實佚此書雖佚尚有大半之存也宋志載此書二卷書錄解題及諸家書目竝同今採輯其文仍爲二卷以補江表志之闕焉

三楚新錄三卷浙江吳玉墀家藏本

宋周羽翀撰羽翀里貫未詳自署稱儒林郎試祕書省校書郎前桂州修仁令蓋宋初人也其稱三楚者以長沙馬殷武陵周行逢江陵高季興皆據楚地稱王故論次其興廢本末以一國爲一卷其中與史牴牾不合者甚多如馬殷本爲武安節度使劉建鋒先鋒指揮使佐之奪湖南及建鋒爲陳贍所殺軍中迎殷爲帥後亦未嘗爲邵州刺史今羽翀乃稱殷隨渠帥何氏南侵何命爲邵州刺史何氏卒衆軍迎殷爲主其說皆鑿空無據又謂馬希範入覲梁維翰旅遊楚泗求貨不得拂衣而去及希範立維翰已爲宰相奏削去其半仗云云今考希範嗣立在唐明宗長興三年時晉未立國安得有維翰爲宰相之事亦爲誣罔又如王逵爲潘叔嗣所襲與戰敗沒而羽翀以爲敗於南越僅以身免竟死於路與諸書所紀竝有異同蓋羽翀未覩國史僅據故老所傳述纂錄成書故不能盡歸精審然其所叙軼事爲史所不載者亦多可採稗官野記古所不廢固不妨錄存其書備讀五代史者參考焉

錦里耆舊傳四卷兩江總督採進本

一名成都理亂記宋句延慶撰延慶字昌裔自稱前滎州應靈縣令竝見於書中惟不著其里貫其書乃紀王氏孟氏據蜀時事宋史藝文志作八卷陳振孫書錄解題謂開寶三年祕書丞劉蔚知滎州得此傳請延慶修之起咸通九載迄乾德乙丑按今本止四卷起僖宗中和五年無懿宗咸通開事振孫又稱自平蜀後迄祥符己酉朝廷命令政事因革以至李順等作亂之迹皆略載之張約爲之序延慶在開寶時去祥符尚遠似不能續記至是而平蜀後事及張約序此本亦無之疑振孫所見卽宋志八卷之本出於後人所增益此本四卷或猶延慶之舊也書雖以耆舊傳爲名而不以人

系事。其體實近編年。所錄兩蜀興廢之迹。亦頗簡略。惟於詔敕章表書檄之文。載之獨詳。中閒如前蜀咸康元年唐兵至成都。王宗弼劫遷王衍於西宮。通鑑在十一月甲辰。而此書作乙巳。又宋太祖賜後蜀主孟昶詔一首。其文多與宋史不同。如此之類。亦皆可以備參考也。陳振孫稱爲平陽句延慶。案書中於後蜀主多所稱美。疑出蜀人之詞。孟昶時有校書郎華陽句中正者。後入宋爲屯田郎中。延慶疑卽其族。則平陽或華陽之誤歟。

五國故事二卷（浙江鮑士恭家藏本）

不著撰人名氏。南漢條下稱劉晟本二名。上一字犯宣祖諱。去之。則北宋人。又南唐條下稱嘗以其事質於江南一朝士。則猶在宋初。得見李氏舊臣也。中於南漢稱彭城氏。於閩從効姓稱萁。錢塘厲鶚跋以爲吳越國人入宋所作。避武肅王諱。然閩王延翰條下稱其妻爲博陵氏。則又何爲而諱崔乎。年代綿邈。蓋不可考矣。其書紀吳楊氏南唐李氏蜀王氏孟氏南漢劉氏閩王氏之事。稱曰五國。然以其地而論。當爲四國。若以其人而論。當爲六國。未審其楊李併爲一。抑孟王併爲一也。鄭樵通志略列之霸史類中。實則小說之體。記錄頗爲繁碎。中如徐知誥斥進黃袍諸事。爲史所不載。又李煜爲李璟第六子。而此云璟之次子。與史亦小有異同。然考古在於博徵。固未可以瑣雜廢也。前有萬歷中太常寺少卿余寅題詞。譏其四國俱加僞字。於蜀獨否。今考書中明書僞蜀王建。又書孟知祥以長興五年逐僭大號。何嘗不著其僞。卷首總綱既以前蜀後蜀爲分。再加僞字。則或曰前僞蜀後僞蜀。或曰僞前蜀僞後蜀。詞句皆嫌於贅。是以省之。公羊傳所謂避不成文是也。謂不僞蜀。殊失其旨。至南漢條下稱僞漢先主名巖。後名陟。又名龑。龑之字曰儼。本無此字。龑欲自大。乃以龍天合成其字。以其不典。故不書之。實援唐史書武后名曌以駁之。則其說當矣。

蜀檮杌二卷（浙江吳玉墀家藏本）

一名外史檮杌。宋張唐英撰。唐英字次功。自號黃松子。蜀州新津人。丞相商英之兄。熙寧中官至殿中侍御史。事蹟附載宋史張商英傳。其書本前蜀開國記後蜀實錄。仿荀悅漢紀體。編年排次。於王建孟知祥據蜀事蹟。頗爲詳備。歐陽修二蜀世家。刪削太略。得此可補其所遺。今世官署戒石所刻爾俸爾祿。民膏民脂。下民易虐。上蒼難欺四語。自宋代以黃庭堅書頒行州縣者。實摘錄孟昶廣政四年所製官箴中語。其文全載於此書。凡此之類。皆足以資考證。唐英嘗撰嘉祐名臣傳。及此書。今名臣傳已佚。惟此書存。然考樓鑰攻媿集引外史檮杌。王建四年書張琳始末。有大順初情實爲黔南節度使。辟爲判官一條。今本無之。則亦非完帙矣。

南唐書三十卷（兵部侍郎紀昀家藏本）

宋馬令撰。令。宜興人。陳振孫書錄解題載令自序。稱其祖太博元康世家金陵。多知南唐故事。未及撰次。令纘先志而成之。實崇寧乙酉云云。則令乃北宋末人。此本不載令自序。蓋偶佚也。元趙世延所作陸游重修南唐書序。稱馬元康胡恢等迭有所述。今復罕見。竟以爲令祖元康所作。殆當時未睹其本。故傳聞致誤歟。其書首爲先主書一卷。嗣主書三卷。後主書一卷。蓋用蜀志稱主之例。次女憲傳一卷。列后妃公主而附錄列女二人。次宗室傳一卷。列楚王景遷等十二人而從度從信二人有錄無書。次義養傳一卷。列徐溫及其子六人。附錄二人。次爲列傳四卷。次儒者傳二卷。次隱者傳一卷。次義死傳二卷。次廉隅傳。次苛政傳。共二卷。次誅死傳一卷。次黨與傳二卷。次歸明傳二卷。次方術傳一卷。談諧傳一卷。皆優人也。而附以迂儒彭利用。次浮屠傳。次妖賊傳。共一卷。次叛臣傳一卷。次滅國傳二卷。閩王氏楚馬氏也。次建國譜。次世系譜。共一卷。建國譜者。卽地理志。世系譜者。敘李氏所自出也。每序贊之首。必以嗚呼發端。蓋欲規彷五代史記。頗類效顰。於詩話小說。不能割愛。亦不免蕪雜瑣碎。自穢其書。又如建國譜之敘地理。僅有軍州而無縣。則省不當省。世系譜不過出自唐吳王恪。於先主書首一句可畢。而複述於唐書以前。尤繁不當繁。亦乖史體。均不及陸游重修之本。然椎輪之始。令亦有功。且書法亦謹嚴不苟。故今從新舊唐書之例。竝收錄焉。

南唐書十八卷　音釋一卷（內府藏本）

宋陸游撰。游有入蜀記。已著錄。宋初撰錄南唐事者凡六家。大抵簡略。其後撰南唐書者三家。胡恢馬令及游也。恢書傳本甚稀。王士禎池北偶談記明御史李應昇之叔有之。今未之見。惟馬令書與游書盛傳，而游書尤簡核有法。元天歷初，金陵戚光爲之音釋，而博士程塾等校刊之，趙世延爲序。錢曾讀書敏求記稱舊本遵史漢體，首行書某紀某傳卷第幾，而注南唐書於下。王士禎古夫于亭雜錄又稱其門人大名成文昭寄以宋槧本，凡十五卷，與今刻十八卷編次小異。今其本均不可見。所行者惟毛晉汲古閣本，刻附渭南集後者，已改其體例，析其卷數矣。南唐元宗於周顯德五年即去帝號，稱江南國主。胡恢從晉書之例，題曰載記，不爲無理。游乃於烈祖、元宗、後主皆稱本紀，且於烈祖論中引蘇頌之言，以史記秦莊襄王、項羽本紀爲例，深斥胡恢之非。考劉知幾史通本紀篇嘗譏姬自后稷至於西伯，嬴自伯翳至於莊襄，爵乃諸侯，而名隸本紀。又稱項羽僭盜而死，未得成君，假使羽竊帝名，正可抑同羣盜，況其名曰西楚，號止霸王，諸侯而稱本紀，循名責實，再三乖謬。則司馬遷之失，前人已深排之。游乃引以藉口，謬矣。得非以南渡偏安，事勢相近，有所左袒於其閒乎。他如后妃諸王傳，置之羣臣之後，雜藝方士傳列於忠義之前，揆以體例，亦爲未允。讀其書者，取其敘述之簡潔可也。

吳越備史四卷、補遺一卷（浙江汪汝瑮家藏本）

舊本題宋武勝軍節度使掌書記范坰、巡官林禹撰。載錢鏐以下累世事蹟。據舊目卷首列年號世系圖、諸王子弟官爵封謚表、十三州圖、十三州考。今惟存十三州考一篇，其圖表俱佚。後附補遺一卷，則不載作者名氏。考陳振孫書錄解題載錢俶之弟儼著吳越遺事，有開寶五年序。又謂備史亦儼所作，託名林、范。今是書四卷之末有跋二首，一題嘉祐元年四代孫中孚，一題紹興二年七代孫休渙。如據書中所記而言，則當從錢鏐起算，不當從錢俶起算。所稱四代、七代，顯據作書者而言，則振孫以備史爲儼撰，似得其實。錢曾敏求記云今本爲鏐十七世孫德洪（宋吳越世家疑辨作十九世孫，未詳孰是）嘉靖閒刊本，序稱補遺爲其門人馬藎臣所續，序次紊亂，如衣錦城建金籙醮及迎釋迦等事，皆失載。今是書於此數事，咸備無闕，則非德洪重刊之本。其以補遺爲馬藎臣所續，亦別無證據。藎臣曾撰吳越世家疑辨，自序謂曾作備史圖表，亦不云又續其書。考此補遺之首有序一篇，不題名氏年月，序中有家王故事之語，當即中孚等所題，亦云不知作自何人，則不出於藎臣審矣。備史所記訖太祖戊辰，補遺所記訖太宗丁亥，與中興書目所載前十二卷盡開寶元年，後增三卷盡雍熙四年者正合。特併十二卷爲四，併三卷爲一耳。陳振孫謂今書起石晉開運，前闕三卷，勘驗此本，所佚亦同。則是書自宋季以來已非完帙，今無從校補，亦姑仍其舊焉。

安南志略十九卷（兩淮馬裕家藏本）

元黎崱撰。崱字景高，號東山，安南國人。東晉交州刺史阮敷之後，世居愛州。幼與黎琫爲子，因從其姓。九歲試童科，仕其國至侍郎，遷佐靜海軍節度使陳鍵幕。至元中，世祖伐安南，鍵率崱等出降。其國邀擊之，鍵歿於軍。崱入朝，授奉議大夫，居於漢陽。以鍵志不伸而名泯，乃撰此志以致其意。元明善、許有壬、歐陽元皆爲之序。所紀安南事實，與元史列傳多有異同。如李公蘊所奪，是黎非丁。張懷侯爲國叔，張憲侯爲日烜兄子，俱非壻。遺與道王之難者乃明誠侯，而非義國侯。皆可證史氏之譌。又史於至元二十三年詔書內數安南罪，有戕害遺愛語，而不著其事。今志載至元十九年，授柴椿元帥，以兵千人送遺愛就國，至永平界，安南勿納。遺愛懼，夜先逃歸。世子廢遺愛爲庶人。更足明史有脫漏。其他山川人物，敘述亦皆詳贍，洵可爲參稽互考之助。蓋安南文字，通於中國，其開科取士，制亦略同。故此書敘述彬彬然具有條理，不在高麗史下云。

十國春秋一百十四卷（浙江孫仰曾家藏本）

國朝吳任臣撰。任臣字志伊，仁和人。康熙己未召試博學鴻詞，授翰林院檢討。任臣以歐陽修作五代史，於十國倣晉書例爲載記，每略而不詳。乃採諸霸史、雜史以及小說家言，並證以正史，彙成是書。凡吳十四卷、南唐二十卷、前蜀十三卷、後蜀十卷、南漢九卷、楚十卷、吳越十三卷、閩十卷、荊南四卷、北漢五卷、十國紀元世系表合一卷、地理志二卷、藩鎮表一卷、百官表一卷。其諸傳本文之下，自爲之註，載別史之可存者。蓋用蕭大圜淮海亂離志、楊衒之洛陽伽藍記、宋孝王關東風俗傳、王劭齊紀之例，劉知幾史通補註篇所謂躬爲史臣，手自刊削，除繁則意有所恡，畢載則言有所妨，遂乃定彼榛楛，列爲子註者也。其閒於舊說虛誣，多所辨證。如田頵擒孫儒年月，則從吳錄而不從薛史；呂師周奔湖南年月，則從通鑑而不從九國志；南唐烈祖世家則從劉恕十國紀年及歐史而不從江南野史吳越備史皆確有所見其他類是者甚多五表考訂尤精可稱淹貫惟無傳之人僅記名字列諸卷末雖用陳壽蜀志附載無傳諸人之例然壽因楊戲有季漢輔臣贊故繫之戲傳之末非自列其名字於中虛存標目也是則貌同心異不免於自我作古矣

附錄

越史略三卷 山東巡撫採進本

不著撰人名氏紀安南國事上卷曰國初沿革爲趙陀以下諸王曰歷代守任爲西漢至石晉交州牧守姓名曰吳紀乃五代末吳權及其子昌岌昌文等事蹟曰十二使君乃昌文沒後牙將杜景碩等爭立事蹟曰丁紀則丁部領以下諸王曰黎紀則黎桓以下諸王中卷下卷皆曰阮紀則自李公蘊得國後諸王事蹟紀述特詳惟以李爲阮與史不合按黎前安南志略稱陳氏代立凡李氏宗族及齊民姓李者皆令更爲阮以絶民望則此書當爲陳氏之臣所作前志又載陳普嘗作越志黎休嘗修越志俱陳太王時人太王者陳日煚之謚則此書或即出普休二人手未可知也安南自漢迄唐竝爲州郡五季末爲土豪竊據宋初始自立國此書自唐以前大抵全襲史文自丁部領以下則出其國人之詞與史所載殊有異同蓋史臣但承赴告之詞故如虁卒之類往往較差一年至名號官爵或祇自行國中而不以通於大朝故亦有所錯互其牴牾之處頗可與正史相參證又史稱陳日煚自帝其國煚公蘊爲太祖神武皇帝國號大越此書原題大越史略蓋舉國號爲名而所列公蘊至昊旵八王皆僭帝號不獨陳日煚一代則尤史所未詳又玉海記交阯天貺寶象神武彰聖嘉慶諸年號此書皆與相合特所列黎阮諸王無不改元者而史家竝未悉載則必當時深自諱之故中國不能盡知耳書末又載陳日煚以下紀年一篇但錄所僭謚號改元而不具事蹟其中所稱太上者以史按之當爲陳叔明其稱今上者當爲陳煒而史載日煚至煒十二世此書乃僅得十世未詳其故又考廉州府志紀康熙十三年海濱得鐘題皇越昌符九年乙丑說者疑爲宋時李乾德以後僭號今此書稱今上昌符元年丁巳當明洪武十二年其九年正值乙丑則爲陳煒僭號無疑是亦足資考證矣安南自宋以後世共職貢乃敢乘前代失馭之際輒竊號國中至著之簡策以妄自誇大實悖謬不足採然吳楚僭王春秋絶之而作傳者亦不沒其實故特依僞史例錄之以著其罪且以補宋元二史外國傳之所未備焉

朝鮮史略六卷 浙江鮑士恭家藏本

一名東國史略不著撰人名氏乃明時朝鮮人所紀其國治亂興廢之事始於檀君終於高麗恭讓王王瑤自新羅朴氏以前稍略而高麗王建以後則皆編年紀載事蹟頗具其稱李成桂李芳遠爲太祖太宗乃其臣子之詞又閒附史臣論斷及歷年圖等書蓋鄭麟趾高麗史仿紀傳之體而此則仿編年之體者故其國中兩行之錢曾讀書敏求記以其於王氏遺臣鄭夢周等欲害李成桂事不沒其實稱爲良史今觀其序事詳略雖不盡合體要而哀輯遺聞頗爲賅具讀列史外國傳者亦可以資參考焉書末有萬歷庚戌趙琦美跋稱借錄於馮仲纓家蓋當倭陷朝鮮出師東援時所得之本也

右載記類二十一部三百八十卷附錄二部九卷皆文淵閣著錄

載記類存目

晉史乘一卷楚史檮杌一卷 浙江鮑士恭家藏本

不著撰人名氏前有大德十年吾邱衍序稱晉史乘於劉向校讎未之聞近年與楚史檮杌併得之觀其篇目大槩與晏子春秋相似疑出於一時云云乘凡四十二篇檮杌凡二十七篇皆摭左傳國語說苑新序及諸子書彙而次之其僞不待辨考王褘集有吾子行傳記衍所著各書甚悉中有晉文春秋楚史檮杌二書之名張習孔雲谷臥餘續亦云衍作俱未嘗言衍得此二書然則衍特捃摭舊事偶補二書之闕原非作僞傳其書者欲以新異炫俗因改晉文春秋爲晉乘以合孟子所述之名併僞撰衍序冠之耳序文淺陋亦決不出衍手也

十六國考鏡一卷 編修程晉芳家藏本

舊本題宋石延年撰延年字曼卿宋城人官至太子中允此編舉晉書載記中所列五涼四燕三秦二趙并成夏等十六國考其始終傳世幾代歷年若干通篇不及二千言自宋以來諸家俱不著錄

惟曹溶學海類編收之。其依託不待辨也。

西夏事略一卷（編修程晉芳家藏本）

舊本題承議郎、權知龍州軍、兼管內勸農事、沿邊都巡檢使、借紫、臣王稱撰。考驗其文、即王偁東都事略中之西夏傳。作僞者鈔出、別題此名。曹溶學海類編收之、失考甚矣。

明氏實錄一卷（浙江吳玉墀家藏本）

明楊學可撰。學可、新都人。是書記明玉珍父子始末。玉珍當元末起兵、竊據巴蜀、一傳而滅。然無大淫虐。故明昇之降、論者以孟昶比之。是書所述、雖不無溢美、而序次頗詳、亦足與正史相參考。實錄之名、古人通用。故凉劉昞有燉煌實錄、唐許嵩記六代之事稱建康實錄、而李翱集有皇祖實錄、乃其大父之行狀。學可此作、蓋沿古名、非僭明氏父子爲正史也。然五代十國、記載如林、不過曰志、曰記、曰傳、曰錄。宋以來相沿久矣、何必定用此目乎。

高麗史二卷（編修汪如藻家藏本）

舊本題正獻大夫、工曹判書、集賢殿大提學、知經筵春秋館事、兼成均大司成、臣鄭麟趾奉敎撰。考明實錄、景泰二年、高麗使臣鄭麟趾嘗表進是書於朝。凡世家四十六卷、志三十九卷、表二卷、列傳五十卷、目錄二卷。朱彝尊曝書亭集有是書題跋、稱爲體例可觀、有條不紊。此本僅世系一卷、后妃列傳一卷、蓋偶存之殘帙、非完書矣。

唐餘紀傳二十四卷（浙江巡撫採進本）

明陳霆撰。霆字聲伯、德清人。宏治壬戌進士。官至山西提學僉事。是書凡圖紀三卷、列傳十卷、家人傳一卷、忠節傳一卷、義行傳一卷、隱逸傳一卷、藩附傳一卷、列女傳一卷、方技傳一卷、伶人傳一卷、別傳一卷、志略一卷、附錄一卷。大旨以南唐承唐之正統。蓋與姚士粦後梁春秋均欲竊取通鑑綱目帝蜀之意、而不知其似是而非者。考陸游南唐書、謂唐憲宗第八子建王恪生超。超生志、仕爲徐州判司。志生榮。榮生昪。而歐陽修五代史則云家世微賤。與游說迥殊。則其系出唐後與否、宋代已多異議。且自李璟已附於周、李煜又始終奉宋正朔。當時已以藩臣自居、後世忽以正統歸之、尤爲乖剌。其體例多學步新五代史。如唐莊宗亡於伶人、事關興廢、故歐陽修別傳伶官。至申漸高等四人、其事微矣、乃亦別立傳。將修唐書者必爲黃幡綽等立傳乎。唐六臣、新五代史別傳、以其賣國也。乃亦摭徐鉉、殷崇義、張洎、張佖、周惟簡、查元方以足六臣之數。不知其隨主而降、與許善心一例也。如此之類、皆有效顰之失。況旣以南唐繼唐、自應正其爲帝。而昪曰先主、璟曰中主、煜曰後主、復仿陳壽蜀志之例、尤進退無據。至於雜採稗官、漫無刊削、又其小失矣。胡恢之書雖佚、馬令、陸游二書具在、何必作此屋下屋也。

南詔事略一卷（浙江范懋柱家天一閣藏本）

明顧應祥撰。應祥有人代紀要、已著錄。是書乃應祥巡撫雲南時所撰。大約摭拾各史蠻夷傳及滇中舊志參訂而成。其諸書與史互異者、皆別作按語、詳爲考證。詮註敘次、頗爲簡潔。至所載鄭氏世次及一切事實、皆五代史及五代會要、文獻通考諸書所未載、亦足裨史氏之闕也。惟六詔創置、載於各史者、名號俱符。滇中志乘、悉引爲依據。茲書以越析詔作治麼些、遼賧詔作鄧賧、并炎閣子盛羅皮之作晟羅皮、與史傳悉異、而未著其所出。蓋明人著書之疎漏、往往如斯矣。

吳越紀餘五卷附雜吟一卷（浙江鮑士恭家藏本）

明錢貴撰。貴字元抑、長洲人。是編採輯吳越故實、分題編錄、亦多附以論斷。前有正德庚午自記、稱摭其大綱爲三首、雜擬其事之可信者又三十五首。所謂三大綱者、一編年、一書法、一世家。所謂三十五事者、季札觀樂之類是也。其編年有吳而無越、餘亦越略而吳詳。蓋貴爲吳人、故以吳爲主、亦各私其鄉之錮習也。所載皆習見之事、無一新異、而又皆不著所出。且以吳越爲名、而別出伍倘一篇、申包胥一篇、陶朱公一篇。申包胥尚有關於入郢。陶朱公之子、事雖在楚、而范蠡猶有關於霸越。至伍倘則人爲楚人、事爲楚事、與吳越如風馬牛。綴之伍員傳首、以爲緣起、已嫌其贅。乃別立一題、則伍奢亦員之父、楚平王費無極等皆員之讎、又何不可類及乎。其亦昧於斷限之例矣。末附雜吟一卷、亦貴所作、以咏吳越舊迹者也。詞旨淺近、亦無取焉。

滇載記一卷（兩淮鹽政採進本）

明楊愼撰。愼有檀弓叢訓、已著錄。是書乃其謫戍雲南時所作。統紀滇域原始、及各部姓種類。舊本與滇程記合爲一篇。今以一爲行記、一爲地志、析之各著錄焉。

陳張本末略一卷、附方國珍本末略一卷（編修程晉芳家藏本）

明吳國倫撰。國倫字明卿，興國人。嘉靖庚戌進士。官至河南布政司參政。明史文苑傳附見李攀龍傳中。是書於陳友諒得姓爲吏諸事、張士誠與李伯昇等起事之由、方國珍弟國瑛國珉諸人俱未臚敘。所載明初攻戰諸事，更爲疏漏。前有國倫自序曰，每聞祖父言國初陳友諒張士誠事甚悉，因誌其始末大略，而以方國珍附焉。後閱洪武日錄及諸野史所記載，往往不符。倘冀熟於掌故者爲我正之。則國倫先不自信矣。

越嶠書二十卷（浙江范懋柱家天一閣藏本）

明李文鳳撰。文鳳字廷儀，宜山人。嘉靖壬辰進士。官至雲南按察司僉事。是書皆記安南事迹。朱彝尊曝書亭集有越嶠書跋，稱爲有倫有要。於彼國山川、郡邑、風俗、制度、物產，以及書詔、制敕、移文、表奏之屬，無不備載。而建置興廢之故，亦皆編次詳明。然大致以黎崱安南志略爲藍本，益以洪武至嘉靖事耳。

孤忠小史十八卷（兩江總督採進本）

不著撰人名氏。核其所載，即李文鳳粵嶠書也。文鳳書本二十卷，首尾完具。此本鈔寫殘闕，佚其前二卷。起於第三卷之第三頁，而空其前半頁。以下每卷皆空其標題，不知何人妄填以孤忠小史之名。又僞撰序文，填於前半頁之空處。復僞刻焦竑一印，用於簡端。名與書不合，書與序文又不合，序尤鄙俚，足資笑具。殆坊肆書賈之所爲。收藏家不辨而傳之耳。

朝鮮國紀一卷（編修程晉芳家藏本）

明黃洪憲撰。洪憲字懋中，秀水人。隆慶辛未進士。官至少詹事、掌翰林院事。嘗奉使朝鮮，獲覩其國先世實紀，因次其傳受次序、及興廢大要，爲此書。然所錄甚略，不及史傳之詳備也。

吳越世家疑辨一卷（編修汪如藻家藏本）

明馬蓋臣撰。蓋臣始末未詳。歐陽修五代史於吳越世家極言其汰侈暴斂之事。說者或以爲修有憾於錢惟演，故以此言毀之，並非實錄。蓋臣之師錢德洪，爲錢鏐十九世孫，因令蓋臣歷考通鑑綱目及他書所載錢氏愛民政蹟，逐條臚列，以證吳越世家之妄。其書雖題蓋臣名，實則德洪意也。其間援引雖富，類多以空言爭論。至如吳越改元之事，尚有石刻可據，昭然難掩，乃亦必喋喋而爲之辨。且謂其本中國紀元而史失之，尤可謂鑿空妄說矣。

後梁春秋二卷（浙江汪啟淑家藏本）

明姚士粦撰。士粦所輯陸氏易解，已著錄。是書以後梁主蕭詧爲武帝冢孫，宜嗣梁祚。武帝奪嫡而立簡文，卒致覆滅，而詧附魏立國，凡歷三主三十三年乃亡，能保其祀。北史及周隋二史記載頗略，故作此書。欲以詧續梁正統，用編年之法，採取史傳、傍摭文集，因時表事，因事附人，排比具詳。其間如詧通魏後，即用北魏紀年，而不書太清之號，以絕元帝於梁。又於陳諸帝皆直書其名，以示黜貶之意。然詧爲昭明第三子，原非必應得國之人。其立也又非受國於武帝。值是時弟兄搆釁，同氣相屠，借魏朝兵力，獲奉宗祧，僅區區守江陵三百里之地，身爲附庸，北面事人，其事實無可稱。士粦此書，與以南唐爲正統者同一偏僻。王士禎居易錄稱士粦有此書，惜未見之。殊不知其無可取也。士粦又嘗爲西魏春秋若干卷，蓋亦以補魏收書之闕。今佚不傳。

韓氏事蹟一卷、方氏事蹟一卷（兩淮鹽政採進本）

明劉文進撰。文進爵里未詳。所記乃韓林兒、方國珍二家事蹟，分年編載，略如紀事本末體例。而引吳朴、張時泰、邵相、周德恭諸人論斷，系之各條之下。凡詔檄奏疏之文，皆跳行另書，如坊刻所行演義之式。蓋明人陋習如此。又以明太祖奉韓林兒年號，比之事殷之德，取喻亦病其不倫。

南詔野史一卷（兩江總督採進本）

舊本題曰昆明倪輅集成，都楊慎標目，滇中阮元聲刪潤。前無序目。後有崇禎六年姜午生跋云，新都楊用修先生遊其地，乃原其世系，著爲載記。滇中阮元聲霞嶼簡及斯記，惜其佚脫，欲更讎之以付剞劂，而不言輅作。今考書中敘事，下逮萬歷十三年，慎不及見。跋又稱大略始於沙壹觸沈木而生九龍，此書乃始於南詔星野，其沈木一事僅附見於南詔源流按語中。前後矛盾，不可究詰。大抵阮元聲之所爲，倪輅、楊慎皆依託也。前半冊逐條標目，頗嫌叢瑣。後半冊大蒙國以下，則歷紀蒙氏始據南詔，以迄於段明，頗似世家列傳之體。末則總敘明代平定雲南始末，而於歷代竊據諸家，皆稱其僞號僞謚，尤爲乖刺。元聲，馬龍州人，崇禎戊辰進士，官金華府推官。

南唐拾遺記一卷（江蘇巡撫採進本）

國朝毛先舒撰。先舒有聲韻叢說，已著錄。是編前有自序，稱略採宋江南遺事諸不見正史者，附於馬陸二書、鄭文寶近事、陳彭年別錄、陳霆唐餘紀傳之後。然實皆習見之事，無一異聞。又後主却登高文全篇載於陸書從善傳中，而謂爲登高賦惟存二句，烏在其爲拾遺也。紫竹評李後主詞一條，見龍輔女紅餘志，不詳所出，其人之眞僞未可知。且是紫竹之語，何與南唐遺事。以此條爲例，則詞話詩話連篇不盡矣。師子國王一條，鬼魅現形，乃小說荒唐之談，豈可以補正史。將太平廣記載秦莊襄王就倩乞食亦可補史記秦本紀耶。李煜殺諫臣，溺浮屠，荒於酒色，闕失非一，先舒序中以爲守文令辟，亦非篤論也。

十六國年表一卷（浙江汪啟淑家藏本）

國朝張愉曾撰。愉曾字庭碩，徽州人。是書以崔鴻所錄十六國事，仿史記十二諸侯年表之例，年經國緯，條理分明，頗便於尋覽。其從父張潮收之昭代叢書乙集中，後有潮跋，謂不識崔鴻何以不列年表，今得此書，可以補其闕略。考劉知幾史通，崔鴻原書實有表，屠喬孫等作僞本時偶漏撰此篇。潮未及考耳。前又有潮序一篇，文格純效尚書，其意欲擬夏侯元昆弟誥，殊爲詭僻，尤無取焉。

中山沿革志二卷（安徽巡撫採進本）

國朝汪楫撰。楫字舟次，休寧人。康熙己未召試博學鴻詞，授檢討。是編乃其冊封琉球國王時所作。按楫別有使琉球錄，備載冊封典禮及山川景物，此則專紀中山世系，附以考據，前有自序，稱諭祭故王，入其祖廟，因密錄其神主，又得琉球世纘圖，參以明代實錄，約略詮次，蓋琉球之沿革具是矣。

十六國年表二十二卷（浙江巡撫採進本）

國朝孔尚質撰。尚質字元長，武陵人。是編雖以年表爲名，而實非司馬遷旁行斜上之體，特以僞本崔鴻十六國春秋列傳改爲編年，猶之排纂班書，更爲荀紀。然體例多不允協。如每年但大書甲子，而以晉宋年號與僭號分註，則統緒全乖。又首列所僭之廟號，而書中仍復書名，則綱目互異。又魏氏已定位中原，列於正史，此乃分標代魏，與仇池楊難敵、吐谷渾一例，轉附錄於十六國後，尤爲未協。惟末附輿圖考一卷，古名今地排比頗明，差爲易於尋覽云。

右載記類二十一部，一百六卷，皆附存目。

欽定四庫全書總目卷六十六

欽定四庫全書總目卷六十七

史部二十三

時令類

堯典首授時，舜初受命，亦先齊七政。後世推步測算，重爲專門，已別著錄。其本天道之宜以立人事之節者，則有時令諸書。孔子考獻徵文，以小正爲尚存夏道。然則先王之政，茲其大綱歟。後世承流，遞有撰述，大抵農家日用、閭閻風俗爲多，與禮經所載小異。然民事卽王政也，淺識者歧視之耳。至於選詞章、隸故實，誇多鬭靡，浸失厥初，則踵事增華，其來有漸，不獨時令一家爲然。汰除鄙倍，採摘典要，亦未始非豳風月令之遺矣。

歲時廣記四卷（編修程晉芳家藏本）

宋陳元靚撰。元靚不知其里貫，自署曰廣寒仙裔。而劉純作後序，稱爲隱君子，其始末亦未詳，言莫之考也。書前又有知無爲軍巢縣事朱鑑序一篇。鑑乃朱子之孫，卽嘗輯詩傳遺說者，後仕至湖廣總領。元靚與之相識，則理宗時人矣。其書宋志不著錄，惟見於錢曾讀書敏求記，稱前列圖說，分四時爲四卷。今此本乃曹溶學海類編所載，卷首並無圖說，蓋傳鈔者佚之。書中摭月令、孝經緯、三統歷諸書爲綱，而以雜書所記關於節序者按月分隸。凡春令四十六條，夏令五十條，秋令三十二條，冬令三十八條。大抵爲啟劄應用而設，故於稗官說部多所徵據，而爾雅、淮南諸書所載足資考證者，反多遺闕，未可以稱善本。特其於所引典故，尚皆備錄原文，詳記所出，未失前人遺意。與後來類書隨意刪竄者不同，故並錄存之，以備參攷焉。

御定月令輯要二十四卷、圖說一卷

康熙五十四年

聖祖仁皇帝御定。初，明馮應京與戴任共輯月令廣義二十五卷，體例粗備，而所錄繁簡失中，雅俗弗別，頗不免於蕪雜，未可以前民利用。我

聖祖仁皇帝欽崇天道，敬授人時，

特命儒臣別爲編纂。門目雖仍其舊，而刊除無稽之論，增補未備之文。定爲圖說一卷，歲令二卷，每月令一卷，春夏秋冬令及土王令五卷，十二月令及閏月令十三卷，晝夜令二卷，時刻令一卷。每類分天道、政典、民用、物候、占驗、雜記六子目。每月令則六子目外增日次一子目。十二月令、閏月令則六子目外增節序、日次二子目。各援引圖籍，註明出典，具有根據。其舊本所有者，標題原字；今本所加者，標題增字。亦不掩古人所長。本本元元，條分縷析，用以乘時布政，順五氣之宜，趨事勸功，裨四民之業。

敬

天出治，敦本重農之

淵衷，具見於是，固不僅點綴歲華，採摭詞藻，徒供翰墨之資焉。

右時令類二部，二十九卷，皆文淵閣著錄。

時令類存目

四時宜忌一卷（編修程晉芳家藏本）

明瞿佑撰。佑字宗吉，錢塘人。洪武初官國子助教。永樂間官周王府右長史，謫戍保安。洪熙初赦還。此書記十二月所宜所忌，歷引孝經緯、荊楚歲時記、玉燭寶典，而兼及於濟世仁術、法天生意、指月錄、白雲雜忌諸書。甚至道家符籙亦皆載入，徵引雖博，究不免傷於蕪雜也。

四時氣候集解四卷（江西巡撫採進本）

明李泰撰。泰字淑通，鹿邑人。洪武丁丑進士。姚福青溪暇筆稱其官爲詹事府通事舍人。其事蹟則無考也。是書成於洪熙元年。大旨以月令諸書紀載時物，僅得其大略，前人訓釋又互有異同，因蒐採羣籍以爲考證。然篇幅太隘，未能詳覈。

月令通考十六卷（內府藏本）

明盧翰撰。翰有易經中說，已著錄。此書以一歲十二月，每月雜採故事，兼及流俗舊聞。首記天道，次治法，次地利，次民用，次攝生，次涓吉，次占候，次跡往，次考言，次擴聞，謂之十例，頗爲龐雜。其自序云因見家塾事親一書而廣之爲此，則託始已爲俗學，其不能精核宜矣。

月令廣義二十五卷（直隸總督採進本）

明馮應京撰，戴任續成之。應京有六家詩名物疏，已著錄。任始末未詳。惟卷端有二私印，一曰肩吾父，一曰新安布衣而已。是書前有任敘由一篇，稱應京初爲士民月令一卷，凡十有二令。今益以閏月，而增五紀篇，冠以圖，統之以歲總，約十二月文義之同者，括爲每月令，領於春令之前，復概每月三十日所同者，立晝夜令，而一十二時區爲時令，系諸篇終，共爲卷二十有五，則應京原書祇一卷，此本皆任所增加。而卷首馮需紀略乃稱應京在鎮撫司作此書二十四卷。應京自序又稱任僅增三之二。大抵二人先後成之，而彼此均欲據以爲功，故其說矛盾也。其書較盧氏月令通考差詳備，而亦多猥雜。如諸神誕辰之類，皆本道書，而非可筆之儒籍者也。

節宜輯四卷（內府藏本）

明上洛王朝嗑撰。朝嗑，周定王橚七世孫。成化三年，橚曾孫同鑣始分封上洛。萬歷三十二年，朝嗑襲封。其書專記時令，多襲舊文。

養餘月令二十九卷（浙江巡撫採進本）

明戴羲撰。羲字馭長，里貫未詳。崇禎中官光祿寺典簿。其書分紀歲序，而附以蠶魚竹牡丹芍藥蘭菊諸譜。鈔撮舊籍，無所發明。

日涉編十二卷（內府藏本）

明陳堦撰。堦字升也，應城人。是書雜採故實詩歌，按時令編次。每一月爲一卷，先敘月令節候，而三十日以次列之，皆以故實居前，詩歌居後。所採頗爲蕪雜。前有康熙二十七年榮昌知府文安紀元重刊序，乃惜其列代事迹有關勸戒者尚未詳錄，非也。至謂其不載閏月爲疏漏，則所言當矣。

廣月令三卷、後集二卷（安徽巡撫採進本）

明王勳撰，後集則其子璞所補。勳字曰放，璞字伯懷，黟縣人。其書採掇傳記，欲爲月令通考諸家廣所未備，而好取新奇，轉成淺陋。如十二月云大茅君降，白鶴吐火，烘客，老子降，九十六種魔，皆道家無稽之談，尤爲荒誕。其標目曰別有天，曰有本如是，曰山外山，曰衆香國逸史，皆佻纖尖巧，亦不出

明季小品習徑也。

古今類傳歲時部四卷（浙江巡撫採進本）

國朝董穀士、董炳文同編。穀士字農山，炳文字霞山，烏程人。是書前有潘耒序，稱其兄弟共撰類書，分天地人物為四部，名曰古今類傳。先以歲時日次一編見示，乃天部中之一種。然則未成之書也。其例首為歲序總類，次為春夏秋冬四時類。每於一時一月又先為總類，後以一月分三十日，各纂輯典故詩文，略註所出，而以通用麗句附諸篇末。其所出則咸不註焉。蒐採頗為繁富，然隸事在其意義，不在其字句。是書所摭往往乖其本旨，如王羲之春蚓秋蛇本論書法，乃以春秋二字入之歲序類中，是可為得古人之意哉。

節序同風錄（無卷數。衍聖公孔昭煥家藏本）

國朝孔尚任撰。尚任有人瑞錄，已著錄。是書仿荆楚歲時記為之，以十二月為綱，而以佳辰令節分列為目，各載其風俗事宜於下，頗為詳備。然人事今古不同，方隅各異，尚任不分其時其地，比而同之，又不著其所出，未免失之淆雜，不足以為典據也。

時令彙紀十六卷餘日事文四卷（兩淮馬裕家藏本）

國朝朱濂編。濂爵里未詳。是編所採皆四時十二月事實詩賦，全用藝文類聚之體。復以是書但分節候而無日次，故更作餘日事文四卷，每月三十日，皆摭拾事實詩賦以補之。然所引神仙降誕飛昇之期，既為荒誕，又多以古人行記如范成大吳船錄之類所載每日至某處者，取為其日之故實，殊為假借也。

右時令類十一部、一百二十卷，（內一部無卷數）皆附存目。

欽定四庫全書總目卷六十七

欽定四庫全書總目卷六十八

史部二十四

地理類一

古之地志，載方域山川風俗物產而已，其書今不可見。然禹貢、周禮職方氏其大較矣。元和郡縣志頗涉古蹟，蓋用山海經例。太平寰宇記增以人物，又偶及藝文，於是為州縣志書之濫觴。元明以後，體例相沿，列傳侔乎家牒，藝文溢於總集，末大於本，而輿圖反若附錄。其間假借夸飾，以侈風土者，抑又甚焉。王士禎稱漢中府志載木牛流馬法，武功縣志載織錦璇璣圖，此文士愛博之談，非古法也。然踵事增華，勢難遽返。今惟去泰去甚，擇尤雅者錄之。凡蕪濫之編，皆斥而存目。其編類，首宮殿疏，尊宸居也；次總志，大一統也；次都會郡縣，辨方域也；次河防，次邊防，崇實用也；次山川，次古蹟，次雜記，次遊記，備考核也；次外紀，廣見聞也。若夫山海經、十洲記之屬，體雜小說，則各從其本類，茲不錄焉。

三輔黃圖六卷（編修勵守謙家藏本）

不著撰人名氏。晁公武讀書志據所引劉昭續漢志註，定為梁陳間人作。程大昌雍錄則謂晉灼所引黃圖，多不見於今本，而今本漸臺、彪池、高廟元始祭社稷儀，皆明引舊圖，知非晉灼之所見。又據改槐里為興平，事在至德二載，知為唐肅宗以後人作。其說較公武為有據。此本惟高廟一條不引舊圖，滄池一條引舊圖，而大昌未及，其餘三條並同。蓋即大昌所見之本，偶誤滄池為高廟也。其書皆記長安古蹟，間及周代靈臺、靈囿諸事。然以漢爲主，亦間及河間日華宮、梁曜華宮諸事，而以京師爲主，故稱三輔黃圖。三輔者，顔師古漢書註謂長安以東爲京兆，以北爲左馮翊，渭城以西爲右扶風也。所紀宮殿苑囿之制，條分縷析，至爲詳備，考古者恒所取資。惟兼採西京雜記、漢武故事諸僞書，洞冥記、拾遺記諸雜說，愛博嗜奇，轉失精核，不免爲白璧微瑕耳。

禁扁五卷（兩江總督採進本）

元王士點撰。士點字繼志，東平人。是書凡爲目百一十有六，篇一十有五，釐爲甲乙丙丁戊五卷。考何晏景福殿賦云，爰有禁楄，勒分翼張，註引說文扁從戶冊者，署門戶也。扁與楄同。此書詳載歷代宮殿門觀池館苑籞等名，故取義於此。卷首有歐陽元至順庚午序、虞集至順癸酉序，皆以詳贍推之。其中如釋東西箱以西清附之，蓋本前漢司馬相如傳註謂西清即西箱也。而其釋東西序則與東西箱別爲一類，不知景福殿賦西箱踟蹰以閑宴，東序重深而祕奧，註西箱西序也，東序東箱也，本屬互文，而析爲兩地，則於宮室之制殊未能詳考。又如釋秦雲陽宮一名林光，一名甘泉，程大昌雍錄，漢之甘泉在渭北之雲陽，秦之甘泉在渭南之鄠縣，謂秦甘泉一名雲陽，殊誤。又孟康郊祀志註，漢甘泉一名林光。師古謂漢於秦林光宮旁別起甘泉宮，謂漢甘泉一名林光，亦非。則於地理之學，亦不免偶疎。至於秦祈年宮，三輔黃圖以爲穆公作，此書獨本漢書及水經注之說，以爲作於惠公，似非無見。又若曲臺宮之類，兼採雍錄以補黃圖之所遺，頗可藉以參考。末附名釋一篇，訓詁亦極典核，雖時有疎密，要於史學不爲無補矣。

右地理類宮殿疏之屬，二部，十一卷，皆文淵閣著錄。

案太平御覽所引有漢宮殿疏，劉知幾史通所引有晉宮闕名，皆自爲紀載，不與地志相雜，今別立子目，冠於地理類之首。

元和郡縣志四十卷（浙江巡撫採進本）

唐李吉甫撰。吉甫字宏憲，趙州人，御史大夫栖筠之子。以蔭補左司禦率府倉曹參軍。貞元初爲太常博士，官至中書侍郎、同中書門下平章事，卒諡忠懿。事蹟具唐書本傳。是書據宋洪邁跋，稱爲元和八年所上。然書中吏部有州一條，乃在元和九年，蓋其事爲吉甫所經畫，故書成之後又自續入之也。前有吉甫原序，稱起京兆府，盡隴右道，凡四十七鎮，成四十卷。每鎮皆圖在篇首，冠於敘事之前，並目錄兩卷，共成四十二卷，故名曰元和郡縣圖志。後有淳熙二年程大昌跋，稱圖至今已亡，獨志存焉，故書錄解題惟稱元和郡縣志四十卷。此本又闕第十九卷、二十卷、二十三卷、二十四卷、二十六卷、三十六卷，其第十八卷則闕其半，二十五卷亦闕二頁，又非宋本之舊矣。篇目斷續，頗難尋檢。考水經注本四十卷，至宋代佚其五卷，故水名闕二十有一。南宋刊版仍均配爲四十卷，使相聯屬。今用其例，亦重編爲四十卷，以便循覽，仍註其所闕於卷中，以存舊第。其書唐志作五十四卷，證以吉甫之原序，蓋志之誤。又按唐六典及新舊唐書地理志，貞觀初分天下爲十道，一關內道，二河南道，三河東道，四河北道，五山南道，六隴右道，七淮南道，八江南道，九劍南道，十嶺南道。此書移隴右爲第十，殆以中葉後陷沒吐蕃，故退以爲殿。至淮南一道，在今本闕卷之中，以唐志淮南道所屬諸州考之，今本河南道內有所屬申、光二州，列蔡州之後；江南道內有所屬之蘄、黃、安三州，列鄂沔二州之後，似乎傳寫之錯簡。然考唐書方鎮表，大歷十四年，淮西節度使復治蔡州，尋更號申光蔡節度使。又永泰元年，蘄、黃二州隸鄂岳節度，升鄂州都團練使爲觀察使，增領岳、蘄、黃三州。元和元年，升鄂州觀察使爲武昌軍節度使，增領安、黃二州。則申州、光州嘗由淮南道割隸河南道，蘄州、安州、黃州亦嘗由淮南道割隸江南道，唐志偶失移併，非今本錯亂也。輿記圖經，隋唐志所著錄者，率散佚無存，其傳於今者，惟此書爲最古，其體例亦爲最善。後來雖遞相損益，無能出其範圍。今錄以冠地理總志之首，著諸家祖述之所自焉。

太平寰宇記一百九十三卷（浙江汪啟淑家藏本）

宋樂史撰。史有廣卓異記，已著錄。宋太宗時，始平閩越，并北漢，史因合輿圖所隸，考尋始末，條分件繫，以成此書。始於東京，迄於四裔。然是時幽、嬀、營、檀等十六州，晉所割以賂遼者，實未入版章。史乃因賈耽十道志、李吉甫元和郡縣志之舊，槩列其名。蓋太宗置封樁庫，冀復燕雲，終身未嘗少置。史亦預探其志，載之於篇，非無所因而漫錄也。史進書序譏賈耽、李吉甫爲漏闕，故其書採摭繁富，惟取駭博。於列朝人物，一一並登。至於題詠古蹟，若張祐金山詩之類，亦皆並錄。後來方志必列人物、藝文者，其體皆始於此。蓋地理之書，記載至是書而始詳，體例亦自是而大變。然史書雖卷帙浩博，而考據特爲精核，要不得以末流冗雜，追咎濫觴之源矣。原本二百卷，諸家藏本並多殘闕，惟浙江汪氏進本所闕自一百十三卷至一百十九卷，僅佚七卷。又每卷末附校正一頁，不知何人所作，辨析頗詳，較諸本最爲精善。今據以著錄。文獻通考作太平寰宇志。此本標題實作太平寰宇記，諸書所引名亦兩岐。今考史進書原序亦作記字，則通考爲傳寫之誤，不足據也。

元豐九域志十卷（兩江總督採進本）

宋承議郎知制誥丹陽王存等奉敕撰。存字敬仲，丹陽人。登進士第，調嘉興主簿，歷官尚書右丞。事蹟具宋史本傳。初，祥符中李宗諤、王曾先後修九域圖。至熙寧八年，都官員外郎劉師旦以州縣名號多有改易，奏乞重修。乃命館閣校勘曾肇、光祿丞李德芻刪定，而以存總其事。以舊書名圖而無繪事，請改曰志。迄元豐三年閏九月書成。此本前有存等進書原序，稱國朝以來州縣廢置與夫鎮戍城壘之名、山澤虞衡之利，前書所略，則謹志之。至於道里廣輪之數，昔人罕得其詳，今則一州之內首敘州封，次及旁郡，彼此互舉，弗相混淆。總二十三路，京府四，次府十，州二百四十二，軍三十七，監四，縣一千二百三十五，釐爲十卷。王應麟稱其文見於曲阜集，蓋曾肇之詞也。其書始於四京，終於省廢州軍及化外羈縻州。凡州縣皆依路分隸，首具赤畿望緊上中下之名，次列地里，次列戶口，次列土貢，每縣下又詳載鄉鎮，而名山大川之目亦併見焉。其於距京距府旁郡交錯四至八到之數，縷析最詳，深得古人辨方經野之意。敘次亦簡潔有法。趙與旹賓退錄尤稱其土貢一門備載貢物之額，數足資考核，爲諸志之所不及。自序所稱文直事核，洵無愧其言矣。其書最爲當世所重，民間又有別本刊行，內多古蹟一門。故晁公武讀書志有新舊九域志之目。此爲明毛晉影鈔宋刻，乃元豐閒經進原本。後藏徐乾學傳是樓中，字畫清朗，譌闕亦少。惟佚其第十卷，今以蘇州朱奐家鈔本補之，仍首尾完具。案張淏雲谷雜記稱南渡後閩中刊書不精，如睦州宣和中始改嚴州，而新刊九域志直改爲嚴州。今檢此本內睦州之名尚未竄改，則其出於北宋刻本可知。近時馮集梧校刊此書，每卷末具列考證，其所據亦此本也。

輿地廣記三十八卷（浙江鮑士恭家藏本）

宋歐陽忞撰。晁公武讀書志謂實無其人，乃著書者所假託。陳振孫書錄解題則以爲其書成於政和中，忞歐陽修從孫，以行名皆連心字爲據。按此書非觸時忌，何必隱名。疑振孫之說爲是。然修廬陵人，而此本有忞自序，乃自稱廣陵，豈廣廬字形相近，傳寫致譌歟。其書前四卷先敘歷代疆域，提其綱要。五卷以後乃列宋郡縣名，體例特爲清析。其前代州邑宋不能有，如燕雲十六州之類者，亦附各道之末，名之曰化外州，亦足資考證。雖其時土宇狹隘，不足括輿地之全，而端委詳明，較易尋覽，亦輿記中之佳本也。

方輿勝覽七十卷（兩淮鹽政採進本）

宋祝穆撰。穆字和甫，建陽人。建寧府志載穆父康國從朱子居崇安，穆少名丙，與弟癸同受業於朱子。宰執程元鳳、蔡抗錄所著書以進，除迪功郎，爲興化軍涵江書院山長。是書前有嘉熙己亥呂午序，蓋成於理宗時。所記分十七路，各係所屬府州軍於下，而以行在所臨安府爲首。蓋中原隔絕，久已不入輿圖，所述者惟南渡疆域而已。書中體例大抵於建置沿革、疆域道里田賦戶口關塞險要他志乘所詳者，皆在所略，惟於名勝古蹟多所臚列，而詩賦序記所載獨備。蓋爲登臨題詠而設，不爲考證而設。名爲地記，實則類書也。然採摭頗富，雖無裨於掌故，而有益於文章。摛藻掞華，恒所引用。故自宋元以來，操觚家不廢其書焉。考葉盛水東日記稱元絳閔忠詩石刻在康州，方輿勝覽乃載在封州，又誤以爲魏矼作，亦譌數字。幸眞跡石刻尚存三洲巖中，則小小舛誤，亦所不免，要不害其大致之詳贍爾。

明一統志九十卷（內府藏本）

明吏部尚書兼翰林院學士李賢等奉敕撰。案沈文聖君初政志稱洪武三年命儒臣魏俊等六人編類天下郡縣地理形勢爲大明志。今其書不傳。後成祖採天下郡縣圖經，命儒臣纂輯爲一書，亦未及成而中輟。至英宗復辟後，乃命賢等重編。天順五年四月書成奏進，賜名大明一統志，御製序文冠其首，鋟版頒行。考輿志之書出自官撰者，自唐元和郡縣志、宋元豐九域志外，惟元岳璘等所修大元一統志最稱繁博。國史經籍志載其目，共爲一千卷。今已散佚無傳。雖永樂大典各韻中頗見其文，而割裂叢碎，又多漏脫，不復能排比成帙。惟浙江汪氏所獻書內，尚存原刊本二卷，頗可以考見其體製。知明代修是書時，其義例一仍元志之舊，故書名亦沿用之。其時纂修諸臣，旣不出一手，舛譌牴牾，疎謬尤甚。如以唐臨洮爲漢縣，遼無章宗，而以爲陵在三河。金宣宗葬大梁，而以爲陵在房山。以漢濟北王興居爲東漢名宦，以箕子所封之朝鮮爲在永平境內。俱乖迕不合，極爲顧炎武日知錄所譏。至所摘王安石處州學記地最曠大山長谷荒之語，則併句讀而不通矣。此本內多及嘉靖、隆慶時所建置，蓋後人已有所續入，亦不盡出天順之舊。我

國家辨方定位，首重輿圖。

大清一統志近復奉

詔重修，起例發凡，彌臻盡善。此書之舛略，本無可採。特是職方圖籍，爲有國之常經，歷朝俱有成編，不容至明而獨闕，故仍錄存，以備一代之掌故焉。

大清一統志五百卷

乾隆二十九年奉

敕撰。是書初於乾隆八年纂輯成書。每省皆先立統部，冠以圖表。首分野，次建置沿革，次形勢，次職官，次戶口，次田賦，次名宦，皆統括一省者也。其諸府及直隸州又各立一表，所屬諸縣系焉。皆首分野，次建置沿革，次形勢，次風俗，次城池，次學校，次戶口、次田賦，次山川，次古蹟，次關隘，次津梁，次堤堰，次陵墓，次寺觀，次名宦，次人物，次流寓，次列女，次仙釋，次土產。各分二十一門，共成三百四十二卷。而外藩及朝貢諸國，別附錄焉。迨乾隆二十年，

天威震疊，平定伊犂，拓地二萬餘里，爲自古輿圖所未紀。而府州縣之分併改隸，與職官之增減移駐，亦多與舊制異同。乃

特詔重修，定爲此本。嗣乾隆二十八年，西域愛烏罕、霍罕、啟齊玉蘇、烏爾根齊諸回部，滇南整欠、景海諸土目，咸相繼內附。乾隆四十年，又討定兩金川，開屯列戍，益廣幅員。因並載入簡編，以昭大同之

盛軌。蓋版圖廓於前，而蒐羅彌博，門目仍其舊，而體例加詳。一展卷而九州之砥屬，八極之會同，皆可得諸指掌間矣。昔唐分天下爲十道，隴右道本居第六，李吉甫元和郡縣志乃退列爲第十，以其地已陷沒吐蕃故也。宋之疆域最狹，歐陽忞輿地廣記其於所不能有者，別立化外州之名，已爲巧飾。至祝穆方輿勝覽，則併淮北亦不及一字矣。蓋衰弱之朝，土宇日蹙，故記載不得不日減。

聖明之世，版章日擴，故編摩亦不得不日增。今志距

詔修舊志之時僅數十載，而職方所隸已非舊志所能該。

威德遐宣，響從景附，茲其明驗矣。虞舜益地之圖，僅區九州爲十二，又何足與

昭代比隆哉。

右地理類總志之屬七部，九百四十一卷，皆文淵閣著錄。

吳郡圖經續記三卷（江蘇巡撫採進本）

宋朱長文撰。長文字伯原，蘇州人。未冠登進士乙科，以足疾不仕。後以蘇軾薦，充本州教授，召爲太常博士，遷祕書省正字、樞密院編修。書成於元豐七年。上卷分封域、城邑、戶口、坊市、物產、風俗、門名、學校、州宅、南園、倉務、海道、亭館、牧守、人物十五門。中卷分橋梁、祠廟、宮觀、寺院、山水六門。下卷分治水、往迹、園第、冢墓、碑碣、事志、雜錄七門。徵引博而敘述簡，文章爾雅，猶有古人之風。首有長文自序一篇，末有後序四篇，一爲元祐元年常安民作，一爲元祐七年林虙作，一爲元符二年祝安上作，一爲紹興四年孫佑作。州郡志書，五代以前無聞，北宋以來，未有古於長安志及是記者矣。朱彝尊跋咸淳臨安志，歷數南北宋地志，不及是記，知彝尊未見其書，爲希覯之本也。長文自序，稱古今文章別爲吳門總集，書中亦屢言某文見總集。今其書已不傳，是記亦幸而僅存耳。

乾道臨安志三卷（浙江孫仰曾家藏本）

宋周淙撰。淙字彥廣，湖州長興人。乾道五年以右文殿修撰知臨安府，創爲此志。原本凡十五卷，見宋史藝文志。其後淳祐閒施鍔、咸淳閒潛說友歷事編纂，皆有成書。今惟潛志尚存鈔帙，周施二志世已無傳。此本爲杭州孫仰曾家所藏宋槧本，卷首但題作臨安志，而中閒稱高宗爲光堯太上皇帝，稱孝宗爲今上，紀牧守至淙而止，其爲乾道志無疑。惟自第四卷以下，俱已闕佚，所存者僅什之一二，爲可惜耳。第一卷紀宮闕官署，題曰行在所、

以別於郡志。體例最善。後潛志實遵用之。二卷分沿革、星野、風俗、州境、城社、戶口、廨舍、學校、科舉、軍營、坊市、界分、橋梁、物產、土貢、稅賦、倉場、館驛等諸子目。而以亭臺樓觀閣軒附其後。敘錄簡括。深有體要。三卷紀自吳至宋乾道中諸牧守。詳略皆極得宜。淙尹京時。撩湖浚渠。頗留心於地利。故所著述亦具有條理。今其書雖殘闕不完。而於南宋地志中為最古之本。考武林掌故者。要必以是書稱首焉。

淳熙三山志四十二卷（兩淮馬裕家藏本）

宋梁克家撰。克家字叔子。泉州晉江人。紹興三十年廷試第一。授平江簽判。召為祕書省正字。乾道中。累官右丞相。封儀國公。卒諡文靖。事蹟具宋史本傳。史稱其為文深厚明白。自成一家。制命尤溫雅。多行於世。今所作已罕流傳。惟此書尚有寫本。凡分九門。一曰地理。二曰公廨。三曰版籍。四曰財賦。五曰兵防。六曰秩官。七曰人物。八曰寺觀。九曰土俗。朱彝尊曝書亭集有是書跋。議其附山川於寺觀。未免失倫。今觀其人物惟收科第。土俗時出謠讖。亦皆於義未安。然其志主於紀錄掌故。而不在誇耀鄉賢。侈陳名勝。固亦核實之道。自成志乘之一體。未可以常例繩也。其所紀十國之事。多有史籍所遺者。亦足資考證。視後來何喬遠閩書之類。門目猥雜。徒溷耳目者。其相去遠矣。

吳郡志五十卷（兵部侍郎紀昀家藏本）

宋范成大撰。成大有驂鸞錄。已著錄。是書為成大末年所作。郡人龔頤、滕茂、周南相與贊成之。時有求附於籍不得者。會成大歿。乃騰謗謂不出於成大手。遂寢不行。故至元嘉禾志序。謂吳郡志以妄議不得刊也。紹定初。廣德李壽朋始為鋟版。趙汝談為之序。以周必大所撰成大墓誌定是書實所自為。并申明龔頤三人者。常為成大蒐訪。故謗有自來。其論乃定。壽朋又以是書止紹興三年。其後諸大建置。如百萬倉、嘉定新邑、許浦水軍、顧逕移屯。皆未及載。復令校官汪泰亨補之。自謂仿褚少孫補史記例。然少孫補史記雖為妄陋。猶不混本書。泰亨所續。當時不別署為續志。遂與本書淆亂。體例殊乖。其書凡分三十九門。徵引浩博。而敘述簡核。為地志中之善本。刊版久佚。此本猶紹定舊槧。往往於夾註之中又有夾註。考成大以前。惟姚宏補註戰國策。嘗有此例。而不及此書之多。亦可云著書之剏體矣。

新安志十卷（兩江總督採進本）

宋羅願撰。願有爾雅翼。已著錄。初。梁蕭幾作新安山水記。王篤又作新安記。唐亦有歙州圖經。及宋大中祥符中。李宗諤撰九州郡圖經頒之天下。於是舊志皆佚。洎經方臘之亂。新圖經亦隨散失。願嘗雜采諸書。創為稾本。而未就。淳熙二年。趙不悔為州守。乃俾願續成之。其書第一卷為州郡。第二卷為物產、貢賦。第三卷至五卷為所屬之歙、休寧、祁門、婺源、績溪、黟六縣。第六卷七卷為先達。第八卷為進士題名。凡賢良明經賜策獻策特奏名武舉皆附之。義民仙釋亦併在是卷。九卷為牧守。十卷為雜錄。敘述簡括。引據亦極典核。於先達皆書其官。別於史傳。較為有體。其物產一門。乃願專門之學。徵引尤為該備。其所誌貢物。如乾蕷藥、臘芽茶、細布之類。皆史志所未載。所列先達小傳。具有始末。如汪藻曾為符寶郎之類。亦多史傳所遺。趙不悔序稱其博物洽聞。故論載甚廣。而其序事簡括不繁。又自得立言之法。願自序亦自以為儒者之書。具有微旨。不同鈔取記簿。皆不愧也。程敏政新安文獻志。記願所作胡舜陟墓誌後曰。鄂州新安志。於王黼之害王俞。秦檜之殺舜陟。皆略而不書。非杏庭虛谷一白之。則其跡泯矣。然則是書精博雖未易及。至其義類取舍之閒。疑有大可議者。姑記二事。以驗觀者云云。案劉克莊後村詩話。謂舜陟欲為秦檜父建祠。高登不可。因劾登以媚檜。會舜陟別以他事忤檜下獄死。登乃得免。則舜陟之死。乃欲附於檜而反見擠耳。願之不書。殆非無意。未可遽以為曲筆也。

剡錄十卷（江蘇巡撫採進本）

宋高似孫撰。似孫字續古。號疎寮。餘姚人。淳熙十一年進士。歷官校書郎。出倅徽州。遷守處州。陳振孫書錄解題稱。似孫為館職時。上韓侂冑生日詩九首。每首皆暗用錫字。寓九錫之意。為清議所不齒。知處州尤貪酷。其讀書以奧僻為博。以怪澀為奇。至有甚可笑者。就中詩猶可觀。周密癸辛雜識亦記其守處州日。私挾官妓洪渠事。其人品蓋無足道。其詩有疎寮小集。尚傳於世。而文則不少槩見。此書乃其所作嵊縣志也。嵊為漢剡縣地。故名日剡錄。前有嘉定甲戌似孫自序、及嘉定乙亥嵊縣令史之安序。蓋成於甲戌而刊於乙亥、故所題前後差一年。其書首爲縣紀年、次爲城境圖、次爲官治志、附以令丞簿尉題名、次爲社志學志、附以進士題名、次爲寮驛樓亭放生池版圖兵籍、次爲山水志、次爲先賢傳、次爲古奇跡古阡、次爲書、次爲文、次爲詩、次爲畫、次爲紙、次爲古物、次爲物外記、次爲草木禽魚。徵引極爲該洽、唐以前佚事遺文、頗賴以存。其先賢傳每事必註其所據之書、可爲地志紀人物之法。其山水記仿酈道元水經注例、脈絡井然、而風景如覩、亦可爲地志紀山水之法。統核全書、皆序述有法、簡潔古雅、迥在後來武功諸志之上。殊不見其怪澀可笑。陳振孫云云、殆不可解。豈其他文奇僻、又異於此書歟。

嘉泰會稽志二十卷、寶慶續志八卷（浙江范懋柱家天一閣藏本）

宋施宿等撰。續志八卷、宋張淏撰。宿字武子、湖州人、司諫元之子。嘗知餘姚縣、遷紹興府通判。淏字清源、本開封人、僑居婺州。官至奉議郎。其履貫略見金華志。而所作續志序、乃自稱僑寓是邦、則又常卜居會稽矣。宋自南渡以後、升越州爲紹興府、其牧守每以宰執重臣領之。稱爲大藩、而圖志未備。直龍圖閣沈作賓爲守、始謀纂輯。華文閣待制趙不迹、寶文閣學士袁說友等、相繼編訂、而宿一人實始終其事。書成於嘉泰元年、陸游爲之序。其不稱紹興府志而稱會稽志者、用長安、河南、成都、相臺諸志例也。其後二十五年、淏以事物沿革今昔不同、因彙次嘉泰辛酉後事、作爲續編。復於前志內補其遺逸、廣其疏略、正其譌謬、釐爲八卷。書成於寶慶元年、淏自爲之序。所分門類、不用以綱統目之例、但各以細目標題。前志爲目一百十七、續志爲目五十。不漏不支、敘次有法。如姓氏送迎古第宅古器物求遺書藏書諸條、皆他志所弗詳。宿獨能蒐採輯比、使條理秩然。淏所續亦簡核不苟、皆地志中之有體要者。其刊版歲久不傳。明正德庚午、郡人王綖復訪求舊本校刻、今又散佚。故藏書之家罕見著錄。蓋亦僅存之本矣。

嘉定赤城志四十卷（兩淮馬裕家藏本）

宋陳耆卿撰。耆卿字壽老、號篔窗、台州臨海人。登嘉定七年進士。官至國子司業。其事蹟不見宋史。惟謝鐸赤城新志稍著其仕履、而亦不詳。今以所著篔窗集考之、則嘉定十一年嘗爲青田縣主簿。嘉定十三年爲慶元府府學教授。又趙希弁讀書附志、稱耆卿集中沂邸箋表爲多。案宋史孝宗孫吳興郡王柄追封沂王、其嗣子希瞿、寧宗嘗立爲皇子、卽濟王竑。耆卿必嘗爲其府記室、而希弁畧其文也。此爲所撰台州總志、以所屬臨海、黄巖、天台、仙居、寧海五縣、條分件繫、分十五門。其曰赤城者、文選孫綽天台山賦稱、赤城霞起以建標。李善注引支遁天台山銘序曰、往天台嘗由赤城山爲道徑。又引孔靈符會稽記曰、赤城山名色皆赤、狀似雲霞。又引天台山圖曰、赤城山、天台之南門也。梁始置赤城郡、蓋因山爲名。耆卿此志、卽用梁郡名耳。耆卿受學於葉適、文章法度、具有師承、故敘述咸中體裁。明謝鐸嘗續其書、去之遠甚。舊與耆卿書合編、今析出別存其目。陳振孫書錄解題載此志之前有圖十三、此本乃無一圖。殆傳寫者艱於繪畫、久而佚之矣。

寶慶四明志二十一卷、開慶續志十二卷（兩淮鹽政採進本）

宋羅濬撰。濬、廬陵人、官領州錄事參軍。文獻通考作羅璿、蓋傳寫誤也。先是乾道中、知明州張津始纂輯四明圖經、而搜採未備。寶慶三年、煥章閣學士通議大夫知慶元府兼沿海制置使廬陵胡榘、復命校官方萬里因圖經舊本重加增訂。如唐刺史韓察之移州城、唐及五代郡守姓名、多據碑刻史傳補入。其事未竟、會萬里赴調中輟。濬與榘同里、適遊四明、遂屬之編定。凡一百五十日而成書。前十一卷爲郡志、分敘郡、敘山、敘水、敘產、敘賦、敘兵、敘人、敘祠、敘遺九門、各門又分立四十六子目。第十二卷以下、則爲鄞、奉化、慈谿、定海、昌國、象山各縣志、每縣俱自爲門目、不與郡志汨混。蓋當時明州雖建府號、而不置倚郭之縣。州故與縣各領疆土、如今直隸州之體、特與他郡不同也。宋史藝文志僅有張津圖經十二卷、及四明風俗賦一卷、不載是書。惟陳振孫書錄解題載之、其卷數與此本相合。蓋猶從宋槧鈔存者。志中所列職官科第名姓及他事蹟、或下及咸淳、距寶慶三四十年、蓋後人已有所增益、非盡羅濬之舊。然但逐條綴附、而體例未更、故敘述謹嚴、不失古法。元袁桷延祐四明志亦據爲藍本、多採用焉。續志十二卷、則開慶元年慶元府學教授梅應發、添差通判鎮江府劉錫所撰。其分子目三十有七。其自序稱、續志之作所以志大使丞相履齋先生吳公三年治鄞之政績。其已作而述者不復志。故所述多吳潛在官事實。而山川疆域已詳於舊志者、則槩未之及。是因一人而別修一郡之志。名爲輿圖、實則家傳。於著作之體殊乖。然案宋史吳潛傳載、潛以右丞相罷爲觀文殿大學士、尋授沿海制置大使、判慶元府。至官、條具軍民久遠之計、告於政府、奏皆行之。又積錢百十七萬三千八百有奇、代民輸帛。前後所蠲五百四十九萬一千七百有奇。是潛涖鄞以後、宦績頗有可觀。二人所述、尚不盡出於諛頌。至潛所著文集、世久無傳。後人掇拾叢殘、編爲遺稾、亦殊傷闕略。此志載潛吟稾一卷、其古今體詩二百九首、詩餘二卷、共詞一百三十首、皆世所未覯。雖其詞不必盡工、而名臣著作藉以獲存、固亦足資援據。故今仍與羅濬書竝錄存焉。

澉水志八卷（浙江巡撫採進本）

宋常棠撰。棠字召仲、號竹窗、海鹽人。仕履未詳。澉水在海鹽縣東三十六里、水經所謂谷水流出爲澉浦者是也。唐開元五年、張庭珪奏置鎭。宋紹定三年、監澉浦鎭稅修職郎羅叔韶使棠爲誌。凡分十五門。曰地理、曰山、曰水、曰廨舍、曰坊巷、曰坊場、曰軍寨、曰亭堂、曰橋梁、曰學校、曰寺廟、曰古蹟、曰物產、曰碑記、曰詩詠、而冠以輿圖。前有叔韶及棠二序、敘述簡核、綱目該備。而八卷之書、爲頁止四十有四。明韓邦靖撰朝邑縣志、言約事盡、世以爲特絕之作。今觀是編、乃知其源出於此。可謂體例精嚴、藻不妄抒者矣。

謹案：澉水雖見水經注、然是書乃志地、非志水、不可入之山水中。以鎭亦郡縣之分區、故附綴於都會郡縣類焉。

景定建康志五十卷（兩淮馬裕家藏本）

宋周應合撰。應合、武寧人、自號溪園先生。淳祐閒舉進士。官至實錄院修撰。以疏劾賈似道、謫饒州通判。是書乃其以承直郎差充江南東路安撫司幹辦公事時所作也。初、建炎二年建行宮於金陵、改爲建康府。設江南東路安撫司以治之、爲沿江重鎭。乾道慶元閒屢輯地志、而記載尙多闕略。景定中、寶章閣學士江東安撫使知建康府馬光祖始屬應合取乾道慶元二志合而爲一、增入慶元以後之事、正譌補闕、別編成書。首爲畱都四卷、次爲圖表誌傳四十五卷、末爲拾遺一卷。援據該洽、條理詳明。凡所考辨、俱見典覈。如論丹陽之名本出建業、論六朝揚州嘗治建業、後始爲廣陵一郡之名、皆極精核。光祖序稱其博物洽聞、學力充贍、不誣也。明嘉靖萬歷閒、是書尙有刊本在南京國子監、見黃佐南廱志中。然所存版止七百五十九面、則亦已闕佚不全。其後流傳幾絕。朱彝尊曝書亭集有是書跋、稱周在浚嘗語以曾覯是書閩本、訪之三十年未得。後從曹寅處借歸錄之、始復傳於世云。

景定嚴州續志十卷（兩淮鹽政採進本）

宋鄭瑤、方仁榮同撰。瑤時官嚴州教授、仁榮時官嚴州學錄。其始末則均未詳也。所紀始於淳熙、訖於咸淳。標題惟曰新定續志、不著地名。蓋刊附紹興舊志之後、而舊志今佚也。嚴州於宋爲遂安軍、度宗嘗領節度使、即位之後、升爲建德府。故卷首載立太子詔及升府省劄、體裁視他志稍殊。惟物產之外別增瑞產一門、但紀景定麥秀四岐一條、鄉飲之外別增鄉會一門、但紀楊王主會一條、則皆乖義例耳。然敘述簡潔、猶輿記中之有古法者。其戶口門中載寧宗楊皇后爲嚴人、而鄉會門中亦載主集者爲新安郡王、永寧郡王。新安者楊谷、永寧者楊石、皆后兄楊次山之子也。而宋史乃云后會稽人、當必有誤。此可訂史傳之譌矣。

咸淳臨安志九十三卷（浙江巡撫採進本）

元潛說友撰。說友字君高、處州人。宋淳祐甲辰進士。咸淳庚午以中奉大夫權戶部尙書、知臨安軍府事、封縉雲縣開國男。時賈似道勢方熾、說友曲意附和、故得進。越四年、以誤捕似道私秫罷。明年起守平江。元兵至、棄城先遁。及宋亡、在福州降元、受其宣撫使之命。後以官軍支米不得、王積翁以言激衆、遂爲李雄剖腹死。其人殊不足道、而其書則頗有條理。前十五卷爲行在所錄、記宮禁曹司之事。自十六卷以下、乃爲府志。區畫明晰、體例井然、可爲都城紀載之法。其宋代詔令編於前代之後、則用徐陵玉臺新詠置梁武於第七卷例也。他所敘錄、亦縷析條分、可資考據。故明人作西湖志諸書、多採用之。朱彝尊謂宋人地志幸存者、若宋次道之志長安、梁叔子之志三山、范致能之志吳郡、施武子之志會稽、羅端良之志新安、陳壽老之志赤城，每患其太簡。惟潛氏此志獨詳。然其書流傳既久，往往闕佚不全，舊無完帙。彝尊從海鹽胡氏、常熟毛氏先後得宋槧本八十卷，又借鈔一十三卷，而其碑刻七卷終闕，無可考補。今亦姑仍其舊焉。

至元嘉禾志三十二卷（兩淮馬裕家藏本）

元徐碩撰。碩里貫未詳，始末亦無可考。其作此書時，則方官嘉興路教授也。秀州自宋初未有圖經，淳熙中，知州事張元成始延聞人伯紀茀爲之。後岳珂守郡，復延郡人闞栻續修。會珂改調，事遂中輟，僅存五卷。至元中，嘉興路經歷單慶屬碩纂輯，因踵栻舊本續成之，廣其門爲四十三，而卷數增多至二十有七。郭晦、唐天麟各爲之序。嘉興路總管劉傑與郡官共刊行之。志中兼及松江府華亭縣，蓋元時本隸嘉興路，明初始析置也。其書序次甚詳，每條下間繫以考證，尤爲典核。而碑碣一門多至十一卷，自三國六朝以迄南宋，凡石刻之文悉全載無遺。如吳征北將軍陸禕碑、梁秦駐山碑、唐黃州司馬陸元感、陳府君環墓銘、宗城令顧謙墓志，皆歐、趙所未著錄。吳越靜海鎮遏使朱行先碑，吳任臣十國春秋實據以立行先傳。其他零篇斷什，爲耳目所未覯者尚多，殊足爲考獻徵文之助。惟書中但有人物及進士題名，而不立官師一志，使前人官績闕然無傳，未免漏略。又江海湖泖浦漵溪潭陂塘河港涇溝堰牐分爲八類，使源流支絡，開卷井然，體例甚當。而樓閣堂館亭宇亦分爲三類，則強析名目，未免失之瑣碎。是其所短焉。

大德昌國州圖志七卷（浙江范懋柱家天一閣藏本）

元馮復京、郭薦等同撰。復京，潼川人，官昌國州判官。薦，里貫未詳，官鄞縣教諭。昌國州即今定海縣。宋熙寧六年置昌國縣，元至元十五年始升爲州。此書成於大德二年七月，凡分八門：曰敘州，曰敘賦，曰敘山，曰敘水，曰敘物產，曰敘官，曰敘人，曰敘祠。前有州官請耆儒修志牒一篇，末有郭薦等繳申文牒一篇，冠以復京序。據序中所述始末，蓋復京求得舊志，屬薦等訂輯，而復京爲之審定者也。其大旨在於刊削浮詞，故其書簡而有要，不在康海武功志、韓邦靖朝邑志下。海書、邦靖書爲作者盛推，而此書不甚稱於世，殆年代稍遠，鈔本稀傳歟。據原目所載，卷首當有環山、環海及普陀山三圖。圖志之名，實由於是。此本有錄無書，蓋傳寫者佚之矣。

延祐四明志十七卷（浙江巡撫採進本）

元袁桷撰。桷字伯長，慶元人。宋知樞密院事韶之曾孫。少爲麗澤書院山長，以薦改翰林國史院檢閱官，累遷侍講學士。卒贈江浙行省參知政事，追封陳留郡公，諡文清。事蹟具元史本傳。桷文章博贍，爲一時臺閣之冠。所著易說、春秋說諸書，見於蘇天爵墓誌銘者，世久無傳，惟清容居士集及此志尚存。書成於延祐七年，蓋慶元路總管馬澤屬桷撰次者也。凡分十二考：曰沿革，曰土風，曰職官，曰人物，曰山川，曰城邑，曰河渠，曰賦役，曰學校，曰祠祀，曰釋道，曰集古。條例簡明，最有體要。桷先世在宋，多以文學知名，稱東南故家遺獻。沒後會朝廷修史，遣使求郡國軼文故事，惟袁氏所傳爲多。故其於鄉邦舊典，尤多貫串。志中考核精審，不支不濫，頗有良史之風。視至元嘉禾、至正無錫諸志，更爲賅洽。惟自第九卷至第十一卷爲傳寫者所脫佚，已非全帙。然元時地志，鈔帙無多，存之亦足以資考究，固未可以不完廢也。

齊乘六卷（浙江范懋柱家天一閣藏本）

元于欽撰。欽字思容，益都人。歷官兵部侍郎。是書專記三齊輿地，凡分八類：曰沿革，曰分野，曰山川，曰郡邑，曰古蹟，曰亭館，曰風土，曰人物。敘述簡核，而淹貫在元代地志之中最有古法。其中閒有舛誤者，如宋建隆三年改濰州置北海軍，以昌邑縣隸之。乾德三年復陞濰州，又增昌樂隸之。均見宋地理志，而是書獨遺。又壽光爲古紀國，亦不詳及。其他如以華不注爲靡笄山，以臺城爲在濟南東北十三里。顧炎武山東考古錄皆嘗辨之。然欽本齊人，援據經史，考證見聞，較他地志之但據輿圖、憑空言以論斷者，所得究多。故向來推爲善本。卷首有至元五年蘇天爵序，亦推挹甚至，蓋非溢美矣。

至大金陵新志十五卷（兩江總督採進本）

元張鉉撰。鉉字用鼎，陝西人。嘗爲奉元路學古書院山長。至正初，江南諸道行御史臺諸臣將重刊宋周應合所撰建康志，而其書終於景定中，嗣後七八十年，紀載闕略。雖郡人戚光於至順間嘗修有集慶續志，而任意改竄，多變舊例，未爲詳審。復議增輯，以繼景定志之後，因聘鉉主其事。凡六閱月而書成首爲圖考次通紀次世表年表次志譜列傳而以摭遺論辨終焉今本路儒學雕本印行至明嘉靖中黄佐修南雍志尚載有此書版一千一百六十四面是今所流傳印本猶出自原刻也其書略依周志凡例而元代故實則本之咸光續志及路州司縣報呈事蹟其閒如官屬姓名已入前志者不復具錄而世譜列傳則前志所有者仍捃載無遺體例殊自相矛盾又其凡例中以咸志刪去地圖不合古義識之良是至於世表年表則地志事殊國史原不必仿旁行斜上之法轉使氾濫無稽咸志刪除深合體例鉉乃一槩嘗之亦爲失當然其學問博雅故著撰損益本末燦然無後來地志家附會叢雜之病其古蹟門中所載梁始興忠武王安成康王二碑朱彝尊皆嘗爲之跋而不引是書爲證豈其偶未見歟

無錫縣志四卷兩江總督採進本

不著撰人名氏考千頃堂書目有元王仁輔無錫縣志二十八卷與此本卷數不符蓋別一書也考明史地理志洪武二年四月始改無錫州爲縣是志古今郡縣表末雖止於陞無錫縣爲州然標題實稱無錫縣已爲明初之制又郡縣表止元貞而學校類中載至正辛巳鄉舉陸以衛則所紀已下逮元末是洪武中書矣第一卷爲邑里第二卷爲山川第三卷爲事物分上下二子卷第四卷爲詞章亦分上中下三子卷中又分小類二十一詞筯而事該亦地志之善本惜首卷原序已佚其撰次本末不可得而考也元史地里志稱成宗元貞元年陞無錫爲州此志乃云二年作志者紀錄時事歲月必確以是推之知元史疏漏多矣是亦書貴舊本之一驗也

姑蘇志六十卷兩江總督採進本

明王鏊撰鏊有史餘已著錄蘇州自宋范成大吴郡志盧熊二志後纂輯久闕宏治中吴寬嘗與張習都穆續修未竟惟遺稾僅存後廣東林世遠爲蘇州守以其事屬鏊鏊乃與郡人杜啟祝允明蔡羽文璧等共相討論發凡舉例咸本於寬而芟繁訂譌多所更益凡八月而書成首列沿革守令科第三表自沿革分野以下分爲三十一門而人物門中又分子目十三繁簡得中考核精當在明人地志之中猶爲近古陳繼儒見聞錄稱鏊修志時以楊循吉喜譏訴不欲與之同局志成遣使送之循吉循吉方櫛沐不暇抽看但顧簽票云不通不通使者還述其語鏊以問之循吉曰府志修於我朝原當以蘇州名志姑蘇吴王臺名也以此志名可乎鏊始大服云云然考鏊自序紀其初修志時有欲屬諸楊儀部而楊儀部固辭之語是鏊未嘗擯去循吉不與共事繼儒所載恐不足信至志書題古地名自宋代已有是例核以名實良有未安無論是言之眞僞其說要不爲無理固不必曲爲鏊諱矣

武功縣志三卷兩江總督採進本

明康海撰海字德涵武功人宏治壬戌進士第一授翰林院修撰以救李夢陽事坐劉瑾黨削籍明史文苑傳附見李夢陽傳中是志僅七篇曰地理曰建置曰祠祀曰田賦曰官師曰人物曰選舉凡山川城郭古蹟宅墓皆括於地理官署學校津梁市集則歸於建置祠廟寺觀則總以祠祀戶口物產則附於田賦藝文則用吴郡志例散附各條之下以除宂濫官師則善惡並著以寓勸懲王士禎謂其文簡事核訓詞爾雅石邦教稱其義昭勸鑒尤嚴而公鄉國之史莫良於此非溢美也志刻於正德己卯萬歷間再經刊行旋復散佚乾隆二十六年武功知縣瑪星阿得鈔本於孫景烈因爲重刊其圈點細評皆出景烈之手頗嫌疣贅又王士禎稱武功志載璇璣圖而此本無之考海孫呂賜嘗刻璿璣圖讀法前有題識云余錄先太史縣志眞本悉依原編惟蘇氏詩未錄非敢輕有變置故附數語錄本之末述先太史之意冀來者之鑒余志也然則此本乃呂賜所刊除矣遺文軼事志乘中原可兼收士禎以具錄是圖爲此書之佳處固非定論呂賜必刊而去之亦於義無取也

朝邑縣志二卷兵部侍郎紀昀家藏本

明韓邦靖撰邦靖字汝慶號五泉朝邑人正德戊辰進士官至工部員外郎事蹟附見明史韓邦奇傳是書成於正德己卯上卷四篇曰總志曰風俗曰物產曰田賦下卷三篇曰名宦曰人物曰雜記上卷僅七頁下卷僅十七頁古今志乘之簡無有過於是書者而宏綱細目包括略備蓋他志多誇飾風土而此志能提其要故文省而事不漏也然敘次點綴若有餘閒寬然無局促束縛之迹自明以來關中輿記惟康海武功縣志與此志最爲有

名。論者謂武功志體例謹嚴，源出漢書；此志筆墨疏宕，源出史記。然後來志乘，多以康氏爲宗，而此志莫能羅軌。蓋所謂不可無一，不容有二者也。前有邦靖自序，又有康海序。末有呂柟後序，及朝邑知縣陵川王道跋，並文格高潔，與志適相配云。

嶺海輿圖一卷（浙江鮑士恭家藏本）

明姚虞撰。虞字澤山，莆田人。嘉靖壬辰進士，官至淮安府知府。是編乃其官監察御史時巡按廣東所作。凡爲圖十有二，首爲全省圖，次十府十圖，終以南夷圖。圖各有敘，敘之例首述沿革形勢利病，次州縣，次戶口，次田糧課稅，次官兵馬匹。其總圖則首以職官，以布政、按察二司分統之。蓋其時撫按皆爲使臣，尚未定爲守土官也。其南夷諸國，列通貢者於前，而通市者亦附後，爲海防之計，不論其奉朔否也。大旨略於前代而詳於當代，略於山川而詳於阨塞，略於職官而詳於兵馬錢糧，略於文事而詳於武備，於志乘之中，別爲體例。然較之侈山水、誇人物、輯詩文者，其有用無用，則迥殊矣。意古者輿圖不過如是，後來者踵事增華，失其本耳。前有嘉靖壬寅湛若水序，極稱之。錢曾讀書敏求記亦稱其簡而要云。

滇略十卷（浙江巡撫採進本）

明謝肇淛撰。肇淛有史觿，已著錄。此書乃其官雲南時所作，分爲十門：一曰版略，志疆域也；二曰勝略，志山川也；三曰產略，志物產也；四曰俗略，志民風也；五曰績略，志名宦也；六曰獻略，志鄉賢也；七曰事略，志故實也；八曰文略，志藝文也；九曰夷略，志苗種也；十曰雜略，志瑣聞也。雖大抵本圖經舊文，稍附益以新事，然肇淛本屬文士，記誦亦頗博洽，故是書引據有徵，敘述有法，較諸家地志，體例特爲雅潔。薛承矩序，稱其上以搜楊終、常璩之所未及，下以補辛顯怡、李京、楊慎、田汝成諸紀載之漏遺。杭世駿道古堂集有是書跋，亦謂其詳遠略近，博觀而約取，蒼山洱水之墟，稱善史焉，均非溢詞也。

吳興備志三十二卷（兩淮鹽政採進本）

明董斯張撰。斯張字遐周，烏程人。是編輯錄湖州故事，分二十六徵：曰帝胄，曰宮闈，曰封爵，曰官師，曰人物，曰彝緯，曰寓公，曰象緯，曰建置，曰巖壑，曰田賦，曰水利，曰選舉，曰戰守，曰賑恤，曰祥孽，曰經籍，曰遺書，曰金石，曰書畫，曰清閟，曰方物，曰瑣曰詭，曰匡繆。採摭極富，於吳興一郡遺聞瑣事，徵引略備。每門皆全錄古書，載其原文，有所考正則附著於下。蓋張鳴鳳桂故、桂勝體例如是，而斯張因之。雖意主博奧，不無以泛濫爲嫌，然當時著書家影響附會之談，剽竊攘攮之習，實能一舉而空之。故所摘錄，類皆典雅確核，足資考據。明季諸書，此猶爲差有實際。黃茅白葦之中，可以謂之翹楚矣。

欽定日下舊聞考一百二十卷

乾隆三十九年奉
敕撰。因朱彝尊日下舊聞原本，刪繁補闕，援古證今，一一詳爲考覈，定爲此本。原書分星土、世紀、形勝、宮室、城市、郊坰、京畿、僑治、邊障、戶版、風俗、物產、雜綴十三門。其時城西玉泉、香山諸處臺沼尚未經始，故列郊坰門中，與今制未協。諸廨署入城市門中，太學石鼓獨別爲三卷，於體例亦屬不倫。今增列苑囿、官署二門，并前爲十五門。而石鼓考三卷則并於官署門國子監條下。又原本城市、京畿二門，五城及各州縣分屬之地，今昔不同，一一以新定界址爲之移正。原本所列古蹟，皆引據舊文，誇多務博，不能實驗其有無，不免傳聞訛舛，彼此互歧。亦皆一一履勘遺蹤，訂妄以存真，闕疑以傳信。所引藝文，或益其所未備，或刪其所可省，務使有關考證，不漏不支。至於
列聖宸章，
皇上御製，凡涉於
神京風土者，悉案門恭載，尤足以昭垂典實，藻繪山川。古來誌都京者，前莫善於三輔黃圖，後莫善於長安志，彝尊原本蒐羅詳洽，已駕二書之上。今仰承
睿鑒，爲之正譌補漏，又駕彝尊原本而上之。千古輿圖，當以此本爲準繩矣。

欽定熱河志八十卷

乾隆四十六年奉
敕撰。熱河即古武列水。
避暑山莊在焉。舊設熱河道，領四廳。今置承德府，領平泉一州，灤平、豐寧、赤峯、建昌、朝陽五縣。此志猶以熱河名者，神皐奧區，
鑾輿歲莅，蒐狩朝覲，中外臚驩，地重體尊，不可冠以府縣之目，故仍以

行殿所在爲名也。凡分二十四門。
華蓋時臨、
奎文日富。敬錄弁首。曰
天章。
省方觀民、勵精無逸、編年紀載、曰
巡典。琛賮鱗集、梯航旅來、
威德式彰、曰徠遠。
軒衛隨行、
明堂斯建、詳陳規制、曰
行宮。肄武習勞、三秋大獮、周阹原麓、曰圍場。地接堯封、
界分周索、四至八到、曰疆域。周秦以來、或爲荒服、
或爲甌脫、或爲羈縻、或爲僑置、或爲郡縣、或爲京
邑、引據史傳、辨訂是非、兼列八表十二圖、曰建置
沿革。删星野之談、測斗極之出地、曰晷度。巨流
爲經、衆川爲緯、曰水。區列方隅、標舉形勢、曰山。涵
沐
聖化、澤以詩書、曰學校。喀喇沁翁牛特土默特奈曼敖
漢巴林喀爾喀右翼諸部、隸於境內者、表其世系、
曰藩衛。紺宇金地、或以奉
敕而建、或以效祝而營、曰寺廟。畫疆分職、臂指相維、曰
文秩。羽衛連營、以迨察哈爾四旗、曰兵防。
國朝官斯地者、遷除歲月、以次臚載、曰職官題名。前
代官是地者、不可盡詳、錄其有功可紀者、曰宦蹟。
靈秀挺生、垂光史冊、曰人物。山澤膏沃、金粟豐贏、
曰食貨。草木禽魚、正名百類、曰物產。故址流傳、遺
文有證、曰古蹟。前朝舊典、曰故事。諸部軼聞、曰外
紀。詩歌制作、關於風土者、曰藝文。並考古證今、辨
疑傳信、旣精且博、蔚爲輿記之大觀。案熱河所屬、
自漢魏以前皆鮮卑烏桓地也。慕容氏崛起龍城、
始置郡縣。魏書地形志約略可稽。齊周以後、大抵
與契丹庫莫奚參錯而居。前朝諸史、務侈幅員、每
以邊境郡名移置長城之外。核驗地理、殊不足憑。
後惟遼金元三朝實奄有其地。然以無紀載、故輿記
靡徵。明棄大寧、渺如絕域。其所敘錄、益傳聞失其
眞矣。我
國家肇造區夏、統括寰瀛。
太宗文皇帝日擒十四台吉、先定其地。
聖祖仁皇帝校練七萃、初出松亭、後喀爾喀汗貢厥上腴、益宏
文囿刈蘭之界。北跨臨潢、遂
仙苑天開、爻閭畢集。我
皇上法
天不息、率
祖攸行、
時邁其邦、地同三輔。四方大其和會、百產益以蕃昌。郡
邑區分、膠庠鼎建、民殷俗美、炳然與三代同風。其
盛爲自古所未有。故詞臣珥筆、敬述斯編。亦自古
之所未聞。豈非地祕其靈、天珍其奧、自開闢以至
今日、越千萬載待
聖朝而發其光哉。
欽定滿洲源流考二十卷、
乾隆四十三年奉
敕撰。洪惟我
國家朱果發祥、肇基東土。白山黑水、實古肅愼氏之
舊封。典籍遺文、班班可考。徒以年祀綿長、道途脩
阻、傳聞不免失眞。又文字互殊、聲音屢譯、記載亦
不能無誤。故歷代考地理者、多莫得其源流。是編
仰稟
聖裁、參考史籍、證以地形之方位、驗以舊俗之流傳。博
徵詳校、列爲四門。一曰部族。自肅愼氏以後、在漢
爲三韓、在魏晉爲挹婁、在元魏爲勿吉、在隋唐爲
靺鞨新羅渤海百濟諸國、在金爲完顏部。並一一
考訂異同、存眞辨妄。而索倫費雅喀諸部毗連相
附者、亦並載焉。二曰疆域。凡渤海之上京龍泉府、
靺鞨之黑水府、燕州勃利州、遼之上京黃龍府、金之
上京會寧府、元之肇州、並考驗道里、辨正方位。而
一切古蹟附見焉。三曰山川。凡境內名勝、分條臚
載。如白山之或稱太白山、徒太山、黑水或稱完水、
或稱室建河、以及松花江卽粟末水、寧古塔卽忽
汗水。今古異名者、皆詳爲辨證。其古有而今不可
考者、則別爲存疑、附於末。四曰
國俗。如左傳所載楛矢貫隼、可以見騎射之原。松漠
紀聞所載軟脂蜜膏、可以見飲食之槩。而後漢書
所載辰韓生兒以石壓頭之類、妄誕無稽者、則訂
證其謬。至於渤海以來之文字、金源以來之官制、
亦皆並列。其體例每門以
國朝爲綱、而詳述列朝、以溯本始。其援據以
御製爲據、而博採諸書、以廣參稽。尤足訂諸史之譌、而
傳千古之信。非諸家地志影響附會者所能擬也。
欽定皇輿西域圖志五十二卷、
乾隆二十一年奉
敕撰。乾隆二十七年、創成初稾。嗣以版章日闢、規制益

詳進
呈
御覽之時，隨事
訓示，復增定爲今本。首四卷爲
天章。我
皇上平定西域，
題詠至多。地勢兵機，皆包羅融貫。惟恭錄統論西師全
局者，弁冕簡端。其因地紀事、卽物抒懷者，則仍分
載於各門。次圖考三卷，自幅員所屆，以及符節所
通，共新圖二十有一。又附歷代舊圖十有二，古今
互校，益昭
聖朝拓宇之功。次列表二卷，上起秦漢，下迄元明，以明
國土之分合、建置之沿革。次晷度二卷，川陸之迂回、
道里之遠近，多不足據。惟以日景定北極之高度，
以中星驗右界之偏度，爲得其眞。古法所謂飛鳥
圖也。次疆域十二卷，分爲四路：一曰安西南路，嘉
峪關外州縣隸焉；一曰安西北路，哈密至鎭西府、
迪化州隸焉；一曰天山北路，庫爾喀喇烏蘇至塔
爾巴哈台、伊犂隸焉；一曰天山南路，闢展至和闐
諸回部隸焉。次山四卷，次水五卷。玉門以外，連峯
巙嶂，巨浸洪流，往往延袤千百里，不可以割屬一
地，故各以山水爲類也。次官制二卷，次兵防一卷，
臺站附焉。次屯政二卷，戶口附焉。次貢賦、錢法、學
校各一卷，次封爵二卷，皆長駕遠馭之
睿略、揆文奮武之
鴻模也。次風俗、音樂各一卷，服物二卷，土產一卷，皆如
地志之例。惟音樂一門爲刱體，以其隸在協律，備

禁休兜離之數故也。次藩屬三卷，皆奉朔朝貢之
國梯航新達者。次雜錄二卷，以瑣聞軼事終焉。記
流沙以外者，自史記大宛列傳、漢書西域列傳始
詳，而異域傳聞，譌謬亦復不少。至法顯、元奘之所
記，附會佛典，更多屬子虛。蓋龍沙葱雪，道里迢遙，
非前代兵力所能至，卽或偶涉其地，而終弗能有。
故記載者依稀影響，無由核其實也。我
皇上遠奮天弧，全收月𡶶，旣使二萬里外咸隸版圖，又
列戍開屯，畫疆置郡，
經綸宏遠，足以鞏固於萬年。每歲虎節往來，鳫臣出入，
耳聞目見，皆得其眞。故
詔輯是編，足以補前朝輿記之遺，而正歷代史書之
誤。
聖人威德之昭宣、經綸之久遠，事事爲二帝三王所不
及，茲其左驗矣。豈徒與甘英諸人侈誇珍怪與。

欽定盛京通志一百二十卷
乾隆四十四年奉
敕撰。我
國家發祥長白，實
肇基於俄朵里城。後
肇祖原皇帝始遷赫圖阿拉，是爲
興京。
太宗文皇帝戡定遼東，實作周邑。暨
世祖章皇帝定鼎順天，遂以奉天爲
盛京。
兩都並建，垂萬萬世之丕基，非惟山海形勝，控制八
紘。凡
締造之規模、
征伐之功烈，麟麟炳炳，亦具在於斯。舊有志書三十二卷，
經營草創，敍述未詳。因
命補正其書，定爲此本。發凡起例，一一皆稟
睿裁。
聖製
御製，舊本僅載十之三，今悉補錄。又以
御製分
綸音
天章二門，各從體製。
京城門中，舊本不載
盛京
興京
東京創建修葺之由，及
太祖
太宗制勝定都始末。
壇廟門中，舊本不載營造制度及重修年月，又不載尊藏
冊
寶及
堂子歲祭諸儀。
宮殿門中，舊本亦不載重修年月、
御題聯額及尊藏
聖容

聖訓、實錄、玉牒、戰圖及乾隆四十三年設立諫木事。山陵門中舊本不載謁陵及咸事儀注，所述三陵官制亦多舛誤。山川城池兩門中舊本均不載太祖、太宗戰績。人物門中不載開國宗室王公又諸勳臣事蹟，亦不悉具，今併詳考增修。其餘星土、建置、沿革、疆域、形勝、祠祀、古蹟、陵墓、雜志、風俗、土產八門，並援據經史，糾謬補漏。關郵、戶口、田賦、職官、學校、官署、選舉、兵防八門，舊本所載止於乾隆八年，今並按年續載。名宦、歷代忠節、孝義、文學、隱逸、流寓、方技、仙釋、列女、藝文十門，亦參訂刪補，俾不冗不漏。其官名、人名、地名，舊本音譯往往失眞，今併一一釐正。體裁精密，考證詳明，洵豐邑之初基，述阪泉之鴻績，經綸開創，垂裕無疆。啟佑規模，萬年如覩，固與偏隅輿記徒侈山川人物者區以別矣。

畿輔通志一百二十卷（通行本）

國朝兵部尚書直隸總督李衛等監修。自元以來，如析津志諸書，所紀祇及於京師。至明代以畿內之地直隸六部，與諸省州縣各統於布政司者，體例不侔，故諸省皆有通志，而直隸獨闕。本朝定鼎京師，特置直隸巡撫，以專統轄。康熙十一年，大學士衛周祚奏令天下郡縣分輯志書，詔允其請。於是直隸巡撫于成龍、格爾古德等始創爲之，屬翰林院侍講郭棻董其事，僅數月而書成，討論未爲詳確。雍正七年，世宗憲皇帝命天下重修通志，上諸史館，以備一統志之採擇。督臣唐執玉祇奉明詔，乃延原任辰州府同知田易等設局於蓮花池，蒐羅纂集。其後劉於義及李衛相繼代領其事，至雍正十三年而書成。凡分三十一目，人物、藝文二門又各爲子目，訂譌補闕，較舊志頗爲完善云。

案通志皆以總督巡撫董其事，然非所纂錄，與總裁官之領修者有別，故今不題某撰，而題某監修，從其實也。監修每閱數官，惟題經進一人，唐宋以來之舊例也，謹於此書發其凡，後皆倣此。

江南通志二百卷（通行本）

國朝兵部尚書兩江總督趙宏恩等監修。先是，康熙二十二年，總督于成龍與江蘇巡撫余國柱、安徽巡撫徐國相等奉部檄創修通志，凡七十六卷。雍正七年，署兩江總督尹繼善等奉詔重修，乃於九年之冬開局江寧，屬原任中允黃之雋等司其事，因舊志討論潤色，刊除踳駁，補苴罅漏。凡閱五載，至乾隆元年書成，總督宏恩及江蘇巡撫顧琮、安徽巡撫趙國麟等具表上之，卷首恭錄聖諭及御製詩文，以尊謨典；次輿地，次河渠，次食貨，次學校，次武備，次職官，次選舉，次人物，次藝文，次雜類。發凡起例，較舊志頗有體裁。惟纂輯不出一手，微有牴牾。黃之雋唐堂集中嘗稱是書刻本與原纂多有舛互，如滿山在六安州之霍山，而仍謂即元時所置之潛山縣；黃賓、程元譚俱東晉時新安守，而誤入西晉。其他遺漏重複者甚多，皆之雋離局以後爲他人所竄改者也。司馬光修資治通鑑，以史記以下屬劉攽，三國以下屬劉恕，唐以下屬范祖禹，始終不易其人，知此意歟。

江西通志一百六十二卷（通行本）

國朝江西巡撫都察院右副都御史謝旻等監修。江西省志創於明嘉靖間參政林廷㭿，其後久未纂輯，舊聞放失。至本朝康熙二十二年，巡撫安世鼎始續修之。康熙五十九年，巡撫白潢又增修之，名曰西江志。其體例條目雖多本諸舊志，而廣蒐博訪，訂舛正譌，在地記之中號爲善本。雍正七年，巡撫謝旻奉詔纂修省志，乃與原任檢討陶成等開局編輯。其規模一本之白志，而間加折衷，文簡事核，犂然有序。其志人物，如宋之京鏜、章鑑，一則以其身爲宰輔而依附權姦，一則以其位列鈞衡而棄主私遁，俱削去不載，亦頗有合於大義。惟元劉秉忠，其先世雖瑞州人，而自遼及金北遷已久，乃援其祖貫引入鄉賢，將孔子自稱殷人，亦可入中州志乘乎。是則圖經之積習，洵除未盡者矣。

浙江通志二百八十卷（通行本）

國朝文華殿大學士兼吏部尚書兼管浙江江南總督嵇曾筠等監修。浙江自明嘉靖中提學副使薛應旂始輯爲通志七十二卷。至國朝康熙二十一年，總督趙士麟、巡撫王國安復因薛志增修，斟酌損益，義例粗備。此本於雍正九年辛亥，總督李衞開局編纂，迄乙卯而告竣。曾筠等具表上進。司其事者，原任侍讀學士沈翼機、編修傅王露、檢討陸奎勲也。總爲五十四門。視舊志增目一十有七。所引諸書，皆具列原文，標列出典。其近事未有記載者，亦具列其案牘。視他志體例特善。其有見聞異辭者，則附加考證於下方。雖過求賅備，或不無繁複叢冗，然信而有徵之目，差爲不愧矣。

福建通志七十八卷 通行本

國朝浙閩總督兵部尚書郝玉麟等監修。福建自宋梁克家三山志以後，記輿地者不下數十家。惟明黃仲昭八閩通志頗稱善本，而亦不免闕略。又自明立福建布政司，分建屬郡，以福、興、泉、漳爲下四府，延、建、邵、汀爲上四府。國朝德威遠屆，鯨海波恬，臺灣既入版圖，而福州所屬之福寧亦升州爲府，泉州所屬之永春、漳州所屬之龍巖，又各析置爲直隸州，建置沿革，多與昔異。以舊志相較，每與今制不同。且福建三面環海，港汊內通，島嶼外峙，一切設險列戍之要，舊志亦多未詳。雍正七年，承詔纂輯通志。因取舊志之煩蕪未當者，刪汰冗文，別增新事。其疆域制度，悉以現行者爲斷。至乾隆二年書成，玉麟等具表上之。自星野至藝文爲類三十，爲卷七十有八。視舊志增多十四卷。如沿海島澳諸圖，舊志所不載者，皆爲詳繪補入，足資考鏡。於體例亦頗有當焉。

湖廣通志一百二十卷 通行本

國朝總督湖廣等處地方兵部尚書兼都察院右副都御史邁柱等監修。楚中輿記，見於前史者，如盛宏之荆州記、庾仲雍湘州記、漢水記、梁元帝荆南地誌、郭仲彦湘州記、湘州副圖記、陶岳零陵總記、韋宙零陵錄、范致明巴陵古今記、吳從政襄沔記類，多湮沒不傳。即傳者亦殘闕失次。魏裳湖廣通志、廖道南楚大紀、陳士元楚故略，出自近代，又往往闕漏冗雜，不足依據。是志成於雍正十一年，乃邁柱及湖北巡撫德齡、湖南巡撫趙宏恩奉詔纂輯。以湖南、湖北合爲一書，與江南通志合上江、下江爲一者體例相同。大致據康熙甲子舊志爲本，而以類附益之。其目或增或併，總爲三十一門。又附見者十三門。人物門內又別爲四子目，條分縷析，按籍可稽。惟長沙遠隔洞庭，當時開局武昌，採訪未周，故所載稍略，不及湖北之詳備云。

河南通志八十卷 通行本

國朝總督河南山東軍務兵部右侍郎王士俊等監修。河南之名，宋代惟屬洛陽一郡。故宋敏求作河南志，僅記西都典故，而不及他州。自明初設河南布政司，所屬八府，實跨河以北，封疆於古稍殊。故郡邑雖各有偏記，而未有統爲一書者。嘉靖中始創爲之，亦僅具崖略而已。徵引未能賅洽，考證亦未能精確。國朝順治十八年，復加續修，條理粗備。黄之雋謂康熙中嘗頒諸天下以爲式。後閱六七十年，未經修葺，郡邑分併，與新制多不相合。雍正九年，河東總督田文鏡承命排纂，乃延編修孫灝、進士顧棟高等開局蒐討。文鏡歿後，王士俊代爲總督，乃成書表上。考證今體例頗爲整密。惟書成之後，陳、許二州陞爲府，鄭州改隸開封，盧氏改隸陝州，南召復立縣治，因刊版已竣，皆未及增改云。

山東通志三十六卷 通行本

國朝巡撫山東都察院右副都御史岳濬等監修。初，明嘉靖中，山東巡按御史方遠宜始屬副使陸釴等創修通志四十卷，爲目五十有二，附目十。本朝康熙十二年，巡撫張鳳儀、布政使施天裔重爲修輯，大抵仍舊文者十之八九，新增者十之一二而已。此本乃雍正七年岳濬奉詔重修，延檢討杜詔等開局排纂，至乾隆元年始告成。後任巡撫法敏表進於朝。中間體例，於舊志多有改革。如宦績、人物，舊志於列國卿大夫縷載無遺，此本則以經傳所有者槩從刊削，而斷自漢始。又田賦、兵防，舊志疎略不具。運道、海疆，則併闕如。此本悉爲補輯。又人物之外，舊志別分隱逸、孝義、儒林、文苑諸目，往往配隸失宜。此則悉從刪削。又如以北蘭陵爲南蘭陵，以今濟陽爲唐宋之濟陽，以復舊之新泰爲兩設之新泰，皆沿譌之尤甚者。此本均爲辨明，亦多所考證。

焉。

山西通志二百三十卷（通行本）

國朝巡撫山西都察院右副都御史覺羅石麟等監修。山西之有通志，始於明成化中督學僉事胡謐。後嘉靖中副使周斯盛、萬歷中按察使李維禎皆踵事排纂。至本朝康熙壬戌，督學道劉梅又因舊本重編，凡五易稾而始成，分類共三十有二。所增輯甚夥，而譌複者亦頗不少。雍正七年，石麟等奉詔纂輯，乃開局會城，因舊本續加增訂，旁咨博訪，廣其類為四十。凡遺聞故事，比舊加詳。其發凡起例者，為原任庶吉士儲大文。大文於地理之學頗能研究，所著存硯樓集，訂正輿記者為多。故此志山川形勢，率得其要領。其特立經籍一門，乃用施宿會稽志、袁桷四明志之例，亦有資考據云。

陝西通志一百卷（通行本）

國朝署理陝西總督吏部尚書劉於義等監修。陝西舊通志為康熙中巡撫賈漢復所修，當時皆稱其簡當。而閱時既久，因革損益，頗不相同。雍正七年，敕各省大吏纂輯通志，陝西督撫以其事屬之糧儲道沈青崖。青崖因據漢復舊本，參以明代馬、馮二家之書，斟酌增刪，彙成百卷，分為三十二類。雍正十二年，於義等始表上之。陝西省治本漢唐舊都，故紀載較多。如三輔黃圖、長安志，皆前人所稱善本，而卷帙既繁，異同亦夥。至其隸轄支郡，若綏、葭、鳳、興之類，則又地近邊隴，志乘荒略，不免沿習傳譌。是編訂古證今，詳略悉當，視他志之捃摭附會者較為勝之。書中閒有案語，以參考同異，亦均典核可取云。

甘肅通志五十卷（通行本）

國朝巡撫甘肅都察院右副都御史許容等監修。甘肅所領八府三州，明代皆隸於陝西布政司。至本朝康熙二年，始以陝西右布政司分駐鞏昌，轄臨洮等府，後又改為甘肅布政司，增置甘涼諸郡，設巡撫以莅之。於是甘肅遂別為一省。雍正七年，各直省奉敕纂修通志，撫臣許容以甘肅與陝西昔合今分，宜創立新乘，而舊聞闕略，案牘無存，其衛所新改之州縣，向無志乘，尤難稽考。因詳悉蒐採，擇其可據者，依條綴集，分為三十六類。乾隆元年刊刻竣工，文華殿大學士仍管川陝總督查郎阿等具表上之。其書雖據舊時全陝志為藍本，而考核訂正，增加者十幾六七，與舊志頗有不同。其制度之係於兩省者，如總督、學政名及前代之藩臬、糧驛各道，俱駐西安，兼治全陝，不能強分，則亦多與陝志互見焉。

四川通志四十七卷（通行本）

國朝總督四川兵部右侍郎兼都察院右副都御史黃廷桂等監修。四川通志，在明代凡四修，惟藝文出楊慎手，最為雅贍，而其他則未能悉中體要。國朝康熙十二年，總督蔡毓榮、巡撫張德地又續事纂輯，以兵燹之後，文獻無徵，亦多所脫漏。是編乃雍正七年廷桂等奉敕重修，凡分四十九類。舊志之闕者補之，略者增之，較為詳備。其中沿舊志之誤，未及盡汰者，如唐韋昭度征陳敬瑄無功而還，宋岳雲為忠州防禦使，乃遙授之官，俱不應入名宦。虞允文為四川宣撫，乃總制全蜀，應入統部，不當僅入保寧府。唐之鮮于仲通依附楊國忠，喪師南詔，新舊唐書所載甚明，乃反以為忤國忠被貶，載入人物。此類尚不免地志附會緣飾之習。然其甄綜排比，較舊志則可據多矣。

廣東通志六十四卷（通行本）

國朝巡撫廣東兵部右侍郎兼都察院右副都御史郝玉麟等監修。嶺南為炎海奧區，漢魏以還，輿圖可考。然如南方草木狀但誌物宜，嶺表錄異僅徵雜事，而山川阨塞，或未之詳。明代有戴璟、郭棐、謝肇淛、張雲翼諸家之書，大略椎輪，又不過粗具崖略。國朝康熙二十二年，始輯有通志，視舊本漸具條理。此為雍正七年玉麟等奉命所輯，採摭補苴，較為賅備。開局於雍正八年六月，竣事於九年五月，告成視他省為獨先。故中閒或沿襲舊文，失之冗蔓，或體例不一，彼此牴牾，皆未能悉加訂正。然全書三十五門內，新增者四，葺舊者三十有一，大都首尾詳明，可資檢閱。至外番一門，為他志所罕見。然粵中市舶駢集，韓愈所謂東南際天地以萬數者，莫不瞻星戴斗，會極朝宗，哀而錄之，足見聖朝聲教之遠，亦通典述邊防而兼及海外諸國之例也。

廣西通志一百二十八卷通行本

國朝巡撫廣西都察院右副都御史金鉷等監修。自桂林象郡之名著於史記，厥後南荒輿志，漸有成編。其存於今者，如唐莫休符之桂林風土記、段公路之北戶錄、宋范成大之桂海虞衡志、明魏濬之嶠南瑣記、張鳳鳴之桂故桂勝，皆敘述典雅，掌故可稽。惟其間郡縣沿革，前代既損益不一，而本朝版圖式廓，建置周詳，若泗城、鎮安、東蘭、歸順、寧明諸府州，皆已改土歸流。凡昔所稱羈縻州者，無不隸王官而登戶籍，與前代牛牂蠻獠者，形勢迥殊，未可執舊文以談新制。此書成於雍正十一年，亦當時奉

詔所纂集。其遺聞故事，雖頗以諸家遺籍爲憑，而於

昭代良規，分析具載，指掌瞭然，尤足爲考稽之助，固不比驂鸞錄等僅主模山範水已也。

雲南通志三十卷通行本

國朝大學士鄂爾泰等監修。雲南在漢本屬益州，後爲南詔所據。至元代始入版籍，其有地志，則始見於唐。然傳於今者，僅有樊綽之蠻書，所記皆六詔山川。歷年既久，舊迹多湮，證之於今，相合者十無一二。明史藝文志載太祖初平雲南，詔儒臣考定爲志書六十一卷，今已散佚。他如楊愼之滇程記、滇載記諸書，掇拾成編，不免挂一漏萬。謝肇淛所輯滇略，號爲善本，然所述止於明代。本朝康熙三十年始草創通志，稍具規模，猶多舛略。雍正七年，鄂爾泰總督雲貴，奉

詔纂輯，乃屬姚州知州靖道謨因舊志增修。凡爲門三十，門爲一卷。乾隆元年書成，後任總督尹繼善等具表進之。其間視舊志增併不一，如圖之有說，及府州縣題名，皆補舊志之所無。大事考、使命、師命諸目，舊志所有而冗複失當者，則刪去之。又課程原附鹽法，閘壩、堰塘原附城池，今皆別自爲門，綱領粲然，視原本頗有條理焉。

貴州通志四十六卷通行本

國朝大學士鄂爾泰等監修。其書與雲南通志同時纂次，司其事者亦姚州知州靖道謨，繼之者則仁懷知縣杜詮也。其視各省通志成書最後，至乾隆六年刊刻始竣，總督巡撫事張廣泗奉表上之。貴州僻在西南苗蠻雜處，明代始建都指揮司，後改布政司，分立郡縣，與各行省並稱，而自唐宋以前，不過羈縻弗絕，尚未能盡闢狉榛，故古來紀載寥寥，最爲荒略。明趙瓚始創修新志，其後謝東山、郭子章及

本朝衛旣齊等遞事增修，漸有倫廓，終以文獻難徵，不免闕漏。惟田雯之黔書，筆力頗稱奇偉，而意在修飾文采，於事實亦未賅具。此書綜諸家著述，彙成一編，雖未能淹貫古今，然在黔省輿記之中，則詳於舊本遠矣。

歷代帝王宅京記二十卷湖北巡撫採進本

國朝顧炎武撰。所錄皆歷代建都之制，上起伏羲，下訖於元。仿雍錄、長安志體例，備載其城郭、宮室、都邑、寺觀及建置年月事蹟。前爲總論二卷，後十八卷則各按時代詳載本末，徵引詳核，考據亦頗精審。蓋地理之學，炎武素所長也。此書寫本不一。浙江所採進者，僅總序二卷，而載之此本則多唐代宗時廣德元年十月吐蕃犯京畿上幸陜州一條，元順帝至元二十五年改南京路爲汴京路，北京路爲武平路，西京路爲大同路，東京路爲遼陽路一條。蓋舊無刊版，輾轉傳鈔，譌闕異同，固所不能免爾。

右地理類都會郡縣之屬四十七部，二千七百五十二卷，皆文淵閣著錄。

欽定四庫全書總目卷六十八

欽定四庫全書總目卷六十九

史部二十五

地理類二

水經注四十卷（永樂大典本）

後魏酈道元撰。道元字善長，范陽人，官至御史中尉。事迹具魏書酷吏傳。自晉以來注水經者凡二家，郭璞注三卷，杜佑作通典時猶見之，今惟道元所注存。崇文總目稱其中已佚五卷，故元和郡縣志、太平寰宇記所引滹沱水、洛水、涇水皆不見於今書。然今書仍作四十卷，蓋宋人重刊分析以足原數也。是書自明以來，絕無善本。惟朱謀㙔所校盛行於世，而舛謬亦復相仍。今以永樂大典所引，各案水名逐條參校。非惟字句之譌，層出疊見，其中脫簡錯簡，有自數十字至四百餘字者。其道元自序一篇，諸本皆佚，亦惟永樂大典僅存。蓋當時所據，猶屬宋槧善本也。謹排比原文，與近代本鉤稽校勘。凡補其闕漏者二千一百二十八字，刪其妄增者一千四百四十八字，正其臆改者三千七百一十五字。神明煥然，頓還舊觀。三四百年之疑竇，一旦曠若發蒙。是皆我

皇上稽古右文，經籍道盛，瑯嬛宛委之祕，嚮然並臻，遂使

前代遺編，幸逢

昌運，發其光於蠹簡之中。若有神物撝呵，以待

聖朝而出者，是亦曠世之一遇矣。至於經文注語，諸本率多混淆。今考驗舊文，得其端緒。凡水道所經之地，經則云過，注則云逕。經則統舉都會，注則兼及繁碎地名。凡一水之名，經則首句標明，後不重舉；注則文多旁涉，必重舉其名以更端。凡書內郡縣，經則但舉當時之名，注則兼考故城之迹。皆尋其義例，一一釐定，各以案語附於下方。至塞外羣流，江南諸派，道元足迹皆所未經，故於灤河之正源，三藏水之次序，白檀要陽之建置，俱不免附會乖錯。甚至以浙江妄合姚江，尤為傳聞失實。自我

皇上命使履視，盡得其脈絡曲折之詳。

御製熱河考、灤源考證諸篇，為之抉摘舛謬，條分縷擘，足永訂千秋耳食沿譌。謹錄弁簡，永昭定論。又水經作者，唐書題曰桑欽，然班固嘗引欽說，與此經文異。道元注亦引欽所作地理志，不曰水經。觀其涪水條中稱廣漢已為廣魏，則決非漢時。鍾水條中稱晉寧仍曰魏寧，則未及晉代。推尋文句，大抵三國時人。今既得道元原序，知並無桑欽之文，則據以削去舊題，亦庶幾闕疑之義云爾。

水經注集釋訂譌四十卷（浙江巡撫採進本）

國朝沈炳巽撰。炳巽字繹旃，歸安人。其書據明嘉靖間黃省曾所刊水經注本，而以己意校定之。多所釐正，又以道元徵引之書極為博贍，傳寫既久，譌誤相仍。因徧檢史記、漢書志表及諸史各志，取其文字異同者，錄於下方，以備參考。其無他書可校者則闕之，間附以諸家考訂之說。凡州縣沿革，則悉以今名釋焉。中間於地理方位，往往有不能詳審，而漫為臆度者。如漳水注稱絳瀆逕九門城南，又東南逕南宮城北。炳巽釋云：九門城今在藁城縣西北二十里，而不知一在滹沱之南，一在滹沱之北，中隔新河、寧晉、束鹿、晉州，相去甚遠。水經沁水過穀遠縣東，又南過猗氏縣東。此猗氏在潞安府屯留縣西南，即北魏之寄氏，猗譌作猗，而炳巽釋云：今屬平陽府，則不知漢志有上黨之猗氏，非即河東之猗氏。他若河水過高唐縣南，道元言河水於縣漯水注之。此下有地理志曰：漯水出東武陽，今漯水上承河水於武陽縣東南，西北逕武陽新城東云云。炳巽以其重見於前，刪此存彼，不知下文水自城東北逕東武陽縣故城南，所謂自城者，承武陽新城言也。使如所刪，則自城直接高唐，不可通矣。此類皆為舛誤。然炳巽作此書凡歷九年而成，丹鉛矻矻，手自點定。其初未見朱謀㙔本，後求得之，而所見大略相同，亦可知其用心之勤至。雖不能盡出前人範圍，而鉤索考證之功，亦未可沒也。

水經注釋四十卷、刊誤十二卷（浙江巡撫採進本）

國朝趙一清撰。一清字誠夫，仁和人。酈道元水經注傳寫舛譌，其來已久。諸家藏本互有校讎，而大致不甚相遠。歐陽元功、王禕諸人但稱經注混淆而已，於注文無異詞也。近時寧波全祖望始自稱得先世舊聞，謂道元注中有注，本雙行夾寫，今混作大字，幾不可辨。一清因從其說，辨驗文義，離析其注中之注，以大字細字分別書之，使語不相雜，而文仍相屬。考沈約宋書稱漢鐃歌本大字為詞，細字為聲，後人聲詞合寫，是以莫辨。是傳錄混淆，古有是事。又如明嘉靖中所刻齊民要術，簡端周書曰：神農之時，天雨粟云云一條，崇禎中刻孔子家語本姓解中徵國名子爵五字，閒以注文刻作大字者，亦時有之。至於巨帙連篇，盈四十卷，而全部夾注，悉誤寫為正文，揆以事理，似乎不近。姚宏補注戰國策，范成大作吳郡志，並於注中夾注，前人嘗舉以為例。而自宋以來，未嘗有舉及

水經注者，祖望所云先世舊聞，不識傳於何代，載在何書。殆出於以意推求，而詭稱授受。然倪思作班馬異同，以大字細字連書，猝難辨析。明許相卿改爲史漢方駕，以班馬相同者書於中，以馬有而班無者側注於左，以班有而馬無者側注於右。遂使增删之意，開卷釐然，而原書仍無改易，最爲善變。一清此書殆亦類是，但使正文旁義，條理分明，是亦道元之功臣矣。何必託諸原本，效豐坊之故智乎。又唐六典注稱桑欽所引天下之水百三十七，江河在爲。今本所列僅一百一十六水，考崇文總目載水經注三十五卷，蓋宋代已佚其五卷。今本乃後人離析篇帙，以合原數。此二十一水蓋卽在所佚之中。一清證以本注，雜採他籍，得滏、洺、滹沱、派、滋、伊、瀍、澗、洛、豐、涇、汭、渠、獲、涑、滁、白、南弱、黑十八水，於灅水下分灅餘水，又考驗本經，知清漳水、濁漳水、大遼水、小遼水皆原分爲二，其得二十一水，與六典注原數相符。其考據訂補，亦極精核。卷首列所據以校正者凡四十本。雖其中不免影附誇多，如所稱黃宗羲本，原無成書，顧炎武本、顧祖禹本、閻若璩本，皆所著書引用考辨，實無刻本。又黃儀本，稱其書今歸新城王氏，池北書庫考王士禎沒後，池北書庫所藏皆已散佚，見趙執信因園集，是其子孫斷無收書之事。若士禎存時所收，則書歸王氏在康熙辛卯以前，一清年齒亦斷不及見也。然旁引博徵，頗爲淹貫，訂疑辨譌，是正良多。自官校宋本以外，外閒諸刻，固不能不以是爲首矣。

吳中水利書一卷（兩江總督採進本）

宋單鍔撰。鍔字季隱，宜興人。嘉祐四年進士。歐陽修知舉時所取士也。得第以後，不就官，獨留心於吳中水利。嘗獨乘小舟，往來於蘇州、常州、湖州之閒，經三十餘年。凡一溝一瀆，無不周覽其源流，考究其形勢，因以所閱歷著爲此書。元祐六年，蘇軾知杭州日，嘗爲狀進於朝。會軾爲李定、舒亶所劾，逮赴御史臺鞫治，其議遂寢。明永樂中，夏原吉疏吳江水門，濬宜興百瀆。正統中，周忱修築溧陽二壩，皆用鍔說。嘉靖中，歸有光作三吳水利錄，則稱治太湖不若治松江。鍔欲修五堰，開夾苧干瀆以絕西來之水，使不入太湖，不知揚州藪澤，天所以瀦東南之水也。水爲民之害，亦爲民之利，今以人力遏之，就使太湖乾枯，於民豈爲利哉。其說稍與鍔異。蓋歲月綿邈，陵谷變遷，地形今古異宜，各據所見以爲論。要之舊法未可全執，亦未可全廢。在隨時消息之耳。蘇軾進書狀載東坡集五十九卷中，此書卽附其後。書中有併圖以進之語，載於其上，加貼黃云，其圖畫得草略，未敢進上，乞下有司計會單鍔別畫。此本删此貼黃，惟存別畫二字，自爲一行。蓋此書久無專刻，志書從東坡集中錄出，此本又從志書錄出，故輾轉舛漏如是也。

四明它山水利備覽二卷（浙江吳玉墀家藏本）

宋魏峴撰。峴，鄞縣人。官朝奉郎，提舉福建路市舶。鄞故有它山一水，其始大溪與江通流，鹹潮衝接，耕者弗利。唐大和七年，邑令王元暐始築堰以捍江潮，於是溪流灌注城邑，而鄞西七鄉之田皆蒙其利。歲久廢壞。宋嘉定閒，峴言於府，請重修，且董興作之役，因爲是書記之。上卷雜志源流規制及修造始末，下卷則皆碑記與題咏詩也。案新唐書地理志，載明州鄮縣（案鄞縣在唐爲鄮縣）南二里有小江湖，溉田八百頃。開元中，令王元緯置。東二十五里有西湖，溉田五百頃，天寶二年令陸南金開廣之。今此編稱它山水入於南門，瀦爲日月二湖，其日湖卽小江湖，月湖卽西湖。謂二湖皆王元緯所浚，而不言有天寶之陸南金，似有闕略。至其以元暐爲元緯，以開元中爲大和七年，則此編所載諸碑記及唐僧元亮詩，證佐顯然，足以糾正唐志之謬，不得以與史異文爲疑矣。此書在地志之中頗爲近古。宋四明郡志嘗採其說，然傳本頗稀，幾於泯沒而無可考。明崇禎辛巳，郡人陳朝輔始得舊帙梓行，版亦散佚。首有峴及朝輔二序，而末以四明志序附焉。蓋卽從陳本錄出者也。

河防通議二卷（永樂大典本）

元沙克什撰。（案沙克什原本作贍思，今改正。）沙克什，色目人。官至祕書少監。事蹟具元史本傳。是書具論治河之法，以宋沈立汴本及金都水監本彙合成編。本傳所稱重訂河防通議是也。沙克什系出西域，邃於經學，天文地理鍾律算數無不通曉。至元中，嘗召議河事。蓋於水利亦素所究心，故其爲是書，分門者六，門各有目。凡物料功程，丁夫輸運，以及安樁下絡，壘埽修堤之法，條例品式，粲然咸備，足補列代史志之闕。昔歐陽元嘗謂司馬遷、班固記河渠溝洫，僅載治水之道，不言其方，使後世任斯事者無所考。是編所載，雖皆前代令格，其閒地形改易，人事遷移，未必一一可行於後世，而準今酌古，矩矱終存，固亦講河務者所宜參考而變通矣。

治河圖略一卷（永樂大典本）

元王喜撰。喜爵里無考。其書首列六圖，圖末各系以說，而附所爲治河方略及歷代決河總論二篇於後。其文稱臣謹敘、臣謹論云云，疑爲經進之本。考元史順帝紀及河渠志，至正中河決白茅堤、金堤，大臣訪求治河方略，喜書殆作於其時歟。大旨取李尋因其自然之說，惟以浚新復舊爲主，厥後卒用賈魯之策，疏塞並舉，挽河東行，以復故道，與是編持論相合，則當時固已採錄其言矣。特史文闕略，未著其進書本末耳。卷中所圖河源，頗多譌舛。蓋崑崙星宿，遼隔窮荒，自我

國家底定西陲，悉入版籍，於是河有重源之蹟始確然得其明徵。元人所述，憑潘昂霄之所記，昂霄所記，憑篤什（案篤什舊作都實，今改正）之所傳，輾轉相沿，率由耳食。撰元史者且全錄其文於河渠志，以爲亙古所未聞。喜之踵謬襲謬，又何怪乎。取其經略之詳，而置其考據之疏可也。

浙西水利書三卷（兩淮馬裕家藏本）

明姚文灝撰。文灝，貴溪人，成化甲辰進士，官工部主事。考明孝宗實錄，載宏治九年七月，提督松江等處水利工部主事姚文灝言治水六事，上從之。則是書當爲是時作也。大旨以天下財賦仰給東南，南直隸之蘇松常三府，浙江之杭嘉湖三府，環居太湖之旁，尤爲卑下。太湖綿亙數百里，受諸州山澗之水，散注澱山等湖，經松江以入海。其稍高昂者，則受杭天之水，達黃浦以入海。淫潦時至，輒泛溢爲患，蓋以圍田掩遏，水勢無所發洩，而塘港之湮塞故也。因取宋至明初言浙西水利者，輯爲一編。大義以開江、置閘、圍岸爲首務，而河道及田圍則兼修之。其於諸家之言，間有筆削棄取，如單鍔水利書及任都水水利議荅之類，則詳其是而略其非。而宋郟氏諸議，則以其鑿而不錄。蓋斟酌形勢，頗爲詳審，不徒採紙上之談云。

河防一覽十四卷（江蘇巡撫採進本）

明潘季馴撰。季馴有司空奏議，已著錄。季馴在嘉靖、萬歷間凡四奉治河之命，在事二十七年，著有成績。嘗於萬歷七年工成時，彙集前後章奏及諸人贈言，纂成一書，名塞斷大工錄，既而以其猶未賅備，復加增削，輯爲是編。首敕諭圖說一卷，次河議辨惑一卷，次河防險要一卷，次修守事宜一卷，次河源河決考一卷，次前人文章之關係河務及諸臣奏議凡八十餘篇，分爲九卷。明代仰東南轉漕以實京師，又泗州祖陵逼近淮泗，故治水者必合漕運與陵寢而兼籌之。中葉以後，潰決時聞，議者紛如聚訟。季馴獨力主復故道之說，塞崔鎮隄歸仁，而黃不北。築高家堰、黃浦八淺，而淮不東。創爲減水順水壩遙隄縷隄之制，而蓄洩有所賴。其大旨謂通漕於河，則治河即以治漕；會河於淮，則治淮即以治河；合河淮而合入於海，則治河淮即以治海。故生平規畫，總以束水攻沙爲第一義。考漢書載王莽時徵治河者，大司馬史張戎已有水自刮除成空語，是借水刷沙，古人已露其意。特從未有見諸行事者。季馴乃斟酌相度，神而明之，永爲河渠利賴之策。後來雖時有變通，而言治河者終以是書爲準的。閻若璩潛邱劄記有與劉頌眉書曰：考萬歷六年，潘司空季馴河工告成，其功近比陳瑄，遠比賈魯，無可移易矣。乃十四年河決范家口，又決天妃壩，二十三年河淮決溢，邳泗高寶等處皆患水災。天啟元年河決王公堤，安得云潘司空治後無水患六十年。大抵潘司空之成規具在，縱有天災，縱有小通變，治法不出其範圍之外。故曰河防一覽爲平成之書云云。若璩居於山陽，於河渠利病得之目睹，斯可謂平情之論矣。

三吳水利錄四卷（江蘇巡撫採進本）

明歸有光撰。有光有易經淵旨，已著錄。是書大旨以治吳中之水，宜專力於松江。松江既治，則太湖之水東下，而他水不勞餘力。當時隄防廢壞，漲沙幾與崖平，水旱俱受其病，因採集前人水議之尤善者七篇，而自作水利論二篇以發明之。又以三江圖附於其後。蓋松江爲震澤尾閭，全湖之水皆從此赴海，所謂塞則六府均其害，通則六府同其利者，前人已備言之。尋其湮塞之流，則張弼水議所謂自夏原吉濬范家浜，直接黃浦，浦勢湍急，洩水益徑，而江潮平緩，易致停淤。故黃浦之闊漸倍於舊，吳淞狹處僅若溝渠，其言最爲有理。有光乃概以爲湖田圍占之故，未免失於詳究。然有光居安亭，正在松江之上，故所論形勢脈絡最爲明晰。其所云宜從其湮塞而治之，不可別求其他道者，亦確中要害。言蘇松水利者，是書固未嘗不可備考核也。

北河紀八卷紀餘四卷（江西巡撫採進本）

明謝肇淛撰。肇淛有史觿，已著錄。此書乃其以工

部郎中視河張秋時所作。明史藝文志著錄卷數亦同。首列河道諸圖，次分河程、河源、河工、河防、河臣、河政、河議、河靈八記，詳疏北河源委及歷代治河利病，搜採頗備，條畫亦頗詳明。至山川古蹟及古今題詠之屬，則別爲四卷附後，名曰紀餘。蓋河道之書，以河爲主，與州郡輿圖體例各不侔也。國朝順治中，管河主事閻廷謨益以新制，作北河續紀四卷。雖形勢變遷，小有同異，要其大致仍皆以是書爲藍本。蓋其發凡起例具有條理，故續修者莫能易焉。肇淛著作甚夥，而明史於文苑傳中獨載此書，稱其具載河流原委及歷代治河利病，其必有以取之矣。

敬止集四卷（浙江汪汝瑮家藏本）

明陳應芳撰。應芳字元振，泰州衛人。萬歷乙未進士，官福建布政司參政。淮南夙稱澤國，而泰州與化尤甚。應芳家於泰州，因講求水道源委與河之利害，悉其形勢，集當時奏疏、公移、私札言河道者爲一書，名曰敬止，重桑梓也。又各繪爲圖，曰泰州上河，曰泰州下河，曰高郵下河，曰興化下河，曰寶應下河，曰鹽城下河。附論十三首，兼及漕運由賦。雖今昔異宜，形勢遷變，核以水道與所圖已不相符。然其書議論詳明，以是地之人言是地之利病，終愈於臨時相度，隨事揣摩。因其異同以推求沿革之故，於疏濬築防亦未爲無補矣。

三吳水考十六卷（浙江巡撫採進本）

明張內蘊、周大韶同撰。內蘊稱吳江生員，大韶稱華亭監生，其始末則均未詳也。初，萬歷四年，言官論蘇、松、常、鎮諸府水利久湮，宜及時修濬，乞遣御史一員督其事，乃命御史懷安林應訓往。應訓相度擘畫，越六載蕆功，屬內蘊等編輯此書。前有萬歷庚辰徐栻序，稱爲水利圖說。而辛巳劉鳳序、壬午皇甫汸序則稱三吳水考。蓋書成而改名也。汸序稱應訓命諸文學作，而栻、鳳序皆稱應訓自著。亦復不同。考書中載應訓奏疏、條約，皆署銜署姓而不署其名，似不出於應訓手。殆內蘊等纂輯之而應訓董其成歟。其書分十二類，凡詔令考一卷，水利考四卷，水源考一卷，水道考三卷，水年考一卷，水官考一卷，水議考二卷，水疏考三卷，水移考一卷，水田考一卷，水績考一卷，水文考一卷。雖體例稍冗，標目亦多杜撰，而諸水之源流，諸法之利弊，一一詳賅。蓋務切實用，不主著書，固不必以文章體例繩之矣。

吳中水利書二十八卷（浙江巡撫採進本）

明張國維撰。國維字九一，號玉笥，東陽人。天啓壬戌進士，福王時官至吏部尚書。南京破後，從魯王於紹興，事敗投水死。事蹟具明史本傳。是書先列東南七府水利總圖凡五十二幅，次標水源、水脈、水名等目，又輯詔敕、章奏，下逮論議、序記、歌謠。所記雖止明代事，然指陳詳切，頗爲有用之言。凡例謂崇明、靖江二邑浮江海之中，地脈不相聯貫，自昔不混東南水政之內。今案二邑形勢，所說不誣。足以見其明確。明史本傳稱國維爲江南巡撫時，建蘇州九里石塘及平望內外塘、長洲至和等塘，修松江捍海堤，濬鎮江及江陰漕渠，並有成績。遷工部右侍郎兼右僉都御史，總督河道。時值歲旱，漕流涸，濬諸水以通漕。又稱崇禎十六年，八總兵師潰，國維時爲兵部尚書，坐解職下獄。帝念其治河功，得釋。則國維之於水利，實能有所擘畫。是書所記皆其閱歷之言，與儒者紙上空談固迥不侔矣。

欽定河源紀略三十六卷

乾隆四十七年奉

敕撰。是年春，以中州有事於河工，

特命侍衛阿彌達祭告西寧河神，因西溯河源，繪圖

具

奏，言星宿海西南三百餘里有阿勒坦郭勒水，色獨黃。又西有阿勒坦噶達素齊老，流泉百道，入阿勒坦郭勒，是爲黃河眞源，爲自古探索所未

及。

皇上因考徵實驗，參訂舊文。

御製河源詩一章，詳爲訓釋，系以

案語。又

御製讀宋史河渠志一篇，以正從來之譌誤。復

命兵部侍郎臣紀昀、大理寺卿臣陸錫熊等，尋繹史傳，旁稽衆說，綜其向背，定其是非，輯爲一書。首冠以

圖。凡開方分度，悉準

欽定輿圖，而以河流所經及諸水之潛通顯會者，各依方隅繪畫，以著其詳。次列以表，以分合伏見四例，該水道之脈絡，俾旁行斜上，經緯相貫，綱目相從。

以提其要。次曰質實。詳核水道之源流，兼仿水經及酈道元注之例，旁支正榦，一一疏通證明。次曰證古。凡載籍所陳與今所履勘相符者，並條列原文，各加案語，以互相參訂。次曰辨譌。凡舊說之紕繆，亦條列原文，各為糾駁，以袪惑釋疑。次曰紀事。凡撻伐所經、部族所聚、職貢所通，及開屯列戍與靈源相值者，一一臚載，其前代軼聞，亦以類附見。次曰雜錄。凡名山古蹟物產土風介在洪流左右者，皆博採遺文，以旁資稽核。而恭錄

御製詩文弁冕全書，用以挈綱領、定權衡焉。考自古談河源者，或以為在西域，或以為在吐蕃，各持一說，紛如聚訟，莫能得所折衷。推索其由，大抵所記之真妄，由其地之能至不能至；所考之疎密，由其時之求詳不求詳。山海經稱禹命豎亥，步自東極至於西極，紀其億選之數，其事不見於經傳。見經傳者，惟導河積石，灼為禹跡所至而已。故禹本紀諸書言河源弗詳，儒者亦不以為信。漢通西域，張騫僅得其梗概，以三十六國不入版圖故也。元世祖時，嘗遣篤什窮探，乃僅至星宿海而止，不知有阿勒坦郭勒之黃水，又不知有鹽澤之伏流，豈非以開國之初，倥傯草創，不能事事責其實，故雖能至其地，而考之終未審歟。我

國家重熙累洽，荒憬咸歸。

聖祖仁皇帝平定西藏，黃圖括地，已大擴版章。我

皇上七德昭宣，

天弧耆定，天山兩道，拓地二萬餘里，西通濛汜，悉主悉臣。月𥝐以東，皆我疆索。星軺虎節，絡繹往來，如在戶闥之內。與張騫之轉徙絕域，潛行竊睨，略得彷彿者，其勢迥殊。且自

臨御以來，無逸永年，恒久不已。

乾行彌健，

睿照無遺。所綜核者，無一事不得其真；所任使者，亦無一人敢飾以偽。與篤什之探尋未竟，遽顓頊報命者，更復迥異。是以能沿溯真源，袪除謬說，

親加釐定，勒為一帙，以昭示無窮。臣等載筆之餘，仰頌

聖功之無遠弗屆，又仰頌

聖鑒之無微弗周也。

崑崙河源考一卷（浙江鮑士恭家藏本）

國朝萬斯同撰。斯同有廟制圖考，已著錄。是書以元篤什言河源崑崙與史記、漢書不合，水經所載亦有謬誤，因歷引禹貢、禹本紀、爾雅、淮南子及各史之文以考證之。考張騫言河源出鹽澤，司馬遷又言河源出于闐，天子案古圖書，名河所出山曰崑崙。後來諸書都無異說。唐書吐谷渾傳始有李靖望積石山，覽觀河源之言，而亦未確有所指。迨篤什奉命行求，稱得之朶甘思西鄙，潘昂霄等妄為附會，經傳音譯舛譌，遂以鄂敦塔拉之潛行復見者，指為河源，以阿木尼瑪勒古木遜山即古積石山者，指為崑崙。元史因而採入地理志中，耳食相沿，混淆益甚。我

國家德威遐播，天山兩道，盡入版圖，月𥝐以西，皆我戶闥。案圖考索，知河有重源，篤什所訪，僅及其伏地再出者，而河水之出葱嶺、于闐，注鹽澤，潛行至積石者，則篤什皆未之見。伏讀

御批通鑑輯覽，考核精詳，河源始確有定論。斯同此書，作於康熙之初，核以今所目驗，亦尚不盡脗合。然時西域未通，尚未得其實據，而斯同穿穴古書，參稽同異，即能灼知張騫所說之不誣，而極論潘昂霄等之背馳舛亂，凡所指陳，俱不甚相遠，亦可謂工於考證，不汩沒於舊說者矣。錄存其書，益以見

睿鑒折衷，超軼萬古也。

兩河清彙八卷（山東巡撫採進本）

國朝薛鳳祚撰。鳳祚有聖學宗傳，已著錄。鳳祚雖亦從講學者游，而其學乃出鹿善繼、孫奇逢，講求實用。故其算術受於西洋穆尼閣，以天文名家。

國初言曆法者，推為獨絕。梅文鼎勿菴曆算書記所謂青州之學也。而亦究心於地理，故能詳究兩河利病，以著是書。卷首列黃河、運河兩圖，一卷至四卷為運河修築形勢，北自昌平、通州，南至浙江等處，河湖泉水諸目，皆詳載之。五卷、六卷則專記黃河職官夫役道里之數，及歷代至

本朝治河成績。七卷則輯錄前明潘季馴河防辨惑、

國朝崔維雅芻議或問二書。八卷則鳳祚所自著也，曰芻論、曰修守事宜、曰河防緒言、曰河防永賴書中援據古今，於河防得失疏證頗明。惟海運一篇，欲訪元運故道與漕河並行，蓋猶祖邱濬之舊說，則迂謬而遠於事情，遂為白璧之微瑕，無是可矣。

居濟一得八卷（河南巡撫採進本）

國朝張伯行撰。伯行有道統錄，已著錄。是編乃伯行為河道總督時相度形勢，錄之以備參考者。前七

卷條議東省運河壩閘隄岸及修築疏濬蓄洩啟閉之法。於諸水利病，條分縷析，疏證最詳。後附河漕類纂一卷，則僅撮大槩。蓋伯行惟督河工，故漕政在所略也。大旨謂河自宿遷而下，河博而流迅，法宜縱之；宿遷而上，河窄而流舒，法又宜束之。徐邳水高而岸平，泛濫之患在上，宜築隄以制其上。河南水平而岸高，衝刷之患在下，又宜捲埽以制其下。又有三禁、三束、四防、八因諸條，皆得諸閱歷，非徒爲紙上之談者。伯行平生著述，惟此書切於實用。迄今六七十載，雖屢經疏濬，形勢稍殊，而因其所記，以考因革損益之故，亦未爲無所裨焉。

治河奏績書四卷、浙江鮑士恭家藏本附河防述言一卷、內廷藏本

國朝靳輔撰。輔有奏疏，已著錄。是書卷一爲川澤考、漕運考、河決考、河道考。卷二爲職官考、隄河考及修防汛地埽規、河夫額數、閘壩修規、船料工值皆附焉。卷三爲輔所上章疏及部議。卷四爲各河疏濬事宜及施工緩急先後之處。其川澤考所載，於黃河自龍門以下，至淮徐注海，凡分匯各流，悉考古證今，頗爲詳盡。於注河各水及河所瀦蓄各水，亦縷陳最悉。其漕運考亦然。河道考於臨河要地及距河遠近，分條序載，較志乘加詳。至於隄工修築事宜，則皆輔所親驗，立爲條制者矣。輔自康熙十六年至三十一年，凡三膺總河之任，故疏議獨多。其專以治上河爲治下河之策，雖據一時所見，與後來形勢稍殊，然所載修築事宜，亦尚有足資採擇者。與張伯行居濟一得，均尚非紙上之空談也。又河防述言一卷，爲張靄生所撰，皆追述其友陳潢之論，故曰述言。潢字天一，號省齋，錢塘人。爲輔之幕客。輔治河，多資其經畫。康熙甲子，

聖駕南巡，輔以潢功上聞，

特賜參贊河務按察司僉事銜。其書凡十二篇：一曰河性，主於順而利導之；二曰審勢，謂凡有所患，當推其致患之所以然；三曰估計，謂省工省料，其壞必速，所費較所省爲更大；四曰任人，主於慎選擇、明賞罰，而歸本於正己以率屬；五曰源流，謂河水本清，其淤漲由挾中國之水；六曰隄防，主潘季馴以堤束水、以水刷沙之說，而尤以減水壩爲要務；七曰疏濬，主於潰決之處，先固其兩旁，不使日擴，乃修復故道，而借引河以注之；八曰工料，工主於覈實，料主於豫備；九曰因革，言今昔形勢不同；十曰善守，謂黃河無一勞永逸之策，在時時謹小慎微，而歸重於河員之久任；十一曰雜誌，述治河之委曲；十二曰辨惑，則駁當時之異議也。其言往往中理，與靳輔書足相發明。今錄附輔書之末，以資參考。書前冠黃河全圖，乃靄生自作，雖不及

欽定河源紀略之明確，而遠勝篤什等之所記。又靳輔奏疏一篇，雖專爲潢而發，然頗足見當日治河之始末，今亦併存之焉。

直隸河渠志一卷、直隸總督採進本

國朝陳儀撰。儀字子翽，號一吾，文安人。康熙乙未進士，官至翰林院侍講學士，充霸州等處營田觀察使。是編即其經理營田時作。所列凡海河、衛河、白河、淀河、東淀、永定河、清河、會同河、中定河、西淀、趙北口、子牙河、千里長堤、滹沱河、滏陽河、寧晉泊、大陸澤、鳳河、牤牛河、窩頭河、鮑邱河、薊河、還鄉河、塌河淀、七里海二十五水，皆洪流巨浸也。雖敘述簡質，但載當時形勢，而不詳古蹟。又數十年來，屢經

皇上軫念民依，經營疏濬，久慶安瀾，較儀作書之日，水道之通塞分合，又已小殊。然儀本土人，又身預水利諸事，於一切水性地形，知之較悉，故敷陳利病之議多，而考證沿革之文少。錄而存之，亦足以參考梗概也。

行水金鑑一百七十五卷、通行本

國朝傅澤洪撰。澤洪字穉君，鑲紅旗漢軍，官至分巡淮揚道按察司副使。是書成於雍正乙巳。全祖望作鄭元慶墓誌，以爲出元慶之手，疑其客遊澤洪之幕，或預編摹。然別無顯證，未之詳也。敘水道者，禹貢以下，司馬遷作河渠書，班固作溝洫志，皆全史之一篇。其自爲一書者，則剏始於水經。然標舉源流，疏證支派而已，未及於疏濬隄防之事也。單鍔、沙克什、王喜所撰，始詳言治水之法。有明以後，著作漸繁，亦大抵偏舉一隅，專言一水。其綜括古今，臚陳利病，統前代以至

國朝，四瀆分合、運道沿革之故，彙輯以成一編者，則莫若是書之最詳。卷首冠以諸圖，次河水六十卷，次淮水十卷，次漢水、江水十卷，次濟水五卷，次運河水七十卷，次兩河總說八卷，次官司、夫役、漕運、漕規凡十二卷。其例皆摘錄諸書原文，而以時代類次，俾各條互相證明，首尾貫穿。其有原文所未備者，亦閒以己意考核，附注其下。上下數千年閒，地形之變遷，人事之得失，絲牽繩貫，始末犁然。至

我

國家敷土翕河，百川受職，仰蒙

聖祖仁皇帝翠華親莅，指授機宜，

睿算周詳，永昭順軌，實足垂法於萬年。澤洪於康熙六十一年以前所奉
諭旨，皆恭錄於編，以昭
謨訓。尤爲疏瀹之指南。談水道者觀此一編，宏綱巨目亦見其大凡矣。

水道提綱二十八卷（浙江巡撫採進本）

國朝齊召南撰。召南字次風，台州人。乾隆丙辰
召試博學鴻詞，授翰林院編修，官至禮部侍郎。歷代史書各志地理，而水道則自水經以外無專書。郭璞所注久佚不傳，酈道元所注詳於北而略於南，且距今千載，陵谷改移，即所述北方諸水亦多非其舊。
國初餘姚黃宗羲作今水經一卷，篇幅寥寥，粗具梗概，且塞外諸水頗有舛譌，不足以資考證。召南官翰林時預修
大清一統志，外藩蒙古諸部是所分校，故於西北地形多能考驗。且天下輿圖備於書局，又得以博考旁稽，乃參以耳目見聞，互相鉤校，以成是編。首以海，次爲
盛京至京東諸水，次爲直沽所匯諸水，次爲北運河，次爲河及入河諸水，次爲淮及入淮諸水，次爲江及入江諸水，次爲江南運河及太湖入海港浦，次爲浙江、閩江、粵江，次雲南諸水，次爲西藏諸水，次漠北阿爾泰以南水及黑龍江、松花諸江，次東北海朝鮮諸水，次塞北漠南諸水，而終以西域諸水。大抵通津所注，往往袤延數千里，不可限以疆域。召南所敘不以郡邑爲分，惟以巨川爲綱，而以所會衆流爲目，故曰提綱。其源流分合，方隅曲折，則統以今日水道爲主，不屑屑附會於古義，而沿革同異亦即互見於其間。其自序議古來記地理者志在藝文，情侈觀覽，或於神仙荒怪，遙續山海；或於洞天梵宇，揄揚仙佛；或於游蹤偶及，逞異炫奇，形容文飾，祇以供詞賦之用。故所敘錄，頗爲詳核，與水經注之模山範水，其命意固殊矣。然非召南生逢
聖代，當敷天砥屬之時，亦不能於數萬里外聞古人之所未聞，言之如指諸掌也。

海塘錄二十六卷（浙江巡撫採進本）

國朝翟均廉撰。均廉有周易章句證異，已著錄。浙江海塘在海寧州南，唐宋以來遞有修築。至
國朝軫念民依，講求尤備。
聖祖仁皇帝暨我
皇上均
親臨相度，用建萬年保障之基。是編綜括古今，恭錄
詔諭、
聖製以弁冕於卷首，次爲圖說一卷，疆域一卷，建築四卷，名勝二卷，古蹟二卷，祠祀二卷，奏議五卷，藝文八卷，雜志一卷。徵引各史紀志及玉海、乾道咸淳臨安志、西湖聞見錄、明實錄諸書，其考訂辨證，頗爲該洽。如訂正鹽官海塘長百二十四里，唐開元所築，舊志作二百二十四里者誤。引泊宅編載宋制有鐵符鎮海，皆史傳所未載。他如海寧之𥔲築於沈謙，諸又志乘所未備，考浙江通志，雖有海塘事宜一門，然僅至雍正十一年而止。是編詳敘至乾隆二十九年，凡
聖謨指示、
睿慮周詳，以及臣工奏議，皆謹爲詮敘，尤足以昭示後來。其中如建築門敘述宋制，而不及引咸淳臨安志所載林大鼐之議，明安然之作石隄，明實錄載於洪武十年，而書中誤作十一年，間有脫略，然不足累其全書云。

右地理類河渠之屬，二十三部，五百七卷，皆文淵閣著錄。

籌海圖編十三卷（安徽巡撫採進本）

明胡宗憲撰。宗憲字汝貞，號梅林，績溪人。嘉靖戊戌進士，官至兵部尚書，督師勦倭寇。以言官論劾，下獄瘐死。萬歷初追復原官，謚襄懋。事迹具明史本傳。是書首載輿地全圖、沿海沙山圖，次載王官使倭略、倭國入貢事略、倭國事略，次載廣東、福建、浙江、直隸、登萊五省沿海郡縣圖、倭變圖、兵防官考及事宜，次載倭患總編年表，次載寇迹分合圖譜，次載大捷考，次載遇難殉節考，次載經略考。明史稱趙文華督察浙江軍務，宗憲深附之，總督張經破倭于王江涇，文華盡掩經功歸宗憲，經遂得罪。又陷撫臣李天寵，文華還朝，力薦宗憲，遂擢顯秩。宗憲又因文華結納嚴嵩，以爲內援，其喜功名而尚權詐，誠有如傳贊所云奢黷蒙垢者。書中載胡松撰王江涇捷事略，專述宗憲之功，不及張經，與本傳符合，是其攘功之實證。然其他若載嘉靖三十四年五月平望之捷、陸涇垻之捷，十一月後屯之捷、清風嶺之捷，三十五年仙居之捷，七月乍浦之捷，十一月龕山之捷，及金塘、淮揚、寧台、溫之捷，又紀勦徐海及擒王直始末，大端與明史紀傳

均相符合，則宗憲之保障東南，尚不爲無功。經略考三卷內凡會哨、鄰援、招撫、城守、團結、保甲、宣諭、間諜、貢道、互市及一切海船、兵仗、戎器、火器，無不周悉。又若唐順之、張時徹、俞大猷、茅坤、戚繼光諸條議，是書亦靡不具載。於明代海防，亦云詳備。蓋其人雖不醇，其才則固一世之雄也。

鄭開陽雜著十一卷 浙江巡撫採進本

明鄭若曾撰。若曾字伯魯，號開陽，崑山人。嘉靖初貢生。是書舊分籌海圖編、江南經略、四隩圖論等編，本各自爲書。

國朝康熙中，其五世孫起泓及子定遠，又删汰重編，合爲一帙，定爲萬里海防圖論二卷、江防圖考一卷、日本圖纂一卷、朝鮮圖說一卷、安南圖說一卷、琉球圖說一卷、海防一覽圖一卷、海運全圖一卷、黃河圖議一卷、蘇松浮糧議一卷。其海防一覽圖即萬里海防圖之初稾，以詳略互見，故兩存之。若曾尚有江南經略一書，獨缺不載，未喻其故。或裝緝者偶佚歟？若曾少師魏校，又師湛若水、王守仁，與歸有光、唐順之亦互相切磋。數人中惟守仁、順之講經濟之學，然守仁用之而效，順之用之不甚效。若曾雖不大用，而佐胡宗憲幕，平倭寇有功。蓋順之求之於空言，若曾得之於閱歷也。此十書者，江防、海防形勢皆所目擊，日本諸考皆咨訪考究，得其實據，非剽掇史傳以成書、與書生紙上之談固有殊焉。

右地理類邊防之屬，二部，二十四卷，皆文淵閣著錄。

欽定四庫全書總目卷六十九

欽定四庫全書總目卷七十

史部二十六

地理類三

南嶽小錄一卷 浙江汪汝瑮家藏本

唐道士李沖昭撰。卷首有自序，稱弱年悟道，近歲依師，泊臨嶽門，頻訪靈蹟，徧閱古碑及衡山圖經、湘中記，仍致詰於師資長者，嶽下耆年，或得一事，旋貯篋笥，撮而直書，總成一卷。案書中有咸通年號，當作於懿宗以後。序末所題壬戌歲，蓋昭宗天復二年也。舊唐書經籍志、新唐書藝文志皆不著錄。鄭樵通志藝文略始載有此名，與此本卷數相合。惟沖昭作仲昭，或傳刻誤歟。書中先列五峯三澗，次敘宮觀祠廟壇院之屬，而以歷代得道飛昇之迹附之。雖黃冠自張其教，不無夸誕之辭，而唐世名山洞府之書，如盧鴻一嵩山記、張密廬山雜記、令狐見堯玉笥山記、杜光庭武夷山記，今竝無存，此獨以舊本流傳，勝境靈蹤，足資掌故，是亦考圖經者所宜徵據矣。此本爲明蔡汝楠守衡州時所刻，前有小引，亦謂所載事蹟名物悉與今本不同云。

廬山記三卷附廬山紀略一卷 兵部侍郎紀昀家藏本

宋陳舜俞撰。舜俞字令舉，烏程人，所居曰白牛村，因自號白牛居士。慶歷六年進士，嘉祐四年又中制科第一。歷官都官員外郎。熙寧中出知山陰縣，以不奉行青苗法，謫南康監稅。事蹟具宋史本傳。舜俞謫官時，與致仕劉渙游覽廬山，嘗以六十日之力，盡南北山水之勝。每恨慧遠、周景武輩作山記疏略，而渙舊嘗雜錄聞見，未暇詮次，舜俞因採其說，參以記載者舊所傳，晝則山行，夜則發書考証，泣泉塊石，具載不遺，折衷是非，必可傳而後已。又作俯仰之圖，尋山先後之次，以冠之。人服其勤。自記云：余始游廬山，問山中塔廟興廢及水石之名，無能爲予言者。雖言之，往往襲謬失實。因取九江圖經、前人雜錄，稽之本史，或親至其處考驗銘志，參訂耆老，作廬山記。其湮汨蕪沒，不可復知者，則闕疑焉。凡唐以前碑記，因其有歲月甲子爵里之詳，故幷錄之，庶或有補史氏云云。其目有總敘山篇第一，敘北山篇第二，敘南山篇第三，而無第四、五篇，圖亦不存。勘驗永樂大典所闕亦同。然北宋地志，傳世者稀，此書考據精核，尤非後來廬山紀勝諸書所及。雖經殘闕，猶可寶貴，故特錄而存之。釋惠遠廬山紀略一卷，舊載此本之末，不知何人所附入，今亦併錄存之，備參考焉。

赤松山志一卷 兩淮馬裕家藏本

宋道士倪守約撰。守約未詳何許人。書前自序，稱捨家辭父母，來投師資，又自署松山羽士，知爲黃冠。書中稱眞廟、神廟、孝廟、寧廟，知爲宋人。人物之末稱咸淳年號，知作於度宗時矣。其書首序皇初起、皇初平兄弟仙迹，以著是山靈異，爲全書綱領。次丹類，次洞穴類，次山類，次水類，次宮宇類，次人物類，次制誥類，次碑籍類。書末又有正統四年明英宗御製數行，非詩非文，似乎聯額，與此書篇頁不相屬，蓋後人所附入。明代刊本，喜於竄亂古書，往往如是。今删汰不錄，以存守約之舊焉。

西湖遊覽志二十四卷、志餘二十六卷、浙江汪啟淑家藏本

明田汝成撰。汝成有炎徼紀聞、已著錄。是書雖以游覽爲名、多記湖山之勝。實則關於宋史者爲多。故於高宗而後、偏安逸豫、每一篇之中三致意焉。宋乾道間、周淙撰臨安志十五卷。咸淳間、潛說友又續成一百卷。湖山特其中之一目、例不當詳。吳自牧作夢粱錄、周密作武林舊事、於歲時風俗特詳、而山川古蹟又在所略。惟汝成此書、因名勝而附以事蹟、鴻纖鉅細、一一兼該。非惟可廣見聞、併可以考文獻。其體在地志雜史之間、與明人游記徒以觴咏登臨、流連光景者不侔。其志餘二十六卷、則摭拾南宋軼聞、分門臚載。大都杭州之事居多、不盡有關於西湖。故別爲一編、例同附錄。蓋有此餘文、以消納其冗碎、而後本書不病於蕪雜、此其義例之善也。惟所徵故實、悉不列其書名、遂使出典無徵、莫能考證其眞僞。是則明人之通弊、汝成亦未能免俗者矣。

桂勝十六卷、浙江鮑士恭家藏本 附桂故八卷、兩淮鹽政採進本

明張鳴鳳撰。鳴鳳有西遷註、已著錄。是二書並成於萬歷癸丑。桂勝序題五月六日、桂故序題七月朔。劉繼文序稱前十六卷爲桂勝、志桂槩也。後八卷爲桂故、志故實也。鳴鳳桂勝自序、亦稱外桂故八卷、用輔以行。桂故自序稱余志桂勝、竊迹前事云云。則二書相因而作、實一書也。桂勝以山水標目、各引證諸書、敘述於前、即以歷代詩文附本條下。而於石刻題名之類、搜采尤詳。又隨事附以考證、多所訂正。後董斯張吳興備志、朱彝尊日下舊聞、即全仿其體例。於地志之中最爲典雅。桂故分郡國、官名、先政、先獻、游寓、雜志六門。郡國考歷代沿革、詳列史志、辨今之桂林非古之桂林。官名則臚舉歷代之制。蓋疆域明則先獻有所斷限、職制明則先政有所徵驗。乃不至如他志書人物名宦附會牽合。故以冠於首也。其先政、先獻人各爲傳。大抵鎔鑄舊文、翦裁蔓語、務取其有關是土、而不濫涉其生平。又多採金石之文、不盡取諸史籍。故其辭簡而不支、博而有據。其游寓雜志亦多據題名碑碣、姓名年月、歷歷可稽。在明代輿記之中、於康海武功志、韓邦靖朝邑志外、自爲別調。可以鼎立而三、他家莫之逮也。二書所載、皆止於南宋。蓋年遠者易湮、時近者易濫、詳人所略、略人所詳、其書乃博贍而有體。是又鳴鳳創例之微意歟。

欽定盤山志二十一卷、

國朝大學士蔣溥等奉
敕撰。盤山在薊州城北二十五里、爲漢末田疇隱居之地。五峰三盤、林壑幽邃、單椒秀澤、雄甲畿東。自
聖祖仁皇帝四度臨幸、
宸章題詠、照爍巖阿。然舊無山志。青溝釋智朴、始草創成編、辭旨冗蔓、體例尚多未備。我
皇上宸游莅止、靈境日開。乾隆九年始
命發內帑建
靜寄山莊於山之陽。天閟名區、全攬勝槩。歲春秋有
事於
祖陵、每駐蹕
行宮。幾餘靜憩、智仁樂趣、暢洽
宸襟。山水效靈、益增神秀。乾隆十九年二月、因
行幸山莊、爰
命蔣溥汪由敦董邦達纂修新志。溥等承
詔屬稾、詳加裒輯、分圖考名勝寺宇流寓方外藝文物產雜綴八門、釐爲十六卷。首冠以
巡典、
天章五卷。至十二月書成、奏表恭進焉。臣等敬繹
睿製、旁考舊聞。惟茲山之靚潤深奧、足與嶽鎮競秀、而其名不大顯於前世。以是知天地清淑之氣、扶輿磅礴、固必待時而出、以奉
大聖人泮奐之娛。而
天筆昭回、鏤巖耀谷、品題甲乙、榮幸無涯。尤自古所未有。敬錄斯編、亦以慶茲山之遭也。

西湖志纂十二卷、內府藏本

國朝大學士梁詩正、禮部尚書銜沈德潛等同撰。初雍正中、浙江總督李衛修西湖志、延原任編修傅王露總其事、而德潛以諸生爲分修。凡成書四十八卷。雖敘次詳明、而徵引浩繁、頗嫌冗蔓。至乾隆十六年、恭逢
聖駕南巡、
清蹕所臨、湖山生色。德潛因取舊志、復與王露重加纂錄、芟繁就簡、別爲十卷。而梁詩正亦
奏請重輯西湖志。會德潛書稾先成、繕錄進
御。蒙
皇上優加錫賚、
特製詩篇、以弁其首。並

敕詩正、卽以德潛此稟合成之。詩正復偕王露參考釐訂爲十二卷、於乾隆十八年十二月奏進。首名勝各圖、次西湖水利、次孤山南山北山吳山西溪諸勝蹟、而終以藝文。雖門目減於舊志、而大綱已包括無餘。且仰荷宸翰親題、榮光下燭、尤從來輿記所未有。固非田汝成輩區區記載所得竝稱矣。

右地理類山川之屬、七部、一百十三卷、皆文淵閣著錄。

洛陽伽藍記五卷、（編修勵守謙家藏本）

後魏楊衒之撰。劉知幾史通作羊衒之、晁公武讀書志亦同。然隋志亦作楊、與今本合。疑史通誤也。其里貫未詳。據書中所稱、知嘗官撫軍司馬耳。魏自太和十七年作都洛陽、一時篤崇佛法、刹廟甲於天下。及永熙之亂、城郭邱墟。武定五年、衒之行役洛陽、感念廢興、因捃拾舊聞、追敘故蹟、以成是書。以城內及四門之外分敘五篇。敘次之後先、以東面三門南面三門北面三門各署其新舊之名、以提綱領。體例絶爲明晰。其文穠麗秀逸、煩而不厭、可與酈道元水經注肩隨。其兼敘爾朱榮等變亂之事、委曲詳盡、多足與史傳參證。其他古迹藝文及外國土風道里、採摭繁富、亦足以廣異聞。劉知幾史通云、秦人不死、驗苻生之厚誣。蜀老猶存、知葛亮之多枉。蜀老事見魏書毛修之傳。秦人事卽用此書趙逸一條。知幾引據最不苟、知其說非鑿空也。他如解魏文之苗茨碑、糾戴延之之西征記、考據亦皆精審。惟以高陽王雍之樓爲卽古詩所謂西北有高樓、上與浮雲齊者、則未免固於說詩。爲是書之瑕纇耳。據史通補註篇稱除煩則意有所恡、畢載則言有所妨。遂乃定彼榛楛、列爲子註。若蕭大圜淮海亂離志、羊衒之洛陽伽藍記是也。則衒之此記、實有自註。世所行本皆無之。不知何時佚脫。然自宋以來、未聞有引用其註者。則其刊落已久、今不可復考矣。

吳地記一卷、附後集一卷、（江蘇巡撫採進本）

舊本題唐陸廣微撰。宋史藝文志作一卷、與今本合。書中稱周敬王六年丁亥、至今唐乾符三年庚申、凡一千八百九十五年、則廣微當爲僖宗時人。然書中虎疁一條、稱唐諱虎、錢氏諱鏐、改爲滸墅。考五代史吳越世家、乾符二年、董昌始表錢鏐爲偏將。光啓三年、始拜鏐左衛大將軍杭州刺史。景福二年、始拜鏐爲鎭海軍節度使潤州刺史。乾寧元年、始加鏐同中書門下平章事。二年始封鏐爲彭城郡王。天祐元年、封吳王。至朱溫篡立、始封鏐爲吳越王。安得於乾符三年以董昌一偏將能使人諱其嫌名。且乾符三年亦安得預稱吳越。至錢俶於宋太平興國三年始納土入朝。當其有國之時、蘇州正其所隸、豈敢斥之曰錢氏。尤顯爲宋人之辭。則此書不出廣微、更無疑義。王士禎香祖筆記嘗摘其語兒亭馮驩宅公孫挺陳開疆顧冶子墓三條、又摘其琴高宅一條、於地理事實皆爲舛謬。又案乾符三年歲在丙申、實非庚申。上距周敬王丁亥、僅一千三百九十年、實非一千八百九十五年。於年數亦復差謬。觀其卷末稱纂成圖畫、以俟後來者添修、而此本無圖。前列吳長洲嘉興崑山常熟華亭海鹽七縣、而後列吳縣長洲縣事爲多。殆原書散佚、後人採掇成編、又竄入他說以足卷帙、故譌異若是耶。以今世所行別無善刻、故姑仍吳琯此本錄之、以存梗槩、而附訂其牴牾如右。又吳地記後集一卷、蓋續廣微之書者。不著撰人名氏。前有題詞、稱自唐王郢叛亂、市邑廢毀、或傳記無聞、或廢興不一。謹採摭縣錄、據圖經、選其確實者列於卷後。所記建置年號、止於祥符元年、疑北宋人作。舊本附錄、今亦倂存備考焉。

長安志二十卷、（兩淮馬裕家藏本）

宋宋敏求撰。敏求有唐大詔令、已著錄。是編皆考訂長安古蹟、以唐韋述西京記疎略不備、因更博採羣籍、參校成書。凡城郭官府山川道里津梁郵驛、以至風俗物產宮室寺院、纖悉畢具。其坊市曲折、及唐盛時士大夫第宅所在、皆一一能舉其處、粲然如指諸掌。司馬光嘗以爲考之韋記、其詳不啻十倍。今韋氏之書久已亡佚、而此志精博宏贍、舊都遺事、藉以獲傳、實非他地志所能及。程大昌雍錄、稱其引類相從、最爲明晰。然細細校之、亦不免時有駁複。如曲臺旣入未央、而又入之三雍、是分一爲二矣。長門宮在都城之外長門亭畔、而列諸長信宮內、則失其位置矣。況宮殿園囿又多空存其名、不著事迹、則亦無可尋繹矣云云。其說雖不爲無見、實則凌雲之材、不以寸折爲病也。敏求尙有河南志、與此凡例稍異、而竝稱贍博、今已不存。又楊愼丹鉛錄謂杜常華淸宮詩見長安志、詩中曉風乃作曉星、檢今本實無此詩。蓋慎喜僞託古書、不足爲據、非此志有所殘闕。惟晁公武讀書志載有趙彥若序、今本無之、則當屬傳寫佚脫耳。

洛陽名園記一卷、（兩江總督採進本）

宋李格非撰。格非字文叔、濟南人。元祐末爲國子博士。紹聖初進禮部郎、提點京東刑獄、以黨籍罷。是書記洛中園囿、自富弼以下凡十九所。格非自跋云、天下之治亂、候於洛陽之盛衰、洛陽之盛衰、候於園囿之興廢。蓋追思當時賢佐名卿勳業殘隆、能享其樂、非徒誇臺榭池館之美也。書錄解題、郡齋讀書志俱載李格非撰。惟津逮祕書題曰華州李廌。考邵博聞見後錄第十七卷、全載此書、不遺一字、題標格非之名。同時之人、不應有誤。知毛晉之誤題審矣。王士禎居易錄記是書、前有紹興中張琰德和序、首曰山東李文叔云云、此本亦佚之。殆又後人因標題姓名與序不符、而刊除其文歟。

雍錄十卷、（大學士于敏中採進本）

宋程大昌撰。大昌有古周易占法、已著錄。是編考訂關中古蹟、以三輔黃圖、唐六典、宋敏求長安志、呂大防長安圖記及紹興祕書省圖（案書中稱閣省圖者、卽祕書省圖）諸書、互相考證。於宮殿山水都邑、皆有圖有說。謂三輔黃圖由唐人增續、初非親生漢時、目覩漢事、故隨事立辨、不以其名古而不敢置議。長安志最爲明晰、然亦時有駁複。呂大防圖凡唐世邑屋宮苑、已自不存。特其山川地望、悉是親見、今故本而言之。若與古記不合、亦復訂正。其參校亦可謂勤矣。今考其書、如函谷關參都邑之中、太子宮序職官之次、地圖之後忽列書目數條、都邑之前突出山名一處、驟然尋之、不得端緒、體例稍爲叢雜。又集古諸錄所列碑刻、自獵碣以外、罕登紀載、考古圖有犛酌宮、亦不著其名。蓋但憑圖籍而未考金石之文、故未免於疎漏。然其蒐羅旣富、辨證亦詳、在輿記之中、固爲最善之本也。明代陝西諸志皆號有法、其亦以是數書者在前歟。考大昌之時、關中已爲金土、而隔越江表、爲鄰國著書、殊爲無謂。蓋孝宗銳意恢復、有志中原、大昌所作北邊備對一書、卽隱寓經略西北之意。此書猶此志焉耳。第五卷中特搠漢唐用兵攻取守備要地一圖、其圖說多舉由蜀入秦之迹、與郭允蹈蜀鑑所謂由漢中取關陝者、大旨相合。其微意固可見矣。

洞霄圖志六卷、（浙江孫仰曾家藏本）

宋鄧牧撰。牧字牧心、錢塘人。宋亡後、隱居屏迹、惟與謝翶友善。翶臨終時、牧適出游、翶絕筆詩所謂九鎖山人歸不歸者、卽爲牧作。其志趣可以想見矣。洞霄宮在餘杭縣大滌洞天、巖壑深秀、爲七十二福地之一。宋世嘗以舊宰執之奉祠者領提舉事。政和中、唐子霞作眞境錄紀其勝、後不傳。端平閒有續錄、今亦無考。牧於大德己亥入洞霄、止超然館、住持沈多福爲營白鹿山房居之。遂屬牧偕本山道士孟宗寶搜討舊籍、作爲此志。凡六門、曰宮觀、曰山水、曰洞府、曰古蹟、附以異事、曰人物、分列仙高道二子目、曰碑記、門各一卷。前有元教嗣師吳全節及多福二序、後有錢塘葉林台州李洧孫二跋。牧文章本高曠絕俗、故所錄皆詳略有法、惟不載宋提舉官姓名、近時朱彝尊始作記以補之。然宋代奉祠、率皆遙領、與茲山古蹟不甚相關。正如魏晉以下之公侯、名繫郡縣、而事殊茅土、志乘之中、載之不爲贅、削之亦不爲闕也。牧成此書在大德乙巳、至明年丙午春而牧卒。此書第五卷後附住持知宮等題名、有及丙午六月後事者、疑爲道流所增入。又人物門有牧及葉林二傳、前題續編二字、亦不知續之者爲誰。舊本所有、姑併存之。又書稱圖志、而此本乃有志無圖、當爲傳寫所脫佚、無可校補、亦姑仍其闕焉。

長安志圖三卷、（安徽巡撫採進本）

元李好文撰。好文字惟中、東明人。至治元年進士。官至光祿大夫、河南行省平章政事。致仕、給翰林學士承旨一品祿終其身。事蹟具元史本傳。此書結銜稱陝西行臺御史。考本傳稱好文至正元年除國子祭酒、改陝西行臺治書侍御史、尋遷河東道廉訪使。又稱至正四年仍除陝西行臺治書侍御史。六年始除侍講學士。此書蓋再任陝西時作也。自序稱圖舊有碑刻、元豐三年呂大防爲之跋、謂之長安故圖。蓋卽陳振孫所稱長安圖記、大防知永興軍時所訂者。好文因其舊本、芟除訛駁、更爲補訂。又以漢之三輔及元奉元所屬者附入、凡漢唐宮闕陵寢及渠涇沿革制度皆在焉。總爲圖二十有二。其中渠涇圖說、詳備明晰、尤有裨於民事、非但考古蹟、資博聞也。本傳載所著有端本堂經訓要義十一卷、歷代帝王故事一百六篇、又有大寶錄大寶龜鑑二書、而不及此圖。元史疎漏、此亦一端矣。此本乃明西安府知府李經所鋟、列於宋敏求長安志之首、合爲一編。然好文是書、本不因敏求而作。強合爲一、世次紊越、既乖編錄之體、且圖與志兩不相應、尤失古人著書之意。今仍分爲二書、各著於錄。千頃堂書目載此編作長安圖記、於本書爲合。此本題曰長安志圖、疑李經與長安志合刊、改題此名。然今未見好文原刻、而千頃堂書目傳寫多譌、不盡可據。故今仍以長安志圖著錄、而附載其異同於此、備考核焉。

汴京遺蹟志二十四卷、河南巡撫採進本

明李濂撰。濂有祥符先賢傳、已著錄。是書以歷代都會皆有專志、獨汴京無之。又宋孟元老東京夢華錄蕪穢猥瑣無足觀。案元老書記風俗瑣事、與地志體殊、此語過當、謹附訂於此。遂摭拾舊聞、編次成帙。義例整齊、頗有體要。徵引典核、亦具見根據。在輿記之中、足稱善本。雖其精博辨晰、不及長安志、雍錄諸書。而自朱梁以迄金源、數百年間建置沿革之由、興廢存亡之迹、皆爲之彙考臚編。略存端緒、亦復粲然如指諸掌。宋敏求東京記今已不傳、得濂此書、亦足以補其闕矣。

武林梵志十二卷、浙江汪汝瑮家藏本

明吳之鯨撰。之鯨字伯裔、錢塘人。萬歷己酉舉人。官浮梁縣知縣。是編以杭州梵剎盛於南宋、至明而殘廢者多。恐遺蹟漸湮、乃博考乘牒、分城內、城外、南山、北山及諸屬縣、凡得寺院四百二十六所。俱詳誌創置始末、及其山川形勝。後分天朝寵錫、宰官護持、古德機緣、歷代勳績四門、備紀名流勝蹟、高僧支派。各編小傳、序錄井然、頗有條理。其中採輯宋元明人詩文、如仙林、崇先二寺記見曹勛松隱集、智果寺記見徐一夔始豐稾、而志俱失載。不免稍有脫漏。又如宋張敦禮捨鐘之法雲寺、非杭之法雲寺、而以名同誤入。又撰法相寺碑記者、前作范楷、後作沈楷、亦有駁文。然其搜剔幽隱、實多武林遺事、西湖游覽志所未載。如明遠堂詩次於蘇軾諸作之後、而東坡集無之。張九成喻彌陀塔銘、亦不見於橫浦集。張伯雨天池樓詩、與本集互異、可以參考。其遺聞軼事、亦足爲考古談藝之資、正不徒爲伽藍增故實矣。

江城名蹟二卷、江西巡撫採進本

國朝陳宏緒撰。宏緒字士業、新建人。明末以薦授晉州知州。時劉宇亮以閣臣督師、欲移兵入晉州。宏緒拒不納、坐謫爲湖州府經歷。鼎革後終於家。是書以南昌省會爲南昌、新建二縣地、因考其名蹟。以城之內外爲限、凡去城遠者則不及。多詳於樓觀祠宇、梵剎園亭之類。卷上爲考古、卷下爲證今。自序謂古與今不以時代爲斷、而一以興廢存亡爲斷。蓋事皆目歷、非徒案籍而登也。宏緒文章淹雅、在明末號能復古。故作是書、敘次頗有條理、考證亦多精核。惟喜載雜事、多近小說。且多曼衍旁涉、如天寧寺條下載寺僧淫褻之類、頗乖大雅、亦非地志之體。是則體例未嚴、不免爲白璧之瑕矣。

營平二州地名記一卷、兩淮鹽政採進本

國朝顧炎武撰。炎武有春秋杜解補正、已著錄。案爾雅營州、孫炎註以爲殷制。孔穎達尚書疏謂舜十二州有營州、殷本虞制、分青州地爲之。凡在遼水東者、東至朝鮮之境、皆古營州地也。平州即今永平府。在虞時亦爲營州地、秦時爲右北平、遼西地。後漢洎晉皆爲遼西地。後漢末、公孫度自號平州牧、於是平州之名始見於史。炎武遊永平時、郡人以志屬之。炎武未應其求、因摭古來營平二州故實、纂爲六卷付之、題曰營平二州史事。今其書不存。此本出自惠棟紅豆齋、惟載二州古地名、至五代而止。又僅一卷、意其爲六卷之一也。其中卑耳之谿一條、既引管子、最後一頁又載俞兒一事全文、當是隨筆雜鈔、失於刪削、不但非其完書、並爲未定之稾本矣。然炎武嫻於地理、所纂述多可依據。書雖殘闕、要於考證之學、不爲無補焉。

金鼇退食筆記二卷、大學士英廉購進本

國朝高士奇撰。士奇有春秋地名考略、已著錄。是編乃其康熙甲子官侍講學士入侍內廷時所作。前有自序、稱自丁巳賜居太液池之西、朝夕策馬過金鼇玉蝀橋、望苑中景物。七閱寒暑、退食之頃、偶訪曩時舊制、約略得之傳聞者、而又彷彿尋其故址。離宮別館、廢者多矣。脫復十數年、老監已盡、遺蹟漸湮、無以昭我皇上卑宮室、約園囿之儉德。因萃筆記之、詳於西而略於東、以所居在苑西故也。紀其興廢、而復雜以時事、欲見昭代之盛、存爲太平佳話也。又稱衙署監局、載在會典者不書。訪問未確者不書。外人所罕窺者亦不敢書蓋其時距明末僅四十年前朝宮闕存者猶多士奇出入禁廷得以詢訪又久寓其旁朝夕考校故所記往往可據朱彝尊日下舊聞多採掇之今奉詔考定彝尊之書徵據詳明纖悉必備此編已在包括之中顧其草創記錄之功亦不可沒故仍錄存之以備參稽焉

石柱記箋釋五卷浙江巡撫採進本

國朝鄭元慶撰元慶字芷畦歸安人吳興山水清佳自六朝以來稱東南名郡自唐時刻有石柱記樹之杼山載其山川陵墓古蹟古器甚詳迨傳世既久歲月名字𣺌漫漶不可考歐陽修作集古錄以爲筆畫奇偉非顏眞卿不能書孫覺知湖州聚境內碑碣築墨妙亭貯之凡三十二通石柱記亦居其一後人因府治卑溼墨妙亭諸石盡取以塡淤泥而石柱記遂淪沒不復見康熙辛巳元慶重修府志既成復訪得宋槧石柱記爲世所罕覯惟湖州五縣原本祇載其三秀水朱彝尊乃依仿體例摭德清武康二縣事蹟輯而補之元慶採掇諸書爲之註釋其徵據考證頗爲瞻博雖於一郡之勝尚未能包括無餘而軼典遺詞其梗概亦已略具固亦徵文考獻者所不廢矣

關中勝蹟圖誌三十二卷陝西巡撫採進本

乾隆四十一年巡撫陝西兵部侍郎兼都察院右副都御史畢沅所進也關中爲雍州舊壤班固所稱神皐奧區周秦漢唐竝建都作邑遺聞舊事見於典籍者至多可以循覽前編考求故址而河山表裏形勢九雄奇蹟靈蹤亦往往而在諸家撰述之存於今者三輔黃圖以下如宋敏求長安志程大昌雍錄李好文長安志圖何景明雍大記李應祥雍略之類未易一二殫數而山水游記郡邑志乘尙不與焉然體例各殊純駮互見披圖案籍牴牾實繁未有薈稡羣言歸於畫一者我國家釀化覃敷羣生茂豫周原邠土慶告屢豐華岳之祠太白之湫俱仰荷宸翰褒題光燭霄宇其秦漢涇渠故道亦皆次第興修守土之臣得乘邊圉寧謐民氣和樂之餘行部川原詢求舊蹟訂譌釐舛勒成是編以上呈乙覽視儒生著述披尋於斷碑碎碣之間研索於脫簡殘編之內者其廣狹固有殊矣其書以郡縣爲經以地理名山大川古蹟四子目爲緯而以諸圖附於後援據考證各附本條具有始末臣等謹爲錄副登諸祕閣亦古者郡國地志藏在太史之義也

右地理類古蹟之屬十四部一百二十五卷皆文淵閣著錄

南方草木狀三卷兩江總督採進本

晉嵇含撰含事蹟附載晉書嵇紹傳考隋志舊唐志俱有含集十卷隋志云其集已亡但附載郭象集下舊唐志仍著錄而不載此書至宋志始著錄觀此書載指甲花自大秦國移植南海是晉時已有是花而唐段公路北戸錄乃云指甲花本出外國梁大同二年始來中國知公路未見此書蓋唐時尙不甚顯故史志不載也諸本但題譙國嵇含惟宋麻沙舊版前題曰永興元年十一月丙子振威將軍襄陽太守嵇含撰云云載其年月仕履頗爲詳具蓋舊本如是明人始刊削之然晉書惠帝本紀永寧二年正月改元永安七月改建武十一月復爲永安十二月丁亥立豫章王熾爲太弟始改永興是永興元年不得有十一月又永興二年正月甲午朔以干支推之丙子當在上年十二月中旬尙在改元前十二日其時亦未稱永興或其時改元之後併十二月一月皆追稱永興而輾轉傳刻又誤十二月爲十一月歟惟隋志稱廣州太守嵇含而此作襄陽太守考書中所載皆嶺表之物則疑襄陽或誤題也其書凡分草木果竹四類共八十種敘述典雅非唐以後人所能僞不得以始見宋志疑之其本亦最完整蓋宋以後花譜地志援引者多其字句可以互校故獨尟譌闕云

荊楚歲時記一卷兩江總督採進本

舊本題晉宗懍撰書錄解題作梁人考梁書元帝本紀載承聖三年秋七月甲辰以都官尙書宗懍爲吏部尙書又南史元帝本紀載武陵之平議者欲因其舟艦遷都建鄴宗懍黃羅漢皆楚人不願移此書皆記楚俗當卽其人舊本題晉人誤也唐宋志皆作一卷與今本合而通考乃作四卷考書錄解題載懍自序曰傳元之朝會杜篤之上巳安仁秋興之敘君道娛蜡之述其屬辭則已洽其比事則未宏率爲小說以錄荊楚歲時風物故事自元日至除日凡二十餘事然則必無四卷知通考爲傳寫之譌又檢今本實有三十六事幷知陳振孫所記懍序亦以三字譌爲二字然周密癸辛雜

識引張騫乘槎至天河見織女得支機石事、云出荆楚歲時記、今本無之。則三十六事尚非完本也。其註相傳爲隋杜公瞻作、故多引開皇中杜臺卿玉燭寶典。然唐志宗懔荆楚歲時記一卷下、又出杜公瞻荆楚歲時記二卷。豈原書一卷、公瞻所註分二卷、後人又合之歟。

北戸錄三卷、兩淮鹽政採進本

唐段公路撰。學海類編作公璐、蓋字之譌。新唐書藝文志稱爲宰相文昌之孫、則當爲臨淄人。學海類編作東牟人、亦未詳所本。歷仕始末不可考。惟據書首結銜、知官京兆萬年縣尉。據書中稱咸通十年、知爲懿宗時人而已。是書當在廣州時作、載嶺南風土、頗爲賅備、而於物產爲尤詳。其徵引亦極博洽。如淮南萬畢術、廣志、南越志、南裔異物會要、靈枝圖記、陳藏器本草、唐韻、郭緣生述征記、臨海異物志、陶朱公養魚經、名苑、毛詩義、船神記、字林、廣州記、扶南傳諸書、今皆散佚。藉此得以略見一二。即所引張華博物志、多今本所無、亦藉此以考證眞僞。條下註文、頗爲典贍、題登仕郎前參軍龜圖撰、不題其姓。似爲公路之族。然唐書宰相世系表不載其名、莫知其審矣。唐書藝文志作北戸雜錄、疑傳寫誤衍一雜字。其作三卷、與此本合。學海類編所載惟存一卷、凡物產五十一條、不爲完本。曹溶所錄古書、往往如是、不足深詰也。

桂林風土記一卷、兵部侍郎紀昀家藏本

唐莫休符撰。休符里貫未詳。作此記時、在昭宗光化二年、休符以檢校散騎常侍守融州刺史。其終於何官、亦莫能考也。此記新唐書藝文志作三卷、今存者一卷。卷中目錄四十六條、今闕火山、採木二條。蓋殘闕之餘、非完書矣。朱彝尊曝書亭集有此書跋、云闇謝在杭小草齋所錄、舊藏徐惟起家。跋稱獲自錢塘沈氏、是洪武十五年鈔傳。此本小草亭題識及洪武年月、與彝尊所言合、蓋卽彝尊所見本也。彝尊跋又稱中載張固、盧順之、張叢、元晦、路單、韋瓘、歐陽膺、李渤諸人詩、向未著於錄、亟當發其幽光。今觀諸詩外、尚有楊尚書陸宏休二首、亦唐代軼篇、爲他書所未載。今全唐詩採錄諸篇、卽據此本、則其可資考證者、又不止於譚民風、記土產矣。

嶺表錄異三卷、永樂大典本

舊本題唐劉恂撰。宋僧贊寧筍譜、稱恂於唐昭宗朝出爲廣州司馬。官滿、上京擾攘、遂居南海、作嶺表錄。陳振孫書錄解題亦云昭宗時人。然考書中云唐乾符四年、又云唐昭宗卽位。唐之臣子宜有內詞、不應直稱其國號。且昭宗時人不應預稱謚號、殆書成於五代時歟。粤東輿地之書、如郭義恭廣志、沈懷遠南越志、皆已不傳。諸家所援據者、以恂是編爲最古。而百川學海及說郛所載、寥寥數頁、首尾不完。蓋僅從類書鈔撮數條、以備一種、而恂之原本則已久佚。宋代太平寰宇記、太平廣記、太平御覽諸書、徵引頗夥、然尚多挂漏。惟散見永樂大典者、條理較詳、尚可編次。謹逐卷裒輯、而佐以旁見諸書者、排比其文、仍成三卷、以復唐志之舊。雖永樂大典闕卷數函、無從考驗、或不免一二之遺。而證以諸書、似已十得其八九焉。唐人著述、傳世者稀。斷簡殘編、已足珍惜。此更於放失之餘、復成完帙、使三四百年博物君子所未睹者、一旦頓還其舊觀、彌足寶矣。恂書體例不可考、今不敢強爲分門。僅使各以類聚、庶便省覽。其中記載博贍、而文章古雅、於蟲魚草木、所錄尤繁。訓詁名義、率多精核。葉廷珪海錄碎事釋爾雅魁陸、引此書瓦隴以證之。張世南游宦紀聞引郭璞爾雅註犀有三角之文、據此書稱犀二角以辨之。歷來考據之家、皆資引證。蓋不特圖經之圭臬、抑亦蒼雅之支流、有裨小學、非淺尠也。諸書所引、或稱嶺表記、或稱嶺表異錄、或稱嶺表錄異記、或稱嶺南錄異、核其文句、實皆此書。殆以舊本不存、轉相裨販、故流傳譌異、致有數名。惟永樂大典所題與唐志合。今特從之、以存其眞焉。

益部方物略記一卷、江蘇巡撫採進本

宋宋祁撰。祁字子京、雍邱人。天聖二年進士。官至翰林學士承旨、謚景文。事蹟具宋史本傳。是編乃嘉祐二年祁由端明殿學士吏部侍郎知益州時所作。因東陽沈立所撰劍南方物二十八種、補其闕遺。凡草木之屬四十一、藥之屬九、鳥獸之屬八、蟲魚之屬七、共六十五種。列而圖之、各繫以贊、而附註其形狀於題下。贊居前、題列後、古書體例、大抵如斯。今本爾雅、猶此式也。其圖已佚、贊皆古雅、蓋力摹郭璞山海經圖贊、往往近之。註則頗傷謇澀、亦每似所作新唐書。蓋祁敘記之文類如是也。胡震亨跋引范成大瑞花詩、證是花開於春夏問。祁註稱萍以秋開爲非。殆由氣候不齊各據所見。又引薛濤鴛鴦草詩。但娛春日長。不管秋風早句。證祁註是草春葉晚生之非。則橫生枝節。夫春日已長。非春晚而何歟。至虞美人草自屬借人以名物。如菊號西施之類。必改爲娛美人草。曲生訓釋。是則支離無所取耳。

岳陽風土記一卷。兩江總督採進本

宋范致明撰。致明字晦叔。建安人。元符中登進士第。是編乃其以宣德郎謫監岳州商稅時所作。不分門目。隨事載記。書雖一卷。而於郡縣沿革。山川改易。古蹟存亡。考證特詳。如樂史太平寰宇記謂大江流入洞庭。致明則謂洞庭會江。江不入洞庭。惟荊江夏秋暴漲。乃逆泛而入。三五日卽還。名曰翻流水。圖經以鄭王廟爲鄭德璘。致明則謂爲隋末鄭文秀。與董景珍同立蕭銑者。故其北又有董王廟。沈亞之湘中怨記岳陽樓聞氾人之歌。致明則核以地形。謂舟中之歌。樓上不聞。杜佑通典謂巴邱湖中有曹洲。卽曹公爲吳所敗燒船處。在今縣南四十里。致明則謂今縣西但有曹公渡。考之地理。與周瑜曹操相遇處絕不相干。漢陽圖經謂赤壁卽烏林。致明則謂曹操已至巴邱。則孫劉安拒之於巴陵江夏間。所謂烏林卽烏黎口。不當在漢陽界。世傳華容爲章華臺。致明則謂舊臺在景陵界。華容隋縣。乃取古容城名之。酈道元水經注謂澧水會沅。然後入湖。致明則謂澧沅雖相通。而各自入湖。澧所入處名澧口。沅所入處名鼎江口。皆確有引據。異他地志之附會。其他軼聞逸事。亦頗資採擇。敍述尤爲雅潔。在宋人風土書中。可謂佳本矣。

東京夢華錄十卷。編修汪如藻家藏本

宋孟元老撰。元老始末未詳。蓋北宋舊人。於南渡之後。追憶汴京繁盛而作此書也。自都城坊市節序風俗。及當時典禮儀衞。靡不賅載。雖不過識小之流。而朝章國制。頗錯出其間。核其所紀。與宋志頗有異同。如宋志南郊儀注。郊前三日。但云齋於大慶殿太廟及青城齋宮。而是書載車駕宿大慶殿儀。駕宿太廟奉神主出室儀。駕詣青城齋宮儀委曲詳盡。又如郊畢解嚴。宋志但云御宣德門肆赦。而是書載下赦儀。亦極周至。又行禮儀注。宋志有皇帝初登壇上香。奠玉幣儀。旣降盥洗。再登壇然後初獻。而是書奏請駕登壇。卽初獻。無上香獻玉帛儀。又太祝讀冊。宋志列在初獻時。是書初獻之後。再登壇始稱讀祝。亦小有參差。如此之類。皆可以互相考證。訂史氏之譌舛。固不僅歲時宴賞。士女奢華。徒以悵恨舊游。流傳佳話者矣。

六朝事迹編類二卷。兩江總督採進本

宋張敦頤撰。敦頤字養正。婺源人。紹興八年進士。由南劍州教授歷官知舒衡二州。致仕。是編前有紹興庚辰自序。結銜稱左奉議郞充江南東路安撫司幹辦公事。蓋登第後之二十二年也。其書爲補金陵圖經而作。首總敍。次形勢。次城闕。次樓臺。次江河。次山岡。次宅舍。次讖記。次靈異。次神仙。次寺院。次廟宇。次墳陵。次碑刻。凡十四門。引據頗爲詳核。而碑刻一門。尤有資於考據。惟書以六朝爲名。而古迹之中。自南唐以逮於北宋。如丁謂王安石所建。亦具載之。殊失斷限。又總敍門內六朝保守一篇。歷數自吳以來南朝不可北伐。北伐必敗。卽倖勝亦不能守。蓋亦南渡之初。力主和議之說者。其識見未免卑懦。然核諸情事。其說亦不爲無因。固與江東十鑑之虛張形勢者。較爲切實矣。

會稽三賦三卷。禮部尙書曹秀先家藏本

宋王十朋撰。十朋字龜齡。樂淸人。紹興二十七年進士第一。官至龍圖閣學士。諡文忠。事蹟具宋史本傳。所著有梅溪集。此賦三篇。又於集外別行。一曰會稽風俗賦。仿三都賦之體。歷敍其地山川物產人物古迹。一曰民事堂賦。民事堂者。紹興中添差簽判廳之公堂也。元借寓小能仁寺。歲久圮廢。十朋始重建於車水坊。一曰蓬萊閣賦。其閣以元稹詩謫居猶得住蓬萊句得名。皆在會稽。故統名曰會稽三賦。初嵊縣周世則嘗爲註會稽風俗賦。郡人史鑄病其不詳。又爲增註。併註後二賦。末有嘉定丁丑鑄自跋。十朋文章典雅。足以標舉茲邦之勝。鑄以當時之人。註當時之作。耳聞目覩。言必有徵。視後人想像考索者。亦特爲詳贍。且所引無非宋以前書。尤非近時地志杜撰故實牽合名勝者可比。與十朋之賦相輔而行。亦劉逵張載分註三都之亞也。

中吳紀聞六卷。浙江鮑士恭家藏本

宋龔明之撰。明之字希仲。號五休居士。崑山人。紹興間以鄉貢廷試。授高州文學。淳熙初舉經明行修。授宣教郞。致仕。是書採吳中故老嘉言懿行。及其風土人文爲新舊圖經范成大吳郡志所不載者仿范純仁東齋紀事蘇軾志林之體編次成帙書成於淳熙九年明之年已九十有二亦可謂耄而好學者矣宋末書已罕傳元至正間武寧盧熊修蘇州志訪求而校定之明末常熟毛晉始授諸梓亦多舛謬其子扆後得葉盛菉竹堂藏本相校第六卷多翟超一條其餘頗有異同何焯假以勘定極爲精審然盧熊跋稱其子昱所撰行實附後今兩本皆無之則葉本亦不免於脫佚也

桂海虞衡志一卷（兩江總督採進本）

宋范成大撰乾道二年成大由中書舍人出知靜江府淳熙二年除敷文閣待制四川制置使是編乃由廣右入蜀之時道中追憶而作自序謂凡所登臨之處與風物土宜方志所未載者萃爲一書蠻陬絕徼見聞可紀者亦附著之共十三篇曰志巖洞志金石志香志酒志器志禽志獸志蟲魚志花志果志草木雜志志蠻每篇各有小序皆志其土之所有惟志巖洞僅去城七八里內嘗所游者志金石準本草之例僅取方藥所須者志蠻僅錄羈問相接者故他不備載志香多及海南以世稱二廣出香而不知廣東香自舶上來廣右香產海北者皆凡品志器兼及外蠻兵甲之制以爲司邊鎮者所宜知故不嫌務涉諸篇皆敘述簡雅無夸飾土風附會古事之習其論辰砂宜砂地脈不殊均生白石牀上訂本草分別之譌邕州出砂融州實不出砂證圖經同音之誤零陵香產宜融諸州非永州之零陵唐書稱林邑出結遼鳥即邕州之秦吉了佛書稱象有四牙六牙其說不實桂嶺在賀州不在廣州亦頗有考證成大石湖詩集凡經歷之地山川風土多記以詩其中第十四卷自註皆桂林作而詠花惟有紅豆蔻一首詠果惟有盧橘一首至詠游覽惟有栖霞洞一首佛子巖一首其見於詩註者亦僅蠻茶老酒蚺蛇皮腰鼓象皮兜鍪四事不及他處之詳疑以此志已具故不更記以詩也其盧橘一種志果不載觀其志花小序稱北州所有皆不錄或志果亦用此例蠻茶一種志草木中亦無之考詩註稱蠻茶出修仁大治頭風而志草木中有風膏藥亦云葉如冬青治太陽痛頭目昏眩或一物二名耶然檢文獻通考四裔考中引桂海虞衡志幾盈一卷皆志蠻之文而此本悉不載其餘諸門檢永樂大典所引亦多在此本之外蓋原書本三卷而此本併爲一卷已刊削其大半則諸物之或有或無亦非盡原書之故矣

嶺外代荅十卷（永樂大典本）

宋周去非撰去非字直夫永嘉人隆興癸未進士淳熙中官桂林通判是書即作於桂林代歸之後自序謂本范成大桂海虞衡志而益以耳目所見聞錄存二百九十四條蓋因有問嶺外事者倦於應酬書此示之故曰代荅原本分二十門今有標題者凡十九門存其子目而佚其總綱所言則軍制戶籍之事也其書條分縷析視嵇含劉恂段公路諸書敘述爲詳所紀西南諸夷多據當時譯者之辭音字未免舛譌而邊帥法制財計諸門實足補正史所未備不但紀土風物產徒爲談助已也書錄解題及宋史藝文志並作十卷永樂大典所載併爲二卷蓋非其舊今從原目仍析爲十卷云

都城紀勝一卷（內府藏本）

不著撰人名氏但自署曰耐得翁其書成於端平二年皆紀杭州瑣事分十四門曰市井曰諸行曰酒肆曰食店曰茶坊曰四司六局曰瓦舍衆伎曰社會曰園苑曰舟船曰鋪席曰坊苑曰閑人曰三教外地敘述頗詳可以見南渡以後土俗民風之大略考高宗駐蹕臨安謂之行在雖湖山宴樂已無志於中原而其名未改故乾道中周淙修臨安志於宮苑及百官曹署尙著舊稱潛說友志亦因之此書直題曰都城蓋官司案牘流傳僅存故事民間則耳目濡染久若定居矣又史載端平元年孟珙會元師滅金是時舊敵已去新釁未形相與燕雀處堂無復遠慮是書作於端平二年正文武恬嬉苟且宴安之日故競趨靡麗以至於斯作是書者既欲以富盛相誇又自知苟安可愧故諱而自匿不著其名伏讀

御題仰見

聖鑒精深洞其微曖起作者而問之當亦無所置詞以其中舊迹遺聞尙足以資考核而宴安鴆毒亦足以垂戒千秋故糾正其失以示炯鑑而書則仍錄存之焉

夢粱錄二十卷（兩江總督採進本）

宋吳自牧撰自牧錢塘人仕履未詳是書全仿東京夢華錄之體所紀南宋郊廟宮殿下至百工雜

戲之事，委曲瑣屑，無不備載。然詳於敘述，而拙於文采，俚詞俗字，展笈紛如，又出夢華錄之下。而觀其自序，實非不解雅語者，毋乃信劉知幾之說，欲如宋孝王關東風俗傳，方言世語，由此畢彰乎。（案：語見史通言語篇。）要其措詞質實，與武林舊事詳略互見，均可稽考遺聞，亦不必責以詞藻也。自牧自序云：緬懷往事，殆猶夢也，故名夢粱錄。末署甲戌歲中秋日。考甲戌爲宋度宗咸淳十年，其時宋尚未亡，不應先作是語。意甲戌字傳寫誤歟。王士禎漁洋文略有是書跋，云夢粱錄二十卷，不著名氏，蓋士禎所見鈔本，又脫此序，故不知爲自牧耳。今檢永樂大典所引，條條皆題自牧之名，與此本相合。知非影附古書，僞標撰人姓氏矣。

武林舊事十卷（內府藏本）

宋周密撰。密字公謹，號草牕，先世濟南人。其曾祖隨高宗南渡，因家湖州。淳祐中，嘗官義烏令。宋亡不仕，終於家。是書記宋南渡都城雜事。蓋密雖居弁山，實流寓杭州之癸辛街，故目睹耳聞，最爲眞確。於乾道、淳熙閒三朝授受、兩宮奉養之故蹟，敘述尤詳。自序稱欲如呂滎陽雜記而加詳，如孟元老夢華而近雅。今考所載，體例雖仿孟書，而詞華典贍，南宋人遺篇剩句，頗賴以存，近雅之言不謬。呂希哲歲時雜記今雖不傳，然周必大平園集尚載其序，稱其上元一門，多至五十餘條，不爲不富。而密猶以爲未詳，則是書之賅備可知矣。明人所刻，往往隨意刊除，或僅六卷，或不足六卷，惟存故都宮殿教坊樂部諸門，殊失著書之本旨。此十卷之本，乃從毛氏汲古閣元版傳鈔，首尾完具。其閒逸聞軼事，皆可以備考稽。而湖山歌舞，靡麗紛華，著其盛，正著其所以衰。遺老故臣，惻惻興亡之隱，實曲寄於言外，不僅作風俗記、都邑簿也。第十卷末碁待詔以下，以是書體例推之，當在六卷之末，疑傳寫或亂其舊第。然無可考證，今亦姑仍之焉。

歲華記麗譜一卷、附牋紙譜一卷、蜀錦譜一卷（兩江總督採進本）

元費著撰。著，華陽人。嘗舉進士，授國子監助教，官至重慶府總管。成都自唐代號爲繁庶，甲於西南。其時爲之帥者，大抵以宰臣出鎭，富貴優閒，歲時燕集，寖相沿習。故張周封作華陽風俗錄，盧求作成都記，以誇述其勝，遨頭行樂之說，今尚傳之。迨及宋初，其風未息，前後太守如張詠之剛方，趙抃之清介，亦皆因其土俗，不廢娛游。其侈麗繁華，雖不可訓，而民物殷阜，歌詠風流，亦往往傳爲佳話，爲世所豔稱。南宋季年，蜀中兵燹，井閭凋敝，乃無復舊觀。著因追述舊事，集爲此書。自元旦迄冬至，無不備載。其體頗近荊楚歲時記，而盛衰俯仰，追溯陳迹，亦不無東京夢華之思焉。唐韓鄂有歲華紀麗，爲類事之書，此譜蓋偶同其名，實則地志也。末附牋紙、蜀錦二譜，蓋漢唐以來二物爲蜀中所擅，而未有專述其源委者，著因風俗而及土產，稽求名品，臚列頗詳，是亦足資考證者矣。

吳中舊事一卷（永樂大典本）

元陸友仁撰。友仁字輔之，吳郡人。此書紀其鄉之軼聞舊蹟，以補地志之闕。其體例則小說家流也。其中如辨吳會吳下之名，及陸贄墓、張籍宅、和令坊、高彪碑之類，皆足以資考證。紀陳長方、潘兌事，紀朱勔事，亦足以資法戒。其他如范純佑、蕪容帚卿事，頗爲不經；李璋事，亦頗猥瑣。蓋雜記之書，誌神怪、資諧笑，自唐已然，不足爲友仁訾也。惟所載鹿苑臺銘記云：永和七年，陸機建碑，王羲之書。則二人時代邈不相及，殊失之於不考耳。此書刊本頗譌脫，今以永樂大典所載互校補正，備元人說部之一種。雖篇帙無多，要與委巷之談異也。

平江紀事一卷（浙江鮑士恭家藏本）

元高德基撰。德基，平江人。嘗官建德路總管。書中記干文傳修遼金宋史事，則當成於至正中矣。所載皆吳郡古蹟，而亦兼及神仙鬼怪、詼諧謠諺之事，可裨圖志佚聞。其閒不免疎謬者，如引圖經虞山者巫咸所居，而不知其語出越絕書；引吳越春秋稻蟹不遺種，而不知其語出春秋外傳。又胥蘇二字，古本通用，左傳申包胥，戰國策作勃蘇，是其明證。故國語、史記皆作姑蘇。德基以蘇爲後人之譌字，尤爲失考。然其序次詳贍，條理秩然，足供採摭者甚多，亦龔明之中吳紀聞之流亞也。其體不全爲地志，亦不全爲小說，例頗不純，無類可隸，以其多述古蹟，姑附之地理類雜記中焉。

江漢叢談二卷（兩淮鹽政採進本）

不著撰人名氏，惟卷首題曰環中迂叟。前後無序跋，其著書年月及作者時代亦無考。按陶珽續說郛載有此書，題陳士元撰。當即作易象鉤解之陳士元也。其書於楚地故實凡衆說異同者，各設爲荅問、以疏通證明、故曰叢談。若童士疇沔志、以楚之風城非伏羲後。士元則引路史伏羲之後封國者十有九、而風國居其首、不得謂伏羲之後無風國。又山海經舊稱伯益作。士元則摭其中長沙零陵乃秦漢郡名、知其爲後人附益。後漢書載南方諸夷爲盤瓠犬種。士元則以爲人名、非犬名。如斯之類、持論皆極精確。惟隋侯得珠、孟宗得筍之類、舊籍相傳、事涉神怪、正可存之不論。士元必輾轉徵引以實之、未免失於附會。蓋夸飾土風、標榜鄉賢、乃明地志之陋習。士元亦未免是。要其引據賅洽、論斷明晰、則非明人地志所及也。觀所著易象鉤解、多發明漢學。知其留心古籍、非空談無根者比矣。

閩中海錯疏三卷（浙閩總督採進本）

明屠本畯撰。本畯字田叔、鄞縣人。以門蔭入仕、官至福建鹽運司同知。是書詳誌閩海水族、凡鱗部二卷、共一百六十七種。介部一卷、共九十種。又附非閩產而閩所常有者海粉、燕窩二種。後有自跋、稱將入閩時、太常少卿余公君房曰、狀海錯來。吾徵閩越而通之、因疏以復云云。君房者、余寅之字、與本畯同里、爲前輩。書中本畯所附案語、多引四明土產以爲證。蓋卽徵閩越而通之之意。中閒又有註補疏二字者、則徐𤊹所續也。其書頗與黃衷海語相近、而敘述較備、文亦簡核。惟其詞過略、故徵引不能博贍、舛漏亦所未免。如鯊魚一條、海語謂鯊有二種、而此書列至十二種、固可稱賅具。然海語所謂海鯊虎頭鯊常以春晦陟於海山、旬日化而爲虎者、此書反遺之。又海鰌一條、海語謂其魚長百里、牡蠣聚族其背、曠歲之積、崇十許丈。鰌負以遊、崷崒水面如山。其形容最爲曲盡。而此但以移若山嶽一語槩之、殊未明晰。然其辨別名類、一覽了然、頗有益於多識。要亦考地產者所不廢也。

益部談資三卷（兩淮鹽政採進本）

明何宇度撰。宇度里貫未詳。萬歷中官夔州府通判。是書所紀、皆四川山川物產及古今軼事。分上中下三卷、以體例不似圖經、故署曰談資。實亦地志之支流也。蜀雖僻處一隅、而蠶叢魚鳧以下、古蹟爲多。長卿、子雲以後、文士爲衆。又地形奥衍、百產繁饒。富庶之餘、溢爲奢麗。歲時游樂、亦自古爲盛。故其見於記載、形於歌詠者、自揚雄蜀王本紀、譙周三巴記、李克益州記以下、圖籍最多。遺事佚聞、皆足資採摭。是書掇拾蒐羅、尚未能一一賅備。然詮擇不苟、去取頗嚴。其後曹學佺作蜀中廣記、徵引較博、不免稍涉氾濫、轉不若此本之雅潔。在明人雜說之中、尚可稱簡而有要者。原本有李維楨跋、亦極推爲善本、蓋不誣云。

蜀中廣記一百八卷（兩淮馬裕家藏本）

明曹學佺撰。學佺有易經通論、已著錄。學佺嘗官四川右參政、遷按察使。是書蓋成於其時、目凡十二。曰名勝、曰邊防、曰通釋、曰人物、曰方物、曰仙、曰釋、曰游宦、曰風俗、曰著作、曰詩話、曰畫苑。蒐採宏富、頗不愧廣記之名。其中如敘州府之高州、明史地理志云、洪武五年由州改縣、正德十三年復爲州、珙及筠連二縣隸焉。此書仍稱高州爲縣、二縣亦不爲之屬。又成都府之資陽縣、明史地理志屬簡州。此書不繫簡州、而別列於仁壽井研二縣後。皆未免編次偶疎。王士禎古夫于亭雜錄曰、丹鉛錄載東坡贈青神楊棟詞云、允文事業從容了、要岷峨人物後先相照。見說君王曾有問、似此人才多少。而引小說高宗問馬騏蜀中人才如允文者有幾云云。案允文采石之功在南渡後、東坡之沒久矣、安得先有此詞。而曹能始蜀中十志亦載之、略無駁正。又曰、蜀中十志以物類相感志十八卷爲東坡撰、謬甚。則譌舛牴牾、亦時時閒出。蓋援據旣博、則精粗畢括、同異兼陳、亦事勢之所必至。要之不害其大體。談蜀中掌故者、終以全蜀藝文志及是書爲取材之淵藪也。

顏山雜記四卷（山東巡撫採進本）

國朝孫廷銓撰。廷銓字伯度、又字枚先、號沚亭、益都人。前明崇禎庚辰進士。入國朝、以薦授河閒府推官、擢吏部主事、歷官內祕書院大學士。諡文定。益都有顏神鎭、形勢險阨、明代嘗建城設官以治之。廷銓世居其地、康熙丙午、予告在籍、因蒐輯舊聞、作爲此書。分山谷、水泉、城市、官署、鄉校、逸民、孝義、風土、歲時、長城考、靈泉廟、災祥、物變、物產、物異、遺文諸目。敘次簡核、而造語務求儁異。王士禎居易錄稱田雯黔書七十六篇、有似爾雅者、有似考工記者、有似公穀檀弓者、有似越絕書者。故相孫文定公廷銓作顏山雜記、記山蠶、琉璃、窯器、煤井、鐵冶等、文筆奇峭、亦如此云云。今考琉璃窯器煤井鐵冶俱此書所載。其山蠶一條則在廷銓南征記略中。士禎蓋偶然誤記。又士禎香祖筆記引此書所載鳳皇嶺玉皇宮石刻宋太祖太宗眞宗御押、與周密癸辛雜識所載不同、云並載以備參考。案癸辛雜識爲明代重刊、此石爲宋代原刻。木版易譌、當以碑本爲據。士禎兩存亦非也。惟香祖筆記又據黃瓚雪洲集議礦盆一疏、謂顔神設官之議起於瓚。而駁此書正德十二年巡按黃某奏請之說爲非。是則誠廷銓考核之疎矣。

嶺南風物紀一卷、江蘇巡撫採進本

國朝吳綺撰。宋俊增補。江闓刪訂。綺字園次、號聽翁、江都人。順治甲午拔貢生。官至湖州府知府。俊字長白、山陰人。闓字辰六、自署貴陽人。而王士禎蠶尾集書鰯頭道人事一篇、稱門人新安江闓辰六前知均州日云云。未審實籍何地也。綺本文士、故是書所敘述率簡雅不支、與范成大桂海虞衡志可相伯仲。首二條敘氣候、次十條敘石、次六十條敘草木花竹、次十七條敘鳥、次五條敘獸、次六條敘蟲、次十七條敘鱗介、次三條敘布、次三條敘香、次二條敘酒、次四條敘蔬穀、次十五條敘雜事。其敘研敘香特詳核。惟碣石衛品字石一條、應入卷末雜事中。則分類編次偶然失序。蓋俊所增補凡七條、皆別識之。其論米芾所賞之石本出洽涯縣地、秋深水涸之時、於沙坑中取之、謂之脫沙。後洽涯併入英德、遂以英德石當之。實皆贋物。亦前人所未發。惟闓所刪者今不可見、其刊除當否、遂不可考矣。

臺海使槎錄八卷、原任編修勵守謙家藏本

國朝黃叔璥撰。叔璥有南征記程、已著錄。茲編乃康熙壬寅叔璥爲御史時巡視臺灣所作。故以使槎爲名。凡分三子目。卷一至卷四爲赤嵌筆談。卷五至卷七爲番俗六考。卷八爲番俗雜記。臺灣自康熙癸亥始入版圖。諸書紀載、或疎略不備、或傳聞失眞。叔璥裒輯諸書、參以目見、以成此書。於山川風土民俗物產、言之頗詳。而於攻守險隘控制機宜及海道風信、亦皆一一究悉。於諸番情勢尤爲賅備。雖所記止於一隅、而亙古以來輿記之所不詳者、蒐羅編綴、源委燦然。固非無資於考證者矣。

龍沙紀略一卷、內閣中書方維甸家藏本

國朝方式濟撰。式濟字屋源、號沃園。康熙己丑進士。官中書舍人。是編乃式濟之父登嶧謫居黑龍江時、式濟往省、因據所見聞、考核古蹟、勒爲九門。一曰方隅、二曰山川、三曰經制、四曰時令、五曰風俗、六曰飲食、七曰貢賦、八曰物產、九曰屋宇。總名曰龍沙記略。考後漢書班超傳贊曰、坦步葱雪、咫尺龍沙。章懷太子注曰、謂葱嶺雪山、龍堆沙漠也。漢書匈奴傳曰、康居烏孫、豈能踰白龍堆而寇西邊。孟康注曰、龍堆形如土龍、高大者二三丈、卑者丈餘、在西域中。又酈道元水經注曰、鄯善國東垂當白龍堆。則龍堆在西、不在東。又漢書武帝本紀曰、衛青復將六將軍絶幕。顔師古注曰、沙上曰幕、直度曰絶。後漢書西域傳曰、孝武深維長久之計、命遣虎臣、浮河絶幕。又竇憲燕然山銘稱絶大漠。李陵別歌稱經萬里兮度沙漠。則沙漠迤繞西北、亦不在東。自劉孝標有賦得龍沙宵月明詩、李白有將軍分虎竹、戰士臥龍沙之句、始慨以龍沙爲一地。而詩家遂沿爲塞外之通稱。式濟記東北之事、而以龍沙爲書名、蓋沿用舊文之故。不知自唐以來、渤海大氏奄有斯土、已久爲城郭宮室之國、豈可以龍沙爲目哉。然白山黑水之閒、古來輿記、大抵得諸傳聞。卽近時修志乘者、秉筆之人亦未必親至其地。式濟久住於斯、又閒居多暇、得以游覽詢訪、究其詳悉。如辨混同江源出長白山、土人呼爲松阿里江。松阿里江北與諾尼江合流、東北受黑龍江。又南受烏蘇里江、匯注於海。因其納三江之大、故名混同。蓋松阿里自南而北、黑龍江自北而南、歷二千五百里之遙、兩江不得混稱。其上游未會時、仍當稱松阿里江云云。此足證金史混同江一名黑龍江之誤。又辨金史宋瓦之譌松花。又搜討黑龍江源與塞外入江諸小水、及精奇尼江、諾尼江諸派、亦多盛京通志所未載。固志輿圖者所必考。舊附述本堂詩集後、今以所載悉屬地理、故析而錄諸史部焉。

東城雜記二卷、浙江巡撫採進本

國朝厲鶚撰。鶚有遼史拾遺、已著錄。杭城東地曰東園者、宋故園也。其名見於宋史。鶚家於此、爲考里中舊聞遺事與記所不及者八十五條、釐爲上下二卷。大抵略於古而詳於今。然所載九宮貴神壇、紅亭醋庫諸條、考據頗爲典核。又紀高雲閣蘭菊草堂、竹深亭、及金石中之慈雲寺宋刻劍石銘諸舊蹟、俱浙江通志及武林各舊志所未詳。他如灌園生以下諸人、皆系以小傳。使後之修志乘者、有所徵引，其用力亦可謂勤矣。弘祖博覽，並工於詩詞，故是書雖偏隅小記，而敘述典雅，彬彬乎有古風焉。

右地理類雜記之屬，二十八部，二百十三卷，皆文淵閣著錄。

欽定四庫全書總目卷七十

欽定四庫全書總目卷七十一

史部二十七

地理類四

遊城南記一卷（編修汪如藻家藏本）

宋張禮撰。禮字茂中，浙江人。元祐元年，與其友楚人陳微明遊長安城南，訪唐代都邑舊址，因作此記，而自為之註。凡門坊寺觀園囿村墟及前賢遺迹見於載籍者，敘錄甚備。如嘉話錄載慈恩寺題名始於張莒，禮則引唐登科記謂進士中有大中十三年及第之張台，而無張莒。又長安志載章敬寺本魚朝恩莊，後為章敬皇后立寺，故以為名。禮則以宋代寺基與志所載地理不同，而疑其已非古址。皆能據所目見而考辨之，其徵據頗為典核。所列金石碑刻名目，亦可與集古錄諸書互相參證。每條下間有續註，不知何人所增，中有金代年號，其薦福寺一條，又有辛卯遷徙之語。案辛卯為金哀宗正大八年，史載是年四月，元兵克鳳翔，兩行省棄京兆，遷居民於河南，所云遷徙，當即此事。蓋金末元初人也。

河朔訪古記二卷（永樂大典本）

不著撰人名氏。明焦竑國史經籍志著錄，亦不云誰作。考元劉仁本羽庭集有是書序，曰：今翰林國史院編修官郭嘞洛氏納新（案郭嘞洛原作葛邏祿，納新原作迺賢，今改正），易之，自其先世徙居鄞，至正五年，挈行李出浙渡淮，溯大河而濟，歷齊魯陳蔡晉魏燕趙之墟，弔古山川城郭邱陵宮室王霸人物衣冠文獻陳迹故事，暨近代金宋戰爭疆埸更變者，或得於圖經地志，或聞諸故老舊家，流風遺俗，一皆考訂。夜還旅邸，筆之於書。又以其感觸興懷，慷慨激烈，成詩歌者繼之，總而名曰河朔訪古記，凡一十六卷云云。則此書實為納新作。焦氏考之未審，序稱十六卷，焦氏作十二卷，亦誤也。納新族出西北郭嘞洛，因以為氏。郭嘞洛者，以

欽定西域圖志考之，即今塔爾巴哈台也。元時色目諸人散處天下，故納新寓居南陽，後移於鄞縣。初辟為浙東東湖書院山長，以薦授翰林編修官，出參桑哉實哩（原作桑哥失里，今改正）軍事，卒於軍。所著金臺集尚有刊本，惟此書久軼。今散見永樂大典中者，惟一百三十四條，所紀皆在真定河南境內，而其餘不存。又仁本所稱繼以詩歌者，亦不復可見。然據今所存諸條，其山川古迹多向來地志所未詳，而金石遺文言之尤悉，皆可以為考證之助。謹彙而編之，核其道里疆界，各以類從，真定路為一卷，河南路為一卷，仍錄劉仁本原序冠之。雖殘闕之餘，十存一二，而崖略宛在，條理可尋，講輿地之學者猶可多所取資焉。

徐霞客遊記十二卷（兩江總督採進本）

明徐宏祖撰。宏祖江陰人，霞客其號也。少負奇氣，年三十出遊，攜一襆被，遍歷東南佳山水。自吳越之閩，之楚，北歷齊魯燕冀嵩雒，登華山而歸。旋復由閩之粵，又由終南背走峨嵋，訪恆山，又南過大渡河至黎雅，尋金沙江，從瀾滄北尋盤江，復出石門關數千里，窮星宿海而還。所至輒為文以志遊蹟，沒後手稿散逸，其友季夢良求得之，而中多闕

失宏興史氏亦有鈔本，而譌異尤甚。此則楊名時所重加編訂者也。第一卷自天台鴈蕩以及五臺恆華，各爲一篇。第二卷以下皆西南遊記，凡二十五篇。首浙江、江西一篇，次湖廣一篇，次廣西六篇，次貴州一篇，次雲南十有六篇，所闕者一篇而已。自古名山大澤，秩祀所先，但以表望封圻，未聞品題名勝。逮典午而後，遊迹始盛。六朝文士，無不託興登臨。史册所載，若謝靈運居名山志、遊名山志之類，撰述日繁。然未有累牘連篇，都爲一集者。宏祖耽奇嗜僻，刻意遠遊。既銳於搜尋，尤工於摹寫。遊記之夥，遂莫過於斯編。雖足迹所經，排日紀載，未嘗有意於爲文。然以耳目所親，見聞較確。且黔滇荒遠，輿志多疎，此書於山川脈絡，剖析詳明，尤爲有資考證。是亦山經之別乘，輿記之外篇矣。存茲一體，於地理之學未嘗無補也。

右地理類遊記之屬，三部，十五卷，皆文淵閣著錄。

佛國記一卷（內府藏本）

宋釋法顯撰。杜佑通典引此書，又作法明，蓋中宗諱顯，唐人以明字代之，故原注有國諱改爲四字也。法顯，晉義熙中自長安遊天竺，經三十餘國，還到京，與天竺禪師參互辨定，以成是書。胡震亨刻入祕册函中，從舊題曰佛國記，而震亨附跋則以爲當名法顯傳。今考酈道元水經注引此書，所云於此順嶺西南行十五日以下八十九字，又引恆水上流有一國以下二百七十六字，皆稱曰法顯傳，則震亨之說似爲有據。然隋志雜傳類中載法顯傳二卷、法顯行傳一卷，不著撰人；地理類載佛國記一卷，註曰沙門釋法顯撰。一書兩收，三名互見，則亦不必定改法顯傳也。其書以天竺爲中國，以中國爲邊地，蓋釋氏自尊其教，其誕謬不足與爭。又于闐即今和闐，自古以來，崇回回教法。

欽定西域圖志考證甚明，而此書載其有十四僧伽藍，衆僧數萬人，則所記亦不必盡實。然六朝舊笈流傳頗久，其敘述古雅，亦非後來行記所及。存廣異聞，亦無不可也。書中稱宏始二年，歲在己亥。按晉書姚萇載記，宏始二年爲晉隆安四年，當稱庚子，所紀較前差一年。然晉書本紀載趙石虎建武六年，當咸康五年，歲在己亥。而金石錄載趙橫山李君神碑及西門豹祠殿基記，乃均作建武六年庚子，復後差一年。蓋其時諸國紛爭，或踰年改元，或不踰年改元，漫無定制，又南北隔絕，傳聞異詞，未可斷史之必是，此之必非。今仍其舊文，以從闕疑之義焉。

大唐西域記十二卷（浙江鮑士恭家藏本）

唐釋元奘譯，辯機撰。元奘事蹟具舊唐書列傳。晁公武讀書志載是書，作元奘撰，不及辯機。鄭樵通志藝文略則作大唐西域記十二卷，元奘撰；西域記十二卷，辯機撰，又分爲兩書。惟陳振孫書錄解題作大唐三藏法師元奘譯，大總持寺僧辯機撰，與今本合。考是書後有辯機序，略云：元奘法師以貞觀三年褰裳遵路，杖錫遐征，薄言旋軔，謁帝洛陽，肅承明詔，載令宣譯，辯機爲大總持寺弟子，撰斯方志，則陳氏所言爲得其實矣。昔宋法顯作佛國記，其文頗略，唐書西域列傳，較爲詳核，此書所序諸國，又多唐書所不載，則史所錄者朝貢之邦，此所記者經行之地也。讀書志載有元奘自序，此本佚之。惟前有尚書左僕射燕國公張說序，後有辯機自序。句下間有註文，或曰唐言某某，或曰某印度境，疑爲原註。又有校正譯語，云舊作某某譌者，及每卷之末附有音釋，疑爲後人所加。第十一卷僧伽羅國條中，有明永樂三年太監鄭和見國王阿烈苦柰兒事，是今之錫蘭山，即古之僧伽羅國也。至祈福民庶作無量功德共二百七十字，亦註者附記之語，吳氏刊本誤連入正文也。所列凡一百三十八國，中摩揭陀一國釐爲八九兩卷，記載獨詳。所述多佛典因果之事，而舉其地以實之。晁公武讀書志稱元奘至天竺求佛書，因記其所歷諸國，凡風俗之宜，衣服之制，幅幀之廣隘，物產之豐嗇，悉舉其梗槩。蓋未詳檢是書，特姑據名爲說也。我

皇上開闢天西，咸歸版籍。

欽定西域圖志，徵實傳信，凡前代傳聞之說，一一釐正。此書侈陳靈異，尤不足稽。然山川道里，亦有互相證明者，姑錄存之，備參考焉。

宣和奉使高麗圖經四十卷（兩淮馬裕家藏本）

宋徐兢撰。兢字明叔，號自信居士。是書末附其行狀，稱甌寧人；文獻通考則作和州歷陽人。思陵翰墨志又作信州徐兢，似當以行狀爲確。通考又稱兢爲鉉之裔，自題保大騎省世家。考王銍默記稱徐鉉無子，惟鍇有後，居攝山前，開茶肆，號徐十郎，鉉鍇誥敕尚存，則通考亦誤傳也。據兢行狀，宣和

六年高麗入貢，遣給事中路允迪報聘。兢以奉議郎爲國信使提轄人船禮物官，因撰高麗圖經四十卷。還朝後詔給札上之，召對便殿，賜同進士出身，擢知大宗正事，兼掌書學，後遷尚書刑部員外郎。其書分二十八門，凡其國之山川風俗典章制度，以及接待之儀文，往來之道路，無不詳載。而其自序尤拳拳於所繪之圖。此本但有書而無圖，已非完本。然前有其姪葳題詞一首，稱書上御府，其副藏家。靖康丁未兵亂失之。後從醫者得其本，惟海道二卷無恙。又述兢之言，謂世傳其書，往往圖亡而經存。欲追書之，不果就，乃以所存者刻之澂江郡齋。周煇清波雜志亦稱兢仿元豐中王雲所撰雞林志，爲高麗圖經，物圖其形，事爲其說。蓋徐素善丹青也。宣和末，老人在歷陽，（按此老人字疑爲先人之譌，蓋指其父邦也。）雖得見其書，但能鈔其文，略其繪事。乾道中刊於江陰郡齋者，卽家間所傳之本，圖亡而經存。蓋兵火後徐氏亦失元本云云。是宋時已無圖矣。又張世南游宦記聞曰，高麗是年有請於上，願得能書者至國中，於是以徐兢爲國信使禮物官。則兢之行，特以工書遣，而留心記載乃如是。今其篆書無一字傳世，惟此編僅存。考魏了翁鶴山集，稱兢篆於說文解字以外自爲一家，雖其名兢字見於印文者，亦與篆法不同云云。則其篆乃滅裂古法者，宜不爲後人所藏弆。然此編已足以傳兢，雖不傳其篆可也。

諸蕃志二卷（永樂大典本）

宋趙汝适撰。汝适始末無考，惟據宋史宗室世系表，知其爲岐王仲忽之元孫，安康郡王士說之曾孫，銀青光祿大夫不柔之孫，善待之子，出於簡王元份房，上距太宗八世耳。此書乃其提舉福建路市舶時所作。於時宋已南渡，諸蕃惟市舶僅通，故所言皆海國之事。宋史外國列傳實引用之。核其敍次事類歲月皆合。但宋史詳事蹟而略於風土物產，此則詳風土物產而略於事蹟。蓋一則史傳，一則雜志，體各有宜，不以偏舉爲病也。所列諸國，賓瞳龍史作賓同隴，登流眉史作丹流眉，阿婆羅拔史作阿蒲羅拔，麻逸史作摩逸。蓋譯語對音，本無定字。龍隴三聲之通，登丹、蒲婆、麻摩雙聲之轉。呼有輕重，故文有異同。無由核其是非，今亦各仍其舊。惟南宋僻處臨安，海道所通，東南爲近。志中乃兼載大秦、天竺諸國，似乎隔越西域，未必親覩其人。然考冊府元龜載唐時祆教稱大秦寺，桯史所記廣州海獠，卽其種類。又法顯佛國記載陸行至天竺，附商船還晉，知二國皆轉海可通。故汝适得於福州見其市易。然則是書所記，皆得諸見聞，親爲詢訪，宜其敍述詳核，爲史家之所依據矣。

溪蠻叢笑一卷（編修程晉芳家藏書）

宋朱輔撰。輔字季公，桐鄉人。不詳其仕履。惟虎邱志載所作詠虎邱詩一首，知爲南宋末人耳。溪蠻者，卽後漢書所謂五溪蠻。章懷太子註，稱武陵有雄溪、樠溪、酉溪、潕溪、辰溪，悉是蠻夷所居，故謂五溪蠻。今在辰州界者是也。輔蓋嘗服官其地，故據所聞見作爲是書。所記諸蠻風土物產頗備。如闌干布之傳於漢代，三脊茅之出於包茅山，數典亦爲詳贍。至其俗尚之異，種類之別，曲折纖悉，臚列明晰。事雖鄙而詞頗雅，可謂工於敍述。用資考證，多益見聞，固不容以瑣屑廢焉。

眞臘風土記一卷（浙江范懋柱家天一閣藏本）

元周達觀撰。達觀，溫州人。眞臘本南海中小國，爲扶南之屬。其後漸以強盛，自隋書始見於外國傳。唐宋二史竝皆紀錄，而朝貢不常至，故所載風土方物往往疎略不備。元成宗元貞元年乙未，遣使招諭其國，達觀隨行，至大德元年丁酉乃歸，首尾三年，諳悉其俗，因記所聞見爲此書，凡四十則。文義頗爲賅贍。惟第三十六則內記瀆倫神讉一事，不以爲天道之常，而歸功於佛，則所見殊陋。然元史不立眞臘傳，得此而本末詳具，猶可以補其佚闕。是固宜存備參訂，作職方之外紀者矣。達觀是書成，以示吾邱衍，衍爲題詩推挹甚至，見衍所作竹素山房詩集中。蓋衍亦服其敍述之工云。

島夷志略一卷（浙江范懋柱家天一閣藏本）

元汪大淵撰。大淵字煥章，南昌人。至正中，嘗附賈舶浮海越數十國，紀所聞見成此書。今以明馬觀瀛涯勝覽互勘，如觀所稱占城之人頂三山金花冠，衣皆紫綵帨，產伽南香、觀音竹、降眞香之屬；瓜哇之厮村、沽灘、新村、蘇馬魯陸港口諸處風俗各異；又其國人有三等，其土產有白芝蘇、綠豆、蘇木、金剛子、白檀、肉荳蔻、龜筒、玳瑁、紅綠鸚鵡之屬；舊港有火鷄、神鹿之屬，皆爲此書所未載。又所載眞臘風土記亦僅十之四五。蓋殊方絕域，偶一維舟，斷不能周覽無遺。所見各殊，則所記各別，不足異也。至云瓜哇卽古闍婆，考明史，明太祖時瓜哇、闍婆二國竝來貢，其二國國王之名亦不同。大淵併而爲一，則傳聞之誤矣。然諸史外國列傳，秉筆之人皆未嘗身歷其地，卽趙汝适諸蕃志之類，亦多得於市舶之口傳。大淵此書則皆親歷而手記之，究非空談無徵者比。故所記羅衛、羅斛、針路諸國，大半爲史所不載。又於諸國山川險要、方域疆里，一一記述，卽載於史者亦不及所言之詳。錄之亦足資考證也。考黃虞稷千頃堂書目及焦竑國史經籍志皆不載是書，唯錢曾讀書敏求記載之，稱爲元人舊鈔本，則此書久無刊版，傳播殊稀。又稱至正年間河東張翥爲、三山吳鑒爲之序。今考此本，二人之序俱存。然吳鑒序乃有二篇，前一篇題至正己丑，乃此書原序；後一篇題至正十一年，在前序後二年，乃所作清源續志之序，誤入此書。蓋吳鑒修志之時，以泉州爲海道所通，賈船所聚，因附刊此書於志末，摘錄者併志序鈔之也。又有嘉靖戊申袁袠跋，頗議其漏載日本，蓋未悉大淵此書惟紀所見，非海國全志云。

朝鮮賦一卷（浙江范懋柱家天一閣藏本）

明董越撰。越字尚矩，寧都人。成化己丑進士，官至南京工部尚書，謚文僖。孝宗卽位，越以右春坊右庶子兼翰林院侍講，同刑科給事中王敞使朝鮮，因述所見聞以作此賦，又用謝靈運山居賦例，自爲之註。所言與明史朝鮮傳皆合，知其信而有徵，非鑿空也。考越自正月出使，五月還朝，留其地者僅一月有餘，而凡其土地之沿革、風俗之變易，以及山川亭館、人物畜產，無不詳錄。自序所謂得於傳聞周覽，與彼國所具風俗帖者，恐不能如是之周匝。其亦奉使之始，預訪圖經，還朝以後，更徵典籍，參以耳目所及，以成是製乎。越有文僖集四十二卷，今未見其本。又別有使東日錄一卷，亦其往返所作詩文，不及此賦之典核。別本孤行，此一卷固已足矣。

海語三卷（浙江鄭大節家藏本）

明黃衷撰。衷字子和，南海人。宏治丙辰進士，官至兵部右侍郎。是書乃其晚年致政家居，就海洋番舶詢悉其山川風土，裒錄成編。自序稱鐵橋病叟者，其別號也。廣東通志載是書作一卷，此本實三卷，分爲四類：曰風俗，凡二目；曰物產，凡二十九目；曰畏途，凡五目；曰物怪，凡八目。所述海中荒忽奇譎之狀，極爲詳備。然皆出舟師舵卒所親見，非山海經、神異經等純構虛詞，誕幻不經者比。每條下間附論斷，詞致高簡，時寓勸戒，亦頗有可觀。書中別有附註，乃其族子學準增加，原本所載，今併存焉。按明史滿剌加傳，稱正嘉間爲佛郎機所滅，而此書則稱佛郎機破其國，王退依陂隄里，佛郎機整衆而去，王乃復所云云，與史稍有不同。此書成於嘉靖初，海賈所傳見聞較近，似當不失其實，是尤可訂史傳之異，不僅博物之資矣。

東西洋考十二卷（江蘇巡撫採進本）

明張燮撰。燮字紹和，龍溪人。萬歷甲午舉人。考明史黃道周傳，載其三罪四恥七不如，疏在崇禎十八年，距燮鄉薦之時已四十四年，尚稱志尚高雅、博學多通，不如龍溪舉人張燮，則燮以舉人終於家也。是書成於萬歷丁巳，仿宋趙汝适諸蕃志例，惟載海國之通互市者。首西洋考，凡十五國，又附錄者四。次東洋考，凡七國，又附錄者十二。次外紀考，爲日本及紅毛番，不通貢市，故別著之。次稅餉考，分水編、陸編、職官、公署四子目。次舟師考，分內港水程、二洋針路、祭祀、占驗、水醒水忌、定日惡風、潮汐七子目。次稅璫考，紀神宗時內官高寀通番黷國、劫官擾民始末最詳。次藝文，次逸事考。其例於交阯、占城、暹羅、彭亨、呂宋、蘇祿，名與古同者，仍用古名；他若瓜哇之爲下港、東埔寨之爲眞臘、大泥之爲勃泥、舊港之爲三佛齊、麻六甲之爲滿剌加、啞齊之爲蘇門答剌、思吉港之爲蘇吉丹、遲悶之爲吉里地悶、文萊之爲婆羅、貓里務之爲合貓里，則竝從今名，使通俗易檢。每國先列沿革事蹟，多與諸史相出入，如占城卽古林邑，而五代史以爲自古未通之類，亦頗有改正，大致與明一統志略同，而稍益以諸書。如閩部疏之誤記蘇祿、柔佛及小葛羅誤稱吉蘭丹之類，咸附辨之。次列海船交易之例，則皆採自海師賈客之口，爲傳記之所未詳。其稅璫一篇，言利弊最悉。水程針路諸篇，尤切於實用。惟明代控制外番，至爲無術，無事則百計以漁利，有變則委曲以苟安，事事可爲炯戒；而篇末諸論，乃稱功頌德，曲筆實多，蓋當時臣子之詞，置而不論可矣。

職方外紀五卷（兩江總督採進本）

明西洋人艾儒略撰。其書成於天啟癸亥。自序謂利氏齎進萬國圖志、龐氏奉命翻譯、儒略更增補以成之。蓋因利瑪竇、龐我迪舊本潤色之、不盡儒略自作也。所紀皆絕域風土、爲自古輿圖所不載、故曰職方外紀。其說分天下爲五大州。一曰亞細亞州。其地西起那多理亞、離福島六十二度。東至亞尼俺峽、離福島一百八十度。南起瓜哇、在赤道南十二度。北至冰海、在赤道北七十二度。二曰歐邏巴州。其地南起地中海、北極出地三十五度。北至冰海、北極出地八十餘度。徑一萬一千二百五十里。西起西海福島初度、東至阿比河、距福島九十二度。徑二萬三千里。三曰利未亞州。西南皆至利未亞海。東至西紅海。北至地中海。極南南極出地三十五度。極北北極出地三十五度。東西廣七十八度。四曰亞墨利加。地分南北、中通一峽。峽南之地、南起墨瓦蠟泥海峽、南極出地五十二度。北至加納達、北極出地十度半。西起福島二百八十六度。東至三百五十五度。峽北之地、南起加納達、南極出地十度半。北至冰海、其北極出地度數則未之測量。西起福島一百八十度。東盡三百六十度。五曰墨瓦蠟尼加。則彼國與之初通、疆域道里、尚莫得詳焉。前冠以萬國全圖、後附以四海總說。所述多奇異、不可究詰、似不免多所夸飾。然天地之大、何所不有、錄而存之、亦足以廣異聞也。

赤雅三卷、浙江巡撫採進本

明鄺露撰。露字湛若、南海人。鈕琇觚賸載其爲諸生應歲試時、題爲文行忠信、乃四比立格、以眞草隸篆四體書之、坐是被斥。蓋亦放誕之士。王士禎池北偶談又載其少遊金陵、客阮大鋮之門。嘗爲大鋮作集序、大鋮亦爲露作集序。其人殊不足重。迨國朝順治初、王師入粵、露義不改節、竟抱平生所寶古琴、不食而死。士禎詩所謂南海畸人死抱琴者、即爲露作。其志節乃爲世所稱。然露先託契閹兒、所作嶠雅、屢稱大鋮爲石巢夫子、實貽譏於名教。後雖晚蓋、僅足自贖、固不能與黃淳耀等皦然日月爭光也。是書乃露遊廣西之時、偏歷岑藍胡侯槃五姓土司、因爲猺女雲嚲孃西掌書記、歸而述所見聞。所記山川物產、皆詞藻簡雅、序次典核、不在范成大桂海虞衡志下、可稱佳本。惟中間敘岑氏猺女被服名目、溪峒中必無此綺麗、蓋摭古事以文飾之。又敘猩猩一條、大不近情。敘木客一條、既稱爲秦時採木之人、何以能作律詩。所稱細雨詩劍閣鈴邈動長門燭更深一聯、何以能用漢唐故事。是則附會塗飾、不免文士之積習矣。

朝鮮志二卷、浙江范懋柱家天一閣藏本

不著撰人名氏。書中稱大明一統志、則成於明代也。卷首略敘疆域沿革、而不標其目。以下分六大綱爲經、曰京都、曰風俗、曰古都、曰古迹、曰山川、曰樓臺。以所屬八道爲緯、中曰京畿、西南曰忠清、東南曰慶尚、南曰全羅、西曰黃海、東曰江源、西北曰平安、東北曰咸鏡。皆略如中國地志。惟京都但載宮殿曹署、而不及城市風俗。多載其國典制、與故事混而爲一。又諸道皆無四至八到。古迹多雜以神怪、頗同小說。於體例皆爲未協。然遺聞瑣事、爲中國史書所未詳者、往往而在、頗足以資考證。其敘述亦皆雅潔、較諸州郡輿圖冗漫無緒者、轉爲勝之。宋王雲嘗撰雞林志、其書不傳。徐兢高麗圖經於山川古迹亦略。此書出其國人所述、當不失眞。我國家威德覃敷、八紘砥屬。朝鮮一國、道里既近、歸化尤先。雖號藩封、實同郡縣。其山川疆域、皆宜隸籍於職方。錄而存之、亦足備輿記之一種也。

皇淸職貢圖九卷、

乾隆十六年奉敕撰。以朝鮮以下諸外藩爲首。其餘諸藩諸蠻、各以所隸之省爲次。會聖武遠揚、戡定西域、拓地二萬餘里、河源月嶰之外、梯航鱗集、琛賮旅來。乃增繪伊犂哈薩克布魯特烏什巴達克山安集延諸部、共爲三百餘種。分圖系說、共爲七卷。告成於乾隆二十二年。迨乾隆二十八年以後、愛烏罕霍罕啟齊玉蘇烏爾根齊諸部、咸奉表入覲。土爾扈特全部自俄羅斯來歸。雲南整欠景海諸土目又相繼內附。乃廣爲續圖一卷。每圖各繪其男女之狀、及其部長屬衆衣冠之別。凡性情習俗、服食好尚、罔不具載。考南史載梁武帝使裴子野撰方國使圖、廣述懷來之盛、自荒服至海表、凡二十國。張彥遠歷代名畫記載梁元帝有職貢圖。史繩祖學齋佔畢引李公麟云、元帝鎮荆州、作職貢圖、狀其形而識其土俗、凡三十餘國。

其爲數較今所繪不及十分之一。至山海經所載諸國，多出虛撰，槩不足憑。漢書西域傳以下，史家所述，多出傳聞，核以道里山川，亦往往失實。又不及今之所繪，或奉贄貢篚，親覲其人，或伏鉞乘軺，實經其地，允攝提合雒以來所未睹之隆軌。然伏讀
御題長律，方以
保泰承庥，殷殷脊儆，此
旻命所以重申，
天聲所以益播也。自今以往，占風驗海而至者，當又不知其凡幾，珥筆之臣，且翹佇新圖之更續矣。

謹案此書及西域圖志，皆以紀
盛德昭宣，無遠弗屆，爲亙古之所未有。西域圖志恭錄於都會郡縣類中。此則恭錄於外紀者，西域雖本外國，而列戍開屯，築城建邑，已同內地之一省，入於都會郡縣，所以著闢地之廣，彰
聖武也。職貢諸方，多古來聲教所不及，重譯所未通，入於外紀，所以著格被之遠，表
聖化也。

坤輿圖說二卷（內府藏本）

國朝南懷仁撰。懷仁，西洋人。康熙中官欽天監監正。是書上卷自坤輿至人物，分十五條，皆言地之所生。下卷載海外諸國道里山川民風物產，分爲五大州，而終之以西洋七奇圖說。大致與艾儒略職方外紀互相出入，而亦時有詳略異同。按東方朔神異經曰：東南大荒之中有樸父焉，夫婦竝高千里，腹圍（按此下當有腹圍之里數，原本脫佚，今姑仍之。）自輔天初立時，使其夫婦導開百川。嬾不用意，謫之竝立東南。不飲不食，不畏寒暑，須黃河清，當復使其夫婦導護百川云云。此書所載有銅人跨海而立，巨船往來出其胯下者，似影附此語而作。又神異經曰：北方層冰萬里，厚百丈，有磎鼠在冰下土中焉，形如鼠，肉重千觔，可以作脯，食之已熱云云。此書記此物全與相合。又周密癸辛雜識曰：西域有沙海，正據要津。其水熱如湯，不可向邇。此天之所以限華夷也。終古未嘗通中國，忽一日有巨獸浮水窒，其骨長數十里，橫於兩涘，如津梁然。骨中有髓竅，可容竝馬。於是西域之地始通中國，謀往來者每以膏油塗其骨，懼其枯朽而折，則無復可通故耳云云。此書記此事亦全與相合。疑其東來以後，得見中國古書，因依仿而變幻其說，不必皆有實迹。然核以諸書所記，賈舶之所傳聞，亦有歷歷不誣者。蓋雖有所粉飾，而不盡虛構，存廣異聞，固亦無不可也。

異域錄一卷（兵部侍郎紀昀家藏本）

國朝圖理琛撰。圖理琛姓阿顏覺羅氏，先世葉赫人。由考取內閣中書，官至兵部職方司郎中。是編乃康熙五十一年五月，圖理琛以原任內閣侍讀奉
命出使土爾扈特，由喀爾喀越俄羅斯國，至其地。五十四年三月，回京師復
命。因述其道里山川民風物產以及應對禮儀，恭呈
御覽。冠以輿圖，次隨日紀載見聞。其體例略如宋人行記。但宋人行記以日月爲綱，而地理附見。此則以地理爲綱，而月日附見。所歷俄羅斯境，曰楚庫柏興，曰烏的柏興，曰柏海爾湖，曰尼爾庫城，曰昂噶拉河，曰伊聶謝柏興，曰麻科斯科，曰揭的河，曰那里本柏興，曰蘇爾呼忒柏興，曰薩瑪爾斯科，曰狄木演斯科，曰托波爾，曰鴉班沁，曰費耶爾和土爾斯科城，曰費耶爾和土爾斯科佛落克嶺，曰索里喀穆斯科，曰改果羅多，曰黑林諾付，曰喀山，曰西穆必爾斯科，曰薩拉托付，曰塔喇斯科，曰托穆斯科，曰伊里木城，皆其大聚落也。其地爲自古輿記所不載，亦自古使節所未經。如史記述匈奴北海，頗作疑詞，故儒者類言無北海。今據圖理琛所記，知伊聶謝柏興距北海大洋一月程。又唐書稱薛延陀夜不甚暗，猶可博弈，僅得之於傳聞。圖理琛以五月至其地，知夏至前後確有是事。皆我
聖祖仁皇帝德化覃敷，
威稜震疊，故軺車所至，莫不具驛傳，供芻糒，涉越三四萬里，如行闤闠，故得以從容遊覽，見所未見，聞所未聞，纂述成編，以補亙古黃圖所未悉。今備錄其文，使天下萬世知
聖化彌綸，迥出於章亥所步之外。且所記俄羅斯、土爾扈特畏懷恭順之忱，尤足見
堯天丕冒，砥屬無垠。凡在方趾圓顱，無不鱗集仰流，效誠恐後，爲三五以來所未有。今土爾扈特已全部內附，而所記俄羅斯南路十四國，乾隆乙亥以後，又已盡入版圖，併以見
武烈
文謨，顯承啟佑，所由拓億祺之丕基者，非偶然也。

海國聞見錄二卷（浙江巡撫採進本）

國朝陳倫炯撰。倫炯字資齋，同安人。父昂，康熙二十

一年從靖海侯施烺平定臺灣，烺又使搜捕餘黨，出入東西洋五年。敘功授職，官至廣東副都統。（按副都統爲滿洲額缺，陳昂得是官，蓋出特典。）倫炯少從其父熟聞海道形勢。及襲父蔭，復由侍衛歷任澎湖副將、臺灣鎮總兵官，移廣東高雷廉、江南崇明狼山諸鎮，又爲浙江寧波水師提督，皆濱海地也。故以平生聞見，著爲此書。上卷記八篇，曰天下沿海形勢錄，曰東洋記，曰東南洋記，曰南洋記，曰小西洋記，曰大西洋記，曰崑屯記，曰南澳氣記。下卷圖六幅，曰四海總圖，曰沿海全圖，曰臺灣圖，曰臺灣後山圖，曰澎湖圖，曰瓊州圖。凡山川之扼塞，道里之遠近，沙礁島嶼之夷險，風雲氣候之測驗，以及外蕃民風物產，一一備書。雖卷帙無多，然積父子兩世之閱歷，參稽考驗，言必有徵，視剿傳聞而述新奇，據故籍而談形勢者，其事固區以別矣。其南澳氣記中稱萬里長沙者，即列子所謂歸墟，莊子所謂尾閭，抱朴子所謂沃焦，宋史琉球傳所謂落漈。但諸書皆言注之不盈，倫炯則推以潮長而此溜落，潮落而此溜長，知水自上入，仍自下出，其言確切近理，足以決千古耳食之疑。又史稱舟落漈者一去不返，倫炯則謂乘潮長之時，求出則外高內下，反不得出，如潮落乘南風棹船，尚可出。雍正丙午，有閩船落漈者，果如其說得還。此語亦前人所未發。惟所記七洲洋帶箭鳥，謂由鄭和呼鳥插箭爲記，以導海舶，又記暹羅鬼與鄭和鬬法，夜建寺塔，今尚在焉，則番俗信鬼，有此附會之談，倫炯不爲辨正，是亦少疎。然是書主於記海道，不主於考故實，彼國既有此說，據而錄之，固亦無害宏旨爾。

右地理類外紀之屬，十六部，八十九卷，皆文淵閣著錄。

欽定四庫全書總目卷七十一

欽定四庫全書總目卷七十二

史部二十八

地理類存目一

華陽宮紀事一卷（浙江汪啟淑家藏本）

宋僧祖秀撰。祖秀，蜀人。靖康元年閏十一月汴京陷時，隨都人避兵艮岳，因紀其邸壑池館之勝，敘述極詳，末歸其過於朱勔、梁師成，而推原禍本於蔡京、王偁。東都事略全載之，此本蓋即從偁書錄出也。

艮嶽記一卷（編修汪如藻家藏本）

宋張淏撰。淏有會稽續志，已著錄。是書取徽宗御製艮嶽記及蜀僧祖秀所作華陽宮記，各摭其略，首敘朱勔擾民之事。又稱越十年，金人南侵，臺榭宮室悉皆拆毀，官不能禁。其大意亦與祖秀同耳。

故宮遺錄一卷（兩淮馬裕家藏本）

明蕭洵撰。洵，廬陵人。洪武初爲工部郎中，奉命毀元故宮，因記其制度。洵後爲湖州長興令，欲刊未果，其本歸於呂山高氏家。洪武丙子，松陵吳節從高氏鈔傳。萬歷中，武進趙琦美得之，以張浙門家鈔本互校，因行於世。其書序次典核，朱彝尊日下舊聞全載之，故今不重錄焉。

右地理類宮殿疏之屬，三部，三卷，皆附存目。

新定九域志十卷（浙江汪啟淑家藏本）

此書與朱子存等所撰元豐九域志文竝相同，惟府州軍監縣下多出古蹟一門，詳略失宜，視原書頗爲蕪雜。蓋即晁公武讀書志所云新本，朱彝尊跋以爲是民間流行之書者也首卷四京及京東東路俱已闕次卷亦有譌脫彝尊曾見崑山徐氏家藏宋槧本所紀闕文與此本同蓋即從徐氏錄出者張淏雲谷雜記稱南渡後閩中刻九域志誤改睦州爲嚴州今檢毛晉家影鈔九域志舊本睦字未改而此本則已作嚴州足知其出於南宋閩中刊本而古蹟一門當即其時坊賈所增入矣王士禎居易錄載所見九域志與此本合而誤以爲即元豐經進之書則亦未見王存原本也

歷代地理指掌圖一卷（兩淮鹽政採進本）

舊本題宋蘇軾撰始自帝嚳迄於宋代爲圖凡四十有四前有序後有總論其序云據元豐九域志然書中乃有建炎二年改江寧爲建康府紹興三十二年升洪州爲隆興府諸語案費袞梁谿漫志曰今世所傳地理指掌圖不知何人所作其考究精詳詮次有法上下數千百年一覽而盡非博學洽聞者不能爲自足以傳遠然必託之東坡其序亦云東坡所爲觀其文淺陋乃舉子對策手段東坡安有此語最後有本朝陞改廢置州郡一圖乃有崇寧以後迄於建炎紹興所廢置者此豈出於東坡之手哉云云則此書之僞南宋人固已言之而流傳刊本仍題軾名刊胡安國春秋傳者皆摘其列國一圖爲冠亦仍題曰東坡謬之甚矣其書雖簡明而疎略殊甚費袞所稱殊爲過當亦不足據也

寰宇通衢一卷（內府藏本）

明洪武中官撰案黃虞稷千頃堂書目曰寰宇通衢一卷洪武二十七年九月書成先是太祖以輿地之廣不可無書以紀之乃命翰林儒臣以天下道里之數類編爲書其方隅之目有八所言皆與此本合

輿圖記敘二卷（江西巡撫採進本）

明桂萼撰萼有桂文襄奏議已著錄是編即嘉靖八年爲大學士時所上首爲總圖次則兩京十三省各爲一圖附以四夷圖但略具兵馬錢糧之總數併府州縣衛之名亦不具列所述利病亦皆敷衍之詞其奏進疏乃稱披此圖如祖宗之親歷地方者然而世宗批荅亦稱其明白要切具見體國經濟皆不可解也

志略十六卷（編修汪如藻家藏本）

明廖世昭撰世昭福建懷安人正德丁丑進士官國子監博士是書首題南京兵部武庫司刊行蓋當時官本前載周禮職方氏九州全文其後每省爲一圖而終以四裔各略載其沿革山川人物古蹟土產舛譌闕略殊無可觀其四裔一卷傳聞附會尤多失真地志中之最劣者也

皇輿考十二卷（副都御史黃登賢家藏本）

明張天復撰天復號內山山陰人嘉靖丁未進士官至雲南按察司副使事蹟附見明史文苑傳其子元忭傳中是書取閩本志略稍加潤飾其自序云文襄桂公輿地圖志宫諭念菴羅公廣輿圖司馬許公九邊論詞約而事該故往往引三家之說冠於篇端文襄桂公者桂萼念菴羅公者羅洪先司馬許公者許論也其大意在規明一統志之失但貪列人物依然挂一漏萬至若四至八到郡縣沿革皆略而不詳未爲善本

圖註水陸路程途八卷（浙江鮑士恭家藏本）

明黃汴撰汴不知何許人是書前列南北二京及各省路途後序道路分合里數遠近其山川夷險亦言之頗詳書成於隆慶四年而猶載廣東至安南驛路蓋未棄交阯以前所設站也

郡縣釋名二十六卷（浙江鮑士恭家藏本）

明郭子章撰子章有蠙衣生易解已著錄其書以郡縣地名一一詮釋其文義文義可通則略爲訓詁如福州則云取百順之名永清則云取邊境永清之類皆固陋之甚至不可解者則置而不言亦何取於釋名乎

目營小輯四卷（浙江鮑士恭家藏本）

明陸化熙撰化熙有詩通已著錄是書以十三省布政司爲綱繫以所屬府州縣衛所凡土貢之安蠶課之增損屯田之稅鈔悉隨地詮敘至太僕寺行太僕寺并各苑馬寺監馬數增耗及邊關堡寨之廢置武弁員額駐屯之處多有明會典所未載者前有自序題辛酉仲夏辛酉爲天啟元年而書中永平府條下有天啟五年八月現在官兵十一萬七千八十六員名馬騾駝牛五萬三千八百五十二匹隻及所支月餉數則序作於辛酉書成又在乙丑後矣其曰目營者自序謂取目營四海之意蓋亦有志時務者也

輿地名勝志一百九十三卷（江蘇巡撫採進本）

明曹學佺撰學佺有易經通論已著錄學佺以博洽聞著述甚富是書則由雜採而成頗無倫次時亦舛譌又多不著出典未爲善本

今古輿地圖（無卷數江蘇巡撫採進本）

不著撰人名氏。首列明一統圖，由明溯元，屑累而上，至帝嚳九州，凡爲圖五十。又別爲古今區域總要、歷代山名、歷代水名、辰次分野、列國分野、天象分野、山河兩戒八圖，其圖五十有八。凡明郡縣用墨書，而歷代沿革異同俱以五色筆界畫細註，又各附說於圖中。考錢曾讀書敏求記曰：古今輿地圖二卷，起帝嚳九州至元末羣雄，悉以明朝區域爲總要，復以朱界其閒，標舉歷代地理於上。凡古今山水名及一行山河兩戒咸載焉。據其所言，與此本合。惟曾云二卷，此不分卷。曾云起帝嚳九州至元末羣雄，此起元末羣雄至帝嚳九州，爲小異。蓋此書本無卷數，曾所藏蓋以篇頁稍繁分爲二冊，故以二卷著錄。又每頁各自爲圖，不相聯屬，裝潢者以時代先後敘之，故始自帝嚳耳。然書名今古，不名古今，是自後溯前之明證。圖旁亦細註某圖第幾字，則曾所藏本爲誤移其次序審矣。其書于明代郡縣不能計里開方，又不能上測經緯二度，其方向皆在影響之閒，根柢先已不確。歷代沿革遂皆從之而移。曾以謝莊左傳圖比之，非其倫也。

天下郡國利病書一百二十卷（兩江總督採進本）

國朝顧炎武撰。炎武有左傳杜解補正，已著錄。是書蓋雜取天下府州縣志書及歷代奏疏文集，並明代實錄，輯錄成編。其中採掇舊文，同異兼收，閒有矛盾之處，編次亦絕無體例，蓋未成之槀本也。

增訂廣輿記二十四卷（兩江總督採進本）

國朝蔡方炳撰。方炳字九霞，號息關，崑山人。明山西巡撫懋德之子也。是編因明陸應陽廣輿記而稍刪補之，大抵鈔撮明一統志，無所考正。自列其父於人物中，亦乖體例。懋德不愧於人物，宜待天下後世記之，不可出自方炳。方炳自作家傳，亦無不可，特不可載於輿記也。

閱史津逮（無卷數，江西巡撫採進本）

國朝朱約淳撰。約淳字博成，餘姚人。順治辛丑進士，官泰安縣知縣。是書以閱史不諳地理，無由識其形勢，乃考訂往牒，正其外譌，各繪以圖。前有自序，稱首禹貢，從其朔也；職方所載，代有殊名，作歷代疆域圖十有一；海寓瓜分，英雄角逐，作歷代割據圖八；行臺分建，元創明因，作省會圖十有七；玉門西限，長城北起，作九邊圖十有一；羌人畢至，百粤胥通，作鎭番圖二；鎭蠻圖三；神京都燕，輸輓將及焉，作漕河海運圖各一；古河北播，今通淮泗，作黃河圖一；文命四敷，明堂咸享，作域外圖九。既有省會，必詳分野，作天文圖一。今考其省會圖內有北直隸、南直隸等圖，福建省圖尚無臺灣、澎湖，蓋成於明之末年，入國朝未及改修云。

歷代輿地徵信編殘本六卷（兩江總督採進本）

國朝錢邦寅撰。邦寅字馭少，丹徒人。是編成於雍正中。前無總目，不知原本卷帙幾何。此所存殘槀題曰前集，自第一卷至第四卷，敘歷代疆域分合；第五卷至第六卷之上半，爲形勝紀略；第六卷之下半爲水道紀略。以下則全佚焉。其考據議論，亦頗博雅，而脫落斷爛，即此所存之六卷已不盡可讀矣。

山河兩戒考十四卷（安徽巡撫採進本）

國朝徐文靖撰。文靖有禹貢會箋，已著錄。星野之說見於周禮保章氏，以星土辨九州之地，所封封域皆有分星，以觀妖祥。鄭康成註云：大界則九州，州中諸國之封域，於星亦有分焉。其書亡矣。堪輿雖有郡國所入度，非古數也。如鄭氏所言，以九州爲大限，而諸國地域遠於國都者，其上應之星自不得盡同。是星野不主列國而主乎其地。漢書地理志於漢時郡縣略著梗概，至唐而僧一行又據山河以分，於義九近。然其說有云：魏徙大梁，則西河合於東井；秦拔宜陽，而上黨入於輿鬼。彼此遷就，益涉支離。特其文辭綜博，足以自達所見，故後代言分野者悉宗之。文靖廣採羣書以爲之註，此八卷是也。自卷九至卷十四，則文靖所續補，亦引羣書爲之註。自漢以降，星野之書已亡，說者徒就春秋內外傳以其所及，推其所不及，牽合附會，皆所不免。是書雖詳於考古，不涉占驗，然博引曲證，以資談論則可，於實用毫無所當也。

古今約說（無卷數，兩江總督採進本）

國朝邵元龍編。自署曰古九峯，蓋松江人也。其書節鈔古今輿地故實詩文，排輯成編，漫無體例，兼有塗乙空闕處，猶未完之稿也。

右地理類總志之屬，十七部，四百三十七卷，（內三部無卷數）皆附存目。

欽定四庫全書總目卷七十三

史部二十九

地理類存目二

成化山西志十六卷（兩淮鹽政採進本）

不著撰人名氏。考國朝雍正甲寅宜興儲大文所纂山西志，云舊志成於成化甲午，晉學僉事胡謐創修，則此本爲胡謐所撰矣。其後有嘉靖周斯盛志、萬歷李維楨志，皆本此志而增修者也。謐，四川馬湖沐川長官司人。永樂辛丑進士。見太學題名碑。修志之時，距其登第之歲已五十四年矣。

寧波府簡要志五卷（兩淮馬裕家藏本）

明黃潤玉撰。潤玉有四明文獻錄，已著錄。是編以舊志太冗，乃刪除繁蕪，定爲是編。體例簡潔，亦康海武功志之亞。然武功志藝文散入各類中，此則僅存其篇題而文皆不錄，則未免太簡矣。

成化杭州府志六十三卷（浙江范懋柱家天一閣藏本）

明夏時正撰。時正字季爵，仁和人。正統乙丑進士。官至大理寺卿。是書成於成化乙未，因洪武中徐一夔志及永樂景泰續志增修，分封畛、山川、公署、風土、學校、水利、軍政、詔赦、郵政、壇廟、名宦、科貢、人物、塚墓、寺觀、書籍、碑碣、紀遺十八門。所收頗冗濫，如載淩雲翰嘲析產小詞之類，皆非地志之體。其凡例稱引用諸書皆簡節全文，或因而足以己意，故皆不著所出。其大略可睹矣。

建陽縣志四卷、雜志三卷、續志一卷（兩淮馬裕家藏本）

明黃璿撰。璿，建陽人。是書成於景泰庚午。卷首於輿圖之外，增以先賢畫像十二，傳刻失眞，殆可不必。雜誌三卷亦璿所作，而題曰知非子黃景衡集。景衡即璿之字，見前志劉章目錄序中。蓋其書乃修志之餘，摭拾佚事，因同於小說家流，故署其號也。續志一卷乃弘治甲子邑人袁銛所撰，名雖續前志，實則體例各殊。

毘陵志四十卷（江蘇巡撫採進本）

明王偁撰。偁字廷貴，武進人。景泰辛未進士。官至南京吏部尚書，謚文肅。是編體例頗詳整。惟齊高梁武雖從斯郡發祥，然奄有江東，各存國史，修郡志者但可載其軼聞舊蹟，以備考徵。乃於人物之首冠以二帝，附以諸王，揆以斷限之法，於義爲濫。蓋輿記務侈土風，而不知著書各有體例也。

中都志十卷（浙江范懋柱家天一閣藏本）

明柳瑛撰。瑛字廷玉，臨淮人。天順丁丑進士。官至河南按察使僉事。初，明太祖吳元年，改濠州爲臨濠府。洪武三年，改爲中立府，定爲中都，立宗社，建宮室。七年，又改爲鳳陽。此志不曰鳳陽而曰中都，用太祖制也。其書成於成化丁未。體例龐雜，最爲冗濫。

金華府志三十卷（兩淮馬裕家藏本）

不著撰人名氏。前列成化庚子商輅序，稱爲知府周宗智撰。而志中乃載及隆萬時事，蓋後來又因宗智之本稍益以近事耳。宗智，大冶人。天順庚辰進士。

赤城新志二十三卷（浙江范懋柱家天一閣藏本）

明謝鐸撰。鐸有赤城論諫錄，已著錄。台州自嘉定以後，建置沿革，宋陳耆卿志已具。鐸因其體例，續輯此編。時台州已陞爲府，又析黃巖爲太平縣，故鐸爲太平人云。

宏治八閩通志八十七卷（兩淮鹽政採進本）

明黃仲昭撰。仲昭名潛，以字行。成化丙戌進士。官至江西提學僉事。事蹟具明史本傳。其書於輿記之中較爲詳整。然以戶口、水利列之食貨門中，則牽強不倫，此創例之未協者也。

陝西志三十卷（兩淮鹽政採進本）

明伍餘福撰。餘福字天錫，臨川人。正德丁丑進士。官陝西按察司副使。是編成於成化乙未，以府州縣衞所寺監爲綱，而各繫門目於其下，如一統志之例。陝西爲古都會地，舊蹟頗多，金石尤富，諸書記載頗詳。其所採摭，尚未能詳備。

嘉興府志三十二卷（兩淮馬裕家藏本）

明柳琰撰。琰，儀眞人。成化丙戌進士。官嘉興府知府。是編成於宏治壬子。以府與所屬七縣各爲一志，其例皆分二十一門，序述參差，詳略失當。

宏治湖州府志二十四卷（兩淮鹽政採進本）

明王珣撰。珣，曹縣人。成化己丑進士。官至右副都御史，巡撫寧夏。是志乃宏治辛亥珣官湖州知府時所重修。初，宋談鑰嘗輯吳興志，而文頗蕪陋。明景泰間，訓導陳碩乃因談志續爲一編。成化甲午，知府九江勞鉞又令郡人張淵補所未備，增爲二十二卷。珣以郡縣舊有分析，復屬郡人汪翁儀、唐應徵、陳遠等論次增輯，列爲三十三目，分禮樂射御書數六集。舊本因前有勞鉞序，遂題爲成化志非也。

重修毘陵志四十卷（江蘇巡撫採進本）

明朱昱撰。昱字懋易、武進人。初、成化己丑、常州知府卓天錫聘昱修郡志、書成未刻。越十有三年戊寅、新淦孫仁來知府事、仍屬昱增修之。其書先圖、次表、次志、凡十有七門。昱後序云、以宋咸淳志爲本、次以洪武十年續志及永樂十六年景泰五年敕天下郡縣纂輯志書之副稾。案咸淳毘陵志爲史能之撰、洪武續志爲謝應芳撰、其原書皆有體例、故所修比他志爲善。惟命周忱賑荒、以王恕爲巡撫諸敕諭、不專爲常州一府。而牽連載之、未免失於氾濫云。

三原縣志十六卷（兩淮馬裕家藏本）

明朱昱撰。其書分類太繁、例多叢脞。如戶口列之食貨門、參雜不倫。縣治官制俱列之公署門、亦綱目倒置。人物分十七類、甲科鄉貢封贈廕敘悉隸焉。而獨以顯達一類別爲一卷冠於前、其識趣可知矣。遠不及所修毘陵志也。

徽州府志十二卷（兩淮馬裕家藏本）

明汪舜民撰。舜民、婺源人。成化乙未進士、官至右副都御史巡撫鄖陽。是書成於宏治壬戌。分目過多、如沿革之外又出郡名一門、人物至分爲十四類、皆傷煩碎。又風俗形勝二門皆標題夾註、有似類書、亦乖體例。

常州府志續集八卷（兩淮鹽政採進本）

明張愷撰。愷、無錫人。成化甲辰進士。仕履未詳。初、王僎撰常州府志四十卷、止於成化二十年。此續修之、凡見於舊志者不錄。其敘事止於正德七年、則其書當成於是歲後也。江南通志載無錫張愷常郡續志八卷、與此本卷數相合。其所載惟官署人物、蓋以沿革山川各門已載前志故也。

吳邑志十六卷（浙江巡撫採進本）

明楊循吉撰。循吉有蘇州府纂修識略、已著錄。是編成於嘉靖八年、較他志乘爲典核。然首敘吳國本末爲史考、已非一邑之事。又引春秋所載吳事爲經考、又併非吳地之事矣。仍不免志書牽引之習也。

赤城會通記二十卷（浙江范懋柱家天一閣藏本）

明王啟撰。啟號柏山、黃巖人。成化丁未進士、官至刑部尚書。是編取陳耆卿赤城志、謝鐸赤城續志諸書彙爲一帙、而變其體例。自夏后氏迄明、每朝各爲一紀。唐以後則一帝爲一紀。其載官吏則分名宦、死難、儒臣、有事實官、無事實官、有玷官諸目。紀人物則分鄉獻、死節、孝子、烈女、鄉傪諸目。散入各紀之下。又有異聞、祠廟、鄉試、貢薦等目。分析破碎、殊無體要。至山川分野無可附麗、則舉而列之夏后氏紀、亦可見其例之窒而難通矣。

松江府志三十二卷（內府藏本）

明顧清撰。清字士廉、華亭人。宏治癸丑進士、官至南京禮部尚書。事蹟具明史本傳。其書頗詳悉有體、稍勝他輿記之冗濫。

嘉靖江西通志三十七卷（兩淮鹽政採進本）

明林庭㭿、周廣同撰。庭㭿字利瞻、閩縣人。宏治己未進士、官至工部尚書、謚康懿。事蹟附見明史林瀚傳。廣字充之、崑山人。宏治乙丑進士、官至南京刑部右侍郎。事蹟具明史本傳。是編乃嘉靖中庭㭿官江西布政司參政、廣官按察司副使時所作。凡藩省志三卷、諸府志三十四卷。藩省志分十二門、諸府志分二十七門、體例略同他志。惟姦宄一門仿諸史姦臣酷吏傳例、以示鑑戒、獨爲小異。史載廣在正德中以劾錢寧獲罪幾死。又載其平生嚴冷無笑容、巡撫江西墨吏皆望風而去。其嫉惡之嚴、可以想見。此門其廣所刱意歟。

雍大記三十六卷（浙江汪啟淑家藏本）

明何景明撰。景明字仲默、信陽人。宏治壬戌進士、官至陝西提學副使。事蹟具明史文苑傳。是編爲所作陝西總志。乃其督學時開局立例、召學官生徒分輯成編者。訂改甫就、景明以病去官。僉事周宗化攝學政、爲續成之。始末具詳於段炅序中。關中自三輔黃圖以後、宋敏求程大昌所作最爲簡雅有法。景明廣事蒐採、意欲突過前人、而嗜博務多。如歷代史贊之類、概爲收入、未免氾濫。又文字多摹古而失真、如改沿革志曰考易、改藝文志曰志貢、名目皆出臆創、幾於鵰閣虬戶、篠驂銑溪、七子末派爲世所詬厲、亦有由矣。

崇安縣志四卷（浙江范懋柱家天一閣藏本）

明李讓撰。讓、天台人、官崇安訓導。書末有宏治癸亥崇安縣丞錢塘沈相刻書跋、而科第門中所載乃至正德十四年己卯。蓋書成之後、又有所續附也。其書凡分五十七門、猥雜殊甚。卷首列諸儒圖像、自胡安國以下凡十六人、皆略具眉目、不可別爲某某、僅以題識辯姓名、不知何取、與建陽縣志所繪同一鄙陋也。

彰德府志八卷、兩淮馬裕家藏本

明崔銑撰。銑有讀易餘言、已著錄。是書成於嘉靖壬午。自序謂本宋相臺志、元相臺續志而益以諸縣之興記。其書頗爲謹嚴、蓋銑本儒者故也。

嘉靖惟揚志三十八卷、浙江范懋柱家天一閣藏本

明盛儀撰。儀字德章、江都人。宏治乙丑進士、官至太僕寺卿。揚州輿記、宋代有紹熙廣陵志、嘉泰廣陵志、寶祐惟揚志、歲久散佚。高宗本有惟揚新志而採錄未備。嘉靖二十年、知府歸安朱懷幹請於巡按御史胡植、屬儀輯爲是書、沿寶祐舊名、以惟揚爲稱。且謂禹貢淮海惟揚州、寶祐志本此。今作維揚者誤也。首郡邑古今圖、次建革以下十八志、又次秩官人物二列傳、纂次頗有端緒、在明代地志中差爲完善。惟以古今關涉揚州事蹟、仿綱目編年紀載、別爲歷代一志、則體例殊嫌錯見。

常熟縣志四卷、兩淮馬裕家藏本

明楊子器撰。子器字名父、慈谿人。成化丁未進士。宏治中官常熟知縣、因舊琴川志而葺之、改題今名。卽其標目、賢於舊志遠矣。

嘉興志補十二卷、浙江巡撫採進本

明鄒衡撰。衡、嘉善人。初宋嘉定甲戌、岳珂守嘉禾、始命闗栻創郡志、未成。元至元間、郡博士徐碩續爲三十二卷。明宏治中、郡守柳邦用再加纂輯、衡復取宋元諸志、增所未備。其已見於柳志者不錄、故謂之志補。書成於正德元年。卷首竝載徐碩舊志、唐天麟、郭晦二人序。蓋欲表舊志義例、故存其原序、以見端末也。

嘉靖安慶府志三十卷、兩淮鹽政採進本

明胡纘宗撰。纘宗字世甫、自號鳥鼠山人、泰安人。正德戊辰進士、官至左副都御史、巡撫河南。事蹟附見明史劉訒傳。是編乃嘉靖元年纘宗爲安慶知府時所作。爲記二、表二、志十二、傳十二、不分細目。其門人王漢序之曰、今郡縣志分門立類、撮要標目、爲類書之體、而非史之例。是志一循古文無復分門立類之規規也。然第四卷已作職官表、第七卷又作職官志、則於例亦頗不純。又顧炎武日知錄曰、胡纘宗作安慶府志、於正德中劉七事大書曰七年閏五月、賊七來寇江境、而分註於賊七之下曰、姓劉氏。舉以示人、無不笑之。不知近日之學爲秦漢文者、皆賊七之類也。是亦好古之過矣。

嘉靖廣信府志二十卷、兩淮鹽政採進本

明費寀撰。寀字子和、鉛山人。正德辛未進士、官至禮部尚書。事蹟附見明史費宏傳。廣信自成化初始有志、嘉靖乙酉、寀以編修家居、乃與同郡江汝璧、楊麟等增修、定爲此本、凡八門。

正德大同府志十八卷、兩淮鹽政採進本

明張欽撰。欽字敬之、號心齋。正德辛未進士、官至工部左侍郎。太學題名碑作通州衞人、而此書自署曰潞郡、蓋通州爲潞河所經也。事蹟具明史本傳。是編乃正德癸酉欽官行人奉使代藩時所作。凡四十門。其沿革門紀大同晉置始興郡、後魏徙都平城。不知北魏始爲新興、至天興中乃徙平城。山川門白帝山祗載白登臺爲古蹟、不知白登有繫時宮室武廟諸蹟、載於水經注及通典者甚詳。又黃河在大同廢東勝州南八里、自榆林北塞、經此乃折而南。書中僅云自東勝界南流至太原、往往失之舛略。蓋邊地少書、又倉卒脫稾故也。其別立烽堠一門、又卷首圖說中有車營戰車諸圖、爲他志書所無之例。蓋大同在明代爲嚴邊、故尤詳於武備云。

商略、無卷數、浙江范懋柱家天一閣藏本

明任慶雲撰。慶雲、商州人。正德癸酉舉人、官至陝州知州。其書首州志、次鎭安洛南山陽商南四邑志。各分地理建置學校典禮官師選舉人士雜述等八門。目錄之前有題詞曰、今之郡邑、古之國也。國可以言語言策、郡邑不可以言紀、故言略。蓋本之華嶠、若文選之典引云爾。然國語國策原非地志、班固典引亦符命之流、引類殊爲紕繆。至於華嶠曰略、語出史通、亦史志之別名、非地志之名也。則其書可知矣。

澉浦續志九卷、浙江巡撫採進本

明董穀撰。穀字碩甫、正德丙子舉人、官安義漢陽二縣知縣。罷官後、自號碧里山樵、又曰漢陽歸叟。居海鹽之澉水鎭、嘗得宋常棠澉水舊志、校而刊之。因採元明事蹟、續成此編。小變棠之體例、分地理職官公署貢賦兵衞祠宇人品雜記藝文九門。規矩在前、弗能偭錯、較他邑志之冗濫、尚有典型。然能知棠書之善、而必欲改弦易轍、稍出入之、猶不免明人自用之習。故精簡古雅、亦終不逮棠書

也。

金陵古今圖考無卷數浙江范懋柱家天一閣藏本

明陳沂撰。沂有維楨錄。已著錄。是編紀金陵建置。自列國以迄明代。爲圖一十有五。又以城郭規制。隨世異態。復作互見圖以辨之。每圖並附有說。首有正德丙子自序。

金陵世紀四卷浙江范懋柱家天一閣藏本

明陳沂撰。分都邑城郭宮闕郊廟官署雝泮衢市第宅樓宇山川驛路津梁臺苑陵墓祠祀寺觀識遺賦咏十八門。粗具大略。不爲詳贍。沂金陵古今圖考乃未登第時所作。後官翰林侍講時。乃續爲此書。隆慶中太僕少卿史際始刊行之。

隨志二卷安徽巡撫採進本

明顏木撰。木字維喬。應山人。正德丁丑進士。官亳州知州。明史文苑傳附見王廷陳傳末。是志乃木罷歸後。隨州知州蓬溪任德賜木所作。上卷編年紀事。始自羲皇。迄於明代。下卷皆錄詩文。雖以隨志爲名。而木籍隸應山。與隨接壤。志中所載皆合二邑收之。其編年之例。全仿春秋經文。稱隨爲我。而以地之沿革。官之遷除。士之中鄉會試貢大學者。案年紀載。皆地志未有之例也。史稱嘉靖十八年詔修承天大志。巡撫顧璘以王廷陳顏木王格薦。書成不稱旨。賜銀幣而已。其書今未之見。觀於是志。亦約略可知矣。

浦江志略八卷浙江汪啟淑家藏本

明毛鳳韶撰。鳳韶字瑞成。麻城人。正德辛巳進士。官至雲南按察司僉事。是編乃嘉靖丙戌鳳韶爲浦江知縣時所作。分疆域民物官守城社財賦學校人物雜志八門。又分子目四十有五。較他志頗爲簡質。而大旨欲仿通鑑綱目。以名字爵謚爲褒貶。又仿尹起莘例。自爲發明。而散署邑人之名。已非志體。至於正傳之外。附有附錄。自云仿春秋大全。不知春秋大全何與志書之例。蓋明之中葉。士大夫已如是之陋矣。

嘉靖廣西通志六十卷兩淮鹽政採進本

明黃佐撰。林富參修。佐有泰泉鄉禮。已著錄。富莆田人。宏治壬戌進士。官至兵部侍郎兼僉都御史。總理兩廣。是編凡圖經二卷。表八卷。志三十卷。列傳九卷。外紀十一卷。大致頗謹嚴。其沿革分野職官選舉皆作表。以省簡牘。體例亦善。惟土官已隸職方。命以爵秩。而列之外紀。非大一統之義。寺觀亦列外紀。云闢異端。然仙釋則入之列傳中。不外其人而外其人之所居。僎矣。藝文苟無關於土風。則可不錄。既以其有關錄之。而列之於外紀中。尤不允也。

山東通志四十卷兩淮鹽政採進本

明陸釴撰。案明有兩陸釴。其一崑山人。見明史文苑傳。此陸釴字舉之。號少石子。鄞縣人。正德辛巳進士。官至山東提學副使。與其兄銓並附見明史王慎中傳。是編在地志之中。號爲佳本。體例不務新奇。而詳核有法。惟海市常變圖稍嫌枝蔓。幻化無定之形。豈繪畫所可該括耶。

全陝政要略四卷浙江范懋柱家天一閣藏本

明龔煇撰。煇餘姚人。嘉靖癸未進士。官至工部左侍郎。是書首陝西省治。次自西安府以下分府紀錄。有藩封公署官師戶口田賦河防關隘馬政屯田諸目。末爲邊鎮圖。於山川形勢關隘汛地道里遠近。皆繪而列之。煇初承巡按御史登州浦鋐檄。纂輯全陝政要。總督三邊軍務楊守禮爲之序。後以卷帙繁重。復節爲此本。僅存梗概。故名曰略焉。

欽定四庫全書總目卷七十三

欽定四庫全書總目卷七十四

史部三十

地理類存目三

吳興掌故集十七卷 兩淮鹽政採進本

明徐獻忠撰。獻忠字伯臣，一號長谷，華亭人。嘉靖乙酉舉人，官奉化縣知縣。明史文苑傳附見文徵明傳中。是編乃其寓居湖州時所作。分類十三：曰官業，曰鄉賢，曰遊寓，曰著述，曰金石刻，曰藝文，曰名園，曰古蹟，曰山墟，曰水利，曰風土，曰物產，曰雜考。考訂多未詳審。如所載寓賢以作漁隱叢話之胡仔列入明代，尤爲舛誤也。

廣東通志初稿四十卷 兩淮鹽政採進本

明戴璟撰。璟字孟光，號石屏，奉化人。嘉靖丙戌進士，官至僉都御史，巡撫廣東。是書乃璟於嘉靖乙未以臨代之時兩月而成，未免涉於潦草。其門類亦多未當。如人物之外別立道學一門，介於學校風俗之間。雖本之宋史，而於地志爲創例。位置先後亦非其所。又政紀一門，凡歷代竄流嶺表之人皆備書之。此自朝政，何與輿圖。又行次一門，惟紀宋末崖山之事。此在史氏爲大綱，在地志則軼事矣。別爲標目，更未允愜也。

平涼府通志十三卷 陝西巡撫採進本

明趙時春撰。時春字景仁，號浚谷，平涼人。嘉靖丙戌進士，官至右副都御史，巡撫山西。事蹟具明史本傳。是書以平涼爲西北要地，舊未有志，因創修之。分十七門：曰建革，曰山川，曰戶口，曰田賦，曰物產，曰壇祠，曰藩封，曰官師，曰兵制，曰學校，曰人物，曰孝節，曰風俗，曰河渠，曰寇戎，曰寺觀，曰祥異。其考證敘述，具有史法，在關中諸志之內最爲有名。惜其漫漶磨滅，已不可繕寫，故僅存其目於此焉。

南畿志六十四卷 浙江汪啟淑家藏本

明聞人詮撰。詮字邦正，餘姚人。嘉靖丙戌進士，官至湖廣按察司副使。明以應天府爲南京，稱根本重地，有京城圖志，僅載都城，未詳郡縣。詮以監察御史提督南畿學政，因與南京太僕寺卿陳沂纂輯是書。沂即撰金陵古今圖考及金陵世紀者也。前三卷爲總志，分子目凡八。次列十四府四州，分子目凡十二。採掇尚爲簡核，而亦不免於譌漏。

湖州府志十四卷 兩淮馬裕家藏本

明唐樞撰。樞有易修墨守已著錄。是書分土地、人民、政事三門，每門各綴以子目，與他志小異。然如沿革之中參述祥異，體例亦未能精當也。

嘉興府圖記二十卷 浙江巡撫採進本

明趙文華撰。文華，慈谿人。嘉靖己丑進士，官至工部尚書。明史姦臣傳附見嚴嵩傳中。是書乃文華官通政使時遭憂家居，應郡守之請而作。分方畫、邦制、物土、人文凡四門，而附以叢記。敘述頗有體例。其方畫每朝爲一地圖，殊可爲法。然文華小人之尤，其姓名人羞稱之，故傳本頗稀。此殆毀棄之餘歟。

滁州志四卷 浙江范懋柱家天一閣藏本

明胡松撰。松字汝茂，滁州人。嘉靖己丑進士，官至南京吏部尚書，謚恭肅。事蹟具明史本傳。同時又有績溪胡松，字茂卿，正德甲戌進士，官至工部尚書。明史以二人合傳，以名姓相同故也。是編乃松官禮部精膳司郎中，以使事歸里，知州林元倫屬成此志。先述天文、山川、物產，各爲一篇；次則皆以編年紀事，間附論斷，與他地志分目者不同。然傳記與圖各有本例，以志名而用史體，文雖創而義則乖矣。

嘉靖全州志六卷 兩淮鹽政採進本

明謝少南撰。少南，上元人。嘉靖壬辰進士，官至廣西提學僉事。全州置於石晉，洪武元年改州爲府，九年復爲州，領灌陽縣。

國朝始以全州、灌陽同隸桂林府。此志輯於嘉靖己酉，其時灌陽爲州屬，故各門皆載灌陽也。全州舊有志，少南重加修輯，凡爲綱七，爲目五十有八。其建置門所載沿革云，隋平陳，改洮陽爲湘源，不知隋改隸永州，載於隋書地理志甚詳。又不載後周時地屬南唐。洮水出洮陽縣，載於水經注，亦未徵引，均未免脫略也。

嘉靖邵武府志十五卷 兩淮鹽政採進本

明陳讓撰。讓字以禮，嘉靖壬辰進士，官至監察御史。是編成於嘉靖癸卯。分天文、地理、王制、人物、外志五大綱，繫以二十八子目，附以三國三表。其特創之例，在以應候附星野，遂使農家占驗冠於郡邑建置之前。蓋牽於天文自爲一門，不得不爾。其實分野之說，以二十八宿割屬九州，既已聚訟。以嶺外蠻荒之地，引而測驗於揚州，益茫然矣。揚州占牛女，既已疑似。邵武一郡而亦占牛女，吏牛之一毛矣。故劉基清類天文分野之書，今推步家不用近時李光地注禹貢亦主關屬揚州之說是猶楊侯移關耳非篤論也又人物門中別立李忠定世家一篇何李二氏世家一篇亦爲創例世家者以爵土世其家也司馬遷以特筆尊孔子蓋以子孫世守其祀顏曾孟以下無不列傳矣李綱等雖曰賢者豈可僭用孔子例乎

嘉靖眞定府志三十三卷兩淮鹽政採進本

明雷禮撰禮有六朝索隱已著錄是編乃禮以吏部考功司郎中謫大名通判時奉檄所修爲圖一表四紀四志九傳十五法綱目體大書以敘事分注以載言又分立諸侯王表帝系傳后妃傳世家傳均與地志之例不合又表傳所載事皆複出尤非體也

嘉靖河間府志二十八卷兩淮鹽政採進本

明樊深撰深號西田河間人嘉靖壬辰進士官至通政司通政使事蹟附見明史楊思忠傳其以深爲大同人則因深以軍籍登第也是編成於嘉靖庚子凡十六門分子目六十有一是時天津衞未分爲府與滄縣亦尚未隸河間所屬凡州二縣十六故今天津滄州靜海青縣鹽山慶雲南皮皆併載志中深自序稱一方之山川壙土習俗往蹟咸蒐輯罔遺若夫述怪誕以表奇特著事應以貫祥異增仙釋以備觀覽名教之所禁者皆得而略焉其體例頗謹嚴而採摭古事不免貪多假借附會均所不免仍不出明人地志之積習也

陝西行都司志十二卷浙江巡撫採進本

不著撰人名氏千頃堂書目作包節撰考節字元達華亭人占籍嘉興嘉靖壬辰進士官監察御史出按湖廣抗疏劾守陵大璫廖斌不法反被誣下詔獄謫莊浪衞卒於戍所隆慶初追贈光祿寺少卿事蹟具明史本傳此書紀事止於嘉靖且莊浪衞正陝西地當即節書矣凡分地理建置官師兵防歲計人物六門而以所屬各衞分載其中能闕所不知故簡陋而不荒謬凡例謂學校祀典不立類以建置大端惟此二事故統置於建置之下例殊未允自郡縣山川人物以外無一不從建置起能全附之建置乎

嘉靖貴州通志十二卷兩淮鹽政採進本

明張道撰謝東山刪正道里貫未詳官貴州宣慰司訓導東山射洪人嘉靖辛丑進士官至右副都御史巡撫山東其刊定此書時則官貴州按察司副使也書頗簡略以孝義隱逸別於人物之外而如陸京張伯安諸人又以孝友入人物志亦無體例也

北地紀四卷安徽巡撫採進本

明汪來撰來字君復天津衞人嘉靖辛丑進士官慶陽府知府慶陽爲漢北地郡故以名書不分門目惟以時代先後爲序採事蹟詩文之有關慶陽者得八十一人以后稷居首次以淳維而自附其名於末故實蹟文錯雜互編人物名宦混淆竝列爲從來志乘所未有其前三卷題來名而四卷獨標北地舉人孫倌撰蓋末卷皆來之文章嫌於自炫故託之倌云

括蒼彙紀十五卷兩淮鹽政採進本

明何鏜撰鏜字振卿號賓巖處州衞人嘉靖丁未進士官至江西提學僉事鏜以處州舊志十邑各爲一編體例不當又自成化以後記載闕如因彙爲是編考隋代始置處州治括蒼縣本以括蒼山得名今爲處州全府之志不應以一縣冠一郡又不應以一山該一境名實相乖於義未允然宋無吳郡而范成大爲吳郡志則謬誤相沿亦不自鏜輩始矣

萬曆開封府志三十四卷兩淮鹽政採進本

明曹金撰金祥符人嘉靖丁未進士官至兵部右侍郎兼僉都御史巡撫陝西是書與他志體例略同惟以仙釋居前官蹟居後而仙釋宦蹟之間又介以藝文編次殊爲無法

嘉靖仁和縣志十四卷浙江巡撫採進本

明沈朝宣撰朝宣字三吾仁和人官江陵知縣此志撰於嘉靖己酉凡例謂義類悉依洪武府志案西湖游覽志云洪武初徐一夔著杭州府志頗稱簡明則所據者一夔本也體例頗謹嚴較他地志之冗濫差爲勝之其稱杭州府舊志備載詔敕蓋用咸淳臨安志例不知其時臨安爲都城所以備錄明代已非都城即爲贅文其說最協至於碑刻之文祗載其目使後世無從考證則失之太簡又引用諸書或足以己意皆不著其所由則爲啓杜撰之門矣其書舊未刊板萬曆中諸生鄭圭有鈔本爲邑令周宗建攜去

國朝順治丁酉錢塘知縣沈某於宗建家求得之邑人朱之浩始爲傳寫之浩跋稱其時教綱註略而

不詳，尚需增輯云。

萬歷湖廣總志九十八卷（兩淮鹽政採進本）

明徐學謨撰。學謨有春秋億，已著錄。學謨四任湖廣，習其故事，此其萬歷中爲左布政使時作也。不以州郡分卷，惟以事類編輯，分三十二門，命曰總志。其削去各志所書禮樂一門、紀事一門，以會典通行，不爲一地而設，國史事祕，本非外臣所窺，其論亦頗有裁制。然通行之典制，本不專繫於一地，刪之可也。至於朝廷政令專爲一地而發者，有詔諭可稽，有奏議可考，亦有案牘可尋，實不待披求國史，然後能知。此則欲省編輯之力，姑爲託詞者矣。

定遠縣志十卷（兩淮馬裕家藏本）

明高鶴撰。鶴字若齡，山陰人。嘉靖庚戌進士，官定遠縣知縣。是書自序稱杜門三日而成，世無此理。或刊本譌月爲日歟。其記載甚簡略，而體例乃頗冗雜。列疆域道路於建置沿革之前，是未出縣名，先臚縣境，所謂四界八至，不知爲何地而言，端緒殊覺倒置。至於屯田一門僅四行，惠政一門僅三行，又職官題名之下各書其人之字號，如書肆官籍之式，亦皆非體也。

續朝邑縣志八卷（陝西巡撫採進本）

明王學謨撰。學謨字子揚，朝邑人。嘉靖癸丑進士，官至大同左衞兵備道。初，正德己卯，韓邦靖作朝邑縣志，當時號爲佳本。學謨此志，成於萬歷甲申，繼邦靖之志而作，故以續名。然名爲續邦靖書，而邦靖所錄，此志仍錄，蓋病邦靖之略，而欲以詳勝之。特以邦靖名重，不敢訟言相攻，故諱曰續耳。自序謂匠意綴詞，稍稍自異，其大旨可見。觀所敍錄，視冗濫之輿記尚爲有法，然筆力去邦靖遠矣。

三郡圖說一卷（兩淮鹽政採進本）

明王世懋撰。世懋有却金傳，已著錄。是編乃其官分守九江道時所作。三郡者，一饒州，二南康，三九江，皆所隸也。凡地之衝僻，俗之澆淳，民之利病，皆撮舉其大端，而不以山川古蹟登臨題詠爲重，蓋猶有古輿圖之遺法。末有世懋自跋，稱直指使者東萊趙公命郡縣長吏圖其地境，而系說於圖後。既而以所說失實，屬世懋改定之，故以圖說爲名，而不具其圖云。

萬歷廣東通志七十二卷（兩淮鹽政採進本）

明郭棐、王學曾、袁昌祚同撰。棐，南海人。嘉靖壬戌進士，官至布政使，加光祿寺卿。學曾履貫未詳，官光祿寺丞。昌祚，東莞人，隆慶辛未進士，官布政司參議。是書成於萬歷壬寅。凡爲藩省志十三卷，郡縣志四十九卷，藝文志三卷，外志七卷。其藩省志輿圖之後，即列事紀五卷，茫無端緒。惟仙釋寺觀列之外志，較他志體例爲協。又增罪放、貪酷二門，以示譏貶，則彷彿嘉靖江西志例也。

嘉靖貴州圖經新志十八卷（兩淮鹽政採進本）

明趙讚撰。讚，葉榆人，官貴州宣慰使司儒學教授。是編成於嘉靖中。其凡例謂舊志考究採掇挂漏可笑，然此書亦殊舛陋。如第二卷內所載題詠，每詩皆取一句大書於上，而以全詩細字分註於下，是何體例也。

萬歷四川總志三十四卷（兩淮鹽政採進本）

明魏樸如、游樸、童良同撰，提學副使海南郭棐裁正之。樸如題敘州府同知，良題諸生，皆不知其里貫。樸，福寧人，萬歷甲戌進士，官成都府推官。是書凡省志四卷，郡縣志十四卷，經略志附以雜記，共十四卷，文八卷，詩四卷。其書於尹吉甫、商瞿、董永、楊時之類，舊志誤收者，頗有駁正。於趙戒、張商英之類，舊志溢美者，亦頗有簡汰。惟職官不載守令，未免疏略。而以先代帝紀列於前，亦非輿記之體也。

安邱縣志二十八卷（兵部侍郎紀昀家藏本）

明馬文煒撰。文煒字仲韜，號定宇，安邱人。嘉靖壬戌進士，官至右都御史，巡撫江西。是志成於萬歷己丑，體例頗爲謹嚴。其沿革、封建、秩官、貢舉、貤封俱列爲表。藝文惟列古人著述，較他志亦爲清省。惟典禮、雅樂、國家通制，非安邱所獨有，而各爲一考。此劉知幾所論天文諸志誤學史記者也。（史記括黃帝以來，故可立天官一書。至歷代非各有一天，無庸複志。其說具史通表志篇中。）藝文之末，附詩二十首、文九篇，可謂刪除冗濫矣。然何不用范成大吳郡志例，散載各條之下乎。總記二篇，尤多泛濫。漢惠帝七年，日食於危。文帝七年，水土合於危。後七年，有星孛於西方，其末指虛。此果爲安邱垂象耶。漢封劉常爲安邱侯，此就國者也，於法當書。唐封張說爲安邱侯，此與安邱風馬牛矣。可入說傳，不必入安邱志也。蓋雖稍廓地志之惡習，而猶未能免俗云。

嘉靖江都縣志八卷（兩淮鹽政採進本）

明葛洞撰。洞字近園，江都人。初，江都以附郭無專志。嘉靖壬戌，知縣趙詡屬洞因府志而增葺之，凡八門。藝文用吳郡志例，附各門之內。其人物一門，則詡所裁定也。草創之初，記載殊爲簡略。每條末所繫論贊，皆以知縣趙曰四字冠之。是縣令論示鄉民之體也，以入志書，不學甚矣。

紹興府志五十卷（兩淮馬裕家藏本）

明張元忭、孫鑛同撰。元忭字子蓋，山陰人。隆慶辛未進士，官至左諭德。事蹟具明史儒林傳。鑛有月峯評經，已著錄。是志分十八門，每門以圖列於書後。較他志易於循覽，體例頗善。末爲序志一卷，凡紹興地志諸書，自越絕書、吳越春秋以下，一一考核其源流得失，亦爲創格。

豐潤縣志十三卷（兩淮馬裕家藏本）

明石邦政撰。邦政，豐潤人。其書成於隆慶庚午。門目冗雜，絕無義例。且於歷代帝王妄爲區別，以行款高下示其予奪，尤爲無理。

隆慶永州府志十七卷（兩淮鹽政採進本）

明史朝富、陳良珍同撰。朝富，晉江人。嘉靖癸丑進士，官永州府知府。良珍，南海人，官永州府推官。永州志編於成化，續於嘉靖。朝富謂前志核而簡，後志詳而雜，因斟酌其閒，以爲此志。成於隆慶庚午。凡圖經一、紀一、表三、志七、傳五。其人物表一卷，自上古漢訖明，第其差等，後加論贊，謂周濂溪乃三代以上人物。雖宗漢書之例，而非志書體也。又既作郡邑紀，復作郡邑表，亦未免冗雜。

萬歷江都縣志八卷（兩淮鹽政採進本）

明陸君弼撰。君弼，江都人。萬歷中貢生。是書因嘉靖壬戌葛洞舊志重修，而以史法變其體例，曰紀、曰表、曰志、曰傳。紀之目一，表之目五，志之目七，傳之目十。夫史之有紀，爲帝王作也，稱之一邑，則僭矣。其表較他志頗善，然既作郡縣紀，又作郡縣表，繁複與永州同。提封萬井，周制也，以名疆域，不免鷗闍虬戶之譏。其郡縣紀中稱建興中吳主亮使衛尉馮朝城廣陵。三年冬十月，魏主以舟師擊吳，登廣陵故城。案吳城廣陵在五鳳二年，當魏正始二年。曹丕擊吳則在黃初三年。先後顛倒三十年，不知何以舛誤至是也。

萬歷衡州府志十五卷（兩淮鹽政採進本）

明伍讓撰。讓，衡陽人。萬歷甲戌進士，官至貴州提學僉事。是志成於萬歷乙酉。舊本簽題宏治衡州府志，誤也。凡十一門，又各有附錄。然如併天文於地理，用漢書例可也；統詞章於學校，是何例乎。其沿革門云，宋元嘉中以衡陽、湘東爲王國，不知宋時祇衡陽國爲衡州地。又云唐天寶元年改爲衡陽郡，不知先已改衡山郡。大抵草略成編耳。

天啓贛州府志二十卷（兩淮鹽政採進本）

明謝詔撰。詔，贛縣人。萬歷甲戌進士，官至四川左布政使。贛州舊志修於嘉靖丙申。天啓元年辛酉，詔續修之，爲類十四，爲目七十九。其體例頗爲舛互，亦多錯誤。如亭館舊蹟，例應敘於古蹟門，乃悉歸之營建志，則古來勝地，似悉建於明代矣。又鄉賢志分行業、忠義、孝友各門，又別立質行一門，未免繁複。又沿革門謂晉太康三年改爲南康郡，今考晉書，乃太康二年，非三年也。

萬歷德州志十二卷（兩淮鹽政採進本）

明李楡撰。楡，長洲人。萬歷二年以貢生官德州學正。是編爲目凡十一。明制德州領德平、平原二縣，而志惟載本州，不及屬邑。凡例謂二邑各自有志，故不載，是猶可也。於建置志特立坊表一門，已覺淺陋。至寓賢卽屬流寓，並非盡通籍之人，乃敘於宦績，更爲龐雜。且德州爲漕運孔道，山川一門不載運河，則脫略已甚矣。是書所列職官，至天啓中止。卽學正一官，楡後尚有二十八人，則又續有增益，非楡舊本矣。

通州志八卷（兩淮馬裕家藏本）

明沈明臣撰。明臣字嘉則，鄞縣人。嘉靖中諸生。嘗與徐渭同參胡宗憲幕府。明史文苑傳附見徐渭傳中。明南直隸、北直隸皆有通州，此編南通州志也。書成於萬歷丁丑。其秩官、科第諸門，皆括之以表，於例頗善。

萬歷應天府志三十三卷（兩淮鹽政採進本）

明王一化撰。一化，里貫始末皆未詳。其作此書時，則官應天府教授也。應天在明爲南京，而舊無府志。萬歷丁丑，一化始創是編。凡爲紀三、表九、志十一、傳九。如郡紀門引金陵志、水經注、荊州記諸書以證揚州之三江，又引括地志以證丹陽之屬秦鄣郡，援據頗爲該洽。又如引宋景定志及通鑑註，謂丹陽治所卽漢之宛陵，亦足證舊志之誤。又明會典及明史職官志諸書，皆載明封爵惟公、侯、伯三等。志中封爵表詳載孫炎之追封男爵，頗足補史傳之闕佚。然如靈谷諸寺創自齊梁，舊蹟見於景定志、建康志、丹陽記諸書者甚詳，乃遺漏不載，則疎漏亦尚未免也。

閩書一百五十四卷（福建巡撫採進本）

明何喬遠撰。喬遠字稚孝，號匪莪，晉江人。萬歷丙戌進士，官至南京工部右侍郎。事蹟附見明史洪文衡傳。閩自唐林諝有閩中記，宋慶歷中林世程重修之，歷南宋及元皆無總志。明成化閒莆人黃仲昭始爲八閩通志，王應山復爲閩大記、閩都記、全閩記略，皆草創未備。喬遠乃薈萃郡邑各志，參考前代載記以成是書。分二十二門：曰分野，曰方域，曰建置，曰風俗，曰版籍，曰扞圉，曰前帝，曰君長，曰文蒞，曰武軍，曰英舊，曰方技，曰宦寺，曰方外，曰閩閩，曰島夷，曰靈祀，曰祥異，曰萑葦，曰南產，曰著德，曰我私。其標目詭異，多乖志例。扞圉志載兵防及將弁兵士額數，而復有武軍志以詳其人；文蒞志則合職官、名宦而爲一，分併均失其當。前帝志載宋端宗及少帝昺，端宗雖即位於福州，然正史已詳，不宜復入志中，且帝昺即位於粵之碙洲，尤與閩無涉。英舊志載人物，而復分縉紳、弁韜、闢析、華布、閭巷、僑寓、寄派爲七類，閨覺淆雜。宦寺志專載五代林延遇、明張敏、蕭敬三人，亦非志中所應有。著德志雜載叢談逸事，並及詩話文評，於名爲不稱。我私志則喬遠自志其宗族，雖倣古人自敘之例，而稱名不典，語多鄙野。其文辭亦好刊削字句，往往不可句讀，蓋不能出明人纖佻獧飾之習。明史本傳亦稱所撰閩書一百五十卷（案書實一百五十四卷，蓋刊本誤脫一四字），頗行於世，然援據多舛云。

萬歷濟寧州志八卷（兩淮鹽政採進本）

明王國楨撰。國楨字翼廷，安邑人。萬歷己丑進士，官至濟寧兵河道副使。以州志舊本殘闕，屬諸生朱夢得、張維屏分纂，而國楨爲之裁定。列目凡八，又分子目五十，僅三月而成書，故其閒踳駁挂漏，不一而足。

南康志十二卷（兩淮馬裕家藏本）

明田琯撰。琯，大田人。隆慶辛未進士，官南康府知府。是書成於萬歷癸巳，門目雖繁，而條貫有序，猶輿記中之不甚猥雜者。

順天府志六卷（兩淮馬裕家藏本）

明謝杰撰，沈應文續成之。杰有使琉球錄，已著錄。應文字徵甫，餘姚人。隆慶戊辰進士，官至南京吏部尚書。是書成於萬歷癸巳，頗爲簡略。所立金門圖、京兆圖諸名，粉飾求新，尤明季纖佻之習。

萬歷信陽州志八卷（兩淮鹽政採進本）

明劉尚朴撰。尚朴，信陽人。萬歷乙未進士，官至山東布政司參政。先是州人禮部侍郎何洛文撰州志未成，尚朴採其遺稾續作此書，凡爲類十九，成於萬歷丁巳。序次冗雜，殊乖體要。

萬歷饒州府志四十五卷（兩淮鹽政採進本）

明陳大綬撰。大綬，浮梁人。萬歷乙未進士，官至福建布政使參議。饒州自正德辛未劉錄撰志以後，百有餘年，大綬始撰此志。分十三門，又分子目八十。書成於萬歷乙卯。其中如寺觀之建自唐宋者，廡敘於古蹟，乃歸於秩祀門，二氏非秩祀也。輿地志既分山水爲二門，而古蹟門內又載石城山，殊無條理。沿革門載漢建安十五年孫權置鄱陽郡治舊縣，不知初治在鄱陽，後徙治吳芮故城，亦考之未詳也。

岳郡圖說一卷（浙江巡撫採進本）

明黃元忠撰。元忠字整菴，鄞縣人。萬歷中由國子監學正出爲岳州府通判。是編具述岳州郡城及所屬一州七縣三衞形勝，然題曰圖說而止有說無圖，疑佚其半也。

海鹽縣圖經十六卷（浙江汪啟淑家藏本）

明胡震亨撰。震亨字孝轅，晚自稱遯叟，海鹽人。萬歷丁酉舉人，由固城縣教諭歷官兵部員外郎。是書凡七篇：首方域，次食貨，次戎海，次隄海，次官師，次人物，次雜識。蓋與姚士粦參修而成，然不署士粦之名，僅見卷首樊維城序中。其不曰志而曰圖經者，用北宋州縣圖經例也。

萬歷容城縣志七卷（兩淮鹽政採進本）

明蔣如苹撰。如苹字賓王，益都人。由貢生官容城縣知縣。初，隆慶閒邑令李棻春創爲縣志，自隆慶三年以後事蹟無徵，萬歷甲辰如苹增補爲是編，凡十類。其創立宮室門，已失縣志之例。又輿地志所載唐復置縣，後罷，宋代復置，不知五代晉時歸於遼，宋時僅置縣於拒馬河，此沿革之大者，不應脫略。又濡水在縣西，亦曰北易水，雹水在縣南，即鮑水，載於水經注及寰宇記諸書者甚詳，亦脫漏不載，則其疎舛亦可見矣。

萬歷嘉定縣志二十卷（兩淮鹽政採進本）

明韓浚撰。浚字濬之，淄川人。官嘉定縣知縣。元至元中秦輔之始刱縣志。明自洪熙至嘉靖，凡經四修。淩於萬曆乙巳復續爲是編，頗勝他志之龐雜。然亦時有疎舛。如以水利列於人物之後，已覺不倫。以古蹟及寺觀敘於雜記門中，更爲非例。又如疆域考稱自宋分崑山之東境以置縣，不知南畿志載宋割崑山安亭等五鄉，於練祁市置縣，輿地考載嘉定縣原名疁城鄉也。

萬曆嚴州府志二十四卷（兩淮鹽政採進本）

是書爲萬曆甲寅所修，首頁題名叢雜無緒，或曰主修，或曰同修，或曰纂修，或曰續修，或曰彙集，莫知撰人爲誰。蓋與事者爭欲附名，故瞀亂如是。前載舊志凡例，頗見體裁。是志乃不肎遵用之，多所更張，務求諧俗，則其書可知矣。

天台縣志二十卷（兩淮馬裕家藏本）

明張宏代撰。胡來聘續修。宏代，靈璧人。來聘，全州人。皆天台知縣也。宏代書不知成於何年。來聘所續則成於萬曆乙卯。前十三卷隨事立類，爲大目十一，小目五十有八。詩文別爲七卷附於後。

泰州志十卷（兩淮馬裕家藏本）

明劉萬春撰。萬春字公孚，泰州人。萬曆丙辰進士，官至浙江布政司參政。是書成於崇禎癸酉。與他志體例略同，而意主黜僞存眞，頗不徇其鄉曲。其論學究而爇理學之堂，方技而削隱君之席，及諛墓之文，雖工不錄者，皆切中州郡志書之弊也。

萬曆餘杭縣志十卷（兩淮鹽政採進本）

明戴日強撰。日強，蒙城人。官餘杭縣知縣。是編成於萬曆丙辰，分十門，子目六十有二。中閒紀載多舛誤。如沿革門云漢高帝時屬荆吳國，不知漢時餘杭爲西部都尉治，仍屬會稽郡。城壖門云古城在今縣溪南，莫詳所始。不知咸淳臨安志載漢熹平二年所改。經兩次遷移，至後唐時號爲清平軍。殊爲疎於考訂。至第一卷既立山川一門，而九卷又別立徑山志。既有古蹟一門，又別立洞霄志，更爲冗複矣。

萬曆溫州府志十八卷（兩淮鹽政採進本）

明王光蘊撰。光蘊字季宣，溫州人。官至寧國府同知。是編成於萬曆丁巳，凡爲類十二，爲目七十四。頗多舛略。如形勝門祇略敘舊志數行，而梁邱遲永嘉郡教所稱控山帶海云云，祝穆方輿勝覽所稱郡當甌越之衝云云，皆未之載。此皆失諸眉睫之前。學校門祇載梅溪鴈山兩書院，而永嘉書院之建於宋時，載於王圻續文獻通考者，亦不及詳。其挂漏可想。又治行志中分郡長吏邑長吏爲二門，體例亦嫌繁碎也。

萬曆襄陽府志五十一卷（兩淮鹽政採進本）

不著撰人名氏。卷首宜城胡價序，稱郡守吳公勒成，凡爲目二十有六。明封襄藩於襄陽，故敘歷代藩封，別作襄世家一卷，於例應爾。至以孔子會適楚國，遂於古蹟之外別出聖蹟一門，則冗碎甚矣。

清江縣志八卷（兩淮馬裕家藏本）

明秦鏞撰。鏞，無錫人。崇禎丁丑進士，官清江縣知縣。清江向無志，崇禎壬午，鏞始創修。凡分八目，視他志稍爲簡明。

崇禎碭山縣志二卷（兩淮鹽政採進本）

明劉芳撰。芳字百子，石屏人。官碭山縣知縣。先是萬曆戊午，知縣陳秉長屬邑人王文煥撰縣志，二旬而成。崇禎己卯，芳復與邑人汪用霖續修此編。其沿革載東漢爲梁國碭山縣，不知東漢時沛國亦分界其地。又云晉省歸夏邑，不知南畿志載晉下邑，卽碭地，非省併也。又以下邑作夏邑，更誤矣。又分門至四十二，率多冗雜。如既以水爲一門，又以風俗爲一門，以古蹟爲一門，又以八景爲一門，殊紛紜少緒也。

海昌外志（無卷數，浙江巡撫採進本）

國朝談遷撰。遷字孺木，一字仲木，海寧人。是志題曰海昌，以海寧爲吳海昌郡，從古名也。書不分卷帙，所列凡輿地、食貨、職官、建置、選舉、人物、叢談、藝文八門，以篇頁計之，當爲八卷。偶未標題耳。遷學頗博洽，較舊志多所考證，而人物瑣分門類，典籍不詳卷帙，猶沿地志之積習焉。

西寧志七卷（內府藏本）

國朝蘇銑撰。銑，交河人。順治丙戌進士，由衛輝府推官行取監察御史，巡按山西。裁關改補西寧道，又調嶺東道。是編卽其順治十二年官西寧道時所作。西寧在

國初爲軍民指揮使司，本臨邊之地，文獻罕徵，故其書亦潦草冗雜，絕無體例。蓋刱始者難工也。

續安邱志二十五卷（兵部侍郎紀昀家藏本）

國朝王訓撰。訓字敷彝，安邱人。順治丁亥進士，官萬全縣知縣。是編續馬文煒之書，體例相近。凡例稱馬志二十八卷，今續二十五卷者，地理封建本無

可續，如傀德不至害及一邑，則亦略之。惡惡短也。

永平府志二十四卷（內府藏本）

國朝宋琬撰。琬字玉叔，號荔裳，萊陽人。順治丁亥進士，官至四川按察使。琬與施閏章齊名，時號南施北宋。而此志不見所長。卷端題永平府知府蕭山張朝琮重修。其竄亂失眞歟。

杞紀二十二卷（河南巡撫採進本）

國朝張貞撰。貞字起元，號杞園，安邱人。康熙壬子拔貢，官翰林院孔目。是書以安邱東北界接高昌諸邑，爲杞國舊地，爰採史傳之有關於杞者，綜其條目。曰圖考，曰星土，曰輿地，曰山川，曰繫年，曰沿革，曰封建，曰年表，曰世次，曰原古，曰分國，曰系家（案司馬貞史記索隱改世家爲系家，乃避唐諱，此誤襲其名），曰苗裔，曰春秋經傳，曰經傳別解，曰人物，曰遺書，曰藝林，曰雜綴。王士禎序，稱其有良史才。以安邱一隅，上遡太康斟鄩之故居，下迄國朝數千年事蹟，所採之書凡四百餘種，可謂勤矣。然以爲杞之故墟，既於繫年錄春秋經文之載杞事者，復爲年表、世次、系家，不幾於疊牀架屋乎。且又全錄春秋經傳及經傳別解爲四卷，不更贅乎。於遺書錄夏小正，於人物收姮娥，其泛濫抑又甚矣。藝林內錄齊風汶水湯湯之詩，則以徐州入濟之汶爲青州入濰之汶，至如振鷺有鷙，顧炎武大禹陵詩，皆一例採入，尤不免地志之錮習也。

杭志三詰三誤辨一卷（浙江巡撫採進本）

國朝毛奇齡撰。奇齡有仲氏易，已著錄。是編因杭州舊志稱今地本皆江水，由隋唐來人力畚築而成，因爲此辨。三詰者，一詰秦定會稽郡有海鹽、餘杭、錢塘、富春四縣，何以錢塘獨無地。二詰西部都尉爲重鎭，何以僻處靈隱山中。三詰由富春以至海寧，無不兩岸平地，緣江如綫，何以上一折甫接吳山，忽西翻靈隱，下一折不走龕赭，忽北越臨平。三誤者，一由劉道眞錢塘記誤讀漢書西部都尉治武林山，武林水所出，東入海之文，不以西部都尉治爲句，而以治武林山爲句。二由不考劉昭註郡國志，已駁秦始皇由餘杭渡江之說，而仍襲其誤。三由江水東合臨浦，而劉氏誤以臨浦爲臨湖，又誤以臨湖爲臨平湖。又附載宋之問靈隱寺詩、吳越王鐵幢浦二條，以爲不足辨者，不在所詰所辨之數焉。

蕭山縣志刊誤三卷（浙江巡撫採進本）

國朝毛奇齡撰。以蕭山新修縣志踳駁失考，因逐各條爲之釐正。凡沿革之誤二條，稱名之誤一條，封屬之誤二條，坊里之誤二條，古蹟之誤三十八條，人物之誤三十五條。

案毛奇齡此二編，本非郡縣志書，而列於郡縣志書中者，以所刊正者乃郡縣志書，猶新唐書糾謬列於正史之例也。

臺灣紀略一卷（大學士英廉購進本）

國朝林謙光撰。謙光字芝楣，長樂人。是編乃康熙二十三年平定鄭克塽以後所作。分十三篇。一曰形勢，二曰沿革，三曰建置，四曰山川，五曰沙線礁嶼，六曰城郭，七曰戶役賦稅，八曰學校選舉，九曰津梁，十曰天時，十一曰地理，十二曰風俗，十三曰物產，而附以澎湖。版圖開闢之初，規模草創，故其文皆略存梗概，不及新志之詳明。然固新志之椎輪也。

登封縣志十卷（內府藏本）

國朝張聖誥撰。聖誥字紫書，號韋菴，廣寧人，官登封縣知縣。初，順治五年，聖誥之叔父朝端知登封，始剏修縣志。康熙十八年，聖誥族兄壎亦知是縣，又續增之。康熙三十一年，聖誥又知是縣，復因舊本重修。一姓相承，遞相纂輯，其事頗異。書分九門。曰圖繪，曰輿地，曰嶽祀，曰建置，曰山川，曰職官，曰方外，曰物產，曰藝文。體例與他志略同。惟他志景必有八，八景之詩必七律，最爲惡習。聖誥力破是例，差有識云。

琅鹽井志四卷（浙江巡撫採進本）

國朝沈鼐撰。鼐字枚臣，長洲人。由貢生官雲南琅鹽井鹽課提舉。是書成於康熙壬辰。因來度舊志重爲增輯，首列圖考，次分天文、地理、建設、賦役、官師、學校、選舉、祠祀、人物、藝文，凡十類。

師宗州志二卷（兩淮馬裕家藏本）

國朝管棆撰。棆，武進人，官師宗州知州。是書成於康熙丁酉。分九圖、五紀略、九考、四傳。師宗舊無志，是書草創簡略，粗具大綱。附藝文於各門中，用宋人舊例。惟多錄已作，殆成紀遊之集，則未免輿記之結習耳。

遼載前集二卷（兩淮馬裕家藏本）

國朝林本裕撰。本裕字益長，奉天人。是編備載盛京故事。自序云，折衷於盛京志，前集則仿龍門志乘，後集則仿涑水編年。今後集未見，此其前集也。首總論，次圖考，餘分二十一門，亦頗勤於蒐採。然西都記載，而地名仍題前代之稱，於體例終爲乖迕。是亦不檢之過也。

揚州府志四十卷（兩淮鹽政採進本）

國朝張萬壽撰。萬壽字鶴秋，浮山人。康熙中官揚州府知府。揚州府志自明成化至萬曆，凡經五修，而益繁蕪。考書首載萬曆中楊洵舊志序，歷敘門目，其端緒尚爲清整。萬壽多所增益，其體例轉不及原書也。

河套志六卷（江西巡撫採進本）

國朝陳履中撰。履中字執夫，商邱人。官至分巡寧夏兵備道。是志成於乾隆壬戌。凡河套之建置沿革、山川城堡、關塞古蹟物產，悉分門彙載。末附以藝文二卷。如引魏書以證涿邪山之爲榆林府地，引冊府元龜葉彥稠爲邠州節度使，補五代沿革之闕。又證後魏代郡之卽漢朔方郡，據通鑑註大城之屬朔方，以證漢書列傳之大城塞。徵引頗爲繁富。

湖南通志一百七十四卷（通行本）

國朝大學士陳宏謀等監修。湖南省治卽唐之武安軍，原與荊鄂兼立節鎮。宋代亦分判湖南北兩路。至明代始併隸湖廣布政使，而幅幁廣闊，形勢各殊。

本朝康熙三年，始析置湖南布政司，以控制嶺嶠。其後修通志者，仍合湖南北爲一編。又書局開於武昌，未免詳近而略遠，故湖南事蹟未能賅備。乾隆二十一年，宏謀巡撫湖南，因與藩臬諸臣創修此志，以補其闕。共分三十七門。其中如山川一門，全志每縣祇載數條，此則分列方隅。職官一門，全志文職至知府、武職至遊擊而止，此則同知、通判、守備具錄無遺。選舉一門，全志詳文而略武，此則兩途並登。故所載雖止九府四州，而卷帙則較全志贏幾十之四五云。

續河南通志八十卷（河南巡撫採進本）

國朝河南巡撫阿思哈監修。河南通志修於雍正九年，阿思哈以乾隆三十一年奉

詔纂修一統志，徵諸省書送館，乃續修此編。其事蹟皆與前志相接。惟前志分四十二目，不立總綱，此編則分輿地、河渠、食貨、學校、武備、職官、人物、藝文八志，而各系以子目，爲小異云。

澳門記略二卷（安徽巡撫採進本）

國朝印光任、張汝霖同撰。光任字燉昌，寶山人。官至太平府知府。汝霖字芸墅，宣城人。由拔貢生官至澳門同知。考濠鏡澳之名見於明史，其南有四山離立，海水交貫成十字，曰十字門，今稱澳門，屬香山縣。乾隆九年，始置澳門同知，光任、汝霖相繼爲此職。光任初作是書，未竟；至汝霖乃踵成之。凡爲三篇：首形勢，次官守，次澳蕃。形勢篇爲圖十二，澳蕃篇爲圖六。考明史地理志祇載南頭屯門雞棲佛堂門十字門冷水角老萬山零丁洋澳諸名，與虎頭山關之類，其他皆未記其詳。此書於山海之險要、防禦之得失，言之最悉，蓋史舉大綱，志詳細目，載筆者各有體裁耳。

右地理類都會郡縣之屬，一百八部，二千四百六十七卷（內三部無卷數），皆附存目。

欽定四庫全書總目卷七十四

欽定四庫全書總目卷七十五

史部三十一

地理類存目四

河源記一卷（編修程晉芳家藏本）

元潘昂霄撰。昂霄字景梁，號蒼崖，濟南人。官至翰林侍讀學士，諡文僖。是書紀世祖至元十七年遣達實（原作篤什，今改正）西溯河源至星宿海事。末有元統中柯九思跋。元史已全錄其文，此別行之本也。河源遠隔窮荒，前志傳聞，率皆臆說。惟達實嘗親歷其地，故昂霄以聞於其弟庫克楚（原作闊闊出，今改正）者記爲是編。自詫爲古所未睹。迨我

皇上神武遠揚，平定西域，揆度水脈，規量地形，又知達實所言仍多疎漏。已重爲考定，勒在鴻編，用以袪萬古之疑，而訂百世之譌。昂霄是記，竟以故紙置之可矣。

浙西水利議荅錄十卷（永樂大典本）

一名水利文集。元任仁發撰。仁發，松江人，仕至都水少監。明梁惟樞內閣書目云：大德間都水少監任仁發以吳松江故道湮塞，震澤汎濫，爲浙西害，乃上疏條利病疏導之法，凡十卷。前有仁發自序，又有許約、趙某二跋，末附宋郟亶及其子僑水利議。約跋稱歲甲辰，中書以其議上聞，命中書省平章政事董是役，由是震澤無壅，與三江之勢相復朝于海。趙某跋稱是錄所載，其要有三：一曰濬江河以洩水，二曰築堤岸以障水，三曰置牐竇以限水云。

海道經一卷（浙江范懋柱家天一閣藏本）

不著撰人名氏。惟書中揚子江一條自稱其名曰瑀，其姓則不可考。前有明嘉靖中應長序，疑爲元初人所撰，而後人增修之。今觀書末附朱晞顏鯨背詩三十三首，晞顏爲元人，則此書亦出元人可知矣。其書言海路要害及占風雨潮汎諸事，大抵皆爲海運而作。其後歌訣，與今人所說亦同，然未免失之於太簡。

海道經一卷（戶部尚書王際華家藏本）

不著撰人名氏。紀海運道里之數，自南京歷劉家港開洋，抵直沽及閩浙來往海道，凡艤泊遠近、險惡宜避之地，皆詳誌之。又有占天、占雲、占風、占月、占虹、占霧、占電、占海、占潮各門。蓋航海以風色爲主，故備列其占候之術，疑舟師習海事者所錄。詞雖不文，而語頗可據。考海運惟元代有之，則亦元人書也。後有海道指南圖，乃龍江至直沽針路。嘉靖中袁褧以二本參校，刻入所編金聲玉振集。後錄元延祐間海道都漕運萬戶府海運則例，圖至正間周伯琦供祀記二碑，附於其末。

治河總考四卷（浙江范懋柱家天一閣藏本）

明車璽撰。璽，宛平人，成化戊戌進士，官至河南按察司僉事。是編考歷代治河之事，以時代先後爲次。始周定王，終明嘉靖十七年。又以禹貢、史記河渠書、漢書溝洫志、元史河源附錄、宋濂治河議、河南總志諸條列後。其標題又稱山東兗州府同知陳銘續編。前後無序跋，不知孰爲璽之原書，孰爲銘之所補。體例參差，刊刻拙陋，蓋當時書帕本也。

漕河圖志三卷（浙江鄭大節家藏本）

明王瓊撰。瓊有晉溪奏議，已著錄。先是，成化間三原王恕作漕河通志十四卷。宏治九年，瓊以工部郎中管理河道，乃因恕之書而增損之。首載漕河圖，次記河之脈絡原委及古今變遷修治經費，以逮奏議碑記，罔不具悉。明史本傳稱瓊出治漕河三年，臚其事爲志，繼任者案稽之，不爽毫髮。由是以敏練稱，蓋其書之切於實用如此。惜原本八卷，此本止存三卷，非完帙矣。

問水集三卷（浙江鄭大節家藏本）

明劉天和撰。天和有仲志，已著錄。嘉靖初，黃河南徙，天和以右副都御史總理河道，乃疏汴河，自朱仙鎮至沛縣飛雲橋，又疏山東七十二泉，自鳧尼諸山達南旺河，役夫二萬，不三月訖工，詔加工部侍郎。此書蓋據其案視所至，形勢利害，及處置事宜，詳述之以示後人。一卷末有治河本末一篇，爲工部都水郎中鄖城楊旦所作，以紀天和之績。後四卷則皆其前後奏議之文也。

通惠河志二卷附錄一卷（兩淮馬裕家藏本）

明吳仲撰。仲字亞甫，武進人，正德丁丑進士，官至處州府知府。通惠河即元郭守敬所開通州運河，明初湮廢，糧皆由陸以運，費重民勞。仲以御史巡按直隸，疏請重濬，不數月工成，遂至今爲永利。其事詳見明史。後仲外調處州時，恐久而其法寖弛，故於舟中撰此書奏進，得旨刊行。上卷載開壩建置、開濬事宜，而冠以源委圖說；中卷及附錄皆諸司奏疏；下卷皆碑記詩章也。

三吳水利論一卷（戶部尚書王際華家藏本）

明伍餘福撰。餘福有陝西志，已著錄。是書凡分八篇。一論五堰，二論九陽江，三論夾苧干，四論荆溪，五論百瀆，六論七十三漊，七論長橋百洞，八論震澤。皆吳中水利要害。大旨本宋單鍔所論而推廣之。

新河初議一卷（浙江范懋柱家天一閣藏本）

不著編輯者名氏。明正德間，河決徐沛，運道淤塞，特起盛應期往治之。應期建議於昭陽湖東北進江家口，南出留城口，開濬百四十餘里，較疏舊河力省而利永，計需夫六萬五千人，銀二十萬兩，尅期六月告成。時胡世寧行取進京，道經沛縣，親覩情形，因上疏與應期議合。興役垂成，爲言者所沮而罷。應期坐奪職。史稱後三十年，朱衡循新河故跡成之，運道終蒙其利，則是舉不爲無見，而言者爲媢嫉之口可知矣。此編載世寧及應期原議開河疏，並世寧請與應期同罪疏，以見一事之始末。以其事未竟功，故但曰新河初議也。應期字新徵，吳江人，宏治癸丑進士，官至右副都御史，事蹟具明史本傳。世寧有奏議，已著錄。

浙西水利書一卷（浙江巡撫採進本）

不著編輯者名氏。錄前代治水文字，凡奏記、書狀、疏論、或問之類，並列焉。計宋文十九首，元文十五首，明文十二首，而宋以前不採，疑爲未成之書。其明文載至宏治間止，則當爲正德時所撰集也。

膠萊新河議一卷（浙江范懋柱家天一閣藏本）

明王獻撰。獻字惟從，號南澧，又自號木石子，咸寧人。嘉靖癸未進士，官山東巡察海運副使。初元時海運經由登萊，避槐子口大石之險，故放洋於三沙黑水，歷成山正東，踰登州東北，又西北抵萊州海倉，然後出直沽，以達天津。後於槐子口西之馬壕別開河道，由麻灣抵海倉，以達直沽。鑿之遇石而止。獻於元人所鑿之西，燒石開道十四里，麻灣以通。於是江淮之舟可至膠萊，餘三十里，功未竟，獻適遷去。有撓之者，（案明史孫應鼇傳稱爲山東布政使時，有挮開膠萊河議者，應鼇力言不可。則撓之者指應鼇也。）功遂不成。獻因敘其案牘爲一編，以貽後來，此書上卷是也。其下卷則獻沒之後，膠萊人思其功，祀之名宦，工科給事中李用敬又理其說，奏請續蕆其事。其後人又彙刻之，附獻書以行云。

吳中水利通志十七卷（浙江巡撫採進本）

不著撰人名氏。前七卷分序蘇松常鎮并杭嘉湖諸府之水，而各以歷代修濬之跡附載於後。次爲考議二卷，次爲公移三卷，次爲奏疏三卷，次爲紀述二卷。其敘事皆至嘉靖二年止。每卷之末，題嘉靖甲申錫山安國活字銅版印行。安國嘗翻刻留元剛所編顏眞卿集及年譜，蓋亦好事之家也。

治河通考十卷（浙江汪啓淑家藏本）

明吳山撰。山，高安人，嘉靖乙未進士，官至禮部尚書，謚文端。是書大旨謂河雖經數省，而自龍門下趨，則梁地當其衝，故河患爲甚。前有自序云，近日所刻治河總考，疏漏混複，乃重加校輯，彙分序次。一卷曰河源考，二卷曰河決考，三卷至九卷曰議河治河考，末卷曰理河職官考。上泝夏周，下迄明代，總爲十卷。前有崇禎戊寅其曾孫士顏序，略蓋重刊時所作也。

吳江水利考五卷（江蘇巡撫採進本）

明沈啓撰。啓字子由，號江村，吳江人。嘉靖戊戌進士，官至湖廣按察司副使。是書大旨以吳江爲太湖之委，三江之首，凡蘇松常鎮杭嘉湖七郡之水，其豬於湖，流於江，而歸於海者，皆總匯於此。故述其源委之要，蓄洩之方，輯爲一編。前二卷曰水圖考、水道考、水源考、水官考、水則考、水年考、隄水岸式、水蝕考、水治考、水柵考。後三卷皆水議考。乃啓晚歲家居所輯。至

國朝雍正中，其八世孫守義復爲校正刊行。江南通志稱其於水道最爲詳核。今觀其書，於治水條規頗爲明備，而支派曲折，尚不能一一縷載也。

全吳水略七卷（浙江范懋柱家天一閣藏本）

明吳韶撰。韶，華亭人，自號秦阜山人。是書成於嘉靖戊戌。首載蘇松七府爲總圖，次作捍海塘紀，次列太湖三江及諸水原委。凡疏導修築之事，以及歷代官司職掌，公移事實，悉採錄之。

兩河管見三卷（浙江范懋柱家天一閣藏本）

明潘季馴撰。季馴有司空奏疏，已著錄。此書乃其巡撫廣東時，值兩河水決，再以右都御史督理河道之所建白也。首卷爲圖說，冠以敕諭。二卷治河節解。三卷爲修守事宜。其大旨與所撰河防一覽相同云。

治水或問四卷（江蘇巡撫採進本）

明龐尚鴻撰。尚鴻字少襄，南海人，副都御史尚鵬之弟。以貢入國學，上書政府，復獻飛車飛舟諸疏，

得旨下部。授鹽城訓導，擢英山知縣。時河決爲祖陵患，尚鴻撰進治河三策，値巡撫與河臣議不合，移怒尚鴻，謫西安縣教諭，終崑山縣丞。蓋亦好事而兼好議論者也。是編乃其在鹽城時講求治河方略，設爲或問，類次成書。其力闢毀高堰之議，大抵與潘季馴相合。末附闢泗河疏草一首，則專論泗州祖陵利害云。

新濬海鹽內河圖說一卷（浙江巡撫採進本）

不著撰人名氏。前有序略云，海鹽地勢卑下，與海沙平。每潮水漲，高出平地丈餘，恃以障蔽者，僅石塘。石塘之內有裏土塘，然猶不能禦潮。必有內河以納過塘之水，而後洩其橫流之勢。萬歷五年海溢，鹽邑受害特甚。是年遂開內河，此編卽詳記是役。其說撮舉大要，而圖則甚詳。蓋海鹽知縣所刊。稱於時巡撫浙江僉都御史爲徐栻。栻字世寅，常熟人。嘉靖丁未進士，以劾趙文華坐謫者，卽其人。後官至南京工部尚書。題名碑錄作栻，明史本傳亦作栻，此本作拭，刊版誤也。

新河成疏（無卷數，浙江范懋柱家天一閣藏本）

明工部都水郎中游季勳、沈子木、朱應時、涂淵主事陳棉、張純、唐鍊同編。初，嘉靖四十四年七月，黃河決，淩沛縣諸處。工部尚書朱衡與都御史潘季馴等相度地勢，議於南陽至留城一帶別開新河，自留城至白洋淺一帶則挑復舊河。於時朝議不一，然迄從衡議。是編皆其前後案牘，凡圖五、奏疏十有一。其稱古之治河，惟避其害，今之治河，則又欲藉以通漕事，與賈讓等異，所言極爲明晰。又稱居民之情在新河者則稱新河可開，在舊河者則稱舊河可復，皆爲市廛之私，非爲國家運道之計。亦究悉物情之言也。

東吳水利考十卷（浙江巡撫採進本）

明王圻撰。圻字元翰，上海人。嘉靖乙丑進士，官至陝西布政司參議。明史文苑傳附見陸深傳中。其書首列東吳七郡水利總圖，而書中所載止六郡，於杭郡未之及也。六郡中尤詳於蘇、松、常、鎭四郡，嘉湖則稍略焉。前九卷爲圖考，圖各繫以說。後一卷爲歷代名臣奏議，所採亦復寥寥。圻以吳人而考吳地水利，應無謬誤。然謂錢塘江出寧波之赭山，不知寧波別有赭山，乃混而爲一。又引水經東至餘姚縣東入於海，不知姚江源出大菁山，逕寧波入海，並不與浙江通。圻不加辨正，均未免於疎舛。

黃河圖議一卷（浙江范懋柱家天一閣藏本）

明鄭若曾撰。若曾有鄭開陽雜著，已著錄。是書所列，上起河源，下迄東海，凡爲五圖，而以歷代防濬得失附論於後。明代自嘉峪關外，卽以爲絕域，無由西越崑崙，故所繪河源仍沿元史之誤。至始終力主王獻開膠萊河以通海運之說，亦未必可以施行。黃河湍悍，變態百出，月異而歲不同。區區一卷之書，固未可執爲定論也。

治河管見四卷（兩淮馬裕家藏本）

明潘鳳梧撰。鳳梧，桐鄉人，貴州籍。隆慶庚午舉人。是編末有茅一桂跋，稱爲安邊濟運本書。蓋鳳梧別有邊事一書，合此書而總名之，此則僅存其治河書也。其書多作歌括，立名詭激，而詞意實淺近。後載聘啟之類，尤爲蕪雜。

潞水客談一卷（兩淮鹽政採進本）

明徐貞明撰。貞明字孺東，一曰伯繼，貴溪人。隆慶辛未進士，官至尚寶司少卿。其官工科給事中時，上疏言畿甸水利，大旨開西北之溝洫，以省東南之漕運。廷議不行。會以他事外謫太平府知事，不能再疏理前說，乃於通州旅次作此書，設爲賓主問荅之辭，以盡疏中之義。前有萬歷丙子張元忭序，又有俞均重刊序，及王祖嫡題詞。末有李世達、王一鶚二書，李楨、米鴻謨二跋，皆盛推之。然其後貞明復官還朝，更申前請，廷議用其策，卽命貞明領之。迄不能成功而罷。又明史汪應蛟傳載，應蛟巡撫保定時，奏興畿輔水利，工部尚書楊一魁贊成其事。神宗報許，後亦卒不能行。蓋持是議者，皆妄冀水利一興，卽北方之粟足供倉儲，可以省南方之漕運，而不知古今異勢，南北異宜，書生紙上之言，固未可概見諸實事也。

西瀆大河志五卷（兩淮馬裕家藏本）

明張光孝撰。光孝字維訓，號左華，自署關中人，不知爲何郡縣也。是編志大河源委與決塞修濬之宜，倣及祀典、雜事、藝文，猶屬志書之體。仍復攙入天河星象、龍馬卦畫，繪圖列說，附會支離，是與水官何涉乎。

千金堤志八卷（浙江范懋柱家天一閣藏本）

明謝廷諒、周孔教、姜宏範仝撰。廷諒字友可，金谿人。萬歷乙未進士，官至順慶府知府。事蹟附見明史謝廷瓚傳。孔敎有中丞疏稾，已著錄。宏範臨川人，仕履未詳。千金堤在撫州府城東，當汝水之衝，即唐之千金陂，屢有興廢。萬歷五年，知府古之賢率屬重修，廷諒等因述此志，以紀其事。凡形勝沿革、經費、人物各一卷，藝文四卷，皆一時頌美之詞也。

古今疏治黃河全書四卷（兩淮馬裕家藏本）

明黃克纘撰。克纘字紹夫，晉江人。萬歷庚辰進士，官至工部尚書。事蹟具明史本傳。是編乃其巡撫山東時所作。分黃河考略、治河左祖三吳水利諸目，所載上起祖乙之圮耿，下終萬歷三十二年蘇莊之決。末係以論陳當時便宜。其大旨主於順河之性以疏之，而歷陳明代河決未疏先塞之害。其引漢武瓠子歌，謂漢時河已通淮泗。又引宋張洎疏，以爲禹貢九河之外，原引一支南行入淮泗。則未免出於附會也。

河漕通考二卷（浙江巡撫採進本）

明黃承元撰。承元，秀水人。萬歷丙戌進士，官至副都御史，巡撫福建。上卷論河防，下卷論漕運，皆上溯歷代，下迄萬歷中年。文頗簡潔，而傷於太略。

海塘錄八卷（江西巡撫採進本）

明仇俊卿撰。俊卿，海鹽人。官國子監博士。萬歷十五年，海鹽塘潰重修，俊卿因錄其圖式案牘爲此書。浙江通志已採錄其大略。其所紀述，距今一百餘載，亦今昔異宜矣。

河渠志一卷（江蘇巡撫採進本）

明吳道南撰。道南字會甫，崇仁人。萬歷己丑進士，官至文淵閣大學士，謚文恪。事蹟具明史本傳。萬歷甲午，陳于廷建議修國史，令翰林諸臣分門受事。道南領修河渠志，此卽其原稾也。凡三篇：曰運河，曰黃河，曰通惠河。其餘皆未之及。案明史藝文志作二卷，則是本已非全帙矣。前有總序，謂冠以圖，籤載其領要。今此書無圖，蓋傳寫者失之。考元史以前諸志，皆無圖繪。此例蓋道南所首創也。

泉河史十五卷（安徽巡撫採進本）

明胡瓚撰。瓚有禹貢備遺增註，已著錄。是編圖紀一卷，職制一卷，泉源一卷，河渠一卷，職官表二卷，泉河派表一卷，疆域、山川、夫役、漕艘、宮室、人物、秩祀、敘傳各一卷。乃瓚分司南旺時，據河志、閘河考、泉河志諸書刪輯而作。於河湖閘壩隄防瀦洩之道，載之頗悉。特體例冗雜，尚有待於後人之潤色耳。末附泉河大事記一卷，用編年體以總括全書大略，亦近複贅。又泉源志後有天啟二年主事薛玉衡新開泉名二十七處，則後人所續入也。

皇都水利一卷（江蘇巡撫採進本）

明袁黃撰。黃號了凡，嘉善人。萬歷丙辰進士，官兵部主事。是編歷敘北直隸河渠，意在興修水利。末載畿內田制、開田賞功、沿海開田諸論。大旨頗與徐貞明潞水客談相近。黃嘗任寶坻令，縣賦繁重，具疏乞減。故於畿輔利弊尤所究心。卷首題前進士袁黃撰，劉註云了凡雜著，亦疑非完帙也。

南河志十四卷（兩淮馬裕家藏本）

明朱國盛撰。國盛字敬韜，華亭人。萬歷庚戌進士，官至工部尚書兼理侍郎事。天啟五年，國盛以工部郎中管理南河，創爲此志。自敕諭至公移凡三十三門。於黃淮諸水疏治事宜，頗爲詳析。前有自作序例一首，又有李思誠、徐標二序，後有彭期生跋。思誠，揚州人。標與期生皆繼國盛董斯役者也。

常熟水論一卷（編修程晉芳家藏本）

明薛尚質撰。尚質，常熟人。以白茅、許浦、福山三浦爲常熟宣洩所賴，故作此以明其利害。前有自序，言考當代名臣奏議及唐宋諸賢成說，可以行於今者凡若干條，爲之贊論，以備於左。復著水利論一篇、雜論十條，以附於末。此本爲曹溶學海類編所載，僅有水利論及雜論，而無所謂名臣奏議及唐宋成說者，蓋刪其前半，非完書矣。

黃運兩河考議六卷（浙江汪啟淑家藏本）

不著撰人名氏。首總論一篇，次以歷代治河之事編年紀載，始唐堯，迄明熹宗。其大旨欲復九河故道，引全河北趨以歸海。所謂紙上空談，不達時變，與欲復井田封建同一迂謬耳。

河紀二卷（山東巡撫採進本）

國朝孫承澤撰。承澤有尚書集解，已著錄。是書紀黃河遷徙始末，兼及畿輔水利。大旨爲籌畫漕運而作也。

具區志十六卷（兩淮馬裕家藏本）

國朝翁澍撰。澍字季霖，吳縣人。是書以明蔡羽太湖志、王鏊震澤編爲本，參酌增損，續成此書。於瀕湖港瀆區畫獨詳。

北河續記八卷（浙江汪啟淑家藏本）

國朝閻廷謨撰。廷謨，孟津人。順治丙戌進士，以工部主事，督理河工。是編因謝在杭舊志而修之，又附錄古蹟藝文於其後。廷謨自序，謂删其不宜於今而增其正行於今者，故所紀形勢頗詳。然正行於今者增之是也，其不宜於今者亦當存以備考證，乃協志乘之體。一概刊除，非通論也。

河防芻議六卷 直隸總督採進本

國朝崔維雅撰。維雅，新安人。順治丙戌舉人。初任儀封縣知縣，陞淮安府同知，調開封府南河同知，卽以防河功授寧波府知府，因總河王光裕請，再遷管河道僉事，官至布政使。其成是書，則爲江蘇按察使司時也。其治河有七法，曰引河，曰遙堤，曰月堤，曰縷堤，曰格堤，曰護埽，曰截埽。前明潘季馴河防一覽詳於堤埽之說，而不言引河，維雅獨申引河之說。蓋當河流悍激之地，不得不濬此以殺其勢耳。其書前爲總圖，後爲分圖。總圖所以審其形勢，而分圖所以定其工程。圖各有說，所以明其致治之原。維雅身歷河工二十餘年，著爲此書，其意見與靳輔頗不相合。康熙二十一年，河決蕭家渡，維雅因上疏條奏河務，斥輔所築減水壩爲不可用，請變前法而更張之。
上特遣大臣履勘，復
召輔與維雅廷辨。輔指列情形，具陳維雅勦襲之謬，維雅無以對，卒從輔議，而河患以息。是其說亦多出於一偏之見，不可據爲定論也。

新劉河志一卷、婁江志二卷 兩江總督採進本

國朝顧士璉撰。士璉字殷重，太倉州人。先是順治十二年，婁江塞，水無所歸。太倉知州白登明開鑿朱涇舊迹而水以安，州人名之曰新劉河，以婁江舊名劉河也。士璉實佐是役，故輯其始末爲志一卷。康熙辛亥，再濬劉河之淤，仍以士璉任其事。工既竣，乃復輯婁江志二卷。上卷敘新績，下卷考舊迹，而以郟亶、郟僑諸人治水之書附焉。新劉河志其稾本出登明，士璉重輯之。婁江志則士璉所自輯，以其循登明之法而成功，故亦題曰登明定，示不忘所自也。前有王瑞國、郁禾序，皆稱爲吳中開江書。蓋當時二書合刊，總題此名耳。

山東全河備考四卷 江蘇周厚堉家藏本

國朝葉方恒撰。方恒字學亭，崑山人。順治戊戌進士，官至山東濟寧道。是編乃其督理山東河道時所輯，專言漕河之在山東者。首圖志，次河渠，次職制，次人文。大致採掇明王恕漕河通志、王瓊漕河圖志、車璽漕河總考諸書，而稍參以近時之形勢。

明代河渠考無卷數 浙江巡撫採進本

國朝萬斯同撰。斯同有廟制圖考，已著錄。是書採取有明列朝實錄凡事之涉於河渠者，悉案年編次。天啟四年以後，則雜取邸鈔、野史以足成之。視史志所載稍詳，然頗傷冗雜。考斯同嘗預修明史，此本疑卽其摘錄舊聞，備修志之用者。後人取其殘稾錄存之也。又兩江總督所採進亦有此書，題曰明實錄河渠考，所載止於萬歷四十八年。知當時隨筆鈔錄，本未成書，後來傳寫其稾者，各據所見之本，故多寡互異，併書名亦小不同矣。

今水經一卷 浙江巡撫採進本

國朝黃宗羲撰。宗羲有易學象數論，已著錄。是書前列諸水之名，共爲一表，皆以入海者爲主，而來會者以次附之，如汴入河，須入汴，京入鄭，索入京之類，自下流記其委也。後各自爲說，分南北二條，皆以發源者爲主，而所受之水以次附之，如衞河出輝縣蘇門山，逕衞輝府北，東流，淇水來注之，又過濬縣內黃界，漳水入焉之類，自上流記其源也。其所說諸水，用今道不用故道，用今地名不用古地名，創例本皆有法。而表不用旁行斜上之體，但直下書之，某入海，某入某，某又入某，頗不便檢尋。又渭入河，漳、淸、汧、浮、沮入渭，洛入河，瀍、澗、伊入洛之類，皆分條。淇、漳、汶、滹、桑入衞，淸入淇，沙、易入滹，滈義入易，洋入桑之類，又合條。則排纂未善也。其書作於明末，西嘉峪、東山海、北喜峰、古北、居庸，皆不能踰越一步。宗羲生於餘姚，又未親歷北方，故河源尚剿元史之說，而灤河之類亦沿明一統志之舊。松花、黑龍、鴨綠混同諸江，尤傳聞彷彿，不盡可據。我
朝幅員廣博，古所稱絕域皆入版圖，得以驗傳聞之眞妄。
欽定西域圖志、河源紀略諸書，勘驗精詳，昭示萬代，儒生一隅之見，付之覆瓿可矣。

明江南治水記一卷 編修程晉芳家藏本

國朝陳士鑛撰。士鑛號宿峰，秀水人。康熙初以貢生閣試授主事。是書大旨主於廣濬分支，共受三江之水，多爲尾閭，以殺震澤之怒。故所錄惟以夏原吉議三條爲主，而況鍾、李克嗣、呂光海瑞許應逵五事附焉，非盡錄明一代治水之政也。

湘湖水利志三卷 浙江巡撫採進本

國朝毛奇齡撰。奇齡有仲氏易，已著錄。蕭山湘湖爲一邑水利所資，宋熙寧間縣民殷慶倡議建塘，而未行。至楊時爲縣令，始舉其役，而明尚書魏驥修築之。後爲豪民所佔，御史何舜賓又以死爭復之。舜賓之壻僉事富玹因作蕭山水利志，歲久殘闕。奇齡因其舊本，補輯是編。前二卷詳述湘湖沿革條約，第三卷則附錄諸湖，而終以湘湖歷代禁罰舊例。其大旨以杜侵佔爲本。

東南水利八卷（浙江巡撫採進本）

國朝沈愷曾撰。愷曾，歸安人，康熙壬戌進士，官至山東道監察御史。是書前四卷錄康熙以來太湖、劉河、白茆、孟河諸處與修開濬奏議公牘，第五卷錄折解幾征議賑兵糧關稅諸奏議。其目錄內自註有曰：是卷內有無關水利，因當事大臣仰體主恩，曲爲生民請命，俾安樂利，故載入，蓋因水利而附錄者也。第六卷七卷皆前代水利沿革，於郡城修築之外，亦附錄賦額田稅均糧鹽口諸事，蓋亦留心於民事者。然志乘皆已具載，此爲贅出矣。

治水要議一卷（編修程晉芳家藏本）

國朝孫宗彝撰。宗彝有易宗集註，已著錄。此書載曹溶學海類編中。其議治河之法，以築歸仁堤、疏周家橋爲主，蓋亦執一偏之見，未可坐論起行也。

太湖備考十六卷（浙江巡撫採進本）

國朝金友理撰。友理字玉相，吳縣人。是書卷首爲巡幸圖說，卷一總誌太湖，卷二爲沿湖水口濱湖山，卷三爲水治水議，卷四爲兵防湖防論說記兵職官，卷五爲湖中山泉港瀆都圖田賦，卷六爲坊表祠廟寺觀古蹟風俗物產，卷七爲選舉鄉飲，卷八爲人物，卷九爲列女，卷十十一爲詩，卷十二十三爲文，卷十四爲書目災異，卷十五爲補遺，卷十六爲雜記。大旨爲明人太湖志、震澤編皆詳於湖中而略於湖外，以所重在名勝，而水利兵防不及悉，故以此書補所闕云。

蕭山水利書初集二卷續集一卷三集三卷附集一卷（浙江汪啟淑家藏本）

初集，明富玹編。國朝來鴻雯重訂。續集三集皆國朝張文瑞編。附集，文瑞之子學懋所編。蕭山水利，以湘湖爲最溥。明初其邑人御史何舜賓嘗以清理佔田被禍，玹爲舜賓壻，因取章懋魏驥所輯水利事蹟合梓以行，以備考驗。康熙五十八年，有私決湘湖者，水利幾廢。鴻雯據舊本重加訂正，文瑞又旁搜黃震萬柳堂記等文十二篇爲續集，并刊行之。雍正十三年，文瑞又以舊作西江塘湘湖紀事裒二帙，輯爲三集。其附集則蕭山水利十條，即明紹興知府賈應璧所撰圖說之舊本也。

治河前策二卷後策二卷（浙江巡撫採進本）

國朝馮祚泰撰。祚泰字粹中，滁州人，乾隆壬申舉人。是編乃其肄業中山書院所作，分前策後策二集。前策三十篇，皆詳述禹貢水道及歷代遷徙之迹，而評其得失。後策十一篇，皆條析現在利病。前策大旨主復北派，放河使東入海，自不病會通。後策大旨主閉南崖減水壩，不引濁沙入湖，添建北崖減水壩，另闢海口以洩其泛漲。

水鑑六卷（福建巡撫採進本）

國朝郭起元撰。起元，閩縣人，歷官盱眙縣知縣，遷泗州知州，銜虹同知。皆積水爲患之區，因即所見聞勒爲一編。凡論十四篇，說四十四篇，第六篇考四篇，刻於乾隆癸酉。其論淮徐一路，皆身所閱歷之言。其他如江南浙江湖北山東諸水，則亦傳聞之論。至於黃河源流一篇，仍襲元人舊說，尤未得其眞也。

安瀾文獻一卷（兩江總督採進本）

國朝沈光曾撰。光曾，秀水人，官高郵州知州。是編輯前明及國朝修治南河大要，分爲四篇：一曰分黃，二曰導淮，三曰利運，四曰全下。以皆錄前人奏議之詞，故名曰文獻。其大旨在於劉老澗多設滾壩，疏通沭河，以六塘清水道之使疾趨入海，以治河。於張福口裴家塘等處浚引河，使洪澤之水盡出雲梯關，以治淮。又繪圖冠於卷首。末有乾隆十年重刻書後一篇，乃其病中所作，謂潘季馴稱河不兩行，乃泇河未創、中河未開以前，以黃河爲運道，故有是說。今則運道自清河桃源以上，已無藉於黃河，自宜隨時籌畫。又稱惟別穿一渠之說必不可行，穿則河水橫經運道，挾之而走，實有可虞。黃壩新河之陳迹足鑒云。

右地理類河渠之屬，五十二部，二百四十五卷（內二部無卷數），皆附存目。

北邊備對一卷（江蘇巡撫採進本）

宋程大昌撰。大昌有易原，已著錄。是書前有大昌自序，稱淳熙二年因進講禹貢，孝宗問以塞外山川，未能詳對，紹熙中奉祠家居，乃補撰此書，以緣起於講筵顧問，故仍以備對爲名。凡二十一則，皆摭史傳舊文，無所考正。

江東地利論一卷（永樂大典本）

宋陳武撰。武始末未詳。所論凡十篇，首論東南北古昔爲最盛，次論南北勝負之勢，次論東南地勢在江淮，次論西南地勢在巴蜀，次論合淝濡須攻守之要衝，次論襄漢荆南上流之重鎮，次論襄陽爲江陵捍蔽，次論壽春爲江東捍蔽，次論西臨關隴東瞰青齊以取中原，次論中外盛衰在於天時。大抵亦與江東十鑑相表裏，蓋宋南渡後人人能爲是言也。

東南防守利便三卷（兩江總督採進本）

宋陳克、吳若同撰。考宋史呂祉傳，祉知建康，與吳若等共議作此書上行在，大略謂立國東南，當聯絡淮甸荆蜀之勢。蓋專爲南宋立言者也。此本刊於明崇禎間，前有祉進書繳狀一篇，稱吳若爲本府通判，蓋其幕屬云。

邊防控扼形勢圖論一卷（永樂大典本）

宋江默撰。默始末未詳。其進書狀有云：臣効官極邊四載，考究今古地名形勝，撰列邊防控扼形勢圖并論二十四首，繕寫成冊，皆是今日邊防急務。不如此行，則淮西不可守；無淮西，則長江不可恃。昔三國吳無淮西，亦守巢湖，不敢退守長江，以長江千里，不可勝守，而巢湖兩岸阻山，中間阻水，易守故也。今日有兩淮，何爲退守池州、江州，棄巢湖之險哉。其論亦剴切，然不論攻而論守，其作於和議之後歟。

東關圖一卷（浙江巡撫採進本）

明閔人詮撰。詮有南畿志，已著錄。是編乃嘉靖壬辰詮爲監察御史時，巡視山海等關，以蒞任例取地圖，而繪畫不免勞費，乃取平原張祿舊時所繪諸圖，重加校正，刊以備閱。所載關塞二百一十有二，紀其道里遠近，形勢險易，頗詳。詮卽刊刻舊唐書者，舊唐書明代幾佚，其得重見於世者，實詮之力。較方從哲官內閣時竊謝承後漢書以出，匿不示人，遂致天地之間不復得見是書者，其用心之廣隘，相去遠矣。

修攘通考四卷（浙江巡撫採進本）

明何鏜編。鏜有括蒼彙紀，已著錄。此編以僞蘇軾地理指掌圖與桂萼明輿地圖、許論九邊圖三書合而刊之，別立此名，更無一字之論著。恐鏜之陋未必至是，或坊賈所託歟。

九邊考十卷（兩江總督採進本）

明魏煥編。煥字東洲，長沙人。嘉靖乙丑進士，官兵部職方司主事。是書作於嘉靖辛丑，第一卷爲鎮戍經略，以下分九邊爲九卷，而各邊之中又分疆域、保障、責任、軍馬、錢糧諸目。所採多奏章案牘，大抵紙上之談也。

海防圖論一卷（浙江范懋柱家天一閣藏本）

明鄭若曾撰。若曾有鄭開陽雜著，已著錄。是圖乃若曾與唐順之所共定，凡十二幅。其式以海居上，地居下，乃畫家遠近之法。若曾具爲之辨。胡宗憲所題爲海防一覽者，卽此書也。其書成於萬里海防圖之先，蓋草創未詳之本。後其六世孫定遠刊海運圖說、黃河圖議等編，復併是書刻之云。

萬里海防圖說二卷（浙江巡撫採進本）

明鄭若曾撰。是書乃若曾入胡宗憲幕府，以後與同事邵芳取舊撰海防圖論復加考定。起廣東，歷福建、浙江、南直、山東、遼東，計程八千五百餘里，離圖七十五，各爲之論。若曾自序以爲許默齋九邊圖論詳於西北，此獨詳於東南云。

江防圖考一卷（浙江范懋柱家天一閣藏本）

明鄭若曾撰。若曾旣圖海防，復爲此書。起九江至金山衞，凡爲圖十有九，後備論沿江守禦兵弁之數及所當修補增置之法。

江防考六卷（浙江汪啟淑家藏本）

明吳時來撰，王篆增補。時來，仙居人，嘉靖癸丑進士，官至左都御史，謚文恪。篆，夷陵人，嘉靖壬戌進士，官至吏部左侍郎。隆慶二年，時來以南京僉都御史提督操江，創爲此考。六年，篆奉命繼其任，以時來書度之形勢，微有不同，因仍其體例，增損重訂。蓋明代以南京爲根本重地，專設操江都御史與勳臣一人同領其事，所轄水操軍以萬計，上自九江，下抵蘇松、通泰，緩急咸責成之。是考於形勝、營制、官兵沿革，頗爲詳備，蓋當時積習廢弛，其立法特密云。

兩浙海防類考續編十卷（浙江汪啟淑家藏本）

明范涞撰。涞字原易，休寧人。萬歷甲戌進士，官至福建右布政使。自嘉靖中倭寇犯兩浙沿海郡縣被害最深故守土者以海防爲首務胡宗憲作籌海圖編後續之者有海防考海防類考諸書而沿革不常每有闕畧萬歷二十九年淶官海道副使因取諸書復加增廣故名曰續編前有史繼辰序并類考舊序二首凡四圖四十一目於兵衛巡防餉額各事宜頗爲詳備惟多錄案牘之文未免時傷冗漫耳江南通志列淶於儒林傳中載所著有休寧理學先賢傳范子曨言睎陽文集獨不及此書蓋自宋以來儒者例以性命爲精言以事功爲霸術至於兵事尤所惡言殆作志者恐妨淶醇儒之名故諱此書歟然古之聖賢學期實用未嘗日日畫太極圖也

溫處海防圖略二卷浙江汪啟淑家藏本

明蔡逢時撰逢時字應期宣城人萬歷庚辰進士官溫處兵備副使溫處爲兩浙海疆門戸明季倭寇出沒號曰要衝逢時此書作於萬歷二十四年皆據當時文移冊籍編次成帙凡地形船械以及戰守選練之法無不畢載共爲圖四子目四十有三

籌海重編十卷兩淮馬裕家藏本

明鄧鍾撰鍾字道鳴晉江人萬歷二十年倭大入朝鮮海上傳警總督蕭彥命鍾取崑山鄭若曾籌海圖編刪其繁冗重輯成書冠以各處海圖次記奉使朝貢之事又分条沿海諸省記其兵防制變各事宜而以經略諸條終之於前代舊事亦閒有引證前有彥序一篇極稱胡宗憲功亦當時公論也

海防圖論一卷浙江范懋柱家天一閣藏本

不著撰人名氏所載惟江南浙江山東遼東而福建直隸諸省沿海之地並無圖說疑其有闕佚也

陝西鎮考一卷浙江范懋柱家天一閣藏本

不著撰人名氏畧記陝西諸鎮城堡之屬大抵從王圻續文獻通考邊防門中錄出蓋明人所爲也

海防述略一卷浙江范懋柱家天一閣藏本

國朝杜臻撰臻有粵閩巡視紀略已著錄是書臚列沿海險要形勢及往來策應諸地於諸洋列戍哨探事宜亦併及之案臻於康熙二十二年奉
詔偕內閣學士石柱往閩粵定疆理茲書蓋即其時所著也

延綏鎮志六卷內府藏本

國朝譚吉璁撰吉璁字舟石嘉興人由內閣中書官至登州府知府明時以延綏爲重鎮設重兵以防河套
本朝順治初年罷延綏巡撫不設而延綏鎮尚仍舊名康熙十二年吉璁以延安府同知分駐榆林城乃因明巡撫涂宗濬舊本重修此志自圖譜至藝文凡分十二類所載皆明代邊防之事

蠻司合志十五卷浙江巡撫採進本

國朝毛奇齡撰奇齡有仲氏易已著錄是編皆紀明代土司始末凡湖廣一卷貴州二卷四川四卷雲南四卷兩廣四卷亦共修史所餘之稾也

江防總論一卷海防總論一卷編修程晉芳家藏本

國朝姜宸英撰宸英字西溟慈谿人康熙丁丑進士官翰林院編修己卯充順天鄉試副考官爲正考官修撰李蟠所累逮問蟠遣戍宸英卒於獄是二書載曹溶學海類編中各冠總論於前而條繫其形勢之略於後題曰附錄案江防論末稱依海道所經自廣東西路始福建浙江江南登萊天津衞遼陽以次及之又括海南所經各省郡縣自爲一卷與論後所附錄全不相應又稱其沿海山河寇艅入犯分合日本輿地皆有圖今亦無圖知曹溶刪節其文非宸英之原帙也

秦邊紀略四卷直隸總督採進本

不著撰人名氏書中首卷河州條註內有西夷部落三十有奇康熙十四年圍衞城一月康熙二十二年又犯衞地之語又四卷近疆西夷傳內載康熙二十四年祝囊同科爾坤十八部由古北口入覲事則此書爲康熙閒人所作首載河州及西寧莊浪涼州甘州肅州靖遠寧夏延綏等衞形勢要害次載西寧等衞南北邊堡次載西寧等衞近疆及河套次載外疆近疆西夷傳河套部落蒙古四十八部落考略西域土地人物略其論邊鄙疆域及防守攻勦情形一一詳悉蓋
國家初定西陲中閒遘王輔臣之叛與滇黔相煽方用兵於內地故近邊諸部往往窺竊後乃以次削平馴爲臣僕此書所述皆是時之形勢方今
聖武遠揚天山南北二萬餘里皆置郡開屯歸我疆宇昔之所謂險要者今皆在戸闥之閒昔之所謂疆梁者今皆隸賦役之籍此書所述皆無所用之然在當時則可謂留心邊政者矣至北邊四十八部源委弗詳且非秦地其西域道里以驛程考之亦

皆在茫昧之間。蓋一時得之傳聞，附錄卷末，均不足為典要，存而不論可矣。

右地理類邊防之屬，二十一部，八十三卷，皆附存目。

欽定四庫全書總目卷七十五

欽定四庫全書總目卷七十六

史部三十二

地理類存目五

龍虎山志三卷（兩淮馬裕家藏本）

元元明善撰，明張國祥續修。明善字復初，清河人。以浙東使者薦，為學正，擢太子文學，歷翰林學士，謚文敏，事蹟具元史本傳。國祥則嗣封眞人也。是書乃皇慶三年明善官翰林學士時奉敕所修。然原本體例，不可復考，惟存延祐元年程鉅夫序及吳全節進表。此本載山川、建置、人物、道侶，並累朝制敕、藝文，頗為龐雜，殆已多所竄亂，非其舊矣。

茅山志十五卷（浙江孫仰曾家藏本）

元道士劉大彬撰。大彬號玉虛子，錢塘人。延祐中襲封茅山四十五代宗師、洞觀微妙元應眞人。是書分志誥副墨三神紀括神區稽古蹟道山冊上淸品仙曹署采眞游樓觀部靈植檢錄金石金薤編十二門，每門以三字為題，蓋仿陶宏景眞誥例也。前有永樂癸卯胡儼序，稱舊本為張雨所書，至為精潔，後燬於兵，姚廣孝復為刊版。後成化庚寅、嘉靖庚戌又重刻者再。此本即嘉靖時刻，不但紙版惡劣，非張雨之舊，且為無識道流續入明事，敘述凡鄙，亦非劉大彬之舊矣。

仙都志二卷（兩淮馬裕家藏本）

元道士陳性定撰。仙都山古名縉雲山，唐天寶中敕改今名。此志分六門，曰山川，曰祠宇，曰神仙，曰高士，曰草木，曰碑碣題詠。前序題至正戊子，不著姓名。以序及志中祠宇門考之，蓋元延祐中給道士趙嗣祺五品印，提點是山玉虛宮。羽流榮之，因撰是志也。

天台山志一卷（兩淮鹽政採進本）

不著撰人名氏。末稱世祖皇帝封道士王中立為仁靖純素眞人，知為元人所作。又稱前至元間，知為順帝時人矣。其書頗典雅可觀，惟七十二福地一條，不引杜光庭書而引記纂淵海，知為裨販之學矣。

武夷山志十九卷（江蘇巡撫採進本）

明裘仲孺撰。仲孺字稺生，崇安人。洪武初，薦授平遠縣知縣。其書凡十一篇，首名勝，次雲構，次題刻，次仙眞，次羽流，次存疑，次物產，次游寓，次祀典，次摛藻，次餘韻，末一卷為詞訌，則詩文之續得者也。體例龐雜，殊不足觀。摛藻一篇，幾及全書之半，尤乖裁制也。

震澤編八卷（浙江巡撫採進本）

明蔡昇撰，王鏊重修。昇字景東，吳江人。鏊有史餘，已著錄。是書首紀五湖七十二山兩洞庭，次石泉古蹟，次風俗人物土產賦稅，次水利官署寺觀菴廟雜記，次集詩集文。前有宏治十八年楊循吉序，稱其操觚之妙，天機獨運，中間有似爾雅者，有似山海經者，有似柳子厚諸山水記者，用能繪畫造物，陳諸簡牘。未免譽過其實。昇書本名太湖志，鏊為重修，乃取禹貢之語改今名云。

金山雜志一卷（浙江汪汝瑮家藏本）

明楊循吉撰。循吉有蘇州府纂修識略，已著錄。金山在吳縣西三十里，循吉少時嘗讀書其中，歸田

後因爲之志分八篇一山勢二品石三泉四山居五游觀六草木七飲食八勝事每篇各有論讚

鴈山志四卷浙江汪啟淑家藏本

明朱諫撰諫號蕩南樂清人宏治丙辰進士官至吉安府知府鴈蕩山在溫州府跨樂清平陽二縣於古無稱自宋太平興國中始有僧居之奇秀甲於浙東明初僧永昇者始輯爲鴈山集一卷編次無法嘉靖己亥諫因舊本搜討增爲四卷列三十二門樂清知縣徽州潘潢序之萬歷辛巳知州南昌胡汝寧復爲翻雕而以續得詩文冠於卷前殊爲猥雜

京口三山志十卷江蘇巡撫採進本

明張萊撰萊字廷心丹徒人宏治閒舉人北固金焦三山皆古來勝境而未有裒輯遺文舊事合爲一志者兗州史宗道爲鎭江推官始屬萊考三山名蹟沿革及歷代詩文彙成此編頗能訂譌正謬如金山之名舊云創於唐李錡萊則謂梁天監四年卽金山修水陸會其名已始於六朝考證頗爲典核然如事物紀原引宋大中祥符七年四月詔封焦山大聖祠爲明應公本非僻書僻事而祠廟類中乃失收之則疎密亦不免互見蓋萊所依據多取諸郡縣圖經未能博徵羣籍故每有漏略也

慧山記三卷浙江范懋柱家天一閣藏本

一名九龍山志明邵寶撰寶有左觿已著錄慧山卽惠山在無錫縣界局狹而氣秀地近而景幽自昔號爲佳境寶居近是山釣游所及時有品題所作如惠山雜歌惠山十二詠敘竹茶鑪等篇具載於容春堂續集中此書仿賀知章會稽洞郭子美羅浮山之例搜輯舊事遺文爲之作志

鄧尉山志一卷浙江范懋柱家天一閣藏本

明沈津撰津字潤卿蘇州人是書分本志泉石祠墓梵宇山居名釋草木食品集詩集文十類前爲總敘一篇其稱本志者以專紀山之形勢爲作志本意故以冠於各類之首也書成於嘉靖壬寅靳學顏嘗爲之序黃虞稷千頃堂書目遂以爲學顏所作失考甚矣

衡嶽志十三卷浙江汪啟淑家藏本

明彭簪撰姚宏謨重訂考明史藝文志載彭簪衡嶽志八卷此多五卷當卽宏謨所增然宏謨序已稱續刻書隨時竄入而不之究則未經重修以前已非簪之原本矣序又稱總形勝於多景之前補事紀於諸卷之首此本一卷爲事紀二卷三卷爲形勢知爲宏謨所增至所稱詩文以景附景以類分者則散綴各卷不可復考簪自號石屋山人安城人官衡山縣知縣其書成於嘉靖戊子宏謨秀水人嘉靖癸丑進士官至吏部左侍郎其書成於隆慶辛未時提督湖廣學政應知縣章宜之請續此編云

廬山紀事十二卷浙江汪汝瑮家藏本

明桑喬撰

國朝范礽補訂喬字子木江都人嘉靖壬辰進士官至監察御史以首劾嚴嵩爲所搆陷謫戍九江以卒事蹟具明史本傳此書卽其在戍所時作成於嘉靖辛酉至

國朝順治戊戌巡按御史許世昌屬南康推官會稽范礽重爲補訂以山陰山陽別其條貫屬南康者列於陽屬九江者列於陰又取喬後百餘年閒事蹟題詠綴補於後礽序稱喬書質而雅文而約紀事皆題原採書名礽所補悉仿其例云

仙都山志二卷兩淮馬裕家藏本

明戴蓂撰蓂酆都人始末未詳據其自跋此書蓋嘉靖丁未作也仙都山在四川酆都縣境爲道經第四十二福地稱前漢王方平後漢陰長生得道處蓂雜採舊文分爲八類大抵神仙家言爲多

牛首山志二卷兩淮馬裕家藏本

明盛時泰撰時泰字仲交江寧人嘉靖中貢生牛首山在江寧城南一名天闕是書首志山名次志巖洞池泉殿廬草樹法寶遊覽麗藻其文頗近遊記不盡沿志書窠臼其藝文多著出某書亦明人所難惟地畝弓口一條全錄稟帖批詞首尾不加刪削殊失體例

仙巖志六卷兩淮馬裕家藏本

明王應辰撰應辰自署曰舉人不著里貫考太學題名碑有隆慶辛未進士王應辰信陽人去作此書時僅十六年未知卽其人否也仙巖山在浙江瑞安縣境爲道書第二十六福地嘉靖壬戌兵部郎中永嘉王叔果屬應辰爲此編首載圖景次錄詩文序次尚頗簡潔

黃海六十卷兩江總督採進本

明潘之恆撰之恆字景昇歙縣人嘉靖閒官中書舍人考明史藝文志有潘之恆黃海二十九卷此

本雖卷數未標，其曰紀初者八，曰紀藏者七，曰紀蹟者十有八，曰紀遊者二十有一，曰紀異者六，皆別之爲卷，則已六十卷矣。史稱二十九卷，未爲確數。然其中次第卷數，或有或闕，或參差錯互，蓋猶未定之稾，不知其止此六十卷否也。黄山在徽州府西北百三十里，舊名黟山，唐改今名，跨據宣、池、江、浙數郡。世傳黄帝與容成子、浮邱公煉藥於此，故有浮邱容成諸峯。此始存圖經之說，以備古蹟一條則可。乃恆覽上溯軒轅，採摭經傳，凡語涉黄帝者皆入焉。至以廣黄帝本行紀、眞仙通鑑諸書與六經之文並列，何其誕歟。大抵以多爲勝，而考證之學與著述之體則非所講也。

武夷山志略四卷（浙江范懋柱家天一閣藏本）

明徐表然撰。表然字德望，崇安人。嘉靖中嘗結藝山房於武夷第三曲，因撰次是書，分爲四集，繪山之全圖及武夷宮左各景、宮右九曲諸勝，悉以題詠附於後。凡名勝古蹟，皆分附於山川，較他地志尤便省覽，此變例之可取者。至於寓賢及仙眞之類，人繪一圖，則不免近兒戲矣。其名志略者，謂茲山已有全志也。

阿育王山志十卷（兩淮馬裕家藏本）

明郭子章撰。子章有蠙衣生易解，已著錄。阿育王山在浙江寧波府，去府治四十里。山有阿育王寺舍利塔，相傳爲地中湧出，因以名寺，遂因以名山。蓋緇流梵筴，有是異聞，年祀綿遠，亦無從而究詰也。是志凡分十類，按其大旨，主於闡釋氏之顯應，故標茲靈迹，以啟彼信心，原不以核訂地理考證古今爲事也。

雲門志略五卷（浙江巡撫採進本）

明張元忭撰。元忭有紹興府志，已著錄。雲門山在會稽城南。元至正十年，相里允若作雲門集，黄溍序之。元忭以其未備，補輯是編，以山川、古蹟、名賢爲一卷，而餘四卷皆藝文，又末大於本矣。

京口三山續志四卷（浙江巡撫採進本）

明徐邦佐、陳朝用、朱文山同撰。邦佐號雁洲，浦城人，官鎭江府教授。朝用號南湖，寧都人。文山號仰泉，常寧人。皆官鎭江府訓導。是書成於隆慶中，以補史宗道三山志之闕，故以續志爲名。專取當時人遊覽詩賦，彙萃成帙，而邦佐等所自作附錄尤夥，蓋意在釣名於三山，考訂無涉也。

齊雲山志五卷（浙江汪啟淑家藏本）

明魯點撰。點字子與，南漳人。萬歷癸未進士，官休寧縣知縣。齊雲山在休寧縣，名齊雲巖，蓋白嶽西北分支也。上有北極佑聖眞君神祠，明代數經修葺。嘉靖中始有齊雲山之號，茲志因雲巖舊本而重輯之，分三十七目。卷前又有順治中告示一通，乃後人刊入，非原書之舊矣。

普陀山志六卷（兩淮馬裕家藏本）

明周應賓撰。應賓有九經考，已著錄。普陀山在浙江之定海，是編因舊志重輯，凡六卷十五門。而應賓自序稱五卷十七門，勘驗卷帙，並無闕佚，未審何以矛盾也。

太岳太和山志十七卷（江蘇巡撫採進本）

明田玉撰。玉不知何許人，萬歷中宦官也。太和山卽湖廣均州之武當山，相傳爲北極元武修眞地。明成祖卽位時，自謂得神之祐，因尊爲太嶽，敕建宮觀，常遣內臣司其香火。嘉靖閒，提督太監王佐始剏爲志，太監呂評續增之。萬歷癸未，玉復增廣爲此本。前載修建廟宇始末、實事並仙蹟徵應、物產，後載唐宋元明序記詩賦等作。

太姥志一卷（浙江巡撫採進本）

明史起欽撰。起欽字敬所，鄞縣人。萬歷己丑進士，官福寧州知州。太姥山在福寧州境，傳堯時有老母業採藍，後得仙去，故以爲名。中有鍾離巖一線天諸勝蹟。起欽因創爲此書，成於萬歷乙未。前列圖，次列記序及題詠之作。然山以巖壑寺宇爲主，法當分門編載。起欽但爲總繪一圖，悉不加分別詮次，非體例也。

續刻麻姑山志十七卷（浙江汪啟淑家藏本）

明左宗郢撰。

國朝何天爵、邱時彬重修。宗郢，南城人，萬歷己丑進士，官至太常寺少卿。天爵、時彬皆建昌人。麻姑山唐時隷撫州，故顏眞卿麻姑仙壇記有撫州南城縣之語，今則在建昌府城西十里。宗郢志見於明史藝文志，著錄卷數相同。此本每卷標題，或稱麻姑而去山字，或又加洞天字，或加丹霞字，名目紛然，可知體例之龐雜。考明史作續刻麻姑山志，今姑從標目焉。

嵩書二十二卷（兩江總督採進本）

明傅梅撰。梅字元鼎，邢臺人。萬歷辛卯舉人，由登封縣知縣擢刑部主事，與員外郎陸夢龍力爭梃擊一案，鄭氏之黨中以察典罷官，後起爲台州府知府。崇禎中解職家居。大兵下順德，抗節死，贈太常寺少卿，事蹟附見明史張問達傳。乾隆乙未，賜諡忠節。是編乃其官登封知縣時所作，分星、疆域、形勝、卜營、宸望、嶽生、官履、巖棲、黃裔、竺業、物華、靈籍、頽始章，成爲十三篇，立名頗嫌塗飾。全書意在廣搜，亦殊多駁雜。

蜀中名勝記三十卷（浙江鮑士恭家藏本）

明曹學佺撰。學佺有易經通論，已著錄。案學佺所著本無此書之名，此本乃萬歷戊午福清林茂之摘其蜀中廣記內名勝一門刻之南京，而鍾惺爲之序，不知其何所取也。

華嶽全集十三卷（兩淮鹽政採進本）

舊本題明華陰縣知縣李時芳撰。今案時芳之本，千頃堂書目作十卷，乃嘉靖四十一年所修。至萬歷二十四年，汝州張維新爲潼關道副使，以時芳書多舛錯，與華陰縣知縣賁陽馬明卿重加詮敘，前載圖說、形勝、物產、靈異、封號，後載藝文，增成十三卷。前有巡撫賈待問序及維新自序，述之頗詳。題時芳所撰，誤也。後六年壬寅，知縣河間馮嘉會又增文數篇，亦註於書內，至所載國朝祭告之文，與宋琬、蔣超諸人之詩，則莫知誰所續入。考其中多有潼關道溧陽狄敬姓名，意者即敬所增歟。

九疑山志九卷（兩淮馬裕家藏本）

明蔣鐄撰。鐄，長洲人，萬歷中官寧遠縣知縣。九疑山在寧遠縣南四十里，相傳舜葬其地，有舜廟焉。雖輿記流傳，而舊無專志，鐄始創修此編。首紀祭舜陵文，次載形勝、古蹟、人物、仙釋、土產，次錄前人碑記詩文。崇禎中，平陵俞向葵爲令，復補圖於卷首。

羅浮野乘六卷（江蘇巡撫採進本）

明韓晃撰。晃字賓仲，南海人，萬歷庚子舉人，官青田縣知縣。是編首全圖，次名峯，次勝蹟，次仙釋，次品物，次逸事。書成於崇禎己卯。其兄晟字寅仲，亦著羅浮副墨，今未見。

雁山志勝四卷（兩淮鹽政採進本）

明徐待聘撰。待聘字廷珍，常熟人，萬歷辛丑進士，官至按察使副使。是編乃其官樂清知縣時所撰，卷一爲山之名勝及人物、土產、雜事，二卷、三卷皆佛刹，四卷則所自作詩文也。其凡例有曰：舊志凡詩賦題雁山者，或以臨澂，或以要津，皆旁搜而詮之，而文之徵占於山者亦聚焉。又有欲世識其名者，賂剞劂氏私刻搀入，真贋並收，薰蕕莫辨，山靈有知，定當作嘔，今皆剷去云云。其言可謂深中地志之陋習。然舊作雖已汰除，而又獨錄己作一卷，其亦尤而效之矣。

泰山紀事三卷（山東巡撫採進本）

明宋燾撰。燾字繹田，泰安州人，萬歷辛丑進士，官翰林院編修。此書一卷曰天集，記天神事；二卷曰地集，記古蹟；三卷曰人集，記名臣人物。所言神鬼冥報，已涉荒誕，至泰山太守、泰安知州爲守土之官，柳下惠、羊祜諸人亦不過生長其鄉，並未巖棲谷汲，乃概行摭入，不知於岱宗故事何涉也。

天台山方外志三十卷（浙江汪啟淑家藏本）

明釋無盡撰。案錢希言獪園釋異篇曰：有門法師名傳燈，一號無盡，太末人也，出家天台之高明寺，少精鍊戒行，學識高出道流。嘗撰天台山志，甚有禪藻云云。則無盡乃其號也。天台山自孫綽作賦以來，登臨題詠，翰墨流傳，已多見於地志。此書成於萬歷癸卯，出自釋家之手，述梵蹟者爲多，與專志山川者體例稍殊，故別題曰方外志焉。

幽溪別志十六卷（浙江巡撫採進本）

明釋無盡撰。幽溪在天台山，無盡嘗居其地，因撰是志。凡十六門，每門附以藝文，而同時人所作爲多。名爲地志，實同社刻，猶園稱其所至講席如雲，蓋明末標榜之風，浸淫乎方以外矣。

恆嶽志二卷（兩淮馬裕家藏本）

明趙之韓、王濬初同撰。之韓，汜水人，官渾源州知州；濬初，山陰縣舉人。是書成於萬歷壬子，其目十一：曰外紀、星紀、山紀、廟紀、祀紀、事紀、物紀、游紀、仙紀、文紀、詩紀。搜考頗稱詳核。又以自宋以來皆祠北嶽於上曲陽，故復取曲陽嶽廟詩附於卷末。後五年，知州衡陽張述齡爲刻而行之。然其文紀有目無書，已非完本矣。

天目山志四卷（浙江汪啟淑家藏本）

明徐嘉泰撰。嘉泰字道亨，衢州人，官於潛縣知縣。是書乃萬歷甲寅嘉泰因舊志重修。浙江有東西二天目，東天目在臨安縣之西五十里，西天目在於潛縣西北四十五里。據此書所圖，則本屬一山東西水源若兩目、然故曰天目。然此書所紀多屬西天目事。統稱天目山志、非也。

煙雲手鏡二卷（浙江巡撫採進本）

明楊繼益撰。繼益始末未詳。前有萬歷甲寅自序、稱居恆遊思險遠、因檢閱羣書、摭其山川喜愕之境、錄成二帙。然所載諸山水、俱隨手雜錄。鈔撮舊文、無所損益。既不註原書之名、前後次序亦無義例。如上卷有房山石徑山、而房山水洞又在下卷。上卷有牛首山鍾山、而獅子山又在下卷。以至廬山之與瀑布、金山之與妙高臺、皆顛倒破析、棼如亂絲。以比名勝志遊名山記諸書、可謂每況愈下矣。

海陽山水志四卷（江蘇周厚堉家藏本）

明丁惟曜撰。惟曜字貞白、休寧人。是書成於萬歷戊午。紀休寧境內名勝、凡山二十九篇、水八篇、各冠以圖。所錄藝文、但載記序銘頌諸體、而不及詩詞。較他志之濫列題詠者、稍爲簡淨。然嚴於去取可矣、竟廢此一體、則又矯枉過直也。

惠山古今考十卷附錄三卷補遺一卷（浙江巡撫採進本）

明談修撰。修字思永、無錫人。是編以無錫惠山爲一邑勝境。唐張祐題詩有小洞穿斜竹、重堦夾細莎之句、而舊蹟已湮。修營建以復其舊。故首卷載小洞重堦考、及祠院菴觀諸考。自二卷至十卷、則自唐及明之詩文。附錄三卷、皆同人賦贈之作。補遺一卷、則雜記惠山遺事。卷末自跋、有夢惠山之神云云、則未免幻妄矣。

九鯉湖志六卷（兩淮馬裕家藏本）

明黃天全撰。天全、莆田人。其書成於萬歷中。九鯉湖在福建仙遊縣。天全以舊志僅載游覽之作、而遺山水、乃重爲釐訂。分爲山水建置夢驗藝文四門。夢驗者、以九鯉湖祠乃閩人祈夢處也。

龍門志三卷（浙江范懋柱家天一閣藏本）

明樊得仁撰。得仁不知何許人。是書首載龍門圖及事蹟、次紀文類、次紀詩類、首卷考證甚陋。若龍門特爲河水所經過、止載水經注河水又南出龍門口諸條足矣。至摭及歷代河源、則迂闊無當。又玉海云、梁山之北有龍門山、大禹所鑿、通孟津河口、廣八十步。是書既已引之、而後又引此數語、別標曰出魏地理志、顛倒重複、殊爲蕪雜。

崆峒山志三卷（江蘇周厚堉家藏本）

明李應奇撰。應奇字鶴崖、平涼人。崆峒山在平涼府城西。是書成於萬歷中。凡分七門、曰分野、曰建革、曰疆域、曰形勝、曰田賦、曰仙蹟、曰題詠。然一山之志、即不應及分野建革、而中閒兼記及瓦亭關會盟壇之類、又殊似府志之體例。殊叢雜無限斷也。

峴山志六卷（浙江巡撫採進本）

明張睿卿撰。睿卿字稚通、號心嶽、歸安人。湖州府志稱其博雅豪邁、遊歷山川、以著書爲樂。然是書頗無體例。此峴山乃烏程之一山、非城邑郡縣之比。而首曰建置名實、已不相副。次曰勝概、而多與建置互見、不過雜載詩文。三曰遺愛、敘古名賢王右軍以下數人、終於王世貞、皆湖州大吏、與山不甚相涉。四曰社會、五曰放生、六曰藝文、又先散載各門、均失之泛濫也。

上天竺山志十五卷（兩淮馬裕家藏本）

明釋廣賓撰。天竺爲東南巨刹、舊有李金庭志。廣賓以其附會舛譌、甚至僞撰明太祖竺隱說一篇以炫俗、乃刪補而成此書。曰普門示現品、曰尊宿住持品、曰器界莊嚴品、曰帝王檀越品、曰宰官外護品、曰風範隆污品、曰詩文紀述品、凡七門。其風範隆污一品、於寺僧污行、備書不隱、較他志獨存直筆。據總目尚有卷首一卷、此本已佚不存。

爛柯山志二卷（兩淮馬裕家藏本）

明徐日炅撰。日炅後改名日曦、浙江西安人。天啟壬戌進士。爛柯山在衢州府城南三十里、因晉樵者王質遇仙觀棋於此、因以爲名。日炅居與山近、因纂輯晉唐迄明詩賦雜文、以成是編。

東西天目志八卷（兩淮馬裕家藏本）

明章之采撰。之采字去浮、仁和人。是書作於天啟中。以天目山東西二峯、輯爲二志、各分四卷。起引述圖考、訖詩賦記跋。杭州守李熤然合而刻之。

九華山志八卷（兩淮鹽政採進本）

明顧元鏡撰。元鏡、歸安人。萬歷己未進士、官池州府知府。是書成於崇禎己巳。前列全圖及十八景圖、次列山水建置物產人物文翰五門、復各立子部。意主誇多、故山分爲六、水分爲八、寺院菴觀區爲二、名樓閣亭館別爲兩類。標目頗爲煩碎。又杜荀鶴之污僞命、宋齊邱之逞姦謀、列之流寓、以爲山水之光、殊乏簡擇。又王守仁游蹤僅至、亦列寓公、并僞撰其贈周金和尚一偈。斯尤地志之積習矣。

錫山景物略八卷（江蘇周厚堉家藏本）

明王永積撰。永積字崇巖，自號蠡湖野史，無錫人。崇禎甲戌進士，官至兵部職方司郎中。是書紀無錫山川名勝，略分四正四隅，每紀一地，皆首載沿革，次載詩文。永積詩亦往往附載，然採錄過濫，遨飲聯吟之作，動輒盈編，於錫山地志圖經渺不相涉，則貪於標榜，未講體例之過耳。

橫谿錄八卷（兩淮鹽政採進本）

明徐鳴時撰。鳴時字君和，吳縣人。崇禎乙亥選貢生，除武寧縣知縣。橫谿鎭一曰橫塘，在蘇州府城西南十三里，水自城中來，西南橫流過鎭而入太湖，故名。是志分十九門，體例略如郡縣志，然如古蹟類中多列先賢舊宅，又云其址無考。夫使遺墟猶存，自應深憑弔之思，否則既生是鄉，自必人人有宅，安能一一虛列乎。宜其一鄉之志，曼衍至於八卷也。

閣皁山志二卷（兩淮馬裕家藏本）

明俞策撰。策不知何許人。閣皁山在江西新淦縣，相傳爲張道陵、葛孝先、丁令威修煉之所。茲編上卷紀載形勝，下卷編列藝文，末自載其詩數首，亦非佳作。

太平三書十二卷（江西巡撫採進本）

國朝張萬選編。萬選字舉之，濟南人，官太平府推官。是三書成於順治戊子。據其序例，一曰圖畫，二曰勝概，三曰風雅。圖凡四十有二，見唐允甲題詞中。此本佚其圖畫一卷，惟存勝概七卷、風雅四卷。原本紙墨尙新，不應遽闕，失無考，或裝輯者偶遺歟。

乍浦九山補志十二卷（浙江巡撫採進本）

國朝李確撰。確有平寇志，已著錄。乍浦在嘉興府東南，屬平湖縣境。九山者，雅山、苦竹山、湯山、觀山、龍湫山、暈頂山、高公山、蓋山、獨山也。平湖舊有九峯之名，而不得其地。確始考而定之，因著是編。凡分十二門，曰圖譜、山水、古蹟、寺觀、邱墓、土產、碑碣、烽寨、石塘、變怪、人物、題詠。

昌平山水記二卷（兩江總督採進本）

國朝顧炎武撰。炎武有左傳杜解補正，已著錄。炎武博極羣書，足迹幾徧天下，故最明於地理之學。是書雖第舉一隅，然辨證皆多精確。惟長城以外爲炎武目所未經，所敘時多舛誤。如稱塞外有鳳州，不知蘇轍詩所云興州東谷鳳州西者，乃回憶鄉關之語。唐書、遼志塞外均無鳳州之名。又如古北口之楊業祠，炎武據宋史辨其僞，然劉敞、蘇轍皆有過業祠詩，在托克托修史之前幾二百載，必執後代傳聞以駁當年之目見，亦過泥史傳之失也。

黃山志七卷（兩江總督採進本）

國朝閔麟嗣撰。麟嗣字賓連，歙縣人。其書首列山圖，次形勝，次建置，次山產，次人物，次靈異，次藝文，次詩賦，蒐輯頗博，而不盡精核。

麻姑山丹霞洞天志十七卷（內府藏本）

國朝羅森撰。森字約齋，大興人。順治丁亥進士，官至陝西督糧道。是編因明萬歷中左宗郢志而修。第一卷爲圖者八，第二卷爲考者四，第三卷爲表者二，第四卷爲志者四，第五卷爲紀者五，其餘藝文分七卷，末則麻源附錄一卷，從姑附錄一卷，育英堂附錄一卷，姑山雜記一卷，詩文補遺一卷。

峩眉山志十八卷（浙江汪啟淑家藏本）

國朝蔣超撰。超字虎臣，金壇人。順治丁亥進士，官翰林院編修。晚入峩眉山爲僧，因輯是志。昔劉勰奏請出家，改名慧地，梁書本傳雖著其事，而傳首仍題原名，蓋不與士大夫之爲僧也。故今於超斯志，亦仍題其原名云。

峩眉志略一卷（浙江汪啟淑家藏本）

國朝張能鱗撰。能鱗有詩經傳說取裁，已著錄。是書於峩眉形勝古蹟，標撮甚略。末附詩文數篇，而自作乃登其二。佛光解一篇，命意雖善，措詞則未能免俗也。

浯溪考二卷（山東巡撫採進本）

國朝王士禛撰。士禛有古懽錄，已著錄。是書前有自序，稱楚山水之勝，首瀟湘；瀟湘之勝，首浯溪。浯溪以唐元結次山名，得魯公摩崖書而益張之。舊有浯溪前後兩集，爲李仁剛、龔光祖撰，見於輿地碑目，皆無傳。今志乃出庸手，尤雜泛濫至不可耐。乃以退食之暇，窮搜遐摭，要取精覈。閒錄詩賦雜文，多郡志溪志所未收者，蓋其族姪官祁陽時以舊志寄士禛，士禛爲改作也。其書不分門目，上卷載山川古蹟及元結詩文，而附以諸家之題識議論，下卷則皆後人藝文，末爲補遺三條。書頗簡核，然如王邕後浯溪銘、吳儆祁陽石鏡銘、鄒浩甘泉銘，其地相近，類附可也。吳師道汪氏浯村記跋，地在新安，渺如風馬，亦復載入，殊乖體裁，蓋斷限之難。劉知幾嘗言之矣。

長白山錄一卷補遺一卷（山東巡撫採進本）

國朝王士禎撰。長白山一名常白山，一名常在山，在鄒平縣東南。是錄皆紀其山形勝及故實藝文。已編入士禎漁洋文略第十四卷中。此其別行之本也。末附補遺一卷，則因宋紹定間丁黼作池州范仲淹祠記，以青陽縣東十五里之長山指爲長白，地理舛誤，雜引諸說以辨之。考證亦確。然附會古賢，誇飾形勝，移甲入乙，乃天下地志之通弊。士禎以此一記奪其鄉中之流寓，遂詆之爲小人，所見亦爲不廣矣。

鼓山志十二卷（兩淮鹽政採進本）

國朝僧元賢撰。其序不標年月。書中記事至順治壬辰癸巳，則

國初人也。鼓山在福州城東三十里。是書分勝蹟、建置、開士、貞珉、藝文、叢談六門。大旨以佛刹爲主。名爲山志，實則寺志耳。其凡例有云：茲山知名海內者，實以人重，非以形勝重也。緇徒妄自標置，可謂不知分量者矣。

恆嶽志三卷（浙江巡撫採進本）

國朝張崇德撰。崇德字懋修，順天人，官渾源州知州。北嶽恆山在渾源州城南二十里。自漢以後皆祠於上曲陽。

國朝順治十七年，以刑科都給事中粘本盛之請，改祠於渾源州。部議令山西撫司官吏詳察恆山遺蹟，於時主其說者禮部尚書王崇簡，疏載所著青箱堂集中，據紳耆之議以上達者，即崇德也。故輯斯志，於祀典特詳。曲陽飛石之僞，亦辨之甚悉。

七星巖志十六卷（浙江汪啟淑家藏本）

國朝韓作棟撰。作棟字公吉，鑲藍旗漢軍。順治中官分巡肇高廉羅道按察司僉事。七星巖在肇慶府高要縣城北，一名崧臺，一名定山。故此書又名定山石室志也。志本明王泮所撰，作棟因而重修。吳綺又爲之潤色。然有關考核者，寥寥無多。如石刻門於唐李邕石室記後，乾道己丑秋一條，以後人題名之年月，誤爲摹石之年月。又載元符改元端午日，眉山蘇軾挈家來遊，不思元符元年蘇軾正在儋州，安得有挈家至七星巖之事？蓋據曹學佺名勝志所載，而不知爲傳譌之文也。

峩眉山志十八卷（浙江汪啟淑家藏本）

國朝曹熙衡撰。熙衡字素徵，錦州人。順治中官至貴州按察使。是編因蔣超舊志成於疾病之餘，未能條理明晰，故即其本而重訂之。然據卷首修山志說，實戎州宋隸樟所定，熙衡時分巡建昌道，董其事耳。末一卷爲志餘，仍題超名。而中論普賢住世一條，有宜太史蔣公之辨論語，則亦非超之本文矣。

龍唐山志五卷（浙江巡撫採進本）

國朝僧性制撰。龍唐山在昌化縣西七十里，以其上有龍池，故名。浙江通志作龍塘，獨此本作唐。其中龍池一條內唐井等字，亦從唐，殆亦猶錢塘錢唐各異文歟。志本爲佛刹而作，故多述禪家之語，非地志之正體也。

寶華山志十卷（兩淮馬裕家藏本）

國朝釋德基撰。寶華山在句容縣北六十里，齊釋寶誌結廬於此，後人重寶誌之名，因以名山。是山以道場顯，故首誌開創興起，而次及山水梵宇各門。與他山志書體例稍異，固亦各因其地耳。

廬山通志十二卷（兩淮馬裕家藏本）

國朝釋定嵩撰。因嘉靖間桑喬廬山紀事而稍增損之，無大發明考證。

四明山志九卷（江蘇周厚堉家藏本）

國朝黃宗羲撰。宗羲有易學象數論，已著錄。四明山舊稱名勝，而巖壑幽邃，文士罕能周歷，故記載多疎。宗羲家於北七十峯之下，嘗捫蘿越險，尋覽帀月，得以考求古蹟，訂正譌傳，乃博採諸書，輯爲此志。凡九門。宗羲記誦淹通，序述亦特詳贍。惟所收詩文過博，併以友朋倡和之作牽連附入，猶不出地志之習。又既列名勝，復以皮陸九題、丹山圖詠、石田山房別出三門。其諸門之內既附詩於各條下，又別出詩括、文括二門，爲例亦未免不純也。

四明山古蹟記五卷（浙江巡撫採進本）

不著撰人名氏，亦無序跋。詳書中所載，即黃宗羲所撰四明山志藁本也。宗羲四明山志自序有曰：壬午歲余作四明志，亡友陸文虎欲刻之而未果。癸丑歲盡，偶展此卷，文虎評校之朱墨，如初脫手。然其間凡例不齊，詞不雅馴，重爲竄改，始得成書。其序作於康熙十一年。所稱壬午，蓋明崇禎十六年也。此書不署年月，亦無文虎姓名題識，而中有朱墨數處，與宗羲序合，殆即文虎評校之本歟。其第三卷、四卷、五卷內有黃時貞添註四條。其一條

稱壬辰六月識又一條述老人談天啟間事當在順治九年以後或時貞得此稟本又以意爲訂正耶四明山志既有成書此未定之草固可置而不論矣

西湖夢尋五卷（浙江鮑士恭家藏本）

國朝張岱撰岱字陶菴自號蝶菴居士家本劒州僑寓錢塘是編乃於杭州兵燹之後追記舊遊以北路西路南路中路外景五門分記其勝每景首爲小序而雜採古今詩文列於其下岱所自作尤夥亦附著焉其體例全仿劉侗帝京景物略其詩文亦全沿公安竟陵之派

穹窿山志六卷（兩淮馬裕家藏本）

國朝李標撰山在蘇州府城西是編前四卷雜錄序記疏引等作後二卷紀遊覽題贈之詩蓋是時道士施亮生居此山方以符術鳴於東南其書實爲亮生而作非專志山之名勝也

百城煙水九卷（浙江巡撫採進本）

國朝徐崧張大純同編崧吳江人大純長洲人前有尤侗序大略稱崧有詩名好遊佳山水閒嘗綴集吳地古蹟爲此書取華嚴南詢之意以名之其友張大純助其捃摭未畢而崧歿大純因重加纂輯刊行凡蘇州府及所屬諸縣名勝山川並爲臚載然每條詮敘簡略而所錄題詠至夥蓋頗仿祝穆方輿勝覽之例以詞藻爲尚而不主考證然穆書徧及州郡此獨有姑蘇一隅穆書於前人著述採摭甚富而此所收率係近人之作并附入已詩則又出穆書之下矣書刊於康熙庚午時尚未升太倉爲直隸州故太倉及嘉定崇明二縣皆列於此書云

蜈磯山志二卷（安徽巡撫採進本）

國朝柯願撰願字又鄒龍溪人康熙甲辰進士以主事督理蕪湖鈔關蜈磯山在蕪湖西南七里大江中江南通志云蜈老蛟也今磯有石穴廣一丈深不可測案廣韻蜈古堯切水蟲似蛇四足能害人賈誼弔屈原文所謂偭蟂獺以隱處者是也通志所云未知何本山上有靈澤夫人祠相傳蜀先主妃孫權妹死葬於此故廟祀焉其事不見於史傳殆齊東之語耳是編蓋因明邊維垣舊本原文重訂首爲圖末附載扁聯所錄率荒唐之說惟宏治中劉淮嘉靖中王宗聖二記稍能引據史傳以駁俚說而亦終歸於附會餘皆蕪雜又凡例稱降乩之作不錄而卷末仍有諸葛亮徐庶鄧芝之詩皆七言絕句殆足笑噱尤前後自相矛盾云

嶽麓志八卷（浙江汪啟淑家藏本）

國朝趙寧撰寧字又礀山陰人官長沙府同知是志因舊本增輯成於康熙丁卯第一卷爲新典及圖說二卷爲山水古蹟新建寺觀疆域三卷爲書院四卷以下皆藝文也卷首序文自爲一巨冊當全書四分之一同修姓氏列至一百四十二人則其書可知矣

說嵩三十二卷（直隸總督採進本）

國朝景日昣撰日昣字東陽登封人康熙辛未進士官至戶部侍郎是書自卷一至卷八統紀嵩高及二室卷九以下分星野形勝封域巡祀古蹟金石傳人物產仙釋摭異藝林風什九門考嵩山爲中嶽本於爾雅毛詩故史記主其說胡渭禹貢錐指信爾雅前條河南華之文而指後條嵩高爲中嶽乃後人附益然鄭康成注大司樂謂華爲中嶽而註小宗伯則以嵩爲中嶽賈疏謂大司樂註據鎬京小宗伯註據洛邑其說似可與爾雅前後二文相證即云後人附益而康成已兼據之矣又外方之爲嵩山見於尚書孔註水經注諸書金吉甫乃謂嵩高非外方殊妄此書於中嶽宗史記於外方引水經注考核殊不繆然嵩書及嵩山志天下名山志之類於此山形勝沿革已爲廣徵博輯此特綜彙舊文匯而成之耳

嵩嶽廟史十卷（江蘇巡撫採進本）

國朝景日昣撰是書以嵩嶽廟舊未有志因創爲編輯分圖繪星野沿革形勢營建祀典靈異嶽生詩賦藝文各爲一卷其凡例謂漢武之登封孝明之巡幸胡后武曌之離宮別院事涉游盤無關秩祀概從刪削可謂矜慎然靈異類中所引述異記虞初志諸書半是寓言藝文類載嵩嶽嫁女記尤爲不經詩賦藝文析爲二類金石之文如石闕碑別見於營建類中亦爲錯亂則亦仍地志之庬雜而已

雞足山志十卷（浙江汪啟淑家藏本）

國朝范承勳撰承勳鑲黃旗漢軍大學士文程之子浙閩總督承謨之弟官至雲貴總督雞足山在雲南賓川州東一百里一頂三支儼如雞距在蒼山洱海之間相傳爲迦葉尊者入定處佛寺最多故

志山者多述佛門之事。是編乃康熙三十一年承勳因舊本增修，分圖紀、考證、星野、形勢、山水、寺院、人物、靈蹟、物產、藝文凡十門，而以迦葉像讚冠於卷端焉。

普陀山志十五卷（內府藏本）

國朝朱謹、陳璿同撰。謹有中庸本旨，已著錄。璿始末未詳。普陀山在定海縣東海中，佛經稱為觀音大士道場。自梁迄明，代有興建，是志所述本末頗具，而敘事冗沓無法。

湘山志八卷（浙江巡撫採進本）

國朝徐泌撰。泌字鶴汀，衢州人。康熙中官全州知州。以州有湘山寺，祀無量壽佛，率郡人謝允復等考佛出身本末，並山水古蹟藝文，輯為是書。

林屋民風十二卷（浙江鮑士恭家藏本）

國朝王維德撰。維德字洪緒，吳縣人。是書成於康熙癸巳。因蔡昇太湖志、王鏊震澤編、翁澍具區志而廣之。林屋為洞庭西山之別名，維德以太湖諸山洞庭最大，故舉以名其集，而諸山則附載焉。其所採錄賦詠居多，考證殊尠。如所載馬蹟山引毘陵志以證舊志之誤，津里山之一名秦履山，引四蕃志以證具區志之非，特偶然一見耳。目錄載附見聞錄一卷，此本無之，或偶佚歟。

廬山志十五卷（安徽巡撫採進本）

國朝毛德琦撰。德琦字心齋，鄞縣人。由貢生官星子縣知縣。是編取桑喬廬山紀事、吳煒廬山續志二書彙而訂之。首星野，次輿地，次祀典，次隱逸，次仙釋，次物產，次雜志，次災祥，共一卷。次山川分紀十二卷，次藝文二卷。琦自序云，山川分紀多仍其舊，文翰則隨時而增。書之冗濫，二語已自道之矣。

玉華洞志六卷（浙江巡撫採進本）

國朝陳文在撰。文在字新我，將樂人。將樂縣南十里許有玉華洞，幽深窅窈，秉炬乃入。其中石鐘乳滴成人物諸形，千態萬狀，一一曲肖，為閩中奇觀。明萬曆壬辰，邑令海陽林熙春始為志。順治甲午，邑令曲阜孔興訓重修。歲久版燬。康熙乙未，文在又復修之。冠以圖景，而序記賦詩之屬以次備錄。末有慶玉華詩一冊，則以邑人鬻煤燒盤，洞且頹壞。雍正辛亥，邑令馮景曾始禁開窯場，邑人作詩慶之，併彙成帙，附於志末云。

羅浮山志十二卷（內府藏本）

國朝陶敬益撰。敬益，江寧人。康熙中官博羅縣知縣。是編因黎惟敬舊志，益以僧塵異名峯圖說，互相補輯，合為一書。然首有岡經，又有名峯圖，又有巖洞志，前後繁複，殊無義例。是則兼取兩家，未能融鑄翦裁之故也。

羅浮山志會編二十二卷（兩淮馬裕家藏本）

國朝宋廣業撰。廣業字澄溪，長洲人。康熙中官至山東濟東道。後因其子志益為瑞州知府，就養官署，以羅浮為嶺南勝地，而舊志簡略，遂重為考訂，網羅闕逸，計事增舊十之五。後來羅浮諸志，多以是為藍本云。

羅浮外史（無卷數，浙江巡撫採進本）

國朝錢以塏撰。以塏字蔗山，嘉善人。康熙中歷官東莞、茂名二縣知縣。羅浮山屬於博羅，而遊人登眺則多由東莞之石龍鄉。以塏官東莞時，其父瑛就養縣署，往遊羅浮，記其名勝。以塏因參考諸籍，以成此編。首列圖二十，次述山中名勝靈蹟為五十八篇。大抵多因仍舊志，又多以近人詩參錯其中，頗為冗雜。

惠陽山水紀勝四卷（浙江汪啟淑家藏本）

國朝吳騫撰。騫字益存，號樂閒，當塗人。康熙辛未進士，官至惠州府知府。是編以羅浮與西湖各分上下二卷。其紀羅浮，則本宋廣業羅浮志，稍為芟節。其紀西湖，則本近人增輯西湖志而更編之，亦閒有所補正。他如霍山、河源、龍川亦隸惠州，稱名勝，而志不及焉，蓋專為二地作也。惠州在漢曰南海，晉曰東官，隋唐或曰循，或曰雷鄉，至宋仁宗時始曰惠州，而惠陽之名則於傳無之。以是標題，亦相沿杜撰之文矣。

西樵志六卷（浙江汪啟淑家藏本）

國朝馬符錄撰。符錄字受之，南海人。官陸豐縣訓導。西樵山屬南海縣，在廣州府城西南一百二十里。明萬曆辛卯，郡人霍守尚初為之志，歲久散佚。國朝羅國器重修未竟，符錄乃因其舊本，輯為此編。詳於人物藝文，而略於考證，故山中金石之文悉不錄云。

武夷九曲志十六卷（浙江巡撫採進本）

國朝王復禮撰。復禮有家禮辨定，已著錄。武夷山在福建崇安縣南三十里，其溪九曲。宋劉道元初為作志，其後屢有增輯。是書成於康熙五十七年。前卷既以詩文分入山水，而後卷又列藝文一門，體例頗雜。又附錄已作連篇累牘，是竟以山經爲家集矣。

西湖志四十八卷（通行本）

國朝傅王露撰。王露號玉笥，會稽人。康熙乙未進士，官翰林院編修。乾隆辛巳特恩加中允銜。初，雍正三年，命浙江總督李衛開濬西湖，越三年而蕆功。時衛方奉詔纂修通志，以西湖志自田汝成後久未續輯，因以王露總其事，而以舉人厲鶚等十人分任纂修之。悉仿通志之例，分門記載，列目二十，徵引極博，而體例頗涉汎濫。其後梁詩正等復訂爲西湖志纂，實據此本而刪潤之云。

太嶽太和山紀略八卷（江蘇巡撫採進本）

國朝王概撰。概字成木，諸城人。雍正癸丑進士，官至兩廣鹽運使。是編乃概官分守安襄鄖兵備道時所作。凡爲十類，曰星野，曰圖考，曰山川，曰聖紀，曰宮殿，曰祀典，曰仙眞，曰物產，曰拾遺，曰藝文。較舊志蒐輯頗富，而亦不免於蕪雜。

峽石山水志一卷（浙江巡撫採進本）

國朝蔣宏任撰。宏任字擠斯，海寧人。海寧縣有峽石鎭，兩山並峙，東曰審山，西曰紫微山，爲土人遊眺之所。宏任因爲之志。末有雍正戊申自跋，稱舊有志略，爲前輩沈伯翰所集，其家伏羌令丹厓所訂，則仍舊稾增修也。敘述頗爲雅潔，然兩山舊蹟，載於咸淳臨安志者甚詳，皆略而不載。審山之名，沈山、宋元時志書皆有辨證，亦未徵引。而紫微山有東峯庵、劍池，敘述更爲疎漏。惟所載碧雲寺之建於唐大歷中，天開圖畫樓之起於宋天聖間，爲足補志乘所未及爾。

雁山圖志（無卷數，江蘇巡撫採進本）

國朝曾貫行撰。貫行字奕菴，山陰林氏子，居雁山能仁寺。因搜羅名勝，編次成書。首雁山十八刹，皆有圖，次山水諸說，次藝文。

金井志四卷（浙江巡撫採進本）

國朝姜虬綠撰。虬綠字秋岳，烏程人。自號蒼弁山人，又號大海樵人。案金井在烏程之黃龍山後，梁丙子有黃龍破洞出，又名黃龍洞。虬綠卜居弁山時得遊覽，因作此志，成於乾隆庚午。自序謂住山以來，日有紀錄，并見古人詩歌雜識，手輒鈔摘，凡分山谷文獻金石藝文四門。然藝文內多附虬綠所自作，不若待諸論定後也。

泰山道里記一卷（兵部侍郎紀昀家藏本）

國朝聶鈫撰。鈫字劍光，泰安人。是編前有自序，稱生長泰山下，少爲府胥，性嗜山水，每攀幽躋險，探稽往蹟。因讀劉其旋泰山紀略、成城泰山勝概，其中有一地兩稱，或名同地異，巖谷深阻，題刻爲苔蘚所蔽者，問遺而未錄。近乃架梯剔磨，垢蝕而求之，雖風雨寒暑，弗憚其勞。又質之野老，參考羣書，竭半生精力，彙成一編。提挈道里爲綱領，分之爲五，合之爲一，曰泰山道里記。末有其從孫學文跋，稱其蒐討金石之文，閱二十餘年。凡諸紀載所未詳者，如石經峪刻金剛經，據徂徠刻石，辨爲北齊王冠軍書；唐紀泰山銘下截剝落，葉彬補書百八字；宋述功德銘，唐勒岱嶽觀毀原碑字猶存。介邱巖分水谿及古明堂，均失覈審疑。又肅然山、奉高城季札子墓與白騾冢，俱誤指其地。汶泮三谿諸水皆牽混源流，岱背𧗠瑞靈巖諸山因隸他縣而未錄，倂逐加考驗，辨爲補闕。蓋以土居之人，竭平生之力以考一山之蹟，自與傳聞者異矣。

峽川志一卷（兩淮馬裕家藏本）

國朝潘廷章撰。廷章字梅巖，自稱海峽樵人，蓋海寧人也。其書志硤石一鎭之事，頗有條理。然一村落之微，而首紀分野，未免太廓。科第皆列之人物，毫無行實，但載其由某經中式某科第幾名，亦未免太濫。所紀唐許遠守睢陽臨難作死別吟，其詞不類，疑亦附會也。

西湖覽勝志十四卷（內府藏本）

國朝夏基撰。基字樂只，杭州人。是編因明田汝成本重修。十四卷中題詠居其六卷。

南湖紀略六卷（浙江巡撫採進本）

國朝邱峻撰。峻字晴巖，仁和人。南湖一名白洋池，在杭州城北隅，宋張俊賜第四世孫鎡別業，據湖之上。湖在宅南，因名南湖。楊萬里、陸游諸人皆爲之題詠，而鎡亦以自名其集。逮傳爲古蹟，峻少居其地，因採輯宋時志乘及說部文集，勒成此志。

右地理類山川之屬，九十七部，八百九十五卷（內二部無卷數），皆附存目。

欽定四庫全書總目卷七十六

欽定四庫全書總目卷七十七

史部三十三

地理類存目六

大滌洞天記三卷（浙江汪汝瑮家藏本）

舊本題元鄧牧撰。（案牧以宋人入元，不仕而卒。據陶潛書晉之例，當仍題宋人。今特據舊本所題書之。）核其書，即牧所撰洞霄圖志內宮觀、山水、洞府、古蹟、碑記五門，而刪其人物。每門又頗有刊削，不皆全文。卷首吳全節、沈多福二序亦同。惟增入洪武三十一年正一嗣教眞人張宇初一序，稱今年春某宮道士某持宮志請序，將廣於梓。蓋明初道流重刻時，妄以其意刪節之，而改其名也。

西嶽神祠事錄七卷（兩淮鹽政採進本）

明孫仁編。仁，貴池人。景泰辛未進士，官至戶部右侍郎。是書乃其官西安府知府時作，以記西嶽神祠之事。所錄文章，具載首尾年月、撰人姓名，較張維新華嶽全集所載頗爲完整有體。其中延熹華山廟碑一篇，則剝泐已甚，非復洪氏隸釋之舊矣。

石湖志略一卷、文略一卷（浙江范懋柱家天一閣藏本）

明盧襄撰。襄字師陳，吳縣人。嘉靖癸未進士，官至兵部職方司郎中。石湖在蘇州府城西南。宋范成大爲執政時，有別墅在湖上，孝宗御書石湖二字以賜，其名始顯。盧氏世居於此，襄乃述其山川古蹟爲志略，又集諸人題咏爲文略。然此書爲范氏別業而作，自應以是一地爲主，與州郡輿記爲例各殊。襄乃兼及人物，多至二十有一人，匪獨詞涉夸張，抑亦體傷氾濫矣。

石鼓書院志四卷（浙江范懋柱家天一閣藏本）

明周詔撰。案是時有二周詔，一爲延津人，嘉靖庚戌進士，見太學題名碑；一即此周詔，號臺山，富順人，嘉靖癸巳官衡州府知府。石鼓書院在衡州府治北石鼓山。宋景祐間，允集賢校理劉沆之請，賜額置田，與睢陽、嶽麓、白鹿號爲四大書院，講學家喜稱道之。詔官於衡州，因勦取舊志，稍增損以爲此編。首地理，次室宇，次人物，次祠翰，而附錄文移於末。潦草滑略，殊無義例，蓋書帕本也。

淨慈寺志十卷（浙江巡撫採進本）

明釋大壑撰。大壑字元津，杭州淨慈寺僧。案淨慈寺在杭州城西南屏山，舊無志，大壑始創修之。其書分形勝、建置、法嗣、檀護、著述、僧制、靈異七門。自序稱斷碣磨崖，冥搜必錄，蓋二十載而始成，其用力亦勤矣。

徑山集三卷（浙江巡撫採進本）

明釋宗淨撰。宗淨始末未詳。徑山在臨安縣天目山東北，唐代宗時僧法欽始造寺。是書上卷記寺之建置，中卷記禪宗，下卷載藝文。原刻校讎不精，僧方一序，謂其魯魚亥豕，觸出爲白璧蠅玷云。

白鷺洲書院志二卷（浙江汪啟淑家藏本）

明甘雨撰。雨有古今韻分註撮要，已著錄。初，宋淳祐辛丑，江萬里知吉州，建書院於白鷺洲。洲在二水之中，故借李白詩「二水中分白鷺洲」句以名之，非金陵之白鷺洲也。時宋理宗方重道學，爲賜額立山長，嗣後遂相承爲古蹟。萬歷辛卯，黃梅汪可受爲吉安府知府，又重修之。雨因撰是志，分沿革、建置、教職、祀典、儲贍、名宦、人物、公移、賢勞、義助、紀述、書籍、生祠記十三門。生祠記者，即可受生祠也。至別立爲一門，此其作志之意不在書院矣。

歷代山陵考一卷（兩淮馬裕家藏本）

明王在晉撰。在晉字明初，太倉人。萬歷壬辰進士，官至兵部尚書。事蹟附見明史王洽傳。是書僅從一統志鈔撮而成，無所考證。況既名山陵，而趙宣子、孟嘗君輩遺冢亦列其閒，尤非體也。

方廣巖志四卷（江西巡撫採進本）

明謝肇淛撰。肇淛有史觿，已著錄。方廣巖在永福縣東。宋給事中黃非熊嘗讀書山中，作十咏以紀其勝。肇淛時爲工部郎，奉使過家，遊於是巖，因輯此志。前爲義例一條，作本紀以志方廣，作外紀以志旁近巖壑，作別紀以志方外，作文紀、詩紀以輯前人之作。然本紀之名，史家以載帝王事跡，用之山水，殊乖體例。別紀信志寧之託生、三元、德涵之罹刑地獄，佛氏之說，儒者所不道。詩紀末有國朝人所作，則雍正中江續重修是書所附入也。

石鼓書院志二卷（兩淮馬裕家藏本）

明李安仁撰。安仁字裕居，遷安人。萬歷中官衡州府知府。是編因周詔舊志重修，分上下部。上部紀地理、室宇、人物、名宦，下部載藝文。採摭較詔志爲詳。

關中陵墓志二卷（兩淮鹽政採進本）

明祁光宗撰。光宗後更名伯裕，滑縣人。萬歷戊戌進士，官至兵部尚書。是編乃光宗督學陝西時於歷代陵墓詳加考證，各爲之圖，而系之以說。其距諸州縣城方隅道里，皆備志之。亦皇覽聖賢冢墓記之流也。

金陵梵刹志五十三卷（編修汪如藻家藏本）

明葛寅亮撰。寅亮有四書湖南講，已著錄。是書志金陵梵刹，依僧錄分隸，以靈谷、天界、報恩三大寺統次大寺五，中寺三十有二，小寺百有二十。其餘廢寺，別爲一編。卷首冠以御製欽錄二集。御製者，太祖之詩文。欽錄者，沿革之案牘也。末附以南藏目錄及諸經租額、公費、僧規、公產諸條例。其餘皆略如志乘之體，編次頗傷蕪雜。

徑山志十四卷（浙江巡撫採進本）

明宋奎光撰。奎光字培巖，萬歷壬子舉人，官餘杭縣教諭。是編蓋增補宗淨舊志而成，分開山、諸祖、及刹、敕詩文、名勝、古蹟、土產諸門，殊多猥瑣。蓋一山一寺，地本偏隅，宗淨志已具梗概，奎光必從而恢張之，其冗沓宜矣。

延壽寺紀略一卷（兩淮馬裕家藏本）

明釋圓復撰。圓復字休遠，鄞縣人，與屠隆同時。延壽寺在鄞縣南三里，舊號保恩院，宋祥符間改爲延壽寺。是書詳述知禮禪師本末，及宋相曾公亮置買莊田舊事，他無所載。蓋自備古刹之典故而已。

禹門寺志六卷（兩江總督採進本）

明戴英撰。英字上愼，宜興人。崇禎甲戌進士。禹門寺在宜興之龍池山。是編前志山寺僧侶，後紀碑銘序記詩文，多未雅馴。

鄧尉聖恩寺志十八卷（江蘇周厚堉家藏本）

明周永年撰。永年字安期，吳江人。鄧尉故有沈律志，玆編乃踵而增之。凡梵宇名釋、序記語錄，無不備載。大約於寺之建置本末，尤爲詳悉。故以聖恩寺志爲名。書成於崇禎十五年，而中有康熙中碑刻，及宋犖、徐秉義詩文，蓋後人所續入也。

天童寺集二卷（兩淮馬裕家藏本）

明楊明撰。明不知何許人。天童寺在鄞縣東六十里，晉永康間義興禪師居此山，有童子來供薪水，久之辭去，自稱太白星，因是山名太白，寺名天童。玆編敍述形勝，綴以藝文，前序無姓名，疑即明所自作。中稱撰爲七卷，今止兩卷，似尙非完帙也。

南溪書院志四卷（兩淮鹽政採進本）

明葉廷祥、郭以隆、紀延譽、陳翹卿同撰。廷祥官尤溪縣知縣，以隆稱縣事，疑爲丞簿之類。延譽、翹卿則尤溪教諭訓導也。其里貫均未詳。南溪者，朱子之父松作尉尤溪，實生朱子於其地。理宗嘉熙初，尤溪令李修以時方崇尙道學，人爭攀附，遂於其地建二朱先生祠，即書院所自昉也。志中載書院額爲帝㬎德祐元年所賜，而李韶所作記在嘉熙改元之歲，已稱南溪書院，則初建時已有此名，但賜額在後耳。其書僅紀書院之蹟，所附詩文，多不雅馴。延譽之序，以朱松、朱子及宋理宗皆跳行別書，使君臣相並，則欲尊朱子而不知所以尊，悖謬甚矣。

破山興福寺志四卷（兩淮馬裕家藏本）

明程嘉燧撰。嘉燧字孟陽，休寧人，崇禎末布衣。明史文苑傳附載唐時升傳末。常熟縣西北十里有破山，其麓有寺曰興福，乃齊梁間所建。是書一卷二卷記山中古蹟，而詩文附焉。三卷志建置，四卷志禪宗，序次雅潔，爲山志中差善之本。

靈隱寺志八卷（兩淮馬裕家藏本）

國朝孫治撰，徐增重編。治字宇台，仁和人。增字子能，吳縣人。其書因明萬歷中昌黎白珩之志，稍增損之，體例與他志略同，惟以宦遊寄寓之人概收之人物一門，則事涉創造，於義未安。

滄浪小志二卷（浙江巡撫採進本）

國朝宋犖撰。犖字牧仲，號漫堂，商邱人。由廕生官至吏部尚書。是編乃犖爲江蘇巡撫時，得宋蘇舜欽滄浪亭舊址，重爲修葺，因蒐輯前人傳記詩文，而附以所作記一篇、詩一首，及尤侗、范承勳詩各一首，共爲一集。當時頗稱其好事。然其所採，多爲舜欽而作，與亭無涉。又南禪寺雖附近亭址，而實非當日之故址，一概泛載，亦未免稍失斷限矣。

杏花村志十二卷（浙江巡撫採進本）

國朝郎遂撰。遂字趙客，號西樵子，池州人。按杜牧之爲池陽守，清明日出遊，詩有借問酒家何處有，牧童遙指杏花村句，蓋泛言風景之詞，猶之楊柳岸、蘆荻洲耳。必指一村以實之，則活句反爲滯相矣。然流俗相沿，多喜附會古蹟，以夸飾土風。故遂居是村，即以古今名勝、建置及人物、藝文集爲是編。蓋亦志乘之結習也。至於併郎氏族系亦附錄其中，則併非志乘體矣。

二樓小志四卷（浙江巡撫採進本）

國朝程元愈撰，汪越、沈廷璐又補葺之，與佟賦偉二樓紀略一書相爲表裏，皆記寧國府南北樓事。北樓即謝朓之高齋，南樓即文昌臺，明嘉靖中知府朱大器所建也。賦偉書旁涉他事，殊爲龐雜。此輯錄歷代題詠，并記南樓建造始末，差爲有緒。越有讀史記十表，已著錄。元愈字偕柳，廷璐字元佩，皆寧國人。

青原志略十三卷（兩淮馬裕家藏本）

國朝僧大然撰，施閏章補輯。大然始末未詳。閏章字尚白，號愚山，宣城人。順治己丑進士，官至江西布政司參議。康熙己未召試博學鴻詞，授翰林院侍講。青原爲吉州名勝，自唐行思禪師開山說法，以後遂爲巨刹。至明王守仁、羅洪先、歐陽德諸人於此講學，故第三卷特立書院一門，略記當時問對之語。而其所採錄皆理之近於禪宗者，則緇流援儒入墨，借以自張其教也。

崇恩志略七卷（江西巡撫採進本）

國朝僧智藏撰。智藏字竺堂，安福人。崇恩寺在廬陵，創自吳赤烏中，屢經廢興。康熙丙午，智藏重修之，因輯是書。一卷山水道場及歷代住持上堂語錄，二卷記疏，三卷詩對聯，四卷序，五卷啟書，六卷雜著法語，七卷法產。大旨在張皇佛教，以外護爲至樂，體例蕪雜之甚。

江心志十二卷（浙江巡撫採進本）

國朝釋元奇撰。江心寺在溫州府北永嘉江中，即謝靈運詩所謂亂流趨正絕，孤嶼媚中川者也。宋高宗嘗幸其地，稱爲名勝。明釋成斌、郡人王喝谷始創爲之志，元奇因舊本重加編輯。凡紀蹟一卷，敕書一卷，藝文八卷，世系雜記二卷。

白鹿書院志十六卷（安徽巡撫採進本）

國朝廖文英撰。文英有正字通，已著錄。初唐李渤與其兄涉讀書廬山，畜一白鹿甚馴，因名白鹿洞。宋初置書院於五老峯下。朱子守南康軍，援嶽麓書院例，疏請敕額，遂爲四大書院之一。康熙中，文英爲南康知府，因即舊志修輯，以成是書。意求繁富，頗失翦裁。

靈谷寺志十六卷（兩江總督採進本）

國朝吳雲撰。雲號舫翁，安福人。靈谷寺在江寧鍾山之左，明太祖遷梁寶誌塔於此，改賜今名，而號其山曰紫金。舊有景泰間僧淨㶚、嘉靖間黃河二志。康熙庚辰，雲重輯爲是編。前有雲自序及寺僧寂曙所紀修輯緣起。凡分二十四類，其門目皆因明志之舊，僅略爲刪補耳。

白鹿書院志十九卷（安徽巡撫採進本）

國朝毛德琦撰。德琦有廬山志，已著錄。康熙甲午，德琦爲星子縣知縣，因取廖文英原志重加訂正，分類凡十：曰形勝，曰興復，曰沿革，曰先獻，曰主洞，曰學規，曰書籍，曰藝文，曰祀典，曰田賦。形勝等七門皆因舊志，興復、主洞、書籍三門則德琦所增也。

通元觀志二卷（浙江巡撫採進本）

國朝吳陳琰撰。陳琰有春秋三傳同異考，已著錄。通元觀在錢塘縣，宋紹興中劉鹿泉請於高宗建爲修眞之所。嘉靖中，姜南始志之。陳琰以姜志未備，更爲此書。

孔宅志六卷（兩江總督採進本）

國朝諸紹禹撰。紹禹，松江人。青浦縣治之北，地名孔宅，舊有孔子廟，相傳隋末孔子三十四代裔孫穎州刺史禎僑寓於吳，乃立家廟，并葬先聖衣冠於此。後漸湮廢。明陸應陽重修之，始述爲孔廟記。陳功又作續記。康熙中，紹禹增刪舊本，以成是編。案禎生於隋代，不應尚存先聖衣冠，即有之，亦不應攜至吳中。且隋時郡縣並無穎州之名，其說殊未可盡信也。

丹霞洞天志十七卷（兩江總督採進本）

國朝蕭韻撰。韻字明彝，南城人，康熙中舉人。明萬歷中，建昌府知府鄔鳴雷屬郡人左宗郢爲麻姑山志。久而版燬。康熙中，湖東道羅森復命韻增補成之，首系以圖，次列考表志記諸目，而於題咏詞賦爲尤詳。

武林志餘三十二卷（浙江巡撫採進本）

國朝張賜撰。賜字東榯，號滌岑，錢塘人。是書捜輯武林諸名勝，於道觀祠廟名賢古蹟紀載尤詳。其末一卷附錄方物，亦頗有考訂。名志餘者，欲以補前志所未備也。然採摭頗富，而體例未精，往往失之冗雜。所錄近人題詠，亦殊少別裁。

東林書院志二十二卷（兩江總督採進本）

國朝高崶、高嶐、高廷珍、高陛、許獻同撰。崶等四人皆高攀龍之裔，獻亦攀龍同縣人也。其書分建置、院規、會語、祀典、列傳、公移、文翰、典守、著述、軼事十門，意在博捜廣採，而體例冗雜頗甚。所附諸人，又多牽附，不特孫承澤濫厠其間，即朱犖平生亦僅刻意於文章，未嘗問其講學也。

增修雲林寺志八卷（浙江巡撫採進本）

國朝厲鶚撰。鶚有遼史拾遺，已著錄。是編成於乾隆甲子，以靈隱舊志脫漏尚多，且

聖祖仁皇帝省方南幸，駐蹕山中，
賜名雲林寺，不宜仍用舊名，故因前志而增輯之。首紀
宸恩，次山水，次禪祖，次法語，次檀越人物，次藝文詩詠，而
以遺事雜記終焉。

宋東京考二十卷（浙江巡撫採進本）

國朝周城撰。城號石匏，嘉興人。是書前有雍正辛亥王璵序，稱城客大梁三載，隨境討蒐，以成此書。其凡例有云：建隆以前，東京非宋有；靖康而後，宋不東京。蓋專紀汴都一百七十年之遺蹟而作也。每條皆援引舊書，列其原文，蓋仿朱彝尊日下舊聞之體。然多引類書，其博贍殊不及彝尊，又多載雜事，務盈卷帙。如所引朱稗類鈔二近侍爭辨貴賤由天一事，因首有仁宗御便殿一語，遂列之宮殿類中。然則一代帝王何事不在宮殿內，豈勝載乎？他如造字臺，吹臺、繁臺，卷中所引各書皆謂一臺而數名，乃於繁臺則併入吹臺，又別立造字臺名之類，多彼此牴牾，無所考證。其精核亦不及彝尊也。

鵝湖講學會編十二卷（江西巡撫採進本）

國朝鄭之僑撰。之僑字東里，瀏陽人。乾隆丁巳進士，官至寶慶府知府。鵝湖為朱陸講學之所，今其地屬鉛山。之僑官鉛山知縣時，因作是編。首卷為之僑所作圖傳贊考，二卷至八卷皆四賢問答諸書，及學規條約講義，九卷為之僑及雷鋐所立條約，十卷十一卷皆自宋迄今詩文之有關於鵝湖者，而之僑所作亦並錄焉。十二卷則之僑所作鵝湖書田志也。書中大旨，多調停朱陸之異同，其意蓋欲附於講學，然實則惟以書院為主，故題詠名勝諸作亦皆收錄。今仍附之地理類焉。

右地理類古蹟之屬三十七部，三百七十卷，皆附存目。

豫章今古記一卷（浙江范懋柱家天一閣藏本）

不著撰人名氏。考隋書經籍志有雷次宗豫章記一卷，宋王象之輿地碑記目又云次宗作豫章古今志。是編首引次宗語，末云次宗於元嘉六年撰豫章記，則必非雷書。觀所紀至唐而止，有皇唐、大唐之語，似為唐人之作矣。書分郡記、寶瑞記、寺觀記、鬼神記、變化記、神祠記、山石記、冢墓記、翹俊記等九部。記載寥寥，絕無體例。疑依託者雜鈔成之也。

西湖繁勝錄一卷（永樂大典本）

舊本題西湖老人撰，不著名氏。考書中所言，蓋南宋人作也。宋自和議既成之後，不復留意於中原。士大夫但知流連歌舞，笑傲湖山，故是書所述大抵嬉游之事，以繁華靡麗相誇。蓋亦耐得翁都城紀勝之類，而瑣屑又甚焉。

廬陽客記一卷（浙江汪汝瑮家藏本）

明楊循吉撰。循吉有蘇州府纂修識略，已著錄。正德元年，循吉同年進士西充馬金為廬州守，請循吉修郡志，以議不合歸。後二年，因採其風土大概，述為此編。凡十一目，簡潔古峭，頗有結構。蓋借此以馳騁其筆力，然漏略太甚，不足以備考證也。

蜀都雜鈔一卷（兩江總督採進本）

明陸深撰。深有南巡日錄，已著錄。此乃深為四川左布政使時所錄蜀中山川古蹟。其論峨眉山當作蛾眉，又力辨禹生石紐為元和志之誤，頗為有識。其他亦多隨筆劄記之文。

閩部疏無卷數（兩江總督採進本）

明王世懋撰。世懋有却金傳，已著錄。是書記閩中諸郡風土歲時及山川鳥獸草木之屬，亦地志之支流。蓋世懋曾官福建提學副使，記其身所聞歷者也。

淞故述一卷（兩淮鹽政採進本）

明楊樞撰。樞字運之，自稱細林山人，華亭人。嘉靖戊子舉人，官至江西臨江府同知。是書乃所述松江一郡遺聞軼事，以補志乘之闕略者。松江本以吳淞江得名，明初因地多水災，故去水旁以禳之。此書標目，則猶仍其本名也。書中於地理人物行誼藝能文字題詠以及詼諧瑣屑之事，無不備載。其藝文籍用宋孝王關東風俗傳例，載陸續渾天圖以下凡百餘種，悉其鄉人著作，可為徵文考獻之資。至於元楊維楨之名或從木或從示，諸書參差不一。樞以歲月求之，謂字本從木，入明後以諱王有譁楨者，始改從示。其言殊臆測無據。又李至剛在永樂時，以善於附會，深蒙傾險之譏，而樞信明一統志之虛詞，反目以德量寬宏，惜松江舊志略而不載，亦未免涉回護鄉曲之私也。

秦錄一卷（編修程晉芳家藏本）

明沈思孝撰。思孝字繼山，嘉興人。隆慶戊辰進士，官至都察院右副都御史，兼兵部侍郎。事蹟具明史本傳。是書多載陝西諸郡形勝風土，間引經史諸書為證。其論復河套事，極以曾銑之議為非，未

免有所回護云。

晉錄一卷（編修程晉芳家藏本）

明沈思孝撰。所載多邊障形勝及防守扼要之處。其田賦鹽課諸條，與明會典亦略有同異。至敘黃河所經州縣及太原晉祠，則大抵習見之文，無足以資考證。

長溪瑣語一卷（兩淮鹽政採進本）

明謝肇淛撰。肇淛有史觿，已著錄。長溪，今之福寧府。是書雜載山川名勝及人物故事，間及神怪。蓋亦志乘之支流也。

滇南雜記二卷（山東巡撫採進本）

明許伯衡撰。伯衡號聽莼，崑山人，萬歷庚子舉人，官晉寧州知州，兼攝昆陽州事。伯衡嘗輯晉寧志，復雜採滇事為此書。體例與輿記略同，惟不列仕宦人物姓名坊巷公署之類，及雜事各自標目為小異耳。大抵略於古蹟而詳於時事，故下卷自丁產以下所載公牘為最詳。自序謂於滇事無損益，而要不為游談，其大旨可見矣。

西事珥八卷（福建巡撫採進本）

明魏濬撰。濬有易義古象通，已著錄。是書蓋其官粵西時所作。一卷多言山川地理，二卷多言風土，三卷多言時政，四卷五卷多言故事及人物，六卷多言物產，七卷多言仙釋神怪，八卷多言制馭苗蠻之始末。雖不立地志之名，然核其編次，固地志之類，但不列門目耳。其考訂頗不苟，敘述亦為雅潔，無說部沓雜之習。然如載舒宏志轉生之類，稍涉荒唐；明惠帝稽濟諸事，亦相沿譌謬也。

泉南雜志二卷（編修程晉芳家藏本）

明陳懋仁撰。懋仁字無功，嘉興人，官泉州府經歷。浙江通志稱其不以薄書廢鉛槧，記泉南事多故牒所未備，即是書也。其所載山川古蹟、禽魚花木以及郡縣事實，頗為詳具。中如淳化帖尼無著等一兩條，亦稍有考證。其官山一條，破罔俗葬地之說，持論亦正。下卷則多記其在泉所施設之事，皆得諸身歷者。然如泉人之官嘉興，及嘉興人之官泉者，俱臚列姓名，即簿尉亦並載之。此非天下之通例，懋仁以嘉興人而宦泉州，故兩地互記耳。使修地志者人人皆援此例，則谿南山之竹，不足供其私載矣。凡著一書，先存一厚其鄉人之心，皆至薄之見也。

閩中考一卷（浙江吳玉墀家藏本）

明陳鳴鶴撰。鳴鶴有東越文苑，已著錄。是書所考，皆福州府境山川古迹，稱得唐人閩中記於長樂農家，得宋人三山志於徐𤊹，參以聞見，訂志乘之舛譌。其考證舊事，如東冶非東治，泉山非泉州清源山，而越山冶山皆泉之支麓，冶縣非東甌，鼇峯石在南嶼，不在旗山，舊志本明，新志誤刪其文，因誤移其地，亦頗精核。惟後幅多採小說怪事，及偕家語錄，未免傷於蕪雜。

兩河觀風便覽四卷（江蘇巡撫採進本）

不著撰人名氏。中有稱萬歷二十年者，而所列宗藩一門，尚無福府，則神宗中年之書也。分十門：一曰圖考，二曰封域，三曰官秩，四曰宗藩，五曰賦役雜差，六曰戶口，七曰河防，八曰驛傳，九曰儲積，十曰兵防。大抵鈔撮案牘為之，而於河南掌故一一具詳，較地志諸書，雖列山川、名宦、人物、濫載藝文者，較為近實。特其大者多見於史，而小者亦備載於通志，不免為已陳之故牘耳。

增補武林舊事八卷（浙江巡撫採進本）

明朱廷煥撰。廷煥字中白，單縣人。崇禎甲戌進士，官工部主事。初，宋末周密嘗錄南渡後百二十年典故及風俗游宴之盛，為武林舊事。廷煥於崇禎間司榷杭州，復採西湖志、鶴林玉露、容齋隨筆、輟耕錄及密所著癸辛雜志諸書，補綴其闕，以成是編。密書十卷，此增補反為八卷者，密書別有一六卷之本，廷煥據以推廣也。自序謂增補數十則，今案所增凡耆藻、恩澤、閒燼、故都宮殿、湖產、災異六門，共補一百五十四則，與序不符，殆序文字誤耶。其中湖產一門，既非宋代所獨有，與斷限之例殊乖。其災異一門，亦非土俗民風朝章國典，泛濫尤甚。均非密著書之本意，殊屬駢枝。明人點竄古書，多不解前人義例，動輒破壞其體裁，往往似此也。

帝京景物略八卷（編修汪如藻家藏本）

明劉侗、于奕正同撰。侗字同人，麻城人，崇禎甲戌進士，官吳縣知縣。奕正字司直，宛平人，崇禎中諸生。是編詳載北京景物。奕正搜求事迹，而侗排纂成文。以京師東西南北各分城內城外，而西山及畿輔併載焉。所列目凡一百二十有九，每篇之末各繫以詩，採摭頗疏。王士禎池北偶談嘗譏其不考蘆都拉集，失載安祿山、史思明所造雙塔事。考據亦多不精確。其爲朱彝尊日下舊聞所駁正者，尤不一而足。其割裂藝元二字爲塑工姓名一條，殆足資笑噱。又侗本楚人，多染竟陵之習。其文皆幺弦側調，惟以纖詭相矜。至如太學石鼓一條，舍石鼓而頌太學，殊傷冗濫。又首善書院近在同時，泛敘講學，何關景物。於體例亦頗有乖。所附諸詩，尤爲猥雜。方今奉
命重輯日下舊聞，考古證今，務求傳信。朱彝尊之所撰且爲大輅之椎輪，侗等弔詭之詞，益可爲覆瓿用矣。

山左筆談一卷（編修程晉芳家藏本）

舊本題明黃淳耀撰。淳耀字蘊生，號陶菴，嘉定人。崇禎癸未進士。南都破後，殉節死。事蹟具明史儒林傳。是編所紀皆山東風土形勢、山川古蹟及海運備倭諸事宜。徵引拉雜，殊鮮倫理。案淳耀生平未嘗遊山東，所著陶菴集內亦無此書名。此本見曹溶學海類編中，疑亦出僞託也。

楚書一卷（編修程晉芳家藏本）

明陶晉楧撰。晉楧字若楧，秀水人。崇禎間嘗侍親官楚，因雜記湖南山水物產，閒及古蹟。然考證殊多疎漏，如辨岣嶁碑信楊慎所錄者爲真本，則其他可知矣。

山東考古錄一卷（大學士英廉家藏本）

舊本題
國朝顧炎武撰。載吳震方說鈴中。然說鈴載炎武書四種，其三皆雜剽日知錄，而此書之文獨日知錄所不載。末題辛丑臘望日庚申，是日立春字。蓋作於順治十八年。考王士禎居易錄，記炎武嘗預修山東通志，或是時所遺稾本，亦未可知也。

京東考古錄一卷（大學士英廉家藏本）

舊本題
國朝顧炎武撰。載吳震方說鈴中。其文皆見炎武所撰日知錄及昌平山水記，殆震方勦取別行，僞立此名也。

譎觚一卷（兩江總督採進本）

國朝顧炎武撰。時有樂安李煥章，僞稱與炎武書，駁正地理十事，故炎武作是書以辨之。其論孟嘗君之封於薛，及臨淄之非營邱諸條，皆與地理之學有所補正。

天府廣記四十四卷（編修勵守謙家藏本）

國朝孫承澤撰。承澤有尚書集解，已著錄。是書以京畿事實分類編輯。凡建置、府治、學宮、城池、宮殿各一卷，壇廟四卷，官署二十三卷。其中倉場漕務附戶部，選舉貢院附禮部之類，又各以所屬繫錄。人物二卷。名勝、川渠、名蹟、寺廟、石刻、陵園各一卷。賦一卷。詩三卷。全用志乘之體。承澤所作春明夢餘錄，多記明事，是編則上該歷代，下迄於明，爲例稍殊。其中如因工部而及修築，遂併淮黃形勢而詳述之，則是南河而非北都。因禮部而及儀注，因併貴賤章服而縷載之，則是會典而非地志。且既以天府爲名，自應以地爲限。乃明建都在永樂時，而內閣題名上溯洪武之初，移石鼓入大都在元時，而石鼓歌兼收韓愈、韋應物、蘇軾鳳翔所作。如斯之類，皆務博貪多，未免失之泛濫。至於六科條下自載其奏疏，名蹟類中自載其別業，如斯之類，亦未免明人自炫之習。他如人物門成德傳末，附載德殉難時與馬世奇書，有在都縉紳盡如光含萬、孫北海，天下事尚可爲之語。含萬即光時亨字，以給事中從賊，後爲福王所誅者也。以德之剛直明決，與時亨、承澤，決非氣類，未必肎作是語。如斯之類，或不免有所依託。李國禎降賊拷死，具載諸書，而以爲棄城遁去，賊追殺之。如斯之類，或不免傳聞失實。前卷以翰林院爲元光祿寺，後卷又以翰林院爲元鴻臚寺。如斯之類，或不免小有牴牾。核其全書，大抵瑕多而瑜少也。

四州文獻摘鈔四卷（山西巡撫採進本）

國朝畢振姬撰。其邑人司昌齡所摘鈔也。振姬字亮四，高平人。順治丙戌進士，官至廣西按察使。山西通志稱其所著有四州文獻藏於家。此本有司昌齡跋曰：四州文獻，蓋潞、澤、遼、沁之通考也。其閒有懸揣附會之說，前無總序，條類紛雜，蓋草創未就，而其徒所鈔。次凡二十五冊，余以前人舊文各有原書，又繁不能盡錄，乃節其論著之要者，與其所纂物產，釐爲四卷，題曰四州文獻摘鈔。據其所云，則所存不及十之一。尚龐雜如是，則全書可以想見矣。

甌江逸志一卷（大學士英廉家藏本）

國朝勞大與撰。大與字宜齋，石門人。順治辛卯舉人，官永嘉縣教諭。是編前紀溫州舊事，後記其山川

物產。大意欲補郡乘之闕，故命曰逸志。然摭拾未富，且皆不著所出，未爲精核。至謂錢玉蓮爲娼女，更齊東之語矣。

粵述一卷（大學士英廉家藏本）

國朝閔敘撰。敘號鶴癯，歙縣人。太學題名碑作江都人，疑其寄籍也。順治乙未進士，官至監察御史。是編乃其督學廣西時所作，敘述山川物產，頗爲雅潔。其辨狄青取昆侖關一事，核以地理，足訂宋史之誤。惟好穿鑿字義，如謂猺字當作僥，即說文之僬僥，已爲無理。又謂狢人住屋作兩層，人居其上，豬圈牛欄皆在臥榻之下，說文家字宀下從豕，可會此義云云，尤爲附會。儒生喜談小學，動稱六書爲萬事之根本，其弊往往至此也。

星餘筆記一卷（山東巡撫採進本）

國朝王鉞撰。鉞有粵游日記，已著錄。此其世德堂遺書之第三種也。皆其官西寧知縣時記其風土物產，如蚺蛇狒狒諸條，於舊說閒有駁正。所記楖字、但字、涪字、伞字、本字、冇字之類，亦足補桂海虞衡志所遺。然大抵地志所已載也。以方爲邑令，故取巫馬期戴星之義，名曰星餘云。

中州雜俎三十五卷（河南巡撫採進本）

國朝汪价撰。价字介人，號三儂外史，自稱吳人，其里居則未詳也。順治己亥，賈漢復爲河南巡撫，修通志，价與其役。踰年書成，復採諸書所載軼聞瑣事關於中州者，薈粹以成是編。分天地人物四函，天函子目五，曰分野、圖譜、餘論、雜識、時令。地函子目十六，曰建都、封國、紀邑、紀鄉、紀山、紀水、紀宅、紀園、紀寺、紀塔、紀觀、紀廟、紀墓、紀碑、紀橋、紀俗。人函子目二十一，曰帝蹟、聖蹟、賢蹟、官蹟、文蹟、武蹟、忠蹟、孝蹟、義蹟、節蹟、隱流、羽流、緇流、術流、技流、女史、老史、凶史、異史、人雜。物函子目十四，曰禽志、獸志、鱗志、蟲志、草譜、木譜、花譜、穀品、果品、菜品、飲案、食案、器考、物考。採摭繁富，用力頗勤，而多取稗官家言，純爲小說之體。又事皆不著所出，人亦往往不著時代，編次繁複，漫無體例，可謂勞而鮮功者矣。

湖壖雜記一卷（大學士英廉家藏本）

國朝陸次雲撰。次雲字雲士，錢塘人。康熙初由拔貢生官江陰縣知縣。是書蓋續田藝蘅西湖志餘而作。如慶忌塔、夾城之類，亦頗有考辨，而近於小說者十之七八，蓋藝蘅之書體例亦如是也。

姑孰備考八卷（安徽巡撫採進本）

國朝夏之符撰。之符字玹伯，當塗人。順治中修太平府志未成，乃刪其八志、二表而爲此書。首郡紀三卷，以擬本紀；次人物傳贊二卷，以擬列傳；次鄉晉集三卷，皆之符自作之詩。非志非集，殊乖體例。又人物傳中列葺玆佩於先賢，而玆佩方序其書，則其人未死，亦豈蓋棺論定之義乎。玆佩原序稱是書十二卷，張總序又作九卷，互相矛盾。惟陶元鼎序作八卷，與此本相合云。

臺灣記略一卷（大學士英廉家藏本）

國朝李麟光撰。麟光號蓉洲，武進人。是編雜記臺灣山川，附以暹羅別記一篇。篇帙寥寥，疑爲刪削不完之本也。

海表奇觀八卷（浙江汪啟淑家藏本）

不著撰人名氏。凡標二十三門，曰溯源、曰疆境、曰形勢、曰分野、曰氣候、曰潮汐、曰節序、曰風俗、曰黎俗、曰占歷、曰災祥、曰名山、曰水泉、曰名宦、曰人物、曰列傳、曰祠廟、曰古蹟、曰墳墓、曰物產、曰奇人、曰奇事、曰題咏。蓋即鈔撮瓊州府志，而每條附以論贊詩句。據其自序，稱戊申官於瓊州，又言家於齊魯。考瓊州府志，康熙七年戊申，知府牛天宿，山東人，當即此人也。

江南星野辨一卷（兩江總督採進本）

國朝葉燮撰。燮字星期，吳江人。康熙庚戌進士，官寶應縣知縣。其書歷引周禮、爾雅及星經、史志所載揚州吳越分野，獨推劉基清類天文分野之書爲得郡邑分度之詳。案星土之說，雖本周禮保章氏，亦見於左傳諸占，然先儒已不得其傳，解多附會。術家用以推驗，偶應者十不得一，不應者十恒逾九。況疆域既已非古，而猶執二十八宿尺尺寸寸而拓之，其乖迕殆不待辨。輿圖所列，大抵具文，博引繁稱，徒爲枝贅而已。

嶺南雜記二卷（大學士英廉家藏本）

國朝吳震方撰。震方有讀書正音，已著錄。是編記其客遊廣東時所見，上卷多記山川風土，兼及時事，所載番禺唐化鵬夫務條議、花田立縣議、廣西巡撫彭鵬禁官販私鹽示諸條，亦頗留心於利弊。下卷則記物產而已。書中稱平南王尚可喜爲逆藩伏誅。伏讀

五朝國史列傳，可喜之子尚之孝，反覆悖亂，終於伏誅，謂

之逆藩可也。可喜則終守臣節，未可目之以逆。是亦傳聞之未審矣。

臺灣隨筆一卷（編修程晉芳家藏本）

國朝徐懷祖撰。懷祖字燕公，松江人。自序稱乙亥之春，再至閩漳，復有臺灣之行。蓋康熙三十四年所作。其記臺灣風土及自閩赴海水程，俱不甚詳備，但就其所身歷者言之耳。

燕臺筆錄一卷（編修程晉芳家藏本）

此本載曹溶學海類編中，題國朝項惟貞撰。惟貞字端伯，秀水人，朱彝尊之門人也。然檢核其文，實即朱彝尊日下舊聞內風俗一門。疑彝尊嘗屬之裒輯，偶存殘稾，作僞者遂別標此名也。且彝尊撰日下舊聞時，溶歿已久，又安得而錄之。學海類編多書賈所竄入，非溶原本，此亦一證矣。

神州古史考一卷、方輿通俗文一卷（安徽巡撫採進本）

國朝倪璠撰。璠字魯玉，錢塘人。康熙乙酉舉人，官內閣中書舍人。是書自序云：按今之版圖，取自漢迄唐諸史地志，列於郡縣之首。上搜舊聞，旁摭遺逸。凡兩京十四省，共一百五十餘卷，謂之神州古史考。又取唐以後者別爲一編，名曰方輿通俗文。然所梓者惟杭州一府九縣而已，蓋未成之書也。

案此書據其原序，應入總志。然所刻者惟一府，入之總志爲不倫，而又不可列於郡縣之中，故附存其目於雜記，此無類可歸之變例也。

西粵對問（無卷數，江蘇巡撫採進本）

國朝江德中撰。德中字羨若，徽州人，官至廣西布政司參議。是書記西粵山川風土物產，頗資異聞。然其徵據疎謬，亦復不少。如引左傳有仍氏生女黰黑，不檢杜注美髮爲黰之語，而誤以爲肌膚之黑。又云雉黑色者爲鷗雉，按爾雅秩秩海雉，注如雉而黑，在海中，不云名鷗也。殆緣海字而誤歟。殊失考。

潯陽蹠醢六卷（江西巡撫採進本）

國朝文行遠撰。行遠字樵巷，江西德化人。康熙中貢生。是書爲志九江一郡故實，首有凡例，自謂讀書時遇郡事，隨見隨錄，自經史子集及稗官野乘小說之類，靡所不採。首卷分象緯、地輿、書院、祠廟、宮室、邱墓、服食、器用、玩好、草木、鳥獸、蟲魚十二目，次卷分仕宦、吏治、典禮、經費、兵防、盜賊六目，三卷分交遊、羣局、方技、孝義、閨閫、忠節、流寓、人物、栖逸九目，四卷分眞仙、僧寶二目，五卷分詩文、書畫、典籍、名勝四目，六卷分像教、禪喜、靈異、感應、果報、鬼神六目。其摭拾頗爲繁富，而分別門類，殊多失當。如既有僧寶，又有禪喜，既有鬼神，又有果報感應靈異之類，中所採取，亦未見決擇，蓋有意求多，未免失之龐雜也。

蜀都碎事六卷（兩淮馬裕家藏本）

國朝陳祥裔撰。祥裔本姓喬氏，號藕漁，順天人。康熙中官成都府督捕通判，採蜀中故實爲碎事四卷，雜引諸書，或註或否，間附以考證案語，及前代題咏詩文，復以所採未盡，別爲藝文二卷，謂之補遺。祥裔所自作詩，亦併列於唐宋名作之間。

續閩小紀一卷（江蘇巡撫採進本）

國朝黎定國撰。定國字于一，江都人，嘗客遊福建學使幕中，因據所聞見輯爲此書。以櫟園先有閩小紀，故以續爲名。凡七十六條，所載閩地風俗土產及瑣碎故實，大約通志所已具，別無創聞也。

嶺海見聞四卷（兩淮馬裕家藏本）

國朝錢以塏撰。以塏遊宦廣東前後八載，所作羅浮外史已著錄。此編又其雜錄見聞之書也。大致欲倣水經注、洛陽伽藍記，而才不逮古人。又採錄冗雜，無所限斷。記陸賈使粵，乃泛及作新語事；記南漢事甚略，乃闌載劉鋹入宋後事，皆與嶺海無關。其他雜採小說，不核眞僞，如述異記、開元天寶遺事之類，與聞見亦無涉。至於荔枝銅鼓，前後各出二條，尤無體例矣。

南漳子二卷（浙江巡撫採進本）

國朝孫之騄撰。之騄所輯尙書大傳已著錄。之騄居於河渚，近南漳湖，因以自號。是書所紀，皆其一鄉之故實，乃自稱爲子，核其體例，實亦於古無徵。

右地理類雜記之屬，四十二部，一百七十六卷（內二部無卷數），皆附存目。

欽定四庫全書總目卷七十七

欽定四庫全書總目卷七十八

史部三十四

地理類存目七

古今游名山記十七卷（安徽巡撫採進本）

明何鏜撰。鏜有括蒼彙紀，已著錄。是書採史志文集所載游覽之文，以類編輯。首爲總錄三篇，曰勝記，曰名言，曰類考。次記兩京各省山川及古今游人序記。

天下名山諸勝一覽記十六卷（兩江總督採進本）

明慎蒙撰。蒙字山泉，歸安人。嘉靖癸丑進士，官至監察御史。是書以何鏜所作古今游名山記重複太甚，因刪汰繁冗，而增入通志及別集所載記文凡十之四。視鏜書頗爲簡明。然文有加減，而事不增損，仍無資於考據。其記文之末各加評語，亦不出坊刻積習。自序稱其書名天下名山諸勝一覽記，而第一卷首又題作游名山一覽記，第二卷以後則題作名山巖洞泉石古蹟，殊不畫一。蓋明代文士往往急行其書，陸續付梓，至書成後始有定名，而已刊者遂不復追改，故名目往往錯互，不獨此書爲然也。

名山游記一卷（兩淮鹽政採進本）

明王世懋撰。世懋有却金傳，已著錄。是編一曰京口游山記，分上下二篇；一曰游匡廬山記；一曰東游記；一曰游二泉記；一曰游鼓山記；一曰游石竹山記；一曰游九鯉湖記；而附以游溧陽彭氏園記。末有世懋跋一篇，蓋爲鼓山以下三記作，後合刻諸記，仍以綴於末也。

名山注（無卷數，內府藏本）

明潘之恒撰。之恒有黃海，已著錄。是編首江上山志，次蜀山志，次淮上雜志，次新安山水志，次越中山水志，次三吳雜志。或載前人行紀志傳題詠，或自爲序紀。其他名勝漏略尚多，疑就其所游歷者述之。其書不分卷帙，前後亦無序跋，而名山注三字僅題於簽，似非完本也。

五岳游草十二卷（兩江總督採進本）

明王士性撰。士性字恆叔，臨海人。萬歷丁丑進士，官至南京鴻臚寺卿。事蹟附見明史王宗沐傳。錢希言獪園又稱臨海王中丞士性，未之詳也。士性初令確山，游嵩岳。擢禮科給事中，游岱嶽、華嶽、恆嶽，及參粵藩，游衡嶽。此外游名山以十數，經歷者十州。游必有圖有詩，爲圖若記七卷、詩三卷，不盡於記與詩者爲雜志二卷，亦名廣游記。統題曰五岳游草，蓋舉其大以該其餘也。獪園稱峨嵋山有老僧，性好游，自恨一生不得徧探名岳，年又駸駸向暮，乃誓於來生了此夙願。臨化謂其徒曰，吾今往台州臨海縣王氏託生爲男。計老僧化去之年月日時，即士性之甲子云云。殆因有此書而附會之。然亦緣士性癖嗜山水，故有是言矣。

廣志繹五卷雜志一卷（編修汪如藻家藏本）

明王士性撰。此書又於五岳游草廣游記以外，追繹舊聞，以補未及者也。首爲方輿崖略，次兩都，次諸省，附以雜志。其四夷輯一種，列目於雜志之前，然有錄無書，注曰考訂嗣出，蓋未刊也。凡山川險易，民風物產之類，巨細兼載，亦間附以論斷，蓋隨手記錄，以資談助，故其體全類說部，未可盡據爲考證也。

黔志一卷（編修程晉芳家藏本）

明王士性撰。曹溶收入學海類編中。核其所載，即士性游記中之一篇，書賈摘出別立此名以售欺者也。

豫志一卷（編修程晉芳家藏本）

明王士性撰。亦其五岳游草之一篇，曹溶摘入學海類編者也。

日畿訪勝錄二卷（編修程晉芳家藏本）

明姚士粦撰。士粦所輯陸氏易解，已著錄。此錄乃萬歷甲午士粦游京師時，尋訪都城內外諸勝，因彙輯成編。然所載古蹟，實皆鈔撮孫國敉燕都游覽志、蔣一葵長安客話諸書，別無異聞，不足資證據也。

天目游記一卷（兩江總督採進本）

明黃汝亨撰。汝亨有古奏議，已著錄。是記乃汝亨與佛慧寺僧同遊天目山而作。序是山景物頗詳。然記中敘月敘日，而不敘爲何年，亦行文之偶疏也。

紀游稾一卷（兩淮鹽政採進本）

明王衡撰。衡字辰玉，太倉人。萬歷辛丑進士，官翰林院編修。事蹟附見明史王錫爵傳。是編乃所作游記，凡泰山一首，香山三首，盤山一首，馬鞍潭柘一首，雜記三首，蓋隨時摭拾付梓者。前有陳繼儒序，詞亦佻巧。

循滄集二卷（兩江總督採進本）

明姚希孟撰。希孟字孟長，長洲人。萬歷己未進士，官至詹事府詹事。事蹟具明史本傳。是編乃所作游記，以循沿名篇，蓋用宋袁絜語也。上卷十三篇，皆游太湖洞庭所作。下卷十五篇，則平生所作南北游記皆在焉。末爲跋王文恪洞庭游記二篇，及跋徐宏祖鹿門鴻寶冊一篇。宏祖亦好游，故以類附游記後焉。其文體全沿公安竟陵之習，務以纖佻爲工。甚至游廣陵記於全篇散語之中，忽作儷偶一聯云，洞天深處，別開翡翠之巢，笑語微聞，更擊鸞鷟之鎖。自古以來，有如是之文格乎。

山行雜記一卷浙江鮑士恭家藏本

明宋彥撰。彥，華亭人。與趙宦光同時。嘗至京師，歷遊玉泉香山，因紀其園亭刹寺巖壑之勝。蓋亦學游城南記諸書而作。然考據多疎。如中稱玉泉道上有壯節祠碑，稱崇安侯譚公而無其名，疑爲靖難武臣戰死者。案崇安侯譚淵從成祖起兵，於夾河戰沒，子孫得世襲侯爵。當時如鄭曉、王世貞所著書內，皆詳載其事，而彥不能知，亦殊昧於典故矣。

名山記四十八卷圖一卷附錄一卷浙江巡撫採進本

不著撰人名氏。蓋因何鏜之書而增葺之。凡北直隸二卷，南直隸十卷，浙江十卷，江西四卷，湖廣四卷，河南三卷，山東二卷，山西一卷，陝西一卷，福建二卷，廣東二卷，廣西一卷，四川二卷，雲南一卷，貴州一卷。前爲圖一卷，略繪名勝之蹟。末爲附錄一卷，則荒怪之說，神異經、十洲記之類也。所錄古人游記十之三，明人游記十之七。採摭頗富，而麗雜特甚。如酈道元水經注、徐兢高麗圖經、張敦頤六朝事蹟之類，皆割裂飣餖，改易名目。至於孔稚圭北山移文、駱賓王冒雨尋菊序、宗懍荆楚歲時記、周密武林舊事、楊衒之洛陽伽藍記、王觀揚州芍藥譜、張鎡梅品、王世貞題洛中九老圖之類，闌入者不可殫述。不知其與名山何與。其圖首有篆字題識曰，崇禎六年春月墨繪齋新摹，則出自坊賈之手可知。胡維霖墨池浪語乃云，名山記乃何濱巖所集，近復補入，景必窮幽，語必造奇，仁智者登能足跡徧天下，得此可以臥遊，所謂補入，蓋即此本。殆維霖未細閱其書歟。

廣州游覽小志一卷山東巡撫採進本

國朝王士禎撰。士禎有古懽錄，已著錄。士禎以康熙甲子十一月祭告南海，以乙丑二月八日至，四月一日歸，計留廣州五十一日，因而游覽古蹟，作爲此志。凡光孝寺、六榕寺、五羊觀、海幢寺、海珠寺、越秀山、蒲澗寺、長壽寺、南園三忠祠九處，皆會城內外地也。

天下名山記鈔無卷數內府藏本

國朝吳秋士編。秋士字西瀓，歙縣人。其書取何鏜游名山記及王世貞之廣編刪而錄之，無一字之考訂。

泰山紀勝一卷山東巡撫採進本

國朝孔貞瑄撰。貞瑄有大成樂律，已著錄。是編乃其初官泰安教諭時紀所游歷而作也。大略仿岱史之舊，自萬仙樓以下共五十餘則，每景各敘其勝。其餘諸山脈絡與岱宗相屬者，如尼山、防山、龜蒙、鳧繹之類，亦咸入紀載。其捨身崖、社首、蒿里、封禪數條，持論頗不詭於正。然於封禪舊典，引據未能詳洽。大抵議論多而考據少。其文格亦尚沿竟陵末派云。

匡廬紀游一卷大學士英廉購進本

國朝吳闡思撰。闡思字道賢，武進人。所記廬山名蹟凡五十八條，詞頗簡潔。然大抵以摹寫景物爲長。

滇黔紀游二卷大學士英廉購進本

國朝陳鼎撰。鼎有東林列傳，已著錄。是編爲其客游滇黔時所紀。上卷紀黔，下卷紀滇，於山川佳勝，敘述頗爲有致，而不免偶出鄙語。如紀貴州諸苗曰，男子之麗者，即古之潘安、宋朝有不及焉；女子之麗者，漢之飛燕、唐之太真亦無能出其上矣。此種女子，欲購之者牛馬當以千計，男子皆不樂爲龍陽君，有犯之者輒自殺。又記楚雄、姚安、開化三郡曰，余徧游三郡，別時各有遺贈，土儀之盛，餽贐之豐，有多至百金者云云。其言殊陋。又如記三塔寺黃華老人石刻一事，黃華老人即金王庭筠，所作四詩刻石在山西汾州，故有人道高歡避暑宮句。後李中陽始摹刻於點蒼山。王士禎居易錄載之甚詳。鼎乃以爲仙人之筆，則考證之疎，亦可概見矣。

玉山遺響六卷江西巡撫採進本

國朝張貞生撰。貞生號簣山，廬陵人。順治戊戌進士，官至翰林院侍讀學士。玉山在泰和仁善鄉，初名義山，又改匡山，土人稱子瑤山。貞生嘗游息其中。是編首載所作詩，次載所題對聯，次載所作記，次爲茅屋隨劄、則山中之日記。次爲他人所作詩賦傳記。前有羅既序、謂貞生所著文集尚未刊行。此其家居一載之內、流連山水、隨筆記之、以示其意之所寓者。所錄雖皆詩文、而其體例在游記地志之閒、故附之地理類焉。

蒼洱小記一卷（兵部侍郎紀昀家藏本）

國朝鼎曰滘撰。曰滘有滇游記、已著錄。是編亦曰滘父忠告官雲南布政司參議時、曰滘省覲至大理、紀其山川名勝而作。相傳靈鷲山卽今點蒼山、爲釋伽佛修道處、賓川之鷄足山卽伽葉道場。故曰滘是書多引佛經爲證據。

右地理類游記之屬、二十一部、一百二十三卷、（內二部無卷數）皆附存目。

南中志一卷（浙江范懋柱家天一閣藏本）

舊本題曰晉常璩撰。前有顧應祥序云、此書附在華陽國志、近世無傳。升菴楊太史謫居於滇、以其舊所藏本手錄見示云云。考隋以來經籍藝文諸志、皆無此書。宋李𡏖校正華陽國志、原序具存、亦不云附有此卷。且漢王恢攻南越在建元六年、張騫使大夏在元狩元年。此云騫以白帝東越攻南越、大行王恢救之。年月之先後既殊、事蹟亦不知何據。又晉泰始七年分益州置寧州、而此云六年。牂柯郡下元鼎六年亦誤作元鼎二年。牴牾不一。楊愼好撰僞書、此書當亦漢雜事祕辛之類也。

高麗記（無卷數。浙江范懋柱家天一閣藏本）

舊本題宋徐兢撰。案兢別有高麗圖經四十卷、已著於錄。此本所載、卽從圖經中摘鈔而成、非兩書也。

記古滇說一卷（浙江巡撫採進本）

舊本題宋張道宗撰。前有嘉靖己酉沐朝弼序、則稱道宗爲元人。卷末題咸淳元年春正月八日、滇民張道宗錄。而書中又載元統二年立段信苴寶爲大理宣慰使司事。顚倒牴牾、猝不可詰。其書大抵陰剽諸史西南夷傳、而小變其文。惟所記金馬碧鷄事、稱阿育王有三子、爭逐一金馬。季子名至德、逐至滇池東山獲之、卽名其山曰金馬。長子名福邦、續至滇池之西山、忽見碧鳳、卽名其山曰碧鷄。所謂金馬碧鷄之神、卽是二子。其說荒誕、與史傳尤異。文句亦多不雅馴、殆出贋託。況書中明言、宋興以北有大敵、不暇遠略、使傳往來、不通中國。何以度宗式微之時、轉奉其正朔。然則非惟道宗時代恍惚難憑、卽其人之有無且不可遽信矣。卷首有楊愼點校字、其卽愼所依託而故謬其文以疑後人歟。

異域志一卷（浙江范懋柱家天一閣藏本）

不著撰人名氏。篇首胡惟庸序曰、臝蟲錄者、予自吳元年丁未、出鎭江陵、有處士周致中者、前元之知院也、持是錄獻於軍門。則此書初名臝蟲錄、爲周致中所作。又開濟跋曰、是書吾兄得之於靑宮、乃國初之故物。今吾兄重編、更其名曰異域志。則此書名異域志、乃開濟之兄所更定。然考明太祖於元至正二十四年甲辰建國號曰吳、丁未當稱吳三年、不得稱元年。又濟跋題壬午長至、爲惠帝建文四年。其時濟被誅已久、不應作跋。疑皆出於依託也。其書中雜論諸國風俗物產土地、語甚簡略、頗與金銑所刻異域圖志相似、無足採錄。

異域圖志一卷（浙江范懋柱家天一閣藏本）

不著撰人名氏。後有明廣信府知府金銑序、謂宋亦有應天府、疑是宋書。然書中載明初封元梁王子於耽羅、則爲明人所作無疑。其書摭拾諸史及諸小說而成、頗多疎舛。如占城役屬於安南、乃云安南爲占城役屬、殊不足據。其他敘述、亦太寥寥。

百夷傳一卷（浙江范懋柱家天一閣藏本）

明錢古訓撰。古訓、餘姚人。洪武甲戌進士、官至湖廣布政司參政。百夷卽麓川平緬宣慰司。（案百夷卽今羅夷、譯語對音、故無定字。）洪武二十九年、其酋思命發訴與緬人構兵。古訓時爲行人、與其同官桂陽李思聰奉詔往諭。命發等聽命而還。因述其山川人物風俗道路、爲書以進。古訓旋以勞擢湖廣參政、請澤州楊砥序之。黃虞稷千頃堂書目以此書爲李思聰作。今據砥序及夏原吉後序、則實古訓所作。虞稷偶失考也。

南夷書一卷（浙江范懋柱家天一閣藏本）

明張洪撰。洪字宗海、常熟人。洪熙初召入翰林、官修撰。是編乃永樂四年緬甸宣慰使那羅塔刦殺孟養宣慰使刁查及思欒發而據其地、洪時爲行人、齎敕往諭、因採摭見聞、記其梗概。所載洪武初至永樂四年平定雲南各土司事、皆略而不詳。其於雲南郡建置始末、亦未能明晰。如南詔爲蒙氏、改鄯闡府、歷鄭、趙、楊三姓、始至大理段氏。孟養、麓川各有土司、書中皆遺之。唯載梁王拒守、及楊苴乘隙竊發諸事、稍足與史參考耳。書中瀾滄江作蘭滄江、思欒發作思鸞發、與史互異。蓋亦譯語對音之故也。

西洋番國志無卷數、浙江巡撫採進本

明鞏珍撰。珍、應天人。其仕履始末未詳。永樂中、敕遣太監鄭和等出使西洋。宣宗嗣位、復命和及王景宏等往海外、徧諭諸番。時珍從事總制之幕、往還三年。所歷諸番曰占城、曰爪哇、曰暹羅、曰舊港、曰啞嚕、曰滿剌加、曰蘇門荅剌、曰那姑兒、曰黎代、曰喃勃里、曰溜山、曰榜葛剌、曰錫蘭山、曰小葛蘭、曰阿枝、曰古里、曰祖法兒、曰忽魯謨厮、曰阿丹、曰天方、凡二十國。於其風土人物、詢諸通事、轉譯漢語、覼縷舉記。至宣德九年編成。所記與明史外國傳大概相同。疑史採用此書也。

瀛涯勝覽一卷兩江總督採進本

明馬觀撰。觀不知何許人。書中多記鄭和出使時事、則作於永樂以後也。所記海外諸番曰占城、曰爪哇、曰舊港國、曰暹羅、曰滿剌加、曰啞魯國、曰蘇門荅剌、曰那孤兒、曰黎代、曰喃勃里、曰錫蘭、曰小葛蘭、曰阿枝、曰古俚、曰溜山、曰祖法兒、曰阿丹國、曰榜葛剌國、曰忽魯謨厮國、凡十九國。而爲篇十八、其那孤兒國附見蘇門荅剌後、以其微也。各載其疆域道里風俗物產、亦略及沿革。大抵與史傳相出入。

朝鮮雜志一卷浙江范懋柱家天一閣藏本

舊本題明董越撰。越有朝鮮賦、已著錄。是書繁碎無體例。以越所撰朝鮮賦校之、皆賦中越所自註。蓋好事者鈔出別行、僞立名目、非越又有此書也。

海槎餘錄一卷江蘇周厚堉家藏本

明顧岕撰。岕字匯堂、吳縣人。官至南安府知府。是編乃其官儋州時所著。凡風土物產、悉隨筆記之。其四十餘則。皆地志所已具、惟處置叛黎一節、敘述頗詳、爲蠻司合志所未及云。

日本考略一卷浙江范懋柱家天一閣藏本

明薛俊撰。俊、定海人。嘉靖二年、日本國使宗設來貢、抵寧波、未幾、宋素卿等亦至。互爭眞僞、自相殘殺。所過州縣、大肆焚掠。浙江瀕海之地、人民苦之。後因纂輯是書、大略言防禦之事爲多、而國土風俗亦類入焉。然見聞未廣、所輯沿革疆域二略、約舉梗概、挂漏頗多。屬國中兼及新羅百濟等國、不知新羅百濟在宋時已爲朝鮮所併、其時竝無是國矣。又序世系、但及宋雍熙以前、而不載元以後國王名號、亦疎漏也。

日本圖纂一卷浙江范懋柱家天一閣藏本

明鄭若曾撰。若曾有鄭開陽雜著、已著錄。此書乃其在胡宗憲幕府所作。以坊行日本考略一書舛謬難據、因從奉化人購得南畿倭商秘圖、持以詢諸使臣降倭通事火長之屬、彙訂成編。前爲圖三幅、附以論說。後載州郡土貢道路形勢語言什器寇術、而儀制詩表別爲附錄。視若曾萬里海防編內所載、較爲詳密。其針經圖說、止載入貢故道、而間道便利皆隱而不言。蓋恐海濱姦宄得通倭之路、有深意存焉。惟其言明太祖洪武二年命趙秩往諭其國。明史載在洪武三年。又言太宗十九年寇遼東、總兵劉江殲之於望海堝。明史載在永樂十七年、乃總督劉榮、非總兵劉江。均不相合。然明史據明實錄及國史、不得有誤。殆是書傳聞未實也。

朝鮮圖說一卷浙江范懋柱家天一閣藏本

明鄭若曾撰。先圖、後考。考詳其世紀都邑山川風俗土產道里貢式、而以宋鄭興裔奏議一篇附焉。蓋是時朝鮮亦被倭患、故因日本而及之。

琉球圖說一卷浙江范懋柱家天一閣藏本

明鄭若曾撰。體例與朝鮮圖說相同。地里則但標其針路。末附宋鄭藻紀事一篇。琉球奉明正朔、從無寇掠、殆以其國外偪於倭、內密邇於福建、而爲預防之計歟。

安南圖說一卷浙江范懋柱家天一閣藏本

明鄭若曾撰。體例亦與朝鮮圖說同。但增疆域僞制二門。疆域參叙數語、其僞制則紀黎莫二姓事也。末附宋鄭竦紀略一篇。若曾時距莫登庸事未遠、故籌畫邊防、併及安南。然相距既遙、所傳聞者略矣。

西洋朝貢典錄三卷江蘇巡撫採進本

明黃省曾撰。省曾字勉之、吳縣人。嘉靖辛卯舉人。明史文苑傳附見文徵明傳中。是編紀西洋諸國朝貢之事。自占城以迄天方、爲國二十有三。國各一篇、篇各有論。凡道里遠近、風俗美惡、物產器用之殊、言語衣服之異、靡不詳載。考明史外國傳、其時通職貢者尚不盡於此錄。省曾止就內侍鄭和所歷之國、編次成書、餘固未暇及也。末有二跋、一爲東川居士孫允伽，一爲濟常道人趙開美。允伽稱此書初未付梓，得其手稟錄之。開美謂其章法句法頗學山海經，信爲奇書。錢曾讀書敏求記亦載之。然其精華已採入正史，餘亦無他異聞也。

夷俗記一卷（浙江鮑士恭家藏本）

明蕭大亨撰。大亨號岳峯，泰安人。嘉靖壬戌進士，官至兵部尚書。是書專紀韃靼風俗，分匹配、生育、分家、治姦、治盜、聽訟、葬埋、崇佛、待賓、尊師、耕獵、食用、帽衣、敬上、禁忌、牧養、習尚、教戰、戰陣、貢市二十類。蓋大亨嘗爲宣大總督，故錄其所聞如此。然殊多失實，不足徵信。惟順義王互市之地，明史載大同於左衛北威遠堡邊外，宣府於萬全右衛張家口邊外，山西於水泉營，而此書載大同互市有三堡，一曰守口堡，二曰得勝堡，三曰新平堡。則大亨所親見，較史爲詳云。

朝鮮國志一卷（浙江范懋柱家天一閣藏本）

不著撰人名氏。所存惟京都、風俗、山川、古都、古蹟五門。中稱我康獻王，知爲朝鮮人作。引明一統志稱大明，知爲作於明時。又多稱王氏諸王爲高麗王，知爲明之中葉李氏有國改稱朝鮮之後也。

東夷圖說二卷嶺海異聞一卷續聞一卷（浙江吳玉墀家藏本）

明蔡汝賢撰。汝賢字思齊，華亭人。隆慶戊辰進士。是編成於萬曆丙戌，所紀皆東南海中諸國，殊多傳聞失實。如謂琉球國人窅目深鼻，男去髭鬚，鳥羽爲冠，裝以珠玉赤毛。今琉球貢使旅來，目所共睹，殊不如其所說。海西諸國統稱西洋，汝賢乃以西洋爲國名，則更謬矣。至於異聞、續聞，尤多荒誕不經。其圖像悉以意杜撰，亦毫無所據。

四川土夷考四卷（浙江汪汝瑮家藏本）

明譚希思撰。希思有明大政纂要，已著錄。是書乃希思在蜀時，命布政使官屬取全蜀土司土府繪圖立說，哀爲一編，刻於萬曆二十六年。首全圖，次各土司土府分圖，圖各有說，凡七十八篇。其中所列多沿邊城堡守禦名目，而於土司境壤山川形勢概未之及。蓋專爲防守之策而設，雖名爲土夷考，其實乃險隘圖也。所附之說，僅據州縣申冊，脩略頗甚，亦不足以備考核。

日本考五卷（浙江鮑士恭家藏本）

明李言恭、郝杰同撰。言恭字惟寅，岐陽武靖王文忠之裔，以萬曆二年襲封臨淮侯。杰字彥輔，蔚州人，嘉靖丙辰進士，官至南京兵部尚書。方言恭督京營戎政時，杰爲右都御史，會倭患方劇，乃共摭所聞爲此書。記其山川地理及世次土風，而於字書譯語臚載尤詳。後倭陷朝鮮，封貢議起，杰以力爭不合，徙南京，而言恭子宗城卒爲石星所薦，充正使往封，至釜山而倭情中變，易服逃歸，被劾論戍。蓋徒恃紙上空言，宜其不能悉知情僞也。

咸賓錄八卷（浙江鮑士恭家藏本）

明羅曰褧撰。曰褧字尚之，江西人。是編刊於萬曆中。分列諸國之事，以東西南北爲分。欲誇明代聲教之遠，故曰咸賓。其實多非朝貢之國。又敘事古今糅雜，標題人地混淆，亦頗無體例。

別本坤輿外紀一卷（大學士英廉購進本）

舊題本國朝南懷仁撰，載吳震方說鈴前集中。案懷仁坤輿外紀，別有全本，已著於錄。此本摘錄其文，併刪其圖說，乃叢書之節本，猶明季坊刻竄亂古書之陋習也。

西方要紀一卷（編修程晉芳家藏本）

國朝西洋人利類思、安文思、南懷仁等撰。利類思、安文思皆以明末入中國，南懷仁以順治十六年至京師。此書則康熙初年所述，凡二十條，專記西洋國土、風俗、人物、土產及海程遠近，大抵意在夸大其教，故語多粉飾失實。

洱海叢談一卷（浙江巡撫採進本）

國朝釋同揆撰。同揆字輪菴，雲南大理府文殊寺僧也。是書紀滇南未入版圖之初，引隋書西海阿育國王仲子封蒼洱之間，爲南詔之始祖。其後世滅而復興者有段氏、蒙氏、高氏，相承至明初始皆內附。所載觀音大士結茅郡中，及唐永徽後現身七化之語，皆近荒誕。以緇徒爲地志，自張其教，固所不免耳。

八紘譯史四卷紀餘四卷（江蘇巡撫採進本）

國朝陸次雲撰。次雲有湖壖雜記，已著錄。是書專錄荒外諸國古事，皆採摭史傳，複見不鮮。近事多據瀛涯勝覽、職方外紀諸書，亦多傳聞失實。所記西域山川物產，其地自天威耆定，俱入版圖。如謂高昌盛暑，人皆穴處，鳥飛或爲日氣所爍而墮；謂火焰山烟焰燭天；謂火鼠綿絮衣一襲止用一兩，稍多熱不可耐；謂白疊子其實成繭，中有細絲；謂哈密四味木其實如棗，以竹刀取之則甘，鐵刀取之則苦，木刀取之則酸，蘆刀取之則辛。謂蝘蜓有山出泉，行數里入地，狀如醍醐，甚臭，人服之齒落更生。今由嘉峪關南路至喀什噶爾，即經三國故地，安得有此事哉。即其他可知矣。後附譯史紀餘四卷，一爲東海西海及異物，二爲高麗日本占城安南琉球之詩，三爲外國錢文，四爲西番百譯緬甸暹羅四國之書，亦皆耳剽之談，不爲確據。如人面魚食目一條，此書作前朝使臣至日本事，峝谿纖志又以爲苗人進於初官是土者，一人之書而自相矛盾，是尙可爲信史哉。

八紘荒史一卷（江蘇巡撫採進本）

國朝陸次雲撰。次雲旣撰八紘譯史，記其會通中國者，因復摭小說稗官所載荒渺之說爲此書，皆無稽之談也。書首題卷之一，則當不止此卷，而次雲所刻雜著前列總目，此書實止一卷，豈欲續輯而未成歟。

峝谿纖志三卷志餘一卷（大學士英廉家藏本）

國朝陸次雲撰。所記皆諸苗蠻種落風俗，前有題詞，稱諸書所載，同異攸殊，余徵諸見聞，詳爲考正。措詞雖飭，徵事彌誣。上卷爲峝谿擘言考正，中卷爲蠻獠志，下卷爲滇中峝谿所產，志餘一卷則皆蠻中歌謠，自吳淇粵風續所採出者也。

安南紀游一卷（大學士英廉家藏本）

國朝潘鼎珪撰。鼎珪字子登，晉江人。是編成於康熙二十七年，乃鼎珪游廣東時偶附海舶遇風飄至其國，因紀其山川風土之大略，與諸書所記不甚相遠，無他異聞。

海外紀事六卷（浙江巡撫採進本）

國朝釋大汕撰。大汕，廣東長壽寺僧。康熙乙亥春，大越國王阮福週聘往說法，越歲而歸，因記其國之風土，以及大洋往來所見聞。大越國者，其先世乃安南贅壻，分藩割據，遂稱大越。卷前有阮福週序，題丙子蒲月，蓋康熙三十五年也。

連陽八排風土記八卷（浙江巡撫採進本）

國朝李來章撰。來章號禮山，本名灼然，以字行，襄城人。康熙乙卯舉人，官連山縣知縣。是書即其康熙戊子在連山時所作。八排者，猺獠所居，以竹木爲砦柵，謂之排也。凡分圖繪形勢風俗言語剿撫建置約束向化八門，門爲一卷，其目尙有第九卷題曰雜述上下，然有錄無書，豈爲之而未成歟。中多自敘政績，其向化一門，紀所判斷之案，各爲標目，殆似傳奇，尤非體例。

中山傳信錄六卷（兩淮馬裕家藏本）

國朝徐葆光撰。葆光字澄齋，吳江人。康熙壬辰進士，官翰林院編修。康熙五十七年，冊封琉球國世子尙貞爲國王，以葆光爲副使，歸時奏上是書，繪圖列說，紀述頗詳。

楚南苗志六卷（湖北巡撫採進本）

國朝段汝霖撰。汝霖字時齋，號梅亭，漢陽人。由舉人歷官建寧府知府。是書乃汝霖爲湖南永綏同知時所作。前五卷皆載苗人種類風俗物產言語衣服及歷朝控禦撫治之法，末一卷附載猺人土人及粵西六寨蠻，而六寨蠻尤爲簡略，以非楚所治故也。體例冗雜，敘述亦不甚雅馴，而得諸見聞，事皆質實。惟首載星野，與苗蠻土人皆無所涉，未免沿地志之陋格耳。

右地理類外紀之屬，三十四部，八十三卷（內二部皆無卷數）。

附存目。

欽定四庫全書總目卷七十八

欽定四庫全書總目卷七十九

史部三十五

職官類

前代官制、史多著錄、然其書恒不傳。南唐書徐鍇傳、稱後主得齊職制、其書罕覯、惟鍇知之。今亦無舉其名者。世所稱述、周官外、惟唐六典最古耳。蓋建官爲百度之綱、其名品職掌、史志必撮舉大凡、足備參考。故本書繁重、反爲人所倦觀。且惟議政廟堂、乃稽舊典。其閒如元豐變法、事不數逢。故著述之家、或通是學而無所用。習者少、則傳者亦稀焉。今所採錄、大抵唐宋以來一曹一司之舊事、與儆戒訓誥之詞。今釐爲官制、官箴二子目、亦足以稽考掌故、激勸官方。明人所著率類州縣志書、則等之自鄶矣。

唐六典三十卷（浙江汪汝瑮家藏本）

唐元宗明皇帝御撰、李林甫奉敕註。其書以三師三公三省九寺五監十二衛列其職司官佐、敘其品秩、以擬周禮。書錄解題引韋述集賢記註曰、開元十年、起居舍人陸堅被旨修是書、帝手寫白麻紙六條、曰理教禮政刑事、令以類相從、撰錄以進。張說以其事委徐堅、思之經歲、莫能定。又委毋煚、徐欽、韋述、始以令式入六司、其沿革竝入註中。後張九齡又委苑咸、二十六年奏草上、迄今在直院、亦不行用。程大昌雍錄則曰、唐世制度、凡最皆在六典。或曰書成未嘗頒用。今案會要、則牛僧孺奏升諫議爲三品、用六典也。貞元二年定著朝班次序、每班以尚書省官爲首、用六典也。又其年竇參論祠祭當以監察涖之、亦援六典也。此類殆不勝述。草制之官、每入院、必首索六典、則時制盡在故也。二說截然不同。考呂溫集有代陳相公請刪定施行六典開元禮狀一篇、稱宣示中外、星紀六周、未有明詔施行、遂使喪祭冠昏、家猶疑禮之等威、名分、國靡成規。請於常參官內選學藝優敏者三五人、就集賢院各盡異同、量加刪定、然後特降德音、明下有司云云。與韋述之言相合。唐人所說、當無謬誤。大昌所引諸事、疑當時討論典章、亦相引據、而公私科律、則未嘗事事遵用、如明代之會典云爾。范祖禹唐鑑論其既有太尉司徒司空、又有尚書省、是政出於二也。既有尚書省、又有九寺、是政出於三也。蓋自唐虞至周、有六官而無寺監、自秦迄陳、有寺監而無六官。獨此書兼之、故官多重複。今考是書、如林甫註中以諸州祥瑞預立條格、以待奏報之類、誠爲可嗤。然一代典章、釐然具備、祖禹之所論、或以元豐官制全祖是書、有所激而云然歟。又唐會要載開元二十三年九齡等撰是書、而唐書載九齡以開元二十四年罷知政事、則書成時九齡猶在位。後至二十七年、林甫乃註成獨上之。宋陳騤館閣錄載書局有經修經進、經修不經進、經進不經修三格。說與九齡皆所謂經修不經進者。卷首獨著林甫、蓋即此例。今亦姑仍舊本書之、不復追改焉。

翰林志一卷（兩江總督採進本）

唐李肇撰。案肇所作國史補、結銜題尚書左司郎中。此書結銜則題翰林學士左補闕。王定保摭言又稱肇爲元和中中書舍人。新唐書藝文志亦云肇爲翰林學士、坐薦柏耆、自中書舍人左遷將作少監。以唐官制考之、蓋自左司改補闕、入翰林、後爲中書舍人、坐事左遷。國史補及此書各題其作書時官也。唐時翰林院在銀臺門內、麟德殿西重廊之後、爲待詔之所。新唐書百官志謂乘輿所在、必有文詞經學之士、下至卜醫伎術之流、皆直於別院、以備燕見者是也。韋執誼翰林院故事亦謂其地乃天下以藝能伎術見召者之所處。蓋其始本以延引雜流、原非爲文學侍從而設。至明皇置翰林待詔、供奉、與集賢院學士分掌制誥、其職始重。後又改爲學士、別置學士院、謂之東翰林院。於是舊翰林院雖尚有以伎能入直、如德宗時術士桑道茂之類、而翰林之名、實盡歸於學士院。歷代相沿、遂爲儒臣定職。肇此書成於元和十四年、唐宋藝文志皆著於錄。其記載賅備、本末燦然、於一代詞臣職掌、最爲詳晰。宋洪遵輯翰苑羣書、已經收入。今以言翰林典故者莫古於是書、故仍錄專本、以存其朔焉。

麟臺故事五卷（永樂大典本）

宋程俱撰。俱字致道、衢州開化人。舉進士、試南宮第一。廷試中甲科。歷官徽猷閣待制、封新安縣伯。事蹟具宋史文苑傳。玉海載元祐中宋匪躬作館閣錄。紹興元年程俱上麟臺故事。淳熙四年陳騤續爲館閣錄。蓋一代翰林故實、具是三書。今宋錄已亡、陳錄僅存、而亦稍譌闕。是書則自明以來惟說郛載有數條、別無傳本。今考永樂大典、徵引是書者特多。排比其文、猶可成帙。其書多記宋初之事、典章文物、燦然可觀。蓋紹興元年初復祕書省、首以俱爲少監。故俱爲是書、得諸官府舊章、最爲詳備。如東都事略邢昺傳載由侍讀學士遷工部侍郎、不著加中散大夫。宋綬傳載召試中書、不著遷大理評事。宋史韓琦傳載由通判淄州入直集賢院、不著爲太常寺丞及太子中允。王陶傳載爲太子中允、不著編校昭文館書籍。孫洙傳亦不著洙嘗爲於潛令及編校祕閣書籍、而皆見於是書。又如玉海引謝泌傳、泌上言、請分四庫書籍、人掌一庫、事在端拱初。而其一百六十八卷又載此事於天聖五年。前後自相剌謬。據此書所載、則在咸平之初。又續通鑑長編載咸平二年七月甲寅、幸國子監、還幸崇文院。而此日之後又有癸丑。則是月之內不容先有甲寅。顯然牴牾。據是書乃是七月甲辰。如此之類、凡百餘條、皆足以考證異同、補綴疏略、於掌故深爲有裨。原書文獻通考作五卷。今所裒錄、仍符此數。疑當時全部收之。通考又稱凡十二篇、而不詳其篇目。其見於永樂大典者、有官聯、職掌、廩祿三門、皆與陳騤書標題相合。疑騤書卽因俱舊目修之。今卽以騤之篇目分隸諸條、莫不一一條貫、無所齟齬。亦可謂神明煥然、頓還舊觀矣。騤錄載曝書會、餞會及大宴學士院三條、俱云出麟臺故事。然引其事、不載其詞。殆姚廣孝等排纂之時、刊除重複、誤削前而存後。當時編輯無緒、卽此可見一端。今亦無從補入。惟俱北山集中載有後序一篇、並附錄之、以存其舊焉。

翰苑羣書二卷（浙江巡撫採進本）

宋洪遵編。遵字景嚴、鄱陽人、皓之仲子也。與兄适同中紹興十二年博學鴻詞科、賜進士出身。歷官徽猷閣直學士、出知平江府。孝宗時召除翰林學士承旨、拜同知樞密院事、江東安撫使、資政殿學士、提舉洞霄宮。卒諡文安。事蹟具宋史本傳。是書後有乾道九年遵題記、曰翰苑秩清地禁、訟唐迄今爲薦紳榮。遵世蒙國恩、父子兄弟接武而進、實爲千載幸遇。嚴嘗稡遺事一編、搨來建業、以家舊藏李肇、元稹、韋處厚、韋執誼、楊鉅、丁居晦洎我宋數公、凡有紀於此者、並采之木、仍以國朝年表、中興題名附。陳振孫書錄解題曰、自李肇而下十一家、及年表、中興後題名共爲一書。此本上卷爲李肇翰林志、元稹承旨學士院記、韋處厚翰林學士記、韋執誼翰林院故事、楊鉅翰林學士院舊規、丁居晦重修承旨學士壁記、李昉禁林讌會集、凡七家。下卷爲蘇易簡續翰林志、蘇耆次續翰林志、學士年表、翰苑題名、翰苑遺事、凡五種。其遺事爲遵所續、不在其數、實止四家。除年表、題名外、所收不過九家、與振孫所記不合。考宋史藝文志載是書本三卷。此本止上下二卷。又文獻通考所載、尚有唐張著翰林盛事一卷、宋李宗諤翰苑雜記一卷。若合此二家、正足十一家之數。豈原本有之、而今本佚其一卷耶。

南宋館閣錄十卷、續錄十卷（永樂大典本）

南宋館閣錄十卷、宋陳騤撰。續錄十卷、無撰人名氏。騤字叔進、台州臨海人。紹興二十四年進士第一。慶元初官至知樞密院事、兼參知政事。忤韓侂胄、提舉洞霄宮。卒諡文簡。事蹟具宋史本傳。陳氏書錄解題謂淳熙中騤長蓬山、與同僚錄建炎以來事爲此書、李燾爲之序。續錄者、後人因舊文而增附之。今考是錄所載、自建炎元年至淳熙四年。續錄所載、自淳熙五年至咸淳五年。皆分沿革、省舍、儲藏、修纂、撰述、故實、官秩、廩祿、職掌九門。典故條格、纖悉畢備、亦一代文獻之藪也。世所傳本譌闕、殆不可讀。惟永樂大典所載差爲完具。今互相考訂、補其脫漏者三十一條、正其舛錯者一十六條。而其紀載諸人爵里有與宋史互異者、並爲臚註、以資參考。惟前錄中沿革一門、續錄中廩祿一門、永樂大典所載亦全卷皆佚、無從補葺。蓋是書殘闕已在明以前矣。今亦姑仍其舊焉。

玉堂雜記三卷（浙江鮑士恭家藏本）

宋周必大撰。必大字子充、一字洪道、廬陵人。紹興二十一年進士、中宏詞科。權中書舍人。孝宗朝歷右丞相、拜少傅、進益國公。寧宗朝以少傅致仕。卒諡文忠。事蹟具宋史本傳。此書皆記翰林故事、後編入必大文集中。此乃其別行之本也。宋代掌制、最號重職、往往由此致位二府。必大受知孝宗、兩入翰苑。自權直院至學士承旨、皆備爲之。凡鑾坡制度沿革、及一時宣召奏對之事、隨筆記錄、集爲此編。所紀如奉表德壽署名、賜安南國王嗣子詔書之類、皆能援引古義、合於典禮。其他瑣聞遺事、亦多可資談柄。洪遵翰苑羣書所錄、皆唐代及汴都故帙。程俱麟臺故事、亦成於紹興閒。其隆興以後翰林故實，惟稍見於館閣續錄及洪遵容齋隨筆中。得必大此書，互相稽考，南渡後玉堂舊典亦庶幾乎燦然具矣。

宋宰輔編年錄二十卷（兩淮鹽政採進本）

宋徐自明撰。自明字誠甫，號慥堂，永嘉人。嘗官太常博士，終零陵郡守。初，北宋時神宗命陳繹爲拜罷圖一卷、樞府拜罷錄一卷。元豐間司馬光復作百官公卿拜罷年表十五卷。其後曾鞏、譚世勣、蔡幼學、李燾各有撰述，而不能無所闕略。自明因摭拾舊事，補其遺漏，續作此書。以宋世官制，中書、樞密爲二府，俱宰輔之職，故自平章事、參知政事、樞密使、知樞密院事、同知簽書樞密院事，皆著其名位，而詳其除罷黜陟之由。編年系日，起建隆戊午，迄嘉定乙亥。大都本之通鑑長編、繫年要錄、丁未錄、東都事略，而又旁採他書以附益之。本末賅具，最爲詳核。又據宋朝大詔令、玉堂制草，備錄其鎖院制詞，更有裨於文獻。以宋史宰輔年表互相考校，如建隆元年趙普拜樞副，此錄在八月甲申，而年表在戊子。太平興國四年石熙載拜簽樞，此錄在正月庚寅，而年表在癸巳。太平興國八年宋琪拜參政，此錄在三月庚申，而年表在癸亥。雍熙三年辛仲甫拜參政，此錄在六月戊戌，而年表在甲辰。此類極多，亦足爲讀史者考異之助。至宋世所降麻制，例載某人所行之詞，此錄間存姓名，亦可備掌故。其中如熙寧四年陳升之起復入相制，乃元絳之詞，載於宋文鑑中，以升之力辭不拜，其事未行，並其制詞不錄是也。至如端拱元年呂蒙正拜相制，爲李沆之詞；治平二年文彥博除樞密使制、熙寧二年陳升之拜相制，皆爲王珪之詞；元符三年曾布拜相制，爲曾肇之詞，亦並見於宋文鑑，而此反闕誌，皆不免有所挂漏。然二百五十年間賢姦進退畢具，是編於以考國政而備官箴，亦可云諳習典故者矣。寶祐間自明子居誼宰永福，嘗刻之縣學，後漸亡佚。明嘉靖間大興呂邦燿始得鈔本於焦竑家，而闕其兩卷。後周藩宗室勤美以所藏殘本補足，復梓以傳。蓋亦僅存之本也。

祕書監志十一卷（編修汪如藻家藏本）

元王士點、商企翁同撰。士點有禁扁，已著錄。企翁字繼伯，曹州人。官著作佐郎。其書成於順帝至正中。凡至元以來建置遷除、典章故事，無不具載。司天監亦附錄焉。蓋元制司天監隸祕書省，猶漢制以太史令兼職天官之義也。後列職官題名，與南宋館閣錄例同。其兼及直長令史，皆纖悉詳錄。則以金源以後，以掾吏爲士人登進之階，往往由此起家，洊至卿相，其職重於前代耳。其所紀錄，多可以資考核。朱彝尊嘗據以辨吳鄒卽張應珍，以大德九年改名，歷仕祕書少監，非宋遺民，證吉安府志之誤，則於史學亦多所裨矣。

翰林記二十卷（浙江汪啟淑家藏本）

不著撰人名氏。案明史藝文志載黃佐翰林記二十卷，而廖道南殿閣詞林記序有與泰泉黃佐纂翰林雜記六冊之語，則是書自當出於佐手。佐卽撰泰泉鄉禮，著錄於經部禮類者也。所載皆明一代翰林掌故，始自洪武，迄於正德、嘉靖間。每事各有標目，凡二百二十六條。本末賅具，首尾貫串，敘次頗爲詳悉。如所記殿閣卿寺轉銜，與明會典諸書互有同異。又會議繕寫諸條，制度甚詳，均足以備考核。其十七、十八兩卷具列館閣題名，尤足以見一代人材升降之概。廖道南撰殿閣詞林記，自九卷以後多採佐書以足成之。今以此本互相檢核，其文不盡相合。蓋道南又有所點竄，以歸一家之體例。此則佐之原本耳。其文與道南之書互有詳略，可以參考證明，以繼李肇、程俱、陳騤、王士點諸人所作，唐宋元明以來詞林故事亦大略具備矣。

禮部志稾一百十卷（浙江巡撫採進本）

明泰昌元年官修。首列纂修姓氏，自禮部尚書林堯俞至司務顧民碞等四十八人。次列批委纂修，自東閣大學士前禮部尚書孫如游至儀制司員外郎張光房等六人。次列巡按直隸蘇松等處御史檄松江府知府揭薦生員俞汝楫纂修禮部志書公移，並禮部准聘赴書局批文，則此書實出汝楫之手。明史藝文志有俞汝楫禮儀志一百卷，當卽此書。此題曰禮部志稾，蓋其草創初成，尚未定名之本也。卷首汝楫名後並列上海生員俞廷教名，爲薦舉公移所無，殆入局以後續招協修，故初揭不載歟。其書首爲聖訓六卷，爲洪武至隆慶詔諭。次建官建署一卷，次總職掌一卷，次儀司職掌十六卷，次祠司職掌十卷，次客司職掌十卷，次膳司職掌及司務職掌共二卷，次歷官表四卷，次奏疏五卷，次列傳八卷，次儀司事例二十一卷，次祠司事例九卷，次客司事例九卷。次膳司事例一卷。次總事例七卷。共爲一百一十卷。前列凡例三則。其溯初制一則。稱研討典故。要在沿流溯源。其理條貫一則。稱典故之編。不急於薈萃。而急於貫通。其愼稽考一則。稱網羅舊聞。匪獨挂漏是懼。而考正謬誤。亦編摩第一義。其言皆深得纂輯要領。故其書敘述詳贍。首尾該貫。頗有可觀。如釋菜薦舉諸詔。爲明實錄所不載。祈雩建宮諸論。爲嘉靖祀典所未錄。王妃冠服百官常服及大宴樂章。較明史禮樂志爲詳。貢舉起送之額。諸敕表章之式。較明會典爲備。經筵傳班員額。拾明集禮之所遺。朝覲賞賚諸制。補星槎勝覽西域行程之闕。雖案牘之文。稍傷冗雜。而取備掌故。體例與著書稍殊。固不能以是病之也。

太常續考八卷。江蘇巡撫採進本

不著撰人名氏。考書中所錄。蓋明崇禎時太常寺官屬所輯也。凡祭祀典禮。皆詳悉具載。雖不免爲案牘簿籍之文。而沿革損益之由。名物度數之細。條分縷晰。多明史禮志明會典明集禮及嘉靖祀典之所未載。蓋總括一代之掌故。則體貴簡要。專錄一官之職守。則義取博賅。言各有當。故詳略迥不同也。況集禮作於洪武。會典作於成化。嘉靖祀典惟載一時更張之事。自世宗以後百餘年之典制。記載闕如。此書職官題名終於崇禎十六年。則一代儀章始末。尤爲完具。固數典者所不可廢矣。

土官底簿二卷。浙江汪啟淑家藏本

不著撰人名氏。朱彝尊曝書亭集有是書跋。但云鈔之海鹽鄭氏。亦不言作者爲誰。其書備載明正德以前諸土司官爵世系承襲削除。觀其命名與緒寫之式。疑當時案牘之文。而好事者錄存之也。所載雲南土司百五十一家。廣西土司百六十七家。四川土司二十家。貴州土司一十五家。湖廣土司五家。廣東土司一家。共三百五十九家。其官雖世及。而請襲之時。必以並無世襲之文上請。所奉進止。亦必以姑准任事。仍不世襲爲詞。蓋其相沿體式如此。欲以示駕馭之權。不容其據譜而索故物也。然明自中葉後。撫綏失宜。威柄日弛。諸土司叛服不常。僅能羈縻勿絕而已。我
國家聲靈赫濯。逆命者必誅。舊籍所載。大半皆已改土歸流。其存者亦無不革心順化。比於郡縣。此書中所列。皆前代一時苟且之制。本不足道。以明史土司列傳。祗記其征伐刑政之大端。而於支派本末未能具晰。是編詞雖俚淺。而建置原委。一一可徵。存之亦足資考證焉。其地雖在中外之閒。與郡縣收守稍殊。而受敕印。襲爵祿。納租賦。供力役。隨征調。實與官吏不殊。故明史不與外國同傳。今亦附載於明代職官之末焉。

詞林典故八卷。

乾隆九年重修翰林院落成。
聖駕臨幸。
賜宴賦詩。因
命掌院學士鄂爾泰張廷玉等纂輯是書。乾隆十二年告成奏進。
御製序文刊行。凡八門。一曰
臨幸盛典。二曰官制。三曰職掌。四曰恩遇。五曰藝文。六曰儀式。七曰廨署。八曰題名。
臨幸盛典。卽述乾隆甲子燕飮賡歌諸禮。以爲是書所緣起。故弁冕於前。官制職掌皆由西漢以至
國朝。以待詔之選。寫書之官。皆自漢肇其端也。恩遇斷自唐代。以專官自唐代始也。於
列聖及我
皇上寵渥之典。別分優眷遷擢侍宴賚予詞科考試議敘贈卹八子目。著
聖代右文遠逾前古也。藝文惟收唐以來御製及應制諸作。而詞館唱和不與焉。美不勝收也。儀式廨署亦皆斷自唐代。與恩遇門同例。題名則惟載
國朝。近有徵而遠難詳也。考翰林有志。自唐李肇始。洪遵輯而錄之。凡十一家。然皆雜記之類也。其分條列目。彙爲一編者。自程俱麟臺故事始。陳騤以下作者相仍。然皆僅記一代之事。朱彝尊作瀛洲道古錄。又於
今制弗詳。故張廷玉等進書表稱槐廳芸署。不少前聞。劉井柯亭。獨饒故事。但記載非無散見。而薈萃罕有全書。今仰稟
聖裁。始成巨帙。元元本本。上下二千載。始末釐然。稽古崇儒之盛。洵前代之所未有矣。

欽定國子監志六十二卷。

乾隆四十三年奉
敕撰。先是國子祭酒陸宗楷等輯太學志進
呈。而所述沿革。故實濫載及唐宋以前。殊失限斷。乃
詔重爲改定。斷自元明。蓋
本朝國子監及

文廟皆因前代遺址其締構實始於元初也首爲聖諭二卷以記褒崇先聖訓示儒林之大法次御製詩文七卷備錄列朝聖文皇上宸翰次詔學二卷紀親祀臨雍之禮次廟制二卷前列圖說後志建葺年月規制次祀位二卷詳載殿廡及崇聖祠諸位號次禮七卷分記釋奠釋菜釋褐獻功告祭諸儀及祭器圖說次樂六卷分記樂制樂章律呂舞節二表及禮樂諸器圖說次監制一卷詳述條規次官師五卷載設官典守儀制銓除題名表次生徒七卷載貢額考校甄用及外藩之入學者次經費四卷恩賚歲支俸給備載焉次金石五卷冠以欽頒彝器圖說御製諸碑併元以來進士題名碑而殿以石鼓圖說次經籍二卷具載賜書及版刻之目次藝文二卷則列諸臣章奏詩文及諸論著識餘二卷曰紀事曰綴聞竝捃摭雜記以備考核識大識小罔弗詳賅於以誌國家重道崇儒作人訓俗之盛較諸監臣之初編如葦籥土鼓改而爲韶鈞之奏矣

欽定歷代職官表六十三卷

乾隆四十五年奉敕撰粵自龍烏水火肇建官名然夏商以前書闕有閒遺制不盡可考其可考者惟周禮爲最詳迨秦漢內設九卿外制列郡而官制一變東京以後事歸臺閣雖分置尚書六部而政在中書其權獨重漢魏之制至唐宋而又一變明太祖廢中書省罷丞相盡歸其職於六部永樂閒復設內閣而參以七卿唐宋之制至是而又一變矣其閒名號品數改革紛繁大抵勢足以相維則乾綱不失權有所偏屬則魁柄必移故官制之得失可以知朝政之盛衰也我國家稽古建官循名核實因革損益時措咸宜我皇上明照無私權衡獨秉舉直錯枉宮府肅清尤從來史冊所未有復念歷朝官制典籍具存宜備溯源流明其利弊庶前規可鑑法戒益昭乃特命四庫全書館總纂官內閣學士今陞兵部右侍郎臣紀昀光祿寺卿今陞大理寺卿臣陸錫熊翰林院編修今陞山東布政使臣孫士毅總校官詹事府少詹事今陞內閣學士臣陸費墀等考證排次輯綴是編分目悉準今制凡長貳僚屬具列焉明綱紀也其兼官無正員而所掌綦重如軍機處之類亦別有專表崇職守也八旗及新疆爵秩前所未有者竝詳加臚考著聖代之刱建遠邁邃古也或古有而今無或先置而後廢竝爲採掇別附於篇備參訂也每門各冠以表表後詳敘建置首列國朝略如唐六典之例次以歷代則節引諸書各附案語以疏證其異同上下數千年分職率屬之制元元本本罔弗具焉考將相及百官公卿之有表始自馬班二史後如唐書之宰相表宋史之宰輔表明史之內閣七卿表俱沿其例然所紀僅拜罷年月與官制無關且斷代爲書不相通貫尋檢頗難至鈔撮故實如孫逢吉職官分紀之類又但供詞藻於實政無裨是書發凡起例悉稟睿裁包括古今貫串始末旁行斜上援古證今經緯分明參稽詳密不獨昭垂奕禩爲董正之鴻模卽百爾臣工各明厥職用以顧名而思義亦益當知所儆勖矣

右職官類官制之屬十五部三百六十五卷皆文淵閣著錄

州縣提綱四卷永樂大典本

不著撰人名氏楊士奇文淵閣書目題陳古靈撰古靈者宋陳襄別號也襄字述古侯官人慶歷二年進士官至右司郎中樞密直學士事蹟具宋史本傳史稱其莅官所至必講求民間利病沒後友人劉彝視其篋得手書數十幅皆言民事則此書似當出於襄然襄所著古靈集尚傳於世無一字及此書又所著易講義郊廟奉祀禮文校定夢書等見宋史藝文志福建通志說郛中不言更有此書晁陳二家書目亦皆不著錄書內有紹興二十八年語又有昔呂惠卿音劉公安世語考襄卒於元豐三年距南渡尚遠不應載及紹興且劉呂皆其後進不應稱昔其非襄撰明甚今永樂大典所載本蓋據元初所刻前有吳澄序止言前修所撰

不著其名氏。盡澄亦疑而未定。知文淵閣書目所題當出譌傳，不足據矣。其書論州縣莅民之方，極爲詳備，雖古今事勢未必盡同，然於防姦釐弊之道，抉摘最明。而首卷推本正己省身，凡數十事，尤爲知要。亦可爲司牧之指南，雖不出於衆手，要非究心吏事、洞悉民情者不能作也。

官箴一卷（浙江鮑士恭家藏本）

宋呂本中撰。本中有春秋集解，已著錄。此乃其所著居官格言，凡三十三則。宋史本中列傳備列其著作之目，不載是書。然藝文志雜家類中乃著錄一卷。此本載左圭百川學海中，後有寶祐丁亥永嘉陳昉跋。蓋即昉所刊行。或當日偶然題記，如歐陽修試筆之類，本非有意於著書，後人得其手槀，傳寫鐫刻，始加標目，故本傳不載歟。本中以工詩名家，然所作童蒙訓，於修己治人之道，具有條理。蓋亦頗留心經世者。故此書多閱歷有得之言，可以見諸實事。書首即揭清愼勤三字，以爲當官之法，其言千古不可易。王士禎古夫于亭雜錄曰：

上當

御書清愼勤三大字，刻石

賜內外諸臣。案此三字，呂本中官箴中語也。是數百年後

尚蒙

聖天子採擇其說，

訓示百官，則所言中理，可知矣。至其論不欺之道，明白深切，亦足以資儆戒。雖篇帙無多，而詞簡義精，固有官者之龜鑑也。

百官箴六卷（內府藏本）

宋許月卿撰。月卿字太空，後更字宋士，婺源人。始以軍功補校尉。理宗時換文資，就舉，以易魁江東。廷對，賜進士及第，官至浙江西運幹。賈似道當國，召試館職，語不合，罷去，閉門著書，自號泉田子。宋亡不仕，遁蹟十年乃卒，亦志節之士也。是書仿揚雄官箴，分曹列職，各申規戒。考宋史百官志，經筵乃言路兼官，二府掾乃樞密中書屬吏，參知政事以門下中書侍郎爲之，登聞院隸諫議，進奏院隸給事中，俱轄於門下省，軍器監、文思院俱轄於工部。是書皆各自爲箴。蓋以所掌之事區分，故既列本職，又及其兼官；既列總司，又及其所分掌，非複出也。又考永樂大典所載宋何異中興百官題名，雖殘闕不完，而所標官署職掌，與此書頗有異同。蓋自元豐變制以後，品目至爲淆雜，南渡以後，分析併省，益以靡恆。此書據一時之制言之，故互有出入也。前有月卿進表，稱百官箴並發凡言例，共七帙，而今止六卷。校以次第，實無遺漏，殆原本凡例自爲一卷，傳錄者合併之歟。昔人之箴，遠見左傳，繩闕匡違，其風自古。月卿效法其體，雖申明職守，僅託空言，而具列官邪，風戒有位，指陳善敗，觸目警心，亦未嘗無百一之裨焉。

書簾緒論一卷（浙江鮑士恭家藏本）

宋胡太初撰。太初，天台人，端平乙未，其外舅陶某出宰香溪，太初因論次縣令居官之道，凡十五篇以貽之。後十七年，爲淳祐壬子，太初出守處州，越明年，復得是槀於其戚陶雲翔，遂鋟諸版，以授屬縣。其目首曰盡己，次曰臨民，曰事上，曰寮案，曰御吏，曰聽訟，曰治獄，曰催科，曰理財，曰差役，曰賑恤，曰行刑，曰期限，曰勢利，而終之以遠嫌。條目詳盡，區畫分明。蓋亦州縣提綱之類也。書中臚列事宜，雖多沿宋代條格，與後來職制不盡相合，然其大旨以潔己清心、愛民勤政爲急務，言之似乎平近，而反覆推闡，實無不切中事情。世說新語載傅氏有理縣譜，其書不傳。牧民者能得是編之意而變通之，則此一卷書亦足以補其闕矣。

三事忠告四卷（桂林府同知李文藻刊本）

元張養浩撰。養浩字希孟，號雲莊，濟南人。官至禮部尚書、參議中書省事。天歷中，拜陝西行臺中丞，卒，諡文忠。事蹟具元史本傳。養浩爲縣令時，著牧民忠告二卷，凡十綱七十二子目。爲御史時，著風憲忠告一卷，凡十篇。入中書時，著廟堂忠告一卷，亦十篇。其言皆切實近理，而不涉於迂闊。蓋養浩留心實政，舉所閱歷者著之，非講學家務爲高論，可坐言而不可起行者也。明張綸林泉隨筆曰：張文忠公三事忠告，誠有位者之良規。觀其在守令則有守令之式，居臺憲則有臺憲之箴，爲宰相則有宰相之謨。醇深明粹，眞有德者之言也。考其爲人，能竭忠衛國，正大光明，無一行不踐其言云云。其推挹可謂至矣。三書非一時所著，本各自爲編。明洪武二十二年，廣西按察司僉事揚州黃士宏合爲一卷刻之，總題曰爲政忠告，陳璉爲序。（案此本序文中稱爲政忠告，而其標題亦稱三事忠告，蓋重刻所追改。）宣德六年，河南府知府李驥重刻，改名三事忠告。考書稱任人準夫牧作三事，詩稱三事大夫，皆在王左右之尊階。施

於廟堂忠告，猶爲近之。御史臺尹不在是列。如日以三職所治爲三事，則自我作古，轉不及爲政之名爲該括一切矣。蓋明人書帕之本，好立新名，而不計其合於古義否也。相沿已數百年，不可復正。今姑以通行之名著錄，而附訂其乖舛如右。

御製人臣儆心錄一卷

順治十二年

世祖章皇帝御撰。凡八篇：一曰植黨，二曰好名，三曰營私，四曰徇利，五曰驕志，六曰作僞，七曰附勢，八曰曠官。前有

御製序，蓋因勳臣譚泰、石漢大學士陳名夏等先後以黷怙伏法，因推論古今來姦臣惡迹，

訓誡羣臣，俾共知炯鑑也。夫一氣流行，化生萬品，鸞梟並育，穀稗同滋，實理數之不得不然。故有君子必有小人。雖唐虞盛時，四凶亦厠名於朝列。無論秦漢以下也。不幸而遇昏亂之世，則匪人得志，其禍遂中於國家，前明諸權倖是也。幸而遇綱紀修明之時，則朝陽所照，物無匿形，雖百計彌縫，終歸敗露。則陳名夏諸人是也。在我

世祖章皇帝聖裁果斷，

睿鑒英明，足以駕馭羣材，照臨萬象。雷霆一震，鬼蜮潛蹤。雖有僉壬，諒不敢復蹈覆轍。而

聖人慮周先事，杜漸防微，恐小人惟利是營，多昏其智，於陳名夏等不以爲積慝已稔，自取誅夷，反以爲操術未工，別圖拚蓋，因

特頒宸翰，普示班聯，曲推其未發之謀，明繪其欲施之策，俾共知所聚黨而私議者，已畢在

洞照之中。如九金鑄鼎，先圖魑魅之形，傑逢不若，皆可以指而目之，名而呼之。山鬼之伎倆，自窮而無所逞也。

國家重熙累洽百有餘年，

列聖相承，並

乾剛獨斷，從無如前代姦臣得以盜竊魁柄者，豈非

祖宗貽謀有以垂萬年之

家法哉。

右職官類官箴之屬，六部，十七卷，皆文淵閣著錄。

欽定四庫全書總目卷七十九

欽定四庫全書總目卷八十

史部三十六

職官類存目

歷代銓政要略一卷（編修程晉芳家藏本）

舊本題宋楊億撰。億字大年，浦城人。雍熙初年十一，召試詩賦，授祕書省正字。淳化中，命試翰林，賜進士第。天禧中官至工部侍郎、翰林學士兼史館修撰。卒謚曰文。事蹟具宋史本傳。此書宋史藝文志不著錄，億本傳亦不載。惟曹溶學海類編收之。細核其文，乃冊府元龜銓政一門總序也。已爲割裂作僞。又億雖預修冊府元龜，而據晁氏讀書志，總其事者尚有王欽若。同修者更有錢惟演等十五人。作序者亦有李維等五人。億於諸序，不過奉敕點竄，何所見而此序出億手。此眞隨意支配者矣。

太常沿革二卷（永樂大典本）

元任栻撰。栻始末未詳。此書乃其爲太常博士時所修。前有危素序。素時亦爲太常博士故也。上卷志沿革，下卷皆職官題名，始自中統，迄於至正。所載當時奏牘文移，皆從國語譯出，未經修潤。又案元太常集禮一書，中載官屬職掌，曰都監，曰祭祀局，曰鑾儀局，曰法物庫，曰神廚局，皆有事於太廟之官，而以署令一人、丞一人統之。此上下兩卷中俱未載及，轉以典書附於卷末，義例殊不可解。危素序云寺升院，有正從二品之異，其增損官吏祿秩弗同，具載此書。然大要已具於元史矣。

南臺備要二卷（永樂大典本）

元劉孟保等撰。前有江南行御史臺都事索元岱序，稱至元十四年立行臺於維揚，以式三省，以統諸道。即今江南諸道行臺御史之在集慶者也。中臺嘗併其官屬除拜合爲一書，刊布中外，所謂憲臺通紀是已。至正癸未，龔城董公守節授湖廣行省中丞，欲別爲載籍，以便觀覽，迺命掾屬劉孟保等歷披案牘，稽覈故實，哀集成編，則此書乃補憲臺通紀之遺者也。考憲臺通紀久已散佚，永樂大典亦僅存其卷首，故不著於錄，而惟存此書之目焉。

官職會通二卷（安徽巡撫採進本）

明魏校撰。校有周禮沿革傳，已著錄。此書又敷衍其說，以明之六部配周之六官，其所屬官因以附焉。僅有天官地官春官夏官四篇，蓋亦未成之稾。每述一官，必曰今欲正某官之職云云。然言之則成理，行之則必窒。自漢以來，未有以周禮致太平者也。

南廱志二十四卷（浙江汪啟淑家藏本）

明黃佐撰。佐有泰泉鄉禮，已著錄。南都太學建於明太祖吳元年。景泰中，祭酒吳節嘗撰志一十八卷。嘉靖初，祭酒崔銑重纂，未就。佐得其遺牘，因復加修訂，以吳志爲本，而增損成之。凡事紀四，職官表二，雜考十二，列傳六。書法一準史例，頗爲詳備。惟音樂考一門，多泛論古樂，皆佐一己之見，於太學制度無涉，殊失限斷。其第十八卷經籍考，當時以委助教梅鷟成之。鷟學問淹貫，故敍述亦具有本末。書成於嘉靖二十二年，而中有萬歷中事，蓋後人隨時續添者也。

虔臺志十二卷（浙江范懋柱家天一閣藏本）

明蕭根等撰。根爵里未詳。宏治甲寅，汀漳盜起，楚粵之不逞者和之，於是設巡撫都御史治贛州，以控制諸省。至甲子罷。正德庚午，盜攻武平縣，乃復建焉。嘉靖壬寅，巡撫虞守愚命根等編纂虔臺始末，爲此書。序次草創，略備故事而已。贛州在隋以前曰南康，至隋改爲虔州。宋紹興二十二年，校書董德元上言，虔州號虎頭城，非佳名，廷議以虔有虔劉之意，因改名贛州。後人詞翰兼用古名，然施於詩賦則可，此記明代職官而用南宋以前之地名，殊於體例未安。且名虔州時無御史臺，於文義亦爲杜撰。明人著述往往如斯，糾之不可勝糾也。

呂梁洪志一卷（戶部尚書王際華家藏本）

明馮世雍撰。世雍，江夏人。嘉靖癸未進士，官工部主事。明時運道自徐州泝呂梁洪入濟，設洪夫以牽挽，歲命工部屬官一員董其事，謂之呂梁分司。世雍嘗領其職，因述前後建置始末及官署祠廟歷任姓氏，以成斯志。凡八篇，篇首各有序，末復繫以贊語。

鄖臺志略九卷（浙江范懋柱家天一閣藏本）

明徐桂撰。桂，潛山人。嘉靖乙未進士，官鄖陽府知府。先是成化初，原傑撫定荆襄流民，置鄖陽府，設提督撫治一員鎮之。嘉靖二十五年，慈谿葉照以右副都御史領其任，桂等輯比事略爲此書。前二卷載建置輿地公廨官職，後七卷爲制奏政賦兵防著述。此本有嘉靖以後事，則金臺于湛等雜爲撫治，又附益之也。

虔臺續志五卷（浙江范懋柱家天一閣藏本）

明陳燦撰。燦里貫未詳，官贛州府教諭。此書乃嘉靖中巡撫南贛等處右副都御史談愷屬燦等所輯。紀宏治以後設官沿革及分地統轄之制，以續蕭根之書。首一卷爲輿圖考，後四卷則編年紀事。據其凡例，稱於虔臺志悉仍其舊，凡所損益，別爲一編，蓋視舊志又稍變其例矣。

南京太常寺志十三卷（浙江巡撫採進本）

明汪宗元撰。宗元號春谷，崇陽人。嘉靖己丑進士，官至總理河道右副都御史。是書乃宗元爲南京太常寺卿時所輯。分謨訓、規制、職官、禮書、樂書、舊制、薦獻、祭告、祭器、祿食、夫役、列傳爲十二門。所記各祀祝文陳設及樂章樂器，皆較明會典集禮諸書爲備。至於薦獻品物，應祀宮觀，及署中藏經字號、存貯什器，皆條列不遺焉。

南京太僕寺志十一卷（浙江巡撫採進本）

明雷禮撰。禮有明六朝索隱，已著錄。是書乃其官南京太僕寺少卿時所作。據其凡例，稱首載洪武以後歷朝諭旨，次以事例官司轄屬規制官田種馬草場冊籍俸徭九志，而列傳遺文終焉。茲本祇十一卷，草場以下全佚，非完書矣。

太僕寺志十四卷（浙江巡撫採進本）

明顧存仁撰。存仁字伯剛，太倉人。嘉靖壬辰進士，官至太僕寺卿。是書分官職、題名、馬政、事例、錢貫、苑馬、祠祀、官署、庫藏、點調、車馬、圖文錄十一門。然脫略太多。如馬政一門、上沿歷代、而漢以後各史所載如梁之南牧左右牧、北齊之乘黃左右龍各署、皆闕而不敘。文錄一門、載漢之天馬歌、唐杜甫之驄馬行、是類何預太僕事。詩集充棟、又烏可勝收乎。

浙省分署紀事本末六卷 兩淮鹽政採進本

明茅坤撰。坤有徐海本末、已著錄。是書之作、蓋以湖州烏戍一鎮、界連六縣、跨帶兩省、姦盜易於窟穴。郡人致仕副使施儒、以嘉靖十七年疏於朝、請設縣不果。議置通判、後因通判權輕、不足以彈制諸屬、旋亦汰除。萬歷元年始設同知以統之。因作是書以紀其始末。

南臺雜記八卷 兩淮鹽政採進本

明符驗撰。驗有革除遺事、已著錄。是編乃其為巡按南直隸御史時所作。專記南京御史臺故事。因以上溯列朝設官命職之由、分為十類、曰天文、曰院址、曰院臺、曰官制、曰職守、曰俸秩、曰廨宇、曰職官表、曰宸翰、曰碑記。驗自為序、述其凡例。然輿地之書動陳星野、已屬影響之談。一官一署而首志天文、其亦迂而鮮要矣。

南京吏部志十五卷 浙江巡撫採進本

明汪宗伊撰。宗伊字子衡、崇陽人。嘉靖戊戌進士。官至南京吏部尚書。是編乃其為文選郎中時所作。首聖訓、次建官、次公署、次職掌、次歷官表傳、次藝文。前有宗伊所作志引、謂白之尚書吳嶽、創為部志。又諮之曾官吏部者侍郎李棠、大理卿杜拯、太僕卿殷邁、鴻臚卿孫鑨、應天府丞邱有巖、郎中顧闕、鄒國儒、袁尊尼、傅良諫、主事蔡悉、聶廷璧、網羅散失、以成此編、頗為詳悉。黃氏千頃堂書目載宗伊尚有留銓志餘二卷、蓋即補志中所遺者。今其書未見云。

吏部職掌 無卷數、兩淮馬裕家藏本

明黃養蒙撰。方九功、王篆續修。養蒙、南安人。嘉靖辛丑進士。官至戶部右侍郎。九功、南陽人。嘉靖丙辰進士。官至南京工部右侍郎。篆有江防考、已著錄。是編於明嘉隆以前吏部制度沿革載之最悉。蓋排纂案牘而為之、猶今之六部則例也。

念初堂集十二卷 江西巡撫採進本

不著撰人名氏。首題念初堂集、其書則志太學之略也。案鄧元錫函史下編載嘉靖間王祭酒材官司業時、考稽典訓、作太學志六編。編為之序、序各有志、並鈔撮其略云云。蓋即是書也。書列典制、謨訓、禮樂、政事、論議、人材六門、門各分上下二卷。材、江西新城人。嘉靖辛丑進士。官至太常寺卿、掌國子監祭酒事。元錫竟稱為祭酒、非也。

公侯簿三卷 浙江范懋柱家天一閣藏本

不著撰人名氏。前有嘉靖九年公牘一篇、又有嘉靖二十六年公牘一篇。蓋吏部驗封司所存冊籍、相續編纂者也。鄭汝璧明功臣封爵考稱舊有底簿、殆即指是書矣。

詞林典故一卷附翰苑須知一卷 浙江巡撫採進本

明張位撰。位有問奇集、已著錄。此乃其官翰林學士時所輯詞館通行典例。自經筵日講以迄輿從服色、凡分三十二門。翰苑須知則庶常館規及俸祿錢糧數目。當時刊版置院中、入館者人給一冊。然率據案牘原文、不加潤飾、往往鄙俚可笑、不足以繼翰林志、翰苑羣書後也。乾隆十有二年、我
皇上嘉惠詞垣、徵求文獻、
特命輯詞林典故一書。本末源流、粲然具備。木天佳話、榮冠古今。是編殘闕之餘、蓋不足以為典據。今姑附存其目焉。

明功臣封爵考八卷 浙江范懋柱家天一閣藏本

明鄭汝璧撰。汝璧有明帝后紀略、已著錄。是編成於萬歷丙子、乃其為吏部驗封郎中時所輯。紀明代諸臣封爵、凡分類二十。曰開國、曰靖難、曰征西、曰征交趾、曰征南、曰征北、曰征蠻、曰征番、曰禦寇、曰捕反、曰備倭、曰戰勝、曰戰歿、曰歸附、曰推戴、曰海運、曰營建、曰迎立、曰奪門、曰外戚。其以恩澤恩幸方術及追贈封者、並附錄之。分世封除封為二類、而採券文宗圖及鄭曉吾學編本傳附入。間以所見聞補其闕略。起於洪武、迄於隆慶。據其自序、蓋以驗封司舊有功臣底簿、病其弗全、因續為補綴成此帙云。

館閣漫錄 無卷數、浙江范懋柱家天一閣藏本

不著撰人名氏。據焦竑國史經籍志、載是書十卷、題張元忭撰。二人相去不遠、必有據也。元忭有紹興府志、已著錄。是書所錄皆明成祖至武宗時翰林除授遷改之事。編年紀載、亦間有論斷。首題洪武三十五年者、成祖革除建文四年年號、仍稱洪武三十五年故也。

掖垣人鑑十七卷附錄一卷 兩淮鹽政採進本

明蕭彥撰。彥字思學，涇縣人。隆慶辛未進士，官至湖廣總督。是書乃萬歷二十年彥爲兵科給事中時與同官王致祥等同輯明代六科名姓鄉貫出處始末，共爲一編。以天順以前爲前集，成化以後迄萬歷爲後集。首冠以官制沿革，及兩朝諛訓各一卷，而以題名碑記諸篇附於其末。

職官志一卷附后紀妃嬪傳外戚傳三篇（副都御史黃登賢家藏本）

不著撰人名氏。所紀惟部院寺監諸司職掌，不及武臣及外官，蓋非足本也。其敘歷朝官制至穆宗而止，間有稱今上云云者，蓋書成於萬歷中。記載寥寥，不足以存掌故。末附后紀，稱史官楊繼禮撰。此書殆卽繼禮史局殘本，偶留於世歟。繼禮，華亭人，萬歷壬辰進士。

楚臺記事七卷（浙江汪啟淑家藏本）

明李天麟撰。天麟字公振，武定人。萬歷庚辰進士，由牧馬千戶所軍籍中式，故自稱燕人。官至監察御史，巡按湖廣。是書卽在湖廣所作。分地理圖說爲四卷，兵糧圖說爲三卷。又雜載章奏、禮儀、宴規、供應等舊例，猥雜煩瑣，與書吏簿籍無異。其載贐餽賀儀銀數多寡，以官階大小爲準，可見當時苞苴陋習，而公然載之簡牘，毫無顧憚，尤足徵明政之不綱也。

符司紀六卷（副都御史黃登賢家藏本）

明劉日升撰。日升，廬陵人。萬歷庚辰進士，官至應天府尹。是編乃其官尚寶司卿時所輯，具載典璽事規，及各官牙牌、各府衙金牌令牌之制。後有附錄一卷，爲泰嘉楨所續輯。嘉楨，德清人，續此書時官尚寶司丞。其始末未詳。

舊京詞林志六卷（內府藏本）

明周應賓撰。應賓有九經考異，已著錄。應賓嘗以左諭德少詹事兩掌南京翰林院事，故著此書，專記南院故事。永樂以後定都北京，事有關於南院者亦錄之。分紀事、紀典、紀官三門。洪武初建翰林國史院於皇城內，賜扁曰詞林。洪武十四年，改翰林國史院爲翰林院，又別建廨舍，非故地矣。獨詞林之稱，自洪武以後皆沿之，故應賓取以爲名焉。

南京鴻臚寺志四卷（江蘇周厚堉家藏本）

明桑學夔撰。學夔，濮州人。萬歷壬辰進士，官光祿寺少卿，攝鴻臚寺事。明初置侍儀司，洪武九年改殿廷儀禮司，三十年始改爲鴻臚寺。永樂北遷，乃以故署之在留都者加南京二字，而禮儀亦因之有繁簡隆殺。其後竟習簡易，故學夔創爲寺志，以復典章之舊。然昧於取裁，不諳體例。屬官考語備載於冊，而卿丞諸人之傳，率全錄焦竑獻徵錄舊文，漫無刪節。至以王守仁曾官此職，遂以良知講學語書之累牘，尤支蔓之甚矣。

官制備考二卷（浙江汪啟淑家藏本）

舊本題明李日華撰。日華有梅墟先生別錄，已著錄。是書因明代官制，而上溯歷代之沿革，大抵取備書啟之用，外漏頗多，不足以備考證。末附文武爵秩數條，並著京外官之稱呼，尤未免於弇陋。疑日華未必至此，殆坊賈託名也。

續宋宰輔編年錄二十六卷（安徽巡撫採進本）

明呂邦燿撰。邦燿字元輯，錦衣衛籍，順天人。萬歷辛丑進士，官至通政司右參議。邦燿旣刊行宋徐自明宰輔編年錄，復作是編以續之。起寧宗嘉定九年，終衞王昺祥興二年。其體例皆仿原書，而詳略失宜，遠不及自明之精核。蓋此書大旨在紀拜罷歲月，以備考證。至其人行事本末，則史家自有專傳，原無庸複引繁稱。自明於每人略述梗概，最爲得體。邦燿乃并朝廷之事，廣爲摭錄，正史以外，並採諸說以附益之，泛濫殊甚。又自明每人具載命官及罷免制詞，足徵一朝典故。嘉定以後，雖無專書可考，而見於南宋文集者尚有流傳。邦燿不能蒐輯增補，而反斥其有無不足重輕，尤爲寡識。至如元順帝爲瀛國公子，不獨說本荒唐，亦與宰輔編年全無關涉，乃亦累牘連篇，詞繁不殺，眞可謂漫無體要者矣。

南京工部志十八卷（兩淮鹽政採進本）

明朱長芳撰。長芳，上海人，南京國子監生。天啟初編修神宗、光宗兩朝實錄，博採志乘，諸部寺舊無志者，咸創爲之。南京工部尚書何熊祥因使長芳輯舊牘爲此編。

南京都察院志四十卷（兩淮馬裕家藏本）

明施沛撰。沛始末未詳。其修此書時則爲南京國子監生。時董其事者爲操江副都御史徐必達，亦天啟初因修兩朝實錄而作也。

南京行人司志十六卷（浙江巡撫採進本）

明翁逢春撰。逢春，吳縣人，南京國子監生，分部命建官公署、儀注、奏疏、年表、列傳、藝文八門。董其事者爲南京行人司左司副彭維成，前有維成序。序末私印作萬歷給諫四字。考維成字元性，廬陵人，萬歷辛丑進士，以刑科給事中謫是官，故自標此目。然既志行人，宜以行人爲斷。是書乃載維成爲給事中時奏疏，是六科志非行人司志矣。又載維成一切來往書牘，居藝文十之五六，是維成之別集，非官書矣。殆全不知體例爲何事也。

留都武學志五卷（兩淮鹽政採進本）

明徐伯徵撰。伯徵字孺臺，海寧人。萬歷己未進士，官至揚州府知府。明之武學，建於正統壬戌，因御史彭勗之請，遴教授訓導等官，以專教京衞武官之子。有南京國子監祭酒陳敬宗所撰碑，備載始末。是編乃天啟三年伯徵官南京武學教授時所著，分建置、典禮、制令、職官、選舉、人物、藝文七門。

明文武諸司衙門官制五卷（江西巡撫採進本）

不著撰人名氏。前有題詞，稱官制舊有成書，久而多譌，近兩淮運司翻刻者，彼善於此，而未嘗訂正，亦非善本，因照會典、一統志及現行事宜採輯成編，以廣其傳。末署新喻縣丞附承慶校正、廬陵縣末學藥時用增補，乃江西書賈刊行之本也。所列官制大抵以萬歷初年爲斷，第五卷內附載上任選擇日期，而並列天體赤口日等圖，彌爲猥雜，殆不足議。

官爵志三卷（浙江吳玉墀家藏本）

明徐石麒撰。石麒字寶摩，嘉興人。天啟壬戌進士，授工部主事，忤魏忠賢削籍。崇禎中官至吏部尙書。南都破後，不食死，事蹟具明史本傳。是志述有明一代官制，歷引前代沿革，互相參證，引據頗爲詳核，然大抵爲通典、文獻通考所已具。

古今官制沿革圖（無卷數。兩江總督採進本）

明王光魯撰。光魯有閱史約書，已著錄。是書載秦漢迄於宋元凡官制之升降沿革，頗詳悉，而限於尺幅，考據亦多所未備。明宜興路進校刊金履祥通鑑前編，首列古今官制，未著撰人姓名，今校之悉與此合，蓋即光魯本也。

明官制五卷（浙江巡撫採進本）

不著撰人名氏。備錄明代直省各府州縣文武官員品秩暨道里遠近、編戶多寡、到任期限，皆採之明會典及一統志諸書，蓋坊閒所刊，以便仕宦之檢閱，不足以言著書也。

歷代銓選志一卷（編修程晉芳家藏本）

國朝袁定遠撰。定遠里貫未詳。此書其官吏部文選司郎中時作也。歷敘各朝銓政選舉之法，略而實當。如敘魏晉九品官人之制，而失載漢志限年之沿革，宋分四郡餘郡之歲舉，梁代中正之廢置，後魏之中正與吏部並銓，皆歷朝銓選之制，悉略而不敘。金元銓政載於史志甚詳，亦槪略之。至謂明興立制，入仕之途有三，進士、監生、吏員，不知明初三途並用，乃科舉、薦能、吏員三途，其時應薦者或以賢良方正，或以儒士，或以秀才，或以人才，皆官至卿輔，非盡在監之監生也。

歷代宰輔彙考八卷（浙江巡撫採進本）

國朝萬斯同撰。斯同有聲韻源流考，已著錄。是編取秦漢以迄元明宰輔，分職繫名，以便檢核。其於官制增損異同之處，亦閒附案語，頗爲簡明。然不著拜罷年月，視諸史表例頗爲簡略。又如唐代使相，以其爲藩鎭加官，俱不載錄，是也。然如李克用、朱全忠、王智興、李載義、韓建等之位冠三師，亦祗屬優以空銜，並未嘗入輔左右，而顧一槪列之，則義例亦未能盡歸畫一也。

銓政論略一卷（江蘇巡撫採進本）

國朝蔡方炳撰。方炳有增訂廣輿記，已著錄。是書專論唐宋二代銓政，頗爲淺略。如謂侍郎起於隋，不知梁天監三年已有侍郎之設；謂唐選官必試於吏部，不知五品以上之不試；至接承他姓以應詔，乃五代時弊政，唐時鮮有；宋時科目甚多，專舉經明行修、賢良方正二科，更見挂漏。唯所議明末專拘進士資格之弊，立論頗確云。

文武金鏡律例指南十六卷（內府藏本）

國朝凌銘麟撰。銘麟字天石，杭州人。是書成於康熙辛酉，目文武儀注品級以及莅任居官事宜，無不備載。又發律例大旨，而以相傳之案牘爲之證據，蓋亦爲初仕者設也。

南臺舊聞十六卷（浙江巡撫採進本）

國朝黃叔璥撰。叔璥有南征記程，已著錄。是書詳述御史典故，凡十三門，每事各註所出之書，頗爲詳備。其曰南臺者，據王士禛分甘餘話，今都察院可稱南臺，不可稱西臺語也。

右職官類官制之屬，四十二部，三百五十四卷。（內三部無卷數，皆附存目。）

牧民忠告一卷（直隸總督採進本）

元張養浩撰。養浩有三事忠告，已著錄。此即三事中之一種，魏裔介摘出別行，非完書也。

官箴一卷（左都御史張若淮家藏本）

明宣宗章皇帝御製。自都督府至儒學，凡三十五篇。前有宣德七年六月諭旨一道，稱取古人箴儆之義，凡中外諸司，各著一篇，使揭諸廳事，朝夕覽觀，庶幾君臣交儆之道。蓋當時嘗以頒行者。嘉靖戊戌，南京國子監祭酒倫以訓復刊布之，後載宣宗御製廣寒殿記一首、玉簪花賦一首、詩二十七首、詞曲二首，不知何人所附，叢雜不倫，殊乖編錄之體。

牧津四十四卷（浙江巡撫採進本）

明祁承㸁撰。承㸁字爾光，山陰人。萬歷甲辰進士，官至江西布政司參政。其書採輯歷代循吏事實，分類編次。首列緒概一卷，分為五目，一考名，二稽制，三述意，四論世，五辨類。以下凡四十四卷，分經濟、消弭、匡定、節義、當機、惠愛、化導、勤飭、集事、政才、政術、真誠、清德、砥躬、風力、守正、嚴肅、敦厚、忠信、明決、得情、察姦、矜慎、平恕、執持、識見、崇體、任人、治賦、救荒、詰盜、備治三十二類。每類前各有小序。徵采既廣，不無頗碎叢雜之病。

明職一卷（浙江巡撫採進本）

明呂坤撰。坤有四禮翼，已著錄。坤於萬歷壬辰以僉都御史巡撫山右，作此編以申飭屬吏。自弟子員之職至督撫之職，統十八篇，於省府州縣職官利弊得失，言之甚悉。

仕學全書三十五卷（江西巡撫採進本）

明魯論撰。論有四書通義，已著錄。是書初名聞見錄，以明代官制法令，仿周禮六官分類編載，各附論斷，蓋亦備場屋對策之用者。分上下二編，上編為六部大政，下編則自京朝直省各官職守，終於撫𢈪宗藩。

政學錄五卷（直隸總督採進本）

國朝鄭端撰。端字司直，棗強人。順治己亥進士，官至江南巡撫。是編原本呂坤、余自強兩家之書，而參酌之。內而閣部科道，外而督撫司道守令，應行事宜，咸載利弊。

為政第一編八卷（內府藏本）

國朝孫鋐撰。鋐字可菴，錢塘人。其書所載皆州縣職事，分時宜、刑名、錢穀、文治四類，條目瑣碎，議論亦鄙，蓋幕客之兔園冊，不足資以為治也。

百僚金鑑十二卷（內府藏本）

國朝牛天宿撰。天宿字覲徵，章邱人。康熙中官瓊州府知府。是編前為總論七卷，以中外職官為次，取古之稱職者，略載事蹟，而以歷代官制沿革弁諸條之首。八卷至十卷別列廉潔、度量、用人、刑賞、恬退、忠烈、武功七門，亦略摭事實，挂一漏萬。十一卷則載古來箴銘訓頌之類，而以己作參錯其中。至十二卷則自敘其粵中政績，而以去思碑終焉。未免近於自炫矣。

右職官類官箴之屬，八部，一百七卷，皆附存目。

欽定四庫全書總目卷八十

欽定四庫全書總目卷八十一

史部三十七

政書類一

志藝文者有故事一類，其間祖宗創法，奕葉慎守，是為一朝之故事；後鑒前師，與時損益者，是為前代之故事。史家著錄，大抵前代事也。隋志載漢武故事，濫及稗官；唐志載魏文貞故事，橫牽家傳。循名誤列，義例殊乖。今總核遺文，惟以國政朝章、六官所職者入於斯類，以符周官故府之遺。至儀注條格，舊皆別出，然均為成憲，義可同歸。惟我

皇上制作日新，垂謨冊府，業已恭登新笈，未可仍襲舊名。考錢溥祕閣書目有政書一類，謹據以標目，見綜括古今之意焉。

通典二百卷（內府藏本）

唐杜佑撰。佑字君卿，京兆萬年人。以蔭補濟南參軍事，歷官至檢校司徒、同中書門下平章事，加太保致仕，謚安簡。事蹟具唐書本傳。先是劉秩倣周官之法，摭拾百家，分門詮次，作政典三十五卷。佑以為未備，因廣其所闕，參益新禮，勒為此書。凡分八門，曰食貨，曰選舉，曰職官，曰禮，曰樂，曰兵刑，曰州郡，曰邊防。每門又各分子目。自序謂既富而教，故先食貨；行教化在設官，任官在審才，審才在精選舉，故選舉、職官次焉；人才得而治以理，乃興禮樂，故次禮、次樂；教化隳則用刑罰，故次兵、次刑；設州郡分領，故次州郡，而終之以邊防。所載上溯黃虞，訖於唐之天寶。肅代以後間有沿革，亦附載註

中其中如食貨門之賦稅載周官貢賦而太宰所掌九貢之法失載北齊租調之法河清三年令民十八受田輸租調而露田之數失載錢幣不載陳永定元年制四柱錢法榷酤不載後周榷酒坊法選舉門不載齊明帝時制士人品第有九品之科小人之官復有五等法考績不載北齊聞治民之官以三年六年爲小滿遷換法職官門如周禮地官有舍人上士二人掌平宮中之政乃云中書舍人魏置又隋書大業時改內史監爲內書監乃僅云改內史侍郎爲內書侍郎又集賢殿書院載梁有文德殿藏書不知宋已有總明觀藏書之所似此之類未免閒有挂漏兵門所列諸子目如分引退取之引退佯敗取之爲二門分出其不意擊其不備攻其不整爲三門未免稍涉繁冗而火獸火鳥之類尤近於戲劇州郡門分九州以敍沿革而信都郡冀州當屬兗而誤屬冀又極詆水經及酈道元水經注爲僻書詭誕不經未免過當邊防門所載多數萬里外重譯乃通之國亦有僅傳其名不通朝貢者既不臨邊亦無事於防題曰邊防名實亦舛然其博取五經羣史及漢魏六朝人文集奏疏之有裨得失者每事以類相從凡歷代沿革悉爲記載詳而不煩簡而有要元元本本皆爲有用之實學非徒資記問者可比考唐以前之掌故者兹編其淵海矣至其各門徵引尚書周官諸條多存舊詁如食貨門引尚書下土墳壚注謂壚疏也與孔疏所引說文黑剛土也互異又瑤琨篠簜注篠竹箭簜大竹亦傳疏所未備職官門引周官太宰之屬有司會逆羣吏之治而聽其會計註云逆謂受也受而鉤考之可知得失多少較賈公彥疏頗爲明晰似此之類尤頗有補於經訓宋鄭樵作通志與馬端臨作文獻通考悉以是書爲藍本然鄭多泛雜無歸馬或詳略失當均不及是書之精核也

唐會要一百卷 浙江汪啟淑家藏本

宋王溥撰溥字齊物并州祁人漢乾祐中登進士第一周廣順初拜端明殿學士恭帝嗣位官右僕射入宋仍故官進司空同平章事監修國史加太子太師封祁國公卒諡康定事蹟具宋史本傳初唐蘇冕嘗次高祖至德宗九朝之事爲會要四十卷宣宗大中七年又詔楊紹復等次德宗以來事爲續會要四十卷以崔鉉監修段公路北戶錄所稱會要即冕等之書也惟宣宗以後記載尚闕溥因復採宣宗至唐末事續之爲新編唐會要一百卷建隆二年正月奏御詔藏史館書凡分目五百十有四於唐代沿革損益之制極其詳核官號內有識量忠諫舉賢委任崇獎諸條亦頗載事蹟其細瑣典故不能概以定目者則別爲雜錄附於各條之後又間載蘇冕駁議義例該備有裨考證今僅傳鈔本脫誤頗多八卷題曰郊儀而所載乃南唐事九卷題曰雜郊儀而所載乃唐初奏疏皆與目錄不相應七卷十卷亦多錯入他文蓋原書殘闕而後人妄摭竄入以盈卷帙又一別本所闕四卷亦同而有補亡四卷採摭諸書所載唐事依原目編類雖未必合溥之舊本而宏綱細目約略粗具猶可以見其大凡今據以錄入仍各註補字於標目之下以示區別焉

五代會要三十卷 兩江總督採進本

宋王溥撰五代干戈俶擾百度陵夷故府遺規多未暇修舉然五十年間法制典章尚略具於累朝實錄溥因檢尋傳史條分件繫類輯成編於建隆二年與唐會要並進詔藏史館後歐陽修作五代史僅列司天職方二考其他均未之及如晉段容劉昫等之議廟制周王朴之議樂皆事關鉅典亦略而不詳又如經籍鏤版昉自長興千古官書肇端於是崇文善政豈容削而不書乃一概刊除尤爲漏略賴溥是編得以收放失之舊聞厥功甚偉至於租稅類中載周世宗讀長慶集見元稹之所上均田表因令製素成圖頒賜諸道而歐史乃云世宗見元稹之均田圖是直以圖爲元稹之作乖舛尤甚微溥是編亦無由訂歐史之謬也蓋歐史務談褒貶爲春秋之遺法是編務核典章爲周官之舊例各明一義相輔而行讀五代史者又何可無此一書哉

宋朝事實二十卷 永樂大典本

宋李攸撰文獻通考作李伋按攸字好德義從洪範若作伋字與好德之義不符宋史藝文志亦作李攸通考傳寫誤也陳振孫書錄解題稱其官爲承議郎而不詳其里貫江陽譜稱政和初編輯西山圖經九域志等書瀘帥孫羲叟招 原注下闕文 書上轉三官張浚入朝約與俱以家事辭考西山屬成都府瀘州屬潼川路則攸當爲蜀人其曰張浚入朝蓋紹興四年浚自川陝宣撫使召還時也其書

據江陽譜蓋上起建隆下迄宣和凡六十卷其三十卷先聞於時後以餘三十卷上之因語觸秦檜寢其書不報故晁陳二家書目俱作三十卷與譜相合而趙希弁讀書附志宋史藝文志乃俱作三十五卷今書中有高孝兩朝登極赦詔及紹興間南郊赦詔而紀元亦迄於紹興殆又有所附益兼及南宋之初歟攸熟於掌故經靖康兵燹之後圖籍散佚獨汲汲搜輯舊聞使一代典章粲然具備其用力頗爲勤摯所載歷朝登極南郊大赦詔令太宗親製趙普碑銘西京崇福宮記景靈西宮記大晟樂記往往爲宋文鑑名臣碑傳琬琰集播芳大全諸書所闕漏他如宗室換官之制不見於宋史職官志郊祀勸前之儀不詳於禮志太廟崇寧廟圖紫宸殿集英殿上壽賜宴再坐立班起居諸圖宮架鼓吹十二案圖尤爲記宋代掌故者所未備至其事蹟之異同年月之先後記載之詳略尤多可與東都事略續通鑑長編及宋史互相參訂又如石晉賂契丹十六州分代北山前山後足訂薛歐五代史稱山後十六州之誤周世宗兵下三關並載於口關亦足補薛歐二史祇載瓦橋益津二關之闕當時如江少虞事實類苑錦繡萬花谷多引用之宋史亦多採用其文第原本久佚惟散見於永樂大典各韻下者尚存梗概而割裂瑣碎莫由考見其體例惟趙希弁讀書附志稱祖宗世次登極紀元詔書聖學御製郊廟道釋玉牒公主官職爵邑勳臣配享宰執拜罷科目儀注兵刑律歷籍田財用削平僭僞陞降州縣經略幽燕之類具載本末云云蓋卽當日之門目今據以分類編次釐爲二十卷雖未悉復原書之舊而綱舉目從咸歸條貫亦得其十之七八矣攸別有通今集二十卷宋史藝文志入故事類今佚不傳又嘗上書秦檜戒以居寵思危尤爲侃侃不阿則其人亦足重不獨以博洽見長云

建炎以來朝野雜記四十卷兩淮鹽政採進本

宋李心傳撰心傳有建炎以來繫年要錄已著錄心傳長於史學凡朝章國典多所諳悉是書取南渡以後事蹟分門編類甲集二十卷分上德郊廟典禮制作朝事時事故事雜事官制取士財賦兵馬邊防十三門乙集二十卷少郊廟一門而末卷別出邊事亦十三門每門各分子目雖以雜記爲名其體例實同會要蓋與建炎以來繫年要錄互相經緯者也甲集成於嘉泰二年乙集成於嘉定九年書前各自有序周密齊東野語嘗論所載趙師羼犬吠乃鄭斗所造以報擿武學生之憤許及之屈膝費士寅狗竇亦皆不得志報私讐者撰造醜詆所謂韓侂胄僭逆之類悉無其實云云蓋採拾羣言失真者固亦不免然於高孝光寧四朝禮樂刑政之大以及職官科舉兵農食貨無不該具首尾完贍多有馬端臨文獻通考章俊卿山堂考索及宋史諸志所未載故通考稱爲南渡以來野史之最詳者王士禎居易錄亦稱其大綱細目粲然悉備爲史家之巨擘言宋事者當必於是有徵焉其書在宋有成都辛氏刊本並冠以國史本傳暨宣取繫年要錄指揮敕通今惟寫本僅存案張端義貴耳集序稱心傳告以朝野雜記丁戊二集將成則是書尚不止於甲乙二集而書錄解題及宋史本傳均未之及殆以晚年所輯書雖成而未出故世不得見歟

西漢會要七十卷浙江汪啟淑家藏本

宋徐天麟撰天麟字仲祥臨江人開禧元年進士調撫州教授歷武學博士通判惠潭二州權知英德府事蹟附見宋史徐夢莘傳傳稱天麟爲通直郞得之之子夢莘之從子晁公武讀書志則稱爲夢莘之子考樓鑰攻媿集有西漢會要序曰徐思叔爲左氏國紀其兄祕閣商老爲北盟錄已而思叔之子孟堅著漢官考次子仲祥又作漢會要商老夢莘之字思叔得之之字也然則史不誤而晁氏誤矣其書仿唐會要之體取漢書所載制度典章見於紀志表傳者以類相從分門編載其無可隸者亦依蘇冕舊例以雜錄附之凡分十有五門其三百六十七事嘉定四年具表進之於朝有旨付尚書省藏之祕閣班固書最稱博贍於一代禮樂刑政悉綜括其大端而理密文繁驟難得其體要天麟爲之區分別白經緯本末一一犂然其詮次極爲精審惟所採祇據本史故於漢制之見於他書者概不採掇未免失之於隘又如輿服門中於司馬相如揚雄諸賦鋪張揚厲之語一概摘入殊非事實亦爲有乖義例然其貫串詳洽實未有能過之者昔人稱顏師古爲漢書功臣若天麟者固亦無媿斯目矣

東漢會要四十卷浙江范懋柱家天一閣藏本

宋徐天麟撰。天麟官撫州教授時、既奏進西漢會要。後官武學博士時、續成此書、於寶慶二年復奏進之。其體例皆與前書相合。所列亦十五門、分三百八十四事。惟西漢會要不加論斷、而此書則閒附以案語、及雜引他人論說。蓋亦用蘇冕駁議之例也。東漢自光武中興、明章嗣軌、皆汲汲以修舉廢墜爲事。典章文物、視西京爲盛。而當時載筆之士、如東觀紀及華嶠、司馬彪、袁宏之類、遺編斷簡、亦閒有留傳。他若漢官儀、漢雜事、漢舊儀諸書、爲傳注所徵引者、亦頗班然可考。故東漢一代故事、較西漢差爲詳備。天麟據范書爲本、而旁貫諸家、悉加裒次。其分門臚目、排比整齊、實深有裨於考證。中閒如獻帝子濟陰王熙、山陽王懿、濟北王邈、東海王敦、雖爲曹氏所廢、旋卽降爲列侯。然既以封建立國、自當著之帝系皇子條下、以表其實。乃因范書無傳、遂削而不書、未免闕漏。又天麟自序中稱劉昭因范氏遺緒、註補八志、而不知其爲司馬彪續漢書志、實非范書。晁公武已議之、則亦偶然失檢。然其大體詳密、卽稍有踳駁、固不足以爲累也。其書世所傳者皆據宋本傳鈔、第三十七三十八兩卷全闕。三十六三十九兩卷亦各佚其半。無可考補、今亦竝仍之焉。

漢制考四卷　兩江總督採進本

宋王應麟撰。應麟有周易鄭康成註、已著錄。是編因漢書續漢書諸志、於當日制度、多詳於大端、略於細目。因摭采諸家經註、及說文諸書所載鉤稽排纂、以補其遺、頗足以資考證。又以唐時賈孔諸疏去古已遠、方言土俗、時異名殊。所謂某物如今某物、某事如今某事者、往往循文箋釋、於舊文不必悉符。亦一一詳爲訂辨。如周禮疏不知步搖假紒及五夜、儀禮疏不知僵領之類、不一而足。應麟皆爲旁引證明。又周禮太史職註云、太史抱式、疏曰古文謂之式。應麟則別引藝文志羨門式法以解之。考式者、候時之儀器。史記日者列傳、旋式正棊。漢書王莽傳、天文郎案式於前、日時加某。皆指此器。所引亦較舊義爲長。其中偶失考定者、如鄉士鄭註云、三公出城、郡督郵盜賊道。蓋漢時郡掾分部屬縣爲督郵、其分治各曹者亦名督郵。故朱博傳云、爲督郵書掾。此督郵盜賊、蓋掾主捕盜賊者。其不加掾字、猶巴郡太守張納碑陰書督盜賊枳李街也。此職又主爲三公導行、故云督郵盜賊道。道、導字古通用也。賈公彥疏乃謂使舊爲盜賊之人督察郵行往來、於義爲誤。應麟沿用其說、未免千慮之一失。要其大致精核、具有依據、較南宋末年諸人侈空談而鮮實徵者、其分量相去遠矣。

文獻通考三百四十八卷　內府藏本

元馬端臨撰。端臨字貴與、江西樂平人。宋宰相廷鸞之子也。咸淳中漕試第一。會廷鸞忤賈似道去國、端臨因留侍養、不與計偕。元初起爲柯山書院山長、後終於台州儒學教授。是書凡田賦考七卷、錢幣考二卷、戶口考二卷、職役考二卷、征榷考六卷、市糴考二卷、土貢考一卷、國用考五卷、選舉考十二卷、學校考七卷、職官考二十一卷、郊祀考二十三卷、宗廟考十五卷、王禮考二十二卷、樂考十五卷、兵考十三卷、刑考十二卷、經籍考七十六卷、帝系考十卷、封建考十八卷、象緯考十七卷、物異考二十卷、輿地考九卷、四裔考二十五卷。其書以杜佑通典爲藍本。田賦等十九門、皆因通典而離析之。經籍、帝系、封建、象緯、物異五門、則通典所未及也。自序謂引古經史謂之文、參以唐宋以來諸臣之奏疏、諸儒之議論謂之獻、故名曰文獻通考。中如田賦考載唐租庸調之制、而據唐會要、則自開元十六年以後、其法屢改、載五代田賦之制、而據五代會要、尚有天成四年戶部奏定三京諸府夏秋稅法一事。乃一概略之。楊炎定兩稅法奏疏、最關沿革。亦佚不載。職役考載口算之制、而漢書永建四年除三輔三年逋租過更口算芻槀詔書不載。征榷考詳載鹽鐵、而五代會要後唐長興四年諸道鹽鐵轉運使奏定鹽鐵條例不載。又雜稅載菓菜之稅、而漢書永元六年流民販賣勿出租稅詔不載。國用門載漕運興廢、而後漢書建武七年罷護漕都尉、建初三年罷常山諸處河漕不載。其載唐代東都及鄭州諸處漕運措置、亦不及唐會要之詳。歷代賑恤、於漢旣載本始四年之詔、而略三年郡國傷旱甚者民毋出租賦之詔。選舉考詳載兩漢之選舉、而漢書元封四年詔舉茂才異等、始元元年遣廷尉持節行郡國舉賢良、永光元年詔舉樸質敦厚遜讓有行者、光祿歲以此科第郎從官、俱不載。學校考辨先聖先師之分、而唐會要貞觀二十一年詔以孔子爲先聖、顏回等爲先師之制不載。至職官考則全錄杜佑通典。五代建置、尤敘述寖寥。核以王溥五代會要、孫逢吉職官分紀、僅得其十之一二。郊祀考多引經典、而尚書之肆類于上帝不載。逸周書白虎通三輔黃圖所載周明堂之制最詳、亦不及徵引。又載歷代明堂之制、而梁武帝改作明堂詳於隋書禮儀志者不載。地祇之祭祇引周官及禮記郊特牲、而禮運祭地瘞繒、及考工記玉人兩圭五寸祀地之文不載。漢祀后土之制、祇載漢舊儀祭地河東、而漢官儀北郊壇在城西北諸制不載。又雩祭引左傳周禮註疏、而禮記祭法雩宗祭水旱也、爾雅舞號雩也皆不載。祭日月祇引禮記周禮、而大戴禮天子春朝朝日、秋暮夕月、及尚書大傳古者帝王以正月朝迎日于東郊皆不載。於漢制既載宣帝時成山祠日、萊山祠月、而建始時罷此祠、復立於長安城事又不載。社稷門引各經註疏所論社制、而周書作雒篇建社之制、及蔡邕獨斷所載天子大社之制、皆不載。祀山川亦引經傳、而儀禮覲禮祭山丘陵升、祭川沈、爾雅祭山曰庋縣、祭川曰浮沈、皆不載。又分代詳載、而獨略北齊天保元年分遣使人致祭於五嶽四瀆。宗廟考載後魏七廟之制、祇引禮志改七廟之詔、不知興建沿革詳於孫惠蔚本傳。又唐初建七廟、新唐書禮樂志多略、而不參用舊唐書禮儀志。王禮考載周之朝儀、而不引周書王會解。又詳載歷代朝儀、而不載史記秦本紀始皇三十五年營作朝宮、載漢代朝儀、而不載續漢書禮儀志所載常朝之制。又輿服之載於史志者、必詳敘卿士大夫、如漢制二千石車朱兩轓之類、所以明差等也、而一概從略。樂考載五代廟樂、不如五代會要之詳。兵考載晉兵制至悼公四年而止、其後治兵邾南甲車四千乘不載。載魯兵制自昭公蒐紅始、而成公元年作丘甲、襄公十一年作三軍、昭公五年舍中軍、俱不載。經籍考卷帙雖繁、然但據晁陳二家之目、參以諸家著錄、遺漏宏多。輿地考亦本歐陽忞輿地廣記、罕所訂補。大抵門類既多、卷繁帙重、未免取彼失此。然其條分縷析、使稽古者可以案類而考。又其所載宋制最詳、多宋史各志所未備。案語亦多能貫穿古今、折衷至當。雖稍遜通典之簡嚴、而詳贍實為過之。非鄭樵通志所及也。

明會典一百八十卷（江蘇巡撫採進本）

明宏治十年奉敕撰。十五年書成。正德四年重校刊行。故卷端有孝宗武宗兩序。其總裁官為大學士李東陽焦芳楊廷和、副總裁官為吏部尚書梁儲、纂修官為翰林院學士毛紀侍講學士傅珪侍讀毛澄朱希周編修潘辰、並列銜卷首。然皆武宗時重校諸臣。其原修之大學士徐溥等、竟不列名、未詳當日何意也。其體例以六部為綱、吏禮兵工四部諸司、各有事例者、則以司分。戶刑二部諸司但分省而治、共一事例者、則以科分。故一百八十卷中、宗人府自為一卷弁首外、餘第二卷至一百六十三卷、皆六部之掌故。一百六十四卷至一百七十八卷、為諸文職。末二卷為諸武職、特附見其職守沿革而已。南京諸曹、則分附北京諸曹末、不別立條目。惟體例與北京異者、乃別出焉。其官制前後不同者、如太常司改為太常寺之類、則書其舊名、而註曰後改為某官。其別開公署者、如鴻臚寺本為儀禮司之類、則書其新名、而註曰本為某官。其戶口貢賦之盈縮、制度科條之改易、亦相連併載、以見變通剏建之由。大抵以洪武二十六年諸司職掌為主、而參以祖訓大誥大明令大明集禮洪武禮制禮儀定式稽古定制孝慈錄教民榜文大明律軍法定律憲綱十二書。於一代典章、最為賅備。凡史志之所未詳、此皆具有始末、足以備後來之考證。其後嘉靖八年復命閣臣續修會典五十三卷。萬歷四年又續修會典二百二十八卷。今皆未見其本、莫知存佚。殆以嘉靖時祀典太濫、萬歷時秕政孔多、不足為訓、故世不甚傳歟。

七國考十四卷（兩淮馬裕家藏本）

明董說撰。說有易發、已著錄。是編載秦齊楚趙韓魏燕七國制度。分職官食貨都邑宮室國名羣禮音樂器服雜記喪制兵制刑法災異瑣徵十四門。皆採掇諸書、以相佐證。略如會要之體。大致以戰國策史記為本、而以諸子雜史補其遺闕。其所援引如劉向列仙傳張華感應類從志子華子符子王嘉拾遺記之類、或文士之寓言、或小說之雜記、皆據為典要。而月令所載太尉大酋之屬、註者明曰秦官、乃反遺漏、未免去取不倫。又既以七國為名、自應始自分晉以後。而秦之寺人、上引車鄰。楚之兩廣、遠徵左傳。則於斷限有乖。新序載魏王欲為中天之臺、許綰諫止、未必實有其事。即有之、亦議而未行。而魏宮室門中乃出一中天臺。莊子載無盛鶴列於麗譙，蓋城闕之通名，非魏所獨有。乃於魏宮室中標一目曰麗譙，琴操載韓殺聶政之父，乃古來之常制，非韓所刱。乃於韓刑法中標一目曰殺。亦嫌於苟盈卷帙。至於秦水心劒事，本見續齊諧記，乃云白帖。秦舍胥侯於靈臺，本見左傳，乃云列女傳。亦往往不得其出典。觀其前後無序跋，而齊職官門註封君后妃附，乃祇有封君而無后妃。殆說未成之稾，偶爲後人傳錄歟。然春秋以前之制度，有經傳可稽，秦漢以下之故事，有史志可考。惟七雄雲擾，策士縱橫，中間一二百年，典章制作，實蕩然不可復徵。說能參考諸書，排比鉤貫，尚一一各得其崖略，俾考古者有徵焉。雖閒傷蕪漫，固不妨過而存之矣。

欽定大清會典一百卷

乾隆二十九年奉
敕撰。伏考
國朝會典，初修於康熙三十三年，續修於雍正五年。至是凡三經釐定。典章彌備，條目彌詳。考昔成周之制，百度分治以六官，六官統彙於周禮。聖人經世之樞要，於是乎在。雖越數千載，時勢異宜，政令不能不增，法制不能不改，職守亦不能不分，難復拘限以六官。而其以官統事，以事隸官，則實萬古之大經，莫能易也。故歷代所傳，如唐六典、元典章、明會典，遞有損益，而宏綱鉅目，不甚相遠。然其書之善否，則不盡繫編纂之工拙，而繫乎政令之得失。蓋一朝之會典，即記一朝之故事。故事之所有，不能刪而不書，故事之所無，亦不能飾而虛載。故事有善有不善，亦不能有所點竄變易。如唐六典先須祥瑞之名，且分爲三等，以待天下之奏報。殆於上下相罔。然當時有此制，秉筆者不能不載也。又如至正條格中偏駁不公之令，經
御題指摘者，人人咸喻其非。然亦當時有此制，秉筆者不能不載也。國多秕政，安怪書多駁文乎。至於周禮一經，朱子稱其盛水不漏，亦其時體國經野，事事爲萬世開太平。故其書亦傳之萬世，尊爲法守。非周公有所塗飾於其間也。我
國家
列聖相承，
文謨武烈，垂裕無疆。
規畫既皆盡善。我
皇上執兩用中，隨時損益，又張弛皆衷於道，增刪悉合其宜。則是書之體裁精密，條理分明，足以方駕周禮者，實
聖主鴻猷上軼豐鎬也。夫豈歷代規條所能望見涯涘乎。

欽定大清會典則例一百八十卷

乾隆二十九年奉
敕撰。與
大清會典同時告成。會典原本以則例散附各條下，蓋沿歷代之舊體。至是乃各爲編錄，使一具政令之大綱，一備沿革之細目，互相經緯，條理益明。考周禮爲一代之典制，而六官所職，其文頗略。其見於諸書者，如都城之廣狹，左傳稱先王之制，大都不過參國之一，中五之一，小九之一。逸周書作雒解稱大縣城方王城三之一，小縣城方王城九之一。其文相合，當爲周之舊典，而周禮無之。又太子生之禮，左傳稱接以太牢，卜士負之，士妻食之。禮記內則所載，文雖稍詳，其事竝同，當亦爲周之舊典，而周禮亦無之。知周禮舉其要，而度數節文之詳，則故府別有其記載，與六典相輔。又左傳載王以鞏伯宴而私賄之，使相告之曰，非禮也，勿籍。知當日王室之禮，或改於舊，必籍而記之，以爲故事。其書雖不傳，其文則旁見側出，散在古籍者，尚灼然可考也。然則會典之外，別爲則例，正三代之古義矣。其閒隨時損益之迹，悉出
聖人之化裁。蓋帝王刱制，顯庸有百世不變之大經，詩所謂不愆不忘，率由舊章是也。有因時制宜之大用，記所謂一張一弛，文武之道是也。即政典之因革，以仰窺
皇心之運量，精一執中，具昭於是，豈徒備掌故而已哉。

欽定續文獻通考二百五十二卷

乾隆十二年奉
敕撰。馬端臨文獻通考斷自宋寧宗嘉定以前，採摭宏富，體例詳賅，元以來無能繼作。明王圻始捃拾補綴，爲續文獻通考二百五十四卷。體例糅雜，顛舛叢生，遂使數典之書，變爲兔園之策，論者病焉。然終明之世，亦無能改修，豈非以包括歷朝，委曲繁重，難於蒐羅而條貫之哉。我
皇上化洽觀文，道隆稽古。
特命博徵舊籍，綜述斯編，黜上海之野文，補鄱陽之巨帙。採宋遼金元明五朝事蹟議論，彙爲是書。初議

於馬氏原目之外增朔閏、河渠、氏族、六書四門。嗣奉敕修續通志、以天文略可該朔閏、地理略原首河渠、氏族六書更鄭樵之舊部。既一時並撰、卽無容兩笈複陳。故二十四門仍從馬氏之原目。其中如錢幣考之載鈔銀、象緯考之詳推步、於所必增者乃增。物異考之不言徵應、經籍考之不錄佚亡、於所當減者乃減。亦不似王氏之橫生枝節、多出贅疣。大抵事蹟先徵正史、而參以說部雜編。議論博取文集、而佐以史評語錄。其王圻舊本、閒有一長可取者、沙中金屑、亦不廢搜求。然所存者十分不及其一矣。至於考證異同、辨訂疑似、王本固爲疏陋、卽馬本亦略而未詳。茲皆本本元元、各附案語、一折衷於聖裁。典核精密、纖悉不遺。尤二書所不逮焉。蓋王圻著述、務以炫博。故所續通考及稗史彙編、三才圖會之類、動盈二三百卷、而無所取材。此書則每成一類、卽先呈御覽、隨事指示、務使既博且精。故非惟可廢王氏之書、卽馬氏之書歷來推爲絕作、亦陶鑄之而有餘也。

欽定皇朝文獻通考二百六十六卷

乾隆十二年奉敕撰。初與五朝續文獻通考共爲一編。乾隆二十六年、以前朝舊事、例用平書、而述昭代之典章、錄列朝之詔諭、尊稱、鴻號、於禮當出格跳行。體例迥殊、難於畫一。遂命自開國以後、別自爲書。後續通典、續通志皆古今分帙、卽用此書之例也。其二十四門、初亦仍馬氏之目。嗣以宗廟考中用馬氏舊例附錄羣廟、因而載入敕建諸祠。仰蒙睿鑒周詳、綸音訓示、申明禮制、釐定典章。載筆諸臣始共知尊卑有分、名實難淆、恍然於踵謬沿譌之失。乃恪遵聖諭、別立羣廟一門、增原目爲二十五。其中子目、田賦增八旗田制、錢幣增銀色銀直及回部普兒、戶口增八旗壯丁、土貢增外藩、學校增八旗官學、宗廟增崇奉聖容之禮、封建增蒙古王公、皆以今制所有而加。市糴刪均輸和買和糴、選舉刪童子科、兵考刪車戰、皆以今制所無而省。至象緯增推步、物異刪洪範五行、國用分爲九目、尊號冊封之典、自帝系移入王禮、則斟酌而小變其例者也。考馬氏所敍宋事、雖以世家遺蔭、多識舊聞。然計其編摩、實在入元以後。故典章放失、疏略不詳。理宗以下三朝、以國史北移、更闕無一字。（案理宗以後國史、元兵載以北、蹟事見宋季三朝政要序。）今則聖聖相承、功成文煥、實錄記注、具錄於史官、公牘奏章、全掌於籍氏。每事皆尋源竟委、賅括無遺。故卷帙繁富、與馬氏原本相埒。夫尚書兼陳四代、而周書爲多。禮記亦兼述三王、而周禮尤備。蓋監殷監夏、百度修明、文獻足徵、蒐羅自廣。有不必求博而自博者矣。

欽定續通典一百四十四卷

乾隆三十二年奉敕撰。杜佑通典終於天寶之末、是書所續自唐肅宗至德元年、訖明崇禎末年。凡選舉六卷、職官二十二卷、禮四十一卷、樂七卷、兵十二卷、刑十六卷、州郡十八卷、邊防四卷、食貨十八卷。篇目一仍杜氏之舊。惟杜氏以兵制附刑後、今則兵刑各爲一篇、稍有不同。考古者虞廷九官、有士而無司馬。凡蠻夷寇賊、一隸於士。魯語臧文仲稱大刑用甲兵、其次用斧鉞。中刑用刀鋸、其次用鑽笮。薄刑用鞭朴。則兵刑可以爲一。又左傳紀少昊以祝鳩爲司馬、爽鳩爲司寇。而秋官夏官周禮亦分兩職。則兵刑亦可爲二。以事蹟多寡、卷帙繁簡、酌爲門目之分合、其宏旨仍不異也。至於編纂之例、唐代年祀稍遠、舊典多亡。五代及遼、文獻靡徵、史書大略、則旁搜圖籍以求詳。明代見聞最近、雜記實繁。宋、金及元、著作本多、遺編亦夥、則嚴核異同以傳信。總期於既精既博、不濫不遺。案宋史藝文志有宋白續通典二百卷。今其書已亡。陳振孫書錄解題載其咸平三年奉詔、四年九月書成、起唐至德初、迄周顯德末。又載王欽若言杜佑通典、上下數千載爲二百卷、而其中四十卷爲開元禮。今之所載二百餘年、亦如前書卷數、時論非其重複。茲編仰稟聖裁。酌乎繁簡之中。而九百七十八年內典制之源流政治之得失。條分件繫。綱舉目張。誠所謂記事提要。纂言鉤元。較諸杜氏原書。實有過之無不及。宋白所續。更區區不足道矣。

欽定皇朝通典一百卷

乾隆三十二年奉

敕撰。以八門隸事。一如杜佑之舊。其中條例則或革或因。如錢幣附於食貨。馬政附於軍禮。兵制附於刑法。於理相近。於義有取者。今亦無所更易。至於古今異制。不可強同。如食貨典之榷酤算緡。禮典之封禪。前朝弊法。久已爲

聖代所除。即一例從刪。不復更存虛目。又地理典以統包歷代。分併靡常。疆界參差。名稱舛互。故推原本始。以九州提其大綱。今既專述

本朝。自宜敬遵

今制。況乎

威弧震疊。式廓版章。東届出日之邦。西括無雷之國。山河兩戒。並隸職方。近復裁定冉駹。開屯列戍。

皇輿廣闊。更非九州舊界所能包。故均以

大清一統志爲斷。不更以禹貢州域奔

昭代之黃圖。至杜氏述唐朝掌故。與歷代共爲一書。故皆分綴篇終。其文簡略。亦體裁所限。不得不然。今則專勒一編。式昭

國典。當法制修明之世。

鴻猷善政。史不勝書。故卷目加繁。益於舊笈。且杜氏所採。惟開元禮爲詳。今則

謨烈昭垂。各成完帙。禮有

大清通禮

皇朝禮器圖式。樂有

聖祖御製律呂正義

皇上御製律呂正義後編。刑有

大清律例。兵有中樞政考。地理有

皇輿表

大清一統志

欽定日下舊聞考

盛京通志。熱河志。滿洲源流考

皇輿西域圖志。又有

大清會典及則例。總其綱領。八旗及六部則例。具其條目。故縷分條繫。端委詳明。用以昭示萬年。誠足媲美乎官禮。又豈杜氏之掇拾殘文。哀合成帙。所可同日語哉。

欽定皇朝通志二百卷

乾隆三十二年奉

敕撰。二十略之目。亦與鄭樵原本同。而紀傳年譜則省而不作。蓋

實錄

國史。尊藏金匱。與考求前代。刪述舊文。義例固不侔也。至於二十略中。有原本繁而今汰者。三都邑略中樵兼載四裔所居。非但約略傳聞。地多無據。且外邦與帝京並列。義亦未安。今惟恭錄

興京

盛京

京師城闕之制。以統於尊。諡略中樵分三等二百十品。多所臆定。今惟恭錄

賜諡。以昭其愼。金石略中樵所採頗雜。今惟恭錄

列聖寶墨

皇上奎章。兼及

御定西淸古鑑。三希堂帖。淳化軒帖。蘭亭八柱帖。諸刻。餘悉不登。以滌其濫。有原本疎而今補者。二天文略中樵惟載步天歌。今則敬遵

聖祖仁皇帝御製儀象考成。靈臺儀象志。

皇上御製儀象考成後編。會通中西之法。以究象緯之運行。地理略中樵以四瀆統諸水。而州縣郡道。以水爲別。今則於其不入四瀆者。大河以北如

盛京

京畿諸水。大江以南如浙閩粵諸水。以及滇南滇北諸水。自入南北海者。並一一補載。而河有重源。今厎定西域而始知者。亦恭錄

聖製。以昭示來茲。有原本冗瑣而今刪併者。三藝文略中樵所列。既多舛譌。校讎略中樵所舉亦未精確。圖譜略中樵分記有記無二類。而記無多至二十六門。既多虛設。如擊桐試馬鬭羊對雉諸圖。尤猥雜無取。今並以

欽定四庫全書總目爲斷。以折其中。有原本之所未聞者。三六書略中以

國書十二字頭。括形聲之變化。併以

欽定西域同文志。臚列蒙古西番托忒回部諸字。絲牽珠貫。音義畢該。非樵之穿鑿偏旁所知也。七音略中以

國書合聲之法。爲翻切之總鑰。而兩合三合之中。有上下連書。有左右並書。有重聲大書輕聲細書。以

欽定同文韻統，爲華梵之通津，以天竺五十字母配合成一千二百十二音，又以西番三十字母別配合成四百三十四音，而各釋以漢音，漢音不具，則取以合聲，非樵株守等韻所知也。昆蟲草木略中，樵分八類，五朝續通志已爲補漏訂譌。至於中國所無而產於遐方，前代所無而出於今日，如金蓮花、夜亮木之類，見於

欽定廣羣芳譜；普盤、櫻額、堪達罕、秦達罕之類，見於

聖祖仁皇帝幾暇格物編；北天竺烏、沙爾器、火雞、著漠鮮、知時草之類，見於

御製詩集；如奇石、密食、鶖鷥爾之類，見於

欽定西域圖志，尤非樵之抱殘守匱所知矣。蓋搨始之作，考校易疏；論定之餘，體裁益密。生於衰微之世，則耳目難周；生於明備之朝，則編輯易富。樵當宋之南渡，局於見聞，又草創成書，無所資證，故踳駁至於如斯，以視遭遇

昌期，仰蒙

聖訓，得以蒐羅宏富，辨證精詳，以成一代巨觀者，其瞠乎莫逮，亦良有由矣。

謹案：鄭樵通志入別史，

欽定續通志亦入別史，均以兼有紀傳故也。至

皇朝通志，惟有十二略，則名爲通志，實與通典、通考爲類，故恭錄於政書之中。

元朝典故編年考十卷（內府藏本）

國朝孫承澤撰。承澤有尚書集解，已著錄。原本不著名氏，今知爲承澤作者，大興志載承澤所著有元朝典故編年考，與此本合也。其書取元代朝廷事實分代編輯，正史以外，更採元人文集以附益之，共爲八卷。元史冗複漏略，殊乏體裁，此雖不能詳悉釐正，而削繁增簡，具有首尾，差易省覽。其第九卷爲元朝祕史，第十卷附遼金遺事小序，謂元有祕史十卷、續祕史二卷，前卷載沙漠始起之事，續卷載下燕京滅金之事，蓋其國人所編記，書藏禁中不傳，偶從故家見之，錄續卷末，以補史所不載云云。考其所引，並載永樂大典元字韻中，互相檢勘，一一相同，疑本元時祕冊，明初修書者或嘗錄副以出，流傳在外，故承澤得而見之耳。所記大都瑣屑細事，且間涉荒誕，蓋亦傳聞之辭，輾轉失眞，未足盡以爲據。然究屬元代舊文，世所罕覯，自永樂大典以外，惟見於此書，與正史頗有異同，存之亦足以資參訂也。

右政書類通制之屬，十九部，二千二百九十八卷，皆文淵閣著錄。

案：纂述掌故，門目多端，其間以一代之書而兼六職之全者，不可分屬，今總而匯之，謂之通制。

欽定四庫全書總目卷八十一

欽定四庫全書總目卷八十二

史部三十八

政書類二

漢官舊儀一卷、補遺一卷（永樂大典本）

案：永樂大典載漢官舊儀一卷，不著撰人名氏。考梁劉昭注續漢書百官志，引用漢官儀則曰應劭，引用漢舊儀則不著其名。隋書經籍志、唐書藝文志作四卷，宋史藝文志作三卷，書錄解題始作漢官舊儀，注曰衞宏撰，或云胡廣。宏本傳作漢舊儀四篇，以載西京雜事，不名漢官。今惟此三卷而又有漢官之目，未知果當時本書否。今案永樂大典此卷，雖以漢官標題，而篇目自皇帝起居、皇后親蠶以及璽綬之等、爵級之差，靡不條繫件舉，與宏傳所云西京雜事相合。又前後漢書注中凡引用漢舊儀者，並與此卷所載相同，則其爲衞氏本書，更無疑義。或後人以其多載官制，增題官字歟。原本轉相傳寫，節目淆亂，字句舛譌，殆不可讀。茲據班范二史綜覈參訂，以證其疑。其原有注者，略仿劉昭注百官志之例，通爲大書，稱本注以別之。又考前後漢書紀志注中，別有徵引舊儀數條，並屬郊天、祫祭、耕籍、飲酎諸大典，此卷俱未採入，蓋流傳既久，脫佚者多。謹復蒐擇甄錄，別爲一篇，附諸卷尾，以補本書之未備云。

大唐開元禮一百五十卷（兩淮鹽政採進本）

唐太子太師同中書門下三品兼中書令蕭嵩等奉敕撰。杜佑通典及新舊唐書禮志稱，唐初禮司無定制，遇有大事，輒制一儀，臨時專定。開元中，通

事舍人王巖上疏、請刪削禮記舊文、益以今事。集賢學士張說奏禮記不刊之書、難以改易、請取貞觀顯慶禮書折衷異同、以爲唐禮。乃詔右散騎常侍徐堅、左拾遺李銳、太常博士施敬本撰述、歷年未就。至蕭嵩爲學士、復奏起居舍人王仲邱等撰次成書。由是唐之五禮始備。卽此書也。其書卷一至卷三爲序例。卷四至七十八爲吉禮。卷七十九至八十爲賓禮。卷八十一至九十爲軍禮。卷九十一至一百三十爲嘉禮。卷一百三十一至一百五十爲凶禮。凶禮古居第二、而退居第五者、用貞觀顯慶舊制也。貞元中、詔以其書設科取士、習者先授太常官以備講試。則唐時已列之學官矣。新舊唐書禮志皆取材是書、而所存僅十之三四。杜佑撰通典、別載開元禮纂類三十五卷、比唐志差詳、而節目亦多未備。其討論古今、斟酌損益、首末完具、粲然勒一代典制者、終不及原書之賅洽。故周必大序稱朝廷有大疑、稽是書而可定。國家有盛舉、卽是書而可行。誠考禮者之圭臬也。新唐書藝文志載修開元禮者尚有張烜、陸善經、洪孝昌諸人名。而通典纂類中所載五嶽四瀆名號、及衣服一門、間有與此書相出入者。蓋傳寫異文、不能畫一。旣未詳其孰是、今亦竝仍原本錄之、不復竄改。庶幾不失闕疑之義焉。

諡法四卷、內府藏本

宋蘇洵撰。洵字明允、眉山人。官祕書省校書郎、以霸州文安縣主簿修太常因革禮書、成而卒。事蹟具宋史本傳。自周公諡法以後、歷代言諡者有劉熙、來奧、沈約、賀琛、王彥威、蘇冕、扈蒙之書。然皆雜糅附益、不爲典要。至洵奉詔編定六家諡法、乃取周公春秋廣諡及諸家之本、刪訂考證、以成是書。凡所取一百六十八諡、三百十一條。新改者二十三條。新補者十七條。別有七去八類、於舊文所有者刊削甚多。其間如堯舜禹湯桀紂乃古帝王之名、竝非諡號、而沿襲前譌、概行載入、亦不免疎失。然較之諸家義例、要爲嚴整。後鄭樵通志諡略、大都因此書而增補之。且稱其斷然有所去取、善惡有一定之論、實前人所不及。蓋其斟酌損益、審定字義、皆確有根據、故爲禮家所宗。雖其中閒收僻字、今或不能盡見諸施行。而歷代相傳之舊典、猶可以備參考焉。曾肇作洵墓志、載此書作三卷。而此本實四卷、殆後人所分析歟。

政和五禮新儀二百二十卷、兩淮馬裕家藏本

宋議禮局官知樞密院鄭居中等奉敕撰。徽宗御製序文、題政和新元三月一日、蓋政和改元之年。錢曾讀書敏求記誤以新元爲心元、遂以爲不知何解、謬也。前列局官隨時酌議科條、及逐事御筆指揮。次列御製冠禮、蓋當時頒此十卷爲格式、故以冠諸篇。次爲目錄六卷。次爲序例二十四卷、禮之綱也。次爲吉禮一百一十一卷。次爲賓禮二十一卷。次爲軍禮八卷。次爲嘉禮四十二卷。升婚儀於冠儀前、徽宗所定也。次爲凶禮十四卷、惟官民之制特詳焉。是書頗爲朱子所不取。自中興禮書旣出、遂格不行、故流傳絕少。今本第七十四卷、第八十八卷至九十卷、第一百八卷至一百十二卷、第一百二十八卷至一百三十七卷、第二百卷皆有錄無書。第七十五卷、九十一卷、九十二卷亦佚其半。然北宋一代典章、如開寶禮、太常因革禮、禮閣新儀、今俱不傳。中興禮書散見永樂大典中、亦無完本。惟是書僅存、亦論掌故者所宜參考矣。

紹熙州縣釋奠儀圖一卷、兩淮鹽政採進本

宋朱子撰。考朱子年譜、紹興二十五年乙亥、官同安主簿。以縣學釋奠舊例、止以人吏行事、求政和五禮新儀于縣、無之。乃取周禮、儀禮、唐開元禮、紹興祀令、更相參考、畫成禮儀、器用、衣服等圖。訓釋辨明、纖微必備。此釋奠禮之初稾也。淳熙六年己亥、差知南康軍。奏請頒降禮書、又請增修禮書。事未施行。紹熙元年庚戌、改知漳州。復列上釋奠禮儀數事、且移書禮官、乃得頗爲討究。時淳熙所鏤之版已不復存、後乃得于老吏之家。又以議論不一、越再歲始能定議、而主其事者適徙他官、遂格不下。此釋奠禮之再修也。紹熙五年甲寅、除知潭州。會前太常博士詹元善還爲太常少卿、始復取往年所被敕命、下之本郡。吏文繁複、幾不可讀。且曰屬有大典禮、未遑徧下諸州。時朱子方召還奏事、又適病目、乃力疾鉤校、刪剔猥雜、定爲四條、以附州案、俾移學官。是爲最後之定稾、卽此本也。書首載淳熙六年禮部指揮一通、尚書省指揮一通。次紹熙五年牒潭州州學備准指揮一通、皆具錄原文。次州縣釋奠文宣王儀、次禮器十九圖。其所行儀節、大抵採自杜氏通典及五禮新儀、而折衷之。後來二丁行事、雖儀注少有損益、而所據率本是書。惟所列兩廡從祀位次、有呂祖謙張栻、則其事在理宗以後。又有咸淳三年改定位次之文。檢勘宋史禮志、載咸淳詔書、其先儒名數及東西次序、與此書一一脗合。與朱子益不相及。蓋後人隨時附益、又非其原本矣。

大金集禮四十卷、（兩淮馬裕家藏本）

不著撰人名氏、亦不著成書年月。據黃虞稷千頃堂書目、蓋明昌六年禮部尚書張瑋等所進。今考書中紀事、斷至大定、知爲章宗時書。虞稷所載當不誤也。其書分類排纂、具有條理。自尊號冊謚以及祠祀朝會燕饗諸儀、燦然悉備。以金史諸志相校、其藍本全出於此。而志文援引舛漏、失其本意者頗多。若祭方丘儀、是書有前祭二日、太尉告廟之儀。而金史遺落不載。又金史云設饌幕于內壝東門之外、道北南向。考之此書、則陳設饌幕乃有東門西門二處。蓋壇上及神州東方南方之饌、陳於東門外。西方北方之饌陳於西門外。金史獨載設於東門外者、于禮爲舛。如斯之類、不一而足。非得此書、無以知史志之疎謬也。則數金源之掌故者、此爲總匯矣。惟第十卷載夏至日祭方丘儀、而圜丘郊天儀獨闕。考金史自天德以後、竝祀南北郊。大定明昌、其制漸備。編書者既載北郊儀注、不應反遺南郊。蓋傳寫脫佚、非原書有所不備也。

大金德運圖說一卷、（永樂大典本）

金尚書省會官集議德運所存案牘之文也。案金史本紀、金初色尚白。章宗泰和二年十一月、更定德運爲土、臘月辰、詔告中外。至宣宗貞祐二年正月、命有司復議本朝德運。是書所載、蓋卽其事。書前爲尚書省判、次爲省劄、列集議官二十二人。其中獨上議狀者六人。合具議狀者八人。連署者四人。其集議有名而無議狀者、太子太傅張行簡、太子太保富察烏葉、（案富察烏葉原作蒲察畏也、今改正）修撰富珠哩阿拉、（案富珠哩阿拉原作字朮魯阿拉、今改正）費摩諳達（案費摩諳達原作裴滿案帶、今改正）四人。疑原書尚有所脫佚。其所議、言應爲土德者四人。言應爲金德者十四人。中如諫議大夫張行信、力主金德之議。而金史行信本傳稱、貞祐四年、以參議官王澮言當爲火德、詔問有司。行信謂當定爲土德、而斥澮所言爲狂妄。其立說先後、自相矛盾、殊不可解。又書中但有諸臣議狀、而尚書省臣無所可否。考史載興定元年十二月庚辰、臘享太廟。是終金之世、仍從泰和所定土德、而未嘗重改。疑是歲元兵深入、宣宗南遷汴梁、此議遂罷。故尚書省亦未經奏覆也。五德之運、不見六經。惟家語始有之。而其書出於王肅僞撰、不可據爲典要。後代泥於其說、多侈陳五行傳序之由。而牽合遷就、附會支離、亦終無一當。仰蒙我
皇上折衷垂訓、斥妄祛疑。本宅中圖大之隆規、破讖緯休祥之謬說。闡發明切、立千古不易之定論。是編所議、識見皆爲偏陋、本不足錄。然此事史文簡略、不能具其始末。存此一帙、尚可以補掌故之遺。竝
恭錄
聖製、弁諸簡首。俾天下後世曉然知騶衍以下皆妄生臆解、用以祛曲說之惑焉。

廟學典禮六卷、（永樂大典本）

不著撰人名氏。諸家書目皆不著錄。核其所載、始于元太宗丁酉、而終于成宗大德閒。蓋元人所錄也。其書雜鈔案牘、排綴成編、未經文士之修飾、故詞多椎樸。又原序原目、散佚無考、亦無從得其門類。幸其年月先後、皆有可稽、尚可排比成帙。謹釐析其文、勒爲六卷。雖繁複之失、在所未免。而一代廟學之制、措置規畫、梗概具存。頗可與元史相參考。如至元六年設舉學校官一條、稱儒學提舉司秩從六品。而百官志作從五品。各路儒學教授秩八品。而百官志作九品。至元十九年郡縣學院官職員數一條、稱總管府設教授二員、學錄學正各二員。散府設教授二員、學錄學正各一員。而百官志作總管府教授一員、學正一員、學錄一員。散府上中州教授一員、下州學正一員。俱不相合。蓋宋濂等修史之時、據其末年之制。而大德以前之舊典、則未及詳考也。又選舉志稱至元二十八年、令江南諸路學及各縣學內設立小學、選老成之士教之。其他先儒過化之地、名賢經行之所、與好事之家出錢粟贍學者、竝立爲書院。是明言小學書院設於世祖之時。而此書載所立小學書塾、乃在大德四年。以成宗時人記成宗時事、不應譌異如是。或至元時雖有此議、實未及施行。至成宗乃補定其規制、而史未及詳與。元史一書、自開局至告成、僅閱八月。其閒潦草闕略、不一而足。諸志尤不賅備。留此一編、猶足以見一朝養士之典、固考古者所必稽矣。其中有當日文書程式、後人不能盡解、以致傳寫譌脫者、竝詳核釐正。無可考者則闕

之人名地名官名譯語對音尤多舛異今皆一一核定俾不失其眞以糾向來流傳之誤焉

明集禮五十三卷 浙江范懋柱家天一閣藏本

明徐一夔梁寅劉于周於諒胡行簡劉宗弼董彝蔡琛滕公琰曾魯同奉敕撰考明典彙載洪武二年八月詔儒臣修纂禮書三年九月書成名大明集禮其書以吉凶軍賓嘉冠服車輅儀仗鹵簿字學樂爲綱所列子目吉禮十四曰祀天曰祀地曰宗廟曰社稷曰朝日曰夕月曰先農曰太歲風雲雷雨師曰岳鎮海瀆天下山川城隍曰旗纛曰馬祖先牧社馬步曰祭厲曰祀典神曰三皇孔子嘉禮五曰朝會曰冊封曰冠禮曰婚曰鄉飲酒賓禮二曰朝貢曰遣使軍禮三曰親征曰遣將曰大射凶禮二曰弔賻曰喪儀又冠服車輅儀仗鹵簿字學各一樂三曰鍾律曰雅樂曰俗樂明史藝文志及昭代典則均作五十卷今書乃五十三卷考明典彙載嘉靖八年禮部尚書李時請刊大明集禮九年六月梓成禮部言是書舊無善本故多殘闕臣等以次詮補因爲傳注乞令史臣纂入以成全書云云則所稱五十卷者或洪武原本而今所存五十三卷乃嘉靖中刊本取諸臣傳注及所詮補者纂入原書故多三卷耳如明禮志載洪武三年圜丘從祀益以風雲雷雨而是書卷一總序曰國朝圜丘從祀惟以大明夜明星辰太歲又所載圜丘從祀壇位及牲幣尊爵均止及大明夜明星辰太歲不及風雲雷雨是益祀風雲雷雨從祀圜丘在十一月而是書成於九月故未及纂入實有明據而卷一序神位版乃曰風伯之神雲師之神雷師之神雨師之神並亦貫金字不應一卷之內自相矛盾若此則其爲增入可知又明史禮志載洪武元年冬至祀昊天上帝儀注無先期告諸神祇及祖廟之文至洪武四年始增此制而是書儀注則有之知亦嘉靖諸臣詮補纂入者矣序爲世宗御製題爲嘉靖九年六月望日而世宗實錄載九年六月庚午刻大明集禮成上親製序文是月己未朔則庚午乃十二日與實錄小有異同疑十二日進書望日製序記載者併書於進書日也

明臣謚彙考二卷 浙江巡撫採進本

明鮑應鼇撰應鼇字山父歙縣人萬歷乙未進士官至禮部祠祭司郎中是書載明代文武諸臣贈謚與

欽定明史各傳俱相符合首載各謚釋義爲當時禮官體例而所列諸謚如某人謚某字皆分注當日定謚取義之文于下使觀者具知其所以然較他家所記較有根據其前代諸臣如謝枋得之謚忠節紀信文天祥之謚忠烈鄭文進之謚忠襄蘇緘之謚忠壯史或不載世所罕知亦頗賴此書以存卷末附萬歷三十一年至三十七年擬謚者二十九人又三十八年至四十年擬謚者四人皆二謚並列蓋神宗荒怠奏章率不批答莫知進止故兩存也最後列考誤一篇凡五十七人皆據官冊以正野史文集之誤其中多有無謚而冒稱謚某者亦有字相同異美惡頓殊者或詭詞假借或傳寫舛謬外人無從而知非應鼇身爲禮官親檢故籍不能一一釐正也其於一代易名之典可云精核矣

頖宮禮樂疏十卷 浙江巡撫採進本

明李之藻撰之藻字振之仁和人萬歷戊戌進士官至太僕寺少卿是編首列頖宮祀典次列儀注次列名物器數共成八卷第九卷爲啓聖祠及名宦鄉賢祠附以鄉飲酒禮第十卷附以鄉射禮其中如釋奠儀之散齋演樂滌牲諸禮及時祭儀注皆明會典及南雍志諸書所未載又迎神樂章謂明制本宋舊一成三成相沿不易其樂章譜配以六律者唯填工尺一字頗能得其源流蓋樂律自宋仁宗時始省去半立二部及堂上堂下之分南宋諸儒又以舊樂加平減之制無高上高尺之律於是所用者惟中和韶樂明代實沿其制之藻所譜又注明時俗之一凡清凡諸調與舊調相合者分毫不爽又於琴瑟操縵之法別成一譜其琴譜不越松風閣之舊規以數音譜出一字少用鈎剔蓋欲近於和緩以和韶樂瑟譜則以六律爲主行運其聲以應節又與元熊朋來瑟譜之一聲一字者迥殊蓋歷律皆根於數之藻嫺於算法世所行天學初函即其所刻故因數制律足自爲一家之學其末卷載鄉飲酒禮兼及鄉射禮者明初之制猶行射禮於頖宮迨其中葉此禮遂廢故明會典及南雍志諸書載之不詳之藻稽古證今考辨頗爲賅悉唯褒崇一門僅採史傳不及馬端臨學校考之備又儀器圖內犧尊諸制既不本於三禮圖又不以考古博古諸圖證其異同僅以時俗陳設者爲準未免稍略然禮以時王所制爲定是亦

自有其義焉。未可盡非也。

明謚記彙編二十五卷（江蘇巡撫採進本）

明郭良翰撰。良翰有周禮古本訂注，已著錄。茲編輯有明一代謚法，最為詳備。首曰功令，凡子目二。曰會典事例，曰近日事例。次曰謚法，無子目。次曰尊謚，凡子目九。曰帝后，曰皇妃謚六字，曰皇妃謚四字，曰皇妃謚二字，曰東宮，曰公主，曰親王，曰郡王，曰王妃。次曰臣謚，凡子目九。曰文臣，曰武臣，曰異流，曰夫人淑人，曰追贈前朝臣，曰外夷，曰近題准謚諸文臣，曰議論，曰考誤。其近題准謚一條，即當代文臣所以不散入各類者，蓋即鮑應鼇書所載之二十九人，不予不奪，莫知所定者也。其議論一門，則雜採明人諸說，如李東陽以有黨謚文正，彭韶以孤立謚惠安之類，持論頗公。其考誤一門，以閣籍正野史異同，尤為可據，亦考典故者所宜取證也。

明宮史五卷（內府藏本）

舊本題蘆城赤隱呂毖校次。毖始末未詳，蓋明季宮官也。其書敘述當時宮殿樓臺服食宴樂及宮闈諸雜事，大抵冗碎猥鄙，不足據為典要。至於內監職掌條內稱司禮監掌印秉筆，秩尊視元輔，權重視總憲云云，尤為悖妄。蓋歷代奄寺之權，惟明為最重，歷代奄寺之禍，亦惟明為最深。二百餘年之中，盜持魁柄，濁亂朝綱，卒至於宗社邱墟，生靈塗炭，實為漢唐宋元所未有。迨其末造，久假不歸，視威福自專如其固有，遂肆無忌憚，筆之於書。故迹其致亡之道，雖亦多端，要以寵任貂璫為病本之所在也。然其人可誅，其事乃足為炯鑑。家語稱周明堂之四門，有桀紂之象，儀禮鄉射禮，司射適堂西，命弟子設豐。陳祥道禮書稱舊圖刻人形，謂豐國之君嗜酒亡國，因狀之以為戒也。漢書敘傳載乘輿幄坐，張畫屏風，畫紂醉踞妲己，作長夜之樂。班伯亦以為警沈湎焉。豈非借彼前車，示其覆轍，俾後來以此思懼乎。我朝自列聖以來，家法森嚴，內豎不過供灑掃，或違律令，必正刑章，不待於遠引周官，委權冢宰。而乾綱獨握，宮掖肅清，已足垂法於萬世。乃猶防微杜漸，慮遠深思，特命纂錄斯編，登諸冊府，著前代亂亡之所自，以昭示無窮。伏考尚書有曰，殷鑒不遠，在夏后之世。詩大雅有曰，儀監于殷。亦越漢之高帝，使陸賈作新語，亦曰著秦之所以失，與我之所以得。蓋時代彌近，資考鏡者彌切也。皇上於內殿叢編，檢逢是帙，闢其謬而仍存之。聖人之所見者大矣。謹恭錄諭旨弁冕簡端，仰見衡鑒親操，折衷眾論，勒千古未有之鴻編，皆義主勸懲，言資法戒，非徒以雕華浮艷，為藏弆之富也。

幸魯盛典四十卷

國朝孔毓圻等撰進。先是，康熙二十三年，聖祖仁皇帝臨幸闕里，親祀孔廟，行九拜之禮。特命留曲柄繖於廟庭，復親製碑文，遣官勒石於孔廟大成門左。周公孟子諸廟，咸蒙製文刊石。並錄聖賢後裔，給世官以奉祠祀，鉅典喬皇，薄海忻舞。毓圻以聖天子尊師隆軌，超邁古今，宜勒為成書，垂示來葉。二十四年，疏請纂修，并舉進士金居敬等八人司其事。得旨俞允。至二十七年，成書十八卷，奏進。蒙指示應改正者二十八條，及臣工詩文尚有應遴選錄入者。諭毓圻等覆加校定，會詔發帑金，重建廟庭。御製奎章，摹鐫樂石，尊崇之典，視昔彌加。毓圻等乃續事編摩，增輯完備，凡修成事蹟二十卷，藝文二十卷，刊刻表進，即此本也。洪惟我聖祖仁皇帝統接羲軒，心源洙泗，褒崇聖教，典禮優隆，為亙古所未有，非區區管闚蠡測所可形容。然文物典章，毓圻等得諸見聞，頗能臚具。伏讀是編，大聖人崇儒重道之至意，猶可仰見其萬一，是固宜藏諸金匱，以昭示無極者矣。

萬壽盛典一百二十卷

康熙五十二年三月，恭逢聖祖仁皇帝六旬萬壽，內直諸臣所纂錄也。凡六門。一曰宸藻，分詔諭為一卷，御製詩文賦頌爲一卷。二曰聖德、分孝德、謙德、保泰、敎化四目。三曰典禮、分朝賀、鑾儀、祭告、頒詔、養老、大酺六目。四曰恩賚、分宗室、外藩、臣僚、耆舊、紳賦、開科、賞兵、恤刑八目。五曰慶祝、則有圖有記、以及名山祝釐、諸臣朝貢之儀、備列焉。六曰歌頌、則內外祝釐之詞、靡不採錄焉。仰惟我聖祖仁皇帝德盛道隆、壽祚悠久。其時臣民泳涵醲化、皷天率土、普洽懽心、衢歌巷舞之盛、實爲從古所未有。而伏讀詔諭、每以萬姓安天下福爲兢兢。是書之成、非徒以紀昇平之鉅典、正可以俾萬世臣民仰見至聖持盈保泰之盛心、爲景命延洪之大本也。書中圖二卷、於巡遹臣庶迎鑾呼祝之儀、纖悉具備、亦自有圖繪以來所罕覯。其稾本初爲宋駿業所創、後王原祁等重加修潤而成。一展卷而閭閻殷阜之象、童叟懽躍之忱、恍若目接而身遇之。今悉依原本鉤摹、故幅度視他卷稍贏焉。

欽定大清通禮五十卷

乾隆元年奉敕撰、越二十一年告成。首紀朝廟大典、及欽頒儀式、其餘五禮之序、悉準周官、而體例則依倣儀禮。惟載貴賤之等差、節目之先後、而不及其沿革。惟載器物之名數、陳設之方隅、而不及其形製。蓋沿革具於會典、則例形製具於禮器圖式、各有明文、足資考證、故不復述也。考儀禮古經殘闕、諸儒所說多自士禮上推於天子。且古今異制、後世斷不能行。其一朝令典今有傳本者、惟開元禮、政和五禮新儀、大金集禮、明集禮、大抵意求詳悉、轉涉繁蕪、以備掌故則有餘、不能盡見諸施行也。我皇上聲律身度、典制修明、特命酌定此編、懸爲令甲。自朝廷以迨於士庶、鴻綱細目、具有規程。事求其合宜、不拘泥於成迹。法求其可守、不夸飾以浮文。與前代禮書鋪陳掌故不切實用者迥殊。記曰、禮從宜。又曰、大禮必簡。三代聖王納民軌物、其本義不過如斯。賜名曰通禮、信乎酌於古今而達於上下、爲億萬年治世之範矣。

南巡盛典一百二十卷

乾隆三十五年大學士管兩江總督高晉等恭撰進。欽惟我皇上法祖勤民、咸巡方岳。浙江東南都會、民物蕃庶、吏事殷繁、問俗省方、尤厪聖慮。是以六龍時御、清蹕屢經。凡行慶施惠、勸課耕桑、崇節儉、隆典祀、養耆年、卹庶獄、勵官方、振文教、飭武備者、無不具舉。而海塘防築、湖河疏蓄之宜、皆因地制宜、親臨指授、永爲成法。至於名區勝蹟、睿藻親題、則不獨黎庶蒙恩、而山川且望幸焉。晉等爰舉辛未以逮乙酉鑾輿四幸之鉅典、門分部系、彙爲是編。復蒙賜製序文、允付剞劂。一展卷而我皇上諮諏之切、誥誡之殷、恩澤之覃布、如在聽聞。俾守土者有所遵循、而服疇者有所感發、非徒申歌頌、備典章而已也。書成於庚寅之冬、故所載以乙酉爲斷。迺者翠華六莅、典禮如初、而東南士庶浹被洪施、延跂望幸者視前彌篤。臣等尤竊冀隆儀叠舉、續有排纂、用快先睹之望焉。

欽定皇朝禮器圖式二十八卷

乾隆二十四年奉敕撰、乾隆三十一年又命廷臣重加校補、勒爲此編。凡分六類、一曰祭器、二曰儀器、三曰冠服、四曰樂器、五曰鹵簿、六曰武備。每器皆列圖於右、系說於左、詳其廣狹長短圍徑之

度、金玉璣貝錦段之質、刻鏤繪畫組繡之制。以及
品數之多寡、章釆之等差、無不縷析條分、一一臚
載。考禮圖世稱始鄭元、而鄭志不載。蓋傳其學
者爲之也。阮諶以後、踵而作者凡五家。聶崇義匯
合爲一、而諸本盡佚。然諸家追述古制、大抵皆約
略傳注之文、揣摩形似、多不免於失眞。是編所述、
則皆
昭代典章、事事得諸目驗。故毫釐畢肖、分刌無譌。
聖世鴻規、燦然明備。其中儀器武備二類、舊皆別自爲
書。今乃列之於禮器、與古例稍殊。然周代眡祲保
章馮相所職、皆天象、而隸於春官。戎有五目、軍禮
居三。而所謂前朱雀而後元武、左青龍而右白虎、
招搖在上、急繕其怒者、職陳之令乃載於曲禮。蓋
禮者理也、其義至大、其所包者亦至廣。故凡有制而
不可越者、皆謂之禮。周官所述皆政典、而兼得周禮
之名。蓋由於此。今以儀器武備併歸禮器、正三代之
古義、未可以不類疑也。若夫酌古宜今之精意、奉
天法
祖之鴻規、具見
御製序文之中。尤萬世臣民所宜遵道遵路者矣。

國朝宮史三十六卷、
乾隆七年奉
敕撰。乾隆二十四年以原書簡略、復
命增修。越兩載而告成。凡六門。首曰
訓諭、恭載
列朝聖訓
皇上諭旨、以昭垂
家法。次曰典禮。備著
內廷儀節規制冠服輿衛之度。其外朝諸大禮詳於
會典者則略之。次曰宮殿。按次方位、詳列規模。凡
御筆榜書楹帖及諸
題詠、竝一一恭錄。次曰經費。凡獻賚禮宴服食器用之
數、纖悉必載。次曰官制。具載內臣員品、及其職掌
與其功罪賞罰之等。次曰書籍。部分錄略、編目提
要、皆窮理致治之作。而梵文貝筴、度藏淨域者、不
與焉。伏讀
諭旨、申明編輯是書之意、拳拳於立綱陳紀、聽聽
明訓、爲萬萬世遵循之本。蓋修齊治平之道、竝具於斯矣。

欽定滿洲祭神祭天典禮六卷、
乾隆十二年奉
敕撰。我
國家肇迹東土、風淳俗厚、於崇德報功之禮、歷久不
渝。凡所以昭格
天神、時修祀典者、著誠著慤、具有舊儀。迄今百有餘年、精
禋致饗、夙夜維虔。惟是古制相沿、皆有口授祝詞
儀注、久而小有異同。我
皇上道秉欽崇、敬深明察。慮年祀縣邈、或漸遠其初。乃
命王公大臣詳爲考證、以
國語
國書定著一編。首爲祭儀二篇、次爲彙記故事一篇、
次爲儀注祝詞贊詞四十一篇、殿以器用數目一
篇、器用形式圖一篇。每一卷成、必
親加釐正、至精至詳。祈報之義、對越之忱、皆足以昭垂
萬世。乾隆四十二年、復
詔依文音、釋譯爲此帙。與
大清通禮相輔而行。用彰
聖朝之令典。末有大學士阿桂等恭跋、具述致誠迓福
之義。而於崇祀
諸神不知其緣起者、引禮記舍菜先師鄭元注、不著先師
名姓之例爲證。於祝詞贊詞僅傳其聲者、引漢樂
府鐸舞曲有音無義之例爲證。竝以傳信闕疑、見
聖心之敬愼。視漢儒議禮附會緯書、宋儒議禮紛更錯
簡、強不知以爲知者、尤迥乎殊焉。

八旬萬壽盛典一百二十卷、
乾隆五十四年正月、大學士阿桂等奏請纂修。
五十七年十月告成。洪惟我
皇上法天行健、無逸永年。久道化成、治躋三五。爲書
契所未聞。而
五世同堂、
八旬延慶、洪範所謂身其康強、子孫其逢吉者、亦千
古帝王所莫及。是以協氣翔洽、驩心溥浹。四海
臣民莫不踴躍鼓舞、祝
眉壽而歌純嘏。雖
聖懷沖挹、而數天輻輳、衆志難違。
慶典之隆、遂炳炳麟麟、照映萬禩。是編所載、皆
聖壽七旬以後之事、凡分八門。首爲
宸章、皆恭錄
御製紀年之作。
文自古稀說以下、
詩自庚子元旦以下、俱按年編載。若隨時紀事之作、則
各從本類、分載各門。次爲

聖德分八子目曰敬德曰孝德曰勤德曰健德曰仁德曰文德曰儉德曰謙德次爲聖功分五子目曰安南歸降曰緬甸歸順曰廓爾喀降順曰附載平定臺灣曰附載平定肅州次爲盛事分子目十一曰慶得皇元孫曰五世同堂曰數世同居千叟宴曰賜科第職銜曰壽民壽婦曰辟雝曰班禪入覲曰民數穀數曰一產四男三男曰收成分數次爲典禮分五子目曰慶祝曰朝會曰祭告曰鑾儀曰樂章次爲恩賚分六子目曰本年恩詔曰本年蠲賦曰本年恩科曰本年東巡曰恩宴曰賞賚次爲圖繪附以圖說次爲歌頌則臣工祝釐之詞也昔成周盛時制詩緝頌歌景福稱茀祿者不一而足然多虛擬之詞不能言言有據也茲編所載事皆徵實蓋德盛而後化神。澤治而後頌作。功成治定而後禮樂興氣淑年和而後嘉祥集其在詩日宜民宜人受祿于天保佑命之自天申之其在書曰皇建其有極斂時五福用敷錫厥庶民惟時厥庶民于汝極錫汝保極義均備於是焉洵與聖祖仁皇帝萬壽盛典祖武孫謀後先焜燿並萬代之隆軌矣。

歷代建元考十卷兩江總督採進本

國朝鍾淵映撰淵映字廣漢秀水人自來紀元諸書多詳於正統惟國初吳肅公改元考同及近時萬光泰紀元敘韻與淵映此書則併僭竊國以至草竊僭稱皆一一具載其例以年號相同者列前次以年號分韻排編次列歷朝帝王及僭國始末並外藩亦閒及之秩然有序雖載籍浩博蒐採難周如蜀王衍宋太祖年號與輔公祏同裴甫有維平之僭成都爲西夏之稱凡斯之類不免閒有闕漏未可云毫髮無遺然較吳萬二家足稱賅洽矣。

北郊配位議一卷浙江巡撫採進本

國朝毛奇齡撰奇齡有仲氏易已著錄康熙二十四年太常寺卿徐元珙疏奏現行祀典北郊既改北向而三祖配位仍首東次西同於南郊請酌改所向奇齡時官檢討因撰是書其斥漢元始儀之誤謂孟春合祀天位在西地位在東皆因惑於曲禮席南向北向以西方爲上之文其實曲禮據常坐言之若禮坐之席則儀禮射禮皆筵賓席於戶西南上自與曲禮異考鄉射禮文乃席賓南面東上賈公彥疏云言東上因主人在東故席端在東不得以曲禮席南向北向西方爲上解之奇齡本此以折元始儀實爲有據至於元始儀配位西向南上亦相承曲禮西向東向以南方爲上之文奇齡以後漢改從北上爲正其論甚確然考北上之義亦本儀禮大射儀曰大夫繼而東上若有東面者則北上燕禮曰士既獻者立於東方西面北上此北上之異於南上者今奇齡知南向東上之本於儀禮而獨未知西向北上之亦本於儀禮則未免知一而不知二奇齡又謂北郊既改從北向則配位即統於所向地道尚右配位當以東爲上東乃北向之右也今考儀禮大射儀曰諸公阼階西北面東上燕禮曰卿大夫皆入門右北面東上則北郊北向配位以東爲上與儀禮北面東上義例全通奇齡徒以地道尚右定之亦爲未密然全書考辨精核援引博贍於朱明以來議禮之家要爲特出矣。

廟制圖考一卷浙江巡撫採進本

國朝萬斯同撰斯同字季野鄞縣人是書統會經史折衷廟制謂廟不在雉門之外考工記左祖右社據王宮居中而言是廟在寢東蓋本蔡卞朱子易祓之說又謂諸侯五廟太祖居中二昭居東二穆

居西，平行竝列，蓋本賈公彥之說。又謂自虞夏商周天子皆立七廟，惟周增文武二祧爲九廟，蓋本劉歆、王舜諸家之說。又謂大傳、小記、祭法、中庸、詩序、國語、論語所言禘，皆據宗廟大祭，非圜丘，蓋本王肅之說。於是上溯秦漢，下迄元明，凡廟制沿革悉爲之圖，以附於經圖之後，而綴以說，其用功頗勤，其義例亦頗明晰。視明季本之書較爲賅備。其中所論，則得失互陳。如朱子謂羣昭皆列北牖下而南向，羣穆皆列南牖下而向北。斯同則謂禮室中但有南牖，無北牖，朱子爲誤。今考喪大記寢東首于北牖下，註云病者恒居北牖，或爲北墉，是室有北牖明矣。詩塞向墐戶，經典釋文引韓詩云，向北向窗也。毛傳亦云向北出牖也。孔疏云爲備寒不塞南窗，故云北出牖。則是室有南牖，又有北牖明矣。郊特牲云薄社北牖，蓋但開北牖而塞其南，非凡屋本無北牖而特爲薄社開之也。荀子宥坐篇子貢觀於魯廟之北堂，出而問孔子曰，鄉者賜觀於太廟之北堂，吾亦未輟，還復瞻被九蓋。註云北堂，神主所在也。九當爲北，蓋音訛。戶扇也。然則北堂既有北闔，何獨疑於北牖耶？明堂位刮楹達鄉，註云鄉牖屬，謂夾戶窗也。每室八窗爲四達。然則太廟之制，略似明堂，四面且皆有牖，又何獨於北牖而疑之耶？凡此之類，皆未深考者也。至如朱子祭圖祖妣竝列，斯同謂宗廟吉祭，一尸統二主，無女尸，何以知六廟之妣盡入太廟？遂引曾子問七廟五廟無虛主，惟祫祭爲無主，即知妣主亦人太廟。凡此之類，則援證精確，爲前人所未發矣。雖大旨宗王黜鄭，固守一隅，然通貫古今，有條有理，不可謂非通經之學也。王士禎記斯同所著書目，有廟制圖考四卷。此本祇一卷，殆傳鈔者所合併歟。

右政書類典禮之屬，二十四部，一千五十一卷，皆文淵閣著錄。

案六官之政始於冢宰，茲職官已各自爲類，故不復及。六官之序，司徒先於宗伯。今以春官所掌，帝制朝章悉在焉，取以託始，尊王之義也。

救荒活民書三卷（浙江范懋柱家天一閣藏本）

宋董煟撰。煟字季興，鄱陽人。紹熙五年進士，嘗知瑞安縣。是書前有自序，謂上卷考古以證今，中卷條陳救荒之策，下卷備述本朝名臣賢士之所議論施行可爲法戒者。書中所序，如以常平爲始自隋義倉，爲始自唐太宗，皆不能遠考本原。然其載常平粟米之數，爲隋書所未及志也。其宋代蠲免優恤之典，載在宋史紀志及文獻通考、續通鑑長編者，此撮其大要，不過得十之二三，而當時利弊言之頗悉，實足補宋志之闕。勸分亦宋之政令，史失載，而此有焉。他若減租、貸種、淳熙卹災令格，皆可爲史氏拾遺。而宋代名臣救荒善政，亦多堪與本傳相參證，猶古書中之有裨實用者也。

熬波圖一卷（永樂大典本）

元陳椿撰。椿，天台人，始末未詳。此書乃元統中椿爲下砂場鹽司，因前提幹舊圖而補成者也。自各團竈座至起運散鹽，爲圖四十有七，圖各有說，後繫以詩。凡曬灰打滷之方，運薪試運之細，纖悉畢具，亦樓璹耕織圖、曾之謹農器譜之流亞也。序言地有瞿氏、唐氏爲鹽場提幹，又稱提幹諱守仁，而佚其姓。考雲間舊志，瞿氏實下砂望族。如瞿霆發、瞿震發、瞿電發、瞿時學、瞿時懋、瞿時佐、瞿先知輩，或爲提舉，或爲監稅，幾於世任鹽官。其地有瞿家港、瞿家路、瞿家園諸名，皆其舊迹。然創是圖者不知爲誰。至唐氏則舊志不載，無可考見矣。諸圖繪畫頗工。永樂大典所載，已經傳摹，尚存矩度。惟原闕五圖，世無別本，不可復補。姚廣孝等編輯之時，雖校勘粗疎，不應漏落至此，蓋原本已佚脫也。

錢通三十二卷（浙江巡撫採進本）

明胡我琨撰。我琨字自玉，爵里未詳。據書中所記時事年月，是明末人也。其書專論明代錢法，而因及於古制。首曰正朔一統，次曰原，曰制，曰象，曰用，曰才，曰行，曰操，曰節，曰分，曰異，曰弊，曰文，曰閏，凡十三門。每門之中，各爲小目。其載明制，起洪永，訖萬歷。徵引各史紀志列傳，以及古今說部文集，援據頗爲賅洽。於明代錢法沿革，條分縷晰，言之尤詳。多明史食貨志及明會典、明典彙諸書所未備。其敘述古制，如引桂海虞衡志記右江之銅，引宋會典記利州諸監錢數，亦足補唐宋各史所未詳。他如錢象門之黃河錢、投河國錢諸品，又董遹、洪遵、李孝美、顧烜各家舊譜所未載，皆足以資考證。中如劉仁恭丸土爲錢之類，乃一時謬製，亦倣圖其式，未免稍雜。然義取賅備，不得不巨細兼收，亦未可以叢脞譏也。

欽定康濟錄六卷、
乾隆四年
御定。初、仁和監生陸曾禹作救饑譜、吏科給事中倪國璉爲檢擇精要、釐爲四卷。會
詔翰林科道輪奏經史講義、國璉因恭錄進
呈。
皇上嘉其有裨於實用、
命內直諸臣刪潤其詞、剞劂頒布。因
賜今名。其書凡分四門。一曰前代救援之典、所錄故實、上起唐虞、下及元明、案朝代先後編次。二曰先事之政、分子目六。三曰臨事之政、分子目二十。四曰事後之政、分子目五。又附錄者四事、皆先引古事、後系論斷。案金穰木饑、天道恒然、堯水湯旱、聖朝不免。其挽回氣數、則在於人事之修舉。周禮荒政十有二、多主於省事以節財、蓋預備之道、已散見於各職故也。我
皇上宵衣旰食、軫念民依。或歲星偶沴、不麥不登。
賜蠲貸者動輒數十百萬、
賜賑卹者亦動輒數十百萬。卽遇貪墨敗度、借拯災以蝕帑者、尙恐封疆大吏因噎廢餐、杜侵冒之風、或靳撫綏之費。
綸音宣諭、至再至三。含識之倫、罔弗共喩。
仁宏博濟、實邁唐虞。是以國璉是編、特邀
睿賞。臣等校錄之下、仰見
勤求民瘼之心、與
俯察邇言之意、均迥軼千古也。

捕蝗考一卷、編修程晉芳家藏本
國朝陳芳生撰。芳生字漱六、仁和人。蝨蟓之害、春秋屢見於策書。詩大田篇、去其螟螣、及其蟊賊、無害我田穉、田祖有神、秉畀炎火。毛鄭之說、以炎火爲盛陽、謂田祖不受此害、持之付於炎火、使自銷亡、竝非實火。是漢時尙未詳除蝗之制、故訓詁家有是說也。至唐姚崇作相、遣使捕蝗、引詩此語以爲證。朱子集傳亦從其說。於是捕蝗之法、始稍稍見於紀述。芳生此書取史冊所載事蹟議論、彙爲一編。首備蝗事宜十條、次前代捕蝗法、而明末徐光啟奏疏最爲詳核、則全錄其文、附以陳龍正語及芳生自識二條。大旨在先事則預爲消弭、臨時則竭力翦除、而責成於地方官之實心經理。條分縷晰、頗爲詳備。雖卷帙寥寥、然頗有裨於實用也。

荒政叢書十卷、山西巡撫採進本
國朝兪森編。森號存齋、錢塘人、由貢生官至湖廣布政司參議。是書成於康熙庚午、輯古人救荒之法、於宋取董煟、於明取林希元、屠隆、周孔敎、鍾化明、劉世敎、於
國朝取魏禧、凡七家之言。又自作常平義倉社倉三考、溯其源、使知所法、復究其弊、使知所戒。成書五冊、其官河南僉事時所撰也。末附鄖襄賑濟事宜及捕蝗集要、其官分守荆南道時所撰也。救荒之策、前人言之已詳、至積儲尤爲救荒之本。森既取昔人良規、班班具列、而於三考尤極詳晰。登之梨棗、俾司牧者便於簡閱、亦可云念切民瘼者矣。

右政書類邦計之屬、六部、五十三卷、皆文淵閣著錄。

案古者司徒兼教養、後世則惟司錢穀。以度支所掌、條目浩繁、然大抵邦計類也。故今統以邦計爲目、不復一一區別。

歷代兵制八卷、浙江范懋柱家天一閣藏本
宋陳傅良撰。傅良有春秋傳、已著錄。是書上溯成周鄉遂之法、及春秋秦漢唐以來歷代兵制之得失、於宋代言之尤詳。如太祖躬定軍制、親衛殿禁、戍守更迭、京師府畿內外相維、發兵轉餉、捕盜之制、皆能撮舉其大旨。其總論之中、謂祖宗時兵雖少而至精、逮咸平後、邊境之兵增至六十萬。皇祐初兵已一百四十一萬、謂之兵而不知戰、給漕輓、服工役、繕河防、供寢廟、養國馬者、皆兵也。疲老而坐食、前世之兵未有猥多如今日者。總戶口歲入之數、而以百萬之兵計之、無慮十戶而資一廂兵、十萬而給一散卒。其兵職衞士之給、又浮費數倍、何得而不大蹙云云。其言至爲深切。蓋傅良當南宋之時、目睹主弱兵驕之害、故著爲是書、追言致弊之本、可謂切於時務者矣。

補漢兵志一卷、浙江巡撫採進本
宋錢文子撰。文子字文季、樂淸人。紹熙三年由上舍釋褐出身、以吏部員外郎兼國史院編修官、歷宗正少卿。後退居白石山下、自號白石山人。宋初懲五代之弊、收天下甲兵、悉萃京師、謂之禁軍。輾轉增益、至於八十餘萬。而虛名冒濫、實無可用之兵。南渡以後、倉皇補葺、招聚彌多、而冗費亦彌甚。文子以漢承三代之後、去古未遠、猶有寓兵於農之意、而班史無志。因摭其本紀列傳及諸志之中載及兵制者、裒而編之、附以考證論斷、以成此書。

卷首有其門人陳元粹序，述其作書之意甚詳。蓋爲宋事立議，非爲漢書補亡也。朱彝尊跋稱其言近而旨遠，詞約而義該，非低頭拱手高談性命之學者所能。然兵農既分以後，其勢不可復合。必欲強復古制，不約以軍律，則兵不足恃。必約以軍律，則兵未練而農先擾。故三代以下，但可以屯種之法寓農於兵，不能以井田之制寓兵於農。文子所論，所謂言之則成理，而試之則不可行者。即以宋事而論，數十萬之衆，久已仰食於官。如一旦汰之歸農，勢不能靖，惟有聚爲賊盜耳。如以漸而損之，則兵未能遽化爲農，農又未能遽化爲兵，倉卒有事，何以禦之。此又明知其弊而不能驟革者也。以所論切中宋制之弊，而又可補漢志之闕，故仍錄之，以備參考。文獻通考載此書作補漢兵制，與此本不同。然文子明言班書無兵志，則作補兵志審矣。通考蓋傳寫誤也。

馬政紀十二卷（浙江巡撫採進本）

明楊時喬撰。時喬有周易古今文全書，已著錄。是書紀明一代馬政，上起洪武元年，下至萬歷二十三年，分十有二門：一曰戶馬，二曰種馬，三曰俵馬，四曰寄養馬，五曰折糧貢布鹽納贖職功等馬，六曰兌馬，七曰擠乳御用上駟出府幷附給驛馬，八曰庫藏，九曰蠲卹，十曰政例，十一曰草場，十二曰各邊鎮行太僕寺苑馬寺茶馬司馬。於因革損益，各悉原委。馬政莫詳於明，亦莫弊於明。時喬目擊其艱，身親其事，故雖裒集案牘之文，而所言深中時病。其條理悉具自序中。序末自署前太僕寺卿，而考明史本傳，惟載嘗爲太僕寺丞。是書時喬自刊，不應有誤。疑史或誤書也。

八旗通志初集二百五十卷

雍正五年

世宗憲皇帝敕撰，乾隆四年告成。

御製序文頒行。凡八旗分志十七卷，土田志五卷，營建志三卷，兵職志八卷，職官志十二卷，學校志四卷，典禮志十五卷，藝文志十卷，封爵世表八卷，世職表二十四卷，八旗大臣年表八卷，宗人府年表一卷，內閣大臣年表二卷，部院大臣年表二卷，直省大臣年表五卷，選舉表四卷，宗室王公列傳十二卷，名臣列傳六十卷，勳臣傳十九卷，忠烈傳十二卷，循吏傳四卷，儒林傳二卷，孝義傳一卷，列女傳十二卷。考天地自然之數，皆立體於九，而取用於八。故圓而布九宮，方而分四野，皆以四正四隅拱乎中央。聖人法天地以立制，故井以公田居中，而家之數八；兵以中權爲主，而陣之數亦八。世傳風后之經、諸葛亮之圖，獨孤及之記，其法異世而同軌。

我

國家肇迹震維，寓兵於民，與古制符。

太祖高皇帝初建四旗，後分爲八，亦與古制符。至於臂指之相維，奇正之相應，千變萬化，倏忽若神，則與陰陽往來，乾坤闔闢，同一至妙而不測，非古制所能盡矣。迨

世祖章皇帝定鼎燕京，取五行相尅之用，以藍旗屬水，而居南；黃旗屬土，而居北；白旗屬金，而居東；紅旗屬火，而居西，以環衛

紫垣。百有餘年，規模無改。故此篇以兵制爲經，而一切法令典章、職官人物，條分而爲緯，鴻綱細目，體例詳明。案籍披圖，足以見

列聖開基

貽謀遠大，又以見生聚教養，日熾日繁，萬萬年磐石之業，卜鞏固於無疆焉。

右政書類軍政之屬，四部，二百七十一卷，皆文淵閣著錄。

案軍伍戰陳之事，多備於子部兵家中。此所錄者，皆養兵之制，非用兵之制也。故所取不過數家。

唐律疏義三十卷（兩淮鹽政採進本）

唐太尉揚州都督趙國公長孫無忌等奉敕撰。風俗通稱皋陶謨虞造律，尚書大傳稱夏刑三千，周刑二千五百，是爲言律之始。其後魏李悝著法經六篇：一盜法，二賊法，三囚法，四捕法，五雜法，六具法。商鞅受之以相秦。漢蕭何益戶、興、廄三篇，爲九篇。叔孫通又益旁章十八篇，張湯越宮律二十七篇，趙禹朝律六篇，合六十篇。馬融、鄭康成皆嘗爲之章句。魏世刪約漢律，定增十九篇，就故五篇合十八篇。晉復增損爲二十篇。南北朝互有更改，漸近繁密。隋文帝開皇三年，敕蘇威、牛宏等更制新律，除死罪以下千餘條，定留五百條，凡十二卷：一名例，二衛禁，三職制，四戶婚，五廄庫，六擅興，七盜賊，八鬭訟，九詐僞，十雜律，十一捕亡，十二斷獄。史稱其刑綱簡要，疏而不失。唐太宗詔房元齡等增損隋律，降大辟爲流者九十二，流爲徒者七十一，

而大旨多仍其舊。高宗卽位，又命長孫無忌等偕律學之士撰爲義疏行之，卽是書也。論者謂唐律一準乎禮，以爲出入得古今之平，故宋世多採用之。元時斷獄，亦每引爲據。明洪武初，命儒臣同刑官進講唐律，後命劉惟謙等詳定明律，其篇目一準於唐。至洪武二十二年，刑部請編類頒行，始分吏、戶、禮、兵、刑、工六律，而以名例冠於篇首。

本朝折衷往制，垂憲萬年。

欽定大清律例，明簡公平，實永爲協中弼敎之盛軌。臣等嘗伏讀而紬繹之，凡唐律篇目今所沿用者，有名例、職制、賊盜、詐僞、雜犯、捕亡、斷獄諸門。其唐律合而今分者，如戶婚爲戶役、婚姻，廄庫爲倉庫、廄牧，鬬訟爲鬬毆、訴訟諸門。其名稍異而實同者，如衛禁爲宮衛，擅興爲軍政諸門。其分析類附者，如關津留難諸條，唐律入衛禁，今析入關津；乘輿服御物、事應奏不奏、驛使稽程、以財行求諸條，唐律俱入職制，今分析入禮律之儀制、吏律之公式、兵律之郵驛、刑律之受贓；謀殺人諸條，唐律入賊盜，今析入人命；毆罵祖父母父母諸條，唐律並入鬬訟，今析爲兩條，分入鬬毆、罵詈；又姦罪、市司平物價、盜決隄防、毀大祀丘壇、盜食田園瓜果諸條，唐律俱入雜律，今分析入刑律之犯姦、戶律之市廛、田宅、工律之河防、禮律之祭祀。蓋斟酌畫一，權衡允當，迨今日而集其大成，而上稽歷代之制，其節目備具，足以沿波而討源者，要惟唐律爲最善。故著之於錄，以見監古立法之所自焉。其書爲元泰定間江西儒學提舉柳贇所校刊，每卷末附以江西行省檢校官王元亮釋文及纂例，亦頗可以資參訂也。

大清律例四十七卷

乾隆五年奉

敕撰。

御製序文頒行。凡律目一卷，諸圖一卷，服制一卷，名例律二卷，吏律二卷，戶律七卷，禮律二卷，兵律五卷，刑律十五卷，工律二卷，總類七卷，比引律條一卷。前列凡例十則，及順治初年以來奏議，而恭錄

世祖章皇帝御製序一篇，

聖祖仁皇帝諭旨一道，

世宗憲皇帝御製序一篇，

諭旨一道，冠於卷首。蓋我

朝律文，自

定鼎之初，卽

詔刑部尚書吳達海等詳考明律，參以

國制，勒爲成書，頒布中外。康熙九年，大學士管刑部尚書事對喀納等復奉

詔校正。旋又

諭部臣於定律之外，所有條例，或刪或存，詳爲考定，隨時增改，刊附律後。逮雍正元年，大學士朱軾、尚書查郎阿等奉

詔續成。我

皇上御極之初，卽允尚書傅鼐之請，

飭命廷臣逐條考正，以成是編，纂入定例凡一千餘條。而

皇心欽恤，道取協中，凡讞牘奏陳，皆辨析纖微，衡量情法，隨事

訓示，務準其平，以昭世輕世重之義。又每數載而一修，各以新定之例分附於後，在廷之臣，恭聆

玉音，或略迹而原心，或推見以至隱，折以片言，悉斟酌於天理人情之至。信

聖人留心庶獄，爲千古帝王之所無，而是編亦爲千古之玉律金科矣。

右政書類法令之屬，二部，七十七卷，皆文淵閣著錄。

案：法令與法家，其事相近而實不同。法家者私議其理，法令者官著爲令者也。刑爲盛世所不能廢，而亦盛世所不尚。茲所錄者，略存梗概而已，不求備也。

營造法式三十四卷（浙江范懋柱家天一閣藏本）

宋通直郎試將作少監李誡奉敕撰。初，熙寧中，敕將作監官編修營造法式，至元祐六年成書。紹聖四年，以所修之本祗是料狀，別無變造制度，難以行用，命誡別加撰輯。誡乃考究羣書，并與人匠講說，分列類例，以元符三年奏上之。崇寧二年，復請用小字鏤版頒行。誡所作總看詳中稱，今編修海行法式總釋、總例共二卷，制度十五卷，功限十卷，料例并工作等共三卷，圖樣六卷，目錄一卷，總三十六卷，計三百五十七篇，內四十九篇係於經史等羣書中檢尋考究，其三百八篇係自來工作相傳，經久可用之法，與諸作諳會工匠詳悉講究。蓋其書所言雖止藝事，而能考證經傳，參會衆說，以合於古者飭材庀事之義。故陳振孫書錄解題以爲遠出喻皓木經之上。考陸友仁硯北雜志載誡

所著尚有續山海經十卷古篆說文十卷續同姓名錄二卷琵琶錄三卷馬經三卷六博經三卷則誡本博洽之士故所撰述具有條理惟友仁稱誡字明仲而書其名作誡字然范氏天一閣影鈔宋本及宋史藝文志文獻通考俱作誡字疑友仁誤也此本前有誡所奏劄子及進書序各一篇其第三十一卷當爲木作制度圖樣上篇原本已闕而以看詳一卷錯入其中檢永樂大典內亦載有此書其所闕二十餘圖竝在今據以補足而仍移看詳於卷首又看詳內稱書總三十六卷而今本制度一門較原目少二卷僅三十四卷永樂大典所載不分卷數無可參校而核其前後篇目又別無脫漏疑爲後人所併省今亦姑仍其舊云

欽定武英殿聚珍版程式一卷

乾隆四十一年戶部侍郎金簡恭撰進

呈初乾隆三十八年

詔纂修四庫全書復

命擇其善本校正剞劂以嘉惠藝林金簡實司其事因

裒梨繁重乃

奏請以活字排印力省功多得

旨俞允併

賜以嘉名紀以

睿藻行之三載印本衣被於天下金簡因述其程式以爲此書考沈括夢溪筆談稱慶歷中有布衣畢昇始爲活版其法用膠泥刻字薄如錢脣每字爲一印火燒令堅先設一鐵版其上以松脂蠟和紙灰之類冒之欲印則以一鐵範置鐵版上乃密布字印滿鐵範爲一版持就火煬之藥稍鎔以一平版按其面則字平如砥若止印二三本未爲簡易若印數十百本則極爲神速云云活字之法斯其權輿然泥字既不精整又易破碎松脂諸物亦繁重周章故王楨農書所載活字之法易以木版其貯字之盤則設以轉輪較爲徑捷而亦未詳備至陸深金臺紀聞所云鉛字之法則質柔易損更爲費日損工矣是編參酌舊制而變通以新意首載諸臣奏議次載取材雕字之次第以及度置排類之法凡爲圖十有六爲說十有九皆一一得諸試驗故一一可見諸施行乃知前明無錫人以活字印太平御覽自隆慶元年至五年僅得十之一二者（案事見黃正色太平御覽序）由於不得其法此亦足見

聖朝制器利用事事皆超前代也

右政書類考工之屬二部三十五卷皆文淵閣著錄

欽定四庫全書總目卷八十二

欽定四庫全書總目卷八十三

史部三十九

政書類存目一

杜氏通典詳節四十二卷（浙江巡撫採進本）

不知何人所編驗其版式猶宋時麻沙刻本所列引用諸儒姓氏止於呂祖謙陳傅良葉適三人皆註有文集見行字則南宋人所爲也於杜氏通典八門內汰其兵制一門於禮制門內又刪去喪服之制故六朝諸儒議禮之文藉通典以傳者多不見錄又其去取多不可解如通典卷一載後漢田制凡列荀悅崔寔仲長統三人之說而是書獨存荀悅蓋力求簡約而略無義例者也

元典章前集六十卷附新集無卷數（內府藏本）

不著撰人名氏前集載世祖即位至延祐七年英宗初政其綱凡十曰詔令曰聖政曰朝綱曰臺綱曰吏部曰戶部曰禮部曰兵部曰刑部曰工部其目凡三百七十有三每目之中又各分條格新集體例略倣前集皆續載英宗至治二年事不分卷數似猶未竟之本也此書始末元史不載惟載至治二年金帶御史李端言世祖以來所定制度宜著爲令使吏不得爲姦治獄有所遵守英宗從之書成名曰大元通制頒行天下凡二千五百三十九條計其時代正與此書相同而二千五百三十九條之數則與此書不相應卷首所載中書省劄亦不相合蓋各爲一編非通制也考元史以八月成書諸志皆潦草殊甚不足徵一代之法制而元經世大典又久已散佚其散見永樂大典者頗

倒割裂，不可重編，遂使百年掌故無成書之可考。此書於當年法令分門臚載，採掇頗詳，故宜存備一朝之故事。然所載皆案牘之文，兼雜方言俗語，浮詞妨要者十之七八。又體例昏亂，漫無端緒，觀省劄中有置簿編寫之語，知此乃吏胥鈔記之條格，不足以資考證，故初擬繕錄，而終存其目焉。

明祖訓一卷 浙江巡撫採進本

明洪武二年命中書編次，其目十有三：一祖訓首章，一持守，一嚴祭祀，一謹出入，一慎國政，一禮儀，一法律，一內令，一內官，一職制，一兵衛，一營繕，一供用。至六年五月書成，太祖自爲序，復命宋濂序之。此本佚濂序，惟太祖之序載篇首。序稱聞導後人，立爲家法，大書揭於西廡，朝夕觀覽，以求至當，首尾六年，凡七謄錄，爰至今方定。翰林編輯成書，禮部刊印云云。然則諸詞臣僅繕錄排纂而已。其文詞悉太祖御撰也。其中多言親藩體制，大抵懲前代之失，欲兼用封建郡縣，以相牽制，故親王與方鎮各掌兵，王不得預民事，官吏亦不得預王府事。尤諄諄以姦臣壅蔽離間爲慮，所以防之者甚至。如云若大臣行姦，不令王見天子，私下傳致其罪而遇不幸者，其長史司併護衛移文五軍都督府索取姦臣，族滅其家。又云如朝無正臣，內有姦惡，則親王訓兵待命，或領正兵討平。然則靖難之事，肇釁於此，高煦、宸濠遂接踵效尤，是亦矯枉過直，作法於涼之弊矣。皇甫錄明記略云，祖訓所以敎戒後世者甚備，獨無委任閹人之禁，世以爲怪。或云本有此條，因版在司禮監削去耳。然永樂大典所載，亦與此本相同，則似非後來削去。錄所云云，蓋以意揣之也。

明朝典彙二百卷 浙江巡撫採進本

明徐學聚撰。學聚有歷朝璫鑑，已著錄。是書採錄明代典故，自洪武訖隆慶，分類編纂，上自實錄，下訖稗乘，條分類萃，凡二百門。卷一至三十三卷爲朝政大端，三十四卷以下則以六部分標，記載頗爲繁富。然分隸不無錯雜，如明制六部與卿寺院監不相統攝，此書則以宗人府、都察院以下皆歸入吏部。又如廟號、尊謚、陵寢、巡幸、郊祀、祈禱、祠醮皆禮部職也，較閱兵部職也，耕籍、莊田、勳戚由土、皆戶部職也，此書則一切歸入朝政大端中，於體例皆爲未協。又採摭浩博，而皆不著其出典，亦未免無徵不信。李燾續通鑑長編，凡所引證，必著書名，不如是之莫知所本也。

經世實用編二十八卷 江蘇周厚堉家藏本

明馮應京撰。應京有六家詩名物疏，已著錄。是編乃萬歷甲辰應京下詔獄時所成，分乾元亨利貞五集。乾集十卷，元集二卷，亨集二卷，利集四卷，貞集九卷。首載明太祖心法、祖訓，以迄取士、任官、重農、經武、禮樂、射御、書數，而終之以諸儒語錄、正學考。大都稟祖訓爲律令，而以歷朝沿革附之。其用意不無可取。至以乾元亨利貞分集，取羑里演易之義，則未免於僭矣。

明典章無卷數 浙江巡撫採進本

不著撰人名氏。輯太祖吳元年以後，世宗嘉靖十五年以前朝廷制詔典制，大抵從實錄鈔出，編次殊無體例。

會典鈔略無卷數 內府藏本

不著編輯者名氏。前有題詞，稱會典一書，卷逾二百，帙之價多，攜之囊重，士有自操槧以至歷官，不獲一睹者。其在里巷齊民，尤可知已。但全書紀載雖夥，其當訓行者，概有大略，因手鈔略節約十餘帙，間附註通紀一二事，以備參考云云。是其書在陳建通紀之後矣。

右政書類通制之屬七部，三百三十一卷。內二部無卷數，皆附存目。

別本漢官儀二卷 兩江總督採進本

舊本題漢議郎東海衞宏敬仲撰。宏所撰漢官舊儀，已於永樂大典內繕出著錄，語詳本條下。此本書名與後漢書宏本傳合，而四篇之數仍不合。併與書錄解題三卷之數亦不相應。其中多引胡廣語，廣爲安帝時人，宏爲議郎在光武帝時，先後相隔六十餘年，不應宏書之內先有廣名。又時時稱衞宏曰，亦必非宏自著書之體。其註中幷引及周禮註疏，註出鄭康成，疏出唐賈公彥，宏益不得見之矣。蓋原書久佚，後人從漢書註中摘錄而成，觀其中竹宮去壇三里一句，前後兩見，則爲雜鈔致複無疑矣。今宋代舊本猶存永樂大典中，業已校錄刊刻，重顯於世，此後人裒集之本，固可置而不論矣。

貢舉敍略一卷 編修程晉芳家藏本

舊本題宋陳彭年撰。載曹溶學海類編中，實冊府元龜貢舉一門之總序。以彭年爲作序五人之一，遂題彭年之名。然原本不言此序出彭年也。

通祀輯略三卷　兩淮鹽政採進本

不著撰人名氏。載歷代崇祀孔廟禮儀、起魯哀公迄宋咸淳三年、疑爲元人作也。凡三卷。上卷分謚號廟祀殿額坐像冕服封爵位序配享八門。中卷分從祀鄉賢二門。下卷分釋奠樂章曲阜廟幸學謁廟告遷奉安五門。

明堂或問一卷　左都御史張若淮家藏本

明世宗肅皇帝御撰。嘉靖十七年、致仕同知豐坊疏請復古禮建明堂、加興獻帝廟號、稱宗以配上帝。詔下禮部會議、尚書嚴嵩等皆以明堂爲應建、而於稱宗配享二事則依違其詞。戶部侍郎唐冑抗疏言、宜以太宗配享。帝怒、下冑獄。嵩乃再會廷臣議、請以興獻帝稱宗配食。帝以疏不言祔廟、留中不下。復設爲臣下問荅之詞、作或問一篇。大略言文皇遠祖、不應嚴父之義、宜以父配稱宗。雖無定說、尊親崇上、義所當行。既稱宗則當祔廟、豈有太廟中四親不具之禮。是年九月、遂尊興獻帝爲睿宗、祔太廟。又即元極寶殿爲明堂、大享上帝、以睿宗配、皆如帝旨。此本前有帝所自作小序、後以配享詔書一通附之。

正孔子祀典說一卷　左都御史張若淮家藏本

明世宗肅皇帝御撰。嘉靖九年、大學士張璁請正先師祀典。帝因言聖人尊天與尊親同、今全用祀天儀、非正禮。謚號章服悉宜改正。璁遂請改孔子稱先師、不稱王。用木主、不用塑像。籩豆用十、樂用六佾。配位宜削公侯伯之號、止稱先賢先儒。帝命禮部集議、編修徐階疏陳不可。帝怒、謫階官。因親製此文、宣付史館。大略謂孔子以魯僭王爲非、寧肯自僭天子之禮。尋以羣臣爭執者衆、復降諭曉示、命禮部與祀典說通行刊布。於是其議遂定。案明史禮志、尚有帝所製正孔子祀典申記一篇。此本所附敕諭中亦有朕著說記之語、而書中有說無記、疑爲傳寫者所脫也。

存心錄十卷　浙江朱彝尊家曝書亭藏本

不著撰人名氏。皆記明初壇廟祭祀之制、而附以災祥物異。其前有序、稱臣等承命作此錄、以堅誠敬之心。是奉敕所撰、而其文多殘損不完。考明史藝文志有吳沈等編集存心錄十八卷、精誠錄三卷、皆在故事類中。吳沈者、蘭谿人。元國子博士師道子。洪武時官東閣大學士。嘗著辨言孔子封王之非禮。後嘉靖中更定祀典、實祖其說。則其人嫻於說禮可知。而此書內所載禮節、皆洪武三年以前之事、則藝文志所謂存心錄者、即此書也。惟此本止十卷、與十八卷之數不合。檢核書首、有私印一、其文曰尚寶少卿袁氏忠徹印。蓋猶明初舊本、尚無脫佚。又黃佐南廱志載嘉靖間存心錄版存者五十八面、闕者三面。所列亦止十卷、與此本同。是史志誤衍一八字也。

日本東夷朝貢考一卷　浙江范懋柱家天一閣藏本

明張廸撰。廸字文海、華亭人。所輯日本朝貢事、頗多闕略。如永樂二年封其國山爲壽安鎮國之山、兩遣使來貢等事、悉佚不載。書末全錄宋元二史外國列傳以足其卷。似是議日本封貢時偶爲考紀云。

臨雍錄一卷　浙江范懋柱家天一閣藏本

明費誾撰。誾字廷言、丹徒人。成化己丑進士。官至禮部侍郎。宏治元年三月、孝宗舉行臨雍釋奠禮。誾時爲祭酒、因錄其禮儀奏議及官禮部時、乃編次成書、付淮安知府徐鏞刻之。至宏治九年、林瀚兼祭酒事、又刻於國子監。其書全錄吏牘之文、無一字之刪潤、詞不雅馴、不足以稱崇儒大典。考郊外農談曰、鳳翔之麟游、有虎臣者、慷慨有節氣。成化末貢入太學。適聞萬歲山架棧棚以備登眺、臣上疏極諫。憲廟奇之、祭酒費誾不知也、懼其貽禍、乃會六堂、鳴鼓聲罪、銀鐺鎖之以待。俄官校宣臣至左順門、中官傳溫旨勞之曰、爾言是也。棧棚好拆卸矣。命吏部予臣七品正官。誾大慚云云。則誾爲祭酒、本不愜於公論。其著作益可知矣。

大禮集議五卷　浙江范懋柱家天一閣藏本

明席書編。書、遂寧人。宏治庚戌進士。官至武英殿大學士。謚文襄。事蹟具明史本傳。嘉靖初、書爲南京兵部侍郎。大禮議起、書揣知帝意、方向張璁桂蕚、乃上疏力主其說。帝大喜。時汪俊代毛澄爲禮部尚書、猶堅執如澄議。及俊以力爭建廟去位、帝特旨用書代之。此編即其爲禮部尚書時所編刻以進者也。初、侍讀學士方獻夫請刊大禮奏議二卷、後吏部侍郎胡世寧復續增一卷。至廟議已定、書乃取原編定爲奏議一卷、會議一卷、續議一卷、復增廟議一卷、末又附諸臣私議一卷。私議者、議而未奏者也。然皆不外璁蕚等附合時局之說耳。

科場條貫一卷（江蘇巡撫採進本）

明陸深撰。深有南巡日錄，已著錄。是書紀洪武至嘉靖閒科舉條式，於前後損益之制，臚列頗詳。

保和冠服圖一卷（浙江范懋柱家天一閣藏本）

明張璁撰。璁有諭對錄，已著錄。是書作於嘉靖七年，在璁未更名以前，故仍題原名。先是世宗命璁製燕弁冠服爲燕居所御，又製忠靜冠服以錫有位。會光澤王請宗室冠服式，命以燕弁爲準，定爲此圖，而敕璁爲之說。前有諭旨及璁序。其冠親王九䄂，世子八䄂，郡王七䄂，服用青，身青緣，前後方龍補，襯用深衣，玉色，帶用青表綠裏綠緣，履用皁綠結白韈。其鎭國將軍至奉國中尉，左右長史至伴讀，咸從忠靜冠服，以品官之制服之。其儀賓則不預焉。名曰保和，言各得其分則和也。其冠圖爲前後左右四面，服圖爲前後二面，較三禮諸圖繪一面者爲詳，可爲繪圖之式云。

太廟敕議一卷（左都御史張若溎家藏本）

明嘉靖中禮部頒行本也。成祖旣遷都北平，而南京太廟仍舊不廢。至嘉靖十三年，南京太廟災，禮部尚書湛若水疏請重建。世宗敕羣臣集議，尚書夏言及大學士張孚敬等會疏，稱國不當有二廟，請以南京太廟香火歸併奉先殿，其太廟故址，仿古壇墠遺意，高築牆垣，令所司謹其啓閉。帝從其議，言因取所奉敕旨及會議題稾，彙成此帙奏請刊行。

改元考一卷（兩江總督採進本）

明宗室朱常㴋撰。前有自序，載嘉靖壬午魯國常㴋識。考明史諸王世表不載其名，蓋魯荒王檀之元孫，而懷王常淀之從兄弟也。此書專考歷代年號，起漢建元，迄明嘉靖，自正統以及僭僞偏安，無不具載。然其中譌謬之處不一而足。如十六國春秋載蜀李雄以晉永興元年僭稱成都王，改元建興，次年卽帝位，改元晏平，國號大成，乃華陽國志偶譌大成爲大武，而晉書載記遂删晏平及國號四字，直曰改元大武。此書竟以大武與晏平並列，殊爲疎舛。又後秦姚萇初稱秦王，改元白雀，三年僭帝號，又改建初。建初七年萇卒，子興立，卽改爲皇初。此書於白雀後誤增皇初，而建初之號又誤移之姚興之下。又西秦乞伏乾歸僭號河南王，改元太初，後降於姚興，尋又倍之，自稱秦王，改元更始。此書於太初之後、更始之前，誤增一宏始，殊不知宏始乃姚興之年號，非乾歸之年號也。因乾歸降興時，史册用興年紀事，而遂屬之乾歸，鹵莽甚矣。其他輾轉譌謬，如於乞伏熾磐則脫永康之號，而於慕容皝則多永壽之號，大抵沿襲別本之誤，而失於稽考。至於明太祖以下至世宗，皆直書名某而不避其諱。常㴋原本未必敢於如是，或傳寫者所追加歟。

重輯祖陵紀略二卷（兩江總督採進本）

明宗室朱自新撰。祖陵者，明高帝祖熙祖陵也，在泗上。初，高帝未知熙祖葬所，有朱貴者繪圖以獻，卽命貴充奉祀。其八世孫邦翰因輯祖陵紀略一書，述修繕祭祀之事。嘉靖癸丑，自新又重輯是編。自新，邦翰孫也。

謚法通考十八卷（浙江朱彝尊家曝書亭藏本）

明王圻撰。圻有東吳水利考，已著錄。圻著續文獻通考，於禮考之末增謚法一目，補馬端臨之闕。然於明代謚典猶未之及。此書所載，上考列朝，下至萬歷，自君后妃主王公卿相以逮百官，至於聖賢隱逸方及異端宦寺篡逆之黨，凡有謚者，皆備書以資考證。其卷首冠以總紀釋義二目，猶續通考之例。又所以自補其闕也。有趙可懷序，稱就續通考中抽出謚法一種另梓，殆未詳閱其書歟。

太常總覽（無卷數，兩淮馬裕家藏本）

明金贇仁撰。贇仁，嘉靖初道士，以齋醮有寵，官太常寺少卿。是書嘗經奏進，於典禮分別圖註，條理頗詳。然大抵其時之瀆祀也。

明臣謚類鈔一卷（內府藏本）

明鄭汝璧撰。汝璧有明帝后紀略，已著錄。是書專載明代臣僚之得謚者，始自劉基，終於李珍，凡六百六十一人，各以謚法區分門類，而不敍年代，末附蘇祿朝鮮浡泥日本諸國王凡得謚者，咸編入焉。其不載親藩者，則以帝后紀略已附藩封一門故也。汝璧此書與功臣封爵考乃其官禮部儀制司及吏部驗封司時所作，皆有案牘可考，故紀載較他家爲確云。

明貢舉考九卷（浙江鮑士恭家藏本）

明張朝瑞編。朝瑞有忠節錄，已著錄。是書專考明代科舉之制，首爲場屋事例一卷，於沿革之故言之頗詳。附以貢舉紀略，不入卷數。二卷以下則起洪武三年庚戌，迄萬歷十七年己丑。其目錄止於萬歷癸未、蓋丙戌以後又以次而增也。每科載會試考官試題及所刻程文之目。殿試之榜首尾全錄。會試之榜則惟錄前五人。鄉試之榜則惟錄各省第一人。其有名臣碩儒足傳於後者、皆附記於制策之末。名姓籍貫之異同亦附註焉。其考據頗爲詳核。惟貢舉紀略載狀元年老年少之類、頗乎說部。於體例爲未安。第一卷事例之中雜引諸儒之論、至於引桂有三種、紅爲狀元、黃爲榜眼、白爲探花、以證鼎甲三人名所自起、尤爲蕪雜矣。

諡苑二卷（浙江范懋柱家天一閣藏本）

明朱睦㮮撰。睦㮮有易學識遺、已著錄。是編上卷輯古諡法十二家。曰史記諡法解、曰周書諡法、曰蔡邕獨斷諡法、曰蘇洵諡法、曰周公諡法、曰春秋諡法、曰廣諡法、曰沈約諡法、曰賀琛諡法、曰扈蒙諡法、曰鄭樵諡法、曰陳思諡法。其周公春秋廣諡沈約賀琛扈蒙六家、則睦㮮增輯也。因樹屋作書影、嘗疑漢蕭何諡曰文終、不知於諡法居何等。今考周公諡法下卷乃有終字、則其傳已久。然其書最不可解。堯舜禹湯謂之諡、此猶相傳有說。帝皇王侯君公亦列爲諡、設帝當諡帝、將曰帝帝。王當諡王、當曰王王乎。又設帝當諡王侯、當曰王帝侯帝。王侯當諡帝、當曰帝王帝侯乎。此等宜有所辨正。一概因其原文、不足以爲考證。王圻續文獻通考舛漏百出、其與古書不合者皆校刻之誤。乃據之以註異同、尤爲失考。唐會要亦有諡法篇、漏而不收、亦爲疏略。下卷列明代王侯以下至於守令之諡、不及鮑應鼇書之賅備。又頗舛誤。參以諸書、如徐溥諡文靖而曰文穆、顧鼎臣諡文康而曰文簡、喬宇諡莊簡而曰端簡、馬昂諡恭襄而曰忠襄、瞿麟諡榮毅而曰文毅、不一而足、則亦不盡可據矣。

王國典禮八卷（江蘇周厚堉家藏本）

明朱勤美撰。勤美字伯榮、開封人。鎮國中尉睦㮮子。爲周藩宗正、以文學世其家。是書採輯宗藩成憲、勒爲一書。分聖訓、玉牒、講讀、冠禮、婚禮、爵秩、冠服、宮室、儀仗、祿米、田地、祀禮、之國、錫命、慶祝、入覲、奏事、宴饗、喪禮、事例、管理宗子、獎勸、懲戒、秩官、儀賓、兵衛、倉庾、支𨽻、諱禁凡三十類、每類又各有子目。

孔廟禮樂考六卷（兩淮馬裕家藏本）

明瞿九思撰。九思有春秋以俟錄、已著錄。是書於孔廟禮樂沿革同異、考證頗詳、勝他家鈔撮舊文有同簿籍者。惟二卷以從祀諸弟子編爲歌括、殊乖體例。

歷代貢舉志一卷（編修程晉芳家藏本）

明馮夢禎撰。夢禎字開之、秀水人。萬歷丁丑進士。官至國子監祭酒。是書敘歷代貢舉之制。如敘周官、而於大司徒鄉老太宰內史選士之法不詳。敘漢制、而誤以董仲舒之舉賢良在建元之初。魏晉以降、中正九品之法盛行。遼金元亦有進士科及薦舉制科。載於各史志者甚悉。夢禎一概略之。未免過簡、不足以資考證也。

明典禮志二十卷（浙江巡撫採進本）

明郭正域撰。正域有批點考工記、已著錄。是書其官禮部尚書時所輯。第一卷爲登極儀、二卷爲朝儀、三卷爲宴享儀、四卷爲尊號、五卷至七卷爲冊封、八卷爲冠禮、九卷爲婚禮、十卷爲喪禮、十一卷爲耕耤、十二卷爲親蠶、十三卷爲經筵日講諸儀、十四卷爲出閣讀書諸儀、十五卷爲巡狩、十六卷爲監國、十七卷爲儀仗、十八卷爲冠服、十九卷爲宮室、共子目一百二十有七。二十卷爲雜典禮、其子目六十有六。敘次亦尚明簡。而體例頗叢脞。朝儀既自爲卷、而外戚朝見又入雜典禮中。進實錄、進玉牒、受降獻俘、宣捷、皆國之大事、亦入雜典禮中。至於郊祀宗廟、乃闕而不載、尤不喻其故也。

學科考略一卷（編修程晉芳家藏本）

明董其昌撰。其昌字元宰、華亭人。萬歷己丑進士。官至禮部尚書。諡文敏。事蹟具明史文苑傳。是書敘歷代立學之制、兼敘孔廟封贈配享之始。而貢舉之志兼及焉。如敘太公廟起於唐、而宋以後不載。敘明經起於漢、而唐宋明經之遴亦不載。殿試親策、祇載漢唐及宋、而遼金元悉不載。殊爲疏略。此與馮夢禎歷代貢舉志俱載於學海類編中、疑亦鈔撮割裂而成也。

明諡考三十八卷（山東巡撫採進本）

明葉秉敬撰。秉敬有字孿、已著錄。是書採集有明一代諸臣之諡、仿爲冠額之法、以上一字爲冠、下一字爲額、復依四聲次第分列。其例頗爲杜撰。而所載之諡亦多舛誤。如宋濂正德間追諡文憲、而作文惠。又載陶琬、鄭世威俱諡恭介、而不及陳有年。有年得諡在萬歷二十六年、書中載趙志皐諡文懿在二十九年，則不可謂非考據之疎矣。末一卷所載祖父子孫得謚者，亦多所遺漏，未爲詳贍。

鱣堂考故一卷（浙江巡撫採進本）

明張鼐撰。鼐有吳淞甲乙倭變志，已著錄。此其官司業時所述明代國學典故，兼及軼事。大旨主於端師範，抑倖進，其言多切要中理。惟所載國學官陳言國事一條，於義未允。師儒之官，掌教化而已，必以與聞朝政爲美談，是未考宋季三學之弊者也。

案黃佐南雍志入職官，而此及辟雍紀事別入政書者，佐所志者以太學官制職掌爲綱，二書則但述故事也。

謚法纂十卷（浙江汪啓淑家藏本）

明孫能傳撰。能傳字一之，寧波人。萬歷丙辰進士，官至工部員外郎。嘗與張萱同編內閣書目者。此書詳考易名之制，首功令，次謚法，次尊謚，次臣謚，而以議論終焉。大抵據內閣冊籍鈔錄成書，其例頗與葉秉敬謚考相同，而不及其精密。

秦璽始末一卷（編修程晉芳家藏本）

明沈德符撰。德符字景倩，一字虎臣，秀水人。萬歷戊午舉人。元世祖至元三十一年，有獻傳國璽者，御史兗州楊桓考辨，定爲秦物，見於輟耕錄。德符以爲不確，因歷引宋李心傳之說及五代會要，并晉史通鑑等書，以證元所得之非秦璽。然傳國一璽，歷代傳聞紛如聚訟，恭讀我

皇上御製

國朝傳寶記，折衷定論，大哉

王言，允足垂訓億禩，若德符之斷斷爭辨，猶不揣其本而齊其末耳。

年號韻編一卷（浙江汪啓淑家藏本）

明陳懋仁撰。懋仁有泉南雜志，已著錄。是書仿表譜之法，橫格分正統、偏閏、僭偽、叛亂、蠻夷五等，直格下貫，則同一年號，年號前後之序，則依韻部編次，以便檢閱。體例頗亦詳密。其中凡前代年號有與明同者，則削除不載，如張重華、方臘皆號永樂，則以成祖故去之，蓋不欲使僭亂之人與祖宗同號，亦臣子之誼宜然，不得訾以遺漏。惟其所分之等，更始則列正統，隋文乃居偏閏，既已未安，又道經有龍漢、中皇之類，羽流妄說，不載可也，列之僭偽，亦覺不倫。視鍾廣漢歷代建元考不及遠矣。書成於天啓中，而中有崇禎年號，當爲刊版於崇禎，故隨時補入歟。

明三元考十四卷（浙江汪啓淑家藏本）

明張宏道、張凝道同撰。宏道字成儒，凝道字明儒，武進人。其書專紀明代鄉會殿試之元魁鼎甲，或非元魁而後至貴顯及一門科名極盛者，亦咸載焉。始於洪武三年庚戌鄉試，終於萬歷四十七年己未會試，每科具詳京省主試官。大致與張朝瑞書互相出入。

萬古法程一卷（浙江巡撫採進本）

明袁應兆撰。應兆有大樂嘉成，已著錄。是書統載學宮從祀先賢先儒名氏位次，而考證其是非。如所辨複姓皆題一字之類，自是下邑之謬，不足以筋牘相爭。其他所辨字畫，則舛陋頗甚。若辨句井疆句字，謂當作勾，宋人避康王諱，始改勾爲句，不知說文句本從口，廣韻註句從口不從厶，具有明文也。

辟雍紀事（無卷數，兩淮馬裕家藏本）

明盧上銘撰。上銘字爾新，東莞人。崇禎中官南京國子監典簿。是編敘述明代太學典故，起洪武訖崇禎十年，詳於南監而北監亦附見焉。

學典三十卷（副都御史黃登賢家藏本）

國朝孫承澤撰。承澤有尚書集解，已著錄。是書所載皆歷代建學設官、行禮講學、科舉之事。自虞訖明，分年編載。惟前代僅居八卷，而明代之事多至二十二卷。如釋奠之禮，凡各史志紀所載者皆未收入。既載國子監學興廢創置，而各朝學官之職，學宮之制，又皆闕焉。至泮宮習射及各經列於學官者，如漢之石經、唐之寫經、石經、後唐之鋟版，卷中皆未言及。而明代一切章疏毫無關於學典者，乃一概濫入，蓋門戶之見既深，無往不用其標榜也。

文廟從祀先賢先儒考一卷（編修程晉芳家藏本）

國朝郎廷極撰。廷極字紫衡，鑲黃旗漢軍。此本題曰廣寧，其原籍也。官至江西總督。是編歷考從祀先

賢先儒名氏之同異。如辨顏幸之作辛、而不知通典之作柳、咸淳臨安志之作韋。辨南宮适之作韜、而不知一作縚、一作括。辨司馬耕之作黎耕、而不知一作子耕。未免考訂之疎。惟所辨文翁之圖較家語多五人。家語較文翁之圖多九人。及正殿配享、東西兩廡位數、引據頗爲典核。

頖宮禮樂全書十六卷、（兩淮馬裕家藏本）

國朝張安茂撰。安茂字蓼匪、松江人。順治丁亥進士。官至浙江提學僉事。其書分學校、褒崇、廟制、釋奠、從祀、祀禮、釋詁、祀樂、樂律、樂譜、樂舞、釋菜、啓聖祠、名宦鄉賢祠十四門。大抵祖李之藻頖宮禮樂疏、王煥如文廟禮樂書、少增損之。其凡例稱李博而富、其失也濫。王簡而通、其失也弱。然觀其所作、亦無以遠勝二書也。

琉球入太學始末一卷、（山東巡撫採進本）

國朝王士禎撰。士禎有古懽錄、已著錄。先是、康熙二十三年、翰林院檢討汪楫、中書舍人林麟焻冊封琉球、歸奏中山王尚貞請以陪臣子入國學。

聖祖仁皇帝俯允所請。士禎因紀其始末。其中追敘明代琉球入國學事、於洪武二十五年祗紀中山、而失載山南。又二十六年中山復遣寨官子入國學、永樂八年山南遣官生三人入國學、俱未及載。蓋沿舊本太學志之誤也。其書已見士禎帶經堂集中、此蓋初出別行之本。

國朝謚法考一卷、（山東巡撫採進本）

國朝王士禎撰。始於

國初、下迄康熙三十四年。大臣之

賜謚者咸錄焉。凡親王十八人、郡王十五人、貝勒十二人、貝子十二人、鎮國公十一人、輔國公十六人、鎮國將軍五人、輔國將軍七人、妃三人、公主二人、額駙二人、藩王七人、民公九人、侯伯十四人、大學士二十七人、學士四人、詹事一人、尚書二十七人、侍郎九人、都御史三人、八旗大臣一百六人、總督十七人、巡撫十七人、殉難監司三人、提督十七人、總兵官八人、前代君臣二十六人、外藩一人。

辨定嘉靖大禮議二卷、（浙江巡撫採進本）

國朝毛奇齡撰。奇齡有仲氏易、已著錄。是書力斥楊廷和之議、而又不屑與張桂相雷同。謂張桂較廷和議爲正、特不知根柢經傳。凡爲辨二十四篇、援據典確、亦可備一說。惟謂世宗既嗣武宗、卽當以武宗爲父、引公羊傳爲人後者爲之子作證。然奇齡於所著春秋毛氏傳及曾子問講錄內論仲嬰齊卒一條、則又力闢公羊之誣、謂嬰齊不得以兄子家爲父、父仲遂爲祖。又於經說中力排汪琬誤信公羊傳爲人倫之禍。而此辨忽主此說。前後矛盾、殆不可解。又謂世宗竝當爲所生持服三年、則雖當時張桂諸人猶未敢創爲此論、奇齡乃忽發之。考儀禮喪服經曰、爲人後者、爲其父母報。傳曰、何以期也、不貳斬也。何以不貳斬也、特重於大宗者、降其小宗也。若世宗又爲所生斬、是貳斬矣。卽曰經文專爲宗子言之、不知宗子之尊、孰若天子。言宗子則通於天子矣。奇齡又謂經文明云爲人後者爲其父母報、則於所生父母不改稱也。既於父母不改稱、卽不得改三年服制。然儀禮雖不易父母之名、而仍降在齊衰期服章內、則終不得服以父母之服矣。奇齡所引、不足自證、適以自攻耳。考通典徐邈荅孔注曰、史皇孫皇考之名、特稱謂耳、未足以明服之輕重。其論可與喪服傳相發明。奇齡乃取徐邈已廢之說、改飾更張、實乖典制。其餘各條、閒有可采、然不足救大本之乖謬也。

制科雜錄一卷、（浙江巡撫採進本）

國朝毛奇齡撰。皆記康熙己未

召試博學鴻詞始末。中多露才揚己之詞、且有恩怨是非之語。猶是前代門戶餘習、不盡足據也。

彙征錄一卷、（兵部侍郎紀昀家藏本）

不著撰人名氏。記康熙十七年薦舉博學鴻詞名氏、爵里、及

御試中選人數次第。謹案是年正月、

聖祖仁皇帝諭吏部曰、自古一代之興、必有博學鴻儒、振起文運、闡發經史、潤色詞章、以備顧問著作之選。朕萬幾餘暇、游心文翰、思得博洽之士、用資典學。我朝定鼎以來、崇儒重道、培養人材。四海之廣、豈無奇才碩彥、學問淵通、文藻瑰麗、可以追蹤前喆者。凡有學行兼優、文詞卓越之人、不論已仕未仕、令在京三品以上及科道官員、在外督撫布按、各舉所知、朕將親試錄用。其餘內外各官、果有眞知灼見、在內開送吏部、在外開報督撫、代爲題薦。務令虛公延訪、期得眞才、以副朕求賢右文之意。尋內外薦送一百八十六人。應

詔至京者一百四十三人。十八年二月朔、於

體仁閣

賜宴、試璿璣玉衡賦、省耕詩。入選者一等二十人、二等三

十八人皆授翰林，入館纂修明史。其餘現任者回任，候補者歸部，未仕者回籍，年老者

命吏部議給職銜。文運昌明，人才蔚起，

熙朝盛典，誠萬古爲昭。其閒與選者，承明著作，各有流傳，卽未與選者，亦皆覩感奮興，不懈而及於古。其所撰述，今著錄於四庫者，尚班班可考。此編雖案牘之文，然觀其所載，亦足以見棫樸菁莪之盛也。惟讀卷諸臣如杜臻、李霨、馮溥、葉方藹，俱不載。及年老

賜職諸人具有姓名，亦未臚列，則記錄之疎耳。

國學禮樂錄二十四卷（浙江巡撫採進本）

國朝李周望、謝履忠同撰。周望字渭湄，蔚州人，康熙丁丑進士。履忠字方山，昆明人，康熙癸未進士。是編乃周望官祭酒、履忠官司業時所輯。自孔子世系，及先賢先儒列傳、列朝祀典、禮樂圖譜，并石鼓潘迪音訓，而以祭酒司業題名終焉。所列頗多疎漏，如祀典中既載晉泰始七年皇太子講經釋奠，而元康三年之講經釋奠乃佚不錄。樂器之載於諸經註疏及歷代史志者甚詳，茲僅列史記、漢書寥寥數則。至石鼓自唐以來，辨論甚多，如楊愼所僞，則字完於眞本；周秦石刻釋音則補以闕方，皆各有考據。是編概不徵引，而僅載音訓一篇，亦未免稍略矣。

紀元彙考三十五卷（大學士程景伊家藏本）

國朝黃琳撰。琳有經學淵源錄，已著錄。是書取歷代紀元之號，自漢至明，悉以朝代次第纂輯，分正統、列國、僭竊、外夷四門。凡史鑑之外，稗官野史有關考訂者，悉搜採補入。其例以所紀之元爲綱，以前後所同者詮註于下，採輯亦頗該洽。然如後魏及遼、金俱載入列國條下，與西夏諸國相同，殊屬比擬不倫。又如紀遼太祖名爲耶律健德，考遼史及契丹國志，並無此名。又遼興宗之改元景福，次年卽改重熙，亦無崇興之號，頗不免於疎舛。

聖門禮樂統二十四卷（山東巡撫採進本）

國朝張行言撰。行言字躬先，江浦人。是書卷首爲綱領，不入卷數。一卷至五卷詳載歷代祀典，六卷載孔子世家及宗子世表，七卷至十五卷爲四配十哲先賢先儒列傳，十六卷爲從祀啓聖祠先賢先儒列傳，十七卷爲改祀罷祀諸儒列傳，十八卷至二十三卷爲樂經樂志樂器律呂譜圖，二十四卷載孔子及四配林廟諸圖，其裒輯極繁，而徵引諸書仍不出尋常習見。

學宮備考十卷（浙江巡撫採進本）

國朝彭其位撰。其位字素君，吳縣人。是書前八卷自孔子以及從祀諸儒各爲之傳，九卷則載歷代禮樂典制，卷末附錄未從祀者申黨、孺悲、公孫尼子、公明子儀、公明子宣、樂正子春、檀弓、河閒王德、文翁、孔氏、孟皮凡十八人。所考禮樂典制，頗多挂漏。

四譯館考十卷（浙江鮑士恭家藏本）

國朝江蘩撰。蘩有奏議，已著錄。是書略記外藩朝貢之目，恭載

列祖敕諭及

賜予物數，皆

實錄會典之所有。其國俗土風則摭前代史傳爲之，多不確實。後系以集字詩二卷，皆蘩所自作，而以諸國字譯之。詩既無關於外藩，所譯之字又不能該諸國之字，則亦戲筆而已，不足以資掌故也。

太常紀要十五卷（江西巡撫採進本）

國朝江蘩撰。是編乃蘩爲太常寺卿時，以太常寺考及太常續考所載止於明代，因考核近制，勒爲一書，分祀訓、祀儀、祀例、祀禮、祀官、祀賦六門。其書成於康熙壬午。於時

皇清禮書尚未纂修，故蘩有此著也。

紀元要略二卷補遺一卷（江蘇巡撫採進本）

國朝陳景雲撰。景雲有通鑑胡註舉正，已著錄。是書紀漢迄明帝王建元及歷年，其子黃中又摭歷代僭僞之號，附以外國，爲補遺一卷。景雲於分據諸朝各爲紀載，彼此互註，不分大書附書，體例最公。然皆史傳所習見，取便檢閱而已。

歷代帝系年號二十卷（江西巡撫採進本）

國朝劉宗魏撰。宗魏字友韓，號柚航，贛州人，乾隆戊辰進士，官至監察御史。是書以歷代帝系年號爲名，乃兼及割據僭竊，下至李自成、張獻忠亦入記載，而所列割據僭竊又不能詳備，體例頗爲冗碎。

右政書類典禮之屬，四十七部，三百十九卷（內二部無卷數），皆附存目。

欽定四庫全書總目卷八十三

欽定四庫全書總目卷八十四

史部四十

政書類存目二

邦計彙編一卷（編修程晉芳家藏本）

舊本題宋李維撰。維字仲方、肥鄉人。雍熙二年進士。召試中書、知制誥、歷翰林學士、工部尚書、柳州觀察使。事蹟具宋史本傳。是書載曹溶學海類編中、實冊府元龜邦計一門之總敘。案晁公武讀書志載修冊府元龜時、預修者十五人、維居第四。又載初撰編敘、諸儒皆作、眞宗以體制不一、遂擇李維、錢維演、陳彭年、劉筠、夏竦等、付楊億竄定。其剽剟此敘、詭題書名、而以爲維之所撰、蓋以此云。

拯荒事略一卷（編修程晉芳家藏本）

舊本題元歐陽元撰。元字原功、瀏陽人。延祐二年進士。除同知平江州事、調蕪湖、武岡二縣尹。召爲國子博士、遷翰林待制。天歷初、授藝文少監、纂修經世大典。至正初、以學士告歸。詔修宋遼金三史、起爲總裁官、拜翰林學士承旨。至正十七年卒。謚曰文。事蹟具元史本傳。是書前有自序、稱蕪湖本南方澤國、比隣數邑、並在水鄉、每當春夏之交、陽侯不戢、遂成饑歲、余忝爲令長、因輯拯荒事略一編云云。與本傳稱嘗知蕪湖縣語相合。然其書但引故實二十二條、無一字之擘畫。其唐天復甲子竹放花結米一條、尤不近理。竹米偶生、非人力可致、採食竹米、亦何需官爲經理耶。學海類編所載諸書、十有五僞、此書殆亦託名於元也。

寶鈔通考八卷（永樂大典本）

元武祺撰。祺里貫未詳。至正十三年爲戶部尚書。因當時鈔法漸壞、浮議者但以不動鈔本爲名、而不詳流通之實、乃歷考中統以後八十餘年中鈔法、撰爲此書。大旨謂自世祖至元二十四年至武宗至大四年、二十五年中印者多、燒者少、流轉廣而鈔法通。自仁宗皇慶元年至延祐七年、共九年、印雖多而燒亦多、流轉漸少、鈔法始壞。自英宗至治元年至三年、印雖多而燒者寡、流轉愈多、鈔法愈壞。自泰定元年至至順三年、共八年、印者少而燒者多、流轉絕無、鈔法大壞。復合計六十四年中、總印鈔五千九百五萬六千餘錠、總支五千六百二十餘萬錠、總燒三千六百餘萬錠、民間流轉不及二萬錠。以經世大典所載南北戶口民數計之、其無鈔可用者至二千萬戶之多。民生安得而不匱、財用安得而不絀乎。其言可爲行鈔之戒。元史食貨志所載鈔法、僅詳其制度數目、而於財之息耗、民之貧富、未之詳言。似乎未見祺書。存此一編、亦可以補史之闕。然此書在當日爲洞悉利弊之言、在今日則鈔法之不可行、無智愚皆能知之、無待縷陳矣。故撮舉大要、附存其目、而書則不復錄焉。

元海運志一卷（編修程晉芳家藏本）

舊本題明危素撰。素有草廬年譜、已著錄。是編載曹溶學海類編中。驗其文、乃邱濬大學衍義補之海運一條也。亦不善作僞矣。

漕政舉要錄十八卷（浙江范懋柱家天一閣藏本）

明邵寶撰。寶有左觿、已著錄。是編乃正德己巳寶官副都御史總漕江北時所作。卷一至卷六爲河渠之政、卷七爲舟楫之政、卷八爲倉廒之政、卷九爲卒伍之政、卷十、卷十一爲轉輸之政、卷十二爲統領之政、卷十三至卷十五爲紀載之政、卷十六爲稽古之政、卷十七爲準今之政、卷十八以雜錄終焉。

鹽法考略一卷、錢法纂要一卷（編修程晉芳家藏本）

舊本皆題明邱濬撰。濬有家禮儀節、已著錄。此二書諸家書錄皆不載。以其文考之、即濬大學衍義補中之兩篇也。曹溶割裂其文、並載學海類編中。較其以元海運志爲危素撰者、猶爲近實。然摘錄巨帙之一篇、即別立新名、亦猶之乎作僞也。

鐵冶志二卷（浙江巡撫採進本）

明傅浚撰。浚字汝源、南安人。宏治己未進士、官至工部郎中。正德癸酉、浚督理遵化鐵廠、創爲此志。自建置山場、迄於雜職、凡二十三目、冠以公署、鐵廠二圖。所紀皆歲辦出入之數、頗瑣屑無裨考證。案明史職官志載工部分司、祇有提督易州山廠柴炭一員、而浚所志遵化分司始委主事、宏治中改用郎中、奉敕董理、列歷官姓名甚悉、不知史志何以遺之。殆其後又經裁汰耶。

陽明鄉約法一卷（浙江巡撫採進本）

明王守仁撰。守仁字伯安、號陽明、餘姚人。宏治己未進士、官至兵部尚書、封新建伯。事蹟具明史本傳。是書已載陽明全書中。崇禎閒、嘉善陳龍正復錄出刋行。其法有約長、約副、約正、約史、知約、約贊諸人、已極繁瑣。至爭鬭賦役諸事、以至寄莊人戶

納糧當差皆約長主之蓋欲以約長代周官比長黨正之法然古法亦未必盡宜於今也

陽明保甲法一卷浙江巡撫採進本

明王守仁撰悉載牌諭諸文亦見陽明全集中陳龍正錄出別行而各附題識於其下

救荒活民補遺書三卷浙江范懋柱家天一閣藏本

明朱熊撰熊字維吉江陰人取宋從政郎董煟原書而益以有明卹賑制詔及前代好施獲福事蹟其立意不爲不善然序述典故備錄經典重農之語則迂而不切雜載諸史賑卹之文則繁而鮮要皆不免勦襲陳言無裨實政至於盛陳福報尤涉於有爲而爲蓋鄉里勸施之格言而非經國之碩畫二氏因果之緒論而非儒者之正理也

鹽政志十卷兩江總督採進本

明朱廷立撰廷立通山人嘉靖癸未進士官至禮部右侍郎嘉靖八年廷立以河南道監察御史奉使清理兩淮鹽政因博考古今鹽制以成此書凡分七門曰出産曰建立曰制度曰制詔曰疏議曰鹽官曰禁令每門各分子目凡三百九十有四蓋制詔疏議每一篇立一目故其繁至是也

嘉靖清源關志四卷兩淮鹽政採進本

明劉璽撰璽字雙泉濟州衛籍唐縣人嘉靖壬辰進士官至右副都御史巡撫宣府是編乃璽以戶部主事監理臨清關稅時所編卽是關之條例也序稱嘉靖九年以前案牘無徵故舊事皆不載是猶可以散佚委也其凡例云凡例制不合於今者亦棄不取則是徵課簿籍榜示商賈吏役者耳志乘以存舊典寧計其現行否耶璽自序稱訪於僚屬或曰孫松山監清源有聲過通州會松山松山因出所集清源關榷政錄示余遂因而補葺爲此書則其原本實爲簿籍宜其如是矣璽任滿未及刊繼其事者爲莆田蕹潤乃授之梓書中凡署潤名者又所續增也

淮關志八卷兩淮馬裕家藏本

明馬麟撰麟巴縣人嘉靖戊戌進士官南京戶部員外郎是書凡分八門其建置不敘淮關之始末而泛引歷代征商典故凝爲一卷殊爲汗漫又地志列藝文一門原爲風土而設此志不過徵榷之條格一關之外皆非所屬而亦濫載藝文尤非體例矣

茶馬類考六卷兩淮馬裕家藏本

明胡彥撰彥河陽人嘉靖辛丑進士官巡察茶馬御史因歷考典故及時事利弊作爲此書明制茶馬御史兼理寧夏鹽務故第三卷併記鹽政云

海運詳考一卷海運志二卷浙江范懋柱家天一閣藏本

明王宗沐撰宗沐字新甫臨海人嘉靖甲辰進士官至刑部左侍郎事蹟具明史本傳是編乃隆慶六年二月宗沐任山東布政使時議開海運而作所載皆其議事呈文是年七月復錄海運志於詳考之外增入海運圖並海運路程奏疏事宜考宗沐官右副都御史總督漕運時請復海運其疏載所著敬所文集中本傳亦載其略然史載宗沐運米十二萬石自淮入海抵天津南京給事中張焕言比聞八舟漂沒失米三千二百石宗沐預計有此私令人糴補米可補人命可補乎宗沐掩飾覶聽非大臣誼宗沐疏辨求勘詔行前議習海道以備緩急未幾海運至卽墨颶風大作覆七舟都給事中賈三近御史鮑希顏及山東巡撫傅希摯俱言不便遂寢時萬歷元年也云云宗沐蓋援拾邱濬大學衍義補之陳言以僥倖功名不知儒生紙上之經濟言之無不成理行之百不一效也觀於宗沐可以爲妄談海運之炯戒矣

洲課條例一卷兩淮鹽政採進本

明王侹撰侹始末未詳其作此書時則官南京工部營繕司員外郎也明代自鎭江至九江沿江洲課皆隸南工部後以其有影射吞占之弊復設官以董之明史食貨志未詳其法蓋以其併入地糧內也是編乃嘉靖中侹爲督理時所輯首載敕諭及課銀數目取用條例次載准奏事例八條部司酌議事宜九條可以考見一時之制千頃堂書目載蘆政條例一卷不著撰人註曰嘉靖己酉南京工部營繕司主事惠安莊朝賓序刊此書有朝賓序與黃虞稷所載合殆卽一書而異名蓋洲課卽蘆政也

兩淮鹽法志十二卷兩淮鹽政採進本

明史起蟄張矩同撰起蟄江都人矩儀徵人書成於嘉靖庚戌因宏治舊志增損之董其事者巡按御史楊選與運使陳暹也

漕書一卷兩淮鹽政採進本

明張鳴鳳撰鳴鳳有桂勝已著錄是書專論漕運利弊分爲八篇曰漕政漕司漕軍漕河漕海漕船

漕倉漕刑。力主海運之利。又以漕船工料不堅。入水易破。欲採木川湖。大省萬餘緡。斥餘材以支數十年用。又以丹陽京口幷出於江。水淺船多。欲別開運道。由孟瀆越白塔河至揚州。其說頗多難行。

明通寶義一卷。廣通寶義一卷。浙江范懋柱家天一閣藏本

明羅汝芳撰。汝芳有孝經宗旨。已著錄。前明錢鈔通行。其弊百出。汝芳督屯滇省。以滇爲鑄錢之藪。因作此書。以明其利弊。大旨以錢制大小輕重。貴在持平。乃足爲萬世之利。歷引古來錢制。始自太昊軒轅。下迄唐宋。臚列具備。其第一篇本義。引據唐人錢譜。謂秦世八銖。失之太重。漢初榆莢。失之太輕。按文獻通考。秦兼天下。銅錢質如周錢。文曰半兩。漢高后二年。始行八銖錢。是八銖之名。定於漢。謂秦世八銖。非也。又考唐武德四年。廢五銖錢。鑄開通元寶錢。其文則歐陽詢所書。迴環讀之。曰開通元寶。今書悉謂開元通寶。亦非本義。

海運新考三卷。副都御史黃登賢家藏本

明梁夢龍撰。夢龍有史要編。已著錄。隆慶末。夢龍巡撫山東。適徐邳閒漕河淤塞。漕運總督王宗沐請復海運。下夢龍任其事。檄青州道潘允端等履勘試行之。南自淮安至膠州。北自海倉口至天津。三千三百餘里。運米二千石。舟行無礙。因爲條具以奏。併取前後疏議奏記考議。輯爲一編。宗沐疏所謂巡撫都御史梁夢龍毅然試之。厎績無壅者也。其論海道曲折。頗爲詳備。自邱濬爲大學衍義補。極言海運之利。然海運再遭飄溺。宗沐亦纍被彈劾。事竟不行。此云既而運通。報後夢龍亦遷秩去。其議遂寢者。亦文飾之詞耳。

海運編二卷。戶部尚書王際華家藏本

明崔旦撰。旦字伯東。平度人。是書成於嘉靖甲寅。時因運道艱阻。議者欲開膠萊河以復海運。由淮安淸江浦口。歷新壩馬家壕至海倉口。徑抵直沽。止循海套。可避大洋之險。旦居海濱。習知利害。地方大吏咨以開濬之策。旦亦以爲必可行。惟欲改馬家壕道從麻灣口。所條上工役之法。隄閘之制甚具。嗣以遣官勘視。言水多沙磧。其事遂寢。旦因檢所作議考諸篇。錄而存之。

山東鹽法志四卷。兩淮鹽政採進本

明查志隆撰。譚耀詹仰庇參修。志隆字鳴治。海寧人。嘉靖己未進士。官至山東布政司左參政。耀東莞人。萬歷丁丑進士。官至監察御史。仰庇安溪人。嘉靖乙丑進士。官至刑部侍郎。是編乃志隆官山東鹽司同知時所作。耀時巡鹽長蘆。仰庇時爲山東按察司副使。正統中。命長蘆巡鹽御史兼理山東鹽法。隆慶五年。又令山東驛傳副使兼管鹽法。故皆得與志隆裁訂焉。

八閩政議三卷。浙江范懋柱家天一閣藏本

不著撰人名氏。亦無序跋。皆載明嘉靖三十二年福建布政使及福寧道參政條議。申文曰鹽法綱銀運腳。各爲一卷。蓋當時布政司所刊則例也。

海運圖說一卷。浙江范懋柱家天一閣藏本

明鄭若曾撰。若曾有鄭開陽雜著。已著錄。是編前列二圖。後系以說。末附海運故道。海運之說。古無其事。杜甫後出塞詩所謂漁陽豪俠地。擊鼓吹笙竽。雲帆轉遼海。粳稻來東吳者。不過盛陳邊帥驕奢。能遠致難至之物。以供飲食。非謂其時果泛舶以資軍儲也。明人懲元末中原梗阻。運道不通之弊。多喜講求海運。以備不虞。不知政理修明。則四海一家。何慮轉輸之不達。如其中原失馭。盜賊縱橫。雖遠涉波濤。供粟億萬。亦何裨於敗亡哉。至邱濬考校歷年漂沒之數。以爲省漕渠之所費。足以補海道之所失。不思歲有沈溺。篙工舵師之命。動輒千百。又以何者抵之歟。若曾此書。亦狃是見。皆可謂不求其本者也。

蘇松浮賦議一卷。浙江范懋柱家天一閣藏本

明鄭若曾撰。其說已具其所撰萬里海防編內。此則縷析地畝科徵之數。而詳悉陳之。嘉靖中嘗條上當事。力請入告。會格於倭變。不果行。此其遺槀也。

重修兩浙鹺志二十四卷。浙江巡撫採進本

明王圻撰。圻有東吳水利考。已著錄。是書圖說二卷。詔令一卷。鹽政十三卷。職官表一卷。列傳一卷。奏議三卷。藝文三卷。前有自序。謂武陵楊鶴巡按浙江。以鹽規類略、酉戌沿革、行鹽事宜三書並舊志授圻增訂。遂采其要約。綴入各款。令引票之損益。價値之低昂。課額之盈縮。徵解之緩急。商竈之疾苦。犂然具載。於浙中鹺務。紀錄頗詳。然多一時補苴之法。不盡經久之制也。

漕運通志十卷。浙江范懋柱家天一閣藏本

明楊宏撰。宏字希仁。海州大河衛人。嘉靖中。以指揮使署都督同知。總運江北。舊有漕運志。宏病其

未備乃據撫臬書手自記錄延臚寧謝純考古今沿革作表六卷首漕渠次漕職次漕卒次漕船次漕倉次漕數作略三卷首漕例次漕議次漕文序謂表立則經見略輯則緯彰書凡十卷而序云九卷者蓋漕渠文繁分爲二卷故也

救荒事宜一卷 江西巡撫採進本

明周孔教撰孔教有中丞疏稾已著錄是編乃其官應天巡撫時以三吳被水而作分目二十三條附議三條大旨不出周官荒政之意蓋當時所頒條教而其屬官爲之刊行也

長蘆鹽法志十三卷 浙江汪啓淑家藏本

明何繼高馮學易閻遠慶同撰繼高字汝登山陰人萬歷癸未進士官至江西布政司參政學易字章卿臨海人隆慶丁卯舉人官至長蘆鹽運司運同遠慶字基厚烏程人萬歷丙戌進士官至四川按察使僉事是書時繼高方爲運使遠慶方爲運判故三人以現行鹽法事例參稽典故共相酌定云

通漕類編九卷 浙江汪啓淑家藏本

明王在晉撰在晉有歷代山陵考已著錄是書先漕運次河渠附以海運海道前有自序并作書凡例大抵採自官府冊籍無所考訂在晉爲經略時値時事方棘一籌莫展逡巡移疾而去蓋好談經濟而無實用者是書殆亦具文而已

粵東鹽政考二卷 兩淮鹽政採進本

明李𣝣撰𣝣字長儒鄞縣人萬歷辛丑進士官至兵部侍郎事蹟具明史本傳是書乃𣝣官廣東按察使僉事統理鹽法時所作上卷載鹽律鹽官鹽署鹽產鹽課鹽例鹽廠鹽牙鹽包鹽斤下卷載鹽秤鹽單鹽票鹽旗鹽船鹽限鹽籍鹽會鹽界鹽運於鹺政利弊頗爲詳悉其於鹽官題銜之後不紀官績并不具全前後居官者姓名蓋專爲鹽政而作與他志體例不同也繼𣝣任者張邦翼楊瑩鍾龔承薦皆有所續刻各見所撰序文中然於原書體例則無所改易焉

北新鈔關志十六卷 兩淮馬裕家藏本

明荆之琦撰之琦丹陽人萬歷甲辰進士仕履未詳是書分十六門其建置命遣禁令廵制則例課額責委鈐轄區行利弊因革官蹟公署人役十四門皆關政之所當考其藝文一門亦沿淮關志之例非所應有也

開荒十二政一卷 直隸總督採進本

明魏純粹撰純粹柏鄉人官永城縣知縣因萬歷三十六年純粹在永城開墾荒田招集流民條上十二議併以其事繪爲圖其時上官批荅及士民歌頌皆附焉純粹即大學士裔介祖也

國賦紀略一卷 編修程晉芳家藏本

舊本題明倪元璐撰元璐有兒易內外儀已著錄是書載古來賦稅諸法每類引故實一條疎陋萬狀必非元璐所爲殆亦鈔撮類書策略數條嫁名元璐耳學海類編所收大抵此類也

救荒策會七卷 浙江巡撫採進本

明陳龍正撰龍正字惕龍嘉善人崇禎甲戌進士授中書舍人左遷南京國子監丞福王召爲禮部祠祭司員外郎事蹟具明史本傳宋董煟輯古今救荒活民書三卷元張光大續之明朱熊復加補綴龍正是編則合三家之書刪其繁複而附以崇禎庚辰辛巳嘉善救荒之事其斥朱熊之書雜陳詭異之事持論頗正然大旨不出董煟書也龍正喜談經世之術此亦其一崇禎末嘗建議開墾畿輔河南山東荒田以省轉運史謂是時中原殘破有田不得耕龍正守常理而已則其所講亦僅紙上之談矣

古今鹺略九卷鹺略補九卷 浙江汪啓淑家藏本

明汪砢玉撰 案明詩綜作珂玉字之誤也 砢玉字玉水徽州人寄籍嘉興崇禎中官山東鹽運使判官是書前後兩編卷首皆有自序鹺略九卷凡分生息供用職掌會計政令利弊法律徵異雜考九門名曰九府鹺略補亦按九門分類拾遺砢玉當明季匱乏之時欲復漢牢盆之制而用宋轉般之法 案般字今篆隸皆書爲搬考李燾通鑑長編凡轉搬皆作此般字砢玉蓋因其原文 其意雖善而於勢恐不可行其所徵引務爲浩博多蒐古典亦不切後世時勢至旁及邊荒又無關於中國之鹽政矣

救荒事宜一卷 編修程晉芳家藏本

明張陛撰陛字登子山陰人崇禎庚辰歲大饑劉宗周及祁彪佳皆里居宗周倡議煮粥彪佳倡議平糶陛更出其家粟五百石佐二人所不及慮賑或未周貲或虛糜於是斟酌情形創爲十法一聚米二踏勘三優恤四分別五散米六核實七漸及八激勸九平糶十協力擘畫具有條理多所全活

陸因疏其綱要爲此書。

鹽法考十卷（江蘇周厚堉家藏本）

不著撰人名氏，亦無序目。首總論，次兩淮，次兩浙，次長蘆，次山東，次福建，次河東，次陝西，次廣東。所載事迹，至崇禎初年而止，疑爲明末人所作也。

淮鹺本論二卷（兩淮鹽政採進本）

國朝胡文學撰。文學有疏稾，已著錄。是書乃文學於順治庚子辛丑間官兩淮巡鹽御史時所作。上卷分十篇，曰停兑會，曰附銷不帶鹽，曰復三府，曰關橋掣規，曰釐所掣，曰掣江都食鹽，曰淮北改所，曰撤分司，曰廢興莊臨湖場，曰草蕩不加稅。下卷分十五篇，曰恤株連，曰緩倒追，曰禁私販，曰除鏟棍，曰謝遊客，曰飭關防，曰祛吏弊，曰不任承役，曰寬追比，曰便銷批，曰公僉報，曰均急公，曰窩引，曰去江掣弊，曰酌歸綱，曰省繁費，曰修書院。是時尚當國朝定鼎之初，百度新舉，往往尚沿明制。文學所論，蓋祇其一時之利弊云爾。

明漕運志一卷（編修程晉芳家藏本）

舊本題國朝曹溶撰。溶有崇禎五十宰相傳，已著錄。此書溶自載於所輯學海類編中。今考其文，與谷應泰明史紀事本末河漕轉運篇無一字之異，溶斷斷不至如此，知學海類編決非溶家原本也。

蘇松歷代財賦考一卷（江蘇巡撫採進本）

不著撰人名氏。其大略謂蘇松二郡之田，僅居天下八十五分之一，而所出之賦，竟任天下十三分之二。其始也因張士誠之負固，明太祖以租額爲官糧。其繼也，以萬歷之後，有司官以耗增充正數，相沿既久，民困未蘇。於是摘其大要，彙成一書，并恭錄世祖章皇帝、聖祖仁皇帝歷年蠲欠減額諸聖諭，次載巡撫韓世琦至湯斌十八人奏疏。伏考蘇松浮糧之弊，業經恩綸普賚，舊額東南士女久已歌咏皇仁，怙熙化日。此書所載奏疏，止於康熙二十四年，其情形與今全異矣。謹存其目，以見列聖以來，留心民瘼，閭閻疾苦，無不上達天聽者，所以厚澤深仁，淪肌浹髓，迥非前代之所及也。

歷代山澤征稅記一卷（編修程晉芳家藏本）

國朝彭甯求撰。甯求字文洽，長洲人。康熙壬戌進士，官至左春坊左中允。其書臚敘歷代山澤征稅諸政，然海稅之加，不知起於漢宣帝；鹽鐵之稅，不知起於管子。既彙敘歷代稅法，而遼代之置銀冶、鐵冶，金之和買金銀冶，及大定中罷金銀坑冶之稅，與採買隨處金銀銅冶之法，元之鐵冶、銅冶、銀冶、淘金諸政，特置官司，載於史志者，皆略而不及，殊未爲賅備也。

左司筆記二十卷（江蘇巡撫採進本）

國朝吳暻撰。暻字西齋，太倉人。康熙戊辰進士。是編乃其官戶部時所作。分疆域、戶口、田地、正賦、漕運、錢法、鹽課、茶馬、關稅、雜稅、物產、三庫、十倉、常平、官俸、兵食、經費、設官、廨署、雜識二十門。所載皆戶部掌故，亦兼及他部事。每門敘事，俱自漢唐至國朝。其稱左司者，據雜識內一條云，時官戶部者稱廣東、山西二司爲左右二大司，暻適官廣東司，而所摭拾多一曹遺事，故以左司筆記名書云。

泉刀匯纂（無卷數，浙江巡撫採進本）

國朝邱峻撰。峻有南湖記略稾，已著錄。錢譜創自顧烜，見於隋書經籍志。其後封演諸人相繼有作，並已散佚。今惟洪遵之書存。然遵特考其形制，繪其文字，而未及於政典沿革之詳。峻是書則自邃古訖於有明典故藝文，悉爲採錄。分六門，一曰沿革，二曰利弊，三曰建元，四曰圖異，五曰官監，六曰雜編。搜採頗詳，亦多考證，而編次雜亂無緒，亦未分卷，蓋未成之本也。

錢錄十二卷（江蘇巡撫採進本）

國朝張端木撰。端木字崑喬，上海人。乾隆壬戌進士，官至諸暨縣知縣。此書卷一至卷七具載歷代錢幣，并及僞朝僭號所鑄。卷八至卷十載錢之不知年代者。卷十一專載外國錢名。卷十二則敘述古來作志之人，而以洪遵泉志序終焉。書中頗引遵說，宋元以後則端木所蒐羅。伏考御定西清古鑑中錢錄一編，圖繪精妙，考據典核，足折衷百代，無以復加。端木蓋未及見，故摭拾殘賸，有此編錄耳。

右政書類邦計之屬，四十五部，二百四十九卷，（內一部無卷數）皆附存目。

馬政志四卷（兩淮鹽政採進本）

明陳講撰。講字子學，遂寧人。正德辛巳進士，官至山西提學副使。此書乃其嘉靖三年以御史巡視陝西馬政時所作。凡茶馬一卷，爲目九，紀以茶易番馬之制。鹽馬一卷，爲目七，紀納馬中鹽之制。牧馬一卷，爲目八，紀各寺苑監畜牧之制。點馬一卷，爲目三，紀行太僕寺各軍衛稽覈馬匹之制。據敘原委頗詳。明史食貨志載講營以商茶低僞，乃第茶爲上中二品，印烙篦上，書商名而考之。蓋亦勤於爲政者。然明代茶馬之政，至末造而姦商私販，官吏冒支，其弊不可究詰。鹽中馬改爲納銀，名在實亡，亦無裨於邊計。志中所列，大抵皆具文而已。

歷代武舉考一卷（浙江巡撫採進本）

國朝譚吉璁撰。吉璁有延綏鎮志，已著錄。是書敘歷代武舉之制，問引唐宋諸儒奏議參證之。如敘唐試武舉長垛諸例，而失載穿札；宋武舉之法屢變，其出官之法亦極詳，皆略而不敘。又如遼之統和十二年詔諸道軍有勇健者具以名聞，金皇統時特設武舉之科，至貞祐時又賜敕命章服，與進士同例，其科特重，載於諸史紀志者甚詳，亦未及徵引。不足以云賅備也。

右政書類軍政之屬，二部，五卷，皆附存目。

永徽法經三十卷（永樂大典本）

元鄭汝翼撰。汝翼字鵬舉，河南人。喬從善跋謂其束髮讀書，學刑名家，罔不涉獵，得法外意。中金朝律科，選官刑部檢法。迨壬辰革命，徙居順德州。節度遣公議其有平反，謄擢詳議中書省，尋舉授大理丞，後以奉直大夫左三部郎中致仕。是書作於中統癸亥，意主發明唐律，故名之曰永徽法經。自序稱唐永徽因隋參定爲十三章三十卷，其法詳備。金朝嘉尚，制科。皇統大定確定大略，未成章目。道陵敕設詳定校定兩所，自明昌至泰和，以隋唐遼宋遺文，參定篇目卷帙，全依唐制。其問度時增損者十有一二。遼宋皇統大定文籍，更革無存。永徽泰和遺文足徵，因閱此書，以蹟款異同者分析編類，庶便於觀覽。其目仍用十三章之舊，每篇目下有議，自李悝以後同異分合，前後之次，各析其沿革源流。其書則列唐律於前，而附金律於後。或有或無，或同或異，或增或減，俱詳爲之註，頗爲精密。文淵閣書目載此書一部五冊，不著卷數。永樂大典所載者併爲四卷，今從之著錄。

至正條格二十三卷（永樂大典本）

元順帝時官撰。凡分目二十七：曰祭祀，曰戶令，曰學令，曰選舉，曰宮衛，曰軍防，曰儀制，曰衣服，曰公式，曰祿令，曰倉庫，曰廄牧，曰田令，曰賦役，曰關市，曰捕亡，曰賞令，曰醫藥，曰假寧，曰獄官，曰雜令，曰僧道，曰營繕，曰河防，曰服制，曰站赤，曰榷貨。案元史刑法志載元初平宋，簡除繁苛，始定新律。至元二十一年，中書省咨各衙門，將元降聖旨條律，須之有司，號曰至元新格。仁宗時又以格例條畫類集成書，號曰風憲宏綱。英宗時復加損益，書成，號曰大元通制。其書之大綱有三：一曰詔制，二曰條格，三曰斷制。自仁宗以後率遵用之，而不及此書。據歐陽元序，則此書乃順帝至元四年中書省言大元通制纂集於延祐乙卯，頒行於至治之癸亥，距今二十餘年，朝廷續降詔條，法司續議格例，簡牘滋繁，因革靡常，前後衡決，有司無所質正，往復稽留，吏或舞文，請擇老成耆舊、文學法理之臣，重新刪定。上乃敕中書專官典治其事，遴選樞府憲臺大宗正翰林集賢等官，編閱新舊條格，參酌增損，書成，爲制詔百有五十，條格千有七百，斷例千五十有九。至正五年書成，丞相阿魯圖等入奏，請賜名曰至正條格。其編纂始末，燦然可考。元史遺之，亦疏漏之一證矣。原本卷數不可考，今載於永樂大典者凡二十三卷。

金玉新書二十七卷（永樂大典本）

不著撰人名氏，蓋元時坊本也。其書凡大綱三十一門：一曰民庶，二曰商旅，三曰僧道，四曰官制，五曰州縣，六曰監司，七曰皇族，八曰遣使，九曰職任，十曰薦舉，十一曰選試，十二曰推鞫，十三曰公吏，十四曰軍防，十五曰督捕，十六曰倉庫，十七曰場務，十八曰綱運，十九曰工役，二十曰功賞，二十一曰推賞，二十二曰職田，二十三曰朝享，二十四曰恩封，二十五曰儀制，二十六曰禮制，二十七曰給賜，二十八曰文書，二十九曰請給，三十曰急遞，三十一曰貢獻。每門皆以二字爲題，中又分子目，皆以六字爲題。繁雜瞀亂，殊不足觀。其曰金玉新書者，殆取金科玉律之意，立名亦未雅馴也。

官民準用七卷（永樂大典本）

不著撰人名氏。前有徐天麟序，曰：元不尚苛細，故不用太和舊例，然隨事立法，前後所降格例，文墨之吏不能盡曉，及蒙省臺降令內外衙門編類置簿檢舉，適有好事君子出一編書示余，曰官民準用云云。則是書乃留心法律者鈔集案牘而爲之，非官撰也。前列詔敕，中分三十二目：一曰官制，二曰吏員，三曰公牘，四曰禮儀，五曰學校，六曰僧道，七日戶役、八日田產、九日婚娶、十日良賤、十一日債負、十二日俸給、十三日錢糧、十四日課程、十五日倉庫、十六日榷禁、十七日鋪驛、十八日軍兵、十九日臺察、二十日訴訟、二十一日警捕、二十二日斷獄、二十三日禁約、二十四日雜犯、二十五日盜賊、二十六日毆殺、二十七日贓婪、二十八日姦汙、二十九日詐僞、三十日拾遺、三十一日工作、三十二日匠役、附以唐律諸圖。蓋元初罷科舉而用掾吏、故官制之下、即次以吏員。又其時三教並重、故學校之後即次以僧道也。此書明文淵閣書目作四冊、不言幾卷。今見於永樂大典者凡七卷、已合併舊帙、非其原數矣。

明律三十卷（永樂大典本）

明太祖時敕修。初、太祖平武昌、即議律令。吳元年、命左丞相李善長爲律令總裁官、楊憲、陶安等爲議律官。諭之曰、法貴簡當、使人易曉。若條緒繁多、或一事兩端、可輕可重、吏得因緣爲姦、非法意也。遂御西樓、召諸臣賜坐、從容講論律意。書成、又恐小民不能周知、命大理卿周禎等自禮樂制度、錢糧選法之外、凡民間所行事宜、類聚成編、訓釋其義、頒之郡縣、名曰律令直解。洪武元年、又命儒臣四人同刑官講唐律、日進二十條。六年夏、刊律令憲綱、頒之諸司。然皆臨文草創、未及詳備。此書乃六年之冬、詔刑部尚書劉惟謙詳定。凡近代比例之繁、姦吏可資爲出入者、咸痛革之。每一篇成、繕書上奏、揭於西廡之壁、親爲裁定。明年二月書成。篇目一準於唐。採用已頒舊律三十六條、因事制律三十一條、掇唐律以補遺者又一百二十二條、合六百有六條。然明代斷獄、不甚遵用、故其書亦罕傳本。此猶永樂大典所載明初之舊本也。

右政書類法令之屬五部、一百十七卷、皆附存目。

元內府宮殿制作一卷（永樂大典本）

不著撰人名氏。所記元代門廊宮殿制作甚詳、而其辭鄙俚冗贅、不類文士之所爲。疑當時營繕曹司私相傳授之本也。

造甎圖說一卷（浙江巡撫採進本）

明張問之撰。問之、慶雲人、嘉靖癸未進士、官至工部郎中。自明永樂中、始造甎於蘇州、責其役於長洲窯戶六十三家。甎長二尺二寸、徑一尺七寸。其土必取城東北陸墓所產乾黃作金銀色者、掘而運、運而曬、曬而椎、椎而舂、舂而磨、磨而篩、凡七轉而後得土。復澄以三級之池、濾以三重之羅、築地以晾之、布瓦以晞之、勒以鐵弦、踏以人足、凡六轉而後成泥。揉以手、承以托版、砑以石輪、椎以木掌、避風避日、置之陰室、而日日輕築之。閱八月而後成坯。其入窯也、防驟火激烈、先以糠草薰一月、乃以片柴燒一月、又以棵柴燒一月、又以松枝柴燒四十日、凡百三十日而後窨水出窯。或三五而選一、或數十而選一、必面背四旁色盡純白、無燥紋、無墜角、叩之聲震而清者、乃爲入格。其費不貲。嘉靖中營建宮殿、問之往督其役。凡需甎五萬、而造至三年有餘乃成。窯戶有不勝其累而自殺者。乃以採鍊燒造之艱、每事繪圖貼說、進之於朝、冀以感悟。亦鄭俠繪流民意也。其書成於嘉靖甲午、而明之弊政已至於此。蓋其法度陵夷、民生塗炭、不待至萬歷之末矣。

西槎彙草一卷（浙江范懋柱家天一閣藏本）

明龔輝撰。輝有全陝政要略、已著錄。嘉靖時營仁壽宮、輝以營繕司主事奉使督木四川。得大木五千餘株、販枋如之。部劄欲再倍其數、公私俱困、民情洶洶。輝乃繪山川險惡、轉運艱苦等狀爲十五圖、前後各作圖說、具奏、竟得旨停止。後列劄子三篇、又附載詩文數首。其曰西槎彙草者、輝嘗使浙東、故此名西槎以別之也。其圖說劄子皆剴切酸楚、使人感動、與張問之造甎圖說相等。自當以採木圖說爲名、不當更贅附詩文、名以彙草。其編次殊無體例、且詩文寥寥數首、又皆不工、益爲無謂矣。今仍著錄政書中、從所重也。

南船紀四卷（江蘇巡撫採進本）

明沈啓撰。啓有吳江水利考、已著錄。是編乃啓嘉靖中以南工部營繕司主事監督龍江提舉司時所撰。案明史兵志、太祖於新江口設船四百。永樂初、又命鎭江各府衞造海風船、皆江船也。又職官志所載各船、有黃船、遮洋船、淺船、馬船、風快船、備倭戰船諸名。內惟遮洋、備倭二種爲海中所用、故啓不之及。其餘各船圖形、工料數目、暨因革典司諸例、無不詳悉備載。

國朝江寧府設同知一員、專管督造戰船、今昔異宜、其制已不盡合。然參考損益、未始非船政之權輿也。

水部備考十卷（浙江巡撫採進本）

明周夢暘撰。夢暘字啟明，南漳人。萬歷甲戌進士，官至工部都水司郎中。以工曹職掌冗雜，又前後多所更革，難於稽考，因檢校案牘，以類編次，各立綱目，分爲職官、河渠、橋道、舟車、織造、器用、權量、徵輸、供億、叢事凡十考，末附吏典承行事件。書成於萬歷丁亥。

浮梁陶政志一卷（編修程晉芳家藏本）

國朝吳允嘉撰。允嘉有吳越順存集，已著錄。是書皆記江西景德鎮官窯始末，凡七條，疎略殊甚。後爲景德舊事十四條，而其十九一條重出，又時代顛舛。容齋隨筆一條，以宋事列明後。池北偶談一條，以國朝事列宋前，殊無條理。

右政書類考工之屬，六部，十八卷，皆附存目。

欽定四庫全書總目卷八十四

欽定四庫全書總目卷八十五

史部四十一

目錄類一

鄭元有三禮目錄一卷，此名所昉也。其有解題，胡應麟經義會通謂始於唐之李肇。案漢書錄七略，書名不過一卷，而劉氏七略別錄至二十卷，此非有解題而何？隋志曰：劉向別錄、劉歆七略，剖析條流，各有其序，推尋事迹。自是以後，不能辨其流別，但記書名而已。其文甚明，應麟誤也。今所傳者，以崇文總目爲古，晁公武、趙希弁、陳振孫竝準爲撰述之式。惟鄭樵作通志藝文略，始無所詮釋，併建議廢崇文總目之解題，而尤袤遂初堂書目因之。自是以後，遂兩體竝行。今亦兼收，以資考核。金石之文，隋唐志附小學，宋志乃附目錄。今用宋志之例，竝列此門，而別爲子目，不使與經籍相淆焉。

崇文總目十二卷（永樂大典本）

宋王堯臣等奉敕撰。蓋以四館書併合著錄者也。宋制，以昭文、史館、集賢爲三館。太平興國三年，於左升龍門東北建崇文院，謂之三館新修書院。端拱元年，詔分三館之書萬餘卷，別爲書庫，名曰祕閣，以別貯禁中之籍，與三館合稱四館。景祐元年閏六月，以三館及祕閣所藏或謬濫不全，命翰林學士張觀、知制誥李淑、宋祁等看詳，定其存廢，譌謬者刪去，差漏者補寫。因詔翰林學士王堯臣、史館檢討王洙、館閣校勘歐陽修等校正條目，討論撰次，定著三萬六百六十九卷，分類編目，總成六十六卷，於慶歷元年十二月己丑上之，賜名曰崇文總目。後神宗改崇文院曰祕書省，徽宗時因改是書曰祕書總目，然自南宋以來，諸書援引，仍謂之崇文總目，從其朔也。李燾續通鑑長編云崇文總目六十卷，麟臺故事亦同，中興書目云六十六卷，江少虞事實類苑則云六十七卷，文獻通考則云六十四卷，宋史藝文志則據中興書目作六十六卷，其說參差不一。考原本於每條之下具有論說，逮南宋時鄭樵作通志，始謂其文繁無用，紹興中遂從而去其序釋，故晁公武讀書志、陳振孫書錄解題著錄皆云一卷，是刊除序釋之後，全本已不甚行。南宋諸家或不見其原書，故所記卷數各異也。考漢書藝文志本劉歆七略而作，班固已有自註；隋書經籍志參考七錄，互註存佚，亦沿其例。唐書於作者姓名不見紀傳者，尚閒有註文，以資考核，後來得略見古書之崖略，實緣於此，不可謂之繁文。鄭樵作通志二十略，務欲凌跨前人，而藝文一略，非目睹其書則不能詳究原委，自揣海濱寒畯，不能窺中祕之全，無以駕乎其上，遂惡其害己而去之。此宋人忌刻之故智，非出公心。厥後托克托等（案托克托原作脱脱，今改正。）作宋史藝文志，紕漏顛倒，瑕隙百出，於諸史志中最爲叢脞。是即高宗誤用樵言，刪除序釋之流弊也。宋人官私書目存於今者四家，晁氏、陳氏二目，諸家藉爲考證之資，而尤袤遂初堂書目及此書則若存若亡，幾希湮滅。是亦有說無說之明效矣。此本爲范欽天一閣所藏，朱彝尊鈔而傳之，始稍見於世，亦無序釋。彝尊曝書亭集有康熙庚辰九月作是書跋，謂欲從六一居士集暨文獻通考所載別鈔一本以補之，然是時彝尊年七十二矣，竟未能辦也。今以其言考之，其每類之序見於歐陽修集者，祇經史二類及子類之半。馬端臨文獻通考所載論說亦然。晁公武讀書志、陳振孫書錄解題皆在通考之前，惟晁公武所見多通考一條，陳氏則但見六十六卷之目，題曰紹興改定者而已。永樂大典所引亦卽從晁陳二家目中採出，無所增益，已不能復睹其全。然蒐輯排比，尚可得十之三四，是亦較勝於無矣。謹依其原次，以類補入，釐爲一十二卷。其六十六卷之原次，仍註于各類之下。又續宋會要載大觀四年五月祕書監何志同言，慶歷閒集四庫爲籍，今案籍求之，十纔六七，宜頒其名類於天下，總目之外，別有異書，並借傳寫。紹興十二年十二月權發遣盱眙軍向子固言，乞下本省以唐藝文志及崇文總目所闕之書，註闕字於其下，付諸州軍照應搜訪云云。今所傳本每書之下多註闕字，蓋由於此，今亦仍之。王應麟玉海稱當時國史謂總目序錄多所謬誤。黃伯思東觀餘論有校正崇文總目十七條。鄭樵通志校讎略則全爲攻擊此書而作。李燾長編亦云總目或有相重，亦有可取而誤棄不錄者。今觀其書，載籍浩繁，牴牾誠所難保。然數千年著作之目，總匯於斯，百世而下，藉以驗存佚、辨眞贋、核同異，固不失爲冊府之驪淵、藝林之玉圃也。

郡齋讀書志四卷、後志二卷、考異一卷、附志二卷（兩江總督採進本）

郡齋讀書志四卷，宋晁公武撰。後志二卷，亦公武所撰，趙希弁重編。附志一卷，則希弁所續輯也。公武字子止，鉅野人，沖之之子，官至敷文閣直學士、臨安少尹。岳珂桯史記隆興二年湯思退罷相，洪适草制作平語，侍御史晁公武擊之，則亦骨鯁之士。希弁，袁州人，宋宗室子，自題稱江西漕貢進士、祕書省校勘，以華行推之，蓋太祖之九世孫也。始南陽井憲孟爲四川轉運使，家多藏書，悉舉以贈公武，乃躬自讎校，疏其大略爲此書。以時方守榮州，故名郡齋讀書志。後書散佚而志獨存。淳祐己酉，鄱陽黎安朝守袁州，因令希弁卽其家所藏書目參校，刪其重複，摭所未有，益爲附志一卷而重刻之，是爲袁本。時南充游鈞守衢州，亦取公武門人姚應績所編蜀本刊傳，是爲衢本。當時二書並行於世，惟衢本分析至二十卷，增加書目甚多，卷首公武自序一篇，文亦互有詳略。希弁以衢本所增乃公武晚年續裒之書，而非所得井氏之舊，因別摘出爲後志二卷，又以袁衢二本異同別爲考異一卷附之編末。蓋原志四卷爲井氏書，後志二卷爲晁氏書，並至南渡而止。附志一卷則希弁家書，故兼及於慶元以後也。馬端臨作經籍考，全以是書及陳氏書錄解題爲據，然以此本與經籍考互校，往往乖迕不合。如京房易傳，此本僅註三十餘字，而馬氏所引其文多至十倍。又如宋太祖實錄、太宗實錄、建康實錄、汲冢周書之類，此志本僅述其撰人時代及卷數而止，而馬氏所引尚有考據議論凡數十言。其餘文之多寡、詞之增損、互異者不可勝數。又希弁考異稱袁本毗陵易傳，衢本作東坡易傳；袁本芸閣先生易解，衢本作呂氏章句。今經籍考所題並同衢本，似馬端臨原據衢本採掇。然如晉公談錄、六祖壇經之類，希弁考異稱袁本所載而衢本所遺者，今經籍考實並引晁氏之說，則當時亦兼用袁本。疑此書已經後人刪削，不特衢本不可復見，卽袁本亦非盡舊文，故與馬氏所引不能一一符合歟。又前志子部序錄稱九曰小說類，十曰天文歷算類，十一曰兵家類，十二曰刑家類，十三曰雜藝類，十四曰醫家類，十五曰神仙類，十六曰釋家類，而志中所列小說類雜跖集後，卽爲羣仙會眞記、王氏神仙傳、葛洪神仙傳三種，是天文歷算等五類全佚，而神仙類亦脫其標目，則其他類之殘闕，蓋可例推矣。然書雖非舊，而梗概仍存，終爲考證者所取資也。

遂初堂書目一卷（兩江總督採進本）

宋尤袤撰。袤字延之，無錫人，紹興十八年進士，官至禮部尚書，謚文簡，事蹟具宋史本傳。陳振孫書錄解題稱其遂初堂藏書爲近世冠。楊萬里誠齋集有爲袤作益齋書目序，其名與此不同。然通考引萬里序列遂初堂書目條下，知卽一書。今此本無此序，而有毛幵一序，魏了翁、陸友仁二跋。其書分經爲九門，曰經總類、周易類、尚書類、詩類、禮類、樂類、春秋類、論語孝經孟子類、小學類。分史爲十八門，曰正史類、編年類、雜史類、故事類、雜傳類、僞史類、國史類、本朝雜史類、本朝故事類、本朝雜傳類、實錄類、職官類、儀注類、刑法類、姓氏類、史學類、目錄類、地理類。分子爲十二門。曰儒家類、雜家類、道家類、釋家類、農家類、兵家類、數術家類、小說家類、雜藝類、譜錄類、類書類、醫書類。分集爲五門。曰別集類、章奏類、總集類、文史類、樂典類。其例略與史志同。惟一書而兼載數本、以資互考、則與史志小異耳。諸書解題、檢馬氏經籍考無一條引及袤說、知原本如是。惟不載卷數及撰人、則疑傳寫者所刪削、非其原書耳。其子部別立譜錄一門、以收香譜、石譜、蟹錄之無類可附者、爲例最善。間有分類未安者。如元經本史、而入儒家。錦帶本類書、而入農家。琵琶錄本雜藝、而入樂之類。亦有一書偶然複見者。如大歷浙東聯句一入別集、一入總集之類。又有姓名譌異者。如玉瀾集本朱槔作、而稱朱喬年之類。然宋人目錄存於今者、崇文總目已無完書。惟此與晁公武志爲最古。固考證家之所必稽矣。

子略四卷、目錄一卷內府藏本

宋高似孫撰。似孫有剡錄、已著錄。是書卷首冠以目錄。始漢志所載、次隋志所載、次唐志所載、次庾仲容子鈔、馬總意林所載、次鄭樵通志藝文略所載。皆削其門類而存其書名、略註撰人卷數於下。其一書而有諸家註者、則惟列本書、而註家細字附錄焉。其有題識者、凡陰符經、握奇經、八陣圖、鬻子、六韜、孔叢子、曾子、魯仲連子、晏子、老子、莊子、列子、文子、戰國策、管子、尹文子、韓非子、墨子、鄧析子、亢桑子、鶡冠子、孫子、吳子、范子、鬼谷子、呂氏春秋、素書、淮南子、賈誼新書、鹽鐵論、論衡、太元經、新序、說苑、抱朴子、文中子、元子、皮子隱書、凡三十八家。其中說苑、新序合一篇、而八陣圖附於握奇經。實其三十六篇。惟陰符經、握奇經錄其原書於前、餘皆不錄。似乎後人刪節之本、未必完書也。馬端臨通考多引之、亦頗有所考證發明。然似孫能知亢倉子之僞、而於陰符經、握奇經、三略、諸葛亮將苑、十六策之類、乃皆以爲眞。則鑒別亦未爲甚確。其盛稱鬼谷子、尤爲好奇。以其會稡諸家、且所見之本猶近古、終非焦竑經籍志之流輾轉販鬻、徒構虛詞者比。故錄而存之、備考證焉。

直齋書錄解題二十二卷永樂大典本

宋陳振孫撰。振孫字伯玉、號直齋、安吉人。厲鶚宋詩紀事、稱其端平中仕爲浙西提舉、改知嘉興府。考周密癸辛雜識莆田陽氏子婦一條、稱陳伯玉振孫、時以倅攝郡。又陳周士一條、稱周士、直齋侍郎振孫之長子。則振孫始仕州郡、終官侍郎、不止浙江提舉。鶚蓋考之未詳也。癸辛雜識又稱、近年惟直齋陳氏書最多、蓋嘗仕於莆、傳錄夾漈鄭氏、方氏、林氏、吳氏舊書至五萬一千一百八十餘卷、且仿讀書志作解題、極其精詳云云。則振孫此書、在宋末已爲世所重矣。其例以歷代典籍分爲五十三類。各詳其卷帙多少、撰人名氏、而品題其得失。故曰解題。雖不標經史子集之目、而核其所列、經之類凡十、史之類凡十六、子之類凡二十、集之類凡七、實仍不外乎四部之說也。馬端臨經籍考惟據此書及讀書志成編。然讀書志今有刻本、而此書久佚。僅永樂大典尚載其完帙。惟當時編輯潦草、譌脫宏多、又卷帙割裂、全失其舊。謹詳加校訂、定爲二十二卷。方今

聖天子稽古右文、蒐羅遺籍、列於四庫之中者、浩如煙海。此區區一家之書、誠不足以當萬一。然古書之不傳於今者、得藉是以求其崖略。其傳於今者、得藉是以辨其眞僞、核其異同。亦考證之所必資、不可廢也。原本間於解題之後附以隨齋批註。隨齋不知何許人。然補闕拾遺、於本書頗有所裨、今亦仍其舊焉。

漢藝文志考證十卷通行本

宋王應麟撰。應麟有周易鄭康成註、已著錄。漢書藝文志因劉歆七略而修。凡句下之註、不題姓氏者、皆班固原文。其標某某曰者、則顏師古所集諸家之說。然師古註班固全書、藝文特其八志之一、故僅略疏姓名時代。所考證者、如漢著記卽起居注、家語非今家語、鄧析非子產所殺、莊忽奇、嚴助之駮文、逢門卽逢蒙之類、不過三五條而止。應麟始捃摭舊文、各爲補註。不載漢志全文、惟以有所辨論者摘錄爲綱、略如經典釋文之例。其傳記有此書名而漢志不載者、亦以類附入。易類增連山、歸藏、子夏易傳。詩類增元王詩。禮類增大戴禮、小戴禮、王制、漢儀。樂類增樂經、樂元語。春秋類增冥氏春秋。道家增老子指歸、素王妙論。法家增漢律、漢令。縱橫家增鬼谷子。天文增夏氏日月傳、甘氏歲星經、石氏星經、巫咸五星占、周髀、星傳。歷譜增九章算術、五紀論。五行增翼氏風角。經方增本草。

凡二十六部。各疏其所註於下、而以不著錄字別之。其間如子夏易傳、鬼谷子皆依託顯然、而一概泛載、不能割愛。又庾信哀江南賦稱栩陽亭有離別之賦、實由誤記藝文志與所用桂華馮馮誤讀郊祀志者相等。應麟乃因而附會、以栩陽爲漢代亭名、亦未免閒失之嗜奇。然論其該洽、究非他家之所及也。

文淵閣書目四卷、（內府藏本）

明楊士奇編。士奇有三朝聖諭錄、已著錄。是編前有正統六年題本一通、稱各書自永樂十九年南京取來、一向於左順門北廊收貯、未有完整書目。近奉旨移貯文淵閣東閣、臣等逐一打點清切、編置字號、寫完一本、總名文淵閣書目。請用廣運之寶鈐識、備照、庶無遺失。蓋本當時閣中存記冊籍。故所載書多不著撰人姓氏。又有冊數而無卷數、惟略記若干部爲一櫥、若干櫥爲一號而已。考明自永樂閒取南京藏書送北京、又命禮部尚書鄭賜四出購求。所謂鋟版十三、鈔本十七者、正統時尚完善無闕。此書以千字文排次、自天字至往字、凡得二十號、五十櫥。今以永樂大典對勘、其所收之書、世無傳本者、往往見於此目。亦可知其儲庋之富。士奇等承詔編錄、不能考訂撰次、勒爲成書。而徒草率以塞責。較劉向之編七略、荀勖之敘中經、誠爲有愧。然考王肎堂鬱岡齋筆麈、書在明代已殘闕不完。王士禎古夫于亭雜錄亦載
國初曹貞吉爲內閣典籍、文淵閣書散失殆盡。貞吉檢閱、見宋槧歐陽修居士集八部、無一完者。今閱百載、已散失無餘。惟藉此編之存、尚得略見一代祕書之名數。則亦考古所不廢也。舊本不分卷數。黃虞稷千頃堂書目作十四卷、不知所據何本。殆傳寫者以意分析。今釐定爲四卷云。

授經圖二十卷、（兩江總督採進本）

明朱睦㮮撰。睦㮮有易學識疑、已著錄。是編所述、經學源流也。案崇文總目有授經圖三卷、敘易詩書禮春秋三傳之學、其書不傳。宋章俊卿山堂考索嘗溯其宗派、各爲之圖、亦未能完備、且頗有舛譌。睦㮮乃因章氏舊圖而增定之。首敘授經世系、次諸儒列傳、次諸儒著述、歷代經解名目卷數。每經四卷、五經共爲二十卷。睦㮮自序、稱釐爲四卷。疑傳寫有脫文也。舊無刊版、惟黃虞稷家有寫本。康熙中虞稷乃同錢塘龔翔麟校而刻之。虞稷序稱西亭舊本、（案西亭即睦㮮之別號、）先後不無參錯。予與龔子蘅圃重爲釐正。易則以復古爲先、書則以今文爲首。其他經傳之闕軼者、復取歷代史藝文志及通志、通考所載、咸爲補入。而近代傳註可傳者、亦閒錄焉。視西亭所輯、庶幾少備云云。又睦㮮義例、稱周漢而下至金元、作者凡一千一百三十二人、國朝三十九人、經解凡一千七百九十八部、二萬一千七十一卷。虞稷等附註其下、稱新增入古今作者二百五十五人、經解凡七百四十一部、六千二百一十八卷。則虞稷等大有所竄改、非復睦㮮之舊矣。今以所改者觀之、易稱以復古爲先、而列子夏易傳實王弼本、非古易也。書稱以今文爲首、而所列朱子書古經實孔安國本、非今文也。以是例推、殆未能盡允。且睦㮮之作是書、大旨病漢學之失傳、因溯其專門授受、欲儒者飲水思源。故所述列傳、止於兩漢。其子勤美跋、（案美字原本誤作羙字、今改正、）亦稱秦燼之餘、六經殘滅。漢興、諸儒頗傳不絕之緒、於是專門之學甚盛。至東京則授受鮮有次第、而經學亦稍稍衰矣。故是編所列、多詳於前漢云云。其著書之意、粲然明白。虞稷等乃雜採諸家以補之、與睦㮮所見正復相反。然朱彝尊經義考未出以前、能條析諸經之源流、此書實爲之嚆矢。正不以有所點竄、併其原書而廢之矣。

欽定天祿琳琅書目十卷、

乾隆四十年奉
敕撰。初乾隆九年、
命內直諸臣檢閱
祕府藏書、擇其善本進呈
御覽。於
昭仁殿列架庋置、
賜名曰天祿琳琅。迄今三十餘年、祕笈珍函、蒐羅益富。又以
詔求遺籍、充四庫之藏。宛委叢編、嫏嬛墜簡、咸出應
昌期。因掇其菁華、重加整比。併
命編爲目錄、以垂示方來。冠以丁卯
御題昭仁殿詩及乙未
重華宮茶宴用天祿琳琅聯句詩。其書亦以經史子集爲類、而每類之中、宋金元明刊版及影寫宋本各以時代爲次。或一書而兩刻皆工緻、則兩本並存。猶尤袤遂初堂書目例也。一版而兩印皆精好、亦兩本並存。猶漢祕書有副例也。（案事見漢書敘傳、）每書各

有解題詳其鋟梓年月及收藏家題識印記並一一考其時代爵里著授受之源流案張彥遠歷代名畫記有論十六篇其十一記鑒識收藏閲玩十二記自古跋尾押署十三記自古公私印記自後賞鑒諸家遞相祖述至鐵網珊瑚所載書畫始於是事特詳然藏書著錄則未有辨訂及此者即錢曾於也是園書目之外別出讀書敏求記述所藏舊刻舊鈔亦粗具梗概不能如是之條析也至於每書之首多有

御製詩文題識並恭錄於舊跋之前

奎藻光華增輝簡冊旁稽舊典自古帝王惟唐太宗有賦尚書一篇詠司馬彪續漢志一篇宋徽宗有題南唐舊本金樓子一篇而已未有

宸章之富

乙覽之博

鑒別之詳明

品題之精確如是者臣等繕錄之下竊頌

聖學高深超軼乎三古也

千頃堂書目三十二卷浙江巡撫採進本

國朝黃虞稷撰虞稷字俞邰先世泉州人崇禎末流寓上元書首自題曰閩人不忘本也所錄皆明一代之書經部分十一門既以四書爲一類又以論語孟子各爲一類又以說大學中庸者入於三禮類中蓋欲略存古例用意頗深然明人所說大學中庸皆爲四書而解非爲禮記而解即論語孟子亦因四書而說非若古人之別爲一經專門授受其分合殊爲不當樂經雖亡而不置此門則律呂諸書無所附其刪除亦未允也史部分十八門其簿錄一門用尤袤遂初堂書目之例以收錢譜蟹錄之屬古來無類可歸者最爲允協至於典故以外又立食貨刑政二門則贅設矣子部分十二門其墨家名家法家縱横家併爲一類總名雜家雖亦簡括然名家墨家縱横家傳述者稀遺編無幾併之可也併法家刪之不太簡乎集部分八門其別集以朝代科分爲先後無科分者則酌附於各朝之末視唐宋二志之糅亂特爲清晰體例可云最善惟制舉一門可以不立明以八比取士工是技者隸首不能窮其數即一日之中伸紙搦管而作者不知其幾億萬篇其不久而化爲故紙敗燼者又不知其幾億萬篇其生其滅如烟雲之變現泡沫之聚散虞稷乃徒據所見而列之不亦慎耶每類之末各附以宋金元人之書既不賅備又不及於五代以前其體例特異亦不可解然焦竑國史經籍志既誕妄不足爲憑傅維鱗明書經籍志尤侗明史藝文志槀尤冗雜無緒考明一代著作者終以是書爲可據所以

欽定明史藝文志頗採錄之略其舛駁而取其賅贍可也

經義考三百卷通行本

國朝朱彝尊撰彝尊字錫鬯號竹垞秀水人康熙己未薦舉博學鴻詞

召試授檢討入直

內廷彝尊文章淹雅初在布衣之內已與王士禎聲價相齊博識多聞學有根柢復與顧炎武閻若璩頡頏上下凡所撰述具有本原是編統考歷朝經義之目初名經義存亡考惟列存亡二例後分例曰存曰闕曰佚曰未見因改今名凡

御注

敕撰一卷易七十卷書二十六卷詩二十二卷周禮十卷儀禮八卷禮記二十五卷通禮四卷樂一卷春秋四十三卷論語十一卷孝經九卷孟子六卷爾雅二卷羣經十三卷四書八卷逸經三卷毖緯五卷擬經十三卷承師五卷宣講立學共一卷刊石五卷書壁鏤版著錄各一卷通說四卷家學自述各一卷其宣講立學家學自述三卷皆有錄無書蓋撰輯未竟也每一書前列撰人姓氏書名卷數其卷數有異同者則註某書作幾卷次列存佚闕未見字次列原書序跋諸儒論說及其人之爵里彝尊有所考正者即附列案語於末雖序跋諸篇與本書無所發明者連篇備錄未免少冗又隋志著錄凡於全經之內專說一篇者如易類之繫辭註乾坤義書類之洪範五行傳古文舜典禮類之夏小正月令章句中庸傳等皆與說全經者通敘先後俾條貫易明彝尊是書乃以專說一篇者附錄全經之末遂令時代參錯於例亦爲未善然上下二千年間元元本本使傳經原委一一可稽亦可以云詳贍矣至所註佚闕未見今以四庫所錄校之往往其書具存彝尊所言不盡可據然

冊府儲藏之祕非人間所得盡窺又恭逢我

皇上稽古右文蒐羅遺逸嫏嬛異笈宛委珍函莫不乘時畢集圖書之富曠古所無儒生株守殘編目營

掌錄，窮一生之力，不能測學海之津涯，其勢則然，固不足爲蘇轍病也。

右目錄類經籍之屬十一部，四百二十一卷，皆文淵閣著錄。

案：隋志以下皆以法書名畫列入目錄，今書畫列入子部藝術類，惟記載金石者無類可歸，仍入目錄。然別爲子目，不與經籍相參，蓋目錄皆爲經籍作，金石其附庸也。

欽定四庫全書總目卷八十五

欽定四庫全書總目卷八十六

史部四十二

目錄類二

集古錄十卷（通行本）

宋歐陽修撰。修有詩本義，已著錄。古人法書惟重真蹟，自梁元帝始集錄碑刻之文爲碑英一百二十卷，見所撰金樓子。是爲金石文字之祖。今其書不傳。曾鞏欲作金石錄而未就，僅製一序存元豐類藁中。修始採摭佚遺，積至千卷，撮其大要，各爲之說。至嘉祐、治平間，修在政府，又各書其卷尾。於是文或小異，蓋隨時有所竄定也。修自書其後題嘉祐癸卯，至熙寧二年己酉，修子棐復摭其略，別爲目錄，上距癸卯蓋六年，而棐記稱錄既成之八年，則是錄之成當在嘉祐六年辛丑。其真蹟跋尾則多係治平初年所書，亦閒有在熙寧初者。知棐之目錄，固承修之命而爲之也。諸碑跋今皆具修集中。其跋自爲書，自宋方崧卿裒聚真蹟，刻於廬陵。曾宏父石刻鋪叙稱有二百四十六跋，陳振孫書錄解題稱有三百五十跋，修子棐所記則曰凡二百九十六跋。修又自云凡四百餘篇有跋，近日刻集古錄者又爲之說曰：世所傳集古跋四百餘篇，而棐乃謂二百九十六，雖是時修尚無恙，然續跋不應多逾百篇。因疑寫本誤以三百爲二百。以今考之，即通此十卷乃正得四百餘跋之數。蓋以集本並真蹟合編，與專據集本者不同。宋時廬陵之刻，今已不傳，無從核定，不必以棐記爲疑矣。是原本但隨得隨錄，不復詮次年月。故修之自序曰：有卷帙而無時世先後，蓋其取多而未已也。近來刻本乃以時代先後爲序，而於每卷之末附列原本卷帙次第，轉有年月倒置，更易補正之處。故錢曾讀書敏求記以爲失其初意。然考毛晉跋是書曰：自序謂上自周穆王以來，則當以吉日癸巳石刻爲卷首。毛伯敦三銘是作序後所得，宜在石末。卽子棐亦未敢妄爲詮次。蓋周益公未能考訂云云。據此，則周必大時之本已案時世爲次，其由來固已久矣。今刻修文集者但序時代，不復存每卷末之原次，則益爲疎耳。今仍依見行篇次著於錄焉。

金石錄三十卷（兩淮馬裕家藏本）

宋趙明誠撰。明誠字德父，密州諸城人。歷官知湖州軍州事。是書以所藏三代彝器及漢唐以來石刻，仿歐陽修集古錄例，編排成帙。紹興中，其妻李清照表上於朝。張端義貴耳集謂清照亦筆削其閒，理或然也。有明誠自序，並清照後序。前十卷皆以時代爲次，自第一至二千，咸著於目，每題下註年月撰書人名氏。後二十卷爲辨證，凡跋尾五百二篇。中邢義、李證義、輿茶舍、般舟和尚四碑，目錄中不列其名，或編次偶有疎舛，或所續得之本未及補入卷中歟。初，鋟版於龍舒，開禧元年，浚儀趙不讖又重刻之。其本今已罕傳，故歸有光、朱彝尊所見皆傳鈔之本，或遂指爲未完之書。其實當時有所考證，乃爲題識。故李清照跋稱二千卷中有題跋者五百二卷耳。原非卷卷有跋，未可以殘闕疑也。清照跋據洪邁容齋四筆，原爲龍舒刻本所不載。遂於王順伯家見原稾，乃撮述大概，載之此本所列，乃與適所撮述者不同，則後人補入，非清照之全文矣。自明以來，轉相鈔錄，各以意爲更移，或刪除其目內之次第，又或竄亂其目之年月。第十一卷以下，或併削每卷之細目，或竟佚卷末之後序。沿譌踵謬，彌失其眞。顧炎武日知錄載章邱刻本，至以後序壯月朔爲牡丹朔。其書之舛謬，可以概見。近日所傳，惟焦竑從祕府鈔出本，文嘉從宋刻影鈔本，崑山葉氏本，閩中徐氏本，濟南謝氏重刻本。又有長洲何焯、錢塘丁敬諸校本，差爲完善。今揚州刻本，皆爲採錄。又於註中以隸釋、隸續諸書增附案語，較爲詳核。別有范氏天一閣、惠氏紅豆山房諸校本，皆稍不及。故今從揚州所刊著於錄焉。

法帖刊誤二卷（內府藏本）

宋黃伯思撰。伯思有東觀餘論，已著錄。初，米芾取淳化閣帖一一評其眞僞，多以意斷制，罕所考證。伯思復取芾之所定重爲訂正，以成此書。前有大觀戊子自序，稱芾疎略甚多，或僞蹟甚著而不覺者，若李懷琳所作衞夫人書、逸少闊別稍久帖之類；有審其僞而譏評未當者，若知伯英夫人諸草帖爲唐人書，而不知乃書晉人帖語之類；有譏評雖當，主名昭然而不能辨者，若以田疇字爲非李斯書，而不知乃李陽冰明州碑中字之類；有誤著其主名者，若以晉人章草諸葛亮傳中語，遂以爲亮書之類。其論多確，其他亦指摘眞僞，率有依據。末有政和中王玠、許翰二跋，據玠跋乃伯思官洛中時觀珍家所藏閣帖作也。其書本自爲一編，故至今有別行之本，諸家書目亦別著錄。後其子訒乃編入東觀餘論中耳。湯垕畫鑒曰：「宋人賞鑒精妙，無如米元章，然此公天資極高，立論時有過處。後有黃伯思長睿者，出作法帖刊誤，專攻米公之失，僕從而辨析其詳，作法帖正誤，專指長睿之過。」今未見垕書，不知所正者何誤，然垕亦空談鑒別，而不以考證爲事者，恐所正亦未必確也。

法帖釋文十卷（兩淮鹽政採進本）

宋劉次莊撰。次莊字中叟，長沙人，崇寧中嘗官御史。曹士冕法帖譜系云：「臨江戲魚堂帖，元祐間劉次莊以家藏淳化閣帖十卷摹刻其上，除去卷尾篆題而增釋文。」曾敏行獨醒雜志曰：「劉殿院次莊自幼喜書，嘗寓於新淦，所居民屋窗扉牆壁，題寫殆徧。臨江郡庫有法帖十卷，釋以小楷，他法帖之所無也。」觀二書所記，則次莊之作法帖釋文，本附註石刻之中，未嘗別爲一集。此本殆後人於戲魚堂帖中鈔合成帙，而仍以閣本原第編之者也。陳振孫書錄解題又稱武岡人嘗傳刻絳州潘氏帖，嘉定中汪立中又取劉本分入二十卷中，官帖所無者增附之。蓋絳帖本閣帖而廣之，故立中釋文亦因次莊釋文而廣之，與此又別一書矣。

籀史一卷（編修汪如藻家藏本）

宋翟耆年撰。耆年字伯壽，參政汝文之子，別號黃鶴山人。是書首載宣和博古圖，有紹興十有二年二月帝命臣耆年云云，蓋南宋初所作。本上下二卷，歲久散佚，惟嘉興曹溶家尚有鈔本，然已僅存上卷。今藏弆家所著錄，皆自曹本傳寫者也。王士禛嘗載其目於居易錄，欲以訪求其下卷，卒未之獲，知無完本久矣。其以籀名史，特因所載多金石款識篆隸之體爲多，實非專述籀文。所錄各種之後，皆附論說，括其梗概。於岐陽石鼓不深信爲史籀之作，與唐代所傳特異，亦各存所見，然未至如金馬定國堅執宇文周所作也。所錄不及薛尚功鍾鼎彝器款識備載篆文，而所述原委則較薛爲詳。二書相輔而行，固未可以偏廢。其中所云趙明誠古器物銘碑十五卷，稱商器三卷，周器十卷，秦漢器二卷，河間劉跂序，洛陽王壽卿篆。據其所說，則十五卷皆古器物銘，而無石刻，當於金石錄之外別爲一書。而士禛以爲卽金石錄者，其說殊誤，豈士禛偶未檢金石錄歟。

隸釋二十七卷（兩淮鹽政採進本）

宋洪适撰。适初名造，後更今名，字景伯，饒州鄱陽人，皓之長子也。紹興壬戌中博學鴻詞科，官至尚書左僕射、同中書門下平章事，諡文惠，事蹟具宋史本傳。是書成於乾道二年丙戌，适以觀文殿學士知紹興府安撫浙東時也。明年正月序而刻之。周必大誌其墓道，云耽嗜隸古，爲纂釋二十七卷者，卽指此書。其弟邁序婁機漢隸字原云：「吾兄文惠公區別漢隸爲五種，書曰釋，曰纘，曰韻，曰圖，曰續，四者備矣，惟韻書不成。」又适自跋隸續云：「隸釋有續，凡漢隸碑碣二百八十有五。」又跋淳熙隸釋後云：「淳熙隸釋目錄五十卷，乾道中書始萌芽，十餘年間拾遺補闕，一再添刻，凡碑版二百五十有八。然乾道三年洪邁跋云、所藏碑一百八十九、譯其文、又述其所以然、爲二十七卷。又淳熙六年喻良能跋云、公頃帥越、嘗萃漢隸一百八十九、爲二十七卷。是二跋皆與是書符合。則其自題曰淳熙隸釋者、乃兼後所續得合爲一編。今其本不傳。傳者乃隸釋隸續各自爲書。此本爲萬歷戊子王鷺所刻。凡漢魏碑十九卷、水經注碑目一卷、歐陽修集古録二卷、歐陽棐集古目録一卷、趙明誠金石録三卷、無名氏天下碑録一卷、與二十七卷之數合。每碑標目之下、具載酈歐趙三書之有無。歐趙之書第撮其目、不録其文。而是書爲考隸而作、故每篇皆依其文字寫之。其以某字爲某字、則具疏其下、兼核著其關切史事者、爲之論證。自有碑刻以來、推是書爲最精博。其中偶有遺漏者。如衛尉卿衡方碑、以寬懔爲寬慄、以馨香爲馨香、以郃虎爲召虎、以疣爲疣、諡爲謚、以剋長剋君爲克長克君、以賽賽爲蹇蹇、以樂旨爲樂只。白石神君碑、以幽讚爲幽贊、以無疆爲無彊。潛研堂金石文跋尾均舉其疏。又其小有紕繆者。如鄭固碑、逡遁退讓、适引秦紀逡巡遁逃釋之。按管子、桓子蹵然逡遁。漢書平當傳贊、逡遁有恥。蓋巡與循同、而循轉爲遁。集古録云、遁當爲循、其說最協。适訓爲遁逃、殊誤。武梁祠堂畫像、武氏不著名字。适因武梁碑有後建祠堂雕文刻畫之語、遂定爲武梁祠堂。案梁卒於桓帝元嘉元年、而畫像文中有曾莊公字不諱改嚴、則當是明帝以前所作。金石録作武氏石室畫像、較爲詳審。适未免牽合其詞。至唐扶頌分郟之治語、案公羊傳、自陝而東者、周公主之。陸德明釋文曰、陝一云當作郟、古洽反。王城郟鄏、則古有以分陝爲郟者。适以爲用字之異、非也。李翊夫人碑、三五未兮哀左姬。據山海經、剛山多柒木。水經注、漆水下有柒縣、柒水柒渠、字皆作柒。隸從柒省、去水爲桼。适以爲即未字者、亦非也。然百醇一駁、究不害其宏旨。他如楊君石門頌、楊慎議其不識𨕖字。考之碑文、正作鑿石、別無𨕖字。是則慎杜撰之文、又不足以爲适病矣。

隸續二十一卷（浙江巡撫採進本）

宋洪适撰。适既爲隸釋、又輯録續得諸碑、依前例釋之、以成是編。乾道戊子、始刻十卷於越。其弟邁跋之。淳熙丁酉、范成大又爲刻四卷於蜀。其後二年己亥、德清李彥穎又爲增刻五卷於越。喻良能跋之。其明年庚子、尤袤又爲刻二卷於江東倉臺。彙其版歸之越、前後合爲二十一卷。适自跋之。越明年辛丑、适復合前隸釋爲一書、屬越帥刊行。适又自跋之。所謂前後增加、律呂乖次、命掾史斬舊版、去留移易、首末整整一新者是也。然辛丑所刻、世無傳本。隸釋尚有明萬歷戊子所刻、隸續遂幾希散佚。朱彝尊曝書亭集有是書跋曰、范氏天一閣曹氏古林徐氏傳是樓含經堂所藏、皆止七卷。近客吳、訪得琴川毛氏舊鈔本、雖殘闕過半、而七卷之外增多一百十七翻。末有乾道三年适弟邁後序云云。蓋自彝尊始合兩家之殘帙、參校成編。後刊版於揚州、即此本也。據喻良能跋云、續有得者、列之十卷、曰隸續。既鋟於版、復冥搜旁取、又得九卷。則當時所刻、實止一十九卷。朱彝尊因疑其餘二卷是所謂隸韻隸圖者。然洪邁跋稱、亦既釋之、而又得之、列於二十七卷以往云云、則隸續當亦如隸釋之體、專載碑文。此本乃第五卷六卷忽載碑圖、第七卷載碑式、第八卷又爲碑圖、第九卷十卷闕、第十一卷至二十卷又皆載碑文、第二十一卷殘闕不完。而适自跋乃在第二十卷尾。蓋前後參錯、已非原書之舊矣。考彝尊所云七卷之本、乃元泰定乙丑寧國路儒學所刻。較今所行揚州本、譌誤差少。然殘闕太甚。今仍録揚州之本、而以泰定本詳校異同。其殘闕者無可考補、則姑仍之焉。

絳帖平六卷（兩江總督採進本）

宋姜夔撰。夔字堯章、鄱陽人。案曹士冕法帖譜系云、絳本舊帖、尚書郎潘師旦以官帖私自摹刻者、世稱潘駙馬帖。又稱潘氏析居、法帖石分而爲二。其後絳州公庫乃得其一、於是補刻餘帖、是名東庫本。逐卷各分字號、以日月光天德、山河壯帝居、太平何以報、願上登封書爲別。今夔所論每卷字號、與士冕所說相合。然則夔所得者、即東庫本也。宋之論法帖者、米芾黃長睿以下、互有疏密。夔欲折衷其論、故取漢官廷尉平之義、以名其書。首有嘉泰癸亥自序、云帖雖小技、而上下千載、關涉史傳爲多。觀是書考據精博、可謂不負其言。惟第五卷內論智果書梁武帝評書語、武帝藏鍾張二王書、嘗使虞龢陶隱居訂正。案虞龢宋人、其上法書表在宋孝武帝之世、去梁武帝甚遠。斯則考論之偶疎耳。據墨莊漫錄，其書本二十卷，舊止鈔本相傳，未及雕刻。所載字號止於山字，其河字以下亡佚十四卷，竟不可復得。然殘珪斷璧，終可寶也。

石刻鋪叙二卷　副都御史黄登賢家藏本

宋曾宏父撰。宏父字幼卿，自稱鳳墅逸客，廬陵人。是書雖遠引石經及祕閣諸本，而自述其所集鳳墅帖特詳。凡所徵摭，皆有典則，而藏書家見者頗希。國朝初年，朱彝尊得射瀆鈔本，自爲之跋，有珊瑚木難之喻。此本末有此跋及彝尊名字二印，蓋猶其手迹。然跋中謂宏父名惇，以字行，則未免舛誤。考宋有兩曾宏父，其一名惇，字宏父，爲曾布之孫，曾紆之子。後人避寧宗諱，多以字行，遂與此宏父混而爲一。實則與作此書者各一人也。跋又謂陳思寶刻叢編其援據頗廣，顧不及此。考鳳墅帖刻於嘉熙淳祐間，鋪叙諸石刻，斷手於戊申仲春，亦在淳祐八年。若叢編則成於紹定辛卯，實理宗即位之七年，相距凡十七八年，何由預見曾刻？彝尊亦偶誤記也。近厲鶚等刻南宋雜事詩，直題此書爲曾惇撰，是承彝尊之譌矣。

法帖譜系二卷　浙江鮑士恭家藏本

宋曹士冕撰。按書史會要，士冕字端可，號陶齋，昌谷之後。昌谷爲曹彥約別號，則都昌人也。其仕履無考。惟三山木版帖條下，自稱三山帥司庫有歷代帖版本，嘉熙庚子，備員帥幕，尚及見之之語，絳本舊帖條下，有淳祐甲辰雲川官滿之語，蓋由幕僚而仕州郡者耳。其書序宋代法帖源流，首爲譜系圖。上卷淳化法帖以下爲二王府帖、紹興國子監本、淳熙修內司本、大觀太清樓帖、臨江戲魚堂帖、利州帖、慶歷長沙帖、劉丞相私第本、長沙碑匠家本、長沙新刻本、三山木版、黔江帖、北方印成本、烏鎮本、福清本、澧陽帖、鼎帖、不知處本、長沙別本、蜀本、廬陵蕭氏本，凡二十二種。下卷絳本舊帖以下爲東庫本、亮字不全本、新絳本、北本、又一本、武岡舊本、武岡新本、福清本、烏鎮本、彭州本、資州本、木本前十卷、又木本前十卷，凡十四種。蓋以淳化閣帖爲大宗，而絳帖爲別子，諸本皆其支派也。每條叙述摹刻始末，兼訂其異同工拙，頗足以資考證。書史會要稱士冕博參書法，服習蘭亭，定其鑒別不苟矣。古今法帖皆搨本，惟此書載有印本法帖，亦廣異聞。書成於淳祐乙巳，前有自序，以書中自記考之，蓋雲川官滿之第二年也。

蘭亭考十二卷　浙江鮑士恭家藏本

舊本題宋桑世昌撰。世昌，淮海人，世居天台，陸游之甥也。案陳振孫書錄解題載蘭亭博議十五卷，註曰桑世昌撰，葉適水心集亦有蘭亭博議跋，曰字書自蘭亭出，上下數千載無復倫擬，而定武石刻遂爲今世大議論，桑君此書信足以垂名矣。君事事精習，詩尤工，其即事云翠添鄰壍竹，紅照屋山花，蓋著色畫也。書錄解題又載蘭亭考十二卷，註曰即前書，浙東庾司所刻，視初本頗有刪改。初十五篇，今存十三篇，去其集字篇、後人集蘭亭字作詩銘之類者，又附見篇兼及右軍他書迹於樂毅論尤詳。其書始成，本名博議，高內翰文虎炳如爲之序。及其刊也，其子似孫主爲刪改，去此二篇，固當，而其他務從省文，多失事實，或屛本意，其最甚者，序文本亦條達可觀，亦竄改無完篇，首末闕漏，文理斷續，於其父猶然，深可怪也云云。是此書經高似孫竄改，已非世昌之舊矣。今未見博議原本，無由驗振孫所論之是非。然是書爲王羲之蘭亭序作，集字爲文，其事無預於羲之，羲之他書，其事無預於蘭亭。似孫所刪，深合斷限，振孫亦不能不以爲當也。其中評議不同者，如或謂梁亂，蘭亭本出外，陳天嘉中爲智永所得；又或謂王氏子孫傳掌，至七代孫智永。此蘭亭眞迹流傳之不同也。又如或謂石晉之亂，棄石刻於中山，宋初歸李學究。李死，其子摹以售人。後負官緡，宋祁爲定武帥，出公帑買之，置庫中。又或謂有遊士攜此石走四方，其人死營妓家，伶人取以獻宋祁；又或謂唐太宗以搨本賜方鎮，惟定武用玉石刻之，世號定武本。薛紹彭見公廚有石鎭肉，乃別刻石以易之。此又定武石刻流傳之不同也。推評條下，據王羲之生於晉惠帝太安二年癸亥，則蘭亭修禊時年五十有一。辨筆陣圖所云羲之年三十三書蘭亭之誤，是矣。然前卷既引王銍語，以劉餗之說爲是矣，而又云於東墅閣高似孫校書畫見蕭翼宿雲門留題二詩，云使御史不有此行，烏得是語？則雜錄舊文，亦未能有所斷制。至其八法一門，以書苑禁經諸條專屬之蘭亭，尤不若姜夔禊帖偏傍考之爲精密。是以曾宏父、陶宗儀諸家皆稱姜考，而不用是書。然其徵引諸家，頗爲賅備，於宋人題識，搜據尤詳。世昌之原本既佚、存此一編、尚足見禊帖之源流。固不得以陳氏之排擊、遽廢是書矣。

蘭亭續考二卷、浙江鮑士恭家藏本

宋俞松撰。松字壽翁、案俞庭椿亦字壽翁、二人同姓同字、同在宋末、而實非一人。謹附識於此。自署曰吳山、蓋錢塘人。後有自跋、稱甲辰書於景歐堂、蓋淳祐四年也。其仕履無考。惟高宗臨本跋內有承議郎臣松之語。其終於是官與否亦莫得而詳焉。是書蓋繼桑世昌而作、故名曰續考。跋內所稱近歲士人作蘭亭考、凡數萬言、名流品題、登載略盡者、即指世昌之書。然書中體例與世昌迥異。上卷兼載松所自藏與他家藏本、下卷則皆松所自藏。經李心傳題跋者。其跋皆淳祐元年至三年所題。以宋史心傳本傳考之、蓋其罷祠之後、寓居臨安時也。前卷所載跋語、知辨永嘉之誤、而仍沿筆陣圖所云羲之三十三歲書蘭亭之說。其無所斷制、與世昌相等。然朱彝尊曝書亭集有是書跋、稱其跋語條暢、不類董逌輩之晦澀。則賞鑒家固亦取之。至心傳諸跋、尤熟於史事。如宋祁摹碑、青社諡法諸條、皆足以備考核、非徒紀書畫也。又宋史心傳本傳、載其淳祐元年罷祠、而其初入史館、因言者論罷職、則不載其歲月。今是書跋內有紹定之季、罷史職歸巖居語。則知其罷在紹定末年、亦足以補史闕焉。

寶刻叢編二十卷、河南巡撫採進本

宋陳思撰。思、臨安人。所著小字錄、前有結銜稱成忠郎緝熙殿國史實錄院祕書省搜訪。又有海棠譜自序、題開慶元年。則理宗時人也。是書蒐錄古碑、以元豐九域志京府州縣爲綱。其石刻地理之可考者案各路編纂、未詳所在者附於卷末。兼採諸家辨證審定之語、具著於下。今以元豐九域志及宋史地理志互相參核、其中改併地名、往往未能畫一。即卷內所載與目錄所題、亦不盡相合。如目稱鎮江、而卷內稱潤州。目稱建康、而卷內稱昇州之類、不一而足。蓋諸家著錄、多據古碑之舊額。思所編次、又皆仍諸家之舊文、故有是譌異。至於所引諸說、不稱某書某集、但稱其字、如蔡君謨、王厚之之類。又有但稱其別號、如碧岫野人、養浩書室之類、茫不知爲何人者、尤宋元坊肆之陋習。然當南北隔絕之日、不得如歐趙諸家多見拓本、而能紬繹前聞、博稽方志、於徵文考獻之中、寓補葺圖經之意、其用力良勤。且宋時因志地而兼志碑刻者、其詳於王象之輿地碑目、而河淮以北、概屬闕如。惟是書於諸道郡邑、綱分目析、沿革釐然、較象之特爲賅備。朱彝尊嘗欲取所引隸續諸條、以補原書二十一卷之闕。今考所引如曾南豐集古錄、施氏大觀帖總釋序、集古後錄、諸道石刻錄、復齋碑錄、京兆金石錄、訪碑錄、元豐碑目、資古紹志錄諸種、今皆散佚不傳、猶藉是以見崖略。又如帖十二卷、慈恩鴈塔唐人題名十卷、以及越州石氏帖目、則他書所不載、而亦藉是書以覘其大凡、亦可云有資考證者矣。鈔本流傳、第四卷京東北路、第九卷京兆府下、十一卷秦鳳路河東路、十二卷淮南東路西路、十六卷荆湖南路北路、十七卷成都路、並已闕佚。十五卷江南東路饒州以下至江南西路、亦佚其半。十八卷梓州利川路、惟有渠巴文三州、而錯入京東西路、京西北路、淮南路諸碑。其餘亦多錯簡。如魏三體石經遺字條下、文義未竟、忽接石藏高紳家、紳死、其子弟以石質錢云云、乃是王羲之書樂毅論跋語、傳寫者誤置於是。朱彝尊經義考於刊石門內魏石經條下、引歐陽棐、趙明誠石藏高紳家云云、蓋未詳究原書、故沿其誤。今一一釐正。其闕卷則無從考補、姑仍其舊焉。

輿地碑記目四卷、兩淮馬裕家藏本

宋王象之撰。象之、金華人。嘗知江寧縣。所著有輿地紀勝二百卷、今未見傳本。此即其中之四卷也。以天下碑刻地志之目、分郡編次、而各註其年月姓氏大略於下。起臨安、訖龍州、皆南渡後疆域。其中頗有考訂精確者。如鎮江府丹徒梁太祖文皇神道碑、辨其爲梁武帝父。成都府殿柱記作於漢興平初年、知其非鍾會書。嘉定府移水記有嘉州二字、知其非郭璞書。台州臨海慶恩院、定光院、明智院、明恩院、婺州義烏眞如院諸碑、福州烏石宣威感應王廟碑、並書會同、則知吳越實曾用契丹年號。皆確有證據。至如上霄峯夏禹石刻、南康軍已載之、又載於江州。孔子延陵十字碑、鎮江府既兩載、又載於江陰軍、又載於昌州。又如徽州則載歙州折絹本末一事、澧州則載柿木成文太平字、皆於碑志無涉、頗屬不倫。又思州下獨載夏總幹墓誌略一篇、大書附入、體例更爲龐雜。然所採金石文字、與他書互有出入、可以訂正異同。而圖經輿記、亦較史志著錄爲詳。雖殘闕之本、要未嘗無裨於考證也。

寶刻類編八卷（永樂大典本）

不著撰人名氏。宋史藝文志不載其名，諸家書目亦未著錄，惟文淵閣書目有之，然世無傳本，僅見於永樂大典中。核其編次，第斷自周秦，迄於五季，並記及宣和、靖康年號，知爲南宋人所撰。又宋理宗寶慶初，始改筠州爲瑞州，而是編多以瑞州標目，則理宗以後人矣。其書爲類者八，曰帝王，曰太子、諸王，曰國主，曰名臣，曰釋氏，曰道士，曰婦人，曰姓名殘闕。每類以人名爲綱，而載所書碑目，其下各係以年月地名，且於名臣類取歷官先後之見於石刻者，臚載姓氏下方，以備參考，詮次具有條理。其間如書碑、篆額之出自二手者，即兩系其人，近於重複；又如歐陽詢終於唐，而系之隋；郭忠恕終於宋，而系之五季，祇就所書最初一碑爲定時代歲月前後，未免混淆，於體例皆爲未密。然金石目錄自歐陽修、趙明誠、洪适三家以外，惟陳思寶刻叢編頗爲該洽，而又多殘佚不完。獨此書蒐採贍博，敘述詳明，視鄭樵金石略、王象之輿地碑目，增廣殆至數倍，前代金石著錄之富，未有過於此者，深足爲考據審定之資，固嗜古者之所取證也。原本屢經傳寫，譌脫頗多，謹詳加訂證，釐次如左。其名臣類十三之三，永樂大典原闕，故自唐天寶迄肅代兩朝碑目未全，今亦仍其舊焉。

古刻叢鈔一卷（浙江吳玉墀家藏本）

明陶宗儀編。宗儀有國風尊經，已著錄。是編前後無序跋，所鈔碑刻凡七十一種：漢一，後漢二，晉一，宋三，梁三，隋一，唐四十九，南唐一，北宋二，南宋一。無年月者六，皆全錄其文，以原額爲題，無所考辨，亦無先後次序，蓋隨得隨鈔，非著書也。然所載諸碑，傳於世者甚罕。惟漢建平郫縣刻石見於隸續、漢隸字源；唐薛王府典軍李無慮墓誌見於金石錄。其餘如宋之臨澧侯劉襲墓誌，梁之永陽敬太妃王氏墓誌，唐之汝南公主墓誌、尉州刺史馬紓墓誌，多與史傳相發明。又載唐人曹汾等別東林寺、徐浩題寶林寺及謁禹廟、釋元孚與王藝遊天台詩，共七首，亦自來錄唐詩者所未及。古人著作託金石以垂於後，然金石有時而銷泐，其幸而存者，不貴存目，貴錄其文，而後可傳於無窮。故洪适隸釋、隸續，較金石集古諸錄更爲有資於考證。是書摭拾佚文，首尾完具，非惟補金石家之闕漏，即讀史談藝，亦均爲有所裨矣。

名蹟錄六卷附錄一卷（浙江鮑士恭家藏本）

明朱珪編。珪字伯盛，崑山人。舊本或題曰元人，觀其首列洪武二年崑山城隍神誥，升於元代璽書之上，即徐堅作初學記以唐太宗詩冠前代諸詩之例。又顧阿瑛至洪武中尚隨其子徙臨濠，而書中有其墓誌銘，其爲明人確矣。稱元人者誤也。珪善篆籀，工於刻印，楊維楨爲作方寸鐵志。鄭元祐、李孝光、張翥、陸友仁、謝應芳、倪瓚、張雨、顧阿瑛諸人亦多作詩歌贈之。又工於摹勒石刻，因裒其生平所鐫，編爲此集，題曰名蹟者，其序謂取穆天子傳爲名蹟於弇茲石上之義。考穆天子傳稱乃爲銘迹於元圃之上，其字作銘，不作名。珪殆以說文無銘字，故改銘爲名。然銘非弇茲所稱，乃記其迹於弇山之石，又無名字，不知珪所據何本也。漢代諸碑，多不著撰人書人，刻工尤不顯名氏。自魏受禪碑、邯鄲淳撰文，梁鵠書，鍾繇刻字，是爲士大夫自鐫之始。歐陽修、趙明誠等輯錄金石，僅標題跋尾而已。自洪适隸續備列碑文，是爲全錄刻詞之始。若自刻其字而自輯其文爲一書，則古無此例，自珪是編始也。首誥一篇，御製祭文五篇，璽書七篇，蓋尊帝王之作，不敢與臣庶相雜，雖篇頁無多，而自爲一卷，用元好問中州集冠以御製兩頁自爲一卷例也。次碑十四篇，記二十九篇，墓表一篇，墓碣一篇，行狀一篇，壙志二十三篇，墓誌銘二十四篇，雜刻字畫二十六種。末爲附錄一卷，則皆一時贈言也。原目註闕者凡石室銘、三隹銘、靈楂詩、柯敬仲趙桃花鳥詩四篇。今有錄無書者，又御製祭文五篇，璽書七篇，碑八篇，記十四篇，碣一篇，行狀一篇，壙誌十四篇，墓誌銘二篇，雜刻六種。其元故處士易府君壙志一篇在故宜人李氏壙志前，而目錄列青村楊典史沈公壙誌後；又金粟道人顧君墓誌銘後有故王子厚墓誌銘一篇，而目不載。蓋傳寫譌脫，非其舊本矣。魏張晏註史記儒林傳，據伏生碑知其名勝；晉灼註漢書地理志，據山上碑知黎陽在黎山之陰，其曰陽者，兼取河水在其陽之義；唐司馬貞註史記高祖本紀，據班固泗上亭長碑知母媼當爲母溫；宋方崧卿作韓文舉正，亦皆以石本爲據。而歐陽、趙、洪諸家以碑證史傳舛誤者，尤不一而足。是編所錄，皆珪手鐫，固愈於年祀綿邈、搜求於磨滅之餘者。如元末郭翼諸書載其洪武中出爲學官，非得是書載盧熊所作翼墓誌，不知其卒於至正二十四年，未嘗改節仕明也。足見其有資考證矣。

吳中金石新編八卷（浙江范懋柱家天一閣藏本）

明陳暐撰。暐字耀卿，河南人。宏治閒官蘇州通判，與吳縣知縣鄺璠、舉人浦應祥、祝允明等採郡中石刻，彙而錄之。自學校官宇、倉驛、水利、橋梁以及祠廟寺觀諸碑碣，分類編輯，區為七目，凡一百餘篇。皆具載全文，用朱珪名蹟錄之例。採輯金石文字者，原主於搜剔幽隱，考核舊聞。故歐陽、趙、洪諸家惟主於搜求古刻。是編以漢唐舊蹟多見諸書，獨取明初諸碑，體例雖不免少隘，然其所錄，如濟農、永農倉諸記，則備陳積貯之經；許浦、湖川塘諸記，亦具列疏濬之要。皆取其有關郡中利弊者，而於頌德之文、諛墓之作，竝削而不登。其用意頗為謹嚴。且多有志乘文集所未載，獨賴此以獲傳者。亦頗足為守土者考鏡之資。以是作與記外篇，固未嘗無所裨益也。

金薤琳琅二十卷（浙江汪啟淑家藏本）

明都穆撰。穆有壬午功臣爵賞錄，已著錄。是書仿隸釋之例，取金石文字，蒐輯編次，各為辨證。凡周刻二、秦刻六、漢刻二十三、隋刻五、唐刻二十七。於古碑皆錄原文，其剝落不完者，則取洪适隸釋補之，不盡據石本也。潛研堂金石文跋尾論其載韓勑造孔廟禮器碑，不知隸釋所錄但有碑陰而無兩側，乃誤合兩側於碑陰，更譏洪适之闕漏。又論其所釋兩側之文，以河南匽師為河浦退師，任城亢父為侯成交父，舛謬殊甚。今考其中若第七石鼓內斿字下一字，石鼓作𨷿，薛尚功作憂，此乃作夏。會稽石刻無辠之辠，即罪字，此作辜字。書體頗誤。又泰山石刻既天下句，秦篆譜既字下有平字，與史合，而此碑於既字下不註闕文，疎略尚往往而有。然所錄碑刻，具載全文，今或不能悉見。金石文跋尾謂所載貞元九年姜嫄公劉廟碑，今已損失三十餘字，是可以備參核矣。穆別有南濠文略六卷，其後二卷即此書所載諸碑跋，蓋用集古錄跋尾編入本集之例。然穆之文章在可傳可不傳之閒，不若以此本孤行也。

法帖釋文考異十卷（副都御史黃登賢家藏本）

明顧從義撰。從義字汝和，上海人。嘉靖中詔選善書者入直，授中書舍人，直文華殿。隆慶初，以預修國史成，擢大理寺評事。此乃所作淳化閣帖釋文。於前人音註，辨其譌謬，析其同異。依帖本原次，勒為十卷。手自繕寫而刊行之。閣帖自米芾、黃長睿而後，踵而考訂者寥寥無幾。從義始參彙羣說，斬成一編，評書者每以為據。然於考證頗疎，又不得善本校勘，故搜羅雖廣，而精審未臻。今者恭逢我
皇上幾暇臨池，折衷藝苑，特取
內府所儲閣帖，遴其淳化四年賜畢士安者為初搨最佳之本。
命內廷諸臣詳加校訂，選工摹勒，復還舊觀。其間蒐集諸家釋文，至為賅備。凡是非得失之故，仰荷
睿鑒，勘核精詳。凡從義之說，其是者已悉資採取，其誤者亦已駁正無遺。是書原不過白茅之藉，特行世既久，其用心勤至，亦頗有可取者，故仍錄而存之，以不沒其薈萃之功焉。

金石林時地考二卷（浙江汪啟淑家藏本）

明趙均撰。均字靈均，吳縣人，寒山趙宧光之子也。宧光六書之學，雖強作解事，所著說文長箋頗為論者所非，而篆隸筆法，尚能講解，故均承其家學，亦喜蒐求金石。是編取東觀餘論、宣和書譜、金石略、墨池編、集古錄、隸釋、金石總要、菉竹堂碑目、王世貞金石跋以及各家書目所載，與近代續出耳目所及者，仿陳思寶刻叢編之例，編次郡省，分別時代，以便訪求。其中如南直隸唐碑失載岑君德政碑等五種，頗有疎漏。福建玉枕蘭亭作褚遂良書之類，亦不免失於考核。然亦有足訂他書之譌者。明代去今未遠，較陳思所記，固多可依據也。

石墨鐫華六卷附錄二卷（安徽巡撫採進本）

明趙崡撰。崡字子函，盩厔人。萬歷乙酉舉人。崡家近漢唐故都，多古石刻。性復好事，時挾楮墨訪搨，竝乞於朋友之宦遊四方者。積三十餘年，故所蓄舊碑頗夥。自序稱所收過於都穆、楊慎，而視歐陽修才三之一，視趙明誠才十之一。然宋元以上多歐、趙所未收者。欲刊其全文，而力不足以供匠氏，故但刻其跋尾，凡二百五十三種。其曰石墨鐫華者，取劉勰文心雕龍誄碑篇句，以所收有石無金故也。每碑目錄之下，仿陳思寶刻叢編之例，各註其地。金元國書，世不多見，亦仿集古錄摹載鍾鼎之例，鉤勒其文。體例頗為詳備。惟所跋詳於筆法而略於考證，故岣嶁碑、比干墓銘之類，皆持兩端。而所論筆法，於柳公權、夢英、蘇軾、黃庭堅皆有不

滿。亦僻於一家之言。然一時題識。語有出入。自集古錄以下皆所不免。不能獨爲峒咎也。至所載古碑。頗多未備。則由峒本貧士。其力止於如斯。觀附錄二卷所載三記及詩。其求索之勞。亦云備至。不必以挂漏爲譏矣。

金石史二卷 浙江汪啟淑家藏本

明郭宗昌撰。宗昌字允伯。華州人。平生喜談金石之文。所居沚園。在白厓湖上。嘗構一亭。柱礎墉碣。皆有款識銘贊。手書自刻之。凡三十年而迄不成。蓋迂僻好異之士也。與同時盩厔趙峒。皆以搜剔古刻爲事。峒著石墨鐫華。宗昌亦著此書。而所載止五十種。僅及趙書五分之一。上卷起周迄隋唐。下卷唐碑二十餘。而以宋絳州夫子廟記一篇間雜其中。殆仿原本集古目錄不敘時代之例歟。其論石鼓文。主董逌廣川書跋之說。據左傳定爲成王所作。已爲好異。又謂以石爲鼓。無所取義。石又不類鼓形。改爲岐陽石碣。文則乖僻更甚矣。其論嶧山碑一條。引唐封演說。謂其石爲曹操所排倒。而云拓跋燾又排倒之。何一石而兩遭踣。云云。考封演聞見記云。秦始皇刻石。李斯小篆。後魏太武帝登山。使人排倒之。無曹操排倒之語。殆宗昌所見之本。或偶脫太字。因誤讀爲魏武帝。遂謬云兩次排倒。其援引疎舛。亦不足據。然宗昌與趙峒均以論書爲主。不甚考究史事。無足爲怪。觀其論衡岳碑比干墓銅盤銘季札碑天發神讖碑碧落碑諸條。皆灼指其僞。頗爲近理。其論懷仁集聖教序勝於定武蘭亭。蓋出於鄉曲之私。自矜其關中之所有。不爲定論。故後來孫承澤深不滿之。然承澤作庚子銷夏記。其論列諸碑。實多取此書之語。則固不盡廢宗昌說也。惟其好爲大言。冀以駭俗。則明季山人譎誕取名之慣技。置之不問可矣。

欽定校正淳化閣帖釋文十卷

乾隆三十四年。

詔以

內府所藏宋畢士安家淳化閣帖賜本。詳加釐正。重勒貞珉。首冠以

御題寓名蘊古四字。及

御製淳化軒記。

命諸臣校正摹勒。

諭旨。末載原帖舊跋及諸臣書後。其中古帖次第。一從舊刻。而於朝代之先後。名字之標題。皆援證史文。裁以書法。俾不乖於春秋之義。每卷皆恭摹

御筆論斷。昭示權衡。又參取劉次莊黃伯思姜夔施宿顧從義王澍諸說。而以大觀太清樓諸帖互相考校。凡篆籀行草。皆註釋文於字旁。復各作訂異。以辨正是非。別白疑似。誠爲墨林之極軌。書苑之大觀。乾隆四十三年。侍郎金簡以石刻貯在

禁庭。自

宣賜以外。罕得瞻仰。乃恭錄釋文。請以聚珍版摹印。俾共窺八法之精微。由是流布人間。遂衣被於海內。考張彥遠法書要錄。末有右軍書記一卷。所載王羲之帖四百六十五。附王獻之帖十七。並一一爲之釋文。劉次莊之釋閣帖。蓋即以是爲藍本。然彥遠書傳寫多譌。次莊書至南北宋間陳與義已奉

敕作法帖釋文刊誤一卷。今附刊草韻墨藪之末。則次莊所釋。不盡足據可知。第諸家雖知其有譌。而辨訂未能悉當。遞相駁詰。轉益多歧。恭逢我

皇上天縱聰明。游心翰墨。裁成頡籀。陶鑄鍾王。

訓示儒臣。詳爲釐定。書家乃得所指南。是不惟臨池者之幸。抑亦漢晉以來能書者之至幸也。

求古錄一卷 兩淮鹽政採進本

國朝顧炎武撰。炎武有左傳杜解補正。已著錄。炎武性好遠遊。足迹幾徧天下。搜金石之文。手自鈔纂。凡已見方志者不錄。現有拓本者不錄。近代文集尚存者不錄。上自漢曹全碑。下至明建文霍山碑。共得五十六種。每刻必載全文。蓋用洪适隸釋之例。仍皆誌其地理。考其建立之由。古字篆隸。一一註釋。其中官職年月。多可與正史相參。如茶茶牟准張亞等字。亦可以補正字書之譌。炎武別有金石文字記。但載跋尾。不若此編之詳明也。惟曹全碑題中平二年十月丙辰造。以後漢書考之。靈帝本紀是年十月有庚寅。距丙辰前二十六日。天文志是年十月有癸亥。距丙辰後七日。其閒不得有丙辰。頗疑是碑之僞。據潛研堂金石文跋尾。以長歷推之。始知是年十月丙申朔。丙辰爲月之二十一日。癸亥爲月之二十八日。實無庚寅。併證以譙敏碑稱中平二年三月九日戊寅。靈帝本紀及五行志並稱中平三年五月壬辰晦。干支日數。一一相符。乃本紀之誤。非碑之僞。炎武猶未及詳辨。是則考證之偶疎耳。

金石文字記六卷 兩淮馬裕家藏本

國朝顧炎武撰。前有炎武自序，謂抉剔史傳，發揮經典，頗有歐陽、趙氏二錄之所未具者。今觀其書，裒所見漢以來碑刻，以時代爲次，每條下各綴以跋。其無跋者，亦具其立石年月、撰書人姓名。證據今古，辨正譌誤，較集古、金石二錄實爲精核，亦非過自標置也。所錄凡三百餘種，後又有炎武門人吳江潘耒補遺二十餘種，碑字間有異者，又別爲摘錄於末，亦猶洪适隸釋每碑之後摘錄今古異文某字爲某之遺意。潛研堂金石文跋尾嘗摘其舛誤六條。一曰齊隴東王孝感頌，炎武未見其碑額，臆題爲孝子郭巨墓碑。一曰唐寂照和上碑，本無刻石年月，炎武誤記爲開成六年正月，且未考開成無六年。一曰後唐賜冥福禪院地土牒，趙延壽、范延光皆押字，炎武視之未審，誤以爲無押字。一曰周中書侍郎平章事景範碑，本行書，而炎武以爲正書，本題孫崇望書，而炎武失載其名，皆中其失。一曰後漢蕩陰令張遷頌，炎武誤以既且二字合爲暨字。一曰後漢州從事尹宙碑，書鉅鹿爲鉅鏕，證以廣韻註、後魏弔比干文及北史皆作鉅鏕，炎武誤謂不當從金。案張遷頌碑拓本，既且二字截然不屬，炎武誠爲武斷。然字畫分明，而文義終不可解，當從闕疑。金石文跋尾所釋，亦未爲至確。至於鉅鹿之鹿，自史記以下古書皆不從金，說文亦不載鏕字，自玉篇始載之。其爲顧野王原本，或爲孫強所加，或爲宋大廣益會玉篇所竄入，已均不可知。然其註曰鉅鹿，鄉名，俗作鏕，則從金實俗書，具有明證。北朝多行俗字，顏氏家訓嘗言之。此書亦頗摘其譌。北魏人書，似不可據爲典要。廣韻註尤不甚可憑，如閈卷東字註，謂東宮複姓，齊有大夫東宮得臣，亦可據以駁左傳乎。是固未足以服炎武也。惟其斥石鼓之僞，謂不足儕於二雅，未免勇於非古。釋校官之碑，謂東漢時有校官，亦未免疏於考據。是則其失之臆斷者耳。然在近世著錄金石家，其本末源流，燦然明白，終未能或之先也。

石經考一卷（兩淮馬裕家藏本）

國朝顧炎武撰。考石經七種，裴頠所書者無傳。開元以下所刻，亦無異議。惟漢魏二種，以後漢書儒林傳之譌，遂使一字三字，爭如聚訟。歐陽修作集古錄，疑不能明。趙明誠作金石錄，洪适作隸釋，始詳爲核定，以一字爲漢，三字爲魏。然考證雖精，而引據未廣，論者尚有所疑。炎武此書，博列衆說，互相參校。其中如據衛恆書勢以爲三字石經非邯鄲淳所書，又據周書宣帝紀、隋書劉焯傳以正經籍志自鄴載入長安之誤，尤爲發前人所未發。至於洪适隸續尚有漢儀禮一碑、魏三體石經一碑，又開封石經雖已汩於河水，然世傳拓本尚有二碑，炎武偶然未考，竟置不言，是則千慮一失耳。

石經考一卷（副都御史黃登賢家藏本）

國朝萬斯同撰。斯同有聲韻源流考，已著錄。石經之沿革異同，唐宋以來論者齟齬不一。崑山顧炎武始斷諸家之說，爲石經考，實有刱始之功。斯同是編，悉采炎武之說，又益以吳任成、席益、范成大、吾衍、董逌諸家之論，并及炎武所作金石文字記，亦閒附以己見。雖不若杭世駿石經考異之詳辨，而視顧氏之書，已爲較備。且炎武詳於漢魏，而略於唐宋，斯同則於唐宋石經引據特詳。又斯同雖在世駿前，而世駿作考異時未見此書，故此書之所詳者，考異或轉未之及。要之合三家之書參互考證，其事乃備，固未可偏廢其一也。

來齋金石考三卷（福建巡撫採進本）

國朝林侗撰。侗字同人，侯官人。侗喜錄金石之文，嘗游長安，求得漢甘泉宮瓦於淳化山中，又攜拓工歷唐昭陵陪葬地，得英公李勣以下十有六碑，當時稱其好事。是編乃總錄古今碑刻，凡夏商周六、秦漢十九、魏一、吳一、晉五、梁一、後魏三、北齊一、後周二、隋八、唐一百七十三，皆據目見者書之。中閒辨證，大抵取之顧炎武金石文字記，而頗以己意爲折衷，多所考據。又錄唐諸帝御書碑十四種，獨斥武后不與，亦深合排抑僭僞之義。惟首列夏禹岣嶁碑，識其友劉鼇石說，謂當在祝融峯頂，未免失之好奇。又於各碑後載入賦詠詩篇，亦非歐、趙以來題跋之體。特其搜羅廣博，鑒別尚頗詳審，故考金石者亦有取焉。

嵩陽石刻集記二卷（浙江汪啓淑家藏本）

國朝葉封撰。封字井叔，黃州人。順治己亥進士，官至工部虞衡司主事。是編乃康熙癸丑封官登封知縣時作也。登封地在嵩山南，故其所錄碑刻，以嵩陽爲名。考此書初出之時，顧炎武、潘耒皆嘗議之。炎武之言曰：開母廟石闕銘重曰二字出楚辭遠遊篇，所謂言之不足而長言之也。井叔誤以爲重且。而言是年月一行。案此一行今存六字。二年之下。重日之上。空石未鐫。益明其非紀日矣。末之言曰太安二年後魏中嶽廟碑。今在登封縣。天寶十四載少林寺還天王師子記。今在少林寺。并叔石刻集記不知何以遺此。其說誠然。然炎武金石文字記。採此記者不一而足。而景日昣說嵩金石類亦全用此記。古今金石之書。其備載全文者。在宋惟洪适之隸釋隸續。在明惟陶宗儀之古刻叢鈔。朱珪之名蹟錄。都穆之金薤琳琅。在
國朝惟顧炎武之求古錄。陳奕禧之金石遺文錄。葉萬之續金石錄。其餘不過題跋而已。此書錄取碑文。便於參考。漢嵩山太室神闕銘。開母廟石闕銘。少室神道石闕銘。以及唐之則天封祀壇碑。夏日遊石淙詩。歐陽趙洪皆失載。而此記能收之。洪書但載漢魏。歐趙二錄僅迄五代。此書載及宋金元明。東魏嵩陽寺碑文。東譌柬。矩譌短。馴譌巡。苑譌莞。洋譌庠。此書能是正之。王士禎蠶尾集有封嵩誌。稱其精爾雅說文訓詁。工於篆隸。又稱其手輯嵩志二十一卷。復旁求漢唐以來碑版文字。別爲石刻集記二卷。辨證精博。人比之劉原父薛尚功。則當時亦重其書矣。

觀妙齋金石文考略十六卷　浙江巡撫採進本

國朝李光暎撰。光暎字子中。嘉興人。嘉興之收藏金石者。前有曹溶古林金石表。後有朱彝尊吉金貞石志。彝尊所藏金石刻又歸於光暎。遂裒輯所得。集諸家之論而爲此書。前有雍正七年金介復序。稱其不減曹氏古林之富。然古林金石表間有參差舛迕。且無論說。不及此書之有條理。而吉金貞石志久無成帙。或疑彝尊當日本未成書。然此書內乃有引吉金貞石志一條。則或存其殘稾之什一。未可知也。所採金石之書凡四十種。文集地志說部之書又六十種。可謂勤且博矣。惟於瘞鶴銘不引張弨釋文。於天發神讖碑不引周在浚釋文。蘭亭序不引俞松續考。是爲漏略耳。自昔著錄金石之家。皆自據見聞爲之評說。惟宋陳思寶刻叢編則雜取金石錄復齋碑錄諸書會萃爲之。是書亦同此式。每條下各註所出之書。間有光暎自識者。什一而已。金石著錄之富。無過歐陽趙洪三家。而是書於隸釋所引不及十之一。於集古金石二錄所引亦不甚詳。至隸續暨婁機漢隸字原則皆未之及。蓋諸書以考證史事爲長。而是書則以品評書蹟爲主。故於漢隸則宗郭鼂之評。於唐碑則取趙崡之論。雖同一著錄。而著書之宗旨則固區以別矣。

分隸偶存二卷　浙江巡撫採進本

國朝萬經撰。經字授一。號九沙。鄞縣人。康熙癸未進士。官翰林院編修。是編上卷首作書法。次作分隸書法。次論分隸。次論漢唐分隸同異。次漢魏碑考。下卷爲古今分隸人名氏。始於程邈。終於明末馬如玉。自酈露以前皆引據諸書。惟如玉不著載何書。則經所自增矣。集錄金石之書。梁元帝所輯不可見。歐趙以下。罕有論及分隸筆法者。經所錄頗詳晰有門徑。所列漢魏諸碑雖止有二十一種。而考證剔抉。比諸家務多者亦較精核。至云唐以後隸與八分各分爲二。隸卽今楷書。八分卽古隸書。以八分爲隸。趙明誠已譏之。
國朝顧炎武金石文字記。并漢碑無不名八分。以楷爲正書。正恐仍蹈歐陽之失。其說亦明白可據也。

淳化祕閣法帖考正十二卷　兩江總督採進本

國朝王澍撰。澍有禹貢譜。已著錄。初宋元祐中。米芾作法帖題跋。以辨別眞僞。然芾精於賞鑒。特據其筆迹以意斷之而已。雖錙銖不爽。究未能確指其所以然也。大觀中。黃伯思作法帖刊誤。始援據史籍。訂其舛迕。徵實有據。昭然白黑分矣。明嘉靖中。上海顧從義更細勘其字畫曲折。如姜夔校蘭亭序之例。
國朝何焯更摭姜夔絳帖平。增註其上。而徐葆光又雜採諸書附益之。於是閣帖之得失異同。漸以明備。澍作是編。復研究諸說。衡其當否。兼米黃顧三家之意而用之。以史傳正譌誤。以筆蹟辨依託。而行款標目。以及釋文之類。亦一一考核。仍依法帖原目。分爲十卷。又別爲古今法帖考一卷。溯閣帖之緣起。及諸帖之沿流而作者。又自以所得筆法一卷。併附其後。雖其考正鑒別。析疑辨譌。不足窺
欽定釋文之萬一。而大輅之造。肇自椎輪。泰山之高。不辭土壤。如是編者。固亦不妨芻蕘參證爾。

竹雲題跋四卷　江蘇巡撫採進本

國朝王澍撰。皆其臨摹古帖題跋。裒合成編。澍本工書。故精於鑒別。而於源流同異。考證尤詳。如論西岳華山廟碑。郭香察書爲校勘刻石。鍾繇薦季直表。祝希哲誤作焦季直。及繇結銜與史異。蘭亭序派別。聖教序始末。王羲之裹鮓帖。釋文誤作十九字。瘞鶴銘非顧況亦非陶宏景。同州聖教序稱龍

朔三年。時褚遂良卒已五年。魏栖梧善才寺碑。僞題遂良名。遂良高士贊。誤題永徽二年爲甲寅。岳珂跋寶章集。誤以寶晉爲寶泉。朱巨川誥非徐浩書。李陽冰縉雲城隍廟碑篆文誤字。靈飛經非鍾紹京書。裴耀卿等奏狀非耀卿書。唐明皇批荅中桓山之頌乃用王猷之事。顏眞卿宋廣平碑考異。乞米帖所稱太保是李光弼非光顏。爭坐位帖年月顧炎武金石文字未考。祭姪文告伯父文結銜與史異。江淮帖爲集字僞作。李紳告身與史異。葉慧明碑非韓擇木書。擬皆引據有根柢。惟謂褚遂良書出於曹全碑。則殊臆度。此碑近代始出。明以前未有言之者也。又排鄭簠蔣衡而自稱腕有元章鬼。亦未免文人相輕之習焉。

金石經眼錄一卷。兵部侍郎紀昀家藏本

國朝褚峻摹圖。牛運震補說。運震有空山堂易解。已著錄。峻字千峯。郃陽人。工於鐫字。以販鬻碑刻爲業。每裹糧走深山窮谷敗墟廢址之間。搜求金石之文。凡前人所未及錄與雖錄而非所目擊、未能詳悉言之者。皆據所親見繪其形狀。摹其字畫。併其剝蝕刓闕之處。一一手自鉤勒作爲縮本。鐫於棗版。纖悉逼眞。自太學石鼓以下。迄於曲阜顏氏所藏漢無名碑陰。爲數四十有七。運震各系以說。詳其高卑廣狹及所在之處。其假借通用之字。亦略訓釋。雖所收頗狹。而較向來金石之書或僅見拓本。或僅據傳聞者。特爲精核。書成於乾隆元年。峻自爲序。後運震又卽峻此書增以巴里坤新出裴岑紀功碑。改名金石圖。運震未至西域。僅得模糊拓本。所摹頗失其眞。又仿岳珂之例。於說後各贅以贊。亦爲蛇足。峻復自益以唐碑。別爲下卷。體例迥然各別。尤病糅雜。今以此本著錄。而續刻之本則別存目焉。

石經考異二卷。浙江巡撫採進本

國朝杭世駿撰。世駿有續方言。已著錄。是編因顧炎武石經考猶有採摭未備、辨正未明者。乃爲糾誤補闕。勒爲二卷。上卷標十五目。曰延熹石經。曰書碑姓氏。曰書丹不止蔡邕。曰三字一字。曰正始石經非邯鄲淳書。曰魏文帝典論。曰漢魏碑目。曰隋書經籍志正誤。曰鴻都學非太學。曰魏太武無刻石經事。曰顧考脫落北齊二條。曰唐藝文志載石經與隋志不同。曰唐石臺孝經。曰唐石經。曰張參五經文字。下卷標三目。曰蜀石經。曰宋開封石經。曰宋高宗御書石經。考證皆極精核。前有厲鶚、全祖望、符元嘉三序。鶚序稱其五經、六經、七經之核其實。一字、三字之定其疑。二十五碑、四十八碑之析其數。堂東、堂西之殊其列。自洛入鄴、自汴入燕之分其地。駁鴻都門學非太學、魏石經非邯鄲淳書。直發千古之蒙滯。而又引何休公羊傳註證漢石經爲一字。引孔穎達左傳疏稱魏石經爲三字。以補世駿所未及。祖望序亦引魏略、晉書、隋志證邯鄲淳非無功於石經。引魏書崔浩、高允傳證魏太武時未嘗無立經事。與世駿之說互存參考。而汪祚、趙信、符曾諸人復各抒所見。互相訂正。今竝列於書中。蓋合數人之力參訂成編。非但據一人之聞見。其較顧炎武之所考。較爲完密。亦有由也。然尤袤遂初堂書目所列成都石刻。稱論語九經孟子爾雅。較晁公武、曾宏父所記少一經。亦當爲辨正。世駿乃偶遺不載。是則失之眉睫之前者。亦足見考證之難矣。

右目錄類金石之屬三十六部、二百七十六卷。皆文淵閣著錄。

案隋志以秦會稽刻石及諸石經皆入小學。宋志則金石附目錄。今以集錄古刻條列名目者從宋志入目錄。其博古圖之類因器具而及款識者。別入譜錄。石鼓文音釋之類從隋志別入小學。蘭亭考石經考之類。但徵故實。非考文字。則仍隸此門。俾從類焉。

欽定四庫全書總目卷八十六

欽定四庫全書總目卷八十七

史部四十三

目錄類存目

寧藩書目一卷（浙江范懋柱家天一閣藏本）

不著撰人名氏。初寧獻王權以永樂中改封南昌、日與文士往還、所纂輯及刊刻之書甚多。嘉靖二十年、多煶求得其書目、因命教授施文明校刊行之。所載書凡一百三十七種。詞曲院本道家煉度齋醮諸儀、俱附焉。前有多煶序、及啟一通。後有施文明跋。多煶啟中所稱父王者、乃弋陽端惠王拱樻、以嘉靖初受命攝寧府事。多煶後亦襲封、謚曰恭懿、見明史諸王世表。

祕閣書目、無卷數、（兩淮鹽政採進本）

明錢溥撰。溥有使交錄、已著錄。是編前有自序、蓋其致仕歸里後所作。稱自選入東閣爲史官、日閱中祕書凡五十餘大廚、因錄其目、藏以待考。近兒子山自京授職回、又錄未收書目、芟其重複、併爲一集。所載書祇有冊數而無卷數、大抵多與文淵閣書目相出入。正統六年楊士奇等奏疏一篇、亦附於後。黃虞稷千頃堂書目載此書爲馬愉撰、而溥別有內閣書目一卷。然溥序實載此書卷首、疑虞稷所記誤也。

菉竹堂書目六卷、（兩淮鹽政採進本）

明葉盛撰。盛有葉文莊奏議、已著錄。此其家藏書之目。中爲經史子集各一卷。首卷曰制、乃官頒各書及賜書賜敕之類。末卷曰後錄、則其家所刊及自著書。前有成化七年自序、謂先之以制、尊朝廷也。葉氏書獨以爲後錄、是吾一家之書也。其敘列體例、大率本之馬端臨經籍考。然如集部別出舉業類、而無詩集類、亦略有所增損矣。盛之書凡爲冊者四千六百有奇、爲卷者二萬二千七百有奇。在儲藏家稱極富、故於舊書著錄爲多。獨其不載撰人姓名、頗傷闕略。又別有新書目一卷附於後、中載夏言王守仁諸人集、皆不與盛同時。蓋其子孫所續入也。

文苑春秋敘錄一卷、（兩江總督採進本）

明崔銑撰。銑有讀易餘言、已著錄。是書自序稱、夫子刪書百篇、以寓懲勸。後來選文家未有繼夫子之志而法尚書者、乃錄漢詔疏以迄明太祖檄元文、共爲百篇、名曰文苑春秋。爲敘錄一卷、略表作者之志。自漢文以下凡十一目。今已散入文苑春秋、各冠本篇之首。此則其單行別本也。大抵皆仿尚書小序之文、欲自比於王通擬經、未免近妄。其所去取、專主明理。惟漢文稍多、餘則代各數篇、更不足盡文章之變矣。

寶文堂分類書目三卷、（編修程晉芳家藏本）

明晁瑮撰。瑮字君石、號春陵、開州人。宋太子太傅迥之後。嘉靖辛丑進士。官至國子監司業。其子東吳、字叔權、嘉靖癸丑進士、選翰林院庶吉士。父子皆喜儲藏、嘗刊行諸書、有飲月圃百忍堂諸版。此本以御製爲首。上卷分總經五經四書性理史子文集詩詞等十二目。中卷分類書子雜樂府四六經濟舉業等六目。下卷分韻書政書兵書刑書陰陽醫書農圃藝譜算法圖志年譜姓氏佛藏道藏法帖等十五目。其著錄極富。雖不能盡屬古本、而每書下間爲註明某刻、亦足以考見明人版本源流。特其編次無法、類目叢雜、複見錯出者不一而足、殊妨檢閱。蓋愛博而未能精者也。

經序錄五卷、（浙江巡撫採進本）

明朱睦㮮撰。睦㮮既作授經圖、又取諸家說經之書、各采篇首一序、編爲一集、以誌其概。頗嫌挂漏。

國史經籍志六卷、（兩江總督採進本）

明焦竑撰。竑有易筌、已著錄。是書首列制書類、凡御制及中宮著作記注時政敕修諸書皆附焉。餘分經史子集四部、末附糾繆一卷、則駁正漢書隋書唐書宋史諸藝文志、及四庫書目崇文總目鄭樵藝文略馬端臨經籍考晁公武讀書志諸家分門之誤。蓋萬歷間陳于陛議修國史、引竑專領其事。書未成而罷、僅成此志、故仍以國史爲名。顧其書叢鈔舊目、無所考核。不論存亡、率爾濫載。古來目錄、惟是書最不足憑。世以竑負博物之名、莫之敢詰、往往貽誤後生。其譎詞炫世、又甚於楊慎之丹鉛錄矣。

經廠書目一卷、（編修汪如藻家藏本）

明內府所刊書目也。黃虞稷千頃堂書目有此書、亦作一卷。經廠卽內繙經廠、明世以宦官主之。書籍刊版、皆貯於此。所列書一百十四部、凡冊數頁數紙幅多寡、一一詳載。蓋卽當時通行則例、好事者錄而傳之。然大抵皆習見之書、甚至神童詩百家姓亦廁其中、殊爲猥雜。今印行之本尚有流傳、往往舛錯、疑誤後生。蓋天祿石渠之任、而以寺人領之。此與唐魚朝恩判國子監何異。明政不綱，此亦一端，而當時未有論及之者。汝馮保刻私印，其文曰內翰之章也。案馮保印文見所作經書音釋序文末

讀書敏求記四卷 江蘇巡撫採進本

國朝錢曾撰。曾字遵王，自號也是翁，常熟人。家富圖籍，多蓄舊笈。此書皆載其最佳之本，手所題識，彷彿歐陽修集古錄之意。凡分經、史、子、集四目。經之支有六：曰禮樂，曰字學，曰韻書，曰書，曰數書，曰小學。史之支有十：曰時令，曰器用，曰食經，曰種藝，曰豢養，曰傳記，曰譜牒，曰科第，曰地理輿圖，曰別志。子之支有二十：曰雜家，曰農家，曰兵家，曰天文，曰五行，曰六壬，曰奇門，曰歷法，曰卜筮，曰星命，曰相法，曰宅經，曰葬書，曰醫家，曰鍼灸，曰本草方書，曰傷寒，曰攝生，曰藝術，曰類家。集之支有四：曰詩集，曰總集，曰詩文評，曰詞。其分別門目，多不甚可解。如五經併爲一，而字學、韻書、小學乃岐而三。紀傳、編年、雜史之類併爲一，而器用、食經之類乃多立子目。儒家、道家、縱橫家併爲一，而墨家、雜家、農家、兵家以下乃又縷析諸名，皆離合未當。又如書法、數書本藝術，而入經。種藝、豢養本農家，而入史。皆配隸無緒。至於朱子家禮入禮樂，而司馬氏書儀、韓氏家祭禮則入史。吾衍續古篆韻入字書，而夏竦古文四聲韻則入韻書。以至北夢瑣言本小說，而入史。元經本編年，碧雞漫志本詞品，而皆入子。編列失次者，尤不一而足。其中解題，太略多論繕寫刊刻之工，拙於考證，不甚留意。如韻略易通，至謬之本，而以爲心目了然。東坡石鼓文全本，實楊愼僞託，而以爲絫𥚹特全。臞仙史略載元順帝爲瀛國公子，誣妄無據，而以爲修元史者見不及此。了證歌稱杜光庭，太素脈法稱空峒仙翁，本皆僞託，而以爲實然。元珠密語最爲妄誕，而以爲申素問六氣之隱奧。李商隱留贈畏之詩後二首，本爲誤失原題，而強生曲解。聲畫集本孫紹遠撰，而以爲無名氏。歲寒堂詩話本張戒撰，而爲趙戒。魏校六書精蘊最爲謬，而謂徐官音釋六書之學極佳。四聲等子與劉鑑切韻指南異同不一，而以爲即一書。古三墳書及東家雜記之琴歌，僞託顯然，而依違不斷。蕭常續後漢書正三國志之誤，而大以爲非。王弼注老子，世有刻本，而以爲不傳。龐安常聖散子方，宋人已力辨蘇軾之誤信，而復稱道其說。屈原賦、宋玉賦，漢藝文志有明文，而斥錢杲之謂離騷爲賦之非。歐陽詹贈妓詩，眞蹟至邵伯溫時猶在，而以爲寄懷隱士之作。皆不爲確論。然其述授受之源流，究繕刻之同異，見聞既博，辨別尤精，但以版本而論，亦可謂之賞鑑家矣。

述古堂書目 無卷數 浙江巡撫採進本

國朝錢曾撰。此編乃其藏書總目。所列門類，瑣碎冗雜，全不師古。其分隸諸書，尤舛謬顚倒，不可名狀。較讀書敏求記更無條理。如楊伯喦九經補韻乃摭九經之字以補禮部韻略，非九經音釋，而列之於經。玉篇、龍龕手鏡、篇海，從古正文，皆字書也，而列之韻學。嘯堂集古錄乃博古圖之類，而列之六書。東觀餘論乃雜編題跋，寶章待訪錄乃蒐求書畫，而列之於金石。班馬異同、兩漢刊誤補遺、後漢書年表乃正史之支流，兩漢博聞乃類書，唐闕史乃小說，而列之雜史。資治通鑑入正史，而所謂編年一門乃收甲子紀元之類。政和五禮新儀入禮樂，而大金集禮入政刑。五木經，李翱所作，本爲博戲。禁扁，王士點所作，雜記宮殿，而均入之營造。東國史略之類入外夷，而高麗圖經、眞臘風土記、安南志略、越嶠書、西洋番國志又入別志。滇木志本地里，而入之於掌故。釋名本小學，而入之雜子。伯牙琴本別集，入蜀記本傳記，而入之小說。土牛經本五行，而入之鳥獸。帝範，唐太宗作，而入之疏諫。容齋五筆本說部，羣書歸正集本儒家，滄海遺珠本總集，而入之類書。詩律武庫本類書，滄浪吟卷本別集，而入之詩話。文章軌範本總集，而入之詩文評。大抵但循名目，不檢本書。鄭樵所譏，以樹萱錄入農家者，殆於近之。至於以汪藻浮溪文粹爲汪應辰，以王燾外臺祕要爲林億撰，人乖舛者，尤不可以毛舉。曾號多見古書，而荒謬至此，眞不可解之事矣。

讀書最殘三卷 湖北巡撫採進本

國朝王鉞撰。鉞有粵游日記，已著錄。是書舊題長洲顧嗣立、大興王兆符合編。前一卷皆跋漢魏叢書，後二卷皆跋說郛。別有刊本在任菴五書中，以前一卷自爲一書，題曰墨餘筆記；後二卷則仍名讀書最殘，而刪其每書之標目，頗憒憒不可辨別。此蓋其原本也。

別本讀書最殘二卷 山東巡撫採進本

國朝王鉞撰。所跋漢魏叢書，於眞僞多不能辨別。如

跋易林謂焦延壽易得之孟喜、不知劉向記施讎證延壽妄言事。謂漢武內傳出班固、不知晁公武所記本無撰人。祕辛不知出楊慎。續齊諧記不知續東陽無疑。謂古無其書、特借莊周之文。西京雜記不知出吳均。率襲舛因譌、無所訂正。其品評諸書、謂白虎通爲文情詭激、時出快語。謂獨斷爲奇情快筆之類。尤與其書全不相似。惟辨吳越春秋及天祿閣外史二條、差有考證爾。

明藝文志五卷（兵部侍郎紀昀家藏本）

國朝尤侗撰。侗字展成、號悔菴、又稱艮齋、又號西堂、長洲人。由拔貢生任永平府推官。康熙己未召試博學鴻詞、授翰林院檢討、官至侍講。是編卽其初入翰林纂修明史之志稾也。凡易類二百六十八部、書類一百五部、詩類九十部、禮類一百六十一部、樂類八十四部、春秋類一百五十七部、孝經類三十部、諸經類八十二部、四書類一百七十七部、小學類一百八十三部、正史類四百七十一部、稗史類一百十部、傳記類二百五十部、典故類二百四十六部、地理類五百九十一部、譜系類一百四部、儒家類五百十一部、道家類一百十部、釋家類二百二十部、農家類八十七部、法家類五十一部、兵家類六十六部、小說類三百七十一部、五行類八十二部、藝術類二百十三部、奏議類二百九十八部、詩文類一千六百四十五部、選纂類三百七十八部。所摭拾既多挂漏、又往往不載卷數及撰人姓名。其例惟載有明一代著作、而前史所載則不錄、蓋用劉知幾之說。然如朱鑑朱子易說、薛季宣書古文訓（案原本作薛士龍、卽季宣之字也）、鄭敷文書說、段昌武毛詩集解、張虙月令解、傅崧卿夏小正解、余允文尊孟辨、楊伯嵒九經韻補（案原本誤作楊伯蓋、偶脫一字）、徐子光蒙求補註、胡舜陟孔子編年、陳埴木鍾集（案原本誤作陳植）、邱濬牡丹榮辱志（案此邱濬與明大學士邱濬同姓名、故侗誤以爲明人）、陳思海棠譜、龐元英談藪、陳郁藏一話腴、陳應行吟窻雜錄、潘用牧記纂淵海、蕭恭文錦繡萬花谷、章如愚山堂考索、皆灼然宋人。朱公遷詩傳疏義、四書通旨、史伯璿四書管窺、毛應龍周禮集傳、程端禮程氏家塾讀書分年日程、陸輔之吳中舊事、王惲中堂紀事、玉堂嘉話、潘昂霄河源志（案原本誤作潘昂）、王楨農書、張養浩三事忠告、盛如梓老學叢談、李冶測圓海鏡、危亦林得效方、范梈木天禁語、以及周伯琦、楊允孚、李存、吳海、陳基諸集、皆灼然元人。甚至袁昂書評、收及南齊之人。而荀悅漢紀、袁宏後漢紀爲黃省曾所刻、管子、韓子爲趙用賢所刻、皆但有刊版之功、並無註書之事、而以爲黃省曾兩漢紀、趙用賢管子、韓子。是某人所刊、卽署某人。恐有明一代之書、版志不勝收矣。諸史之志、惟宋史蕪雜荒謬、不足爲憑。此志又出宋志之下。後來欽定明史、削侗此稾、重加編定、固至允之鑒也。

易傳辨異四卷（浙江巡撫採進本）

國朝翟均廉撰。均廉字春沚、錢塘人。乾隆乙酉舉人、官內閣中書舍人。其書考自漢訖元諸家易註源流得失、凡一百一十四條。中間惟辨朱彝尊誤引張氏易、毛奇齡誤引劉表易及彝尊誤荀煇爲長倩、宋咸不及見鮮于侁易四條、差有考證。其餘一百一十條、皆剌取經義考之文、而排比聯貫之者也。

右目錄類經籍之屬、十四部、四十一卷（內二部無卷數）、皆附存目。

吳下塚墓遺文三卷（兩淮鹽政採進本）

明都穆撰。穆有壬午功臣爵賞錄、已著錄。穆好金石遺文、所作西使記、金薤琳琅諸書、蒐古碑爲多。此書專錄吳中銘志之文、凡三十四首、皆諸家集中所不概見、故謂之遺文。

水經注碑目一卷（浙江范懋柱家天一閣藏本）

明楊慎撰。慎有檀弓叢訓、已著錄。昔宋洪适作隸釋、嘗以水經注所載諸碑、類爲三卷。慎偶然未檢、遂復著此編、未免爲牀上之牀、且精密亦不及适。其中梵經仙笈、荒邈難稽、如阿育王、巴達佛邑大塔石柱銘、泥犂城師子柱銘、王母崑崙銅柱銘、希有鳥銘、皆不見採錄、是固傳信之道。然覆釜山金簡玉字書、豈果有遺刻可徵、何自亂其例也。又其他註中所有而遺漏者甚多。卽以河水一篇而論、海門口大禹祠三石碑、夏陽城西北司馬遷廟二碑、郃陽城南文母廟碑、臨洮金狄胸碑、陜縣五戶祠銘、洛陽縣北河平侯祠碑、黎陽縣南黎山碑、涼城縣伍子胥廟碑、濮陽城南郅艾廟碑、一概闕如、何所見而刪之也。至每條下所註、忽有標識、忽用酈道元語、如郎山君碑云在今保定府、是慎語也。盧龍九峥山刊石碑稱其銘尚存、是道元本文矣。混淆不分、亦無體例。後附王象之輿地紀勝碑目曾鞏金石錄跋尾所載唐以前碑其病亦同且象之南宋人鞏北宋人以象之列鞏前尤爲失考嘉靖丁酉雲南按察副使永康朱方爲之刊版蓋未察其疎舛也

蒼潤軒碑跋一卷續跋一卷江蘇巡撫採進本

明盛時泰撰時泰字仲交上元人以諸生貢太學善畫水墨竹石居近西冶城家有小軒文徵明題曰蒼潤蓋以時泰畫倣倪瓚而沈周題倪畫詩有筆蹤要是存蒼潤句也是紀所著碑版於金陵六朝諸蹟爲多率皆借觀於人非盡出所自藏又多但據墨本而不復詳考原石即如孔廟漢史晨碑後有武周時諸人題字乃疑爲於別刻得之則並未見全碑又如唐元和六年刻晉王羲之書周孝侯碑爲陸機文陸機之文既不應羲之書且其中於唐諸帝諱皆缺筆其僞可不辨而明而是紀乃信爲羲之所書則於考證全疎矣

瘞鶴銘考無卷數江蘇巡撫採進本

明顧元慶撰元慶有雲林遺事已著錄元慶爲都穆弟子是書所錄銘詞跋語蓋從穆得之頗與今玉煙堂帖相類案穆自云可讀者僅二十字因搨以歸又云銘殘缺而錄其全文然銘既殘缺則非全文可知宋人如黃伯思東觀餘論董逌廣川書跋元人如陶宗儀輟耕錄所載雖互有異同總非首尾完具之本

國朝張弨作瘞鶴銘辨僅於董黃之外復得八字至陳鵬年始出此石於江益證佐鑿鑿無可假借穆於何處得全文耶至所列諸家之說紛紜糾結究不能斷其是非尤無取乎有此考也

金陵古金石考一卷兩淮鹽政採進本

明顧起元撰起元字太初江寧人萬歷戊戌進士官至吏部左侍郎兼翰林院侍讀學士謚文莊其書於金陵所有古金石以年代排纂各紀所在及撰人書人姓名無所考證

碑目三卷編修汪如藻家藏本

明孫克宏撰克宏華亭人萬歷戊戌進士官至漢陽府知府其書略仿陳思寶刻叢編之例統載天下碑目舛謬頗多如所載順天府下有漢北岳安天王碑考金石錄集古錄漢隸字源諸書漢無北岳安天王碑惟金石錄載有唐安天王碑陰乃天寶七年五月所立則不但誤題朝代併碑之字畫亦譌又石墨鐫華載宋亦有安天聖帝碑云在岳廟宋時岳廟當屬眞定之曲陽而亦屬之順天如此之類不可縷舉殊不足依據也

唐碑帖跋四卷浙江巡撫採進本

明周錫珪撰錫珪字禹錫會稽人是書所載皆唐碑惟末附五代楊凝式一人皆就錫珪所見各爲題跋如尉遲敬德碑其石尚存乃遺不載知其不主求備矣其中如辨鍾紹京靈飛六甲經爲玉眞公主奉敕檢校寫公主於天寶元年卒天寶三年始改年爲載卷中所說與史不符亦頗見考證至辨肚痛帖爲僞作非張旭書辨停雲館帖所刻顏眞卿書朱巨川告身及多寶塔碑皆徐浩書謂書有性情如人之老少肥瘠不同而性情不易此書較顏諸碑毫髮無似者格律嚴而法度謹東海之家學也人少嫌其近佐史以此推究更無可疑云云則別無顯證直以己意斷之矣黃伯思米芾精鑒入神所定閣帖眞僞後人尚有異同此事亦談何容易也

金石備考十四卷浙江鮑士恭家藏本

舊本題關中來濬撰自署其字曰梅岑不著時代陝西地志亦均不載其姓名考太學進士題名碑陝西有來聘來儀然來復皆三原人濬豈其族歟書中有萬歷間穎井出蘭亭事則是明萬歷後人又稱國學蘭亭即定武本則是趙孟堅柯九思所藏肥瘦二本尚未著錄流傳之日其書殆著於明末原本未標卷次以其分省之序當爲一十三卷合附載一卷共爲十四卷其曰備考者蓋以祗摭前人所著錄者存其名目以資檢括非比歐趙諸書薈萃論次者也然既撮爲一編則亦應略爲考證俾存亡眞贋釐然可考方足成書而概無別擇視孫克宏之正諸書詳則過之而譌謬亦復不減其最甚者如周穆王贊皇壇山吉日癸巳字誤爲史籀書濟寧王安石詩碑誤爲党懷英詩慈恩寺塔褚遂良書聖教序誤爲臨王羲之書釋夢英篆千文誤爲李陽冰書此人名之舛也皇象篆書吳紀功碑誤爲八分書此字體之舛也唐高正臣書明徵君碑誤爲宋人辰州銅柱記誤爲晉刻以謝靈運誤爲唐人此時代之舛也房元齡碑在西安魯峻碑在濟寧而皆誤云在章邱衡方碑在汶上張九齡碑在韶州而皆誤云在西安又若漢周憬碑在湖廣桂陽與廣東樂昌兩載房山隋石經

許州上尊號碑、嵩山徐浩碑、永州中興頌、長沙岳麓寺李邕碑、則一處而兩見。此地理之舛也。卽其註於條下曰今斷、曰今殘闕者、亦是所據之書如此、非得自目見。雖備考不妨存疑、然於裒輯亦太草略矣。

天下金石志、無卷數、山東巡撫採進本

明于奕正撰。奕正有帝京景物略、已著錄。是書具載古來金石之所在、略註撰書人姓名年月、亦閒有所考證。其中如衡方碑在山東、而以爲在陝西。唐顏氏家廟碑今在西安府儒學、而以爲在曲阜。又杭州府儒學有宋高宗御書石經、古刻猶存、而此編不載。未免疏漏。據因樹屋書影所敘奕正始末、蓋生長京師、平生未出國門、晚年始一游江南、遂以旅卒。其耳目所及者隘、其不能詳者亦宜也。書前有金鉉序。又有劉侗略述六則、詞頗儇佻、蓋染竟陵公安之習者。獨其稱孫雪居誤以李翕郙閣頌在冀郡、潁川荀淑碑在潁上、周少魯不載董仲舒漢贊於眞定、天寧寺隋碑於宛平、均爲舛謬。奕正此書、正孫本者十四、正周本者十七、則尙爲公論云。

禊帖綜聞一卷、浙江巡撫採進本

國朝胡世安撰。世安有大易則通、已著錄。是書薈稡古今禊帖題識、皆習見陳言。後旁考同會諸人仕履、尤與書法無關。至指摘帖中歲會蘭亭禊絃快俛撰等字不合六書、是又別爲一家之學、不宜以論古帖也。

金石表一卷、編修汪如藻家藏本

國朝曹溶撰。溶有崇禎五十宰相傳、已著錄。是書雜列所蓄碑帖之目。前有自序、稱予行塞上、見古碑橫躺草閒、偶一動念古人遺蹟歷千百年、自吾世而湮沒之、爲可惜。搜自境內以至遠地、積五年、得八百餘本。經以碑、緯以撰者書者之姓名及所立之地與世與年、合而成表。然其書與他家碑目相等、無所謂體仿周譜、旁行斜上之式。以表爲名、殊不相稱。其閒既不從歐趙不分時代之例、而所列時代不以年序、亦不以地序。六朝以前合而爲一、尤爲雜糅。似乎未經編次之本。且八百餘本之中、惟楊珣殘碑註疑非是、再考五字、餘皆不置一詞、亦不足以資考證。又王羲之書曹娥碑樂毅論諸條下、皆註宋搨字。是雜錄古帖、竝非金石之存於今者矣。

閒者軒帖考一卷、浙江巡撫採進本

國朝孫承澤撰。承澤有尙書集解、已著錄。是編所記自蘭亭而下至文徵明之停雲館帖、凡三十有八種、一一考其源流品其次第。書成於順治丁亥、在庚子銷夏記之前、故所記互有詳略。

天發神讖碑釋文一卷、浙江汪啟淑家藏本

國朝周在浚撰。在浚字雪客、祥符人、流寓江寧。是碑本在江寧城南之巖山、後在天禧寺門外。至宋胡宗愈移置轉運司後圃。元楊益又移置府學中。一名三段碑。吳天璽元年刻石。黃伯思以爲皇象書、或以爲蘇建。其字怪偉、兼以碑斷裂、頗難辨識。在浚合其石、貫以鉅鐵、重爲釋文、而以諸家題跋附之。考吳志及許嵩建康實錄、皆謂天璽元年吳郡言臨平湖得石函、中有小石、青白色、長四寸、廣四寸、刻上作皇帝字、於是改元天璽、立石刻於巖山紀功德、卽此碑也。而趙明誠金石錄載天發神讖碑、乃謂天璽元年秋八月、鄱陽言歷陽石理成字、凡二十、明年改元大赦、以協石文。今此碑乃在金陵、莫可考究。不知吳志載秋八月獲石歷陽、在獲石臨平湖之後、別自一事。明誠誤以此碑當之、宜其牴牾。又歐陽修集古錄載吳國山碑、謂孫皓天冊元年禪於國山、改元天璽。考吳志吳旣改元天璽之後、又於吳興陽羨山獲石長十餘丈、名曰石寶、遂禪於國山、明年改元天紀。其事亦在此碑之後。故金石錄旣載天發神讖碑、又載吳國山碑。修誤合爲一、亦未考也。此書前列斷碑殘字、後列金石輿地之書有可考證者、凡數十條、而金石集古二錄獨不見採、殆以其舛異不取歟。所列碑中殘文、較金石錄多一百七十七字。蓋明誠所據乃不完之搨本、而在浚則親至其地勘驗原石也。

昭陵六駿贊辨一卷、兩江總督採進本

國朝張弨撰。弨字力臣、山陽人。博學嗜古、尤究心金石之文。後以聾廢、而考證彌勤。以昭陵六馬圖贊或以爲太宗御撰、或以爲殷仲容撰、或以爲歐陽詢書、或以爲殷仲容書。趙崡諸家、輾轉譌異。因親至其側勘驗緗圖、以趙明誠金石錄爲據、定以六馬贊爲歐陽詢書、諸降將姓名爲殷仲容書。文已盡泐、確爲誰撰、弨亦不能考矣。

瘞鶴銘辨一卷、兩江總督採進本

國朝張弨撰。弨親至焦山搨原銘，較宋黃長睿董逌所載者多得八字。所辨亦較顧元慶書爲詳核。

瘞鶴銘考一卷（浙江吳玉墀家藏本）

國朝汪士鋐撰。士鋐字文升，長洲人。康熙丁丑進士，官至右春坊右中允。瘞鶴銘在鎭江府焦山之下，以雷震墮入江。其石破碎不完，故字多殘闕。傳本往往不同。又作書者或以爲王羲之，或以爲陶宏景，或以爲顧況，自宋歐陽修集古錄以後，著錄者數十家，彼此譏駁，幾如聚訟。而海昌陳氏玉煙堂帖本尤爲輾轉失眞。康熙丁未，淮安張弨親至水涯，仰臥而手搨之，共得六十九字，較諸本獨多。因爲考證成書。後四十六年，陳鵬年守鎭江，乃募工出石於江中，陷之焦山亭壁間。其石分而爲五，所存七十七字，又不全九字。其無字處以空石補之。按其嚮義，補綴聯合，遂爲完善。士鋐因備採昔人之論，并引弨說而折衷之，以鵬年所出石本爲圖，列諸卷首。蓋爲此考，搜羅頗稱詳盡。案元郝經陵川集載焦山寺僧寄瘞鶴銘考證一卷，又明司馬泰家藏書目內亦有瘞鶴銘考之目，今皆不傳。此書當原石出水之後，視張弨所錄較更詳也。

金石遺文錄十卷（兩江總督採進本）

國朝陳奕禧撰。奕禧字子文，號香泉，海寧人。由貢生官至南安府知府。奕禧以書著名，是書爲書法而作，就所得金石，採錄其文，彙輯成帙。王士禎分甘餘話稱奕禧於秦漢唐宋以來金石文字收藏尤富，皆爲題跋辨證，而以爲米元章黃伯思一流人。蓋卽指是書。然其採輯前人論說，及奕禧自綴論者僅漢碑數種而已。唐碑以後，十不逮一。則是意在錄文，而不全在跋也。卽以錄文而論，亦尠體例。如漢碑中錄侯成唐扶逢盛諸篇，皆拓本之不存於今者，不知奕禧果見其拓本，抑或僅於金石書中錄之。若果見拓本，則是希有之蹟，必當詳註所自來。若僅從金石書鈔取，則挂漏在所不免矣。至於碑之原額，原題，頗有改竄。又於題下標列姓氏，類坊刻時文之式。篇內譌脫，更復不可枚舉。若碑有傳摹先後，眞蹟之不同，同一石者，又有存字多寡，拓本傳寫之不同，而此書亦復不加審擇。甚至少林寺戒壇銘一篇，眞贋二本並存。又如明皇之孝經註，顏元孫之干祿字書，則連篇全載。浯溪中興頌則於王士禎浯溪考一字不遺，而漢唐諸碑前人剖辨最有關繫者，乃一字不錄。後載奕禧自書諸碑，蓋用宋曾宏父載鳳墅帖於石刻鋪敍卷尾之意。然其於

本朝人諸石刻，僅載傳山鄭簠二通，卽接以自書諸碑，而於元明碑亦寥寥無幾，皆體例之不相稱者。又其書既爲書法而作，則每碑自應詳著其字體，而書內或著或否，參差不一。其諸碑所在地名亦不詳著，皆非輯錄之體，似是裒輯未成之書也。

續金石錄（無卷數。編修翁方綱家藏本）

國朝葉萬撰。萬字石君，常熟人。卷首有汪士鋐、何焯題，有典同校名氏。其書著錄金石，用洪适隸釋例，多載全文，並著其闕字之數，行列之式，欲以續趙明誠之書。所載古碑，於金薤琳瑯諸書闕文漏字亦閒有補益。然金與石既雜糅不倫，石刻與法帖又偏枯不備，甚至婁堅所作戲鴻堂帖諸跋，亦闌入石刻之內。雖曾宏父石刻鋪敍嘗有此例，不知石刻鋪敍大指以鳳墅帖爲主，專爲法帖而作，故自淳化大觀以來，歷歷縷述。此書編錄金石，例迥殊也。至如鏡硯劒卯，自宜另列古器一門，乃雜然並收，亦無編次。所載古今聚金石刻諸姓氏，前後叢脞，又複漏不一。甚至譌劉攽之先秦古器記爲先秦奇器錄，殆未睹原書，轉相稗販，致有此失矣。

金石續錄四卷（浙江鮑士恭家藏本）

國朝劉青藜撰。青藜字太乙，襄城人。康熙丙戌進士，改庶吉士。是編卽其家藏金石諸刻，各爲題跋。其子伯安纂錄成帙。其弟青震序之。所見既乏奇祕，所跋亦罕考證。

中州金石考八卷（副都御史黃登賢家藏本）

國朝黃叔璥撰。叔璥有南征記程，已著錄。是書則其官河南開歸道時所輯也。成於乾隆辛酉。所錄中州金石，自商周以至元明，蒐採頗富。然既以十府三州分目，則疆域井然，不容牽混。而郟縣蘇軾蜀岡詩石刻，第八卷內乃兩收。此類未免失檢。又所載金石，皆不著其存亡。卽如自序中明言漢碑祇存其七，而所載漢時金石乃至百二十種，則是據前人所述，概爲錄入。其中重刻者，傳疑者，又不盡著其由來，殊非記實之意。又每種之下，宜一一具載立石年月，撰書人姓名。其不可考者，則著其闕文，方足徵信。而是書或著或否，則體例亦未畫一。至於郡縣地名，古今沿革之殊，或前人著錄稱某碑在某州縣，而今改其名者，亦宜疏明，以資考核。

如石梁今已爲縣，而稱徐庶母碑在州城東之類，九端委未明。是皆由輯書時未嘗親見原碑，或據金石舊書，或據郡縣諸志故也。

石蹟記一卷（兩淮鹽政採進本）

不著撰人名氏。觀其所載碑刻，雖訖於金、元，而稱江南不稱南直隸，稱江寧不稱應天府，是國朝人所著矣。其書分地編載，殊多挂漏。如順天載金國子學石經，而杭州府南宋石經則不錄。階州之西狹頌，人所共知，亦復不載。有絳帖而無潭帖、汝帖。凡此之類，不可殫記。或就其家所藏者著錄耶。

金石圖二卷（兵部侍郎紀昀家藏本）

國朝褚峻摹圖，牛運震補說。初，峻先刻此書上卷，名金石經眼錄，尚未載後漢永和二年燉煌太守裴岑紀功碑。後與運震重編，是圖運震始以副使郭朝祚所貽摹本補入。然此一碑其出最晚，又遠在玉門陽關以外，非所親覩，故字體頗失其眞。即字畫亦多舛異。如戍字碑本從广，此乃從疒。碑本云邊竟乂安，此乃作又安。碑本云立德祠，此乃作立海祠。皆顯然之誤，其刊刻亦不及諸圖之工，豈此碑非峻所摹，而運震於續得之時別令拙工補之歟。其下卷則自吳天發神讖碑、魏受禪碑以下，迄於唐顏眞卿家廟碑，凡六十圖。每碑繪其形製，而具說於其上。其文則但於一碑之中鉤摹數十字或數字，以存其筆法，不似漢以前碑之全載。蓋欲省縮本之工，遂致變其體例。其字又隨意摘錄，詞不相屬，於義殊無所取。且拓本多行於世，亦不藉此數十字以傳，徒沿買菜求益之誚。故今仍以經眼錄著錄，而此刻附存其目焉。

右目錄類金石之屬二十二部，六十卷（內三部無卷數），皆附存目。

欽定四庫全書總目卷八十七

欽定四庫全書總目卷八十八

史部四十四

史評類

春秋筆削，議而不辨。其後三傳異詞，史記自爲序贊，以著本旨。而先黃老、後六經，退處士、進姦雄，班固復異議焉。此史論所以繁也。其中考辨史體，如劉知幾、倪思諸書，非博覽精思，不能成帙，故作者差稀。至於品騭舊聞，抨彈往迹，則纔繙史略，即可成文。此是彼非，互滋簧鼓。故其書動至汗牛。又文士立言，務求相勝，或至鑿空生義，僻謬不情。如胡寅讀史管見，譏晉元帝不復牛姓者，更往往而有。故瑕類叢生，亦惟此一類爲甚。我

皇上綜括古今，折衷衆論。

欽定評鑑闡要及全韻詩，昭示來茲。日月著明，爝火可息。百家讕語，原可無存。以古來著錄，舊有此門，擇其篤實近理者，酌錄數家，用備體裁云爾。

史通二十卷（內府藏本）

唐劉子元撰。子元本名知幾，避明皇嫌名，以字行。彭城人。弱冠擢進士第，調獲嘉尉，遷鳳閣舍人，兼修國史。中宗時擢太子率更令，累遷祕書監、太子左庶子、崇文館學士。開元初官至左散騎常侍，後坐事貶安州別駕，卒於官。事蹟具唐書本傳。此書成於景龍四年。凡內篇十卷，三十九篇；外篇十卷，十三篇。蓋其官祕書監時，與蕭至忠、宗楚客等爭論史事不合，故發憤而著書者也。其內篇體統、紕繆、弛張三篇有錄無書。考本傳已稱著史通四十

九篇，則三篇之亡，在修唐書以前矣。內篇皆論史家體例，辨別是非。外篇則述史籍源流及雜評古人得失。文或與內篇重出，又或牴牾，觀開卷六家篇首稱自古帝王文籍，外篇言之備矣，是先有外篇，乃擷其精華以成內篇，故刪除有所未盡也。子元於史學最深，又領史職幾三十年，更歷書局亦最久，其貫穿今古，洞悉利病，實非後人之所及。而性本過剛，詞復有激，詆訶太甚，或悍然不顧其安。疑古惑經諸篇，世所共詬，不待言矣。即如六家篇譏尚書為例不純，載言篇譏左氏不遵古法，人物篇譏尚書不載八元八愷寒浞飛廉惡來閎夭散宜生，譏春秋不載由余百里奚范蠡文種曹沫公儀休甯戚穰苴，亦殊謬妄。至于史家書法，在褒貶不在名號，昏暴如幽厲，不能削其王號也。而稱謂篇謂晉康穆以下諸帝皆當削其廟號，宋雲之折檻，張綱之埋輪，直節凜然，而言語篇斥為小辨。史不當書，遂瑗位列大夫，未嘗棲隱，而品藻篇謂高士傳漏載其名。孔子門人，欲奪有若，事出孟子，定不虛誣，而鑒識篇以史記載此一事，其鄙陋甚於褚少孫。皆任意抑揚，偏駁殊甚。其他如雜說篇指趙盾魚飧不為非食，議公羊之誣，幷州竹馬，非其土產，議東觀漢記之謬，亦多瑣屑支離。且周禮太史掌國之六典，小史掌邦國之志，則史官兼司掌故，古之制也。子元之意惟以褒貶為宗，餘事皆視為枝贅，故表歷書志兩篇，於班馬以來之舊例，一一排斥，多欲刪除，尤乖古法。餘如譏後漢書之採雜說，而自據竹書紀年、山海經，譏漢書五行志之舛誤，而自以元暉之科錄為魏濟陰王暉業作，以後漢書劉虞傳為在三國志中。小小疏漏，更所不免。然其縷析條分，如別黑白，一經抉摘，雖馬遷班固幾無詞以自解免，亦可云載筆之法家，著書之監史矣。自明以來，註本凡三四家，而譌脫竄亂，均如一轍。此本為

內府所藏舊刻，未有注文，視諸家猶為近古。其中點煩一篇，諸本並佚其朱點，此本亦同，無可校補，姑仍之焉。

史通通釋二十卷（江蘇巡撫採進本）

國朝浦起龍撰。起龍字二田，無錫人。雍正甲辰進士，官蘇州府教授。史通註本，舊有郭延年王維儉二家。近時又有黃叔琳註，補郭王之所闕。遞相增損，互有短長。起龍是註，又在黃註稍後，故亦採用黃註數條。然頗糾彈其疎舛，其中如曲筆篇稱秦人不死，驗符生之厚誣；蜀老猶存，知葛亮之多枉。三家皆不註。起龍亦僅引困學紀聞，謂王應麟不知所出，定為無考，而不知秦人事出洛陽伽藍記，蜀老事出魏書毛修之傳。又如闔單失力，但引盧照鄰賦旁證，而不知清異錄實有訓釋，不煩假借。小小疎漏，亦不能無。然大致引據詳明，足稱該洽。惟疑古惑經諸篇，更助頹波，殊為好異。又輕於改竄古書，往往失其本旨。如六家篇尚書條中，語無可述四字之下，若此二字之上，顯有脫句，而改此字為止字，更臆增一有字。又如列傳篇項王立傳而以本紀為名句，立字不誤，而乃臆改為宜字。此類至多，皆失詳慎。至於句解章評，參差連寫，如坊刻古文之式，於註書體例更乖。使其一評一註，釐為二書，則庶乎離之雙美矣。

唐鑑二十四卷（副都御史黃登賢家藏本）

宋范祖禹撰，呂祖謙註。祖禹字淳父，華陽人。嘉祐八年進士，歷官龍圖閣學士，出知陝州。事蹟附載宋史范鎮傳中。祖謙有古周易，已著錄。初治平中司馬光奉詔修通鑑，祖禹為編修官，分掌唐史。以其所自得者著成此書，上自高祖，下迄昭宣，撮取大綱，繫以論斷，為卷十二。元祐初表上於朝，結銜稱著作佐郎，蓋進書時所居官也。後祖謙為作註，乃分為二十四卷。蔡絛鐵圍山叢談曰，祖禹子溫遊大相國寺，諸貴璫見之，皆指目曰，此唐鑑之子。蓋不知祖禹為誰，獨習聞有唐鑑也。則是書為當世所重可知矣。張端義貴耳集亦記高宗與講官言，讀資治通鑑，知司馬光有宰相度量，讀唐鑑，知范祖禹有臺諫手段。惟朱子語錄謂其議論弱，又有不相應處。然通鑑以武后紀年，祖禹獨用沈既濟之說，取武后臨朝二十一年繫之中宗，自謂比春秋公在乾侯之義，且曰雖得罪君子，亦所不辭。後朱子作通鑑綱目，書帝在房州，實仍其例。王懋竑白田雜著亦曰，范淳夫唐鑑，言有治人無治法，朱子嘗鄙其論，以為苟簡，而晚年作社倉記，則亟稱之，以為不易之論，而自述前言之誤。蓋其經歷旣多，故前後所言有不同者。讀者宜詳考焉，未可執一說以為定也。然則朱子語錄之所載，未可據以斷此書矣。

唐史論斷三卷（浙江鮑士恭家藏本）

宋孫甫撰。甫字之翰，陽翟人。舉進士，歷官右正言、遷天章閣待制、河北轉運使，兼侍讀。事蹟具宋史本傳。陳振孫書錄解題稱甫以劉昫唐書煩冗遺略，多失體法，乃改用編年體，創始於康定元年，蔵事於嘉祐元年，勒成唐紀七十五卷。其閒善惡分明可爲𢌿鑑者，各繫以論，凡九十二篇。甫沒後，唐紀宣取留禁中。其從子察嘗錄副本遺司馬光。世亦罕見，惟論斷獨傳。紹興二十七年，嘗鋟版於劍州。後蜀版不存，端平乙未，黃準復刻於東陽。宋史藝文志作二卷，文獻通考作十卷。此本僅三卷，蓋本從唐紀鈔出別行，非其舊帙，故卷數多寡，隨意分合，實無二本也。前爲自序一篇，末附司馬光跋、曾鞏、歐陽修所作墓誌、行狀，蘇軾荅李廌書、張敦頤後序，皆推重是書，甚至朱子亦稱其議論勝唐鑑云。

唐書直筆四卷（浙江巡撫採進本）

宋呂夏卿撰。夏卿字縉叔，泉州晉江人。舉進士，爲江寧尉，歷官宣德郎，守祕書丞，以預修唐書告成，擢直祕閣，同知禮院，後出知穎州，卒於官。事蹟具宋史本傳。案曾公亮進唐書表所列預纂修者七人，夏卿居其第六。本傳亦稱夏卿學長於史，貫穿唐事，博採傳記雜說數百家，折衷整比，又通譜學，刱爲世系諸表，於新唐書最有功。是其位雖出歐陽修、宋祁下，而編摩之力，實不在修、祁下也。據晁公武讀書志，是書乃其在書局時所建明，前二卷論紀、傳、志，第三卷論舊史繁文闕誤，第四卷爲新例須知，即所擬發凡也。惟晁氏作唐書直筆四卷、新例須知一卷，而此本共爲四卷。或後來合併歟。晁氏稱夏卿此書，歐、宋閒有取焉，所有未符，乃歐、宋所未取者。然是丹者非素，論甘者忌辛，著述之家，各行所見，其取者未必皆是，其不取者未必皆非。觀晁氏別載夏卿兵志三卷，稱得於宇文虛中季蒙，題其後曰：夏卿修唐史，別著兵志三篇，自祕之，戒其子弟勿妄傳。鮑欽止吏部好藏書，苦求得之。其子無爲太守恭孫偶言及，因懇借鈔錄。于吳興之山齋云云。然則夏卿之於唐書，蓋別有所見，而志不得行者。特其器識較深，不肯如吳縝之顯攻耳。今兵志已不可見，兼存是書，以資互考，亦未始非參訂異同之助矣。

通鑑問疑一卷（浙江范懋柱家天一閣藏本）

宋劉羲仲撰。羲仲，筠州人，祕書丞恕之長子。宋史附見恕傳末，但稱恕死後七年，通鑑成，追錄其勞，官其子羲仲。（案宋史原本作義仲，癸辛雜識亦作義仲，均傳寫之誤，今改正。）爲郊社齋郎，其始末則未詳也。史稱司馬光編次資治通鑑，英宗命自擇館閣英才共修之。光對曰：館閣文學之士誠多，至於專精史學，臣得而知者惟劉恕耳。即召爲局僚，遇史事紛雜難治者，輒以諉恕。恕於魏晉以後事考證差謬，最爲精詳。羲仲此書即裒錄恕與光往還論難之詞，據書末稱方今春秋尙廢，況此書乎云云，蓋成於熙寧以後。邵伯溫聞見錄稱通鑑以史記前後漢屬劉攽，以唐迄五代屬范祖禹，以三國歷九朝至隋屬恕，故此書所論皆三國至南北朝事也。凡所辨論，皆極精核。史所稱篤好史學，自太史公所記，下至周顯德末，私記雜說，無所不覽，上下數千載閒，鉅細之事，如指諸掌者，殆非虛語。通鑑帝魏，朱子修綱目改帝蜀。講學家以爲申明大義，上繼春秋。今觀是書，則恕嘗以蜀比東晉，擬紹正統，與光力爭而不從。是不但習鑿齒、劉知幾先有此說，即修通鑑時亦未嘗無人議及矣。末附羲仲與范祖禹書一篇，稱其父在書局，止類事迹，勒成長編。其是非予奪之際，一出君實筆削，而羲仲不及見君實，不備知凡例中是非予奪所以然之故。范淳父亦嘗預修通鑑，乃書所疑問焉。所舉凡八事，復載得祖禹荅書，具爲剖析，乃深悔其詰難之誤。且自言恐復有小言破言、小道害道，如己之所云者，故載之使後世有考焉。其能顯先人之善，而又不自諱其所失，尤足見涑水之徒，猶有先儒質直之遺也。

三國雜事二卷（浙江范懋柱家天一閣藏本）

宋唐庚撰。庚字子西，眉州丹稜人。紹聖中登進士第，調利州治獄掾，遷閬中令，入爲宗學博士。張商英薦除提舉京畿常平，後坐爲商英賦內前行，謫居惠州。大觀五年赦歸，道卒。事蹟具宋史文苑傳。是書雜論三國之事，凡三十六條，併自序一篇。後人皆編入庚文集。考宋志載庚集二十二卷，與今本同，似此書原在集內。然晁氏、陳氏書目皆載庚集十卷，知今本析其一卷爲兩卷，又益以此書二卷爲二十二卷，實非原本。故永樂大典所載此書，亦別爲一編，不著文集之目。今仍別爲二卷，以還其舊。陳振孫書錄解題稱庚之文長於議論，今觀其論諸葛亮寬宥法正，及不踰年改元事，論荀彧爭曹操九錫事。皆故與前人相反。至亮之和吳、本為權計、而以為王道之正。亮拔西縣千餘家、本以招安、而以為擄累無辜。皆不中理。又謂商無建丑之說。謂張掖石圖即河洛之文、而惜無伏羲、神農以識之。尤為紕繆。然其他議論可採者頗多。醇駁並存、瑕瑜不掩、固亦尚論者之所節取耳。

經幄管見四卷、永樂大典本

宋曹彥約撰。彥約字簡甫、都昌人。淳熙八年進士。薛叔似宣撫京湖、辟為主管機宜文字。累官寶謨閣待制、知成都府。寶慶元年、擢兵部侍郎、遷禮部。旋授兵部尚書、力辭不拜。以華文閣學士致仕。卒謚文簡。事蹟具宋史本傳。是書蓋彥約侍講筵時所輯。皆取三朝寶訓、反覆闡明、以示效法。蓋即范祖禹帝學多陳祖宗舊事之義。考仁宗天聖五年、允監修王曾之請、採太祖太宗真宗事蹟不入正史者、命李淑等別為三朝寶訓三十卷。寶元二年十二月、詔以進讀。嗣是講幄相沿、遂為故事。彥約是書於進讀符瑞諸篇、雖不免有所迴護。要亦當時臣子之詞、不得不爾。其餘諸篇、則皆能旁證經史、而歸之於法誡。亦可謂不失啟沃之職者矣。舊刻散佚、久無傳本。惟永樂大典尚載其全文。今詳為校讐、釐成四卷。間有辨證、各依文附著焉。

涉史隨筆一卷、兩江總督採進本

宋葛洪撰。洪字容甫、自號蟠室老人、婺州東陽人。淳熙十一年進士。嘉定間官至參知政事、觀文殿學士。卒謚端簡。事蹟具宋史本傳。是書前有自序、大略謂微官洎布衣求進謁於廟堂者、自匄進乞憐外、往往訖無他說。是直相與為欺而已。洪不敢為欺。比以憂居、取歷代史溫繹、間有所見、隨而筆之。因擇其可裨廟論者二十六篇以獻。則是編乃洪官未達時獻於時相之作、故所論皆古大臣之事。其中論田歆一條、謂歆果介然自立、人自不敢干之以私。貴戚敢於請託、仍歆之罪。論韋澳一條、謂是非雖當順乎人情、亦當斷以己見。所言殊鑿然有理。其他多因時勢立論、亦胡寅讀史管見之流。而持論和平、不似寅之苛刻偏駁。惟論申屠嘉一條、反覆明相權之宜重。然宋之宰執、實無奄豎掯權以掣其肘、與漢唐事勢截然不同。如王安石、如蔡京章惇、如秦檜韓侂胄史彌遠賈似道、皆患其事權太重、故至於盡鋤善類、斲喪國家。洪所云云、是徒知防宦官之弊、而不知防姦臣之弊、未免失之一偏矣。

六朝通鑑博議十卷、浙江鮑士恭家藏本

宋李燾撰。燾有說文五音韻譜、已著錄。此書詳載三國六朝勝負攻守之迹、而繫以論斷。案燾本傳載所著述、無此書之名、而有南北攻守錄三十卷。其同異無可考見。核其義例、蓋亦江東十鑑之類、專為南宋立言者。然十鑑徒侈地形、飾虛詞以厲戰氣、可謂夸張無實。此則得失兼陳、法戒具備。主於修人事以自強、視李舜臣所論較為切實。史稱燾嘗奏孝宗以即位二十餘年、志在富彊、而兵弱財匱、與教民七年可以即戎者異。又孝宗有功業不足之歎、燾復言功業見於變通、人事既修、天應乃至。蓋其納規進誨、惟拳拳以立國根本為先、而不侈陳恢復之計。是書之作、用意頗同。後其子壁不能守其家學、附合韓侂胄之意、遂生開禧之兵端。然後知燾之所見、固非主和者所及、亦非主戰者所及也。

大事記講義二十三卷、浙江鮑士恭家藏本

宋呂中撰。中字時可、泉州晉江人。淳祐中進士。遷國子監丞、兼崇政殿說書、徙肇慶教授。其書卷一論三篇、卷二紀宋太祖事、卷三至卷五紀太宗事、卷六至卷七紀真宗事、卷八至卷十二紀仁宗事、卷十三紀英宗事、卷十四至十七紀神宗事、卷十八至二十紀哲宗事、卷二十一至二十二記徽宗事、卷二十三紀欽宗事。事以類敘、間加論斷。凡政事制度及百官賢否、具載於編。論中所議選舉資格及茶鹽政制諸條、頗切宋時稗政。又所載銓選之罷常參、任子之多裁汰、三司之有二司、稅茶之易芻糧、皆宋史各志及馬端臨文獻通考所未備者。又所載朋黨諸人事實及議新法諸人辨論、皆與宋史列傳多有異同、亦足資史學之參證。前有興國軍教授劉實甫序、謂水心以其師講貫之素、發明我朝聖君賢相之心。則是書乃中平日講論稾本、葉適等為之編次云。

兩漢筆記十二卷、浙江范懋柱家天一閣藏本

宋錢時撰。時有融堂書解、已著錄。此書皆評論漢史。嘉熙二年嘗經奏進。前有尚書省劄、稱十二卷、與此本合。葉盛水東日記以為不完之本、非也。其例以兩漢書舊文為綱、而各附論斷於其下。前一二卷頗染胡寅讀史管見之習。如蕭何收秦圖籍則責其不收六經。又何勸高帝勿攻項羽歸漢中則責其出於詐術。以曹參文帝爲陷溺於邪說、而歸其過於張良。於陸賈新語則責其不知仁義。皆故爲苛論、以自矜高識。三卷以後、乃漸近情理、持論多得是非之平。其中如於張良諫封六國後、論封建必不可復、郡縣不能不置。於董仲舒請限民名田、論井田必不可行。於文帝除肉刑、亦不甚以爲過。尤能滌講學家胸無一物、高談三代之窠臼。至其論董仲舒對策、以道之大原不在天而在心、則金谿學派之宗旨。論元帝以客禮待呼韓邪、論光武帝閉關謝西域、皆極稱其能忍善讓。則南渡和議之飾詞。所謂有爲言之者、置而不論可矣。

舊聞證誤四卷、永樂大典本

宋李心傳撰。心傳有建炎以來繫年要錄、已著錄。要錄於諸書譌異、多隨事辨正。故此書所論北宋之事爲多、不復出也。或及於南宋之事、則要錄之所未及、此補其遺也。凡所見私史小說、上自朝廷制度沿革、下及歲月之參差、名姓之錯互、皆一一詳徵博引、以折衷其是非。大致如司馬光之通鑑考異。而先列舊文、次爲駁正、條分縷析、其體例則如孔叢之詰墨。其剖決疑定舛、於史學深爲有裨。非淹通一代掌故者不能爲也。宋史藝文志載此書作十五卷。自明代已無傳本。故薛應旂王宗沐等續修通鑑、商輅續修綱目、皆未見其書。今從永樂大典中所載蒐羅裒輯、尚得一百四十餘條。謹略依時代先後、編次排纂、析爲四卷。雖非心傳之全帙、然就所存者觀之、其資考證者已不少矣。原書於所辨諸條各註書名。永樂大典傳寫脫漏、僅存其十之三四。謹旁加搜討、凡有可考者悉爲補註。無可考者則仍其舊。心傳所辨閒有脫文。今無別本可校、亦不敢意爲增損焉。

通鑑答問五卷、通行本

宋王應麟撰。應麟有周易鄭康成註、已著錄。此書乃玉海之末附刊十三種之一。始自周威烈王、終於漢元帝、蓋未成之本也。書以通鑑答問爲名、而多涉於朱子綱目。蓋綱目本因通鑑而作、故應麟所論出入於二書之閒。其所評隲、惟漢高白帝子事以爲二家偶失刊削。孔臧元朔三年免太常一條、疑誤採孔叢子。其餘則尊崇新例、似尹起莘之發明。刻覈古人、似胡寅之管見。如漢高祖過魯祀孔子、本無可貶。乃反譏漢無眞儒。文帝除盜鑄之令、本不可訓。乃反稱仁及天下。與應麟所著他書殊不相類。其眞贗蓋不可知。或伯厚孫刻玉海時僞作此編、以附其祖於道學歟。然別無顯證、無由確驗其非。姑取其大旨之不詭於正可矣。

歷代名賢確論一百卷、浙江巡撫採進本

不著撰人名氏。前有明吳寬序、稱皆唐宋人所著、其說散見文集中。或病其不歸於一。輯成此編、以便觀覽。錫山錢孟濬因其書不能家有、刊以傳世云云。亦不詳作者爲誰。近世所行刊本、或有題爲華亭錢福所輯者。然福以宏治三年庚戌登第、寬序作於宏治十七年甲子。二人同時、不應不知爲福作。殆後來書賈重刻、以福廷對第一、託名以行歟。所採諸家論著、皆至北宋而止。其書甚宏作甚洪、猶避宋宣祖廟諱、則理宗以前人所作也。考宋史藝文志有名賢十七史確論一百四卷、蓋卽此書。惟此本較少四卷、稍爲不合。或史衍四字、或刊本併爲百卷、以取成數、均未可知。觀其評隲人物、自三皇以迄五季、按代分系、各標列主名。其總論一代者、則稱通論以別之。雖不標十七史之名、而核其始末、恰應十七史之數。其爲卽宋志之所載、益足證矣。所引唐人之文、如羅隱論子高梅子眞、盧藏用論紀信、張謂論劉宋代晉諸篇、皆唐文粹諸書所未錄。蓋宋時經義詩賦兩科、皆試策論、故書坊多刻此種以備揣摩之用。然去取較有翦裁、視陳繼儒古論大觀之龐雜叢脞者、固不可同年語矣。

歷朝通略四卷、浙江巡撫採進本

元陳櫟撰。櫟有書傳纂疏、已著錄。是編敘歷代興廢得失、各爲論斷。每一代爲一篇。自伏羲至五代爲二卷。北宋南宋則各占一卷。蓋詳近略遠之意也。南宋止於寧宗。卷末櫟自跋、謂理度二朝無史可據也。舊本題增廣通略、而不言因誰氏之書。千頃堂書目有通略句解五卷、亦不言作者。櫟自跋謂金事廷方雖略述、亦以未見其史、不敢輕筆。然則廷方其原撰是書之名字歟。其人姓氏爵里則無考矣。書成於至大庚戌。明正統壬戌、櫟孫盤之壻漢陽知府王靜得本於鄉人方勉、始刊行之。此本爲袁應兆所刊行、僅題乙亥歲、不著年號。書末附錄有萬歷戊子紀年、則崇禎八年之乙亥也。後附櫟蒙求一篇、及櫟行狀墓誌之類。其蒙求末四讀兼及明初句下註曰此八句爲朱楓林所增然原文迄於厓山句下註宋爲元逼云云殊不類當時之語殆亦有所改竄矣是書雖撮敘大綱不免簡略而持論醇正以資考證則不足以論是非則讀史者固有取焉

十七史纂古今通要十七卷內府藏本

元胡一桂撰一桂有易本義附錄纂疏已著錄是書自三皇以迄五代哀集史事附以論斷前有大德壬寅自序并地理世系等十三圖錢曾讀書敏求記曰宋以來論史家汗牛充棟率多龐雜可議以其不討論之過也此書議論頗精允絕非宋儒隅見者可比一覽令人於古今興亡理亂了然胸次朱子稱稽古錄其言如桑麻菽粟小兒六經了好合讀去予於此書亦云其推許是書甚至至議其當從資治通鑑帝魏不當從朱子綱目帝蜀則又以久經論定之事務持異議以駭聽不足爲一桂病也熊禾勿軒集有胡庭芳史纂通要語序即爲此書而作庭芳一桂字也其稱史纂通要省文耳此本不載禾序殆偶佚歟

學史十三卷浙江范懋柱家天一閣藏本

明邵寶撰寶有左觿已著錄寶嘗爲江西提學副使是書其提學時所作爲卷十有二以象月又餘其一以象閏每卷或三十條或二十九條以象月之有大小盡取程子今日格一物明日格一物之義名之曰日格子巡撫吳廷舉嘗上於朝書中取自周迄元史事分條論列詞傷意核筆力頗遒健其間如記後漢書譙元用弟服去官載封用伯父喪去官事以爲辟世與人不知後漢人情淳樸其以期功喪解官持喪者見於史冊不一而足實疑爲託故而逃未免失之不考又論荀彧以爲志似管仲心似召忽非揚雄之比亦爲失當然寶平生湛深經術持論平正究非胡寅輩之刻深尹起莘輩之膚淺所可擬也

史糾六卷浙江巡撫採進本

明朱明鎬撰明鎬字昌芑太倉人是編考訂諸史書法之謬及其事迹之牴牾上起三國志下迄元史每史各爲一編元史不甚置可否自言仿鄭樵通志不敢刪削唐書之例其晉書五代史亦闕而不論則未審爲傳寫所佚爲點勘未竟觀篇末別附書史異同一篇新舊唐書異同一卷與前體例截然不同知爲後人掇拾殘藁編次成帙也明代史論至多大抵徒侈游談務翻舊案不能核其始終明鎬名不甚著而於諸史皆鉤稽參貫得其條理實一一從勘驗本書而來較他家爲有根據其書三國志以及八史多論書法之誤而兼核事實唐書宋史則大抵考證同異指摘複漏中頗沿襲裴松之三國志註劉知幾史通吳縝新唐書糾謬司馬光通鑑考異之文又如隋書蘭陵公主忍恥再醮乃以身殉後夫而取冠列女宋史包恢以肉刑行公田法媚賈似道乃以源出朱子而別名道學顯然乖謬者亦未能抉剔無遺至徐夢莘三朝北盟會編本雜採諸書案而不斷以備史家之採擇故義取全收無所去取夢莘實未嘗置一詞而明鎬誤以記述之文爲夢莘論斷之語大加排詆尢考之未詳要其參互考證多中肯綮精核可取者十之六七亦可謂留心史學者矣

御批通鑑綱目五十九卷通鑑綱目前編一卷外紀一卷舉要三卷通鑑綱目續編二十七卷

康熙四十七年吏部侍郎宋犖校刊皆
聖祖仁皇帝御批也朱子因司馬光資治通鑑以作綱目惟凡例一卷出於手定其綱皆門人依凡例而修其目則全以付趙師淵後疏通其義旨者有遂昌尹起莘之發明永新劉友益之書法箋釋其名物者有望江王幼學之集覽上虞徐昭文之考證武進陳濟之集覽正誤建安馮智舒之質實辨正其傳寫差互者有祁門汪克寬之考異明弘治中莆田黃仲昭取諸家之書散入各條之下是爲今本皆尊崇朱子者也故大抵循文敷衍莫敢異同明末張自勳作綱目續麟始以春秋舊法糾義例之譌芮長恤作綱目拾遺以通鑑原文辨刪節之失各執所見屹立相爭我
聖祖仁皇帝睿鑒高深獨契尼山筆削之旨因陳仁錫刊本
親加評定
權衡至當袞鉞昭昭乃釐正羣言折衷歸一又金履祥因劉恕通鑑外紀失之嗜博好奇乃蒐採經傳上起帝堯下逮周威烈王作通鑑前編又括全書綱領撰爲舉要殿於末復摭上古軼聞撰爲外紀冠於首陳仁錫稍變其體例改題曰通鑑綱目前編與綱目合刊以補朱子所未及亦因其舊本
御筆品題至商輅等通鑑綱目續編因朱子凡例紀宋元

兩代之事，頗多舛漏。六合之戰，誤稱明太祖兵爲賊兵，尤貽笑千秋。後有周禮爲作發明，張時泰爲作廣義，附於條下。其中謬妄，更不一而足。因陳仁錫綴刊綱目之末，亦得同邀

乙覽，并示

別裁。乾隆壬寅，我

皇上御製題詞，糾正其悖妄乖戾之失，以闢誣傳信。復

詔廷臣取其書，詳加刊正，以協於至公，尤足以昭垂千古，爲讀史之指南矣。

御製評鑑闡要十二卷

乾隆三十六年大學士劉統勳等編次恭進。皆通鑑輯覽中所奉

御批也。始館臣恭纂輯覽時，分卷屬稾，排日進

呈。

皇上乙夜親披，

丹毫評騭，隨條發論，燦若日星。其有

敕館臣擬綴黏簽同進者，亦皆蒙

睿裁改定，塗乙增損，十存二三。全書既成，其間體例事

宸翰者，幾及數千餘條。既已刊刻簡端，宣示奕禩。館臣

實奉有

等伏聆

指授，以微文奧義皆出自

聖人獨斷之精心，而章句較繁，觀海者或難窺涯涘。因復詳加甄輯，勒爲此書，凡分卷十二，計恭錄

御批七百九十八則，大抵

御撰者十之三，

改簽者十之七。闡綱鉅指，炳著琅函。仰惟

聖鑑精詳，無幽不燭。譬諸鼎鑄九金，神姦獻狀，不能少遁錙毫。故論世知人，無不抉微而發隱。所謂斥前代矯誣之行，闢史家誕妄之詞，辨彙舛譌，折衷同異，其義皆古人所未發，而

敷言是訓，適協乎人心天理所同然。至乃

特筆所昭，嚴於袞鉞。如賈充、褚淵等之書死，狄仁傑之書周，正南北稱侵稱寇之文，訂遼金元人名官名地名之訛，而紀年系統，再三

申誡，尤兢兢於保邦凝命之原，洵足覺聵震聾，垂教萬世。蓋千古之是非繫於史氏之褒貶，史氏之是非則待於

聖人之折衷。臣等編輯史評，敬錄是編，不特唐宋以來偏私曲袒之徒無所容其喙，即千古帝王致治之

大法，實已包括無餘。尊

讀史之玉衡，併以闡

傳心之寶典矣。

欽定古今儲貳金鑑六卷

乾隆四十八年

特命

諸皇子同軍機大臣

上書房總師傅等取歷代冊立太子事蹟有關鑑戒者，按代纂輯。自周訖於前明，得三十有三事，又附見五事。而自春秋以後諸侯王建立世子事非儲貳可比者，間敘其概於案語中，而不入正條。其他偏據竊位，無關統緒之正，並略而不論。若宋之太弟，明之太孫，尤足爲萬世炯鑑，則備論之。紀事取之正史，論斷衷諸資治通鑑綱目

御批及通鑑輯覽

御批，卷首恭載節奉

諭旨，如羣書之有綱要焉。伏見我

國家萬年垂統，

睿慮深長，

家法相承，不事建儲冊立。

皇上準今酌古，備覽前代覆轍，灼知建儲一事斷不可行，屢頒

宸諭，深切著明。伏讀

御製職官表聯句詩注，於詹事府條下云：自古書生拘迂之見，動以建儲爲國本，其實皆自爲日後身家之計，無裨國是。誠以立儲之後，宵小乘間伺釁，釀爲亂階，其弊有不可勝言者。朕於此往復熟籌，知之甚審。我子孫當敬凜此訓，奉爲萬年法守。

聖訓煌煌，日星昭揭。證以是編所載往蹟，既曉然於前事之當懲，益以知

聖朝詒謀宏遠，實爲綿禩祚而基萬年之要道也。

右史評類二十二部，三百九十九卷，皆文淵閣著錄。

欽定四庫全書總目卷八十八

欽定四庫全書總目卷八十九

史部四十五

史評類存目一

史通會要三卷 江蘇巡撫採進本

明陸深撰。深有南巡日錄，已著錄。深嘗以唐劉知幾史通刊本多誤，爲校定之。凡補殘刓謬若干言。又以其因習上篇闕佚，乃訂正曲筆鑒識二篇錯簡，類爲一篇以還之。復採其中精粹者，別纂爲會要三卷。而附以後人論史之語，時亦以己見參之。深集中別載史通二跋，大略言知幾是非任情，往往捃摭聖賢，是其所短。至於評隲文體，亦可謂當。又言知幾嘗謂國史敘事以簡爲主，而其書之冗長乃不少。觀其議論，可以見其去取之旨矣。

史通評釋二十卷 編修勵守謙家藏本

明李維楨評，郭孔延附評併釋。維楨字本寧，京山人。隆慶戊辰進士，官至南京禮部尚書。事蹟具明史文苑傳。孔延始末未詳。史通舊刻傳世者稀，故永樂大典網羅繁富，而獨遺是書。其後有蜀本、吳本，文句脫略，互有異同。萬歷中復有張氏刻本，增七百三十餘字，刪六十餘字。復於曲筆因習二篇補其殘闕，遂爲完書。不知其所增益果據何本。然自是以後，皆以張本爲祖矣。維楨因張氏之本，略爲評論。孔延因續爲評釋，雜引諸書以證之。凡每篇之末標評曰字者，皆維楨語。標附評字者，則孔延所補也。維楨所評，不出明人游談之習，無足置論。孔延所釋，較有引據，而所徵故事，率不著其出典，亦頗有舛漏。故王維儉以下註史通者數家，皆嫌其未愜，多所糾正焉。

史通訓故二十卷 編修勵守謙家藏本

明王維儉撰。維儉字損仲，祥符人。萬歷乙未進士，官至山東巡撫。事蹟具明史文苑傳。是編因郭孔延所釋，重爲釐正。又以華亭張之象藏本參校刊定。卷端有維儉題識，稱除增因習一篇，及更定直書曲筆二篇外，共校正一千一百四十二字。然以二本相校，惟曲筆篇增入一百一十九字。其因習、直書二篇，並與郭本相同，無增入之語。不知何以云然也。孔延註本漏略實甚，維儉所補，引證較詳。然黃叔琳、浦起龍續註是書，尚多所駁正。蓋劉知幾博極史籍，於斯事爲專門。又唐以前書今不盡見，後人捃摭殘賸，比附推求，實非一二人之耳目所能徧。考輾轉相承，乃能賅備，固亦勢所必然耳。

史通訓故補二十卷 編修勵守謙家藏本

國朝黃叔琳撰。叔琳有研北易鈔，已著錄。是書補王維儉註所未及，與浦起龍史通通釋同時而成。而此本之出略前，故起龍亦閒摭用，所稱北平本者，即此書也。浦本註釋較精核，而失之於好改原文。又評註夾雜，儼如坊刻古文之例，是其所短。此本註釋不及起龍，而不甚改竄，猶屬謹嚴。其圈點批語，不出時文之式，則與起龍略同。惟起龍於知幾原書多所迴護，即疑古惑經之類，亦不以爲非。此書頗有糾正，差爲勝之耳。

四明尊堯集十一卷 浙江范懋柱家天一閣藏本

宋陳瓘撰。瓘有了翁易說，已著錄。是書書錄解題著錄止一卷。此本十一卷，乃後人并其原表序跋合而編之者也。瓘以紹聖史官專據王安石日錄改修神宗實錄，變亂是非，不可傳信，因作是書以辨其妄。其初竄廉州時所著，名合浦尊堯集。但著十論，猶未直攻安石。及北歸後，乃改作此書，分爲八門，曰聖訓，論道，獻替，理財，邊機，論兵，處己，寓言。始力斥王安石之誣，皆摘實錄原文，而各著駁論其下。共六十五條。坐此羈管台州。其總論中所云安石退居鍾山，著此訕書，以授蔡卞。卞當元祐之時，增損潤色，九年筆削云云。大抵主於掊擊卞，故史稱京、卞兄弟最所忌恨，得禍最酷。然朱子尚病其有所避就，未能直中安石隱微云。

讀史管見三十卷 內府藏本

宋胡寅撰。寅字明仲，號致堂，崇安人。官至禮部侍郎。謚文忠。事蹟具宋史本傳。是編乃其謫居之時讀司馬光資治通鑑而作。前有嘉定丙寅其猶子大壯序，稱書成於紹興乙亥。又稱其父安國受知高宗，奉詔修春秋傳，宏綱大義，日月著明。二百四十二年之後，至於五代，司馬光所述資治通鑑，事雖備而立議少，實因用春秋經旨，尚論詳評云云。案胡安國之傳春秋，於筆削大旨雖有發明，而亦頗傷於深刻。是以

欽定春秋傳說彙纂於其已甚之詞，多加駁正，以持襃貶之平。寅作是書，因其父說，彌用嚴苛。大抵其論人也，人人責以孔顏思孟；其論事也，事事繩以虞夏商周。名爲存天理，遏人欲，崇王道，賤霸功，而不近人情，不揆事勢，卒至於窒礙而難行。王應麟通鑑答問謂但就一事詆斥，不究其事之始終，誠篤論

也。又多假借論端，自申己說，凡所論是非，往往枝蔓於本事之外。趙與旹賓退録曰：胡致堂著讀史管見，主於譏議秦會之，開卷可見也。如桑維翰雖因契丹而相，其意特欲興晉而已，固無挾敵以自重、刼國以盜權之意，猶足爲賢，尤爲深切。致堂本文定從子，其生也，父母欲不舉，文定夫人舉而子之。及貴，遭本生之喪，士論有非之者。案：寅以不持本生之服遭劾，見宋史本傳，其自辨之書則見所撰斐然集中。考漢宣帝立皇考廟，晉出帝封宋王，敬儒兩章，專以自解，而於漢哀帝立定陶後一節，直謂爲人後者不顧私親，安而行之，猶天性也，吁，甚矣。首卷論孫讓報仇，曰無所爲而爲善，雖大學之道，不是過，若致堂者，其亦有所爲而著書者歟！則在當時論者，亦有異同者矣。至國朝朱直作史論初集，專駁是書，其間詆訶之詞，雖不免於過當，然亦寅之好爲高論，有以激之，至於出爾反爾也。

三國紀年一卷（浙江范懋柱家天一閣藏本）

宋陳亮撰。亮字同甫，婺州永康人。紹熙四年進士第一，官至建康軍節度判官。事蹟具宋史本傳。是書大旨主於右蜀而貶魏吳，名爲紀年，實史家論斷之體，已載亮所著龍川集中，此其別行之本也。

議史摘要四卷（浙江吳玉墀家藏本）

舊本題曰新刊祖謙呂先生議史摘要，又題曰議史摘粹。一書之中，其名已自相矛盾。今檢其文，即呂祖謙左氏博議，但增以註釋耳。然註釋亦極淺陋，惟版式頗舊，蓋元明間麻沙書坊所僞刻也。

三國六朝五代紀年總辨二十八卷（江蘇蔣曾瑩家藏本）

不著撰人名氏。惟前有開禧丁卯吳渙然序，稱魏君仲舉比求到永嘉朱先生三國六朝五代紀年總辨，循通鑑案前史而爲之辨論，詞語警拔，侍郎葉公正則亦稱此書事理融會，今昔貫通云云。案：文獻通考載紀年統論一卷，紀年備遺一百卷，永嘉朱黼撰，引陳振孫書録解題，謂其起陶唐，終顯德，與此本不符。又載葉適序，稱其書三千餘篇，述呂武王莽曹丕朱溫，皆削其紀年，今此本三國始於漢昭烈帝章武元年，不列曹丕；五代始於唐天祐四年，迄十九年，下接後唐同光元年，不列朱溫。其例又復相合。考魏仲舉乃建陽書賈，今所傳五百家註韓柳文集，即出其家，蓋以刊書射利者。又吳渙然序首以用兵立言，中復有靈旗北指、諸君封侯之秋語，蓋開禧丁卯正韓侂胄肇釁敗盟之時，時方競講北征，故仲舉於紀年備遺之中，摘刊割據戰伐之二十八卷，以備程試答策之用。觀序末有上可發前人未盡之蘊，下可以爲學者進取之階語，則書肆之曲投時局以求速售，其大旨了然著矣。卷端冠以三國兩晉南北朝五代世系與地理攻守之圖，又甲子紀元總要一卷，於曹丕朱溫皆紀其年號，與本書乖剌，知亦仲舉所加，非黼之舊也。案：平陽縣志，黼字文昭，隱居南蕩山，終於布衣，嘗受業陳傅良之門。傅良喜議論，有止齋論祖一書，爲當時舉子所重，故黼亦研心史事，以作是編。其原書雖不可盡睹，然二十八卷之中，大抵憤南渡之積弱，違心立論，強作大言，謂南可併北，北不可以併南，侂胄輕舉攻金，浮動者譁然和之，卒召敗衄，未必非黼等偏僻之說有以熒惑衆聽矣。

小學史斷二卷續集一卷附通鑑總論一卷（浙江巡撫採進本）

宋南宮靖一撰。靖一字仲靖，自號披山主人，南昌人。是書上起周平王，下迄五代，敍述史事，而裒集宋儒論斷，聯絡成文。所採讀史管見、說齋講義爲多，通鑑及程朱語録、呂祖謙集次之，至邵子之詩，亦摘句綴入。其他蘇洵父子之屬，則寥寥數則而已。知爲講學家也。前有端平丙申自序，其中持論最悖者，如謂始皇當別爲後秦，晉元帝當復姓牛氏，皆祖胡寅之說，不能糾正。蓋其書全取舊文，有如集句，遇先儒之論，則收之，不敢有所異同故也。續集一卷，明廬陵晏彥文所編宋元二代之事，附以遼金，又附以西夏、安南，殊無義例。其以宋之南渡爲道學之功，宋之不能恢復，由僞學之禁；又以理宗爲能尊周程，爲知復古帝王之治。其大旨以道學之盛衰，定帝王之優劣，而一切國計民生，皆視爲末務。視靖一原書，尤迂而寡當矣。是書舊無刊本，明嘉靖中，嘉興府知府趙瀛文始爲授梓，而以陽節潘榮通鑑總論附焉，蓋鄉塾課蒙之本也。

史學提要一卷（江西巡撫採進本）

宋黃繼善撰。繼善字成性，盱江人。其書以四言韻語編貫諸史，始自上古，迄於宋末，以便初學記誦。然舊本題繼善宋人，而述宋亡，且稱德祐幼主降於大元，何邪？寧都魏禧集有是書序，併云重訂其譌闕，又屬盱江涂大訥允恆補撰二篇，復爲之註。考宋人所述，宜止於五代，此本既止於宋，則僅補一篇、且又無註、未必即禧之所序。觀大元之稱、當爲元人所增也。

承華事略一卷、浙江汪啟淑家藏本

元王惲撰。惲字仲謀、東平人。世祖時官至翰林學士。事蹟具元史本傳。此書成於至元十八年。時裕宗爲太子、惲官燕南河北道副使、因作此進於東宮。載前代爲太子者之事、加以論斷。裕宗甚喜、是書、令諸皇孫共傳觀焉。已載所著秋澗集中。此後人鈔出別行之本。進書啟稱二十篇、釐爲六卷。今止一卷、亦後人所合併也。

敘古頌二卷、永樂大典本

元錢天祐撰。天祐履籍未詳。是書前有延祐五年三月進表、稱臣於延祐元年作大學經傳直解、進獻皇太子。明年復以孝經直解進獻、承令命翰林官以威烏爾原作畏吾兒、今改正字語譯訖、奏上皇帝陛下、太后殿下、奉旨將孝經鏤版、命臣陪侍皇太子備員說書、給賜廩餼。敢獻盲歌瞽頌、採摭經史成言、效荀卿成相之體、叶以聲韻、著爲一編。凡帝王之道、起自唐虞、訖於有宋。總八十六章、章二十四字。仍隨文引事實註於其下、目曰敘古頌、可以謳吟歌詠、掇前史於片紙之間云云。又有禮部牒、稱說書臣范可仁衍以增義、蕭貞疏以音釋。蓋三人共成此書也。然詞意鄙俚、殊不足採。

史義拾遺二卷、內府藏本

元楊維楨撰。維楨有春秋合題著說、已著錄。據孫作所作維楨傳、稱其生平論史之書、有太平綱目四十冊、歷史鉞二百卷、今俱亡佚。此書傳中不載、明皇甫汸始爲刊行。大抵雜舉史事、自爲論斷。上自夏商、下迄宋代。中有作補辭者、如子思薦苟變書、齊威王寶言是也。有作擬辭者、如孫臏祭龐涓文、梁惠王送衛鞅還秦文是也。有作設辭者、如毛遂上平原君書、唐太宗責長孫無忌是也。大都借題游戲、無關事實。考同時王禕集中、亦多此體。蓋一時習尚如斯、非文章之正格、亦非史論之正格。以小品視之可矣。每篇下有跋語、蓋其門人所作。自稱其名曰木、不著其姓、亦不知其爲何許人也。

事偶韻語一卷、永樂大典本

舊本題錢塘凌緯撰。不詳時代。是書凡五言絕句一百首。前有自序云、唐李瀚蒙求、約四言成編、誠便記覽。自後文士、往往效而爲之、未有增至五言者。余因暇日觀歷代君臣言行、多有補於世教、由是撮舉其要、以類相偶、萃爲絕句百章。各章之下仍取得失事附註焉。蓋即蒙求而稍變其體耳。

通鑑博論三卷、兩江總督採進本

明寧王權撰。權有漢唐祕史、已著錄。此書以洪武二十九年九月表上、蓋奉太祖敕撰者。前二卷論歷代史事大略、後一卷倣史家年表、名之爲天運記。其上中二卷所云外記者、劉恕、陳桱之書也。正紀者、司馬光之書也。錢曾讀書敏求記曰、下卷圖格中於至正二十六年丙午書廖永忠沈韓林兒於瓜步。大明惡永忠之不義、後賜死。此非寧王之書法、而太祖之書法也。德慶一案、盡此二十一字。又何他詞之說云云。夫林兒之死、猶義帝之死也。明初奉龍鳳年號、永忠之死、亦猶淮陰之死也。諉過永忠、一語而解兩失。此真舞文之曲筆。曾乃以爲定案、於義殊乖。下卷之末有永樂五年御製文一篇、題曰歷代受命報復之驗。蓋官爲刊行、因而附著其文。純舉報應輪迴之說、最爲淺陋。後有成祖自跋云、觀其革命之際、報復屠戮之慘、或亂生於內、或患生於外、自相魚肉。又云、察其歷代報復之由、以明天道好還之理。觀其所言、似乎尚畏天道者。而革除時屠戮之慘、乃無復人理。天下後世之耳目、可以是言掩耶。又案明史權本傳曰、權嘗奉敕輯通鑑博論、又作史斷一卷。今考是書凡例云、一取史斷爲法、加諸筆削。下卷之末云、取史斷之首章以名是書。史斷者、宋端平三年南宮靖一所作。今尙有傳本、非權作也。

宋論三卷、浙江范懋柱家天一閣藏本

明劉定之撰。定之有易經圖釋、已著錄。此書取宋史自太祖迄衛王事蹟、每條節文提要、各爲論於其後、凡二十八篇。持論頗正。故鄭瑗井觀瑣言以爲勝於宋史筆斷。然亦取太宗弒奪之說、至謂尼瑪哈尼瑪哈原作粘罕、今改正爲太祖復生、委巷鄙言、何可訓也。

蕉山筆塵一卷、編修程晉芳家藏本

明商輅撰。輅有商文毅奏議、已著錄。是編雜論史事、僅三十三條、頗好持異論。如謂宋天書事亦有深意、不可盡加訾議、是何言歟。

政監三十二卷、兩淮馬裕家藏本

明夏寅撰。寅字正夫、華亭人。正統戊辰進士、官至山東右布政使。是書首列經傳、尙書、春秋、次自漢迄元史事。分條件繫、各加評斷。皆前人緒言、無大闡發。又間或不免於偏駁。

雪航膚見十卷（兩淮馬裕家藏本）

明趙弼撰。弼字輔之、南平人。雪航乃其號也。是書成於正統景泰閒。雜論史事、上自羲農、下及有宋。論多迂闊、亦頗偏駁。其中如論項羽殺宋義爲是、先儒斷其矯殺爲非。又論殺秦王子嬰屠其宗族、伐其陵墓爲是、先儒論其暴橫爲非。又論項羽不殺沛公有人君之度、先儒不能表而出之。又論項羽獲太公呂后三年、無淫殺之心、聞吾翁卽若翁之言、卽捨太公、則篤於朋友之義、而先儒不能察。又論羽之才美、亙古無倫、烏江之死、本實天亡、而非羽罪。司馬遷揚雄所論皆謬。殊乖刺不協於理、安爲陶輔桑榆漫志所駁。然輔不駁此條之顚倒、而別舉羽弑義帝一事、謂雖有善無足稱。則所見亦與弼等矣。

新舊唐書雜論一卷、（兩淮馬裕家藏本）

明李東陽撰。東陽有東祀錄、已著錄。是編摘唐史事蹟、辨其是非。所論太宗明皇之事爲多、持論亦皆平允。然東陽依違避禍、固位取容。其論宋璟不與反正之功、無害宰相之體、實陰以自解。其論狄仁傑褚遂良優劣、謂二人易地、仁傑必能強諫於武后初立之時、遂良必不能成功於武后既篡之後。及論德宗猜忌、元載凶嫉、李泌能周旋其閒、亦隱然自以調停爲功。其駁胡寅論高力士一條、及論姚崇任謟用詐一條、亦欲以持論之正自蓋其所爲也。

宋紀受終考三卷、（編修汪如藻家藏本）

明程敏政撰。敏政有宋遺民錄、已著錄。其篁墩集中有宋太祖太宗授受辨一篇、專辨僧文瑩湘山野錄誣太宗燭影斧聲之事。末自註云、猶恐考核未精、故別成是書。然觀文瑩所言、實無所確指、徒以李燾長編誤解文瑩之言、遂成疑案耳。宋濂黃溍始首辨其誣。敏政是書、又博採諸書同異、一一爲之辨證。然仍宋黃二家之緒論也。

宋史闡幽一卷、（江蘇巡撫採進本）

明許浩撰。浩字復齋、餘姚人。宏治中以貢生官桐城縣教諭。與作通鑑綱目前編之許浩同姓名、又同時、實各一人也。是編因與邱濬讀宋史而作、其是非皆不謬於聖賢。然特舉古來論定之說、敷衍成篇。如司馬光諸人爲君子、蔡京諸人爲小人、亦何待於浩而始知之乎。

元史闡幽一卷、（浙江鮑士恭家藏本）

明許浩撰。大抵皆取續綱目所書而論斷之、凡五十二條。持論雖正、而亦不免於偏駁。

世史積疑二卷、（浙江范懋柱家天一閣藏本）

舊題元李士實撰。前有自序、稱至正七年壬申三月朔書。案至正七年歲在乙亥、非壬申、與史不合。而元代亦未聞有李士實。惟明有新建李士實、成化丙戌進士。官至右都御史、致仕。正德閒寧王宸濠圖不軌、引之同謀。事起時、以士實與舉人劉養正爲左右丞相。宸濠就擒、士實併伏法。事見明史。而正德七年正值壬申、與此書序內紀年適合。屠隆考槃餘事又稱、士實有善書名。而此本內自書序文、筆勢頗雄放、亦足相證其爲明李士實所撰無疑。書首有衡山及天籟閣印記、乃徵明項元汴兩家舊本。此必在當時以士實爲黨逆叛臣、嫌於私存其著作、故改竄紀年以掩其迹、而後來著錄者遂誤以爲元人也。其書採摘史事、分條立說、迄於東漢之末而止。以喪心從亂之人、而妄議古今、其說蓋不足深論矣。

兀涯西漢書議十二卷、（浙江范懋柱家天一閣藏本）

舊本題明張邦奇撰。實則因霍韜舊稾而增修之。兀涯者、韜別號也。所輯明良集、已著錄。邦奇字常甫、鄞縣人。宏治乙丑進士。官至南京兵部尚書。諡文定。事蹟具明史本傳。其書皆摘西漢之事編次年月。先錄漢書原文、而附以評斷。多引明代故事、證其得失。蓋嘗經奏御之書。其每條標臣案者、韜原文。有別標侍郎臣張邦奇曰者、則續修之文也。

史評十卷、（內府藏本）

明范光宙撰。光宙字霽陽、石門人。是書自春秋迄南宋、人各爲評。多襲前人緒論、罕出心裁。

貴備餘談二卷、（浙江范懋柱家天一閣藏本）

明方鵬撰。鵬有續觀感錄、已著錄。是書雜取古人行事爲世所稱者、摘其瑕疵。自序謂賢知之過、立言制行、或不近人情、不合中道、往往載諸典籍、學者喜談而誤效之、故直指而極論焉。以自附於春秋責備之意。然持論刻覈、時多乖謬。如穀梁謂隱公可謂輕千乘之國、蹈道則未、其言允矣。今竝謂輕千乘之國爲非。至陳師道不肎假趙挺之之衣、亦排詆之。所謂不樂成人之美者歟。

東源讀史錄、無卷數、浙江巡撫採進本

明田維祜撰。維祜字裕夫、號東源居士、蕭山人。正德戊辰進士。官至肇慶府知府。是書採集史事及前人史評、衷以己意。其自跋謂於正德丁丑、取少微通鑑節要讀之。偶有所見、輒錄於楮。殊無出人議論、或似有所蹈襲。今觀書中所斷制、雖無大紕謬、而蹈襲之弊、誠如自序所云。且少微通鑑節要雖出宋人、實村塾陋本。據以立論、亦安足以言讀史也。

翼正錄四卷、江蘇巡撫採進本

明何思登撰。思登字一舉、武昌人。正德甲戌進士。官翰林院編修。是書標舉歷代史事而論其得失、大旨主於黜佛老之虛誕、故以翼正爲名。其持論不爲不醇。而言煩詞複、一書惟此一意、未免失之宂瑣。與胡寅崇正辨得失相同。至其意見偏駁、如許衡爲國子監祭酒乞休事、必削元世祖年號、繫於宋度宗咸淳九年之類。尤紕謬至極、不足與辨者矣。

尙論編二十卷、山東巡撫採進本

明鄒泉撰。泉字子靜、崑山人。正德中諸生。是編所載、自三代以至宋元、悉刪削諸史本傳、存其梗概、閒引他說考證。又仿諸史論贊、附以己意。亦頗有可採之處、非明人輾轉稗販者可比。但以二十一史欲縮於二十卷中、此雖班、馬之才、亦必不能鎔鑄包括。時傷疎漏、固其所耳。

欽定四庫全書總目卷八十九

欽定四庫全書總目卷九十

史部四十六

史評類存目二

世譜增定二卷、浙江范懋柱家天一閣藏本

明呂顒編。顒字夢賓、陝西寧州人。嘉靖癸未進士。官至應天府尹。是編因陳琳所刊世譜一書、益以司馬光歷年圖、梁氏總論、而以黃繼善提要割屬歷代之下。以上古至東晉爲前卷、劉宋至元爲後卷。蓋鄉塾課蒙之本也。

帝鑑圖說、無卷數、內府藏本

明張居正呂調陽同撰。居正有書經直解、已著錄。調陽臨桂人。嘉靖庚戌進士。官至建極殿大學士。諡文簡。事蹟具明史本傳。是編乃二人奏御之書。取堯舜以來善可爲法者八十一事、惡可爲戒者三十六事、每事前繪一圖、後錄傳記本文、而爲之直解。前有隆慶六年十二月進疏一篇、蓋當神宗諒闇時也。疏云、善爲陽爲吉、故數用九九。惡爲陰爲凶、故數用六六。取唐太宗以古爲鑑之語名之。書中所載皆史冊所有。神宗方在沖齡、語取易曉、不免於俚俗。

羣史品藻三十卷、安徽巡撫採進本

明戴璟撰。璟有廣東通志初稾、已著錄。是編取司馬光通鑑摘其事蹟爲之論斷。其凡例云、以通鑑節要爲主、而摘其可爲論策命題者。案千頃堂書目有宋江贄所撰資治通鑑節要、又有元劉剡所撰資治通鑑節要、皆三十卷。未知璟所指何本。然止爲命題而設、則不出兔園冊子之陋習也。

漢唐通鑑品藻三十卷江蘇巡撫採進本

明戴璟撰。是書明史藝文志著錄。然卽璟所著讀史品藻，坊本改易其名也。書中起周威烈王，終周世宗，與通鑑首尾相應，而以漢唐名書，璟未必謬陋至此。其出自庸妄書賈明矣。

兩漢解疑二卷浙江巡撫採進本

明唐順之撰。順之有廣右戰功錄，已著錄。是編摘兩漢人物，論其行事，設爲問難，而以己意解之。大抵好爲異論，務與前人相左。如以紀信之代死爲不足訓，以漢高之斬丁公爲悖恩欺世之類，皆乖乎允，不足爲訓也。

兩晉解疑一卷浙江巡撫採進本

明唐順之撰。持論與所作兩漢解疑相類，而乖舛尤多。如賈充一條，稱秦檜有息民之功，故得善終。馮道和藹溫柔，故有長樂老之榮。悖理殊甚。順之學問文章具有根柢，而論史之紕繆如此。蓋務欲出奇勝人，而不知適所以自敗。前明學者之通病也。

覺山史說二卷浙江鮑士恭家藏本

明洪垣撰。垣字峻之，婺源人。覺山其號也。嘉靖壬辰進士。官至溫州府知府。事蹟具明史本傳。又湛若水傳末稱湛氏門人最著者，永豐李懷、德安何遷、婺源洪垣。德安唐樞。懷之言變化氣質，遷之言知止，樞之言求真心，大約出入王湛兩家之閒，而自爲一義。垣則主於調停兩家，而互救其失，皆不盡守師說云云。其講學之書今未之見。是編其論史之書也。所論起上古迄宋末，如論伍員鞭墓之類，頗能主持名教。他如論管叔蔡叔合於義而不知天命，誣紀信代死爲呂祿辨冤之類，則不免文士好奇，務爲新論。至於論余闕死節一條，斥闕不當仕元，且以全家併命爲非，是則紕繆至極。無論闕本色目人，實非南宋遺民。垣於事實爲不考。卽使闕之祖父果爲南宋遺民，而是時元混一天下，已屆百年，踐土食毛，久爲黎庶。垣乃於數世之後使爲宋守故臣之節，此於理不更悖乎。

太史史例一百卷浙江汪啟淑家藏本

明張之象撰。之象字元超，華亭人。嘉靖中官浙江按察司知事。明史文苑傳附載文徵明傳中。是編取史記所書，分類標列，爲二百八十九例。摘其文以繫於各類之後，名目皆極瑣屑。夫文字詳略，勢無定體，本不可以例言。況太史公成一家之書，往往意在文外，尤不得盡以定法拘之。而之象乃毛舉細微，以爲事事有例，此又以說春秋家之窠臼移而論史矣。

史乘考誤十卷兩江總督採進本

明王世貞撰。世貞有弇山堂別集，已著錄。是書一曰二史考，凡八卷。二曰家乘考，凡二卷。二史者，國史、野史也，皆臚舉謬傳，一一考證。已載入弇山堂別集中。此其單行之本也。

洗心居雅言集二卷江蘇巡撫採進本

明范槓撰。槓字養吾，會稽人。嘉靖庚戌進士。官至知府。是編凡史論二百四十一條，陶望齡爲之序。書之上方及行旁皆有評語，序前標曰新鐫史綱論題雅言，旁註評林，目錄前標曰新刻陶會元舉業史綱論題，皆坊本之陋式。其爲真出槓手與否，尚在疑似之閒矣。

古史要評五卷江西巡撫採進本

明吳崇節撰。崇節字介甫，弋陽人。嘉靖甲子舉人。官武岡縣知縣。是編所載起周靈王迄南宋，每事先標題目，後載史文，而斷以己意。蓋坊刻鑑纂鑑略之類，而挂一漏萬，茫無始末，幷不足以裨初學。於元朝不載事實，但附許衡、吳澄二人，題曰元朝人物，尤爲偏謬。

史取十二卷浙江汪啟淑家藏本

明賀祥撰。祥字長白，長沙人。是編凡分六類，曰世詮，曰世評，曰經世，曰性行，曰成務，曰雜紀。六類之中分子目四十有八。蓋史評之流，而其體則說部類也。觀其駁孟子益避禹子之言爲無稽，稱呂氏春秋一書與孟子相表裏，斥嚴光爲光武之罪人，贊丁謂爲榮辱兩忘之異人，皆所謂小言破道者。書中數稱李贄，豈非氣類相近歟。

讀史漫錄十四卷內府藏本

明于慎行撰。慎行字可遠，更字無垢，東阿人。隆慶戊辰進士。官至禮部尚書。事蹟具明史本傳。是書評論歷代史事，起伏羲氏至遼金元。所論無甚乖舛，亦無所闡發。目錄後有門人郭應寵題識，稱是書先梓於閩，未經讐校。後其子君圖與筆塵同鋟以行。應寵又於慎行遺稾中搜得讀史五十通補入云。

史韻二卷江蘇周厚堉家藏本

明趙南星撰。南星有學庸正說，已著錄。是編摘錄史事，僞以四言韻語。凡西漢、東漢、三國、兩晉、南北朝、唐、五代、宋、元各爲一首，詞簡而該，蓋其謫戍代州以後，借以遣日之筆。後人重其忠義，因錄而傳之。順治丁亥，高邑李士邵刊於杭州，版旋散佚，乙未又刊於淮海道署。

餘言二卷（江蘇巡撫採進本）

明徐三重撰。三重字伯同，華亭人，萬歷丁丑進士，官刑部主事。是編乃其語錄之一種，皆衡論古人得失，與發揮理氣性命者有異，故以餘言爲名。所評上起唐堯，下迄宋末，大抵儒者之常談。然尚無講學家不情之苛議。

涉世雄談八卷（直隸總督採進本）

明朱正色撰。正色字應明，南和人，萬歷己丑進士，官至右副都御史，巡撫寧夏。是書乃其備兵甘肅時所著，取諸史記傳所載事蹟之有關兵法及才智明決足啟發人意者，分門摘錄，而各附評語於條末。每類中又各分奇品、正品，詞氣纖識，學陳亮而不成者也。

讀史漫筆一卷（編修程晉芳家藏本）

明陳懿典撰。懿典有讀左漫筆，已著錄。此編摘史記本紀、世家、列傳事蹟，隨意論列，數語皆陳因膚廓之言。

蘭曹讀史日記四卷（副都御史黃登賢家藏本）

明熊尚文撰。尚文字益中，豐城人，萬歷乙未進士，官至工部右侍郎。是編雜採史傳舊文，上起唐堯，下迄元代，隨事論斷，全類時文評語，頗乖著書之體。

史談補五卷（兩江總督採進本）

明楊一奇撰，陳箇增補。二人均不詳始末。所可考者，箇書成於萬歷中，一奇書又當在前耳。一奇書五卷，本名史談，於諸史中摘錄事蹟，加以論斷，皆常談無所闡明。箇又補入百餘條，雜於一奇舊編之內，仍爲五卷，改題曰史談補，其膚淺更出一奇下矣。

尙友齋論古（無卷數，浙江巡撫採進本）

明涂一榛撰。一榛字廷薦，漳州鎮海衛人，萬歷甲辰進士，官至通政司通政使。其書取春秋時范蠡，迄宋文天祥，六十八人，各錄本傳，而自爲評語綴於其末。去取絕無義例，議論亦多陳因。其於呂誨彈王安石事，謂臺諫不可隨衆占風，則爲當時朝局而發也。

人物論三十四卷（內府藏本）

明鄭賢撰。賢字元直，莆陽人，官震澤縣教諭。是書成於萬歷戊申，捃諸史論贊及唐宋以來各家文集，取其論古之文，裒爲一編，而以時代編敍之。賢亦附評於篇末，率兼論其文，不專論其事。其體例蓋在史評、總集之閒也。所採元以前人之說，僅一百二十七家，所採明人之說至二百四十七家，則冗雜可知矣。

讀史商語四卷（江蘇巡撫採進本）

明王志堅撰。志堅字弱生，更字淑士，亦字聞修，崑山人。萬歷庚戌進士，官至湖廣提學僉事。明史文苑傳載其爲南京兵部郎中時，要同舍郎爲讀史社，撰讀史商語，即是編也。以十七史之文與資治通鑑參校，隨事論斷，較他家史論抱殘守匱者頗殊。如論茅焦稱假父二弟，謬於理而悖於事；論劉向爲漢宗室，諫外家封事不當以任用宗室爲言，招爭權之嫌；論後漢黨錮中岑晊、劉表、胡母班皆謬負虛名；論通鑑帝魏，故漢獻帝用魏諡，綱目帝蜀，則宜用蜀諡曰孝愍；論劉琨撻妻小過至於棄市，諸葛亮不能辭責；論山簡嗜酒醲亂，不應以習池爲美談；論漢昭烈帝非棄荊州，蘇軾之言失考，皆爲有理。其謂秦始皇在趙之時，生僅兩歲，無由與燕太子丹相善；謂漢史所紀征討斬獲，動以萬計，皆非實數，以漢故事破賊文書以一報十爲證；謂魏書爾朱榮傳韓彭乃韋彭之譌，以金石錄爲證；謂南史何敬容傳、北史后妃傳、崔暹傳與齊文宣帝本紀矛盾；謂胡寅讀史管見誤讀通鑑宇文孝伯事；謂房琯無請親王領軍事，司空圖詩註不足憑，亦皆有考據。惟好爲高論，動輒踳駁。如謂桑宏羊有裨於國計；謂曹操所行實文王之事；謂諸葛亮不善用兵，陳壽所評爲確；謂謝靈運爲晉之忠臣，可比陶潛；謂李林甫在，安祿山必不敢叛；謂王叔文爲忠臣，有功無罪，皆紕謬之甚。又頗不論是非，而論果報於佛法，信之尤篤。謂袁宏漢紀不知佛法之精微廣大，謂傅奕闢佛爲淺陋，司馬光取入通鑑，所見與奕相等，尤非論史之道矣。

史懐十七卷（內府藏本）

明鍾惺撰。惺有詩經圖史合考，已著錄。是書上自左傳、國語，下及三國志，隨事摘錄，斷以己見。明史文苑傳稱惺官南都，僦秦淮水閣讀史，恆至丙夜，

有所見卽筆之名曰史懷卽是編也其說雖閒有創獲而偏駮者多蓋評史者精核義理之事非掉弄聰明之事也

元羽外編四十六卷浙江巡撫採進本

明張大齡撰大齡眉州人凡史論四卷首正統論次雜論延陵季子晏平仲等二十餘人又說史雋言十八卷分二十四類雜採史文斷以己說又晉十六國指掌六卷唐藩鎭指掌十六卷皆鈔撮晉書載記唐書藩鎭傳而成隨筆八卷支離漫語四卷評騭史事大都穿鑿附會無所發明其論正統欲以漢配夏以唐配商以明配周而盡黜晉與宋元尤爲紕繆

詩史十五卷副都御史黃登賢家藏本

舊本題明顧正誼撰正誼松江人萬歷中官中書舍人考錢希言戲瑕曰昔嘗於太原齋頭見雲閒刻顧氏詩史閱之乃中翰正誼名也余與王先生相顧驚嘆王先生曰此豈虎頭公所能辦哉後余過雲閒乃知華亭有詞人唐汝詢仲言者目雙瞽著成是書顧氏以三十金購得之嗟乎唐生之文誠賤何至此甚也千古不白之冤俟異世子雲者起故當有定論耳云云據此則是書爲唐汝詢作正誼乃買其稾而刻之耳然是書以列朝紀傳編爲韻語各爲之註以便記誦不過蒙求之類不知正誼何取而竊據之也

測史剩語六卷江西巡撫採進本

明馮士元撰士元字廷對新昌人萬歷中由貢生授靖安縣訓導遷河南府教授是書雜取春秋至唐代史事爲之論斷以人標題者二十四篇以事標題者三篇閒得蘇軾之一體附以擬書三篇連珠雜說各十篇則小品伎倆矣

史拾載補無卷數江蘇周厚堉家藏本

明吳宏基撰宏基字柏持仁和人是編取史記八書及儒林循吏游俠酷吏滑稽日者龜策貨殖匈奴西南夷大宛列傳十一篇加以圈點並略附箋註評語於篇後前有自序似乎先著一書名史拾而此補之者又冠以蘇轍古史跋似乎補所未收者其體例殊不可解又有鄖璧金序稱其旅摭稗收凡天經地志昆蟲草卉之事彙纂成書綴之簡裔更與本書不相應亦莫能詳也

史砭二卷浙江巡撫採進本

明程至善撰至善字于止休寧人是書所論上起三皇下迄於宋然論兩漢者十之八餘皆寥寥數則大抵迂闊之談其偶出新意則往往乖剌如謂岳飛得金牌之召當還戈南指誅秦檜以清君側是豈可行之事乎

評史心見十二卷浙江汪啓淑家藏本

明郭大有撰大有字用亨江寧人是書取古人事蹟標題每事爲論其凡例云凡可以爲策論者擇取以利於舉業則其書不必更問矣

古質疑一卷安徽巡撫採進本

明鄺廣唐撰廣唐有讀易蒐已著錄是編評論史事凡三十八條自伏羲至周平王止窺其微意似欲爲春秋前編也中如論女媧補天乃張湛列子註之緒言論黃帝鑄鼎乃宋人僞子華子之舊說以至姜嫄履武元鳥生商亦多先儒所已論無庸勦襲陳言至太甲條稱竹書爲僞高宗幽王二條又引竹書爲證數頁之中自相矛盾王季一條前後文義不相屬其殆傳寫譌脫歟

讀書鏡十卷浙江孫仰曾家藏本

明陳繼儒撰繼儒有邵康節外紀已著錄是書乃所作史論或一人遞舉數事或一事歷舉數人而以己意折衷其閒欲使學者得以古證今通達世事故以鏡爲名所言亦不甚精切特持論尙頗平正視所著他書猶爲彼善於此至所稱人主宮闈中事臣子不可妄有攀援亦不可過爲排擊而少年喜事形之章奏刻之書帙至遍於輦轂市肆之閒此在布衣交友尙不能堪而況天子乎此言蓋爲萬歷閒爭國本者而發於明季臺省之弊可云切中不以繼儒而廢其言也

青油史漫二卷副都御史黃登賢家藏本

明茅元儀撰元儀有嘉靖大政類編已著錄是書雜論史事多爲明季而發如稱漢高祖令吏敬高爵則爲當時輕武而言詆魏徵抑法以沽直太宗矯情以聽諫則爲當時科道橫議而言論西漢亡於元帝東漢亡於章帝則爲神宗而言亦胡寅讀史管見借事抒議之類而矯枉過正故其詞多失之偏僻

史疑四卷浙江巡撫採進本

明宋存標撰存標字子建華亭人崇禎閒貢生候補翰林院孔目是編取三傳國策史記漢書及諸雜史摘其事蹟而論列之如以項羽爲智士仁人

以漢高帝爲木偶之類，殊嫌乖謬。措語尤多輕佻。卷首題陳繼儒選定，則習氣所染由來者漸矣。

歷代史論二編十卷（安徽巡撫採進本）

明張溥撰。溥有詩經註疏大全合纂，已著錄。是書總論史事，起三家分晉，至周世宗征淮南。議論凡近，而筆力尤弱，殊爲不稱其名。題曰二編，蓋尚有前編，今未之見。

讀史書後一卷（江西巡撫採進本）

明胡夢泰撰。夢泰字友蠡，鉛山人。崇禎丁丑進士，官鄞縣知縣。是編前有順治辛丑張遠序，稱其大節耿然，不愧首陽。卒與其配李媛稱雙節，而湮沒不傳云云。則亦明末死義之士。遠不詳其始末，不可考矣。是書皆讀史記而跋其後，文體晦澀，幾不可讀，殆亦劉鳳之流。又有文德翼序，語意亦相類。蓋明季僞體橫行，士大夫以是相高，而不知故爲詰曲，適爲後人笑也。

拙存堂史括三卷（兩江總督採進本）

明冒起宗撰。起宗有拙存堂經質，已著錄。是書成於崇禎壬午，乃其自襄陽罷歸之時讀史偶記，多隨意閒評，不必盡關褒貶。閒有考證，亦未甚精核。蓋姑以資談柄、消永日耳，不足以言史學也。

孟叔子史發（無卷數，浙江巡撫採進本）

明孟稱舜撰。稱舜字子塞，會稽人。崇禎閒諸生。是書凡爲史論四十篇，其文皆曲折明皀，有蘇洵、蘇軾遺意。非明人以時文之筆論史者。惟其以屈舉不第，發憤著書，不免失之偏駁。如項羽論謂其敗兵由乎天亡，非戰之罪；商鞅論謂秦用商鞅之法，六世以至於帝，始皇不用商鞅之法，二世以至於亡；樂毅論謂其非仁非智，雖毅不走趙，騎劫不代將，亦終必敗。皆失之過激。李陵論謂陵必報漢，漢待之寡恩，則害義尤甚。崇禎末降賊諸臣，無不以陵藉口者，豈非此類僻論有以倡之乎。至於王通、韓愈、王安石、張浚諸論，則能破門戶之見。錯趙苞、魏徵、史浩諸論，亦能持事理之平。蓋瑕瑜互見之書也。前有崇禎辛未自序，述不得志而立言之意，稱李衛公論罷相歸著論數十首，名曰窮愁志；蘇文忠公謫居儋耳，亦著論數十首。今所傳平王、范增諸篇是也云云。案李德裕窮愁志作於崖州，無罷相歸之事。蘇軾諸論雖集中不著年月，亦無作於海外之明文。所引皆爲舛誤。知其聰明用事，考證多疎矣。

狂狷裁中十卷（江西巡撫採進本）

明楊時偉撰。時偉有春秋編年舉要，已著錄。是編上起戰國，下迄金元，取忠臣孝子志士仁人之事而論說之。其自序曰：憑虛不如履實，異撰不如庸行。又云考覽千古，未聞志士仁人忠臣孝子之外，別有所謂進取不爲者。私爲尚論，取實代虛。凡忠孝志仁，正骨奇氣，雖不襲狂名，不矜狷迹，而強名爲狂狷焉。卽於孔孟之旨茫無取裁，而律以成章進取，則庶乎不悖爾矣。此其撰述之大意也。然其中所載如豫讓、聶政諸人，猶謂節取其義烈，而魏延、馬謖、華歆、郗慮亦竝收入，未免蕪雜不倫矣。

廿一史獨斷二十一卷（江西巡撫採進本）

明張自勳撰。自勳有綱目續麟，已著錄。是書於二十一史各糾其失，每一史爲一卷。其中糾體例之失者十之三四，糾議論之失者十之六七。而所謂體例之失者，不過某人之傳不當在某人前、某人之傳不當在某人後，及某人當與某人合傳、某人不當與某人合傳而已。大抵取其篇目論贊，互相比勘，而斷以己意，非能旁引曲證，一一究其異同，核其虛實也。其凡例謂先儒已駁者不復置喙，惟恥蹈襲，絕無勦說。然如開卷論史記項羽本紀、陳涉世家，卽皆劉知幾史通之說，是亦未及博徵之一驗矣。

宋史筆斷十二卷（浙江鮑士恭家藏本）

舊本題正誼齋編集，不著撰人名氏。所論始於太祖建隆元年，至衞王溺海之事，論皆近迂闊。

尙論編六卷（副都御史黃登賢家藏本）

不著撰人名氏，但自稱曰卬須子。中有近日熊經略語，則明末人所輯也。其書皆摘前人論史之語，起於堯舜，迄文天祥。明人議論，採摘尤多。大抵竝雜無緒，每篇皆有跋語，亦佻纖無可取。序凡三首，一稱夢博道人，一稱狎鷗翁，一稱六空亭長，亦不知爲何許人也。

賣菜言一卷（浙江鮑士恭家藏本）

舊本題曰匪齋撰，不知何許人。書中取明一代人物各加詳斷，自宋濂以下凡六十餘人，以及律呂推步之說，亦竝爲考辨。蓋亦史論之類。書中稱莊烈帝爲思皇帝、疑福王時人也。

綱鑑附評二卷（江西巡撫採進本）

舊本題

國朝劉善撰。善號匪齋，吉水人。考江西通志有劉善，臨川人，洪武丁卯舉人，是書所論自夏帝啟訖晉代爲上卷，自南北朝訖明太祖即位爲下卷。時代亦與相應。又似乎即明初之劉善，疑不能明也。所評多勦襲傳文，大抵不出胡寅、尹起莘之說。其自立新意者，往往縱談害理。如謂漢高當立趙王如意爲太子，諸臣爭之爲非；又謂即立惠帝，亦當如鉤弋夫人先殺其母，可謂不揆於理，不近於情。他如因王珪子尚公主，珪令行婦禮一事，忽牽及珪昔事建成，今事太宗，猶婦之再醮於人而忘所醮之節，戕夫者，尤節外生枝，非其本事矣。

漢史億二卷（山東巡撫採進本）

國朝孫廷銓撰。廷銓有顏山雜記，已著錄。是編取司馬、班、范三史所載事實，隨筆論斷，共二百餘條。中多與于慎行讀史漫錄議論相同者。自序謂與之暗合，故不復刪。其論留侯子辟疆始謀分王諸呂，謂辟疆深沈多智，無忝厥父，有安劉氏之功。夫諸呂分王，劉氏危於累卵，特以祿、產庸才，遽釋兵柄，諸大臣得而誅之。辟疆以一孺子首倡亂謀，幾覆邦國，乃以能安劉氏稱之，不亦傎乎。

論世八編十二卷（浙江巡撫採進本）

國朝華慶遠撰。慶遠，無錫人。是書輯前人論古之說，各區以時代，卷首有自序四篇。初序於崇禎庚辰，再序於甲申，三序於己丑，四序於己酉。己丑爲順治六年，己酉爲康熙八年。其庚辰原序謂略似竟陵鍾氏史懷，或正史，或野史，或集，或說，不專一史。久之盈冊，題曰寒窻歎。後改名爲論世八編，自一卷至四卷爲初編，論自古迄三代；五卷爲二編，則專論孔子；六卷爲三編，專論西漢；七八兩卷爲四編，論東漢後漢；九卷爲五編，論晉至隋；十卷爲六編，論唐；十一卷爲七編，論北宋；十二卷爲八編，論南宋至明初。大抵綴緝陳言，閒有附評，亦寥寥僅見。

歷代甲子考一卷（編修程晉芳家藏本）

國朝黃宗羲撰。宗羲有易學象數論，已著錄。魯隱公以上甲子，漢志與史記不同，黃道周主史記，宗羲以其與尚書不合，嘗與朱朝瑛反覆辨論，謂當從班氏以武王克商爲己卯歲，歷引尚書及竹書紀年以證之。此篇即荅朝瑛之書，已載於南雷文定中。曹溶收入學海類編，改題此名，實非其舊也。

鑑語經世編二十七卷（直隸總督採進本）

國朝魏裔介撰。裔介有孝經註義，已著錄。是編以通鑑卷帙浩繁，學者難以卒讀，於是摘錄司馬光資治通鑑及王宗沐宋元資治通鑑，凡有關經世者，加以案語。其議論尚皆平正，然亦不能無因襲謬誤之弊。如信宋太宗燭影斧聲之事，而日燭影搖紅，心田變黑，殊爲失考。又謂明永樂四書五經大全爲不刊之典，亦未免儒生章句之見也。

讀史吟評一卷（大學士英廉購進本）

國朝黃鵬揚撰。鵬揚字遠公，晉江人。順治丁酉舉人，嘗官知縣。是編雜詠史事，每詩之後附以論斷，略如元宋无啽囈集例，而詞旨拙鄙，則又出无下。玩其意旨，似借諷明季之事，不爲品第古人也。

史評辨正四卷（福建巡撫採進本）

國朝黃鵬揚撰。是書取歷代史評，斷其是非。每條皆先列前人之說，次申己見。卷首自序所論評史三病四妄等說，頗爲切中。然如伊尹兩截人之類，仍嘵嘵於一字一句之閒，爭無關之得失，則亦未改迂儒論古之習矣。

讀史瞀疑十卷（山東巡撫採進本）

國朝張彥士撰。彥士字龍弼，定陶人。順治初歲貢生，官黃縣訓導。其書評論史事，自上古至元，凡四百餘條，多作韻語，大約欲仿史家贊體，而體例宂雜，議論迂拘，不出鄉塾儒生之見。

史折三卷續一卷（湖南巡撫採進本）

國朝賀裳撰。裳字黃公，丹陽人。康熙初諸生。是書取明人評史諸書義有未當者，折衷其是。凡史懷、狂夫之言、史說、贅言、湧幢小品、談史、藏書、史裁、史餘、讀史漫錄、劄記、外篇等共十一家，謂之後語。又各繫小序於前，凡三卷。古今論史言人人殊，所謂彼亦一是非，此亦一是非也。裳所駁正，頗爲持平。然其中可一兩言決者，必連篇累牘，覺浮文妨要。至於陳繼儒之淺陋，李贄之狂謬，復爲之反復辨論，更徒增詞費矣。卷後附史折續編，乃裳所自爲史論，蓋折衷唐宋諸儒之說，已刊入本集內，此又以類附於史論者也。

澂景堂史測十四卷（江蘇巡撫採進本）

國朝施鴻撰。鴻字則威，邵武人。康熙中由歲貢生官至奉天府經歷。是編取通鑑中自晉至隋事蹟，各爲評論，共一百七十七則。其專取晉宋以下六代者，自序云歲在甲辰，署篆羅源，未攜書籍，借得溫

公通鑑自晉至隋數十冊日夜讀之因而有所論議則亦偶然劄記也

垂世芳型十三卷浙江巡撫採進本

國朝金維寧撰維寧字德藩華亭人康熙丙午舉人初維寧取歷代事蹟人立一傳各系以論名蓮珠彙校蓋通史流也鄭重欲爲之刻不果後刪掇其論三分之一以成此書所論上起孔子下迄明季共七百八十五人而明一代居一百四十八其父章原亦與焉

資治通鑑述無卷數兩江總督採進本

國朝陳詵撰詵有易經述已著錄是編凡論三十二篇始於范蠡終於陸贄裴度末附史官論一篇所論戰國時事居十之七秦漢以後閒及一二事末編卷帙其次第亦參差不一蓋刊刻未竟之本全書當不止此也

通鑑大感應錄二卷山西巡撫採進本

國朝秦鏡撰鏡字非臺翼城人此集前有鏡自序謂資治通鑑乃古今來一大感應篇錄其彰明較著者俾覽之者有所觀感云云大抵如迪吉錄勸善圖說等書取以醒世非史學也如論臯陶謂之士而兼師全柄生殺之權故子孫不王則尤附會之論矣唐虞至治堯舜至明臯陶之刑果干天罰能見用於二帝之世乎

讀史辨惑無卷數直隸總督採進本

國朝王建衡撰建衡號月蘿威縣人歲貢生候選教諭是書成於康熙四十一年雖以讀史爲名而考其所引實皆坊刻鳳洲綱鑑也

史論初集無卷數浙江巡撫採進本

國朝朱直撰直字少文江蘇人是集爲駁正胡寅讀史管見而作其中頗有持平之論如牛晉論等篇雖寅復生不能辨然而詞氣太激動乖雅道每詆寅爲腐儒爲矇瞍未視之狗爲雙目如瞽滿腹皆痰爲但可去註三字經百家姓不應作史論爲癡絕呆絕稚氣腐臭雖寅書刻酷鍛鍊使漢唐以下無完人實有以激萬世不平之氣究之讀古人書但當平心而論是非不必若是之毒詈也

詩史十二卷浙江鮑士恭家藏本

國朝葛震撰震字星巖句容人是書於歷代帝王各以四言韻語括其始末起自盤古終於有明據康熙癸未鍾國璽序其書尚有全註此特先刊其正文然讀史之學在於周知興廢始末此書如爲童穉設則事無註釋斷乎不解爲何語誦之何益如曰成人讀之可不須註世烏有已成人尚誦此種書者乎所謂進退無據也

四言史徵十二卷內府藏本

國朝葛震撰即葛氏詩史曹荃爲之註釋改題此名也據荃自序題康熙庚辰尚在癸未前四年殆鍾國璽刻詩史時尚未見此本歟

班范肪截四卷編修勵守謙家藏本

國朝張篤慶撰篤慶字歷友號厚齋又號崑崙外史淄川人康熙丙寅拔貢王士禎漁洋詩話稱其淹博華贍千言可以立就是書即兩漢史事稍加論斷大抵皆屬常談亦有僅節錄數語不置一詞者其中劄掇應劭風俗通蔡邕獨斷劉珍東觀漢記之類則顏師古李賢劉昭註中所引也似史評而非史評似說部而非說部殆隨筆偶記之書故漫無體例歟

五代史肪截四卷編修勵守謙家藏本

國朝張篤慶撰是書摘取歐史之文閒附己意爲論斷與班范肪截體例略同而持論尤多無謂如論朱全忠張全義賜名事則曰可謂忠不忠而義不義矣此亦何須復道又論昭宗椒蘭殿何后積善宮事曰椒蘭不以延嗣積善不以流慶置其本事而旁論宮殿之名不幾時文之掉弄筆墨乎至論馮道兔園冊事曰此冊流傳至今遂廣不特翰苑諸公奉爲祕書而帖括家亦以爲金科玉律矣案兔園冊三卷通考著錄註曰虞世南撰今其書久佚篤慶乃云流傳遂廣亦徒爲高論實不知其爲何書也

增定史韻四卷附讀史小論一卷浙江巡撫採進本

國朝仲宏道撰宏道字開一嘉興人是書成於康熙辛未以趙南星史韻前載年號浮文妨要註又寥寥不詳所以不行於世乃刪其繁冗補其闕略以成是編復上續以羲軒至秦下續以明代之事其他晉之十六國五代之十一國以及遼金西夏亦各爲韻語以補之每紀之末宏道各爲總論明紀評語則採谷應泰紀事本末之文

十七史論九卷年表一卷江蘇巡撫採進本

國朝夏敦仁撰敦仁字調元武進人是書論斷史事始於漢終於五代大抵陳言每代各列世系於前僭僞之國皆然末爲年表一卷以帝王與僭僞並

列，而所紀始漢終元，與十七史數亦不相符，未喻其故也。

芝壇史案五卷 湖北巡撫採進本

國朝張鵬翼撰。鵬翼字誓菴，連城人。其書取史籍舊事，倣讞獄之法，每一條爲一案，而以己意斷之，論多迂闊。

史學正藏五卷 江西巡撫採進本

國朝朱士宗撰。士宗字司秩，星子人。雍正丙午舉人。其書上自三皇，下訖昭烈，各有辨論，凡二百三十八條。自序云，不獲竣事，姑取其就緒者，亟爲錄出，蓋未竟之本也。

讀史評論六卷 兩江總督採進本

國朝費宏灝撰。宏灝號愚軒，湖州人。是書前有雍正戊申自序。前四卷曰史評，後二卷曰史論。評則分條劄記，論則因人因事，各自成篇。評多瑣屑，論多臆斷，如王戎石崇論，謂戎之得預竹林，以多財之故，嵇阮等利其所有，引而入之，冀分餘潤。崇既富人，必不識丁，其金谷園集序，殆有寒士爲之捉刀。雖有激之談，亦傎之甚矣。

十七朝史論一得一卷 浙江巡撫採進本

國朝郭倫撰。倫有晉記，已著錄。是編爲論八篇，一曰秦漢，二曰晉宋齊梁陳，三曰隋，四曰唐，五曰梁唐晉漢周，六曰宋，七曰元，八曰明。凡十七朝，故以爲名。每朝各論其得失，大致不悖於理。

石溪史話八卷 江西巡撫採進本

國朝劉鳳起撰。鳳起字蘭村，睢寧人。是編起自三皇五帝，至明福王止，所論凡百餘條，或一事而以數事證之，或一代而以歷代參之，立說頗見詳辨。而前後時有矛盾，又如以王佐才許荀彧，而詆王導爲虛聲，美武后之保護賢臣，而咎岳飛之不知進退，其是非臧否，亦不能無所謬也。

唐鑑偶評四卷 編修周厚轅家藏本

國朝周池撰。池字商濂，湖口人。是書因讀通鑑綱目而評其得失，多駁正發明書法及胡寅讀史管見之說，頗中其失。然以唐鑑爲名，而卷一起高宗上元元年，卷三終武宗會昌四年，於唐代首尾不能完具，疑爲未成之稾，其子孫錄之成帙也。卷四爲論二首，辨四首，說一首，則以各自爲篇，與批綴簡端者體例不同，故別爲一卷云。

右史評類一百部，八百六十七卷。內八部無卷數，皆附存目。

欽定四庫全書總目卷九十

欽定四庫全書總目卷九十一

子部總敘

自六經以外立說者皆子書也其初亦相淆自七略區而列之名品乃定其初亦相軋自董仲舒別而白之醇駁乃分其中或佚不傳或傳而後莫爲繼或古無其目而今增古各爲類而今合大都篇帙繁富可以自爲部分者儒家之外有兵家有法家有農家有醫家有天文算法有術數有藝術有譜錄有雜家有類書有小說家其別教則有釋家有道家敘而次之凡十四類儒家尚矣有文事者有武備故次之以兵家兵刑類也唐虞無皐陶則寇賊姦宄無所禁必不能風動時雍故次以法家民國之本也穀民之天也故次以農家本草經方技術之事也而生死繫焉神農黃帝以聖人爲天子尚親治之故次以醫家重民事者先授時授時本測候測候本積數故次以天文算法以上六家皆治世者所有事也百家方技或有益或無益而其說久行理難竟廢故次以術數游藝亦學問之餘事一技入神器或寓道故次以藝術以上二家皆小道之可觀者也詩取多識易稱制器博聞有取利用攸資故次以譜錄羣言歧出不名一類總爲薈稡皆可採摭菁英故次以雜家隸事分類亦雜言也舊附於子部今從其例故次以類書稗官所述其事末矣用廣見聞愈於博奕故次以小說家以上四家皆旁資參考者也二氏外學也故次以釋家道家終焉夫學者研理於經可以正天下之是非徵事於史可以明古今之成敗餘皆雜學也然儒家本六藝之支流雖其間依草附木不能免門戶之私而數大儒明道立言炳然具在要可與經史旁參其餘雖眞僞相雜醇疵互見然凡能自名一家者必有一節之足以自立即其不合於聖人者存之亦可爲鑒戒雖有絲麻無棄菅蒯狂夫之言聖人擇焉在博收而愼取之爾

子部一

儒家類一

古之儒者立身行己誦法先王務以通經適用而已無敢自命聖賢者王通教授河汾始摹擬尼山遞相標榜此亦世變之漸矣迨托克托等修宋史以道學儒林分爲兩傳而當時所謂道學者又自分二派筆舌交攻自時厥後天下惟朱陸是爭門戶別而朋黨起恩讎報復蔓延者垂數百年明之末葉其禍遂及於宗社惟好名好勝之私心不能自克故相激而至是也聖門設敎之意其果若是乎今所錄者大旨以濂洛關閩爲宗而依附門牆藉詞衞道者則僅存其目金谿姚江之派亦不廢所長惟顯然以佛語解經者則斥入雜家凡以風示儒者無植黨無近名無大言而不慙無空談而鮮用則庶幾孔孟之正傳矣

孔子家語十卷內府藏本

魏王肅註肅字子雍東海人官至中領軍散騎常侍事蹟具三國志本傳是書肅自序云鄭氏學行五十載矣義理不安違錯者多是以奪而易之孔子二十二世孫有孔猛者家有其先人之書昔相從學頃還家方取以來與予所論有若重規疊矩云云是此本自肅始傳也考漢書藝文志有孔子家語二十七卷顏師古註云非今所有家語禮樂記稱舜彈五弦之琴以歌南風鄭註其詞未聞孔穎達疏載肅作聖證論引家語阜財解慍之詩以難康成又載馬昭之說謂家語王肅所增加非鄭所見故王柏家語考曰四十四篇之家語乃王肅自取左傳國語荀孟二戴記割裂織成之孔衍之序亦王肅自爲也獨史繩祖學齋佔畢曰大戴一書雖列之十四經然其書大抵雜取家語之書分析而爲篇目其公冠篇載成王冠祝辭內有先帝及陛下字周初豈曾有此家語止稱王字當以家語爲正云云今考陛下離顯先帝之光曜已下篇內已明云孝昭冠辭繩祖誤連爲祝雍之言殊未之考蓋王肅襲取公冠篇爲冠頌已誤合孝昭冠辭於成王冠辭故刪去先帝陛下字竄改王字家語襲大戴非大戴襲家語就此一條亦其明證其割裂他書亦往往類此反覆考證其出於肅手無疑特其流傳已久且遺文軼事往往多見於其中故自唐以來知其僞而不能廢也其書至明代傳本頗稀故何孟春所註家語自云未見王肅本王鏊震澤長語亦稱家語今本爲近世妄庸所刪削惟有王肅註者今本所無多具焉則亦僅見之也明代所傳凡二本閩徐𤊹家本中缺二十餘頁海虞毛晉家本稍異而首尾完全今徐本不知存佚此本則毛晉所校刊較之坊刻猶爲近古者

矣。

荀子二十卷（內府藏本）

周荀況撰。況，趙人，嘗仕楚，爲蘭陵令，亦曰荀卿。漢人或稱曰孫卿，則以宣帝諱詢，避嫌名也。漢志儒家載荀卿三十三篇，王應麟考證謂當作三十二篇。劉向校書序錄稱孫卿書凡三百二十三篇，以相校除重複二百九十篇，定著三十三篇，爲十二卷，題曰新書。唐楊倞分易舊第，編爲二十卷，復爲之註，更名荀子，卽今本也。考劉向序錄，卿以齊宣王時來游稷下，後仕楚，春申君死而卿廢。然史記六國年表載春申君之死，上距宣王之末凡八十七年。史記稱卿年五十始游齊，則春申君死之年，卿年當一百三十七矣，於理不近。晁公武讀書志謂史記所云年五十爲年十五之譌，意其或然。宋濂荀子書後又以爲襄王時游稷下，亦未詳所本。總之戰國時人爾，其生卒年月已不可確考矣。況之著書，主於明周孔之教，崇禮而勸學，其中最爲口實者，莫過於非十二子及性惡兩篇。王應麟困學紀聞據韓詩外傳所引，卿但非十子，而無子思、孟子，以今本爲其徒李斯等所增，不知子思、孟子後來論定爲聖賢耳，其在當時，固亦卿之曹偶，是猶朱陸之相非，不足訝也。至其以性爲惡，以善爲僞，誠未免於理未融。然卿恐人恃性善之說，任自然而廢學，因言性不可恃，當勉力於先王之教。故其言曰：凡性者，天之所就也，不可學，不可事。禮義者，聖人之所生也，人之所學而能，所事而成者也。不可學不可事而在人者謂之性，可學而能可事而成之在人者謂之僞，是性僞之分也。其辨白僞字甚明。楊倞註亦曰：僞，爲也。凡非天性而人作爲之者，皆謂之僞。故僞字人旁加爲，亦會意字也。其說亦合卿本意。後人昧於訓詁，誤以爲眞僞之僞，遂譁然掊擊，謂卿蔑視禮義，如老莊之所言，是非惟未睹其全書，卽性惡一篇自篇首二句以外，亦未竟讀矣。平心而論，卿之學源出孔門，在諸子之中最爲近正，是其所長；主持太甚，詞義或至於過當，是其所短。韓愈大醇小疵之說，要爲定論，餘皆好惡之詞也。楊倞所註亦頗詳洽。唐書藝文志以倞爲楊汝士子，而宰相世系表則載楊汝士三子，一名知溫，一名知遠，一名知至，無名倞者。表志同出歐陽修手，不知何以互異，意者倞或改名，如溫庭筠之一名岐歟。

孔叢子三卷（內府藏本）

舊本題曰孔鮒撰。所載仲尼而下子上、子高、子順之言行，凡二十一篇。又以孔臧所著賦與書上下二篇附綴於末，別名曰連叢。鮒字子魚，孔子八世孫，仕陳涉爲博士。臧，高祖功臣孔藂之子，嗣爵蓼侯，武帝時官太常。其書文獻通考作七卷，今本三卷，不知何人所併。晁公武讀書志云：漢志無孔叢子，儒家有孔臧十篇，雜家有孔甲盤盂書二十六篇。其獨治篇，鮒或稱孔甲，意者孔叢子卽孔甲盤盂，連叢卽孔臧書。案漢書藝文志顏師古註謂孔甲黃帝之史，或云夏后孔甲，似皆非，則孔叢非盤盂；又志於儒家孔臧十篇外，詩賦家別出孔臧賦二十篇，今連叢有賦，則亦非儒家之孔臧，公武未免附會。朱子語類謂孔叢子文氣軟弱，不似西漢文字，蓋其後人集先世遺文而成之者。陳振孫書錄解題亦謂案孔光傳，孔子八世孫鮒，魏相順之子，爲陳涉博士，死陳下，則固不得爲漢人，而其書記鮒之沒，則又安得以爲鮒撰。其說當矣。隋書經籍志論語家有孔叢七卷，註曰陳勝博士孔鮒撰。其序錄稱孔叢、家語並孔氏所傳仲尼之旨，則其書出於唐以前。然家語出王肅依託，隋志旣誤以爲眞，則所云孔叢出孔氏所傳者，亦未爲確證。朱子所疑，蓋非無見。卽如舜典禋于六宗，何謂也？子曰：所宗者六，皆潔祀之也。埋少牢於泰昭，所以祭時也；祖迎於坎壇，所以祭寒暑也；主於郊宮，所以祭日也；夜明，所以祭月也；幽禜，所以祭星也；雩禜，所以祭水旱也。禋于六宗，此之謂也。其說與僞孔傳、僞家語並同，是亦晚出之明證也。其中第十一篇卽世所傳小爾雅，註疏家往往引之，然皆在晉宋以後，惟公羊傳疏所引賈逵之說，謂俗儒以六兩爲鋝，正出此書，然謂之俗儒，則非漢藝文志之小爾雅矣。又水經注引孔叢子曰：夫子墓塋方一里，在魯城北六里泗水上，諸孔氏封五十餘所，人名昭穆，不可復識，有銘碑三所，獸碣具存云云。今本無此文，似非完帙。然其文與全書不類，且不似孔氏子孫語，或酈道元誤證，抑或傳寫有譌，以他書誤題孔叢歟。

新語二卷（內府藏本）

舊本題漢陸賈撰。案漢書賈本傳稱著新語十二篇，漢書藝文志儒家陸賈二十七篇，蓋兼他所論述計之隋志則作新語二卷此本卷數與隋志合篇數與本傳合似爲舊本然漢書司馬遷傳稱遷取戰國策楚漢春秋陸賈新語作史記楚漢春秋張守節正義猶引之今佚不可考戰國策取九十三事皆與今本合惟是書之文悉不見於史記王充論衡本性篇引陸賈曰天地生人也以禮義之性人能察己所以受命則順順謂之道今本亦無其文又穀梁傳至漢武帝時始出而道基篇末乃引穀梁傳曰時代尤相牴牾其殆後人依託非賈原本歟考馬總意林所載皆與今本相符李善文選註於司馬彪贈山濤詩引新語曰梗梓仆則爲世用於王粲從軍詩引新語曰聖人承天威承天功與之爭功豈不難哉於陸機日出東南隅行引新語曰高臺百仞於古詩第一首引新語曰邪臣之蔽賢猶浮雲之鄣日月於張載雜詩第七首引新語曰建大功於天下者必垂名於萬世也以今本核校雖文句有詳略異同而大致亦悉相應似其僞猶在唐前惟玉海稱陸賈新語今存於世者道基術事輔政無爲資賢至德懷慮纔七篇此本十有二篇乃反多於宋本爲不可解或後人因不完之本補綴五篇以合本傳舊目也今但據其書論之則大旨皆崇王道黜霸術歸本於修身用人其稱引老子者惟思務篇引上德不德一語餘皆以孔氏爲宗所援據多春秋論語之文漢儒自董仲舒外未有如是之醇正也流傳既久其真其贋存而不論可矣所載衛公子鱄奔晉一條與三傳皆不合莫詳所本中多闕文亦無可校補所稱文公種米曾子駕羊諸事劉晝新論馬總意林皆全句引之知無譌誤然皆不知其何說又據犁嗝報之語訓詁亦不可通古書佚亡今不盡見闕所不知可也

新書十卷通行本

漢賈誼撰漢書藝文志儒家賈誼五十八篇崇文總目云本七十二篇劉向刪定爲五十八篇隋唐志皆九卷別本或爲十卷考今隋唐志皆作十卷無九卷之說蓋校刊隋書唐書者未見崇文總目反據今本追改之明人傳刻古書往往如是不足怪也然今本僅五十六篇又問孝一篇有錄無書實五十五篇已非北宋本之舊又陳振孫書錄解題稱首載過秦論末爲弔湘賦且略節誼本傳於第十一卷中今本雖首載過秦論而末無弔湘賦亦無附錄之第十一卷且併非南宋時本矣其書多取誼本傳所載之文割裂其章段顛倒其次序而加以標題殊瞀亂無條理朱子語錄曰賈誼新書除了漢書中所載餘亦難得粹者看來只是賈誼一雜記槀耳中間事事有些個陳振孫亦謂其非漢書所有者輒淺駁不足觀決非誼本書今考漢書誼本傳贊稱凡所著述五十八篇掇其切於世事者著於傳應劭漢書註亦於過秦論下註曰賈誼書第一篇名也則本傳所載皆五十八篇所有足爲顯證贊又稱三表五餌以係單于顏師古註所引賈誼書與今本同又文帝本紀註引賈誼書衛侯朝於周周行人問其名亦與今本同則今本卽唐人所見亦足爲顯證然決無摘錄一段立一篇名之理亦決無連綴十數篇合爲奏疏一篇上之朝廷之理疑誼過秦論治安策等本皆爲五十八篇之一後原本散佚好事者因取本傳所有諸篇離析其文各爲標目以足五十八篇之數故餖飣至此其書不全眞亦不全僞朱子以爲雜記之槀固未核其實陳氏以爲決非誼書尤非篤論也且其中爲漢書所不載者雖往往類說苑新序韓詩外傳然如青史氏之記具載胎教之古禮修政語上下兩篇多帝王之遺訓保傅篇容經篇竝敷陳古典具有源本其解詩之騶虞易之潛龍亢龍亦深得經義又安可盡以淺駁不粹目之哉雖殘闕失次要不能以斷爛棄之矣

鹽鐵論十二卷內府藏本

漢桓寬撰寬字次公汝南人宣帝時舉爲郎官至廬江太守丞昭帝始元六年詔郡國舉賢良文學之士問以民所疾苦皆請罷鹽鐵榷酤與御史大夫桑宏羊等建議相詰難寬集其所論爲書凡六十篇篇各標目實則反覆問荅諸篇皆首尾相屬後罷榷酤而鹽鐵則如舊故寬作是書惟以鹽鐵爲名蓋惜其議不盡行也書末雜論一篇述汝南朱子伯之言記賢良茂陵唐生文學魯萬生等六十餘人而最推中山劉子雍九江祝生於桑宏羊車千秋深著微詞蓋其著書之大旨所論皆食貨之事而言皆述先王稱六經故諸史皆列之儒家黃虞稷千頃堂書目改隸史部食貨類中循名而失其實矣明嘉靖癸丑華亭張之象爲之註雖無所發明而事實亦粗具梗概今竝錄之以備考核

焉。

新序十卷（江蘇巡撫採進本）

漢劉向撰。向字子政，初名更生，以父任爲輦郎，歷官中壘校尉。事蹟具漢書本傳。案班固漢書藝文志稱向所序六十七篇，新序、說苑、世說、列女傳頌圖也。隋書經籍志，新序三十卷，錄一卷。唐書藝文志卷目亦同。曾鞏校書序則云今可見者十篇，鞏與歐陽修同時，而所言卷帙懸殊，蓋藝文志所載據唐時全本爲言，鞏所校錄則宋初殘闕之本也。晁公武謂曾子固綴輯散逸，新序始復全者，誤矣。此本雜事五卷，刺奢一卷，節士二卷，善謀二卷，即曾鞏校定之舊。崇文總目云所載皆戰國秦漢閒事，以今考之，春秋時事尤多，漢事不過數條，大抵採百家傳記，以類相從，故頗與春秋內外傳、戰國策、太史公書互相出入。高似孫子略謂先秦古書甫脫爐𤋮，一入向筆，採擷不遺，至其正紀綱，迪教化，辨邪正，黜異端，以爲漢規監者，盡在此書，固未免推崇已甚，要其推明古訓，以衷之於道德仁義，在諸子中猶不失爲儒者之言也。葉大慶考古質疑摘其昭奚恤對秦使者一條，所稱司馬子反在奚恤前二百二十年，葉公子高、令尹子西在奚恤前一百三十年，均非同時之人。又摘其誤以孟子論好色好勇爲對梁惠王，皆切中其失。至大慶謂黍離乃周詩，新序誤云衞宣公之子壽閔其兄且見害而作，則殊不然。向本學魯詩，而大慶以毛詩繩之，其不合也固宜，是則未考漢儒專門授受之學矣。

說苑二十卷（江蘇巡撫採進本）

漢劉向撰。是書凡二十篇，隋唐志皆同。崇文總目云今存者五篇，餘皆亡。曾鞏校書序云得十五篇於士大夫家，與舊爲二十篇。晁公武讀書志云劉向說苑以君道、臣術、建本、立節、貴德、復恩、政理、尊賢、正諫、法誡、善說、奉使、權謀、至公、指武、談叢、雜言、辨物、修文爲目。陽嘉四年上之。闕第二十卷。曾子固所得之二十篇，正是析十九卷作修文上下篇耳。今本第十法誡篇作敬慎，而修文篇後有反質篇。陸游渭南集記李德芻之言，謂得高麗所進本，補成完書。則宋時已有此本，晁公武偶未見也。其書皆錄遺聞佚事，足爲法戒之資者，其例略如詩外傳。葉大慶考古質疑摘其趙襄子賞晉陽之功孔子稱之一條，諸御已諫楚莊王築臺引伍子胥一條，晏子使吳見夫差一條，晉太史屠餘與周桓公論晉平公一條，晉勝智氏後闔閭襲郢一條，楚左史倚相論越破吳一條，晏子送曾子一條，晉昭公時戰邲一條，孔子對趙襄子一條，皆時代先後，邈不相及。又介子推舟之僑並載其龍蛇之歌，而之僑事尤舛。黃朝英緗素雜記亦摘其固桑對晉平公論養士一條，新序作舟人古乘對趙簡子。又楚文王爵筦饒一條，新序作楚共王爵筦蘇。二書同出向手，而自相矛盾，殆捃拾衆說，各據本文，偶爾失於參校也。然古籍散佚，多賴此以存。如漢志河閒獻王八篇，隋志已不著錄，而此書所載四條，尚足見其議論醇正，不愧儒宗，其他亦多可採擇。雖閒有傳聞異詞，固不以微瑕累全璧矣。

法言集註十卷（通行本）

漢揚雄撰，宋司馬光集註。雄有方言，光有易說，皆已著錄。考漢書藝文志儒家揚雄所序三十八篇，註曰法言十三。雄本傳具列其目，曰學行第一，吾子第二，修身第三，問道第四，問神第五，問明第六，寡見第七，五百第八，先知第九，重黎第十，淵騫第十一，君子第十二，孝至第十三。凡所列漢人著述，未有若是之詳者，蓋當時甚重雄書也。自程子始謂其曼衍而無斷，優柔而不決，蘇軾始謂其以艱深之詞文淺易之說，至朱子作通鑑綱目，始書莽大夫揚雄死，雄之人品著作，遂皆爲儒者所輕。若北宋之前，則大抵以爲孟荀之亞，故光作潛虛以擬太元，而又採諸儒之說以註此書。考自漢以來有侯芭註六卷，宋衷註十三卷，李軌解一卷，辛德源註二十三卷，又有柳宗元註、宋咸廣註、吳祕註。至光之時，惟李軌、柳宗元、宋咸、吳祕之註尚存，故光裒合四家，增以己意。原序稱各以其姓別之，然今本獨李軌註不著名，餘則以宗元曰、咸曰、祕曰、光曰爲辨，蓋傳刻者所改題也。舊本十三篇之序列於書後，蓋自書序、詩序以來，體例如是。宋咸不知書序爲僞孔傳所移，詩序爲毛公所移，乃謂子雲親旨反列卷末，甚非聖賢之旨，今升之章首，取合經義。其說殊謬，然光本因而不改，今亦仍之焉。

潛夫論十卷（江蘇巡撫採進本）

漢王符撰。符字節信，安定臨涇人。後漢書本傳稱和安之後，世務游宦，當塗者更相薦引，而符獨耿介不同於俗，以此遂不得升進，志意蘊憤，乃隱居著書二十餘篇，以譏當時得失，不欲章顯其名，故號曰潛夫論。今本凡三十五篇，合敘錄爲三十六篇，蓋猶舊本。卷首讚學一篇，論勵志勤修之旨。卷末五德志篇，述帝王之世次。志氏姓篇，考譜牒之源流。其中卜列、相列、夢列三篇，亦皆雜論方技，不盡指陳時政。范氏所云舉其著書大旨爾。符生卒年月不可考。本傳之末載度遼將軍皇甫規解官歸里，符往謁見事。規解官歸里，據本傳在延熹五年。則符之著書在桓帝時。故所說多切漢末弊政。惟桓帝時皇甫規、段熲、張奐諸人屢與羌戰，而其救邊、邊議二篇乃以避寇爲憾，殆以安帝永初五年嘗徙安定北地郡，順帝永建四年始還舊地，至永和六年又內徙，符安定人，故就其一鄉言之耶。然其謂失涼州則三輔爲邊，三輔內入則宏農爲邊，宏農內入則洛陽爲邊。推此以相況，雖盡東海猶有邊。則灼然明論，足爲輕棄邊地之炯鑒也。范氏錄其貴忠、浮侈、實貢、愛日、述赦五篇入本傳，而字句與今本多不同。晁公武讀書志謂其有所損益，理或然歟。范氏以符與王充、仲長統同傳，韓愈因作後漢三賢贊。今以三家之書相較，符書洞悉政體似昌言，而明切過之。辨別是非似論衡，而醇正過之。前史列之儒家，斯爲不愧。惟賢難篇中稱鄧通吮癰爲忠於文帝，又稱其欲昭景帝之孝，反以結怨，則紕謬最甚。是其發憤著書，立言矯激之過，亦不必曲爲之諱矣。

申鑒五卷（兩江總督採進本）

漢荀悅撰。悅有漢紀，已著錄。後漢書荀淑傳稱悅侍講禁中，見政移曹氏，志在獻替，而謀無所用，乃作申鑒五篇。其所論辨，通見政體。既成，奏上。帝覽而善之。其書見於隋經籍志、唐藝文志者皆五卷。卷爲一篇。一曰政體，二曰時事，皆制治大要及時所當行之務。三曰俗嫌，皆譏禨祥讖緯之說。四曰雜言上，五曰雜言下，則皆泛論義理，頗似揚雄法言。後漢書取其政體篇爲政之方一章，時事篇正當主之制、復內外註記二章，載入傳中。又稱悅別有崇德、正論及諸論數十篇，今並不傳。惟所作漢紀及此書尚存於世。漢紀文約事詳，足稱良史。而此書剖析事理，亦深切著明。蓋由其原本儒術，故所言皆不詭於正也。明正德中，吳縣黃省曾爲之註，凡萬四千餘言。引據博洽，多得悅旨。其於後漢書所引閒有同異者，亦並列其文於句下，以便考訂。然如政體篇眞實而已句，今本後漢書實作定。不肅而治句，今本後漢書治作成。而省曾均未之及，則亦不免於偶疏也。

中論二卷（通行本）

漢徐幹撰。幹字偉長，北海劇人。建安中爲司空軍謀祭酒掾屬、五官將文學。事蹟附見魏志王粲傳。故相沿稱爲魏人。然幹歿後三四年，魏乃受禪，不得遽以帝統予魏。陳壽作史，託始曹操，稱爲太祖。遂併其僚屬均入魏志，非其實也。是書隋唐志皆作六卷。隋志又註云，梁目一卷。崇文總目亦作六卷。而晁公武讀書志、陳振孫書錄解題並作二卷，與今本合。則宋人所併矣。書凡二十篇，大都闡發義理，原本經訓，而歸之於聖賢之道。故前史皆列之儒家。曾鞏校書序云，始見館閣中論二十篇，及觀貞觀政要，太宗稱嘗見幹中論復三年喪篇，今書獨闕。又考之魏志，文帝稱幹著中論二十餘篇，乃知館閣本非全書。而晁公武又稱李獻民所見別本，實有復三年、制役二篇。李獻民者，李淑之字，嘗撰邯鄲書目者也。是其書在宋仁宗時尚未盡殘闕。鞏特據館閣不全本著之於錄，相沿既久，所謂別本者不可復見。於是二篇遂佚不存。又書前有原序一篇，不題名字。陳振孫以爲幹同時人所作。今驗其文，頗類漢人體格，知振孫所言爲不誣。惟魏志稱幹卒於建安二十二年，而序乃作於二十三年二月，與史頗異。傳寫必有一譌，今亦莫考其孰是矣。

傅子一卷（永樂大典本）

晉傅元撰。元字休奕，北地人。官至司隸校尉，封鶉觚子。晉書本傳稱元撰論經國九流及三史故事，評斷得失，各爲區例，名爲傅子。爲內外中篇，凡有四部六錄，合百四十首，數十萬言，行世。元初作內篇成，以示司空王沈。沈與元書曰，省足下所著書，言富理濟，經綸政體，存重儒教，足以塞楊墨之流遁，齊孫孟於往代。其爲當時所重如此。隋書經籍志、唐書藝文志皆載傅子一百二十卷。馬總意林亦同。是唐世尚爲完本。宋崇文總目僅載二十三篇，較之原目，已亡一百一十七篇。故宋史藝文志僅載有五卷。其後惟尤袤遂初堂書目尚見其名。元明之後，藏書家遂不著錄，蓋已久佚。今檢永樂大典中散見頗多，且所標篇目咸在，謹採掇裒次，得文義完具者十有二篇。曰正心，曰仁論，曰義信，曰通志曰舉賢曰重爵祿曰禮樂曰貴教曰檢商賈曰校工曰戒言曰假言。又文義未全者十二篇。曰問政曰治體曰授職曰官人曰曲制曰信直曰矯違曰問刑曰安民曰法刑曰平役賦曰鏡總敘篇目視崇文總目較多其一。疑問刑法刑本屬一篇。永樂大典誤分爲二耳。其宋志五卷原第已不可考。謹依文編綴總爲一卷。其有永樂大典未載而見於他書所徵引者復蒐輯得四十餘條。別爲附錄繫之於後。晉代子家今傳於世者惟張華博物志干寶搜神記葛洪抱朴子稽含草木狀戴凱之竹譜尚存。然博物志搜神記皆經後人竄改。已非原書。草木狀竹譜記錄瑣屑無關名理。抱朴子又多道家詭誕之說。不能悉軌於正。獨元此書所論皆關切治道。闡啟儒風。精意名言往往而在。以視論衡昌言皆當遜之。殘編斷簡收拾於闕佚之餘者尚得以考見其什一。是亦可爲寶貴也。

中說十卷（副都御史黃登賢家藏本）

舊本題隋王通撰。唐志文中子中說五卷。通考及玉海則作十卷。與今本合。凡十篇。末附序文一篇及杜淹所撰文中子世家一篇。通子福畤錄唐太宗與房魏論禮樂事一篇。通弟績與陳叔達書一篇。又錄關子明事一篇。卷末有阮逸序。又有福畤貞觀二十三年序。晁公武郡齋讀書志嘗辨通以開皇四年生。李德林以開皇十一年卒。通方八歲。而有德林請見歸援琴鼓蕩之什門人皆沾襟事。關朗以太和丁巳見魏孝文帝。至開皇四年通生已相隔一百七年。而有問禮於關朗事。薛道衡以仁壽二年出爲襄州總管。至煬帝卽位始召還。又隋書載道衡子收初生卽出繼族父儒。及長不識本生。而有仁壽四年通在長安見道衡道衡語其子收事。洪邁容齋隨筆又辨唐書載薛收以大業十三年歸唐。而世家有江都難作通有疾召薛收其語事。王應麟困學紀聞亦辨唐會要載武德元年五月始改隋太興殿爲太極殿。而書中有隋文帝召見太極殿事。皆證以史傳牴牾顯然。今考通以仁壽四年自長安東歸河汾。卽不復出。故世家亦云大業元年一徵又不至。而周公篇內乃云子遊太樂聞龍舟五更之曲。阮逸註曰。太樂之署。煬帝將遊江都。作此曲。隋書職官志曰。太常寺有太樂署。是通於大業末年復至長安矣。其依託謬妄亦一明證。考楊炯集有王勃集序。稱祖父通隋秀才高第。蜀郡司戶書佐。蜀王侍讀。大業末。退講藝於龍門。其卒也。門人謚之曰文中子。炯爲其孫作序。則記其祖事必不誤。杜牧樊川集首有其甥裴延翰序。亦引文中子曰。言文而不及理。王道何從而興乎二語。亦與今本相合。知所謂文中子者實有其人。所謂中說者其子福郊福畤等纂述遺言。虛相夸飾。亦實有其書。第當有唐開國之初。明君碩輔不可以虛名動。又陸德明孔穎達賈公彥諸人老師宿儒布列館閣。亦不可以空談惑。故其人其書皆不著於當時。而當時亦無斥其妄者。至中唐以後。漸遠無徵。乃稍稍得售其欺耳。宋咸必以爲實無其人。洪邁必以爲其書出阮逸所撰。誠爲過當。講學家或竟以爲接孔顏之傳。則僞之甚矣。摭其僞迹炳然。誠不足採。然大旨要不甚悖於理。且摹擬聖人之語言自揚雄始。猶未敢冒其名。摹擬聖人之事蹟則自通始。乃并其名而僭之。後來聚徒講學。釀爲朋黨。以至禍延宗社者。通實爲之先驅。坤之初六。履霜堅冰。姤之初六。繫於金柅。錄而存之。亦足見儒風變古。其所由來者漸也。

帝範四卷（永樂大典本）

唐貞觀二十二年太宗文皇帝御撰。以賜太子者也。新舊唐書皆云四卷。晁公武讀書志僅載六篇。陳振孫書錄解題亦題曰一卷。此本載永樂大典中。凡一十二篇。首尾完具。後有元吳萊跋。謂征雲南僰夷時始見完書。考其事在泰定二年。蓋此書南宋佚其半。至元乃復得舊本。故明初轉有全文也。唐書藝文志載有賈行註。而舊唐書敬宗本紀稱寶歷二年。祕書省著作郎韋公肅註是書以進。特賜錦綵百匹。是唐時已有二註。今本註無姓名。觀其體裁。似唐人註經之式。而其中時稱楊萬里呂祖謙之言。蓋元人因舊註而補之。其詞雖不免冗贅。而援引頗爲詳洽。足資參考。惟傳寫多所脫誤。謹旁考諸書。一一釐訂。各附案語於下方。仍依舊史釐爲四卷。以復其舊焉。

續孟子二卷（福建巡撫採進本）

唐林愼思撰。愼思字虔中。長樂人。咸通十年進士。十一年又中宏詞拔萃魁。授祕書省校書郎。興平尉。尋除尚書水部郎中。守萬年縣令。黃巢之亂。抗節不屈死。崇文總目及鄭樵通志藝文略皆載是書二卷。與今本合。崇文總目載愼思之言曰。孟子七篇非軻自著書，而弟子共記其言，不能盡軻意。因傳其說演而續之。今觀其書十四篇，大抵因孟子之言推闡以盡其義，獨其不自立論，而必假借姓氏，類乎莊列之寓言。又如與民同樂本莊暴齊王之事，而移於陽章之樂正子；論君義頗無取。然其委曲發明，亦時有至理，不可廢也。昔揚雄作太元以擬易，王通作中說以擬論語，儒者皆有僭經之譏。蔡沈作洪範九疇數，

御纂性理精義亦以其僭經斥之不錄。慎思此書頗蹈此弊。然唐時孟子不號為經，故馬總意林與諸子之書並列，而韓愈亦與荀揚並稱，固不能以後來論定之制為慎思責矣。

伸蒙子三卷 福建巡撫採進本

唐林慎思撰。前有慎思自序，曰舊著儒範七篇，辭艱理僻，不為時人所知。復研精覃思，一日齋沐禱心靈，是皆夢有異焉。明日召蓍祝之，得蒙之觀，曰伸蒙入觀，通明之象也。因自號伸蒙子。又曰嘗與二三子辨論興亡，敗陳古今，編成上中下三卷。槐里辨三篇，象三才，敘天地人之事；澤國紀三篇，象三人，敘君臣人之事；按唐人避太宗諱，故以君臣民為君臣人。時除二篇，象二教，敘文武之事。今觀其書，上卷設為子祿先生知道先生求己先生問答；中卷設為弘文先生如愚子盧乳子問答；下卷則自抒己說。惟上卷喻時一篇，釋仲尼小天下之義，詞不近理；其餘皆持論醇正，非唐時天隱無能諸子所可彷彿。崇文總目列之儒家，蓋為不忝。惟其所列六人之名，書干祿為岸祿，書知道為洳道，書求己為硃玘，書弘文為竑畋，書如愚為枷耦，書盧乳為臚甖，而各註所以增改偏旁之故，皆怪而近妄，是則好奇之過矣。

素履子三卷 兩淮馬裕家藏本

唐張弧撰。以履道、履德、履忠、履孝等名分目，凡十四篇。其書新唐書藝文志、晁公武讀書志、陳振孫書錄解題、尤袤遂初堂書目皆未著錄。惟鄭樵藝文略、宋史藝文志有之。蓋其詞義平近，出於後代，不能與漢魏諸子抗衡，故自宋以來不甚顯於世。宋濂作諸子辨，亦未之及。然其援引經史，根據理道，要皆本聖賢垂訓之旨，而歸之於正，蓋亦儒家者流也。弧，唐書無傳。宋晁說之學易堂記謂世所傳子夏易傳乃弧偽作，舊題其官為大理評事，而里貫已不可考。藝文略、宋志皆作一卷，今本三卷，殆後人所分析歟。

家範十卷 兩淮鹽政採進本

宋司馬光撰。光有易說，已著錄。是書見於宋史藝文志、文獻通考者，卷目俱與此相合，蓋猶原本。首載周易家人卦辭及節錄大學、孝經、堯典、詩思齊篇語，以為全書之序。其後自治家至乳母凡十九篇，皆雜採史事可為法則者，亦間有光所論說。與朱子小學義例差異，而用意略同。其節目備具，簡而有要，似較小學更切於日用。且大旨歸於義理，亦不似顏氏家訓徒揣摩於人情世故之閒。朱子嘗論周禮師氏云：至德以為道本，明道先生以之；敏德以為行本，司馬溫公以之。觀於是編，猶可見一代偉人修己型家之梗概也。

帝學八卷 內府藏本

宋范祖禹撰。祖禹有唐鑑，已著錄。是書元祐初祖禹在經筵時所進，皆纂輯自古賢君迨宋祖宗典學事蹟，由伏羲迄宋神宗，每條後間附論斷。自上古至漢唐二卷，自宋太祖至神宗六卷，於宋諸帝敘述獨詳，蓋亦本法祖之意以為啟迪也。祖禹初侍哲宗經幄，因夏暑罷講，即上書論今日之學與不學，係他日治亂，而力陳宜以進學為急。又歷舉人主正心修身之要，言甚切至。史稱其在邇英時守經據正，獻納尤多。又稱其長於勸講，平生論諫數十萬言，其開陳治道，區別邪正，辨釋事宜，平易明白，洞見底蘊，雖賈誼、陸贄不是過。今觀此書，言簡義明，敷陳剴切，實不愧史臣所言。雖哲宗惑於黨論，不能盡用祖禹之說，終致更張初政，國是混淆，而祖禹忠愛之忱，惓惓以防微杜漸為念，觀於是書，千載猶將見之矣。

儒志編一卷 浙江巡撫採進本

宋王開祖撰。開祖字景山，永嘉人。皇祐五年進士，試祕書省校書郎，佐處州麗水縣。既而退居郡城東山，設塾授徒，年僅三十二而卒。其著作亦多湮沒，是編乃其講學之語，舊無刊本。據其原序，乃明王循守永嘉時，始為蒐訪遺佚，編輯成帙，因當時有儒志先生之稱，故題曰儒志編。然考宋史藝文志儒家類中有王開祖儒志一卷，則非循之所輯，或原本殘闕，循為釐訂而刻之歟。其書久湮復出，真偽雖不可考，然當時濂洛之說猶未大盛，講學者各尊所聞，孫復號為名儒，而尊揚雄為模範；司

馬光三朝耆宿，亦疑孟子而重揚雄，開祖獨不涉岐趨，相與講明孔孟之道，雖其說輾轉流傳，未必無所附益，而風徽人往，越數百年，官是土者猶爲掇拾其殘帙，要必有所受之，固異乎王通中說出於子孫之夸飾者矣。循字進之，休寧人，宏治丙辰進士，官至順天府通判。所著有仁峯集，今未見傳本，不知存佚，惟此書尚行於世云。

案：以上諸儒，皆在濂洛未出以前。其學在於修己治人，無所謂理氣心性之微妙也。其說不過誦法聖人，未嘗別尊一先生，號召天下也。中惟王通師弟私相標榜，而亦尚無門戶相攻之事。今併錄之，以見儒家之初軌，與其漸變之萌櫱焉。

欽定四庫全書總目卷九十一

欽定四庫全書總目卷九十二

子部二

儒家類二

太極圖說述解一卷、通書述解一卷、西銘述解一卷（河南巡撫採進本）

明曹端撰。端字正夫，號月川，澠池人。永樂戊子舉人，官霍州學正，後改蒲州，事蹟具明史儒林傳。史稱其學務躬行實踐，而以靜存爲要。讀太極圖說、通書、西銘，曰：道在是矣。篤志研究，坐下著足處兩甎皆穿。蓋明代醇儒，以端及胡居仁、薛瑄爲最。而端又開二人之先。是編箋釋三書，皆抒所心得。大旨以朱子爲歸，而太極圖末附載辨戾一條，乃以朱子所論太極陰陽，語錄與註解互異，而考定其說。蓋註解出朱子之手，而語錄則門人之所記，不能無譌，端得於朱子者深，故能辨別微茫，不肎雷同附和，所由與依草附木者異也。前有端自序，作於宣德戊申，惟論太極圖說，及以詩贊辨戾附末之意，而不及西銘。卷末有正德辛未黎堯卿跋，始兼西銘言之。通書前後又有孫奇逢序及跋。跋但言通書，而序則言澠池令張燝合刻三書，蓋堯卿始以太極圖說、西銘合編，燝又增以通書也。據端本傳，其書本名釋文，所註孝經乃名述解。此本亦題曰述解，不知何人所改。刊版頗拙惡，排纂亦無體例。每句皆以正文與註連書，字畫大小相等，但以方匡界正文每句之首尾，以爲識別，殊混淆難讀。今離而析之，使註與正文別行，以便省覽焉。

張子全書十四卷、附錄一卷（編修勵守謙家藏本）

宋張載撰。考載所著書，見於宋史藝文志者，有易說三卷、正蒙十卷、經學理窟十卷、文集十卷。虞集作呂溍行狀，稱嘗校正張子之書，以東西銘冠篇，正蒙次之。今未見其本。此本不知何人所編，題曰全書，而止有西銘一卷、正蒙二卷、經學理窟五卷、易說三卷、語錄鈔一卷、文集鈔一卷，又拾遺一卷，又採宋元諸儒所論及行狀等作爲附錄一卷，共十五卷。自易說、西銘以外，與史志卷數皆不相符。又語錄、文集皆稱曰鈔，尤灼然非其完帙。蓋後人選錄之本，名以全書，殊爲乖舛。然明徐時達所刻已屬此本。嘉靖中呂柟作張子鈔釋，稱文集已無完本，惟存二卷。康熙己亥，朱軾督學於陝西，稱得舊槧於其裔孫五經博士繩武家，爲之重刊。勘其卷次篇目，亦即此本，則其來已久矣。張子之學，主於深思自得，本不以著作繁富爲長。此本所錄雖卷帙無多，而去取謹嚴，橫渠之奧論微言，其精英業已備採矣。

註解正蒙二卷（江蘇巡撫採進本）

國朝李光地撰。光地有周易觀彖，已著錄。正蒙一書，張子以精思而成，故義博詞奧，註者多不得其涯涘。又章句既繁，不免偶有出入，或與程朱之說相牴牾，註者亦莫知所從，不敢置議。光地是書，疏通證明，多闡張子未發之意，又於先儒互異之處，如太虛之說與周子太極不同，清神濁形之分爲程子所議，太極陰陽爲三之說啟胡氏三角太極之學，地有升降一條，黃瑞節以爲執四遊舊說，又如六經之中，釋孟子之過化爲不滯於物，釋中庸之敎化爲體厚用神，釋易繼善爲不已其善，釋論語上智下愚爲習成，釋中庸仁者爲生安智者爲學利，釋論語空空無知爲無思無爲，釋易蒙以養正爲養蒙以正，釋論語先進後進爲急行緩行，洋洋盈耳爲樂失其次，與朋友共敝之而無憾句以其字屬下，釋好勇疾貧章二亂字爲迷惑，釋易險阻爲聖德之高堅，釋論語素絢後素二素字異義，釋詩勿翦勿拜爲拜跪之拜，棠棣爲文王之詩而周公有所加，晨風爲勞而不休，釋禮禘祫之義牽用註疏舊說，殤祭之義又改易舊說，皆一一別白是非，使讀者曉然不疑，於明以來諸家註釋之中，可謂善本矣。

正蒙初義十七卷（直隸總督採進本）

國朝王植撰。植有四書參註，已著錄。是編詮釋正蒙，於性理大全所收集釋、補註、集解外，取明高攀龍、徐德夫，國朝冉覲祖、李光地、張伯行之註，列程朱諸說之後，並採張子經學理窟、語錄、性理拾遺三書相發明者附錄之，而各以己見參訂於後。其大旨謂張子見道原從儒釋異同處入，故其言太虛皆與釋氏對照。又謂太虛有三義。又謂程朱多不滿此書太虛二字，然斷其本旨殊塗同歸，正不必執程朱諸論以詆之。又謂詩箋、書序、禮疏舊說，張子所用爲多，今人習見習聞皆程朱遺澤，遂咤而怪之，但當分別讀之，不宜橫生訾議。論皆持平，頗能破門戶之見。其謂張子自註惟見於參兩、神化、至當、三十、樂器者各一，見於王禘者五，乾稱者四，諸本或以集釋誤爲自註。又謂十七篇爲蘇昞所傳張子手定，李光地本多割裂。其辨析皆爲不苟。至所稱張伯行註出於他人之假名，非所自著，云得諸伯行而言，亦足資考訂也。

二程遺書二十五卷附錄一卷（江西巡撫採進本）

宋二程子門人所記，而朱子復次錄之者也。自程子既歿以後，所傳語錄有李籲、呂大臨、謝良佐、游酢、蘇昞、劉絢、劉安節、楊迪、周孚先、張繹、唐棣、鮑若雨、鄒柄、暢大隱諸家，頗多散亂失次，且各隨學者之意，其記錄往往不同。觀尹焞以朱光庭所鈔伊川語質諸伊川，伊川有若不得某之心，所記者徒彼意耳之語，則程子在時所傳已頗失其眞（案此事見朱子後序中），故朱子語錄謂游錄語慢，上蔡語險，劉質夫語簡，李端伯語宏肆，永嘉諸公語絮也。是編成於乾道四年戊子，乃因家藏舊本，復以類訪求附益，略據所聞歲月先後，編第成爲二十五卷，又以行狀之屬八篇爲附錄一卷。語錄載陳淳問第九卷介甫言律一條何意，曰伯恭以凡事皆具，惟律不說，偶有此條，遂漫載之。又鄭可學問遺書有古言乾坤不用六子一段如何，曰此一段卻主張是自然之理，又有一段卻不取。又晦菴文集內有答呂伯恭書曰，遺書節本已寫出，愚意所刪去者亦須用草紙鈔出，逐條略著刪去之意，方見不草草處，若暗地刪卻，久遠卻惑人云云。今觀書內如劉安節所錄謹禮者不透須看莊子一條，語涉偏矯，則註云別本所增。又暢大隱所記道豈可離而不可離一條，純入於禪，則註云多非先生語。其去取亦深爲不苟矣。考文獻通考載遺書卷目與此本同，而黃震日鈔所載則至十七卷而止，與此互異。又震所載遺書卷目，呂與叔東見錄及附東見錄均次爲第二卷，而此本則次附東見錄爲第三卷，殆傳本有異同歟。至附錄中年譜一篇，朱子自謂實錄所書、文集內外書所載與凡他書之可證者，震則謂朱子訪其事於張繹、范棫、孟厚、尹焞而成。蓋朱子舉其引證之書，震則舉其參考之人，各述一端，似矛盾而非矛盾也。

二程外書十二卷（江西巡撫採進本）

亦二程子門人所記，而朱子編次之，成於乾道癸巳六月，在遺書之後五年。後序稱遺書二十五篇，皆諸門人當時記錄之全書，足以正俗本紛更之謬，而於二先生之語則不能無所遺，於是取諸人集錄，參伍相除，得此十二篇，以爲外書。凡採朱光庭、陳淵、李參、馮忠恕、羅從彥、王蘋、時紫芝七家所錄，又胡安國、游酢家本及建陽大全集印本三家，又傳聞雜記自王氏麈史至孔文仲疏凡一百五十二條，均採附焉。其語皆遺書所未錄，故每卷悉以拾遺標目。其稱外書者，則朱子自題所謂取之之雜，或不能審所自來，其視前書學者尤當精擇審取者是也。中間傳聞異辭，頗不免於叢脞。如程氏學拾遺卷內以望道未見爲望治道太平一條，黃震日鈔謂恐於本文有增。又時氏本拾遺卷內以老子天地不仁萬物芻狗之說爲是一條，震亦謂其說殊有可疑。蓋皆記錄既繁，自不免或失其本旨。要其生平精語亦多散見於其中，故但分別存之而不能盡廢。如呂氏童蒙訓記伊川言僧家讀一卷經要一卷經道理受用。儒者讀書都無用處一條。又明道至禪寺見趨進揖遜之盛歎曰三代威儀盡在是一條。朱子語錄嘗謂其記錄未精語意不圓。而終以其言足以警切學者。故竝收入傳聞雜記中。無所刊削。其編錄之意亦大略可見矣。

二程粹言二卷（兩江總督採進本）

宋楊時撰。時字中立。南劍州將樂人。熙寧九年進士。官至國子祭酒。高宗卽位。除工部侍郎兼侍讀。以龍圖閣直學士提舉杭州洞霄宮。卒諡文靖。事蹟具宋史本傳。時始以師禮見明道於潁昌。相得甚歡。明道沒。又見伊川於洛。南渡以後。朱子及張栻等皆誦說程氏。屹然自闢一門戶。其源委脈絡。實出於時。是書乃其自洛歸閩時以二程子門人所記師說採撮編次。分爲十篇。朱子嘗稱明道之言發明極致。善開發人。伊川之言卽事明理。尤耐咀嚼。然當時記錄旣多。如遺書外書雖言師說。雜說之類。卷帙浩繁。讀者不能驟窺其要。又記者意爲增損。尤不免牴牾龐雜。朱子嘗欲刪訂爲節本而未就。世傳張栻所編伊川粹言二卷。又出依託。惟時師事二程。親承指授。所記錄終較剽竊販鬻者爲眞。程氏一家之學。觀於此書亦可云思過半矣。

公是先生弟子記四卷（浙江巡撫採進本）

宋劉敞撰。敞有春秋傳。已著錄。是編題曰弟子記者。蓋託言弟子之所記。而文格古雅。與敞所註春秋詞氣如出一手。似非其弟子所能。故晁公武讀書志以爲敞自記其問答之言。當必有據也。公武又稱書中於王安石楊慥之徒書名。王深甫歐陽永叔之徒書字。以示襃貶。今考公武所說亦大概以意推之。卽如王回一人。論四岳薦鯀一條。論聖人一條。則書其名。論泰伯一條。論晉武公一條。則書其字。是於襃貶居何等乎。且其書固多攻王氏新學。而亦兼寓鍼砭元祐諸賢之意。故其言曰。淫聲出乎律呂。而非所以正律呂也。小道生乎仁義。而非所以明仁義也。又曰。八音不同物而同聲。同聲乃和。賢能不同術而同治。同治乃平。又曰。忘情者自以爲達。悖情者自以爲難。直情者自以爲眞。三者異趨而同亂。又曰。學不可行者。君子弗取也。言不可用者。君子弗詢也。又曰。智不求隱。辨不求給。名不求難。行不求異。又曰。無爲而治者。因堯之臣。襲堯之俗。用堯之政。斯孔子謂之無爲也。又曰。夫賢者爲人所能爲而已矣。人所不能爲。賢者不爲也。又曰。君子恥過而欲改之。小人恥過而欲遂之。君子欲善而自反。小人欲善而自欺。又曰。矜小名以售大僞。飾小廉以鉤大利者。惟鉅屛爾。蓋是時三黨交訌。而敞獨蕭然於門戶之外。故其言和平如是。至於稱老子之無爲。則爲安石之新法發。辨孟子之人皆可以爲堯舜。則爲安石之自命聖人發。其說稍激。則有爲言之者也。又王守仁謂無善無惡者性之體。有善有惡者意之用。明人斷斷辨正。稱爲衛道。今觀是書。乃知王安石先有是說。敞已辟而闢之。是其發明正學。又在程朱之前。其或謂仁義禮智不若道之全一條。謂道固仁義禮智之名。仁義禮智弗在焉。安用道。亦預杜後來狂禪之弊。所見甚正。徒以獨抱遺經。澹於聲譽。未與伊洛諸人傾意周旋。故講學家視爲異黨。抑之不稱耳。實則元豐熙寧間卓然一醇儒也。其書宋時蜀中有刻版。乾道十年。祿章謝諤得之於劉文濬。付三衢江溥重刊。淳熙元年。趙不黯又於敞從曾孫子和及子和從叔椿家得二舊本。校正舛脫。就江本改刻十八頁。補三百七十字。此本卽從不黯所刻鈔出者。末有謝諤不黯三跋。證以永樂大典所引。一一符合。知爲原書。亦可謂罕覯之笈矣。敞墓誌及宋史本傳俱稱弟子記五卷。讀書志則作一卷。蓋南宋之初已病其繁碎。合倂爲一。今以篇頁稍多。釐爲四卷。以酌其中。又錢曾讀書敏求記載極沒要緊一卷。註曰。卽劉原父弟子記也。考浙江所進遺書有極沒要緊一卷。亦題公是先生撰。其文皆採掇郭象莊子註語。似出依託。與此顯爲二書。今別存其目於道家中。庶眞贗不相淆焉。

節孝語錄一卷（兩江總督採進本）

宋徐積撰。積字仲車。山陽人。登進士第。元祐初以薦授揚州司戶參軍。爲楚州教授。歷和州防禦推官。改宣德郎。監中岳廟。卒。政和六年賜諡節孝處士。事蹟具宋史卓行傳。是書爲其門人江端禮所錄。文獻通考載一卷。與今本合。其中說經之條。如釋唐棣之華偏其反而。謂偏當音編。言開偏而復合。今考禮二名不偏諱註。偏讀爲徧。則偏徧二字原相通。然以釋偏其反而則曲說矣。其釋春秋王申御廩災乙亥嘗謂說者皆言先言御廩災是火災之餘而嘗志不敬其實曾子問言天子諸侯之祀遇日食火災喪服則皆廢祀今御廩災則嘗可廢而不廢是爲不敬何必謂火災之餘而嘗今考曾子問曰當祭而日食太廟火乃廢祭他火災不廢也積概言火災則廢反斥公穀二傳亦殊失經意他若以論語三嗅爲三嘆謂春秋西狩獲麟重書僭狩非禮不重書獲麟亦皆穿鑿至於商論古人推揚雄而譏賈誼至以陳平爲秦漢以來第一人殊乖平允而誤解禮記葬欲速朽以近世用厚棺爲非尤爲紕繆然積篤於躬行粹於儒術所言皆中正和平無宋代刻核古人之習大致皆論事論人無空談性命之說蓋猶近於古之儒家焉

儒言一卷永樂大典本

宋晁說之撰說之字以道鉅野人少慕司馬光之爲人光晚號迂叟說之因自號曰景迂元豐五年進士蘇軾以著述科薦之元符中以上書入邪等靖康初召爲著作郎試中書舍人兼太子詹事建炎初擢徽猷閣待制高宗惡其作書非孟子勒令致仕是書已編入景迂生集然晁公武讀書志已別著錄蓋當時亦集外別行也公武以是書爲辨王安石學術違僻而作今觀所論大抵新經義及字說居多而託始於安石之廢春秋公武所言良信然序稱作於元黙執徐實徽宗政和二年壬辰在崇寧二年安石配享孔子後故其中孔孟一條名聖一條祀聖一條皆直斥其事則實與紹述之徒辨非但與安石辨也又不奪一條心迹一條及流品以下凡數條併兼斥安石之居心行事亦非但爲學術辨也當紹述之說盛行而侃侃不撓誠不愧儒者之言至於因安石附會周禮而詆周禮因安石尊崇孟子而抑孟子則有激之談務與相反惟以恩怨爲是非殊不足爲訓蓋元祐諸人實有負氣求勝攻訐太甚以釀黨錮之禍者賢智之過亦不必曲爲諱也取其大旨之正可矣

童蒙訓三卷兩淮鹽政採進本

宋呂本中撰本中有春秋集解已著錄是書其家塾訓課之本也本中北宋故家及見元祐遺老師友傳授具有淵源故其所記多正論格言大抵皆根本經訓務切實用於立身從政之道深有所裨中閒如申顏李潛田腴張琪侯無可諸人其事蹟史多失傳賴此猶可以考見大略固不僅爲幼學啟迪之資矣考朱子答呂祖謙書有舍人丈所著童蒙訓極論詩文必以蘇黃爲法之語此本無之其他書所引論詩諸說亦皆不見於書內故何焯跋疑其但節錄要語而成已非原本然刪削舊文不過節其精華除其枝蔓何以近語錄者全存近詩話者全汰以意推求殆洛蜀之黨既分傳是書者輕詞章而重道學不欲以眉山緒論錯雜其閒遂刊除其論文之語定爲此本歟其書初刊於長沙又刊於龍溪譌舛頗甚嘉定乙亥婺州守邱壽雋重校刊之有樓昉所爲跋後紹定己丑眉山李埴守郡得本於提刑呂祖烈復鋟本於玉山堂今所傳本即明人依宋槧翻雕行款字畫一仍其舊最爲善本今亦悉從之焉

省心雜言一卷永樂大典本

宋李邦獻撰邦獻懷州人太宰邦彥之弟官至直敷文閣是書在宋有臨安刊本題爲林逋撰或又以爲尹焞所撰至宋濂跋其書則謂逋固未嘗著焞亦因和靖之號偶同而誤皆非其實而王佖所編朱子語錄續類內有省心錄乃沈道原作之文必有所據當定爲沈本陶宗儀說郛錄其數條仍署爲林逋所作迄無定論今考永樂大典具載是書共二百餘條蓋依宋時槧本全帙錄入前有祁寬鄭望之沈濬汪應辰王大賓五序後有馬藻項安世樂章三跋并有邦獻孫耆岡及四世孫景初跋三首皆謂此書邦獻所作耆岡且言曾見手槀而辨世所稱林逋之非其說出於李氏子孫自屬不誣又考王安禮爲沈道原作墓誌具列所著詩傳論語解等書並無省心雜言之名足證確非道原作宋濂遽因朱子語錄定爲道原其亦考之未審矣其書切近簡要質而能該於範世勵俗之道頗有發明謹釐正舛誤定爲李氏之書而考證其異同如右

上蔡語錄三卷浙江巡撫採進本

宋曾恬胡安國所錄謝良佐語朱子又爲刪定者也良佐字顯道上蔡人登進士第建中靖國初官京師召對忤旨出監西京竹木場復坐事廢爲民事蹟具宋史道學傳恬字天隱溫陵人安國有春秋傳已著錄是書成於紹興二十九年朱子年三十歲監潭州南嶽廟時生平論著此爲最早據朱子後序稱初得括蒼吳任寫本一篇皆曾天隱所

記。最後得胡文定公寫本二篇、凡書四篇、以相參校。胡氏上篇五十五章、記文定公問荅。下篇四十九章、與版本吳氏本略同。然時有小異。輒因其舊、定著爲二篇。獨版本所增多、猶百餘章、或失本旨、雜他書。其尤者五十餘章、至詆程氏以助佛學、輒放而絕之。其餘亦頗刊去、而得先生遺語三十餘章、別爲一篇。凡所定著書三篇云云。是朱子於此書芟薙特嚴。後乾道戊子、重爲編次、益以良佐與安國手簡數條、定爲今本。又作後記、稱胡憲於呂祖謙家得江民表辨道錄、見所刪五十餘章、首尾次序、無一字之差。然後知果爲江氏所著、非謝氏之書。則去取亦爲精審。觀語錄稱某二十年前得上蔡語錄觀之、初用朱筆畫出合處。及再觀則不同、乃用粉筆。三觀則又用墨筆。數過之後、全與原看時不同。則精思熟讀、研究至深、非漫然而定也。良佐之學、以切問近思爲要。其言論閎肆、足以啟發後進。惟才高意廣、不無過中之弊。故語錄云、看道理不可不仔細。程門高弟如謝上蔡游定夫楊龜山、下梢皆入禪學去。又云、上蔡觀復齋記中說道理皆是禪底意思。又云、程子諸門人、上蔡有上蔡之病、龜山有龜山之病、和靖有和靖之病、也是合下見得不周偏、差了。其論皆頗以良佐近禪爲譏。然爲良佐作祠記、則又云以生意論仁、以實理論誠、以常惺惺論敬、以求是論窮理、其命意皆精當。而直指窮理居敬爲入德之門、尤得明道教人之綱領。乃深相推重。蓋良佐之學醇疵相半。朱子於語錄舉其疵、於祠記舉其醇。似矛盾而非矛盾也。合而觀之、良佐之短長可見矣。

袁氏世範三卷、永樂大典本

宋袁采撰。案衢州府志、采字君載、信安人。登進士第三。宰劇邑、以廉明剛直稱。仕至監登聞鼓院。陳振孫書錄解題稱采嘗宰樂清、修縣志十卷。王圻續文獻通考又稱其令政和時、著有政和雜志縣令小錄。今皆不傳。是編卽其在樂清時所作。分睦親處己治家三門、題曰訓俗。府判劉鎮爲之序、始更名世範。其書於立身處世之道、反覆詳盡、所以砥礪末俗者、極爲篤摯。雖家塾訓蒙之書、意求通俗、詞句不免於鄙淺。然大要明白切要、使覽者易知易從、固不失爲顏氏家訓之亞也。明陳繼儒嘗刻之祕笈中、字句譌脫特甚。今以永樂大典所載宋本互相校勘、補遺正誤、仍從文獻通考所載、勒爲三卷云。

延平荅問一卷附錄一卷、浙閩總督採進本

宋朱子撰。程子之學、一傳爲楊時、再傳爲羅從彥、又再傳爲李侗。侗字愿中、延平其所居也。侗於朱子爲父執。紹興二十三年、朱子二十四歲、將赴同安主簿任、往見侗於延平、始從受學。紹興三十年冬、同安任滿、再見侗、僅留月餘。又閱四載而侗沒。計前後相從、不過數月。故書札往來問荅爲多。後朱子輯而錄之。又載其與劉平甫二條、以成是書。朱子門人又取朱子平昔論延平語、及祭文行狀別爲一卷、題曰附錄。明非朱子原本所有也。後侗裔孫葆初別掇拾侗之諸文、增入一卷、改題曰延平文集。且總題曰朱子所編。殊失其舊。今仍錄原本、而葆初竄亂之本別存目於集部焉。

近思錄十四卷、直隸總督採進本

宋朱子與呂祖謙同撰。案年譜、是書成於淳熙二年、朱子年四十六矣。書前有朱子題詞曰、淳熙乙未之夏、東萊呂伯恭來自東陽、過余寒泉精舍。留止旬日、相與讀周子程子張子之書、嘆其廣大宏博、若無津涯。而懼夫初學者不知所入也、因共掇取其關於大體而切於日用者、以爲此編云云。是其書與呂祖謙同定、朱子固自著之。且併載祖謙題詞。又晦菴集中有乙未八月與祖謙一書、又有丙申與祖謙一書、戊戌與祖謙一書、皆商摧改定近思錄、灼然可證。宋史藝文志尙竝題朱熹呂祖謙類編。後來講學家力爭門戶、務黜衆說而定一尊、遂沒祖謙之名、但稱朱子近思錄、非其實也。書凡六百六十二條、分十四門、實爲後來性理諸書之祖。然朱子之學大旨主於格物窮理、由博反約、根株六經、而參觀百氏、原未暖暖姝姝守一先生之言。故題詞有曰、窮鄉晚進、有志於學、誠得此而玩心焉、亦足以得其門而入矣。然後求諸四君子之全書、以致其博而反諸約焉、庶乎其有以盡得之。若憚煩勞、安簡便、以爲取足於此而止、則非纂集此書之意。然則四子之言且不以此十四卷爲限、亦豈敎人株守是編、而一切聖經賢傳束之高閣哉。又呂祖謙題詞論首列陰陽性命之故曰、後出晚進、於義理之本原雖未容驟語、苟茫然不識其梗概、則亦何所底止。列之篇端、特使知其名義、有所向往而已。至於餘卷所載講學之方、日用躬行之實自有科級循是而進自卑升高自近及遠庶不失纂集之旨若乃厭卑近而騖高遠躐等凌節流於空虛迄無所依據則豈所謂近思者耶其言著明深切尤足藥連篇累牘動談未有天地以前者矣其集解則朱子歿後葉采所補作淳祐十二年采官朝奉郎監登聞鼓院兼景獻府教授時嘗齎進於朝前有進表及自序采字仲圭號平巖建安人其序謂悉本朱子舊註參以升堂紀聞及諸儒辨論有略闕者乃出臆說又舉其大旨著於各卷之下凡閱三十年而後成云

近思錄集註十四卷編修徐天柱家藏本

國朝茅星來撰星來字豈宿烏程人康熙間諸生按朱子近思錄宋以來註者數家惟葉采集解至今盛行星來病其粗率膚淺解所不必解而緊要難明者則闕又多彼此錯亂字句譌舛因取周張二程全書及宋元近思錄刊本參校同異凡近刻舛錯者悉從朱子考正錯簡之例各註本條之下又薈粹衆說參以己見爲之支分節解於名物訓詁考證尤詳更以伊洛淵源錄所載四子事蹟具爲箋釋冠於簡端謂之附說書成於康熙辛丑有星來自序又有後序一篇作於乾隆丙辰去書成時十五年蓋殫一生之精力爲之也其後序有曰自宋史分道學儒林爲二而言程朱之學者但求之身心性命之間不復以通經學古爲事蓋嘗竊論之馬鄭賈孔之說經譬則百貨之所聚也程朱諸先生之說經譬則操權度以平百貨之輕重長短者也微權度則貨之輕重長短不見而非百貨所聚則雖有權度亦無所用之故欲求程朱之學者其必自馬鄭諸傳疏始愚於是編備著漢唐諸家之說以見程朱諸先生學之有本俾彼空疎寡學者無得以藉口云云其持論光明洞達無黨同伐異爭名求勝之私可謂能正其心術矣

近思錄集註十四卷安徽巡撫採進本

國朝江永撰永有周禮疑義舉要已著錄近思錄雖成於淳熙二年其後又數經刪補故傳本頗有異同至各卷之中惟以所引之書爲先後而未及標立篇名則諸本不殊至淳祐間葉采纂爲集解尙無所竄亂於其間明代有周公恕者始妄加分析各立細目移置篇章或漏落正文或淆混註語謬誤殆不可讀永以其貽誤後學因仍原本次第爲之集註凡朱子文集或問語類中其言有相發明者悉行採入分註或朱子說有未備始取葉采及他家之說以補之間亦附以己意引據頗爲詳洽蓋永邃於經學究心古義穿穴於典籍者深雖以餘力爲此書亦具有體例與空談尊朱子者異也

雜學辨一卷附記疑一卷副都御史黃登賢家藏本

宋朱子撰以斥當代諸儒之雜於佛老者也凡蘇軾易傳十九條蘇轍老子解十四條張九成中庸解五十二條呂希哲大學解四條皆摘錄原文各爲駁正於下末有乾道丙戌何鎬跋鎬字叔京何兌之子丙戌爲乾道二年朱子三十七歲監嶽廟家居時也記疑一卷前有朱子題詞稱偶得雜書一冊不知何人所記懼其流傳久遠上累師門云云蓋程子門人記錄師說附以己意因而流入二氏者亦摘錄而與之辨凡二十條其書作於淳熙二年丙申三月朱子方在婺源距作雜學辨時十年矣後人附刻雜學辨後以類相從今亦仍舊本錄之焉

小學集註六卷通行本

宋朱子撰明陳選註選字士賢臨海人天順庚辰進士官至廣東布政使追贈光祿寺卿諡恭愍事蹟具明史本傳朱子是書成於淳熙丁未三月凡內篇四曰立教曰明倫曰敬身曰稽古外篇二曰嘉言曰善行考晦菴集中有癸卯與劉子澄書蓋編類此書實託子澄其初有文章一門故書中稱文章尤不可泛如離騷一篇已自多了欲古蒙求亦太多兼奧澀難讀非啟蒙之具卻是古樂府及杜子美詩意思好可取者多又有乙巳與子澄書稱小學見比修改凡定著六篇云云是淳熙十二年始改定義例又越二年乃成也案語類陳淳錄曰或問小學明倫篇何以無朋友一條曰當時是衆人編類偶闕此爾又黃義剛錄曰曲禮外言不入於閫內言不出於閫一條甚切何以不編入小學曰這樣處漏落也多王懋竑朱子年譜考異謂據此則編類不止子澄一人而於兩錄又可見古人著書得其大者小小處亦不屑尋究其說最確後人或援引古書證其疎略或誤以一字一句皆朱子所手錄遂尊若六經皆一偏之論也選註爲鄉塾訓課之計隨文衍義務取易解其說頗爲淺近然此書意取啟蒙本無深奧又雜取文集子史不盡聖言註釋者推衍支離務爲高論反以晦其

本旨固不若遜之所註，猶有裨於初學矣。是書自陳氏書錄解題卽列之經部小學類。考漢書藝文志以弟子職附孝經，而小學家之所列，始於史籀，終於杜林，皆訓詁文字之書。今案以幼儀附之孝經，終爲不類，而入之小學，則於古無徵。是書所錄皆宋儒所謂養正之功，敎之本也。改列儒家，庶幾協其實焉。

朱子語類一百四十卷（內府藏本）

宋咸淳庚午導江黎靖德編。初，朱子與門人問答之語，門人各錄爲編。嘉定乙亥，李道傳輯廖德明等三十二人所記爲四十三卷，又續增張洽錄一卷，刻於池州，曰池錄。嘉熙戊戌，道傳之弟性傳續蒐黃榦等四十二人所記爲四十六卷，刊於饒州，曰饒錄。淳祐己酉，蔡杭又裒楊方等二十三人所記爲二十六卷，亦刊於饒州，曰饒後錄。咸淳乙丑，吳堅採三錄所餘者二十九家，又增入未刊四家爲二十卷，刊於建安，曰建錄。其分類編輯者，則嘉定己卯黃士毅所編凡百四十卷，史公說刊於蜀州，曰蜀本。又淳祐壬子王佖續編四十卷，刊於徽州，曰徽本。諸本既互有出入，其後又翻刻不一，譌舛滋多。靖德乃裒而編之，刪除重複一千一百五十餘條，分爲二十六門，頗淸整易觀。其中甚可疑者，如包楊錄中論胡子知言以書爲溺心志之大穽之類，概爲刊削，亦深有功於朱子。靖德目錄後記有曰：朱子嘗言論語後十篇不及前，六言六蔽不似聖人法語。是孔門所記猶可疑，而況後之書乎。觀其所言，則今他書間傳朱子之語而不見於語類者，蓋由靖德之刪削。鄭任鑰不知此意，乃以四書大全所引不見今本語類者，指爲或問小註之譌，其亦不考之甚矣。

戒子通錄八卷（永樂大典本）

宋劉淸之撰。淸之字子澄，號靜春，臨江人。紹興二年進士。光宗時知袁州。宋史本傳稱其生平著述甚多，是書其一也。其書博採經史，羣籍凡有關庭訓者，皆節錄其大要，至於母訓閨敎亦備述焉。史稱其甘貧力學，博極羣書，故是編採摭繁富，或不免於宂雜。然其隨事示敎，不憚於委曲詳明，雖瑣語碎事，莫非勸戒之資，固不以過多爲患也。元虞集甚重其書，嘗勸其後人刻諸金谿，後崔楝復爲重刻。顧自宋以來，史志及諸家書目皆不著錄，惟文淵閣書目載有一冊，亦無卷數，外間傳本尤稀。今謹據永樂大典所載約略篇頁，釐爲八卷。所引諸條，原本於標目之下各粗舉其人之始末，其中閒有未備者，今竝爲考補，增註以一體例。惟自宋以前時代錯出，頗無倫次，蓋一時隨手摘錄，未經排比之故，今亦姑存其舊焉。

知言六卷附錄一卷（永樂大典本）

宋胡宏撰。宏有皇王大紀，已著錄。是編乃其論學之語，隨筆劄記，屢經改訂而後成。呂祖謙嘗以爲勝於正蒙。然宏之學本其父安國，安國之學雖出於楊時，而又兼出於東林常總。總嘗謂本然之性不與惡對言，安國沿習其說，遂以本然者與善惡相對者分成兩性。宏作此書，亦仍守其家傳。其所謂性無善惡，心以成性，天理人欲同體異用，同行異情，指名其體曰性，指名其用曰心，性不能不動，動則心矣云云。朱子力詆其非，至作知言疑義，與呂祖謙及宏門人張栻互相論辨。卽栻亦不敢盡以其師說爲然。其論治道，以井田封建爲必不可廢，亦泥古而流於迂謬。然其他實多明白正大，足以闡正學而闢異端，朱子亦嘗稱其思索精到處殊不可及，固未以一二瑕疵盡廢其書也。自元以來，其書不甚行於世，明程敏政始得舊本於吳中，後坊賈遂有刊版。然明人傳刻古書，好意爲竄亂，此本亦爲妄人強立篇名，顚倒次序，字句舛謬，全失其眞。惟永樂大典所載，尙屬宋槧原本，首尾完備，條理釐然。謹據其篇目，詳加刊正，以復其舊。其朱子語錄各條，亦仍依原本別爲附錄一卷，繫之於末，以備考證焉。

明本釋三卷（永樂大典本）

宋劉荀撰。荀，東平人，尙書左僕射摯之孫。書中所稱先文肅公，卽謂摯也。孝宗時嘗知盱眙軍。其事蹟則不可考矣。是書乃其講學之語，大旨謂致力當求其本，因舉其切要者二十三條，各爲標目，而著論以發明之。論所不盡者，又自爲之註。中多稱引元祐諸人，程門諸子，及同時胡宏、張九成、朱子之言。持論頗醇正，其文率詳明愷切，務達其意而止。北宋諸名臣之言行出處，亦附註焉，蓋猶藉子孫尊其先世之舊聞也。宋史藝文志、晁公武讀書志皆不載，陳振孫書錄解題、馬端臨經籍考但載荀所撰建炎德安守禦錄，而是書亦略焉。惟明文淵閣書目、國史經籍志有之，蓋其書在宋不甚顯，至元明間始行於世也。楊士奇焦竑皆作明本二卷、劉芮撰。然永樂大典所載實皆題曰明本釋疑。其書原名明本、或後人因其註而增題釋字歟。

少儀外傳二卷、永樂大典本

宋呂祖謙撰。祖謙有古周易、已著錄。是書宋有雲谷胡巖起跋、及其弟祖儉後序。丹陽譚元猷嘗刻之於學宮。歲久散佚、久無刊本。故朱彝尊經義考註曰未見。此本載永樂大典中、尙端末完整、無所譌闕。今仍釐爲二卷、以還其舊。其書爲訓課幼學而設、故取禮記少儀爲名。然中間雜引前哲之懿行嘉言、兼及於立身行己、應世居官之道、所該甚富、不專於灑埽進退之末節、故命之曰外傳、猶韓嬰引事說詩、自題曰外傳云爾。呂本中舊有童蒙訓、皆自爲誥誡之語。此書則採輯舊文、體例近朱子小學。小學盛行於世、童蒙訓亦有刊本。而此書湮沒不彰。蓋書之傳不傳、亦有幸不幸焉。未可以是定優劣也。永樂大典別載辨志錄二卷、亦題呂祖謙撰、其文全與此同。蓋一書二名、編纂者不出一手、因而兩收。今附著於此、不復重錄其文、亦不復別存其目焉。

麗澤論說集錄十卷、浙江孫仰曾家藏本

宋呂祖謙門人雜錄其師之說也。前有祖謙從子喬年題記、稱先君嘗所裒輯、不可以不傳。故今仍據舊錄、頗附益次比之。喬年爲祖謙弟祖儉之子、則蒐錄者爲祖儉、喬年又補綴次第之矣。凡易說二卷、詩說拾遺一卷、案詩說獨曰拾遺、以祖謙著有家塾讀詩記也、周禮說一卷、禮記說一卷、論語說一卷、孟子說一卷、史說一卷、雜說二卷、皆冠以門人集錄字。明非祖謙所手著也。祖謙初與朱子相得、後以爭論毛詩不合、遂深相排斥。黎靖德所編語類、以論祖謙兄弟者別爲一卷。第一百二十二卷、其中論祖謙者凡三十一條。惟病中讀論語一條、稍稱其善。答項平甫書與曾立之書一條、稱編其集者誤收他文。其餘三十條、於其著作詆繫詞精義者二、詆讀詩記者二、詆大事記者五、詆少儀外傳者一、詆宋文鑑者五、詆東萊文集者三、其餘十一條則皆詆其學問。如云東萊博學多識則有之矣、守約恐未也。又云、伯恭之弊盡在於巧。又云、伯恭說義理太多傷巧、未免杜撰。又云、伯恭教人看文字也粗。又云、東萊聰明、看文理卻不仔細、緣他先讀史多、所以看粗著眼。又云、伯恭於史分外仔細、於經卻不甚理會。又云、伯恭要無不包羅、只是撲過、都不精。可謂抵隙攻瑕、不遺餘力。托克托等修宋史、因置祖謙儒林傳中、使不得列於道學。呂喬年記亦稱講說所及、而門人記錄之者。祖謙無恙時、嘗以其多舛、戒無傳習。殆亦陰解朱子之說、欲歸其失於門人也。然當其投契之時、則引之同定近思錄、使預聞道統之傳。當其牴牾以後、則字字譏彈、身無完膚。毋亦負氣相攻、有激而然歟。語類載李方子所記云、伯恭更不教人讀論語、而此書第六卷爲門人集錄論語說六十八條、又何以稱焉。道學之譏儒林也、曰不聞道。儒林之譏道學也、曰不稽古。斷斷相持、至今未已。夫儒者窮研經義、始可斷理之是非、亦必博覽史書、始可明事之得失。古云博學反約、不云未博而先約。朱氏之學精矣、呂氏之學亦何可盡廢耶。

曾子一卷、安徽巡撫採進本

宋汪晫編。晫字處微、績溪人。是書成於慶元嘉泰閒。咸淳十年、其孫夢斗與子思子同獻於朝、得贈通直郎。考漢志載曾子十八篇、隋志有曾子二卷、目一卷。唐志亦載曾子二卷。晁公武郡齋讀書志著錄二卷、十篇、稱卽唐本。高似孫子略稱其與大戴禮四十九篇五十八篇及雜見小戴記者無異同、後人掇拾以爲之。陳振孫書錄解題併稱有慈湖楊簡註。是宋時原有曾子行世、殆晫偶未見、故輒爲此書。凡十二篇、仲尼閒居第一、明明德第二、養老第三、周禮第四、有子問第五、喪服第六、中闕第七第八、晉楚第九、守業第十、三省身第十一、忠恕第十二。明明德獨標云內篇。養老以下皆標外篇。而仲尼閒居篇不言內外、疑本有內篇字、而傳寫佚之也。其第一篇卽孝經、而削去經名、別爲標目、未免自我作古。第二篇卽大學、考自宋以前有子思作大學之傳、而無曾子作大學之說。歸之曾子、已屬疑似。又改其篇目、與前篇武斷亦同。至外篇十篇、亦往往割裂經文、以就門目。如曾子問師行必以遷廟主行乎至老聃云、孔疏曰、此一節論出師當取遷廟主及幣帛皮圭以行、廟無虛主之事。蓋首問師行必以遷廟主、論其常也。師行無遷主、又籌其變也。二問相承、義實相濟、故孔疏通爲一節。今割古者師行無遷主至蓋貴命也入周禮篇、割古者師行必以遷廟主行乎至老聃云入喪服篇文義殆爲乖隔。若云以其文有涉喪服、是以分屬、則周禮篇內又明載三年之喪弔乎數節、爲例不純。然漢本久逸、唐本今亦未見。先賢之佚文緒論、頗可借此以考見。則過而存之、猶愈於過而廢之矣。卷首冠以夢斗進表、稱有晫自序。而此本佚之、僅有元汪澤民、俞希魯、翟思忠、明朱文遊序四篇、明詹潢後序一篇。皆合二書稱之。蓋晫本編爲一部也。今以前代史志二子皆各自爲書、故分著於錄焉。

子思子一卷（安徽巡撫採進本）

宋汪晫編。考晁公武讀書志載有子思子七卷、晫蓋亦未見其本、故別作是書。凡九篇。內篇天命第一、鳶魚第二、誠明第三。外篇無憂第四、胡毋豹第五、喪服第六、魯繆公第七、任賢第八、過齊第九。其割裂中庸、別列名目、與曾子載孝經大學同。又晫輯曾子用朱子改本大學。至孔叢子一書、朱子反覆辨其僞、而晫採之獨多。已失鑒別。又往往竄亂原文。如孔叢子子上雜所習請於子思、註曰、雜者諸子百家。故下文子思荅曰、雜說不存焉。此書引之改曰子上請所習於子思、則與子思荅義全不相貫。孔叢子仲尼曰、由乎心、心之精神是謂聖、推敎究理不以疑。此書引之、聖字下多一區字、疑字上多一物字。又孔叢子云、伋於進瞻亟聞夫子之敎。此書引之、進瞻作進善。輕改舊文、均失先儒詳愼之道。且與曾子所引均不著其出典、亦非輯錄古書之體。較薛據孔子集語、蓋瞠乎後矣。特以書中所錄雖眞贋互見、然多先賢之格言。故雖編次踳駁、至今不得而廢焉。

邇言十二卷（浙江范懋柱家天一閣藏本）

宋劉炎撰。炎字子宣、括蒼人。是書分十二章、曰成性、存心、立志、踐行、天道、人道、君道、臣道、今昔、經籍、習俗、志見。其立言醇正篤實、而切於人情、近於事理。無迂闊難行之說、亦無刻核過高之論。如曰井田封建、成之非一日、其壞也亦非朝夕之故、不必泥其制也。能存其意、亦可以爲治矣。又曰、或問節義之士如之何而黨錮、曰、自取之也。君子百是必有一非、小人百非必有一是。天下士至不少矣、豈必登龍仙舟者皆賢、不在此選者皆不肖耶。更相題表、自立禍的者也。人豈能禍之哉。又曰、或問學聖賢之道者、其流亦有偏乎。曰、近問之眞公、學而至之、烏得偏。學而不至、雖孔孟門人不能無偏。能溯其源、歸於正矣。不然、毫釐之差、其謬逾遠。是足爲學二程而不至者之戒也。如此之類、皆他儒者心知其然而斷不出之於口者。炎獨筆之於書、可謂光明磊落、無纖毫門戶之私矣。此本爲嘉靖己丑光澤王所刊。考明史諸王世表、光澤王寵瀼以成化二十三年封、嘉靖二十五年薨。己丑爲嘉靖八年、當卽寵瀼。前有梅南生序、稱得鈔本於棠陵方思道。梅南生卽寵瀼別號也。又有嘉泰甲子炎自序、嘉定壬午眞德秀後序、嘉定癸未葉克跋。書中君道篇第一條、第二條、習俗篇第十一條、志見篇第九條、寵瀼俱註有脫誤。今無別本可校、亦仍其舊。又經籍篇唐無全史一條、中亦有譌脫、寵瀼未註。今補註之。經籍篇第二條下有夾註、止菴曰一段、駁尊揚雄、陶潛、蘇軾、而抑屈原之非。其言有理、亦併附錄。考寵瀼序末有私印曰止菴、則此註亦寵瀼所加矣。

木鐘集十一卷（浙江巡撫採進本）

宋陳埴撰。埴字器之、永嘉人。嘗舉進士、授通直郎致仕。其學出於朱子。永樂中修五經大全所稱潛室陳氏、卽埴也。是編雖以集爲名、而實則所作語錄。凡論語一卷、孟子一卷、六經總論一卷、周易一卷、尙書一卷、毛詩一卷、周禮一卷、禮記一卷、春秋一卷、近思雜問一卷、史一卷。其說大學中庸、列禮記之中。蓋其時四書章句集註雖成、猶私家之書、未懸於國學之功令。故仍從古本。史論惟及漢唐、則伊洛之傳不以史學爲重、偶然及之、非專門也。其體例皆先設問而荅之。故卷首自序、謂取禮善問者如攻堅木、善待問者如撞鐘義、名曰木鐘。刊帙久佚。明宏治十四年、溫州知府鄧淮始得舊本重刊。自第五卷至十一卷皆題曰某卷下。疑或各佚其上半卷。而核其所列、則書始二典、詩始比興賦、春秋始隱元年、近思雜問始理氣、史始漢、皆不似尙有前文。惟周禮不始天官而始府史、禮記不始曲禮而始王制、似有所佚。然府史之名先見於序官、而王制亦禮記第三篇。卽從此託始、亦無不可。宋本既不可見、姑闕所疑焉可矣。

經濟文衡前集二十五卷、後集二十五卷、續集二十二卷（安徽巡撫採進本）

不著編輯者名氏。初刻於正德辛巳、有楊一清序、但稱先儒所輯。再刻於萬歷丙午、有朱吾弼序、但稱爲董崇相家藏本，亦不能指作者何人。黃虞稷千頃堂書目則載是書爲馬季機編，所列前集、後集、續集之目，亦皆相合。乾隆乙未，南昌楊雲服重刻，程恂序之，稱爲宋滕珙編。考滕珙字德章，號蒙齋，婺源人。淳熙十四年進士，官合肥令。與兄璘俱遊朱子之門。朱子銘其父墓，稱二子皆有聲州縣間。又稱珙廷對甚佳，蓋亦新安高弟也。今覩是書，取朱子語錄、文集分類編次。前集皆論學，後集皆論古，續集則兼二集所遺而補之。每一論必先著其緣起，次標其立論之意，條分縷析，條理秩然。視他家所編經世大訓之類，或節而不詳，或繁而少緒者，迥乎不同。卽不出於珙手，要非學有淵源者不辦也。惟是朱子平生學問大端，具見於此，而獨以經濟爲名，殆不可曉。卽以開卷一篇論之，太極無極有何經濟可言耶。其門目亦太煩碎，多不應分而分之，前集尤甚，亦爲一瑕。讀者取其宏旨可耳。

大學衍義四十三卷　兵部侍郎紀昀家藏本

宋眞德秀撰。德秀有四書集編，已著錄。是書因大學之義而推衍之。首曰帝王爲治之序，帝王爲學之本。次以四大綱：曰格物致知，曰正心誠意，曰修身，曰齊家。各繫以目。格物致知之目四：曰明道術，辨人材，審治體，察民情。正心誠意之目二：曰崇敬畏，戒逸欲。修身之目二：曰謹言行，正威儀。齊家之目四：曰重妃匹，嚴內治，定國本，敎戚屬。中惟修身一門無子目。其餘分子目四十有四，皆徵引經訓，參證史事，旁採先儒之論，以明法戒，而各以己意發明之。大旨在於正君心，肅宮闈，抑權倖。蓋理宗雖浮慕道學之名，而內實多欲，權臣外戚，交煽爲姦，卒之元氣凋弊，閱五十餘年而宋以亡。德秀此書成於紹定二年，而進於端平元年，皆陰切時事以立言。先去其有妨於治平者，以爲治平之基。故大學八條目僅舉其六，然自古帝王正本澄源之道，實亦不外於此。若夫宰馭百職，綜理萬端，常變經權，因機而應，利弊情僞，隨事而求，其理雖相貫通，而爲之有節次，行之有實際，非空談心性卽可坐而致者，故邱濬又續補其闕也。

讀書記六十一卷　江西巡撫採進本

宋眞德秀撰。案陳振孫書錄解題謂西山讀書記有甲乙丙丁。甲言性理，中述治道，末言出處，大抵本經史格言，而述以己意。今但有甲三十七卷，丁二卷，乙丙未見，故載於文獻通考者僅三十九卷。今世所傳明時舊刊本，甲丁二記卷數與書錄解題合，中多乙記二十二卷。前有開慶元年德秀門人湯漢序，稱讀書記惟甲乙丁爲成書，甲丁二記先刊行。乙記上卽大學衍義，久進於朝。其下未及繕寫而德秀沒。漢從其子仁夫鈔得，釐爲二十二卷，而刊之福州。據此，則丙記原書本闕，乙記爲湯漢所續刊。振孫惟見初行之本，故止於甲丁二記也。甲記自論天命之性，至論鬼神，各分標目。前有綱目一篇，具詳論次先後之旨。乙記載虞夏以來名臣賢相事業，略仿編年之體。前亦有綱目一篇，謂訖於五閏，而書中至唐李德裕而止，蓋撰次未完者。丁記上卷皆論出處大義，下卷分處貧賤、處患難、處生死、安義命、審重輕諸目，與上卷互相發明。德秀大學衍義羽翼聖經，此書又分類詮錄，自身心性命、天地五行，以及先儒授受源流，無不臚晰。名言緒論，徵引極多，皆有裨於研究。至於致治之法，衍義所未及詳者，則於乙記中備著其事。古今興衰治忽之故，亦犂然可睹。在宋儒諸書之中，可謂有實際者矣。

心經一卷　安徽巡撫採進本

宋眞德秀撰。是編集聖賢論心格言，而以諸家議論爲之註。末附四言贊一首。端平元年，顏若愚鋟於泉州府學，有跋一首，稱其築室粵山之下，雖晏息之地，常如君父之臨其前。淳祐二年，大庾令趙時棣又以此書與政經合刻。前有德秀門人王邁序云：心經一書，行於世，至徹禁中。端平乙未，公薨後兩月，從臣洪公咨夔在經筵，上出公心經曰：眞某此書，朕乙夜覽而嘉之，卿宜爲之序。其見重也如此。文獻通考作心經法語，與書錄解題相合，蓋一書而二名耳。明程敏政嘗爲作註，而疑其中有引及眞西山讀書記者，非德秀之原文，殆後人又有所附益，非舊本也。

政經一卷　安徽巡撫採進本

宋眞德秀撰。採典籍中論政之言列於前，而以行政之蹟列於後，題曰傳以別之。末附當時近事六條，謂之附錄。其後載德秀帥長沙咨呈，又知泉州軍事時勸論文，帥長沙時勸民閒置義倉文，帥福州曉諭文諸篇，蓋後人所益，如心經之引讀書記耳。德秀雖自命大儒，斷不敢以己之條敎題曰經也。案宋史道學傳、德秀任湖南安撫使知潭州、以廉仁公勤四字厲僚屬。復立惠民倉、置社倉。其知福州、戒所部無濫刑横斂、無徇私黷貨。蓋德秀立朝日淺、其政績多在居外任時。故留心民瘼、著爲此編。其門人王邁序、謂先生再守溫陵日、著政經。考德秀再守泉州在理宗紹定五年、蓋晚年之作。邁又言趙時棣爲法曹、朝夕相與、遂得此經。實在四方門人之先、而四方門人亦未必盡見之。書錄解題載心經而不及此書。豈心經行世早、而此書晚出歟。抑或德秀名重、好事者依託之也。眞僞既不可詰、而其言能不悖於儒者、故姑與心經竝存焉。

項氏家說十卷、附錄二卷、（永樂大典本）

宋項安世撰。安世有周易玩辭、已著錄。此蓋其讀經史時條記所得、積以成編者也。案嘉定辛未、樂章撰周易玩辭後序曰、項公昔忤權臣、擯斥十年。杜門卻掃、足跡不涉戶限。耽思經史、專意著述、成書數篇。迨兵端既開、邊事告急、被命而起、獨當一面。外禦憑陵、內固根本、成就卓然。陳振孫書錄解題亦稱其當慶元中得罪時、謫居江陵、杜門潛心、起居不出一室。送迎賓友、未嘗踰閾。諸書皆有論說。然則是書乃慶元閒斥居江陵時所作也。安世學有體用、通達治道、而說經不尙虛言。其訂覈同異、考究是非、往往洞見本原、迥出同時諸家之上。是書見於宋史藝文志者十卷、附錄四卷。又別出孝經說一卷、中庸說一卷。書錄解題竝同。自明初以來、其本久佚。今惟散見永樂大典各韻內。核其所載、多兼及說經說事說政說學等篇名、而逐條又各有標題。其原書體例、約略可見。篇帙亦尙多完善。謹依類排纂。經則案各經之文次之。卷一、卷二竝易說、卷三書說、卷四詩說、卷五周禮、卷六禮記、卷七論語孟子等。是爲說經篇、凡七篇。其八、九、十三卷則先以說事篇、次說政篇、次說學篇。雖原目無存、未必悉符其舊。然陳振孫言是書有云、九經皆有論著。其第八卷以後雜說文史政學、則序次大致當亦不甚懸殊。振孫又云、附錄孝經中庸詩篇次、邱乘圖、則各爲一書。重見諸類、似附錄之四卷本分爲四種單行、而復取以附於家說後也。今檢永樂大典、但有孝經說中庸臆說二書、而詩篇次、邱乘圖未經收入。疑當時卽已散佚、無可考補。謹據其存者、仍合爲附錄二卷。次之於末、以略還原書之舊焉。

先聖大訓六卷、（衍聖公孔昭煥家藏本）

宋楊簡撰。簡有慈湖易傳、已著錄。是編蒐輯孔子遺言、排比成五十五篇、而各爲之註。錢時作簡行狀曰、其歸自冑監也、家食者十四載。築室德潤湖上、更名慈湖。始取先聖大訓閒見諸雜說中者、刊譌別誣、萃成六卷、而爲之解、卽此書也。簡之學出陸九淵。其嘉泰二年擬陛辭劄子、稱臣願陛下卽此虛明不起意之心、以行勿損勿益、自然無所不照。嘉定三年面對、稱舜曰道心、明心卽道。孔子曰心之精神是謂聖。（案此據孔叢子之文、其實尙書大傳先有此言、不云孔子、僞撰孔叢子者剽剟其文、竄言先聖耳、謹附訂於此。）孟子曰仁人心也。此心虛明無體、廣大無際、日用云爲、無非變化、無思無爲而萬物畢照。考其立言宗旨、已開新會餘姚之派。故註是書、往往借以抒發心學、未免有所牽附。然秦漢以來、百家詭激之談、緯候怪誕之說、無一不依託先聖爲重。龐雜蕪穢、害道滋深。學者愛博嗜奇、不能一一決擇也。簡此書削除僞妄、而取其精純。刊落瑣屑、而存其正大。其閒字句異同、文義舛互、亦皆參訂斟酌、歸於一是。較之薛據集語、頗爲典核。求洙泗之遺文者、固當以是爲驪淵矣。

黃氏日鈔九十五卷、（安徽巡撫採進本）

宋黃震撰。震有古今紀要、已著錄。是書本九十七卷。凡讀經者三十卷、讀三傳及孔氏書者各一卷、讀諸儒書者十三卷、讀史者五卷、讀雜史讀諸子者各四卷、讀文集者十卷、計六十八卷、皆論古人。其六十九卷以下、凡奏劄申明公移講義策問書記序跋啟祝文祭文行狀墓誌著錄者、計二十九卷、皆所自作之文。其中八十一卷、八十九卷原本併闕、其存者實九十五卷也。震與楊簡同鄉里。簡爲陸氏學、震則自爲朱氏學、不相附和。是編以所讀諸書隨筆劄記、而斷以己意。有僅摘切要數語者、有不摘一語而但存標目者、併有不存標目而採錄一兩字者。大旨於學問排佛老、由陸九淵、張九成以上溯楊時、謝良佐、皆議其雜禪。雖朱子校正陰符經、參同契、亦不能無疑。於治術排功利、詆王安石甚力。雖朱子謂周禮可致太平、亦不敢遽信。其他解說經義、或引諸家以翼朱子、或舍朱子而取諸家、亦不堅持門戶之見。蓋震之學朱、一如朱之學程。反復發明、務求其是。非中無所得而徒假借聲價者也。

北溪字義二卷（副都御史黃登賢家藏本）

宋陳淳撰。淳字安卿，號北溪，龍溪人。嘉定十年授迪功郎、泉州安溪主簿，未上而卒。事蹟具宋史本傳。此編爲其門人清源王雋所錄，以四書字義分二十有六門，每拈一字，詳論原委，旁引曲證，以暢其論。初刻於永嘉趙氏，又有清漳本，刻於宋淳祐間，即九華葉信原本也。舊版散佚，明宏治庚戌始重刻，復有四明豐慶本，增減互異。近惟桐川施氏本爲較詳，然亦有大全所引而施氏本未收者。此本乃

國朝顧秀虎校正諸本之異同，復取散見於他書者錄爲補遺一卷，又附以嚴陵講義四條，曰道學體統，曰師友淵源，曰用工節目，曰讀書次第。乃淳嘉定九年待試中都，歸過嚴陵，郡守鄭之悌延講郡庠時作也。考淳同時有程端蒙者，亦撰性理字訓一卷，其大旨亦與淳同，然書頗淺陋，故趙汸答汪德懋性理字訓疑問書（案汸東山集，誤作性理字義）稱其爲初學者設。今惟錄淳此書，而端蒙之書則姑附存其目焉。

準齋雜說二卷（永樂大典本）

宋吳如愚撰。如愚字子發，錢塘人。少以父蔭補承信郎、監福州連江商稅，再調常熟解職，歸。嘉熙二年，以丞相喬行簡奏薦，改授承信郎，差充祕閣校勘。三疏辭免，特轉秉義郎，與祠。其仕履見於館閣續錄及趙希弁讀書附志，而宋史不爲立傳，故行實不概見。今考徐元杰楳埜集有所作如愚行狀，臚載事蹟極詳。大略言如愚孝友忠恕，安貧樂道，理明行修。凡所著述，於學問自得甚深，別有易詩書說、大學中庸論孟及陰符經解諸種，並佚不傳。此書亦久無行世之本，獨散見永樂大典中者尚得四十餘篇，大抵皆研究理學之文。元杰又稱如愚早年留心清淨之教，凡三四年，旣而幡然盡棄所學，刻意講道。是如愚學術，其初亦稍涉於禪悅。其解大學格物以正爲訓，明王守仁傳習錄所謂格物如孟子格君心之格，其說實創於如愚。似欲毅然獨行一家之言者。然如愚平日嘗稱塞乎天地者皆實理，行乎萬世者皆實用。惟盡心知性，則實理融而實用貫。其用功致力，實以體用兼備爲主，而不墮於虛無。故其剖析義理，如天理人欲之辨，三畏四勿之論，無不發揮深至，於宋末諸儒中所造較爲平實。元杰又言永嘉陳昉親炙不倦，得所著述，輒錄之，刻爲一編，臨川羅愚復刊於廣右漕臺，所傳益廣。是編即昉所輯，久經刊布，在當時甚重其書。今檢行狀載如愚別有踐形踐迹諸說，已不在永樂大典中，則所錄亦不免闕佚，然崖略具存，謹編次成帙，釐爲二卷，猶可考見其概焉。

性理羣書句解二十三卷（兩江總督採進本）

宋熊節編，熊剛大註。節字端操，建陽人，官至通直郎、知閩清縣事。剛大亦建陽人，受業於蔡淵、黃榦，嘉定中登進士，自稱覺軒門人，掌建安書院朱文公諸賢從祀祠。其仕履則不可考。註中稱邇年皇上親洒白鹿洞規以賜南康，則理宗時人也。節受業於朱子。是書採摭有宋諸儒遺文，分類編次。首列濂溪明道伊川橫渠康節涑水考亭遺像，並傳道支派，次贊，次訓，次戒，次箴，次規，次銘，次詩，次賦，次序，次記，次說，次錄，次辨，次論，次圖，次正蒙，次皇極經世，次通書，次文，而以七賢行實終焉。其列司馬光一人，與後來講學諸家持論迥異。考朱子於紹熙五年冬築竹林精舍，率諸生行舍菜之禮於先聖先師，以周程邵張司馬延平七先生從祀，集中載其祝文，有曰邵曰張，爰及司馬，學雖殊轍，道則同歸之語。則朱子序列學統，本自有光。後來門戶日分，講學者乃排而去之。節親受業於朱子，故猶不敢恣爲高論也。所錄之文，亦以七賢爲主，而楊時、羅仲素、范浚、呂大臨、蔡元定、黃榦、張栻、胡宏、眞德秀所作亦閒及焉。其上及范質者，以朱子作小學嘗錄其詩，旁及蘇軾者，則以司馬光行狀之故，非因軾也。明永樂中詔修性理大全，其錄諸儒之語，皆因近思錄而廣之。其錄諸儒之文，則本此書而廣之。併其性理之名，似亦因此書之舊。是其文雖習見，固亦作樂者之葦籥，造車者之椎輪矣。剛大所註，蓋爲訓課童蒙而設，淺近之甚，殊無可採，以其原附此書以行，姑並錄之，以存其舊焉。

東宮備覽六卷（浙江吳玉墀家藏本）

宋陳模撰。模字中行，泉州永春人。慶元二年進士，嘉泰二年除祕書省正字，三年兼國史院編修官。開禧三年又兼實錄院檢討官。嘉定二年除校書郎，仍兼檢討。其歷官始末見於館閣續錄中。是書乃其爲正字時所上，取經史舊文有關於訓儲者

彙成一編。凡分二十條，曰始生，曰入學，曰立教，曰師傅，曰講讀，曰宮僚，曰擇術，曰廣誨，曰謹習，曰主器，曰正本，曰問安，曰友悌，曰戒逸，曰崇儉，曰辨分，曰正家，曰規諫，曰幾諫，曰監國。支分縷析，節次詳明。前有進書表一篇，敘一篇。又有上宰相劄子申言二十餘條中擇妃嬪、謹宮僚、謹遊習三條，尤爲切務。又冠以改官省劄及誥詞，以溢嶠侍臣箴比之。蓋當時甚重其書也。案宋史藝文志載陳謨東宮備覽一卷，然校進表及序皆稱分爲六卷，則宋史字誤矣。其第二卷講讀條闕一頁，宮僚條闕一頁，第六卷監國條闕一頁，今無別本可校，亦姑仍其舊錄之焉。

孔子集語三卷（兩江總督採進本）

宋薛據撰。據字叔容，永嘉人，官至浙東常平提舉。林德暘霽山集有二薛先生文集序曰：薛氏世學，蓋三百年。玉成公學於慈湖楊敬仲，刊華據實，確程門緒餘，僞學禁興，隻手衛道，著伊洛源流，各爲譜傳。又以弓冶授其子叔容，公志宏力毅，負荷千年，念聖遠言湮，爲孔子集語二十卷，即是書也。此本但分二十篇，僅有三卷，殆舊以一篇爲一卷，後人併之歟。所列書凡三十餘種，其凡例謂曾子、大戴禮、孔叢子、孔子家語四全書及左氏、莊子、荀子、列子概不採及，惟見於他古書者採之。然孔子世家列在正史，不僻於孔叢家語，且既云不錄大戴禮記，而顏叔子第十二乃又引其一條，亦自亂其例。至引說文黍可爲酒，禾入水也；一貫三爲王，推一合十爲士等語，并數條爲一條，義不相貫，尤爲失倫。他若韓非子說林下、內儲說上、內儲說下、外儲說左上、外儲說右下、難一、難三諸篇，可採者幾二十條，而此書所引僅三條；若淮南子主術訓、繆稱訓、齊俗訓、道應訓、人閒訓、泰俗訓諸篇，所可採者不下十餘條，而此所引者亦僅三條。則其餘挂漏可以概知。又文翔鳳雲夢藥溪談摘其五酉一條引搜神記而諱其所出，又誤五酉爲五酋，則駁雜舛錯亦所不免。特所錄尚多秦漢古書，殘篇斷句，或可藉此以僅存，故考古者亦不能廢焉。

朱子讀書法四卷（永樂大典本）

宋張洪、齊熙同編。洪字伯大，熙字充甫，皆鄱陽人。事蹟無可考。據洪自序，咸淳中分教四明，熙適客遊浙東，遂相與商榷是書，而刻諸鄞泮。其書本朱子門人輔廣所輯。巴川度正、晉屬遂寧于和之校刊，鄱陽王氏復底爲後編，洪與熙又因而補訂之，以輔氏原本爲上卷，而以所續增者列爲下卷，皆以文集語類排比綴緝，分門隸屬，雖捃拾鈔撮，裨販舊文，不足以言著述，而條分縷析，綱目井然，於朱子一家之學，亦可云覃思研究矣。元時版已不存，至順中江南行臺御史趙之維重鍥於集慶路學，故永樂大典全帙收入，原編卷次已不可考。今酌其篇帙，釐爲四卷，俾講新安之學者有所考證焉。

家山圖書一卷（永樂大典本）

不著撰人名氏。永樂大典題爲朱子所作，今考書中引用諸說有文公家禮，且有朱子之稱，則非朱子手定明矣。錢曾讀書敏求記曰：家山圖書，晦菴私淑弟子之文（案弟子二字刊本誤倒其文今改正）。蓋逸書也。李晦顯翁得之於劉世常平父，劉得之於魯齋許文正公。其書以易、中庸、古大學、古小學參列於圖，而於修身之旨歸，綱領條分極詳。此本惜不多觀，宜刊布之，以廣其傳云云。曾家所藏舊本，久已不傳，世無刊本，書遂散失。惟永樂大典尚備載其原文，然首列小學，本旨圖中多曲禮、內則、少儀之事，與曾所謂以易、中庸、古大學、小學參列於圖者，體例稍異。意是書諸儒相傳，互有增損，行世者非一本歟。然要其旨歸則一也。其書先圖後說，根據禮經，依類標題，詞義明顯，自入學以至成人，序次冠昏喪祭、賓禮、樂射、御書數諸儀節，至詳且備，而負劍辟咡以及鄉飲五御諸圖，尤足補羣書義所未及。蓋朱子小學一書詳於義理，而此則詳於名物度數之間，二書相輔而行，本末互資，內外兼貫，均於蒙養之學深有所裨，有不容以偏廢者焉。

欽定四庫全書總目卷九十二

子部三

儒家類三

讀書分年日程三卷（編修勵守謙家藏本）

元程端禮撰。端禮字敬叔，號畏齋，鄞縣人。以薦爲建平教諭，遷台州路教授。事蹟具元史儒學傳。是書有延祐二年自序，謂一本輔漢卿所萃朱子讀書法修之。考朱子讀書法六條，一曰居敬持志，二曰循序漸進，三曰熟讀精思，四曰虛心涵泳，五曰切己體察，六曰著緊用力。端禮本其法而推廣之。雖每年月日讀書程限不同，而一以六條爲綱領。史稱所著有讀書工程，國子監以頒示郡縣，即此書也。然書末又有端禮自跋，歷敘崇德吳氏、平江陸氏、池州馮氏及江浙諸處鈔刊各本，而不及國子監頒示事，則本傳所云，或端禮身後之事歟。跋作於元統三年十一月朔。考順帝以元統三年十一月辛丑改元至元，此標十一月朔，則尚在辛丑之前，故仍稱元統云。

辨惑編四卷附錄一卷（兩江總督採進本）

元謝應芳撰。應芳有思賢錄，已著錄。是編作於至正中。因吳俗信鬼神，多拘忌，乃引古人事蹟及先儒議論，一一條析而辨之。其目凡十五：一曰死生，二曰疫癘，三曰鬼神，四曰祭祀，五曰淫祀，六曰妖怪，七曰巫覡，八曰卜筮，九曰治喪，十曰擇葬，十一曰相法，十二曰祿命，十三曰方位，十四曰時日，十五曰異端。末一卷附錄書及雜著八篇，皆力闢俗見，斷斷然據理以爭，與是編相發明者也。昔宋儲泳作祛疑說，原本久佚，惟左圭百川學海中載其節本。應芳此書持論雖似乎淺近，而能因風俗而藥之，用以開導愚迷，其有益於勸戒，與泳書相等。而持論較泳尤正大。正不得以平易忽之。曹安讕言長語曰：毘陵謝子蘭取聖賢問答之詞，闢異端者爲書，名曰辨惑編，經書子史先儒扶正抑邪之言，備載其可以正人心，蓋深取之也。惟葉盛水東日記曰：毘陵謝子蘭氏辨惑編一書，誠亦闢邪植正有益於世。其中援經據法，深怪世人惑於淫祀，當矣。乃云自其先人亡後，即以所事神影火之，以其非義之故。此獨惜其過當。春秋書毁泉臺，君子以爲臺之存毁非安危治亂所繫，雖勿居可也，何必暴揚其失，非之毁之至是耶。子蘭之闢淫祀，先儒成說甚多，正不必此，雖不言可也。愛子蘭者須削而去之云云。其言切中應芳之失，蓋講學之家往往矯枉過直，此亦其一。讀者取其大旨之正可矣。

治世龜鑑一卷（浙江鄭大節家藏本）

元蘇天爵撰。天爵有名臣事略，已著錄。此書爲成化丙午吳江知縣太和陳堯弼所刊。篇首天爵結銜題中奉大夫、浙江等處行中書省參知政事。考元史天爵本傳，凡兩拜是官，一在至正七年，一在至正十二年。此書前有林興祖、趙汸二序，皆標至正十二年壬辰正月，則作於再任之日。是時妖寇自淮右延及江東，詔天爵總兵饒信，克復一路六縣，正干戈倥傯之際，乃能留心於治理，所採皆宋以前善政嘉言，而大旨歸於培養元氣。其目凡六：曰治體，曰用人，曰守令，曰愛民，曰爲政，而終之以止盜。殆有深意也。天爵著述載於本傳者，名臣事略十五卷，文類七十卷，松廳章疏五卷，春風亭筆記二卷，詩七卷，文三十卷。又載有遼金紀元黃河源委二書，未及脫藁，而不載此書。然趙汸序今載東山存藁第二卷中，與此本一一相合，知非僞託。本傳蓋偶遺之，亦足證元史之多疎矣。

管窺外篇二卷（浙江鮑士恭家藏本）

元史伯璿撰。伯璿有四書管窺，已著錄。是書成於至元丁未，蓋繼管窺而作，皆條記友人問答，以闡發其餘義。大抵皆辨證之文，不主於詮釋文句，故曰外篇。實即伯璿之語錄。經義考四書類中惟列管窺而不載此書，蓋由於此，非彝尊疎漏也。然管窺所論，猶僅與胡炳文、陳櫟之流參稽同異，此書於天文曆算地理田制，言之頗詳，多有所援據考證，則較炳文及櫟見聞稍博，尙非暖暖姝姝守一家之語錄者。惟論天象，疑月星本自有光，不待日以受光之類，未免仍涉臆斷，是則宋元閒儒者之積習，消除未盡耳。自明以來，未有刊本。康熙乙亥，其邑人呂宏誥始以付梓。雍正壬子，王雲露等復續補成之，乃得行於世云。

內訓一卷（兩江總督採進本）

明仁孝文皇后撰。案成祖以篡逆取國，淫刑肆暴，無善可稱，后乃特以賢著。是書凡二十篇，曰德性，曰修身，曰愼言，曰謹行，曰勤勵，曰警戒，曰節儉，曰積善，曰遷善，曰崇聖訓，曰景賢範，曰事父母，曰事君，曰事舅姑，曰奉祭祀，曰母儀，曰睦親，曰慈幼，曰逮下。曰待外戚。前有永樂三年正月望日自序。內有肅事今皇上三十餘年之語。考明史后妃傳。后以洪武九年冊爲燕王妃。至永樂三年正月。甫及三十年。云三十餘年。蓋約略大數耳。又考本傳。載后撰此書。頒行天下。在永樂三年。而明朝典彙載五年十一月。以仁孝皇后內訓頒羣臣。俾教於家。若五年以前已頒行天下。不應至五年之末始賜羣臣。又考名山藏坤則記。載后初爲此書。不過示皇太子諸王而已。至永樂五年七月以後。成祖乃出后內訓勸善二書。頒賜臣民。與典彙相合。此本爲明初刊本。首標大明仁孝皇后。考后於永樂五年七月乙卯崩。甲午諡曰仁孝。則此本刊於五年七月以後無疑。至十一月。特賜臣民。正屬刊行之始。明史本傳偶未及檢耳。各章之下繫以小註。多涉頌揚。當爲儒臣所加。明史藝文志不著其名。又藝文志載內訓一卷。高皇后撰。勸善書一卷。文皇后撰。與本傳所載不同。亦偶未檢點耳。

理學類編八卷。浙江巡撫採進本

明張九韶撰。九韶字美和。後以字行。故明史附見宋訥傳作張美和。清江人。元末累舉不仕。洪武三年。以薦爲縣學教諭。遷國子助教。改翰林編修。致仕歸。後復徵入校書。書成遣還。玆編成於至正丙午。乃未入明時所作。其初本名格物編。臨川吳當見之。以爲所輯天地鬼神人物性命之說。乃格物之一端。不足以盡格物之義。因爲易今名。凡天地一卷。天文二卷。地理一卷。鬼神一卷。人物一卷。性命一卷。異端一卷。以周程張邵朱六子之言爲主。而以荀子以下五十三家之說輔之。復於每篇之末。繹以己見。其所採擷。大都摘取精要。不事博引繁稱。故條理次序。頗爲精密。前代如揚雄谷永淮南子之說。近世如洪邁容齋五筆羅大經鶴林玉露之說。竝加摭集。以參觀互證。亦不蹈講學家門戶之見。其異端一門。於陰陽術數讖緯諸家。斥駁明切。尤足以破世俗之惑。史載明初司國子監者有宋訥王嘉會龔斆。而九韶與聶鉉貝瓊亦皆名儒。當洪武時。先後爲博士助教學錄。以故諸生多所成就。知其躬行導率。無忝師範。與徒爲高論者異矣。

性理大全書七十卷。兵部侍郎紀昀家藏本

明胡廣等奉敕撰。是書與五經四書大全同以永樂十三年九月告成奏進。故成祖御製序文稱二百二十九卷。統七部而計之也。考自漢以來。弟子錄其師說者。始於鄭記鄭志。是即後世之語錄。其裒諸儒之言以成一書者。則古無是例。近思錄其權輿矣。宋景定。端平間。周程張朱諸儒皆蒙褒贈。眞德秀亦以講學有名。得參大政。天下趨朝廷風尚。纂述日多。王孝友作性理彝訓三卷。熊節作性理羣書句解二十三卷。於是性理之名大著於世。廣等所採宋儒之說凡一百二十家。其中自爲卷帙者。爲周子太極圖說一卷。通書二卷。張子西銘一卷。正蒙二卷。邵子皇極經世書七卷。朱子易學啓蒙四卷。家禮四卷。蔡元定律呂新書二卷。蔡沈洪範皇極內篇二卷。共二十六卷。自二十七卷以下。摭拾羣言。分爲十三目。曰理氣。曰鬼神。曰性理。曰道統。曰聖賢。曰諸儒。曰學。曰諸子。曰歷代。曰君道。曰治道。曰詩。曰文。大抵龐雜冗蔓。皆割裂襞積以成文。非能於道學淵源眞有鑒別。

聖祖仁皇帝特命儒臣。刪其支離。存其綱要。

欽定爲性理精義一書。菁華旣擷。所存者僅其糟粕矣。以後來刻性理者汗牛充棟。其源皆出於是書。將舉其末。必有其本。姑錄存之。著所自起云爾。

讀書錄十一卷續錄十二卷。浙江巡撫採進本

明薛瑄撰。瑄字德溫。河津人。永樂辛丑進士。官至禮部右侍郎。入閣預機務。贈禮部尚書。諡文清。事蹟具明史儒林傳。其書皆躬行心得之言。兩錄之首皆有自記。言其因張子心有所開不思則塞之語。是以自錄隨時所得。以備屢省。其後萬歷中有侯鶴齡者。因所記錯雜。更爲編次。刪去重複。名讀書全錄。然去取之閒。頗失瑄本意。今仍錄原書。以存其舊。瑄嘗言樂有雅鄭。書亦有之。小學四書六經濂洛關閩諸聖賢之書。雅也。嗜者常少。以其味之淡也。百家小說淫詞綺語怪誕不經之書。鄭也。莫不喜談而樂道之。蓋不待教督而好之矣。以其味之甘也。淡則人心平而天理存。甘則人心迷而人欲肆。觀瑄是錄。可謂不愧斯言矣。

大學衍義補一百六十卷。兵部侍郎紀昀家藏本

明邱濬撰。濬有家禮儀節。已著錄。濬以宋眞德秀大學衍義止於格致誠正修齊。而闕治國平天下之事。雖所著讀書乙記。採錄史事。稱爲是書之下編。然多錄名臣事蹟。無與政典。又草創未完。乃採

經傳子史、輯成是書。附以已見、分爲十有二目。於孝宗初奏上之。有詔嘉奬、命錄副本付書坊刊行。濬又自言、衍義補所載、皆可見之行事、請摘其要者下內閣議行。帝亦報可。至神宗復命梓行、親爲製序。蓋皆甚重其書也。特濬聞見甚富、議論不能甚醇。故王鏊震澤紀聞稱其學問該洽、尤熟於國家掌故。議論高奇、務於矯俗、能以辨博濟其說。如譏范仲淹多事、秦檜有再造功、評隲皆乖正理。又力主舉行海運、平時屢以爲言。此書更力申其說。所列從前海運抵京之數、謂省內河挽運之資、即可抵洋面漂亡之衆、似乎言之成理。然一舟覆沒、舟人不下百餘、糧可抵以轉輸之費、人命以何爲抵乎。其後萬恭著議、謂爲有大害而無微利、至以好事斥之、非苛論也。又明之中葉、正閹豎恣肆之時、濬既欲陳誨納忠、則此條尤屬書中要旨、乃獨無一語及宦寺。張志淳南園漫錄詆其有所避而不書、殆亦深窺其隱。以視眞氏原書、殊未免瑕瑜互見。然治平之道、其理雖具於修齊、其事則各有制置。此猶土可生禾、禾可生穀、穀可爲米、米可爲飯、本屬相因。然土不耕則禾不長、禾不穫則穀不登、穀不舂則米不成、米不炊則飯不熟。不能遞溯其本、謂土可爲飯也。眞氏原本實屬闕遺、濬博綜旁搜、以補所未備、兼資體用、實足以羽翼而行。且濬學本淹通、又習知舊典。故所條列、元元本本、貫串古今、亦復具有根柢。其人雖不足重、其書要不爲無用也。

居業錄八卷、江西巡撫採進本

明胡居仁撰。居仁有易象鈔、已著錄。是書皆其講學語錄、分十二類。曰道體、曰爲學、曰主敬、曰致知、曰力行、曰出處、曰治體、曰治法、曰教人、曰警戒、曰辨異端、曰觀聖賢、共一千一百九十九條。居仁與陳獻章皆出吳與弼之門。與弼之學介乎朱陸之間、二人各得其所近。獻章上繼金谿、下啓姚江。居仁則恪守新安、不踰尺寸、故以敬名其齋。而是書之中、辨獻章之近禪、不啻再三。蓋其人品端謹、學問篤實、與河津薛瑄相類。而是書亦與瑄讀書錄並爲學者所推。黃宗羲明儒學案乃謂其主言靜中之涵養、與獻章之靜中養出端倪、同門冥契。特牽引附合之言、非篤論也。正德中有張吉者、嘗刪其書爲要語。又有吳廷舉者、刪其書爲粹言。此本爲宏治甲子余祐所編、猶爲原帙。祐字子積、鄱陽人。宏治己未進士。官至吏部右侍郎。年十九時、受業於居仁。居仁以女妻之。而卷首序文乃稱門人、蓋用黃榦編朱子集之例。榦又用李漢編韓愈集之例。然考皇甫湜作愈墓誌、稱愈女初適於漢、後乃離婚、嫁樊氏。漢稱門人而不稱壻、蓋緣於此。榦及祐沿襲其稱、殊爲不考。閻若璩潛邱劄記乃以爲重道統而輕私親、曲說甚矣。

楓山語錄一卷、浙江范懋柱家天一閣藏本

明章懋撰。懋字德懋、別號闇然子、蘭溪人。成化丙戌會試第一。改庶吉士、授編修。會上元內宴、命作鼇山燈詩、不奉詔。且以疏諫、黜爲臨武知縣。宏治、正德間累官南京禮部尚書、致仕。事蹟具明史本傳。崔銑明臣十節曰、成化中白沙陳獻章學禪而疎。一峯羅倫、尚直而率。定山莊㫤、好名而無實。皆負巨望焉。楓山章公懋、質約淳雅、潛修默成、年甫四十、棄官還郡。賀諫議欽、鄭御史已皆責公交疎於陳、莊。公遜謝之後、白沙受淸秩而交泛。一峯行鄉約而戮族人。莊晚年又仕而敗。惟章公德行無瑕云云。其在明代、可云不愧醇儒。是編卷帙不多、分爲五類、曰學術、曰政治、曰藝文、曰人物、曰拾遺。其學術政治雖人人習見之理、而明白醇正、不失爲儒者之言。藝文諸條、持論亦極平允、不似講學家動以載道爲詞。其評隲人物、於陳獻章獨有微詞。則懋之學主篤實、而獻章或入元虛也。然獻章出處之間、稍有遺議、而懋人品高潔、始終負一代重望。則篤實鮮失之明驗矣。又謂胡居仁不適於用、似亦有見。惟推尊吳與弼太過、則頗有所不可解耳。

東溪日談錄十八卷、湖北巡撫採進本

明周琦撰。琦字廷璽、馬平人。成化辛丑進士。官至南京戶部員外郎。琦之學出於薛瑄。是編記所心得、分十三類。凡性道談二卷、理氣談一卷、祭祀談二卷、學術談一卷、出處談一卷、物理談一卷、經傳談三卷、著述談一卷、史系談二卷、儒正談一卷、文詞談一卷、異端談一卷、闢異談一卷、廣西通志載其著日談錄十八卷、又著儒正篇論薛河東之學。今考儒正、即此書之第十五卷、非別有儒正篇也。前有呂景蒙序、謂書刻於嘉靖丁酉。而此本乃係傳寫、或其版已佚、後人錄存之歟。琦爲人以端直謹厚見重鄉里。其書亦一本濂洛之說、不失醇正。

蓋河東之學雖或失之拘謹，而篤實近理，故數傳之後，尚能恪守師說，不至放言無忌也。

困知記二卷、續記二卷、附錄一卷（左都御史張若溎家藏本）

明羅欽順撰。欽順字允升，號整菴，泰和人。宏治癸丑進士，官至南京吏部尚書，謚文莊，事蹟具明史儒林傳。是書皆其晚年所作。前記成於嘉靖戊子，凡一百五十六章；續記成於嘉靖辛卯，凡一百一十三章；附錄一卷，皆與人論學之書，凡六首。欽順自稱初官京師，與一老僧論佛，漫舉禪語爲荅，意其必有所得，爲之精思達旦，恍然而悟。既而官南雍，取聖賢之書潛玩，久之漸覺就實，始知所見者乃此心虛靈之妙，而非性之理。自此研磨體認，積數十年，始確然有以自信。蓋其學由積漸體驗而得，故專以躬行實踐爲務，而深斥姚江良知之非。嘗與王守仁書，辨朱子晚年定論於守仁顚倒年月之處，考證極詳。此書明白篤實，亦深有裨於後學。蓋其學初從禪入，久而盡知其利弊，故於疑似之介，剖析尤精，非泛相訶斥、不中窾要者比。高攀龍嘗稱自來排斥佛氏，未有若是之明且悉者，可謂知言矣。

讀書劄記八卷（江蘇巡撫採進本）

明徐問撰。問字用中，號養齋，武進人。宏治壬戌進士，官至南京戶部尚書，謚莊裕，事蹟具明史本傳。是書乃問巡撫貴州時，與門人問荅，隨時劄記而成。所論天文歷象、山川性理、六經四子書，皆守先儒成說。其論學則一本程朱，而力黜姚江之學，如古本大學、親民格物、知行合一各說，皆逐條辨正。嘗與羅欽順書云：王氏之學本諸象山，至今眩惑人聽。讀書劄記第二冊實闢其說，蓋以廣中侍讀黃才伯促而成之。才伯者，黃佐字也。所云第二冊者，即指此本第五卷。今核其所闢各條，大都託之或謂，又稱爲近學、世學，而竝未斥言。蓋是時王學盛行，羽翼者衆，故問不欲顯加排擯。然所摘發多能切中癥結，迥異乎陳建諸人叫囂毒詈，如不共戴天者。史稱問官長蘆鹽運使，終任不取一錢，則與言清行濁者異。又載問官貴州巡撫時，破獨山州賊蒙鈛，則與迂疎無用者亦異。宜其言篤實切近，無講學家之積習矣。

士翼四卷（副都御史黃登賢家藏本）

明崔銑撰。銑有讀易餘言，已著錄。是書前三卷曰述言，皆語錄之類；後一卷曰說象，則專論六十四卦象義。自序謂退居相臺十祀，非聖人之志不存，非翼經之文不閱，乃割記所明，稍修章句，名曰士翼，蓋以輔彝典也。其中如論高宗夢傅說事，涉於怪誕；韓子原道蓋先乎養，二氏之徒之繁，由君無以養而安之也；又云談理至宋人而精，然而滋蔓；講學至宋人而切，然而即空；又云漢唐之小人易見，宋之小人難知；漢唐之君子可信，宋之君子當考；又曰去序而言詩，背左氏而言春秋，必荒謬矣。蓋道可以智窮，事必以實著，況千載之下乎。其言皆講學家之所深諱，而侃侃鑿鑿，直抒無隱，可謂皎然不自誣其心矣。至於以蕭何之薦曹參爲克己歸仁，盧懷愼之讓姚崇爲一个臣之有容，雖意有所寓，然未免品題失當，謂之白璧微瑕可也。

涇野子內篇二十七卷（陝西巡撫採進本）

明呂柟撰。柟有周易說翼，已著錄。柟師事渭南薛敬之，其學以薛瑄爲宗。是書乃其門人所編語錄。凡雲槐精舍語二卷、東林書屋語一卷、端溪問荅一卷、解梁書院語一卷、柳灣精舍語二卷、鷲峯東所語十二卷、太常南所附邵伯舟中語三卷、太學語二卷、春官外署語二卷、禮部北所語一卷。其子昀等類而刻之。柟爲學在格物以窮理，先知而後行。其所謂窮理，不是泛常不切於身，只在語默作止處驗之；所謂知者，即從聞見之知以通德性之知，但事事不肎放過，其踐履最爲篤實。嘗斥王守仁言良知之非，以爲聖人教人，未嘗規規一方。今不論資稟造詣，刻數字以必人之從，不亦偏乎。觀於所言，可謂不失河津之淵源矣。

周子鈔釋三卷（兩江總督採進本）

明呂柟撰。宋五子中惟周子著書最少，而諸儒辨論則惟周子之書最多。無極太極之說，朱陸兩家斷斷相軋，至今五六百年，門戶之分，甚於冰炭。太極圖說與通書表裏之說，元何虛中至特著一書辨此一語，論者亦遞相攻擊，究無定評。至於主靜之說，明代詬爭尤甚。是編蓋因周子全書而摭其精要，一卷爲太極圖說、通書，二卷爲遺文、遺詩，而附以雜記；三卷則本傳、墓碣、事狀也。較全書特爲簡潔，每條之下，各釋以一二語，或標其大旨，或推所未言之隱，較諸家連篇累牘之辨，亦特淳實。其釋荀子元不識誠一條，謂貶荀子太過，以大學中庸之言誠，擬荀子之言誠，未免駁雜。釋養心亭記一條，謂寡欲亦允執厥中之義，若至於無恐難通行於衆，亦未免詞不達意。然大旨要爲不悖。觀周子之書者，其精華略具於此矣。

張子鈔釋六卷（兩江總督採進本）

明呂柟撰。是編摘錄張子之書，以西銘、東銘爲冠，次正蒙十九篇，次經學理窟十一篇，次語錄，次文集，而終以行狀。亦每條各附以釋，如周子鈔釋之例。首有嘉靖辛丑柟自序，稱張子書存者止二銘、正蒙、理窟、語錄、文集，而文集又未完，止得二卷於馬伯循氏。諸書皆言簡意實，出於精思力行之後。顧其書散見漫衍，渙無統紀，而一義重出，亦容有之。暇嘗粹鈔成帙，註釋數言，略發大旨，以便初學觀省。蓋其謫官解州時作也。案虞集作吳澄行狀，稱澄校正張子之書，挈東西銘於篇首，而正蒙次之。大意與柟此本合。澄本今未見，柟此本節汰不苟，較世所行張子全書亦頗爲精要矣。

二程子鈔釋十卷（左都御史張若溎家藏本）

明呂柟撰。前有自序，稱初得二程全書於崔銑，以其中解說六經四書之語與門弟子問答行事之言統爲一書，浩大繁博，初學難於觀覽，因鈔出心所好者，集爲八卷，凡二十九篇。而卷首所列程子門人姓氏後有嘉靖辛卯柟門人休寧程爵重刊跋，乃稱涇野先生鈔釋程氏書凡十卷。此本爲嘉靖丙申柟門人鄧誥所刊，卷數與爵跋相合。豈柟作序時其書尚止八卷，後或有所增益，而序文則未改歟。其書不分門類，亦不敘先後，仍以二程遺書原載門人某某所記分編，每條之末皆以一二語標其大意。昔朱子編遺書，嘗病其眞僞相雜。柟是書刪駁留醇，頗爲不苟。蓋柟之學源於河津，最爲篤實，故去取皆有所見。惟其文原出李夢陽，全集率詰屈不可讀，故每條下所釋詞旨往往晦滯，非初學所能洞曉云。

朱子鈔釋二卷（兩江總督採進本）

明呂柟撰。是編乃嘉靖丙申柟爲國子監祭酒時所定。宋儒之中，惟朱子著述最富，辨論亦最多。其時諸弟子所述者，有池錄、饒錄、饒後錄、建錄諸刊。黎靖德刊除重複，分類編次，尚得一百四十卷，則浩博可知矣。柟此本所鈔止於二卷，乃較張子、二程子爲少。然朱子之學無所不通，與門人亦無所不講。黎氏語類以二十六目舉其大凡，包括尚有未盡，讀者茫無津涯。又早年、晚年持論或異，門人所記或以己意增損之，亦往往彼此不同。讀者亦莫能決其去取。明人遞相選錄，幾於人有一編，其大意乃在於勝負相爭，區分門戶，不過借朱子爲名，未嘗眞爲明道計也。柟作是編，惟摘切要之詞，而不甚以攻擊爲事，於學問大旨轉爲簡明。然於與陸子靜論意見一條，註其下曰：陸氏終近禪。則是非之辨亦未嘗不謹嚴矣。

中庸衍義十七卷（兩淮馬裕家藏本）

明夏良勝撰。良勝字于中，南城人。正德戊辰進士，官至太常寺少卿，事蹟具明史本傳。自宋以來，取古經之義括舉條目而推衍其說者，始葉時禮經會元，嗣則眞德秀大學衍義。良勝又因德秀之例，以闡發中庸。其書成於嘉靖間，蓋以大禮疏稾事謫戍遼海時作也。自性道教、達道、達德、九經、三重之屬，一一援據古今，推廣演繹，至於崇神仙、好符瑞、改祖制、抑善類數端，尤究極流弊，惓惓言之。蓋皆爲世宗時事而發，然務抒獻納之忱，而無一毫怨懟譏訕之意，斯所以爲純臣之言也。中頗採邱濬大學衍義之說。考良勝於正德、嘉靖間兩以鯁直杖謫，風節凜然，爲當世所重。其書雖近於濬書，至其人品則非濬所可企及矣。

格物通一百卷（廣東巡撫採進本）

明湛若水撰。若水有二禮經傳測，已著錄。是編乃嘉靖七年若水任南京禮部侍郎時所進。體例略仿大學衍義，以致知併於格物，而以格物統貫誠意、正心、修身、齊家、治國、平天下六條。凡誠意格十七卷，分審幾、立志、謀慮、感應、儆戒、敬天、敬祖考、畏民八子目。正心格三卷，無子目。修身格九卷，分正威儀、愼言語、進德業三子目。齊家格十三卷，分謹妃匹、正嫡庶、事親長、養太子、嚴內外、恤孤幼、御臣妾七子目。治國格十四卷，分事君、使臣、立教、興化、事長、慈幼、使衆、臨民、正朝廷、正百官、正萬民七子目。平天下格四十四卷，分公好惡、用人、理財三子目。而用人之中又分學校、舉措、課功、任相、任將六官六目。理財之中又分修虞衡、抑浮末、飭百工、屯田、馬政、漕運、勸課、禁奪時、省國費、愼賞賜、蠲租、薄斂、恤窮、賑濟十四目。皆雜引諸儒之言，參以明之祖訓，而各以己意發明之。大致與邱濬大學衍義補相近，而濬書多徵舊事以爲法戒之資，此書多引前言以爲講習之助，二書相輔而行，均於治道有禪者也。

世緯一卷、（江蘇巡撫採進本）

明袁袠撰。袠字永之、號胥臺、吳縣人。嘉靖丙戌進士。官至廣西提學僉事。明史文苑傳附見文徵明傳中。是書凡二十篇。曰官宗、曰遴傅、曰簡輔、曰降交、曰誘諫、曰廣薦、曰崇儒、曰貴士、曰裁閹、曰汰異、曰距僞、曰抑躁、曰久任、曰惜爵、曰懲墨、曰節浮、曰節奢、曰正典、曰實塞、曰均賦。其言皆指陳無隱、切中時弊。雖立說不免過激、而憂時感事、發憤著書、亦賈誼痛哭之流亞也。當時狃於晏安、文恬武嬉、朝廷方以無事爲福。故袠自序有鑿枘異用、竽瑟殊好、空言無益、祇增多口之語。而距僞一篇、講學者尤深嫉之。然袠之言曰、今之僞者、其所誦讀者、周孔之詩書也。其所講習者、程朱之傳疏也。而其所談者、則佛老之糟粕也。黨同而伐異、尊陸而毀朱云云。蓋指姚江末流之弊、有激言之。觀於明季、袠可謂見微知著矣。又烏得惡其害己、指爲排抑道學乎。

呻吟語摘二卷、（直隸總督採進本）

明呂坤撰。坤有四禮疑、已著錄。明史藝文志載呻吟語凡四卷。此止二卷。考卷末萬歷丙辰其子知畏跋、則此乃坤從四卷中手自刪削、並取知畏所續入者若干條、存十之二三。距萬歷壬辰郭子章作序之時、又二十四年。蓋坤晚年之定本也。其內篇分七門。曰性命、曰存心、曰倫理、曰談道、曰修身、曰問學、曰應務。外篇分九門。曰世運、曰聖賢、曰品藻、曰治道、曰人情、曰物理、曰廣喩、曰詞章。大抵不侈語精微、而篤實以爲本。不虛談高遠、而踐履以爲程。在明代講學諸家、似乎粗淺。然尺尺寸寸、務求規矩、而又不違戾於情理。視陸學末派之猖狂、朱學末派之迂僻、其得失則有間矣。

聖學宗要一卷、學言三卷、（浙江巡撫採進本）

明劉宗周撰。宗周有周易古文鈔、已著錄。是編凡聖學宗要一卷、載周子太極圖說、張子東銘西銘、程子識仁說定性書、朱子中和說、王守仁良知問荅等篇、各爲註釋。蓋本其友人劉去非宋學宗源一書而增益之、加以詮解、改爲今名。學言三卷、則宗周講學語錄、其門人姜希轍所刻也。宗周生於山陰、守其鄉先生之傳、故講學大旨多淵源於王守仁。蓋目染耳濡、其來有漸。然明以來講姚江之學者、如王畿周汝登陶望齡陶奭齡諸人、大抵高明之過、純涉禪機。奭齡講學白馬山、至全以佛氏因果爲說、去守仁本旨益遠。宗周獨深鑒狂禪之弊、築證人書院、集同志講肄、務以誠意爲主、而歸功於愼獨。其臨沒時、猶語門人曰、爲學之要、一誠盡之、而主敬其功也云云。蓋爲良知末流深砭痼疾。故其平生造詣、能盡得王學所長、而去其所短。卒之大節炳然、始終無玷、爲一代人倫之表。雖祖紫陽而攻金谿者、亦斷不能以門戶之殊、併詆宗周也。知儒者立身之本末、惟其人、不惟其言矣。

人譜一卷、人譜類記二卷、（浙江巡撫採進本）

明劉宗周撰。姚江之學多言心、宗周懲其末流、故課之以實踐。是書乃其主蕺山書院時所述以授生徒者也。人譜一卷、首列人極圖說、次記過格、次改過說。人譜類記二卷、曰體獨篇、曰知幾篇、曰凝道篇、曰考疑篇、曰作聖篇。皆集古人嘉言善行、分類錄之、以爲楷模。每篇前有總記、後列條目、閒附以論斷。主於啟迪初學、故詞多平實淺顯。兼爲下愚勸戒、故或參以福善禍淫之說。然偶一及之、與袁黃功過格立命之學終不同也。或以蕪雜病之、則不知宗周此書本爲中人以下立教、失其著作之本旨矣。

榕壇問業十八卷、（福建巡撫採進本）

明黃道周撰。道周有易象正、已著錄。此篇乃其家居時講學之語。道周自崇禎壬申削籍歸石養山守墓。是年講學於浦之北山。越二年甲戌夏、始入郡、就芝山之正學堂爲講舍。至乙亥冬、以原官召用、始罷講。故此書起甲戌五月至乙亥仲冬者凡十六卷。其十七卷有云丙子春者、則道周已罷講還家、取他方友人書牘問難之詞、當時未即荅者、續爲發明綴入。其十八卷則同年蔣德璟所問之詞、道周屬諸弟子代荅、間亦衷以己說、併以德璟原問十八條附錄於後。其書每卷分載所編弟子姓氏。卷之前後、道周復各綴以題識。其大旨以致知明善爲宗。大約左祖考亭而益加駿厲。書內所論凡天文地志經史百家之說、無不隨問闡發。不盡作性命空談。蓋由其博洽精研、靡所不究。故能有叩必竭、響應不窮。雖詞意閒涉深奧、而指歸可識。不同於禪門機括、幻窅無歸。先儒語錄、每以陳因迂腐爲博學之士所輕。道周此編、可以一雪斯誚矣。

溫氏母訓一卷（編修程晉芳家藏本）

明溫璜錄其母陸氏之訓也。璜初名以介，字于石，號石公，後以夢兆改今名，而字曰寶忠，烏程人。崇禎癸未進士，官徽州府推官。事蹟附見明史邱祖德傳。乾隆四十一年，
賜謚忠烈。璜有遺集十二卷，此書其卷末所附錄，語雖質直，而頗切事理。末有跋語，不署名氏，稱原集繁重，不便單行，乃錄出再付之梓。案璜於順治乙酉起兵，與金聲相應以拒
王師。凡四閱月，城破抗節以死。其氣節震耀一世，可謂不愧於母教。又高承埏忠節錄載璜就義之日，慨然語妻茅氏曰：吾生平學爲聖賢，不過求今日處死之道耳。因繞屋而走。茅氏曰：君之遲遲，得無以我及長女寶德在乎？時女已寢，母呼之起，女問何爲？母曰：死耳。女曰：諾。即延頸受死。璜手刃之。茅氏亦臥床引頸待刃。璜復斫死，乃自刭。知其家庭之閒，素以名教相砥礪，故皆能臨難從容如是，非徒託之空言者矣。故雖女子之言，特錄其書於儒家，示進之也。

欽定四庫全書總目卷九十三

欽定四庫全書總目卷九十四

子部四

儒家類四

御定資政要覽三卷、後序一卷

順治十二年

世祖章皇帝御撰。凡三十章，曰君道，曰臣道，曰父道，曰子道，曰夫道，曰婦道，曰友道，曰體仁，曰弘義，曰敦禮，曰察微，曰昭信，曰知人，曰厚生，曰敎化，曰儉德，曰遷善，曰務學，曰重農，曰睦親，曰積善，曰愛民，曰慈幼，曰養生，曰懲忿，曰窒欲，曰履謙，曰謹言，曰慎行，曰愛物。每篇皆有箋註，亦
御撰也。體裁雖仿周秦諸子，而鎔鑄古籍，闡爲
聖謨。義理一本於經，法戒兼裁於史。大旨闡明修身齊家之道，又多爲羣臣百姓而言。伏考堯典有曰：平章百姓，百姓昭明，協和萬邦，黎民於變時雍。又說命有曰：惟天聰明，惟聖時憲，惟臣欽若，惟民從乂。蓋治天下者治臣民而已矣。使百官咸禔躬飭行，以奉其職守，萬姓咸講讓型仁，以厚其風俗，則唐虞三代之治不過如斯。明之季年，三綱淪而九法斁，讒妄興於上，姦宄生於下，日偷日薄，人心壞而國運隨之，天數乃終。
世祖章皇帝監夏監殷，深知勝國之所以敗，故丁寧誥誡，
親著是書，俾朝野咸知所激勸，而共躋太平。
御題曰資政要覽，見澄敘官方，敦崇世敎，爲保邦之切務，
聖人之情見乎詞矣。傳諸萬年，所宜聰聽而敬守也。

聖諭廣訓一卷

謹案
聖諭十六條，
聖祖仁皇帝所頒，廣訓一萬餘言，則我
世宗憲皇帝推繹
聖謨，以垂範奕世者也。粵稽虞代命契爲司徒，敬敷五教，當時必有誥誡之文，今佚不可考。周禮州長正月之吉，各屬其州之民而讀法，以考其德行道藝而勸之，糾其過惡而戒之。又族師月吉則屬民而讀敎法，書其孝弟睦婣有學者。其法今亦不傳。然而
聖帝明王曆作君作師之任，其啓迪愚蒙，必反覆丁寧，申以文告，則其制章章可考。故書稱皇極之敷言，是彝是訓，于帝其訓也。惟是歷代以來，如家訓世範之類，率儒者私敎於一家，琴堂諭俗編之類，亦守令自行於一邑。罕聞九重揮翰，爲愚夫愚婦特撰一編。獨明太祖所著資治通訓諸書，具載永樂大典中，而義或不醇，詞或不雅，世亦無述焉。洪惟我
聖祖仁皇帝體
天牖下民之意，
親揮宸翰，示億兆以典型。我
世宗憲皇帝復欽承
覺世之旨，鄭重申明，俾家絃戶誦。
聖有謨訓，詞約義宏，括爲十有六語，不爲少；演爲一萬餘言，不爲多。迄今朔望宣讀，士民肅聽，人人易知易從，而皓首不能罄其蘊，誠所謂言而世爲天下則矣。

庭訓格言一卷

雍正八年

世宗憲皇帝追述
聖祖仁皇帝天語
親錄成編，凡二百四十有六則，皆
實錄
聖訓所未及載者。蓋我
世宗憲皇帝至孝承
顏，特蒙
眷注，
宮闈問視之暇，從容
溫諭，指示獨詳，而
帝德同符，心源默合，聆受亦能獨契，故紬繹
舊聞，編摩
寶帙，敷由
皇極，方軌六經。粤考三皇五帝以逮於禹湯文武，其佚文
遺教散見於周秦諸書，而紀錄失眞，醇疵互見。故
司馬遷有百家稱黃帝，其文不雅馴之說，蓋其識
不足以知聖人，故所述不盡合本旨也。是編以
聖人之筆記
聖人之言，傳述既得精微，又以
聖人親聞乎
聖人授受尤爲親切，垂諸萬世，固當與典謨訓誥共昭法
守矣。

御製日知薈說四卷

乾隆元年，
皇上取舊製各體文，刪擇精要，得二百六十則，釐爲四卷。第一卷論帝王治化之要，第二卷論天人性命之旨，第三卷論禮樂法度之用，第四卷論古今得失之迹。考三代以前，帝王訓誡，多散見諸子百家中，眞贋相參，不盡可據。漢書所載黃帝以下諸目，班固已註爲依託，亦不足憑。惟所載高帝八篇、文帝十二篇爲帝王御製著錄儒家之始，今其書不傳。然高帝當戰伐之餘，政兼霸術，文帝崇清淨之學，源出道家，其詞未必盡醇。久而散佚，或以是歟。梁元帝金樓子，體例說部，抑又次焉。夫詞人所著作，盛陳華藻而已。帝王之學，則必歸於傳心之要義。儒生所論說，高談性命而已。帝王之學，則必徵諸經世之實功。故必以聖人之德，居天子之位，而後吐辭爲經，足以垂萬世之訓也。我
皇上亶聰首出，念典彌勤，紬繹舊聞，發揮新得，所謂爲天地立心，爲生民立命，爲往聖繼絕學，爲萬世開太平者，具備於斯。迄今太和翔洽，
久道化成，無逸作所之心，與天行同其不息，而百度修
明，八紘砥礪，
天聲赫濯，尤簡冊之所罕聞。豈非內聖外王之道，文經武緯之原，一一早握其樞要歟。臣等校錄鴻編，循環跪誦，欽
聖學之高深，益知
聖功之有自也。

御定內則衍義十六卷

順治十三年
世祖章皇帝御定，冠以
御製序文及恭進
皇太后表。以禮記內則篇爲本，援引經史諸書以佐證推闡之。分八綱，三十二子目。一曰孝之道，分事舅姑、事父母二子目。二曰敬之道，分事夫、勸學、佐忠、贊廉、重賢五子目。三曰教之道，分教子、勉學、訓忠三子目。四曰禮之道，分敬祭祀、肅家政、定變、守貞、殉節、端好尚、崇儉約、謹言、愼儀九子目。五曰讓之道，分崇謙退、和妯娌、睦宗族、待外戚四子目。六曰慈之道，分逮下、慈幼、敎仁、愛民、宥過五子目。七曰勤之道，分女工、飲食二子目。八曰學之道，分好學、著書二子目。考古西周盛運，化起宮闈，周南始關雎，而桃夭、漢廣，丕變乎民風；召南始鵲巢，而采蘋、采蘩，具嫻乎禮教。蓋正其家而天下正，天下各正其家而風俗淳美，民物泰平，故先王治世，必以內政爲本也。此編出自
聖裁，併經
慈鑒，端人倫之始，以握風化之原。疏通經義，使知所遵循；引證史文，使有所法戒。用以修明閫教，永著典型，以視豐鎬開基之治，有過之無不及矣。班昭女誡以下，區區爝火之明，又何足仰擬日月歟。

御定孝經衍義一百卷

謹案：是書爲順治十三年奉
敕所修，至康熙二十一年告成。
聖祖仁皇帝親爲鑒定，製序頒行。體例全仿眞德秀大學衍義，首冠以衍經之序，述經之旨二篇，不入卷數。次衍至德之義，以五常分五子目；次衍要道之義，以五倫分五子目；次衍教所由生之義，以禮樂政刑分四子目；次天子之孝，以愛親敬親爲綱，愛親分子目十二，敬親分子目十四；次諸侯之孝，分子

目四。次卿大夫之孝，分子目五。次士之孝，分子目四。次庶人之孝，分子目三。亦皆以愛親敬親爲首末二卷，以大順之徵終焉。大旨以一心一理推而廣之，貫通乎萬事萬物，自上以及下，篤近而舉遠，源流本末，無所不賅。而於天子之孝，推演尤詳。凡例謂經稱先王以發端，明是爲君天下之天子陳孝道也。誠得孔曾授受之本旨矣。眞德秀大學衍義，僅及修身齊家而止，治平之事待邱濬而後補焉。不及此編體用兼備也。

孝治之淵源，

聖功之繼述，樞要蓋具在斯矣。

御纂性理精義十二卷

康熙五十六年

聖祖仁皇帝御定。初朱子門人陳淳撰性理字義，熊剛大又撰性理羣書，性理之名由是而起。明永樂中，遂命胡廣等雜鈔宋儒之語，湊泊成編，名曰性理大全書，與五經四書大全同頒於天下，列在學官。然廣等以斗筲下才，濫膺編錄，所纂五經四書大全竝剽竊坊刻講章，改竄姓名，苟充卷帙。語詳各本條下。其性理大全書尤龐雜割裂，徒以多爲貴，無復體裁。

我

聖祖仁皇帝接唐虞之治統，契孔孟之心傳，原本六經，權衡百氏，凡宋儒論著於其見道之淺深，立言之醇駁，竝究知微暧，坐照無遺。病胡廣等所編徒博講學之名，不過循聲之舉，支離冗碎，貽誤後來，乃

命大學士李光地等刊正其書，復

親加釐訂，如蔡沈洪範數之類，既斥之以防僭擬，所附詩賦之類，亦削之以戒浮文。其餘諸門，皆精汰嚴收，十分取一。卷帙雖減於前，而義蘊之宏深，別裁之精密，以較原書，司空圖所謂如礦出金也。羣言淆亂折諸

聖，豈不信歟。

御纂朱子全書六十六卷

康熙五十二年

聖祖仁皇帝御定。南宋諸儒，好作語錄，卷帙之富，尤無過於朱子。咸淳中，黎靖德刪除重複，編爲一集，尚得一百四十卷。又南宋文集之富，無過周必大、楊萬里、陸游，而晦菴大全集卷帙亦與相埒。其記載雜出衆手，編次亦不在一時，故或以私意潤色，不免失眞，或以臆說託名，全然無據。卽確乎得自師說者，其中早年晚歲，持論各殊，先後異同，亦多相矛盾。儒者務博篤信朱子之名，遂不求其端，不訊其末，往往執其一語，奉若六經，而朱子之本旨轉爲尊朱子者所淆。考朱子語錄，稱孔門弟子留下家語，至今作病痛，憾其擇之不精也。然則讀朱子之書者，不問其眞贋是非，隨聲附和，又豈朱子之意乎哉。

聖祖仁皇帝表章朱子之學，而

睿鑒高深，獨洞燭語錄文集之得失，乃

特詔大學士李光地等，次其榛蕪，存其精粹，以類排比，分爲十有九門。金受鍊而質純，玉經琢而瑕去，讀朱子之書者奉此一編爲指南，庶幾可不惑於多岐矣。

御定執中成憲八卷

雍正六年奉

世宗憲皇帝敕撰，雍正十三年夏書成奏

進，仰蒙

裁定，

宣付武英殿校刊，乾隆三年告蕆。

御製序文頒行。前四卷錄帝堯以來至明孝宗嘉言善政，後四卷皆唐虞至明諸臣論說有所裨於治道者。其或奥旨未顯，疑義未明，則折衷以

御論，以闡發其理蘊，評斷其是非。昔孔子刪書，斷自唐虞，始著帝王經世之法，後來遞相推衍，互有發明。御製之書，惟唐之帝範，敷陳得失爲最悉。官撰之本惟明之君鑒，縷舉事蹟爲最詳。然帝範頗參雜說，詞意或不深醇，君鑒旁摭諸書，義例亦爲冗雜，至於宋之洪範政鑒，以焦贛京房之說附會於武王箕子之文，益離其宗。蓋聖人之道統，惟聖人能傳之；聖人之治法，亦惟聖人能述之。非可以強而及也。我

世宗憲皇帝聖德神功，上超三古，闡明帝學，論定是編，汰駁存精，刪繁舉要，凡遺文舊籍，一經持擇，卽作典謨，猶虞帝傳心，親闡執中之理；殷宗典學，自述成憲之監也。雖百篇之裁於洙泗，何以加茲。家法貽留，以肇萬世之丕基者，豈偶然歟。

御覽經史講義三十一卷

乾隆十四年奉

敕編。考講義之作，莫盛於南宋。其解經者如袁燮毛詩講義之類，其論史者如曹彥約經幄管見之類，皆經筵所陳也。其更番奏御者謂之故事，李曾伯可

齋雜稾、孫夢觀雪窗集中皆有之。其體徵引古書於前，附列論斷於後，主於發揮義理，評議是非，與講義之循文衍說者為例小殊，而即古義以抒所見，則其意一也。我

皇上深造聖域，而俯察邇言，海岳高深，不遺塵露。乾隆二年，

特詔翰林詹事六科十三道諸臣，輪奏講義，或標舉經文，下列先儒義疏，而闡明其理蘊；或節取史事，下列先儒評品，而辨析其得失，略如宋人故事之例。其敷陳中理者，

溫綸嘉勉；或持論未當者，即

召對開示，命復繕以進。則宋世未聞是事，豈非前代帝王徒循舊制，我

皇上先登道岸，足以折衷羣言歟。積累既多，因

敕大學士蔣溥等編為此帙，併以

訓諭改定者恭錄簡端，蓋都俞吁咈，罔非

聖教之裁成；而諸臣管蠡之見，仰蒙

採擇，得以流傳於萬世，尤非常之榮幸矣。

正學隅見述一卷（陝西巡撫採進本）

國朝王宏撰撰。宏撰有周易筮述，已著錄。是編以周子無極之說、陸九淵爭之於前，朱子格物之說、王守仁軋之於後，諸儒聚訟，數百年而未休。大抵尊朱者則全斥陸王為非，尊陸王者則全斥朱子為謬，迄無持是非之平者。宏撰此書，則以為格物之說當以朱子所註為是，無極之說當以陸九淵所辨為是，持論頗為平允。其中雖歷引諸說以相詰難，而詞氣皆極和平。凡崇朱氏學者，稱先朝之亂由於學術不正，其首禍為王陽明；崇陸氏學者，稱無極二字出於老子，為周子眞贓實犯之類，宏撰皆指為太過。其言曰：予素信朱子，惟於無極太極之說小異，誠不敢以心之所不安者徒勦襲雷同，以蹈於自欺欺人之為，其亦異於好為異論者矣。

思辨錄輯要三十五卷（江蘇巡撫採進本）

國朝陸世儀撰。世儀字道威，號桴亭，太倉人。江南通志列之儒林傳中。是書乃其劄記師友問答，及平生聞見而成，儀封張伯行為汰其繁冗，分類編次，故題曰輯要，明非世儀之完本也。凡分小學、大學、立志、居敬、格致、誠正、修齊、治平、天道、人道、諸儒、異學、經子、史籍十四門。世儀之學，主於敦守禮法，不虛談誠敬之旨；主於施行實政，不空為心性之功。於近代講學諸家最為篤實。故其言曰：天下無講學之人，此世道之衰；天下皆講學之人，亦世道之衰。嘉隆之間，書院徧天下，呼朋引類，動輒千人，附影逐聲，廢時失事，甚有借以行其私者，此所謂處士橫議也。又曰：今所當學者，正不止六藝，如天文、地理、河渠、兵法之類，皆切於用世，不可不講。俗儒不知內聖外王之學，徒高談性命，無補於世，所以來迂拙之誚也。其言皆深切著明，足砭虛憍之弊。雖其中如修齊類中必欲行區田，治平類中必欲行井田封建，不免有迂闊之失，而大端既切於日用，不失為有裨之言。惟伯行意主貪多，往往榛楛勿翦，甚至如頭容直一條、王周臣書屋警語一條之類，前後重出，亦失於刊除。儻擷採英華，汰其支蔓，則彌為精善矣。

雙橋隨筆十二卷（浙江巡撫採進本）

國朝周召撰。召字公右，號拙菴，衢州人。康熙初官陝西鳳縣知縣。是編乃其甲寅、乙卯間值耿精忠搆逆，避兵山中所作。雙橋者，其山中所居地也。卷端標曰受書堂集，而以雙橋隨筆為子目，殆全書中之一種歟。前有自序，稱老生常談，誠不足採，而藥石之言，原以鍼砭兒輩，與世無關。所自矜者，集中大意在於信道而不信邪，事人而不事鬼，言理而不言數，崇實而不崇虛，竊以為獨立之見，若中流一柢云云。雖自詡似乎太過，而所言皆崇禮教、斥異端，於明末士大夫陽儒陰釋、空談性命之弊，尤為言之深切，於人心風俗，頗有所裨。惟其隨筆記錄，意到即書，不免於重複冗漫，又適逢寇亂，流離奔走，不免有憤激之詞，是則其學之未粹耳。

讀朱隨筆四卷（浙江巡撫採進本）

國朝陸隴其撰。隴其有讀禮志疑，已著錄。是編乃其讀朱子大全集時，取所心得，隨筆標記。於正集二十九卷以前，凡詩賦劄子人所共知者，即不復置論。自正集三十卷起，至別集五卷止，則摘其精蘊，分條纂錄，而各加案語以申之。其書初無雕本，康熙戊子，儀封張伯行從隴其之壻曹宗柱索得稾本，因為刊行於福州。隴其之學，一以朱子為宗，在近儒中最稱醇正。是編大意，尤在於闢異說以羽翼紫陽，故於儒釋出入之辨、金溪姚江蒙混之弊，凡朱子書中有涉此義者，無不節取而發明之。其剖析疑似，分別異同，頗為親切。其他一字一句，亦多潛心體察，而深識其用意之所以然。蓋於朱子

之書，誠能融會貫徹，而非徒以口耳佔畢爲事者。雖不過一時簡端題識之語，本非有意著書，而生平得力所在，亦概可見矣。

三魚堂賸言十二卷（編修勵守謙家藏本）

國朝陸隴其撰。本名日鈔，皆平時劄記之文，未分門目。其甥金山陳濟排次成編。雖亦不立標題，而推求其例，則一卷至四卷皆說五經，五卷六卷皆說四書，而附太極圖說、近思錄、小學數條。七卷八卷皆說諸儒得失。九卷至十二卷皆說子史，而亦閒論雜事。昔朱子博極羣書，於古今之事，一一窮究原委，而別白其是非。故凡所考論，率有根據。隴其傳朱子之學，爲
國朝醇儒第一。是書乃其緒餘，而於名物訓詁、典章度數，一一精核乃如此。凡漢註唐疏，爲講學諸家所不道者，亦皆研思探索，多所取裁。可知一代通儒，其持論具有本末，必不空言誠敬，屏棄詩書，自謂得聖賢之心法。其於朱陸異同，非不委曲詳明，剖析疑似。而詞氣和平，使人自領，亦未嘗堅分壁壘，以詬厲相爭。蓋諸儒所得者淺，故爭其名而不足。隴其所得者深，故務其實而有餘。觀於是編，可以見其造詣矣。

松陽鈔存二卷（浙江巡撫採進本）

國朝陸隴其撰。是編乃其爲靈壽知縣時，於簿書之暇，取所輯問學錄、日記二書，摘其中切要之語，錄爲一編，以示學者。靈壽古松陽地，故以松陽鈔存爲名。本七十八條，儀封張伯行嘗爲刊版，刪其與問學錄重複者，僅存二十八條，殊失隴其之意。此本刊於乾隆辛未，乃金山楊開基所重編。分道體、爲學、處事、教學、辨學術、觀聖賢六門，仍以原第幾條註於本條之下，以存其舊，而別以己見附識於後。前有開基序，稱問學錄爲中年之書，此本爲晚年手定之書，極論伯行之刪本爲非。又有隴其孫申憲跋，亦謂伯行刻隴其遺書四種，惟讀禮志疑、讀朱隨筆爲足本，此書及問學錄均刪節失眞云。

榕村語錄三十卷（福建巡撫採進本）

國朝李光地撰。光地有周易觀彖，已著錄。是編爲其門人徐用錫及其孫清植所輯。有光地所自記者，有子弟門人所記者，各注於諸條之後，冠以經書總論，與論四書者爲八卷，論易、書、詩、三禮、春秋、孝經者爲九卷，論六子、諸儒、諸子、道統者爲三卷，論史者爲一卷，論歷代者爲一卷，論學者爲二卷，論性命理氣者爲二卷，論治道者爲二卷，論詩文者爲二卷，而韻學附焉。光地於律呂算術皆所究心，而是編一語不載，殆以別爲專門，爲儒者所當知，而非儒者之所急歟。抑或律呂惟授王蘭生，算術唯授魏廷珍，而清植等不及聞也。光地之學源於朱子，而能心知其意，得所變通，故不拘墟於門戶之見。其詁經兼取漢唐之說，其講學亦酌採陸王之義，而於其是非得失，毫釐千里之介，則辨之甚明，往往一語而決疑似，以視黨同伐異之流，斥姚江者無一字不加排詆，攻紫陽者無一語不生訕笑，其相去不可道里計。蓋學問既深，則識自定而心自平，固宜與循聲佐鬭者迥乎異矣。

讀書偶記三卷（福建巡撫採進本）

國朝雷鋐撰。鋐字貫一，寧化人。雍正癸丑進士，官至副都御史。是編乃其讀書劄記。大旨惟以朱子爲宗。然能不爭競門戶。如卷一中一條云，古人心最平，如孟子謂夷惠隘與不恭，君子不由，而又謂其爲百世之師是也。後世如陸子靜、王陽明、陳白沙，論學術者必辨之，謂其非孔孟程朱之正派也。然其砥節礪行，以之鍼砭卑鄙俗夫，不亦百世之師耶。其持論特平。較諸講學之家，頗爲篤實無客氣。書中論易者幾及其半，大致多本李光地。其論禮則多本方苞。一則其鄉前輩，一則其受業師也。所記方苞駁蘇軾一條，引曾子問及檀弓曾申之事，謂親在不妨學喪禮。
國初汪琬與閻若璩以論禮詬爭，琬以是攻若璩，若璩援以駁琬者，其始末具見若璩潛邱劄記中。苞殆偶述舊文，而鋐誤以爲師說。蓋當鋐在時，潛邱劄記尙未出，故未見也。惟太極一圖，經先儒闡發，已無賸義，而繪圖作說，累牘不休，殊爲支蔓。夫人事邇，天道遠，日月五星，有形可見，儒者所論，自謂精微，推步家實測驗之，其不合者固多矣，況臆度諸天地之先乎。是則不免於習氣耳。

右儒家類一百十二部，一千六百九十四卷，皆文淵閣著錄。

案：八儒三墨，見於荀子。非十二子，亦見於荀子。是儒術搆爭之始矣。至宋而門戶大判，讎隙相尋。學者各尊所聞，格鬭而不休者，遂越四五百載。中閒遞興遞滅，不知凡幾。其最著者，新安、金谿兩宗而已。明河東一派，沿朱之

波姚江一派噓陸之燄其餘千變萬化總出入於二者之閒脈絡相傳一一可案故王圻續文獻通考於儒家諸書各以學派分之以示區別然儒者之患莫大於門戶後人論定在協其平圻仍以門戶限之是率天下而鬭也於學問何有焉今所存錄但以時代先後爲序不問其源出某某要求其不失孔孟之旨而已各尊一繼禰之小宗而置大宗於不問是惡識學問之本原哉

欽定四庫全書總目卷九十四

欽定四庫全書總目卷九十五

子部五

儒家類存目一

孔子家語註八卷湖南巡撫採進本

明何孟春撰孟春有何文簡疏議已著錄古本家語久佚今本家語撰自王肅其註亦肅所作名注古書實自注也故其本於諸家爲善然明代罕傳至崇禎末毛晉始得北宋本刻之故崇禎以前明人無見舊本者孟春以元王廣謀家語註庸陋荒昧又正文多所漏略乃爲此註其考訂補綴不爲無功而由未見王肅註故臆測亦所不免其序謂今本不同於唐末必非廣謀之妄庸有所刪除其論近理而近時重刊孟春註者因顏師古註漢書藝文志家語二十七卷條下有非今所有家語之文遂謂唐以前本業已不同烏知孟春所據非古本案師古但云唐時家語非古家語不云其時別有古家語也隋志孔子家語二十一卷王肅註梁有當家語二卷魏博士張融撰亡舊唐書經籍志孔子家語十卷王肅註新唐書藝文志亦同孟春安得古家語此假借之詞非篤論也至近本所校補孟春闕誤凡數百條皆引據精確則孟春是註之舛漏抑可知矣

家語正義十卷江蘇巡撫採進本

國朝姜兆錫撰兆錫有周易本義述蘊已著錄是書首列至聖年表正譌其四十四篇之次則從葛鼐本以正論與三問禮篇爲卷九以本姓終記與七十二弟子篇爲卷十案明毛晉汲古閣本自跋謂初從吳興賈人得一編乃北宋版王肅註本惜二卷十六葉以前皆蠹蝕從錫山酒家得一函亦宋刻王氏注也所逸者僅末二卷因急倩能書者一補其首一補其尾二冊儼然雙璧縱未必夫子舊堂壁中故物已不失王肅本註矣是汲古閣刊本其篇目次第胥仍王本之舊卽徐㘭家宋本家語亦僅與毛本小異不云卷目有所易置也兆錫乃從葛鼐之本竄亂舊次殊爲勇於變古其訓釋亦似俗下講章之體不足以資考證

孔叢子正義五卷江蘇巡撫採進本

國朝姜兆錫撰是編卽世傳孔叢子刪去連叢子上下篇又刪去小爾雅詰墨二篇但以記孔氏言行者編爲五卷每條之下略仿詩序之例註曰此言某義也謂之正義其中偶有考訂者如納于大麓作大錄萬機之政此自舊說而引蔡沈傳以駁之其他凡引經與宋儒傳註不合者悉謂之斷章未免拘墟之見至於子順說趙王以歸齊尸助嫪毐以存魏國兆錫亦頗疑之然往往回護其詞不肯竟斥爲依託也

曾子全書三卷江蘇周厚堉家藏本

明曾承業編承業爲曾子六十二代孫序稱博士蓋其職之宗子也案宋汪晫嘗輯曾子一卷分十二篇割裂補綴已非唐以來之舊本是編又分主言一篇爲卷一修身事父母制言上中下疾病天圓七篇爲卷二本孝立孝大孝三篇爲卷三與王應麟玉海所云今十篇自修身至天圓皆見於大

戴禮者。又多出主言一篇。而分合迴異。不知其何所依據。殆亦以意為之也。

忠經一卷（江蘇巡撫採進本）

舊本題漢馬融撰。鄭元註。其文擬孝經為十八章。經與註如出一手。考融所述作。具載後漢書本傳。元所訓釋。載於鄭志目錄尤詳。孝經註依託於元。劉知幾尚設十二驗以辨之。其文具載唐會要。烏有所謂忠經註哉。隋志唐志皆不著錄。崇文總目始列其名。其為宋代偽書。殆無疑義。玉海引宋兩朝志載有海鵬忠經。然則此書本有撰人。原非贋造。後人詐題馬鄭。掩其本名。轉使真本變偽耳。

女孝經一卷（內府藏本）

唐鄭氏撰。鄭氏。朝散郎侯莫陳邈之妻。侯莫陳。三字複姓也。前載進書表。稱姪女策為永王妃。因作此以戒。唐書藝文志不載。宋史藝文志始載之。宣和畫譜載孟昶時有石恪畫女孝經像八。則五代時乃盛行於世也。其書仿孝經分十八章。章首皆假班大家以立言。進表所謂不敢自專。因以班大家為主。其文甚明。陳振孫書錄解題直以為班昭所撰。誤之甚矣。

千秋金鑑錄一卷（江蘇周厚堉家藏本）

舊本題唐張九齡撰。案王士禎皇華紀聞曰。隆慶間。曲江刻張文獻千秋金鑑錄一卷。又偽撰序表。平湖陸世楷為南雄守。著論辨之。此等謬偽。凡略識之無者亦不肯為。而粵中新刻曲江文集竟收入。故孝山謂悉應火其書。碎其版云云。今此書序中所謂非吾子孫不得記錄。非人而傳必遺刑憲。學則素衣之人為白士。不學則赭衣之人為白士。此錄一千年後。方許流布諸語。皆與世楷所指駁者合。士禎又言別有金鑑錄一冊。乃嘉靖間文獻裔孫張希祖所撰。康熙甲辰。曲江令凌作聖重刊。士禎所摘謬妄不經之處。如安祿山為野猪之精。史思明為鷯鳥之精。楊貴妃為白鷳之精。又立子且為相王。武后太子。先為中宗。皇后廢之。又名哲宗。又蜀州司戶楊元琰女為上子壽王妃。今上寵之。賜名楊貴妃。又宮室未委肅宗也諸語。今亦皆在錄中。則兩本亦大概略同也。末一章預作讖語。言及狄青諸人。尤為妖妄。蓋粗識字義而不通文理者所為。本不足存。以其出於九齡之子孫。恐惑流俗。故存而闢之。俾無熒眾聽焉。

漁樵對問一卷（兩江總督採進本）

舊本題宋邵子撰。晁公武讀書志又作張子。劉安上集中亦載之。三人時代相接。未詳孰是也。其書設為問答。以發明義理。所稱有溫泉而無寒火者。楊慎丹鉛錄嘗引葛洪抱朴子蕭邱寒焰以駁之。不知儒者論理。論其常耳。其偶異者。即使有之。不足為據。執松柏而謂冬不肅殺。執靡草而謂夏不茂育。則拘墟之見也。且蕭邱誰得而見之。葛洪又何自而知之。摭百家迂怪之言。以曲相詰難。則道經釋典理外之事亦多矣。可援以為證乎。至天何依。曰依乎地。地何附。曰附乎天。天地何依何附。曰自相依附一條。慎亦駁之。然地處天中。大氣包而舉之。所以不墜。卵黃脬豆。厥譬甚明。是即依附之明證。慎不知歷術。所以獻疑。均不足為是書病。然書中所論。大抵習見之談。或後人摭其緒論為之。如二程遺書不盡出於口授歟。

太極圖分解一卷（浙江范懋柱家天一閣藏本）

不著撰人名氏。天一閣書目作羅鶴撰。然書中自稱鶚曰。則名鶚非名鶴矣。考江西通志。羅鶚。字黃人。嘉靖辛酉舉人。官至思南府同知。當即其人。范氏誤以鶚為鶴也。（案嘉靖中別有羅鶴。泰和人。所註有應菴任意錄。詳雜家類中本條下。）其書列周子太極圖說與朱子之註。而申陸九淵之說以駁之。案聖人立教。使天下知所持循而已。未有辨也。孟子始辨性善。亦闡明四端而已。未爭諸性以前也。至宋儒因性而言理氣。因理氣而言天。因天而言及天之先。輾轉相推。而太極無極之辨生焉。朱陸之說既已連篇累牘。衍朱陸之說者又復充棟汗牛。夫性善性惡。關乎民彝天理。此不得不辨者也。若夫言太極不言無極。於陽變陰合之妙。修吉悖凶之理。未有害也。言太極兼言無極。於陽變陰合之妙。修吉悖凶之理。亦未有害也。顧舍人事而爭天。又舍共睹共聞之天而爭耳目不及之天。其所爭者毫無與人事之得失。而曰吾以衛道。學問之醇疵。心術人品之邪正。天下國家之治亂。果繫於此二字乎。醫家之論三焦也。或曰有名而無形。或曰上焦如霧。中焦如漚。下焦如瀆。實有名而有形。轇轕喧鬨。動盈卷帙。及問其虛實之診。則有形與無形一也。問其補瀉之方。則有形與無形亦一也。然則非爭病之生死。特爭說之勝負耳。太極無極之辨。適類於是。故今於兩家之說。率置不錄。謹發其例於此。後不縷辨焉。

太極圖說論十四卷 浙江吳玉墀家藏本

國朝王嗣槐撰。嗣槐字仲昭，錢塘人。康熙己未薦舉博學鴻詞，老不與試，授內閣中書舍人以歸。其書論聖人言易有太極，未嘗言無，不應於太極之上復加無極二字，疑此圖授自陳摶，非周濂溪作。朱陸互相辨析，朱子不得已，止作無形有理以解之。而無極二字，總流入二氏之說。又謂其言天道則曰動而生陽，靜而生陰，乃老氏道生天地之說，言人道則曰聖人定之以仁義中正而主靜，主靜二字尤為老氏根本所在。又謂其原始反終，故知生死二語，乃老氏言道之根原，而不死無生之樞紐。逐條辨駁，各為一篇，亦力申陸九淵之說者也。

太極集註一卷 山西巡撫採進本

國朝孫子昶撰。子昶號主一，聞喜人。康熙己未進士，官垣曲縣知縣。是書取朱子之解，分配周子之圖，列為十章，分裂原圖，各繫於下。又解周子原說，亦分為十章，而句解字釋。所釋各註右解之，幾章釋其義，全摹朱子大學章句之體。圖之後附以子昶所演易圖，說之後附以諸家之說，大抵皆可已而不已。前有康熙丁卯范鎬序，亦頗著微詞云。

太極圖說註解 無卷數 浙江巡撫採進本

國朝陳兆成撰。兆成字慎亭，常熟人。是書作於康熙初，以發明朱子太極圖說之註。其云性雖夾和在氣稟中，而苟無習染之累，亦第於善之中微分差別，若謂之有惡則不可。足以補正程子善固性也，惡亦不可謂之非性之說。惟其談五行干支，語多轇轕。至於以一歲四時，每一時九十日，分為十八日者五，以五行各分主十八日，尤為新異。末有乾隆戊辰其子會附記，凡例稱是書與參同契互有異同，是刻可分為二，可合為一云云，蓋與所註參同契並刊者。宜其惟講陰陽五行之說矣。

通書問一卷 江西巡撫採進本

元何中撰。中有通鑑綱目測海，已著錄。是書因朱子謂周子通書乃發明太極圖說之義，故所註通書皆比附於太極陰陽五行中，則謂二書各自為義，不必字字牽合，故作此書以辨之。前有自序，謂自天地以來，止有一理，理之同者，雖百世之上，百世之下，九州之內，四荒之外，無不同也，而況一人之心，一人之言，豈有不相通者乎。朱子釋通書，顯微闡幽，有功於學者至矣。然必欲以通書發明圖說，則恐非周子著書之本意云云。其持論頗精核。所疑各條，亦皆中理。卷末附記，稱竊窺朱子之意，同時學者固有疑圖說非周子之書，而朱子主張甚力，遂以圖說為主，而以通書為發明圖說而作云云。尤深得當時有激而立言之故。然二書分而解之，固各有義理，合而解之，於本意亦無所害。既非宏旨所關，又何必字句之閒徒滋聚訟耶。

太極釋義一卷通書釋義一卷 兩江總督採進本

明舒芬撰。芬有周易箋，已著錄。此其所著梓溪內集之二種也。其說太極，大抵以太極圖不本於易而本於河圖，謂秋冬非肅殺，乃百物之所胎，土之寄王維夏秋之交，火烈金剛，水緩土柔，性之所以相近，火散金遒，木上水下，習之所以相遠，皆與先儒之說不同。亦往往有難通之處。通書則不過隨文解義而已。其釋顏子章，謂陋巷陋俗之巷也，其人習不善，而能憂顏子之貧，乃顏子之德所化。其說亦殊怪異也。

正蒙釋四卷 浙江巡撫採進本

舊本題明高攀龍集註，徐必達發明。攀龍有周易易簡說，必達有南京都察院志，均已著錄。葉向高序，稱正蒙精深浩渺，朱子訓釋未盡，錫山高雲從緣其指，廣為集註，檇李徐德夫篤好此書，嘗條其所見，謂之發明，質雲從之說，同者去之，異者存之，異而此失彼得者去之，短長互見者存之云云。則此書為必達所自定，非攀龍之本矣。

周張全書二十二卷 內府藏本

明徐必達編。周子書自太極圖說、通書而外，僅得詩文尺牘數首，附以年譜、傳誌及諸儒之論，為七卷。張子書正蒙、理窟、易說而外，兼載語錄、文集，其散見於性理、近思錄、二程書者，蒐輯薈稡，別為拾遺，附錄，通十五卷。

太極解拾遺一卷通書解拾遺一卷後錄一卷西銘解拾遺一卷後錄一卷 湖南巡撫採進本

國朝李文炤撰。文炤有周易本義拾遺，已著錄。是書以太極圖說、通書、西銘，朱子祇解其大義，因於原註下別加案語，發揮其說，故名曰拾遺。

正蒙集解九卷 湖南巡撫採進本

國朝李文炤撰。是編解張子正蒙，粗具訓釋，無所發明。其乾稱篇，以朱子取西銘自為一書，故刪除不載。此與陳澔註禮記，刪除大學、中庸，亦何異乎。至其解參兩篇七政交食之理，皆據黃瑞節舊文，尤爲疏略。

周子疏解四卷（陝西巡撫採進本）

國朝王明弼撰。明弼有易象，已著錄。是書成於康熙癸巳。凡解太極圖說一卷，解通書三卷，皆列朱子之註於前，而以己意敷衍之，大意取便初學而已。

濂關三書（無卷數，直隸總督採進本）

國朝王植撰。植有四書參註，已著錄。是書取太極圖說、通書、西銘三書，以朱子之註列於前，採諸家之說附於後，亦時時參以己意。植於朱五子書皆有註，然皇極經世、正蒙其書註者差稀，故頗有所考訂。此三書則人人熟讀，無可發揮，亦如朱以來註孝經者隨文演義而已。

伊川粹言二卷（江蘇巡撫採進本）

舊本題宋張栻編。考宋濂潛溪集有此書跋，謂前序不著姓氏，相傳爲張南軒栻撰，則明初此書尚不著栻之名。此本當爲後人據濂語補題也。其序題乾道丙戌正月十有八日，然栻南軒集但載二程遺書跋而無此序，使果栻作，不應諱而削之也。蓋併編次之說，皆在影響之閒矣。

二程節錄四卷文集鈔一卷附錄一卷（江蘇巡撫採進本）

明高攀龍編。取二程語錄擇其精粹，先辨性，次論學，次治事，次釋經，每類各爲一卷。末載文集鈔及附錄各一卷。前有康熙癸未陸楣序，稱攀龍官行人時爲是書，其手鈔本藏同邑秦松齡家，顧鑿欲刻之未果。鑿子棟高乃踵其父志刊行云。

程子詳本二十卷（浙江朱彝尊家曝書亭藏本）

明陳龍正編。龍正有救荒策會，已著錄。龍正以二程遺書雖朱子所手編，而其記載之重複，字句之同異，以至議論之出入，均未暇是正，乃排比刊削，分類編次，定爲此本。其經說之別行者，亦併載入。又益以元譚善心之傳聞續記，自序，視全書頗約，而實不敢不加詳，故不曰約本而曰詳本。其閒於二子之說多所辨駁，不出明末講學家詬爭之習。

二程語錄十八卷（河南巡撫採進本）

國朝張伯行編。伯行有道統錄，已著錄。初，朱子輯程氏遺書二十五篇，皆程子門人記其所見聞答問之詞。又取諸集錄爲程氏外書十二篇。又附錄一卷爲行狀墓誌之類凡八篇。是書篇目次第悉依朱子原本，而稍加刪訂，合爲遺書十五卷，外書二卷，附錄一卷。其少日所聞諸師友說一卷，己巳冬所聞一卷，悉刪不錄。外書亦刪馮氏本拾遺一卷，又附錄一卷內以明道先生行狀一篇、墓誌一篇、門人朋友敘述序一篇，皆伊川所作，已入二程文集，故不復載。而邢恕一篇，謂其自絕於程門，亦不錄焉。其遺書第六卷中伯行註云此一卷朱子原分三卷，今爲一卷。又下二卷專說孟子者，已與經說易傳另行別錄，概不載集中。考朱子原本卷六以下本四卷，無篇名，卷九本一卷，專說論孟。今伯行以四卷爲三卷，以說論孟一卷爲二卷，又第九卷兼說論孟，而伯行云專說孟子，殆偶然筆誤，刊版者失於校讎歟。

程書五十一卷（內府藏本）

國朝程湛編。湛爵里未詳。是編所錄惟程氏遺書外書，而益以明道文一卷。其次序則非朱子之舊也。

浩齋語錄二卷（江西巡撫採進本）

舊本題宋過源撰。卷末有源行實一篇，稱源字道源，號浩齋。其先浙東人，至高祖徙於臨川。源生有異徵，篤志聖賢之學，以斯文自任。嘉祐閒召爲國子直講，不赴。卒於崇寧丙戌九月，併載所著述甚富，今皆不傳，惟此書僅存上卷，爲其門人永新龍圖所錄；下卷爲其門人白城章偉所錄，而其從孫昺刊之。然所列書名，宋史及諸家書目皆不著錄。其中疑竇尤多。如行實稱源生於丙子，不著年號，以召於嘉祐、卒於崇寧推之，當生於仁宗景祐丙子，則卒時年七十一，召時年二十餘，是於邵、周、張、程皆爲行輩。當時所稱，不過曰堯夫、茂叔、子厚、伯淳、正叔而已。諸家之書可考，而此曰邵子、周子、張子、程子，非同時語也。李燾長編凡所有徵召，如胡瑗、孫復、常秩之類，無不具書，源見徵既在嘉祐中，何以嘉祐首尾八年長編皆不見其事？伊川易傳據楊時跋，則臨歿以稾授張繹，至政和初時乃排比成書。源卒於崇寧五年，在伊川前，其時易傳未出，何以論程傳之得失？自朱子以前，無以大學爲曾子作者，故攻朱子者以章句爲口實。此書乃已稱曾子，何以自北宋以來無人引及？大學中庸自二程子始表章，其書於禮記中取出別行，後人辨難者惟引梁武帝有中庸義疏、宋仁宗嘗書大學賜進士，以爲先於程子而已。此書乃先有大學定本中庸定本，又何以宋儒無一語及之耶？觀其論樂以黃鍾爲三寸九分，是呂氏春秋之文，李文利不得其解，衍爲異說者也。萬歷以前安有是僻論乎。其跋稱有秦觀、謝無逸二序。觀淮海集具在，實無此文。無逸溪堂集雖佚，而詩文散見永樂大典中，今已裒輯成帙，亦無此文。其依託可以概見。又末附其從孫勗祖光賦，稱宣和乙巳余在遼陽。乙巳爲靖康前一年，兩國兵交，信使且艱於往來，游學之士安能越國至是。其僞尤不問而知矣。

唐氏遺編四卷（江蘇巡撫採進本）

宋唐棣編。棣字彥思，宜興人。嘗受業於伊川程子，與門人共記平日問答之語爲此書，已載入二程之遺書。康熙中其裔孫一學等重刊於家塾，乃易以遺編之名。末附桐友遺編一卷，則一學之父所作。一學又與其弟詩及開緒各附己見，綴列各條之下。

通書一卷（永樂大典本）

宋吳沉撰。沉有易璇璣，已著錄。此書亦語錄之類。如曰不求過於人而人不能及之者，善道也。不求合於人而人不能離之者，善德也。又曰立朝廷而後見山林之志，享富貴而後見貧賤之節。論亦間有可取。然其自序有曰，孟軻談仁義至楊墨而不通，其道小，不足以容楊墨故也。孔子則無所否矣。韓愈原道德，至佛老而不通，其道小，不足以容佛老故也。王通則有所可矣。其宗旨殊爲謬誕，不可訓也。

道南三先生遺書十一卷（浙江巡撫採進本）

不著編輯者名氏。摘錄楊時、羅從彥、李侗三家語錄及雜著，楊氏四卷，羅氏六卷，李氏一卷。三人皆南劍州人，疑其鄉人所編也。千頃堂書目載莆田宋端儀有道南三先生遺書，或卽是編歟。

崇正辨三卷（兩淮馬裕家藏本）

宋胡寅撰。寅有讀史管見，已著錄。是書專爲闢佛而作。每條先引釋氏之說於前，而辨正於後。持論最正，其剖析亦最明。然佛之爲患，在於以心性微妙之詞汨亂聖賢之學問，故不可不辨。至其經典荒誕之說，支離矛盾，妄謬灼然，皆所謂不足與辨者。必一一較其有無，是亦求勝之過，適以自褻矣。

小學集解六卷（直隸總督採進本）

國朝張伯行撰。是編以坊刻小學數十種，箋註標題，止爲試論剽竊之具，無當於朱子親切指點引人身體力行之意，因集諸家註釋，融會其說以成是編。伯行沒後，其門人樂亭李蘭梓行之。

小學集解六卷（福建巡撫採進本）

國朝黃澄撰。澄字庭聞，莆田人。康熙中諸生。其書取朱子小學內外篇，參會舊註，附以己見，章分句釋，援引頗爲賅洽，然亦不免於過冗。

小學分節二卷（浙江巡撫採進本）

國朝高熊徵撰。熊徵字渭南，岑溪人。順治庚子副榜貢生，官至浙江都轉鹽運使。是書隨章案節，略爲分解，特使童子讀之易於明曉而已。

小學集解六卷（江蘇巡撫採進本）

國朝蔣永修撰。永修有孝經集解，已著錄。是編卽其提督湖廣學政時與孝經合刊者。註釋甚略，而先賢爵里事蹟與小學無關者乃載之頗詳，於朱子著書之旨，似乎倒置矣。

小學纂註六卷（編修勵守謙家藏本）

國朝高愈撰。愈有高註周禮，已著錄。是書因天台陳選舊註略刪訂之，後附總論及朱子年譜。

小學句讀記六卷（陝西巡撫採進本）

國朝王建常撰。建常有律呂圖說，已著錄。是書因陳選小學註本而雜採諸書疏於其下，略如孔穎達正義之例，文頗煩蕪。

近思錄集解十四卷（湖南巡撫採進本）

國朝李文炤撰。是編取朱子之說散見各書者，附於近思錄各條之下。其未備者則益以諸家之說，間亦自附己意。前有綱領數條，末附感應詩解一卷、訓子詩解一卷。感應詩見朱子大全集，訓子詩稱傳自黃榦，而無可證據。其詩淺俗，決非朱子所爲也。

紫陽宗旨二十四卷（兩江總督採進本）

舊本題宋王佖撰。佖，東陽人，卽淳祐壬子作朱子年譜序者也。其書採輯朱子文集語類，分誨人、析理、明經、論事四門，每門又各分子目。其中註語有出朱子原文者，亦有出佖所增識者。考趙希弁讀書附志，載晦菴先生朱文公語後錄二十卷，註曰右東陽王佖記楊方、黃榦、劉琰、黃灝、祁浩、劉砥、李輝、黃卓、汪德輔、陳芝、吳振、吳雉、林子蒙、林學履、劉礪、鍾震、蕭佐、舒高、魏春、楊至所錄也。其說謂池錄初成，勉齋猶未免有遺恨於刊行之後，況饒本又出於其後乎。此二十卷皆池饒所未及刊者云云。其書名各異，卷數復殊，據其所言，乃續刊之語錄，體例亦與此書不合。惟內閣書目有佖紫陽宗旨三十八卷、千頃堂書目則作二十八卷。書名撰人均與此本相合、而卷數復異、未詳其故。然浙江通志經籍門中、以朱文公語後錄列爲一條、而以此書附載於下、不入標目、則亦疑非朱作矣。

朱子語類纂十三卷、山東巡撫採進本

國朝王鉞撰。鉞有粤遊日記、已著錄。是書其世德堂遺書之第五種也。取黎靖德所編朱子語類一百四十卷、摘理氣鬼神性理論學四門、餘皆不取。四門之外、又各刪存大略、而閒附以己說。如朱子謂理氣本無先後、語原無病、鉞必謂先有天地之理、然後太極生兩儀。如其所說、是理又別是一物、可以生氣。然則氣未生時、理又安在、此主理太過之弊。又如謂雨是鬱蒸之氣、有時龍能爲之者、龍亦是鬱蒸之氣。雹是不和之氣、有時蜥蜴能爲之者、蜥蜴亦是不和之氣。執一理以該天下之變、不至於穿鑿附會不止矣。

朱子文語纂編十四卷、編修勵守謙家藏本

不著編輯者名氏。其書取朱子文集語類約略以類相從、而不分門目、前後亦無序跋。蓋草創未完之本也。

玉溪師傳錄一卷附錄一卷、兩江總督採進本

舊本題宋童伯羽撰。伯羽字蜚卿、甌寧人、朱子之門人也。是編所錄朱子語、在語錄饒本內、繫以庚戌。庚戌爲紹熙元年、伯羽時年四十七也。本名晦菴語錄。明成化中、其九世孫訓、以語類諸本參校補訂、改題今名。前列道學統宗一圖、上溯羲孔、而以伯羽直接朱子之下。蓋亦訓之所爲。後附墓表行實載朱子詩二首及敬義堂銘、考朱子文集及續刊諸集、皆所未載、莫詳所自。其稱伯羽撰四書集成孝經衍義羣經訓解三書、宋志不著錄。朱彝尊經義考亦惟載伯羽有四書訓解、無此諸名。又前有邱濬序、其文不類。復有龔道後序、作於萬歷甲午、而稱皇宋淳熙、既行出格、尤爲舛迕。疑卽訓掇拾語類附益之、非必果出伯羽也。

分類標註朱子經濟文衡七十五卷、江蘇巡撫採進本

宋滕珙編。其原本已著錄。此本爲明朱吾弼重刊、卽珙之書而標其要語於篇端、以備答策之用、殊爲猥陋。

性理字訓一卷、湖北巡撫採進本

舊本題宋程端蒙撰、程若庸補輯。端蒙字正思、德興人。淳熙七年鄉貢、補太學生。若庸字達原、休寧人。咸淳四年進士。嘗充武夷書院山長。端蒙所作凡三十條、若庸廣之爲造化性情學力善惡成德治道六門、凡百八十三條。門目糾紛、極爲冗雜。明初朱升又增善字一條、摭袁甫之說以補之、其爲一百八十四條。皆以四字爲句、規仿李瀚蒙求、而不諧聲韻。不但多棘脣吻、且亦自古無此體裁。疑端蒙游朱子之門、未必陋至於此。或村塾學究所託名也。

聖門事業圖一卷、編修勵守謙家藏本

宋李元綱撰。元綱字國紀、錢塘人。孝宗時上庠生。是書凡分十圖。曰傳道正統、曰大本達道、曰進修倫類、曰爲學之序、曰存心要法、曰求仁捷徑、曰聚散常理、曰傳心密旨、曰一氣通感、曰帥氣艮方、曰心性本體。前有自序、後有自跋。其大旨以存心爲主、以謹獨爲要、而以窮理爲用力之始。大抵皆儒生習見之說。

庸言一卷、永樂大典本

宋楊萬里撰。萬里有易傳、已著錄。是編乃其語錄。大致規摹揚雄法言、頗極修飾之力。較其詩文、又自爲一體。而詞工意淺、亦略近於雄。

明倫集三卷、永樂大典本

宋塗近正撰。近正字尊賢、鄱陽人。歐陽偉跋謂其隱德弗耀、以私淑諸人爲己任。謝樞跋則稱致政塗公。自序亦題嘉定六年承務郎致仕塗近正。則近正故嘗通籍矣。是集雜採前言往行、分爲十類。一曰盡事、二曰養志、三曰勿辱、四曰移忠、五曰移治、六曰困睦、七曰廣孝、八曰念德、九曰家學、十曰揚名。自序有曰、考諸載籍、隨事而書。衣冠之族、必志其家法、而不問閥閱、文章之錄、必志其行實、而不取浮華。其論周公曰、嘗讀金縢之書、常棣之詩、見周公之仁兄弟、而不見周公之誅管蔡。後世信以爲周公自誅管蔡者、起於孔安國傳書之妄、與漢儒序詩之誤。我之弗辟、辟者避也、言卽日以冢宰之事付之召公畢公、而身乃避居東都以待命。安國訓辟爲法、遂使周公之志不白於天下。其於經亦閒有發明。惟所錄多習見之事、未免爲牀上牀、屋下屋耳。

子家子一卷、永樂大典本

宋家頤撰。頤字養正、眉山人。其始末未詳。衞湜禮記集說嘗引其語、則亦研經之士也。此書趙希弁

讀書附志著錄，世罕傳本，此本載永樂大典中。蓋語錄之類，亦頗明白醇正，而率皆習語。案公羊傳有子公羊子、沈子、子司馬子、子女子、子北宮子，何休註發例於子沈子下曰：子沈子，後師，稱子冠氏上者，著其爲師也。此書果頤自撰，不應自稱子家子。殆其門人所題歟。然劉禹錫集中亦自稱子劉子，或偶然沿誤，亦未可知也。

言子三卷（永樂大典本）

宋王爚編。爚字伯晦，會稽人。陳振孫書錄解題云：言子相傳所居在常熟縣。慶元閒邑宰孫應時始爲之祠。近王爚復裒諸書爲此書。梁維樞內閣書目云：宋嘉熙閒平江守王爚輯子游言行及祠廟事蹟，自序以言子生是邑，嘉言懿行散在經傳，爰輯是書，其本末可以考見。蓋以言子吳人，故爲此編而刊之，以存於祠。其書分內篇、外篇、附錄爲三卷，所採不出論語、禮記、家語、孔叢子諸書，無異聞也。

心經附註四卷（浙江巡撫採進本）

明程敏政撰。敏政有宋遺民錄，已著錄。其書以眞德秀心經僅書一條、詩二條、易五條、論語三條、中庸二條、大學二條、樂記三條、孟子十二條，援以周子二條、程子一條、范氏一條、朱子三條，未爲賅備。又其註中或稱西山讀書記，疑非德秀自作，乃補輯薈爲四卷，名曰附註。前後皆有敏政序，末私印文曰伊洛淵源，蓋敏政自以爲程子裔云。

大學衍義通略三十一卷（內府藏本）

明王諍編。諍號竹巖，永嘉人，嘉靖庚戌進士，官至右僉都御史，巡撫貴州。其書取楊廉大學衍義節略、邱濬大學衍義補合爲一編，凡節略十卷、補略二十一卷。閒亦釋字證義，取便檢閱，無所闡明。

大學衍義輯要六卷大學衍義補輯要十二卷（江蘇巡撫採進本）

國朝陳宏謀撰。宏謀字汝咨，號榕門，臨桂人，雍正癸卯進士，官至大學士，諡文恭。是編乃宏謀官雲南布政使時所刊，取眞德秀大學衍義四十三卷纂爲六卷，邱濬大學衍義補一百六十卷纂爲十二卷，蓋爲邊方之士艱購全書者設也。

研幾圖一卷（浙江巡撫採進本）

舊本題宋王柏撰。柏有書疑，已著錄。是書前有自序，稱溫習舊書，有未解者，因畫成圖，沈潛玩索，萬理悠然，而輻輳云云。考宋史柏本傳，雖載柏嘗撰研幾圖，然其本不傳，元代諸儒亦未嘗一字及是書。至明永樂中，突出此本，自二五交運以下，爲圖者凡七十三。又衍聖公孔昭煥家別傳一本，增綴以李元綱聖門事業圖、徐毅齋性命心說諸圖，共爲圖八十五。大抵支離破碎，徒亂視聽，即眞出於柏，亦無足採，更無論其僞撰也。

太極辨三卷（永樂大典本）

元孫自強撰。自強，會稽人，仕履未詳。是書大旨謂聖人之言約而明，先儒之論詳而汎，又謂漢唐以來，語焉而弗明，濂洛諸賢明焉而未純，學者因其辭之紛紜，不以異端傅會於聖經者鮮矣，故條舉太極圖說、正蒙及朱子四書集註諸書言性命者而辨之。其謂經典未嘗離氣質以言性，蓋駁張子義理之性、氣質之性之說，後來李光地孟子劄記、榕村語錄，皆與自強所論同。然自強之書，外閒實無傳本，光地蓋闇與合耳。

魯齋心法一卷（浙江巡撫採進本）

元許衡撰。衡有讀易私記，已著錄。是書刻於嘉靖元年，前有懷慶府知府洪洞韓士奇序，稱正德庚辰得魯齋全書，其行實文章備之矣，既而得其寫本心法，細閱之，的然見我魯齋行實文章所以重於世者，悉自斯錄中流出，則斯錄視全書之補於世何如，酷愛之，惜勿傳，因廣以梓云云。今考此書卽全書中語錄之下卷，而摘其語錄上卷之三十二條，亂其次第，竄入其中，非全書之外別有此書也。士奇所云，失考甚矣。其斯以爲書帕本歟。

聖賢語論二卷（浙江朱彝尊家曝書亭藏本）

元王廣謀編。廣謀始末未詳。其書以禮記、家語、史記諸書所載孔子言行，始於相魯，終於公西赤，分四十四篇。卷首有孔子像、素王事實，又載至元十年所定廟制及祭祀儀注、樂章，後有嘉靖癸巳書林余氏自新齋跋語，蓋明人所重刊也。卷端題曰新刊標題明解聖賢語論，豈當時各路或以孔子遺語命題試士歟。元史選舉志延祐條格所不載，莫之詳矣。其書體例龐雜，註亦淺陋，雖元人舊本，殊不足錄。何孟春註家語，稱有元王廣謀本，多所竄亂，今未之見，此書當卽一時所成也。

聖學心法四卷（江蘇巡撫採進本）

明成祖文皇帝撰。前有永樂七年御製序，謂以君道、父道、臣道、子道揭其綱，其下分而爲目，有統言者爲有專言者爲今案首三卷及第四卷之前半皆言君道自統言以外分子目二十有五第四卷之後半卷則以父道子道臣道附之父道子道有綱無目臣道亦首爲統言而分列四子目所採皆經史子集之文每條後各有附註考實錄載永樂七年二月甲戌上出一書示翰林學士胡廣等曰朕因閒暇採錄聖賢之言今已成書卿等試觀之有不善更爲朕言廣等覽畢奏曰帝王之要備載此書請刊印以賜上曰然遂名曰聖學心法命司禮監刊行上親爲之序則此書實成祖所自編不由詞臣擬進其序以唐文皇作帝範十二篇自比按成祖稱兵篡位悖亂綱常雖幸而成事傳國子孫而高煦宸濠寘鐇之類接踵稱戈咸思犯上實身教有以致之而乃依附聖賢侈談名教欲附於逆取順守自序委曲繁重至五千餘言抑亦言之不怍矣至於殺戮諸忠蔓延十族淫刑酷暴桀紂之所不爲者夷然爲之可謂無復人理而其序乃曰秦隋之君用法慘酷倚苛暴之吏執深刻之文法外加法刑外施刑曾何有忠厚惻怛之意死人之血漂流於市受刑之徒比肩而立此仁人君子所以痛傷也云云天下萬世豈受此欺乎

性理備要十二卷安徽巡撫採進本

明王三極撰三極號少墩仙游人是書成於萬歷丁亥取性理大全摘其要語以便誦習仍冠以成祖御製序去取不甚中理蓋坊刻陋本也

謹案此書因性理大全而刪削之皆永樂中所纂之原本故仍列永樂中所纂之原第若楊道會之性理鈔鍾仁傑之性理會通詹淮陳仁錫之性理綜要性理標題彙要皆顛倒竄亂非復原文則仍各從其時代編之

顏子鼎編二卷浙江巡撫採進本

明徐達左編高陽刪補併註達左字良夫平江人元季遁迹鄧尉山洪武初起爲建寧縣學訓導舊本題爲元人誤也陽嘉興人始末未詳觀其持論乃李贄何心隱之流耳考歷代史志無顏子書胡應麟甲乙剩言稱明太祖時朝鮮國進顏子書卻之知其僞託也惟宋張栻採經文爲希顏錄元高安李純仁河北李祁遞相補益達左此編成於至正庚子前有自序稱所編未及見純仁所編集亦有未然因更定以成此編陽又因達左之書重爲點竄首列達左舊目各註其當刪之由次列新目各註其增入之數末有陽自識稱損益私裁先後妄參蓋已非達左之舊矣考達左原序譏二家於莊列之寓言雜取而不擇伊洛考亭之緒論猶未盡舉而此本所引莊列連篇累牘且所註提唱心學刺刺不休與達左之旨全乖蓋姚江末派借顏子以闡禪宗遂使先儒編輯之本志竄亂無存斯非特輕改古書抑亦厚誣先賢矣其曰鼎編蓋卽鼎新之義卽其命名亦明季纖詭之習也

西村省己錄二卷浙江范懋柱家天一閣藏本

明顧諒撰諒字希武上虞人西村其別號也洪武中以薦爲無錫縣教諭錄中皆論修省之道大旨醇正詞亦平近易曉然持論未免稍迂其書一刻於正統再刻於宏治萬歷九年其十六世孫充復訪求舊本手寫而刊之

雜誡一卷浙江范懋柱家天一閣藏本

明方孝孺撰孝孺字希直一字希古號正學天台人以薦召授漢中府學教授建文中官至翰林侍講學士改文學博士燕王篡位抗節死事蹟具明史本傳乾隆四十一年

賜謚忠文是書分三十八章所言皆立身行己之道於日用爲切近已編入遜志齋集第一卷此乃宏治辛酉蜀人鄒魯摘出別行之本也

夜行燭無卷數副都御史黃登賢家藏本

明曹端撰端有太極圖說述解已著錄明初理學以端爲冠而其父崇事佛老端因採經傳格言切於日用者輯爲此書名夜行燭以進其父其書分類編輯爲目十有五大抵取淺顯易解之語

月川語錄一卷河南巡撫採進本

明曹端撰端講學之書有理學要覽一卷性理論一卷又有儒家宗統譜存疑錄亡其卷數並載千頃堂書目今皆未見是編乃眞寧趙邦清輯其講學之語爲一卷非端之全書亦非端所自著不足以盡其底蘊然千頃堂書目載月川語錄作一卷則所見亦卽此本矣

從政名言二卷江蘇巡撫採進本

明薛瑄撰瑄有讀書錄已著錄按瑄年譜宣德元年四月服闋至都上章願就教職宣宗特擢爲御史尋差監沅州銀場此書第二條稱吾居察院第四條稱余始自京師來湖南則作於奉使沅州時也其言皆切實通達然精要已見讀書錄中此其

緒餘矣。

薛子道論一卷（編修程晉芳家藏本）

舊本題明薛瑄撰。皆自瑄讀書錄中摘出，別立此名以炫俗聽。蓋明末詭誕之習，凡屬古書，多改易其面目以求售。雖習見如讀書錄者，尚不免剽竄以市欺耳。

明良交泰錄十八卷（江西巡撫採進本）

明尹直撰。直有名臣贊，已著錄。是編爲其致仕以後所作。成於宏治十七年，而表上於正德六年。書中皆援引經史，附以論斷。一卷易三篇，書十二篇。二卷詩五篇，春秋傳五篇，禮記二篇，孔子三篇，孟子五篇。三卷以下，則備述歷代君臣問荅之語，洽忽興衰之故。始自漢高，迄明孝宗，而明事當古事二之一。蓋亦范祖禹帝學多述宋代祖宗之意。惟末卷自錄其獻納之詞，連篇累牘。雖序中引夏侯勝、魏徵、韓琦、司馬光、歐陽修、楊士奇、李賢爲例，然勝未嘗著書。徵事爲王方慶所集。琦特自編奏議。修與光與士奇與賢皆自爲記載，非自附諸古名臣後，表進於朝也。明史直本傳載孝宗薄其爲人，令致仕。宏治九年，表賀萬壽，併以太子當出閣，上承華箴，引先朝少保黃淮事，冀召對。帝御之。此書或亦是意歟。

案直之進退，未合儒者之道。然其言則儒家之言，列之儒家，從其書也。

朱子學的二卷（副都御史黃登賢家藏本）

明邱濬編。濬有家禮儀節，已著錄。是編上卷分下學、持敬、窮理、精蘊、須看、鞭策、進德、道在、夫德、章齋等十篇。下卷分上達、古者、此學、仁禮、爲治、紀綱、聖人、前輩、斯文、道統等十篇。蔡衍鍠序曰：上編自下學以至天德，由事而達理，而終之以章齋，所以紀朱子之生平言行，猶論語之有鄉黨也。下編自上達以至斯文，由理而散事，而終之以道統，所以紀濂洛關閩之學之所由來，猶論語之有堯曰也。然濬闡朱子之言以示學者，卽仿朱子編近思錄、小學之體足矣，何必摹擬論語，使之貌似聖人。況揚雄、王通之僭經，朱子嘗深譏之。濬之是編，豈朱子所樂受乎。

居業錄類編三十一卷（兩江總督採進本）

明胡居仁撰，陳鳳梧編。居仁有易象鈔，已著錄。鳳梧字文鳴，盧陵人。宏治丙辰進士。官至右都御史，巡撫應天。是編凡分三十一類，類爲一卷。序云：錄舊無詮次，不便觀覽。頃自山東巡撫改佐南臺，舟次之暇，輒手自編訂，以類相從。付門人無錫陳大尹名世，校而刻之，以廣其傳。此本蓋從刻本傳寫者。昔薛瑄讀書續錄亦有原本及分類二刻。然論者謂分類失瑄意，此本亦猶是也。

道一編六卷（浙江汪汝瑮家藏本）

不著撰人名氏。編朱、陸二家往還之書，而各爲之論斷，見其始異而終同。考陳建學蔀通辨曰：程篁墩著道一編，分朱、陸同異爲三節：始焉如冰炭之相反，中焉則疑信之相半，終焉若輔車之相依。朱陸早異晚同之說，於是乎成矣。王陽明因之，遂有朱子晚年定論之錄，與道一編輔車之說正相唱和云云。然則此書乃程敏政作也。敏政有宋遺民錄，已著錄。

性理要解二卷（浙江鄭大節家藏本）

明蔡清撰。清有易經蒙引，已著錄。是編以性理要解爲名，而上卷題虛齋看太極圖說，下卷題虛齋看河圖洛書說。前有蘇濬序，稱其冥搜之暇，神游太極，左圖右書，字字而櫛之，言言而綜之。亦但舉二書，其序詞氣拙陋，殆出依託。疑清本有此殘稾，其後人彙爲一編，強立此名，又僞撰濬序於前也。

虛齋三書（無卷數，浙江巡撫採進本）

明蔡清撰。是編卽以看太極圖說改名太極圖說，以看河圖洛書說改名河洛私見，而增以艾菴密箴五十條，故曰三書。乾隆壬戌，其裔孫蔡廷魁所刊。其名亦非清所自題也。

白沙遺言纂要十卷（衍聖公孔昭煥家藏本）

明張詡編。詡字廷實，南海人。成化甲辰進士。官至南京通政司左參議。嘗受業於陳獻章。明史儒林傳附載獻章傳末。是編採獻章白沙文集中語，仿南軒傳道粹言例，分爲十類，以闡新會之本旨。獻章之學，當時胡居仁、張懋等皆以爲禪。詡溺禪尤深，卽獻章亦頗訾之。略見於羅欽順湛若水問荅書中云。

文公先生經世大訓十六卷（禮部尚書曹秀先家藏本）

明余祐編。祐字子積，鄱陽人。宏治庚戌進士。官至雲南布政使。內召爲太僕寺卿，未及行，又擢吏部侍郎。未聞命而病卒。明史儒林傳附見胡居仁傳中。祐，居仁之門人，又其壻也。是書成於正德甲戌，採朱子文集、語類二書，分類排纂爲三十六門。別無一字之發揮。其曰大訓，蓋取與天球河圖並重之義。然書所稱者乃古聖先王之彝典，非大賢以下所敢受，恐未必合朱子意也。

近言一卷（山西巡撫採進本）

明顧璘撰。璘有國寶新編，已著錄。是書凡十三篇，而末一篇爲序志。其體例仿揚雄法言、王符潛夫論，其篇名則取之劉勰文心雕龍也。所論皆持身涉世之道，大致平正無疵，而亦無深義。

傳習錄略一卷（編修程晉芳家藏本）

不著編輯者名氏。取王守仁傳習錄刪存大略。曹溶收入學海類編者。明史藝文志載王守仁傳習錄四卷，聚樂堂書目有戴經傳習錄節要一卷，會稽縣志有劉宗周陽明傳習錄選，皆無傳習錄略之名。末有錢元標跋語，然亦但云嘗讀傳習錄，不云有所刪輯，蓋以傳習錄跋移綴之，均非其舊也。

慎言十三卷（衍聖公孔昭煥家藏本）

明王廷相撰。廷相字子衡，儀封人，宏治壬戌進士，官至兵部尚書，事蹟具明史本傳。是編前有嘉靖丁亥自序，稱仰觀俯察，驗幽核明，有會於心，即記於冊，二十餘年，言積數萬，類分爲十三篇，附諸集以藏於家。又論諸儒之失有曰：擬議過貪，則援取必廣；性靈弗神，則詮擇失精。由是旁涉九流，淫及緯術，卒使牽合附會之妄，以迷乎聖人中庸之軌云云。持論大抵不詭於正。然以擬議過貪詆諸儒，故罕考羣言，以性靈弗神詆諸儒，故多憑臆見，甚至併五行分屬四時，亦以爲必無之理，則愈辨而愈僞矣。本傳稱廷相博學好議論，以經術稱，於星歷、輿圖、樂律、河圖洛書及周程張朱之書皆有所論駁，然其說多乖僻，良得其實云。

欽定四庫全書總目卷九十五

欽定四庫全書總目卷九十六

子部六

儒家類存目二

後渠庸書一卷（編修程晉芳家藏本）

明崔銑撰。銑有讀易餘言，已著錄。此其筆記之文。如論春王正月爲周正；幽贊於神明而生蓍爲用策；論易不本於先天圖，在今日爲已定之論，在明人則爲卓識矣。又曰：圖象繁而易荒矣，小序廢而詩蕪且淺矣，左氏輕而春秋虛矣，官新變古君子無樂乎斯焉耳。又曰：宋人之說古事也，多以其意億之，始猶昭然也，習之久，遂若真者，誣矣哉。尤講學家所不肯言者。銑獨不巧言同讀，亦絕無門戶之私。然諸條皆見所作士翼中，殆後人摘鈔，僞立此名。曹溶不及詳核，誤收入學海類編耳。

同異錄二卷（浙江鮑士恭家藏本）

明陸深撰。深有南巡日錄，已著錄。是書採漢以來名臣奏疏，雜文有關於典章政事之大者，節而錄之，分爲二卷。上篇曰典常，下篇曰論述，每條之末各附以論斷。大旨欲取古人成說相其緩急而通之於當世之務。其書始脫稿於閩中，及提學山西，重加詮次，欲奏上之，旣而不果。其進書原序猶存卷首。書中凡原文有陛下云云者，俱空白二字，而註其下云：前朝臣子尊稱君上之文，義當避闕。然古來傳寫舊文，實無此例，世所見石經尚書，於帝字王字均未有避闕者也。

心性書（無卷數，浙江巡撫採進本）

明湛若水撰。若水有二禮經傳測，已著錄。是書首列心性圖，圖後有說，復集心性通三十五章，附其門人黃氏準、鍾景星、周學心、袁鄴、郭鑾、乾謝、錫命、湛天潤爲之註，與贊、霍任又著或問數十條以發明之。蓋欲仿周子太極圖說、通書也。

楊子折衷六卷（浙江鄭大節家藏本）

明湛若水撰。宋儒之學，至陸九淵始以超悟爲宗。諸弟子中最號得傳者莫如楊簡。然推衍九淵之說，變本加厲，遂至全入於禪。所著慈湖遺書，以心之精神是謂聖一語爲道之主宰，而以不起一意使此心虛明洞照爲學之功夫。其極至於斥大學非聖言，而謂子思、孟子同一病源。開後來心學之宗，至於窅冥恍惚，以爲獨得眞傳，其弊實成於簡。若水因當時有梓其書者，乃節其所言，條析而辨之。凡書中低一格者，簡之說；平格者，若水之論也。

遵道錄八卷（江蘇巡撫採進本）

明湛若水撰。所輯皆明道程子之說。其曰遵道者，自序爲遵明道也。若水從陳獻章游，生平所至，必建書院以祀獻章。初與王守仁同講學，後各立宗旨。守仁以致良知爲宗，若水以隨處體驗天理爲宗。守仁言若水之學求之於外，若水亦謂守仁格致之說不可信者四。學者遂分王湛之學。若水得力於獻章，每教人靜坐，其學灑然獨得，故於宋儒中獨推尊明道，所謂學焉而得其性之所近也。此本凡八卷，衍聖公孔昭煥所進本則作十卷。蓋當時原有兩刻，明史藝文志作十卷，所據卽孔氏本也。

甘泉新論一卷（編修程晉芳家藏本）

明湛若水撰。若水之學以虛明爲宗，故其論心則以爲主一而無物，其論性則以宋儒理氣對舉爲非，視程朱所論頗殊。千頃堂書目載甘泉明論十卷，又甘泉新論一卷。其明論今未見，此本則曹溶學海類編所載也。

論學要語一卷洞語一卷擇善編一卷人倫外史一卷（江西巡撫採進本）

明劉陽撰。陽字一舒，安福人。由舉人授碭山縣知縣，官至監察御史。陽初從族人劉曉受經，曉告以王守仁之學，遂往謁守仁於贛州，故要語、洞語大率不離良知之旨。其擇善編多採先儒粹語，非所自作。其人倫外史卽墓誌傳狀詩詠等作，以其人係於孝弟忠義貞節之大，故以外史爲名。舊總題曰劉兩峯集，然實非詩文之屬，未可著錄於集部，故分列其目，隸之儒家類焉。

閑闢錄十卷（浙江巡撫採進本）

明程曈撰。曈有新安學系錄，已著錄。是編錄朱子集中辨正異學之語，以闢陸王之說。凡九卷。末一卷則雜取宋史以下諸家之論朱陸者。其說不爲不正，而門戶之見太深，詞氣之間激烈已甚，殊非儒者氣象，與陳建學蔀通辨均謂之善罵可也。江南通志載曈所著尚有新安文獻、紫陽風雅二書，今並未見，然大略可睹矣。

苑洛語錄六卷（副都御史黃登賢家藏本）

明韓邦奇撰。邦奇有易學啟蒙意見，已著錄。是書皆平日論學之語及所記錄時事，輯爲一編。本名見聞考隨錄，已編入所著苑洛集中。惟集本五卷，此本作六卷，所載雖稍有出入，而大略皆同。蓋此本乃邦奇門人山西參議白璧所刊，前有璧序，稱刻而題之曰苑洛先生語錄，疑又爲璧所重編也。

願學編二卷（陝西巡撫採進本）

明胡纘宗撰。纘宗有安慶府志，已著錄。此編乃其講學之語，成於嘉靖甲寅，時纘宗年已七十五矣。關中之學，大抵源出河東、三原，無矜奇弔詭之習。纘宗又師羅欽順，而友魏校、湛若水、何瑭、呂柟、馬理，故所論頗爲篤實。其解大學用古本而不廢朱子格物之說，雖與王守仁異趣，而稱其如程門之有游楊，亦無門戶詬爭之習。然核其全書，大抵皆先儒所已言也。

近取編二卷（陝西巡撫採進本）

明胡纘宗撰。是編取朱子要語，釐成二卷，名曰近取者，謂取諸切近日用，以救宗金谿者之弊，殆爲王守仁發也。

海樵子一卷（編修程晉芳家藏本）

明王崇慶撰。崇慶有周易議卦，已著錄。是編僅二十六則，多摹仿王通中說、周子通書、張子正蒙之體，大抵老生常談。末一條論爲將必用儒者，謂有張良之楚歌，則項羽之魂自褫；有諸葛之雲鳥，則南人之反自定。夫渡瀘之役，未必徒恃陣圖；至於四面楚歌，出自張良，史記、漢書皆不載，不知其何所本矣。

東石講學錄十一卷（浙江范懋柱家天一閣藏本）

明王崇撰。崇有忠義錄，已著錄。是集爲其門人黃文龍所編，皆平生講學之語。崇與陸九淵爲鄉人，故其說一以九淵爲本云。

心學錄四卷（浙江范懋柱家天一閣藏本）

明王蓂撰。是編乃蓂養親家居之時，取陸九淵之言，擇其發明心學者，彙爲一編，凡五百二十條，而以己意推闡之。大旨亦主王守仁晚年定論。

大儒心學語錄二十七卷（江蘇巡撫採進本）

明王蓂撰。是編亦其歸養之時所輯諸儒語錄。凡周子、程子、張子、邵子、楊時、謝良佐、呂大臨、尹焞、羅從彥、李侗、胡宏、朱子、陸九淵、張栻、呂祖謙、黃榦、蔡沈、陳淳、眞德秀、薛瑄、吳與弼、陳獻章、胡居仁二十四家，皆論心學之語也。

性理羣書集覽七十卷（江蘇巡撫採進本）

不著撰人名氏，但題瓊山玉峯道人集覽，不知爲誰。其書取永樂性理大全中人名、地名、年號、訓詁之類，依王幼學通鑑綱目集覽之例，各爲註釋。有增註者，即別標爲附錄。然淺陋殊甚。如太極圖說後，遂寧傳著伯成句，於遂寧下則詳註，傳著下則註未詳出處。又如律呂新書內，於梁武帝之通則註，於晉荀勗之笛則不註。蓋出不學者所爲。卷尾有大德辛未刊行字，尤爲舛謬。是書本註性理大全，安得大德中先有刊本。考辛未爲明正德六年，此售僞者以版式近麻沙舊本，故削補正字，僞冒元刻也。

三難軒質正（無卷數，浙江巡撫採進本）

明戴金編。金字純夫，漢陽人，正德甲戌進士，官至兵部尚書。金自以力行責己，克終三者甚難，因取以名軒，而徵集同時士大夫所贈詩詞序記論說銘贊，彙成是編。然學在實踐，既知三者之難，則自勉而已矣。徵文刻集何爲也。且以是三者爲難，雖聖賢不以爲非，本無疑義，又安用質正乎。

正學編二卷（浙江范懋柱家天一閣藏本）

明陳琛撰。琛有易經淺說，已著錄。是書已編入所著紫峯集中，此其別行之本。凡二十一篇，各立篇名，全擬通書正蒙之體，未免刻畫之嫌。然依傍先儒，不敢出入，持論尚無疵謬。末附秋夜感興詩十絕句，亦力摹康節擊壤之派，其宗尚可知矣。

說理會編十五卷（浙江巡撫採進本）

明季本撰。本有易學四同，已著錄。本爲王守仁門人，自序謂親聞姚江之傳，而同門之士傳布師說，徧天下，恐其爲說既長，或乖典則，故輯此書。凡疑難之說，悉辨明之。其意蓋擬守仁於濂洛，而此書則仿近思錄而作。近思錄分類十四，此分類十二。其先之以性理、聖功者，猶錄之首及道體論也。繼之以實踐、賢才者，猶錄之次及於致知、存養、克治也。推之於政治者，猶錄之有治道、治法也。終之以異端、諸子者，猶錄之辨別異論、總論聖賢也。其間巧借程朱之言，以證良知之說，則猶守仁朱子晚年定論之旨耳。

困辨錄八卷（浙江巡撫採進本）

明聶豹撰。豹字文蔚，永豐人，正德丁丑進士，官至兵部尚書，諡貞襄，事蹟具明史本傳。豹之學出於姚江。是編乃其嘉靖丁未繫詔獄時所劄記，分辨中、辨易、辨心、辨素、辨過、辨仁、辨神、辨誠八類。羅洪先爲之批註。

燕居荅述二卷（浙江巡撫採進本）

明戴經撰。經，德清人，聶豹之門人也。是編皆述豹講授之語。下卷又別題曰疑總問目，見條註疑問諸目。大抵困辨錄中所已具，經特以己所獲聞者別加編綴，故往往複出焉。

研幾錄（無卷數，河南巡撫採進本）

明薛侃撰。侃有圖書質疑，已著錄。是書乃侃門人鄭三極所編。侃承姚江餘緒，故屢稱引良知之說。其儒釋辨，謂世之疑先生之學類禪者三：曰廢書，曰背考亭，曰虛。侃一一辨之。黃宗羲明儒學案謂此淺於疑陽明者，皆不足辨也。況言元寂，言虛無，愈辨愈支，並王氏本旨亦爲侃所累矣。

庸言十二卷（江蘇巡撫採進本）

明黃佐撰。佐有泰泉鄉禮，已著錄。是編乃其致仕後講學語錄，分學道、修德、求仁、游藝、制禮、審樂、政教、事業、著述、象數、天地、聖賢十二類。

愼言集訓二卷（浙江鮑士恭家藏本）

明敖英撰。英字子發，清江人，正德辛巳進士，官至河南右布政使。是書上卷二十二目，二百四十二條，以戒多言爲首。下卷十目，九十二條，以言貴簡爲首。採經史子集，分類編次，而間附己說於其下。蓋英督學陝西時刊以示諸生者也。

辨惑續編七卷附錄二卷（浙江巡撫採進本）

明顧亮撰。亮字寅仲，長洲人。正德中況鍾爲蘇州府知府，嘗聘致幕中。是書以世俗養生送死，大抵爲吉凶拘忌師巫之說所惑，因輯古今書傳，分爲七門。首曰原理，言人之所以爲邪說所惑者，由於此理之不明。次曰事生，言事親之要。曰應變，曰箕祭曰擇葬曰送葬曰拘忌，則皆論喪葬之事也。又爲附錄二卷，論生死輪迴、壽夭貧富貴賤吉凶禍福諸事，及師巫邪術之害，專爲鄉俗之弊而作，故註釋字義詞皆淺近，取其易曉。其稱辯惑續編者，蓋元謝應芳先有辯惑編，此申明其說也。

擬學小記六卷續錄一卷 浙江巡撫採進本

明尤時熙撰。時熙字季美，自號西川居士，洛陽人。嘉靖壬午舉人，官國子監博士。事蹟具明史儒林傳。時熙師事劉魁，傳王守仁良知之學，有所心得，輒爲筆記。其壻李根與其雜著編次之。時熙自序謂名擬學者，言擬如此爲學，而未知其是否也。書中於魁稱晴川師，於守仁則稱老師，不忘所本也。凡分六目：一經擬，二餘言，三格訓通解，四質疑，五雜著，六紀聞，末有附錄數則。明史稱時熙議論切於日用，不爲空虛隱怪之談。今觀其書，大抵以心爲宗，卽董仲舒道之大原出於天語，亦以爲舍心言天，卽爲義外，而中庸之中，直訓爲中外之中，以與心學相比附。又謂中庸論道理多分兩截，具兩景，不如孟子之直截。又謂子夏子游之言皆主務本，皆有支離之病。又謂危行言遜及文質彬彬皆非聖人之言，猶是姚江末派敢爲高論者也。

心齋約言一卷 編修程晉芳家藏本

明王艮撰。艮字汝止，泰州人，王守仁之門人。明史儒林傳附載王畿傳中。此書皆發明良知之旨。中有稱先生者，皆指守仁。明史藝文志載心齋語錄二卷，此本改其名曰約言，又止一卷，亦學海類編之節本也。

一菴遺集二卷 兩江總督採進本

明王棟撰。棟字隆吉，號一菴，泰州人。嘉靖中由歲貢生補江西南城訓導，遷深州學正。初王守仁良知之學有泰州一派，始於王艮。棟爲艮從弟，故獨得其傳。所至皆以講學爲事。集分二卷：上卷曰會語正集續集，下卷曰論學雜吟及各體詩文，并其門人李梴所記誠意問答之語。黄宗羲明儒學案嘗稱棟意非心之所發一語，爲獨得宗旨，而又謂泰州之學時時不滿師說，益啓瞿曇之祕，致躋陽明而爲禪云。

緒山會語二十五卷 江蘇周厚堉家藏本

明錢德洪撰。德洪有平濠記，已著錄。明史儒林傳稱四方士從王守仁學者，皆德洪與王畿先爲疏通其大旨，而後卒業於守仁。事守仁四十年，嘗刻陽明文錄，故稱王氏學者以錢王爲首。又稱德洪徹悟不及畿，畿持循亦不如德洪，然畿竟入於禪，而德洪猶不失儒者矩矱。是編爲其子應樂所刊。前四卷爲會語講義，五六兩卷爲詩，七卷以下爲雜文，第二十五卷則附錄墓表誌銘。雖其詩文全集，而大致皆講學之語，故仍總名曰會語。今亦著錄於儒家焉。

東溪蔓語一卷 浙江范懋柱家天一閣藏本

明曹煜撰。煜浮梁人，嘉靖丙戌進士，其仕履未詳。據書中自言，則嘗爲縣令者也。其書皆講學之語，持論頗淳正，然多抄撮二程之言，以鄉曲之私推奨與祠過甚。於石亨一事，至以孟子稱孔子者稱之，殊爲曲筆。又如居家友愛、居官德感及近來進益諸條，皆自暴所長，殆淺之乎爲人矣。

諸儒語要二十卷 浙江巡撫採進本

明唐順之編。順之有廣右戰功錄，已著錄。是編採諸儒之言，十四卷以前以人分，凡周子、二程子、張子、謝良佐、楊時、胡宏、朱子、張栻、陸九淵、楊簡、王守仁十有二家，十五卷以下以類分，其爲某人之言或註或不註，閱之殊不甚了了。

洨濱語錄二十卷 直隸總督採進本

明蔡靉撰。靉字天章，號洨濱，寧晉人。嘉靖己丑進士，官至監察御史，巡按河南。靉少從韓邦奇、湛若水游，故講學宗旨不出二家。其論周禮謂遺公孤而詳細職，詳略失宜。又謂六卿之上皆有惟王建國、體國經野數語，亦覺繁複，則一隅之見也。

廉矩一卷 編修程晉芳家藏本

明王文祿撰。文祿字世廉，海鹽人，嘉靖辛卯舉人。此編凡十八章，皆以訓廉爲主。其文似箴似銘，欲摹古而適成贗體。其義則了不異人。其必十八章者，殆欲合孝經之數，爲忠經之重儓，特未敢自題曰經耳。

道林諸集 無卷數，浙江巡撫採進本

明蔣信撰。信字卿實，常德人。嘉靖壬辰進士，官至貴州提學副使。嘗師王守仁，又師湛若水。明史儒林傳附載湛若水傳末。是編乃其卜築桃岡時與諸弟子講學之書，而其門人童評所刊者。首古大學義，專釋大學。次桃岡講義，摘取論孟諸條，附以論斷。又桃岡日錄，則與門人問答語錄也。桃岡訓規，則讀書日程也。傳疾錄，則疾痛時記也。史稱信初從守仁游，時未以良知教，後從若水游最久，其學得之若水者爲多。又稱其踐履篤實，不尚虛談，蓋猶未盡入於禪者。卷末有附談一則，稱評爲斗陽子，讀書九山者二十年，有太乙丈人者哂之，無名先生者論之。惝怳無憑，斯則末流放失，全入於二氏者矣。

西田語略二十三卷、續集二十九卷（內府藏本）

明樊深撰。深有河閒府志，已著錄。此書皆雜鈔先儒語類，以多爲貴，無所發明。

識仁定性解註二卷（浙江巡撫採進本）

明何祥撰。祥字克齋，內江人，嘉靖甲午舉人。是編後有羅節跋，稱祥以丁未入太學，時歐陽德爲祭酒，傳陽明之學，祥獲師事之，日究奧義，嘗閱性理，得明道先生識仁論、定性書，好之不忘，遂爲註解。今檢此書，卷一爲識仁定性解，卷二則自警語十條、自警箴七則、南野語錄七段、太洲語錄六段、復麻城劉魯橋書一篇。據王任重序，尚有恤刑彈劾反觀諸論及五官問荅等篇，而書中無之，蓋非完本。其總名惟稱識仁定性解註，亦不該括、其詳其義也。祥之學出於姚江，此書所論皆發明心學。

薛方山紀述一卷（浙江鮑士恭家藏本）

明薛應旂撰。應旂有四書人物考，已著錄。此其平日所鈔先正格言，前有自識，稱凡所聞於師友，輒爲紀之，閒有自得，亦附書焉，置之几案，少裨循省。曰述者，明非己作，不敢冒立言之責。書分上下二篇，上篇皆論性命之理，下篇則論治道也。

薛子庸語十二卷（浙江巡撫採進本）

明薛應旂撰。是編乃其講學之語，分二十四篇，各以首二字爲篇名，而每條冠以薛子曰，大意欲如揚雄之擬論語。其門人向程爲之音釋。

二谷讀書記二卷（編修程晉芳家藏本）

明侯一元撰。一元字舜舉，樂清人，嘉靖戊戌進士，官至江西布政使。此編乃其讀書雜記，多推闡四書之義，大抵前人所已言。中閒謂陽明之學遺卻格致本旨，又謂朱子談理過於分析，陽明起而病之，由於相激而成，亦頗有見也。

禮要樂則二卷（浙江巡撫採進本）

明阮鶚撰。鶚，桐城人，嘉靖甲辰進士，官至右副都御史、巡撫福建。事蹟附見明史胡宗憲傳。此書乃其以御史督學直隸時所作，以教諸生者。禮要分冠、昏、喪、祭、飲、射六門，引三禮原文於前，凡四書中涉及禮制者，亦酌取之，皆人所共知，別無發明之處。樂則分五倫爲五門，取詩經數章以實之，如君臣則載鹿鳴、皇華諸篇，父子則載凱風、小弁諸篇。先列經文，而節取集傳數語附其下。後又有所頒僚屬吏民約一篇。

學蔀通辨十二卷（內府藏本）

明陳建撰。大旨以佛與陸王爲學之三蔀，分前編、後編、續編、終編，每編又自分上中下，而採取朱子文集、語類、年譜諸書以辨之。前有嘉靖戊申自序云：專明一實，以抉三蔀。前編明朱陸早同晚異之實，後編明象山陽儒陰釋之實，續編明佛學近似惑人之實，而以聖賢正學不可妄議之實終焉。按朱陸之書具在，其異同本不待辨。王守仁輯朱子晚年定論，顛倒歲月之先後，以牽就其說，固不免矯誣。然建此書痛詆陸氏，至以病狂失心目之，亦未能平允。觀朱子集中與象山諸書，雖負氣相爭，在所不免，不如是之毒詈也。蓋詞氣之閒，足以觀人之所養矣。

格物圖一卷（陝西巡撫採進本）

明孫丕揚撰。丕揚字叔孝，富平人，嘉靖丙辰進士，官至吏部尚書，謚恭介。事蹟具明史本傳。是編分四篇：一曰格物圖，二曰明物解，三曰原物辨，四曰人物鏡。意其原有總名，傳寫佚之，而以第一篇爲總名也。其圖分物始、物格、物終爲三；物始、物終皆畫一圓圈，如周子之無極；物格則大圈中畫一小圈，小圈之中書聖人成能字，小圈四旁分列天清、地寧、物阜、民安八字。大旨闢王守仁良知之說，而謂道無可名，名之曰物。然守仁求之無定之心，而丕揚又求之無物之道，其說雖變，其實一也。

論學篇一卷（陝西巡撫採進本）

明孫丕揚撰。丕揚既撰格物圖，復爲講學三篇：一爲格物工夫，一爲良知明辨，一爲心學始終，皆申明格物圖中之意也。

耿子庸言二卷（浙江巡撫採進本）

明耿定向撰。定向有碩輔寶鑑要覽，已著錄。是編爲所著語錄，凡七篇：首釋經，次沖言，次輶聞，次比弦，次學筌，次牧要，次切偲。定向之學出於泰州王艮，本近於禪，然有鑒於末流之狂縱，不甚敢放言高論，故初請李贄至黃安，既而惡之，而贄亦屢短定向。然議論多而操履少，遂不免有迎合張居正事，爲清議所排。講學之家往往言不顧行，是亦一證矣。

胡子衡齊八卷（浙江鄭大節家藏本）

明胡直撰。直字正甫，泰和人。嘉靖丙辰進士。官至福建按察使。直之學出於歐陽德及羅洪先，故以王守仁爲宗。嘗與門人講學螺水上，輯其問荅之語爲是書。分言末理問亡錮博辨明中徵孔談言續問申言凡九篇。篇有上下。其名衡齊者，意謂談理者視此爲均平云爾。大要以理在心而不在天地萬物，意在疏通守仁之旨。然守仁本謂我與天地萬物一氣流通，無有礙隔，故人心之理卽天地萬物之理。而直乃謂吾心所以造天地萬物，匪是則黝沒荒忽而天地萬物熄矣。是竟指天地萬物爲無理，與守仁亦不相合。未免太失之高遠。其文章則縱橫恢詭，頗近子書，與他家語錄稍異。蓋直少攻古文詞，年二十餘始變而講學。故頗能修飾章句，無弇陋粗鄙之狀云。

大儒學粹九卷（江西巡撫採進本）

明魏時亮編。時亮字敬吾，南昌人。嘉靖己未進士。官至工部侍郎。事蹟具明史本傳。史稱時亮初好交游，負意氣，中遭挫抑，潛心性理。是書取周子、二程子、張子、朱子及陸九淵、薛瑄、陳獻章、王守仁九家之言，人各爲卷。大旨謂孔子之道，顏以敏悟，曾以魯得。濂溪、明道、象山、白沙、陽明則顏子之入道可幾焉。伊川、橫渠、晦菴、敬軒則曾子之入道可幾焉。要之道無二，學無二，其所至亦無二也。蓋主調停之說者。本傳稱其官兵科給事中時，請以薛瑄、陳獻章、王守仁竝從祀文廟，猶是志也。

三儒類要五卷（江蘇巡撫採進本）

明徐用檢編。用檢字魯源，蘭溪人。嘉靖壬戌進士。官至南京太常寺卿。是書彙錄薛瑄、陳獻章、王守仁語錄，分類排纂，爲五門，曰志學，曰爲仁，曰政治，曰性命，曰游藝。其大旨亦與魏時亮同。

李見羅書二十卷（江蘇巡撫採進本）

明李復陽編。皆其師李材講學之書。材字孟誠，豐城人。嘉靖壬戌進士。官至右僉都御史，巡撫鄖陽。事蹟具明史本傳。材嘗患世之學者每以朱、王兩家格物致知之說爭衡聚訟，因揭修身爲本一言，以爲孔、曾宗傳。而謂知止卽知本，又謂格物之功散見八條目中，以朱子補傳爲誤。其學較姚江末派稍爲近實，故顧憲成頗稱之。然材在鄖陽，侵營地爲書院，至於激變諸軍，狼狽棄城，僅以身免，及被劾遣戍，猶用督撫儀從赴謫所，爲當代所非。黃宗羲明儒學案記之最詳，則亦何貴乎講學耶。是編凡大學古義一卷，道性善編一卷，論語大意四卷，書問九卷，門人記述四卷，而以舊本序別綴於末爲一卷。復陽爲無錫知縣時所刊也。

心學宗四卷（浙江巡撫採進本）

明方學漸撰。學漸有桐彝，已著錄。是書專明心學，自堯舜至於明代諸儒，各引其言心之語，而附以己註。其自序云，吾聞諸舜，人心惟危，道心惟微；聞諸孟子，仁，人心也；聞諸陸子，心卽理也；聞諸王陽明，至善心之本體。一聖三賢，可謂善言心也矣。蓋學漸之說本於姚江，故以陸、王竝稱。而書中解人心惟危爲高大，意解不愧屋漏爲喻心曲隱微，解格物爲去不正以歸於正，大意皆主心體至善，一闢虛無空寂之宗，而力斥王畿天泉證道記爲附會，故其言皆有歸宿。憲成序其首曰，假令文成復起，亦應首肯。蓋雖同爲良知之學，較之龍溪諸家猶爲近正云。

日言一卷（衍聖公孔昭煥家藏本）

明孔承倜撰。承倜字永冠，曲阜人。先聖六十代孫。官保定縣知縣，終於荆王府長史。是書乃承倜劄記之文。其學出於王守仁，故以鐘析喻性，明其本空。又云，朱晦翁中年學尚未悟，至晚年則甚悔。今人不於悟處用功，卻於其悔處執迷，惑矣。是卽守仁晚年定論之說也。

性理圖說一卷（浙江巡撫採進本）

明徐中撰。中字成中，鄱陽人。其目分無極、天道、性命諸類。語多陳因，無足採錄。

一書增刪四卷（浙江巡撫採進本）

明俞邦時撰。邦時號敬軒，新昌人。是編名曰一書者，以一爲本也。第一卷曰元卷，爲傳四，曰一元兩儀三才四象。第二卷曰副卷，爲傳四，曰一天兩地三人四物。第三卷曰參卷，爲傳四，曰一期兩至三和四時。第四卷曰輔卷，爲傳二，曰河洛律呂。總三百六十六章，以當周天之數。大意欲配張子正蒙、邵子皇極經世，而刻畫皮毛，去之轉遠。書成於隆慶丁卯，刊於萬歷癸酉，再刊於國朝康熙壬子。皆名一書。此本爲第三刻，乃康熙己卯呂夏音所增刪，故題曰一書增刪云。

性理鈔二十卷（副都御史黃登賢家藏本）

明楊道會撰。道會字惟宗，晉江人。隆慶戊辰進士，歷官至湖廣左布政使。是編取性理大全刪節繁冗，前有萬歷戊子王道顯序，稱其更定者十之一，而裁割者十之九。然去取多未得當，蓋亦書帕本耳。

諸儒學案八卷　江西巡撫採進本

明劉元卿撰。元卿有大象觀，已著錄。是書輯周子、二程子、張子、邵子、謝良佐、楊時、羅從彥、李侗、朱子、陸九淵、楊簡、金履祥、許謙、薛瑄、胡居仁、陳獻章、羅欽順、王守仁、王艮、鄒守益、王畿、歐陽德、羅洪先、胡直、羅汝芳二十六家語錄，而益以耿定向之說。元卿，定向弟子也，其學本出於姚江，程朱一派特擇其近於陸氏者存之耳。

憲世編六卷　浙江巡撫採進本

明唐鶴徵撰。鶴徵有周易象義，已著錄。是編發明心性之學，首列孔子、顏子、仲弓、子貢、曾子、子思、孟子，次列周子、二程子、張子、邵子、楊時、朱子、張栻，次列陸九淵、楊簡、薛瑄、陳獻章、王守仁、王艮、羅洪先、唐順之、羅汝芳、王時槐，各述其言行而論之。大旨主於牽朱就陸，合兩派而一之。

羣書歸正集十卷　副都御史黃登賢家藏本

明林昺撰。昺號方塘，鄞縣人。隆慶中諸生。此書爲昺八十四歲時作，本四十二卷，其從孫御史祖述刪爲十卷，其十六門則仍其故。書中皆援引舊文，斷以正理，然不過老生常談，人所共知者也。

呻吟語六卷　副都御史黃登賢家藏本

明呂坤撰。坤有四禮質疑，已著錄。此編上三卷爲內篇，下三卷爲外篇。蓋萬歷壬辰刊本也。晚年又手自刪補，爲呻吟語摘二卷，彌爲簡要。故此本附存其目焉。

呂子節錄四卷補遺二卷　兩江總督採進本

國朝陳宏謀編。宏謀有大學衍義輯要，已著錄。此編亦呻吟語之節本。初刻於乾隆丙辰，後於戊午八月復得坤原書，知從前所據乃摘鈔之本，多所挂漏。因採錄初刻所遺者，復爲補遺二卷。然摘鈔之本，實坤所自定也。宏謀掇拾其所棄，蓋未考也。

晚言十卷　江蘇巡撫採進本

明范淶撰。淶有兩浙海防類考，已著錄。此編隨筆劄記，亦語錄之類。前有小引，稱所著筆記二十卷，起辛巳，迄戊申，以年爲次，每年有晚言附其後。因錄出別爲一冊，凡八卷。其後二卷起己酉，迄癸丑，蓋續所增入也。

中銓六卷　安徽巡撫採進本

明汪應蛟撰。應蛟有古今彝語，已著錄。是編皆其講學之語，起萬歷丁亥，至乙卯，凡二十年。多詳於儒釋之辨，而於王守仁所云無善無惡心之體一語論之尤詳。以當日諸儒各立門戶，應蛟欲無所偏倚，故以中銓爲名云。

王門宗旨十四卷　浙江巡撫採進本

明周汝登編。汝登有聖學宗傳，已著錄。是編首載王守仁講學之語，並其奏疏、雜著、詩文，而以王艮、徐曰仁、錢德洪、王畿之說次焉。蓋督學陳大綬之意，而汝登編次之。書成之後，陶望齡又爲校定。汝登嘗供羅汝芳像，節日必祭祀之。南都講會，拈天泉證道一篇相發明。又嘗作九解以伸無善無惡之說，首載汝登自序，云首稱宗者，明爲千聖之嫡嗣也。數門人語附見，而概系之王門者，統於宗無二旨之義也。然姚江再傳以後，去其師之本旨益遠。汝登此編，徒爭王學之門戶，實不足以發明王學也。

信古餘論八卷　江蘇巡撫採進本

明徐三重撰。三重有餘言，已著錄。是編乃其講學語錄。江南通志稱所著庸齋日記及此書，皆可垂世範俗。然理氣性命之說，幾居其半，以道之大原言之，固屬推究根本；以學者之實踐言之，又不免爲枝葉矣。

庸齋日記八卷　江蘇巡撫採進本

明徐三重撰。是書前一卷說易，後七卷說四書，皆隨意標舉，非循文箋註，蓋借經義以發揮其講學之旨耳。

鄒南臯語義合編四卷　浙江巡撫採進本

明鄒元標撰。元標字爾瞻，吉水人。萬歷丁丑進士，官至左都御史，諡忠介，事蹟具明史本傳。是編乃其門人所輯，以講學者曰會語，說經者曰解義，故總名曰語義合編。元標以氣節重一時，其立首善書院，卒釀門戶之爭，功不補過。其學亦源出姚江，不能一一淳實，然其人則不愧於儒者，故仍存其目於儒家焉。

道學正宗十八卷　副都御史黃登賢家藏本

明趙仲全撰。其子健校補。前列河洛諸圖，而以古今聖賢分正宗、羽翼兩門。大旨以道德純粹功業竝隆，及學術醇正者，尊爲正宗。首伏羲、神農，以迄明羅欽順、羅洪先諸人。其造詣未至，見道未的，功業雖隆，而所學未純者，附爲羽翼。首顓頊、高辛，以迄明湛若水、呂柟諸人。其平時言論有片語涉禪寂者，皆削置弗存。持擇似乎甚嚴，然實則隨意分別，絕無義例。他姑無論，如羅洪先、羅欽順等俱列之顓頊、高辛之上，而伯夷、伊尹、子夏、子貢、子游、子路反不及楊時、胡安國，此果不易之評乎。仲全字梅峯，涇縣人。仕履未詳。健字行吾，萬歷丁丑進士，官至通政司使。是編乃其爲太僕寺卿時所作，標題稱後學管窺，不肯爲男，亦可異也。

小心齋劄記十六卷（江蘇巡撫採進本）

明顧憲成撰。憲成字叔時，無錫人。萬歷庚辰進士，官至吏部文選司郎中，削籍歸。起南京光祿寺少卿，移疾不赴，終於家。崇禎初，贈吏部右侍郎，諡端文。事蹟具明史本傳。憲成里居，與弟允成修宋楊時東林書院，偕同志高攀龍、錢一本、薛敷教、史孟麟、于孔兼輩講學其中。朝士慕其風者，多遙相應和，聲氣既廣，標榜日增，於是依草附木之徒，爭相趨赴，均自目爲清流。門戶角爭，遞相勝敗，黨禍因之而大起。恩怨糾結，輾轉報復，明遂以亡。雖憲成等主持清議，本無貽禍天下之心，而既已聚徒，則黨類衆而流品混；既已講學，則議論多而是非生。其始不過一念之好名，其究也流弊所極，遂禍延宗社。春秋責備賢者，憲成等不能辭其咎也。特以領袖數人，大抵風節矯矯，不愧名臣。故於是書過而存之，以示瑕瑜不掩之意云爾。是書於萬歷戊申同安蔡獻臣始爲刻版，其後刻於崑山。然兩本皆始於萬歷甲午，終於乙巳，止十二卷。此本乃其子與渟所刻，益以丙午至辛亥所記，增多四卷。卷數與明史藝文志合，當爲足本矣。

顧端文公遺書三十七卷附年譜一卷（副都御史黃登賢家藏本）

明顧憲成撰。是編爲其曾孫貞觀所集刻，首卽小心齋劄記十八卷，次證性編六卷，次東林會約一卷，次東林商語二卷，次虞山商語三卷，次經正堂商語一卷，次志矩堂商語一卷，次仁文商語一卷，次南岳商語一卷，次當下繹一卷，次還經錄一卷，次自反錄一卷，末附年譜四卷，則其孫樞所編，而貞觀訂補者。外別有以俟錄、涇皐藏藁、大學重訂、大學質言、大學通考五書，在初刻十種內者，與未刻之桑梓錄皆不列於是編，以卷帙頗繁，尚待續刻故也。

黽記四卷（編修勵守謙家藏本）

明錢一本撰。一本有像象管見，已著錄。東林方盛之時，一本與顧憲成分主講席，然潛心經學，罕談朝政，不甚與天下爭是非，故亦不甚爲天下所指目。是編乃其隨手劄記，取詩黽勉從事之義，故題曰黽記。自萬歷甲午以迄癸丑，凡二十年。意有所得，輒筆之於書，其發明性道，排斥二氏，頗爲深切。其中間有過當者，如引學記求之也，佛句以闢佛，未免附會。李日華六研齋筆記謂曲禮獻鳥者佛其首句，註訓佛爲違戾，闢佛先生得之大喜云云。二人同時，似聞一本之論，故有此戲。雖文人輕薄之詞，亦講學者好爲異說有以召其侮也。

聖學範圍圖，無卷數（浙江鮑士恭家藏本）

明岳元聲撰。元聲字之初，號石帆，嘉興人。萬歷癸未進士，官至兵部侍郎。此書一名範圍象教圖。大旨以儒教統攝二氏，以易中一陽一陰之卦倂入剝復卦，爲剝復圖以範釋；二陽二陰之卦倂入坎離卦，爲坎離圖以範老；三陽三陰之卦倂入否泰卦，爲否泰圖以爲儒宗。其自序謂昉於孟子，指點楊墨歸儒之意。蓋宗王氏良知之學，而好爲新奇者耳。

南雍誡勸淺言一卷（山西巡撫採進本）

明傅新德撰。新德字元明，又字商盤，定襄人。萬歷己丑進士，官至國子監祭酒，贈禮部右侍郎，諡文恪。是編乃其官南京國子監司業署祭酒時訓導諸生之文。凡誡言八條，曰淫蕩、酗酒、闖很、罔利、詞訟、詭服、黨比、傲惰；勸言八條，則孝弟忠信禮義廉恥也。

馮子節要十四卷（安徽巡撫採進本）

明馮從吾撰。從吾有元儒考略，已著錄。從吾以風節著，而亦喜講學。無錫高攀龍、高邑趙南星皆稱之。時官京師，會講都城，至環聽者院宇不能容，終亦以此招謗。是編卽其各地會講之語也。

殘本文華大訓箋解三卷（浙江巡撫採進本）

明吳道南撰。道南有河渠志，已著錄。初，憲宗成化十八年十二月，以御製文華大訓二十八卷賜皇太子。嘉靖八年，世宗御製序文，頒行。道南因按其篇章，前爲之序，次爲之解，次爲之箴，以嘉靖十四年正月表上。此本僅存三卷，已非完書。

荷薪義八卷 內府藏本

明方大鎮撰。大鎮字君靜，桐城人。萬歷己丑進士，官至大理寺少卿。始大鎮父學漸講學桐川，大鎮追述父訓，及與同社諸人問答之語，詮次成帙，名曰荷薪，蓋亦不忘繼述之意。其大旨在闡良知之說，於儒釋分別，辨論極詳。

增訂論語外篇四卷 浙江巡撫採進本

明潘士達編。士達字在闇，安吉州籍烏程人。萬歷壬辰進士，官至廣東提學僉事。是書取諸子百家所載孔子之言，分類排纂，倣論語二十篇之數，以皆論語所不載，故曰外篇。以因南昌李栻舊稾而葺之，故曰增訂。所採既罕異聞，又莊列寓言亦復闌入，朱子語錄嘗稱孔門弟子留下家語，至今作病痛，況雜家依託之言乎。

龍沙學錄六卷 江蘇巡撫採進本

明王在晉撰。在晉有歷代山陵記，已著錄。是編輯宋儒程朱以下及明王守仁、羅汝芳諸人之說而註釋之，大率鈔撮語錄，無所發明。其論良知格致仍以姚江爲宗，特假程朱爲重耳。在晉談國肅臣，而亦著書講學，明季風氣，觀此可以知矣。

聖學啟關臆說三卷 浙江巡撫採進本

明龍遇奇撰。遇奇字才卿，號紫海，吉安人。萬歷辛丑進士，官至監察御史。是編乃其巡按陝西時與諸生講學之語，分爲八關：一曰迷悟，二曰濃淡，三曰剝復，四曰窮達，五曰死生，六曰聖凡，七曰內外安勉，八曰門戶異同。又於八關之中別爲子目，雜引諸儒語錄以證之。雖衆說兼陳，而大旨則姚江一派也。

經書孝語無卷數，浙江巡撫採進本

明朱鴻編。鴻字子漸，仁和人，萬歷閒諸生。是書摭五經四書中言孝之語爲一帙，而各爲之發明。附錄曾子孝實於末，文既餖飣，論亦凡近，殊無可取。鴻嘗刻孝經，而以此附之，今既別本單行，不可復溷於經部，姑置之儒家類焉。

證人社約言一卷 浙江巡撫採進本

明劉宗周撰。宗周有周易古文鈔，已著錄。宗周初以順天府尹罷歸，與陶奭齡講學王守仁祠，以證人名堂，此其所爲條誡也。首冠以社學檄，題辛未三月，蓋崇禎四年所作。次爲約言十則，次爲約戒十則，所載凡三十條，題曰癸未秋日，爲崇禎十六年。次爲社會儀七則，不題年月。次爲宗周自書後，而附以荅管而抑論遷改格書。其書中後所稱石梁子者，即奭齡之別號。奭齡字君奭，國子監祭酒望齡弟也。

劉子節要十四卷 浙江巡撫採進本

明惲日初編。日初號遜菴，武進人，劉宗周之門人也。宗周生平著述曰劉子全書，曰儀禮經傳，曰古學經，曰家語考，次曰古易鈔義，曰讀易圖說，曰論語學案，曰曾子章句，曰十三字，曰古小學集記，曰古小學通記，曰孔孟合璧，曰五子聯珠，曰聖學宗要，曰明儒道統錄，曰人譜，曰人譜雜記，曰中興金鑑錄，曰保民要訓，曰鄉學小相編，其子汋彙而訂之，凡百餘卷，以篇帙繁富，未易盡觀，因倣近思錄例分類輯錄：一道體，二論學，三致知，四存養，五克治，六家道，七出處，八治體，九治法，十居官處事，十一教人之法，十二警戒改過，十三辨別異端，十四總論聖賢。每一類爲一卷。其排纂頗爲不苟，然亦有一時駁辨之詞，不及詳檢而收之者。如曰天命一日未絕則爲君臣，一日既絕則爲獨夫，故武王以甲子日興，若先一日癸亥，便是篡，後一日乙丑，便是失時違天云云。此語非爲臣子者所宜言。且癸亥師在商郊矣，實非甲子興師，即甲子滅紂，先一日之說，亦未免過於求快。如斯之類，其去取尚未當也。

宋先賢讀書法一卷 內府藏本

不著撰人名氏。所採宋儒之說凡十二家，而朱子爲多。其法始以熟經繼以玩味，終以身體力行。明萬歷丙午，莆田訓導江震鯉序而重刊之，亦不云誰所輯也。

諸儒要語九卷 浙江巡撫採進本

明王化振編。化振字宇春，滁州人。萬歷己酉舉人，官至戶部主事。周汝登之門人也。是編節取諸儒語錄，編次而成。於宋則周程張朱而外，取陸九淵、楊簡二人；於明則取薛瑄、羅汝芳及汝登三人而已。其宗旨則不出於姚江一派，蓋汝登本傳王氏學也。

存古約言六卷 浙江巡撫採進本

明呂維祺撰。維祺有四禮約言，已著錄。是書凡十二篇：首敦本，次閑家，次厚俗，次冠昏喪祭，次服式，次宴會，次交際，次揖讓，次束脩。大略以朱子家禮爲主，故採擇諸家之言爲條例註釋，而以箴誡格言附於後。亦司馬氏書儀呂氏鄉約之支流也。

眞儒一脈無卷數江蘇巡撫採進本

明吳桂森編。桂森有周易像象述，已著錄。是編前列從祀四先生語錄，薛瑄、胡居仁、陳獻章、王守仁也。後列東林三先生語錄，顧憲成、錢一本、高攀龍也。前有天啟丙寅桂森自序。千頃堂書目載桂森著述二種，江南通志載四種，皆無是書，殆偶然鈔錄，當時未著於世耶。

論語逸編三十一卷浙江吳玉墀家藏本

明鍾韶編。韶字平臺，海鹽人。是編集諸書所載孔子問答之語，分三十一篇。前有其甥鄭心材序，稱其根據六經，節取百家。然家語自有全書，禮記列於經典，重爲割裂，殊屬牀上之牀。孔叢子既屬僞書，韓詩外傳、說苑、新序亦多依託，未可據爲典要。至於承蜩弄丸，乃莊子寓言，而執爲實事，亦虹貫玉九，識緯誕語，而信爲古書。他若楊簡先聖大訓，亦哀合諸書而成，乃引爲出典，尤非根柢之學也。

閑道錄十六卷浙江巡撫採進本

明沈壽民撰。壽民字眉生，號耕巖，宣城人。崇禎中行保舉法，巡撫張國維以壽民應詔，甫入都，即劾楊嗣昌奪情，焦文燦撫賊，留中不報，乃移疾歸。疏中語侵阮大鋮。福王時，大鋮柄國，必欲殺之，變姓名遁迹以免。事蹟附見明史田一儁傳。是書爲排斥佛老而作，故名以閑道。取先儒格言，分條節錄。凡不惑於二氏者咸載之，以爲世訓；不能無惑者，亦錄以示戒。雍正戊申，其孫廷璐校刊之，復取壽民詩文雜記等，條補諸卷末。

印正稾六卷江西巡撫採進本

明張信民撰。信民，澠池人，孟化鯉之門人也。傳姚江良知之學，從游者頗衆。其門人馮奮庸等錄其平日問答議論爲是書。

國朝雍正丙午，澠池縣知縣王箴輿爲校訂而刊之。

衡門芹一卷山西巡撫採進本

明辛全撰。全字復元，號天齋，絳州人。萬歷末貢生。以特薦授知府，未及赴官而卒。全爲曹于汴門人，故亦喜講學。是書皆論治天下之法，分治本三綱，治具八目。三綱曰君治、君心、君學。八目曰選賢才以轉士習，破資格以定臣品，行限田以足民生，定里甲以防姦宄，驅游民以務生業，正禮樂以興教化。其宗藩、事政二目則有錄無書。自序稱屏伏衡門，芹曝之獻，不能自已，故名其書曰衡門芹。然全意主匡救時弊，而實剿襲舊文。其限田之法，於事理尤斷不可行。亦祇儒生之迂論而已。

經世碩畫三卷山西巡撫採進本

明辛全撰。此書輯前代事蹟議論之有關治道者，分爲二門。一曰聖典，採據皆紀明太祖至英宗五朝善政。二曰定論，採據皆宋明諸儒之說，而以北魏至唐共四條附焉。書爲其門人所刊，故卷末併載全試策一首。其論取士不過調停於科目保舉之間，別無創見。當事者遽稱其學術經濟俱於是見，殆未必然。

思聰錄一卷湖北巡撫採進本

明賀時泰撰。時泰字叔交，一字陽亨，陳鼎留溪外傳作字叔文，以時泰之名推之，叔交字有義，文字誤也。江夏人。少爲諸生，以聾廢，因自號曰聾人。是書爲其子大學士逢聖所編，皆其講學語錄，大旨宗良知之說。

作師編一卷湖北巡撫採進本

明賀時泰編。首列易蒙卦，次列大學聖經一章，次列禮記學記一篇，次列白鹿洞規五節六十九字，次列程董學則一節九十一字，終以輿文會條件兩頁有奇，皆無一字之發明，又屬天下所習見，亦何必爲此鈔胥也。

人模樣一卷湖北巡撫採進本

明賀時泰撰。是編以人身五官四體之類分目標題，往往牽強。如元氣一條，引唐柳公權語，是攝養之法，非學問之事。兩肘一條，引楊時兩肘不離案語。腳一條，引宋璟有腳陽春事。皆關合字面而已。其骨頭一條，引陳獻章除却此心此理，渾是一包膿血裹一塊骨頭語，亦是論心非論骨也。不及劉宗周人譜遠矣。陳鼎留溪外傳乃稱一時學者俱奉此書爲法則，因稱時泰爲人模樣先生。蓋講學家標榜之談，不足據也。

傳習錄論述參一卷安徽巡撫採進本

明王應昌編。其子鉉續成之。應昌有宗譜纂要，已著錄。是編皆發明傳習錄之旨，蓋姚江之學弊於明末，至

國初而攻之者彌衆，故應昌父子力爲之回護云。

留書別集二卷江蘇巡撫採進本

明章世純撰。世純有四書留書，已著錄。是編內集

一卷，分四十三篇，篇各有名，多摹倣周秦諸子。散集一卷，皆內集之緒餘，不立篇名，故謂之散。前有世純自序，總謂之別集，以有說四書者故也。兩書自序甚明，明史合爲一編，殊非世純之意。今分載之。又此書內集散集各一卷，合四書六卷，僅得八卷，而明史乃作十卷。然四書六卷無所闕佚，內集列有目錄，無所散失，散集亦首尾完具。蓋是集初名巳未畱，亦編爲二卷，周鍾序之。張煒如以刊本未善，因爲編定先後，考正標題，定爲此本。雖有小異，實卽一書。明史殆以兩本竝行，故合之稱十卷歟。

巳未畱二卷（浙江巡撫採進本）

明章世純撰。此本前有周鍾序，其文與張煒如所編畱書別集相出入，但次序小異，又不標篇名。煒如所謂坊刻贋本，零失篇目者，蓋卽此本也。

性理綜要二十二卷（浙江巡撫採進本）

舊本題明詹淮輯、陳仁錫訂正。前有凡例一條云：性理有詹柏山、諸理齋、黃葵陽、李九我、董思白諸刻，或病其太簡略，茲刻從大全增益之云云。柏山卽詹淮之號，則凡例必非淮語，殆仁錫取淮原本稍增輯之。又卷首竝存李廷機、詹淮及仁錫序，皆稱其所自輯，而仁錫序中亦不稱爲據淮本。卽其開卷數頁，已自相牴牾，則是書爲庸俗坊本決矣。書中各加標識，於可作關試題者從○，可作小試題者從、，可作策題者從△，竝見之凡例序中。大抵爲場屋剽竊之用，於性理本旨實無所闕也。淮自署新安人，仕履未詳。仁錫有繫詞十篇書，已著錄。

性理標題彙要二十二卷（江蘇巡撫採進本）

舊本亦題明詹淮、陳仁錫同編。核檢其文，與性理綜要相同，蓋坊賈以原刻習見，改新名以求速售，非兩書也。

家誡要言一卷（編修程晉芳家藏本）

明吳麟徵撰。麟徵字來皐，號磊齋，海鹽人。天啓壬戌進士，官至太常寺少卿。明亡殉難。

世祖章皇帝賜諡貞肅，事蹟具明史本傳。是編皆麟徵居官時寄訓子弟之書，其子蕃昌摘錄其語，輯爲一帙，故曰要語。蕃昌字仲木，劉宗周之門人也。

讀書劄記四卷（江蘇巡撫採進本）

明喬可聘撰。可聘字君徵，一字聖任，寶應人。天啓壬戌進士，官至河南道監察御史。是書自序謂始讀王文成全書，知有知行合一之學。又與潤山葉子、幾亭陳子互相切劘，知有居敬窮理之學。晚年讀性理大全、近思錄、諸儒語錄，知有理一分殊之學。蓋可聘之學初從陸王入，晚乃兼信程朱，故其說出入於兩派之閒。然生於明季，頗染佻薄之習。如其中一條云：中庸其至矣乎，無極而太極。又一條云：中庸首言天命之謂性，終言上天之載，無聲無臭，太極而無極。此其詞氣與叢林方丈掉弄機鋒何異乎。

弟經一卷（直隸總督採進本）

明林允昌撰。允昌有易史象解，已著錄。是書仿孝經分十八章，篇末引詩，亦仿孝經之體。大抵掇拾陳言，徒供覆瓿，又僞忠經之重儓矣。

經史耨義二十二卷（江蘇巡撫採進本）

明林允昌撰。莆田有金石社，乃林氏宗人講肄之所。允昌集子弟月三會於其中之栖緑堂，每會講五經及諸史。自崇禎庚辰四月始爲第一期，至十一月止，凡二十二期，而經史義俱講畢。門人張拱宸等因輯而成編。允昌以講學爲圃，自題所居，故復引禮講學以耨之之語，名之曰耨義。

消閒錄十卷（浙江范懋柱家天一閣藏本）

明成勇編。勇字仁有，樂安人。天啓乙丑進士，官至南京監察御史。崇禎十一年以劾楊嗣昌逮治，戍寧波衞。福王時起爲原官，不赴，披緇而終。事蹟具明史本傳。是編乃其講學之語，皆纂輯諸儒論說而發明以己意。史稱勇初授饒州府推官，謁鄒元標於吉水，從之受業，故多傳其緒論云。

顏子繹五卷（浙江巡撫採進本）

明張星撰。星，永城人。崇禎甲戌進士，官光祿寺署丞。是編取論孟中所載顏子事實語言，檃爲十則，每標題下係以四言四句，若釋家之偈。每則之下系以繹說頌語，謂之內篇。又取家語中所載，檃爲八則，謂之外篇。取韓詩外傳所載十四則，謂之繹餘，均有繹無頌。復取諸家之論顏子者四十則，謂之統繹。末以陶宗儀所刊顏子九篇附焉，謂之舊本。其大旨皆入於禪。蓋自心齋坐忘之說倡於莊子，皇侃論語義疏遂以屢空爲心虛無累，焦竑因之，顏子之學爲異端所假借久矣。星當心學橫決之時，又著爲此書，言之加詳耳。此所謂陽儒陰釋，講學之極弊也。於理當入釋家，以所載皆顏子言行姑附之儒家類，而糾正其謬焉。

性理會通七十卷續編四十二卷（江蘇巡撫採進本）

明鍾人傑撰。人傑字瑞先，錢塘人。是書成於崇禎甲戌，即性理大全而增以明人之說。袁宏道、陳繼儒皆躋諸理學儒先之列，則其去取可知矣。

學脈正編五卷（浙江巡撫採進本）

明李公柱編。公柱初名松，字子喬，嘉善人。崇禎庚辰進士，官歙縣知縣。是書取薛瑄、胡居仁、顧憲成、錢一本、高攀龍五人語錄，彙輯成帙，人各一卷。末各系以傳贊。蓋欲標篤實之學，以抗姚江之末派。然如曹端之學，其醇正不減薛瑄，何以又獨遺之乎。則亦意爲進退而已矣。

道學迴瀾八卷（江西巡撫採進本）

明王尹撰。尹字莘民，號覺齋，安福人。嘗從鄒元標、高攀龍講學於首善書院。會黨禍起，乃歸里。崇禎末，大學士陳演欲薦之，辭不就。蓋薄演之爲人也。是編乃其門人所錄。大旨力闢心學，辨陽儒陰釋之誤。所取惟薛瑄、胡居仁、羅欽順、霍韜四家。而於王守仁朱子晚年定論，則反復掊擊。雖鄒元標爲所信從，而於其完養吾心到純熟處義理自然流出之說，亦不少假借。其持論甚正。但文繁不殺，意重語複，衍至百六十二條，未免冗蔓耳。末附覺齋詩編一卷，皆談理之作。又附錄李長春所作尹傳。其時尹尚無恙，仍未免明末標榜之習矣。

西疇日鈔二卷（江蘇巡撫採進本）

明顧樞撰。樞字庸菴，無錫人。天啟中舉人。顧憲成之孫，高攀龍之門人也。此書主程朱而闢陸王，又謂考亭之學得姚江而明，又謂文成之學從程子來。惜矯枉過正，遂啟後來之弊，皆不甚確。各條之下，間有其子貞觀識語，蓋刊版時所附入也。

求仁錄十卷（浙江巡撫採進本）

明潘平格撰。平格字用微，慈溪人。是書其分七目：曰學脈，曰格致，曰性理，曰孝悌，曰讀書，曰學問，曰篤志力行。而其立說大綱，總以吾性渾然天地萬物一體爲求仁之宰。毛文強爲作小傳，稱其少時念程朱王羅之學皆不合於孔孟，因竭力參求，慟痛交迫者四十日，始得親證孔孟之學。然聖門大旨，惟尊德性道問學二途，平格一概棄置，別闢門徑，則所云證孔孟之學者，亦仍流入禪宗而已。文強乃謂其功不在孟子下，何其傎歟。

卓菴心書四卷（江西巡撫採進本）

明張自勳撰。自勳有綱目續麟，已著錄。其論學以求放心爲本，謂陽明言良知，是偶有所見，故從此推出，遂主張立說，不若言正心尤爲探本窮源之論。然自勳之學，實沿陽明之餘波，觀其自跋可見。故書中於象山、白沙、甘泉、龍溪之說，多所採掇也。

蠡菴雜述二卷（浙江巡撫採進本）

明朱朝瑛撰。朝瑛有讀易略記，已著錄。茲編則隨其所偶得，雜書成帙，每喜以數言理，蓋其學本出黄道周也。

孔子遺語一卷（浙江范懋柱家天一閣藏本）

不著編輯者名氏。皆裒集羣書所引孔子之言。觀其孔子卜得賁一條，自記云已見漆雕氏，第與此少異。孔子曰吾志在春秋一條，自記云已刻再查。魯哀公使人穿井一條，自記云已見集語卷五。蓋欲補宋薛據孔子集語之遺，而尚未成書。中引楊慎丹鉛錄，則近代人也。

欽定四庫全書總目卷九十六

欽定四庫全書總目卷九十七

子部七

儒家類存目三

藤陰劄記無卷數 副都御史黃登賢家藏本

國朝孫承澤撰。承澤有尚書集解，已著錄。是編乃其講學之語，共一百餘條，大抵以程朱為宗，而深詆金谿姚江，亦頗涉及史事。其論元許衡劉因一條，謂衡不對世祖伐宋之問為是，而以因作渡江賦有我有名而衆彼無義而小，亩我奉使，讎我大邦云云，過於尊元抑宋為非，不知二人生長北方，由金入元，皆非宋之臣子，乃於一百餘年之後，責其當尊邈不相關之趙氏，可謂紕繆之至矣。

學約續編十四卷 直隸總督採進本

國朝孫承澤編。初承澤嘗輯周程張朱之言為學約一編，是編又以明薛瑄胡居仁羅欽順高攀龍四家之語倣近思錄之例，訂為一集，以續之。前有自記稱學約於二程同時不入堯夫，考亭同時不入南軒東萊，故茲編亦不入月川楓山後渠涇野念菴涇陽少墟諸家云。

考正晚年定論二卷 江蘇巡撫採進本

國朝孫承澤撰。是書以王守仁所作朱子晚年定論不言晚年始於何年，但取偶然謙抑之詞，或隨問而答之語，及早年與人之筆錄之，特欲借朱子之言以攻朱子，不足為據。乃取朱子年譜行狀文集語類等書，詳為考正，以宋孝宗淳熙甲午為始，朱子是時年四十有五，其後乃始與陸九淵兄弟相會，以次逐年編輯，實無一言合於陸氏，亦無一字涉於自悔，因逐條辨駁，輯為是編。考晚年定論初出之時，羅洪先致書守仁，所辨何叔京黃直卿二書，已極為明晰，是書特申而明之，大旨固不出羅書之外。至謂守仁立身居家，並無實學，惟事智術籠罩，乃吾道之莽懿。又取明世宗時請奪守仁封爵會勘疏，及不准卹典之詔，以為口實，則摭拾他事以快報復之私，尤門戶之見矣。

明辨錄二卷 副都御史黃登賢家藏本

國朝孫承澤撰。是書取諸儒闢佛之言，彙裁成帙。上卷首載昌黎原道及佛骨表，而傅奕疏及太宗斥蕭瑀詔轉列於後。其餘辨論陸九淵楊簡王守仁之說者，亦備記之。下冊則皆諸儒語錄辨駁佛氏之學者。

紫陽通志錄四卷 江蘇巡撫採進本

國朝高世泰編。世泰有五朝三楚文獻錄，已著錄。是編本徽州汪知默等輯其紫陽書院講會之語，名曰理學歸一，寄示世泰。適孫承澤以學約續編魏裔介以知統翼錄先後寄至，世泰因合刁包潛室劄記陳撰省心日記諸條并梓行之，其曰通志者，蓋謂通彼此應求之志，以明為學之出於一源。卷末自附格致講學講各一篇，又有講畢送難之語，頗涉禪宗窠臼，蓋猶沿明季書院之餘習也。

聖學入門書無卷數 江西巡撫採進本

國朝陳瑚撰。瑚字言夏，號確菴，太倉人。前明崇禎壬午舉人。是書分大學日程小學日程二種。大學日程曰格致之學，誠意之學，正心之學，修身之學，齊家之學，治平之學。於八條目之中復分條目，各為疏解。小學日程曰入孝之學，出弟之學，謹行之學，信言之學，親愛之學，文藝之學。其條目較之大學為簡。其用功之要，曰日省，敬怠日省，善過末附日程格式於後，每日為空格，以四格記晨起午前午後燈下，以二格總記敬怠善過，又有半月總結之法。蓋即仿袁黃功過格意，惟不言果報，稍異乎有為而為。然科條密於秋荼，非萬緣俱謝，靜坐觀心，不能時時刻刻操管繕錄也。

學言三卷 山西巡撫採進本

國朝白允謙撰。允謙字子益，陽城人。前明崇禎癸未進士，改庶吉士。入

國朝授祕書院檢討，官至刑部尚書。此書皆其講學之語。上卷五十九條，下卷六十條，又續一卷，凡八十一條。其曰無我之我是謂眞我，無知之知是謂良知。又曰聖人無內無外，仁可智也，智可仁也。皆語涉惝恍，非篤實之學也。

此菴語錄十卷 浙江巡撫採進本

國朝胡統虞撰。統虞字孝緒，武陵人。前明崇禎癸未進士。入

國朝官至國子監祭酒。此書前二卷為成均語錄，乃官祭酒時與諸生講論者，附原性或問學規三種。三卷至七卷為四書語錄，八卷為萬壽宮語錄，末二卷為此菴語錄，以別乎成均萬壽宮也。其學調姚江而祖象山，專持良知之說，於朱子頗不能盡合。如記陸子靜鵝湖講喻義一章，滿座為之揮淚講畢，朱晦菴長跪以謝，曰熹平生學問，實實未嘗看到此處。其軒輊類多如此，亦可謂深於門戶之

見者矣。

理學傳心纂要八卷（湖北巡撫採進本）

國朝孫奇逢撰。漆士昌補。奇逢有讀易大旨、已著錄。士昌、江陵人。奇逢之門人也。奇逢原書錄周子、二程子、張子、邵子、朱子、陸九淵、薛瑄、王守仁、羅洪先、顧憲成十一人。以爲直接道統之傳。人爲一篇、皆前敘其行事、而後節錄其遺文。凡三卷。又取漢董仲舒以下至明末周汝登、各略載其言行。以爲羽翼理學之派、凡四卷。奇逢歿後、士昌復刪削其語錄一卷、攙列於顧憲成後、共爲八卷。奇逢行誼、不愧古人。其講學參酌朱陸之間、有體有用、亦有異於迂儒。故湯斌慕其爲人、至解官以從之遊。然道統所歸、談何容易。奇逢以顧憲成當古今第十一人。士昌又以奇逢當古今第十二人。醇儒若董仲舒等猶不得肩隨於後、其猶東林標榜之餘風乎。

歲寒居荅問二卷附錄一卷（浙江范懋柱家天一閣藏本）

國朝孫奇逢撰。皆自錄朋友荅問之語。奇逢之學主於明體達用。宗旨出於姚江、而變以篤實、化以和平。兼採程朱之旨、以彌其闕失。故其言有曰、門宗分裂、使人知反而求之事物之際、晦翁之功也。然晦翁歿而天下之實病不可不瀉。詞章繁興、使人知反而求之心性之中、陽明之功也。然陽明歿而天下之虛病不可不補。是其宗旨所在也。舊本前有附錄一卷、爲奇逢所作格物說及楊東明興學會約八條。旣曰附錄、不應弁首。或裝輯時誤置卷端耳。

潛室劄記二卷（直隸總督採進本）

國朝刁包撰。包有易酌、已著錄。其書以平日所見隨筆劄記。王士禎池北偶談、嘗稱其中爲蓋世豪傑易、爲恆心聖賢難一條。又稱其趨吉避凶、蓋言趨正避邪、若認作趨福避禍便誤一條。然所言心性及格致誠敬、類多拾前人緒餘。其謂讀春秋而不知胡傳之妙、不可以言春秋。亦不出里塾拘墟之見。又稱吾輩第一座名山在大學知止一節。且謂此山又不在書本上、還只在腔子裏。語殊虛渺、尤不免墮入姚江門徑矣。

張界軒集八卷（江西巡撫採進本）

國朝張時爲撰。時爲字景明、餘干人。前明福王時貢生。是編乃其族孫司直所刻。目列十六卷。首序傳目錄一卷、次爲學約言四卷、次讀近思錄紀言一卷、次六一寤言一卷、次喪禮去非一卷、次讀左言一卷、次語錄一卷、次詩文六卷。故總以集名。然讀左言語錄詩文皆未刻。刻者皆講學之書、仍以集名、非其實也。江右之學、大抵以陸氏爲宗。時爲生胡居仁之鄉、乃獨從居仁宗朱子。故其言平正篤實者居多。然頗有主持太過者。如曰六經載道之書、非止爲治天下之書。是徒知尊崇性命、菲薄事功、而不知大人之學由格致而治平、中庸之理自中和而位育也。又謂程子雲淡風輕一詩、與陰陽四時相準。四句分配四時之氣、一句亦分配四時之氣。如雲淡二字是春氣、風輕二字是夏氣、近午二字是秋氣、天字是冬氣。恐程子吟詩之時斷無此意。卽伶倫製律、后夔典樂、周公輯頌、亦斷無此法也。他如擬奏疏於朝、請旨定天下傳奇爲六等、古今無此政體。又擬定假名著書者視殺人之罪加一等、古今亦無此律令。其於程朱之學、殆猶食而未化歟。

性圖一卷（江西巡撫採進本）

國朝黃宷撰。宷字亮公、號復堂、南城人。是書立爲六圖、以發明心性之旨。一曰性圖、二曰心圖、三曰情質圖、四曰氣質圖、五曰心性情氣質總圖、六曰中和圖。附以辛未會語及再復陶企夫書、皆辨論六圖之義。其大旨以孟子四端爲說、力矯靜觀未發之失、論頗篤實。惟以心與性分爲二物、則究未爲協也。

學案一卷（兩江總督採進本）

國朝王甡撰。甡字無量、金壇人。是編大旨主於救姚江末流之失。首錄四書之文、列爲孔子顏子曾子子思孟子學案。卽繼以朱子白鹿洞規、次以程端蒙董銖學則、而終以朱子敬齋箴。蓋因雙峯饒魯之書而爲之。其四書及敬齋箴、則甡所加也。

存性編二卷（直隸總督採進本）

國朝顏元撰。元字渾然、號習齋、博野人。明末、其父戍遼東、歿於關外。元貧無立錐、百計拮据、覓其骨歸葬。故世以孝子稱之。其學主於厲實行、濟實用、大抵源出姚江、而加以刻苦。亦介然自成一家、故往往與宋儒立同異。是書爲其四存編之一。大旨謂孟子言性善、卽孔子言性相近習相遠、語異而意同。宋儒誤解相近之義、以善爲天命之性、相近爲氣質之性、遂使爲惡者諉於氣質。不知理卽氣之理、氣卽理之氣。清濁厚薄、純駁偏全、萬有不齊、總歸一善。其惡者引蔽習染耳。其以目爲譬、則謂光明能視即目之性。其視之也則情之善。視之詳略遠近則才之強弱。皆不可謂之惡。惟有邪色引動、然後有淫視。是所謂非才之罪、是即所謂習。又謂性之相近如真金。輕重多寡雖不同、其爲金俱相若也。惟其有差等、故不曰同。惟其同一善、故曰近。舉天下不一之姿、以性相近一言包括、是即性善。是即人皆可以爲堯舜。舉世人引蔽習染無窮之罪惡、以習相遠一言包之、是即非才之罪。是即非天之降才爾殊。其說雖稍異先儒、而於孔孟之旨會通一理。且以杜委過氣質之弊、正未可謂之立異也。至下卷分列七圖、以明氣質非惡之所以然。則推求於孔孟所未言、使天地生人全成板法、是則可以不必耳。

存學編四卷、浙江巡撫採進本

國朝顏元撰。是書爲其四存編之二。以辨明學術爲主。大旨謂聖賢立教所以別於異端者、以異端之學空談心性、而聖賢之學則事事徵諸實用、原無相近之處。自儒者失其本原、亦以心性爲宗、一切視爲末務、其學遂與異端近、而異端亦得而雜之。其說於程朱陸王皆深有不滿。蓋元生於國初、目擊明季諸儒崇尚心學、放誕縱恣之失。故力矯其弊、務以實用爲宗。然中多有激之談、攻駁先儒、未免已甚。又如所稱打諢猜拳諸語、詞氣亦叫囂粗鄙、於大雅有乖。至謂性命非可言傳云云、其視性命亦幾類於禪家之恍惚。持論尤爲有疵。殆懲羹吹虀而不知其矯枉之過正歟。

存治編一卷、直隸總督採進本

國朝顏元撰。是書爲其四存編之三。大旨欲全復井田封建學校徵辟肉刑及寓兵於農之法。夫古法之廢久矣、王道必因時勢。時勢既非、雖以神聖之智、藉帝王之權、亦不能強復。強復之、必亂天下。元所云云、殆於瞽談黑白。使行其說、又不止王安石之周禮矣。

存人編四卷、直隸總督採進本

國朝顏元撰。是書爲其四存編之四。前二卷一名喚迷途、皆以通俗之詞勸諭僧尼道士歸俗、及戒儒者談禪、愚民尊奉邪教。三卷爲明太祖釋迦佛贊解一篇。太祖本禪家機鋒語、元執其字句而解之、非其本旨。且闢佛亦不必借此贊、恐反爲釋子藉口。四卷附錄束鹿張鼎彝毀念佛堂議、及元所撰闢念佛堂說擬更念佛堂論。則元尋父骨至錦州、應鼎彝之請而作。時鼎彝爲奉天府尹也。

教民恆言一卷、直隸總督採進本

國朝魏裔介撰。裔介有孝經註義、已著錄。是書本聖諭十六條衍爲通俗之詞。反覆開闡、以訓愚蒙。前列講約二圖。蓋其家居時所作也。

致知格物解二卷、直隸總督採進本

國朝魏裔介撰。是編上卷載程子朱子格致之說。下卷列諸儒格致之說、而附以裔介所作辨二篇。一曰致知格物非物欲扞格、一曰致知格物非去不正以全其正。又與孫承澤論學書一篇、或問一篇。

周程張朱正脈、無卷數、直隸總督採進本

國朝魏裔介編。是編首錄周子太極圖說、次張子西銘東銘、次周汝登所輯程門微旨、次朱子與廖德明問荅。題曰正脈、以諸儒之脈在是也。其自序謂周海門所輯程門微旨、王陽明所輯朱子晚年定論、未足發蒙啓迷。於微旨取十之五、於王陽明所輯則盡刪之、而取北海考正定論云云。然微旨內如覺悟便是性一條、及漢江老父云心存誠敬固善、不若無心一條、依然王門之宗旨。則持擇猶未審也。

論性書二卷、直隸總督採進本

國朝魏裔介撰。是書引書易孝經論語家語左傳禮記中庸孟子孔叢子子華子荀卿子論衡老子以及唐宋以來諸家論性之語、而衷以己說。末自附性說二篇。

約言錄二卷、直隸總督採進本

國朝魏裔介撰。是編乃順治甲午冬裔介在告時所筆記。內篇多講學、外篇則兼及雜論。

續近思錄二十八卷、兩江總督採進本

國朝鄭光羲撰。光羲字夕可、無錫人。是編前集十四卷、採薛瑄胡居仁陳獻章高攀龍四人之說。後集十四卷、採王守仁顧憲成錢一本史桂森華貞元及其父儀曾六人之說。前有光羲自序云、不有朱子、孔子之道不著。不有高子、朱子之道不著。朱子依然一孔子。高子依然一朱子。朱子功不在孟子下。高子功不在朱子下。然講學之家、申明聖賢之緒論以引導後學則有之矣。動擬之於孔子、孔子豈若是易爲哉。

朱子聖學考略十卷（副都御史黃登賢家藏本）

國朝朱澤澐撰。澤澐字止泉、寶應人。朱陸二派、在宋已分。洎乎明代、宏治以前、則朱勝陸。久而患朱學之拘。正德以後則朱陸爭詬、隆慶以後則陸竟勝朱。又久而厭陸學之放、則仍申朱而絀陸。講學之士亦各隨風氣以投時好。是編詳敘朱子爲學始末、以攻金谿姚江之說。蓋澤澐生於國初正象山道弊、鹿洞教興之日也。

廣祀典議一卷（兩江總督採進本）

國朝吳肅公撰。肅公有讀禮問、已著錄。是書力闢二氏及諸淫祀、持議甚正。然皆儒者之常談、可以無庸復述。

二程學案二卷（兩江總督採進本）

國朝黃宗羲撰。其子百家續成之。宗羲有易學象數論、已著錄。是編以二程造德各殊、因輯二程語錄及先儒議論二程者各爲一卷。百家又以己意附論各條之下。然黃氏之學出王守仁、雖盛談伊洛、姚江之根柢終在也。

讀書質疑二卷（安徽巡撫採進本）

國朝王鉞撰。鉞有宗譜纂要、已著錄。是書仿諸儒語錄隨筆劄記、不出前人緒論。或故爲恍惚之語。如云歷家以布算論天、不是理、亦不是數。儒者數在理中、却布算不得。布算數之巧、非數之正。亦殊支離也。

欲從錄十卷（安徽巡撫採進本）

國朝王鉞撰。是編之名、蓋取顏子欲從末由之意、摘錄孔子子思顏子曾子孟子周子二程子張子朱子之言、而廣引諸家以闡發之。於孔子則取易繫辭及論語。於子思則取中庸。於顏子則取易繫辭一條、論語數條。於曾子則取論語大學。於孟子則取不忍養氣性善諸條。於周子則取太極圖說通書。於二程則取遺書。於張子則取西銘正蒙。於朱子則取近思錄。然皆寥寥數則。自謂聖賢祕奧已盡於此、似不然也。

臆言四卷（浙江巡撫採進本）

國朝朱顯祖撰。顯祖有希賢錄、已著錄。是編乃其劄記之語。論皆醇正、而亦患陳因。如云行莫大於仁、德無加於孝之類、雖聖人不易斯言矣。然何必顯祖始能言也。

儒宗理要二十九卷（內府藏本）

國朝張能鱗編。能鱗有詩經傳說取裁、已著錄。是書取宋五子著述、分類編錄。周子二卷、張子六卷、程子六卷、朱子十五卷。書前各有小序一首、本傳一篇、別無發明。

理學辨一卷（浙江巡撫採進本）

國朝王庭撰。庭字言遠、嘉興人。順治己丑進士。官至山西布政使。是書以宋明諸儒互有得失、因以己意訂正之。意在埽眾說之轇轕、破諸家之門戶。然過於自用、往往不醇。譚旭謀道續錄曰、偶過坊間、見王言遠理學辨、悅其名也、購得之。時一披覽、百孔千瘡、殊不可耐。據其所言、宋代直無完儒、異哉、邪說之害道一至此乎。如以混沌言太極、以心知言性。以用言道。以心言理。天人看作兩股。內外判成兩截。甚至周子無極等說、程子性卽理等說、邵子道爲太極等說、張子鬼神二氣良能等說、都一例譏彈。而其闢朱子也尤甚。又謂釋氏見性成佛、與中庸未發之中相似。又謂吾儒體認未發以前氣象、與禪家不思善不思惡時看本來面目相近。又謂老子是易之坤道、儒者是易之乾道。和合三教、全無義理。其他支離破碎、非聖叛經、并取陸王之學者尤難縷述。最不通者、羅整菴一生闢禪、深得儒學源流之正。與章楓山同莅南雍、極爲相得。胡敬齋歿時、整菴年方弱冠、讀書本里雙龍觀內、倘未知名。渠謂楓山目以禪學、敬齋攻之尤力。竟以二公之議白沙者坐於整菴、眞可笑也云云。其詆訶雖未免稍過、要亦庭之好爲異論有以致之也。

常語筆存一卷（編修程晉芳家藏本）

國朝湯斌撰。斌有洛學編、已著錄。斌學術出於孫奇逢、介在朱陸二派之閒。而有體有用、號曰醇儒。是書凡二十餘條、於存心養性稽古敬身之道、皆抒所心得。末有斌子溥跋。蓋此乃斌平時常語以教子弟生徒、溥及斌門人姚岳生等所追記者。今編入湯子遺書、題曰語錄是也。此蓋初出別行之本耳。

理學要旨（無卷數、河南巡撫採進本）

國朝耿介編。介有中州道學編、已著錄。是書輯周程張朱五子之書爲一帙。書首各列小傳。其於周子錄太極圖說、復摘錄通書六章。於明道程子錄定性書、識仁說、論氣質之性及語錄。於伊川程子錄顏子所好何學論、西箴及語錄。於張子錄西銘及語錄。於朱子之書亦止採仁說一篇及語錄四十條。

朱子學歸二十三卷、浙江巡撫採進本

國朝鄭端編。端有政學錄、已著錄。是書成於康熙癸亥。採摭朱子緒論、分類編輯。列爲二十三門、門爲一卷。自序稱少讀朱子近思錄、而求明儒高攀龍所編朱子節要、數年不得。及此書既成、復得節要一冊。取以相質、亦不至大相剌謬云。

湖流史學鈔二十卷、河南巡撫採進本

國朝張沐撰。沐有周易疏略、已著錄。是編乃其講學之語。首曰敦臨堂錄、其初自內黃罷歸時作。次曰關中錄、遊臨潼時作。次曰嵩高錄、遊嵩山時作。侯重熹序稱二錄作於避燕潛跡之時。考沐前後兩任縣令、不知中閒數年何以忽爲隱士也。次曰釣談錄、因歲歉流寓禹州作。次曰燕邸錄、重至京師求官時作。次曰蜀中錄、官資縣時作。次曰天中錄、再罷官後主天中書院時作。以上共爲十八卷。其第十九卷則論昏喪葬祭處女死節廬墓諸事。其二十卷則游梁講語也。其曰湖流者、自序謂取水哉水哉之義。其曰史學、則是書實非史論、沐亦自無明文。命名之義、不可得而知矣。

閑道錄三卷、湖北巡撫採進本

國朝熊賜履撰。賜履有學統、已著錄。是書大旨以明善爲宗、以主敬爲要。力闢王守仁良知之學、以申朱子之說。故名曰閑道。蓋以楊墨比守仁也。其閒辨駁儒禪之同異、頗爲精核。惟詞氣之閒、抑揚太過。以朱子爲兼孔子顏子曾子孟子之長、而動詈象山姚江爲異類。殊少和平之意、則猶東林之餘習也。其中如云、一箇分萬箇、萬箇又分萬箇。萬箇合一箇、一箇又合一箇。然既已合爲一箇、不知所云又合之一箇竟指何物。又云無方無方之方、無體無體之體、無外無外之外、無內無內之內、無終無終之終、無始無始之始。又云自寂自感、自寂恆寂恆感恆感恆寂。又云無斷無續、無出無入。皆不免故爲杳冥恍惚之詞。又云食知味、行知步、知性知天、亦不外此。尤不免仍涉良知之說。其謂老氏無止無理、不曾無欲。佛氏空止空理、不曾空欲。亦不甚中其病。至謂學不關道、雖功彌六合、澤及兩閒、止是私意。以陰抑姚江之事功、尤爲主張太過。轉以心性爲元虛矣。

下學堂剳記三卷、湖北巡撫採進本

國朝熊賜履撰。賜履既重訂所作閑道錄、乃舉向所剳記、摘其與是錄相發明者三百三十有三條、定爲此編。前有康熙乙丑自序。末條自記成是書時年已五十矣。大旨仍以辨難攻擊爲本。其說有曰、是陸而非朱者、不可不爲之深辨。又曰、孟子本靜重簡默之人、今日距楊墨、明日闢告許、辨論術術、迄無寧日、時爲之也。朱子之在淳熙也亦然。闢五宗之狂禪、訂百家之謬舛、殫力竭精、舌敝顈秃。豈得已哉、亦時爲之也。當今日而有衞道其人者乎。孟朱之徒也。其自負亦不淺矣。然引蕭企昭之言詈王守仁爲賊、未免已甚。且其中如論易之類、謂六十四卦也說不盡、乾坤二卦也不消。是亦不免參雜恍惚之論矣。

性理譜五卷、湖北巡撫採進本

國朝蕭企昭撰。企昭字文超、漢陽人。順治丁酉副榜貢生。縣志稱其喜講性命之學、與熊賜履友善。故賜履著書、嘗引其說。所著有客窗隨筆一卷、再筆二卷、閽修齋日記一卷、雜筆一卷。企昭卒後、其兄廣昭裒爲一編。總名之曰性理譜、亦曰蕭季子語錄。其書大旨在於伸程朱而闢陸王、與賜履閑道錄所見同。

大儒粹語二十八卷、江蘇巡撫採進本

國朝顧棟高編。棟高字季任、又字未餘、吳江人。是書摘錄周子二程子張子楊時謝良佐呂大臨尹焞羅從彥李侗胡宏朱子陸九淵張栻呂祖謙黃榦蔡沈陳淳眞德秀許衡薛瑄王守仁陳獻章胡居仁顧憲成高攀龍劉宗周二十七家講學之語、彙爲一編。諸儒門徑各殊、棟高合而一之。大旨援新安以合金谿、爲調停之說者也。

紫陽大旨八卷、江蘇巡撫採進本

國朝蔡雲爽撰。雲爽字開地、號定叟、錢塘人。是編成於順治辛丑。專爲王守仁朱子晚年定論而作。分八門。一曰朱子初學、二曰論已發未發、三曰論涵養本源、四曰論居敬窮理、五曰論致知格物、六曰論性、七曰論心、八曰論太極。大約以第一卷所載實爲未定之論、二卷以下則眞知灼見、粹然一出於正。守仁之論、亦閒附載以互證。其何叔京書顚倒年月之類、羅欽順等所已駁者、不復糾焉。

會語支言四卷、浙江巡撫採進本

國朝陸鳴鼇撰。鳴鼇字石菴、仁和人。嘗官河陽縣知縣、與趙士麟友善。鳴鼇罷官歸、會士麟巡撫浙江、延入書院講學。因輯錄平日議論問荅之語以爲此編大要在闡明心性，而往往以習靜養生闌入二氏之說，如謂儒家亦作禪和機鋒語，非釋氏之私，牽合殊甚。又引沙門竺公與王坦之約，先死者當相報語，後經年，王於廟中見師來言，惟當勤修道德，以昇躋神明，謂此一則，數善備焉。亦涉語怪，不能盡衷於醇正也。

性理大中二十八卷（浙江孫仰曾家藏本）

國朝應撝謙撰。撝謙有周易應氏集解，已著錄。是書因性理大全而增損之，更其篇籍，刪其繁文，補其闕略。初創稾於康熙庚寅，越六年復爲訂正。至辛酉始定爲今本，故卷端有自序，又有重訂一序。其退太極圖說於末卷，蓋仰呂祖謙題近思錄以陰陽性命之說錄於首卷，而致知力行之方反錄於後，懼學者騖於高遠意。其凡例稱自聖學失傳，以後開闢洪荒，豈無所自，嘉言自漢唐以來，累累而有，亦平心之公論。然既稱薛瑄守朱學之成，王守仁開有異同矣，所敘道統，又明代止錄守仁一人，而瑄反見黜，何也。

憤助編二卷（浙江巡撫採進本）

國朝蔡方炳編。方炳有廣輿記，已著錄。其父懋德嘗取前人格言，分條輯錄，以自砥礪。方炳得其手稾，每擴以自隨，未及編次，而爲人竊去。至年六十餘，因採擇諸儒緒論，仿懋德原編體例，復爲此書以補之。

體獨私鈔四卷（浙江巡撫採進本）

國朝黃百家撰。百家字主一，餘姚人。康熙中嘗以薦預修明史。其父宗羲爲劉宗周門人，故百家是編皆發明宗周之說。首揭宗周慎獨宗旨，一一考辨，曰闡章，次以專言獨者，曰明句，又採取古聖賢能慎獨之人，曰證人，又取先儒舊訓有合於慎獨之義者，曰證言，皆參以其父宗羲所論，而推闡以己意。

王劉異同五卷（浙江巡撫採進本）

國朝黃百家撰。是書大旨，在以劉宗周慎獨之說補王守仁良知之罅漏，首述二家立說之異，繼證二家之同，末採擇兩家文集中語，以類次之，而終以其父宗羲所撰王劉兩傳。

學術辨一卷（編修程晉芳家藏本）

國朝陸隴其撰。隴其有古文尚書考，已著錄。是書凡上中下三篇，皆辨姚江之學。上篇發其端，中篇究其病之所在，下篇究其弊之所極。已載入三魚堂集中，此曹溶學海類編摘錄別行之本也。

問學錄四卷（浙江巡撫採進本）

國朝陸隴其撰。是編大旨主於力闢姚江之學，以尊朱子。然與王守仁辨者少，而於近代之說調停於朱陸之間，及雖攻良知而未暢者，駁之尤力。其中有抑揚稍過者，如高攀龍遭逢禍，自盡以全國體，其臨終遺表有君恩未報，願結來生二語，此自老臣戀主，惓惓不已之至情，而隴其以其來生之說流於佛氏，爲疑未免操之已蹙。朱子文集有與鞏仲至書曰，仍更洗滌得腸胃開，夙生葷血脂膏。夙生二字與來生何異，隴其何竟不糾耶。王守仁開金谿之派，其末流至於決裂猖狂，誠爲有弊。至其事業炳然，自不可掩，而隴其謂守仁之道不得大行，繼守仁而行其道者徐階也，使守仁得君，其功業亦不過如階，似亦未足以服守仁之心。至於朱子之學，上接洙泗，誠宋以來儒者之宗。隴其必謂讀論語固能興起善意，然聖言簡略，又不若小學近思錄朱子行狀尤能使人興起善意，似亦過於主持。蓋明之末年，學者以尊王詆朱爲高，其勢幾不可遏。隴其篤守宋儒，力與之辨，不得不甚其詞，然亦稍失和平之氣。且隴其官靈壽時，已自摘此書要語入之松陽鈔存中，則所未摘取者，雖不存可也。

信陽子卓錄八卷（編修勵守謙家藏本）

國朝張鵬翮撰。鵬翮有忠武志，已著錄。是書凡分七目，曰體道，曰致和，曰存省，曰修己，曰治人，曰闡道，曰博物，俱採輯前言往行，附以己說。名曰卓錄，取如有所立卓爾之義也。

王學質疑一卷附錄一卷（浙江巡撫採進本）

國朝張烈撰。烈有讀易日鈔，已著錄。是書攻擊姚江之學，凡分五篇：一辨性卽理之說，一辨致知格物之說，一辨知行合一之說，一爲雜論，一爲總論。其附錄則首爲朱陸異同論，次爲史法質疑，通論史體，次爲讀史質疑五篇：一論明孝宗時閹宦之勢，一論李東陽之巧宦，一論宋史以外不當濫立道學傳，亦爲王學而發，一論王守仁宜入功臣傳，而以明之亂亡全歸罪於守仁，一論萬歷時爭東宮梃擊諸臣之非。當王學極盛之日，其補偏救弊，亦不爲無功。然以明之亡國歸罪守仁，事隔一百餘年，較因李斯而斥荀卿，相距更遠，未免鍛鍊周內。

夫明之亡，亡於門戶。門戶始於朋黨，朋黨始於講學。講學則始於東林，東林始於楊時。其學不出王氏也。獨以王氏爲禍本，恐宗姚江者亦有詞矣。至以守仁宏治己未登第，是年孔廟災，建陽書院亦火，爲守仁所致之天變，尤屬鑿空誣衊，是皆持之過急，轉不足以服其心者也。若梃擊一案，當以孫承宗事關國本不可不辨，事關宮闈不可深辨之說爲正。而烈以抗論諸臣多出王學，遂謂主瘋顛者爲是。殊不思福王奪嫡，途人皆知，卽事關鄭妃，不能行法，亦不可無此窮究之論，坐罪於其羽翼，以陰折再發之逆萌。如其默默相容，僅以瘋顛坐張差，則彼計得逞，可以坐擅天下。卽計不成，不過僅損一刺客，何憚而不重試乎。故諸臣之爭，雖明知其不可行，而於事不爲無益，未可黨同伐異，顛倒天下之是非也。隴其跋於此條再三剖析，蓋亦深覺其失矣。夫學以克制其私也。烈所云云，於門戶之私，其尙有未能克制者乎。

太極圖說遺議一卷 浙江巡撫採進本

國朝毛奇齡撰。奇齡有仲氏易，已著錄。周子太極圖說本易有太極一語，特以無極二字，啟朱陸之爭。奇齡又以其圖與參同契合，併引唐元宗御製上方大洞眞元妙經序無極二字爲證。因及於篇中陰陽動靜互根等語，謂皆非儒書所有。立議原不爲無因。惟是一元化爲二氣，二氣分爲五行，而萬物生息於其閒。此理終古不易。儒與道共此天地，則所言之天地，儒不能異於道，道亦不能異於儒。猶之日月麗天，萬方並視，不能謂彼教所見日月非我日月也。苟其說不悖於理，何必定究其所從出。奇齡此論，不論所言之是非，而但於圖繪字句辨其原出於道家，所謂舍本而爭末者也。

教習堂條約一卷 編修程晉芳家藏本

國朝徐乾學撰。乾學有讀禮通考，已著錄。此書乃其教習庶吉士時所定學規，曹溶收之學海類編者也。考乾學教習庶吉士時爲康熙二十四年乙丑。其條約雖極早出，亦當在四五月閒。溶卽以是年病卒。且遠在嘉興，不應得見其條約，編入叢書。或溶歿之後傳鈔者又有所竄入也。學海類編眞僞糅雜，有謬至不可理解者，頗爲讀者所詬病。觀於此卷，則其眞出溶手與否，固在疑似之閒矣。

萬世玉衡錄四卷 江蘇巡撫採進本

國朝蔣伊撰。伊字渭公，常熟人。康熙癸丑進士。由翰林院庶吉士改陝西道監察御史，官至河南提學副使。是編乃其初登第後恭進御覽之書也。前有進書奏疏。其書分門編次，共六十四類。每類之中又自分法戒二類。所採上起唐虞，下迄明季。其曰萬世玉衡者，蓋取司馬遷天官書之說，以玉衡爲北斗杓也。

儒門法語無卷數 江蘇巡撫採進本

國朝彭定求編。定求有周忠介公遺事，已著錄。是編凡錄宋朱子、陸九淵，明薛瑄、吳與弼、陳獻章、王守仁、鄒守益、王敬臣、羅洪先、王畿、顧憲成、高攀龍、蔡懋德、魏校、羅倫、馮從吾、呂坤、孟化鯉、劉宗周、陳龍正、黃道周二十一家講學之語。少或一二條，多至十數條。定求自有所見，卽附識於後。其卷首題詞有云，功殊博約，候分頓漸，自朱陸立言始。要之，入門異而歸墟同，無容偏舉也云云。可以見其宗旨矣。

三子定論五卷 浙江巡撫採進本

國朝王復禮撰。復禮有家禮辨定，已著錄。王守仁作朱子晚年定論，顚倒年月，以就己說，久爲諸儒所駁。復禮欲申陸王而又揣公論既明，斷斷不能攻朱子。故爐守仁已燼之焰，仍爲調停之說。凡朱子定論一卷，陸子定論一卷，王子定論一卷，後附學辨論斷共一卷，皆採諸家之言，附論一卷，則復禮自爲說也。困紲之餘，仍巧爲翻案之計，蓋所謂不勝不止者也。

正修錄三卷齊治錄三卷 浙江巡撫採進本

國朝于準撰。準字萊公，永寧人。江南總督成龍子也。官至江蘇巡撫。是編因成龍雜鈔之稾，與蔡方炳編次增益之。正修錄所採凡一百三十八家之言，不分門目。齊治錄所採則分幼學、養蒙、閑家、善後、士子守身、縉紳居鄉、以道事君、仕職居官、勸諭愚民、愼重刑獄、善俗戢姦、催科撫字、備荒救災十一門。亦雜採諸家之說，所取不拘一格。其凡例稱成龍不從理學中立名，絕無胸中彼此異同之見。又稱成龍不佞佛，亦不闢佛，謂身爲儒者，方憂聖賢道理挹取不盡，何暇探討宗教律，觀諸書以資辨駁。其言明白正大，是成龍所以爲成龍歟。

續近思錄十四卷 河南巡撫採進本

國朝張伯行編。伯行有道統錄，已著錄。是編因近思錄門目，採朱子之語分隸之，而各爲之註。然自宋以來，如近思續錄、文公要語、朱子學的、朱子節要、朱子近思錄之類，指不勝屈，幾於人著一編，核其所載，實無大同異也。

學規類編二十七卷（江蘇巡撫採進本）

國朝張伯行撰。是編乃康熙丁亥伯行官福建巡撫，建鼇峯書院，因併刊學規以示諸生。卷首載聖祖仁皇帝訓飭士子文，而宋元明諸儒講學條約以次類編，併以所自作讀書日程附焉。自二十三卷以下題曰補編，又所以補原本未備之門目也。

性理正宗四十卷（河南巡撫採進本）

國朝張伯行撰。伯行自序，謂性理大全一書，雜採天文地志律歷兵機讖緯術數之學，及釋家參同契縱橫家言，概有取焉，未免失之駁而不純，因刪其繁蕪，補其闕略，尊道統以清其源，述師傳以別其派。爰取周程張朱五子以下，及元明諸儒之言，分類次之。卷一論道統，卷二卷三總論聖賢，自四卷至六卷則論孔子及顏淵曾子子思孟子，至十哲則惟閔子冉子端木子子路子游子夏益以曾點，其餘聖門諸賢皆不及焉。七卷以下爲周張二程及程子門人，十一卷以下論朱子張栻及朱子門人，於元則取許衡一人，於明則取薛瑄胡居仁羅欽順三人。十四卷以下雜論性命氣質道德仁義禮智等目，二十四卷以下論爲學之要，三十五卷以後則辨其學術之謬於正者，如荀卿揚雄王通蘇軾陸九淵陳獻章王守仁之學，皆採先儒論辨之言。大旨在闢陸王以尊程朱，其所擇可謂嚴矣。然以伯牛冉求宰我之賢及七十子之徒見於魯論者，自宋明以來先儒豈無論說，而一概置之不錄。且如讖緯術數及釋家參同契縱橫家言，性理大全取之誠不能無駁雜之譏。至於天文地志律歷之學，即朱子大全集中亦未嘗不論及之，伯行以性理事功岐而爲二，故卷中於宋儒如邵子之皇極經世，蔡元定律呂新書，皆在存而不論之列，亦未免主持稍過矣。

廣近思錄十四卷（副都御史黃登賢家藏本）

國朝張伯行撰。伯行是編採集宋張栻呂祖謙黃榦元許衡明薛瑄胡居仁羅欽順七家之遺書，以續朱子近思錄，分十四門，仍如朱子原書之目。

濂洛關閩書十九卷（副都御史黃登賢家藏本）

國朝張伯行編。取宋五子之書，粗存梗概，各爲之註。凡周子一卷，張子一卷，二程子十卷，朱子七卷。每條皆以某子曰字冠之。夫正蒙閒涉汗漫，程朱語錄浩繁，多所刊削，尚爲有說。至周子通書，言言精粹，朱子尚爲全註，伯行乃刪除其大半，何耶。

困學錄集粹八卷（副都御史黃登賢家藏本）

國朝張伯行撰。其書摹讀書居業二錄之體。一二卷題曰河干公餘，三四五卷題曰閩署公餘，六七八卷題庚寅至甲辰年，六卷以上皆述其自得之語，七卷以下頗辨陸九淵王守仁高攀龍劉宗周諸人之誤。

理學正宗十五卷（河南巡撫採進本）

國朝竇克勤編。克勤字敏修，號敬菴，柘城人。康熙戊辰進士，官翰林院檢討。是編列宋周子張子二程子楊時胡安國羅從彥李侗朱子張栻呂祖謙蔡沈黃榦元許衡明薛瑄共十五人，人各一傳，併取其語錄答問及著作之切於講學者錄之，附以己見。而於太極通書釋之更詳。大旨以朱子爲宗，李侗以上開其緒者也，黃榦以下衍其傳者也，胡安國等皆互相羽翼者也。克勤自序又云，尙有邵康節蔡元定二公之書，俟學者既通六經四書而後可及。蓋二人之學皆主於數，與主理者又小別耳。

欽定四庫全書總目卷九十七

欽定四庫全書總目卷九十八

子部八

儒家類存目四

大學辨業四卷聖經學規纂二卷論學二卷 直隸總督採進本

國朝李塨撰塨有周易傳註已著錄是編發明古大學之法以辨俗學之非大旨與其大學傳註同首總論大學次辨後儒所論小學大學次論小學次辨後儒改易大學原本次大學原文及全篇解次大學之道至致知格物解次辨後儒格物解次其本亂至此謂知之至也解次申論格物次所謂誠其意者至末解次申解全篇其所爭在以格物爲周禮三物其謂孔子之時古大學教法所謂六德六行六藝者規矩尚存故格物之學人人所習不必再言惟以明德親民標其宗要以誠意指其入手功夫而已格物一傳可不必補其說較他家爲巧故當時學者多稱之聖經學規纂二卷則摘錄四書五經之言學者申明其說論學二卷則錄朋友問難之語其凡例所謂辨業意有不盡者入之學規學規意有不盡者入之論學是也

小學稽業五卷 直隸總督採進本

國朝李塨撰其序謂朱子小學所載天道性命上達也親迎朝覲年及壯強者也以及居官告老諸條皆非幼童事且無分於大學乃別輯此編卷一爲小學四字韻語括其總綱以便誦讀卷二爲食食能言六年教數方名七年別男女八年入小學教讓九年教數日十年學幼儀諸條卷三爲學書卷四爲學記卷五爲十有五學樂誦詩舞勺大旨以禮樂書數爲綱其中如引曲禮屨不上堂一節在今日並無解屨之事引王制道路男子由右婦人由左車從中央一節在今日亦跬步不可行此盧陳古禮者也又誦詩一條自造詩譜舞勺一條自造舞譜此又杜撰古樂者也惟學書一篇辨篆楷之分極爲精核然亦非童子之所急其郊廟正與親迎朝覲等耳

性理纂要八卷 河南巡撫採進本

國朝冉覲祖撰覲祖有易經詳說已著錄是書前四卷爲性理纂要附訓五卷至八卷爲性理纂要附評自序謂附訓者周子太極圖通書張子西銘東銘程子定性書五者之訓詁太極圖通書西銘本朱子之註諸儒之說東銘定性書則雜考朱子及諸儒之說而參以己意附評者以程子之言爲經朱子之言爲傳諸儒爲之羽翼而以己意爲之評推覲祖之意蓋以性理所載太極圖諸書爲周張程所手著故尊爲經典名之曰訓其性理諸條以下則胡廣等裒集之言故儕諸文史目之曰評然同一先儒之言何必分疆別界況評中所引程子之說不一而足何所見忽尊而訓忽卑而評也

天理主敬圖一卷 河南巡撫採進本

國朝冉覲祖撰其圖上標天理二字明性道之重中列存養省察講學力行四項爲體道之功下書一敬字以示心法之要蓋爲姚江之學言超悟者而發然古人著書必言不能盡其意者乃圖以明之若體認天理而存養省察講學力行以歸於主敬此可以言詮者也何必託諸繪畫乎

程功錄五卷 兩江總督採進本

國朝楊名時撰名時有周易劄記已著錄是編乃其講學劄記體例全仿薛瑄讀書錄然中間頗涉雜論第四卷中剖析鉛汞之說尤於儒理無關其亦鄒訢註參同契意耶以大旨醇實故仍列之儒家焉

嵩陽學凡六卷 副都御史黃登賢家藏本

國朝景日昣撰日昣有嵩岳廟史已著錄是書依大學八條目排纂諸家語錄意取通俗故言皆淺近蓋書端夜行燭之類每門中分析子目至數百條亦不免於蕪雜

續小學六卷 浙江巡撫採進本

國朝葉鈖撰鈖號潛夫嘉善人是書成於康熙辛未以朱子小學一書所採至宋淳熙而止因續採自宋迄明諸儒言行可爲師法者仍以內外篇目分條類敘自爲之註其立教第一篇末附幼儀三十則則鈖所自撰也

心印正說三十四卷 江蘇巡撫採進本

國朝吳台頤撰台頤字位三嘉定人陸隴其之門人也是書成於康熙壬申以學術治功之要分立篇目而各爲論以發明之凡三十四類每類又各有子目於洛閩緒言及歷代史論多所徵引又開有註釋不知何人所增入也其曰心印當取心心相印之義然二字乃佛語非儒語也其說序二篇則仿序卦傳體述其次第亦涉擬經陸隴其爲之作序不一糾正何耶

傳道集四卷 湖北巡撫採進本

國朝朱搴撰。搴字艮一，黃陂人。是書成於康熙丁丑。第一卷爲聖賢前編，自孔子至孟子事蹟及後人論說。第二卷節取伊洛淵源錄。第三卷節取伊洛淵源續錄。第四卷爲前明五子錄，紀薛瑄、胡居仁、羅欽順、顧憲成、高攀龍五人行誼，而兼及其言論。大旨主於攻擊陸王。

近思續錄四卷（副都御史黃登賢家藏本）

國朝劉源淥撰。源淥字昆石，自號直齋，安邱人。是書因朱子近思錄篇目，採輯朱子或問、語類、文集，分門編輯。前有康熙辛巳其門人陳舜錫、馬恆謙二序。舜錫序稱其每祭朱子品物豐潔，極其誠敬。恆謙序稱其於朱子文集、或問、語類三書沈潛反覆，掇輯纂敘，席不暇煖，手不停筆，二十餘年，凡三創草，三脫稾，乃成是書云。

冷語三卷（副都御史黃登賢家藏本）

國朝劉源淥撰。其門人馬恆謙編其書，仿語類之體。大旨本朱子之說而衍之。其三卷中一條詆劉安世爲邪人，謂其害甚於章惇、邢恕。以其與伊川不協也。然宋史具在，安世盡言集亦具在，果章惇、邢恕之不若乎？不問其人品之醇疵，但以附合道學者爲正，稍相齟齬者爲邪，則蔡京之薦楊時，當爲北宋第一正人矣。佛家以皈依三寶與否定人之罪福，儒者不當如是也。

讀書日記六卷（山東巡撫採進本）

國朝劉源淥撰。凡記疑五卷，冷語一卷，皆讀書劄記之言。其記疑本二十四卷，冷語本五卷，後歸安陸師爲之刪定，更以今名。然冷語又有三卷一本，蓋天下之至易作者。其如語錄偶逢紙筆，即可成編，故諸本錯出如是也。

性理辨義二十卷（直隸總督採進本）

國朝王建衡撰。建衡有讀史辨惑，已著錄。是書分二十篇，而列目凡十有五，曰原理、原氣、原天、原生物、原性、原命、原道、原德、原倫、原學、原鬼神、原人鬼、原祭、原妖、原雜論。其第一篇與十二篇皆題曰原理，自註謂前統論天地之理，後以在物之理言。第二篇、第三篇皆題曰原氣，第四篇、第五篇、第六篇皆題曰原天，而不自言其所以分。推究其文，則原氣二篇，一言陰陽，一言五行。原天三篇，一言天行及日月，一言星辰及推算，一言風雨露雷諸事也。大旨皆複衍宋儒而加以膠固。其原天三篇，則純述歐羅巴語而諱所自來焉。

靜用堂偶編十卷（兩江總督採進本）

國朝涂天相撰。天相字燮蘅，號存齋，一號迂叟，孝感人。康熙癸未進士，官至工部尚書。天相從熊賜履講學，所著有謹庸齋劄記、守待錄、存齋問話等書。茲編又從諸書之中撮其大略，上編爲學言、政言、學辨，凡五卷；下編爲家訓、幼儀、雜箴、雜銘、雜誡、古今體詩、存齋詩話，亦五卷。

廣字義三卷（浙江巡撫採進本）

國朝黃叔璥撰。叔璥有南征記程，已著錄。初宋陳普作字義，凡一百五十三字，孫承澤嘗爲增訂。叔璥復取陳淳北溪字義及程達原字訓合承澤所訂裒爲一書。每條之首題原字者，普之舊；題廣義者，皆續增也。

朱子晚年全論八卷（江西巡撫採進本）

國朝李紱編。紱字巨來，號穆堂，臨川人。康熙己丑進士，官至內閣學士、兼禮部侍郎。朱陸之徒，自宋代即如水火。厥後各尊所聞，轉相詬厲，於是執學問之異同，以爭門戶之勝負。其最著者，王守仁作朱子晚年定論，引朱以合陸。至萬曆中，東莞陳建作學蔀通辨，又尊朱以攻陸。程曈，朱子之鄉人也，因作閑闢錄以申朱子之說。紱，陸氏之鄉人也，乃又作此書，以尊陸氏之學。大旨謂陳建之書與朱子之論，援據未全，且語錄出門人所紀，不足爲據。乃取朱子正、續、別三集所載，自五十歲至七十一歲與人答問及講義、題詞之類，排比編次，逐條各附考證論辨於下，以成是書。其說甚辨。案韓愈送王秀才序稱孔子之道大而能博，學焉而各得其性之所近。故子貢之敏悟，曾子之篤實，皆得聞一貫之旨，而當時未嘗相非。後之儒者，各明一義，理亦如斯。惟其私見不除，人人欲希孔庭之俎豆，於是始於爭名，終於分黨，遂尋仇報復而不已，實非聖賢立教之本旨。即以近代而論，陸隴其力尊程朱之學，湯斌遠紹陸王之緒，而蓋棺論定，均號名臣。蓋各有所得，即各足自立，亦何必強而同之，使之各失故步乎？紱此書皆以朱子悔悟爲言，又舉凡朱子所稱切實近理用功者，一概歸之心學。夫回也屢空，焦竑以心無罣礙、空諸所有解之矣，顏子其果受之乎？仍各尊所聞而已矣。

陸子學譜二十卷（江西巡撫採進本）

國朝李紱撰。是編發明陸九淵之學，首列八目，曰辨志曰求放心，曰講明，曰踐履，曰定宗仰，曰闢異學，曰讀書，曰爲政。次爲友教，次爲家學，次爲弟子，次爲門人，次爲私淑，而終之以附錄。考陸氏學派之端委，蓋莫備於是書。惟其必欲牽朱入陸，以就其晚年全論之說，所列弟子如呂祖儉之類，亦不免有所假借，是則終爲鄉曲之私耳。

學舫（無卷數，山東巡撫採進本）

國朝吳雲撰。雲有雲谷寺志，已著錄。是編每條標目，各載門人某述，而玩其文辭，乃出一手。大抵雲有所講論，輒筆於書，特分署門人之名，以摹倣程朱語錄體例耳。其議論頗多迂誕，如論河圖，謂嬰兒首有髮漩，爲人之河圖；黃河居中，衆水分流，爲地之河圖；三垣五行，日月列宿，爲天之河圖。未免穿鑿。論周易大旨，謂易字從日從月，日月往來即易。聖人非作易，乃鈔易耳。陰取參同契之說，又未免剿襲。至詩學一條，謂詩必以賡歌擊壤爲歸，尤萬不可行之高論也。

白鹿洞規條目二十卷（江蘇巡撫採進本）

國朝王澍撰。澍有禹貢譜，已著錄。是編取朱子白鹿洞規爲綱，而分類條析，證以經史百家之語。自序云，始自戊寅四月，迄癸未十月，中更六年，凡三易稾云。

集程朱格物法一卷、集朱子讀書法一卷（兩江總督採進本）

國朝王澍撰。陸王之學主於靜悟，故以讀書爲粗迹，而所謂格物者亦以爲格去物欲，還虛明之本體。故澍取程朱格物之要語與朱子讀書章程，排比聯絡，融會其意，各爲一篇，以救其弊。其詞澍所自撰，其理則洛閩之緒言，故皆謂之集焉。

經書性理類輯精要錄六卷（兵部侍郎紀昀家藏本）

國朝王士陵撰。士陵有易經纂言，已著錄。是編採五經四書與性理大全之文，分類編次。凡道體一卷，爲學一卷，爲政二卷，實履一卷，聖賢一卷，別爲子目四十三。子目之中又別爲子目二十，各雜採坊本講章之文，而附以己見。

謀道續錄二卷（江西巡撫採進本）

國朝譚旭撰。旭字東白，新建人。康熙丁酉副榜貢生。是書末有其門人呂步青跋，稱旭先有謀道錄，故此稱續錄。其學恪守程朱，持論甚正，而不免於好辨。每爭競於一字一句之間，其細已甚。又朋友以書相質，詳爲批閱，是也。所見不合，兩存以待論定亦可也。乃往往註其人已改而仍載其原本之疵謬，以見駁正之功，此近於暴己之長，形人之短矣。

讀周子劄記（無卷數，江蘇巡撫採進本）

國朝崔紀撰。紀有成均課講周易，已著錄。是書以中庸之旨發明太極圖說、通書之理，大意謂太極即中庸上天之載。其陰中有陽者，是太極之靜，而中即中庸所謂人心未發之中。陽中有陰者，是太極之動，而和即中庸所謂人心已發之和。其變四象而言五行，用意尤在於土，以明太極即不貳之誠，蓋本明薛瑄之說而益推衍之。紀所解中庸，以主靜爲主，亦此意也。

知非錄一卷（山東巡撫採進本）

國朝鄧鍾岳撰。鍾岳字東長，號悔廬，聊城人。康熙辛丑進士第一，官至禮部左侍郎。是編蓋其晚年講學所記，故取蘧伯玉事爲名，猶其自號悔廬之意也。

餘山遺書十卷（浙江巡撫採進本）

國朝勞史撰。史字麟書，號餘山，餘姚人。是書謂易之爲道，細無不該，遠無不屆，故多本易理以推人物之性。其說亦或偶似近理，然如推飛禽上升屬陽，陽象圓，圓者徑一而圍三，故鳥足三爪，爲圍三。除去上一早爪，爲徑一。本乎地者爲植物，故走獸不能飛，屬陰，陰象方爲坤，坤爲牛，牛之蹄爪四，四合而二偶，故除去上二小早爪，惟大爪著地，是兩地而爲二。萬物衆矣，恐不能一一準數而生也。

虛谷遺書三卷（江西巡撫採進本）

國朝何國材撰。國材字維楚，江西新城人。是編凡分四種，祖陸九淵求放心之說而爲心學釋疑，本王守仁致良知之說而爲格物質疑，採魏伯陽參同契之說而著易圖測，倣岳元聲研幾私乘之說而爲研幾錄。大旨堅護陸王，爲門戶而著書，非爲學問而著書也。

筆記二卷（湖北巡撫採進本）

國朝程大純撰。大純字漢舒，孝感人。康熙中由貢生官黃岡縣教諭。是書皆講學之語。其謂陸王之學雖矯枉過正，然用以救口耳之學，不爲無功，所見頗爲平允。若以程子配孔子，朱子配孟子，則聖賢之於大儒，自有分際，未必二子所敢居矣。

日省編一卷（浙江巡撫採進本）

國朝馮昌臨撰。昌臨有易學參記，已著錄。是書取太極圖說、西銘及劉宗周人極圖三篇，以爲體道修身之本。後有玩日省編附語，取先儒舊說，閒以己意附釋焉。

聖學輯要一卷（兩江總督採進本）

國朝潘繼善撰。繼善有音律節略考，已著錄。是書爲目凡六。論致知力行存養慎獨爲一篇，論誠一篇，論仁義禮智爲一篇，論學思知行爲一篇，論主敬存省爲一篇，論生質氣象爲一篇。前有江永序，稱其學以敬爲主。蓋新安爲朱子之鄉，無不宗法洛閩者，繼善亦隨其土俗云。

載道集六十卷（浙江巡撫採進本）

國朝許焞編。焞字純也，海寧人。雍正癸卯進士，官翰林院編修。此編錄歷代之文，大旨以道學諸儒爲主，而其餘類及焉。冠以大學聖經一章，中庸哀公問政一章。次以家語三章。次爲孔子弟子門人子思孟子孟母樂克東周賢士之言。又次爲東周論著。自漢至唐，大體分王言、臣言、論著三類，而隋則增王門弟子之言一類，尊王通也。宋元明則論著之外增言行一類，以有講學諸儒也。終以張履祥之書。其凡例謂千古之聖人莫尊於洙泗，有明之儒者莫醇於楊園。以孔子始，以張子終，垂希聖希賢之則也。然於百世之下，尊一人與孔子相終始，談何容易乎。

恥亭遺書十卷（浙江巡撫採進本）

國朝周宗濂撰。宗濂字簡菴，華亭人。雍正癸卯拔貢生，官潛山縣教諭。是書於易、書、詩、春秋、禮記、周禮、儀禮偶有所得，皆隨筆記錄。末附日省錄一卷。其說經諸條，多講章習見之語。至斥禮記祭法王立七廟凡有六誤，祭義天子巡狩先見百年，於理難通，尤爲臆見。惟日省錄語多切實。蓋疎於考古而熟於講學者也。

棉陽學準五卷（江西巡撫採進本）

國朝藍鼎元撰。鼎元有平臺紀略，已著錄。雍正戊申，鼎元以普寧縣知縣署理潮陽，因經理其學校，作是編以訓士。卷一曰同人規約，卷二曰講學禮儀、丁祭禮儀、書田志，卷三卷四曰閒存錄，卷五曰道學源流、太極要義、西銘要義。棉陽者，潮陽古地名也。

女學六卷（福建巡撫採進本）

國朝藍鼎元編。鼎元以周禮天官有九嬪掌婦學之法，謂婦人不可不學。然自班氏女誡以外，若劉向列女傳，擇而不精；鄭氏女孝經，精而不詳；至女訓、女史、閨範、女範等書，尤爲鄙陋淺率。因採經傳格言，參摭史傳，分爲德言容功四篇，章區類別，閒綴論斷。其體例皆本之朱子小學。

張子淵源錄十卷（山東巡撫採進本）

國朝張鏐編。鏐號紫峰，樂陵人。雍正壬子舉人，官內閣中書。是書以儀封張伯行所刻張子全書不無譌謬，因仿近思、淵源二錄之遺意，擇張子粹言以程朱論定者彙爲一集。閒有刪節，皆從程朱所辨，而張子晚年所未及改者也。凡西銘一卷，正蒙二卷，經學理窟二卷，語錄、文集一卷，遺文一卷，拾遺文一卷，遺事一卷，弟子一卷。

女教經傳通纂二卷（江蘇巡撫採進本）

國朝任啟運撰。啟運有周易洗心，已著錄。是編仿朱子小學之例，採諸經傳及女誡、女訓、女史箴等書，分十三類：曰立教，曰敬身，曰笄禮，曰昏禮，曰事父母舅姑，曰謹夫婦，曰辨內外，曰述姜媵，曰生子，曰勤職，曰祭禮，曰喪禮，曰貞節。其子翔爲之註。末有其門人傅洛等跋，稱尚有女教史傳通纂一書，仿小學外篇之意，今未之見。據翔所附記，此書立教等十一門，乃啟運之妻所輯，笄禮、喪禮二門，乃其妻沒後啟運所補。然啟運序中不及之，且其妻名氏，翔亦未著，故仍以啟運之名著錄焉。

躬行實踐錄十五卷（浙江巡撫採進本）

國朝桑調元撰。調元有論語說，已著錄。調元初以文章馳驟一時，晚乃講學，作爲語錄。其門人沈世煒及其姪經邦編而次之，以成是書。本名夜炳錄。大旨以程朱爲宗，言敬言仁，闢仙闢佛，持論極爲醇正，而大抵皆先儒所已言。

朱子爲學考三卷（福建巡撫採進本）

國朝童能靈撰。能靈有周易剩義，已著錄。是編考朱子爲學之次第，分年記載，而於講學諸書各加案語以推闡辨論之。蓋繼學蔀通辨而作也。同時寶應朱澤澐亦有是書，大致皆互相出入。

理學疑問四卷（福建巡撫採進本）

國朝童能靈撰。首卷言心，二卷言性，三卷言仁，四卷言情。其論心曰：氣之精爽爲神明，神明之渣滓爲氣，氣之渣滓爲形，心其精，而形氣其渣滓也。其論性，謂氣質中亦有義理。其論仁，謂仁先須理會愛之理，求發之愛是爲愛之本體，而得名之曰仁。其論情，謂思慮是心之用，而情行其中。又以孟子四端爲逆觸吾性而發者其情屬陰中庸喜怒哀樂爲順吾性而發者其情屬陽自序謂專心於聖賢先儒之旨閱十餘年日用體驗閒有所見輒自劄記而成是編然多師心臆說不能一一愜理也

讀書小記三十一卷 山西巡撫採進本

國朝范爾梅撰爾梅字梅臣號雪菴洪洞人雍正中貢生是編乃其隨筆札記教授生徒者其弟爾楫顏之曰讀書小記其目爲大學中庸論語孟子札記者凡六卷爲周易札記易論易卦考者凡七卷爲尚書札記者一卷爲毛詩札記者二卷爲春秋札記者五卷爲禮記周禮札記者三卷又樂律考一卷琴律考一卷語錄一卷明儒考一卷詩文三卷據卷首凡例謂易尚書詩爲完書春秋禮記周禮等皆有殘佚重複蓋其書非手訂故多闕略其所爲諸經札記皆隨意綴語初非依經立訓易論易卦考則專主圖書卦變之義樂律琴律考則採自明鄭世子載堉樂書無他發明

南阿集二卷 陝西巡撫採進本

國朝康呂賜撰呂賜有讀大學中庸日錄已著錄是編以集爲名實則劄記一爲論易問答一爲慎獨齋日錄皆題曰卷一據雍正壬子王心敬序稱問答語錄凡十冊則非全書矣

淑艾錄十四卷 江西巡撫採進本

國朝祝洤撰洤字人齋原名游龍海寧人乾隆丙辰舉人是書本張履祥備忘錄而增刪之凡三百九十五條仿朱子近思錄例分十四門持論頗爲純正而其後序則門戶之見尚堅持而不化必欲滅盡陸王一派而後已如不共戴天之讐是未免於已甚矣

下學編十四卷 江西巡撫採進本

國朝祝洤撰洤以蔡氏所纂朱子近思續錄及近代朱子近思續錄朱子文語纂朱子節要諸書皆爲未善乃掇取文集語類分十四門編次之門爲一卷凡六百九十二條其去取頗具苦心然多竄易其原文雖所改之處皆註其下曰原作某句然先儒之書意有所契簡擇取之可也意所不合附諭是非破除門戶無所曲阿亦可也學未必能出其上而遽改古書其意雖善其事則不可訓矣

東莞學案無卷數 浙江巡撫採進本

國朝吳鼎撰鼎有易訓舉要已著錄是書大旨以陳建學蔀通辨全爲阿附闇臣排陸以陷王甚至取象山語錄割裂湊合而誣之以禪因條列其說爲之詰難一曰誣朱子學禪二曰撰禪名色三曰以遮掩禪機咎象山四曰撰養神二字誣象山五曰刪節象山文字誣象山六曰錯解象山語罪象山七曰嘲象山闢禪八曰自禪九曰罵先儒十曰自譽十一曰譽朝貴十二曰總論學蔀通辨三十謬十三曰諸儒評學蔀通辨末附象山讀書法五十七條論三魚堂答秦定叟書一則陳建爲東莞人故題曰東莞學案明以來朱陸之徒互相詬厲名則託於衞道實則主於爭勝建之書以詈罵爲長既非儒者氣象鼎又從而報復之蓋門戶之爭非一朝一夕之故矣

逸語十卷 江蘇巡撫採進本

國朝曹庭棟撰庭棟有易準已著錄是書前有自序謂慮羣書沿襲疑信相參用是殫心潛體削誣正誤以傳其信云云夫自秦漢而後百家多述孔子之言眞僞參半庭棟雖稱削誣正誤亦未見一一必出於孔子又其序說行款及每節註文分圈內圈外儼然朱子論語集註體例亦未免過於刻畫也

困勉齋私記四卷 編修周永年家藏本

國朝閻循觀撰循觀有尚書讀記已著錄此編乃其劄記之文初爲三書一曰困勉齋私記一曰困勉齋記忘一曰求心錄循觀歿後其同學韓夢周刪除繁複定爲四卷總名之曰私記其學主於主敬克己時時提醒此心刻苦自立而諄諄致戒於近名於河津之派爲近

思通集二卷隨意吟一卷 江蘇巡撫採進本

國朝秦望撰望字元宮無錫人思通集皆雜論義理自太極陰陽天地鬼神飛潛動植之類凡有會悟隨筆記之隨意吟乃所作雜詩皆五言古體亦多涉理路

敍天齋講義四卷 陝西巡撫採進本

國朝竇文炳撰文炳字質民長安人是書首純一圖說次學約次中庸撮總次禮樂緒言凡四種其說簡略殊甚因乾隆三十三年其稾曾咨送五朝國史館遂題曰進呈敍天齋講義且備錄文牒累牘連篇幾乎末大於本可謂村塾迂儒毫不知朝廷體制者矣

明儒講學考一卷（浙江巡撫採進本）

國朝程嗣章撰。嗣章字元朴，號南耕，上元人。明代儒者，自宋濂以來多守朱儒矩矱。自陳獻章、王守仁、湛若水各立宗旨，分門別戶，其後愈傳愈遠，益失其眞，入主出奴，互興毀譽。嗣章爲綜括大略，合爲一篇，而各註仕履於其下。於源流授受，宗派甚明。然如貝瓊等本明初文士，於六經無所發明，未足當儒林之目，乃槪加牽引，不免失之氾濫矣。

業儒臆說一卷（編修程晉芳家藏本）

國朝陶圻撰。圻字甸方，秀水人。是編皆論學之語。末有其弟越跋語，稱其生平於性命之學最所究心。然觀所論議，大率仍明人講學之習，務以空談相勝者也。

砭身集六卷（江蘇巡撫採進本）

國朝劉鳴珂撰。鳴珂有易圖疏義，已著錄。陝西通志謂鳴珂有志聖賢之道，隨處體認，有所得輒錄之，凡六卷，卽此書也。其書雖以集名，實則語錄。持論亦頗醇正，然其中多駁經之說。如疑儀禮喪服傳父在不得爲母三年，妾生之子適母在不得爲其母服及叔嫂無服，皆逆於人心自然之理。又疑禮記抱孫不抱子，爲厚於孫而薄於子。祭必立尸是僞爲祖父，非百世不易之典。凡此之類，皆據臆見以測聖人，執後世以疑前代。蓋講學而未能窮經者耳。卷首有臨潼教諭王修所作鳴珂傳，其標題曰大茂才理學名儒伯容劉公傳，亦不知文章體例。至稱鳴珂學行載於

大清國史尤鄉曲陋儒妄相誇燿，不知國家典制者矣。

愚齋反經錄十六卷（陝西巡撫採進本）

國朝謝王寵撰。王寵字愚齋，陝西人。是書卷一至卷四爲論語𡸁註解意，卷五爲小學大學中庸兩孟指要四種，卷六爲孝經述朱，卷七爲忠經擇要，卷八爲明倫錄，卷九爲理學入門，卷十爲知性錄，卷十一爲尋孔顏樂處，卷十二爲易學指要，卷十三爲善利圖說補，卷十四爲學要，卷十五爲治要，卷十六爲荒政錄。總名爲反經錄，皆陳因之說，無所發明。

講學二卷（浙江范懋柱家天一閣藏本）

國朝陳祖銘編，皆其師李培講學語也。培號此菴，嘉興人。其說皆闢姚江餘緒。上卷曰溯源委，同人我，端學術，定志趣，認本體，議功夫，求悟門，先默識，崇實際，重悟輕修，脫世味，凡十一條。下卷則皆雜論性理四書大旨。觀其立論，以悟爲宗，而又譏世之講學者重悟而輕修，特巧掩其迹，杜人攻詰而已矣。

三立編十二卷（安徽巡撫採進本）

國朝王梓編。梓字琴伯，郃陽人，官崇寧縣知縣。是編取明王守仁著述，分類編輯，以講學者爲立德，以論事者爲立功，以詩文爲立言。立德編摘述傳習錄及文錄，立功編載奏疏、咨文、行牒、批呈、告諭，立言編載古今體詩、雜文，末附年譜。

性理析疑十五卷（福建巡撫採進本）

國朝蔡洛撰。洛武平人。此書皆舉宋儒之說，摘條設問，分二十七門。或引先儒之言，或出己意以解之。引伸觸類，辨析頗詳。然大抵如坊刻高頭講章之說也。

童子問一卷（浙江巡撫採進本）

國朝黃文澍撰。文澍有經解經義雜著，已著錄。是編刊本題石畦集，童子問蓋其集中之一種也。設爲童子問，而文澍答以駁王守仁之學，凡十四章。

敬義錄一卷（浙江巡撫採進本）

國朝黃文澍撰，亦石畦集中之一也。大旨述程朱之緒言，駁陸王之高論，無所發明，亦無所乖剌。惟其中一條云：莊子尙有見地，荀子則茫然無所見，止識得一个學字。乃轉似金谿姚江所說，與全書南轅北轍，則不解其何故也。

理解體要二卷（江西巡撫採進本）

國朝黃爲鶚撰。爲鶚字黃人，其書凡一百三十八條，繪圖列說，皆雜採宋人講學之語，融貫成篇。

讀白鹿洞規大義五卷（江蘇巡撫採進本）

國朝任德成撰。德成字象元，吳江人。是書取朱子白鹿洞規原文各分段落，標於每卷之首，而引歷代諸儒名言附於後。凡二百四條。前有讀白鹿洞規文約，舉邵周程張呂陸諸子之說以冠之，則一篇之綱領也。

朱子書要（無卷數，兩江總督採進本）

不著編輯人名氏。取朱子語類文集鈔撮成帙，前無序目，每條下又各以硃筆註道體天命等子目。蓋欲分類編排，手錄未竟之本也。

右儒家類三百七部，二千四百七十三卷，（內二十部無卷數）皆附存目。

欽定四庫全書總目卷九十八

欽定四庫全書總目卷九十九

子部九

兵家類

史記穰苴列傳稱、齊威王使大夫追論古者司馬兵法、是古有兵法之明證。然風后以下、皆出依託。其間孤虛王相之說、雜以陰陽五行。風雲氣色之說、又雜以占候。故兵家恒與術數相出入、術數亦恒與兵家相出入、要非古兵法也。其最古者、當以孫子吳子司馬法爲本。大抵生聚訓練之術、權謀運用之宜而已。今所採錄、惟以論兵爲主。其餘雜說、悉別存目。古來僞本流傳既久者、詞不害理、亦併存以備一家。明季遊士撰述、尤爲猥雜、惟擇其著有明效、如戚繼光練兵實紀之類者、列於篇。

握奇經一卷、浙江范懋柱家天一閣藏本

一作握機經、一作幄機經。舊本題風后撰。漢丞相公孫宏解。晉西平太守馬隆述讚。案漢書藝文志、兵家陰陽風后十三篇、班固自註曰、圖二卷、依託也。竝無握奇經之名。且十三篇七略著錄、固尚以爲依託、則此經此解、七略不著錄者、其依託更不待辨矣。馬隆述讚、隋志亦不著錄、則猶之公孫宏解也。考唐獨孤及毘陵集有八陣圖記、曰、黃帝順煞氣以作兵法、文昌以命將。風后握機制勝、作爲陣圖。故八其陣、所以定位也。衡抗於外、軸布於內、風雲附其四維、所以備物也。虎張翼以進、蛇向敵而蟠、飛龍翔鳥、上下其旁、所以致用也。至若疑兵以固其餘地、游軍以案其後列、門具將發然後合戰。弛張則二廣迭舉、犄角則四奇皆出云云。所說乃一一與此經合。疑唐以來好事者因諸葛亮八陣之法、推演爲圖、託之風后。其後又因及此記、推衍以爲此經。併取記中握機制勝之語以爲之名。宋史藝文志始著於錄、其晚出之顯證矣。高似孫子略曰、馬隆本作幄機。序曰、幄者帳也。大將所居。言其事不可妄示人、故云幄機。則因握幄字近而附會其文。今本多題曰握奇、則又因經中有四爲正、四爲奇、餘奇爲握奇之語、改易其名也。似孫又云、總有三本。一本三百六十字。一本三百八十字、蓋呂尚增字以發明之。其一行間有公孫宏等語。今本衍四字。校驗此本、分爲三章、正得三百八十四字。蓋卽似孫所謂衍四字本也。經後原附續圖、據書錄解題亦稱馬隆所補。然有目而無圖、殆傳寫佚之歟。

六韜六卷、通行本

舊本題周呂望撰。考莊子徐無鬼篇、稱金版六弢。經典釋文曰、司馬彪崔譔云、金版六弢皆周書篇名。本又作六韜。謂太公六韜、文武虎豹龍犬也。案今本以文武龍虎豹犬爲次、與陸德明所註不同、未詳孰是、謹附識於此。則戰國之初、原有是名。然卽以爲太公六韜、未知所據。漢書藝文志兵家不著錄、惟儒家有周史六弢六篇。班固自註曰、惠襄之閒、或曰顯王時、或曰孔子問焉。則六弢別爲一書。顏師古註以今之六韜當之、毋亦因陸德明之說而牽合附會歟。三國志先主傳註始稱閒暇歷觀諸子及六韜商君書、益人志意。隋志始載太公六韜五卷。註曰、梁六卷、周文王師姜

望撰，唐宋諸志皆因之。今考其文，大抵詞意淺近，不類古書。中間如避正殿乃戰國以後之事，將軍二字始見左傳，周初亦無此名。（案路史有虞舜時伯益爲百蟲將軍之語，雜說依託，不足爲據。）其依託之迹，灼然可驗。又龍韜中有陰符篇云：主與將有陰符凡八等，克敵之符長一尺，破軍之符長九寸，至失利之符長三寸而止。蓋僞撰者不知陰符之義，誤以爲符節之符，遂粉飾以爲此言，尤爲鄙陋，殆未必漢時舊本。故周氏涉筆謂其書並緣吳起，漁獵其詞，而綴輯以近代軍政之浮談，淺駁無可施用。胡應麟筆叢亦謂其文代陰書等篇爲孫吳尉繚所不屑道，然晁公武讀書志稱，元豐中以六韜、孫子、吳子、司馬法、黃石公三略、尉繚子、李衞公問對頒武學，號曰七書，則其來已久，談兵之家恒相稱述，今故仍錄存之，而備論其踳駮如右。

孫子一卷（通行本）

周孫武撰。考史記孫子列傳，載武之書十三篇，而漢書藝文志乃載孫子兵法八十二篇、圖九卷，故張守節正義以十三篇爲上卷，又有中下二卷。杜牧亦謂武書本數十萬言，曹操削其繁剩，筆其精粹，以成此書。然史記稱十三篇在漢志之前，不得以後來附益者爲本書，牧之言固未可以爲據也。此書註本極夥，隋書經籍志所載，自曹操外，有王凌、張子尚、賈詡、孟氏、沈友諸家；唐志益以李筌、杜牧、陳皥、賈林、孫鎬諸家；馬端臨經籍考又有紀燮、梅堯臣、王晳、何氏諸家。歐陽修謂兵以不窮爲奇，宜其說者之多，其言最爲有理。然至今傳者寥寥。應武舉者所誦習，惟坊刻講章，鄙俚淺陋，無一可取。故今但存其本文，著之於錄。武書爲百代談兵之祖，葉適以其人不見於左傳，疑其書乃春秋末戰國初山林處士之所爲。然史記載闔閭謂武曰：子之十三篇，吾盡觀之矣。則確爲武所自著，非後人嫁名於武也。

吳子一卷（通行本）

周吳起撰。起事蹟見史記列傳。司馬遷稱起兵法世多有，而不言篇數。漢藝文志載吳起四十八篇，然隋志作一卷，賈詡註。唐志並同。鄭樵通志略又有孫鎬註一卷，均無所謂四十八篇者，蓋亦如孫武之八十二篇出於附益，非其本書，世不傳也。晁公武讀書志則作三卷，稱唐陸希聲類次爲之，凡說國、料敵、治兵、論將、變化、勵士六篇。今所行本雖仍併爲一卷，然篇目並與讀書志合，惟變化作應變，則未知孰誤耳。起殺妻求將，齧臂盟母，其行事殊不足道，然嘗受學於曾子，耳擩目染，終有典型。故持論頗不詭於正。如對魏武侯則曰在德不在險，論制國治軍則曰教之以禮，勵之以義，論爲將之道則曰所慎者五，一曰理，二曰備，三曰果，四曰戒，五曰約。大抵皆尚有先王節制之遺。高似孫子略謂其尚禮義，明教訓，或有得於司馬法者，斯言允矣。

司馬法一卷（通行本）

舊題齊司馬穰苴撰。今考史記穰苴列傳，稱齊威王使大夫追論古者司馬兵法，而附穰苴於其中，因號曰司馬穰苴兵法。然則是書乃齊國諸臣所追輯。隋唐諸志皆以爲穰苴之所自撰者，非也。漢志稱軍禮司馬法百五十五篇，陳師道以傳記所載司馬法之文今書皆無之，疑非全書。然其言大抵據道依德，本仁祖義，三代軍政之遺規，猶藉存什一於千百。蓋其時去古未遠，先王舊典未盡無徵，摭拾成編，亦漢文博士追述王制之類也。班固序兵權謀十三家，形勢十一家，陰陽十六家，技巧十三家，獨以此書入禮類，豈非以其說多與周官相出入，爲古來五禮之一歟。胡應麟筆叢惜其以穰苴所言參伍於仁義禮樂之中，不免瘢疣附贅，然要其大旨，終爲近正，與一切權謀術數迥然別矣。隋唐志俱作三卷，世所行本以篇頁無多，併爲一卷，今亦從之，以省繁碎焉。

尉繚子五卷（通行本）

周尉繚撰。其人當六國時，不知其本末。或曰魏人，以天官篇有梁惠王問知之。或又曰齊人，鬼谷子之弟子。劉向別錄又云：繚爲商君學。未詳孰是也。漢志雜家有尉繚二十九篇，隋志作五卷，唐志作六卷，亦並入於雜家。鄭樵譏其見名而不見書，馬端臨亦以爲然。然漢志兵形勢家內實別有尉繚三十一篇，故胡應麟謂兵家之尉繚即今所傳，而雜家之尉繚並非此書。今雜家亡而兵家獨傳。鄭以爲孟堅之誤者，非也。特今書止二十四篇，與所謂三十一篇者數不相合，則後來已有所亡佚，非完本矣。其書大指主於分本末，別賓主，明賞罰，所言往往合於正。如云兵不攻無過之城，不殺無罪之人。又云兵者所以誅暴亂，禁不義也，兵之所加者。農不離其田業。賈不離其肆宅。士大夫不離其官府。故兵不血刃而天下親。皆戰國談兵者所不道。鼂公武讀書志有張載註尉繚子一卷。則講學家亦取其說。然書中兵令一篇。於誅逃之法。言之極詳。可以想見其節制。則亦非漫無經略高談仁義者矣。其書坊本無卷數。今酌其篇頁。仍依隋志之目。分爲五卷。

黃石公三略三卷通行本

案黃石公事見史記。三略之名始見於隋書經籍志。云下邳神人撰。成氏註。唐宋藝文志所載竝同。相傳其源出於太公。圯上老人以一編書授張良者。即此。蓋自漢以來。言兵法者往往以黃石公爲名。史志所載有黃石公記三卷。黃石公略註三卷。黃石公陰謀乘斗魁剛行軍祕一卷。黃石公神光輔星祕訣一卷。又兵法一卷。三鑑圖一卷。兵書統要一卷。今雖多亡佚不存。然大抵出於附會。是書文義不古。當亦後人所依託。鄭瑗井觀瑣言稱其剽竊老氏遺意。迂緩支離。不適於用。其卯足戒貪等語。蓋因子房之明哲而爲之辭。非子房反有得於此。其非圯橋授受之書明甚。然後漢光武帝詔書引黃石公柔能制剛、弱能制強之語。實出書中所載軍讖之文。其爲漢詔援據此書。或爲此書剽竊漢詔。雖均無可考。疑以傳疑。亦姑過而存之焉。

三略直解三卷浙江范懋柱家天一閣藏本

明劉寅撰。寅始末未詳。自題前辛亥科進士。考太學進士題名。洪武辛亥有劉寅。崞縣人。蓋即其人。張綸林泉隨筆稱太原劉寅作六書直解。謹據經史。辨析舛謬。然劉寅所註者凡六書。此其一種也。三略一書。漢志不著於錄。張商英僞作素書。託盜者得之張良冢中。而以稱三略出黃石公者爲誤。寅辨其雜取子書中語。更換字樣。聯屬之。誣商英言涉虛無。其說當矣。然必以三略爲眞出太公。至黃石公始授張良。於書中越王句踐投醪飲士一事。無以爲解。則指爲黃石公所附益。又遁其說以爲句踐以前或別有投醪之事。今不可考。則其誣與商英等矣。眞德秀西山集有是書序。亦以爲雖非太公作。而當爲子房之所受。則寅說亦有所自來。其大旨出於黃老。務在沈幾觀變。先立於不敗。以求敵之可勝。操術頗巧。兵家或往往用之。寅之所註。亦頗能發明此意。又能參校諸本。註其異同。較他家所刻。亦特爲詳贍。中有闕字。無可考補。今亦姑仍之焉。

素書一卷江蘇巡撫採進本

舊本題黃石公撰。宋張商英註。分爲六篇。一曰原始。二曰正道。三曰求人之志。四曰本德宗道。五曰遵義。六曰安禮。黃震日鈔謂其說以道德仁義禮五者爲一體。雖於指要無取。而多主於卑謙損節。背理者寡。張商英妄爲訓釋。取老子先道而後德、先德而後仁、先仁而後義、先義而後禮之說以言之。遂與本書說正相反。其意蓋以商英之註爲非。而不甚斥本書之僞。然觀其後序所稱圯上老人以授張子房。晉亂有盜發子房冢。於玉枕中得之。始傳人間。又稱上有祕戒。不許傳於不道、不仁、不聖、不賢之人。若非其人。必受其殃。得人不傳。亦受其殃。尤爲道家鄙誕之談。故鼂公武謂商英之言世未有信之者。至明都穆聽雨紀談。以爲自晉迄宋。學者未嘗一言及之。不應獨出於商英。而斷其有三僞。胡應麟筆叢亦謂其書中悲莫悲於精散、病莫病於無常。皆仙經佛典之絕淺近者。蓋商英嘗學浮屠法於從悅。喜講禪理。此數語皆近其所爲。前後註文與本文亦多如出一手。以是核之。其即爲商英所僞撰明矣。以其言頗切理。又宋以來相傳舊本。姑錄存之。備參考焉。

李衞公問對三卷通行本

唐司徒并州都督衞國景武公李靖與太宗論兵之語。而後人錄以成書者也。宋史稱所著兵法世無完書。惟通典中略見大槩。此書出於宋代。大旨因杜氏所有者而附益之。何薳春渚紀聞謂蘇軾嘗言世傳王通元經、關子明易傳及此書。皆阮逸所僞撰。蘇洵曾見其草本。馬端臨撰四朝國史兵志。謂神宗熙寧閒嘗詔樞密院校正此書。似非逸所假託。胡應麟筆叢則又稱其詞旨淺陋猥俗。最無足采。阮逸亦不應鄙野至此。當是唐末宋初村儒俚學掇拾貞觀君臣遺事而爲之。諸說紛紜。多不相合。今考阮逸僞撰諸書。一見於春渚紀聞。再見於後山談叢。又見於聞見後錄。不應何薳、陳師道、邵博不相約會。同搆誣詞。至熙寧、元豐之政。但務更新。何嘗稽古。尤未可據七書之制斷爲唐代舊文。特其書分別奇正。指畫攻守。變易主客。於兵家微意時有所得。亦不至遂如應麟所詆耳。鄭瑗井觀瑣言謂問對之書雖僞。然必出於有學識謀略者之手。斯言近之。故今雖正其爲贋作，而仍著之於錄云。

太白陰經八卷（浙江范懋柱家天一閣藏本）

唐李筌撰。筌里籍未詳。惟集仙傳稱其仕至荊南節度副使、仙州刺史。著太白陰經。又神仙感遇傳曰筌有將略，作太白陰符十卷，入山訪道，不知所終。太白陰符當卽此書，傳寫譌一字也。考唐書藝文志、宋史藝文志皆云太白陰經十卷，而此本止八卷，疑非完帙。然核其篇目，始於天地陰陽險阻，終於雜占，首尾完具，又似無所闕佚。殆後人傳寫有所合併，故卷數不同歟。兵家者流大抵以權謀相尚，儒家者流又往往持論迂闊，諱言軍旅。蓋兩失之。筌此書先言主有道德，後言國有富強，內外兼修，可謂持平之論。其人終於一郡，其術亦未有所試，不比孫吳穰苴李靖諸人以將略表見於後世。然杜佑通典兵類取通論二家，一則李靖兵法，一卽此經。其攻城具篇則取爲攻城具，守城具篇、築城篇、鑿濠篇、弩臺篇、烽燧臺篇、馬鋪土河篇、遊奕地聽篇則取爲守拒法，水攻具篇則取爲水戰具，濟水具篇則取爲軍行渡水，火攻具篇、火戰具篇則取爲火兵，井泉篇則取爲識水泉，宴娛音樂篇則取爲聲感人。是佑之採用此書，與李靖之書無異。其必有以取之矣。靖之兵法，宋時已殘闕舛譌，阮逸所傳又亂以僞本。筌此經至今猶存。惟篇首陰陽總序及天地無陰陽篇有錄無書，不知佚於何時，今則無從校補矣。

武經總要四十卷（江蘇巡撫採進本）

宋曾公亮、丁度等奉敕撰。晁公武讀書後志稱，康定中，朝廷恐羣帥昧古今之學，命公亮等採古兵法及本朝計謀方略，凡五年奏御，仁宗御製序文。其書分前後二集。前集制度十五卷、邊防五卷，而十六卷十八卷各分上下。後集故事十五卷、占候五卷。仁宗爲守成令主，然武事非其所長，公亮等亦但襄贊太平，未嫻將略，所言陣法戰具，其制彌詳，其拘牽彌甚。大抵所謂檢譜角觝也。至於諸番形勢，皆出傳聞，所言道里山川，以今日考之，亦多刺謬。然前集備一朝之制度，後集具歷代之得失，亦有足資考證者。讀書後志別載王洙武經聖略十五卷，乃寶元中西邊用兵，詔洙編祖宗任將用兵邊防事迹爲十二門，今已佚。南渡以後，又有御前軍器集模一書，今惟造甲法二卷、造神臂弓法一卷，尚載永樂大典中。其餘亦佚。宋一代朝廷修講武備之書，存者惟此編而已，固宜存與史志相參也。

虎鈐經二十卷（安徽巡撫採進本）

宋許洞撰。洞字淵夫，吳興人。登咸平三年進士，爲雄武軍推官，免歸。尋召試中書，改烏江縣簿，坐事變姓名，隱中條山。龔明之中吳紀聞謂洞平生以文章自負，所著詩篇甚多，歐陽修嘗稱爲俊逸之士者是也。是書卷首有洞進表及自序，大意謂孫子兵法奧而精，學者難於曉用；李筌太白陰符經論心術則祕而不言，談陰陽又散而不備，乃演孫李之要，而攝天時人事之變，備舉其占。凡六壬遁甲、星辰日月、風雲氣候、風角鳥情以及宣文設奠、醫藥之用、人馬相法，莫不具載。積四年書成，凡二百十篇，分二十卷，名曰虎鈐經。大都彙輯前人之說，而參以己意。惟第九卷所載飛鶚、長虹、重霞、八卦四陣，及飛轅寨諸圖，爲洞自創耳。其四陣統論自以爲遠勝李筌所纂，其閒亦多迂闊誕渺之說，不足見諸施行。然考漢書藝文志兵家者流，有兵權謀、兵形勢、陰陽諸類，凡七百餘篇。蓋古來有此專門之學，今漢志所錄者久已亡佚，而洞獨能掇拾遺文，撰次成帙，不可謂非一家之言。錄而存之，亦足以備一說也。

何博士備論一卷（浙江鮑士恭家藏本）

宋何去非撰。去非字正通，浦城人。元豐五年以特奏召廷試，除右班殿直、武學教授，博士。元祐四年以蘇軾薦，換承奉郎。五年出爲徐州教授。軾又奏進所撰備論，薦爲館職，不果行。是編卽軾奏進之本。軾狀稱二十八篇，此本僅二十六篇，蓋佚其二也。去非本以對策論兵得官，故是編皆評論古人用兵之作。其文雄快踔厲，風發泉涌。去蘇氏父子爲近。蘇洵作六國論，咎六國之賂秦；蘇轍作六國論，咎四國之不救。去非所論，乃兼二意。其旨尤相近，故軾屢稱之。卷首惟載軾薦狀二篇，所以誌是書之緣起也。卷末有明歸有光跋，深議是論之謬，且以元符政和之敗，歸禍本於去非。夫北宋之釁，由於用兵，而致釁之由，則起於狃習晏安，廢弛武備，驅不可用之兵而戰之，故一試而敗，再試而亡。南渡以後，卒積弱以至不振。有光不咎宋之潰亂由士大夫不知兵，而轉咎去非之談兵，明代通儒所見如是，明所由亦以弱亡歟。

守城錄四卷永樂大典本

宋右正議大夫陳規在德安禦寇事蹟也。規字元則，密州安丘人。中明法科。靖康末，金兵南下，荆湖諸郡所在盜起。規以安陸令攝守事，連敗劇寇。建炎元年，除知德安府，擢鎮撫使。羣盜先後來攻，隨機捍禦，皆摧破去。尋召赴行在，又出知順昌，與劉錡同却金兵。又移知廬州，兼淮西安撫使。卒。乾道中追封忠利智敏侯，立廟德安。事蹟具宋史本傳。是書凡分三種。首爲規所撰靖康朝野僉言後序。朝野僉言本夏少曾作，備載靖康時金人攻汴始末。規在順昌見之，痛當日大臣將帥捍禦失策，因條列應變之術，附於各條下，謂之後序。徐夢莘嘗採入北盟會編一百三十九卷中。然其文與此大同小異，疑傳錄者有所刪潤也。次曰守城機要，亦規所作，皆論城郭樓櫓制度及攻城備禦之方。宋史本傳載規有攻守方略傳世，疑即此書。次曰建炎德安守禦錄，乃劉陽湯璹所作。璹，淳熙十四年進士，官德安教授，尋訪規守城遺事，作爲此書。紹熙四年除太學錄，乃表上之。案規本傳載乾道八年詔刻規德安守城錄頒天下，爲諸守將法。藝文志亦別有劉荀建炎德安守禦錄三卷，而無璹書之名。疑荀所撰者即乾道所頒之本，璹書上於紹熙時，距乾道已二十餘年，或又據荀書而重加增定歟。三書本各自爲帙，不知何人始併爲一編。觀書末識語，則寧宗以後人所輯矣。宋自靖康板蕩，宇內淪胥。規獨能支拄經年，不可謂非善於備禦。然此僅足爲守一城乘一障者應變之圖，而不足爲有國有家者固圉之本。當時編爲程式，原欲令沿邊肄習，顧保殘疆，然至元師南下，直破臨安，復爲東京之續，卒未聞有一人登陴以抗敵者，豈非本根先撥，雖有守禦之術，亦無所用歟。伏讀

睿題，闡晰精微，抉汴梁喪敗之由，申守在四夷之訓，然後知保邦謀命，自有常經，區區輸攻墨守之技，固其末務矣。謹錄存是帙，以不沒規一事之長，並恭錄

宸翰，弁於簡端，俾天下萬世知

聖人之所見者大也。

武編十卷江蘇巡撫採進本

明唐順之撰。順之有廣右戰功錄，已著錄。是書皆論用兵指要，分前後二集。前集六卷，自將士行陣至器用火藥軍需雜術，凡五十四門。後集徵述古事，自料敵撫士至堅壁摧標，凡九十七門。體例略如武經總要。所錄前人舊說，自孫吳穰苴李筌許洞諸兵家言，及唐宋以來名臣奏議，無不摭集。史稱順之於學無所不窺，凡兵法弧矢壬奇禽乙，皆能究極原委，故言之俱有本末。其應詔起爲淮揚巡撫，勦倭也，負其宿望，虛憍恃氣，一戰而幾爲寇困，賴胡宗憲料其必敗，伏兵豫救，得免，殆爲宗憲玩諸股掌之上。然其後部署既定，亦頗能轉戰歷賊，捍禦得宜，著有成效，究非房琯劉秩迂謬僨轅者可比。是編雖紙上之談，亦多由閱歷而得，固未可槩以書生之見目之矣。

陣紀四卷浙江鮑士恭家藏本

明何良臣撰。良臣字惟聖，會稽人。弱冠棄諸生，從軍，嘉靖閒官至薊鎮遊擊。是編皆述練兵之法。一卷曰募選、束伍、教練、致用、賞罰、節制。二卷曰奇正、虛實、衆寡、卒伍、技用。三卷曰陣宜、戰令、戰機。四卷曰摧陷、因勢、車戰、騎戰、步戰、水戰、火戰、夜戰、山林谷澤之戰、風雨雪霧之戰，凡二十三類，共六十六篇。明之中葉，武備廢弛，疆圉有警，大抵鳩烏合以赴敵，十出九敗。故良臣所述，切切以選練爲先。其所列機要，亦多即中原野戰立說。夫事機萬變，應在一心。蘇軾所謂神兵非學到，自古不留訣也。明代談兵之家，自戚繼光諸書外，往往捃摭陳言，橫生鄙論，如湯光烈之掘穽藏錐，彭翊之木人火馬，殆如戲劇。惟良臣當嘉靖中海濱弗靖之時，身在軍中，目睹形勢，非憑虛理斷，攘袂坐談者可比。在明代兵家，猶爲切實近理者矣。

江南經略八卷兩江總督採進本

明鄭若曾撰。若曾有鄭開陽雜著，已著錄。是編爲江南倭患而作，兼及防禦土寇之事。八卷之中，每卷又分二子卷。卷一之上爲兵務總要，卷一之下爲江南內外形勢總考，卷三之上至卷六之下分蘇州、常州、松江、鎮江四府所屬山川險易、城池兵馬，各附以土寇要害。卷七上下論戰守事宜。卷八上下則雜論戰具戰備，而終以水利積儲與蘇松之浮糧。明季武備廢弛，法令如戲，倭寇恒以數十人橫行數千里，莫敢攖鋒，土寇亦乘之不靖。若曾此書蓋專爲當時而言，故多一時權宜之計。福建林潤時爲應天巡撫，爲評而刊之。所評亦多遷就時勢之言。然所列江海之險要，道路之衝僻，守禦之

緩急，則地形水勢，今古略同，未嘗不足以資後來之考證。究非紙上空談，檢譜而角觝者也。

練兵實紀九卷、雜集六卷　山東巡撫採進本

明戚繼光撰。繼光字元敬，世襲登州衛指揮僉事。歷官薊州永平山海等處地方總兵官、中軍都督府左都督，進太子太保。事蹟具明史本傳。考隆慶二年，繼光以都督同知總理薊州昌平保定三鎮練兵事。至鎮，上疏請浙東殺手礮手各三千，再募西北壯士馬軍五枝、步軍十枝，專聽訓練。此書乃載其練兵實效。一練伍法，二練膽氣，三練耳目，四練手足，五練營陣，六練將。其附載雜集，一儲將通論，二將官到任，三登壇口授，四軍器制解，五車步騎解。蓋繼光爲將，精於訓練，臨事則飈發電舉，當世稱爲戚家軍。今以此書考其守邊事蹟，無不相符。非泛摭韜略常談者比。繼光初到鎮疏有云，教兵之法，美觀則不實用，實用則不美觀。此書標曰實記，徵實用也。考登壇口授云，時惟庚午夏六月，諸邊新甍肇建過半，奏奉暫停，以舉練事。庚午爲隆慶四年。又考繼光請刊此書移文云，擬定教練已經二年，今將條約通集成帙。則是書成於隆慶五年辛未矣。明史本傳稱，薊鎮十七年中易大將十人，率以罪去。繼光在鎮十六年，邊備修整，薊門宴然。繼之者踵其成法，數十年得無事。又稱所著紀效新書、練兵事實，談兵者遵用焉。此本題曰練兵實記，與史不同，或史偶誤一字歟。

紀效新書十八卷　山東巡撫採進本

明戚繼光撰。是書乃其官浙江參將時前後分防寧波紹興台州金華嚴州諸處練兵備倭時作。首爲申請訓練公移三篇。所謂提督阮者，阮一鶚。所謂總督軍門胡者，胡宗憲也。次爲或問，題下有繼光自註云，束伍既有成法，信於衆則令可申，苟一字之種疑，則百法之是廢。故爲或問以明之。蓋明人積習，惟務自便其私，而置國事於不問。故己在事中，則攘功避過，以身之利害爲可否，以心之愛憎爲是非。己在事外，則嫉忌成功，惡人勝己，吠聲結黨，倡浮議以掣其肘。繼光老局外阻撓，敗其成績，故反覆論辨，冠之簡端。蓋爲當時文臣發也。其下十八篇，曰束伍，曰操令，曰陣令，曰諭兵，曰法禁，曰比較，曰行營，曰操練，曰出征，曰長兵，曰牌筅，曰短兵，曰射法，曰拳經，曰諸器，曰旌旗，曰守哨，曰水兵。各系以圖而爲之說，皆閱歷有驗之言。故曰紀效。其詞率如口語，不復潤飾。蓋宣諭軍衆，非如是則不曉耳。或問第一條云，開大陣，對大敵，比場中較藝，擒捕小賊，不同。千百人列陣而前，勇者不得先，怯者不得後，只是一齊擁進，轉手皆難，焉能容得左右動跳。一人回頭，大衆同疑，焉能容得或進或退。可謂深明形勢，不爲韜略之陳言。第四篇中一條云，若犯軍令，便是我的親子姪也要依法施行。厥後竟以臨陣回顧，斬其長子。可謂不愧所言矣。宜其所向有功也。

右兵家類二十部，一百五十三卷，皆文淵閣著錄。

欽定四庫全書總目卷九十九

欽定四庫全書總目卷一百

子部十

兵家類存目

握機經三卷、握機緯十五卷　浙江巡撫採進本

明曹允儒撰。允儒字魯川，太倉人。是書首載風后古文一十九字，次載太公望增衍三百六十五字，次載宋阮逸所撰李衛公問對中六十七字。採輯諸家註釋於衡衡風雲諸陣，皆繪爲圖，凡三卷。又以孫子十三篇、吳子六篇爲握機緯。孫子輯諸家訓釋，凡十三卷。吳子惟用劉寅註，凡二卷。考千頃堂書目有元人孫子握機緯十三卷、劉寅吳子握機緯二卷。書名卷數與此書一一相合，其卽得此書之殘本，誤爲標目歟。據王世貞序，稱崑山明齋王氏與念菴羅公、荆川唐公因倭變力研窮之，而以其說盡授之魯川曹君。曹君向與戚大將軍商之，戚深以爲然，數數向予稱道之云云。則確非元人及劉寅作矣。然以孫吳二子加以緯名，亦殊杜撰。二子之書，各明一義，與握機不相發明也。

握機經解一卷　山西巡撫採進本

國朝王曒撰。曒字始旦，絳州人。是編據李衛公問對，以握機經三百八十四字皆太公增衍之文，因摭往說，並攄己見，爲之集註。考李衛公問對三卷，本宋阮逸僞撰，曒乃據以定此書爲太公之文，殊不足信。後附增衍握機經六十八字，自註云，相傳宋阮逸撰作。則亦明知其僞矣。

太公兵法一卷　浙江范懋柱家天一閣藏本

案此書首列天陣地陣人陣之名，其說出於六韜。

而風雲日星等占皆以七言詩句爲歌訣，辭甚鄙俚，其僞託不待辨也。

孫子參同五卷（江蘇巡撫採進本）

此本不知何人所輯。前有凡例，又有萬歷庚申吳興松筠館主人序，亦不署姓名。其版用朱墨二色，與世所稱閔版者同，疑爲烏程閔氏刻也。所採註釋列曹操、李筌、杜牧、王晳、張預、賈林、梅堯臣、陳皞、杜佑、孟氏、何氏、解元、張鏊、李材、黃治徵十五家。所採批評列蘇洵、王圻、唐順之、王世貞、陳深、李贄、梅國楨、焦竑、鄭文煥、陸宏祚十家，而卷中不盡見。卷中所見如茅坤、王鏊之類，卷首又不列名。其凡例稱卓吾子以吳子、司馬法、李靖問答、六韜、三略集其品類，分列十三篇後，今悉總之，又稱今旁集諸書，廣採事實，以補前人所未備，又稱批點悉係鳳洲、了凡原筆，而評則蘇、王諸家竝存，又稱卓吾參同具載叢書中，原有梅、司馬評點，竝不擅改。所言轇轕糾紛，無從得其端緒，蓋坊賈湊合之本，故漫無體例如是也。

孫子彙徵四卷（直隸總督採進本）

國朝鄭端撰。端有政學錄，已著錄。考孫子十三篇，舊註見於史志及諸家書目者，今多不傳，傳者亦多散見諸書，罕專家之完本。端此編彙集衆說，兼採古來談兵之言足與孫子發明者，附錄於各句之下，頗爲詳備。然徵引太冗，如作戰篇公家之費，敵註內所錄車馬器械之論，於車則全載考工記，於馬則悉引相馬經，於弓矢戈戟牌棒鉋鐵等類，則縷陳演習攻打之法，極其瑣細，亦博而不精者也。其書每卷皆標曰孫武子集解廣義，而端自序則又題曰孫子彙徵，未詳二名孰先孰後，今姑從端自序之名焉。

十六策一卷（永樂大典本）

此本載永樂大典中，舊題漢諸葛亮撰。考亮著作，陳壽三國志詳列於傳後，初無是書之名。故晁公武讀書志疑附託者所爲。又晁志曰，有序稱謹進，便宜十六事，是尚有僞撰亮序文，今本不載，而末有李革跋云，泰和五祀中秋日，閱圖書，得此集，因錄一本，既竟而題於此。革字君美，河津人，登大定二十五年進士，貞祐中爲吏部尚書。蓋晁氏所據宋人本，此則金人本耳。又晁氏稱六曰治民，今本作治人，十二曰治亂，今本作治政，十六曰陰察，今本作陰誡，亦小小異同，然皆不足究詰也。

將苑一卷（浙江范懋柱家天一閣藏本）

舊本題漢諸葛亮撰。前有明僉都御史甯仲升序，謂出於士人周源所藏。考此書諸家不著錄，至尤袤遂初堂書目乃載其名，亦稱亮撰，蓋僞書之晚出者。又明焦竑經籍志更有亮心書、六軍鏡心訣、兵機法諸書，益爲依託。蓋宋以來兵家之書多託於亮，明以來術數之書多託於劉基，委巷之談，均無足與深辨者耳。

心書一卷（陝西巡撫採進本）

舊本題諸葛亮撰。書中皆言爲將用兵之法。陶宗儀說郛作新書，明宏治閒關西劉讓鋟之於木，始改名心書，附以出師二表。嘉靖中，夔人張銳重刊，增入八陣圖，前載讓序，後有鄖鄉進士寇章跋，皆以爲眞出於亮。考五十篇內之文，大都竊取孫子書，而附以迂陋之言，至不足道。蓋妄人所僞作，又出於將苑之後也。

兵要望江南歌一卷（浙江巡撫採進本）

是書詳述兵家占候，凡三十二門，各以望江南詞括之。崇文總目題武安軍左押衙易靜撰，蓋唐人也。晁公武讀書志則稱舊題黃石公，以授張良，其妄殆不待辨。此本又題唐李靖撰，案段安節樂府雜錄，望江南詞本李德裕爲亡妓謝秋娘作，則其調起於中唐。世傳海山記，隋煬帝作望江南八闋，實出僞託，靖在唐初，安得預製是詞。推厥所由，蓋以望江南調始德裕，德裕實封衛國公，言兵者多稱靖，靖亦封衛國公，此書以望江南談兵，遂合兩衛公而一之耳。末附李淳風占風法，諸葛亮氣候歌，前有梁禎明三年安邱劉郛序，均詞意凡鄙，亦僞託也。

武經體註大全會解七卷（內府藏本）

國朝夏振翼撰。振翼字遯門，蕪湖人。孫子等七書，武科用以試士，故相傳謂之武經。振翼因依五經講章例，作體註以訓釋之，冠以胡秉中射學摘要一篇，蓋坊閒通俗之本也。

謹案四庫編纂之例，凡註古書者，仍以古書之時代爲次，則此書當列孫子彙徵後。然七書合爲一編，實始於宋元豐中，又與自爲一書者不同，故今移冠宋人兵書之前。

將鑑論斷十卷（兩淮鹽政採進本）

舊本題宋戴少望撰。考沈光作戴溪岷隱春秋傳序稱其字曰少望，則此書當爲溪作，然溪以淳熙五年登第，開禧中尙官賁善堂說書，而此書自序題紹興辛酉，爲高宗十一年，下距其登第之歲三十八年，距開禧元年更六十五年，溪不應如是之老壽。疑別一人其名偶與溪字同也。是書採輯古來善用兵者，始於孫武，終於郭崇韜，凡九十三人，各以時代爲次，每人之下，皆以一語標目，評其得失而反覆論其所以然，大抵多爲南渡後時事而發。如第一條詆孫武之徒能滅楚，終於恃强以亡吳，蓋隱以比金兵破汴之事。第二條稱范蠡能復吳讐，爲春秋大夫第一，則又隱激諸將恢復之心。而耿弇一條，竇憲一條，尤三致意焉。然大旨主於尙仁義，賤權謀，尊儒者，抑武臣，至以能讀三略之書者始可以立功，則又衣冠而拯焚溺，與南渡事勢迥乎不合矣。此本爲宋麻沙版，明武定侯郭勛嘗重刻之，前有正德十年達賓序，題曰將鑑博議，與宋版不同。考永樂大典已引爲將鑑博議，則其來久矣。

江東十鑑一卷（兩淮鹽政採進本）

宋李舜臣撰。舜臣字子思，井研人，乾道三年進士，官成都府教授，擢宗正寺主簿，事蹟具宋史本傳。是編蒐輯江東戰勝之迹，上起三國，下至六朝，共得十事。一曰周瑜赤壁之戰，二曰祖逖譙城之戰，三曰褚裒彭城之戰，四曰桓溫灞水之戰，五曰謝元淝水之戰，六曰劉裕關中之戰，七曰到彥之河南之戰，八曰蕭衍義陽之戰，九曰陳慶之洛陽之戰，十曰吳明徹淮南之戰，皆先敘其事，次加論斷。蓋宋自高宗南渡，偏據一隅，地處下游，外臨勍敵，岌岌乎不能自保，故舜臣特作此編，以勵戰氣。然自古以來，無以偏安江左而能北取中原者。舜臣徒爲大言，未核事勢也。明姚廣孝等編輯永樂大典，特錄其書，殆以廣孝吳人，故借以誇鄉邦之形勝，又成祖詔修是書之時，猶在南都，故廣孝等遷就其說，不知明太祖之得天下，實緣起於江北，與漢高祖略同，又以崛起方新之氣，乘元綱縱弛、盜賊蠭起之後，故席捲長驅，混一海內，非地形可據之故也。成祖纂立之後，終於北遷，則金陵之不爲勝地審矣。恭讀

皇上御題，綜括南北之大勢，洞燭往古之得失，用以闢舜臣之虛談，揭廣孝之私意，經緯天地，

睿見高深，爲萬古定評，非尋常管蠡之見所能窺測萬一也。考永樂大典所載，尙有地圖，此本無之，蓋傳寫佚脫，然舜臣持論既謬，則其圖之有無固亦不足計矣。

美芹十論一卷（浙江鮑士恭家藏本）

舊本題宋辛棄疾撰。棄疾字幼安，歷城人，官至龍圖閣待制，進樞密都承旨，卒謚忠敏。是書皆論恢復之計，其審勢、察情、觀釁三論，所以明敵之可勝，其自治、守淮、屯田、致勇、防微、久任、詳戰七論，所以求己之能勝。卷末又載上光宗疏一篇，論荊襄上流爲東南重地，疏一篇，論江淮，疏一篇，議練民兵守淮，疏一篇，則後人所附入也。然史不言棄疾有此書。考江西通志載臨川黃兌字悅道，紹興進士，官至朝議大夫，嘗獻美芹十策，進取四論，此或兌書，後人僞題棄疾歟。

江東十考一卷（永樂大典本）

宋李道傳撰。道傳字貫之，舜臣子也，官至太常博士，知果州，謚文節，事蹟具宋史儒林傳。是書前有自序，曰孝宗元年，方事恢復，時先君初仕，討論南北閒事，著江東勝後之鑑十篇，上之，竊謂戰勝存乎備具，退守存乎人心，因復考六朝備具之實，曰屯兵之地，曰統兵之任，曰取兵之制，曰財賦之出，曰出師之途，曰饋運之方，曰舟師之利，曰出騎之用，曰守城之規，曰守江之要，凡十篇，參之古今，論其大略云云。蓋以補其父之書，然皆儒生坐談之見也。

南北十論一卷（永樂大典本）

案此書載永樂大典，題曰許學士撰，不著其名。蓋亦南宋人也。十論僅存其八，曰吳，曰蜀，曰東晉，曰宋，曰齊，曰梁，曰陳，曰元魏。末曰：天下之物本吾所有，而吾取之，則其理順；非吾所有而吾爭之，則其事逆。又曰：晉氏啟土，六合爲家，子孫雖播遷，而天下與之爭衡者，皆其故臣，地吾地，民吾民，城邑吾之城邑，因其有以用之，如反覆手之易。褚裒北伐，青兗之民襁負來歸；桓溫至灞上，父老爭迎牛酒；踵至劉裕入長安，秦民咸相告語，指咸陽宮殿爲晉人第宅。而數子之無成者，皆其自失之。嗚呼，民心如此，境土不復，君子不以責晉而誰責也。其隱諷南渡君臣，可謂切矣。然東晉中原雲擾，羣雄各據一隅；建炎紹興以來，則金憑全盛之勢，宋當積弱之餘，其勝負又當別論耳。

百將傳一百卷（浙江范懋柱家天一閣藏本）

宋張預撰。翟安道註。預字公立，東光人。安道字居仁，安陽人。其書採歷代名將百人，始於周太公，終於五代劉鄩，各爲之傳，而綜論其行事。凡有一節與孫武書合者，皆表而出之，別以孫子兵法題其後。蓋欲述古以規時，亦戴少望將鑑論斷之類。然其分配多未確當，立說亦未免近迂，仍爲宋人之談兵而已矣。

八陣合變圖說（無卷數，兩淮鹽政採進本）

明龍正撰。正，武都人。正德中，萊陽監章巡撫四川，駐兵漢中。遣人至魚復江，圖八陣壘石。正時在章幕中，遂推演爲圖說，刊於蜀中。

北邊事蹟一卷（戶部尚書王際華家藏本）

明王瓊撰。瓊有晉溪奏議，已著錄。瓊在嘉靖初總督三邊軍務，因集歷代守邊得失，及所條畫奏疏，合爲一書。大旨主於花馬池一路三百里及環縣至蘭州八百里，皆築牆掘塹，以爲臨邊設險之計。又欲仿趙充國故策，於甘肅屯田，以備戰守。蓋當時兵力，不能及遠，故其所設施止於如此。後附設險守邊圖，則所起邊牆及剷削崖谷之道里尺寸也。

西番事蹟一卷（戶部尚書王際華家藏本）

明王瓊撰。瓊總督三邊時，出兵討土魯番，撫定其部族，而誅其不順命者。因爲此書，歷敘漢先零、宋岷洮諸羌叛服之事，而以當時用兵始末附之。其論王安石遣王韶西征事，許其能詰兵戎以强宋室，而斥史臣以安石爲開邊生事之非。蓋亦有見於明世邊備之不修而爲是言歟。前有王九思序，稱關中士大夫作爲詩歌以紀其盛，題曰元老靖邊，屬九思序之。而書中實無詩歌，序與書頗不相應，疑刊書者誤取他序以冠此冊也。

海寇議一卷（戶部尚書王際華家藏本）

明萬表撰。表字民望，鄞縣人。正德末武進士，累官都督同知僉事、南京中軍都督府。時值海寇出沒，爲江浙患。表推原禍本，以爲姦民通番者所致，因爲此議上之當事。歷敘逋逃嘯聚始末甚詳。其後倭亂大起，表結少林僧習格鬭法，屢殲其衆，蓋本能以才略自顯者，故其所言之具有先見也。案黃虞稷千頃堂書目載表海寇前後議一卷，此乃袁褧採入金聲玉振集者，所錄僅一卷，疑已佚其後議。又譌萬爲范，尤爲失考矣。

塞語一卷（浙江范懋柱家天一閣藏本）

明尹耕撰。耕有南泰紀略，已著錄。是書作於嘉靖庚戌，皆言捍禦塞北諸部之術。一曰邊情，二曰形勢，三曰城塞，四曰乘塞，五曰出塞，六曰抽丁，七曰官軍戶，八曰練習，九曰保馬，十曰民堡，十一曰審幾。耕以邊才自負，其言頗縱橫博辨，然亦書生紙上之談也。

備倭記二卷（編修程晉芳家藏本）

明卜大同撰。大同字吉夫，秀水人。嘉靖戊戌進士，由刑部主事歷任湖廣按察司僉事。坐斬黃盜有功，陞布政司參議。又有平苗功，終於福建巡海副使。是編即其官福建時講求備倭之術而作也。上卷分八篇：曰制置，曰方畫，曰將領，曰士卒，曰烽堠，曰險要，曰戰艘，曰邊儲。下卷分二篇：曰奏牘，曰策議。所言頗簡略，不足以資考核。又喜徵古事，尤屬空談。其書本名備倭圖記，原本卷首尚有海圖，此本佚之，遂併書名刪去圖字。然浙江鮑士恭家藏本尚題備倭圖記也。

兩浙兵制四卷（浙江巡撫採進本）

明侯繼國撰。繼國號龍泉，金山衛人。世襲指揮使。是書第一卷首列全浙海圖，附以說，並及沿革兵制。又析杭嘉湖三府爲一圖，寧紹二府爲一圖，台金嚴三府爲一圖，溫處二府爲一圖。圖後均有說，併詳列其兵制烽堠倭犯。第二卷載造戰船福船烏船沙船唬船火器軍器及營操申操哨操伍操等圖。第三卷載倭警始末。第四卷爲日本風土記。於一時海防軍政，最爲詳悉。惟日本風土記有錄無書，疑裝緝者偶佚之也。考明世宗本紀，二十年五月，倭犯朝鮮，陷王京。朝鮮王李昖奔義州求救。二十一年正月，李如松攻倭於平壤，克之。四月，倭棄王京逃。使小西飛請封。二十三年正月，封平秀吉爲日本國王。二十四年九月，平秀吉抗不受封，復侵朝鮮。此書中倭警始末載朝鮮國王奏，二十九年九月、十月、十一月，倭賊仍於慶州、機張縣、蔚山郡、麗陽縣、梁山郡等處肆意攻掠，而經略宋應昌爲倭奏請封貢，乃即在此數月內，則倭之請貢非實可知。又載充龍港船商許豫偵知倭賊初敗於平壤，即食盡矢窮，思逃無路，乃以封貢議和，是墮其計。又稱倭賊素詐，議和後新造大艘千餘隻，將欲爲亂，恐和非實，與李昖所奏情事相符，乃應昌力主和議，反斥李旼妄奏。是二十四年日本之叛，應昌罪無可辭。此書實可以曲證史事，而應昌所著經略復國要編，於李旼之奏，許豫之偵，遼東巡按之訐，槩不錄入，則自張其功而匿其短也。此書又可以勘其謬矣。惟考平壤錄載日本謝表，無年月，當時斷爲沈惟敬揑造，而此書載之，又多列案牘全文，辭旨鄙俚，失於删潤，是則不免小疵耳。

將將紀二十四卷（內府藏本）

明李材撰。材有李見羅書，已著錄。是書大旨專重御將，而首卷至九卷詳載漢唐宋七帝本紀之文，牽連並書，殊無斷制。十卷至二十一卷分别得失，用爲法戒，自虞夏迄於南宋，各綴數條，亦未完備。二十二卷至二十四卷援摭經文，旁及子史，議論尤迂。據明史本傳，材於隆慶中官廣東按察使僉事，嘗破羅旁賊，殲倭寇。萬曆中官雲南按察使，備兵金騰時，又屢破緬甸之衆，則非全不知兵者。而其書乃拘腐如是，蓋材以講學著名，恐儒者以不談王道病之故也。

運籌綱目八卷決勝綱目十卷（浙江巡撫採進本）

明葉夢熊撰。夢熊字南兆，歸善人。嘉靖己丑進士，官至南京工部尚書，事蹟附見明史魏學曾傳。此編乃其以都御史兼兵部侍郎總督三邊時所作。運籌綱目凡八卷，爲綱八，爲目八十，綱目之下，俱有統論，各採史事以證之。決勝綱目凡十卷，俱以二字標目，不立總綱，目凡百條，亦前綴統論，證以史事。（案：運籌綱目列史事而評之，決勝綱目先立說而以史事證之，爲體例小異耳。）夢熊官陝西巡撫時，會請討撦力克，與經略不合，朝廷右經略而絀其議，後移甘肅，有討賊功，蓋亦留心韜鈐者。然兵機萬變，轉瞬勢移，田單火牛，再用則敗，是固不可以成法拘耳。

軍權四卷（浙江巡撫採進本）

明何良臣撰。良臣有陣紀，已著錄。是書分國本、國禁、兵本、兵祕、禮士、士遇、馭士、士忌、握機、揣情、必慮、必克、將事、將誡、任將、軍範、衛占，凡十七目，一百七十四篇。中間有云募選之事，付諸有司，欺昧朦朧，上下交蔽。又云將不識兵，兵不識將，卒然有事，實無以支，皆譏切時政之語。自序稱早歲事戎行，足迹徧寰宇，而累於談忌，困於貪穽，蓋亦發憤而著書者也。

倭情考略一卷（兩淮鹽政採進本）

明郭光復撰。光復，武昌人，官揚州府知府。考萬曆己丑進士別有一郭光復，順天固安人，官至右副都御史遼東巡撫，姓名偶同，非一人也。嘉靖中東南屢中倭患，而揚州當江海之衝，被害尤甚。光復以爲必得其情，始可籌備禦之術，因攷次所聞，爲此編。首總論，次事略，次倭患，次倭術，次倭語，次倭好，次倭船，次倭刀，載其情狀頗詳，蓋亦知己知彼之意。而得諸傳聞，未必一一確實也。

長子心鈐（無卷數，兩江總督採進本）

舊本題明戚繼光撰。繼光有練兵實紀，已著錄。考書中對壘號令一條，云南塘戚少保謂此爲束伍第一陣法，屢戰屢勝，皆由於此，則非繼光所自爲矣。又車營一條，云一放厠所節，不錄，又取散長蛇陣一條，云以扳子鳴一聲，註曰其制未詳，則明爲後人鈔撮繼光舊文，僞題此名，以繼光練兵實紀校之，皆一一具載也。

莅戎要略一卷（編修程晉芳家藏本）

舊本題明戚繼光撰，即練兵實紀中之條約也。或先有此冊，後乃載入書中，或後人於書中鈔出別行，則均不可知矣。

武備新書十四卷（江蘇巡撫採進本）

舊本題明戚繼光撰，與繼光紀效新書大同小異，仍冠以繼光紀效新書序。其手足篇中火器諸圖，下題曰崇禎庚午仲秋羽南彭翊謹錄祕藏。考繼光卒於萬曆丁亥，則必非繼光手著矣。首有四明謝三賓訂正字，當即三賓所損益，改此名也。其中如火龍捲地飛礮，雕木爲虎豹之形，以輪駕之，使口中出火，飛馬夭神及木人火馬夭雷礮，並以木爲人，縛於馬上，飾以紙甲胄，而藏礮於腹，以火爇馬尾，使之衝敵，殆於兒戲。明季談兵者如是，其亡國非不幸也。

古今將略四卷（浙江巡撫採進本）

案明史藝文志、黃虞稷千頃堂書目載此書，皆作馮孜撰。孜字原泉，桐鄉人，隆慶戊辰進士，官至湖廣布政使。此刊本則題馮時寧，以一甫撰，前有李維楨序，亦稱時寧所作。維楨登隆慶戊辰進士，與孜同年，似不應有誤。然孜六世孫浩有此書跋，稱孜生三子，次曰時寧，孜歿時僅六歲，及年漸長，忽有志習武，乃妄竊父書，竄改己名，且求父之同年李維楨爲序。維楨詭隨徇物，竟不爲之是正云云。其語出馮氏子孫，當必有據。然則此書實孜所撰，刊本及序皆僞作，不足信也。書分元亨利貞四集。採自黃帝迄明代以戰功顯者，錄其事蹟，而以孫吳諸書所載兵法證之。體例略與宋張預百將傳相近，特隨事節錄，不立全傳爲異耳。

嶺西水陸兵紀二卷、浙江巡撫採進本

明盛萬年撰。萬年字恭伯，秀水人。萬歷癸未進士。官至江西按察使，遷雲南布政使，未到官卒。是編乃萬年官廣西按察使時，值倭入寇，萬年擊破之。因增設戰船，繕治營壘，益兵練卒，爲善後計。以電白、吳川東南濱海，番舶內犯，二地先受其害，遂審度地勢，布置堡塞，圖其兵弁制度及巡船款式，以成此書。其陸路則由電白、吳川至於高州，添置員弁，凡郵傳之政及攻守之器悉載焉。歲久版佚，此本乃

國朝雍正辛亥，其裔孫熙祚署吳川縣知縣，即萬年駐兵之地，因校其舊本，重梓以行。

劍草一卷、兩淮鹽政採進本

明熊明遇撰。明遇字子良，進賢人。萬歷辛丑進士。官至兵部尚書。事蹟具明史本傳。是編摘取古今名將事蹟，爲之論斷，凡百餘條。蓋隨筆劄記之文，不足以當著述之目。

嶺南客對一卷、浙江范懋柱家天一閣藏本

舊本題粵西舜山子撰，不著姓名。所紀有王守仁事，則嘉隆以後人也。其書以粵中猺獞嘯聚，時出劫掠，爲居民行旅之害，有司不能制，故設爲賈客問荅，以推究其得失。大略爲土軍畏怯好利，將帥營求冒功，必得老成而任之，合四省兵力，明賞罰，嚴號令，始可成功。其云府江之賊，東則荔浦，西則宣威、古田、修仁、兩江等處，亦間有之。蓋指桂林、平樂二府所屬猺人而言，即明史土司傳所稱設防置戍，世世爲患者也。是編所陳方略，雖未必切中事機，然亦可見當時疆吏措置乖方，不能綏靖，致起草茅之竊議矣。

左氏兵略三十二卷、浙江巡撫採進本

明陳禹謨撰。禹謨有經籍異同，已著錄。是編乃其任兵部司務時所撰，嘗疏進於朝。其例取左傳之敘及兵事者，以次排纂，仍從十二公之序。其事相類者，則不拘時代，類附於前。又雜引子史證明之，而斷以己意，謂之搆發。談非惟無關於春秋，併無關於左傳，特借以談兵而已。考五代史敬翔傳曰：梁太祖問翔曰，聞子讀春秋，春秋所紀何等事。翔曰：諸侯戰爭之事耳。太祖曰：其用兵之法，可以爲吾用乎。翔曰：兵者應變出奇以取勝，春秋古法，不可用於今。云云。是左氏兵法至五代已不可用，而禹謨進疏，乃請敕下該部，將副本梓行，俾九邊將領人手一編，是與北向誦孝經何異。明季士大夫之迂謬，至於如是，欲不亡也得乎。

類輯練兵諸書十八卷、浙江巡撫採進本

明董承詔編。承詔，武進人。萬歷丁未進士。天啟中官至浙江左布政使。是書輯錄戚繼光談兵之言。繼光所著有紀效新書、練兵實紀、儲練通論、哨守條約四書，承詔薈萃其說，刪除繁複，編爲十六類。曰奏疏，曰條議，曰將略，曰兵紀，曰賞罰，曰陣，曰營，曰戰，曰操，曰哨守，曰長兵，曰短兵，曰聲類，曰色類，曰什器，曰儀節，而以汪道昆所作繼光墓誌及承詔所作小傳冠於首。

火器圖一卷、浙江巡撫採進本

明顧斌撰。斌字質夫，晉江人。萬歷己酉舉人。官廣東信宜縣知縣，調蜀府左長史。是編言軍中火攻之具甚詳。然大抵斌以意造之，如所製木人騎馬之類，頗近兒戲。其火藥器具皆取天地星宿之數、太極兩儀之象，亦殊爲迂闊。前有火器原火攻要二篇，多書生紙上之談。又末有風雨賦一篇，謂熟此以占天文，百無一失，是尤必不然之事也。

兵機類纂三十二卷、江蘇巡撫採進本

明張龍翼撰。龍翼字羽明，松江人。是書取古今言兵事者，自春秋左氏傳而下，至於元明，分爲三十二類。每類中又各析子目，所載明事尤詳。大抵書生紙上談也。第三十一卷專言陣勢，然陣法未載圖式，殊爲闕略。其凡例云，篇中如陣法器械之類，不詳圖說者，慮或宄漫，亦爲文飾其詞，蓋是書之作，本爲武闈荅策之用，故可略則略耳。

廣名將譜十七卷、浙江巡撫採進本

不著撰人名氏。卷首題黃道周註斷，前有崇禎癸未道周序，稱即舊本芟其繁文，取其精要，入妙旁批，有疑夾註，又總斷結其智勇之所在云云。詞意弇陋，決不出道周之手。殆坊肆所依託。其目錄後幅割裂，亦似非足本。

左略一卷、浙江汪啟淑家藏本

明曾益撰。益字子謙，山陰人。其書專摘左傳所言

兵事凡五十六篇，每條標以名目。陳禹謨左氏兵略尚援引他書，疏通證解，此但摘錄傳文，益無可採矣。

談兵髓七卷（安徽巡撫採進本）

題西浙嚚嚚生撰，不著名氏。首爲談兵髓說，稱自黄帝用兵以來，兵法不廢天時，故日月星辰風雲節候，皆用兵者所宜知。然其所載如黄赤道渾天儀寒暑晝夜長短諸說，多涉律歷家言，於兵事無可徵驗，蓋亦雜綴成書，初無心授也。前有王洽序。洽字和仲，臨邑人，萬歷甲辰進士，官至兵部尚書。序作於天啟甲子，蓋其巡撫浙江之時，則所爲嚚嚚生者，亦明末人矣。

殘本金湯十二籌八卷（江蘇周厚堉家藏本）

明李盤撰。盤字小有，揚州人。是書以十二籌爲名，而今所存者，一曰籌修備，二曰籌訓練，三曰籌積貯，四曰籌制器，五曰籌清野，六曰籌方略，七曰籌水戰，八曰籌制勝。已闕其四籌，蓋斷爛不完之本矣。所言皆團練鄉勇，扞禦土寇之計。雜引古事以證之，多不切合，亦頗支蔓。如無糧無水不可以守，三尺童子能知之，而臚列前代絶糧絶水之故實，以爲鑒戒，連篇累牘，殊爲浪費筆墨。所列飛鎗飛刀諸法，及以桐油雞卵拋擲敵船，使滑不能立諸計，亦頗近戲劇也。

左氏兵法測要二十卷（江蘇周厚堉家藏本）

明宋徵璧撰。徵璧原名存楠，字尚木，華亭人。是書節略左氏所紀兵事，而論其得失。春秋車戰，事與後世迥異，徵璧引以談兵，殊爲不達時變也。

兵鏡十一卷（兩江總督採進本）

國朝鄧廷羅撰。廷羅字叔奇，號俩樵，江寧人。順治中拔貢生，官至湖廣荆南道。是編凡孫子集註一卷，十三篇各爲評釋。其作戰一篇移爲第三，九變一篇改爲軍變，而刪其與地形篇重出五句，九地一篇謂原本重複，爲之改正，殊嫌竄亂舊文。次爲兵鏡或問上下卷，各十五篇。次爲兵鏡備考八卷，則於十三篇中摘其要語爲綱，而羅列史事以互證其說，摭拾頗爲叢雜。

武備志略五卷（内府藏本）

國朝傅禹撰。禹字服水，義烏人。是編惟鈔撮武經諸書及明茅元儀武備志，别無特見。

歷代車戰敘略一卷（兩江總督採進本）

國朝張泰交撰。泰交字洎谷，陽城人。康熙壬戌進士，官至浙江巡撫。是書皆剽宋章俊卿山堂考索後集車戰篇之文，而稍附益之，別無考正。如述列國車戰，而齊侯伐衛之先驅申驅失載，敘唐代而裴行儉之糧車李光弼之楄車亦失載，敘明代而給事中李侃所奏之贏車，總兵官張泰所造之獨馬小車，定襄伯郭登之仿古偏箱車，皆不能徵引，蓋不免於疎漏矣。

練閱火器陣紀一卷（兩江總督採進本）

國朝薛熙撰。熙字孝穆，蘇州人。是書記康熙三十五年江南提督張雲翼演教礮砲之事，所言陣法頗詳，然皆訓練常制也。

右兵家類四十七部，三百八十八卷（内二部無卷數，皆附存目）。

欽定四庫全書總目卷一百

欽定四庫全書總目卷一百一

子部十一

法家類

刑名之學、起於周季、其術爲聖世所不取。然流覽遺篇、兼資法戒。觀於管仲諸家、可以知近功小利之隘。觀於商鞅韓非諸家、可以知刻薄寡恩之非。鑒彼前車、卽所以克端治本。曾鞏所謂不滅其籍、乃善於放絕者歟。至於凝㠓所編、（和凝和㠓父子相繼撰疑獄集）闡明疑獄。桂吳所錄、（桂萬榮吳訥相繼撰棠陰比事）矜愼祥刑。並義取持平、道資弼教。雖類從而錄、均隸法家。然立議不同、用心各異、於虞廷欽恤、亦屬有裨。是以仍準舊史、錄此一家焉。

管子二十四卷、（大理寺卿陸錫熊家藏本）

舊本題管仲撰。劉恕通鑑外紀引傅子曰、管仲之書、過半便是後之好事者所加、乃說管仲死後事、輕重篇尤復鄙俗。葉適水心集亦曰、管子非一人之筆、亦非一時之書、以其言毛嬙西施吳王好劍推之、當是春秋末年。今考其文、大抵後人附會多於仲之本書。其他姑無論、卽仲卒於桓公之前、而篇中處處稱桓公。其不出仲手、已無疑義矣。書中稱經言者九篇、稱外言者八篇、稱內言者九篇、稱短語者十九篇、稱區言者五篇、稱雜篇者十一篇、稱管子解者五篇、稱管子輕重者十九篇。意其中孰爲手撰、孰爲記其緒言如語錄之類、孰爲述其逸事如家傳之類、孰爲推其義旨如箋疏之類、當時必有分別。觀其五篇明題管子解者、可以類推。必由後人混而一之、致滋疑竇耳。晁公武讀書志曰、劉向所校本八十六篇、今亡十篇。考李善註陸機猛虎行曰、江邃文釋引管子云、夫士懷耿介之心、不蔭惡木之枝、惡木尚能恥之、況與惡人同處。今檢管子、近亡數篇、恐是亡篇之內、而邃見之。則唐初已非完本矣。明梅士享所刊、又復顛倒其篇次。如以牧民解附牧民篇下、形勢解附形勢篇下之類、不一而足、彌爲竄亂失眞。此本爲萬歷壬午趙用賢所刊、稱由宋本翻雕。前有紹興己未張嵲後跋、云舛脫甚衆、頗爲是正。用賢序又云、正其脫誤者逾三萬言。則屢經點竄、已非劉向所校之舊。然終愈於他氏所妄更者、在近代猶善本也。舊有房元齡註、晁公武以爲尹知章所託。然考唐書藝文志、元齡註管子不著錄、而所載有尹知章註管子三十卷。則知章本未託名、殆後人以知章人微、元齡名重、改題之以炫俗耳。案舊唐書、知章、絳州翼城人。神龍初、官太常博士。睿宗卽位、拜禮部員外郎、轉國子博士。有孝經註、老子註、今並不傳。惟此註藉元齡之名以存。其文淺陋、頗不足採。然蔡絛鐵圍山叢談、載蘇軾蘇轍同入省試、有一題軾不得其出處、轍以筆一卓而以口吹之、軾因悟出管子註。則宋時亦採以命題試士矣。且古來無他註本。明劉績所補註、亦僅小有糾正、未足相代。故仍舊本錄之焉。

管子補註二十四卷、（編修勵守謙家藏本）

明劉績撰。績有三禮圖、已著錄。管子舊註、頗爲疏略、故宋張嵲跋其後曰、管子書多古字、如專作摶、弍作貣、宥作侑、況作兄、釋作澤、此類甚衆。大匡載召忽語曰、雖得天下、吾不生也、兄與我齊國之政也。註乃謂召忽呼管仲爲兄。曰澤命不渝、註乃以爲恩澤之命。不可偏舉、黃震日鈔亦曰、管子註釋最多抵牾。四傷之篇、誤名百匿、而以四傷名七法之篇。幼官篇首章云、若因夜虛守靜、人物則皇、其役方之圖本可覆也。乃衍人物二字。不知參對以夜虛爲句、守靜人物自爲句、乃以人物則皇爲句、而曲爲之說曰、聽候人物也。幼官五圖、以形生理爲句、而中央之註、獨以形生屬上文。明法篇以比周以相匿爲句、而下又云忘生死交、其役方之明法解可覆也。乃以相爲匿是爲句、而曲爲之說曰、匿公是而不行也。五法之章曰、天下不患無財、患無人以分之。分如分地之利之分。乃釋云、可以分與財者賢人也。立政之章曰、道塗無行禽、指人言之、謂其爲能行之禽耳。乃釋云、無禽獸之行。版法篇云、悅在施、愛有衆、在廢私、今因闕文而云悅在施有衆在廢私、不成文矣云云。其抉摘皆中理。績本之以作是註、故於舊解頗有匡正、皆附於原註之後、以績按別之。雖其循文詮解、於訓詁亦罕所考訂。而推求意義、務求明愜、較原註所得則已多矣。案明有兩劉績、一爲山陰人、字孟熙。千頃堂書目載此書於績名下、註江夏人、則爲字用熙者無疑。坊刻或題曰宋劉績、誤也。

鄧析子一卷、（少詹事陸費墀家藏本）

周鄧析撰。析、鄭人。列子力命篇曰、鄧析操兩可之說、設無窮之詞。子產執政、作竹刑、鄭國用之、數難子產之治，子產屈之，子產執而戮之，俄而誅之。劉歆奏上其書，案高似孫子略誤以此奏爲劉向，今據書錄解題改正。則曰：於春秋左氏傳昭公二十年而子產卒，子太叔嗣爲政，定公八年太叔卒，駟歂嗣爲政，明年乃殺鄧析，而用其竹刑。然則列子爲誤矣。其書漢志作二篇，今本仍分無厚、轉辭二篇，而併爲一卷。然其文節次不相屬，似亦掇拾之本也。其言如天於人無厚，君於民無厚，父於子無厚，兄於弟無厚，勢者君之輿，威者君之策，則其旨同於申、韓。如令煩則民詐，政擾則民不定，心欲安靜，慮欲深遠，則其旨同於黃老。然其大旨主於勢統於尊，事覈於實，於法家爲近。故竹刑爲鄭所用也。至於聖人不死大盜不止一條，其文與莊子同，析遠在莊子以前，不應預有剿說，而莊子所載又不云鄧析之言，或篇章殘闕，後人摭莊子以足之歟。

商子五卷 兩江總督採進本

舊本題秦商鞅撰。鞅事蹟具史記。鞅封於商，號商君，故漢志稱商君二十九篇，三國志先主傳註亦稱商君書。其稱商子，則自隋志始也。陳振孫書錄解題云：漢志二十九篇，今二十八篇，已亡其一。晁公武讀書志則云本二十九篇，今亡者三篇。讀書志成於紹興二十一年，既云已闕三篇，書錄解題成於宋末，乃反較晁本多二篇。蓋兩家所錄各據所見之本，故多寡不同歟。此本自更法至定分，目凡二十有六，似即晁氏之本。然其中第十六篇、第二十一篇又皆有錄無書，則併非宋本之舊矣。史記稱讀鞅開塞書，在今本爲第七篇，文義甚明。而司馬貞作索隱，乃妄爲之解，爲晁公武所譏，知其書唐代不甚行，故貞不及睹。又文獻通考引周氏涉筆，以爲鞅書多附會後事，疑取他詞，非本所論著。然周氏特據文臆斷，未能確證其非。今考史記，稱秦孝公卒，太子立，公子虔之徒告鞅欲反，惠王乃車裂鞅以徇。則孝公卒後鞅即逃死不暇，安得著書？如爲平日所著，則必在孝公之世，又安得開卷第一篇即稱孝公之謚？殆法家者流掇鞅餘論，以成是編。猶管子卒於齊桓公前，而書中屢稱桓公耳。諸子之書，如是者多，既不得撰者之主名，則亦姑從其舊，仍題所託之人矣。

韓子二十卷 內府藏本

周韓非撰。漢書藝文志載韓子五十五篇，張守節史記正義引阮孝緒七錄載韓子二十卷，篇數卷數皆與今本相符。惟王應麟漢藝文志考作五十六篇，殆傳寫字誤也。其註不知何人作。考元至元三年何犿本稱舊有李瓚註，鄙陋無取，盡爲削去云云，則註者當爲李瓚。然瓚爲何代人，犿未之言。王應麟玉海已稱韓子註不知誰作，諸書亦別無李瓚註韓子之文，不知犿何所據也。犿本僅五十三篇，其序稱內佚姦劫一篇、說林下一篇及內儲說下六微內似類以下數章。明萬歷十年趙用賢購得宋槧與犿本相校，始知舊本六微篇之末尚有二十八條，不止犿所云數章。說林下篇之首尚有伯樂教二人相踶馬等十六章，諸本佚脫其文，以說林上篇田伯鼎好士章逕接此篇蟲有蚘章，和氏篇之末自和雖獻璞而未美未爲王之害也以下脫三百九十六字，姦劫篇之首自我以清廉事上以上脫四百六十字，其脫葉適在兩篇之間，故其次篇標題與文俱佚，傳寫者各誤以下篇之半連於上篇，遂求其下篇而不得，其實未嘗全佚也。今世所傳又有明周孔教所刊大字本，極爲清楷，其序不著年月，未知在用賢本前後。考孔教舉進士在用賢後十年，疑所見亦宋槧本，故其文均與用賢本同，無所佚闕。今即據以繕錄，而校以用賢之本。考史記非本傳，稱非見韓削弱，數以書諫韓王，韓王不能用，悲廉直不容於邪枉之臣，觀往者得失之變，故作孤憤、五蠹、內外儲、說林、說難十餘萬言。又云人或傳其書至秦，秦王見其孤憤、五蠹之書，則非之著書當在未入秦前。史記自敘所謂韓非囚秦，說難、孤憤者，乃史家駁文，不足爲據。今書冠以初見秦，次以存韓，皆入秦後事，雖似與史記自敘相符，然傳稱韓王遣非使秦，秦王悅之，未信用，李斯、姚賈害之，下吏治，非李斯使人遺之藥，使自殺。計其間未必有暇著書。且存韓一篇，終以李斯駁非之議及斯上韓王書，其事與文皆爲未畢。疑非所著書本各自爲篇，非歿之後，其徒收拾編次，以成一帙。故在韓在秦之作，均爲收錄，併其私記未完之稾，亦收入書中。名爲非撰，實非非所手定也。以其本出於非，故仍題非名，以著於錄焉。

疑獄集四卷、補疑獄集六卷 浙江范懋柱家天一閣藏本

疑獄集四卷，五代和凝與其子𡺳同撰。凝字成績，鄆州須昌人。初爲梁義成軍節度從事，唐天成中

官翰林學士。唐亾入晉，官至左僕射。晉亾入漢，拜太子太傅，封魯國公。漢亾入周，至顯德二年乃卒。事蹟具五代史雜傳。蠓據此書題其官曰中允。其始末則不可詳矣。書前有蠓序，及至正十六年杜震序。陳振孫書錄解題稱，疑獄三卷，上一卷爲凝書，中下二卷爲蠓所續。今本四卷，疑後人所分也。補疑獄集六卷，明張景所增，共一百八十二條。所記皆平反冤濫，抉摘姦慝之事。俾司憲者觸類旁通，以資啟發。雖人情萬變，事勢靡恆，不可限以成法。而推尋故迹，舉一反三，師其意而通之，於治獄亦不無裨益也。書中間有按語，稱訥曰者，不著其姓。又包拯杖吏一條，稱桂氏取以載入篇中，勘特取以終篇云云，亦不言桂氏爲誰。考宋端平中，桂萬榮摭凝父子所載事迹，益以鄭克之折獄龜鑑，編爲棠陰比事一書。明景泰中，吳訥又刪補之。則所謂訥者，乃吳訥。所謂桂氏，即萬榮。景乃剽剟其文，不著所出，又復刊削不盡，是亦不去葛龔之類矣。景號西墅，汝陽人。嘉靖癸未進士。此書乃其官監察御史時作也。

折獄龜鑑八卷（永樂大典本）

宋鄭克撰。是書宋志作二十卷。晁公武讀書志、陳振孫書錄解題俱題作決獄龜鑑，蓋一書而異名者也。大旨以五代和凝疑獄集及其子蠓所續均未詳盡，因採摭舊文，補苴其闕，分二十門。其間論斷雖意主尚德緩刑，而時或偏主於寬，未能悉協中道。所輯故實，務求廣博，多有出於正史之外者，而亦或兼收猥瑣，未免麗雜。然究悉物情，用以廣見聞而資觸發，較和氏父子之書，特爲賅備。晁公武讀書志稱其依劉向晏子春秋，舉其綱要爲之目錄，體例井然，亦可謂有條不紊者已。書錄解題載其目凡二百七十六條，三百九十五事。今世所傳鈔本，祇存五門，餘皆散佚。惟永樂大典所載尚爲全書，而已經合併連書，二十卷之界限不復可考。謹詳加校訂，析爲八卷。卷數雖減於舊，其文則無所闕失也。

棠陰比事一卷附錄一卷（浙江巡撫採進本）

宋桂萬榮撰，明吳訥刪補。萬榮，鄞縣人。由餘干尉仕至朝散大夫、直寶章閣、知常德府。訥字敏德，號思菴，常熟人。永樂中以知醫薦，仁宗監國，聞其名，使教功臣子弟。洪熙元年擢監察御史，官至右都御史。謚文恪。事蹟具明史本傳。是集前有嘉定四年萬榮自序，稱取和魯公父子疑獄集，參以開封鄭公折獄龜鑑，比事屬詞，聯成七十二韻。又有端平甲午重刻自序，稱以尚右郎陛對，理宗諭以曾見是書，深相褒許。因有求其本者，以鋟梓星江，遠莫之致，是用重刻流布。其書彷唐李瀚蒙求之體，括以四字韻語，便於記讀，而自爲之註，凡一百四十四條，皆古來剖析疑獄之事。明景泰間，吳訥以其徒拘聲韻對偶，而敘次無義，乃刪其不足爲法及相類複出者，存八十條，以事之大小爲先後，不復以叶韻相從。其註亦稍爲點竄，又爲補遺二十三事，附錄四事，別爲一卷。萬榮書中附論七條，首五條辨析律意，末二條則推論他事，然不應僅首尾有此五條，中間全置不議，或傳寫又有所刪佚歟。第四條下註云存中，宋人不書時代，後同，不類萬榮之語，當亦訥所加也。訥所續二十七條，每條各有評語，附於題下。其書雖略於和蠓諸家，而敘述明白，較蠓等乃爲簡切，亦折獄者所宜取裁也。

右法家類八部，九十四卷，皆文淵閣著錄。

法家類存目

管子榷二十四卷（內府藏本）

明朱長春撰。長春字大復，烏程人。萬歷癸未進士，官刑部主事。是書即趙用賢本而增釋之。故凡例文評俱仍其舊，惟每篇各加紋釋。在篇首者曰評，多論作文之法。在篇中者曰通，則隨文訓解其義。在篇末者曰演，乃統論一篇大旨，皆出長春一手。創立異名，無所闡發。其七法篇評云，是注意之作，可爲文式。後之分段者，神弛氣懈，周末秦先病如此。千年來文家反學其病，文之壞由韓蘇以來云云。亦可稱敢於大言矣。

詮敘管子成書十五卷（內府藏本）

明梅士享編。士享字伯獻，宣城人。管子原目三十卷，已不可考。明代舊本皆二十四卷。士享此本合爲十五卷，而以己意詮敘之。如牧民、形勢、立政、九敗、版法、明法諸解，皆移附本篇之後，已亂其次第。又謂其文繁冗不倫，乃於一篇之中分上下二格。其定爲管子本文者，列之上格。疑爲後人攙雜及義有未安者，列之下格。其自爲發明者，別稱梅生曰以別之。如牧民篇國之四維一段，則云朱晦翁解繇不仁故不智，不智故不知禮義，所在斯爲一貫之旨。若此節維絕則傾，及傾可正也等語，於理有乖，恐非管子之言，故列下層。又權修篇天下者國之本一段，則云與大學孟子之旨相悖，故列下層。讀諸子之書而必以經義繩之，何異閻胥唐行草之跡而糾以說文之偏傍耶。

韓子迂評二十卷（內府藏本）

舊本題明門無子評。前列元何犿校上原序，署至元三年秋七月庚午，結銜題奎章閣侍書學士。考元世祖順帝俱以至元紀年，而三年七月以紀志干支排比之，皆無庚午日，疑子字之誤。奎章閣學士院設於文宗天歷二年，止有大學士，尋陞爲學士院，始有侍書學士，則犿進是書在後至元時矣。觀其序中稱今天下所急者法度之廢，所少者韓子之臣，正順帝時事勢也。門無子自序稱坊本至不可句讀，最後得何犿本，字字而讐之，皆不失其舊。乃句爲之讀，字爲之品，間取何氏註而折衷之，以授之梓人云云。蓋趙用賢翻刻宋本在萬歷十年，此本刻於萬歷六年，故未見完帙，仍用何氏之本。然犿序稱李瓚註鄙陋無取，盡爲削去，而此本仍間存瓚註，已非何本之舊。且門無子序又稱，取何註折衷之，則併犿所加旁註亦有增損，非盡其原文。蓋明人好竄改古書以就己意，動輒失其本來。萬歷以後，刻版皆然，是書亦其一也。門無子不知爲誰。陳深序稱門無子俞姓，吳郡人，篤行君子。然新舊志乘皆不載其姓名。所綴評語，大抵皆學究八比之門徑，又出犿註之下。所見如是，宜其敢亂舊文矣。

刑統賦二卷（兩淮鹽政採進本）

宋傅霖撰。霖里貫未詳，官律學博士。法家書之存於今者，惟唐律最古，周顯德中竇儀等因之作刑統，宋建隆四年頒行。霖以其不便記誦，乃韻而賦之，併自爲註。晁公武讀書志稱，或人爲之註，蓋未審也。其後註者不一家，金泰和中李祐之有刪要，元至治中程仁壽有直解、或問二書，至元中練進有四言纂註，尹忠有精要，至正中張汝楫有略註，並見永樂大典中。此本則元祐中東原郄氏爲韻釋（按趙孟頫原序但稱郄君，不著其名），其鄉人王亮又爲增註。然於霖所自註竟削去之，已非完本，亮註亦類皆剽襲前人，無所發明，且傳寫譌誤，第四韻第七韻內脫簡特多，殊不足取。

刑法敘略一卷（編修程晉芳家藏本）

舊本題宋劉筠撰。筠字子儀，大名人，咸平元年進士，累擢司諫，知制誥，翰林學士承旨，進龍圖閣學士，加禮部侍郎。是編載曹溶學海類編中。今考其文，即冊府元龜刑法一門之總敘也。

洗冤錄二卷（永樂大典本）

宋宋慈撰。慈字惠父，始末未詳。是書自序題淳祐丁未，結銜題朝散大夫，新除直祕閣，湖南提刑，充大使行府參議官。序中稱四權臬司，於獄案審之又審，博採近世諸書，自內恕錄以下凡數家，會稡釐正，增以己見，爲一編，名曰洗冤集錄，刊於湖南憲治。後來檢驗諸書，大抵以是爲藍本，而遞相考究，互有增損，則不及後來之密也。

無冤錄二卷（浙江巡撫採進本）

不著撰人名氏，亦無序跋。永樂大典載此書，題元王與撰。與不知何許人。卷中自稱昔任鹽官，檢二孕婦事，蓋嘗官海鹽縣令。永樂大典載其自序一篇，題至大改元之歲，是武宗戊申年作也。所載多至元元貞大德間官牒條格，又多引平冤錄、洗冤錄之文，而稍爲駁正。上卷皆官吏之章程，下卷皆屍傷之辨別。其論銀釵試毒，非眞銀則觸穢色必變，論自縊勒死之分，皆發二錄所未發，至今猶遵用之。至上卷駁洗冤錄食顙在前，氣顙在後之誤，而下卷自割條中乃仍用洗冤錄一寸七分食氣系並斷，一寸五分食系斷氣系微破之說，則亦未爲精密矣。

政刑類要一卷（永樂大典本）

元彭天錫撰。天錫字仁仲，湖州人，其始末無考。原序謂其通才明吏，專於法家，能成書如此，必有推轂者，殆吏胥之流歟。其書以當時法令區別科類，大字標目於其上，細字分記於其下，蓋因舊文繁重，變爲簡易，以便於記覽者耳。

名公書判清明集十七卷（永樂大典本）

不著撰人名氏，輯宋元人案牘判語，分類編次，皆署其人之別號，蓋用文選稱字之例，然名不甚顯者，其人遂不可知矣。其詞率以文采儷偶爲工，蓋當時之體如是云。

唐律文明法會要錄一卷（永樂大典本）

不著撰人名氏。前有原序，亦不署名。後有沈佩序，署其字曰和卿，署其官曰陵州同知。案陵州始設於元，則元人作也。其說皆鄙廓迂腐，殆無足觀。

祥刑要覽二卷（浙江巡撫採進本）

明吳訥撰。訥有棠陰比事，已著錄。此書乃其致仕後所作。上卷經典大訓十六條，次爲先哲議論十五條。下卷善可爲法十三人，惡爲可戒十人。其經典大訓中引及論語大學，而開卷尚書一條，皋陶下註舜臣字，蓋爲通俗之文，以戒不甚讀書者，故淺近如是也。

王恭毅駁稾二卷（兩江總督採進本）

明王槩撰。高銓編。槩字同節，廬陵人。正統壬戌進士，官至刑部尚書，諡恭毅。銓字宗選，江都人。成化己未進士，官至南京戶部尚書。江右名賢編云：槩先爲大理寺卿，與兩法司會讞，多所平反。是書卽其官大理寺時案牘之文。時銓方爲左評事，因爲編次成帙。首列參駁文書式九條，而以所駁諸案分載於後。

法家哀集（無卷數，浙江范懋柱家天一閣藏本）

不著撰人名氏。明蘇祐題辭，稱從史陳永，以是集見曰司臺司籍潘智手錄，因命補綴付之梓。則是編永所輯定矣。書中設爲問答，剖析異同，頗得明慎之意。其論拒毆追攝人并罪人拒捕二條，與唐律疏義相合，疑其嘗見唐律也。

折獄卮言一卷（編修程晉芳家藏本）

國朝陳士鑛撰。士鑛有江南治水記，已著錄。是篇摭取四書諸經慎刑之語，兼及漢詔一二條，徵引疎略，無所發明。曹溶載之學海類編中，姑盈卷帙而已，不足以言著書也。

巡城條約一卷（直隸總督採進本）

國朝魏裔介撰。裔介有孝經註義，已著錄。順治丁酉，裔介爲左都御史，立此約以釐清五城之事，凡四十條。然其中有瑣屑過甚者，如禁舖戶唱曲、禁擊太平鼓、禁小兒踢石拋毬之類，皆必不能行之法。卽令果能禁絕，於民生國計，亦復何裨？徒滋吏役之擾而已。

風憲禁約一卷（直隸總督採進本）

國朝魏裔介撰。皆巡按條約，凡五十四條。考五朝國史，裔介本傳載其由庶吉士授工科給事中，轉吏科兵科給事中，累遷太常寺少卿、左都御史、吏部尚書、保和殿大學士，不載其巡按外省，不知此書何時所作也。

讀律佩觿八卷（江蘇周厚堉家藏本）

國朝王明德撰。明德字金樵，高郵人。官刑部陝西司郎中。是編成於康熙甲寅，取現行律例分類編輯，各爲箋釋，附以洗冤錄及洗冤錄補，每門先載大清律本註，次明律箋註，而以己意辨證之。其說好爲駁難，而不免穿鑿。所作洗冤錄補雜記異聞，旁及鬼神醫藥之事，尤近小說家言。

續刑法敘略一卷（編修程晉芳家藏本）

國朝譚瑄撰。瑄字子羽，嘉興人。康熙乙酉舉人，官至給事中。是書敘宋元明三代刑法，舛略殊甚。其曰續刑法敘略者，以曹溶學海類編取冊府元龜中敘文，僞題爲劉筠刑法敘略也。然筠書既僞，續者可知。又不知掇何類書數頁，贋題此名耳。

疑獄箋四卷（浙江巡撫採進本）

國朝陳芳生撰。芳生有捕蝗考，已著錄。此書自序，謂晉和魯公凝著疑獄集二卷，其子宋太子中允㠓增之爲四卷。明巡按御史張景廣之爲六卷。茲復增汰之，統爲三卷，而附和㠓及元杜震、明李崧原序於卷後。末又輯昔賢論說讞獄成法，別爲一卷，統名疑獄箋。大旨主於全活，亦古人恤欽之意。然如張差梃擊一案，以主瘋顛者爲是，主姦宄者爲非，則又矯枉過直矣。其論妊娠過期，至引佛經脇尊者之處胎六十年、神仙傳老聃之處胎七十二年，是亦未可爲典要也。

右法家類一十九部、一百五卷（內一部無卷數），皆附存目。

欽定四庫全書總目卷一百一

欽定四庫全書總目卷一百二

子部十二

農家類

農家條目，至爲蕪雜。諸家著錄，大抵輾轉旁牽。因耕而及相牛經，因相牛經及相馬經、相鶴經、鷹經、蟹錄，至於相貝經，而香譜、錢譜相隨入矣。因五穀而及圃史，因圃史而及竹譜、荔支譜、橘譜，至於梅譜、菊譜，而唐昌玉蕊辨證、揚州瓊花譜相隨入矣。因蠶桑而及茶經，因茶經及酒史、糖霜譜，至於蔬食譜，而易牙遺意、飲膳正要相隨入矣。觸類蔓延，將因四民月令而及算術、天文，因田家五行而及風角鳥占，因救荒本草而及素問靈樞乎？今逐類汰除，惟存本業，用以見重農貴粟，其道至大，其義至深，庶幾不失豳風無逸之初旨。茶事一類，與農家稍近，然龍團鳳餅之製，銀匙玉盌之華，終非耕織者所事。今亦別入譜錄類，明不以末先本也。

齊民要術十卷　浙江巡撫採進本

後魏賈思勰撰。思勰始末未詳，惟知其官爲高平太守而已。自序稱「起自耕農，終於醯醢，資生之業，靡不畢書。凡九十二篇」。今本乃終於五穀果蓏非中國物者，自序又稱商賈之事闕而不錄，今本貨殖一篇乃列於第六十二，莫知其義。中第三十篇爲雜說，而卷端又列雜說數條，不入篇數，一名再見，於例殊乖。其詞亦鄙俗不類，疑後人所竄入。然陳振孫書錄解題稱其治生之道不仕則農爲名言，正見於卷端雜說中，則宋本已有之矣。思勰序不言作註，亦不云有音。今本句下之註，有似自作，然多引及顏師古。考文獻通考載李燾孫氏齊民要術音義解釋序曰：「賈思勰著此書，專主民事，又旁摭異聞，多可觀。在農家最嶢然出其類。奇字錯見，往往艱讀。今運使祕丞孫公爲之音義解釋，略備其正名小物，蓋與揚雄、郭璞相上下，不但借助於思勰也。」則今本之註，蓋孫氏之書。特宋藝文志不著錄，其名不可考耳。董穀碧里雜存以註中一石當今二斗七升之文，疑其與魏時長安童謠百升飛上天句不合（案斛律光，齊人，非魏人，此語殊誤），蓋未知註非思勰作也。錢曾讀書敏求記云：「嘉靖甲申刻齊民要術於湖湘，首卷傰端，周書曰云云，原係細書夾註，今刊作大字。毛晉津逮祕書亦然。」今以第二篇至六十篇之例推之，其說良是。蓋唐以前書，文詞古奧，校勘者不盡能通，輾轉譌脫，因而謬異，固亦事所恒有矣。

農書三卷附蠶書一卷　江蘇巡撫採進本

此書影宋鈔本題曰陳旉撰。宋史藝文志亦同。陳振孫書錄解題作西山隱居全眞子陳雱撰，未詳何人。永樂大典所載，則作陳敷。考漢郊祀歌朱明旉與，顏師古註曰：「旉，古敷字。」永樂大典蓋改古文從今文，陳氏作雱，則字形相近而誤也。首有自序，佚其前二頁，末有洪興祖後序，及旉自跋。興祖序稱西山陳居士於六經諸子百家之書，釋老氏黃帝神農氏之學，貫穿出入，往往成誦，下至術數小道，亦精其能。平生讀書，不求仕進，所至即種藥治圃以自給。又稱其紹興己巳年七十四，則南北宋閒處士也。自跋稱此書成於紹興十九年，眞州雖曾刊行，而當時傳者失其眞，首尾顛倒，意義不貫者甚多。又爲或人不曉旨趣，妄自刪改，徒事絺章繪句，而理致乖越，故取家藏副本，繕寫成帙，以待當世之君子，採取以獻於上。則興祖所刊之本，有所點竄，旉蓋不以爲然。其自序又稱此書非騰口空言，誇張盜名，如齊民要術、四時纂要，迂疎不適用之比。其自命殊高。今觀其書，上卷泛言農事，中卷論養牛，下卷論養蠶，大抵泛陳大要，引經史以證明之，虛論多而實事少，殊不及齊民要術之典核詳明。遽詆前人，殊不自量。然所言亦頗有入理者，宋人舊帙，久無刊本，姑存備一家可也。末有蠶書一卷，宋秦湛撰。湛字處度，高郵人，秦觀之子也。所言蠶事頗詳。宋志與旉書各著錄，不知何人綴旉書後，合爲一編。其說與旉書下篇可以互相補苴，今亦仍並錄之焉。

農桑輯要七卷　永樂大典本

元世祖時官撰頒行本也。前有至元十年翰林學士王磐序，稱詔立大司農司，不治他事，專以勸課農桑爲務。行之五六年，功效大著。農司諸公又慮夫播植之宜，蠶繅之節，未得其術，於是徧求古今農家之書，刪其繁重，摭其切要，纂成一書，鏤爲版本進呈，將以頒布天下云云。案元史司農司設於至元七年，分布勸農官，巡行郡邑，察舉農事成否，達於戶部，以殿最牧民長官。史又稱世祖即位之初，首詔天下崇本抑末，於是頒農桑輯要之書於民，均與王磐所言合。惟至元七年至十年不足五六年之數。磐蓋據建議設官之始約略言之耳。焦竑國史經籍志、錢曾讀書敏求記皆作七卷。永樂大典所載僅有二卷。蓋編纂者所合併，非有闕佚。永樂大典又載有至順三年印行萬部官牒。蘇天爵元文類又載有蔡文淵序一篇，稱延祐元年，仁宗特命刊版於江浙行省。明宗、文宗復申命頒布。蓋有元一代以是書爲經國要務也。書凡分典訓、耕墾、播種、栽桑、養蠶、瓜菜、果實、竹木、藥草、孳畜十門。大致以齊民要術爲藍本，芟除其浮文瑣事，而雜採他書以附益之。詳而不蕪，簡而有要，於農家之中，最爲善本。當時著爲功令，亦非漫然矣。

農桑衣食撮要二卷（永樂大典本）

元魯明善撰。明善元史無傳，其始末未詳。此本有其幕僚導江張㮚序一篇，稱明善威烏爾（舊作畏吾兒，今依元國語解改正。）人，以父字魯爲氏，名鐵柱，以字行。於延祐甲寅出監壽郡，始撰是書，且鋟諸梓。又有明善自序，則稱叨憲紀之任，取所藏農桑撮要刊之學宮。末署至順元年六月，蓋自壽陽刊版之後閱十有七年而重付剞劂者也。考豳風所紀，皆陳物候，夏小正所記，亦多切田功，古來四民月令、四時纂要諸書，蓋其遺意，而今多不傳。至元中，頒行農桑輯要，於耕種樹畜之法，言之頗詳，而歲用雜事，僅列爲卷末一篇，未爲賅備。明善此書分十二月令，件繫條別，簡明易曉，使種藝斂藏之節，開卷了然。蓋以陰補農桑輯要所未備，亦可謂留心民事、講求實用者矣。

農書二十二卷（永樂大典本）

元王楨撰。楨字伯善，東平人，官豐城縣尹。文淵閣書目曰，王楨農書一部，十冊。讀書敏求記曰，農桑通訣六，穀譜四，農器圖譜十二，總名曰農書。永樂大典所載，併爲八卷，割裂綴合，已非其舊。今依原序條目，以類區別，編爲二十二卷。其書典贍而有法，蓋賈思勰齊民要術之流。圖譜中所載水器，尤於實用有裨。又每圖之末必系以銘贊詩賦，亦風雅可誦。今外閒所有王楨農務集，即從是書摘鈔者也。唐中和節所進農書，世無傳本。宋人農書惟陳旉所作存。元人農書存於今者三本。農桑輯要、農桑衣食撮要二書，一辨物產，一明時令，皆取其通俗易行。惟楨此書，引據賅洽，文章爾雅，繪畫亦皆工緻，可謂華實兼資。明人刊本，舛譌漏落，疑誤宏多。諸圖尤失其眞。永樂大典所載，猶元時舊本。今據以繕寫校勘，以還其舊觀焉。

救荒本草二卷（兩淮鹽政採進本）

明周王橚撰。橚，太祖第五子。洪武十一年封，十四年就藩開封。建文中，廢徙雲南。永樂初復爵。洪熙元年薨，諡曰定。明史本傳稱橚好學，能詞賦，以國土夷曠，庶草蕃廡，考核其可佐饑饉者四百餘種，繪圖上之，即此書也。李時珍本草綱目以此書及普濟方俱云洪武初周憲王著。考憲王有燉於仁宗初始嗣封，其說殊誤。是編爲嘉靖乙卯陸東所重刊。每卷又分爲前後，共成四卷。其見諸舊本草者一百三十八種，新增者二百七十六種，皆詳核可據。前有東序，亦稱周憲王著。蓋當時以親藩貴重，刊書皆不題名，故輾轉傳譌，有所不免。今特爲糾正焉。

農政全書六十卷（兵部侍郎紀昀家藏本）

明徐光啓撰。光啓有詩經六帖，已著錄。是編總括農家諸書，裒爲一集。凡農本三卷，皆經史百家有關民事之言，而終以明代重農之典。次田制二卷，一爲井田，一爲歷代之制。次農事六卷，自營制開墾以及授時占候，無不具載。次水利九卷，備錄南北形勢，兼及灌溉器用諸圖譜。後六卷則爲泰西水法。考明史光啓本傳，光啓從西洋人利瑪竇學天文歷算火器，盡其術。崇禎元年，又與西洋人龍華民、鄧玉函、羅雅谷等同修新法歷書。故能得其一切捷巧之術，筆之書也。次爲農器四卷，皆詳繪圖譜，與王楨之書相出入。次爲樹藝六卷，分穀、蓏、蔬、果四子目。次爲蠶桑四卷，又蠶桑廣類二卷，廣類者，木棉麻苧之屬也。次爲種植四卷，皆樹木之法。次爲牧養一卷，兼及養魚養蜂諸細事。次爲製造一卷，皆常需之食品。次爲荒政十八卷，前三卷爲備荒，中十四卷爲救荒本草，末一卷爲野菜譜，亦類附焉。其書本末咸該，常變有備，蓋合時令、農圃、水利、荒政數大端，條而貫之，匯歸於一。雖採自諸書，而較諸書各舉一偏者，特爲完備。明史稱光啓編修兵機、屯田、鹽筴、水利諸書，又稱其負經濟才，有志用世。於此書亦略見一斑矣。

泰西水法六卷（兩江總督採進本）

明萬歷壬子，西洋熊三拔撰。是書皆記取水蓄水之法。一卷曰龍尾車，用挈江河之水。二卷曰玉衡車，附以專筩車。曰恒升車，附以雙升車。用挈井泉之水。三卷曰水庫記，用蓄雨雪之水。四卷曰水法附餘，皆尋泉作井之法，而附以療病之水。五卷曰水法或問，備言水性。六卷則諸器之圖式也。西洋之學，以測量步算為第一，而奇器次之。奇器之中，水法尤切於民用，視他器之徒矜工巧、為耳目之玩者又殊，固講水利者所必資也。四卷之末有附記云：此外測量水地，度形勢高下，以決排江河、蓄洩湖淀，別為一法。或於江湖河海之中，欲作橋梁城垣宮室，永不圯壞，別為一法。或於百里之遠，疏引源泉，附流灌注，入於國城，分枝析派，任意取用，別為一法。皆別有備論。茲者專言取水，未暇多及云云。則其法尚有全書，今未之見也。

野菜博錄四卷（浙江鮑士恭家藏本）

明鮑山撰。山字元則，號在齋，婺源人。嘗入黃山，築室白龍潭上七年，備嘗野蔬諸味，因次其品彙，別其性味，詳其調製，著為是編。分草部二卷，木部二卷。草部葉可食者，自大藍至秋角苗，一百四十二種。木部葉可食者，自茶樹柯至藩籬枝，五十九種。花可食者，自臘梅至橘齒，五種。實可食者，自青舍子條至野葡萄，二十五種。花實可食者，槐樹、欒華木、房木三種。葉實可食者，杏樹至石榴，十九種。花葉實俱可食者，松樹至旁其，五種。葉皮實俱可食者，榆錢至老兒樹，四種。並圖繪其形，以備荒歲。蓋明之末造，饑饉相仍，山作此書，亦仁者之用心乎。自序記所得凡四百數十種，而是編所載僅二百六十二種，蓋又有所試驗去取歟。所錄廣於王磐野菜譜，較明周定王救荒本草亦互有出入。木饑金穰，理可先知，堯水湯旱，數亦莫逃，有備無患，不厭周詳。苟其有益於民命，則王道不廢焉。書雖淺近，要亦荒政之一端也。

欽定授時通考七十八卷

乾隆二年奉
敕撰，乾隆七年進
呈。
欽定，
御製序文頒行。凡八門：曰天時，分四子目，明耕耘收穫之節也。曰土宜，分六子目，盡高下燥溼之利也。曰穀種，分九子目，別物性也。曰功作，分十子目，盡人力也。曰勸課，分九子目，重農之政也。曰蓄聚，分四子目，備荒之制也。曰農餘，分五子目，種植畜養之事也。曰蠶桑，分十子目，蔟箔織紝之法也。天時冠以總論，餘七門各冠以彙考，而
詔諭
御製詩文，並隨類恭錄焉。昔周公作書，以無逸為永年之本，而所謂無逸，在先知稼穡之艱難，故重農貴粟，治天下之本也。管子、呂覽所陳種植之法，並文句典奧，與其他篇不類，蓋古者必有專書，故諸子得引之。今已佚不可見矣。劉向七略，綜別九流，以農家自為一類，其書亦無一存。今所傳者，以賈思勰齊民要術為最古，而名物訓詁，通儒或不盡解，無論耕夫織婦也。沿而作者，不可殫數，惟王楨、徐光啟書為最著，而疏漏冗雜，亦不免焉。我
皇上御極之次年，即深維堯典授時之義，虞廷命稷之
心，
特詔刪纂諸書，編為此帙。準今酌古，務期於實用有裨。又詳考舊章，臚陳政典，不僅以自生自息聽之閭閻。尤見
軫念民依之至意，非徒農家言矣。

右農家類十部，一百九十五卷，皆文淵閣著錄。

農家類存目

耒耜經一卷（內府藏本）

唐陸龜蒙撰。龜蒙字魯望，吳江人。事蹟具唐書隱逸傳。是編記犁製特詳。犁與耒耜，今古異名也。次及鎒，因又及爬與礰礋，而以磟碡終焉。敘述古雅，其詞有足觀者。舊載笠澤叢書中，故唐宋藝文志皆不載。陳振孫書錄解題始自出一條，意宋末乃別行也。

耕織圖詩（無卷數，浙江巡撫採進本）

宋樓璹撰。璹，鄞縣人，鑰之伯父也。文獻通考載是書，引陳氏之言曰：於潛令鄞樓璹玉撰。今檢永樂大典所載陳振孫書錄解題，乃作於潛令鄞樓璹壽玉撰，是壽玉乃璹之字，刊通考者誤落一壽字也。此本後有嘉定庚午璹孫洪跋，又有作霖跋，不著其姓，謂公孫洪跋語未載公名，引樓鑰後序及宋濂題耕織圖後，以證此書為璹所作。蓋作霖併未見通考耳。璹原書凡耕圖二十一，織圖二十四，各系以詩。今
內府所藏畫本尚在，業經
御題勒石。此本僅存詩三十五首，不載其圖，蓋非原本矣。

經世民事錄十二卷（浙江范懋柱家天一閣藏本）

明桂萼編。萼有桂文襄奏議，已著錄。是書乃萼為武康知縣時，按明大統歷所載，逐月節氣，各註事宜，刊布曉諭。故每卷之首，皆稱湖州府武康縣據本縣陰陽生某時為某節，當奉時令施行云云。後嘉靖七年，蔣瑜知鄱陽縣，萼以是本授之，瑜遂重刊以行。其中每月冠以月令全文一段，與民事無關。且居青陽左个云云，與明制亦絕不相合也。

野菜譜一卷（兩江總督採進本）

舊本題高郵王磐鴻漸撰。磐，明正德嘉靖間人。嘗諷詠老人燈詩以譏李東陽者，非元之王磐也。前有存白山人序，不著年月姓名。辨其私印，微似李宮二字，不知為何許人。所記野菜凡六十種，題下有註，註後繫以詩歌，又各繪圖於其下。其詩歌多寓規戒，似謠似諺，頗古質可誦。然所收錄，不及鮑山書之賅博也。

農說一卷（浙江鮑士恭家藏本）

明馬一龍撰。一龍字負圖，溧陽人。嘉靖丁未進士，官至國子監司業。自序謂農不知道，知道者又不明農，故天下不務此業，而他圖賈人之利，閭閻之間力倍而功不半，十室九空。知道者之所深憂，因就田廬作農說一章，遂條自為之註。文頗簡略。

別本農政全書四十六卷（山東巡撫採進本）

明徐光啟撰，陳子龍刪補。子龍有詩問略，已著錄。初光啟作農政全書凡六十卷。光啟沒後，子龍得本於其孫爾爵，與張國維、方岳貢共刊之。既而病其稍冗，乃重定此本。子龍所作凡例有曰：文定所集，雜採眾家，兼出獨見，有得即書，非有條貫，故有略而未詳者，有重複而未及刪定者。中丞公屬子龍以潤飾之，友人謝廷正、張密皆博雅多識，使任旁搜覆校之役，而子龍總其大端，大約刪者十之三，增者十之二。其評點俱仍舊觀，恐有深意，不敢臆易云云。所謂文定者，光啟之謚；所謂中丞公者，即國維也。今原書有刊版，而此本乃出傳鈔，併其評點失之，核其體例，較原書頗為清整。然農圃之事本為瑣屑，不必遽厭其詳，而所貴在於實用，亦不必以考核典故為優劣。故今仍錄原書，而此本則附存其目焉。

沈氏農書一卷（編修程晉芳家藏本）

案此編為桐鄉張履祥所刊，稱漣川沈氏撰，不知沈氏為誰也。其書成於崇禎末，履祥以其有益於農事，因重為校定。其列藝穀栽桑育蠶畜牧諸法，而首以月令，以辨趨事赴功之宜。沈氏為湖州人，故所述皆吳中土宜，與陳旉、王楨諸本互有出入。近時朱坤已刻入楊園全書中，而曹溶學海類編亦備載之云。

梭山農譜三卷（江西巡撫採進本）

國朝劉應棠撰。應棠字又許，奉新人。梭山其所居地也。其書分耕、耘、穫三卷，詳其器與其事，而每條綴一贊詞，每卷又各有小序，詞多借題抒憤，不盡切於農事也。

豳風廣義三卷（江西巡撫採進本）

國朝楊屾撰。屾字雙山，西安人。其書述樹桑養蠶織紝之法，備繪諸圖，詳說其制，而雞豚畜字之法亦附見焉。考蠶月條桑，豳風所述，則其地非不可蠶桑，而近代其法久廢，故貧民恒以無衣為虞。屾之所述，蓋秦民之切務。近時頗解織紝，故所作之帛，世稱秦紬，俗曰繭子，四方往往有之。或亦講求之力歟。

右農家類九部，六十八卷，（內一部無卷數）皆附存目。

欽定四庫全書總目卷一百二

欽定四庫全書總目卷一百三

子部十三

醫家類一

儒之門戶分於宋。醫之門戶分於金元。觀元好問傷寒會要序、知河間之學與易水之學爭。觀戴良作朱震亨傳、知丹溪之學與宣和局方之學爭也。然儒有定理、而醫無定法。病情萬變、難守一宗。故今所敘錄、兼衆說焉。明制、定醫院十三科、頗爲繁碎。而諸家所著、往往以一書兼數科、分隸爲難。今通以時代爲次。漢志醫經經方二家後、有房中神仙二家、後人誤讀爲一、故服餌導引、歧塗頗雜。今悉刪除。周禮有獸醫、隋志載治馬經等九家、雜列醫書閒。今從其例、附錄此門、而退置於末簡。貴人賤物之義也。太素脈法、不關治療。今別收入術數家、玆不著錄。

黃帝素問二十四卷（內府藏本）

唐王冰註。漢書藝文志載黃帝內經十八篇、無素問之名。後漢張機傷寒論引之、始稱素問。晉皇甫謐甲乙經序、稱鍼經九卷、素問九卷、皆爲內經。與漢志十八篇之數合。則素問之名起於漢晉閒矣。故隋書經籍志始著錄也。然隋志所載祇八卷、全元起所註已闕其第七。冰爲寶應中人、乃自謂得舊藏之本、補足此卷。宋林億等校正、謂天元紀大論以下、卷帙獨多、與素問餘篇絕不相通、疑卽張機傷寒論序所稱陰陽大論之文、冰取以補所亡之卷。理或然也。其刺法論本病論、則冰本亦闕、不能復補矣。冰本頗更其篇次、然每篇之下、必註全元起本第幾字、猶可考見其舊第。所註排抉隱奧、多所發明。其稱大熱而甚寒之不寒、是無水也。大寒而甚熱之不熱、是無火也。無火者不必去水、宜益火之源以消陰翳。無水者不必去火、宜壯水之主以鎮陽光。遂開明代薛己諸人探本命門之一法。其亦深於醫理者矣。冰名見新唐書宰相世系表、稱爲京兆府參軍。林億等引人物志、謂冰爲太僕令。未知孰是。然醫家皆稱王太僕、習讀億書也。其名晁公武讀書志作王砅、杜甫集有贈重表姪王砅詩、亦復相合。然唐宋志皆作冰、而世傳宋槧本亦作冰字。或公武因杜詩而誤歟。

靈樞經十二卷（大理寺卿陸錫熊家藏本）

案晁公武讀書志曰、王冰謂靈樞卽漢志黃帝內經十八卷之九。或謂好事者於皇甫謐所集內經倉公論中鈔出之、名爲古書。未知孰是。又李濂醫史載元呂復羣經古方論曰、內經靈樞、漢隋唐志皆不錄。隋有鍼經九卷、唐有靈寶註黃帝九靈經十二卷而已。或謂王冰以九靈更名爲靈樞。又謂九靈尤詳於鍼、故皇甫謐名之爲鍼經。苟一經而二名、不應唐志別出鍼經十二卷。是靈樞不及素問之古、宋元人已言之矣。近時杭世駿道古堂集亦有靈樞經跋曰、七略漢藝文志黃帝內經十八篇、皇甫謐以鍼經九卷素問九卷合十八篇當之。隋書經籍志鍼經九卷、黃帝九靈十二卷。是九靈自九靈、鍼經自鍼經、不可合而爲一也。王冰以九靈名靈樞、不知其何所本。余觀其文義淺短、與素問之言不類、又似竊取素問而鋪張之。其爲王冰所僞託可知。後人莫有傳其書者。至宋紹興中、錦官史崧乃云家藏舊本靈樞九卷、除已具狀經所屬申明外、准使府指揮依條申轉運司選官詳定、具書送祕書省國子監。是此書至宋中世而始出、未經高保衡林億等校定也。其中十二經水一篇、黃帝時無此名。冰特據身所見而妄臆度之云云。其考證尤爲明晰。然李杲精究醫理、而使羅天益作類經、兼採素問靈樞。呂復亦稱善學者當與素問並觀。其旨義互相發明。蓋其書雖僞、而其言則綴合古經、具有源本。譬之梅賾古文、雜採逸書、聯成篇目、雖牴牾罅漏、贗託顯然、而先王遺訓、多賴其蒐輯以有傳、不可廢也。此本前有紹興乙亥史崧序、稱舊本九卷八十一篇、增修音釋、附於卷末。又目錄首題鼇峯熊宗立點校重刊、末題原二十四卷、今併爲十二卷。是此本爲熊氏重刊所併。呂復稱史崧併是書爲十二卷、以復其舊、殆誤以熊本爲史本歟。

難經本義二卷（兩淮鹽政採進本）

周秦越人撰。元滑壽註。越人卽扁鵲、事迹具史記本傳。壽字伯仁、明史方技傳稱爲許州人、寄居鄞縣。案朱右攖寧生傳曰、世爲許州襄城大家、元初祖父官江南、自許徙儀眞、而壽生焉。又曰、在淮南曰滑壽、在吳曰伯仁氏、在鄞越曰攖寧生。然則許乃祖貫、鄞乃寄居、實則儀眞人也。壽卒於明洪武中、故明史列之方技傳。然戴良九靈山房集有懷滑攖寧詩曰、海日蒼涼兩鬢絲、異鄉飄泊已多時。欲爲散木居官道、故託長桑說上池。蜀客著書人豈識、韓公賣藥世偏知。道塗同是傷心者、只合相從賦黍離，則壽亦抱節之遺老，託於醫以自晦者也。是書首有張壽序，稱壽家去東垣近，早傳李杲之學。攖寧生傳則稱學醫於京口王居中，學鍼法於東平高洞陽。考李杲足迹未至江南，與壽時代亦不相及，壽所云云，殆因許近東垣，附會其說歟。難經八十一篇，漢藝文志不載，隋唐志始載難經二卷，秦越人著，吳太醫令呂廣嘗註之，則其文當出三國前。廣書今不傳，未審即此本否。然唐張守節註史記扁鵲列傳，所引難經悉與今合，則今書猶古本矣。其曰難經者，謂經文有疑，各設問難以明之。其中有此稱經云而素問、靈樞無之者，則今本內經傳寫脫簡也。其文辨析精微，詞致簡遠，讀者不能遽曉，故歷代醫家多有註釋。壽所採摭凡十一家，今惟壽書傳於世。其書首列彙考一篇，論書之名義源流，次列闕誤總類一篇，記脫文誤字，又次圖說一篇，皆不入卷數。其註則融會諸家之說，而以己意折衷之，辨論精核，考證亦極詳審。攖寧生傳稱難經本靈樞、素問之旨，設難釋義。其間榮衛部位，臟府脈法，與夫經絡腧穴，辨之博矣，而闕誤或多。愚將本其旨義，註而讀之，即此本也。壽本儒者，能通解古書文義，故其所註，視他家所得爲多云。

甲乙經八卷（兩淮鹽政採進本）

晉皇甫謐撰。謐有高士傳，已著錄。是編皆論鍼灸之道。隋書經籍志稱黃帝甲乙經十卷，註曰：音一卷，梁十二卷，不著撰人姓名。考此書首有謐自序，稱七略、藝文志黃帝內經十八卷，今有鍼經九卷，素問九卷，二九十八卷，即內經也。又有明堂孔穴鍼灸治要，皆黃帝岐伯選事也。三部同歸，文多重複，錯互非一。甘露中，吾病風加苦聾，百日方治。（案此四字文義未明，疑有脫誤，今仍當本錄之，謹附識於此。）要皆淺近，乃撰集三部，使事類相從，刪其浮詞，除其重複，至爲十二卷（案王字文義未明，亦疑有誤）云云。是此書乃裒合舊文而成，故隋志冠以黃帝。然刪除謐名，似乎黃帝所自作，則於文爲謬。舊唐書經籍志稱黃帝三部鍼經十三卷，始著謐名。然較梁本多一卷，其併音一卷計之歟。新唐書藝文志既有黃帝甲乙經十二卷，又有皇甫謐黃帝三部鍼經十三卷，兼襲二志之文，則更舛誤矣。書凡一百一十八篇，內十二經脈絡脈支別篇、疾形脈診篇、鍼灸禁忌篇、五臟傳病發寒熱篇、陰受病發痺篇、陽受病發風篇，各分上下，經脈篇、六經受病發傷寒熱病篇，各分上中下，實一百二十八篇。句中夾註，多引楊上達太素經、孫思邈千金方、王冰素問註、王惟德銅人圖，參考異同。其書皆在謐後，蓋宋高保衡、孫奇、林億等校正所加，非謐之舊也。考隋志有明堂孔穴五卷、明堂孔穴圖三卷，又明堂孔穴圖三卷。唐志有黃帝內經明堂十三卷、黃帝十二經脈明堂五臟圖一卷、黃帝十二經明堂偃側人圖十二卷、黃帝明堂三卷，又楊上善黃帝內經明堂類成十三卷、楊元孫黃帝明堂三卷，今並亡佚，惟賴是書存其精要。且節解章分，具有條理，亦尋省較易。至今與內經並行，不可偏廢，蓋有由矣。

金匱要略論註二十四卷（通行本）

漢張機撰。國朝徐彬註。機字仲景，南陽人，嘗舉孝廉，建安中官至長沙太守。是書亦名金匱玉函經，乃晉高平王叔和所編，次陳振孫書錄解題曰：此書乃王洙於館閣蠹簡中得之，曰金匱玉函要略，上卷論傷寒，中論雜病，下載其方，併療婦人，乃錄而傳之。今書以逐方次於證候之下，以便檢用，其所論傷寒文多簡略，故但取雜病以下止服食禁忌二十五篇二百六十二方，而仍其舊名云云。則此書叔和所編本爲三卷，洙鈔存其後二卷，後又以方一卷散附於二十五篇內，蓋已非叔和之舊。然自宋以來，醫家奉爲典型，與素問、難經並重，得其一知半解，皆可以起死回生，則亦岐黃之正傳，和扁之嫡嗣矣。機所作傷寒卒病論，自金成無己之後，註家各自爭名，互相竄改，如宋儒之談錯簡，原書端緒久已瞀亂難尋，獨此編僅僅散附諸方，尚未失其初旨，尤可寶也。漢代遺書，文句簡奧，而古來無註，醫家猝不易讀。彬註成於康熙辛亥，註釋尚爲顯明，今錄存之，以便講肄。彬字忠可，嘉興人，江西喻昌之弟子，故所學頗有師承云。

傷寒論註十卷附傷寒明理論三卷論方一卷（內府藏本）

傷寒論十卷，漢張機撰，晉王叔和編，金成無己註。明理論三卷、論方一卷，則無己所自撰，以發明機說者也。叔和，高平人，官太醫令。無己，聊攝人，生於宋嘉祐、治平間，後聊攝地入於金，遂爲金人，至海陵王正隆丙子，年九十餘尚存，見開禧元年歷陽張孝忠跋中。明吳勉學刻此書，題曰宋人，誤也。傷寒論前有宋高保衡、孫奇、林億等校上序、稱開寶中節度使高繼沖曾編錄進上。其文理舛錯、未能考正。國家詔儒臣校正醫書、今先校定仲景傷寒論十卷、總二十二篇、合三百九十七法、除重複、定有一百一十三方（案一百一十三原本誤作一百一十二、今改正）、今請頒行。又稱自仲景於今八百餘年、惟王叔和能學之云云。而明方有執作傷寒論條辨、則詆叔和所編與無己所註多所改易竄亂。併以序例一篇爲叔和僞託而刪之。

國朝喻昌作尚論篇、於叔和編次之舛、序例之謬及無己所註、林億等所校之失、攻擊尤詳。皆重爲考定、自謂復長沙之舊本。其書盛行於世、而王氏、成氏之書遂微。然叔和爲一代名醫、又去古未遠、其學當有所受。無己於斯一帙、研究終身、亦必深有所得。似未可概從屏斥、盡以爲非。夫朱子改大學爲一經十傳、分中庸爲三十三章、於學者不爲無裨。必以謂孔門之舊本如是、則終無確證可憑也。今大學、中庸列朱子之本於學官、亦列鄭元之本於學官、原不偏廢、又烏可以後人重定此書、遂廢王氏、成氏之本乎。無己所作明理論凡五十篇、又論方二十篇、於君臣佐使之義、闡發尤明。嚴器之序、稱無己撰述傷寒義、皆前人未經道者。指在定體分形析證、若同而異者明之、似是而非者辨之。釋戰慄有內外之診、論煩躁有陰陽之別、讝語鄭聲、令虛實之灼知、四逆與厥、使淺深之類明云云。其推挹甚至。張孝忠跋亦稱無己此二集自北而南、先以紹興庚戌得傷寒論註十卷於醫士王光廷家、後守荊門、又於襄陽訪得明理論四卷、因爲刊版於郴山。則在當時固已深重其書矣。

肘後備急方八卷（浙江范懋柱家天一閣藏本）

晉葛洪撰。洪字稚川、句容人。元帝爲丞相時、辟爲掾、以平賊功、賜爵關內侯、遷散騎常侍、自乞出爲句漏令。後終於羅浮山、年八十一。事蹟具晉書本傳。是書初名肘後卒救方。梁陶宏景補其闕漏、得一百一首、爲肘後百一方。金楊用道又取唐慎微證類本草諸方附於肘後隨證之下、爲附廣肘後方。元世祖至元間、有烏某者得其本於平鄉郭氏、始刻而傳之。段成己爲之序、稱葛、陶二君共成此編、而不及楊用道。此本爲明嘉靖中襄陽知府呂容所刊、始並列葛、陶、楊三序於卷首。書中凡楊氏所增、皆別題附方二字、列之於後。而葛、陶二家之方則不加分析、無可辨別。案隋書經籍志、葛洪肘後方六卷、梁二卷、陶宏景補闕肘後百一方九卷、亡。宋史藝文志止有葛書而無陶書、是陶書在隋已亡、不應元時復出。又陶書原目九卷、而此本合楊用道所附祇有八卷、篇帙多寡、亦不相合。疑此書本無百一方在內、特後人取宏景原序冠之耳。書凡分五十一類、有方無論、不用難得之藥、簡要易明。雖頗經後來增損、而大旨精切、猶未盡失其本意焉。

褚氏遺書一卷（浙江范懋柱家天一閣藏本）

舊本題南齊褚澄撰。澄字彥道、陽翟人、褚淵弟也。尚宋文帝女廬江公主、拜駙馬都尉、入齊爲吳郡太守、官至左民尚書。事蹟具南齊書本傳。是書分受形、本氣、平脈、津潤、分體、精血、除疾、審微、辨書、問子十篇、大旨發揮人身氣血陰陽之奥。宋史始著於錄。前有後唐清泰二年蕭淵序、云黃巢時羣盜發冢、得石刻棄之、先人偶見載歸、後遺命即以褚石爲槨。又有釋義堪序、云石刻得之蕭氏冢中、凡十有九片、其一即蕭淵序也。又有嘉泰元年丁介跋、稱此書初得蕭氏父子護其石而始全、繼得僧義堪筆之紙而始存、今得劉義先鋟之木而始傳云云。考周密癸辛雜識、引其非男非女之身一條、則宋代已有此本。所謂刻於嘉泰中者、殆非虛語。其書於靈樞、素問之理頗有發明。李時珍、王肯堂俱採用之。其論寡婦僧尼必有異乎妻妾之療、發前人所未發。而論吐血便血飲寒涼百不一生、尤千古之龜鑑。疑宋時精醫理者所著、而僞託澄以傳。然其言可採、雖僞本不可廢也。中頗論精血化生之理、所以辨病源、戒保嗇耳。高儒百川書志列之房中類、則其誤甚矣。

巢氏諸病源候論五十卷（浙江巡撫採進本）

隋大業中太醫博士巢元方等奉詔撰。考隋書經籍志有諸病源候論五卷、目一卷、吳景賢撰。舊唐書經籍志有諸病源候論五十卷、吳景撰。皆不言巢氏書。宋史藝文志有巢元方巢氏諸病源候論五十卷、又無吳氏書。惟新唐書藝文志二書並載、書名卷數並同。不應如是之相複、疑當時本屬官書、元方與景一爲監修、一爲編撰、故或題景名、或題元方名、實止一書。新唐書偶然重出。觀晁公武讀書志、稱隋巢元方等撰、足證舊本所列不止一名。然則隋志巢景作巢景賢，或監字之誤。其作五卷，亦當脫一十字。如止五卷，不應目錄有一卷矣。此本爲明汪濟川方鑛所校，前有宋綬奉敕撰序。考玉海載天聖四年十月十二日乙酉，命集賢校理晁宗慤王舉正校定黃帝內經素問難經巢氏病源候論。五年四月乙未，令國子監摹印頒行，詔學士宋綬撰病源序。是其事也。書凡六十七門，一千七百二十論。陳振孫書錄解題稱王燾外臺祕要諸論多本此書，今勘之信然。又第六卷解散病諸候爲服寒食散者而作，惟六朝人有此證。第二十六卷猫鬼病候見於北史及太平廣記者，亦惟周齊時有之，皆非唐以後語。其爲舊本無疑。其書但論病源，不載方藥，蓋猶素問難經之例。惟諸證之末多附導引法，亦不言法出誰氏。考隋志有導引圖三卷，註曰立一坐一臥一，或即以其說編入歟。讀書志稱宋朝舊制，用此書課試醫士，而太平興國中集聖惠方，每門之首亦必冠以此書。蓋其時去古未遠，漢以來經方脈論存者尚多，又裒集衆長共相討論，故其言深密精邃，非後人之所能及。內經以下，自張機王叔和葛洪數家書外，此爲最古。究其旨要，亦可云證治之津梁矣。王禕青巖叢錄嘗議其惟知風寒二溼，而不著溼熱之說，以爲疎漏。然病機萬變，前人所未及言，經後人闡明者甚多，未可以一節病是書也。

千金要方九十三卷（兩淮馬裕家藏本）

唐孫思邈撰。思邈，華原人。唐書隱逸傳稱其少時周洛州刺史獨孤信稱爲聖童。及長，隱居太白山。隋文帝輔政，以國子博士徵，不起。則思邈生於周朝，入隋已長。然盧照鄰病梨樹賦序，稱癸酉歲於長安見思邈，自云開皇辛酉歲生，今年九十二，則思邈生於隋朝。照鄰乃思邈之弟子，記其師言，必不妄。惟以隋書考之，開皇紀號凡二十年，止於庚申。次年辛酉，已改元仁壽，與史殊不相符。又由唐高宗咸亨四年癸酉上推九十二年，爲開皇二年壬寅，實非辛酉。干支亦不相應。然自癸酉上推九十三年，正得開皇元年辛丑。蓋照鄰集傳寫譌異，以辛丑爲辛酉，以九十三爲九十二也。史又稱思邈卒於永淳元年，年百餘歲。自是年上推至開皇辛丑，正一百二年，數亦相合。則生於後周，隱居不仕之說，爲史誤審矣。思邈嘗謂人命至重，貴於千金，一方濟之，德踰於此，故所著方書以千金名。凡診治之訣，鍼灸之法，以至導引養生之術，無不周悉。猶慮有闕遺，更撰翼方輔之。考晁陳諸家著錄，載千金方千金翼方各三十卷。錢曾讀書敏求記所載卷數亦同。又謂宋仁宗命高保衡林億等校正刊行，後列禁經二卷，合二書計之，止六十二卷。此本增多三十一卷，疑後人併爲一書，而離析其卷帙。葉夢得避暑錄話稱思邈作千金前方時，已百餘歲，妙盡古今方書之要，獨傷寒未之盡，似未盡通仲景之言，故不敢深論。後三十年（案百餘歲及後三十年之說，皆因仍舊誤，今姑仍原本錄之。）作千金翼，論傷寒者居半，蓋始得之。其用志精審不苟如此云云。則二書本相因而作，亦相濟爲用，合之亦未害宏旨也。太平廣記載思邈曾救昆明池龍，得龍宮仙方三十首，散入千金方各卷之中。蓋小說家附會之談，固無足深辨焉。

銀海精微二卷（內府藏本）

舊本題唐孫思邈撰。唐宋藝文志皆不著錄。思邈本傳亦不言有是書。其曰銀海者，蓋取目爲銀海之義。考蘇軾雪詩有凍合玉樓寒起粟，光搖銀海眩生花句。瀛奎律髓引王安石之說，謂道書以肩爲玉樓，目爲銀海。銀海爲目，僅見於此。然迄今無人能舉安石所引出何道書者，則安石以前絕無此說。其爲宋以後書明矣。前有齊一經序，稱管河北道時得於同僚李氏，亦不著時代年月，莫知何許人也。其辨析諸證頗爲明晰，其法補瀉兼施，寒溫互用，亦無偏主一格之弊。方技之家，率多依託，但求其術之可用，無庸核其書之必眞。本草稱神農，素問言黃帝，固不能一一確也。此書療目之方，較爲可取，則亦就書論書而已。

外臺祕要四十卷（通行本）

唐王燾撰。燾，郿人，王珪孫也。唐書附見珪傳，稱其性至孝，爲徐州司馬，母有疾，彌年不廢帶，視絮湯劑。（案視絮二字未詳，然玉海所引亦同，是宋本已然，姑仍其舊。）數從高醫游，遂窮其術，因以所學作外臺祕要，討繹精明，世寶焉。歷給事中、鄴郡太守。藝文志載外臺祕要四十卷，又外臺要略十卷。今要略久佚，惟祕要尚傳。此本爲宋治平四年孫兆等所校，明程衍道所重刻。前有天寶十一載燾自序，又有皇祐二年內降劄子及兆校上序。其卷首乃題林億等名。考書錄解題引宋會要，稱嘉祐二年置校正醫書局於編修院以直集賢院掌禹錫林億校理張洞校勘蘇頌等並爲校正。後又命孫奇高保衡孫兆同校正。每一書畢，即奏上。億等皆爲之序。則卷首題林億名，乃統以一局之長，故有等字也。燾居館閣二十餘年，多見宏文館圖籍方書。其作是編，則成於守鄴時。其結銜稱持節鄴郡諸軍事、兼守刺史，故曰外臺。（案猗覺寮雜記曰：外臺見唐高元裕傳，故事、三司監院官帶御史者號外臺。）書錄解題作外臺祕要方，自序亦同。唐書及孫兆序中皆無方字，蓋相沿省其文耳。書分一千一百四門，皆先論而後方。其論多以巢氏病源爲主，每條下必詳註原書在某卷。世傳引書註卷第，有李涪刊誤及程大昌演繁露，而不知例創於燾，可以見其詳確。其方多古來專門祕授之遺。陳振孫在南宋末，已稱所引小品深師崔氏許仁則張文仲之類，今無傳者，猶間見於此書。今去振孫四五百年，古書益多散佚，惟賴此編以存，彌可寶貴矣。其中鬬及禁術，蓋千金翼方已有此例。唐小說載賈耽以千年梳治蝨瘕爲異聞，其方乃出於此書第十二卷中。宋小說載以念珠取誤吞漁鉤爲奇技，其方乃在今八卷中。又唐制臘日賜口脂面藥，今不知爲何物，其方亦具在三十一卷中，皆足以資博物。三十七卷、三十八卷皆乳石論。世說載何晏稱服五石散，令人神情開朗。玉臺新詠有姬人怨服散詩。蓋江左以來用爲服食之術，今無所用。又二十八卷載貓鬼野道方，與巢氏病源同，亦南北朝時鬼病，唐以後絕不復聞，然存之亦足資考訂也。衍道刻此書，頗有校正，惟不甚解唐以前語，與後世多異，如痢門稱瘵痢稍較。衍道註曰，較字疑誤。考唐人方言，以稍可爲校，故薛能黃蜀葵詩有記得玉人春病校句。馮班校才調集辨之甚明。衍道知其有誤，而不知較爲校誤，猶爲未審。然大致多所訂定，故今亦並存焉。

顱顖經二卷（永樂大典本）

不著撰人名氏。世亦別無傳本。獨永樂大典內載有其書。考歷代史志，自唐藝文志以上皆無此名。至宋藝文志始有師巫顱顖經二卷。今檢此書前有序文一篇，稱王母金文，黃帝得之，昇天，祕藏金匱，名曰內經，百姓莫可見之。後穆王賢士師巫於崆峒山得而釋之云云。其所謂師巫，與宋志相合。當即此本。疑是唐末宋初人所爲，以王冰素問註第七卷內有師氏藏之一語，遂託名師巫以自神其說耳。其名顱顖者，案首骨曰顱腦，蓋曰顖，殆因小兒初生，顱顖未合，證治各別，故取以名其書。首論脈候至數之法，小兒與大人不同。次論受病之本與治療之術，皆極中肯綮，要言不煩。次論火丹證治分別十五名目，皆他書所未嘗見。其論雜證，亦多祕方，非後世俗醫所可及。蓋必別有師承，故能精晰如此。宋史方技傳載錢乙始以顱顖經著名，召至京師，視長公主女疾，授翰林醫學。錢乙幼科冠絕一代，而其源實出於此書，亦可知其術之精矣。謹據永樂大典所載，裒而輯之，依宋志舊目釐爲二卷，俾不至無傳於後焉。

銅人鍼灸經七卷（浙江范懋柱家天一閣藏本）

不著撰人名氏。案晁公武讀書後志曰：銅人腧穴鍼灸圖三卷，皇朝王惟德撰。仁宗嘗詔惟德考次鍼灸之法，鑄銅人爲式，分臟腑十二經，旁註腧穴所會，刻題其名，併爲圖法及主療之術，刻版傳於世。王應麟玉海曰：天聖五年十月壬辰，醫官院上所鑄腧穴銅人式二，詔一置醫官院，一置大相國寺仁濟殿。先是，上以鍼砭之法傳述不同，命尚藥奉御王惟一考明堂氣穴經絡之會，鑄銅人式。又纂集舊聞，訂正譌謬，爲銅人腧穴鍼灸圖經三卷。至是上之。摹印頒行。翰林學士夏竦序所言與晁氏略同。惟王惟德作惟一，人名小異耳。此本卷數不符，而大致與二家所言合。疑或天聖之舊本而後人析爲七卷歟。周密齊東野語曰：嘗聞舅氏章叔恭云，昔倅襄州日，嘗獲試鍼銅人全像，以精銅爲之，腑臟無一不具。其外腧穴則錯金書穴名於旁。凡背面二器相合，則渾然全身。蓋舊都用此以試醫者。其法外塗黃蠟，中實以水，俾醫工以分析寸，案穴試鍼，中穴則鍼入而水出，稍差則鍼不可入矣。亦奇巧之器也。後趙南仲歸之內府。叔恭嘗寫二圖，刻梓以傳焉。今宋銅人及章氏圖皆不傳，惟此書存其梗概爾。

明堂灸經八卷（浙江范懋柱家天一閣藏本）

題曰西方子撰，不知何許人。與銅人鍼灸經俱刊於山西平陽府。其書專論灸法。銅人惟有正背左右人形。此則兼及側伏，較更詳密。考唐志有黃帝十二經明堂偃側人圖十二卷。茲或其遺法歟。其曰明堂者，錢曾讀書敏求記曰：昔黃帝問岐伯以人之經絡，盡書其言，藏於靈蘭之室。洎雷公請問，乃坐明堂授之。後世言明堂者以此。今醫家記鍼灸之穴，爲偶人點志其處，名明堂，非也。今考舊唐書經籍志，以明堂經脈別爲一類，則曾之說信矣。古法多鍼灸並言，或惟言鍼以該灸。靈樞稱鍼經是也。自王燾外臺祕要始力言誤鍼之害，凡鍼法鍼穴俱刪不錄，惟立灸法爲一門。此書言灸不言鍼，蓋猶燾志也。

博濟方五卷 永樂大典本

宋王袞撰。袞，太原人。其仕履未詳。惟郎簡原序稱其嘗爲錢塘酒官而已。此書諸家書目皆著錄，惟宋史藝文志、陳振孫書錄解題俱作三卷，晁公武讀書志作五卷，稍有不同。蓋三五字形相近，傳寫者有一譌也。公武又稱袞於慶歷間因官滑臺，暇日出家藏七十餘方，擇其善者爲此書，名醫云其方用之無不效，如草還丹治大風，太乙丹治鬼胎尤奇驗。今案袞自序有云：鄙侍家君之任滑臺，道次得疾，遇醫之庸者，誤投湯劑，疾竟不瘳。據此則官滑臺者乃袞之父，而公武即以爲袞，殊爲失考。袞又言博採禁方，逾二十載，所得方論凡七千餘道，因於中擇其尤精要者得五百餘首。而公武乃云家藏七十餘方，則又傳寫之誤也。原書久無傳本，惟永樂大典內載有其文，裒輯編次，共得三百五十餘方，視袞序所稱五百首者，尚存十之七。謹分立三十五類，依次排比，從讀書志之目，釐爲五卷。其中方藥，多他書所未備。今雖不盡可施用，而當時實著有奇效，足爲醫家觸類旁通之助。惟頗好奇異，往往雜以方術家言，如論服杏仁，則云彭祖、夏姬、商山四皓煉杏仁爲丹，王子晉服四十年而騰空，丁令威服二十年而身飛。此類殊誕妄不足信。今故取服食諸法，編附卷末，以著其謬，俾讀者知所持擇焉。

蘇沈良方八卷 永樂大典本

宋沈括所集方書，而後人又以蘇軾之說附之者也。考宋史藝文志有括靈苑方二十卷、良方十卷，而別出蘇沈良方十五卷，註云沈括、蘇軾所著。陳振孫書錄解題有蘇沈良方十卷，而無沈存中良方，尤袤遂初堂書目亦同。晁公武讀書志則二書並列，而於沈存中良方下云：或以蘇子瞻論醫藥雜說附之。蘇沈良方下亦云括集得效方成一書，後人附益以蘇軾醫學雜說。蓋晁氏所載良方，即括之原本，其云或以蘇子瞻論醫藥雜說附之者，即指蘇沈良方。由其書初尚並行，故晁氏兩載。其後附蘇說者盛行，原本遂微，故尤氏、陳氏遂不載其原本。今永樂大典載有蘇沈良方原序一篇，亦括一人所作，且自言予所作良方云云，無一字及軾。是亦後人增附之後，併其標題追改也。案明晁瑮寶文堂書目有蘇沈二內翰良方一部，是正、嘉以前傳本未絕，其後不知何時散佚。今據永樂大典所載，掇拾編次，釐爲八卷。史稱括於醫藥卜算無所不通，皆有所論著。今所傳括夢溪筆談，末爲藥議一卷，於形狀性味，眞僞同異，辨別尤精。軾雜著時言醫理，於是事亦頗究心。蓋方藥之事，術家能習其技，而不能知其所以然，儒者能明其理，而又往往未經試驗。此書以經效之方而集於博通物理者之手，固宜非他方所能及矣。

壽親養老新書四卷 浙江汪啟淑家藏本

第一卷爲宋陳直撰，本名養老奉親書。第二卷以後則元大德中泰寧鄒鉉所續增，與直書合爲一編，更題今名。直於元豐時爲泰州興化令，文獻通考載有直所著奉親養老書一卷，而此本則題曰養老奉親書，其文互異。然此本爲至正中浙江刊本，猶據舊帙翻雕，不應標題有誤，蓋通考傳寫倒置也。鉉號冰壑，又號敬直老人。書中稱其曾祖曰南谷，叔祖曰樸菴，以福建通志考之，南谷爲宋參知政事應龍，樸菴爲宋江西提刑應博，皆有名於時。據周應紫序，稱爲總管鄒君，又稱其官中都時，則鉉亦曾登仕版者。特通志不載其仕履，不可詳考矣。直書自飲食調治至簡妙老人備急方，分爲十五篇，二百三十三條，節宣之法甚備。明高濂作尊生八牋，其四時調攝牋所錄諸藥品，大抵本於是書。鉉所續者，前一卷爲古今嘉言善行七十二事，後兩卷則凡寢興器服饘粥飲膳藥石之宜，更爲賅具，而附以婦人小兒食治諸方，凡二百五十六條。其中如祝壽詩詞連篇載入，不免失於冗雜。又敘述閒適之趣，往往詞意纖仄，採掇瑣碎，明季清言小品，實亦濫觴於此。然徵引方藥，類多奇祕，於高年頤養之法，不無小補，固爲人子所宜究心也。

腳氣治法總要二卷 永樂大典本

宋董汲撰。汲字及之，東平人。始末未詳。錢乙嘗序其瘢疹論，則其著書在元豐、元祐之間。是書錄解題作一卷、宋史藝文志亦同。久無傳本。今從永樂大典所載排纂成帙。以篇頁稍繁、分爲二卷。上卷論十二篇、大旨謂脚氣必出於風溼、風溼兼有冷熱、皆原本腎虛。陰陽虛實、病之別也。春夏秋冬、治之異也。高燥卑溼、地之辨也。老壯男女、人之殊也。說賅備矣。下卷方四十六、獨活湯木香散傳信方防風粥桑枝煎專治風。天麻丸茴香丸烏蛇丸趁痛丸專治溼。薏苡仁湯海桐皮散木瓜丸治風溼相兼。獨活寄生湯石楠丸牛膝丸治風溼挾虛。金牙酒治風溼癱瘓。八味丸腎瀝湯地黃粥治虛。神功丸麻仁丸三脘散大黃湯治實。屬陰者兼冷、木香飲子治其偏於陰也。屬陽者兼熱、紅雪治其偏於陽也。絳宮丸白皮小豆散木通散治其屬於陰陽而兼淋閉者也。松節散食前丸食後丸檣皮丸治尋常法也。三仁丸潤腸丸五柔丸治老人血枯法也。天門冬大煎則爲總治法。淋渫蒸熨五方、則爲外治法、而以鍼灸法爲始。原序方有一十九門、大約不出於此、即闕佚亦匪多矣。考脚氣即素問所謂厥疾。至唐始有此名、治法亦漸以詳備。然李暄及蘇敬徐玉唐侍中諸家之書、今多不傳。獨汲此帙尚存、頗爲周密醇正。觀其自述、稱嘗患此疾至劇、因深思其源、遂得祕要。殆所謂三折肱而爲良醫者歟。今特錄而存之、以備專門之一種焉。

旅舍備要方一卷、永樂大典本

宋董汲撰。陳振孫書錄解題載有董汲小兒瘢疹論脚氣治法、不及此書。然宋史藝文志載之、卷帙亦同。蓋陳氏偶未見也。汲因客途猝病、醫藥尤難、特集經效之方百有餘道。內如蚰蜒入耳及中藥毒、最爲險急、而所用之藥、至爲简易。其雜傷五方、古書中不少概見。今亦罕傳、尤見奇特。蓋古所謂專門禁方、用之則神驗。至求其理、則和扁有所不能解、即此類也。至於小半夏湯五苓散兩方、本於漢之張機。今以半夏湯治溼痰、仍其本法。至五苓散本治傷寒汗後不解及有水氣之病、今書中引爲通行利水之劑、殆亦變通用之。如河間益元散本雙解半表半裏之傷寒、而後人取以醫暑歟。其治中暑一方、似即李杲清暑益氣湯之藍本。其無比香薷散與後來局方稍有出入。蓋亦本古方爲加減。然云治兩脚轉筋疼痛、而反去主治之木瓜、則不解其故矣。小兒一門、大概與同時錢乙藥證直訣相出入。第以柔脆之腸胃而多用膩粉硃砂諸峻藥、古人氣厚、服之無妨。在後來亦未可概施也。原本久佚。今從永樂大典收掇排纂、得方尚幾五十。仍舊目分爲一十有二類。其觸寒心痛厥風涎潮等證、有錄無書、無從校補、則亦闕焉。

素問入式運氣論奧三卷、附黃帝內經素問遺篇一卷、兩江總督採進本

宋劉溫舒撰。溫舒里居未詳。前有元符己卯自序、題朝散郎太醫學司業。蓋以醫通籍者也。晁公武讀書志云、溫舒以素問氣運爲治病之要、而荅問紛糅、文辭古奧、讀者難知。因爲三十論二十七圖、上於朝。今詳考其圖實二十九。蓋十干起運十二支司天二圖、原本別題曰訣、故公武不以入數、僅曰二十有七。其論實爲三十一篇。末五行勝復論一篇、原本別註附字、故公武亦不以入數、僅曰三十也。卷末別附刺法論一卷、題曰黃帝內經素問遺篇。案刺法論之亡、在王冰作註之前。溫舒生北宋之末、何從得此。其註亦不知出自何人、殆不免有所依託、未可盡信。焦竑經籍志載此書四卷、合此論爲一書、益舛誤矣。

傷寒微旨二卷、永樂大典本

宋韓祗和撰。是書宋史藝文志不載。陳振孫書錄解題載有其名、亦不著作者名氏。但據序題元祐丙寅、知其爲哲宗時人而已。今檢永樂大典各卷內、此書散見頗多、每條悉標韓祗和之名。而元戴良九靈山房集亦稱自後漢張機著傷寒論、晉王叔和、宋成無已、案無已乃金人、說見前傷寒論條下、龐安常朱肱許叔微韓祗和王實之流、皆互相闡發。其間祗和姓名、與永樂大典相合。是祗和實北宋名醫、以傷寒爲專門者。特宋史方技傳不載、其履貫遂不可考耳。書凡十五篇、閒附方論。大抵皆推闡張機之旨、而能變通於其閒。其可下篇、不立湯液、惟以早下爲大戒。蓋爲氣質羸弱者言。然當以脈證相參、知其邪入陽明與否、以分汗下。不宜矯枉過直、竟廢古方。至如辨脈篇、據傷寒例桂枝下咽陽盛乃斃、承氣入胃陰盛乃亡之義、以攻楊氏之謬誤。可汗篇、分陰盛陽虛陽盛陰虛陰陽俱盛三門、則俱能師張氏而神明其意矣。又如汗下溫三法、分案時候辰刻、而參之脈理病情、乃因張機正傷寒之法而通之於春夏傷寒、更通之於冬月傷寒、亦頗能察微知著。又如以陽黃歸之汗溫太過、陰黃歸之過下亡津、則於金

置發陽發陰之論，研析精微，不特傷寒之黄切中窾要，即雜病之黄亦可以例推矣。其書向惟王好古陰證略例中閒引其文，而原本久佚。今採掇薈稡，復成完帙，謹依原目，釐為上下二卷。陳振孫所稱之原序，則永樂大典不載，無從採補，殆編纂之時，舊本已闕歟。

傷寒總病論六卷、附音訓一卷、修治藥法一卷（大學士于敏中家藏本）

宋龐安時撰。安時字安常，蘄水人。（案袁文甕牖閒評載蘇軾稱蜀人龐安常，未詳孰是。）安時本士人，習與蘇軾、黄庭堅游。第六卷末附與蘇軾書一篇，論是編之義甚悉。卷首載軾答安時一帖，猶從手蹟鉤摹，形模略具。又以黄庭堅後序一篇冠之於前。序末稱前序海上人諾為之，故虛其右以待。署元符三年三月作。時軾方謫儋州，至五月始移廉州，七月始渡海至廉，故是年三月猶稱海上人也。然軾以是年八月北歸，至次年七月即卒於常州，前序竟未及作，故即後序為弁也。序中刓去庭堅名，帖中亦刓去軾名。考卷末附載音訓一卷、修治藥法一卷，題政和癸巳門人董炳編字，知正當禁絶蘇黄文字之日，諱而闕之。此本猶從宋本鈔出，故仍其舊耳。宋史藝文志但載安時難經解，前後兩見，而不載此書。文獻通考載龐氏家藏祕寶方五卷，引陳振孫之言，謂安時以醫名世者，惟傷寒而已。此書南城吳炎晦叔録以見遺，似乎別為一書，而下列庭堅之序與此本同，疑當時已無刻本，故傳寫互異歟。又載張耒一跋云，張仲景傷寒論，病方纖悉必具，又為之增損進退之法以預告人。嗟夫，仁人之用心哉。自非通神造妙，不能為也。安常又竊憂其有病證而無方者，續著為論數卷。淮南人謂安常能與傷寒說話，豈不信哉。此本未載此跋，殆傳寫偶佚歟。又耒作明道雜志，記安時治驗，極其推挹。而葉夢得避暑録話乃頗不滿於安時，蓋耒，蘇軾客；夢得，蔡京客。其門戶異也。然曾敏行獨醒雜志亦記其治泗州守王公弼中丹石毒甚奇，又記其治公弼之女九神異。敏行於元祐、紹聖兩局均無恩怨，則所記當為公論矣。

聖濟總録纂要二十六卷（浙江巡撫採進本）

宋政和中奉敕編，
國朝程林刪定。林字雲來，休寧人。初，徽宗御製聖濟經十卷四十二章，又詔集海內名醫出御府所藏禁方祕論纂輯成編，凡二百卷。其書久而佚脱。林購求殘帙，凡得三本，互相補苴，尚闕一百七十三卷至一百七十七卷，不可復見。以其繁重難行，乃撮其旨要，重為纂輯。門類悉依其舊。所闕小兒方五卷，則倩其友項睿補之。仍冠以徽宗原序、大德四年集賢學士焦惠校上序及校刊諸臣銜名。考晁、陳二氏書目，但有徽宗聖濟經，不載是書。觀焦惠序，稱始成於政和，重刊於大定。殆汴京破後，隨內府圖籍北行，南渡諸人未睹其本歟。今未見其原書。然宋代崇尚醫學，搜羅至富，就所採録古來專門授受之方，尚可以見其大略。其每類冠論一篇，亦皆詞簡而理明，均足以資考訂。原本之末有神仙服餌三卷，或言烹砂煉石，或言嚼柏咀松，或言吐納清和，或言斬除三尸。蓋是時道教方興，故有是妄語。林病其荒誕，一概汰除，惟約取其尋常頤養之藥三十餘方，其別擇具有條理，故所録諸方多可行用，與膠執古法者異焉。

證類本草三十卷（兩淮江廣達家藏本）

宋唐慎微撰。案陳振孫書録解題載此書三十卷，名大觀本草；晁公武讀書志則作證類本草三十二卷，亦題唐慎微撰。是宋時已有兩本矣。玉海載紹興二十七年八月十五日，王繼先上校定大觀本草三十二卷、釋音一卷，詔祕書省修潤付胄監鏤版行之。則南宋且有官本，然皆未見其原刊。今行於世者亦有兩本：一為明萬歷丁丑翻刻元大德壬寅宗文書院本，前有大觀二年仁和縣尉艾晟序，稱其書三十一卷、目録一卷。集賢孫公得其本而善之，命官校正鏤版，以廣其傳。慎微不知何許人。傳其書者失其邑里族氏，故不載焉。陳氏所見，蓋此本，故題曰大觀本草。一為明成化戊子翻刻金泰和甲子晦明軒本，前有宋政和六年提舉醫學曹孝忠序，稱欽奉玉音，使臣楊戩總工刊寫，繼又命孝忠校正潤色之。其改稱政和本草，蓋由於此，實一書也。書末又有金皇統三年翰林學士宇文虛中跋，稱慎微字審元，成都華陽人。治病百不失一。為士人療病，不取一錢，但以名方祕籙為請，以此士人尤喜之，每於經史諸書中得一藥名、一方論，必録以告。遂集為此書。尚書左丞蒲傳正欲以執政恩例奏與一官，拒而不受。又稱元祐閒虛中為兒童時，見慎微治其父風毒，預期某年月日再發。鍼方以俟臨期服之神驗。則愼微始末、虛中述之甚明。蓋靖康以後內府圖籍悉入於金。故陳振孫未見此本。不知愼微何許人。而晁公武所云三十二卷者。殆合目錄計之。亦未見政和所刻也。然考趙與旹賓退錄則稱唐愼微、蜀州晉原人。世爲醫。深於經方。元祐間蜀帥李端伯招之。居成都。嘗著證類備急本草三十一卷。艾晟序其書。謂愼微不知何許人。故爲表出。蜀州今爲崇慶府云云。所序履貫小異。豈虛中兒時見之。但知其寄籍歟。大德中所刻大觀本作三十一卷。與艾晟所言合。泰和中所刻政和本。則以第三十一卷移於三十卷之前。合爲一卷。已非大觀之舊。又有大定己酉麻革序及劉祁跋。並稱平陽張存惠增入寇宗奭本草衍義。則益非愼微之舊。然考大德所刻大觀本。亦增入宗奭衍義。與泰和本同。蓋元代重刻。又從金本錄入也。今以二本互校。大德本於朱書墨蓋案原本每條稱墨蓋以下爲愼微所續。其式如今刻工所稱之魚尾。較爲分明。泰和本則多與條例不相應。然刊刻淸整。首末序跋完具。則泰和本爲勝。今以泰和本著錄。大德本則附見其名於此。不別存目焉。

全生指迷方四卷 永樂大典本

宋王貺撰。案書錄解題。貺字子亨。考城人。名醫宋毅叔之壻。宣和中以醫得幸。官至朝請大夫。是書宋史藝文志作三卷。而傳本久絕。故醫家罕所徵引。或至不知其名。今檢永樂大典所收。案條掇拾。雖未必盡符原本。然大要已略具矣。方書所載。大都皆標某湯某丸、主治某病。詳其藥品銖兩而止。獨貺此書於每證之前。非惟詳其病狀。且一一論其病源。使讀者有所據依。易於運用。其脈論及辨脈法諸條。皆明白曉暢。凡三部九候之形。病證變化之象。及脈與病相應不相應之故。無不辨其疑似。剖析微茫。亦可爲診家之樞要。謹詳加訂正。分爲二十一門。依類編次。而以論脈諸篇冠之於首。因篇頁稍繁。釐爲四卷。不復如其原數焉。

小兒衛生總微論方二十卷 大學士英廉家藏本

不著撰人名氏。凡論一百條。自初生以至成童。無不悉備。論後各附以方。前有嘉定丙午和安大夫特差判太醫局何大任序。稱家藏是書六十餘載。不知作者爲誰。博加搜訪。亦未嘗聞此書之流播。因鋟於行在太醫院。案南宋雖定都臨安。而當時猶稱行在。以示恢復之意。咸淳臨安志所載甚明。以廣其傳。案北宋錢乙始以治小兒得名。其藥證直訣一書。僅有傳本。亦不免闕略。其他如晁、陳二氏所著錄者。有嬰童寶鑑、小兒靈祕方、小兒至訣、小兒醫方妙選、小兒癍疹論諸書。皆不可得見。是書詳載各證。如梗舌鱗瘡之類。悉近時醫書所未備。其議論亦篤實明晰。無明以來諸醫家黨同伐異、自立門戶之習。誠保嬰之要書也。此本爲明宏治己酉濟南朱臣刻於寧國府者。改名保幼大全。今考嘉定本原序。復題本名。臣序又稱得之醫者鄭和、和稱得之古冢中。其說迂怪。蓋方技家自神其授受。亦無取焉。

類證普濟本事方十卷 浙江巡撫採進本

宋許叔微撰。叔微字知可。或曰揚州人。或曰毘陵人。惟曾敏行獨醒雜志作眞州人。二人同時。當不誤也。紹興二年進士。醫家謂之許學士。宋代詞臣率以學士爲通稱。不知所歷何官也。是書載經驗諸方。兼記醫案。故以本事爲名。宋國楨湧幢小品載叔微嘗獲鄕薦。春闈不利而歸。舟次平望。夢白衣人勸學醫。遂得盧扁之妙。凡有病者。診候與藥。不取其直。晚歲取平生已試之方。併記其事實。以爲本事方。取本事詩之例以名之云云。卽指此書。然考獨醒雜志。叔微雖有夢見神人事。而學醫則在其前。不知國楨何本也。叔微於診治之術最爲精詣。故姚寬西溪叢語稱許叔微精於醫。載其論肺蟲上行一條。以爲微論。其書屬詞簡雅。不諧於俗。故明以來不甚傳布。此本從宋槧鈔出。其中凡丸字皆作圓。猶是漢張機傷寒論金匱要略舊例也。國楨又記叔微所著尙有擬傷寒歌三卷。凡百篇。又有治法八十一篇。及仲景脈法三十六圖、翼傷寒論二卷、辨類五卷。今皆未見傳本。疑其散佚矣。

太平惠民和劑局方十卷 指南總論三卷 兩淮鹽政採進本

舊本題宋庫部郎中提轄措置藥局陳師文等奉敕編。案王應麟玉海云。大觀中。陳師文等校正和劑局方五卷。二百九十七道。二十一門。晁公武讀書志云。大觀中。詔通醫刊正藥局方書。閱歲書成。校正七百八字。增損七十餘方。又讀書後志曰。太醫局方十卷。元豐中。詔天下高手醫各以得效祕方進。下太醫局驗試。依方製藥鬻之。仍摹本傳於世。是大觀之本實因神宗時舊本重修。故公武有校正增損之語也。然此本止十四門。而方乃七百八十八。考玉海又載紹興十八年閏八月二十三日改熟藥所爲太平惠民局。二十一年十二月十七日，以監本藥方頒諸路。此本以太平惠民爲名，是紹興所頒之監本，非大觀之舊矣。其中又有寶慶、淳祐續添諸方，更在紹興之後。兼附用藥總論指南三卷，皆從圖經本草鈔撮，增入亦不知何時所加。陳振孫書錄解題稱和劑局方其後時有增補，殆指此類歟。戴良九靈山房集有丹溪翁朱震亨傳曰：時方盛行陳師文、裴宗元所定大觀二百九十七方，翁窮晝夜是習。既而悟曰：操古方以治今病，其勢不能以盡合。苟將起度量，立規矩，稱權衡，必也素難諸經乎。又稱震亨得羅知悌之學以歸，諸醫泥陳裴之學者，聞其言，大驚而笑且排。及治許謙末疾，良驗，笑且排者始皆心服。是此書盛行於宋元之間，至震亨局方發揮出，而醫學始一變也。又岳珂桯史曰：和劑局方乃當時精集諸家名方，凡幾經名醫之手，至提領以從官內臣參校，可謂精矣。然其間差訛者亦自不少。且以牛黃清心丸一方言之，凡用藥二十九味，寒熱訛雜，殊不可曉。嘗見一名醫云：此方祇前八味至蒲黃而止，自乾山藥以下凡二十一味，乃補虛門中山芋丸。當時不知緣何誤寫在此方之後，因循不曾改正。余因其說而考之，信然。如此之類，必多有之云云。是併不能無所舛誤矣。然歷代相傳，專門禁方，多在是焉。在用者詳審而已，必因噎而廢食，則又一偏之見矣。

衛生十全方三卷、奇疾方一卷　永樂大典本

宋夏德撰。德字子益，其里貫始末未詳。是書有唐仲友原序云：友人夏子益哀其師傳之方，經常簡易，用輒得效者，爲十卷，并取舊所家藏他方，擬其佳者爲二卷，附以自著奇疾方一卷，共十三卷。則此書非一人之所著。觀其治脹腎疼方，卽唐鄭相國方，其明證也。今從永樂大典錄出，釐爲上中下三卷。雖與原書卷數十不逮其三四，然諸證方藥論說，亦已略具其中。如所脹離魂眼見禽蟲飛走及眼赤潰、身生斑毛、髮起如銅鐵、鼻中毛長五尺、口鼻腥臭水流有鐵色鰕魚等證，皆罕見之變怪。而治法甚爲平近，蓋本於相傳禁方，不主尋常之軌轍。他如奏功散之治翻胃，交加散之治產後中風，率皆平正簡當，則固非徒矜新異者矣。書錄解題僅載奇疾方一卷，宋史藝文志所載則書名卷數與仲友序並合。其奇疾三十八方，已附見傳信適用方中，又散見本草綱目中，然不可以他書所引，輒廢其本書，故今仍韜爲一卷，附之於後。至其孰爲師傳之十卷，孰爲家藏舊方之二卷，則已不可辨別，故亦合而編之焉。

傳信適用方二卷　兩淮鹽政採進本

不著撰人名氏。宋史藝文志載此書，亦不云誰作。而別有劉禹錫傳信方二卷。考此書每方之下皆註傳自某人，中有引及和劑局方者，必非禹錫書也。書錄解題有傳道適用方二卷，稱拙菴吳彥夔淳熙庚子撰，與此本卷帙正同，知此卽彥夔之書，傳寫譌信爲道也。此本由宋槧影寫，前後無序跋。所錄皆經驗之方，中有八味圓問難一條，尤深得製方之旨。其餘各方，雖經後人選用，而採擇未盡者尚多。末附夏子益治奇疾方三十八道，其書罕見單行之本，明李時珍本草綱目所載，疑或從此鈔出也。

衛濟寶書二卷　永樂大典本

舊本題東軒居士撰，不著名氏。陳振孫書錄解題、宋史藝文志皆列其目，爲一卷，世閒久無傳本。惟永樂大典內尚有其文，並原序一篇，稱予家藏癰疽方論二十二篇，圖證悉具，可傳無窮，故記之曰家傳衛濟寶書。序中具述方論之所自來，而復言憑文註解，片言隻字皆不妄發云云。然則是書所載，本以經驗舊方裒輯成帙，惟中閒註語乃東軒居士所增入耳。又別有董璉序一篇，紀其得此書於妻家汪氏始末，中有乾道紀年，知東軒居士尚當爲孝宗以前人，特其姓名終不可考。至徐文禮不過校正刊行，而所作後序，亦有畢諸家治法集成一書之語，乃當時坊本售名欺世之陋習，不足信也。其書首列論治諸條，皆設爲問荅之詞，原序以爲傳之不老山高先生，其說頗荒誕不可稽。而剖晰精微，深中奧妙，實非有所師授者不能。其後臚列諸方，附以圖說，於藥物之修製、鍼灸之利害，抉摘無遺，多後來醫流所未見。謹因其舊文，掇拾排比，析爲上下二卷，著之於錄，以備醫家之一種。其乳癰、軟癤二門，則別系之卷末，俾各從其類焉。

醫說十卷　浙江巡撫採進本

宋張杲撰。杲字季明，新安人。其伯祖擴，嘗受業於龐安時，以醫名京洛間。羅願鄂州小集有擴傳，敍其治驗甚詳。此書前有淳熙己酉羅頊序，亦稱擴授其弟子發，子發授其子彥仁，杲，彥仁子也。承其家學，亦喜談醫。嘗欲集古來醫案勒爲一書。初期滿一千事，猝不易足。因先採掇諸書，據其見聞所及，爲是編。凡分四十七門。前七門總敘古來名醫、醫書及鍼灸診視之類。次分雜證二十八門。次雜論六門。次婦人小兒二門。次瘡及五絕痹疝三門。而以醫功報應終焉。其間雜採說部，頗涉神怪。又既載天靈蓋不可用，乃復收陳藏器本草人肉一條，亦爲駁雜。然取材既富，奇疾險證，頗足以資觸發。而古之專門禁方，亦往往在焉。蓋三世之醫，淵源有自，固與道聽塗說者殊矣。

鍼灸資生經七卷（兩淮鹽政採進本）

舊本題葉氏廣勤堂新刊，蓋麻沙本也。不著撰人名氏。前有嘉定庚辰徐正卿初刊序，稱東嘉王叔權作。又有紹定四年趙綸重刊序，稱澧陽郡博士王執中作。而疑叔權爲執中字。以字義推之，其說是也。其書第一卷總載諸穴，二卷至末分論諸證。經緯相資，各有條理，頗爲明白易曉。舊本冠以徽宗崇寧中陳承、裴宗元、陳師文等校奏醫書一表，與序與書皆不相應。考裴宗元、陳師文等即校正太平惠民和劑局方之人，殆書賈移他書進表置之卷端，欲以官書取重歟。然宋代官書自有王惟德銅人鍼灸經，烏可誣也。

婦人大全良方二十四卷（大學士英廉家藏本）

宋陳自明撰。自明字良父，臨川人。官建府醫學教授。是編凡分八門：首調經，次衆疾，次求嗣，次胎教，次妊娠，次坐月，次產難，次產後。每門數十證，總二百六十餘論。論後附方案。婦人專科始唐昝殷產寶。其後有李師聖之產育寶慶集，陸子正之胎產經驗方。大抵卷帙簡略，流傳亦尠。自明採摭諸家，提綱挈領，於婦科證治，詳悉無遺。明薛己醫案曾以己意刪訂，附入治驗，自爲一書。是編刻於勤有書堂，猶爲自明原本。前有嘉熙元年自序，稱三世學醫，家藏醫書若干卷。又徧行東南，所至必索方書以觀。其用心亦可云勤矣。

太醫局程文九卷（永樂大典本）

宋時考試醫學之制也。其命題有六：一曰墨義，試以記問之博。二曰脈義，試以察脈之精。三曰大義，試以天地之奧與臟腑之源。四曰論方，試以古人製方佐輔之法。五曰假令，試以證候方治之宜。六曰運氣，試以一歲陰陽客主與人身感應之理。考宋史，醫學初隸太常寺，元豐間始置提舉判局，設三科以教之：曰方脈科、鍼科、瘍科。凡方脈以素問、難經、脈經爲大經，以巢氏病源、龍樹論、千金翼方爲小經。鍼科瘍科則去脈經而增三部鍼灸經。常以春試學生願與者聽。崇寧間改隸國子監，分上舍、內舍、外舍。其考試法，第一場問三經大義五道，次場方脈及臨證運氣各二道，鍼科瘍科試小經大義三道、運氣二道，三場假令治病法三道。中格高等爲尚藥局醫師以下職。乾道中罷局而存御醫諸科。後更不置局，僅存醫學科。淳熙中又稍變其制焉。此太醫局係紹熙二年後所置，程文以墨義爲第一道，較舊制又稍異矣。其裒爲一集，不知何人所編，世亦別無傳本。今從永樂大典中排纂得墨義九道、脈義六道、大義三十七道、論方八道、假令十八道、運氣九道，謹釐次爲九卷。其文皆通貫三經及三部鍼灸之法，暨金石之品、草木之性，辨析精微，足資啟發。蓋有宋一代於醫學最爲留意。自皇祐中於古來經方脈論皆命孫兆、林億、高保衡等校刊頒行，垂爲程式，故學者沿波討流，各得以專門名家。觀於是編，可以見當時討論之詳矣。

三因極一病證方論十八卷（大學士英廉家藏本）

宋陳言撰。言字無擇，莆田人。是書分別三因，歸於一治。其說出金匱要略。三因者，一曰內因，爲七情，發自臟腑，形於肢體。一曰外因，爲六淫，起於經絡，舍於臟腑。一曰不內外因，爲飲食飢飽、叫呼傷氣，以及虎狼毒蟲、金瘡壓溺之類。每類有論有方，文詞典雅而理致簡該，非他家鄙俚冗雜之比。蘇軾傳聖散子方，葉夢得避暑錄話極論其謬，而不能明其所以然。言亦指其通治傷寒諸證之非，而獨謂其方爲寒疫所不廢，可謂持平。吳澄集有易簡歸一序，稱近代醫方惟陳無擇議論最有根柢，而其藥多不驗。嚴子禮剽取其論，而附以平日所用經驗之藥，則兼美矣。是嚴氏濟生方其源出於此書也。宋志著錄六卷，陳振孫書錄解題亦同。此本分爲十八卷，蓋何鉅所分。第二卷中太醫習業一條有五經二十一史之語，非南宋人所應見。然證以諸家所引，實爲原書。其詞氣亦非近人所及。疑明代傳錄此書者不學無術，但聞有廿一史之說，遂妄改古書，不及核其時代也。

產育寶慶方二卷（永樂大典本）

不著撰人名氏。宋史藝文志以爲郭稽中撰。考陳振孫書錄解題稱濮陽李師聖得產論二十一篇，有說無方，醫學教授郭稽中爲時良醫，以方附諸論末，遂爲完書。則稽中特因師聖所得舊本，增以新方，非所自撰。宋史所載，似未見陳氏說也。然稽中所增合原論共爲一卷，與此本不合。以卷首諸序考之，蓋括蒼陳言撰三因方，嘗取其方論各評得失。婺醫杜荍因採其所評，附入各條之下。後趙瑩得產乳備要，增以楊子建七說，合於產論爲一集。有龔致君者，又掇御藥院雜病方論及八月產圖、體元子借地法、安產藏衣方位綴於其末。是輾轉增益，已非郭氏之舊，特沿其舊名耳。其書世罕傳本。今載於永樂大典者，得論二十一，陳言評十六，方三十四，爲一卷。產乳備要暨經氣妊娠等證方六十二，爲一卷。其體元子借地法，永樂大典佚不載，今亦闕焉。案胎教之法，古人所重。賈誼新書所引青史氏之說，劉向列女傳所記太任育文王之事，尚可見其崖略。惟產育方藥則罕專書。唐書藝文志有昝殷產寶一卷，始別立一門。今其書不傳，則講妊育者當以是書爲最古矣。卷中惟陳言之評標識姓名，餘皆不標爲誰說。今以原本體例推之，上卷之方皆出郭氏，下卷婉乳安產經氣三條外，殆即楊氏之說。所附方藥殆即龔致君所採御藥院方也。陳言即撰三因方者。楊子建名倓，有楊氏家藏方，今未見。李師聖等皆南宋人。龔致君序稱諸人爲宋儒，又稱近在燕趙間，蓋元人云。

集驗背疽方一卷（永樂大典本）

宋李迅撰。迅字嗣立，泉州人，官大理評事，以醫著名。此書見於陳振孫書錄解題，稱所集凡五十三條，其議論詳盡曲當。馬端臨經籍考亦著於錄，而題作李遜撰，與書錄解題不合。今案此書前有郭應祥序，亦云嗣立名迅，則通考誤也。背疽爲患至鉅，俗醫剽竊一二丹方，或妄施刀鍼，而於受病之源，發病之形，及夫用藥次第節宜禁忌之所宜，俱置不講，故夭閼者十恆八九。今迅所撰，於集方之前，俱系以論說，凡診候之虛實，治療之節度，無不斟酌輕重，辨析毫芒，使讀者瞭如指掌。中如五香連翹湯、內補十宣散、加料十全湯、加減八味丸、立效散之類，皆醇粹無疵，足稱良劑。至忍冬丸與治乳癰發背神方皆祇金銀花一味，用藥易而收功多，於窮鄉僻壤，難以覓醫，或貧家無力服藥者，尤爲有益。洵瘍科中之善本矣。謹從永樂大典中採掇哀訂，仍爲一卷。其麥飯石膏及神異膏二方，乃諸方中最神妙者，而永樂大典乃偶佚之。今據蘇沈良方及危亦林得效方補入。又赤水元珠亦載有神異膏方，與得效方稍有不同，今並列之，以備參考焉。

濟生方八卷（永樂大典本）

宋嚴用和撰。用和始末未詳。吳澄集有易簡歸一序，稱嚴子禮剽陳氏三因方之論，而附以經驗之藥，以其名推之，子禮似即用和字。其人蓋在陳言後矣。澄又有古今通變仁壽方序，曰：世之醫科不一，惟有所傳授得之嘗試者多驗。予最嘉嚴氏濟生方之藥，不泛不繁，用之輒有功。蓋嚴師於劉，其方乃平日所嘗試而驗者也。則澄蓋甚重此書矣。其書分門別類，條列甚備，皆立論於前，而以所處諸方次列於後。自序稱論治凡八十，製方凡四百，總爲十卷，用之十五年，收效甚多，因鋟梓以傳。明以來傳本頗稀，又大抵脫佚錯謬，失其本旨，故醫家亦罕相研究。今據永樂大典所載，補闕訂譌，釐爲八卷。書中議論平正，條分縷析，往往深中肯綮。如論補益云：藥惟平補，柔而不僭，專而不雜，間有藥用群隊，必使剛柔相濟，佐使合宜。又云：用藥在乎穩重。論欬嗽云：今人治嗽，喜用傷脾之劑，服之未見其效，穀氣先有所損。論吐衄云：寒涼之劑不宜過進。諸方備列參而用之，蓋其用藥主於小心畏慎，雖不善學之，亦可以模稜貽誤，然用意謹嚴，固可與張從正、劉完素諸家互相調劑云。

產寶諸方一卷（永樂大典本）

不著撰人名氏。宋史藝文志不載。惟陳振孫書錄解題有之，自明以來諸家書目亦罕有著錄者。今檢永樂大典所載，尚得七十餘方，又有十二月產圖一篇，與振孫所記並合，蓋即宋時之原本。又別有序論一首，王卿月序一首，文皆殘闕，當亦原書之佚簡也。其方於保產之法頗爲賅備，而原第爲永樂大典所亂，已不可復考。謹詳加釐訂，以類分排。首調經養血，次安胎，次胎中諸病，次催生，次產後，次雜病，仍爲一卷。其中所引各方，多爲後人所承用。如人參飲子一方，與朱震亨所製達生散，雖品味多寡不同，而以大腹皮爲君，人參爲輔，命意無異，知震亨實本此而增損之。又如張元素以枳殼、白朮為束胎丸，後人以為不宜於藜藿之軀，易以白朮、黃芩，相沿至今，為便產良方，不知亦本是書所載之枳殼湯。又今時治產後血風，有所謂舉卿古拜者，核其所用，惟荆芥一味，即此書之青金散。蓋荆芥主治風，素問東方主風，而肝屬於木，平肝木即所以助肺金，故以青金爲名。後人竊用其方，而又翻切荆芥字音，謬名以炫俗耳。凡此之類，皆可以證古今傳授之由。惟所用多降氣破血之品、辛熱震動之劑，則古人稟厚，可受攻伐，有未可概施於後來者，此則神而明之，存乎其人矣。

仁齋直指二十六卷附傷寒類書活人總括七卷（浙江巡撫採進本）

宋楊士瀛撰。士瀛字登父，仁齋其號也，福州人。始末無考。前有自序，題景定甲子。甲子為景定五年，次年即度宗咸淳元年，則宋末人矣。此本為明嘉靖庚戌所刻，前有余鏜序，稱直指刻為二十八卷，析七十九條。今考七十九條之數與序相符，而其書實止二十六卷。焦竑國史經籍志載有此書，亦作二十六卷，蓋序文偶誤。然士瀛所撰本名仁齋直指，其每條之後題曰附遺者，則明嘉靖中朱崇正所續加。崇正字宗儒，號惠齋，徽州人，即刊此本者也。焦志既題曰仁齋直指附遺方，乃惟註楊士瀛撰，則併附遺屬之士瀛，亦未免小誤也。其傷寒類書活人總括七卷，焦志不著錄。據仁齋直指自序，其成書尚在直指前，此本以卷帙較少，故附刻於後。卷首標題亦稱朱崇正附遺，然核其全編，每條皆文義相屬，絕無所謂附遺者。惟卷一活人證治賦後有司天在泉圖、五運六氣圖、傷寒脈法指掌圖，目錄中註一附字耳。或因此一卷有附遺，而牽連題及七卷；或因直指有附遺，而牽連題及此書，均未可定。宋槧舊本既已不存，無從證其虛實，疑以傳疑可矣。

急救仙方六卷（永樂大典本）

不著撰人名氏。其書宋志及諸家書目均未著錄，惟焦竑國史經籍志載有救急仙方十一卷，註云見道藏，亦不言作者為誰。考白雲霽道藏目錄太元部惻字號中有急救仙方，與永樂大典所載合，則焦氏誤倒其文為救急也。瘍醫自周禮即自為一科，然傳習其術者多不能通古人之意。是編於背瘡、疔瘡、眼科、痔證四者所載證治尤詳，蓋作者所擅長在此。中間如論背瘡條內所載蓮子、蜂窠、散走、流注、腎俞諸發，名目猥衆，乃能一一討論，各詳其證之形狀與得病之因、療治之法，條分縷析，為自來瘍科所未及。其疔瘡門內所立追疔奪命湯一方，備詳加減之法，學者苟能觸類旁通，亦足以資博濟之用，非精於是術者不能作也。雖雜瘡、雜證諸門稍有闕佚，然綱要具存，正不以不完為病矣。

欽定四庫全書總目卷一百三

欽定四庫全書總目卷一百四

子部十四

醫家類二

素問玄機原病式一卷（通行本）

金劉完素撰。完素字守眞，河間人，事蹟具金史方技傳。是書因素問至眞要論詳言五運六氣盛衰勝復之理，而以病機一十九條附於篇末，乃於十九條中採一百七十六字，演為二百七十七字，以為綱領，而反復辨論以申之，凡二萬餘言。大旨多主於火，故張介賓作景岳全書攻之最力。然完素生於北地，其人稟賦多強，兼以飲食醇醲，久而蘊熱，與南方風土原殊。又完素生於金時，人情淳樸，習於勤苦，大抵充實剛勁，亦異乎南方之脆弱，故其持論多以寒涼之劑攻其有餘，皆能應手奏功。其作是書，亦因地因時，各明一義，補前人所未及耳。醫者拘泥成法，不察虛實，概以攻伐戕生氣，譬諸檢譜角觝，宜其致敗，其過實不在譜也。介賓憤疾力排，盡歸其罪於完素，然則參桂誤用亦可殺人，又將以是而廢介賓書哉？張機傷寒論有曰：桂枝下咽，陽盛乃斃；承氣入胃，陰盛以亡。明藥務審證，不執一也。故今仍錄完素之書，並著偏主之弊，以持其平焉。

宣明論方十五卷（通行本）

金劉完素撰。是書皆對病處方之法。首諸證門，自煎厥、薄厥、飧泄、䐜脹以及諸痹、心疝，凡六十一證，皆採用內經諸篇，每證各有主治之方，一宗仲景。次諸風，次熱，次傷寒，次積聚，次水濕，次痰飲，次勞次泄痢，次婦人，次補養，次諸瘡，次痔瘻，次眼目，次小兒，次雜病，共十七門。每門各有總論，亦發明運氣之理，兼及諸家方論，於軒岐奧旨實多闡發。而多用涼劑，偏主其說者，不無流弊，在善用者消息之耳。考原病式自序云作醫方精要宣明論一部，三卷十萬餘言。今刊入河間六書者，乃有十五卷。其二卷之菊葉湯、薄荷白檀湯，四卷之妙功藏用丸，十二卷之蕪澄茄丸、補中丸、楮實子丸，皆註新增字，而七卷之信香十方，青金膏不註新增字者，據其方下小序，稱灌頂法王子所傳，并有偈呪。金時安有灌頂法王？顯為元明以後之方，則竄入而不註者不知其幾矣。卷增於舊，殆以是歟。

傷寒直格方三卷、傷寒標本心法類萃二卷（通行本）

舊本皆題金劉完素撰。傷寒直格方大旨出入於原病式，而於傷寒諸治議論較詳。前序一篇，不知何人所撰。馬宗素傷寒醫鑒引平城翟公宵行遇燈之語，與此序正相合，殆即翟公所撰歟。醫鑒又云完素著六經傳變直格一部，計一萬七千零九字。又於宣明論中集緊切藥方六十道，分六門，亦名直格。此書有方有論，不分門類，不能確定原為何種。卷首又題為臨川葛雍編，蓋經後人竄亂，未必完素之舊矣。傷寒標本心法類萃上卷分別表裏，辨其緩急；下卷則載所用之方，其中傳染一條，稱雙解散、益元散皆為神方。二方即完素所製，不應自譽至此。考完素原病式序稱集傷寒雜病脈證方論之文，目曰醫方精要宣明論，今檢宣明論中已有傷寒二卷，則完素治傷寒法已在宣明論中，不別為書。二書恐出於依託，然流傳已久，姑存之以備參考焉。

病機氣宜保命集三卷（兩淮鹽政採進本）

金張元素撰。元素字潔古，易州人。八歲應童子舉，二十七試進士，以犯廟諱下第，乃去而學醫，精通其術。因抒所心得，述為此書。凡分三十二門，首原道、原脈、攝生、陰陽諸論，次及處方用藥，次第加減君臣佐使之法，於醫理精蘊闡發極為深至。其書初罕傳播，金末楊威始得其本刊行，而題為河間劉完素所著。明初寧王權重刊，亦沿其誤，并偽撰完素序文，詞調於卷首以附會之。至李時珍作本草綱目，始糾其謬，而定為出於元素之手。於序例中辨之甚明。考李濂醫史，稱完素嘗病傷寒八日，頭痛脈緊，嘔逆不食。元素往候，令服某藥，完素大服，如其言遂愈。元素自此顯名。是其造詣深邃，足以自成一家，原不必託完素以為重。今特為改正，其偽託之序，亦並從刪削焉。

儒門事親十五卷（大學士英廉家藏本）

金張從正撰。從正字子和，號戴人，睢州考城人。興定中召補太醫，尋辭去。事蹟具金史方技傳。從正與麻知幾、常仲明輩講求醫理，輯為此書。劉祁歸潛志稱麻知幾九疇與之善，使子和論說其術，因為文之。則此書實知幾所記也。其例有說有辨，有記有解，有誡有箴，有詮有式，有斷有論，有疏有述，有衍有訣，有十形三療，有六門三法，名目頗煩碎，而大旨主於用攻。其曰儒門事親者，以為惟儒者能明其理，而事親者當知醫也。從正宗河間劉守眞，用藥多寒涼。其汗吐下三法，當時已多異議，故書中辨謗之處為多。丹溪朱震亨亦譏其偏，後人遂并其書置之。然病情萬狀，各有所宜，當攻不攻，與當補不補，厥弊維均，偏執其法固非，竟斥其法亦非也。惟中間負氣求勝，不免過激，欲矯庸醫恃補之失，或至於過直。又傳其學者不知察脈虛實，論病久暫，概以峻利施治，遂致為世所藉口。要之未明從正本意耳。

內外傷辨惑論三卷（江蘇巡撫採進本）

金李杲撰。杲字明之，自號東垣老人，眞定人，嘗以納貲得官，監濟源稅。案元硯堅作東垣老人傳，稱杲以辛亥年卒，年七十二，則當生於世宗大定二十年庚子。金亡時年五十五，入元十七年乃終。故舊本亦或題元人，而元史亦載入方技傳也。初杲母嬰疾，為衆醫雜治而死，迄莫知為何證。杲自傷不知醫理，遂捐千金從易州張元素學，盡得其法，而名乃出於元素上，卓為醫家大宗。是編發明內傷之證有類外感，辨別陰陽寒熱有餘不足，而大旨總以脾胃為主，故特製補中益氣湯，專治飲食勞倦，虛人感冒。法取補土生金，升清降濁，得陰陽生化之旨，其闡發醫理，至為深微。前有自序，題丁未歲，序中稱此論束之高閣十六年，以長歷推之，其書蓋出於金哀宗之正大九年辛卯也。

脾胃論三卷（江蘇巡撫採進本）

金李杲撰。杲既著辨惑論，恐世俗不悟，復為此書。其說以土為萬物之母，故獨重脾胃。引經立論，精鑿不磨。明孫一奎醫旨緒餘云東垣生當金元之交中原擾攘，士失其所，人疲奔命，或以勞倦傷脾，或以憂思傷脾，或以饑飽傷脾。病有緩急，不得不以急者爲先務。此眞知杲者也。前有元好問序。考遺山文集有杲所著傷寒會要引一篇，備載其所治驗。元史方技傳全取之，而此序獨不見集中。意其偶有散佚歟。又有羅天益後序一篇。天益字謙父，杲晚年弟子，盡得其傳。元硯堅東垣老人傳稱，杲臨終，取平日所著書，檢勘卷帙，以次相從，列於几前，囑謙父曰：此書付汝者，卽其人也。

蘭室祕藏三卷（江蘇巡撫採進本）

金李杲撰。其曰蘭室祕藏者，蓋取黃帝素問藏諸靈蘭之室語。前有至元丙子羅天益序，在杲歿後二十五年，疑卽硯堅所謂臨終以付天益者也。其治病分二十一門，以飲食勞倦居首。他如中滿腹脹，如心腹痞，如胃脘痛諸門，皆諄諄於脾胃。蓋其所獨重也。東垣發明內傷之類外感，實有至理，而以土爲萬物之母，脾胃爲生化之源。脾虛損論一篇，極言寒涼峻利之害，尤深切著明。蓋預睹劉張兩家末流攻伐之弊，而早防其漸也。至於前代醫方，自金匱要略以下，大抵藥味無多。故唐書許允宗傳紀允宗之言曰：病之於藥，有正相當，惟須單用一味，直攻彼病，藥力既專，病卽立愈。今人不能別脈，莫識病證，以情臆度，多安藥味，譬之於獵，未知兔所，多發人馬，空地遮圍，或冀一人偶然逢也。如此療病，不亦疎乎。其言歷代醫家傳爲名論。惟杲此書載所自製諸方，動至一二十味，而君臣佐使，相制相用，條理井然，他人罕能效之者。斯則事由神解，不涉言詮。讀是書者，能喻法外之意則善矣。

醫壘元戎十二卷（兵部侍郎紀昀家藏本）

元王好古撰。好古字進之，趙州人，官本州教授。據好古所作此事難知序，蓋其學出於李杲。然此書海藏黃耆湯條下，稱杲爲東垣李明之先生，而易老大羌活湯條下，稱先師潔古老人，則好古實受業張元素，殆如趙匡陸淳同受春秋於啖助，而淳又從匡講問歟。自跋稱是書已成於辛卯（金哀宗正大八年），至丁酉春（元滅金之第四年），爲人陰取之，元稾已絕，更無餘本。子職州庠，杜門養拙，齋鹽之暇，無可用心。想像始終，十得七八，試書首尾，僅得復完。前有自序，亦題丁酉歲。蓋初成於金末，而重輯於元初也。其書以十二經爲綱，皆首以傷寒，附以雜證。大旨祖長沙緒論，而參以東垣易水之法。亦頗採用和劑局方，與丹溪門徑小異。然如半硫丸條下註云：此丸古時用，今時氣薄不用。則斟酌變通，亦未始不詳且愼矣。其曰醫壘元戎者，自序謂良醫之用藥，若臨陣之用兵也。此本爲嘉靖癸卯遼東巡撫右都御史餘姚顧遂所刻。萬歷癸巳，兩淮鹽運使鄞縣屠本畯又重刻之。體例頗爲參差。蓋書帕之本，往往移易其舊式。今無原本可校，亦姑仍屠本錄之焉。

此事難知二卷（江蘇巡撫採進本）

元王好古撰。是編專述李杲之緒論，於傷寒證治尤詳。其問三焦有幾，分別手足，明孫一奎極稱其功。惟謂命門包絡與右尺同論，又謂包絡亦有三焦之稱，未免誤會經旨耳。史稱杲長於傷寒，而會要一書，元好問實序之，今其書已失傳，則杲之議論猶賴此以存其一二。前有至大元年自序，稱得師不傳之祕，旬儲月積，浸就篇帙。蓋好古自爲裒輯。今本東垣十書竟屬之杲，殊爲謬誤。考明李濂醫史，亦以是書爲杲作，則移甲爲乙，已非一日矣。

湯液本草三卷（江蘇巡撫採進本）

元王好古撰。曰湯液者，取漢志湯液經方義也。上卷載東垣藥類法象、用藥心法，附以五宜五傷七方十劑。中下二卷以本草諸藥配合三陽三陰十二經絡，仍以主病者爲首，臣佐使應次之。每藥之下，先氣，次味，次入某經。所謂象云者，藥類法象也。心云者，用藥心法也。珍云者，潔古珍珠囊也。其餘各家雖有採輯，然好古受業於潔古，而講肄於東垣，故於二家用藥尤多徵引焉。考本草藥味不過三品，三百六十五名。陶宏景別錄以下，遞有增加，往往有名未用。卽本經所云主治，亦或古今性異，不盡可從。如黃連今惟用以清火解毒，而經云厚腸胃，醫家有敢遵之者哉。好古此書所列，皆從名醫試驗而來，雖爲數無多，而條例分明，簡而有要，亦可云適乎實用之書矣。

瑞竹堂經驗方五卷（永樂大典本）

元沙圖穆蘇（原作薩理彌實，今改正。）撰。沙圖穆蘇元史無傳，其事蹟不可考。以吳澂主都中二序核之，則其字爲謙齋，官以御史出爲建昌太守。是書卽其在郡時所撰集也。原書本十五卷，楊士奇等文淵閣書目載有一部一冊，而晁瑮寶文堂書目內亦列其名。則是明中葉以前。原帙尙存。其後遂鈔傳本。今據永樂大典所載。捜採編輯。計亡闕已十之五六而所存者尙多。謹依方詮次。分立二十四門。釐爲五卷。中閒如調補一門。不輕用金石之藥。其處方最爲醇正。又女科之八珍散。卽四君子湯四物湯之併方。其用尤廣。明薛己醫案已詳著之。至瘡科所載返魂丹。與今世瘍醫所用梅花點舌丹奪命丹相類。內托千金散以治癰毒。亦見殊功。是皆可資利濟之用。惟幼科之褐丸子與蘇沈良方中所列褐丸名目相類。治療亦同。特彼用烏頭桂香附乾薑陳皮配合攻補兼行。頗爲周密。此乃用黑牽牛京三棱蓬莪朮諸品。殊病其過於峻利。蓋金元方劑往往如斯。由北人氣稟壯實。與南人異治。故也。此在於隨宜消息。不可以成法拘矣。

世醫得效方二十卷（兩淮鹽政採進本）

元危亦林撰。亦林字達齋。南豐人。官本州醫學教授。是編積其高祖以下五世所集醫方。合而成書。一曰大方脈科。分子目九十有一。二曰小方脈科。分子目七十有一。三曰風科。分子目十。四曰產科兼婦人雜病科。分子目三十有三。五曰眼科。分子目十二。六曰口齒兼咽喉科。分子目六。七曰正骨兼金鏃科。分子目二十九。八曰瘡腫科。分子目二十四。共十九卷。附以孫眞人養生法節文一卷。其總目鍼灸一科。有錄無書。校檢其文。皆散附各科之中。蓋標題疎舛。實非闕佚。自序稱始於天歷元年。迄功於後至元三年。其用力亦云勤篤。前有至元五年太醫院題識。備列院使十一人。同知院事二人。僉院事二人。同僉院事二人。判官二人。經歷二人。都事二人。掾史一人銜名。蓋江西官醫提舉司以是書牒醫院。下諸路提舉司重校。覆白於醫院。而後刊行。亦頗矜愼。序中稱其高祖遇仙人董奉二十五世孫。傳其祕方。雖技術家依託之言。不足深詰。而所載古方至多。皆可以資考據。未可以罕所發明廢之也。

格致餘論一卷（江蘇巡撫採進本）

元朱震亨撰。震亨字彥修。金華人。受業於羅知悌。得劉守眞之傳。其說謂陽易動。陰易虧。獨重滋陰降火。創爲陽常有餘陰常不足之論。張介賓等攻之不遺餘力。然震亨意主補益。故諄諄以飮食色欲爲箴。所立補陰諸丸。亦多奇效。孫一奎醫旨緒餘云。丹溪生當承平。見人多酗酒縱欲。精竭火熾。復用剛劑。以至於斃。因爲此救時之說。後人不察。遂以寒涼殺人。此不善學丹溪者也。其說可謂平允矣。是編前有自序。云古人以醫爲吾儒格物致知之一事。故特以是名書。蓋震亨本儒者。受業於許謙之門。學醫特其餘事。乃性之所近。竟不以儒名而以醫名。然究較方技者流爲能明其理。故其言如是。戴良九靈山房集有丹溪翁傳。敘其始末甚詳云。

局方發揮一卷（江蘇巡撫採進本）

元朱震亨撰。以和劑局方不載病源。止於各方下條列證候。立法簡便。而未能變通。因一一爲之辨論。大旨專爲闢溫補戒燥熱而作。張介賓景岳全書云。局方一書。宋神宗（案此方成於徽宗之時。介賓以爲神宗。殊爲舛誤。謹附訂於此。）詔天下高醫。奏進而成。雖其中或有過於粉飾者。而效之方亦必不少。豈可輕議。其意頗不以震亨爲然。考震亨之學出於宋內官羅知悌。知悌之學距河閒劉完素僅隔一傳。完素主於瀉火。震亨則主於滋陰。雖一攻其有餘。一補其不足。其劑和平。而大旨不離其淵源。故於局方香竄燥烈諸藥。諄諄致戒。明以來沿其波者。往往以黃蘗知母戕傷元氣。介賓鑒其末流。故惟以益火爲宗。掊擊劉朱不遺餘力。其以冰雪凜冽爲不和。以天晴日暖爲和。取譬固是。然淸風涼雨亦不能謂之不和。鑠石流金亦不能強謂之和。各明一義而忘其各執一偏。其病實相等也。故介賓之說不可不知。而震亨是編亦未可竟廢焉。

金匱鉤玄三卷（江蘇巡撫採進本）

元朱震亨撰。明戴原禮校補。中稱戴云者。原禮說也。末附論六篇。不列於目錄中。一曰火豈君相五志俱有論。一曰氣屬陽動作火論。一曰血屬陰難成易虧論。一曰滯下辨論。一曰三消之疾燥熱勝陰論。一曰泄瀉從溼治有多法論。皆不題誰作。觀其滯下辨論引震亨之言。則亦原禮所加也。震亨以補陰爲宗。實開直補眞水之先。其以鬱治病。亦妙闡內經之旨。開諸家無窮之悟。雖所用黃蘗知母不如後人之用六味圓直達本原。所製越鞠丸亦不及後人之用逍遙散和平無弊。然蓽路藍縷。究以震亨爲首庸。是書詞旨簡明。不愧鉤玄之目。原禮所補。亦多精確。明史方技傳載此書於原禮傳中。卷數與今本同。稱其附以己意。人謂不愧其師其爲醫家善本可知矣。原禮、浦江人。洪武中御醫。本名思恭、以字行、故史作戴思恭。朱國禎湧幢小品曰、戴元禮、國朝之聖醫也。太祖稱爲仁義人。太孫即位、拜院使云云。元禮即原禮、蓋國禎得諸傳聞、故音同字異耳。

扁鵲神應鍼灸玉龍經一卷（浙江范懋柱家天一閣藏本）

元王國瑞撰。國瑞、婺源人。其書專論鍼灸之法、首爲一百二十穴玉龍歌八十五首、次爲註解標幽賦一篇、次爲天星十一穴歌訣十二首、次爲人神尻神太乙九宮歌訣、次爲六十六穴治證、次爲子午流注心要祕訣、次爲日時配合六法圖、次爲盤石金直刺祕傳、次又附以鍼灸歌及雜錄切要。後有天歷二年國瑞弟子周仲良序、稱託名扁鵲者、重其道而神之。其中名目頗涉鄙俚、文義亦多淺近、不出方技家之鄙習、而專門之學、具有授受、剖析簡要、循覽易明、非精於斯事者亦不能言之切當若是也。

外科精義二卷（江蘇巡撫採進本）

元齊德之撰。德之始末未詳、惟其結銜稱醫學博士、充御藥院外科太醫。是編先論後方、於瘡腫診候淺深虛實最爲詳盡。考周禮天官瘍醫掌腫瘍潰瘍金瘍折瘍之祝藥劀殺之齊、註曰、劀謂刮去膿血、殺謂以藥食其惡肉。又曰、凡療瘍以五毒攻之、註曰、今醫方有五毒之藥、合黃堥、置石膽、丹砂、雄黃、礜石、慈石其中、燒之三日三夜、其烟上著、以鷄羽埽取之、以注創、惡肉破骨則盡出。又曰、以五氣養之、以五藥療之、以五味節之。註曰、既劀殺而攻盡其宿肉、乃養之也。五氣當作五穀、字之誤也。節節成其藥之力云云。是則古者瘍醫攻補兼施之明證。後之瘍醫惟持攻毒之方、治其外而不治內、治其末而不治本、故所失恒多。德之此書務審病之所以然、而量其陰陽强弱以施療、故於瘍科之中最爲善本。書中無一字及李杲、李杲平生亦不以外科著。原本附東垣十書之末、蓋坊刻雜合之本、取以備十書之數、與所載朱震亨書均爲濫入。孫一奎赤水元珠引之、竟稱東垣外科精義、不考甚矣。

脈訣刊誤二卷附錄二卷（兩淮鹽政採進本）

元戴啟宗撰。啟宗字同父、金陵人、官龍興路儒學教授。考隋書經籍志載王叔和脈經十卷、唐志並同、而無所謂脈訣者。呂復羣經古方論曰、脈訣一卷、乃六朝高陽生所撰、託以叔和之名、謬立七表八裏九道之目、以惑學者。通真子劉元賓爲之註、且續歌括附其後、詞既鄙俚、意亦滋晦。其說良是。然以高陽生爲六朝人、則不應隋志、唐志皆不著錄。是亦考之未審。文獻通考以爲熙寧以前人僞託、得其實矣。其書自宋以來屢爲諸家所攻駁、然泛言大略、未及一一核正其失。且淺俚易誦、故俗醫仍相傳習。啟宗是書乃考證舊文、句句爲辨、原書僞妄殆抉摘無遺、於脈學殊爲有裨。明嘉靖間、祁門汪機刊之、又以諸家脈書要語類爲一卷、及所撰矯世惑脈論一卷、並附錄於後、以其說足相發明、仍並載之、資參考焉。

醫經溯洄集二卷（浙江汪啟淑家藏本）

元王履撰。履字安道、崑山人。學醫於金華朱震亨、盡得其術。至明初始卒、故明史載入方技傳中。其實乃元人也。嘗以傷寒論中陽明篇無目痛、少陰篇言胸背滿不言痛、太陰篇無嗌乾、厥陰篇無囊縮、必有脫簡、乃取三百九十七法、去其重複者二百三十八條、復增益之、仍爲三百九十七法。因極論內外傷經旨異同、併中風中暑之辨、撰爲此書、凡二十一篇。其間闡發明切者、如亢則害承乃制、及四氣所傷、皆前人所未及。他若溫病熱病之分、三陰寒熱之辨、以及瀉南補北諸論、尤確有所見。又以素問云傷寒爲病熱、言常不言變、至仲景始分寒熱、然義猶未盡、乃備列常與變、作傷寒立法考一篇。李濂醫史有履補傳、載其著書始末甚詳。觀其歷數諸家、俱不免有微詞、而內傷餘議兼及東垣、可謂少可而多否者。然其會通研究、洞見本原、於醫道中實能貫徹源流、非漫爲大言以夸世也。

普濟方四百二十六卷（浙江范懋柱家天一閣藏本）

明周定王橚撰。橚有救荒本草、已著錄。是書取古今方劑彙輯成編、橚自訂定、又命教授滕碩、長史劉醇等同考論之。李時珍本草綱目所附方、採於是書者至多。然時珍稱爲周憲王、則以爲橚子有燉所作、誤矣。元本一百六十八卷、明史藝文志作六十八卷、蓋脫一百二字也。凡一千九百六十論、二千一百七十五類、七百七十八法、六萬一千七百三十九方、二百三十九圖、採摭繁富、編次詳析、自古經方無更賅備於是者。其書蒐羅務廣、頗不免重複牴牾。醫家病其雜糅，罕能卒業。又卷帙浩博，久無刊版，好事家轉相傳寫，舛謬滋多，故行於世者頗罕，善本尤稀。然宋元以來名醫著述，今散佚十之七八。橚當明之初造，舊籍多存。今以永樂大典所載諸祕方勘驗，是書往往多相出入。是古之專門祕術，實藉此以有傳。後人能參考其異同，而推求其正變，博收約取，應用不窮。是亦仰山而鑄銅，煮海而爲鹽矣，又烏可以繁蕪病哉。

推求師意二卷（浙江巡撫採進本）

明戴原禮撰。原禮即校補朱震亨金匱鉤元者也。是編本震亨未竟之意，推求闡發，筆之於書，世無傳本。嘉靖中，祁門汪機覩其本於歙縣，始錄之以歸。機門人陳桷校而刊之，其名亦機所題也。考李濂醫史有原禮補傳，稱平生著述不多見，僅有訂正丹溪先生金匱鉤元三卷，間以己意附於後。又有證治要訣、證治類方、類證用藥總若干卷，皆隱括丹溪之書而爲之。然則此二卷者，其三書中之一歟。原禮本震亨高弟，能得師傳，故所錄皆祕旨微言，非耳剽目竊者可比。震亨以補陰爲主，世言直補眞水者實由此開其端。書中議論，大率皆本此意。然俗醫不善學震亨者，往往矯枉過直，反致以寒涼殺人。此書獨能委曲圓融，俾學者得其意而不滋流弊，亦可謂有功震亨者矣。

玉機微義五十卷（兩淮鹽政採進本）

明徐用誠撰，劉純續增。用誠字彥純，會稽人。純字宗厚，咸寧人。用誠原本名醫學折衷，分中風、痿、傷風、痰飲、滯下、泄瀉、瘧、頭痛、頭眩、欬逆、痞滿、吐酸、痓、癘風、瘡破傷風、損傷十七類。純以其條例未備，又益以欬嗽、熱、火、暑、溼、燥、寒、痎瘧、氣、血、內傷、虛損、積聚、消渴、水氣、腳氣、諸疝、反胃、脹滿、喉痺、淋、閟、眼目、牙齒、腰痛、腹痛、心痛、癍疹、黃疸、霍亂、厥、痺、婦人、小兒三十三類，始改今名。仍於目錄各註續添字，以相辨識。或於用誠原本十七類中有所附論，亦註續添字以別之。是二人相繼而成，本書可據。明史藝文志惟著劉純之名，蓋失考也。其書雖皆採掇諸家舊論舊方，而各附案語，多所訂正，非飣餖鈔撮者可比。嘉靖庚寅，延平黃焯刻於永州，首載楊士奇序，知二人皆明初人。士奇序謂二人皆私淑朱震亨。今觀其書，信然。又謂北方張元素再傳李杲，三傳王好古；南方朱震亨得私淑焉，則於宗派源流殊爲舛迕。張李王之學，皆以理脾爲宗；朱氏之學，則以補陰爲主。去河間一派稍近，而去潔古東垣海藏一派稍遠，遺書具存，可以覆案。王禕青巖叢錄曰：李氏弟子多在中州，獨劉氏傳之荊山浮圖師，師至江南，傳之宋中人羅知悌，南方之醫皆宗之云云。其宗派授受，亦極明白。士奇合而一之，誤之甚矣。

仁端錄十六卷（浙江巡撫採進本）

明徐謙撰。其門人陳葵刪定。謙字仲光，嘉興人。葵字蓋夫，武水人。是書專論治痘諸法，分別五臟所主及經絡傳變，觀形察色，條列方論，末卷附治疹之法。案痘瘡之證，古所不詳。惟書錄解題載董汲小兒斑疹論二卷，作於宋元祐中。然其書不傳，未知所謂斑者即痘否。錢乙藥證眞訣於小兒諸病皆條列至詳，亦不及於是事。惟周密齊東野語曰：或小兒痘瘡，固是危事，然要不可擾之。趙竇暘曰：或多以酒麯等物發之，非也；或以消毒飲、升麻湯等解之，亦非也。大約在固臟氣之外，任其自然耳。然或有變證，則不得不資於藥云云。所列本事方捻金散、四君子湯加黃耆及狗蠅七枚擂細酒服，治倒靨、天花粉蛇蛻同煮羊肝治目翳證藥，乃皆與今同。蓋人情之嗜慾日深，故其毒根於先天，而其發感於時氣。自元明以來，遂爲人生之通病。而著方立論者，亦自元明以後始詳。其間以固元氣爲主者，謂元氣既盛，自能驅毒氣使出；以攻毒氣爲主者，謂毒氣既解，始可保元氣無恙。於是攻補異途，涼溫殊用，痘家遂分爲兩岐，斷斷執門戶之見。是編獨審證施療，無所偏主，推原本始，備載治驗，頗能持兩家之平。較之先立成法，至於膠柱而鼓瑟者，殆不可以道里計矣。

薛氏醫案七十八卷（通行本）

明薛己撰。己字立齋，吳縣人。是書凡六十種。己所自著者爲外科樞要四卷、原機啓微三卷、內科摘要二卷、女科撮要二卷、癘瘍機要三卷、正體類要二卷、保嬰粹要一卷、口齒類要一卷、保嬰金鏡錄一卷。其訂定舊本附以己說者，爲陳自明婦人良方二十四卷、外科精要三卷、王綸明醫雜著六卷、錢乙小兒眞訣四卷、陳文中小兒痘疹方一卷、杜本傷寒金鏡錄一卷，及其父鎧保嬰撮要二十卷。初刻於秀水沈氏，版已殘闕。天啓丁卯，朱明爲重刊之。前有明紀事一篇，載明病困時，夢己教以方藥服之得愈。又夢己求刻此書。其事甚怪。然精神所注。魂魄是憑。固亦理之所有。不妨存其說也。己本瘍醫。後乃以內科得名。其老也竟以瘍卒。訴之者以爲溫補之弊。終於自戕。然己治病務求本原。用八味丸六味丸直補眞陽眞陰。以滋化源。實自己發之。其治病多用古方。而出入加減。具有至理。多在一兩味閒見神明變化之妙。厥後趙獻可作醫貫。執其成法。遂以八味六味通治各病。甚至以六味丸治傷寒之渴。膠柱鼓瑟。流弊遂多。徐大椿因併集矢於薛氏。其實非己本旨。不得以李斯之故歸罪荀卿也。世所行者別有一本。益以十四經發揮諸書。實非己所著。亦非己所校。蓋坊賈務新耳目。濫爲增入。猶之東垣十書河閒六書泛收他家所作以足其數。固不及此本所載皆己原書矣。

鍼灸問對三卷兩淮鹽政採進本

明汪機撰。機字省之。祁門人。明史方技傳稱。歙縣張頤祁門汪機杞縣李可大常熟繆希雍皆精通醫術。治病多奇中。卽其人也。是書成於嘉靖壬辰。前有程鐀序。上中二卷論鍼法。下卷論灸法及經絡穴道。皆取靈樞素問難經甲乙經及諸家鍼灸之書。條析其說。設爲問答。以發明其義。措語頗爲簡明。其論鍼能治有餘之病。不能治不足之病。詳辨內經虛補實瀉之說。爲指虛邪實邪。非指病體之虛實。又論古人充實。病中於外。故鍼灸有功。今人虛耗。病多在內。鍼灸不如湯液。又論誤鍼誤灸之害。與巧立名目之誣。皆術家所諱不肎言者。其說尤爲篤實。考機石山醫案。凡所療之證。皆以藥餌攻補。無僅用鍼灸奏功者。蓋惟深知其利病。故不妄施。所由與務矜奇技者異也。

外科理例七卷附方一卷兩淮鹽政採進本

明汪機撰。是書成於嘉靖辛卯。凡分一百四十七類。又補遺七類。共爲一百五十四門。後附方一卷。凡一百五十六通。前有自序。稱外科必本諸內。知乎內以求乎外。其如視諸掌乎。治外遺內。所謂不揣其本而齊其末。可爲探原之論。其曰理例者。謂古人所論治無非理。欲學者倣其例而推廣之也。大旨主於調補元氣。先固根柢。不輕用寒涼攻利之劑。又分爲舍脈從證舍證從脈及治之不應別求其故三例。用法通變。亦異於膠執之談。惟措語拙澀。驟讀之或不了了。是其所短。然方技之書不能責以文章之事。存而不論可矣。書中多引外科精要。案此書載薛己醫案中。不著撰人名氏。戴良九靈山房集中丹溪翁傳。記朱震亨著作有此名。然機引此書。乃皆與丹溪曰別爲一條。又似不出震亨者。今亦姑闕所疑。謹附識於此。及朱震亨之論。又稱輯已成編。得新甫薛先生心法發揮。復採其說。參於其中。考新甫爲薛己之字。己父鎧。宏治時官太醫。則爲宏治正德閒人。是書杖瘡門中。記療治武宗時廷杖諫官事。則機在正德中早以醫名。二人同時。而虛心從善如是。其持論平允。良亦有由也。

石山醫案三卷附案一卷兩淮鹽政採進本

明陳桷編。桷字惟宜。祁門人。學醫於同邑汪機。因取機諸弟子所記機治療效驗。裒爲一集。每卷之中。略分門類爲次。自朱金以來。太平惠民和劑局方行於南。河閒原病式宣明論方行於北。局方多溫燥之藥。河閒主瀉火之說。其流弊亦適相等。元朱震亨始矯局方之偏。通河閒之變。而補陰之說出焉。機所校推求師意一書。實由戴原禮以溯震亨。故其持論多主丹溪之法。然王氏明醫雜著株守丹溪。至於過用寒苦。機復爲論以辨之。其文今附醫案之末。則機亦因證處方。非拘泥一格者矣。其隨試輒效。固有由也。舊本又有機門人陳鑰所作病用參耆論一篇。又有機所作其父行狀及李汎所作機小傳。今亦併錄之。備參考焉。

名醫類案十二卷通行本

明江瓘編。其子應宿增補。瓘字民瑩。歙縣諸生。因病棄而學醫。應宿遂世其業。其書成於嘉靖己酉。所採治驗。自史記三國志所載秦越人淳于意華佗諸人。下迄元明諸名醫。捃摭殆徧。分二百五門。各詳其病情方藥。瓘所隨事評論者。亦夾註於下。如傷寒門中許叔微治祕結而汗出一案。衆醫謂陽明自汗。津液已漏。法當用蜜兌。而叔微用大柴胡湯取效。瓘則謂終以蜜兌爲穩。又如轉胞門中朱震亨治胎壓膀胱一案。稱令產嫗托起其胎。瓘則謂無此治法。其言不確。凡斯之類。亦多所駁正發明。頗爲精審。第尸厥門中附載鍼驗引及酉陽雜俎所載高句驪人言髮中虛事。與治病毫無所涉。難產門中引焦氏類林載于法開令孕婦食肥羊十餘臠。鍼之卽下。事既不明食羊何義。又不明所鍼何穴。亦徒廣異聞。無裨醫療。皆未免騖博嗜奇。然可爲法式者固十之八九。亦醫家之法律矣。瓘初成是編。未及刊刻。瓘沒之後。應宿又以瓘之醫案分類附之，而應宿醫案亦附焉。歲久版刓，近時歙縣鮑廷博又爲重刊。其中間附考證，稱琇案者，乃魏之琇所加。之琇字玉橫，錢塘人也。

赤水元珠三十卷（浙江巡撫採進本）

明孫一奎撰。一奎字文垣，號東宿，又號生生子，休寧人。是編分門七十，每門又各條分縷析。如風門則有傷風、眞中風、類中風、痛痺之別；寒門則有中寒、惡寒之殊。大旨專以明證爲主，故於寒熱、虛實、表裏、氣血八者諄諄致意。其辨古今病證名稱相混之處，尤爲明晰。惟第十卷怯損勞瘵門附方外遷丹，專講以人補人採煉之法，殊非正道。蓋一奎以醫術遊公卿間，不免以是投其所好，遂爲全書之大瑕，是足惜耳。原本卷末附醫旨緒餘二卷、醫案五卷，今別自爲帙。焦氏經籍志載孫一奎赤水元珠十卷、醫旨緒餘二卷，而不及醫案，或所見非全本歟。

醫旨緒餘二卷（浙江巡撫採進本）

明孫一奎撰。大旨發明太極陰陽五行之理，備於心身，分別臟腑形質、手足經上下、宗氣衛氣榮氣、三焦包絡命門相火及各經絡配合之義。又引黃庭經以證丹溪相火屬右腎之非。引脈訣刊誤以駁三因方三焦有形如脂膜之謬。分噎膈、翻胃爲二證，辨癲狂癇之異治，皆卓然有特識。其議論諸家長短，謂仲景不徒以傷寒擅名，守眞不獨以治火要譽，戴人不當以攻擊蒙譏，東垣不專以內傷奏績，陽有餘陰不足之論不可以訾丹溪，而攖寧生之技亦可並垂不朽，尤千古持平之論云。

證治準繩一百二十卷（通行本）

明王肎堂撰。肎堂有尚書要旨，已著錄。是編據肎堂自序，稱先撰證治準繩八冊，專論雜證，分十三門，附以類方八冊，皆成於丁酉、戊戌間。其書採摭繁富，而參驗脈證，辨別異同，條理分明，具有端委。故博而不雜，詳而有要，於寒溫攻補無所偏主。視繆希雍之餘派，虛實不問，但談石膏之功；張介賓之末流，診候未施，先定人參之見者，亦爲能得其平。其諸傷門內附載傳尸勞諸蟲之形，雖似涉乎語怪，然觀北齊徐之才以死人枕療鬼疰，則專門授受，當有所傳，未可槩疑以荒誕也。其傷寒準繩八冊、瘍醫準繩六冊，則成於甲辰；幼科準繩九冊、女科準繩五冊，則成於丁未。皆以補前書所未備，故仍以證治準繩爲總名。惟其方皆附各證之下，與雜證體例稍殊耳。史稱肎堂好讀書，尤精於醫。所著證治準繩，該博精詳，世競傳之。其所著鬱岡齋筆麈，論方藥者十之三四，蓋於茲一藝用力至深，宜其爲醫家圭臬矣。

本草綱目五十二卷（大學士于敏中家藏本）

明李時珍撰。時珍字東璧，蘄州人，官楚王府奉祠正。事蹟具明史方技傳。是編取神農以下諸家本草，薈稡成書，復者芟之，闕者補之，譌者糾之。凡一十六部，六十二類，一千八百八十二種。每藥標正名爲綱，附釋名爲目。次以集解辨疑正誤，次以氣味主治附方。其分部之例，首水、火，次土，次金石，次草、穀、菜、果、木，次服器，次蟲、鱗、介、禽、獸，終之以人。前有圖三卷，又序例二卷，百病主治藥二卷，於陰陽標本君臣佐使之論，最爲詳析。考諸家本草，舊有者一千五百一十八種，時珍所補者又三百七十四種。搜羅羣籍，貫串百氏，自謂歲歷三十，書採八百餘家，稾凡三易，然後告成者，非虛語也。其書初刻於萬曆間，王世貞爲之序。其子建元又獻之於朝，有進疏一篇，冠於卷首。至國朝順治間，錢塘吳毓昌重訂付梓，於是業醫者無不家有一編。明史方技傳極稱之，蓋集本草之大成者，無過於此矣。

奇經八脈考一卷（大學士于敏中家藏本）

明李時珍撰。其書謂人身經脈有正有奇，手三陰三陽、足三陰三陽爲十二正經，陰維、陽維、陰蹻、陽蹻、衝、任、督、帶爲八奇經。正經人所共知，奇經醫所易忽，故特評其病源治法，並參考諸家之說，薈稡成編。其原委精詳，經緯貫徹，洵辨脈者所不可廢。又創爲氣口九道脈圖，暢發內經之旨，而詳其診法，尤能闡前人未洩之祕。考明初滑壽嘗撰十四經發揮一卷，於十二經外益以督、任二脈，舊附刊薛己醫案之首（案薛己醫案凡二本，其一本不載此書）。醫家據爲繩墨。時珍此書更加精核，然皆根據靈樞素問，以究其委曲，而得其端緒。此以知徵實之學，由於考證，遞推遞密，雖一技亦然矣。

瀕湖脈學一卷（大學士于敏中家藏本）

明李時珍撰。宋人剽竊王叔和脈經，改爲脈訣，其書之鄙謬，人人知之，然未能一一駁正也。至元戴啟宗作刊誤，字剖句析，與之辨難，而後其僞妄始明。啟宗書之精核，亦人人知之，然但斥脈本之非，尚未能詳立一法、明其何以是也。時珍乃撮舉其父言聞四診發明、著爲此書、以正脈訣之失。其法分浮沈遲數滑濇虛實長短洪微緊緩芤弦革牢濡弱散細伏動促結代二十七種、毫釐之別、精核無遺。又附載宋崔嘉彥四言詩一首、及諸家考證脈訣之說、以互相發明、與所作奇經八脈考皆附本草綱目之後。可謂既能博考、又能精研者矣。自是以來、脈訣遂廢、其廓清醫學之功、亦不在戴啟宗下也。

傷寒論條辨八卷、附本草鈔一卷、或問一卷、痙書一卷（內府藏本）

明方有執撰。有執字仲行、歙縣人。是書刻於萬歷壬辰、前有己丑自序一篇。又有辛卯後序一篇。又有癸巳所作引一篇、則刻成時所加也。大旨以後漢張機傷寒卒病論、初編次於晉王叔和、已有改移。及金成無己作註、又多所竄亂。醫者或以爲不全之書、置而不習、或沿襲二家之誤、彌失其真。乃竭二十餘年之力、尋求端緒、排比成編、一一推作者之意、爲之考訂、故名曰條辨。其原本傷寒例一篇、不知爲何人所加者、竟削去之、而以本草鈔一卷、或問一卷附綴於末。又以醫家誤痙爲驚風、多所夭枉、乃歷引素問、金匱要略、傷寒卒病論諸說、爲痙書一卷、併附於後。有執既歿、其版散佚。江西喻昌遂採掇有執之說、參以己意、作傷寒尚論篇、盛行於世、而有執之書遂微。

國朝康熙甲寅、順天林起龍得有執原本、惡昌之剽襲舊說、而諱所自來。乃重爲評點刊版、併以尚論篇附刊於末、以證明其事、卽此本也。起龍序文於昌毒詈醜詆、頗乖雅道。其所評論、亦皆贊美之詞、於病證方藥、無所發明。今竝削而不載。所附刻之尚論篇、原本具存、已別著錄。其異同得失、可以互勘、不待此本之複載、今亦削之、而附存原目於此焉。

先醒齋廣筆記四卷（戶部尚書王際華家藏本）

明繆希雍撰。希雍字仲醇、常熟人。明史方技傳附見李時珍傳中。天啟中、王紹徽作點將錄、以東林諸人分配水滸傳一百八人姓名、稱希雍爲神醫安道全、以精於醫理故也。是編初名先醒齋筆記、乃長興丁元薦取希雍所用之方裒爲一編。希雍又增益羣方、兼採本草常用之藥、增至四百餘品。又增入傷寒溫病時疫治法、故曰廣筆記。希雍與張介賓同時、介賓守法度、而希雍頗能變化。介賓尚溫補、而希雍頗用寒涼。亦若易水、河間各爲門徑。然實各有所得力。朱國禎湧幢小品記天啟辛酉國禎患膈病、上下如分兩截、中痛甚不能支、希雍至、用蘇子五錢卽止。是亦足見其技之工矣。

神農本草經疏三十卷（浙江巡撫採進本）

明繆希雍撰。明史方技傳載希雍嘗謂本草出於神農、譬之五經、其後又復增補別錄、譬之註疏、惜朱墨錯互、乃沈研剖析、以本草爲經、別錄爲緯、第本草單方一書行於世、而不及此書、未審卽是書否也。其書分本草爲十部、首玉石、次草、次木、次人、次獸、次禽、次蟲、次魚、次果、次米穀、次菜、皆以神農本經爲主、而發明之、附以名家主治藥味禁忌、次序悉依宋大觀證類本草部分混雜者、爲之移正。首爲序例二卷、論三十餘首、備列九方十劑、及古人用藥之要。自序云、據經以疏義、緣義以致用、參互以盡其長、簡誤以防其失、是也。考王懋竑白田雜著有用石膏辨一篇、篇末附記、極論是書多用石膏之非。其說良是。至云繆仲醇以醫名於近世、而其爲經疏、議論甚多紕繆、前輩云經疏出而本草亡、非過論也、是則已甚之詞矣。

類經三十二卷（內府藏本）

明張介賓編。介賓字會卿、號景岳、山陰人。是書以素問、靈樞分類相從、一曰攝生、二曰陰陽、三曰藏象、四曰脈色、五曰經絡、六曰標本、七曰氣味、八曰論治、九曰疾病、十曰鍼刺、十一曰運氣、十二曰會通、共三百九十條。又益以圖翼十一卷、附翼四卷。雖不免割裂古書、而條理井然、易於尋覽。其註亦頗有發明。考元劉因靜修集有內經類編序曰、東垣李明之得張氏之學者、鎮人羅謙甫嘗從之學。一日過予、言先師嘗教予曰、夫古雖有方、而方則有所自出也。子爲我分經病證而類之、則庶知方之所自出矣。予自承命、凡三脫藁而先師三毀之。研摩訂定、三年而後成、名曰內經類編云云。則以內經分類、實自李杲創其例、而羅天益成之。今天益之本不傳。介賓此編、雖不以病分類、與杲例稍異、然大旨要不甚相遠、卽以補其佚亡、亦無不可矣。

景岳全書六十四卷（通行本）

明張介賓撰。是書首爲傳忠錄三卷、統論陰陽六氣及前人得失。次脈神章三卷、錄診家要語。次爲傷寒典、雜證謨、婦人規、小兒則、痘疹詮、外科鈐、凡四十一卷。又本草正二卷、採藥味三百種、以人參、附子、熟地、大黃爲藥中四維、更推人參、地黃爲良相、大黃、附子爲良將。次新方二卷、古方九卷、皆分八陣、曰補、曰和、曰寒、曰熱、曰固、曰因、曰攻、曰散。又別輯婦人小兒痘疹外科方四卷、終焉。其命名皆沿明末纖佻之習、至以傷寒爲典、雜證爲謨、既僭經名、且不符字義、尤爲乖謬。其持論則謂金元以來河間劉守眞立諸病皆屬於火之論、丹溪朱震亨立陽有餘陰不足及陰虛火動之論、後人拘守成方、不能審求虛實、寒涼攻伐、動輒貽害、是以力救其偏。謂人之生氣以陽爲主、難得而易失者惟陽、既失而難復者亦惟陽、因專以溫補爲宗、頗足以糾鹵莽滅裂之弊。於醫術不爲無功。至於沿其說者、不察證候之標本、不究氣血之盛衰、概補概溫、謂之王道、不知誤施參桂、亦足戕人、則矯枉過直、其失與寒涼攻伐等矣。大抵病情萬變、不主一途、用藥者從病之宜、亦難拘一格。必欲先立一宗旨以統括諸治、未有不至於偏者。元許衡魯齋集有論梁寬甫病證書曰、近世諸醫有主易州張氏者、有主河間劉氏者。張氏用藥、依準四時陰陽而增損之、正內經四氣調神之義。醫而不知此、妄行也。劉氏用藥務在推陳致新、不使少有拂鬱、正造化新新不停之義。醫而不知此、無術也。然而主張氏者或未盡張氏之妙、則瞑眩之劑終不敢投、至失幾後時而不救者多矣。主劉氏者或未悉劉氏之蘊、則劫效目前、陰損正氣、貽禍於後日者多矣。能用二家之長而無二家之弊、則治庶幾乎。其言至爲明切。夫扶陽抑陰、天之道也。然陰之極至於龍戰、陽之極亦至於亢龍。使六陰盛於坤而一陽不生於復、則造化息矣。使六陽盛於乾而一陰不生於姤、則造化亦息矣。素問曰、亢則害、承乃制。聖人立訓、其義至精。知陰陽不可偏重、攻補不可偏廢、庶乎不至除一弊而生一弊也。

溫疫論二卷補遺一卷（通行本）

明吳有性撰。有性字又可、震澤人。是書成於崇禎壬午。以四時不正之氣發爲瘟疫、其病與傷寒相似而迥殊、古書未能分別、乃著論以發明之。大抵謂傷寒自毫竅而入、中於脈絡、從表入裏、故其傳經有六、自陽至陰、以次而深。瘟疫自口鼻而入、伏於募原、其邪在不表不裏之間、其傳變有九、或表或裏、各自爲病。有但表而不裏者、有表而再表者、有但裏而不表者、有裏而再裏者、有表裏分傳者、有表裏分傳而再分傳者、有表勝於裏者、有先表而後裏者、有先裏而後表者。其間有與傷寒相反十一事。又有變證兼證種種不同、竝著論制方、一一辨別。其顯然易見者、則脈在不伏不沈之間、中取之乃見。舌必有胎、初則白、甚則黃、太甚則黑而芒刺也。其謂數百瘟疫之中、乃偶有一傷寒、數百傷寒之中、乃偶有一陰證、未免矯枉過直。然古人以瘟疫爲雜證、醫書往往附見、不立專門。又或誤解素問冬傷於寒、春必病溫之文、妄施治療。有性因崇禎辛巳南北直隸山東浙江大疫、以傷寒法治之不效、乃推究病源、參稽醫案、著爲此書。瘟疫一證、始有繩墨之可守、亦可謂有功於世矣。其書不甚詮次、似隨筆劄錄而成。今姑存其舊。其下卷勞復食復條中載安神養血湯、小兒時疫條中載太極丸、竝有方而無藥。又疫痢兼證一條、亦有錄而無書。故別爲補遺於末。又正名一篇、傷寒例正誤一篇、諸家瘟疫正誤一篇、原目不載、蓋成書以後所續入、今亦併錄爲一卷、成完書焉。

痎瘧論疏一卷（浙江巡撫採進本）

明盧之頤撰。之頤字子繇、錢塘人。是書論痎瘧證治、於虛實寒熱四者最爲詳盡、足以發明素問瘧論刺瘧法諸篇微意。大旨謂瘧屬陽、痎屬陰。日作者屬陽、間日數日作者屬陰。而曰溫、曰寒、曰癉、曰牝、皆可以痎瘧該之。其主方多取王肎堂證治準繩、其餘所列諸方、亦多簡當。雖爲書不過一卷、然治瘧之法約略盡乎是矣。杭世駿道古堂集有之頤小傳、稱所著初有金匱要略模象、爲其父所焚、續著有本草乘雅半偈、今行於世、後著有摩索金匱九卷、又有傷寒金鎞鈔、醫難析疑二書、今未見傳本、獨無此書之名、或世駿作傳之時未見其本、故亦疏漏歟。

本草乘雅半偈十卷（浙江巡撫採進本）

明盧之頤撰。其說謂神農本經三百六十五種、應周天之數、無容去取、但古有今無者居三之一、因於本經取二百二十二種、又於歷代名家所纂自陶宏景別錄至李時珍綱目諸書內採取一百四十三種、以合三百六十五之數。未免拘牽附會。然考據該治辨論亦頗明晰於諸家藥品甄錄頗嚴雖辭稍枝蔓而於本草究爲有功其曰乘雅者四數爲乘此書初例有覈有參有衍有斷每藥之下其目有四故曰乘也又曰半偈者明末兵燹佚其舊稟之願追憶重修乃以覈參該衍斷已非原書之全故曰半也立名亦可謂僻澀矣案杭世駿所撰之頤傳稱其父復精於醫理嘗著本草綱目博議有椒菊雙美之疑不能決得之頤私評而決因令而判匕藥皆有至理病亟趣令之頤成之歷十八年而本草乘雅始出中冠以先人字者卽博議也則此書實繼其父書而作惟此本十卷而世駿傳作十二卷則不知其何故矣

御定醫宗金鑑九十卷

乾隆十四年奉
敕撰首爲訂正傷寒論註十七卷次爲訂正金匱要略註八卷蓋醫書之最古者無過素問次則八十一難經然皆有論無方（案素問有半夏湯等一二方然偶然及之非其通例也）其有論有方者自張機始講傷寒及雜證者亦以機此二書爲宗然傷寒論爲諸醫所亂幾如爭大學之錯簡改本愈多而義愈晦病其說之太雜金匱要略雖不甚聚訟然註者罕所發明又病其說之不詳是以首訂二書糾譌補漏以標證治之正軌次爲刪補名醫方論八卷輯醫方者往往僅題某丸某散治某病不知病狀相似者病本多殊古人論消息君臣佐使有其宜攻補緩急有其序或以相輔爲用或以相制爲功甚或以相反相激巧投而取效必明制方之意而後能詳審病源以進退加減故方論並載也次爲四脈要訣一卷取崔紫虛脈訣參以內經闡虛實表裏之要紫虛者宋道士崔嘉彥之號也其書簡括而精密李時珍瀕湖脈學嘗錄以弁首故茲亦取以爲準次運氣要訣一卷闡素問五運六氣之理蓋運氣雖不可拘泥亦不可竟廢故次於診法次爲諸科心法要訣五十四卷以盡雜證之變次爲正骨心法要旨五卷則古有是術而自薛己正體類要以外無專門之書故補其遺皆有圖有說有歌訣俾學者旣易考求又便誦習也自古以來惟宋代最重醫學然林億高保衡等校刊古書而已不能有所發明其官撰醫書如聖濟總錄太平惠民和劑局方等或博而寡要或偏而失中均不能實裨於治療故聖濟總錄惟行節本而局方尤爲朱震亨所攻此編仰體
聖主仁育之心根據古義而能得其變通參酌時宜而必求其徵驗寒熱不執成見攻補無所偏施於以拯濟生民同登壽域
涵濡培養之澤眞無微之不至矣

尚論篇八卷（通行本）

國朝喻昌撰昌字嘉言南昌人崇禎中以選貢入都卒無所就往來靖安間後又寓常熟所至皆以醫術著名是書本名尚論張仲景傷寒論重編三百九十七法其文過繁難舉世稱尚論篇者省文也首爲尚論大意一篇謂張仲景著卒病傷寒論十六卷其卒病論六卷已不可復睹卽傷寒論十卷亦刼火之餘僅得之口授其篇目先後差錯頗有三百九十七法一百一十三方之名目可爲校正晉太醫令王叔和附以己意編集成書共二十二篇今世所傳乃宋直祕閣林億所校正宋人成無已所詮註（案成無已乃金人此言宋人誤謹附訂於此）二家過於尊信叔和往往先傳後經以叔和緯翼之詞混編爲仲景之書如一卷之平脈法二卷之序例其文原不雅馴反首列之則其爲校正詮註乃仲景之不幸也程德齋因之作傷寒鈐旣多不經王履又以傷寒例居前六經病次之類傷寒病又次之至若雜病雜脈與傷寒無預者皆略去定爲二百八十三法亦無足取惟方有執作傷寒條辨削去叔和序例大得尊經之旨太陽三篇改叔和之舊以風寒之傷榮衞者分屬尤爲卓識而不達立言之旨者尚多於是重定此書以冬傷於寒春傷於溫夏秋傷於暑爲主病之大綱四序之中以冬月傷寒爲大綱傷寒六經之中以太陽爲大綱太陽經中又以風傷衞寒傷榮風寒兩傷榮衞爲大綱蓋諸家所註至昌而始變其例矣次爲辨叔和編次之失一篇次爲辨林億成無已校註之失一篇次爲駮正王叔和序例一篇皆不入卷數其於傷寒論原文則六經各自爲篇而以合病併病壞病痰病四類附三陽經末以過經不解差後勞復病陰陽易病三類附三陰經末每經文各冠以大意綱舉目析頗有條理故醫家稱善本原書自爲八卷乾隆癸未建昌陳氏併爲四卷而別刻昌尚論後篇四卷首論溫證次合論次眞中次小兒次會講次問答次六經諸方其成八卷爲喻氏完書焉考康熙

甲寅順天林起龍重刻方有執之書以昌此書附後各施評點極論昌之所註全出於剽竊方氏醜詞毒詈無所不加夫儒者著書尚相祖述醫家融會舊論何可遽非況起龍所評方氏則有言皆是喻氏則落筆即非亦未免先存成見有意吹毛殆門戶之見別有所取未可據爲定論故今仍與方氏之書並著錄焉

醫門法律十二卷附寓意草四卷 江西巡撫採進本

國朝喻昌撰昌既著尚論篇發明傷寒之理又取風寒暑溼燥火六氣及諸雜證分門別類以成是編每門先冠以論次爲法次爲律法者治療之術運用之機律者明著醫之所以失而判定其罪如折獄然蓋古來醫書惟著病源治法而多不及施治之失即有辨明舛誤者亦僅偶然附論而不能條條備摘其咎昌此書乃專爲庸醫誤人而作其分別疑似既深明毫釐千里之謬使臨證者不敢輕嘗其抉摘瑕疵併使執不寒不熱不補不瀉之方苟且依違遷延致變者皆無所遁其情狀亦可謂思患預防深得利人之術者矣後附寓意草四卷皆其所治醫案首冠論二篇一曰先議病後用藥一曰與門人定議病證次爲治驗六十二條皆反復推論務闡明審證用藥之所以然較各家醫案但泛言某病用某藥愈者亦極有發明足資開悟焉

傷寒舌鑑一卷 浙江巡撫採進本

國朝張登撰登字誕先吳江人是書備列傷寒觀舌之法分白胎黃胎黑胎灰色紅色紫色微醬色藍色八種末附妊娠傷寒舌爲圖一百二十各有總論案古經於診候之外兼及辨色聆音而未嘗以舌觀病舌白胎滑之說始見張機傷寒論其傳亦古然其法不詳亦未嘗言及種種之別後金鏡錄推至三十六圖未爲賅備觀舌心法衍至三十七圖又頗病繁蕪登以己所閱歷參證於二書之閒削煩正舛以成是編較之脈候隱微尤易考驗固診傷寒者所宜參取也

傷寒兼證析義一卷 浙江巡撫採進本

國朝張倬撰倬字飛疇吳江人張登弟也是書專論傷寒而挾雜病者分中風虛勞中滿腫脹噎膈反胃內傷宿食咳嗽咽乾閉塞頭風心腹痛亡血多汗積聚動氣疝氣淋濁瀉痢胎產凡十七種設爲問答以發明之案傷寒論所謂合病併病止言六經兼證而不及雜病醫家不明兼證之意往往於脈證參差之際或顧彼而失此或治此而妨彼爲害頗深此書一一剖析使治病者不拘於一隅不惑於多岐亦可謂有功於傷寒矣

絳雪園古方選註三卷附得宜本草一卷 浙江巡撫採進本

國朝王子接撰子接字晉三長洲人自古集經方者不過註某圓某散主治某證而已其兼論病源脈候者已不多見至於製方之意則未有發明之者近始有醫方集解然所見較淺亦未盡窺運用之本旨是書所選之方雖非祕異而其中加減之道銖兩之宜君臣佐使之義皆能推闡其所以然前有自序稱釐爲三卷上卷獨明仲景一百一十三方三百九十七法中下二卷發明內科女科外科幼科眼科及各科之方末附雜方藥性以書按之則和寒溫汗吐下六劑及內科以下諸科上中下三品本草俱各自爲帙不題卷數蓋其門人葉桂吳蒙等所分非子接之舊也今仍定爲三卷以還其舊而得宜本草則附於末焉

續名醫類案六十卷 編修邵晉涵家藏本

國朝魏之琇撰之琇既校刊江瓘名醫類案病其尚有未備因續撰此編雜取近代醫書及史傳地志文集說部之類分門排纂大抵明以來事爲多而古事爲瓘書所遺者亦閒爲補苴故網羅繁富細大不捐如疫門載神人教用香蘇散一條猶曰存其方也至腳門載張文定患腳疾道人與綠豆兩粒而愈一條是斷非常食之綠豆豈可錄以爲案又如金瘡門載薛衣道人接已斷之首使人回生一條無藥無方徒以語怪更與醫學無關如斯之類往往而是殊不免蕪雜又蟲獸傷門於薛立齋蟲入耳中一條註曰此案耳門亦收之非重出也恐患此者不知是蟲使檢閱耳云云而腹疾門中載金壇男子誤服乾薑理中丸發狂入井一條隔五六頁而重出又是何義例乎編次尤未免潦草然採摭既博變證咸備實足與江瓘之書互資參考又所附案語尤多所發明辨駁較諸空談醫理固有實徵虛揣之別焉

神農本草經百種錄一卷 江蘇巡撫採進本

國朝徐大椿撰大椿字靈胎號洄溪吳江人世傳神農本草經三卷載藥三百六十五味分上中下三品今單行之本不傳惟見於唐慎微本草所載其

刊本以陰文書者，皆其原文也。大椿以舊註但言其當然，不言其所以然，因於三品之中採掇一百種，備列經文，而推闡主治之義。有常用之藥而反不收入者，其凡例謂辨明藥性，使人不致誤用，非備品以便查閱也。凡所箋釋，多有精意，較李時珍本草綱目所載發明諸條，頗爲簡要。然本草雖稱神農，而所云出產之地乃時有後漢之郡縣，則後人附益者多。如所稱久服輕身延年之類，率方士之說，不足盡信。大椿尊崇太過，亦一一究其所以然，殊爲附會。又大椿所作藥性專長論曰：藥之治病，有可解者，有不可解者。其說最爲圓通，則是書所論，猶屬筌蹄之末，要於諸家本草中爲有啟發之功者矣。

蘭臺軌範八卷（江蘇巡撫採進本）

國朝徐大椿撰。大椿持論，以張機所傳爲主，謂爲古之經方，唐人所傳已有合有不合，宋元以後則彌失古法，故是編所錄病論，惟取靈樞、素問、難經、金匱要略、傷寒論、隋巢元方病源、唐孫思邈千金方、王燾外臺祕要而止。所錄諸方，亦多取於諸書，而宋以後方則採其義有可推、試多獲效者。其去取最爲謹嚴。每方之下，多有附註，論配合之旨與施用之宜。於疑似出入之間，辨別尤悉，較諸家方書但云主治某證而不言其所以然者，特爲精密。獨其天性好奇，頗信服食之說，故所註本草，於久服延年之論，皆無所駁正。而此書所列通治方中，於千金方鍾乳粉、和劑局方玉霜圓之類，金石燥烈之藥，往往取之，是其過中之一弊。觀是書者亦不可不知其所短焉。

傷寒類方一卷（江蘇巡撫採進本）

國朝徐大椿撰。世傳後漢張機傷寒論，乃晉王叔和蒐採成書，本非機所編次。金聊城成無己始爲作註，又以己意移易篇第。自後醫家屢有刊定，如治尚書者之爭洪範、武成，註大學者之爭古本今本，迄於有明，終無定論。大椿以爲非機依經立方之書，乃救誤之書，當時隨症立方，本無定序。於是削除陰陽六經門目，但使方以類從，症隨方證，使人可案證以求方，而不必循經以求症。雖於古人著書本意未必果符，而於聚訟紛呶之中，亦芟除葛藤之一術也。其中如大青龍湯下註云：脈浮緩，身不疼，但重乍有輕時，無少陰症者，此湯主之。大椿則以爲病情甚輕，不應投以麻黃、桂枝、石膏。此條必有外誤。又甘草茯苓湯下註云：傷寒汗出而渴者，五苓散主之；不渴者，此湯主之。大椿則以爲此汗出者乃發汗後汗出不止，非傷寒自汗。其辨證發明亦多精到。凡分一十二類，計方一百一十有三，末附六經脈法，又論正證之外有別證變證，附以刺法，皆有原委可尋。自謂七年之中五易草稾乃成云。

醫學源流論二卷（江蘇巡撫採進本）

國朝徐大椿撰。其大綱凡七：曰經絡臟腑，曰脈，曰病，曰藥，曰治法，曰書論，曰古今。分子目九十有三。持論多精鑿有據，如謂病之名有萬，而脈之象不過數十種，是必以望聞問三者參之。又如病同人異之辨，兼證兼病之別，亡陰亡陽之分，病有不愈不死，有雖愈必死，又有藥誤不即死，藥性有今古變遷，內經司天運氣之說不可泥，鍼灸之法失傳，其說皆可取。而人參論一篇、涉獵醫書論一篇，尤深切著明。至於有欲救俗醫之弊而矯枉過直者，有求勝古人之心而大言失實者，故其論病則自岐黃以外，秦越人亦不免詆排；其論方則自張機金匱要略、傷寒論之外，孫思邈、劉守眞、李杲、朱震亨皆遭駁詰，於醫學中殆同毛奇齡之說經。然其切中庸醫之弊者，不可廢也。

右醫家類九十七部，一千八百一十六卷，皆文淵閣著錄。

欽定四庫全書總目卷一百四

欽定四庫全書總目卷一百五

子部十五

醫家類存目

素問運氣圖括定局立成一卷（兩淮鹽政採進本）

明熊宗立撰。宗立字道軒，建陽人，劉剡之門人也。（剡永樂中人，有四書通義，已著錄。）好講陰陽醫卜之術。是書以素問五運六氣之說編爲歌辭。又有天符歲會之說，以人生年之甲子，觀其得病之日氣運盛衰，決其生死。醫家未有用其法者。蓋本五運六氣以生剋制化推其王相休囚而已，初無所徵驗也。

素問鈔補正十二卷（浙江巡撫採進本）

明丁瓚編。瓚字點白，鎭江人。嘉靖丁丑進士，官至溫州府知府。初，滑壽著素問鈔，歲久傳寫多譌，瓚因其舊本重爲補正，復兼採王冰原註以明之。凡十二門，悉依壽書舊例。又以五運六氣主客圖并診家樞要附於後。

續素問鈔九卷（兩淮鹽政採進本）

明汪機撰。機有鍼灸問對，已著錄。是編因滑壽素問鈔採王冰原註太略，因重爲補錄。凡所增入，以續字別之。九卷之中，分上中下三部，上四卷，中一卷，下四卷。其標目悉依滑氏之舊。

素問註證發微九卷（浙江巡撫採進本）

明馬蒔撰。蒔字仲化，會稽人。其說據漢志內經十八篇之文，以素問九卷、靈樞九卷當之。復引離合眞邪論中九鍼九篇因而九之之文，定爲九九八十一篇，以唐王冰分二十四卷爲誤，殊非大旨所關。其註亦無所發明，而於前人著述多所訾議，過矣。

素問懸解十三卷（編修周永年家藏本）

國朝黃元御撰。元御有周易懸象，已著錄。是書謂素問八十一篇，秦漢以後始著竹帛，傳寫屢更，不無錯亂，因爲參互校正。如本病論、刺志論、刺法論，舊本皆謂已亡，元御則謂本病論在玉機眞藏論中，刺志論則誤入診要經中論，刺法論則誤入通評虛實論，未嘗亡也。又謂經絡論乃皮部論之後半篇，皮部論乃十二正經經絡論之正文。如此則三奇經與氣府論之前論正經，後論奇經，三脈無異。故取以補闕，仍復八十一篇之舊。考言經文錯簡者，起於劉向之校尚書（見漢書藝文志），猶有古文可據也。疑經文脫簡者，始於鄭元之註玉藻（見禮記注），然猶不敢移其次第。至北宋以後，始各以己意改古書，有所不通，輒言錯簡，六經遂幾無完本。餘波所漸，劉夢鵬以此法說楚詞，迨元御此註，併以此法說醫經，而漢以來之舊帙，無能免於點竄者矣。揆諸古義，殆恐不然。其註則閒有發明，如五運六氣之南政北政，舊註以甲己爲南政，其餘八千爲北政。元御則謂天地之氣，東西對待，南北平分，何南政之少而北政之多也。一日之中，天氣晝南而夜北；一歲之中，天氣夏南而冬北。則十二年中，三年在北，三年在東，三年在南，三年在西。在北則南面而布北方之政，是謂北政，天氣自北而南升；在南則北面而布南方之政，是謂南政，天氣自南而北升。則自卯而後，天氣漸南，總以南政統之；自酉而後，天氣漸北，總以北政統之。東西者左右之間氣，故不可以言政。此南北二極之義，其論爲前人所未及。然運氣之說，特約舉天道之大凡，不能執爲定譜以施治療，則亦如太極無極之爭耳。

靈樞懸解九卷（編修周永年家藏本）

國朝黃元御撰。是書亦以錯簡爲說，謂經別前十三段爲正經，後十五段爲別經，乃經別之所以命名，而後十五段卻誤在經脈中。標本而誤名衛氣，四時氣大半誤入邪氣藏府病形論，津液五別誤名五癃津液別，此類甚多。乃研究素問，比櫛其辭，使之脈絡環通。案靈樞晚出，又非素問之比，說者謂唐人剽取甲乙經爲之，不應與古書一例錯簡，亦姑存其說可也。

圖註難經八卷（浙江巡撫採進本）

明張世賢撰。世賢字天成，寧波人，正德中名醫也。難經舊有吳呂廣、唐楊德操諸家註，宋嘉祐中丁德用始於文義隱奧者各爲之圖，元滑壽作本義，亦有數圖，然皆不備。世賢是編於八十一篇篇篇有圖，凡註所累言不盡者，可以披圖而解。惟其中有文義顯然，不必待圖始解者，亦強足其數，稍爲冗贅。其註亦循文敷衍，未造深微。

難經經釋二卷（江蘇巡撫採進本）

國朝徐大椿撰。大椿有神農本草經百種錄，已著錄。是書以秦越人八十一難經有不合內經之旨者，援引經文以駁正之。考難經漢藝文志不載，隋志始著於錄，雖未必越人之書，然三國已有呂博望註本，而張機傷寒論平脈篇中所稱經說，今在第五難中，則亦後漢良醫之所爲。歷代以來，與靈樞素問並尊，絕無異論。大椿雖研究內經，未必學出古人上，遽相排斥，未見其然。況大椿所據者內經，而素問全元起本已佚，其第七篇唐王冰始稱得舊本補之。宋林億等校正，已稱其天元紀大論以下與素問餘篇絕不相通，疑冰取陰陽大論以補所亡。至刺法本病二論，則冰本亦闕，其間字句異同，億等又復有校改，註中題曰新校正皆是。則素問已爲後人所亂，而難經反爲古本。又滑壽難經本義列是書所引內經，而今本無之者，不止一條。則當時所見之本，與今亦不甚同，卽有舛互，亦宜兩存。遽執以駁難經之誤，是何異談六經者執開元改隸之本以駁漢博士耶。

難經懸解二卷（編修周永年家藏本）

國朝黃元御撰。難經之出在素問之後，靈樞之前，故其中所引經文有今本所不載者。（見滑壽難經本義）然其文自三國以來不聞有所竄亂，元御亦謂舊本有譌，復多所更定，均所謂我用我法也。

傷寒懸解十五卷（編修周永年家藏本）

國朝黃元御撰。是書大旨謂漢張機因鍼灸刺法已亡，而著傷寒論以治外感之疾，其理則岐黃越人之理，其法則因岐黃越人之鍼刺而變通之，立六經以治傷寒，從六氣也。製湯丸以療感傷，守五味也。凡脈法八十三章，六經經證以及入府傳藏之裏證、誤行汗吐下之壞病三百六十八章，外感之類證、汗吐下宜忌八十六章，共五百三十七章，合百十三方，自晉王叔和混熱病於傷寒，後來坊本雜出，又有傳經爲熱、直中爲寒之說，而傷寒亡矣。且所編亦多失次，因爲解其脈法，詳其經絡，考其常變，辨其宜忌。凡舊文之譌亂者，悉爲更定。末載駁正叔和序例一卷，以糾其失。其持論甚高，考傷寒論舊本經王叔和之編次，已亂其原次。元御以爲錯簡，較爲有據。與所改素問、靈樞、難經出自獨斷者不同。然果復張機之舊與否，亦別無佐證也。

傷寒說意十一卷（編修周永年家藏本）

國朝黃元御撰。元御既作傷寒懸解，謂論文簡奧，非讀者所能遽曉，乃會通大意，復著此書，以開示初學之門徑。

金匱懸解二十二卷（編修周永年家藏本）

國朝黃元御撰。元御謂張機著金匱玉函經以治內傷雜病，大旨主於扶陽氣以爲運化之本，自滋陰之說勝，而陽自陰升、陰由陽降之理迄無解者，因推明其意，以成此書，於四診九候之法言之頗詳。

長沙藥解四卷（編修周永年家藏本）

國朝黃元御撰。張機傷寒論共一百十三方，金匱玉函經共一百七十五方，合二書所用之藥共一百六十種。元御各爲分析排纂，以藥名藥性爲綱，而以某方用此藥爲目，各推其因證主療之意。頗爲詳悉。然藥有藥之性味，此不易者也。用藥有用藥之經緯，此無定者也。故有以相輔而用者，有以相制而用者，並有以相反相激而用者。此當論方，不當論藥。但云某方有此藥，爲某證而用，某方有此藥，又爲某證而用，是猶求之於筌蹄也。

圖註脈訣四卷、附方一卷（浙江巡撫採進本）

明張世賢撰。是編因世傳王叔和脈訣而爲之圖註。考晁公武讀書志曰：脈經十卷，晉王叔和撰。唐甘伯宗名醫傳曰：叔和，西晉高平人，博通經方，精意診處，尤好著述。其書纂岐伯、華佗等論脈要訣所成，敘陰陽表裏，辨三部九候，分人迎、氣口、神門，條十二經、二十四氣、奇經八脈、五臟六腑、三焦、四時之痾，凡九十七篇。讀書志又曰：脈訣一卷，題曰王叔和撰，皆歌訣鄙淺之言，後人依託者。然最行於世云云。據此，則脈經爲叔和作，脈訣出於僞撰。今脈經十卷，尚有明趙邸居敬堂所刊林億校本，知公武之言不誣。世賢不考，誤以脈訣爲眞叔和書，而圖註之，根柢先謬，其他可不必問矣。書末附方一卷，皆因脈以用藥。然脈止七表八裏九道，而病則變現無方，非二十四格所能盡，限以某脈某方，亦非圓通之論也。

杜天師了證歌一卷（浙江巡撫採進本）

舊本題唐杜光庭撰。光庭字聖賓，晚自號東瀛子，括蒼人。應百篇舉不第，入天台山爲道士。僖宗幸蜀，召見，賜紫衣，充麟德殿文章應制。王建據蜀，賜號廣成先生，除諫議大夫，進戶部侍郎。後歸老於青城山。此書題曰天師，據陶岳五代史補，亦王建時所稱也。考光庭所著多神怪之談，不聞以醫顯。此書殆出僞託。其詞亦不類唐末五代人。錢曾讀書敏求記以爲眞出光庭，殊失鑒別。其註稱宋人高氏、伍氏所作，而不題其名。後附持脈備要論三十篇，亦不知誰作。多引王叔和脈訣，而不知叔和有脈經，則北宋以後人矣。

瘡瘍經驗全書十三卷（浙江巡撫採進本）

舊本題宋竇漢卿撰。卷首署燕山竇漢卿。而申時行序乃稱漢卿合肥人，以瘍醫行於宋慶歷祥符間。曾治太子疾愈，封爲太師。所著有竇太師全書。其裔孫夢麟亦工是術，因增訂付梓云云。考宋史藝文志不載此書，僅有竇太師子午流注一卷，亦不詳竇爲何名。疑其說出於附會。且其中治驗皆夢麟所自述，或即夢麟私撰，託之乃祖也。國朝康熙丁酉，歙人洪瞻巖重刊，乃云得宋刻秘本校之，殆亦虛詞。

大本瓊瑤發明神書二卷（浙江鄭大節家藏本）

舊本題賜太師劉眞人撰，不著其名。前有崇寧元年序，則當爲宋徽宗時人。然序稱許昌滑君伯仁嘗看經絡專專（案專專二字疑誤，姑仍原本錄之。）手足三陰三陽及任督也。觀其圖彰訓釋（案圖彰二字未詳，今亦姑仍舊本。）綱舉目張云云。伯仁，滑壽字也。元人入明，明史載之方技傳。崇寧中人何自見之？其僞可知矣。書中所言皆鍼灸之法及方藥，蓋庸妄者所託名也。

崔眞人脈訣一卷（江蘇巡撫採進本）

舊本題紫虛眞人撰，東垣老人李杲校評。考紫虛眞人爲宋道士崔嘉彥。陶宗儀輟耕錄稱宋淳熙中，南康崔紫虛隱君嘉彥以難經於六難專言浮沈，九難專言遲數，故用爲宗，以統七表八裏，而總萬病。即此書也。宋以來諸家書目不著錄。焦竑國史經籍志始載之。東垣十書取以冠首。李時珍已附入瀕湖脈學中。至其夯註之評語，眞出李杲與否，則無可徵信矣。

東垣十書二十卷（江蘇巡撫採進本）

不著編輯者名氏。其中辨惑論三卷、脾胃論三卷、蘭室祕藏三卷，實李杲之書。崔眞人脈訣一卷，稱杲批評。其餘六書，惟湯液本草三卷、此事難知二卷爲王好古所撰，其學猶出於東垣。至朱震亨局方發揮一卷、格致餘論一卷，王履醫經溯洄集一卷，齊德之外科精義二卷，皆與李氏之學淵源各別。概名爲東垣之書，殊無所取。蓋書肆刊本，取盈卷帙，不計其名實乖舛耳。

珍珠囊指掌補遺藥性賦四卷（侍郎金簡購進本）

舊本題金李杲撰。考珍珠囊爲潔古老人張元素著，其書久已散佚。世傳東垣珍珠囊乃後人所僞託。李時珍本草綱目辨之甚詳。是編首載寒熱溫平四賦，次及用藥歌訣，俱淺俚不足觀。蓋庸醫至陋之本，而亦託名於杲，妄矣。

傷寒心鏡一卷（通行本）

一名張子和心鏡別集。舊本題鎭陽常德編。德不知何許人，亦不詳其時代。考李濂醫史張從正傳後附記曰：儒門事親十四卷，蓋子和草創之，麻知幾潤色之，常仲明又摭其遺爲治法心要。子和即從正之字，知幾爲麻革之字，仲明字義與德字相符。常仲明者，其即德歟？若然，則金興定中人也。書凡七篇，首論河間雙解散及子和增減之法，餘亦皆二家之緒論。

傷寒心要一卷（通行本）

舊本題都梁鎦洪編。洪始末未詳。大旨敷演劉完素之說，所列方凡十八，又有病後四方，與常德傷寒心鏡，皆後人裒輯，附入河間六書之末者。然掇拾殘賸，無所發明。

流注指微賦一卷（永樂大典本）

元何若愚撰。若愚爵里未詳。原註有云：指微論三卷，亦是何公所作，探經絡之賾，原鍼刺之理，明榮衛之清濁，別孔穴之部分，然未廣傳於世。於內自取義以成此賦，則若愚先著指微論，又自約其義爲此賦，便記誦也。今指微論不傳，惟此賦載永樂大典中。

如宜方二卷（浙江巡撫採進本）

元艾元英撰。元英，東平人，始末無考。此本爲三山張士寧所刊。前有二序，一爲至正乙未林興祖作，一爲至治癸亥吳德昭作。其書首列藥石炮製總論，不過數十味，未免簡略。第一卷述證自中風至雜病凡三十類，第二卷載方凡三百有餘。其曰如宜者，如某證宜用某湯，某證宜用某圓散是也。其說一定不移，未免執而不化。焦氏經籍志、高氏百川書志俱不著錄，然相其版式，猶元代閩中所刊，非依託也。

泰定養生主論十六卷（兩淮鹽政採進本）

舊本題元洞虛子王中陽撰。其書論婚孕老幼陰陽氣運節宣之宜，並摘錄脈證方劑，以資調攝。取莊子宇泰定者發乎天光，及養生主之語名之。前有中陽自序，及至元戊寅段天祐序。蓋正德閒兵部郎中冒鸞所重刊也。後有楊易跋，謂吳寬集中載中陽爲吳人，名珪，字均章，自號中陽老人。生元盛時，年四十棄官歸隱虞山之下，慕丹術，尤邃於醫。

類編南北經驗醫方大成十卷（兩淮鹽政採進本）

舊本題元文江孫允賢撰本名醫方集成此本爲錢曾也是園所藏猶元時舊刻目錄末題至正癸未菊節進德書堂刊行前有題識曰醫方集成一書四方尚之久矣本堂今得名醫選取奇方增入孫氏方中俾得貫通名曰醫方大成云云則坊賈所爲非允賢之舊矣

傷寒醫鑒一卷（通行本）

元馬宗素撰宗素始末未詳是書載河閒六書中皆採劉完素之說以駁朱肱南陽活人書故每條之論皆先朱後劉大旨皆以熱病爲傷寒而喜寒涼忌溫熱然活人書往往用麻桂於夏月發洩之時所以貽禍若冬月眞正傷寒則非此不足以散陰邪豈可專主於涼洩未免矯枉過直各執一偏之見矣

雜病治例一卷（浙江范懋柱家天一閣藏本）

明劉純撰純有玉機微義已著錄是書成於永樂戊子末附蘭室誓戒四則敘其父橘泉翁受醫術於朱震亨純承其家學又從其鄉馮庭榦許宗魯邱克容游盡得其法因撮舉綱要著爲一編分七十二證每證各標其攻補之法蓋皆其相傳口訣故略而弗詳初無刊本成化己亥上元縣知縣長安蕭謙觀政戶部時奉命賞軍甘州始從純後人得其本爲鋟版以傳

傷寒治例一卷（通行本）

明劉純撰其體例與雜病治例相同不標六經亦不分表裏但以現證九十五種爲綱而每證推其病源與其治法亦成化己亥蕭謙所刻也

醫方選要十卷（兩淮鹽政採進本）

明周文采編李時珍本草綱目引作周良采字之譌也其里貫未詳是書乃其爲蜀獻王椿侍醫時承獻王之命所作則洪武中人也每門皆鈔錄古方而各冠以論嘉靖二十三年通政使顧可學奏進詔禮部重錄付梓仍行兩京各省翻刻前有獻王序及文采自序幷載禮部尚書費寀題覆疏二篇蓋亦翻刻本也

袖珍小兒方十卷（浙江范懋柱家天一閣藏本）

明徐用宣撰用宣衢州人藝文志稾作徽州人蓋字形相近而譌其書以脈訣爲首方論鍼灸圖形次之總七十二門六百二十四方蒐採頗備惟論斷多襲舊文無所發明耳是書作於永樂中嘉靖十一年巡撫錢宏重刊以是書原本宋錢乙也

安老懷幼書四卷（浙江朱彝尊家曝書亭藏本）

明劉宇編宇字志大河南人成化壬辰進士官至山西按察司副使初宋咸淳中陳直撰養老奉親書元大德閒鄒鉉續爲壽親養老新書黃應紫合爲一篇刻之宇於成化戊戌得其本宏治庚戌重爲刊行改名安老書仍爲三卷後六年丙辰復得雪川婁氏衈幼集又補刻於後總爲四卷題曰安老懷幼書雪川婁氏明洪武永樂閒御醫也宇得之於其曾孫云

醫學管見一卷（通行本）

明何瑭撰瑭號柏齋懷慶人宏治壬戌進士官至南京右副都御史謚文定事蹟具明史儒林傳是書凡二十二篇自記謂因讀素問及玉機微義二書而作其說皆主於大補大攻非中和之道其第十九篇論久病元氣太虛病氣太盛當以毒藥攻之尤不可訓其論金石藥一條則名言也

保嬰撮要八卷（浙江巡撫採進本）

明薛鎧撰鎧字良武吳縣人宏治中官太醫院醫士是編分門纂輯於幼科證治最爲詳悉其論乳下嬰兒有疾必調治其母母病子病母安子安且云小兒苦於服藥亦當令母服之藥從乳傳其效自捷皆前人所未發其子太醫院院使己又以其所治驗附於各門之後皆低一格書之後人集己遺書爲薛氏醫案此書亦在其中考卷首蘇州府知府林懋舉序有請己纂而約之之語疑鎧但草創此書其編纂成帙則實出己手後人收入己書蓋由於此此本爲嘉靖丙辰所刊猶未編醫案以前單行之帙也

神應經一卷（浙江朱彝尊家曝書亭藏本）

明陳會撰劉瑾補輯會字善同號宏綱先生瑾字永懷號恆菴均不知何許人瑾所附論皆冠以臣字亦不知何時進御本也案宦官劉瑾武宗時流毒海內終以謀逆伏誅斷無人肎襲其姓名者此書當在正德前矣所論皆鍼灸之法有歌訣有圖有說傳寫譌謬不甚可據前有宗派圖一頁稱梓桑君席宏達九傳至席華叔十傳至席信卿十一傳至會會傳二十四人嫡傳者二人一曰康叔達一即瑾也又有席宏達誓詞謂傳道者必盟天歃血立誓以傳當於宗派圖下註其姓名如或妄傳

非人，私相付度，陰有天刑，明有陽譴云云。是直道家野談耳。

醫開七卷（浙江范懋柱家天一閣藏本）

明王世相撰。世相字季隣，號滸溪，蒲州人。呂柟之門人也。官延川縣知縣。是書凡分二十四類，首載或問數條，謂醫學至丹溪而集大成。蓋亦主滋陰降火之說者。

醫史十卷（浙江范懋柱家天一閣藏本）

明李濂撰。濂有祥符人物志，已著錄。是編採錄古來名醫，自左傳醫和以下，迄元李杲，見於史傳者五十五人。又采諸家文集所載，自宋張擴以下，迄於張養正，凡十人。其張機、王叔和、王冰、王履、戴原禮、葛應雷六人，則濂爲之補傳。每傳之後，濂亦各附論斷。然如醫和診晉侯而知趙孟之死，據和所稱主不能禦，吾是以云。蓋以人事天道斷之，而濂以爲太素脈之祖。扁鵲傳中趙簡子、齊桓公、虢君各不同時，自爲史記好奇之誤，而濂不訂正。葛洪自屬道家，但偶集方書，不聞治驗，乃一概收入。則陶宏景之撰名醫別錄，有功本草，何以見遺。褚澄遺書，僞託顯然，乃不能辨別，反證爲眞本。至於宋僧智緣，本傳但有善醫二字，別無治驗，特以太素脈知名，與張擴之具有醫案者迥別。載之醫家，尤爲濫及。滄濟魯古（案滄濟魯古原作直魯古，今改正。）亦更無一事可述，但以長亦能醫，專事鍼灸二語，遽爲立傳。則當立傳者又何限乎。濂他書頗可觀，而此書乃冗雜特甚，殊不可解。惟其論倉公神醫，乃生五女而不生男，其師公乘陽慶亦年七十餘無子，以證醫家無種子之術，其理爲千古所未發，有足取焉。

藥鏡四卷（浙江巡撫採進本）

明蔣儀撰。儀嘉興人。正德甲戌進士。其歷官未詳。是編前後無序跋，惟凡例謂醫鏡之鐫，駢車海內。今梓藥性，仍以鏡名。其載藥性，分溫熱平寒爲四部，各以儷語括其主治。後附拾遺疏原滋生三賦，以補所未備。詞句鄙淺，徒便記誦而已。

醫學正傳八卷（浙江范懋柱家天一閣藏本）

明虞摶撰。摶字天民，自號花溪恆德老人，義烏人。是書成於正德乙亥。其學以朱震亨爲宗，而參以張機、孫思邈、李杲諸家之說。各選其方之精粹者，次於丹溪要語之後。復爲或問五十條，以申明之。

衞生集四卷（兩淮鹽政採進本）

明周宏撰。宏始末未詳。前有正德庚辰宏自序。復繫以五言律詩一章，詞頗近俚。其論外感法仲景，內傷法東垣，溼熱法河間，雜病法丹溪，尙屬持平之論。然亦大略如是，未可執爲定法也。

萬氏家鈔濟世良方六卷（浙江巡撫採進本）

明萬表編。其孫邦孚增輯。表有海寇議，已著錄。邦孚字汝永，官都督僉事。是編原本鈔集古方，分門別類，凡五卷。邦孚又益以經驗諸方及脈訣藥性，共爲六卷。亦頗有可用之方。至首載呂仙降乩贈詩五首，以美是書，則語怪而不可訓矣。

攝生衆妙方十一卷（兩淮鹽政採進本）

明張時徹編。時徹字維靜，鄞縣人。嘉靖癸未進士。官至南京兵部尙書。事蹟附見明史張邦奇傳。是編分四十七門，標目繁碎。自序云，每見愈病之方，輒錄而藏之。蓋隨時鈔集而成，未爲賅備。

急救良方二卷（兩淮鹽政採進本）

明張時徹編。分三十九門，專爲荒村僻壤之中不諳醫術者而設。故藥取易求，方皆簡易，不甚推究脈證也。

靈祕十八方加減一卷（浙江巡撫採進本）

舊本題德府良醫所良醫濟南胡嗣廉校編。前有嘉靖十七年可泉子序，云不知何人所輯，則嗣廉但校正編次耳，非所撰也。其書以世人多用和劑局方，不知加減之用，因以此十八方各詳其因證加減之法，以便於用。然病機萬變，相似者多。但據證以加減藥味，似非必中之道，仍與執局方者等也。十八方後又附補中益氣湯等四方，共爲二十二方，亦不知何人所加，或卽嗣廉續入歟。

心印紺珠經二卷（兩淮鹽政採進本）

明李湯卿撰。湯卿不知何許人。是書爲嘉靖丁未嘉興府知府趙瀛所校刊。上卷曰原道統，曰推運氣，曰明形氣，曰評脈法。下卷曰察病機，曰理傷寒，曰演治法，曰辨藥性，曰十八劑。融會諸家之說，議論頗爲純正。惟以十八劑爲主，而欲以輕清暑火解甘淡緩寒調奪溼補平榮澀和溫數字該之，未免失之拘泥。

運氣易覽三卷（兩淮鹽政採進本）

明汪機撰。機有鍼灸問對，已著錄。是編取素問中五運六氣之說，詳加辨論，所衍各圖，亦頗有發明。然治病自以脈證爲主，拘泥司天在泉，終無當於經旨也。

痘疹理辨一卷附方一卷（兩淮鹽政採進本）

明汪機撰。前列諸家治痘方法，後引浙中魏氏之說以辨之。自序云：嘉靖庚寅，痘災盛行，因採摭羣書，見有論痘瘡者，錄為一編。其論痘皆主於火。然痘雖胎火之毒，而虛實異禀，則或補異宜。又多兼雜證，不可拘以一說也。

養生類要二卷（兩淮鹽政採進本）

明吳正倫撰。正倫字子敘，自號春巖子，歙縣人。鄒若庸嘗為作小傳，則嘉靖中人也。是書上卷載導引訣、衛生歌及煉紅鉛秋石之法。下卷分春夏秋冬諸證宜忌合用方法，蓋兼涉乎道家之說者也。

志齋醫論二卷（浙江范懋柱家天一閣藏本）

明高士撰。士字志齋，鄞縣人。是書作於嘉靖中。上卷專論痘疹，下卷雜論陰陽六氣血脈虛實。其說云：今之醫者多非丹溪，而偏門方書盛行。則亦以朱氏為宗者矣。

經驗良方十一卷（通行本）

明陳仕賢編。仕賢字邦憲，福清人。嘉靖壬戌進士。官至副都御史。其書首載醫目、脈訣、藥性，別為一卷。次為通治諸病門，如太乙紫金丹、牛黃清心丸之類。次分雜證五十二門，皆鈔錄舊方，無所論說。自序稱與通州醫官孫宇考定而成云。

丹溪心法附餘二十四卷（內府藏本）

明方廣撰。廣字約之，號古菴，休寧人。是書成於嘉靖丙申。因程用光所訂朱震亨丹溪心法，贅列附錄，與震亨本法或相矛盾，乃删其附錄，獨存一家之言。別以諸家方論與震亨相發明者，分綴各門之末。然均非震亨之原書矣。

避水集驗要方四卷（浙江巡撫採進本）

明董炳撰。炳字文化，泗州人。是編以常用有驗之方，分類裒輯，無所闡發。其所用之藥，有積雪草者，本草所未詳，特為具其圖形，述其功效。然藥類至多，惟在善用，正無取乎搜羅新異，自詫秘授也。其以避水名者，蓋隆慶丙寅淮水決，炳避居樓上，以成是書。末附柳應聘撰玉鶴翁傳一篇，備載炳父相治醫事。玉鶴，相之自號，故炳又號懷鶴云。

上池雜說一卷（編修程晉芳家藏本）

明馮時可撰。時可有左氏釋，已著錄。此乃其雜論醫學之書，大意主於溫補，伸東垣而抑丹溪，亦偏於一隅之見者也。

傷寒指掌十四卷（浙江巡撫採進本）

明皇甫中撰。中字雲洲，仁和人。其書原始內經，發明仲景立法之意，於諸家議論獨推陶華。第十三卷載節菴殺車槌法。中議於後云：先君菊泉與陶翁厭嗣廷桂善，嘗得其所著傷寒瑣言及殺車槌法傳心之秘旨云云。然節菴六書，至今為傷寒家所詬厲，則此書抑可知也。

鍼灸大全十卷（內府藏本）

明楊繼洲編。繼洲萬歷中醫官，里貫未詳。據其刊版於平陽，似即平陽人也。是書前有巡按山西御史趙文炳序，稱文炳得痿痺疾，繼洲鍼之而愈，因取其家傳衛生鍼灸元機秘要一書，補輯刊刻，易以今名。本朝順治丁酉，平陽府知府李月桂以舊版殘闕，復為補綴。其書以素問、難經為主，又肖銅人像，繪圖立說，亦頗詳晰，惟議論過於繁冗。

醫學六要十九卷（浙江巡撫採進本）

明張三錫撰。三錫字叔承，應天人。是編成於萬歷乙酉。以醫學大端有六，分別論列：首四診法一卷，次經絡考一卷，次病機部二卷，次本草選六卷，次治法彙八卷，次運氣略一卷。自謂博採羣書，各彙其要。然雜錄舊文，無所折衷。王肯堂敘以醫聖稱之，過矣。

删補頤生微論四卷（浙江巡撫採進本）

明李中梓撰。中梓字士材，華亭人。是編初葉定於萬歷戊午，已刊版行世。崇禎壬午，又因舊本自訂之，勒為此編。凡二十四篇：曰三奇，曰醫宗，曰先天，曰後天，曰辨妄，曰審象，曰宣藥，曰運氣，曰臟腑，曰別證，曰四要，曰化源，曰知機，曰明治，曰風土，曰虛癆，曰邪祟，曰傷寒，曰廣嗣，曰婦科，曰藥性，曰醫方，曰醫案，曰感應。門類頗為冗雜。三奇論中兼及道書修煉，如去三尸、行呵吸等法，皆非醫家本術也。

雷公炮製藥性解六卷（通行本）

舊本題明李中梓撰。凡金石部三十三種，果部十八種，穀部十一種，草部九十六種，木部五十七種，人部十種，禽獸部十八種，蟲魚部二十六種。每味之下各有論案。其稱雷公云者，蓋採炮炙論之文，別附於末。考宋雷斆炮炙論三卷，自元以來久無專行之本。惟李時珍本草綱目載之差詳，是篇所採，猶未全備，不得冒雷公之名。又江南通志載中梓所著書有傷寒括要、內經知要、本草通原、醫宗必讀、頤生微論凡五種。獨無是書。卷首有太醫院訂正姑蘇文喜堂鐫梓字、亦坊刻炫俗之陋習。殆庸妄書賈隨意裒集、因中梓有醫名、故託之耳。

魯府祕方四卷、兩淮鹽政採進本、

明劉應泰編。應泰嘗爲魯王府侍醫。其里貫未詳。是書分福壽康寧四集。首載五言贊一首、以頌魯王。其餘皆分類隸方、亦罕奇祕。末載延生勸世等箴、尤與醫藥無關。前有萬歷甲午魯王序。考明史諸王傳、魯荒王檀八世至敬王壽鏳、於萬歷二十二年嗣封。是年歲在甲午。蓋卽壽鏳。故其序自稱魯王八代孫也。

普門醫品四十八卷、附醫品補遺四卷、浙江巡撫採進本、

明王化貞撰。化貞字肖乾、諸城人。萬歷癸丑進士。官至僉都御史、巡撫遼東。以僨事伏誅。事蹟附見明史熊廷弼傳。是編摘錄本草綱目諸方、參以諸家論述、詳列病證、分類彙編。每門冠以總論、但有證候而不載診法。其凡例謂是書爲不知醫者設。然望聞問切、猶或審證未眞、用藥多舛。況舍脈而論方、則虛實寒熱之相似者、其誤必多。執影響之見而苟冀一效、其貽誤封疆、亦此學問矣。

孫氏醫案五卷、浙江巡撫採進本、

明孫泰來、孫明來同編。二人皆休寧孫一奎之子。是編卽所輯一奎醫案也。凡三吳治驗二卷、新都治驗二卷、宜興治驗一卷。不分證而分地、蓋以治之先後爲次。一奎深究醫理、其議論多見於赤水元珠、醫旨緒餘、皆已著錄。是編宗旨具載二書之中、且剟文多於正論、亦爲冗漫。蓋大意主於標榜醫名、而不主於發揮醫理也。

河閒六書二十七卷、通行本、

明吳勉學編。勉學字肖愚、歙縣人。是編裒輯金劉完素之書、凡原病式一卷、宣明論方十五卷、保命集三卷、傷寒醫鑑一卷、傷寒直格三卷、傷寒標本二卷、附傷寒心要、傷寒心鏡各一卷。名爲六書、實八書也。其中多非完素所作、已分別各著於錄。今存其總目於此、以不沒勉學綴輯刊刻之功焉。

折肱漫錄六卷、兩淮鹽政採進本、

明黃承昊撰。承昊字履素、號闇齋、秀水人。黃洪憲之子也。萬歷丙辰進士。官至福建按察使。承昊體羸善病、因參究醫理、疏其所得以著是書。分養神養氣醫藥三門。其論專主於補益、未免一偏。

運氣定論一卷、浙江巡撫採進本、

明董說撰。說有易發、已著錄。是編凡四論八圖、辨素問所論運氣當在六元正紀大論、原文久佚。故晉皇甫謐作甲乙經、隋全元起註素問、皆云亡失。唐王冰始私採陰陽大論七篇補之、詭云祕藏舊本。劉守眞、楊子建遞變其說、亦皆乖謬。因著此書以闢之。定以六氣爲經、五運爲緯。氣靜運動、上下周流。天始於甲、地始於子。數窮六十、循環無端。其說甚辨。然運氣之主病、猶之分野之占天。以爲不驗、亦有時而中。以爲必驗、又有時不然。天道遠、人事邇、治病者求之望聞問切、參以天時地氣、亦足得其槩矣。正不必辨無證無形之事也。

鍼灸聚英四卷、兩淮鹽政採進本、

明高武撰。武始末未詳。是書以經絡空穴類聚爲一卷、各病取穴治法爲一卷、諸論鍼灸法爲一卷、各歌賦爲一卷。凡諸書與素問難經異同者、取其同而論其異。故以聚英名書。其所蒐採、惟銅人明堂子午及竇氏流注等書。餘皆不錄。

鍼灸節要三卷、兩淮鹽政採進本、

明高武撰。是書以難經素問爲主。難經首取行鍼補瀉、灸取井滎俞經合、灸及經脈。素問首九鍼、灸補瀉、灸諸法、灸病刺、灸經脈空穴。俱顚倒後先於經文、多割裂。

簡明醫彀八卷、內府藏本、

明孫志宏撰。志宏字台石、杭州人。是書卷首冠要言一十六則、議論亦平正。其餘案門列方、淺顯易解。然未能盡醫道之變化也。

金鎞祕論十二卷、兩淮鹽政採進本、

舊本題粱谿流寓李藥師撰。不知何許人。自序稱唐李靖以三等法教士、故亦以三等法治病。藥師之稱、適符靖字、殆亦寓名歟。其書分十二門、皆論醫目之法、故曰金鎞。蓋取佛書金鎞刮眼之義也。

扁鵲指歸圖一卷、兩淮鹽政採進本、

不著撰人名氏。以脈證形色編爲歌括、以便記誦。蓋坊市俗醫所爲。

證治大還四十卷、浙江巡撫採進本、

國朝陳治撰。治字三農、華亭人。是書凡證視近纂二卷、藥理近考二卷、濟陰近編五卷、幼幼近編四卷、醫學近編二十卷、傷寒近編前集五卷、後集五卷。前有喻昌及治自序。治自謂五世業醫、所著書有璜溪醫約、解醫師箴言、外臺祕典、脈葉、驪珠各種。

皆斟酌盡善，擇其近要者付之梨棗。然是書雜錄諸家議論證治，門類繁碎，殊少折衷。

馬師津梁八卷（浙江巡撫採進本）

國朝馬元儀撰。元儀，蘇州人。是編前有雍正壬子汪濂夫序，稱元儀受學於雲間李士材、西昌喻嘉言。士材，李中梓之字；嘉言，喻昌之字。二人皆國初人，則元儀著書當在康熙初矣。其曰馬師津梁者，蓋元儀門人姜思吾傳其鈔本，濂夫追題此名，非其本目也。所論多原本舊文，大抵謹守繩尺，不敢放言高論，亦不能有所發明。所載諸方，或與所論不甚符。如中風一門，既知病由內虛，不屬外邪，而附方仍多驅風滌痰、一切峻利之藥。知其亦見寒醫寒，見熱醫熱，隨時補救之技，非神明其意，運用自如者矣。

張氏醫通十六卷（浙江巡撫採進本）

國朝張璐撰。璐字路玉，號石頑，吳江人。是編取歷代名家方論，彙次成編。門類先後，悉依王肯堂證治準繩。方藥主治，多本薛己醫案、張介賓景岳全書，而以己意參定之。凡古來相傳之說，稍有晦滯者，皆削不錄。其辭氣未暢者，皆潤色發揮，務闡其意。康熙乙酉

聖祖仁皇帝南巡，璐子以柔以璐所著本經逢原、診宗三昧、傷寒纘緒論及此書彙輯恭進，得

旨留覽。考璐自序，是書初名醫歸，未及刊行，佚其目科、痘疹二冊。晚年命其子以倬重輯目科治例，以柔重輯痘疹心傳，補成完帙，改題此名。時韓氏醫通已久行於世，璐書名與相複。自序謂元氏集名長慶，白氏集亦名長慶，未嘗混也。今刊本題張氏醫通，蓋亦以別於韓氏云。

傷寒纘論二卷、緒論二卷（浙江巡撫採進本）

國朝張璐撰。取張機傷寒論重分其例，採喻昌尚論篇及各家之註爲之發明，而參以己見，是曰纘論。又以原書殘佚既多，證治不備，博搜前人之論以補之，是曰緒論。纘論先載原文，次附註釋，末錄正方一百十三首。緒論首載六經傳變、合病併病、標本治法及正傷寒以下四十證，又分別表裏，如發熱、頭痛、結胸、自利之類，末錄雜方一百二十餘道。其醫通十六卷內諸證畢備，不立傷寒一門，自序謂先有此二書別行，故不復衍也。康熙甲寅林起龍刻方有執傷寒論條辨，其序有曰：鈐槌活人類證者出，而斯道日茅塞矣。近之準繩、金鎞、續焰、參註、宗印、圖經、緒論、五法、手援諸刻，衍奇鬬異，可詭曰更可異者，本無一長，又未夢見條辨，止將尚論承訛遞謬，簧鼓任口杜撰，如狂犬吠，如野狐鳴。又篇割裂紛更，稱纘論者，譬之推糞蜣螂，自忘其臭。此書必不能傳，即傳不過供人笑罵塗抹云云。其詆諆是書，不遺餘力。然亦不至如是之甚也。

本經逢原四卷（浙江巡撫採進本）

國朝張璐撰。其書以神農本經爲主，而加以發明，兼及諸家治法。部分次第，悉依李氏本草綱目，而疏通大義，較爲明顯。自序云：瀕湖博治今古，尚爾舍本逐末，僅以本經主治冠列於首，以爲存羊之意。繆氏仲醇，開鑿經義，迥出諸家之上，而於委曲難明之處，則旁引別錄等說，疏作經言，未免朱紫之混。蓋時珍書多主考訂，希雍書頗言博辨，璐書則惟取發明性味，辨別功過，使制方者易明云。

診宗三昧一卷（浙江巡撫採進本）

國朝張璐撰。是書專明脈理，首宗旨，次醫學，次色脈，次脈位，次脈象，次經絡，次師傳，次口問，次逆順，次異脈，次婦人，次嬰兒。其醫學篇有云：王氏脈經，全氏太素，多拾經語，溷廁雜說於中，偶一展卷，不無金屑入眼之憾。他如紫虛四診，丹溪指掌，撄寧樞要，瀕湖脈學，士材正眼等，要皆刻舟求劍，案圖索驥之說，夫得心應手之妙，如風中鳥迹，水上月痕，苟非智慧辨才，烏能測其微於一毫端上哉。其言未免太自詡也。

石室祕錄六卷（大學士英廉購進本）

國朝陳士鐸撰。士鐸字遠公，山陰人。是書託名岐伯所傳，張機、華佗等所發明，雷公所增補。凡分一百二十八法，議論詭異，所列之方多不經見。稱康熙丁卯遇岐伯諸人於京都，親受其法，前有岐伯序，自題中清殿下宏宣祕籙無上天大帝真君。又有張機序，自題廣蘊真人。方術家固多依託，然未有怪妄至此者，亦拙於作僞矣。

李氏醫鑑十卷、續補二卷（內府藏本）

國朝李文來編。文來字昌期，婺源人。初，休寧汪桓作醫方集解、本草備要二書，淺顯易明，頗行於世。康熙丙子，文來撮合兩書，條分縷析，分類排纂，以成是書，名曰李氏醫鑑，實則汪氏書也。又以雜證及傷寒有未備者，更輯爲續補二卷，末附桓所作三焦命門辨一篇。稱醫鑑成，請正於桓，詳校差訛，丕

成完璧。更援以是篇附刻卷末，則文來睹是書時，桓尚無恙，與所手定無異矣。

醫學彙纂指南八卷（安徽巡撫採進本）

國朝端木縉撰。縉字儀標，當塗人。是書成於康熙丁亥。摘取古今醫書萃成帙，每病之下，先辨脈理，次病因，次現證，次治法，頗爲明析。惟於素問五運六氣，拘執過甚，未免失於泥古。又第七卷所列醫案，惟載近人治驗，而古法一概不錄，雖醫貴因時，又不免局於目見矣。

濟陰綱目十四卷（大學士英廉家藏本）

國朝武之望撰，汪淇箋釋。之望字叔卿，自署關中人。淇字瞻漪，一字右子，錢塘人。是書所分門目，與證治準繩之女科相同，文亦全相因襲，非別有所發明。蓋卽王肯堂書加以評釋圈點，以便檢閱耳。

保生碎事一卷（大學士英廉家藏本）

國朝汪淇撰。是書又名濟陰慈幼外編，錄小兒墮地時至七日內醫療之事。如拭口、斷臍、浴兒、稀痘各法，寥寥數則。大約取其便於檢用，非保嬰之全書也。卷末一條云，附有濟陰綱目及慈幼綱目，卽鐫行。則是書之成，猶在濟陰綱目之前。其慈幼綱目自謂卽證治準繩之幼科，加以評釋，今未見其本。

釋骨一卷（浙江巡撫採進本）

國朝沈彤撰。彤有周官祿田考，已著錄。是編取內經所載人身諸骨，參以他書所說，臚而釋之。中間多所辨正。如謂經筋篇足少陽之脈，循耳後上額角，額字乃頭字之譌。謂曲角之角，經文刊本皆誤作風，據氣府論註改定。謂頜字說文作顄，與頤同訓。頤蓋自口內言之，如從口外言，則兩旁爲頷，頷前爲頤，兩不相假，故內經無通稱者。謂或骨之或乃古域字，引說文爲證。謂齒數奇當爲牡，偶當爲牝，說文玉篇竝以牙爲牡齒，恐誤。謂曲牙二穴俠口旁四分，王冰以爲頰車穴，恐非經義。謂高骨通指脊骨，不專指命門穴上一節。謂臍中有六穴，穴在骨間，則骨當有七。謂張介賓誤以骬下爲骸。謂骺骨卽局端骨。謂經脈篇斜下貫腳之腳乃胻字之譌。謂本輸篇肘內大骨，內字乃外字之譌。掌後兩骨，骨字乃筋字之譌。謂掌後兌骨非手髁。謂壅骨在魚際旁寸口前，非掌後高骨。謂楗卽髀骨之直者。謂骨空論頭下爲輔，下字乃上字之譌。謂剌腰痛論或骨在膝外廉，膝字乃骱字之譌。其考證皆極精核，非惟正名物之舛，竝可以糾鍼砭之謬。已載入所著果堂集。此其別行之本，序稱爲吳文球講明經穴而作，則其本旨以談醫而起，今附存其目於醫家焉。

醫學求眞錄總論五卷（江西巡撫採進本）

國朝黃宮繡撰。宮繡，宜黃人。是書成於乾隆庚午。據其凡例，稱嘗著醫學求眞錄十六卷，別鈔其篇首總論，勒爲五卷，以標明其宗旨。議論亦明白易解。然不無臆說，如論風土不齊，而云西北人不可溫補，則未免膠柱而鼓瑟矣。

成方切用十四卷（浙江巡撫採進本）

國朝吳儀洛撰。儀洛字遵程，海鹽人。此書爲其醫學述之第四種，取古今成方一千三百餘首，本經按證，加以論斷。卷首載內經一十二方，第一卷至第十二卷，每卷各有上下，分治氣、理血、補養、濇固、表散、涌吐、攻下、消導、和解、表裏、祛風、祛寒、消暑、燥濕、潤燥、瀉火、除痰、殺蟲、經帶、胎產、嬰孩、癰瘍、眼目、救急，凡二十四門。卷末載勿藥元詮七十四條。大旨謂古方不宜今用，故所錄皆切於時用之方。凡例於汪桓醫方集解頗有微詞，然桓書淺略，亦可無庸掊擊也。

傷寒分經十卷（浙江巡撫採進本）

國朝吳儀洛撰。此書爲其醫學述之第五種。取喻嘉言所撰尚論篇重爲訂正。凡太陽經三篇，陽明經三篇，太陰經一篇，少陰經二篇，厥陰經一篇，春溫三篇，夏熱一篇，脈法二篇，諸方一篇，補卒病論一篇，秋燥一篇，其十有九篇。

醫貫砭二卷（江蘇巡撫採進本）

國朝徐大椿撰。大椿有神農本草百種錄，已著錄。初，明趙獻可作醫貫，發明薛氏醫案之說，以命門眞水眞火爲主，以八味丸、六味丸二方通治各病。大椿以其偏駁，作此書闢之。考八味丸卽金匱要略之腎氣丸，本後漢張機之方。後北宋錢乙以小兒純陽，乃去其肉桂、附子，以爲幼科補劑，名六味丸。至明太醫院使薛己，始專用二方爲補陽補陰要藥。每加減以治諸病，其於調補虛損，未嘗無效。獻可傳其緒論，而過於主持，遂盡廢古人之經方，殆如執誠意正心以折衝禦侮，理雖相貫，事有不行。大椿攻擊其書，不爲無理。惟詞氣過激，肆言辱詈，一字一句，索垢求瘢，亦未免有傷雅道。且獻可說不能多驗，今其書已不甚行，亦不必如是之詬爭也。

臨證指南醫案十卷（浙江巡撫採進本）

國朝葉桂撰。桂字天士，吳縣人。以醫術名於近時。然生平無所著述，是編乃門人取其方藥治驗，分門別類，集為一書，附以論斷，未必盡桂本意也。

得心錄一卷（兵部侍郎紀昀家藏本）

國朝李文淵撰。文淵有左傳評，已著錄。是編皆所製新方。前有自題云：古方不能盡中後人之病，後人不得盡泥古人之法，故名曰得心錄。凡十九方，其敵參膏四方，案應補之證，委曲調劑，以他藥代之，為貧不能具參者計。雖未必果能相代，然其用志可尚也。

傷寒論條辨續註十二卷（大學士英廉購進本）

國朝鄭重光撰。重光字在辛，歙縣人。明萬歷中方有執作傷寒論條辨，號為精審。後喻昌因之作尚論篇，張璐因之作傷寒纘論，程嘉倩因之作後條辨，互有發明，亦各有出入。然諸書出而方氏之舊本遂微。重光為有執之里人，因取條辨原本，刪其支詞，復旁參喻昌等三家之說，以己意附益之，名曰續註。卷首仍題執中之名，明不忘所本之意也。

醫津筏一卷（通行本）

國朝江之蘭撰。之蘭字含徵，歙縣人。是書凡十四篇。每篇以內經數語為主，而分條疏論於其後。

四聖心源十卷（編修周永年家藏本）

國朝黃元御撰。四聖者，黃帝、岐伯、秦越人、張機也。元御於素問、靈樞、難經、傷寒論、金匱玉函經五書，已各為之解，復融貫其旨，以為此書。其文極為博辨，而詞勝於意者多。

四聖懸樞四卷（編修周永年家藏本）

國朝黃元御撰。是書謂寒疫、溫疫、痘病、疹病皆由於歲氣，世皆以小兒之痘為胎毒，非也。若能因其將發而急表散之，則痘可以不出。其說為宋以來所未有。夫痘病之發，每一時而遍及遠近，且輕則大概皆輕，重則大概皆重，則謂之歲氣，亦非無理。然究由胎毒伏於內，歲氣感於外，相觸而發。必謂不係胎毒，何以小兒同感歲氣，而未出痘者乃病痘，已出痘者不病痘乎？是又未可舉一廢百也。

素靈微蘊四卷（編修周永年家藏本）

國朝黃元御撰。其書以胎化、藏象、經脈、營衛、藏候、五色、五聲、問法、診法、醫方為十篇，又病解十六篇，多附以醫案。其說詆訶歷代名醫，無所不至，以錢乙為悖謬，以李杲為昏蒙，以劉完素、朱震亨為罪孽，深重擢髮難數，可謂之善罵矣。

玉楸藥解四卷（編修周永年家藏本）

國朝黃元御撰。玉楸者，元御別號也。是書謂諸家本草，其議論有可用者，有不可用者，乃別擇而為此書。大抵高自位置，欲駕千古而上之，故於舊說多故立異同，以矜獨解。

脈因證治八卷（浙江巡撫採進本）

不著撰人名氏。其書按四時氣候，詳列諸病，先脈，次因，次證，次治，頗有條理。而分屬處未免牽強。如霍亂、泄瀉屬夏三月，傷寒屬冬三月，已為拘滯。至於以癲狂、驚癇、痔漏、脫肛分屬冬夏，益為無說矣。春三月之證，分別眞陰、元陰、眞陽、元陽，其意主先後天立說，亦牽合不能了了。案元朱震亨有脈因證治一書，

國朝喻昌嘗惜其不行，說見所撰寓意草。是書卷首無序，後有嘉禾石氏一跋，稱岐黃家久奉為枕祕，因譌脫甚多，借得藏書家善本校錄，似即震亨之書。然所載各方如左歸丸、右歸丸之類，皆出自張介賓景岳全書，而亦以古方目之，知其斷非震亨所著矣。

附錄

水牛經三卷（永樂大典本）

舊本題唐造父撰。造父未詳何許人。原序有云：唐則天垂拱二年八月，收得水牛有病證，造父奏言水牛與黃牛形貌相同，治法不等，若依黃牛用藥，誤矣。造父別立醫書共四十五證，有方有論，並無差誤。但其詞俚陋，蓋方技家聞古有善御之造父，誤以為唐人而託之也。

安驥集三卷（永樂大典本）

不著撰人名氏。前有偽齊劉豫時刊書序曰：尚書兵部阜昌五年准內降付下，都省奏，朝散大夫、尚書戶部郎中馮長寧等劄子，成忠郎、皇城司準備差遣盧元賓進呈司牧安驥集方四冊，奉齊旨，可看詳開印施行。長寧等竊謂國家乘宋後，不得已而用兵，故遣官市馬於隴右，詔修馬政，始命有司看詳司牧安驥集方，開印以廣其傳云云。詳其序意，則舊有此書，偽齊刊之耳。凡病各有圖，藥方附末。其所載王良百一歌及伯樂畫烙圖、十二經絡圖、馬師皇五臟論、八邪論，大抵方技依託之言，然

其來則已久矣。

類方馬經六卷（兩江總督採進本）

不著撰人名氏。首有刑部員外郎姚江舒春序，稱太監錢公總掌御馬監，命本監中官之善於馬者，取馬經舊本，參以羣書，日加考訂，究脈絡鍼穴之源委，校經方藥石之君臣，極歌訣之周盡，方術之備，又增馬援所進銅馬表、銅馬相法及騰駒牧養法諸條。書成，命壽諸梓云云。考太學題名碑，成化己丑有進士舒春，武功衛人，則所謂太監錢公者，當即憲宗朝之錢能也。

司牧馬經痊驥通元論六卷（浙江范懋柱家天一閣藏本）

舊本題東原獸醫卞管勾集註，有三十九論、四十六說，於馬之病源治訣備明賅備。前有正德元年陝西苑馬寺卿太原車霆序。明史藝文志不著錄，惟高儒百川書志有之，卷帙與此本合，所謂卞管勾者，其名則不可考矣。

療馬集四卷附錄一卷（內府藏本）

明喩仁、喩傑同撰。仁、傑皆六安州馬醫。其書方論頗簡明，附錄一卷，則醫駝方也。

痊驥集二卷（永樂大典本）

不著撰人名氏。前載通元三十九論，病分五臟，治之各有方論，復附雜病諸方。今世療馬之劑，其源大略皆本此。

右醫家類九十四部，六百八十二卷，附錄六部，二十五卷，皆附存目。

欽定四庫全書總目卷一百五

欽定四庫全書總目卷一百六

子部十六

天文算法類一

三代上之制作，類非後世所及，惟天文算法則愈闡愈精。容成造術，顓頊立制，而測星紀閏，多述帝堯。在古初已修改漸密矣。洛下閎以後，利瑪竇以前，變化不一。泰西晚出，頗異前規，門戶搆爭，亦如講學。然分曹測驗，具有實徵，終不能指北為南，移昏作曉，故攻新法者至

國初而漸解焉。

聖祖仁皇帝御製數理精蘊諸書，妙契天元，精研化本，於中西兩法權衡歸一，垂範億年。海宇承流，遞相推衍，一時如梅文鼎等，測量撰述，亦具有成書，故言天者至於

本朝，更無疑義。今仰遵

聖訓，考校諸家，存古法以溯其源，秉新制以究其變。古來疎密，釐然具矣。若夫占驗禨祥，率多詭說，鄭當再火，裨竈先誣，舊史各自為類，今亦刪入之術數家。惟算術天文相為表裏，明史藝文志以算術入小學類，是古之算術，非今之算術也。今核其實，與天文類從焉。

周髀算經二卷、音義一卷（永樂大典本）

案隋書經籍志天文類首列周髀一卷，趙嬰註；又一卷，甄鸞重述。唐書藝文志李淳風釋周髀二卷，與趙嬰、甄鸞之註列之天文類，而歷算類中復列李淳風註周髀算經二卷，蓋一書重出也。是書內稱周髀長八尺，夏至之日，晷一尺六寸，蓋髀者股也。於周地立八尺之表以為股，其影為句，故曰周髀。其首章周公與商高問答，實句股之鼻祖，故

御製數理精蘊載在卷首而詳釋之，稱為成周六藝之遺文。榮方問於陳子以下，徐光啟謂為千古大愚。今詳考其文，惟論南北影差以地為平遠，復以平遠測天，誠為臆說。然與本文已絕不相類，疑後人傳說而誤入正文者，如夏小正之經傳參合，傳崧卿未訂以前，使人不能讀也。其本文之廣大精微者，皆足以存古法之意，開西法之源。如書內以璇璣一晝夜環繞北極一周而過一度，冬至夜半璇璣起北極下子位，春分夜半起北極左卯位，夏至夜半起北極上午位，秋分夜半起北極右酉位，是為璇璣四游所極，終古不變，以七衡六閒測日躔發斂，冬至日在外衡，夏至日在內衡，春秋分在中衡，當其衡為中氣，當其閒為節氣，亦終古不變。古蓋天之學，此其遺法。蓋渾天如毬，寫星象於外，人自天外觀天；蓋天如笠，寫星象於內，人自天內觀天。笠形半圓，有如張蓋，故稱蓋天。合地上地下兩半圓體，即天體之渾圓矣。其法失傳已久，故自漢以迄元、明，皆主渾天。明萬曆中歐邏巴人入中國，始別立新法，號為精密。然其言地圓，即周髀所謂地法覆槃，滂沱四隤而下也。其言南北里差，即周髀所謂北極左右，夏有不釋之冰，物有朝生暮穫，中衡左右，冬有不死之草，五穀一歲再熟，是為寒暑推移，隨南北不同之故，及所謂春分至秋分極下常有日光，秋分至春分極下常無日光，是為晝夜永短，隨南北不同之故也。其言東西里差，即周髀所

謂東方日中、西方夜半。西方日中、東方夜半。晝夜易處、如四時相反。是爲節氣合朔、加時早晚隨東西不同之故也。又李之藻以西法製渾蓋通憲、展晝短規使大於赤道規、一同周髀之展外衡使大於中衡。其新法歷書述第谷以前西法、三百六十五日四分日之一、每四歲之小餘成一日。亦卽周髀所謂三百六十五日者三、三百六十六日者一也。西法出於周髀、此皆顯證。特後來測驗增修、愈推愈密耳。明史歷志、謂堯時宅西居昧谷、疇人子弟散入遐方、因而傳爲西學者、固有由矣。此書刻本脫誤、多不可通。今據永樂大典內所載詳加校訂、補脫文一百四十七字、改譌舛者一百一十三字、刪其衍複者十八字。舊本相承、題云漢趙君卿註。其自序稱爽以暗蔽。註內屢稱爽或疑焉。爽未之前聞、蓋卽君卿之名。然則隋唐志之趙嬰、殆卽趙爽之譌歟。註引靈憲乾象、則其人在張衡劉洪後也。舊有李籍音義、別自爲卷。今仍其舊。書內凡爲圖者五、而失傳者三、譌舛者一。謹據正文及註爲之補訂。古者九數惟九章周髀二書流傳最古、譌誤亦特甚。然溯委窮源、得其端緒、固術數家之鴻寶也。

新儀象法要三卷、內府藏本

宋蘇頌撰。頌字子容、南安人、徙居丹徒。慶歷二年進士。官至右僕射兼中書門下侍郎、累爵趙郡公。事蹟具宋史本傳。是書爲重修渾儀而作。事在元祐閒。而尤袤遂初堂書目稱爲紹聖儀象法要。宋藝文志有儀象法要一卷、亦註云紹聖中編。蓋其書成於紹聖初也。案本傳稱、時別製渾儀、命頌提舉。頌既邃於律算、以吏部令史韓公廉有巧思、奏用之。授以古法、爲臺三層。上設渾儀、中設渾象、下設司辰、貫以一機、激水轉輪、不假人力。時至刻臨、則司辰出告星辰躔度所次。占候測驗、不差晷刻。晝夜晦明、皆可推見。前此未有也。葉夢得石林燕語亦謂、頌所修制之精、遠出前古。其學略授冬官正袁惟幾、今其法蘇氏子孫亦不傳云云。案書中有官局生袁惟幾之名、與燕語所記相合。其說可信、知宋時固甚重之矣。書首列進狀一首。上卷自渾儀至水趺共十七圖。中卷自渾象至冬至曉中星圖共十八圖。下卷自儀象臺至渾儀圭表共二十五圖。圖後各有說。蓋當時奉勅撰進者。其列璣衡制度候視法式甚爲詳悉。南宋以後、流傳甚稀。此本爲明錢曾所藏、後有乾道壬辰九月九日吳興施元之刻本於三衢坐嘯齋字兩行。蓋從宋槧影摹者。元之字德初、官至司諫、嘗註蘇詩行世。此書卷末天運輪等四圖、及各條所附一本云云、皆元之據別本補入、校核殊精。而曾所鈔尤極工緻。其撰讀書敏求記、載入是書、自稱圖樣界畫、不爽毫髮、凡數月而後成、楮墨精妙絕倫、不數宋本、良非誇語也。我朝儀器精密、夐絕千古。頌所構造、宜無足輕重。而一時講求制作之意、頗有足備參考者。且流傳祕冊、閱數百年而摹繪如新、是固宜爲寶貴矣。

六經天文編二卷、直隸總督採進本

宋王應麟撰。應麟有鄭氏周易註、已著錄。是編裒六經之言天文者、以易書詩所載爲上卷、周禮禮記春秋所載爲下卷。三代以上推步之書不傳、論者謂古法疎而今法密。如歲差里差之辨、皆聖人所未言。晉虞喜始知歲差、唐人作覆矩圖始知地有東西南北里差。然堯典豳風月令左傳國語所言星辰、前後已相差一次。是歲差之法、可卽是例推。周禮土圭之法、日南景短、日北景長、日東景夕、日西景朝。是里差之法、亦可卽是而見。六經所載、未始非推步之根。特古文簡約、不能如後世推演詳密耳。此編雖以天文爲名、而不專主於星象。凡陰陽五行風雨以及卦義、悉彙集之。採錄先儒經說爲多。義有未備、則旁涉史志以明之。亦推步家所當考證也。宋史藝文志作六卷、至正四明續志作二卷。今此書分上下二編、則二卷爲是。國朝吉水李振裕補刊玉海序、稱應麟著述逾三十種。已刻者、玉海附詞學指南。又有遺書十三種、自詩考至通鑑荅問共五十餘卷。版皆朽蝕、悉爲補刊之、是編亦與焉。此本前後無序跋、紙墨甚舊、蓋猶至元六年王厚孫所刊也。

原本革象新書五卷、永樂大典本

不著撰人名氏。宋濂作序、稱趙緣督先生所著。先生鄱陽人、隱遯自晦、不知其名若字。或曰名敬字子恭、或曰友欽。弗能詳也。王禕嘗刊定其書、序稱名友某字子公。其先於宋有屬籍。考宋史宗室世系表、漢王房十二世、以友字聯名。書中稱歲策加減法、自至元辛巳行之至今、其人當在郭守敬後、時代亦合。然語出傳聞、未能確定。都卬三餘贅筆稱嘗見一雜書云先生名友欽字敬夫饒之德興人其名敬字子恭及字子公者皆非亦不言其何所本惟其爲趙姓則灼然無疑也其書自王禕删潤之後世所行者皆禕本趙氏原本遂佚惟永樂大典所載與禕本參校互有異同知姚廣孝編纂之時所據猶爲舊帙禕序頗譏其蕪冗鄙陋然術數之家主於測算未可以文章工拙相繩又禕於天文星氣雖亦究心而儒者之兼通終不及專門之本業故二本所載亦互有短長並錄存之亦足以資參考其中如日至之景一條周髀謂夏至日值內衡冬至值外衡中國近內衡之下地平與內衡相際於寅戌外衡相際於辰申二至長短以是爲限其寒暑之氣則以近日遠日爲殊而此書謂日之長短由於日行之高低氣之寒暑由於積氣之多寡天周歲終一條天左旋其樞名赤極日右旋其樞名黃極經星亦右旋宗黃極以成歲差而此書謂天體不可知但以經星言之左旋則自東而西南北不移右旋則自西而東以出入而分南北截然殊致而此書謂如良駑二馬駑不及良一周遲則復遇一處日道歲差一條歲差由於經星右旋凡考冬至日躔某星幾度幾分爲一事至授時法所立加減謂之歲實消長與恆氣冬至定氣冬至又爲一事迥乎不同而此書合而一之又天地正中一條日中天則形小出地入地則形大乃蒙氣之故而此書謂天頂遠而四旁近又南北度必測北極出地東西度必測日食時刻別無他術而此書欲以北極定東西之偏正以東西景定南北之偏正地域遠近一條地球渾圓隨處皆有天頂而此書拘泥舊說謂陽城爲天頂之下又元史所記南北海晝夜刻數各有盈縮而此書謂南方晝夜長短不較多又時刻由赤道度而景移在地平故早晚景移遲近午景移疾愈南則遲者愈遲疾者愈疾而此書謂偏西則早遲而晚疾偏東則早疾而晚遲月體半明一條凡日月相望必近交道乃入闇虛遠於交道則地不得而掩之而此書謂隔地受光如吸鐵之石其論皆失之疏舛他如以月孛之孛爲彗孛之孛謂地上之天多於地下之天謂黃道歲歲不由舊路謂月駮爲山河影謂月食爲受日光多陽極反亢謂日月圓徑相倍謂闇虛非地影或拘泥舊法或自出新解於測驗亦多違失然其覃思推究頗亦發前人所未發於今法爲疏於古法則爲已密在元以前談天諸家猶爲實有心得者故於謬誤之處並以今法加案駁正而仍存其說以備一家之學焉

重修革象新書二卷（浙江范懋柱家天一閣藏本）

明王禕删定元趙氏本也禕有大事記續編已著錄是書併趙氏原本五卷爲二卷前有禕自序稱原書涉於蕪冗鄙陋反若昧其指意之所在因爲之纂次削其支離證其譌舛釐其次等挈其要領云云今以原書相校其所潤色者頗多刊除者亦復不少然於改定之處不加論辨使觀者莫能尋其增損之迹以究其得失之由又其中舛謬之處亦未能芟除淨盡特其字句之蕪累一經修飾斐然可觀抑亦善於點竄者矣平心而論原本詞雖稍沓而詳贍可考改本文雖頗略而簡徑易明各有所長未容偏廢故今仿新舊唐書之例並著於錄焉

七政推步七卷（浙江范懋柱家天一閣藏本）

明南京欽天監監副貝琳修輯即焦竑國史經籍志所載瑪沙伊赫（原作馬沙亦黑今改正）之回回歷也考明史歷志回回歷法乃西域默德訥（原作默狄納今改正）國王瑪哈穆特（原作馬哈麻今改正）所作元時入中國而未行洪武初得其書於元都十五年命翰林李翀吳伯宗同回回大師瑪沙伊赫等譯其書遂設回回歷科隸欽天監而貝琳自跋又稱洪武十八年遠夷歸化獻土盤法預推六曜干犯名曰經緯度時歷官元統去土盤譯爲漢算而書始行於中國與史所載頗不合案書中有西域歲前積年至洪武甲子歲積若干算之語甲子爲洪武十七年其時書已譯行則琳之說非也其書首釋用數次日躔次月離次五星求法并太陰出入時刻凌犯五星恆星度分求載日食月食算術餘皆立成表其法以隋開皇己未歲爲歷元不用閏月以白羊金牛等十二宮爲不動之月以一至十二大小月爲動月各有閏日所推交食之分寸晷刻雖亦時有出入而在西域術中視九執萬年二歷實爲精密梅文鼎勿菴歷算書記曰回回歷法刻於貝琳其布立成以太陰年而取距算以太陽年巧藏根數雖其子孫隸臺官者弗能知然回歷即西法之舊率泰西本回歷而加精耳亦公論也明一代皆與大統歷參用明史頗述其立法大略然此爲原書史稱詳

晰。惟其法本以土盤布算，用本國之書。明初譯漢之後，傳習頗寡，故無所校讐，譌脫尤甚。今以兩本互校，著之於錄，用存術家之一種，而補明史所未備焉。

聖壽萬年曆八卷附律曆融通四卷 浙江巡撫採進本

明朱載堉撰。載堉有樂書，已著錄。明史歷志曰：明之大統曆，實卽元之授時，承用二百七十餘年，未嘗改憲。成化以後，交食往往不驗，議改曆者紛紛。如俞正己、冷守中不知妄作者無論已，而華湘、周濂、李之藻、邢雲路之倫，頗有所見。鄭世子載堉撰律曆融通，進聖壽萬年曆，其說本之南京都御史何瑭，深得授時之意，而能匡所不逮。臺官泥於舊聞，當事憚於改作，並格不行云云，卽指此二書也。其書進於萬曆二十三年，疏稱授時、大統二曆，考古則氣差三日，推今則時差九刻。蓋因授時減分太峻，失之先天；大統不減，失之後天。因和會兩家，酌取中數，立爲新率，編撰成書。其步發斂、步朔閏、步晷漏、步交道、步五緯諸法，及歲餘、日躔、漏刻、日食、月食、五緯諸議，史皆詳採之。蓋於所言頗有取也。今觀其書，雖自行所見，斷斷而爭，不免有主持太過之處。其測驗亦未必過郭守敬等之精。然史載崇禎二年以日食不驗，切責監官，五官正戈豐年言郭守敬以至元十八年造曆，越十八年爲大德三年八月，已當食不食；六年六月又食而失推。是時守敬方知院事，亦付之無可如何，況斤斤守法者哉。今若循舊，向後不能無差，則當時司曆之人已自有公論，無怪載堉等之攻擊不已也。況其書引據詳明，博通今古，元元本本，實有足資考證者。又不得以後來實測之密，遂一切廢置矣。載堉數學，史稱本之何瑭。瑭其舅氏也，而載堉進疏乃稱本之許衡，蓋恐瑭在同時，不爲徵信，故託衡以重其書耳。

古今律曆考七十二卷 浙江巡撫採進本

明邢雲路撰。雲路字士登，安肅人。萬曆庚辰進士，官至陝西按察司副使。是書詳於曆而略於律。七十二卷中言律者不過六卷，亦罕所發明。惟辨黃鍾三寸九分之非，頗爲精當。而編在曆代日食之後，步氣朔之前，不知何意。曆法六十六卷，則自六經以下，迄於明代大統曆，一一考訂，其論周改正卽改月，大抵本於張以寧春王正月考。惟於書惟元祀十有二月則指爲建丑之月，謂商雖以丑爲正，而紀數之月仍以寅爲首，與春王正月考之說不同。然均之改正，而於周則云改月，於殷則云不改月，究不若張以寧說之爲允也。六十五卷中有駁授時曆八條、駁大統曆七條，其駁大統曆謂斗指析木日躔娵訾，非天星分野之次，乃月辰所臨之名。而大統曆乃以天星次舍加爲地盤月建，殊襲趙緣督之誤。又謂授時曆至元辛巳黃道躔度十二交宮界，郭守敬所測，至今三百餘年，冬至日躔已退五度，則宜新改日躔度數。而大統曆乃用其十二宮界，不合歲差。又謂大統曆承授時消長之法，以至中節相差九刻。蓋雲路工於推算，多創新術。大統爲當時見行之曆，故辨之尤力。又大統僅廢授時消長一術，其餘多所承襲，故因而幷及授時也。梅文鼎勿菴歷算書記曰：從黃俞邰借讀邢觀察古今律曆考，驚其卷帙之多，然細考之，則於古法殊略。所疏授時法意，亦多未得其旨。又曰：邢氏書但知有授時，而姑援經史以張其說，古曆之源流得失，未能明也。無論西術矣。是文鼎於雲路此書，蓋有未滿。然推步之學，大抵因已具之法而更推未盡之奧，前人智力之所窮，正後人心思之所起，故其術愈闡愈精。後來居上，雲路值曆學壞敝之時，獨能起而攻其誤，其識加人一等矣。創始難工，亦不必定以未密譏也。

乾坤體義二卷 兩江總督採進本

明利瑪竇撰。利瑪竇，西洋人，萬曆中航海至廣東，是爲西法入中國之始。利瑪竇兼通中西之文，故凡所著書，皆華字華語，不煩譯釋。是書上卷皆言天象，以人居寒煖爲五帶，與周髀七衡說略同；以七政恆星天爲九重，與楚辭天問同；以水火土氣爲四大元行，則與佛經同（佛經所稱地水風火，地卽土，風卽氣也）。至以日月地影三者定薄蝕，以七曜地體爲比例倍數，日月星出入有映蒙，則皆前人所未發。其多方罕譬，亦復委曲詳明。下卷皆言算術，以邊線面積平圜撱圜互相容較，亦足以補古方田少廣之所未及。雖篇帙無多，而其言皆驗諸實測，其法皆具得變通，可謂詞簡而義賅者。是以

御製數理精蘊多採其說而用之。當明季曆法乖舛之餘，鄭世子載堉、邢雲路諸人雖力爭其失，而所學不足以相勝。自徐光啓等改用新法，乃漸由疎入密，

至

本朝而益爲推闡、始盡精微。則是書固亦大輅之椎輪矣。

表度說一卷（兩江總督採進本）

明萬歷甲寅、西洋人熊三拔撰。三拔有泰西水法、已著錄。是書大旨言表度起自土圭、今更創爲捷法、可以隨意立表。凡欲明表景之義者、先須論日輪周行之理、及日輪大於地球比例。彼法別有全書。此復舉其要略、分爲五題。一謂日輪周天、上向天頂、下向地平、其轉於地面俱平行、故地體之景亦平行。一謂地球在天之中、若令地球不在天中、則在地之景必不能隨日周轉、且遲速不等矣。今春秋二分、日輪六時在地平上爲晝、六時在地平下爲夜、非在正中而何。一謂地小於日輪、從日輪視地球、止於一點、若令地非一點、則隨在地面不得見天體之半、必上半恆小、下半恆大、而爲半地之厚所礙矣。一謂地本圓體、故一日十二辰更疊互見、如正向日之處得午時、其正背日之處得子時、處其東三十度得未時、處其西三十度得巳時、若以地爲方體、則惟對日之下者其時正、處左處右者必長短不均矣。一謂表端爲地心、凡立表取景、必於兩平面之上求得兩種景、其一立表平面上、與地平成直角、其所得景直景也、如山岳樓臺樹木等景在地平者是也、其一橫表之景、倒景也、如向日有墻、於其平面橫立一表、於地不爲平行者是也。末言表式表度、并節氣時刻推算之法、繪畫日晷術、皆具有圖說、指證確實。夫立表取影以知時刻節氣、本歷法中之至易至明者。然非明於天地之運行、習於三角之算術、則不能得確準。是時地圓地小之說初入中土、驟聞而駭之者甚衆。故先舉其至易至明者、以示其可信焉。

簡平儀說一卷（兩江總督採進本）

明西洋人熊三拔撰。據卷首徐光啟序、蓋嘗參證於利瑪竇者也。大旨以視法取渾圓爲平圓、而以平圓測量渾圓之數也。凡名數十二則、用法十三則。其法用上下兩盤、天盤在下、所以取赤道經緯、故有兩極線、赤道線、節氣線、時刻線。地盤在上、所以取地平經緯、故有天頂、有地平、有高度線、有地平分度線。皆設人目自渾體外遠視、其正對大圓爲平圓、斜倚於內者爲撱圓、當圓心者爲直線、其與大圈平行之距等小圈、亦皆爲直線。地盤空其半圓、使可合視。二盤中挾樞紐、使可旋轉。用時依其地北極出地平高度安定二盤、則赤道地平兩經緯交錯分明、凡節氣時刻高度偏度皆可互取其數。天盤用方版、上設兩耳表以測日影。地盤中心繫墜線以視度分、立用之可以得太陽高弧度。既得太陽高弧、則本時諸數亦皆可取。蓋是儀寫渾於平、如取影於燭、雖云借象、而實數出焉。弧三角以量代算之法、實本於此。今復推於測量、法簡而用捷、亦可云數學之利器矣。

天問略一卷（兩江總督採進本）

明萬歷乙卯、西洋人陽瑪諾撰。是書於諸天重數、七政部位、太陽節氣、晝夜永短、交食本原、地形粗細、蒙氣映漾、曚影留光、皆設爲問荅、反覆以明其義。末載曚影刻分表、并詳解晦朔弦望交食淺深之故、亦皆具有圖說、指證詳明。與熊三拔所著表度說次第相承、淺深相繫、蓋互爲表裏之書。前有陽瑪諾自序、舍其本術而盛稱天主之功、且舉所謂第十二重不動之天爲諸聖之所居、天堂之所在、信奉天主者乃得升之、以歆動下愚。蓋欲借推測之有驗、以證天主堂之不誣、用意極爲詭譎。然其考驗天象、則實較古法爲善。今置其荒誕售欺之說、而但取其精密有據之術。削去原序、以免熒聽。其書中間涉妄謬者、刊除則文義或不相續、姑存其舊、而闢其邪說如右焉。

新法算書一百卷（編修陳昌齊家藏本）

明大學士徐光啟、太僕寺少卿李之藻、光祿寺卿李天經及西洋人龍華民、鄧玉函、羅雅谷、湯若望等所修西洋新歷也。明自成化以後、歷法愈謬、而臺官墨守舊聞、朝廷亦憚於改作、建議者俱格而不行。萬歷中、大西洋人龍華民、鄧玉函等先後至京、俱精究歷法。五官正周子愚請令參訂修改、禮部因舉光啟、之藻任其事、而庶務因循、未暇開局。至崇禎二年、推日食不驗、禮部乃始奏請開局修改、以光啟領之。時滿城布衣魏文魁著歷元、歷測二書、令其子獻諸朝。光啟作學歷小辨以斥其謬、文魁之說遂絀。於是光啟督成歷書數十卷、次第奏進。而光啟病卒、李天經代董其事、又續以所作歷書及儀器上進。其書凡十一部、曰法原、曰法數、曰法算、曰法器、曰會通、謂之基本五目。曰日躔、曰恆星、曰月離、曰日月交會、曰五緯星、曰五星交會、

謂之節次六目。書首爲修曆緣起，皆當時奏疏及考測辨論之事。書末曆法西傳新法表異二種，則湯若望入

本朝後所作，而附刻以行者。其中有解、有術、有圖、有考、有表、有論，皆鉤深索隱，密合天行，足以盡歐邏巴曆學之蘊。然其時牽制於廷臣之門戶，雖詔立兩局，累年測驗，明知新法之密，竟不能行。迨聖代龍興，乃因其成帙，用備疇人之掌。豈非天之所祐，有開必先，莫知其然而然者耶。越我聖祖仁皇帝天亶聰明，乾坤合契。御製數理精蘊、曆象考成諸編，益復推闡微茫，窮究正變。如月離二三均數分爲二表，交食改黃平象限用白平象限，方位以高弧定上下左右，又增借根方法解、對數法解，於點線面體部之末，皆是書所未能及者。八線表舊以半徑數爲十萬，各線數逐分列之，今改半徑數爲千萬，各線數逐十秒列之，用以步算，尤爲徑捷。至欽定曆象考成後編，日月以本天爲橢圓，交食以日月兩經斜距爲白道，以視行取視距，推步之密，垂範萬年，又非光啓等所能企及。然授時改憲之所自，其源流實本於是編，故具錄存之，庶論西法之權輿者，有考於斯焉。

測量法義一卷、測量異同一卷、句股義一卷（兩江總督採進本）

明徐光啓撰。首卷演利瑪竇所譯，以明句股測量之義。首造器，器即周髀所謂矩也。次論景，景有倒正，即周髀所謂仰矩、覆矩、臥矩也。次設問十五題，以明測望高深廣遠之法，即周髀所謂知高知遠知深也。次卷取古法九章句股測量與新法相較，證其異同，所以明古之測量法雖具，而義則隱也。然測量僅句股之一端，故於三卷則專言句股之義焉。序引周髀者，所以明立法之所自來，而西術之本於此者，亦隱然可見。其言李冶廣句股法爲測圓海鏡，已不知作者之意。又謂欲說其義而未遑，則是未解立天元一法，而謬爲是飾說也。古立天元一法，即西借根方法，是時西人之來亦有年矣，而於冶之書猶不得其解，可以斷借根方法必出於其後也。三卷之次第大略如此，而其意則皆以明幾何原本之用也。蓋古法鮮有言其義者，即有之，皆隨題講解。歐邏巴之學，其先有歐几里得者，按三角方圓，推明各數之理，作書十三卷，名曰幾何原本。（按後利瑪竇之師丁氏續爲二卷，共十五卷。）自是之後，凡學算者必先熟習其書。如釋某法之義，遇有與幾何原本相同者，第註曰見幾何原本某卷某節，不復更舉其言。惟幾何原本所不能及者，始解之。此西學之條約也。光啓既與利瑪竇譯得幾何原本前六卷，並欲用是書者依其條約，故作此以設例焉。其測量法義序云，法而系之義也，自歲丁未始也。曷待乎？於時幾何原本之六卷始卒業矣，至是而傳其義也。可以知其著書之意矣。

渾蓋通憲圖說二卷（兩江總督採進本）

明李之藻撰。之藻有頖宮禮樂疏，已著錄。是書出自西洋簡平儀法。蓋渾天與蓋天皆立圓，而簡平則繪渾天爲平圓，則渾天爲全形。人目自外還視蓋天爲半形。人目自內還視，而簡平止於一面，則以人目定於一處而直視之之所成也。其法設人目於南極或北極，以視黃道赤道及晝長晝短諸規，憑視線所經之點，歸界於一平圓之上。次依各地北極出地以視法取天頂及地平之周，仍歸界於前平圓之內。次依赤道經緯度以視法取七曜恆星，亦歸界於前平圓之內。其視法以赤道爲中圈，赤道以內愈近目則圈愈大而徑愈長，赤道以外愈遠目則圈愈小而徑愈短。之藻取晝短規爲最大圈，乃自南極視之，晝短規近目而圈大，其意以爲中華之地北極高，凡距北極百一十三度半以內者，皆在其大圈內也。卷首總論儀之形體，上卷以下規晝度分時刻及制用之法，後卷諸圖咸根柢於是。梅文鼎嘗作訂補一卷，其說曰：渾蓋之器，以蓋天之法代渾天之用，其製見於元史扎瑪魯鼎（原作扎馬魯丁，今改正）所用儀器中。竊疑爲周髀遺術，流入西方。然本書黃道分星之法尚闕其半，故此器甚少。蓋無從得其制也。茲爲完其所闕，正其所誤，可以依法成造云云。又有璇璣尺解一卷，皆足與此書相輔而行，以已見文鼎書中，茲不復贅焉。

圜容較義一卷（兩江總督採進本）

明李之藻撰。亦利瑪竇之所授也。前有萬曆甲寅之藻自序，稱凡厥有形，惟圜爲大，有形所受，惟圜至多。渾圜之體難名，而平面之形易析。試取同周一形，以相參考，等邊之形必鉅於不等邊形，多邊之形必鉅於少邊之形。最多邊者圜也，最等邊者亦圜也。析之則分秒不漏，是知多邊，聯之則圭角全無，是知等邊。不多邊等邊，則必不成圜。惟多邊

等邊故圜容最鉅昔從利公衍窮天體因論圜容拈出一義次為五界十八題借平面以推立圓設角形以徵渾體云云蓋形有全體視為一面從其一面例其全體故曰借平面以測立圓面必有界界為線為邊兩線相交必有角析圓形則各為角合角形則共成圓故曰設角以徵渾體其書雖明圓容之義而各面各體比例之義胥於是見且次第相生於周髀圓出於方方出於矩之義亦多足發明焉

歷體略三卷安徽巡撫採進本

明王英明撰英明字子晦開州人萬歷丙午舉人是編成於萬歷壬子上卷六篇曰天體地形曰二曜曰五緯曰辰次曰刻漏極度曰雜說中卷三篇曰極宮曰象位曰天漢下卷則續見歐邏巴書撮其體要曰天體地度曰度里之差曰緯曜曰經宿曰黃道宮界曰赤道緯躔曰氣候刻漏凡七篇又附論日月交食一篇然其上中二卷所講中法亦皆與西法相脗合蓋是時徐光啓新法算書雖尚未出而利瑪竇先至中國業有傳其說者故英明陰用之耳所論皆天文之梗概不及後來梅文鼎薛鳳祚諸人兼備測量推步之法然學天文者必先知象緯之文與運行之故而後能因其度數究其精微是書說雖淺近固初學從入之門徑也卷首冠以五圖據翁漢麐序英明原著書而不著圖此本乃順治丙戌英明之子憍官江南督糧道時以原本重刊屬漢麐所補憍跋稱位置編帙與前刻少異考書中步天歌第一章下有附註稱步天歌無善本茲從先生訂正庶鮮魚魯之譌云云核其文義亦漢麐之語則是書蓋經漢麐重訂非其原本矣

御定歷象考成四十二卷

康熙五十二年

聖祖仁皇帝御定律歷淵源之第一部也案推步之術古法無徵所可考者漢太初術以下至明大統術而已自利瑪竇入中國測驗漸密而辨爭亦遂日起終明之世朝議堅守門戶訖未嘗用也

國朝聲教覃敷極西諸國皆累譯而至其術愈推愈精又與崇禎新法算書圖表不合而作新法算書時歐羅巴人自祕其學立說復深隱不可解

聖祖仁皇帝乃

特命諸臣詳考法原定著此書分上下二編上編曰揆天察紀下編曰明時正度集中西之大同建天地而不悖精微廣大殊非管蠡之見所能測今據其可以仰窺者與新法算書互校如黃道斜交赤道而出其內外其相距之度即二至太陽距赤道之緯度新法算書用西人第谷所測定為二十三度三十一分三十秒今則累測夏至午正太陽高度得黃赤大距為二十三度二十九分三十秒較第谷所測減少二分蓋黃赤二道由遠而近其所以古多今少漸次移動之故非巧算所能及故當隨時密測以合天行者也又時差之根其故有二一因太陽之實行而時刻為之進退蓋以高卑為加減之限也一因赤道之升度而時刻為之消長蓋以分至為加減之限也新法算書合二者以立表名曰日差然高卑每年有行分則宮度引數必不能相同合立一表歲久必不可用今分為二表加減二次而於法為密矣又新法算書推算日食三差以黃平象限為本然三差並生於太陰而太陰之經緯度為白道經緯度當以白平象限為本太陰在此度即無東西差而南北差最大與高下差等若在此度以東則差而早宜有減差在此度以西則差而遲宜有加差其加減有時而與黃平象限同有時而與黃平象限異故定交角有反其加減之用也又歷來算術定月食初虧復圓方位東西南北主黃道之經緯言非謂地平經度之東西南北也惟月實行之度在初宮六宮望時又為子正則黃道經緯之東西南北與地平經度合否則黃道升降有邪正而加時距午有遠近兩經緯迥然各別所推之東西南北必不與地平之方位相符今實指其在月體之上下左右為衆目所共睹較舊法更為親切又新法算書言五星古圖以地為心新圖以日為心然第谷推步均數惟火星以日為心若以地為心立算其得數亦與之同知第谷乃虛立巧算之法而五星本天實皆以地為心蓋金水二星以日為心者乃其本輪非本天也土木火三星以日為心者乃次輪上星行距日之蹟亦非本天也至若弧三角之法新法算書所載圖說殊多厖雜而正弧又遺黃赤互求之法今以正弧約之為對邊對角及垂弧矢較三比例則周天經緯皆可互求而操之有要矣此皆訂正新法算書之大端其餘與新法算書相同者亦推衍精密無

差累黍。洵乎
大聖人之制作、萬世無出其範圍者矣。

御定儀象考成三十二卷、
乾隆九年奉
敕撰。乾隆十七年告成、
御製序文頒行。卷首上下爲
御製璣衡撫辰儀。卷第一之十三爲總紀恆星及恆星
黃道經緯度表。卷第十四之二十五爲恆星赤道
經緯度表。卷第二十六爲月五星相距恆星黃赤
道經緯度表。卷第二十七之三十爲天漢經緯度
表。案璣衡之製、馬融鄭元註尚書皆以爲渾儀是
其遺法。唐宋而後、日以加詳、然規環既多遮蔽隱
映之患、勢不能免。郭守敬析之爲簡仰二儀、人稱
其便。康熙十三年
聖祖仁皇帝命監臣南懷仁新製六儀、赤道黃道分爲二
器、皆不用地平圈、而地平象限紀限天體諸儀則
地平之經緯與黃赤之錯綜皆已畢具。又
命監臣紀利安製地平經緯儀、合地平象限二儀而爲一、
其用尤便。
皇上親莅靈臺、徧觀儀象。以渾天製最近古、而時度信
宜從今。改制新儀、
錫名曰璣衡撫辰。誠酌古準今、損益盡善。儀制凡三重。
其在外者卽古之六合儀、而不用地平圈。其正立
雙環爲子午圈、斜倚單環爲天常赤道圈。其南北
二極皆設圓軸。軸本貫於子午雙環、中空而軸內
向、以貫內二重之環。又依京師北極高度而上五
十度五分爲天頂、於天頂拖垂線以代地平圈。故
不用地平圈也。其內卽古之三辰儀、而不用黃道
圈。其貫於二極之雙環爲赤極經圈。結於赤極經
圈之中要與天常赤道平運者、爲遊旋赤道圈。自經
圈之南極作兩象限弧以承之、測得三辰之赤道
經緯度、則黃道經緯可推。且黃赤距緯、古遠今近。
縱或日久有差、而儀器無庸改制。故不用黃道圈
也。又其在內卽古之四游儀、貫於二極之雙環爲
四游圈。定於游圈之兩極者爲直距。綰於直距之
中心者爲窺衡。游圈中要設直表以指經度、及時
窺衡右旁設直表以指緯度、此則古今所同也。又
星辰循黃道行、每七十年差一度。黃赤大距亦數
十年而差一分。靈臺儀象志中所列諸表、皆據曩
時分度。今則逐時加修、得歲差眞數。其三垣二十
八宿以及諸星、今昔多少不同者、並以乾隆九年
甲子爲元。驗諸實測、比舊增一千六百一十四星、
亦前古之所未聞。密考天行、隨時消息、所以示萬
年修改之道者、舉不越乎是編之範圍矣。

御定曆象考成後編十卷、
乾隆二年奉
敕撰。新法算書推步法數、皆仍西史第谷之舊。其圖表
之參差、解說之隱晦者、
聖祖仁皇帝曆象考成上下二編研精闡微、窮究理數、固
已極一時推步之精、示萬世修明之法矣。第測驗
漸久而漸精、算術亦愈變而愈巧。自康熙中西洋
噶西尼法蘭德等出、又新製墜子表以定時、千里
鏡以測遠、以發第谷未盡之義。大端有三。其一謂
太陽地半徑差舊定爲三分、今測止有十秒。蓋日
天半徑甚遠、測量所係、祇在秒微、又有蒙氣雜乎
其內、最爲難定。因思日月星之在天、惟恆星無地半
徑差。若以日星相較、可得其準。而日星不能兩見。
是測日不如測五星也。土木二星在日上、地半徑
差愈微。金水二星雖有時在日下、而其行繞日、逼
近日光、均爲難測。惟火星繞日而亦繞地、能與太
陽衝。故夜半時火星正當子午線、於南北兩處測
之、同與恆星相較。其距恆星若相等、則是無地半
徑差。若相距不等、卽爲有地半徑差。其不等之數
卽兩處地半徑差之較。且火星衝太陽時、其距地
較太陽爲近、則太陽地半徑差以比例算之、必更
小於火星地半徑差也。其一謂清蒙氣差、舊定地
平上爲三十四分、高四十五度、止有五秒。今測地
平上止三十二分、高四十五度、尚有五十九秒。其
說謂蒙氣繞乎地球之周、日月星照乎蒙氣之外。
人在地面、爲蒙氣所映、必能視之使高、而日月星
之光線入乎蒙氣之中、必反折之使下。故光線與
視線在蒙氣之內、則合而爲一。蒙氣之外、則岐而
爲二。所岐雖有不同、而相合則有定處。自地心過
所合處作線抵圜周、則此線卽爲蒙氣之割線。視
線與割線成一角、光線與割線亦成一角。二角相
減卽得蒙氣差角也。其一謂日月五星之本天、舊
說爲平圓。今以爲撱圓、兩端徑長、兩腰徑短。蓋太
陽之行有盈縮、由於本天有高卑。春分至秋分行
最高半周、故行縮而歷日多。秋分至春分行最卑
半周、故行盈而歷日少。其說一爲不同心天、一爲
本輪。而不同心天之兩心差卽本輪之半徑、故二

者名雖異而理則同也。第谷用本輪推盈縮差，惟中距與實測合，而最高最卑前後則差，因用均輪以消息之。然天行不能無差，刻白爾以來，屢加精測，又以均輪所推高卑前後漸有微差，乃設本天爲橢圓，均分橢圓面積爲逐日平行之度，則高卑之理既與舊說無異，而高卑前後盈縮之行乃俱與實測相符也。據此三者，則第谷舊法經緯俱有微差。雍正六年六月朔日食，以新法較之，纖微密合。是以
世宗憲皇帝特允監臣戴進賢之請，命修日躔月離二表，續於歷象考成之後。然有表無說，亦無推算之法。吏部尚書顧琮恐久而失傳，奏請增修表解圖說，
仰請
睿裁，垂諸永久。凡新法與舊不同之處，始抉剔底蘊，闡發無餘，而其理仍與
聖祖仁皇帝御製上下二編若合符節，益足見
聖聖相承，先後同揆矣。

曉菴新法六卷（山東巡撫採進本）

國朝王錫闡撰。錫闡字寅旭，號餘不，又號曉菴，又號天同一生，吳江人。是書前一卷述句股割圜諸法，後五卷皆推步七政交食凌犯之術。觀其自序，蓋成於明之末年，故以崇禎元年戊辰爲歷元，以南京應天府爲里差之元。其分周天爲三百八十四，更以分弧爲逐限，以加減爲從消，擲立新名，雖頗涉臆撰，然其時徐光啓等纂修新法，聚訟盈庭，錫闡獨閉戶著書，潛心測算，務求精符天象，不屑屑於門戶之分。鈕琇觚賸稱其精究推步，兼通中西之學，遇天色晴霽，輒登屋臥鴟吻閒，仰察星象，竟夕不寐。蓋亦覃思測驗之士。梅文鼎勿菴歷書記曰：從來言交食只有食甚分數，未及其邊。惟王寅旭則以日月圓體分爲三百六十度，而論其食甚時所虧之邊凡幾何度。今爲推演其法，頗爲精確。又稱近代歷學以吳江爲最，識解在青州之上云云。（案青州謂薛鳳祚。鳳祚益都人，益都爲青州屬邑故也。）其推挹錫闡甚至。迨康熙中，
御製數理精蘊亦多採錫闡之說，蓋其書雖疏密互見，而其合者不可廢也。書中於法有未備者，每稱別見補遺，然此本止於六卷，實無所謂補遺者，意其有佚篇歟。

中星譜一卷（浙江巡撫採進本）

國朝胡亶撰。亶號勵齋，仁和人。王晫今世說稱其博綜羣書，尤精天官家言，日月薄蝕，星辰躔度，推測毫髮無遺，在長安與監中西洋專家反覆辨論，羣皆嘆服。所著有中星譜、周天現界圖、步天歌行世。今所見者惟是編。所訂經星凡四十有五，乃於二十八舍之外，益以大角、貫索、天市帝座、織女、河鼓、天津、北落師門、土司空、天囷、五車、參左肩、參右足、天狼、南北河、軒轅大星、太微帝座等十七星，用以較午中遲早，綴諸時刻。首京師，附浙江，其餘以類而推。所論晝夜永短，寒暑循環，地殊勢異，與所引經傳記載，考定歲差，釐分昏旦，皆簡明詳切。與今儀象考成中星更錄頗相表裏。觀其自序，撰自康熙八年，是此書在
欽定算書以前，前明徐光啓新法算書以後，存其度數以校證盈縮於恆星歲差之數，亦不爲無所裨矣。

天經或問前集四卷（福建巡撫採進本）

國朝游藝撰。藝字子六，建寧人。是書凡前後二集，此其前集也。凡天地之象，日月星之行，薄蝕朓朒之故，與風雲雷電雨露霜霧虹霓之屬，皆設爲問答，一一推闡其所以然，頗爲明晳。至於占驗之術，則悉屏不言，尤爲深識。昔班固作漢書律歷志，言治歷當兼擇專門之裔、明經之儒、精算之士，正以儒者明於古義，欲使互相參考，究已往以知未來，非欲其說太極論陰陽也。邵子歷理歷數之說，亦謂知其當然與知其所以然耳。儒者誤會其旨，遂以爲歷數之外別有歷理。孫承澤春明夢餘錄因以元授時歷全歸於許衡之明理。所載崇禎十四年禮部議改歷法一疏，不能決兩家之是非，因推原歷本，掃除測算，尤屬迂詞。（案疏稱堯舜之歷以釐工熙績爲欽天，成周之歷以無逸豳風爲月令，非如保章挈壺斤斤於時刻分秒之末而已。凡歷數始於河圖五十有五，以十乘之爲五百五十，以五乘之爲二百七十有五，自洪武元年戊申距今壬午，蓋二百七十有五年矣，實爲河圖中候。宜修明禮樂，先德後刑，勸民農桑，敦崇仁厚，其斯爲治歷之本務乎。）夫天下無理外之數，亦無數外之理。授時歷密於前代，正以多方實測，立法步算得之。使但坐談造化，即七政可齊，則有宋諸儒言天鑿鑿，何以三百年中歷十八變而不定，必待郭守敬輩乎。藝作此書，亦全明歷理，雖步算尚多未諳，然反覆究闡，具有實徵，存是一編，可以知即數即理，本無二致，非空言天道者所可及也。

天步眞原一卷（浙江汪啓淑家藏本）

國朝薛鳳祚所譯西洋穆尼閣法也。鳳祚有聖學心傳、已著錄。順治中、穆尼閣寄寓江寧、喜與人談算術、而不招人入耶蘇會。在彼教中號爲篤實君子。鳳祚初從魏文魁游、主持舊法。後見穆尼閣、始改從西學、盡傳其術。因譯其所說爲此書。其法專推日月交食、中間繪弧三角圖三。一則有北極出地、有日距赤道、有時刻而求高弧。一則有日距天頂、有正午黃道、有黃道與子午圈相交之角、而求黃道高弧交角。一則有黃道高弧交角、有高下差而求東西南北二差。末繪日食食分一圖。鳳祚譯是書時、新法初行。又中西文字輾轉相通、故詞旨未能盡暢。梅文鼎嘗訂證其書、稱其法與崇禎新法歷書有同有異。其似異而同者、布算之圖、對數之表、與歷書迥別、然得數無二。惟黃道春分二差則根數大異、非測候無以斷其是非。然其書在未修數理精蘊之前、錄而存之、猶可以見步天之術由疎入密之漸也。

天學會通一卷浙江汪啓淑家藏本

國朝薛鳳祚撰。是書本穆尼閣天步眞原而作、所言皆推算交食之法。按推算交食凡有兩例。一用積月積日以取應用諸行度數、由平三角弧三角等法逐次比例、而得食分時刻方位者。一用立成表、按年月日時度數逐次檢取角度加減、而得食分時刻方位者。鳳祚此書蓋用表算之例、殊爲簡捷精密。梅文鼎訂註是書、亦稱其以西法六十分通爲百分、從授時之法、實爲便用。惟仍以對數立算、不如直用乘除爲正法。惜所訂註之處、未獲與之相質云。

歷算全書六十卷浙江汪啓淑家藏本

國朝梅文鼎撰。文鼎字定九、宣城人。篤志嗜古、尤精歷算之學。康熙四十一年、大學士李光地嘗以其歷學疑問進呈。會

聖祖仁皇帝南巡、於德州

召見、

御書積學參徵四字賜之。以年老遣歸。嗣

詔修樂律歷算書、下江南總督徵其孫瑴成入侍。及律呂正義書成、復驛致

命校勘。後年九十餘、終於家。

特命織造曹頫爲經紀其喪。至今傳爲稽古之至榮。所著歷算諸書、李光地嘗刻其七種。餘多晚年纂述、或已訂成帙、或略具草稾。魏荔彤求得其本、以屬無錫楊作枚校正。作枚遂附以己說、並爲補所未備而刊行之。凡二十九種、名之曰歷算全書。然序次錯雜、未得要領。謹重加編次、以言歷者居前、而以言算者列於後。首曰歷學疑問、論歷學古今疎密、及中西二法與回回歷之異同、卽嘗蒙

聖祖仁皇帝親加點定者、謹以冠之簡編。次曰歷學疑問補、亦雜論歷法綱領。次曰歷學問荅、乃與一時公卿大夫以歷法往來問荅之詞。次曰弧三角舉要、乃用渾象表弧三角之形式。次曰環中黍尺、乃弧三角以量代算之法。次曰歲周地度合考、乃考高卑歲實及西國年月地度弧角里差。次曰平立定三差說、推七政嬴縮之故。次曰冬至考、用統天大明授時三法考春秋以來冬至。次曰諸方日軌、乃以北極高二十度至四十二度各地日軌、各按時節爲立成表。次曰五星紀要、總論五星行度。次曰火星本法、專論火星遲疾。次曰七政細草、載推步日月五星法及恆星交宮過度之術。次曰揆日候星紀要、列直隸江南河南陝西四省表景、並三垣列宿經緯、定爲立成表。次曰二銘補註、乃所解仰儀銘及簡儀銘。次曰歷學駢枝、乃所註大統歷法。次曰交會管見、乃以交食方位向稱南北東西者改爲上下左右。次曰交食蒙求、乃推算法數。次曰古算衍略。次曰籌算。次曰筆算。次曰度算釋例、俱爲步算之根源。次曰方程論。次曰句股闡微。次曰三角法舉要。次曰解割圜之根。次曰方圓冪積。次曰幾何補編。次曰少廣拾遺。次曰塹堵測量、皆以推闡算法、或衍九章之未備、或著今法之面形、或論中西形體之變化、或釋弧矢句股八線之比例。蓋歷算之術、至是而大備矣。我

國家修明律數、探賾索隱、集千古之大成。文鼎以草野書生、乃能覃思切究、洞悉源流。其所論著、皆足以通中西之旨、而折今古之中。自郭守敬以來、罕見其比。其受

聖天子特達之知、固非偶然矣。

大統歷志八卷附錄一卷兩淮鹽政採進本

國朝梅文鼎撰。初、元郭守敬作授時歷、其法較古爲密。明初所頒大統歷、卽用其舊法。歲久漸差、知歷者恆有異議。至崇禎閒、徐光啓推衍西法、分局測驗、疎舛益明。欽天監正戈豐年無以復爭、乃諉其過於守敬。孫承澤作春明夢餘錄、又力辨守敬爲

歷中之聖。惜不能盡用其法。聚訟迄無定論。康熙丙午、開局纂修明史、史官以文鼎精於算數、就詢明歷得失之源流。文鼎因取大統舊法、詳為推衍註釋、輯為此編、以持其平。分原書為法原、立成、推步三部。法原之目七、曰句股測量、曰弧矢割圓、曰黃赤道差、曰黃赤道內外、曰白道交周、曰日月五星平立定三差、曰里差漏刻。立成之目四、曰太陽盈縮、曰太陰遲疾、曰晝夜刻分、曰五星盈縮。推步之目六、曰氣朔、曰日躔、曰月離、曰中星、曰交食、曰五星。法原所以取數、立成所以紀數、推步所以紀法、皆剖析分明、具有條理。蓋文鼎於象緯運行、實能究極其所以然、與疇人子弟沿世業而守成法者所見固不同也。歷算之家、測未來者當以新法、推已往者則當各求以本法。知其所以疎而後可以得其密、知其所以舛而後可以得其真、知其所以漸差而後可以窮其至變。則是書雖明郭氏之法、亦測天者前事之師矣。其書舊不分卷、今以所立十七目、一目定為一卷、以便循覽焉。

勿菴歷算書記一卷 浙江吳玉墀家藏本

國朝梅文鼎撰。文鼎歷算諸書、僅刊行二十九種。此乃合其已刊未刊之書、各疏其論撰之意。凡推步測驗之書六十二種、算術之書二十六種。雖亦目錄解題之類、而諸家之源流得失、一一標其指要、使本末釐然、實數家之總匯也。如古今歷法通考一條、曰不讀耶律文正之庚午元歷、不知授時之五星。不讀統天歷、不知授時之歲實消長。不考王朴之欽天歷、不知斜升正降之理。不考宣明歷、不知氣刻時三差。非一行之大衍歷、不知歲自為歲、天自為天。非李淳風之麟德歷、不能用定朔。非何承天、祖沖之、劉焯諸歷、無以知歲差。非張子信、無以知交道表裏、日行盈縮。非姜岌、不知以月蝕檢日躔。非劉洪之乾象歷、不知月行遲疾。然非洛下閎、謝姓等肇啓其端、雖有善悟之人、亦無自而生其智。又曰西法約有九家。一為唐九執歷。二為元扎瑪魯鼎原作扎馬魯丁、今改正。萬年歷。三為明瑪沙伊赫原作馬沙亦黑、今改正。回回歷。四為陳壤袁黃所述歷法新書。五為唐順之周述學所撰歷宗通議、歷宗中經。皆舊西法也。六曰利瑪竇天學初函、湯若望崇禎歷書、南懷仁儀象志、永年歷。七曰穆尼閣天步真原、薛鳳祚天學會通。八曰王錫闡曉菴新法。九曰揭暄寫天新語、方中通揭方問荅。皆新西法也。非深讀其書、亦不能知其故。又周髀補註一條曰、觀其所言里差之法、是即西人之說所自出也。回回歷補註一條曰、回回歷即西法之舊率、泰西本回歷而加精。是皆於中西諸法融會貫通、一一得其要領、絕無爭競門戶之見。故雖有論無法、仍錄之天文算術類中、為諸法之綱領焉。

中西經星同異考一卷 安徽巡撫採進本

國朝梅文鼏撰。文鼏字爾表、宣城人。與其兄文鼎皆精研歷算之學、互相商榷、多所發明。此其所訂中西恆星名數也。星經之最古者、莫如巫咸、甘、石三家、而其學失傳。雖殘編尚存、已不能知其端緒。惟隋丹元子步天歌所列星象、特為簡括。故自宋以來、天官家多據為準繩。迨明季歷法不驗、而歐邏巴之法始行。利瑪竇所撰經天該、其名亦與中國相同。而位座有無、數目多寡、與步天歌往往不合。文鼏因據南懷仁儀象志所載星名、依步天次序、臚列其目、而以有無多寡之故、分行詳註其下。其古歌西歌亦各載原文於後、以便檢核。南極諸星為古所未及者、則併據湯若望歷書及儀象志為考證、補歌附之於末。蓋七政之運行、必憑恆星為考驗。然在天成象、天本無言、隨人所標目為指名、即據人所指名為測驗。指名不一、則測驗多歧矣。文鼏此編、獨詳稽異同、參考互證、使名實不病於參差。是亦中西兩法互相貫通之要領也。

全史日至源流三十二卷 湖南巡撫採進本

國朝許伯政撰。伯政有易深、已著錄。此書遵
御製歷象考成前編之法、遍稽經史傳註所載至朔氣閏、覈其合否、糾其謬誤。首三卷皆論步算之術。如謂天周宜用三百六十度、日法宜用九十六刻、宮次非恆星一定之居、歲實奇零積久始覺損益、不宜槩為四分日之一。其論皆為確當。惟所論歲實、期以二百一十六年遞減二十秒、及日在高卑二日平行實行適等、揆以歷理、未免滯礙。至後三十卷中、排纂長歷、分代紀年、上起軒皇、下迄明季、四千年之中、絲牽繩貫、使星躔節候、一一按譜而稽、亦可為後來考測之資焉。

算學八卷續一卷 安徽巡撫採進本

國朝江永撰。永有周禮疑義舉要、已著錄。是編因梅文鼎歷算全書為之發明訂正、而一準
欽定歷象考成、折衷其異同。一卷曰歷學補論、皆因文鼎

之說而推闡所未言。二卷曰歲實消長。文鼎論歲實消長以爲高衝近冬至而歲餘漸消、過冬至而復漸長。永則以爲歲實本無消長、消長之故在高衝之行與小輪之改、兩歲節氣相距、近高衝者歲實稍贏、近最高者稍朒。又小輪半徑、古大今小、則加減差亦異。三卷曰恆氣註歷。文鼎論冬至加減、謂當如西法用定氣、不用恆氣、而所作疑問補等書又謂當如舊法用恆氣註歷。永則以爲冬至既不用恆氣、則諸節亦皆當用定氣、不用恆氣。故此二卷皆條列文鼎之說、而以所見辨於下。四卷曰冬至權度。元史六歷冬至載晉獻公以來四十九事、文鼎因作春秋冬至考、刪去晉獻公一事、各以其本法推求其故。永則以爲算術雖明、而未有折衷、更因文鼎之法、考證歷法史志之誤。五卷曰七政衍。文鼎論七政小輪之動由本天之動、七政之動由小輪之動。永則以恭按
欽定歷象考成五星有三小輪、而月更有次均輪、且更有負圈、文鼎說雖精當、而各輪之左旋右旋與帶動自動不動之異、尙未能詳剖、因各爲圖說以明之。六曰金水發微。文鼎初仍舊法、以金水二星伏見輪同於歲輪、後因門人劉允恭悟得金水二星自有歲輪、而伏見輪乃其繞日圓象、因詳爲之說、後楊學山乃頗以爲疑。永謂文鼎說是、學山疑非、因爲圖說以明之。七曰中西合法擬草。明徐光啓酌定新法、凡正朔閏月之類、從中不從西、定氣整度之類、從西不從中。然因用定氣、遂以每月中氣時刻爲太陽過宮時刻、繫以中法十二宮之名、而西法十二宮之名又用之於表。永病其錯互、又整度一事、永亦病其言之未盡。故著此論以辨之、亦多推文鼎之說。八曰算賸。則推衍三角諸法、求其捷要。續歷學一卷、曰正弧三角疏義、以補算賸所未盡。故八卷各有小序、此卷獨無也。文鼎歷算、推爲絕技。此更因所已具、得所未詳、踵事而增、愈推愈密、其於測驗、亦可謂深有發明矣。

右天文算法類推步之屬三十一部、四百二十九卷、皆文淵閣著錄。

案言天三家、惟周髀有書。然周人不甚講推步、故動輒失閏、左傳所記可考也。漢以後雖測算漸精、又往往得諸神解。其法多見於史志、書亦罕傳。傳者惟宋元以下數家而已。故今所著錄、新法爲多。諸家算術爲天文而作者入此門。其專言數者、則別立爲算書一類。

欽定四庫全書總目卷一百六

欽定四庫全書總目卷一百七

子部十七

天文算法類二

九章算術九卷　永樂大典本

謹案九章算術、蓋周禮保氏之遺法、不知何人所傳。永樂大典引古今事通曰、王孝通言、周公制禮有九章之名。其理幽而微、其形祕而約。張蒼刪補殘闕、校其條目、頗與古術不同云云。今考書內有長安上林之名。上林苑在武帝時、蒼在漢初、何緣預載。知述是書者在西漢中葉後矣。舊本有註、題曰劉徽所作。考晉書稱魏景元四年劉徽註九章、然註中所云晉武庫銅斛、則徽入晉之後又有增損矣。又有註釋、題曰李淳風所作。考唐書稱淳風等奉詔註九章算術、爲算經十書之首、國子監置算學生三十人、習九章及海島算經、共限三歲、蓋即是時作也。北宋以來、其術罕傳。自沈括夢溪筆談以外、士大夫少留意者、遂幾於散佚。洎南宋慶元中、鮑澣之始得其本於楊忠輔家、因傳寫以入祕閣。然流傳不廣、至明又亡。故二三百年來、算術之家未有得睹其全者、惟分載於永樂大典者、依類裒輯、尙九篇具在。考鮑澣之後序、稱唐以來所傳舊圖、至宋已亡。又稱盈不足方程之篇咸闕淳風註文。今校其所言、一一悉合。知即慶元之舊本、蓋顯於唐、晦於宋、亡於明、而幸逢
聖代表章之盛、復完於今。其隱其見、若有數默存於其間、非偶然矣。謹排纂成編、併考訂譌異、各附案語於下方。其註中指狀表目、如朱實青實黃實之類、

皆就圖中所列而言。圖既不存、則其註猝不易曉。今推尋註意、爲之補圖、以成完帙。算數莫古於九數、九數莫古於是書。雖新法屢更、愈推愈密、而窮源探本、要百變不離其宗。錄而傳之、固古今算學之弁冕矣。

孫子算經三卷、永樂大典本

案隋書經籍志有孫子算經二卷、不著其名、亦不著其時代。唐書藝文志稱李淳風註甄鸞孫子算經三卷。於孫子上冠以甄鸞、蓋如淳風之註周髀算經、因鸞所註更加辨論也。隋書論審度引孫子算術、蠶所生吐絲爲忽、十忽爲秒、十秒爲毫、十毫爲氂、十氂爲分。本書乃作十忽爲一絲、十絲爲一毫。又論嘉量引孫子算術、六粟爲圭、十圭爲秒、十秒爲撮、十撮爲勺、十勺爲合。本書乃作十圭爲一撮、十撮爲一秒、十秒爲一勺。考之夏侯陽算經引田曹倉曹亦如本書、而隋書中所引與史傳往往多合。蓋古書傳本不一、校訂之儒各有據證、無妨參差互見也。唐之選舉算學孫子五曹共限一歲習業、於後來諸算術中特爲近古。第不知孫子何許人。朱彝尊曝書亭集五曹算經跋云、相傳其法出於孫武、然孫子別有算經、考古者存其說可爾。又有孫子算經跋云、首言度量所起、合乎兵法地生度、度生量、量生數之文。次言乘除之法、設爲之數。十三篇中所云廓地分利、委積遠輸、貴賤兵役、分數比之九章方田粟米差分商功均輸盈不足之目、往往相符。而要在得算多、多算勝。以是知此編非僞託也云云。合二跋觀之、彝尊之意蓋以爲確出於孫武。今考書內設問有云、長安洛陽相去九百里。又云、佛書二十九章、章六十三字。則後漢明帝以後人語、孫武春秋末人、安有是語乎。舊本久佚。今從永樂大典所載裒集編次、仍爲三卷。其甄李二家之註則不可復考。是則姚廣孝等割裂刊削之過矣。

術數記遺一卷、兩江總督採進本

舊題漢徐岳撰、北周甄鸞註。岳、東萊人。晉書律歷志所稱吳中書令闞澤受劉洪乾象法於東萊徐岳者是也。隋書經籍志具列岳及甄鸞所撰九章算經七曜術算等目、而獨無此書之名。至唐藝文志始著於錄。書中稱於泰山見劉會稽、博識多文、徧於數術。余因受業時問曰、數有窮乎。會稽曰、吾曾游天目山中、見有隱者云云。大抵言其傳授之神祕。然案後漢志註引袁山松書曰、劉洪、泰山蒙陰人。延熹中以校尉應太史徵、拜郎中。後爲會稽東部都尉。徵還未至、領丹陽太守。卒官。是洪官會稽後未嘗家居、不得言於泰山見之。且洪在會稽乃官都尉、其爲太守實在丹陽。而註以爲官會稽太守、錯互殊甚。又舊本皆題漢徐岳撰。據晉書所載、岳魏黃初中與太史丞韓翊論難日月食五事、則岳已仕於魏、不得繫之於漢矣。考古尤爲疎謬。至天門金虎等語、乃道家詭誕之說、尤爲隱僻不經。註所言算式數位、按之正文、多不相蒙。唐代選舉之制、算學九章五曹之外、兼習此書。此必當時購求古算、好事者因託爲之、而嫁名於岳耳。然流傳既久、學者或以古本爲疑。故仍錄存之、而詳斥其僞、以祛後人之惑焉。

海島算經一卷、永樂大典本

晉劉徽撰、唐李淳風等奉詔註。據劉徽序九章算術有云、徽尋九數有重差之名、凡望極高、測絕深、而兼知其遠者、必用重差。輒造重差、并爲註解、以究古人之意、綴於句股之下。度高者重表、測深者累矩、孤離者三望、離而又旁求者四望。據此則徽之書本名重差、初無海島之目、亦但附於句股之下、不別爲書。故隋志九章算術增爲十卷、下云劉徽撰。蓋以九章九卷合此而十也。而隋志唐志又皆有劉徽九章重差圖一卷。蓋其書亦另本單行、故別著於錄。一書兩出。至唐志兼列劉向九章重差一卷、則徽之重差既自爲卷、因遂譌劉徽爲劉向、而一書三出耳。今詳爲考證、定爲劉徽之書。至海島之名雖古無所見、不過後人因卷首以海島之表設問而改斯名。然唐選舉志稱算學生九章海島共限習三年、試九章三條、海島一條、則改題海島自唐初已然矣。其書世無傳本、惟散見永樂大典中、今裒而輯之、仍爲一卷。篇帙無多、而古法具在、固宜與九章算術同爲表章、以見算數家源流之所自焉。

五曹算經五卷、永樂大典本

案隋書經籍志有九章六曹算經一卷、而無五曹之目。其六曹篇題亦不傳。唐書藝文志始有甄鸞五曹算經五卷、韓延五曹算經五卷、李淳風註五曹孫子等算經二十卷、魯靖新集五曹時要術三卷。甄韓二家皆註是書者也。其作者則不知爲誰。

考漢書梅福傳、福上書言、臣聞齊桓之時、有以九九見者。顏師古註云、九九算術、若今九章五曹之輩。蓋算學雖多、不出乘除二者。而乘除不出自一至九、因而九之之數。故舉九九為言、而師古即以其時所有九章五曹等書實之。非梅福時有是書也。朱彝尊曝書亭集有五曹算經跋云、相傳其法出於孫武。然彝尊第曰相傳、無所引證、益不足據。觀唐書選舉志稱孫子五曹共限一歲、既曰共限、則五曹不出孫子明矣。姑斷以甄鸞之註、則其書確在北齊前耳。自元明以來、久無刻本。藏書家傳寫譌舛、殆不可通。今散見永樂大典內者、甄鸞與延李淳風之註雖亦散佚、而經文則逐條完善。謹參互考校、俾還舊觀。遂為絕無僅有之善本。考夏侯陽算經引田曹倉曹者二、引金曹者一、而此書皆無其文。然此書首尾完具、脈絡通貫、不似有所亡佚。疑隋志之九章六曹、其目亦同陽所引田曹倉曹金曹等名、乃別為一書、而非此書之文。故不敢據以補入、以滋其疑焉。

夏侯陽算經三卷 永樂大典本

案隋經籍志有夏侯陽算經二卷、唐藝文志列夏侯陽算經一卷、而直齋書錄解題載元豐京監本乃云三卷。蓋傳寫互有分合、故卷帙各異。然皆不言陽為何代人。考唐志載是書為甄鸞註、則當在甄鸞之前。而此本載陽自序有云、五曹孫子述作滋多、甄鸞劉徽為之詳釋。書內又稱宋元嘉二年徐受重鑄銅斛、至梁大同元年甄鸞校之、則又似在甄鸞後。其辨度量衡云、在京諸司及諸州各給稱尺、并五尺度斗升合等樣、皆銅為之。倉庫令諸量函所在官造、大者五斛、中者三斛、小者一斛。以鐵為緣、勘平印書、然後給用。又課租庸調章稱賦役令、論步數不等章稱雜令、由令之屬、亦皆據隋制言之、尤不可解。疑傳其學者又有所竄亂附益、不盡陽之舊義矣。唐書選舉志所列算經十種、此居其一。蓋當時本懸之令甲、肄習考課。今傳本久佚、惟永樂大典內有之。然諸條割裂、分附九章算術各類之下、幾於治絲而棼、猝不得其端緒。幸尚載原序原目、猶可以尋繹編次、條貫其文。今裒輯排比、仍依元豐監本釐為三卷。其十有二門、亦從原目。其法務切實用、雖九章古法、非官曹民事所必需、亦略而不載。於諸算經中最為簡要。且於古今制度異同、尤足考證云。

五經算術二卷 永樂大典本

北周甄鸞撰、唐李淳風註。鸞精於步算、仕北周為司隸校尉漢中郡守。嘗釋周髀等算經、不聞其有是書。而隋書經籍志有五經算術一卷、五經算術錄遺一卷、皆不著撰人姓名。唐藝文志則有李淳風註五經算術二卷、亦不言其書為誰所撰。今考是書、舉尚書孝經詩易論語三禮春秋之待算方明者列之、而推算之術悉加甄鸞案三字於上、則是書當即鸞所撰。又考淳風當貞觀初奉詔與算學博士梁述助教王真儒等刊定算經、立於學官。唐選舉志暨百官志並列五經算為算經十書之一、與周髀共限一年習肄、及試士各舉一條為問。此書註端悉有臣淳風等謹案字。然則唐時算科之五經算即是書矣。是書世無傳本、惟散見於永樂大典中。雖割裂失次、尚屬完書。據淳風註於尚書推定閏條自言其解釋之例、則知造端於此。又如論語千乘之國、周官蓋弓宇曲並用開方之術、詳於前而略於後。循其義例、以各經之敘推之、其舊第尚可以考見。謹依唐藝文志所載之數、釐為上下二卷。其中採摭經史、多唐以前舊本。如引司馬彪志序論十二律各統一月、當月者各自為宮。今本後漢志統譌作終、月譌作日。草木之聲。今志譌作草木。陽下生陰、陰下生陽、始於黃鍾、終於仲呂。今志脫始於黃鍾四字。律為寸、於準為尺、律為分、於準為寸、下文承準寸言不盈者十之所得為分。今志脫律為分於準為寸二句。禮記義疏引志脫誤亦然。又兩引上生不得過黃鍾之濁、下生不得及黃鍾之清、申之曰、是則上生不得過九寸、下生不得減四寸五分、與蔡邕月令章句謂黃鍾少宮管長四寸五分合。且足證中央土律中黃鍾之宮乃黃鍾清律、不得溷同於仲冬月律中黃鍾為最長之濁律。呂氏春秋先製黃鍾之宮、次製十有二筩、亦黃鍾有清律之證。今志作上生不得過黃鍾之清濁、下生不得及黃鍾之數、實因清字譌衍在上、後人改竄其下。揆諸律法、遂不可通。蓋是書不特為算家所不廢、實足以發明經史、覈訂疑義、於考證之學尤為有功焉。

張邱建算經三卷 吏部侍郎王杰家藏本

原本不題撰人時代。唐志載張邱建算經一卷、甄鸞註、則當在甄鸞之前。書首邱建自序引及夏侯陽孫子之術，則當在夏侯陽之後也。隋志載此書作二卷，唐志一卷，甄鸞註外，別有李淳風註。張邱建算經三卷，鄭樵通志藝文略張邱建算經二卷，又三卷，李淳風註。宋藝文志中興書目亦俱作三卷，則析為三卷自淳風始。此本乃毛晉汲古閣影鈔宋槧，云得之太倉王氏。首題漢中郡守前司隸甄鸞註經，朝議大夫行太史令上輕車都尉李淳風等奉敕註釋，算學博士劉孝孫撰細草。蓋猶北宋時祕書監趙彥若等校定刊行之本。其中稱術曰者，乃鸞所註。草曰者，孝孫所增。其細字夾註稱臣淳風等謹案者，不過十數處，蓋有疑則釋，非節節為之註也。其書體例皆設為問荅，以參校而申明之。凡一百條，簡與古質，頗類九章，與近術不同。而條理精密，實能深究古人之意。故唐代頒之算學，以為顓業。今詳加校勘，其上卷起自乘除之數，至第十二問為句股測望，十三問為句股和較，十四問為重句股顛倒測望，十五問為臥句股左右進退測望。此四問皆藉圖以明，舊本所無，今特依義補入。自十六問以下皆取差分和較均輸參雜為目，閒附以方圓羃積。至中卷之第六問，乃入商功，後復及貴賤差分、倍半衰分、方田諸術。惟弧矢一問原本不完，未可以他術增補，姑仍其闕。下卷首問失題，又細草下亦脫二十餘字，以有後文可據，謹為補足。其鹿垣倉三條，亦各為之圖，系諸原問之左，俾學者得以考見其端委焉。

緝古算經一卷（吏部侍郎王杰家藏本）

唐王孝通撰。其結銜稱通直郎太史丞。其始末未詳。惟舊唐書律歷志戊寅歷條下有武德九年校歷人算歷博士臣王孝通題，蓋即其人也。是書一名緝古算術，唐書藝文志、崇文總目俱稱李淳風註。今案此本卷首實題孝通撰并註，則唐志及總目為誤。又宋志作一卷，唐志、鄭樵藝文略俱作四卷。王應麟玉海謂今亡其三。案孝通原表稱二十術，檢勘書內條目相同，並無闕佚，不知應麟何所據而云然也。書中大旨以九章商功篇有平地役功受袤之術，其於上寬下狹，前高後卑，闕而不論。世人多不達其理，因於平地之餘，續狹斜之法。凡推朔夜半時月之所離者一術，推仰觀臺及羨道高廣袤者一術，推築堤授工上下廣及高袤不同者一術，推築龍尾堤者一術，推穿河授工斜正袤上廣及深并滑上廣不同者一術，推四郡輸粟窖上下廣袤餘郡別出入及窖深廣者一術，推亭倉上下方高者一術，推芻甍圓囤者各一術，推方倉圓窖對待者五術，推句股邊積互求者六術，共合二十術之數。中閒每以人戶道里、大小遠近，及材物之輕重、工作之時日，乘除進退，參伍以得其法。頗不以深淺為次第，故讀者或不能驟通，而卒篇以後，由源竟委，緒足義洵，為思極毫芒，曲盡事理。唐代明算立學，習此書者以三年為限，亦知其術之精妙，非旦夕所克竟其義矣。其書世罕流播，此乃宋元豐七年祕書監趙彥若等校定刊行舊本，常熟毛扆得之章邱李氏，而影鈔傳之者。今詳加勘正，其文閒有脫闕，不敢妄補，謹撮取其義，別加圖說，附諸本文之左，以便觀覽云。

數學九章十八卷（永樂大典本）

宋秦九韶撰。九韶始末未詳。惟據原序自稱其籍曰魯郡。然序題淳祐七年，魯郡已久入於元。九韶蓋署其祖貫，未詳實為何許人也。是書分為九類：一曰大衍，以奇零求總數，為九類之綱。二曰天時，以步氣朔晷影及五星伏見。三曰田域，以推方圓羃積。四曰測望，以推高深廣遠。五曰賦役，以均租稅力役。六曰錢穀，以權輕重出入。七曰營建，以度土功。八曰軍旅，以定行陣。九曰市易，以治交易。雖以九章為名，而與古九章門目迥別。蓋古法設其術，九韶則別其用耳。宋代諸儒尚虛談而薄實用，數雖聖門六藝之一，亦鄙之不言。即有談數學者，亦不過推衍河洛之奇偶，於人事無關。故樂屢爭而不決，歷亦每變而愈舛。豈非算術不明，惟憑臆斷之故歟。數百年中，惟沈括究心是事，而自夢溪筆談以外，未有成書。九韶當宋末造，獨崛起而明絕學。其中如大衍類著卦發微，欲以新術改周易揲蓍之法，殊乖古義。古歷會稽題數既誤，且為設問以明大衍之理，初不計前後多少之歷過，尤非實據。天時類綴術推星，本非方程法，而術曰方程，復於草中多設一數以合方程行列，更為牽合。所載皆平氣平朔，凡晷影長短、五星遲疾，皆設數加減，不過得其大概，較今之定氣定朔，用三角形推算者，亦為未密。然自秦漢以來，成法相傳，未有言其立法之意者。惟此書大衍術中所載立天元一法，能舉立法之意而言之。其用雖僅一端，而以零數推總數，足以盡奇偶和較之變，至為精妙。苟得其意而用之凡諸法所不能得者皆隨所用而無不通後元郭守敬用之於弧矢李冶用之於句股方圓歐邏巴新法易其名曰借根方用之於九章八線其源實開自九韶亦可謂有功於算術者矣至於田域測望賦役錢穀營建軍旅市易七類皆擴充古法取事命題雖條目紛紜曲折往復不免瑕瑜互見而其精確者居多今即永樂大典所載於其誤者正之疎者辨之顛倒者次第之各加案語於下庶得失不掩俾算家有所稽考焉

測圓海鏡十二卷（編修李潢家藏本）

元李冶撰冶字鏡齋欒城人金末登進士入元官翰林學士事蹟具元史本傳其書以句股容圓爲題自圓心圓外縱橫取之得大小十五形皆無奇零次列識別雜記數百條以窮其理次設問一百七十則以盡其用探賾索隱參伍錯綜雖習其法者不能驟解而其草則多言立天元一按立天元一法見於宋秦九韶九章大衍數中厥後授時草及四元玉鑑等書皆屢見之而此書言之獨詳其闕乎數學者甚大然自元以來疇人皆株守立成習而不察至明遂無知其法者故唐順之與顧應祥書謂立天元一漫不省爲何語顧應祥演是書爲分類釋術其自序亦云立天元一無下手之術則是書雖存而其傳已泯矣明萬歷中利瑪竇與徐光啟李之藻等譯爲同文算指諸書於古九章皆有辨訂獨於立天元一法闕而不言徐光啟於句股義序中引此書又謂欲說其義而未遑是此書已爲利瑪竇所見而猶未得其解也迨我

國家醲化翔洽梯航鱗萃歐邏巴人始以借根方法

進

呈

聖祖仁皇帝授

蒙養齋諸臣習之梅㲄成乃悟即古立天元一法於赤水遺珍中詳解之且載西名阿爾熱巴拉（案原本作阿爾熱巴達謹據西洋借根法改正）即華言東來法知即冶之遺書流入西域又轉而還入中原也今用以勘驗西法一一脗合㲄成所說信而有徵特錄存之以爲算法之祕鑰且以見中法西法互相發明無容設畛域之見焉

測圓海鏡分類釋術十卷（浙江范懋柱家天一閣藏本）

明顧應祥撰應祥有人代紀要已著錄李冶測圓海鏡所設一百七十問中皆有草有法（案前數十題中甚易者或無草後皆有草）草用立天元一爲虛數命問數推之法專用問數推之皆歸於帶縱諸乘方而止應祥得冶書於唐順之於立天元一語互相推求不得其解遂去其細草專演算法改爲是書自謂便於下學殊不知立天元一之妙能使諸法不能求者可以得其法若無其草即冶已有不能得其法者而徒沾沾於加減開方之數可謂循枝葉而失本根者矣唐順之與應祥書云此書形下之數太詳而形上之義或略使觀之者尚不免其數可陳而義難知有與人以鴛鴦枕而不度人以金鍼之疑僕意欲明公於緊要處提掇一二作法源頭出來使後世爲數學者識其大者得其義識其小者得其數則此書尤更覺精采耳其不足於應祥者誠是第作法源頭即立天元一一語應祥既去之又將何以爲提掇乎然九章之中惟少廣諸乘方之數爲甚繁故立方帶縱之法古已不見有和數者冶所用有至三乘方四乘方及五乘方者且兼加減諸乘方廉隅不爲之詳其算式初學誠有難於取數者冶雖專爲發明立天元一術得應祥所演諸乘方之式亦可謂求立天元一法者之一助云

益古演段三卷（永樂大典本）

元李冶撰據至元壬午硯堅序稱冶測圓海鏡既已刻梓其親舊省掾李師徵復命其弟師珪請冶是編刊行是成在測圓海鏡之後矣其曰益古演段者蓋當時某氏算書（案冶序但稱近世有某是冶已不知作者名氏）以方圓周徑冪積和較相求定爲諸法名益古集冶以爲其蘊猶匿而未發因爲之移補條目釐定圖式演爲六十四題以闡發奧義故踵其原名其中有草有條段有圖有義草即古立天元一法條段即方田少廣等法圖即繪其加減開方之理義則隨圖解之蓋測圓海鏡以立天元一法爲根此書即設爲問荅爲初學明是法之意也所列諸法文皆淺顯蓋此法雖爲諸法之根然神明變化不可端倪學者驟欲通之茫無門徑之可入惟因方圓冪積以明之其理猶屬易見故冶於方圓相求各題皆以此法步之爲草俾學者得以易入自序稱今之爲算者未必有劉李之工而褊心跼見不肯曉然示人惟務隱互錯糅故爲溟涬黯黮惟恐學者得窺其彷彿云云可以見其著書之旨矣至其條段圖義觸類雜陳則又以必習於諸法而後可

以通此法。故取以互相發也。其書世無傳本。顧應祥唐順之等見測圓海鏡而不解立天元一法。遂謂祕其機以為奇。則明之中葉業已散佚。今檢永樂大典尚載有全編。特錄存之。俾復見於世。以為算家之圭臬。硯堅序稱三卷。今約略篇頁釐為三卷。其文則無所增損。惟傳寫譌謬者各以本法推之。咸為校正焉。

弧矢算術一卷（浙江范懋柱家天一閣藏本）

明顧應祥撰。弧矢之法始於元郭守敬授時歷草。其有弧背求矢。草立天元一為矢云云。反覆求之。至得三乘方積數及廉隅縱數而止。不載開方算式。大抵開諸乘方法尚為當時曆人所習。故不贅言。抑或別有專書。故不復演歟。其弧矢相求及弧容直闊諸法。皆以句股法御之。明唐順之謂為步日躔月離源頭。作弧矢論。以示顧應祥。應祥遂演為是書。名其編曰弧矢算術。應祥未明立天元一法。故置之不論。惟補其開帶縱三乘方之式。並詳各弧矢相求之法。與測圓海鏡分類釋術之作略同。其可資初學之講肄者。亦累相等也。

同文算指前編二卷通編八卷（兩江總督採進本）

明李之藻演西人利瑪竇所譯之書也。前編上下二卷。言筆算定位加減乘除之式。及約分通分之法。通編八卷。以西術論九章。卷一曰三率準測。即古異乘同除。曰變測。即古同乘異除。曰重測。即古同乘同除。卷二卷三曰合類差分。曰和較三率。曰洪衰互徵。即古差分。又謂之衰分。卷四曰疊借互徵。即古盈朒。卷五曰雜和較乘。即古方程。卷六曰測量三率。即古句股。曰開平方。曰奇零開平方。即古少廣。卷七曰積較和開平方。卷八曰帶縱諸變開平方。曰開立方。曰廣諸乘方。曰奇零諸乘方。皆即古少廣。案九章乃周禮之遺法。其用各殊。為後世言數者所不能易。西法惟開方（即古少廣）句股各有專術。餘皆以三率御之。若方田粟米差分商功均輸五章。本可以三率御之。至於盈朒以御隱雜互見。方程以御錯糅正負。則三率不可御矣。蓋中法西法固各有所長。莫能相掩也。是書欲以西法易九章。故較其長短。俱有增補。其論三率比例。視中土所傳方田粟米差分諸術實為詳悉。至盈朒方程二術則皆仍舊法。少廣略而未備。且法與數多出入之處。梅文鼎方程論曰。幾何原本言句股三角備矣。同文算指於盈朒方程取古人之法以傳之。非利氏之所傳也。又曰。諸書之謬誤皆沿之而不能察。其必非知之而不用能言之而不悉亦可見矣。誠確論也。然中土算書自元以來散失尤甚。未有能起而蒐輯之者。利氏獨不憚其煩。積日累月。取諸法而合訂是編。亦可以為算家考古之資矣。

幾何原本六卷（兩江總督採進本）

西洋人歐几里得撰。利瑪竇譯而徐光啟所筆受也。歐几里得未詳何時人。據利瑪竇序云中古聞士。其原書十三卷。五百餘題。瑪竇之師丁氏為之集解。又續補二卷於後。共為十五卷。今止六卷者。徐光啟自序云。譯受是書。此其最要者。遂刊之。其書每卷有界說。有公論。有設題。界說者先取所用名目解說之。公論者舉其不可疑之理。設題則據所欲言之理。次第設之。先其易者。次其難者。由淺而深。由簡而繁。推之至於無以復加而後已。是為一卷。每題有法。有解。有論。有系。法言題用。解述題意。論則發明其所以然之理。系則又有旁通者焉。卷一論三角形。卷二論線。卷三論圓。卷四論圓內外形。卷五卷六俱論比例。其於三角方圓邊線面積體積比例變化相生之義。無不曲折盡顯。纖微畢露。光啟序稱其窮方圓平直之情。盡規矩準繩之用。非虛語也。又案此書為歐邏巴算學專書。且瑪竇序云前作後述。不絕於世。至歐几里得而為是書。蓋亦集諸家之成。故自始至終。毫無疵纇。加以光啟反復推闡。其文句尤為明顯。以是弁冕西術。不為過矣。

御定數理精蘊五十三卷

康熙五十二年

聖祖仁皇帝御定律歷淵源之第二部也。上編五卷曰立綱明體。其別有五。曰數理本源。曰河圖。曰洛書。曰周髀經解。曰幾何原本。曰算法原本。下編四十卷曰分條致用。其別亦有五。曰首部。曰線部。曰面部。曰體部。曰末部。又表八卷。其別有四。曰八線表。曰對數闡微表。曰對數表。曰八線對數表。皆通貫中西之異同。而辨訂古今之長短。如舊傳方程分二色為一法。三色為一法。四色五色以上為一法。頭緒紛然。所立假如僅可施之本例。而不可移之他處。至於正負加減法。實併分母諸例。率皆謬誤。今則約之為和數較數和較兼用和較加變四例。而和較不分正負較數任以一色爲正即以相當之一色爲負皆以異名相併同名相減實足正舊法之譌誤又割圜術古以徑一圍三爲周徑之率宋祖沖之用圓容六邊起算元趙友欽用圓容四邊起算皆屢求句股得徑一者周三一四一五九六二五泰西法亦同其率古今周率之密無逾於此而舊所傳弧矢諸術周徑皆用古率又弧弦背互求諸術立法極爲疎舛今則以六宗三要二簡法求得一象限內弦矢割切正餘八線立爲一表洵極句股弧矢之變又幾何原本止於測面七卷以下徐光啟李之藻後無譯之者算法新書往往有雜引之處讀者未之能詳且理分中末線但有求作之法而莫知所用今則求得各等面體及求內容外切各等面體之積至十二等面及二十等面之體皆以理分中末線爲之比例足以補測量全義量體諸率之簡略至末部借根方法即古立天元一之術唐宋諸算家咸用之至明而失傳是以顧應祥唐順之於元李冶測圓海鏡一書所立天元一皆茫然不解今則具明其加減乘除之例而後根與平方以下諸乘方之多少者咸得其開法與古所云帶縱立方三乘方諸變同歸一揆且線面體一以貫之而本法所不能求者皆可以借根而得至爲精妙他若對數表以假數求真數比例規解以量代算皆西法之迥異於中法者咸爲疏通證明繪圖立表粲然畢備實爲從古未有之書雖專門名家未能窺高深於萬一也

幾何論約七卷內府藏本

國朝杜知耕撰知耕字臨甫號伯瞿柘城人是書取利瑪竇與徐光啟所譯幾何原本復加刪削故名論約光啟於幾何原本之首冠雜議數條有云此書有四不必不必疑不必揣不必試不必改有四不可得欲脫之不可得欲駁之不可得欲減之不可得欲前後更置之不可得知耕乃刊削其文似乎蹈光啟之所戒然讀古人書往往各有所會心當其獨契不必喻諸人人并不必印諸著書之人幾何原本十五卷光啟取其六卷歐几里得以絕世之藝傳其國遞授之祕法其果有九卷之冗贅待光啟去取乎各取其所欲取而已知耕之取所欲取不足異也梅文鼎算數造微而所著幾何摘要亦有所去取於其閒且稱知耕是書足以相證則是書之刪繁舉要必非漫然矣

數學鑰六卷內府藏本

國朝杜知耕撰其書列古方田粟米衰分少廣商功均輸盈朒方程句股九章仍取今線面體三部之法隸之載其圖解並摘其要語以爲之註與方中通所撰數度衍用今法以合九章者體例相同而每章設例必標其凡於章首每問答有所旁通者必附其術於條下所引證之文必著其所出蒐輯九詳梅文鼎勿菴歷算書記曰近代作者如李長茂之算海詳說亦有發明然不能具九章惟方位伯數度衍於九章之外蒐羅甚富杜端伯數學鑰圖註九章頗中肯綮可爲算家程式其說固不誣矣世有二本其一爲妄人竄亂殊失本真此本猶當日初刊今據以校正以復知耕之舊云

數度衍二十四卷附錄一卷兩江總督採進本

國朝方中通撰中通字位伯桐城人明檢討以智之子也以智博極羣書兼通算數中通承其家學著爲是書有數原律衍幾何約珠算筆算籌算尺算諸法復條列古九章名目引

御製數理精蘊推闡其義其幾何約本前明徐光啟譯本其珠算倣程大位算法統宗筆算籌算尺算採同文算指及新法算書惟數原律衍未明所自大抵裒輯諸家之長而增減潤色勒爲一編者也其尺算之術梅文鼎謂其三尺交加取數故祇能用平分一綫其比例規解之本法惜僅見其弟中履但稱中通得舊法於羨章而不知其法何如竟未獲與中通深論又稱見嘉興陳藎謨尺算用法一卷亦祇平分一綫豈中通所據之法與藎謨同出一源歟蓋不可考矣

句股引蒙五卷浙江巡撫採進本

國朝陳訏撰訏字言揚海寧人由貢生官淳安縣教諭是書成於康熙六十一年壬寅首載加減乘除之法雜引諸書如加法則從同文算指列位自左而右減法則從梅文鼎筆算列位自上而下易橫爲直乘法則用程大位算法統宗鋪地錦法畫格爲界除法則用梅文鼎籌算直書列位至定位則又用西人橫書之式蓋兼採諸法故例不畫一至開帶縱平方但列較數而不列和數開帶縱立方但列帶一縱而不列帶兩縱相同及帶兩縱不同皆爲未備所論句股諸法謂句股和自乘方與弦積相減所餘之積轉減弦積爲股弦較不知以句

股和自乘積與倍弦積相減、所餘爲句股較積、不得爲股弦較也。又謂句股相乘以句股較除之、亦得容方。不知既用句股容方本法、以句股和除句積股相乘矣、則用此一句股相乘之積、而句股和與句股較除之、皆得容方、無是理也。又謂句股相乘之積爲容方者四、斜弦內爲容方者兩、不知句股形內以弦爲界、止容一方、試以句三股四之容方積較之、尚不及句股積四分之一、而股愈長則容方愈小者、更無論矣。又謂句股弦之長恆兩倍於容圓之周。不知半圓積以半周除之而得半徑、句股相乘積以總和除之而得半徑、根既不同、不得牽混爲一也。如斯之類、亦多未協。其三角法則全錄梅文鼎平三角舉要、略加詮釋。所用八線小表、以餘線可以正弦正切正割三線加減得之、故不備列。其半徑止用十萬、亦測量全義所載泰西之舊表、無所發明。然算法精微、猝不易得其門徑。此書由淺入深、循途開示、於初學亦不爲無功。觀其名以引蒙、宗旨可見。錄存其說、亦足爲發軔之津梁也。原本不分卷數、今略以類從、以算法爲一卷、開方爲一卷、句股爲一卷、三角爲一卷、正餘弦切割表爲一卷。

句股矩測解原二卷（浙江汪啟淑家藏本）

國朝黃百家撰。百家有體獨私鈔、已著錄。是書言句股測望之法、詳繪矩度之形、與熊三拔矩度表說大概相同、而此書專明一義、其說尤詳。考句股測望、自古有之、其法或用方矩、或立矩表、或用重矩、引繩入表、以測高深廣遠、所不能至者、總以近者小者與遠者大者相準。世傳劉徽海島算經、即此法也。及本朝御製割圜八線表出、又儀器制作悉備、始有三角形測量。蓋測量用三角度、低昂甚便、視步算檢表、疏密而功省、雖其理與句股無殊、而徑捷簡易、則不可同日而論矣。然必儀與表兼備、而後其術可施、苟闕其一、即精於是術者無從措手、故句股之法亦不可廢也。是書雖僅具古法、亦足備測量之資焉。

少廣補遺一卷（兩江總督採進本）

國朝陳世仁撰。世仁、海寧人、康熙乙未進士。其書以一面尖堆及方底三角底六角底尖堆各半堆等題、分爲十二法、復有抽奇抽偶諸目。蓋堆垜之法也。案堆垜乃少廣中之一術、與尖錐體臺體相似、而實不同。蓋尖錐臺體外平而中實、堆垜爲衆體所積、而有嶒峭中多空隙、故二法和較煩簡頓殊。古少廣中僅具以邊數層數求積數法、亦未有解其故者、至以積求邊數層數之法、則未備焉。又其爲用甚少、故算家率略而不詳。世仁有見於此、專取堆垜諸形、反覆相求、各立一法、雖圖說未具、不能使學者窺其立法之意、而於少廣之遺法、引伸觸類、實於數學有裨、不可以其一隅而少之也。

莊氏算學八卷（福建巡撫採進本）

國朝莊亨陽撰。亨陽字元仲、南靖人。康熙戊戌進士。官至淮徐海道。是編乃其自部曹由董河防、於高深測量之宜、隨事推究、設問答以窮其變、因筆之於書。其後人取其殘稾、裒輯成帙。中閒大旨皆遵御製數理精蘊、而參以幾何原本、梅氏全書、分條採摘、各加剖析、頗稱明顯。末爲七政步法、亦本之新法算書、而節取其要。其於推步之法、條目較廣、縷列星羅、無不各有端緒。恭案御製數理精蘊綜貫三部、凡三十餘卷。幾何原本五卷。梅氏全書、卷帙亦爲浩博。學算者非出自專門、不能驟窺蹊徑。今亨陽撮舉精要、別加薈萃、簡而不漏、括而不支、可爲入門之津筏、雖未能大有所發明、而以爲初學者啟蒙之資、則殊有裨益矣。

九章錄要十二卷（浙江巡撫採進本）

國朝屠文漪撰。文漪字蒓洲、松江人。其書因古九章之術、參以今法、與杜知耕所著數學鑰體例相似、而互有詳略疎密。知耕詳於方田、文漪則詳於句股。知耕論少廣備及形體、文漪推少廣則研及廉隅之辨。知耕參以西法、每於設問之下附著其理、文漪則採錄梅文鼎諸書推闡以盡其用。大致皆綴集今古之法以成書、而取舍各異、合而觀之、亦可以互相發明也。是書有借徵一條、專明借衰疊徵之術、爲知耕之所未及。考其所載、雖未極精密、然於借數之巧、固已得其大端矣。

右天文算法類算書之屬、二十五部、二百十卷、皆文淵閣著錄。

案數爲六藝之一、百度之所取裁也。天下至精之藝、如律呂推步、皆由是以窮要眇。而測量之術、尤可取資。故天文無不根算書。算書雖不言天文者、其法亦通於天文。二者恆相出入、蓋流別而源同。今不入小學而次於天文之後，其事大從所重也。不與天文合爲一，其用廣，又不限於一也。

天文算法類存目

星經二卷（兩江總督採進本）

不著撰人名氏。晁公武讀書志載甘石星經一卷，註曰：漢甘公、石申撰。以日月五星、三垣、二十八舍恆星圖象次舍，有占訣以候休咎。隋書經籍志：石氏星簿經讚一卷，星經二卷，甘氏四七法一卷，是書卷數雖與隋志合，而多舉隋唐州名，必非秦漢閒書也。所載星象，今亦殘闕不全，不足以備考驗。

步天歌七卷（兩江總督採進本）

陳振孫書錄解題曰：步天歌一卷，未詳撰人。二十八舍歌也。三垣頌、五星凌犯賦附於後。或曰唐王希明撰，自號丹元子。鄭樵通志天文略則曰：隋有丹元子，隱者之流也，不知名氏，作步天歌。王希明纂漢晉志以釋之，唐書誤以爲王希明。案樵天文略全採此歌，故推之甚至。然丹元子爲隋人，不見他書，不知樵何所據。使果隋時所作，不應李淳風不知其人，隋書經籍志中竟不著錄。至唐書乃稱王希明也，疑以傳疑，闕所不知可矣。其書以紫微、太微、天市分上中下三垣宮，仍以四方之星分屬二十八舍，皆以七字爲句，條理詳明，歷代傳爲佳本。

本朝

御製及

欽定天文儀象諸書，咸採錄之，復有專刻官本，考度繪圖，測驗星躔，一一脗合。此本圖度未工，句多增減，所註占語亦未詳出自誰手，未爲善本。又唐志文獻通考並稱一卷，而此本乃有七卷，其爲後人所竄亂審矣。鄭樵亦稱世有數本，不勝其譌，此或即其一也。

青羅歷（無卷數，浙江范懋柱家天一閣藏本）

不著撰人名氏。考陳振孫直齋書錄解題云：青羅立成歷一卷，司天監朱鳳奏，據其稱貞元十年甲戌入歷，至今乾寧丁巳，則是唐末人。似即此書。然稽其年代，不甚相合，卷數亦多少互異，疑不能明也。其書列一年十二月爲定表，用節氣紀太陽太陰宿次，又以年經月緯縱橫立表，各定年數爲五星周而復始之期。案日月經天，有常度，亦有差分。故月有大小，閏有常期，若一概限以節氣，太陽倘連值十五日之節，尚可遷就，太陰用三十日爲定策，則必不能齊。至五星躔度，各有遲速，其周天之數贏縮不能畫一，拘以定數，亦類刻舟。又日月五星謂之七曜，曜者光曜之謂也。月孛、羅計、紫炁雖有躔次，實無其形，此書立十一曜之名，已爲未協。至論月孛一條，乃有披金甲及背上插箭之語，一若親睹其形者，大抵剿襲道家符籙等書，而不知其荒唐已甚也。

官歷刻漏圖一卷（永樂大典本）

宋王普撰。自序謂官歷漏刻以岳臺爲定，九服之地，冬夏至晝夜刻數，或與岳臺不同，則二十四氣前後易箭之日亦皆少差。又有蔡知方序，謂刻漏圖，邵陽刊本最詳備，建陽林氏復加鐫定，移小分於四刻之前，視昔尤爲精密。又有鈕蘭居士序，謂林君衍四刻餘分，均諸衆時之先後，作小漏款識，視王普爲尤備，則此書又林氏所重修，非普之舊也。然其法已略具宋史中，此雖稍詳，究無大異。普字伯照，里籍未詳，官左朝散大夫、行太常博士。林氏名字俱佚，其朝代亦無可考。

星象考一卷（編修程晉芳家藏本）

原本題宋鄒淮撰，後有魏了翁跋，稱淮以進士提領造歷所，演算歷書。其所撰載如此云云。考陳振孫書錄解題載天文考異二十五卷，昭武布衣鄒淮撰，大抵襲景祐新書之舊。淮後入太史局。今此書僅四頁，似從天文考異中錄出而別題此名。又書錄解題既稱淮爲昭武布衣，而了翁跋又稱爲進士，亦相牴牾，殆書賈所僞託也。

天文精義賦四卷（浙江范懋柱家天一閣藏本）

舊題管勾天文岳熙載撰，并集註，而不著其時代。案註中多引宋史天文志，當爲元末人。考元太史院有管勾二員，秩從九品，而歷志載郭守敬會南北日官考論歷法，有岳鉉之名，或即其家子孫也。其書皆論推測占驗之術，而以韻語儷之。首天體，次分野，次太陽太陰，次概舉七政，及於恆星，而以凌抵闘食之說附於其末，大都摭拾史傳，不能有所發明。錢曾讀書敏求記載熙載尚有天文占書類要註四卷，今未見。

天心復要三卷（浙江范懋柱家天一閣藏本）

明鮑泰撰。泰，徽州人。是書作於成化中，專言歷法，而於歲實朔策，漢已來所定小餘疎密，或增或損之故，茫然不解。徒主四分法，歲三百六十五日三時之整數，分二十四氣，每一氣得十五日二時五刻。參用奇門數五日滿甲子六十爲一候，三候爲一氣，不及氣策二時五刻，每歲有一候三時之差。奇門於是設立超神接氣置閏，適二十年而閏二十一候，乃名之爲一致。四致凡八十年，名之爲一序。三序凡二百四十年，名之爲一限。三限凡七百二十年，名之爲一合。十九合凡萬三千六百八十年，名之爲一會。又以術法十九年七閏月爲一章之整數，八十章凡千五百二十年，名之爲一乘。三乘凡四千五百六十年，名之爲一運。三運一萬三千六百年爲一會。此最疎之數，推步家自漢張衡已後，久棄不用。泰竊涉乎此，遂矜爲獨得之祕，紛紛創立名目，衍成是書。因附會邵子冬至子之半天心無改移二語，以爲書名。殊弇陋無足道也。

太陽太陰通軌無卷數。浙江鮑士恭家藏本

明戈永齡撰。永齡宛平人。正德中官欽天監保章正。是書取元代所輯大統歷七政交食通軌，循其法而重演之，原本不題卷數，僅分三冊，蓋其細草稾也。考明史載大統歷即元授時歷，當時測驗舛異已多。得其全書，猶不足用。此本篇帙殘闕，僅存推算數法，益不足據爲定準矣。

象緯彙編二卷浙江范懋柱家天一閣藏本

明韓萬鍾撰。萬鍾蘄州人。是書成於嘉靖壬辰。採丹元子步天歌，逐段分釋，並爲之圖，以馬氏通考所記彗孛客流陵犯之屬，分隸各星之下。合三垣二十八宿爲三十一條，而五緯附於其後。其自序謂便學者之考索，非有所作。大概與天元玉歷相同，蓋當時未覩官本，故又爲此裒輯耳。

戊申立春考證一卷兩江總督採進本

明邢雲路撰。雲路有古今律歷考，已著錄。萬歷三十六年戊申，欽天監推十二月二十一日己卯子正立春。雲路立表推之，謂當在二十日戊寅亥初。由元統大統歷輕改郭守敬授時法，測驗俱差，遂詳爲考證，以成此書。蓋其官蘭州時所作也。陶珽續說郛亦載此書，但題曰立春考證，刪其戊申二字，已爲舛謬。又因雲路字士登，遂誤以邢雲爲地名，刪此二字，但題曰路士登撰，益足資笑噱矣。

星歷釋義二卷浙江鮑士恭家藏本

明林祖述撰。祖述字道卿，鄞縣人。萬歷丙戌進士，官至廣西提學僉事。是編上卷爲七曜二十八宿十干十二支及年歲載祀朔弦望晦盈虛閏餘諸條，下卷爲二十四氣七十二候及歲時令節諸條。皆雜引經史及先儒論說以詮解之，故曰釋義。然多鈔撮舊文，於授時要旨殊無當也。

折衷歷法十三卷直隸總督採進本

明朱仲福撰。仲福靈壽人。初，元郭守敬作授時歷，明洪武中因其書作大統歷，而去其上考下求歲實消長之法。是以嘉靖中以大統授時二歷相較，考古則氣差三日，推今則時差九刻。何瑭、邢雲路、鄭世子載堉諸人紛紛攻詰，迄無定論。仲福是書成於萬歷二十二年，用萬歷九年爲歷元，折衷二歷強弱之間，以爲活法。然大抵勉強牽就，非能密合天行。且授時所定歲實，其小餘爲二千四百二十五分，已爲不密。以史所載考之，丁丑年冬至在戊戌日夜半後八刻半，又定戊寅冬至在癸卯日夜半後三十三刻，己卯冬至在戊申日夜半後五十七刻，庚辰冬至在癸丑日夜半後八十一刻，辛巳冬至在己未日夜半後六刻，夫一歲小餘二十四刻二十五分，積之四歲，正得九十七刻，無餘無欠。而丁丑至辛巳四年，已多半刻，其積算未精已概可見。仲福步日躔術，乃定日平行一度，躔周爲三百六十五度二十五分，仍是後漢時四分最疎之率。是名爲折衷授時大統二法，實較二法爲尤舛矣。

緯譚一卷福建巡撫採進本

明魏濬撰。濬有易義古象通，已著錄。此書首題曰拙存齋筆錄，而子目則曰緯譚。蓋其劄記之一種也。首論太一三式源委，次括元次太陽斗建陰陽南北，次干支納卦，次干支內藏，次五行十二變，次六合取義，皆引援質證，斷以己意。中極詆利瑪竇天論爲荒唐。末又附記萬歷天啟時推步之譌，凡十三事。然觀其以朔方交阯北極出地論中國據地之大小，則知度而不知里。又謂交阯二月初三日日未昏而新月乃在天心，與夫夜觀北極在子分者，則其國當居正中。實非深知歷法者也。

宣夜經無卷數江蘇巡撫採進本

明柯仲炯撰。仲炯始末未詳。是書前有崇禎元年自序，謂宣夜本諸帝堯，即羲和所授。其後失傳。因作此以復其舊。且歷詆丹元子李淳風僧

一行等之變更古法，其說絕無根據。又分中宮宣夜、南宮宣夜、東宮宣夜、北宮宣夜、西宮宣夜諸名，尤爲荒誕。至於每星之下，必引經文以釋之，若河鼓謂之牽牛，證以執牛耳，雞二星，證以春官雞人夜呼旦，亦類皆割裂經傳，以助其無稽之談也。

九閡史圖一卷附六匌曼一卷（浙江汪啟淑家藏本）

明趙宧光撰。宧光有說文長箋，已著錄。又著有圖誌譜考辨說六部，此書即六部之一也。其圖曰三儀，謂日月星也。曰須彌，謂四大州也。曰六合平，即以四州之地平鋪而觀之。曰六匌轉，即以四州之地從地球兩面觀之。曰北極出地，從句陳大星與北極五星之閒作識以爲北辰。曰合朔遠近，謂衡岳和林鐵勒北海諸處時刻不同也。曰春秋晝夜，謂日南日北早晚不一也。惟北極一圖與渾天儀合，餘皆摭拾陳編，參以浮屠之說。其六匌曼則泛論天地之廣，荒誕不經，益無可徵驗矣。

蓋載圖憲一卷（編修勵守謙家藏本）

明許胥臣撰。胥臣有禹貢廣覽，已著錄。是書以天圓爲蓋，地圓爲載，大意以天文藉圖不藉書。其所錄圖一十有七。曰全儀，乃子午地平黃赤道所由分也。曰日出日入遠近，乃南海北海應天順天嶽臺平陽之同異也。曰紫微垣見界諸星。曰黃赤道見界諸星。曰二十八宿占度。曰赤道北見界諸星。曰赤道南見界諸星。曰黃道北見界諸星。曰黃道南見界諸星。擬堯典四仲中星，附萬歷四仲中星。其餘則各案垣次爲圖，而以步天歌分綴於下。末繪地輿全圖，皆案度計宮。然其天圖皆出於湯若望，自有崇禎新法歷書，亦無庸復載。其地圖則龐分疆界，多失其實，亦無可採焉。

天官翼（無卷數，浙江巡撫採進本）

明董說撰。說有易發，已著錄。是編以章蔀紀元、元會運世立論，謂歷數出於卦爻，頗譏漢太初三統之失。所列恆星過宮、年干入卦二表，以星次遞相排比。至帝堯甲子，適值張心昴虛居四仲之中，與堯典中星相合，遂援以爲上遡下推之證。然天形轉運，積歲恆差，始自秒分，漸移度數，其遷流之故甚微。算家測驗星躔，隨時修改，尚往往有過疏過密之處，不能與天行相應。說作是書，不著步算嬴縮之法，但以長歷疊推，恐未免刻舟求劍也。

天經或問後集（無卷數，福建巡撫採進本）

國朝游藝撰。藝有天經或問前集，已著錄。是編復發明天象，以廣所未備，首述前人歷法及七政行度，末雜氣雜象神怪變幻出於常度之外者，一一辨正，衷之以理。雖其說閒有可採，而出於臆斷者頗多，未可據爲典要，不及其前集之謹嚴也。

璇璣遺述七卷（兩江總督採進本）

國朝揭暄撰。暄字子宣，江西廣昌人。是書一名寫天新語，言天地大氣、七曜運旋，兼採歐邏巴義，雜以理氣之說。康熙己巳，嘗以草稾寄梅文鼎。文鼎鈔其精語爲一卷，稱其深明西術，而又別有悟入。又稱其謂七政小輪皆出自然，亦如盤水之運旋，而周遭以行疾而生旋渦，遂成留逆，一條爲古今之所未發。今觀其全書，大抵與游藝天經或問相表裏。然藝書切實平正，詞意簡明；暄則持論新奇，頗傷龐雜。其考歷變、考潮汐、辨分野、辨天氣地氣所發育，方以智嘗謂其於易道有所發明。然如論日月東行如輴之滾丸，而月質不變；又謂天堅地虛，猶蛋白蛋黃之喻，徒得形似，而喻爲餅中有餅，其說殊自相矛盾。至五星有西行之時，日月有盈縮之度，雖設譬多方，似乎言之成理，而揆以實占，多屬矯強，均不足據爲典要也。

秦氏七政全書（無卷數，江蘇巡撫採進本）

國朝秦文淵撰。文淵爵里未詳。書凡八冊。第一冊論天行地體經緯交錯之大象，以及七政交食步算之大端，謂之經天要略。亦稍附句股開方重測諸法。二冊言歲差及各表用法，謂之七政諸表說。三冊以下全取成數，分條臚列，統謂之二百恆年表。考二百恆年表本前明徐光啟等所集，載在新法歷書中。文淵不過採掇其法，參以己意，遂據以爲推步之準。蓋其時歷法初變，測驗猶疏，故所見止於如是也。今御製歷象考成，凡新法歷書之詳而有據者，俱經引入；其數目驗諸實測有分秒之不合者，俱經定正。文淵此帙特西法之糟粕，揆以天行，多所違失，固無庸於採錄矣。

歷算叢書六十二卷（安徽巡撫採進本）

國朝梅瑴成重定其祖文鼎之書也。瑴成，宣城人。康熙乙未進士，官至左都御史。文鼎初作歷算書，各自爲部，後魏荔彤屬楊作枚校刊，作枚遂合之爲一，名曰歷算全書，並附以己說及辨論之語，自爲訂補。瑴成謂前書校讐編次不善，而名爲全書，亦非實錄，因重加編次，合爲六十卷，改題叢書，而附瑴成所作赤水遺珍、操縵卮言二卷於後。觀其義例，與全書辨證者凡五：一以歲周地度合考作爲雜著，一謂火星本法彙爲一卷，殊欠理會；一謂五星紀要原名管見，今仍其舊；一以籌算七卷原書單行，今併筆算彙入叢書；一謂歷算並稱，歷法事重，然不明算術則歷書無從而讀，故梅名仍以歷居算前，而序書則以歷居算後。其字句譌舛，亦細加校駁，又序中稱作枚編次不善，故其書不能流傳。此瑴成重刊是書之大略也。雖編次不同於文鼎書實無損益，且二刻已並行於世，均爲著錄，殊嫌重複，故仍錄其先刻者，而此本則附存其目焉。

萬青樓圖編十六卷（國子監助教張羲年家藏本）

國朝邵昂霄撰。昂霄字麗寰，餘姚人。拔貢生。乾隆元年薦舉博學鴻詞。其書專論天文算數之術，分十四目：曰天體，曰儀象，曰宮度，曰七曜，曰五緯，曰雲氣，曰煇氣，曰經星，曰歷案，曰歷理，曰歷數，曰測景，曰測時，曰定時。皆援引漢晉以來天官家言及歐邏巴之說，而各以己見附之。於推測之術，頗有所得。其量天景尺及漏碗諸法，悉用意自造，亦頗精密。惟禨祥占驗，雜引史志舊文，龐雜無要，是其所短也。

八線測表圖說一卷（兩江總督採進本）

國朝余熙撰。熙字晉齋，桐城人。是編欽遵

御製數理精蘊，由句股和較割圜八線六宗三要諸法，括爲圖說，以便初學之研究。大旨主於明淺易入，非別有新解也。

右天文算法類推步之屬，二十三部，一百二十七卷，（內六部無卷數）皆附存目。

算法統宗十七卷（內府藏本）

明程大位撰。大位字汝思，徽州人。珠算之名，始見甄鸞周髀註，則北齊已有之。然所說與今頗異。梅文鼎謂起於元末明初，不知宋人三珠戲語已有算盤珠之說，則是法盛行於宋矣。此書專爲珠算而作，其法皆適於民用，故世俗通行。惟拙於屬文，詞多支蔓，未免榛楛勿翦之譏。

句股述二卷（浙江吳玉墀家藏本）

國朝陳訏撰。訏有句股引蒙，已著錄。因其中和較之法未備，復述此以舉其概。前有黃宗羲序，頗稱道之。然和較一法，自李冶、顧應祥、唐順之、李之藻等相繼闡譯成書，至今殆無遺蘊。學者苟能遵守成法，觸類而引伸之，自可得其會通。若不遡本原，而徒以耳食師心，自矜創獲，則去之益遠。如是書較求股弦一條，附論謂句積中除較積，所餘必合股積之半，不知股積可容句積，句積必不能容股積，不當強合其半。又和求股弦一條，附論謂句弦和積必四倍於股積，不知句弦和積中有股積一，句積二，句乘弦積二，亦不能強之爲四。其意不過用句股弦之數參合而得，設遇句股修廣不齊，則不特於理難通，即於數亦斷不能脗合矣。

隱山鄙事四卷（浙江巡撫採進本）

國朝李子金撰。子金，柘城人。隱山其號也。與梅文鼎、游藝、揭暄、王寅旭輩互以算術相高。然核其所著，文鼎論醇而學博，藝理明而詞達，暄與寅旭雖各持所見，亦頗有新意。子金是編，惟採幾何原本及幾何要法二書，稍參已見，無大發明，不能與諸家抗衡也。

圜徑真旨（無卷數，安徽巡撫採進本）

國朝顧長發撰。長發字君源，江蘇人。是編因圜周圜徑古無定率，有高捷者剪紙爲積，補湊方圓，得窺梗概，而不得周數。長發因以爲徑一者周三一二五，謂之智術。又謂甄鸞、劉徽、祖沖之、邢雲路、湯若望諸人所定周徑，皆未密合。殊不知圜出於方，方出於矩，傳自周髀。古人徑一圍三之術固疎，至劉祖之輩所推已近密，而湯若望之周徑定率，乃用內弦外切屢求句股之法，漸近圜周，合成一線，與周髀所傳圓出於方之義暗合。所定徑一周三一四一五九六二五，自六以上，又皆與劉祖之密率合，是以

御製數理精蘊採用之。今長發以爲猶疎，未免強生異議，不足據也。

右天文算法類算書之屬，四部，二十三卷，（內一部無卷數）皆附存目。

欽定四庫全書總目卷一百七

欽定四庫全書總目卷一百八

子部十八

術數類一

術數之興多在秦漢以後要其旨不出乎陰陽五行生剋制化實皆易之支派傅以雜說耳物生有象象生有數乘除推闡務究造化之源者是爲數學星土雲物見於經典流傳妖妄寖失其眞然不可謂古無其說是爲占候自是以外末流猥雜不可殫名史志總概以五行今參驗古書旁稽近法析而別之者三曰相宅相墓曰占卜曰命書相書并而合之者一曰陰陽五行雜技術之有成書者亦別爲一類附焉中惟數學一家爲易外別傳不切事而猶近理其餘則皆百僞一眞遞相煽動必謂古無是說亦無是理固儒者之迂談必謂今之術士能得其傳亦世俗之惑志徒以冀福畏禍今古同情趨避之念一萌方技者流各乘其隙以中之故悠謬之談彌變彌夥耳然衆志所趨雖聖人有所弗能禁其可通者存其理其不可通者姑存其說可也

太元經十卷編修勵守謙家藏本

漢揚雄撰晉范望註漢書藝文志稱揚雄所序三十八篇太元十九其本傳則稱太元三方九州二十七部八十一家二百四十三表七百二十九贊分爲三卷曰一二三與太初歷相應又稱有首衝錯測摛瑩數文掜圖告十一篇皆以解剝元體離散其文章句尚不存焉與藝文志十九篇之說已相違異桓譚新論則稱太元經三篇傳十二篇合之乃十五篇較本傳又多一篇案阮孝緒稱太元經九卷雄自作章句隋志亦載雄太元經章句九卷疑漢志所云十九篇乃合其章句言之今章句已佚故篇數有異至桓譚新論則世無傳本惟諸書遞相援引或謂十一爲十二耳以今本核之其篇名篇數一一與本傳皆合固未嘗有脫佚也註其書者自漢以來惟宋衷陸續最著至晉范望乃因二家之註勒爲一編雄書本擬易而作以家準卦以首準彖以贊準爻以測準象以文準文言以摛瑩掜圖告準繫詞以數準說卦以衝準序卦以錯準雜卦全仿周易古本經傳各自爲篇望作註時析元首一篇分冠八十一家之前析元測一篇分繫七百二十九贊之下始變其舊至今仍之其書唐藝文志作十二卷文獻通考則作十卷均名曰太元經註此本十卷與通考合而卷端標題則稱晉范望字叔明解贊考元測第一條下有附註曰此是宋陸二家所註即非范望註也蓋范望採此註意自經解贊儒有近習罔知本末妄將此註升於測曰之上以雜范註混亂義訓今依范望正本移於測曰之下免誤學者已下七百二十九測註竝同云云考望自序亦稱因陸君爲本錄宋所長捐其所短幷首一卷本經之上散測一卷註文之中訓理其義以測爲據然則望所自註特其贊詞其他文則酌取二家之舊故獨以解贊爲文今概稱望註要其終而目之耳卷端列陸續述元一篇據陳振孫書錄解題爲范本所舊有又列王涯說元五篇又列釋文一卷則不知何人附入其太元圖旁范望序末及元首元測之首尾凡附記九條卷末又有一跋均不署名氏考序後附記稱近時林瑀與賈昌朝同時則此九條當出北宋人手又王涯說元之末附題一行云右迪功郎充兩浙東路提舉茶鹽司幹辦公事張實校勘則附記或出於實歟其釋文一卷亦不著名氏考鄭樵通志太元經釋文一卷亦林瑀撰疑實刊是書時并以涯之說瑀之釋文冠於編首也

太元本旨九卷江蘇巡撫採進本

明葉子奇撰子奇字世杰號靜齋龍泉人明初以薦官巴陵主簿揚雄以元擬易卷首所列舊圖具七十二候晁說之易元星紀譜亦以星候爲機括子奇獨謂太元附會律歷節候而強其合不無臆見舉所求而未通者八條以明未足盡易之旨而又稱其能自成一家之學在兩漢不可多得因別爲詮釋以正宋陸舊註之譌蓋亦如說易之家廢象數而言義理也考太元大意雖不盡涉乎飛伏互應與焦京之說有別然漢書雄本傳稱元首四重者非卦也數也其用自天元推一晝一夜陰陽數度律歷之紀九九大運與天終始與太初歷相應亦有顓頊之歷焉漢儒所述其說至明子奇必以爲不協律歷其說殊戾然元文艱澀子奇能循文闡發使讀者易明亦有一節之可取數百年來註是書者寥寥存以備一家可也

元包五卷附元包數總義二卷浙江汪啟淑家藏本

北周衛元嵩撰唐蘇源明傳李江註宋韋漢卿釋

音其總義二卷則張行成所補撰也楊楫嘗序其書云元嵩益州成都人明陰陽歷算獻策後周賜爵持節蜀郡公胡應麟四部正譌則云元嵩後周人所撰述有齊三教論七卷見鄭樵通志又隋志釋氏類稱蜀郡沙門衛元嵩上書言僧徒猥濫周武帝下詔一切廢毁即其人也楊楫本序頗與隋志合序稱元嵩有傳考北史無之楊氏誤也案應麟謂元嵩先爲沙門所考較楫爲詳然北史載元嵩藝術傳中應麟求之於專傳不見其名遂以爲北史不載則楫不誤而應麟反誤至崇文總目以爲唐人通志通考並因之則疎舛更甚矣唐釋道宣廣宏明集於元嵩深有詆詞蓋以澄汰僧徒故緇流積恨然溫大雅創業起居注載元嵩造謠讖裴寂等引之以勸進則亦妖妄之徒也是書體例近太元序次則用歸藏首坤而繼以乾兌艮離坎巽震卦凡七變合本卦其成八八六十四自繫以辭文多詰屈又好用僻字難以猝讀及究其傳註音釋乃別無奥義以艱深而文淺易不過效太元之顰宋紹興中臨邛張行成以蘇李二氏徒言其理未知其數復徧採易說以通其旨著爲總義元嵩書唐志作十卷今本五卷其或併或佚蓋不可考楊楫序稱大觀庚寅前進士張昇景初攜元包見遺曰自後周歴隋唐迄今五百餘載世莫得聞頃因楊公元素內翰傳祕閣本俾鏤版以傳然此書唐志崇文總目並著錄何以云五百餘年世莫得聞王世貞疑爲依託似非無見今術數家從無用以占卜者徒以流傳既久姑錄存之行成書玉海作二卷與今本合與元包本別著錄然考昇子張洸跋已稱以行成疏義與臨邛韋漢卿釋音合爲一編則二書之併其來已久毛晉刊版蓋有所本今亦仍之其釋音漏題漢卿名則晉之疎耳

潛虛一卷附潛虛發微論一卷 浙江巡撫採進本

宋司馬光撰光有溫公易說已著錄是編乃擬太元而作晁公武讀書志曰此書以五行爲本五行相乘爲二十五兩之爲五十首有氣體性名行變解七圖然其辭有闕者蓋未成也其手寫草稾一通今在子建姪房朱子跋張氏潛虛圖亦曰范仲彪炳文家多藏司馬文正公遺墨嘗示予潛虛別本則其所闕之文甚多問之云溫公晚著此書未竟而薨故所傳止此近見泉州所刻乃無一字之闕始復驚疑讀至數行乃釋然曰此贋本也其說與公武合此本首尾完具當即朱子所謂泉州本非光之舊又公武言氣體性名行變解七圖熊朋來則言潛虛有氣圖其次體圖其次性圖其次名圖其次行圖其次命圖其目凡六而張氏或言八圖者行圖中有變圖解圖也是命圖爲後人所補公武言五行相乘爲二十五兩之爲五十而今本實五十五行是其中五行亦後人所補不止增其文句已也吳師道禮部集有此書後序稱初得潛虛全本又得孫氏闕本續又得許氏闕本歸以參校用朱子法非其舊者悉以朱圈別之然其本今亦不傳林希逸嘗作潛虛精語一卷今尚載鬳齋十一稾中凡所存者皆闕本之語而續者不載尚可略見大概然於闕本中亦不全取究無以知某條爲贋本蓋世無原書久矣姑以源出於光而存之耳陳淳譏其所謂虛者不免於老氏之歸要其吉臧平否凶之占以氣之過不及爲斷亦不失乎聖賢之旨也張敦實論凡十篇據吳師道後序則元時已附刻於後今亦併存敦實婺源人官左朝奉郎監察御史其始末無考考太元經末有右迪功郎充浙江提舉鹽茶司幹辦公事張寔校勘字疑即一人或南宋避寧宗諱重刻太元經時剷去敦字歟是不可得而詳矣

皇極經世書十二卷 通行本

宋邵子撰據晁說之所作李之才傳邵子數學本於之才之才本於穆修修本於种放放本陳摶蓋其術本自道家而來當之才初見邵子於百泉即授以義理物理性命之學皇極經世蓋即所謂物理之學也其書以元經會以會經運以運經世起於堯帝甲辰至後周顯德六年己未凡興亡治亂之蹟皆以卦象推之厥後王湜作易學祝泌作皇極經世解起數訣張行成作皇極經世索隱各傳其學朱子語錄嘗謂自易以後無人做得一物如此整齊包括得盡又謂康節易看了都看別人的不得其推之甚至然語錄又謂易是卜筮之書皇極經世是推步之書經世以十二辟卦管十二會綳定時節卻就中推吉凶消長與易自不相干又謂康節自是易外別傳蔡季通之數學亦傳邵氏者也而其子沈作洪範皇極內篇則曰以數爲象則畸零而無用太元是也以象爲數則多耦而難通經世是也是朱子師弟於此書亦在然疑之閒

矣。明何瑭議其天以日月星辰變爲寒暑晝夜、地以水火土石變爲風雨露雷、涉於牽強。又議其乾不爲天而爲日、離不爲日而爲星、坤反爲水、坎反爲土、與伏羲之卦象大異。至近時黃宗炎、朱彝尊攻之尤力。夫以邵子之占驗如神、則此書似乎可信。而此書之取象配數、又往往實不可解。據王湜易學所言、則此書實不盡出於邵子。流傳既久、疑以傳疑可矣。至所云學以人事爲大。又云治生於亂、亂生於治、聖人貴未然之防、是謂易之大綱。則粹然儒者之言、非術數家所能及。斯所以得列於周程張朱閒歟。

皇極經世索隱二卷 永樂大典本

宋張行成撰。行成字文饒、一作子饒、臨邛人。始末不甚可考。其進所著易說七種表、稱自成都府路提轄司幹辦公事句祠而歸。玉海稱乾道二年六月以行成進易可採、除直徽猷閣。汪應辰玉山集有論鄧深按知潼川府張行成狀、殆由直閣出守歟。此編卽所進七書之一。朱彝尊經義考註云未見。今見永樂大典中者、別載序文總要及機要二圖、而所解觀物諸篇乃散綴於邵伯溫解各段之下。蓋割裂分附、殊失其舊。今摘錄敘次、以還其原第、遂復爲完書。邵子數學源出陳摶、於羲文周孔之易理截然異途。故嘗以其術授程子、而程子不受。朱子亦稱爲易外別傳、非專門研究其說者不能得其端緒。儒者或引其書以解易、或引易以解其書、適以相淆、不足以相發明也。行成於邵子之學用力頗深、以伯溫之解於象數未詳、復爲推衍其意義、故曰索隱。宋史藝文志作一卷。考行成進書原表自稱二卷、宋史顯爲字誤。今以原表爲據、釐爲二卷云。

皇極經世觀物外篇衍義九卷 永樂大典本

宋張行成撰。是書專明皇極經世外篇之義、亦所進七易之一也。皇極經世內篇前四卷推元會運世之序、後四卷辨聲音律呂之微。外篇則比物引類、以發揮其蘊奧。行成以內篇理深而數略、外篇數詳而理顯、學先天者當自外篇始。因補闕正譌、使其文以類相從、而推繹其旨、以成是編。上三篇皆言數、中三篇皆言象、下三篇皆言理、皆行成以意更定、非復舊第。然自明以來刻本、率以外篇居前、題爲內篇、未免舛互失序。賴行成此本、尚可正俗刻之譌。且原書由雜纂而成、本無義例。行成區分排比、使端緒易尋、亦頗有條理。雖乾坤闔闢、變化無窮、行成依據舊圖、循文生義、於造化自然之妙未必能窺、至於邵氏一家之學、則可謂心知其意矣。魏了翁嘗稱其能得易數之詳、而書不盡傳、則宋代已不免散佚。朱彝尊經義考但載皇極經世索隱而不及此書、則沈湮已久。惟永樂大典所載尚爲完本。今據原目、仍釐爲九卷著於錄。

易通變四十卷 永樂大典本

宋張行成撰。亦所進易說七種之一也。其說取陳摶至邵子所傳先天卦數等十四圖、敷演解釋、以通其變、故謂之通變。案以數言易、本自漢儒。然孟喜之易、言六日七分而已。至京房之易、言飛伏納甲而已。費直之易、言乘承比應而已。至魏伯陽作參同契、借易以明丹訣、始言甲壬乙癸之方位、而易緯是類謀亦謂冬至日在坎、春分日在震、夏至日在離、秋分日在兌。易通卦驗又謂乾西北主立冬、坎北方主冬至、艮東北主立春、震東方主春分、巽東南主立夏、離南方主夏至、坤西南主立秋、兌西方主秋分。蓋易之支流、有此衍說。至宋而陳摶作圖、由穆修以遞授於邵子。始借儒者之力、大行於世。故南宋之後、以數言易者皆以陳邵爲宗。又以陳本道家、遂諱言陳而惟稱邵。行成於蜀中作守、籍吏人之家得邵子所傳十四圖、因著此書。其自序謂康節之學主於交泰既濟二圖、而二圖允以卦氣爲根柢。參伍錯綜以求之、而運世之否泰、人物之盛衰、皆莫能外。其自許甚高。其中如人之五臟、亦以易數推之、謂當重幾斤幾兩、殊爲穿鑿。李心傳議其牽合。祝泌謂其發明處甚多、而支蔓處亦甚多。然其說亦自成理。自袁樞、薛季宣以下、雖往往攻之、迄不能禁其不傳也。此本流傳甚少、外閒僅有宋刻本及明費宏家鈔本。今以永樂大典所載參互勘校、錄而存之、以備數術之一家。是書之名、永樂大典作易通變。費宏本作皇極經世通變。宋本但題曰通變、而無易字、亦無皇極經世字。蓋原刻其全書七種、此乃其一、故有細目而無大名。不能據以斷兩本之是非。以永樂大典所題在費氏本前、當爲舊本、今姑據以著錄焉。

觀物篇解五卷 兩江總督採進本 附皇極經世解起數訣一卷 浙江汪啟淑家藏本

宋祝泌撰。泌字子涇、鄱陽人、自號觀物老人。書首署銜稱承直郎充江淮荆浙福建廣南路都大提點坑冶鑄錢司幹辦公事而起數訣內又自署提領所幹辦公事不知其終於何官也案朱彝尊經義考有泌所撰皇極經世鈐十二卷此本題作觀物篇解又止五卷與彝尊所記目次不合而別載泌自序一篇所陳大旨又頗與此本義例相近或一書兩名而後人合併之歟又案泌自序末署端平乙未而起數訣序內題淳祐辛丑上距乙未六年在皇極經世鈐已成之後且今起數訣乃單本別行而觀物篇解第四卷中亦有併以起法用法別載成卷語是當與用法別爲一書而用法已佚卽起數訣所存亦僅聲韻一譜已非其舊今姑附入觀物篇解後以存其概泌所言大小運數雖皆歸宿於掛一圖其斷法則不專在卦而在四象大旨先用四爻藏閏次用四爻直事大運起泰小運起升於牛思純寶局張行成通變多所駁正然如邵子言四象相交而成十六事泌遂創爲二十五變之說邵子言姤復小父母泌遂創爲同人起分秒之說皆與經世書乖異不合其推大小運一變不協則再變至三變四變以求協者尤非出於自然至於聲音律呂之學邵子得之其父古古書備見正音敍錄軌轍可尋泌乃取三十六字母之翻切以聲起數以數合卦僅與王湜同用求深反淺且聲音韻譜所說以大普旁毋字當字母之用既屬支離至所云人用分數物用秒數數起同人之類九爲迂曲難解似非盡出於邵氏本意然永樂大典別載有祝氏占例所言實皆奇中陶宗儀輟耕錄載泌精皇極數其甥傅立傳其術爲元世祖占卜尙能前知則亦小道之可觀者蓋其學雖宗康節而亦自別有所得故其例頗與經世書不符而其推占亦往往著驗方技之家各挾一術邵子不必盡用易泌亦不必盡用邵子無庸以異同疑也二書世所鈔傳閒有譌脫諸本並同無從訂正今亦姑仍之云

皇極經世書解十四卷直隸總督採進本

國朝王植撰植有四書參註已著錄案皇極經世書邵伯溫以爲共十二卷一至六則元會運世七至十則律呂聲音十一二爲觀物篇趙震又分元會運世之六卷爲三十四篇律呂聲音之四卷爲十六篇性理大全則合內篇十二外篇二共爲六十四篇又謂律呂聲音十六篇其圖三千八百四十明嘉興徐必達所刻邵子全書細目復以元經會分十二會爲十二篇以會經運分二百四十運爲十二篇以運經世分十篇律呂聲音則合有字有聲及無字無聲平上去入各九百六十圖植爲此書則并元會運世爲三卷律呂聲音爲一卷內篇外篇共爲卷者八而又標蔡元定原纂圖十及所補錄圖五新附圖三於卷首其於舊本多所更定如午會之六世之已書泰奪宣太后權黃畿註未錄入此補錄之聲音篇之配以卦黃畿以爲出於祝氏鈐此一切芟汰之又廣引諸家之說以相發明其考究頗爲勤摯邵子之數雖於易爲別派然有此一家之學亦不可磨滅於天地之閒植之所說雖未必盡得本旨而自宋以來註是書者不過數家存之亦足資旁證也

易學一卷內府藏本

宋王湜撰是書宋志不著錄其名見晁公武讀書志但稱同州王湜而不詳其始末張世南游宦記聞稱康節先生皇極經世其學無傳此外有所謂太乙數渡江後有北客同州免解進士王湜潛心是書作太乙肘後備檢三卷爲陰陽二遁繪圖一百四十有四上自帝堯以來至紹興六年丙辰云云是南宋初人矣今太乙肘後備檢未見傳本此書則通志堂經解刊之書中首論太極兩儀四象八卦而以夜半日中心腎升降之氣明之又有取於莊子肅肅出乎天赫赫發乎地之語全本於道家之說其自序則稱於陳摶穆脩李之才劉牧之書兼而思之是以先天之學出於鑪火之證也然其論先天之圖謂希夷而前莫知其所自來其時距邵子未遠而其言如是可以知傳自伏羲遭秦焚書流於方外之說出於後儒之附會其末爲皇極經世節要自序有云康節遺書或得於家之草稾或得於外之傳聞閒有譌謬於是決擇是非以成此書示讀皇極者以門戶亦可知皇極經世一書不盡出於邵子其言可謂皎然不欺有先儒淳實之遺矣

洪範皇極內篇五卷永樂大典本

宋蔡沈撰沈父元定究心洪範之數未及論著嘗曰成吾書者沈也沈反覆數十年然後成書分內外篇而釋數之辭尙未備故各條之下有但標數目二字而無其文者永樂大典及性理大全皆作

洪範內篇。惟熊宗立註本以論三篇爲內篇、數八十一章爲外篇。考是書數八十一章擬易六十四卦、當爲內篇。論三篇擬易繫辭說卦等傳、當爲外篇。今各本皆以論三篇列於前、而八十一章列於後、倫序頗爲不協。疑性理大全與永樂大典同時纂輯、所據同一誤本、未及詳考歟。明余深著洪範疇解、曹溶稱爲釋蔡氏內篇。疇卽八十一章之數也。程宗舜作洪範內篇釋、其自序曰、釋八十一數、亦不指三篇之論。韓邦奇引論中象以偶爲用數語、作洪範傳。傳以別於經、卽外篇矣。意其時必有流傳善本、與永樂閒書局所據不同。故諸家之言如此、其譌似無可疑。然余深等所據之本今不復見。未敢輕改古書、姑仍其舊第編之。又考王應麟玉海載此書名洪範數。王圻續通考作洪範皇極內外篇。朱彝尊經義考作洪範內外篇。今詳考其書、當以續通考所名爲是。續通考不載卷數、經義考作七卷。今以類相從、編爲五卷。考洛書之名見於易、不見於書。洪範之文以明理、非以明數。其事絕不相謀。後人以乾鑿度太乙行九宮法指爲洛書、案史記日者列傳所載占日七家、太乙家居其一。漢書載太乙諸術、亦列於五行家、明爲方技之說、事不出於經義矣。 盧辯註大戴禮記明堂篇始附合於龜文。案盧辯北齊人、其說最爲晚出。朱子引此註以證龜書、指爲鄭康成撰、朱子博極羣書、豈不知康成未註大戴禮記、特欲申龜文之說、別無古證、是不得不移之鄭康成耳。 至宋而圖書之說大興。遂以爲洪範確屬洛書、洛書確屬龜文、龜文確爲戴九履一等九數、而聖人敘彝倫之書變爲術家談奇耦之書矣。況作是書、附會劉歆河圖洛書相爲表裏、八卦九章相爲經緯之說、借書之文以擬易之貌。以九九演爲八十一疇、仿易卦八八變六十四之例也。取月令節氣分配八十一疇、陰用孟喜解易卦氣値日之術也。其揲蓍以三爲綱、積數爲六千五百六十一、陰用焦贛六十四卦各變六十四卦之法也。大意以太元元包潛虛既已擬易、不足以見新奇、故變幻其說、歸之洪範。實則朝三暮四、朝四暮三、同一僭經而已矣。此在術數之家、已爲重儓之重儓、本不足道。以自沈以後、又開演範之一派、支離轇轕、踵而爲之者頗多。旣有其末、不可不著其本。故錄而存之、而別著錄於術數類。明非說經之正軌、儒者之本務也。

天原發微五卷　兩淮鹽政採進本

宋鮑雲龍撰。雲龍字景翔、歙縣人。景定中鄉貢進士。入元不仕以終。是書以秦漢以來言天者或拘於數術、或淪於空虛、致天人之故鬱而不明。因取易中諸大節目、博考詳究、先列諸儒之說於前、而以己見辨論其下。擬易大傳天數二十有五、立目二十五篇。曰太極、以明道體。曰動靜、以明道用。曰靜動、以明用本於體。曰辨方、言一歲運行、必胎坎位。曰元運、言萬物終始、總攝天行。曰分二、言動靜初分。曰衍五、言陰陽再分。曰觀象、言四象生兩儀之故。曰太陽、曰太陰、曰少陽、曰少陰、以日月星辰分配、用邵子之說、與大傳旨異。曰天樞、言北辰。曰歲會、言十二次。曰司氣、言七十二候。曰卦氣、言焦京學爲太元所出。曰盈縮、言置閏。曰象數、言圖書。曰先後、言先後天。曰左右、言左旋右旋。曰二中、言五六爲天地中。曰陽復、言復爲天心。曰數原、言萬變不出一理。曰鬼神、言後世所謂鬼神多非其正。曰變化、言天有天之變化、人有人之變化、而以朱子主敬之說終之。其中或泛濫象數、多取揚雄舊說、不免稍近於雜。要其條縷分明、於數學亦可云貫通矣。元元貞閒、鄭昭祖刊行其書、方回戴表元皆有序。至於明初、其族人鮑寧本趙汸之說、附入辨正百餘條、剖析異同、多所推闡。又作篇目名義及採雲龍與方回問答之語爲節要一卷、冠之於首。蓋亦能發明雲龍之學者。然於原文頗有所刪改、非復元貞刊本之舊矣。

大衍索隱三卷　永樂大典本

宋丁易東撰。易東有周易象義、已著錄。是書專明大衍之數。臚採先儒緒論、而以己意斷之。王宏撰山志曰、丁氏萃五十七家之說爲稽衍、又自爲原衍、翼衍。據易東自序云、既成原衍翼衍二書、復爲稽衍。則王氏未見原本也。其書篇第、蓋自大衍之數五十其用四十九以下三十六圖爲原衍、自五十五數衍成五十位以下二十九圖爲翼衍、自乾鑿度以下列諸家之說而系以論斷者爲稽衍。凡三卷、卷各有序。永樂大典既脫去目錄及原衍之序、又譌翼衍爲翼行、而錯稽衍篇題於翼衍內。前後至爲棼雜。朱彝尊經義考則誤以原衍序爲全書自序、而世所傳別本又全佚去稽衍一篇。蓋流傳既稀、益滋譌謬。幸別本所載原目尚有全文。謹據永樂大典補足稽衍一卷。其次序之凌亂者、則據原目釐正、仍爲完帙焉。

易象圖說內篇三卷、外篇三卷　兩江總督採進本元張理撰。理有大易象數鉤深圖、已著錄。是書內篇凡三。一曰本圖書、曰原卦畫、曰明蓍策。外篇亦三。曰象數、曰卦爻、曰度數。其於元會運世之升降、歲時寒暑之進退、日月行度之盈縮、以及治亂之所以倚伏、理欲之所以消長、先王制禮作樂、畫井封疆、一切推本於圖書。蓋與張行成易通變相類、皆皇極經世之支流也。圖書之學、王湜以爲自陳摶以前莫知所自來。而說者則謂爲祕於道家、至摶乃顯。此書引參同契與辛見平明十五乾體就云云、以明圓圖。引朔旦爲復陽氣始通姤始紀緒履霜最先云云、以明方圖。其說頗相脗合。意所謂遭秦焚書、此圖流於方外者、即影附此類歟。黃虞稷謂鄧錡大易圖說與理此書俱爲道藏所錄。今以白雲霽道藏目錄考之、實在洞眞部靈圖類靈字號中。則其說出道家可知矣。

三易洞璣十六卷（福建巡撫採進本）

明黃道周撰。道周有易象正、已著錄。是編蓋約天文歷數歸之於易。其曰三易者、謂伏羲之易、文王之易、孔子之易也。曰洞璣者、璣衡古人測天之器、謂以易測天、毫忽不爽也。一、二、三卷爲伏羲經緯上中下、即陳邵所傳之先天圖。四、五、六卷爲文圖經緯上中下、即周易上下經次序。七、八、九卷爲孔圖經緯上中下、即說卦傳出震齊巽之方位。十卷十一、十二卷爲雜圖經緯上中下、則雜卦傳之義。十三卷爲餘圖總緯、則因周官太卜而及於占夢之六夢、眡祲之十煇、以及後世奇門太乙之術。十四十五十六卷爲貞圖經緯上中下、與雜圖相準、有衡、有倚、有環。衡者平也、倚者立也、環者圓也。其自述曰、夫子有言、書不盡言、言不盡意。凡易之言語文字、僅修辭尚玩之一端。即焦京管郭幽發微中、取驗不過一時、揲扐不過數策。聖人之不爲此鑽仰、亦已明矣。舍此二條、夫子所謂三極竝立、窮變極賾、範圍曲成、與天地相似者果爲何物。蓋天地人之象數、皆具於物、布而爲歷、次而爲律、統而爲易。去其圖蓍、別其虛實、以爲春秋詩、又以孟子所言千歲之日、至五百歲王爲七十二相承之歷。故是書之作、意欲網羅古今、囊括三才、盡入其中。雖其失者時時流於禨祥、入於駁雜。然易道廣大、不泥於數、而亦不離於數。不滯於一端、而亦不遺於一端。縱橫推之、各有其理。唐李鼎祚周易集解序云、鄭多參天象、王全釋人事。天道難明、人事易習。易之爲道、豈偏滯於天人哉。故道周此書、乍觀似屬創獲。然鄭康成解隨之初九云、震爲大塗、又爲日門、當春分陰陽之所交。此道周言歲氣之所本也。故云晷益則日損、晷損則日益。康成解比之初六云、有孚盈缶、爻辰在未、上值東井、井之水人所汲、故用缶。此道周言星名之所本也。故云坤爲箕、復爲尾斗之翕舌則爲噬嗑、牛之任重致遠則爲隨、卦氣値日始於京房、充之則爲元會之運。推策定歷、詳於一行、衍之則爲蔀章之紀。推其源流、各有端緒。史稱其歿後家人得其小冊、自推終於丙戌年六十二。則其於藏往知來之道、蓋非徒託空言者。然旁見側出、究自爲一家之學、以爲經之正義則不可。退而列諸術數、從其類也。

右術數類數學之屬、一十六部、一百四十七卷、皆文淵閣著錄。

案太元經稱準易而作、其揲法用三十六策。王讜唐語林曰、王相涯註太元、嘗取以卜、自言所中多於易筮。則太元亦占卜書也。然自涯以外、諸儒所論、不過推其數之蘊、理之深耳。未聞用以占卜者、亦未有稱其可以定吉凶、決疑惑者。即王充以下諸儒、遞有嘲黠、亦未有詆以占卜無驗者。則仍一數學而已。故今仍隸之數學、不入占卜。元包潛虛以下亦以類附焉。皇極經世雖亦易之餘緒、而實非作易之本義。諸家著錄、以出於邵子、遂列於儒家。然古之儒者、道德仁義、誦說先王。後之儒者、主敬存誠、闡明理學。均無以數爲宗之事。於義頗屬未安。夫著述各有體裁、學問亦各有派別。朱子晦菴大全集皆六經之旨也、而既爲詩文、不得不列爲集。通鑑綱目亦春秋之義也、而既爲編年、不得不列爲史。此體例也。陰符經刊誤、參同契刊誤、均朱子手著、而既爲黃老神仙之說、不得不列爲道家。此宗旨也。邵子既推數以著書、則列之術數、其亦更無疑義矣。

靈臺祕苑十五卷（浙江鮑士恭家藏本）

北周太史中大夫新野庾季才原撰、而宋人所重修也。季才之書見於隋志者一百十五卷。周書季才本傳又作一百十卷。此爲北宋時奉敕刪訂之本、祇存十五卷。目錄後題編修官司天監丞管勾測驗渾儀刻漏于大吉司天中官正權判司天監丁洵同看詳官奉議郎輕車都尉歐陽發看詳官翰林學士承議郎知制誥權判尚書吏部判集賢院提舉司天監公事上騎都尉王安禮諸臣銜名。案發字伯和，修之長子。史稱其天文地理靡不悉究，官至殿中丞，而不言其嘗爲此書。安禮字和甫，安石之弟，其爲翰林學士在元豐初，乃未改官制以前，故太史局猶稱司天監。宋史藝文志有安禮所撰天文書十六卷，殆以其研究是術，故俾司看詳歟。錢曾讀書敏求記載有是書之目，稱其考核精確，非聊爾成書者。朱彝尊跋則謂李才完書必多奧義，諸人芟削，僅摘十一，若作酒醴去其糵而糟醨在矣。今觀所輯，首以步天歌及圖，次釋星驗，次分野土圭，次風雷雲氣之占，次取日月五星三垣列宿，逐次詳註，大抵頗涉占驗之說，不盡可憑。又篤信分野次舍，以州郡強爲分析，亦失之穿鑿附會。然其所條列首尾詳貫，亦尚能成一家之言。宋世司天臺所修各書如乾象新書、大宋天文書、天經星史等類，見於文獻通考者，今俱佚弗傳。惟蘇頌儀象法要與此本僅存。一則詳渾儀測驗之製，一則誌日官占候之方。雖禨祥小術，不足言觀文察變之道，顧隋志所載天象諸書，今無一存。此書既據李才所撰爲藍本，則周以前之古帙，尚藉以略見大凡。存爲考證之資，亦無不可也。

唐開元占經一百二十卷 浙江巡撫採進本

唐瞿曇悉達撰。唐書藝文志載一百十卷，玉海引唐志亦同，又註云國史志四卷，崇文目三卷。此本一百二十卷，與諸書所載不符，當屬後人分卷之異。自一卷天占至一百十卷星圖，均占天象。自一百十一卷八穀占至一百二十卷龍魚蟲蛇占，均占物異。或一百十卷以前爲悉達原書，故與唐志及玉海卷數相符。其後十卷，後人以雜占增附之歟。卷首標銜，悉達曾官太史監事。考玉海，開元六年詔瞿曇悉達譯九執歷，則悉達之爲太史監，當在開元初。卷首又標奉敕撰，而奉敕與成書年月皆無可考。惟其中載歷代歷法止於唐麟德歷，且云李淳風見行麟德歷。考唐一行以開元九年奉詔創大衍歷，以開元十七年頒之。其時麟德歷遂不行。此書仍云見行麟德歷，知其成於開元十七年以前矣。所言占驗之法，大抵術家之異學，本不足存。惟其中卷一百四、一百五全載麟德、九執二歷。九執歷不載於唐志，他書亦不過標撮大旨。此書所載，全法具著，爲近世推步家所不及窺。又玉海載九執歷以開元二年二月朔爲歷首。今考此書明云今起明慶二年丁巳歲（案改顯慶爲明慶，蓋避中宗諱）二月一日以爲歷首，亦足以訂玉海所傳之誤。至麟德歷雖載唐志，而以此書校之，多有異同。若推入蝕限術、月食所在辰術、日月蝕分術諸類，唐志俱未之載。又此書載章歲、章月、半總、章閏、閏分、歷周、月法、弦法、氣法、歷法諸名，與新唐書所載全不合，其相合者惟辰率、總法等目，蓋悉達所據，當爲麟德歷見行本。唐志遠出其後，不無傳聞異詞，是又可訂史傳之譌。有裨於考證，不少矣。又徵引古籍，極爲浩博。如隋志所稱緯書八十一篇，此書尚存其七八，九爲罕覯。然則其術可廢，其書則有可採也。卷首有萬歷丁巳張一熙識語，謂是書歷唐迄明，約數百年，始得之挹元道人，鈞沈起滯，非偶然已。

右術數類占候之屬，二部，一百三十五卷，皆文淵閣著錄。

案：作易本以垂教，而流爲趨避禍福；占天本以授時，而流爲測驗災祥，皆末流遷變，失其本初。故占候之與天文，名一而實則二也。王者無時不敬天，不待示變而致修省；王者修德以邁福，亦不必先期以告符命。後世以占候爲天文，蓋非聖人之本意。七略分之，其識卓矣。此類本不足錄，以靈臺祕苑、開元占經皆唐以前書，古籍之不存者多賴其徵引以傳，故附收之，非通例也。

欽定四庫全書總目卷一百八

欽定四庫全書總目卷一百九

子部十九

術數類二

宅經二卷 兩江總督採進本

舊本題曰黃帝宅經。案漢志形法家有宮宅地形二十卷、則相宅之書較相墓爲古。然隋志有宅吉凶論三卷、相宅圖八卷。舊唐志有五姓宅經二卷。皆不云出黃帝。是書蓋依託也。考書中稱黃帝二宅經及淮南子李淳風呂才等宅經二十有九種、則作書之時本不僞稱黃帝。特方技之流欲神其說、詭題黃帝作耳。其法分二十四路考尋休咎、以八卦之位向乾坎艮震及辰爲陽、巽離坤兌及戌爲陰。陽以亥爲首、巳爲尾。陰以巳爲首、亥爲尾。而主於陰陽相得、頗有義理。文辭亦皆雅馴。宋史藝文志五行類有相宅經一卷、疑即此書。在術數之中猶最爲近古者矣。

葬書一卷 通行本

舊本題晉郭璞撰。璞有爾雅註、已著錄。葬地之說莫知其所自來。周官冢人墓大夫之職皆稱以族葬。是三代以上葬不擇地之明證。漢書藝文志形法家始以宮宅地形與相人相物之書並列。則其術自漢始萌、然尚未專言葬法也。後漢書袁安傳載安父沒、訪求葬地、道逢三書生、指一處當世爲上公。安從之、故累世貴盛。是其術盛傳於東漢以後。其特以是擅名者、則璞爲最著。考璞本傳載璞從河東郭公受青囊中書九卷、遂洞天文五行卜筮之術。璞門人趙載嘗竊青囊書、爲火所焚、不言其嘗著葬書。唐志有葬書地脈經一卷、葬書五陰一卷、又不言爲璞所作。惟宋志載有璞葬書一卷、是其書自宋始出。其後方技之家竟相粉飾、遂有二十篇之多。蔡元定病其蕪雜、爲刪去十二篇、存其八篇。吳澄又病蔡氏未盡蘊奧、擇至純者爲內篇、精粗純駁相半者爲外篇、粗駁當去而姑存者爲雜篇。新喻劉則章親受之吳氏、爲之註釋。今此本所分內篇外篇雜篇、蓋猶吳氏之舊本。至註之出於劉氏與否、則不可考矣。書中詞意簡質、猶術士通文義者所作。必以爲出自璞手、則無可徵信。或世見璞葬母暨陽、卒遠水患、故以是書歸之歟。其中遺體受蔭之說、使後世惑於禍福、或稽留而不葬、或遷徙而不恆、已深爲通儒所闢。然如乘生氣一言、其義頗精。又所云葬者原其起、乘其止、乘風則散、界水則止諸條、亦多明白簡當。王禕青巖叢錄曰、擇地以葬、其術本於晉郭璞。所著葬書二十篇、多後人增以謬妄之說。蔡元定嘗去其十二而存其八。後世之爲其術者分爲二宗。一曰宗廟之法。始於閩中、其源甚遠。至宋王伋乃大行。其爲說主於星卦。陽山陽向、陰山陰向、不相乖錯。純取八卦五星以定生剋之理。其學浙中傳之、而用之者甚鮮。一曰江西之法。肇於贛人楊筠松、曾文辿及賴大有、謝子逸輩、尤精其學。其爲說主於形勢。原其所起、即其所止、以定位向。專指龍穴砂水之相配、而他拘泥在所不論。今大江以南無不遵之者。二宗之說雖不相同、然皆本於郭氏者也云云。是後世言地學者皆以璞爲鼻祖。故書雖依託、終不得而廢歟。據宋志本名葬書。後來術家尊其說者改名葬經。毛晉汲古閣刻本亦承其譌、殊爲失考。今仍題舊名、以從其朔云。

撼龍經一卷疑龍經一卷葬法倒杖一卷 通行本

舊本題唐楊筠松撰。筠松不見於史傳。惟陳振孫書錄解題載其名氏。宋史藝文志則但稱爲楊救貧、亦不詳其始末。惟術家相傳以爲筠松名益、竇州人。掌靈臺地理、官至金紫光祿大夫。廣明中遇黃巢犯闕、竊禁中玉函祕術以逃。後往來於虔州。無稽之談、蓋不足信也。然其書乃爲世所盛傳。撼龍經專言山龍脈絡形勢。分貪狼巨門祿存文曲廉貞武曲破軍左輔右弼九星、各爲之說。疑龍經上篇言幹中尋枝、以關局水口爲主。中篇論尋龍到頭、看面背朝迎之法。下篇論結穴形勢、附以疑龍十問、以闡明其義。葬法則專論點穴。有倚蓋撞黏諸說、倒杖分十二條、即上說而引伸之。附二十四砂葬法、亦臨穴時分寸毫釐之辨。案陳振孫書錄解題有疑龍經一卷、辨龍經一卷、云吳炎錄以見遺、皆無名氏。是此書在宋並不題筠松所作。今本不知何據而云然。其撼龍之即辨龍與否、亦無可考證。然相傳已久、所論山川之性情形勢、頗能得其要領。流傳不廢、亦有以也。舊本有李國木註、併所附各圖、庸陋淺俗、了無可取。今並加刊削、不使與本文相淆焉。

青囊奧語一卷青囊序一卷 通行本

青囊奧語舊本題唐楊筠松撰。其序則題筠松弟子曾文辿所作。相傳文辿贛水人。其父求已、先奔江南節制李司空辟行南康軍事，又迤因得筠松之術，後傳於陳搏。是書即其所授師說也。案趙希弁讀書後志有青囊本旨一卷，云不記撰人，演郭璞相墓經。陳氏書錄解題有楊公遺訣曜金歌并三十六圖象一卷，註云楊即筠松也。今是書以陰陽順逆九星化曜辨山水之貴賤吉凶，未審與曜金歌爲一爲二。惟鄭樵通志藝文略別載有曾氏青囊子歌一卷，又楊曾二家青囊經一卷，或即是書之原名歟。其中多引而不發之語，如坤壬乙巨門從頭出一節，歷來註家罕能詳其起例。至序內二十四山分順逆一條，則大旨以木火金水分屬甲丙庚壬乙丁辛癸，互起長生，如甲木生於亥，庫於未，乙木生於午，庫於戌之類。因以亥卯未寅午戌巳酉丑申子辰爲四局，反覆行之，得四十八局。陽用左旋，陰從右轉，蓋本之說卦陽順陰逆之例。爲地學理氣家之權輿。明人僞造之吳公教子書、劉秉忠玉尺經，蓋即竊其緒餘，衍爲圖局。逮僧徹瑩作直指元眞，專以三元水口隨地可以定向，於是談地學者舍形法而言理氣，剽竊傳會，俱以是編爲口實。然不以流派多岐，并咎其刱法之始也。舊本有註，託名劉基。李國木復加潤色，蕪蔓殊甚。又妄據僞玉尺經竄改原文，尤爲誕妄。今據舊本更正，併削去其註，以無滋淆惑焉。

天玉經內傳三卷、外編一卷　通行本

舊本題唐楊筠松撰。考鄭樵通志藝文略、陳振孫書錄解題，楊曾二家書無天玉經之名。相傳楊氏師弟祕之，不行於世。至宋吳見誠遇眞人，始授以此經，其子吳景鸞乃發明其義。然則是書亦至宋始出。其爲筠松所撰與否，更在影響之間矣。特其流傳稍遠，詞旨亦頗有義意，故言理氣者至今宗之，其眞僞可置勿論也。內傳首言江東一卦，江西一卦，南北八神一卦，術者罕通其說。近時潘思榘作天玉經箋、許清奇作天玉經註，始推繹下文有父母三般卦，又有天卦江東掌上尋之語，疑所謂江東者即天卦，所謂江西者即地卦，所謂南北者即父母卦。大抵以甲丙庚壬四陽干左旋起長生者爲東卦，陽數奇，故曰天卦，曰八神四一。以乙丁辛癸四陰干右旋起長生者爲西卦，陰數耦，故曰地卦，曰八神四二。又以山家之坐向爲南北一卦，由天地而及人，故曰父母卦。蓋自神其說，故爲隱奧之詞，使人惝怳迷離，驟不得其指要。方技家之謬智，往往如斯，不獨此書爲然也。外篇專言四經五行，其以子寅辰乾丙乙爲金，午申戌坤壬辛爲木，卯巳丑艮庚丁爲水，酉亥未巽甲癸爲火，又謂之元空卦，亦莫能明其所以然。舊有天谷散人註，未詳其名，詞意尙屬明顯，今併錄之，以備考證焉。

靈城精義二卷　兩淮鹽政採進本

舊本題南唐何溥撰。溥字令通，履貫未詳。是編上卷論形氣，主於山川形勢，辨龍辨穴。下卷論理氣，主於天星卦例，生剋吉凶。自宋以來，諸家書目皆不著錄。觀其言宇宙有大關合，氣運爲主。又言地運有推移，而天氣從之；天運有轉旋，而地氣應之。蓋主元運之說者。考元運之說，以甲子六十年爲一元，配以洛書九宮。凡歷上中下三元爲一周，更歷三周五百四十年爲一運。凡爲甲子九，每元六十年爲大運，一元之中每二十年爲小運，以卜地氣之旺相休囚。如上元甲子一白司運，則坎得旺氣，震巽得生氣，乾兌得退氣，離得死氣，坤艮得鬼氣。大抵因皇極經世而推演之，其法出自明初寧波幕講僧。五代時安有是說，其非明以前書確矣。其註題曰劉基撰，前列引用書目凡二十二種，如八式歌之類，亦明中葉以後之僞書，則出於贋作亦無疑義。但就其書而論，則所云大地無形看氣槩，小地無勢看精神，水成形，山上止，山成形，水中止。龍爲地氣，水爲天氣，諸語於彼法之中頗爲近理。註文亦發揮條暢，勝他書之弇鄙，猶解文義者之所爲。術數之書，無非依託，所言可採，即錄存以備一家。眞僞固無庸辨，亦不足與辨也。

催官篇二卷　通行本

宋賴文俊撰。文俊字太素，處州人。嘗官於建陽，好相地之術，棄職浪遊，自號布衣子，故世稱曰賴布衣。所著有紹興大地八鈐及三十六鈐，今俱未見。是書分龍、穴、砂、水四篇，各爲之歌。龍以二十四山分陰陽，以震庚亥爲三吉，巽辛艮丙兌丁爲六秀，而著其變換受穴吉凶之應。穴仍以龍爲主，而受氣有挨左挨右之異。砂水二篇亦以方位爲斷。其說頗具懸解。如謂寅甲二龍出瘋跛者，木盛生風，又星應尾箕而好風，震爲足，風淫末疾，故主瘋跛。丙方上應星馬，故有蠶絲之祥。丁方上應壽星，故多壽考之兆。兌龍辰水，辰有金殺，兌爲口舌，爲毀折，故主闕唇露齒。又辰酉逢合，土塞金聲，故主重舌含糊。其言雖頗涉於神怪、而於陰陽五行、生剋制化、實能言之成理。視悠謬無根之談、侈言休咎而不能明其所以然者、勝之多矣。書中舊有註解、不知何人所作、闡發頗爲詳盡。其傳已久、併錄之以資考訂焉。

發微論一卷、通行本、

宋蔡元定撰。元定字季通、建陽人。遊於朱子之門。慶元中僞學禁起、坐黨籍竄道州。卒於謫所。後韓侂冑敗、追贈迪功郎、賜謚文節。事蹟具宋史儒林傳。元定之學、旁涉術數、而尤究心於地理。是編即其相地之書。大旨主於地道一剛一柔、以明動靜、觀聚散、審向背、觀雌雄、辨強弱、分順逆、識生死、察微著、究分合、別浮沈、定淺深、正饒減、詳趨避、知裁成。凡十有四例、遞爲推闡。而以原感應一篇、明福善禍淫之理終焉。蓋術家惟論其數、元定則推究以儒理、故其說能不悖於道。如云水本動、欲其靜。山本靜、欲其動。聚散言乎其大勢、面背言乎其性情。知山川之大勢、默定於數理之外、而後能推順逆於咫尺微茫之間。善觀者以有形察無形、不善觀者以無形蔽有形。皆能抉摘精奧、非方技之士支離誕謾之比也。地理大全亦載此書、題曰蔡牧堂撰。考元定父發、自號牧堂老人、則其書當出自發手。或後人誤屬之元定、亦未可知。然勘核諸本、題元定撰者爲多、今故仍以元定之名著於錄焉。

右術數類相宅相墓之屬、八部、十七卷、皆文淵閣著錄、

案相宅相墓、自稱堪輿家。考漢志有堪輿金匱十四卷、列於五行。顏師古註引許愼曰、堪、天道。輿、地道。其文不甚明。而史記日者列傳有武帝聚會占家、問某日可娶婦否、堪輿家言不可之文。隋志則作堪餘、亦皆日辰之書。則堪輿占家也。又自稱曰形家。考漢志有宮宅地形二十卷、列於形法。其名稍近。然形法所列、兼相人相物、則非相宅相地之專名、亦屬假借。今題曰相宅相墓、用隋志之文、從其質也。

靈棋經二卷、浙江范懋柱家天一閣藏本、

舊本題漢東方朔撰。或又以爲出自張良、本黃石公所授。後朔傳其術。漢書所載朔射覆無不奇中、悉用此書。或又謂淮南王劉安所撰。其說紛紜不一。大抵皆術士依託之詞。惟考隋書經籍志、即有十二靈棊卜經一卷。而南史所載客從南來、遺我良材、寶貨珠璣、金盌玉盃之繇、實爲今經中第三十七卦象詞。則是書本出自六朝以前。其由來亦已古矣。卦凡一百二十有四、合以純陰鍜卦十二棋皆覆者爲混沌未明、尚不在此數。晁公武讀書志僅載一百二十繇、殆不及檢而偶遺之也。舊傳晉顏幼明、宋何承天皆爲之註。李遠爲之敘。元盧山陳師凱又爲作解。而宋志別有李進註靈棊經一卷、則今已失傳。明初劉基復仿周易象傳體作註、以申明其義、見於明史藝文志。其後序稱靈棋象易而作、以三爲經、四爲緯。三以上爲君、中爲臣、下爲民。四以一爲少陽、二爲少陰、三爲太陽、四爲老陰。少與少爲耦、老陰與太陽爲敵。得耦而悅、得敵而爭。或失其道而耦反爲仇、或得其行而敵反爲用。陽多者道同而助、陰盛者志異而乖。數語足盡玆經之要。大抵與易筮相爲表裏。雖所存諸家疏解、或詞旨淺俚、不無後人之緣飾。而青田一註、獨爲馴雅。或實基所自作、亦未可知。觀其詞簡義精、誠異乎世之生剋制化以爲術者矣。故錄而存之、以備古占法之一種焉。

易林十六卷、江蘇巡撫採進本、

漢焦延壽撰。延壽字贛、梁人。昭帝時由郡吏舉小黃令。京房師之、故漢書附見於房傳。黃伯思東觀餘論以爲名贛字延壽、與史不符。又據後漢小黃門譙君碑、稱贛之後裔、疑贛爲譙姓。然史傳無不作焦、漢碑多假借通用、如歐陽之作歐羊者、不一而足、亦未可執爲確證。至舊本易林、首有費直之語、稱王莽時建信天水焦延壽。其詞蓋出僞託、鄭曉嘗辨之審矣。贛嘗從孟喜問易、然其學不出於孟喜。漢書儒林傳記其始末甚詳。蓋易於象數之中別爲占候一派者、實自贛始。所撰有易林十六卷、又易林變占十六卷、並見隋志。變占久佚、惟易林尚存。其書以一卦變六十四、六十四卦之變共四千九十有六、各繫以詞、皆四言韻語。考漢藝文志所載易十三家、蓍龜十五家、不及焦氏。隋經籍志始著錄於五行家。唐王俞始序而稱之。似乎後人所附會。故鄭曉古言疑其明夷之咸林、似言成帝時事。節之解林、似言定陶傅太后事。皆在延壽後。顧炎武日知錄亦摘其可疑者四五條。然二家所云某林似指某事者、皆揣摩其詞。炎武所指彭

離濟東遷之上、肅者語雖出漢書、而事在武帝元鼎元年、不必漢書始載。又左傳雖西漢未立學官、而張蒼等已久相述說。延壽引用傳語、亦不足致疑。惟長城既立、四夷賓服、交和結好、昭君是福、四句、則事在元帝竟寧元年。名字炳然、顯爲延壽以後語。然李善註文選任昉竟陵王行狀、引東觀漢記曰、沛獻王輔永平五年秋、京師少雨、上御雲臺、詔尚席取卦具自卦、以周易卦林占之、其繇曰、蟻封穴戶、大雨將集。明日大雨、上卽以詔書問輔曰、道寧有是耶。輔上言曰、案易卦震之蹇、蟻封穴戶、大雨將集。蹇艮下坎上、艮爲山、坎爲水、出雲爲雨、蟻穴居而知雨、將雲雨、蟻封穴、故以蟻爲興文云云。今書蹇繇實在震林、則書出焦氏、足爲明證。昭君之類、或方技家輾轉附益、竄亂原文、亦未可定耳。崇文總目言其推用之法不傳、而黃伯思記王佖占、程迥記宣和紹興二占、皆有奇驗、則其術尚有知之者。惟黃伯思謂漢書稱延壽易分六十四卦更直日用事者、乃變占法、非易林法。薛季宣易林序則謂易林正用直日法、辨伯思之說爲謬、並爲圖例以明之、其說甚辨。今錄季宣序與王俞序以存一家之言。俞序本名大易通變、與諸本不同、疑爲後來卜筮家所改、非其舊也。此書隋唐宋志俱作十六卷、故季宣序稱每卷四林、每林六十四變。今一本作四卷、不知何時所併、無關宏旨、今亦姑仍之焉。

案漢書儒林傳曰、孟喜受易於田王孫、得易家候陰陽災變書、詐言田生且死時枕喜膝獨傳。同門梁邱賀疏通證明之、曰田生絕於施讎手中。時喜歸東海、安得此事。焦延壽（原案、文無焦字、蓋承上而言、今節錄其文、故補此字使姓名完具。）嘗從孟喜問易、京房以爲延壽卽孟氏學。翟牧、白生不肯仞、皆曰非也。劉向校書、以爲諸易家說皆祖田何、楊叔、丁將軍、大義略同、惟京氏爲異黨。延壽獨得隱士之說、託之孟氏、不相與同。然則陰陽災異之說始於孟喜、別得書而託之田王孫。焦延壽又別得書而託之孟喜。其源實不出於經師。朱彝尊經義考備列焦京二家之書、蓋欲備易學宗派、不得不爾。實則以隋志列五行家爲允也。今退置術數類中、以存其眞。

京氏易傳三卷（江蘇巡撫採進本）

漢京房撰、吳陸績註。房本姓李、吹律自定爲京氏、字君明、東郡頓邱人。受易於焦延壽。元帝時以言災異得幸、爲石顯等所嫉、出爲魏郡太守、卒以譖誅。事蹟具漢書本傳。績有易解、已著錄。房所著有易傳三卷、周易章句十卷、周易錯卦七卷、周易妖占十二卷、周易占事十二卷、周易守林三卷、周易飛候九卷、又六卷、周易飛候六日七分八卷、周易四時候四卷、周易混沌四卷、周易委化四卷、周易逆刺占災異十二卷、易傳積算法雜占條例一卷。今惟易傳存。考漢志作十一篇、文獻通考作四卷、均與此本不同。然漢志所載古書卷帙多與今互異、不但此編。通考所謂四卷者、以晁陳二家書目考之、蓋以雜占條例一卷合於易傳三卷、其爲四卷亦不足疑。惟晁氏以易傳爲卽錯卦、雜占條例爲卽逆刺占災異、則未免臆斷無據耳。其書雖以易傳爲名、而絕不詮釋經文、亦絕不附合易義。上卷中卷以八卦分八宮、每宮一純卦統七變卦、而註其世應、飛伏、游魂、歸魂諸例。下卷首論聖人作易揲蓍布卦、次論納甲法、次論二十四氣候配卦、與夫天地人鬼四易、父母兄弟妻子官鬼等爻、龍德虎形天官地官與五行生死所寓之類。蓋後來錢卜之法、實出於此。故項安世謂以京易考之、世所傳火珠林卽其遺法。以三錢擲之、兩背一面爲坼、兩面一背爲單、俱面爲交、俱背爲重。此後人務趨捷徑、以爲卜肆之便、而本意尚可考。其所異者、不以交重爲占、自以世爲占、故其占止於六十四爻、而不能盡三百八十四爻之變。張行成亦謂衛元嵩元包其法合於火珠林。火珠林之用祖於京房。陸德明經典釋文乃於周易六十四卦之下悉註某宮一世、二世、三世、四世、遊魂、歸魂諸名、引而附合於經義、誤之甚矣。

六壬大全十二卷（編修勵守謙家藏本）

不著撰人名氏。卷首題懷慶府推官郭載騋校、蓋明代所刊也。六壬與遁甲、太乙世謂之三式、而六壬其傳尤古。或謂出於黃帝元女、固屬無稽。要其爲術、固非後世方技家所能造。大抵數根於五行、而五行始於水。舉陰以起陽、故稱壬焉。舉成以該生、故用六焉。其有天地盤與神將加臨、雖漸近奇遁九宮之式、而由干支而有四課、則亦兩儀四象也。由發用而有三傳、則亦一生三、三生萬物也。以至六十四課、莫不原本羲爻、蓋亦易象之支流。推而衍之者矣。考國語伶州鳩對七律以所稱夷則上宮大呂上宮推之，皆有合於六壬之義。然特以五音十二律定數，未可即指爲六壬之源。吳越春秋載伍員及范蠡雞鳴日出日昳禺中四課，則時將加乘與龍蛇刑德之用，一如今世所傳。而越絶書載公孫聖亦有今日壬午時加南方之語，其事雖不見經傳，似出依託，然趙煜、袁康皆後漢人，知其法著於漢代也。其書之見於史者，隋志二家，唐志六家，宋志三十家，而焦竑經籍志所列多至八十三家。然多散佚不傳。其存者如徐道符心鏡、蔣日新開雲觀月歌、凌福之畢法賦及五變中黃經，術家奉爲蓍蔡。而流傳既久，其說多歧。或專論課體而失之拘，或專主類神而失之粗，或雜取神煞而失之支，又皆不可以爲法。是書總集諸家遺文，首載入手法總鈐及貴神月將德煞加臨喜忌，旁採唐宋以來諸論，若括囊雲霄賦課經之類，而緯以心鏡觀月諸篇，採撮頗爲詳備。案明史藝文志有袁祥六壬大全三十三卷，名目相同，而卷帙不符，未必即祥所輯。要其博綜簡括，固六壬家之總匯也。惟是六壬所重莫過於天乙貴神，陰陽順逆爲吉凶所自出，如匠者之準繩榘矱。而先天之德起於子，後天之德起於未，以五干德合神取貴，承學之士多未究其源。我

聖祖仁皇帝御定星歷考原一書，貫串機衡，權輿圭臬，以訂曹震圭晝丑夜未之譌，實足立千古之標準。我

皇上御纂協紀辨方書，復申暢斯旨。謹案吳越春秋所載子胥之占，三月甲戌時加雞鳴，而以爲青龍在酉，是甲日丑爲陰貴也。范蠡石室之占，十二月戊寅時加日出，而亦以爲青龍臨酉，功曹爲騰蛇，是戊日丑爲陽貴也。沿溯古義，皆與

聖謨垂示先後同符。是書所取天乙，尚沿俗例，卷中僅載先天貴人一圖，而不用，未免失之舛錯。又所載十二宮分野，亦多拘牽舊說，未能訂正。今以原本所有，姑仍其舊錄之，而附訂其失如右。

卜法詳考四卷。浙江吳玉墀家藏本

國朝胡煦撰。煦有周易函書約註，已著錄。考古者大事多用卜，故尚書言龜者居多。漢書藝文志載龜書五十二卷、夏龜二十六卷、南龜書二十八卷、巨龜三十六卷、雜龜十六卷，則漢時其書猶多。漢文帝大橫之兆，即其繇詞。褚少孫補龜策傳所述，即其占法也。隋書經籍志僅載龜經一卷，註晉掌卜大夫史蘇撰，又龜卜五兆動搖決一卷，不註姓名。則漢志所錄已亡矣。舊唐書經籍志絕不載及龜卜。新唐書藝文志乃載孫思邈龜經一卷，又五兆算經一卷、龜卜五兆動搖經訣一卷，已多於前。宋史藝文志又頓增史蘇以下十九部，其爲輾轉依託，可以概見。今其書亦率不傳。傳於世者，惟元陸森玉靈聚義最著，然其書蕪雜，殊乏雅馴。煦輯此編，首列周禮、尚書之文，本經訓也。次列史記龜策傳，以其猶近古也。次列古龜經，案此經不著名氏，蓋亦出自後人，非史蘇孫思邈書也。次列全暘三圖，次列楊時喬龜卜辨，次列龜繇詞，皆參考以求古義也。次列玉靈祕本，次列古法彙選，皆近代術士之所傳，旁稽以盡其變也。蓋古占法之傳於今，與今占法之不悖於理者，大略已具於此。雖非周官太卜之舊，然較之卜肆鄙俚之本，則具有條理。其駁唐李華、明季本、楊時喬卜用生龜之說，亦極爲明析。存此一家，亦可以見古人鑽灼之梗概也。舊附所纂周易函書中，考其所說與解易之書究爲不類，今別著錄於術數家焉。

右術數類占卜之屬，五部，三十七卷，皆文淵閣著錄。

案漢志、隋志皆立蓍龜一門，此爲古法言之也。後世非惟龜卜廢，併蓍亦改爲錢卜矣。今於凡依託易義，因數以觀吉凶者，統謂之占卜。

李虛中命書三卷。永樂大典本

舊本題鬼谷子撰，唐李虛中註。虛中字常容，魏侍中李沖八世孫，進士及第，元和中官至殿中侍御史。韓愈爲作墓誌銘，見於昌黎文集。後世傳星命之學者，皆以虛中爲祖。愈墓誌中所云最深五行書，以人之始生年月日所直日辰支干相生勝衰死王相斟酌，推人壽夭貴賤利不利，輒先處其年時，百不失一二者，是也。然愈但極稱其說之汪洋奧美，萬端千緒，而不言有所著書。唐書藝文志亦無是書之名。至宋志始有李虛中命書格局二卷。鄭樵藝文略則作李虛中命術一卷、命書補遺一卷。晁公武讀書志又作李虛中命書三卷。焦氏經籍志又於命書三卷外別出命書補遺一卷。名目卷數，皆參錯不合。世閒傳本久絕，無以考正其異同。惟永樂大典所收，其文尚多完具，卷帙前後亦頗有次第，並載有虛中自序一篇，稱司馬季主於

壺山之陽，遇鬼谷子，出逸文九篇，論幽微之理。虛中爲掇拾諸家，註釋成集云云。詳勘書中義例，首論六十甲子，不及生人時刻干支，其法頗與韓愈墓誌所言始生年月日者相合。而後半乃多稱四柱，其說實起於宋時，與前文殊相繆戾。且其他職官稱謂，多涉宋代之事，其不盡出虛中手，尤爲明甚。中閒文筆有古奧難解者，似爲唐人所爲。又有鄙淺可嗤者，似出後來附益。眞僞雜出，莫可究詰。疑唐代本有此書，宋時談星學者以已說闌入其閒，託名於虛中之註鬼谷，以自神其術耳。今以其議論精切近理，多得星命正旨，與後來之窈渺恍惚者不同，故依晁氏原目，釐爲三卷，著之於錄，以存其法。而於其依託之顯然者，則各加案語，隨文糾正，俾讀者毋爲所惑焉。

玉照定眞經一卷（永樂大典本）

舊本題晉郭璞撰，張顒註。考晉書璞傳，不言璞有此書。隋志、唐志、宋志以及諸家書目皆不著錄。惟葉盛菉竹堂書目載有此書一册，亦不著撰人，蓋晚出依託之本。張顒亦不知何許人。勘驗書中多涉江南方言，疑書與註文均出自張顒一人之手，而假名於璞以行。術家影附，往往如此，不足辨也。其書世無傳本，僅元明人星命書偶一引之。今檢永樂大典所載，首尾備具，猶爲完帙。雖文句不甚雅馴，而大旨頗簡潔明晰，猶有珞琭子及李虛中命書遺意。所言吉凶應驗，切近中理，亦多有可採。如論年儀、月儀、六害、三奇、三交、四象之類，尤多所闡發。惟推及外親女壻，以曲說穿鑿，不免牽強附會耳。蓋舊本相傳，要有所受，究非後來杜撰者所能及。故錄而存之，以備星命家之一種焉。

星命溯源五卷（浙江汪懋柱家天一閣藏本）

不著編輯者名氏。第一卷爲通元遺書，雜錄唐張果之說，凡三篇。第二卷爲果老問荅，稱明李憕遇張果所口授，凡四篇。第三卷爲元妙經解，稱張果撰，元鄭希誠註。第四卷爲觀星要訣。第五卷爲觀星心傳口訣補遺，均不云誰作。詳其題詞，似要訣爲鄭希誠編，補遺又術士掇拾，增希誠所未備也。考明皇雜錄，載果多神怪之迹，不言其知祿命。獨是編以五星推命之學依託於果，術者遂以果老五星自名一家。考韓愈作李虛中墓誌，稱其推命倘止用年月日，不用時，則開元天寶之閒，且無八字，似不應有五星。然王充論衡稱天施氣而衆星布精，天所施氣而衆星之氣在其中矣。人稟氣而生，含氣而長，得貴則貴，得賤則賤，貴或秩有高下，富或貲有多少，皆星位尊卑大小之所授也。是漢末已以星位言祿命。又韓愈三星行云，我生之辰，月宿南斗，牛奮其角，箕張其口。杜牧自作墓誌銘曰，余生於角，星昴畢於角爲第八宮，曰病厄宮，亦曰八殺宮。土星在焉，火星繼木星宮。楊晞曰，木在張於角爲第十一福德宮，木爲福德大君子，救於其旁，無虞也。余曰，自湖守不週歲遷舍人，木還福於角是矣。土火還死於角，宜哉。是唐時實以五星宮度推休咎，其託名於果，亦有所因爾。希誠自署其官曰主簿，其籍曰瑞安，其號曰滄洲，始末未詳。憕自稱中都人，遇果在嘉靖二年九月，尤怪妄不足辨。總之，術家務神其說而已。然世所傳五星之書，以此本爲鼻祖，別有所謂果老星宗者，實因此而廣之。其後又有天官五星術，與此頗異。據理而論，化氣當從天官，正氣當從果老，二家之術，亦可以互參。其論星度乘除生剋，及兼取値年神煞，亦未可盡廢也。

徐氏珞琭子賦註二卷（永樂大典本）

宋徐子平撰。珞琭子書爲言祿命者所自出，其法專以人生年月日時八字推衍吉凶禍福。李淑邯鄲書目，謂其取琭琭如玉、珞珞如石之意，而不知撰者爲何人。朱弁曲洧舊聞云，世傳珞琭子三命賦，不知何人所作，序而釋之者以爲周世子晉所爲。然考其賦所引有秦河上公，又如懸壺化杖之事，皆後漢末壺公、費長房之徒，則非周世子晉明矣。是書前有楚頤序，又謂珞琭子者陶宏景所自稱。然祿命之說，至唐李虛中尚僅以年月日起算，未有所謂八字者，宏景之時，又安有是說乎。考其書始見於宋藝文志，而晁公武讀書志亦云宣和、建炎之閒，是書始行，則當爲北宋人所作。舊稱某某，皆依託也。自宋以來，註此賦者有王廷光、李仝、釋曇瑩及子平四家。子平事蹟無可考。獨命學爲世所宗，今稱推八字者爲子平，蓋因其名。劉玉已瘧編曰，江湖談命者有子平，有五星，相傳宋有徐子平者，精於星學，後世術士宗之，故稱子平。又云，子平名居易，五季人，與麻衣道者、陳圖南、呂洞賓俱隱華山，蓋異人也。今之推子平者，宋末徐彥昇，非子平也云云。其說不知何所本。然術家之言，百無一眞，亦無從而究詰也。其註久無傳本，惟見於永樂大典中者，尚爲完帙。謹重加裒輯，釐爲上下二卷，以符宋志之舊。其中論運氣之向背，金木剛柔之得失，青赤父子之相應，言皆近理。間有古法不合於今者，是則在後人之善於別擇耳。又考三命通會亦載有珞琭子寥寥數語，與此本絕不相合。蓋由原書散佚，談命者又依託爲之，僞中之僞，益不足據。當以此本爲正也。

珞琭子三命消息賦註二卷（永樂大典本）

案錢曾讀書敏求記，稱珞琭子三命消息賦二卷，王廷光、李仝、釋曇瑩、徐子平四家註解。今考永樂大典所載凡有二本，一本即徐子平註，一即此本，獨題曇瑩之名，而廷光與仝之說悉在焉。或錢氏之本乃後人輯四家之說合爲一書，故所題撰人之名互異。抑此本爲曇瑩撮王、李之註，附以已說，故其文兼涉二家歟。廷光之書進於宣和癸卯，曇瑩之書成於建炎丁未，在廷光後五年。知非與廷光等同註。而卷首董弅、楚頤二序，亦惟稱曇瑩一人，則當以永樂大典獨題其名爲是也。其說往往以命理附合易理，似不及徐子平註爲明白切實。然如所列王廷光推演命限一條，頗爲精確。曇瑩自論孤虛一條，亦有可採擇。與徐氏之書並行，亦可謂驂之靳矣。上卷之中，三家之註並載。下卷之中，則曇瑩之註爲多，而廷光與仝之註少。又曇瑩自序，以李仝、鄭潾並稱，而卷中無潾一語，疑傳寫脫佚，或永樂大典有所刪節，亦未可定也。廷光與仝爵里事蹟，均無可考。李仝之名，讀書敏求記作同，晁公武讀書志作全，亦莫詳孰是。曇瑩號蘿月，嘉興人，以談易名一時，洪邁容齋隨筆載之，稱曰易僧。其以易理言命，蓋由於是云。

三命指迷賦一卷（永樂大典本）

舊本題宋岳珂補註。珂有九經三傳沿革例，已著錄。其他撰述如愧郯錄、桯史、金陀粹編、寶眞齋法書贊、玉楮集，皆尚有傳本，獨不聞其有是書。宋史藝文志亦不著錄。惟桯史中有珂與瞽者楊艮論韓侂胄祿命，及論幕官袁韶祿命一條，其說頗詳，則珂亦頗講是事，或術家因而依託歟。自元明以來，諸家命書多引用其文，以此本檢勘，並相符合，知猶宋人所爲也。文淵閣書目載是書一部一册，葉盛菉竹堂書目亦有是書一册，是明初其書尚存。今則久無單帙行世，惟永樂大典所錄，尚首尾完具，謹採掇釐訂，編爲一卷，附之術數類中。所論大抵專主子平，於夾馬、夾祿、拱庫、拱貴，辨論詳盡，往往爲他家所未發，而拱庫一條，尤稱精晰。其他文義通達，亦多有可取。惟專以月建及胎元爲推測之本，則不爲定論。蓋月建是行運所主，要必當以日時參之。人生十月而產，固爲常期，然氣稟不同，亦有逾期不及期者，若悉以十月爲限，則刻舟求劍，未免轉失之支離，是又在學者之決擇矣。

星命總括三卷（永樂大典本）

舊本題遼耶律純撰。有純原序一篇，末署統和二年八月十三日，自稱爲翰林學士，奉使高麗議地界，因得彼國國師傳授星躔之學云云。案統和爲遼聖宗年號，遼史本紀，是年無遣使高麗事。其二國外紀，但稱統和三年詔東征高麗，以遼澤沮洳罷師，亦無遣使議地界之文。遼代貴仕不出耶律、蕭氏二族，而遍檢列傳，獨無純名，殆亦出於依託也。文淵閣書目載有是書一部，不著册數，菉竹堂書目作五册，又不著卷數，外間別無傳本。惟永樂大典所載，始末完具，然計其篇頁，不足五册之數，或葉盛所記有譌歟。中間議論精到，剖晰義理，往往造微，爲術家所宜參考。惟所稱宮有偏正，則立說甚新，而驗之殊多乖迕。蓋天道甚遠，非人所能盡測，故言命者但當得其大要而止。苟多出奇思，曲意揣度，以冀無所不合，反至於窒塞而不可通矣。術家流弊，往往坐此，讀者取其所長而略其繁瑣可也。

演禽通纂二卷（浙江范懋柱家天一閣藏本）

不著撰人姓名，乃以演禽法推人祿命造化之書也。相傳謂出於黃帝七元之說。唐時有都利聿斯經，本梵書五卷，貞元中李彌乾將至京師，推十二星行歷，知人貴賤。至宋而又有秤星經者，演十二宮宿度，以推休咎，亦以爲出於梵學。晁公武讀書志復有鮮鶚經十卷，以星禽推知人吉凶，言其性情嗜好，說者謂本神仙之說，故載於道藏。其書均已失傳，而詳溯源流，要皆爲談演禽者所自祖。今世亦頗有通其術者，則以爲本於明之劉基。然其中如甲子寶瓶之類，與回回曆所載名目相近，似其源亦出於西域，蓋即秤星、鮮鶚之支流，傳者忘其自來，遂舉而歸之於基，非其實也。其書上卷載三十六禽嗜好吞啗，干支取化，及旬頭胎命流星十二宮行限入手之法。下卷鑒形賦、其論窮達夭壽吉凶變幻之理。其詞爲俗師所綴集、大抵鄙俚不文。而其法則相承已久、可與三命之學相爲表裏。故存之以備一家。至鑒形賦世或別爲一書、名之曰星禽直指。其實上卷提其綱、下卷竟其用、爲說相輔、今仍合爲一集云。

星學大成十卷（兩淮鹽政採進本）

明萬民英撰。民英字育吾、大寧都司人。嘉靖庚戌進士。歷官河南道監察御史、出爲福建布政司右參議。是編取舊時星學家言、以次編排、間加註釋論斷。卷一曰星曜圖例、卷二曰觀星節要宮度主用十二位論、卷三曰諸家限例琴堂虛實、卷四曰耶律祕訣、卷五至卷七曰仙城望斗三辰通載、卷八曰總龜紫府珍藏星經雜著、卷九曰碧玉眞經鄧史喬廟、卷十曰光齋淵微星曜格局。其於星家古法、纖鉅不遺、可稱大備。自來言術數者、惟章世純所云、其法有驗不驗、驗者人之智計所及、不驗者天之微妙所存。其言最爲允當。而術家必欲事事皆驗、故多出其途以測之。途愈多而愈不能中。其尤難信者、無過於喬廟一說。其說以火土二星相反而相成、貴火參軫及箕壁無咎乃大吉。夜土角斗及井奎降福亦如之。不知五行之理、惟主生剋。如季土坐於凋零之木、本自借其疏通。旺火臨於瀽瀞之流、亦轉樂其滋益。若乃冬火坐水鄉、春土居木位、豈可目爲喬廟、而定其吉乎。且土雖盛而木已被其沈埋、火卽熾而水已虞其枯涸、有利於此、卽不利於彼。是皆好奇求驗、而不計五行生剋之故者。民英於此類大抵沿襲舊聞、未能駁正其謬。且今之五星躔度歲差、既異於古、亦難必其盡合。然其鳩集衆說、多術家不傳之本、實爲五星之大全。與子平之三命通會並行不悖。後來言果老術者、參互考證、要必於是取資焉。明史藝文志及黃虞稷千頃堂書目皆以此書爲陸位撰、而別出萬民育三命通會十二卷。今檢此書卷首自序及凡例、確爲民英所撰。藝文志蓋沿黃氏之誤、故仍以民英名著錄云。

三命通會十二卷（編修程晉芳家藏本）

不著撰人名氏。卷首但題曰育吾山人。明史藝文志有萬民育三命會通十二卷、與此本卷數相合。惟以通會作會通爲稍異。考世所傳星學大成一書、爲萬民英所撰。英字育吾、與此本所題合、當亦出民英之手。藝文志蓋誤以民英爲民育、又通會二字傳寫互倒耳。自明以來談星命者、皆以此本爲總彙。幾於家有其書。中間所載仕宦八字、往往及明季之人。蓋後來坊刻所攙入、已非其舊。然其闡發子平之遺法、於官印財祿食傷之名義、用神之輕重、諸神煞所係之吉凶、皆能採撮群言、得其精要。故爲術家所恆用、要有未可遽廢者。至其立論多取正官正印正財、而不知偏官偏印偏財亦能得力。知食神之能吐秀、而不知傷官之亦可出奇。是則其偏執之見、未爲圓徹。且胎元等論施之今日、亦多有不驗。言命學者但當得其大意、而變通之可矣。若所引珞琭子與今永樂大典中所輯完本、其文迥殊。則其時祕冊僅存、外間未由窺見、遂誤信依託之本、固未足以爲病也。

月波洞中記二卷（永樂大典本）

案月波洞中記見於宋鄭樵通志藝文略者一卷。稱老君記於太白山月波洞、凡九篇。晁公武讀書志亦載此書一卷、序稱唐任逍遙得之於太白山月波洞石壁上、凡九篇、相形術也。與藝文略所記並合。宋史藝文志載月波洞中龜鑑一卷、又月波洞中記一卷、皆無撰人姓氏。其爲一書異名、抑或兩本別行、已無可考。自來術家亦罕有徵引、惟永樂大典所載尚存。核其體例、蓋猶據宋時刊本錄入。並有原序一篇、稱老君題在太白山鴻靈溪月波洞中七星南龕石壁間。其說與藝文略相符。而序中不及任逍遙之名、則亦非晁氏所見之舊矣。序末又題赤烏二十年七月二十三日。案相術自左傳已載、而序中乃獨稱鍾呂二眞人。鍾離權生於漢代、其事已屬渺茫。呂則唐之洞賓、傳記鑿然、何由三國時人得以預知名姓。且赤烏紀號盡十三年、又安得有二十年。明爲不學之徒依託附會。其妄殆不足與辨。特以其所論相法、視後來俗本較爲精晰、當必有所傳授。篇目自仙濟至玉枕九章、其詞亦頗古奧。蓋卽鄭樵晁公武所言之九篇、疑原本實止於此。故諸家著錄皆稱一卷。九篇以下或爲後人所附益、未可知也。然相傳已久、今亦不復刪汰。以篇頁稍多、析爲二卷、以便循覽。且微示原本與續入之別焉。

玉管照神局三卷（永樂大典本）

舊本題南唐宋齊邱撰。齊邱字超回、改字子嵩。廬陵人。初以布衣事李昪，授殿直軍判官，擢右司員外郎，累遷同平章事，兼知尚書省事。李璟嗣立，以太傅領劍南東川節度使，封楚國公，尋得罪被廢，自經死。事蹟具南唐書本傳。齊邱生五季僭擾之世，以權譎自喜，尤好術數，凡挾象緯青烏姑布壬遁之術居門下者，常數十輩，皆厚以資之。是書專論相術，疑卽出其門下客所撰集，而假齊邱名以行世者也。宋史藝文志、焦竑經籍志皆稱玉管照神局二卷，其名與此本同。陳振孫書錄解題則稱玉管照神而無局字，且僅有一卷，疑所見本非完帙。吳任臣十國春秋則載齊邱有玉管照神經十卷，名目稍異，而卷數亦與宋志不符。錢曾讀書敏求記所載，與十國春秋相合，且稱上局所論，皆人之體貌，有形可見，故謂之陽局。下局所論，皆出形之外，無象可觀，故謂之陰局。其言體例甚悉。此本爲永樂大典所載，大指皆以形狀立論，與錢氏所云有陰陽二局者不符。疑此本卽宋志所稱之二卷，故與十卷之本多所同異歟。術家之書，爲後人緣飾增損，彼此牴牾，往往如此，不足深詰。特以其議論頗爲精晰，而所取各書，尤多世所未覩，猶屬相傳舊文，故稍加訂正，釐爲三卷，錄備一家焉。

太淸神鑑六卷　永樂大典本

舊本題後周王朴撰，乃專論相法之書也。考朴事周世宗爲樞密使，世宗用兵，所向克捷，朴之籌畫爲多。歐陽修新五代史稱朴爲人明敏多材質，非獨當世之務，至於陰陽律法，莫不通焉。薛居正舊五代史亦謂朴多所該綜，星緯聲律，莫不畢殫。然皆不言其善於相法。且此書前有自序，稱離林屋洞下山三載，徧搜古今，集成此書。考朴家世東平，入仕中朝，遊蹟未嘗一至江左，安得有隱居林屋山事。其爲依託無疑。蓋朴以精通術數知名，故世所傳奇異詭怪之事，往往皆歸之於朴。如王銍默記所載朴與周世宗微行，中夜至五丈河旁，見火輪小兒，知宋將代周，其事絕誕妄不可信。而小說家顧樂道之，宜作此書者亦假朴名以行矣。然其閒所引各書篇目，大都皆宋以前本，其綜核數理，剖晰義蘊，亦多微中。疑亦出宋人，非後來術士之妄談也。其書宋史藝文志不載，諸家書目亦罕著錄。惟永樂大典頗散見其文，雖閒有闕脫，而掇拾排比，猶可得十之七八。謹裒輯成編，釐爲六卷。朴之名則削而不題，以袪其僞焉。

人倫大統賦一卷　永樂大典本

金張行簡撰。行簡字敬甫，莒州日照人，禮部侍郎暐之子。大定十九年進士，累官禮部尚書、翰林學士承旨、太子太傅，贈銀青榮祿大夫，諡文正。事蹟具金史本傳。行簡世爲禮官，於天文術數之學，皆所究心。史傳其文章十五卷，禮例纂一百二十卷，會同、朝獻、禘祫、喪葬，皆有記錄，及淸臺、皇華、戒嚴、爲善、自公等記，藏於家，而獨不載是書之目。黃虞稷千頃堂書目有人倫大統賦一冊，亦不著撰人姓名。惟永樂大典所載，皆題行簡所撰，且有薛延年字壽之者爲之註。序末稱皇慶二年。皇慶乃元仁宗年號，與金時代相接，所言當必不誤，蓋本傳偶然脫漏也。其書專言相法，詞義頗爲明簡。延年序謂其提綱挈領，不下三二千言，櫽括相術，殆盡條目，疏暢而有節，良非虛譽。惟意欲自神其術，中閒不無語涉虛夸。此亦五行家附會之常，不足爲病。至延年之註，雖推闡詳盡，而於不待註而明者亦復概行贅入，尤蔓過甚，轉不免失之淺陋耳。原本卷帙無多。然檢勘首尾完具，當爲足本。金源著述傳世者稀，今特加釐訂，著之於錄，庶考術數者尚得以窺見崖略云。

右術數類命書相書之屬，十四部，五十三卷，皆文淵閣著錄。

案相人見左傳，漢志形法有相人二十四卷。人生時值星貴賤，見王充論衡。隋志有雜元辰祿命二卷，湓河祿命三卷，則其來已久。特書之傳於今者，大抵附會依託耳。謹擇其稍古與稍近理者，錄存數家，以見梗概。其說亦本五行，故古與相宅相墓之屬均合爲一。今別爲類，蓋命言前知，主於一定不可移，他術則皆言可趨避，其持論殊也。

太乙金鏡式經十卷　浙江巡撫採進本

唐王希明撰。希明不詳其里貫。開元時以方技爲內供奉，待詔翰林。是書乃其奉敕所編，見於新唐書藝文志。故書中多自稱臣，而其閒推太乙積年有至宋景祐元年者，則後人已有所增入，非盡希明之舊也。史記日者傳，術數七家，太乙家居其一。史記天官書，中宮天極星，其一明者，爲太乙常居。而封禪書，亳人謬忌奏祠太一方，名天神貴者太一。鄭康成以爲北辰神名，又或以爲木神，而屈原九歌亦稱東皇太乙。則自戰國有此名。漢志五行家有泰壹陰陽二十三卷，當即太乙家之書。然已佚不傳。惟周易乾鑿度有太乙行九宮法，而今所傳次序乃特右旋，以乾巽為一九。希明謂太乙知未來，故聖人為之蹉一位，以示先知之義。郭璞則謂地缺東南，故蹉九以塡之。欒產又謂太乙之理后王得之以統天下，故蹉一以就乾。其說頗參差，而皆近於附會。故黃宗羲至詆為經緯混淆，行度無稽。蓋術家又有所汨亂矣。核其大旨，乃仿易歷而作。其以一為太極，因之生二目，二目生四輔，猶易之兩儀四象也。又有計神與太乙合之為八將，猶易之八卦也。其以歲月日時為綱，而以八將為緯，三基五福十精之類為經，亦猶夫歷也。其法以八將推其掩迫囚擊關格之類，占內外災福。又推四神所臨分野，占水旱兵喪饑饉疾疫。又推三基五福大小遊二限易卦大運，占古今治亂。術士傳習，其來甚久。故漢書已載有陽九百六之語。南齊書高帝紀贊所引太乙九宮占，自漢高祖五年推至宋禎明元年，幾數百年，而其術遂大顯於世。至希明承詔纂次，參校衆法，益為詳備。觀李燾續通鑑長編，稱夏王元昊通蕃漢文字，嘗推太乙金鑑，則其書且行於四裔矣。然其所論徵應，實多錯謬。如東周逢陽九而不及於夏癸商辛，少昊帝舜皆以靈神首出，周之成宣、唐之太宗，其時亦可稱治安，乃謂與秦始皇同逢百六，其說殊不可通。其凶神吉星所會，皆以分野為憑，而割裂牽配，尤為渺茫無據。故宋時劉攽亦嘗議其非。（宋史劉攽傳：攽疏言佞書謂太一所臨分野則有福。近歲自吳移蜀，信如其說，坤維按堵可也。今五六十州安全者不能十數，福何在耶。）蓋術數之學，如星平壬遁之類，所推止及於一身一時，匹夫之精神志氣不能與造化相通，故韓蘇箕斗，蠡種龍蛇，亦間為數所操而不能遁。然已為聖人所罕言。至歷代之治忽興亡，則所為克享天心者，實在主德，以為凝承之本。故聖王御世而八荒賓服，九穀順成，時有和甘，物無疵癘，其太和洋溢，自有斂疇錫福之所以然。夫豈演紀尋元之可得而推測。是書所列，乃秦漢閒緯書之遺，讖祥小數之曲說，不衷於正，宜為聖人所必斥。特以其術為三式之一，所傳尚古，其書亦出自唐人，故附著於錄，而詳加辨正，以祛千古之惑焉。

遁甲演義二卷（兩江總督採進本）

明程道生撰。道生字可生，海寧人。言遁甲者皆祖洛書。然河圖以圖名，當有奇偶之象；洛書以書名，當有文字之形。故班固以為六十五字（見漢書五行志），劉向以為三十八字，劉歆以為二十字（並見尚書正義洪範篇）。是皆先漢以來洛書無圖之明證。若如宋以後所傳四十五點之狀，與河圖不殊，則當名洛圖，不名洛書矣。考大戴禮載明堂古制有二九四七五三六一八之文，此九宮之法所自昉，而易緯乾鑿度載太乙行九宮尤詳。遁甲之法，實從此起。方技家不知求其源，故妄說也。其法以九宮為本，緯以三奇六儀八門九星，視其加臨之吉凶，以為趨避。以日生於乙，月明於丙，丁為南極為星精，故乙丙丁皆謂之奇。而甲本諸陽首，戊己下六儀分麗焉。以配九宮，而起符使，故號遁甲。其離坎分宮，正授超神，閏奇接氣，與歷律通。開休生之取北方三向，與太乙通。龍虎蛇雀刑囚旺墓之義，不外於乘承生剋，與六壬星命通。至風雲緯候，無不賅備。故神其說者以為出自黃帝風后，及九天元女，皆依託固不待辨。而要於方技之中，最有理致。考漢志所列惟風后六甲、風后孤虛而已，於奇遁尚無明文。至梁簡文帝樂府始有三門應遁甲語，陳書武帝紀遁甲之名遂見於史，則其學殆盛於南北朝。隋志載有伍子胥遁甲文、信都芳遁甲經、葛祕三元遁甲圖等十三家，其遺文世不概見。唐李靖有遁甲萬一訣，胡乾有遁甲經，俱見於史志。至宋而傳其說者愈多。仁宗時嘗命修景祐樂髓新經，述七宗二變，合古今之樂，參以六壬遁甲。又令司天正楊維德撰遁甲玉函符應經，親為製序。故當時壬遁之學最盛，談數者至今多援引之。自好奇者援以談兵，遂有靖康時郭京之輩，以妖妄誤國。後人又攙雜以道家符籙之法，益怪誕不可究詰。於是六壬盛行而遁甲之學幾廢。究之遁通於壬，壬於人事為切；遁於天文為優，實亦未有以軒輊也。世所傳五總龜、煙波釣叟訣，稍存梗概，而是編旨約詞該，於用奇置閏之要，頗為詳具。至論本命行年，謂欲乘本局中吉星生旺，其說亦他書所未及。存之以備三式之一，殆亦五行家所不廢歟。

禽星易見一卷（浙江范懋柱家天一閣藏本）

明池本理撰。本理，贛州人。明史藝文志載所著有禽遁大全四卷、禽星易見四卷。此本僅作一卷，蓋傳鈔者所合併也。禽星之用不一，此專取七元甲子局、用翻禽倒將之法、推時日吉凶、以利於用。或以爲其法始於張良、本風后神樞鬼藏之旨、爲兵家祕傳。蓋好事者附會之說、其實於一切人事得失趨避、無所不占。凡行營立寨吉時、特閒一及之而已。所論禽宮性情喜好吞啗進退取化之理、較他書爲簡明。而以時日禽爲彼、我公用之禽、專取翻禽爲我、倒將爲彼、乃其獨得之解、尤爲可採。惟不載治曜、較異於他書。至以斗木爲蟹、故其性最弱靜而安閒、非獬豸之獬、亦足訂星家之譌異。存之以與壬遁諸書參覽、猶不失爲古之遺法焉。

御定星歷考原六卷

康熙五十二年

聖祖仁皇帝御定。初、康熙二十二年

命廷臣會議修輯選擇通書與萬年書、一體頒行。而二書未能畫一、餘相沿舊說、亦多未能改正。是年因

簡命諸臣明於數學音學者、在

內廷蒙養齋纂輯算法樂律諸書、乃併取曹振圭歷事明原

詔大學士李光地等重爲考定、以成是編。凡分六目。一曰象數考原、二曰年神方位、三曰月事吉神、四曰月事凶神、五曰日時總類、六曰用事宜忌。每一目爲一卷。考古者外事用剛日、內事用柔日。其日以卜、不以擇、趙岐孟子註謂天時爲孤虛王相、則戰國時已漸講之。然神煞之說則莫知所起。易緯乾鑿度有太乙行九宮法、太乙、天之貴神也。漢志兵家陰陽類亦稱順時而發、推刑德、隨斗擊、因五勝、假鬼神而爲助。又陰陽家類稱出於羲和之官、拘者爲之則牽於禁忌、拘於小數、舍人事而任鬼神。則神煞之說自漢代已盛行矣。夫鬼神本乎二氣、二氣化爲五行、以相生相剋爲用。得其相生之氣則其神吉、得其相剋之氣則其神凶。此亦自然之理。至其神各命以名、雖似乎無稽、然物本無名、凡名皆人之所加。如周天列宿、各有其名、亦人所加、非所本有。則所謂某神某神、不過假以記其名位、別其性情而已、不必以詞害意也。歷代方技之家所傳不一、輾轉附益、其說愈繁、要以不悖於陰陽五行之理者近是。是書簡汰諸家、刪其鄙倍、而括其綱要、於順天之道、宜民之用、

大聖人之於百姓、事事欲其趨利而遠害、無微之不至矣。

欽定協紀辨方書三十六卷

乾隆四年奉

敕撰、越三年告成進呈、

欽定。凡本原二卷、義例六卷、立成宜忌用事各一卷、公規二卷、年表六卷、月表十二卷、日表一卷、利用二卷、附錄辨譌各一卷。舉術家附會不經、繁碎多礙之說、一一訂以四時五行生剋衰旺之理。蓋欽天監舊有選擇通書、體例猥雜、動多矛盾。我

聖祖仁皇帝嘗御纂星歷考原一書、以糾其失、而於通書舊本尚未改定。是書乃一一駮正、以祛羣疑。如通書所載子月巳月天德之誤、五月十二月月恩之誤、甲日丑時爲喜神之誤、正月庚日七月甲日爲復日之誤、九空大敗等日之誤、並條分縷析、指陳其謬。甚至荒誕無稽、如男女合婚嫁娶大小利月及諸妄託許眞君玉匣記者、則從刪削。於趨吉避凶之中、存崇正闢邪之義、於以破除拘忌、尤足以利用前民。至於

御製序文、特標敬天之紀、敬地之方二義、而以人之禍福決於敬不敬之閒、因習俗而啟導之。尤仰見

聖人牖民覺世、開示以修吉悖凶之理者、至深切矣。

右術數類陰陽五行之屬、五部、五十五卷、皆文淵閣著錄。

案五行休咎見於洪範、蓋以徵人事之得失、而反求其本、非推測禍福、預爲趨避計也。後世寖失其初、遂爲術數之所託。史記日者列傳載武帝聚占者論娶婦之日、有五行家、堪輿家、建除家、叢辰家、歷家、天文家、太乙家。凡七家。漢志併爲陰陽五行二家、而兵家又出陰陽十六家、陰陽家所列諸書、不甚可考。隋志以下、並有五行而無陰陽、殆二家之理本相出入、末流合而一之、習其技者亦不能自分別矣。今總題曰陰陽五行、以存舊目。其書則略以類聚、不復瑣屑區分云。

欽定四庫全書總目卷一百九

欽定四庫全書總目卷一百十

子部二十

術數類存目一

正易心法一卷（兩淮鹽政採進本）

舊本題宋麻衣道者撰。凡四十二章，章四句，句四言。又題希夷先生受并消息。文獻通考載李潛序云：得之廬山異人。馬端臨註曰：或云許堅。又載張栻跋，亦信為陳摶所傳。惟朱子語錄曰：此書詞意凡近，不類一二百年文字。如所謂雷自天下而發，山自天上而墜，皆無理之妄談。所謂一陽生於子月，而應於卯月，乃術家之小數。所謂由破體鍊之乃成全體，則鑪火之末技。所謂人間萬事悉是假合，乃佛者之幻語。必近年術數末流道聽塗說，掇拾老佛醫卜諸說之陋者，以成此書。後二年守南康，有前湘陰主簿戴師愈者求謁，即及麻衣易。因復扣之，究然此老所作。欲馳報敬夫，敬夫已下世。時當塗守李侍郎壽翁雅好此書，亟以書來曰：即如君言，斯人而能為此書，亦吾所願見，幸為津致之。戴不久即死，而壽翁亦得請西歸矣。又曰：麻衣易是戴師愈所作，太平州刊本第二跋，即其人也。昨親見之，甚稱此易，以為得之隱者。問之不肯明言其人。某適到其家，見有一冊雜錄，乃戴公自作。其言皆與麻衣易說相類。及戴死，其子弟將所謂易圖來看，乃知眞戴所自作也。觀此二則，則是書之僞妄審矣。

翼元十二卷（永樂大典本）

宋張行成撰。行成有易通變，已著錄。案行成進書狀曰：始得邵氏書，既得司馬氏書，潛思力索，久乃貫通。考之於易，無所不合。因著翼元十二卷，以明揚雄之易。又曰：揚雄作太元，義本連山。自著言之，易用七，二極少陽也。太元用三十三，五六之合，十一而三天也。自象言之，周易體八用六，天包地之數也。太元體四用三，地承天之數也云云。蓋所進七易之一也。朱彝尊經義考註云未見。今檢永樂大典，尚載其本。然太元已贅，翼更蛇之足矣。

太元別訓五卷（兩江總督採進本）

國朝劉斯組撰。斯組有撥易堂易解，已著錄。是編解釋揚雄太元，各以韻語發揮其義，意欲以奧崛配雄。然原書詞意艱深，所以待註。註又僻澀，使人不解，是亦何取於註乎。

皇極經世書類要九卷（永樂大典本）

宋鍾過撰。過字益齋，廬陵人。其書作於咸淳中。吳應丑序云：鍾君取邵子之書類之，圖即書，書即圖矣。其類之目曰道，曰太極，曰陰陽，而以外篇之文分附之。考皇極經世外篇本邵子門人所說，故張行成亦別為編次。此書捃拾排纂，初無所發明，更不及行成之索隱矣。

皇極經世節要（無卷數，浙江范懋柱家天一閣藏本）

不著撰人名氏。浙江遺書目錄題元周爽撰。案朱彝尊經義考載經世節要，宋周爽著。爽，湘鄉人。乾道間嘗與胡安國、張栻游，潛心於易云云。則是周爽非周爽，是宋人非元人也。然書中推步元會運世至於明嘉靖辛巳登極、壬午改元，則又非爽之舊本矣。蓋明人所附益也。

皇極經世書說十八卷（內府藏本）

明朱隱老撰。隱老字子方，號潛峯，豐城人。洪武中大學士朱善之父。蓋元末明初人也。隱老以邵子皇極經世義趣深奧，學者猝不能得其說，因以己意訓解。凡邵子所未及者，皆折衷而論定之。若邵子所自為說者，則又姑取至淺近之理以為之指示，欲令讀者易得其津涯。然邵子作此書，其大旨主於推步。隱老乃多講義理，而於數學罕所發明，則仍未能得其綱領也。

皇極經世書傳八卷（河南巡撫採進本）

明黃畿撰。畿字宗大，香山人。黃佐父也。是書有佐附記曰：皇極經世，未有全書。先君得諸道藏，手自錄之。今性理所載，乃蔡西山指要，非其全也。祝泌氏鈐以泰為元，六十四卦皆用四爻，與邵子異矣。廖應淮元元集從之，惟朱隱老始宗本旨，為之說。然未盡也。先君自成化乙巳隱居粵洲艸堂，始悟氣以六變，體以四分，用九則三十六宮，用六則二十四閏，聲音律呂，圓唱方和，而後乾坤坎離用焉。天地萬物之理，貫於一矣。又稱凡所註釋有未備者，佐附以膚見，則推步也。年月日時分秒晝夜進退，積成一元消長，則命算工補其闕焉。然則是書佐所續成也。又稱畿有自序，此本無之，殆傳寫佚脫矣。

皇極經世心易發微八卷（江蘇巡撫採進本）

明楊向春撰。向春字體元，號野厓，普洱人。是書推衍皇極經世舊說，立占卜之法，惟論干支生剋，五行制化。蓋方技家言，非說易之書也。自稱六卷，而隆慶二年鄧世芳序稱八卷，與此本合。據世芳序，是書一刻於大理，再刻於京師，及在武定，又集前刻之未備者刻之。蓋自序乃初刻時作，此則增定之本耳。

皇極經世考三卷（安徽巡撫採進本）

國朝徐文靖撰。文靖有禹貢會箋，已著錄。是編首列邵子起算之術，括爲二圖。一曰數皆不離於五圖，一曰皇極經世一元圖，皆櫽括王湜節要爲之。末附三十六宮解，引鄭康成乾鑿度註及黃帝素問太乙游九宮之說爲證，皆因論邵子之學偶及之。其大旨則以竹書紀年駁經世紀年之誤，上起唐堯甲子，下迄秦始皇甲寅，備列干支，訂其同異。考顧炎武日知錄，備論自王莽以前古人不以甲子名歲，歷引爾雅、周禮註、左傳、史記、呂氏春秋、賈誼鵩賦、漢書、許慎說文，考據甚明。今本竹書不用歲陽歲名，而如後世題甲子，是明人作僞，非汲冢舊文之證。邵子之學無所不窺，而所推帝王年數無不與竹書相左，絕無一言之考正，是又今本晚出，邵子未見之證。乃文靖不以經世疑竹書，而反以竹書攻經世。蓋文人愛奇嗜博，不加詳考，遂至顚倒是非。毛漸三墳，自鄭樵之外，宋以來人人知其僞，而文靖乃據以作竹書前編，其信竹書亦猶是矣。

洪範九疇數解三卷（兩淮鹽政採進本）

明熊宗立撰。宗立有素問運氣圖括定局立成，已著錄。朱彝尊經義考載是書作八卷，與此本不符。然彝尊註曰未見，恐傳聞譌異也。初，蔡沈作洪範九疇數，未竟而卒。今載於性理大全及永樂大典中者，皆非完本。故天台謝無棌序稱其享數弗遐，釋數未備，猶有遺恨。宗立訓釋其書，復因沈之法而廣之。如沈書釋數之詞，僅有潛之一數，餘但虛標數目字，而竝闕其文。宗立皆一一補作。又沈書以原沖從公中用分戎終九數爲九疇之綱，宗立則因而重之，各衍爲八十一數，如焦贛易林以一卦衍六十四卦之例，排定緝綴，遂爲完書。所註推闡易義，曲相比附，百方牽合，使之成理，亦頗能自申其說。惟不註孰爲沈之原文，孰爲宗立之續補，體例龐雜，茫無端緒，非沈原書尚存，幾不知是書爲誰作。是亦自明以來刊古書者之積習矣。

洪範圖解二卷（浙江吳玉墀家藏本）

明韓邦奇撰。邦奇有易學啟蒙意見，已著錄。是編因蔡沈洪範皇極內外篇，復爲圖解，於每疇所分之九字，係以斷語，俾占者易明。其揲蓍之法，與易之蓍卦相同。所言休咎，皆本於洪範，亦與易象相表裏。蓋萬物不離乎數，而數不離乎奇偶，故隨意牽合，無不相通云。

洪範皇極註四卷（江西巡撫採進本）

明李經綸註。

國朝湯傚增註。經綸有禮經類編，已著錄。傚號漫湖，南豐人。經綸先註此書，名曰範數觀通。傚又改此名。凡書中稱漫湖曰者，皆傚說也。其書首卷著揲法、筮占、說辨諸條，以下則分內外篇，末綴以範數之分，而每卷皆系以圖，蓋專爲占筮而作。朱彝尊經義考載經綸有詩教考，極駁其宗王柏之說，刪改聖經，蓋亦好異之士。此書則彝尊不載，不知原本之卷數。中間經傚更定，殆亦非其舊帙矣。

皇極數鈔二卷（江西巡撫採進本）

國朝陶成撰。成，南城人。康熙己丑進士，官翰林院編修。其書以洛書印合河圖，而推其數以占卜。上卷採掇蔡沈之說，下卷採掇李經綸之說，而推衍以己意。大旨重一爲三，重三爲九，九復合一爲十，以通河洛之數。夫奇偶相乘，無不可以成數。成遽謂蓍之生也，每一莖而百根，可爲大衍之數者二。筮易已用其一，安知非儲其一以待蔡子數筮之用。是剽易之旁支，儼然欲以配易矣。蔡沈之說何可與羲文周孔竝言也。

洪範皇極補六卷（江西巡撫採進本）

國朝劉世衢撰。世衢字何甫，永新人。是書成於康熙甲子。以蔡沈洪範數爲未竟之書，謝無棌之註釋亦未詳備，因補圖數釋二篇，序數釋三篇，對數釋一篇，蒙數原本闕疇傳，豫數原本闕註釋，皆一一補之。又補蔡九小數詞。凡書中低一格者，皆世衢所續也。書本四卷，別以凡例、雜論、原序、各圖數總名爲一卷，冠於首。又以五行等十二圖及其弟世履所作五六天地之中合賦一篇爲一卷，附於末。

易範同宗錄（無卷數，江西巡撫採進本）

國朝李灝撰。灝字杜文。卷首自署曰南豐，而前有雍正丁未自序，又自署曰嘉禾，未之詳也。其說取劉歆河圖洛書相爲經緯之義，以易與洪範合而一之，分三篇：一曰河洛，其總綱也；二曰易卦，三曰範數，其兩目也。河洛列圖書表裏之圖，易象列伏羲卦圖文王之易周公之易孔子之易而終以揲法占法範數列箕子之範九峯蔡氏之範寅淸李氏之範附以所作數詞又附改定蔡氏占法夫圖書之說糾紛極矣牽洛書以解易已爲附會又必取洪範以合於易其說於是益支且以易爲蓍洪範爲龜卜是又因龜文之說而綴合爲一於古亦無據也

洪範補註五卷 兩江總督採進本

國朝潘士權撰士權有大樂元音已著錄是編增補蔡沈之書而於原書之外復多所附益首卷爲疇詞蔡沈原本自潛而下無數曰云云其理曰云云以下則全無之皆士權所增入二卷爲蔡氏內篇分章析節闡其大旨外篇三卷則皆士權自撰合蓍龜卜筮五行卦氣聲音律呂交互言之

易十三傳十三卷 浙江汪啟淑家藏本

不著撰人名氏朱彝尊經義考亦云未詳誰作第知爲嘉靖間人其說以乾上九爻爲一傳次以姤及大過十二爻每爻爲一傳合十三爻其成十三傳各證以歷代紀年蓋倣皇極經世而作然於六十四卦相生圖則又不主邵子之說邵博聞見後錄記有邱濬者以易數推元豐元年當豐卦意其學即此術也論多穿鑿其於歷代事蹟亦皆附會蓋術數家之支談渺無關於經義者矣

性理三書圖解九卷 江蘇巡撫採進本

明韓萬鍾撰萬鍾有象緯彙編已著錄此云三書者易學啟蒙律呂新書洪範皇極內篇也皆本無性理之名萬鍾蓋以永樂中修性理大全載此三書故從其後而追題之也原序稱其於啟蒙有主遇卦之卦之殊於律呂有管孔之異於皇極辨止戎之譌明象占之義今案其書於啟蒙考變占之三十二圖每爻必自一爻變至六爻皆變者依爻位逐次列之而各繫爻辭於下蓋本之韓邦奇啟蒙意見殊爲繁複其於遇卦之卦並無發明律呂管孔仍徑一圍三最疏之率亦毫無是正至燕樂字譜大呂太簇夾鍾淸各用五字而以上下緊別之蓋唐宋相傳之舊法所以取夾鍾爲二十八調之準萬鍾於四淸祗列黃太夾而遺大呂淸聲又云旋宮之法未考是其於燕樂尚茫然無據何論雅樂耶皇極內篇係分之八戎小數縱橫當以悔凶休祥平災咎吉吝爲次刊本誤以止之縱數列爲戎縱萬鍾據數正之則所考良是然蔡沈此書非聖人而作易

御定性理精義已以僭經斥之世亦無用以占者其謬否正無庸深辨耳

範衍十卷 浙江巡撫採進本

明錢一本撰一本有像象管見已著錄是編以聖人則書敘疇以龜坼爲卜法後世著重而龜卜不傳太元皇極皆根據洛書而作朱子譏其爲零星補湊因摹倣易象以龜求洛書之舊契原數以爲兆綜九章以考占演爲繇詞並自爲音釋卷首冠以衍法仿靈碁經之例而小變之又總論疇數之義綴於卷末其意欲以補蔡沈書所未備然蔡沈書亦何必補也

謹案推演洪範始自蔡沈故凡因沈書而作者並類從編次惟此及顧昌祚舒俊鯤書雖以範衍衍範洪範圖說爲名而與蔡氏各自爲說故仍以作者之時代爲次

太微經二十卷 河南巡撫採進本

明文翔鳳撰翔鳳字天瑞號太青三水人萬歷庚戌進士官至太僕寺少卿其作此書蓋以擬易凡四經十二贊十六圖六十四緯四表爲一百篇其卦畫以白黑代連斷每卦分上中下始於四象重之爲十六星參之爲六十四儀三百八十四斯又參其畫爲十爲乂爲丄爲丅凡策數二萬四千五百六十以參兩之法乘河圖之數推之爲日數十八萬兆以太微之變爻交太元之變爻推之爲月數一萬億兆四經者一曰昱經以律天道二曰靡經以律王道三曰堯經以律聖道四曰顚經以律神道以四經會八卦列之贊圖合以緯表爲二十卷大旨以周子太極圖說言無極爲未安故據虞書道心惟微語命此名又以揚雄太元與歷數合而易理未協司馬光潛虛則參差不倫邵子開物閉物之數止推至八萬餘年猶有所極因旁通交關積二十六年而其書始成其用力亦云勤至然易象之精微六十四卦俱闡之矣所應發揮者十翼已發揮之矣外此皆聖人所不言也聖人所不言而術數家必強言之其支離轇轕也固宜如翔鳳者所謂誤用其心者歟

說疇一卷 江蘇巡撫採進本

明喬中和撰中和有說易已著錄是編凡分五目一曰正誤皆踵宋元諸儒錯簡之說顚倒經文之序二曰釋次明五行之序其云五星惟金水三十

度、殊不可解。案金水附日而行、日行一度、而又有遲疾順逆之差。此云三十度、是統以月計之矣。三曰廣形、推衍五行之類。其云百餌爲金、薑汁爲金之類、分配牽強、毫無確據。四曰辨、是以十爲洛書、九爲河圖、申劉牧之說、亦空言聚訟。五曰卜繇、以雨霽蒙驛克錯綜相乘爲二十有五、分屬五方、每方得五九四十五疇、各係以詞、如易林之體。末爲用骰代龜說、殆與盧氏籤易同一兒戲。如其說、則神祠珓盃、其法更捷、何必紛紛然繳繞河洛乎。

河圖發微、無卷數、江蘇巡撫採進本

明陳士槐撰。士槐字植甫、莆田人、明季諸生。是書大義以天一地二至天九地十爲河圖之位、因位而後有數。位變五、數變七。凡干支卦爻皆以十數推之。又自二畫推之至于六百七十七萬有奇而止。又云、有河圖之卦、斯有伏羲之卦。其法以五陰五陽彼此交變而成者、謂之位變。以一至十之數乘一而得者、謂之數變。以三畫積至十畫、云用三用四至用十者爲河圖之卦。皆零星補湊、非出天然。至作河圖卦於羲卦之上、益杜撰矣。雜說二篇、謂歷家種種不一、總之以九百四十分爲一度。不知日法各家不同、九百四十分特太初法耳。士槐不明歲差之理、取十九年一章奇零不盡之數以爲定率、殊未考盈縮之變。謂握機八陣前後邊各四曰風雲、左右邊各四曰天衡、並爲定局、亦不知奇正相生之妙矣。至云孔子爲一世佛、伯魚二世佛、子思三世佛、育聖以上過去佛、衍聖以下未來佛、尤不經之甚矣。

礄庵槧一卷、浙江汪啟淑家藏本

明陳藎謨撰。藎謨有皇極圖韻、已著錄。此本乃所集與黃道周往復書札四篇。首爲崇禎甲戌藎謨論洞璣書、次爲道周答書、次亦道周所作三易皇極荅、而以藎謨論律呂一書附之。其說不一、無類可入。以所論多律歷之學、姑附之術數家焉。

參兩、無卷數、浙江巡撫採進本

不著撰人名氏。凡四十一目。起參兩圖說、訖靜生圖說。大約仿太元潛虛元包洞極之類、而益加以詭異。其圖天止一白圓圈、地於白圈中加一黑方作形、圖人於黑方中又一白圈作形、即以是爲卦畫。其中曰粤者、猶易之有爻、元之有測、虛之有辭也。其曰讔者、猶易之有象、元之有贊、虛之有變解也。大旨以日月星漢雲霞風雨露霜雷電霧虹霄爲在天成象、山石金火水田木穀絲鹽爲在地成形、而以參天兩地括形象之賾、牽煩碎支離、不可究詰。

衍範二卷、江蘇巡撫採進本

國朝顧昌祚撰。昌祚號忍園、其縣人。康熙中舉人、官江夏縣知縣、降補萊州府經歷。是編附刻其子成天文集之前。首爲三圖。一曰皇極圖、中爲小圈、其狀如轂、圈內書一誠字、外爲大圈、其狀如輞、而界畫以三十二線、其狀如輻。一曰老子之極圖、三圈相函如射的、而中一小圈書一虛字。一曰佛氏之極圖、兩圈如月之暈而虛其中、別畫一小圈於外、書一空字。上卷自爲之說、下卷引經以證之。大旨以洪範皇極貫注萬理萬事、故名曰衍範。自朱子傳周子太極圖、儒者尊爲道學正脈、上接孔子。後來講學者遂紛紛作圖、以希追配、此亦其一矣。

書前易衍、無卷數、江西巡撫採進本

國朝徐燦撰。燦字朗亭、號玉峯、崑山人。乾隆辛酉舉人。其書以太極函三兼綜河洛理數、取周子太極圖說引而伸之、以爲交兆。又採古今格言、復益以己說爲占詞。法用太極化十六事爲綱、曰順、曰矯、曰潛、曰建、曰照、曰勁、曰近、曰約、曰析、曰止、曰同、曰宏、曰練、曰賦、曰經、曰緯。以十六事相錯得二百五十六、每事各爲五兆、曰合五、曰八三、曰九二、曰七四、曰六五。皆有占詞、合爲一千二百八十兆。其占法以一百二十子、陰黑陽白各半揉和、先拈一字居中、以應天一之數、尚虛中位四數、俟後積數補之。次於前後左右按次列十一數、衍之謂十六兆。內消象、純黑圈。息象、純白圈。交兆、純陽數者陽極生陰、下半圈黑。純陰數者陰極生陽、下半圈白。若方數不符、消息犯重者、不列。又以十六綱配二十四氣、前此言數學者所未有也。自序謂夢周子、二程子各書一三字見示。又授筆一枝、冊一帙、顏曰書前易。因衍爲此書云云、可謂語怪矣。

濬元十六卷、兩江總督採進本

國朝張必剛撰。必剛有三禮會通、已著錄。是編以歲時氣候著爲論說。先爲五圖。首元運圖、次立數圖、次平數圖、次平數奇圖、次平數偶圖。次乃以一歲二氣三元四時五行六運十二月二十四氣三十六旬四十八弦六十子七十二候爲目。每目發端立義爲正文、次爲系說、次爲贊辭。必剛自言其著述之意、謂易之卦爻彖象、先事立文。春秋之征伐會盟、後事立文。至於歲時節候、終古其是、事即其是文。幽明俯仰、遠取近徵、參伍錯綜、抉摘發揮、於觀象玩辭、觀變玩占之義、可以竊附云云。其議論究轉關生大致本張行成易通變之說而益漫衍之未嘗不執之成理而以爲易之本旨則非也至所云天地輪磑之象也日月者行輪磑之蚍蜉也卽古人蟻磨之喻又云時與節令鐵晝輪磑之寸度齒行也物候輪磑中之穀滓也卽太元陰陽相磑物成離離若是若非之旨特小變其字句又其前所載諸圖由一歲而二氣而三元四時五行六運畢之爲圓算家尖堆法也六角全圖以六起數四角奇偶二圖一以四起數一以八起數算家平堆法也亦改易其名目爾

洪範圖說四卷侍講劉亨地家藏本

國朝舒俊鯤撰俊鯤字潛大溆浦人其自序云因欽定易圖說得洪範九疇之數兼得八十一疇之全數於欽定書圖說得洪範九疇之名兼得八十一疇之本名從此衍之分元會運世四卷元曰述舊聞會曰形今意運曰釋名義世曰通數占各爲之圖附以論說述舊聞以河圖洛書爲主形今意以衍範數爲之釋名義則自五行以至六極皆有詮解通數占則仿皇極經世之意推元會之數蓋自爲一家之學非經文本義如是也

演極圖說四卷浙江巡撫採進本

國朝泰錫淳撰錫淳字沐雲臨海人是書推演周子太極之說第一卷爲機極圖衍極圖發明太極初生陰陽之旨卷二爲六陽六陰十二節氣卷三論天象卷四論地理而終以潮候亦各爲圖論發明陰陽變合之理於萬事萬物一一求其所以然大抵皆以意見推測也

右術數類數學之屬二十八部一百六十五卷內五部無卷數皆附存目

黃石公行營妙法三卷浙江范懋柱家天一閣藏本

不著撰人名氏後有總論稱黃石公以授張子房者蓋亦術家所假託也上卷論日月星辰風雲氣候中卷論鳥雀禽獸下卷閒取六壬天罡遊都之說詞義殊爲淺陋卷首有望江南詞百餘首卽世所稱李衛公望江南而又雜以他占法尤叢雜無可取也

東方朔占書三卷浙江范懋柱家天一閣藏本

原本前後無序跋所載皆測候風雲星月及太歲六十年豐凶占驗之法其詞皆鄙俚不文案隋書經籍志有東方朔占一卷東方朔書二卷東方朔書鈔二卷東方朔占候水旱下人善惡一卷蓋古來雜占之書託於朔者甚多然考蔡條西清詩話曰都人劉克者窮該典籍之事多從之質嘗謂杜詩元日到人日未有不陰時人知其一不知其二惟杜子美與克會耳起就架上取書示余東方朔占書也歲後八日一日雞二日犬三日豕四日羊五日牛六日馬七日人八日穀其日晴所主之物育陰則災云云今本無此語知非劉克所見之舊又考北史魏收傳云魏帝宴百僚問何故名人日皆莫能知收曰晉議郎董勛答問禮俗云正月一日爲雞二日爲狗三日爲猪四日爲羊五日爲牛六日爲馬七日爲人云云不言出東方朔則劉克所見之占書已出依託此又僞本中之僞本也

乙巳占略例十五卷兩淮鹽政採進本

舊本題唐李淳風撰皆雜占天文雲氣風雨並及分野星象之說案淳風有乙巳占十卷蓋以貞觀十九年乙巳在上元甲子中書作於是時故以爲名唐志宋志所載卷數並同惟宋志別出有乙巳指占圖經三卷不言何人所撰而無此書尤袤遂初堂書目焦竑國史經籍志亦僅載乙巳占不云別有略例檢永樂大典絕無一字之徵引可知明以前無此書矣錢曾述古堂書目始以乙巳占乙巳略例二書並列而又不言其所自來考朱彝尊曝書亭集有乙巳占跋是其書近時尚存今特偶未之見耳彝尊所論分野以此本相較皆參錯不合且所占至於天寶九載其非淳風所作甚明書中援引亦多龐雜無緒疑後人取開元占經與乙巳占之文參互成書而別題此名託之淳風也

玉歷通政經二卷浙江巡撫採進本

舊本題唐李淳風撰歷代史志及諸家書目皆不載惟陳振孫書錄解題有之卷數與今本合蓋南宋人所依託也天文占驗多不足憑此書不過採摭唐以前各史天文五行諸志略損益之卽眞出淳風亦無可取況僞本乎

觀象玩占五十卷浙江吳玉墀家藏本

舊本題唐李淳風撰凡日月五緯經星雲漢彗孛客流雜氣以及山川陸澤城郭宮室營壘戰陣皆著於占而陰晴風雨雹露霜霧咸附錄焉於日月之交會五星之退留今所預爲推步咸有常經者亦往往斷以占候卽日月所不至五星所不經者亦虛陳其象殊不足憑考舊唐書經籍志有淳風

乙巳占十卷皇極歷一卷河西甲寅元歷一卷緝古算術四卷綴術五卷新唐書藝文志有淳風註周髀二卷註五經算術二卷註張邱建算術經三卷註海島算經一卷註五曹孫子等算經二十卷註甄鸞孫子算經三卷天文占一卷大象元文一卷乾坤祕奧七卷法象志七卷太白通運逆兆通代記圖一卷宋史藝文志有淳風太陽太陰賦一卷日月氣象圖五卷上象二十八宿纂要訣一卷日行黃道圖一卷九州格子圖一卷陳振孫書錄解題有淳風玉歷通政經三卷尤袤遂初堂書目有淳風運元方道不載卷數錢曾讀書敏求記有淳風天文占書類要四卷乾坤變異錄四卷夫古書日亡而日少淳風之書獨愈遠而愈增其爲術家依託大概可見矣

元珠密語十七卷浙江巡撫採進本

舊本題唐王冰撰冰有黃帝素問註已著錄素問序稱詞理祕密難粗論述者別撰元珠以明其道則冰實有元珠一書然考冰爲寶應時人官至太僕令而此書序中有因則天理位而乃退志休儒之語時代事蹟皆不相合其書本素問五運六氣之說而敷衍之始言醫術浸淫及於測望占候前有自序稱爲其師元珠子所授故曰元珠密語又自謂以啟問於元珠故號啟元然考冰所註素問義蘊宏深文詞典雅不似此書之迂怪且序末稱傳之非人殃墮九祖乃粗野道流之言序中又謂余於百年間不逢志求之士亦不敢隱沒聖人之言遂書五本藏之五岳深洞中是直言藏此書時其年已在百歲之外居然自號神仙矣尤怪妄不可信也宋高保衡等校正內經云詳王氏元珠世無傳者今之元珠乃後人附託之文耳雖非王氏之書亦於素問十九卷二十四卷頗有發明則宋時已知其僞明洪武間呂復作羣經古方論云密語所述乃六氣之說與高氏所指諸卷全不侔則呂復所見者併非高保衡所見又僞本中之重儓且鄭樵通志略稱元珠密語十卷呂復亦稱十卷而此本乃十七卷則後人更有所附益又非明初之本矣術數家假託古人往往如是不足詰也其書舊列於醫家今以其多涉禨祥故存其目於術數家焉

通占大象歷星經六卷浙江范懋柱家天一閣藏本

不著撰人名氏首題原闕文一張書末亦有脫佚每卷第一行有蓋七畫八等字用千字文記數蓋道藏殘本也大抵每星爲圖而附以占說有未汴蔡幽諸州名似是唐人之詞始於紫微垣之四輔由角亢歷二十八舍至壁宿而止然多舛誤次第亦顛倒不倫蓋已爲傳鈔者所竄亂矣

天文鬼料竅無卷數兩江總督採進本

不著撰人名氏考鄭樵通志稱步天歌只傳靈臺不傳人間術家祕之名曰鬼料竅卽步天歌也而錢曾讀書敏求記稱天文機要鬼料竅十卷前半詳解丹元子之說後則兼採衆論附列諸圖而終以汪默渾天註疏張素宗渾象圖說合二說觀之蓋步天歌稱鬼料竅特轉相珍祕之隱語而未嘗竟改書名後人因樵此言遂輯鬼料竅一書而摭步天歌於其內以實而論則鬼料竅該步天歌步天歌不該鬼料竅以名而論則步天歌兼鬼料竅鬼料竅不兼步天歌也此本所載與步天歌多有異同所註占語亦多穴鑿又不載汪張二家之書已非錢曾之所見蓋儒者講求古義務得源流稍篤實者皆不敢竄亂舊文方技家一知半解則必以新說相附益此不知何人所改而仍冒原名耳

天文主管一卷浙江范懋柱家天一閣藏本

首題明昌元年司天臺少監賜紫金魚袋臣武亢重行校正蓋金章宗時經進之書案金史百官志司天少監秩從六品而武亢姓名不見於紀傳惟王鶚汝南遺事曰哀宗天興二年右丞仲德奏前司天臺管勾武禎男亢原註凡徐州人氏習父之業精於占候上遣人召之既至與語大悅卽命爲司天長行亢數言災咎動合上意是年九月敵人圍蔡亢預奏十二月初三日攻城及期果然上復問何日當解亢曰直至明年正月十三日城下無一人一騎明年正月城陷十三日撤營去其數精妙如此云云則亢乃哀宗末人不應章宗時已爲司天臺少監校正此書疑其出於託名故時代舛異也其書諸家皆未著錄惟晁氏寶文堂書目有之所載恒星及五星次舍占說皆頗明晰而繪圖舛錯者多末附周天立象賦及五星休咎賦各一篇題曰李淳風撰其詞亦不類唐人錢曾讀書敏求記有明李泰天文主管釋義三卷稱依丹元子步天歌分布垣舍之星爲主當卽詮釋此書而作然不言及此書殆曾偶未之見耶

戎事類占二十一卷（浙江巡撫採進本）

元李克家撰。考江西通志，李克家字肖翁，南昌富州人。至正末，任本學教諭，遷遼陽儒學提舉。卽其人也。是書取兵家占候，採輯成編。卷首爲天象圖、分野圖，中分天類、日類、月類、星野類、星類、風類、雲氣類、蒙霧類、虹霓類、雨雹類、雷電類、霜露類、冰雪類、五行類、時日類、厭勝類，凡十五門。夫天遠人邇，非私智小數所能窺。此甲彼乙，徒熒衆聽。至於厭勝，尤屬鬼謀。郭京六甲神兵，豈足以拒金源耶。此眞妖妄之言，法所必斥者也。

天文祕略（無卷數，浙江吳玉墀家藏本）

舊本題新安胡氏撰，不著名字。其書雜採占候之說，而附以步天歌所陳測驗，大抵牽引傅會，純駁溷淆，不出術士之技。前有劉基序，當爲元末明初之人。然詞旨膚淺，基集亦不載，殆妄人所依託也。

淸類天文分野之書二十四卷（兩江總督採進本）

明劉基撰。基有國初禮賢錄，已著錄。此書乃洪武中奉敕所作。案星土之說，本於周禮保章氏。而其占錯見左氏傳中。其法以國分配，漢晉諸志少變其例，以州郡分配。以天之廣大，而僅取中國輿地分析隸屬，本不足信。基作此書，更以一州一縣推測躔度，剖析毫釐，尤不免於破碎。特其不載占驗，爲差勝術家附會之說。然既不占驗，何用更測分野。於理均屬難通。蓋附會相沿，雖以基之學識，亦不能盡破拘墟之見也。

白猿經風雨占候說一卷（浙江范懋柱家天一閣藏本）

舊本題明劉基註。是書前有洪武四年基自序。案明史藝文志天文類載有白猿經一卷，不著撰人。疑卽是書。書中專論風雨雷電霾旱晦明之兆，末附以日星雲氣圖，殆好事者於天文祥異書中掇拾而成。註文及序均淺陋，亦決非基作。考沈士謙明良錄略曰：基以洪武八年四月卒。以天文書授子璉，使俟服闋進，且戒之曰：無令後人習也。然則基之術數，且不肯傳其子孫，又安有此種註釋流傳於世乎。

神樞鬼藏經二卷（浙江巡撫採進本）

不著撰人名氏。首題南極沖虛妙道眞君。蓋道家所依託。前有自序，稱輯爲三卷，分十二章，條陳一百一十九事。今此本祇分上下二卷，殆又傳鈔者所併也。上卷載風雲陰晴之占，以知歲時豐歉。下卷雜述靑烏家言，相第宅吉凶，推小兒年命，末及觀物拆字，斬三尸，驗神光，所言極宄雜不倫。自序又謂內篇有神道天奇之祕，勿敢輕泄，附諸別錄。亦誇誕不足信。中有皇明洪武語，蓋明人所爲也。

象緯全書（無卷數，兩淮鹽政採進本）

不著撰人名氏。觀卷末自跋，蓋明萬曆中人。跋稱監臺疇人子弟分科各習一藝，算者昧於象，占者不達數，意須用象數相參考其同異，則亦司天之官也。其書前列七政二十八宿變異及風角星氣諸術，分類頗詳。然大抵雜引諸占書，參以史事，無所考正。末爲太陽行度立成諸表，蓋卽所謂象數相參者。然言象者逾十之九，言數者不及十之一也。

參籌祕書十卷（浙江巡撫採進本）

明汪三益撰。三益字漢謀，貫溪道士。是編採衾道奇門諸書，裒合成編，以備兵家之占。成於崇禎己卯，楊廷樞爲之序。己卯，崇禎十二年也。是時流氛方熾，廟堂主招撫，而草澤則競談兵，乃至方外者流亦炫鬻其術，託於異人之傳。夫天時之說，見於孟子，則孤虛旺相，亦屬舊文。然周興紂滅，同一干支，我往彼亡，難分宜忌。軍政不修，而規規以小術求勝，負末矣。

星占三卷（浙江巡撫採進本）

明劉孔昭撰。案明史功臣世表，孔昭，劉基十三世孫，天啟三年襲封誠意伯。是書因基所撰在齊餘政爲之註釋。其一卷論恒星，繪三垣二十八宿星座形式於前，附步天歌於後，於諸星悉加占語。類皆勦襲舊文，稍爲損益。二卷論日月五星飛流彗孛天形怪異，以及分野宿次，言月蝕不及日食。三卷論陰晴風雨占候，亦皆雜採觀象玩占、天元玉歷諸書，無所發明考證。惟所載測天賦，較觀象玩占所載之本頗有條理，而孔昭之註則仍不免於支蔓。疑其本別有所受，爲熟於干支宮卦者所訂也。末列雨師、雷煞、金虎、火鈴、太乙、天罡、訪察使者諸名，全採道家之說。又附日月星象雲氣諸圖，亦占書之陳迹，均無足採。

天文書（無卷數，江西巡撫採進本）

明柯洽撰。洽字九疑，天台人。是書乃其手錄天官家言，故無卷帙次序。第一冊論垣宿諸星，第二冊論分野，第三冊論五星，皆雜採史傳，綴以諸家占候之法。第四冊論天地列曜交食衝犯，多採革象新書，而附以己意，大抵與今法違異，不足以資考核。

靈臺祕苑一百二十卷（河南巡撫採進本）

不著撰人名氏。考北史庾季才傳，稱所著有靈臺祕苑一百二十卷，垂象志一百四十二卷，地形志八十七卷，並行於世。此書書名卷數皆與相合。然書中所徵引故實，迄於元末。又所記冬至以日躔箕宿四度起算，則明人所編輯，仍襲季才之名耳。其書首一卷至五卷論天，六卷至十二卷論日月，十三卷至十七卷論五星，十八卷至二十七卷論三垣，二十八卷至五十三卷論二十八宿，五十四卷論雜星，五十五卷至六十卷論望氣，六十一卷至六十六卷爲天象雜占，六十七卷至七十卷論風角，七十一卷至一百二十卷爲雜占候。大抵推步躔度者少，測驗祥異者多。體例亦頗冗沓，蓋方技之流雜鈔占書爲之耳。

註解祥異賦七卷（浙江范懋柱家天一閣藏本）

不著撰人名氏。專言天象祥異。凡賦七篇：占天地者曰元黃賦，占日者曰炎光賦，占月者曰元精賦，占五緯者曰躔經賦，占彗孛飛流者曰瑞妖賦，占宮室城郭營壘氣象者曰雰霧賦，占風角者曰颷颺賦，各爲之註。大致與明仁宗所製天元玉曆祥異相類。

天漢全占二卷（浙江范懋柱家天一閣藏本）

不著撰人名氏。上卷爲步天歌，下卷爲天漢經，各繪圖於上，而載其說及雜占於下。諸家書目皆不著錄。星圖各施采色，頗工整可觀，疑亦從明代內府本錄出者也。

海上占候一卷（浙江范懋柱家天一閣藏本）

不著撰人名氏。所記潮汐風雨晴晦日月虹霧之類，皆有定驗。乃爲泛海占視者而設，故以海上爲名。

軍占雜事一卷（浙江范懋柱家天一閣藏本）

不著撰人名氏。所載亦多行兵占候之法。其書前半已有闕佚，而後半別題神武金鑑，自相舛異，蓋斷爛不完之本也。

占候書十卷（浙江范懋柱家天一閣藏本）

不著撰人名氏。首列步天歌，系以星象各圖，次即詳載諸占法。每一占爲一圖，而以占驗附於下。所引不出史志及京房易傳、乙巳占諸書。大抵附會穿鑿，殊爲猥雜。

天文諸占一卷（浙江范懋柱家天一閣藏本）

不著撰人名氏。亦莫詳時代。書中雜占，半出鈔襲，半出臆斷。如所註日影一則，謂用竿八尺立於地中，以度其影，每於當節之日午時，測影之長短，以定豐歉疾疫人畜夭傷。不知太陽太陰午正高度隨時隨地在在不同，豈能限以成法。泛言占驗，又其註月影一則，謂正月元宵夜月到午中，立七尺竿子，以度其影，八尺水澇，六尺歲稔，一尺饑疫云云。是並不知日月之度數，而妄陳休咎，不亦傎乎。

天文大成管窺輯要八十卷（浙江范懋柱家天一閣藏本）

國朝黃鼎撰。鼎字玉耳，六安人。明末以諸生從軍，積功至總兵官。入
國朝官至提督。是書乃其晚年所集，以古今天文占候分門編錄。大學士范文程序之。大旨主災祥而不主推步，繁稱博引，多參以迂怪荒唐之說。

右術數類占候之屬，二十六部，三百八十卷。（內四部無卷數）皆附存目。

欽定四庫全書總目卷一百十

欽定四庫全書總目卷一百十一

子部二十一

術數類存目二

漢原陵祕葬經十卷（永樂大典本）

不著撰人名氏。前有自序、稱昔因遇樓敬先生、傳陰陽書三本。其用甚驗。直指休咎之理、出生入死。遁甲之法、乾兌坎離遯宅之法、辨年月日時加臨運式。余因暇日、述斯文五十四章、分爲十卷、備陳輿旨。立冢安墳、擇地斬草、冢穴高深、喪庭門陌、碑碣旐旒、無不備矣云云。蓋術家所依託、所云樓敬先生、豈假名於婁敬、而其姓誤加木旁歟。

葬經一卷（兩江總督採進本）

題云青烏先生葬經、大金丞相兀欽仄註。考青烏子名見晉書郭璞傳。唐志有青烏子三卷、已不知爲眞古書否。此本文義淺近、經與註如出一手、殆又後人所依託矣。郭璞葬書引經曰者若干條、皆見於此本、然字句頗有異同。蓋作僞者竊取璞書以自證、而又稍易其文以泯剽襲之迹耳。未可據爲符驗也。

天機素書四卷（通行本）

舊本題唐邱延翰撰。延翰字翼之、聞喜人。通志藝文略載延翰玉函經一卷、黃囊大卦訣一卷、無此書名。惟堪輿類纂載宋吳景鸞進陰陽天機書序云、唐開元中、河東星氣有異、朝廷患之、遣使斷其山、究其實、則邱延翰所作之山也。捕之弗得、詔原其罪、乃詣闕進師授天機書、并自撰理氣心印三卷。元宗賜之爵、以玉函藏其書內廷、禁勿傳。唐末兵亂、曾求已楊益於瓊林庫獲玉函、發之得天機書。由是楊曾之名始著。曾授陳摶、摶授景鸞父克誠、景鸞於慶歷辛巳承詔進天機、心印二書。然則玉函天機本一書而二名也。然其說頗誕、已不足爲據。是書九詞旨猥鄙、不類唐以前書。二卷以下圖說參半、所謂三仙講五虎講諸圖、宂復牽綴、皆無意義。大抵明代地師因景鸞之說所爲、又非宋人相傳之本矣。

內傳天皇鼇極鎭世神書三卷（浙江巡撫採進本）

舊本題邱延翰正傳、楊筠松補義、吳景鸞解蒙。核檢其文、實出僞託。其大例以天星二十八宿附於二十四山龍之下、以乾坤艮巽爲四釐極、配以炁羅計孛四星、以角亢奎婁斗牛井鬼分爲四候。不知其何所取義。案青囊序有先看金龍一語、後人以亢牛婁鬼四星當之、原屬臆解。是書又云四金不以方位言、專以在地之形、應在天之象。考星野見於周禮、其占候略見於左傳。唐書載僧一行亦以山河兩戒配列宿。然第就方輿大勢言之、初非沾沾於一邱一壑、指其象某宿某垣也。楊賴諸家閒借天星以代干支字面、如亥曰紫微、兌曰少微之類、特欲變文以示深隱。後人誤會其意、浸以天星立說。於是亥爲貴龍、艮爲富曜、踵謬襲謬、異說紛綸。遂至離方位而言星象、斷非楊賴之舊法、無論邱延翰也。

地理玉函纂要二卷（浙江巡撫採進本）

不著撰人名氏。案玉函之名、相傳本於邱延翰書。然其書久已不傳。是本託名纂要、設爲諸圖、雜以三合長生之說、末附黑囊經口訣、捉穴心印、造理賦數條。大抵剽取坊本僞書、隨意竄入、不足據爲定論也。

天玉經外傳一卷四十八局圖一卷（通行本）

舊本題宋吳克誠撰、其子景鸞續成之。一名吳公教子書。案克誠父子名氏、古籍無徵。惟術家相傳、謂克誠德興人、嘗從學於陳摶。景鸞承其指授、慶歷中應薦入都、授司天監正。以論牛頭山山陵事下獄。遇赦後、佯狂削髮於天門西岸白雲山洞。治平初、遺書與女而終。女即虔倅張道明之妻、以其書授廖瑀者也。今觀是書、大半勦襲青囊催官詞句、而陰據玉尺經三合爲本。如以寅午戌爲火局、遂謂寅龍左旋屬丙、右旋屬丁。非但以木爲火、違其本性、即論三合、丁火當生酉旺巳墓丑、正與寅午戌相反。又如因艮近寅、辛近戌、遂併以艮辛爲火、坤乙爲水、乾丁爲木、巽癸爲金、屈天干以就地支。派流忘源、併失三合緣起之意。宋人議論尙無此派、斷爲明人贗作無疑。次卷四十八局圖、即衍前說。李國木序云、傳爲嘉隆閒歐陽氏鸞筆所書。附以經驗各圖、如朱國祚、黃洪憲祖地之類、皆明萬歷時人。其僞託之迹尤顯然也。

九星穴法四卷（通行本）

舊本題宋廖瑀撰。地理家以楊曾廖賴並稱、而瑀書獨佚不傳。故諸家著錄、皆無其目。是書莫知所自來、蓋依託也。其法專以九星辨穴體。所謂九星者、太陽太陰金水紫炁天財凹腦雙腦平腦三體、合天罡燥火爲九。其中又分正體開口懸乳弓腳雙臂卑股側腦後骨平面爲九等各系以圖與說已不免強無定之形以就一定之格至其雙臂太陰一條云若兩臂太尖名夾刃主殺人至毒須人力鋤去尖頭使令圓淨則變凶爲吉是人不受氣於地地轉受形於人矣但擇一吉地之圖依其高下而培築剷削之固不難尺寸悉符曲折相肖也然有是理歟

玉尺經四卷通行本

舊本題元劉秉忠撰明劉基註秉忠初名侃字仲晦其先瑞州人曾祖官邢州因徙家焉少補邢臺節度府令史旋棄去隱武安山中從浮屠法更名子聰世祖在潛邸僧海雲邀與入見大悅之留贊大計人稱聰書記及世祖即位始創議建國號規模制作皆所草定至元元年拜光祿大夫太保參預中書省事更賜今名十一年卒贈太傅趙國公謚文貞後改謚文正追封常山王事蹟具元史本傳基有清類天文分野之書已著錄秉忠精於陰陽術數世祖稱其占事知來若合符契嘗相地建上都於龍岡又建大都城其規制皆秉忠所定顧史不載其著有是書永樂大典備收元以前地理之書亦無是編明嘉隆以前人語地學者皆未嘗引及知其晚出特依託於秉忠基註中有貴州北界之語貴州在元季爲順元宣慰司明初改貴州宣慰司永樂間始置貴州布政司基當太祖時何由與廣東雲南並稱是註之僞託亦不問可知其書言萬山起自崑崙其入中華分五嶽者爲艮震巽三條又云黃河界而西北丑艮行龍長江限而東南巽辰起祖不知黃河自西北而東南依形家言當云乾亥行龍長江自西南而東北依形家言當云坤申起祖蓋承上文而自忘其謬又以金臨火爲自焚木入金爲絕命離龍見兌坎爲自廢震龍見離兌爲傷劫不知山川蟠鬱千里百里初無定形必如所云自起祖以至落脈兌不可以入離離不可以趨兌將褒斜之谷不可以入終南九華之峯不可以趨鍾阜拘而鮮通莫此爲甚其論向篇謂龍穴之善惡從水而以生旺三合爲主是轉以巒頭之形勢繫於水口之吉凶舍本齊末益復支離自此書盛行江南地學率皆以三合爲正宗趨生趨旺從向從龍糾紛不已蓋三吳澤國言水口則易於傅會是以輾轉相承末流益熾

國朝華亭蔣平階作地理辨正始攻之甚力雖平階欲盡變理氣家言未免過當然謂其端楊賴兩家龍分順逆砂辨貴賤之緒論參以臆說詞雖瀾翻意實膚淺平階所糾要不得謂之吹索也

披肝露膽經一卷通行本

舊題明劉基撰明史藝文志亦載有其目然觀書中所分龍訣穴情兩篇大半剽剟撼龍葬法諸書砂訣水訣歌亦皆淺俗如筆架科名應有分滿牀牙笏世爲官等句基必不若是之陋殆附南北平陽論數條則李國木雜取他家之書附入者尤爲弁髦殆嫁名於基者也

地理大全一集三十卷二集二十五卷通行本

明李國木撰國木字喬伯漢陽人是書一集之一卷二卷爲郭璞葬經三卷至六卷爲唐邱延翰天機素書七卷至十卷爲楊筠松撼龍經疑龍經葬法倒杖十一卷至十四卷爲宋廖瑀九星穴法十五卷爲蔡元定發微論十六卷爲明劉基披肝露膽經十七至三十卷爲搜元曠覽稱遯菴彙古者國木自撰也二集一卷爲唐曾文辿靑囊序二卷爲楊筠松靑囊奧語三卷至六卷爲楊筠松天玉經內傳外編七卷至十一卷爲元劉秉忠玉尺經附遯菴原經圖說十二卷至十四卷爲宋賴文俊催官篇附遯菴理氣穴法十五十六卷爲宋吳克誠天玉外傳四十八局圖說十七卷至二十五卷爲索隱元宗亦國木自撰是書凡例一集專論巒頭二集專論理氣以多爲富眞僞錯糅又國木自撰附圖附說者居其半陳因泛衍絕無取裁如玉尺經向稱劉秉忠著已屬傅會是書標題爲陳希夷著劉秉忠集跋云與師友講論已成一帙幸得伯溫先生原本與予註若出一揆因爲補其闕遺仍附圖說乃知所謂劉註卽國木假爲之以欺世也每卷首率題李某刪定是卽其所集諸家之書亦已多所竄改矣

地理總括三卷浙江巡撫採進本

明羅珏撰珏字世美鄱陽人是書刻於萬歷二年前二卷以二十四山分陰陽局龍穴砂水各爲之圖又及造命分金躔度諸法珏自序專爲理氣而設頗楊曾二氏之論理氣詞約義豐隨地通變賴氏雖分龍穴砂水爲四亦撮舉一二確鑿可據者爲言珏乃定爲格式某龍某方爲吉某方爲凶二十四山執一不化不知山川賦形卦氣消息萬有

不齊。用意雖勤、可謂不善學古者矣。其第三卷爲平原三法、附以諸家雜論。三法者、一曰特生墩阜、二曰眠亙形局、三曰鶴水裁局、不著其所自來。案葉泰平陽全書三法後有嘉靖時汪標跋、稱此書出自幕講僧祕傳。今觀其墩阜圖內所載龍虎朝應、率皆板法。眠亙圖有靈蛇搶蛤、老蚌吐珠等名、亦多臆造。未必出幕講之手。惟雜論內所引楊筠松之遍地鈴、如水邊花發水中紅、窗外月明窗內白之句、寓言氣感、頗具名理。惜又雜以他說、如海角經青龍、六合空高大、白虎朧蛇莫起峯之類、仍不離乎庸術也。

羅經頂門鍼二卷（內府藏本）

明徐之鏌撰。之鏌、建陽人。萬歷中諸生。是書專論指南鍼法、以當時堪輿家羅經之制、僅主二十四向、而略先天十二支之位爲非。因著論詳辨、復繪之爲圖。分三十三層、各有詳說。後附圖解一卷、則其門人朱之相所作也。

堪輿類纂人天共寶十二卷（安徽巡撫採進本）

明黃慎撰。慎字仲修、海陽人。其書刊於崇禎癸酉。分經傳論狀書記篇說詩賦歌訣問答雜錄辨斷穴法葬法序表二十目。大抵割裂舊書、分門編次。舛錯紛淆、漫無持擇。如何溥靈城精義一書、因無門可歸、改曰論氣正訣、入之訣類。他可知矣。

羅經消納正宗二卷（兩淮鹽政採進本）

明沈昇撰。昇始末未詳。是書前分七十二龍、用納音五行以斷消納得氣及消納失氣爲一卷。次分六十龍、參取星度三百六十五及三奇入門官貴祿馬刑傷剋殺爲一卷。其門人史自成序、稱廖瑀得楊筠松曾文辿會求己吳景鸞相傳之術、以授丁應星。應星授譚某。譚授吳舜舉。舜舉授劉師文。師文授余芝孫。芝孫授黃仲理。仲理授程義剛。義剛授劉時輝。時輝授劉應奇。應奇授顧乃德。乃德授何震儒。震儒授昇。昇廣演局、口授是書。自來論羅經者二家。一主八卦九宮、所謂氣從八方是也。一主十二地支。一支五子、重而六十、名胎骨六十龍、又名透地六十龍、以之定格。來龍入首、於兩支接縫閒、空去癸甲壬乙之界、成七十二、名穿山七十二龍、以之立向收水、而皆取納音五行。六十納音起於金、故曰分金。然如以六十爲得、則空其十二支接縫以成七十二者非矣。如以七十二爲得、則干支蝕排以成六十者非矣。況言六十龍又有二、一則甲子起壬初、從卦不從支、而爲平分六十龍。一則甲子起壬之半、從支不從卦、而爲胎骨六十龍。說愈岐而愈謬、徒足滋惑而已。

寸金穴法二卷（浙江巡撫採進本）

不著撰人名氏。其書以俗本廖瑀九星穴法爲宗。謂穴法之外、當有異穴怪穴、別爲之圖。其智蓋又出於穴法九變之下。內一條云、汀州王氏墓、眞武大坐形、龜蛇俱足。郭景純爲龜眼上下一穴、蛇眼上下一穴、子孫富貴不絕。其荒誕可知矣。

畫筴圖一卷撼龍經一卷（兩淮鹽政採進本）

國朝孫光鼎撰。光鼎字丹扶、餘姚人。順治辛卯副榜貢生、官稾城縣知縣。其書託之楊筠松以授曾劉諸人、實約取諸家之論氣脈者、而附以己說。起原脈絡火爍、爲目二十有四。題稱第一圖至二十四圖。今惟動氣一條有圖有說、餘皆有說而無圖。蓋已佚闕。前載洪武六年劉基上畫筴圖疏、似依託所爲。後附撼龍經一卷、題云余貞如解、孫光鼎刪補。其說與畫筴圖相表裏。二書皆專論龍脈、非游談無根者比。然出於掇拾剿襲、不足名一家之言也。

定穴立向開門放水墳宅便覽要訣四卷（浙江巡撫採進本）

國朝梅自實撰。自實字有源、宣城人。是書專以二十四山向用正五行、辨每年旺氣節候。又以年遁方支論納音生剋、每山下各附天符經金精鼇極天河轉運等書所定吉凶日。又附陽宅開門放水諸訣於後。但詳宜忌、並不著其所以然。蓋術家鈔輯之本、以備檢閱者也。

山法全書十九卷（江蘇周厚堉家藏本）

國朝葉泰撰。泰字九升、婺源人。自序謂先輯平陽全書、復輯是編、皆裒集前人堪輿之說、而以己意評註之、亦閒附以己作。大旨以楊筠松吳景鸞二家爲主。其論辯頭陰陽、尤尊楊氏、而闢廖金精之說。其龍法論九星、不取五星之說。其凡例謂山法流傳既久、其正形正象俱葬去無遺、故曰有遺穴無遺龍。若言遺龍、惟奇形怪穴人所不能識、人所不敢下者耳。於今日而言山穴、舍奇怪無從也。斯亦非平易篤實之道矣。

附錄

尚書天地圖說六卷（河南巡撫採進本）

國朝潘咸撰。咸有易著圖說、已著錄。是書雖借尚書爲名、以堯典經文冠前五卷之首、以禹貢經文冠末一卷之首。而實則支離曼衍，自抒其說，與經義渺無所涉。而其說又皆自逞私臆。如謂月食非地影所隔，謂陽全陰半，月之圍徑當減日體之半。皆據理而談，不知測算爲何事。故新法古法兩不能通。圖說彌多，糾牽彌甚。其地圖以山海經所列諸名不分眞妄，案四方四隅排比騈聯，齊如布算。又以水經注所列諸名不分今古，屈曲鉤貫，紛若亂絲。至所繪今之輿圖，顚倒南北，易置東西者十之八九。至其天圖之末，附以羅經圖說、甲子納音。地圖之末，附以元劉秉忠玉尺經。盛談相地之術，尤爲不經。列之經部，實爲不倫。故附存目於術數類焉。

右術數類相宅相墓之屬，十八部，一百三十二卷，附錄一部，六卷，皆附存目。

九天元女六壬課一卷永樂大典本

舊本題唐袁天綱撰。天綱事蹟具新唐書方技傳。前有序文，不著名氏。稱伏羲受河洛之祕而畫卦，文王重之，孔子備之。後世卜筮者惟鬼谷子得其要妙，至唐太史天綱袁公得其要旨。今鏤梓以廣其傳。末題大德十年丙午，蓋元人所僞託也。

六壬軍帳賦一卷浙江范懋柱家天一閣藏本

舊本題河南劉啟明撰。不著時代。案崇文總目有劉啟明占候雲賦式一卷，宋史藝文志有劉啟明雲氣測候賦一卷，蓋北宋以前人。是書見於焦竑經籍志，錢曾讀書敏求記，所言臨戎傳式之法，以四時識神之雌雄，亦玉帳經之流。明人已刻入六壬兵占中，此其別行之本也。

河洛眞數二卷浙江范懋柱家天一閣藏本

舊本題宋陳摶撰。摶事蹟具宋史隱逸傳。其說以易之卦爻配合人生年月日時八字，以定休咎。前有摶自序，又有邵子序，詞皆鄙倍，殆術士不學者所爲。下卷載晉管輅述洛書篇，首曰，夫河龍負圖者，非龍也，乃大龜也。又曰，羲皇畫八卦，後有大撓明之。尤極謬陋，不足與之辨也。

邵子加一倍法一卷浙江范懋柱家天一閣藏本

不著撰人名氏。考二程遺書載邵子與程子言數，程子稱只是加一倍法。蓋指算數言之，非占驗祿命之謂也。此書以六十甲子積數以卜貴賤吉凶，亦以加一倍法託之邵子，殊相矛盾。楊愼丹鉛錄曰，張橫渠喜論命，因問康節疾，曰，先生推命否。康節曰，若天命，已知之矣。世俗所謂命，則不知也。康節之言如此。今世游食術人，妄造大定數，蠢子術託名康節，豈不厚誣前賢。則妄相假借，其來已久矣。

六壬心鏡要三卷後集一卷浙江巡撫採進本

宋徐道符撰。道符自號無欲子，東海人。所著別有六壬六經歌一卷，今已亡佚。惟此書尚存。焦竑經籍志又作六壬心鑑歌，則字之譌也。自序謂取神樞靈轄、連珠式、花瓶記、元堂壁、玉龍首、雕科諸書，遍求奧旨，攢略爲歌。凡一百八十一篇，分成三卷。上卷九門，中卷十七門，皆論課象及一切日用事物占斷。下卷十六門，皆軍占。其雜占及二十神將論凡十三篇，別爲後集。立說簡該，使讀者昭然易曉，在壬書中最爲善本。今已全收入六壬大全中。故不更複錄，而特存其目於此。

六壬畢法賦一卷浙江鄭大節家藏本

宋凌福之撰。福之履貫未詳。核其自序，蓋理宗寶慶間人也。始徐道符作六壬心鏡，建炎中又有邵彥和者著書，名曰口鑑，以闡明徐氏之說。後多爲俗學所竄亂，福之因用彥和法作七言百句註釋之，以成此書。融貫傳說，而綴以心得，獨爲精當。自序謂雖言詞鄙拙，實決斷之幽微，可爲定論。世之言壬術者，多奉爲祕鑰。亦載六壬大全中，故與心鏡並存目焉。

皇極大定動數得一論一卷永樂大典本

元吳正撰。正字大初，不知何許人。有大德庚子自序，稱康節先生集成大定論數，不以示人。一日訪隱者龔老於山間，見其孫方襁褓，曰此子神色凝重，將來可傳吾學。即出袖中書以遺龔老。龔以授其孫，即所謂西峯先生也。先生諱端禮，嘗竊數於潭州城西，日給自給，便不復算。乃演爲三十六類，以授石渠先生。石渠增爲四十門，以授黃先生。後爲白玉蟾得之，作觀物窒蹄十論，以授蔡叔明。叔明傳蔡習卿，習卿傳君玉，君玉傳許伯約，伯約以降，傳者寖寂。余游方外，與野舟吳先生會於秋浦。先生名準，鄱江人。余就學其數，索圖而索，閒亦多驗。舊稾無存，今再爲是編，與同志者共討論之。原始要終，意明詞簡，名之曰得一論。蓋有取於天向一中分造化之義云爾。蓋宋以後術數之家，大抵託邵子以神其說。然邵伯溫作易學辨惑，稱邵子惟傳王天悅、張子望二人，又皆早死。鄭夬竊得天悅之書，伯溫尚斥其依託，此紛紛者何自來乎。

周易尚占三卷（兵部侍郎紀昀家藏本）

不著撰人名氏。前有大德丁未寶巴序，（案寶巴原本作保八，今改正。）稱爲瑩蟾子李淸菴作。案元李之純號淸菴，又號瑩蟾子，有中和集，別著錄，則此書乃之純撰也。其書分十八部，皆論易課斷法，與今卜肆術相類。惟於六神之外兼論神煞吉凶，則與今稍別。案寶巴有易體用十卷，中分三書，其第三書爲周易尚占三卷，書名卷數皆與此書相同，然世無傳本，或因寶巴之序，疑此卽寶巴之佚書，則誤甚矣。

玉靈聚義五卷（浙江巡撫採進本）

元陸森撰。森字茂林，平江路人，官陰陽教諭。是書前有延祐二年森自序，又有天曆二年刊書緣起，亦森所述。稱申奉平江路陰陽司校正無差，及移准本路儒學訓導考究，總管府指揮鋟梓，則當日官刻之書也。所述皆龜卜之法。其曰玉靈者，案史記龜筴傳，祝龜之詞有玉靈夫子語，司馬貞索隱謂尊神龜而玉之，其名當取此義也。第一卷全錄徐堅初學記龜部故實詩文及對偶之句，第二卷全錄龜筴傳，三卷以下乃及於圖式訣法，詞旨鄙俚，不出術家之習。其書久無刊版，此本傳寫頗脫誤。證以永樂大典所載，全書卷首佚趙孟喧略天祐范濂三序，卷三之末佚龜經祕訣三條，卷四佚自然淸平一圖，卷五之末佚推六神行法，配入五鄉一章，自然卦頌一章，及所列十圖，蓋殘闕之本。自孔子繫易，極贊蓍德，而龜卜漸以不傳，後世術家所用，皆別立名目，以意斷制，非復古法。蓋無足貴，今亦姑存其目，所佚諸條，不復採掇葺補焉。

六壬五變中黃經二卷（浙江巡撫採進本）

不著撰人名氏。中黃本道家之言，道藏有太淸中黃眞經二卷，亦名胎藏論，稱九仙君撰，中黃眞人註，共十八章，皆服炁要訣。是書題嵩嶽眞人凝神子，與所稱九仙君者不相合，蓋術家竊道經之名以示神奇，與吐納導引本無涉也。焦竑經籍志載有此書二卷，其來已久，故言六壬者多援以爲證。今觀其書傳寫譌謬，註釋亦多互異，殆後人已有所增損。書中自釋已身至疾病爲正經，釋盜賊至來意爲後集，所釋亦略無銓次。如釋五行下先逃亡，次遠行，次雜類，又次爲求官，忽又閒晴雨於婚姻疾病之閒，殊爲叢雜。又如六壬大全所引，首載釋十二將，而是卷無之。乃附貴人太常天空白虎元武陰后等七將之說於釋官訟章，而敘次亦復顚倒。至卷末題釋來意章，而所列乃青龍螣蛇朱雀六合勾陳五將之說，與篇題殊不相應。蓋必淺學者支離剽竊，從他書牽合成文，已非原本之舊矣。其五行章內謂本於元門寶鑑一百六十卷，且謂今河中府龍門縣有寶鑑全書。河中府爲唐時之制，此殆舊本原文，變竄未盡者歟。

六壬開雲觀月經一卷（浙江范懋柱家天一閣藏本）

不著撰人名氏。考焦竑經籍志有蔣日新開雲觀月歌一卷，而六壬大全所引亦與此合，當卽日新遺本。分爲八門，始於元首，終於五福，凡六十五卦。占斷簡要，頗行於時，其文已全載入六壬大全中，今別存其目。

大六壬無惑鈐一卷（浙江鄭大節家藏本）

不著撰人名氏。考宋史藝文志、馬端臨經籍考及焦竑經籍志，但載有六壬課鈐一卷，或卽以此書當之，其是否莫能詳也。六壬大全所載總鈐，具列六十甲子七百二十課，三傳名目，與此頗合。而此更益以斷詞四語，其大旨與課經集多相出入。

六壬行軍指南（無卷數，浙江范懋柱家天一閣藏本）

不著撰人名氏。蓋卽玉帳軍占之遺法。案課鈐成局演三傳，配以遊都魯都，加十二將，以決軍中攻守藏伏之用。每日爲十二課，凡七百二十課局，條理分明，其意頗爲周密。惟是兵之爲用，情形萬變，不可端倪，故恃成法者斷不足以制勝，又豈能預占時刻，決以一定之吉凶。卽以壬術而論，時將先鋒，爲一切神機所現，參以四時休旺之不同，固有同此課傳神將而所驗迴乎不一者，又況晝治夜治，神將悉殊，趨避益當有異，又安可爲此刻舟以求劍乎。今是書所用惟遊都魯都，根於日干，不論節氣及晝夜，而卷中註遊魯每局易一位，與自古軍占之書獨異，不知其何所據依，然從未有神煞不由年月日時而獨視課局而移者，其爲好事者臆撰無疑也。

奇門遁甲賦一卷（浙江范懋柱家天一閣藏本）

不著撰人名氏。考焦竑經籍志遁甲書七十二家，以賦名者宋邱濬天乙遁甲賦及員卓遁甲專征賦而已。是編論奇門而不及於天乙，亦不主於用兵，殆非濬卓遺本。其於奇儀飛伏之理，詞意明簡，尚不至於荒誕。末附以烟波釣叟歌，明程道昌皆已採入遁甲演義中。其賦中註釋，則大抵江湖術士摭拾浮談，無所闡發也。

六壬兵占二卷（編修勵守謙家藏本）

不著編輯者名氏。凡六壬百煉金、六壬軍帳賦、金鳳歌、行軍占異爲一卷，其兵占自時事休咎至凱旋聞詔共五十篇爲一卷。六壬非爲用兵而作，而五行生尅制化與夫王相死生之用，理可相通，故兵家亦多取爲占驗。唐志有李靖玉帳經一卷，李筌六壬大玉帳歌十卷，彭門玉帳歌三卷，其餘若胡萬頃軍鑒式之類，不可勝數。然流傳既久，大抵出自術士僞託，非其本眞。新唐書李靖傳贊謂世言靖精風角鳥占雲祲孤虛之術，故善用兵，是不然。特以臨機果，料敵明，根於忠智而已。可謂知言。爲將者苟能如靖之決策制勝，即一切遊都天目玉帳軍占之說，俱可存而不論，矧其出自後來之傳會者乎。是書爲明人所刊，所採諸家亦多未備。兵占末條稱太歲與太陰旺生大將年命，主後宮有暗助之力，其說尤爲鄙謬矣。

皇極數三卷（永樂大典本）

不著撰人名氏。其說以八卦之數推人禍福吉凶，占子孫一條有云：此祖宗後代之數，先天不傳之祕。司馬溫公得之於康節，康節子伯溫又得之於司馬公，從而流傳。今得之者幾希，子不得已而傳之云云。牽及邵子，猶數學之慣技，牽及司馬光，妄益甚矣。

皇極生成鬼經數一卷（永樂大典本）

不著撰人名氏。其法以手掌四指節起十二時，而以正節當生數爲化星，一爲貴，二爲刼，三爲文，依此推之，而參以甲子納音，以斷吉凶。世無傳其術者，亦數學之橫生支節者也。

九天元妙課一卷（永樂大典本）

不著撰人名氏。專以先天八卦、後天八卦圖推測吉凶。其祝辭有曰：一心虔請九天元女帝君、伏羲、周公，一切演易先聖云云，鄙陋殊甚。考陶宗儀輟耕錄曰：九天玄女課，其法折草一把，不計莖數多寡，兩手隨意分之，左手在上豎放，右手在下橫放，以三除之，不及者爲卦。一豎一橫曰太陽，二豎一橫曰靈通，二豎二橫曰老君，二豎三橫曰太昊，三豎一橫曰洪石，三豎三橫曰祥雲，皆吉兆也。一豎二橫曰太陰，一豎三橫曰懸厓，三豎二橫曰陰中，皆凶兆也。其法又與此不同。總之，術家所依託而已。

易占經緯四卷（江蘇巡撫採進本）

明韓邦奇撰。邦奇有易學啟蒙意見，已著錄。玆編專闡卜筮之法，以三百八十四變爲經，四千九十六變爲緯。經者易之爻辭，緯取焦氏易林附之。占則一以孔子占變爲主。蓋言數而流於藝術者也。經義考載其門人王賜紱序略，而此本不錄，別有濟南金城序，殊不及原序之詳。

籤易一卷（浙江巡撫採進本）

明盧翰撰。翰有易經中說，已著錄。是書以六十四卦加太極兩儀四象進退離合大小遠近衍爲七十九數。易蓍策而用竹籤，每籤有辭，又各贊以贊釋，以擬易林太元元包潛虛諸書。實則方技者流以錢代蓍之變法耳。雖依傍卦義，於經義邈無關也。前有張鶴鳴所撰翰小傳及翰自序，又有嘉靖辛亥曹金序、萬歷己亥李右諫序，皆稱許甚至。然至今術數之家未聞有用其法者，則無驗可知矣。

周易懸鏡十卷（浙江吳玉墀家藏本）

明喻有功撰。有功字若無，又字混初，高安人。其書專言軌策之數。序稱其術出邵子，然別無證驗。蓋方技家依託也。大旨以皇極經世爲宗，而雜及於後世占卜之法，雖有依傍卦爻立說者，然皆非經之本義。邵子之易，朱子已稱爲易外別傳，此又別傳之別傳矣。末纂左氏傳繇象，并郭氏洞林，皆主占驗之學者也。卷首有甘士价序，稱爲七卷，而此書實十卷，其第九卷帝王經世甲子，內載至國朝康熙二十三年甲子，則當是後人有所增入，故卷數加多耳。

大易通變六卷（浙江巡撫採進本）

明焦中和撰。中和有說易，已著錄。是書一名焦氏易林補，取焦贛易林，刪其詞之重複者，而以己意補綴其闕，凡一千餘首。焦易四千九十六變，傳世既久，字多譌誤，如以快爲伏，以羊爲缶之類。宋黃伯思、薛季宣已極論之。然古書譌誤，豈後人所可竄貂。況焦氏之學，雖所稱源出孟喜者，施讎等力斥其誣，而占驗無譌，要於易外別傳，自有專門授受，非儒生研求卦畫所可臆推。中和之術不聞出贛以上，乃竟刊補其文，殊昧於度德量力之義矣。其曰大易通變者，焦氏舊本有唐王俞序，稱曰大易通變，故中和用以爲名云。

易數總斷、無卷數、兩江總督採進本

舊本題新安和玉山人程汝文撰。不著時代。詳其版式紙色，蓋明人書也。其書分一千八十局，立三奇八門，而上方則附以易卦爻詞。蓋方技之家以六壬奇門假易義以立法，非易之本法也。

易冒十卷、江蘇巡撫採進本

國朝程良玉撰。良玉字元如，歙縣人。是書所論，皆以錢代蓍之法。自序稱五歲喪明，究心卜筮，初作筮類五十篇。康熙己卯，適楚遇枯匏老人，得其祕旨，因增定爲九十章。然皆術家常論，無他妙旨。至家宅章以六爻兼斷六親榮枯得喪，如兄弟旺則刼財，父母旺則剋子，官爻旺則災病，其說膠固難通。所論鬼神諸星兩章，穿鑿支離，尤無理解。婚姻章內不根五行生剋，不究用神衰旺，惟據卦名之美惡而論，則更乖謬矣。

右術數類占卜之屬，二十四部，六十二卷，內二部無卷數。皆附存目。

相掌金龜卦一卷、永樂大典本

舊本題鬼谷子撰。其法用草一莖，五指各自尖量至窮坑，復自拇指比至中紋，逐一截斷，排列成龜，用以推斷其成格。左右手共圖三十四，以格之全與不全判人禍福。蓋俚俗猥鄙之談，託之古人也。

貴賤定格三世相書一卷、永樂大典本

舊本題鬼谷子撰。其法以十二辰分屬貪狼巨門廉貞武曲破軍文曲祿存，而各爲之像。又冠帶臨官帝旺諸星，亦有像。蓋術數家之俚淺者也。

易衍二卷、永樂大典本

舊本題漢東方朔撰。而其歌括皆作七言律詩，則僞妄不待辨也。其法推言祿命，以六十甲子值日，一日分十二時，如甲子日子時命如何，丑時命如何。蓋今世所謂八字者。此書僅用其四，考唐李虛中推祿命，尚論日不論時，朔乃先論時乎。

貴賤定格五行相書一卷、永樂大典本

舊本題唐袁天綱撰。蓋依託也。其說謂春夏秋冬十二時各變移部位，而曰某時生居黃帝之頭，某時生居黃帝之手，某時生居黃帝之足。怪妄殊甚。又一條記所相一云，正月生人，四月受胎，前生京西路來，曾捨牛一頭入僧寺，今生衣食豐足云云。益誕謬不足詰矣。

五星要錄、無卷數、浙江巡撫採進本

不著撰人名氏。書中多載梁成大喬行簡華岳眞德秀等星命，蓋南宋人所輯也。其布宮推象，皆前代舊法。故危月兼得子宮，亢金具在辰位，此在當時亦或有所驗，而以今法例之，則全不可施用矣。書首有闕文，其星象賦一篇，詮述頗詳，而與義精言闢發尚尠。如二主臨財主富，官福居垣主貴，此則星家所共見，何待縷陳。至其論時人星命，雖閒有特見，而附會處亦復不少也。

康節內祕影一卷、永樂大典本

舊本題宋邵子撰。亦依託也。其術以八卦之數定人貧富貴賤，後有總論一篇，雜引古今事而有張南軒北門視草、柳翠拜佛參禪云云，則南宋以後人作矣。

子平三命淵源註一卷、浙江范懋柱家天一閣藏本

元李欽夫撰。書末題大德丁未孟冬朔日，長安道人李欽夫仁敬註解。前有泰定丙寅翰林編修官王瓚中序，稱子平三命淵源，得造化之妙。自錢塘徐大升後，知此者鮮。五羊道人李欽夫取子平喜忌繼善二篇，特加註解，括以歌訣，消息分明，脈絡貫通云云。蓋專以詮釋徐子平之書者。其說視後來星家亦多相彷，無甚祕奧。原本附寸金易鑑後，今析出焉。

九宮八卦遁法祕書二卷、永樂大典本

不著撰人名氏。其說以支干配天德貴人等星，推人休咎。蓋以陰陽家神煞之說竄入祿命者也。

成數大定一卷、永樂大典本

不著撰人名氏。其法以生人干支合八卦之數，推壽夭富貴貧賤。蓋術士變幻之談，以易數與祿命併爲一法耳。

寸金易鑑、無卷數、浙江范懋柱家天一閣藏本

首題西蜀易鏡先生撰。不著姓名。後有洪武甲子跋語一則，稱其書爲日者松山得異人所授，世傳頗多舛譌。此本乃楊謙德補註，發明不少。謙德亦不知何許人也。書中以月令爲提綱，案其四柱之五行，配其陰陽，取爲用神。分官財印煞食神傷官六格，察其生旺死絕，定其強弱貴賤。說理頗明，在術家爲平正通達之本。然皆人所共知，非別有精奥也。

演禽圖訣、無卷數、浙江范懋柱家天一閣藏本

舊本題明劉基撰。明史藝文志不載，亦近代所依託也。其書取二十八禽各爲之圖，先以四時憂喜

進退。次隸六甲，定其取化吉凶，斷入祿命。凡一切旬頭胎命身宮入門起例之說，槪不之及。

古今識鑒四卷（浙江范懋柱家天一閣藏本）

明袁忠徹編。忠徹，鄞縣人。父珙，字廷玉，號柳莊，精於相法。嘗決成祖當有天下，及即位，擢官太常寺丞。忠徹傳其父術，亦仕至尚寶少卿。明史方技傳附見珙傳中。史稱所著有人相大成，今未見。是編乃宣宗命採古來相人有驗者裒爲一書，至景泰二年始奏進。所錄上自三皇，下迄明代，又自作象人賦一首附之。夫相術精微，心傳神會，摭拾典故，僅得其粗。且其編次體例，頗嫌淆混。如以季友、老耼以上屬之三代，以孔子、顏、曾而下係之列國，殊爲強生分別。至宓羲蛇身人首，神農人身牛首，諸說緯書妄記，本屬荒唐，亦併列之，尤失持擇。若乃文君臉似芙蓉，眉如遠山，亦入相法，則幾於笑具矣。

範圍數（無卷數，浙江范懋柱家天一閣藏本）

明趙迎撰。迎，翠縣人。嘉靖丙戌進士，官南京工部主事。是書前有嘉靖壬辰自序。其法本之河洛，以干支配合先後天成數，推人祿命，相傳以爲出於陳摶。蓋取甲己子午九、乙庚丑未八之數爲先天，爲範；天一生水，地六成之之數爲後天，爲圍，故用易繫辭範圍天地之意以命名。起於一百一十一數，而極於二千三百五十四數。其起大小運流年悉如星平家例，蓋又以圖書之學竄入祿命者也。考元貞類先有此法，集諸家論說爲書，其文頗繁，今猶存永樂大典中。是書自圖式至流年斷訣，凡十五門，詳其體例，蓋即約賈書以成編耳。

百中經（無卷數，浙江巡撫採進本）

不著撰人名氏。考陳振孫書錄解題有信齋百中經一卷，安慶府本，不著名氏。又怡齋百中經一卷，東陽術士曹東野撰。其述東野之言曰：今世言五星者皆用唐顯慶歷，歷法無慮十餘變，而百中經猶守舊，安得不差。於是用現行歷推算云云。此書所列十一曜躔次，用宋之統天、開禧、會天，元之授時四數爲準，而其紀年至明嘉靖中，殆術者以次續補，轉相沿用，而未改舊名歟。

呂氏摘金歌（無卷數，浙江范懋柱家天一閣藏本）

舊本但題呂氏撰，不著其名。其書論列五星，專以身主命主爲重。案星命所係以立命之宮所躔度爲最，其次命主，其次度主，又其次身主。身主所以次於命度者，以凡人皆以月爲身也。篇中於度主不甚重，未爲得要。其立論間有可采者，星平大成諸書已多取之矣。

五曜源流二卷（浙江巡撫採進本）

不著撰人名氏。前有自序，云遇一老僧所傳，蓋術家依託之辭，不足信也。其書專論子平，曰五曜者，即指五行而言，非五星術也。其法以日干爲主，推五行之衰旺空亡，十干又以時分斷其休咎，持論頗平正。三命通會及星平會海諸書全錄用之。

五星考三卷（浙江巡撫採進本）

不著撰人名氏。首言安命分宮之法，次及大小行限，次及吉凶星曜神煞，次論拱夾沖釣以及窮通壽夭諸局，多列圖說。觀其義例，當出自明人之手。其中精當者，星平會海俱已采掇無遺。至於二十八宿，如女自屬土，牛自屬金，無可疑者，而此書於一宿之中五行互用。如角初度至三度以爲屬水，四度至八度以爲屬木，九度至十三度以爲屬金，他宿倣此。此則務爲新奇而不當於理矣。且角止有十度，而演至十四度，他宮諸宿略同，亦不知其何所本也。

星平會海十卷（通行本）

不著撰人名氏。黃虞稷千頃堂書目載有其名，蓋明人所編。前有自題，稱武當山玉虛宮三逢甲子日金山人。如果甲子三逢，則年已一百八十矣。術家故爲虛誕以惑人聽，不足憑也。其書兼論子平五星，所採取者不一家，而亦有合有不合。如加盤喬廟諸法，持論非不詳密，而推衍家宗之，往往十失其九。且印行既久，糢糊舛誤，幾不可句讀。在坊本中又出星平大成之下矣。

右術數類命書相書之屬，十八部，二十九卷，內六部無卷數。皆附存目。

元女經一卷（兩江總督採進本）

舊本題云黃帝授三子元女經，蓋術數家依託所爲。隋書經籍志有元女式經要法一卷，列之五行家。此卷詳於論嫁娶日辰，其發端以天一所在占日之吉凶，以天罡加臨占與人期會，亦屬五行家言。然無以證其即元女式經要法否也。此本爲毛晉所刻，字多脫誤，殆不可讀。

洪範政鑒十二卷（永樂大典本）

宋仁宗皇帝撰。前有御製序曰：宸宮餘暇，氾覽史籍洪範之說，緬然可尋，而伏鄭所編，靡聞全錄。前則歆向作傳，散布羣篇，後則京吳諸儒衍釋證兆，簡牘廣記，顚末弗齊，不有彙分，何從質信。亦當取書林之奏，合日官之藏，參沓邇臣，覆究襲例，遂采五行六沴前世察候最精應者，次爲十二卷，名曰洪範政鑑。若語非典要，過涉怪譎，則略而不載。若占有差別，互存考驗，則析而詳言。君人者承天子民，必逆知未萌，前慮諸慝，庶乎嗣祖宗之構，順陰陽之祐。故因題辭，兼以自勵云云。玉海云：康定元年十一月丙辰，內出御製洪範政鑑十二卷示輔臣，即此本也。其書以五行分類，自春秋以迄歷代事應，采摭頗詳。蓋亦古帝王敬畏修省之意。然聖人欽祟永保，無刻不然，不必遇變而始警。即上天垂戒，亦從無一定之格，不移尺寸。洪範庶徵，約舉感應之理，亦大凡耳。漢儒推衍，條目愈繁，稽其所談，率以某災應某事，而不能先言某事當有某災。故劉知幾史通書志篇曰：肇彰先覺，取驗將來，言必有中，語無虛發，苟志之竹帛，誰曰不然。若乃前事已往，後來追證，課彼虛說，成此游詞，多見其老生常談，徒煩翰墨。又穿鑿既甚，同異彌多，知幾所謂董京之說，前後相反，向歆之解，父子不同，言無準的，事益煩費者，尤篤論也。雖仁宗令主，其書當存，而所言無裨於實政，今謹附存其目焉。

禮緯含文嘉三卷（浙江吳玉墀家藏本）

不著撰人名氏。目錄後有題詞曰：已上天鏡、地鏡、人鏡，皆萬物變異，但有所疑，無不具載，此乃三才之書，共六十篇，易名禮緯含文嘉三卷。紹興辛巳十一月二十九日，東南第三正將觀察使張師禹授。考宋兩朝藝文志曰：今緯書存者獨易，而含文嘉乃後人著爲占候兵家之說，與諸家所引禮緯乖異不合。故以易緯附經，以含文嘉入五行云云。則其書實出南宋初，然張師禹記特稱易名禮緯含文嘉，則此名實師禹所改，原未稱即其本書。兩朝藝文志疑其乖異不合，蓋偶未詳核也。朱彝尊經義考既歷引諸書所引含文嘉，證其不合，又云所見凡二本，一本畫雲氣星煇之象，而附以占詞，一本分天鏡、地鏡、人鏡，皆非原書，而於含文嘉標目之下仍註存字，則舛謬甚矣。

丙丁龜鑑五卷、續錄二卷（兩江總督採進本）

宋柴望撰。望字仲山，江山人。嘉定紹熙間爲太學上舍。除中書，特奏名。淳祐六年，歲在丙午，正旦日食，望因上此書，遂下詔獄，尋放歸。景炎二年，薦授迪功郎、史館國史編校。宋亡後，不仕而終，爲柴氏四隱之一。是書大旨以丙午丁未爲國家厄會，因歷摭秦莊襄王以後至晉天福十二年，凡值丙午丁未者二十有一，皆有事變應之，而歸本於修省戒懼，以人勝天。通考著錄作十卷，此本止五卷，然首尾完具，蓋明人所合併也。續錄二卷，一爲元人所撰，記宋眞宗景德三年至理宗淳祐七年值丙午丁未者五，一爲明人所續，紀元世祖大德十年至順帝至正二十七年值丙午丁未者二，亦各舉時事實之，如望書之例，均不著姓名。考陽九百六元二之說，自漢以來即有之，丙丁之說則倡於望。元人續錄序引陰陽家之言曰：丙丁屬火，遇午未而盛，故陰極必戰，亢而有悔也。又曰：丙祿在巳午，爲刃煞，丁祿居午，未爲刃煞，其術純用術數家言，不出經典。夫王者敬天勤民，無時可懈，豈待六十年一逢厄會，始議修省。且史傳所書，亂多治少，亦不必盡係於丙丁。望徒見靖康之變適在是二年中，故附會其文，冀以悚聽，實則所列事蹟，多涉牽就，究其言之不行也。且論涉禨祥，易熒民聽，輟耕錄所載龍蛇跨馬之妖言，豈非至正二十七年適當丙午，遂借是說以惑衆歟。後世重其節義，又立言出於忠愛之誠，故論雖不經，至今傳錄，實則不可以爲訓也。

黃帝奇門遁甲圖一卷（浙江范懋柱家天一閣藏本）

不著撰人名氏。所載惟陰陽十八局及入門凡例，而餘法皆不詳。前有序一篇，末題景祐己亥七月，兵部尚書楊惟德案陳氏書錄解題，景祐閒修遁甲玉函符應經，爲司天春官正楊惟德撰，而仁宗御製序文。今此序又稱惟德自撰，其官階既不相合，而文辭鄙拙，亦不類宋人，殆好事者依託爲之也。

太乙統宗寶鑑二十卷（浙江汪啟淑家藏本）

舊題元曉山老人撰，不知其姓名。前有大德七年自序。錢曾讀書敏求記稱其家藏舊鈔統宗寶鑑有二本，其一後附起例賦數淘金歌三書，各一卷。其一後附數林籌數專征集略神機三鏡四書，各一卷。今檢此本，並無所附，或爲傳錄者所刪削也。其書以太乙周行統運六十四卦，與夫五福、三基之貴神，八門、十精之星使，經緯錯綜，標類成編。凡分二百餘日。大約本王希明金鏡式經而推擴之，頗爲賅備。案王肎堂鬱岡齋筆塵云，太乙之術，世所宗尚者惟統宗寶鑑。其求積年術，置演上元甲子，距元大德七年癸卯歲，積一千零一十五萬五千二百一十九年，以爲七曜齊元之法。然用此積算逆推至上元甲子，得氣應三十四萬七千八百七十五分，乃戊戌日酉正三刻，非甲子年甲子月甲子日甲子時也。其非七曜齊元明矣。作太乙書者不精算法，故謬舛如此。行之數百年，莫爲是正，可歎也云云。是其於演記尋元之術，殊未足據矣。

太乙成書八卷（浙江范懋柱家天一閣藏本）

不著撰人名氏。是書以太乙五將奇偶二算演七十二局，視歲神吉凶。其法以上元甲子歲太乙起乾，行八宮，每三年一徙。計神起寅，逆行十二辰。天目起甲，順行十六神。又以計神加艮求天目所在，爲始擊將，而天目始擊又各以其算立大將參將。故必七十六局而五將遊行變動之格始周。凡五周爲三百六十局，而甲子之太乙始復歸於乾。其每月者爲月局，陰陽順逆略如遁甲法，復約之爲日局，而太乙之用乃具。書中所列諸局，雜引淘金歌、金鏡、福應、紫庭諸經及樂產、王佐祕珠諸說以證之。不爲詮次，往往宂雜無緒。又其論兵家主客先後，以算之和長者勝，若關囚掩迫，空固守而算少者，不利深入，亦爲牽於成局。殆新唐書方技傳序所謂迂而入諸拘礙泥而勿通大方者也。

禽總法（無卷數浙江巡撫採進本）

不著撰人名氏。言八門休旺及二十八宿降伏厭禳之法。其論禽宿，多援引古人以自神，至謂周公制禮時，遇房日兔；夫子在陳絕糧，遇昴日雞，以救術者之荒誕無稽，大率類此。末載遁甲符咒諸圖，尤鄙俚不足據。

黃帝演禽七元三傳心法一卷（浙江范懋柱家天一閣藏本）

不著撰人名氏。其書乃以七元之翻禽倒將論戰陣主客之用者，其略以兵氣在內，利爲主；兵氣在外，利爲客。而比和則利招安，不交則利退保，值時之壬癸，爲截路與旬空，時皆在所避。其文頗亦簡明。然所列條目，有倒將而無翻禽，且標題稱七元三傳，而此書僅有一元三傳，爲壬家言，或本參用壬術，而卷中竝未之及，非完書也。

七元六甲天書一卷（浙江范懋柱家天一閣藏本）

不著撰人名氏。雜取星禽衰旺，論藏兵立寨及出行之吉凶，而參以六甲青龍之圖及掌中門。似又旁采遁甲之術，其論每月值日星咸池月厭往亡之類，又與近世選擇家相同，大都剽竊成書，夸誕無取。末附以觀雲日月闇及占旗步風之說，至謂敵用青旗則我用白旗必勝，風從南來爲緩風，陣不宜動；從北來爲勝風，我軍不戰大勝。此尤術士悠謬無稽之說矣。

奇門要略一卷（浙江范懋柱家天一閣藏本）

不著撰人名氏。大都撫拾奇門五總龜之說，略加詮次。於得奇得門得使毫無所發明，即超神接氣亦未之及。而以爲得宋丰章趙公之傳，書末復援劉基徐達以自神其術，此術家誕妄之習，不足究詰也。

太乙遁甲專征賦一卷（浙江范懋柱家天一閣藏本）

不著撰人名氏。考焦竑經籍志有明貝卓遁甲專征賦，其名與此相合，或即卓書，或後人所擬作，莫能詳也。其書以遁甲論行軍趨避之用，不外煙波釣叟歌中之意，別無所發明。且以太乙命名，而篇中絕無一語及太乙九宮計神主客者，尤爲不可解矣。

佐元直指圖解十卷（安徽巡撫採進本）

舊本題明劉基撰，汪元標訂。江之棟輯。蓋世有佐元直指賦一篇，傳爲基所著，天啟丁卯，之棟因演爲圖式而纂註之，元標則爲刊刻以行者也。其書以相地爲主，於山運卦位星宮弔替之說，略具。八卷以下，詳選擇之要，末附上官出行吉凶、問採六壬遁甲遊魯奇儀之說，視術家游談不根者，尚爲簡當。

肘後神經大全三卷（浙江范懋柱家天一閣藏本）

舊本題涵虛子臞仙撰。臞仙者，明寧獻王權自號也。權有漢唐祕史，已著錄。其平生頗講神仙方技之書，所著肘後神樞二卷、運化元樞一卷，見明史藝文志。又高儒百川書志亦云臞仙肘後神樞二卷九章七十七條。今是編所載，皆推算諸星煞吉凶以爲趨避。上卷爲值日圖，中卷爲值時旁圖，下卷爲值日時斷例。卷帙篇章，與明史志及高儒書志俱不相合，圖說亦皆陳陋，疑已爲後人增益，非原本矣。

遁甲吉方直指一卷（浙江范懋柱家天一閣藏本）

明王巽撰。巽自號秦臺子，蘭陽人，官欽天監五官司歷。是書前有自序，謂永樂中上巡狩北京，增大統壬遁歷書、命爲及冬、官正皇甫仲和、靈臺郎湯銘等推演遁甲。刪諸凶時、專註吉門以利用。因集爲此書。蓋亦壬遁歷之略例也。然術家主趨避、未有不明於所避而可以獲吉者。專選吉方以求驗、殊非古法矣。

類編歷法通書大全三十卷（兩淮鹽政採進本）

不著編輯者名氏。考明史藝文志載歷法通書三十卷、註金谿何士泰景祥歷法、臨江宋魯珍輝山通書合編。今觀是書、於何宋兩家外、另標鰲峯熊宗立道軒類編一行。不知何時增入。十九卷以前目錄析爲三節、分標何宋熊三人之名。自二十卷以下、別起目錄、似又另爲一書、而不詳何人所纂。卷首原序亦無姓名、稱宋輝山通書集先賢之祕而何景祥歷法集成、又輝山所未見、故以二書合之。其說與藝文志相合。疑卽志所稱歷法通書、而坊間又有所增益也。其所載選擇之要、皆術家常法、初無祕義。至紕繆之處、則欽定協紀辨方書駁正詳矣。

原本五行類事占徵驗九卷（浙江范懋柱家天一閣藏本）

舊本題明李淑通撰。前有正統庚申自序、其結銜稱賜進士前詹事府通事舍人。其里貫稱河南。考太學明進士題名碑、正統庚申以前無所謂李淑通者、疑不能明也。然錢春作五行類應、已稱淑通有此書、則其來久矣。大旨祖漢書五行志所引董仲舒劉向劉歆之說而衍之。故其體例近古、不似五行家之猥鄙。然其爲穿鑿附會則一也。

五行類事占徵驗六卷（安徽巡撫採進本）

不著撰人名氏。案錢春五行類應凡例、稱其書初成於中州李氏淑通、重修於張氏賁通、名曰五行類事占徵應。因爲參訂而改題之。考李淑通書凡九卷、尚有范氏天一閣寫本傳於世。今檢此書類目次序、俱與錢本相同。殆卽張賁通之書矣。惟春稱書名作徵應、而此本實作徵驗、稍有不合。或傳寫有一誤也。其書歷記古今災異之事、惟元代闕焉。所列門目悉本之諸史五行志、大抵與馬端臨物異考相近。惟分析標題、少異其面目耳。

通書捷徑（無卷數、浙江范懋柱家天一閣藏本）

明樓楷撰。楷號南沙、鄞縣人。是書成於嘉靖癸亥。以世行選擇通書有彼此背馳、棄取違戾者、故作此以正之。其似吉而有犯、本凶而多解者、咸爲之辨析。蓋亦當時坊行之本。

選擇集要六卷（兩淮鹽政採進本）

明黃一鳳撰。一鳳字時鳴、峽江人。萬歷庚戌進士。以術家通書多改竄古人成法、以致選擇謬誤、因取楊救貧造命千金歌爲主、而以吳景鸞郭景純、曾文辿諸說參考成書。詞意簡明、頗爲得法。前有一鳳原序。

國朝雍正中、余朝相爲之重刊、并附鐫其所作齊安堂辨疑及續補於末。

五行類應九卷（江蘇巡撫採進本）

明錢春撰。春有湖湘五略、已著錄。此書乃春以御史巡按湖廣時、取李淑通及張賁通所輯五行類事占徵應一書、稍爲參訂而刊行之。自春秋迄於南宋、皆仍原書之例。自稱於徵驗之事牽合附會者、略爲芟薙。然以原書相較、大略相同、亦未嘗有所訂正也。

大統皇歷經世三卷（江蘇巡撫採進本）

明胡獻忠撰。獻忠自號六六道人、婺源人。其書以明代大統歷所列九宮紫白圖、俗師多有譌異、故特揭而明之。大指推本洛書、并以八卦法象三十六宮序卦之圖、並取丹書圖象而以敬與義爲一白、怠與欲爲二黑、謂卽九宮紫白之原。其立說不免過高、次及九星中宮款歌、黃黑道列宿一切吉凶消息之要。中卷爲十二月直日星煞之圖。下卷爲六甲直時星煞之圖。蓋當時選擇通行之本也。

奇門說要一卷（浙江范懋柱家天一閣藏本）

明郭仰廉編。仰廉始末未詳。是書卽陰陽十八局起例立成之說、別無要指、蓋亦從諸書鈔撮而成者。

將門祕法陰符經三卷（浙江巡撫採進本）

不著撰人名氏。但稱爲陳摶所傳。分前後別三集。前集取星平家三刑方爲安營要訣、旁及占風候氣、並用壬家生死炁二神以爲案十二月節背生擊死必勝。後集以坐孤取虛術爲言、而廣其說爲萬人用年、千人用月、百人用旬、輔以六用青龍之圖。末復載金威玉女符呪暨六甲隱身法爲別集。殊詭誕不可信。

禽遁七元成局書十四卷（兩江總督採進本）

國朝汪漢謀編。康熙癸酉陳鋇錄而傳之。鋇自題曰雲門、不知其何地也。其書亦用翻禽倒將之法、有氣將日將時將彼將我將時制日我制彼者爲吉。

反是爲凶。以二十八宿案每日十二時，考其吉凶，論行軍主客勝負之機。自一元甲子日行禽虛日鼠日易一禽，閱七甲子，禽凡十五周而復循其始，故有七元成局。所條列亦頗井井。世之爲兵家言者每稱之。然考其所列翻禽倒將之法，亦俱舛互失次。據池本理論翻倒法，以翻覆爲翻禽，爲我取上禽下之意，故居時將之下。倒轉爲倒將，爲彼取下伏上之義，故居氣將之上。翻宏制倒，而此概沿俗說以倒將爲翻禽。卽此可見所學之未精矣。

陳子性藏書十二卷（江西巡撫採進本）

國朝陳應選撰。應選字子性，廣州人。康熙中諸生。是書專爲選擇而設。首列理氣天體論太極圖說及諸圖。次論羅經。繼言選擇。多取舊說，斷其得失。亦自發新論。然於太陽太陰過度皆用古法，由今推之，多所未合。推衍後來流年，亦頗謬舛。又如何公煞等名，亦多不可信。唯用眞太陽到向到坐法及六氣元機定局，尙爲合理耳。

右術數類陰陽五行之屬，二十六部，一百六十三卷，內二部無卷數，皆附存目。

太素脈法一卷（通行本）

不著撰人名氏。其書以診脈辨人貴賤吉凶。原序稱唐末有樵者於崆峒山石函得此書，凡上下二卷，云仙人所遺。其說荒誕，蓋術者所依託。此本祇一卷，或經合併，或佚其下卷也。案太素脈自古無聞。宋史載僧智緣隨州人，嘉祐末召至京師。每察脈知人貴賤禍福休咎。診父之脈而能道其子吉凶。所言若神。王珪疑古無此術。王安石曰：昔醫和診晉侯而知其良臣將死。則視父知子，亦何足怪哉云云。其引據亦自有理。然推繹傳文，醫和亦以人事斷之，料其當爾。故其對晉侯曰：疾不可爲也，是謂近女室，疾如蠱，非鬼非食，惑以喪志。良臣將死，天命不祐。其對趙武曰：國之大臣，榮其寵祿，任其大節。有菑禍興而無改焉，必受其咎。何嘗一字及於脈。且傳曰視之，亦不云診。是特良醫神解，望其神色知之。安石所云，殊爲附會。大抵此術興於北宋，故智緣以前不聞有此。而羅擴作張擴傳，稱擴少好醫，從龐安時游。後聞蜀有王朴善脈，又能以太素知人貴賤禍福，從之朞年，得衣領中所藏素書，盡其訣乃辭去。擴，徽宗時人，則王朴當與智緣同時，足證其並出於嘉祐間。觀此書原序，亦僅稱唐末所得，其非古法審矣。此本所載皆七言歌括，至爲鄙淺，未必卽領中之素書，殆方技之流又從而依託也。

神機相字法一卷（永樂大典本）

是書一名景齋字至理集。景齋不知何許人。自序稱偶信步山石，忽見一異人箕踞於盤石，謂某曰：子非景齋乎。僕驚其預知姓名，疑是神人。異人曰：此乃東華洞文上卷奇篇，嘗付安石，今日以中卷授於子。密窺乃陰陽祕記，釋字神機之書云云。似是南北宋閒人矣。蓋淺陋術士耳。聞有王安石字說，遂假借其名也。

蠡鑑易影皇極數一卷（永樂大典本）

舊本題邵居敬撰。不著時代，亦不知何許人。永樂大典載之，則元以前書矣。其法以字之偏傍定吉凶。如云二口一犬，哭泣臨身，牛角安刀，情事解散之類。蓋今所謂測字術也。

紀夢要覽三卷（浙江范懋柱家天一閣藏本）

明童軒撰。軒字士昂，鄱陽人。景泰辛未進士，官至吏部尚書。是書夢論一卷，歷代紀夢事實二卷。卷末譏夢符及占夢法，則鄙俚荒唐，爲異端邪說之尤矣。周官占夢，其法不傳。漢志有黃帝長柳占夢十一卷，甘德長柳占夢二十卷，今亦久佚。軒乃摭村巫瞽說以當之，不亦陋乎。

夢占類考十二卷（內府藏本）

明張鳳翼撰。鳳翼字伯起，長洲人。嘉靖甲子舉人。明史文苑傳附見皇甫涍傳末。是編取六經子史及稗官野乘所言夢兆之事，排比成書，分爲三十四類。大抵摭集原文，略採後人之論，及以己見附之。然亦僅據其善惡已然之迹，而於所謂占事知來者，茫乎未得其術。則亦僅鈔撮故事之書，而不可據以候眎吉凶。於占之名，頗無當也。

夢林元解三十四卷（兩淮鹽政採進本）

明陳士元撰，何棟如重輯。士元有易象鉤解，棟如有明祖四大法，皆已著錄。士元初作夢書元解，棟如因而廣之。分夢占二十六卷，夢禳二卷，夢原一卷，夢徵五卷。前有凡例，稱是書在宋景祐閒名圓夢祕策，爲晉葛洪原本，而宋邵雍輯之者，其言無可證據。又有孫奭序一篇，辭氣纖俗，蓋術家依託之文，士元等不及辨也。

右術數類雜技術之屬，六部，五十二卷，皆附存目。

案占夢見周禮及詩，其事最古。然漢志已列

之雜占相字太素脈之類並出後世益不足道矣。今統名曰雜技術，錄其名以備數耳，非有所取也。

欽定四庫全書總目卷一百十一

欽定四庫全書總目卷一百十二

子部二十二

藝術類一

古言六書，後明八法，於是字學、書品爲二事。左圖右史，畫亦古義，丹青金碧，漸別爲賞鑒一途。衣裳製而纂組巧，飲食造而陸海陳，踵事增華，勢有馴致。然均與文史相出入，要爲藝事之首也。琴本雅音，舊列樂部，後世俗工撥振，率造新聲，非復清廟生民之奏，是特一技耳。摹印本六體之一，自漢白元朱，務矜鐫刻，與小學遠矣。射義、投壺，載於戴記，諸家所述，亦事異禮經，均退列藝術，於義差允。至於譜博弈、論歌舞，名品紛繁，事皆瑣屑，亦併爲一類，統曰雜技焉。

古畫品錄一卷（兩淮鹽政採進本）

南齊謝赫撰。赫不知何許人。姚最續畫品錄稱其寫貌人物，不須對看，所須一覽，便歸操筆，點刷精研，意存形似，目想毫髮，皆無遺失。麗服靚妝，隨時變改，直眉曲鬢，與世競新，別體細微，多自赫始。委巷逐末，皆類效顰，至於氣韻精靈，未窮生動之致；筆路纖弱，不副雅壯之懷。然中興以來，象人爲最。據其所說，殆後來院畫之發源。張彥遠名畫記又稱其有安期先生圖傳於代，要亦六朝佳手也。是書等差畫家優劣，晁公武讀書志謂分四品。今考所列實爲六品，蓋讀書志傳寫之譌。大抵謂畫有六法，兼善者難，自陸探微以下，以次品第，各爲序引，僅得二十七人，意頗矜慎。姚最頗詆其謬，謂如長康之美，擅高往策，矯然獨步，終始無雙，列於下品，尤所未安。李嗣真亦譏其黜衛進曹，有涉貴耳之論。然張彥遠稱謝赫評畫最爲允愜，姚、李品藻有所未安，則固以是書爲定論。所言六法，畫家宗之，亦至今千載不易也。

書品一卷（浙江鮑士恭家藏本）

梁庾肩吾撰。肩吾字子慎，新野人，起家晉安王國常侍，元帝時官至度支尚書，事蹟具梁書文學傳。是書載漢至齊梁能真草者一百二十八人，分爲九品，每品各繫以論，而以總序冠於前。考竇臮述書賦稱肩吾通塞，并乏天性，工歸文華，拙見草正，徒聞師阮，何至遼邈，使鉛刀之均鋒，稱並利而則佞云云。其於肩吾書學，不甚推許。又其論述作一條，稱庾中庶品格拘於文華，則於是書亦頗致不滿。然其論列，多有理致，究不失先民典型。如序稱尋隸體發源秦時，隸人下邳程邈所作，始皇見而重之，以奏事繁多，篆字難製，遂作此法，故曰隸書，今時正書是也。此足正歐陽修以八分爲隸之誤。惟唐之魏徵與肩吾時代邈不相及，而並列其間，殊爲顯舛，故王士禎居易錄詆毛晉刊本之譌。又序稱一百二十八人，而書中所列實止一百二十三人，數亦不符，殆後人已有所增削。然張彥遠法書要錄全載此書，已同此本，併魏徵之謬亦同，則其來久矣。

續畫品一卷（浙江巡撫採進本）

舊本題陳姚最撰。今考書中稱梁元帝爲湘東殿下，則作是書時猶在江陵即位之前，蓋梁人而入陳者，猶玉臺新詠作於梁簡文在東宮時，而今本皆題陳徐陵耳。其書繼謝赫古畫品錄而作，而以赫所品高下多失其實，故但敘時代，不分品目。所錄始於梁元帝，終於解蒨，凡二十人，各爲論斷。中嵇寶鈞、聶松合一論，釋僧珍、僧覺合一論，釋迦佛陀、吉底俱、摩羅菩提合一論，凡爲論十六則。名下閒有附註，如湘東殿下條註曰：梁元帝初封湘東王，嘗畫芙蓉、醮鼎圖。毛稜條下註曰：惠秀姪。似尚是最之本文。至張僧繇條下註曰：五代梁時吳興人。則決不出最手，蓋皆後人所益也。凡所論斷，多不過五六行，少或止於三四句，而出以儷詞，氣體雅雋，確爲唐以前語，非後人所能依託也。

貞觀公私畫史一卷浙江鮑士恭家藏本

唐裴孝源撰。孝源里貫未詳。卷首有貞觀十三年八月自序，結銜題中書舍人。案唐書藝文志有裴孝源畫品錄一卷，註曰：中書舍人。與此序合。然註又曰：記貞觀顯慶年事。而此書序中則稱大唐漢王元昌每燕時暇日，多與其流商搉精奧，以予耿尚，嘗賜討論，遂命魏晉以來前賢遺蹟所存，及品格高下，列爲先後，起於高貴鄉公，終於大唐貞觀十三年，祕府及佛寺并私家所蓄，其二百九十八卷，屋壁四十七所，爲貞觀公私畫錄云云。與註所言絕不相符。考張彥遠名畫錄，引孝源畫錄最多，皆此書所無。蓋孝源別有一書，記貞觀顯慶閒畫家品第，如謝赫古畫品錄之例，非此書也。又序稱高貴鄉公以下，而此本所列乃以宋陸探微爲首，反居其前，疑傳寫之誤。又序稱止於貞觀十三年，而此本所列皆隋代收藏官本，其畫壁亦終於楊契丹，均不可解。考其序末，稱又集新錄官庫畫總二百九十八卷，三百三十卷是隋室官庫，十三卷是左僕射蕭瑀進，二十卷是楊素家得，三十卷許善心進，十卷高平縣行書佐張氏所獻，四卷褚安福進，近十八卷先在祕府，亦無所得人名，並有天和年月。其閒有二十三卷，恐非晉宋人眞迹云云。其文重沓不明，疑傳寫有誤。推其大意，似尚有新錄，今佚之耳。書中皆前列畫名，後列作者之名，而以梁太清目所有、梁太清目所無分註於下。太清目既不可見，則考隋以前古畫名目者，莫古於是。是亦賞鑒家之祖本矣。

書譜一卷浙江鮑士恭家藏本

唐孫過庭撰。竇蒙述書賦註曰：孫過庭，字虔禮，富陽人。右衛胄曹參軍。張懷瓘書斷則云：孫虔禮，字過庭，陳留人。官至率府錄事參軍。二人俱相距不遠，而所記名字爵里不同，殆與舊唐書稱房喬字元齡、新唐書稱房元齡字喬者同一譌異。疑唐人多以字行，故各處所聞不能畫一也。是書篇末自題垂拱三年，蓋武后時作。書斷謂之筆意論，然世傳石刻，乃其手迹，篇中自稱名曰書譜，則作書譜爲是矣。過庭之書，頗爲竇臮述書賦所詆，然自宋以來，皆推能品，不以臮言爲然。張懷瓘推奬是書，亦稱其深得旨趣，故操翰者奉爲指南。然過庭自稱撰爲六篇，分爲兩卷，此本乃止一篇，疑全書已佚，流傳眞蹟，僅存其總序之文，以前賢緒論，姑存以見一斑，而仍題其全書之名耳。然微言奧義，已足見其大凡矣。

書斷三卷浙江鮑士恭家藏本

唐張懷瓘撰。是書唐書藝文志著錄，稱懷瓘爲開元中翰林院供奉。竇蒙述書賦註則云：懷瓘，海陵人，鄂州司馬。與志不同。然述書賦張懷瓌條下又註云：懷瓌，懷瓘弟，盛王府司馬，兄弟並翰林待詔，則與志相合。蓋嘗爲鄂州司馬，終於翰林供奉，二書各舉其一官爾。所錄皆古今書體及能書人名。上卷列古文、大篆、籒文、小篆、八分、隸書、章草、行書、飛白、草書十體，各述其源流，系之以贊，末爲總論一篇。中卷、下卷分神、妙、能三品，每品各以體分。凡神品二十五人，除各體重複得十二人；妙品九十八人，除各體重複得三十九人；能品一百七人，除各體重複得三十五人。前列姓名，後爲小傳，傳中附錄又三十八人。其紀述頗詳，評論亦允，張彥遠法書要錄全載其文，蓋當代以爲精鑒矣。

述書賦二卷浙江鮑士恭家藏本

唐竇臮撰，竇蒙註。臮字靈長，扶風人，官至檢校戶部員外郎、宋汴節度參謀。蒙字子全，臮之兄，官至試國子司業兼太原縣令。並見徐浩古蹟記。案張彥遠法書要錄稱臮作述書賦，精窮旨要，詳辨祕義。今觀其賦，上篇所述自上古至南北朝，下篇所述自唐代高祖、太宗、武后、睿宗、明皇以下，而終於其兄蒙及劉秦之妹，蓋其文成於天寶中也。首尾凡一十三代，一百九十八人，篇末系以徐僧權等署證八人，太平公主等印記十一家，徵求寶玩韋述等二十六人，利通貨易穆章等八人，文與上篇相屬，蓋以卷帙稍重，故分而爲二耳。其品題敘述，皆極精核。其印記一章，幷畫印模於句下，遂爲朱存理鐵網珊瑚、張丑清河書畫舫、眞蹟日錄之祖。註文尤典，要不支。舊以爲出其兄蒙，考賦中蒙條下註曰：家兄蒙字子全，司議郎、安南都護。又似乎泉所自註。且所敘仕履與卷首結銜亦不同，均爲疑竇。然張彥遠法書要錄所題已同，今本單文孤證，未敢遽易舊文，姑仍原本錄之焉。

法書要錄十卷（浙江巡撫採進本）

唐張彥遠撰。書首有彥遠自序，但署河東郡望。郭若虛圖畫見聞志、晁公武讀書志亦但稱其字曰愛賓，而仕履時代皆不及詳。今以新唐書世系表、藝文志、列傳與彥遠自序參考，知彥遠乃明皇時宰相嘉貞之元孫。序稱高祖河東公，卽嘉貞，其稱曾祖魏國公者，爲同平章事延賞。（案延賞封魏國公，本傳失載，僅見於此序中。）稱大父高平公者，爲同平章事宏靖。稱先公尚書者，爲桂管觀察使文規。唐書皆有傳。此書之末，附載畫譜本傳，不知何人所作，乃稱彥遠大父名稔，考歷代名畫記中有彥遠叔祖名諗之文，非其大父，亦非稔字，顯然舛謬。至本傳稱彥遠博學有文辭，乾符中至大理寺卿，藝文志亦同。而世系表作祠部員外郎，則未詳孰是也。是編集古人論書之語，起於東漢，迄於元和，皆具錄原文。如王愔文字志之未見其書者，亦特存其目。惟一卷中王羲之教子敬筆論一篇，三卷中蔡惲書無定體論一篇，四卷中顏師古註急就章一篇，張懷瓘六體書一篇，有錄無書。然目錄下俱註不錄字，蓋彥遠所刪，非由闕佚。其急就章註當以無關書法見遺。餘則不知其故矣。其書採摭繁富，漢以來佚文緒論，多賴以存。卽庾肩吾書品、李嗣眞後書品、張懷瓘書斷、竇臮述書賦，各有別本者，實亦於此書錄出。自序謂好事者得此書及歷代名畫記，書畫之事畢矣，殆非夸飾也。末爲右軍書記一卷，凡王羲之帖四百六十五，附王獻之帖十七，皆具爲釋文。知劉克莊閣帖釋文亦據此爲藍本，則其沾溉於書家者非淺尠矣。

歷代名畫記十卷（兩江總督採進本）

唐張彥遠撰。自序謂家世藏法書名畫，收藏鑒識，自謂有一日之長。案唐書稱彥遠之祖宏靖，家聚書畫，侔祕府。李綽尚書故實亦多記張氏書畫名蹟。足證自序之不誣。故是書述所見聞，極爲賅備。前三卷皆畫論，一敘畫之源流，二敘畫之興廢，三四敘古畫人姓名，五論畫六法，六論畫山水樹石，七論傳授南北時代，八論顧陸張吳用筆，九論畫體工用搨寫，十論名價品第，十一論鑒識收藏閱玩，十二敘自古跋尾押署，十三敘自古公私印記，十四論裝褙褾軸，十五記兩京外州寺觀畫壁，十六論古今之祕畫珍圖。自第四卷以下，皆畫家小傳。然卽第一卷內所錄之三百七十人，旣俱列其傳於後，則第一卷內所出姓名一篇，殊爲繁複。疑其書初爲三卷，但錄畫人姓名，後裒輯其事蹟評論續之於後，而未刪其前之姓名一篇，故重出也。書中徵引繁富，佚文舊事，往往而存。如顧愷之論畫一篇、魏晉勝流名畫讚一篇、畫雲臺山記一篇，皆他書之所不載。又古書畫中褚氏書印乃別一褚氏，非遂良之迹，可以釋石刻靈飛經前有褚氏一印之疑。亦他書之所未詳。卽其論杜甫詩幹惟畫肉不畫骨句，亦從來註杜詩者所未引，則非但鑒別之精，其資考證者亦不少矣。晁公武讀書志別載彥遠名畫獵精六卷，記歷代畫工名姓，自始皇以降，至唐朝，及論畫法幷裝褙褾軸之式，鑒別閱玩之方。毛晉刻是書跋，謂彥遠自序止云歷代名畫記，不及此書，意其大略相似。考郭若虛圖畫見聞志敘諸家文字，列有是書，註曰：無名氏撰，其大序在張懷瓘畫斷之後，李嗣眞後畫品錄之前，則必非張彥遠之作，晁氏誤也。

唐朝名畫錄一卷（浙江范懋柱家天一閣藏本）

唐朱景元撰。景元，吳郡人，官翰林學士。圖畫見聞志作朱景眞，避宋諱也。是書唐藝文志題曰唐畫斷，故通考稱畫斷一名唐朝名畫錄。今考景元自序，實稱畫錄，則畫斷之名非也。通志略、通考均稱三卷，此本不分卷，蓋後人合併。通考又稱前有天聖三年商宗儒序，此本亦傳寫佚之。所分凡神妙能逸四品，神妙能又各別上中下三等，而逸品則無等次，蓋尊之也。初，庾肩吾、謝赫以來，品書畫者多從班固古今人表分九等。古畫品錄陸探微條下稱上上品之外，無他寄言，故屈標第一等。蓋詞窮而無以加也。李嗣眞作書品後，始別以李斯等五人爲逸品。張懷瓘作書斷，始立神妙能三品之目。合兩家之所論，定爲四品，實始景元。至今遂因之不能易。四品所載，共一百二十四人，卷首列唐代親王三人，皆不入品第，猶之懷瓘書斷帝后不入品第、蓋亦貴貴之禮云。

墨藪二卷、附法帖釋文刊誤一卷。浙江巡撫採進本

舊本題唐韋續撰。續不知何許人。是書唐志亦不著錄。惟文獻通考載墨藪十卷、引晁公武讀書志曰、高陽許歸與編、未詳何代人。李氏書目祇五卷。又引陳振孫書錄解題曰、不知何代所集、凡十八篇。又一本二十一篇。此本爲明程榮所刻校、其門目上卷五十六種書第一、九品書人第二、書品優劣第三、續書品第四、梁武帝評第五、書論第六、論篆第七、用筆法并口訣第八、筆陣圖第九、又筆陣圖第十。下卷張長史十二意法第十一、王逸少筆勢傳第十二、指意筆髓第十三、王逸少筆勢圖第十四、筆意第十五、晉衞恒等書勢第十六、勸學第十七、貞觀論第十八、書訣第十九、徐氏書記第二十、唐朝書法第二十一。與振孫所言又一本合。蓋即所見書中所記止於唐文宗柳公權事、當出於開成後人。然題爲韋續、則不知其何所據也。末載宋參知政事陳與義法帖釋文刊誤一卷、蓋榮之所附。後有淳熙七年周必大跋、其書僅七紙、然糾劉次莊釋文之誤、頗爲精核。必大跋稱與義爲侍從時奉敕所撰、篇頁太少、難以單行、今仍綴之末簡焉。

畫山水賦一卷、附筆法記一卷。浙江鮑士恭家藏本

舊本題唐荆浩撰。案劉道醇五代名畫補遺曰、荆浩字浩然、河南沁水人。五季多故、隱於太行之洪谷、自號洪谷子。著山水訣一卷。湯垕畫鑒亦曰荆浩山水爲唐末之冠、作山水訣、爲范寬輩之祖。則此書本名山水訣。此本載詹景鳳王氏書苑補益中、獨題曰畫山水賦。考荀卿以後、賦體數更、而自漢及唐、未有無韻之格。此篇雖用駢詞、而中間或數句有韻、數句無韻、仍如散體、强題曰賦、未見其然。又以浩爲豫章人、題曰豫章先生、益誕妄無稽矣。別有筆法記一卷、載王氏畫苑中、標題之下註曰一名畫山水錄。案唐書藝文志載荆浩筆法記一卷、陳振孫書錄解題則作山水受筆法一卷、沁水荆浩浩然撰。今檢記中稱石鼓巖前遇一叟、講授筆法、則陳氏所記乃其本名、唐志所載乃省文呼之、王氏畫苑所註又後人改名也。二書文皆拙澀、中間忽作雅詞、忽參鄙語、似藝術家粗知文義而不知文格者依託爲之、非其本書。以相傳既久、其論亦頗有可採者、姑錄存之、備畫家一說云爾。

翰墨志一卷。浙江鮑士恭家藏本

宋高宗皇帝御撰。宋史藝文志載高宗評書一卷、亦名翰墨志。高似孫硯箋引作高宗翰墨志、岳珂法書贊引作思陵翰墨志、後人所追題也。高宗當臥薪嘗膽之時、不能以修練戎韜爲自強之計、尚耽心筆札、效太平治世之風、可謂舍本而營末。然以書法而論、則所得頗深。陸游渭南集稱其妙悟八法、留神古雅、訪求法書名畫、不遺餘力。清暇之燕、展玩摹搨不少怠。王應麟玉海稱其初喜黃庭堅體格、後又采米芾、已而皆置不用、專意羲獻父子、手追心摹。嘗曰學書當以鍾王爲法、然後出入變化、自成一家。今觀是編、自謂五十年未嘗舍筆墨。又謂宋代無字法可稱、於北宋但舉蔡襄李時雍及蘇黃米薛、於同時但舉吳說徐兢、而皆有不滿之詞、惟於米芾行草、較爲許可。其大旨所宗、惟在羲獻。與玉海所記皆合、蓋晚年所作也。其論效米芾法者不過得其外貌、高視闊步、氣韻軒昂、不知其中本六朝妙處、醞釀風骨、自然超越、可謂入微之論。其論徽宗留意書法、立學養士、惟得杜唐稽一人、今書家無舉其姓名者。中間論端研一條、謂欲如一段紫玉、磨之無聲、而不以眼爲貴、今賞鑒家猶奉爲指南。岳珂寶眞齋法書贊引此書評米芾詩文一條、此本無之、殆經明人刪節、已非完書歟。

五代名畫補遺一卷。兩江總督採進本

宋劉道醇撰。考晁公武讀書志曰、五代名畫補遺一卷、皇朝劉道醇纂、符嘉應撰序云、胡嶠嘗作梁朝名畫錄、因廣之、故曰補遺。又別載宋朝名畫評三卷、亦註劉道醇纂、符嘉應序。則劉道醇當作道成。又陳振孫書錄解題曰、五代名畫記一卷、大梁劉道醇撰、嘉祐四年陳詢直序。則補遺字又當作記。然此本爲毛晉汲古閣影摹宋刻、楮墨精好、纖毫無闕、不應卷首題名乃作譌字。蓋本此一書、振孫誤題書名、公武誤題人名、馬端臨作文獻通考、又偶未見其書、但據兩家之目、遂重載之。觀卷首陳詢直序、與振孫所言合。而公武所載符嘉應序、又即詢直序中語。知公武併以宋朝名畫評序誤註此條、不但成字之譌也。胡嶠名見五代史契丹傳。郭若虛圖畫見聞志稱其爲廣梁朝畫目、註曰皇朝胡嶠撰。則已入宋。其書今不傳。道醇不知其

仕履。此書所錄凡二十四人。蓋已見於胡嶠錄者不載。故五十年中寥寥僅此云。

宋朝名畫評三卷（浙江范懋柱家天一閣藏本）

宋劉道醇撰。書分六門。一曰人物、二曰山水林木、三曰畜獸、四曰花草翎毛、五曰鬼神、六曰屋木。每門之中。分神妙能三品。每品又各分上中下。所錄凡九十餘人。首有敘文。不著名氏。其詞亦不類序體。疑爲書前發凡。後人以原書無序。析出別爲一篇也。案朱景元名畫錄分神妙能逸四品。而此仍從張懷瓘例。僅分三品。殆謂神品足以該逸品。故不再加分析。抑或無其人以當之。姑虛其等也。又黃休復益州名畫錄。列黃筌及其子居寀於妙格下。而此書於人物門則筌居寀竝列入妙品。花木翎毛門則筌居寀又列入神品。蓋即一人亦必隨其技之高下而品隲之。其評論較爲平允。其所敘諸人事實。詞雖簡略。亦多有足資考核者焉。

益州名畫錄三卷（安徽巡撫採進本）

宋黃休復撰。前有景德三年李畋序。稱江夏黃氏休復字歸本。通春秋學。校左氏公穀書。鬻丹養親。游心顧陸之藝。深得厥趣。考休復別有茅亭客話。陳振孫書錄解題亦不詳其里貫。但以所言多蜀事。又嘗著成都名畫記。疑爲蜀人。則此書一名成都名畫記。而舊本與茅亭客話皆未題里貫。故振孫云然。今本皆題江夏人。疑後人以畋序補書歟。然畋序作於宋初。或沿唐五代餘習。題黃氏郡望。亦未可知。未必果生於是地也。所記凡五十八人。起唐乾元。迄宋乾德。品以四格。曰逸、曰神、曰妙、曰能。其四格之目雖因唐朱景元之舊。而景元置逸品於三品外。示三品不能伍。休復此書又躋逸品於三品上。明三品不能先。其次序又復小殊。逸格凡一人。神格凡二人。妙格上品凡七人。中品凡十人。下品凡十一人。而寫眞二十二處。無姓名者附焉。能格上品凡十五人。中品凡五人。下品凡七人。而有畫無名有名無畫者附焉。其大慈寺六祖院羅漢閣圖畫。休復評妙格中品。而列能品之末。不與寫眞二十二處一例。非妙字誤刊。則編次時偶疎也。畋序又稱益都自唐二帝播越。諸侯作鎭。畫藝之傑者多從遊而來。故是編所集。皆取其事蹟之係乎蜀者。而不盡爲蜀產。考鄧椿畫繼。稱蜀道僻遠。而畫手獨多於四方。李方叔載德隅齋畫品。蜀筆居半云云。則休復之詳錄益州。非夸飾矣。其書敘述頗古雅。而詩文典故。所載尤詳。非他家畫品泛題高下無所指據者比也。書錄解題又稱中興書目以爲李畋撰。休復書今亡。此書有景德三年序。不著姓名。而敘休復所錄明甚。又有休復自爲序。則固未嘗亡也云云。據其所說。則別本但題李畋之名。不以序文出李畋。今本直作畋序。又與宋時本不合。然諸刻本皆作畋序。故姑從舊本。仍存畋名焉。

圖畫見聞志六卷（內府藏本）

宋郭若虛撰。若虛不知何許人。書中有熙寧辛亥冬。被命接勞北使。爲輔行語。則嘗爲朝官。故得預接伴。陳振孫書錄解題云。自序在元豐中。稱大父司徒公。未知何人。郭氏在國初無顯人。但有郭承祐耳。然今考史傳。并郭承祐亦不載。莫之詳也。是書馬端臨文獻通考作名畫見聞志。而宋史藝文志鄭樵通志略則所載與今本竝同。蓋通考乃傳寫之誤。若虛以張彥遠歷代名畫記絕筆唐末。因續爲裒輯。自五代至熙寧七年而止。分敘論紀藝故事拾遺近事四門。鄧椿畫繼嘗議其評孫位景朴優劣倒置。由未嘗親至蜀中。目覩其畫。又謂江南王凝之花鳥。潤州僧修範之湖石。道士劉貞白之松石梅雀。蜀童祥許中正之人物仙佛。邱仁慶之花。王延嗣之鬼神。皆熙寧以前名筆。而遺略不載。然一人之耳目。豈能遍觀海內之丹青。若虛以見聞立名。則遺略原所不諱。況就其所載論之。一百五六十年之中。名人藝士。流派本末。頗稱賅備。實視劉道醇畫評爲詳。未可以偶漏數人。遽見嗤點。其論製作之理。亦能深得畫旨。故馬端臨以爲看畫之綱領。亦未可以一語失當爲玷也。

林泉高致集一卷（浙江范懋柱家天一閣藏本）

舊本題宋郭思撰。思父熙。字淳夫。溫縣人。官翰林待詔直長。以善畫名於時。思字得之。登元豐五年進士。官至徽猷閣待制。秦鳳路經略安撫使。書首有思所作序。謂丱角侍先子。每聞一說。旋即筆記。收拾纂集。用貽同好。故陳振孫書錄解題以此書爲思追述其父遺蹟事實而作。今案書凡六篇。曰山水訓、曰畫意、曰畫訣、曰畫題、曰畫格拾遺、曰畫記。其篇首實題贈正議大夫郭熙撰。又有政和七年翰林學士河南許光凝序。亦謂公平日講論小筆範式。燦然盈編。題曰郭氏林泉高致。而書中多附思所作釋語。并稱聞以所聞註而出之。據此則自山水訓至畫題四篇。皆熙之詞。而思爲之註。惟畫格拾遺一篇，紀熙平生眞蹟；畫記一篇，述熙在神宗時寵遇之事；則當爲思所論撰，而併爲一編者也。許光疑序尚有元豐以來詩歌贊記，陳振孫卽稱已闕。而此本前後又載入王維、李成山水訣，荆浩山水賦，董羽畫龍輯議各一篇，亦非郭氏原本之舊。書末有至正八年豫章歐陽必學重刻一行，或卽元時刊書者所附入歟。別本又有山水訣纂一卷，亦題宋郭思撰。前有發書河南府判官廳公事王緯序，稱思述其父熙平日所說山水畫法，好事者喜傳其文，而緯得之最先。大觀四年，鏤版廣之。校其文與林泉高致所載山水訓一篇首尾相同。疑思先纂是編，後復增益之，爲林泉高致集，而其書已行，故至今猶兩存之也。書末又有圖畫見聞志一卷，與郭若虛同名，而其文迥異。中載葉夢得評畫行，似非思所裒輯，疑本別爲一編，乃續郭若虛書而作者，後人因所收畫訣畫題皆思述其父之詞，故取附山水訓纂之末耳。以上二編，一與思書相複，一與思書無關，今俱刊除不錄，而附存其目於此書之末，用以訂同異，備考核焉。

墨池編六卷　浙江鮑士恭家藏本

宋朱長文撰。長文有吳郡圖經續記，已著錄。是編論書學源流，分爲八門，每門又各析次第。凡字學一，筆法二，雜議二，品藻五，贊述三，寶藏三，碑刻二，器用二，皆引古人成書而編類之，蒐輯甚博。前代遺文，往往藉以考見。間附己說，亦極典核。後來書苑菁華諸編，雖遞有增益，終不能出其範圍。陳耀文學林就正，嘗摭其引王次仲事，誤稱劉向列仙傳。小小筆誤，不爲累也。贊述門寶泉述書賦下，自稱編此書十卷。又器用門下稱因讀蘇大參文房四譜，取其事有裨於書者，勒成兩卷，贅墨池編之末。是長文原本當爲十二卷，今止六卷，殆後人所合併歟。又此本碑刻門末載宋碑九十二通，元碑四十四通，明碑一百十九通，皆明萬歷中重刊時所增。明人竄亂古書，往往如是，幸其妄相附益，尙有蹤跡可尋。今並從删削，以還其舊。至其合併之帙，無關宏旨，則亦姑仍之矣。

德隅齋畫品一卷　兩江總督採進本

宋李廌撰。廌字方叔，陽翟人，事蹟具宋史文苑傳。廌少以文字見知於蘇軾，後軾知舉，廌乃不第，竟偃蹇而卒。軾所謂平生浪說古戰場，到眼空迷日五色，至今傳爲故實者，卽爲廌作也。是編所記名畫凡二十有二人，各爲序述品題。陳振孫書錄解題稱元符元年趙令畤官襄陽，行槖中諸畫，方叔皆爲之評品，蓋卽此書。惟德隅齋作德隅堂。考鄧椿畫繼稱李方叔載德隅齋畫品云云，則陳氏所記誤矣。廌本善屬文，故其詞致皆雅令波瀾，意趣一一妙中理解。葉夢得石林詩話論寇國寶詩所謂從蘇黃門庭中來者，惟寒龜出曝圖條中有頃在丞相九公家見黃監一龜云云。考元祐紹聖之間，丞相未有九姓者，豈傳寫之譌耶。

畫史一卷　兩江總督採進本

宋米芾撰。芾字元章，史浩兩鈔摘腴曰，芾自號鹿門居士。黃溍筆記曰，元章自署姓名，米或爲芊，芾或爲黻。又稱海岳外史，又稱襄陽漫士。周必大平園集有章友直畫蟲跋曰，後題無礙居士，卽米元章。蓋芾性好奇，故屢變其稱如是。宋史本傳作吳人。都穆寓意編曰，米氏父子本襄陽人，而寓居京口。嘗觀海岳翁表吾郡朱樂圃先生墓曰，余昔居郡，與先生游。則海岳又嘗寓蘇。修宋史者直云吳人，而後之論撰者遂以爲吳縣人，失之遠矣。據其所考，則史稱吳人誤也。芾初以其母侍宣仁后藩邸舊恩，補浛洭尉，官至禮部員外郎，知淮南軍。史稱其妙於翰墨，繪畫自名一家，尤精鑒裁。此書皆舉其平生所見名畫，品題眞僞，或間及裝褙收藏及考訂譌謬。歷代賞鑒之家，奉爲圭臬。中亦有未見其畫而載者，如王球所藏兩漢至隋帝王像及李公麟所說王獻之畫之類。蓋芾作書史，皆所親見；作寶章待訪錄，別以目覩的聞分類編次。此則已見未見相雜而書，其體例各異也。他如渾天圖及五聲六律十二宮旋相爲君圖，自爲圖譜之學，不在丹青之列，芾亦附載，殆張彥遠歷代名畫記兼收日月交會九道諸圖之例歟。芾不以天文名，而其論天以古今百家星歷盡爲妄說，欲以所作晝夜六十圖上之御府，藏之名山，已爲誇誕。又不以韻學名，而其論韻謂沈約只知四聲，求其宮聲而不得，乃分平聲爲上下，以欺後世。考約集載荅陸厥書，雖稱宮商之音有五，而梁書約本傳及南史厥本傳並云四聲，隋志亦作沈約四聲一卷，芾所謂求其宮聲不得者，不知何據，殆誤記唐徐景安樂書以上下平分宮商歟。案景安書今不傳，其說見王應麟玉海。卷首題詞，謂唐代五王之功業不如薛稷之二鶴，九爲誕肆。是亦以頗得名之一端，存而不論可矣。

書史一卷（浙江鮑士恭家藏本）

宋米芾撰。是編評論前人眞蹟，皆以目歷者爲斷，故始自西晉，迄於五代。凡印章跋尾紙絹裝褙，俱詳載之。中如言敘帖稱爲右軍書，而斥柳公權之誤作子敬；智永千文驗爲鍾紹京，歐陽詢書魏泰收虞世南草書，則又定爲智永作，類皆辨別精微，不爽錙黍。所錄詩文亦多出於見聞之外。如許渾詩湘潭雲盡暮山出句，此載渾手寫烏絲欄墨蹟內暮山實作暮煙，知今世所行丁卯集本爲誤。楊愼作丹鉛錄，嘗攘其說而諱所自來，是亦足資考證，不但爲鑒賞翰墨之資也。惟卷末論私印一條，謂印關吉凶，歷引當時三省印御史臺印宣撫使印皆以篆文字畫卜官之休咎，考隋書經籍志有魏征東將軍程申伯相印法一卷，三國志註夏侯尙傳末附許允相印事，引相印書曰：相印法本出陳長文，以語韋仲將，印工楊利從仲將受法，以語許士宗（案士宗，許允之字），利以法術占吉凶，十可中八九。仲將又問長文從誰得法，長文曰：本出漢世，有相印相笏經，又有鷹經、牛經、馬經。印工宗養以法語程申伯，於是有一十二家相法，是古原有此法。然芾未必能得其傳，殆亦謬爲附會，徒爲好異而已矣。

寶章待訪錄一卷（浙江鮑士恭家藏本）

宋米芾撰。皆紀同時士大夫所藏晉唐墨蹟，成於元祐元年丙寅。書錄解題作寶墨待訪錄二卷，與此互異，疑陳振孫誤也。自序謂太宗混一，天下圖書皆聚，而士民之間尙有藏者，懼久廢忘，故作此以俟訪，分目睹的聞二類。目睹者王羲之雪晴帖以下凡五十四條，內張芝王翼二帖註云非眞，蓋與張直淸所藏他帖連類全載之。的聞者唐僧懷素自序以下凡二十九條。大槪與所撰書史相出入，然書史詳而此較略。中如王右軍來戲帖，此書謂丁氏以一萬質於鄆州梁子志處，而書史則謂質於其鄉大姓賈氏，得二十千，今十五年猶在賈氏。又懷素三帖，此書謂見於安師文家，而書史則謂元祐戊辰安公攜至，留吾家月餘，今歸章公惇云云。驗其歲月，皆當在此書既成之後，知書史晚出，故視此更爲詳備也。然其間如晉謝奕謝安桓溫三帖，書史祇載竇蒙審定印，而此書又載有鍾紹京書印、陳伯智永歸田賦跋，書史作開成某年，而此書實作開成五年，亦有可以互相考證者。今故備著於錄，備參訂焉。

海岳名言一卷（浙江鮑士恭家藏本）

宋米芾撰。皆其平日論書之語。於古人多所譏貶，如謂歐柳爲醜怪惡札之祖，徐浩肥俗，更無氣骨，薛稷大字，用筆如蒸餅，顏魯公眞字，便入俗品，皆深致不滿。其所記對徽宗之語，於蔡襄沈遼黃庭堅蘇軾蔡京蔡卞亦極意詆訶。史稱芾翰墨得王獻之筆意，而書中於子敬書顧不置議論，但云吾書取諸長處，總而成之，人見之不知以何爲祖，殆亦不免放言矜肆之習。然其心得既深，所言運筆布格之法，實能脫落蹊徑，獨湊單微，爲書家之圭臬，信臨池者所宜探索也。其書原載入左圭百川學海中，篇頁太少，今以類相從，附諸書畫史寶章待訪錄之末，都爲一帙焉。

宣和畫譜二十卷（兩江總督採進本）

不著撰人名氏。記宋徽宗朝內府所藏諸畫，前有宣和庚子御製序。然序中稱今天子云云，乃類臣子之頌詞，疑標題誤也。所載共二百三十一人，計六千三百九十六軸，分爲十門：一道釋，二人物，三宮室，四番族，五龍魚，六山水，七鳥獸，八花木，九墨竹，十蔬果。考趙彥衛雲麓漫鈔載宣和畫學分六科：一曰佛道，二曰人物，三曰山川，四曰鳥獸，五曰竹花，六曰屋木。與此大同小異，蓋後又更定其條目也。蔡絛鐵圍山叢談曰：崇寧初命宋喬年値御前書畫所，喬年後罷去，繼以米芾輩，迄至末年，上方所藏率至千計，吾以宣和癸卯歲嘗得見其目云云。癸卯在庚子後三年，當時書畫二譜，蓋卽就其目排比成書歟？徽宗繪事本工，米芾又稱精鑒，故其所錄收藏家據以爲徵，非王黼等所輯博古圖動輒舛謬者比。條又稱御府所祕，古來丹青，其最高遠者以曹不興元女授黃帝兵符圖爲第一，曹髦卞莊子刺虎圖第二，謝稚烈女貞節圖第三，自餘始數顧陸僧繇而下，與今本次第不同，蓋作譜之時乃分類排纂，其收藏之目則以時代先後爲差也。又卞莊子刺虎圖今本作衛協，不作曹髦，則併標題名氏亦有所考正更易矣。王肎堂筆麈曰：畫譜採諸家記錄，或臣下撰述，不出一手，故有自相矛盾者。如山水部稱王士元兼有諸家之妙，而宮室部以皁隸目之之類。許道寧條稱張文懿公深加嘆賞，亦非徽宗口語。蓋仍劉道醇名畫評之詞云云。案冒堂以是書爲徽宗御撰，蓋亦未詳釋序文。然所指牴牾之處，則固切中其失也。

宣和書譜二十卷（兩江總督採進本）

不著撰人名氏。記宋徽宗時內府所藏諸帖。蓋與畫譜同時作也。首列帝王諸書爲一卷，次列篆隸爲一卷，次列正書四卷，次列行書六卷，次列草書七卷，末列分書一卷，而制誥附焉。宋人之書，終於蔡京、蔡卞、米芾，殆即三人所定歟。芾書法皆工，芾尤善於辨別，均爲用其所長。故宣和之政無一可觀，而賞鑒則爲獨絕。蔡絛鐵圍山叢談稱所見內府書目，唐人硬黃臨二王至三千八百餘幅，顏魯公墨迹至八百餘幅，大凡歐、虞、褚、薛及唐名臣李太白、白樂天等書字，不可勝記。獨兩晉人則有數矣。至二王破羌、洛神諸帖，真迹殆絕。蓋亦僞多焉云云。今書所載王羲之帖僅二百四十有二，王獻之帖僅八十有九，顏真卿帖僅二十有八。蓋其著於錄者亦精爲汰簡，魚目之混罕矣。

山水純全集一卷（浙江鮑士恭家藏本）

宋韓拙撰。拙字純全，號琴堂，南陽人。畫史會要稱其善畫山水窠石，著山水純全集，即指此書。別本或作山水純全論，傳寫譌也。拙始末不可考。惟集末有宣和辛丑夷門張懷後序，稱白紹聖間擔簦至都下，進藝爲都尉王晉卿所慨薦，於今聖藩邸，繼而上登寶位，授翰林書藝局祗候，累遷爲直長、祕書待詔，今已授忠訓郎云云。蓋徽宗時畫院中人也。是編首論山，次論水，次論林木，次論石，次論雲霧煙靄嵐光風雨雪霜，次論人物橋彴關城寺觀山居舟車四時之景，次論用墨格法氣韻之病，次論觀畫別識，次論古今學者，凡九篇。而序中自稱曰十篇，豈佚其一歟。其持論多主規矩，所謂逸情遠致，超然於筆墨之外者，殊未之及。蓋院畫之體如是，然未始非畫家之格律也。考鄧椿畫繼載有洛人韓若拙工畫翎毛，又善寫真，宣和末應募使高麗寫國王真，會用兵不果行。二人同時，同鄉里，同善畫，而姓名祗差一字，殆一人而譌傳歟。不可考矣。

廣川書跋十卷（兩江總督採進本）

宋董逌撰。逌字彥遠，東平人。題曰廣川，從郡望也。政和中官徽猷閣待制。王明清玉照新志載宋齊愈獄牘，稱司業董逌在坐，則靖康末尚官司業。曾敏行獨醒雜志稱建炎己酉逌從駕，則南渡時尚存。丁特起孤臣泣血錄並記其受張邦昌僞命，爲之撫慰太學諸生事，則其人蓋不足道。然其賞鑒書畫，則至今推之。是編皆古器款識及漢唐以來碑帖，末亦附宋人數帖。論斷考證，皆極精當。其據左傳成有岐陽之蒐，定石鼓文爲成王作，雖未必確，而說亦甚辨。然能知孫叔敖碑不可信，而滕公石槨銘乃信博物志、西京雜記之語。又如以紀爲裂繻之國，不知其是卿非侯；以窗中列遠岫爲謝靈運詩，不知其爲謝朓，亦多疎舛。要不害其鑒別之精也。

廣川畫跋六卷（兩江總督採進本）

宋董逌撰。逌在宣和中，與黃伯思均以考據賞鑒擅名。毛晉嘗刊其書跋十卷，而畫跋則世罕傳本。此本爲元至正乙巳華亭孫道明所鈔，云從宋末書生寫本錄出，則爾時已無鋟本矣。紙墨歲久剝蝕，然僅第六卷末有闕字，餘尚完整也。古圖畫多作故事及物象，故逌所跋皆考證之文。其論山水者，惟王維一條、范寬二條、李成三條、燕肅二條、時記室所收一條而已。其中如辨正武皇望仙圖、東丹王千角鹿圖、七夕圖、兵車圖、九主圖、陸羽點茶圖、送窮圖、乞巧圖、勘書圖、擊壤圖、沒骨花圖、舞馬圖、戴嵩牛圖、秦王進餅圖、留瓜圖、王波利獻馬圖，引據皆極精核。其封禪圖一條，立義未確；娵魚圖一條，附會太甚；分鏡圖一條，拘滯無理；地獄變相圖，誤以盧楞伽爲在吳道元前，皆偶然小疵，不足以爲是書累也。

畫繼十卷（兩江總督採進本）

宋鄧椿撰。椿，雙流人。祖洵武，政和中知樞密院。其時最重畫學，椿以家世聞見，綴成此書。其曰畫繼者，唐張彥遠作歷代名畫記，起軒轅，止唐會昌元年；宋郭若虛作圖畫見聞志，起會昌元年，止宋熙寧七年。椿作此書，起熙寧七年，止乾道三年，用續二家之書，故曰繼也。所錄上而帝王，下而工技，九十四年之中，凡得二百一十九人。一卷至五卷以人分，曰聖藝，曰侯王貴戚，曰軒冕才賢，曰縉紳韋布，曰道人衲子，曰世冑婦女及宦者，各爲區分類別，以總括一代之技能。六卷七卷以畫分，曰仙佛鬼神，曰人物傳寫，曰山水林石，曰花竹翎毛，曰畜獸蟲魚，曰屋木舟車，曰蔬果藥草，曰小景雜畫。各為標舉短長，以分闡諸家之工巧，蓋互相經緯，欲俾一善不遺。八卷曰銘心絕品，記所見奇跡愛不能忘者，為書中之特筆。九卷十卷皆曰雜說，分論遠論近二子目，則書中之總斷也。論遠多品畫之詞，論近則多說雜事。論近之末附綴雜事一條，或傳寫失次歟。椿以當代之人，記當代之藝，又頗議郭若虛之遺漏，故所收未免稍寬，然網羅賅備，俾後來得以考核，其持論以高雅為宗，不滿徽宗之尚法度，亦不滿石恪等之放佚，亦為平允，固賞鑒家所據為左驗者矣。

續書譜一卷（浙江鮑士恭家藏本）

宋姜夔撰。夔有絳帖平，已著錄。是編其論書之語。曰續書譜者，唐孫過庭先有書譜故也。前有嘉定戊辰天台謝采伯序，稱略識夔於一友人處，不知其能書也。近閱其手墨數紙，筆力遒勁，波瀾老成。又得其所著續書譜一卷，議論精到，三讀三歎，因為鋟木。蓋夔撰是書，至采伯始刊行也。此本為王氏書苑補益所載，凡二十則：一曰總論，二曰真書，三曰用筆，四曰草書，五曰用筆，六曰用墨，七曰行書，八曰臨摹，九曰書丹，十曰情性，十一曰血脈，十二曰燥潤，十三曰勁媚，十四曰方圓，十五曰向背，十六曰位置，十七曰疏密，十八曰風神，十九曰遲速，二十曰筆鋒。其燥潤、勁媚二則，均有錄無書。燥潤下註曰見用筆條，勁媚下註曰見情性條。然燥潤之說，實在用墨條中，疑有舛誤。又真書、草書之後各有用筆一則，而草書後之論用筆，乃是八法，並非論草，疑亦有譌。敬考

欽定佩文齋書畫譜第七卷中全收是編，臨摹以前八則，次序相同。臨摹以下則九曰方圓，十曰向背，十一曰位置，十二曰疏密，十三曰風神，十四曰遲速，十五曰筆勢，十六曰情性，十七曰血脈，十八曰書丹，先後小殊，而燥潤、勁媚二則則並無其目。蓋所據之本稍有不同，而其文則無所增損也。書史會要曰：趙必睪字伯暐，宗室也，官至奏院中丞，善隸楷，作續書譜辨妄，以規姜夔之失。案必睪之書今已佚，不知其所規者何語。然夔此譜自來為書家所重，必睪獨持異論，似恐未然，殆世以其立說乖謬，故棄而不傳歟。

寶真齋法書贊二十八卷（永樂大典本）

宋岳珂撰。珂有刊正九經三傳例，已著錄。是書以其家所藏墨蹟，自晉唐迄於南宋，各系以跋而為之贊。珂處南渡積弱之餘，又承家難流離之後，故其間關涉時事者，多發憤激烈，情見乎詞。至於諸家古帖，尤徵人論世，考核精審，其文亦能兼備眾體，新穎百變，層出不窮，可謂以賞鑒而兼文章者矣。珂所著桯史、金陀粹編、愧郯錄諸書，世多傳本，獨是編諸家皆未論及，惟米芾外紀所引英光堂帖載其一條，即珂所刻米芾墨跡，其文視此稍略。蓋彼為帖後跋尾，此則編輯以成書，猶歐陽修集古錄有真跡集本之異也。文徵明停雲館所刻萬歲通天帖亦有一條，而此本無之，意偶佚歟。原本為永樂大典割裂分系，其卷目已不可考。今就其僅存者排比推求，大抵以類分編，首以歷代帝王，次晉真蹟，次唐摹，次唐五代至宋真蹟，而唐摹又自分二王及雜蹟，五代又先以吳越三王，宋則終以鄂國傳家。每類之首有總標，如吳越三王判牘、鄂國傳家帖，可以考也。總標之下先系以總贊，如唐摹二王之貞觀焆興云云，無名氏帖之非紀錄不概云云，可以考也。其總贊無可專屬，永樂大典皆棄不錄，惟此二首連前後帖尾，幸而得存，猶可尋當日體例耳。所類諸帖，晉唐以前，簡幅省少，帖各為贊。南北宋人篇翰繁多，則連類為贊，而每帖之或真或草，幾幅幾行，題記塗乙，又附注於分標之下。約略編次，尚可二十八卷。其間遺聞佚事，可訂史傳之是非；短什長篇，可補文集之譌闕。如朱子儲議一帖，辨論幾及萬言，許渾烏闌百篇，文異殆逾千字，於考證頗為有功。且所載諸帖，石刻流傳者十僅二三，墨迹僅存者百尠一二，皆因珂之彙集以傳。其書泯沒零落，逾數百年，遭逢

聖代右文，得邀裒輯，復見於世，可謂珂之大幸，亦可謂歷代書家之大幸矣。至於前賢法帖，釋者聚訟，珂所載亦間有異同，其已經

欽定重刻閣帖釐正者，並敬遵駁正，間有參差歧出數說皆通者，亦並用參存，不沒其實焉。

書小史十卷（浙江巡撫採進本）

宋陳思撰。思有寶刻叢編，已著錄。是書以歷代書家小傳纂次成帙，前有咸淳丁卯天台謝愈修序。書中所載自庖犧迄五季，凡紀一卷，載帝王為五十一人；傳九卷，首后妃十人，附以諸女十三人，次諸王二十七人，次蒼頡至郭忠恕共四百三十人。如中閒閨秀一門，自宜依史例退置史末，乃以厠

於后妃諸王之閒，殊爲乖舛。又如北齊彭城王㴠本無能書之名，惟史載其以歲時書迹未工，爲博士韓毅所戲。思因此一節，遂一槪採入書家中，尤爲氾濫。迴不及書苑菁華之詳密。特其排比薈稡，用力亦勤。自張彥遠名畫法書各有記錄，嗣後品錄畫家者多，品錄書家者少。思蒐羅編輯，彙爲斯編，亦足以爲考古者檢閱之助也。

書苑菁華二十卷（浙江汪汝瑮家藏本）

宋陳思撰。是編集古人論書之語，與書小史相輔而並行。卷一、卷二曰法。卷三曰勢，曰狀，曰體，曰旨。卷四曰品。卷五曰評，曰議，曰估。卷六曰斷。卷七曰錄。卷八曰譜，曰名。卷九卷十曰賦。卷十一、卷十二曰論。卷十三曰記。卷十四曰表，曰啟。卷十五曰牋，曰判。卷十六曰書，曰序。卷十七曰歌，曰詩。卷十八曰銘，曰贊，曰敍，曰傳。卷十九曰訣，曰意，曰志。卷二十曰雜著。所收凡一百六十餘篇，以意主閎博，故編次叢雜，不免疏舛。如序古無作敍者，因蘇軾避其家諱而改，本非二體。昌黎集內所載皆序而非敍。思乃列序敍爲二目，且以韓愈送高閑上人一篇載入敍中，殊無根據。又晉書王羲之傳，唐太宗稱制論斷，卽屬傳贊之流，而思別題作書王羲之傳後，列之雜著中，尤爲不知體製。然自唐以來，惟張彥遠法書要錄萃輯羣言，而篇帙無多，未爲賅備。其裒錄諸家緒言，薈稡編排以資考訂，實始於是編。欽定佩文齋書畫譜中論書一門，多採用之。雖思書規模草創，萬不及後來之精密，而大輅肇自椎輪，層冰成於積水，其造始之功固亦未可泯焉。

書錄三卷、外篇一卷（浙江吳玉墀家藏本）

宋董史撰。史字更良，不詳其里貫，自稱閒中老叟，蓋未登仕版者也。其書皆紀宋代書家姓氏，分上中下三篇。上篇載藝祖至高宗，中篇載北宋書家一百十八人，下篇載南宋書家四十五人。有所見輒鈔於帙，故不復以人品高下爲銓次。凡諸書所有評論書法者，悉加採摭，綴於每人之後。更加外篇，附於卷末，所載女子六人，蓋倣華陽國志寶儒貧女有可紀者莫不咸具例也。錄中所紀雖未爲賅備，而徵引典核，考據精審，亦殊有體裁，非泛濫撦撏者可比。其書成於理宗淳祐壬寅，後景定元年庚申燬於火。度宗咸淳元年乙丑從章氏得其舊本，乃重加修校，復成此編。原本書末有至正丁未三月錄竟云云一行，蓋元時華亭孫氏所鈔存者。後輾轉傳錄，譌脫益甚，自序亦已殘闕不可讀。檢勘諸本並同，無可校補，今姑仍其舊焉。

竹譜十卷（永樂大典本）

元李衎撰。衎字仲賓，號息齋，薊邱人。皇慶元年爲吏部尚書，拜集賢殿大學士，謚文簡。蘇天爵滋溪集有衎墓志，稱其翰墨餘暇，善圖古木竹石，有王維、文同之高致。續宏簡錄曰：李衎少時見人畫竹，從旁窺其筆法，始若可喜，旋覺不類，輒嘆息舍去。後從黃華子澹游學（案黃華老人金王庭筠之別號，澹游庭筠子曼慶之別號。畫史會要錄稱庭筠善古木竹石，曼慶亦工墨竹），已觀黃華所畫墨竹，又迴然不同，乃復棄去。至元初來錢塘，得文同一幅，欣然願慕，自後一意師之，兼善畫竹法，加青綠設色。後使交趾，深入竹鄉，於竹之形色情狀，辨析精到，作畫竹、墨竹二譜，凡黏幀礬絹之法悉備。又鄧文原履素齋集有與衎詩二首，詩末註曰：仲賓近刊竹譜二十卷。其書世罕傳本，浙江鮑氏所傳鈔者僅有一卷，疎略殊甚。惟永樂大典載其完書，實分四門：曰畫竹譜、墨竹譜，與宏簡錄所言合。又有竹態譜、竹品譜。其竹品譜中又分全德品、異形品、異色品、神異品、似是而非竹品、有名而非竹品六子目。其爲十卷，卷各有圖，蓋每二卷併一卷矣。其書廣引繁徵，頗稱淹雅，錄而存之，非惟游藝之一端，抑亦博物之一助矣。中有有說而無圖者，自序謂與常竹同者則不復圖，非闕佚也。

畫鑒一卷（兩江總督採進本）

舊本題宋東楚湯垕君載撰。案卷首有題詞曰：采眞子妙於考古，在京師時，與今鑒書博士柯君敬仲論畫，遂著此書，用意精到，悉有據依云云。則垕與柯九思同時。九思爲鑒書博士在元文宗天歷元年，則作此書時上距宋亡已五十三年，下距元亡僅三十九年，垕安得復稱宋人。且書中稱元曰本朝，稱宋曰宋朝，內元外宋，尤不得以遺民藉口。舊本蓋相沿誤題也。又題詞稱惜乎尚多疏略，乃爲刪補編次，成帙，名曰畫鑒。後有高識賞其知言，因垕舊稿重爲潤色，不但非垕之原本，併畫鑒之名亦非垕所自命矣。惟題詞不著名氏，遂不能詳考其人耳。所論歷代之畫始於吳曹不興，次晉衛協、顧愷之，次六朝陸探微諸家（案吳晉皆在六朝之數，不應別採微以下爲六朝、原本標目如是、姑仍其舊、而附訂其誤於此。次唐及五代諸家、次宋金元諸家。然元惟龔開陳琳二人、蓋趙孟頫諸人竝出同時、故不錄也。次爲外國畫、次爲雜論。大致似米芾畫史、以鑒別眞僞爲主。所辨論皆在筆墨氣韻間、不似董逌諸家以考證見長也。

衍極二卷、永樂大典本。

元鄭杓撰。案何喬遠閩書曰、杓字子經、羅源人。泰定中官南安縣教諭、與陳旅爲文字友。著衍極五篇、衍極記載三篇。其書自蒼頡迄元代、凡古人篆籀以極書法之變、皆在所論。宣撫使齊伯亨採而上之。作衍極堂以藏其書。陶宗儀書史會要又稱其能大字、兼工八分。蓋究心斯藝、故能析其源流如是也。其書載永樂大典中、而闕其記載三篇。別本又載有學書次第書法源流二圖、永樂大典亦闕。然別本字句譌脫、文註混淆、不及永樂大典之精善。謹合兩本參校、補遺正誤、復還舊觀。其註爲劉有定所作。有定字能靜、號原範、莆田人。其名載林承霖莆陽詩編、亦見書史會要。蓋亦文雅之士云。

法書考八卷、浙江巡撫採進本。

元盛熙明撰。案陶九成書史會要曰、盛熙明、其先曲鮮人、後居豫章。清修謹飭、篤學多材。工翰墨、亦能通六國書。則色目人也。是書前有虞集揭傒斯歐陽元三序。集序稱其備宿衞、傒斯序則稱爲夏官屬。其始末則不可考矣。傒斯序又稱熙明作是書、未竟已有言之文皇之前者、有旨趣上進。以修皇朝經世大典事嚴、未及錄上。四年四月五日、今在上延春閣、遂因奎章學士實喇巴勒原作沙剌班、今改正。以書進。上方留神書法、覽之終卷、親問八法旨要、命藏之禁中、以備親覽。書史會要亦稱至正甲申嘗以法書考八卷進上、與序相合、則是書實當時奏御本也。其書首爲書譜、分子目四。次爲字源、次爲筆法、次爲圖訣、次爲形勢、各分子目二。次爲風神、次爲工用、各分子目三。次爲附錄印章題署跋尾。雖雜取諸家之說、而採擇特精。其字源一門所列梵書十六聲三十四母、蒙古書四十二母、亦與陶九成通六國書之說合。皆頗足以資考證也。

圖繪寶鑑五卷、續編一卷、衍聖公孔昭煥家藏本。

元夏文彥撰。文彥字士良、其先吳興人、居於松江。陶宗儀輟耕錄曰、友人吳興夏文彥號蘭渚生、其家世藏名跡、罕有比者。朝夕玩索、心領神會、加以游於畫藝、悟入厥趣、是故賞鑒品藻、百不失一。因取名畫記圖畫見聞志畫繼續畫記爲本、加以宣和畫譜南渡七朝畫史、齊梁魏陳唐宋以來諸家畫錄及傳記雜說百氏之書、蒐潛剔祕、網羅無遺。自軒轅至宋德祐乙亥、得能畫者一千二百八十餘人、又金元三十八人、本朝至元丙子案宗儀此書作於至正中、故稱元爲本朝。至今九十餘年間二百餘人、共一千五百餘人。其考核誠至、其用心良勤。其論畫之三品、蓋擴前人所未發云云。卽指此書也。中間如封膜之類、尚沿舊譌、未能糾正。又每代所列不以先後爲次、往往倒置。體例亦未爲善。然蒐羅廣博、在畫史之中最爲詳贍。郎瑛七修類稾嘗謂圖繪寶鑑但紀歷代善畫人名及所師某人而已、當添言所以方畫其意、如董源則曰山是麻皮皴之類、馬遠則曰山是大斧劈兼丁頭鼠尾之類。如是則二人之規矩已寓目前、而後之觀其畫者亦易云云。然文彥所記、主於徵考家數源流、中間傳其名者多、見其跡者少、安能一一舉其形似。瑛所云云、蓋未知著書之難、不足據也。續編一卷、明欽天監副韓昂所纂。起明初迄正德一百五十年間、採輯得一百七十人、而冠以宣宗憲宗孝宗三朝御筆。成於正德十四年。然核其書中如文彭陸治錢穀等以下、皆嘉靖時人、殆後來有所增補、非昂之舊歟。

欽定四庫全書總目卷一百十二

子部二十三

藝術類二

書史會要九卷、補遺一卷、續編一卷、浙江鮑士恭家藏本

書史會要九卷、補遺一卷、明陶宗儀撰。續編一卷、朱謀垔撰。宗儀有國風尊經、已著錄。謀垔字隱之、號厭原山人、寧藩支裔也。是編載古來能書人上起三皇、下至元代、凡八卷。末爲書法一卷。又補遺一卷。據孫作滄螺集所載宗儀小傳、稱書史會要凡九卷。此本目錄、亦以書法補遺共爲一卷。而刊本乃以補遺別爲卷。又以朱謀垔所作續編一卷題爲卷十。移其次於補遺前。殆謀垔之子統鉷重刊是書、分析移易、遂使宗儀原書中斷爲二。今仍退謀垔所補自爲一卷、題曰續編、以別宗儀之書。而其書法補遺如仍合爲一卷、則篇頁稍繁。姑仍統鉷所編別爲一卷、以便省覽。宗儀舊本以元繼宋而列遼金於後。與所作輟耕錄中載楊維楨正統論以元繼宋者所見相同。維楨論已仰稟睿裁、特存其說。宗儀是編、亦謹仍其舊文焉。

珊瑚木難八卷、兩淮鹽政採進本

明朱存理撰。存理有旌孝錄、已著錄。朱彝尊靜志居詩話曰、存理自少至老、未嘗一日忘學問。人有異書、必從訪求、以必得爲志。所纂集凡數百卷。既老不厭、坐貧無以自資、其書旋亦散去。江南通志亦曰、元季明初、中吳南園俞氏、笠澤虞氏、廬山陳氏書籍金石之富甲於海內。繼其後者、存理其尤也。茲編悉載所見字畫題跋。其卷中前人詩文世所罕覯者、亦附錄焉。前有文徵明文嘉王穉登王騰程四人名氏。蓋出於四家收藏者爲多。徵明等皆以賞鑒相高、故所貯並多名蹟。存理又工於考證、凡所題品具有根據、與眞贋雜糅者不同。惟其書從無刊本、轉相傳寫、譌脫頗多。今詳加釐正、而闕其所不可知者、著之於錄。

趙氏鐵網珊瑚十六卷、兩淮馬裕家藏本

舊本題明朱存理撰。末有萬歷中常熟趙琦美跋、稱原從秦四麟家得書品畫品各四卷。後從焦竑得一本、卷帙較多。用兩本互校、增爲書品十卷、畫品六卷。其先後次序、則琦美所隲定。而又以所見眞蹟續於後。稱秦氏原本無撰人姓名。別有跋記作者姓名。後佚去、不復記。然非朱存理也。據此則是書乃趙琦美得無名氏殘稾所編。其稾既不出於一家、且琦美又有所增補。題朱存理撰、爲誤矣。雍正六年、年希堯嘗刻此書。其跋稱別有一本十四卷者、傳爲存理原本。今亦未見。又世傳有存理所作珊瑚木難八卷、所載名蹟、未皆有自跋語、與此本體例迥異。則此書非出存理手、愈可知也。然所載書畫諸跋、頗足以辨析異同、考究眞僞。至今賞鑒家多引據之。其書既爲可採、則亦不必問其定出誰氏矣。

寓意編一卷、兵部侍郎紀昀家藏本

明都穆撰。穆有壬午功臣爵賞錄、已著錄。此書記所見書畫名蹟、載陳繼儒祕笈中、僅有一卷。而世所刻本別有穆鐵網珊瑚二十卷。其第五第六兩卷題曰寓意上寓意下、乃多一卷。考其上卷所載書畫、每條各系以收藏之家。而下卷則否。上卷之末云、余家高祖以來、好蓄名畫、皆往往爲好事者所得、亦不啻意也云云。詳其語意、已爲終篇之詞、不應更有下卷。況下卷之末、併載何良俊書畫銘心錄中、有嘉靖丁巳正月八日記所觀書畫事。考王寵所作穆墓誌、穆卒於嘉靖四年乙酉。而何良俊之撰銘心錄則在嘉靖三十六年。穆何從而載其事。又其下卷以下每卷皆標太僕寺少卿都穆之名。而中間載文徵明山水二軸、一作於嘉靖乙未、一作於嘉靖戊午。乙未爲嘉靖十四年、戊午爲嘉靖三十七年、皆在穆卒以後。是即鐵網珊瑚一書出於僞託之明證。然則其下一卷爲妄人附益審矣。今仍以陳繼儒所刻一卷著錄、以存其舊。所載如顏眞卿爭坐位帖、薛尚功鐘鼎款識帖、亦足資考核。惟成化戊申一段、成化實無戊申、殊爲牴牾。當由誤記、抑或刻本偶譌歟。

墨池瑣錄四卷、浙江汪啟淑家藏本

明楊愼撰。愼有檀弓叢訓、已著錄。王世貞名賢遺墨跋曰、愼以博學名世、書亦自負吳興堂廡。世傳其謫戍雲南時、嘗醉傳胡粉、作雙髻插花、諸伎擁之遊行城市。或以精白綾作裓、遺諸伎服之、酒閒乞書、醉墨淋漓。人每購歸、裝潢成卷。蓋愼亦究心書學者。此書頗抑顏眞卿、而謂米芾行不逮言。至趙孟頫出、始一洗顏柳之病、直以晉人爲師、右軍之後、一人而已。與王世貞吳興堂廡之說合。知其確出愼手。中間或採舊文、或抒己意、往往皆心得之言。其述張天錫草書韻會源流、及小王破體書、

亦兼有考證。至漢司隸楊厥碑遼字之類、偶爾疎謬者、已駁正於洪适隸釋條下、茲不具論云。

書訣一卷、浙江范懋柱家天一閣藏本

不著撰人姓名。明史藝文志亦未著錄。案書中稱其十世祖名稷、曾祖名慶、祖名耘、考名熙、則當爲嘉靖閒鄞人豐坊所作也。坊有古易世學、已著錄。其平生好作僞書、妄謬萬端、至今爲世詬厲。然於書法則有所心得。故詹氏小辨曰、坊爲人逸出法紀外、而書學極博、五體竝能。諸家自魏晉以及國朝、靡不兼通規矩、盡從手出。蓋工於執筆者也。以故其書大有腕力、特神韻稍不足。朱謀垔書史會要亦曰、坊草書自晉唐而來、無今人一筆態度。惟喜用枯筆、乏風韻耳。是編皆論學書之法、而九注意於篆籀。又排比古今能書之家、評其次第。其論顏真卿、獨推其爭座題名第一、而詆東方朔贊多寶塔頌爲俗筆。又貶蘇軾以肉襯紙、甚有俗氣。於楷法僅取其上淸儲祥宮碑等三種。務爲高論、蓋猶其狂易之餘態。要亦各抒所見、固與無實大言者異矣。

書畫跋跋三卷續三卷、浙江孫仰曾家藏本

明孫鑛撰。鑛有月峯評經、已著錄。是書名書畫跋跋者、王世貞先有書畫跋、鑛又跋其所跋、故重文見義。猶非非國語、反反離騷例也。明以來未有刊本。僅有鈔本、在仁和毛先舒家。後歸其邑人趙信。信爲孫氏之壻、故鑛六世孫宗溥、宗濂又從趙氏得之。乾隆庚申、始刊版印行、任蘭枝爲之序。初宗溥等以鑛書本因世貞而作、如不載世貞原跋、則鑛之所云、有不知爲何語者、乃取世貞諸跋散附於各題之下。其明人書札、可與鑛參證、及爲鑛語所緣起者、亦附載焉。凡墨迹一卷、碑刻一卷、畫一卷。續亦如之。惟續跋碑刻作墨刻、蓋偶爾駮文、非宏旨所在也。詹氏小辨曰、王元美雖不以字名、顧吳中諸家、惟元美一人知法古人。又書史會要曰、王世貞書學雖非當家、而議論翩翩、筆法古雅。蓋拙於揮毫而工於別古者也。鑛以制義名一時、亦不以書畫傳。然所論則時有精理、與世貞長短正同。亦賞鑒家所當取證者矣。

繪事微言四卷、兩淮鹽政採進本

明唐志契撰。志契字敷五、又字元生、江都人。與弟志伊竝能畫、而志契尤以山水擅名。是編乃其所著畫譜、姜紹書無聲詩史以爲頗得六法之蘊者也。所錄畫家名論、自南齊謝赫古畫品錄而下、至於明李日華諸人、皆刪除蕪冗、汰取精華。其承譌襲謬者、如梁元帝畫松石格、荊浩畫山水賦、皆不知爲贋本。畫麈乃吳中沈顥著、見陶宗儀說郛、而因顥字朗倩、輾轉傳譌、遂誤作朗耀。蓋伎藝之流多喜依託古人、以神其授受。地師動稱郭璞、術家每署劉基、皆踵謬沿譌、猝難究詰。但所言中理、即可不必深求。至其自著論斷、則多中肯綮。如謂佛道人物牛馬則今不如古、山水林木花石則古不如今。又云作畫以氣韻爲本、讀書爲先。皆確論也。讀其書、可以知其非庸史矣。故

欽定佩文書畫譜採志契之說頗多云。

書法雅言一卷、浙江巡撫採進本

明項穆撰。王穉登所作穆小傳、稱其初名德枝、郡大夫徐公易爲純。後乃更名穆、字德純、號曰貞元、亦號曰無稱子。秀水項元汴之子也。元汴鑒藏書畫甲於一時、至今論眞迹者、尚以墨林印記別眞僞。穆承其家學、耳擩目染、故於書法特工。因抒其心得、作爲是書。凡十七篇、曰書統、曰古今、曰辨體、曰形質、曰品格、曰資學、曰規矩、曰常變、曰正奇、曰中和、曰老少、曰神化、曰心相、曰取舍、曰功序、曰器用、曰知識。大旨以晉人爲宗、而排蘇軾、米芾書爲稜角怒張、倪瓚書寒儉、軾芾加以工力、可至古人、瓚則終不可到。雖持論稍爲過高、而終身一藝、研求至深、煙楮之外、實多獨契。衡以取法乎上之義、未始非書家之圭臬也。

寒山帚談二卷拾遺一卷附錄一卷、直隸總督採進本

明趙宧光撰。宧光有說文長箋、已著錄。是編本在所撰說文長箋中、亦析出別行。長箋穿鑿附會、且引據疎舛、頗爲小學家所譏。而篆文筆法、則差有偏長。故此編猶爲後人所重。上卷四目、曰權輿、論一十五種書也。曰格調、論筆法結構也。曰力學、論字功書法也。曰臨仿、則力學之餘緒、析而爲篇者也。下卷四目、曰用材、論筆墨紙硯及運用法也。曰評鑒、論辨識之淺深也。曰法書、論古帖也。曰了義、論書家祕諦也。其拾遺一卷、闡發未盡之意、各註某條補某篇某字。其附錄則金石林中乙表及諸論也。曰帚談者、取家有敝帚、享之千金意耳。

書法離鉤十卷、浙江鮑士恭家藏本

明潘之淙撰。之淙字無聲、號達齋、錢塘人。是書晉

萃舊說，各以類從。大旨謂書家筆筆有法，必深於法而後可與離法，又必超於法而後可與進法。俗學株守規繩，高明盡滅紀律，俱非作者。書中知道、從性諸篇，皆言不法而法，法而不法之意。其名離鉤者，取禪家垂絲千尺，意在深潭，離鉤三寸語也。其中考論六書，如籀文與古文大篆皆小異，故說文序云新莽謂之奇字。徐浩云史籀造籀文，李斯作篆。江式、唐元度則謂史籀著大篆十五篇。又如隸書在八分之前，行書在草書之後，故蔡琰云吾父割隸字八分而取二分。蕭子良云靈帝時王次仲飾隸爲八分。說文、漢興有草書。張懷瓘則謂八分小篆之捷，隸亦八分之捷。郭忠恕則謂小篆散而八分生，八分破而隸書出，隸書悖而行書作，行書狂而草書聖。之宗率雜錄舊文，不能訂其舛異。至楊慎改嶽麓禹碑中南暴昌言四字爲南瀆衍亨，僞云得之夢中，之宗亦信之，尤爲寡識。然大旨在論八法，不在論六書。學問各有門徑，不必以考證之學責諸藝術也。前有自著凡例，稱此書本與淳化帖釋文合刻，此本無之，或藏弆者殘闕歟。

畫史會要五卷（浙江鮑士恭家藏本）

明朱謀垔撰。謀垔既續陶宗儀書史會要，因推廣其類，採上古迄明能畫人姓名事蹟，輯爲此編，亦附以畫法一卷，成於崇禎辛未。全用宗儀之體例，故書名亦復相因。然宗儀之書止於元代，故謀垔所續明人，別爲一卷，列之外域之後可也。此書爲謀垔所自編，既以金列元前，稍移其次，而所列明人，雖太祖、宣宗亦次於外域之後，則拘於舊目，顛倒乖剌之甚矣。至目錄以宋爲第二卷，金、元及外域爲第三卷，而其書乃以北宋爲第二卷，南宋、金、元及外域爲第三卷。又削去南宋之號，但以都錢塘三字爲卷端標目，舛迕尤甚。蓋明之末年，士大夫多喜著書，而競尚狂禪，以潦草脫略爲高尚，不復以精審爲事。故顧炎武日知錄謂萬歷後所著之書，皆以流賊劉七爲賊七之類；所刻之書，皆以壯月朔爲牡丹朔之類。雖詆之稍過，亦未可謂全無因也。今爲改正其文，而附註原目之謬如右。其書雖採摭未富，疎漏頗多，而宋、金、元、明諸畫家頗賴以考見始末，故

御定佩文齋書畫譜畫家傳中多引以爲據，亦談丹青者所不可遽廢也。

郁氏書畫題跋記十二卷、續題跋記十二卷（兩淮鹽政採進本）

明郁逢慶撰。逢慶字叔遇，別號水西道人，嘉興人。是書分前後二集。前集末有自識云：所見法書名畫，錄其題詠，積成卷帙，時崇禎七年冬也。後集無跋，則不知其成於何歲矣。其書隨其所見書畫，錄其題跋，初不以辨別眞贗爲事。故如趙孟堅所藏定武蘭亭本天聖丙寅一條，范仲淹、王堯臣、米黻、劉涇四條，年月位置皆與海寧陳氏渤海藏眞帖所刻褚模本同。蓋以趙孟堅落水本原亦有范仲淹題，而褚模本原亦有孟堅印，傳寫舛誤，遂致混二本題跋爲一本。又如五字損本文徵明跋，既載於前集第十卷，作嘉靖九年八月二日，下註云詳見續集。而續集第二卷載此跋，則作嘉靖十一年六月二十又七日。同一帖，同一跋，一字不易，而年月迥乎不同。又前集高克恭仿米芾青綠雲山，云詳見續集，而前集所載克恭名款及至正戊子吳鎭題一段，續集乃反無之。沈周有竹居卷，亦云詳續集，而徐有貞、文林、吳寬、錢仁夫、秦嶬數詩，與前集所載乃前後倒互。諸如此類，皆漫無考訂。至於前集所載宋高宗畫冊、梁楷畫右軍書扇圖，皆有水西道人題記，當即逢慶所藏。而第一至第四卷每卷之尾皆有崇禎甲戌冬日收藏題記，核其歲月，亦即逢慶所自識，而皆未註某爲所藏、某爲所見，體例尤不分明。特以採摭繁富，多可互資參考，故併錄存之，備檢閱焉。

清河書畫舫十二卷（浙江巡撫採進本）

明張丑撰。丑，崑山人，原名謙德，字叔益，後改今名，字青父，號米庵。蓋丑於萬歷乙卯得米芾寶章待訪錄墨蹟，名其書室曰寶米軒，故以自號。越歲丙辰，是書乃成。其以書畫舫爲名，亦即取之黃庭堅詩米家書畫船句也。明代賞鑒之家，考證多疎，是編獨多所訂正。如宋史米芾傳誤謂芾卒時年四十九，而眞蹟流傳在四十八歲以後者不一而足，深滋疑竇。丑則云芾以皇祐三年辛卯生，以大觀元年丁亥卒，年五十七，正與米芾印記辛卯米芾四字相合，足糾托克托等之謬。其他諸條，亦多可依據。惟是所取書畫題跋，不盡出於手迹，多從諸家文集錄入，且亦有未見其物，但據傳聞編入者。如文嘉嚴氏書畫記內稱枝山翁卷一，又稱文徵明詞翰二，是亦非盡出原蹟之一驗。其中第三卷之顧野王、第五卷之杜牧之、李陽冰、蘇靈芝諸人

皆無標目，輾轉傳寫，亦多失於校讐。然丑家四世收藏，於前代卷軸所見特廣，其書用張彥遠法書要錄例，於題識印記所載亦詳，故百餘年來收藏之家多資以辨驗眞僞。末一卷曰鑒古百一詩，則丑所自爲。米菴詩二十首、銘心小集八十一首，以類相從，附於集後。第九卷末附刻米芾寶章待訪錄十二卷，末附刻文天祥手札，皆非原本所有，蓋鮑氏刊本所增附也。鮑氏所刊不分卷數，但以鶯嘴啄花紅溜燕尾點波綠皺十二字標爲次第，蓋用謝枋得文章軌範以王侯將相有種乎七字編爲七冊之例。然麻沙坊本不可據爲典要，今削去舊題，以十二卷著錄焉。

眞蹟日錄五卷（二集一卷、三集一卷）浙江鮑士恭家藏本

明張丑撰。凡三集，前有丑自題，稱書畫舫成，鑒家謂其粗可觀覽，多以名品卷軸見示就正，因信手筆其一二，命曰眞蹟日錄，隨見隨書，不復差次時代。其二集、三集則皆無序跋，蓋以漸續增，各自爲卷，實可通作一編也。此本爲鮑士恭家知不足齋所刊。凡原本所載與書畫舫重複者，如初集之虞永興破邪論、王右軍鶴不佳帖、破羌帖、此事帖、謝司馬帖、思想帖，又別本思想帖、大道帖，又別本大道帖、鍾太傅孔廟鼎銘、曹不興兵符圖、桃源圖、李成寒林平野圖、顏魯公書告及與蔡明遠帖、陸機平復帖、李西臺千文卷、趙幹江行初雪圖、錢舜舉臨陸探微金粟如來像卷、懷素夢遊天姥吟眞蹟、倪雲林溪山仙館小幅、王齊翰挑耳圖、展子虔春游圖、鮮于伯機題董北苑山水、趙模本搨蘭亭後、王朋梅金明池圖（二集之劉原父墨蹟、秋水篇、黃子久山水、郭熙溪山秋霽卷、李泰和梅熱帖、褚河南小楷西昇經、王叔明惠麓小隱卷、倪雲林跋黃子久畫卷、顧清臣書李成讀碑窠石圖、右軍鶴等帖、孫知微十一曜圖、巨然賺蘭亭圖（三集之吳道子八部天龍卷、李龍眠郭子儀單騎見回紇圖、唐子畏獨樂園、江山行旅圖）二卷凡四十一條，皆删去而存其目。其詞有詳略異同者，則仍並載之，以資參考焉。

法書名畫見聞表一卷　浙江鮑士恭家藏本

明張丑撰。蓋仿米芾寶章待訪錄例，變而爲表。凡分四格：第一格爲時代，第二格爲目覩，第三格爲的聞，第四格則每一朝代總計其數。題曰：會計凡一百五十五人，一百八十八帖，三百五十六圖。末附顧凱之夏禹治水圖、王羲之行穰帖，皆註曰見；虞世南臨張芝平復帖、顏眞卿鹿脯帖，皆註曰聞。蓋表成以後所續載也。丑別有南陽書畫表，故表首附記已見彼者不錄；又云凡影響附會者不錄，然所列目覩諸名與所作書畫舫、眞蹟日錄多不相應，意此數表成於二書之前耶。

南陽法書表一卷、南陽名畫表一卷　浙江鮑士恭家藏本

明張丑撰。所列皆韓世能家收藏眞蹟。法書表凡作者二十七人，計七十二件，分五格，上爲時代，下以正書、行押、草聖、石刻四等各爲一格。名畫表凡作者四十七人，計九十五圖，亦分五格，上爲時代，而下以道釋人物爲一格，山水界畫爲一格，花果鳥獸爲一格，蟲魚墨戲爲一格。例又小別。二表前皆有丑自序，蓋先表法書，既而世能之子朝延併屬兼表名畫也。世能字存良，長洲人，隆慶戊辰進士，官至禮部尚書，喜收名蹟，董其昌洛神賦跋所稱館師韓宗伯者是也。其稱南陽者，韓氏郡望，南陽猶韓維之稱南陽集耳。

清河書畫表一卷　浙江鮑士恭家藏本

明張丑記其家累世所藏書畫也。丑自序稱其始祖號眞關處士者，即收藏書畫，有黃庭堅、劉松年諸蹟，已散佚無存。是表所列，以書畫時代爲經，以世系爲緯。第一格爲其高祖元素所藏，第二格爲其曾伯祖維慶、曾祖子和所藏，第三格爲其祖約之、叔祖誠之所藏，第四格爲其父茂實所藏，第五格爲其兄以繩所藏，第六格爲丑所自藏，第七格爲其姪誕嘉所藏。上迄晉，下迄明，計作者八十一人，四十九帖，一百一十五圖，中多名蹟。蓋自其高祖即出沈度、沈粲之門，其曾祖亦與沈周游，其祖父皆與文徵明父子爲姻婭世好，淵源有自，故丑特以賞鑒聞。然據其自序，則作表之時，家事中落，已斥賣盡矣，此特追錄其名耳。

珊瑚網四十八卷　浙江孫仰曾家藏本

明汪砢玉撰。砢玉有古今鹺略，已著錄。是書成於崇禎癸未，凡法書題跋二十四卷，名畫題跋二十四卷。朱彝尊靜志居詩話稱砢玉畱心著述，所輯珊瑚網一編，與張丑清河書畫舫、眞蹟日錄並駕。蓋丑自其高祖以下四世鑒藏，砢玉亦以其父愛荆與嘉興項元汴交好，築凝霞閣以貯書畫，收藏之富，甲於一時，其有所憑藉約略相等，故皆能搜

羅薈萃、勒爲巨編。然丑之二書、前後編次歲月皆
未明析。砢玉是書、則前列題跋、後附論說、較丑書
綱領節目、秩然有條。惟其所載法書、頗有目睹耳
聞、據以著錄、不盡其所自藏。乃一例登載、皆不註
明、未免稍無區別。中閒原蹟全文、或載或否、亦絕
無義例。又如謂唐刻定武蘭亭有二石、焦山瘞鶴
銘有三石、則眞贋不別。以李邕書雲麾將軍李秀
碑誤爲李思訓碑、以宋人所刻臨江帖誤爲唐搨、
則考據亦未盡精審。其所載名畫、則宋元諸家銘
心絕品、收錄極詳。賾素之富、誠爲罕有。後來卞永
譽式古堂書畫考厲鶚南宋院畫錄皆藉是書以
成、較在書跋之上。至於書跋之後附以書旨書品
之類、畫跋之後附以畫繼畫評之類、皆雜錄舊文、
挂一漏萬。枝指駢拇、兩集相同。以原本所有、姑竝
錄之云爾。

御定佩文齋書畫譜一百卷、
康熙四十七年
聖祖仁皇帝御定。書畫皆興於上古、而無考辨工拙之文。
考辨工拙蓋自東漢以後。其初惟論筆法、其後有
名姓品第、有收藏著錄、有題跋古迹、有辨證眞僞。
其書或傳或不傳。其兼登衆說、彙爲一編、則自張
彥遠法書要錄歷代名畫記始。唐以後沿波繼作、
記載日繁。然大抵各據見聞、弗能賅備。我
聖祖仁皇帝久道化成、游心翰墨。
御製書畫題跋、輝煌
奎藻、冊府垂光。復
詔發中祕之藏、蒐羅編輯、一一
親爲裁定、勒成是編。凡論書十卷、論畫八卷、歷代帝王書
二卷、畫一卷、書家傳二十三卷、畫家傳十四卷、無
名氏書六卷、畫二卷、
御製書畫跋一卷、歷代帝王書跋一卷、畫跋一卷、歷代名
人書跋十一卷、畫跋七卷、書辨證二卷、畫辨證一
卷、歷代鑒藏十卷。分門列目、徵事考言。所引書凡
一千八百四十四種、每條之下各註所出。用張鳴
鳳桂故、桂勝、董斯張吳興備志之例、使一字一句
必有所徵。而前後條貫、無所重複、亦無所牴牾。又
似呂祖謙家塾讀詩記、裒合衆說、各別姓名、而鎔
貫翦裁、如出一手。非惟尋源竟委、殫藝事之精微、
即引據詳賅、義例精密、抑亦考證之資糧、著作之
軌範也。

石渠寶笈四十四卷、
乾隆十九年奉
敕撰。書評畫品、肇自六朝、張彥遠始彙其總。依據舊文、
粗陳名目而已、不能盡見眞蹟也。唐宋以來、記載
日夥。或精於賞鑒、而限於見聞。或長於蒐羅、而短
於識別。迄未能兼收衆美、定著一編、爲藝林之鴻
寶。我
國家承平景運一百餘年、
內府所收、既多人閒所未睹。我
皇上幾餘游藝、妙契天工。又
睿鑒所臨、物無匿狀。是以
品評甲乙、既博且精。
特命儒臣錄爲斯帙、以貯藏
殿閣。依次提綱、以書冊畫冊書畫合冊書卷畫卷書
畫合卷書軸畫軸書畫合軸分條列目。其箋素尺
寸、印記姓名、賦詠跋識、與奉有
御題
御璽者、皆一一臚載、纖悉必詳。而
三朝宸翰、
皇上御筆、尤珍逾球璧、光燦儀璘。仰見未明
勤政之餘、乙夜
觀書之暇、松雲棟牖、穆穆凝神、所爲頤養天和、怡情悅
性者、不過游心翰墨、寄賞丹青。與前代帝王務侈
紛華靡麗之觀者、迥不侔也。

祕殿珠林二十四卷、
乾隆九年奉
敕撰。凡
內府所藏書畫關於釋典道家者、竝別爲編錄、彙爲
此書。首載
三朝宸翰、
皇上御筆、次爲歷代名人書畫、而附以印本繡錦刻絲
之屬。次爲臣工書畫。次爲石刻木刻經典語錄科
儀及供奉經像。其次序先釋後道、用阮孝緒七錄
例。案七錄今不傳、其分類總目載道宣廣宏明集中。其記載先書後畫、先
冊、次卷、次軸、用賞鑒家著錄之通例。而於絹本紙
本金書墨書水墨畫著色畫一一分別。以及標題
款識、印記題跋、高廣尺寸、亦一一詳列。較之鐵網
珊瑚之類、體例更詳焉。考宣和畫學分六科、以佛
道爲第一科。案事見趙彥衞雲麓漫鈔。宣和畫譜分十類、以道
釋爲第一類。案畫學稱佛道、蓋唐以來相沿舊語。畫譜作於林靈素用事以後、方改僧
爲德士、故易其次爲道釋。鄧椿畫繼分八目、亦以仙佛鬼神爲

第一目。然均不別爲一書。至書家著錄、則晉唐人所書經典均雜列古法帖眞蹟之內、無所區分。其以書畫涉二氏者別爲一書、實是編創始。蓋記載日衍而日多、體例亦益分而益密。七略列史記於春秋家、列離騷於賦家。後史記別爲正史、離騷別爲楚詞。文章流別、以漸而增。初附見而後特書、往往如此。故諸家所錄似諸史藝文志、以釋道爲子部之一類。是編所錄則似釋家之列三藏、道家之紀七籤、於四部之外各自別行。古略今詳、義各有當。聖人制作、或創或因、無非隨事而協其宜爾。

庚子銷夏記八卷、浙江巡撫採進本

國朝孫承澤撰。承澤有尚書集解、已著錄。承澤晚年思以講學自見、論者多未之許。然至於鑒賞書畫、則別有專長。是編乃順治十六年承澤退居後所作。始自四月、迄於六月、故以銷夏爲名。自一卷至三卷皆所藏晉唐至明書畫眞蹟。四卷至七卷皆古石刻、每條先標其名、而各評隲於其下。八卷爲寓目記、則皆他人所藏、而曾爲承澤所見者、故別爲一卷附之。大抵議論之中、間有考據。如宋之錢時、嘗爲祕閣校勘、史館檢閱、終於江東帥屬、本傳所載甚明、而承澤以爲隱居不仕。此類亦頗失於檢點。然其鑒裁精審、敍次雅潔、猶有米芾黃長睿之遺風。視董逌之文筆晦澀者、實爲勝之。其人可薄、其書未可薄也。

繪事備考八卷、內府藏本

國朝王毓賢撰。毓賢字星聚、鑲紅旗漢軍。官至湖廣按察使。陳鼎留溪外傳記獄吏汪金章事、稱毓賢勤於吏治、案無留牘。則其人本以吏才見。然是編卽康熙辛未官按察使時所作、乃又能兩心於賞鑒。第一卷爲總論、皆撮錄諸家畫法。二卷至八卷則取古來畫家姓名事迹、以時代分序。自軒轅至隋共爲一卷、遼金元共爲一卷、唐五代南宋明俱各爲一卷、惟北宋家數繁多、析爲三子卷。故總目雖分八卷、其實乃十卷也。其例每人各立小傳、而以諸書所載傳世名蹟附於其人之後。大抵以張彥遠歷代名畫記、夏文彥圖繪寶鑑爲藍本、增廣其所未備、蒐輯頗爲詳贍。其中如穆天子傳封膜晝於河水之陽、郭璞註明云膜晝人名。張彥遠誤以晝字作畫字、遂稱封膜爲畫家之祖、幷妄造璞註以實之。毓賢乃沿襲其譌、殊失於訂覈。又遼常思言人品畫品並高、附見郭若虛圖畫見聞志中。諸書並佚其名、此亦闕載。至於明之畫家、僅據韓昂圖繪寶鑑續編所載、迄正德而止。嘉靖以後竟不爲採摭續添、亦殊傷闕略。然前代如李嗣眞釋彥悰劉道醇之流、往往分別品第、時代混淆、難於檢核。是書仿張夏二家舊例、因時類敘、一覽可知。又芟汰繁冗、易於尋討。雖多用舊文、固不以遞相祖述爲病矣。

書法正傳十卷、兩淮鹽政採進本

國朝馮武撰。武號簡緣、常熟人。馮班之從子。班以書法名一時。武受其學。年八十一時、館於蘇州繆曰芑家、爲述此書、專論正書之法。首陳繹曾翰林要訣一卷、次周伯琦所傳書法三昧一卷、次李溥光永字八法一卷、以三家論書獨得微旨故也。其語意有未顯者、則武爲補註以明之。次明李淳所進大字結構八十四法一卷、次纂言三卷、則歷代書家之微論。次書家小傳名蹟源流各一卷、而以班所著鈍吟書要一卷終焉。每卷之中、武亦各爲附論、時有精語。蓋武於書學、頗有淵源故也。

江村銷夏錄三卷、安徽巡撫採進本

國朝高士奇撰。士奇有春秋地名考略、已著錄。是編乃其告歸平湖之日、以所見法書名畫、考其源流、記其絹素長短廣狹、後人題跋圖記、一一誌載、彙爲一書。其體例頗與鐵網珊瑚清河書畫舫相似。惟間加評定之語、又以己所作題跋一槩附入、稍有不同。然所錄皆出於親見、則視二家更詳審矣。錄中書畫卞永譽式古堂彙考已並載無遺。蓋卽從士奇此本錄入。其鑒賞之精、爲收藏家所取重、亦槩可見也。所記自晉王羲之及明人文沈諸家皆具、惟董其昌舊蹟悉不登載。其凡例云董文敏書畫另爲一卷。此本無之、殆當時未及刊行歟。

式古堂書畫彙考六十卷、兩淮馬裕家藏本

國朝卞永譽撰。永譽字令之、鑲紅旗漢軍。官至刑部左侍郎。王士禎居易錄云、卞中丞永譽貽書畫彙考六十卷、凡詩文題跋悉載。上溯魏晉、下迄元明、所收最爲詳博。朱彝尊論畫詩亦有妙鑒誰能別苗髮、一時難得兩中丞之句。蓋永譽及宋犖皆精於賞鑒。犖時爲江西巡撫、永譽時爲福建巡撫、故云兩中丞也。是書書畫各三十卷。先綱後目、先總後分、先本文而後題跋、先本卷題跋而後引據他書。條理秩然、且視從來著錄家徵引特詳。惟所載

書畫不盡屬所藏，亦非盡得之目見。大抵多從汪砢玉珊瑚網、張丑清河書畫舫諸家採摭裒輯，故不能如竇韋待訪錄以目見的聞灼然分別。又所載本文如褚遂良書陸機文賦、米芾通微書陰符經、劉敞書南華秋水篇、趙孟頫書過秦論等，皆與今本無大異同。而具載全篇，殊為疣贅。至於陸機平復帖、虞世南枕臥帖，其文為世所未睹者，乃略而不書。至如趙孟堅水仙圖卷，珊瑚網載有二本，不能無前後錯出之疑。永譽於後一條下註明其一恐出臨摹，並存以俟考，其例是也。而所載定武蘭亭落水本與郁逢慶書畫題跋記所載前後題跋互有不同。所載神龍蘭亭本與朱存理鐵網珊瑚所錄定武本題跋反多重複。又黃庭堅書陰長生詩卷與朱存理、張丑所載參錯岐出，竟有三本。王詵煙江疊嶂圖、蘇軾所為賦詩者，竟有四本，皆未能辨析真偽。又王士禛居易錄所記於永譽齋中觀其所藏書畫，有司馬光資治通鑑手稟，永譽云曾見一冊，極端楷，為好事者分去。永譽得其二三紙耳。今是書載此蹟，但云史草，亦不著所存頁數，反不及士禛所載之可據。士禛又見所藏趙孟頫寫杜詩天育驃騎歌，上有孟頫小篆延祐四年九月既望字，是書亦併不載，均為漏略。至於雁門乃郡名，茂苑即長洲地名，而以為文彭、文嘉之別號。居節字士貞，貞字印章古篆與鼎字相類，而以為居節一字士鼎。又以秋巖為吾衍之別號，蓋因衍書古文篆韻後有至元丙戌秋巖記一條也。不思前至元丙戌吾衍年甫二十，不應云老。且其跋內之丁卯，若是宋末咸淳丁卯，則正吾衍始生之時，不當有自稱建昌之語。今以陶九成跋核之，則至元乃至正之譌，實為至正七年丙戌，距吾衍之歿已三十七年。其秋巖乃陳秋巖，非吾衍別號也。凡若此類，疎舛尤多。然登載既繁，引述又富，足資談藝家檢閱者無過是編，固不以一二小疵累其全體之宏博焉。

南宋院畫錄八卷（浙江吳玉墀家藏本）

國朝厲鶚撰。鶚有遼史拾遺，已著錄。南宋自和議既成以後，湖山歌舞，務在粉飾太平。於是仍倣宣和故事，置御前畫院，有待詔、祗候諸官品。其所作卽名為院畫。當時如李唐、劉松年、馬遠、夏珪等，有四大家之稱。說者或謂其工巧太過，視北宋門徑有殊。然其初尚多宣和舊人，流派相傳，各臻工妙，專門之藝，實非後人所及。故雖斷素殘縑，收藏者尚以為寶。鶚嘗撰宋詩紀事、南宋雜事詩，於宋事最為博洽，因臚考院畫本末，作為此書。首總述一卷，次自李唐以下凡九十六人，每人詳其事蹟，而以諸書所藏真蹟題咏之類附於其下。敘次頗為賅贍。其間如楊妹子題趙清獻琴鶴圖絕句，一以為馬和之畫，一以為劉松年畫，諸書參錯不同。此類亦未悉加考證。然其徵引淵博，於遺聞佚事殆已採摭無遺矣。

六藝之一錄四百六卷續編十二卷（禮部侍郎金甡家藏本）

國朝倪濤撰。濤有周易蛾述，已著錄。其平生篤志嗜學，年幾百歲，猶著書不輟。貧不能得人繕寫，皆手自鈔錄，及其家婦女助成之。足編猶出其親稾。凡分六集：一曰金器款識，二曰刻石文字，三曰法帖論述，四曰古今書體，五曰歷朝書論，六曰歷朝書譜。凡六書之異同、八法之變化，以及刊刻墨蹟之源流得失，載籍所具者無不裒輯。其間祇錄前人成說，不以己意論斷，或有彼此異論舛互難合者，亦兩存其說，以待後人之決擇。蓋自古論書者，唐以前遺文緒論，惟張彥遠法書要錄為詳。若唐以後論書之語，則未有賅備於是者矣。雖採摭既多，所錄不必盡雅，條例太廣，為例亦未能悉純。然排比貫串，上下二千餘年，洪纖悉具，實為書家總彙，梗柟杞梓萃於鄧林，不以榛楛勿翦為病也。所著別有文德翼備吹錄註及刊削酈道元水經注，今皆未見其本，不知存佚。然傳此一編，其餘亦不必計矣。

小山畫譜二卷（兵部侍郎紀昀家藏本）

國朝鄒一桂撰。一桂字小山，號讓鄉，無錫人。雍正丁未進士，官至禮部侍郎。是編皆論畫花卉法。上卷首列八法四知。八法者，一曰章法，二曰筆法，三曰墨法，四曰設色法，五曰點染法，六曰烘暈法，七曰樹石法，八曰苔襯法，皆酌取前人微論。四知者，一曰知天，二曰知地，三曰知人，四曰知物，則前人所未及也。次為各花分別，凡一百十五種，各詳花葉形色。次取用顏色凡十一條，各詳其製煉之法。下卷首摘錄古人畫說，參以己意，凡四十三條，附以膠礬紙絹畫鍱畫筆用水諸法，而終之以洋菊譜。蓋一桂於乾隆丙子閏九月承

詔畫

內廷洋菊三十六種，蒙
皇上賜題，因恭紀花之名品形狀，撰爲茲譜，以誌榮遇。時畫譜已刊成，因附於末。一桂爲惲氏之壻，所畫花卉得惲壽平之傳。是編篇帙雖簡，然多其心得之語也。

傳神祕要一卷（兵部尚書蔡新家藏本）

國朝蔣驥撰。驥字赤霄，號勉齋，金壇人。其父衡，字湘帆，後改名振生，以書法名一時，嘗寫十三經，於乾隆五年呈進，
特賜國子監學正銜。驥書不逮父，而特以寫眞名。是編凡二十七目，於一切布局取勢、運筆設色，皆抒所心得，言之最詳。考古人畫法，多重寫貌人物，故顧愷之妙絕當代，特以是名。然相傳畫論，則人物花鳥山水爲多。其以寫眞之法勒爲一書者，自陶宗儀輟耕錄所載王繹寫像祕訣外，不少槩見。丹青之家，多以口訣相傳，幾以爲非士大夫之藝。驥是編研析精微，標舉格例，實可補古人所未備。正未可貴遠賤近，視爲工匠之技也。

右藝術類書畫之屬七十一部、一千七十三卷，皆文淵閣著錄。

案：考論書畫之書，著錄最夥。有記載姓名如傳記體者，有敘述名品如目錄體者，有講說筆法者，有書畫各爲一書者，又有共爲一書者。其中彼此鉤貫，難以類分。今通以時代爲次。其兼說賞鑒古器者，則別入雜家雜品中。

琴史六卷（浙江范懋柱家天一閣藏本）

宋朱長文撰。長文有吳郡圖經續記，已著錄。是書專述琴典。前五卷紀自古通琴理者一百四十六人，附見者九人，各臚舉其事蹟。後一卷分十一篇：一曰瑩律，二曰釋弦，三曰明度，四曰擬象，五曰論音，六曰審調，七曰聲歌，八曰廣制，九曰盡美，十曰志言，十一曰敘史。凡操弄沿起、制度損益，無不咸具。採摭詳博，文詞雅贍，視所作墨池編更爲勝之。錢曾讀書敏求記但錄其載太宗九弦琴條，以爲異聞，其實可資博識者，不止是也。紹定癸巳，其從孫正大始刊版，併爲後序。又其五世孫夢炎所作長文事略一首，舊本併附於後，今仍錄之，以見是書之緣起與長文始末焉。

松絃館琴譜二卷（江蘇巡撫採進本）

明嚴澂撰。澂字道澈，常熟人，大學士訥次子，以蔭仕至邵武府知府。是書所錄之曲二十有八，皆無文者也。其自序云：古樂湮而琴不傳，所傳者聲而已。近世一二俗工，取古文詞用一字當一聲，而謂能聲。又取古曲隨一聲當一字，屬成理語，而謂能文。古然乎哉？蓋一字也，曼聲而歌之，則五音殆幾乎遍，故古樂聲一字而鼓不知其幾，而欲聲字相當，有是理乎？考古詩被諸管弦者，大抵倚聲而歌，非以歌取聲。今世所傳古琴操者，皆其詞，非其聲也。觀樸上之音，師涓能聽而得之，此有調無文之明證。孔子鼓琴得其人，師襄始言爲文王操，使有詞可讀，孔子不待問，師襄亦不待言矣云云。考葉夢得避暑錄話稱廬州崔閑善琴，所彈凡三十餘曲，欲請夢得各爲之詞，是亦宋代琴譜有聲無詞之明證。澂之所論，最爲近理。故琴派各家不一，而清微淡遠，惟虞山爲最。是譜之後，繼之者有徐谼大還閣譜、天池青山二家，遂爲虞山派之大宗云。

松風閣琴譜二卷、抒懷操一卷（浙江巡撫採進本）

國朝程雄撰。雄字雲松，休寧人。是編輯諸家遺譜，而參以己法。前附松風閣指法二篇，乃三山莊臻鳳原本，雄爲之改訂。琴譜上下二卷，自清宮忘機至清商春山聽杜鵑，凡十一曲。譜中所增諸法，多出雄之新意，指法亦較他譜增倍。醉漁諸曲，更欲曼衍聲調，以博趣於弦軫之外，可謂心知其意者。其抒懷操一卷，則卽以士大夫贈荅之詞譜作琴曲，其四十餘調。協以五音，鏗鏘激壯，亦頗近自然。其於操縵之術，大抵得力於勹法居多。然譜調純熟而不涉於俗，亦學琴者所不可廢矣。

琴譜合璧十八卷（大學士英廉購進本）

國朝和素取明楊掄所撰太古遺音，重爲繙譯。掄本金陵琴工，輯舊譜爲是書。其意蓋以古之雅樂不過如是，而不知其仍不離乎俗也。如普菴咒之類，已近煩手，以云乎太音希聲，一字一音之旨，又奚知焉？惟是指法五十三勢，頗得師授，爲時譜之佳者。又歸去來詞、聽穎師琴詩、秋聲賦、前赤壁賦，不增減一字，而聲韻自合，亦足取也。其餘附會古人，詞多鄙俚，祇取其音，無取其詞可耳。和素，滿洲鑲黃旗人，官至內閣侍讀學士。就楊掄舊譜以清文譯之，於五音指法則用對音，蓋滿洲音韻精微廣大，無所不包。用之於琴，尤見中聲之諧、天籟之合

焉。

右藝術類琴譜之屬四部、二十九卷，皆文淵閣著錄。

案以上所錄皆山人墨客之技，識曲賞音之事也。若熊朋來瑟譜，後錄汪浩然琴瑟譜之類，則全爲雅奏，仍隸經部樂類中，不與此爲伍矣。

學古編一卷　浙江巡撫採進本

元吾邱衍撰。衍有周秦刻石釋音，已著錄。是書專爲篆刻印章而作。首列三十五舉，詳論書體正變及篆寫摹刻之法。次合用文籍品目，一小篆品，二鍾鼎品，三古文品，四碑刻品，五器品，六辨謬品，七隸書品，八字源，尤辨源凡四十六條。又以洗印法、印油法附於後。摹刻私印，雖稱小技，而非精於六書之法者必不能工。宋代若晁克一、王俅、顔叔夏、姜夔、王厚之，各有譜錄。衍因復踵而爲之。其閒辨論譌謬，徐官印史謂其多採他家之說，而附以己意，剖析頗精。所列小學諸書，各爲評斷，亦殊有考核。其論漢隸條下，稱寫法載前卷十七舉下，此不再數。是原本當爲上下二卷，今合爲一卷，蓋後人所併也。

印典八卷　浙江巡撫採進本

國朝朱象賢撰。象賢號清溪，吳縣人。是編採錄印璽故實及諸家論說，分原始、制度、賚予、流傳、故實、綜紀、集說、雜錄、評論、鐫製、器用、詩文十二類。後有康熙壬寅白長庚跋，稱所引宋王基梅菴雜記、蝸廬筆記、葉氏遊藝雜述、元宋无考古紀略四書，皆得之檇李曹氏鈔本，爲諸家所未見。然他所援據，率乏祕籍，所分諸類，亦頗淆雜。如故事與綜紀二門所載多相出入。又往往字句偶涉印字，即爲闌入，如周顗傳稱取金印如斗大繫肘後，宰嚭傳稱金銀不共其印，皆因他事口談。王融傳稱穰侯印詎便可解，世說新語稱石勒使人讀漢書，聞立六國後刻印將授，亦偶然追述舊典，俱非印璽故事，未免濫收。凡雜採舊文，漫無考辨。吾邱衍學古編云三代無印。又辨淮南子載子貢印事之妄，而賚予門內乃以此事爲首，亦自相矛盾。然採摭既富，足備考核。且古人未有集印事爲書者，姑仿文房四譜之例存備一家。象賢自稱朱長文裔，故是書初刻附墨池編後。今以時代既殊，所載各異，分著於錄，使各從其類焉。

右藝術類篆刻之屬，二部、九卷，皆文淵閣著錄。

案揚雄稱雕蟲篆刻，壯夫不爲。故鍾繇、李邕之屬，或自鐫碑，而無一自製印者，亦無鑒別其工拙者。漢印字畫往往訛異，蓋由工匠所作，不解六書，或效爲之，斯好古之過也。自王俅嘯堂集古錄始稍收古印，自晁克一印格始集古印爲譜，自吾邱衍學古編始詳論印之體例，遂爲賞鑑家之一種。文彭、何震以後，法益密，巧益生焉。然印譜一經傳寫，必失其眞，今所錄者，惟諸家品題之書耳。

羯鼓錄一卷　江蘇巡撫採進本

唐南卓撰。唐書藝文志樂類載南卓羯鼓錄一卷，然不云卓何許人。雜史類又載南卓唐朝綱領圖一卷，註曰字昭嗣，大中時黔南觀察使。計有功唐詩紀事亦稱卓初爲拾遺，以諫謫松滋令，大中時爲黔南觀察使，與唐書合，當即其人。惟書自稱會昌元年爲洛陽令，又稱大中四年春陽罷免，還自海南。書錄解題又以爲婺州刺史，均不相符。然段安節樂府雜錄稱黔帥南卓作羯鼓錄，亦與唐志合。安節唐人，必無謬誤，疑書中所敘乃未爲黔帥以前事。陳振孫所云則但據書中有至東陽之語，以意斷爲刺婺州也。其書分前後二錄，前錄成於大中二年，後錄成於四年。前錄首敘羯鼓源流形狀，次敘元宗以後諸故事。後錄載崔鉉所說宋璟知音事，而附錄羯鼓諸宮曲名。凡太簇宮二十三調，太簇商五十調，太簇角十四調，徵羽闕焉。惟用太簇者，以羯鼓爲主，太簇一均故也。又有諸佛曲十調，食曲三十二調，調名亦多用梵語，以本龜茲、高昌、疏勒、天竺四部所用故也。其李琬一條，記耶婆色雞一曲聲盡意不盡，以他曲解之，即漢魏樂府曲末有豔之遺法。如飛來雙白鵠、塘上行諸曲，篇末文不相屬，皆即此例。蓋樂工專門授受，猶得其傳；文士不諳歌法，循文生解，輾轉至於穿鑿而不可通也。

樂府雜錄一卷　編修程晉芳家藏本

唐段安節撰。安節，臨淄人，宰相文昌之孫，太常少卿成式之子，溫庭筠之壻也。（見尚書故實。）官至朝議大夫、守國子司業。唐書附見成式傳末，稱其善音律，能自度曲。故是書述樂府之法甚悉。書中稱僖宗幸蜀、又序稱洎從離亂、禮寺隳頹、簨簴既移、警鼓莫辨、是成於唐末矣。唐書藝文志作一卷、與今本合。宋史藝文志則作二卷。然崇文總目實作一卷、不應宋志頓增。知二字為傳寫誤也。首列樂部九條、次列歌舞俳優三條、次列樂器十三條、次列樂曲十二條、終以別樂識五音輪二十八調圖。然有說無圖、其舊本佚之歟。崇文總目譏其蕪駁不倫。今考其中樂部諸條、與開元禮杜佑通典唐書禮樂志相出入、知非傳聞無稽之談。敘述亦頗有倫理、未知所謂蕪駁何在。徐充暖姝由筆曰、琴有散聲、東坡言稽中散琴賦曰、間遼故音痺、弦長故徽鳴。所謂痺者、猶今所謂散聲也。散音鮮、出羯鼓錄。則亦頗有裨於考證。惟樂曲諸名、不及郭茂倩樂府詩集之備、與王灼碧雞漫志亦互有同異。蓋茂倩書備載古題之目。灼書上溯宋詞之源。而此書所列、則當時被之管弦者。詳略不同、職是故也。

元元棋經一卷、永樂大典本

宋晏天章撰。張靖序曰、圍棋之戲、或言是兵法之類。今取生敗之要、分十三篇。棊局第一、得算第二、權輿第三、合戰第四、虛實第五、自知第六、審局第七、度情第八、斜正第九、洞微第十、名數第十一、品格第十二、雜說第十三。後有跋云、自宋以善弈顯名天下者、昔待詔老劉宗、今日劉仲甫楊中隱王琬孫侁郭範李百祥輩、皆能論此十三篇、體其常而生其變也。其跋不署名氏。觀稱仲甫為今日、則為南宋初人。蓋此書在當時已為弈家之模範矣。考通志圖譜略云、太宗棋圖一卷、邯鄲藝術志御棋圖一卷、上為製局名之。凡十四局、有逍遙自在千變萬化凝神靜心元之又元諸名。元元之名、或本諸此歟。

棋訣一卷、永樂大典本

宋劉仲甫撰。仲甫、錢塘人、南渡時國手也。書凡四章。一曰布置、二曰侵凌、三曰用戰、四曰取捨。仲甫曰、棋者意同於用兵、故敘此四篇、粗合孫吳之法。後附論棋雜說、即晏天章棋經之末篇、而仲甫為之註者也。案仲甫以弈名一世、而何薳春渚紀聞載有祝不疑者勝之。蔡絛鐵圍山叢談又載有王憨子、晉士明者皆勝之。則其訣亦非出萬全。然算數心計之事、大抵皆後勝於前。蓋因所已至從而更推所未至、有所藉者易為力也。且盛名之下自負無敵、後來者或乘其暮氣之將衰、或乘其驕氣之太盛、往往抵隙而入、出所不防。利鈍之形、蓋由於此。夫孫武能帥師入郢、而不能禁楚之不復郢、則亦非百戰百勝者。然十三篇之書、談兵者莫能外也。仲甫此書、亦可作如是觀矣。

右藝術類雜技之屬、四部、四卷、並文淵閣著錄。

案羯鼓錄樂府雜錄、新唐書志皆入經部樂類。雅鄭不分、殊無條理。今以類入之於藝術、庶各得其倫。

欽定四庫全書總目卷一百十三

欽定四庫全書總目卷一百十四

子部二十四

藝術類存目

山水松石格一卷、浙江鮑士恭家藏本

舊本題梁孝元皇帝撰。案是書宋藝文志始著錄。其文凡鄙、不類六朝人語。且元帝之畫、南史載有宣尼像。金樓子載有職貢圖。歷代名畫記載有蕃客入朝圖遊春苑圖鹿圖師利圖鵁鶄陂澤圖芙蓉湖醮鼎圖。貞觀畫史載有文殊像。是其擅長、惟在人物。故姚最續畫品錄惟稱湘東王殿下工於像人、特盡神妙。未聞以山水松石傳、安有此書也。

後畫錄一卷、兩江總督採進本

唐釋彥悰撰。前有彥悰自序、稱為帝京寺錄、就所見長安名畫、系以品題。凡三十七人。蓋以續姚最之書者。序題貞觀九年、故稱閻立本猶為司平太常伯。然末一人為廣陵郡倉曹參軍李湊。考張彥遠名畫記、李湊、林甫之姪也。初為廣陵倉曹、天寶中貶明州象山尉。尤工綺羅人物、為時驚絕。則湊為明皇時人。彥悰遠在太宗之世、何以能預錄之乎。張彥遠歷代名畫記曰、僧悰之評、最為謬誤、傳寫又復脫錯、殊不足看也。是真本尚不足重、無論偽本矣。

續畫品錄一卷、江蘇巡撫採進本

舊本題唐李嗣真撰。案舊唐書、李嗣真、滑州匡城人。永昌中拜御史中丞知大夫事、為來俊臣所陷、配流嶺南。萬歲通天中徵還、行至桂陽卒。此本前題結銜為御史大夫、而張彥遠歷代名畫記亦稱爲李大夫。與舊唐書合。彥遠又稱嗣眞爲尹琳弟子。善畫佛道鬼神。琳高宗時人。時代亦符。當卽其人也。是書名載唐藝文志。宋景元唐朝名畫錄序稱嗣眞空錄人名。而不記其善惡。無品格高下。與此本體例合。然名畫記引李嗣眞云。曹不興以一蠅輒擅重價。列於上品。恐爲未當。況拂蠅之事。一說是楊修。謝赫黜衞進曹。是涉耳之論云云。凡數條。又李綽尙書故實亦引嗣眞云顧畫居第一。然虎頭又伏衞協畫北風圖。是嗣眞之書又本有論斷。同出唐人。而所言互異。晁公武郡齋讀書志載嗣眞名畫記一卷。又畫人名一卷。豈彥遠所引爲名畫記之文。而此爲畫人名耶。然嗣眞唐人。而稱梁元帝爲湘東殿下。仍同姚最之文。其序又云今之所載。竝謝赫之所遺。轉不及最一字。恐嗣眞原本已佚。明人剽姚最之書。稍爲附益。僞託於嗣眞耳。法書要錄載嗣眞後書品一卷。所載八十一人。分爲十等。各有敍錄。又有評有贊。條理秩然。計其書品體例。亦必一律。不應草草如此。是尤作僞之明證矣。

畫學祕訣一卷（浙江鮑士恭家藏本）

舊本題唐王維撰。詞作駢體。而句格皆似南宋人語。王縉編維集。亦不載此篇。明焦竑國史經籍志始著於錄。蓋近代依託也。明人收入維集。失考甚矣。

山水訣一卷（浙江鮑士恭家藏本）

舊本題唐李成撰。案宋史李覺傳載李成字咸熙。本京兆長安人。唐末徙家青州。工畫山水。周樞密王朴將薦其能。會朴卒。鬱鬱不得志。乾德中。司農卿衞融知陳州。召之。成因挈族而往。劉道醇宋朝名畫評又載其開寶中舉進士。集於春官。郘博聞見後錄亦稱國初營邱李成畫山水。然則成爲宋人。題唐者誤矣。是書宋志及晁陳書目皆不著錄。宋人諸家畫錄亦不言成有是書。殆後人依託其文與王氏畫苑所載嘉定中李澄叟山水訣大同小異。大抵庸俗畫工有是口訣。輾轉相傳。互有損益。隨意僞題古人耳。

宣和論畫雜評一卷（浙江鮑士恭家藏本）

此本爲王氏畫苑所載。題宋徽宗皇帝御撰。勘驗其文。卽宣和畫譜中諸論也。明人叢書。往往如是。亦拙於作僞矣。

華光梅譜一卷（浙江鮑士恭家藏本）

舊本題宋僧仲仁撰。考鄧椿畫繼曰。仲仁。會稽人。住衡州華光山。陶宗儀書史會要曰。華光長老酷好梅花。方丈植梅數本。每花放時。移牀其下。吟咏終日。偶月夜見窗間疏影橫斜。蕭然可愛。遂以筆規其狀。因此好寫。得其三昧。黃庭堅詩曰。雅聞華光能墨梅。更乞一枝洗煩惱。此華光畫梅所以傳也。然庭堅又嘗題其平沙遠水。則不止能畫梅矣。此書蓋後人因仲仁之名。依託爲之。其口訣一則。詞旨凡鄙。其取象一則。附會於太極陰陽奇偶。剿涉講學家門徑。尤乖畫家蕭散之趣。末有補之總論一則。華光指迷一則。補之卽楊無咎字。南宋高宗時始以畫梅著。曾敏行獨醒雜志載紹興初有華光寺僧來居清江慧力寺。士人楊補之譚逢原與之往來。乃得仲仁之傳。仲仁在元祐間。不應先引其說。至華光著書。乃又自引華光之書。其謬尤不待辨矣。

金壺記三卷（兩淮鹽政採進本）

宋僧適之撰。適之始末未詳。案拾遺記載周時浮提國獻書生二人。有金壺中墨汁。灑水石皆成篆籀或科斗文字。記之取名。蓋出於此。適之原有金壺字考一卷。取書之異音者以類相從。標題二字而音其下。其書具有條理。是書雜述書體及能書人名。乃頗爲蕪雜。如項籍記姓名。揚雄心畫之類。雜敍於五十六種書體內。殊爲不類。又皆不著出處。亦乖傳信之道也。

畫山水訣一卷（浙江鮑士恭家藏本）

舊本題宋李澄叟撰。澄叟始末不可考。惟序末自稱湘中人。序題嘉定辛巳六月。而中稱盤礴乎其間者六十餘年。則高宗末年人。至寧宗時猶存矣。其論畫謂南渡以後有李蕭二君。考南渡後畫手李姓者不下數十人。蕭姓者則無所考。莫詳所指。又澄叟僅及紹興之末。而泛說一條中乃稱紹興中有一晚進。亦殊矛盾。考畫史會要載元有李澄叟。湘中人。自幼觀湘中山水。長遊三峽夔門。或水或陸。盡得其態。寫之水墨。甚有妙悟。作山水訣一卷。人名書名與此皆合。惟時代與書中違異。今勘驗書中所載。皆世傳李成畫山水訣之文。而小變其字句。殆原本散佚。妄人剿李成之書。僞撰此本。又誤以爲宋人。故全然牴牾。王氏畫苑乃與成書竝收之。亦失於互勘矣。

竹譜詳錄一卷 浙江鮑士恭家藏本

舊本題元李衎撰。衎竹譜十卷，已於永樂大典中採輯著錄。此鈔其百分之一，乃改題曰詳錄，傎亦甚矣。

書法鉤元四卷 兩淮鹽政採進本

元蘇霖撰。霖字子啟，鎮江人。是書取前人論書之語，始漢揚雄，終宋劉辰翁，凡六十五條，略具梗概，未爲該備。其去取亦未精審。

字學新書摘鈔一卷 浙江鄭大節家藏本

元劉惟志撰。惟志，達州人，仕履未詳。是編摘錄古人論書之語，分四目：曰六書，曰六體，曰書法，曰書訣。簡略殊甚。詳其書名，似先有字學新書，而惟志摘鈔之也。

畫紀補遺二卷元畫紀一卷 浙江范懋柱家天一閣藏本

不著撰人名氏。載宋高宗以後元至正以前諸畫家，頗多舛錯。如馬遠之父名公顯，兄名逵，乃以逵爲遠之弟，以公顯爲遠之孫，并云傳家學不遠厥祖，顛倒甚矣。其他脫漏，更指不勝屈也。

法書通釋二卷 衍聖公孔昭煥家藏本

明張紳撰。紳字士行，一曰字仲紳。書史會要但稱爲山東人，洪武中官浙江布政使，不詳爲山東何地之人，亦不詳其出身。考明史吳伯宗傳附載鮑恂事，稱洪武十五年吉安余詮、高郵張長年、登州張紳並以明經老成爲禮部主事所薦，召至京。恂、長年皆以老病辭歸，惟紳授鄠縣教諭，尋召爲右僉都御史，終浙江左布政使。則紳乃登州人，以薦舉起家也。是書分十篇：曰八法，曰結構，曰執使，曰篇段，曰從古，曰立式，曰辨體，曰名稱，曰利器，曰總論。皆彙集晉唐以來名論，亦閒及蘇軾、黃庭堅、姜夔、韋續之說。所取古人碑帖，祇及唐而止。然皆習見之文。立式篇辨古無真書之名，鍾、王楷書皆是隸法一條，足正近代俗劄之陋。其所引法書瘞鶴銘前後兩見，一列之小楷，一列之大楷，殆校錄偶疎耶。案靜志居詩話曰：張紳工大小篆，精於賞鑒。法書名畫，多所品題，撰法書通釋一卷。今檢此本實爲兩卷，蓋朱彝尊偶誤記也。

書學會編四卷 兩淮鹽政採進本

明黃瑜編。瑜字廷美，華亭人。案明有兩黃瑜，皆字廷美，皆景泰天順閒人。其一爲黃佐之祖，有雙槐歲鈔，別著錄。此黃瑜則天順六年官肇慶府知府，此書即其在肇慶所刻也。凡四種：一爲劉次莊法帖釋文，一爲米芾書史，一爲黃伯思法帖刊誤，一爲曹士冕法帖譜系。無一字之考證，而譌脫至不可讀。蓋書帕本耳。

書纂五卷 浙江巡撫採進本

不著撰人名氏。惟卷首有翠渠病叟自序。考明史儒林傳載周瑛字梁石，莆田人，成化己丑進士，官至四川右布政使，學者稱翠渠先生。其號與自序合。又明史藝文志載周瑛書纂五卷，與此本書名卷數並合，蓋即瑛書也。分原始、辨體、考法、會通、擇佐使五篇。原始篇論六書，辨體篇論古籀篆隸草八分飛白諸體及歷代沿革，考法篇論手法筆法，書法會通篇論諸家書，擇佐使篇論筆墨紙硯。大抵掇拾舊文，故名曰纂。自序稱其長孫南鳳年十有一，作書以授之，故所錄多淺近易明云。

書輯三卷 兩江總督採進本

明陸深撰。深有南巡日錄，已著錄。是書分爲六篇：一曰述通，二曰典通，三曰釋通，四曰筆論，五曰體位，六曰古今訓。凡所採用諸書，皆臚列於首，而復以法帖源流一篇附於後，嘗自書勒石。

明書畫史三卷元朝遺佚附錄一卷 浙江范懋柱家天一閣藏本

明劉璋撰。璋字圭甫，嘉定人。是書成於正德乙亥，載洪武以來善書畫者得三百七十餘人，而釋子六人併綴於末。又附元代名家及五季宋金之姓氏隱僻者九人，別爲一卷。每人寥寥數言，不備本末，粗具梗概而已。

平泉題跋二卷 兩淮鹽政採進本

明陸樹聲撰。樹聲字與吉，平泉其別號也，南直隸華亭人。嘉靖辛丑進士，官至禮部尚書。事蹟具明史本傳。此編皆其題跋書畫之文，萬歷庚寅其門人黃秩、包林芳等別輯刊行，後附以雜著四則。

畫苑十卷畫苑補益四卷 浙江鮑士恭家藏本

畫苑十卷，明王世貞編。畫苑補益四卷，詹景鳳編。世貞有弇山堂別集，已著錄。景鳳字東圖，休寧人，由舉人官至平樂府通判。世貞所錄，凡謝赫古畫品錄一卷，李嗣真續畫品錄一卷，沙門彥悰後畫錄一卷，姚最續畫品一卷，裴孝源貞觀公私畫史一卷，沈括圖畫歌一篇，荊浩筆法記一篇，王維山水論一篇，張彥遠歷代名畫記十卷，劉道醇宋朝名畫評三卷，宋景元唐朝名畫錄一卷，陳詢直五代名畫補遺一卷。案此書劉道醇作，陳詢直乃沿文獻通考之誤，語詳本條下。

鄧椿畫繼十卷，黃休復益州名畫錄三卷，米芾海嶽畫史一卷。計十五篇：景鳳所補，凡梁元帝山水松石格一篇，王維畫山水祕訣一篇，荆浩論畫山水賦一篇，李成山水訣一篇，郭熙林泉高致一卷，淳思畫論一卷，紀藝一卷，宣和論畫雜評一卷，韓純全山水純全集一卷，李澄叟畫山水訣一卷，無名氏論畫山水歌一篇，李廌畫品一卷，華光和尚梅譜一卷，李衎竹譜詳錄一卷，張退公墨竹記一篇，董逌廣川畫跋六卷。計十六種。

王氏書苑十卷書苑補益八卷 浙江鮑士恭家藏本

是書亦明王世貞編，詹景鳳續編。初，世貞纂古書家言多至八十餘卷，撫鄖陽時，擇取十數種付梓，版藏襄陽郡齋。因水漲漂失，尋復以刻本五種畀王元貞，翻刻於金陵，題曰王氏書苑。萬歷辛卯，元貞與詹景鳳續刻八種，題曰書苑補益。世貞書苑五種：曰張彥遠法書要錄十卷，米芾海嶽書史一卷，蘇霖書法鉤元四卷，黃伯思東觀餘論二卷，黃訥東觀餘論附錄一卷。景鳳補益八種：曰孫過庭書譜一卷，姜夔續書譜一卷，米芾寶章待訪錄一卷，歐陽修試筆一卷，宋高宗翰墨志一卷，曹士冕法帖譜系雜說二卷，吾邱衍學古編二卷，劉惟志字學新書摘鈔一卷。諸書皆有別本單行。世貞特裒合刻版，遂自立名目，是則明人錮習，雖賢者不免矣。朱國楨湧幢小品曰：王弇州不善書，好談書法。其言曰：吾腕有鬼，吾眼有神。此說一倡，於是不善畫者好談畫，不善詩文者好談詩文，極於禪元，莫不皆然。古語云：知者不言，言者不知。吾友董思白於書畫一時獨步，然對人絕不齒及也。其詆諆世貞至矣。然世貞品題書畫，賞鑒家實不以爲謬，殆以好談致誚歟。如此書及畫苑，皆其好談之一徵也。

弇州山人題跋七卷 安徽巡撫採進本

明王世貞撰。考弇州四部稾有雜文跋、墨蹟跋、墨刻跋、畫跋、佛經跋諸類。此本惟墨蹟跋三卷、墨刻跋四卷，其文與稾中所載又頗詳略不同，疑當時鈔撮以成帙，其後又經刪定入集。如集古錄有眞蹟、集本之殊也。

中麓畫品一卷 浙江范懋柱家天一閣藏本

明李開先撰。開先字伯華，中麓其號也，章邱人。嘉靖己丑進士，官至太常寺卿。明史文苑傳附載陳束傳中，稱其性好蓄書，藏書之名聞天下。今其書目不傳，乃傳其畫品。大致仿謝赫、姚最之例，品明一代之畫，分爲五品，每品之中，優劣兼陳。王士禎香祖筆記曰：章邱李中麓太常藏書畫極富，自負賞鑒，嘗作畫品，次第明人，以戴文進爲傑，陶成、杜堇爲第一等，倪瓚、莊麟爲次等，而沈周、唐寅居四等，持論與吳人頗異。王弇州與之善，嘗言過中麓草堂，盡觀所藏書，無一佳者，而中麓謂文進畫高過元人，不及宋人，亦未足爲定論也云云。則是編之持論偏僻，可知矣。

筆元要旨一卷 浙江汪啟淑家藏本

明徐渭撰。渭字文清，後更字文長，山陰人。事蹟具明史文苑傳。是編論書，專以運筆爲主，大概眆諸米氏。

吳郡丹青志一卷 江蘇巡撫採進本

明王穉登撰。穉登字百穀，吳縣人。嘉靖中布衣。事蹟具明史文苑傳。是編所載，神品一人，曰沈周，附三人：曰周之父恆、伯貞恆之師杜瓊。妙品四人：曰宋克、唐寅、文徵明、張靈，附四人：曰徵明之子嘉、姪伯仁，曰朱生、周官。能品四人：曰夏昶、夏昺、周臣、仇英。逸品三人：曰劉珏、陳淳、陳栝。遺耆三人：曰黃公望、趙原、陳惟允。棲旅二人：曰徐賁、張羽。閨秀一人，曰仇氏。各爲傳贊，詞皆纖佻。至以仇氏善畫爲牝雞之晨，亦可謂不善數典矣。

繪林題識一卷 兩淮鹽政採進本

明江顯節編。顯節始末未詳。萬歷中，秀水周履靖鈎摹古今名畫勒於石，題曰繪林，一時文士多有題識，顯節彙次成帙。凡四十二人，顯節亦在其中。

海內名家工畫能事二卷 兩淮鹽政採進本

明張鳳翼撰。鳳翼有夢占類考，已著錄。是編採輯前人論畫緒言，然語多淺近，僅可以教俗工。中有戴逵、王維論畫之辭，尤出於依託。鳳翼不能辨也。

畫禪一卷 浙江鮑士恭家藏本

舊本題明釋蓮儒撰。蓮儒自稱白石山衲子，其始末未詳。自跋謂古尊宿六十餘家見於王氏畫苑及夏士良圖繪寶鑑，則嘉隆以後人矣。所紀自惠覺以下迄智海，凡緇流之能畫者皆列焉。然元僧中如絕照之見於佚菴集，天然之見於林屋漫稾，枯林之見於柱隱集，南岳雲及蓮公之見於梧溪集，鏡塘之見於玩齋集者，悉佚不載，則其挂漏尚多矣。

湖州竹派一卷（兩江總督採進本）

舊本題明釋蓮儒撰。記文同畫竹之派，凡二十人。蓮儒在明中葉以後，而書中稱山谷爲余作詩云云，又稱余問子瞻云云，而後乃及金元諸人，時代殊相剌謬。今以所載考之，其李公擇妹、蘇軾二條乃米芾畫史之文；黃斌老、黃彝、張昌嗣、文氏、楊吉老、程堂六條乃鄧椿畫繼之文；劉仲懷、王士英、蔡珪、李衎、李士行、喬達、李倜、周堯敏、姚雪心、盛昭十條乃夏文彦圖繪寶鑑之文；吳瓘、虞仲文、柯九思、僧溥光四條乃陶宗儀畫史會要之文。皆剽竊原書，不遺一字。惟趙令庇、俞澄、蘇大年三條未知其剽自何書耳。可謂拙於作僞。陳繼儒收之彙祕笈中，亦失考甚矣。

竹嬾畫媵一卷、續畫媵一卷（禮部尚書曹秀先家藏本）

明李日華撰。日華有梅墟先生別錄，已著錄。是書皆裒錄其題畫之作。謂之媵者，作畫而附以詩文，如送女而媵以娣姪也。所載諸詩有云：霜落蒹葭水國寒，浪花雲影上漁竿。畫成未擬人將去，茶熟香溫且自看。又云：蕚壓春寒睡起遲，一林疎雨褪臙脂。詩翁艇子無人見，只有飛來白鷺鷥。又云：江鄉風物正秋初，山影沈沈樹影疎。野老慣遊渾不覺，有人天上憶鱸魚。又云：樹影苔痕濕不分，栗留聲隔幾重雲。沙彌詩夢渾無定，又在滄江野水濆。如此之類，雖風骨未高，而亦瀟洒有韻。惟數首以外，語意略同，七律尤頹唐傷格。且有以偶題五字亦登梨棗，如曉山無限好句，恐未足當楓落吳江冷矣。

墨君題語二卷（禮部尚書曹秀先家藏本）

明項聖謨編。聖謨字孔彰，秀水人。是編皆題詠墨竹之文。上卷爲李肇亨作，下卷爲李日華作。肇亨字會嘉，嘉興人，日華之子也。

畫說一卷（浙江鮑士恭家藏本）

明莫是龍撰。是龍字雲卿，以字行，更字廷韓，華亭人，莫如忠之子也。萬歷中以貢入國學。明史文苑傳附見董其昌傳中。其論畫以李成爲北宗，王維爲南宗，而於維尤無閒然。又謂有輪廓而無皴法，謂之無筆；有皴法而無輕重向背明晦，謂之無墨。頗合畫家宗旨。特所錄僅十五條，不爲詳盡。其末一條謂師趙大年、江貫道、北苑、子昂、大李將軍、郭忠恕、李成，集其大成，自出機軸，再四五年，文、沈二君不能獨步吾吳矣云云。不知其所指何人也。

筆道通會一卷（兩淮鹽政採進本）

明朱象衡編。象衡字朗初，秀水人。是編推廣徐渭筆元要旨而作，中多述豐坊之語。華亭唐文獻爲之序。末有象衡自跋，云余性稍慧，於法書名蹟辨之不爽毫髮。其言頗近於夸。米芾、黃伯思精鑒入神，論者尚有同異，此事談何容易乎。

寶繪錄二十卷（江西巡撫採進本）

明張泰階撰。泰階字爰平，上海人。萬歷己未進士。其家有寶繪樓，自言多得名畫眞迹，操論甚高。然如曹不興畫，據南齊謝赫古畫品錄，已僅見其一龍首，不知泰階何緣得其海戍圖。又顧愷之、陸探微、展子虔、張僧繇卷軸累累，皆前古之所未睹。其閻立本、吳道元、王維、李思訓、鄭虔諸人以朝代相次，僅厠名第六七卷中，幾以多而見輕矣。揆以事理，似乎不近。且所列歷代諸家跋語，如出一手，亦復可疑也。

游鶴堂墨藪二卷（兩淮鹽政採進本）

明周之士撰。之士字士貴，自號四明居士，齊輿人。御定佩文齋書畫譜列之書家傳中，然亦惟採瞿九思序此書之語，是其始末無可考矣。書中稱董其昌爲恩師，則其昌弟子也。其書上卷論字體源流及筆法大旨，排唐而宗晉；下卷評書家優劣，所稱明代能書諸家，儼然以己名列其中，亦可謂躁於自表矣。

書畫史一卷（浙江孫仰曾家藏本）

明陳繼儒撰。繼儒有邵康節外紀，已著錄。此編雜錄書畫家瑣碎之事，間及名蹟。所載闕略不備，無裨考證。如載岐陽石鼓、王祥臥冰處、劉蛻文冢之類，亦多傷於氾濫。末附以書畫金湯四則，一善趣、一惡魔、一莊嚴、一落劫，各舉十數事以爲品隲，尤不脫小品陋習。蓋一時風尚使然也。

唐詩畫譜五卷（內府藏本）

明黃鳳池撰。鳳池，徽州人。是書刊於天啓中。取唐人五六七言絕句詩各五十首，繪爲圖譜，而以原詩書於左方。凡三卷。末二卷爲花鳥譜，但有圖而無詩，則鳳池自集其畫附詩譜以行也。

畫志一卷（浙江范懋柱家天一閣藏本）

明沈與文撰。與文自稱姑餘山人。是編所載畫家起唐王維，迄元商琦，僅十九人。後附宋葉夢得評畫行一篇，與文爲之詁。

畫譜六卷（內府藏本）

不著撰人名氏。首唐六如畫譜一卷，次五言唐詩畫譜一卷，次六言唐詩畫譜一卷，次七言唐詩畫譜一卷，次木本花譜一卷，次草本花譜一卷，次扇譜一卷。譜首各有小序。蓋明季坊本也。

草書集韻五卷（內府藏本）

不著編輯者名氏。取漢章帝以下至於元人草法，依韻編次。每字之下，各註其人。其編次用洪武正韻，蓋明人作也。

研山齋墨蹟集覽一卷、法書集覽三卷（編修勵守謙家藏本）

國朝孫承澤撰。承澤有尚書集解，已著錄。是書前有小序，即庚子銷夏記之序，其文亦與庚子銷夏記同。惟前後編次頗異，蓋即銷夏記之稾本也。後附元人破臨安所得宋書畫目一卷，前亦有承澤序。今本銷夏錄無之，核其所列，即元王惲玉堂嘉話之文，殆以與秋澗集重出，故始載之而終刪之歟。

無聲詩史七卷（編修勵守謙家藏本）

國朝姜紹書撰。紹書字二酉，丹陽人。所著韻石齋筆談，自稱前明嘗為南京工部郎，其階則不可考矣。是編蒐輯前明畫家，自洪武以至崇禎，為四卷，附以女史一卷。自卷六以下則或眞迹不存，或品格未高，偶然點染，不以畫名者，亦附著焉。後有嘉興李光暎跋，謂鄉人李芳與同時褚勛均未載入，頗以挂漏為憾。然是書採摭博而敘述無法，如倪瓚以明初尚存，故列之明代矣。王鐸已歸命國朝官至禮部尚書，亦列之明代，是何例乎。劉基之傳，即曰公鼎彝之迹，載在國史，茲不復贅矣。岳正一傳乃全述直諫之事，張靈一傳亦備述狂誕之行，連篇累牘，於繪事了無關涉，又何例也。至於末附其子彥初一傳，稱其寫山水小景頗具倪黃邱壑，蓋不學而能，尤為創見。童烏不秀，是以附載，法言以十七歲之少年方學渲染，即列傳於古人之中，抑又異矣。

書學彙編十卷（浙江巡撫採進本）

國朝萬斯同撰。斯同有讀禮質疑，已著錄。是編錄歷代善書之人，上自蒼頡，下迄明季，共一千五十四人。其中如皇甫規妻，舊云不知何氏，此據張懷瓘書斷，知其姓馬。後魏江式請定正文字疏，稱漢講學大夫秦近小學元士爰禮，此據漢書以為王莽時官。董羽謂劉德昇即劉表，為書家之祖，此據三國志云表字景升，非德昇。宣和書譜稱詹思遠史亡其系，此據晉書知為應璩之孫，詹字曰思遠。譜又稱王達行書有羲獻法，此據晉書知達為元帝時人，在羲獻之前。又稱陳達為陳人，劉珉為北齊人，此據史知達為晉人，珉為南齊人。又稱唐有盧革、楊邠，書此據史言革邠皆不知學，未必眞蹟。又稱南唐有李霄遠，此據十國春秋知為李蕭遠。宋史鮑由，此以為即鮑慎由，避孝宗諱。以及模搨蘭亭之說，斷從褚遂良。昇元祖帖之說，斷為南唐元宗，皆頗有考證。然此書作於國初，迄康熙中，御定佩文齋書畫譜出，則此為滄海之一粟矣。

畫法年紀一卷（兩淮鹽政採進本）

國朝郭礎撰。礎字石公，江都人。順治壬辰進士，官至順德府知府。是編紀歷代善畫人名，自晉以迄於國朝，附載古畫品目，卷帙太狹，未免挂漏。

草韻彙編二十六卷（江蘇巡撫採進本）

國朝陶南望編。南望字遜亭，上海人。是書成於康熙中，輯錄秦程邈迄明朱克誠共三百四十一家草法，分韻編次。其平、上、去三韻乃南望手輯，入聲一類則其友人侯昌言等續訂。蓋本辨疑彙辨諸書，稍加釐正，然傳刻失眞，恐未足據為模範也。

石村畫訣一卷（衍聖公孔昭煥家藏本）

國朝孔衍栻撰。衍栻字石村，曲阜人。是書皆自記其作畫之法。

歷代畫家姓氏韻編七卷（浙江巡撫採進本）

國朝顧仲清撰。仲清字成三，號松壑，嘉興人。工繪事，尤長於畫蝶，有咏蝶詩三百首。此書首卷為帝王藩封之善畫者，末為釋道閨秀外國，其中則取畫家姓氏依韻編次，取便尋檢，無所考證也。

研山齋圖繪集覽三卷（編修勵守謙家藏本）

不著撰人名氏。卷首有退翁小序。退翁，孫承澤別號也。然集中多稱先宮保公評云云，疑承澤採掇舊文，為古來畫家作傳，草創未竟，其後人鈔錄成帙，因以所作畫跋附綴於後，成此編也。其書於古來畫家，先敘本末，後述所見眞蹟，附以跋語。上卷起顧愷之，訖包鼎，共四十二家；末附不知姓名洛神圖一則。下卷起蘇軾，訖鄒之麟，亦四十二家；末附總題明四家畫冊一則，及題冬日賞菊卷二則。自序稱八十二老人，則又在庚子銷夏記之後，為其晚年所記矣。原本目錄以王宰、裔賢、邊鸞三人連名，而以石榴猴鼠圖、花竹禽石圖、高士圖三畫并列。勘驗書中所載，則宰蹟不傳，石榴猴鼠二圖屬鬻，高士圖屬賢，與目互異。又目錄終於明四家，而書末冬日賞菊卷乃軼不載，當時草草編輯，此亦明驗。且其文已多具庚子銷夏記中，此特其隨筆記錄之初稾，其中同異之處，皆以庚子銷夏記爲長，故附存其目，不復錄焉。

漢溪書法通解八卷（安徽巡撫採進本）

國朝戈守智撰。守智字達夫，平湖人。是集成於乾隆庚午，採錄古人論書之語，分述古、執筆、運筆、結字、訣法、譜序六門。冠以述古篇，則守智之所自撰。大致欲仿寶泉述書賦，而淹貫宏通，終不逮古也。

國朝畫徵錄三卷續錄二卷（浙江巡撫採進本）

國朝張庚撰。庚有通鑑綱目釋地糾繆，已著錄。是編記國朝畫家，每人各爲小傳。然時代太近，其人多未經論定，不盡足徵。

月湖讀畫錄一卷（江西巡撫採進本）

國朝王槩撰。槩，震澤人。是編以所見名畫各爲品評。其中宋元人畫僅寥寥數軸，餘皆明代及近時人也。其筆墨蹊徑則全仿李日華六研齋筆記、紫桃軒雜綴諸書云。

豔雪齋書品二卷畫苑二卷筆墨紙硯譜一卷（編修勵守謙家藏本）

不著撰人名氏。與所作詩評、詞曲評合爲一帙，猶爲未竟之稾，皆鈔撮舊文，以備觀覽，無一字之發明。

右藝術類書畫之屬五十二部，二百一十一卷，皆附存目。

琴譜正傳六卷（浙江巡撫採進本）

題明無錫朱仕校正，楊嘉森編。後又有梧岡道人黃獻跋，稱少學琴於司禮監太監戴某，刻譜以廣其傳。案黃虞稷千頃堂書目有黃獻梧岡琴譜十卷，註云：獻字仲賢，廣西平樂人，憲宗時爲中官。嘉靖丙午陳經序。今此本目止六卷，亦無陳經序，而有嘉靖辛酉總督漕運都御史吉陽何遷序，稱培菴楊子持梧岡琴譜並無錫朱君七曲示之云云，則此書蓋黃獻原本，楊嘉森等所重刻，而併其卷數。其卷首列三十八勢及詳明字母等篇，鄙俚尤甚，當亦嘉森等所增入也。又獻序自稱宏治丙辰進入內府，則爲孝宗時中官，虞稷稱憲宗時者，殆偶誤歟。

琴譜大全十卷（通行本）

明楊表正撰。表正字西峯，延平人。是書彙錄琴譜諸調，考正音文，註明指法，搜採視他本頗廣。初刊於萬歷元年，此本又其後增以新曲，校正重刊者也。

文會堂琴譜六卷（通行本）

明胡文煥撰。文煥字德甫，號全菴，一號抱琴居士，錢塘人。是書刻於萬歷丙申，凡分十八條，皆論琴。後十一條，多論鼓琴之事。卷首有自序云：譜多不同，琴師炫新，改換名目，欺弊非一。然琴獨尚浙操者，猶曲之有海鹽也。今余此譜，皆親傳之浙操，其開首自創制，末附鄙見，以文會堂別之，恐濫厠於叢惡閒也。

理性元雅六卷（內府藏本）

明張廷玉撰。廷玉字汝光，號石初，延安人。萬歷庚戌進士，官至工部郎中。是編爲所作琴譜。琴凡四式，曲凡百篇，有本調、正調、別調、指法、調法、研註諸門。又別譜鼓瑟之法，案律取音，案音協調，合一十有二曲爲一卷，以附於後。

青蓮舫琴雅四卷（浙江汪啟淑家藏本）

明林有麟編。有麟字仁甫，華亭人，太僕寺卿景暘之子，以父蔭官至龍安府知府。凡古琴之制度、名稱、典故、賦詠，是編悉爲採錄，而琴譜反黜不錄，蓋隸事之書，非審音之書也。據有麟自序，乃萬歷癸丑游西泖時所作。青蓮舫蓋其舟名，序云就行笥中書籍採錄，然一舟所貯，卷軸幾何？其言似未可信也。

伯牙心法一卷（浙江巡撫採進本）

明楊掄撰。掄號桐菴，又號鶴澂，江寧人。書中客窗新語一曲，稱湯顯祖作；神化引一曲，稱李如眞作，則萬歷以後人也。凡宮音三曲，商音六曲，角音三曲，徵音七曲，羽音三曲，商角音三曲，慢宮調一曲，黃鍾調一曲，淒涼調一曲，清商調二曲，有詞者六，無詞者二十三。每詞各有解題，詞旨淺拙，至謂墨子爲梁惠王時人，其陋可想矣。

太古遺音（無卷數，浙江巡撫採進本）

明楊掄撰。卷首系四言贊一篇，其中上古琴樣一篇自伏羲神農迄劉伯溫凡三十四人之琴皆繪之爲圖不經殊甚又繪鍾子期像而以己像厠其後尤爲妄誕焦竑經籍志有太古遺音四卷稱袁均哲著今未之見或掄竊其書而改竄之未可知也

操縵錄十卷內府藏本

國朝胡世安撰世安有大易則通已著錄是書專辨絲音雜引古書爲證兼及詩賦分爲四門曰離音弋載統論聲律曰樂統博稽論琴曰遺音綴筆論瑟曰絲系衍記論琵琶箏筑箜篌絲音可謂大備然主於泛收故實未必能通曉解也

溪山琴況一卷內府藏本

國朝徐谼撰谼太倉人是書共二十四則專論琴聲

琴學心聲一卷浙江巡撫採進本

國朝莊臻鳳撰臻鳳號蝶菴江寧人其書專論琴聲先考律呂之源次辨指法之誤又自製新譜十二曲增入舊調之中並以同時贈詩附焉

琴談二卷浙江鮑士恭家藏本

國朝程允基撰允基字寓山徽州人是編上卷爲集論所述皆爲鼓琴諸法及其工拙得失唯所論左法餘指要直四法上徵得聲煩識指法之妙與松風閣諸譜不同其餘七要十要之法則人所共知也下卷惟紀琴之故實取備談資而已無關琴理

琴學內篇一卷外篇一卷浙江巡撫採進本

國朝曹庭棟撰庭棟有易準已著錄是書分內外二篇內篇論琴律正變倍半之理及定徽轉調之法外篇則薈萃古今琴說而以己意斷其是非也管律與弦度其生聲取分本不相通以律合琴本原已謬蔡元定謂琴無定七絃只可彈黃鍾一均朱子謂季通不能琴彈出便不可行庭棟乃取律呂新書所論而一一比附之誤矣其制弦篇云律有十二弦僅有七以爲轉軫便可換調終不盡合當用之律必須因正變半律之數俱制爲弦隨調更張之此正朱子之所譏而庭棟不知也立調篇云黃大太三律以一弦爲宮夾姑二律以二弦爲宮仲蕤林三律以三弦爲宮夷南二律以四弦爲宮無應二律以五弦爲宮說蓋本之趙孟頫琴原然絲數之巨細多寡無可增減如一弦既定爲黃鍾者不得又目之爲大呂太簇是以有隨調製弦之說以遷就之今考書中五調統十二宮圖所列每弦正倍變之別有十二通七弦則八十四如一弦有黃大太及黃變四律而大呂正律又因宮正與羽徵角商倍而分爲五太簇正律又因宮正徵倍而分爲二黃變又因羽徵角商倍而分爲四不知庭棟何以能盡別之是亦臆說而已矣

右藝術類琴譜之屬十二部四十九卷內一部無卷數皆附存目

宣和集古印史八卷兩淮鹽政採進本

明來行學刊行學字顏叔杭州人自序稱耕於石箐山畔桐棺裂得朱篋一函內蜀錦重封宣和印史一卷素絲玉軸硃印墨書蓋南渡以來好事家所寶以自殉者考輯錄古印始於宋晁克一之集古印格其書一卷見於郡齋讀書志此書則自宋以來諸家書目所不載惟吾衍學古編末有明隆慶二年羅浮山樵附錄五條其世存古今圖印譜式條內載有宣和印譜四卷計其年月適在此書初出之時然則即據此本以載入非古有是書矣況桐棺易朽何以南宋至明猶存其爲依託顯然明白末二行附題所製印色之價某種若干尤爲猥鄙屠隆作序極稱之殊非定論也

古今印史一卷內府藏本

明徐官撰官字元懋吳縣人魏校之門人也校作六書精蘊以篆改隸又以古篆改小篆穿鑿附會務以詭激取名官承其師說謬爲高論於摹印一事動引六書爲詞而實於摹印無所解於六書亦無所解許慎說文序載摹印之書別爲一體名曰繆篆而漢人之印傳於今者不啻千百往往與小篆不符如小篆文借鉶爲劉通朋爲鳳而顧氏印藪載漢劉鳳印乃直作隸書劉鳳字者不一而足蓋古之印章所以示信欲人辨識務肖本形使改諸葛亮爲諸葛諒改韓愈爲韓瘉人已不知爲誰矣況如官之所論動以鍾鼎古文錯之哉他如稱古篆首列蒼頡篇其書隋志已佚官何由睹又稱隸書空結體微方當一一翻篆爲之是漢魏碑刻全然乖謬又稱比干盤銘季札墓碑皆爲孔子眞蹟季札碑姑無論比干墓中之盤夫子何自書之又稱嘗見宋版說文爲徐鉉所書其弟鍇校正鍇卒於南唐安得預刻宋版甚至謂縣字取系貝倒首之意假借爲州縣字所以言民之倒懸其謬妄更不足辨矣

印藪六卷編修汪如藻家藏本

明顧從德撰。從德字汝修，上海人。是編搜羅古印，摹刻成譜。首尚方諸璽，次官印，次私印，以四聲部分爲次。檢閱頗便。凡所收錄，自其家以及好事者所藏，曾經寓目者，咸以硃摹其文，而詳載其釋文形製於下。至前人所集，如王俅之嘯堂集古錄，趙孟頫之印史，吾衍之學古編，楊遵之集古印譜等書，並採掇以備考訂。前有隆慶壬申沈明臣序，稱從德所藏玉印一百六十有奇，銅印一千六百有奇，可謂至富。序又云，集印者太原王常幼安氏。今卷前亦題曰王常延年編，顧從德汝修氏校，蓋同時編次之人也。是書初名集古印譜，王穉登始易之曰印藪，說見從德自序云。

印史五卷（兩淮鹽政採進本）

明何通撰。通字不違，松江人。是書成於萬歷中，取歷代名人各爲刻一私印，而略附小傳於下。秦十九人，西漢二百二十一人，東漢二百六人，蜀十八人，吳七人，魏二十八人，晉八十一人，宋七人，齊二人，梁九人，北魏六人，周二人，隋十三人，唐一百七十八人，五代十一人，宋一百二十八人，元十四人。其去取頗不可解。如秦以李斯爲首，公孫鞅次之。二人行事無足取，且鞅在斯前，不知何以顛倒。四皓僅取東園公、綺里季，不知何所優劣。漢有孔僅、桑宏羊，唐有李義府、許敬宗、高力士，五代有敬新磨，亦不知何以甄錄。其印欲仿漢刻，而多違漢法。如二名分爲兩行，複姓乃作回文，不知漢印二名複姓皆不割裂其文也。又參以鐘鼎之文，不知漢印之不合小篆者，多兼用隸法，不用古篆也。班固曰班固孟堅，王粲曰仲宣王粲，漢印無此文法也。劉字亮字，說文所無，參以隸法是矣。庚亮、陳亮乃作諒字，王凝之從小篆矣，李陽冰乃又作凝字，不又自亂其例乎。大抵拘於俗工之配合，而全未考古耳。

印存初集二卷印存元覽二卷（內府藏本）

國朝胡正言篆。正言字曰從，海陽人。前明嘗官武英殿中書舍人，以摹印名一時。是編其印譜也。初集以朱印之，別名元覽者則以墨印之。大抵名字印十之八，齋閣印十之一，鐫成語者十之一。自明中葉篆刻分文彭、何震二家，文以秀雅爲宗，其末流傷於嫵媚，無復古意；何以蒼勁爲宗，其末流破碎楂枒，備諸惡狀。正言欲矯兩家之失，獨以端重爲主，頗合古人摹印之法，而學之者失於板滯，又爲土偶之衣冠矣。

右藝術類篆刻之屬五部，二十四卷，皆附存目。

適情錄二十卷（浙江范懋柱家天一閣藏本）

明林應龍編。應龍字翔之，永嘉人，嘗充禮部儒士。是書成於嘉靖乙酉，前八卷載日本僧虛中所傳弈譜三百八十四圖，第九卷以下爲外篇、補遺、圖說，則應龍所蒐輯也。

弈史一卷（浙江巡撫採進本）

明王穉登撰。穉登有吳郡丹青志，已著錄。是編歷述古來弈品，敘次頗爲簡潔。其末附辨論一則，駁諸書附會神奇之說，亦頗中理。

弈律一卷（安徽巡撫採進本）

明王思任撰。思任字季重，山陰人。萬歷乙未進士，官至江西按察司僉事。是編定弈棋禁令，各以明代律文列前，而以弈者所犯附會比照之，分笞杖徒三等，納贖有差，凡四十二條。夫弈以消閒遣興，而限以苛例，使拘苦萬狀，動輒得咎，斯亦不韻之極矣。無論其所定當否也。

秋仙遺譜十二卷（內府藏本）

不著撰人名氏。皆弈圖也。前冠以馬融圍棋賦、班固弈旨、張擬棋經、劉仲甫棋法及圍棋十訣。前集八卷，後集四卷。驗其版式，蓋明刊本也。

射書四卷（兩江總督採進本）

明顧煜撰。煜字銘柏，自題曰西神。案無錫有西神山，則無錫人也。其仕履無考。是編掇拾羣書論射之言，彙爲一書。卷首載明代武科制詔、疏議數條，次射法，次射式，次馬射，次射禮。其射法射式中所引之書，多註祕授二字，而不詳所從來。射禮考則首載明代考試武生儀，又摭拾三禮及吳越春秋、白虎通、初學記數則，而以袁黃兵制考、黃道周馬政考、勞堪馬說及前人詩賦數篇雜綴其後，體例頗爲蕪雜。

射義新書二卷（浙江巡撫採進本）

明程道生撰。道生，海寧人。是編上卷雜引禮記、周禮及各子史中言射之事，鈔撮故實，無所發明。下卷則專言射訣，而所引祇武編、紀效新書、武經節要、射家心法四種，亦皆紙上空談，無濟於用。末附雜記數則，載養由基神射法，具列咒詞符籙，尤怪誕不經矣。

壺譜一卷（兩淮鹽政採進本）

明李孝元撰。孝元字松橋，滑縣人，嘉靖中官都司經歷。其書以投壺之法圖之，爲譜凡十八目，一百三十餘式。雖非禮經古制，亦技藝之一種也。

壺史三卷（內府藏本）

明郭元鴻撰。元鴻，泰和人。是書成於萬歷丁丑，以投壺爲射禮之遺，爲之考訂。首引羣書，次載司馬光譜，次列所創新名。

五木經一卷（直隸總督採進本）

唐李翺撰，記樗蒱之戲，元革爲之注。其法有圖有例，考陳氏書錄解題載五木經一卷，並圖例。今圖例已佚，非全書矣。程大昌演繁露疑所述與史語不合，然謂樗蒱久廢不傳，賴有此文，而五木之形製齒數粗亦可考。顧大部作五木經辨，則謂按以古六博格五之法，殊相繆戾，知此經是翺所戲作，借古樗蒱盧白雉犢之名，以行打馬之法，實非古之五木。所引後漢書梁冀傳註及列子楊朱篇註，考證甚詳。合二人所論觀之，則是書爲翺自出新意明矣。

丸經二卷（江西巡撫採進本）

不著撰人名氏。序稱宋徽宗、金章宗皆愛捶丸，序末云述爲丸經，增註簡（案簡字句意未完，疑下脫一中字，謹附識於此。）諒好事者從而歌詠之，則經註本一人所作。其書借擊毬之事以寓意，文詞頗有可觀。序稱龍集壬午，似爲元至正二年作也。

雙陸譜一卷（永樂大典本）

舊本題了角道人撰，前有元林子益序，稱雙陸之戲始於陳思王，道人來閩，隨動而應，無不勝者。一日遺此書而去，竟泯其迹。於是人以了角仙稱之，得是譜者用之如神矣云云。其書有圖有例有論，於進退棄取之機，言之頗詳。

右藝術類雜技之屬十一部，四十八卷，皆附存目。

案射法，漢志入兵家，文獻通考則入雜技藝，今從之。象經弈品，隋志亦入兵家，謂習角勝負，古兵法之遺也。然相去遠矣，今亦歸之雜技，不從其例。

欽定四庫全書總目卷一百十四

欽定四庫全書總目卷一百十五

子部二十五

譜錄類

劉向七略，門目孔多，後併爲四部，大綱定矣。中閒子目，遞有增減，亦不甚相遠。然古人學問各守專門，其著述具有源流，易於配隸。六朝以後，作者漸出新裁，體例多由創造，古來舊目，遂不能該，附贅懸疣，往往牽強。隋志譜系本陳族姓，而末載竹譜、錢圖；唐志農家本言種植，而雜列錢譜、相鶴經、相馬經、鷙擊錄、相貝經。文獻通考亦以香譜入農家。是皆明知其不安，而限於無類可歸，又復窮而不變，故支離顛舛，遂至於斯。惟尤袤遂初堂書目創立譜錄一門，於是別類殊名，咸歸統攝。此亦變而能通矣。今用其例，以收諸雜書之無可繫屬者。門目既繁，檢尋亦病於瑣碎，故諸物以類相從，不更以時代次焉。

古今刀劍錄一卷（兩江總督採進本）

梁陶宏景撰。宏景字通明，丹陽秣陵人。齊初爲奉朝請，永明十年上表解祿，止於句曲山。梁大同二年卒，贈中散大夫，諡貞白先生。事蹟具梁書處士傳。是書所記帝王刀劍，自夏啟至梁武帝，凡四十事；諸國刀劍，自劉淵至赫連勃勃，凡十八事；吳將刀，周瑜以下凡十事；魏將刀，鍾會以下凡六事。然關張諸葛亮黃忠皆蜀將，不應附入吳將中，疑傳寫誤佚蜀將刀標題三字。又董卓、袁紹不應附魏，亦不應在鄧艾、郭淮之閒，均爲顛舛。至宏景生於宋代，齊高帝作相時已引爲諸王侍讀，而書中乃稱順帝準爲煬玉所弒。不應以身歷之事、謬誤至此。且宏景先武帝卒、而帝王刀劒一條乃預著武帝謚號、並直斥其名、尤乖事理。疑其書已爲後人所竄亂、非盡宏景本文。然考唐李綽尙書故實引古今刀劒錄云、自古好刀劒多投伊水中、以禳膝人之妖。與此本所記漢章帝鑄劒一條雖文字小有同異、而大略相合。則其來已久、不盡出後人贋造。或亦張華博物志之流、眞僞參半也。

鼎錄一卷、（浙江鮑士恭家藏本、）

舊本題梁虞荔撰。考陳書列傳、荔字山披、會稽餘姚人。釋褐爲梁西中郞行參軍、遷中書舍人。侯景亂、歸鄉里。陳初召爲太子中庶子、領大著作、東陽揚州二州大中正、贈侍中、謚曰德。是荔當爲陳人。稱梁者誤也。其書不見於本傳、唐志始著錄。然檢書中載有陳宣帝於太極殿鑄鼎之文。荔卒於陳文帝天嘉二年。下距臨海王光大二年宣帝嗣位時、首尾七年、安得預稱謚號。其爲後人所攙入無疑。又卷首序文乃紀夏鼎應在黃帝條後、亦必無識者以原書無序、移掇其文。蓋流傳既久、屢經竄亂、眞僞已不可辨、特以其舊帙存之耳。又按晁公武讀書志別出吳協鼎錄一條、通考與此書兩收之。然其書他無所見。疑吳字近虞、協字近荔、傳寫舛譌、因而誤分爲二也。

考古圖十卷、續考古圖五卷、釋文一卷、（內府藏本、）

宋呂大臨撰。大臨字與叔、藍田人。元祐中官祕書省正字。事蹟附載宋史呂大防傳。案陳振孫書錄解題載大臨考古圖十卷。錢曾讀書敏求記則稱十卷之外尙有續考五卷、釋文一卷、乃北宋鏤版、得於無錫顧宸家、後歸泰興季振宜、又歸崑山徐乾學。曾復從乾學借鈔。其圖亦令良工繪畫、不失毫髮。紙墨更精於槧本云云。此本勘驗印記、卽曾所手錄。以較世所行本、卷一多孔文父歔鼎圖一銘十四字、說五十一字。卷三多郘敦圖一蓋圖。卷四開封劉氏小方壺圖乃祕閣方文方壺圖、祕閣方文方壺圖乃開封劉氏小方壺圖、今本互相顚倒。卷六目錄多標題盤匜盂弩戈削一行。卷八多玉鹿盧劒具圖三說一百五十五字、又多白玉雲鉤玉環玉玦圖各一。卷九多京兆田氏鹿盧鐙圖一說四十七字、又犀鎣第二圖與今本迥別、又內藏環耳鬲多一蓋圖。卷十新平張氏連環鼎壺無右所從得及度量銘識皆闕失無可考惟樣存於此二十字、又多廬江李氏鐎斗圖一、又獸鑪第二圖後多說三十五字、又卷末多邛州天寧寺僧捧敕佩圖二說四十六字。卷首大臨自序、本題曰後記、附載卷末。其餘字句行款之異同、不可縷舉、而參驗文義、皆以此本爲長。續圖卷一二十器、卷二二十二器、卷三二十六器、卷四二十器、卷五十二器、先後不以類從。蓋隨見隨錄、故第五卷所載獨少。或有銘而不摹其文、有文而不釋其讀者。其收藏名姓皆載圖說之首、云右某人所得、與前圖註姓名於標目下者例亦小殊。釋文一卷、前有大臨題詞、取銘識古字以廣韻四聲部分編之。其有所異同者、則各爲訓釋考證。疑字象形字無所從之字則附於卷末。大臨圖成於元祐壬申、在宣和博古圖之前。而體例謹嚴、有疑則闕、不似博古圖之附會古人、動成舛謬。其郘敦一條、胡安國註春秋成周宣榭火、乃引之詁經。足知其說之可據。吾邱衍學古編稱此圖有黑白兩樣、（案黑字白字皆指所刻款識、）黑字者後有韻圖欠璘玉璣、白字者博山鑪上雜書作人手。此本銘文作白字、然博山鑪圖無所謂人手、亦無所謂雜。其釋文一卷、依韻排次、當卽衍所謂韻圖。然八卷實有廬江李氏璘玉璣、知衍所見之本亦不及此本之完善。錢曾稱爲縹囊異物、洵不虛矣。惟續圖五卷、書錄解題所不載、吾邱衍學古編亦未言及。其中第二卷引呂與叔云云、又引考古圖云云、第三卷有紹興壬午所得之器云云、則其書在紹興三十二年之後、與大臨遠不相及。蓋南宋人續大臨之書而佚其名氏。錢曾並以爲大臨作、蓋考之未審也。其釋文所舉諸器、皆在前十卷中。所釋榭字析字之類、亦多與圖說相合。惟皕字圖說釋爲張、與歐陽修集古錄同。而釋文則從闕疑、稍相牴牾。或大臨削改未竟、偶爾駁文歟。至其題詞稱、古器銘識、不獨與小篆有異、有同一器、同一字、而筆畫多寡、偏旁位置不一者。如伯百父敦之百字、寶字、蘄字、叔高父簠之簠字、吾鼎之作字、其異器者如彝尊壽萬等字、諸器筆畫皆有小異。知古字未必同文、至秦始就一律、故非小篆所能該。亦通論也。

嘯堂集古錄二卷、（浙江范懋柱家天一閣藏本、）

宋王俅撰。俅字子弁、一作球、字夔玉。米芾畫史又作夔石、未詳孰是。陳振孫書錄解題謂李邴序祇稱故人長儒之子、未詳其爲何王氏。考邴序稱與長儒同鄉關、邴籍濟州任城、則俅爲齊人可知。是編錄古尊彝敦卣之屬、自商迄漢、凡數百種。摹其款識、各以今文釋之。中有古印章數十、其一曰夏禹。元吾邱衍學古編謂係漢巫厭水災法印、世俗傳有渡水佩禹字法、此印乃漢篆、故知之。衍精於鑒古、當得其實。衍又謂滕公墓銘鬱鬱作兩字書、與古法疊字止作二小畫者不同、灼知其僞。則是書固眞贋雜糅。然所採摭、尙足資考鑒、不能以一二疵累廢之。蓋居千百年下而辨別千百年上之遺器、其物或眞或不眞、其說亦或確或不確。自考古圖以下、大勢類然、亦不但此書也。

宣和博古圖三十卷、（大理寺卿陸錫熊家藏本、）

案晁公武讀書志稱宣和博古圖爲王楚撰。而錢曾讀書敏求記稱元至大中重刻博古圖、凡臣王黼撰云云、都爲削去、殆以人廢書。則是書實王黼撰、楚字爲傳寫之譌矣。曾又稱博古圖成於宣和年閒、而謂之重修者、蓋以採取黃長睿博古圖說在前也。考陳振孫書錄解題曰、博古圖說十一卷、祕書郎昭武黃伯思長睿撰。凡諸器五十九品、其數五百二十七。印章十七品、其數四十五。長睿沒於政和八年、其後修博古圖頗採用之、而亦有刪改云云。錢曾所說、良信。然考蔡絛鐵圍山叢談曰、李公麟字伯時、最善畫、性喜古、取生平所得及其聞睹者作爲圖狀、而名之曰考古圖。及大觀初、乃倣公麟之考古、作宣和殿博古圖。則此書踵李公麟而作、非踵黃伯思而作。且作於大觀初、不作於宣和中。絛、蔡京之子、所說皆其目睹、當必不誤。陳氏蓋考之未審。其時未有宣和年號、而曰宣和博古圖者、蓋徽宗禁中有宣和殿、以藏古器書畫。後政和八年改元重和、右丞范致虛言犯遼國年號。（案遼先以重熙建元、後因天祚諱禧、遂追稱重和、）徽宗不樂、遂以常所處殿名其年、且自號曰宣和人、亦見鐵圍山叢談、則是書實以殿名、不以年號名。自洪邁容齋隨筆始誤稱政和宣和閒朝廷置書局以數十計、其荒陋而可笑莫若博古圖云云。錢曾遂沿以立說、亦失考也。絛又稱尙方所貯至六千餘數百器、遂盡見三代典禮文章、而讀先儒所講說、殆有可哂者。而洪邁則摘其父癸匜周義母匜漢注水匜楚姬盤漢梁山鋗及州吁高克諸條、以爲詬厲。皆確中其病。知絛說乃回護時局、不爲定評。然其書考證雖疎、而形模未失。音釋雖謬、而字畫俱存。讀者尙可因其所繪、以識三代鼎彝之製、款識之文、以重爲之核訂。當時裒集之功、亦不可沒。其支離悠謬之說、不足以當駁詰、置之不論不議可矣。

宣德鼎彝譜八卷、（浙江鮑士恭家藏本、）

明宣德中禮部尙書呂震等奉敕編次。前有華蓋殿大學士楊榮序、亦題奉敕恭撰。後有嘉靖甲午文彭跋、稱出自于謙家。宣德中、有太監吳誠司鑄冶之事、與呂震等彙著圖譜、進呈尙方、世無傳本。謙於正統中爲禮部祠曹、從誠得其副本。彭復從謙諸孫假歸鈔之。蓋當時作此書、祇以進御、未嘗頒行、故至嘉靖中始流傳於世也。始宣宗以郊廟彝鼎不合古式、命工部尙書吳中採博古圖錄諸書及內府所藏柴汝官哥均定各窯之式、更鑄。震等纂集前後本末、以成此書。一卷二卷載所奉敕諭及禮部進圖式工部議物料諸疏。三卷載工部請給物料疏及禮工二部議南北郊至武學武成殿鼎彝名目。四卷載太廟至內府宮殿鼎彝名目。五卷載敕賜兩京衙門至天下名山勝蹟鼎彝名目、工部鑄冶告成及補鑄二疏、並褒獎敕一道。六七八卷迺爲詳釋鼎彝名義、凡某所某器倣古某式、皆疏其事實尺寸制度、一一具載之。宣爐在明世已多僞製。此本辨析極精、可據以鑒別、頗足資博雅之助。末附項元汴宣爐博論數條、亦見考證。惟文彭原跋有命工繪圖、敷采裝潢之語、而此本無之、殆傳鈔者佚去歟。杭世駿道古堂集有書宣德彝器譜後一篇、曰此明宣德三年工部檔案也、遼陽年中丞希堯從部錄出。以宣宗諭旨中有鑪鼎彝器字、遂摘用之。係年氏所定、非實事也。所言與此本迥異。蓋世駿所見乃不完殘帙、以鈔自年希堯家、故影附而爲此說、不足據也。

欽定西淸古鑑四十卷、

乾隆十四年奉
敕撰。以
內府庋藏古鼎彝尊罍之屬案器爲圖、因圖繫說、詳其方圓圍徑之制、高廣輕重之等。併鉤勒款識、各爲釋文。其體例雖仿考古博古二圖、而摹繪精審、毫釐不失、則非二圖所及。其考證雖兼取歐陽修董逌黃伯思薛尙功諸家之說、而援據經史、正誤析疑、亦非修等所及。如周文王鼎銘之魯公、斷爲伯龠而非周公，周晉姜鼎銘之文侯，據虎簋云云與書文侯之命合，斷爲文侯，虎而非文公重耳。漢定陶鼎，據漢書地理志濟陰郡註，宣帝甘露二年更名定陶，斷此鼎爲宣帝中定陶共王康作，而非趙共王恢。皆足正博古圖之誤。又如商祖癸鼎，博古圖謂我之字從戈者，敵物之我也云云，則斥其雜用王安石字說。王氏銅虹燭錠，博古圖謂是薦熟食器，則於周素錠引說文以錠爲鐙正之。亦足糾其訓釋之舛。其他如周召夫鼎、周魚鼎之屬，辨駁尤多。又如周單卣銘爵字，景字從博古圖，豐字則從鐘鼎款識，於兩家皆取所長。銘首凶字則證其不當作罔，於兩家並訂其失。商瞿卣舊無實證，則引竹書紀年註定瞿爲武乙之名，並能參考異同，補苴罅漏。至周象尊，據器訂周禮司尊彝註飾以象骨之非。周犧尊，據器訂鄭註飾以翡翠之非。周虎錞，引周官鼓人以金錞和鼓，鄭註證南史灌之以水及以器盛水於下，以芒莖當心跪注之非。則尤有裨於經史之學。又周郘侯方彝銘十八月乙亥，證以管子十三月令人之魯，二十四月魯梁之民歸齊，二十八月萊莒之君請復之數語，以破歐陽修、蔡襄、劉敞輩不解洛鼎銘十有四月之疑，尤從來考古者所未到。蓋著述之中，考證爲難；考證之中，圖譜爲難；圖譜之中，惟鐘鼎款識義通乎六書，制兼乎三禮，尤難之難。讀是一編，而三代法物，恍然如覩。

聖天子稽古右文，敦崇實學，昭乎有明驗矣。

奇器圖說三卷、諸器圖說一卷。兩淮鹽政採進本

奇器圖說，明西洋人鄧玉函撰；諸器圖說，明王徵撰。徵，涇陽人，天啓壬戌進士，官揚州府推官。嘗詢西洋奇器之法於玉函，玉函因以其國所傳文字口授，徵譯爲是書。其術能以小力運大，故名曰重，又謂之力藝。大旨謂天地生物，有數、有度、有重。數爲算法，度爲測量，重則卽此力藝之學，皆相資而成，故先論重之本體，以明立法之所以然，凡六十一條。次論各色器具之法，凡九十二條。次起重十一圖，引重四圖，轉重二圖，取水九圖，轉磨十五圖，解木四圖，解石、轉碓、書架、水日晷、代耕各一圖，水銃四圖，圖皆有說，而於農器水法尤爲詳備。其第一卷之首有表性言解、表德言解二篇，俱極誇其法之神妙，大都荒誕恣肆，不足究詰。然其製器之巧，實爲甲於古今，寸有所長，自宜節取。且書中所載，皆裨益民生之具，其法至便，而其用至溥，錄而存之，固未嘗不可備一家之學也。諸器圖說凡圖十一，各爲之說，而附以銘贊，乃徵所自作，亦具有思致云。

文房四譜五卷。浙江吳玉墀家藏本

宋蘇易簡撰。易簡字太簡，梓州銅山人。太平興國五年進士，官至參知政事，以禮部侍郎出知鄧州，移知陳州，卒。事蹟具宋史本傳。是書凡筆譜二卷，硯譜、墨譜、紙譜各一卷，而筆格、水滴附焉。各述原委本末，及其故實，殿以詞賦詩文，合爲一書。前有徐鉉序，末有雍熙三年九月自序，謂因閱書祕府，集成此譜。考歐陽詢藝文類聚，每門皆前列事蹟，後附文章，易簡蓋仿其體式。然詢書兼羅衆目，其專舉一器一物，輯成一譜，而用歐陽氏之例者，則始自易簡。後來硯箋、蟹錄，皆沿用成規，則謂自易簡剏法可也。其搜採頗爲詳博。如梁元帝忠臣傳、顧野王輿地志之類，雖不免自類書之中轉相援引，其他徵引則皆唐五代以前之舊籍，足以廣典據而資博聞。當時甚重其書，至藏於祕閣，亦有以矣。宋史本傳但稱文房四譜，與此本同。尤袤遂初堂書目作文房四寶譜，又有續文房四寶譜，考洪邁歙硯說跋，稱揭蘇氏文房譜於四寶堂，當由是而俗呼四寶，因增入書名。後來病其不雅，又改題耳。

歙州硯譜一卷。浙江鮑士恭家藏本

不著撰人名氏。惟卷末題有大宋治平丙午歲重九日十字。考之陳振孫書錄解題，載有歙硯圖譜一卷，稱太子中舍知婺源縣唐積撰，治平丙午歲云云。其年月與此相合，然則此卽積書矣。中分採發、石坑、攻取、品目、修斲、名狀、石病、道路、匠手、攻器十門，所誌開鑿成造之法甚詳。蓋歙石顯於南唐，宋人以其發墨頗好用之，士人藉是爲生，往往多作形勢以希售。米芾嘗譏其好爲端樣，以平直斗樣爲貴，滯墨甚可惜。而此書名狀門內實首列端樣，亦可以考見一時風尚也。書錄解題作圖譜，米芾亦稱今之製見歙州硯圖，而此本有譜無圖，蓋左圭刊入百川學海時病繪圖繁費，削而不載，今則無從考補矣。

硯史一卷。浙江鮑士恭家藏本

宋米芾撰。芾有書史，已著錄。是書首冠以用品一

條論石當以發墨爲上，後附性品一條，論石質之堅軟；椓品一條，則備列晉硯、唐硯以迄宋代形製之不同。中記諸硯，自玉硯至蔡州白硯凡二十六種，而於端、歙二石辨之尤詳。自謂皆會目擊經用者，非此則不錄，其用意殊爲矜慎。末記所收青翠疊石一、正紫石一，皆指爲歷代之瓌寶，而獨不及所謂南唐硯山者，或當時尚未歸寶晉齋中，或已爲薛紹彭所易歟。芾本工書法，凡石之良楛，皆出親試，故所論具得硯理，視他家之耳食者不同。其論歷代制作之變，考據尤極精確，有足爲文房鑒古之助者焉。

硯譜一卷（浙江吳玉墀家藏本）

不著撰人名氏，舊載左圭百川學海中，亦無序跋年月。皆雜錄硯之出產與其故實。中閒載有歐陽修、蘇軾、唐詢、鄭樵諸人之說，則南宋人所爲。然尤袤、陳振孫二家書目皆不載，或偶遺也。其書僅三十二條，不爲賅博，採摭亦閒有疎舛。如以端溪子石爲在大石中生，尙沿舊說，未加考正。又如許漢陽以碧玉爲硯，其事出谷神子博異記，乃龍女之硯，非漢陽之硯，徵引亦爲譌誤。以其宋人舊帙，流傳旣久，尙有一二足資多識者，故附著諸家硯譜之次，以備檢核焉。

歙硯說一卷辨歙石說一卷（浙江鮑士恭家藏本）

不著撰人名氏。陳振孫書錄解題載之，亦云皆不著姓名。左圭百川學海列於唐積譜後，卷末有跋，稱紹興三十年十二月，弟左承議郎、尚書禮部員外郎兼國史院編修官邁跋。跋中稱景伯兄治歙，旣揭蘇氏文房譜於四寶堂，又別刻硯說三種云云。案景伯爲洪邁兄洪适之字，則此二書似出於适。然與邁跋三種之說不合。考适盤洲集有蘇易簡文房四譜跋，稱說歙硯者凡三家，品諸李者有墨苑，以睡此編。然則此二種蓋與唐積之譜共爲三種，皆适所刻以附於文房譜之後者，實非适所自撰也。硯說兼紀採石之地、琢石之法及其品質之高下。歙石說則專論其紋理星暈，凡二十七種，辨別頗爲詳悉。唐詢北海公硯錄見於郡齋讀書志者，今其本久已失傳，惟此書引有兩條，及無名氏硯譜引有一條，猶可以考見什一云。

端溪硯譜一卷（浙江鮑士恭家藏本）

不著撰人名氏。末有淳熙十年東平榮芑跋曰：右緒雲葉樾交叔傳此譜，稍異於衆人之說，不知何人所撰。稱徽祖爲太上皇，必紹興初人云云。是當時已不詳其出誰手矣。其書前論石之所出與石質、石眼，次論價，次論形製，而終以石病。考端硯始見李賀詩，然柳公權論硯首青絳二州，不言端石。蘇易簡文房四譜亦尙以青州紅絲硯爲首，後端硯獨重於世，而鑒別之法亦漸以精密。此譜所載，於地產之優劣、石品之高下，皆剖晰微至，可以依據。至於當時以子石爲貴，而此獨薄其妄，榮芑以爲稍異於衆人之說，蓋指此類。然自米芾硯史已云偏論石工未嘗有子石。芾爲洽洸縣尉，嘗親至端州，得其詳，而其言正與此合，亦足以知其說之確也。

硯箋四卷（浙江巡撫採進本）

宋高似孫撰。似孫有剡錄，已著錄。是書成於嘉定癸未，前有自序，序末數語隱澀，殆不可解，與所作蟹略序體格彷彿相似。陳振孫稱似孫之文好以怪僻爲奇，殆指此類歟。其書第一卷爲端硯，分子目十九。卷中硯圖一類，列四十二式，註曰歙石亦如之。然圖已不具，意傳寫佚之也。第二卷爲歙硯，分子目二十。第三卷爲諸品硯，凡六十五種。第四卷則前人詩文。其詩文明題曰端硯、歙硯者，已附入前二卷內。是卷所載皆不標名品，故別附之諸品後耳。宋志所錄硯譜，今存者尙有四五家，大抵詳於材產質性，而罕及其典故。似孫此書獨晚出，得備採諸家之說，又其學本淹博，能旁徵羣籍以爲之佐證，故敘述頗有可觀。中閒稍有滲漏者，如李後主青石硯爲陶穀所碎一條，乃出無名氏硯譜中，爲曾慥類說所引，今其原書收入左圭百川學海，尙可檢核，似孫竟以爲出自類說，未免失於根據。然其大致馴雅，終與龐雜者不同。如端州線石爲諸品所不載，據王安石詩增入，亦殊賅洽。錢曾讀書敏求記亦稱唐人言吳融八韻賦古今無敵，惜乎亡來已久，此存得古瓦研賦一篇，巋然雋靈光也。則亦頗資考据矣。

欽定西清硯譜二十五卷

乾隆四十三年奉

敕撰。每硯各圖其正面、背面及側面。凡奉有

御題

御銘

御璽及前人款識印記，悉皆案體臨摹，而詳述其尺度、材質、形製及收藏賞鑒姓名，系說於後。其舊人銘

敬併附錄宸章之後。下逮臣工奉敕所題亦得備書。其序先以陶之屬。上自漢瓦。下逮明製。凡六卷。次爲石之屬。則自晉王廞璧水硯以至國朝朱彝尊井田硯。凡十五卷。共爲硯二百。爲圖四百六十有四。其後三卷曰附錄。爲硯四十有一。爲圖百有八。則今松花紫金駝基紅絲諸品及仿製澄泥各種。皆備列焉。古澤斑駁。珍產駢羅。誠爲目不給賞。而奎藻璘瑞。徵名案狀。如化工肖物。尤與帝鴻之製。周武之銘。同照映萬古。然睿慮深長。不忘咨儆。恒因器以寓道。亦即物以警心。伏讀御製序有云。惜淪棄。悟用人。愼好惡。戒玩物。無不三致意焉。信乎聖人之心所見者大。不徒視爲文房翰墨之具矣。內廷所貯本。總二十四冊。今案冊爲卷。而以原目爲首卷。凡二十五卷。

墨譜三卷（浙江范懋柱家天一閣藏本）

宋李孝美撰。孝美字伯揚。自署趙郡人。蓋唐俗稱郡望。未知實籍何地。其仕履亦未詳也。前有紹聖乙亥馬涓序。及李元膺序。與通考所載合。然二序皆稱墨譜。而通考則題曰墨苑。與序互異。案書中出灰磨試二條。註曰出墨苑。則墨苑別爲一書。通考誤矣。此本題曰墨譜法式。與通考又殊。案書分三卷。上卷曰圖。中卷曰式。下卷曰法。則法式乃其中之子目。安得復爲總名。且既曰墨譜。又曰法式。文意重疊。於體例尤乖。殆亦後人妄改。今惟據原序名曰墨譜。以存其舊。上卷凡採松造窯發火取煙和製入灰出灰磨試八圖。然惟採松造窯二圖有說。餘皆有說而佚其圖。中卷凡祖氏奚庭珪李超李廷珪李承晏李文用李惟慶陳贇張遇盛氏柴珣宣道宣德猛州貢墨順州貢墨及不知名氏十六家之式。亦各繪面圖漫圖。惟以奚庭珪李廷珪分爲二人。且謂奚不如李遠甚。與南唐書奚庭珪賜姓爲李之說異。然兩無顯證。義可並存。其目列盛氏在柴珣前。而圖則盛在柴後。蓋傳寫誤也。下卷凡牛皮膠鹿角膠減膠墨冀公墨仲將墨庭珪墨古墨油煙墨叙藥品膠十一法。而牛皮膠有二法。庭珪墨有二法。古墨有三法。油煙墨有六法。實二十法。其持論皆剖析毫芒。具有精理。自明以來。油煙盛行。松煙之製久絕。孝美所論。雖今人所不能用。然古法古式。藉以得傳。固博物者所當知矣。

墨經一卷（兩江總督採進本）

舊載毛晉津逮祕書中。原本題曰晁氏撰。不著時代名字。諸書引之。亦但曰晁氏墨經。考何薳春渚紀聞云。晁季一生平無他嗜。獨見墨喜動眉宇。其所製銘曰晁季一寄寂軒造者。不減潘陳。又稱其與賀方回張秉道康爲章皆能精究和膠之法。其製皆如犀璧。此書中論膠云。有上等煤而膠不如法。墨亦不佳。如得膠法。雖次煤能成善墨。與所言精究和膠亦合。疑爲晁季一作也。然晁公武讀書後志但有董秉墨譜一卷。而不及此書。不應其從父之作。公武不見。是爲可疑。考讀書志子部之叙。九曰小說。十曰天文歷筭。十一曰兵家。十二曰類家。十三曰雜藝。十四曰醫書。十五曰神仙。十六曰釋書。而今本所刊小說之後。綴以王氏神仙傳葛洪神仙傳二種。並不列神仙之標題。以下卽刪標釋書類。是今本佚其子部五類。類書一類適在所佚之中。（案後志載墨譜於類書）其不載亦不足疑矣。季一名貫之。晁說之之兄弟行。朱弁風月堂詩話稱其官一曰檢討。一曰察院。不知實終於何職。其事蹟亦無考云。

墨史二卷（兩江總督採進本）

元陸友撰。友字友仁。亦字宅之。平江人。其書集古來精於製墨者。考其事蹟。勒爲一書。於魏得韋誕一人。於晉得張金一人。於劉宋得張永一人。於唐得李陽冰以下十九人。於宋得柴珣以下一百三十餘人。於金得劉法楊文秀二人。又詳載高麗契丹西域之墨。附錄雜記二十五則。皆墨之典故也。其間蒐羅隱僻。頗爲博贍。其論奚廷珪非李廷珪一條。據墨經所載易水奚鼐之子超。鼐之子起。又別叙歙州李超。超子廷珪以下世家。是族有奚李之異。居有易歙之分。惟其名偶同。所謂墨經者。今雖不知爲何本。然宋紹聖中李孝美作墨譜。已有是說。亦可以旁資參考也。案徐顯稗傳載友仁生市廛闤闠間。父以市布爲業。獨能異其所好。攻苦於學。善爲歌詩。工八分隸楷。博極羣物。奎章閣鑒書博士柯九思侍書學士虞集服其精識。相與言於文宗。未及任用而二人去職。友亦南歸。自號硯北生。著硯史墨史印史。所爲詩文有杞菊軒稾。今皆亡佚、惟研北雜志及是書尚存云。

墨法集要一卷、永樂大典本

明沈繼孫撰。繼孫、洪武時人、但自署其籍為姑蘇、餘不可考。惟倪瓚雲林集有贈沈生賣墨詩序曰、沈學翁隱居吳市、燒墨以自給、所謂不汲汲於富貴、不戚戚於貧賤者也。煙細而膠清、墨若點漆、近世不易得矣、因賦贈焉。時代、姓氏、里貫一一相符、則學翁殆繼孫之字歟。繼孫自云、初受教於三衢墨師、後又從一僧得墨訣、遂併錄成書。凡為圖二十有一、圖各有說。實近代造墨家之所祖也。古墨皆松煙、南唐李廷珪始兼用桐油。後楊振、陳道真諸家皆述其法。元明以來、松煙之製漸廢、惟油烟獨行。繼孫所製今不傳。其工拙雖莫可考、而此書由浸油以至試墨、敘次詳核、各有條理、班班然古法具存、亦可謂深於茲事矣。世傳晁氏墨經、其說太略、而明以來方氏、程氏諸譜、又斤斤惟花紋模式之是矜。不若是書之縷析造法、切於實用。錄而傳之、是亦利用之一端、非他雜家技術徒為戲玩者比也。

欽定錢錄十六卷、

乾隆十五年奉

敕撰。卷一至卷十三、詳列歷代之泉布、自伏羲氏迄明崇禎、以編年為次。第十四卷列外域諸品。第十五、十六卷以吉語、異錢、厭勝諸品殿焉。考錢譜始見於隋志、不云誰作。其書今不傳。唐封演以下諸家所錄、今亦不傳。其傳者以宋洪遵泉志為最古、毛氏汲古閣所刊是也。然所分正品、偽品、不知年代品、奇品、神品諸目、既病淆雜。又大抵未睹其物、多據諸書所載想像圖之。如聶崇義之圖三禮。或諸書但有其名而不言其形模文字者、則槩作外圓內方之輪郭、是又何貴於圖耶。至所箋釋、率多臆測、尤不足據為定論。是編所錄、皆以內府儲藏得於目睹者為據。故不特字迹花紋、一一酷肖、即圍徑之分寸毫釐、色澤之丹黃青綠、亦窮形盡相、摹繪逼真。而考證異同、辨訂真偽、又皆根據典籍、無一語鑿空。蓋一物之微、亦見責實之道、與稽古之義焉。至於觀其輕重厚薄、而究其法之行不行。觀其良窳精麤、而知其政之舉不舉。千古錢幣之利弊、一覽具覩、又不徒為博物之資矣。

香譜二卷、內府藏本

舊本不著撰人名氏。左圭百川學海題為宋洪芻撰。芻字駒父、南昌人。紹聖元年進士。靖康中官至諫議大夫、謫沙門島以卒。所作香譜、宋史藝文志著錄。周紫芝太倉稊米集有題洪駒父香譜後曰、歷陽沈諫議家、昔號藏書最多者。今世所傳香譜、蓋諫議公所自集也、以為盡得諸家所載香事矣。以今洪駒父所集觀之、十分未得其一二也。余在富川、作妙香寮。永興郭元壽賦長篇。其後貴池丞劉君穎與余凡五賡其韻、往返十篇。所用香事頗多、猶有一二事駒父譜中不錄者云云。則當時推重芻譜在沈立譜之上。然晁公武讀書志稱芻譜集古今香法、有鄭康成漢宮香、南史小宗香、真誥嬰香、戚夫人迫駕香、唐員半千香、所記甚該博。然通典載歷代祀天用水沈香、獨遺之云云。此本有水沈香一條、而所稱鄭康成諸條乃俱不載。卷數比通考所載芻譜亦多一卷。似非芻作。沈立譜久無傳本。書錄解題有侯氏萱堂香譜二卷、不知何代人、或即此書耶。其書凡分四類、曰香之品、香之異、香之事、香之法。亦頗賅備、足以資考證也。

香譜四卷、江蘇巡撫採進本

宋陳敬撰。敬字子中、河南人。其仕履未詳。首有至治壬戌熊朋來序、亦不載敬之本末。是書凡集沈立、洪芻以下十一家之香譜、彙為一書。徵引既繁、不免以博為長、稍踰限制。若香名、香品、歷代凝和製造之方、載之宜也。至於經傳中字句偶涉、而實非龍涎、迷迭之比、如卷首引左傳黍稷馨香、寥寥數則、以為溯源經傳、殊屬無謂。此仿齊民要術首援經典之例而失之者也。其實本出經典之事、乃往往挂漏。如鬱金香載說文之說、而周禮鬱人條下鄭康成之註乃獨遺之、則又舉遠而略近矣。然十一家之譜、今不盡傳。敬能薈稡羣言、為之總匯、佚文遺事、多賴以傳、要於考證不為無益也。

香乘二十八卷、浙江鮑士恭家藏本

明周嘉胄撰。嘉胄字江左、揚州人。是書初纂於萬歷戊午。止十三卷、李維楨為之序。後自病其疎略、續輯此編。以崇禎辛巳刊成、嘉胄自為前後二序。其書凡香品五卷、佛藏諸香一卷、宮掖諸香一卷、香異一卷、香事分類二卷、香事別錄二卷、香緒餘一卷、法和衆妙香四卷、凝合花香一卷、薰佩之香一卷、塗傅之香共一卷、香屬一卷、印香方一卷、印香圖一卷、晦齋譜一卷、墨娥小錄香譜一卷、獵香新譜一卷、香爐詩香文各一卷。採摭極爲繁富。考宋以來諸家香譜，大抵不過一二卷。惟書錄解題載香嚴三昧十卷，篇帙最富，然其本不傳。傳者惟陳敬之譜差爲詳備。嘉胄此編，殫二十餘年之力，凡香之名品故實，以及修合賞鑒諸法，無不旁徵博引，一一具有始末，而編次亦頗有條理。談香事者，固莫詳備於斯矣。

附錄

雲林石譜三卷 浙江巡撫採進本

宋杜綰撰。綰字季揚，號雲林居士，山陰人，宰相衍之孫也。是書彙載石品凡一百一十有六，各具出產之地、採取之法，詳其形狀色澤，而第其高下。然如端溪之類，兼及硯材，浮光之類，兼及器用之材，不但譜假山清玩也。前有紹興癸丑闕里孔傳序。傳卽續白居易六帖者，序中稱綰爲杜甫之裔，因引甫詩水落魚龍夜句，謂長沙湘鄉之山魚龍化而爲石，甫因形容於詩。綰作是譜，爲能紹其家風。考甫此句見於秦州雜詩，乃由陝赴蜀之時，何由得至楚地。且甫之詩意本非咏石，殊附會無理。末附宣和石譜，皆記艮岳諸石有名無說，不知誰作。又附漁陽公石譜，皆載嗜石故事，亦不知漁陽公爲誰。其中列周公謹、元遺山諸名，則必非綰書。蓋明周履靖刻是書時所竄入也。今惟錄綰書以資考證，而所附二譜，悉削而不載。又毛晉嘗刻是書，併爲一卷，又佚去孔傳之序，而文句則無大異同。今亦不別著錄焉。

案宋以後書，多出於古來門目之外。如此譜所品諸石，既非器用，又非珍寶，且自然而成，亦並非技藝，豈但四庫中無可繫屬，卽譜錄一門，亦無類可從。亦以器物之材，附之器物之末焉。

右譜錄類器物之屬，二十四部，一百九十九卷，附錄一部，三卷，皆文淵閣著錄。

案陶宏景刀劒錄，文獻通考一入之類書，一入之雜技藝。虞荔鼎錄亦入雜技藝。夫宏景所錄刀釼，皆古來故實，非講擊刺之巧、明鑄造之法，入類書猶可，入雜技藝於理爲謬。此由無所附麗，著之此而不安，移之彼而又不安，遷移不定，卒至失於刊削而兩存。故譜錄一門不可不立也。

茶經三卷 浙江鮑士恭家藏本

唐陸羽撰。羽字鴻漸，一名疾，字季疵，號桑苧翁，復州竟陵人。上元初，隱於苕溪。徵拜太子文學，又徙太常寺太祝，並不就職。貞元初卒。事迹具唐書隱逸傳。稱羽嗜茶，著經三篇。藝文志載之小說家，作三卷，與今本同。陳師道後山集有茶經序曰：陸羽茶經，家書一卷，畢氏、王氏書三卷，張氏書四卷，內外書十有一卷。其文繁簡不同，王、畢氏書繁雜，意其舊本；張書簡明，與家書合，而多脫誤；家書近古，可考正。曰七之事以下，其文乃合三書以成之，錄爲二篇，藏於家。此本三卷，其王氏、畢氏之書歟？抑後山集傳寫多譌，誤三篇爲二篇也。其書分十類，曰一之源、二之具、三之造、四之器、五之煑、六之飲、七之事、八之出、九之略、十之圖。其曰具者，皆採製之用；其曰器者，皆煎飲之用，故二者異部。其曰圖者，乃謂統上九類寫以絹素張之，非別有圖。其類十，其文實九也。言茶者莫精於羽，其文亦朴雅有古意。七之事所引多古書，如司馬相如凡將篇一條三十八字，爲他書所無，亦旁資考辨之一端矣。

茶錄二卷 江蘇巡撫採進本

宋蔡襄撰。襄，莆田人。仁宗賜字曰君謨，見集中謝御筆賜字詩序。仕至端明殿學士，謚忠惠。事蹟具宋史本傳。是書乃其皇祐中爲右正言修起居注時所進。前後皆有襄自序。前序稱陸羽茶經不第建安之品，丁謂茶圖獨論採造之本，至於烹試，曾未有聞。輒條數事，簡而易明。後序則治平元年勒石時作也。分上下二篇，上篇論茶，下篇論茶器，皆所謂烹試之法。通考載之作試茶錄，然考襄二序，俱自稱茶錄。石本亦作茶錄，則試字爲誤增明矣。費袞梁谿漫志載有陳東此書跋曰：余聞之先生長者，君謨初爲閩漕，出意造密雲小團爲貢物，富鄭公聞之，歎曰：此僕妾愛其主之事耳，不意君謨亦復爲此。余時爲兒，聞此語亦知感慕。及見茶錄石本，惜君謨不移此筆書旅獒一篇以進云云。案北苑貢茶錄稱太平興國中，特置龍鳳模，造團茶，則團茶乃正供之土貢。苕溪漁隱叢話稱北苑官焙漕司歲貢爲上，則造茶乃轉運使之職掌。襄特精其製，是亦修舉官政之一端。東所述富弼之言，未免操之已蹙。羣芳譜亦載是語，而以爲出自歐陽修。觀修所作龍茶錄後序，卽述襄造小團茶事，無一貶詞，知其語出於依託，安知富弼之言不出依託耶。此殆皆因蘇軾詩中有前丁後蔡致養口體之語，而附會其說，非事實也。況造茶自慶歷中事，進錄自皇祐中事，襄本閩人，不過文人好事，夸飾土產之結習，必欲加以深文，則錢惟演之貢姚黃花亦爲軾詩所譏，歐陽修作牡丹譜，將併責以惜不移此筆註大學中庸乎。東所云云，所謂言之有故，執之成理，而實非通方之論者也。

品茶要錄一卷（安徽巡撫採進本）

宋黃儒撰。儒字道輔，陳振孫書錄解題作道父者誤也。建安人。熙寧六年進士。此書不載於宋史藝文志。明新安程百二始刊行之。有蘇軾書後一篇，稱儒博學能文，不幸早亡，云其文見閣本東坡外集。上元焦竑因錄附其後。然東坡外集實僞本（說詳集部本條下），則此文亦在疑信閒也。書中皆論建茶，分爲十篇：一採造過時，二白合盜葉，三入雜，四蒸不熟，五過熟，六焦釜，七壓黃，八漬膏，九傷焙，十辨壑源沙溪。前後各爲總論一篇。大旨以茶之採製烹試各有其法，低昂得失，所辨甚微。園民射利售欺，易以淆混，故特詳著其病以示人。與他家茶錄惟論地產品目及烹試器具者，用意稍別。惟東溪試茶錄內有茶病一條，所稱烏蔕白合蒸芽必熟諸語，亦僅略陳端緒，不及此書之詳明。錄存其說，亦可以互資考證也。

宣和北苑貢茶錄一卷附北苑別錄一卷（永樂大典本）

宣和北苑貢茶錄，宋熊蕃撰。所述皆建安茶園採焙入貢法式。淳熙中，其子校書郎克始鋟諸木。凡爲圖三十有八，附以採茶詩十章。陳振孫書錄解題謂蕃子克益寫其形製而傳之，則圖蓋克所增入也。時福建轉運使主管帳司趙汝礪復作別錄一卷，以補其未備。所言水數贏縮、火候淹亟、綱次先後、品目多寡，尤極該晰。考茗飲盛於唐，至南唐始立茶官，北苑所由名也。至宋而建茶遂名天下。壑源沙溪以外，北苑獨稱官焙，爲漕司歲貢所自出，文士每紀述其事。然書不盡傳，傳者亦多疎略。惟此二書，於當時任土作貢之制，言之最詳。所載模製器具，頗多新意，亦有可以資故實而供詞翰者，存之亦博物之一端，不可廢也。蕃字叔茂，建陽人。宗王安石之學，工於吟咏。見書錄解題。克有中興小歷，已著錄。汝礪行事無所見。惟宋史宗室世系表漢王房下有漢東侯宗楷曾孫汝礪，意者即其人歟。

東溪試茶錄一卷（浙江鮑士恭家藏本）

原本題宋宋子安撰。載左圭百川學海中。而晁公武郡齋讀書志又作朱子安，未詳孰是。然百川學海爲舊刻，且宋史藝文志亦作宋子安，則讀書志爲傳寫之譌也。其書蓋補丁謂、蔡襄兩家茶錄之所遺。曰東溪者，亦建安地名也。凡分八目：曰總敘焙名，曰北苑，曰壑源，曰佛嶺，曰沙溪，曰茶名，曰採茶，曰茶病。大要以品茶宜辨所產之地，或相去咫尺，而優劣頓殊，故錄中於諸焙道里遠近最爲詳盡。宋史藝文志有呂惠卿建安茶用記二卷，章炳文壑源茶錄一卷，劉异北苑拾遺一卷，今俱失傳。所可考見建茶崖略者，惟此與熊蕃、趙汝礪二錄爾。

續茶經三卷附錄一卷（江蘇巡撫採進本）

國朝陸廷燦撰。廷燦字秩昭，嘉定人。官崇安縣知縣候補主事。自唐以來，茶品推武夷，武夷山即在崇安境，故廷燦官是縣時習知其說，創爲草稾，歸田後訂輯成編。冠以陸羽茶經原本，而從其原目採摭諸書以續之。上卷續其一之源、二之具、三之造，中卷續其四之器，下卷自分三子卷：下之上續其五之煑、六之飲，下之中續其七之事、八之出，下之下續其九之略、十之圖。而以歷代茶法附爲末卷，則原目所無，廷燦補之也。自唐以來，閱數百載，凡產茶之地、製茶之法，業已歷代不同，即烹煑器具亦古今多異，故陸羽所述，其書雖古，而其法多不可行於今。廷燦一一訂定補輯，頗切實用，而徵引繁富。觀所作南村隨筆，引李日華紫桃軒又綴五臺山凍泉一條，自稱此書失載，補錄於彼，其搜採可謂勤矣。錄而存之，亦足以資考訂。至於陸羽舊本，廷燦雖用以弁首，而其書久已別行，未可以續補之書掩其原目，故今刊去不載，惟錄廷燦之書焉。

煎茶水記一卷（內府藏本）

唐張又新撰。又新字孔昭，深州陸澤人。司門員外郎鷟之曾孫，工部侍郎薦之子也。元和九年進士第一。（案本傳但稱元和中及進士高第，知爲九年者，據此書中所述；知爲第一者，據元人所編氏族大全稱其狀元及第也。）歷官右補闕。黨附李逢吉，爲八關十六子之一。逢吉出爲山南東道節度使，以又新爲行軍司馬。坐田伾事，貶江州刺史。（案新舊唐書皆云汀州刺史，而書中自稱刺九江，則爲江州無疑，以二字形近而譌也。書錄解題作涪州，則更謬矣。）後又貪緣李訓，遷刑部郎中，爲申州刺史。訓死，復坐貶，終於左司郎中。事蹟具新唐書本傳。其書前列刑部侍郎劉伯芻所品七水次列陸羽所品二十水云元和九年初成名時在薦福寺得於楚僧本題曰煮茶記乃代宗時湖州刺史李季卿得於陸羽口授後有葉清臣述煮茶泉品一篇歐陽修大明水記一篇浮槎山水記一篇考書錄解題載此書已稱大明水記載卷末則宋人所附入也清臣所記稱又新此書爲水經案太平廣記三百九十九卷引此書亦稱水經或初名水經後來改題以別酈道元所註歟修所記極詆又新之妄謂與陸羽所說皆不合今以茶經校之信然又唐書羽本傳稱李季卿宣慰江南有薦羽者召之羽野服挈具而入季卿不爲禮羽愧之更著毁茶論則羽與季卿大相齟齬又安有口授水經之理殆以羽號善茶當代所重故又新託名歟然陸游入蜀記曰史志道餉谷簾水數器眞絶品也甘腴清冷具備諸美前輩或斥水品以爲不可信水品固不必盡當至谷簾泉卓然非惠山所及則亦不可誣也是游亦有取於是書矣

北山酒經三卷 安徽巡撫採進本

宋朱翼中撰陳振孫書錄解題稱大隱翁而不詳其姓氏考宋李保有續北山酒經與此書竝載陶宗儀說郛保自敍云大隱先生朱翼中著書釀酒僑居湖上朝廷大興醫學起爲博士坐書東坡詩貶達州則大隱固翼中之自號也是編首卷爲總論二三卷載製麴造酒之法頗詳宋史藝文志作一卷蓋傳刻之誤說郛所採僅總論一篇餘皆有目無書則此固爲完本矣明焦竑原序稱於田氏留青日札中考得作者姓名似未見李保序者而程百二又取保序冠於此書之前標曰題北山酒經後亦爲乖謬卷末有袁宏道觴政十六則王績醉鄉記一篇蓋胡之衍所附入然古來著述言酒事者多矣附錄一明人一唐人何所取義今併刊除焉

酒譜一卷 浙江鮑士恭家藏本

宋竇苹撰苹字子野汶上人晁公武讀書志載苹有新唐書音訓四卷在吳縝孫甫之前當爲仁宗時人公武稱其學問精博蓋亦好古之士別本有刻作竇革者然詳其名字乃有取於鹿鳴之詩作苹字者是也其書雜敍酒之故事寥寥數條似有脫佚然宋志著錄實作一卷觀其始於酒名終於酒令首尾已具知原本僅止於此大抵摘取新穎字句以供採掇與譜錄之體亦稍有不同其引杜甫少年行醉倒終同臥竹根句謂以竹根爲飲器考庾信詩有山杯捧竹根句苹所說不爲杜撰然核甫詩意究以醉臥於竹下爲是苹之所說姑存以備異聞可也

糖霜譜一卷 內府藏本

宋王灼撰灼字晦叔號頤堂遂寧人紹興中嘗爲幕官是編凡分七篇惟首篇題原委第一敘唐大曆中鄒和尚始創糖霜之事自第二篇以下則皆無標題今以其文考之第二篇言以蔗爲糖始末言蔗漿始見楚詞而蔗餳始見三國志第三篇言種蔗第四篇言造糖之器第五篇言結霜之法第六篇言糖霜或結或不結似有運命因及於宣和中供御諸事第七篇則糖霜之性味及製食諸法也蓋宋時產糖霜者有福唐四明番禺廣漢遂寧五地而遂寧爲最灼生於遂寧故爲此譜所考古人題咏始於蘇黃案古人謂糟爲糖晉書何曾傳所云蟹之將糖躁擾彌甚是也說文有飴字無糖字徐鉉新附字中乃有之然亦訓爲飴不言蔗造鉉五代宋初人也尚不知蔗糖事則灼所徵故實始於元祐非疎漏矣惟灼稱糖霜以紫色爲上白色爲下而今日所尚乃貴白而賤紫灼稱糖霜須一年有半乃結其結也以自然今則製之甚易其法亦不相同是亦今古異宜未可執後來以追議前人也

右譜錄類食譜之屬十部十九卷皆文淵閣著錄

案齊民要術備載飲食烹飪之法故後之類於是者悉入農家其實賈思勰所言閭閻日用之常耳至於天廚珍膳方州貢品連而入之則非農家所有事矣故諸書有可連類及者書儀可附禮之類是也有不可連類及者曲韻不可附小學之類是也今於近似農家者竝改隸譜錄俾均不失其實焉

洛陽牡丹記一卷 浙江鮑士恭家藏本

宋歐陽修撰修有詩本義已著錄是記凡三篇一曰花品敍所列凡二十四種二曰花釋名述花名之所自來三曰風俗記首略敍遊宴及貢花餘皆接植栽灌之事文格古雅有法蔡襄嘗書而刻之於家以拓本遺修修自爲跋已編入文忠全集此其單行之本也周必大作歐集考異稱當時士大夫家有修牡丹譜印本始列花品敍及名品與此卷前兩篇頗同其後則曰敍事宮禁貴家寺觀府

暑元白詩譏鄙尖蜀詩集記異雜記本朝雙頭花進花丁晉公續花譜凡十六門萬餘言後有梅堯臣跋其妄尤甚蓋出假託云云據此是宋時尚別有一本宋史藝文志以牡丹譜著錄而不稱牡丹記蓋已誤承其譌矣

揚州芍藥譜一卷浙江鮑士恭家藏本

宋王觀撰觀字達叟如皋人熙寧中嘗以將仕郎守大理寺丞知揚州江都縣事在任爲揚州賦上之大蒙褒賞賜緋衣銀章見嘉靖維揚志中汪士賢刻入山居雜志題爲江都人者誤也揚州芍藥自宋初名於天下宋史藝文志載爲之譜者三家其一孔武仲其一劉攽其一卽觀此譜孔劉所述世巳無傳僅陳景沂全芳備祖載有其略今與此譜相較其所謂三十一品前人所定者實卽本之於劉譜惟劉譜有妬裙紅一品此譜改作妬鵝黃又略爲移易其次序其劉譜所無者新增八種而已又觀後論所稱或者謂唐張祜杜牧盧仝之徒居揚日久無一言及芍藥意古未有如今之盛云云亦卽孔譜序中語觀蓋取其義而翻駁之至孔譜謂可紀者三十有三種具列其名比劉譜較多二種今嘉靖維揚志尚載其原目亦頗有異同云

范村梅譜一卷浙江鮑士恭家藏本

宋范成大撰成大有桂海虞衡志已著錄此乃記所居范村之梅凡十二種前有自序稱於石湖玉雪坡既有梅數百本又於舍南買王氏僦舍七十楹盡拆除之治爲范村以其地三分之一與梅吳下栽梅特盛其品不一今始盡得之隨所得爲之譜蓋記其別業之所有故以范村爲目也梅之名雖見經典然古者不重其花故離騷徧詠香草獨不及梅說苑始有越使執一枝梅遺梁王事其重花之始歟六朝及唐遞相賦詠至宋而遂爲詩家所最貴然其裒爲譜者則自成大是編始其所品評往往與後來小異如綠萼梅今爲常產而成大以爲極難得是蓋古今地氣之異故以少而見珍也又楊无咎畫梅後世珍爲絕作而成大後序乃謂其畫大略皆如吳下之氣條雖筆法奇峭去梅實遠與宋孝宗詆无咎爲村梅者所論相近至嘉熙淳祐閒趙希鵠作洞天清祿始稱江西人得无咎一幅梅價不下百千匹是又貴遠賤近之證矣通考以此書與所作菊譜合爲一編題曰范村梅菊譜二卷然觀其自序實別爲書今故仍分著於錄焉

劉氏菊譜一卷浙江鮑士恭家藏本

宋劉蒙撰蒙彭城人仕履未詳自序中載崇寧甲申爲龍門之游訪劉元孫所居相與訂論爲此譜蓋徽宗時人故王得臣麈史中巳引其說焦竑國史經籍志列於范成大之後者誤也其書首譜敘次說疑次定品次列菊名三十五條各敘其種類形色而評次之以龍腦爲第一而以雜記三篇終焉書中所論諸菊名品各詳所出之地自汴梁以及西京陳州鄧州雍州相州滑州鄜州陽翟諸處大抵皆中州物產而萃聚於洛陽園圃中者與後來史正志范成大等南渡之後拘於疆域偏志一隅者不同然如金鈴金錢酴醾諸名史范二志亦載意者本出河北而傳其種於江左歟其補意篇中謂援接治療之方栽培灌種之宜宜觀於方冊而問於老圃不待余言也故惟以品花爲主而他皆不及焉

史氏菊譜一卷浙江鮑士恭家藏本

宋史正志撰正志字志道江都人紹興二十一年進士累除司農丞孝宗朝歷守廬揚建康官至吏部侍郎歸老姑蘇自號吳門老圃所著有清暉閣詩建康志菊圃集諸書今俱失傳此本載入左圭百川學海中宋史藝文志亦著於錄所列凡二十七種前有自序稱自昔好事者爲牡丹芍藥海棠竹筍作譜記者多矣獨菊花未有爲之譜者余故以所見爲之云云然劉蒙菊譜先巳在前正志殆偶未見也末有後序一首辯王安石歐陽修所爭楚詞落英事謂菊有落有不落者譏二人於草木之名未能盡識其說甚詳是可以息兩家之爭至於引詩訪落之語訓落爲始雖亦根據爾雅則反爲牽合其文自生蚍足上句木蘭之墜露墜字又作何解乎英落不可餐豈露墜尚可飲乎此所謂以文害詞者也

范村菊譜一卷浙江鮑士恭家藏本

宋范成大撰記所居范村之菊成於淳熙丙午蓋其以資政殿學士領宮祠家居時作自序稱所得三十六種而此本所載凡黃者十六種白者十五種雜色四種實止三十五種尚闕其一疑傳寫有所脫佚也菊之種類至繁其形色幻化不一與芍藥牡丹相類而變態尤多故成大自序稱東陽人

家菊圃多至七十種將益訪求他品爲後譜也今以此譜與史正志譜相核其異同已十之五六則菊之不能以譜盡大槩可覩但各據耳目所及以記一時之名品正不必以挂漏爲嫌矣至種植之法花史特出芟蕊一條使一枝之力盡歸一蕊則開花九大成大此譜乃以一榦所出數千百朶婆娑團植爲貴幾於俗所謂千頭菊矣是又古今賞鑒之不同各隨其時之風尚者也又案謝采伯密齋筆記稱菊譜范石湖略胡少淪詳今考胡融譜尚載史鑄百菊集譜中其名目亦互有出入蓋各舉所知更無庸以詳略分優劣耳

百菊集譜六卷菊史補遺一卷浙江鮑士恭家藏本

宋史鑄撰鑄字顏甫號愚齋山陰人即嘉定丁丑註王十朋會稽三賦者也是書於淳祐壬寅成五卷越四年丙午續得赤城胡融譜乃移原書第五卷爲第六卷而摭融譜爲第五卷又四年庚戌更爲補遺一卷觀其自題作補遺之時已改名爲菊史矣而此仍題百菊集譜豈當時刊版已成不能更易耶首列諸菊名品一百三十一種附註者三十二種又一花五名一花四名者二種冠於簡端不入卷帙第一卷爲周師厚劉蒙史正志范成大四家所譜第二卷爲沈競譜及鑄所撰新譜三卷爲種藝故事雜說方術辨疑及古今詩話四卷爲文章詩賦五卷即所增胡融譜及栽植事實附以張栻賦及杜甫詩話一條六卷爲鑄咏菊及集句詩補遺一卷則雜採所續得詩文類也書不成於一時故編次頗無體例然其蒐羅可謂博矣

金漳蘭譜三卷浙江范懋柱家天一閣藏本

宋趙時庚撰時庚爲宗室子其始末未詳以時字聯名推之蓋魏王廷美之九世孫也是書亦載於說郛中而佚其下卷此本三卷皆備獨爲完帙其敘述亦頗詳贍大抵與王貴學蘭譜相爲出入若大張青蒲統領之類此書但列其名及華葉根莖而已王氏蘭譜則詳其得名之由曰大張青者張其姓讀書巖谷得之蒲統領者乃淳熙間蒲統領引兵逐寇至一所得之記載互相詳略亦足見著書之不勦說也首有紹定癸巳時庚自序末又有嬾眞子跋語考嬾眞子乃馬永卿別號永卿受業劉安世爲北宋末人不應紹定時尚在殆別一人而號偶同耳

海棠譜三卷浙江鮑士恭家藏本

宋陳思撰思有寶刻叢編已著錄此書不見於宋史藝文志惟焦竑國史經籍志載有三卷與此本合前有開慶元年思自序上卷皆錄海棠故實中下二卷則錄唐宋諸家題咏而栽種之法品類之別僅於上卷中散見四五條蓋數典之書惟以隸事爲主者然搜羅不甚賅廣今以錦繡萬花谷全芳備祖諸書所類海棠事相較其故實似稍加詳而題咏則多闕略如唐之劉禹錫賈島宋之王珪楊繪朱子張孝祥王十朋諸家爲陳景沂所收者此書並未錄及然如張洎程琳宋祁李定之類亦有此書所有而陳氏脫漏者蓋當時坊本各就所見裒集成書故互有詳略以宋人舊帙姑並存之以資參核云爾

荔枝譜一卷浙江鮑士恭家藏本

宋蔡襄撰是編爲閩中荔枝而作凡七篇其一原本始其二標尤異其三誌賈鬻其四明服食其五愼護養其六時法制其七別種類嘗手寫刻之今尚有墨版傳於世亦載所著端明集中末有嘉祐四年歲次己亥秋八月二十日莆陽蔡某述十九字而此本無之案其年月蓋自福州移知泉州時也荔枝之有譜自襄始敘述特詳詞亦雅潔而王世貞四部稾乃謂白樂天蘇子瞻爲荔枝傳神君謨不及是未知詩歌可極意形容譜錄則惟求記實文章有體詞賦與譜錄殊也襄詩篇中屢咏及荔枝劉克莊後村詩話謂四月池上一首荔枝纔似小青梅句即譜中之火山七月二十四日食荔枝一首絳衣仙子過中元句即譜中之中元紅謝宋評事一首兵鋒却後知神物句即譜中之宋公荔枝蓋劉亦閩人故能解其所指知其體物之工洪邁容齋隨筆又謂方氏有樹結實數千顆欲重其名以二百顆送蔡忠惠紿以常歲所產止此蔡爲目之曰方家紅著之於譜自後華實雖極繁茂逮至成熟所存未嘗越二百遂成語讖云云其事太誕不近理殆好事者謬造斯言然亦足見當時貴重此譜故有此附會矣

橘錄三卷浙江鮑士恭家藏本

宋韓彥直撰彥直字子溫延安人蘄忠武王世忠之長子登紹興十八年進士官至龍圖閣學士提舉萬壽觀以光祿大夫致仕封蘄春郡公事蹟附見宋史世忠傳此譜乃淳熙中知溫州時所作宋

史藝文志、焦竑國史經籍志俱作永嘉橘錄、卷數與此本相合。文獻通考作一卷、蓋字之誤也。彥直有才略、而文學亦優、嘗輯宋朝故事名水心鏡、凡一百六十餘卷、爲尤袤所稱、今不傳。是錄亦頗見條理。上卷載柑品八、橙品一。中卷載橘品十八、以泥山乳柑爲第一。下卷則言種植之法、皆詳贍可觀。陳景沂作全芳備祖、引彥直此錄、謂其但知乳柑出於泥山、而不知出於天台之黃巖。出於泥山者固奇、出於黃巖者尤天下之奇云云。蓋景沂家本天台、故自夸飾土產、不知彥直是錄專記永嘉、不當借材於異地也。其亦昧於著作之體矣。

竹譜一卷（內府藏本）

舊本題晉戴凱之撰。晁公武郡齋讀書志云、凱之字慶預、武昌人。又引李淑邯鄲圖書志云、謂不知何代人。案隋書經籍志譜系類中有竹譜一卷、不著名氏。舊唐書經籍志載入農家、始題戴凱之之名、然不著時代。左圭百川學海題曰晉人、而其字則曰慶豫。預、豫字近、未詳孰是。其曰晉人、亦不知其何所本。然觀其以崙韻年、船以邦韻同、功、猶存古讀。註中音訓皆引三蒼。他所援引如虞豫會稽典錄、常寬蜀志、徐廣雜記、沈瑩臨海水土異物志、郭璞山海經註、爾雅註、亦皆晉人之書。而尚書篠簜既敷、猶用鄭元篠箭竹簜大竹之註。似在孔傳未盛行以前。雖題爲晉人、別無顯證、而李善註馬融長笛賦已引其䈽篷一條、段公路北戶錄引其䈥必六十、復亦六年一條、足證爲唐以前書。惟酉陽雜俎稱竹譜竹類三十九、今本乃七十餘種、稍爲不符。疑酉陽雜俎傳寫誤也。其書以四言韻語記竹之種類、而自爲之註、文皆古雅。所引黃圖一條、今本無之。與徐廣註史記所引黃圖均爲今本不載者、其事相類、亦足證作是書時黃圖舊本猶未改修矣。舊本傳刻頗多譌脫。如蓋竹所生、大抵江東、上密防露、下疎來風、連畝接町、竦散岡潭六句、潭字於韻不協。雖風字據詩衛風有孚金切一讀、於古音可以協潭、而東字則萬無協理。似乎潭岡散竦四字誤倒其文、以竦韻東風、猶劉琨詩之以叟韻璆、潘岳詩之以荷韻歌也。然諸本並同、難以臆改。凡斯之類、皆姑仍其舊焉。

筍譜一卷（內府藏本）

不著撰人名氏。晁公武讀書志作僧惠崇撰、陳振孫書錄解題作僧贊寧撰。案惠崇爲宋初九僧之一、工於吟詠、有句圖一卷。又工於畫、黃庭堅集有題其所作蘆雁圖詩、然不聞曾作是書。考宋史藝文志亦作贊寧、則振孫說是也。贊寧、德清高氏子、出家杭州龍興寺。吳越王錢鏐署爲兩浙僧統。宋太宗嘗召對於滋福殿、詔修高僧傳。咸平中、加右街僧錄。至道二年卒、謚曰圓明大師。所著物類相感志、歲久散佚、世所傳者皆贋本、惟此書猶其原帙。書分五類、曰一之名、二之出、三之食、四之事、五之說。其標題蓋仿陸羽茶經、援據奧博、所引古書多今世所不傳、深有資於考證。三之食以前皆有註、似所自作。然筍汁煮羹一條、註乃駁正其說、以爲羹不如蒸、又似後人之所附益、不可考矣。王得臣塵史曰、僧贊寧爲筍譜甚詳、摭古人詩詠自梁元帝至唐楊師道、皆詩中言及筍者。惟孟蜀時學士徐光溥等二人絕句、（案此數句似有脫文、今姑仍其舊。）亦可謂勤篤、然未盡也。如退之和侯協律詠筍二十六韻、不收何耶。豈寧忿其排釋氏而私懷去取耶。抑文公集當時未出乎。不可知也云云。今檢譜中、果佚是作。然以一人之耳目而採摭歷代之詩歌、一二未周、勢所必有、不足爲是書病也。

菌譜一卷（浙江鮑士恭家藏本）

宋陳仁玉撰。仁玉字碧棲、台州仙居人。擢進士第。開慶中官禮部郎中、浙東提刑、入直敷文閣。嘉定中重刊趙清獻集、其序即仁玉所作。其事蹟則無考矣。是編成於淳祐乙巳、前有自序。案葉夢得避暑錄話曰、四明溫台山谷之間多產菌。又周密癸辛雜識曰、天台所出桐蕈、味極珍、然致遠必漬以麻油、色味未免頓減。諸謝皆台人、尤嗜此品、乃併舁桐木以致之、旋擷以供饌。是南宋時台州之菌爲食單所重、故仁玉此譜備述其土產之名品。曰合蕈、曰稠膏蕈、曰栗殼蕈、曰松蕈、曰竹蕈、曰麥蕈、曰玉蕈、曰黃蕈、曰紫蕈、曰四季蕈、曰鵝膏蕈、凡十一種。各詳所生之地、所採之時、與其形狀色味。然不及桐蕈、則未喻其故也。案爾雅釋草曰、中馗菌。郭璞註曰、地蕈也。呂氏春秋稱和之美者、越駱之菌。是菌自古入食品。然爲物頗微、類事者多不之及。陳景沂全芳備祖僅載二條。存此一編、亦博物之一端也。末附解毒之法、以苦茗白礬勻新水咽之、與張華博物志、陶宏景本草註以地漿治之者法又不同、可以互相參證、亦有裨於醫療焉。

御定廣羣芳譜一百卷

康熙四十七年

聖祖仁皇帝御定。蓋因明王象晉羣芳譜而廣之也。凡改正其門目者三。以天譜歲譜併爲天時記，惟述物候榮枯，而天譜之雜述災祥，歲譜之泛陳節序者，俱刪不錄。其鶴魚二譜，無關種植，亦無關民用，則竟全刪。改正其體例者四。原本分條標目，前後參差。今每物先釋其名狀，次徵據事實，統標曰彙考。詩文題詠，統標曰集藻。製用移植諸法，統標曰別錄。其療治一條，恐參校未精，泥方貽誤，亦竟刊除。至象晉生於明季，不及見太平王會之盛。今則流沙蟠木，盡入版圖，航海梯山，咸通職貢。凡殊方絕域之產，古所未聞者，俱一一詳載，以昭

聖朝之隆軌。又象晉以田居閒適，偶爾著書，不能窺天祿石渠之祕，考證頗疏。其所載者又多裨販於花鏡圃史諸書，或迷其出處，或舛其姓名，譌漏不可殫數。今則紬東觀之藏，開西崑之府，泝溯委窮源，詳爲補正，以成博物之鴻編。

賜名廣羣芳譜，特

聖人褒纖芥之善，不沒剏始之功耳。實則新輯者十之八九，象晉舊文僅存十之一二也。

禽經一卷 內府藏本

舊本題師曠撰，晉張華註。漢隋唐諸志及宋崇文總目皆不著錄。其引用自陸佃埤雅始，其稱師曠亦自佃始，其稱張華註則見於左圭百川學海所刻。考書中鶚鴿一條，稱晉安曰懷南，江右曰逐隱，春秋時安有是地名。其僞不待辨。張華晉人，而註引顧野王瑞應圖、任昉述異記，乃及見梁代之書，則註之僞亦不待辨。然其中又有僞中之僞。考王楙野客叢書載埤雅諸書所引，而楙時之本無之者，如鶴以怨望，鴟以貪顧，鷄以嗔睨，鴨以怒瞋，雀以猜瞿，燕以狂昕，鶯以喜囀，烏以悲啼，鳶以飢鳴，鶴以潔唳，梟以凶叫，鴟以愁嘯，鵞飛則蜮沈，鵙鳴則蚓結，鵲俯鳴則陰，仰鳴則晴，陸生之鳥味多銳而善啄，水生之鳥味多圓而善唼，短腳者多伏，長腳者多立，凡數十條。是楙所見者非北宋之本。又楙書中辨鶯遷一條，引禽經鸎鳴嚶嚶。辨杜詩白鷗沒浩蕩一條，引禽經鳧善浮，鷗善沒。辨葉夢得詞睡起啼鶯語一條，引禽經啼鶯解語，流鶯不解語。今本又無之。馬驌繹史全錄此書，而別取埤雅爾雅翼所引今本不載者，附錄於末，謂之古禽經。今考所載，楙已稱禽經無其文者凡三條。其餘尚有青鳳謂之鶡，赤鳳謂之鶉，黃鳳謂之焉，白鳳謂之鷫，紫鳳謂之鸑，鶴愛陰而惡陽，雁愛陽而惡陰，鶴老則聲下而不能高，近而不能袤，旋目其名鵝，方目其名鴆，交目其名鳽，鳥之小而鷙者皆曰隼，大而鷙者皆曰鳩，烏鳴啞啞，鸞鳴噰噰，鳳鳴喈喈，凰鳴啾啾，雉鳴鷕鷕，鷄鳴咿咿，鸎鳴嚶嚶，鵲鳴唶唶，鴨鳴呷呷，鵠鳴咭咭，鵰鳴嗔嗔，卻近翠者能步，卻近蒲者能擲，朱鳶不攫肉，朱鷺不吞腥，鷙好風，鶥好雨，鵜好霜，鷺好露，陸鳥曰棲，水鳥曰宿，獨鳥曰止，衆鳥曰集，鵞見異類差翅鳴，鷄見同類拊翅鳴，雛上無尋，鷚上無常，雉上有丈，鷃上有赤，暮鳩鳴卬小雨，朝鳶鳴卽大風，鸛鸛之信不如鷹，周周之智不如鴻，淘河在岸則魚沒，沸河在岸則魚涌，雕以周之，鷲以就之，鷹以膺之，鶻以搰之，隼以尹之，鴻雁愛力，遇風迅舉，孔雀愛毛，遇雨高止，雁曰翁，鷄曰鷲，鶉曰鷹，鷹不擊伏，鶻不擊妊，一鳥曰隹，二鳥曰雔，三鳥曰朋，四鳥曰乘，五鳥曰鳫，六鳥曰鳩，七鳥曰鳴，八鳥曰鸞，九鳥曰鳩，十鳥曰鶉，搊者莫如鳩，巧者莫如鶻，鵲見蚘則噪而貪，孔見蛇則宛而躍，山禽之味多短，水禽之味多長，山禽之尾多脩，水禽之尾多促，衡爲雀，盧爲燕，火爲鶉，亢爲鶴，鸛生三子，一爲鶴，鳩生三子，一爲鶩，鷹好跱，隼好翔，鳧好沒，鷗好浮，乾車斷舌則坐歌，孔雀拍尾則立舞，人勝之也，鸞入夜而歌，鳳入朝而舞，天勝之也，霜傳強枝，鳥以武生者少，雪封枯原，鳥以文死者多，雀交不一，雉交不再，冠鳥性勇，帶鳥性仁，纓鳥性樂，鵃鳥不登山，鶮鳥不踏土諸條。其中有兩條爲楙所摘，乃餘亦不云無其文。則今所見者，又非楙所見之本矣。觀雕以周之諸語，全類字說，疑卽傳王氏學者所僞作，故陸佃取之。此本爲左圭百川學海所載，則其僞當在南宋之末，流傳已數百年，文士往往引用，姑存備考，固亦無不可也。

蟹譜二卷 浙江鮑士恭家藏本

宋傅肱撰。肱字自翼，其自署曰怪山。陳振孫謂怪山乃越州之飛來山，則會稽人也。其書分上下兩篇，前有嘉祐四年自序，而下篇貪花一條，又引神宗時大臣趙姓者出鎭近輔事，而諱其名。考宋史惟神宗熙寧初樞密使參知政事趙槩嘗出知徐州，似卽其事。則嘉祐當爲元祐之譌。然書錄解題

亦載是序爲嘉祐四年，而趙槩爲北宋名臣，亦不容著貪墨聲。或刊本神宗字誤也。書中所錄皆蟹之故事。上篇多採舊文，下篇則其所自記。詮次頗見雅馴。所引唐韻十七條，尤足備考證。蓋其時孫愐原本尚存，故肱猶及見之云。

蟹略四卷（浙江鮑士恭家藏本）

宋高似孫撰。似孫有剡錄，已著錄。是編以傅肱蟹譜徵事太略，因別加裒集。卷一曰蟹原、蟹象，卷二曰蟹鄉、蟹具、蟹品、蟹占，卷三曰蟹貢、蟹饌、蟹牒，卷四曰蟹雅、蟹志、賦咏。每門之下，分條記載，多取蟹字爲目，而系以前人詩句。俞文豹吹劍錄嘗譏其誤以林逋草泥行郭索，雲木叫鉤輈一聯爲杜甫詩。今檢卷首郭索傳內信然，殊爲失於詳核。又本草圖經蟹生伊洛池澤中一語，澤蟹洛蟹條下兩引之，亦爲複出。又白居易詩亥日饒蝦蟹句，爲傅肱譜中所原引，而此書蝦蟹條下乃反遺之。其餘編次亦小有疎漏。特其採摭繁富，究爲博雅。遺編佚句，所載尤多，視傅譜終爲勝之云。

異魚圖贊四卷（浙江鮑士恭家藏本）

明楊慎撰。慎有檀弓叢訓，已著錄。是書前有嘉靖甲辰自序，稱西州畫史錄南朝異魚圖，將補繪之。予閱其名多踳錯，文不雅馴，乃取萬震沈懷遠異物志、郭璞張駿之贊，儷或述其成製，或演以新文，句中足徵，言表卽見，不必張之粉繪，憕之髹彩。凡魚圖三卷，贊八十六首，異魚八十七種，附以海錯一卷，贊三十首，海物三十五種。詞旨亦頗古雋，與宋祁益部方物略可以頡頏。惟詮釋名義，不過形容圧略，遂云可以代圖，未免自詡之過。且萬震南州異物志一卷，沈懷遠南越志五卷，僅見於唐志。宋志已不著錄，慎何從而見之？尤出依託，亦就書論書，取其詞藻淹博而已矣。

異魚圖贊箋四卷（浙江巡撫採進本）

國朝胡世安撰。世安有大易則通，已著錄。楊慎異魚圖贊，間有自註，僅標所據書名，未暇備引其說。世安旣爲之補，又於崇禎庚午博採傳記，以爲之箋。徵引頗極繁富，其名實舛互者，於目錄之中各爲駁正，亦殊有辨證。惟貪多嗜博，挂漏轉多。或贊中所引而失註，如赤鯶下務光憤世之類；或自註明云據某書者，而亦失證，如魴魚下河雒記引諺之類。而前代故實絕無關於名義者，乃支離曼衍，累牘不休。是徵事之書，非復訓詁之體。然其搜採典籍，實爲博贍，故殊形詭狀，一一皆有以考辨其源流。雖不免稗雜之譏，亦未始非識小之一助也。

異魚圖贊補三卷、閏集一卷（浙江巡撫採進本）

國朝胡世安撰。是書前有自序，題萬歷戊午，乃其未第時所作。以楊慎異魚圖贊尚多所闕漏，因摭其遺脫，作爲此編。凡魚類補一百五十四種，爲贊五十七首；海錯類補三十八種，爲贊二十八首。又閏集一卷，魚三十餘種，冠以摩竭，海多非常之魚，亦各爲之贊，而其子瑛及其門人甯宥等共加箋釋。閏集所載，與目錄多不相應，前後舛互，贊文亦往往闕佚，疑當日修改未竟之本也。慎之作贊，雖屬文人游戲之筆，而源出郭璞，要自古雋可觀。世安續加仿傚，其徵據典博，亦不失爲馴雅，與慎書相輔以行，於水族品目亦略備矣。

右譜錄類草木鳥獸蟲魚之屬二十一部，一百四十五卷，皆文淵閣著錄。

欽定四庫全書總目卷一百十五

欽定四庫全書總目卷一百十六

子部二十六

譜錄類存目

銅劍讚一卷（浙江范懋柱家天一閣藏本）

梁江淹撰。淹字文通、濟陽考城人。官至散騎常侍、左衛將軍。封醴陵侯。謚曰憲。事蹟具梁書本傳。齊永明中、掘地得古銅劍、淹因詮次劍事、考古人鑄兵用銅、後世鑄兵用鐵原委、以爲之讚。雖文止一篇、然宋史藝文志文獻通考皆著於錄、故附存其目焉。

蠙衣生劍記一卷（兩江總督採進本）

明郭子章撰。子章有蠙衣生易解、已著錄。是編皆記劍事、分上下二篇。前有自序、謂上篇據劍之實者紀之。下卷則紀其寓言、如莊子所謂天子劍諸侯劍之類是也。

劍筴二十七卷（內府藏本）

明錢希言撰。希言字簡棲、吳縣人。是編所載皆歷代劍事、亦陶宏景刀劍錄之流。而採摭繁蕪、分類亦嫌宂瑣。

別本考古圖十卷（內府藏本）

宋呂大臨撰。大臨原書十六卷、已著錄。此本無續圖及釋文、乃元大德己亥茶陵陳翼子所重刊。附以諸家之考證、已非呂氏之舊。且亦自多謬誤。如河南張氏戠敦條下云愚案前惟蓋存、又云形制與伯百父敦相似、而無耳、圖像亦非蓋形、必是謬誤。今考所云惟蓋存者、乃中言父旅敦正作蓋形、此條原文但有形制與伯百父敦略相似字、無惟蓋存字。翼子云云、非所刻大臨原本佚脫惟蓋存三字、即誤連上文爲一條、以原文不譌爲譌也。明萬歷中、遂州鄭樸重刊之。新都楊明時繪圖及摹篆、而題其首曰元默齋羅更翁考訂。今考卷前陳才子序、稱吾弟翼甫、廣呂公好古素志、屬羅兄更翁臨本、且更翁刻以傳世、併採諸老辨證、附左方。則似繪圖刊版並考證皆出更翁。至翼子序則云、命友臨本刊譌刻傳、且採諸君子辨證附其下、或嗤子刓精弊狗之器云云。則似臨圖及篆者爲更翁、增考證者實翼子。兩序皆語意蹇澀、其出誰手、竟不可明。今既未見茶陵刊版作何題署、姑闕疑焉可矣。

紹興內府古器評二卷（內府藏本）

舊本題宋張掄撰。掄字材甫、履貫未詳。周密武林舊事載乾道三年三月高宗幸聚景園、知閤張掄進柳梢青詞、蒙宣賜。淳熙六年三月再幸聚景園、掄進壺中天慢詞、賜金盃盤法錦。是年九月、孝宗幸絳華宮、掄進臨江仙詞。則亦能文之士矣。又王應麟玉海曰、張掄爲易卦補遺、其說曰、易以初上二爻爲定體、以中四爻爲變。繫詞謂之中爻、先儒謂之互體。所謂雜物撰德、辨是與非、八卦互成、剛柔相易之道、非此無見焉。則掄亦留心於經術。又張端義貴耳集曰、孝宗朝幸臣雖多、其讀書作文不減儒生。應制燕閒、未可輕視。當倉卒翰墨之奉、豈容宿撰。其人有曾覿龍大淵張掄徐本中王忭劉弼、當時士大夫、少有不游曾龍張徐之門者。則掄亦狎客之流。然宋史佞倖傳僅有曾覿龍大淵王忭、不列掄等。則但以詞章邀寵、未亂政也。是書宋以來諸家書目皆不著錄。據書末毛晉跋稱、晉得於范景文、景文得於于奕正。至奕正從何得之、則莫明所自。上卷凡九十八事、下卷凡九十七事、皆漢以前物。漢以後者惟梁中大同博山鑪一器。其中如上卷之周文王鼎商若癸鼎父辛鼎商持刀祖乙卣周召父彝商父辛尊商父癸尊商父庚觚商持刀父巳鼎周淮父卣周虎斝周季父鼎周南宮中鼎商癸鼎商瞿鼎商貫耳弓壺商亞虎父丁鼎商祖戊尊商兄癸卣周己酉方彝周觚稜壺周緐女鼎商子孫父辛彝周叔液鼎商父巳鼎周宰辟父敦周剌公敦周孟皇父彝、下卷如商冀父辛卣周𩰫巳尊商父丁尊周仲丁壺商父巳尊商象形饕餮鼎商龍鳳方尊周犧尊商伯仲鼎商夔龍饕餮鼎周節鼎周中鼎周婦氏鼎商提梁田鳳卣漢麟瓶周虬紐鍾周樂司徒卣漢獸耳圓壺漢提梁小匾壺商祖丙爵商子孫巳爵周仲偁父鼎、皆即博古圖之文。剗剟點竄、詞義往往不通。其他諸器、亦皆博古圖所載。惟上卷商虎乳彝周言鼎周尹鼎周獸足鼎、下卷商祖癸鼎周乙父鼎周公命鼎周方鼎商立戈父辛鼎商父辛鼎、爲博古圖所不收而已。考館閣續錄所載南渡後古器儲藏祕省者、凡四百十八事。淳熙以後續降付四十別有不知名者二十三事。嘉定以後續降付八十三事。與此書所錄、數既不符。而此書所載商冀父辛卣父辛鼎周南宮中鼎周緐女鼎、皆嘉定十八年十一月所續降付、何以先著錄於紹興中。其爲明代妄人剽博古圖而僞作、更無疑義。毛晉刻入津逮祕書、蓋未詳考其文也。

焦山古鼎攷一卷、兩江總督採進本

題云王士祿圖釋。林佶增益。實則張潮所輯也。潮字山來、徽州人。焦山古鼎久已不存、世僅傳其銘識。士祿所據者、程邃之本。佶所據者、徐𤊹之本。二本互有得失。潮則又就寺中重刻石本為之、益失眞矣。

古奇器錄一卷、內府藏本

明陸深撰。深有南巡日錄、已著錄。是書雜錄古人奇器名目、各標出處。末附以江東藏書目錄、經第一、理學第二、史第三、古書第四、諸子第五、文集第六、詩集第七、類書第八、雜史第九、地志第十、韻書第十一、小學醫學第十二、雜流第十三。又特為制書一類。其義例與歷代書目頗有不同。蓋深以意為之、非古法也。

古器具名二卷、附古器總說一卷、浙江巡撫採進本

明胡文煥編。文煥有文會堂琴譜、已著錄。是書於每一古器、各繪一圖。先以博古圖、考古圖、次以欣賞編。欣賞編者、即鈔襲說郛內之古玉圖也。古玉圖元人朱德潤編、有德潤自序。刻說郛者既失其序、而沈潤卿欣賞編又沒所自來。文煥此書、遂直以為據。欣賞編譌以傳譌、其無所考證可見。況博古考古二圖所載甚備、乃每器僅擇其一、亦不知其何取。末附總說一卷、則全襲博古圖之文、益為弇鄙。博古圖成於宣和禁絕史學之日、引據原疎。文煥不能考定、乃剽竊割裂、又從而汨亂之。其鈎摹古篆、亦不解古人筆法、尤誤謬百出。不知而作、其此書之謂歟。

分宜清玩譜一卷、浙江汪啓淑家藏本

不著撰人名氏。取嚴嵩家藏弆書畫器玩之目、彙為一冊。亦鈐山籍官簿之類也。所紀皆摘珍異者錄之、非其全籍。然古琴而至五十餘張、亦何止元載之胡椒八百斛乎。

古玉圖譜一百卷、內府藏本

舊本題宋龍大淵等奉敕撰。宋史藝文志不載。他家著錄者皆未之及。尤袤遂初堂書目有譜錄一門、自博古考古圖外、尚有李伯時古器圖、晏氏辨古圖、八寶記、玉璽譜諸目、亦無是書之名。朱澤民古玉圖作於元時、亦不言曾見是書。莫審其所自來。今即其前列修書諸臣職銜、以史傳考證、舛互之處、不可枚舉。案宋制、凡修書處有提舉監修詳定編修諸職名、從無總裁副總裁之稱。其可疑一也。宋制、翰林學士承旨以學士久次者為之。宋史佞倖傳載龍大淵紹興中為建王內知客。孝宗受禪、自左武大夫除樞密副都承旨、知閤門事、出為江東總管。是大淵官本武階、不應為是職。又提舉嵩山崇福宮下加一使字、宋制亦無此名。且傳稱大淵於乾道四年死。此書作於淳熙三年、在大淵死後九年、何得尚領修纂之事。其可疑二也。又宇文粹中列銜稱翰林直學士。考南宋館閣錄及翰院題名記、自乾道至淳熙、僅有王淮崔敦詩胡元質周必大程叔達諸人、無粹中之名。其可疑三也。又宋史佞倖傳載曾覿字純甫、汴人。紹興中為建王內知客。孝宗以潛邸舊人、除權知閤門事。淳熙元年除開府儀同三司。六年加少保、醴泉觀使。今是書既作於淳熙三年、而於覿之列銜僅稱檢校工部侍郎、轉無儀同三司之稱。且考宋志檢校官一十九、但有檢校尚書、從無檢校侍郎者、殊為不合。其可疑四也。張掄即明人所稱作紹興內府古器評者、武林舊事稱為知閤張掄。蓋其官為知閤門事、亦武臣之職。而是書乃作提舉徽猷閣。徽猷閣為哲宗御書閣。據宋志祇設有學士待制直閣、竝無提舉一官。若提舉祕閣則當用宰執、又非掄所應為。顯為不考宋制、因知閤而附會之。其可疑五也。宋志皇城司但有幹當官、無提舉之名。此作提舉皇城司事張青、與志不合。其可疑六也。又士祿列銜稱帶御器械忠州防禦使、直寶文閣。葉盛列銜稱帶御器械汝州團練使、直敷文閣。案帶御器械防禦團練皆環衞武臣所授階官、而直閣為文臣貼職。南宋一代、從未有以加武職者。其可疑七也。北宋有太常禮儀院、元豐定官制、已歸併太常寺。南渡無禮儀院之名。而此又有太常禮儀院使錢萬選。其可疑八也。書畫譜引陳善杭州志、載劉松年於寧宗朝進耕織圖稱旨、賜金帶。此書作於淳熙初、距寧宗即位尚二十年、而已云賜金帶。其可疑九也。圖繪寶鑑稱李唐官成忠郎、畫院待詔。而此乃作儒林郎、既不相合。且唐在徽宗朝已入畫院、建炎中以邵宏淵薦、授待詔。圖繪寶鑑稱其時已年近八十。淳熙距建炎五十年、不應其人尚存。其可疑十也。畫史會要稱馬遠為光寧朝待詔、陳善杭州志稱夏圭為寧宗朝待詔。今淳熙

初已有其名，時代不符，其可疑十一也。宋志樞密院無都事，工部無司務，文思院祗有提轄監管監門諸職，無掌院之名，種種乖錯不合，其可疑十二也。此必後人假託宋時官本，又僞造銜名以證之，而不加考據，妄爲捃摭，遂致舛錯乖互，不能自掩其跡，其亦不善作僞者矣。

泉志十五卷 湖北巡撫採進本

宋洪遵撰。遵有翰苑羣書，已著錄。是書彙輯歷代錢圖，分爲九品，自皇王偏霸以及荒外之國，凡有文字可紀、形象可繪者，莫不畢載，頗爲詳博。然歷代之錢不能盡傳於後代，遵自序稱嘗得古泉百有餘品，是遵所目驗，定爲之圖。他如周太公泉形圜函方，猶有漢食貨志可據，若虞夏商泉，何由識而圖之？且漢志云太公爲圜函方形，則前無是形可知，遵乃使虞夏商作周泉形，不亦謬耶？至道書天帝用泉，語本俚妄，遵亦以意而繪形，則其誕彌甚矣。是又務求詳博之過也。

百寶總珍集十卷 兩淮鹽政採進本

不著撰人名氏。攷其書中所記，乃南宋臨安市賈所編也。所載金珠玉石以及器用等類，具詳出產、價值及眞僞形狀。每種前載七言絕句一首，取便記誦，詞皆猥鄙。首載玉璽一條，非可估易之物，尤爲不倫。

燕几圖一卷 兩江總督採進本

舊本題宋黃伯思撰。考伯思爲北宋時人，卒於徽宗初年。此本前有自序，乃題紹熙甲寅十二月丙午，則南宋光宗之五年。如謂爲紹聖之誤，則紹聖四年起甲戌盡丁丑，實無甲寅。前乎此者，甲寅爲神宗熙寧七年；後乎此者，甲寅爲高宗紹興二十四年，亦皆不相及。又伯思字長睿，而序末題雲林居士黃長睿伯思序，以字爲名，以名爲字，尤舛誤顛倒，殆後人所依託也。其法初以几長七尺者二，長五尺二寸五分者二，長三尺五寸者二，皆廣一尺七寸五分，高二尺八寸，縱橫錯綜而列之，爲二十體，變爲四十名，謂之骰子桌，取其六數也。後增一几，易名七星，衍爲二十五體，變爲六十八名，各標目而系以說。蓋閒適者遊戲之具。陶宗儀已收之說郛中，此後人錄出別行之本也。

槎居譜一卷 兩淮鹽政採進本

明黃鶴撰。鶴字修翎，定興人，嘉靖己未進士。所居宅名槎居，有仰陶亭、空中閣諸勝，皆自出意匠爲之。此譜乃敘其宮室器服構造之製，而各系以銘，語意纖仄，體近俳諧，其一點圜銘尤爲鄙俚。

蝶几譜一卷 江西巡撫採進本

明嚴澂撰。澂有松絃館琴譜，已著錄。是編因燕几圖而變通之。燕几以方几長短相參，此則以句股之形作三角相錯，形如蝶翅，故曰蝶几。其式有三，其制有六，其數十有三，其變化之式凡一百有餘，較燕几圖頗巧云。

文苑四先生集四卷 浙江巡撫採進本

明鍾嶽秀撰。嶽秀字泰華，自署曰江右人，其邑里則未詳也。是編仿蘇易簡文房四譜而稍廣之，所採自唐韓愈毛穎傳以下，凡爲筆墨研紙而作者，分體編輯，其事蹟則隨文附見，而嶽秀所自作者亦載焉。體例猥仄，採摭尤爲蕪雜，遠不及蘇氏書也。

歙硯志三卷 兩淮鹽政採進本

明江貞撰。貞字吉夫，婺源人，官紹興府教授。其書以饒州守葉良貴與其弟東昌守良器所撰硯志及貞族祖遜硯譜參訂成編，大約皆以宋治平歙硯譜、洪适硯說爲藍本而稍增益之也。

程氏墨苑十二卷 浙江巡撫採進本

明程君房撰。君房，歙縣人。是編以所製諸墨摹畫成圖，分爲六類，曰元工，曰輿地，曰人官，曰物華，曰儒箴，曰緇黃。每類各分上下二卷，雕鏤題識，頗爲精巧，與方于魯墨譜鬬新角異，實兩不相下。考沈德符飛鳧語略載方、程兩人以名相軋，爲深讐。程墨嘗介內廷進之神宗，方于魯恨之，程以不良死，實方之力，眞墨妖亦墨兵也。姜紹書韻石齋筆談則云，方、程以治墨互相角勝，方彙墨譜，倩名手爲圖，刻畫研精，細入毫髮，程作墨苑以矯之。蓋于魯微時，曾受造墨法於君房，仍假館授粲。程有妾頗美麗，其妻妬而出之，于方所慕，令媒者輾轉謀娶，程訟之有司，遂成隙。未幾程坐殺人繫獄，疑方陰嗾之，故墨苑內繪中山狼以詆方焉。二書所載雖情事稍殊，而其爲構釁則一。夫以松煤小技而互相傾陷若此，方之傾險固不足道，程必百計以圖報，是何所見之未廣乎。

方氏墨譜六卷 浙江汪啟淑家藏本

明方于魯撰。于魯初名大激，後以字行，改字建元，歙縣人。初亦頗學爲詩，汪道昆與之聯姻，招入豐干祉，獎飾甚至。後得程君房墨法，乃改而製墨，與君房相軋。彎弓射羿，世兩譏焉。此編乃所作墨譜，首列同時諸人投贈之作，下分國寶、國華、博古、博物、法寶、鴻寶六類，上自符璽圭璧，下至雜佩，凡三百八十五式，摹繪精細，各系題贊，亦備列眞草隸篆之文，頗爲工巧。然其意主於炫耀以求名，故所繪僅墨之形製，與程氏爭勝於刻鏤間耳。於墨法未嘗一講也。

雪堂墨品一卷（內府藏本）

國朝張仁熙撰。仁熙字長人，號藕灣，廣濟人。是編乃宋犖爲黃州通判時，仁熙品其所藏之墨，以漫堂墨品所紀年月推之，蓋作於康熙辛亥。自方中正牛舌墨以下，凡三十六種，意以配蘇軾雪堂試墨三十六丸也。

漫堂墨品一卷（內府藏本）

國朝宋犖撰。犖有滄浪小志，已著錄。犖所藏墨，張仁熙既爲品次，越十四年，爲康熙甲子，又積得三十四丸，各列形狀款識，與前品體例略同，惟兼載相贈之人與墨之銖兩輕重，其文差詳。然二書所載，皆明中葉以後墨，無古製也。

曹氏墨林二卷（通行本）

國朝曹素功編。素功字聖臣，歙縣人，歲貢生，工於製墨。所製紫玉光、天琛、蒼龍珠、天瑞、豹囊、叢賞、青麟髓、千秋光、筆花、岱雲、寥天一、薇露浣香、玉玨、文露、紫英、漱金、大國香、蘭煙諸品，僅十八種，不似方程諸家以誇多鬬巧爲事，而大抵適於實用。故士大夫頗重之。是編，即一時投贈詩文，素功裒輯成帙者也。

冠譜一卷（兩淮鹽政採進本）

明顧孟容撰。孟容，錢塘人。是書統載歷代冠製，如孔子製司寇冠、杏壇冠、燕居冠，顏閔冉仲製德行冠，曾子製進禮冠，子思製思美冠，孟子製緇布冠，均不見傳記，殊爲杜撰。又每冠必繪之爲圖，若親見其形製者，虛誕尤甚。卷首有永樂甲辰刑部員外郎尤芳序，謂孟容多藝能，凡所製冠必遵古制，亦不考之甚矣。

冠圖一卷（浙江范懋柱家天一閣藏本）

不著撰人名氏，前後亦無序跋。以其書考之，即顧孟容之冠譜，作僞者別立新名，而故隱作者之姓字也。

汝水巾譜一卷（浙江巡撫採進本）

明朱術埛撰。術埛字均焉，自號汝水居士，遼簡王植七世孫，由輔國中尉換授鎮江府通判，遷戶部主事。此書載古今巾式凡三十二圖，自華陽巾以下十三種，或採古書，或徵畫籍，而倣爲之。然敘次多舛略，如折上巾、烏巾、幅巾，其尺幅形製，皆可考見，乃略而不敘。又明制本有軟巾，諸色及俗尚之凌雲等巾，亦俱失於登載。至貝葉巾以下十九種，則無所證據，皆術埛以意創爲之耳。

香國三卷（安徽巡撫採進本）

明毛晉撰。晉有毛詩陸疏廣要，已著錄。是編雜錄香事，或著所出，或不著所出，皆陳因習見之詞，亦多麗雜割裂。如狄香一條云「洒掃清枕席，鞮芬以狄香，鞮，履也；狄香，外國之香也」，註曰見張衡同聲歌。案「洒掃」二句，實同聲歌之語，「鞮，履也」以下，乃後人解釋之文，豈得曰見同聲歌乎？全書大抵似此，不足據也。

素園石譜四卷（浙江汪啟淑家藏本）

明林有麟撰。有麟有青蓮舫琴雅，已著錄。是編乃有麟於所居素園，闢元池館以聚奇石，因採宣和以後石之見於往籍者凡百種，具繪爲圖，綴以前人題詠。始蜀中永寧石，終於松江普照寺達摩石。大抵以意摹寫，未必能一一肖其眞也。

石品二卷（兩淮鹽政採進本）

明郁濬撰。濬字開之，松江人。是書成於萬歷丁巳，雜錄古來石名，頗無倫次，又多剽取類書雜記，至唐陸龜蒙、陳繼儒之語亦據爲典故，則大略可睹矣。

怪石贊一卷（內府藏本）

國朝宋犖撰。昔蘇軾作怪石供，而齊安之石遂名天下。犖官黃州通判時，得其佳者十有六，各爲製名，一曰宛春勝，一曰達摩影，一曰紫鴛鴦卵，一曰寒潭秋藻，一曰紅蜀錦，一曰朱霞籠月，一曰鬼面石，一曰玉貝葉，一曰三台象，一曰雙白眼，一曰紅蝦蟆，一曰鸜鵒眼，一曰玉蟾蜍，一曰楊妃癡，一曰賽貓睛，一曰冰天月。各紀其狀而係以贊，成於康熙四年。

觀石後錄一卷（浙江巡撫採進本）

國朝毛奇齡撰。奇齡有仲氏易，已著錄。是編皆記其客福建時所得壽山諸石，一一詳其形色，凡四十有九。自序謂嘗見友人高兆作觀石一錄，流傳人間，故此曰後錄。其記壽山之石，明謝在杭始言之，然未之見。後山僧偶磨爲印，亦不甚著名。

國朝陳自浴乃竇糧開斲，大著於世，其事在康熙戊申。考古人印惟銅玉最夥，顧氏印藪或間註綠寶石印，亦不知其爲何寶石。其以燈光凍石作印，則始於文彭。

國朝初已久行於世，不待康熙七年陳自浴始採而磐之。奇齡第據所見言之耳。

漢甘泉宮瓦記一卷（福建巡撫採進本）

國朝林佶撰。佶字吉人，侯官人，康熙乙卯舉人，直武英殿。壬辰

特賜進士，授內閣中書。此瓦乃佶之兄侗得於陝西石門山中，琢以爲研。今其後人猶藏之。瓦背一印，外圓而中以格斗界之，字隨格斗作三角形，其文曰長生未央。世亦多有拓本。王士禎詩註及此卷末張潮跋，均以爲長生甘泉四字，誤也。

右譜錄類器物之屬，三十一部，二百十九卷，皆附存目。

茶寮記一卷（內府藏本）

明陸樹聲撰。樹聲有平泉題跋，已著錄。樹聲初入翰林，與嚴嵩不合，罷歸。後張居正柄國，欲招致之，亦不肎就。此編即其家居之時，與終南山僧明亮同試天池茶，而作分人品、品泉、烹點、嘗茶、茶候、茶侶、茶勲七則，均寥寥數言，姑以寄意而已，不足以資考核也。

茶約一卷（兩淮鹽政採進本）

明何彬然撰。彬然字文長，一字寧野，蘄州人。是書成於萬曆己未，略倣陸羽茶經之例，分種法、審候、採擷、就製、收貯、擇水、候湯、器具、釃飲九則。後又附茶九難一則。

別本茶經三卷（浙江鮑士恭家藏本）

舊本題曰玉茗堂主人閱。玉茗堂主人，湯顯祖之別號也。顯祖有五侯鯖字海，已著錄。是編取陸羽之書合爲一卷，後附水辨、外集各一卷。然編次無法，疎舛頗多。如皇甫冉送陸鴻漸山人採茶詩，誤爲皇甫曾；歐陽修大明水浮槎山水二記，列東坡志林之後；雀舌下材一條出沈括夢溪筆談，題下失註書名，連於唐人張又新煎茶水記之後，遂似又新之作；皮日休茶中雜詠序，刪詩存序，以冠篇首，改名茶經序；陸羽傳刪去唐書舊贊，別加董史氏承敘贊語，亢雜顛倒，毫無體例。顯祖似不至此，殆庸劣坊賈託名歟。

茶董二卷（浙江汪啓淑家藏本）

明夏樹芳撰。樹芳字茂卿，江陰人。是編雜錄南北朝至宋金茶事，不及採造煎試之法，但摭詩句故實，然疎漏特甚，舛誤亦多。其曰茶董者，以世說記干寶爲鬼之董狐，襲其文也。前有陳繼儒序，卷首又題繼儒補，其氣類如是，則其書不足詰矣。

茗笈二卷（安徽巡撫採進本）

明屠本畯撰。本畯有閩中海錯疏，已著錄。是編雜論茗事。上卷分溯源、得地、乘時、揆制、藏茗、品泉、候火、定湯八章，下卷分點瀹、辨器、申忌、防濫、戒淆、相宜、衡鑒、元賞八章。每章多引諸書論茶之語，而前引以贊，後系以評。又取陸羽茶經分冠各篇，頂格書之，其他諸書，皆亞一格書之。然割裂餖飣，已非茶經之全文。點瀹二章，併無茶經可引，則竟闕之。核其體例，似疏解茶經，又不似疏解茶經；似增刪茶經，又不似增刪茶經，紛紜錯亂，殊不解其何意也。

茗史二卷（江蘇巡撫採進本）

明萬邦寧撰。邦寧，奉節人，天啓壬戌進士。是書不載焙造煎試諸法，惟雜採古今茗事，多從類書撮錄而成，未爲博奧。

茶疏一卷（內府藏本）

明許次紓撰。次紓字然明，錢塘人。是書凡三十九則，論採摘收貯烹點之法頗詳。中閒擇水一條，誤以金山頂上井爲中泠泉，考證殊爲疎舛。

茶史二卷（浙江汪啓淑家藏本）

國朝劉源長撰。源長字介祉，淮安人。是編上卷記茶品，下卷記飲茶，其分子目三十，冗碎殊甚。卷端題名，自稱曰八十翁，蓋暮年頤養，姑以寄意而已，不足以言著書也。

水品二卷（浙江巡撫採進本）

明徐獻忠撰。獻忠有吳興掌故集，已著錄。是編皆品煎茶之水。上卷爲總論，一曰源，二曰清，三曰流，四曰甘，五曰寒，六曰品，七曰雜說。下卷詳記諸水，自上池水至金山寒穴泉，目錄列三十四名，而書中多噴霧崖瀑、萬縣西山包泉、雲陽縣天師泉、潼川鹽亭縣飛龍泉、遂寧縣靈泉五名，蓋目錄偶脫。又麻姑山神功泉目錄在鐵箭泉後，而書則居前，亦誤倒也。其上卷第六篇中駁陸羽所品虎邱石水及二瀑水、吳松江水、張又新所品淮水，第七篇

中馭羽煮水初沸調以鹽味之說，亦自有見。然時有自相矛盾者，如上卷論瀑水不可飲，下卷乃列噴霧崖瀑，引張薾英之說以為偏宜煮茗。下卷濟南諸泉條中論珍珠泉涌出珠泡為山氣太盛，不可飲，天台桐柏宮水條又謂涌起如珠，甘冽入品。恐亦一時興到之言，不必盡為典要也。舊本題曰水品全帙，立名殊不可解。考田崇衡、蔣灼二跋，皆稱水品，無全帙字。疑書僅一冊，藏弆家插架題籤，於水品下寫全帙字，傳寫者誤連為書名也。今從舊跋，仍題曰水品焉。

煮泉小品一卷內府藏本

明田藝蘅撰。藝蘅有大明同文集，已著錄。是書凡分十類：一源泉，二石流，三清寒，四甘香，五宜茶，六靈水，七異泉，八江水，九井水，十緒談。大抵原本舊文，未能標異於水品、茶經之外。

湯品無卷數副都御史黃登賢家藏本

不著撰人名氏。分十六品：首為煎法，以老嫩言者凡三品；次為注法，以緩急言者凡三品；次以器標者凡五品；次以薪論者凡五品。大抵飣餖成書，不足以資觀覽。

酒譜一卷內府藏本

舊本題臨安徐炬撰，不著時代。所載賜酺條中有洪武南市十四樓及顧佐奏禁挾妓事，是明人也。其序自云採唐汝陽王璡等十三家書而成，然引據每多譌舛。如以梁劉孝標松子玉爨衡卿雲液二句為送酒與蘇軾之啟，以魏武帝何以解憂惟有杜康二句為出焦贛易林，以月泉吟社村歌聒耳烏鹽角社酒柔情玉練槌二句與李白遙看漢水鴨頭綠正似葡萄初潑醅二句皆為杜甫詩，以水經注劉白墮之事為出五斗先生傳，以前定錄松醪春之名為東坡詩。如斯之類，幾於條條有之，亦可謂不學無術矣。

酒史六卷內府藏本

明馮時化撰。前有隆慶庚申趙惟卿序，稱時化字應龍，別號與川，晚自號無懷山人，而不著其里籍。其書分酒系、酒品、酒獻、酒述、酒餘、酒考，皆酒之詩文與故實。然舛陋殊甚。其酒考中一條云羽觴見王右軍，其蘭亭序云羽觴隨波。則其他可知矣。卷末載吳淑事類賦中酒賦一篇以補其遺，題曰燕山居士，亦不知其為何許人也。又浙江鮑士恭家別本，其文竝同，而改題曰徐渭撰。案書中所載有袁宏道觴政、酒評，渭集雖宏道所編，然宏道實不及見渭，渭何由收宏道作乎？其為坊賈僞題明矣。

觴政一卷內府藏本

明袁宏道撰。宏道字無學，公安人。萬歷壬辰進士，官至吏部稽勳司郎中。事蹟具明史文苑傳。是書紀觴政凡十六則，前有宏道引語，謂採古科之簡正者，附以新條，為醉鄉甲令。朱國楨湧幢小品曰：袁中郎不善飲而好談飲，著有觴政一篇，即此書也。

酒概四卷浙江巡撫採進本

明沈沈撰。自題曰震旦醯民困困父。前有自序一首，則稱曰禍之父。困困、沈沈，名號詭譎，不知何許人。每卷所署校正姓氏皆稱海陵，則刻於泰州者也。其書倣陸羽茶經之體以類酒事。一卷三目，曰酒、名、器；二卷七目，曰釋、法、造、出、稱、量、飲；三卷六目，曰評、僻、寄、緣、事、異；四卷六目，曰功、德、戒、亂、令、文。雜引諸書，體例叢碎。至以孔子為酒聖，阮籍、陶潛、王績、邵雍為四配，尤妄誕矣。

酒部彙考十八卷江蘇巡撫採進本

不著撰人名氏。卷三末載

國朝康熙三十年禁止直隸所屬地方以蒸酒糜米穀

上諭一條，當為近人所著矣。所錄自經史以及稗乘詩詞，凡涉於酒者，徵採頗富。分為彙考六卷，總論一卷，紀事五卷，雜錄、外編各一卷，藝文四卷。然編次錯雜，殊乏體裁。每卷之首空前二行，而以酒部彙考為子目，意其欲輯類書而未成，此其一門之賸稾也。

疏食譜一卷內府藏本

明汪士賢山居雜志載此書，題曰清漳陳達叟撰，不著時代。千頃堂書目亦作達叟，題曰宋人。考左圭百川學海載有此書，則宋人無疑。然百川學海所刻，其序自稱本心翁，而書前標題乃作門人清漳友善書堂陳達叟編，則達叟乃編其師之書，非所自撰也。所載食品二十種，各繫以贊，皆粗糲草具，故曰疏食。千頃堂書目加草作蔬，失其旨矣。

飲膳正要三卷浙江范懋柱家天一閣藏本

元和斯煇撰。和斯煇原作忽思慧，今改正。和斯煇官飲膳太醫，其始末未詳。是編前有天歷三年進書奏，稱世祖設掌飲膳太醫四人，於本草內選無毒、無相反、可久食補益藥味與飲食相宜調和五味及以每日所造珍品御膳所職何人所用何物標註於歷以驗後效和斯輝自延祐間選充是職因以進用奇珍異饌湯膏煎造及諸家本草名醫方術並日所必用穀肉果菜取其性味補益者集成一書虞集奉敕爲之序所言皆當時之制其中如鄒店井水之類頗足以資考證惟神仙服食一門詞多荒誕耳

易牙遺意二卷副都御史黃登賢家藏本

舊本題元韓奕撰奕字公望平江人生於元文宗時入明遁迹不仕終於布衣是編仿古食經之遺上卷爲醖造脯鮓蔬菜三類下卷爲籠造爐造糕餅湯餅齋食果實諸湯諸藥八類周履靖校刊稱爲當時豪家所珍考奕與王賓王履齊名明初稱吳中三高士未必營心刀俎若此或好事者僞撰託名於奕耶周氏夷門廣牘胡氏格致叢書曹氏學海類編所載古書十有九僞大抵不足據也

飲食須知八卷編修程晉芳家藏本

元賈銘撰銘海寧人自號華山老人元時嘗官萬戶入明已百歲太祖召見問其平日頤養之法對云要在愼飲食因以此書進覽賜讌禮部而回至百有六歲乃卒書中所載自水火以及蔬果諸物各疏其反忌皆從諸家本草中摘敘成書自序謂物性有相反相忌本草疏註各物皆損益相半令人莫可適從茲專選其反忌彙成一編然別無出於本草之外者不足取也

饌史一卷兩淮鹽政採進本

不著撰人名氏舊本題曰元人亦臆度之也其書雜記飲食故事所採如酉陽雜俎東京夢華錄武林舊事之類大抵習見又以饌史爲名而波及食量已爲支蔓乃併劉邕嗜痂權長孺嗜爪甲鮮于叔明嗜臭蟲事亦併闌入皆與饌無涉益乖體例矣

天廚聚珍妙饌集一卷永樂大典本

不著撰人名氏所言皆製造飲食法度科例分類編次有汝陽史維泉序曰東原謇齋李順之購得善本目之曰天廚聚珍妙饌集將鋟梓以廣其傳蓋舊有其書而李順之刻之爲題此名當時已不知誰所作矣

居常飲饌錄一卷編修程晉芳家藏本

國朝曹寅撰寅字子清號楝亭鑲藍旗漢軍康熙中巡視兩淮鹽政加通政司銜是編以前代所傳飲膳之法彙成一編一曰宋王灼糖霜譜二三曰宋東谿遯叟粥品及粉麪品四曰元倪瓚泉史五曰元海濱逸叟製脯鮓法六曰明王叔承釀錄七曰明釋智舷茗箋八九曰明灌畦老叟蔬香譜及製蔬品法中閒糖霜譜寅已別刻入所輯楝亭十種其他亦頗散見於說郛諸書云

右譜錄類食譜之屬二十三部六十四卷內一部無卷數皆附存目

唐昌玉蘂辨證一卷內府藏本

宋周必大撰必大有玉堂雜記已著錄唐昌觀玉蘂花傳自唐時宋祁疑爲瓊花黃庭堅以爲瑒花必大以爲皆非是故記所目驗者辨證之原載平園集中此本乃毛晉摘出刻入津逮祕書者也

瓊花譜一卷兩淮鹽政採進本

明楊端撰端字惟正鄞縣人成化閒寓居揚州是集採摭前人瓊花篇什彙爲一編以備故實首冠杜斿瓊花記或題曰杜斿瓊花譜考斿宋人字叔高端平初以布衣召入館閣校讐此本載及元明非斿作也又錢曾讀書敏求記載瓊花考一卷成化丁未楊端木輯與此本序文年月合當即一人一書錢曾衍一木字耳范欽天一閣所藏別有揚州瓊花集以雜文爲一卷詩爲一卷詞爲一卷蓋即因此本而分析其卷帙亦題曰楊端則木字爲誤增審矣

天彭牡丹譜一卷內府藏本

宋陸游撰游有入蜀記已著錄是編記蜀天彭花事之盛已載渭南文集第四十二卷此其別行之本也

亳州牡丹志一卷江蘇巡撫採進本

不著撰人名氏千頃堂書目列朱統鍇牡丹志後疑亦統鍇作也亳之牡丹始薛蕙亳之牡丹志始薛鳳翔此本與鳳翔書不同而簡略殊甚後附牡丹雜事四條第一條稱神隱者乃明寧王權之別號第二條稱上皇召至驪山當爲唐元宗第三條稱太祖斷宮嬪腕者不知爲明爲宋大抵齊東之語第四條乃張鎡牡丹會事皆與亳州無與不審何以載入也

牡丹史四卷內府藏本

明薛鳳翔撰鳳翔字公儀亳州人由例貢仕至鴻

臚寺少卿。明時亳中牡丹最盛、鳳翔家園種藝尤多。因著是編、蓋本歐陽修譜而推廣之。然記一花木之微、至於規倣史例、爲紀表書傳外傳別傳花考神異方術藝文等目。則明人粉飾之習、不及修譜之簡質有體矣。

香雪林集二十六卷、（浙江巡撫採進本）

明王思義編。思義有宋史纂要、已著錄。是編凡梅圖二卷、詠梅詩詞文賦二十二卷、終以畫梅圖譜二卷。

蘭譜一卷、（兩江總督採進本）

宋王貴學撰。貴學字進叔、臨江人。譜凡六則。一曰品第之等、二曰灌溉之候、三曰分析之法、四曰沙泥之宜、五曰愛養之地、六曰蘭品之產。貴學不知何許人。是書諸家書目亦皆不著錄。惟見於陶宗儀說郛。王世貞嘗云、蘭譜惟宋王進叔本爲最善、蓋卽指說郛本也。此本爲毛晉所刊、蓋得諸金壇于鏳者。然視說郛本尚少三十餘條、則已非完書矣。

蘭易一卷、附錄蘭易十二翼一卷、蘭史一卷、（浙江巡撫採進本）

是書上卷爲蘭易、一名天根易、題宋鹿亭翁撰。朱彝尊經義考載其自序云、蘭易始於復、故曰天根。又載馮京序云、蘭易一卷、受之四明山中田父、書端稱鹿亭翁著。按郡縣志、山有鹿亭、今迷不知處、無問作者姓氏矣。要是宋代隱者云云。此本已無自序、蓋傳寫佚之。其書以復臨泰大壯夬乾姤遯否觀剝坤十二月卦爲蘭消長之機。每卦各綴以詞、其文如彖。下又各繫以詞、其文如象傳。備述出納栽培之法。蓋戲仿周易爲蘭譜耳。又附口訣二條、蘭月令十二章、不知誰作。下卷爲蘭易十二翼、述養蘭宜忌十二條、題曰蕈溪子。考經義考載馮京序、此本題曰蕈溪子、則蕈溪子卽京也。其序稱鹿亭翁爲宋代隱者、則非宋之馮京、當別一人而同姓名矣。末爲蘭史一卷、亦題蕈溪子撰。首列蘭表、依漢書古今人表例、分列九等。而下中下下二等闕而不錄。次爲蘭本紀、所列凡三種。次爲蘭世家、所列凡十一種。次爲蘭列傳、所列凡二十種。次爲蘭外紀、所列凡九種。次爲蘭外傳、所列凡五種。蓋鹿亭翁戲擬經、京既戲擬傳、又戲擬史也。其蘭易爲詞人狡獪之作、與易義本無所涉。朱彝尊列之擬經門中、殊乖體例。今竝改列之譜錄、庶存其眞焉。

蓺菊志八卷、（浙江鮑士恭家藏本）

國朝陸廷燦撰。廷燦有續茶經、已著錄。廷燦居南翔鎭、在槎溪之上、蓺菊數畝。王翬爲繪蓺菊圖、一時多爲題咏。廷燦因廣徵菊事、以作此志。凡分六類。曰考、曰譜、曰法、曰文、曰詩、曰詞。而以蓺菊圖題詞附之。

茶花譜三卷、（兩淮鹽政採進本）

舊本題樸靜子撰、不著名氏。前有康熙己亥自序、蓋其官漳州時所作也。茶花盛於閩南、而以日本洋種爲尤勝。是編上卷爲花品、凡四十三種。其文欲以新雋冷峭學屠隆陳繼儒之步、而纖佻彌甚。如敘虎斑曰、經紅緯白、依稀借機杼於陰陽、非錦之一種而何。不然、騶虞仁獸、血迹安從。掩異文、補錄雄品、風來樹底、莫教咆哮於芳叢云云。是何等語乎。中卷爲咏花之作、凡七言絕句六十七首。下卷則種植之法也。

永昌二芳記三卷、（浙江鄭大節家藏本）

明張志淳撰。志淳自號南園野人、雲南籍、江寧人。成化甲辰進士。官至戶部侍郎。坐劉瑾黨、勒致仕。其名見明史焦芳傳中。然無事迹可見。疑亦康海王九思之類也。是編以永昌所產山茶杜鵑二花爲一譜。上卷山茶花品三十六種、中卷杜鵑花品二十種、下卷則二花之故實詩文。其論躑躅山榴杜鵑之名自唐已無別。謂杜鵑但可名山石榴、不可名躑躅。躑躅爲杜鵑別種、其花攢爲大朶、非若杜鵑小朶各開。俗名映山紅、無所謂黃紫碧者。韓愈元稹梅堯臣詩竝誤。其考證亦不苟也。

瓶花譜一卷、（兩江總督採進本）

明張謙德撰。謙德後改名丑、有清河書畫舫、已著錄。是書首品瓶、次品花、以及折枝插貯等事、而終以護瓶。據書首自序、蓋其稚齡所作也。

荔支通譜十六卷、（編修汪如藻家藏本）

明鄧慶宋撰。慶宋字道協、福州人。是書以諸家荔支譜輯爲一篇、故曰通譜。凡蔡襄譜一卷、徐𤊹譜七卷、慶宋所自爲譜六卷、附宋珏譜一卷、曹蕃譜一卷。蔡譜尚已。徐譜所收如十八娘別傳之類、鄧譜所收如鮑山荔支夢之類、皆近傳奇。宋譜福業諸說、不脫明人小品習氣。曹譜差簡質、猶有古格。

筍梅譜二卷、（兩淮鹽政採進本）

明釋眞一撰。眞一居杭州法華山龍歸塢。其地多筍、梅花亦極盛，因各爲作譜，書成於天啓七年。

澹圃芋紀一卷（兩淮鹽政採進本）

明楊德周撰，趙士駿復增定之。德周字齊莊，鄞縣人，萬歷壬子舉人，官高唐縣知縣。士駿字西星，亦鄞縣人。其書專紀芋魁典故，凡十類：一名，二藝，三食，四忌，五事，六論，七詩，八賦，九謠，十方。採摭頗詳。

竹譜一卷（兩江總督採進本）

國朝陳鼎撰。鼎有東林列傳，已著錄。此書記竹之異者凡六十條。

箋卉一卷（安徽巡撫採進本）

國朝吳菘撰。菘字綺園，歙縣人。黃山僧雪花嘗以黃山所產諸卉繪爲圖，宋犖爲題句，菘因各爲作箋，凡三十五條。

苔譜六卷（浙江巡撫採進本）

國朝汪憲撰。憲有說文繫傳考異，已著錄。是編雜錄苔之文句故實。卷一曰釋名，卷二曰總敘苔，卷三曰諸品苔，卷四、卷五曰苔生處所，卷六曰雜錄。

學圃雜疏一卷（兩江總督採進本）

明王世懋撰。世懋有扨金傳，已著錄。茲編皆記其圃中所有暨聞見所及者，分花、果、蔬、瓜、豆、竹六類，各疏其品目及栽植之法。大致以花爲主，而草木之類則從略。書止一卷，續說郛以花疏、果疏各分爲卷者，非也。

羣芳譜三十卷（內府藏本）

明王象晉撰。象晉字蓋臣，山東新城人。萬歷甲辰進士，官至浙江右布政使。是書凡天譜三卷，歲譜四卷，穀譜一卷，蔬譜二卷，果譜四卷，茶竹譜三卷，桑麻葛苧譜一卷，藥譜三卷，木譜三卷，花譜三卷，卉譜二卷，鶴魚譜一卷。略於種植而詳於療治之法與典故藝文，割裂餖飣，頗無足取。聖祖仁皇帝詔儒臣刪其踳駁，正其舛謬，復爲拾遺補闕，成廣羣芳譜一書，昭示萬世，覆視是編，眞已陳之土苴矣。

汝南圃史十二卷（浙江巡撫採進本）

明周文華撰。文華字含章，蘇州人。前有萬歷庚申陳元素序，稱之曰光祿君，不知爲光祿何官也。文華自序，稱因見允齋花史，嫌其未備，補葺是書。凡分月令、栽種、花果、木果、水果、木本花、條刺花、草本花、竹、木、草、蔬菜、瓜豆十二門。皆敘述栽種之法，間以詩詞。大抵就江南所有言之，故河北瑣娑、嶺表荔支之屬，亦不著錄。較他書剽剟陳言，侈陳珍怪者較爲切實。惟分部多有未確，如西瓜不入瓜豆而入水果，枸杞不入條刺而入菜蔬，皆非其類。

花史左編二十七卷（江蘇巡撫採進本）

明王路撰。路字仲遵，嘉興人。此書皆載花之品目故實，分類編輯，屬辭隸事，多涉佻纖，不出明季小品之習。浙江通志載王路花史二十四卷，有天啓元年李日華序。今此本二十七卷，無日華序，而前有陳繼儒序，與路所作小引皆稱二十四卷。又此本二十五卷花之友，二十七卷花之器，皆題灃雲宣猷馭雲子補。二十二卷花麈，題百花主人輯，則路書本二十四卷，此三卷乃後人所補入，而刊書者併爲一目耳。又路小序稱此書爲左編，別有右編爲花之辭翰，約一十二卷，蓋有其名而未成書者也。

花史十卷（內府藏本）

明吳彥匡撰。彥匡爵里未詳。是書蓋本常熟蔣養菴花編、松江曹介人花品二書推而廣之，得百有餘種。每一花爲一類，各加神品、妙品、佳品、能品、具品、逸品標目，附以前人遺事及咏花詩歌。大都以意爲之，所品第不必皆確也。

花裏活三卷（編修程晉芳家藏本）

明陳詩教撰。詩教字四可，秀水人。是編輯古今花卉故實，按代分編，然皆因襲陳言，別無奇僻。考證尤多疎漏。如云五代梁有王彥章，吳亦有王彥章，不知楊行密之將乃王茂章，後歸梁，改名景仁，並無所謂王彥章者。其舛謬率皆此類。至花裏活之名，蓋用李賀詩「秦宮一生花裏活」句，然秦宮何人，而可援以自比乎。失考甚矣。

倦圃蒔植記三卷（浙江巡撫採進本）

國朝曹溶撰。溶有崇禎五十宰相傳，已著錄。茲編乃溶自山西陽和道歸里，築室范蠡湖上，名曰倦圃，多植花木，其間因記其圃中所有。分花卉二卷，竹樹一卷，各疏其名品故實及種植之法。溶學本贍博，故引據多有可觀，惟下語頗涉纖佻，尚未脫明季小品積習。前有自序，題康熙甲子。案溶卒於康熙二十四年乙丑，年八十三，則此書乃其晚年游戲之筆也。

北墅抱瓮錄一卷（編修程晉芳家藏本）

國朝高士奇撰。士奇有春秋地名考略，已著錄。此書前有康熙庚午自序，乃其告歸後所作。北墅者，所居別業之名也。墅中蒔植花木頗多，士奇因取果樹卉竹蔬茹藥蔓之類，各疏其形色品狀，以爲此編。凡二百二十二種，其敍錄頗爲詳備。

名花譜一卷（兩淮鹽政採進本）

舊本題西湖居易主人撰，不著名氏，亦無序跋。其書雜鈔羣芳譜之類而成，蓋近人作。所列凡九十二種，而附以瓶花訣、盆種訣、十二月花木訣。所言種植之法，挂漏不詳，閒附故實，尤冗雜無緒。觀其開卷敘梅一段，字句凡鄙，引用謬誤，不過粗識文義之人偶然鈔錄成冊耳。

蠙衣生馬記一卷（兩江總督採進本）

明郭子章撰。子章有蠙衣生易解，已著錄。是編摭載籍中所記馬事，分上下二篇。援引頗博，皆著所採書名，較明人他說部頗有根據。唯以宛馬爲晉泰始時所獻，不知漢時已有之，又以果下馬爲出於魏志，不知亦載於漢書，捃拾未免稍略耳。

虎薈六卷（內府藏本）

明陳繼儒撰。繼儒有邵康節外紀，已著錄。是編末有黃庭鳳跋，謂繼儒病瘧，王穉登貽以虎苑一帙，佩之而瘧愈，遂爲是書。凡所引用，多拉雜無倫，若周禮司尊彝祼用虎彝蜼彝，漢書履虎尾絢履之類，與談虎無涉，亦皆漫爲牽綴，眞所謂無關體要者也。

畫眉筆談一卷（安徽巡撫採進本）

國朝陳均撰。均字康曦，歙縣人。是書皆記豢養畫眉鳥之事，本不足道。然養鷹諸法，古人著錄，姑存其目，以備博物之一端。

晴川蟹錄四卷後錄四卷（浙江吳玉墀家藏本）

國朝孫之騄撰。之騄所輯尙書大傳，已著錄。是編捜採蟹之詩文故實，分譜錄、事錄、文錄、詩錄四門，後錄又分事典、賦詠、食憲、拾遺四門。餖飣掇拾，冗雜無緒，在晴川八識之中，最爲下乘，遠不逮傅肱、高似孫二家書也。

蛇譜一卷（安徽巡撫採進本）

國朝陳鼎撰。此書記蛇之異者凡六十三則，大抵皆蠻荒異怪之談，不足徵信。其五十三則以後皆錄山海經之文，尤爲勦說。

禽蟲述一卷（浙江巡撫採進本）

舊本題閩中袁達德撰。徐𤊹筆精云：山居雜卷中禽蟲述一卷，乃閩中袁達撰，達字德修。程榮署曰袁達德，傳之後世，誰能辨其姓名乎？案千頃堂書目載此書，亦云袁達字德修，閩縣人，正德癸酉舉人，官貴溪縣知縣，降補湖廣都司經歷，與𤊹語相合。然則此書實出袁達，刊本誤衍德字也。其書述禽蟲名義典故，兼仿禽經埤雅之體，聯絡成文，亦或閒以排偶，但有章段，不分門目，亦無註釋，不免爲餖飣之學。

蟲天志十卷（安徽巡撫採進本）

明沈宏正撰。宏正，嘉定人。是書集鳥獸蟲魚異事，分爲六部。莊子云：惟蟲能蟲，惟蟲能天。書之命名蓋取於此。

烏衣香牒四卷春駒小譜一卷（浙江巡撫採進本）

國朝陳邦彥撰。邦彥字世南，此本題匏廬道人，其自號也。海寧人。康熙癸未進士，官至內閣學士兼禮部侍郎。烏衣香牒皆採摭燕事，凡分八門，前有乾隆戊午邦彥自序，云分爲三卷，而此多一卷，疑刊刻之時分四卷以均頁數，而序則未及追改耳。春駒小譜皆採摭蝶事，分爲五門，蓋欲仿宋人蟹錄之例，以爲談助。然蒐羅雖廣，而考核多疏，一時寄興之作，固不暇於精審也。

右譜錄類草木鳥獸蟲魚之屬，三十五部，二百二卷，皆附存目。

欽定四庫全書總目卷一百十六

欽定四庫全書總目卷一百十七

子部二十七

雜家類一

衰周之季，百氏爭鳴，立說著書，各爲流品。漢志所列備矣。或其學不傳，後無所述；或其名不美，人不肎居；故絕續不同，不能一概著錄。後人株守舊文，於是墨家僅墨子、晏子二書，名家僅公孫龍子、尹文子、人物志三書，縱橫家僅鬼谷子一書，亦別立標題，自爲支派，此拘泥門目之過也。黃虞稷千頃堂書目於寥寥不能成類者併入雜家。雜之義廣，無所不包。班固所謂合儒墨，兼名法也。變而得宜，於例爲善。今從其說，以立說者謂之雜學，辨證者謂之雜考，議論而兼敘述者謂之雜說，旁究物理臚陳纖瑣者謂之雜品，類輯舊文塗兼眾軌者謂之雜纂，合刻諸書不名一體者謂之雜編，凡六類。

鬻子一卷（兩江總督採進本）

舊本題周鬻熊撰。崇文總目作十四篇，高似孫子略作十二篇，陳振孫書錄解題稱陸佃所校十五篇，此本題唐逢行珪註，凡十四篇，蓋即崇文總目所著錄也。考漢書藝文志道家鬻子說二十二篇，又小說家鬻子說十九篇，是當時本有二書。列子引鬻子凡三條，皆黃老清靜之說，與今本不類，疑即道家二十二篇之文。今本所載與賈誼新書所引六條文格略同，疑卽小說家之鬻子說也。杜預左傳註稱鬻熊爲祝融十二世孫，孔穎達疏謂不知出何書。史記載鬻熊子事文王，早卒。其子曰熊麗，熊麗生熊狂，熊狂生熊繹。成王時舉文武勤勞之後嗣，受封於楚。漢書載魏相奏記霍光，稱文王見鬻子，年九十餘。雖所說小異，然大約文武時人。今其書乃有昔者魯周公語，又有昔者魯周公使康叔往守於殷語，而賈誼新書亦引其成王問荅凡五條，時代殊不相及。劉勰文心雕龍云：鬻熊知道，文王咨詢，道文餘事，錄爲鬻子。則裒輯成編，不由熊手。流傳附益，或搆虛詞，故漢志別入小說家歟？獨是僞四八目一書見北齊陽休之序錄，凡古來帝王輔佐有數可紀者，靡不具載。而此書所列禹七大夫皋陶、杜子業、旣子、施子黯、季子甯、然子堪、輕子玉，湯七大夫慶誧、伊尹、湟里且、東門虛、南門蜧、西門疵、北門側，皆具有姓名，獨不見收，似乎六朝之末尚無此本，或唐以來好事之流依仿賈誼所引，撰爲贗本，亦未可知。觀其標題甲乙，故爲佚脫錯亂之狀，而誼書所引則無一條之偶合，豈非有心相避而巧匿其文，使讀者互相檢驗，生其信心歟？且其篇名冗贅，古無此體，又每篇寥寥數言，詞旨膚淺，決非三代舊文。姑以流傳旣久，存備一家耳。卷首有逢行珪序及永徽四年進書表，自署華州鄭縣尉，里居未詳。

墨子十五卷（兩江總督採進本）

舊本題宋墨翟撰。考漢書藝文志墨子七十一篇，註曰名翟，宋大夫。隋書經籍志亦曰宋大夫墨翟撰。然其書中多稱子墨子，則門人之言，非所自著。又諸書多稱墨子名翟，因樹屋書影則曰墨子姓翟，母夢烏而生，因名之曰烏，以翟爲道，今以姓爲名，以墨爲姓，是老子當姓老耶？其說不著所出，未足爲據也。宋館閣書目稱墨子十五卷六十一篇，此本篇數與漢志合，卷數與館閣書目合，惟七十一篇之中，僅佚節用下第二十二、節葬上第二十三、節葬中第二十四、明鬼上第二十九、明鬼下第三十、非樂中第三十三、非樂下第三十四、非儒上第三十八，凡八篇，尚存六十三篇，與館閣書目不合。陳振孫書錄解題又稱有一本止存十三篇者，今不可見。或後人以兩本相校，互有存亡，增入二篇歟？抑傳寫者誤以六十三爲六十一也。墨家者流，史罕著錄。蓋以孟子所闢，無人肎居其名。然佛氏之教，其清淨取諸老，其慈悲則取諸墨。韓愈送浮屠文暢序稱儒名墨行，墨名儒行，以佛爲墨，蓋得其真。而讀墨子一篇，乃稱墨必用孔，孔必用墨，開後人三教歸一之說，未爲篤論。特在彼法之中，能自嗇其身，而時時利濟於物，亦有足以自立者。故其教得列於九流，而其書亦至今不泯耳。第五十二篇以下，皆兵家言，其文古奧，或不可句讀，與全書爲不類，疑因五十一篇言公輸般九攻、墨子九拒之事，其徒因採摭其術，附記其末。觀其稱弟子禽滑釐等三百人已持守固之器在宋城上，是能傳其術之徵矣。

子華子二卷（兩江總督採進本）

舊本題晉人程本撰。案程本之名見於家語，子華子之名見於列子，本非一人。呂氏春秋引子華子者凡三見，高誘以爲古體道人，是秦以前原有子華子書。然漢志已不著錄，則劉向時書亡矣。此本自宋南渡後始刊版於會稽晁公武以其多用字說指為元豐後舉子所作朱子以其出於越中指為王銍姚寬輩所託而又疑非二人所及周氏涉筆則據其神氣一篇指為黨禁未開之時不得志者所為今觀其書多採掇黃老之言而參以術數之說呂氏春秋貴生篇一條今在陽城胥問篇中知度篇一條今在虎會篇中審為篇一條則故佚不載以掩剽剟之迹頗巧於作偽然商榷治道大旨皆不詭於聖賢其論黃帝鑄鼎一條以為古人之寓言足正方士之謬其論唐堯土階一條謂聖人不徒貴儉而貴有禮尤足砭墨家之偏其文雖稍涉曼衍而縱橫博辨亦往往可喜殆能文之士發憤著書託其名於古人者觀篇末自敘世系以程出於趙瞻瞻不忘其宗屬其子勿有二心以事主則明寓宋姓其殆熙寧紹聖之間宗子之忤時不仕者乎諸子之書偽本不一然此最有理致文彩辨其贗則可以其贗而廢之則不可陳振孫謂其文不古而亦有可觀當出近世能言之流實為公論晁公武以謬誤淺陋譏之過矣

尹文子一卷（兩江總督採進本）

周尹文撰前有魏黃初末山陽仲長氏序稱條次撰定為上下篇文獻通考著錄作二卷此本亦題大道上篇大道下篇與序文相符而通為一卷蓋後人所合併也莊子天下篇以尹文田駢並稱顏師古注漢書謂齊宣王時人考劉向說苑載文與宣王問答顏蓋據此然呂氏春秋又載其與湣王問答事殆宣王時稷下舊人至湣王時猶在歟其書本名家者流大旨指陳治道欲自處於虛靜而萬事萬物則一一綜核其實故其言出入於黃老申韓之間周氏涉筆謂其自道以至名自名以至法蓋得其真晁公武讀書志以為誦法仲尼其言誠過宋高似孫緯略所譏然似孫以儒理繩之謂其淆雜亦為未允百氏爭鳴九流並列各尊所聞各行所知自老莊以下均自為一家之言讀其文者取其博辨閎肆足矣安能限以一格哉序中所稱熙伯蓋繆襲之字其山陽仲長氏不知為誰李淑邯鄲書目以為仲長統然統卒於建安之末與所云黃初末者不合晁公武因此而疑史誤未免附會矣

慎子一卷（少詹事陸費墀家藏本）

周慎到撰到趙人中興書目作瀏陽人陳振孫書錄解題曰慎到趙人見於史記瀏陽在今潭州吳時始置縣與趙南北了不相涉蓋據書坊所稱不知何謂也則稱瀏陽者非矣明人刻本又云到一名廣案陸德明莊子釋文田駢下註曰慎子云名廣然則駢一名廣非到一名廣尤舛誤也莊子天下篇曰慎到棄知去己而緣不得已泠汰於物以為道理曰知不知將薄知而後鄰傷之者也謑髁無任而笑天下之尚賢也縱脫無行而非天下之大聖椎拍輐斷與物宛轉舍是與非苟可以免不師智慮不知前後魏然而已矣推而後行曳而後往若飄風之還若羽之旋若磨石之隧全而無非動靜無過未嘗有罪是何故夫無知之物無建己之患無用知之累動靜不離於理是以終身無譽故曰至於若無知之物而已無用賢聖夫塊不失道豪傑相與笑之曰慎到之道非生人之行而至死人之理適得怪焉云云是慎子之學近乎釋氏然漢志列之於法家今考其書大旨欲因物理之當然各定一法而守之不求於法之外亦不寬於法之中則上下相安可以清淨而治然法所不行勢必刑以齊之道德之為刑名此其轉關所以申韓多稱之也（語見漢書藝文志）其書漢志作四十二篇唐志作十卷崇文總目作三十七篇書錄解題則稱麻沙刻本凡五篇已非全書此本雖亦分五篇而文多刪削又非陳振孫之所見蓋明人捃拾殘剩重為編次觀孝子不生慈父之家忠臣不生聖君之下二句前後兩見知為雜錄而成失除重複矣

鶡冠子三卷（兩淮馬裕家藏本）

案漢書藝文志載鶡冠子一篇註曰楚人居深山以鶡為冠劉勰文心雕龍稱鶡冠綿綿亟發深言韓愈集有讀鶡冠子一首稱其博選篇四稽五至之說學問篇一壺千金之語且謂其施於國家功德豈少柳宗元集有鶡冠子辨一首乃詆為言盡鄙淺謂其世兵篇多同鵩賦據司馬遷所引賈生二語以決其偽然古人著書往往偶用舊文古人引證亦往往偶隨所見如谷神不死四語今見老子中而列子乃稱為黃帝書克己復禮一語今在論語中左傳乃謂仲尼稱志有之元者善之長也八句今在文言傳中左傳乃記為穆姜語司馬遷惟稱賈生蓋亦此類未可以單文孤證遽斷其偽

惟漢志作一篇、而隋志以下皆作三卷。或後來有所附益、則未可知耳。其說雖雜刑名、而大旨本原於道德。其文亦博辨宏肆。自六朝至唐、劉勰最號知文、而韓愈最號知道、二子稱之。宗元乃以爲鄙淺過矣。此本爲陸佃所註、凡十九篇。佃序謂愈但稱十六篇、未睹其全。佃北宋人。其時古本韓文初出、當得其眞。今本韓文乃亦作十九篇、殆後來反據此書以改韓集。猶劉禹錫河東集序稱編爲三十二通、而今本柳集亦反據穆修本改爲四十五通也。佃所作埤雅、盛傳於世、已別著錄。此註則當日已不甚顯。惟陳振孫書錄解題載其名。晁公武讀書志則但稱有八卷一本、前三卷全同墨子、後兩卷多引漢以後事。公武削去前後五卷、得十九篇。殆由未見佃註、故不知所註之本先爲十九篇歟。

公孫龍子三卷 （兩江總督採進本）

周公孫龍撰。案史記、趙有公孫龍、爲堅白異同之辨。漢書藝文志、龍與毛公等竝游平原君之門、亦作趙人。高誘註呂氏春秋、謂龍爲魏人、不知何據。列子釋文、龍字子秉。莊子謂惠子曰、儒墨楊秉四、與夫子爲五。秉卽龍也。據此、則龍當爲戰國時人。司馬貞索隱謂龍卽仲尼弟子者、非也。其書漢志著錄十四篇、至宋時八篇已亡。今僅存跡府、白馬、指物、通變、堅白、名實凡六篇。其首章所載與孔穿辨論事、孔叢子亦有之、謂龍爲穿所絀、而此書又謂穿願爲弟子、彼此互異。蓋龍自著書、自必欲伸己說。孔叢僞本出於晉漢之閒、朱子以爲孔氏子孫所作、自必欲伸其祖說。記載不同、不足怪也。其書大旨疾名器乖實、乃假指物以混是非、借白馬而齊物我、冀時君有悟而正名實、故諸史皆列於名家。淮南鴻烈解稱公孫龍粲於辭而貿名。揚子法言稱公孫龍詭辭數萬。蓋其持論雄贍、實足以聳動天下。故當時莊列荀卿竝著其言、爲學術之一。特品目稱謂之閒、紛然不可數計。龍必欲一一核其眞、而理究不足以相勝、故言愈辨而名實愈不可正。然其書出自先秦、義雖恢誕、而文頗博辨。陳振孫書錄解題概以淺陋迂僻譏之、則又過矣。明鍾惺刻此書、改其名爲辨言、妄誕不經。今仍從漢志、題爲公孫龍子。又鄭樵通志略載此書、有陳嗣古註、賈士隱註各一卷、今俱失傳。此本之註、乃宋謝希深所撰。前有自序一篇。其註文義淺近、殊無可取。以原本所有、姑併錄焉。

鬼谷子一卷 （兩江總督採進本）

案鬼谷子漢志不著錄。隋志縱橫家有鬼谷子三卷、註曰周世隱於鬼谷。玉海引中興書目曰、周時高士、無鄉里族姓名字。以其所隱、自號鬼谷先生。蘇秦張儀事之、授以捭闔至符言等十有二篇、及轉丸本經持樞中經等篇。因隋志之說也。唐志卷數相同、而註曰蘇秦。張守節史記正義曰、鬼谷在雒州陽城縣北五里。七錄有蘇秦書、樂壹註云、秦欲神祕其道、故假名鬼谷。此又唐志之所本也。胡應麟筆叢則謂隋志有蘇秦三十一篇、張儀十篇、必東漢人本二書之言、薈稡爲此、而託於鬼谷、若子虛亡是之屬。其言頗爲近理、然亦終無確證。隋志稱皇甫謐註、則爲魏晉以來書、固無疑耳。說苑引鬼谷子有人之不善而能矯之者難矣一語、今本不載。又惠洪冷齋夜話引鬼谷子曰、崖蜜、櫻桃也。今本亦不載。疑非其舊。然今本已佚其轉丸胠篋二篇、惟存捭闔至符言十二篇。劉向所引或在佚篇之內。至惠洪所引、據王直方詩話乃金樓子之文、惠洪誤以爲鬼谷子耳。（案王直方詩話今無全本、此條見朱翌猗覺寮雜記所引。）均不足以致疑也。高似孫子略稱其一闔一闢、爲易之神、一翕一張、爲老氏之術、出於戰國諸人之表、誠爲過當。宋濂潛溪集詆爲蛇鼠之智、又謂其文淺近、不類戰國時人、又抑之太甚。柳宗元辨鬼谷子、以爲言益奇而道益陿、差得其眞。蓋其術雖不足道、其文之奇變詭偉、要非後世所能爲也。

呂氏春秋二十六卷 （兩江總督採進本）

舊本題秦呂不韋撰。考史記文信侯列傳、實其賓客之所集也。太史公自序又稱不韋遷蜀、世傳呂覽。考序意篇稱維秦八年、歲在涒灘。是時不韋未遷蜀、故自高誘以下、皆不用後說、蓋史駁文耳。漢書藝文志載呂氏春秋二十六篇。今本凡十二紀、八覽、六論。紀所統子目六十一、覽所統子目六十三、論所統子目三十六、實一百六十篇。漢志蓋舉其綱也。其十二紀、卽禮記之月令。顧以十二月割爲十二篇、每篇之後各閒他文四篇。惟夏令多言樂、秋令多言兵、似乎有義。其餘則絕不可曉。先儒無說、莫之詳矣。又每紀皆附四篇、而季冬紀獨五篇。末一篇標識年月、題曰序意、爲十二紀之總論。

殆所謂紀者猶內篇而覽與論者爲外篇雜篇歟。唐劉知幾作史通內外篇而自序一篇亦在內篇之末外篇之前蓋其例也不韋固小人而是書較諸子之言獨爲醇正大抵以儒爲主而參以道家墨家故多引六籍之文與孔子曾子之言其他如論音則引樂記論鑄劍則引考工記雖不著篇名而其文可案所引莊列之言皆不取其放誕恣肆者墨翟之言不取其非儒明鬼者而縱橫之術刑名之說一無及焉其持論頗爲不苟論者鄙其爲人因不甚重其書非公論也自漢以來註者惟高誘一家訓詁簡質於引證頗舛之處如制樂篇稱成湯之時穀生於庭則據書序以駁之稱南子爲鼇夫人則據論語左傳以駁之稱西門豹在魏襄王時則據魏世家孟子以駁之稱晉襄公伐陸渾稱楚成王慢晉文公則皆據左傳以駁之稱顏闔對魯莊公則據魯世家以駁之稱衞逐獻公立公子黚則據左傳衞世家以駁之皆不蹈註家附會之失然如稱魏文侯虜齊侯獻之天子傳無其事不知誘何以不糾其謂梅伯說鬼侯之女好妲己以爲不好因而見醢謂白乙丙孟明皆蹇叔子謂甯戚扣角所歌乃碩鼠之詩謂公孫龍爲魏人並不著所出亦不知其何所據又共伯得乎共首及張毅單豹事均出莊子乃於共伯事則曰不知其出何書於張毅單豹事則引班固幽通賦竟未見漆園之書亦爲可異若其註五世之廟曰逸書則梅賾僞本尚未出引詩庶姜孽孽作巘巘鼉鼓逢逢作韸韸則經師異本均不足爲失也。

淮南子二十一卷內府藏本

漢淮南王劉安撰高誘註安事蹟具漢書本傳漢書藝文志雜家淮南內二十一篇外三十三篇顏師古註曰內篇論道外篇雜說今所存者二十一篇蓋內篇也高誘序言此書大較歸之於道號曰鴻烈故舊唐志有何誘淮南鴻烈音一卷言鴻烈之音也宋志有淮南鴻烈解二十一卷亦鴻烈之解也而註其下曰淮南王安撰似乎解亦安撰者諸書引用遂併淮南子之本文亦題曰淮南鴻烈解誤之甚矣晁公武讀書志稱崇文總目亡三篇李淑邯鄲圖書志亡二篇其家本惟存原道俶真天文墜形時則覽冥精神本經主術繆稱齊俗道應氾論詮言兵略說林說山十七篇亡其四篇高似孫子略稱讀淮南二十篇是在宋已鮮完本惟洪邁容齋隨筆稱今所存者二十一卷與今本同然白居易六帖引烏鵲填河事云出淮南子而今本無之則尚有脫文也公武謂許慎註稱記上陳振孫謂今本題許慎註而詳序文卽是高誘殆不可曉蘆泉劉績又謂記上猶言標題進呈並非慎爲之註然隋志唐志宋志皆許氏高氏二註並列陸德明莊子釋文引淮南子註稱許慎李善文選註殷敬順列子釋文引淮南子註或稱高誘或稱許慎是原有二註之明證後慎註散佚傳刻者誤以誘註題慎名也觀書中稱景古影字而慎說文無影字其不出於慎審矣誘涿郡人盧植之弟子建安中辟司空掾歷官東郡濮陽令遷河東監並見於自序中慎則和帝永元中人遠在其前何由記上誘註劉績之說蓋徒附會其文而未詳考時代也。

人物志三卷副都御史黃登賢家藏本

魏劉邵撰邵字孔才邯鄲人黃初中官散騎常侍正始中賜爵關內侯事蹟具三國志本傳別本或作劉劭或作劉卲此書末有宋庠跋云據今官書魏志作勉劭之劭從力他本或從邑者晉邑之名案字書此二訓外別無他釋然俱不協孔才之義說文則爲卲音同上但召旁從卩耳訓高也李舟切韻訓美也高美又與孔才義符揚子法言曰周公之才之卲是也所辨精核今從之其註爲劉昞所作昞字延明燉煌人舊本名上結銜題涼儒林祭酒蓋李暠時嘗授是官然十六國春秋稱沮渠蒙遜平酒泉授昞祕書郎專管注記魏太武時又授樂平從事中郎則昞歷事三主惟署涼官者誤矣卲書凡十二篇首尾完具晁公武讀書志作十六篇疑傳寫之誤其書主於論辨人才以外見之符驗內藏之器分別流品研析疑似故隋志以下皆著錄於名家然所言究悉物情而精覈近理視尹文之說兼陳黃老申韓公孫龍之說惟析堅白同異者迥乎不同蓋其學雖近乎名家其理則弗乖於儒者也昞註不涉訓詁惟疏通大意而文詞簡古猶有魏晉之遺漢魏叢書所載惟每篇之首存其解題十六字且以卷首阮逸之序譌題晉人殊爲疏舛此本爲萬歷甲申河間劉用霖所刊蓋用隆慶壬申鄭旻舊版而修之猶古本云。

金樓子六卷永樂大典本

梁孝元皇帝撰。梁書本紀稱帝博總羣書，著述詞章，多行於世。其在藩時，嘗自號金樓子，因以名書。隋書經籍志、唐書、宋史藝文志俱載其目，爲二十卷。晁公武讀書志謂其書十五篇，是宋代尚無闕佚。至宋濂諸子辨、胡應麟九流緒論所列子部，皆不及是書。知明初漸已湮晦，明季遂竟散亡，故馬驌撰繹史，徵採最博，亦自謂未見傳本，僅從他書摭錄數條也。今檢永樂大典各韻，尚頗載其遺文，核其所據，乃元至正間刊本。勘驗序目，均爲完備。惟所列僅十四篇，與晁公武十五篇之數不合。其二南五霸一篇與說蕃篇文多復見，或傳刻者淆亂其目，而反佚其本篇歟。又永樂大典詮次無法，割裂破碎，有非一篇而誤合者，有割綴別卷而本篇反遺之者。其篇端序述，亦惟戒子、后妃、捷對、志怪四篇尚存，餘皆脫逸。然中間興王、戒子、聚書、說蕃、立言、著書、捷對、志怪八篇，皆首尾完整。其他文雖攙亂，而幸其條目分明，尚可排比成帙。謹詳加裒綴，參考互訂，釐爲六卷。其書於古今聞見事迹，治忽貞邪，咸爲苞載。附以議論，勸戒兼資，蓋亦雜家之流。而當時周秦異書未盡亡佚，具有徵引。如許由之父名，兄弟七人十九而隱，成湯凡有七號之類，皆史外軼聞，他書未見。又立言、聚書、著書諸篇，自表其撰述之勤，所紀典籍源流，亦可補諸書所未備。惟永明以後，豔語盛行，此書亦文格綺靡，不出爾時風氣。其故爲古奧，如紀始安王遙光一節，句讀難施，又成僞體。至於自稱五百年運，余何敢讓，儼然上比孔子，尤爲不經。是則瑕瑜不掩，亦不必曲爲諱爾。

劉子十卷（內府藏本）

案劉子十卷，隋志不著錄，唐志作梁劉勰撰。陳振孫書錄解題、晁公武讀書志俱據唐播州錄事參軍袁孝政序，作北齊劉晝撰。宋史藝文志亦作劉晝。自明以來，刊本不載孝政註，亦不載其序。惟陳氏載其序，略曰：晝傷己不遇，天下陵遲，播遷江表，故作此書。時人莫知，謂爲劉勰、劉歆、劉孝標作云云。不知所據何書。故陳氏以爲終不知晝爲何代人。案梁通事舍人劉勰，史惟稱其撰文心雕龍五十篇，不云更有別書。且文心雕龍樂府篇稱塗山歌於候人，始爲南音；有娀謠乎飛燕，始爲北聲；夏甲歎於東陽，東音以發；殷整思於西河，西音以興。此書辨樂篇稱夏甲作破斧之歌，始爲東音，與勰說合。其稱殷辛作靡靡之樂，始爲北音，則與勰說迥異，必不出於一人。又史稱勰長於佛理，嘗定定林寺經藏，後出家，改名慧地。此書末篇乃歸心道教，與勰志趣迥殊。白雲霽道藏目錄亦收之太元部無字號中，其非奉佛者明甚。近本仍刻劉勰，殊爲失考。劉孝標之說，南史梁書俱無明文，未足爲據。劉歆之說，則激通篇稱班超憤而習武，卒建西域之績，其說可不攻而破矣。惟北齊劉晝字孔昭，渤海阜城人，名見北史儒林傳。然未嘗播遷江表，與孝政之序不符。傳稱晝孤貧受學，恣意披覽，晝夜不息。舉秀才不第，乃恨不學屬文，方復綴輯詞藻，言甚古拙。與此書之縟麗輕蒨亦不合。又稱求秀才十年不得，乃發憤撰高才不遇傳。孝昭時出詣晉陽上書，言亦切直而多非世要，終不見收。乃編錄所上之書爲帝道。河清中又著金箱璧言，以指機政之不良，亦不云有此書。豈孝政所指又別一劉晝歟。觀其書末九流一篇，所指得失，皆與隋書經籍志子部所論相同。使隋志襲用其說，不應反不錄其書。使其剽襲隋志，則貞觀以後人作矣。或袁孝政採掇諸子之言，自爲此書而自註之，又恍惚其著書之人，使後世莫可究詰，亦未可知也。然劉勰之名，今既確知其非，自當刊正。劉晝之名則介在疑似之間，難以確斷，姑仍晁氏、陳氏二家之目，題晝之名，而附著其牴牾如右。

顏氏家訓二卷（江西巡撫採進本）

舊本題北齊黃門侍郎顏之推撰。考陸法言切韻序作於隋仁壽中，所列同定八人，之推與焉，則實終於隋。舊本所題，蓋據作書之時也。陳振孫書錄解題云：古今家訓，以此爲祖。然李翺所稱太公家教，雖屬僞書，至杜預家誡之類，則在前久矣。特之推所撰，卷帙較多耳。晁公武讀書志云：之推本梁人，所著凡二十篇，述立身治家之法，辨正時俗之謬，以訓世人。今觀其書，大抵於世故人情，深明利害，而能文之以經訓。故唐志、宋志俱列之儒家。然其中歸心等篇，深明因果，不出當時好佛之習。又兼論字畫音訓，並考正典故，品第文藝，曼衍旁涉，不專爲一家之言。今特退之雜家，從其類焉。又是書隋志不著錄，唐志、宋志俱作七卷，今本止二卷。錢曾讀書敏求記載有宋鈔淳熙七年嘉興沈揆本七卷，以閩本、蜀本及天台謝氏所校五代和凝本參定末附考證二十三條別爲一卷且力斥流俗并爲二卷之非今沈本不可復見無由知其分卷之舊姑從明人刊本錄之然其文旣無異同則卷帙分合亦爲細故惟考證一卷佚之可惜耳

長短經九卷編修勵守謙家藏本

唐趙蕤撰孫光憲北夢瑣言載蕤梓州鹽亭人博學韜鈐長於經世夫婦俱有隱操不應辟召唐書藝文志亦載蕤字太賓梓州人開元中召之不赴與光憲所紀略同惟書名作長短要術爲少異蓋一書二名也是書皆談王伯經權之要成於開元四年自序稱凡六十三篇合爲十卷唐志與晁公武讀書志卷數並同今久無刊本王士禎居易錄記徐乾學嘗得宋槧於臨清此本前有傳是樓一印又有健菴收藏圖書一印後有乾學名印每卷之末皆題杭州淨戒院新印七字猶南宋舊刻蓋卽士禎所言之本然僅存九卷末有洪武丁巳沈新民跋稱其第十卷載陰謀家本闕今存者六十四篇云云案此跋全勦用晁公武之言疑書賈僞託是佚其一卷而反多一篇與蕤序六十三篇之數不合然勘驗所存實爲篇六十有四疑蕤序或傳寫之譌也第一卷八篇題曰文上第二卷四篇題曰文下第三卷四篇則有子目而無總題以例推之當脫文中二字第四卷一篇題曰霸紀上第五卷一篇論七雄之事題曰霸紀中第六卷一篇論三國之事亦無總題以例推之當脫霸紀下三字第七卷二篇題曰權議第八卷十九篇題曰雜說第九卷二十四篇題曰兵權其第十卷所謂陰謀者則今不可考篇中註文頗詳多引古書蓋卽蕤所自作註首或標以議曰二字或亦不標體例不一亦未詳其故也劉向序戰國策稱或題曰長短此書辨析事勢其源蓋出於縱橫家故以長短爲名雖因時制變不免爲事功之學而大旨主於實用非策士詭譎之謀其言固不悖於儒者其文格亦頗近荀卿申鑒劉邵人物志猶有魏晉之遺唐人著述世遠漸稀雖佚十分之一固當全璧視之矣

兩同書二卷江蘇巡撫採進本

唐羅隱撰隱字昭諫新城人本名橫以十舉不中第乃更名朱溫篡唐以諫議大夫召不應後仕錢鏐爲錢塘令尋爲鎭海軍掌書記節度判官鹽鐵發運副使授著作佐郎司勳郎中歷遷諫議大夫給事中吳越備史載隱所著有淮海寓言讒書不言有此書然淮海寓言及讒書陳振孫已訪之未獲惟此書猶傳於今凡十篇上卷五篇皆終之以老氏之言下卷五篇皆終之以孔子之言崇文總目謂以老子修身之說爲內孔子治世之道爲外會其指而同原然則兩同之名蓋取晉人將無同之義晁公武以爲取兩者同出而異名非其旨矣書錄解題引中興書目以爲唐吳筠撰考宋史藝文志別有吳筠兩同書二卷與此書同載之雜家類中非一書也

化書六卷江西巡撫採進本

舊本題曰齊邱子稱南唐宋齊邱撰宋張耒跋其書遂謂齊邱犬鼠之雄蓋不足道晁公武亦以齊邱所撰著於錄然宋碧虛子陳景元跋稱舊傳陳摶言譚峭景升在終南著化書因游三茅歷建康見齊邱有道骨因以授之曰是書之化其化無窮願子序之流於後世於是杖靸而去齊邱遂奪爲已有而序之則此書爲峭所撰稱齊邱子者非也書凡六篇曰道化術化德化仁化食化儉化其說多本黃老道德之旨文筆亦簡勁奧質元陸友仁硯北雜志稱譚景升書世未嘗見他書言其論書道鍾王而下一人而已今考書道一條見在仁化篇中而友仁顧未之見則元世流傳蓋已罕矣明初代王府嘗爲刊行後復有劉氏申氏諸本今仍改題化書而以陳景元跋附焉峭爲唐國子司業洙之子師嵩山道士得辟穀養氣之術見沈汾續仙傳中其說神怪不足深詰又道家稱峭爲紫霄眞人而五代史閩世家稱王昶好巫拜道士譚紫霄爲正一先生其事與峭同時不知卽爲一人否方外之士行蹤靡定亦無從而究詰矣

昭德新編三卷直隸總督採進本

宋晁迥撰迥字明遠澶州清豐人自其父始遷家彭門太平興國五年進士至道末擢右正言直史館知制誥旋爲翰林學士加承旨天禧中判西京留司御史臺以太子太保致仕卒諡文元事蹟具宋史本傳是編爲其晚年所作因居昭德坊故以名書宋初承唐餘俗士大夫多究心於內典故迥著書大旨雖主於勉人爲善而不免兼入於釋氏自序謂東魯之書文而雅西域之書質而備故此五說酌中而作蓋指下卷指迷五說也李淑言其服膺墳典者年不倦少遇異人指導心要王古稱

其名理之妙，雖白樂天不逮。其所學可知矣。迥五世孫迴搜羅家集，得此書於丹稜李燾。慶元中嘗有刊本。明嘉靖間又有重刊本。此本首題裔孫伏武重錄，迥自序及李道勛後序，皆與晁迴所記相符。蓋猶舊本。其後附迥及明晁瑮、晁東吳三人之詩數十首，蓋其後人採輯家集而未成者。文不相屬，貫爲駢拇枝指，今悉刪之，不著於錄焉。

芻言三卷（永樂大典本）

宋崔敦禮撰。敦禮家本河北，南渡後與弟敦詩同登紹興進士，官至諸王宮大小學教授。愛溧陽山水，買田築室居焉。是編凡分三卷，上卷言政，中卷言行，下卷言學。其造文皆規橅揚雄、王通，無語錄鄙俚之習。然首卷以道德仁義分析差等，中又以諸經傳註爲蠹道之書，其旨頗雜於黃老，未爲粹然儒者之言。至其開指切事理，於人情物態抉摘隱微，多中窾要，則亦不可盡廢者。雜家者流，七略著錄，固不妨並存其說，備採擇焉。

樂菴遺書四卷（浙江巡撫採進本）

舊本題宋李衡撰，其門人龔昱編。衡有周易義海撮要，已著錄。昱字立道，崑山人。據隆慶元年沈珠序，稱舊本五卷，今定爲四卷，舊曰語錄，今更曰遺書。然珠但稱初得語錄一冊，不言其所自來。又言隨失去，復得郡守曹紫峰鈔本，所謂初得一本，當即指天順癸未成廷珪所刻者。而卷末天順己卯鄭文康跋在刻前四年，亦稱僅得鈔本，是終莫詳此書授受之的也。考書中所言，大抵與隆萬間心學相合。卷首吳仁傑序與所作兩漢刊誤、離騷草木疏、古周易諸序截然如出二手。其大旨以悟爲宗，又述周必大書曰：樂菴臨行一著，實是難得。禪和子亦服他。蓋尋常說時甚易，臘月三十日直是不能瞞人。此老平生趺宕，到此乃得力，可敬可羨。亦殊不似必大之語。考宋史衡本傳，有臨沒沐浴冠巾，儼然而逝，周必大聞之曰：世謂潛心釋氏，乃能達生死，衡非逃儒入墨者，而臨終超然如此，殆幾孔門所謂聞道者歟云云，無乃姚江末流，借此語以影撰此書，此序借以助心學之瀾，併所謂天順刊本之序跋亦出影撰歟？不然，昱此編出於淳熙中，正與朱子同時，何以朱子於張九成、陸九淵辨析不遺餘力，而此書混儒墨而一之，至輪對上殿敢謂周公亦坐禪，而朱子寂無一語也。疑以傳疑，存備雜家之一種可矣。

習學記言五十卷（浙江巡撫採進本）

宋葉適撰。適字正則，自號水心居士，永嘉人。淳熙五年進士，官至寶文閣學士，諡忠定。其書乃輯錄經史百氏各爲論述，條列成編。凡經十四卷，諸子七卷，史二十五卷，文鑑四卷。所論喜爲新奇，不屑摭拾陳語。故陳振孫書錄解題謂其文刻峭精工，而義理未得爲純明正大。劉克莊爲趙虛齋作註莊子序，亦稱其講學析理多異先儒。今觀其書，如謂太極生兩儀等語爲文淺義陋，謂檀弓膚率於義理，而蹇縮於文詞，謂孟子子產不知爲政，仲尼不爲已甚，語皆未當。此類誠不免於駭俗。然如論讀詩者專溺舊文，不得詩意，盡去本序，其失愈多。言國語非左氏所作，以及考子思生卒年月，斥漢人言洪範五行災異之非，皆能確有所見，足與其雄辨之才相副。至於論唐史諸條，往往爲宋事而發，於治亂通變之原，言之最悉。其識尤未易及。特當宋之末世，方恪守洛閩之言，而適獨不免於同異，故振孫等不滿之耳。

本語六卷（副都御史黃登賢家藏本）

明高拱撰。拱有春秋正旨，已著錄。是書成於萬歷丙子，距拱罷歸之日已十三年。故開卷即以否泰兩卦君子小人消長爲言，其中論裴度論劉晏，皆陰以自比，論李林甫論哈嗎爾（原作哈麻，今改正），皆以陰比徐階，論盧懷慎，則陰比殷士儋輩，亦發憤而著書者也。其間如隆慶六年宿良鄉，夢見孔子之類，頗爲夸誕。如謂無意之妙，非意所能爲，故聖人貴忘之類，亦頗涉虛無。至駁伊川說春秋災異一條，欲破董仲舒、劉向、劉歆之說，遂謂天道不關於人事，尤爲紕繆。其他辨詁先儒之失，抉摘傳註之誤，詞氣縱橫，亦其剛很之餘習。然頗有剖析精當之處，亦不可廢。五卷以下，皆論時事，率切中明季之弊。故明史稱其練習政體，有經濟才。一書之中，蓋瑕瑜互見云。

右雜家類雜學之屬二十二部，一百七十八卷，皆文淵閣著錄。

案古者庠序之教，胥天下而從事六德、六行、六藝，無異學也。周衰而後，百氏興。名家稱出於禮官，然堅石白馬之辨，無所謂禮。縱橫家稱出於行人，然傾危變詐，古行人無是詞命。墨家稱出於清廟之守，併不解其爲何語。以上班固之說，某家出某，皆實皆儒之失其本原者，各以私智變爲雜學而已。其傳者寥寥無幾，不足自名一家，今均以雜學目之。其他談理而有出入，論事而參利害，不純爲儒家言者，亦均附此類。

欽定四庫全書總目卷一百十七

子部二十八

雜家類二

白虎通義四卷 通行本

漢班固撰。隋書經籍志載白虎通六卷，不著撰人。唐書藝文志載白虎通義六卷，始題班固之名。崇文總目載白虎通德論十卷，凡十四篇。陳振孫書錄解題亦作十卷，云凡四十四門。今本為元大德中劉世常所藏，凡四十四篇，與陳氏所言相符。知崇文總目所云十四篇者，乃傳寫脫一四字耳。然僅分四卷，視諸志所載又不同。朱翌猗覺寮雜記稱荀子註引白虎通天子之馬六句，今本無之。然則輾轉傳寫，或亦有所脫佚。翌因是而指其偽撰，則非篤論也。據後漢書固本傳，稱天子會諸儒講論五經，作白虎通德論，令固撰集其事。而楊終傳稱終言宣帝博徵羣儒，論定五經於石渠閣。方今天下少事，學者得成其業，而章句之徒破壞大體，宜如石渠故事，永為世則。於是詔諸儒於白虎觀論考同異焉。會終坐事繫獄，博士趙博、校書郎班固、賈逵等以終深曉春秋，學多異聞，表請之，卽日貰出。丁鴻傳稱肅宗詔鴻與廣平王羨及諸儒樓望、成封、桓郁、賈逵等論定五經同異於北宮白虎觀，使五官中郎將魏應主承制問難，侍中淳于恭奏上，帝親稱制臨決。時張酺、召馴、李育皆得與於白虎觀。蓋諸儒可考者十有餘人，其議奏統名白虎通德論，猶不名通義。後漢書儒林傳序言，建初中大會諸儒於白虎觀，考詳同異，連月乃罷。肅宗親臨稱制，如石渠故事。顧命史臣著為通義。唐章懷太子賢註，云卽白虎通義，是足證固撰集後乃名其書曰通義。唐志所載，蓋其本名。崇文總目稱白虎通德論，失其實矣。隋志刪去義字，蓋流俗省略，有此一名。故唐劉知幾史通序引白虎通、風俗通為說，實則遞相祖襲，忘其本始者也。書中徵引六經傳記，而外涉及讖緯，乃東漢習尚使然。又有王度記、三正記、別名記、親屬記，則禮之逸篇。方漢時崇尚經學，咸兢兢守其師承，古義舊聞，多存乎是，洵治經者所宜從事也。國朝任啓運嘗舉正其闕，作白虎通摘謬，見所自為制藝序中。今其書不傳，所糾之當否，不可考矣。

獨斷二卷 通行本

漢蔡邕撰。王應麟玉海謂是書間有顛錯，嘉祐中余擇中更為次序，釋以己說，故別本題新定獨斷。擇中之本今不傳，然今書中序歷代帝系末云，從高祖乙未至今壬子歲三百一十年，壬子為靈帝建寧五年，而靈帝世系末行小註乃有二十二年之事，又有獻帝之諡，則決非邕之本文，蓋後人亦有所竄亂也。是書於禮制多信禮記，不從周官，若五等封爵全與大司徒異，而各條解義與鄭元禮註合者甚多。其釋大祝一條與康成大祝註字句全符，則其所根據當同出一書。又續漢書輿服志樊噲冠廣九寸，高七寸，前後出各四寸。是書則謂廣七寸，前出四寸，其詞小異。劉昭輿服志註引獨斷曰，三公諸侯九旒，卿七旒。今本則作三公九，諸侯卿七。建華冠註引獨斷曰，其狀若婦人縷鹿。今本並無此文。又初學記引獨斷曰，乘輿之車皆副轄者，施轄於外，乃復設轄者也。與今本亦全異。此或諸家援引偶譌，或今本傳寫脫誤，均未可知。然全書條理統貫，雖小有參錯，固不害其宏旨，究考證家之淵藪也。

古今注三卷附中華古今注三卷 江蘇巡撫採進本

古今注三卷，舊本題晉崔豹撰；中華古今注三卷，舊本題後唐太學博士馬縞撰。豹書無序跋。縞書前有自序，稱晉崔豹古今注博識雖廣，殆有闕文。洎乎黃初，莫之聞見。今添其注，以釋其義。然今互勘二書，自宋齊以後事二十九條外，其魏晉以前之事，豹書惟草木一類及鳥獸類吐綬鳥一名功曹七字為縞書所無，縞書惟服飾一類及開卷宮室一條、封部兵陳二條、馬甝犬二條為豹書所闕。其餘所載並皆相同，不過次序稍有後先，字句偶有加減。縞所謂增注釋義，絕無其事。又縞書中卷云，棒，崔正熊注車輻也。使全襲豹語，不應此條獨著豹名。考太平御覽所引書名，有豹書而無縞書。文獻通考雜家類又祇有縞書而無豹書。知豹書久亡，縞書晚出，後人摭其中魏以前事僞為豹作。又檢校永樂大典所載蘇鶚演義，與二書相同者十之五六，則不特豹書出於依託，卽縞書亦不免於剿襲。特以相傳既久，姑存以備一家耳。考劉孝標世說注載豹字正能，晉惠帝時官至太傅。馬縞稱為正熊，二字相近，蓋有一誤。新舊五代史均有縞傳，載其明經及第，登拔萃科，仕梁為太常修撰，累歷尚書郎，參知理院事，遷太常少卿。唐莊宗時爲中書舍人、刑部侍郎、權判太常卿。明宗時貶綏州司馬、復爲太子賓客、遷戶部兵部侍郎、終於國子祭酒。今本題唐太學博士、蓋據書錄解題。然稱爲太學博士、實振孫之誤。至其時代、則振孫亦稱後唐、不專稱唐、實明人刊本以意改之也。

資暇集三卷、江蘇巡撫採進本

唐李匡乂撰。舊本或題李濟翁、蓋宋刻避太祖諱、故書其字。如唐修晉書、稱石虎爲石季龍。或作李乂、亦避諱刊除一字。如唐修隋書、稱韓擒虎爲韓擒、實一人也。文獻通考一入雜家、引書錄解題作李匡文。一入小說家、引讀書志作李匡義。而字濟翁則同。陸游集有此書跋、亦作李匡文。王楙野客叢書作李正文。然讀書志實作匡乂、諸書傳寫自誤耳。匡乂始末未詳。書中稱再從叔翁汧公、知爲李勉從孫。又稱宗人翰作蒙求、載蘇武鄭衆事云云。則胥翰林學士李翰之族。其人當在唐末。唐書藝文志有李匡文兩漢至唐年紀一卷、註曰昭宗時宗正少卿。蓋卽匡乂。書中但自稱守南漳、蓋所歷之官、非所終之官也。讀書志載是書有匡乂自序曰、世俗之談、類多譌誤、雖有見聞、嘿不敢證。故著此書。上篇正誤、中篇談原、下篇本物。此本前有虞山錢遵王氏藏書印、蓋也是園舊物。末題埭川顧氏家塾梓行。中閒貞字徵字完字皆闕筆、蓋南宋所刊。殷字亦尙闕筆、則猶刻於理宗以前、宣祖未祧之時。較近本爲善。然無自序、疑裝輯者佚之。書中亦不標三篇之目。其所說之事、則皆與目應。疑自序乃櫽括之詞、原未標目也。其書大抵考訂舊文。黃伯思東觀餘論嘗駁其茶託一條、黃朝英緗素雜記嘗駁其傫直一條、胡仔苕溪漁隱叢話嘗駁其藥欄一條、王楙野客叢書嘗駁其急急如律令一條。今覈所辨、如千里不唾井事、云本因南朝宋之計吏。不知玉臺新詠舊本載曹植代劉勳出妻王氏詩已有千里不唾井、況乃昔所奉句、則宋計吏之說爲誤。又蜀妓薛濤見於唐人詩集者無不作濤。此書獨作薛陶、顯爲譌字。又解龍鍾爲龍所踐處、亦涉穿鑿。又全書均考證之文、而穆寧啗熊白一條、忽雜嘲謔雜事、於體例尤爲不倫。然如謂荀悅漢紀防將來之誤、角里直書祿里、足驗用字上加一拂別作用字之非。謂論語宰予晝寢作晝寢、乃梁武帝之說、傷人乎不問馬、不字斷句、乃經典釋文之說、均不始於韓愈筆解。謂五臣註文選竊據李善之本。謂韓愈諱辨誤以杜度爲名。謂有母之人不可稱舅氏爲渭陽。謂作詩疏之陸璣名從玉傍、非士衡。謂萬幾字譌作機由漢王嘉封事。謂除授二字有分、以至座前閣下之別、竹甲題籤門杖之始、皆引證分明、足爲典據。其中鄭侯音鹺一條、明焦竑作筆乘、摭爲異聞。不知屬沛國者音鹺、屬南陽者音贊、匡乂已引鄒氏史記註駁讀鹺之非、竑殆未見此書也歟。

刊誤二卷、兩江總督採進本

唐李涪撰。舊本前有結銜、稱國子祭酒。郭忠恕佩觿引此書、亦稱李祭酒涪。五代去唐末未遠、當得其眞。而陸游渭南集有是書跋曰、王行瑜作亂、宗正卿李涪盛陳其忠、必悔過、及行瑜傳首京師、涪亦放死嶺南。疑卽此人、未詳孰是也。前有自序、稱撰成五十篇。此本惟四十九篇、蓋佚其一。其書皆考究典故、引舊制以正唐末之失。又引古制以糾唐制之誤、多可以訂正禮文。下卷閒及雜事、如論僆甥勞繆廢鷊六字之譌、辨陸法言切韻之誤、解論語不問馬之不非否音、校左傳繕完葺牆之完爲宇字、以及駁李商隱孔子師老聃、老聃師竺乾之妄、正賈耽七曜歷之謬、亦頗資博識。唐末文人日趨佻巧、而涪獨考證舊文、亦可謂學有根柢者矣。

蘇氏演義二卷、永樂大典本

唐蘇鶚撰。鶚字德祥、武功人。宰相頲之族也。光啓中登進士第。仕履無考。嘗撰杜陽雜編、世有傳本。此書久佚、今始據永樂大典所引裒輯成編。雜編特小說家言、此書則於典制名物具有考證。書中所言、與世傳魏崔豹古今注馬縞中華古今注多相出入。已考證於古今注條下。然非永樂大典幸而僅存、則豹書之僞猶可考見、縞書之勦襲竟無由證明。此固宜亟爲表章、以明眞贗。況今所存諸條、爲二書所未剌取者、尙居強半。訓詁典核、皆資博識。陳振孫書錄解題稱其考究書傳、訂正名物、辨證譌繆、可與李涪刊誤李濟翁資暇集邱光庭兼明書竝驅。良非溢美。尤不可不特錄存之、以備參稽也。原書十卷、今掇拾放佚、所得僅此。古書亡失、愈遠愈稀。片羽吉光、彌足珍貴。是固不以多寡論矣。

兼明書五卷、浙江范懋柱家天一閣藏本

五代邱光庭撰。光庭，烏程人，官太學博士。陳振孫書錄解題稱光庭爲唐人。續百川學海及彙祕笈則題曰宋人。考書中世字皆作代，當爲唐人。然羅隱集有贈光庭詩，則當已入五代。其爲唐諱，猶孟昶石經世民等字猶沿舊制闕筆耳。是書皆考證之文。宋史藝文志作十二卷，書錄解題作二卷。此本五卷，疑後人所更定。首爲諸書二十二條，次爲周易五條、尚書四條、毛詩十三條，次爲春秋十條、禮記五條、論語十三條、孝經二條、爾雅三條，次爲文選二十二條，次爲雜說十八條，字書十二條。其字書十二條中，聦字、鱻字、明字、朴字四條有錄無書，係傳寫脫佚。起字一條，語不相屬。詳其大義，蓋說起字者佚其下段，說朴字者佚其上段，傳寫誤合爲一也。其中如諸書門，據山海經鳳凰之文，管子、韓詩外傳、封禪之記，謂作字不始於蒼頡，不知百氏雜說，不足爲據。春秋門，譏劉知幾論春秋諸侯用夏正之非，不知左傳記晉事，經傳皆差兩月，有用夏正之明徵。論語請車爲槨一條，謂毀車爲槨，非賣車市槨，不知一車之材，毀之豈能爲槨，殊不近事理。雜說門七夕一條，尤杜撰。尚書門論周康王當名釗，孝經門謂仲尼之尼當作𡰥，爲古夷字。春秋門謂衞桓公當名皃，更臆斷無所依據。然如論史記誤以放勳重華文命爲堯舜禹名，毛萇誤以垤爲螘冢，孔安國誤解菁茅，顏師古誤以鳲鳩爲白鷹，孔穎達誤以鴟鴞爲巧婦，又誤以占書爲龜策同體，公羊穀梁誤以荆人爲貶詞，杜預誤以文馬爲畫馬，趙匡誤以諸侯無兩觀，郭璞誤以鷂脂爲盜肉，應劭誤以丘氏爲出左丘明，皆引據辨駁，具有條理。所記社稷諸條，多得禮意。駁五臣文選註諸條，亦皆精核。謂春秋之例，有褒而書者，有貶而書者，有譏而書者，有非褒非貶非譏國之大事法合書者，尤爲卓識。在唐人考證書中，與顏師古匡謬正俗可以齊驅。蘇鶚之演義、李涪之刊誤、李匡乂之資暇集，抑亦其次。封演見聞記頗雜瑣事，又其次矣。

近事會元五卷（兵部侍郎紀昀家藏本）

宋李上交撰。上交，贊皇人。始末未詳。是書成於嘉祐元年。前有上交自序。陳振孫書錄解題曰：近事會元五卷，李上交撰，自唐武德至周顯德，雜事細務，皆紀之。錢曾讀書敏求記曰：上交退寓鍾陵，尋近史及小說雜記之類，凡五百事，釐爲五卷，目曰近事會元。唐史所失記者，此多載焉。此本末題萬歷壬午元素齋錄副本，猶明人舊鈔。卷數與二家所記合。其記事起訖年月，與振孫所言合。條數及自序之文，亦與曾所言合。蓋即原本。惟振孫以爲皆記雜事細務。今觀其書，自一卷至三卷，首載宮殿之制，次載輿服之制，次載官制、軍制，其次亦皆六曹之掌故。四卷爲樂曲，爲州郡沿革。惟五卷頗載瑣聞。然如婦人檐子、兜籠、綫鞾、綫䩞、親迎輿樂、障車、公主事姑舅、公主賜謚、山川岳瀆封號、國忌行香、上元點鐙、散從親事官、處士謚先生、律格赦書投匭、刑統律令、死罪覆奏、斷獄禁樂、遂旬問罪人表狀書奏制勑及始流沙門島、始配衙前安置、始貶崖州諸條，亦皆有關於典制。大抵體例在崔豹古今注、高承事物紀原之閒。其中如霓裳羽衣曲考證，亦極精核，不可徒以雜事細務目之。振孫殆未詳核其書，但見其標題，列說如雲仙雜記、清異錄之式，遂漫以爲小說歟。

東觀餘論二卷（浙閩總督採進本）

宋黃伯思撰。伯思字長睿，號霄賓，又自號雲林子，昭武人。政和中官至祕書郎。伯思歿時，年僅四十，而學問淹通。李綱誌其墓，稱經史百家之書，天官地理、律歷、卜筮之說，無不精詣。又好古文奇字，鍾鼎彝器款式，體製悉能了達辨正。所著有法帖刊誤二卷、古器說四百二十六篇。紹興丁卯，其子訒與其所著論辨題跋合而刊之，總名曰東觀餘論。然訒跋稱共十卷，今本僅二卷，或後來傳寫所合併。所載古器亦不足四百二十六條，則疑訒於其未定之說有所去取。較務矜繁富，不辨美惡，徒誇祖父之長，而適暴所短者，其識特高。又書錄解題載伯思博古圖說十一卷，凡諸器五百二十七，印章四十五，無古器說之名。又稱後來修博古圖，多採用之，疑爲官書既行之後，其名適同，亦訒改題之以避尊也。其書頗譏歐陽修不精考核，而樓鑰跋中乃摘書中史籀書一條、異苑一條、王獻之璇題一條、勿勿一條、甘蔗帖一條，糾其疎漏。蓋考證之學，本無盡藏，遞相掎摭，不能免也。要其精博，勝集古錄多矣。

靖康緗素雜記十卷（通行本）

宋黃朝英撰。晁公武讀書志曰：朝英，建州人，紹聖後舉子。又曰：所記凡二百事。今本卷數與公武所記同。而祗有九十事。觀程大昌演繁露辨其誤引麥秋一條。此本無之。考王楙野客叢書。亦具載麥秋之説。稱緗素雜記。知非大昌誤引。又野客叢書載其辨李賀金銅仙人辭漢歌序。誤以折露盤爲青龍九年一條。麻胡僅得二事一條。袁文甕牖閒評載其辨穀陽一條。辨蘆菔一條。此本亦無之。蓋明人妄有刪削。已非完書矣。袁文王楙於此書頗有駁正。然考證之學。大抵後密於前。不足爲病。晁公武譏其爲王安石之學。又譏其解詩芍藥握椒爲鄙褻。劉敞七經小傳亦摭此條爲諧笑。雖不出姓字。殆亦指朝英。今觀其書。頗引新經義及字説。而尊安石爲舒王。解詩綠竹一條。於安石之説尤委曲回護。誠爲王氏之學者。然所説自芍藥握椒一條外。大抵多引據詳明。皆有資考證。固非漫無根柢。徒爲臆斷之談。敞本與安石異趣。公武又自以元祐黨家。世與新學相攻擊。故特摭其最謬一條以相排抑耳。

猗覺寮雜記二卷（兩淮馬裕家藏本）

宋朱翌撰。翌字新仲。自號灊山居士。舒州人。政和中登進士第。南渡後官中書舍人。此編上卷皆詩話。止於考證典據。而不評文字之工拙。下卷雜論文章。兼及史事。近時鮑氏知不足齋刻本。割其下卷六十八條移入上卷。以均篇頁。殊失古人著書之意矣。前載與承相洪适求序書一篇。鮑氏移之卷末。亦非其舊也。适未及作序而卒。其弟邁始爲序之。稱其窮經考古。上摭騷雅。旁弋史傳。劉克莊後村集中亦極稱其考證之功。今觀其書。如杜甫已上人茅齋詩天棘蔓青絲句。據本草改爲顛棘。未免穿鑿。蘇軾詩空蠶使爾繭如甕句。事出列仙傳。而引僞託之述異記。韓愈謝自然詩實屬唐人。乃云出風俗通。杜甫李潮八分小篆歌。諸本皆作苦縣光和尚骨立。乃誤作骨力。引南史張融事爲證。鵲填河事見顏氏家訓及庾肩吾詩。又見白居易六帖。乃與親家等字一概謂之俗説。（案馬縞中華古今注亦以鵲填河爲出俗説。然俗説乃沈約所著書名。見隋志）蘇轍詩傳仍存小序首一句。乃嚴謂之廢序。唐虞自是國號。乃云堯姓唐。舜姓虞。皆不免於疎舛。至於雷琴一條。引元稹詩註。證爲蜀匠。又賀若一條。引唐書王涯傳。證爲賀若夷。不知段安節樂府雜錄稱貞元中。成都雷生善斵琴。其業精妙。天下無比。彈者亦衆。爲大和中有賀若夷尤能。後爲待詔。對文宗彈一調。上嘉之。賜朱衣。至今爲賜緋調云云。固俱有明文。不須旁證。亦未爲能究根柢。然其引據精鑿者。不可殫數。在宋人説部中不失爲容齋隨筆之亞。宜邁序之相推重也。

能改齋漫錄十八卷（浙江巡撫採進本）

宋吳曾撰。曾字虎臣。崇仁人。秦檜當國時。曾上所業得官。紹興癸酉自敕局改右承奉郎。主奉常簿。爲玉牒檢討官。遷工部郎中。出知嚴州。致仕卒。此書末有其子復跋。稱所記凡二千餘條。釐爲十八卷。自元初以來。刊本久絶。此本乃明人從祕閣鈔出。原闕首尾二卷。焦竑家傳寫之本。遂以第二卷第十七卷各分爲二。以足其數。實非完帙。又書中分事始辨誤事實沿襲地理議論記詩謹正記事記文方物樂府神仙鬼怪共十三類。而諸家傳本。或分卷各殊。或次序顛倒。或併爲十五卷。或以第十一卷分作兩卷。而併第九卷入第八卷內。或無謹正一類。而併入記事類中。或多類對一門。詼諧戲謔一門。蓋輾轉繙錄。不免意爲改竄。故參錯百出。莫知孰爲原帙也。趙彥衞雲麓漫鈔又記秦檜卒後。曾不敢出其第十九卷。則當日已無定本。無怪後來之紛紛矣。是書考證頗詳。而當時殊爲衆論所不滿。劉昌詩蘆浦筆記嘗摘其舛誤十一條。又稱其比事門中（案今本無比事之名）多所漏略。舉史記八事以例其餘。趙彥衞雲麓漫鈔亦摘其中論佛法與天地並原一條。爲所學之誣妄。併稱其詆訾前賢不少。如詩人得句偶有相犯。卽以爲蹈襲。及恃記博妄有穿鑿。周煇淸波雜志則謂其記荆王元儼戲劇批判及宗室子好尙之僻諸事。有論其不應言者。旋被旨毀版。盛如梓恕齋叢談又載當日有知麻城縣鄭顯文者。遣其子之翰赴御史臺論曾事涉訕謗。有旨曾顯文各降兩官。臣僚繳奏。乃黜顯文。送其子汀州編管。後京鏜愛其書。始版行。與煇所記不同。未詳孰是。王士禎池北偶談以爲曾書多不滿王安石。顯文殆又襲黨人故智。今觀其書。以荀彧爲漢之忠臣。以馮道爲大人。其是非甚爲乖剌。又如孫仲鼇賀秦檜詩。曾惇上秦檜書事十絶句。皆臚載無遺。是其黨附權姦。昭然可見。併其書遭人攻擊。蓋由於此。士禎偶未詳考也。然曾記誦淵博。故援據極爲賅洽。辨析亦多精核。當時雖惡其人。而諸家考證之文則不能不徵引其說、幾與洪邁容齋隨筆相埒。置其人品而論其學問、棄其瑕纇而取其英華、在南宋說部之中、要稱佳本、則亦未可竟廢矣。

雲谷雜記四卷、永樂大典本

宋張淏撰。淏有會稽續志、已著錄。此書書錄解題、宋史藝文志皆不載、惟文淵閣書目載有一冊、其本久佚。今從永樂大典中採撮得一百十條、別有徐邦憲書帖一首、及淏識語一則、乃當時冠於卷首者。又有楊楫、章穎、葉適後序三篇、及淏自跋一篇、尚皆完整無闕。謹依類排次、析爲四卷。而取書帖序跋、分載首末、以略還原本之舊。宋人說部紛繁、大都摭拾瑣屑、侈談神怪。惟淏此書、專爲考據之學。其大旨見自跋中。故其折中精審、釐訂詳明、於諸家著述、皆能析其疑而糾其謬。如論蕙之非零陵香、而駁邵博聞見錄之舛。論王羲之換鵞實有黃庭、道德二經、而斥蔡條西淸詩話之非。引董德元言、證蘇軾詩虎頭城之爲虔州。引曾慥百家詞、證虎兒爲米友仁字、而摘施宿、任淵二家所註之誤。其釐正是非、確有依據、頗足爲稽古之資。宏當時極重其書也。葉適後跋、以淏所論泊宅編花書名一條、義有未安、別存商榷之語。淏併存諸卷中。卽是一節、亦與一語異同、務伸己是、書函往返、動溢萬言。託於各尊所聞、各行所知者、意量之公私、相去遠矣。

西溪叢語三卷、江蘇巡撫採進本

宋姚寬撰。寬字令威、嵊縣人。父舜明、紹聖四年進士。南渡歷官戶部侍郎、徽猷閣待制。寬以父任補官、仕至權尚書戶部員外郎、樞密院編修官。其書多考證典籍之異同。如辨文選神女賦玉字爲王字之誤。辨劉攽論蕭何不爲功曹之誤。辨黃庭堅論徐浩詩瓌能字押奴來切之誤。辨歐陽修論張繼半夜鐘之誤。辨王安石詩經新義彤管爲箫笙之誤、皆極精審。至考感甄賦之始末、不辨其非。謂陶潛詩中之田子春卽漢書劉澤傳之田生。謂杜甫詩中之黃衫少年爲霍小玉傳之黃衫客。又謂甫俊逸鮑參軍句爲譏李白。皆失之穿鑿附會。註劉禹錫詩翁仲字不知其不作於洛陽。註李白詩唾井字不知其出於玉臺新詠。王宋詩引蔡嘉贈婦詩誤以第一首爲徐淑作。引詩品誤改寶欽字。皆爲疏舛。然大致瑜多而瑕少、考證家之有根柢者也。葉適水心集有西溪集跋、其稱此書以易肥遯爲飛遯、以孟子不若是恝爲不若是忿二條。又謂金海陵王南侵時、寬推論太乙、熒惑行次、決其必敗、未幾果有瓜洲之事。又謂其著書二百卷、古今同異、無不該括。又謂其古樂府流麗哀思、頗雜近體詩。長短皆絕去尖巧、乃全造古律、加於作者一等。蓋亦一代博洽工文之士矣。

學林十卷、浙江吳玉墀家藏本

宋王觀國撰。觀國、長沙人。其事蹟不見於宋史、湖廣通志亦未之載。惟賈昌朝羣經音辨載有觀國所作後序一篇、結銜稱左承務郎、知汀州寧化縣、主管勸農公事、兼兵馬監押。末題紹興壬戌秋九月中澣。則南渡以後人也。考晁公武、陳振孫兩家書目及宋史藝文志、是書俱未著錄。吳曾能改齋漫錄、趙與旹賓退錄引之、均稱曰學林新編。而今所傳本、但題學林、無新編二字。考袁文甕牖閒評、王楙野客叢書亦祇稱王觀國學林、則當時已二名兼用矣。書中專以辨別字體、字義、字音爲主。自六經史漢旁及諸書、凡註疏箋釋之家、莫不臚列異同、考求得失、多前人之所未發。賓退錄嘗摘其誤以不羹爲羹頡。甕牖閒評亦摘其議賈暇集以行李爲行孥、孥字無所根據、不知玉篇山部有此字、註釋甚詳。能改齋漫錄又摘其謂左傳季氏介其雞、當存高誘註以鎧著雞頭、不當作蒙雞之臆。佛氏精舍江表傳載于吉事、是魏初已有之、觀國謂自晉始有者爲誤。又孟子以言餂之、觀國不取郭璞音義、而取玉篇音甜之說。京索之索、觀國以爲當音山客反、不知陸氏釋文及五臣之注、韓退之之詩皆音悉落反、固未嘗誤。亦頗爲他家所駁正。然考證之文、遞相掎摭、此疎彼密、利鈍互形、原不能毫無疵累。論其大致、則引據詳洽、辨析精核者十之八九。以視孫奕示兒編、殆爲過之。南宋諸儒講考證者不過數家、若觀國者、亦可謂卓然特出矣。

容齋隨筆十六卷、續筆十六卷、三筆十六卷、四筆十六卷、五筆十卷、內府藏本

宋洪邁撰。邁字景盧、鄱陽人、皓之子。紹興十五年進士。歷官端明殿學士。事蹟具宋史本傳。其書先成隨筆十六卷、刻於婺州。淳熙閒傳入禁中、孝宗稱其有議論。邁因重編爲續筆、三筆、四筆、五筆。續筆有隆興三年自序。三筆有慶元二年自序。四筆

有慶元三年自序。亦各十六卷。而五筆止十卷。蓋未成而邁遂沒矣。其中自經史諸子百家以及醫卜星算之屬。凡意有所得。卽隨手札記。辯證考據。頗爲精確。如論易說卦寡髮之爲宣髮。論豳風七月在野八月在宇之文爲農民出入之時。非指蟋蟀。皆於經義有裨。尤熟於宋代掌故。如以宋自翰林學士八相者非止向敏中一人。駁沈括筆談之誤。又引國史梁顥傳證陳正敏遯齋閒覽所紀八十二歲及第之說爲不實。皆極審核。惟自序稱作一筆首尾十八年。二筆十三年。三筆五年。四筆不費一歲。蓋其晚年撰夷堅志於此書不甚關意。草創促速。未免少有牴牾。如謂劉昭註後漢書五十八卷。補志當在其中。而不知所註乃司馬彪續漢書志。章懷太子以後漢書無志。移補其闕。又駁宣和博古圖釋雲雷磬所引臧文仲以玉磬告糴之文謂左傳並無其說。而不知出自國語中。頗爲失檢。又如史家本末及小學字體。皆無所發明。而綴爲一條。徒取速成。不復別擇。然其大致。自爲精博。南宋說部。終當以此爲首焉。前有嘉定壬申何異序。明李瀚馬元調先後刊行之。考永樂大典所載應俊合輯琴堂諭俗編中。有引容齋隨筆所論服制一條。而今本無之。豈尙有所脫佚歟。明人傳刻古書。無不竄亂脫漏者。此亦一證矣。

攷古編十卷。浙江巡撫採進本

宋程大昌撰。大昌有易原。已著錄。是編乃雜論經義異同。及記傳謬誤。多所訂證。其詩論十七篇。反覆推闡。大抵謂詩有南雅頌之名。無國風之名。說極辨博。而究無解於禮記之所引。故終爲後人駁詰。至正朔論謂周人雖首子以命月。而占星命算修詞舉事仍用夏時。象刑論謂是刑官取其法懸之象魏。而不取畫衣冠異章服之說。其持論雖頗新異。而旁引曲證。亦能有所依據。他若以白居易樂府正韋述所記唐六典不曾行用之誤。以在張掖者乃鮮水非令鮮水。駁章懷太子所註後漢段熲傳之非。以漢書比景縣當從劉昫舊唐書作北景。以荀子所稱子弓卽仲弓非馯臂子弓。以瑯琊臺碑文證秦以前已嘗刻石。皆典確明晰。非泛爲徵摭。雖亞於容齋隨筆。要勝於鄭樵輩之橫議也。

演繁露十六卷、續演繁露六卷。兩淮馬裕家藏本

宋程大昌撰。案紹興中春秋繁露初出。其本不完。大昌證以通典所引劍之在左諸條、太平御覽所引禾實於野諸條。辨其爲僞。因謂董仲舒原書必句用一物以發己意。乃自爲一編擬之。而名之以演繁露。後樓鑰參校諸家。復得繁露原本。凡諸書所引者具在。譏大昌所見不廣。誤以仲舒爲小說家。其論良是。然大昌所演。雖非仲舒本意。而名物典故考證詳明。實有資於小學。所引諸書。用李匡乂資暇集引通典例。多註出某書某卷。尙有譌舛。易於尋檢。亦可爲援據之法。其書正編不分類。續編分制度文類詩事談助四門。中如衞士屋駕請道等子當爲鼎子一條。岳珂愧郯錄引吳仁傑鹽石新論甲編。謂魏典韋傳有等人之稱。洪翰林云等人猶候人。蓋軍制如此。大昌所疑。未爲詳允。然書中似此偶疎者。不過一二條。其他實多精深明確。足爲典據。周密齊東野語云。程文簡演繁露初成。高文虎嘗假觀之。稱其博贍。文虎子似孫。時年尙少。因竊窺之。越日。程索回原書。似孫因出一帙曰繁露詰。其間多文簡所未載。而辨證尤詳。今其書不傳。諸家亦不著於錄。考似孫所著緯略。其精博未必勝於大昌。或傳聞者過。周密誤載之歟。

緯略十二卷。江蘇巡撫採進本

宋高似孫撰。似孫有剡錄。已著錄。似孫嘗輯經略史略子略集略騷略及此書。今惟子略騷略與此書存。陳振孫書錄解題論其讀書以隱僻爲博。其作文以怪澀爲奇。然考證之學。正不嫌其博。而是編所引。亦皆四庫所著錄。非馮贄之流詭詞炫俗者比。固不得以隱僻譏也。明沈士龍跋。又稱其懸騷招隱八風鬭棋氍毹禡牙之類。全錄藝文初學北堂御覽諸書。無所增輯。知宋世編集不復具存。摘用類書。誇示宏肆。是誠在所不免。周嬰卮林議其誤引金樓子。以劉休元水仙賦爲唐劉子元。疎舛亦不能無。然其言篤實。無所假託。終出楊慎丹鉛諸錄之上。亦考古者所必資矣。

甕牖閒評八卷。永樂大典本

案甕牖閒評。宋史藝文志及晁公武陳振孫諸家俱未著錄。惟李燾續通鑑長編考異內閒引其書。明代文淵閣書目亦有此書一部一冊。而均未詳姓名時代。永樂大典散載入各韻中。亦不題撰人。今考袁燮絜齋集有所作其父墓表云。先公諱文字質甫。四明鄞人。幼喜讀書。不汲汲於科名。而惟務勤學。有雜著一編曰甕牖閒評。又燮集載其曾

祖知隨州，曾祖妣石氏臂痛，其祖延醫修佛及其父諸軼事，皆與是編所紀相合。則爲袁文所撰無疑也。其書專以考訂爲主，於經史皆有辨論，條析同異，多所發明，而音韻之學尤多精審。凡偏旁點畫反切訓詁，悉能剖別於豪釐疑似之閒。其所載典故事實，亦首尾完具，往往出他書所未備。雖徵引既繁，不無小誤，如謂漢書敘傳稱袁盎爲子絲，疑傳中字絲爲脫文，不知敘傳以四言爲句，故加子字以成文，如史記項羽本記稱字羽，而自敘亦作子羽，是其例也。又謂古人日暮倚脩竹，佳人殊未來，所稱佳人乃賢人，考日暮倚脩竹乃杜甫佳人詩，云非婦人，已謬。佳人殊未來乃江淹擬休上人怨別詩，合爲一篇，尤非。至於不知腹猶果然出莊子，不知鼠姑爲牡丹，不知屠蒯杜蒯乃聲之轉，如包胥之爲勃蘇，亦均失之眉睫之前。而大致賅洽，實考據家之善本。惜其在宋世已罕流傳，迄明遂佚，藏書家至不能舉其名。又文之子燮、孫甫、史沈埋剝蝕之餘，復加釐訂，排比成編，使其姓名學問不致終沒於來世，亦可知顯晦之自有其時矣。原書卷帙不可考。今所輯者尚四百餘則，條目頗爲紛雜，謹依類詮次，分爲八卷。一卷論經，二卷論史，三卷論天文地理人事之類，四卷專論小學，五卷論詩詞書畫之類，六卷論飲食衣服器用宮室之類，七卷論釋道技術物產之類，而以雜論因果怪異及自記之語終焉。

芥隱筆記一卷（通行本）

宋龔頤正撰。頤正字養正，處州遂昌人，本名敦頤，光宗受禪，改今名。爲國史院檢討官。其書名芥隱筆記者，考韓元吉南澗甲乙稿中有題芥隱一詩，爲頤正而作。蓋其書室之名，因以名其所著也。頤正攷證博洽，具有根柢，而舛謬處亦時有之。如韓愈馬上誰家白面郎詩，誤以爲杜甫詩。公羊傳孔父義形於色，誤以爲左傳孔子語。王昌齡夢中喚作梨花雪詩，誤以爲王建。信乎考證之難。然統合全編，則精核者居多。要不在沈括筆談、洪邁隨筆之下，未可以卷帙多少爲甲乙也。每條下多有註語，其中班固賓戲一條與正文不相應，王安石草堂懷古一條明註異同，其王建一條註乃明駁之，似非頤正所自註。然出自誰手則不可考矣。

蘆浦筆記十卷（兩淮鹽政採進本）

宋劉昌詩撰。昌詩字興伯，江西清江人。第七卷仙卜一條，稱開禧乙丑竊太常第，則寧宗元年登進士。書末有嘉定乙亥自跋，稱捐俸刻於六峯縣齋，則嘗爲縣令。但六峯不知爲何地。前有嘉定癸酉自序，稱服役海陬，賣鹽外無職事，惟繙書以自娛。凡先儒之訓傳，歷代之故實，文字之譌舛，地理之遷變，皆得溯其源而尋其流。蓋其監華亭蘆瀝場鹽課時作，故以蘆浦爲名也。書中草鞵大王一條稱紹興癸丑余客淮南云云。癸丑爲紹興三年，下距嘉定乙亥凡八十三年。計其年且百餘歲，必無尚爲縣令之理。卽距開禧乙丑亦七十三年，計其年當過九旬，更必無登第之理。考紹熙五年亦爲癸丑，或傳寫譌舛，以熙爲興歟。其書多糾吳曾能改齋漫錄之失。其論泥軾、屏星、金根車、諸葛亮表脫句、孫叔敖碑舛譌、歐陽修誤題多心經、杜甫詩錯簡，皆有特識。又張栻懲齋銘，本集不載，黃庭堅詠藕詩，實胡藏之作，皆足以資考據。王士禎池北偶談尤稱其記王復死節之事，可補宋史之闕。又稱其書流傳甚少，此本爲丹陽賀氏所藏，而綏安謝兆申所傳鈔，則亦可寶之笈矣。惟塗山啓母一條，不能辨淮南子之妄，而轉引後來誕語以實之，未免失之附會。是則文士好奇之弊也。

野客叢書三十卷、附野老記聞一卷（浙江巡撫採進本）

宋王楙撰。楙字勉夫，長洲人。養母不仕，惟杜門著述。當時稱爲講書君。是書皆考證典籍異同。前有慶元元年自序。又有嘉泰二年自記一條，稱此書自慶元改元以來凡三筆矣。繼覩他書，閒有暗合，不免有所竄易云云。蓋刻意自成一家之言，故書中頗譏洪邁容齋隨筆不免蹈襲。然如和嶠千丈松一條，周顗阿奴火攻一條，皆黃朝英緗素雜記之說。灰釘一條，自云後見藝苑雌黃亦引此辨，與余暗合。蓋刪除尚有未盡也。其閒引據既繁，亦不免小有疎舛。如歐陽修詩本義謂毛萇以前無以騶虞爲獸者，楙引六韜以駁之。趙岐孟子題詞謂孟子無字，楙引孔叢子以駁之。顏師古漢書註謂玉樹在甘泉，而楙引漢武故事以駁之。傅奕請正佛法表謂佛漢明帝時入中國，楙引劉向列仙傳序以駁之。杜甫詩筆架沾窗雨句本詠實景，而楙改沾爲占，引開元天寶遺事以證之。不知是皆晚出僞書，不足爲據也。庾信哀江南賦晉鄭靡依魯衞不睦句，本反用左傳語，而楙謂非其本義。黃庭堅詩註引烏孫公主琵琶事，本出傅元琵琶賦序，其石崇王明君詞乃因烏孫公主之例，想其亦必如是，而楙轉據明君事以駁烏孫公主事。秦觀詞杜鵑聲裏斜陽暮，楙辨暮字不誤似矣，復謂當作斜陽曙，以避英宗廟諱而改，夫斜陽豈可云曙耶。案觀詞元作杜鵑聲裏斜陽樹，宣和中歌者避英宗嫌名，改樹爲暮，見項安世家說。張祜寧王之詩自屬追詠，而楙以爲目擊，又以與祜詩年代不符，則造爲祜身歷十一朝、年一百二十餘歲之說。然則李商隱有九成宮詩，壽更永矣。他如茅盈見史記秦本紀註，而楙沿梁孫文韜碑以爲漢人，譏其以廟諱爲名。非鶡冠子者柳宗元，而楙云韓愈。作盤中詩者蘇伯玉妻，而楙以爲傅元。案楙蓋據陳玉父玉臺新詠誤本，然嚴羽滄浪詩話載玉臺新詠原本甚明。買石得雲饒句本姚合武功縣詩，而楙以爲王建。餘糧棲畝本淮南子語，而楙以爲始於左思。以準作准始於呂忱字林，案字林已佚，此條見郭忠恕佩觿所引。而泛舉唐碑，皆千慮一失，不必曲爲之諱。其餘則多考辨精核，位置於夢溪筆談、緗素雜記、容齋隨筆之閒，無愧色也。末附野老紀聞一卷，乃楙父所作，不著其名字，惟據楙題詞，知其爲陳長方之弟子所記，多元祐諸人遺事。而解孟子旣入其苙，尙沿晁氏客語之說。蓋楙曾祖伯虎及與黃庭堅游，庭堅和王炳之惠玉版牋詩所謂王侯鬚若緣坡竹者是也。案此事見書中髯奴條下。楙父承家世餘聞，故所言如是耳。至楙以其父之書附己書之末，蓋沿山谷集後附伐檀集例，於義均乖。然伐檀集爲後人所附，非庭堅之意，故分析著錄，以正其名。此書爲楙所自附，非可諉過於他人，故仍其舊第，以著其失，亦春秋褒貶各探其本志之義也。書本三十卷，見於自序。陳繼儒祕笈所刻僅十二卷，凡其精核之處，多遭刪削。今仍以原本著錄，而繼儒謬本則不復存目，附糾其失於此焉。

考古質疑六卷　永樂大典本

宋葉大慶撰。大慶宋史無傳，是書亦不見於藝文志，惟永樂大典散見各韻中，又別載入寶慶丙戌葉武子、淳祐甲辰其子釋之序各一篇。據其文考之，知大慶字榮甫，當時以詞賦知名，嘗官建州州學教授，其里貫則序文不具，莫能詳也。其書上自六經諸史，下逮宋世著述諸名家，各爲抉摘其疑義，考證詳明，類多前人所未發。其有徵引古書及疏通互證之處，則各於本文之下用夾註以明之，體例尤爲詳悉。在南宋說部之中，可無愧淹通之目。昔程大昌作考古編，號稱精審，大慶生於其後，復以爲名，似隱然有接迹之意。今以兩書竝較，實亦未易低昂。乃大昌書流傳藝苑，獨此書沈晦不顯，幾至終湮，殆以名位不昌，故世不見重耶。然蠹蝕凋殘，逾數百載，卒能遭逢

聖代，得荷表章，亦其光氣之不可掩也。謹採掇編綴，訂正舛譌，釐成六卷。雖其原目不傳，無由知其完闕，而已佚僅存，要可謂吉光之片羽矣。

經外雜鈔二卷　兩江總督採進本

宋魏了翁撰。了翁有周易要義，已著錄。是編皆雜錄諸書，而略以己意標識於下。多有不載全文而但書云云字者。又有如元子心規之類，一條而兩卷互見者。蓋隨手記載，以備考證之用，本無意於著書。後人得其稾本，傳寫成帙也。其中如摘錄古詩十九首及素問數條之類，頗無所取義。釐字元緒、桑字子明之類，尤傷冗瑣。然如鄒淮所記星象之數，楊鼎臣方圓相生圖，吳沆問對錄論明堂制度，任直翁易心學先天環中圖之類，頗足以資考證。又如論虞仲房所編說文五音譜失李燾本意，論李燾疑說文籀體爲呂忱竄入之非，論像設始於招魂，論常元楷纏門爲劣，論師不專在傳授，友不專在講習，精神氣貌之閒自有相激發處，論陸贄識權字在伊川之前，論韓愈上李實書與順宗實錄相矛盾，論保蜀碑徒知張大吳氏之功而不知傷中國之體，論皆中理。其引古詩凜凜歲云暮一首，次句作螻蛄多鳴悲，與宋本玉臺新詠合，亦足證今文選刊本之誤也。

古今考一卷、續古今考三十七卷　副都御史黃登賢家藏本

古今考一卷，宋魏了翁撰。續古今考三十七卷，元方回撰。回字萬里，號虛谷，歙縣人。宋景定壬戌別省登第，官提領池陽茶鹽，遷知嚴州。入元爲建德路總管。了翁以古制多不可考，兩漢諸儒惟據叔孫通所定某物猶今之某物，孔賈諸疏則又謂去漢久遠，雖漢制亦不可考，乃卽漢書本紀所載隨文辨證，作古今考，前有自序一則。然其書未成，僅得二十條。又有錄無書者四條。咸淳丁卯，回得手稾於了翁之子，乃推衍其意，續成是編，併載了翁原書，而各附論於條下。以鶴山先生曰、紫陽方氏曰別之。其無書四條，回亦補其劉媼夢與神遇一

條。併發例於下曰、鶴山原書有此題而文闕、今回以意補之、加紫陽方氏曰五字。後此皆回所撰、不再書此五字。或引古於前、則復書之云云。案回之所續、亦以漢書本文標目、而於歷代制度推類以盡。其餘如拔劍斬蛇條下則附廣劍考、范增舉玉玦條下則附玉佩考。蓋特借漢書一物之名、推求古制、而與史家本文則絕不相涉也。然了翁所考多在制度。回則以在宋之日獻媚賈似道、似道勢敗又先劾之。既反覆陰狡、爲世所譏。及宋亡之時、又身爲太守、舉城迎降於元、益爲清議所不齒。老而無聊、乃倡講道學以謀晚蓋。故其中多參以理語。如高帝紀寬仁愛人四字、牽引程朱以來諸儒論仁之語、至列目十有二篇、一字之義盈一卷。未免涉於支離。然回人品心術雖不足道、而見聞尚屬賅洽、所考多有可取者。併了翁書錄之、亦不以人廢之義也。

潁川語小二卷（永樂大典本）

案潁川語小、宋史藝文志及諸家書目皆不著錄。其散見永樂大典中者、惟題爲陳叔方撰、而不著時代。書中稱呂祖謙爲呂成公。考宋史列傳、祖謙卒未得諡。至理宗時始追爵開封伯、賜諡曰成。則是書在理宗以後矣。周密癸辛雜識載有叔方二事、稱其字曰節齋。宋無名氏詩家鼎臠載有節齋陳昉叔方宮詞一首、在趙葵之後、王邁之前。宋詩紀事亦稱陳昉字叔方、號節齋、溫州平陽人。以父任入官、累除吏部尚書、端明殿學士。卒諡清惠。此一陳叔方也。又倪瓚清閟閣集有與陳叔方書二首、鄭元祐僑吳集有元故慎獨處士陳君墓誌銘一首、稱吳有隱君子曰陳君叔方、其名曰植。爲宋遺民寧極先生陳深之子。此又一陳叔方也。是書無一字及元事、其宋之陳昉所撰歟。其考究典籍異同、朝廷掌故、酷似洪邁容齋隨筆。其論文多辨別經史句法、又頗似陳騤文則。其中疎舛之處、如謂屐端爲閏月之名、則未考左傳疏史記註。謂叵羅不知何器、則未考北史祖珽傳及李白岑參詩。謂只字毛詩以外別無所出、則未考楚詞大招。謂鉈尾譌爲獺尾、由黃幡綽、則未考王建詩及王得臣麈史。謂林逋詩郭索鉤輈用本草語、則未考揚子法言及李羣玉詩。較之王觀國學林、王應麟困學紀聞、皆爲少遜。然大致考據詳核、如辨女媧補天非鍊石、則取張湛之說。辨同姓不必同氏、則從許慎之論。以及名稱字義詁譌襲謬而不知者、皆一一訂證、尤足以砭流俗之非。較之誌俳諧述神怪者、有益多矣。裒而錄之、亦考證家之所取裁也。叔方舊本卷帙無徵。今即永樂大典所存者、略以類從、編爲二卷。

賓退錄十卷（江蘇巡撫採進本）

宋趙與旹撰。與旹字行之。（案寶祐五年陳崇禮作是書序、稱其字曰德行、與墓誌銘不同、或有兩字、亦未可知。謹附識於此。）以宋史宗室世系考之、蓋太祖七世孫也。宋史無傳、志乘亦不載其名。惟趙孟堅彝齋文編有從伯故麗水丞趙公墓銘曰、有宋通直趙君行之之墓、在安吉州歸安縣鄉山之原。君以敏悟之資、秀出璇源。方弱冠、已薦取應舉。寧考登寶位、補官右選、調筦庫之任。於婺於泰於衢者三。又監御前軍器所、司行在草料場、踸踔西階、逾三十年。未嘗一日忘科舉業也。故自丁卯迄乙卯、以鎖廳舉而試者亦三。春闈率不偶、積階至忠翊。今上皇帝賚賜、予換文階、舊制宗姓換階視見服官品、忠翊則應得京秩。新制裁革、回視初薦、僅循從事、丞處之麗水。君平昔游際貴達、方將汲引、而君疾不可復起矣。年五十七、紹定四年十一月終。上章告謝、尋通直命下、弗之覿也云云。其敘與旹生平最詳。惟墓誌銘之首稱其子孟琌乞銘於某、以丙戌進士同登、則與旹當爲理宗寶慶二年進士。而乃稱其春闈不偶、殆與孟琌同登進士歟。（案孟堅亦非丙戌進士、此文下註代作二字、當爲所代之人也。）是書前後皆有與旹題識。前題不署年月、稱平生聞見所及、喜爲客誦之、賓退或筆於牘、故命以賓退錄。後題稱閼逢涒灘、蓋成於嘉定十七年甲申也。陳崇禮序稱其從慈湖先生問學。蓋楊簡之門人。然書中惟論詩多涉迂謬、於吟咏之事、茫然未解。至於考證經史、辨析典故、則精核者十之六七。可爲夢溪筆談及容齋隨筆之續。觀其於王建及花蕊夫人宮詞、前後再見、並自糾初考之未詳。知其刻意參稽、與年俱進。前乎是者、有鄭康成之註禮註詩、後說不遷就前說。後乎是者、有閻若璩之尚書古文疏證、後說能訂正前說。得失並存、愈見其所學之加密。蓋惟不自是、所以能歸於是也。視宋人之務自回護、違心而爭勝負者、其識趣相去遠矣。

學齋佔畢四卷（通行本）

宋史繩祖撰。繩祖字慶長、眉山人。受業於魏了翁之門。了翁鶴山集中有題史繩祖孝經一篇、卽其人也。其仕履始末不甚可考。惟陽枋字溪集末有其挽詩、結銜稱朝請大夫直煥章閣、主管成都府玉局觀、齊郡史繩祖。蓋奉祠時作。所謂齊郡、其郡望也。是書皆考證經史疑義。其中如君子懷刑訓刑爲型。子罕言利與命與仁訓與爲許。以凡事物之九數皆爲乾元之九。以禹於周易直鼎卦。以至解黃庭堅詩譏蘇軾之類。皆失之穿鑿。又如譏杜預註左傳誤稱逸書、而不知古文之晚出。謂市井字出後漢循吏傳、而不知本出國語。謂雙聲詩始姚合、而不知先有齊王融之類。皆疎於考據。然其他援據辨論、精確者爲多、亦孫奕示兒編之亞也。

鼠璞一卷（內府藏本）

宋戴埴撰。埴字仲培、桃源人。仕履無考。書中楮券源流一條、歷陳慶元開禧嘉定之弊、知爲南宋末人。故書錄解題著錄、而讀書志不著錄也。是書皆考證經史疑義及名物典故之異同、持論多爲精審。其論麟趾爲衰世之語、過泥序文。論性惡曲解荀子、以爲與孟子同功。論崖蜜字承惠洪之誤、不知鬼谷子實無此文。雖不免小疵。然如論彭祖房中太公陰謀蘇軾非武王、立說皆正大。其他辨正如謂詩序緇衣篇引高子靈星之言、知有講師附益之類。率皆確實有據、足裨後學。其曰鼠璞者、蓋取周人宋人同名異物之義。文獻通考列之小說家、失其倫矣。

朝野類要五卷（浙江巡撫採進本）

宋趙昇撰。昇字向晨、自署曰文昌。未詳何地。其始末亦不可考。是書作於理宗端平三年。徵引當時朝廷故事。以類相從。一班朝、二典禮、三故事、四稱謂、五舉業、六醫卜、七入仕、八職任、九法令、十政事、十一帥幕、十二降免、十三憂難、十四餘紀。逐事又各標小目、而一一詳詮其說。體例近蔡邕獨斷。宋至今五六百年。其一時吏牘之文、與搢紳沿習之語、多與今殊。如朝儀有把見、科舉有混試之類。驟讀其文、殆不可曉。是書逐條解釋、開卷釐然。誠爲有功於考證。較之小說家流資嘲戲侈神怪者、固迥殊矣。

困學紀聞二十卷（通行本）

宋王應麟撰。應麟有周易鄭康成註、已著錄。是編乃其劄記考證之文。凡說經八卷、天道地理諸子二卷、考史六卷、評詩文三卷、雜識一卷。卷首有自敘云、幼承義方、晚遇艱屯、炳燭之明、用志不分云云。蓋亦成於入元之後也。應麟博洽多聞、在宋代罕其倫比。雖淵源亦出朱子、然書中辨正朱子語誤數條、如論語註不舍晝夜舍字之音、孟子註曹交曹君之弟及謂大戴禮爲鄭康成註之類。皆考證是非、不相阿附。不肎如元胡炳文諸人堅持門戶、亦不至如明楊愼陳耀文

國朝毛奇齡諸人肆相攻擊。蓋學問旣深、意氣自平。能知漢唐諸儒本本原原、具有根柢、未可妄詆以空言。又能知洛閩諸儒亦非全無心得、未可槪視爲弇陋。故能兼收竝取、絕無黨同伐異之私。所考率切實可據、良有由也。元時嘗有刻本、牟應龍袁桷各爲之序。卷端題語、何鉤摹應麟手書。藏弆之家、以爲珍笈。此本乃

國朝閻若璩何焯所校、各有評註、多足與應麟之說相發明。今仍從刊本、附於各條之下、以相參證。若璩考證之功十倍於焯、然若璩不薄視應麟、焯則動以詞科之學輕相詬厲。考應麟博極羣書、著述至六百餘卷。焯所聞見、恐未能望其津涯、未免輕於立論。是卽不及若璩之一徵。以其拾遺補缺、一知半解、亦或可採、故仍竝存之、不加芟薙焉。

識遺十卷（兩淮馬裕家藏本）

宋羅璧撰。璧字子蒼、自號默耕、新安人。宋史無傳。不知其時代。據書中前定一條、引陳摶寒在五更頭之讖、稱第五庚申後又十五年而祚移、則其成書在宋亡以後矣。觀其謂宋代文章多粹、自伊洛發明孔孟、便覺歐蘇氣象不長。又謂夫子之道至晦翁集大成。諸家經解自晦翁斷定、然後一出於正云云。蓋傳朱子之學者也。其論養老之制、謂禮記袒而割牲、執醬而饋、執爵而酳數語爲委巷之談。排詆經文、殊無忌憚。謂公羊高穀梁俶皆姓姜、亦屬杜撰。謂班史原於劉歆、引葛洪西京雜記後序爲證。不知洪序謂劉子駿有漢書一百卷者、自漢魏以來絕無是說。乃輕信僞書、尤爲疎舛。然其他爬梳鉤索、徵據舊文、尙頗可採。不獨錢曾讀書敏求記所舉孔子生卒年月一條爲足資考證也。在講學之家、猶可稱言有根柢矣。

坦齋通編一卷（永樂大典本）

不著撰人名氏。說郛題曰宋邢凱撰、亦不詳其爵里時代。所紀有淳熙中見冷世光論姓氏事、在孝

宗時、又有慶元閒高秉文命題京鏜攷中官王德謙二事、及近見楊誠齋易傳語、則是書成於寧宗以後。又紀乾道辛卯王寧爲武寧宰、其家充里正、則武寧人也。其書多考證經史、略如程大昌演繁露、洪邁容齋隨筆之體。如引思齊之詩、辨文母太任非太姒。引說苑證春秋矢魚。引世說辨元龍百尺樓。引漢書證伏波之號、不可單稱。引國語證列子西方聖人不指佛。引明堂位鄭註證漢書禿翁字。引朱買臣張湯傳謂漢書自相矛盾。引李吉甫傳謂唐書前後舛異。引前漢書證豺狼當道二語不始張綱埋輪。引鄒陽書證鷙鳥累百二語不始孔融薦禰衡。考訂皆爲精核。他如論術家擇日及五音配姓之非。論姚察置人事而委天數。論救荒當知戢姦。論羅浮山飛來峯之妄。論漢高祖同罪異罰。論求長生。論毀淫祠。論公儀休怒織帛不可訓。持論皆爲正大。至所論子雖齊聖、不先父食。不應坐顏回曾參於殿上、而列其父於廡下。宜別立一堂之說。後世建啟聖祠、竟從其議。尤可謂知禮意矣。是書宋志及諸家書目皆不著錄。其原本卷帙不可考。今據散見永樂大典者、逐韻掇拾、編爲一卷。雖所存僅數十條、而可取者特多焉。

愛日齋叢鈔五卷、永樂大典本

案愛日齋叢鈔散見永樂大典者共一百四十三條、俱不題撰人姓氏。考諸家書目亦多未著錄。惟陶宗儀說郛第十七卷內載有此書二十二條、題爲宋葉某所撰、而不著其名。以永樂大典本參校、相合者十二條。其說郛有而永樂大典脫去者十條。取以參補、實得一百五十三條。雖原書卷目已佚、而裒輯排訂、尚可考見大略。觀其論先儒從祀一條、有咸淳年號、知爲宋末人所作也。書中大旨、主於辨析名物、稽考典故。凡前人說部如趙德麟、王直方、蔡絛、朱翌、洪邁、葉夢得、陸游、周必大、龔頤正、何薳、趙彥衛諸家之書、無不博引繁稱、證核同異。其體例與張淏雲谷雜記、葉大慶考古質疑彷彿相近。特其文筆拖沓、頗傷冗蔓。又援引多而斷制少、往往惝恍無歸、不能盡出於精粹。然徵據既富、中閒訂譌正舛、可採者亦多。如辨印書之起於唐末、準書作准之不始於宋、銅人之有四鑄、罘罳之有二義、婦人拜跪之變禮、百官乘轎之初制、以至兩黃裳、三白石之類、於考證經史、頗有裨益。其論詩諸條、尤抉摘深微、時能得古人之意。與胡仔魏慶之諸說足以互相發明、固有未可盡廢者。謹掇拾編次、釐爲五卷。閒有節錄故事而不及論斷者、蓋永樂大典原本脫佚、今無可參考、亦姑仍其舊錄之焉。

欽命四庫全書總目卷一百十八

欽定四庫全書總目卷一百十九

子部二十九

雜家類三

日損齋筆記一卷、浙江巡撫採進本

元黃溍撰。溍字晉卿、金華人。延祐二年賜同進士出身。歷官翰林侍講學士、中奉大夫、知制誥、同修國史、同知經筵事。諡文獻。事蹟具元史本傳。是書續通考作一卷、危素行狀亦稱一卷、與今本合。書中皆考證經史子集異同得失。其辨史十六則、尤精於辨經。如引史記沛公左司馬得泗州守壯殺之之文、證顏師古漢書註之誤。又引宋實錄李繼遷賜姓名不在眞宗時、證僧文瑩湘山野錄之誤。引據尤極明確、非束書不觀而空談臆斷者也。此本首有至正甲午宋濂序、末有危素所作行狀及詔令移文博士傳泰諡議、而末附以劉剛序。蓋附錄三篇、即剛所編入也。惟卷首卷末均標云大明庚辰天順四年十三世孫叔善重刊。今考行狀、溍以至正十七年卒、其時但有孫四人、下距天順四年止一百三年、不得遂有十三世孫。然其子孫之詞、世系又不應謬誤、是則不可理解之事矣。

丹鉛餘錄十七卷、續錄十二卷、摘錄十三卷、總錄二十七卷、浙江范懋柱家天一閣藏本

明楊愼撰。愼有檀弓叢訓、已著錄。愼博覽羣書、喜爲雜著。計其平生所敘錄、不下二百餘種。其考證諸書異同者、則皆以丹鉛爲名。顧其志攬茝微言曰、古之罪人、以丹書其籍。魏志緣坐配沒爲工樂雜戶者、用赤紙爲籍、其卷以鉛爲軸。升菴名在尺

籍故寄意於此也。凡餘錄十七卷、續錄十二卷、閏錄九卷。慎又自爲删薙、名曰摘錄、刻於嘉靖丁未。後其門人梁佐裒合諸錄爲一編、删除重複、定爲二十八類、名曰總錄、刻之上杭。是編出而諸錄遂微。然書帕之本校讎草率、譌字如林。又守土者多印以充饋遺、紙墨裝潢、皆取給於民。民以爲困、乃檄毀之。今所行者皆未毀前所印也。又萬歷中四川巡撫張士佩重刊慎集、以諸錄及談苑醍醐等書删併爲四十一卷、附於集後。今亦與總錄竝行。此本惟有餘錄、續錄、摘錄而闕閏錄。然有梁佐之總錄、則閏錄亦在其中。四本相輔而行、以總錄補三錄之遺、以三錄正總錄之誤、仍然慎之完書也。慎以博洽冠一時、使其覃精研思、網羅百代、竭平生之力以成一書。雖未必追蹤馬鄭、亦未必遽在王應麟馬端臨下。而取名太急、稍成卷帙、即付棗梨。餖飣爲編、祇成雜學。王世貞謂其工於證經而疎於解經、詳於稗史而忽於正史、詳於詩事而略於詩旨。求之宇宙之外而失之耳目之內。亦確論也。又好僞撰古書以證成己說、睥睨一世、謂無足以發其覆。而不知陳耀文正楊之作、已隨其後。雖有意求瑕、詆諆太過、毋亦木腐蟲生、有所以召之之道歟。然漁獵既富、根柢終深、故疎舛雖多、而精華亦復不少。求之於古、可以位置鄭樵羅泌之閒。其在有明、固鐵中錚錚者矣。

譚苑醍醐九卷、江蘇巡撫採進本

明楊慎撰。其書亦皆考證之語、與丹鉛錄大致相出入、而亦頗有異同。首有嘉靖壬寅自序。其名醍醐者、謂從乳出酪、從酪出酥、從生酥出熟酥、從熟酥出醍醐、猶之精義入神、非一蹴之力也。所稱周八士爲南宮氏、引逸周書南宮忽遷鹿臺之財、南宮百達遷九鼎語、謂南宮忽即仲忽、南宮百達即伯達。尚書所云南宮适即伯适。引據極爲確鑿。又謂先天圖始於希夷、後天圖續於康節。蓋希夷以授穆伯長、穆伯長以授李挺之、挺之之學則授之康節。其作後天圖、見於邵伯溫之序。朱子所以不明言者、非爲康節、直以希夷。恐後人議其流於神仙也。其辨析亦最詳明。又從毛傳解鄂不韡韡云、鄂、華苞也。今文作萼不、華蔕也。今文作跗、謂華下有萼、萼下有跗、華萼相覆而光明、猶兄弟相順而榮顯。可以辨集傳鄂然外見、豈不韡韡之誤。又據漢劉湛所書呂梁碑、碑中序虞舜之世、稱舜祖幕、幕生窮蟬、窮蟬生敬康、敬康生喬牛、喬牛生瞽瞍、質之史記蓋同、而不言出自黃帝。此可洗二女同姓、尊卑爲婚之疑。又他碑所載后稷生台璽、台璽生叔均。叔均而下數世、始至不窋。不窋下傳季歷猶十七世。而司馬遷作周紀、拘於十五王之說、合二八爲一八。又删縮數人以合其數。不知國語之言十五王、皆指其賢而有聞者、非謂后稷至武王千餘年而止十五世也。又引水經注載諸葛亮表云、臣遣虎步監孟琰據武功水東、司馬懿因渭水漲、攻琰營、臣作橋越水射之、橋成遂馳去。此諸葛遺事、本傳不載者。又辨李白爲蜀之彰明人、歷引其上裴長史書與悲清秋賦及諸詩句、以證唐書稱白爲隴西人及唐宗室之非。如此之類、考訂辨論、亦多獲新解。雖腹笥所陳、或有誤記、不免爲後人所摭拾。要其大體、終非儉腹所能辨也。

正楊四卷、直隸總督採進本

明陳耀文撰。耀文有經典稽疑、已著錄。是書凡一百五十條、皆糾楊慎之譌。成於隆慶己巳。前有李蓘序及耀文自序。慎於正德嘉靖之閒、以博學稱、而所作丹鉛錄諸書、不免瑕瑜互見、眞僞互陳。又晚謫永昌、無書可檢、惟憑記憶、未免多疎。耀文考正其非、不使轉滋疑誤、於學者不爲無功。然釁起爭名、語多攻訐、醜詞惡謔、無所不加。雖古人挾怨構爭如吳縝之糾新唐書者、亦不至是。殊乖著作之體。又書成之後、王世貞頗有違言。耀文復增益之、反脣辨難、喧同詬詈、憤若寇讎。觀是書者取其博贍、亦不可不戒其浮囂也。朱國楨湧幢小品曰、自有丹鉛錄諸書、便有正楊、又有正正楊。古人古事古字、此書如彼、彼書如此、散見雜出、各不相同。見其一、不見其二、鬨然糾駁、不免爲前人所笑。是亦善於解紛之說。然博辨者固戒游詞、精核者終歸定論。國楨之病是書、竟欲取考證而廢之、則又矯枉過正矣。

疑耀七卷、浙江巡撫採進本

舊本題明李贄撰。贄有九正易因、已著錄。是編前有張萱序、稱負笈數千里、修謁其門、適裒一編見示、屬以訂正。戊申歲以地官郎分務吳會、登梓以傳云云。案贄恃才妄誕、敢以邪說誣民。所作藏書、至謂毋以孔夫子之是非是非我。其他著作、無一非狂悖之詞。而是編考證故實、循循有法、雖閒倡儒佛歸一之說、其言謹而不肆。至云儒不必援佛、佛不必援儒。又云、經典出六朝人潤色、非其本眞。且與贄論相反、斷乎不出其手。王士禎古夫于亭雜錄云、家有疑耀一書、凡七卷、乃李贄所著、而其門人張萱序刻者。余嘗疑爲萱自纂、而嫁名於贄。以中數有校祕閣書及修玉牒等語。萱嘗爲中書舍人、纂文淵閣書目、而贄未嘗一官禁近也。及觀論溫公一條、中云余鄉海忠介、益信不疑云云。今因士禎之說而考之、奉朝請一條云、余今年五十矣、始爲尚書郎。是萱官戸部時語、贄亦未嘗官六曹也。蘭香一條云、此法在宋已有之、自吾廣始。蘇東坡一條云、東坡寓吾惠最久。文天祥一條云、文璧蓋守余惠州而以城降元者。是皆廣東人語、與萱之鄉貫相合。贄本閩人、無由作此語也。知此書確出於萱、士禎所言爲不謬。蓋以萬歷中贄名最盛、託贄以行。而其中刪除不盡者、尚有此數條耳。相傳坊間所刻贄四書第一評第二評、皆葉不夜所僞撰、知當時常有是事也。其書多由記憶而成、如文彥博僞帖、不知爲玉照新志所載石蒼舒事。翡翠屑金、不知爲歐陽修歸田錄語。謂沈約還家問鄉里、詎堪持作夫二語爲白居易詩。謂左傳巫凭爲巫者名凭。皆失之疎舛。謂本草稱螬可療目、故陳仲子耳無聞、目無見、食螬李而卽愈。又謂本草稱蓴鱸作羹、下氣止嘔、張翰在當時、意氣鬱抑、遇事嘔逆、故思此味。尤穿鑿無理。然其他考證、乃往往有依據。舊以惡贄之故、併屏斥之、過也。今改題萱名、從其實也。

藝彀三卷、彀補一卷、浙江鮑士恭家藏本

明鄧伯羔撰。伯羔有今易筌、已著錄。是書援據經籍、考證詳贍、雖多本舊文、亦頗自出新意。如疑漢有兩牟融、辨出師表原有兩本、皆爲有見。引西京賦證澹淡爲兩字、引唐六典證畊耕爲兩字。於六書辨析亦精。闢蘇氏檮杌之妄、正邵子稱外臣之非。尤能力持公論、不附和門戸之局。至續博物志本南宋李石所撰、書中明出曾公亮王安石曾慥之名、而疑爲唐人、殊爲疎舛。又據西溪叢語七修類稾以落霞爲鳥名蟲名、亦失別擇。謂通考馬妖當收舞馬、則迂謬彌甚。然隆慶萬歷以後、士大夫惟尚狂禪、不復以稽古爲事。是編廣徵博引、足備參稽、在爾時猶爲篤實之學矣。

名義考十二卷、兩淮鹽政採進本

明周祈撰。祈、蘄州人。始末未詳。前有萬歷甲申劉如寵序、稱爲周大夫。又有萬歷癸未袁昌祚重刻序、稱其嘗爲民部郎。又稱其從幼時授經、至綰組擁軺。不知確爲何官也。其書凡天部二卷、地部二卷、人部四卷、物部四卷。各因其名義而訓釋之。其有異同、則雜引諸書參互辨證。雖條目浩博、不無譌誤。如論月星則不知推步之術、論河源則全據傳聞之譌。論廣輪則不知周禮先有此文。論化日則不知潛夫論實無此語。論鮮卑以柳城爲柳州。論肉刑以漢文爲魏文。論箜篌爲卽琵琶。論杜甫詩竹根爲酒杯。如斯之類、牴牾恆有。然訂謬析疑、可取之處爲多。惟援引舊文、往往不著出典、不出明人著書之通病云爾。

筆精八卷、福建巡撫採進本

明徐𤊹撰。𤊹有榕陰新檢、已著錄。是編分易通經、臆詩談文字雜記五門。其曰筆精、取江淹別賦語也。𤊹以博洽名一時。朱彝尊靜志居詩話謂見其遺書、大半施鉛點墨、題端跋尾。然是書踳駮之處乃復不少。如以乾象陽在下爲老子之猶龍、以坤卦黃中、艮卦行其庭、爲皆指道家之黃庭。以繫辭遊魂爲變、爲釋氏之四生六道。皆不免好爲異說、援儒入墨。從王柏之說、謂野有死麕爲淫詩。從焦竑之說、謂洛書出佛經。從陳元齡之說、謂周實建寅。皆失詳考。他若以鐵裲襠爲馬鞍之飾、不知裲襠爲衵腹、廣雅本有明文。以漢郊祀歌甯字當增入庚青韻、不知齊梁以前本無四聲。謂杜詩郫筒本李商隱、不知商隱在杜甫後。謂冬青引唐珏林景熙二集並載、不知景熙有集、珏無集。謂溶溶爲水貌、晏殊詩不應借以詠月、當改爲甬、不知月穆穆以金波、以水比月、漢郊祀歌已然。謂一東二冬爲沈約所分、不知約之詩賦二韻實皆同用。據李涪刊誤分用者、乃陸法言。謂蒙齋筆談爲鄭景望作、沿商濬之誤、不知乃葉夢得書。謂李清照爲趙抃子婦、不知趙明誠乃挺之之子。謂琵琶故事皆婦人、而男子無聞、不知賀懷智康崑崙羅黑黑紀孩孩皆著名唐代。亦多涉疎舛。至謂杜牧語多猥澀、羅隱詩極淺俗、而稱高啟梅詩隨十里尋春路、愁在三更挂月村之句、爲在林逋疎影暗香一聯之上。尤爲鹵莽。甚至謂孟子不深於易理、周公之作金縢爲不能以命自安。尤明人恣縱之習。特

其採摭既富，可資考證者頗多，亦不可盡廢。衡其品第，蓋張萱疑耀之流亞也。

通雅五十二卷（左都御史張若淮家藏本）

明方以智撰。以智字密之，桐城人。崇禎庚辰進士，官翰林院檢討。是書皆考證名物象數訓詁音聲。首三卷分五子目，曰音義雜論，曰讀書類略，曰小學大略，曰詩說，曰文章薪火，皆不入卷數。書中分四十四門，曰疑始，專論古篆古音，凡二卷。曰釋詁，分綴集、古雋、謰語、重言四子目，凡七卷。曰天文，分釋天、曆測、陰陽、月令、農時五子目，凡二卷。曰地輿，分方域、水注、地名異音、九州建都考、釋地五子目，凡五卷。曰身體，曰稱謂，各一卷。曰姓名，分姓氏、人名、同姓名、鬼神四子目，凡二卷。曰官制，分仕進、爵祿、文職、武職、兵政五子目，凡四卷。曰事制，分田賦、貨賄、刑法三子目，凡二卷。曰禮儀，曰樂曲，樂舞附以樂器，共三卷。曰器用，分書札、碑帖、金石、書法、裝潢、紙墨筆硯、印章、古器、雜器、鹵簿、戎器、車類、戲具十三子目，凡五卷。曰衣服，分彩服、佩飾、布帛、彩色四子目，凡二卷。曰宫室，曰飲食，曰算數，各一卷。曰植物，分草、竹葦、木、穀蔬四子目，凡三卷。曰動物，分鳥、獸、蟲三子目，凡三卷。曰金石，曰諺原，曰切韻聲原，曰脈考，曰古方解，各一卷。明之中葉，以博洽著者稱楊慎，而陳耀文起而與爭。然慎好僞說以售欺，耀文好蔓引以求勝。次則焦竑亦喜考證，而習與李贄游，動輒牽綴佛書，傷於蕪雜。惟以智崛起崇禎中，考據精核，迥出其上。風氣既開，國初顧炎武、閻若璩、朱彝尊等沿波而起，始一掃懸揣之空談。雖其中千慮一失，或所不免，而窮源遡委，詞必有徵，在明代考證家中，可謂卓然獨立矣。

卮林十卷補遺一卷（兩淮鹽政採進本）

明周嬰撰。嬰字方叔，莆田人。崇禎庚辰以貢入京，特授上猶知縣。是書體近類書，而考訂經史，辨證頗爲該洽。每條以兩字標目，而各引原撰書之人姓以系之。如質侯諸杜之類，蓋用孔叢子詰墨及王充刺孟之例也。其中如駁王僧虔之紀次仲，及論杜詩之西川杜鵑等處，亦未免於執滯。然所刊正有據者多，要爲有本之學，非率爾著書也。王士禎池北偶談稱其辨石尤風一條，及解古樂府賜字義一條，君苗無姓一條，高似孫誤引金樓子一條，而謂其詮鍾一條不知名媛詩歸爲吳下人託名鍾譚。其中文明太后青雀臺歌，杜蘭香降張碩詩數條，皆不足辨。然鍾惺、譚元春之書盛行於天啟、崇禎間，至贋本並出，無由辨別。今鄉曲陋儒尚奉其緒論，繆種流傳，知爲依託者蓋少。既悉其謬，即當顯爲糾正，以免疑誤後人。如士禎之言，出於鍾惺則當辨，不出於鍾惺即不必辨，則惟攻其人，非攻其書矣。以是咎嬰，仍不免於門戶之見也。

拾遺錄一卷（江西巡撫採進本）

明胡爌撰。爌有家規輯要，已著錄。是書雜考訓詁，分爲六類。援引採輯，頗有根據。其論語類中，如不舍晝夜，宋子集註從經典釋文舍音捨，及作楚辭辨證，則取洪興祖所引顏師古說，舍止息也。論語不舍晝夜，謂曉夕不息耳。今人或音捨者，非是。爌謂當以辨證之說爲定。今也純，集註從說文，爌引儀禮疏古緇紂二字竝行，釋文云紂音緇，依字系旁才，後人以才爲屯，因作純，是純即緇也。君子不以紺緅飾，孔氏注一入曰緅，爌則引爾雅、考工記以正其誤。卞莊子之勇，集註云見說苑，爌則以爲先見荀子。邦無道則卷而懷之，集註謂於孫林父甯殖放弒之謀不對而出，爌則據左傳，謂甯殖當作甯喜。子見南子，陳自明以爲南蒯，爌則據左傳南蒯叛時孔子年方二十有二，子路少孔子九歲，年方十三，詆其說爲不通。其孝經類中，范祖禹古文孝經說言之不通也句，爌謂誤以司馬光註爲經文。其孟子類中，摩頂放踵，據李善文選註所引放作致於二字。狗彘食人食而不知檢，據漢書食貨志所引，謂檢當作斂。趙岐註以曾西爲曾子之孫，以曹交爲曹君之弟，集註並從之，爌則據左傳鬬宜申、公子申皆字子西，證當從經典釋文，以曾西即曾申。據左傳哀公八年宋人滅曹，證曹交乃以國爲氏，非曹君之弟。又據呂氏春秋知孔子置郵傳命之言爲論舜服三苗。其小學類中，據參同契證急就篇之老復丁，據詛楚文在秦惠文王二十六年，知小篆非刱自李斯，據顧命齊侯呂伋知竹書稱太公卒於康王六年之妄，據張說謝碑額表知以季札墓碑爲孔子書始於唐人。雖持論多本舊人，然要非空疏者可比。其經說類中，司馬光語一條，自漢儒至宋慶歷一條，尤深中末流之失。其備考類中，論文考古，亦多可採。上方楊慎則不足，下較焦竑則勝之多矣。原本刻於明季，分爲十卷，後版燬於火，其書遂亡。其裔孫得殘闕舊本，復爲掇拾僅存論語八十一條、孝經十六條、孟子七十四條、小學四十二條、經說二十一條、儷考六十三條、特十之一二而已、然亦足以見其厓略矣。

日知錄三十二卷（內府藏本）

國朝顧炎武撰。炎武有左傳杜解補正、已著錄。是書前有自記、稱自少讀書、有所得輒記之、其有不合、時復改定、或古人先我而有者、則遂削之、積三十餘年、乃成一編、蓋其一生精力所注也。書中不分門目、而編次先後則略以類從。大抵前七卷皆論經義、八卷至十二卷皆論政事、十三卷論世風、十四卷十五卷論禮制、十六卷十七卷皆論科舉、十八卷至二十一卷皆論藝文、二十二卷至二十四卷雜論名義、二十五卷論古事眞妄、二十六卷論史法、二十七卷論注書、二十八卷論雜事、二十九卷論兵及外國事、三十卷論天象術數、三十一卷論地理、三十二卷爲雜考證。炎武學有本原、博贍而能通貫、每一事必詳其始末、參以證佐、而後筆之於書、故引據浩繁、而牴牾者少、非如楊慎、焦竑諸人偶然涉獵、得一義之異同、知其一而不知其二者。閻若璩作潛邱劄記、嘗補正此書五十餘條。若璩之壻沈儼特著其事於序中、趙執信作若璩墓誌、亦特書其事。若璩博極羣書、睥睨一代、雖王士禎諸人尚謂不足當抨擊、獨於詰難此書沾沾自喜、則其引炎武爲重可概見矣。然所駁或當或否、亦互見短長、要不足爲炎武病也。惟炎武生於明末、喜談經世之務、激於時事、慨然以復古爲志。其說或迂而難行、或愎而過銳。觀所作音學五書後序、至謂聖人復起、必舉今日之音而還之淳古。是豈可行之事乎。潘耒作是書序、乃盛稱其經濟、而以考據精詳爲末務、殆非篤論矣。

義府二卷（安徽巡撫採進本）

國朝黃生撰。生有字詁、已著錄。此書皆考證劄記之文。上卷論經、下卷論諸史、諸子、諸集、附以趙明誠金石錄、洪适隸釋、酈道元水經注所載古碑、陶宏景周子良冥通記訓詁、以別教之書綴之卷末、示外之之意焉。生於古音古訓皆考究淹通、引據精確、不爲無稽臆度之談。如據說文辨周禮毼毼、正賈公彥于度之誤。引賈誼論、陳琳檄、證尚書漂杵爲漂櫓。引爾雅證禮記鄭注烹魚去乙之誤。引呂覽證朱褖非朱領。引檀弓彌牟爲木、證勃鞮爲披。引左傳及詩序證檀弓請庚之庚訓道路。引唐書廉訪證周官六計之廉訓察。引吳越春秋證鄂不卽鄂跗。引左傳證出於其類之出訓產。引周禮載師、閭師證夫布里布爲二事。引詩王風證孟子施施。引左傳劉子語證司中。引繫辭證信當讀申。引禮記稱說命爲兌命、解行路兌矣當訓說。引漢書證志微噍殺當爲纖微憔悴。引周頌、爾雅證鄭衆解牘應雅之譌。引爾雅證終軍、許慎解豹文鼠之所以異。引後漢書李膺傳證師古解軒中之譌。引孝經疏證後漢書辜較、估較、辜榷、酤榷之義。引史記貨殖傳證刁悍當爲雕悍。引潛夫論證關龍卽豢龍。引莊子證列子蕉鹿之蕉爲樵。引世說註證若芉卽酪酊。皆根柢訓典、鑿鑿可憑。至於引莊子斷在溝中解斷斷、引王莽傳謂青蠅當作搧、引國策解氓爲流民、引易奇偶證奇貨、閒有穿鑿附會。又哉才通用、引顏眞卿碑、不引考古圖。呂樂肉飛、引世說、不引吳越春秋。所許通用、引顏師古漢書注、不引世說。九德、引三國志注、不引國語。登時、引集異記、不引焦仲卿妻詩。亦有失之眉睫之前者。然小小疎舛、不足爲累。雖篇帙無多、其可取者要不在方以智通雅下也。

藝林彙考二十四卷（安徽巡撫採進本）

國朝沈自南撰。自南字留侯、吳江人。順治壬辰進士、官山東蓬萊縣知縣。是書凡五篇、曰棟宇、曰服飾、曰飲食、曰稱號、曰植物。前有秀水陳鑑題記、云此書凡二十四篇、帙甚多、當時所刻止此、然切於人事者略備矣。棟宇篇子目凡十、曰宮殿、府署、亭臺、門屏、廟室、寺觀、宅舍、廡序、梁欐、溝塗。服飾篇子目凡八、曰冠幘、簪髻、裘飾、袍衫、佩帶、裾袴、履舄、繒布。飲食篇子目凡六、曰饔膳、羹豉、粉餈、魚膾、酒醴、茶茗。稱號篇子目凡十一、曰宮掖、宗黨、戚屬、尊長、朋從、卒伍、編戶、僕妾、巫優、諱名、道釋。植物篇止一卷、無子目、所載僅瓊花一類。案棟宇、服飾、飲食、稱號四篇、皆有自南題辭、而植物篇獨無之、蓋尚非完帙也。其所徵引、率博贍有根柢、故陳鑑題記又述汪份之言曰、彙考所載諸書、皆取有辨正者、閱之足以益智祛疑。又所採必載書名、令習其書者可一望而知、欲觀原文者亦可按籍以求。其體例皆非近世類書所能及、所論頗得其實。故特錄之雜考類中、不與他類書竝列焉。

潛邱劄記六卷（編修程晉芳家藏本）

國朝閻若璩撰。若璩有尚書古文疏證，已著錄。是編皆其考證經籍、隨筆劄記之文。曰潛邱者，若璩本太原人，寄居山陽。爾雅曰，晉有潛邱。元和郡縣志曰，潛邱在太原縣南三里。取以名書，不忘本也。此書傳本有二，一爲其孫學林所刻，一爲山陽吳玉搢所刪定。考若璩尚書古文疏證卷六第八十一條下有云，潛邱劄記，恐世不傳，仍載其說於此。然所載兩條，一推春秋莊公十八年日食，一推晉光熙元年正月七月十二月頻食。今兩本皆無之，蓋其少年隨筆劄記，本未成書。後人掇拾於散逸之餘，裒合成帙，非其全也。此本卽吳玉搢所重定。原刻首兩卷，雜記讀書時考論，多案而未斷。此本刪併爲一卷。原刻卷三曰地理餘論，以禹貢山川及四書中地名已詳疏證與釋地，此特餘論耳。此本次爲卷二，而取首兩卷內合於此一類者次爲卷三。原刻卷四上錄雜文序跋，卷四下曰喪服翼注，曰補正日知錄。此本取首兩卷內涉及喪服者次喪服翼注後，合爲四卷。移雜文序跋附補正日知錄後，次爲卷五。原本以與人荅論經史書錄之卷五，以應博學宏詞賦一首併雜詩若干首錄之卷六。詩賦非若璩所長，且劄記不當及此，此本刪去，而存其與人荅論經史書，次爲卷六。蓋學林綴輯其祖之殘稾，徒欲一字不遺，遂致漫無體例。此本較學林所編，尚有端緒，今姑從之。中閒重見者四條，三見者一條，尚沿原本之誤，今悉爲刪正。若璩學問淹通，而負氣求勝，與人辨論，往往雜以毒詬惡謔，與汪琬遂成讎釁，頗乖著書之體。然記誦之博，考核之精，國初實罕其倫匹。雖以顧炎武之學有本原，日知錄一書亦頗經其駁正，則其他可勿論也。玆編雖綴錄而成，非其全豹，而言言有據，皆足爲考證之資，固不以殘闕廢之矣。

湛園札記四卷（副都御史黃登賢家藏本）

國朝姜宸英撰。宸英有江防總論，已著錄。是書皆其考證經史之語，而訂正三禮者尤多。其中如堅主天地合祭之說，未免偏執。引軒轅大角傳謂軒轅十七星如龍形，有兩角，角有大民小民，以證角爲民之義，亦未免穿鑿。又如引西京雜記薄蹏事，證造紙不始蔡倫，不知乃吳均僞書。引張平宅戰艦聲如野猪事，證陰子春先鳴語，不知先二子鳴乃出左傳。引篠驂爲宋祁語，不知乃唐徐堅文。引李廣鑄虎頭爲溲器爲虎子之始，不知漢制侍中所執乃在廣前。引顏竣婦人詩集爲玉臺新詠之祖，不知新詠非婦人詩。亦皆不免小有疎舛。然考論禮制，精核者多，猶說部之有根柢者。前有自序，稱閻若璩欲改札記爲劄記，以爾雅注、左傳注皆有簡札之文，而劄則古人奏事之名，故不從其說，論亦典核。其書據鄭羽逵所作宸英小傳，本爲三卷。此本二卷，乃黃叔琳編入湛園集者，豈有所刪削與合併歟。

白田雜著八卷（兵部侍郎紀昀家藏本）

國朝王懋竑撰。懋竑有朱子年譜，已著錄。是編皆其考證辨論之文，而於朱子之書用力尤深。如易本義九圖論、家禮考，皆反覆研索，參互比校，定爲後人所依託，爲宋元以來儒者之所未發。孟子序說考，謂集註從史記，綱目從通鑑，年月互異。書楚詞後，謂集註誤從舊說，而以九章所述證史文之舛。其讀史諸篇，於通鑑綱目多所拾遺補闕。而朱子荅江元適書、薛士龍書考一篇，語盈一卷，皆根柢全集語錄，鉤稽年月，辨別異同，於爲學次第尤豁若發蒙。蓋篤信朱子之書，一字一句，皆沈潛以求其始末，幾微得失，無不周知，故其言平允如是。非浮慕高名，借以劫伏衆論，而實不得其涯涘者也。至呂祖謙大事記，本非僻書，而儒林傳考第七條下自注曰，大事記今未見其書，俟再考。絕不以偶闕是編而諱言未見，與惠棟九經古義自稱未見易舉正者相同，均猶有先儒篤實之遺。知其他所援引，皆實見本書，與楊慎、焦竑諸人動輒影撰者異矣。此本後有乾隆丁卯河閒紀容舒跋，稱抄自景州申翊家，未知爲懋竑所自訂，或翊所選錄。近別有白田草堂全集，凡此本所載，皆在其中，而此本所無者幾十之六，大抵多酬應之文，不及此本之精核。蓋其後人珍藏手澤，片語不遺，故不免失於簡汰。今以新刻全集別存目於集部中，此本篇篇標目，雖似雜文，而實皆考證之體，故特入於雜類，亦東觀餘論編入子家之例也。

義門讀書記五十八卷（江蘇巡撫採進本）

國朝蔣維鈞編，皆其師何焯校正諸書之文也。焯字屺瞻，長洲人。康熙四十一年用直隸巡撫李光地薦，以拔貢生入直內廷，尋特賜進士出身、改庶吉士、授編修。後坐事褫職、仍校書武英殿。康熙六十一年復原官、贈侍讀學士。焯文章負盛名、而無所著作傳於世。沒後其從子堂、裒其點校諸書之語、爲六卷。維鈞益爲蒐輯、編爲此書。凡四書六卷、詩二卷、左傳二卷、公羊穀梁各一卷、史記二卷、漢書六卷、後漢書五卷、三國志二卷、五代史一卷、韓愈集五卷、柳宗元集三卷、歐陽修集二卷、曾鞏集五卷、蕭統文選五卷、陶潛詩一卷、杜甫集六卷、李商隱集二卷。考證皆極精密。其兩漢書及三國志、乾隆五年禮部侍郎方苞校刊經史、頗採其說云。

樵香小記二卷、兵部侍郎紀昀家藏本

國朝何琇撰。琇字君琢、號勵菴、宛平人。雍正癸丑進士、官至宗人府主事。是編皆考證之文。凡一百二十條、論經義者居其大半。亦頗及字學、韻學。其論六書、頗與舊說異同。如謂秃字當從禾會意。說文謂人伏禾下、固屬謬妄。卽六書正譌改爲從木諧聲、亦非確論。謂說文訓爲字爲母猴、本末倒置。當是先有爲字、乃借以名猴。謂射字從身從寸、爲籀文象手持弓形之譌。其說皆未免於獨創。至其解春秋西狩獲麟、解周禮奔者不禁、解詩野有死麕、亦時能發先儒所未發。其學問大旨、蓋出入於閻若璩、顧炎武、朱彝尊、毛奇齡諸家、故多演其緒論云。

管城碩記三十卷、兩江總督採進本

國朝徐文靖撰。文靖有禹貢會箋、已著錄。此其筆記也。自經史以至詩文、辨析考證。每條以所引原書爲綱、而各繫以論辨、略似學林、就正之體、而考訂加詳。大致與箋疏相近。若其讀易據梁武以解文言、而王應麟所輯鄭注尚未之見。讀史引證乃及於潘榮之總論、劉定之之十科策略、蔡方炳之廣治平略、廖文英之正字通、陰時夫之韻府羣玉。斯皆未免汩於俗學。要其推原詩禮諸經之論、旁及子史說部、語必求當、亦可謂博而勤矣。

訂譌雜錄十卷、浙江巡撫採進本

國朝胡鳴玉撰。鳴玉字廷佩、號吟鷗、青浦人。歲貢生。乾隆丙辰薦舉博學鴻詞。是編皆考訂聲音文字之譌。大抵採集諸家說部而參以己說。其中有闇合前人者。如文選神女賦一條、謂玉字王字顚倒互寫、是矣。然始辨其誤者爲姚寬西溪叢語、申明其義者爲張鳳翼文選纂註、而鳴玉仍反覆力辨之。是未見二說也。揚子法言鴻飛冥冥弋人何篡一條、鳴玉歷引後漢書逸民傳注、陳子昂碑、韓愈詩證今本誤慕、是矣。然今本實作篡不作慕。其誤爲慕則自張九齡感遇詩孤鴻海上來一首押入遇韻始。以爲近人所誤則非也。龍鍾一條、不取竹名之說、是矣。然誤以岑參雙袖龍鍾淚不乾句爲常建詩。又李匡乂資暇集所解龍鍾之義、乃誤指爲龍爪泥痕。鳴玉未及引駁、亦疎漏也。雙鯉魚一條、駁漢陳勝傳、宋書符瑞志魚腹藏書之說、是矣。然此語始見蔡邕飲馬長城窟行、而但引古詩尺素如霜雪、疊成雙鯉魚、是蔡邕後語、非其本也。凡此偶然失檢、時亦有之。要其但引古書、互相參證、不欲多生新意、自見所長。所以言皆有據、所得反較諸家爲多。狐白之裘、固非一腋。其網羅會稡之勤、亦未可遽沒也。

識小編二卷、浙江巡撫採進本

國朝董豐垣撰。豐垣字菊町、烏程人。乾隆辛未進士。官東流縣知縣。是書凡二十四篇、議禮者十之九。如前儒謂祭社卽祭地、多不信周禮祭地於澤中方丘之文。豐垣因襲其說、而附會於周禮謂澤中之方丘、卽王制之大社、同在庫門內。今考明堂位曰、春社秋省。郊特牲曰、社祭土、日用甲。月令曰、中春擇元日、命民社。周禮大司馬、中春教振旅、遂以蒐田、獻禽以祭社。肆師、社之日、涖卜來歲之稼。疏曰、此社亦是秋祭社之日也。據此、則祭社自以春秋甲日、方丘自以夏日至、不得合而爲一也。豐垣又因方丘一名方澤、遂牽一澤字、併合澤宮方澤爲一。今考禮、天子將祭、必先習射於澤。疏曰、澤所在無文、蓋於寬閑之處近水澤爲之。又考周官澤虞註曰、澤水所鍾也。則方澤之宮、皆近川澤。庫門之內、焉得爲水所鍾乎。豐垣又謂卿大夫入官而受祿者、待臣之常數。有功而受地者、優臣之常典。則是無采地者其常、而有采地者其變。今考禮運曰、天子有田以處其子孫、諸侯有國以處其子孫、大夫有采以處其子孫、是爲制度云。制度者、舉其常也。則大夫有采、非優異之特典明矣。晉語曰、公食貢、大夫食邑、士食田、庶人食力、言常制也。荀子正論篇、有天下者事七世、有一國者事五世、有五乘之地者事三世、有三乘之地者事二世云。五乘之地、三乘之地、皆言乎大夫士之常祿也。晉語韓宣子以秦后子及楚公子賦祿問於叔向。對曰、大國之卿一旅之田、上大夫一卒之田。夫二公子者上大夫也、皆一卒可也。宣子以秦公子富為難。叔向對以無績於民、乃與子干均其祿。夫受此一卒之地、傳明言無績於民。則豐坦必云有功而始受地者、不亦誤乎。春秋襄二十二年傳曰、國之蠹也、令倍其賦。蓋倍魯大夫御叔之賦也。杜註、古者家有國邑。故以重賦為罰。御叔於魯、非有功之大夫、而有國邑。昭十六年傳、鄭大旱、使屠擊祝款豎柎有事於桑山、斬其木、不雨、奪之官邑。夫屠祝豎徵職耳、而亦得有官邑、則謂有功始受地、何所據乎。豐坦蓋誤讀周禮司勳之文、以賞田加田為采地、故有是說也。豐坦又謂大夫三廟、王制有太祖而無曾祖、祭法有曾祖而無太祖、大夫干祫及其高祖、則未必有高祖廟矣。今考大傳干祫及其高祖。疏曰、此言支庶為大夫士者耳。若適為大夫、亦得及太祖。故王制大夫有太祖。師說云、大夫有始祖者、鬼其百世。若有善於君得祫。則亦祫於太祖廟中、偏祫太祖以下。據此、則干祫止及高祖、自據無始祖廟者耳。豐坦即以證大夫無始祖廟。是見其一、不見其二也。大傳曰、別子為祖。註曰、別子謂公子若始來在此國者、後世以為祖也。以為祖而無廟、豈尊祖之謂乎。白虎通曰、宗其為始祖後者、為大宗。此百世不遷者也。宗其為高祖後者、為小宗。五世而遷者也。高祖遷於上、宗則易於下。據此、則大宗不易於下、由始祖不遷於上也。大夫而為大宗、若無始祖廟、又何緣為百世之宗。核其所言、殊乖禮意。況周官祭僕有曰、凡祭祀王之所不與、則賜之禽。都家亦如之。註謂王所不與、同姓有先王之廟。則同姓之卿大夫尚得遠立祖王之廟、而先自絕其始封之祖可乎。是亦未之詳檢也。他如謂禹貢五服、職方九服、二而實一。謂周禮公五百、侯四百里、猶云今魯為方百里五、非為方百里者二十五。謂祭法有虞氏祖顓頊而宗堯、不及魯語郊堯而宗舜。亦皆前儒之緒論。至駁萬斯大禘祫一事、魯禘不追所自出、及東周祖文宗武、不祖稷之說。又駁毛奇齡祧主別立廟、不藏太祖廟之說。議論最正、援據亦詳。為有裨禮制。在近人之中、尚為究心經義者。雖論多出入、固亦有可節取者焉。

右雜家類雜考之屬、五十七部、七百七卷、皆文淵閣著錄。

案考證經義之書、始於白虎通義。蔡邕獨斷之類、皆沿其支流。至唐而資暇集、刊誤之類為數漸繁。至宋而容齋隨筆之類動成巨帙。其說大抵兼論經史子集、不可限以一類、是真出於議官之雜家也。班固謂雜家者流出於議官。今彙而編之、命曰雜考。

欽定四庫全書總目卷一百十九

欽定四庫全書總目卷一百二十

子部三十

雜家類四

論衡三十卷 江蘇巡撫採進本

漢王充撰。充字仲任、上虞人。自紀謂在縣為掾功曹、在都尉府位亦掾功曹、在太守為列掾五官功曹行事。又稱永和三年徙家辟詣揚州部丹陽九江廬江、後入為治中。章和二年罷州家居。其書凡八十五篇、而第四十四招致篇有錄無書、實八十四篇。考其自紀曰、書雖文重、所論百種。案古太公望、近董仲舒、傳作書篇百有餘、吾書亦纔出百而云太多。然則原書實百餘篇。此本目錄八十五篇、已非其舊矣。充書大旨詳於自紀一篇。蓋內傷時命之坎坷、外疾世俗之虛偽、故發憤著書、其言多激。刺孟問孔二篇、至於奮其筆端、以與聖賢相軋、可謂誖矣。又露才揚己、好為物先、至於述其祖父頑很、以自表所長、傎亦甚焉。其他論辨、如日月不圓諸說、雖為葛洪所駁、載在晉志。然大抵訂譌砭俗、中理者多、亦殊有裨於風教。儲泳祛疑說、謝應芳辨惑編不是過也。至其文反覆詰難、頗傷詞費。則充所謂宅舍多、土地不得小、戶口眾、簿籍不得少、失實之事多、虛華之語眾、指實定宜、辨爭之言安得約徑者、固已自言之矣。充所作別有譏俗書、政務書、晚年又作養性書、今皆不傳、惟此書存。儒者頗病其蕪雜、然終不能廢也。高似孫子略曰、袁崧後漢書載充作論衡、中土未有傳者。蔡邕入吳始見之、以為談助。談助之言、可以了此書矣。其論可云允愜。此所以攻之者衆，而好之者終不絕歟。

風俗通義十卷附錄一卷（江蘇巡撫採進本）

漢應劭撰。劭字仲遠，汝南人。嘗舉孝廉，中平六年拜泰山太守。事蹟具後漢書本傳。馬總意林稱爲三國時人，不知何據也。考隋書經籍志風俗通義三十一卷，註云錄一卷，應劭撰。梁三十卷。唐書藝文志、應劭風俗通義三十卷。宋文總目、讀書志、書錄解題皆作十卷，與今本同。明吳琯刻古今逸史，又刪其半，則更闕略矣。各卷皆有總題，題各有散目，總題後略陳大意，而散目先詳其事，以謹案云云辨證得失。皇霸爲目五，正失爲目十一，愆禮爲目九，過譽爲目八，十反爲目十，音聲爲目二十有八，窮通爲目十二，祀典爲目十七，怪神爲目十五，山澤爲目十九。其自序云：謂之風俗通義，言通於流俗之過謬，而事該之於義理也。後漢書本傳稱撰風俗通以辨物類名號，識時俗嫌疑。不知何以刪去義字，或流俗省文，如白虎通義之稱白虎通，史家因之歟。其書因事立論，文辭清辨，可資博洽，大致如王充論衡，而敘述簡明則勝充書之冗漫。舊本屢經傳刻，失於校讐，頗有譌誤，如十反類中分范茂伯、郅朗伯爲二事，而佚其斷語，窮通類中孫卿一事有書而無錄，怪神類中城陽景王祠一條有錄而無書。今並釐正。又宋陳彭年等修廣韻，王應麟作姓氏急就篇，多引風俗通姓氏篇，是此篇至宋末猶存。今本無之，不知何時散佚。然考元大德丁未無錫儒學刊本，前有李果序，後有宋嘉定十三年丁黼跋，稱余在餘杭，借本於會稽陳正卿。正卿蓋得於中書徐淵子，譌舛已甚，殆不可讀。愛其近古，鈔錄藏之。攜至中都，得館中本及孔復君寺丞本，互加參考，始可句讀。今刻之於夔子。好古者或得舊本，從而增改，是所望云。則宋寧宗時之本已同今本。不知王氏何以得見是篇，或即從廣韻註中輾轉援引歟。永樂大典通字韻中尚載有風俗通姓氏一篇，首題馬總意林字，所載與廣韻註多同，而不及廣韻註之詳，蓋馬總節本也。然今本意林無此文，當又屬佚脫。今採附風俗通之末，存梗概焉。

封氏聞見記十卷（安徽巡撫採進本）

唐封演撰。演里貫未詳。考封氏自西晉北魏以來世爲渤海蓨人，然唐書宰相世系表中無演名，疑其疎屬也。書中石經一條稱天寶中爲太學生，貢舉一條記其登第時張繟有千佛名經之戲，然不云登第在何年。佛圖澄碑一條記大歷中行縣至內邱，則嘗刺邢州。卷首結銜題朝散大夫檢校尚書吏部郎中兼御史中丞，而尊號一條記貞元間事，則德宗時終於是官也。是書唐宋藝文志、通志、通考皆作五卷，書錄解題作二卷，殆輾轉傳鈔，互有分合。此本十卷，末有元至正辛丑夏庭芝跋，又有明吳岫、朱良育、孫允伽、陸貽典四跋。良育跋云：自六卷至十卷，友人唐子畏見借所鈔，近又於柳大中借鈔前五卷。第七卷中全局俱欠，只存末後一紙耳。今考目錄所列凡一百一條。第一卷僅二條，不盈兩紙，亦似不完。第三卷銓曹一條，闕其末，而風憲一條全佚，不止闕第七卷。第七卷中覩物遠近一條、海潮一條、北方白虹一條、西風則雨一條、松柏西向一條皆全佚，蜀無兔鴿一條佚其前半，月桂子一條僅完其下，石鼓一條、弦歌驛一條又闕。高唐館一條亦不完其上下，溫湯一條又闕其末，而目錄此條之下註增字，亦非僅存末一頁者。中間又頗多闕字。允伽跋稱借秦酉巖本重校，意其與朱本小異歟。然稱朱跋從秦本錄出，則又不可解。疑久無刊本，遞相繕寫，又非復朱氏之舊矣。唐人小說多涉荒怪，此書獨語必徵實。前六卷多陳掌故，七八兩卷多記古蹟及雜論，均足以資考證。末二卷則全載當時士大夫軼事，嘉言善行居多，惟末附諧語數條而已。其中音韻一條，記唐韻部分爲陸法言之舊，其同用獨用則許敬宗所定，爲諸書之所未言。文字一條，論隸書不始程邈，援水經注爲證，明楊慎矜爲獨見者，乃演之所已言。又顏眞卿韻海鏡源世無傳本，此書詳記其體例，知元陰時夫韻府羣玉實源於此，而後人不察。有稱眞卿取句首字不取句末字者，其說爲杜撰欺人。併知永樂大典列篆隸諸體於字下，乃從此書竊取其式，而諱所自來。月中桂一條，記桂子月中落一聯爲宋之問台州詩，足證計有功唐詩紀事駱賓王爲僧之妄。他如論金雞、露布、鹵簿、官銜、石誌、碑碣、羊虎、技河諸條，亦皆原委詳明，唐人說部，自顏師古匡謬正俗、李匡乂資暇集、李涪刊誤之外，罕其比偶矣。

尚書故實一卷（安徽巡撫採進本）

唐李綽撰。綽仕履未詳。考新唐書宰相世系表趙郡李氏、南祖之後、有名綽字肩孟者、爲吏部侍郎舒之曾孫。書中自稱趙郡人、或即其人歟。是書宋史藝文志凡兩載之。一見史部傳記類。一見子部、小說類、而註其下云、綽一作綽實一作事。今案曾慥類說所引、亦明標李綽之名、則作綽者誤矣。自序稱賓護尚書張公、三相盛門、博物多聞。綽避難圃田、每容侍話。凡聆徵引、必異尋常。遂纂集尤異作此書。蓋皆據張尚書之所述也。惟張尚書不著其名。新唐書藝文志沿崇文總目之譌、以張尚書爲即延賞。晁公武陳振孫已斥其誤。然書中稱嘉貞爲四世祖、又稱嘉祐爲高伯祖、則所謂張尚書者、當在彥遠、天保、彥修、曼容諸兄弟中。其父規次宗乃宏靖子、於嘉貞爲曾孫、不可稱高祖。振孫乃皆以其不登八座爲疑、亦非也。觀其言賓護移知廣陵、又言公除潞州旌節、則必嘗爲揚州刺史、昭義節度使者。當以史於天保諸人下略其官位、遂致無可考耳。其書雜記近事、亦兼考舊聞。如司馬承禎王谷盧元公尉遲迥韋卿材謝眞人淪落衣冠章仇兼瓊郭承嘏諸條、雖頗涉語怪。然如蘭亭敘入昭陵、顧長康畫清夜遊西園圖、謝赫李嗣眞評畫、百衲琴、戴容刻佛像、碧落碑、狸骨帖、寶章集、靈芝殿、佛教屬鬼宿、昌黎生改金根車、謝安無字碑、鄭虔三絕、顧況工畫諸軼事、皆出此書。而墓碑有圓空、德政碑不當有圓空一條。楊子華畫牡丹花、已見北齊一條。晉書寒具一條。省試鶯出谷詩一條。杜牧未爲比部一條。王右軍書千字文一條。尤頗有考證。王楙野客叢書引據最爲博洽、而牡丹引楊子華事、天廚引西園圖事、又引其東方朔一條證山海經事、皆據爲出典。在唐人小說中亦因話錄之亞也。惟張宏靖蕭齋記本爲李約作、原記尚存、而云蕭齋在張氏東都舊第。李商隱僅兩任校書郎、一任太學博士、本傳可考、而云臺儀自大夫以下至監察、通謂之五院御史、唐國歷五院者、惟李商隱張延賞溫造三人、皆爲失實。要之瑕不揜瑜、固不以一二小節廢矣。

灌畦暇語一卷 浙江巡撫採進本

不著撰人名氏。書中皆自稱曰老圃。唐太宗一條獨稱臣、稱皇祖、知爲唐人。蒲且子一條稱近吳道元亦師張顚筆法、又引韓愈詩二章云後來豈復有如斯人、則中唐以後人也。前有自序、稱早年血氣未定、鋪方紙、運寸管、亟起以干一旦之名、力盡志殫、僅能如願。又稱急意勇退、脫謝纓弁。則亦嘗登第從仕矣。其書凡三十二條。觀其荅黃仲秉一條、宗旨蓋出於黃老、而大抵持論篤實、亦不悖於聖賢。所載魏繁欽生茨詩一篇、馮氏詩紀未載、蓋未見其書。唐志宋志皆不著錄。惟陳振孫書錄解題始著其名。然朱子作韓文考異、於岐山下一首註云、世有灌畦暇語一書、謂子齊初應舉、韓公賞之、爲作丹穴五色羽云云。則其傳已久矣。此本爲陸氏奇晉齋所刊。末有李東陽跋云、余頃僦京城之西、有賣雜物者過門、見其篋有故書數種、大抵首尾不全。灌畦暇語一編、尤爲斷爛。余以數十錢購得之。因料理其可讀者、才得三十餘條云云。則此書乃東陽所理之殘本。今彭寵奴一條佚其後半、韓愈詩一條佚其前半、凡闕二十八行有奇、又非東陽所理之舊矣。然核其詞旨、確爲唐人著述。雖殘闕、終可貴也。

春明退朝錄三卷 浙江巡撫採進本

宋宋敏求撰。敏求有唐大詔令、已著錄。是書文獻通考凡兩出其名。一入於故事、一入於雜家。今觀所記、雖多述宋代典制、而雜說雜事亦錯出其閒、則究爲雜家類也。前有敏求自序、稱熙寧三年予以諫議大夫奉朝請。考宋史敏求本傳、熙寧元年以知制誥貶知絳州、即於是歲召還爲諫議大夫。王安石惡呂公著、出知潁州。敏求草制忤安石、請解職、未聽。會李定自秀州判官除御史、敏求封還詞頭、遂以本官奉朝請。又考宋史呂公著傳、公著之罷中丞、正在熙寧三年。蓋即是時。王偁東都事略謂敏求自絳州遷右諫議大夫、後知制誥、在職六年者、誤也。其序末但稱十一月晦、蓋嘗上熙寧三年之文。然其下卷又有熙寧七年六月十三日之註、豈先爲序而後成書、如程伊川春秋傳之類歟。

筆記三卷 兩淮鹽政採進本

宋宋祁撰。祁有益部方物略、已著錄。其書上卷曰釋俗、中卷曰考訂、多正名物音訓、裨於小學者爲多、亦閒及文章史事。下卷曰雜說、則欲自爲子書、造語奇雋、多似焦贛易林譚峭化書。而終以庭戒治戒左志右銘、未審爲平日預作、爲其後人附入也。末有寶慶二年上虞李衎跋、稱其可疑者七事。如以骨朶爲胍肫、不知朶爲菜字之譌、以鮑照作昭爲誤、而不知唐避武后之諱。以牛耕始漢趙過、而不知冉耕字伯牛、古犁字文亦從牛。以移爲開而反合、而不知爲郁李。以臣瓚爲于瓚、而不知酈道元水經注稱薛瓚。以朴無樸音、而祁所預修之集韻實有蒲候匹角二切。以卯本柳字、而不知實古卿字。所摭多中其失。然大致考據精詳、非他說部游談者比。其中如論漢高祖呂后一條、後蘇洵高祖論全本之。又如蕭該漢書音義爲顏師古所未見者、亦賴此書存其略。晁公武讀書志稱是書每章冠以公曰字、不知何人所編。此本無之、或傳刻者所削。文獻通考引中興藝文志、以是書爲紹聖中宋肇次其祖庠之語、與公武說異。馬端臨謂二筆錄卷數相同、祁庠又兄弟、不能定爲一書二書。今考書中稱引莒公者不一、莒公卽庠。則此錄爲祁明矣。或肇所編又別一書、亦名筆錄耳。

東原錄一卷、浙江巡撫採進本、

宋龔鼎臣撰。鼎臣字輔之、鄆州須城人。景祐元年進士。歷官諫議大夫、京東東路安撫使、知青州。改太中大夫、提舉亳州太清宮。以正議大夫致仕。事蹟具宋史本傳。是編多考論訓詁、亦兼及雜事。其說經多出新解。如謂書本無百篇、孔子存甘誓、欲以見父子相傳之義。存盤庚、欲以爲遷都之戒。併洪範錯簡之說亦自鼎臣發之。皆頗不可訓。其解杜甫今日起爲官句、謂今日爲金日之譌、以金日磾實之、尤爲穿鑿。然如解易之鼎金鉉卽儀禮之鼎扃。解禮記升中於天爲左傳民受天地之中、以生之中。解揚子如玉加瑩句、據唐類書證李軌註爲誤本。解後漢書註引潛夫論化國之日句爲章懷太子避高宗諱。解馬融軼越三家句爲指三王。以及引說苑子桑伯子事、證王肅註之漏。引漢地理志有煮棗、證顏師古註之漏。引王弼解子弓爲朱張字、證楊倞荀子註之誤。引歷訓爲倒、證高誘呂覽註之誤。引殷仲堪天聖論解仁宗年號、證拆字爲二人聖之非。引汲冢記證湯墓在河東、證劉向說之非。皆頗有考據。所記雜事、如太宗賜進士詩。御註藝祖批荅趙普論王仁贍。及幸綾錦院警戒梁周翰事。鄭氏詩譜別有全本、歐陽修所得乃殘帙。文彥博家廟不作七間、乃用唐杜岐公家舊式之類。亦皆可資參考。惟所稱邵亢學士家作三代木主、不更畫影幨。蓋非古禮云云。其說最謬。以上下文義推之、當作蓋用古禮、傳寫誤用爲非。非其舊文。未可以是病鼎臣也。

王氏談錄一卷、浙江范懋柱家天一閣藏本、

不著撰人名氏。說郛載之、題曰王洙撰。書錄解題則以爲翰林學士南京王洙之子錄其父所言。今觀此書凡九十九則、而稱先公及公者七十餘則。則非洙所著明甚。蓋編此書者見卷尾有編錄觀覽書目一則、末題云王洙敬錄、遂以爲全書皆出洙手。不知此一則乃嘉祐以前人所爲、洙特錄而跋之、其子附載書末耳。世無自著書而自標敬錄者也。其解繪事後素一條、朱子集註取之。其論校書當兩存、解經不可改字就義、皆爲有識。其稱校書之註、二字以上謂之一云、一字謂之一作、亦深有理。洙字原叔、應天宋城人。中甲科。官終侍讀學士兼侍講學士。卒諡曰文。子欽臣、字仲至。賜進士及第。官終待制、知成德軍。據本傳及東都事略、洙子惟欽臣一人。則此書卽欽臣所錄也。

文昌雜錄七卷、編修朱筠家藏本、

宋龐元英撰。元英字懋賢、單州人。丞相籍之子。官朝散大夫。王士禎蠶尾集作文英者、誤也。元豐壬戌、元英官主客郎中。在省四年。時官制初行、所記一時聞見、朝章典故爲多。通典載尚書省爲文昌天府、故以名書。其中所載、如以堯舜對天地爲李矩問李演事。考范鎮東齋記事以爲此楊億校士時事、岳珂桯史以爲歐陽修知貢舉時事、珍席放談以爲南唐時湯悅妹壻問悅事、與各書互異。又以虎子爲出於李廣射虎事、不知孔安國爲侍中、以儒者不執虎子而執唾壺、其事已見李廣之先。未免稍有舛誤。至朝廷典禮、百官除拜、其時日之先後異同、多有可以證宋史之舛漏者。原本六卷、後有補遺六條、故宋史藝文志作七卷。又自爲跋、記其入省及作書歲月。首有宋衞傅序。自明以來僅鈔本流傳、近始有刻本。然其中如新定儀制宰相兩省侍郎尚書左右丞皆朱衣吏雙引一條、與下文膳部郎中言萬州南山一條、又崔豹古今注蛺蝶大者名鳳子一條、與下文西京雜記玉搔頭一條、皆自爲條、今合而爲一。又書中註闕文者四條。卷二十三曰以原廟奉安禮成、宴百官於紫宸殿、酒九下註闕字。下一條經陳長文上註闕字。考卷三晏元獻一條、昔有相印、下註闕字。卽當接以經陳長文云云。下一條行能教坊、上註闕字。卽嘗接上酒九云云。是四條本未嘗闕，特鈔本刻本俱誤析爲四耳。王士禎稱此書爲說部之佳者。宋史入故事類，蓋以所記朝典爲多。然中間頗涉雜事雜論，今改隸雜家類焉。

麈史三卷（兩江總督採進本）

宋王得臣撰。得臣字彥輔，自號鳳亭子，安陸人。嘉祐四年進士，官至司農少卿。陳振孫書錄解題以爲王銍之伯父。案書中神受門第七條稱王樂道幼子銍少而博學，善持論。又詩話門第十九條稱王銍性之嘗爲予言。讖謫門第三條稱王萃樂道奉議，潁人也。則與銍父子非一族，陳氏誤也。是書前有政和乙未自序，稱時年八十，追爲之序。書中稱予在大農，忽得目疾，乞宮觀，已而挂冠，年六十二。以政和五年乙未逆推至其六十二時，爲紹聖四年丁丑。成書當在其後。是時紹述之說方盛，而書中於他人書官書字書謚，惟王安石獨書名。蓋亦耿介特立之士。考所自述，初受學於鄭獬，又受學於胡瑗，其明義一條，復與明道程子問答，疑爲洛黨中人。然評詩論文，無一字及蘇黃，亦無一字攻蘇黃。其論詩小序，兩申蘇轍程子之說，而俱不出其名。蘇軾以杜甫同谷歌中黃獨爲黃精，爲後山詩話所駁者，得臣申軾之說，亦不出其名。知其無所偏附，故元祐黨碑，獨不登其姓氏，亦可謂卓然不染者矣。所紀凡二百八十四事，分四十四門。凡朝廷掌故，耆舊遺聞，耳目所及，咸登編錄。其間參稽經典，辨別異同，亦深資考證，非他家說部惟載瑣事者比。中如論唐劉存誤以交交黃鳥止于棘爲七言，不知爲摯虞文章流別論之說，論王羲之蘭亭集，不知天朗氣清本張衡南都賦，絲竹管絃本漢書張禹傳，論潘岳閒居賦，謂周文弱枝之棗，房陵朱仲之李，李善以周文房陵爲未詳，因引王嘉拾遺記述異記補之，不知善註於此二條引廣志註周文弱枝，引荊州記註房陵朱仲，疏解分明，得臣蓋偶見不全之本。（案李匡乂資暇集，李善註文選凡六七易稿，世所行者不一本。）其所補註，亦不知拾遺記所云北極下之岐峰斷非岐山，論王羲之書不講偏旁，引韓愈石鼓歌爲證，不知小篆隸書各爲一體，其偏旁或同或不同，不能以彼律此。顏元孫干祿字書言之已明，雖不免於小有舛誤，而於當時制度及考究古蹟，特爲精核。朱子語錄亦稱王彥輔麈史載幞頭之說甚詳云。

夢溪筆談二十六卷、補筆談一卷、續筆談一卷（兩江總督採進本）

宋沈括撰。括字存中，錢塘人，寄籍吳縣。登嘉祐八年進士，熙寧中官至翰林學士、龍圖閣待制，坐議城永樂事，謫均州團練副使，後復光祿寺少卿，分司南京，卜居潤州以終。夢溪即其晚歲所居地也。事蹟附載宋史沈遘傳中。祝穆方輿勝覽曰：沈存中宅在潤州朱方門外。存中嘗夢至一處小山，花如覆錦，喬木覆其上，夢中樂之。後守宣城，有道人無外者，爲言京口山川之勝，郡人有地求售，以錢三十萬得之。元祐初，道過京口，登所買地，即夢中所遊處，遂築室焉，名曰夢溪。是書蓋其閒居是地時作也。凡分十七門，曰故事，曰辨證，曰樂律，曰象數，曰人事，曰官政，曰權智，曰藝文，曰書畫，曰技藝，曰器用，曰神奇，曰異事，曰謬誤，曰譏謔，曰雜志，曰藥議，共二十六卷。又有補筆談二卷，續筆談一卷，舊本別行。近時馬氏刻本始合之，而重編補筆談爲三卷，續筆談十有一條附於末。其序有曰：世所傳補筆談，每篇首必題所補之卷，又有前幾件及中與後之分，如補第二卷後十件之類，似非後人所得而攙。其爲舊本無疑。原書二十六卷，不補者十。餘各有補，今以其書校考之，多不合。如故事不御前殿云云十件，補第二卷，既然矣，次則廊屋爲廡，梓榆爲樸二件，亦補第二卷。第二卷乃故事，豈謂是乎。子午屬寅本論納甲語，而以補六卷之樂律，盧肇論海潮當補象數，而以補九卷之人事。王子醇樞密帥熙河日六件，大抵皆權智，當補十三卷，而以補十五卷之藝文。凡此類，不可悉舉。又若原書止二十六卷，今其所補有自二十七以至三十者，益不可曉。又云通考筆談二十六卷，今所行者是。宋史則二十五卷，鄭樵通志藝文略則二十卷，分併不恆有如此者。此吾所以放筆而爲之更定也云云。今案宋史藝文志顚倒舛謬，觸目皆是。其二十五卷之說，原可置之不論。至通志二十卷之說，則疑括初本實三十卷，鄭樵據以著錄，因輾轉傳刻，闕其一筆，故誤三爲二。其後勒著定本，定爲二十六卷。乾道二年湯修年據以校刻，頗爲完善，遂相承至今。而所謂補筆談、續筆談者，則乾道本原未載。或槀本流傳，藏弆者欲爲散附各卷，逐條標識其所據者仍是三十卷之初本，故所標有二十七卷三十卷之目。實非括之所自題。分類顛舛。固不足異也。然傳刻古書。當闕所疑。故今仍用原本以存其舊。而附訂其舛異如右。括在北宋學問最爲博洽。於當代掌故及天文算法鍾律尤所究心。趙與旹賓退錄議其積畧一條。文字有誤。王得臣麈史議其算古柏一條。議論太拘。小小疎失。要不足以爲累。至月如銀丸粉塗其半之說。朱子語錄取之。蒲盧即蒲葦之說。朱子中庸章句取之。其他亦多爲諸書所援據。湯修年跋稱其目見耳聞。皆有補於世。非他雜志之比。勘驗斯編。知非溢美矣。

仇池筆記二卷（兩淮馬裕家藏本）

舊本題宋蘇軾撰。今勘驗其文。疑好事者集其雜帖爲之。未必出軾之手著。如下卷杜甫詩一條云。杜甫詩固無敵。然自致遠以下句甚村陋也。絕不標其本題。又不舉其全句。其爲偶閱杜詩批於致遠終恐泥句上之語。顯然無疑。他可以類推矣。又如蒸豚詩一條。記醉僧事。及解杜鵑詩一條。解杜鵑有無義。亦皆不類軾語。疑併有所附會竄入。然相傳引用已久。亦間可以備考證也。此書陶宗儀說郛亦收之。而刪節不完。明萬歷壬寅趙進美嘗刊其全本。版已久佚。此本前有進美序。蓋即從趙本錄出。書中與志林互見者。皆但存標題。而下註見志林字。疑亦進美所改竄云。

東坡志林五卷（內府藏本）

宋蘇軾撰。陳振孫書錄解題載東坡手澤三卷。註曰今俗本大全集中所謂志林者也。今觀所載諸條。多自署年月者。又有署讀某書書此者。又有泛稱昨日今日不知何時者。蓋軾隨手所記。本非著作。亦無書名。其後人裒而錄之。命曰手澤。而刊軾集者不欲以父書目之。故題曰志林耳。中如張睢陽生猶罵賊嚼齒穿齦。顏平原死不忘君握拳穿掌四語。據東坡外紀。乃軾謫儋耳時。醉至姜秀才家。值姜外出。就其母索紙所書。今亦在卷中。自爲一條。不復別贅一語。是亦蒐輯墨迹之一證矣。此本五卷。較振孫所紀多二卷。蓋其卷帙亦皆後人所分。故多寡各隨其意也。

珩璜新論一卷（江蘇巡撫採進本）

宋孔平仲撰。平仲字毅父。一作義甫。清江三孔之一也。治平二年進士。元祐中提點京西刑獄。坐黨籍安置英州。崇寧初召爲戶部金部郎中。出提舉永興路刑獄。帥鄜延環慶。黨論再起。奉祠以卒。事蹟具宋史本傳。是書一曰孔氏雜說。然吳曾能改齋漫錄引作雜說。而此本卷末有淳熙庚子吳興沈詵跋。稱渝川丁氏刊版。已名珩璜論。則宋時原有二名。今刊本皆題雜說。而鈔本皆題珩璜新論。蓋各據所見本也。是書皆考證舊聞。亦閒託古事以發議。其說多精核可取。蓋清江三孔在元祐熙寧之間。皆卓然以文章名。非言無根柢者可比也。卷末附錄雜說七條。在詵跋之前。皆此本所佚。疑爲詵所補鈔。今併附入。以成完書。至珩璜之名。詵已稱莫知所由。又以或人碎玉之解爲未是。考大戴禮載曾子曰。君子之言。可貫而佩。珩璜皆貫而佩者。豈平仲本名雜說。後人推重其書。取貫佩之義。易以此名歟。考平仲與同時劉安世蘇軾。南宋林栗唐仲友。立身皆不愧君子。徒以平仲安世與軾不協於程子。栗與仲友不協於朱子。講學家遂皆以寇讎視之。夫人心不同。有如其面。雖均一賢者。意見不必相符。論者但當據所爭之一事。斷其是非。不可因一事之爭。遂斷其終身之賢否。韓琦富弼不相能。不能謂二人之中有一小人也。因其一事之忤程朱。遂併其學問文章德行政事一概斥之不道。是何異佛氏之法。不問其人之善惡。但皈五戒者有福。謗三寶者有罪乎。安世與軾。炳然與日月爭光。講學家百計詆排。終不能滅其著述。平仲則惟存本集談苑及此書。栗惟存周易經傳集解一書。仲友惟存帝王經世圖譜一書。援寡勢微。鑠於眾口。遂俱在若存若亡間。寘抑於門戶之私。非至公之論。今仍加甄錄。以持其平。若沈繼祖之梔林集。散見於永樂大典者。尚可排緝成帙。以其人不足道。而又與朱子爲難。則棄置不錄。以昭衮鉞。凡以不失是非之真而已。

晁氏客語一卷（浙江鮑士恭家藏本）

宋晁說之撰。說之有儒言。已著錄。是書乃其劄記雜論。兼及朝野見聞。蓋亦語錄之流。條下間有夾註。如云右五段張某。又云第四段劉快活。又有李及壽朋述志諸名氏。蓋用蘇鶚杜陽雜編之例。每條必記其所語之人。所謂客語也。其中議論多有關於立身行己之大端。所載熙豐間名流遺事。大都得自目擊。與史傳亦可互相參證。其說或參雜儒禪。則自晁迥以來家學相傳。其習尚如是。所與游之蘇軾黃庭堅等友朋所講。其議論亦如是。此蜀黨之學所以迥異於洛黨亦毋庸執一格相繩惟解經好爲異說如以孟子所稱巨擘爲卽蚓之大者以旣入其苙之苙爲香白芷云豕之所甘皆有意穿鑿與王氏新經義何異未免爲通人之一蔽爾

師友談記一卷（兩淮鹽政採進本）

宋李廌撰廌有德隅齋畫品已著錄是書記蘇軾范祖禹及黃庭堅秦觀晁說之張耒所談故曰師友其人皆元祐勝流而廌之學問文章亦足與相亞能解諸人之所談所載多名言格論非小說瑣錄之比其述秦觀論賦之語反覆數條曲盡工巧而終以爲場屋之賦不足重可謂不阿所好書中稱哲宗爲今上蓋作於元祐中末記蘇軾爲兵部尚書及帥定州事軾到定州不久卽南遷則是書之成又當在元祐諸人盡罷貶斥之後知其交由神契非以勢利相攀且以潦倒場屋之人於新經義盛行之時曲附其說卽可以立致科第而獨載排斥笑謔之語不肯少遜窮視其所不爲亦可謂介然有守矣寥寥數簡之書而至今抓行於天地間豈偶然哉

楊公筆錄一卷（浙江范懋柱家天一閣藏本）

宋楊延齡撰延齡里居未詳書中自稱元豐中爲山陰尉又曰任隰州司戶又曰元豐八年秋爲滏陽令又曰爲虢倅又曰自江寧上元移宰常州武進而卷首題曰朝奉郎致仕其始末亦略可見其論易取鄭夬之說蓋其時邵伯溫易學辨惑未出故不知其誤亦頗稱引王安石陸佃之說而所辨字音字義惟引字說一條餘皆引許愼說文亦稱過洛見程子則似非王氏學矣又以四詩風雅頌對三光日月星句程史以爲蘇軾事而延齡自記乃其待試與國時夢中所得亦可以證小說多附會也

呂氏雜記二卷（永樂大典本）

宋呂希哲撰希哲字原明先世萊州人後家壽州夷簡其祖公著其父也初以父蔭入官公著爲相之日不肯求進取公著沒始爲兵部員外郞進崇政殿說書紹聖初以祕閣校理出知懷州旋分司南京居和州徽宗初召爲光祿少卿力請外補以直祕閣知曹州坐黨籍奪職後復歷知相邢二州罷奉宮祠羈寓淮泗閒以卒事蹟具宋史本傳希哲少從焦千之孫復石介學又從二程子張子及王安石父子游故其學問亦出入於數家之中醇疵互見朱子語錄稱其學於程氏意欲直造聖人盡其平生之力乃反見佛與聖人合今觀此書喜言禪理每混儒墨而一之誠不免如朱子所言又宋史載王安石欲薦希哲爲講官希哲辭曰辱與公相知久萬一從仕將不免異同則疇昔相與之意盡安石乃止故所記安石父子事亦無譏訶之詞然其記顧臨使北之對則謂爲世教者當重儒又謂祖孔宗孟學之正也苟異於此皆學之不正又記司馬光闢佛之語又斥老子剖斗折衡之說而深辨孔子非師老子又極論禮樂之不可廢則其所見特如蘇軾蘇轍之流時時出入二氏固未可盡以異學斥至於直載劉經太學頌以見過尊安石直載程公遜賀待制詩以見過諛王雱則於判舒父子亦有微詞非竟相黨附者矣其他所記家世舊聞朝廷掌故多可與史傳相參考中如杞柳湍水一條喜怒哀樂一條耕莘釣渭一條今皆誤入程氏遺書中殆以詞旨相近故不及辨別耶是書宋志不著錄通考歲時類中有呂原明歲時雜記二卷考陸游渭南集有歲時雜記跋稱太平無事之日故都節物及中州風俗人人知之若不必記自喪亂來七十餘年遺老凋落無在者然後知此書之不可闕則當如夢華錄之類又周必大平園集有歲時雜記序稱上元一門多至五十餘條則分門輯類之書與此不合惟文淵閣書目載呂原明雜記一冊蓋卽此本其中所載詩話如王逵贈蔡襄作元絳賀王安石作呂公弼游東園作諸篇厲鶚宋詩紀事皆未採入知近代久無傳本今以永樂大典所載裒合成帙編爲二卷用有呂氏他書之文而永樂大典誤標此書者疑以傳疑亦併錄之而各附案語訂正焉

冷齋夜話十卷（江蘇巡撫採進本）

宋僧惠洪撰惠洪一名德洪字覺範筠州人大觀中游丞相張商英之門商英敗惠洪亦坐累謫朱崖是書晁公武讀書志作十卷與今本相合然陳善捫蝨新話謂山谷西江月詞日側金盤墮影一首爲惠洪贋作載於冷齋夜話又引宋百家詩選云冷齋夜話中僞作山谷贈洪詩韻勝不減秦少觀氣爽絕類徐師川云云今本無此兩篇蓋已經後人刪削非其完本又每篇皆有標題而標題或

宂沓過甚，或拙鄙不文，皆與本書不類。其最刺謬者，如洪駒父詩話一條，乃引洪駒父之言以正俗刻之誤，非攻洪駒父之誤也，其標題乃云洪駒父評詩之誤，顯相背觸。又郑亭湖廟一條，捧牲請福者乃安世高之舟人，故神云舟有沙門，乃不俱來耶，非世高自請福也。又追敘漢時建寺乃爲秦觀作維摩贊緣起，非記世高事也，其標題乃云安世高請福郑亭廟。秦少游宿此，夢天女求贊，既乖本事，且不成文。又蘇軾寄鄧道士詩一條，用韋應物寄全椒山中道士詩韻，乃記蘇詩，非記韋詩也，而其標題乃云韋蘇州寄全椒道人詩，更全然不解文義。又惠洪本彭氏子，於彭淵材爲叔姪，故書中但稱淵材，不系以姓，而其標題乃皆改爲劉淵材，尤爲不考。此類不可殫數，亦皆後人所妄加，非所本有也。是書雜記見聞，而論詩者居十之八。論詩之中稱引元祐諸人者又十之八，而黃庭堅語尤多。蓋惠洪猶及識庭堅，故引以爲重。其庭堅夢游蓬萊一條，山谷集題曰記夢。洪駒父詩話曰：余嘗問山谷云此記一段事也，嘗從一貴宗室攜妓游僧寺，酒闌，諸妓皆散入僧房中，主人不怪也，故有曉然夢之非紛紜句。惠洪乃稱庭堅嘗與其宿湘江舟中，親話有夢與道士游蓬萊事，且云今山谷集語不同，蓋後更易之。是殆竄亂其說，使故與本集不合，以自明其暱於庭堅，獨知其詳耳。晁公武詆此書多誕妄僞託者，卽此類歟。然惠洪本工詩，其詩論實多中理解，所言可取則取之，其託於聞之某某，置而不論可矣。

欽定四庫全書總目卷一百二十

欽定四庫全書總目卷一百二十一

子部三十一

雜家類五

曲洧舊聞十卷 浙江汪汝瑮家藏本

宋朱弁撰。弁字少章，朱子之從父也，事蹟具宋史本傳。文獻通考載弁曲洧舊聞一卷、雜書一卷、骫骳說一卷，此本獨曲洧舊聞已十卷，然此本從宋槧影鈔，每卷末皆有臨安府太廟前尹家書籍鋪刊字，又惇字避光宗諱，皆闕筆，蓋南宋舊刻，不應有誤，必通考譌十卷爲一卷也。案弁以建炎丁未使金被留，越十七年乃歸，而書中有臘月八日清涼山見佛光事，云歲在甲寅，又記祕魔巖事，其地在燕京，又記其友述定光佛語云：仔四十年，則書當作於留金時，然皆追述北宋遺事，無一語及金，故曰舊聞。通考列之小說家，今考其書惟神怪諧謔數條不脫小說之體，其餘則多記當時祖宗盛德及諸名臣言行，而於王安石之變法、蔡京之紹述、分朋角立之故，言之尤詳，蓋意在申明北宋一代興衰治亂之由，深於史事有補，實非小說家流也。惟其中閒及詩話文評及諸考證，不名一格，不可目以雜史，故今改入之雜家類焉。

元城語錄三卷附行錄一卷 浙江鮑士恭家藏本

元城語錄三卷，宋馬永卿編。永卿字大年，揚州人，流寓鉛山。據廣信府志，知其嘗登大觀三年進士，據所作嬾眞子，知嘗官江都丞、淅川令、夏縣令。又稱嘗官關中，則不知何官矣。徽宗初，劉安世與蘇軾同北歸，大觀中寄居永城，永卿方爲主簿，受學於安世因掇集其語爲此書安世之學出於司馬光故多有光之遺說惟光有疑孟而安世則篤信之亦足見君子之交不爲苟同矣其中藝祖製薰籠一事周必大玉堂雜記謂其以元豐後之官制加之藝祖之時失於附會然安世非妄語者或記憶偶未確耳李心傳道命錄又論其記程子諫折柳事爲虛謂程子除說書在三月四月二日方再具辭免四月上旬非發生之時云云然四月上旬與三月相去幾何執此以斷必無方春萬物發生不可戕折之語則強辯非正理矣安世風裁嶽嶽氣節震動天下朱子作名臣言行錄於王安石呂惠卿皆有所節取乃獨不錄安世董復亨繁露園集有是書序曰朱文公名臣言行錄不載先生殊不可解及閱宋史然後知文公所以不錄先生者大都有三蓋先生嘗上疏論程正叔且與蘇文忠交好又好談禪文公左祖正叔不與文忠至禪則又心薄力拒者以故不錄其說不爲無因是亦識微之論然道命錄備載孔平仲諸人彈論程子疏議以示譏貶獨不載安世之疏不過於孔平仲條下附論其不知伊川而已蓋亦知安世之人品世所共信不可動搖未敢醜詆之也近時有安邱劉源淥者作冷語三卷掇拾伊洛之糟粕乃以衞道爲名肆言排擊指安世爲邪人謂其罪甚於章惇邢恕豈非但執朋黨之見絕無是非之心者歟要之安世心事如青天白日非源淥一人所能障蔽衆目也行錄一卷明崔銑所續編大名兵備副使于文熙又補綴其文舊本附語錄之末今亦竝存之庶讀者知安世之行益足證安世之言焉至語錄之中時有似涉於禪者此在程門高弟游楊呂謝之徒朱子亦譏其有此弊是不必獨爲安世責亦不必更爲安世諱矣

嬾眞子五卷內府藏本

宋馬永卿撰是編乃其雜記之書然亦多述劉安世語又開卷冠以司馬光事書中亦多稱光蓋其淵源所自出也宋史藝文志著錄晁陳二家書目乃皆不載然袁文爲建炎紹興間人王楙爲慶元嘉泰間人費袞爲紹熙開禧間人文甕牖閒評駁其中印文五字一條楙野客叢書駁其中承露囊一條衮梁谿漫志駁其漢太公無名母媼無姓一條是其書未嘗不行於世特二家偶遺之耳其書末稱紹興六年蓋成於南渡以後中間頗及雜事而考證之文爲多如據漢書王嘉封事謂書無教逸欲有邦教當作敖謂陶潛游斜川詩開歲倏五十當作五日與殷晉安別詩本十韻傳本誤脫一韻東坡亦誤和九韻謂杜甫詩虬鬚十八九字出漢書丙吉傳謂韓愈感二鳥賦序貞元十一年誤作十五年又考正曹成王碑衍文譌字及箋釋句讀謂前漢百官表少府之遵官據唐百官志當作導官謂成元英莊子疏不知其時已有縣令誤讀縣爲懸解爲高名令聞謂古者席面之賓乃稱客列座之賓皆稱旅引左傳爲證謂二十八宿中亢氐房三星韻略皆誤音謂賜酺始趙武靈王謂河鼓之河當作何謂唐中興頌復復指期復復字本漢書匡衡傳皆引據確鑿不同臆說其謂離騷正則靈均乃小名小字雖無所考亦足以備一解惟頗參雜以二氏至謂韓愈亦深明佛理是亦安世之學喜談禪悅之餘派存而不論可矣

春渚紀聞十卷江西巡撫採進本

宋何薳撰薳浦城人自號韓青老農其書分雜記五卷東坡事實一卷詩詞事略一卷雜書琴事附墨說一卷記研一卷記丹藥一卷明陳繼儒祕笈所刊僅前五卷乃姚士粦得於沈虎臣者後毛晉得舊本補其脫遺始爲完書卽此本也薳父曰去非嘗以蘇軾薦得官故記軾事特詳其雜記多引仙鬼報應兼及瑣事如稱劉仲甫弈棋無敵又記祝不疑勝之兩條自相矛盾殊爲不檢又蔡絛鐵圍山叢談稱前以弈勝仲甫者爲王憨子後以弈勝仲甫者爲晉士明與祝不疑之說亦不合殆傳聞異詞歟張有爲張先之孫所作復古編今尚有傳本而此書乃作章有則或傳寫之譌非薳之舊也

石林燕語十卷考異一卷永樂大典本

宋葉夢得撰夢得有春秋傳已著錄夢得爲紹聖舊人徽宗時嘗司綸誥於朝章國典夙所究心故是書纂述舊聞皆有關當時掌故於官制科目言之尤詳頗足以補史傳之闕與宋敏求春明退朝錄徐度卻掃編可相表裏陳振孫書錄解題謂其書成於宣和五年然其中論館伴遼使一條稱建炎三年又論宰相一條謂自元祐五年至今紹興六年則書成於南渡之後振孫之說未核矣惟夢得當南北宋間戈甲倥偬圖籍散佚或有記憶失

眞。考據未詳之處。故汪應辰嘗作石林燕語辨。而成都宇文紹奕（案紹奕始末無考。嘉定中有樞密使宇文紹節。疑其昆弟。）亦作考異以糾之。應辰之書。陳振孫已稱未見。蓋宋末傳本卽稀。僅儒學警悟（案儒學警悟亦南宋之書。不著撰人姓氏。）閒引數條。與紹奕考異同散見永樂大典中。然寥寥無幾。難以成編。惟紹奕之書尚可裒集。謹蒐採考校。各附夢得書本條之下。雖其閒傳聞年月之譌。繕寫字畫之誤。一一毛舉。或不免有意吹求。頗類劉炫之規杜預、吳縝之糾歐陽修。而援引舊文。辨駁詳確者十之八九。是一朝故事。得夢得之書而梗概具存。得紹奕之書而考證益密。二書相輔而行。於史學彌爲有裨矣。又夢得之書。宋槧罕覯。前明有大字刊本。摹印亦稀。世行毛晉津逮祕書所載。脫誤頗多。而商維濬稗海所載。踳駁尤甚。今併參驗諸本。以永樂大典所載。詳爲勘校。訂譌補闕。以歸完善。凡所釐正。各附案語於下方。用正俗刻之譌。庶幾稍還舊觀。不失其眞焉。

避暑錄話二卷（兩江總督採進本）

宋葉夢得撰。案晁公武讀書志載此書。作十五卷。與此本卷數多寡懸殊。疑今所行者非完帙。然文獻通考已作二卷。毛晉津逮祕書跋云。得宋刻迴異坊本。亦作二卷。則宋代亦卽此本。考諸書所引避暑錄話。亦具見此本之中。無一條之佚脫。知讀書志爲傳寫之謬矣。夢得在南渡之初。巋然耆宿。其藏書至三萬餘卷。亦甲於諸家。故通悉古今。所論著多有根柢。惟本爲蔡京之門客。不免以門戶之故。多陰抑元祐而曲解紹聖。如論詩賦一條。爲王安石罷詩賦解也。葉源一條。爲蔡京禁讀史解也。王姬一條。爲蔡京改公主曰帝姬解也。至深斥蘇洵辨姦論。則尤其顯然者矣。然終怵於公論。隱約其文。尚不似陳善捫蝨新話顚倒是非。黨邪醜正。一概肆其狂詆。其所敘錄。亦多足資考證。而裨見聞。故善書竟從屛斥。而是編則仍錄存焉。

巖下放言三卷（兩淮鹽政採進本）

宋葉夢得撰。其自崇慶節度使致仕。退居卞山時作也。陳振孫書錄解題作一卷。此本乃三卷。疑振孫書爲傳刻之譌。又明商維濬稗海中別有蒙齋筆談二卷。題曰湘山鄭景望撰。其文全與此同。但刪去數十條耳。厲鶚作宋詩紀事。稱景望爲元豐元祐閒人。所錄景望潁川一詩。亦卽此書之所載。此書舊無刻本。或疑其卽剽取景望書而作。然考書中稱先祖魏公。又稱余紹聖閒春試不第。又稱大觀初余適在翰林。又稱在潁州時。初自翰林免官。又稱余守許昌時。洛中方營西內。又稱遭錢塘兵亂。又稱余鎭福唐。又稱出入兵閒十餘年。所將數十萬。又稱余頃罷鎭建康。所述仕履。皆與夢得本傳相合。又稱嘗撰老子解論語釋言二書。今考書錄解題論語類。有葉夢得論語釋言十卷。道家類中。有葉夢得老子解二卷。併所載老子解中生之徒十有三。死之徒十有三。本韓非子之說。以爲四支九竅云云。亦與此書相符。然則爲蒙齋筆談剽此書而作。非此書剽蒙齋筆談而作。確有明證。商維濬厲鶚蓋皆誤信僞書。考之未審矣。夢得老而歸田。耽心二氏。書中所述。多提唱釋老之旨。況作喆王宗傳楊簡等之以禪說易。實萌芽於此。殊不可以立訓。然夢得學問博洽。又多知故事。其所記錄。亦頗有可採。宋人舊帙。姑存以備一家焉。

卻掃編三卷（河南巡撫採進本）

宋徐度撰。度字敦立。穀熟人。南渡後官至吏部侍郎。書中屢稱先公。蓋其父處仁靖康中嘗知政事。故家遺俗。俱有傳聞。故此編所紀。皆國家典章。前賢逸事。深有裨於史學。陸游渭南集有是書跋曰。此書之作。敦立猶少年。故大抵無紹興以後事。蓋其書成於高宗初年也。王明清揮麈後錄載明清訪度於霅川。度與考定創置右府。與揆路議政分合因革。筆於是書。又載其論哲宗實錄及論秦檜刊削建炎航海以後日歷起居注時政記諸書二事。則度之究心史學。可以概見。至謂新唐書載事倍於舊書。皆取小說。因欲史官博採異聞。則未免失之泛濫。此書上卷載葉夢得所記俚語一條。中卷載王鼎嘲謔一條。下卷載翟巽詠諧一條。爲例不純。自穢其書。是亦嗜博之一證矣。然大致纂述舊聞。足資掌故。與揮麈諸錄石林燕語可以鼎立。而文簡於王。事核於葉。則似較二家爲勝焉。

五總志一卷（浙江巡撫採進本）

宋吳炯撰。炯仕履未詳。惟宋中興百官題名記載紹興十三年七月。吳炯爲樞密院編修官。八月除浙西提舉。其始末則不可考見矣。前有自序。題建炎庚戌避地無諸城。書於蕭寺之道山亭。書中有與蘇叔黨自太原至河外事。又有靖康丙午於京兆祥符寓舍被掠事。又第一條內載其大父事。仁宗為御史，嘗言大臣未報復，上章乞斬姦臣以謝天下。上大書「鐵御史」三字賜之。又一條稱嘉州歲貢荔枝紅桑等物，大父為犍為令，作三戒詩見意，九重稱獎。又載其父嘗居李邦直幕府，及崇寧乙酉謫居荆南諸事。蓋亦北宋舊族，隨高宗南渡者也。其書皆紀所聞見雜事，間亦考證舊說。取龐生五總龜而知事之語，名之曰五總志。其論詩推重黃庭堅，以為於詩人有開闢之功，蓋亦江西流派。其引述故事，得失互見。如謂千字文勅散騎員外郎周興嗣次韻，勅字當作梁，當時帝王命令尚未稱勅，不知勅字漢時已有。又謂漢高據廁見大將軍，不冠不見丞相，不知乃漢武帝事。踈舛亦未能免。又唐詩紀事稱駱賓王從徐敬業起兵，事敗為僧靈隱寺，為宋之問續桂子天香之句，其說已舛駁不合。而此書乃云賓王未顯時庸作杭州梵天寺，一老僧苦吟不已，賓王為足成之，更不知其何據。然於北宋瑣事，紀錄莘詳，猶有足資參證者。說郛所載僅摘錄數條，此本與永樂大典所收者檢勘相合，蓋猶原本也。

紫微雜說一卷（浙江巡撫採進本）

舊本題宋呂祖謙撰。又有別本，則但題東萊呂紫微雜說，而不著其名。今考趙希弁讀書志載東萊呂紫微雜說一卷、師友雜志一卷、詩話一卷，皆呂本中居仁之說，鄭寅刻之廬陵云云。據此，則當為呂本中所撰。蓋呂氏祖孫，當時皆稱為東萊先生，傳寫是書者，遂誤以為出祖謙之手。不知本中嘗官中書人，故稱曰紫微。若祖謙僅終於著作郎，不得有紫微之稱。又書中有自嶺外歸之語，而本中東萊集有避地過嶺詩，於事蹟亦適相合。其為本中所撰無疑也。其書分條臚列，於六經疑義、諸史事蹟皆有所辨論，往往醇實可取。如謂經書致字有取之義，又有納之義，先儒但以至極立解為未盡。又謂檀弓齊穀王姬之喪句，穀當為告，使必知其反也句，知當為如，皆於經訓有合。又謂論語四體不勤，五穀不分，句為荷蓧丈人自謂，亦頗有所見。其他大抵平正通達，切中理道之言，非諸家說部所能方駕。其書首論衞門之詩一條，所云哀時君之無立志者，祖謙後作讀詩記，實祖是說，亦可見其家學之淵源也。

辨言一卷（永樂大典本）

宋員興宗撰。興宗有釆石戰勝錄，已著錄。興宗著作載於永樂大典者，皆冠以九華集字。惟釆石戰勝錄及此書不以九華集字為冠，疑二書於集外別行也。其書歷摭經傳史子下及宋代諸儒之說，凡於理未安者，皆條舉而糾以辨，故曰辨言。中間惟論公羊傳紀季入齊一條，稱紀以千乘畏人為非，乃因紹興時事而發，未為切當。若其辨尚書六宗舊解之誤，禮記文王九齡之誕，以及譏劉氏漢書刊誤為不知史家行文之法，皆具有特識。其他亦多中理要，至以詩不待序而明，而斷序之作為非古，則沿鄭樵之新說，各存一解可矣。

墨莊漫錄十卷（兵部侍郎紀昀家藏本）

宋張邦基撰。邦基字子賢，高郵人，仕履未詳。自稱宣和癸卯在吳中，見朱勔所採太湖黿山石，又稱紹興十八年見趙不棄除侍郎，則南北宋間人也。前有自序，稱性喜藏書，隨所寓榜曰墨莊，故以為名。其書多記雜事，亦頗及考證。如渭州潘源縣土怪、周昕父變羊、胡師文見吳伴姑、明州士人過裴休葉世寧、嚴清關注諸夢事，雖不免為小說家言。又如以王安石之妹誤為安石之女，如宋詩紀事所糾者，亦時有疎舛。然如記韓愈詩風稜露液字之異同，蘇軾儋耳詩石字者字之譌誤，辨杜甫詩王母晝下雲旗翻句，還如何遜在揚州句，江湖多白鳥句，星落黃姑渚句，功曹非復漢蕭何句，解王珪詩舞急錦腰迎十八，酒酣玉醆照東西句，解黃庭堅詩爭名朝市魚千里句，影落華亭千尺月，夢通岐下六州王句，皆極典核。他如辨碧雲騢為魏泰作，辨龍城錄雲仙散錄為王銍作，皆足資考證。以及鄭元佐漢宮香方，玫瑰油，粘葉書，旋風葉書與稔護為木瓢，貝理為瓶罌之類，亦頗資博識。而所載宋時戶口轉運諸數，尤足與史籍相參考。宋人說部之可觀者也。文獻通考不著於錄，殆當時猶未盛傳歟。

寓簡十卷（浙江巡撫採進本）

宋沈作喆撰。作喆字明遠，號寓山，湖州人。紹興五年進士，以左奉議郎為江西漕司幹官。據書中所敘，當和議初成之時，賜諸將田宅，作喆為岳飛作謝表，忤秦檜，則似嘗在飛幕中。又自稱嘗官維揚，亦不知為何官。惟梅磵詩話記其官江西時作哀扇工詩，忤漕帥魏道弼，坐深文劾之，奪三官。後從人使金，韓元吉贈之以詩，有但如王粲賦從軍莫為班姬詠團扇句，蓋指是事。此書自序題甲午歲，以長歷推之，為孝宗淳熙元年，乃放廢以後所作。開卷一條，即以古詩諷諫為說，蓋由此也。作喆與葉夢得相善，然夢得之學宗王安石，作喆之學則出於蘇軾，非惟才辨縱橫與軾相似，即菲薄安石，牴牾伊川程子，以及談養生，耽禪悅，亦一一皆軾之緒餘。又為丞相沈該之從子，該有易小傳六卷，作喆治其家傳，是書亦頗言易理。然所言與該頗殊，其解帝乙歸妹，以為人君之德與帝者相甲乙，故能正人倫，頗為好異。其解卦終於未濟，以為即道家所謂神轉不回，回則不轉，釋家所謂不住無為，不斷有為，亦竟以二氏詁經。然其論乾鑿度太乙行九宮之法出於黃帝素問，則能抉讖緯之本根。論五行者經世之用，紀歲時，行氣運，不可闕一。邵堯夫皇極經世用揚雄之四數，加以本無之一，而去其本有之二，為不合於古，亦能判術數之牽合。至於謂劉敞解春秋新作南門為僭天子，其說本陸龜蒙兩觀銘。謂子路結纓在獲麟之後二年，公羊傳所記孔子之言為妄。謂蘇軾解論語患得之當作患不得之，證以韓愈圬者王承福傳，知古本原如是。謂揚雄之姓從才不從木，楊修牋不應稱修家子雲。謂柳宗元集柳州謝上表稱于頔在襄陽相面，不知是時頔去襄陽已二年，又有代劉禹錫同州謝上表，不知禹錫還同州時宗元沒已十七年，斷其出於偽託，皆具有考據。而掊擊王安石之尊揚雄在朱子綱目之前，尤為偉論。作喆所著別有一書，名已意，第三卷論淮陰侯為治粟都尉一條，註曰其詳見已意。又云司馬氏許氏二夫人事，予於已意既言之。蓋二書本相輔，今已意不傳。又有寓林集三十卷，亦久佚，惟哀扇工歌全篇見周煇清波雜志中，然詞殊不工。此十卷中亦無一論詩之語，知吟詠非其所長矣。

欒城遺言一卷（浙江鮑士恭家藏本）

宋蘇籀撰。籀字仲滋，眉州人，轍之孫，遲之子也。南渡後居婺州，官至監丞。籀年十餘歲時，侍轍於潁昌，首尾九載，未嘗去側，因錄其所聞可追記者若干語，以示子孫，故曰遺言。中間辨論文章流別，古今人是非得失，最為詳晰，頗能見轍作文宗旨。其精言奧義，亦多足以啟發來學。惟籀私於其祖，每陰寓抑軾尊轍之意，似非轍之本心。又謂呂惠卿王安石之隙起於字說及三經義，核之史傳，亦非事實。至謂轍母夢蛟龍伸臂而生轍，引孔子生時二龍附徵在之房為比，又雜載轍崇寧丙戌夢見王介甫事，尤為失之誕妄。特籀親承祖訓，耳擩目染，其可信者亦多，究非影響比也。

東園叢說三卷（浙江巡撫採進本）

舊本題宋李如篪撰。如篪始末未詳，據卷首紹興壬子自序，則括蒼人，時為桐鄉丞。正德崇德縣志載宋李如篪字季牖，崇德人，少游上庠，博學能文，著有東園叢說樂書行世，晚以特科官桐鄉丞，人名書名仕履並合，當即其人也。其書諸家不記錄，莫考其所自來。下卷雜說中所作初夏詩及其父歡喜口號三首，為自來錄宋詩者所未及。又是書自序作於壬子，為紹興元年，周庭筠刊書跋作於甲寅，為紹興三年，而記時事一條，記紹興六年楊幺李成事，儉佞一條，記紹興二十四年秦塤登第事，以少敗眾一條，記紹興三十一年兩淮失守事，且有稱高宗廟號者，則書當成於孝宗時，年月殊不相應。且語孟說一門，語孟合稱，不似南宋初語。所辨北辰不動一條，與明陳士元論語類考之說同，似乎曾見集註，故有此說，亦不似朱子以前語。其天文歷數說，謂今之渾天實蓋天之法，亦似歐羅巴書既入中國之語，宋以前即推步之家未明此理，無論儒生。或近時好事者因如篪書名，捃摭舊文，益以所見，僞為此帙歟？今但就其書而論，如春秋行夏時一條，謂以建子為周正月，乃左氏之失，不知左氏周人，記他事或失之誣，至於本朝正朔，則婦豎皆知，左氏不容有誤。詩亡春秋作一條，謂孔子所聞所見之世無詩，不知株林夏南詩有姓名，不能移之東遷前也。召公不說一條，謂周公朝諸侯於明堂，召公嘗北面而事之，則誤信明堂位之謬說。左傳其處者為劉氏一條，疑丘明先知，又疑其附會，則未考此句為漢儒增入，孔穎達正義已有明文。然如解王用三驅，引周官大司馬立表為證，解坤六五爻駁程傳女媧武氏之非，解說卦生蓍，糾揚雄產蓍之誤，解繫辭太極生兩儀為生蓍之法，引左傳楚有句瀆章瀆雍瀆遂瀆諸地，證三瀆非水名，解關雎為后妃求淑女，引崔靈恩三禮義宗證縮酒用茅之義，以及考究易之八法，及六日七分之說，推算絳縣人甲子之類，皆典核不苟，於經義頗為有裨，故雖顯有可疑，而其書可採。亦姑並存之、以資參訂焉。

常談一卷、永樂大典本

宋吳箕撰。箕字嗣之、新安人。乾道五年進士。授仁和主簿、分教臨川。歷知當塗縣。爲趙汝愚所重、召主審察。尋以疾卒。宋史不爲立傳、其事蹟僅見於徽州志。所著尚有聽詞類稾十二冊、已久佚不傳。惟此書之目、宋史藝文志載有一卷。今散見永樂大典各韻中者、鈔撮薈萃、猶存一百餘條。大抵皆評騭史事、而閒及於考證。徽州志稱箕之在臨川也、與陸九淵遊、相與講明義理、蓋深有得於金谿之學。今以此書與九淵文集互勘。如九淵經德堂記論漢高祖爲義帝討項羽一事、謂新城三老深知天下大計。而箕亦謂新城老人獨知而言之、漢有天下、遂定於此。又九淵語錄論曹參相漢、謂其能師蓋公、用黃老術、漢家之治、血脈在此。而箕亦謂參得安靜之體、蓋公清心之言、有以先入之。其旨趣往往相合、似乎墨守不變者。及觀其論汲黯一條、九淵集中稱黯仗節守義、雖曰未學、必謂之學。而箕乃以謂黯之直諫、本於氣質、非學而得、故昧於大道。其說又如枘鑿之不相入。可見箕之學術雖本陸氏、而亦不爲苟同。與輔廣詩童子問一字一句堅持門戶者、其心術之公私、相去遠矣。觀尤袤與箕同時、而所輯遂初堂書目已列有常談之名、則當日即珍重其書也。今以所存各條、依次裒綴、勒爲一帙、用還宋志卷目之舊。中閒所引外史檮杌國史補長編諸條、或摘錄原書、無所論斷、疑永樂大典已有脫文。今無可校補、亦姑仍原本錄之焉。

雲麓漫鈔十五卷、浙江巡撫採進本

宋趙彥衞撰。彥衞字景安、紹熙閒宰烏程、又通判徽州。此書有開禧二年序、自署新安郡守。其所終則不可考矣。據自序、初名擁鑪閒記、本止十卷、先刻於漢東學宮。後官新安、併刻後五卷、始易今名。案文獻通考載雲麓漫鈔二十卷、又續二卷、與自序不符。豈其後此十五卷之外又有所增、抑通考誤十卷爲二十卷、誤續五卷爲二卷也。世傳朱彝尊曝書亭所鈔宋本、乃止十卷。是此書原非一本、未能斷其孰是矣。書中記宋時雜事者十之三、考證名物者十之七。其記事於秦檜父子無貶詞、而枉殺曲端一事、遺張浚而獨歸王庶、又稱劫端反狀、殊爲曲筆。其考證頗爲賅博、中有偶然紕漏者。如謂論語翔而後集、當非一雉。不知詩如集于木、春秋外傳獨集于枯、家語有隼集于陳庭、皆非羣棲義也。謂魏之如姬乃取尊如王姬之意。不知古有如姓、而宋玉之賦神女、呂不韋之奉異人、戰國之時、以姬爲媵侍美稱久矣。他如芙蓉花根爲斷腸草、乃陶宏景名醫別錄之說、而引爲老圃之言、以解李白詩。周禮冬官散在五官、乃兪庭椿復古之說、而矜爲獨見。至於以孟婆爲元冥之配。以阿房宮之阿爲阿嬌阿連之阿。以詩不顯文王證太宗派下趙不衰等命名之非。而壽亭侯印一條、與三國志刺謬。米元章評書一條、與所作書史互異。皆不能知其依託、均爲瑕纇。然而辨十八學士圖乃欽宗書賜張叔夜李綱、誤題爲閻立本。又開元亦有十八學士、不止太宗。辨以黑爲盧、即尚書盧弓之訓、非北方土語。辨行香非國忌之禮。辨史記龜策傳諸兆之名。辨王獻之保母墓磚之僞。辨博古圖誤駁三禮圖。辨王莽律權石。辨羅靖碑非父子同名。辨墓祭已見周禮。辨蕭翼無賺蘭亭事。皆言有根據、足資考核。至於呂大防長安圖、原書已佚、此存其槪。唐制科之名目、與宋送迎金使之經費、皆史志之所未詳。自序以爲可敵葉夢得避暑錄話、殆不誣也。

示兒編二十三卷、兵部侍郎紀昀家藏本

宋孫奕撰。奕字季昭、號履齋、廬陵人。其歷官無可考。第十卷中稱紹熙丁巳三月、侍讌春華樓、聞大丞相周益公議論。考之宋史、紹熙元年爲庚戌、至五年甲寅、即內禪。丁巳實慶元三年。殆寧宗時嘗官侍從、傳寫誤爲紹熙歟。是編凡總說一卷、經說五卷、文說詩說共四卷、正誤三卷、雜記四卷、字說六卷。中第九卷前爲文說、後爲詩說。李維楨序謂文說三卷、詩說二卷、誤也。前有開禧元年自序、稱考評經傳、漁獵訓詁、非敢以汚當代英明之眼。姑以示之子孫、故名曰示兒編。其書雜引衆說、往往曼衍。又徵據既繁、時有筆誤。如經說類中以廣雅博雅並言、而皆云張揖作。詩說類中以杜甫襲用白居易詩。雜記類中謂唐太宗納巢剌王妃爲妻嫂。字說類中謂詩有陳佗。案陳佗之名見於詩序、奕以爲詩則非。皆失於考訂。以至荆舒是懲句、經說類中反覆論僖公無此事、故孟子歸之周公。正誤類中又謂僖公之事、孟子誤以爲周公。王安石字說霸字條下、稱其學務穿鑿無定論。藝苑雌黃一條、又稱熙豐閒定有成書、是正舛謬、學者不能深考、類以穿鑿嗤之。亦閒或自相矛盾。文說類中契丹空紙祭文一事、尤委巷不根之談。其經說類中於竊比老彭訓彭爲旁、於黽勉從事訓黽爲蛙、王士禎古夫于亭雜錄深取之。實亦附會之論。然其中字音字訓、辨別異同、可資考證者居多。其穴雜者可削、其精核者究不可廢也。

游宦紀聞十卷、兩江總督採進本、

宋張世南撰。陳振孫書錄解題載其字曰光叔、鄱陽人、然其名則作士南。未詳孰是。其紀年稱嘉定甲戌、又稱紹定癸巳。蓋寧宗理宗閒人。自稱嘗官閩中、多記永福縣事、亦不知永福何官也。世南與劉過高九萬趙蕃韓淲諸人遊、而述程迥之說尤多。蓋其兄爲董煟壻、煟爲迥之壻、故聞之親串閒也。其書多記雜事舊聞、而無一語及時政。如記秦觀元祐刺字、記黃師尹解打字義、記張嵩先借紫、記諱名諱字、記蘇黃用一鴟字、記古書刀、記何致初揭岣嶁碑始末、皆足資考證。其駁黃伯思八十一首之說、及推闡王湜百六之義、尤極精核。其他如論犀角龍涎端研古器之類、亦足以資博識。宋末說部之佳本也。

密齋筆記五卷續記一卷、永樂大典本、

宋謝采伯撰。采伯字元若、台州臨海人。宰相深甫之子。理宗后謝氏之伯叔行也。中嘉泰二年傅行簡榜進士。歷知廣德軍湖州、監六部門、大理寺丞、大理寺正。宋史無傳。其事蹟不甚可考。官爵名字僅見於陳耆卿赤城志中。是編乃其易班東歸時所撰、錄以示其子者。雜論經史文義凡五萬餘言。自序以爲無牴牾於聖人、其閒援據史傳、頗足以考鏡得失。雜錄前賢懿言嬾行、亦多寓懲勸。雖持論閒有未醇、其援引證據、亦未能如容齋隨筆夢溪筆談之博洽、而語有本源、瑜多瑕少、要亦說部之善本也。史稱謝后父渠伯早卒、兄奕宗封郡王、姪竑節度使。端平初、頗干國政。采伯以世家貴介、敭歷中外、洊更麾節。政當謝后用事之時、獨能解組逍遥、至使史官佚其姓氏、則蕭然於榮利之外、一無所預可知。王宗旦原序謂士大夫晚節嗜好、鮮有不迷其初者。密齋獨以書籍詒謀後人、使知其老不忘學、則采伯潛心著述、殆以一生之精力爲之。宜其言多中理矣。原本久佚、僅散見永樂大典中。謹採錄編綴、分爲筆記五卷、續記一卷、仍所題之舊目焉。

梁谿漫志十卷、內府藏本、

宋費衮撰。衮字補之、無錫人。卷端有開禧二年國史實錄院牒、稱爲國子免解費進士。禮部韻略條例中有開禧元年國子監發解進士費衮論韻略經綋二字劄子一篇、經禮部看詳、當卽其人。其始末則不可詳矣。其書宋志作一卷。今本實作十卷、與牒文卷數相符。末有嘉泰元年施濟跋、亦作十卷。則宋志由傳寫誤也。牒文稱編修高宗孝宗光宗三朝正史、取是書以備參考。然是書惟首二卷及第三卷首入閣一條、言朝廷典故。自元祐黨人一條以下、則多說雜事。而卷末王鞏一條、及第四卷則全述蘇軾事。五卷以下多考證史傳、品定詩文。末卷乃頗涉神怪。蓋雜家者流、不盡爲史事作也。惟其持論具有根柢、書典遺文往往而在。如不試而授知制誥始梁周翰、不始楊億、則糾歐陽修歸田錄之譌。薛映梁鼎與楊億同命、不與梁周翰同命、則糾葉夢得避暑錄話之失。蘇軾烏臺詩案在元豐二年、上距熙寧變法僅十年、無二三十年之久、則糾王鞏甲申雜記之謬。朱勝非起復制乃綦崇禮貼麻、非陳與義自貼、謝顯道崇寧元年入黨籍、崇寧四年未入黨碑、則糾謝伋四六談塵之失。歐陽修爲程文簡作碑誌、隱其進武氏七廟圖事、實未受帛五千端、則糾邵博聞見後錄之誣。皆考據鑿鑿、不同他小說之剽襲。當時以一不第舉子之作、至錄之以入史館、其亦有由矣。他如蘇舜欽與歐陽修辨謗書、爲本集所不收。陳東荼錄跋爲今本所未載。蘇軾乞校正陸贄奏議上進劄子、獲鬼章告裕陵文、具錄其塗註增删之稾。尤論蘇文者所未及、皆足以廣異聞。至於和凝范質衣鉢相傳、本第十三名而譌爲第五、漢太上皇名煓、本見後漢書註、而誤以爲後漢書。小小疵累、亦時有之。然其可採者最多、不以一二小節掩也。

澗泉日記三卷、永樂大典本、

宋韓淲撰。淲字仲止、澗泉其號。世居開封、南渡後其父流寓信州、因隸籍於上饒。陶宗儀說郛載此書數條、題曰宋虎撰、蓋傳刻譌脫。江西通志作韓琥、厲鶚宋詩記事又作韓淲。考淲兄名沆、弟名瀌、皆連水旁、則其名從水不從玉、作琥爲誤。又考說文淲、水名。徐鉉注、息移切、別無他義。又淲、水流貌、卽詩淲池之淲。徐鉉音皮彪切。則名取流而字取止、於義爲協。作滮亦誤也。淲、宋史無傳、仕履始末無考。惟戴復古石屏集有挽韓仲止詩云、雅志不同俗、休官二十年。隱居溪上宅、清酌澗中泉。慷慨商時事、淒涼絶筆篇。三篇遺槀在、當並史書傳。自註云、時事驚心、得疾而卒。作所以商山人所以桃源人所以鹿門人三詩、蓋絶筆也。知淲乃遭逢亂世、坎坷退居、齎志以沒之士矣。是書宋史藝文志不著錄、無從知其卷帙之舊。今以散見永樂大典中者裒合排次、勒爲三卷。約略以次相從。其有關史事者居前、品評人物者次之、考證經史者又次之、品定詩文者又次之、雜記山川古蹟者又次之。雖未必盡復其舊、然亦粲然可觀矣。考東南紀聞載淲清高絶俗、不妄見貴人、亦不妄受餽遺。其人品學問、卽具有根柢。又參政韓億之裔、吏部尙書韓元吉之子、其親串亦皆當代故家、如東萊呂氏之類。故多識舊聞、不同勦說。所記明道二年明肅太后親謁太廟事、可證石林燕語之誤。大觀四年四月命禮部尙書鄭允中等修哲宗正史事、亦可補史傳之遺。其他議論、率皆精審。在宋人說部中、固卓然傑出者也。

老學菴筆記十卷、續筆記二卷、江蘇巡撫採進本

宋陸游撰。游有入蜀記、已著錄。案宋史藝文志雜史類中載陸游老學菴筆記一卷。陳振孫書錄解題作十卷、與此本合。宋史蓋傳刻之誤。續筆記二卷、陳氏不著於錄、疑當時偶未見也。振孫稱其生識前輩、年及耄期、所記見聞、殊有可觀。文獻通考列之小說家中。今檢所記、如揚戩爲蝦蟆精、錢遜叔落水神救之類、近怪異者僅一兩條。鮮于廣逸居集、曾純甫對蕭鷓巴之類、雜諧戲者亦不過七八事。其餘則軼聞舊典、往往足備考證。惟以其祖陸佃爲王安石客、所作埤雅、多引字說、故於字說無貶詞。於安石亦無譏語、而安石龍睛事併逃埤雅之謬談。不免曲筆。杜甫詩有蔚藍天字、本言天色。故韓駒承用其語、有水色天光共蔚藍句。游乃稱蔚藍爲隱語天名。今考蔚藍天名別無所出、惟杜田註引度人經。然度人經所載三十二天有東方太黃皇曾天、其帝曰鬱鑑玉明。則是帝名鬱鑑、非天名蔚藍。游說反誤。又稱宋初人尙文選、草必稱王孫、梅必稱驛使、月必稱望舒、山水必稱清暉。今考驛使寄梅出陸凱詩、昭明所錄、實無此作、亦記憶偶疎。不止朱國楨湧幢小品所糾游岱之魂一條不知引駱賓王請中宗封禪文、王肎堂鬱岡齋筆麈所糾記諸晃謂壻爲借倩之倩一條不知出郭璞方言註也。然大致可據者多、不以微眚而掩。宋史藝文志又載游山陰詩話一卷、今其書不傳。此編論詩諸條、頗足見游之宗旨、亦可以補詩話之闕矣。

愧郯錄十五卷、江蘇巡撫採進本

宋岳珂撰。珂有九經三傳沿革例、已著錄。是書多記宋代制度、參證舊典之異同。曰愧郯者、取左傳郯子來朝、仲尼問官之事。言通知掌故、有愧古人也。其中記魚袋頒賜及章飾之始末、公主之改稱帝姬、辨論甚確。同二品之起於五代、金帶之有六種、金塗帶之有九種、皆史志所未備。至敘尙書之名、引戰國時已有尙冠尙衣之屬、皆杜氏通典職官所未及者。其徵引可云博洽、與石林燕語諸書亦如驂有靳矣。其閒偶爾舛譌、如論金太祖建元始於天輔、而以收國爲遼帝年號、及通考所摘誤以九品中正爲官品之類、亦閒有之。然大致考據典贍、於史家禮家均爲有裨。不可謂非中原文獻之遺也。

祛疑說一卷、浙江鮑士恭家藏本

宋儲泳撰。泳字文卿、號華谷、僑居華亭。工於吟咏。其詩集今已失傳。惟詩家鼎臠至元嘉禾志中稍載其遺篇一二而已。是書以平生篤好術數、久而盡知其情僞、因作此以辨之。明商維濬嘗刻入稗海中、而多所刪削、僅存十之五六。題曰祛疑說纂、殊非儲氏之舊。此爲左圭百川學海所載、蓋猶當時完本也。中閒惟辨脈一條爲論醫理、墨說一條爲論雜藝、餘皆考陰陽五行家言及闢方士幻妄之術與黃白之說。其論鬼神爲氣之聚散、持煉爲心之誠正。又謂神像之靈靈於人心。又謂陰陽拘忌之說大而緊者避之、小而緩者略之、合於理者存之、背於理者去之。其言皆平易切實、足以警醒世俗。泳嘗作易說、見於丁易東所引。又嘗爲老子註。蓋雖泛濫道術、而能折衷於經義者。宜其立說之悉軌於正也。

琴堂諭俗編二卷、永樂大典本

案宋史藝文志載鄭玉道諭俗編一卷、彭仲剛諭

俗續一卷，雖相因而作，實各自爲書。此本爲宏豐令應俊輯二家之書爲一編，而又爲之補論。其末擇交遊一篇，又元人左祥所增入，以拾原書之遺者也。其書大抵採摭經史故事關於倫常日用者，旁證曲諭，以示勸戒，故曰諭俗。文義頗涉於鄙俚，然本爲鄉里愚民設，不爲士大夫設，故取其淺近易明，可以家諭戶曉，以文章工拙論之，則乖著書之本意矣。宋志列之子部雜家，而史部刑法類中又出鄭玉道諭俗編一條，不但前後重複，且非獄讀之詞，亦非禁令之事，列於刑法，殊踳駁不倫。今仍列之雜家，庶不失其實焉。

鶴林玉露十六卷 兩江總督採進本

宋羅大經撰。大經字景綸，廬陵人。事蹟無考。惟所記竹谷老人畏說一條，有同年歐陽景顏語，知嘗登第。又高登忤秦檜一條，有爲容州法曹掾語，知嘗官嶺南耳。其書體例在詩話語錄之閒，詳於議論而略於考證。所引多朱子、張栻、眞德秀、魏了翁、楊萬里語，而又兼推陸九淵，極稱歐陽修、蘇軾之文，而又謂司馬光資治通鑑且爲虛費精力，何況呂祖謙文鑑。既引張栻之說謂詞科不可習，又引眞德秀之說謂詞科當習。大抵本文章之士而兼慕道學之名，故每持兩端，不能歸一。然要其大旨，固不謬於聖賢也。陳耀文學林就正譏其載馮京俞狗賦乃捃摭滕元發事，僞託於京。今檢侯鯖錄所載滕賦，信然。蓋是書多因事抒論，不甚以記事爲主，偶據傳聞，不復考核，其疎漏固不足異耳。

貴耳集一卷、二集一卷、三集一卷 江蘇巡撫採進本

宋張端義撰。端義字正夫，自號荃翁，鄭州人，居於蘇州。端平中應詔三上書，坐妄言韶州安置。此書卽在韶州所作。凡三集，每集各有自序。初集成於淳祐元年，序言生平接諸老緒餘，著短長錄一帙，得罪後爲婦所火，因追書事記之，名貴耳集，以耳爲人至貴，言由音入，事由言聽，古人有入耳著心之訓，且有貴耳賤目之說也。集末一條，自序生平甚悉。二集成於淳祐四年，三集成於淳祐八年。其書多記朝廷軼事，兼及詩話，亦有考證數條。二集之末綴王排岸女孫一條，始涉神怪。三集則多記猥雜事，故其序有稗官虞初之文也。書中如論制誥引陸游南唐書載李煜詞臣有陶穀、徐鉉，考陶穀由晉漢周入宋，未仕李煜，南唐書亦無此文也。論物從中國名從主人，引穀梁傳謂長狄謂善稻爲伊緩，考穀梁傳乃吳謂善伊謂稻緩，不云長狄也。論易卦謂漢之周易不以乾坤爲首卦，然後知揚雄太元經以中孚爲首卦，卽漢之易，考卦氣起中孚，見易緯稽覽圖，卽孟喜六日七分之法，非易卦之次序也。論春秋謂王安石黜春秋，非聖經，故元祐諸人多作春秋解，自胡安定先生始，考胡瑗仁宗時人，不及見熙寧之制也。論施宏生日射三十六熊賦，謂熊卽侯也，非獸也，案桯史載金海陵王校獵國中，一日而獲三十六熊，廷試多士，遂以命題，則熊獸也，非侯也。論藝文類聚以鷄爲稽山子，以驢爲廬山公，吳越毛勝作水族加恩簿，祖歐陽詢之遺意也，考此乃藝文類聚禽部獸部集錄舊文，非詢作也。論伶官謂自漢武帝時東方朔以詼諧進，案優施遠見春秋，不始於朔。朔自官大中大夫，非伶人也。觀其三集，大抵本江湖詩派中人，而負氣好議論，故引據非其所長，往往顚舛如此。然所載頗有軼聞，足資考證，其論詩論文論時事皆往往可取，所長固亦不可沒焉。

吹劍錄外集一卷 江蘇巡撫採進本

宋俞文豹撰。文豹字文蔚，括蒼人，其始末未詳。所作先有吹劍錄，故此曰外集。然卷首有淳祐庚戌序，稱續三爲四，以驗其學之進否，則中閒尚有二編，今已佚矣。吹劍錄持論偏駁，多不中理，今別存其目。此集卷末載二詩，詩前題詞有絕筆斯錄之語，蓋其晚年之所作，故學問既深，言多醇正。其記道學黨禁始末甚詳，所稱韓范歐馬張呂諸公無道學之名，有道學之實，故人無閒言，伊川晦菴二先生言爲世法，行爲世師，道非不宏，學非不粹，而動輒得咎，由於以道統自任，以師嚴自居，別白是非，分毫不貸，與安定角，與東坡角，與東川象山辨，求必勝而後已，亦未始非平心之論也。

腳氣集二卷 兩江總督採進本

宋車若水撰。若水字清臣，號玉峯山民，黃巖人。此書據其從子惟一跋，蓋成於咸淳甲戌，因病腳氣，作書自娛，故名曰腳氣集。書中論孟子集義章一條下有細字夾注云：此二章是癸酉八月所書，今錄於此，則餘皆是冬所著也。若水少師事陳耆卿，學爲古文，晚乃棄去，改師陳文蔚，刻意講學。書中所謂質窗先生者，耆卿號；克齋先生者，文蔚號也。故此書體例頗與語錄相近。其論詩攻小序，論春

秋主夏正論禮記掊擊漢儒皆堅持門戶之見論周禮冬官識俞庭椿斷定撥置其說甚正然必證以周官尚存三百五十謂冬官不亡則仍囿柯尚遷等制裂之根論詩三百篇爲漢儒所僞託與王柏之說相同論禮記之畏壓溺以畏爲疫氣傳染尤爲杜撰其論史謂諸葛亮之勸取劉璋爲申明大義其論文謂李邕諸碑文不成文理不成理亦皆乖刺然如論周禮載師乃園廛之征非田賦之制駁蘇洵說之誤論春秋葵之盟主程子盟誓結信先王不禁之說及宋人盟于宿主公羊以及爲與之說宰咺歸賵主直書天王而是非自見之說均有裨經義於朱子四書集註服膺甚至惟謂大學格物難以訓至當從玉篇舊訓作比方思量之義謂論語惟求則非邦也與以後皆聖人之言稍立異同然大旨不殊又謂詩集傳當於綱領之後列諸家名氏使之有傳此書不比論孟自和鳴摯別以下皆是取諸家見成言語若不得前人先有此訓詩亦懵然亦爲公論其他論蔡琰十八拍之僞論白居易長恨歌非臣子立言之體論文中子鼓蕩之什爲妄論錢塘非吳境不得有子胥之潮論子胥鞭尸爲大逆論王羲之帖不宜字皆鑿然有理論擊壤爲以杖擊地論應劭註漢書誤以夏姬爲丹姬皆足以備一說論杜鵑生子百鳥巢一條雖未必果確亦足以廣異聞也

藏一話腴四卷（兩江總督採進本）

宋陳郁撰郁字仲文號藏一臨川人理宗朝充緝熙殿應制又充東宮講堂掌書始末略見其子世崇隨隱漫錄中世崇載度宗嘗贊郁像有文鏡西漢詩到盛唐之語寵獎甚至岳珂序稱其閉戶終日窮討編籍足不蹈毀譽之域身不登權勢之門然劉壎隱居通議有度宗御札跋惜其下訪陳郁父子之卑陋（語詳隱居通議條下）又周密武林舊事載諸色伎藝人姓名所列御前應制者八人美特立爲首而郁居第四則亦特立之流惟特立名列宋史佞倖傳而郁不與焉似乎未可同日語耳是書分甲乙二集又各分上下卷多記南北宋雜事閒及詩話亦或自抒議論珂序又稱其出入經史研究本末具有法度而風月夢怪嘲戲謔諢淫麗氣習淨洗無遺今觀所載如謂周子游廬山大林寺詩水色含雲白禽聲應谷清一聯前句是明後句是誠附會迂謬殆可笑噱惠洪解杜甫老妻畫紙爲棊局稚子敲鍼作釣鉤一聯以老妻比臣以稚子比君固爲妄誕郁必謂上句比君子之直道事君下句比小人之以直爲曲亦穿鑿無理所錄諸詩亦皆不工其持論如謂孔子不當作世家孫讓不當入刺客傳斥史記不醇頗涉庸膚謂李虛中以年月日時推命而不知韓愈作虛中墓誌其推命實不用時尤失考證然所記遺聞多資勸戒亦未嘗無一節之可取焉

佩韋齋輯聞四卷（浙江鮑士恭家藏本）

宋俞德鄰撰德鄰字宗大號大迂山人永嘉人徙居京口舉咸淳癸酉進士宋亡不仕遯迹以終是書多考論經史閒及於當代故實及典籍文藝大抵皆詳核可據不同於稗販之談惟第四卷專說四書頗出新意往往傷於穿鑿如論九合諸侯謂自莊十五年再會于鄄齊桓始霸至葵丘而九故曰九合其北杏及鄄之始會霸業未成皆不與焉是猶有一說之可通至於謂子在齊聞韶三月不知肉味爲憂陳氏強而齊將亂又謂匏瓜繫而不食爲繫以濟涉引衞風及莊子爲證又謂子擊磬於衞爲磬以立辨欲其辨上下之分則務生別解不顧其安矣蓋永嘉之學自朱子時已自爲一派故至其末流猶斷斷不合也然其說實不足以相勝原本所有姑以贅疣存之可也

書齋夜話四卷（兩淮馬裕家藏本）

宋俞琰撰琰有大易集說已著錄此書乃其平日讀書論文隨所得而筆記者卷一皆辨論經義其斥孔安國稱洛書錫禹之非確爲有見於諸經字訓正譌考異頗爲該洽如謂論語富與貴章當就不以其道爲句孟子則慕少艾爲慕愛少衰之意當讀少字爲上聲其說亦頗足資參正二卷三卷皆推闡先儒之說多發明河圖洛書及先天太極二圖蓋陳摶所述以丹訣通之於易其原本出道家琰所註陰符經參同契皆詮釋黃老神仙之說所著席上腐談易外別傳亦研究爐火修煉之術故其註易皆傳邵學是書反覆申明亦不出是義也末一卷皆論文之語然頗乏精奧蓋琰詞章之學不及其易學之深觀所作林屋山人集亦可以概見云

齊東野語二十卷（兩江總督採進本）

宋周密撰密有武林舊事已著錄密本濟南人其

曾祖扈從南渡、因家吳興之弁山、自號弁陽老人。然其志終不忘中原。故戴表元序述其父之言、謂身雖居吳、心未嘗一飯不在齊。而密亦自署歷山、書中又自署華不注山人。此書以齊東野語名、本其父志也。中頗考正古義、皆極典核。而所記南宋舊事爲多。如張浚三戰本末、紹熙內禪、誅韓本末、端平入洛、端平襄州本末、胡明仲本末、李全本末、朱漢章本末、鄧友龍開邊、安丙矯詔、淳紹歲幣、岳飛逸事、巴陵本末、曲壯閔本末、詩道否泰、景定公田、景定彗星、朱唐交奏、趙葵辭相、二張援襄、嘉定寶璽、慶元開禧六士、張仲孚反間諸條。皆足以補史傳之闕。自序稱其父嘗出其曾祖及祖手澤數十大帙、又出其外祖日錄及諸老雜書示之。曰世俗之言、殊傳譌也。國史之論、異私意也。定哀多微詞、有所避也。牛李有異議、有所黨也。愛憎一衰、議論乃公。國史凡幾修、是非凡幾易、而吾家書不可刪也云云。今觀所記張浚趙汝愚胡寅唐仲友諸事、與講學者之論頗殊。其父所言、殆指此數事歟。明正德十年、耒陽胡文璧重刻此書。其序稱、或謂苻離富平等役、頗涉南軒之父。若唐陳之隙、生母之服、則晦菴致堂有嫌焉。書似不必刻、刻則請去數事、殊失密著書之旨。文璧不從、可謂能除門戶之見矣。明商維濬嘗刻入稗海、刪去此書之半、而與癸辛雜識混合爲一、殊爲乖謬。後毛晉得舊本重刻、其書乃完。故今所著錄、一以毛本爲據云。

欽定四庫全書總目卷一百二十一

欽定四庫全書總目卷一百二十二

子部三十二

雜家類六

困學齋雜錄一卷、浙江吳玉墀家藏本、

元鮮于樞撰。樞字伯機、漁陽人。官太常寺典簿。書史會要稱其酒酣豪放、吟詩作字、奇態橫生。趙孟頫極推重之。是書所紀、當時詩話雜事爲多。原本不著名氏、故嘉靖中袁褧跋稱撰人未詳。曹溶收入學海類編、以鮮于樞自號困學民、題所居曰困學齋、遂以此書爲樞撰。今考其書、雖隨筆劄錄、草草不甚經意。而筆墨之閒、具有雅人深致、非俗士所能僞託。且元初諸人、亦別無稱困學齋者。溶定爲樞作、似乎可信。末有厲鶚跋、謂卷中金源人詩、可補劉祁歸潛志之闕、存之亦可以資採錄也。開卷引李平、許褚二事、但錄舊文、無所論斷、莫詳其意。卷中趙復初二詩、前後兩見、字句亦有異同。殆亦偶然雜錄、未經編定之本。後人因其墨迹、繕錄成書、如蘇軾志林仇池筆記之類歟。

隱居通議三十一卷、江西巡撫採進本、

元劉壎撰。壎字起潛、南豐人。書中自稱開慶元年年二十、則宋亡之時已年三十六。故於宋多內詞。然書中又稱至大辛亥爲南劍州學官、計其年已七十二矣。日暮途窮、復食元祿、而是書乃以隱居爲名、殊不可解。考其水雲村稾中延祐己未重題梅氏海棠詩、有花甲重周人八十之句、則壎入元四十四年尚存、最爲老壽。是書當其晚歲退休時所著也。凡分十一門。理學三卷、古賦二卷、詩歌七卷、文章八卷、駢儷三卷、經史三卷、禮樂造化地理鬼神雜錄各一卷。其論理學、以悟爲宗。尊陸九淵爲正傳、而援引朱子以合之。至謂朱子後與道士白玉蟾游、始知讀書爲徒勞、蓋姚江晚年定論之說、源出於此。皆鄉曲門戶之私、無庸深辨。其經史以下六門、考證亦未爲精核、且多餖飣。而鬼神一門、尤近於稗官小說。惟評詩論文之二十卷、則壎生於宋末、舊集多存。其所稱引之文、今多未見其篇帙。其所稱引之人、今亦多莫識其姓名。又多備錄全篇、首尾完具、足以補諸家總集之遺。如宋璟梅花賦、今惟據田藝衡留青日札傳鮮于樞所書一篇。又據李綱忠定集、知原賦已亡、綱爲補作。今觀壎所錄、知宋元閒行於世者乃有二本。又如陸游之從韓侂胄、以牽於愛妾幼子之故、爲他書之所未言。厲鶚宋詩紀事載李義山詩、不能舉其仕履。觀壎所記、乃知其嘗以江東提刑守池州。凡此之類、頗足以廣聞見。至於論詩論文、尤多前輩緒餘、皆出於諸家說部之外。於徵文考獻、皆爲有裨、固談藝者所必錄也。壎所著水雲村稾、世有二本。其一本別題曰泯稾、卷帙頗少。不知何人刪取是書三分之一、附諸稾末、殊爲闕略。此爲三十一卷之足本、固罕覯之祕笈矣。書中閒有案語、蓋其後人所附、自署其名曰疑考。

國初有南豐劉凝、字二至、嘗撰稽禮辨論韻原表石鼓文定本三書、或即其人歟。

湛淵靜語二卷、兩淮鹽政採進本、

元白珽撰。珽字廷玉、錢塘人、家於西湖。有泉自竺山匯於其門、珽名曰湛淵、因以爲號。是書爲其友海陵周暕所編。前有珽自序。又有暕序、題至大庚戌、稱珽是年六十三歲。以長歷推之、當生於宋理宗淳祐八年戊申。元兵破臨安時、年二十七矣。故其書於宋多內詞、與劉壎相類。然考珽入元之後、以李衎之薦、授太平路儒學正。未幾、攝教授事。尋轉常州路教授、陞浙江等處副提舉。遷淮東鹽倉大使、再遷蘭谿州判官、乃致仕。則食元之祿久矣、而猶作宋遺民之詞。其進退無據、亦與壎相類也。是書乃其雜記之文。據卷末有明人跋語、稱嘉靖丙午、鈔自崑山沈玉麟家、而疑其不止此二卷。殆殘本歟。厲鶚作宋詩紀事、蒐採極博、而此書開卷載理宗賜林希逸詩一篇、鶚不及收。則鶚未見其本矣。其中如謂皎然銅盌爲龍吟歌詠房琯事、詩家未有引用者。不知李賀昌谷集中實有假龍吟歌。謂匡謬正俗爲顏眞卿作。不知實出顏師古。不免稍有疏舛。文中子李德林一條乃晁公武讀書志之語。辨常儀占月一條亦史繩祖學齋佔畢之說。亦未免偶相剽襲。其載倪思論司馬光疑孟一條、謂王安石援孟子大有爲之說、欲神宗師尊之、故光著此書、明其未可盡信。其說爲從來所未及。案晁公武讀書志稱王安石喜孟子、自爲之解。其子雱與其門人許允成皆有註釋。蓋唐以前孟子皆入儒家。至宋乃尊爲經。元豐末、遂追封鄒國公、建廟鄒縣、亦安石所爲。則謂光疑孟實由安石異議相激而成、不爲無見。必以爲但因大有爲二語、則似又出於牽合、非確論也。然其他辨析考證、可取者多。其記汴京故宮、尤爲詳備。在元人說部之中、固不失爲佳本矣。

敬齋古今黈八卷永樂大典本

元李冶撰。冶有測圓海鏡、已著錄。此書原目凡四十卷。其以黈名者、案漢書東方朔傳、黈纊充耳、所以塞聰。顏師古註曰、示不外聽。冶殆以專精覃思、穿穴古今、以成是書、故有取於不外聽之義歟。元史本傳、邵經邦宏簡錄、黃虞稷千頃堂書目俱作古今難。當因字形相似、傳寫致譌。文淵閣書目題作宋人、則併其時代亦誤矣。其書皆訂正舊文、以考證佐其議論。詞鋒駿利、博辨不窮。其說毛詩草蟲阜螽一條、云師說相承、五經大抵如此。學者止可以意求之。膠者不卓、不膠則卓矣。是其著書之大旨也。其中如謂蚩尤之名、取義於蚩蚩之尤。謂內則一篇卑鄙煩猥、大類世所傳食纂。謂中庸素隱行怪乃素餐之素。謂孟子兄戴蓋爲一句、祿萬鍾爲一句、戴蓋卽乘軒之義。或不免於好爲僻論、橫生別解。又如淳化閣帖漢章帝書千字文、米芾書史、黃伯思法帖刊誤、秦觀淮海集、俱以爲僞帖。而冶據以駮千字文非周興嗣作。太平廣記載徐浦鹽官李伯禽戲侮廟神、其事在貞元中、具有年月。而冶卽以爲李白之子伯禽。亦偶或失考。然如辨史記微子面縛、左牽羊、右把茅、乃其從者牽之把之、司馬遷所記不謬、孔穎達書正義所駁爲非。辨鄭語收經入行姟極、謂經卽京、姟卽垓、韋昭不當註經爲常。辨論語五十以學易、謂論語爲未學易時語、史記所載、則作十翼後語、不必改五十字作卒。辨孟子龍斷卽列子所謂冀之南、漢之北無隴斷焉。辨史記自敘踐駱相攻、謂當爲閩越相攻。辨張耒書鄒陽傳後、謂韓安國實兩見長公主、漢書不誤、而耒誤。辨衞青傳三千一十七級、謂級字蒙上斬字、顏師古誤蒙上捕字、遂以生獲爲級。辨魏志穿方負土、謂卽算經之立方定率。辨吳志孫權告天文、謂不當呼上帝爲爾。辨通鑑握槊不輟、謂胡三省誤以長行局爲長矛。以及辨古者私家及官衙皆可稱朝、引後漢書劉寵成瑨及左傳伯有事爲證。辨佝僂丈人承蜩所以供食、引內則鄭元註、荀子楊倞註爲證。辨吳都賦猩子長嘯當是常笑、引山海經爲證。皆具有根據、要異乎虛騁浮詞、徒憑臆斷者矣。至於所引戰國策蔡聖侯因是已君王之事、因是已二已字、今本竝作以、而證以李善註阮籍詠懷詩所引、實作已字、足以考訂古本。又大學絜矩、今本章句作絜度也、冶所見本則作絜圍束也。蘇軾赤壁賦、今本作而吾與子之所共適、冶所見本則作共食、而駮一本作共樂之非。亦足以廣異聞。有元一代之說部、固未有過之者也。雖原本久佚、今採掇於永樂大典者不及十之四五、然菁華具在、猶可見其崖略。謹以經史子集依類分輯、各爲二卷、以備考證之資焉。

日聞錄一卷永樂大典本

元李翀撰。翀不見史傳、惟書中紀至正甲辰丙午間事、下距洪武元年僅一二載、其人當已入明。然書中皆稱元爲國朝、則前代遺老、抱節不仕者也。是書多及歷代故事、略如蔡邕獨斷、崔豹古今注之體。而辨論差詳、多有可採。亦閒及元代軼事。蓋雜家者流。其中如謂典命以九為節、以七為節、以五為節、卽掌節之節。殊屬臆斷。又謂唐以後有司給門旗二、龍虎旗一之類、乃變節為旗。不知周禮司常諸侯建旂、孤卿建旜、大夫士建物、師都建旗、州里建旟、縣鄙建旐。已各以旂常為表識、不得云自唐以後始變節為旗。考證未免少疏。又如眞德秀題三教圖之類、亦未免傳聞附會。然大致引據詳核、足與史志相參考、數典者固宜有取也。舊本久佚。今以永樂大典所載、鈔合排比、編為一卷。千頃堂書目載有是書、而題作者為凌翀。永樂大典所題、亦有一條作凌翀、然其餘無作凌翀者。今擇其多者從之、而附載姓氏之異同、備考核焉。

勤有堂隨錄一卷、編修程晉芳家藏本

元陳櫟撰。櫟有書傳纂疏、已著錄。此其隨筆劄記之文也。雖多談義理、而頗兼考證。於宋末元初諸人、各舉其學問之源流、文章之得失、非泛泛託諸空言者。其謂陳安卿為朱門第一人、黃直卿及李方子多有差處。謂楊誠齋亦閒氣所生、何可輕議。謂劉辰翁父喪七年不除為好怪釣名。尤平情之論、不規規於門戶之見者矣。櫟定宇集前載有年表一卷、稱至治三年年七十二作勤有堂記、則是書當成於晚年。然其記集中不載、而集末別有朱升記一篇。述其曾孫鏧之言曰、辛勤三十年、始有此室廬、韓公詩也。詩書勤乃有、亦韓公詩也。觀吾家堂名者、感而弗諼、請為記以昭之云云。詳其詞意、主於櫟夫婦辛勤、以有此堂。蓋宋末建陽余氏書坊亦名曰勤有堂、故有是辨歟。

玉堂嘉話八卷、江蘇巡撫採進本

元王惲撰。惲有承華事略、已著錄。是編成於至元戊子。紀其中統二年初為翰林修撰、知制誥、兼國史館編修官、及調官晉府秩滿、至元十四年復入為翰林待制時、一切掌故及詞館中考核討論諸事。始於辛酉、終於甲午、凡三十四年之事。所記當時制誥特詳、足以見一朝之制。如船落致祭文、太常新樂祭文之類、皆他書所未見。他如記唐張九齡李林甫告身之式。記平宋所得法書古畫名目、宋聘后六禮、金科舉之法、以及論宣諭制誥之別。據柳公權跋、知唐時已有廣韻。辨米芾之稱南宮、以贈官太常。記秦檜家廟之制。摘顏眞卿書出師表之偽。謂金史天文志出於大史張中順、與夫張德輝述塞北之程、劉郁述西域之事、皆足以資考證。而宋遼金三史之議、尤侃侃中理。其中如論日月五星則不知推步之法。謂古婦人無謚則不知聲子文姜之例。論六帖則勦襲演繁露。論舜事則誤信錢時。論野合則附會博物志。皆為疵累。唐六典女伯女叔一條、二卷五卷再見、亦失檢校。然大致該洽、不以瑕掩。全書已收入秋澗集中、此乃其別行之本也。

庶齋老學叢談三卷、安徽巡撫採進本

元盛如梓撰。如梓、衢州人。庶齋其自號也。嘗官崇明縣判官。其書多辨論經史、評騭詩文之語。而朝野逸事、亦閒及之。分為三卷。而第二卷別析一子卷、實四卷也。大抵皆隨時掇拾而成。如載陸游姚將軍趙宗印二詩、惜不得姚名字、而渭南集實有姚平仲傳。王士禎居易錄已摘其疎。他若引左傳晉景公病、如廁陷而卒、謂國君何必如廁、而以為文勝。其實不知國策趙襄子、史記愼夫人皆載有此事。古人朴質、不以為怪、豈可執此以證左傳之誣。又於賈似道有豪傑之譽、載曹東畎蝶俚之詞、皆為失當。然如駁吹劍錄謂廣陵散不始於王淩母邱儉、以姑蔑墓證韋昭註國語之非、此類亦頗見考據。又各條之下、閒註出某人說。蓋如梓猶及與元初故老游、故所紀多前人緒論、頗有可採云。

研北雜志二卷、內府藏本

元陸友撰。友有墨史、已著錄。友嘗取漢上題襟集所載段成式語、自號研北生、因以名其雜著。前有元統二年二月自序、稱元統元年冬還自京師、索居吳下、追憶所欲言者、命其子錄藏。蓋虞集柯九思同薦友於朝、會二人去職、友亦罷歸時也。所錄皆軼文瑣事。友頗精賞鑒、亦工篆隸、故關於書畫古器者為多。中亦頗有考證。如解李商隱之金蟾齧鎖句。辨徐鍇說文繫傳之獨字穪字互相矛盾。援北史證馬定國以石鼓出宇文周之非。引鄭康成之說證傳註稱錯簡之誤。皆有可採。至謂仇姓出梁四公子傳、不知孟母先氏仇。以王明清字仲言、謂本張華荅何劭詩其言明且清句、不知禮記先有此文。則偶然疎舛也。徐顯稗傳載友撰研史墨史印史、不載此書。此本出自陳繼儒家、末有舊跋、已稱字多譌脫。繼儒刻入普祕笈中、更失校讎。如皇象天發神讖碑事一條、上下卷其文複見、則顛倒錯亂可知矣。錢曾讀書敏求記稱有柯栖湖校本、項藥師刊本、今皆未見也。

北軒筆記一卷（兩淮鹽政採進本）

元陳世隆撰。是書前有小傳、不知何人所作。稱世隆字彥高、錢塘人、宋末書賈陳思之從孫。順帝至正中、館嘉興陶氏、沒於兵。所著詩文皆不傳。惟宋詩補遺八卷與此書存於陶氏家。今宋詩補遺亦無傳本、惟此一卷僅存。所論史事爲多。如論西伯戡黎、力辨委曲回護之說。論魯兩生不知禮樂、論胡寅譏劉晏之非。論秦王廷美生於耿氏之誣。論周以于謹爲三老有違古制。皆援據詳明、具有特見。至所載僧靜如事、則體雜小說、未免爲例不純。是亦宋以來筆記之積習、不獨此書爲然。然不害其宏旨也。

閒居錄一卷（浙江汪啟淑家藏本）

元吾衍撰。衍有學古編、已著錄。是書乃衍劄記手稾、陸友仁得於衍從父家、錄而傳之。猶未經編定之本、故皆隨筆草創、先後不分。次序字句、亦多未修飾。其中如駁戴侗六書故妄造古篆一條、辨徐鉉篆書筆法一條、皆與學古編互相出入。蓋先記於此、後採入彼書、而初稾則未削除也。然零璣碎玉、往往可採。如辨顏氏誤解勿勿。辨魏伯陽參同契誤以易字從日月。辨杜甫非不詠海棠。語皆有識。惟論堯典中星以爲四時皆以戌刻爲昏、未免武斷。論借書一瓻謂以甕盛卷軸、亦爲穿鑿。以及論竈字與爾雅相違。論五伯字不考後漢書禰衡傳、以爲唐人行杖之數。皆不免於疎漏。其他雜談神怪、亦多蕪雜。以衍學本淹通、藝尤精妙、雖偶然涉筆、終有典型。故仍錄存之、以備節取焉。

雪履齋筆記一卷（編修程晉芳家藏本）

元郭翼撰。翼字羲仲、崑山人、自號東郭生。因以東郭先生故事名其齋曰雪履。嘗獻策張士誠不用、歸耕婁上。老得訓導官、偃蹇而終。蘇州知府盧熊題其墓曰遷善先生、又爲撰墓誌、載翼卒於至正二十四年。其文在朱珪名蹟錄中、則距順帝北行尚前三載。他書或謂翼至洪武初嘗徵授學官、非其實也。是編乃江行舟中所紀、隨手雜錄、漫無詮次。然議論多有可採。如解商書兼弱攻昧二句、取張九成說。解論語犬馬有養、取何晏集解說。駁張九齡金鑑錄之僞。辨蔡氏三仁之論。皆爲有見。其論謝師直語一條、論詩一條、亦具有義理。惟解論語怪力亂神一條、爲力不同科一條、過信古註、未免好奇耳。其書久無刊本、曹溶嘗收入學海類編。然中有近時袁了凡之語。袁黃萬歷時人、翼在元末、何由得見。殆明人有所竄亂、非其舊本矣。

霏雪錄二卷（浙江吳玉墀家藏本）

明鎦績撰。案說文有鎦字而無劉字。徐鉉附註以爲鎦字卽劉字。此書作鎦、蓋偶從古體、遂相沿別爲一姓、實非有二也。績字孟熙、先世洛陽人、徙於山陰。其父澳、通毛詩、元時嘗爲三茅書院山長。績承其家學、故此書辨核詩文疑義、頗有根據。又及與元末諸遺老遊、故雜述舊聞、亦多有淵源。然每紀夢幻詼諧之事、頗雜小說家言。其以杜常詩爲杜牧詩、王士禎香祖筆記嘗糾之、亦不免小誤。又如稱其遠祖馬牧君事金太祖、有紀信之節。元修三史時、史臣責賕於其祖、不冝、遂不得書此事。論史者俱未之及。然當時元政雖頽、而秉筆諸臣如揭傒斯、歐陽元等、皆一代勝流、未必遽有索米受金之事。是亦一家之私言、未可概信。以其可取者多、錄備明初說部一家耳。此書成化間嘗刊行、有胡謐後序、稱績所著尚有嵩陽稾、詩律。今俱未見、殆已散佚矣。

蠡海集一卷（兩淮鹽政採進本）

舊本題宋王逵撰。案宋有三王逵。其一王逵、不知何許人。仁宗時官江南西路轉運使、調淮南轉運使、包拯連具七章彈之、具載拯奏議中。極斥其貪鄙酷虐、似非能著書之人。其一王逵、濮陽人。天禧三年進士、官刑部郎中。其所著作、惟呂希哲雜記載其贈蔡襄詩一首。阮閱詩話總龜載其詠酒帘一聯。不聞更有此書。其一王逵、淄州人、建炎中知徐州王復之孫、紹興中太僕丞王佾之子。其所著作、惟蘆浦筆記載送田鄂詩一首。亦不聞有此書。此書中論脉一條、稱七表八裏九道計二十四、見之於叔和脉訣、是熙寧閒書也。前兩王逵不得見。論百刻一條、稱趙緣督又有一說、是至元以後書也。後王逵亦不得見、又安得而引之耶。考明黄姬水貧士傳、載王逵錢塘人、足一跛、家極貧、無以給朝夕、因賣藥、復不繼、又市卜、博究子史百家、客至、輒談今古不休。人知其辨博、每以疑難質之、無不口應。列其人於張介福之後、王賓之前。蓋洪武、永樂間人。作是書者、必此王逵。商濬刻稗海時、未及詳考、誤以爲宋王逵也。其學蓋出於邵子。其書亦規摹觀物外篇、分天文地理人身庶物歷數氣候鬼神事義八門。皆卽數究理、推求天地人物之所以然。雖頗穿鑿、而亦時有精義。世稱二十四番花信風、楊愼丹鉛錄引梁元帝之說、別無出典。殆由依託、其說亦參差不合。惟此書所列、最有條理、當必有所受之云。

草木子四卷、兩江總督採進本

明葉子奇撰。子奇有太元本旨、已著錄。考子奇所著諸書、有範通元理二卷、詩十六卷、文二十卷、本草醫書節要各十卷、齊東野語三卷。又餘錄若干卷、紀元季明初事最詳。今惟太元本旨及此書存。此書黃衷序云二十二篇、鄭善夫序又云二十八篇。正德丙子、其裔孫溥以南京御史出知福州、重刻之、約爲八篇。曰管窺、曰觀物、曰原道、曰鈎元、曰克謹、曰雜制、曰談藪、曰雜俎。每二篇爲一卷、卽此本也。善夫序又云、舊本今纂爲四、野語今纂爲二、併曰草木子。則似此四卷已合野語爲一書。然四卷二卷當爲六卷、不當爲八卷。野語今無別本、無由質其異同、莫之詳也。子奇學有淵源、故其書自天文地紀人事物理、一一分析、頗多微義。其論元代故事、亦頗詳核。惟賈魯勸托克托開河北水田、造至正交鈔、求禹河故道、功過各不相掩。子奇乃竟斥之爲邪臣、則不若宋濂元史之論爲平允也。書前有子奇自序、題戊午十一月。乃洪武十一年、卽子奇罷巴陵主簿、逮繫之歲。此書蓋其獄中所作云。

胡文穆雜著一卷、浙江范懋柱家天一閣藏本

明胡廣撰。廣字光大、建文庚辰進士第一。惠帝以其名與漢胡廣同、更名靖。除翰林院修撰。靖難兵至、迎降。永樂初復原名。累官文淵閣大學士。卒諡文穆。事蹟具明史本傳。所著有晃菴扈從諸集。是書乃其隨手劄記、已載入文穆集中、此其別行之本也。其中如謂資治通鑑論維州悉怛謀事、司馬光非不知李是牛非。特以意主和鄰、不欲生釁、故矯爲此言。引其臨終與呂公著簡爲證、可謂深明時勢。又謂灞陵尉禁人夜行、乃其本職、李廣憾之爲私意。謂子產論黃熊爲啟信妄喜怪之漸。謂申屠嘉大節稟然、班固稱其學術不及陳平、其說非是。持論亦正。他如謂易卦吉凶皆戒占者當反求諸己、與左傳穆姜南蒯之事合。謂問名納吉納幣之卜、皆卜其日、非卜吉凶、程子所疑未可憑。謂李白非無與杜甫詩、容齋隨筆所考未確。謂灌嬰實定豫章、李白詩不誤、而胡若思指爲陳嬰、反誤。亦頗有考據。廣文集未足名家。此書在明初說部之中、則猶爲可取。至論季布不死一條、謂班固之言非聖人之說、又似曲爲靖難者解。或自知大節有虧、而故爲成仁取義之言、以掩後世之耳目歟。

讕言長語一卷、內府藏本

明曹安撰。安字以寧、號蓼莊、松江人。正統甲子舉人。官安邱縣教諭。是書前有安自序、謂皆零碎之詞、故名曰讕言長語。讕言者逸言也、長語者剩語也。則長當讀爲長物之長矣。書中多據所見聞、發明義理。其論詩不中肯綮、所錄諸詩、亦大抵不工。蓋眞德秀文章正宗、金履祥濂洛風雅之派。至於欲取皐陶賡歌、五子之歌、洪範及詩之三言五言七言體刻爲一集、使人習之以復古、尤萬不能行之事。然大致持論醇正、於人心風俗、多有所裨。其論讀經一條、尤切中明代俗學之弊。成化丙午顧純題詞、以輟耕錄水東日記比之。正德乙亥史紀重刊跋、又以霏雪錄比之。今以四書相較、劉績葉盛二家書大致相近。陶宗儀書直小說家言、遠不逮此書也。

蟫精雋十六卷、浙江范懋柱家天一閣藏本

明徐伯齡撰。伯齡字延之、自署曰古剡、蓋嵊縣人。書中十二卷之末有鐔冠生傳一篇、卽張錫爲伯齡作者。又曰生杭人也、豈嵊其祖籍歟。傳稱其嘗集鐔爲冠、嘯歌自得、若不與於人世者。雖博學能文、善書、工琴、熟律、而不肎以技自試、則亦山林放曠之士。考張錫、天順壬午舉人、官山西山陰縣教諭。則伯齡爲天順中人。故所記有成化癸巳癸卯事。明末杭州別有一徐伯齡、崇禎庚午舉人、官永壽縣教諭、名姓偶同、非一人也。是書雜採舊文、亦兼出己說。凡二百六十一條。大抵文評詩話居十之九、論雜事者不及十之一。其體例略似孟棨本事詩。其多錄全篇、又略似劉壎隱居通議。其中猥瑣之談、或近於小說、而遺文舊事、他書所不載者、亦頗賴以傳。其論周德淸中原音韻一條、尤爲明確。千頃堂書目作二十卷、此本僅十六卷、前後無序跋，亦無目錄，不能知其完闕。其中多闕字闕句。又所錄詩文往往但存其標題，而其文皆作空行。蓋繕錄者圖省工力，因而漏落。今於有可考者補之，無可考者則亦姑闕焉。

震澤長語二卷（內府藏本）

明王鏊撰。鏊有史餘，已著錄。此本乃其退休歸里隨時筆錄記之書。分經傳、國猷、官制、食貨、象緯、文章、音律、音韻、字學、姓氏、雜論、仙釋、夢兆十三類。鏊文詞醇正，又生當明之盛時，士大夫猶崇實學，不似隆慶、萬曆以後聚徒植黨，務以心性相標榜，故持論頗有根據。惟其辨累朝絲綸簿具存內閣，無楊士奇私送司禮監事，焦竑筆乘嘗據以證士奇之受誣。然考復辟錄載，初朝廷旨意多出內閣條進稟留閣中，號絲綸簿。其後宦寺專恣，奏收簿祕內。徐有貞既得權寵，乃告上如故事，還簿閣中云云。則鏊時所見之簿，乃徐有貞所重取以出。未可為士奇不送之證。其考訂閒有未審。又欲於河北試行井田，殊為迂闊。夢兆一條，篤信占驗，亦非儒者之言，未免為白璧之瑕耳。前有賀燦然序，稱鏊元孫永熙梓鏊所著長語紀聞及永熙父遵考紀聞續卷郢事紀略，總題曰震澤先生別集。此本蓋別集中之一種。然舊本別行，今亦各著於錄焉。

井觀瑣言三卷（浙江鮑士恭家藏本）

舊本題宋閩南鄭瑗撰。鍾人傑唐宋叢書亦作宋人。而書中稱明為國朝，所評論者多明初人物，決非宋人所為。考宏治八閩通志，載有莆田人鄭瑗，字仲璧，成化辛丑進士，官至南京禮部郎中。朱彝尊明詩綜亦載有其人，所著有明省齋集，則此編當即明莆田鄭瑗所作，題宋人者妄也。其書大抵皆考辨故實，品隲古今，頗能有所發明。如論王柏改經之非，斥綱目發明書法考異之曲說，辨李匡乂資暇集解律令之誤，駁史伯璿管窺外編言天地之自相牴牾，及摘胡三省通鑑註所未備，皆中窾要。又引宋書柳元景傳證魏崔浩因有異圖被誅，特假史事為名。所論亦有根據，在明人說部中尚稱典核。惟不喜宋濂，謂其文多浮詞，於性命之學不甚理會，未免失之過刻。其論諸史紀年之例，尤偏駁不足為據云。

南園漫錄十卷（湖北巡撫採進本）

明張志淳撰。志淳有永昌二芳記，已著錄。是書前有正德十年自序，稱因讀洪邁容齋隨筆、羅大經鶴林玉露二書，仿而為之。卷首數條，皆摘摭容齋隨筆之語，辨其是非。蓋其書之所緣起也。其餘則述所見聞，各為考證。大抵似洪書者十之一，似羅書者十之九。所論如江神一條，譏洪邁舍人事而諂鬼神；邱濬著書一條，譏其大學衍義補不敢論及宦官，立意皆極正大。其避諱一條，謂蜀本書多闕唐諱，乃相沿舊刻。桂辨一條，謂桂花桂樹兩種，張籍詩意一條，謂瞿宗吉歸田詩話不知其作還珠吟時已先居幕下，駁正皆頗明核。其辨永昌非金齒地諸條，考證致誤之由，亦極詳核。他如春草王孫一條，王維詩語自本楚辭，而昧其所出，橫生訓詁之類，或失之陋。元順帝一條，誤據庚申外史符臺外集之說，以順帝為瀛國公子之類，或失之無稽。蓋瑕瑜不掩之書也。中頗紀載時事，臧否人物，故卷末又有嘉靖五年題後一篇，辨何喬新撫夷錄之失實，而以書中所載自比於孫盛晉枋頭事。其所紀錄，亦可與明史相參考云。

雨航雜錄二卷（兩江總督採進本）

明馮時可撰。時可有左氏釋，已著錄。是書上卷多論學論文，下卷多記物產，而閒涉雜事。隆萬之閒，士大夫好為高論，故語錄說部往往滉漾自恣，不軌於正。時可獨持論篤實，言多中理。如云漢人之於經，臺史之測天也，不能盡天，而觀象者不能廢。宋人之於學，規矩之畫地也，不能盡地，而經野者莫能違。又曰，子靜之求心，而其徒棄經典；紫陽之窮理，而其徒泥章句。非教者之過，學者之失也。又曰，宋儒之於文也，嗜易而樂淺；於論人也，喜核而務深；於奏事也，貴直而少諷。皆平心靜氣之談。其論王世貞悲歌碣石虹高下，擊筑咸陽日動搖句，以為近於造作而遠自然，正其一病。又引徐叔明語，論世貞為人作傳誌，極力稱譽，如廖庠試最，乃至細微事，而津津數說，此非特漢以前無是，即唐宋人亦無此陋識。亦皆有見。惟其論十三經註疏立而西京諸儒之訓亡，未免失之過高，偶涉當時習尚耳。

採芹錄四卷（江蘇巡撫採進本）

明徐三重撰。三重有餘言，已著錄。是編第一卷論養民教民，第二卷、三卷多論學校貢舉、政事利弊，第四卷多論明代人物臧否。大抵皆考稽典故，究悉物情，而持論率皆平允，無激烈偏僻之見，亦無恩怨毀譽之私。勝明人所作諸說部，動涉危言，亦勝三重所作他語錄借周子之一言，遂太極陰陽連篇累牘，講學於天地之外，惟力主均田限田之議，反覆引據，持之最堅。究而論之，自阡陌既開以後，田業於民，不授於官，二千年於玆矣。雖有聖帝明王，斷不能一旦舉天下之民，奪其所有，益其所無而均之，亦斷不能舉天下之田，清釐其此在限外，此在限內，此可聽其買賣，此不可聽其買賣，而限之。使黠豪反得隱蔽爲姦，猾胥反得挾持漁利。而閭里愚懦紛紛然日受其擾，故漢董仲舒、北魏李安世、唐陸贄、牛僧孺、宋畱正、謝方叔、元陳天麟皆反覆言之，而卒不能行。此猶可曰權不屬，時不可也。宋太宗承五季凋殘之後，宋高宗當南渡草刱之初，以天子之尊，決意行之，亦終無成效，則三重所言，其迂而寡當可見矣。然如論漕粟則駁邱濬海運之非，論養兵則駁徐階塞外不可屯田之謬，皆卓然明論。其他亦多篤實近理，切於事情，猶可謂留心經世之學者也。

畫禪室隨筆四卷（內府藏本）

明董其昌撰。其昌有學科考略，已著錄。是編第一卷論書，第二卷論畫，中多微理，由其昌於斯事積畢生之力爲之，所解悟深也。第三卷分紀遊、記事、評詩、評文四子部，中如記楊成以蔡經爲蔡京之類，頗涉輕薄；以陸龜蒙白蓮詩爲皮日休之類，亦未免小誤。其評文一門，多談制藝，蓋其昌應舉之文與陶望齡齊名，當時傳誦，故不能忘其結習也。四卷亦分子部四，一曰雜言上，一曰雜言下，皆小品閒文，然多可採。一曰楚中隨筆，其冊封楚王時所作。一曰禪悅，大旨乃以李贄爲宗。明季士大夫所見往往如是，不足深詰，視爲蜩螗之過耳可矣。

六研齋筆記四卷、二筆四卷、三筆四卷（禮部尚書曹秀先家藏本）

明李日華撰。日華有梅墟先生別錄，已著錄。日華工於書畫，故是編所記論書畫者十之八，詞旨清雋，其體皆類題跋，蓋錦軸玉軸，流覽既久，意與之化，故出筆輒肖之也。其他所記雜事，亦楚楚有致。而每一眞跡，必備錄其題詠跋語年月姓名，尤足以資考證。王士禎居易錄嘗譏其以韓愈山石詩爲白居易、陸游作，以唐莊宗如夢令詞爲李白作，以韋應物西澗詩爲杜牧作，以林逋爲與文同、李公麟同時，以趙秉文爲元人，皆誠爲舛謬。其他如以蘇若蘭與渤海高氏並列於能書婦人中，不知何據。又文徵明詩竹符調水沙泉活句，乃用蘇軾詩語，今見東坡集中，而以爲吳中諸公遣力往寶雲取泉，先以竹作籌子，付山僧爲質，其事未經人用，亦屬疎漏。大抵工於賞鑒，而疎於考證，人各有能有不能，取其所長可矣。是書分三集，集各四卷。明史藝文志作十二卷，蓋總而言之，其實卽此三集也。

物理小識十二卷（江蘇巡撫採進本）

明方以智撰。以智有通雅，已著錄。此書爲其子中通、中德、中發、中履所編。又通雅之緒餘也。首爲總論，中分天類、歷類、風雷雨暘類、地類、占候類、人身類、鬼神方術類、異事類、醫藥類、飲食類、衣服類、金石類、器用類、草木類、禽獸類，凡十五門。大致本博物志、物類相感志諸書而衍之。但張華、贊寧所撰但言剋制生化之性，而此則推闡其所以然。雖所錄不免冗雜，未必一一盡確，所論亦不免時有附會，而細大兼收，固亦可資博識而利民用。鶡冠子曰：中流失船，一壺千金。韓愈曰：牛溲馬勃，敗鼓之皮，兼收並蓄，待用無遺。則識小之言，亦未可盡廢矣。

春明夢餘錄七十卷（內府刊本）

國朝孫承澤撰。承澤有尚書集解，已著錄。是書首以京師建置、形勝、城池、畿甸，次以城防、宮殿、壇廟，次以官署，終以名蹟、寺廟、石刻、巖麓、川渠、陵園，似乎地志，而敘沿革者甚略。分列官署，似乎職制，每門多錄明代章疏，連篇累牘，又似乎故事。體例頗爲龐雜。且書中標目悉以明制爲主，則不當泛及前代。既泛及前代，則當元元本本，絲牽繩貫，使端委粲然，不當挂一漏萬，每門寥寥數語，或有或無，絕不畫一。卽如禮部第一子目標曰禮制，而首以朱子儀禮經傳通解一條，次以吳澄三禮考註一條，又次以朱子家禮一條。此儒者之著述，非朝廷之典章，不當繫於禮部。又周與宋之舊文，非明代之新制，尤不當繫於明之禮部，是何義也？太醫院門自敘官一條外，皆雜錄古人醫書序文及諸家脈論以足一卷。此無論不能徧載，卽徧載之，何預明太醫院？然則翰林院門將備錄歷代制誥詩賦耶？又承澤沿門戶餘波，持論皆存偏黨。如萬曆以後歷法差舛，衆論交爭，至崇禎中，西法中法詘吸彌甚，此沿革之大者，乃欽天監門於鄭世子載堉諸說今見於明史者悉刪不錄於徐光啟等改法之事亦僅存其略且謂舊法不過時刻之差不害於事又謂新法將來亦必差殊有意抑揚不爲平允蓋其時論者多攻大統歷而大統歷曾經許衡參修承澤以講學家宗派所繫故爲之左袒其反復以衡爲詞宗旨了然可睹也又周延儒招權納賄賜死非枉承澤乃於內閣門中錄其直房記一篇以爲美談復於刑部門中以閣臣公救延儒揭列之愼刑條下益乖是非之公矣其好惡任情往往如是蓋不足盡據爲典要然於明代舊聞採摭頗悉一朝掌故實多賴是書以存且多取自實錄邸報與稗官野史據傳聞而著書者究爲不同故考勝國之軼事者多取資於是編焉

居易錄三十四卷山東巡撫採進本

國朝王士禎撰士禎有古懽錄已著錄是書乃其康熙己巳官左副都御史以後至辛巳官刑部尚書以前十三年中所記前有自序稱取顧況長安米貴居大不易之意末又以居易俟命爲說其義兩岐莫知何取也中多論詩之語標舉名雋自其所長其記所見諸古書考據源流論斷得失亦最爲詳悉其他辨證之處可取者尤多惟三卷以後忽記時事九卷以後兼及差遣遷除全以日歷起居注體編年紀月參錯於雜說之中其法雖本於龐元英文昌雜錄究爲有乖義例又喜自錄其平反之獄辭伉直之廷議以表所長夫鄴侯家傳乃自子孫魏公遺事亦由僚屬自爲之而自書之自書之而自譽之即言言實錄抑亦淺矣是則所見之狹也

池北偶談二十六卷山東巡撫採進本

國朝王士禎撰凡談故四卷皆述朝廷殊典及衣冠勝事其中如戊己校尉裙帶官之類亦間及古制談獻六卷皆明紀中葉以後及國朝名臣碩德畸人列女其中如論王縉張商英張綵之類間有摘斥其惡者蓋附錄也談藝九卷皆論詩文領異標新實所獨擅全書精粹盡在於斯談異七卷皆記神怪則文人好奇之習謂之戲錄可矣池北者士禎宅西有圃圃中有池建屋藏書取白居易語以池北書庫名之自爲之記庫旁有石帆亭嘗與賓客聚談其中故以名書前有自序康熙辛未作也

香祖筆記十二卷山東巡撫採進本

國朝王士禎撰皆康熙癸未甲申二年所記至乙酉乃排纂成書其曰香祖者王象晉羣芳譜曰江南以蘭爲香祖士禎蓋取其祖之語以名滋蘭之室因以名書也是書體例與居易錄同亦多可採惟論尹吉甫一條最爲紕繆又如姚旅露書以韋八元詩爲盧照鄰某詩話以柳惲詩爲趙孟頫案某詩話原本不著其名蓋有所譏今亦仍其舊文記憶偶誤事所恆有指其疵舛足矣而一則以爲無目人語一則以爲眯目人道黑白肆口毒詈皆乖著書之體士禎池北偶談任愽表語一條何嘗不以劉禹錫覆舟側畔千帆過病樹前頭萬木春二句爲白居易詩漁洋文略遊攝山記何嘗不以左思振衣千仞岡濯足萬里流二句爲郭璞詩乎此由晚年解組侘傺未平筆墨之間遂失其沖夷之故度斯亦盛德之累矣又第十二卷一條曰輟耕錄言或題畫曰特健藥不喻其義余因思昔人如秦少游觀輞川圖而愈疾黃大癡曹雲西沈石田文衡山輩皆工畫皆享大年人謂是煙雲供養則特健藥之名不亦宜乎案法書要錄載武平一徐氏法書記曰駙馬武延秀聞二王之迹強學寶重乃呼薛稷鄭愔及平一評其善惡諸人隨事答稱爲上者題云特健藥云是突厥語案唐書稱延秀嘗質於突厥解其國語法書要錄所載太平公主三馱藐提四字亦突厥語也其解甚明士禎乃以字義穿鑿殊爲失考此非僻事殆耄而忘乎然其品題文藝宏奬風流至於老而不衰固足尚也

古夫于亭雜錄六卷兩江總督採進本

國朝王士禎撰士禎以康熙甲申罷刑部尚書里居乙酉續成香祖筆記之後復採掇聞見以成此書自序謂無凡例無次第故曰雜以所居魚子山有古夫于亭因以爲名其中如據西京雜記鉤弋夫人事以駁正史則誤採僞書據貫耳集以王安石子證詩有美一人據示兒編解詩黽勉從事則附之文謂論語竊比老彭彭當音旁訓爲側據子華文謂韓非希見生象之語不足爲信據易匪其彭爲秦王廷美後身則輕信小說據詩元龜象齒之會經義以張爲南唐人以俞文豹爲元人亦失於考核然如謂岳珂桯史之名出於李德裕辨劉表碑非蔡邕作辨貼黃今古不同辨劇談錄元稹見李賀之妄辨丹鉛錄載蘇軾詞之謬辨洪邁萬首絶句辨西溪叢語誤引田子春辨才調集誤題

王之渙辨唐彥謙誤詠齊文惠太子宮人皆引據精核品題諸詩亦皆愜當而記董文驥論擬李白孟浩然詩記汪琬論新異字句不諱所短若預知其詩派流弊而防之者可謂至公之論異乎沾沾自護者矣

分甘餘話四卷（山東巡撫採進本）

國朝王士禎撰此書成於康熙己丑罷刑部尚書家居之時曰分甘者取王羲之與謝萬書中語也大抵隨筆記錄瑣事爲多蓋年逾七十借以消閒遣日無復考證之功故不能如池北偶談居易錄之詳核中如引懶真子稱漢書昌邑王賀妻名羅紨卽羅敷不言二字何以通用俟考云云今案漢書昌邑王傳實作羅紨顏師古註曰紨音敷說文糸字部有此字註曰布也一曰粗紬从糸付聲蓋紨字同音故得與敷字通用馬永卿誤引漢書士禎不加辨正而轉以設疑殊爲疎舛是亦隨時摭錄不暇繙檢之明驗矣其他傳聞之語偶然登載亦多有未可盡憑者然如繁臺之當讀蒲禾切梅福爲吳門市卒之非蘇州宣室之有二此類皆有典據不同掇拾披沙揀金尚往往見寶也其中滄浪詩話一條獨舉馮班鈍吟雜錄之說反覆詆排不遺餘力則以士禎論詩宗嚴羽而趙執信論詩宗馮班核其年月在談龍錄初出之時攻班所以攻執信也然執信訟言詆士禎而士禎僅旁借其詞不相顯斥則所養勝執信多矣

右雜家類雜說之屬八十六部六百三十六卷皆文淵閣著錄

案雜說之源出於論衡其說或抒己意或訂俗譌或述近聞或綜古義後人沿波筆記作焉大抵隨意錄載不限卷帙之多寡不分次第之先後興之所至卽可成編故自宋以來作者至夥今總彙之爲一類

欽定四庫全書總目卷一百二十二

欽定四庫全書總目卷一百二十三

子部三十三

雜家類七

洞天清錄一卷（兩淮鹽政採進本）

宋趙希鵠撰希鵠本宗室子宋史世系表列其名於燕王德昭房下蓋太祖之後始末則不可考據書中有嘉熙庚子自嶺右回至宜春語則家於袁州者也是書所論皆鑒別古器之事凡古琴辨三十二條古硯辨十二條古鐘鼎彝器辨二十條怪石辨十一條硯屏辨五條筆格辨三條水滴辨二條古翰墨眞蹟辨四條古今石刻辨五條古今紙花印色辨十五條古畫辨二十九條大抵洞悉源流辨析精審如謂刁斗乃行軍炊具今世所見古刁斗乃王莽威斗之類爲厭勝家所用又謂今所見銅犀牛天祿蟾蜍之屬皆古人以貯油點燈今人誤以爲水滴其援引考證類皆確鑿固賞鑒家之指南也明寧獻王權嘗爲刊版於江西見寧藩書目曹溶續藝圃搜奇所載與此本同蓋皆從寧王舊刻傳錄明錢塘鍾人傑輯唐宋叢書別載一本與此本迥異考其中有楊愼之說寧庶人宸濠之名及永樂宣德成化年號希鵠何自知之其爲未見此本而剽取他書以屬其名固不待辨矣

負暄野錄二卷（兩江總督採進本）

舊本題曰陳槱撰不著時代卷末有至正七年王東跋乃云不知何人所述是當時所見之本未署名也今考書中泰璽一條稱槱嘗聞諸老先生議論則其人名槱無可疑但不知何據而題爲陳姓

案間書陳櫄陳義之孫長樂人紹熙元年進士書中秦藳條內稱近嘉定己卯光宗紹熙元年下距寧宗嘉定己卯首尾三十年又西漢碑條內亦稱聞之梁溪尤袤惜不再叩之袤亦當光寧之時疑即此陳櫄也其書上卷論石刻及諸家書格下卷論學書之法及紙墨筆硯諸事皆源委分明足資考證至所載鼠鬚筆詩一首宋文鑑題爲蘇過作其時斜川集尚存必無舛誤而櫄稱昨見邵道豫賦鼠鬚筆殊有風度今載於此云云則失考之甚矣

雲煙過眼錄四卷續錄一卷浙江巡撫採進本

宋周密撰密有武林舊事已著錄是書記所見書畫古器略品甲乙而不甚考證其命名蓋取蘇軾之語第考軾寶繪堂記實作煙雲之過眼舊本刊作雲煙殆誤倒其文然錢曾讀書敏求記載元至正閒夏頤鈔本已作雲煙則譌異已久矣曾記夏本作一卷而此本四卷或後人所分歟觀所記收藏之人蓋入元以後所作中有湯允謨葉森文璧之語蓋點勘是書各爲題識傳寫者誤合爲一如王子慶所藏宋太祖御批三件條末云今第三卷只有二件疑有脫誤當參考志雅堂雜鈔云云志雅堂雜鈔亦密所著不應自云當參考知亦誤連校正之語爲正文矣中記蘇軾手書詞稱郑湛初溢今本譌爲漣漪初溢然郑湛字不可解恐亦有譌又記蘭亭序有隋煬帝內府石刻不知何據又記吳彩鸞書切韻以一先二仙爲十三仙二十四先稱不可曉案困學紀聞載魏了翁之言已稱唐韻下平不作一先則唐韻或有此別本亦未可知也續錄一卷題逢澤湯允謨撰凡三十九條董其昌戲鴻堂帖定絹本黃庭經爲楊許舊跡蓋本此書則亦以其賞鑒爲準矣

格古要論三卷衍聖公孔昭煥家藏本

明曹昭撰昭字明仲松江人其書成於洪武二十年凡分十三門曰古銅器曰古畫曰古墨蹟曰古碑法帖曰古琴曰古硯曰珍奇曰金鐵曰古窯器曰古漆器曰錦綺曰異木曰異石每門又各分子目多者三四十條少者亦五六條其於古今名玩器具眞贋優劣之解皆能剖析纖微又諳悉典故一切源流本末無不釐然故其書頗爲賞鑒家所重郎瑛七修類稾嘗議其琴論後當入古笙管淳化帖後當收譜系一卷珍寶欠祖母綠聖鐵異石欠大理仙姑異木欠伽楠香古銅欠布刀等錢古紙欠藏經紙且珍奇後當設一羽皮如狐貉孔雀翡翠豹兕之類而文房門亦不可不論云云其言雖似有理然其書不過自抒聞見以爲後來考古之資固與類書隸事體例有殊要未可以一二事之偶未賅備遽訾其脫漏也惟所論銅器入土千年色純青如翠入水千年色綠如瓜皮一條孫炯硯山齋珍玩集覽以爲信如所言則水銀色褐色墨漆古色者又將埋於何地而深譏其說爲未確是誠不免於疏駁耳

竹嶼山房雜部三十二卷浙江巡撫採進本

是書凡養生部六卷燕閒部二卷樹畜部四卷皆明華亭宋詡撰種植部十卷尊生部十卷詡子公望撰公望之子懋澄合而編之詡字久夫公望字天民皆見於書中其始末則未詳焉考千頃堂書目載是書凡二十七卷前集樹畜部四卷養生部六卷家要二卷宗儀二卷家規四卷後集種植一卷尊生一卷此本蓋不完之書然此書以農圃之言兼玩好之具與家要家規宗儀同爲一帙實屬不倫疑其後析而別行而此五部以類相聚自爲一編則亦不可謂非全帙也至種植養生二部實各十卷與黃氏所云各一卷者不合且以黃氏所載卷數計之與二十七卷之數又自不相合則黃氏所云亦不足據以定此書之完闕矣其書於田居雜事最爲詳悉而亦閒附考證如養生部鮒魚條引爾雅鮥當鮔以證之鄭樵註謂鮥即鮔鮔即縮項鯿郭璞註謂鮥似鯿而大則非鯿可知鄭註似誤此書取張萱彙雅之說舍鄭從郭以鮥爲鯿所解甚確猶讀書考古者之所爲非僅山人墨客語也

遵生八牋十九卷通行本

明高濂撰濂字深父錢塘人其書分爲八目卷一卷二曰清修妙論牋皆養身格言其宗旨多出於二氏卷三至卷六曰四時調攝牋皆按時修養之訣卷七卷八曰起居安樂牋皆寶物器用可資頤養者卷九卷十曰延年却病牋皆服氣導引諸術卷十一至十三曰飲饌服食牋皆食品名目附以服餌諸物卷十四至十六曰燕閒清賞牋皆論賞鑒清玩之事附以種花卉法卷十七十八曰靈祕丹藥牋皆經驗方藥卷十九曰塵外遐舉牋則歷

代隱逸一百人事蹟也書中所載事以供閒適消遣之用標目纖類亦多涉纖仄不出明季小品積習遂爲陳繼儒李漁等濫觴又如張卽之宋書家而以爲元人范式官廬江太守而以爲隱逸其謬誤亦復不少特鈔撮旣富亦時有助於檢核其詳論古器兼集單方亦時有可採以視勦襲淸言強作雅態者固較勝焉

清祕藏二卷浙江鮑士恭家藏本

明張應文撰而其子謙德潤色之應文字茂實崑山監生屢試不第乃一意以古器書畫自娛謙德卽作清河書畫舫及眞蹟日錄之張丑後改名也是編雜論玩好賞鑒諸物其曰清祕藏者王穉登序謂取倪瓚清祕閣意也上卷分二十門下卷分十門其體例略如洞天清錄其文則多採前人舊論如銅劒一條本江淹銅劒讚之類不一而足而皆不著所出蓋猶沿明人剽剟之習其中所列香名多引佛經所列奇寶多引小說頗參以子虛烏有之談亦不爲典據然於一切器玩皆辨別眞僞品第甲乙以及收藏裝褙之類一一言之甚詳亦頗有可採卷末記所畜所見一條稱所蓄法書惟宋高宗行書一卷蘇子瞻詩草元趙子昂歸田賦所蓄名畫惟唐周昉戲嬰圖宋人羅漢八幅畫苑雜蹟一冊元倪雲林小景一幅而已而其子丑作清河書畫表列於應文名下者乃有三十一種此書成於應文歿之日不得以續購爲詞然則丑表所列殆亦夸飾其富不足盡信歟此本爲鮑士恭家知不足齋所刊原附丑眞蹟日錄後蓋山谷集末載伐檀集之例今以各自爲書仍析出別著錄焉

長物志十二卷浙江鮑士恭家藏本

明文震亨撰震亨字啟美長洲人徵明之曾孫崇禎中官武英殿中書舍人以善琴供奉明亡殉節死是編分室廬花木水石禽魚書畫几榻器具位置衣飾舟車蔬果香茗十二類其曰長物蓋取世說中王恭語也凡閒適玩好之事纖悉畢具大致遠以趙希鵠洞天清錄爲淵源近以屠隆考槃餘事爲參佐明季山人墨客多以是相誇所謂清供者是也然矯言雅尚反增俗態者有焉惟震亨世以書畫擅名耳擩目染與衆本殊故所言收藏賞鑒諸法亦具有條理所謂王謝家兒雖復不端正者亦奕奕有一種風氣歟且震亨捐生殉國節槩炳然其所手編當以人重尤不可使之泯沒故特錄存之備雜家之一種焉

韻石齋筆談二卷浙江鮑士恭家藏本

國朝姜紹書撰紹書有無聲詩史已著錄是書仿周密雲煙過眼錄記所見古器書畫及諸奇玩惟密書以收藏之人標題此書卽以其物標題密書但記其名此書併詳其形模及諸家授受得失之始末其體例小異耳其天成太極圖一條不過石中圓理偶爾黑白相間遂執以駁朱子太極無形之說殊爲迂謬延陵十字碑一條力辨孔子未嘗至吳之說引後世書墓誌者不必皆至墓門爲證然墓之建碑自是漢以下事越國數千里乞人表墓自是唐宋以下事以例三代殆恐不然至其辨黃氏文王鼎附會博古圖辨天啟甲子所得玉璽非秦物辨河莊淳化帖爲宋人所重刊非王著原摹辨句容崇明寺藏經有宋元祐五年張暉潘澤題名無斗神幻書之事辨宋徽宗山居圖董其昌誤以爲王維辨宋藏經多仿蘇黃字體非必二人眞蹟皆鑿然有理其他亦多可資考證猶近代說部之可觀者其上卷祕閣藏書永樂大典名賢著述朝鮮人好書四條下卷晚季音樂白兔沙雜文臣玉帶四條雜說他事於全書爲不類蓋隨筆記錄偶失刊削以原本所有仍並存之焉

七頌堂識小錄一卷浙江巡撫採進本

國朝劉體仁撰體仁字公勇諸書或作公㦷㦷卽古勇字也河南潁川衛人順治乙未進士官至吏部郎中王士禎居易錄記體仁喜作畫而不工恆倩一人代筆有宣州兔毛褐眞不如假之戲至今以爲口實然其賞鑒則特精所撰七頌堂集中有與張實水尺牘稱近日仿煙雲過眼錄爲識小錄一冊卽是書也所記書畫古器凡七十四條多稱孫承澤梁清標諸舊家物蓋體仁當時與汪琬王士禎爲同榜進士以詩文相倡和而與承澤等又以博古相高每條必詳其所藏之人與其授受所自皆可以資考證王宏撰山志曰近劉公勇撰識小錄中有云王山史亦有五字未損蘭亭本宋榻豫章本也有米元暉跋與宋仲溫跋若出一手爲蛇足耳汪苕文大不然之予嘗馳簡公勇云米元暉跋固疑其贋然與宋仲溫跋用筆迥異足下謂如出一手何也今遂望足下刪改此稾不然失言矣

云云。其跋今未之見。然恐亦好事之家自矜所有、未足爲定論也。惟蘇軾所書醉翁亭記、因樹屋書影以爲出中州士人白麟之手、高拱誤爲眞蹟、勒之於石。體仁亦稱人疑其贋、或指爲鍾生所摹、而謂定州有軾草書中山松醪賦殘碑、筆與此同。軾一書每爲一體、忽作顚張醉素、何可謂其必無。殆以鄉曲之私、回護其詞耶。末二條一爲陸竺僧遇魔事、一爲葦際飛池河驛見雌雄猿事。皆與賞鑒無關。疑偶記冊末、而其子凡據以入梓、未及刊除也。

研山齋雜記四卷、編修勵守謙家藏本

不著撰人名氏。考研山爲孫承澤齋名、或疑卽爲承澤作。然所引查愼行敬業堂詩王士禎居易錄等書、皆在承澤以後、則必不出承澤手。考承澤之孫炯有研山齋珍玩集覽、此書或亦炯所撰歟。首論六書、而附以璽印及刊版告身表文之屬。次研說墨譜、而附以眼鏡。次爲銅器考窯器考。皆頗足以資考證。蓋承澤雖人不足道、而於書畫古器則好事賞鑑、兩擅其長。其所收藏、至今爲世所重。炯承其遺緒、耳擩目染、具有淵源。其所論著、一一能詳究始末、細別纖微、固亦不足異矣。

右雜家類雜品之屬、十一部、八十三卷、俱文淵閣著錄。

案古人質朴、不涉雜事。其著爲書者、至射法劍道手搏蹴踘止矣。至隋志而歆器圖猶附小說、象經棊勢猶附兵家、不能自爲門目也。宋以後則一切賞心娛目之具、無不勒有成編、圖籍於是始衆爲。今於其專明一事一物者、皆別爲譜錄。其雜陳衆品者、自洞天清錄以下、竝類聚於此門。蓋旣爲古所未有之書、不得不立古所未有之例矣。

意林五卷、江蘇巡撫採進本

唐馬總編。唐書總本傳但稱其系出扶風、不言爲何地人。其字唐書作會元、而此本則題曰元會。均莫能詳也。傳稱其歷任方鎭、終於戶部尚書、贈右僕射、謚曰懿。陳振孫書錄解題稱總仕至大理評事、則考之未審矣。初、梁庾仲容取周秦以來諸家雜記凡一百七家、摘其要語爲三十卷、名曰子鈔。總以其繁略失中、復增損以成此書。宋高似孫子略稱、仲容子鈔每家或取數句、或一二百言。馬總意林、一遵庾目、多者十餘句、少者一二言、比子鈔更爲取之嚴、錄之精。今觀所採諸子、今多不傳者、惟賴此僅存其槩。其傳於今者、如老莊管列諸家、亦多與今本不同。不特孟子之文如容齋隨筆所云也。前有唐戴叔倫柳伯存二序、與文獻通考所載相同。唐志著錄作一卷。叔倫序云三軸。伯存序又云六卷。今世所行有二本。一爲范氏天一閣寫本、多所佚脫。是以

御題詩有太元以下竟亡之之句。此本爲江蘇巡撫所續進、乃明嘉靖己丑廖自顯所刻。較范氏本少戴柳二序、而首尾特完整。然考子鈔原目凡一百七家、此本止七十一家。洪氏載總所引書尚有蔣子譙子鍾子張儼默記裴氏新書袁淮正書袁子正論蘇子張顯析言于子顧子諸葛子陳子要言符子諸書、此本不載。又通考稱今本相鶴經自意林鈔出、而永樂大典有風俗通姓氏篇、題曰出馬總意林、此本亦竝無之。合記卷帙、當已失其半、併非總之原本矣。然殘璋斷璧、益可寶貴也。

紺珠集十三卷、內府藏本

不著編輯者名氏。案晁公武郡齋讀書志載有紺珠集十三卷、稱爲朱勝非編百家小說而成。以舊說張燕公有紺珠、見之則能記事不忘、故以爲名。其所言體例卷數皆與今本相合。則此書當爲勝非所撰。然書首有紹興丁巳灌陽令王宗哲序、稱紺珠集不知起自何代、建陽詹寺丞出鎭臨門、命之校勘、將鏤版以廣其傳云云。考丁巳爲紹興七年。而宋史列傳勝非以紹興二年入相、旣罷、後以五年起知湖州、後引疾歸、廢居八年而卒。是宗哲作序時、勝非方以故相里居。使此書果出其手、何至刊校之人俱不能詳知姓氏、於情理殊爲可疑。或公武所記有誤、未可知也。其書皆鈔撮說部、摘錄數語、分條件繫、以供獺祭之用。體例頗與曾慥類說相近。惟類說引書至二百六十一種、而此書祇一百三十七種、視慥書僅得其半。然其去取頗有同異、未可偏廢。且其所見之書多爲古本、亦有足與世所行本互相參討者。如方言奕僷容也一條、今本註曰、奕僷皆輕麗之貌、而此書則註云奕僷僷。又今本私策纖莜穉杪小也一條、此書引作私纖穉杪策少也。證之下文、策字本次在杪字下、則此書所引爲長。蓋雖徵據叢雜、而旁見側出、其足資考證者亦多、固未可概以饕積譏之矣。

類說六十卷（兩江總督採進本）

宋曾慥編。慥字端伯、晉江人。官至尚書郎、直寶文閣。奉祠家居、撰述甚富。此乃其僑寓銀峯時所作、成於紹興六年。取自漢以來百家小說、採擷事實、編纂成書。其二十五卷以前爲前集。二十六卷以後爲後集。其或摘錄稍繁、卷帙太鉅者、則又分析子卷、以便檢閱。書初出時、麻沙書坊嘗有刊本。後其版亡佚。寶慶丙戌、葉時爲建安守、爲重鋟置於郡齋、今亦不可復見。世所傳本、則又明人所重刻也。其書體例、略仿馬總意林、每一書各刪削原文、而取其奇麗之語、仍存原目於條首。但總所取者甚簡、此所取者差寬、爲稍不同耳。南宋之初、古籍多存、慥又精於裁鑒、故所甄錄、大都遺文僻典、可以裨助多聞。又每書雖經節錄、其存於今者以原本相校、未嘗改竄一詞。如李繁鄴侯家傳下有註云、繁於泌皆稱先公、今改作泌云云。卽一字之際、猶詳慎不苟如此。可見宋時風俗近古、非明人逞臆妄改者所可同日語矣。

事實類苑六十三卷（兩淮馬裕家藏本）

宋江少虞撰。少虞始末未詳。據序首自題、稱左朝請大夫權發遣吉州軍州事。而江西通志亦未載其履貫。蓋已不可考矣。其書成於紹興十五年。以宋代朝野事迹見於諸家記錄者甚多、而畔散不屬、難於稽考。因爲選擇類次之。分二十二門、各以四字標題。曰祖宗聖訓、君臣知遇、名臣事蹟、德量智識、顧問奏對、忠言讜論、典禮音律、官政治績、衣冠盛事、官職儀制、詞翰書籍、典故沿革、詩賦歌詠、文章四六、曠達隱逸、仙釋僧道、休祥夢兆、占相醫藥、書畫技藝、忠孝節義、將相才略、知人薦舉、廣智博識、風俗雜記。自序作二十八門、蓋傳錄之譌也。所引之書、悉以類相從、全錄原文、不加增損。各以書名註條下、共六十餘家。凡十四年而後成。故徵採極爲浩博。其中雜摭成編、有一事爲兩書所載而先後並存者。又如邊鎬稱邊和尚等事、及諸家詩話所摘唐人詩句、與宋朝事實無所關者、亦槩錄之。未免疎於簡汰。然北宋一代遺文逸事、略具於斯。王士禎居易錄稱爲宋人說部之宏構、而有裨於史者、良非誣也。其間若國朝事始、三朝聖政錄、三朝訓鑒、蓬山志、忠言讜論、元豐聖訓、傳商公佳話、兩朝寶訓、熙寧奏對、劉貢之詩話、李學士叢談等書、今皆久佚、藉此尚考見一二。是尤說家之總彙矣。王士禎載此書作四十卷。今本實六十三卷、檢勘諸本皆同。疑爲士禎筆誤、或一時所見偶非完帙歟。

仕學規範四十卷（兩淮馬裕家藏本）

宋張鎡撰。鎡字功甫。官奉議郎、直祕閣。是書分爲學、行己、涖官、陰德、作文、作詩六類。統載宋名臣事狀、並徵引原文、各著出典。若所採九朝名臣傳諸書、俱爲修史者所據依。故多與史合、且可補其遺闕。如所錄范仲淹鎮青社時、設法免青民輦置之苦、青民至爲立祠。又趙抃治越州、歲荒令貯米者反增價糶之、而其後更賤、民胥全活。均云出四科事實。又張方平知崑山縣、收餘賦以給貧民、而止民數十年侵越之訟。云出哲宗名臣傳。今其書皆不傳、而三人本傳亦未載。此類頗多、均可以資考證。蓋與朱子名臣言行錄體例雖殊、而其爲一代文獻之徵則一也。

自警編九卷（直隸總督採進本）

宋趙善璙撰。善璙、太宗七世孫、家於南海。端平中嘗知江州。其書乃編次宋代名臣大儒嘉言懿行之可爲法則者。凡學問類子目三、操修類子目十二、齊家類子目四、接物類子目七、出處類子目五、事君類子目十一、政事類子目十七、拾遺類子目二。其八類五十五目。蓋亦仿言行錄之體而少變其義例者也。善璙生南宋之季、而所載至靖康而止。其後惟朱子議論閒爲採入、其餘多不甄錄。固由時代相接、難於棄取。亦以宋時士大夫風俗淳厚、惟汴都爲極盛。南渡而還、門戶立而黨局生、議論繁而實意減、非復先民篤厚之風。故獨臚陳舊德、以示斷限歟。雖所列率人所習聞、而縷析條分、便於省覽。其財賦門、兵門及拾遺一類、則并及於壬人儉夫、用垂炯戒、亦當時士大夫之藥石矣。原本各註所引書名、今多佚脫。蓋傳刻者失之。諸本並同、亦姑仍其舊焉。

言行龜鑑八卷（永樂大典本）

元張光祖編。光祖、元史無傳、志乘亦不載其名。始末無可考見。惟大德癸卯陳普作是書序、稱襄國張君字紹先。大德辛丑爲泉州推官。睹其歷任爲政、信其爲仁人君子。又有大德甲辰熊禾序、稱光祖質美嗜學、有天下來世之志。陳普卽學者所稱石堂先生、熊禾卽學者所稱勿軒先生、皆宋元間篤行醇儒、不妄許可。據其所言、則光祖亦君子人矣。初宋趙善璙作自警編、錄前輩嘉言善行以示矩矱。光祖欲爲刊行、熊禾以善璙所編尚有未及刪潤者、光祖乃即善璙舊本益以典型錄、厚德錄、善善錄、名臣言行錄、及博採名臣碑誌之文、裒輯排比、以成是編。據原序稱、分學問德行交際家道出處政事民政兵政八門。黃虞稷千頃堂書目著錄作八卷、蓋一門爲一卷也。原序又稱、類列八十有二、枚舉爲九百五十有五。今原本散佚、惟載於永樂大典者尚存四百七十二條、而八十有二之子目則不可復考。然唐以前分類之書、不過撮舉大綱、易於包括。宋人著書、好立子目、目愈繁碎則分隸彌易糾紛。今子目既已無徵、惟以所立八門依類排纂、轉覺便於循覽。又原序稱每類之中首之以善行、次之以嘉言、先踐履後議論也。然言行既各分編、則一人之名、一類中先後復出、時代未免顛舛。又或一事一人而言行並見、尤難於割裂其文。體例殊爲未善。今惟以人統事、以時代敍人、庶端緒不淆、釐然易見。雖編次視原本稍殊、而要之標舉芳跡、示人效法、於光祖著書之本旨固未嘗失矣。宋元說部諸書、每雜述詼諧、侈陳神怪、以供文士之談資。是編所記雖平近無奇、而篤實切理、足以資人之感發、亦所謂布帛菽粟之文、雖常而不可厭者歟。

說郛一百二十卷 通行本

明陶宗儀編。宗儀有國風尊經、已著錄。因樹屋書影稱、南曲老寇四家有宗儀說郛全部、凡四巨櫥、世所行者非完本。考楊惟楨作是書序、稱一百卷。孫作滄螺集中有宗儀小傳、亦稱所輯說郛一百卷。二人同時友善、目睹其書、必無虛說。知書影所記妄也。蓋宗儀是書、實仿曾慥類說之例、每書略存大槩、不必求全。亦有原本久亡、而從類書之中鈔合其文、以備一種者。故其體例與左圭百川學海迥殊。後人見其目錄所列數盈千百、遂妄意求其全帙、當必積案盈箱。不知按籍而求、多歷代史志所不載、宗儀又何自得之乎。都卬三餘贅筆又稱說郛本七十卷、後三十卷乃松江人取百川學海諸書足之。與孫作楊維楨所說又異。豈卬時原書殘闕、僅存七十卷耶。考宏治丙辰上海郁文博序、稱與百川學海重出者三十六種、悉已刪除。而今考百川學海所有此本仍載。又卷首引黃平倩語、稱所錄子家數則、自有全書。經籍諸註、似無深味、妄刪此二弓、以鹽官王氏所載學庸古本數種冠之云云。今考此本已無子書經註、而開卷即爲大學石經大學古本中庸古本三書。目錄之下各註補字、是竟用其說竄改舊本。蓋郁文博所編百卷、已非宗儀之舊。此本百二十卷、爲

國朝順治丁亥姚安陶珽所編、又非文博之舊矣。其中如春秋緯九種之後又別出一春秋緯。青瑣高議之外又別出一青瑣詩話。孔氏雜說之外又別出一珩璜新論。周密之武林舊事分題九部。段成式之酉陽雜俎別立三名。陳世崇之隨隱筆記詭標二目。宗儀之謬決不至斯。又王逵蠡海集、其人雖在明初、而於宗儀爲後輩。自商濬稗海始誤爲宋之王逵。漢雜事祕辛出於楊慎僞撰。慎、正德時人、又遠在其後。今其書並列集中、則不出宗儀又爲顯證。然雖經竄亂、崖略終存。古書之不傳於今者、斷簡殘編、往往而在。佚文瑣事、時有徵焉。固亦考證之淵海也。所錄凡一千二百九十二種。自三十二卷劉餗傳載以下、有錄無書者七十六種。今仍其舊。原本卷字皆作弓、卷首引包衡之說、謂弓音周、與軸同。書影則謂弓音縛、並云出佛書。今亦仍之。至珽所續四十六卷、皆明人餖飣之詞。全書尚不足觀、摘錄益無可取。別存其目、不復釐瀾簡牘焉。

古今說海一百四十二卷 直隸總督採進本

明陸楫編。楫字思豫、上海人。是編輯錄前代至明小說、分四部七家。一曰說選、載小錄偏記二家。二曰說淵、載別傳家。三曰說略、載雜記家。四曰說纂、載逸事散錄雜纂三家。所採凡一百三十五種。每種各自爲帙、而略有刪節。考割裂古書、分隸門目者、始魏繆襲王象之皇覽。其存於今者、修文殿御覽以下、皆其例也。裒聚諸家、摘存精要、而仍不亂其舊第者、則始梁庾仲容之子鈔。其存於今者、唐馬總意林以下、皆其例也。楫是書作於嘉靖甲辰。所載諸書、雖不及曾慥類說多今人所未見、亦不及陶宗儀說郛捃拾繁富、鉅細兼包。而每書皆削其浮文、尚存始末、則視二書爲詳贍。參互比較、各有所長、其蒐羅之力、均之不可沒焉。

玉芝堂談薈三十六卷 浙江巡撫採進本

明徐應秋撰。應秋字君義、浙江西安人。萬歷丙辰

進士，官至福建左布政使。是書亦考證之學，而嗜博愛奇，不免兼及瑣屑之事。其例立一標題爲綱，而備引諸書以證之。大抵採自小說雜記者爲多。應秋自序有曰，未及典謨垂世之經，奇止輯史傳解頤之雋永。名之談薈，竊附說鈴。其宗旨固主於識小也。然其捃摭既廣，則兼收並蓄者不主一途。軼事舊聞，往往而在。故考證掌故，訂正名物者，亦錯出其間。披沙揀金，集腋成裘，其博洽之功，頗足以抵冗雜之過。在讀者別擇之而已。昔李昉修太平廣記，陶宗儀輯說郛，其中誕怪居多，而皆以取材宏富，足資採擇，遂流傳不廢。應秋此編，雖體例與二書小別，而大端相近。至來集之之樵書，全仿應秋而作。然有其蕪漫，而無其博贍，故置彼取此焉。

元明事類鈔四十卷（湖北巡撫採進本）

國朝姚之駰撰。之駰有後漢書補逸，已著錄。是編蓋摘取元明諸書，分門隸載，亦江少虞事實類苑之流。似乎類書，實則非類書也。其所纂述，大抵典則可觀。如元代故實，載於說部者最少。是書誌疆域則引劉郁西使記，以證拓境之遠。誌任官則引經世大典，以證銓法之密。皆足補元史各志之闕。又如引詩會小傳以誌馬祖常之耿直。引名臣言行錄以誌霍肅之公正。亦足裨元史列傳所未備。至記宮殿一門，雜取元掖庭記、元人詩集，搜羅頗博，更可與析津志諸書相參。唯記奎章閣而不知崇文閣之更重。記只遜引長安客話，謂上直之衣，不知卽輿服志之質孫。（案只遜質孫皆濟遜譌文，元史國語解已經改正，今以辨訂其譌，是以仍各書其舊字，以見異同舛互之所由。）自天子至衞士皆有之。乃前後互引，失於考證。未免稍有疏略。至明代說部，浩如煙海，所採亦未爲詳贍。然萬歷以後，門戶交爭。恩怨糾纏，餘波及於翰墨。凡所記錄，多不足憑。之駰或病其冗濫而矜慎取之歟。是亦不失闕疑之義也。

右雜家類雜纂之屬十一部，五百三十六卷，俱文淵閣著錄。

案以上諸書，皆採摭衆說以成編者。以其源不一，故悉列之雜家。呂覽、淮南子、韓詩外傳、說苑、新序亦皆綴合羣言。然不得其所出矣，故不入此類焉。

儼山外集三十四卷（浙江汪汝瑮家藏本）

明陸深撰。深有南巡日錄，已著錄。是編乃其劄記之文。其子楫彙爲一集。凡傳疑錄二卷，河汾燕閒錄二卷，春風堂隨筆一卷，知命錄一卷，金臺紀聞二卷，願豐堂漫書一卷，谿山餘話一卷，玉堂漫筆三卷，停驂錄一卷，續停驂錄三卷，豫章漫鈔四卷，中和堂隨筆二卷，史通會要三卷，春雨堂雜鈔一卷，同異鈔二卷，蜀都雜鈔一卷，古奇器錄一卷，書輯三卷。其中惟史通會要摭劉知幾之精華，櫽括排纂，別分門目，而採諸家之論以佐之，凡十有七篇，專爲史學而作。同異錄爲進御之本，採擇古人嘉言，撮其大略，分上下二篇，上曰典常，下曰論述，專爲治法而作。古奇器錄皆述珍異。書輯皆論六書八法。其餘則皆訂證經典，綜述見聞，雜論事理。每一官一地，各爲一集。部帙雖別，體例則一。雖讕言瑣語，錯出其間。而核其大致，則足資考證者多。在明人說部之中，猶爲佳本。舊刻本四十卷。今簡汰南巡日錄、大駕北還錄、淮封日記、南遷日記、科場條貫、平北錄六種，別存其目。故所存惟三十四卷焉。

少室山房筆叢正集三十二卷、續集十六卷（兩淮馬裕家藏本）

明胡應麟撰。應麟字元瑞，蘭谿人。萬歷丙子舉人。以依附王世貞得名，故明史文苑傳附載世貞傳中。此其生平考據雜說也。分正續二集，爲書十六種。曰經籍會通四卷，皆論古來藏書存亡聚散之迹。曰史書佔畢六卷，皆論史事。曰九流緒論三卷，皆論子部諸家得失。曰四部正譌三卷，皆考證古來僞書。曰三墳補遺二卷，專論竹書紀年、逸周書、穆天子傳三種，以補三墳之闕。曰二酉綴遺三卷，皆採摭小說家言。曰華陽博議二卷，皆雜述古來博聞強記之事。曰莊嶽委譚二卷，皆正俗說之附會。曰玉壺遐覽四卷，皆論道書。曰雙樹幻鈔三卷，皆論內典。曰丹鉛新錄八卷，曰藝林學山八卷，則專駁楊慎而作。其中徵引典籍，極爲宏富，頗以辨駁自矜。而舛譌處多不能免。如沈德符敝帚軒剩語摘其以裴媚爲佛經金剛山之非。辨婦人弓足之前後兩岐。王士禎香祖筆記摘其誤以秦宓稱妻爲呂布妻。唐人長安女兒踏春陽一絕止據博異志而不引沈亞之爲疏漏。近時張文檒螺江日記以爲竹書實出於晉太康年，而應麟以爲咸寧，反糾楊慎爲非，是。今核其所說，如經籍會通謂崇文總目但經史有所論列，子集闕如。蓋據六一集所載。然六一集中亦尚存子部之半、非竟闕也。又謂廣川書跋惟以說經爲主、自餘諸家僅存卷數。蓋據書錄解題。然書錄解題所言乃廣川藏書志、非廣川書跋也。又謂孟子七篇而漢志十一篇。蓋七字誤分爲二也。然前已引困學紀聞稱孟子外篇四篇、以四合七、非十一而何。何隔兩頁而自矛盾也。又謂先孔子而著書者黃帝史孔甲盤盂二十六篇。然漢志註明云依託、何以謂書在孔子前也。又謂漢志兵家兒子一篇、書名奇怪。然兒古倪字、故倪寬史亦作兒寬。倪子名書亦猶孫子、吳子、何奇怪之有也。又云刊版當始於隋、引開皇十三年敕廢像遺經悉令雕版爲證。然史文乃廢像遺經悉令雕造、非雕版也。史書佔畢大抵掉弄筆端、無所考證。至云世知項橐八歲而師孔、不知蒲衣八歲而師舜。甘羅十二上卿少矣、而伯益五歲掌火尤少。以小說委談入之史論、殊爲可怪。至以曹沫劫盟爲葵丘之會。以素問之雷公爲黃帝弟子。更不知出何典記也。九流緒論謂史佚爲墨家之祖。不知呂氏春秋有史角之明文。謂隋志不載孔叢。不知隋志孔叢七卷在論語類中、不在儒家類中。謂孔傳續六帖鄭樵通志所無。不知傳與樵俱建炎紹興間人。同時之書、樵安能著錄。四部正譌爲憚於自名者魏泰筆錄。然東軒筆錄實泰自署名。其託名梅堯臣者乃碧雲騢。謂衞元嵩元命包襲春秋孝經緯之名。然元嵩書名元包、不名元命包。且春秋有元命苞、苞字從草、孝經並無元命包也。至謂子華子之程本即僞撰者之姓名、益無稽矣。姑約舉其一二、尚不止沈德符等之所糾。蓋捃摭既博、又復不自檢點。牴牾橫生、勢固有所不免。然明自萬歷以後、心學橫流、儒風大壞、不復以稽古爲事。應麟獨研索舊文、參校疑義、以成是編。雖利鈍互陳、而可資考證者亦不少。朱彝尊稱其不失讀書種子、誠公論也。楊慎、陳耀文、焦竑諸家之後、錄此一書、猶所謂差強人意者矣。

鈍吟雜錄十卷、浙江巡撫採進本

國朝馮班撰。班字定遠、號鈍吟居士、常熟人。卷首自署曰上黨、從郡望也。是書凡家誡二卷、正俗一卷、讀古淺說一卷、嚴氏糾謬一卷、日記一卷、誡子帖一卷、遺言一卷、通鑑綱目糾謬一卷、將死之鳴一卷。班著述頗多、沒後大半散佚。其猶子武搜求遺稾、僅得九種、裒而成編。家誡多涉歷世故之言。其論明末儒者之弊、頗爲深切。正俗皆論詩法。讀古淺說多評詩文。日記多說筆法字學。皆閒附雜論。嚴氏糾謬辨嚴羽滄浪詩話之非。誡子帖多評古帖。論筆法末附以社約四則、皆論讀書之法。遺言將死之鳴、皆與家誡相出入。通鑑綱目糾謬尚未成書、僅標識五條、武錄而存之耳。大抵明季諸儒、守正者多迂、騖名者多詐。明季詩文、沿王、李、鍾、譚之餘波、僞體競出。故班諸書之中、詆斥或傷之激。然班學有本源、論事多達物情、論文皆究古法。雖閒有偏駁、要所得者爲多也。

右雜家類雜編之屬、三部、九十二卷、皆文淵閣著錄。

案古無以數人之書合爲一編而別題以總名者。惟隋志載地理書一百四十九卷、錄一卷。註曰、陸澄合山海經以來一百六十家以爲此書。澄本之外、其舊書並多零失。見存別部自行者惟四十二家。又載地記二百五十二卷。註曰、梁任昉增陸澄之書八十四家以爲此記。其所增舊書亦多零失。見存別部行者惟十二家。是爲叢書之祖。然猶一家言也。左圭百川學海出、始兼裒諸家雜記。至明而卷帙益繁。明史藝文志無類可歸、附之類書、究非其宜。當入之雜家、於義爲允。今雖離析其書、各著於錄。而附存其目、以不沒蒐輯之功者、悉別爲一門、謂之雜編。其一人之書合爲總帙而不可名以一類者、既無所附麗、亦列之此門。

欽定四庫全書總目卷一百二十三

欽定四庫全書總目卷一百二十四

子部三十四

雜家類存目一

於陵子一卷（江蘇巡撫採進本）

舊本題齊陳仲子撰。王士禎居易錄曰：萬歷間學士多撰僞書以欺世，如天祿閣外史之類，人多知之。今類書中所刻唐韓鄂歲華紀麗，乃海鹽胡震亨孝轅所造。於陵子，其友姚士粦叔祥作也。凡十二篇：一曰畏人，二曰貧居，三曰辭祿，四曰遺蓋，五曰人問，六曰先人，七曰辯窮，八曰大盜，九曰夢葵，十曰巷之人，十一曰未信，十二曰灌園。前有元鄧文原題詞，稱前代藝文志、崇文總目所無，惟石廷尉熙明家藏。又稱得之道流。其說自相矛盾。又有王鏊一引、一跋。鏊集均無其文，其僞可驗。惟沈士龍一跋，引揚雄方言所載齊語，及竹書紀年、戰國策、列女傳所載沃丁殺伊尹、齊楚戰重邱及楚王聘仲子爲相事，證爲古書。其說頗巧。然摭此四書以作僞，而又援此四書以證非僞，此正朱子所謂採天問作淮南子，又採淮南子註天問者也。士龍與士粦友善，是蓋同作僞者耳。末有徐元文跋詞，尤弇鄙，則又近時書賈所增，以冒稱傳是樓舊本者矣。

天祿閣外史八卷（內府藏本）

舊本題漢黃憲撰。前有晉謝安、唐田宏、陸贄題詞。每篇又有宋韓淯贊，而冠以王鏊之序。詞旨凡鄙，顯出一手。朱國楨湧幢小品載徐應雷黃叔度二誣辨曰：黃叔度言論風旨，無所傳聞。入明嘉靖之季，崑山王舜華名逢年，有高才奇癖，著天祿閣外史，託於叔度以自鳴。舜華爲吾友孟肅諸大父行，余猶及見其人，知其著外史甚確。自初出有纂入東漢文者，時舜華尚在，而天下謂外史出祕閣，實黃徵君著，則後世曷從核眞贗乎。又李詡戒菴漫筆曰：天祿閣外史乃近年崑山王逢年所詭託者。邇有餘姚人御史某（案卽刻兩京遺編之胡維新），沾沾以文學自喜，雜此文於左、國、司馬諸篇中刊行，頒於蘇、常四郡學宮，令諸生誦習之，殆亦一奇事也。據其所記，則此書出王逢年，明人已早言之。考張孔教雲谷臥餘，所言亦合。而流傳之本仍題黃憲，殆不可解。王鉞讀書蕞殘曰：其賓秦文中有黨錮一篇，考後漢書本傳，陳蕃爲三公，臨朝歎曰：叔度若在，吾不敢先佩印綬，是黨禍未起，憲已謝世矣。又賓晉文有董卓篇，益不相見。辨其僞迹甚明。惟謂傳自謝安，或者卽其門下士及子弟所爲，則仍爲僞序所欺，失考甚矣。

化書新聲（無卷數，浙江巡撫採進本）

明王淸一撰。前有序，自稱先天風雷侍者，且言萬歷壬辰自京師奏太后，請武當山道藏經，回止三公巖，大衆推充都管，蓋道士也。是編取譚峭化書，条節分章，各爲註釋。中如釋大同章思火生暖、思水生涼諸語，亦時有理解，然大致摭採道家之言，氾濫恣肆，無所歸宿。

心傳錄三卷日新錄一卷（兩江總督採進本）

宋于恕編。恕，張九成之甥。此二書皆錄九成語也。前有淳熙元年恕序云：无垢張先生，乃予母之兄。頃爲春官宗伯，以議忤時相，一斥嶺下十四年。寓横浦僧舍，嗜書不厭。晚年目昏，立短簷下展卷就明，向暮不輟。石間雙趺隱然，南安守張公見而歎息，標記於柱，今猶在也。案宋史九成本傳，稱九成召除宗正少卿，權禮部侍郎，兼侍講，兼權刑部侍郎，謫守邵州。秦檜又令司諫詹大方論其與徑山僧宗杲謗訕朝政，謫居南安軍，在南安十四年。以横浦集考之，其到南安在癸亥三月，乃紹興十三年。其横浦僧舍題柱字，據恕此序，是南安張守所記，而南安府志載寶界寺題柱識語爲九成自題，又失張守之名，誤矣。陳振孫書錄解題曰：張九成无垢語錄十四卷、言行編遺文共一卷，九成之甥于恕所編心傳錄，及其門人郎昱所記日新錄，近時徐鹿卿德夫教授南安，復裒其言行，繫以歲月，及遺文三十篇附於末。今此本止三卷，恕序稱與其弟憲徒步三千餘里，抵嶺下，得侍講論，難疑荅問，莫不備錄，名之曰心傳。後恕以思親歸，弟憲獨任，各以所得，合爲一集。又學生郎昱亹得數語，纂爲錄，故人刁駿序之，而後卷日新錄亦題甥于恕編，蓋非陳振孫所謂徐鹿卿裒輯之本。中閒止有序記等文凡八篇，亦與所謂三十篇者不合。故仍舊名曰心傳，曰日新，而不名語錄，是尚未經合訂者矣。明人刻横浦集，已收入之，此其別行之本也。

經鉏堂雜志八卷（江西巡撫採進本）

宋倪思撰。思有班馬異同，已著錄。是編乃其晚年劄記之文，其學雜出於釋老，務爲恬退高曠之說。然如謂妻子無論賢不肖，皆當以冤家視之，害理殊甚。其他亦皆淺陋無味。明代陳繼儒一派、發源於此。又議論空疎、多無根據。如顏斶生王死士之論、與安步晚食之語、同出一時。而思引斶前王前一段附論其下曰、此卽晚食以當肉、安步以當車之顏斶耶、抑別一人耶。是併戰國策未讀也。賈誼謫長沙王傅、作鵩賦之後、年餘而死。而思謂賈誼陳治安之策、乃在於鵩賦之後、豈其涉歷世故、於事理講明、尤更深究耶。是併漢書史記亦未詳考也。宋史思本傳載陳晦草史彌遠制詞、用昆命元龜語。思以爲類董賢策文用允執厥中之文、上疏爭之。坐是罷去。考劉克莊後村詩話、稱思駁論時晦累疏、援引唐人及宋代累朝命相皆用此語以駁思。思遂倒秩。則晦雖曲貢諛詞、而轉據典文。思雖力持正論、而疎於考證。是書之陋、固其宜矣。

善誘文一卷（內府藏本）

宋陳錄撰。錄不知何許人、自稱丹穴老人。其書皆通俗勸善之言。蓋明袁黃等之所祖。前有嘉定辛巳其弟鍊序、末有木石居士虞舜徒跋、皆以閻羅王爲說。詞旨頗鄙。

樵談一卷（編修程晉芳家藏本）

舊本題宋許棐撰。棐字忱父、海鹽人。嘉熙中居秦溪、於水南種梅數千樹、自號梅屋。是編皆勸戒之言。然核其詞氣、如出屠隆陳繼儒一輩人口、殊不類宋人之作。

几上語一卷、枕上語一卷（兩淮鹽政採進本）

宋施清臣撰。清臣號東洲、淳祐閒人、自稱赤城散吏。是書皆宗二氏之旨、而以儒理附會之、詞多儷偶。明人小品、濫觴於斯。其謂易可通修煉之旨、亦魏伯陽等之緒餘、無足採錄也。

千古功名鏡十二卷、拾遺一卷（浙江范懋柱家天一閣藏本）

宋吳大有撰。大有字勉道、號松壑、嵊縣人。寶祐閒遊太學、率諸生上書言賈似道姦狀、不報、遂退處林泉、與林昉仇遠白珽等以詩酒相娛。元初辟爲國子檢閱、不赴。是書分十五類、皆闡揚因果之說、以警世勸善。然有所爲而爲之、假以誘掖愚蒙則可。若士君子之學、爲所當爲、則固無取於是焉。

厚德錄四卷（內府藏本）

宋李元綱撰。元綱有聖門事業圖、已著錄。此書盛陳果報、兼以神怪。如言張孝基以還產爲山神、及福州張生捐貲救縊遇鍾離權得道事、不一而足。殊非儒者立言之道。與聖門事業圖如出兩手、不可解也。

樂善錄二卷（內府藏本）

宋李昌齡撰。昌齡始末未詳。書中引胡仔苕溪漁隱叢話及葉夢得巖下放言、蓋紹興後人。大旨皆談罪福因果。所記宋事爲多、亦閒及漢以來事。然如淳于棼南柯之夢諸條、殊於樂善無與。記小兒胞胎一條、雜引道家符籙之說、凡數百言、更爲泛濫也。

西疇常言一卷（內府藏本）

宋何坦撰。坦、盱江人。是編分講學律己應世明道莅官原治評古用人正弊九門。大抵因舊說而衍之。其講學篇謂性與天道子貢不得聞、而以後世學者竊襲陳言、自謂窮理盡性爲妄。明道篇謂儒者之待異端、甚於拒寇敵。蓋皆有爲而發。然其論心如槃水、措之正則表裏瑩然。微風過之、則湛濁動於下。方未動時、非有以去其滓污也、澄之而已。風之過、非有物入之也、撓動則濁起也。所見頗近於禪。又謂孟子之闢楊墨、深排峻拒、詞費而力殆。其說皆不可訓也。

東谷所見一卷（內府藏本）

宋李之彥撰。之彥、永嘉人。東谷其所自號。書中教導一條、稱游湖海五十年、教公卿大夫之子孫屢矣。教尋常白屋之類亦多。則老塾師也。是書凡十三則、皆憤世疾俗、詞怨以怒。末載太行山戲語一條、謂是非不必與世人辨、蓋其篇中之寓意。前有自序、題咸淳戊辰小春、正宋政弊極之時也。

鳴道集說一卷（永樂大典本）

舊本題金李之純撰。案元好問中州集劉祁歸潛志、並云李純甫字之純。則此書當爲李純甫作。金史文藝傳及大金國志作純甫字之甫、殆傳寫誤也。純甫、宏州襄陵人。承安中登進士。前後三入翰林。正大末出倅坊州、未赴、改京兆府判官。卒於南京。是書列周程張邵朱呂蔡諸儒之說而條辨之。末附自作文數篇。大旨出於釋氏、殊爲偏駁。歸潛志曰、之純自類其文、凡論性理及關佛老二家者、號內藁。其餘碑誌詩賦號外藁。又解楞嚴金剛經老子莊子。又有中庸集解、鳴道集解（案解字當爲說字之譌、今姑仍原本錄之）、號爲中國心學西方文教、數十萬言。嘗曰、自莊周後、惟王績元結鄭厚與吾、或談儒釋異同、環而攻之、莫能屈。又曰、屏山（案屏山卽純甫之號）平日喜佛學。嘗曰中國之書不及西方之書。作釋迦贊云、竊吾糟粕、貸吾粃糠。粉澤邱軻、刻畫老莊。嘗論伊川諸儒雖號深明性理、發明六經聖人心學、實皆竊吾佛書者也。因此大爲諸儒所攻云云。可謂之無忌憚矣。中州集但云於書無所不闚、而於莊周列禦寇左氏戰國策尤長。三十歲後、徧觀佛書、能悉其精微。既而取道學書讀之、著一書、合三家爲一。猶諱而渾其詞也。

中說三卷、永樂大典本

元教渕撰。渕、古文淵字、見夏竦古文四聲韻。其爵里皆無可考。是書大旨、本乎圖書、雜以佛老。首之以先後天理數圖、又有求仁盡性諸圖。其盡性圖有曰、吸蒂思不出位、呼根不失赤子之心。又有曰、服氣爲上、服藥爲下。又曰、數息禪學之長、抱元元學之長、仙山人也。不以身許人者也。可以見其宗旨矣。

學問要編六卷、浙江巡撫採進本

元劉君賢撰。君賢字文定、本泰和人。元末兵亂、依母族袁氏於雩昌、遂冒姓袁。故左修品序稱劉文定、而鄭應桂序則稱袁文定。然修品序又謂今其子孫爲袁氏、而鄉賢祠則仍稱劉。此本題劉君賢、蓋從祀典也。是書初名雩昌集。應桂序稱自元及明、僅有寫本藏其後裔家。康熙庚辰、雩都縣知縣盧其始爲刊行。其分天地理學經濟倫紀論古雜說六類、及八十六子目、亦盧所編定。修品重刊序則稱據袁氏家譜、知雩昌集乃其詩文、而是書乃所著學問要編。考古人雜著筆記、往往編入詩文集。是書必原在集中、卷帙標題相屬。故詩文雖佚、而是書仍冒雩昌集名。今既別行、則修品所改是也。編中所論、雖以洛學爲宗、而諸所援據、乃盡屬小說家言、實以雜學佐雄辯。又其好還類中第二條、稱金俘宋於青城、元人俘金亦在青城、果爲君賢所作、斷無當元之世、自稱元人之理。相其文格、亦全類明萬歷以後清言小品之蹊徑、元人敦篤、無此體裁。毋乃後人僞托、抑或有所竄亂歟。

盧得集四卷附錄二卷、浙江巡撫採進本

元華悰韡撰。悰韡字公愷、自號貞固處士、無錫人。入明之後、不仕而終。是編乃其貽訓子孫之書。一曰家勸、二曰祭禮習具、三曰冠婚儀略、四曰治喪紀要。又輯其詩文雜著爲二卷、附錄於後。其曰盧得集者、取千慮一得之義也。後其八世孫繼祥校刊、卷首增以趙友同所作貞固處士傳一首、陳鑑所作墓表一首。

郁離子二卷、內府藏本

明劉基撰。基有國初禮賢錄、已著錄。是書原本十卷、分十八篇、一百九十五條。今止二卷、蓋後人所併也。基初仕元、不得志、因棄官入青田山中、著此書。天台徐一夔序曰、郁離者、離爲火、文明之象、言用之、其文郁郁然、爲盛世文明之治也。已附載誠意伯集中。此蓋其別行之本。

青巖叢錄一卷、編修程晉芳家藏本

明王禕撰。禕有大事記續編、已著錄。此書論緯書及釋道兩家源流、堪輿醫書同異、凡五篇。已見禕本集。曹溶學海類編摘出別行、併別立此名。

華川卮辭一卷、編修程晉芳家藏本

明王禕撰。此書雜論處世爲治之理、閒用喻語、取卮言日出之義、名曰卮詞。亦載禕本集中。曹溶摘出別行、華川二字、亦溶所加也。

空同子瞽說一卷、浙江巡撫採進本

明蘇伯衡撰。伯衡字平仲、金華人。本宋蘇轍之裔。以轍子遲守婺州、因家於婺。元末貢於鄉。洪武初、徵入禮賢館、後爲國子學正、以薦擢翰林編修。宋濂以翰林承旨致仕、薦以自代、辭不拜。後起爲處州教授、以表箋忤旨、逮治、卒於獄。事蹟具明史文苑傳。是書仿諸子文體、多託物寓意之詞。已載入伯衡文集第十六卷、此其別行之本。後李夢陽亦著空同子、與此同名、實兩書也。

筆疇二卷、江蘇巡撫採進本

明王達撰。達字達善、號耐軒居士、無錫人。洪武中以明經薦爲縣學訓導、改大同府學、後遷國子助教。永樂初擢編修、官至侍讀學士。是書多抑鬱憤世之談、前有題詞、稱遠居塞外、蓋官大同時作也。又有太倉陸之箕序、稱是書本載達所著天遊集中、凡百有七篇。王澄之弟淵先刊其二十二篇、續又得五十二篇刊之、尚闕其三之一。之箕復爲校補成完書、付淵全刊焉。各條之下、閒附之箕案語、亦膚淺罕所考正。

黎子雜釋一卷、浙江鄭大節家藏本

明黎久之撰。久之字未齋、臨川人。官高要縣知縣。書中有永樂宣德年號、則宣宗後人也。其書雜舉奇幻之事、推求其理、詞極辨博、而大旨仍歸于神怪。如鍊銅爲銀，點石成金，以及器之能聚寶者，皆以爲有理可推，其言頗謬。末綴論文二條，一謂詩卽文，文卽詩，杜詩卽其文，韓文卽其詩。一綴爲兩生禮樂百年後興語，董仲舒道之大原出于天語，韓愈堯以是傳之舜數語，爲漢唐人精於講學之證。舉太極圖說、通書、東西銘等數篇爲宋元人工於文章之證。皆務反舊說，未爲確論。

類博雜言一卷（編修程晉芳家藏本）

明岳正撰。正字季方，號蒙泉，漷縣人。正統戊辰進士第一。由編修改授，天順中入閣預機事。以謀去石亨、曹吉祥，不成，謫欽州同知，後遠繫杖戍肅州。憲宗立，復本官，留侍經筵，又以忤大學士李賢，出爲興化府知府。嘉靖初追贈太常寺卿，謚文肅。事蹟具明史本傳。此書雜論陰陽五行及醫卜星算之說，中間論大衍之數及皇極經世之數，亦頗有發明。明史藝文志作二卷，今已編入正類博稾中。此本乃曹溶學海類編所收，僅存六頁，非其全也。

瞥時新錄一卷（浙江巡撫採進本）

明胡澄撰。澄字景高，臨川人。是書末附澄墓誌，稱生于永樂丙申，卒於宏治乙卯。是書則作於天順庚辰，凡五十篇，篇有標題，皆警戒下愚之語，故其詞不文，各證以見聞實事，亦多蕪雜。

桑子庸言一卷（編修程晉芳家藏本）

明桑悅撰。悅字民懌，常熟人。成化乙酉舉人，官至柳州府通判。明史文苑傳附載徐禎卿傳中，稱其怪妄狂誕。考悅思元集中有道統論曰：夫子傳之我，又學以至聖人論曰：我去而夫子來，可謂肆無忌憚。史所詆者不虛。史又稱悅在長沙著此書，自以爲窮究天人之際，今觀所論，實無甚精奧也。

祝子罪知七卷（兩江總督採進本）

明祝允明撰。允明有蘇材小纂，已著錄。是編乃論古之言，其舉例有五，曰舉，曰刺，曰說，曰演，曰系。舉曰是，刺曰非，說曰原是非之故，演曰布反復之情，系曰述古作以證斯文。一卷至三卷皆論人。四卷論詩文。五卷六卷論佛老。七卷論神鬼妖怪。其說好爲翻解，如謂湯武非聖人，伊尹爲不臣，孟子非賢人，武庚爲孝子，管蔡爲忠臣，莊周爲亞孔子一人，嚴光爲姦鄙，時苗羊續爲姦貪，譙安爲大雅君子，終弈折屐非矯情，鄭攸爲子不孝，爲父不慈，人之獸也。王珪魏徵爲不臣，徐敬業爲忠孝。李白百俊千英萬夫之望，种放爲鄙夫，韓愈陸贄王旦歐陽修趙鼎趙汝愚爲匪非。論文則謂韓柳歐蘇不得稱四大家。論詩則謂詩死於宋。論佛老爲不可滅，皆勦襲前人之說，而變本加厲。王宏撰山志曰：祝枝山狂士也，著祝子罪知錄，其舉刺予奪，言人之所不敢言，刻而戾，僻而肆，蓋學禪之弊，乃知屠隆李贄之徒，其議論亦有所自，非一日矣。聖人在上，火其書可也。其說當矣。千頃堂書目載祝子罪知十卷，此本僅七卷，而佚去八九十三卷，爲一冊，惟第五卷併入四卷之後，藏書者未經繙閱，以爲闕第五卷，乃改七卷七字爲五字，攙入六卷之前，不知五六兩卷皆論佛老，安得參以七卷之神鬼妖怪也。殆坊肆賈人無知者之所爲歟。然如是之書，不完亦不足惜也。

浮物一卷（浙江范懋柱家天一閣藏本）

明祝允明撰。是編取韓愈文氣水也，言浮物也之義，命名皆務爲新奇之論，甚至以詩三百篇、春秋二萬言爲聖人之煩則放言無忌可知矣。蓋允明平生以晉人放誕自負，故持論矯激，未能悉軌於正云。

讀書筆記一卷（戶部尚書王際華家藏本）

明祝允明撰。凡三十四條，言頗近理，不似其他書之狂誕。前有自識，稱於乙巳居憂時偶有所得，隨筆箋記，就有道而正之。乙巳者成化之二十一年，蓋其少時所作，猶未蕩然禮法之外也。

空同子一卷（戶部尚書王際華家藏本）

明李夢陽撰。夢陽字獻吉，慶陽人，徙扶溝。宏治癸丑進士，官至江西提學副使。事蹟具明史文苑傳。其書分化理篇二，物理篇一，治道篇一，論學篇二，事勢篇一，異道篇一，凡六目八篇，已編入空同集中。此本乃後人摘出別行。夢陽文摹擬秦漢，多艱深詰屈之語，爲後人所訾。此書亦仿揚雄法言之體，其發明義理，乃頗有可採，不似其他作之僻古。

空同子纂一卷（編修程晉芳家藏本）

不著編輯者名氏，載曹溶學海類編中，取李夢陽空同子每篇摘鈔十之三四，故題曰纂。其去取殊無義例，大抵庸劣坊賈所爲，以紿藏弆之家者也。

濯舊稾一卷（江西巡撫採進本）

明王俊撰。俊字機，弋陽人。宏治癸丑進士，官至禮部尚書。謚文莊。是書多以周子程子邵子張子之言擊排朱子、亦頗攻陸九淵。而其說仍多墮於虛渺。後附諸詩、尤多同禪偈。

雅述二卷（陝西巡撫採進本）

明王廷相撰。廷相有愼言、已著錄。愼言雖多偏執、猶不大悖於聖賢。此書則頗多乖戾。自序謂宋儒才情有限、沾帶泥苴、使人不得清澄宣朗、以睹孔門之旨。余於讀書之暇、時置一論、求合道眞。積久成卷、分爲上下二篇、名曰雅述。謂述其中正經常、足以治世者云爾。今觀其書、標舉中庸修道之謂敎爲本、而多斥枯禪寂坐之非、未爲無見。而過於擺落前人、未免轉成臆斷。如謂人性有善有惡、儒者亦不計與孔子言性背馳與否、而曰孟子言性善。是棄仲尼而尊孟子矣。況孟子亦自有言不善之性者、何獨以性善爲名云云。是其所見與告子殆無以異。又謂人生而靜、天之性也。感於物而動、性之欲也。此非聖人語。然則聖人之動、亦皆欲而非天耶。是又不以情言欲、直以私言欲。無怪其並性善而疑之矣。至謂雷搏擊成聲、乃物之所爲、但非人間可得而見。尤涉於小說家神怪之言。廷相以詩名一時、而持論偏駁乃爾。蓋宏正以前之學者、惟以篤實爲宗。至正嘉之閒、乃始師心求異。然求異之初、其弊已至於如此。是不待隆萬之後始知其決裂四出矣。

大復論一卷（戶部尚書王際華家藏本）

明何景明撰。景明有雍大記、已著錄。此書蓋仿呂言中論而作。曰嚴治、曰上作、曰法行、曰任將、曰勢成、曰功實、曰用直、曰敵中、曰固權、曰處與、曰策術、曰心迹。凡十二篇。已載入大復集中。此乃其別行之本。

經世要談一卷（編修程晉芳家藏本）

明鄭善夫撰。善夫字繼之、閩縣人。宏治乙丑進士。官至南京吏部驗封司郎中。事蹟具明史文苑傳。此書泛論立身爲治之理、多老生之常談。

惜陰錄十二卷（浙江朱彝尊家曝書亭藏本）

明顧應祥撰。應祥有人代記要、已著錄。此書乃其致仕以後所作。時年八十有二矣。自序謂古今人物之賢否、政治之得失、筆之於冊。前數卷論理論學諸篇、皆主良知之說。首附錄禮論一篇、蓋嘉靖初議大禮時所作。其說欲但尊以天子之號、而別立一廟、與桂萼初議相同。其論嘗爲王守仁所取。故弁於首卷。蓋守仁於大禮、亦以張桂爲是也。明史藝文志列之儒家。然其中頗及雜說、不專講學。今改入雜家類焉。

西原遺書二卷（浙江巡撫採進本）

明薛蕙撰。蕙字君采、亳州人。宏治甲戌進士。官至吏部考功司郎中。事蹟具明史本傳。此編爲嘉靖癸亥南充王廷所刊。皆其晚年與朋友往還講學之書。附以語錄。大旨尊陸九淵楊簡之說、毅然不諱其入禪。至謂釋氏於六度萬行、未嘗偏廢、殊爲駁雜。蕙本詩人、足以自傳於後、乃畫蛇添足、兼欲博道學之名、又務立新奇、遁入異教。其謂中庸根本在未發之中、六經皆不出此旨、借李侗之說而廣之、實非侗之本意。雖辭辯蠭起、終不免於臧三耳也。

約言（無卷數、浙江巡撫採進本）

明薛蕙撰。是編乃其退居西原時學養生家言、後讀中庸喜怒哀樂之未發句、自謂有得、因作此書。分爲九篇。曰天道性情潛龍時習君道學問君子立言春秋。其學以復性爲宗。故性情篇云、靜者性之本、主靜者復性之學也。又云、靜者自然之本體、動者後來之客感。夫自有陰陽、卽不能有靜而無動。以動爲客感、是二氏元寂之旨也。又曰、理卽此心、此心卽理。夫理具於吾心、不可謂心之虛靈不昧者卽理也。卽心卽理、是姚江良知之宗也。其去濂洛關閩之學、固已遠矣。

錢子測語二卷（浙江巡撫採進本）

明錢琦撰。琦字公良、海鹽人。正德戊辰進士。官至思南府知府。是書乃其劄記之語。分彖元絲庚淨風治本檢精鑒遠規世導儒入門。不出明人小品之習。然正嘉時人猶淳實、無此佻薄體裁。末有其孫穪穀跋、稱昔眉公陳先生手牘索覽云云。疑隆萬閒僞體盛行、琦之子孫趨當時風氣、依託爲之也。

百感錄一卷（浙江范懋柱家天一閣藏本）

明陳相撰。相字汝弼、號古塗道人、懷寧人。前有正德庚午曾漢序。稱其年四十貢成均、歷司封。明制、吏部必甲科。不知相何以得入。其始末莫能詳也。是書仿莊子蘷蚿罔兩戰國策桃梗土偶之意、取蟲魚鳥獸、作爲寓言、以寄其不平之感。託意淺近、亦多未雅馴。

拘虛晤言一卷（浙江范懋柱家天一閣藏本）

明陳沂撰。沂有維楨錄，已著錄。此書皆所著雜說，共三十四條。大旨用兩事比類取譬，申明其義於下，頗近連珠之體，而不用韻。然意主修詞，不必盡名言至理也。

竹下寤言二卷（浙江范懋柱家天一閣藏本）

明王文祿撰。文祿有廉矩，已著錄。是編凡分十四篇，中稱廉子者，皆自謂也。其中如詆韓愈之學不如柳宗元，張子西銘可不必作之類，皆失之舛駁。又謂君子貴無心，古今天地如在大夢中，參雜佛老，亦不可訓。至惡戒篇解說輪迴，尤非儒者立言之道矣。

海沂子五卷（編修程晉芳家藏本）

明王文祿撰。是編分眞才、作聖、稽闡、儀曜、敦原五篇，篇各為卷，持論往往偏駁。如眞才篇以于謙右亨右彪之不令終，同歸之天命；作聖篇混儒釋而一之；稽闡篇謂大學孔門之元理，中庸孔門之元神；儀曜篇純舉釋氏四大部洲之說；敦原篇謂古人父重母輕以制禮者乃男子，故為己謀，不免於偏私。其言皆不可訓也。

宋學商求一卷附錄一卷（浙江巡撫採進本）

明唐樞撰。樞有易修墨守，已著錄。其學援儒入墨，純涉狂禪。所刻木鍾臺集，無非恣肆之論。此編皆評論宋儒，大抵近於禪者則譽，不近於禪者則毀，不足與辨是非。附錄一卷，則其與人論學之語，以發明此書之意者也。

疑誼偶述一卷（浙江巡撫採進本）

明唐樞撰。首題門人潘鳴時述，末又有鳴時跋語，蓋樞所作以示鳴時者。凡十八條，具論古今學術法制之可疑者，故以疑誼名篇。其文詰曲聱牙，幾不可解，殆所謂以艱深文其淺易者歟。

一菴雜問錄一卷（兩江總督採進本）

明唐樞撰。是書自心性知覺至進德修業，旁及於詩學、韻學、字學、樂律，皆設為問答。其論學以禪為宗，而附會以儒理。如問千手觀音何義，曰一箇身有千百箇化身，一雙手化出千百雙手，這便與一致而百慮意思相似。殊不免援儒入墨之譏。又謂作字必求工，便是玩物喪志。又謂太平御覽、冊府元龜、說郛、玉海、通典、通考、藝文、事文類聚諸書，必非有道者所為。大抵皆佛家掃除語言文字之見。其餘雜論，則多因襲恆談，罕所考證。

嘉禾問錄一卷（浙江巡撫採進本）

明唐樞撰。樞於嘉靖壬辰、癸巳閒講學嘉興，其門人錄為此編。初名四書雜問，邑令周顯宗改題今名。其言格致心性諸說，率宗王守仁之緒論。原本二卷，後其門人王愛翻刻，併為一卷。末附數十條，乃雜論經史傳註，不專主於四書，疑為愛所增入也。

轄圜窩雜著一卷（浙江巡撫採進本）

明唐樞撰。亦所著講學雜文。其以轄圜名窩者，杭州唐禹序云：天非圜無以職覆，人非心無以轄圜。蓋專言心學者也。其大旨宗王守仁，而實未嘗及其門。觀所作元菴訪誼一篇，知其學實得之穆孔暉。中閒如海上十三參、梅花屋夢語諸條，純以禪機立論，蓋浴姚江之末派而失其本原，宜其惝怳無歸矣。

酬物難一卷（浙江巡撫採進本）

明唐樞撰。其立名本之韓非說難，皆以闡明心學。首篇末云：蹟其意之所求，道其往之所止，明通而通，力極而極，勢駐以駐，詳於參伍之變，因於性情之宜。以此七語別為七篇，附於後。樞有引辭曰：予之難於酬物也，有所懲而苦之，於思於思鬼神有庇焉。蓋任心太過，故堅僻至此，即其所言，可以知其所蔽矣。

咨言一卷（浙江巡撫採進本）

明唐樞撰。樞聚徒講學，所至即為咨言。一作於金波園，一作於木鍾臺，一作於飛英寺，一作於天心書院。大抵衍述良知之說，末有小學咨言，專明孝廉二字之義，則訓蒙之文也。

景行館論一卷（浙江巡撫採進本）

明唐樞撰。嘉靖十七年，浙人闢景行館，延樞講學。樞因作論三十一篇，其門人錢鎮敘而梓之。樞平日專以討眞心為教，故論中首及此旨。是時尚在樞罷官講學之初，其說未盡流於禪，故持論尚不甚詭於正云。

積承錄一卷（浙江巡撫採進本）

明唐樞撰。其門人吳思誠編。以其承受於師門者積為一書，故曰積承錄。卷首即拈眞心二字立義，蓋其宗旨如此。錄中闡發較因領錄尚稍純正，然引圓覺經及支道林、劉靜春之言以詮釋性命之旨，究屬援儒入墨。許孚遠序所謂假借援引以示性學之眞者，究不免曲爲回護也。

一菴語錄一卷（浙江巡撫採進本）

明唐樞撰。其壻陸秤編。樞初號朋垣子，後改一菴，故以爲名。樞嘗言艮知一拈，萬到本末具舉，今日只欠躬行。編中所錄，大抵不離此意。然其所謂躬行者，亦祇師心自用而已。

因領錄一卷（浙江巡撫採進本）

明唐樞撰。其壻吳允恭編。皆樞講學往復書札，詞意誕謾，多涉佛理。費摯龍序稱，初述神體以揭其要，末紀十諦以示其全。允恭跋亦稱此吾師與門弟子相爲應感之語，種種自一性呈露。其提唱禪宗，悍然無忌，又不止於陽儒而陰釋矣。

唐集輯要四卷（浙江巡撫採進本）

明唐樞撰。此本爲國朝王表正刪輯，分講學、論治、澄道、闡性爲四篇。樞之學純出於禪，所言大抵空虛幻杳。此集雖刊除其太甚，而根本如斯，徒翦其枝葉，無益也。

存愚錄一卷（浙江范懋柱家天一閣藏本）

明張純撰。純，永嘉人，嘉靖戊子舉人，官至南康府知府。是編雖自稱尊崇道學，然實無所發明。至以王制五祀爲金、木、水、火、土，又以鬼怪不經之事雜入卷中，以解經傳，亦殊失醇正也。

百泉子緒論一卷（浙江范懋柱家天一閣藏本）

明皇甫汸撰。汸字子循，長洲人。嘉靖己丑進士，官至雲南按察司僉事。明史文苑傳附見其兄涍傳中。此書凡八篇：一曰原學，二曰罪言，三曰非俗，四曰詭士，五曰刺飲，六曰慨禮，七曰詒慼，八曰知難。皆爲時弊而發，譏切甚至。世傳汸解官後，嘗爲御史王言捕繫，復爲陳御史所窘，因破其家。觀此書極論臺諫惡習，至謂其逞忿己私，媒孽善類，衆口易鑠，百足不僵，俱抗論無所避。當時必惡其訐己而摭拾之，可謂不肎隨時俯仰者。然其文多駢偶，往往以辭累氣。此又王世貞所謂學六朝而時時失步者也。

夜燈管測二卷（浙江范懋柱家天一閣藏本）

明沈愷撰。愷字舜臣，號鳳峰，南直隸華亭人。嘉靖己丑進士，官至湖廣布政司右參政。是書乃其爲寧波知府防倭海上時所作。凡一百篇，篇各標題，皆借事寓言，以示勸戒。大抵規仿郁離子而作。然摹古有痕，亦頗涉纖佻。至如歐陽修作五代史，而誤云韓愈；桓溫不識王猛，而譌爲苻堅。興之所至，不暇檢點者亦多矣。

冬遊記一卷（浙江范懋柱家天一閣藏本）

明羅洪先撰。洪先字達夫，吉水人。嘉靖己丑進士第一，官至贊善。隆慶初贈太常寺少卿，謚文恭。事蹟具明史儒林傳。洪先宗姚江良知之說，是書乃其赴召時取道金陵，與王守仁弟子王畿、王艮輩講學語。所言性命學問，浸淫佛氏，淪於虛寂，并守仁本旨而失之。李贄諸人，浴流不返，遂至累及守仁，爲儒者詬厲，其所從來者漸矣。

太藪外史一卷（戶部尚書王際華家藏本）

明蔡羽撰。羽字九逵，自號林屋山人，又稱左虛子，吳縣人。由國子生授南京翰林院孔目。明史文苑傳附載文徵明傳中。是編前有嘉靖庚子正月自題，稱夜夢一文移，上有符信曰太藪外史。私念具區爲揚州之藪，一曰太湖，左虛子去翰林歸太湖，蓋所謂外史。因著文五首，題曰太藪外史，志夢也。說頗荒誕。其文爲文苑考上下篇二首、政通上下篇二首、易大贊一首。史稱羽自負甚高，文法先秦兩漢。而此五首中，類多排偶之詞，體格卑雜，未能及古，殊爲不副其名也。

擬詩外傳一卷（浙江巡撫採進本）

明黃省曾撰。省曾有西洋朝貢典錄，已著錄。是書雜論治亂之理，凡三十條，每條引詩二句爲證，全仿韓嬰詩外傳之例，故謂之擬。然感時發議，何妨自著一書？乃學步邯鄲，規規形似，此亦明人賡古之一端矣。

客問一卷（浙江巡撫採進本）

明黃省曾撰。其書凡十五則。前四則論陰陽象緯，後十一則論人事，皆設爲客問而荅之。其論解州鹽池，殊附會；論月星不借日光，亦不知推步之法。所論人事，則大抵憤時嫉俗之言。

閒適劇談五卷（浙江汪汝瑮家藏本）

明鄧球撰。球自號三吾寄漫子，祁陽人。嘉靖乙未進士，官至銅仁府知府。是編前四卷題元集、亨集、利集、貞集，後一卷題起元集，蓋取貞下起元之義。末載自跋，託言萬歷癸未遇隱君子，悟忘言之意，蓋書止於是矣。其書雜論象理，兼涉三教，設爲客問己荅。所註太極圖說、西銘、老子諸書，皆全部收入，亦設爲問荅。尋其體例，似乎先隸諸書，條分件繫，而後各命一意以融貫之。故每徵一事，輒連錄舊文、多擁腫不能運化。亦有僅徵其事而未及排比者。如問人不問位、受弔不受慶諸條、皆痕迹宛然也。

汲古叢語一卷、（兩江總督採進本）

明陸樹聲撰。樹聲有平泉題跋、已著錄。是書論陰陽五行之理、多以周易爲言。然皆參以術數之說、與老莊之旨、非易之精義也。已彙入陸學士雜著中。此本乃陳繼儒摘入廣祕笈者。明史藝文志載樹聲所著小說、無是書之目、或偶遺歟。

病榻寤言一卷、（浙江鮑士恭家藏本）

明陸樹聲撰。自序謂臥病初起、捉筆疾書、名寤言者、以其得於寤寐也。中多養生家言。至於緩步當車、晚食當肉、語出戰國策、而以爲史記、則明人讀書不求源本之故也。

耄餘雜識一卷、（浙江鮑士恭家藏本）

明陸樹聲撰。其書成於萬歷甲寅。雜抒所見、頗有足以警世厲俗者。而多雜二氏之學、不爲純粹。蓋著是書時、樹聲年已八十二、喜與方外遊。故其言如此。至若論許衡吳澄不當仕元一條、全本邱濬之語、則偏謬尤甚矣。

金罍子四十四卷、（內府藏本）

明陳絳撰。絳字用言、上虞人。嘉靖甲辰進士。官至太僕寺卿。其書上篇二十卷、中篇十二卷、下篇十二卷。大抵欲倣其鄉人王充論衡、博引古事而加以論斷考證。然迂僻者居多。本名山堂隨鈔、陶望齡爲刪汰之、改題今名。以所居有金罍山也。

經濟錄二卷、（陝西巡撫採進本）

明張鍊撰。鍊字伯純、武功人。嘉靖甲辰進士。官至湖廣按察司僉事。是編上卷論捍禦西北之計、皆紙上陳言。其遠計一篇、以堅壁清野爲上策、而我之強弱、敵之進退可勿論。世有此安邊之法乎。下卷一論鹽法、一論錢法、一論徒夫宜以充役。末附以史論四條、一論趙盾、一論秦坑儒、一論漢高祖斬丁公、一論王導負周顗、益與經濟無關矣。

學道記言五卷事行紀略一卷、（浙江巡撫採進本）

明周思兼撰。思兼字叔夜、華亭人。嘉靖丁未進士。官至湖廣按察司僉事。遷廣西提學副使、未上而卒。事蹟具明史本傳。是編乃其隨時札記。始嘉靖壬戌七月二十八日、訖甲子五月二十二日。逐日記載、取前言往行及所睹聞爲之論辨。蓋語錄之類。末附補遺家訓遺語各數則、又彙錄碑版傳志等文爲事行記略一卷、皆其子紹元紹節所增輯也。

推篷寤語九卷餘錄一卷、（浙江范懋柱家天一閣藏本）

明李豫亨撰。豫亨字元薦、松江人。自序謂舟之亡所見者、篷蔽之。人之懵所知者、寐障之。此書欲啟昔之寐、爲今之覺。故曰推篷寤語。分測微、原教、本術、還眞、訂疑、毗政六篇、共三十類、五百五十章。黃虞稷千頃堂書目作十二卷。今原刻實止九卷、蓋虞稷誤也。其書參掇前聞、附以己見、多涉釋道二家言。原教還眞兩篇、尤爲駁雜。餘錄一卷、則豫亨裒其友人周思兼往返書翰、附綴於後。所談皆修眞鍊性之說、益不足道矣。

三事遡眞一卷、（內府藏本）

明李豫亨撰。豫亨以有生所必資者衣食居處三事。因爲原本所由、逮及古今成行可爲世則者、綴於篇。前有王畿序、稱其卓然有見、能私淑良知之學。然豫亨篤好內典、所作推篷寤語、已淪虛寂之宗。而此書中人身之生淨躶躶、赤灑灑諸語、尤近禪門語錄矣。

瞿塘日錄十二卷、（浙江朱彝尊家曝書亭藏本）

明來知德撰。知德有瞿塘易註、已著錄。是編分內篇七卷、外篇五卷。內篇分十五種。一曰弄圓篇。作一大圈、虛其中以象無極。外圍則用陳敷文所傳蜀中太極圖形、以黑白互包、象陰陽遞相消長。而以人事世運繞圈旋轉而註之。二曰河圖洛書論。皆其易說之緒餘。三曰格物諸圖。大旨以論語三戒爲三欲、務格而正之。四曰大學古本。不取朱子之說、亦不取王守仁之說。大旨以明德爲五倫、以明明德爲明人倫、以親民爲親親而仁民、歸本於修身、而以格物爲克己。猶然格去物欲之說也。五曰入聖工夫字義。其體例略如陳淳北溪字義、但立說不同耳。六曰省覺錄。皆講學之語。七曰孔子謹言工夫。以論語四十條聯貫其文、分爲八段。其首一段云、天何言哉、四時行焉、百物生焉、天何言哉、君子欲訥於言而敏於行。末一段云、言寡尤、行寡悔、祿在其中矣、夫我則不暇、始吾於人也、誰毀誰譽、今吾於人也、愼言其餘、言忠忠、非禮勿言、似不能言者、時然後言、言必有中。其大概可以想見矣。八曰省事錄。與省覺錄相近、但彼多講學、此多論事耳。九曰九善榻記。十曰四箴。十一曰論俗俚語。十二曰革喪葬之俗。併有錄無書，殆此本偶佚歟。十三曰理學辨疑，所論皆陰陽天象之事，純以臆斷。如論晝夜長短不以南北至爲度，而謂冬至一陽生，陽氣主升，則日隨而高；夏至一陰生，陰氣主沈，則日隨而低。論日月謂如一鏡在桌上，一鏡在桌下，如何月能受日之光。論交食謂日月如兩飛毬疾馳而過，彼此安能相掩，其食不過如氛祲之類，偶然有變。諸儒不明造化陰陽大頭腦，所以信歷家之說。十四曰心學晦明解，自述所以攻駁先儒之意。十五曰讀易悟言，亦有錄無書，但註於標目下曰有易註別刻單行。朱彝尊經義考載是書，謂見日錄中，或彝尊所見又別一本歟。蓋知德自嘉靖壬子舉於鄉，後因公車不第，退居釜山，自求解悟。既無師友之切劘，又無典籍之考證，冥心孤想，時有所見，遂堅執所得，自以爲然，不知天下之數可以坐推，故所註周易，雖穿鑿而成理；至於天下之事物，非實有所見，則茫乎無據。朱子之學必以格物致知爲本，正慮師心懸想，其弊必至此也。知德以是譏朱子，亦其敝精神於無用之地，至老死而終不悟矣。外篇爲所作詩文，曰斧山稾，曰悟山稾，曰游峩嵋稾，曰快活菴稾，曰入關稾，曰遊尼稾，曰重遊白帝稾，曰求溪稾，曰買月亭稾，曰鐵鳳稾，曰遊華山稾，曰遊太和稾，曰續求溪稾，凡十三集。大抵自爲知德之詩文而已。

一貫編四卷（江西巡撫採進本）

明羅汝芳撰。汝芳有孝經宗旨，已著錄。王守仁之學一傳而爲王艮，再傳而爲徐樾，三傳而爲顏鈞。鈞即所謂顏山農。凡弟子投謁，必先毆三拳以爲贄禮者也。汝芳習其師說，故持論洸洋恣肆，純涉禪宗，併失守仁之本旨。是編爲其門人熊濱所輯。冠以一貫說，次爲講論五經四書之說，次爲心性之說。前有濱序，又有楊起元序。起元亦汝芳之門人也。案明史楊時喬傳曰：時喬受業永豐呂懷，最不喜王守仁之學，闢之甚力，尤惡羅汝芳。官通政時，具疏斥之，曰佛氏之學，初不溷於儒，乃汝芳假聖賢仁義心性之言，倡爲見性成佛之教，謂吾學直捷，不假修爲。於是以傳註爲支離，以經書爲糟粕，以躬行實踐爲迂腐，以綱紀法度爲桎梏。踰閑蕩檢，反道亂德，莫此爲甚。請敕所司明禁，用彰風教。詔從其言云云。是當時持正之士已糾其謬，朝廷且懸爲禁令。然運當末造，風氣澆漓，好異者終不絕也。所以世道人心日加偷薄，相率而趨於亂亡歟。

近溪子明道錄八卷（江蘇巡撫採進本）

明羅汝芳撰。前有昆明郭斗序，稱汝芳以家居富美堂及雲南五華書院所集講義二卷合而刻之。一題曰五華會語，一題曰雙玉會語。其門人杜應奎又附以所記汝芳論學編爲三卷，題曰近溪先生會語。此本題曰明道錄，作八卷，又每卷但題會語，不標其地，卷端題門人樂安詹事講校梓。蓋應奎編於前，事講又編於後，故書名卷帙各不同也。

會語續錄二卷（浙江巡撫採進本）

明羅汝芳撰。是編乃萬歷丙戌汝芳游南京時講學之語。其門人楊起元加以評語。國子監祭酒趙志皐爲之付梓。以先有會語，故名續錄。前有自題，稱與年友周君到白下，聲聞大老絡繹往來。時周君以小恙先歸，余未得去。時諸大老於興善方丈雞鳴憑虛久亦聯有講會，拉余偕往，乃裒成茲帙。既而大司成徽陽趙老先生貽音促付梓氏，且云諸老先生意固均此云云。蓋以誇講席之盛。其開章第一條云：今日吾儕聚講憑虛，是天下文明一大機會。大宗師諸僚及諸俊彥不下千人，皆應期而集，以昌明昭代聖化，於道脈固當光顯，即文字精英亦於此須發露妙義云云。其詞氣亦似禪僧登座語也。

欽定四庫全書總目卷一百二十四

欽定四庫全書總目卷一百二十五

子部三十五

雜家類存目二

識仁編二卷（兩江總督採進本）

明羅汝芳撰。其門人楊起元編。名以識仁者，蓋取程子爲學須先識仁之語也。然是書皆提唱禪宗，恣爲幻杳之論，特假借程子以爲名耳。

古言二卷（浙江范懋柱家天一閣藏本）

明鄭曉撰。曉有禹貢圖說，已著錄。曉淸直端諒，號爲名臣。其人足以自傳。此編則隨筆成文，議論時有偏僻。引據亦不免疎舛。如謂公孫宏勝司馬光，謂王安石遠過韓范富歐，謂王通勝董仲舒，謂柳宗元勝韓愈，謂張子勝程子。甚至謂堯舜非生知安行，皆務爲高論而不近理。又謂佛言空，道家言虛，儒言太極，只一個空圈，爲學只要還此本體。謂吾儒格致誠正工夫與佛老無甚異，但二家不歸於修身。謂老佛莫可繫絆，天理完固。又欲以老子、周子、文中子別爲三子。其他如前劫後劫無不毁之天地，豈有不亡之國，不敗之家，不死之身云云。提唱二氏之說，不一而足，尤不可爲訓。至於以竹書紀伊尹事誤爲逸周書，以大禹謨爲今文尚書之類，小小筆誤，又不足言矣。

渾然子一卷（浙江鮑士恭家藏本）

明張翀撰。案明史有兩張翀。一在列傳第八十者，字習之，潼川人。正德辛未進士，官戶科給事中，以疏爭大禮謫戍。此張翀在列傳九十八，字子儀，柳州衛籍，馬平人。嘉靖癸丑進士。授刑部主事。以疏劾嚴嵩下詔獄，謫戍都勻。隆慶初起爲吏部主事，官至刑部右侍郎。是書凡十八篇，曰神遊論，曰田說，曰樵問，曰將，曰明心，曰士貴，曰體用論，曰興廢，曰禍福，曰忠孝，曰變化，曰窮理，曰求知，曰弭盜，曰用材，曰強弱，曰臣道，曰高潔。皆設爲主客問答，旁引曲證，以推明事物之理。大抵規仿劉基郁離子也。

經子臆解一卷（兩淮鹽政採進本）

明王世懋撰。世懋有郤金傳，已著錄。是編凡解易二條，解論語二條，解孟子三條，解老子一條。大抵自以己意推衍，無所考證發明，不脫明人語錄之習。

案陸德明經典釋文兼及老子、莊子，而古來著錄皆入經解。以其考訂音訓，始末兼該，漢以來諸儒舊學，藉是以傳，二子附錄其中，存而不論可也。世懋是編，雖亦解周易四書，然不過偶拈數則，特筆記之流，不足以言經義。又參以道家之言，是有德明之過而無其功，不能與之並論矣。今入之雜家類中，從其實也。

望崖錄二卷（兩淮鹽政採進本）

明王世懋撰。是書內篇一卷，皆談佛理，自稱以三教歸一，與林兆恩、屠隆所見相同，蓋明中葉以後士大夫之所見大抵如斯。外篇一卷，記師事曇陽子事，尤爲怪謬。

澹思子一卷（兩淮鹽政採進本）

明王世懋撰。是篇乃其講學之書，多浸淫於二氏。蓋萬歷以後，士大夫操此論者十之九也。至謂孟子所以不及孔子者爲性善二字，則益橫矣。

內外篇二卷（安徽巡撫採進本）

明周宏祖撰。宏祖字少爲，麻城人。嘉靖己未進士，官至南京光祿寺卿。事蹟具明史本傳。是編內篇所論皆性命道德事，多剽竊老莊之旨。外篇則自天文地理錢穀甲兵皆各有論，然皆略涉藩籬，不能得其精要也。

文雅社約一卷附錄一卷（兩淮馬裕家藏本）

明沈鯉撰。鯉字仲化，歸德人。嘉靖乙丑進士，官至文淵閣大學士，諡文端。事蹟具明史本傳。鯉里中有文雅臺，相傳卽夔相之圃。鯉與里人修舉社飲之禮，以禮法相約。凡書刺宴會稱呼揖讓交際冠服閑家御下由宅器用勸義明微冠婚喪祭身檢心檢十六條。附錄社倉約義學約族田約勸施迂談垂涕衷言鄉射約篤親會墓享儀沈氏祠堂生忌單女訓約言十篇。刻本題爲社約下卷。然沈氏祠堂生忌之類，非可約之一社者，前有鯉自序，稱總十六類百六十三款，則十篇顯爲附錄。爲其後人所誤合明矣。明史稱鯉念時俗因循，典制自冠婚喪祭以及酬酢往來，率定爲中制，頒示天下。蓋救奢崇朴，鯉之本志。此書猶是意也。中多失於太略太儉，不合古禮者，蓋事取易行，義主救弊，不無矯枉過直耳。

脈望八卷（內府藏本）

明趙台鼎撰。台鼎字長元，自號丹華洞主，內江人。大學士貞吉之子也。其書雜論三教，於道藏尤爲詳悉。故名以脈望，自比於書內蠹魚三食神仙之字。然陳因相襲，未能獨抽奇祕也。

庭幃雜錄二卷編修程晉芳家藏本

明嘉善袁衷等錄其父母之訓，而錢曉所訂定者也。衷父參坡生五子，長即衷，次曰襄，曰裳，曰表，曰袞。表嘗舉於鄉，袞遊文徵明之門，能以文學世其家。曉婚於袁氏，故删定而爲之跋云。

甘露園長書六卷短書十一卷江西巡撫採進本

明陳汝錡撰。汝錡字伯容，高安人，嘉靖中由貢生官建陽縣訓導。是編前有自序云，文之有首尾，稍紆徐曲折者，爲長書。其邊幅稍狹，辭不加純緣，若語錄說家之類者，爲短書。題曰甘露園，從所居也。長書於經史及古今人物各爲論一篇，大約多縱横之辭，持論亦多紕繆。如論宋和議，謂李通歸附，韓常王鎮崔慶輩乞降，皆烏珠（案烏珠原作兀朮，今改正）陰指使之，而岳飛不悟，偶以班師，故不輿尸返耳。又斥胡銓封事爲欲使其君爲無父無母之人。又論張巡遮蔽江淮，食人以守，死不爲功，至力爲王安石辨冤，作史論一十九條。其中如辨安石排滕甫，貶呂公著，皆引東軒筆錄以證之。考魏泰爲曾布婦弟，傾險無行，所作東軒筆錄與碧雲騢皆黨邪醜正，顛倒是非，可據以爲公論乎。短書尢議論多而考證少，亦閒記時事，大致失之佻巧，已開屠隆陳繼儒等小品風氣。其論入定苦行諸條，則全入於外道。更篤信輪迴之說，歷引古事以證。且謂劉基爲北斗六星，王守仁爲南安上座，殊屬荒渺不經。至謂嘗至法雲寺見阿羅漢像，一一如舊相識，一僧

在旁知其意，謂爾原此會中人，遂悟平生因緣云云。尢恍惚不足詰。初其從子兵部侍郎邦瞻取短書汰其十一刊行，後其同里劉願人以邦瞻所删過甚，又據原本增刊之。願人刻書凡例曰，司馬公刻短書，删有十之一。余細細求之，大都司馬公瞻較小耳。其瞻之小，以官之大也云云。可謂悍然無忌矣。

海蠡編二卷浙江巡撫採進本

明袁士瑜撰。士瑜號七澤，公安人，即宗道宏道中道之父也。其書大旨以儒釋二家同源異派，或援釋疏孔，或證孔於釋，謂濂洛諸儒於聖人書詮釋妙暢，如樽注海，是編如蠡注海，故名海蠡編。開卷釋明德，謂明德即是良知，德即是明，不可以明更求於明。朱子註爲虛靈不昧最妙。又謂善何以曰至，住於惡固非至善，住於善亦非至善。善惡兩邊俱不倚，是何境界，所謂至善也。但起心動念，便不是止。起心動念，不屬善邊，便屬惡邊，便不是至善。息機忘見，便是止於至善。皆本釋氏之虛寂，與無善無惡之說而曼衍之。蓋沿姚江末流而變本加厲者耳。

槐亭漫錄無卷數，湖北巡撫採進本

明嚴堯黻撰。堯黻字汝儀，號槐亭，朝邑人，官房縣主簿。是書凡十一篇，曰明元，曰太極，曰天文，曰地理，曰時令，曰人物，曰性命，曰鬼神，曰文史，曰雜著，曰拒邪。前有嘉靖甲辰自序，謂是錄皆經傳格言，師友緒論，然鈔撮舊文，參以膚談，不足稱窮理格物之功。

東水質疑六卷兩江總督採進本

明胡袞撰。袞字黼之，自號味菜山人，鄱陽人，嘉靖中官台州教授。東水者，其所居也。前四卷皆史論，起周訖宋。後二卷皆讀書劄記，有左傳國語以暨諸子諸集，起周訖明。前有小引，自謂於諸生講論之暇，筆之以備考訂。然持論疎淺，不免爲餖飣之學也。

宵練匣十卷浙江巡撫採進本

明朱得之撰。得之自號參元子，烏程人。一云靖江人。是書凡分三編，曰稽山承語，紀其聞於師者也。曰烹芹漫語，紀其聞於友者也。曰印古心語，紀其驗於經典而有得於心者也。皆提唱心學，陽儒陰釋。其曰宵練匣者，案列子，宵練劒名，晝則見影不見光，夜則見光不見形，觸物而不覺。喻其析理之入微，不在名象閒也。曰匣者，理寓於書，如劒藏於匣也。即其名之不衷，而書可想見矣。

意見一卷浙江巡撫採進本

明陳于陛撰。案明嘉隆時有兩陳于陛，一爲曲周人，嘉靖己未進士，官至南京戶部尚書。一爲南充人，大學士以勤之子，隆慶戊辰進士，官至文淵閣大學士。此書自署曰玉壘，玉壘在蜀，則南充陳于陛也。事蹟具明史本傳。是書乃其劄記，每段各立標題，其立教立物諸條，極駁王守仁之說，蓋以篤實爲本者。而出處一條，天意一條，造物所福一條，天道一條，則純爲黄老之談，至於老莊一條，更直露出本旨矣。用人一條，頗涉於植黨樹援。元史一條，尢偏駁。孝宗世廟一條，稱成化之濁亂，武宗之

放縱，非當時臣子所宜言。且憲宗謂之濁亂，似亦稍過當也。

藝圃琳瑯四卷（浙江汪汝瑮家藏本）

明蔣以忠撰。以忠字孝甫，常熟人。隆慶戊辰進士，官至廣平府知府。此書因何景明大復論門目，太狹，推而廣之，自從化至殖業，凡八十二篇。以忠爲長樂令時嘗刊行之，諸生林大桂爲之集註。及守廣平時，復令訓導何錦刪訂前註，而屬永平令張可久重刻。所論皆類集古人成語，而以己意聯絡之。詞多排偶，大旨與類書相似，但稍變其體例耳。

筆麈十八卷（兩江總督採進本）

明于愼行撰。愼行有讀史漫錄，已著錄。此編乃其退居穀城山中時所著，凡分三十五類，所記多明代故典，亦頗及雜記。

問辨牘四卷續問辨牘四卷（浙江巡撫採進本）

明管志道撰。志道有孟義訂測，已著錄。是書萃其平日與人講學之書，合爲一編，曰問辨牘，取問以辨之之義也。志道之學，出於羅汝芳。原本先乖，末流彌甚，放蕩恣肆，顯唱禪宗，較泰州龍谿爲尤甚。其荅王塘南書謂孔顏眞是卽心是佛，卽經世是出世，與文殊之智、普賢之行，兩不相違。其宗旨可見矣。雖爲儒言，實則佛教，今附之雜家類焉。

從先維俗議五卷（江蘇巡撫採進本）

明管志道撰。是書多論往來交接之禮，其四五卷皆講學之語，理雜二氏，且明立三教主賓之說。並謂敦化通於性海，川流通於行海，經世之中有出世，是孔子與佛同道。又云達摩安心了不可得之宗，孔門七十二賢靡不得其大意，至遡此實際，則惟顏子一人，而曾子啟手足時曾及之。其附會尤甚。蓋心學盛行，而儒墨混而爲一，是亦明季之通病矣。

無甚高論七卷（編修勵守謙家藏本）

明趙鴻賜撰。鴻賜字承元，桐城人。嘉靖中副都御史釴之子也。此書雜引佛經及釋子語錄，而以聖賢之經傳互相辨證，大旨以援墨入儒爲主。

何之子一卷（浙江巡撫採進本）

明周宏禴撰。宏禴字元孚，麻城人。萬歷甲戌進士，官至尚寶司少卿。事蹟附見明史李沂傳。是編乃其初謫代州州判時所作。汝南吳同春序，稱其語似關尹子。然九流競起，雖多以怪譎爲宗，要無不可尋文索解。宏禴此書乃以常詞故爲澀體，其命名之義似取禮記假假何之之語，已爲好異。至如書中太虛奚無無以無無無無則無無無無則虛虛虛則實實實則極極極則易易易則始諸語，殆至不可句讀，則尤爲無取矣。

鴻苞四十八卷（浙江巡撫採進本）

明屠隆撰。隆字長卿，鄞縣人。萬歷丁丑進士，官至禮部儀制司主事。明史文苑傳附載徐渭傳中。此書乃隆晚年所著，其言放誕而駁雜，又併所爲雜文案牘同編入之，體例尤爲餖飣。大旨躭於二氏之學，引而加於儒者之上，謂周公孔子大而化之之謂聖，老子釋迦聖不可知之謂神，儒者言道之當然，佛氏言道之所以然，蓋李贄之流亞也。

證學編四卷附證學論策一卷（兩江總督採進本）

明楊起元撰。起元字貞復，廣東歸善人。萬歷丁丑進士，官至吏部左侍郎，謚文懿。明史儒林傳附載王畿傳末，稱其清修姱節，而其學不諱禪。是編載尺牘語錄及雜文附論策數首，大抵講學之語，故以證學爲名。觀其論佛仙云秦漢以還，不復知道爲何物，而佛之教能守其心性之法，及至達摩西來，單傳直指，儒生學士從此悟入，然後稍接孔脈云云。其援儒入墨，誣謾實甚。艾南英嘗作文待序曰：蓋自摘取良知之說，而士稍異學矣。然予觀其書，不過師友講論，立教明宗而已，未嘗以入制舉業也。其徒龍谿緒山闡明其師之說，而又過焉，亦未嘗以入制舉業也。然則誰爲之始歟？吾姑爲隱其姓名，而又詳乙注其文，使學者知以宗門之糟粕爲舉業之俑者，自斯人始云云。顧炎武日知錄嘗考南英所乙注者，卽起元文也。然則起元變亂先儒，其流毒且及於經義矣。

因明子（無卷數，浙江巡撫採進本）

明張恒撰。恒字伯常，嘉定人。萬歷庚辰進士，官至太常寺少卿。是書於儒釋之辨言之甚力，屢提幽明二義，以佛法爲幽教，聖道爲明教，書名因明，當取於此。書中多借古人之言爲作轉語，筆墨閒有輕儁自喜之意，故其理多參語錄，其格則頗近清談。

進修錄三卷（江西巡撫採進本）

明馮渠撰。渠字謙川，江西新城人。萬歷癸未進士。是書全規仿論語之文，復仿論語分爲二十篇，蓋又王通中說之重儓也。

三一子（無卷數檢討蕭芝家藏本）

明程德良撰。德良字凝之，號雲連，雲夢人。萬歷癸未進士，官崇信縣知縣。雲夢縣志載所著有不波館正續集、白蓮汭代豆日鈔、明文覽諸書，今皆不傳。傳者惟此書。前有自序，謂是書作於宰崇信時。若三才一人焉，則吾豈敢。若三不朽而居一焉，則亦不敢。第次三篇，而名曰三一子。三篇以立德、立功、立言爲序，其大旨亦欲合儒釋而一之。

微言四卷附說書隨筆一卷（浙江巡撫採進本）

明詹在泮編。在泮字定齋，衢州人。萬歷癸未進士。是編採輯明代講學語錄，王守仁、王畿、羅汝芳三家合爲一卷，曰知家之宗主也。又雜錄諸儒之言爲一卷，曰知家之支派也。其非曰知家言而亦割裂勦綴者，援儒入墨之術也。末爲說書隨筆一卷，則在泮所自著，要其宗旨總借儒言以闡禪理耳。

宗一聖論二卷（安徽巡撫採進本）

明吳應賓撰。應賓字尚之，桐城人。萬歷丙戌進士，官翰林院編修，以目眚告歸。江南通志稱其著宗一聖論十篇，今考上卷爲性善篇、致知上篇、致知下篇、養氣篇、孝慈篇，下卷爲知人篇、樂善篇、述志篇。凡八篇，則通志之言誤也。其書闡發性命，多入禪宗。

祈嗣眞詮（無卷數浙江鮑士恭家藏本）

明袁黃撰。黃有皇都水利，已著錄。黃持功過格甚謹，鄉里稱爲愿人。是書分改過、積善、聚精、養氣、存神、和室、知時、成胎、治病、祈禱十門，雜引常言俚語及醫方果報之事，頗爲蕪雜。

支談三卷（兩江總督採進本）

明焦竑撰。竑有易筌，已著錄。是書主於三教歸一，而併欲陰駕佛老於孔子之上，此姚江末流之極弊。併其本旨失之者，雖亦講學之言，不復以儒家論之，亦不復以儒理責之矣。

焦弱侯問答一卷（浙江巡撫採進本）

明焦竑撰，潘曾紘編。竑師耿定向而友李贄，於贄之習氣沾染尤深。二人相率而爲狂禪。贄至於詆孔子，而竑亦至尊崇楊、墨，與孟子爲難。雖天地之大，無所不有，然亦不應妄誕至此也。曾紘乃綴拾刻之，以教新鄭之士子，可以見明季風氣矣。

蓬語十二卷（浙江巡撫採進本）

明吳炯撰。炯字晉明，華亭人。萬歷己丑進士，官杭州府推官。是書成於萬歷癸巳。初無門目，故李時英序但稱上編下編。此本乃其門人孫汝學重爲排次，刻於南京，始分爲十七類。其學亦出於姚江，而不甚取其末流之狂肆。至於論處世之道，謂相安於無事爲上；又云爲善亦須顧慮，雖激於時事而言，然已參入黃老矣。

環碧齋小言一卷（兩江總督採進本）

明祝世祿撰。世祿字無功，江西德興人。萬歷己丑進士，官至尚寶司卿。是書純以禪門之說附合儒理。如云中本無物，執亦非我。又云聖人空空，鄙夫亦空空，故虛而能受。又云賢者之學從意立根，聖人之學從無意立根。又云許行、白圭、陳仲子、楊、朱、墨翟皆有意於聖人之學而不悟幾希。又云有善之善與惡對，無善之善善不足以名之。又云或問所存者神，曰神識不生，如空如水，問所過者化，曰雁過長空，影落寒水。又云禪那纔下一語，便恐下語爲塵，連忙又下一語掃之，又恐掃塵一語復爲塵，連忙又下一語掃掃塵語。宗門尤爲陡絕，弩之機，劒之鋒，無容擬議。六經原自無塵，而自爲掃塵語，亦不少。既已曰識，曰知，又曰不識不知；既已曰再思，曰九思，曰千慮，曰百憂；又曰何思何慮。至吾有知乎哉，無知也，應口即掃，何其迅速。自訓詁之學興，引葫蘆之纏，鑿混沌之竅，起人種種見解，而聖人當下指趣反爲晦蝕。快句以鈍，空句以塡，於是高明者爲之攢眉扼腕，不難叛孔氏而皈依佛氏矣云云。觀其所言，蓋姚江龍溪之末流也。

時習新知六卷（山東巡撫採進本）

明郝敬撰。敬有周易正解，已著錄。是書舊名知言，敬於萬歷壬辰官永嘉時自爲之序，後改今名，復於萬歷己未及崇禎戊辰爲自序二首。凡初篇三卷，中篇二卷，後篇一卷，閱三十年而成。自序謂早歲出入佛老，中年依傍理學，垂老途窮，乃輪心大道。書中於周子太極圖說、張子正蒙、邵子皇極經世及二程子、朱子，無不肆言詆斥，謂朱儒設許多教門，主靜持敬，操存省察，致知窮理，專內疏外，舉體遺用，爲浮屠之學。又謂世儒先知後行，以格物爲窮理，以聞見爲致知，皆非。是即王守仁知行合一、致知格物之說，然既借姚江之學以攻宋儒，而又斥良知爲空虛，以攻姚江，亦可謂工於變幻者矣。

西行草一卷（浙江孫仰曾家藏本）

明曾偉芳撰。偉芳字君彥，號滄巖，惠安人。萬歷己丑進士，官至兵部武選司員外郎，謫賓州州判。天啟中贈布政使司參議。是書皆其雜著筆記之文，郎謫賓州時舟中所作。凡論學二十二章，論君道五章，論臣道七章，論治九章，雜論四十五章，而雜文十二首附焉。大旨以王守仁之學為主。

傳家迂言一卷（江西巡撫採進本）

明賀應保撰。應保字宏任，號正予，永新人。是編凡十四篇，皆其家訓，多參引古事以示勸戒，然頗談果報之說。

迂議一卷（江西巡撫採進本）

明賀應保撰。是編多評論古事，蓋隨筆劄記之文。持論頗篤實，而別無新意。

迂億四卷（江西巡撫採進本）

明賀應保撰。是編與所作迂議體例相近，蓋隨得一編，即各立一名，實則正續集耳。第一卷皆解四書，其說以心學為主，故多與朱子齟齬。餘三卷多考證史事及經史文句，如五代史韓通無傳，孟浩然集有送孟郊詩之類，頗襲舊說，亦有失於詳檢者。如論大事不須卜一條，曰：又如卜郊，苟三卜不吉，可不郊耶？不知春秋固有三卜郊不從，猶三望也。又謂宇文虛中偶迕金人被殺，不知虛中以謀刼金主而死，元好問中州集載之甚詳，非偶迕也。

共發編四卷（山西巡撫採進本）

明曹于汴撰。于汴字自梁，安邑人。萬歷壬辰進士，官至左都御史，事蹟具明史本傳。是編乃為淮安推官時講學安定祠內與門人問答之語。其持論多涉元妙，如譚大體問無我相之語，儒與禪宗將無同？于汴答云：若天地萬物一一聯屬於我，斯無我相矣。然天地萬物亦無相也，以相觀天地，則如彼其大矣；以相觀萬物，則如彼其衆矣，安能聯屬於我？故幻相非眞，眞相亦非眞，而無相者為眞。夫墮禪者非也，避禪者亦非也。無眞而未嘗無眞，無幻而未嘗無幻，無天地萬物而未嘗無天地萬物，裁成輔相，種種現成，烏在其禪與不禪云云。是坐儒者之臯比，而演釋迦之經咒，則何不披緇而開方丈也。

盡心編一卷證語二卷海鷗居日識二卷（山東巡撫採進本）

明陳伯友撰。伯友字中怡，濟寧州人。萬歷辛丑進士，官至太常寺卿。是書取孟子盡心之義，其說為心統性仁，其要在悟，悟由於恥與憤，加以操存涵養擴充，則心無不盡矣。故前列為總圖、分圖，後各為之論，大抵沿良知之學而參入禪機。其證語二卷則牽引朱儒之言，以附會其說。海鷗居日識上卷多論世事，反稍切實，然謂佛生堯舜之時則所就不在孔子下，佛生孔子之時則所就不在顏曾下。又謂吾儒心性透悟，則肢節皆靈。又謂一貫如水迸荷葉，散為萬珠，蓋即晦堂和尚以聞木樨香證聖人無隱之義。下卷或為駢句，或如偶語，或如詩話，在彼法頗具聰明，而於聖賢本旨則愈失愈遠矣。

寅陽十二論二卷（浙江巡撫採進本）

明葉秉敬撰。秉敬有字孿，已著錄。是編分十二篇，曰太極，曰仁孝，曰性善，曰工夫，曰勉強，曰學問，曰資質，曰知行，曰理欲，曰好惡，曰零總，曰獨立。其說喜為新奇，而理多不愜。

剩言十四卷（浙江巡撫採進本）

明戴君恩撰。君恩字忠甫，澧州人。萬歷癸丑進士，官至四川兵備副使。是編凡內篇十一卷，外篇三卷，乃君恩家居時所著。其學出於姚江，至外篇謂孔子近禪，孟子近道，眞可謂援儒入墨矣。

宏山集四卷（山東巡撫採進本）

明張後覺撰。後覺字志人，號宏山，茌平人。官華陰縣訓導。嘗受業於尤時熙，明史儒林傳附載時熙傳末。其學源出姚江，推闡彌深，而彌墮禪趣。是集凡教言一卷，語錄一卷，皆其門人趙維新所編。第三卷為後覺所作誌銘一篇，詩三篇，書五篇。第四卷附錄傳誌之類。教言語錄皆窅冥恍惚之談，動稱顏山農，其宗旨可見。詩文皆不入格，尤不諳體例，如為其父作誌，題曰明故先考府君墓誌銘，夫明者當時帝王國號也，明故先考是誰之先考乎。

感述錄六卷續錄四卷（山東巡撫採進本）

明趙維新撰。維新字素衷，茌平人。官長山縣教諭。明史儒林傳附載尤時熙傳末，以維新師張後覺，源出時熙故也。此二錄即維新感其師之言而述之，故曰感述。前錄皆記後覺講授四書之義。續錄前二卷皆有述講學之旨，第三卷為詩文，第四卷則附錄維新行略及張元忭、孫鑛諸人評語也。師弟所述，無非禪機，而轉相神聖，以為不傳之祕，蓋姚江立說之初，亦不料其末流至此矣。

治平言二卷（江西巡撫採進本）

明會大奇撰。大奇字端甫，泰和人。明神宗之末，萬事叢脞，門戶之禍大起。大奇是書分經世、主術、輔臣、明法、責成、富國、賦役、兵制、養兵、廟算、馬政、言路、資格、薦舉、聽訟、宦竪十六議，而輔臣議分爲二篇，凡十七篇。其體例指陳時弊，略仿賈誼新書，而文格則多近蘇氏策論。然論弊則明，而論所以救弊之道，則往往參以書生之見，知其一而不知其二云。

論學緒言六卷（江西巡撫採進本）

明鄒士元撰。士元字志尹，吉水人。是書首載鄒元標序，萬歷時人也。其論學大抵以陳獻章、王守仁爲宗，而立論多墮於虛無。如與歐南野書云：「未發已發分不得先後，時時用吾靈明照察，則私欲客氣纖毫容他住脚不得。」又與劉一齋書云：「吾性之靈，乃先天太極未生之時無始之眞也。吾氣之靈，乃後天陰陽交合有生之初賦畀之精也。」又與鄒東廓書云：「眞機不息，莫非物也。人情物理，莫非虛也。」其大旨略可見矣。

林全子集四十卷（安徽巡撫採進本）

明林兆恩撰。兆恩字懋勛，號龍江，又號子谷子，又稱三教先生，莆田人。生平立說，欲合三教爲一，悠謬殆不足與辨。至稱夢中見孔子，授以魯論微旨，尤爲誕妄。是編乃其門人涂元輔彙刻，分元亨利貞四集，每集十冊，皆猖狂無忌之談。謝肇淛文海披沙曰：「吾閩莆陽林兆恩，亦自博學能文，能以艮背之法治病，其門人傳之者不得其學，徒以上章降魔捉鬼爲事，儼然巫矣。縱曰捉百鬼何益，況從其教者日盛，姦僞詐盜，無所不有，恐他日一方之患，不下黃巾白蓮也。」肇淛爲兆恩鄉人，其言如此。而顧大韶炳燭齋集有林三教集序，乃盛推之，謬矣。

韋弦佩（無卷數，浙江巡撫採進本）

明屠本畯撰。本畯有閩中海錯疏，已著錄。是書凡四篇：一曰處方，二曰艾觀，三曰藥鏡，四曰卻病。大旨以情性嗜慾之偏爲疾病，以淸淨忍耐之法爲醫藥。後視履一篇，亦謹身寡過之意。然語多近鄙。

紀閱類編四卷（浙江鮑士恭家藏本）

明賓文照撰。文照字子明，秀水人。萬歷中官光祿寺典簿。其書每卷分六類，亦格言之流。朱國祚跋甚稱其孝行，蓋以其人重之，其言則未能免俗也。

虞精集八卷（江西巡撫採進本）

明周伯耕撰。伯耕字更生，莆田人。是書蓋雜家者流。其曰虞精，蓋取虞人獵百禽之精意也。前有李維禎序，稱原書正續共百餘篇，莆田知縣郭如闇爲刻其四十七篇。此本實五十三篇，殆刻版時續入四篇，序則未改也。其書篇各立名，鎔鑄故事以成文，欲以博麗見長，而襞積之痕不化，蓋借文以隸事，而非用事以成文，故往往堆砌擁腫，不能運掉。維禎序稱其文格與陸賈新語、王符潛夫論、荀悅申鑒、徐幹中論、劉劭人物志相似。今考其文，實與數書不類。晉宋以後，以儷偶爲子書者，惟葛洪抱朴子外篇、劉晝新論有是體裁，伯耕此書蓋規橅二家而不成耳。

聽心齋客問一卷（浙江鮑士恭家藏本）

舊題盧山山人萬尙父撰，不詳其履貫。書中大旨皆宗尙二氏之學，謂一切聲色，弗以耳聽而以心聽。設爲客問，亦弗以言荅而以心荅也。大抵近僉琬席上腐談，而所言荒渺，尤多紕繆之詞。

王氏二書選要十一卷（江西巡撫採進本）

明王貞善撰。貞善字如性，泰和人。是編爲鄒元標所選定。凡靜談五卷，前四卷皆其語錄，分十篇，各摘篇首二字爲名。第五卷附雜文五篇。其象山學辨辨，則爲霍韜象山學辨而作。蓋貞善爲陸九淵鄉人，故持論以陸氏爲宗也。又讀史法戒六卷，前三卷爲法言，後三卷爲戒言，皆紀古人言行之有關勸懲者。前有元標序，其名爲王氏二書選要，亦元標所題也。

文園漫語一卷（浙江吳玉墀家藏本）

舊本題程希堯撰，不著時代，亦不詳其始末。書中詩韻更定一條，稱我朝洪武正韻，則明人也。其大旨合儒禪而一之，謂佛法皆從儒出，較明末尊佛抑儒者其說更巧。然朝三暮四，朝四暮三，同一變幻伎倆也。所考論天文諸條，純以臆斷。如謂地形之大去天不遠，其謬可知。至於蝘蜓諸解，更爲鄙俚矣。

辨學遺牘一卷（兩江總督採進本）

明利瑪竇撰。利瑪竇有乾坤體義，已著錄。是編乃其與虞淳熙論釋氏書，及與蓮池和尙竹窗三筆攻擊天主之說也。利瑪竇力排釋氏，故學佛者起而相爭，利瑪竇又反脣相詰，各持一悠謬荒唐之說，以較勝負於不可究詰之地。不知佛教可闢，非天主教所可闢，天主教可闢，又非佛教所可闢，均所謂同浴而譏裸裎耳。

二十五言一卷（浙江巡撫採進本）

明利瑪竇撰。西洋人之入中國自利瑪竇始。西洋教法傳中國亦自此二十五條始。大旨多剽竊釋氏，而文詞尤拙。蓋西方之教惟有佛書，歐邏巴人取其意而變幻之，猶未能甚離其本。厥後旣入中國，習見儒書，則因緣假借以文其說，乃漸至蔓衍支離，不可究詰，自以爲超出三教上矣。附存其目，庶可知彼教之初所見不過如是也。

天主實義二卷（兩江總督採進本）

明利瑪竇撰。是書成於萬歷癸卯，凡八篇。首篇論天主始制天地萬物而主宰安養之；二篇解釋世人錯認天主；三篇論人魂不滅，大異禽獸；四篇辨釋鬼神及人魂異論，天下萬物不可謂之一體；五篇排辯輪迴六道戒殺生之謬，而明齋素之意在於正志；六篇解釋意不可滅，幷論死後必有天堂地獄之賞罰；七篇論人性本善，幷述天主門士之學；八篇總舉泰西俗尚，而論其傳道之士所以不娶之意，幷釋天主降生西土來由。大旨主於使人尊信天主，以行其教。知儒教之不可攻，則附會六經中上帝之說，以合於天主，而特攻釋氏以求勝。然天堂地獄之說與輪迴之說相去無幾，特小變釋氏之說，而本原則一耳。

畸人十篇二卷附西琴曲意一卷（兩江總督採進本）

明利瑪竇撰。是書成於萬歷戊申，凡十篇，皆設爲問答以申彼教之說。一謂人壽旣過，誤猶爲有；二謂人於今世惟僑寓耳；三謂常念死候，利行爲祥；四謂常念死候，備死後審；五謂君子希言而欲無言；六謂齋素正旨非由戒殺；七謂自省自責，無爲爲尤；八謂善惡之報在身之後；九謂妄詢未來，自速身凶；十謂富而貪吝，苦於貧窶。其言宏肆博辨，頗足動聽。大抵掇釋氏生死無常、罪福不爽之說，而不取其輪迴戒殺不娶之說，以附會於儒理，使人猝不可攻。較所作天主實義純涉支離荒誕者，立說較巧。以佛書比之，天主實義猶其禮懺，此則猶其談禪也。末附西琴曲義八章，乃萬歷庚子利瑪竇覲京師所獻，皆譯以華言。非其本旨，惟曲意僅存，以其旨與十論相發明，故附錄書末焉。

交友論一卷（兩江總督採進本）

明利瑪竇撰。萬歷己亥，利瑪竇遊南昌，與建安王論友道，因著是編以獻。其言不甚荒悖，然多爲利害而言，醇駮參半。如云友者過譽之害，大於仇者過訾之害，此中理者也。又云多有密友，便無密友，此洞悉物情者也。至云視其人之友如林，則知其德之盛；視其人之友落落如晨星，則知其德之薄，是導天下以濫交矣。又云二人爲友，不應一富一貧，是止知有通財之義，而不知古禮惟小功同財，不槪諸朋友。一相友而卽同財，是使富者愛無差等，而貧者且以利合，又豈中庸之道乎。王肎堂鬱岡齋筆麈曰：利君遺余交友論一編，有味哉其言之也。使其素熟於中土語言文字，當不止是，乃稍刪潤著於篇。則此書爲肎堂所點竄矣。

七克七卷（兩江總督採進本）

明西洋人龐迪我撰。書成於萬歷甲辰。其說以天主所禁罪宗凡七：一謂驕傲，二謂嫉妒，三謂慳吝，四謂忿怒，五謂迷飲食，六謂迷色，七謂懈惰於善。迪我因作此書，發明其義。一曰伏傲，二曰平妒，三曰解貪，四曰熄忿，五曰塞饕，六曰坊淫，七曰策怠。其言出於儒墨之閒，就所論之一事言之，不爲無理，而皆歸本敬事天主以求福，則其謬在宗旨，不在詞說也。其論保守童身一條，載或人難以人俱守貞不婚，人類將滅，乃答以儻世人俱守貞，人類將滅，天主必有以處之，何煩過慮。其詞已遁。又謂生人之類有生必有滅，亦始終成毀之常，若得以此終，以此毀，幸甚大願，則又詞窮理屈，不覺遁於釋氏矣，尙何闢佛之云乎。

西學凡一卷附錄唐大秦寺碑一篇（兩江總督採進本）

明西洋人艾儒略撰。儒略有職方外紀，已著錄。是書成於天啟癸亥，天學初函之第一種也。所述皆其國建學育才之法，凡分六科：所謂勒鐸理加者，文科也；斐錄所費亞者，理科也；默第濟納者，醫科也；勒義斯者，法科也；加諾搦斯者，教科也；陡祿日亞者，道科也。其教授各有次第，大抵從文入理，而理爲之綱。文科如中國之小學，理科則如中國之大學，醫科、法科、教科者皆其事業，道科則在彼法中所謂盡性致命之極也。其致力亦以格物窮理爲本，以明體達用爲功，與儒學次序略似。特所格之物皆器數之末，而所窮之理又支離神怪而不可詰，是所以爲異學耳。末附唐碑一篇，明其教之久入中國。碑稱貞觀十二年大秦國阿羅本遠將經像來獻上京、卽於義寧坊敕造大秦寺一所、度僧二十一人云云。考西溪叢語載唐貞觀五年有傳法穆護何祿將祆教詣闕聞奏、敕令長安崇化坊立祆寺、號大秦寺、又名波斯寺。至天寶四年七月、敕波斯經教出自大秦、傳習而來、久行中國、爰初建寺、因以爲名、將以示人、必循其本、其兩京波斯寺竝宜改爲大秦寺。天下諸州郡有者準此。冊府元龜載開元七年吐火羅國王上表、獻解天文人大慕闍、智慧幽深、問無不知。伏乞天恩喚取、問諸教法。知其人有如此之藝能、請置一法堂、依本教供養。段成式酉陽雜俎載孝億國界三千餘里、舉俗事祆、不識佛法、有祆祠三千餘所。又載德建國烏滸河中有火祆祠、相傳其神本自波斯國乘神通來、因立祆祠。祠內無像、於大屋下置小廬舍、向西。人向東禮神、有一銅馬、國人言自天而下。據此數說、則西洋人卽所謂波斯、天主卽所謂祆神。中國具有紀載、不但有此碑可證。又杜預注左傳次睢之社曰、睢受汴、東經陳留梁譙彭城入泗、此水次有祆神、皆社祠之。顧野王玉篇亦有祆字、音呵憐切。註爲祆神。徐鉉據以增入說文。宋敏求東京記載寧遠坊有祆神廟。註曰、四夷朝貢圖云、康國有神名祆、畢國有火祆祠、或曰石勒時立此。是祆教其來已久、亦不始於唐。岳珂桯史記番禺海獠、其最豪者蒲姓、號白番人、本占城之貴人。留中國以通往來之貨、屋室侈靡踰制。性尚鬼而好潔、平居終日相與膜拜祈福、有堂焉以祀。如中國之佛、而實無像設、稱謂磬牙、亦莫能曉、竟不知爲何神。有碑高袤數丈、上皆刻異書如篆籀。是爲像主、拜者皆嚮之。是祆教至宋之末年、尚由賈船達廣州。而利瑪竇之初來、乃詭爲亙古未睹。艾儒略作此書、旣援唐碑以自證、則其爲祆教更無疑義。乃無一人援古事以抉其源流、遂使蔓延於海內。蓋萬曆以來、士大夫大抵講心學、刻語錄、卽盡一生之能事。故不能徵實考古、以遏邪說之流行也。

靈言蠡勺二卷、兩江總督採進本

明西洋人畢方濟撰、而徐光啓編錄之。書成於天啓甲子。皆論亞尼瑪之學。亞尼瑪者、華言靈性也。凡四篇。一論亞尼瑪之體、二論亞尼瑪之能、三論亞尼瑪之尊、四論亞尼瑪所同美好之情、而總歸於敬事天主以求福。其實卽釋氏覺性之說、而巧爲敷衍耳。明之季年、心學盛行。西士慧黠、因摭佛經而變幻之、以投時好。其說驟行、蓋由於此。所謂物必先腐而後蟲生、非盡持論之巧也。

空際格致二卷、直隸總督採進本

明西洋人高一志撰。西法以火氣水土爲四大元行、而以中國五行兼用金木爲非。一志因作此書以暢其說。然其窺測天文、不能廢五星也。天地自然之氣、而欲以强詞奪之、烏可得乎、適成其妄而已矣。

寰有銓六卷、浙江汪啓淑家藏本

明西洋人溥汎際撰。書亦成於天啓中。其論皆宗天主、又有圜滿純體不壞等十五篇、總以闡明彼法。

案歐邏巴人天文推算之密、工匠製作之巧、實逾前古。其議論夸詐迂怪、亦爲異端之尤。國朝節取其技能、而禁傳其學術、具存深意。其書本不足登冊府之編。然如寰有詮之類、明史藝文志中已列其名、削而不論、轉慮惑誣。故著於錄而闢斥之。又明史載其書於道家、今考所言兼剽三教之理、而又舉三教全排之、變幻支離、莫可究詰、眞雜學也。故存其目於雜家焉。

蓍崖子、無卷數、浙江巡撫採進本

明朱健撰。健字子强、進賢人。天啓辛酉舉人。是書凡十篇。曰大氣、曰廣化、曰達命、曰質情、曰裁理、曰挈眞、曰善學、曰習境、曰節制、曰鏡治、皆題曰內篇。前有其弟徽序、云外篇專於商訂今古、雜考物類、而內篇則自天地造化性命之精微陰陽律歷之廣博、閒及於古今成敗人事得喪、蓋略以備矣。然則尙有外篇也。其文滉漾自恣、而時時參以排偶、僅仿佛僞子華子。明魯重民輯子史類語、收入是書、乃稱其文沈鬱古奥、絕似魏晉、未免標榜之詞矣。

褧下語二卷、浙江巡撫採進本

明張復撰。復字子遠、休寧人。其書黃虞稷千頃堂書目作四卷。此本止分上下二卷、每條俱以偶語聯比成文、頗似格言而多雜以委巷之語。前有天啓壬戌陳繼儒序、知爲繼儒一流人矣。

尙絅小語三卷、浙江巡撫採進本

明姚張斌撰。張斌號尙絅、亦號絅生、金谿人。天啓乙丑進士。是編皆其雜著筆記、多論人情世事、所見頗粗，而自序乃上援孔子，亦云妄矣。

垂訓樸語一卷（浙江巡撫採進本）

明陳其德撰。其德字太華，桐鄉人。據卷中災荒紀事，稱生於萬歷初年，而作記於崇禎十四、十五兩年，則明末之人。自序稱首稽多年，則嘗爲學官也。是書皆勸善格言，附以遺詩十首。卷首題同里後學編校，而剷去其名，未喻何故。

狂夫之言三卷續狂夫之言二卷（浙江孫仰曾家藏本）

明陳繼儒撰。繼儒有邵康節外紀，已著錄。此書曰狂夫之言者，用漢鼂錯傳語也。書中雜論古今得失，才辨亦頗縱橫，而見地多失之偏矯。如謂佛家能養鰥寡孤獨，殊不免故爲異論。至於指顏子嬒居不動爲以身諷孔子，左丘明春秋內傳非有意於發明孔子，則尤爲臆見矣。

安得長者言一卷（浙江孫仰曾家藏本）

明陳繼儒撰。安得長者之言句，本漢書龔遂傳語。繼儒取以名其書。自序云少從四方名賢遊，有聞輒錄，使異日子孫躬耕之暇，粗識數行字者，讀之了了。蓋亦語錄之類。然聖賢以言立訓，本出自然。有意雕鐫，便非心得。張晒跋謂其於熱鬧中下一冷語，冷淡中下一熱語，宗尚如此，宜其於布帛菽粟之旨去之益遠也。

睿養圖說（無卷數，浙江巡撫採進本）

明楊觀光撰。觀光招遠人，崇禎戊辰進士，官至少詹事。是書乃其爲贊善時所進，以唐六典載東宮官制，贊善掌侍從翼養之事，故以睿養之道，演爲三圖：一曰養性圖，二曰養氣圖，三曰養體圖。每圖各系一說，末附凡例數條，以明奇耦方圓不同之故。其說養性，則首重艮知；養氣則專言夜氣；養體則推闡太極，反復演說，皆舍實踐而談微妙，非啓迪引翼之道也。

尋樂編一卷（浙江巡撫採進本）

明毛元淳撰。元淳字還樸，一字嬰中，松陽人，崇禎癸酉歲貢生。是編乃其所撰語錄。序稱慕周茂叔尋孔顏樂處，遇會心輒便記錄，故以尋樂名編。然意自頗爲淺近，自稱素性讀陳眉公書則躍然喜，讀李卓吾書則怫然不悅，非有意憤世，乃氣味自有同異。蓋所見與繼儒相近，故著作亦復似之云。

補計然子一卷（江蘇周厚堉家藏本）

明董漢策撰。漢策字帷儒，烏程人。是書成於崇禎壬午。雜取左、國、吳越春秋諸書爲之，凡四十篇，又敘略一篇。大旨以句踐之復伯，起衰激息，事在人自爲之。蓋借以爲晏安之戒。自云是書爲寓言，又云釋憤之作，是也。考文獻通考載范子計然十五卷，今其書不傳，故漢策補之。然不僞託於古書，賢於姚士粦於陵子、王逢年天祿閣外史以贗售欺者多矣。

蔬齋屏語四卷（浙江巡撫採進本）

明沈大洽撰。大洽號愚公，又號雪樵，杭州人。是書卷首吳之鯨序，稱武林高士坊有梅花屋，明聖湖有讀書舫，表忠觀右有蔬齋，法華山有萬竹廬，愚公隨意偃息云云。蓋亦趙宧光、陳繼儒之類。前二卷皆隨筆小品，不儒不釋，強作清言，不出明季山人之窠臼。後二卷爲詩，末爲自作小傳，亦當時纖佻之體。其曰屏語者，屏訓爲隱，蓋故取僻字以矯附祇書、祕書之例耳。

激書（無卷數，江西巡撫採進本）

明賀貽孫撰。貽孫有詩觸，已著錄。是書凡三十三篇，以激書名者，自云深感夫激我者成我之德，故記而述之。所述皆憤世嫉俗之談，多證以近事，或舉古事，易其姓名，借以立議，若太平廣記貴公子鍊炭之類；或因古語而推闡之，如蘇軾書孟德事之類。其文稱心而談，有縱橫曼衍之意，而句或傷於冗贅，字或傷於纖麗，蓋學莊子而不成者。其大旨則黃老家言也。

真如子醒言九卷（兩江總督採進本）

明王化隆撰。化隆自號真如子，廣漢人。由貢生官主簿。其書分天道、地道、人道、懋修、訂學、鈞元、彝典、齊治、均平九篇，篇各分章，皆設爲問荅。其文頗博麗宏肆，規仿淮南、鶡冠諸子，然理不足而軋茁其辭，又多用奇字，如亢倉子之例，則亦金玉其外而已。

養生弗佛二論一卷（兩江總督採進本）

明魏大成撰。大成字時夫，柏鄉人。其養生論以平情爲祛病之本，而深明醫之不足恃。其弗佛論則明儒理以闢釋也。持論頗不詭於正，然養生論稱聖有心而無爲，無爲則能平情，情平總歸無情，所以長生久視，則闢佛而轉入黃老矣。故退而列之雜家類焉。

枕流日劄一卷（浙江巡撫採進本）

不著撰人名氏。觀其中引明薛瑄、蔡清、史與弼事，則明中葉以後人矣。前有自題、稱偶有會心、卽述諸格、不倫不次、或佛或儒。今觀所錄諸條、大抵格言之類。至於說志字之義、以爲从士从心、不知志字上本从㞢。知爲不學人矣。

息齋藏書十二卷、山西巡撫採進本

國朝裴希度撰。希度字晉卿、號中菴、陽曲人。崇禎甲戌進士。官監察御史。入

國朝、官至太常寺少卿。是書第一卷曰儒經撮要、第二卷曰道統中一經、第三四五卷曰四子丹元、第六卷曰學鏡約、第七卷曰心聖直指、第八九十卷曰嘉言存略、第十一卷曰公餘證可、第十二卷曰塵譚摘。皆講學之言。中閒多與蔚州魏象樞書問辨論。卷首凡例、謂自一卷至十卷皆古先聖賢之前言往行、閒出臆見、以發攄其底蘊。十一卷之證可、十二卷之塵譚摘、則同人之書札往來、與夫座譚有涉名敎者。今核是編、其中四子丹元、舉濂溪明道象山陽明而不及朱子。其生平宗主、已可槪見。至道統中一經、多以二氏之言互證、亦未免於雜也。

衡書三卷、浙江巡撫採進本

國朝唐大陶撰。大陶字鑄萬、夔州人。書中自稱官長子時事。蓋嘗爲長子縣知縣也。是書凡核儒仁師五行審知利才釋孟受任抑尊權實賤隸貞隱明悌富國十三篇。大抵學莊列之寓言。如核儒篇稱冉有爲魯將、與齊兵戰敗。季孫欲誅之、懼而奔楚。子貢遊說吳越、反爲魯召兵、國幾亡。朱子進正心誠意之說、金人聞風而遁、遂恢復中原、幷削平西夏、皆故謬其事實、以資嘲戲。蓋大陶生於明末、故其書多有激之談也。

新婦譜一卷、江西巡撫採進本

國朝陸圻撰。圻字麗京、號講山、錢塘人。順治中貢生。其書皆詳論爲婦承順之道、凡五十九條。乃其嫁女之時、作以授之者。故多通俗之語。自序謂傅氏有理縣譜、今世無其書。所見惟時人治譜一帙、京邸授官者、率不可闕。故仿其例、亦名之爲譜云。

格物問答三卷、浙江巡撫採進本

國朝毛先舒撰。先舒有聲韻叢說、已著錄。此書爲思古堂全集十四種之一。大旨主王守仁之說、以格物爲格去物欲、力斥朱子窮理之非。然王守仁初爲是說、特高明之過、流入釋氏耳。先舒乃毅然謂三教本一、二氏爲儒之根本。且稱此論旣確、決定無疑、恪欲專一守此以爲自修自證之學。蓋明季心學之流弊、深中乎人心如此。此固非王守仁所及料者矣。

螺峯說錄一卷、浙江巡撫採進本

國朝毛先舒撰。大旨調停於儒禪之閒。謂聖人之學深入於無生死、故其說曰格物欲者完性命、完性命者了生死。曰盡倫常者完性命、完性命者了生死。格物欲語與考亭異、盡倫常語與佛氏異云云。蓋欲以佛立敎、而恐儒者以蔑倫攻之、故巧立是說以彌縫其闕也。

聖學眞語二卷、浙江汪汝瑮家藏本

國朝毛先舒撰。先舒旣著匡林問答諸書、復約其指歸以爲是編。其學雖出劉宗周、然宗周傳良知之說而主於愼獨、故持論篤實。先舒傳良知之說、乃流於幻窅支離、無語非禪、而又自以爲非禪。所謂姚江末流、愈失愈遠、彌巧而彌離其宗者也。

潛齋處語一卷、陝西巡撫採進本

國朝楊慶撰。慶有古韻叶音、已著錄。是書分二十四門。大旨欲仿宋儒語錄、而所見頗淺。其駁陳淳論鬼神一條、以曾於夢中親見抱朴子葛洪、具有靈驗爲證。夫淳以爲必無鬼神、固宋儒主持過甚之論。然慶所云祈禱感應之說、亦非知鬼神之理者也。

蒙訓一卷、陝西巡撫採進本

國朝楊慶撰。是編凡十九門、皆採摭古人之言、而大旨出袁黃功過格、雜以二氏福田之說。動輒稱引鬼神、所謂有爲而爲、非儒者之本旨也。

理學就正言十卷、浙江巡撫採進本

國朝祝文彥撰。文彥字方文、海寧人。自稱受學於劉宗周。然所論主於儒道同源、合孔老而一之、似非宗周愼獨之旨也。

聖學大成、無卷數、浙江范懋柱家天一閣藏本

國朝孫鍾瑞編。鍾瑞字子麟、嘉興人。是編雜鈔明人語錄、始自曹端、終於金鉉、其八十五人。大旨以朱陸羅王各分黨與、釀爲門戶之爭。欲以調停之說解兩派之紛、其意本善。然兩派判如水火、言人人殊、詬爭固爲私心、竟合而一之、莫明誰是、後學將何所適從。此所謂子莫執中者也。所引皆講學之語、當列於儒家。以其中楊起元輩儼然自號比丘者亦厠簡牘、則其流不一矣。故改錄之於雜家、從

其實焉。

拳拳錄二卷（江西巡撫採進本）

國朝李袞燦撰。袞燦號梅村，舍山人，官荆門州知州。其學出鹿善繼、孫奇逢。是書分內外二篇，內篇講學，以見性爲宗，外篇以陰符爲衞道衞仁之書，謂朱子晚歲自悔早年訓詁章句之非，皆沿襲姚江宗旨，去其師說猶不甚遠。云不爲俗情所染，方能說法度人，光明藏中，孰非游戲，淫坊酒肆，徧歷道場，絲竹管絃，皆談般若，則定與容城之學均無此論矣。

顏巷錄一卷（江西巡撫採進本）

國朝李袞燦撰。是書多記前言往行，其大旨歸於淡泊。蓋成於袞燦罷官之後，故以顏巷名編。然往往雜於二氏之學，如載九宮隱呪寢魂之法，又云眞儒始能徹佛之巔，眞禪始能窺儒之岸，其宗旨可見矣。

晚聞篇一卷（江西巡撫採進本）

國朝李袞燦撰。是書摘錄宋周程五子以下至國朝孫奇逢、魏裔介成性諸人之語，大旨在抑朱而尊陸。末附祖乩二條、南華十二條，更顯然入二氏之談矣。

柏鄉魏氏傳家錄二卷附家約一卷（直隸總督採進本）

國朝魏裔介撰。裔介有孝經註義，已著錄。是編皆訓導子孫之詞，多講舉業。後附家約一卷，凡十事，大旨主於謹身守法，保全富貴，蓋其爲大學士時作也。

勸世恒言一卷（直隸總督採進本）

題曰時人近本，崑林删訂。崑林者，魏裔介之别號也。凡四十八條，意主化導下愚，是以多陳因果，然皆雜用駢偶之詞，以文論則不工，以示俚俗又不能解，未免兩無所取矣。

萬世太平書十卷（內府藏本）

國朝勞大輿撰。大輿有甌江逸志，已著錄。是書皆雜綴先儒緒論，其曰萬世太平書者，考周密癸辛雜識續集載道學諸儒自稱爲生民立極，爲天地立心，爲萬世開太平，爲前聖繼絶學，命名之義當取是語云。

龍巖子集十二卷（兩江總督採進本）

國朝李丕則撰。丕則自號龍巖山人，曲沃人。順治乙未進士，官金溪縣知縣。是書乃其自編語錄，首列天地萬物一體圖，爲其講學宗旨。書中議論務爲奇拗，如云鵝湖之會，紫陽毫未有悟，直詆朱子爲強項。又云余每不樂與天地合其德等語，加一與字，是天地與己爲二，遂欲竄改經文，可謂果於自用。乃亟稱明一統志月令廣義爲無所不備，尤不可解也。

唾居隨錄四卷（江西巡撫採進本）

國朝張貞生撰。貞生有玉山遺響，已著錄。是編乃其家居之時，於玉山下葺頹垣爲唾居，隨意會所至，或披閱有得，陸續筆記成帙，故名曰隨錄。凡九百八十三則，皆講學之語，持論頗爲平正，多切近人情，而失之太繁，遂枝葉多於根柢，又多爲對偶長聯，猶沿明季陳繼儒等小品之習。

圖書祕典一隅解一卷（河南巡撫採進本）

國朝張沐撰，其子烇註。祕典者，沐之書。一隅解者，烇之註也。沐有周易疏略，已著錄。烇仕履未詳。是書前有序文，而列湯斌、毛甡（案毛甡即毛奇齡之原名）書二首，其說以天下事物之數起於一，而其要在集神明。如云聞見之知月也，神明之知日也，毛髮衆變之知星也，肌膚痛癢之知辰也，其知皆神明也，而不可謂即神明。其說實本姚江之良知，而變化其語。至烇之註，則守其文說而元虛彌甚。如云一旦躍起，正容端坐，息心以集神明，又云聖人在上，蔽目塞耳，斂手並足，端居深宫，而家國天下治，神明而已。堯舜周孔以來，有是枯寂之學乎。至典之爲訓，說文謂從册在几上，尊閣之也。五帝之書，乃有是稱。沐以自名，不免於僭。至靈蘭祕典，乃黄帝素問篇名，方技家依託之文，更不應以名儒書矣。

潛書四卷（浙江巡撫採進本）

國朝唐甄撰。甄字鑄萬，達州人，僑寓蘇州。順治庚子舉人，官長子縣知縣。宋李觀先有潛書，今見盱江集中。甄此書偶同其名。凡分上下二篇，而上篇下篇又各析爲二，凡九十七目。大略仿論衡之體，自心性治術，以至處世淑身之理，無不具列。甄與魏禧友善，故其文格頗相類。然所載多據當時見聞，及友朋酬對之語，其尊孟篇頗詆伊川，法王篇受知行三篇，又力崇良知之學，皆未爲醇粹。

五倫懿範八卷（兩淮馬裕家藏本）

舊本題曰天台鹿門子撰，不著名氏。前有康熙五年自序一篇，又有康熙十年四明山人鶴控子序一篇，亦不知何許人。其書以五倫爲綱，而各分子

目一目爲論一篇反覆申勸戒之旨詞多淺易蓋意求通俗也

天方典禮擇要解二十卷兩江總督採進本

國朝劉智撰智字介廉江寧人回回裔也嘗搜取彼國經典七十種譯爲天方禮經後以卷帙浩繁復撮其要爲此書首爲原敎眞宰識認諦言四卷次爲五功四卷五功者念眞禮眞齋戒捐課朝覲也次爲禮記一卷次爲五典四卷言五倫之事次爲民常四卷次爲聚禮婚禮喪禮而附以歸正儀每事詳爲解釋以自尊其教回回敎本僻謬而智頗習儒書乃雜援經義以文其說其文亦頗雅贍然根柢先非巧爲文飾無益也

進善集無卷數江西巡撫採進本

國朝張天柱撰天柱字孟高號撃菴秀水人康熙丙申天柱寄跡南京見風俗奢汰因爲是書共三十篇總題爲持身要則惟編末略覽古昔近觀天地二篇別署進善寶書其中如保身禁忌功過格之類皆附入焉大意在箴砭世俗侈靡之失而歸之於三敎清淨謂淸淨者儒之髓佛之原道之宗又謂佛繼三王周孔有功於後世三王周孔爲盛世之佛其立意未始不善而立言則悖謬甚矣

藍言日錄一卷二錄一卷續錄一卷別錄一卷附禮闈分校日記一卷七規一卷江蘇巡撫採進本

國朝王喆生撰喆生字素巖崑山人康熙壬戌進士官翰林院編修是書編年成帙日錄始康熙庚申終丁丑二錄始戊寅終壬寅續錄始雍正癸卯終丁未多講學之語亦兼及雜事大旨尊程朱攻陸王謂孫奇逢初守程朱甚篤自鹿善繼誘以文成講習遂復異趣所遇非人固其不幸云云案鹿善繼之在明季力赴楊左之難觸璫焰而不辭洎大兵攻定興死守孤城力竭授命爲人如是亦可無愧於聖賢而喆生不論人品之醇疵但論學術之同異至以非人詆之程朱所傳恐不如是至別錄一卷純言修煉之術稱爲眞仙所傳又稱佛言應生無所住心是無上妙義能見得無住之心便可超凡云云純爲二氏之學其禮闈分校日記一卷乃康熙乙丑爲同考官時所作七規一卷則其邀講學諸人結會每一會靜坐七晝夜以驗心學者也

方齋補莊無卷數江蘇巡撫採進本

國朝方正瑗撰正瑗字引除號方齋桐城人康熙庚子舉人官至陝西潼商道是書以莊子背馳聖道故即其內篇之目而補其所未及論者蓋欲明孔之全正莊之偏反莊之肆以規學莊者於醇也然莊子之書汪洋恣肆本不附託聖人以立言此乃一一與之辨難殊爲贅設至反南華經之名而別名西華經尤爲不必矣

公餘筆記二卷江西巡撫採進本

國朝張文炳撰文炳有易象數鉤深圖已著錄此書乃其講學之語凡八十一篇各立篇名其大意欲仿通書故其自序謂官浙江安吉州州判時嘗奉檄校刊

欽定朱子全書

御纂周易折中得窺聖學之始終全體大用多所發明然其學以無爲宗已全流於佛氏又多雜以丹經之語亦爲不醇

容膝居集雜錄六卷浙江巡撫採進本

國朝葛芝撰芝字龍仙崑山人是書所載類多恪言若所云心本無欲欲者非心之類其學蓋頗雜於禪卷首有芝自序不著年月而中引魏禧徐枋語知爲近時人作矣

茗西問答一卷浙江巡撫採進本

國朝吳學孔錄其師羅爲賡講學語也爲賡號西溪南充人康熙中官烏程縣知縣嘗顏其書室曰古小學與門人講論其中學孔錄其問答而附以與人論學之書其大旨出於陸王而體例則全如禪宗機鋒

續箋山房集略十八卷兵部員外郎丁田樹家藏本

國朝鄭道明撰道明字希濂號松岡懷寧人乾隆丙辰副榜貢生是編皆其讀書劄記之文卷一曰理氣解略卷二至卷四曰四書解略卷五曰四書徵略卷六至卷八曰四書疏略卷九曰洪範解略卷十曰春秋解略卷十一至十四曰經史解略卷十五曰明史論略卷十六十七曰明史綱目述略卷十八曰葬儀記略節烈記略其學尺尺寸寸摹仿宋儒惟恐有一毫不似在鄉塾老儒之中亦可謂篤志者矣

頤菴心言一卷山東巡撫採進本

國朝喬大凱撰大凱有周易觀瀾已著錄是編乃其筆記之文多所論辨而頗近拘迂

聖學達源錄十八卷安徽巡撫採進本

國朝金維嘉撰維嘉號潛川休寧人是書每卷爲一

類每類以六字標題既以進源錄爲名而每卷之首又別題深造篇第幾字未喻其例其書爲講學而作然大旨參雜以佛老

右雜家類雜學之屬一百八十四部七百五十卷內十三部無卷數皆附存目

欽定四庫全書總目卷一百二十五

欽定四庫全書總目卷一百二十六

子部三十六

雜家類存目三

事始一卷浙江范懋柱家天一閣藏本

不著撰人名氏其書皆推原事物之始雜引經史如以太師始於呂望考之尙書箕子已先爲之則非周始也又如開府儀同三司謂始於漢代考漢建初三年使車騎將軍馬防班同三司同三司自此始延平元年鄧騭爲車騎將軍儀同三司儀同之號自此始而皆不云開府至魏黃權乃以車騎將軍開府儀同三司蓋漢制惟三公開府至魏始有開府儀同三司之號是編混而一之皆失精審又如檀弓載乘丘之戰乃士有誄之始非自是而始有誄引爲誄始亦殊疎舛案郡齋讀書志載唐劉將孫事始三卷晁公武謂分二十六門與此本體例不合又載蜀馮鑑續事始十卷數尤不相應此本所引皆唐以前書疑後人鈔撮類書中所引劉將孫書湊合成帙也

釋常談三卷兵部侍郎紀昀家藏本

不著撰人名氏考陳振孫書錄解題曰續釋常談二卷祕書丞龔頤正養正撰案王楙野客叢書作二十卷此蓋誤脫十字昔有釋常談一書不著名氏今故以續稱凡常言俗語皆著其所始然則此書之作在龔頤正之前當出北宋人手矣原序稱隨目註解總得二百事而此本僅一百二十六事殆後人病其冗濫有所刊除歟明謝肇淛文海披沙云釋常談一書作者不著名氏其中援引無匭極有可笑至以鵝爲右軍筋爲趙達盲爲小冠子夏瘦爲智囊醉爲倒載覓食爲彈鋏五遷爲盤庚子死爲喪明聾爲韭韈皆謬誤不經似村學究所爲其引負荆一段尤似打鼓上場人語也云云今核其書如謂程普爲程擄謂夫婦不睦爲參商謂戴帽爲張蓋卸帽爲傾蓋謂鳳兮鳳兮爲孔子之語謂屣步爲不乘鞍馬謂膏肓之疾爲晉悼公謂秦醫爲盧醫謂董宣封強項侯謂飲酒燭滅爲絕纓謂自稱己善爲自媒齊東之語展卷皆是尙不止肇淛之所摘而災黎禍棗流傳五六百年亦事之不可理詰者矣

別釋常談三卷浙江巡撫採進本

不著撰人名氏其中引中庸冠以禮記知爲宋人稱齊桓公爲威公知爲南宋人故所徵引如蘇軾東坡集蘇轍欒城集魏泰臨漢隱居詩話之類皆至北宋而止也以先有釋常談續釋常談故以別釋爲名其淺陋鄙俚亦與二書相等摘之不可勝摘也

肎綮錄一卷編修程晉芳家藏本

宋趙叔問撰叔問自號西隱老人其始末未詳以宋宗室聯名字推之蓋魏王廷美之裔也是書首辨俚俗字義於陸法言唐韻註中摘錄以備考證然唐韻爲孫愐作法言隋時人所著乃切韻非唐韻開卷先誤又謂孟子名應讀口箇切不知韓愈石鼓歌正押平聲其他辨證亦多說部習見之文無可採錄

古今考一卷兩江總督採進本

宋魏了翁撰了翁有周易要義已著錄是書前有

自序、稱卽漢紀隨文辨理、作古今考。然惟有二十餘頁摘漢書高帝紀中名物稱謂字義音釋、略爲辨論、與序相應。自東坡胡麻賦以下、皆雜記他事。註曰以下雜識諸條附。考方回所補了翁古今考、仍以原書爲第一卷、無此諸條。知爲後人以篇頁寥寥、不盈卷軸、竄入他文以足之。陳繼儒祕笈所載、大抵此類也。

正朔考一卷、兩江總督採進本

宋魏了翁撰。其書力主周行夏時之說。首舉豳風七月詩。次考六經及先秦古書與歷代正史所書之月、皆爲夏正。而以改時改月爲世儒之臆說。凡三篇。考之周禮、正歲正月、竝見於經。所謂正歲者、兼用建寅以便民。所謂正月者、則專用建子以頒朔。故一王之制、而兩正竝行。經典時有異文、蓋緣於此。了翁不考左傳王周正月之文、及春王正月日南至之類、而摭其兼用之文、爲周行夏時之證。可謂知其一、不知其二矣。

讀書雜鈔二卷、江蘇巡撫採進本

宋魏了翁撰。其書多辨證經義之語。若引左傳或濡馬褐以救之註、褐馬衣。遂謂馬有衣。不知馬衣卽馬被具。猶之宋人以馬被具爲馬甲耳、非別有衣也。春秋正義引服虔說、謂馬繁纓爲索羣、豈古者馬亦別有帬耶。此類皆隨文生解、不得經意。其謂哉生魄當作霸、霸魄二字有異。昭爲韶音、不始晉諱。則皆有合於說文之旨。蓋隨筆劄記之書、不及一一考證、故不能一一精核也。

搜采異聞集五卷、江蘇巡撫採進本

舊本題宋永亨撰。諸家書目皆不載。惟明商維濬稗海中刻之。今考其文、皆剽取洪邁容齋隨筆而顚倒其次序。其中濮安懿王子宗綽藏書目錄一條、尚未及改去忠宣公字。又兄公一條、亦未及改去余奉使金國字。蓋明季士風浮僞、喜以藏蓄異本爲名高。其不能眞得古書者、往往贋作以炫俗。其不能自作者、則又往往竄亂舊本、被以新名。如是者指不勝屈、此特其一耳。

續古今考九卷、兩江總督採進本

舊本題金元好問撰。考好問著述存者有遺山集中州集續夷堅志。佚者有壬辰雜編。此外諸家著錄、別無他書。此編莫省所自來。前有永樂四年解縉續序、詞意凡鄙、不類縉文。其論晉書以十六國爲載記、不若東都事略以遼金夏爲附錄、決非金人之言。中閒屢引困學紀聞文獻通考。案王應麟生於宋寧宗嘉定十四年辛巳。其作困學紀聞據袁桷序、應麟時年五十餘歲、當在咸淳末年。好問卒於憲宗七年丁巳、卽宋理宗寶祐五年、是困學紀聞書成在其殁後二十年。通考雖成於宋末元初、其刊行於世則在元英宗至治二年、在好問殁後又六十餘年。皆不應預爲徵引。至解論語有婦人焉、引來集之樵書、又引顧炎武語、皆明末國初之人。解中庸屋漏、引陳司業之說、今見陳祖范經咫中。祖范薦舉經學、賜國子監司業銜、事在乾隆十六年。則此書直近時人所爲。本可不著於錄、以其託名古人、故存而辨之、不使售欺焉。

篔齋讀書錄二卷、兩江總督採進本

明周洪謨撰。洪謨有羣經辨疑錄、已著錄。是書卷首一行題南皐子述。篇中皆自稱南皐子。前有正德丁卯陳旦引詞、云是文安先生精神心術所在。羽翼經傳、闡明意義、最爲精切。惜篇帙首尾俱未載姓氏、恐歲久傳疑、敢引其大略於端。今觀上卷中如黑水和夷諸辨、頗見考據。三皇制器諸論、則義甚平淺。下卷辨論周正凡十餘條、力主蔡氏改時不改月之說、反詆孔鄭爲非。極爲博辨。至於僖公五年春正月日南至之文、夏正必不可通、則直斷以爲左氏妄意增改。可謂不顧其安矣。其他論伯牛非患癩之類、亦皆純以臆斷、不足與辨也。

兩山墨談十八卷、兩淮鹽政採進本

明陳霆撰。霆有唐餘紀傳、已著錄。是書考證古籍、頗爲詳贍。而持論每涉偏駁。如據國語王子晉厲宣幽平之言、謂周宣與厲幽平相等。謂許衡姚樞不當仕元。謂至正二十六年卽當削元之統。皆乖謬殊甚。又輕信小說、如紅線蘇小妹之類、竝引爲故實。至於據政和縣志所載余應詩、以元順帝爲瀛國公子、益荒誕矣。

灼薪劇談二卷、浙江鄭大節家藏本

明朱承爵撰。承爵字子儋、不知何許人。其書作於正德癸酉。因臘月大雪、與朋友擁爐夜話、錄而成編。因以灼薪爲名。然雜鈔唐宋說部之文。如余遊褒禪山一條、全錄葉夢得避暑錄話、而註其末曰、余葉石林自謂也。似乎節錄古書。而彭淵材禁蛇開井一條、全錄惠洪冷齋夜話、惟改使余跋其書

句爲使其宗跂其書又似乎冒爲己語者殊不解其何所取義哀此一編也殆書肆賈人所爲耶

古今原始十四卷浙江鮑士恭家藏本

明趙釴撰釴字子舉一字鼎卿桐城人嘉靖甲辰進士官至右僉都御史巡撫貴州此編皆考究事始提綱列目而採摭繁蕪漫無刪擇又多不註所出其皇古諸條尤荒陋如燧人氏條下云立傳教臺註曰案教令始此軒轅氏條下云帝誓翦蚩尤乃齋三日註曰此齋戒之始又云命風后爲侍中註曰侍中官名始於此此類已極舛陋又云黃帝內傳題鑱鏗得於石室劉向校書得之註曰此作傳之始更幾於戲劇矣又伊耆氏蜡詞見於禮記郊特牲實非僞書乃列之女希氏下而註曰後世祭用祝文皆原於此不考殊甚至謂五經之外有四書始於明太祖則不足與辨矣

史綱疑辨四卷江蘇巡撫採進本

明林有望撰有望字未軒桐城人嘉靖癸丑進士官至四川按察司僉事是書裒集唐宋至明文集說部考辨之文與論世之作不分門目唐宋僅十之一二明人居十之七八編次標目殊爲蕪雜或附載詩篇尤無體例

千古辨疑七卷安徽巡撫採進本

明陳錫撰錫字南衡天台人嘉靖丙辰進士官至禮部員外郎其書皆辨證經籍疑義凡天文一卷地理一卷詩一卷書一卷律呂一卷春秋一卷大抵務博好辨而僅憑虛臆斷考證之處十不得一非根柢之學也

讀史訂疑一卷兩淮鹽政採進本

明王世懋撰世懋有御金傳已著錄是編乃其考證之文雖以讀史訂疑爲名而所言不必皆史事如鸕鷀崑山龍魚水則糾明一統志疏漏鍾離令嫁前令女事則論自警編之失至於玉蘭花一條直農家圃史中語與史益爲無關蓋本筆記之流而強立讀史之目名實乖舛職是故矣

簡籍遺聞二卷浙江范懋柱家天一閣藏本

明黃溥撰溥鄞縣人黃潤玉之孫也仕履未詳是書多紀明代軼聞亦間考證古事如謂胡一桂十七史纂要第三卷乃董鼎之作張光啟宋鑑節要劉定之宋論邱濬世史正綱程敏政受終考皆未檢刻本所題誤引爲胡說謂謝鐸鈐鄉錄漏胡三省名辨秀州刺客爲韓琦事記欒肇作四書駁引季康子問弟子好學一節辨君問稱孔子對曰之例辨元祐幸學詩同異辨金川玉屑集僞本三可疑論夾註書字本杜荀鶴詩辨金忠諡忠襄非易名之禮辨程端學集誤以佽飛都副兵馬使黃晟爲古斬蛟之佽飛皆有依據而委巷叢談時復濫載如記明太祖謂六經爲五穀琵琶記爲珍羞記元順帝爲宋後記成祖纂修五經四書性命格言及古人行孝爲善事名永樂大典記成祖徐后迷其葬處賴老卒以朽木識之乃尋求而得謂戴良私通捕得鎖貫肩骨而死謂明惠帝自田州解入京時其祖目擊謂楊士奇以昭字爲仁宗廟號以宣字爲宣宗諡乃以霍光之推昭立宣自比皆荒唐無據之談至記李清照事一條云趙抃子婦一條又云趙挺之子婦隔數頁而矛盾尤失檢矣

稗乘四卷浙江巡撫採進本

不著編輯者名氏萬歷戊午孫幼安得其本爲校正刊行其類凡四曰史畧曰訓詁曰說家曰二氏凡採用書四十二種然多所刪削不載全文中間如陶九成元氏掖庭僞政一篇考孫作爲九成集序備列其所著之書並無此名蓋卽摘輟耕錄中數條刖爲新名餘亦多隨意鈔撮無可採錄

常談考誤四卷浙江鮑士恭家藏本

明周夢暘撰夢暘有水部備考已著錄是書卷首諸序皆稱常談考誤而其書題曰青谿山人文集以常談考誤爲子目蓋其初別行後又編入文集也其言皆辨世俗引用典故之謬而援據頗爲寒窘亦多舛誤又有不必辨而辨者如辨青雲非聖賢元語卽仙隱睒蹟今乃謂登科入仕爲青雲者誤是不知史記范睢蔡澤傳須賈有致身青雲之上語也謂程子表章大學中庸朱子合以論語孟子謂之四子宋時尚未以四書名是併眞德秀四書集義未見也又謂明太祖以五經四書取士四書之名自此起是併元史選舉志未見也至辨太學石鼓非落星所化道士所居不可稱方丈尤嫌猥陋如爲讀書人辨則讀書人無謬至此者如爲不讀書人辨里巷謠傳觸耳皆是如劉克莊所謂滿村聽唱蔡中郎者可勝與辨乎

瑯琊曼衍四卷江蘇巡撫採進本

明張鼎思撰鼎思字愼吾安陽人萬歷丁丑進士是編皆考證之文然皆鈔撮前人之語其第四卷

專解周易多雜錄李氏易解及劉牧鈎隱圖蘇軾楊萬里易傳語而皆不辨論其是非蓋錄以備檢之冊其後人繕寫成帙非其本志也

秇言四卷浙江鮑士恭家藏本

明鄭明選撰明選字侯升歸安人萬曆己丑進士官至南京刑科給事中是編皆考證之文而舛陋特甚如辨西王母但引山海經是併爾雅及穆天子傳均未考也辨飲馬長城窟行謂見蔡邕集是併玉臺新詠未考也辨接䍦引世說曰接䍦今之襴衫世說實無此文是併世說未考也辨望羊但引釋名是併家語未考也辨羽化引柳公權語是併晉書未考也辨諱丙爲景始於六朝是併唐書未考也其他舛誤顛倒者不可殫數觀所徵引者不過韻會事物紀原之類而遽欲攻詰古人宜其動輒自敗矣

升菴新語四卷浙江巡撫採進本

明王宇編宇字永啟閩縣人萬曆庚戌進士官至山東提學參議是編鈔撮升菴諸錄存其什一而所擇又不能精原書具存此爲蛇足矣

學林就正四卷安徽巡撫採進本

明陳燿文撰燿文有經典稽疑已著錄燿文在明季諸人之中頗能考證所作正楊集攻升菴諸錄之誤雖詞氣叫囂有乖大雅而疏通引據尚不失精詳此書則取諸駁雜異說詆訶聖賢如引慕容盛之論比周公於曹操之流據汲冢書之文誣文王以商臣之事小言破道莫甚於斯若夫南宋諸儒力分門戶或不免主持太過不得其平如抑蘇軾詆岳飛之類誠不愜人心是非之公隨事辨正未爲不可燿文必以張栻晚得異疾指爲僞學之證則深文苛索有意求瑕將伯牛之歌茅甘亦爲內行不謹乎又若許衡隸籍河南已非宋土中閱金源一代相距百有餘年而乃責以仕元曲相指摘是東晉之士當越三國而宗漢朝北宋之人當隔五代而心唐室其吹索無理益乖刺不足辨矣

玉唾壺二卷浙江范懋柱家天一閣藏本

明王一槐撰一槐錢塘人萬曆末官臨淄縣知縣此書卽其在臨淄時所作皆辨證經史之言前有自序謂書之朽穢敝之唾壺滿而冊脫因以名焉其中如據東坡龍井題名記跋知其嘗三遊赤壁據爾雅食苗心曰螟駁韓文根節之螟句爲誤亦閒有考訂至如謂蘭亭序曾字作僧乃原作立人鉤進行裏後人臨摹誤加而不知爲徐僧權押縫題名權字滅而僧字存又以馬明王爲蘭陵王又以王勃文落霞爲鳥名又以曹娥碑幼婦爲邑口改絕妙爲絕唱則穿鑿太甚矣

戲瑕三卷浙江鮑士恭家藏本

明錢希言撰希言有劒筴已著錄是書皆考證之文其名戲瑕者取劉勰所云尹敏戲其深瑕義也然此語出文心雕龍正緯篇戲字頗無義理故宋謀㙔等校本皆以爲訛字之誤其說不爲無見希言以其新異採以名書亦好奇而不顧其安矣書中頗以傳識自負而所言茫昧無徵如婦人纏足一條不知祕辛爲楊愼僞撰已爲失考復云余見一書稱纏足始於帝辛妲己妲己狐妖故纏其足此說最古要必有據云云東方朔一條稱又見一書其母夢太白云云不知一書者竟何書也又如稱姬一條引宋玉高唐賦有天帝之季女名曰瑤姬語謂婦人稱姬在周以前不知此正周末寓言神女賦改正王玉二字引麥初成核割謂沈括夢溪筆談無此說而不知實出姚寬西溪叢語古人姓名一條謂馮驩一稱馮煖韓憑一稱韓朋荀卿一稱孫卿匡俗一稱康俗不知卿姓因漢宣帝而改俗姓以宋太祖諱而改非其本字洗漸一條謂唐人仲子陵賦用臭魚二字出吳志而不知本老子淵魚二字避唐高祖而改古人墓文一條謂孔子季札碑古法帖中止嗚呼有吳君子六字則併誤記淳化閣帖矣至於因粉侯名多羅而解顏甄遠詩多羅少年爲粉少年因七月爲蘭秋而解王勃文蘭燕爲七月燕尤爲穿鑿附會惟引陸龜蒙詩證宋玉眞有徵詠賦引柳宗元劉禹錫集證薑芽帖辨褚遂良所作司馬遷妾隨清娛墓碑可疑引梁書證梁皇懺郗后化蟒之妄引陳鴻長恨歌傳證說郛飛燕外傳之贋託以及記瑯嬛記出桑懌集柳志女紅餘志皆出好事僞託某畫僞造李贊諸畫顧氏詩史本唐汝詢作諸條差可資參考耳

析酲漫錄六卷浙江巡撫採進本

明陳懋仁撰懋仁有年號韻編已著錄是書成於萬曆壬子大意欲以考證見長而捃摭殘剩多無根據蓋學楊愼而不成者也如謂對牛彈琴爲俗諺引李石面牛鼓簧爲證不知此漢牟融理惑論

中所載公儀休事，今在宏明集中，非諺語也。謂馘百草始於周，引申培詩傳爲證，不知爲豐坊僞作也。謂西王母爲國名是矣，而曰漢武時西王母必其種落，不知漢武內傳所云西王母，實造爲神仙之說，非如舜時貢環而來者也。謂高似孫緯略誤以燒香爲始佛圖澄是矣，乃不引博山香爐證始於漢，而引法苑珠林由余對秦穆公燒香供佛，是以釋氏妄談執爲典故也。其引周穆王於五臺山造寺供養文殊，證佛寺不始於漢，病亦同此。其尤無謂者，如云人知左太沖十年乃成，而不知張平子二京賦成亦十年。又云人知始皇博浪沙中爲盜所驚，大索十日，而不知蘭池爲盜所窘，大索二十日。又云人知斷機教子有孟母，而不知斷機厲夫有樂羊妻。此與徐渭路史載劉歆爲劉向之子以爲異聞，同一弇陋。觀其於諸書之中最推重韻府羣玉，可知其學問所由來矣。惟辨通幽記之李伯禽在貞元五年，必非李白之子，與引釋名駁太平御覽過所之誤，差可取耳。

雅俗稽言四十卷（湖南巡撫採進本）

明張存紳撰。存紳字叔行，號見其，華容人。天啟中由貢生官蒲圻縣訓導。是書鈔撮雜說，凡二十門。自序謂後先借讀書幾破萬卷，殫三十餘年之力，七易其稾。前列引用書目千餘種，多唐以來所不著錄，大抵鈔自類書，子虛烏有。又或標其篇名，爲書名，顚倒錯亂，不可縷指。其凡例一條，云出處書目，有既揭總名，而篇章亦復錯出，如曰禮記矣，又出王制坊記，曰緯書矣，又出元命苞援神契，曰史記矣，又出貨殖滑稽，曰升菴集矣，又出丹鉛伐山之類，非贅也，要以詳其言之有稽云云，則亦自知其叢脞矣。

讀書考定三十卷（浙江巡撫採進本）

明陳艮儒撰。艮儒字釋修，湖北人。崇禎中由蔭生官光祿寺典簿。是書分天象時令地輿人物仕籍行誼肖貌人事書籍法教方伎宮室飲食服飾器用花木品彙，凡十七門。每類徵引舊聞，訂其譌舛。亦容齋隨筆之支流，然大抵多前人所已言。如唐明皇遊月宮及月中嫦娥之類，不過詩賦家藉爲詞藻，本無人以爲實事，亦無用紛紛詰辨也。

事物初略三十四卷（浙江巡撫採進本）

明呂毖撰。毖字貞九，吳縣人。是編成於崇禎甲申，雜記事物，但俗語言之所自始，然多剽取事物紀原諸書，語多猥鄙，不足以言考證之學。

俗語一卷（兩淮馬裕家藏本）

不著撰人名氏。錄古今諺語及方言，標其原始。凡經史小學諸書，皆見援據。其採自說部者，並各註書名於其下。雖釋常言，而考證頗近於古。然如釋大夫稱主，引左傳及國語，而周禮以主得民之文反不見引，則錄傳而遺經。又釋郡君縣君，引元品官母妻四品贈郡君，五品贈縣君，然考漢武帝尊王太后母爲平原君，平原漢郡，則封郡君之制已始於漢。又武帝封金王孫女號修成君，修成漢縣，則封縣君之制亦始於漢。是書僅載元品官，則引後而遺前。又論音韻，謂北人以步爲布，爲方音之謬。不知周禮註酺步可以通讀，春秋釋文蒲圃之圃一作布，音是四音且可並轉，況步布之通爲一韻，不過讀有輕重耳。此由昧於古讀，故未得通方之旨也。

緯略類編三十五卷（浙江范懋柱家天一閣藏本）

不著撰人名氏。其書皆取楊愼丹鉛諸錄，稍顚倒竄亂其舊次，鈔合成編，僞書中之最拙者。蓋贋點書賈苟且漁利之所爲，而收藏家不及辨也。

菰中隨筆三卷（兩淮鹽政採進本）

國朝顧炎武撰。炎武有左傳杜解補正，已著錄。炎武本精考證之學，此編以讀書所得隨時記載，旁及常言俗諺及生平問答之語，亦瑣碎記入，雖亦有足資參考者，然編次不倫，飣餖無緒，當爲偶錄稾本，後人以名重存之耳。

救文格論一卷雜錄一卷（大學士英廉購進本）

國朝顧炎武撰。載吳震方說鈴中，然皆炎武日知錄之文，潘耒作日知錄序，題康熙乙亥，徐倬作說鈴序，題康熙乙酉，是日知錄已刻十年，乃有說鈴。不應剽割裂別立書名。考毛先舒潠書有與炎武札，稱承示救文格論，考古日知二錄云云，則炎武原有此書別行於世，後乃編入日知錄中，此猶據初本刻之耳。

別本潛邱劄記六卷（江蘇巡撫採進本）

國朝閻若璩撰。若璩有古文尚書疏證，已著錄。此書有吳玉搢編次之本，亦已著錄。此本乃其孫學林所編，前有學林識語，云劄記卷一至卷六乃大父有疑即錄，自爲問難之書，其中有已校訂者，有止存舊說而未校訂者。或謂已校訂者自當付梓，未校訂者乃古人舊說，似宜删去。學林以是皆先人疑而未訂之義，何敢妄加去取。至卷五一冊，乃仲弟學機竭數年之力，尋先人手迹，陸續成帙，不敢漫爲分析，惟依原本付梓，以成先志云云。蓋學林尊其家學，不欲一字散失，故全錄舊文，漫無體例。如卷一中突出一條云，此自其勝場，安可爭鋒。又突出一條云，此書詎復須註，徒棄人作樂事耳。此類至多，當時不過以備簡牘之用，乃一概錄之，亦復何取。又六卷皆錄若璩之詩。若璩學無不通，惟詞賦一道，涉之甚淺。凡所持論，多強不知以爲知。學林錄而刻之，適足以彰其短，殊不及吳玉搢本有條理。故今以吳本爲定，而此本附存其目焉。

修潔齋閒筆四卷　浙江巡撫採進本

國朝劉堅撰。堅字青城，無錫人。是書凡三百餘條，皆雜論典故字義，大抵從說部中錄出。自序稱同邑顧宸有辟彊園習察一書，緞緝未竟，復刺取數十則以附益之。今書中不加標識，亦不知孰爲顧氏之語也。

天香樓偶得十卷　浙江巡撫採進本

國朝虞兆漋撰。兆漋字虹升，嘉興人。康熙初諸生。是編乃其讀書所得，隨筆纂錄，分類編次，爲天文、地理、宮室、器用、鳥獸、蟲魚、草木、典制、字學、人事、藝文十部。中多蹈襲舊文。其自爲考證者，不過十之一二。如論刀劒錄誤以宋廢帝爲順帝，以楊玉夫爲楊玉。論五代史唐莊宗立皇后劉氏事，本紀與家人傳年月不同。論劉禹錫詩自註二高字，謂高門字既對曉鏡，則亦似自高。論孟子非館於雪宮。論郭子章馬記誤收羊事，皆爲確當。而論五雜俎野蠶一條，尤洞燭眞僞。至於謂詩投畀有北用拾遺記黃帝事，不知王嘉正依託詩語。謂鏡稱菱花未詳何義，不知飛燕外傳有七出菱花鏡事。謂隋時改丙爲景，唐修晉書皆仍隋書，不知丙字本唐諱嫌名。謂周邦彥十六字令當以明月影三字爲句，穿牕白玉錢五字爲句，譏改明爲眠，作上一下七之非，不知別作之歸十萬人家兒樣啼，亦是上一下七，不可歸十萬爲句，皆失詳考。至謂對子字父始於蘇軾，併忘曹子丹佳人一語，卽在本書之中。失於檢核。其他所論天文，多涉臆揣。而孟姜女滴血尋夫骨事，更無徵不信矣。

言鯖二卷　大學士英廉購進本

國朝呂種玉撰。種玉字藍衍，長洲人。是編皆訂正字義，考究事始，亦宋人釋常談之類，而語多習見。又往往昧其本原，或反滋顚舛。如謂今之路引本漢之長境，不知周禮亦有此法。謂墓志有爵者稱公，無爵者稱君，不知隸釋有後漢故民吳公碑。謂卽時爲登時，本唐戴胄語，不知漢建安中焦仲卿妻詩已有登卽相和許語。謂親家之稱始五代，不知唐大歷中盧綸詩已有人主人臣是親家語。謂排行起晉末，漢人未有，不知水經注載漢光武帝封諸姪，已德字聯名。謂虎林稱武林先見晉書及漢地理志註，非避唐諱，不知作晉書之房喬、註漢書之顏籀，正爲唐人。其尤謬者，如漢武內傳、王母命田四非答哥哥畢云云，乃答哥爲句，哥畢爲句，哥卽古文歌字。種玉不知漢人假借通用之法，又誤讀爲一句，遂以弟呼兄爲哥哥語本於此，亦太疎舛矣。

事物考辨六十二卷　江蘇巡撫採進本

國朝周象明撰。象明有七經同異考，已著錄。是書自七經、諸史至昆蟲、植物，凡分四十六類。凡經傳註疏及子史百家，靡不採輯，亦問附己說於各條之後。此本猶出其手錄，旁註塗抹，多所改定，其用力頗深。中如甸師祭祀共蕭茅，鄭大夫曰蕭字或爲茜，鄭康成以爲取蕭祭脂之蕭。象明主後鄭，所見頗允。至如禮記鄭註君陳周公子，孔安國傳以爲臣名。象明宗孔而黜鄭，謂蔡仲之命曰率乃祖文王之彝訓，成王命君陳第曰懋昭周公之訓，不曰率乃父周公之訓，其非周公子可知，則未免拘文牽義矣。其他隨筆記錄，亦鮮考核。蓋勤於採摭而短於考證者也。

天祿識餘二卷　大學士英廉購進本

國朝高士奇撰。士奇有春秋地名考略，已著錄。是書雜采宋明人說部，綴輯成編，輾轉稗販，了無新解。舛誤之處尤多。杭世駿道古堂集有是書跋曰：錢塘高侍郎以儒臣獲侍

先皇禁幄，退而著書二冊，題曰天祿識餘，意謂延閣廣內祕室之藏，有非窮巷陋儒所得窺見者。今觀其書，則笑牒言鯖，豈足以當天廚一臠也。迹其所徵引辨說，大半皆襲前人之舊，一二偏解，時有牴牾。不觀左傳註，妄謂窒皇爲冢前之闕。不觀漢書註，妄引後漢紀以證太上皇之名。不觀水經文選兩注，妄詫金虎冰井以實三臺。不觀地理通釋，妄分兩

函谷關爲秦漢。其尤踳駁不可據者。靑雲二字、甫田周方叔以爲有四解。迺遽以隱逸當之。聚頭扇已見之金章宗詞詠、出歸潛志。乃謂元時高麗國始貢。銀八兩爲流、本漢書食貨志。乃引集韻以爲創獲。八米盧郎既見之齊隋兩書、姚寬叢語云、蓋關中語歲以六米七米八米分上中下、言在穀取米、取數之多也。黃山谷徐師川何嘗誤用。乃用元微之八采詩成未伏盧爲證。是知一未知二也。古人爲學、先根柢而後枝葉、先經史而後詞章。侍郎置身石渠金匱、獲窺人間未見之本、而所采摭若此。此可以徵其造詣矣。其排斥士奇、可謂不遺餘力。然取此書覆勘之、實不能謂世駿輕詆也。

畏壘筆記四卷、浙江巡撫採進本

國朝徐昂發撰。昂發字大臨、長洲人。康熙庚辰進士。官翰林院編修。是書成於康熙戊戌。前有昂發題詞、稱自庚寅己丑間始隨筆劄記。雖古人成說、有裨見聞、增長智識者、咸掇錄焉。間參以意見云云。其書皆考證之文、大抵皆採掇舊聞、斷以己意。中間如匡鼎說詩一條、知西京雜記之僞。而楊王孫名貴之類、又引西京雜記爲憑。孔叢子一條、既灼知其書爲依託、而子思生無須眉之類、又引以爲證。蓋愛博嗜奇、隨文生義、未能本末㸦貫。至於以泰山碧霞元君爲周武王女太姬之神、陳敬仲奔齊、奉之以來。以西洋天主教爲秦始皇所遣求仙之人、飄流海島、奉之以去。尤屬牽合臆斷、核其所學、自不及國初顧炎武朱彝尊等之淹通。然持擇矜慎、敘述簡潔、正舛訂譌、頗資聞見。在近時說部之中、猶爲秩然有條理者。究非明人雜錄、轉相裨販、冗瑣無緒者比也。

古今釋疑十八卷、副都御史黃登賢家藏本

國朝方中履撰。中履字素北、桐城人。方以智之子也。此書皆考證之文。一卷至三卷皆論經籍、四卷至九卷皆論禮制、十卷論氏族姓名、十一卷論樂、十二十三卷論天文推步、十四卷論地理、十五卷論醫藥、十六至十八卷論小學算術。各標題而爲之說。中履名父之子、學有淵源、故持論皆不弇陋。然鎔鑄舊說以成文、皆不標其所出、其體例乃如策略。不及其父通雅之精核也。

螺江日記八卷、浙江巡撫採進本

國朝張文檒撰。文檒有大學偶言、已著錄。是書雜志經史疑義。如尚書篤信古文、大學遵用古本、皆守其師毛奇齡之說。持論亦甚辨博。然疏舛往往不免。如謂漢元狩中造銀錫爲白金三品、即官造假銀。不知古人銀錫通謂之金、漢時本無以銀交易之事。非若後世之貴賤頓殊、亦何所用其假造乎。至論陸農師家世而謂通考所載佃曾孫遹爲又是一人、不記世系。不知遹即游之子、其所作游文集跋語、現存集中。而以爲別一人、尤失考之甚矣。

知新錄三十二卷、安徽巡撫採進本

國朝王棠撰。棠字勿翦、歙縣人。是書成於康熙丁酉。每一事採集衆說、考其原始、參以論斷。各爲標目、略以類從。惟不立部分耳。採摭頗富、而多不著所出。大旨欲倣顧炎武日知錄、然不過談薈樵書之流亞耳。

西圃叢辨三十二卷、兵部侍郎紀昀家藏本

國朝田同之編。同之字在田、德州人。康熙庚子舉人。官國子監學錄。是書雜採諸家說部、分類排比。皆因其舊文、不加論斷。故卷首題名不曰撰著、而曰纂集云。

經史問五卷、福建巡撫採進本

國朝郭植撰。植字于岸、古田人。乾隆壬戌進士。是編乃其主廣東粵秀書院時與諸生搜經史疑義、設爲問答以考訂之。大率皆註疏舊義、且與毛奇齡經問雷同者亦復不少。

掌錄二卷、江蘇巡撫採進本

國朝陳祖范撰。祖范有經咫、已著錄。是書乃其劄記之文、皆考證名義訓詁。然大抵捃摭舊文、罕逢新義。疑其輯錄諸書之說以備檢閱。其門人轉相傳寫、因而刊行、本非有意著書也。

右雜家類雜考之屬四十六部、四百四十三卷、皆附存目。

欽定四庫全書總目卷一百二十六

欽定四庫全書總目卷一百二十七

子部三十七

雜家類存目四

試筆一卷（兵部侍郎紀昀家藏本）

舊本題宋歐陽修撰。末有蘇轍、蘇軾二跋。蓋雜集其手書墨跡、錄而成編。故往往與六一詩話、歸田錄語相出入。考陸游渭南集、有爲楊元發跋東坡所書蘭亭記、曰、明窗淨几、筆研紙墨、皆極精良、是人間之至樂、六一居士嘗以是爲自得云云。今其語正載此編中、似非贋作。惟蘇軾一跋、凡猥殊甚、決非軾語。或刊是書者所依託歟。

章申公九事一卷（浙江范懋柱家天一閣藏本）

不著編輯者名氏。晁陳二家書目及宋史藝文志皆未著錄。卷首序云、丞相惇、性喜揮翰、在政府時、日書數幅、予嘗見雜書一卷、乃鈔錄之。蓋從其墨迹錄出。前七則皆論書體源流及用筆之法。惟第八則爲敘呂元圭幻異事。第九則末署曰元祐六年十一月五日京口西齋大滌翁書。元祐六年正惇貶汝州時。按東都事略、惇自汝州徙揚州、提舉洞霄宮、以父老乞侍養、歸蘇州。其事宋史不載。今據此書所云大滌翁者、當因領洞霄宮、故以自號。而京口亦由汝赴蘇所經之路、與東都事略一一相合、知非僞託。然惇人不足道、併其書亦爲世所棄置矣。

蒙齋筆談二卷（兵部侍郎紀昀家藏本）

舊本題宋鄭景望撰。商濬刻之稗海中。厲鶚宋詩紀事亦曰、景望、湘山人。生元豐元祐間。有蒙齋筆談。今考其書、乃全錄葉夢得巖下放言之文、但刪其十分之三四、而顚倒其次序。濬蓋誤刻僞本。又考景望乃永嘉鄭伯熊字、見於陳傅良止齋集中。其人登紹興十五年進士、累官太子侍讀、宗正少卿。諡曰文肅。宋詩紀事既載伯熊詩於四十七卷中、又據此書於三十七卷別出一鄭景望、亦殊疎舛也。

麟書一卷（通行本）

宋汪若海撰。若海號東叟、歙縣人。靖康中爲太學生。建炎中官至直祕閣、知江州。事蹟具宋史本傳。史稱若海豁達高亮、深沈有度。金兵至汴、若海上書樞密曹輔、請立康王爲大元帥。及京城失守、若海復述麟爲書以獻、即此本也。其書託麟爲喻、以儷詞作韻語、詭言鴟夷子授之磐固侯、大旨主用兵之是、斥和議之非。又言不當追回康王、而勸欽宗以死社稷、用意甚爲剴直。因當時金人已破京城、故不敢顯言而以廋詞寄其意。後有鄧肅呂本中及其從父藻三跋。明人嘗以此書及其圍城中上曹輔書上尼瑪哈（原作粘沒喝今改正）請存趙氏諸書合編爲若海集。此則別行之本。陳繼儒刻入祕笈者也。

捫蝨新話十五卷（兩江總督採進本）

宋陳善撰。善字敬甫、號秋塘。史繩祖學齋佔畢稱其字子兼、蓋有兩字。善羅源人。學齋佔畢稱福州、蓋舉其郡名也。其書攷論經史詩文、兼及雜事。別類分門、頗爲冗瑣。持論尤多踳駁。大旨以佛氏爲正道、以王安石爲宗主。故於宋人詆歐陽修、詆楊時、詆陳東、詆歐陽澈、而詆蘇洵蘇軾蘇轍尤力。甚至議轍比神宗於曹操。於古人詆韓愈、詆孟子。誤讀論語、甚至謂江西馬師在孔子上。而於周邦彥諛頌蔡京之詩、所謂化行禹貢山川外、人在周公禮樂中者、則無譏焉。善南北宋間人、其始末不可考。觀其書顚倒是非、毫無忌憚、必紹述餘黨之子孫、不得志而著書者也。錢曾讀書敏求記載是書有二本。其一本不分卷帙、末有紹興己巳善自跋。一本分十五卷、而無自跋。此本作十五卷、當即曾所言之第二本。然實有自跋、蓋曾所見本偶佚末頁耳。

蕉窗雜錄一卷（兩淮馬裕家藏本）

舊本題曰宋稼軒居士撰。稼軒、辛棄疾號也。故凡遇宋字必加皇字於上、以明其爲眞棄疾作。然書中乃引楊慎丹鉛錄、王鏊震澤長語、都穆聽雨紀談、焦竑類林、王世貞藝苑巵言。其妄殆不足辨。其所自增數條、如謂木筆名辛夷、芍藥一名辛夷云出山海經之類、更爲無稽之談。殆妄劣書賈鈔合明人說部、詭題此名也。

誠齋揮麈錄一卷（浙江鮑士恭家藏本）

舊本題宋楊萬里撰。左圭收入百川學海中。今檢其文、實從王明清揮麈錄話內摘出數十條、別題此名。凡明清自稱其名者、俱改作萬里字。蓋坊刻贋本、自宋已然。百川學海在叢書中最有體要、然且如此。其餘固無足責矣。

鶴山筆錄一卷（浙江巡撫採進本）

舊本題宋魏了翁撰。載陸烜奇晉齋叢書中。末有悔餘老人跋、稱竹垞自粵游回、鈔鶴山筆錄一卷見眎。予意必陳腐滿紙、漫不省也。近因箋註蘇詩、試取檢閱、則見辨核紀錄、皆有眞趣、卓乎小說名家。毛氏津逮既鐫其題跋而不及此、想汲古閣中亦無此藏本也云云。悔餘老人爲查愼行別號。竹垞不知何許人、疑爲竹垞之誤也。然朱彝尊曝書亭集無此書跋、而愼行補註蘇詩亦無一字引此書。跋中辨核紀錄、皆有眞趣二語、文義殆不可通。恐不出愼行之筆。烜又自跋其後云、按唐宋叢書曾刻了翁經外雜鈔二卷、此纔及十分之三。大段相類、而互有異同。古人於說部、往往歷年成書、各種而後併歸一部、此當是初本也。蔡烜之意、殆亦隱覺其僞而巧爲之詞。其實卽書賈剽經外雜鈔僞爲之、與烜所刻平巢事迹考鈔通鑑半卷者等也。

螢雪叢說二卷、通行本

宋俞成撰。成字元德、東陽人。前有慶元庚申自序、稱年四十後卽不應科舉、優游黃卷。考究討論、付之書記。囊螢映雪、無所不爲。塵積日久、遂成一編、目曰螢雪叢說。其書多言揣摩科舉之學、而諄諄於假對之法、以爲工巧。論皆迂鄙。所記契丹祭文之事、蓋本孫奕示兒編。不能糾駁其非、仍述爲美談。尤齊東之語。其解宥過無大、刑故無小二句、謂過當宥而大者不在所宥、故曰無大。故當刑而小者不在所刑、故曰無小。又訓皋陶陳謨爲射策之義。皆穿鑿附會、無可取也。

宜齋野乘一卷、浙江范懋柱家天一閣藏本

宋吳枋撰。枋字木方、江陰人。是書以野乘爲名、而多涉考證。其中如謂孟嘗君與孟子同時、謂顏子之卒不止二十九、謂吞東西周者非始皇、皆有依據。至論五帝非官天下、而舉少昊之傳位於姪、顓頊傳位於從姪、摯傳位於弟、堯傳位於五世姪孫、舜傳位於六世祖之從兄弟爲家天下之證。其說過奇、不中經訓矣。前有自序、稱其書本十卷、燬於火、後憶錄其一二。此本祇十一條、與說郛所載相同。似又經刪節、非完書也。

木筆雜鈔二卷、編修程晉芳家藏本

舊本題宋無名氏撰。前有小序、稱息軫多年、小有紀錄。齋前有木筆一叢、遂以名之云云。其書載曹溶學海類編中。今考其書、皆宋吳子良荆溪林下偶談之文、原書本八卷。此本摘鈔二卷、別標新名、又僞撰小序弁於首。蓋姦黠書賈所爲、曹溶不辨而收之耳。

吹劍錄一卷、兩淮鹽政採進本

宋俞文豹撰。文豹有吹劍錄外集、已著錄。此編作於淳祐三年癸卯。前有自序、謂取莊子吹劍首者吷而已之語、以名其書、言無韻也。然議論實多紕繆、於古人多所詆訶。如貶武王則拾蘇軾之緒論。詆孟子則循李覯之謬詞。斥諸葛亮爲不明大義、不忠漢室、亦本其兄文龍之妄說。蓋文龍以此說取解於同文館、故文豹述之也。他若韓愈程子並遭掊擊。又文彥博燈籠錦之事則獨信魏泰之僞書。通鑑綱目帝蜀之辨則力攻朱子之特筆。其妄誕無識、殊爲悖理。所謂小人好議論、不樂成人之美者歟。

碧湖雜記一卷、編修程晉芳家藏本

不著撰人名氏。陶宗儀說郛載之、題曰宋謝枋得撰。然宋志及諸家書目皆不著錄、未知確出枋得否也。書僅八條、殆亦非完本矣。第一條辨蘇軾老饕賦當作老餮。此據說文貪財曰饕、貪食曰餮之說、似乎有理、而實膠固。說文所註、特因左傳稱貪於飲食、冒於貨賄、天下之人謂之饕餮、因而分屬立訓耳。考呂氏春秋、稱周鼎饕餮、有首無身、食人未咽、害及其身、則饕餮本屬獸名。獸貪食有之、獸貪財則無是事。觀字並從食、其義可推。通用爲貪食之名、於理無害、不必執也。第二條載僧思說及曾季貍辨五臣文選註陶潛但書甲子之譌、謂按其甲子、皆在宋未受禪以前、其言鑿鑿可據。此書乃云劉裕自庚子得政、淵明逆知晉必爲宋、故於二十年前先削年號以寓意。其說尤迂謬不通。餘六條亦皆勦襲舊文、罕逢新義。

志雅堂雜鈔一卷、兩淮鹽政採進本

宋周密撰。是編分爲九類、其文與所作雲烟過眼錄、癸辛雜識諸書互相出入、而詳略稍殊。疑爲初記之稾本、經後人裒綴、別成此書。其閒惟論殷玉鉞一條、知元時劈正斧亦宣和內府之物、爲他書所未載、可資考證耳。

袖中錦一卷、編修程晉芳家藏本

舊本題宋太平老人撰、不著名氏。其書雜鈔說部之文、漫無條理、命名亦不雅馴。蓋書賈所依託、曹溶不考、誤收入學海類編也。

衍約說十三篇（兩江總督採進本）

不著撰人名氏。諸家書目皆不著錄。相其版式、由宋麻沙本翻雕。所徵引亦至南宋而止。前有小引數行、稱其祖以約自號、所以垂訓後人。爰取古人之可法戒者、分類採錄一二、而衍其說於左。然不知以約爲號者何人也。後有自跋、題上章閹茂。考宋度宗咸淳六年歲在庚午、則其人當在南宋末矣。書分十三目、曰身心、曰學業、曰幾務、曰言語、曰交際、曰田宅、曰器用、曰服飾、曰飲食、曰珍貨、曰婚姻、曰喪葬、曰奴婢。每目之下、各先衍其說、後乃雜引故實格言、亦偶加評斷。蓋家誡世範之流也。

月下偶談一卷（編修程晉芳家藏本）

舊本題宋俞琬撰。今核其文、即琬所著席上腐談中摘錄數十條、別題此名耳。曹溶學海類編所收、往往如此也。

學易居筆錄一卷（編修程晉芳家藏本）

元俞鎮撰。鎮字伯貞、崇德人。其書共四十九條、多雜舉經史成語及前哲格言。又頗斥佛老之妄。其旨頗正、而詞意庸腐、終不免鄉塾學究習氣也。

春雨雜述一卷（兩江總督採進本）

舊本題明解縉撰。縉字大紳、吉水人。洪武戊辰進士。永樂中官翰林學士。出爲廣西參議、改交阯。後爲漢王高煦所譖、下獄死。事蹟具明史本傳。是書論作詩學書之法。謂詩當先除五俗、後極三來。謂書家用筆、有擫捺鉤抵揭拒導送、當盡其妙於毫釐鋒穎之閒。又自漢晉以迄宋元、撮舉能書姓名、各紀其源流授受。然多從詩話書譜中鈔撮而成、罕逢新義。又逐條標題、重複、漫無體例、疑或出於依託也。

海涵萬象錄四卷（浙江范懋柱家天一閣藏本）

明黃潤玉撰。潤玉有四明文獻錄、已著錄。是書乃潤玉孫溥錄其平日言論、分四十類。其中閒有新意、然舛誤者多。如引禮公子之子孫有封爲國君、則世世祖是人。遂謂宋太祖當居始祖廟、其祖父宜另立六廟。信如此言、則周之后稷不當居始祖廟、武王不當列二世室矣。其說甚謬。又謂春官大司樂其祭祀之樂不用商聲、朱子與蔡西山俱不說出。案周禮太師曰、皆文之以五聲宮商角徵羽、則周未嘗不具商聲。且大司樂曰、凡樂圜鍾爲宮。又曰黃鍾爲角、乃謂黃鍾爲夷則宮之角。又曰太簇爲徵、姑洗爲羽、乃謂林鍾宮之徵及羽、非謂圜鍾之宮止有角徵羽三聲而闕商聲也。後韓邦奇苑洛志樂論之甚詳、潤玉未詳考經文也。又謂周禮別無北郊之文、其北郊字出緯書。案天官內宰文曰、中春詔后帥外內命婦始蠶於北郊、何嘗無北郊字耶。又謂爾雅有不律筆之文、謂蒙恬始造筆、證非周公之作。不知蒙恬造筆、事出張華博物志、小說雜書、不足爲據。魯語有以死奮筆之文、固在張華先也。如此之類、頗傷舛駁。至所載羅銓賂交東楊求陞都御史諸條、尤語涉恩怨、益不足徵信矣。

古穰雜錄三卷（浙江范懋柱家天一閣藏本）

明李賢撰。賢有天順日錄、已著錄。是編乃所著筆記。閒抒議論、而述時事者爲多。中多不滿三楊。其謂李時勉自仁宗譴怒以後、不復直言。自王振誣搆以後、即乞歸、有明哲保身之義、亦頗著微詞。三楊固時有短長、若時勉恐非賢所能議也。其自稱土木之役隨軍過鷄鳴山時、欲邀三五御史以一勇力之士捽王振而碎其首於帝前、即挾駕還大同、欲謀於英國公不得云云、恐亦文飾之說耳。

瑯琊漫鈔一卷（兩淮鹽政採進本）

明文林撰。林字宗儒、長洲人。成化壬辰進士。官至溫州府知府。是書雜記瑣聞逸事、閒亦考證經史。凡四十八則、無甚可採。其三皇一條、至謂司馬貞祖邵子之說而成本紀、則唐宋不辨矣。

三餘贅筆二卷（浙江范懋柱家天一閣藏本）

明都卬撰。卬字維明、號豫菴、吳縣人。太常寺卿穆之父也。穆官工部主事時、封如其官、年已八十。餘姚王守仁爲作壽序、今附錄卷末。是書雜錄見聞、亦閒有辨論。然多摭拾舊文。其引唐六典解世俗長功短功之名、未免附會古義。謂鄭本伯爵、春秋書爵非貶、段必敵人之名、故書曰克、決非其弟。尤悖謬之甚。惟論鄧攸殺子不情、朱子不當載之於小學書中、頗爲有見。及陶九成著書呂洞賓始末、趙緣督姓名、宋高宗作幽閉鼓吹數條、差資考證耳。

損齋備忘錄二卷（浙江范懋柱家天一閣藏本）

明梅純撰。純、夏邑人。成化辛丑進士。太學題名碑作南京京衛人。蓋純爲洪武中駙馬都尉梅殷之元孫、世隸勳籍故也。書中自稱初以應襲指揮使登進士。後復讀近思錄中張子論世祿子孫不應工聲病售有司一條、遂請於朝廷而復舊官。蓋亦夏然自異之士矣。是書上卷分紀事、纂言、知人、格物四類。下卷分說詩、論文、補闕、拾遺、辨疑、刊誤六類。其說詩論文、頗能中理、而亦每傷於迂闊。如謂韓退之畫記、先儒謂其體似顧命、觀之信然。但顧命所言皆經世遠圖、其所敘載亦皆一時聲容禮樂之盛。而退之所紀不過游玩禽荒、是可同年而語哉。韓子不以其道得之、又玩而弗置、不幾於喪志乎云云。可謂膠固之甚。且顧命何嘗有樂、而曰聲容禮樂之盛、殆謬爲大言、不核事實矣。其紀事類中述梅殷之歸京師、乃以母老之故。其擠死笪橋下、出於趙深譚曦之竊害、非成祖之意。是以其家受恩未艾云云。與史迥異、亦曲筆也。

蝸笑偶言一卷（浙江孫仰曾家藏本）

明鄭瑗撰。瑗有井觀瑣言、已著錄。其書多論古之語、間及考證。止二十六條。蓋隨筆記錄、未經卒業之本。如謂蘇軾以程頤爲姦、猶盜跖以孔子爲僞。軾何至如盜跖、程子亦何可比孔子、殊爲擬不於倫。遠不及井觀瑣言也。

荷亭辨論十卷（浙江巡撫採進本）

明盧格撰。格字正夫、東陽人。成化辛丑進士。官至監察御史。嘗築荷亭、讀書其中、因以名書。大抵持論詭異、攻擊朱子之說、往往過當。至作夢遊清都記、極爲揚雄辨冤、謂親見朱子與雄辨難、朱子詞窮屈服、稱雄爲得洙泗眞源云云。尤爲誣誕。前有劉宗周序、謂學惟大疑而後能大信。後儒不及前人、亦其果於自信之意多、而存疑者寡。若先生可爲眞求自信者。蓋亦微詞也。

凝齋筆語一卷（江西巡撫採進本）

明王鴻儒撰。鴻儒字懋學、南陽人。成化丁未進士。官至南京戶部尚書。謚文莊。事蹟具明史本傳。此書論易十三條、論詩三條、論書一條、論左傳一條、論周禮三條、論四書三條、論史三條、論子書三條、引朱子荅王子合書一條。其自立論者、惟男女有別一條耳。大抵皆掇拾舊說。其解詩下武以爲天在上而武王在下、是未考庾信三月三日華林園馬射賦序皇帝以上聖之資、膺下武之運句也。

餘冬序錄六十五卷（內府藏本）

明何孟春撰。孟春有文簡疏議、已著錄。是書體格近王充論衡。凡內篇二十五卷、前五卷多論君道、後二十卷多論古今人品。外篇三十五卷、又閏五卷、則皆雜論也。大旨主於品藻得失、不主於考證同異。好爲高論、而不免流入迂僻。又炫博貪多、有得輒錄、往往傷於蹐駁。外篇或剽陳言、或記瑣事、亦病蕪雜。使其精自簡汰、僅存數卷、頗足爲一家之言。而愛不能割、遂僅於陳絳金罍子諸書、較其優劣、殊爲不善用長。至分卷之目、原本標以爾雅月名月陽、尤爲詭異。

聽雨紀談一卷（通行本）

明都穆撰。穆有壬午功臣爵賞錄、已著錄。穆登宏治己未進士、而此書自題成化丁酉九月所作、距其登第時二十有一年。又考穆教授濠上幾二十年、始補博士弟子、三年而成進士、則其時並未爲諸生矣。其書皆參考經史異同。陶珽嘗刊入續說郛、多所刪節。此爲李蕃瑣採中所載、猶全本也。

山堂瑣語二卷（浙江范懋柱家天一閣藏本）

明陳霆撰。霆有唐餘紀傳、已著錄。是書乃其自山西提學僉事歸田後所作。雜引經傳、以己意論斷。詞意儇薄、已開陳繼儒等之派。如謂盜發魏王之冢而竹書出、盜發楚王之冢而考工記出。二盜於發冢則有罪、於詔世則有功。夫盜發古冢、志在寶器耳、非爲求書發也、可錄以爲功哉。

正思齋雜記二卷（浙江范懋柱家天一閣藏本）

明劉教撰。教字因吾、吉水人。書中稱孝宗爲今上、則宏治中人也。其書雜論古今軼事、頗崇道學。其開卷引陳亮之說、以歲建干支推宋元明國家盛衰、至二千餘言。大抵用丙丁龜鑑之剩論、殊附會無理。其取伊洛淵源續錄之說、詆許衡、劉因不當仕元、尤明人偏駁之見。

遯言十卷（浙江巡撫採進本）

明孫宜撰。宜字仲可、華容人。是書原目十七類分十七卷。此本止於十卷、蓋非完帙。論多膚淺、如以雷霆爲蛟龍之類。以朱子綱目立綱分註爲贅、以王伾王叔文爲受誣、尤涉偏僻。

河汾燕閒錄二卷（兩江總督採進本）

明陸深撰。深有南巡日錄、已著錄。是書隨筆劄記、雜論史事得失、經典異同、亦頗及當代故實。其曰河汾燕閒錄者、蓋深爲山西提學僉事時所著也。

停驂錄一卷續錄三卷（兩江總督採進本）

明陸深撰。是編乃其罷山西提學僉事南歸時所作。前錄成於嘉靖九年、續錄成於十一年。雜錄詩話文評朝章國典於經義亦閒有考證續錄中所載孟子爲長者折枝當解作肢體之肢亦足以備一說又謂論語詩書執禮執疑是埶之誤則太拗見矣。

傳疑錄二卷（兩江總督採進本）

明陸深撰上卷雜論經說異同兼及史事於前代宗室恩數等殺之制敘述尤詳當爲明代宗祿之弊而設下卷則專論調律之法始於累黍候氣終於十二辰皆備載之蓋隨手雜錄而成者

春雨堂雜鈔一卷（兩江總督採進本）

明陸深撰所錄多古今政治得失之故鈔撮舊文自爲評隲其謂漢光武篤信圖讖與求仙覆轍相去不遠似亦因世宗好道而託諷也

卮言餘錄十三卷（山東巡撫採進本）

明林炫撰炫字貞孚閩縣人正德甲戌進士官至通政司參議是編乃其隨筆劄記多談典籍藝文亦頗及雜事而評史者較多其中往往但引用舊文不加斷語疑其裒輯諸書欲有所論著而未成故前後無序跋亦併無目錄也

詢芻錄一卷（浙江范懋柱家天一閣藏本）

明陳沂撰沂有維楨錄已著錄是書取里巷相傳譌謬之事及通俗俚語各爲疏證其出處故以詢芻爲名僅十九條皆不足以資考據

眞珠船八卷（通行本）

明胡侍撰侍字奉之號濛溪咸寧人正德丁丑進士官至鴻臚寺少卿坐議大禮謫潞州府同知事蹟附見明史薛蕙傳是書雜採經史故事及小說家言其曰眞珠船者陸佃詩註引元稹之言謂讀書每得一義如得一眞珠船也（案佃詩註今不傳此據胡氏續拾遺錄所引）然徵引拉雜考證甚疏如以北曲爲朝廟之音信王子年拾遺記謂七言昉於甯封皇娥等歌又喜談怪異果報之說皆不免於紕繆

墅談六卷（通行本）

明胡侍撰皆辨證古義兼及時事而徵採龐雜多及怪異不根之語未免失實又謂宋人專以散文爲古斥爲矇瞽之論尤失之偏僻矣

東谷贅言二卷（兩江總督採進本）

明敖英撰英有愼言集訓已著錄是書上卷雜論立身處世之道多舉古事爲證下卷亦雜論詩文所載明初都督府軍數太僕寺馬數有禁不令人知并額派歲派坐派之始末倘賓館之聘士皆足補史志所未備亦識小之類也

綠雪亭雜言一卷（浙江吳玉墀家藏本）

明敖英撰其自序曰蜀臺清戎之西有亭曰綠雪環亭有竹百餘竿日與此君相對翛然有吏隱之適因追憶見聞竊有評論隨筆雜記其書前半卷皆議論大抵老生常談至謂宋進士尹引赦潭州死節爲賢者之過則偏駮過當又如謂富字爲文下從田言富自田起也上從一口言有田人貴食之者寡也其說字穿鑿又在王安石上矣後半多記雜事往往兼及靈怪近小說家言卷末頗評文章得失至謂昭明文選既已載詩卽不當題曰文選然則諸史文苑傳外亦當別出詩苑傳乎

七修類稿五十一卷（江西巡撫採進本）

明郎瑛撰瑛字仁寶仁和人是編乃其筆記凡分天地國事義理辨證詩文事物奇謔七門所載如杭州宋官署考則咸淳臨安志及西湖各志所未詳又紀明初進茶有探春先春次春紫笋諸名及漕河開鑿工程皆明會典及明史諸志所未及亦間有足資考證者然採掇龐雜又往往不詳檢出處故踳謬者不一而足如以宋李建中爲南唐人謂謝無逸以蝴蝶詩得名後李商隱竊其義則以唐人而蹈襲宋人引武林女子金麗卿詩梅邊柳外識林蘇句譏其不能守禮出則擁蔽其面皆極爲王士禎所詆斥見於香祖筆記中此外如紀楊維楨爲明太祖所召託疾固辭作詩縊死則全無事實桓溫妻我見猶憐之語不知爲李勢妹而但云溫娶妾甚都則失之耳目之前至周公恐懼流言日王莽謙恭下士時一詩以爲不知姓名必宋人所作則并白居易集而亦忘之蓋明人著書鹵莽往往如此書中極詆說郛輟耕錄然此編實出此二書下所謂人苦不自知也

東巢雜著二卷（浙江巡撫採進本）

不著撰人名氏前有陸釴序稱爲同邑釴鄞縣人則亦鄞人也序中但稱其號曰東巢子下卷兩鄉水利事宜一條但自稱其名曰復其姓則未之詳考甬上耆舊詩小傳稱倪復字汝新列其所著書凡十四種東巢雜著居其一當卽倪復作矣所撰詩傳纂義已著錄是書皆考辨之文於禮制樂律易象皆有論斷亦雜及經義史事而終以其鄉之水利及武宗實錄其書成於嘉靖初年故仲嬰齊

後歸父葬，力主爲之後者爲之子。蓋亦剛正之士，不附張桂之說者云。

郊外農談三卷（浙江范懋柱家天一閣藏本）

明張鈇撰。鈇字子威，慈谿人。嘉靖丙戌進士。此書有文章不在高古，作詩亦要平易二條，蓋爲當時王李之學而發。其他議論，多以朱子爲宗，亦無姚江末派之弊。然持論往往迂緩，如引詩田畯之文，謂明代不設勸農之官，殊爲闕典。夫耕耘收穫，民閒自有常期，宋世勸農使等亦止守令兼銜，徒爲具文。如一邑專設一官，課其勤惰，非惟冗員糜祿，且恐轉滋之擾，勸農適以妨農。明初定制，因其無益而廢之，不可反譏爲漏略也。

篔齋雜著一卷（編修程晉芳家藏本）

明陸垹撰。垹字秀卿，嘉善人。嘉靖丙戌進士，官至右僉都御史，巡撫河南。此編乃其筆記，載曹溶學海類編中，僅十四條，蓋摘錄不完之本也。

逌旃璅語一卷（浙江鮑士恭家藏本）

明蘇祐撰。祐字允吉，一字舜澤，濮州人。嘉靖丙戌進士，官至兵部尚書。是書雜記碎事，而引據多疎。如以唐昭宗紇干山頭之句謂左克明不及見，而不知克明所纂古樂府止於六朝；以插箭嶺噉甲石指爲楊六郎之遺迹，而不知爲委巷所託；以衡山碑爲眞禹書，而不知後人所僞；以正五九月不上官爲元制，而不知北齊至唐均有此說；以賀王參元失火書爲韓愈，而不知其爲柳宗元。如斯之類，不一而足。其餘亦多鄙猥之談，不足采錄。

讀書一得四卷（兩淮馬裕家藏本）

明黃訓撰。訓有名臣經濟錄，已著錄。此編蓋每讀一書，即摘取其中一兩事，論其是非。積久編而成帙，其一百九十三條，亦有一書數見者。雖各題曰讀某書，實非如序錄題跋類也。其書議論多而考證少，近乎王世貞之讀書後，而又不逮焉。三卷之末附載嘉靖甲申大同兵變一事，與全書不類，亦未免爲例不純也。

長水日鈔一卷（浙江鮑士恭家藏本）

明陸樹聲撰。樹聲有平泉題跋，已著錄。此書前有自序，稱自請謝歸，年衰病積，追憶見聞，偶與心會，輒一操翰，汗漫成帖。蓋其歸田後隨筆劄記之本也。前數條多論易義，閒及於春秋四書，後則皆尚論古人之言行。其說經閒涉穿鑿，如解周禮參之以九藏之動句爲以三指按寸關尺三脈，不免失之好奇也。

濯纓亭筆記十卷（浙江鮑士恭家藏本）

明戴冠撰。冠有禮記集說辨疑，已著錄。是書雜記見聞，終以辨物字義，皆鈔撮前人成說。第十卷謂玉篇匸匚二字形像字義俱同，不應分作二部，不知說文匸作匸，謂衺徯有所俠藏也，匚作匚，謂受物之器，迥不相涉。冠乃混而爲一，誤矣。舊名隨筆類記，都穆爲易今名。濯纓，冠所自號也。前有嘉靖丁未陸粲序，後有華察跋。舊本以禮記集說辨疑一卷附此書之末，殊爲不類。今析出別入經部焉。

太岳雜著一卷（兵部侍郎紀昀家藏本）

明張居正撰。居正有書經直解，已著錄。是編多論古之語，而於明代掌故尤詳，亦兼及醫方雜事。其中如廣寒殿樑上折得至元通寶錢，知爲元造，而非遼造，朱彝尊日下舊聞引爲考證，亦閒有可採。中有其子懋修跋，稱殿閣學士之設在洪武革丞相後，不始於永樂。天下知府有上中下三秩，從三品正四品從四品之不同，爲鄭曉王世貞諸書所未知。然洪武中設殿閣學士，皇甫錄明記略已載之。錄書成於嘉靖壬寅，在居正前，懋修蓋未詳考。其論趙蓋韓楊一條，最爲平允，而卒之以傲很掇禍，乃與所言相反。其論古人惟心服張詠，而頗斥南宋諸儒之迂。然至詆周公爲多事，則妄矣。其論周初禮樂尚質一條，隆慶辛未主會試，以先進於禮樂命題，即用其意作程文，未免偏論。至於謂大臣子弟當以科第進身，不必避與寒士爭進之嫌，則全爲其子殿試第一而發，益出私心矣。此書本載太岳集中，此本乃崇禎癸未德州盧世㴶錄出別行，今亦併存其目焉。

文麓子集十二卷（山西巡撫採進本）

明李錦撰。錦號文麓，榆社人。嘉靖壬子舉人，官宛平縣知縣。是書雖以集名，實說部之類。凡列三十二門。據卷首錦自序云，約舉經傳子史百家，以及稗官小說，遇有可詐臆者，無論工拙，輒附數語，以資嗜記云云。其書皆先列古書一條，而其下綴以己說，多掉弄筆墨，無所闡發。

黃谷璅談四卷（兩淮鹽政採進本）

明李蓘撰。蓘字于田，內鄉人。嘉靖癸丑進士，官至提學副使。其書雜綴瑣聞，閒有考證，而立論多與朱子爲難，偏駁不少。如首條引宋儒心如穀種之說以爲祖華嚴經，又以仲弓持敬、顏子克復爲頓漸二義，又以朱註天理人欲同行異情之語爲自中峰和尚山堂夜話中來，皆所謂援儒入墨者也。

窺天外乘一卷（兩淮鹽政採進本）

明王世懋撰。世懋有却金傳，已著錄。是編述明代故事，而參以論斷。其體例頗近龍川略志，但略志記所閱歷，此則泛言一代事耳。其論建文當復年號，修實錄，景帝當稱宗，興獻帝不當祔廟，仁宗宣宗不宜以興獻帝之故而早祧，又辨宣德非建文子，元順帝非合尊子。一出於建文故臣之口，一出於宋遺民之口，均未可信，持論皆正。其記佩袋官窯器之類，亦足備掌故。至於論建文敕勿加矢刃於燕王，爲必無其事，未免臆斷。於李東陽曲相寬假，殊不協公評。而詆斥元代，尤爲乖謬偏駁，非定論矣。

遠壬文一卷（兩淮鹽政採進本）

明王世懋撰。是編乃其訓導子弟之作，縷陳親狎之害，詞雖淺近，而切中物情。後有王三錫、錢順德二跋及世懋自跋，厥後王士驌等卒以不慎交遊幾遘大禍，幸以右之者衆，僅而得解，則世懋可謂先見矣。

四友齋叢說三十八卷（兩江總督採進本）

明何良俊撰。良俊字元朗，華亭人。嘉靖中官翰林院孔目。明史文苑傳附見文徵明傳中。是書分十六類：一經，二史，三雜記，四子，五釋道，六文，七詩，八書，九畫，十求志，十一崇訓，十二尊生，十三娛老，十四正俗，十五考文，十六詞曲。又附以續史一類，雜引舊聞而論斷之，於時事亦多紀錄，然往往摭拾傳聞，不能核實。朱國楨湧幢小品嘗辨王守仁實以宸濠付張永，而此書云責中官領狀，章懋卒於嘉靖元年，守仁征廣東在嘉靖六年，其歸而卒於南安舟中在嘉靖七年，而此書乃云守仁廣東用兵回，經蘭谿見懋，懋有所請託；又懋卒時其姪拯方爲布政使，拯爲工部尚書，忤旨歸里時懋已卒十餘年，此書乃稱拯致仕時有俸餘四五百金，爲懋所責，所記全爲失實；又文徵明官翰林院待詔，日爲姚淶、楊維聰所侮一事，朱彝尊靜志居詩話亦力辨之，引淶所作送徵明序以證其誣，則其可以徵信者良亦寡矣。

覽古評語五卷（浙江巡撫採進本）

明陳師撰。師字思貞，錢塘人，而自署曰錢唐，云考之漢書，不當從土旁也。嘉靖壬戌會試副榜，授華亭縣教諭，官至永昌府知府。是書師所自撰者不及十分之一，餘皆雜鈔宋元明人說部，隱沒其名，而年代及稱謂之閒往往刪除不盡。如所載文彥博一條，稱福壽康寧近世未有其比，是北宋人語也；葬楓橋一條，稱近時孫仲益尚書、尤延之侍郎，是南宋人語也；江南婦一條，稱天兵下江南，虞集詩一條，稱國朝之詩推虞楊范揭，是元人語也。又如王安石放魚一條，乃全鈔羅大經鶴林玉露，其中錯認蒼姬六典書一詩實大經作，故曰余嘗有詩云云，乃改余字爲人字，遂攘爲己有，尤拙於剽竊。其第五卷全爲師官助教時講章及官知府時公牘，併題爲覽古評語，亦乖體例。

禪寄筆談十卷續談五卷（浙江巡撫採進本）

明陳師撰。是書乃其自永昌罷歸，寓居僧舍時作，故以禪寄爲名。書中有稱支離生者，有稱邋吏者，又有稱亥四百六十餘甲子者。案左傳絳縣人四百四十五甲子爲七十三年，則師之年合閏計之應亦近八十。書成於萬歷二十三年，蓋生於正德中也。其書筆談分三十二類，而附以雜著數篇，續談分二十則，而附以歲餘隨筆一卷，紀錄頗爲龐雜。如符兆類載明太祖微時軼事數條，及成祖髮散被面見元帝像頷森以布囊盛英宗之類，多里巷無稽之談。又如謂春秋非盡宣尼之筆，謂司馬光作通鑑私赦盤結，繆戾乖刺，朱子作綱目以正之，猶不敢盡發其私意，謂司馬遷以項羽爲本紀，見漢世人才風俗之正，其持論皆近於李贄，蓋與贄友善，習氣沾染而不覺也。至謂宋徽宗屍骨鍊油，則輕信北狩日記，謂元順帝爲瀛國公子，則輕信符臺外集，皆失考證。他如謂唐書有韋應物列傳，謂蘇軾膺使遼之選，謂華山處士如容見不見仙方覓睡方爲陳摶之詩，謂詡石拆字爲李石，疎略又不必言矣。惟論次韻倡和始於盧綸、李端，舉端野寺病居盧綸見訪詩爲證，則前人所未言也。

青林雜錄一卷（浙江巡撫採進本）

明王蕙撰。蕙字儒之，天台人。嘉靖中爲黃巖縣學生。是書蓋其隨筆記錄之文，後人鈔而傳之者。如第五頁中一條，上書一胥字，下註寶物於器之名六字，別無他語，可以知其非著書也。中多講學之語，亦多憤激之談。如謂越有貴人操予奪之權，寵辱進退，惟其所專制。有三人謂之一翼之行，皁爲邑。一爲供僕隸之役，皁爲郡。一爲奉溺器，遂皁爲郡邑長。小賤則小貴，大賤則大貴云云。雖寓言以鳴不平，亦失之太甚矣。

厭次瑣談一卷（浙江范懋柱家天一閣藏本）

明劉世偉撰。世偉字宗周，陽信人。嘉靖中官寧州州同。其書雜取古人說部而評論之，所見頗淺。又載宋江誘柴進爲盜事，尤俚俗附會之說。末附談後二十八條，其曰厭次者，以陽信乃漢厭次縣地也。

對問編八卷（副都御史黃登賢家藏本）

明江應曉撰。應曉字覺卿，徽州人。嘉靖末官涪州州判。是書剌取史籍所載天文、地理、人物、雜事，分條立說，議論多偏駁不純。前有自序一篇，文頗聱牙，蓋亦沿歷下、琅琊之習者也。

孤竹賓談四卷（兩淮鹽政採進本）

明陳德文撰。德文號石暘山人，吉水人。嘉靖中以順天府尹行部永平，館於夷齊廟。公事餘閒，隨筆紀載。以永平爲古孤竹國，故以孤竹賓談名書。其中論斷率多僻謬，如謂唐之房杜不過一文人墨士，滕文公恨不與孔子生同時，扶蘇、蒙恬得矯詔，當舉兵稱王之類，皆謬悠之談，不足辨也。

欽定四庫全書總目卷一百二十七

欽定四庫全書總目卷一百二十八

子部三十八

雜家類存目五

應菴任意錄十四卷（浙江范懋柱家天一閣藏本）

明羅鶴撰。鶴字子應，號應菴，泰和人。是書計二百四十四條，大意欲仿容齋隨筆、學齋佔畢諸書，而耳目頗隘，不能盡有援據考證，多據所聞見以意褒貶而已。其持論有最偏駁者，如赤龍合慶都生堯，修己坼背生禹，本緯書妄說，皆反覆論辨，以爲必然。又引章氏家譜、宏益記聞、東林論易語、尹氏之性學指要、趙說之心學淵源、後敘胡氏大同論一切瑣說，文致周程諸儒，皆以僧爲師。至以鄉曲之私，謂建文遜國之時，楊士奇不當死難，使務此小節，則不足以爲東里，尤爲害義。其謂呂后名雉，高祖字之曰野雞之類，杜撰故實，尤其小疵矣。

路史二卷（浙江吳玉墀家藏本）

舊本題青藤山人撰。青藤山人，徐渭別號也。渭有筆元要旨，已著錄。渭以才俊名一時，然惟書畫有逸氣，詩文已幺弦側調，不入正聲，至考證之功，益爲疎舛。是編蓋其雜記之冊。王士禎香祖筆記嘗議其不知險糜爲漢縣，而妄云唐時高麗貢墨，以糜膠和松煙謂之險糜。又云中山酒、中山兔毫並是應天府溧水縣，非古中山，亦出杜撰。今考其書，瑣事多據事文類聚，訓詁多據洪武正韻，故事多據十七史詳節，頗爲弇陋。甚至檀弓之髽指爲喪冠，月令之大酋指爲周禮，以暨季江爲江季，以寒具爲寒食之具，種種臆談，不可枚舉。至云劉歆字子駿，向之少子，亦記爲異聞，則更無謂矣。

梅花草堂筆談十四卷二談六卷（兩江總督採進本）

明張大復撰。大復字元長，崑山人。是編爲其梅花草堂集中之一種。據江南通志文苑傳，乃其喪明以後追憶而作也。所記皆同社酬答之語，閒及鄉里瑣事，辭意纖佻，無關考證。第十三卷中有論孟解十二條，以釋家語詮解聖經，殊屬支離。二談輕佻尤甚，如云水滸傳何所不有，却無破老一事（案美男破老，逸周書之文），非關闕陷，恰是酒肉漢本色如此，以此益知作者之妙。是何言歟。

聞雁齋筆談六卷（浙江鮑士恭家藏本）

明張大復撰。是編大抵欲仿蘇軾志林，故多似古人雜帖短跋之格。然所推重者李贄，所規摹者屠隆也。

河上楮談三卷（江西巡撫採進本）

明朱孟震撰。孟震字秉器，新淦人。隆慶戊辰進士，官至右副都御史，巡撫山西。是書多述舊聞軼事，閒或評論詩文，考證典籍，亦頗喜談神怪。其停雲小志一卷，記當時文士頗詳，所載詩篇多可采錄。其論文宗王世貞，推爲明代第一，則當時耳目所染，無足深怪。其辨王禕吳雲事甚有典據，而遜國一事全沿史彬致身錄之誣，引證愈多，舛繆愈甚。與所論元順帝出宋後事同一誤信之失。其論史記譌字最確，而前輩博雅一條不知清江集之現存，又誤以孔傳六帖爲三孔所作，疎駁亦甚矣。

汾上續談一卷（浙江巡撫採進本）

明朱孟震撰。其體例與河上楮談同，而所記多瑣事。惟安南國試錄一條，敘述頗詳，足資考證。

浣水續談一卷（浙江吳玉墀家藏本）

明朱孟震撰。是編乃萬歷十三年孟震官四川按察使時所作，故以浣水爲名。浣水者，浣花溪也。其書雜撮而成，往往不著時代，亦不著出典。如并州士族好爲可笑詩賦一條，蓋顏氏家訓之原文，而孟震筆之於己書，儼如新事。然則所謂誅擊邪魏諸公者，不幾爲明代之邪魏乎。惟松柏灘觀音寺一條，考詢遺老，繪畫地圖，核其壙塔名氏師弟世系，知所謂雪菴和尚者在有無疑似之閒，特爲明確。

游宦餘談一卷（江西巡撫採進本）

明朱孟震撰。自序稱生平宦轍，殆徧九州，因摭耳目所及，撰成此書。初分五卷，後乃併爲一卷。所錄多瑣事。末附西南夷風土記二十六條，頗爲詳明。然孟震序中自言，未至滇雲，則惟據傳聞書之，恐亦未盡確實矣。

黃帝祠額解一卷（兩江總督採進本）

明李維楨撰。維楨有史通評釋，已著錄。是書乃其奉詔謁黃帝陵，見舊祠取鼎湖之事，額曰龍髯，乃作是書以辨其不經。謂騎龍即乘六龍之義，其實子華子已有是說，無庸復贅。又舉百家所言黃帝神靈諸事，一一駁詰，詞極辨博，實亦司馬遷五帝本紀文不雅馴薦紳難言之緒論也。

木几冗談一卷（浙江巡撫採進本）

明彭汝讓撰。汝讓字欽之，青浦人。是編乃劄記清言，儇佻殊甚，蓋屠隆一派也。

說頤八卷（兩淮鹽政採進本）

明余懋學撰。懋學字行之，婺源人。隆慶戊辰進士。官至南京戶部右侍郎。天啓中追諡恭穆。事蹟具明史本傳。是書凡三百五十二則，每則徵引古事相類或相反者二條，撮爲四字標題，而以論斷數語綴其末。旁見側出，頗得連珠遺意。然引事不標出典，置論亦多庸膚。

留青日札三十九卷（浙江巡撫採進本）

明田藝蘅撰。藝蘅有大明同文集，已著錄。是書欲仿容齋隨筆、夢溪筆談，而所學不足以逮之，故蕪雜特甚。其中詩談初編二編各一卷，玉笑零音一卷，大統歷解三卷，始天易一卷，皆以所著別行之書編入，以足卷帙，尤可不必。

玉笑零音一卷（兩江總督採進本）

明田藝蘅撰。是書皆採取新奇故事，綴以儷語。凡一百二十八條。其中如以堯舜之讓天下爲愛身，不與朱均以天下爲愛子，舜禹之受天下爲不知害，鑄鼎爲鎮厭之術，金縢爲詛咒之媒，皆紕謬之甚者。已編入所著留青日札中，此乃其初出別行之本也。

留留青六卷（通行本）

明徐懋升編。懋升字元鼎，錢塘人。初田藝蘅作留青日札，駁雜頗甚。懋升刪存六卷，因以留留青爲名。標目已爲纖佻，其所選錄，亦未爲精審。

天都載六卷（浙江巡撫採進本）

明馬大壯撰。大壯字仲復，徽州人，羅汝芳之門人也。嘗築天都館讀書，因以名其所著。大抵喜採異聞，亦間有考證，而往往務求博引，不核虛實。如魚化爲人一條，即引搜神記孔子厄陳蔡時魚妖與子路鬬事爲證，是豈可爲徵信乎。又往往採自說部，不據本書。如夜郎王事自見後漢書西南夷傳，而云小說稱夜郎王云云，則亦雜錄之學耳。

異林十卷（河南巡撫採進本）

明支允堅撰。允堅字子固，號梅坡居士。是編凡軼史隨筆二卷，時事漫記三卷，軼語考鏡三卷，藝苑閒評二卷。軼史隨筆論多瑣屑，時寓不遇之感，而議趣頗卑。如論劉穆之金柈貯檳榔，段文昌金蓮花盆濯足之類，皆不勝企羨。又論飛燕合德無損於漢，妲己妹喜皆不自亡，冤殊爲偏僻。至於薛嵩夢益報恩，西王母論漢武帝語，小說誣詞，皆竟據爲實事，尤不足取。時事漫記多載委巷之談。軼語考鏡捃拾餖飣，如宋人二結之類，點竄列子而不竟其說，不知何取。藝苑閒評皆詩話之流，而所見亦淺。

宙合編八卷（福建巡撫採進本）

明林兆珂撰。兆珂有毛詩多識編，已著錄。是編乃其考證之文，分爲六門：一曰泰眞測微，皆談天地；二曰珍駕提羽，皆談經籍；三曰墨兵微畫，皆談史傳；四曰議疇剸耳，皆談世務；五曰在鈞誦末，皆論學問文章；六曰說藪鬟髢，皆談雜事。明代說部，大都摭拾斷爛，游談無根。兆珂又摭明人之說部而以己見斷之，輾轉稗販，似奧博而實無考證。每篇名目故爲詭異，篇首各有小序，亦皆澀體，均之當時習氣也。

纍瓦三編十二卷（浙江巡撫採進本）

明吳安國撰。安國字文仲，長洲人。萬歷丁丑進士。官至寧波府知府。是編凡讀經二卷、讀史二卷、述訓二卷、談藝二卷、匡時二卷、紀龐二卷。其讀經諸條多有駁孟子闢朱子之語。讀史內謂湯武之征誅爲逆，而以聖人應天順人之說爲非。述訓以下語頗平正，然大都鈔撮說部，亦無所心得也。

牖景錄二卷（江蘇巡撫採進本）

明徐三重撰。三重有餘言，已著錄。此書名牖景者，蓋取北人讀書如顯處視月，南人讀書如牖中窺日意也。中多雜論世事，故與所作語錄別爲一書。中多篤實切近之論，而傷於拘迂者亦頗有之。如謂杜甫詩厚祿故人書斷絕，恆饑稚子色淒涼，不如明道程子詩陋巷一生顏氏樂，清風千古伯夷貧。謂宋之問（案此蘇味道詩，三重誤以爲之問詩。）上元夜詩火樹銀花合，星橋鐵鎖開，遊妓皆穠李，行歌盡落梅。三代盛王之時恐無此俗，國風雅頌之什亦無此言。謂杜甫黃四孃家花滿谿一首爲不軌於名教，皆不能謂之無理，然事事操此論以往，其勢未有不窒礙者也。

家則一卷野志一卷（江蘇巡撫採進本）

明徐三重撰。此書皆貽訓子孫之語。家則爲所立規條，每條之後閒引古人嘉言善行以證明之。其言酌乎古今之閒。如喪禮不得用僧道，而得用紙錢紙錠之類是也。野志分十六篇，曰端習、曰祛惑、曰營業、曰稽籍、曰本教、曰掄交、曰範內、曰居身、曰人道、曰節用、曰使令、曰狎應、曰庖餼、曰服飾、曰燕樂、曰戲具。其詞多用駢偶，蓋與所作家則相發明。惟野志之名不甚可解，豈禮失求野之意歟。末爲附志，則偶然自述家事也。

湧幢小品三十二卷（兵部侍郎紀昀家藏本）

明朱國楨撰。國楨有大政記，已著錄。是書雜記見聞，亦閒有考證，其是非不甚失眞，在明季說部之中，猶爲質實，而貪多務得，使蕪穢汨沒其菁英，轉有沙中金屑之憾。初名曰希洪，蓋欲仿容齋隨筆也。旣而自知其不類，乃改今名。其曰湧幢者，國楨嘗構木爲亭，六角如石幢，其製略如穹廬，可以擇地而移，隨意而張，忽如湧出，故以爲名云。

俟後編六卷補錄一卷附錄一卷（江蘇巡撫採進本）

明王敬臣撰。敬臣字以道，長洲人。歲貢生。萬歷丙戌，南京禮部尚書袁洪愈薦授國子監博士。明史文苑傳附見魏校傳中。是編凡經說一卷、論學論治共二卷、詩文一卷、禮文疏節、使俗禮節共一卷、女戒一卷。其補錄一卷，乃其門人所錄，故其中時稱先生。刊本亦題敬臣撰，校讎者誤也。經說論易頗切近，如其爲人。論書洪範非洛書，亦爲有見。論詩以三百篇爲秦火之餘，後人竄亂，蓋陰祖王柏之說，不知其謬。論春秋亦平允。說禮僅一條，謂王制出於史官與漢文博士之說異，未詳所本。其講學以立志爲本，以慎獨爲宗，謂學者不可單看虛明景象，蓋參酌於朱陸之閒。所定四禮，大抵以朱子家禮爲藍本，而參以鄉俗，亦呂坤四禮翼之支流。惟補錄一卷，頗嫌駁雜。如謂朱子誤解格致，不及陽明之說。又謂朱子後日自悔。又謂王守仁陳獻章皆理學之宗，王艮見道甚確。又謂莊子甚高曠，使在聖門，則爲曾點之流。老子比莊子更高一步，皆不可訓。蓋敬臣之學本從姚江得力，後乃覺其虛無，參以朱學。凡補錄所載，皆門人過尊其師，一字不欲散佚，掇拾舊論，復成此卷，而不知皆其師所已棄也。至於軍中呼萬歲，亦下馬呼萬歲，乃宋張詠事，而補錄以爲郭子儀，則記憶偶譌，又其小疵矣。

藝林剩語十二卷（浙江巡撫採進本）

明顧成憲撰。成憲字初章，松江人。是書或雜舉古事而綴以論斷，或自立議論而證以古事。其說無大新異，亦無大疵謬。卷首有萬歷甲戌陳所蘊序，稱其年未三十，而善著書。末有其門人瞿守跋，亦稱其年方比於賈傅，而著述富於董相。蓋猶其少作也。

趙氏連城十八卷（福建巡撫採進本）

明趙世顯撰。世顯字仁甫，侯官人。萬歷癸未進士。官梁山縣知縣。是書中分三種：一爲客窗隨筆六卷，前有孫昌裔序；一爲芸圃叢談六卷，前有謝肇淛序；一爲松亭晤語六卷，前有林材序。連城則其總名也。以世顯自序弁之。其書或引古事而稍附以己說，或自作數語，近乎語錄，又或但引古事一條，無所論斷，似乎類書，蓋全無著作之體者。凡意所不合之事，無論巨細，輒云恨不縛之生飼豺虎，何其褊且躁也。林材序稱其松亭晤語不下於洪景盧隨筆。今觀所載，疏謬頗多。如稱永樂末詔學官考滿乏功績者，審已有子嗣，聽淨身入宮訓女官輩。時有十餘人、後獨王振官至太監云云。考史載太祖不許內侍讀書識字。至宣宗時設內書堂、令翰林二三員爲教習。由是此輩通曉古今、作姦爲患。不言有學官考滿淨身之事。此殆當時稗史誣傳、世顯信而筆之、殊爲失考。又如僞本沈約竹書紀年註、所載大舜龍工衣鳥工衣事出自劉向列女傳、乃誤以爲約語而詆之。併誤沈約爲沈總。又古惟庶人稱匹夫匹婦、自士以上皆備委禮、有明文。而此書謂孔子不當有委、駁孔叢子之妄、尤爲膠固。孔叢子本僞書、然其僞不在此等也。其他大抵類此、以比容齋隨筆、談何容易乎。

說原十六卷、浙江巡撫採進本

明穆希文撰。希文字純文、嘉興人。是編成於萬歷丙戌。分原天、原地、原人、原物、原道術五部。雜採事蹟、間亦論斷、其體例在類書說部之閒。大抵剽剟之談、非根柢之學。又不著其所出、更茫無依據。

焦氏筆乘八卷、安徽巡撫採進本

明焦竑撰。竑有易筌、已著錄。是書多考證舊聞、亦兼涉名理。然多勦襲說部、沒其所出。如周易舉正一條、乃洪邁容齋隨筆語。禿節一條、乃宋祁筆記語。開塞書一條、乃晁公武讀書志語。一錢一條、乃師古僞蘇軾杜詩註語。花信風一條、乃王逵蠡海集語。玉樹薔葱一條、乃封演聞見記語。何遜詩一條、乃黃伯思東觀餘論語。鳥鬼一條、乃沈括夢溪筆談語。倉頡一條、乃張華博物志語。續史記一條、乃無名氏釋俎餘功語。如斯之類、不可縷數。其中周易舉正條、末稱此書世罕見、晁公武所進易解多引用之。蓋洪邁當南宋孝宗時、故其言云爾。至明代則郭京書有刊本、而晁公武書久佚、正與邁時相反。乃仍錄原文、斯非不去葛龔耶。竑在萬歷中、以博洽稱、而剽竊成書、至於如是、亦足見明之無人矣。其講學解經、尤喜雜引異說、參合附會。如以孔子所云空空及顏子之屢空爲虛無寂滅之類。皆乖迕正經、有傷聖教。蓋竑生平喜與李贄遊、故耳擩目染、流弊至於如此也。

鬱岡齋筆麈四卷、兩江總督採進本

明王肎堂撰。肎堂有尙書要旨、已著錄。是編第一卷所載論醫諸條、凡四十頁、皆深切微妙、得古人法外之意。與所作證治準繩足相表裏。其他雜論天文算術、六壬五行家言、以及賞鑒書畫之類、亦頗足資參考。惟生於心學盛行之時、凡所議論、大抵以佛經詁儒理。甚至謂教習庶吉士當令看楞嚴經、是何言歟。

紫桃軒雜綴三卷、又綴三卷、禮部尙書曹秀先家藏本

明李日華撰。日華有梅墟先生別錄、已著錄。是書明史藝文志不載。書中惟論書畫、用其所長。餘多剽取古人說部而隱所自來、殊無足取。不及其六研齋筆記遠矣。

瓶花齋雜錄一卷、編修程晉芳家藏本

明袁宏道撰。宏道有觴政、已著錄。此書多記聞見雜事、及經驗醫方。間及書傳、持論亦多偏駁。如孟子說性善、及儒與老莊同異諸條、第喜逞才辨、不自知其言之過也。

文海披沙八卷、浙江巡撫採進本

明謝肇淛撰。肇淛有史觿、已著錄。是編皆其筆記之文。偶拈古書、借以發議。亦有但錄古語一兩句、不置一詞。如黃香責髯奴文之類者。大抵詞意輕儇、不出當時小品之習。較所作五雜俎稍爲簡約、而疏舛時復相似。如烏老一條、謂近來村學究作、不知此唐人所錄、見太平廣記、其人非出近代也。曹娥碑一條、據三國演義爲說、不知傳奇非史也。婦人能文一條、謂劉琬丫頭能熟誦靈光賦、花面丫頭字出劉禹錫詩、劉琬丫頭無典也。詩讖一條、謂冰鏡不安臺爲梁武帝詩、不知梁書作元帝也。不妄稱人一條、謂鮑照問惠休己與靈運優劣、不知詩品所載乃顏延年也。人日一條、謂虞摯不知曲水爲不學無術、不知束晳傳所載乃摯虞、卽字仲治作文章流別論者也。纏足一條、引雜事祕辛、亦不知爲楊慎依託。蓋一時興至輒書、不暇檢閱耳。

西峯字說三十三卷、江西巡撫採進本

明曹學佺撰。學佺有易經通論、已著錄。是書分天、地、人三大部。而天部止三卷、人部止三卷、地部乃居二十七卷。其中或引說文小篆之解、或又僅就楷字發義。如解春字以爲三畫象三陽、雖與說文不合、而義尚可通。若解冬字以爲反文之反、卽陰變陽之義、不知反文云者、所據何典。且合計通部之中、解字者十之一二、不解字者十之七八。若天官占驗、地理郡國、排次成卷、皆與字說無與、亦莫解其故。明史藝文志不載此書。福建通志載此書而不載卷數。殆學佺沒後、後人重其忠義、掇拾殘稾刻之、故詳

略不齊，體例亦不畫一也。四庫之中，無類可附，姑存其目於雜家焉。

射林八卷（浙江范懋柱家天一閣藏本）

明朱光裕撰。光裕字仁仲，蘇州人。萬歷中諸生。是書取平日所見聞者論次之，曰輿象系、君臣系、政事系、藝文系、禮樂系、疆戎系、由賦系，皆爲發策決科而設，中多沿襲舊聞。間有深中時弊者，如取士制祿、防禦之類，亦不爲無見。惟其決震澤、墮廢會通河諸論，揆之時勢，皆不可行。至欲仿海運鑿新河，則又邱濬之偏見矣。

青溪暇筆三卷（江蘇巡撫採進本）

明姚福撰。福字世昌，自號守素道人，江寧人。是編皆劄記讀書所得，及雜錄耳目見聞。其首卷所述明初軼事，多正史所不載。惟體用字見周易正義，福乃以爲宋儒以前無此字，出於佛典。至其取鄭謚之說，謂異姓可以爲後，而深駁陳淳之論，其爲乖剌，又不止訓詁間矣。

讀書雜記二卷（安徽巡撫採進本）

明胡震亨撰。震亨有海鹽縣圖經，已著錄。是編乃其讀書筆記。如引元稹白集序，證刊版始唐長慶中；引顏師古匡謬正俗，證柏梁詩傳寫之謬；引劉孝標世說註，證蜀都賦有改本；引杜牧詩，證木蘭爲黃陂人；引孟元老東京夢華錄，證爆仗字；引朱子陸游詩，證豆腐緣起；引曾慥類說，證李賀容州槎語；引王象之碑目，證顧況仙遊記，皆語有根據。他如辨孔子防墓，辨周稱京師，亦俱明確。以及元鄉試錄條格、贊寧譯經論、道藏源流諸條，亦足以資考據。惟其生於明末，漸染李贄、屠隆之習，掉弄筆舌，多傷佻薄。憤嫉世俗，每乖忠厚。如謂嫦娥織阿兩雌與吳剛共處月中，則調笑及於明神；謂生天生地乃生盤古，應稱三郎，則嘲弄及於古帝。以至明末時事，動輒狂詈，牽及唐之進士，併詆爲賊，其僻亦未免已甚也。

說儲八卷二集八卷（浙江鮑士恭家藏本）

明陳禹謨撰。禹謨有經籍異同，已著錄。是編乃其劄記，皆偶拈一二古事，綴以論說，不出明人掉弄筆墨之習。中多闡揚佛教，大抵沿屠隆、鴻苞之派，但不至如隆之放恣耳。

閒耕餘錄六卷（兩江總督採進本）

明張所望撰。所望字叔翹，上海人。萬歷辛丑進士。官至廣東按察司副使。此其隨筆劄記之文，中頗有所考證，而摭拾舊文者亦多。又兼錄諧謔、果報諸雜事，蓋陳繼儒珍珠船之類也。

書肆說鈴二卷（兩淮鹽政採進本）

明葉秉敬撰。秉敬有字孿，已著錄。是書乃其隨筆劄記，原分三卷，後烏程閔元衢爲之重編，分十一類，併爲上下二卷，而仍載原次於卷首，以存其舊，即此本也。秉敬好爲議論，而考據殊疏。如謂三代皆建寅，若周人建子則二十四氣皆錯，不知古本無二十四氣之名；謂三都賦改草木甲坼爲甲宅，不知周易古本實作甲宅；謂冰凝於水而寒於水爲翰苑新書論文之妙，不知本荀子語，昭明太子文選序亦嘗引用，皆失之目睫之前。至於溺信二氏，謂盲儒之議老子，如叔孫之毀仲尼、桀犬之吠堯舜。又謂讀書不可不學禪。其言尤不可訓也。

蓬牕日錄八卷（福建巡撫採進本）

明陳全之撰。全之字粹仲，閩縣人。萬歷甲辰進士。是編分世務、寰宇、詩談、事紀四門，門各二卷。世務一門多可採。寰宇一門頗參輿記。陳言詩談、事紀則更傷猥雜矣。

歐餘漫錄十二卷（浙江巡撫採進本）

明閔元衢撰。元衢字康侯，烏程人。縣有昇山，山麓有歐陽亭，故昇山一名歐餘山。元衢因以歐餘生自號，併以名其劄記。書中考證間有可採，而膚淺者居多。

秋涇筆乘一卷（浙江巡撫採進本）

明宋鳳翔撰。鳳翔字羽皇，秀水人。萬歷壬子舉人。是書皆載史傳雜事，而附以議論，類多迂闊。其記太倉王千戶入海見龍抱石事，則又涉於神怪矣。

燕居功課二十七卷（安徽巡撫採進本）

明安世鳳撰。世鳳字鳳引，商邱人。萬歷癸丑進士。官定海縣知縣。是編分二十四類，每類子目各五。其議論出入儒釋之間，自謂天地之大，無不闖歷。然所見率皆膚淺，至於標題纖巧，識見偏駁，尤明代山人結習，不足深詰者矣。

仙愚館雜帖七卷（江蘇巡撫採進本）

明黃元會撰。元會字經甫，太倉人。萬歷癸丑進士。是書多剽掇佛老浮談，而於服食修鍊尤所篤信。其名館以仙愚，當由於此。其他雜說引據，亦多謬舛。如唐優宋婦一條，謂德宗爲宋主，點陳言爲佳句一條，謂宋王珪與柳宗元論詩，海棠無香一條，謂彭淵材爲劉淵材。文人題紙一條，謂荀悅稱漢高祖字國，則其他不足詰矣。

戒菴漫筆八卷（浙江鮑士恭家藏本）

明李詡撰。詡字厚德，江陰人。少爲諸生，坎坷不第，年八十餘而卒。所作世德堂吟稾、名山大川記諸書皆已亡佚，惟是編爲其孫如一刊行。皆所記聞見雜說。詡自號戒菴老人，因以爲名。書中稱世宗爲今上，而又載有萬歷初事，蓋隨時綴錄，積久成編，非一時所撰集，故前後不免於駁文也。其間多誌朝野典故及詩文瑣語，而敘次煩猥，短於持擇。於凡諧謔鄙俗之事，兼收並載，乃流於小說家言。惟記蘇軾、黃庭堅眞蹟詩句，可補本集之亡佚；記劉基畫蜀川圖，可證圖繪寶鑑之闕漏；又如論孟子古本同異，則較王士禎池北偶談所摘爲詳。又據三水小牘以證洪邁夷堅志之謬，辨兩山墨談所稱蘇軾有妹嫁秦觀之誣妄諸條，爲沙中金屑耳。

認字測三卷（浙江鮑士恭家藏本）

明周字撰。字有字考啟蒙，已著錄。是書標八十一字，每字各爲疏解一篇，其義欲借以講學，而穿鑿點畫，實則王安石之緒餘而已。既非小學，又非語錄，四庫之中，無類可入，姑附之於雜家焉。

呂氏筆弈八卷（浙江鮑士恭家藏本）

明呂曾見撰。曾見字眉陽，紹興人。由貢生官西安縣教諭。是編前有方應祥、鄒維璉、汪慶伯、呂奇策序，蓋萬歷中人也。首二卷多說經義，其學出於姚江，詆毀程朱頗甚，至謂伊川背師忘本。每篇各有批評，乃純用禪語，殊不免心學習氣。其餘或史論，或雜考，大抵摭楊慎、王世貞、陳耀文、胡應麟、焦竑諸家說部，而以議論貫串之，亦非根柢之學也。

黃元龍小品二卷（浙江巡撫採進本）

明黃奐撰。奐字元龍，歙縣人。是書分醒言一卷、偶載一卷。醒言皆讀書時隨筆劄記之文，所見頗爲迂闊。偶載則鬼神怪異之事，亦多不經。

古今評錄四卷（浙江巡撫採進本）

明商維濬撰。維濬字初陽，會稽人。世所傳商氏稗海，即所輯也。是書皆借古事立論，不出明季纖巧之習。間有考證，每多疏舛。如論以船量物事，謂苻子所紀燕昭王稱豕事在曹蒼舒稱象之前，不知苻子爲苻朗所撰，朗，秦王堅之姪也，其書今已佚，惟見類書所引，如闕龍逢諫桀、齊景公好馬之類，皆假借古人爲寓言，並無事實。維濬徒知燕昭王在蒼舒前，而不知朗在蒼舒後，殊爲失考。其膚淺率此類也。

雪菴清史五卷（浙江朱彝尊家曝書亭藏本）

明樂純撰。純字思白，號天湖子，沙縣人。是書皆小品雜言，分清景、清供、清課、清醒、清福爲五門，每門又各立子目。大抵明季山人潦倒恣肆之言，拾屠隆、陳繼儒之餘慧，自以爲雅人深致者也。

露書十四卷（兩淮馬裕家藏本）

明姚旅撰。旅號園客，莆田人。其書分核篇二、韻篇三、華篇、雜篇、蹟篇、風篇、錯篇、人篇、政篇、籟篇、諧篇、規篇、枝篇、異篇各一，雜舉經傳，旁證俗說，取東漢王仲任所謂口務明言、筆務露文之意，名曰露書。然詞氣儇薄，頗乖著書之體。其核篇所論經義，率毛舉捃拾，無關大旨。韻篇亦猥雜不倫。諧、異諸篇尤多鄙俚，至謂屈原宜放，馬遷宜腐，以其文之繁也，僨亦甚矣。

稽古堂論古三卷（江蘇巡撫採進本）

舊本題明張燧撰。今核其書，即從千百年眼中摘出，蓋坊賈僞立此名以售欺者。鈔本尚新，是近時所依託也。

書蕉二卷（浙江孫仰曾家藏本）

明陳繼儒撰。繼儒有邵康節外記，已著錄。是書皆雜鈔古今名物訓詁及奇文僻字，可供詞藻之用者，隨筆劄記，頗無倫次。如執金吾、秦吉了之類，人所習見者，俱泛載之，徒費簡牘。又如泥孩兒一條，出陸游老學菴筆記，而沒其書名，亦爲攘美。至以闞止爲宰予，渾瑊爲渾珹，陳正敏爲陳所敏，尤失考矣。

枕談一卷（江蘇巡撫採進本）

明陳繼儒撰。僅寥寥數條，自跋謂讀古人書，往往承襲譌謬，因取目前常用之語而考據之，然亦各有所本，非心得也。

偃曝談餘二卷（江蘇巡撫採進本）

明陳繼儒撰。取其平日與客談者，鈔撮成書，無他考證。所紀歷代年號一則，遺漏尤多。前有自跋云，入冬喜負暄讀書，故以偃曝名之云。

明辨類函六十四卷（直隸總督採進本）

明詹景鳳撰。景鳳有書苑補益，已著錄。是書明史藝文志、黃虞稷千頃堂書目俱作詹氏小辨，而世所傳崇禎壬申刊本實作明辨類函蓋後又改名也首列作者辨以發明周子太極圖至蔡氏範極十書之旨次造化辨分理氣至異事八目次人道辨爲篇三曰明自言學也曰行自言治也曰適自言藝也次人品辨爲統二以歷代君臣志得道行者爲得志統以不能行其道者爲齎志統景風宗耿定向之學故所論格物致知及明明德於天下皆以知識爲良知乖隔支離不能窺見本體其於當時爲禪學者雖亦斥之甚力而中無定識往往騎牆如諸子門中謂夫子與老子同生周世爲萬古開辨局又謂佛老倘眞能信之亦足爲淸心寡欲之助仍不免混儒墨而一之又稱孟子在齊三卿往返數年名實竟未加上下尤放言無忌其品藻同時諸人每恨不爲王世貞所知蓋亦文士好名者乃欲附講學以自重議論高而無所歸宿終不免於遊談無根之誚也

澹齋內言一卷外言一卷兩淮鹽政採進本

明楊繼益撰繼益字茂謙松江人是書內言間有考證外言則語錄也議論皆宗二氏其解邵子三十六宮都是春句誤以爲宮闕之宮殊爲疎舛欲删元史一條尤爲悖謬惟解孟子泄泄沓沓一條引說文呭訓多言引荀子諸而沸亦謂多言證泄沓皆多言之意足備一解耳末有陳繼儒跋稱其學道有得蓋爲禪學言之也

說楛七卷兩淮馬裕家藏本

明焦周撰周字茂叔上元人焦竑之子也萬歷庚子舉人其書皆刺取諸書中新穎之語及聞見所及可資談噱者雜載成編不分門類如元微之誚通州史無其事論吳越改元誤以歐陽修五代史與十國世家爲一書亦時有疎舛其稱說楛者取荀子說楛勿聽之義也

譚子雕蟲二卷浙江巡撫採進本

明譚貞默撰貞默有三經見聖編已著錄此書作於崇禎壬午乃其著作堂集之一種所錄祇小蟲賦一篇又名小化書其命意蓋取莊子惟蟲能蟲惟蟲能天及家語倮蟲三百有六十而人爲之長二語因即蟲喻人分爲三十七段每段自爲之註亦和香方禽獸決錄之支流也

福堂寺貝餘五卷浙江巡撫採進本

明茅元儀撰元儀有嘉靖大政類編已著錄此書首有自序云崇禎三年余守大將軍以傲罷爲頭陀於是寺有所感則識之蓋其罷官後所爲也雜記古今語無倫次議論亦多偏駁

蘭葉筆存無卷數兩江總督採進本

明釋本以撰本以字以軒別號亦已又號師嶽叟蘇州人書中載天啟四年董其昌所記玉璽事則猶在其後也又稱先生每書竟必令潛寫壇語蓋潛其本名矣是編首頁題爲蘭葉筆存次頁又題爲愼辭錄所論淳熙祕閣續帖於黃庭內景經點畫形模辨析絲毫蓋即姜夔蘭亭偏傍之意其餘多談書畫亦偶及雜事所稱引者焦竑董其昌語爲多中後雜載詩二十餘首即其自作大抵隨筆紀錄之冊後人鈔合爲帙也其中石頭城謠一條論樂府音節穿鑿附會殊不足據餘皆明末山人語耳

蒙泉雜言二卷浙江范懋柱家天一閣藏本

不著撰人名氏上卷采撮陰陽五行之說牽多穿鑿附會下卷隨筆記載如以書家永字八法爲合於太極兩儀四象八卦之類亦多牽强

東皋雜記一卷浙江范懋柱家天一閣藏本

不著撰人名氏所載皆有明朝野雜事間及經義及音律詩話其中若辨康定易儲薛瑄不諫謂瑄銑修孝宗實錄親見祕閣舊案瑄銜下註以公出則瑄乃未嘗與其事非不諫也此類頗有關於史事至所論樂律謂六十調仲呂所生之黃鍾僅能得黃鍾之半而差强焉考黃鍾無半聲旋宮所用之半聲乃變半聲也止得四寸三分有奇則得黃鍾之半而猶弱焉此書云差强殊不可曉其他亦率多膚末無足採擇

春寒閒記一卷兩淮鹽政採進本

不著撰人名氏卷末自跋稱辛酉三月二十五日記署曰德水又有錢塘厲鶚跋謂是書頗有可觀而疑德水爲德州盧氏子蓋以盧世㴶字德水也案御史題名曰盧世㴶山東德州左衞軍籍直隸涞水人前明進士順治元年起福建道御史以病乞歸其書多錄前人佳事雋語然頗推重李贄

山居代廛一卷浙江巡撫採進本

不著撰人名氏凡臚列山居園居舟居游居瓢居獨居酣居宵居睡居病居十目下引前人閒適之語以應之意以示客故名代廛其所引書有明末陳繼儒巖棲幽事而序題丁亥夏五則當在

國朝順治四年也。

棗林雜俎無卷數。浙江巡撫採進本

國朝談遷撰。遷有海昌外志，已著錄。是書分類記載，凡十二門：曰科牘，曰藝簣，曰名勝，曰器用，曰榮植，曰蹟動，曰幽冥，曰叢贅，曰彤管，曰空元，曰炯鑒，曰緯候。多紀明代軼事，而語多支蔓。其名勝一門，雜引志乘及里巷齊東之語，漫無考證。藝簣亦多疎舛。其餘大抵冗瑣少緒，亦不分卷，疑雜錄未成之本也。

讀書偶然錄十二卷兩淮馬裕家藏本

國朝程正揆撰。正揆字端伯，孝感人。前明崇禎辛未進士，官尚寶司卿。入國朝，授光祿寺丞，官至工部侍郎。是編乃其讀書劄記，議論考證兼而有之。閒出新意，而頗不免踳駁。如以武王上祭於畢爲畢星，引蘇竟傳爲證，未免牽合。論聯句詩二條，一以爲始於柏梁，一以爲起於式微，一書之中，自相矛盾。又解杜甫丹青引，據先帝天馬玉花驄句，以爲至尊含笑，圉僕惆悵，乃深譏肅宗不軫羹牆之念，而斥舊說之非，則不考明肅代三朝受終年月，而臆爲穿鑿，尤固於說詩矣。

見聞記憶錄五卷浙江巡撫採進本

國朝余國楨撰。國楨字瑞人，別號劬菴，遂安人。前明崇禎庚辰進士，官富順縣知縣。是編乃其入國朝以後家居所作。自序稱生平卷帙，盡佚兵火，偶舉所憶，惝怳都如夢境。後其子中恬分爲五卷：曰記文，曰記人，曰記物，曰記異，曰雜記。蓋隨筆纂錄之本，大抵皆明末瑣事，閒涉荒誕，無關考證。又所作雜文並厠其中，亦非得體。

餘菴雜錄三卷兩淮鹽政採進本

國朝陳恂撰。恂字子木，本姓曹，海鹽人。前明崇禎壬午舉人。是書雜說經義詩文，兼載碎事。其論禹治水順行一條，全攘鄭樵之說，不言所自。其引伊世珍瑯嬛記一條，以范雎裹足不入秦語爲女子纏足之證，亦失之不經。

冬夜箋記一卷大學士英廉購進本

國朝王崇簡撰。崇簡字敬哉，宛平人。前明崇禎癸未進士。入國朝，補選庶吉士，官至禮部尚書。是編成於康熙乙巳，皆其隨筆劄記之語。所述格言，多先儒名論，亦閒摘錄古事及同時耳目所見聞，然徵引舊聞，皆不載其出典，亦或偶然記憶未真。如伯夷叔齊姓名一條，云出呂氏春秋及韓詩外傳，今二書並無此文，案論語疏所引乃出春秋少陽篇也。

樗林三筆五卷直隸總督採進本

國朝魏裔介撰。裔介有孝經註義，已著錄。是書分三種：樗林閒筆一卷，樗林偶筆二卷，樗林續筆二卷。閒筆所載多息心養生之論。偶筆上卷多講學之語，下卷皆論史事。續筆則援引先儒，閒參己見，亦頗及明季時事。裔介以講學名，而是編多以二氏爲宗，殆不可解。至續筆內稱楊嗣昌起復入都，白帢布袍，所過驛傳蔬粳而已，勦殺流賊，不遺餘力。襄陽之破，鬱鬱而死云云，未免爲之迴護，則亦不盡公論矣。

雕邱雜錄十八卷直隸總督採進本

國朝梁清遠撰。清遠字邇之，號葵石，眞定人。順治丙戌進士，官至吏部侍郎。是編十有八卷，卷立一名：一曰眠雲閒錄，二曰藤亭漫鈔，三曰情話記，四曰巡簷筆乘，五曰臥痾隨筆，六曰今是齋日鈔，七曰閒影雜識，八曰采榮錄，九曰飽卿談叢，十曰過庭暇錄，十一曰東齋掌鈔，十二曰寧漫筆，十三曰晏如筆記，十四曰西廬漫筆，十五曰晏如齋檠史，十六曰耳順記，十七曰藹翁檠史，十八曰休園語林。皆隨時筆記之文，大抵雜錄明末雜事及眞定軼聞，頗多勸戒之意。惟末年尤信修煉之說，亦閒涉釋氏，至謂心經是古今第一篇文字，蓋禪學元學，明末最盛，清遠猶沿其餘風也。閒有考證，然不甚留意。如九卷載李屏山所作西嵒集序，稱李義山喜用僻事，下奇字，晚唐人多效之，號西崑體，殊無典雅渾厚之氣，反詈杜少陵爲村夫子，是以楊億事爲李商隱事，殆唐宋不辨。又引黃庭堅之言，謂韓退之詩如教坊雷大使舞，學退之不至，即爲白樂天，是以陳師道所評蘇軾詞，蘇軾所評陶潛詩，併誤爲庭堅評韓愈詩之詞，舛尤甚。

欽定四庫全書總目卷一百二十八

欽定四庫全書總目卷一百二十九

子部三十九

雜家類存目六

蔣說二卷（兩淮鹽政採進本）

國朝蔣超撰。超有峩眉山志、已著錄。蔣說者、蓋因其姓以名書、如僧肇著書名曰肇論之類也。而觀其自序、乃轉讀菰蔣之蔣、已爲詭僻。其書雜記聞見、別類分門、附以議論。大旨明鬼而尙儉、尤尊佛氏、至以儒童菩薩化生孔子爲實。然其論時政三十餘條、欲復封建一說、尤迂謬難行。惟卷末記節烈數十條、或可備志乘採擇耳。

雲谷臥餘二十卷、續八卷（浙江巡撫採進本）

國朝張習孔撰。習孔字念難、歙縣人。順治己丑進士。官至山東提學僉事。其書喜議論而不甚考證、多以私臆斷古人。又果於自信。如杜甫之詩皆爲改定、左丘明之傳亦爲刪削。此自有詩文以來無人敢爲之事也。

蒿菴閒話二卷（桂林府同知李文藻刊本）

國朝張爾岐撰。爾岐有周易說略、已著錄。是編乃其劄記之文、凡二百九十六條。顧炎武與汪琬書、自稱精於三禮、卓然經師、不及爾岐。故原跋以是編爲日知錄之亞。然日知錄元元本本、一事務窮其始末、一字務核其異同。是編特偶有所得、隨文生義、本無意於著書。謂之零璣碎璧則可。至於網羅四部、鎔鑄羣言、則實非日知錄之比。如曾子易簀一條、稱嘗見一書、說楚國曾聘曾子爲相、是當時亦曾作大夫、故季孫得以此爲遺云云。案韓詩外傳稱曾子仕於莒、得粟三秉。方是之時、曾子重其祿而輕其身。親沒之後、齊迎以相、楚迎以令尹、晉迎以上卿。方是之時、曾子重其身而輕其祿。又稱曾子仕齊爲吏、後南遊於楚、得尊官。爾岐所謂嘗見一書、當卽指此。然韓嬰採掇雜說、前後已自相違異、豈可引以詁經。顧炎武必無是語矣。其論吳澄三禮考註出於依託、極爲精核。蓋爾岐本長於禮、故剖析鑿鑿。使盡如斯、則方駕日知錄可也。

暑窗臆說二卷（山東巡撫採進本）

國朝王鉞撰。鉞有粤遊日記、已著錄。是編則世德堂遺書之第四種也。前有自序、稱三伏酷毒、揮汗之餘、取架上書、得明人小說百餘種、逡巡讀之、隨讀隨筆。今核其名目、似所讀乃陶珽續說郛也。如辨華野叢聞記劉球事、涉異編勦太平廣記所載慕容垂詩、春風堂隨筆誤記元韶娶魏孝武后事之類、亦間有可採。而體例不善、賓主混淆不辨、孰爲原文、孰爲鉞語、是則排纂之過耳。

聽潮居存業十卷（江西巡撫採進本）

國朝原良撰。良字鳴喜、江西樂安人。順治中貢生。官寧都縣訓導。是書分十編、各立四字標目。一曰明宗正學、前多講學之語、後亦雜論經義。如謂孔子學問源於契、及成湯武丁、謂刪詩存車鄰爲預知秦有趙高之禍、皆失之附會。二曰身世要則、多論世故。如陰德一條、旣云陰德非惟不求人知、亦不可求天知。報應緩急一條、又稱天不急性、却有記性。吾輩於善念善事、須忍耐爲之。隔半頁而自相矛盾。附以讀書作文十六則、亦殊不倫。三曰史會大綱、四曰友古特評、五曰羣古對觀、六曰左國補議、皆史論也。但大綱多論世運盛衰、特評則品藻人物、對觀則摭古之相類者論之、補議則仿呂祖謙左氏博議、柳宗元非國語而斟酌其說耳。七曰讀餘志略、大致如王世貞讀書後而彌爲膚淺。如以考工記爲三代以上之書、不宜附之於周、是併鄭之削宋之斤吳越之劒諸句亦未讀也。八曰元囿餘珍、剽掇舊事、略加評斷、亦史論之旁支。九曰韻林隨筆、皆所作詩話。如謂庾信詩爲梁之特出、唐之先鞭、而文選少載。又謂劉禹錫元稹、白居易與宗楚客同賦金陵懷古詩、則其他可以槩見矣。十曰山野寤言、皆私撰經世之策、尤多迂闊之談。大抵好爲議論、而所學則未能淹貫者也。

匡林二卷（浙江汪汝瑮家藏本）

國朝毛先舒撰。先舒有聲韻叢說、已著錄。是編皆其議論之文、裒爲一集。自序稱讀蘇軾志林、稽諸事理、時或戾焉。因偶爲駁正數段、更取他作之類似者併錄之、得若干篇、名曰匡林。則是書立名、當爲匡正志林之義。而與軾辨者僅二三條、其餘皆自錄集中雜文與近人辨者。然則以裒聚衆作謂之林、以力排俗論謂之匡。觀其小匡文鈔序、以小有所匡爲說、可互證也。先舒嘗與毛奇齡書、戒其詆訶太甚、故持論不似奇齡之獷。然習尙實似奇齡。但奇齡喜談經、先舒喜談史。奇齡好蔓引典籍、先舒好推究事理。奇齡好與古人爭、先舒好與今人爭耳。其中如謂春秋不書隱公卽位、所以誅平王。鄭伯克段之事、罪在段、不在鄭伯。齊桓首止之盟、定王世子爲大惡，皆故爲高論，牽引夢與九齡之文以駁艾南英，亦頗附會。使盡如其題杜詩註之類，則善矣。

庸言錄〔無卷數　浙江吳玉墀家藏本〕

國朝姚際恒撰。際恒字善夫，徽州人。是編乃其隨筆劄記，或立標題，或不立標題，蓋猶草創未竟之本。際恒生於
國朝初，多從諸耆宿游，故往往剽其緒論。其說經也，如闢圖書之僞，則本之黃宗羲；闢古文尚書之僞，則本之閻若璩；闢周禮之僞，則本之萬斯同；論小學之爲書數，則本之毛奇齡。而持論彌加恣肆。至祖歐陽修、趙汝楳之說，以周易十翼爲僞書，則尤橫矣。其論學也，謂周、張、程、朱皆出於禪，亦本同時顏元之論。至謂程、朱之學不息，孔、孟之道不著，則益悍矣。他如詆楊漣、左光斗爲深文居功，則三朝要典之說也；謂曾銑爲無故啟釁，則嚴嵩之說也；謂明世宗當考興獻，則張桂之說也。亦可謂好爲異論者矣。

筠廊偶筆二卷二筆二卷〔內府藏本〕

國朝宋犖撰。犖有滄浪小志，已著錄。是書皆雜記耳目見聞之事。其中如回鴈峰考之類，亦間資考證。然如風雨送春歸一詩，向謂乃無名道士詩，此獨載爲鬼詩。劉廷璣在園雜志又考校字句，辨其是非，實則明人所刊醒世恒言傳奇中詩，不知何以訛傳至是也。亦足徵小說之不足憑矣。

二樓紀略四卷〔浙江巡撫採進本〕

國朝佟賦偉撰。賦偉字青士，襄平人，官寧國府知府。寧國舊有北樓，即南齊謝朓之高齋。明嘉靖中知府朱大器又起文昌臺，設書院其下。賦偉更爲修治，題曰南樓。每乘暇遊宴其間，因雜錄見聞爲此書。多自述其政績及旁涉他事，不盡有關於二樓。既非地志，又非說部，九流之內，無類可歸，姑附之雜家類焉。

介軒遺筆二卷〔江西巡撫採進本〕

國朝史既濟撰。既濟字若川，鄱陽人。是編皆隨筆記錄，多誌其家世本末及江右近事，間及經史，亦罕所考據發明。

復堂雜說一卷〔江西巡撫採進本〕

國朝史白撰。白字堅又，鄱陽人。書中皆雜論經史之語。其解易卦，多尙互體，頗能復古。其餘皆習見之語。首尾僅四十餘則，蓋其隨筆劄記，而後人鈔撮成帙者也。

竹村雜記二卷〔江西巡撫採進本〕

國朝史白撰。亦復堂雜說之類，而條目稍多。其中謂左傳、國語非一人所作，引黃池之會左氏作先晉人，國語作先吳公，先歃爲證，頗能得閒。解壹發五豝以中必疊雙爲誤，解朝隮于西以朱註作雨止爲誤，亦頗見疏剔。至謂桎梏而死爲桎梏於人欲，則殊失之穿鑿。其他亦不能一一精確也。

山志六卷〔江蘇周厚堉家藏本〕

國朝王宏撰撰。宏撰有周易筮述，已著錄。是編乃其筆記之文，議論多而考證少，亦頗及見聞雜事。其論曾子字子輿，孟子受業子思之門人，不應亦字子輿，不知古不諱字，即弟子亦不避師名，董仲舒弟子有呂步舒，漢人最重師承，當時不以爲非也。其論古詩東城高且長與燕趙多佳人當從文選註分爲二篇，不知李善五臣並無此語。此語起於明張鳳翼之纂註，不足爲據。陸機所擬及徐陵玉臺新詠亦均作一首，鳳翼何從知爲二也。其載明世宗論書武成篇有引用歐陽修語，指爲有功於六經。楊一清對以修之解經，僅見武成，宏撰以一清之對爲是，是均未知修自有詩本義也。其載郭正域所刻韻經爲沈約故本，詆居隆未見其書，是韻書原委全未尋檢也。其載簡紹芳之說，辨揚雄未嘗仕王莽，是未核李善文選註王儉集序所引劉歆七略也。其爲楊嗣昌辨冤，亦恩怨之見，不足爲憑。至於紀孫傳庭之死，謂得於其至戚孔攀儒，與史小異，可資參考。其講學諸條，亦皆醇正平允。與孫承澤雖友善，而無所曲徇，頗能去門戶之見，爲可取云。

尙論持平二卷析疑待正二卷事文標異一卷〔浙江吳玉墀家藏本〕

國朝陸次雲撰。次雲有八紘譯史，已著錄。三書皆辨證經史疑義，體例相同，特隨得一二卷，即以付梓，遂各立名目，實則一書而再續耳。尙論持平上卷論五經，下卷論四書及子史，多捃拾瑣說而參以臆斷。如水流溼，火就燥，溼自爲卑溼，燥自爲乾燥，而取秦觀之說，謂溼者土之氣，土者水之妻，夫從妻好，故水流溼；燥者金之氣，火者金之夫，妻從夫令，故火就燥。殊穿鑿無理。謂周南、召南即舜歌之南風，謂詩以邶鄘衛並列存三監也，存三監所以

存殷也。殷祀之絕，有未愜於聖人之心者。謂夫子錄秦風寺人之令，爲預見趙高之禍。謂泰誓武成皆稱紂爲商，證殷爲地名，非國號。皆杜撰無稽。至春秋未嘗擯楚，論語不語怪力亂神，爲指春秋，皆郝敬之謬談。孟子論貴戚之卿，爲陰指田文之將篡。乃于愼行之妄說。管蔡爲殷之忠臣，文王之孝子。九郭子章之悖語。一槩錄之，殊失裁斷。謂尚書逸篇乃逸於孔子之時，不逸於秦火之後。謂忠經眞出馬融，其註眞出鄭元。更漫無考證矣。析疑待正於豳風七月，孟子十一月徒杠成、十二月輿梁成，皆力主周用夏正，與尙論持平中春王正月一條自相矛盾。其推崇僞撰三墳爲古書，蓋陰翺鄭樵之說，而諱其所出。癸辛雜識辨詩序后妃之德句，謂后指文王，妃指太姒。以是例之，則葛覃序稱后妃所自作，將文王與太姒聯句乎。螽斯序稱后妃不妒忌，將以不妒忌加文王乎。其說至爲無理。而亦雲取之，殊不可解。事文標異稱黃帝素問引古月令，案素問無引月令之文，其註中所言乃宋林億等校正引唐月令，與黃帝無關。又稱大學石經本案石經出自豐坊，其政和年號之舛，並合兩賈逵爲一人之謬，誤前人已辨之。九侗艮齋雜說不暇致詳，亦雲又述之，亦爲失考。惟其稱緇衣所載葉公之顧命，註家以爲沈諸梁者，其文實在汲家周書祭公解內，葉字爲祭字之譌，其言有據，可以備一解耳。

在園雜志四卷 浙江巡撫採進本

國朝劉廷璣撰。廷璣字玉衡，號在園，鑲紅旗漢軍。由廕生官至江西按察使，後降補分巡淮徐道。是編雜記見聞，亦閒有考證。頗好譽己詩，似張表臣珊瑚鉤詩話。四卷錄乩仙詩至十五六頁，亦太近夷堅諸志。所記遏大綬伐李自成祖墓事甚詳，然與大綬自序不甚合，疑傳聞異詞也。

妙貫堂餘譚六卷 江西巡撫採進本

國朝龔若宏撰。若宏字任遠，新建人。康熙丙子舉人。是書多記舊聞，隨事論斷。或意所未盡，則本條之下更綴餘論以申之。凡分五類：一曰譚史，二曰譚學，三曰譚詩文，四曰清譚，五曰雜譚，記其鄉人之事爲多。

東山草堂邇言六卷 戶部尙書王際華家藏本

國朝邱嘉穗撰。嘉穗有考定石經大學經傳解，已著錄。是編乃其劄記之文，分經史性命學問政教見聞詩文六門。大抵好爲論辨，而考據甚疎。其有婦人焉一條，以婦字爲嫣字之譌，指爲陳胡公滿，絕無典據。其古文韻語一條，謂中庸仲尼祖述堯舜一章爲隔句用韻，乃孔子贊。如武字土字已見今韻上聲七麌，他如幬字悖字化字大字音皆相近，想古韻可通用，惟如日月之代明，明字乃平聲，不可假借，或當叶作暮字。其說乖謬。託之夢中神授，尤爲怪誕。其三年喪辨一條，謂古禮實三十六月。不知唐王元感已有此說，爲先儒所駁。至謂此說出魯詩世學，係宋本，今坊中無之，是併豐坊不知爲何代人也。哀黎一條，謂哀字非姓非地，殊不可解，當作袁字，是併世說新語未考也。至魚符一條，謂我朝因前明之制，凡朝參官給牙牌懸於腰閒以通禁門，更爲草野傳聞之語。蓋其著書大旨，在於講學。而又好奇嗜博，雜及他事，遂才易務，故畔駁如斯。至五卷見聞一門，全類小說。六卷詩文一門，多論入比，尤與全書不類也。

容槎蠡說十二卷 浙江孫仰曾家藏本

國朝程哲撰。哲字聖跂，歙縣人。此編前有王士禎序，稱其抱博辨之才，具論斷之識，無雷同勦說之弊。然其書雜援瑣聞，不甚考證，大抵皆才士聰明語耳。

道驛集四卷 浙江巡撫採進本

國朝張祖年撰。祖年字申伯，湯溪人。是集其所自編，凡再易刊版乃定。卷一曰正學闡微，泛論四書性理諸書。卷二曰正史闡微，大致似胡寅讀史管見。卷三曰雜文提要，卷四曰雜著提要，大抵多講學之語。祖年自稱張栻二十世孫，故力辨張浚殺曲端事。說論語孟子皆主栻說，而於明英宗免聖賢後裔差役一事，尤頌美不置云。

讀書隨記一卷續記一卷剩語一卷 編修汪如藻家藏本

不著撰人名氏，自題曰湖上逸人，又署上章攝提格，爲庚寅歲，相其版式，蓋康熙中所刊也。其書皆摘錄經史中語，而以己意論斷之，然無所發明。剩語爲詩賦小詞數十首，於句下各加箋註，亦無可採。

卮壇對問六卷 江蘇巡撫採進本

國朝江德中撰。德中有西粵對問，已著錄。是書首卷論支干及日月星雲之事，二卷以下則雜論經史，其自序云、斯編紀事、初詳甲子、譜年也。間存姓氏、慎交也。今覆審是書所載、與二語絕不相應。疑已經他人刪訂、非其原本矣。

經史慧解六卷、浙江巡撫採進本

國朝蔡含生撰。含生字天度、蕭山人。其自署稱固陵者、卽今蕭山縣西興地也。是書雜取經史事蹟人物各著論一篇、凡二百二十一首。其文縱橫辨難、頗似毛奇齡。好爲異說亦似之、然博贍不及也。末一篇論孟子、謂孟子之徒如萬章、公孫丑輩、其言鄙悖淺俚、而惜已不遇孟子。謂僕無從受、孟子無可授、其爲不遇則均。其高自位置、又甚於奇齡。二人生同邑里、或亦聞風而興、變本加厲歟。

任菴語略、無卷數、直隸總督採進本

國朝王建衡撰。建衡有讀史辨惑、已著錄。是編乃其筆記之文。不分卷數、但錄爲上下二冊。自述性喜讀書、儲藏甚富。今觀其上冊所論、皆商濬稗海所載。下冊所論、皆陶宗儀說郛所載也。

嶺西雜錄二卷、江西巡撫採進本

國朝王孝詠撰。孝詠字慧音、吳縣人。自序題彊圉大荒落之歲、當爲乾隆二年丁巳。其時舊唐書猶未刊刻、故孝詠有重刊之議也。是書乃孝詠客遊廣西時作、其中頗紀粵事。而所考證議論、無關於粵者甚多。蓋以成於嶺西而名、非記其風土也。孝詠猶及與朱彝尊等游、故耳目擩染、所言往往有根柢。其中如評李贄屠隆祝允明皆極確當。其論徐炯註李商隱文集、程嬰公孫杵臼事未詳左氏記趙武事、與史記全殊、失之不考。其欲以山海經、老子、莊子、楚詞、水經爲十三經羽翼、則文人好異之談、又墮明人習氣矣。

後海堂雜錄二卷、江蘇巡撫採進本

國朝王孝詠撰。是書成於乾隆甲申、年已七十五矣。多評論古人、亦間及近事。其學多本毛奇齡、故欲以奇齡配孔子廟、未免偏私。其文人相輕一條、載王士禎獎拔趙執信惟恐不及、而執信薄行負心、於其死後作談龍錄云云。案執信爲士禎之甥壻、其相失結釁在士禎生前。故居易錄中論二馮擬才調集有鑄金呼佛之誚、談龍錄序亦有年月可稽。孝詠以爲士禎沒後始著書、非其實也。

南村隨筆六卷、浙江巡撫採進本

國朝陸廷燦撰。廷燦有續茶經、已著錄。此其居家時取平日所見聞雜錄之。而於新城王士禎、商邱宋犖兩家說部採取九多。蓋廷燦爲士禎與犖之門人、故其議論皆本之池北偶談、筠廊隨筆諸書、而略推擴之。其中如辨古人之登高不獨重九、開元寺紙籠勝於磁籠諸條、亦頗見新意。至其載漢設官七千五百餘員、乃後漢之制。不知前漢則其數較倍。推梁蕭子顯之同姓名錄。不知子顯書世已無傳。考據亦時有未密也。

枝語二卷、浙江巡撫採進本

國朝孫之騄撰。之騄所輯尚書大傳、已著錄。是書取花木蔬果之類、各爲詮釋。略於形色性味、而詳於名義。或穿鑿其偏旁、或附會其音聲。偏旁音聲皆不可通、則宛轉假借、牽合故實、以寓議論。大抵以陸佃埤雅爲鼻祖。然埤雅之失在於好引字說、而所長在於考據經典。之騄不效其考據、而效其字說、亦可謂不善學矣。古來著錄之例、草木種植當附農家、名物訓詁當附小學。是書皆近之而皆不類、姑附之於雜家焉。

謌崖脞說五卷、浙江巡撫採進本

國朝章楹撰。楹字柱天、浙江新城人。雍正癸丑進士。官青田縣教諭。是書皆其隨意鈔撮之語、初名噩捱脞說、後更今名。一卷曰詩話、多錄同時諸人贈荅詩篇、而己作亦附見一二。二卷曰昔遊、乃述平生經歷山水佳勝。三卷曰詫異、則記近世異聞、而間證以古事。四卷五卷曰摭軼、則諸書紀載非世所習見者、節錄大略、而以己見發明之、略似史論之體。

書隱叢說十九卷、浙江巡撫採進本

國朝袁棟撰。棟號漫恬、吳江人。是書雜鈔小說家言、參以己之議論、亦頗及當代見聞。原序擬以洪邁容齋隨筆、顧炎武日知錄、棟自序亦云摹仿二書。然究非前人之比也。

然疑錄六卷、江蘇巡撫採進本

國朝顧奎光撰。奎光有春秋隨筆、已著錄。是編乃其筆記之文。其中說春秋者十之五六、說四書者十之二三、其他論史論詩論文及雜論事理者僅十之一二。所徵引不甚博、而立說大抵中理。其論四書、取毛奇齡之淹洽而不取其巧辨。論春秋、駁胡安國諸人之苛刻、而一一原情準勢、皆爲可取。論嘉靖大禮一事、駁張璁、桂萼、方獻夫之說、而謂楊廷和特操之已感遂相激彌甚、可爲持平之議。其論文論詩亦具有所見。惟力駁公羊傳爲尊者諱之文則似持平而實乖理。夫襃貶者是非之公義、聖人不得私也。忠孝者臣子之大分、聖人亦不得越也。董狐之於趙盾、南史之於崔杼、特同爲齊晉之臣耳。若春秋則魯史、孔子則魯人也。其被弒之主若隱公閔公、皆魯之先君。其與弒之人若桓公宣公、亦魯之先君也。書薨而不地、其實固不沒矣。如儼然立其子孫之朝、而奮筆大書以惡逆之名加祖宗、是豈天理之所安、而人情之所安哉。奎光所論、是證父攘羊之直、非聖人之義也。

瀟湘聽雨錄八卷、編修程晉芳家藏本

國朝江昱撰。昱有尙書私學、已著錄。是編乃其弟官常寧知縣時、昱奉母就養、因摭見聞、考訂故實、著爲一編。曰聽雨者、取蘇軾兄弟對牀語也。其中如辨轄神祠卽軫宿旁之左轄右轄長沙翼軫分野、乃土人祀其分星。又如引幽明錄證湞江爲查江、引玉篇北史及歐陽詢書溫彥博碑證案牘以準作准非宋時院吏避寇準名。其言頗有根據。其辨衡山岣嶁碑一篇、考究詳明、知確出近時僞撰、尤足祛千古之惑。惟調言瑣語、頗傷泛濫、不免失之貪多耳。

經史筆記、無卷數、兩江總督採進本

國朝潘繼善撰。繼善有音律節略考、已著錄。是書皆偶拈經史之文、爲之論說。其論經、如堯典月令中星不同、合朔置閏測算南陔無辭、周禮闕冬官、周改時月。論史、如呂后喪心無恥、不得祔於高祖。孫權呂蒙爲漢賊。王守仁不說良知、其所積自能有用、但其心中恍惚若有所見、遂忘前此學問之力、而歸功於良知。其立論亦頗準於理。但皆人人所共知耳。

毛氏殘書三種、無卷數、江蘇巡撫採進本

國朝毛羽宸撰。原本不題書名、亦無序跋目錄。凡分三部。曰理學部、多談心性。曰儒學部、多考證名物典制。曰史學部、則史評也。似全書不止於此、此其殘稾耳。書中頗詆斥朱子。如謂性與天道晦菴以詞章晦之、而晚更以與季通所言者與衆共言、雖欲使禪宗不寄我籬下不可得。其說頗悖。檢書中有閱陶不退閣園集序說一篇、甚推李贄。知其學所由來、源流未正矣。

榴園管測五卷、湖南巡撫採進本

國朝王元復撰。元復字能愚、號醒齋、里籍未詳。是編採永樂性理大全所列周子太極圖說邵子皇極經世書朱子易學啟蒙蔡元定律呂新書蔡沈洪範數諸書、而引伸其說。大抵因襲舊文、而參以臆斷。所附天度月度及雜論數條、亦皆掇拾性理之緒餘。其經書質疑中一條云、童年夢人以書授余、內云惟臥龍無頃刻須臾之悔。又云、八月苦雨、偶看榴花落瓣於河圖之數有會。是皆非篤實之言也。

數馬堂荅問二十卷、福建巡撫採進本

國朝黃名甌撰。名甌字馭卜、福州人。是書九類。一天文、二地輿、三人物、四經書、五史鑑、六人事、七釋老、八飛植、九數學。凡二百六十餘條、而飛植類止一條、爲最少。其體皆設爲問荅、而大抵掇拾陳因、時多舛誤。如牽牛織女一條、曰、問淮南子云七月七夕織女會牛郎。齊諧記謂天河東有織女、天帝之女、因機杼勞苦、天帝憐其獨居、使嫁與河西牽牛之夫、嫁後廢女工、天帝怒、責令歸河東、一年只會一度。事果可信歟云云。考烏鵲塡河以渡織女、白居易六帖引淮南子、而淮南子無此文。安得有七月七夕之說。吳均續齊諧記成武丁條下有織女嫁牽牛五字、何嘗有河東河西之語。其勦撮無稽、大抵此類。卷首引用書目二百四十種、下至快書藏書焚書綱鑑補唐類函閒情偶寄一家言唐詩選歷朝捷錄五車韻瑞韻府羣玉古文析義性理大全六才子書詩經鄉嬛之類、皆據爲典要。而二十一史之外別有史記、十三經之外別有五經三傳孝經爾雅。知其書由雜綴而成也。

鈍根雜著四卷、編修周厚轅家藏本

國朝周池撰。池有讀史偶評、已著錄。是書卷一曰理氣圖說、明盈虛消息、以漸而至窮極必返之義。卷二凡一篇、一曰莊子身生性命子孫說、因莊子知北游篇之語而推廣之。一曰損人利己說、因史夔願體集所論、但言利害、不言是非、故以儒理正之。卷三曰諸凡視白七解詞、則書一自字而闕其中一橫畫、因而推闡其說、凡得七解。自序謂如啞謎隱語、蓋游戲之筆也。卷四凡三篇、一曰論詩經叶韻有誤、一曰卷耳篇辨解、一曰鄘風柏舟篇辨解。

右雜家類雜說之屬、一百六十八部、一千一百零一卷、內七部無卷數、皆附存目。

欽定四庫全書總目卷一百二十九

欽定四庫全書總目卷一百三十

子部四十

雜家類存目七

感應類從志一卷（浙江巡撫採進本）

舊本題晉張華撰。隋唐以來經籍、藝文諸志皆所不載，諸家書目亦不著錄。書中語多俚陋，且皆妖妄魘制之法。其爲依託無疑也。

物類相感志十八卷（浙江巡撫採進本）

舊本題東坡先生撰。然蘇軾不聞有此書。又題僧贊寧編次。按晁公武《讀書志》及鄭樵《通志·藝文略》皆載《物類相感志》十卷，僧贊寧撰。是書分十八卷，既不相符。又贊寧爲宋初人，軾爲熙寧元祐間人，豈有軾著此書而贊寧編次之理。其爲不通坊賈僞撰售欺審矣。且書以物類相感爲名，自應載琥珀拾芥、磁石引鍼之屬。而分天、地、人、鬼、鳥、獸、草、木、竹、蟲、魚、寶器十二門，隸事全似類書，名實乖舛，尤徵其妄也。

物類相感志一卷（浙江巡撫採進本）

舊本題宋蘇軾撰。凡分身體、衣服、飲食、器用、藥品、疾病、文房、果子、蔬菜、花竹、禽魚、雜著十二門，共四百四十八條，皆療治及禁忌之事。疑十八卷之本即因此本而衍之也。

格物麤談二卷（編修程晉芳家藏本）

舊本亦題蘇軾撰。分天時、地理等二十門，與世所傳軾《物類相感志》大略相似。後有元范梈識，斷爲後人假託。他書亦罕見著錄，惟曹溶收入《學海類編》中。蓋《物類相感志》已出僞作，此更僞書之重儓也。

居家必用事類全集十卷（內府藏本）

不著撰人名氏。載歷代名賢格訓及居家日用事宜，以十干分集，體例頗爲簡潔。辛集中有大德五年吳郡徐元瑞《吏學指南》序，聖朝字俱跳行。又《永樂大典》屢引用之。其爲元人書無疑。黃虞稷《千頃堂書目》云，或謂熊宗立撰，恐未必然也。

多能鄙事十二卷（浙江汪啟淑家藏本）

舊本題明劉基撰。基有《清類天文分野之書》，已著錄。是書凡飲食、器用、方藥、農圃、牧養、陰陽占卜之法，無不備載，頗適於用。然體近瑣碎，若小兒四季關、百日關之類，俱見臚列，殊失雅馴。立名取孔子之言，亦屬僭妄。殆託名於基者也。

都氏鐵網珊瑚二十卷（浙江范懋柱家天一閣藏本）

明都穆撰。穆有《壬午功臣爵賞錄》，已著錄。是書與世傳朱存理《鐵網珊瑚》同名。（案存理之書非存理所撰，辨詳本條下。此姑從世俗刊本稱之。）然存理之書分書品、畫品二門，備錄題跋印記，爲張丑、郁逢慶諸書所宗。是書則前四卷皆穆所爲諸書序跋及書畫題跋，卷五以下即穆所作《寓意編》，蓋穆嘗以所見書畫別爲一書，此又以類相從，附於書目之後。然其中忽雜入《書畫銘心錄》，乃何良俊所撰。第七卷內鶺鴒一條，又忽標爾雅二字之目，皆不可解。至第九卷雜錄研銘，皆採自諸家文集，非親見拓本。第十卷以下則鈔僞本張掄《紹興古器評》，十二卷以下則鈔湯垕《畫鑒》，十五卷後半以下則鈔趙希鵠《洞天清錄》，十八卷以下則鈔周密《雲烟過眼錄》，皆非所自著。蓋贍書賈雜裒成編，借穆之名以行也。

水雲錄二卷　兩淮鹽政採進本

明楊溥撰。溥，長沙人，自號水雲居士。千頃堂書目列於劉基多能鄙事後，卽以爲永樂中石首楊溥。然考書中自述有戎務之暇語，則其人乃嘗爲武職者。又所撰有用藥珍珠囊，其書成於宏治中。蓋名姓偶同，非一人也。是編上卷載十二月種植花果、飲饌及文房雜用，下卷分衞生、養生、器用、牧養四門。所記多農圃種畜法，頗爲瑣屑。

李氏居室記五卷　浙江范懋柱家天一閣藏本

明李濂撰。濂有祥符先賢傳，已著錄。是編乃其退老居鄉，築別墅於郊外，有堂有序，各爲撰記。室中器物，悉製箴銘，以寓規警。蓋林居放志之作，故隨所欲言，不以修詞爲意云。

便民圖纂十六卷　安徽巡撫採進本

不著撰人名氏。第一卷爲農務圖十五，第二卷爲女紅圖十六，每圖皆係以竹枝詞一首。第三卷以下分十一類，曰耕穫，曰桑蠶，曰樹藝，曰雜占，曰月占，曰祈禳，曰涓吉，曰起居，曰調攝，曰牧養，曰製造。嘉靖壬子刻於貴州，前有左布政使李涵序，稱鄺廷瑞始刻於吳中，呂經又刻於滇省。其中利民用者甚多。然意求全備，往往冗瑣。如末卷載辟鬼魅法，用桃枝、麗雄黃水，蓋據本草桃枝殺鬼，雄黃殺精魅之說，已爲迂闊。又有祛狐狸法，云妖狸能變形，惟千百年枯木能照之，可尋得年久枯木擊之，其形自見。則據張華然華表照斑狸事，衍爲此法，殆於兒戲矣。其書本農家者流，然旁及祈禳、擇日及諸格言，不名一家，故附之雜家類焉。

鼂采館清課二卷　兩江總督採進本

明費元祿撰。元祿字學卿，鉛山人。鉛山之河口有五湖，其一曰官湖，卽鼂采湖也。元祿構館其上，因以爲名。是書皆記其館中景物及游賞閒適之事。

蕉窗九錄無卷數　江蘇巡撫採進本

舊本題明項元汴撰。元汴字子京，秀水人。家藏書畫之富，甲於天下。今賞鑒家所稱項墨林者是也。是書首紙錄，次墨錄，次筆錄，次研錄，次帖錄，次書錄，次琴錄，次香錄。前有文彭序，稱大半採自吳文定鑒古彙編，閒有刪潤。今考其書，陋略殊甚。彭序亦弇鄙不文。二人皆萬萬不至此，殆稍知字義之書賈以二人有博雅名，依託之以炫俗也。

考槃餘事四卷　通行本

明屠隆撰。隆有篇海類編，已著錄。是書雜論文房清玩之事。一卷言書版碑帖，二卷評書畫琴紙，三卷四卷則筆硯爐瓶以至一切器用服御之物，皆詳載之。列目頗爲瑣碎。其論明一代書家，以祝允明爲第一，而文徵明次之，軒輊亦未盡平允。

游具雅編一卷　編修程晉芳家藏本

明屠隆撰。所載笠杖漁竿之屬，皆便於遊覽之具，故以爲名。卷末附圖四式，一曰太極樽，一曰葫蘆樽，一曰山遊提盒，一曰提爐。雖書中所已具，以其形製皆須圖乃明，故復附繪於末。

筠軒清祕錄三卷　兩淮鹽政採進本

舊本題董其昌撰。其昌有學科考略，已著錄。是書凡列目二十有九，皆論玉石銅磁諸古器及法書名畫之類。前有陳繼儒序，謂可與項元汴蕉林清課並稱。今考其書，卽張應文所撰清祕藏，但析二卷爲三卷。蓋應文之書，近日始有鮑氏知不足齋刊版，附其子丑眞蹟日錄後。從前鈔本流傳，不甚顯著，書賈以其昌名重，故僞造繼儒之序以炫俗射利耳。

墨林快事十二卷　兩淮馬裕家藏本

明安世鳳撰。世鳳有燕居功課，已著錄。此書以所見古器古刻古書畫各爲跋語，凡六百九十五則，多涉議論，頗乏考據之功。

飛鳧語略一卷　編修程晉芳家藏本

明沈德符撰。德符字虎臣，又字景伯，又字景倩，秀水人。萬歷戊午舉人。此書論字墨法帖及古器眞贗之別，皆舉生平所聞見者，凡十八條。其中多與所著敝帚軒剩語相同，疑卽從剩語中鈔出者。曹溶學海類編乃兩收之，未免失於詳檢也。

華夷花木鳥獸珍玩考十卷　浙江巡撫採進本

明愼懋官撰。懋官字汝學，湖州人。是書凡花木考六卷，鳥獸考一卷，珍玩考一卷，續考二卷。或剽取舊說，或參以己語，或標出典，或不標出典，眞僞雜糅，飣餖無緒。如楓樹一條，稱謨按云云，似著此書者名謨。又木蓮樹一條，稱元和十四年夏命道士毋邱元志寫，因題絕句云云，似著此書者在唐代。至衞懿公好鶴一條，不引左傳而引傳奇俚詞，尤爲不考。卷首自序一篇，詞極夸大，過矣。

妮古錄四卷　通行本

明陳繼儒撰。繼儒有邵康節外紀，已著錄。是書多評論字畫古玩，蓋倣趙希鵠洞天清錄、周密雲煙過眼錄而作，然議論殊爲淺陋。

巖棲幽事一卷（通行本）

明陳繼儒撰。所載皆山居瑣事，如接花藝木以及於焚香點茶之類，詞意佻纖，不出明季山人之習。自跋稱陳仲子爲家於陵，尤可嗤鄙。此沿楊修家子雲之誤也。

博物要覽十六卷（兩淮馬裕家藏本）

明谷泰撰。泰字寧宇，官蜀王府長史。其書一卷紀碑刻，二卷紀書，三卷紀畫，四卷紀銅器，五卷紀窯器，六卷紀硯，七卷紀黃金，八卷紀銀，九卷紀珠，十卷紀寶石，十一卷紀玉，十二卷紀瑪瑙珊瑚，十三卷紀琥珀蜜蠟玻璃等物，十四卷紀水晶玳瑁犀角象等物，十五卷紀香，十六卷紀漆器奇石，皆隨所見聞摭錄成帙，未能該備。所論碑版書畫，尤爲簡陋。書成於天啟中，而中有稱明太祖者，殆後人傳寫所改歟。

廣社（無卷數，內府藏本）

明張雲龍撰。雲龍字爾陽，華亭人。是書成於崇禎末年，乃因陶邦彥所作燈謎而廣之。前載作謎諸格，取字義相似者配合一句，暗射成語，後借詩韻平仄分註，以備採用。然語多鈍置，頗乏巧思。

筆錄三卷（浙江范懋柱家天一閣藏本）

不著撰人名氏。卷首題鈔自袁陶齋，亦不知陶齋何人也。所載凡十一類，文房通用至養育禽獸皆載其名義，與一切新法，大旨倣多能鄙事諸書爲之，而瑣屑彌甚。

研山齋珍玩集覽（無卷數，編修勵守謙家藏本）

國朝孫炯撰。炯字華老，大興人，吏部侍郎承澤之孫也。是書取退谷隨筆中所論銅玉磁器及筆墨硯紙印章文玩，與刻版繡繪刻絲之屬，益以炯所見聞，編成此帙，炯自爲序。其中論刻版一條，稱其家有宋版本草綱目四函。考本草綱目乃明萬歷中李時珍所作，安得有宋版也。

老老恒言五卷（浙江巡撫採進本）

國朝曹庭棟撰。庭棟有易準，已著錄。是書皆言衰年頤養之法。前二卷詳晨昏動定之宜，次二卷列居處備用之要，末附粥譜一卷，借爲調養之需。蓋庭棟年七十五時作也。

初學藝引二十三卷（浙江巡撫採進本）

國朝李仕學撰。仕學字亨敏，號退齋，揭陽人。是編本爲初學游藝而作，首冠以格言一卷，其餘分六引，曰文引，曰詩引，曰書引，曰畫引，曰琴引，曰棋引。其文引凡五卷，首論文，次左傳選，次莊子選，次史記選，次韓文選。其詩引凡三卷，首卷分論詩詩體詩學三篇，次卷選漢魏六朝唐詩，末卷專論樂府，分總論、討律、審音、宮調、歌法、題解諸目。其書引凡四卷，分論書書體書法書學等目。畫引四卷亦如之。其琴引四卷，則倣史記之例，編爲琴史，首以古帝王始制琴及善琴者爲十二本紀，而孔子與焉；又表古今人物及七絃十三徽與手勢指法等爲十表；又撰禮書樂書天官書定制書擇材書操縵書正音書爲八書；其三十世家，則能以琴世其家者；其七十列傳，則古今善琴之人也。編末棋引二卷，則自出新意，取邵子之易數以爲棋局。其凡例謂以堯夫爲弈秋，四大爲枰，分野爲罫，日月爲子，晦明爲黑白，嬗遞升降爲劫數輸贏，名曰棋局新書，示與舊譜不同也。其書分八目：一曰說局，總說大意；二曰先天成局，即邵子之日月星辰水火土石也；三曰方圓正局，即先天方圓二圖合而圖之，象天包地外，地處天中也；四曰奇偶變局，即日月星辰水火土石八卦，八而重之爲六十四卦，六而變之爲三百八十四卦也；五曰得數定算，則以元會運世歲月日時爲經，而以十二三十之數反覆相乘也；六曰爛柯甲子，蓋一元十二會全圖也；七曰長安舊聞，則自巳會第三十運至午會第十一運之圖，蓋邵子嘗推數起唐堯甲辰，迄宋之熙寧，仕學此書復增而益之，至於

本朝也；八曰棋閒測議，蓋引黃氏管窺之說以總古今全局也。其名書之意，不過以一元有三百六十運，一會有三百六十世，推之年月日時，其三百六十之數皆與棋合，故以棋局名焉。其亦妄作聰明，弊精神於無用之地矣。

右雜家類雜品之屬，二十六部，一百七十二卷，（內三部無卷數）皆附存目。

欽定四庫全書總目卷一百三十

欽定四庫全書總目卷一百三十一

子部四十一

雜家類存目八

帝皇龜鑑三十四卷、兩淮馬裕家藏本

舊本題宋王欽若撰。欽若事蹟具宋史本傳。是書考宋以來史志書目皆不著錄。詳檢其文、即册府元龜中帝王一部。卷首欽若序、即原書之總類也。僞妄剽竊之書、本不足辨。而既有傳本、恐滋疑誤、是以存而論之焉。

徽言一卷、浙江范懋柱家天一閣藏本

宋司馬光編。光手鈔諸子史集精語、置諸座右以自警。自題其首云、迂叟年六十八、蓋元祐初爲相時也。後有陳振孫跋。載光自題其末云、余此書類舉人鈔書。然舉子所鈔獵其辭、余所鈔覈其意。舉人志科名、余志道德。今是編已失其題末、未知陳氏所載爲全文否。又陳氏稱自國語以下六書。今惟國語家語韓詩外傳孟子荀子五書、疑有佚闕。又每條下間有題識數字者。卷末又列所欲取書名二十二種。蓋未完之稾、後人以光手書重之耳。

臥遊錄一卷、江蘇巡撫採進本

舊本題宋呂祖謙撰。祖謙有古周易、已著錄。是書前有嘉定九年王深源序、後有嘉靖壬午顧元慶跋。凡四十五則。前二十一則全錄劉義慶世說新語。次十八則全錄蘇軾雜著及陶潛集。惟後二則不知爲誰語。其言參差不倫、了無取義。祖謙必不如是之陋。此本出陳繼儒普祕笈中、殆明人依託也。

經子法語二十四卷、浙江巡撫採進本

宋洪邁撰。邁有史記法語、已著錄。邁兄弟竝以詞科起家。此書蓋即摘經子新穎字句以備程試之用者。凡易一卷、書二卷、詩三卷、周禮二卷、禮記四卷、儀禮公羊傳穀梁傳孟子荀子列子國語太元經各一卷、莊子四卷。體例略如類書、但不分門目。與經義絶不相涉。朱彝尊以易法語一卷詩法語一卷之類散入經義考各門之中、題曰未見。未免失考矣。

文苑英華鈔四卷、浙江巡撫採進本

宋高似孫編。似孫有剡錄、已著錄。是編乃採摘文苑英華中典雅字句可供文章之用者、仿洪邁經子法語之例、鈔合成帙。刻本仍以原目爲次、不分卷數。以似孫原序考之、當時實分四卷也。其中以諸本參校、如呂令開蓮峯賦、別本皆作氣開秋爽、此本作氣涵秋爽。賈至早朝詩別本皆作共沐恩波鳳池上、朝朝染翰侍君王、此本作共沐恩波鳳池裏、終朝默默侍君王。李羣玉黃陵廟詩別本皆作迴風日暮吹芳芷、此本作東風日暮吹香芷。皆小有異同。韓愈汴州東西水門記別本俱作請紀成績、此本作皆請紀其成績。又遂極其危句此本作遂持危。亦皆韓集舉正韓文考異所未載。其搜羅亦頗該洽。自序謂周必大奉敕校文苑英華、是書有助焉。然摘錄不具首尾、僅爲詞科餖飣之學爾。

養生雜纂二十二卷、附月覽二卷、兩淮鹽政採進本

宋周守忠撰。守忠號榮菴、案榮古文松字。不知何許人。初以養生宜忌之事按月編錄、名曰月覽。後於嘉定壬午又廣爲雜纂。首爲總敘三篇、次以事類分爲十三部。後人以月覽附刻於後、共爲一書、總題曰養生雜類。非其本名也。

石屏新語二卷、浙江吳玉墀家藏本

舊題宋戴復古撰。復古字式之、天台黃巖人。居南塘石屏山、因以自號。是編以石屏新語爲名、則當爲復古所手著。乃編中惟錄張詢古五代新說陳郁藏一話腴二種、而多所刪節。當是後人依託其名、鈔撮成帙也。

補妒記八卷、浙江鄭大節家藏本

舊本題曰京兆王績編、不著時代。案晁公武讀書志載有此書一卷、謂不知何人所輯。陳振孫書錄解題亦有此書、稱王績撰。因古有宋虞之妒記、今不傳、故補之。其題名與此相合、當即振孫所見之本。其書自一卷至六卷紀商周迄五季妒婦之事。第七卷曰雜妒、謂淫亂而妒及事涉神怪者。第八卷曰總敘、乃雜說文章。自涼張續妒婦賦以下竝闕。故振孫所稱治妒二方已無之。然振孫既云古妒記不傳、而書中又有採自妒記者、不知何據。殆於類書剽取之。至第七卷內宋仁宗尚楊二美人事、乃註云見宋史、則明人已有所附益、非復宋代原書矣。

古今藝苑談槩上集六卷、下集六卷、兩江總督採進本

舊本題俞文豹撰。案文豹宋人、所著吹劍錄外集、已著錄。此編多引明代諸書、蓋僞託也。書中雜採故實、無所辨論。每條下各列書名、而疎舛特甚。如

鄒忌妻妾事出戰國策，而註曰十二國春秋，列子攫金於市事，末增吏大笑之四字，當爲無知書賈鈔撮說部，僞立新名也。

澄懷錄二卷（兩淮鹽政採進本）

宋周密撰。密有志雅堂雜鈔，已著錄。是書採唐宋諸人所紀登涉之勝與曠達之語，彙爲一編。皆節載原文，而註書名其下，亦世說新語之流別，而稍變其體例者也。明人喜摘錄清談，目爲小品，濫觴所自，蓋在此書矣。

女教書四卷（永樂大典本）

元許熙載撰。熙載字獻臣，彰德相州人，參知政事有壬之父也。是編集經書及先儒之言凡有關於女教者，分爲六篇：曰內訓，曰昏禮，曰婦道，曰母儀，曰孝行，曰貞節。

景行錄一卷（浙江范懋柱家天一閣藏本）

舊本題元史弼編。弼字君佐，自號紫微老人，博野人，官至福建行省平章政事，封鄂國公，事蹟具元史本傳。是編成於至元丁亥，所錄格言百餘條，多剽綴省心錄之語，前有弼自序，其詞顛倒可笑，似出妄人所依託。復有明瞿佑序，稱宣德戊申侍太師英國公坐，因問經史中警句可資觀覽而切於修省者，謹寫一編拜獻，以供清暇之一顧。末題門下士瞿佑手錄，時年八十有二。詞亦庸劣，佑似不應至此。考成化丙戌木訥作佑歸田詩話序，雖有太師英國張公延爲西賓之語，然佑自序作於洪熙乙巳，稱老與農圃爲徒，亦竊歸田之號，又稱輟耕隴上，箕踞桑陰，則洪熙時已返江南矣，安得宣德戊申尚作客張輔家哉。其爲假名於佑，尤顯然矣。後又有正德乙亥鎮遠侯顧士隆重刊序，嘉靖甲午衡王重刊序，蓋皆因仍僞本，不及考核耳。

有官龜鑑十九卷（永樂大典本）

元蘇霖撰。霖有書法鉤元，已著錄。是編採前人服官事蹟，彙爲一書，凡分四十類，皆以四字標題。如輔相君王、贊翼皇儲之類，頗涉於俗，且既有陳善閉邪，又有繩愆糾謬、直言極諫之類，亦病於複。體例殊爲猥雜。所引諸書，惟有元諸人言行採自家傳墓誌者，間爲他書所未載，其餘經史子集皆人所習見，論斷尤罕所發明，殊無可採也。

忍經一卷（永樂大典本）

元吳亮撰。亮字明卿，錢塘人。前有馮寅序，稱吳君精於經術吏事，至元癸巳解海運元幕之任，恬淡自居，於纂述歷代帝王世系之暇，思其平生行己惟一忍字，會集羣書中格言大訓，以爲一編。所採皆習見之書，蓋姑以見意云爾。

閒博錄一卷（浙江巡撫採進本）

不著撰人名氏。諸家書目亦不著錄。大都述先正格言及達觀保生之事。卷中有一條，稱吾鄉沈持要詹事今年已八十有三，耳目聰明云云。持要乃沈樞之字。樞，德清人，則此書似當爲宋南渡後湖州人所撰。然書末復有二條，一稱皇朝修經世大典云云，一稱聖朝郊祀祝文天子以下止右丞相得預名云云。經世大典成於元文宗至順二年，據元史百官志，專任右丞相亦自至順元年始，則此書之成又當在至順以後矣。觀卷中採摭舊事，往往直錄原文，沈持要一條疑亦從他書鈔撮，未及改正，其實乃元末人所作也。

女紅餘志二卷（浙江巡撫採進本）

舊本題龍輔撰。據原序所稱，乃武康常陽之妻。序不題年月，不知何許人也。上卷皆採掇新豔字句，陽序稱外父爲蘭陵守，元度公後家多異書。細君女紅中饋之暇，輒閱之，擇其當意者，編成四十卷，屬余游宦京師，細君精差其最佳者手錄之，僅四十之一云云。然皆不著出典，又無一語爲諸書所經見，殆雲仙散錄之流。下卷皆輔所作小詩，亦淺弱不足採錄。錢希言戲瑕稱爲好事者所依託，則明人已灼知其僞。毛晉乃刻之詩詞雜俎中，失考甚矣。

誠齋雜記二卷（內府藏本）

舊本題元林坤撰。前有永嘉周達卿序，稱坤字載卿，會稽人，曾官翰林，所著書凡十二種，此乃其一。誠齋，坤所自號也。作序年月題丙戌嘉平，不署紀元。書中引聶碧窗詩，與古人並列，聶爲元初道士，則是書在後矣。中皆剽掇各家小說，飣餖割裂，而不著出典，如崑崙奴磨勒一事，分於五處載之，其舛陋可知也。

瑯嬛記三卷（兩江總督採進本）

舊本題元伊世珍撰。語皆荒誕猥瑣。書首載張華爲建安從事，遇仙人引至石室，多奇書，問其地，曰瑯嬛福地也。註出元觀手鈔，其命名之義蓋取乎此。然元觀手鈔竟亦不知爲何書，其餘所引書名，大抵眞僞相雜，蓋亦雲仙散錄之類。錢希言戲瑕以爲明桑懌所僞託、其必有所據矣。

勸善書二十卷（永樂大典本）

明仁孝皇后撰。書成於永樂三年。其所採輯兼及三教。蓋意主勸戒下愚、不及所作內訓之純粹也。

臣鑒三十七卷（內府藏本）

明宣宗皇帝撰。有宣德元年四月御製序。取春秋迄金元人臣事蹟、分善可爲法、惡可爲戒二類。而宋之張俊亦在善可爲法類、品第似未盡允也。

外戚事鑒二卷（浙江范懋柱家天一閣藏本）

不著撰人名氏。千頃堂書目有明宣宗御製外戚事鑒五卷。於漢以下歷代戚里之臣、舉其善惡之迹、併其終所得吉凶、類而列之、得七十九人。宣德元年四月書成、皇親各賜一本。此本所載、大略相符。然所列止五十六人、而書亦祇二卷。殆後人有所竄改合併、非其原書矣。

君鑒五十卷（內府藏本）

明景皇帝撰。景泰四年成書、有御製序。亦分善可爲法、惡可爲戒二類、與宣宗臣鑒相同。而自二十九卷及三十五卷皆紀明祖宗之事、則用范祖禹帝學例也。

昭鑒錄十一卷（浙江范懋柱家天一閣藏本）

明洪武初奉敕撰。案千頃堂書目曰、太祖嘗命禮部尚書陶凱等採錄漢唐以下藩王善惡以爲鑒戒。編輯未竟、復詔秦王傅文原吉、翰林編修王僎、國子博士李叔元、助教朱復、錄事蔣子杰等續修之。洪武六年書成、太子贊善宋濂爲序、即此編也。然虞稷稱其書五卷、又稱一作二卷。此本十一卷、而善可爲法止於元。其後又有先善後惡一門、而惡可爲戒僅止於宋、似尚闕一卷、不知虞稷何以云然也。

永鑑錄二卷（永樂大典本）

明洪武中奉敕撰。凡分六目。一曰篤親親之義、一曰失親親之義、訓朝廷也。一曰善可爲法、一曰惡可爲戒、一曰立功國家、一曰被姦陷害、訓諸王也。每條各舉古事、而以俗語演之、取其易通曉也。

歷代駙馬錄二卷（永樂大典本）

明洪武中奉敕撰。其書取自漢至宋尚主之人、各敘其善惡事蹟、以示法戒、亦演以俗語。

公子書三卷（永樂大典本）

明洪武中熊鼎等奉敕撰。採摭古事、分爲三類。一良臣門、一忠臣門、一姦臣門。其詞較永鑑錄尤俚淺。蓋以訓開國武臣之子弟、故務取通俗云。

帝王寶範三卷（永樂大典本）

明馬順孫撰。順孫、江南人、洪武中布衣。是書雜採經史、分類編輯、其目二十有三。當太祖開創之初、嘗進於朝、冀採以定制作、興禮樂。然擇焉不精、語爲不詳、徒爲老生之常談而已。千頃堂書目載此書作六十卷。今考永樂大典所載、實止三卷。雖編錄時或有合併、不應懸絕至此。殆黃虞稷未見原書也。

使規一卷（浙江汪啟淑家藏本）

明張洪撰。永樂四年、洪以行人司行人奉使往諭緬甸、著有南夷書、已著錄。此書亦是時所作、採古人奉使事迹、勒爲一編、分十有六類。曰忠信、曰節義、曰廉介、曰謙德、曰博古、曰文學、曰識量、曰智慮、曰威儀、曰說辭、曰舉賢、曰咨訪、曰服善、曰詳慎、曰勇略、曰警戒。各列事實於前、而斷以己意。末爲使緬附錄、紀當日往返情形、並載所與緬酋書六篇。

景仰撮書一卷（江蘇巡撫採進本）

明王達撰。達有筆疇、已著錄。是書一名尙論篇、取古人可爲師法者凡五十二事、皆前列舊文、後系以論。率膚淺無意義、又出筆疇之下矣。

學範二卷（浙江巡撫採進本）

明趙撝謙撰。撝謙有六書本義、已著錄。是書分六門。一曰教範、言訓導子弟之法。二曰讀範、列所應讀之書。三曰點範、皆批點經書凡例。四曰作範、論作文。五曰書範、論筆法。六曰雜範、論琴硯鼎彝字畫印章之類。撝謙頗以小學名、而此書所述至爲弇陋。雜範一門、尤爲不倫。蓋家塾訓蒙之式、用以私課子弟耳。懸以爲學者定範、則謬矣。

綱常懿範十卷（江西巡撫採進本）

明周是修撰。是修初名德、以字行、泰和人。洪武中舉明經、由霍邱訓導改衡府紀善。燕王兵入、死之。事蹟具明史本傳。乾隆四十一年賜謚節愍。是編前有自序、稱因閒居感其母彭氏教以忠孝大端、因採輯前言往行、凡十六門、曰明王、良相、名將、循吏、忠烈、純孝、女德、友悌、交契、儒宗、才傑、世昌、清隱、聯芳、德報、尙居、通一千三百九十有六條。解縉作是修墓誌、楊士奇作是修傳、亦皆稱其嘗撰是書、與此本合。史稱其嘗輯古今忠節事爲觀感錄、與此不同。或一書而二名歟。案是修授命成仁、爭光日月。作此書以培植綱常、行不愧言。尤足以風動百世。自宏錄之以傳久遠。然核其所述、大抵荒陋弇鄙、類邨塾野老稍知字義者所爲。殊不似是修之筆。殆原書久佚、而其後人贋補之、如張九齡千秋金鑑錄類也。故今惟錄其文集、而是書則附存目焉。

爲善陰隲十卷、內府藏本

明永樂十三年官撰頒行。前有成祖自製序。所採共百六十五條、各以四字標題。加之論斷、并系以詩。

政訓二卷、兩江總督採進本

明彭韶編。韶字鳳儀、莆田人。天順丁丑進士。官至刑部尚書。諡惠安。事蹟具明史本傳。是編凡文公政訓一卷、皆採掇朱子語類中論政之語。西山政訓、則眞德秀西山集中所載帥長沙及知泉州日告諭官僚之文也。西山政訓之末、舊附心政二經、見張悅序中。此本乃陳繼儒刻入寶顏堂祕笈者。因心政二經有別本自行、故所存僅此二卷云。

聞見類纂小史十四卷、浙江范懋柱家天一閣藏本

明魏偁撰。偁字達卿、鄞縣人。官石城縣訓導。是書內篇十七、皆記人倫文行之足爲世法者。外篇七、記神鬼外國諸事。續篇一、皆雜說。篇各有序有論。大抵據所見聞載之。雖採摭頗繁、而多傷於俚。

食色紳言二卷、兩江總督採進本

舊本題明皆春居士撰、不著名氏。考明本瀛奎律髓有成化丁亥新安守龍遵敘自稱皆春居士。疑卽遵作也。其書凡飲食紳言一卷、勉人戒殺。男女紳言一卷、勉人節慾。皆摭取前人成語及佛經道藏諸書。

奚囊手鏡十三卷、安徽巡撫採進本

明楊循吉撰。循吉有蘇州府纂修識異、已著錄。循吉好蓄異書、聞有祕本、必購求繕寫。是編薈萃諸類書、頗稱博贍。而門目未分、茫無體例。劉鳳王世貞曾分得其稾、後遂散佚。明史藝文志作二十卷。此止十三卷、不知爲鳳家之半部、抑世貞家之半部也。

諸子纂要八卷、內府藏本

明黎堯卿編。堯卿、忠州人。宏治癸丑進士。其書雜鈔諸子之文、以備科舉之用。仿高棅唐詩品彙例、分正宗接武餘響之類、尤爲效顰。棅之品詩、論者已多異議、況以其例品諸子乎。

儼山外紀一卷、編修程晉芳家藏本

舊本題明陸深撰。深有南巡日錄、已著錄。此書載學海類編中、乃曹溶於深儼山堂外集之中隨意摘錄數十條、改題此名。非深自著之書也。

續觀感錄六卷、浙江巡撫採進本

明方鵬撰。鵬有崑山人物志、已著錄。自序謂明初周是修嘗作觀感錄、紀古今孝義之事、其書不傳。因復爲此以續之。凡事蹟顯著者不錄。其人微而事隱、非世所恆見者則錄之。欲使愚夫愚婦皆知觀感而興起焉。然僅據所見摘錄、故搜羅未爲該博云。

物異考一卷、兩江總督採進本

明方鳳撰。鳳有方改亭奏草、已著錄。是書載水異火異旹異木異金石異人異蟲異、凡七條。歷代災異見於正史雜史者不可勝紀。鳳於每條舉二三事、眞所謂挂一漏萬矣。

禱雨錄一卷、兩江總督採進本

明錢琦撰。琦有錢子測語、已著錄。是書因嘉靖乙巳歲旱、乃輯錄古來修德致雨之事、以告守土之官。意在規諷、其持論未爲不正。然自桑林之禱至馬燧之撤土龍、皆歸本人事。而自鬱林石牛以下、乃徵引小說、侈談神怪、蕩然全失其本旨。非惟自亂其例、實亦自穢其書矣。

欣賞編、無卷數、浙江巡撫採進本

不著撰人名氏。徐中行序、但稱沈潤卿。以千頃堂書目考之、乃沈津所編。潤卿其字也。所著鄧尉山志、已著錄。序中所云茅子康伯續者、亦不著其名。卷中有茅一相補閱字、蓋卽其人矣。序稱書十卷、然實止八冊、不分卷數。序稱始於詩法、終於修眞。而書中詩品詞評乃在第三冊、尤顚舛無緒。所載書出陶宗儀說郛者十之八九、皆移易其名。其說郛所無一二種、亦皆妄增姓氏、別立標目。非其本書。至於改竄屠隆碑帖考、尤多舛戾。說郛一百卷、名見孫作所撰陶宗儀傳。世所行本、已非其舊。此更剽竊而變亂之、風益下矣。

諸子品節五十卷、通行本

明陳深編。深有周禮訓雋、已著錄。是書雜鈔諸子、分內品外品小品。內品爲老子莊子荀子商子鬼谷子管子韓子墨子。外品爲晏子子華子孔叢子尹文子文子桓子關尹子列子屈原司馬相如揚

欽定四庫全書總目卷一百三十二

子部四十二

雜家類存目九

羣書摘草五卷、左都御史張若溎家藏本

明王國賓編。國賓號養默、武進人。萬歷甲戌進士。其作此書時、方監榷杭州北新關、未詳其終於何官也。其書仿庾仲容子鈔、馬總意林之例、摘取家語以下至明張時徹說林三十二種、附以兵書七種。每種各摘數段、無所持擇、蓋亦當時書帕之本。

閨範四卷、浙江巡撫採進本

明呂坤撰。坤有四禮疑、已著錄。此編乃其爲山西按察使時所作。前一卷爲嘉言、皆採六經及女誡女訓諸文爲之訓釋。後三卷爲善行、分女子、婦人、母道各一卷。敘其本事、而繪圖上方、竝附以贊。文頗淺近、取易通俗也。當時嘗傳入禁中、神宗以賜鄭貴妃、妃重刻之。後妖書案起、遂以是書爲口實。朱國楨湧幢小品曰、呂新吾司寇廉察山西、纂閨範一書。焦弱侯以使事至、呂索序刊行。弱侯亦取數部入京。鄭貴妃之姪國泰乞取添入后妃一門、而貴妃與焉。衆大譁、謂鄭氏著書、弱侯交結爲序、將有他志云云。所紀與史小異。然國楨與焦竑爲友、目睹刊本、所記似得其真。此本無鄭貴妃序、當爲坤之原本也。

百子咀華十四卷、兩江總督採進本

明胡效臣編。效臣字鍾衡、黃州人。萬歷丙子舉人。官旌德縣知縣。是書取諸子之文而割裂之、或摘其一段、或拾其數語、或撮其數字、以供時文獺祭之用。首列左傳、次六子、次子彙、次則以儒家、道家、法家、兵家分類。又以明人所著參錯於古人之中。不知其體例何在。又題曰焦竑批評。竑之陋何至於此、其依託可不問而知也。

琅琊代醉編四十卷、編修汪如藻家藏本

明張鼎思撰。鼎思有琅琊曼衍、已著錄。是編乃其自給事中謫滁州驛丞時、雜鈔諸史百家之言、臚次成書。名曰代醉編者、歐陽修在滁州時有醉翁亭、鼎思適宦其地、以著書代飲酒也。其書體例龐雜、無所折衷考訂、特借以消閒遣日而已。

蘭芳錄二卷、江蘇巡撫採進本

明徐三重撰。三重有餘言、已著錄。是編皆錄古人輕世遺榮之事、分內外二篇。自序謂內篇近自得、外篇稍假物緣、亦不入世累。然曾點之沂水春風、置之外篇、葉夢得之讀書飲酒、置之內篇、殊不曉其優劣之旨。首冠以論語飯疏食一章、賢哉回也一章、別題曰孔顏樂事、又不在內外篇之數、則恐失講學本色耳。

警語類鈔八卷、安徽巡撫採進本

明程達撰。達字順甫、清江人。萬歷丁丑進士、官至漳泉兵備道。是編取先哲格言善行、分類編次。其目六十、割裂冗雜、殊無倫次。凡例云、是編重理學、故諸儒要語獨詳。然於仙則信淮南之上昇、王母之降漢、於釋則言滅佛之報應、談禪之超悟、均不免自亂其例也。

諸經品節二十卷、通行本

明楊起元編。起元有證學編、已著錄。是編刪纂道釋二家之書。道家凡陰符經、道德經、南華經、太元經、文始經、洞古經、大通經、定觀經、玉樞經、心印經、五廚經、護命經、胎息經、龍虎經、洞靈經、黃庭經十六種。釋家凡楞嚴經、維摩經、心經、金剛經、六祖壇經、圓覺經、楞伽經、藥師經、法華經、無量經、彌陀經、盂蘭經十二種。揚雄太元本爲擬易、諸史皆著錄於儒家、此引之道家、殆晉人老易歸一之旨。至列子沖虛經刪而不載、又不明其故矣。起元傳良知之學、遂浸淫入於二氏、已不可訓。至平生讀書爲儒、登會試第一、官躋九列、所謂國之大臣、民之表也、而是書卷首乃自題曰比丘、尤可駭怪矣。

沈氏學弢十六卷、浙江巡撫採進本

明沈堯中撰。堯中字執甫、嘉興人。萬歷庚辰進士、官至刑部尚書。其自序曰、爲綱二十有四、爲目三百五十有八、皆宇宙內鴻鉅之事、非草木鳥獸之類。然雜採舊文、無所考訂、亦無所別擇。如日月星宿諸占、全錄天官書、而不知太初之法最爲疏漏。論周官則過信俞庭椿之說、以爲冬官不亡、散見五官、而不知割裂五官、有乖經義。蓋雜駁之學也。

霞外麈談十卷、浙江巡撫採進本

明周應治編。應治字君衡、鄞縣人。萬歷庚辰進士。楊德周序、稱爲觀察、不知官何省何道也。是書輯隱逸高尚之事、分霞想、鴻冥、恬尚、曠覽、幽賞、清譽、達生、博雅、寓因、感適十類。大抵以世說新語爲藍本、而稍以諸書附益之。至於雲仙散錄、師古僞杜詩註之類、影撰故實、亦皆捃拾、殊無別裁。又多不見原書、輾轉裨販、如披裘公不取遺金、王摩詰詩中有畫，列子鄭人蕉鹿諸條，尤割裂不成文理。至於宗慤乘風破浪、鮑生愛妾換馬，全與高隱無關。不過雜湊以盈卷帙耳。

朱賢事彙二卷　浙江汪啟淑家藏本

明李廷機撰。廷機有漢唐宋名臣錄，已著錄。是編雜採史書說部所載宋人行事，分爲四十三類。首有自序，謂宋之世風人材，頗類今日，言論行事，往往有可用者云云。宋明之季，儒者如出一轍，此類亦可以觀矣。

說類六十二卷　安徽巡撫採進本

明葉向高編，林茂槐增刪。向高字進卿，號臺山，福淸人。萬歷癸未進士，官至東閣大學士，謚文忠。事蹟具明史本傳。茂槐有諸書字考，已著錄。是書摘唐宋說部之文，分類編次。每類之下，各分子目。每條下悉註原書。然皆習見之典，別無新異。其上細書評語，體例尤爲近俗。

遯世編十四卷　兩淮鹽政採進本

明錢一本撰。一本有像象管見，已著錄。是編紀古來隱逸之士，自唐虞至元，分神隱、眞隱、儒隱、節隱、俠隱、哲隱、達隱、高隱、別隱九類。蕪雜殊甚，疎漏尤多。如不知姓名謂之眞隱，然所謂阮籍遇蘇門山人，即是孫登，不得曰無姓名也。又顧阿瑛以晚年祝髮入之別隱，褚伯秀本爲黃冠，乃入之高隱，梁鴻無排難解紛之事，乃入之俠隱，林靈素詭譎羽流，亦目曰別隱，皆未爲允協。其他亦多科配未確、簡擇未當者。一本研心經學，所著易解能自成一家之言。不應此書獨乖剌如是，蓋一本以建言罷歸，姑借此以抒忘情仕宦之志，考據則非其所留意也。

廉平錄五卷　江蘇巡撫採進本

明傅履禮、高爲表同撰。履禮題長蘆鹽運司知事，爲表題滄州學正，其始末均未詳也。是書採前代至明事蹟，分類編輯。凡廉錄三卷，曰卿相，曰館閣，曰憲臺，曰省郎，曰監司，曰守令，曰武臣。平錄二卷，曰議內，曰外藩，曰郡州，曰列縣。廉者操守，平者聽斷也。每類之中，各以時代爲次。萬歷戊子，長蘆巡鹽御史東莞譚耀刻之，蓋耀命二人編輯，以充書帕者耳。

焦氏類林八卷　江西巡撫採進本

明焦竑撰。竑有易筌，已著錄。是編前有自序，謂庚辰讀書，有感葛稚川語，遇會心處，輒以片紙記之，殘稾委於篋笥，李君士龍見之，乃手自整理，取世說篇目括之，其不盡者，括以他目，譬之溝中之斷，文以青黃，則士龍之爲也。士龍爲上元李登字，然則竑特偶爲標出，而成此書者則登也。凡分五十有九類，皆非奇祕之文。

二十九子品彙釋評二十卷　江蘇周厚堉家藏本

題曰翰林三狀元會選，前列焦竑、翁正春、朱之蕃三人名。其書雜錄諸子，毫無倫次，評語亦皆託名。謬陋不可言狀，蓋坊賈射利之本，不足以當指摘者也。

田居乙記四卷　浙江巡撫採進本

明方大鎭撰。大鎭有荷薪義，已著錄。是編乃其家居讀書時所作。自序謂遇有賞心，輒乙其處，命兒子錄之，故名乙記。分四門：一曰潛見，分記學、記仕二子目；二曰筌宰，分記君、記臣二子目；三曰伐閱，分記操持、記作用二子目；四曰居息，分記家、論記性命二子目。所錄雖皆前人格言善事，然條綴原文，無所闡發，其出處或註或否，體例亦不畫一。

省括編二十三卷　編修勵守謙家藏本

明姚文蔚撰。文蔚有周易旁註會通，已著錄。是編採史傳中先機應變之迹，自春秋至元季，彙爲一書。分言、事、兵爲三類，以省括名編，蓋取太甲若虞機張，往省括於度則釋之義。然兵亦事也，分類未允。間有論斷，亦未見特識。特書生好談作用者耳。

智品十三卷　安徽巡撫採進本

明樊玉衡撰，於倫補葺。玉衡字元之，萬歷乙未進士，官崑山縣知縣。倫字惇之，萬歷辛丑進士，官至右通政。皆黃岡人。是編蒐輯古初至明代用智之事，分爲七門：一曰神品，察兆於未萌者也；二曰妙品，知幾於將至者也；三曰能品，救敗於已然者也；四曰雅品，端士之善應變者也；五曰具品，小才之偶見長者也；六曰譎品，純任術者也；七曰盜品，陰賊害正者也。雜隸古事，而皆不著其所出。如趙簡子欲殺孔子之事，出宋人僞子華子；管仲諸事，出管子輕重諸篇，詞皆依託，而信爲實然，未免失於考證。又輔過絲疵，得列神品，與大禹同科，而文王周公乃僅入妙品，殊爲倒置。至竇良女蠟書滅賊，厥志可尚，而乃列之盜品中，尤乖剌矣。

再廣歷子品粹十二卷　江蘇周厚堉家藏本

舊本題明湯賓尹編。賓尹字嘉賓，宣城人，萬歷乙未進士。官南京國子監祭酒。考明史藝文志及江南通志皆無此書名。卷前題爲百大家批評、會元湯賓尹輯、諸名筆錄註、書林余象斗梓。前有賓尹序。稱雙峰堂余君。鋟正歷子行矣。爰授以廣歷子云云。卷端稱再廣歷子、中縫又稱續廣歷子、已參錯無緒。而所列二十四家子書。又多杜撰名目。如六韜謂之尚父子、詩外傳謂之韓詩子、潛夫論謂之王符子、忠經謂之馬融子、劉晝新論謂之孔昭子、論衡謂之王充子、前後出師表謂之孔明子、陸贄奏議謂之陸宣子、駱賓王集謂之賓王子、殆於一字不通。賓尹雖僅工時文、原非讀書稽古之士、亦不荒謬至此。疑或託名歟。

續說郛四十六卷、通行本

明陶珽編。珽、姚安人。萬歷庚戌進士。是編增輯陶宗儀說郛、迄於元代。復雜鈔明人說部五百二十七種以續之。其刪節一如宗儀之例。然正嘉以上、淳朴未漓、猶頗存宋元說部遺意。隆萬以後、運趨末造、風氣日偷。道學侈稱卓老、務講禪宗。山人競述眉公、矯言幽尚。或清談誕放、學晉宋而不成。或綺語浮華、沿齊梁而加甚。著書既易、人競操觚。小品日增、卮言疊煽。求其卓然蟬蛻於流俗者、十不二三。珽乃不別而漫收之、白葦黃茅、殊爲冗濫。至其失於考證、時代不明。連若水之脚氣集以宋人而見收、鮮于樞之箋紙譜以元人而闌入、又其小疵矣。

智囊二十八卷、內府藏本

明馮夢龍編。夢龍有春秋衡庫、已著錄。是編取古人智術計謀之事、分爲十部。亦間係以評語、佻薄殊甚。

智囊補二十八卷、內府藏本

明馮夢龍撰。夢龍先於天啟丙寅成智囊一書。以其未備、復輯此編。其初刻補遺一卷、亦散入各類。

譚槩三十六卷、內府藏本

明馮夢龍撰。是編分類彙輯古事、以供談資。然體近俳諧、無關大雅。

知非錄二卷、浙江巡撫採進本

明黃時燿編。時燿字德韜、號我素、新都人。是書成於萬歷庚子。雜鈔諸書、分爲內外二篇。內篇之目凡六。首立志、次爲學、次存心、次檢身、次處家、次應世。外篇之目凡三。曰閒適、曰攝養、曰禪觀。各目之中又自分子目、頗爲糅雜。其內篇勦取近思錄、自警編、讀書錄、白沙集、傳習錄、居業錄、擊壤集等書彙合而成、端緒已多岐出。外篇則竟涉異學矣。蓋心學盛行之時、無不講三教歸一者也。

學古適用篇九十一卷、浙江巡撫採進本

明呂純如撰。純如字孟諧、一字益軒、吳江人。萬歷辛丑進士。官至兵部侍郎。是編採前代至明凡前事之可爲後法者、分類編次、爲九十一門。亦間附以論斷。前有自序、謂馮慕岡經世實用、義在憲章當世、而明以前存而不論。馮琢菴經濟類編、羅列雖多、間或不適於用。萬思默經世要略、其揚搉者止於就人彙事、未嘗就事求人。茲編大意、仿三書之體、而所列事蹟則以適於用者爲主。然事變靡常、情勢各異。譬之古方今病、貴於臨證詳求。亦未可執以一定之法、遽謂之適於用也。

經史典奧六十七卷、浙江巡撫採進本

明來斯行編。斯行、蕭山人。萬歷丁未進士。官至福建右布政使。是編於經取易詩書春秋左傳禮記周禮、於史取史記前後漢書、各摘其字句。標題於前、而以經史原文及註詳列於後。蓋以備詞章採擇之用、不爲考證設也。斯行自序云、昉跡於漢雋諸篇。然考林鉞漢雋隨事輯類。此則不分門目、逐卷鈔撮、專採字句之可用者。蓋近司馬光徽語之例、非漢雋例也。書凡六十七卷、而序云八十六卷。豈其後有所歸併、未及追改前序歟。

宗藩訓典十二卷、江蘇周厚堉家藏本

明馮柯撰。柯字貞白、慈谿人。以薦舉侍襄靖王書堂。是編即奉襄王令所作。取史書中諸藩封行事可爲勸戒者、摘錄其略、各係以評。起秦漢、迄金元、得宗屬七百二十三、附與事之臣八十六、共爲評一千一百三十八。萬歷壬寅、其子瑛進之王府、命工刊刻。

清寤齋欣賞編一卷、江蘇巡撫採進本

明王象晉撰。象晉有羣芳譜、已著錄。是書分六類。曰葆生要覽、曰儆身懿訓、曰佚老成說、曰涉世善術、曰書室清供、曰林泉樂事。皆摭明人說部爲之、猶陳繼儒諸人之習氣也。

稗史彙編一百七十五卷、浙江吳玉墀家藏本

明王圻撰。圻有東吳水利考、已著錄。是書搜採說部、分類編次。爲綱者二十八、爲目者三百二十。所載引用書目凡八百八種、而輾轉裨販、虛列其名者居多。如三輔決錄、吳錄、三齊略記、太原記、湘中記、雞林志、申子、尸子之類，析雖博洽，何由得見全帙。又卷首雖列書名，卷中乃皆不註出處，是直剽裂說部，諸編苟盈卷帙耳。

增定玉壺冰二卷（浙江巡撫採進本）

明閔元衢編。元衢有羅江東外紀，已著錄。初，都穆採古來高逸之事，題曰玉壺冰。寧波張𧒀原稍刪補之，題曰廣玉壺冰。元衢以爲未盡，復增定此編，分紀事、紀言爲二卷。仍列穆之原書於所加者，則註增字以別之。山人墨客，莫盛於明之末年，剌取清言，以誇高致，亦一時風尚如是也。據浙江通志，此二卷外尚有補玉壺冰一卷，亦元衢所著，此本不載，殆偶佚歟。

古今長者錄八卷（兩江總督採進本）

明黃文炤撰。文炤字季弢，晉江人，萬曆中諸生。是編輯周秦以迄明代忠厚長者之事，大抵皆取其一節，故人品不甚別擇，末附別品六則，則似薄而實厚者，其導俗之心甚善，書則不免蕪雜也。

逭詞記事鈔一卷、附明良記四卷（江蘇巡撫採進本）

明李鶚翀編。鶚翀字如一，江陰人。逭詞本崔銑所著文集，鶚翀摘其論宋事及明初事蹟者六十一則爲書，其不涉記事者皆不錄。續鈔三十六則，皆前所挂漏也。鶚翀自題云：前鈔成於庚子秋，備閱七載，今春哀諸說部梓行之，發篋得前鈔，因同楊憲副二記附爲一帙。今二鈔之後惟楊儀明良記四卷，前有鶚翀小引，稱與保孤一記皆係祕本，則所謂二記者，乃合保孤記言之，而此本佚其一耳。

清賞錄十二卷（浙江鮑士恭家藏本）

明張翼、包衡同撰。翼字二星，餘杭人。衡字彥平，秀水人。二人皆久困場屋，棄去制義，因共購閱古書，採摭雋語僻事，積而成帙。一刻之秀州，一刻之武林。翼遊盤谷，又重刻焉。然多習見之詞，特剽剟成書，無裨考據。

十可篇十卷（浙江巡撫採進本）

明馬嘉松編。嘉松字曼生，平湖人，萬曆末諸生。是書摘錄子史及諸家小說，分爲十篇，曰可畏、可味、可快、可鄙、可泥、可坦、可遠、可諾、可嘉、可刪。前有陳繼儒序及自序。其可畏、可味、可嘉三編多取古人嘉言善行，以爲法。餘七編多取古人醜行敗德，以爲戒。然徵引錯雜，絕無體例，評語尤多傷輕薄。

舌華錄九卷（浙江巡撫採進本）

明曹臣撰。臣字藎之，歙縣人。是書取前人問答雋語，分類編輯，凡十八門。世說新語之餘波也。所錄皆取面談，凡筆札之詞不載，故曰舌華。取佛經舌本蓮華之意。上起漢魏，下逮明人，頗爲猥雜。原序亦自言近時之事多所潤飾，則非盡實錄可知矣。

元壺雜俎八卷（安徽巡撫採進本）

明趙爾昌撰。爾昌字慶叔，錢塘人，官宣城縣知縣。是書雜採史傳說部，鈔合成編。分勝事、名言二紀，各爲四卷。大致欲仿洗括清夜錄、周密澄懷錄之體，而採掇蕪雜，或註所出，或不註所出，亦無定例，不過陳繼儒之流耳。前有萬曆辛亥笪繼良序，稱采之古者什七，裁之今者什三，則其隨意成書，不盡有典據可知矣。

敎家類纂八卷（編修勵守謙家藏本）

明薛夢李編。夢李字近泉，嘉興人。是書成於萬曆壬子，摭取前人家訓及勸善諸書，薈萃成編，附以議論。分四門，首圖說，次敦倫，次治家，次省身。其言淺近，蓋專爲愚蒙而說。圖說捃拾湊合，深者爲心學諸圖，非常人所解。俚者至於繪畫故事，係之以說，如云這一箇門內站的人是某朝某人云云，又失之太鄙，亦殊無雜不倫也。

益智編四十一卷（浙江巡撫採進本）

明孫能傳撰。能傳有諡法纂，已著錄。是書成於萬曆甲寅，凡分十有二類，曰帝王，曰宮掖，曰政事，曰職官，曰財賦，曰兵戎，曰刑獄，曰說詞，曰人事，曰邊塞，曰工作，曰雜事。每類各爲子目，凡七十有四，俱雜採古來設奇應變之事，間附評語。其凡例有曰：期於盡事而止，不復註所出書。又曰：所採事多斷章取義，其始末應述不及致詳。又曰：是編雅俗竝收，事多踳駁，但取益人意智，眞贋勿問之矣云云。是其書之不足據，能傳已自言之矣。

法敎佩珠二卷（山西巡撫採進本）

明林有麟撰。有麟有青蓮舫琴雅，已著錄。是書成於萬曆甲寅，雜採儒先格言及二氏因果之語。前有許樂善序，稱其摘菁華於三敎，漱芳潤於百家，則固明言其雜以釋道，非純然儒者之書矣。

經世環應編八卷（內府藏本）

明錢繼登撰。繼登字爾先，又字龍門，嘉善人，萬曆丙辰進士，官至僉都御史。是書所採皆史籍權變之術，亦省括編之流也。

愧林漫錄十卷（浙江巡撫採進本）

明瞿式耜撰。式耜字起田，常熟人。萬歷丙辰進士，官至右僉都御史、巡撫廣西，晉文淵閣大學士，兼兵部尚書。大兵下廣西，抗節死之。事蹟具明史本傳。乾隆四十一年賜諡忠節。是編成於崇禎丙子，雜鈔諸儒之言，分爲學問、居心、規家、酬世、在位、積德、讀書、究竟、攝生、依隱十篇。儒墨兼陳，蓋林居時錄以自警，大旨歸於爲善而已，非辯別學術之書也。

掌錄（無卷數，安徽巡撫採進本）

舊本題繡雲居士撰，不著姓名時代。其鈔書格紙邊頁刊繡雲居士，蓋猶其手稟。卷首小序之末有私印曰李輅，而卷中天台陳剛中一條下有自註，亦稱輅少失岵恃，則李輅所作。又上闕有一條云，吾邑顧升伯入丁未會場，特落一人名而登所善門生李光元。考文秉定陵註略，載萬歷丁未湯賓尹爲同考官，有陰嫁申時行子孫卷而改中江西李光元事，非顧升伯，所記爲誤。然可知輅爲萬歷以後人也。其書雜鈔說部，漫無體例，多取之於說郛，亦無異聞。其曰掌錄，意其取拾遺記蘇秦張儀錄書掌中事也。

檢蠹隨筆三十卷（兩江總督採進本）

明楊宗吾撰。宗吾字伯相，成都人，官錦衣衛指揮。大學士廷和之曾孫，修撰慎之孫也。是書爲類二十有四，採掇瑣碎，分條編載，體近類書，而當時邸報及其祖父遺事亦間附焉。又有數條乃駁陳耀文正楊之非，及陳建通紀載楊廷和事之誤。又麗句、瑣語二門，事取詩文詞藻，與全書體例皆不相類，殊爲猥雜。自序稱不問人之棄取，惟意是採，今古駁雜，積成數卷，蓋亦道其實也。

厚語四卷（浙江巡撫採進本）

明錢蓑撰。蓑字懋登，海鹽人。萬歷中由貢生官於潛縣訓導。是編皆錄長厚之事可爲世法者，故曰厚語。分十六類，皆以明人居前，而古事以類列於後。其凡例謂耳目所逮，尤易信從云。

偶得紺珠一卷（內府藏本）

明黃秉石撰。秉石字復子，江寧人。萬歷中以薦爲推官，至嚴州府同知。是編雜採諸書，餖飣少緒，又多不註出典，蓋隨手筆記，未有詮次體例也。

培壘居雜錄四卷（浙江巡撫採進本）

明鄭端允編。端允字思孟，海鹽人，鄭曉之曾孫也。是書雜採諸書勸戒之言，至太上感應篇亦所不遺。雖意主訓誨，而其言不盡出於儒者，蓋雜家流也。

廣百川學海（無卷數，兩江總督採進本）

舊本題明馮可賓編。可賓，益都人，天啟壬戌進士。是編於正續百川學海之外，捃拾說部以廣之。分爲十集，以十干標目。然核其所載，皆正續說郛所有，版亦相同。蓋姦巧書賈於說郛印版中抽取此一百三十種，別刊序文目錄，改題此名，託言出於可賓也。

湘煙錄十六卷（浙江吳玉墀家藏本）

明閔元京、凌義渠同編。元京字子京，烏程人，義渠之舅也，未詳其所終。義渠字駿甫，此書亦題爲烏程人，而太學題名碑作歸安人，蓋二縣同爲湖州倚郭也。天啟乙丑進士，官至大理寺卿。崇禎甲申殉國難，世祖章皇帝賜諡忠介。事蹟具明史本傳。其人自足不朽，而其書乃不出明末山人之習。所分咫聞、清檢、蘭訊、鼎書、奩史、談叢、金亭、補草、志諾、目徧、記十門，標名詭異，大致欲仿段成式酉陽雜俎。其雜採新事，各註所出之書，則欲仿馮贄雲仙雜記，意在標舉幽異，而不免於剽竊類書。如杜甫舊雨今雨之語，見於本集，原非僻書，而註曰六帖，不知白居易六帖無唐事，有唐事者乃宋孔傳續六帖，是既已疎漏，且復舛誤。又卷首參訂姓名列董斯張爲第二，而書中多引廣博物志，即斯張所纂類書，既非其所自撰，何不出斯張所著書名乎。捃拾無根，斯亦顯證矣。

雲薖淡墨六卷（浙江吳玉墀家藏本）

明木增撰。增字生白，雲南麗江土司，世襲土知府。以助餉征蠻功，晉秩左布政使。年甫三十，即謝職。天啟五年，特給誥命以旌其忠。增好讀書，多與文士往還。是書蓋其隨筆摘鈔之本，大抵直錄諸書原文，無所闡發。又多參以釋典道藏之語，未免糅雜失倫。特以其出自蠻陬，故當時頗傳之云。

子史碎語二十四卷（浙江巡撫採進本）

明胡尚洪編。尚洪字叔開，宣城人。是編成於天啟丙寅。明史藝文志著錄。然皆採撫諸書，餖飣而成。分造化、人事、君道、臣術四門，又分子目三百八十有三墳碎宂雜，無復條理。三墳天祿閣外史心書之類，皆僞妄顯然者，亦皆採錄。至如割裂郭象莊子註，謂之郭子，亦自我作古，前此未聞也。

諸子拔萃八卷（內府藏本）

明李雲翔編。雲翔字爲霖，江都人。是書成於天啟丁卯，取坊本諸子彙函割裂其文，分爲二十六類。其杜撰諸子名目，則一仍其舊。古今荒誕鄙陋之書，至諸子彙函而極，此書又爲之重儓，天下之大，亦何事靡有也。

偷湖樵書十二卷（安徽巡撫採進本）

明來集之撰。集之有讀易隅通，已著錄。是書初編六卷，二編六卷，皆採摭唐宋元明諸家之說，以類相從，排纂其文，而總括立一標目。或雜引古書而論之，或先立論而以古書證之。徵摭繁富，頗有考證之處，而細大不捐，蕪雜特甚，亦多有迂僻可笑者。如論經篇中引名賢錄所載朱章樵遇李全之亂，率諸生盛服坐堂上講誦，寇至斂刃而退事；又引宋濂集所紀宋鄭霖講中庸一篇，使寇退不敢攻城事，以爲讀經之效，勝於修齋。其他引讀經却鬼治病事，不一而足。然則以孔門聖籍爲二氏之符籙經懺矣。

博學彙書十二卷（內府藏本）

明來集之撰。凡讀書所得，隨筆記錄，不分門目，惟以類相從，鱗次櫛比，俾可互證。視他書叢雜無次者，較爲過之。然所採多小說家言，如拾遺洞冥諸記，是豈足取以爲據乎。

堯山堂外紀一百卷（浙江鮑士恭家藏本）

明蔣一葵撰。一葵字仲舒，常州人。堯山其讀書堂名也。是書取記傳所載軼聞瑣事，擇其稍僻者，輯爲一編。上起古初，下迄明代，每代俱以人名標目。雅俗並陳，眞僞並列，殊乏簡汰之功。至以明諸帝分編入各卷之中，尤非體例矣。

家規輯要（無卷數，江西巡撫採進本）

明胡𤅢撰。𤅢有拾遺錄，已著錄。是書倣温公家範、呂氏鄉約之意，採輯舊文，排纂成編。大槩爲中人以下設也。

筆記二卷（浙江孫仰曾家藏本）

明陳繼儒撰。繼儒有邵康節外紀，已著錄。此書取雜事碎語，鈔錄成帙，略無倫次。惟所載陸完跋顏書、朱巨川告身一篇，爲鐵網珊瑚、清河書畫舫諸書所未收，亦可以備參考。然已載所著見聞錄中，此亦複出也。

讀書十六觀一卷（浙江孫仰曾家藏本）

明陳繼儒撰。採古人成語，自呂獻可以下凡十六條，聯綴成編，以爲讀書之法。命名之義，蓋擬浮屠氏之十六觀經也。後有跋，云寫前觀畢，夢有老人自稱斵輪翁云云。雖本寓言，究涉荒誕。此編嘗刻入祕笈中，與書畫史誤合爲一。今析出別著於錄焉。

羣碎錄一卷（內府藏本）

明陳繼儒撰。其書隨筆紀錄，不暇考辨，故以羣碎爲名。前有自跋，謂讀書者一字一語不忍棄之。然不應瑣雜如是也。

珍珠船四卷（內府藏本）

明陳繼儒撰。是書雜採小說家言，湊集成編，而不著所出。既病宂蕪，亦有譌舛。蓋明人好剿襲前人之書而割裂之，以掩其面目，萬歷以後，往往皆然。繼儒其尤著者也。

銷夏四卷（內府藏本）

明陳繼儒撰。其書雜錄清勝之事，取其可以銷夏，如冰椅玉帳見於諸小說家者，靡不採錄。纖仄瑣碎，亦可謂徒費心力矣。

辟寒四卷（內府藏本）

明陳繼儒撰。繼儒既作銷夏四卷，又成此書，義例與銷夏相類，如狨座蹲鴟之類，皆泛載之，尤爲拉雜。

古今韻史十二卷（副都御史黃登賢家藏本）

明陳繼儒撰。是書摭拾諸書雋語，分類編次。凡韻人二卷，韻事二卷，韻語三卷，韻詩二卷，韻詞二卷，韻物一卷，皆以古事與明人事參錄，亦世說新語之支流，而纖佻彌甚。

福壽全書（無卷數，內府藏本）

明陳繼儒撰。皆錄前賢格言遺事，自惜福以至好還，凡分二十類，多以因果爲說，蓋意在懲惡勸善，而徵引糅雜，遂近於小說家言。

廣銷夏一卷、廣辟寒一卷、銷夏補一卷、辟寒補一卷、銷夏再一卷、辟寒再一卷、寒夏合再一卷（編修勵守謙家藏本）

明周詩雅撰。詩雅有南北史鈔，已著錄。是編本陳繼儒銷夏、辟寒二書，更著此以推衍之。綴拾叢雜，較之繼儒原書，風更下矣。

可如六卷（浙江巡撫採進本）

明董德鏞撰。德鏞字孔昭，鄞縣人。其書取禽獸魚蟲之事，合於忠孝節義者，分類摘錄，共六十三門。每門又各爲標目，皆冠以可如二字，如云可如鴨可如鷺之類，頗爲近俚。自序謂諸書所載，散見而不聚，隱而義未顯，故特表以出之。其名禽獸魚蟲，其事則人也。其曰可如者，蓋心存乎勸戒也。逐條之下，附以評語，大抵憤世嫉俗之詞，有所激而然也。昔開封阮漢聞嫉明末將帥之怯懦，因輯古來婦人行兵制勝之事，編爲二卷，題曰女雲臺，以深愧之。德鏞此編，其用意與之相類。蓋明之末造，人心世道無不極敝，故士大夫發憤著書，往往如是云。

枕函小史無卷數內府藏本

明閔于忱編。于忱始末未詳。是編凡分二種，一曰譚史，採蘇米志林議論；二曰癖史，雜記古人癖事。各加評點，總不出明季佻纖之習。

擣堅錄二十四卷兩淮鹽政採進本

明朱廷旦撰。廷旦字爾兼，一號旋菴子，嘉善人。天啟中貢生。是書分一百類，每類各爲小序，陳勸戒之旨，而徵引故實列於後，其末又綴以評論。其凡例謂主於破疑掃疾，故刺惡之條溢於奬善。稱擣堅者，謂如病之刺其堅也。所言多主禍福，蓋欲世俗易省耳。

萃古名言四卷浙江巡撫採進本

明趙民獻編。民獻，雲南人。其書刻於崇禎初年。康熙中，交河王琯官通西道時，得之於其子孫，已殘闕失次。琯復增損其文，後任湖廣學政時，以授胡之太刊之。琯任滿擕版北歸，楚士子復爲重刻，故是書有南北二本，此即南本也。其書舉先儒嘉言懿行分類編輯，凡四十六門，多不載所出。其凡例云或趙氏所自言，或他書所常見，故不復細加分別。然體例殊不畫一，各門之後，之太又添綴評語，尤爲蛇足。琯字昭玉，交河人，康熙癸丑進士，官湖廣提學副使。此本皆題王琯，蓋傳刻之誤。之太字聽巖，黃州人，其仕履未詳。

昨非齋日纂二十卷江蘇巡撫採進本

明鄭瑄撰。瑄字漢奉，閩縣人。崇禎辛未進士，官至應天巡撫。此書皆記古人格言懿行，區爲二十類。每類各爲小引，然議論佻淺，徵引亦多雜糅。冥果一類皆出小說家言，尤不可爲典要。

迪吉錄九卷內府藏本

明顏茂猷撰。茂猷字壯其，又字仰子，平湖人。崇禎甲戌特賜進士。是編分官鑑、公鑑二門，皆雜錄諸書因果之事。

明百家小說一百九卷浙江巡撫採進本

舊本題明沈廷松編。廷松號石閭，未詳其爵里。前有自序，題甲戌小寒日，當爲崇禎七年。而其書乃全與
國朝陶珽續說郛同。蓋坊賈以不全說郛僞鐫序目售欺也。

讀書止觀錄五卷浙江巡撫採進本

明吳應箕撰。應箕字次尾，貴池人。崇禎壬午副榜貢生。順治元年
大兵破南京，殉節死。事蹟附見明史邱祖德傳。明末稱復社五秀才，應箕爲首。其克全晚節，尤不愧完人。然是書乃襲陳繼儒讀書十六觀之餘緒，推而衍之，雜引古人論讀書作文之語，而稍以己意爲論斷。語意儇佻，頗類明末山人之派。又每條之末必終以讀書者當觀此六字，五卷皆然，蓋倣十六觀中讀書者當作是觀之例，尤病於效顰。

韋弦自佩錄十二卷浙江巡撫採進本

明朱輔撰。輔號杲菴，建德人，官至餉州知州。此書取唐宋以來議論事實可爲法戒者，分類摘載，分十二門，頗雜以禪門宗旨，未爲精粹。嘗再刻於壺關。及桂林兵燹散佚，康熙四十一年，其子雯重刻於江寧。前有王士禛序，稱仿白孔六帖而作。然六帖乃類書，無所不備，此祇錄前言往行，實趙善璙自警編之流，士禛所言非也。

廣仁品二集無卷數副都御史黃登賢家藏本

明李長科編。長科字小有，揚州興化人。此書闡明佛家戒殺之說，皆雜舉故實，以明因果。題曰二集，當尚有初集，今未之見。

今古鉤元四十卷山東巡撫採進本

明諸茂卿撰。茂卿字子茂，諸城人。是編所取，大都小說爲多，雜糅不倫，又不分門類。引證亦往往疎舛，如第二十一卷吞舟之魚一條，云出劉向談叢，向無是書也。

山樵暇語十卷浙江范懋柱家天一閣藏本

明俞弁撰。弁始末未詳。是書雜錄古今瑣事及詞章典故，間加考據，亦有全錄舊文者，蓋偶隨所得而錄之，故編次皆無倫序，亦多疎舛。如稱唐莊

上書浙帥之類，不一而足。

楊氏塾訓六卷（江蘇巡撫採進本）

明楊兆坊撰。兆坊字思説，杭州人。其書分門編次，自居家至交友服官，每類各引經史成語，以爲法式。蓋家塾童蒙之訓，然較少儀外傳諸書，不及遠矣。

著疑錄九卷（江西巡撫採進本）

明戴有孚撰。有孚字聖山，永新人。是書分十六門，皆鈔撮諸書而成。體例頗爲叢脞，如第一門曰儒，次之以藝文，又次以士，次以老佛仙術，儒即士也，乃分而爲二。又七卷父子祖孫爲一門，附以奴僕，君臣夫婦兄弟乃皆不及，其中舛謬不可殫述。所隸之事與門目不相應者，十之五六，更不解其何說也。

布粟集八卷（浙江范懋柱家天一閣藏本）

不著撰人名氏，但題曰布粟子，又自題其號曰鳳臺，不知何許人也。其書採管子至郁離子，凡八十餘家，各摘數語。自序稱雖不足於連篇大觀，然終身玩之，愈覺有餘味，故曰布粟。然詮次殊無意義，蓋欲仿馬總意林而不及其去取之精也。

九朝談纂（無卷數，浙江范懋柱家天一閣藏本）

不著撰人名氏。輯明太祖至武宗九朝説部雜事，共爲一書。分太祖爲三冊，成祖以下爲七冊。前列所採書目凡五十餘種，而卷內所輯書名，尚有在所列之外者。蓋江少虞事實類苑之類，然採摭未備，去取亦未精也。

觀生手鏡一卷（浙江巡撫採進本）

舊本題潁川布衣編，不著名氏。書中摘載古事，每事綴以評語，所徵引至明代而止。其持論不甚謬，而詞氣儇薄，皆明末山人之習，必萬曆以後人作也。

枕中祕（無卷數，浙江汪啟淑家藏本）

明衛泳編。泳字永叔，蘇州人。王晫今世說曰：吳門之有永叔兄弟，猶建安之有二丁，平原之有二陸，時人號稱雙珠。其弟著作今未見，是編仿馬總意林之體，採掇明人雜說凡二十五種，曰閒賞，曰二六時令，曰國士譜，曰書憲，曰讀書觀，曰護書，曰悅容編，曰勝境，曰園史，曰瓶史，曰盆史，曰茶寮記，曰酒緣，曰香禪，曰棋經，曰詩訣，曰畫譜，曰繪鈔，曰琴論，曰曲調，曰拇陣，曰俗砭，曰清供，曰食譜，曰儒禪。皆隆萬以來纖巧輕佻之詞。前列凡例二十五則，題曰致語，考宋代教坊乃有致語，而泳取以自名，尤可異之甚矣。

百子金丹十卷（內府藏本）

明郭偉編。偉字士俊，泉州人。其書分文編、武編、內編、外編、奇編、正編六門，所採上自周秦，下迄明代，詭立名號，不可究詰。如曹植七啟設爲鏡機子問荅，即割其一段，題曰鏡機子，其大略可知矣。

諸子褒異十六卷（江蘇周厚堉家藏本）

明汪定國編。定國字蒼舒，海寧人。是書採錄諸子，俱取其文字之奧僻者，於佛氏爲尤多，而邵子、張子、蔡季通諸儒之説亦一槩摘入，純駁互見，頗爲糅雜。且所標書名，大半今世所未見，率以意爲之，尤明季錮習也。

欽定四庫全書總目卷一百三十二

欽定四庫全書總目卷一百三十三

子部四十三

雜家類存目十

豐暇觀頤四卷安徽巡撫採進本

不著撰人名氏。有序三首，一稱懶散道人、一稱見廬主人、一稱醉醒逸叟。而卷首復題醉醒逸叟偶閱字。詳其詞氣，當是一人。一題己丑、一題辛卯、一題癸巳，皆不著年號。中引湯賓尹睡菴集。考睡菴集序題萬歷庚戌，則此書在是集之後。己丑爲順治六年、辛卯爲順治八年、癸巳爲順治十一年，是國朝人矣。其曰豐暇，蓋取謝靈運詩臥疾豐暇豫之意。皆雜引文集說部，不分門目。多放曠之言，出入於佛老之閒。至於元帝垂訓之類，亦登簡牘，孰聞之而孰錄之乎。

懿行編八卷浙江巡撫採進本

國朝李澄撰。澄字鏡石，揚州興化人。其書取諸史中嘉言懿行可爲法程者，分類標題。紀事之後，閒爲論斷。遠自上古，近至明代，凡二十九門。每條皆載所採書名，而於前人論斷亦節取其一二焉。

無事編二卷兩淮鹽政採進本

國朝項眞撰。眞字不損，秀水人。前明諸生。入國朝官景陵縣知縣。是書摭拾成文，漫無風旨。雜引故實，皆仍其原文，今古不辨，甚至以喬知之爲晉人，疎陋可知矣。

萊書一卷安徽巡撫採進本

國朝黃生撰。生有字詁，已著錄。是編皆錄載籍中新雋字句。然所採多不倫，蓋亦從類書摘鈔，以備文字之用，非以是爲著述也。

倫史五十卷直隸總督採進本

國朝成克鞏撰。克鞏字清壇，大名人。前明崇禎癸未進士。國朝補選庶吉士，官至保和殿大學士。是編以五倫分五門，各有子目。君臣爲數四十五、父子爲數二十二、夫婦爲數十一、兄弟爲數十六、朋友爲數三十三。考克鞏休致在康熙三年，此書成於康熙十六年。蓋晚歲田居，借編摩以送老。採摭蕪雜，固非所計也。

多識集十二卷直隸總督採進本

國朝魏裔介編。裔介有孝經註義，已著錄。是書凡八種。一曰快書祕錄、二曰廣快祕錄、三曰明百家說，皆雜錄前人之說。四曰耕餘雜語，爲寧陽張攀龍撰。五曰譚韻新書，摘王元禎湖海搜奇等書而成者。六曰遺詩碎金，則皆詩話也。七曰三國問荅，爲陳繼儒撰。八曰裂雲尺牘，爲袁宏道撰。皆取各家原本節錄之，不足以言著書也。

雅說集十九卷直隸總督採進本

國朝魏裔介編。是書採雜記小品凡十九種。一曰劄記內外篇、二曰閒居擇言、三曰小心齋劄記、四曰南臞日箋、五曰忠節語錄、六曰歲寒居荅問、七曰大中、八曰述古自警、九曰居學錄、十曰庸言、十一曰好善編身世言、十二曰荊園小語、十三曰野語、十四曰知至編、十五曰芝在堂語、十六曰管言、十七曰剩言、十八曰中語、十九曰退居瑣言。皆明季及國初人作。亦裔介隨意摘錄，刻爲一集。

佳言玉屑一卷直隸總督採進本

國朝魏裔介編。其體例與多識集、雅說集相同。所採凡陳繼儒讀書十六觀十六條、安得長者言四十二條、巖棲幽事二十九條、徐太室歸有園麈談十一條、屠隆娑羅館清言四十六條，皆取之眉公祕笈中也。

牛戒續鈔三卷直隸總督採進本

國朝魏裔介撰。裔介因世祖章皇帝刊印牛戒彙鈔，乃裒集諸書所載有關於牛戒者，列爲三篇。自序謂發明彙鈔之本旨，而推廣皇上好生之德云。

希賢錄十卷直隸總督採進本

國朝魏裔介編。分爲學、敦倫、致治、教家、涉世五門。每門又各分子目，以嘉言善行分註。乃康熙辛酉裔介致仕後所作。其嘉言多採諸家語錄，善行則兼採雜說，不甚簡汰云。

資麈新聞七卷直隸總督採進本

舊本題國朝魏裔介撰。其書亦鈔撮雜說而成。卷一曰鬼神類，皆記幽冥因果、還魂託生之事。遇仙佛名號，必跳行出格書之，已決非裔介所爲。至附冒襄鐫經靈驗四則，其中先大夫字乃襄自稱其父，亦空一字書之，裔介亦未必如此之憒憒。卷二曰陰陽類，皆方術家言，云出神樞經、洞元經、人元祕樞經。次以楊光先陽宅闢謬，次以星野諸圖。卷三曰詞賦類，皆鈔錄優伶戲文小曲。卷四曰韻學類，全鈔顧炎武唐宋韻譜舊文。卷五無門目，其子目一曰南中遺事，記福王時軼聞，所記黃道周用兵必繫其兩手以防肆掠，殆非事實。一曰都門三子傳，乃王崇簡作。卷六曰盜賊類，記李自成始末，頗稱楊嗣昌之功，而以蔡懋德與李建泰同稱，皆斥爲庸鄙，亦非公論。卷七曰方域類，前爲琉球圖，後全錄張學禮使琉球記。全書皆體例猥雜，謬陋百出，與寄介他書如出二手。又寄介以講學爲事，而此書推尊二氏，如恐不及，亦與其生平言行如出兩人，疑或妄人所託名歟。

嗜退菴語存十卷（浙江巡撫採進本）

國朝嚴有穀撰。有穀字既方，歸安人。是書爲其子我斯所刊，稱其晚年結菴城東隅，顏曰嗜退，網羅古名儒碩輔嘉言懿行，及陰陽圖緯兵農禮樂百家衆流之書，採綜研究，成一家言，用以娛老，名曰語存。析爲內外編，外篇卷帙稍多，故先梓內篇以問世。其書凡分三十類，分隸古事，間附論斷，蓋亦格言之類。我斯所謂陰陽圖緯兵農禮樂者，則未覩焉，豈皆在外編乎。

勝飲編一卷（編修程晉芳家藏本）

國朝郎廷極撰。廷極有文廟從祀先賢先儒考，已著錄。是書雜採經史中以酒爲喻之語，彙輯成編。自序謂不飲而勝於飲，故名之曰勝飲。然所錄僅數十條，簡略太甚。如引祭酒摯壺氏之類，亦多牽率。

經世名言十二卷（江蘇巡撫採進本）

國朝蘇宏祖撰。宏祖字光啟，湯陰人，順治丙戌進士。官知縣。是編多採宋人格言及明人語錄，分志學、明倫、修己、窒欲、慎言、待人、涉世、治家、訓後、治道、當官、用人十二類。其曰經世名言者，自序謂關乎身心之學，所謂名言；裨乎出處之微，所謂經世云。

寄園寄所寄十二卷（江西巡撫採進本）

國朝趙吉士撰。吉士有續表忠記，已著錄。是編採掇諸家說部，分十二門：曰囊底寄，皆智數事也；曰鏡中寄，皆忠孝節義事也；曰倚杖寄，述山川名勝也；曰撚鬚寄，詩話也；曰滅燭寄，談神怪也；曰焚塵寄，格言也；曰獺祭寄，雜錄故實也；曰豕渡寄，考訂謬誤也；曰裂眥寄，記明末寇亂及殉寇諸人也；曰驅睡寄，遺事之可爲談助者也；曰泛葉寄，皆徽州佚聞也；曰插菊寄，皆諧謔事也。所載古事十之二三、明季事十之七八，採掇頗富，而雅俗並陳，眞僞互見，第成爲小說家言而已。

擇執錄十二卷（直隸總督採進本）

國朝王家啟撰。家啟字誠菴，蔚縣人，順治辛卯舉人，官廣東新會縣知縣。是書雜採嘉言善事，分三十四門，蓋鄉閭勸善之書，趙善璙自警編之類也。以擇執爲名，過其實矣。

壽世祕典十八卷（兩江總督採進本）

國朝丁其譽撰。其譽字蜚公，如皋人，順治乙未進士，官行人司行人。是書專爲養生而作，凡分十二門，曰月覽，曰調攝，曰類物，曰集方，曰嗣育，曰種德，曰訓紀，曰法鑒，曰佚考，曰典略，曰清賞，曰瑣綴。所引各條，俱各註書名於其下。大抵撮月令廣義、玉燭寶典諸書爲之。其法鑒、典略二門有錄無書，註云嗣刻，則未成之本也。

同歸集十六卷（內府藏本）

國朝吳調元撰。調元字雨蒼，石城人。據卷首胡世安序，蓋嘗以舉人官教諭者也。是書成於順治丁酉，雜採前古至明末

國初故實，分孝順忠愛孝行世德義門女範放生佛果八門，每條附以論斷。大旨主因果之說，故其自序稱願以是集告天下之讀孔孟書而存菩提心者云。

聞鐘集（無卷數，浙江巡撫採進本）

國朝勞大輿撰。大輿有甌江逸志，已著錄。是編分爲五集，每集前俱有自序，後附其子嵾跋。其三集序中稱順治戊戌楊發落拓如故，蓋嘗舉於鄉而不第者也。所載皆前人格言懿行，末附儒門功過格、當官功過格二篇，乃取袁黃、顏光衷舊本刪補之。其意在勸善規過，而皆主於積德積福因緣果報之說，則亦爲下等人說法者也。

遂生集十二卷（兩江總督採進本）

國朝王晫撰。晫字丹麓，仁和人。是書前有順治庚子晫自序，曰予所纂輯中，善惡果報，捷於影響，無非欲使天下之人不失好生之意，天下之物得遂衆生之情，故以遂生爲名。書中盛陳因果，多參以神怪之說，如文昌化書之類，皆據爲實事，蓋爲悚動下愚設也。晫所作今世說，曰曹顧菴目遂生集爲鶯苑杠梁，文津爲藝林餦餭。文津今未見，此集則了不異人耳。

畜德錄二十卷（江蘇巡撫採進本）

國朝席啟圖撰。啟圖字文輿，震澤人，官內閣中書舍人。是集取周秦以來迄於元明嘉言善行，分爲二十一類，亦閒附批評。取大畜象傳君子多識前言往行以畜其德之義，故以名書。

四本堂座右編二十四卷（江西巡撫採進本）

國朝朱潮遠編。潮遠字卓月，揚州人。其序自稱朱子之後，當有所考也。是書成於康熙甲辰，分四門：一曰起家，二曰治家，三曰齊家，四曰保家。每門又各分六子目，每日爲一卷，皆雜採前言往行，因舊文而稍刪潤之。

敦行錄二卷（浙江巡撫採進本）

國朝張鵬翮撰。鵬翮有忠武志，已著錄。是書輯古來嘉言善行，以敦本適用分上下卷，中間又分二十一門。書成於康熙丁巳，後十年丁卯，慈谿縣知縣方允獻爲之註。蓋鵬翮官浙江巡撫時也。所紀皆厚德之事，而以徵驗一篇終之，則近乎因果之說，涉於有爲而爲矣，故列之雜家類焉。

學仕要箴五卷（江蘇巡撫採進本）

國朝張圻編。圻字邑翼，崑山人。卷首徐元文序，謂莘田侍御始集仕學格言，圻續爲纂輯，凡分十類：曰存心，曰省身，曰型家，曰處物，曰養蒙，曰舉業，曰居官，曰臨民，曰仕宦，曰愼刑。首標蔣伊鑒定。伊卽序所稱莘田侍御，是此書實伊所作，而圻稍增益之。其標曰鑒定者，蓋讓其名於圻耳。

秦氏閨訓新編十二卷（江蘇巡撫採進本）

國朝秦雲爽撰。雲爽有紫陽大旨，已著錄。是書成於康熙丙寅，因呂氏閨範而增損之，而分爲后妃女主女道兄弟婦道妯娌嫡庶母道後母雜錄處變十一目，則體例略殊。

庸行篇八卷（浙江巡撫採進本）

國朝牟允中撰。允中字叔庸，天津衞人。是書因揚州史典願體集而參補之。皆先正格言，分門編輯，自達觀以至警醒，凡三十三類，每類採輯數十則。大都取其明白顯易，可以訓俗化愚。其立敎類有允中自著讀書之法，兼論及於時文，竝引八股講論數條，蓋以訓其家塾子弟者也。

人道譜（無卷數，浙江巡撫採進本）

國朝閔忠撰。忠歸安人。是書仿劉宗周人譜之意，以孝弟忠信禮義廉恥爲人之要，分爲八集，各爲標目，雜採史事而各引先儒之說以發明之。

讀書樂趣八卷（內府藏本）

國朝伍涵芬撰。涵芬字芝軒，於潛人。康熙丁卯舉人。是書首載朱子四時讀書樂歌，以見命名之意。然四詩晦菴集不載，據仙居縣志，載此四詩，題爲縣人翁森作。稱森字秀卿，號一瓢，宋亡後隱居不仕，著有一瓢集云云。則涵芬題爲朱子者誤也。書中分盪胸滌心適緣怡情論文勵業品詩七類，而怡情類半載花譜，品詩類附入己作，亦冗雜之甚。

硯北雜錄（無卷數，編修勵守謙家藏本）

國朝黃叔琳編。叔琳有硯北易鈔，已著錄。是書上至天文地理，下至昆蟲草木，凡經史所載，旁及稗官小說，摭其所見，各爲採錄，亦閒附以己意。大抵主於由博返約，以爲考據之資。中多簽題黏補之處，皆叔琳晚年手自刪改，蓋猶未定之本也。

孝史類編十卷（浙江巡撫採進本）

國朝黃齊賢編。齊賢字敬思，嘉興人。是編前列孝經，次述歷代帝王孝行，次述歷代孝子，各以事蹟相似者分類紀之，凡二十有二門。孝爲百行之原，發於至性，各不相師，未可冗陳條目，至於修道度親一門，尤爲二氏之言，非儒者之道矣。

經術要義四卷（浙江巡撫採進本）

國朝高元標撰。元標字乘山，嘉興人。其書雜採舊文，分門排纂，自孝行至閨範凡二十五目，末附報應一門，所徵引尤涉荒誕。標曰經術要義，未免名實不符矣。

查浦輯聞二卷（浙江巡撫採進本）

國朝查嗣瑮撰。嗣瑮字德尹，海寧人。康熙庚辰進士，官至翰林院侍講。是書乃鈔撮雜家之言，可資博覽者，大抵皆節錄原文，無所考據，閒有自附新語，不過數條。下卷內有西湖事蹟十餘則，乃以補吳焯錢塘志所未及者。其以鶴林玉露爲葛立方作，未免筆誤。至以楊瑀爲楊琚，以葉子奇爲葉子才，則校刊者之疎也。

會心錄四卷（衍聖公孔昭煥家藏本）

國朝孔尚任撰。尚任有節序同風錄，已著錄。是編雜採古人清言佳事，略如沈括清夜錄、周密志雅堂雜鈔之例。自序云不考出處，不次前後，不分體例，閒有複譌者，亦懶於刪。蓋林居多暇，姑以寄意而已，非有意於著書也。

範家集略六卷（原任工部右侍郎李友棠家藏本）

國朝秦坊撰。坊字表行，號儼塵，無錫人。是編分身範程範、文範、言範、說範、闈範。自周秦以及明代，凡前賢格言懿行，彙爲一帙。然頗冗雜，如宋太祖誓碑一事，既以帝王之事雜於臣庶中，而不殺柴氏子孫，亦無預於身範也。

範身集略八卷（浙江巡撫採進本）

國朝秦坊編。坊範家集略以身範爲先，然僅書中之一門，未爲賅備，故繼爲此編，專明範身之義。分爲八部，曰成部、應部、容部、貞部、愼部、坦部、辨部、誡部。每一部爲一卷，各有子目，共二十六目。範家集略皆不載所出之典，而此所徵引，必註某人某文，體例較善。然捃摭旣富，亦不免儒墨兼陳。

閑家編八卷（浙江巡撫採進本）

國朝王士俊撰。士俊字犀川，平越人。康熙辛丑進士，官至河東總督。是編分家訓、家禮、家政、家壼四門，又各立子目，皆雜引古書，閒參以己見。大抵習見之詞。其家壼之名，又頗嫌杜撰，於古無稽也。

訓俗遺規五卷（江蘇巡撫採進本）

國朝陳宏謀編。宏謀有大學衍義輯要，已著錄。此書乃其爲江蘇按察使時，以獄訟繁多，因集古今名言人人易曉者，勒成四卷，刊布宣諭。後無錫華希閔爲之重刻，又益以邵寶手帖、顧憲成示兒帖、高攀龍家訓，及國朝張英聰訓齋語，及其先世悰韡所著家勸，共爲一編云。

學統存二十四卷（江西巡撫採進本）

國朝朱士宗撰。士宗有史學正藏，已著錄。是書分二十四門，各爲一卷，多摘錄前人之說。其自序謂周有老莊，宋有象山，明有文成，兼之宗杲、大鑑輩，日與吾黨爭理，卽濂洛關閩復生，不能驟起而勝也。大抵攻陸王之學，以尊程朱。然書名學統，而中多雜引史事及說部諸書，龐雜不可枚舉。至志異一門，尤多怪誕不經之語，如清異錄所載繾綣司氤氳大使之類，豈亦有關於道學之統乎。

權衡一書四十一卷（直隸總督採進本）

國朝王植撰。植有四書參註，已著錄。是編雜採諸書之言，而間斷以己意。分類四十，子目一百四十九。每一類爲一卷，惟制勝分二子卷，故爲四十一卷。其曰權衡一書者，自序謂王充有論衡，蘇洵有權書，論衡、權書皆爲一家之私意，而此一書則合古今之嘉言而爲之權衡也。然惟其爲一家之言，故其析理有定說，雖偏而不雜。植乃聚百家之言，連篇累牘，繁而無章，忽似類書，忽似說部，其病正在不主一家也。

多識類編二卷（兵部侍郎紀昀家藏本）

國朝曹昌言撰。昌言字禹拜，新建人。是編乃其劄記之文，分動物、植物二門，雜採諸書所載物性物理，以儷語聯綴成文，頗爲博洽。前有南城陶成序，稱雍正丁未仲夏，昌言以疾卒，年二十有八。其兄以所著格物類纂二卷付梓，乞成爲序。所稱書名與此本不符。末有其兄茂先所作行狀，則稱昌言聞名山勝蹟、異卉奇葩，必周歷遊覽，考究本末，閒從野老農夫詢動植情形，得其實，歸卽筆之於書。所著有玉隆紀游、多識類編、輿圖輯略、四書薈言諸書。今仍名多識類編，殆初名格物類纂，後改今名歟。

養知錄八卷（編修曹錫齡家藏本）

國朝紀昭撰。昭有毛詩廣義，已著錄。是編乃其訓課家庭之作，雜引諸書所載嘉言懿行，而以己意發明之。分爲八門，一曰論事父母舅姑，二曰論別夫婦內外，三曰論處兄弟妯娌，四曰論教子孫，五曰論厚宗族，六曰論御奴僕，七曰論制財用，八曰通論。大旨皆爲家庭以內而設，故不及涉世之事。其曰養知錄者，自序謂人爲利欲所昏，習俗所染，於是盡失其本心之明，豈人本無知哉。蓋所以喪其良心者有由然耳。特爲指其大義，以養其良知良能，故曰養知云。

閑家類纂二卷（侍講學士彭紹觀家藏本）

國朝彭紹謙撰。紹謙字濟光，長洲人。乾隆丁卯舉人，官至曹州府桃源同知。是編裒輯治家格言，分爲十類，曰敦倫，曰培本，曰學術，曰閑邪，曰愼交，曰壼教，曰貽謀，曰治生，曰馭下，曰廣愛。貽謀門後附家塾課約一篇，則紹謙所自述也。大旨爲啟導下愚而作，故多涉於計較利害。然不談因果，亦不談神怪，在勸善書中，猶爲不詭於正云。

課業餘談三卷（編修程晉芳家藏本）

國朝陶煒撰。煒字賓玉，秀水人。其書仿釋名、廣雅之體，採輯經史中淺近而易解者，以類編載。自天地至古音轉注，分二十有一篇。大概人所習知，稍加裒綴，別無考訂之處。甚至採昭明文選之註，連行累牘，而沒所自來，尤非著書之體。

福壽陽秋（無卷數，內府藏本）

國朝魏博編。博字約之，江寧人。其書凡分五集，首集爲勸善篇，二集爲省克編，三集爲修齊錄，四集爲秦庭鏡，五集爲清涼散。皆取前人格言，編次成書。大旨勸人修福延壽，故以爲名。然多主於因果報應，故不免闌入二氏之說。

言行彙纂十卷（江蘇巡撫採進本）

國朝王之鈇撰。之鈇號朗川，湘陰人。是編分四十門，皆雜采古人嘉言懿行，以己意潤飾之，皆不著所出，亦不盡原文。所存蓋通俗勸善之書，爲下里愚民而設者，故語多鄙俚，且多參以禍福之說云。

諸儒檢身錄一卷（鴻臚寺少卿曹學閔家藏本）

國朝令狐亦岱撰。亦岱字太峰，猗氏人。由左翼宗學教習官縉雲縣知縣。是編卽其官縉雲時所刻。雜採諸儒格言，分爲八門：曰讀書，曰講學，曰治心，曰持躬，曰處事，曰接物，曰理家，曰居官。共一百六十二條，各以己意發明之。詞旨淺近，蓋爲初學設也。

心鏡編十卷（浙江巡撫採進本）

國朝譚文光撰。皆裒輯前言往行之可爲法戒者，故以心鏡爲名。分敦倫、修身、勸學、積德、治家、居官、涉世、愛物、樂天、養生十類，每一類爲一卷。取格言舊本鈔撮而成，亦自警編、厚德錄之類。

子苑一百卷（衍聖公孔昭煥家藏本）

不著撰人名氏。鈔本之首有簪園主人、麥溪張氏二小印，不知爲著書之人，爲藏書之人也。其書雜採諸子，分人倫、性行、學業、政事、人事五門，每門之中又各分子目。於一事而彼此異同，或字句有增損者，皆參校分註。其用意頗不苟，而所載泛濫太甚。如博物志舊列小說家，謂之子可也；水經注則史部地理之書，檀弓亦經部禮記之文，總曰子苑，名與實不相應也，是亦愛博之過矣。

右雜家類雜纂之屬，一百九十六部，二千七百二十三卷，（內十三部無卷數）皆附存目。

欽定四庫全書總目卷一百三十三

欽定四庫全書總目卷一百三十四

子部四十四

雜家類存目十一

五子纂圖互註四十二卷（浙江巡撫採進本）

宋龔士卨編。士卨爵里無考。前有自序，題景定改元。蓋理宗時人。又有三私印，一曰龔氏，一曰子質，一曰石廬子，蓋其字與號也。是書於老子用河上公註，凡二卷；於莊子用郭象註，附以陸德明音義，凡十卷；於荀子用楊倞註，凡十卷；於揚子法言用李軌、柳宗元、宋咸、吳祕、司馬光五家註，凡十卷；於文中子中說用阮逸註，凡十卷。每種前各有圖，而於原註之中增以互註，多引五經、四書及諸子習見之語，未能有所發明。其於文中子則竝無互註，體例殊未畫一。至老子之首列三圖，一曰混元三寶，一曰初眞內觀靜令，一曰金丹。莊子之首惟列周子太極圖。荀子之首列三圖，一曰欹器，一曰天子大路，一曰龍旂九斿。揚子之首列二圖，一曰渾儀，一曰五聲十二律。文中子之首列二圖，一曰世系，一曰年表。無一足資考證者。而莊子因大宗師篇有太極二字，遂附會以周子之圖，尤爲無理。核其紙色版式，乃宋末建陽麻沙本，蓋無知書賈苟且射利者所爲。因其宋人舊刻，姑存其目，以備考耳。

藝圃蒐奇十八卷補闕二卷（編修汪如藻家藏本）

舊本題明徐一夔編。一夔字大章，天台人，僑寓嘉興。元末嘗官建寧教授。（案一夔官建寧教授，見其始豐稾與危素書，明史本傳不載，蓋偶未考其文集。）洪武初徵修禮書。王禕又薦修元史。

辭不至。後起爲杭州教授。又召修大明日歷。特授以翰林官。以足病辭歸。事蹟具明史文苑傳。勤勝野聞稱其官杭州教授時。以表文忤旨收捕斬之。殊爲妄誕。野聞託名徐禎卿。多齊東之語。此亦其一也。是書前有至正戊申自序。稱錢塘陳子彥高避兵檇李。惠子之五車。茂先之三十乘。攜以俱來。適余亦棲止是邦。嘗得借觀。茲編皆古今名人雜著之小者。從無刊版。彥高檢有副本。悉以贈余。裝成若干冊。名之曰藝圃搜奇云云。彥高陳世隆字也。故是書或亦題世隆所編。凡一百三種。其中舛謬顚倒。不可縷舉。其最甚者。如褚少孫補史記。自前代即附刊史記中。並非祕笈。而取爲壓卷。名曰史記外編。又佚其平津侯列傳建元以來侯年表二篇。摯虞文章流別論。乃鈔藝文類聚太平御覽之文。猶有所本也。至谷神子即博異記。醴泉筆錄即江休復嘉祐雜志。蘇軾格物麤談即僞本物類相感志。俞琬月下偶談即席上腐談。楊萬里誠齋揮麈錄即王明清揮麈錄。晁說之墨經即晁子一墨經。大抵改易書名人名以售其欺。至鎦績雖元明閒人。而霏雪錄成於洪武中。此編既輯於至正戊申。猶順帝之末年。何以預載其書。且所錄灌畦暇語與李東陽重編殘闕之本一字不易。豈元人所及見邪。其爲近時所僞託。不問可知矣。原本有錄無書者凡十三種。

國朝曹寅爲補錄之。釐爲一卷。然寅亦爲姦黠書賈所紿也。

柏齋三書三卷。浙江范懋柱家天一閣藏本

明何瑭撰。瑭有醫學管見。已著錄。是書一爲陰陽管見。一爲樂律管見。一爲儒學管見。大都好爲異說以自高。如論陰陽則以周子相生之說爲不可信。於張子正蒙。邵子經世諸書皆排詆其失。論樂律則以蔡元定律呂新書爲不可行。并譏禮經之樂記爲過當而失實。論儒學則以朱子爲欠明切。而眞德秀大學衍義於大學之道實亦不知。皆所謂一知半解也。末有崔銑跋。銑學頗醇正。而極稱所論之超卓。殊不可解。

六詔紀聞二卷。戶部尚書王際華家藏本

上卷曰會勘夷情錄。乃嘉靖十四年建昌道兵備副使俞夔處置四川鹽井衞土千戶與雲南麗永二府土舍爭界事公移案牘。下卷曰南荒振玉。乃乩仙方海何眞人與夔等倡和之詩。南京吏科給事中彭汝嘉合刻傳之。夔門人李應元爲之序。二卷一記邊防。一談神怪。殊爲不倫。殆於無類可歸。姑隸之雜編。附存其目。夔建德人。正德丁丑進士。汝嘉嘉定州人。正德辛巳進士。

木鐘臺集。無卷數。副都御史黃登賢家藏本

明唐樞撰。樞有易修墨守。已著錄。此編凡分二十九種。曰禮元剩語。曰眞談。曰語錄。曰遊錄。曰周禮因論。曰因領錄。曰三十測。曰咨言。曰感學編。曰答言。曰韓園窩雜著。曰證道。曰偶客談。曰疑謚。曰海議。曰國琛集。曰未信編。曰館論。曰易修墨守。曰法綴。曰列流測。曰宋學商求。曰枝辭。曰積承錄。曰政問。曰冀越通。曰嘉禾問錄。曰春秋讀意。曰激衷小擬。析門分類。俱各冠以序文。其別行之本已各存目。此其總匯之本也。

邱陵學山。無卷數。浙江吳玉墀家藏本

明王文祿編。文祿有廉矩。已著錄。此本乃其彙刻諸書。以擬宋左圭百川學海。故以邱陵學山爲名。所載以千字文編次。自天字至師字。凡七十四種。然欲矜繁富而考訂未精。故類多删節原文。不能全錄。又以前人文集所已載者析出而附益之。彊立名目。牽率殊甚。至海沂子以下數種。皆文祿自著之書。而亦闌入其中。尤不出明人積習。非但遠遜左圭。即視商維濬。吳琯輩相去亦懸絶矣。

陸學士雜著十一卷。浙江巡撫採進本

明陸樹聲撰。樹聲有平泉題跋。已著錄。是編皆其所著雜說。曰汲古叢語一卷。曰適園雜著一卷。曰陸學士題跋二卷。曰耄餘雜識一卷。曰禪林餘藻一卷。曰陸氏家訓一卷。曰善俗稗議一卷。曰病榻寤言一卷。曰清暑筆談一卷。曰長水日鈔一卷。其中亦有別本單行者。此則其門人子弟所合刊成帙者也。

陸文定公書。無卷數。江蘇巡撫採進本

明陸樹聲撰。是集首列適園雜著。次清暑筆談。次善俗稗議。次鄉會公約。次題跋。皆其罷官家居時所作。較陸學士雜著所刊少五種。而多鄉會公約一種。蓋其刻在雜著前也。

兩京遺編五十七卷。內府藏本

明胡維新編。維新餘姚人。嘉靖己未進士。官監察御史。是刻凡新語二卷。賈子十卷。鹽鐵論十卷。白虎通二卷。潛夫論二卷。仲長統論一卷。風俗通十卷中論二卷人物志三卷申鑒五卷文心雕龍十卷共十一種以所採皆漢文故以兩京名書其中如徐幹雖名附魏志然卒於建安二十二年附之漢末可也至於劉邵爲魏人劉勰爲梁人序乃稱以其文似漢而進之王充論衡劉向說苑實皆漢人之文又以其卷帙之多而棄之去取殊無義例且文心雕龍純爲四六駢體而云其文似漢尤乖謬之甚矣

紀錄彙編二百十六卷浙江鮑士恭家藏本

明沈節甫編節甫烏程人嘉靖己未進士官至工部左侍郎諡端靖是書採嘉靖以前諸家雜記裒爲一集凡一百一十九種其中有關典故者多已別本自行其餘如王世貞明詩評之類則文士之餘談祝允明志怪之類又小說之末派一槩闌入未免務博好奇傷於冗雜且諸書有全載者有摘鈔者甚或有一書而全錄其半摘鈔其半者爲例亦復不純卷帙雖富不足取也

左傳國語國策評苑六十一卷江蘇巡撫採進本

明穆文熙編文熙有七雄策纂已著錄是編凡左傳三十卷國語二十一卷戰國策十卷左傳用杜預註陸德明釋文而標預名不標德明之名國語用韋昭註宋庠補音戰國策用鮑彪註參以吳師道之補正均略有所刪補非其原文蓋明人凡刻古書例皆如是謂必如是然後見其有所改定非徙翻刻舊文也其曰評苑者蓋於簡端雜採諸家之論云

中都四子集六十四卷江蘇巡撫採進本

明朱東光編東光字元曦浦城人隆慶戊辰進士官分巡淮徐道以老子在亳莊子在濠梁管子在潁淮南子在壽春皆中都所轄地因與鳳陽府知府張登雲裒而刊之老子二卷用河上公註莊子十卷用郭象註管子二十四卷用房元齡註及劉績增註淮南子二十六卷用高誘註時郭子章奉使鳳陽每書各爲之題詞其書刊版頗拙校讐亦略又於古註之後時妄有附益殆類續貂遂全失古本之面目書帕本之最下者也

明小史八十九卷浙江巡撫採進本

不著編輯者名氏彙輯明人傳記說部凡四十六種皆習見之本所錄迄於嘉靖中殆隆慶萬歷閒人所刊也

山居清賞二十八卷內府藏本

明程榮編榮字伯仁歙縣人是編列南方草木狀至禽蟲述凡十五種多農圃家言中惟茶譜一種爲榮所自著採摭簡漏亦罕所考據

今獻彙言八卷浙江巡撫採進本

明高鳴鳳編案明史藝文志高鳴鳳今獻彙言二十八卷此本止八卷據其目錄所列凡爲書二十五種乃首尾完具不似有闕蓋其版已散佚不全坊賈掇拾殘剩刻八卷之目冠於卷首詭爲完書也

呂公實政錄七卷山西巡撫採進本

明呂坤撰坤有四禮疑已著錄是書皆其歷官條約之類第一卷爲明職第二至第四卷曰民務第五卷曰鄉甲約皆巡撫山西時所作第六卷曰獄政第七卷曰憲約則爲山西按察使時所作其門生趙文炳巡按湖廣時校刊之總題此名中憲約前有陳登雲重刊一序題萬歷癸巳而文炳序作於萬歷戊戌反在其後蓋諸書各有單行之本文炳特彙而刻之存其原序也

天學初函五十二卷兩江總督採進本

明李之藻編之藻有頖宮禮樂疏已著錄初西洋人利瑪竇入中國士大夫喜其博辯翕然趨附而之藻與徐光啓信之尤篤其書多二人所傳錄因裒爲此集書凡十九種分理器二編理編九種曰西學凡一卷曰畸人十論二卷曰交友論一卷曰二十五言一卷曰天主實義二卷曰辯學遺牘一卷曰七克七卷曰靈言蠡勺二卷曰職方外紀五卷器編十種曰泰西水法六卷曰渾蓋通憲圖說二卷曰幾何原本六卷曰表度說一卷曰天問略一卷曰簡平儀說一卷曰同文算指前編二卷通編八卷曰圜容較義一卷曰測量法義一卷測量異同一卷句股義一卷其理編之職方外紀實非言理蓋以無類可歸而綴之於末器編之測量異同實自爲卷帙而目錄不列蓋附於測量法義也西學所長在於測算其短則在於崇奉天主以炫惑人心所謂自天地之大以至蠕動之細無一非天主所手造悠謬姑不深辨即欲人舍其父母而以天主爲至親後其君長而以傳天主之教者執國命悖亂綱常莫斯爲甚豈可行於中國者哉之藻等傳其測算之術原不失爲節取乃併其惑誣之說刊而布之以顯與六經相鬬鬩則傎之甚矣

今擇其器編十種可資測算者、別著於錄。其理編則惟錄職方外紀、以廣異聞。其餘槩從屏斥、以示放絕。併存之藻總編之目、以著左袒異端之罪焉。

合刻五家言無卷數、安徽巡撫採進本

明鍾惺編。惺有詩經圖史合考、已著錄。是書一曰道言、凡十二卷、卽文子也。二曰德言、分上下二卷、卽劉晝新論也。三曰術言、卽鬼谷子也。四曰辨言、卽公孫龍子也。五曰文心雕龍、凡十卷。各書俱有專行之本、不可强合而別立標題。務爲詭異、可謂杜撰無稽矣。

夷門廣牘一百二十六卷通行本

明周履靖編。履靖字逸之、嘉興人。是編廣集歷代以來小種之書、幷及其所自著、葢亦陳繼儒祕笈之類。夷門者、自寓隱居之意也。書凡八十六種、分門有十。曰藝苑、曰博雅、曰食品、曰娛志、曰雜占、曰禽獸、曰草木、曰招隱、曰閒適、曰觴詠。觀其自序、藝苑博雅之下有尊生書法畫藪三牘、而皆未刊入。所收各書、眞僞雜出、漫無區別。如郭橐駝種樹書之類、殆於戲劇。其中閒有一二古書、又删削不完。如釋名惟存書契一篇、而乃題曰釋名全帙、尤爲乖舛。其所自著、亦皆明季山人之窠臼。卷帙雖富、實無可採錄也。

鹽邑志林六十二卷浙江巡撫採進本

明樊維城編。維城、黃岡人。萬歷丙辰進士。崇禎中以福建按察司副使家居、張獻忠陷黃州、抗節死。事蹟附見明史樊玉衡傳。是編乃維城官海鹽縣知縣時輯海鹽歷朝著作、共爲一集。凡三國三種、晉二種、陳一種、唐一種、五代一種、宋三種、元一種、明二十九種。其中如陸績易解之類、多出鈔合。明人所著、又頗删節。大抵近說郛之例。其最舛誤者莫如顧野王之玉篇廣韻直音。玉篇自唐上元中經孫强增加、宋人又有大廣益會之本、久非原帙。舉今本歸諸野王、已爲失考。又玉篇自玉篇、廣韻自廣韻、乃併爲一書、尤爲舛謬。且玉篇音用翻切、竝無直音之說。忽以直音加之野王、更不知其何說。考首卷訂閱姓名、列姚士粦、鄭端允、劉祖鍾三人。士粦固當時勝流、號爲博洽者也、何其誤乃至於是哉。

張氏藏書四卷浙江鮑士恭家藏本

明張應文撰。凡十種。曰簞瓢樂、曰老圃一得、曰蘭譜、曰菊書、曰先天換骨新譜、曰焚香略、曰清閟藏、曰山房四友譜、曰茶經、曰瓶花譜。其清閟藏尚可資賞鑒考訂、別有刊本、附其子丑清河書畫舫後、已著於錄。其餘九種、大抵不出明人小品之習氣。其山房四友譜中所稱以史記眞本刊今本之譌者、詭誕無稽、不足與辨。簞瓢樂中粥經一篇、摹仿論語、託諸孔子之言、尤可駭怪。一條云、小子何莫喫夫粥、粥可以補、可以宣、可以腥、可以素、暑之代茶、寒之代酒、通行於富貴貧賤之人。一條云、子謂伯魚曰、汝喫朝粥夜粥矣乎。人而不喫朝粥夜粥、其猶抱空腹而立也與。如斯之類、殆於侮聖言矣。明之末年、國政壞而士風亦壞、掉弄聰明、決裂防檢、遂至於如此。屠隆陳繼儒諸人不得不任其咎也。

格致叢書無卷數、江蘇巡撫採進本

明胡文煥編。文煥有文會堂琴譜、已著錄。是編爲萬歷天啟間坊賈射利之本。雜採諸書、更易名目。古書一經其點竄、竝庸惡陋劣、使人厭觀。且所列諸書、亦無定數。隨印數十種、卽隨刻一目錄。意在變幻、以新耳目、冀其多售。故世閒所行之本、部部各殊、究不知其全書凡幾種。此本所列、凡經翼十五種、史外二十一種、居官十二種、法家十二種、訓誡十四種、子餘八種、尊生十八種、時令農事八種、藝術十種、清賞十七種、說類十一種、藝苑三十五種。較他本稍備、或其全帙歟。如經翼中壓卷三種、摭王應麟困學紀聞論詩之語、卽名曰困學紀詩。又摭其玉海中詩類一門、卽名曰玉海紀詩。又摭馬端臨經籍考論詩數段、卽名曰文獻詩考。已極可鄙。末三種、一曰張華博物志、一曰李石續博物志、一曰釋常談。皆以小說家言謂之經翼、不亦傎乎。史外列禽經獸經、又列戴埴鼠璞、龔頤正芥隱筆記、是於史居何等也。居官列儀注便覽、新官軌範、官級由陞。法家列行移體式、告示活套。訓誡列梓潼帝君救劫寶章。如斯之類、不可枚舉、是尤不足與議矣。

學易堂筆記一卷、二筆一卷、三筆一卷、四筆一卷、五筆一卷浙江巡撫採進本

明項皐謨撰。皐謨字懋功、自稱酉山居士、嘉興人。鄭履淳之壻也。是書乃所作劄記、分爲五編。葢竊襲洪邁容齋隨筆之例。筆記之後、附生生閣學易三章。二筆之後、附同時人贈言一卷。三筆之後附

涵露軒雜著一卷。四筆之後無所附，但有自跋一篇。五筆之後附明歷年圖一卷，自吳元年丁未至天啟四年，皆紀干支，別無所載，惟吳元年下註一條曰：嘉興府鼓樓匾吳元年建十字而已。其四筆自跋曰：余年三十三之前，不自相，不讀書。四十六之後，又讀書，又自相。自今以往，不知讀書之爲自相，自相之爲讀書云云。則其書可不必問矣。

天都閣藏書二十五卷（兩江總督採進本）

明程允兆編。允兆字天民，歙縣人。故取天都山以名其閣。是書序稱丁卯長至，不著年號。相其版式，蓋天啟七年也。所錄自鍾嶸詩品以下凡十四種。全仿閔景賢快書，確爲萬歷以後之本。所謂丁卯，中嚴羽滄浪詩話題曰滄浪吟卷，蓋羽詩集本名滄浪吟卷。明人所刻以詩話冠首，允兆從集中剽出而不辨其爲全集之名也。雜評一卷，不著名氏，皆論書之語。中忽云幃帽興於國朝，此唐張彥遠之語也。又稱我朝王孟端及沈周、陳道復，則明人語也。參錯無章，殆不知文義人所爲。袁昂書評之後，贅以筆陣圖。張懷瓘書斷改其名曰書斷列傳。敖陶孫詩評僅一頁有餘，蓋自丹鉛錄鈔出，而併評末楊慎之論連爲陶孫之評。蓋坊賈射利之本耳。

眉公十集四卷（兩江總督採進本）

明陳繼儒撰。繼儒有邵康節外紀，已著錄。是書名爲十集，實十一種：曰讀書鏡，曰狂夫之言，曰續狂夫之言，曰安得長者言，曰筆記，曰書蕉，曰香案牘，曰讀書十六觀，曰羣碎錄，曰巖栖幽事，曰槐談，皆在寶顏堂祕笈之內。惟讀書十六觀一種爲祕笈所未收。簡端各綴以評，其評每卷分屬一人，而相其詞氣，實出一手。刊版亦粗惡無比。蓋繼儒名盛一時，坊賈於祕笈中摘出翻刻，又妄加批點也。

津逮祕書（無卷數，內府藏本）

明毛晉編。晉有毛詩陸疏廣義，已著錄。此爲所纂叢書，分十五集，凡一百三十九種。中金石錄、墨池篇有錄無書，實一百三十七種。卷首有胡震亨序。震亨初刻所藏古笈爲祕冊彙函，未成而燬於火，因以殘版歸晉。晉增爲此編。凡版心書名在魚尾下，用宋本舊式者，皆震亨之舊。書名在魚尾上，而下刻汲古閣字者，皆晉所增也。晉家富藏書，又所與遊者多博雅之士，故較他家叢書去取頗有條理。而所收近時僞本，如詩傳、詩說、歲華紀麗、瑯嬛記、漢雜事祕辛之類，尚有數種。又經典釋文割裂周易一卷，尤不可解。其題跋二十家，皆鈔撮於全集之中，亦屬無謂。今仍分著於錄，而存其總名於此，以不沒其蒐輯刊刻之功焉。

漢魏別解十六卷（內府藏本）

明黃澍、葉紹泰同編。自吳越春秋訖於薛收元經傳，凡四十六種。其凡例云：六朝諸家文集，一篇不載。而編中收江淹、任昉諸集，不一而足。又云：皆錄全文。而節錄者亦復不少。至近代僞書，如天祿閣外史之類，亦一槩濫收，殊失鑒別。

快書五十卷（兩淮鹽政採進本）

明閔景賢、何偉然同編。景賢字士行，烏程人。偉然字仙臞，仁和人。是編割裂諸家小品五十種，彙爲一集。大抵儇薄纖佻之言。又多竄易名目，如會心編改名秋濤，醒言改名光明藏之類，不一而足。甚至周守忠之姬侍類偶改名姝聯，姝即姬侍，聯即類偶也，亦可謂拙陋矣。

廣快書五十卷（安徽巡撫採進本）

明何偉然編。偉然初刻快書五十種，與閔景賢同訂。茲又以五十種廣之，同訂者吳從先也。所採皆取明人說部，每一書爲一卷，卷帙多者則刪剟其文，立名詭異。有曰一聲鶯者，有曰有情癡者，有曰照心犀者，有曰嘔絲者。所謂萬病可醫，俗不可醫者歟。從先嘗選明一代布衣之詩，名布衣權。惟紫淀老人張文峙家藏有寫本，明季兵燹，遂亡佚。而快書百種，最下最傳，蓋其輕儇佻薄，與當時士習相宜耳。

皇書帝佚（無卷數，江蘇巡撫採進本）

明蔣軼凡編。軼凡字季超，諸暨人。首載僞三墳及乾坤鑿度，謂之皇書。次載中天佚典，託名五帝之言，謂之帝佚。前有自序，稱遇遼陽韓友於燕都，得五帝佚典，乃是箕子所賸漢初重購不得者。其說極荒誕不經。軼凡乃曲爲詮釋，並加評點，以附會之，眞可謂不善作僞矣。

蘉古介書（無卷數，安徽巡撫採進本）

題東海黃禹金、定邵闇生編。不知爲何許人。分前後二集。前集載豐坊僞大學古本、大學石經古本、僞三墳、穆天子傳、孔鮒小爾雅、汪若海麟書、郭璞山海經圖贊、衞元嵩元包經傳、魏伯陽參同契、胡文煥逸詩、論語會心、詩南華逸、楚衞嶽神禹碑文漢滕公石槨銘、吳季札碑。後集曰史訇、史遺、左遹、小易、窋凡、謀神、握奇經、奇門、專征賦、勝義、諺、均叢、脞無緒、蓋書肆粗識字義之人刊以射利者也。

羣芳清玩、無卷數、江西巡撫採進本

明李璵編。璵字惠時、蘇州人。是刻爲叢書十有二種。曰鼎錄、曰刀劍錄、曰研史、曰畫鑒、曰石譜、曰瓶史、曰弈律、曰蘭譜、曰茗笈、曰香國、曰採菊雜咏、曰蝶几譜、並題曰毛晉訂。其書踳駁不倫、蓋亦坊賈射利之本也。

溪堂麗宿集、無卷數、浙江范懋柱家天一閣藏本

不著撰人名氏、亦不著時代。無序跋、無目錄。其名亦不甚可解。首曰昭明遺事、則撮取南史梁書數條。次曰程氏家訓、宋程若庸所纂。次曰聖傳要旨、題曰宋本心岷麓二先生著、嗣孫輔之垔集。次曰文會燕語、題曰東正鐸。次曰巴山夜語、題曰戚璞。次曰林下常談、題曰孔嚴化。次曰山村雜言、題曰齊遁莊。次曰漁艇野說、題曰武惠孫。次曰林泉村話、題曰孟德厚。次曰蓮幕燕談、不題撰人。龐雜宂瑣、茫無端緒。蓋庸陋書賈鈔合說部、僞立名目以售欺。范欽爲其所紿、遂著錄於天一閣耳。

翰苑叢鈔十四卷、浙江范懋柱家天一閣藏本

不著撰人名氏。取左圭百川學海所載諸書、删其書名卷數與撰人、顚倒次序、連綴鈔爲一編。僞書之最拙者也。

學海類篇、無卷數、編修程晉芳家藏本

舊本題國朝曹溶編。溶有崇禎五十宰相傳、已著錄。此編裒輯唐宋以至國初諸書零篇散帙、統爲正續二集。各分經翼、史參、子類、集餘四類。而集餘之中又分行詣、事功、文詞、紀述、考據、藝能、保攝、遊覽八子目。爲書四百二十二種、而眞本僅十之一、僞本乃十之九。或改頭換面、別立書名、或移甲爲乙、僞題作者、顚倒謬妄、不可殫述。以徐乾學教習堂條約、項維貞燕臺筆錄二書考之、一成於溶卒之年、一成於溶卒之後、溶安得採入斯集。或無賴書賈以溶家富圖籍、遂託名於溶歟。

莊屈合詁、無卷數、安徽巡撫採進本

國朝錢澄之撰。澄之有田間易學、已著錄。是編合莊子、楚辭二書爲之訓釋。莊子止詁內篇、先列郭象註、次及諸家。楚辭則止詁屈原所作、以朱子集註爲主、而以己意論斷於後。其自序云、著易學、詩學成、思所以翊二經者、而得莊子、屈原、以莊繼易、以屈繼詩、足以轉相發明。然屈原之賦固足繼風雅之蹤、至於以老莊解易、則晉人附會之失、澄之經學篤實、斷不沿其謬種。蓋澄之丁明末造、發憤著書、以離騷寓其幽憂、而以莊子寓其解脫、不欲明言、託於翼經焉耳。

楊園全書三十四卷、浙江巡撫採進本

國朝張履祥撰。履祥有沈氏農書、已著錄。是編爲寧化雷鋐所刊、凡十二種。願學記一卷、共一百十九條、皆其劄記講學之語。問目一卷、共三十八條、皆其受業劉宗周時錄以就正之詞。中載山陰劉先生批者、即宗周也。初學備忘二卷、皆訓導後進之言、意在兼啟童蒙、故詞多淺近。經正錄一卷、輯朱子訓學齋規、白鹿洞學規、司馬光居家雜儀及朱子增損呂氏鄉約、合爲一編。近古錄四卷、採明陳良謨見聞記訓、耿定向先進遺風、李樂見聞雜記、錢褧厚語、各採其所記嘉言善行、分立身、居家、居鄉、居官四門。見聞錄二卷、記近時之嘉言善行。喪祭雜說一卷、皆糾時俗違禮之失。學規一卷、凡澉湖塾約十四條、東莊約語五條。答問一卷、皆其門人張嘉珍問、而履祥答。前爲答張佩璁、別楮、皆論喪祭之禮。後爲答張佩璁所問、皆雜考經史疑義。佩璁即嘉珍字也。門人所記一卷、則嘉珍與姚瑚、姚璉錄履祥之語。訓子語二卷、凡分十二綱、一百四十五條、蓋履祥晚始得子、懼弗及教誨、故留以訓之。農書二卷、多就桐鄉物土言之。履祥初講蕺山愼獨之學、晚乃專意於程朱、立身端直、鄉黨稱之。其書多儒家之言、而近古錄、見聞錄等率傳記之流、農書又農家之流、言非一致、難以槩目曰儒家、故著錄於雜家類焉。

張考夫遺書五卷、兩江總督採進本

國朝張履祥撰。是編書凡四種。曰訓子語二卷、曰經正錄一卷、曰備忘錄一卷、曰書簡一卷。張蘭皋序云、訓子一冊、先得我心、因合數種授之梓人。蓋刻於楊園全書之前、故卷帙不及其富也。

竹裕園筆語十二卷、禮部尚書曹秀先家藏本

國朝李日滌撰。日滌字亦白、臨川人。前明歲貢生。是編裒其平生雜著爲之。一曰邇言一卷、皆辨析事理之談。二曰螢草一卷。三曰梅草一卷、皆戊子秋冬避兵山居所劄記。三書識趣議論、出入於屠隆、袁宏道、陳繼儒之閒、蓋明末風氣如是也。四曰驅暑草一卷、皆其客楚時作。前爲或問十章、綴以無

富無分無過無不過四論、皆借以發抒心跡。五曰餘草一卷、皆所作雜文。六曰四書筆語六卷、依經生義、自抒所懷、與章世純留書相類。二人本同時、又相善也。

昭代叢書一百五十卷、（編修勵守謙家藏本）

國朝張潮編。潮字山來、徽州人。是編凡甲乙丙三集、每集各五十卷。每卷爲書一種、皆國初人雜著、或從文集中摘錄一篇、或從全書中剗取數頁。亦有偶書數紙、並非著述、而亦強以書名者。中亦時有竄改。如徐懷祖之海賦、去其賦而存其自註、改名臺灣隨筆、黃百家之征南先生傳、芟其首尾、改名內家拳法。猶是明季書賈改頭換面之積習、不足採也。

丹麓雜著十種十卷、（浙江巡撫採進本）

國朝王晫撰。晫有遂生集、已著錄。是編皆所著雜文。一曰龍經、擬禽經而作。二曰孤子吟、皆哭父之詩。三曰松溪子、皆筆記小品。四曰連珠、擬陸機體。五曰寓言、假禽蟲以示勸戒。六曰看花述異記、自記夢遇古來諸美女事。七曰行役日記、乃康熙甲寅爲其父乞銘於宜興、述往返所經。八曰快說續記、因金人瑞西廂記評所說快事而演之。九曰禽言、效梅堯臣體。十曰北墅竹枝詞、詠其鄉之軼事。每種有同時諸人序跋評語、毛際可又總爲之序。大抵皆明末山人之派。而看花述異記、摹仿牛僧孺周秦行記、聚歷代妃主、備諸冶蕩、尤非所宜。贊皇之黨託名誣奇章可也、晫乃無端自誣乎。

檀几叢書五十卷、（浙江吳玉墀家藏本）

國朝王晫張潮同編。是書所錄皆國朝諸家雜著、凡五十種。大半採自文集中。其餘則多沿明季山人才子之習、務爲纖佻之詞。如張芳之黛史、丁雄飛之小星譜、已爲猥鄙。至程羽文之鴛鴦牒、取古來男女不得其偶者、以意判斷、更爲匹配。其序文引譚元春之說、謂古來多少才子佳人、被愚拗父母板住、不能成對、齎情而死、乃悟文君奔相如、是上上妙策。其語已傷風化。書中以王昭君配蘇武、以班昭配鄭康成、以王婉儀配文天祥之類、雖古之賢人、不免侮弄。至於以魏甄后配曹植、以遼蕭后配李煜、以漢班婕妤晉左貴嬪配梁簡文帝梁元帝、則帝王妃后亦遭輕薄矣。其書可燒、奈何以穢簡牘也。

政學合一集、（無卷數、副都御史黃登賢家藏本）

國朝許三禮撰。三禮有讀禮偶見、已著錄。是集正編三十三種、乃其宰海寧時所作。其讀禮偶見一種、爲作於家居時、亦編入其中。續編十三種、則其爲御史以後所作、而其後人又錄論祭文、行述、誌銘附焉。正編自讀禮偶見外、所自著不過數篇、篇不過數頁。若會講之語、雜錄羣言、政績詩頌、俱出他手。合律全書樂只集、登高唱和詩三種、乃併有錄而無書。蓋餖飣湊合、摹印時有佚脫也。續編自帝王甲子表、聖孝廣義、聖廟崇祀圖三種外、多與正編相出入。大抵皆有意近名、失於夸詡。在海寧嘗建告天樓、官京師時亦然。所定告天工課、儼然釋道家懺誦章呪之屬、非儒者立言之道也。

祕書廿一種一百五卷、（江西巡撫採進本）

國朝汪士漢編。二十一種者、其中三墳爲宋人僞書。楚史檮杌、晉史乘爲元人僞書。劒俠傳、竹書紀年爲明人僞書。續博物志雖不僞、而以南宋人爲晉人、亦爲疎舛。今已皆辨證於本書之下。此因士漢裒輯刊刻、則立總名、姑存其目備考焉。

檢心集十四卷、（湖北巡撫採進本）

國朝閔則哲撰。則哲字睿先、應山人。是集爲其子衍所編。以語錄講義雜著與雜文參錯成書、頗無條理。其有書名者、爲說書管見四卷、又說書一卷、訂學膚言二卷。其不能以一卷者、曰寬酌篇、敢問篇、偶及篇、經說略、史說略、子說略、仕語節錄、論兵摘略、遷議存稾、惕愆質語、節錄內則、續言、蕉窗筆談。餘皆雜文。其中論說既繁、不免小有牴牾。如史說略中引史記桀觀炮烙於瑤臺云云、乃符子之寓言、史記實無此文也。

右雜家類雜編之屬、四十五部、一千三百九十六卷、（內十三部無卷數、）皆附存目。

欽定四庫全書總目卷一百三十四

四庫全書總目

中華書局

子部四十五

類書類一

類事之書，兼收四部，而非經非史，非子非集，四部之內，乃無類可歸。皇覽始於魏文，晉荀勖中經部分隸何門，今無所考。隋志載入子部，當有所受之。歷代相承，莫之或易。明胡應麟作筆叢，始議改入集部，然無所取義，徒事紛更，則不如仍舊貫矣。此體一興，而操觚者易於檢尋，註書者利於剽竊，輾轉裨販，實學頗荒。然古籍散亡，十不存一，遺文舊事，往往託以得存。藝文類聚、初學記、太平御覽諸編，殘璣斷璧，至捃拾不窮，要不可謂之無補也。其專考一事，如同姓名錄之類者，別無可附，舊皆入之類書，亦今仍其例。

古今同姓名錄二卷 永樂大典本

梁孝元皇帝撰。是書見於梁書本紀及隋書經籍志者，皆作一卷。唐陸善經續而廣之，故讀書志、書錄解題皆作三卷。其本皆不傳，此本爲永樂大典所載，又元人葉森所增補者也。雖輾轉附益，已非其舊，然幸其體例分明，不相淆雜，凡善經及森所綴入者，皆一一標註，尚可考見元帝之原本。則類事之書，莫古於是編矣。史記淮陰侯列傳贊稱兩韓信，此辨同姓名之始。然劉知幾史通議司馬遷全然不別，班固曾無更張，至遷不知有兩子我，故以宰予爲預田恒之亂；不知有兩公孫龍，故以堅白同異之論傳合於孔門之弟子。其人相混，其事俱淆，更至於語皆失實，則辨析異同，殊別時代，亦未嘗非讀書之要務，非但綴瑣聞、供談資也。明萬曆中，余寅別撰同姓名錄十二卷，周應賓又補一卷。

國朝王廷燦又補八卷，所錄比此本加詳。然發凡起例，終以此本爲椎輪之始焉。

編珠二卷補遺二卷續編珠二卷 內府藏本

編珠二卷，舊本題隋杜公瞻撰，補遺二卷，續編珠二卷，則

國朝康熙戊寅詹事府詹事錢塘高士奇所輯也。案編珠，隋志不載，唐志但有杜公瞻荊楚歲時紀一卷，而無此書。宋志始著於錄，然世無傳本，始出於士奇家。其序稱於

內庫廢紙中得之，原目凡四卷，佚其半，遍覓不可得，輒因原目補爲四卷，又廣其類之未具者爲二卷。首載大業七年公瞻自序，稱奉敕撰進，其結銜題著作佐郎兼散騎侍郎。又有徐乾學序，稱杜公瞻無所表著，談藪載隋京兆杜公瞻嘗邀楊玠過宅，酒酣嘲謔者，即此公瞻無疑。今觀其書，隸事爲對，略如徐堅初學記之體，但前無序事，後無詩文。原目分天地、山川、居處、儀衞、音樂、器玩、珍寶、繒綵、酒膳、黍稷、菜蔬、果實、車馬、舟楫，所存者音樂以上五門而已。顧煬帝諱廣，故廣川改長河，廣雅改博雅，而此書桂林水條下引廣州山川記，洽雞水條下引廣州記，柏心桂條下引伏滔北征記，稱廣陵縣城南門，三條路條下引班固西都賦披三條之廣路。隋高祖之父諱忠，故隋書忠節改誠節，而此書斬馬劍條下引漢書王莽斬董忠事。此猶可曰臨文不諱，未必盡拘。又莒蒲海一條，本與菜萸江爲對，莒字從草無疑矣，而條下所註乃引漢書西域傳于闐河與葱嶺合，東流注莒蒲海。今檢漢書乃蒲昌，非莒蒲也。唐以前書不應荒謬至此。尚可曰一時失記。至於音樂門南城鼓一條，引樂府解題曰鼓吹曲有巫山高、戰城南，則非惟文理未安，且樂府解題一書，古不著錄，始見於崇文總目，云不知撰人名氏，列於吳兢樂府古題要解之後，郭茂倩樂府詩集漢鐃歌上之回篇引之，直題曰吳兢，雖未必確，然其書晚出，必非六朝舊籍無疑也。公瞻安得而見之？或明人所依託，士奇偶未審歟。楊士奇文淵閣書目、張萱內閣書目俱不著錄，永樂大典於前代類書如四六叢珠、截江網之類無不具采，亦不登其一字，知其出明中葉以後矣。以其採摭詞華，頗爲鮮豔，士奇所續亦皆取唐以前事，較他類書爲近古，故疑以傳疑，姑存以備參考焉。

藝文類聚一百卷 內府藏本

唐歐陽詢撰。詢字信本，潭州臨湘人。仕隋爲太常博士，入唐官至太子率更令、宏文館學士，事蹟具唐書本傳。是書據其自序，蓋亦奉詔所作。唐書藝文志註令狐德棻、袁朗、趙宏智同修，唐書詢本傳又稱武德七年詔與裴矩、陳叔達同修，殆以詢董其成，故相傳但署詢名歟。葉大慶考古質疑論其正月十五日有蘇味道夜遊詩，洛水門有李嶠游洛詩，寒食門有沈佺期、宋之問詩，四子皆後人，歐陽安得預編之？則傳寫又有所竄亂，非盡詢等之

舊也。序稱流別文選專取其文，皇覽徧略直書其事，文義既殊，尋檢難一。是書比類相從，事居於前，文列於後，俾覽者易爲功，作者資其用，於諸類書中，體例最善。凡爲類四十有八，其中門目頗有繁簡失宜，分合未當。如山水部五岳存三，四瀆闕一。帝王部三國不錄蜀漢，北朝惟載高齊。儲宮部公主附太子，而諸王別入職官。雜文部附紙筆硯，而武部外又別出刀匕首等爲軍器一門。道路宜入地部，壇宜入禮部，而列之居處。鍼宜入器物，錢宜入寶玉，而列之產業。案几杖扇麈尾如意之類宜入器物，而列之服飾。疾病宜入人部，而列之方術。夢魂魄亦宜入人部，而列之靈異。以及茱萸黃連入木部，芙蕖菱藤入草部，鴻之外又別出鴈，蚌之外又別出蛤，鶴之外別出黃鶴，馬之外別出騊駼。如斯之類，皆不免叢脞少緒。唐觀延州筆記嘗摘其所載徐陵玉臺新詠序，謂以誄德爲累德，傳譌之也。則詢書不誤，誤乃在觀。至王楙野客叢書摘其以漢書長陵一抔土事，誤抔爲杯，收入杯門。又摘其補柳門中收趙高東蒲爲脯事，云出史記，史記無此文。彭叔夏文苑英華辨證亦摘其引梁君射白鴈事，云出莊子，莊子無其語，則皆中其失。然隋以前遺文祕籍，迄今十九不存，得此一書，尚略資考證。宋周必大校文苑英華，多引是集，而近代馮惟訥詩紀梅鼎祚文紀張溥百三家集從此採出者尤多，亦所謂殘膏賸馥，沾溉百代者矣。

北堂書鈔一百六十卷（內府藏本）

唐虞世南撰。世南字伯施，餘姚人，官至銀青光祿大夫，宏文館學士，謚文懿，事蹟具唐書本傳。北堂者，祕書省之後堂。此書蓋世南在隋爲祕書郎時所作。劉禹錫嘉話錄曰：虞公之爲祕書，於省後堂集羣書中事可爲文用者，號爲北堂書鈔。今北堂猶存，而書鈔盛行於世云云，是其事也。分八十卷八百一類。唐志作一百七十三卷，晁公武讀書志因之。中興書目作一百六十卷，宋史藝文志因之。今本卷帙與中興書目同，其地部至泥沙石而畢，度非完帙，豈原書在宋已有亡佚耶。王應麟玉海云：二館舊闕書鈔，惟趙安仁家有本，眞宗命內侍取之，手詔襃美，蓋已甚珍其書矣。此本爲明萬歷閒常熟陳禹謨所校刻，錢曾讀書敏求記云，世行北堂書鈔，攙亂增改，無從訂正。向聞嘉禾收藏家有原本，尋訪十餘年而始得。繙閱之，令人心目朗然，朱彝尊曝書亭集亦稱曾見大唐類要百六十卷，反覆觀之，即虞氏北堂書鈔。今世所行者出陳禹謨刪補，至以貞觀後事及五代十五國之書雜入其中，盡失其舊。類要大略出於原書，世未易得云云。蓋明人好增刪古書，逞臆私改，其庸妄無識，誠有如錢朱二氏所譏。然今嘉禾舊本及大唐類要均已不可得見，獨禹謨此本猶存，其增加各條，幸皆註明補字，猶有蹤跡可尋。存什一於千百，亦未始非唐人舊籍所藉以留貽者也。惟其所改所刪，遂竟不可考，是則刊刻之功不贖其竄亂之過矣。

龍筋鳳髓判四卷（浙江鄭大節家藏本）

唐張鷟撰。鷟字文成，自號浮休子，深州陸澤人，調露初登進士第，授襄陽尉，累官司門員外郎，終於冀州長史，事蹟具莫休符桂林風土記。唐書附其孫張薦傳中，稱其兒時夢紫文大鳥止其庭，大父曰：吾聞紫文，鸑鷟也，若壯，當以文章瑞朝廷乎。遂命以名。員半千稱其文詞猶青銅錢，萬簡萬中，時號青錢學士。日本新羅使至，必出金帛購其文。然所著作不概見，存於今者惟朝野僉載及此書。僉載已竄亂失眞，惟此書尚爲原帙。其文膚比官曹，條分件繫，組織頗工。蓋唐制以身言書判銓試選人，今見於文苑英華者頗多，大抵不著名氏，惟白居易編入文集，與鷟此編之自爲一書者最傳於世。居易判主流利，此則縟麗，各一時之文體耳。洪邁容齋隨筆嘗譏其堆垛故事，不切於蔽罪議法。然鷟作是編，取備程試之用，則本爲隸事而作，不爲定律而作，自以徵引賅洽爲主，言各有當，固不得指爲鷟病也。原本附有註文，爲明劉允鵬所輯，採摭頗詳，而稍傷冗漫，以別無他註，姑仍其舊錄之。允鵬本名繼先，字敬虛，武定人，嘉靖辛卯舉人，嘗著有續事類賦，今未見傳本，惟此註附鷟之書，尚存於世云。

初學記三十卷（內府刊本）

唐徐堅等奉敕撰。案唐書藝文志載元宗事類一百三十卷，又初學記三十卷，註曰：張說類集要事，以教諸王，徐堅韋述余欽施敬本張烜李銳孫季良等分撰。似乎二書皆說總其事，而堅等分修。晁公武讀書志則曰初學記三十卷，唐徐堅等撰，初張說類集事要，以教諸王。開元中詔堅與韋述等分門撰次。又似乎事類爲說撰，而堅等又奉詔擇其精粹編爲此書。考南部新書載開元十三年五月集賢學士徐堅等纂經史文章之要，以類相從，上制曰初學記。則晁氏所言，當得其實。唐志所註敘述未明，偶合兩書爲一耳。其書分二十三部，三百一十三子目，大致與諸類書相同。惟地部五岳之外載終南山，四瀆之外載洛水、渭水、涇水，又驪山湯泉、昆明池別出二條，則唐代兩都之故也。其例前爲敘事，次爲事對，末爲詩文。其敘事雖雜取羣書，而次第若相連屬，與他類書獨殊。其詩文兼錄初唐，於諸臣附前代，於太宗御製則升冠前代之首，較玉臺新詠以梁武帝詩雜置諸臣之中者，亦特有體例。其所採摭皆隋以前古書，而去取謹嚴，多可應用，在唐人類書中，博不及藝文類聚，而精則勝之。若北堂書鈔及六帖，則出此書下遠矣。春明退朝錄及溫公詩話並稱中山劉子儀愛其書，曰非止初學，可爲終身記。李匡乂資暇集則曰初學記月門以吳牛對魏鵲。魏鵲者，引曹公歌行月明星稀，烏鵲南飛，爲據斯甚疎闊。漢武秋風辭云草木黃落兮鴈南歸，今月門既云魏鵲，則風事亦可用漢鴈矣。若是採掇文字，何所不可。東海徐公碩儒也，何乖之甚云云。其說頗是。後李商隱詩因鮑照代白頭吟有清如玉壺冰句，遂以鮑壺對王佩，實沿堅之失，然不以一眚掩其全書也。

元和姓纂十八卷（永樂大典本）

唐林寶撰。寶，濟南人，官朝議郎、太常博士。序稱元和壬辰歲，蓋憲宗七年也。寶，唐書無傳，其名見於藝文志。諸家書目所載並同。惟唐會要稱王涯撰，蓋以涯會作序而誤。鄭樵通志又稱李林寶撰，則因李吉甫命寶作是書，當日二名連書，傳寫脫去吉甫字，遂併爲一人。觀樵姓氏略中譏寶作姓纂而不知林姓所自出，則藝文略中本作林寶可知也。焦竑國史經籍志亦因之作李林寶，誤之甚矣。其論得姓受氏之初，多原本於世本、風俗通。其他如世本族姓記、三輔決錄以及百家譜、英賢傳、姓源韻譜、姓苑諸書，不傳於今者，賴其徵引，亦皆班班可見。鄭樵作氏族略，全祖其文，蓋亦服其該博也。但寶以二十旬而成書，援引間有譌謬，且當矜尚門第之時，各據其譜牒所陳，附會攀援，均所不免。觀白居易集自敘家世，以白乙丙爲祖，而云出自白公勝，顛倒時代，悖謬顯然，其他可知。洪邁容齋隨筆稱元和姓纂誕妄最多，蓋有由也。然於唐人世系則詳且核矣。書至宋已頗散佚，故黃伯思東觀餘論稱得富弼家本，已闕數卷。陳振孫書錄解題亦稱絕無善本，僅存七八。此本在永樂大典中，皆割裂其文，分載於太祖御製千家姓下，又非其舊第。幸原序猶存，可以考見其體例。今仍依唐韻以四聲二百六部次其後先，又以宋鄧名世古今姓氏辯證所引各條補其闕佚，仍釐爲一十八卷。其字句之舛謬，則參校諸書，詳加訂正，各附案語於下方。至原序稱皇族之外各以四聲類集，則李姓必居首卷。今獨無一字之存，殆修永樂大典時已佚其第一冊歟。然殘編斷簡，究爲文獻之所徵也。

白孔六帖一百卷（內府藏本）

宋文獻通考六帖三十卷，唐白居易撰。後六帖三十卷，宋知撫州孔傳撰。合兩書計之，總爲六十卷。此本編兩書爲一書，不知何人之所合。又作一百卷，亦不知何人之所分。考胡仔苕溪漁隱叢話稱六帖新書出於東魯兵燹之餘，南北隔絕，其本不傳於江左，使學者弗獲增益聞見，則南渡之初尚無傳本。王應麟玉海始稱孔傳亦有六帖，今合爲一書，則併於南宋之末矣。黃朝英靖康緗素雜記載白氏六帖有元祐五年博平王安世序，此本佚之。卷首所冠韓駒序，則專爲孔傳續書作也。楊億談苑曰：白居易作六帖，以陶家缾數千，各題門目，作七層架，列齋中，命諸生採集其事類，投缾中，倒取鈔錄成書。故所記時代多無次序。唐志稱其書爲白氏經史事類六帖，蓋其別名。程大昌演繁露稱唐開元中舉行科試之法，帖經者以所習經掩其兩端，中間惟開一行，裁紙爲帖，凡帖三字，視時增損，可否不一，或得四得五得六者爲通。六帖之名所由起，取中帖多者名其書也。然此書雜採成語，故實備詞藻之用，與進士帖經絕不相涉，其詳其取義之所在，大昌所說殆亦以意附會歟。其體例與北堂書鈔同，而割裂餖飣又出其下。資暇集摘其誤引朱博烏集事，南部新書摘其誤引陶潛五柳事，東皋雜錄摘其誤引烏鳴嚶嚶事，學林就正摘其誤引毛寶放龜事。然所徵引究皆唐以前書，墜簡遺文往往而在，要未爲無裨考證也。容齋隨筆又稱俗傳淺妄書如雲仙散錄之類皆絕可笑孔傳續六帖悉載其中事自穢其書然復齋漫錄（案復齋漫錄今已佚此條見胡仔苕溪漁隱叢話所引）稱東魯孔傳字聖傳先聖之裔而中丞道輔之孫也爲人博學多聞取唐以來至於吾宋詩頌銘贊奇編奧錄窮力討論纖芥不遺撮其樞要區分彙聚有益於世者續唐白居易六帖謂之六帖新書韓子蒼爲篇引以爲孔侯之書如富家之儲材楩楠枅栱雲委山積匠者得之應手不窮其用豈小云云則宋人亦頗重其書矣玉海引中興書目稱居易採經傳百家之語摘其英華以類分門悉註所出卷帙名氏於其下晁公武讀書志則稱居易原本不載所出書曾祖父祕閣公爲之註行於世其說不同然公武述其家事當必不誤且玉海又引中興書目稱白居易以天地事分門類爲聲偶而不載所出其說亦自相矛盾蓋當代所行原有已註出處之本又有未註出處之本應麟各隨所見書之耳此本註頗簡略亦不題註者姓名其即晁公所註與否不可復考今亦仍原本錄之不更增題名氏焉居易始末具唐書本傳傳有東家雜記已著錄

小名錄二卷（兩江總督採進本）

唐陸龜蒙撰龜蒙有耒耜經已著錄是書所載皆古人小名始於秦終於南北朝趙希弁郡齋讀書後志作三卷此本僅二卷希弁稱其神仙玉女之名婦人臧獲之字亦無棄焉此本亦但有婦人臧獲之字而無神仙玉女之名又稱其自秦至隋而此本無隋人殆非完書矣所記頗爲叢脞如秦二世名胡亥漢光武帝名秀之類皆非小名王戎稱阿戎王僧謙稱阿謙不過如呂蒙之稱阿蒙崔鴻之稱阿鴻王平子之稱阿平米元章之稱阿章皆即其名字以示親暱均不當在小名之列至於匡衡小名爲鼎出自西京雜記顏師古註漢書已深駁之龜蒙仍沿其說殊爲不考又此書本旨爲記小名因小名而引及事實已爲支蔓如謝朗王恭王修之類至於疊出不已於體例亦頗有乖王楙野客叢書稱唐藝文志崇文總目皆有陸龜蒙小名錄五卷恨不得見之楙博極群書而其言如此或原本散佚後人以意補綴託之龜蒙歟然唐人著述傳世日稀龜蒙此編雖未能信其必眞亦無以斷其必僞相承已久備古書之一種可矣

蒙求集註二卷（江蘇蔣曾瑩家藏本）

晉李瀚撰瀚始末未詳考李匡乂資暇集稱宗人瀚作蒙求則亦李勉之族又五代史桑維翰傳稱初李瀚爲翰林學士好飲而多酒過晉高祖以爲浮薄當即其人也其註不著撰人名氏案陳振孫書錄解題曰補註蒙求八卷徐子光撰以李瀚蒙求句爲之註本句之外兼及他人事所言與此書相合惟八卷之數與此本二卷不同然此本卷帙頗重蓋後人以八卷合併也其書以蒙求原文冠於卷首後以每二句爲一節各爲之註註雖稍嫌冗漫而頗爲精核如呂望非熊句以六韜原文無非熊字則引崔駰達旨註始用非熊以明之周嵩狼抗句以晉書嵩傳作抗直則引世說新語本作狼抗以明之賈誼忌鵬句以鵩賦無忌字則引孔臧鴞賦賈生有識之士忌前鵩爲以明之燕昭築臺句以史記乃築宮非築臺則引孔融與曹操書鮑昭樂府皆稱築臺以明之胡昭投簪句以本傳無投簪字則引摯虞所作昭贊以明之如斯之類皆爲不苟凡其事未詳而舊註所說莫知何據者如趙孟疵面子建八斗蘇章負笈申屠斷鞅龍逢版出何謙焚詞之類皆疑以傳疑亦不失詳愼其中偶爾失檢者宋翌猗覺寮雜記嘗摘其毛寶韓壽二事今考紀瞻出妓句事見世說新語舊註所引不誤而云今本不載江革忠孝句事見南史乃以爲後漢之江革改忠孝爲巨孝顏叔秉燭句云事出毛公詩傳今詩傳實無此文皆不免小疵又如劉惔傾釀句乃誤讀世說以傾家之傾爲傾酒之傾亦失於糾正然大致淹通實初學之津筏也

事類賦三十卷（內府藏本）

宋吳淑撰幷自註淑字正儀丹陽人仕南唐爲內史歸宋薦試學士院授大理評事終官至起居舍人職方員外郎事蹟具宋史文苑傳是編乃所作類事之書卷首結銜稱博士蓋其進書時官也前有淑進書狀稱先進所著一字題賦百首退惟蕪累方積兢憂遽奉訓詞俾加註釋又稱前所進二十卷加以註解卷帙差大今析爲三十卷目之曰事類賦云云是淑初進此賦二十卷尚無書名及奉敕自註乃增益卷數定著今稱也凡天部三卷歲時部二卷地部三卷寶貨部二卷樂部一卷服用部三卷什物部二卷飲食部一卷禽部二卷獸部四卷草木部果部鱗介部各二卷蟲部一卷分

子目一百、與進狀數合。類書始於皇覽。六朝以前舊笈、據隋書經籍志所載、有朱澹遠語對十卷、又有對要三卷、纂書事對三卷、是爲偶句隸事之始。然今盡不傳、不能知其體例。高士奇所刻編珠、稱隋杜公瞻撰者、僞書也。今所見者、唐以來諸本駢青妃白、排比對偶者、自徐堅初學記始。鎔鑄故實、諧以聲律者、自李嶠單題詩始。其聯而爲賦者、則自淑始。嶠詩一卷今尚存、然已佚其註。如桂詩中俠客條爲馬仙人葉作舟之類、古書散亡、今皆不知爲何語、故世不行用。淑本徐鉉之壻、學有淵源、又預修太平御覽文苑英華兩大書、見聞尤博。故賦既工雅、又註與賦出自一手、事無舛誤。故傳誦至今。觀其進書狀稱凡讖緯之書及謝承後漢書、張璠漢記、續漢書、帝系譜、徐整長歷、元中記、物理論、皆今所遺逸、而著述之家相承爲用。不忍棄去、亦復存之云云。則自此逸書數種外、皆采自本書、非輾轉摭撦者比。其精審益爲可貴、不得以習見忽之矣。

太平御覽一千卷、侍講張燾家藏本

宋李昉等奉敕撰。以太平興國二年受詔、至八年書成。初名太平編類、後改爲太平御覽。宋敏求春明退朝錄謂書成之後、太宗日覽三卷、一歲而讀周、故賜是名也。凡分五十五門、徵引至爲浩博。故洪邁容齋隨筆稱太平興國中編次御覽、引用書一千六百九十種、其綱目竝載於首卷、案此則今本前列書目、乃宋時官本之舊。而雜書古詩賦又不能具錄。以今考之、不傳者十之七八。胡應麟經籍會通則以爲是編所引、大抵採自類書、非其書宋初尚存。力駁邁說之誤、所言良是。然考陳振孫書錄解題曰、或言國初古書多未亡、以御覽所引用書名故也。其實不然、特因諸家類書之舊耳。以三朝國史考之、館閣及禁中書總三萬六千餘卷、而御覽所引書多不著錄、蓋可見矣。是邁所云云、振孫已先駁之矣。應麟特勦襲其說耳。應麟又曰、御覽向行鈔本、十年來始有刻、而譌謬特甚、非老師宿儒、卽一篇半簡莫能句讀。至姓名顚舛、世代魯魚、初學之士讀之、或取爲詩文用、誤人不尠。案此本前有萬歷元年黃正色序曰、太平興國迄今幾六百載、宋世刻本俱已湮滅。近世雲間朱氏僅存者、亦殘闕過半。海內鈔本雖多、輾轉傳寫、譌舛益甚。吾錫士大夫有好文者、因閩省梓人、用活字校刊、始事於隆慶二年。至五年、纔印其十之一二、閩人散去。於是浙人倪炳伯文謀於郡邑二三大夫、協力鳩工、鋟諸梨棗。孫國子虞允一元力任校讎、忽於隆慶六年捐館、弗克終事。今復苦於舛譌、薛憲副應登有校得善本、藏諸家塾。其仲子名逢者、俾倪氏繕寫付梓云云。所言刊本譌謬之故、大概與應麟合。然此書行世、實有二本。一爲活字印本、其版心稱共印五百部、則正色所云印十之一二散去者、其說不確。一卽倪氏此本。二本同出一槀、脫誤相類。而校手各別、字句亦小有異同。今以二本參校、併證以他書、正其所可知、而仍其所不可知。古書義奧、文句與後世多殊、闕疑猶愈於妄改也。宋初去古未遠、卽所採類書、亦皆具有淵源、與後來餖飣者迥別。故雖蠹蝕斷爛之餘、尚可據爲出典。世所傳宋以前書、可考見古籍佚文者、僅六七種。曰裴松之三國志注、曰酈道元水經注、曰劉孝標世說新語注、曰李善文選注、曰歐陽詢藝文類聚、曰徐堅初學記、其一卽此書也。殘碑斷碣、剝蝕不完、歐陽棐洪适諸家尚藉之以訂史傳。況四庫菁華、匯於巨帙、獵山漁海、採摭靡窮、又烏可以難讀廢哉。

冊府元龜一千卷、內府藏本

宋王欽若楊億等奉敕撰。眞宗景德二年、詔編修歷代君臣事蹟、以欽若提總、同修者十五人。至祥符六年書成、賜名製序。周必大文苑英華跋王明清揮麈錄竝稱太宗太平興國中修者、誤也。其書分三十一部、部有總序。又子目一千一百四門、門有小序。皆撰自李維等六人、而竄定於楊億。又命孫奭爲之音釋。其開義例、多出眞宗親定。惟取六經子史、不錄小說。於悖逆非禮之事、亦多所刊削。裁斷極爲精審。考洪邁容齋隨筆、謂其時編修官上言、凡臣僚自述、及子孫追敘家世、如鄭侯傳之類、竝不採取。遺棄既多、故亦不能賅備。袁氏楓窗小牘亦謂開卷皆目所常見、無罕覯異聞、不爲藝林所重。夫典籍至繁、勢不能遍爲掇拾。去誣存實、未可概以挂漏相繩。況纂輯諸臣、皆一時淹貫之士。雖卷帙繁富、難免牴牾、而考訂明晰、亦多可資覽古之助。張耒明道雜志稱楊億修冊府元龜、數卷成、輒奏之。每進本到、眞宗卽降付陳彭年。彭年博洽、不可欺毫髮、故謬誤處皆籤貼。有小差誤必見、至有數十籤。億心頗自愧、乃盛薦彭年文字、請與同修。其言雖不可盡信，然亦足見當時校核討論，務臻詳慎，故能甄綜貫串，使數千年事無不條理秩然也。據玉海所載，此書凡目錄十卷，音義十卷。今有目錄而無音義，蓋傳寫者久佚之矣。

事物紀原十卷（編修嚴福家藏本）

明正統間南昌閻敬所刊。前有敬序，云作者佚其姓名。考趙希弁讀書附志云，事物紀原十卷，高承撰。承，開封人。自博弈嬉戲之微，魚蟲飛走之類，無不考其所自來。雙溪項彬爲之序。陳振孫書錄解題亦云，中興書目作十卷，高承撰，元豐中人，凡二百十七事。今此書多十卷，且多數百事，當是後人廣之耳云云。則此書實出高承，敬序蓋未詳考。惟檢此本所載凡一千七百六十五事，較振孫所見更數倍之，而仍作十卷，又無項彬原序，與陳、趙兩家之言俱不合。蓋後來又有所增益，非復宋本之舊。書凡分五十五部，名目頗爲冗碎。其所考論事始，亦間有未確。如引秦本紀謂名縣始自秦孝公，而不知左傳宣公十一年楚子縣陳，杜註已明言滅陳以爲縣。又謂諸葛亮始造木牛，卽今小車之有前轅者；流馬卽今獨推者，是民間謂之江州車子。不知三國志註引亮文集，載所作木牛流馬之法甚詳，與今之獨輪車制度絕不相類。又如祓禊一條，不引晉書束皙傳所云周公洛邑、秦昭王河曲之事，亦失之眉睫之前。然其他類多排比詳贍，足資核證，在宋代類書中固猶有體要矣。

實賓錄十四卷（永樂大典本）

宋馬永易撰。永易字明叟，揚州人。徽宗時嘗官池州石埭尉。其事蹟無可考見。惟文獻通考、宋史藝文志載所著有唐職林、元和朋黨錄、壽春雜志諸書，蓋亦博洽之士也。是書見於晁公武讀書志者稱異號錄二十卷，而陳振孫書錄解題作實賓錄，謂永易所撰，蜀人句龍材校正，文彪增廣。凡本書三十卷，後集三十卷。宋史藝文志又分實賓錄、異號錄各三十卷，皆題永易所撰。諸家紀載頗舛錯不合。今以其說互相參證，疑陳氏所稱本書，乃永易原撰，本名異號錄；陳氏所稱後集，卽文彪所續，誤分爲兩書。而晁公武所見則爲未經增廣之本，始取名爲實賓之義，併本書亦改題今名。宋志蓋故尙題爲異號錄也。自元以來，其書久佚。陶宗儀收入說郛者，僅寥寥數條。近浙江所進范氏天一閣藏本，亦卽從說郛鈔出，一字不殊。今從永樂大典蒐輯，共得六百餘條，皆說郛之所未載。惟原帙旣湮，其體例已無可考，卽永易原本與文彪所增，亦錯雜不可復辨。謹裒輯編綴，芟除重複，訂正舛譌，各以類相從，釐爲一十四卷。仍從書錄解題，統標曰實賓錄，以存宋時傳本之舊。其書皆取古人殊名別號，以廣見聞。領異標新，貪採摭，至於搜羅旣廣，偶涉舛譌，如沈傳師之推爲顏子，乃比擬之空言，劉長卿之五言長城，乃品題之泛論，皆非標目，不應闌入其間。又如吉茂言侍中執虎子，語本詼諧，白居易賦新豐折臂翁，詞由徵實，凡此之類，尤與稱謂無關。一概濫收，殊失別擇。是則嗜異貪多，爲千古著書之通病，不獨永易爲然，固不以累其全書矣。

書敘指南二十卷（兩淮鹽政採進本）

宋任廣撰。廣字德儉，浚儀人。今本文獻通考作任廣浚，蓋傳刻譌脫，以人名地名誤連爲一也。尤袤遂初堂書目載有此書，然袤書目無註文，無由考其始末。惟據陳振孫書錄解題，知爲崇寧中人耳。其書初刊於靖康中，版旋被燬。有俞氏者攜舊本南渡，其後輾轉傳寫，多非完帙。至

國朝康熙初，金夯得韓氏所藏本，繕錄未竟而夯沒。反併原本第十卷佚之。雍正三年，金匯得不全宋本，適尙存第十卷，乃重爲鈔補刊刻，而此書復完。蓋若隱若顯幾五六百年，其不亡者幸也。其書皆採錄經傳成語，以備尺牘之用，故以書敘爲名。明浦南金嘗取是書與爾雅、左腴、漢雋合爲一編，改題曰修辭指南，替亂糅雜，殊不足取。此本猶金氏原刻，尙不失其舊。其間徵引旣繁，複冗蓋所不免。然每句標註出處，猶從原書採掇而來，終較南宋書肆俗本爲有根據，固未可與啟劄青錢之類一例視之矣。

海錄碎事二十二卷（內府藏本）

宋葉廷珪撰。廷珪字嗣忠，崇安人。政和五年進士。出知德興縣。紹興中爲太常寺丞，與秦檜忤，以左朝請大夫出知泉州軍州事。王之望漢濱集有所作廷珪除官制，頗稱其學問之富，蓋當時亦以博洽著也。是編乃其類事之書。閩書稱廷珪性喜讀書，每聞士大夫家有異書，無不借讀，讀卽無不終卷。常恨無貲，不能盡寫，因作數十大冊，擇其可用者手鈔之，名曰海錄。旣知泉州，公餘無事，因取類

之。爲門七十五。爲卷二十有二。事多新奇。未經前人引用。卽指此本。然廷珪自序稱百七十五門。與闕書所言已不合。檢其書實爲部十六。爲門五百八十四。與自序亦不合。又宋史藝文志載此書作二十三卷。文獻通考又作三十三卷。卷數亦有異同。或後人有所竄改。非其舊本歟。其書每條僅標三數字。其註亦不過三數語。蓋義存約取。故以碎事爲名。其中如分守令縣令爲兩門。而太守事實乃入留守門。又如韓偓稱玉山樵人。賀知章稱四明狂客。張志和稱元眞子之類。皆其自號。而載入私諡門。趙至與嵇茂齊書所云鷄鳴戒旦。飄爾晨征。日薄西山。馬首靡託者。乃自敘行役之詞。而入於軍旅門。於分隸多爲未協。蓋隨筆記錄。不免編次偶疎。然其簡而有要。終較他本爲善也。

古今姓氏書辯證四十卷（永樂大典本）

宋鄧名世撰。而其子椿裒次之。名世字元亞。臨川人。祖孝甫見宋史隱逸傳。卽原序所稱文昌先生者是也。椿有畫繼。已著錄。李心傳繫年要錄稱紹興三年十月。詔撫州進士鄧名世赴行在。以御史劉大中薦也。四年三月乙亥。上此書。時吏部尙書胡松年以其貫穿羣書。用心刻苦。遂引對。命爲右迪功郎。王應麟玉海所載亦同。惟言名世初以草澤得召。上書後始詔賜出身。充史館校勘。朱子語類又謂其以趙汝愚薦。以白衣起爲著作郎。後忤秦檜勒停。均與心傳所記不同。則未詳孰是耳。文獻通考宋藝文志俱作四十卷。惟宋會要作十四卷。中興書目作十二卷。殆傳寫之譌。其書長於辨論。大抵以左傳國語爲主。自風俗通以下各採其是者從之。而於元和姓纂抉摘獨詳。又以熙寧姓纂。宋百官公卿家譜二書互爲參校。亦往往足補史傳之闕。蓋始於政宣而成於紹興之中年。父子相繼。以就是編。故較他姓氏書特爲精核。朱子語類謂名世學甚博。姓氏一部。考證甚詳。蓋不虛也。後椿作畫繼。亦號賅洽。殆承其討論之餘緒乎。宋時紹興有刊本。今已散佚。永樂大典散附千家姓下。已非舊第。惟考王應麟所引原序。稱始於國姓。餘分四聲。則其體例與元和姓纂相同。今亦以韻隸姓。重爲編輯。仍釐爲四十卷。目錄二卷。其複姓則以首字爲主。附見於各韻之後。閒有徵引譌謬者。併附著案語。各爲糾正焉。

帝王經世圖譜十六卷（永樂大典本）

宋唐仲友撰。仲友字與政。金華人。紹興中登進士第。復中宏詞科。後守台州。與朱子相忤。爲朱子所論罷。故宋史不爲立傳。惟王象之輿地紀勝稱其博聞洽識。尤尙經制之學。又朱右白雲稾有題宋濂所作仲友補傳。云在台州發粟賑饑。抑奸摧弱。刱浮梁以濟艱涉。民利賴焉。則仲友立身自有本末。其與朱子相軋。蓋以陳亮之譖構。觀周密齊東野語所載唐朱交奏始末一條。台妓嚴蕊一條。其事蹟甚明。未可以是病仲友也。是書原本十卷。永樂大典所載以圖譜數繁。析爲一十五卷。然但均其篇頁。而不復分別其門目。割裂舛混。原次遂不可尋。今詳爲釐正。依類排比。分爲一十六卷。體例之淆。句字之誤。則各爲考核更定。而附註案語於下方。其書分類纂言。大要以周禮爲綱。而諸經史傳以類相附。於先聖大經大法。成縱橫貫串。曲暢旁通。故以帝王經世爲目。其所繪畫州居部分。經緯詳明。具有條理。其所辨訂。不甚主註疏舊說。而引據博贍。亦非杜撰空談。蓋考證之學。議論易而圖譜難。圖譜之學。陰陽奇偶推無形之理易。名物制度考有據之典難。仲友此編。可徵其學有根柢矣。自宋以來。儒者拘門戶之私。罕相稱引。沈埋蠹簡垂數百年。一旦自發其光。仰邀
宸翰。且
特命剞劂以廣其傳。豈非眞是眞非待
聖人而後定哉。臣等編次之餘。既仰欽
睿鑒高深。且以慶是書之遭遇也。

職官分紀五十卷（江蘇巡撫採進本）

宋孫逢吉撰。逢吉字彥同。宜春人。事蹟具宋史本傳。前有元祐七年秦觀序。陳振孫書錄解題亦載之。考逢吉舉宋隆興元年進士。距元祐七年凡七十二年。又考朱子嘗經筵直講。逢吉代講詩權輿篇。事在紹熙五年。距元祐七年凡一百三年。逢吉至寧宗朝。尙官祕書監吏部侍郎知太平州。距元祐七年則一百幾十年矣。謂元祐時秦觀序之。殆謬誤也。其書每官先列周官典章。次敘歷代制度沿革。名姓故事。根據經註。沿考史傳。搜採頗爲繁富。若其引易緯黃帝與司馬容光觀於元扈。引論語緯孔子爲素王。顏子爲司徒之類。則無關典要。徒以愛博而存之。然類事之書。與考典之書體例各殊。取材亦異。固未可執引緯解經之說。責以泛

濫也。

歷代制度詳說十二卷（兩淮馬裕家藏本）

宋呂祖謙撰。祖謙有古周易，已著錄。此書凡分十三門：一曰科目，二曰學校。第三門原本闕頁，佚其標題，所言乃考課之事。四曰賦役，五曰漕運，六曰鹽法，七曰酒禁，八曰錢幣，九曰荒政，十曰田制，十一曰屯田，十二曰兵制，十三曰馬政。皆前列制度，敘述簡賅，後爲詳說，議論明切。元泰定三年刊行，前有廬陵彭飛序，稱爲祖謙未竟之書，故止於此。其或然歟。刊本久佚，此本輾轉傳寫，又多譌闕。其錢幣門中脫二頁，荒政門中脫二頁，今悉據通考所引補足。中閒誤字，亦考核校正。惟第二卷脫去標題之數頁，則無可檢補，姑仍其舊。飛序稱紫陽浙學功利之論，其意蓋有所指，永嘉諸君子未免致疵議焉。祖謙以中原文獻之舊，巋然爲渡江後大宗。紫陽倡道東南，祖謙實羽翼之。性命道德之原，講之已洽，而尤潛心於史學，仍欲合永嘉紫陽而一之云云。蓋有元中葉，新安之學盛行，飛恐人執朱子之論薄視此書，故作是言也。考祖謙年譜不載此書，蓋採輯事類以備答策，本家塾私課之本。其後轉相傳錄，遂以付梓，原非特著一編，欲以立教。與講學別爲一事，各不相蒙。所謂言豈一端，各有當也。飛必牽合調停，與葉盛水東日記必謂文章關鍵亦爲講學之一端者，同一迂陋。參同契、陰符經，朱子皆有論註，飛亦將謂欲合孔孟黃老而一之乎。

永嘉八面鋒十三卷（浙江鮑士恭家藏本）

不著撰人名氏。卷末有明宏治癸亥都穆跋，謂宋時常有版刻，第云永嘉先生。考陳傅良、葉適當時皆稱永嘉先生。相傳此爲傅良所撰，或曰葉氏爲之。今觀其閒多傅良平日之語，其爲陳氏無疑云云。案宋史傅良本傳，載所撰有詩解詁、周禮說、春秋傳、左氏章指行於世，不載此書。其爲果出傅良與否，別無顯證。然觀其第二卷中稱今之勸農，不必責於江浙，而當責於兩淮。大江以北，黃茅白葦，蓊蔚盈目。又稱太上皇朝隔官爲民害，太上皇毅然罷之。第三卷稱國朝熙寧中，則固確然爲南宋書。其魯桓不作魯威，犯欽宗諱；魏徵不作魏證，犯仁宗嫌名。蓋明人重刻所改也。其書凡提綱八十有八，每綱又各有子目，皆預擬程試答策之用，非欲著書，故不署名耳。宋人好持議論，亦一代之風尚。而要其大旨，不失醇正。永嘉之學，倡自呂祖謙，和以葉適及傅良，遂於南宋諸儒別爲一派。朱子頗以涉於事功爲疑。然事功主於經世，功利主於自私，二者似一而實二，未可盡斥永嘉爲霸術。且聖人之道，有體有用；天下之勢，有緩有急。陳亮上孝宗疏所謂風痺不知痛癢者，未嘗不中薄視事功之病，亦未可盡斥永嘉爲俗學也。是編雖科舉之書，專言時務，亦何嘗涉申韓商孔之術哉。

錦繡萬花谷前集四十卷後集四十卷續集四十卷（兩江總督採進本）

不著撰人名氏。前有自序，題淳熙十五年十月一日，蓋宋孝宗時人。陳振孫書錄解題載此書，作錦繡萬花谷四十卷、續四十卷，而無後集。黃虞稷千頃堂書目所載，則前集、後集、續集外，又有別集三十卷。今案序中明言自九華之歸，粗編成爲三集，每集析爲四十卷，可知後集爲陳氏偶遺，別集爲後人所續增，不在原編之數。故明人刊本亦祗三集也。序中稱命名者爲烏江蕭恭父（案尤侗明藝文志註此書爲蕭恭父作，蓋因此語而誤）、河南胡恪，皆不知何許人。前集之末，獨附載衢州盧襄西征記一篇，於體例殊不相類。或撰此書者亦衢人，故附載其鄉先輩之書歟。又其書既成於淳熙中，而紀年類載理宗紹定、端平年號，帝后誕節類載寧宗瑞慶節、理宗天基節諸名，並稱理宗爲今上。是當時書肆已有所附益，並非淳熙原本之舊矣。前集凡二百四十二類，後集凡三百二十六類，續集自一卷至十四卷凡四十六類，自十五卷至四十卷則皆類姓也。所錄大抵瑣屑叢碎，參錯失倫，故頗爲陳振孫所譏。其地理一門，止列偏安州郡；類姓一門，徵事僅及數條。而古人稱號之類，又創立名目，博引繁稱，俱不免榛楛雜陳，有乖體要。特其中久經散佚之書，如職林、郡閣雅談、雅言系述、雲林異景記之類，頗賴此以存崖略。又每類後用藝文類聚例，附錄詩篇，亦頗多逸章賸什，爲他本所不載。略其煩蕪，擷其精粹，未嘗不足爲考證之資也。

事文類聚前集六十卷後集五十卷續集二十八卷別集三十二卷新集三十六卷外集十五卷遺集十五卷（江西巡撫採進本）

案此書爲元代麻沙版，前後續別四集，皆宋祝穆撰。新集、外集，元富大用撰。遺集，元祝淵撰。其合爲一編，則不知始自何人。疑即建陽書賈所爲也。穆有方輿勝覽，已著錄。此書後集第十卷內有呂午跋祝公遺事後一首，載穆事蹟尤詳。大用字時可，不知何許人。淵與作古賦辨體之祝淵名姓並同，其書中所載制度沿革俱至元初而止，時代亦相符合。然彼祝淵字君澤，而此祝淵字宗禮，則截然迥異。疑其名姓偶同，實非一人也。前集之首有淳祐丙午穆自序。每集各分總部，而附以子目，條列件繫，頗爲賅備。每類始以羣書要語，次古今事實，次古今文集，蓋沿用藝文類聚、初學記之體，而略變其例。其中如雙南金字初見張載擬四愁詩，再見杜甫詩，而註其下曰淮南子。淮南子實無其文。又如羅鄴詠草詩閒門要路一時生句，譌爲侯門要路一時生，亦爲葉盛水東日記所譏。蓋輾轉販鬻，迷其本始，殊不及前人之精審。然錦繡萬花谷之類，所收古人著作，大抵刪摘不完。獨是書所載必舉全文，故前賢遺佚之篇，間有籍以足徵者。如束晳餅賦、張溥百三家集僅采數語，而此備載其文，是亦其體裁之一善。在宋代類書之中，固猶爲可資檢閱者矣。其新集外集遺集均踵穆書而作，但補其門類所未及，而體例則一無所更，頗嫌其採引雜糅，不及原本。然作於元代，古籍多存，連類收之，亦可以備參考。惟穆書成於淳祐間，而書中有稱理宗廟號者，殆大用等有所追改，非盡原文。是則竄亂古書，開明人一代之惡習，爲可憎耳。

記纂淵海一百卷。兩淮馬裕家藏本

宋潘自牧撰。據浙江通志，自牧，金華人，慶元元年進士，官龍游令。此本題曰教授，蓋其著書時官也。是書分門隷事，與諸家略同。惟一百卷中敍天道者五卷，敍地理者二十卷，敍人事者六十四卷，敍物類者僅十一卷，詳其大而略其細，與他類書小異。其郡縣一部，以臨安爲首，蓋據南渡割裂之餘，而五嶺兩川之後，更及開封諸府，存東京全盛之舊，亦與方輿勝覽諸書刪淮以北不載者體例有殊。其中性行議論諸部子目，未免瑣碎，然亦不失爲賅備也。此本刻於萬歷己卯，卷首於自牧名後題中憲大夫大名府知府前監察御史東魯王嘉賓補遺字，則亦如陳禹謨之改北堂書鈔，已非自牧之舊。又陳文燧序，稱其先世求之閩蜀，得其前編，周流吳越，復購後編。此本不分前後編，蓋復經合併，益失其眞。序又稱中葉零替，蠹魚殘闕。戊寅冬，承乏畿南，公暇繆爲補註，剝落太甚者屬別駕蔡公、司理顧公、學博吳君采輯諸書，補闕序次。一日，示諸太守越峯王公、邑令吳君，願捐俸梓之云云。以其卷首列名考之，別駕蔡公爲大名府通判蔡之奇，司理顧公爲推官顧爾行，學博吳君則有府學訓導吳騰龍、魏縣教諭吳嶸二人，不知誰指。邑令吳君爲南樂縣知縣吳定，太守王公當即嘉賓。是補此書者爲文燧及蔡之奇等三人，嘉賓特爲刊版，未嘗操筆，與題名亦互相牴牾。蓋明人書帕之本，稱校稱補，率隨意塡刻姓名，不足爲憑，亦不足爲異。其出自誰手，無庸究詰，要其根柢則固宋人之舊帙耳。

名賢氏族言行類稾六十卷。江蘇巡撫採進本

宋章定撰。定，建安人，仕履無考。惟此書二十六卷中載其曾祖元振，建炎中進士，官廣東提舉常平。祖才邵，少年從楊時遊，嘗守臨賀、辰陽而已。此書作於嘉定己巳，以姓氏分韻排纂，各序源流於前，而以歷代名人之言行依姓分隷，蓋以譜牒傳記合爲一書者也。案隋書經籍志有賈執姓氏英賢譜一百卷，其書久佚。據李善文選註所引，前列爵里，後詳事蹟，其體例同於此書，定殆仿之而作歟。所列凡一千一百八十九姓，內單姓一千一百二十一，複姓六十八。所錄前代諸人，時有顚倒漏略。如馮姓首春秋馮簡子，次馮唐，次馮驩，既以漢人居戰國人前，而上黨守馮亭事蹟章章，乃遺不載。又意主備箋啟之用，惟錄善而不紀惡，遂併楊再思之流，掩其巨慝，書其小節，亦非實錄。然於有宋一代紀述頗詳，其人其事往往爲史傳所不載，頗足以補闕核異，故在宋時不過書肆刊本，而流傳既久，遂爲考證者所資，此如漢碑漢印，當時里胥工匠能爲之，而一字之存，後世遂寶爲古式也。

羣書會元截江網三十五卷。浙江巡撫採進本

不著撰人名氏。首題太學增修，中有淳祐墒平年號，蓋理宗時程試策論之本也。元時麻沙刻本，前有至正七年東陽胡助序，黃虞稷千頃堂書目遂指爲助撰，誤矣。其書凡分六十五門，每門附子目，各類之中，以歷代事實、宋朝事實、經傳格言、名臣議奏、諸儒至論分段標識，又有所謂主意、事證、時政、警段、結尾諸目，至於排偶成句，亦備載焉。考宋禮部條式，元祐舊制，第一場以經義詩賦分兩科。第二場則均試論一道、限五百字以上。第三場則均試策三道。御試亦均用策一道、限一千字以上。紹興六年攺制、四場試士。其第三場仍試論一道。第四場減策二道。御試亦仍用策一道。故講科舉之學者、率輯舊文以備用。其出自士大夫者、則爲永嘉八面鋒東萊制度詳說。其出自坊本者、則爲是書之類。大抵意求廣絡、故叢冗日增。然其閒每事皆具首尾、頗便省覽。於宋代典故引用尤詳、閒可以裨史闕。蓋在當日爲俗書、在後世則爲古籍。此亦言不一端各有當矣。

雞肋一卷（內府藏本）

宋趙崇絢撰。崇絢字元素。據宋史宗室世系表、蓋商王元份之八世孫、作諸蕃志之趙汝适、卽其父也。書首自稱汴人、不忘本耳。其書雜採古事、有名同而實異者。如玉環一爲唐睿宗琵琶名、一爲楊貴妃之類。有相似而相反者。如周亞夫縱理入口餓死、褚羅縱理入口壽終之類。有一事而數見者。如欒巴郭憲佛圖澄皆噀酒救火之類。有事相類者。如口吃有韓非等十三人、酒量有于定國等十一人之類。有姓名同者。如兩張禹兩李光進之類。然如蕭晉惡婦人、劉邕嗜瘡痂之類、又各自爲條、不相比附、則未詳其體例何取也。其曰雞肋、殆偶然記錄、成此一冊、而又未能博採諸書、勒成完帙、故有取於食之無味棄之可惜之意歟。明陳禹謨之駢志、
國朝方中德之古事比、其體例實源於此。類事家之有此、猶史家之有紀事本末。皆於古式之外、別創一格、而後來竟不能廢者也。故錄存之、著其所自始焉。

小字錄一卷（兩淮鹽政採進本）

宋陳思撰。思有寶刻叢編、已著錄。是書因陸龜蒙侍兒小名錄稍加推廣、集史傳所載小字、以爲一編。明沈宏正爲刊行之。思病龜蒙之書叢雜無緒、故條分縷析、先列歷代帝王、而自漢以後諸臣則案代臚載、較龜蒙書爲有條理。然如北周晉公宇文護、小字薩保、見於本傳、而此顧遺之。則亦不免於漏略。特以其蒐羅舊籍、十得七八、亦足以備檢尋。故錄存之、爲識小之一助焉。

全芳備祖前集二十七卷後集三十一卷（編修勵守謙家藏本）

宋陳景沂撰。景沂號肥遯、天台人。仕履未詳。是書前有寶祐元年韓境序。據序所言、此書於理宗時嘗進於朝、其事亦無可考。凡前集二十七卷、所記皆花。後集第一卷至八卷爲果部、十卷至十二卷爲卉部。十三卷爲草部。十四卷至十九卷爲木部。二十卷至二十二卷爲農桑部。二十三卷至二十七卷爲蔬部。二十八卷至三十一卷爲藥部。其例每一物分事實祖賦詠祖二類。蓋仿藝文類聚之體。事實祖中分碎錄紀要雜著三子目。賦詠祖中分五言散句七言散句五言散聯七言散聯五言古詩七言古詩五言八句七言八句五言絕句七言絕句十子目。則條理較詳。明王象晉羣芳譜卽以是書爲藍本也。雖唐以前事實賦詠紀錄寥寥、北宋以後則特爲賅備、而南宋尤詳。多有他書不載、及其本集已佚者。皆可以資考證焉。

山堂考索前集六十六卷後集六十五卷續集五十六卷別集二十五卷（內府藏本）

宋章如愚撰。如愚字俊卿、婺州金華人。慶元中登進士第。初授國子博士、改知貴州。開禧初、被召、疏陳時政、忤韓侂胄、罷歸。事蹟具宋史儒林傳。史稱所著有文集行世、今已散佚。惟此書猶存。凡分四集。前集六十六卷、分六經諸子百家諸經諸史聖翰書目文章禮樂律呂曆數天文地理十三門。後集六十五卷、分官制學制貢舉兵制食貨財用刑法七門。續集五十六卷、分經籍諸史文章翰墨律曆五行禮樂封建官制兵制財用諸路君道臣道聖賢十五門。別集二十五卷、分圖書經籍諸史文章律曆人臣經藝財用兵制四裔邊防十一門。宋自南渡以後、通儒尊性命而薄事功、文士尚議論而尠考證。如愚是編、獨以考索爲名、言必有徵、事必有據、博采諸家而折衷以己意、不但淹通掌故、亦頗以經世爲心。在講學之家、尙有實際。惟其書卷帙浩繁、又四集不作於一時、不免有重複牴牾之處。如前集六經門外又立諸經一門、其文互相出入。諸子百家門中以晏子荀子揚子文中子之類爲諸子、以管子商子韓非子淮南子之類爲百家、亦不知何以分別。又如前集第三十五卷詳列六宗之說、無所專從。續集第十卷則主鄭康成說。前集第三十卷既主三年一祫、五年一禘、以爲宋制合古。別集第十四卷又專主顏達龍三年一禘、五年一祫之說。前集第三十三卷專主鄭康成說、祫大禘小。別集第十四卷又專主顏達龍說、禘大

祫小。前集第三十八卷既主天子五門、諸侯三門。別集第八卷則又謂天子六門、諸侯二門。皆前後牴牾、疎於決擇。然大致網羅繁富、考據亦多所心得。在宋人著述之中、較通考雖體例稍雜、而優於釋經。較玉海雖博贍不及、而詳於時政。較黃氏日鈔則條目獨明。較呂氏制度詳說則源流爲備。前人稱蘇軾詩如武庫之兵、利鈍互陳。如愚是編、亦可以當斯目矣。

古今合璧事類備要前集六十九卷、後集八十一卷、續集五十六卷、別集九十四卷、外集六十六卷、（兩江總督採進本）

宋謝維新編。維新字去咎、建安人。其始末未詳。自署曰膠庠進士、蓋太學生也。是書成於寶祐丁巳。前有維新自序。後有莆田守黃叔度跋、稱維新應友劉德亨之託。蓋當時坊本。總目後又有跋云、昨刻古今備要四集、盛行於世。但門目未備、再刻外集云云。不署名氏、當卽德亨所題也。是書前集四十一門、子目四百九十一。後集四十八門、子目四百一十六。其致仕一目、有錄無書、註曰已見前集。續集分六門、子目五百七十。別集分六門、子目四百一十。外集分十六門、子目四百三十。所引最爲詳悉。惟郡縣山川名勝以祝穆方輿勝覽已備、不及更載。每目前爲事類、後爲詩集。所收皆兼及宋代。雖不及太平御覽、冊府元龜諸書皆根柢古籍、元元本本。而所採究皆宋以前書、多今日所未見。宋代遺事佚詩、如蘇軾詠雪詩、以富貴勢力分四首、爲本集所不錄者、亦往往見於此書。故厲鶚作宋詩紀事多採用之。又宋代官制至爲冗雜。宋史不過僅存其名。當時詩文所稱、今多有不知爲何官者。惟此書後集條列最明、尤可以資考證。在類事之家、尚爲有所取材者矣。

源流至論前集十卷、後集十卷、續集十卷、別集十卷、（內府藏本）

前集十卷、後集十卷、續集十卷、宋林駉撰。別集十卷、宋黃履翁撰。駉字德頌、寧德人。嘗以易魁鄉薦。事蹟具閩書。考衞湜禮記集說引有林坰之語、其字從土。未審爲一人二人。履翁字吉父。不知其里貫、疑亦閩人也。宋自神宗罷詩賦、用策論取士、以博綜古今、參考典制相尚。而又苦其浩瀚、不可猝窮。於是類事之家、往往排比聯貫、薈稡成書、以供場屋採掇之用。其時麻沙書坊、刊本最多。大抵出自鄉塾陋儒。勦襲陳因、多無足取。惟章俊卿山堂羣書考索最爲精博。是編於經史百家之異同、歷代制度之沿革、條列件繫、亦尚有體要。雖其書亦專爲科舉而設。然宋一代之朝章國典、分門別類、序述詳明、多有諸書不載者。實考證家所取資、未可以體例近俗廢也。

玉海二百卷、附辭學指南四卷、（兩江總督採進本）

宋王應麟撰。應麟有鄭氏周易註、已著錄。是書分天文律憲地理帝學聖製藝文詔令禮儀車服器用郊祀音樂學校選舉官制兵制朝貢宮室食貨兵捷祥瑞二十一門。每門各分子目、凡二百四十餘類。宋自紹聖置宏詞科、大觀改詞學兼茂科。至紹興而定爲博學宏詞之名、重立試格。於是南宋一代、通儒碩學多由是出、最號得人。而應麟尤爲博洽。其作此書、卽爲詞科應用而設。故臚列條目、率鉅典鴻章。其採錄故實、亦皆吉祥善事、與他類書體例迥殊。然所引自經史子集、百家傳記、無不賅具。而宋一代之掌故、率本諸實錄國史日歷、尤多後來史志所未詳。其貫串奧博、唐宋諸大類書未有能過之者。何焯評點困學紀聞、動以詞科詆應麟、特故爲大言、不足信也。其書元時嘗刊於慶元路、版已久佚。今江寧有南京國子監刊本、以應麟所著詩考、詩地理考、漢藝文志考、通鑑地理通釋、王會篇解、漢制考、踐阼篇解、急就篇解、小學紺珠、姓氏急就篇、周易鄭註、六經天文編、通鑑答問等書附梓於後。案明貝瓊清江集有所作應麟孫王厚墓誌、稱應麟著玉海、未脫稾而失。後復得之、中多闕誤。厚考究編次、請於閫帥鋟梓、并他書十二種以傳。據此、則諸書附梓、實始於元代。惟瓊稱慶元初刻之時、附書十二種。而今爲十三種。慶元刊書原序、亦言公書鋟於郡學者凡十有四、玉海其一。則十三種爲不誤。或清江集傳寫之譌歟。又卷首載浙東道宣慰司刊書牒文、稱玉海實二百卷、而今本乃合辭學指南爲二百四卷。婺郡文學李桓序所列卷目已與今同。疑卽當時校刊者所附入。相沿已久、今亦仍之。至他書之附刻者、則各從其類、別著於錄焉。其曰玉海者、本於張融集名。實則仿梁武所集金海之例、而變其稱也。

小學紺珠十卷、（江西巡撫採進本）

宋王應麟撰。分門隸事、與諸類書略同。而每門之中、以數爲綱、以所統之目繫於下、則與諸類書迥異。蓋仿世傳陶潛四八目之例、以數目分隸故實、遂爲類事者別搠一格也。其閒隨筆記錄、或有不及編次者。如律歷類首序六律六呂、以至度量權衡、次序四時八正二氣十二月之類、蓋由律及歷也。而其後復序五音六十四聲八十四調、其後復序七閏八會之類、前後殊無條理。又如五卜三兆四兆九簭之類、應麟玉海彖之藝術、而此書收入律歷、亦自亂其例。閒有採摭未備、失之耳目之前者。如天文類中既載淮南天文訓之八紘八極、而東西南北中之五官、子午丑未寅申卯酉辰戌巳亥之六府、乃不見錄。器用類中既載周官之八尊、而賈疏之十有六尊乃不見錄。既載春秋傳禘飫宴之三蒸、而儀禮疏之牲有二十一體乃不見錄。如斯之類、不一而足。閻若璩潛邱劄記僅摘其九經不分唐宋、併漏十三經之名、尚爲未盡也。然後來張九韶羣書拾唾、宮夢仁讀書紀數略、雖採掇編輯、較爲明備、而實皆以是書爲藍本。踵事者易、剏始者難。篳路藍縷、又烏可沒應麟之功歟。

姓氏急就篇二卷、通行本

宋王應麟撰。其書仿史游急就篇體、以姓氏諸字排纂成章、以便記誦。文詞古雅、不減游書。又雖以記錄姓氏爲主、而臚列名物、組織典故、意義融貫、亦可爲小學之資。篇中凡單姓皆無重字、篇末列二字三字諸姓、則不免複出。蓋義取兼載、勢難相避。其中稀僻之字、如梁四公記之𩈯、雖託言沈約所撰、實詭立稱號、本無其人、未免失之稍雜。然載籍既有此姓、刪之反有挂漏之譏、過而存之、亦不足爲累。每句之下、各註其受氏之源、與歷代知名之士。必一一標所據之書、尤爲詳密。篇末有自跋一章、以歐陽修州名急就篇自比。修書今載居士集中、字數無多、亦無註釋、實不及是書之善。其跋亦作韻語、舊本遂誤合於正文。考應麟所作爾雅翼序、卽用此體。蓋馬融廣成頌序之支流、與本書實不相屬。今離析書之、庶不失應麟之意焉。

六帖補二十卷、江蘇巡撫採進本

宋楊伯嵒撰。伯嵒有九經補韻、已著錄。是編以增補白居易六帖、孔傳續六帖所未備、凡二十類。中多剟引宋人詩句、徵事頗不詳賅。蓋二書所有卽不復見、又書中所載古事多不著出典、未免嫌於無徵。然虞世南北堂書鈔卽已多如此、六帖復往往有之。蓋因仍舊例、未及改作、其失亦有由也。呂午序稱其能知雲璈字出太平廣記、然廣記實引漢武內傳。伯嵒不舉本書而但舉類書之名、知其學亦捃摭之功。故往往不得事始。特其於白孔二家拾遺補闕、不爲無功、而宋代逸事遺文亦頗藉以有考。視明代類書餖飣裨販者、固尙爲近古矣。

韻府羣玉二十卷、兵部侍郎紀昀家藏本

宋陰時夫撰、其弟中夫註。案黃虞稷千頃堂書目云、陰幼遇一作陰時遇、字時夫、奉新人。數世同居。登宋寶祐九經科。入元不仕。其兄中夫名幼達。據此、則時夫乃幼遇之字、而中夫又時夫之兄。與世所傳不同、當必有據。然舊刻皆題其字、未詳何義也。昔顏眞卿編韻海鏡源、爲以韻隸事之祖。然其書不傳。南宋人類書至多、亦罕踵其例。惟吳澄支言集有張壽翁事韻擷英序、稱荆公東坡山谷始以用韻奇險爲工。蓋其胸中蟠萬卷書、隨取隨有。儻記誦之博不及前賢、則不能免於檢閱。於是乎有詩韻等書。然其中往往陳腐云云。是押韻之書盛於元初。時夫是編、蓋卽作於是時。康熙中、河間府知府徐可先之婦謝瑛、又取其書重輯之、名增刪韻玉定本。今書肆所刊皆瑛改本。此本爲大德中刊版、猶時夫原書也。明成祖頗喜其書、故解縉大庖西封事稱陛下好觀韻府雜書、鈔輯穢蕪、略無文彩。曹安讕言長語亦曰、韻府羣玉亦收之博矣、其中正要緊者漏之。如足字欠管寧濯足、柵字欠青溪柵蘇峻攻青溪柵卞壼拒之、高熲殺張麗華於青溪柵二字。尙失之、則其他可知也云云。今以欽定佩文韻府考之、陰氏之所漏、寧止於是。安之所舉、如一葉一花、偶然掇拾、未睹夫鄧林之茂蔚也。然元代押韻之書、今皆不傳。傳者以此書爲最古。又今韻稱劉淵所併、而淵書亦不傳。世所通行之韻、亦卽從此書錄出。是韻府詩韻皆以爲大輅之椎輪、將有其末、必舉其本。此書亦曷可竟斥歟。

翰苑新書前集七十卷、後集上二十六卷、後集下六卷、別集十二卷、續集四十二卷、編修勵守謙家藏本

不著撰人名氏。據明陳文燭序、亦但稱爲宋人。今別有刊本題宋謝枋得撰者、坊賈所僞託也。文燭序稱是書舊無傳本、慈溪袁煒爲大學士時始從內閣錄出。而日久佚其首卷。後得華亭徐階所錄本、乃足成之。其書分前後別續四集、疑未必出一

人之手。前集皆爲書啟之用。自一卷至六十卷皆以職官分目。下至鹽官酒官之類。亦皆備載。六十一卷至七十卷則以家世閥閱座主門生之類分目。每門之中。皆冠以歷代事實。次以宋朝事實。次以自敘。次以刻引。次以摯書精語。次以前賢詩詞。次以四六瞽語。後集止備表牋之用。一卷至十九卷以大典禮分目。而附以謝恩陳乞。二十卷至二十六卷則錄宋代表牋之文。後集下一卷至五卷爲類姓。六卷則惟列發舉詞科入學三目。蓋補前集之遺。別集皆錄宋人劄狀致語朱表表文青詞疏語冊文祝文祭文之屬。其劄子以五提頭七提頭九提頭分目。蓋當時之式。其朱表則青詞類也。續集錄宋人書啟。一卷至二十三卷以官分目。二十四卷至四十二卷以事分目。又以廣別集未備之體耳。其書本爲應酬而作。惟取便檢用。不免傷於繁複。而於宋代典故事實。最爲賅備。披沙揀金。往往見寶。較孔傳續六帖之類。反爲有資考證也。

欽定四庫全書總目卷一百三十五

欽定四庫全書總目卷一百三十六

子部四十六

類書類二

純正蒙求三卷浙江鮑士恭家藏本

元胡炳文撰。炳文有周易本義通釋。已著錄。蒙求自李瀚以下。仿其體者數家。大抵雜採經傳事實。隸以韻語。以便童子之記誦。然多以對偶求工。不盡有關於法戒。炳文是書則集古嘉言善行。各以四字屬對成文。而自註其出處於下。所載皆有裨幼學之事。以視餖飣割裂。僅供口耳者。於啟導較爲切近。上卷敘立教明倫之事。中卷敘立身行已之事。下卷敘待人接物之事。略以白鹿洞規爲準。每卷一百二十句。總爲三百六十句。卷中又各有子目。每一目多者一二十句。少者不過四句。中閒以拘於駢儷格於聲韻。故漏落甚多。又如黃香暖席宏入父子之倫。而反入幼學見趣條下。陳子高讓田宏入長幼之倫。而反入處宗族條下。其分隸亦未能悉允。然養蒙之教。取其顯明易曉。不貴以淹博相高。此書循諷吟哦。以資感發。與朱子小學外篇足相表裏。固未可以淺近廢也。

排韻增廣事類氏族大全二十二卷浙江巡撫採進本

不著撰人名氏。書中所引事蹟。迄於南宋季年。蓋元人所編次。相其版式。亦建陽麻沙所刊。乃當時書肆本也。其例以十干分集。每一集爲二卷。依廣韻次第。以四聲分隸各姓。末二卷爲覆姓。則以上一字爲韻而排次之。每姓俱引史傳人物。摘敘大略。而採其中三四字爲標題。大抵在摘取新穎以供綴文之用。姓末多別附女德婚姻一門。歷敘古來淑媛及兩姓結婚故事。蓋宋元之閒。婚禮必有四六書啟。故載之獨詳。亦以便於剽掇也。葉盛水東日記曰。近代雜書著述考據多不精。如翰墨全書以彭思永爲明道母舅。所謂氏族大全者尤甚。如以趙明誠爲趙抃之子。廣州十賢有李朝隱一作李尚隱。因而謂爲李商隱。今考中閒所列朝代先後。多顛倒失次。如王導妾雷氏干預政事。陳之張貴妃龔孔二嬪恬寵亾國。而並入之女德。深爲不倫。又如韋思廉劉奉林諸人。旣別立仙之一目。而張果姜識諸人。亦以仙術顯名。乃仍混入人物之中。無所區別。體例亦殊疎舛。至每姓之末閒附翻藻數語。如洪韻龐洪涵洪翁韻仙翁塞翁之類。旣與氏族不相關涉。且挂漏無取。徒滋蛇足。特据摭尙爲廣博。有其人爲史傳志乘所不詳而獨見於此者。頗足以資旁證。至於王氏有臨沂太原二派。句氏避宋高宗諱分作數姓。蘭亭會詩名氏諸本之不同。亦閒有考訂。寸有所長。固未嘗無裨於藝苑也。

名疑四卷河南巡撫採進本

明陳士元撰。士元有易象鉤解。已著錄。是書上自三皇。下迄元代。博採史傳及百家雜說。凡古人姓名異字及更名更字與同姓名者。皆彙萃之。其中如以司馬遷諱談爲同。遂謂談同一音。以童烏爲揚雄子字。以揚雄本姓楊。字譌爲揚字之類。閒有譌誤。又神仙鬼怪之名。如吳剛姮娥豐隆屏翳神荼鬱壘等皆詳載之。體例亦頗冗雜。然其採摭繁富、頗廣見聞。如洞仙部載三皇姓名、列仙傳稱介子推姓王名光之類、皆指駁其謬。又據史記佞幸傳辨朱建傳誤閎孺爲閎籍孺、據顏延之誄辨陶徵士名淵明字元亮、亦皆有所根據。存以備考、固亦有資參證焉。

荊川稗編一百二十卷、內府藏本

明唐順之編。順之有廣右戰功錄、已著錄。是編義例略仿章如愚山堂考索、薈萃羣言、區分類聚。其大旨欲使萬事萬物畢貫通於一書。故鉅細兼陳、門目浩博。始之以六經、終之以六官。六經所不能盡、則條次以九流諸家之學術。凡爲類二十有七。六官所不能盡、則賅括以歷代之史傳。凡爲類二十有五。其門人左烝先爲之考校付梓。烝沒而書多殘闕。茅一相復加釐正刊行。所引書名人名原本錯互不合者、一相亦爲訂正。然卷帙既繁、檢校難徧。牴牾舛駁、尚往往而有。如程大昌詩議在所撰考古編中、而乃以爲出自新安文獻志。正諫本說苑篇名、而標之爲論。林泉高致集所載荊浩山水賦李成山水訣乃其人所自作、而概以爲出郭思之手。敖陶孫字器之、而譌作孫器之。陶九成輟耕錄天閫之說與鑑戒無關、而濫引入宦者門中。褚淵王儉雖身事二姓、然不可謂之佞臣、乃列其傳論於倖門。此類不知爲原本之譌、爲茅一相之竄亂。玉瑕珠纇、頗累全書。特以其網羅本富、涉獵攸資。當語錄盛行之時、尚不失爲徵實之學。錄備多識之一助、固亦無不可焉。

萬姓統譜一百四十六卷、附氏族博攷十四卷、直隸總督採進本

明凌迪知撰。迪知有左國腴詞、已著錄。其書以古今姓氏分韻編次、略仿林寶元和姓纂、以歷代名人履貫事蹟案次時代、分隸各姓下。又仿章定名賢氏族言行類稾名爲姓譜、實則合譜牒傳記而共成一類事之書也。古者族系掌於官、故周禮小史定世系、辨昭穆。南史王僧虔傳稱司馬遷仿周譜以作年表、其體皆傍行斜上、是其制也。戰國策稱智果別族於太史爲輔氏、是周末法猶未改矣。秦漢以下、始私相記錄。自世本以下、纂述不一。其存於今者、惟林寶、鄧名世、鄭樵三家。餘皆散佚。然散見他書者尚可考見、不過明世系、辨流品而已。迨乎南宋、啟劄盛行。駢偶之文、務切姓氏。於是錦繡萬花谷、合璧事類各有類姓一門。元人排韻氏族大全而下、作者彌眾。其合諸家之書勒爲一帙者、則迪知此編稱賅備焉。其中龐雜牴牾、均所不免。至於遼金元三史姓氏、音譯失眞、舛譌尤甚。然蒐羅既廣、足備考訂。故世俗頗行用之、亦未可盡廢也。書前別有氏族博考十四卷、大旨皆本之氏族略、無大發明。以其與原本相附而行、今亦姑竝錄之焉。

喻林一百二十卷、兩江總督採進本

明徐元太撰。元太字汝賢、宣城人。嘉靖乙丑進士。官至刑部尚書。是書採摭古人設譬之詞、彙爲一編。分十門、每門又各分子目、凡五百八十餘類。歷二十餘年而後成。用心頗爲勤至。其引書用程大昌演繁露之例、皆於條下註明出處、併篇目卷第一一臚載。亦迥異明人剽竊撏撦之習。其自序稱閱書四百餘種、而檢其所列書名、實不逾半。殆約舉其數、未及詳核歟。其中隨手摭拾、亦往往不得本始。如兒說宋人善辨者一條、本出韓非子。周人有仕不遇者一條、本出王充論衡。皆引藝文類聚。懷金玉者至不生歸一條、本出後漢書耿弇傳、而引文選李善註。頭白可期汗青無日一條、本出劉知幾史通、而引事文類聚。天寒卽飛鳥走獸尚知相依一條、本出沈約所作阮籍詠懷詩註、而亦以爲李善。此類頗多。又如以杜預何休范甯爲漢人、以陳壽爲魏人、以李善爲隋人、皆時代舛迕。申培詩說、天祿閣外史、武侯心書之類、皆明代僞書、不能辨別。廣成子本蘇軾從莊子摘出、偶題此名、乃別爲一書。無能子云不知何代人。皆未免失於疎略。然自六經以來、卽多以況譬達意、而自古未有彙爲一書者。元太是編、實爲刱例。其蒐羅繁富、零璣斷璧、均足爲綴文者沾丐之資。是亦不可無一之書矣。

經濟類編一百卷、山東巡撫採進本

明馮琦編。琦字琢菴、臨朐人。萬曆丁丑進士。官至禮部尚書。諡文敏。事蹟具明史本傳。是編爲琦手錄之稾、粗分四類。琦沒之後、其弟瑗與其門人周家棟、吳光儀稍爲排纂、且刪其重複、定爲帝王政治儲宮宮掖臣諫諍銓衡財賦禮儀樂文學武功邊塞刑罰工虞天地人倫人品人事道術物雜言二十三類。大致與冊府元龜互相出入。但冊府元龜惟隸事蹟、此則兼錄文章。冊府元龜惟以史傳爲據、此則諸子百家靡不捃拾。體例少異耳。其中

採摭繁富，頗爲賅洽。史稱琦明習典故，學有根柢，此亦可見一斑。惟此書既非琦所手校，其間所錄諸條，瑗等有所損而弗能益，故或詳或略，不盡均齊。又離析合并，未必一一得琦本意。故分隸亦間有參錯。然網羅繁富，大抵採自本書，究非明人類書輾轉裨販者比。惟編內所收皆義屬正大，而道術類中有神妖諸瑣說，物類中有寶鼎琴酒諸瑣事。概以體例，頗屬蕪雜，是則尺璧不免於微瑕，大木不免於寸朽，分別觀之可矣。

同姓名錄十二卷、錄補一卷（浙江鮑士恭家藏本）

明余寅撰。周應賓補。寅有乙未私志，應賓有九經考異，皆已著錄。自梁元帝始著古今同姓名錄一卷，見於隋書經籍志。唐陸善經、元葉森遞相增益。其後漸佚，惟永樂大典有此書，而度置禁庭，世無傳本。寅因上據經史，旁摭稗官，起自洪荒，訖於元代，先成四卷。應賓以其未備，搜而廣之。後寅又自續八卷，凡應賓所不欲載者，悉掇拾無遺。二人閒有互異者。如丙吉，寅謂當姓邴；陳涉博士孔甲，寅謂當作孔鮒之類。其義以寅爲較長。其他蒐採考覈，訂譌辨異，殊見賅博。惟卷帙既多，不無疎謬。如知傳霖有二矣，而宋之撰刑統賦者不與焉。知周密有二矣，而宋之撰齊東野語者不與焉。秦徐市之市音匆，因譌爲福，不與漢徐福同。孔門鄭邦，史諱邦，因改爲國，不與韓水工同。漢之塞決河者王延世，而削去世字。宋之進事類賦者吳淑，而易吳爲李。甚至同地名、同神名、同樂名、同鳥獸蟲名一概錄之，尤爲叢雜。然梁元帝本書簡略，陸善經、葉森所續舛誤亦多。此書裒摭詳備，足裨考證，固未可以晚出廢之也。

說略三十卷（浙江巡撫採進本）

明顧起元撰。起元有金陵古金石考，已著錄。是編明史藝文志作六十卷。考起元自序，全書實止三十卷，與此本相合。蓋明史偶誤也。其書雜採說部，件繫條列，頗與曾慥類說、陶宗儀說郛相近。故明史收入小說家類。然詳考體例，其分門排比，編次之法實同類書。但類書隸事，此則纂言耳。雖其中旁及二氏，及參以怪異詭瑣之事，嗜奇愛博，不免駁雜。然明代類書大抵剽竊餖飣，無資實用。起元所作，尚頗有體裁。凡所採摭，大抵多出自本書，不由販鬻。其史別、典述諸門，尤爲有益於考證。江南通志稱起元學問賅博，凡古今成敗、人物賢否、諸曹掌故，無不通曉，亦可見其梗概云。

天中記六十卷（直隸總督採進本）

明陳耀文撰。耀文有經典稽疑，已著錄。是編乃其類事之書。以所居近天中山，故題曰天中記。世所行本皆五十卷，卷端亦不題次第，草略殊甚。蓋初刻未竟之本。惟此本作六十卷，與明史藝文志合，乃耀文之完書也。明人類書，大都沒其出處，至於憑臆增損，無可徵信。此書援引繁富，而皆能一一著所由來，體裁較善。惟所標書名，或在條首，或在條末，爲例殊不畫一。又第一卷內篇目已畢，復綴以張衡靈憲一篇，編次亦無條理。然有明一代稱博洽者，推楊慎，後起而與之爭者，則惟耀文。所學雖駁雜不純，而見聞終富，故所採自九流毖緯以逮僻典遺文，蒐羅頗廣，實可爲多識之資。每條間附案語。如玉篇廣韻之解誕字爲生，水經注之以茁茨堂爲茅茨堂，世說注以錢唐爲錢塘，唐逸史之記孫思邈年代舛錯，新唐書之載安祿山死日乖互，皆爲抉摘其失。又向來類書之沿譌者，如合璧事類以狄兼謩爲魏謩，錦繡萬花谷以浮圖泓爲一行，事文類聚以劉溉爲到溉，萬卷菁華以晉建元元年爲漢武帝，孔氏續六帖以三陽宮爲道書宮，皆一一辨證。尤能於隸事之中，兼資考據，爲諸家之所未及。范守已曲洧新聞謂是書鶴門無浮邱翁、王子晉、丁令威、徐亞卿四事，浦門無青浦、黃浦等水，頗譏其漏。郭孔太書傳正誤亦謂其失載紫薇苑。夫天下事物無窮，一書卷帙有限，自有類書以來，未有兼括無遺者。太平御覽卷帙盈千，所未錄者尚不知凡幾，況此五六十卷之書乎。是固不足爲耀文病也。

圖書編一百二十七卷（河南巡撫採進本）

明章潢撰。潢有周易象義，已著錄。是編取左圖右書之意，凡諸書有圖可考者，皆彙輯而爲之說。一卷至十五卷爲經義，十六卷至二十八卷爲象緯歷算，二十九卷至六十七卷爲地理，六十八卷至一百二十五卷爲人道，一百二十六卷爲易象類編，一百二十七卷爲學詩多識。此二卷與圖譜無涉，別綴於末，蓋玉海附錄諸書例也。其門人萬尚前序，稱是編肇於嘉靖壬戌，成於萬歷丁丑。考潢年譜，乃稱萬歷五年丁丑論世編成，又稱萬歷十三年乙酉出圖書編，與鄧元錫函史相證。然則初名論世編、後乃改此名矣。明人圖譜之學、惟此編與王圻三才圖會號爲巨帙。然圻書門目瑣屑、排纂冗雜、下至弈棋牙牌之類、無所不收、不及潢書之體要。其所繫諸說、亦皆捃摭殘剩、未晰源流。甚至軍器類中所列鞭鐧二圖、稱鞭爲尉遲敬德所用、鐧爲秦叔寶所用。雜採齊東之語、漫無考證、亦不及潢書之引據古今、詳賅本末。雖儒生之見、持論或涉迂拘、然採摭繁富、條理分明、浩博之中、取其精粹、於博物之資、經世之用、亦未嘗無百一之裨焉。

駢志二十卷（浙江巡撫採進本）

明陳禹謨撰。禹謨有經籍異同、已著錄。是書取古事之相類者比而錄之、對偶標題、而各註其所出於條下。不立門目、但以甲至癸十千爲序、而大較以類相從。其中嗜博愛奇、務盈卷帙。如晏子宅、晏子冢、蘇秦宅、蘇秦冢之類、古來有宅有冢者豈能徧收。秦趙高爲丞相、漢趙高爲太守之類、古來同姓名者更難悉數。又如平仲君遷、乃吳都賦之本文。橘不踰淮、貉不踰汶、乃考工記之成語。因而採爲駢句、名爲隸事、實則鈔胥。齊梁來儷偶之文亦恐罄竹難盡。至於癸部所載、及於經典一字之異同、如浴乎沂、浴乎沂、詠而歸、詠而饋、則經典釋文且將全錄矣。然所採旣繁、所儲遂富、或一言而出典各殊、或兩事而行蹤相近、多可以考證異同、辨別疑似。其中閒有考證、如漢高帝母媼姓、駁司馬貞依託班固碑之類、雖未必果確、亦可存備一說。大抵簡核不及趙崇絢之雞肋、而博贍則勝方中德之古事比也。

山堂肆考二百二十八卷、補遺十二卷（江蘇巡撫採進本）

明彭大翼撰。大翼字雲舉、又字一鶴、揚州人。是書有萬歷乙未廖自伸序、稱其冠軍諸生者廿有餘年、竟不得一登賢書。其弟大翺序則稱其宦游百越。凌儒序亦稱其浩然解組、杜門海上。則又嘗隸仕籍。其嘗爲何官則不可得詳矣。據卷端凡例、是書成於萬歷乙未。浸淫散佚越二十餘年、至萬歷己未、其孫堉張幼學乃尋繹舊聞、踵事增定、遂成完帙。則幼學又有所附益、不盡大翼之舊本也。（案焦竑序作於乙未、已稱幼學增定、與凡例不符、疑坊本翻刻誤以己爲乙。）凡分宮商角徵羽五集、如趙璘因話錄例。然璘書於五音之義各有所取、大翼此書則臣職一門劃隸宮商二集、親屬一門劃隸商角二集、無所分別。特以紀其部帙、如甲乙丙之類而已。中分四十五門、門又各分子目、大致與他類書相等。惟卉原訓草、而以草卉標題、似乎字複。然考沈約詩有勿言草卉賤、幸宅天地中語、則自有出典、未可議也。又道教神仙分爲二部、與他類書亦稍別。考漢志道家神仙家原自分別、則亦古義矣。所收雖多掇拾羣籍、不盡採自本書、而網羅繁富、存之亦足備參考焉。

古儷府十二卷（江蘇巡撫採進本）

明王志慶編。志慶字與游、崑山人。天啟丁卯舉人。是書以六朝唐宋駢體足供詞藻之用者、採摭英華、分類編輯。其漢魏賦頌之類、雖非四六、而典實博麗、已開對偶之漸者、亦併取焉。分十八門、曰天文、曰地理、曰歲時、曰帝王、曰宮掖、曰儲宮、曰帝戚、曰人、曰職官、曰禮、曰樂、曰道術、曰文學、曰武功、曰居處、曰恩賚、曰物類。子目凡一百八十有二。大概仿歐陽詢藝文類聚之例、或載全篇、或存節本、與他類書割裂飣餖、僅存字句者不同。所引止於宋以前、又皆從各總集別集採出、亦不似明人類書輾轉裨販、究鮮舛譌。惟閒收玉海所載偶句、稍爲猥雜。以例推之、則吳淑事類賦將全部收入乎。幸其偶一見之、故尚不甚爲累也。

廣博物志五十卷（浙江汪啟淑家藏本）

明董斯張撰。斯張有吳興備志、已著錄。晉張華博物志世所傳本眞僞相淆、簡略亦甚。南宋李石嘗續其書、雖旁摭新文、尚因仍舊目。斯張從而廣之、遂全改華之體例、變爲分門隸事之書。凡分大目二十有二、子目一百六十有七。所載始於三墳、迄於隋代。詳略互見、未能首尾賅貫。其徵引諸書、皆標列原名綴於每條之末、體例較善。而中閒亦有舛駮者。如太平御覽、太平廣記皆採摭古書、原名具在。乃斯張所引、凡出自二書者、往往但題御覽、廣記之名、而沒所由來、殊爲不明根據。又圖經不言某州、地志不言某代、隨意剽掇、亦頗近於稗販。三墳爲毛漸僞撰、漢雜事祕辛爲楊慎贗作、世所共知、乃好異喜新、雜然並載、更不免疎於持擇。至若孔疏鄭箋、牽連滿幅、道經釋典、採錄盈篇。愛博貪多、尤傷枝蔓。然其蒐羅旣富、唐以前遺文墜簡、裒聚良多。在明代諸類書中、固猶爲近古矣。

御定淵鑑類函四百五十卷

康熙四十九年

聖祖仁皇帝御定。類書自皇覽以下、舊本皆佚。其存於今者、惟北堂書鈔藝文類聚初學記六帖為最古。明俞安期刪其重複、合併為一。又益以韓鄂歲華紀麗、而稍採杜佑通典、以補所闕。命曰唐類函。六朝以前之典籍、頗存梗概。至武德貞觀以後、僅見題詠數篇、故實則概不及焉。考輟耕錄載趙孟頫之言、謂作詩纔使唐以下事便不古。其言已稍過。當明李夢陽倡復古之說、遂戒學者無讀唐以後書。夢陽嘗作黃河水遶漢宮牆一篇、以末句用郭汾陽字、涉於唐事、遂自削其稾、不以入集。安期編次類書、以唐以前為斷、蓋明之季年、猶多持七子之餘論也。然詩文隸事、在於比例精切、詞藻典雅、不必限以時代。漢去戰國不遠、而詞賦多用戰國事。六朝去漢不遠、而詞賦多用漢事。唐去六朝不遠、而詞賦多用六朝事。今距唐幾千年、距宋元亦數百年、而曰唐以後事不可用、豈通論歟。況唐代類書、原下括陳隋之季、知事關勝國、即屬舊聞。既欲蒐羅、理宜賅備。又豈可橫生限斷、使文獻無徵。是以我

聖祖仁皇帝特命儒臣、因安期所編、廣其條例、博採元明以前文章事蹟、臚綱列目、薈為一編。務使遠有所稽、近有所考。源流本末、一一燦然。計其卷數、雖僅及太平御覽之半。然御覽以數頁為一卷、此則篇帙既繁、兼以密行細字、計其所載、實倍於御覽。自有類書以來、如百川之歸巨海、九金之萃鴻鈞矣。與佩文韻府駢字類編皆亙古所無之巨製、不數宋之四大書也。

御定駢字類編二百四十卷、

康熙五十八年

聖祖仁皇帝敕撰。雍正四年告成、

世宗憲皇帝製序頒行。謹案唐以來隸事之書、以韻為綱者、自顏真卿韻海鏡源而下、所採諸書、皆齊句尾之一字、而不齊句首之一字。惟林寶元和姓纂、鄧椿古今姓氏書辨證、元人排韻事類氏族大全、以四聲二百六部分隸諸姓、於覆姓齊其首一字、使以類從。然皆書中之變例、非書中之通例也。淩迪知萬姓統譜、隨姓列名、體例略如韻府、然亦以首一字排比其人、非記事纂言之比也。我

聖祖仁皇帝天裁獨運、始刱造是編。俾與佩文韻府一齊尾字、一齊首字、互為經緯、相輔而行。凡分十有二門。曰天地、曰時令、曰山水、曰居處、曰珍寶、曰數目、曰方隅、曰采色、曰器物、曰草木、曰鳥獸、曰蟲魚。又補遺一門曰人事。所隸標首之字、凡一千六百有四。每條所引、以經史子集為次、與佩文韻府同。而引書必著其篇名、引詩文必著其原題。或一題而數首者、必著其為第幾首。體例更為精密。學者據是兩編、以考索舊文、隨舉一字、應手可檢。較他類書門目紛繁、每考一事、往往彼此互見、不得其部分者、其披尋之難易、迥不侔矣。

御定分類字錦六十四卷、

康熙六十一年

聖祖仁皇帝御定。皆採掇成語、裁為駢偶、分類編輯。每類以二字三字四字為次。各詳引原書、註於條下。考類書全用對句、始於隋杜公贍之編珠。然其書隋志唐志皆不載。至宋志始著錄、而宋人無引用者、亦無舊刻舊鈔流傳於世。至康熙中、乃有高士奇家刊本、頗疑依託。其灼然可徵者、當自初學記之事對始。然亦僅每門之內載有數條、非全部如是。其全部對句者、以楊慎謝華啟秀為稍博。然捃摭未富、篇帙無多。標新異則有餘、備採用則不足也。是編所錄、皆

石渠天祿之珍藏、既多未睹之祕、又仰遵

訓示、體例詳明。翦裁皆得其菁華、配隸務權其銖兩。遇麗句可供文藻、而單詞不可駢連者、寧各依字數附綴於末、謂之備用、而不強為之湊泊。是以抽黃對白、巧若天成、合璧分璋、詞如己出。昔宋人四六喜綴成句、一篇之內不過數聯而已。宋人詩話又喜稱巧對、如帶眼琴心、殺青生白之類、一集之內亦不過數聯而已。至於累牘連篇、集為巨帙、無一字一句之不工、則自古以來、未有逾於此編者矣。

御定子史精華一百六十卷、

康熙末

聖祖仁皇帝敕修。雍正五年

世宗憲皇帝御定頒行。四庫之中、惟子史最為浩博、亦最為蕪雜。蓋紀傳編年以外、凡稗官野記皆得自託於史。儒家以外、凡異學方技皆得自命為子。學者雖病其冗濫、而資考證廣學問者、又錯出其中、不能竟廢。卷帙所以日繁也。或寒門細族、艱於購求、或僻壤窮鄉、限於耳目、則涉覽有所不能徧。或貪多務得、不別瑕瑜、或嗜異喜新、偏矜荒誕、則持擇有所不能精。於是刪纂之學興焉。然摘錄之本、如

虞仲容之子鈔、案子鈔世無傳本、其文散見永樂大典中。馬總之意林、節略不詳。錢端禮之諸史提要、疎陋寡緒。楊侃之兩漢博聞、林鉞之漢雋、偏舉不全。即洪邁之經子法語、諸史精語、呂祖謙之十七史詳節、亦未爲善本。明人所輯、叢脞彌甚、益自鄶無譏。

聖祖仁皇帝嘉惠藝林、特命纂輯此編、俾共知津逮。分三十類、子目二百八十。凡名言雋句、採掇靡遺。大書以標其精要、分註以詳其首尾。元元本本、條理秩然。繁簡得中、剪裁有法。守玆一帙、可以富擬百城。於子史兩家、誠所謂披沙而簡金、集腋而爲裘矣。

御定佩文韻府四百四十四卷、

康熙五十年

聖祖仁皇帝御定。考唐書藝文志載顏眞卿韻海鏡源二百卷。釋皎然陪顏使君修韻海畢、東溪泛舟餞諸文士詩、有外史刊新韻、中郎定古文、菁華兼百氏、縑雅備三墳句。其自註又有魯公著書依切韻起東字腳語。然則分韻隸事、始自眞卿。今其書不傳。宋元間作者頗夥、謂之詩韻。詳韻府羣玉條下。其傳於今者惟韻府羣玉爲最古。至明又有五車韻瑞。然皆疎漏不完、舛譌相踵。楊愼作均藻、朱彝尊作韻粹、其子昆田又作三體摭韻、皆欲補陰氏淩氏之闕、而仍未賅備。是以我

聖祖仁皇帝特詔儒臣、蒐羅典籍、輯爲是編。每字皆先標音訓。所隸之事凡陰氏淩氏書所已採者、謂之韻藻、列於前。兩家所未採者、別標增字、列於後。皆以兩字三字四字相從、而又各以經史子集爲次。其一語而諸書互見者、則先引最初之書、而其餘以次註於下。又別以事對摘句附於其末。原本不標卷第、但依韻釐爲一百六卷、而中分子卷二十有四。今以篇頁繁重、編爲四百四十四卷。自有韻府以來、無更浩博於是者。俯視陰氏淩氏之書、如滄海之於蠡勺矣。考康熙五十九年大學士王掞等恭製韻府拾遺序、有曰佩文韻府書成、卷帙一百有六。聞諸臣分纂之時、每繕初槀、先呈

御覽。我

皇上十行竝下、點摘闕遺、舉凡六經奧義、詁訓之所難通、四部僻書、棗梨之所未鋟、莫不

親加批乙、宣付諸臣、再三稽考。雖諸臣衆手合作之書、實我

皇上一心裁定之書也云云。蓋由

聖學高深、爲千古帝王所未有、故是書博贍、亦千古著述所未有也。

御定韻府拾遺一百十二卷、

康熙五十五年

聖祖仁皇帝御定。以拾佩文韻府之遺也。佩文韻府凡一萬八千餘頁、藝林傳布、已浩若望洋。而

睿慮周詳、猶恐滄海之兼收、或有涓流之未會。故

特命搜奇抉祕、續輯是書。其分韻悉準前編。其所補則爲例有四。凡前編所有之字、則惟增韻書之音切。如一東之東字、註唐韻正韻德紅切、集韻韻會都籠切是也。凡前編未收之字、從他韻增入者、則兼註音義。如二冬之牗字、注廣韻丑凶切、集韻癡凶切、竝音蹱、與傭同、集韻均也直也、又註照廣韻增入是也。其文句典故爲前編所未載者、謂之補藻。東字下引禹貢北東諸條是也。前編已載而所註未備者、謂之補註。東字下引周易折中集說居東諸條是也。蒐羅賅備、體例詳明。大學士王掞等恭製序文所謂舉大而及其細、則拾遺爲韻府之支流、附少以成其多、則拾遺爲韻府之全璧也。

聖人制事、精益求精、不留絲毫之欠闕、此亦一端矣。舊本不標卷第、與佩文韻府同。今以一韻爲一卷、其篇頁稍多者、分六子卷、爲一百十有二卷。

格致鏡原一百卷、江蘇巡撫採進本

國朝陳元龍撰。元龍字廣陵、海寧人。康熙乙丑進士及第、歷官文淵閣大學士。謚文簡。是編乃其類事之書。其曰格致鏡原者、自昔類書、大抵縷陳舊蹟、與史傳相參、或臚列典章、與會要相佐。此所採輯、分三十類、曰乾象、曰坤輿、曰身體、曰冠服、曰宮室、曰飲食、曰布帛、曰舟車、曰朝制、曰珍寶、曰文具、曰武備、曰禮器、曰樂器、曰耕織器物、曰日用器物、曰居處器物、曰香奩器物、曰燕賞器物、曰玩戲器物、曰穀、曰蔬、曰木、曰草、曰花、曰果、曰鳥、曰獸、曰水族、曰昆蟲、皆博物之學、故曰格致。又每物必溯其本始、略如事物紀原、故曰鏡原也。其採摭極博、而編次具有條理。又以明人類書多不載原書之名、擅古自益、因各考訂所出、必繫以原書之名。雖所據或閒出近代之本、不能盡泝其源、而體例秩然、首尾貫串、無諸家叢冗猥雜之病、亦庶幾乎稱精核矣。其書爲康熙戊子丁亥閒元龍歸養時所作。後官廣西巡撫、乃刊行之於粵中云。

讀書紀數略五十四卷、內府藏本

國朝宮夢仁編。夢仁字定山，泰州人。康熙戊戌進士。官至福建巡撫。康熙四十六年，聖駕南巡，夢仁方罷官里居，因恭迎六御，以此書奏呈御覽，得旨刊行，遂併版繳進，至今存貯於內府，亦儒生之榮遇也。前奏摺二通，摺稱五十二卷，此本實五十四卷，或鋟木時析其兩卷歟。其書分天、地、人、物四大綱，天部分子目四，地部分子目十八，部分子目二十九，物部分子目十一。凡諸書所載故實有數可紀者，各以類從。大抵以王應麟《小學紺珠》、張九韶《羣書拾唾》爲藍本，而稍摭宋元明事附益之。較二家之書頗爲賅備，每類先標目錄，亦較二家之書爲易檢尋。雖載籍極博，未能包括無遺，所載諸事又或不註所出，然凡例稱數之可紀，既數不勝數，而汗牛充棟之書，更難盡讀，茲不過就耳目所及見聞，慚其略而弗詳，故名之曰略。又稱題下必註某書，示不忘本也。其間多有不註者，大約世所習見之書，亦或鈔時偶忘。若原本所未註，則彼先失記，相沿已久，且難徧考云云。則夢仁固已自言之，無庸執以相病矣。

謹案：倪國璉《康濟錄》，仰蒙皇上敕內直諸臣重爲刪潤，併賜嘉名，官爲刊版，故列於官撰諸書之中。此書雖版貯內府，而既非官撰，亦非官刊，不過與馬驌《繹史》同例，故仍以作者時代爲次。

花木鳥獸集類三卷，兩淮馬裕家藏本

國朝吳寶芝撰。寶芝，石門人。是書集花木鳥獸故實，分門臚列。原本卷端題臣吳寶芝恭纂字，當爲經進之本也。上卷凡四十三目，中卷凡四十二目，下卷凡二十五目，皆採掇舊文，以供詞藻之運用。旁及稗官小說，下至詩詞佳句，無不博引。大旨主於淵滌陳因，蒐羅新穎，較諸家類書所載，蹊徑頗殊。中間如三國典略、瑞應圖、字說等書，久已佚亡，亦不免輾轉裨販之弊。然搜奇抉異，出於獨得者居多。蓋清異錄之支流，而全芳備祖之餘派也。篇帙無多，而轉以少勝，固勝於連篇累牘，數見不鮮者矣。

別號錄九卷，浙江鮑士恭家藏本

國朝葛萬里撰。萬里號夢航，崑山人。其書取宋金元明人別號，以下一字分韻編輯。宋金元人共一卷，明人八卷。時彌近者彌易詳也。考錢曾《讀書敏求記》，載有宋淳祐間錢塘徐光溥自號錄一卷，載當代名公鉅卿騷人墨士之號，譚友聞序之。其本爲元至正間華亭孫道明所鈔，今未之見。萬里此書，蓋仿其例而廣之者也。古人冠而稱字，年過五十，稱伯仲而已。至《左傳》所載子產字子美，至於兩字並行，已難辨識。然猶無別號。《戰國策》有寒泉子，其爲氏爲號不可考。商山四皓，皆自有名姓，而又有黃綺諸稱，其別號之所昉乎。自唐以後，名目彌繁。萬里序稱盛於南宋，濫於明，見者莫知爲誰，誠爲確論。惟其體例茍簡，每韻惟第一人標兩字，以下皆但標一字，驟觀殊不了了。又宋金元但註時代，明人則兼註爵里，而爵止兩字，里止一字，亦費推求。其中如坡韻收蘇軾之東坡，而翁韻乃遺歐陽修之醉翁。失之眉睫，亦多遺漏。要其採摭之勤，實足以資考據。雖似瑣屑，而於史學有補。楊萬里之於院吏，固時得一字師也。

宋稗類鈔三十六卷，浙江巡撫採進本

國朝潘永因編。永因有《讀史津逮》，已著錄。是書以宋人詩話說部分類纂輯，凡五十九門，末附搜遺一卷，以補諸門之所未備，亦江少虞《事實類苑》之流。惟皆不著所出，是其一失。蓋明人編輯舊文，往往如是，永因尚沿其舊習也。又如異數門中盧延讓紅綾餅餡事，則上及唐末；符命門中庚申帝事，武備門中泰定間鄧弼事，則下及元時；諂媚門中徐學詩劾嚴嵩，嘉定人有與同姓名者，遂改爲學謨事，併闌入明代，皆失斷限。至武備門中載狄青不祖狄仁傑，不去黥文之類，分隸亦多未允。然宋代雜記之書，最爲汗漫，是編撮集英華，網羅繁富，且分門別類，較易檢尋，存之亦可資考核也。

右類書類六十五部，七千零四十五卷，皆文淵閣著錄。

欽定四庫全書總目卷一百三十六

欽定四庫全書總目卷一百三十七

子部四十七

類書類存目一

聖賢羣輔錄二卷山東巡撫採進本

一名四八目。舊附載陶潛集中。唐宋以來相沿引用，承譌踵謬，莫悟其非。逮以編錄遺書，始蒙睿鑒高深，斷爲僞託。臣等仰承聖訓，詳悉推求，乃知今本潛集爲北齊僕射陽休之編。休之序錄稱其集先有兩本，一本六卷，并比顚亂，兼復闕少。蕭統所撰八卷，又少五孝傳及四八目。今錄統所闕，并序目等合爲十卷。是五孝傳及四八目實休之所增，蕭統舊本無是也。統序稱深愛其文，故加搜校，則八卷以外不應更有佚篇。其爲晚出僞書，已無疑義。且集中與子儼等疏，稱子夏爲孔子四友，而此錄四友乃爲顏回、子貢、子路、子張。又五孝傳引孝乎惟孝，友于兄弟之文，句讀尚從包咸註，知未見古文尚書。而此錄四岳一條，乃引孔安國傳，其出兩手，尤自顯然。至書以聖賢羣輔爲名，而魯三桓、鄭七穆、晉六卿、魏四友以及仕莽之唐林、唐遵，叛晉之王敦，並列簡編，名實相迕。理乖風教，亦決非潛之所爲。昔宋庠校正斯集，僅知八儒三墨二條爲後人所竄入，而全書之贋，竟不能明。潛之受誣，已逾千載。今逢右文聖世，得以辨別而表章之，使白璧無瑕，流光奕葉，是亦潛之至幸矣。

錦帶一卷兩江總督採進本

舊本題梁昭明太子蕭統撰。陳振孫書錄解題又云梁元帝撰。比事儷語，在法帖中章草月儀之類。詳其每篇自敘之詞，皆山林之語，非帝冑所宜言。且詞氣不類六朝，亦復不類唐格，疑宋人案月令集爲駢句，以備箋啟之用，後來附會，題爲統作耳。今刻本昭明集中亦有之，題曰十二月啟，然昭明集乃後人所輯，非其原本，未可據以爲信也。

錦帶補註一卷浙江范懋柱家天一閣藏本

舊本題宋杜開撰。其本較明人所刻多前序一篇，不著撰人名氏，詞旨頗鄙，註文尤謬。又出師古註杜詩之下，如開卷註昭明太子四字曰：姓蕭名眘，字子施，昭明者號也，殆目未睹史書者。其他所引論語德不孤必有鄰，君子以文會友，詩中心藏之，何日忘之等數條爲有根據，餘則無一不出杜撰，疑亦妄人依託也。

歲華紀麗四卷內府藏本

舊本題唐韓鄂撰。考唐書宰相世系表，載韓休之弟殿中丞倩，倩之子河南兵曹參軍滌，鄂乃滌之曾孫也。其書以四時節候分門隸事，各編爲駢句，略如北堂書鈔、六帖之體。唐志、宋志皆列其名。陳振孫書錄解題亦載之，然久無傳本。此本爲胡震亨祕冊函中所刻，毛晉收其殘版以入津逮祕書者。震亨跋稱得之鄭曉家，王士禎居易錄以爲卽震亨僞造。案錢曾讀書敏求記云：歲華紀麗舊鈔卷終闕字數行，又失去末葉，後見章邱李中麓藏宋刻本，脫落正同，是此書確出宋本，不由震亨之依託。然書錄解題稱其采經史子傳歲時事，類聚而以儷句間之。此本乃全作儷句，已不相合。又儷句拙陋殊甚，所引書不過數十種，而割裂餖飣，往往不成文句。且杜陽雜編，蘇鶚所作，鶚、僖宗光啟中進士，已居唐末。摭言，王定保所作，定保、昭宗光化三年進士，已入五代。鄂安得引二人之書。至中引四時纂要一條，考之唐志，是書卽鄂所作，鄂又何至自引己作。況鄂旣唐人，不應稱唐元宗及唐時，均屬疑竇。曾所云云，正未可據爲定論也。

標題補註蒙求三卷浙江鮑士恭家藏本

晉李瀚撰。宋徐子光註。書錄解題、宋史藝文志皆作八卷。今所行者凡二本，一本二卷，乃子光之原註，已著於錄。此本又分三卷，凡子光註中陳振孫所謂兼及他人事者，皆爲刪去，而每句之下俱有評識二字，如好賢、循吏、孝義、廉介之類，卽所謂標題。蓋坊刻改竄之本，不足取也。

文選雙字類要三卷浙江汪啟淑家藏本

舊本題宋蘇易簡撰。易簡有文房四譜，已著錄。是編取文選中藻麗之語，分類纂輯，其中語出經史，偶爲漢以來詞賦採用者，亦卽以採用之篇註爲出典。易簡名臣，不應荒陋至此。陸游老學菴筆記稱宋初崇尚文選，草必稱王孫，梅必稱驛使，月必稱望舒，山水必稱清暉，方爲合格。疑其時科舉之徒輯爲此書，託易簡之名以行也。

類要一百卷浙江范懋柱家天一閣藏本

宋晏殊撰。殊字同叔，撫州臨川人。景德初，張知白以神童薦，賜同進士出身，擢祕書省正字，官至集賢殿學士、同平章事兼樞密使，卒諡元獻。事蹟具宋史本傳。是編乃所作類事之書，體例略如北堂書鈔白氏六帖，而詳贍則過之。葉夢得避暑錄話稱殊平生未嘗棄一紙，雖封皮亦十百爲沓，每讀書得一故事，則批一封皮，後批門類，命書吏傳寫，卽今類要也。故所載皆從原書採掇，不似他類書互相剽竊，輾轉傳譌。然自宋代所傳名目，卷帙已多互異。歐陽修作殊神道碑，稱類集古今爲集選二百卷。曾鞏作序則稱上中下帙七十四篇。惟宋史本傳稱一百卷，與今本合。據其四世孫知雅州袤進書原表，則南渡後已多闕佚，袤續加編錄，於開禧二年上進，故今書中有於篇目下題四世孫袤補闕者，皆袤所增，非殊之舊矣。自明以來，傳本甚罕。惟浙江范氏天一閣所藏尚從宋本鈔存，而中間殘闕，至四十三卷。別有兩淮所進本，僅存三十七卷，門類次序尤多顚倒，且傳寫相沿，譌謬脫落，甚至不可句讀，蓋與太平御覽同爲宋代類書之善本，而其不可校正則較御覽爲更甚，故今惟附存其目焉。

春秋經傳類對賦一卷（兩江總督採進本）

宋徐晉卿撰。晉卿里貫未詳，自署稱將仕郎秘書省校書郎，亦不知其始末也。左傳文繁詞縟，學者往往綽以儷語，取便記誦，見於宋史藝文志者有崔昇等十餘家，今竝亾佚，惟此賦尚存。凡一百五十韻，一萬五千言，屬對雖工，而無當於義理。其徵引亦多舛漏。前有皇祐三年自序，云首尾貫串，十得八九，殊未然也。

國朝高士奇嘗爲之註，通志堂經解亦收之。末有元至大戊申長沙區斗英一跋，稱江陰路總管太原趙嘉山得善本，授郡庠，俾鋟梓云。

文選類林十八卷（浙江范懋柱家天一閣藏本）

舊本題宋劉攽撰。攽字貢父，新喻人，敞之弟也。與敞同舉慶歷六年進士，歷官祕書少監，出知蔡州。後終於中書舍人。事蹟具宋史本傳。是編取文選字句可供詞賦之用者，分門標目，共五百四十九類。然攽兄弟以文章學問與歐陽修、蘇軾諸人馳驟上下，未必爲此餖飣之學。疑亦南宋時業詞科者所依託也。

記室新書七十卷（兩江總督採進本）

舊本題宋方龜年編。龜年，莆田人，景祐元年進士，官至屯田郎中。案宋史藝文志事類門載方龜年羣書新語十一卷，福建通志亦載之，作十卷，均無記室新書之名。考世傳鈔本翰苑新書，有明沔陽陳文燭序，謂是宋人書鈔自祕閣者，無撰人姓氏。凡分四集，其別集十二卷，卽此書之前十二卷。其前集七十卷，此書割去前十二卷，以十三卷以下五十八卷續別集後，仍足七十卷之數，蓋坊賈得殘闕翰苑新書，併兩集爲一集，改此名以售欺也。

別本實賓錄一卷（浙江范懋柱家天一閣藏本）

不著編輯者名氏。卷首題曰蘇臺雲翁錄，末誌正德五年五月望後蘇臺雲翁錄於西關瀔南之垂雲樓，時年七十有七。蓋明人鈔本也。核其所載，卽節錄宋馬永易實賓錄，非所自著，亦非完書。今馬氏原本已於永樂大典內編次成帙，此爲棄餘矣。

詩律武庫前後集三十卷（江蘇巡撫採進本）

舊本題宋呂祖謙編。與歷代制度詳說皆祖謙年譜所不載。然歷代制度詳說具有條理，且刊自元人，亦有所授受。此書則徵引故實，大抵習見之事，在類書中最爲淺陋，斷非祖謙之所爲，殆後人依託也。

補侍兒小名錄一卷（內府藏本）

宋王銍撰。銍字性之，汝陰人，自稱汝陰老民。紹興初以薦詔視秩史官，給札奏御，爲樞密院編修官。是書前有題詞，云以續洪适之書。考王楙野客叢書，謂洪駒父作侍兒小名錄，或者又作續侍兒錄，則是洪芻非洪适。然考侍兒小名錄拾遺，稱少蓬洪公，則作适爲是。或王楙偶誤記歟。銍本博洽，而此書所採猥鄙殊甚。錢希言戲瑕曰：汝陰王銍著補侍兒小名錄，雜出不倫。所引霍小玉傳媒氏鮑十一娘一段，殊與侍兒小名無當。又載李文公集禽滑釐問於子墨子，叔曰無恒，姪女曰數奇，妾曰善佞，皆寓言也。王丞相妾雷尚書，是嘲戲之詞。何預小名故事。其抉摘頗當。今觀其書，如左傳齋同叔子，杜預之註甚明。唐進士段何一條，雲髻半髻乃言其裝飾，均非小名。至唐人多呼婢爲小玉，故元微之悼亾詩有小玉上牀鋪夜衾句，實果一條以小玉驚人踏破裙句，竟爲小名，亦殊舛誤。尚不止希言之所詆矣。

姬侍類偶二卷（浙江吳玉墀家藏本）

宋周守忠撰。守忠有養生雜纂，已著錄。是書成於嘉定庚辰，有朝奉大夫鄭域中序，及守忠自序。其意仿侍兒小名錄，其體則以四言隔句用韻，如李瀚之蒙求。凡八十有八聯，通附見註中者，共一百八十二人。其文屬對既拙、又多漏略。大抵以太平廣記爲藁本、而廣記中春條金釭之類、乃遺不載。亦兼採各家詩集、而杜牧集中收張好好定子而遺其特作大篇之杜秋。白居易集收樊素小蠻紫綃紅綃諸人而遺其最所賞鑒之都子。以至文選玉臺新詠本非僻書、而秦彈劉整文中之綠草、汝南王所歌之劉碧玉、亦都失載。所註或有原委、或無始末、繁簡尤爲失當。可謂簡陋之極。域中序尤極荒謬。如謂詩有媵、記有妾、禮有嬪、春秋有姞。以記與禮分爲二書、已爲盲說。所謂春秋有姞者、更不知爲何語。殆見他書引左傳燕姞夢蘭之事而影響剿說也。非是人不序是書、其斯爲各從其類歟。

璧水羣英待問會元選要八十二卷、浙江巡撫採進本、

宋建安劉達可編。元華亭沈子淮選。寧州查仲穠、吳江徐珩批點。俱不知何許人。蓋麻沙書坊本也。其書爲太學諸生荅策而設、故有璧水羣英待問之名。分十六門。每門之外分二例。一曰名流舉業、又分立意發端稽古偉議法祖嘉猷時文警段綺語駢珠當今猷策生意收結等七子目。二曰故事源流、又分經傳格言皇朝典章歷代事實先正建議文集菁華等五子目。大抵當日時文活套、不足以資考證。前有淳祐乙巳建安陳子和序、亦極俚陋。南宋待太學之禮最重、而當時相率誦習者乃此剽竊腐爛之書、其亦大非養士之意矣。

翰墨大全一百二十五卷、兩淮鹽政採進本、

宋劉應李撰。應李自稱鄉貢進士、其里籍未詳。是書仿祝穆事文類聚之例、分二十五門。採摭頗博、而蹐駁亦甚。下至對聯套語、皆紛紛闌入、尤爲穢瑣。

四六膏馥七卷、永樂大典本、

舊本題宋楊萬里撰。其書割裂諸家四六字句、分類編次、以備撏撦。其曰膏馥者、蓋取元稹作杜甫墓誌銘殘膏賸馥沾溉無窮語也。然萬里一代詞宗、謬陋不應至此。此必坊賈託名耳。

兩漢蒙求十一卷、永樂大典本、

宋劉班撰。班字希范、吳興人、仕至同知三省樞密院事。是書仿唐李瀚蒙求之體、取兩漢之事、以韻語括之。取便鄉塾之誦習、於史學無所發明。

續補侍兒小名錄一卷、內府藏本、

宋溫豫撰。豫字彥幾、晉陽人。豫以王銍所補侍兒小名錄猶未詳備、乃續補此書。凡二十九事。其中成風一條、是謚非名。至北夢瑣言所載之歸秦、乃沈詢之奴名、非其妾名。豫改增嬖妾二字、其謬甚矣。

侍兒小名錄拾遺一卷、內府藏本、

舊本題宋晉陽張邦幾撰。前有邦幾自序曰、少蓮洪公作侍兒小名錄、好事者多傳焉。王性之補錄一卷、意語盡矣。余友溫彥幾復得一卷以授余、曰他日觀書有可采錄之、乃作拾遺、與晁公武讀書志合。然公武稱舊本但題朋溪先生、不著名氏。又稱或云董彥遠家子弟爲之。彥遠乃董逌之字、其子弟則不知爲誰。此本爲明商濬所刊、獨題爲邦幾、不知何據。考濬刻稗海、此書與張邦基墨莊漫錄相連、豈因彼而誤作邦基、又譌基爲幾耶。錢希言戲瑕引作張邦畿、則愈譌愈遠矣。讀書志謂此書多用古字。今不盡然、蓋後人所改。所載不甚簡擇。如江蓮王魁二事、皆猥鄙不足道。又如大喬小喬乃孫策周瑜之妻、以爲侍兒、尤舛謬也。

野服考一卷、編修程晉芳家藏本、

宋方鳳撰。鳳一名景山、字韶卿、浦陽人。宋末授容州文學。國亾不仕、放浪山澤間、與謝翺吳思齊友善。此書摭取經史及說部所記野服之制、自臺笠緇撮以下凡十六條。殆自託於宋之逸民、故作此以見志歟。

羣書類句二十七卷、永樂大典本、

宋詹光大撰。光大始末未詳。其書以場屋之中每艱於屬對、因每句必求其偶。亦鄉塾剽竊之學。前有蔡公亮序、乃謂此書凡一千五百餘門、字字編珠、聯聯合璧。世間無書則已、有則必見於此書。無對則已、有則必萃於其類。經史之格言、文章之精語、包羅鋪敘、無一遺棄者云云。其推許殊過當也。

古今詩材八卷、永樂大典本、

宋蕭元登撰。元登爵里未詳。是書取唐宋人詩分類編輯。或錄全篇、或割取一二聯及數句。惟絕句則多全載。閒有評註、皆雜取諸家詩話而稍參以己意。取供剽竊、無所別裁。又出詩律武庫之下矣。

十二先生詩宗集韻二十卷、兩淮鹽政採進本、

宋裴良甫編。案趙希弁讀書附志曰、十二先生詩宗集韻二十卷、裴良甫師聖編。杜甫李白高適韓愈柳宗元孟郊歐陽修曾鞏蘇軾王安石黃庭堅

陳師道之詩韻，所言與此書悉合。卷末有淦川宋季用校正字。書中般改欣桓改歡，用宋禮部韻標目，蓋猶舊本。然採摘詩句，依韻分載，顛倒割裂，又削去原題，使覽者茫然，殊無義例，不足取也。

玉海纂二十二卷（內府藏本）

明劉鴻訓編。鴻訓字默成，長山人。萬歷癸丑進士，官至文淵閣大學士。事蹟具明史本傳。是編以王應麟玉海卷帙浩繁，因節錄其要語。部分悉依原目，惟全刪其詞學指南一類。詞學指南專為當時詞科而設，刪之亦可。至其全書，正以典核詳贍為長。鴻訓刪存十之一二，遂變為記誦剽竊之本，非著書之初指矣。

訓女蒙求一卷（永樂大典本）

宋徐伯益撰。伯益爵里未詳。是書仿李瀚蒙求之體，類集婦女事蹟，為四言韻語以括之，皆習見之詞，無足採錄。

經學隊仗三卷（兩江總督採進本）

舊本題朱景元撰。景元不知何時人。考晁公武讀書志有唐太子諭德朱景元集，然此書以道德、心性等字分類標目，而雜引經語以疏其義，因詞皆對偶，故以隊仗為名，實宋元時科舉策料，決非唐人之書，蓋姓名偶同也。

八詩六帖二十九卷（永樂大典本）

舊本題宋王狀元撰，而不著其名，蓋坊賈所為之贋本。八詩者，李、杜、韓、柳、歐、王、蘇、黃之詩。六帖者，竊白居易之名也。分類猥瑣，摘句割裂，如標「懸高名」三字為題，註曰「安知天漢上，白日懸高名」。標「動千古」三字為題，註曰「芳名動千古」。甚至標「無窮」二字為題，註曰「清芳播無窮」。全書謬陋，大抵類此，真無一長可採也。

諸史偶論十卷（兩淮鹽政採進本）

舊本題進士柳州計宗道校，考太學題名碑，宏治己未科進士有計宗道，馬平人。馬平為柳州府屬，蓋即其人。然自題曰校，則非其所著。觀書中所引史事，唐以前為多，五代僅桑維翰、敬翔諸人寥寥數條，當為宋人作也。書中分三十五門，一百九十七子目，每目各引二事為案。或相似者，如孔光所奏削稾，戴冑亦所奏削稾之類；有相近而不同者，如劉行本置笏求退，周宣帝謝之，褚遂良置笏求退，唐高宗命引出之之類；有相反者，如婁敬以舌得官，賀若弼以舌死之之類。其體例在史評、類書之間，蓋以備程試荅策之用者。其持論迂闊，亦確出南宋人云。

表箋類函一百六十卷（浙江汪啟淑家藏本）

不著撰人名氏。其書雜錄冊府元龜之文而刪易其篇目。前有虞集序，稱相臺廬陵周宏道先生所著。考道園學古錄不載此文。所謂宏道先生亦無所考。據其文意推之，蓋周必大平園集外尚有著述八十餘種，不傳。姦黠書賈因偽造此書，以依託求售，既諱必大之字洪道為宏道，又以必大先世鄭州人，而加相臺二字於廬陵之上。觀其序詞旨鄙俚，可資笑噱，正不足與辨真贋也。

萬卷菁華前集八十卷、後集八十卷、續集三十四卷（浙江范懋柱家天一閣藏本）

不著撰人名氏，亦無序跋。觀其體例，蓋宋人科舉之書也。前後集皆分一百七十門，每門又分子目。一目之中，首以名君事要、名臣事要，亦閒有增入聖賢事要及君臣事要合編者。次事括，則雜錄也。次譬喻，次反說。譬喻皆借事寓意之文，反說者皆反覆申明之論也。次賦偶，次賦隔，皆摘錄程試之句。賦偶者兩句對，賦隔者四句對也。續編冠以歷代世系譜。前二十二卷為帝王，次九卷為名臣，後三卷為聖賢，亦各以事實議論隸於諸人之下，皆餖飣殘賸之學，殊無可取。

三場通用引易活法九卷（永樂大典本）

不著撰人名氏。蓋南宋人取說易之詞，分類排比，以備場屋之用者也。其詞雖皆解易，而其體則全為類書，不可復列之經類，故改隸子部焉。

啟劄雲錦裳八卷（永樂大典本）

不著撰人名氏，亦不詳時代。其書以書劄泛詞分類編次，門目猥雜，字句庸庸，蓋至陋之俗書。然永樂大典全部收之，則猶元以前本矣。

啟劄錦語七卷（永樂大典本）

不著撰人名氏，亦不詳時代，與啟劄雲錦裳並載永樂大典中。其體例相同，其猥鄙亦如出一轍。

啟劄淵海二卷（永樂大典本）

不著撰人名氏。首載四六體式，次曰四六名對，次曰四六警對，次曰全篇式，次曰時令類，又有起居神祐申訴合照候問頌德敘官自敘諸式，亦俗書也。

聚課瓊珠詩對九卷（永樂大典本）

不著撰人名氏，亦不詳時代。皆以淺俗對句分類編次，每類之中又分一字、二字、三字、四字等目，蓋村塾課蒙之作。

對屬發蒙二卷（永樂大典本）

不著撰人名氏。共八十一門，分類至爲瑣屑。如節候門有云上數目下節候，如三春三冬之類，又云上虛字下節候，如新春先春之類，又云上節候下聲色，如春光春容之類。在俗書之中，亦至下者也。

賦學剖蒙二卷（永樂大典本）

不著撰人名氏。其書割裂舊文，分類編輯，字句陳因，更多牽湊。其標目尤爲鄙陋，如將字類、必字類之屬，皆自爲一門。是直剽竊之活套而已。

啟劄青錢十八卷（永樂大典本）

不著撰人名氏。所載手書正式，一曰具禮，二曰稱呼，三曰叙別，四曰瞻仰，五曰即日，六曰時令，七曰伏惟，八曰燕居，九曰神相，十曰尊候，十一曰託庇，十二曰入事，十三曰未見，十四曰祝頌，十五曰不宣。亦近日書柬活套之濫觴也。

敏求機要十六卷（編修汪如藻家藏本）

舊本題月梧劉實撰，鳳梧劉茂實註。而撰人於劉字之下實字之上空一字，疑二人兄弟，本以實字連名。舊本模糊，傳寫者因於撰者之名空一字也。前有自序，不著時代。考書中歷代帝王，條稱宋自庚申至丙子三百一十七年止，不數昰、昺二王，知爲元人所作。書中尚往往稱大宋，則宋遺民也。其書以歷代故實編爲歌括，以便記誦。卷一、二、三爲歷代帝王，卷四、五爲歷代聖賢羣輔，卷六爲稱號相同，卷七爲經書，卷八爲諸子，卷九爲史書，卷十爲天文律呂節候，卷十一爲地理山澤，卷十二爲官制沿革，卷十三爲文武制度法禁，卷十四爲綱常德行道藝，卷十五爲人品身體，卷十六爲物產服食器用。蓋鄉塾課蒙之本。然其考證頗不苟，如五德之運篇中，稱張倉水德說不主土德，賈誼嘗推明公孫臣引黃龍見，從此漢運以土更，漢末方中火德說，赤伏符讖不虛設，東漢火德開中興，蜀雖正統竟微絕云云。於王莽、劉歆始以漢爲火德之事，考之最明。視通鑑誤載焯方成語於成帝時即言火德者，轉爲精核。是亦寸有所長矣。

古賦題十卷後集五卷（永樂大典本）

舊本題天歷己巳古雍劉氏翠巖家塾識。蓋元仁宗時所刊，其劉氏名字則不可考矣。前有自序曰：宇宙間事物皆可賦。然羣書不能遍觀而歷考也。文場寸晷，未免有望洋之歎。今於經史子集類纂賦題十卷，各疏本末其下，鋟梓以行。又於庚午春續爲後集五卷云云。考宋禮部貢舉條例，載出題必具其出處，所列如周以宗強賦，則註曰以周以同姓強固王室爲韻，依次用，限三百六十字以上成。又大書其後曰：出史記敘管蔡世家曰周公主盟，太任十子，周以宗強，嘉仲改過云云。故宋人有備對策論經義之書，無備詩賦題之書。至元此制不行，故錢惟善集載有鄉試以羅刹江賦命題，鎖院三千人不知出處之事。此書之所以作歟。

類編古今事林羣書一覽十卷（江西巡撫採進本）

舊本題宋祝穆撰。止有地理一門，體例亦與穆方輿勝覽相近。然卷首即爲大興府，決非穆所作矣。以下僅有江南諸路，而江北諸路全闕。目錄後有陸續梓行之語，蓋元人未完之本也。

增修詩學集成押韻淵海二十卷（浙江巡撫採進本）

元嚴毅撰。毅字子仁，建安人。其始末未詳。惟卷首有後至元庚辰張復序，知爲元人爾。其書體例與韻府羣玉相近，而更爲簡略。每字之下首列活套，次爲體字。體字者，如東字下列青位震方四字，童字列兒曹二字，即宋人所謂換字也。次爲事類，次爲詩料，則多採五言七言詩句，而不著其姓名。所載惟有上下平聲，而無仄聲，蓋尚爲近體設。又止二十九部，其三江一部，因韻窄字少，刪之不載。其猥陋可想見也。

羣書鉤元十二卷（浙江巡撫採進本）

元高恥傳撰。恥傳，臨邛人。是書雜採古事古語，以字數爲標目，次第自一字起至七字止。其不能限以數者，別爲膾炙句二卷。其一字類不能成句，則以古文奇字當之，龐雜殊甚。後附刪節通鑑一卷，題曰建置沿革，又附陳騤文則一卷，更無倫理。前有至正七年恥傳自序，乃盛自夸飾，過矣。

聲律發蒙五卷（內府藏本）

元祝明撰，潘瑛續，明劉節校補。據高儒百川書志云：聲律啟蒙二卷，元博陵安平應者祝明文卿撰，自一字七字至隔句各押一韻，對偶渾成，音響自合，共九十首，則此編前二卷爲明書，後三卷瑛所續也。瑛不知何許人。節有春秋列傳，已著錄。其書每一韻先列韻字與註，而後列雜言對屬之語。蓋爲初學發蒙而作、無所當於著述。百川書志所云、未免過情之譽也。

別本聲律發蒙六卷（編修周永年家藏本）

元祝明撰。原書二卷。此本作五卷、蓋後人所分。末附歌一卷、題曰黃石居士撰、不知爲誰。每卷又題馬崇儒重訂、亦不知何許人。據書中前後題識、蓋嘉靖中衡王府醫正也。

四六叢珠彙選十卷（浙江汪啟淑家藏本）

舊本題當塗縣學官晉江王明嶅、繁昌教諭黃金璽同校選、不著時代。前有明嶅序、稱宋季葉氏採當代名家彙集成編、名曰四六叢珠。分門數百、成帙累千云云。則即宋人四六叢珠舊本而爲之摘錄者也。故其職官輿圖皆南宋之制。然止摘偶句、不列姓名、徒供剽掇之用、則亦村塾兔園冊耳。

永樂大典二萬二千八百七十七卷、目錄六十卷（翰林院藏本）

明永樂元年七月奉敕撰。二年十一月奏進、賜名文獻大成。總其事者爲翰林院學士兼右春坊大學士解縉。與其事者凡一百四十七人。既而以所纂尚多未備、復命太子少保姚廣孝、刑部侍郎劉季篪與縉同監修、而以翰林學士王景、侍讀學士王達、國子祭酒胡儼、司經局洗馬楊溥、儒士陳濟爲總裁。以翰林侍讀鄒緝、修撰王褒、梁潛、吳溥、李貫、楊覲、曾棨、編修朱紘、檢討王洪、蔣驥、潘畿、王偁、蘇伯厚、張伯穎、典籍梁用行、庶吉士楊相、左春坊左中允尹昌隆、宗人府經歷高得暘、吏部郎中葉砥、山東按察使僉事晏璧爲副總裁。與其事者凡二千一百六十九人。於永樂五年十一月奏進、改賜名曰永樂大典。（案以上俱見明實錄）併命復寫一部、鋟諸梓。以永樂七年十月訖工。（案事見明趙友同存軒集送禮部員外郎劉公復命序）後以工費浩繁而罷。（案事見舊京詞林志）定都北京以後、移貯文樓。（案文樓即今宏義閣）嘉靖四十一年、選禮部儒士程道南等一百人重錄正副二本、命高拱、張居正校理。（案事見明實錄）至隆慶初告成、仍歸原本於南京。（案事見舊京詞林志）其正本貯文淵閣、副本別貯皇史宬。（案事見春明夢餘錄）明祚既傾、南京原本與皇史宬副本並燬。今貯翰林院庫者、即文淵閣正本、僅殘闕二千四百二十二卷。顧炎武日知錄以爲全部皆佚、蓋傳聞不確之說。書及目錄共二萬二千九百三十七卷、與原序原表並合。明實錄作二萬二千二百一十一卷、明史藝文志作二萬二千九百卷、亦字畫之誤也。考明實錄載成祖諭解縉等、稱嘗觀韻府、回溪二書、（案回溪謂回溪史韻也）事雖有統、而採摘不廣、紀載太略。爾等其如朕意、凡書契以來經史子集百家之書、至於天文、地志、陰陽、醫卜、僧道、技藝之言、備輯爲一書、無厭浩繁云云。故此書以洪武正韻爲綱、全如韻府之體。其每字之下、詳列各種書體、亦用顏眞卿韻海鏡源之例。惟其書割裂龐雜、漫無條理。或以一字一句分韻、或析取一篇以篇名分韻、或全錄一書以書名分韻、與卷首凡例多不相應、殊乖編纂之體。疑其始亦如韻府之體、但每條備具始末、比韻府加詳。今每韻前所載事韻、其初稾也。繼以急於成書、遂不暇逐條採掇、而分隸以篇名。既而求竣益迫、更不暇逐篇分析、而分隸以書名。故參差無緒、至於如此。然元以前佚文祕典、世所不傳者、轉賴其全部全篇收入、得以排纂校訂、復見于世。是殆天佑斯文、姑假手於解縉、姚廣孝等、俾彙存古籍、以待聖朝之表章、有莫知其然而然者。正不必以潦草追咎矣。今仰蒙指授、裒輯成編者、凡經部六十六種、史部四十一種、子部一百三種、集部一百七十五種、共四千九百四十六卷。菁華已採、糟粕可捐、原可置不復道。然蒐羅編輯、亦不可沒其創始之功。故附存其目、併具載成書之始末、俾來者有考焉。

原始祕書十卷（浙江范懋柱家天一閣藏本）

明寧王權撰。權有漢唐祕史、已著錄。是書體例與事物紀原相類、而荒謬特甚。如謂醜婦始嫫母、妒婦始尹吉甫妻、淫婦始柳宗元河閒婦者、不一而足。甚謂自縊始申生、飲酖始叔牙、自刎始吳王夫差、其陋殆不足辨也。

羣書拾唾十二卷（浙江巡撫採進本）

明張九韶撰。九韶有元史節要、已著錄。其書仿王應麟小學紺珠之例、以數記事。分十二門、共一千一百二十五條、頗便檢閱。然特餖飣之學。李登序謂其超出乎類聚、通考等書、則過論矣。

羣書備數十二卷（內府藏本）

明張九韶撰。檢核其文、與羣書拾唾一字不異。蓋書肆重刊、改新名以炫俗也。

姓源珠璣六卷（左都御史張若溎家藏本）

明楊信民撰。信民、江陰人。永樂中官日照縣知縣。

是編以洪武正韻分隸諸姓、而各系古之名人於姓下。分爲八十一類、各以四字標題、別爲編目於卷首。書與錄絕不相符、體例極爲叢脞。其中乖舛、尤不勝摘。如梁姓列梁武帝梁簡文帝。黃姓列黃帝。舜姓列舜。唐姓列唐高祖唐明皇唐文宗。宋姓列宋明帝宋武宗宋徽宗宋山陰公主。已爲無理。至揚姓首列揚雄。次列一名曰揚州鶴、注其下曰、嘗有四客、各言志。一願爲揚州刺史。一願有錢十萬。一願騎鶴上昇。一兼言腰纏十萬貫騎鶴上揚州。則殆於戲具矣。前有宣德七年王直序、稱太宗在位時、修永樂大典、徵天下文學之士集館閣、信民與焉。當時所用之人如是、宜二萬餘卷之書皆割裂龐雜、紛如亂絲也。考明史列傳、宣德中有楊信民、浙江新昌人。官至僉都御史、巡撫廣東、以循良稱。亦與王直同時。其擢廣東左參議、即直所薦。蓋名姓偶同、與著此書者非一人云。

羣書纂類十二卷、內府藏本

明袁均哲撰。均哲字庶明、建昌人。正統中官郴州知州。是編因臨江張九韶羣書備數補其闕遺、加以註釋。凡十三門、百二十三事、千四百三十四條。

韻府續編四十卷、內府藏本

舊本題元青田包瑜撰。考括蒼彙編、包瑜字希賢、青田人。景泰庚午舉人。官教諭。著有周易衍義。黃虞稷千頃堂書目載包瑜周易衍義註曰成化中浮梁知縣。則瑜實明人。觀書中所列部分、已用洪武正韻。是其明證。蓋鬻書者以其版似麻沙、故割去原序、僞爲元刻耳。其書補陰氏韻府羣玉之遺、叢脞龐雜、殊無可採。惟閒附考證案語、與韻府羣玉體例小有不同。

策府羣玉三卷、江西巡撫採進本

明何喬新撰。喬新有周禮集註、已著錄。是編乃私備對策之用。捃拾補綴、不足以言著書。蓋康熙甲辰其裔孫在閣欲刊印椒邱全書、而力不能及。謀之其友魏應桂。先刻此書。取其易於剽竊、可炫俗目、人必爭售。冀借紙墨之贏貲、以助全集剞劂之功。其用心良苦。然以射利之故、使喬新以此等書傳、殊非喬新意也。

典籍便覽八卷、安徽巡撫採進本

明范泓撰。泓字本涵、婺源人。書前題新安員一隱士。蓋未仕者也。其書分天象月令地勢經世德行言語政事文學人類物類十部、每部又各分子目。所採故實、不免蕪雜罣漏之譏。

羣書集事淵海四十七卷、浙江巡撫採進本

不著撰人名氏。明史藝文志以爲宏治時人編。蓋據高儒百川書志所載也。考李東陽懷麓堂集有此書後序、稱國初人所輯。內官監左少監賈性在司禮購而得之。捐貲鏤版。病其字太小、募善書者錄之、稍拓其式。是此書本出自明初。百川書志特據賈性重刻之本、遂誤以爲宏治閒人耳。其書分門十、分子目五百七十二。集諸書事蹟、自春秋迄戰國凡數千條。條下各注所出、皆陳因習見。又門目繁碎、配隸或多不當、引據亦多舛誤。殊無足採錄。即李東陽及劉健原序亦深致微詞云。

涉覽屬比四卷、兩淮鹽政採進本

明朱文撰。文、睢州人。末有自跋、稱書成於正德乙巳。然正德紀年無乙巳、或己巳誤也。其書每條以古人二事相似者合而論之、事皆習見、議論亦膚淺。自跋謂事之同異、未得以類而論。時之先後、弗克以次而序。以是爲歉。蓋欲爲類書而未成云。

文安策略十卷、江西巡撫採進本

明劉定之撰。定之有易經圖釋、已著錄。是書乃所擬場屋對策之作。分經書子史吏戶禮兵刑工各爲一科。周榮作定之年譜、記此書成於宣德九年甲寅。時定之止二十六歲、尚未登第。蓋其揣摩程試之具。後正德癸酉刊所作呆齋集時、已編入集中。此其別行之本也。

謝華啟秀八卷、內府藏本

明楊慎撰。慎有檀弓叢訓、已著錄。是書取諸書新艷字句、裁爲對偶。自二字以至八字、各爲一卷。其八字以外者、自爲一卷。其二字類中無對句者十五條、三字類中無對句者四條、四字類中無對句者三十二條。蓋未完之本。中閒或註出典、或不註出典、即註者亦不詳悉。尤非著書之法。蓋偶然劄記、以備駢體之用、後人得其殘稾刻之耳。其曰謝華啟秀、取陸機文賦中語也。然其中多全引舊文兩句舊詩一聯者、殊乖其命名之義。又如蜂蜩斧蜻、柳宗元平淮夷雅之成句、即析爲二字之對、已屬陳因、兼傷割裂。然猶列柳名也。至巢父壺公爲庾信小園賦舊對、則竟沒其名矣。卉服注曰漢書、竟忘禹貢。王世貞謂慎求之六合之外、而失之目睫之前、其此類耶。至於央牛魏鵲、明載初學記中、鈔類書以爲類書、何必慎始能之也。四字以下對偶益不工整。如以感則三壤對畫爲九州、以作法於涼對誰能執熱、則虛實字顛倒。便娟輕麗對犀角豐盈、銖兩全不相稱。以季氏八佾舞庭對管仲三歸反坫、偏枯尤甚。甚乃以胡燕脅斑對大對越燕紅襟身小、則亙古四六無此複句。以農爲邦本本固邦寧對民生於勤勤則不匱、改竄經文、仍不配偶、則益拙矣。

均藻四卷、內府藏本

明楊慎撰。其書乃韻府羣玉之流。案許慎說文無韻字、小學家以均字代之。引鶡冠子五均爲證。慎之立名、蓋取於此。然亦太粉飾矣。假借通用之法、可行於古、不可行於今也。且全書不用古字、獨於書名用一古字、是亦何足爲古乎。

哲匠金桴五卷、浙江吳玉墀家藏本

明楊慎撰。採摘漢魏以後詩儁句及賦頌之類、分韻編錄。然徵引龐雜、挂漏亦多、不足重也。

可知編八卷、浙江巡撫採進本

舊本題明楊慎撰、亦隸事之書。然升菴書目不載此名。其書分天、地、人三部、又分子目三十八。援引蹐駁、必坊賈所依託也。

王制考四卷、浙江朱彝尊家曝書亭藏本

明李[illegible]撰。[illegible]、無錫人。是書採經史中有關制度者、以周禮、禮記、春秋左傳、國語凡先王之法類聚於前、以史記、漢書以下凡後世之法類聚於後。統爲七十四篇。自序謂他日下陳場屋、上對明廷。蓋爲舉業對策設也。其書成於正德中。本四卷。朱彝尊經義考誤作一卷。且此書雜採經史、自分門類、非疏解禮記之王制。彝尊列之禮記、亦爲失考。蓋彝尊原註未見、特循其名而錄之、故有此失也。然此本實出自曝書亭、或藏收浩繁、自不及檢歟。抑得此本時已在經義考後也。

經世格要二十八卷、浙江巡撫採進本

明鄒泉撰。泉有尚論編、已著錄。是書成於萬歷中。其例以故實分隸六官。六官之中又各立子目。附以諸儒之論。較坊本類書、頗有條理。然所採掇、大抵不出文獻通考、大學衍義補諸書。爲程試之具則有餘、備考古之資則不足也。

物原一卷、兩淮馬裕家藏本

明羅頎撰。頎字儀甫、浙江山陰人。以宋高承事物紀原不能黜妄崇眞、故更訂此編。分十八門、共二百三十有九條。然紀原猶著出典、頎乃溷泉說而一之、疎舛彌甚。如謂烏孫公主作琵琶、張華作苔紙、皆茫乎不知本事者也。

五車霏玉三十四卷、兩淮馬裕家藏本

明吳昭明撰、汪道昆增訂。昭明始末未詳。道昆字伯玉、歙縣人。嘉靖丁未進士、官至兵部左侍郎。明史文苑傳附見王世貞傳中。是編於諸類書中掇拾殘剩、割裂餖飣、又皆不著其出典。蓋兔園冊子之最陋者。道昆雖陋、尚未必至是。疑坊刻託名也。

修辭指南二十卷、江蘇巡撫採進本

明浦南金編。南金、吳縣人。嘉靖壬午舉人、官國子監助教。是編取爾雅、左腴、漢儁、書敘指南、四書彙爲一編、分二十部、四十類。輾轉裨販、殊無可觀。

左粹類纂十二卷、浙江吳玉墀家藏本

明施仁撰。仁字宏濟、長洲人。嘉靖戊子舉人。茲編以左傳所紀之事、分十五門編載。變解經之書爲類事之書、去春秋之義遠矣。

騷苑四卷、兩淮鹽政採進本

前三卷明黃省曾撰、後一卷張所敬補。省曾有西洋朝貢典錄、已著錄。所敬字長輿、自署曰清河、疑從郡望也。是編摘楚辭字句、以供剽剟之用。亦劉攽文選雙字之類、而併泯其篇題、則尤簡略。所敬所續乃併劉勰辨騷篇亦摭入之。蓋以楚詞刊本附載此篇也。亦可謂隨手掇拾、不核端末矣。

駢語雕龍四卷、浙江巡撫採進本

明游日章撰。日章字學絅、莆田人。嘉靖乙未進士、官至知府。是編以駢偶之詞、類隸古事。蓋合初學記事類賦之體而一之。分十七門、一百五十八子目。內惟官制一門頗詳。其餘挂漏殊甚。如天文言星及老人星、而不載日月。有雲露雨雪、而不及風雷。地理則止言河。器用亦止及扇燭兩種。其棄取殊不可解。晉安林世勤爲之註釋。自謂引書至六百七十餘種、而蕪雜亦多、皆無足取。陳繼儒嘗刻入普祕笈中。此其別行之本也。

詩學事類二十四卷、內府藏本

舊本題明李攀龍撰。攀龍字于鱗、歷城人。嘉靖甲辰進士、官至河南按察使。事蹟具明史文苑傳。是編纂輯故事、分二十四門。觀其所載、大都簡陋。攀龍與王世貞共倡古學、謂學者不當讀唐以後書、歸有光諸人排之甚力。然其學終有根柢、不應疎無至此，必託名也。

韻學事類十二卷 內府藏本

舊本題明李攀龍撰。分韻隸事，惟有上下平聲。蓋僅備律詩之用。龐雜舛陋，亦僞託也。

韻學淵海十二卷 內府藏本

舊本題明李攀龍撰，唐順之校。其書前無序例。名曰新刊增補古今名家韻學淵海大成。蓋取坊間僞託攀龍所著韻學事類、詩學事類二書合併成編。於僞書之中，又爲重儓矣。

姓匯四卷 浙江汪啟淑家藏本

明陳士元撰。士元有易象鉤解，已著錄。是編乃其歸雲集中之一種，故標曰別集。其說謂姓氏之源由來已久，因推本於五帝，分列世系，兼綜而條貫之。然大槩剿撮氏族略之文，鮮有考訂。夫自有天地，卽有君民。據姓氏書所說，無不出自神明之後。卽至微者如倉庾之類，亦出世官。然則洪荒以後，秦漢以前，其庶人皆後嗣殄絕乎。是正可姑妄言之姑妄聽之耳。而士元又拾其餘唾，著爲此書，是亦不可以已乎。

姓觿十卷 浙江汪啟淑家藏本

明陳士元撰。是編亦其歸雲別集之一種。捃摭姓氏諸書，依韻編輯，略載源流支派。凡平聲一千七百一十四姓，上聲六百八十九姓，去聲六百一姓，入聲六百二十一姓，外蕃九十九姓，不入韻中。共三千七百二十四姓。徵引寡陋，且多疎舛。又在淩迪知萬姓統譜之下。

名物類考四卷 副都御史黃登賢家藏本

明耿隨朝撰。隨朝號敬菴，滑縣人。嘉靖丁未進士，官至山西按察司副使。是書詮釋名物，分十五門。蓋爾雅之支流，而往往闌入故實，已爲自亂其例。又皆不著出典。如春曰蒼天云云，是爾雅之文也。東曰變天云云，是呂氏春秋之文也。而突接以欲界六天、色界十八天云云，是儒墨混爲一說矣。天神曰昊天上帝云云，突接以風神曰封姨，是經典與小說聯爲一例矣。至於所引故實，動輒舛謬。如程邈作飛白，蔡邕作章草之類，已爲顛倒。甚至謂古之善琵琶者昭君，是不亦齊東之語乎。

異物彙苑五卷 直隸總督採進本

舊本題明王世貞撰。世貞有弇山堂別集，已著錄。是書分二十七門，大抵捃摭類書，冗碎無緒。且刪改原文，多失本意。世貞著述，牴牾失實，或有之，亦何至陋劣如此乎。其僞不待問矣。

彙苑詳註三十六卷 內府藏本

一名類苑詳註。舊本題明王世貞撰，鄒善長重訂。善長不知何許人。其書成於萬歷乙亥。明史藝文志亦著錄。凡二十七部，首列引用書目，似乎浩博。其實就唐宋諸類書採掇而成。觀官職門中所列，皆用宋制，知爲剽剟事文類聚、合璧事類而成矣。疑亦託名世貞者也。

古今類腴十八卷 江蘇巡撫採進本

不著撰人名氏。前有吳一鵬序，云是王麟洲所作。麟洲，王世懋別號也。所著卻金傳，已著錄。是書分十門，一百二十一子目，皆採掇成語，以備舉業之用。殆坊刻陋本，必不出世懋之手。

彊識略四十卷 內府藏本

明吳夢材編。夢材字國賢，崇陽人。其書分三十九類，類各一卷，惟雜志分上下二卷，皆剽剟類書，略爲聯貫成文，舛陋殊甚。卷端刻王世貞批二行，云彊識略奇書也，梓之必傳，第入梓時不可不更詳慎。則世貞已婉諷之矣。何夢材不悟，猶引以爲重耶。

考古辭宗二十卷 浙江汪啟淑家藏本

明況叔祺編。叔祺字吉甫，高安人。嘉靖庚戌進士，官至貴州提學僉事。是書以浦南金所編修辭指南爲藍本，而增鈔文選雙字類要於各類之下。一切分目體式，及每類之前半，皆仍浦氏之舊。因人成事，不足尚也。

雜俎十卷 兩淮馬裕家藏本

明劉鳳撰。鳳有續吳中先賢贊，已著錄。是書分八類，曰元覽、稽度、地員、兵謀、藻覽、原化、問水、詞令。鳳爲文好剽取隱僻以爲奇，故是編皆摘錄古書字句，以備剽剟。或註出典，或不註出典，亦漫無義例。不免爲餖飣之學。

國憲家猷五十六卷 浙江巡撫採進本

明王可大撰。可大字元觀，南京錦衣衛人。嘉靖癸丑進士，官至台州府知府。是書凡分十四部：曰憲典，曰象緯，曰禨祥，曰輿圖，曰事理，曰文史，曰醫藥，曰滑稽，曰方技，曰詭異，曰權術，曰雅適，曰遺事，曰大統。皆雜採故事，依類排纂。然端緒錯雜，古今混糅。如事理部會稽一條，不入於輿地；子午之年五月戊酉一條，不入於禨祥之類。則分部亦未允也。

又如謂人鬼設尸之外，天神地祇之不見於經者，諸儒不必強爲之說。今考周禮大祝云，凡大禋祀則執明水火而號祝，隋釁逆牲逆尸。註云，禋祀祭天神也。又節服氏云，郊祀裘冕二人，執戈送逆尸。尚書大傳，維十有三祀，帝乃稱王，而入唐郊，猶以丹朱爲尸。國語晉祀夏郊，董伯爲尸。周禮士師，若祭勝國之社稷，則爲之尸。春秋傳，周公祀太山，召公爲尸。何謂天神地祇用尸不見於經傳耶。其考核之疎，往往類此。蓋徒取浩博之故也。

文選錦字二十一卷（浙江巡撫採進本）

明凌迪知撰。迪知有左國腴詞，已著錄。是書以文選字句輯爲二十七門。自謂合清江劉氏類林、眉山蘇氏雙字類要而增損之。然二家之書已涉餖飣，疊牀架屋，尤爲無謂矣。

羣書纂粹八卷（浙江吳玉墀家藏本）

舊本題明徐時行編。案明申時行初寄養於徐氏，從其姓。此蓋其未復姓時作也。所著有書經講義會編，已著錄。是編掇摭諸家議論之文，分類纂輯，以備策論之用。不足以言著述。殆其應舉時所私鈔，而傳寫者授之梓歟。

欽定四庫全書總目卷一百三十七

欽定四庫全書總目卷一百三十八

子部四十八

類書類存目二

續文獻通考二百五十四卷（通行本）

明王圻撰。圻有東吳水利考，已著錄。是編續馬端臨之書，而稍更其門目。大旨欲於通考之外兼擅通志之長，遂致牽於多歧，轉成踳駁。蓋通考踵通典而作，皆典之書也。通志具列朝爲紀傳，其略即志，其譜即表，通史之屬也。其體裁本不相同。圻既兼用鄭例，遂收及人物，已爲泛濫。而分條標目，又復治絲而棼。如各史有不臣二姓之人，不過統以忠義，圻則別立忠隱一門。各史於忠孝節烈之婦女，不過統以列女，圻則別立忠婦孝婦節婦烈婦諸門。各史於篤行畸節，不過統以孝義，圻則別立順孫義夫義女義徒義母義妾義僕諸門，均乖史法。至於義物一門，孝釋一門，尤爲創見罕聞。各史但有儒林，宋史別出道學傳，已爲門戶之私。圻更立道統考，而所收如楚元王之類，不過性喜聚書，范平主接之類，不過隱居高尚，去取更爲不倫。此皆牽於通志紀傳之故也。他如田賦考內所載兔租，當列於賑恤門。貴州鹽引課，宜列於鹽鐵門。打青草、喂養馬匹事例，宜列於兵考。而皆誤載於田賦國用考內。漕運門載金天興元年運餉汝州兵，此乃用兵轉餉，非漕運也。又海運已自列一門，而雜出於漕運之內。所載海道遠近，尤爲不詳。運官選補屬選舉考績之事，更不當列於漕運門。土貢考內所載明制，其時雖已歸折於一條鞭之法，然尙有解赴內府之項，載於明會典者甚詳，乃皆脫略。選舉考內所載邵元節、李孜省乃一時恩倖，不當別立方伎選舉一門。學校考內所載州縣書院，元制官置山長，猶屬學校之支流。明則處處私置，志書尙不能悉登，此書乃泛載之，殊爲冗濫。職官考內載元職官僅本元史。其上京分署載於析津志諸書甚詳，見元人集者尤夥，乃皆漏略。謚法考祇引史記，餘多挂漏，即朱謀㙔所輯諸篇萬曆初尙存，不容嘉靖末不見，亦爲挂漏。經籍考內所載南宋諸人文集，尙不及文淵閣書目之半。金人文集載於中州集小傳者百有餘家，所載僅十之一二。而琵琶記、水滸傳乃俱著錄，空爲後來論者之所譏。六書考全鈔鄭樵六書略，又錄唐韻及宋禮部韻略各序，毫無斷制。所載法帖僅明代所刻寶賢堂帖十數則，又既立經籍考一門，復於六書考內復載字學書法各書，更爲舛雜。至於釋家一門，本可不立，既已立之，而宗律二門未能分晰，列釋家法嗣一門，而二祖六祖以下旁出法嗣又未能詳敘，殆進退無據矣。自明以來，以馬氏書止於宋嘉定中，嘉定後事蹟典故未有彙爲一編者，故多存圻書以備檢閱。今蒙
睿鑒高懸，洞知是編之舛陋，
特詔儒臣重爲纂輯，業已勒有成書。圻之舊笈，竟以覆瓿可也。

案此書雖續文獻通考，而體例迥殊，故文獻通考入故事，此則改隸類書。

三才圖會一百六卷（浙江巡撫採進本）

明王圻撰。是書彙輯諸書圖譜，其爲一編。凡天文四卷，地理十六卷，人物十四卷，時令四卷，宮室四卷，器用十二卷，身體七卷，衣服三卷，人事十卷，儀制八卷，珍寶二卷，文史四卷，鳥獸六卷，草木十二卷。採摭浩博，亦有足資考核者。而務廣貪多，冗雜特甚。其人物一門，繪畫古來名人形像，某甲某乙，宛如目睹，殊非徵信之道。如據蒼頡四目之說，即畫一面有四目之人，尤近兒戲也。

正音攟言四卷（直隸總督採進本）

明王荔撰。荔字子嚴，高陽人。嘉靖中舉人，官至青州府推官。是書以等韻分二十二部，而又非韻書。如京字部爲第一，則云天對地，日對星，曉燕對春鶯云云，蓋鄉塾屬對之本，而首標葉向高、遐鹿善繼閱，似乎必無其事。其李國槽序，殆亦贋託也。

亘史鈔（無卷數，兩江總督採進本）

明潘之恒撰。之恒有黃海，已著錄。是書明史藝文志作九十一卷。編首顧起元序云：內紀內篇以內之而忠孝節義懿行名言之要舉；外紀外篇以外之而豪傑奇偉技術豔異、山川名勝之事彰；雜紀雜篇以雜之，而草木鳥獸、鬼怪瑣屑、恢諧隱僻之用別；紀以類其事，篇以類其言。內之目十七，外之目三十，雜之目三十二，爲目七十九，爲卷九百九十有六。今是編僅存內紀內篇，蓋殘闕不完之本。然體例糅雜，編次錯亂，其全書已可見一斑矣。

楚騷綺語六卷（浙江巡撫採進本）

明張之象編。之象有太史史例，已著錄。是書摘楚辭字句，以供挦撦，已爲剽剟之學。又參差雜錄於二十五賦，不復著出自何篇，亦與黃省曾騷苑同一紕繆。

楮記室十五卷（浙江汪汝瑮家藏本）

明潘塤撰。塤有淮郡文獻志，已著錄。是書分天地人三部，每部又各分子目，大抵鈔撮而成，冗雜特甚。又多附錄前明事實，間以委巷之語，尤有乖雅馴也。

註釋啟蒙對偶續編四卷（內府藏本）

明孟紱撰。鄭以誠註。紱以誠皆始末未詳。其書彙韻屬對，自一二字至十餘字不等，每韻三則，蓋鄉塾啟蒙之本也。紱書成於嘉靖中，以誠註成於崇禎中。前有周燦序，謂書稱續編，必原有初編，而逸之，是初刊之時已非完本矣。

三通政典（無卷數，江蘇巡撫採進本）

不著撰人名氏，并不著書名。江蘇採進遺書目錄題曰三通政典，亦不知何據也。其書皆場屋策料，每題爲論一篇，篇末或云爲聖明獻，爲執事獻。其稱明世宗曰今上，敍無錫山川人物曰愚也幸生於斯。蓋嘉靖間無錫人所作也。

類雋三十卷（內府藏本）

明鄭若庸撰。若庸字虛舟，崑山人。少爲諸生，以任俠不羈見斥，客趙康王厚煜邸中。厚煜給以筆札，令其倣初學記、藝文類聚，越二十年而成此書。凡分二十門。江南通志文苑傳謂若庸爲趙王著書，採摭古文奇字，累千卷，名曰類雋。蓋傳聞失實之詞，不足據也。沈德符敝帚軒剩語稱其書與俞安期唐類函俱有功藝苑，安期亦雅慕鄭書，以不得見爲恨。久之而太學生汪珙者始爲梓行。然徵引太簡，敍事多不得首尾，未足以爲善本。

含元齋別編十卷（浙江朱彝尊家曝書亭藏本）

明趙樞生撰。樞生字彥材，徽州人。據其子頤光後跋，樞生所著諸書，皆無錫顧冶排纂成帙，有內編、外編、遺編、別編、廣編（案廣古文續字，廣編即續編也），通三十四卷。此別編十卷，則所纂輯故實也。跋稱分十八門，而書中實十九門，其次序又與目錄不應，殆偶然劄記以備遺忘，本無意於著書，故事無始末，亦不詳其出典。後人強爲編次，遂飣餖割裂，不堪卒讀。其最無義理者，莫若同仇考一門。如云宋眞宗時契丹耶律休哥死，其年樞密使兼侍中曹彬亦卒；又云帝昺時陸秀夫張世傑負帝死於海，其年元西僧八思巴亦死。諸如此類，竟不解其何意也。

古雋考略六卷（內府藏本）

明顧充撰。充有字義總略，已著錄。是書摘錄古人雋語，爲類三十有四，附以註釋，亦間有考證。末有重刻自跋，稱始集古雋於定海學宮，鋟版行之，而嫌其未備，更加增輯云云。然究亦未能精核也。

藝圃萃盤錄十卷（浙江巡撫採進本）

是書分類標題，各繫以總論，蓋經生揣摩對策之本。卷首題曰丁卯解元用齋周汝礪選，戊辰進士貞菴蔣以忠纂，丁卯同年養菴蔣以化輯，竟不知實出誰手也。

三才考略十二卷（江蘇巡撫採進本）

明莊元臣撰。元臣字忠原，歸安人。隆慶戊辰進士。是書備科舉答策之用，分十二門，皆摭通典、通考諸書爲之。其目列樂律第九，書中乃第六；目列漕河第十二，書中乃第九；目列學校第八，書中乃第十一；目列兵制第十一，書中乃第十二。蓋卷帙之先後尚未及檢校矣。

翰林諸書選粹四卷（內府藏本）

明張元忭撰。元忭有紹興府志，已著錄。是書採掇諸子之語，分編二十五類。其第四卷臣道類外又分吏、戶、禮、兵、刑、工六科門目，殊嫌冗雜。

黔類十八卷（安徽巡撫採進本）

明郭子章撰。子章有蠙衣生易解，已著錄。是編爲其巡撫貴州時所輯，故曰黔類。實隸事之書，非黔志也。凡分三十六門。自序稱取古今軼事僻事類之，經書人所共讀者略，類書已載者略。然皆耳目習見，殊罕異聞。且多引玉海、太平御覽、輟耕、稗販，割裂失眞，並迷其本書之出處，而云類書已載者略，嘗其然乎。

祝氏事偶十五卷（浙江巡撫採進本）

明祝彥撰。彥字元美，山陰人。萬歷癸酉舉人。其書取史傳所載古今事蹟之相同者，倣世說新語門目分條徵引，以類相從。舊目所不賅者，復分天地人三部以隸其後。自序稱因見余寅同姓名錄而作，蓋彼以名同，而此以事同，義相仿而例則各殊。大致與後來方中德古事比約略相似，而不及其精密。每條後間綴評語，詞意儇薄，彌爲畫蛇之足。

廣修辭指南二十卷（浙江巡撫採進本）

明陳與郊撰。與郊有檀弓集註，已著錄。是書分二十部，每部或分子目，或不分子目，各列浦南金修辭指南原文於前，而增續於後。每類所補不過十數條，又不多著出典，殊無可取。

縹緗對類二十卷（內府藏本）

舊本題明屠隆撰。隆有篇海類編，已著錄。是編採對偶字句，自一字至四字，各區門類，皆市井鄙之詞，其首載習對歌之類，尤俚陋可資笑噱。隆雖佻蕩不檢，游談無根，然其謬尚不至此，殆坊賈所託名也。

何氏類鎔三十五卷（兩江總督採進本）

明何三畏撰。三畏有雲間志略，已著錄。是編取類書典故，以駢語聯絡成文，每類各爲一篇，以便記誦，即宋吳淑事類賦之意，但不爲韻語耳。然皆不著出典，事無源委，不便引用，亦不及淑所自註淹洽也。

事詞類奇三十卷（兩江總督採進本）

明徐常吉撰。常吉字士彰，武進人。萬歷癸未進士，官浙江按察司僉事。是書爲類二十有四，其序次先經後子史，以及仙釋之屬，分門輯事，依類選詞，其條下註釋，則吳人陸伯元作也。

六經類聚四卷（江蘇周厚堉家藏本）

明徐常吉編，陶元良續增。元良字乃永，武進人。是書以六經之語分類爲十八門，以備時文剽剟之用。

春秋內外傳類選八卷（江蘇巡撫採進本）

舊本題明進士楚潛樊王家撰。其始末無考。太學進士題名碑，萬歷癸未有三甲進士樊王家，湖廣潛江人，當即其人也。其書以左傳、國語各標題目，分編二十三門，以備時文之用，間旁註音訓一二字，亦皆淺陋，與經學毫無所關，而又非文章正宗選錄左傳之例，無類可附，姑從其本志入之類書類焉。

奇姓通十四卷（浙江汪啟淑家藏本）

明夏樹芳撰。樹芳有栖眞志，已著錄。是編以揚愼所刪希姓紀錄未備，因復考之上古，下迄於明，取姓氏之不經見者，分韻編次，複姓則另編於後。然引據未博，體例亦往往疎舛，如廣韻東字下所收古人至多，今止錄東不訾一人；又創闢尺引吳越春秋，而吳越春秋無此文。又凡愼書所已採者，則竟標升庵集云云，而不載引用書目，俱不免於踳駁也。

異物彙苑十八卷（浙江巡撫採進本）

明閔文振撰。文振字道充，浮梁人。其書分二十七部，雜採傳記奇異之事，然亦多世所習見，無出人耳目之外者。如蜆稱縊女一條，註云出爾雅，而爾雅實無此文，則其徵引亦不足盡據也。

廣蒙求三十七卷（浙江巡撫採進本）

明姚光祚撰。光祚字允昌，吳縣人。萬歷戊子舉人，官保定府同知。宋王逢原有十七史蒙求十六卷，光祚以其未備，從而廣之，分三十七類，然但有對偶而無韻，既不適童幼之誦讀，註又簡略，蓋無可取。

男子雙名記一卷（編修程晉芳家藏本）

明陶涵中撰。涵中字雪凡，嘉興人。萬歷戊子舉人，官至建昌府同知。所記古今男子如殷七七、王保保之類凡二十一人。自敘謂友人過飲，以此爲酒令，坐中各舉所知，遂筆記之。然如趙秉文之閑閑居士乃別號而非名，又以余闕爲余闕闕，不知何所據也。

祕笈新書十三卷、別集三卷　山西巡撫採進本

明吳道南編。道南有河渠志，已著錄。是書自序以爲本謝枋得未及付梓之書，爲之增補。然所載皆職官故實，故標題有簪纓必用字。別集首卷爲君道，二卷、三卷爲類姓，割裂瑣碎，尤多挂漏，斷非枋得所作。蓋後人假其名以取重，道南未及詳考耳。

事物紺珠四十一卷　浙江巡撫採進本

明黄一正編。一正字定父，揚州人。是編成於萬歷辛卯。明史藝文志著錄四十六卷，今考其目，自天文地理至瑣言瑣事，凡四十六目，非四十六卷也。所錄典故，率割裂餖飣，又概不著原書之名。是雖杜撰以盈卷帙，亦莫得而稽矣。

姓氏譜纂七卷　浙江巡撫採進本

舊本題明李日華撰。日華有梅墟先生別錄，已著錄。是書所列姓氏，一依百家新箋。新箋者，湘潭黄周星所編，以朱王萬壽爲首句者也。然周星爲崇禎庚辰進士，新箋後有自跋，稱成於崇禎丁丑。日華爲萬歷壬辰進士，沒於崇禎初，其作是書，不應反用周星之新箋。殆出僞託，其書不詳譜牒世系，而廣引人物，非詭即漏。雖日華以書畫擅名，不長於考證，亦不應謬陋至此也。

時物典彙二卷　浙江巡撫採進本

舊本題明李日華撰。是書僅一百三十九頁，雜剽類書故實，餖飣成帙，舛謬百出。卷首題魯重民補訂，錢蔚起校正，或即二人所託名歟。

對制談經十五卷　浙江吳玉墀家藏本

明杜涇編。涇，西安人。其始末無考。是書成於萬歷甲午。因宋葉時禮經會元舊文百篇散出無緒，乃分類排纂，立十五門以統之。以其可資制科之用，故易今名。然葉書四卷，本有次第。涇以不便撏撦，改爲類書，且於原文頗有汰節，非古人著書本志也。

諸書考錄四卷　內府藏本

明徐鑒撰。鑒字觀父，豐城人。萬歷辛丑進士，官監察御史，提督應天學政。是編採諸書新豔字句，分三十六門，而地理一類又自分都邑山水雜錄三門，實三十八門。捃拾寒窘，殊罕搜睹。又多不註出典，其註出典者亦多刪改原文，勘驗本書，率不相應。蓋皆剽竊於類書之中，非根柢之學也。

諸經紀數十四卷　浙江巡撫採進本

明徐鑒撰。是書於十三經成語中摘取其數，以類相比，自一數至萬數。其有一句兼諸數者，則別稱爲疊數，而無數目字者不錄。各標本語，略引上下文及註疏附於其下，蓋欲仿小學紺珠之例。然雜事不妨類隸，豈容割裂聖經以供撏撦也。

八經類集二卷　江西巡撫採進本

明許獬撰。獬字子遜，同安人。萬歷辛丑進士，官翰林院編修。八經者，易書詩春秋禮記周禮孝經小學也。獬掇拾其詞，分天地倫常學術君道臣道朝政禮樂雜儀世道九類，而其姪金礪又刪補而註之。所採諸經，於三禮獨不及儀禮。小學成於朱子，亦不當與六經並列，皆爲疎舛。獬以制藝名一時，而所恃爲根柢者不過如此。卷首題名之下，夾註辛丑會元四字，尤未能免俗也。

藻軒閒錄補續詞叢類採八卷　兩江總督採進本

明林漉撰。漉字元盛，福州人。官廣東三水龍門二縣教諭，終於昌化縣知縣。是書成於萬歷庚戌。雜採古書之詞，分一百六十門，頗爲繁碎。蓋爲訓龍門諸生而作。藻軒者，龍門學署齋名也。據其自序，尚有前集，故此曰續採云。

興識隨筆一卷　兩淮鹽政採進本

明楊德周撰。德周有澹圃芋記，已著錄。是書雜採經史奇字，鈔撮成帙，多引原註，發明甚少。

事言要元三十二卷　浙江巡撫採進本

明陳懋學撰。懋學字希顏，福唐人。萬歷壬子舉人，官兵馬司指揮。是編分類隸事，凡天部三卷，地部八卷，人部十四卷，事部四卷，物部三卷。取提要鉤元之義，以名其書。然蕪雜太甚，不稱其名。

獅山掌錄二十八卷　浙江吳玉墀家藏本

明吳之俊撰。之俊字彥章，號芝房，歙縣人。萬歷癸丑進士，官武強縣知縣。是編纂輯故實，特取雋穎。其每卷標目，亦喜爲新異。曰甄元，曰控輿，曰挈壺，曰釆眞，曰測符，曰提靈，曰綜掖，曰緯閥，曰襄奮，曰延清，曰宣籟，曰緝章，曰餚棲，曰合雋，曰挹溫，曰蓄芳，曰循蜚，曰登胹，曰抽騎，曰犁潛，曰苑萌，曰連蠕，曰游環，曰折致，曰詮際，曰拾璣。凡二十六類。然多不著出典，亦裨販之學而已。

諸經纂註三十四卷、（江蘇周厚堉家藏本）

明楊聯芳編。聯芳字懋賞、漳州人。是書成於萬歷癸丑。以諸經割裂分類、而各註字義於旁、以便記誦。

駢字憑霄二十四卷、（江蘇巡撫採進本）

明徐應秋撰。應秋字君義、號雲林、浙江西安人。萬歷丙辰進士。官至福建布政使。是書皆採掇經史駢連之字、備詞藻之用。凡詮義十卷、釋名十四卷。每卷又各分子目。皆略爲詮釋、而不盡著出典。大概剽諸朱謀㙔駢雅居多、殊餖飣不足依據。其名憑霄者、自註引王嘉拾遺記曰、蒼梧有鳥名憑霄、能吐五色氣。又吹珠如塵、積珠成壟。名書之義取此云云。非惟險僻無義理。且考之嘉書、是舜帝南巡葬於蒼梧之故實、尤非佳事。可謂迂怪不經矣。

經濟言十二卷、（兩江總督採進本）

明陳子壯編。子壯字集生、南海人。萬歷己未進士。官至禮部侍郎、晉尚書。明亡殉難。事蹟具明史本傳。是編掇輯諸子名言、自管韓迄唐宋、分類標題、以供程試之用。非眞爲經濟作也。

事文玉屑二十四卷、（安徽巡撫採進本）

明楊淙撰。淙不知何許人。是書明史藝文志著錄。然二十六類之中、荒唐俚謬、罄竹難書。明人著述之陋、殆無出其右矣。

朱翼、無卷數、（浙江巡撫採進本）

明江旭奇編。旭奇字舜升、歙縣人。萬歷中官安岳縣縣丞。江南通志列之儒林傳。稱其在太學日、嘗奏上所著孝經翼孝經疏義、併請敕儒臣補成孝經大全、命題取士。蓋亦講學之家。然是書則僅供場屋之用。故許成智序謂亦名論策全書、蓋爲舉業而設。凡分六部。曰管窺、曰曝愚、曰調燭、曰完甌、曰委質、曰志林。每部之中又各分子目。皆撏撦諸書、以類排纂、而是非一斷以朱子、故名朱翼。中多引釋典道書、殊乏別擇。甚至採及水滸傳、尤龐雜不倫。實與朱子之學南轅北轍也。

史說萱蘇一卷、（兩淮鹽政採進本）

明黃以陞撰。以陞字孝義、龍溪人。是書取史事之相類者、隨筆記載、間加評隲。自序謂皐蘇釋勞、萱草忘憂、故以萱蘇爲名。然闕漏殊甚、尙在後來方氏古事比之下也。

唐類函二百卷、（內府藏本）

明俞安期編。安期初名策、字公臨、後改今名、字羨長。萬歷末布衣。此書取唐人類書、刪除重複、彙爲一函。分四十三部。每部皆列藝文類聚於前、而初學記、北堂書鈔、六帖次之。取材不濫、於諸類書中爲近古。惟時令兼取韓鄂歲華紀麗、未免非前四書之倫。又事關政典者、旣剟取杜佑通典補之、又寥寥數條、挂一漏萬。體例皆爲未善。且顚倒補綴、譌舛亦多。同時吳允兆亦有是編、但無六帖。議者謂兩書竝出、殊爲無謂。允兆遂舉以讓安期。其中體例、亦有兼採允兆書者。安期凡例嘗言之、不自諱也。又朱國禎湧幢小品曰、俞羨長山人刻類函二百卷、盛行於時。然世廟時原有此書、乃鄭虛舟山人奉趙康王命纂之。累年書成而鄭卒於清源。其子獻之得厚賞。不知視今何如云云。然鄭若庸書與此書體例迥異。國禎殆未見其本、以臆揣之歟。

詩雋類函一百五十卷、（內府藏本）

明俞安期撰。是書取皇古以迄唐代之詩、彙爲一編。自盛唐以前刪去者少、中晚以後則多所刊削。凡分三十六部、七百七十餘類。其凡例言、以材具爲主、以掇拾爲用。故但分門摭錄、間附以詩話小說。又稱焦竑之語、以爲藝文類聚初學記諸書所採不載全文、因於長篇大什皆加刪削。蓋類書之體、非總集之例也。

類苑瓊英十卷、（兩淮鹽政採進本）

明俞安期編。分別事類、纂輯故實。每條止撮舉二字、而以原文細註其下。其體例前後頗無倫次。又天文一類盡皆闕如。疑爲未成之書也。

劉氏類山十卷、（浙江巡撫採進本）

明劉嗣昌撰。嗣昌字燕及、桐城人。萬歷中官至興化府知府。是書爲目七十、所載之事、自唐而止。較明代類書泛載近事者差爲近古。然大抵轉相稗販、未見賅洽。

卓氏藻林八卷、（內府藏本）

明卓明卿撰。明卿字澂甫、錢塘人。萬歷中由國子監生官光祿寺署正。是編採擷類書、分門輯錄、頗有簡擇、而取材未富。談遷棗林藝簣謂是吳興王氏之本、明卿竊取之。考明卿嘗攘張之象唐詩類苑刊行、則是說似亦有據矣。

史學璧珠十八卷、（浙江巡撫採進本）

明錢應充撰。應充字子美、紹興人。萬歷中貢生。是書分類隸事，以坊本綱鑑爲主，而稍摭類書附益之。皆集爲偶句，以便剽襲。冠以歷代帝王歌括。中分天地災祥君道臣道倫理品論吏部戶部禮部兵部刑部工部人身德惡人事官職物類十七門。又分子目三百二十五。如以心學屬之禮部，不知其何取。又品論門中有何如一目，尤從古類書所未聞。自序言書成之日，夢一神人，幞頭皁袍，自稱待制包某，以其襃貶合義，特來勞之。又言作序之日，五星聚奎。語皆謬妄，卽其書可知也。

事典考略六卷（江蘇周厚堉家藏本）

明徐袍編。袍字仲章，婺源人。是書採前代事蹟及先儒議論，分目凡八十有一。割裂經典，叢雜瑣碎，蓋兔園冊子也。

故事選要十四卷（浙江巡撫採進本）

明王思義撰。思義有宋史纂要，已著錄。是書採擇子史故事，分類編次，凡十五門。多不註所出，動輒舛誤。如雪門收絳雪丹事，已爲不倫。又謁張雲容爲趙容雲，則他可知矣。

劉氏鴻書一百八卷（浙江巡撫採進本）

明劉仲達編。仲達字九逵，宣城人。是書分二十四類，又分子目二百六十有奇。事實詞章，相雜而載。每條皆註所出，較明人杜撰之書稍有依據。然大抵轉引類書，不盡出於本文，則亦稗販之學也。卷端題湯賓尹刪定，而李維楨序乃稱校讐與有力者爲李成白。謝少連賓尹序中亦無一字及刪定事。蓋坊賈刊是書時，以仲達諸生，恐不見重，借名於賓尹耳。

儒函數類六十二卷（安徽巡撫採進本）

明汪宗姬撰。宗姬字肇郜，歙縣人。是書明史藝文志作儒數類函，蓋刊本誤也。所錄故實皆以數統計，自一至萬，罔不畢具。然體例冗雜，如二獻條下乃列二齊等論二十二條。如但據標目，於何尋檢。且名曰儒函，當詳於儒，而二氏之言仍復採入，甚至萬善二字引及太上感應篇，不亦傎乎。

蟫史十一卷（浙江巡撫採進本）

明穆希文撰。希文有說原，已著錄。是書專記鳥獸事實，故以蟫名。分爲羽蟲毛蟲鱗蟲甲蟲諸蟲五類。然蟫乃蠹魚之別目，非蟲之總名。制名殊謬。徵引亦多未賅。又中閒所稱蟫史曰者，卽其本書，乃雜廁古書之閒，反若引用者然，於體例亦乖也。

婦女雙名記一卷（編修程晉芳家藏本）

明李肇亨撰。肇亨字會嘉，嘉興人。太僕卿日華之子也。所錄古今婦女雙名凡六十七人。自序謂王元美弇州巵言、張睿父瑯琊代醉編、陳無功析酲漫錄中皆有所載，而彼此未備。暇日偶有所睹，卽隨手錄出。又兼三書考其出處云。

五侯鯖十二卷（兩江總督採進本）

明彭儼撰。儼字若思，江西人。其書分類隸事，凡十四門。所載皆不著出典，摭拾叢雜，無可採錄。

文竿彙氏二十四卷（安徽巡撫採進本）

明傅作輿撰。作輿字廷用，建昌人。是書彙輯古來姓氏，兼載人物。分君姓臣姓諸侯大夫公族補遺羼姓。各標目上闌，而下附偶語一二聯。體例已陋。至所列系冑，皆妄以己意附會之。如以皇姓爲出於三皇氏，胥姓爲出於赫胥氏，桑姓爲出於空桑氏。又若巢父爲出於有巢氏。鑿空牽合，不可枚舉。非特昧於三代姓氏之辨，卽後世譜牒諸家，亦全未寓目。可謂不知而作者矣。自序云，文本於氏，正文者宜先正其氏，以辨其文。而濫竽是懼，故以二字爲名。其說亦支離無義理云。

藝林彙百八卷（浙江吳玉墀家藏本）

明李紹文撰。紹文字節之，華亭人。是編成於天啟癸亥。因小學紺珠而變其體例。摭拾故實，不分門類，不詳出處。但以數目爲標題，自一至百，故名曰彙百。大抵餖飣疏舛，不足以資考證也。

十三經類語十四卷（浙江巡撫採進本）

舊本題明羅萬藻編。萬藻字文止，江西人。天啟丁卯舉人。福王時官上杭縣知縣。唐王僭號於福建，擢爲禮部主事。未幾卒。故至今時文家稱曰羅儀部。明史文苑傳附見艾南英傳中。是書因坊本五經類語，更取十三經廣之，分一百三十四類。杭州魯民重又爲之註。按萬藻雖僅以時文名家，而所學具有原本。其時文幽渺湛深，純以意運，亦決不用此餖飣之功。況其時張溥與張采立復社，艾南英與章世純、陳際泰及萬藻立豫章社，會南英選刻時文，塗乙過當，爲衆所詬，乃取己及三人之文亦分合作摘謬二例，塗乙其半，刊以示公。溥等因以離閒其交，世純、際泰皆爲所動，而萬藻恬於名譽，獨不從溥。今此書之首乃有溥序，與當日情事尤爲乖刺。殆民重託稱萬藻，籍豫章社之名以行。又僞撰溥序，藉復社之名以取重。總之，坊賈伎倆而已。

庶物異名疏三十卷（浙江吳玉墀家藏本）

明陳懋仁撰。懋仁有年號韻編，已著錄。是編彙輯物名之異者，爲之箋疏。凡二千四百五十二名，分二十五部。然多捃拾雜說，轉相稗販。如柔祇、雪凝、圓靈、水鏡，謝莊月賦人人習讀，而其註稱類書地曰柔祇，是併文選未考也。大瀛海字出騶衍傳，而註曰大瀛海之異名見楞嚴經註，是併史記未考也。眢井字見左傳，而註曰韻書井無水曰眢，是三傳亦未考也。其他可以例見矣。又異名者，名之異者也。如虹一名蝃蝀，電一名列缺，是也。而所列鷄彝、黃目、瑞節、玉瓚之類，乃其本名，何以爲異。至於沙噀、泥蟲乃是異物，竝無別名，濫列簡牘，以充卷帙。體例亦乖舛之甚也。

尚友錄二十二卷（浙江巡撫採進本）

明廖用賢編。用賢字賓于，建寧人。是書成於天啟中。蒐採古人事實，以韻爲綱，以姓爲目。其例一如萬姓統譜。諸所紀載，詳略失宜，無所考證，蓋亦爲應俗作也。

詩學彙選二卷（內府藏本）

明胡文煥編。文煥有文會堂琴譜，已著錄。是書卽坊本詩學大成中採輯重編，凡三十九門。所錄詩自六朝至於明代，妍媸竝列，殊爲猥雜。文煥自序，文亦陋劣。詩學大成本依託於李攀龍，此更掇拾其殘賸，風益下矣。

文奇豹斑十二卷（浙江巡撫採進本）

明陳繼儒撰。繼儒有邵康節外記，已著錄。是編分天文、地理、人物、文史、花木、鳥獸、器用、人事、釋教、字學十類，皆剽竊餖飣之文。末一卷分韻編古字，尤多舛謬。

五車韻瑞一百六十卷（通行本）

明淩稚隆撰。稚隆有春秋左傳評註測義，已著錄。是編因韻府羣玉而稍變其體例。每韻之下，先列小篆一字，然後隨韻隸事。其排纂之序，曰經、曰史、曰子、曰集、曰雜。又以賦頌歌詩之類分體標名，綴列於後。其曰雜者，蓋仙經佛典之言。考梁阮孝緒作七錄，以釋道別爲門目，不入子家。稚隆區而別之，猶爲有說。至賦頌歌詩諸體本皆集部之文，而別立諸名，殊無義例。昔陰氏韻府羣玉，前人病其龐雜無倫。然其時去宋未遠，多見舊本，故朱彝尊跋其書，尚以所引杜詩老去詩篇渾漫與句爲足資考證。稚隆此書，名爲廣所未備，而舛謬彌滋。且往往杜撰增添，非本書所有。如平淮西碑下引舊唐史一條，併載入千載斷碑人膾炙，不知世有段文昌之句。此二句乃宋人之語，爲蔡京改撰儲祥觀碑而作，舊唐書實無此文。如云別一舊唐史，則唐宋以來著錄者實無此目。如斯之類，觸處皆然。又出陰氏書下，謝肇淛序乃謂韻府羣玉爲耳食，獨盛推此編，可謂曲阿所好矣。

五經總類四十卷（內府藏本）

明張雲鸞撰。雲鸞字羽臣，號黍巖，無錫人。崇禎初嘗以所輯經書講義獻之闕下。此編復取五經及周禮、孝經之語，分門排比，共爲七十二類，釐上下二集。自跋謂大要不外經濟、學術兩端。上集爲經濟，下集爲學術。今案其目次，以天道、地道、君德、臣德、吏學等爲經濟，而以衣服、飲食、器用、宮室、草木、鳥獸等皆入之學術，未爲允協。然雲鸞此書，不過爲舉業之用，本不爲經義立言，亦無足深論。今退置類書類中，庶核其實焉。

茹古略集三十卷（浙江巡撫採進本）

明程良孺撰。良孺有讀書考定，已著錄。是書三十卷，凡三百九十四篇，每篇皆採摭藻麗之詞，聯爲偶語。其體全同事類賦。自序稱不奇不已，不幽不已，不僻不已，不合其奇者幽者僻者以成一家言不已。然觀所徵引，實了不異人也。

古今好議論十五卷（編修勵守謙家藏本）

明呂一經編。一經字子傳，號非庵，吳縣人。崇禎辛未進士，官至河南提學副使。是書輯漢唐以下迄於明季諸儒議論，分經學、經濟二門。經學爲類二十有二，經濟爲類二十有四，共五百五十六則。蓋以備揣屋策論之用者也。

名物考十卷（內府藏本）

明劉侗撰。侗有帝京景物略，已著錄。是書分二十三部，附物理考、通微志二篇，皆採輯類書而成。卷帙無多，搜羅甚隘，不足以供考核也。

六經纂要（無卷數，江蘇巡撫採進本）

明顏茂猷撰。茂猷有迪吉錄，已著錄。考顧炎武日知錄，茂猷鄉試、會試皆以全作五經題取旨中式。嗣後始立五經中額。今觀此書，凡分君臣人倫修治三門，割剝字句，無所發明。蓋卽其揣摩之本也。自序謂稽古之力，食報於諸聖人，所見亦云淺矣。

事物考八卷（浙江朱彝尊家曝書亭藏本）

明傳巖撰。巖字野清，義烏人。崇禎甲戌進士，官至監察御史。其書大抵本高承事物紀原而稍爲附益，兼增入明代地名官制禮儀，鈔合成書，不免掛漏。如輿地言舜分十二州，不著其名；幽并營商周異制，亦無剖辨。又謂漕運爲起於秦之飛輓，不知管子所載粟行三百里諸條，即漕運之原，始載於通典者甚詳。謂唐始以上柱國爲勳官，不知隋制勳官已先列上柱國，唐特沿隋之舊。謂後漢改常侍曹爲吏部，不知後漢祇改爲吏曹，至魏時始改爲吏部。其舛略往往似此。唯所載明初文臣謚法及五軍營制諸條，頗足參證明會典諸書之互異耳。

僃吹錄首集二十卷次集二十一卷（副都御史黃登賢家藏本）

明文德翼撰。德翼有宋史存，已著錄。是書皆採集古人新巧字句，蓋沿楊慎、謝華啟秀而廣之者。然多不著出典，時有譌誤。間作品題，亦皆儇佻之語。蓋又兼涉竟陵之習者也。

四六霞肆十六卷（內府藏本）

明何偉然撰，吳正炳、吳宗邵增刪。偉然有廣快書，已著錄。正炳字訒菴，宗邵字敬齋，並休寧人。是編採掇故實，撰爲駢偶之詞，分類編次，而總註於每門之後。詞既拙俗，註尤弇陋，殆無一長之可取。

廣韻藻六卷（內府藏本）

明方夏撰。夏字南明，自號養春子，長洲人。是編取楊慎韻藻，刪其繁複，而廣其未備。然挂漏仍多。惟慎書假借均字爲韻字，夏獨改從今文，立心篤實，不涉炫俗釣名之習，爲寸有所長耳。

麗句集六卷（內府藏本）

明許之吉撰。之吉爵里未詳。其書採前人儷偶之語，或一聯，或數十聯，分門編次，亦楊慎、謝華啟秀之類。

文苑彙儁二十四卷（浙江巡撫採進本）

明孫丕顯撰。丕顯字啟周，自稱閩人，未詳其邑里。其書分二十九門，鈔撮類書，體例殊爲猥雜。

事類通考十卷（浙江巡撫採進本）

明劉葉撰。葉字芝華，饒州人。是書於古今事實分類纂輯，凡七十七門，隸事而間以評論，或似劄記，或似語錄，或似對句，體例莫能名狀。觀其以年少初登第，皇都得意回十字，分標十卷之號，則其書可知也。

策統綱目三十九卷（福建巡撫採進本）

明卓有見撰。有見，莆田人。其書以邱濬大學衍義補、湛若水聖學格物通二書爲本，分立四門，曰經傳格言，曰史鑑證義，曰諸儒論議，曰國朝事實，頗略於古義而詳於時務，蓋亦林駉源流至論之類，專爲射策而作者。

古今事物原始三十卷（浙江巡撫採進本）

明徐炬撰。炬有酒譜，已著錄。是書倣事物紀原之體，稍附益之，而蕪雜太甚。蓋制度器數，皆可考其淵源；至日月星辰、山川草木、鳥獸蟲魚，與天地而俱生，豈能確究其始？輾轉援引，彌見糾紛。至於鳥獸花草諸門，每類之首，或括以偶語一聯，或括以律詩二句，乃從而釋之，尤弇陋之甚矣。

古史彙編四卷（浙江巡撫採進本）

明韓孔贊撰。孔贊字義一，里貫未詳。是書摭諸史典故，分四十七門，起於唐虞，終於明代，大致仿文獻通考而敘述簡略，僅足供舉業對策之用。

子史彙纂二十四卷（浙江巡撫採進本）

明馮廷章撰。廷章字子建，常熟人。是書分二十四類，每類之中又別爲子目。雖以子史爲名，而亦兼採詞賦。自序謂一尺之筳，方寸之木，無或遺棄。又謂上極天道，下該人事，六合之內，略在其間。其自譽甚力。卷首列徵引書目千餘種，唐宋諸志不著錄者十之六七，明以來諸家書目不著錄者十之九，廷章何自得之乎。

類雅二十卷（浙江汪啟淑家藏本）

不著撰人名氏。書中風雨類引谿海集，乃明王逵撰；又鳥類引埤雅廣要，乃明牛衷撰，則明人作也。其書皆由鈔撮而成，亦往往不詳出典。如開卷蔚藍天一條，乃陸游老學庵筆記之語，而失註書名。又日御一條，云天子有日官，諸侯有日御，陳子昂詩還丹奔日御，卻老飡雲芽，註曰律歷志。何史律歷志中有此語乎？其疎舛可知矣。

萬年統紀十二卷（江蘇巡撫採進本）

不著撰人名氏。所引明代諸書，皆仍其皇明之稱，則明人矣。首紀歷代帝王，不以時代爲次，而以年數爲先後，由初生至四萬五千六百歲止，爲第一卷。次紀孔子誕生至七十二歲止，爲第二卷。以下載歷代臣民，自初生至一千百有餘歲，釐爲七卷。末載佛氏神仙二家，各爲一卷，列女爲一卷。採摭頗富，然所徵引多出小說，不足爲據也。

對類二十卷（兩江總督採進本）

不著撰人名氏，亦不詳時代。凡二十門，蓋村塾課蒙之本。驗其格式，猶明中葉所刊也。

大政管窺四卷（兩淮鹽政採進本）

不著撰人名氏。皆科舉之策略也。分敘吏、敘戶、敘禮、敘經，六曹舉其三，而四部舉其一。體例無所取義，必非完書。蓋經生家偶存之殘稾耳。

汲古編四卷（江西巡撫採進本）

不著撰人名氏。其書雜鈔古事，分七十三門，名目冗瑣，時代顚舛。如孔融在北海，爲賊所攻，流矢雨集，矛戟內接，融憑几安坐云云。此謂之鎭靜則可，而列之智略門中，是未見本傳下文城破融遁之事也。伊尹耕有莘之野，樂堯舜之道，三聘就湯，阿衡作相，此自名臣類中事，而列之忠烈門中，與程嬰、公孫杵臼相連，殆不可理解矣。每門之末，必留空紙數頁。蓋隨意雜鈔草剏未定之本，故疏謬如是也。

天華山房祕藏玉杵臼三卷（浙江巡撫採進本）

原本無序錄。卷首一行，題曰西湖龖赫主人吳培鼎九牧父撝。培鼎亦不知何許人。案六書精蘊，龖音沓，震怖也。二龍竝飛，威靈震赫，見者氣奪。自號必取龖字，已極誕妄。其撝字之義，又因玉杵臼而附會之，更屬不經。觀卷中所載，卽取唐類函鈔撮十之二三，去其總類，又於諸細目中前後亂其部分。蓋明季書賈作僞以欺人者也。

欽定四庫全書總目卷一百三十八

欽定四庫全書總目卷一百三十九

子部四十九

類書類存目三

類姓登科考六卷（浙江巡撫採進本）

不著撰人名氏，亦無序跋。其書取明一代登進士者，以姓類從，而各註鄉貫科分甲第於名下。其仕宦顯達者，幷註其官階爵謚。或一家世膺是選者，則註曰某爲某子，某爲某孫，某爲某之兄弟。紀載頗爲詳賅。所註下逮崇禎之末，則國朝人編也。考唐書藝文志有崔氏顯慶登科記五卷、姚康科第錄十六卷、李奕登科錄二卷。晁公武讀書志載樂史採唐武德迄天祐進士及諸科登名者爲登科記三十卷。陳振孫書錄解題又載洪适唐登科記十五卷。是書詳列科名，蓋猶古例。又唐林罕元和姓纂以四聲分編，宋謝維新合璧事類所列諸姓故實，則以鄉塾所誦之百家姓趙錢孫李諸字爲綱。此本蓋用維新之例，其百家姓所不載者，則附錄第六卷末焉。

典制紀略（無卷數，浙江巡撫採進本）

國朝孫承澤撰。承澤有尚書集解，已著錄。承澤熟於典故，是編廣徵博引，頗資考核。但中雖分官制、河道、漕運、鹽茶、錢鈔、禮樂諸門，而河道前後複見。禮教之後又雜入學田刻書數條，貢舉之中又雜入趙撝謙精於六書一段，田賦之後復載錢法二則。三司使一條又不附於官職之內，顚倒厖雜，毫無次第。蓋偶得一二事，則隨筆書之，故中多空行。且閒有添補之處，亦有刪汰之處，蓋未定之書，後人錄其殘稾耳。

經世篇十二卷（編修汪如藻家藏本）

舊本題崑山顧炎武撰。其書門類悉依場屋策目，每日一篇，附以諸家雜說，頗爲弇陋。蓋應科舉者鈔撮類書爲之，而坊賈託名於炎武也。

考古類編十二卷（通行本）

國朝柴紹炳撰。紹炳有古韻通，已著錄。是書分三十三門，凡有關於典章制度者，皆摘其指要，貫串成篇。自序謂取便童蒙，比於小學紺珠之類，蓋爲舉業後場設也。原名通考纂要，雍正甲辰華亭姚培謙爲之評註，改題今名。

希姓補五卷（內府藏本）

國朝單隆周撰。隆周字昌其，蕭山人。初，明楊慎撰希姓一卷，隆周以其尚有闕誤，撰此補之。亦仍以四聲編次。每韻先列原編，次列補入諸姓，以及訂誤。自唐以後，譜學失傳，譌異日增，紀載難徧。隆周是書亦但就所見錄之，未能無所舛漏也。

廣羣輔錄六卷（浙江鮑士恭家藏本）

國朝徐汾撰。汾字武令，錢塘人。是書補陶潛聖賢羣輔錄之闕，自西晉以前陶氏所遺者補之，自東晉以迄明代則續之。案羣輔錄託名陶潛，實爲僞本，原書既不足據，續編亦病繁蕪。至所載明代七才子、十才子之類，皆末流標牓之目，尤爲冗濫。王晫今世說載汾喜著書，苦無由得錢易楮墨，常於破几上起草，束麻濡煤作字。其編摩可謂苦心，書則未爲善本也。

氏族箋釋八卷（浙江巡撫採進本）

國朝熊峻運撰。峻運字在湄、新建人。其書取百家姓氏、以文義別爲纂次。凡四百六十八姓、每姓各綴以四六儷語。略註事狀、以備應酬尋檢之用。於氏族源流、未嘗有所考證也。

歷朝人物氏族會編十卷、江西巡撫採進本

舊本題曰禾川南里松山逸叟潁侯氏撰。不著名姓。檢卷首名字二印、一曰尹敏、一曰潁侯、知此書即尹敏作。書中多載明末殉節諸臣、知爲國初人。其始末則未之詳也。其書以重編百家姓孔師東魯、孟席齊梁諸句爲綱、而雜引歷代人物列其下。然舛謬百出。如孔氏條云出宋鄭子之後、師氏條云師曠、晉樂師。孟氏條云孟蔑字獻子。如斯之類、觸目皆是、殊不足據爲典要也。

二酉彙删二十四卷、山東巡撫採進本

國朝王訓撰。訓字敷彝、安邱人。順治丁亥進士。是書分十六門、一百七十子目。大槩爲科舉答策而設。有採自本書者、亦有轉相裨販、迷其出典者。如敬粟篇中關龍逢晁危石履春冰語、本出自苻子。乃漏去關字、但稱龍逢曰、似一人姓龍名逢。而所註書名乃作諫桀二字、又似龍逢所著之書名曰諫桀也。知其鈔撮類書、非根柢之學矣。

古今疏十五卷、內府藏本

國朝朱虛撰。虛字邵齋、號可菴、又號介菴、曹州人。順治丁亥進士。官至紹興府知府。其書倣廣雅釋名之例、自天地日月至蟲魚草木、各自爲篇、加以解釋。但徵引浩繁、不詳所出。使舊文新義、無自而分。縱有依託、末由考證。是則鈔撮著書之通病也。

三才藻異三十三卷、江蘇巡撫採進本

國朝屠粹忠撰。粹忠號芝巖、定海人。順治戊戌進士。官至兵部尚書。是編取故實可備題咏者、分類標題。其目盈萬、各括以四言二韻。蓋類書之支流、而蒙求之變體也。然襞積成文、繁蕪無當。自序謂歷二十四載而成、亦勞而無補矣。

三才彙編四卷、江蘇巡撫採進本

國朝龔在升撰。在升字聞圜、嘉善人。順治己亥進士。官蘇州府推官。是書分類編纂、爲科舉對策之用。閒附議論、如郊社主合祀、樂律用李文利之說、皆非確論也。

千家姓文一卷、兩江總督採進本

國朝崔冕撰。冕字貢收、巢縣人。是編以村塾所傳百家姓語無文義、因就史傳詳加繙閱、得複姓三十四、單姓九百七十二、計千餘六姓、聯屬其文。較原書爲雅馴、然不及王應麟姓氏急就篇典核有據也。前有康熙癸卯冕自序。又有如皋冒國柱序。其註即國柱所作、皆但云某代有某人、而不著所出、亦無徵不信矣。

教養全書四十一卷、浙江汪啟淑家藏本

國朝應撝謙撰。撝謙有周易集解、已著錄。是書分選舉、學校、官田、賦役、水利、國計、漕運、治河、師役、鹽法十考。節引史文、而取前人評論、各參其下、體例略倣文獻通考。於明代事實所載尤詳。撝謙閒附斷語、議論亦多醇正。然以視馬端臨之精博、則猶未能遽相方駕矣。其中不載律算者、以徐光啟已有成書。不載輿地者、以顧炎武、顧祖禹二人方事纂輯故也。

姓氏譜六卷、浙江巡撫採進本

國朝李繩遠撰。繩遠字斯年、嘉興人。其書雜鈔萬姓統譜而成、舛漏頗甚。疑其錄以備用、本非欲著書也。

李氏類纂五十卷、浙江巡撫採進本

國朝李繩遠撰。是編蓋偶鈔諸家類書、以備自用。故職官首宗人府、用今制也。而云國朝置大宗正院、改宗人府宗人令一人、乃前朝故事、而以爲國朝。此沿襲鈔錄、而事同未去葛龔者矣。

韻粹一百七卷、兩淮鹽政採進本

舊本題國朝朱彝尊撰。彝尊有經義考、已著錄。是書採古人新穎之語、分韻編次、韻爲一卷。所摭不爲不富。然惟摭詞賦、而不及經史。其詞賦引據他書者、亦即以詞賦爲出典。其病與蘇頌文選雙字類要略同。彝尊學有本原、著述最富、不應爲此餖飣之學。其生平文字內未嘗言及此書。書中時有闕行闕字、亦似未完之本。疑爲摭拾私記、以備詞賦之用。後人重其淹博、轉相傳寫、遂漸至於流布耳。

宮闈小名錄四卷後錄一卷、浙江巡撫採進本

國朝尤侗撰。侗有明史藝文志、已著錄。是編補陸龜蒙、洪适、王銍、溫豫、張邦幾諸錄之遺。上起於漢、下迄於明、凡女子以名傳者、皆分類編載。一曰后妃、附以公主外戚。二曰列女、附以妓妾之有節行者。

三曰妾婢，附以雜類。四曰妓女。五曰外傳，附以寇盜。六曰仙鬼，附以劒俠。每類又有補遺。其補錄未盡者，閩縣余懷又續為後錄一卷，侗併跋而刻之。其舊錄所已有者，亦列其名而不著事蹟，註曰已見。其蒐採頗勤。然侗本擷華掞藻，以詞賦為工。懷亦選伎徵歌，以風流自命。考證之學，皆非所長。如明代宮人瓊蓮、媚蘭之類皆收，而王滿堂、楊金英之類名在國史乃遺之。據杜甫詩收其婢阿稽，而劉整之婢綠草載於文選乃遺之。據魏文帝詩收劉勳妻王宋，據元稹詩收其女小迎，而焦仲卿妻蘭芝、葛沙門妻郭小玉、左思女紈素、蕙芳並見玉臺新詠，乃遺之。至李波小妹歌之雍容、東飛伯勞歌之莫愁、蕎知之詩之窈娘、李白詩之女平陽、伎金陵子、李商隱詩之柳枝、杜牧詩之定子、白居易詩之都子、元稹詩之念奴、秦觀詩之邊朝華、晏殊詩之劉蘇哥、歐陽修詩之嬌兒以及裴度之黃娥、司空圖之鸞臺，失之眉睫之前者，尤不可勝舉。他如唐李冶乃女道士，元薛蘭英、蕙英乃富民之女，有聯芳集，而列之妓女之中。石崇妾綠珠見於本傳，竇滔妾趙陽臺見於璇璣圖序，而乃不入之婢妾，則門目顛倒。紫雲一人，既入仙鬼，又入補遺，隔六頁而兩見。趙娟一人，既附王韞秀，又別為一條，越一卷而重出，則排纂多疎。以錦瑟為令狐楚之青衣，猶據劉攽詩話，至於段文昌家之縢祖，猶夜來之稱針神，鮑生之四絃，猶蘇軾之胡琴婢，皆以藝稱，非其名字。一槩列入，乖謬殊深。甚至同時婦女，連篇累牘，益無體例矣。

同姓名錄八卷 浙江鮑士恭家藏本

國朝王廷燦撰。廷燦，錢塘人。康熙辛酉舉人。官崇明縣知縣。是書蓋因梁元帝及明太常寺卿余寅兩同姓名錄而廣之。寅書止於金元，廷燦則兼及明代。然如寧都魏禧，至康熙己未尚薦舉博學鴻詞，而取與崇禎末年之魏沖相配，題曰兩魏叔子。則取州縣戶籍而閱之，同姓名者萬人可得，何止此八卷乎。又卷三全鈔梁元帝書，卷五亦全鈔余寅書，又何貴乎屋下屋也。

古事苑十二卷 內府藏本

國朝鄧志謨撰。志謨字景南，饒安人。是書成於康熙丙寅。捃摭古事，裁為儷偶，凡六十篇。其註釋則各附篇末。大致欲仿吳淑事類賦，而不能諧以聲韻，貫以脈絡，遂各為無首無尾、不相聯貫之四六云。

行年錄無卷數 禮部尚書曹秀先家藏本

國朝魏方泰撰。方泰字曰乾，號脊峯，江西廣昌人。康熙癸未進士，官至禮部右侍郎、翰林院學士。是書取古人事蹟有年可紀者，各以其年編之。每一歲為一篇。其但有幾十歲字而不得其畸零之數者，則各立幾十餘一篇。其併無幾十字可考者，則分立初生、童幼、少壯、老年四篇，而冠以各朝歷及制令，附以生辰同、生孿生、遺腹、前後身四篇。原本不分卷數，亦無目錄，次第頗為顛倒。如凡例稱冠以各朝歷，而此本以前後身為冠，知非方泰之舊矣。所列儒異兼陳，不免稍失於雜。又隨所見聞，卽據其書載入，不復究其本源，亦稍失之疎略。

石樓臆編五卷 浙江巡撫採進本

國朝周綸撰。綸字膺垂，松江華亭人。康熙中官國子監學正。是書分吏、戶、禮、兵、刑、工六門，中立五十九目。自漢唐迄於本朝，凡關六曹政事者，俱類紀之。於國初以來章疏案牘，亦頗有所徵引。大旨以為場屋對策之用。然書生局於里閈，凡官府故事，未能明習，挂漏殊多，不足盡資考校也。

五經類編二十八卷 通行本

國朝周世樟編。世樟字章成，太倉人。是編摘取五經之語，分為十門，每門又分子目，皆以備時文之用。末附諸經略說、經義辨譌、辨疑各數條，亦皆無關考證。

同人傳四卷 兩淮鹽政採進本

國朝陳祥裔撰。祥裔有蜀都碎事，已著錄。是書自秦漢以迄元明，凡同姓名者，採集成冊，末附父子同名字者數人。採摭頗詳，去取亦頗矜慎。如太平廣記中再生之王翰，與唐詩人王翰相同；通幽記神婚之李伯禽，與李白子伯禽相類。事既不經，人無可考，今槩不錄，知非漫無別擇、愛奇嗜瑣者也。惟皆不著所出，是其一短耳。

古事比五十三卷 浙江巡撫採進本

國朝方中德撰。中德字用伯，桐城人。其書以古事之相類者，排比成編。然徵引雖博，挂漏實多。如父子一門中，分世業、世經術為二，以世業屬之隨會、士匄、王羲之、獻之，以經術屬之韋賢、劉向父子。古今豈僅此一二家耶。蓋四部之書，浩如煙海，軼聞瑣記，僕數難窮。欲以數十卷書，一一比類而合之，不免自爲其難，亦其顧此失彼耳。

政典彙編八卷（江蘇巡撫採進本）

國朝王芝藻撰。芝藻有大易疏義，已著錄。是書以天下之事統於六曹，自周官始，後世或因或革，總不出其範圍。因分曹排纂古事，刪繁提要，隨事附以論斷。其所取材，大抵通典、通考二書爲多，而元明之事則多採自王圻續通考及邱濬大學衍義補云。

典引輯要十八卷（浙江巡撫採進本）

國朝丁昌遂撰。昌遂字秀崖，懷寧人。是書成於康熙庚寅。雜採舊文，各檃括大略而分類編之。其凡例謂制藝一道，固發自性靈，閒亦取證於古典。是編所輯，足供舉業家之考證。其宗旨如是，書可知矣。

廣事類賦四十卷（內府藏本）

國朝華希閔撰。希閔字豫原，無錫人。康熙庚子舉人。希閔因校刻吳淑事類賦，病其未備，乃廣爲此編，附刻其後。凡二十七門，一百九十一子目，亦如淑例自註。然終不逮淑書也。

根黃集十卷（福建巡撫採進本）

國朝楊文源撰。文源，長泰人。是書以三禮之文割裂排纂，分律呂、封建、井田、學校、祭祀爲五門。每門之中又各爲子目。其曰根黃者，取黃鍾爲萬事根本意也。卷首則敬錄

聖祖御製黃鍾爲萬事根本說一篇，與朱子請修三禮劄子一首，以誌編輯所自。其訓釋辨論，一以

欽定義疏爲折衷，閒亦附以己見。其凡例云仿朱子儀禮經傳通解。然書中所錄，多與四子書典故相發明，仍不過舉業津梁而已。故今列之類書類焉。

三體摭韻十二卷（浙江朱彝尊家曝書亭藏本）

國朝朱昆田撰。昆田字西畯，秀水人，彝尊子也。承其家學，亦以博涉爲功。是編仿陰氏韻府之例，採前人新豔字句，排纂成編。所錄至元而止。惟取騷、賦、詩三體，故以爲名。捃拾頗爲繁富。然詞人璅語，摹甲新意者十之一，鎔鑄舊文者十之九，未可一字一句據爲根柢。即以一東韻而論，阿童爲王濬小字，見三國志註，乃云出蘇軾詩。鶴氃氋而不舞，乃羊祜事，見世說新語，乃云本陸龜蒙詩。此猶云惟引詞賦，不及子史也。至於椒風殿名，見兩都賦，乃引崔國輔詩。唐弓字見庾信三月三日華林園馬射賦序，乃引賀知章詩。比紅兒自有羅虯本詩，乃引陸游詩。是即詞賦之中，已舍前取後。他如已引古詩之魚戲蓮葉東，又引岑德詩之蓮東自可戲，別出蓮東一條。已引衞象詩之鵲血彫弓溼未乾，又引梅堯臣詩之休調鵲血弓，別出鵲血弓一條。更繁複少緒。至梁簡文帝詩之劒飾丹陽銅，字本從金，乃譌收於桐字下。則校讎亦未精矣。蓋草創未定之本，後人以其名父之子，遂錄傳之，不知反爲昆田累也。

文獻通考節貫十卷（江蘇周厚堉家藏本）

國朝周宗濂撰。宗濂有聦亭遺書，已著錄。是書取馬端臨文獻通考、王圻續通考首尾編次，仍如二十四門之舊。惟帝系、象緯、物異、四裔、節義、方外六門，以難於節錄，置之。其因文附見者，如戶口考之奴婢、占役，學校考之祠祭、褒贈諸條，亦多刊削。蓋意主便於記誦，爲場屋對策之用，固不能以著書體例繩之耳。

考古略八卷（湖南巡撫採進本）

國朝王文清撰。文清有周禮會要，已著錄。文清初著有考古源流四百七十五卷，乃彙採三通、玉海、冊府元龜、通鑑綱目、大事記、學海津逮、性理諸書而成，未及刊布。此本乃先摘其淺近切要者，輯以成編，故名曰略。

考古原始六卷（湖南巡撫採進本）

國朝王文清編。初，明嘉靖中，桐城趙釴撰古今原始十四卷，以歷代帝王編年紀載，各著其事所自始。文清以趙書原本自天皇氏至陰康氏，荒渺無稽，爲之刊削，依聖經斷自伏羲，並補正譌闕，訖明神宗而止。考世本多載事始，其書久佚，馮贄事始亦無傳本。文清此書，餖飣牽合，亦與趙氏書相等。又不著出典，益不足徵。至卷末補遺各條，尤如兔園冊子。文清嘗纂考古略一書，其凡例中自敘生平所著述，不及是書，殆坊賈所託名也。

春秋經傳類聯（無卷數，浙江巡撫採進本）

國朝王繩曾撰。繩曾字武沂，無錫人。雍正庚戌進士，官揚州府教授。是書取春秋經傳之詞，稍加點竄，鎔鑄集爲對偶。凡三十四類。自序有曰：宋徐晉卿春秋類對賦，拘於聲韻，選詞難工，事弗類從，猶如野戰，乃猶列入經解，得與諸家炳如列星，並垂不朽。茲編分類彙集，聯爲駢體，以便記誦，寧律不諧，不使句弱；寧句不工，毋使語俗。開府之長，庶幾有取乎。其自命甚高。所稱開府之長，殆以倪璠註庾

信集稱其善用左傳歟。然晉卿何足道，而殫竭心力爭此不足重輕之短長，是亦可已不已矣。

杜韓集韻三卷（編修汪如藻家藏本）

國朝汪文柏撰。文柏字季青，號柯庭，嘉興人。官兵馬司指揮。其書取杜韓二家詩句，案今韻摘出，編於字下，以爲吟咏者取資。每卷各分上中下。凡杜韓所未押者，則存其韻於部尾。所摘之句，不著原題。蓋宋人十二先生詩宗之類也。

古今記林二十九卷（安徽巡撫採進本）

國朝汪士漢撰。士漢有祕書二十一種，已著錄。是書分二十七類，自正史以迄百家隨筆，摘錄之。自謂義例有二：一紀淑慝以示勸戒，一蒐瑰琦以資見聞。然大約從類書中鈔撮而成。

古學捷錄十卷（安徽巡撫採進本）

國朝陳應麐撰。應麐原名應明，字緇英，莆田人。其書爲科舉答策而作。凡十篇，每篇各有子目。所採皆明人類書，殊多舛誤。

讀古紀源九卷（山東巡撫採進本）

國朝何懋永撰。懋永字念修，山陰人。其書分爲二編。一曰三才緯略，一曰六官綜制。共分爲九考，皆鈔撮類書，非根柢之學。

經濟宏詞十二卷（浙江巡撫採進本）

是書前有凡例，題汪學信四如父編次，卷首又題新安太易父汪以時選輯，無序無跋，未審果出誰手。凡分十二門，皆明人之文，可以爲場屋答策之用者。其凡例亦自稱取便制舉業云。

唐句分韻初集四卷、二集四卷、續集二卷、四集五卷（兩淮鹽政採進本）

國朝馬瀚撰。瀚字炎洲，順天人。其書以唐人詩句分一百七韻編次，以爲集句之用。初集二集兼取五言七言，續集四集則惟取七言。

政譜十二卷（浙江巡撫採進本）

國朝朱栗夷撰。栗夷字心菴，山陰人。是編摘錄杜佑通典、馬端臨文獻通考及邱濬大學衍義補諸書，以類排纂，分十二門。雖以政譜爲名，實則策略而已。篇首總名題曰象山巖新書，蓋其雜著中之一種也。

是菴日記十四卷（兩江總督採進本）

國朝楊擁編。擁字蔚芝，號是菴，爵里無考。卷首所列引用書目，有李漁閒情偶寄，則近時人耳。卷中採輯諸書，分類排纂，凡爲十四門，各註所引之書名。亦閒附以己意。其凡例自云會心即錄，敘次不倫，挂漏孔多，體殊握要，蓋亦隨意撮鈔之書也。

類書纂要三十三卷（內府藏本）

國朝周魯撰。魯字南林，無錫人。是編於類書之內，稗販而成，譌舛相仍，皆不著其出典，流俗沿用，頗誤後來。

駢語類鑑四卷（編修周厚轅家藏本）

國朝周池撰。池有唐鑑偶評，已著錄。是書兼仿李瀚蒙求、吳淑事類賦之體，以故事可資法戒者，編爲儷偶。不立門目，惟以韻部分篇。末一卷爲閨鑑十二篇，幼鑑十篇，則婦人及童子事也。中有一篇僅一二韻者，意亦編纂未竟之稾歟。

右類書類二百一十七部，二萬七千五百零四卷。（內七部無卷數）皆附存目。

欽定四庫全書總目卷一百三十九

欽定四庫全書總目卷一百四十

子部五十

小說家類一

張衡西京賦曰：小說九百，本自虞初。漢書藝文志載虞初周說九百四十三篇，注稱武帝時方士，則小說興於武帝時矣。故伊尹說以下九家，班固多注依託也。（漢書藝文志注，凡不著姓名者，皆班固自注。）然屈原天問雜陳神怪，多莫知所出，意即小說家言。而漢志所載青史子五十七篇，賈誼新書保傅篇中先引之，則其來已久，特盛於虞初耳。迹其流別，凡有三派：其一敘述雜事，其一記錄異聞，其一綴輯瑣語也。唐宋而後，作者彌繁，中間誣謾失眞、妖妄熒聽者，固爲不少；然寓勸戒、廣見聞、資考證者，亦錯出其中。班固稱小說家流蓋出於稗官，如淳注謂王者欲知閭巷風俗，故立稗官使稱說之。然則博採旁蒐，是亦古制，固不必以冗雜廢矣。今甄錄其近雅馴者，以廣見聞；惟猥鄙荒誕，徒亂耳目者，則黜不載焉。

西京雜記六卷（內府藏本）

舊本題晉葛洪撰。洪有肘後備急方，已著錄。黃伯思東觀餘論稱此書中事皆劉歆所說，葛稚川採之。其稱余者，皆歆本文云云。今檢書後有洪跋，稱其家有劉歆漢書一百卷，考校班固所作，殆是全取劉氏，有小異同，固所不取，不過二萬許言。今鈔出爲二卷，名曰西京雜記，以補漢書之闕云云。伯思所說，蓋據其文。案隋書經籍志載此書二卷，不著撰人名氏。漢書匡衡傳顏師古註稱今有西京雜記者，出於里巷，亦不言作者爲何人。至段成式酉陽雜俎廣動植篇，始載葛稚川就上林令魚泉問草木名，今在此書第一卷中。張彥遠歷代名畫記載毛延壽畫王昭君事，亦引爲葛洪西京雜記。則指爲葛洪者，實起於唐，故舊唐書經籍志載此書，遂註曰晉葛洪撰。然酉陽雜俎語資篇別載庾信作詩用西京雜記事，旋自追改曰：此吳均語，恐不足用。晁公武讀書志亦稱江左人或以爲吳均依託，蓋即據成式所載庾信語也。今考晉書葛洪傳，載洪所著有抱朴子、神仙、良吏、集異等傳，金匱要方、肘後備急方並諸雜文，共五百餘卷，並無西京雜記之名，則作洪撰者，自屬舛誤。特是向、歆父子作漢書，史無明文。而以此書所紀與班書參校，又往往錯互不合。如漢書載文帝以代王即位，而此書乃云文帝爲太子；漢書載廣陵王胥、淮南王安並謀逆自殺，而此書乃云胥格猛獸陷脰死，安與方士俱去；漢書楊王孫傳即以王孫爲名，而此書乃云名貴。似是故謬其事，以就洪跋中小有異同之文。又歆始終臣莽，而此書載吳章被誅事，乃云章後爲王莽所殺，尤不類歆語。又漢書匡衡傳「匡鼎來」句，服虔訓鼎爲當，應劭訓鼎爲方，此書亦載是語，而以鼎爲匡衡小名。使歆先有此說，服虔、應劭皆後漢人，不容不見，至葛洪乃傳，是以陳振孫等皆深以爲疑。然庾信指爲吳均，別無他證，段成式所述信語，亦未見於他書。流傳既久，未可遽更。今姑從原跋，兼題劉歆、葛洪姓名，以存其舊。其書諸志皆作二卷，今作六卷，據書錄解題，蓋宋人所分，今亦仍之。其中所述，雖多爲小說家言，而摭採繁富，取材不竭。李善註文選，徐堅作初學記，已引其文；杜甫詩用事謹嚴，亦多採其語；詞人沿用，數百年久成故實，固有不可遽廢者焉。

世說新語三卷（內府藏本）

宋臨川王劉義慶撰，梁劉孝標註。義慶事蹟具宋書。孝標名峻，以字行，事蹟具梁書。黃伯思東觀餘論謂世說之名肇於劉向，其書已亡，故義慶所集名世說新書。段成式酉陽雜俎引王敦澡豆事，尚作世說新書，可證。不知何人改爲新語，蓋近世所傳，然相沿已久，不能復正矣。所記分三十八門，上起後漢，下迄東晉，皆軼事瑣語，足爲談助。唐藝文志稱劉義慶世說八卷，劉孝標續十卷。崇文總目惟載十卷。晁公武謂當是孝標續義慶元本八卷，通成十卷。又謂家有詳略二本，迥不相同。今其本皆不傳。惟陳振孫書錄解題作三卷，與今本合。其每卷析爲上下，則世傳陸游所刊本已然，蓋即舊本。至振孫載汪藻所云敘錄二卷，首爲考異，繼列人物世譜、姓字異同，末記所引書目者，則佚之久矣。自明以來，世俗所行凡二本：一爲王世貞所刊，註文多所刪節，殊乖其舊；一爲袁褧所刊，蓋即從陸本翻雕者，雖版已刓敝，然猶屬完書。義慶所述，劉知幾史通深以爲譏。然義慶本小說家言，而知幾繩之以史法，擬不於倫，未爲通論。孝標所注，特爲典贍，高似孫緯略亟推之。其糾正義慶之紕繆，尤爲精核。所引諸書，今已佚其十之九，惟賴是注以傳，故與裴松之三國志注、酈道元水經注、李善文選注同為考證家所引據焉。

朝野僉載六卷（內府藏本）

舊本題唐張鷟撰。鷟有龍筋鳳髓判，已著錄。此書新唐書藝文志作三十卷，宋史藝文志作僉載二十卷、又僉載補遺三卷，文獻通考則但有僉載補遺三卷。此本六卷，參考諸書皆不合。晁公武讀書志又謂其分三十五門，而今本乃逐條聯綴，不分門目，亦與晁氏所紀不同。考莫休符桂林風土記，載鷟在開元中，姚崇誣其奉使江南受遺賂，死，其子上表請代，減死流嶺南。數年起為長史而卒。計其時尚在天寶之前，而書中有寶歷元年資陽石走事。寶歷乃敬宗年號。又有孟宏微對宣宗事。時代皆不相及。案尤袤遂初堂書目亦分朝野僉載及僉載補遺為二書，疑僉載乃鷟所作，補遺則為後人附益。凡闌入中唐後事者，皆應為補遺之文。而陳振孫所謂書本三十卷，此其節略者，當即此本。蓋嘗經宋人摘錄，合僉載、補遺為一，刪併門類，已非原書。又不知何時析三卷為六卷也。其書皆紀唐代故事，而於諧噱荒怪，纖悉臚載，未免失於纖碎。故洪邁容齋隨筆譏其記事瑣屑擿裂，且多媟語。然耳目所接，可據者多，故司馬光作通鑑亦引用之。兼收博採，固未嘗無裨於見聞也。

唐國史補三卷（兩江總督採進本）

唐李肇撰。肇有翰林志，已著錄。此書其官尚書左司郎中時所作也。書中皆載開元至長慶間事，乃續劉餗小說而作。上卷、中卷各一百三條，下卷一百二條，每條以五字標題。所載如謂王維取李嘉祐水田白鷺之聯，今李集無之。又記霓裳羽衣曲一條，沈括亦辨其妄。又謂李德裕清直無黨，謂陸贄誣于公異，皆為曲筆。然論張巡則取李翰之傳，所記左震、李汧、李廙、顏真卿、陽城、歸登、鄭絪、孔戣、田布、鄒待徵妻、元載女諸事，皆有裨於風教。又如李舟天堂地獄之說，楊氏、穆氏兄弟賓客之辨，皆有名理。末卷說諸典故，及下馬陵、相府蓮義，亦資考據。餘如摴蒲盧雉之訓，可以解劉裕事；劍南燒春之名，可以解李商隱詩。可採者不一而足。自序謂言報應、敘鬼神、徵夢卜、近帷箔，則去之；紀事實、探物理、辨疑惑、示勸戒、採風俗、助談笑，則書之。歐陽修作歸田錄，自稱以是書為式，蓋於其體例有取云。

大唐新語十三卷（內府藏本）

唐劉肅撰。唐書藝文志載此書三卷，註曰元和中江都主簿。此本結銜乃題登仕郎守江州潯陽縣主簿，未詳孰是也。所記起武德之初，迄大歷之末。凡分三十門，皆取軼文舊事有裨勸戒者。前有自序，後有總論一篇，稱昔荀爽紀漢事可為鑒戒者，以為漢語。今之所記，庶嗣前修云云。故唐志列之雜史類中。然其中諧謔一門，繁蕪猥瑣，未免自穢其書，有乖史家之體例。今退置小說家類，庶協其實。是書本名新語，唐志以下諸家著錄並同。明馮夢禎、俞安期等因與李垕續世說偽本合刻，遂改題曰唐世說新語，殊為臆撰。商濬刻入稗海，併於肅自序中增入世說二字，益偽妄矣。稗海又佚其卷末總論一篇及政能第八之標題，亦較馮氏、姚氏之本更為疎舛。今合諸本參校，定為書三十篇，總論一篇，而復名為大唐新語，以復其舊焉。

次柳氏舊聞一卷（江蘇巡撫採進本）

唐李德裕撰。德裕事蹟具唐書本傳。是書所記皆元宗遺事，凡十七則。前有德裕自序，大略謂史官柳芳，上元間徙黔中，高力士時亦徙巫州，相與周旋，因得聞禁中事，記為一書，曰問高力士。太和中詔求其書，宰相王涯等向芳孫度支員外郎璟索之不獲。而德裕父吉甫及與芳子吏部郎中冕遊，嘗聞其說，以告德裕。德裕因追憶錄進。舊唐書文宗本紀載太和八年九月己未，宰臣李德裕進御臣要略及柳氏舊聞三卷，蓋即其事。惟卷數與今本不合，殆二書共為三卷歟。中如元獻皇后服藥、張果飲堇汁無畏、三藏祈雨、吳后夢金甲神、興慶池小龍、內道場素黃文事，皆涉神怪。其姚崇、魏知古相傾軋，及乳媼以他兒易代宗事，亦似非實錄。存以備異聞可也。柳珵常侍言旨（案此書無別行之本，此據陶宗儀說郛所載）首載李輔國逼脅元宗遷西內事，云此事本在朱崖太尉所續桯史第十六條內，蓋以避時事，所以不書也。考德裕所著，別無所謂桯史者。知此書初名桯史，後改題今名。又知此書本十八條，刪此一條，今存十七。至其名桯史之義，與所以改名之故，則不可詳矣。

劉賓客嘉話錄一卷（內府藏本）

唐韋絢撰。絢字文明，京兆人。唐書藝文志載韋絢劉公嘉話錄一卷，註曰絢，執誼子也，咸通義武軍節度使。劉公，禹錫也。宋史藝文志則載絢劉公嘉話一卷、又賓客嘉話一卷。劉公嘉話當卽此書、賓客嘉話則諸家著錄皆無之。當由諸書所引或稱劉公嘉話、或稱劉賓客嘉話、故分爲二書、又誤脫劉字耳。諸史藝文志未有荒謬於宋史者、此亦一徵矣。此本載曹溶學海類編中。前有大中十年絢自序、稱爲江陵少尹時、追述長慶元年在白帝城所聞於劉禹錫者。末有乾道癸巳卞圜跋、稱新唐書多採用之、而人罕見全錄、家有舊本、因鋟版於昌化。則此本當從宋刻錄出。然趙明誠金石錄引此書中所載武氏碑失其龜首及滅去武字事、力辨其妄、而此本無此條。考太平廣記一百四十三卷引此事、云出戎幕閒談、或明誠以是書亦韋絢所作、偶然誤記。案續說郛載戎幕閒談、亦有此條、知爲明誠誤記、非太平廣記之誤。至所載昭明太子脛骨一條、人腊一條、盧元公病疽一條、案此本刪去盧字、宜作元公。蜀王琴一條、李勉百衲琴一條、碧落碑一條、狸骨方一條、張憬藏書台字一條、張嘉祐改忻州一條、王廙書畫一條、戲場刺猬一條、汲冢書一條、牡丹花一條、王僧虔書一條、陸暢蜀道易一條、魏受禪碑一條、張懷瓘書斷一條、灊山九井一條、虎頭致雨一條、五星浮圖一條、寶章集一條、紫芝殿一條、王次仲化鳥一條、李約葬商胡一條、楊汝士說項斯一條、蔡邕石經一條、借船帖一條、飛白書一條、章仇兼瓊鎭蜀日女童爲夜义所掠一條、寒具一條、昌黎生改金根車一條、辨遷鶯字一條、謝太傅碑一條、千字文一條、鄭虔三絕一條、鄭承嘏遇鬼一條、堯女冢一條、白居易補銀佛像一條、謝眞人上升一條、皆全與李綽尚書故實相同。閒改竄一二句、其文必拙陋不通。蓋學海類編所收諸書、大抵竄改舊本、以示新異、遂致眞僞糅雜、炫惑視聽。幸所攙入者尚有蹤跡可尋、今悉刊除、以存其舊。中昌黎生改金根車一條、王楙野客叢書引之。辨遷鶯一條、黃朝英緗素雜記引之。亦均作劉禹錫嘉話、或一事而兩書互見。疑以傳疑、姑竝存之。雖殘闕之餘、非復舊帙、然大槩亦十得八九矣。

明皇雜錄二卷、別錄一卷、兵部侍郎紀昀家藏本

唐鄭處誨撰。處誨字延美、滎陽人。宰相餘慶之孫。太和八年登進士第。官至檢校刑部尚書、宣武軍節度使。事蹟附見舊唐書鄭餘慶傳。是書成於大中九年、有處誨自序。案史稱處誨爲校書郎時、撰次明皇雜錄三篇、行於世。晁公武讀書志則載明皇雜錄二卷、然又曰別錄一卷、題補闕所載十二事。則史併別錄數之、晁氏析別錄數之也。葉夢得避暑錄話曰、鄭處誨明皇雜錄記張曲江與李林甫爭牛仙客實封、時方秋、上命高力士以白羽扇賜之。九齡惶恐、作賦以獻、意若言明皇以忤旨將廢黜、故方秋賜扇以見意。新書取以載之本傳。據曲江集賦序曰、開元二十四年盛夏奉敕大將軍高力士賜宰相白羽扇、九齡與焉。則非秋賜。且通言宰相、則林甫亦在、不獨爲曲江而設也。乃知小說記事、苟非耳目親接、安可輕書耶云云。則處誨是書亦不盡實錄。然小說所記、眞僞相參、自古已然、不獨處誨。在博考而愼取之、固不能以一二事之失實、遂廢此一書也。避暑錄話又曰、盧懷愼好儉、家無珠玉錦繡之飾、此固善事。然史言妻子至寒餓、宋璟等過之、門不施箔、風雨至、引席自障、則恐無此理。此事蓋出鄭處誨明皇雜錄、而史臣妄信之云云。今本無此一條、然則亦有所佚脫、非完帙矣。

因話錄六卷、內府藏本

唐趙璘撰。璘字澤章。據唐書宰相世系表、稱南陽趙氏、後徙平原。璘卽德宗時宰相宗儒之從孫、而昭應尉伉之子也。開成三年進士及第。大中七年爲左補闕、後爲衢州刺史。竝見本書及唐書藝文志。明商濬刻此書入稗海、題爲員外郎、未詳所據也。其書凡分五部。一卷宮部、爲君、記帝王。二卷三卷商部、爲臣、記公卿百僚。四卷角部、爲人、凡不仕者咸隸之。五卷徵部、爲事、多記典故、而附以諧戲。六卷羽部、爲物、凡一時見聞雜事無所附麗者、亦竝載焉。璘家世顯貴、又爲西眷柳氏之外孫、能多識朝廷典故。東觀奏記載唐宣宗索科名記、鄭顥令璘採訪諸家科目記、撰成十三卷上進。是亦嫻於舊事之明徵。故其書雖體近小說、而往往足與史傳相參。其閒如記劉禹錫徙播州刺史一條、稱柳宗元請以柳易播、上不許、宰相裴度爲言之、始改連州。司馬光通鑑考異以爲宗元墓誌乃將拜疏而未上、非已上而不許。又禹錫除播州時、裴度未嘗入相、所記皆失事實。又記大中七年詔來年正月一日御含元殿、以太陽當虧罷之。今考通鑑、是年文宗實以風疾不視朝、日食在二月朔、不應預罷朝賀。所載亦不免於緣飾。然其他實多可資

考證者。在唐人說部之中。猶爲善本焉。

大唐傳載一卷（江蘇巡撫採進本）

不著撰人名氏。記唐初至元和中雜事。唐宋藝文志俱不載。前有自序。稱八年夏南行嶺嶠。暇日瀧舟傳所聞而載之。考穆宗以後惟太和大中咸通乃有八年。此書不著其紀元之號。所云八年者。亦不知其在何時也。所錄唐公卿事蹟言論頗詳。多爲史所採用。及於詼諧談謔及朝野瑣事。亦往往與他說部相出入。惟稱貞元中鄭國韓國二公主加謚爲公主追謚之始。而不知高祖女平陽昭公主有謚已在前。又蕭穎士逢一老人。謂其似鄱陽王。據集異記乃發冢巨盜。而此紀之以爲異人。如此之類。與諸書多不合。蓋當時流傳互異。作者各承所聞而錄之。故不免牴牾也。

教坊記一卷（內府藏本）

唐崔令欽撰。是書唐書藝文志著錄。又總集類中載令欽註庾信哀江南賦一卷。然均不言令欽何許人。蓋修唐書時其始末已無考矣。所記多開元中猥雜之事。故陳振孫譏其鄙俗。然其後記一篇。諄諄於聲色之亡國。雖禮爲尊諱。無一語顯斥元宗。而歷引漢成帝高緯陳叔寶慕容熙。其言剴切而著明。乃知令欽此書。本以示戒。非以示勸。唐志列之於經部樂類。固爲失當。然其風旨有足取者。雖謂曲終奏雅。亦無不可。不但所列曲調三百二十五名足爲詞家考證也。

幽閒鼓吹一卷（內府藏本）

唐張固撰。固始末未詳。是書末有明顧元慶跋。稱共二十五篇。與晁公武讀書志所言合。今檢此本乃二十六篇。蓋誤斷元載及其子一條爲二耳。元慶又稱固在懿僖間採摭宣宗遺事。則殊不然。書中元和會昌間事不一而足。非僅記宣宗事也。又稱姚文公唐詩鼓吹序謂宋高宗退居德壽宮。嘗纂唐宋遺事爲幽閒鼓吹。其言不知何據。元慶亦以爲疑。今考唐書藝文志小說家有張固幽閒鼓吹一卷。則出自唐人更無疑義。縱高宗別有幽閒鼓吹。亦書名偶同。不得以此本當之矣。固所記雖篇帙寥寥。而其事多關法戒。非造作虛辭無裨考證者。比唐人小說之中。猶差爲切實可據焉。

松窗雜錄一卷（浙江范懋柱家天一閣藏本）

案此書書名撰人諸本互異。唐志作松窗錄一卷。不著撰人。宋志作松窗小錄一卷。題李濬撰。文獻通考作松窗雜錄一卷。題韋濬撰。歷代小史則書名與通考同。人名與宋志同。蓋傳刻舛譌。未詳孰是。此本爲范氏天一閣舊鈔。書名人名並與歷代小史同。今姑從以著錄。亦三占從二之義也。其文與歷代小史所刻大槩相同。惟多中宗召宰相一條及姚崇姨母盧氏一條。以司馬光通鑑考異證之。其中宗一條實原書所有。知小史爲佚脫矣。書中記唐明皇事頗詳整可觀。載李泌對德宗語論明皇得失亦瞭若指掌。通鑑所載泌事。多採取李蘩鄴侯家傳。纖悉必錄。而獨不及此語。是亦足以補史闕。惟謂中宗召宰相蘇瓌李嶠子進見。二子皆童年。因令奏所通書。頲應曰。木從繩則正。后從諫則聖。嶠子亦進曰。斮朝涉之脛。剖賢人之心。上曰。蘇瓌有子。李嶠無兒云云。案頲於則天長安二年已爲御史。瓌爲相時。頲爲中書舍人。父子同掌樞密。並非童年。故司馬光深斥其說。頗不免於誣妄云。

雲溪友議三卷（內府藏本）

唐范攄撰。攄始末未詳。唐書藝文志註稱爲咸通時人。而書中李涉贈盜詩一條。稱乾符己丑歲客於雪川。親見李博士手蹟。考乾符元年爲甲午。六年爲己亥。次年庚子改元廣明。中間無己丑。己丑實爲咸通十年。疑書中或誤咸通爲乾符。否則誤己亥爲己丑。然總之僖宗時人矣。攄自號五雲溪人。故以名書。五雲溪者。若耶溪之別名也。其書世有二本。一分上中下三卷。每條各以三字標題。前有攄自序。一爲商濬稗海所刻。作十二卷。而自序及標題則並佚之。案陳振孫書錄解題已稱唐志三卷。今本十二卷。則南宋已有兩本矣。宋史藝文志作十一卷。則刊本誤二爲一也。此爲泰興季振宜家所藏三卷之本。較商氏所刻爲完善。所錄皆中唐以後雜事。其中如記安祿山生於鄧州南陽。與姚汝能祿山事迹所記生於營州阿軋犖山者不同。殆傳聞之誤。記李白蜀道難爲房琯杜甫厄於嚴武而作。宋蕭士贇李詩補註已駁之。他如陳子昂爲射洪令段簡所殺。在武后時。章仇兼瓊判梓州事在天寶以後。時代迥不相及。殺王昌齡者閭邱曉。殺閭邱曉者張鎬。與高適亦不相關。乃云章仇大夫兼瓊爲陳拾遺雪獄。高適侍郎爲王江寧申冤。殊不可解。陳拾遺句下註曰陳晁字子昂。

亦與史不符。又周德華唱賀知章楊柳枝詞一篇、今本據韋縠才調集。才調集又據此書。然古詞但有月節折楊柳歌。其楊柳枝一調、實興自中唐白居易諸人。郭茂倩樂府詩集班班可考、知章時安有是題。皆委巷流傳、失於考證。至於頌于頔之寬仁、詆李紳之狂悖、毁譽不免失當。而李羣玉黃陵廟詩一條、侮讟古聖、尤小人無忌之談、皆不足取。然六十五條之中、詩話居十之七八、大抵爲孟棨本事詩所未載、逸篇瑣事、頗賴以傳。又以唐人說唐詩、耳目所接、終較後人爲近。故考唐詩者如計有功紀事諸書、往往據之以爲證焉。

玉泉子一卷、內府藏本

不著撰人名氏。所記皆唐代雜事、亦多採他小說爲之。如開卷裴度一條、全同因話錄。韓袒金根車事、先載尚書故實。不盡其所自作也。案宋藝文志載玉泉子見聞眞錄五卷、與此本卷數不符。似別一書。書錄解題作玉泉筆端三卷、稱前有中和三年序、末有跋、稱出於淮海相公之孫扶風李昭德家。此本皆無之。然中和乃僖宗年號、而書中有昭宗之文。時代不符、則亦決非此本。書錄解題又云別一本號玉泉子、比此本少數條、而多五十二條、無序跋。錄其所多者爲一卷。此本共八十二條、或卽陳振孫所錄之一卷、而書錄解題譌八字爲五字耶。三者之中、此猶約略近之矣。

雲仙雜記十卷、兩淮馬裕家藏本

舊本題唐金城馮贄撰。贄履貫無可考。其書雜載古今逸事、如所稱戴逵雙柑斗酒往聽黃鸝之類、詩家往往習用之。然實僞書也。無論所引書目皆歷代史志所未載、卽其自序稱天復元年所作、而序中乃云天祐元年退歸故里、書成於四年之秋、又數歲始得終篇。年號先後、亦復顚倒。其爲後人依託、未及詳考明矣。案陳振孫書錄解題有馮贄雲仙散錄一卷、亦有天復元年序。振孫稱其記事造語如出一手、疑贄爲子虛烏有之人。洪邁容齋隨筆、趙與旹賓退錄所說亦皆相類。然不能指爲何人作。張邦基墨莊漫錄云、近時傳一書、曰龍城錄、乃王銍性之僞爲之。又作雲仙散錄、尤爲怪誕。又有李歜註杜甫詩、註東坡詩、皆性之一手、殊可駭笑。然則爲王銍所作無疑矣。惟陳振孫稱雲仙散錄一卷、此乃作雲仙雜記十卷、頗爲不同。然孔傳續六帖所引散錄、驗之皆在此書中。其爲一書無疑。卷數則陳氏誤記、書名則後人追改也。此本爲葉盛菉竹堂所刊、較說郛諸書所載多原序一篇。其書未經刪削、較他本獨爲完備、今據以著錄焉。

唐摭言十五卷、副都御史黃登賢家藏本

五代王定保撰。舊本不題其里貫。其序稱王溥爲從翁、則溥之族也。陳振孫書錄解題謂定保爲吳融之壻、光化三年進士。喪亂後入湖南。五代史南漢世家稱定保爲邕管巡官、遭亂不得還、劉隱辟置幕府。至劉龑僭號之時尚在。其所終則不得而詳矣。考定保登第之歲、距朱溫篡唐僅六年。又序中稱溥爲丞相、則是書成於周世宗顯德元年以後、故題唐國號、不復作內詞。然定保生於咸通庚寅、至是年八十五矣。是書蓋其暮年所作也。同時南唐鄉貢士何晦亦有唐摭言十五卷、與定保書同名。今晦書未見、而定保書刻於商氏稗海者刪削大半、殊失其眞。此本爲松江宋賓王所錄、末有跋語、稱以汪士鋐本校正、較稗海所載特爲完備。近日揚州新刻、卽從此本錄出。惟是晁公武讀書志稱是書分六十三門、而此本實一百有三門、數目差舛、不應至是。豈商濬之前已先有刪本耶。是書述有唐一代貢舉之制特詳、多史志所未及。其一切雜事、亦足以覘名場之風氣、驗士習之淳澆。法戒兼陳、可爲永鑒。不似他家雜錄、但記異聞已也。據定保自述、蓋聞之陸扆、吳融、李渥、顏蕘、王溥、王渙、盧延讓、楊贊圖、崔籍若等所談云。

中朝故事二卷、浙江鮑士恭家藏本

南唐尉遲偓撰。偓履貫未詳。書首舊題朝議郎守給事中修國史驍騎尉賜紫金魚袋臣尉遲偓奉旨纂進。蓋李氏有國時偓爲史官、承命所作。李昪自以爲出太宗之後、承唐統緒、故稱長安爲中朝也。其書皆記唐宣懿昭哀四朝舊聞。上卷多君臣事迹及朝廷制度。下卷則雜錄神異怪幻之事。中間不可盡據者、如宣宗爲武宗所忌、請爲僧游行江表一事、司馬光通鑑考異已斥其鄙妄無稽。又路巖欲害劉瞻、賴幽州節度使張公素上疏申理一事。考是時鎭幽州者乃張允伸、非張公素。所記殊誤。又鄭畋鬼胎一事、與唐人所作齊推女傳首尾全同、而變其姓名。尤顯出蹈襲。然其時去唐未遠、故家文獻所記、亦往往足徵。如崔彥昭王凝相仇一事、司馬光考異雖摘其以彥昭代凝領鹽鐵之誤、而其事則全取之。與正史分別參觀、去譌存是、固未嘗不足以資參證也。

金華子二卷、永樂大典本

南唐劉崇遠撰。崇遠家本河南、唐末避黃巢之亂、渡江南徙。仕李氏爲文林郎、大理司直。嘗慕皇初平之爲人、自號金華子、因以爲所著書名。崇遠有自序一篇、頗具梗概。序末題名、具官稱臣、不署年月。而書中所稱烈祖高皇帝者、乃南唐先主李昪廟號。又有昇元受命之語、亦南唐中主李景紀年。晁公武讀書志乃以爲唐人、陳振孫書錄解題則泛指爲五代人、宋濂諸子辨則併謂其人不可考。諸說紛紜、皆未核其自序而誤也。其書宋藝文志作三卷。世無傳本。惟散見永樂大典者蒐輯尚得六十餘條。核其所記、皆唐末朝野之故事、與晁氏所云錄唐大中後事者相合。其中於將相之賢否、藩鎭之強弱、以及文章吟詠、神奇鬼怪之事、靡所不載。多足與正史相參證。觀資治通鑑所載宣宗對令狐綯李景讓稟母訓王師範拜縣令主式駁亂卒諸事、皆本是書。則司馬光亦極取之。惟其紀劉鄩襲兗州一條、以兗帥爲張姓、而考之五代歐薛二史、則當時兗帥實葛從周。不免傳聞異詞。然要其大致、可信者多。與大唐傳載諸書摭拾委巷之談者、相去固懸絕矣。胡應麟九流緒論乃以鄙淺譏之。考應麟仍以崇遠爲唐人、不糾晁氏之誤。知未見其自序。又取與劉基郁離子、蘇伯衡空同子相較。是竝不知爲記事之書、誤儕諸立言之列。明人詭薄、好爲大言以售欺、不足信也。謹裒綴編次分爲二卷。而以崇遠原序冠之簡端、以存其略焉。

開元天寶遺事四卷、兵部侍郎紀昀家藏本

五代王仁裕撰。仁裕字德輦、天水人。唐末爲秦州節度判官。後仕蜀爲翰林學士。唐莊宗平蜀、復以爲秦州節度判官。廢帝時以都官郎中充翰林學士。晉高祖時爲諫議大夫。漢高祖時復爲翰林學士承旨、遷戶部尚書、罷爲兵部尚書、太子少保。周顯德三年乃卒。事迹具五代史雜傳。晁公武讀書志曰、蜀亡、仁裕至鎬京、採摭民言、得開元天寶遺事一百五十九條、分爲四卷。洪邁容齋隨筆則以爲託名仁裕、摘其中舛謬者四事。一爲姚崇在武后時已爲宰相、而云開元初作翰林學士。一爲郭元振貶死後十年、張嘉貞乃爲宰相、而云元振少時、宰相張嘉貞納爲壻。一爲張九齡去位十年、楊國忠始得官、而云九齡不肯及其門。一爲蘇頲爲宰相時、張九齡尚未達、而云九齡覽其文卷、稱爲文陣雄師。所駁詰皆爲確當。然蘇軾集中有讀開元天寶遺事四絕句、司馬光作通鑑亦採其中張彖指楊國忠爲冰山語。則其書實在二人以前、非雲仙散錄之流晚出於南宋者可比。蓋委巷相傳、語多失實。仁裕採摭於遺民之口、不能證以國史、是卽其失。必以爲依託其名、則事無顯證。劉義慶世說新語、劉孝標註往往摘其牴牾、要不以是謂不出義慶手也。故今仍從舊本、題爲仁裕撰焉。

鑑戒錄十卷、江西巡撫採進本

蜀何光遠撰。光遠字輝夫、東海人。孟昶廣政初、官普州軍事判官。其書多記唐及五代閒事、而蜀事爲多。皆近俳諧之言。各以三字標題、凡六十六則。趙希弁讀書後志以爲輯唐以來君臣事迹可爲世鑒者。似未睹其書、因其名而臆說也。舊本前有劉曦度序、亦見希弁志。宋史藝文志遂以劉曦度鑑戒錄三卷、何光遠鑑戒錄三卷分爲二書、益舛誤矣。書中閒有夾註。如判木夾一條云、此荅木夾書、元是胡曾與路巖相公鎭蜀日修之、非爲高駢相公也。何光遠誤述危亂黜一條云、據禪月詩集中此詩自哭涪州張侍郎、非張拾遺、何光遠錯舉證也。四公會一條云、此篇元在本事詩中、敘說甚詳。何光遠重取論說、又加改易、非也。皆駁正光遠之說、不知出自何人。此本析爲十卷、有朱彝尊跋、稱從項元汴家宋本影寫、則猶宋人所分也。今觀所記、如徐后事一條所載王承旨詩、後山詩話以爲花蕊夫人作。蜀門諷一條所載向瓚嘲蔣鍊師詩、南唐近事以爲廬山道士。其語大同小異、猶可曰傳聞異詞。鑿兔辱一條、全剽襲殷芸小說東方朔辨怪哉蟲事、案小說已佚、此條見太平廣記四百七十三。已爲附會。鬼傳書一條、不知水經注有梁孝直事、更屬粗疎。至逸士諫一條、稱昭宗何后荒於從禽。考新唐書后妃列傳、昭宗奔播岐梁閒、后侍膳無須臾去。舊唐書亦云、后於蒙塵薄狩之中、嘗侍膳御、不離左右。安得有畋遊之事。且昭宗寄命強藩、不能自保、又安能縱后畋遊、恆至六十里外。殊爲誣誕。灌鐵汁一條、稱秦宗權本不欲叛、乃太山神追其魂、以酷刑逼之倡亂。是爲盜賊藉口、尤不可以訓。特以其爲五代舊書、所載軼事遺文、往往可資採掇、故仍錄之小說家焉。

南唐近事一卷、江蘇巡撫採進本

宋鄭文寶撰。文寶有江表志、已著錄。是書前有自序、題太平興國二年丁丑、蓋猶未仕宋時所作。宋史藝文志作南唐近事集、名目小異、未詳何據。然宋史多舛謬、集字蓋誤衍也。其體頗近小說、疑南唐亡後、文寶有志於國史、蒐採舊聞、排纂敘次、以朝廷大政入江表志、至大中祥符三年乃成。其餘叢談瑣事、別爲緝綴、先成此編。一爲史體、一爲小說體也。中如控鶴致斃一詩、先見蜀何光遠鑑戒錄、乃女冠蔣鍊師事、而此以爲廬山九空使者廟道士、似不免於牽合附會。又如韓偓依王審知以終、未見南唐之平閩、乃記其金蓮燭跋事、亦失斷限。然文寶世仕江南、得諸聞見、雖浮詞不免、而實錄終存。故馬令、陸游南唐書採用此書幾十之五六、則宋人固不廢其說矣。書中以慶王宏茂作王宏、嚴可求作嚴求、劉存中作劉存忠、所記姓名多與他書不合。又此書之杜業、江表志作杜光鄴、尤自相違異、殆傳鈔者有所譌漏、不盡舊本歟。案偏霸事迹、例入載記。惟此書雖標南唐之名、而非其國記、故入之小說家。蓋以書之體例爲斷、不以書名爲斷、猶開元天寶遺事不可以入史部也。

北夢瑣言二十卷、內府藏本

宋孫光憲撰。光憲字孟文、自號葆光子。十國春秋作貴平人、而自題仍稱富春。考光憲自序、言生自岷峨、則當爲蜀人。其曰富春、蓋舉郡望也。仕唐爲陵州判官、旋依荊南高季興爲從事。後勸高繼沖以三州歸宋、太祖嘉之、授黃州刺史以終。五代史荊南世家載之甚明。舊以爲五代人者、誤矣。所著有荊臺集、橘齋集、筆傭集、鞏湖集、蠶書、續通歷等書、自宋代已散佚、惟是書獨傳於後。其曰北夢瑣言者、以左傳稱田於江南之夢、而荊州在江北、故以命名。蓋仕高氏時作也。所載皆唐及五代士大夫逸事、每條多載某人所說、以示有徵。蓋用杜陽雜編之例。其記載頗猥雜、敘次亦頗冗沓、而遺文瑣語、往往可資考證、故宋李昉等編太平廣記、多採其文。晁公武讀書志載光憲續通歷十卷、輯唐及五代事、以續馬總之書。參以黃巢、李茂貞、劉守光、按巴堅案按巴堅原作阿保機、今改正。吳唐、閩廣、吳越、兩蜀事迹。太祖以所記多不實、詔毀其書、而此書未嘗議及、則語不甚誣可知矣。世所行者凡二本、一爲明商濬稗海所刻、脫誤殆不可讀。近時揚州新刻、乃元華亭孫道明所藏、猶宋時陝西刊版、差完整有緒。故今以揚州本著錄、不用商氏本云。

賈氏談錄一卷、永樂大典本

宋張洎撰。洎字思黯、改字偕仁、全椒人。初仕南唐爲知制誥中書舍人、入宋爲史館修撰、翰林學士。淳化中官至參知政事、事蹟具宋史本傳。是書乃洎爲李煜使宋時、錄所聞於賈黃中者、故曰賈氏談錄。前有自序、題庚午歲、爲宋太祖開寶三年。宋史賈黃中傳載黃中官左補闕在開寶初、與此序合。蓋其時爲洎館伴也。又序末稱貽諸好事、而晁公武讀書志乃稱南唐張洎奉使來朝、錄賈黃中所談、歸獻其主、殆偶未檢此序歟。史稱黃中多知臺閣故事、談論亹亹、聽者忘倦、故此錄所述皆唐代軼聞。晁氏稱原書凡三十餘事、明陶宗儀說郛所載僅九事、宋曾慥類說所載亦僅十七事、惟永樂大典所載較曾、陶二本爲詳。今從各韻蒐輯、參以說郛、類說、共得二十六事、視洎原目、蓋已及十之九矣。原敘一篇、類說及永樂大典皆佚之、惟說郛有其全文、今仍錄冠卷首、以補其闕。是書雖篇帙無多、然如牛李之黨、其初肇釁於口語、爲史所未及、而周秦行紀一書、晁公武亦嘗據此錄以辨韋瓘之誣。他如興慶宮華清宮含元殿之制、淡墨題榜之始、以及院體書、百衲琴、澄泥研之類、皆足以資考核。較他小說固猶爲切實近正也。

洛陽縉紳舊聞記五卷、浙江巡撫採進本

宋張齊賢撰。齊賢字師亮、曹州人、徙居洛陽。太平興國二年進士、累官同中書門下平章事、以司空致仕、卒諡文定、事蹟具宋史本傳。是書前題乙巳歲、乃真宗景德二年、齊賢以兵部尚書知青州時所作。皆述梁唐以還洛城舊事、凡二十一篇、分爲五卷。書錄解題目次與此本合。獨晁氏讀書志作十卷、今案自序、明言五卷、而檢永樂大典所載此書之文、亦無出此本外者、則讀書志字誤明矣。書中多據傳說之詞、約載事實、以爲勸戒、自稱凡與正史差異者、並存而錄之、亦別傳外傳之比。然如衡陽周令妻報應、洛陽染工見冤鬼、焦生見亡妻諸條、俱不免涉於語怪。又如李少師賢妻一條、稱契丹降王東丹，朝廷密害之，非命而死。契丹已知之，李蕭奉命護喪柩送歸，憂沮不知其計云云。案通鑑五代史，東丹即遼太祖長子，太宗之兄，奔唐爲昭信節度使，賜名贊華。因太宗助石晉起兵，潞王遣宦者秦繼旻、皇城使李彥紳殺之於其第。是東丹之死，實緣潞王以兵敗遑急，旋即滅亡。晉高祖後爲之備禮送歸，時隔兩朝，在晉人本無密害之事，又何所疑嫌而還形憂沮。此事殆出傳聞之謬，殊不可信。至如紀張全義治洛之功，極爲詳備，則舊史多採用之。其他佚事，亦頗有足資博覽者，固可與五代史闕文諸書同備讀史之考證也。

南部新書十卷（浙江鮑士恭家藏本）

宋錢易撰。舊本卷首題錢後人，蓋以姓諱載錢氏出錢鏐也。易字希白，吳越王倧之子。眞宗朝官至翰林學士。是書乃其大中祥符閒知開封縣時所作，皆記唐時故事，閒及五代，多錄軼聞瑣語，而朝章國典，因革損益，亦雜載其中，故雖小說家言，而不似他書之侈談迂怪，於考證尚屬有裨。晁公武讀書志作五卷，焦竑國史經籍志作十卷。今考其標題，自甲至癸，以十干爲紀，則作十卷爲是，公武所記，殆別一合併之本也。世所行本，傳寫者以意去取，多寡不一。別有一本從曾慥類說中摘錄成帙，半經刪削，闕漏尤甚。此本共八百餘條，首尾完具，以諸本兼校，皆不及其全備，當爲足本矣。

王文正筆錄一卷（江蘇巡撫採進本）

宋王曾撰。曾字孝先，青州益都人。咸平五年鄉貢試、禮部、廷對皆第一，官至右僕射兼門下侍郎、平章事、集賢殿大學士，封沂國公，謚文正。事蹟具宋史本傳。此乃所記朝廷舊聞，凡三十餘條，皆太祖太宗眞宗時事，其下及仁宗初者僅一二條而已。曾練習掌故，所言多確鑿可據，故李燾作通鑑長編，往往全採其文。如記李沆爲相，王旦參知政事，羽書邊奏無虛日，旦以爲憂。沆謂他日天下寧晏，未必端拱無事。及北鄙和好，登封行慶，旦疲於贊導，始服李之深識云云。司馬光涑水紀聞亦載其事，則謂和好既成，而沆獨憂之，李燾考異謂沆卒於景德元年七月，至十二月和議始成，光蓋偶未及考，當以曾說爲長。此類皆爲能得其實。惟景德改元在其年正月，而曾於王繼忠一條乃謂兵罷改元，亦未免有誤。又繼忠兵敗降遼，不能死國，反爲所任用，殊虧臣節，雖有啟導和好之力，殊不足自贖。曾乃以盡忠兩國許之，襃貶尤爲失當矣。

儒林公議二卷（內府藏本）

宋田況撰。況字元均，其先京兆人，徙居信都。舉進士，又舉賢良方正，爲太常丞，辟陝西經略判官，入爲右正言，歷帥秦蜀，擢樞密使，以觀文殿學士提舉景靈宮，卒。事蹟具宋史本傳。所著有奏議三十卷，久佚不傳。是編記建隆以迄慶歷朝廷政事及士大夫行履得失甚詳，五代十國時事亦閒附以一二條。蓋雜錄而成，故前後多未詮次。其記入閣會議諸條，明悉掌故，皆足備讀史之參稽。其持論亦皆平允，東都事略稱況嘗作好名朋黨二論，極以爲戒，而是編內范仲淹歐陽修諸條亦拳拳於黨禍所自起，無標榜門戶之私，公議之名，可云無忝矣。又況曾爲夏竦幕僚，好水川之役，況上疏極論之，竦不出師，蓋用況之策。書中雖於竦多恕詞，而於富弼諸人竦所深嫉者，仍揄揚其美，絕無黨同伐異之見，其心術醇正，亦不可及。蓋北宋盛時，去古未遠，儒者猶存直道，不以愛憎爲是非也。此本末有嘉靖庚戌陽里子柄一跋，不知何許人，論此書頗詳，今仍錄存之。商濬刻稗海，以此跋爲宋無名氏作，殊爲疏舛。今據舊本改正焉。

涑水記聞十六卷（兵部侍郎紀昀家藏本）

宋司馬光撰。光有易說，已著錄。是編雜錄宋代舊事，起於太祖，訖於神宗。每條皆註其述說之人，故曰記聞。或如張詠請斬丁謂之類，偶忘名姓者，則註曰不記所傳。明其他皆有證驗也。閒有數條不註者，或總註於最後一條，以括上文，或後來傳寫不免有所佚脫也。其中所記國家大政爲多，而亦閒涉瑣事。案文獻通考溫公日記條下引李燾之言曰，文正公初與劉道原共議取實錄國史，旁採異聞，作資治通鑑後紀。今所傳記聞及日記朔記皆後紀之具也。光集有與范夢得論修通鑑長編書，稱妖異有所警戒，詼諧有所補益，並告存之。大抵長編寧失於繁，毋失於略云云。此書殆亦是志歟。至於記太祖時宋白知舉一事，自註云疑作陶穀。記李迪丁謂鬭鬨一事，前一條稱上命翰林學士錢惟演草制，罷謂政事，惟演乃出迪而留謂。後一條稱詔二人俱罷，相迪知鄆州，明日謂復留爲相。种世衡遣王嵩反閒一事，前一條云閒旺榮，後一條云閒剛朗凌，招撫保州亂兵一事，前一條云田況。後一條云郭逵。聞見異詞、卽兩存其說、亦仍通鑑考異之義也。王明清玉照新志曰、元祐初修神宗實錄、秉筆者極天下之文人、如黄秦晁張是也。紹聖初、鄧聖求蔡元長上章指爲謗史、乞行重修。蓋舊文多取司馬文正公涑水記聞。如韓富歐陽諸公傳及敘劉永年家世載徐德占母事、王文公之詆永年常山呂正獻之評曾南豐安節借書多不還、陳秀公母賤之類、取引甚多。於是裕陵實錄皆以朱筆抹之、盡取王荆公日錄以刪修焉、號朱墨本。是光此書實當日是非之所繫、故紹述之黨務欲排之。然明清所舉諸條、今乃不見於書中、殆避而刪除歟。陳振孫書錄解題亦曰、此書行世久矣、其間記呂文靖數事、呂氏子孫頗以爲諱。蓋常辨之爲非温公全書、而公之曾孫侍郎伋遂從而實之、上章乞毁版、識者以爲譏、知當時公論所在、不能以私憾抑矣。其書宋史藝文志作三十卷。書錄解題作十卷。今所傳者凡三本、其文無大同異、而分卷則多寡不齊。一本十卷、與陳氏目錄合。一本二卷、不知何人所併。一本十六卷、又補遺一卷、而自九卷至十三卷所載往往重出、失於刊削。蓋本光未成之槀、傳寫者隨意編錄、故自宋以來、卽無一定之卷數也。今參稽釐訂、凡一事而詳略不同、可以互證者、仍存備考。凡兩條複見、徒滋冗贅者、則竟從刪定、著爲一十五卷、其補遺一卷、或疑卽李燾所謂日記、案書錄解題載温公日記一卷、司馬光熙寧在朝所記、凡朝廷政事、臣僚遷除、及前後奏對、上所宣諭之語、以及聞見雜事皆記之。起熙寧元年正月至三年十月出知永興而止。此書雖皆記熙寧之事、然無奏對宣諭之語、且所記至熙寧十年、與止於三年亦不符。其非日記明甚。今仍併入此書、共爲一十六卷、以較舊本卷數雖殊、要於光之原書無所闕佚也。

澠水燕談錄十卷　內府藏本

舊本題宋齊國王闢之撰。宋藝文志作王闢之。蓋以闢闢形近而誤。通考引晁陳二家書目並作王闢。案魏野東觀集有贈王衢王闢同登第詩、則北宋實有其人。然野當眞宗之時、與此書年不相及、蓋傳寫脫之字也。山東通志載闢之字聖塗、青州人。書錄解題稱其爲治平四年進士、讀書志稱其從仕四方、與賢士大夫燕談、有可取者、輒記、久而得三百六十餘事。今考此書皆記紹聖以前雜事、分十五類。帝德十七條、讜論十一條、名臣五十條、知人四條、奇節十二條、忠孝八條、才識十二條、高逸二十條、官制二十條、貢舉二十一條、先兆十七條、歌詠十八條、書畫八條、事誌三十二條、雜錄三十五條、共二百八十五條、與讀書志所載之數不合。蓋此本爲商濬稗海所刻、明人庸妄、已有所刪削矣。所記諸條、多與史傳相出入。其間如誰傳佳句到幽都一詩、乃蘇轍使遼時寄其兄軾之作、而誤以爲張舜民。又如柳永以夤緣中官獻醉蓬萊詞爲仁宗所斥、而以爲仁宗大悅之類、亦閒有舛譌。然野史傳聞、不能盡確、非獨此書爲然。取其大致之近實可也。

歸田錄二卷　兵部侍郎紀昀家藏本

宋歐陽修撰。多記朝廷軼事及士大夫談諧之言。自序謂以唐李肇國史補爲法、而小異於肇者不書人之過惡。陳氏書錄解題曰、或言公爲此錄未成、而序先出、裕陵索之。其中本載時事及所經歷見聞、不敢以進、旋爲此本、而初本竟不復出。王明清揮麈三錄則曰、歐陽公歸田錄初成未出、而序先傳、神宗見之、遽命中使宣取。時公已致仕在潁州、因其閒所記有未欲廣布者、因盡刪去之。又惡其太少、則雜記戲笑不急之事、以充滿其卷帙。旣繕寫進入、而舊本亦不敢存。二說小異。周煇清波雜志所記、與明清之說同。惟云原本亦嘗出、與明清說又不合。大抵初槀爲一本、宣進者又一本、實有此事。其旋爲之說與刪除之說、則傳聞異詞耳。惟修歸潁上在神宗時、而錄中稱仁宗立今上爲皇子、則似英宗時語。或平時劄記、歸田後乃排纂成之、偶忘追改歟。其中不試而知制誥一條、稱宋惟楊億陳堯叟及修三人。費袞梁谿漫志舉眞宗至道三年四月以梁周翰夙負詞名、令加獎擢、亦不試而知制誥、實在楊億之前、糾修誤記。是偶然疏舛、亦所不免。然大致可資考據、亦國史補之亞也。

嘉祐雜志二卷　內府藏本

宋江休復撰。休復字鄰幾、開封陳留人。舉進士、充集賢校理、謫監蔡州稅、復官歷刑部郎中、修起居注。事蹟具宋史文苑傳。休復有文集二十卷、今佚不傳。惟此書存。文獻通考及宋史藝文志皆作三卷、而稗海唐宋叢書皆不分卷。明胡應麟筆叢云、江鄰幾雜志。宋人極推之、今不傳。略見說郛。然說郛所載止十頁、而稗海、唐宋叢書與此鈔本皆三倍於說郛。應麟殆偶未見也。歐陽修作休復墓誌云、休復歿於嘉祐五年。而是書屢記己亥秋冬之事、卽休復未歿之前一年、年月亦皆相應。惟書中記其奉使事、宋史本傳與墓誌皆不載。又刻本皆題云臨川江休復、而史與墓誌皆云陳留人、頗為舛異。然諸家引用其說、無不稱江鄰幾者。而晁公武讀書志亦以為嘉祐雜志卽江鄰幾雜志。蓋休復奉使雄州、未嘗出境、不過館伴之常事、故墓誌本傳皆不書。而刻本標題、又後人所妄加爾。其書皆記雜事、故宋志列之小說家。姚寬西溪叢語摘其象膽隨四時一條、誤以酉陽雜俎為山海經。朱翌猗覺寮雜記摘其壓角一條、誤以丞相為直閣、以坐於榻為立於榻。是誠偶誤。然休復所與交遊率皆勝流、耳擩目染、具有端緒、究非委巷俗談可比也。

東齋記事六卷（永樂大典本）

宋范鎮撰。鎮字景仁、華陽人。事蹟具宋史本傳。是書據其自序、乃元豐中作。宋藝文志作十二卷。文獻通考作十卷。舊本久佚、未能考其孰是。今採輯永樂大典所收、以類編次、釐為五卷。又江少虞事實類苑、曾慥類說亦多引之。今刪除重複、續為補遺一卷。雖未必鎮之完書、然以宋志及通志所載卷數計之、幾於得其強半矣。王得臣麈史載是書為鎮退居時作、故所記蜀事較夥。晁公武讀書志稱崇觀閒以其多及先朝故事、禁之。今觀其書、多宋代祖宗美政、無所謂誹訕君父、得罪名教之語。特以所記諸事皆與熙寧新法隱然相反、殆有寓意於其閒。故鎮入黨籍、而是書亦與蘇、黃文字同時禁絕。迨南渡以後、黨禁既解、其書復行。是直蔡京以王安石之故、惡其異議耳。非真得罪於朝廷也。今所存諸條句下、如張繪註曰京版作張綸之類、凡有數處。是當時刊本且不一而足矣。鎮與司馬光相善、惟論樂不合、此書所記尚斷斷相爭。而於胡瑗、阮逸、詞氣尤不能平。蓋始終自執所見者。他如記蔡襄為蛇精之類、頗涉語怪。記室韋人三眼突厥人牛蹄之類、亦極不經。皆不免稗官之習。故通考列之小說家。然核其大綱、終非碧雲騢、東軒筆錄諸書所能並論也。

青箱雜記十卷（內府藏本）

宋吳處厚撰。處厚字伯固、邵武人。皇祐五年進士。初為將作丞、以王珪薦、授館職、出知漢陽軍、後擢知衞州、卒。其書皆記當代雜事、亦多詩話。晁公武讀書志謂所記多失實。又譏其記成都置交子務誤以寇瑊為張詠。案處厚以干進不遂、挾怨羅織蔡確車蓋亭詩、驟得遷擢、為論者所薄。故公武惡其人、併惡其書。今觀所記、如以馮道為大人之類、頗乖風教、不但記錄之譌。然處厚本工吟詠、宣和畫譜載其題王正升灊景亭詩一首、剡史載其自諸暨抵剡詩二首、皆綽有唐人格意。故其論詩往往可取、亦不必盡以人廢也。

錢氏私志一卷（浙江范懋柱家天一閣藏本）

舊本或題錢彥遠撰、或題錢愐撰、或題錢世昭撰、錢曾讀書敏求記定為錢愐。其說曰、愐為彭城王第三子、昭陵之甥。故記熙寧尚主玉仙求嗣事獨詳。其稱大父寶謨閣知台州回者、乃冀國公諱晅、字載陽。以父廕累官駕部郎中、知撫州、移台州、進少府監、權鹽鐵副使時也。彭城王諱景臻、字道遂、冀國公第九子。建炎二年追封、故稱先王。俗子以為起居舍人彥遠之筆、不知彥遠乃忠遜之孫、翰林學士易之子、與彭城為再從叔姪、世次犁然、安得反有先王之稱。所辨良是。然此書末有錢世昭序、謂叔父太尉昭陵之甥、凡耳目之所接、事出一時、語流千載者、皆廣記而備言之。世昭敬請其說、得數萬言、敘而集之、名曰錢氏私志。據此、則是書固非彥遠所為、亦非盡愐所纂。蓋愐嘗記所聞見、而世昭序而集之爾。序稱叔父太尉、則世昭愐之猶子也。宋史秦魯國大長公主本傳、主為仁宗第十四女、以景祐五年封慶壽、卽是書中所云錢某可尚慶壽公主、而通考前列秦魯國大長公主適錢景臻、後列慶壽公主而不言所適、則以慶壽公主與秦魯國大長公主分為二人。證以是書、與宋史相合。可知通考之誤。惟其以五代史吳越世家及歸田錄貶斥錢氏之嫌、詆歐陽修甚力、似非公論。然其末自稱皆報東門之役、則亦不自諱其挾怨矣。

龍川略志十卷、別志八卷（內府藏本）

宋蘇轍撰。轍有詩傳、已著錄。案晁公武讀書志載龍川略志六卷、別志四卷、稱轍元符二年夏居循州、杜門閉目、追惟平昔、使其子遠書之於紙、凡四十事。其秋復紀四十七事。此本龍川略志作十卷別志作八卷。略志凡三十九事。較晁公武所記少一事。別志則四十八事。較晁公武所記又多一事。蓋商維濬刻本。離析卷帙。已非其舊。又誤竄略志中一事入別志中。並轍序所稱十卷之文亦維濬所追改也。略志惟首尾兩卷紀雜事。十四條餘二十五條皆論朝政。蓋是非彼我之見。至謫居時猶不忘也。然惟記衆議之異同。而不似王安石曾布諸日錄動輒歸怨於君父。此轍之所以爲轍歟。別志所述。多耆舊之餘聞。朱子生平以程子之故。追修洛蜀之舊怨。極不滿於二蘇。而所作名臣言行錄引轍此志幾及其半。則其說信而有徵。亦可以見矣。

後山談叢四卷（內府藏本）

宋陳師道撰。師道字無己。後山其別號也。彭城人。以薦爲棣州教授。徽宗時官至祕書省正字。事蹟具宋史文苑傳。陸游老學菴筆記頗疑此書之僞。又以爲或其少時作。然師道後山集前有其門人魏衍附記。稱談叢詩話別自爲卷。則是書實出師道手。又第四卷中記蘇軾卒時太學諸生爲飯僧。考軾卒於徽宗建中靖國元年六月。師道亦以是年十一月二十九日從祀南郊。感寒疾卒。則末年所作。非少年所作審矣。洪邁容齋隨筆議其載呂許公惡韓范富一條。丁文簡陷蘇子美以撼杜祁公一條。丁晉公貽中使沮張乖厓一條。張乖厓買田宅自污一條。皆爽其實。今考之良信。然邁稱其筆力高簡。必傳於後世。不云他人所贗託。邁去師道不遠。且其考證不苟。知陸游之言未免失之臆斷也。

孫公談圃三卷（內府藏本）

宋臨江劉延世錄所聞於孫升之語也。升字君孚。高郵人。元祐中官中書舍人。紹聖初謫汀州。延世父時知長汀。得從升游。因錄爲此書。升爲元祐黨籍。多述時事。觀其記王安石見王雱冥中受報事。則不滿於安石。記蘇軾以司馬光薦將登政府。升言軾爲翰林學士。其任已極。不可以加。如用文章爲執政。則趙普王旦韓琦未嘗以文稱。王安石在翰林爲稱職。及居相位。天下多事。若以軾爲輔佐。願以安石爲戒。又記軾試館職策題。論漢文帝宣帝及仁宗神宗。升率傅堯俞王嵒叟言。以文帝有弊。則仁宗不爲無弊。以宣帝有失。則神宗不爲無失。則又不滿於軾。記爭弔司馬光事。亦不滿程子。殆於黨籍之中。又自行一意者歟。王楙野客叢書曰。臨汀刊孫公談圃三卷。近時高沙用臨汀本復刊於郡齋。余得山陽吳氏建炎初錄本校之。多三段。其後二段。乃公之甥朱䄂所記。併著於此。庶幾異時好事者取而附之卷末云云。今考此本。亦無此三條。蓋楙雖有是說。而刊版迄未補入。謹據楙所錄增入卷末。成完書焉。（案三段載野客叢書第五卷第十五條）

孔氏談苑四卷（浙江鮑士恭家藏本）

舊本題宋孔平仲撰。平仲有珩璜新論。已著錄。是書多錄當時瑣事。而頗病叢雜。趙與旹賓退錄嘗駁其記呂夷簡張士遜事。謂以宰相押麻。不合當時體制。疑爲不知典故者所爲。必非孔氏眞本。今考其所載。往往與他書相出入。如梁灝八十二爲狀元一條。見於遯齋閒覽。錢俶進寶帶一條。王禹玉上元應制一條。見於錢氏私志。宰相早朝上殿一條。見於王文正筆錄。上元燃燈一條。詔勅用黃紙一條。見於春明退朝錄。寇萊公守北門一條。見於國老談苑。其書或在平仲前。或與平仲同時。似亦摭拾成編之一證。至於王雱才辨傲很。新法之行。雱實有力。而稱之爲不慧。殊非事實。至張士遜死入地獄等事。尤誕幻無稽。不可爲訓。與旹所論。未可謂之無因。姑以宋人舊本存備參稽云爾。

畫墁錄一卷（內府藏本）

宋張舜民撰。舜民字芸叟。自號浮休居士。又號矴齋。邠州人。中進士第。爲襄樂令。累官龍圖閣待制。知定州。坐元祐黨籍。謫商州。復集賢殿修撰。卒。事蹟具宋史本傳。舜民所著詩文名畫墁集。是書乃所作筆記。亦以畫墁爲名。中多載宋時雜事。於新唐書五代史均屢致不滿之詞。蓋各有所見。不足爲異。其說不妨並存。至徐禧於永樂死事。朝廷贈卹之典。見於史冊甚詳。而舜民乃云徐禧不知所歸。人無道者。或曰有人見之夏國。疑亦有之。是直以禧爲屈節偷生。殊爲誣妄。舜民嘗從高遵裕西征。喜談兵事。殆因惡禧之失策。故醜其詞歟。其他載錄亦頗涉瑣屑。以一時典故頗有藉以考見者。姑存以備宋人小說之一種云爾。

甲申雜記一卷聞見近錄一卷隨手雜錄一卷（兩淮馬裕家藏本）

並宋王鞏撰。鞏字定國。自號清虛先生。莘縣人。同平章事旦之孫，工部尚書素之子。嘗倅揚州，坐與蘇軾遊，謫監筠州鹽稅，後官至宗正丞。所記雜事三卷，皆紀東都舊聞。甲申雜記凡四十二條，甲申者，徽宗崇寧三年也，故所記上起仁宗，下訖崇寧，隨筆記載，不以時代爲先後。聞見近錄凡一百四條，所記上起周世宗，下訖宋神宗，而太祖、太宗、眞宗、仁宗事爲多。隨手雜錄凡三十三條，中惟周世宗事一條，南唐事一條，吳越事一條，餘皆宋事，止於英宗之初。二書事蹟在崇寧甲申前，而原本次甲申雜記後，蓋成書在後也。卷末有其從曾孫從謹跋，稱先世著書散佚，隆興元年乃得此三編於向氏，鈔錄合爲一帙。前有張邦基序，言得其本於張由儀，由儀則少從其父得於鞏家敝篋中。末題甲寅五月，爲高宗紹興三年。蓋向氏之本又出於張氏，當時親傳手迹，知確爲鞏撰，非依託矣。三書皆閒涉神怪，稍近稗官，故列之小說類中。然而所記朝廷大事爲多，一切賢姦進退、典故沿革，多爲史傳所未詳，實非盡小說家言也。甲申雜記中李定稱蘇軾一條，費衮梁谿漫志駁其失實。今考衮謂軾詩自熙寧初始多論新法不便，至元豐二年有烏臺詩案，前後不過十年，定云二三十年所作文字，殊不相合，其說是也。至謂能記二三十年作文之因，則人皆能之，似不足爲東坡道，則其說未然。書中所載定語，乃云所作文字詩句，引證經傳，隨問即荅，無一字差舛，則是指其所引之書，非指其作詩之故，衮殆未審其語歟。

湘山野錄三卷續錄一卷（左都御史張若溎家藏本）

宋僧文瑩撰。文瑩字道溫，錢唐人。文獻通考引晁公武讀書志以爲吳僧，今案讀書志實無吳字，通考誤也。其書成於熙寧中，多記北宋雜事，以作於荆州之金鑾寺，故以湘山爲名。讀書志作四卷，通考則續錄亦作三卷，皆與今本不同，未詳孰是。厲鶚宋詩紀事稱文瑩及識蘇舜欽，欲挽致於歐陽修，文瑩辭不往。今考錄中歐陽公謫滁州一條，稱文瑩頃持蘇子美書薦謁之，迨還吳，蒙見送云云，與鶚所言正相反，豈別據他說，未及考此書耶。續錄中太宗即位一條，李燾引入長編，啟千古之論端。程敏政宋紀受終考詆之尤力。然觀其始末，並無指斥逆節之事，特後人誤會其詞，致生疑竇，是非作者本意，未可以爲是書病也。吳幵優古堂詩話，論其以陽郇伯妓人入道詩誤爲陳彭年送申國長公主爲尼詩。朱翌猗覺寮雜記，論其載琴曲賀若一條，誤賀若夷爲賀若弼。姚寬西溪叢語，論其記宋齊邱事失實。蓋考證偶疎，未爲大失。王士禎古夫于亭雜錄，論其載王欽若遇唐裴度事，小說習徑，亦不足深求。惟朱弁曲洧舊聞曰：宇文大資言，文瑩嘗遊丁晉公門，晉公遇之厚，野錄中凡記晉公事，多佐佑之。人無董狐之公，未有不爲愛憎所奪者。然後世豈可盡欺，是則誠其一瑕耳。

玉壺野史十卷（兩淮鹽政採進本）

宋僧文瑩撰。據晁公武讀書志，文瑩湘山野錄作於熙寧中，此書則作於元豐中，在野錄之後。前有自序云，收國初至熙寧閒文集數千卷，其閒神道墓誌、行狀、實錄、奏議之類，輯其事成一家，蓋與野錄相輔而行。玉壺者，其隱居之地也。文獻通考載文瑩玉壺清話十卷，諸書所引亦多作玉壺清話，此本獨作野史，疑後人所改題。然元人南溪詩話已引爲玉壺野史，則其來已久矣。若曹溶學海類編摘其中論詩之語，別名曰玉壺詩話，則杜撰無稽，非古人所有也。周必大二老堂詩話嘗駁其記王禹偁事之譌，趙與旹賓退錄亦詆其誤以梁固之弟爲固之子，王楙野客叢書又摘其誤以龐籍對仁宗事爲梁適，蓋不無傳聞失實者，然大致則多可考證云。

東軒筆錄十五卷（內府藏本）

宋魏泰撰。泰字道輔，襄陽人，曾布之婦弟也。桐江詩話載其試院中因上請忿爭，毆主文幾死，坐是不得取應。潘子眞詩話稱其博極羣書，尤能談朝野可喜事。王銍跋范仲尹墓誌，稱其場屋不得志，喜僞作他人著書，如志怪集、括異志、倦遊錄，盡假名武人張師正；又不能自抑，作東軒筆錄，用私喜怒誣衊前人；最後作碧雲騢，假作梅堯臣，毀及范仲淹。晁公武讀書志稱其元祐中記少時所聞成此書，是非多不可信，心喜章惇，數稱其長，則大槩已可見。又摘王曾登甲科、劉翬爲翰林學士相戲事，歲月差舛，相去幾二十年，則泰是書宋人無不詆諆之，而流傳至今，則以其書自報復恩怨以外，所記雜事亦多可採錄也。

欽定四庫全書總目卷一百四十

欽定四庫全書總目卷一百四十一

子部五十一

小說家類二

侯鯖錄八卷（內府藏本）

宋趙令畤撰。令畤字德麟、燕王德昭元孫。元祐中簽書潁州公事。坐與蘇軾交通、罰金入黨籍。紹興初襲封安定郡王、同知行在大宗正事。是書採錄故事詩話、頗爲精贍。然如第五卷辨傳奇鶯鶯事、凡數十條、每條綴之以詞、未免失之冶蕩。歐陽修以豔曲數闋被誣、釋文瑩著湘山野錄、尚辨其枉。而令畤此書、乃著其居汝陰時挾妓事、載其詩於卷中、未免近誣。朱翌猗覺寮雜記亦稱上元放鐙增十七十八兩夜、爲建隆五年。詔書以時和歲豐之故、見太祖實錄、三朝國史諸書。令畤乃云錢氏納土進錢買兩夜、亦屬妄傳。翌又稱令畤雖因蘇軾入黨籍、而後附內侍譚稹以進、頗違清議。此書乃稱余爲元祐黨人、牽復過陳、舉王叡昭君怨詩示張文潛、文潛云此眞先生所謂篤行而剛者云云。尤不免愧詞。然令畤所與遊處皆元祐勝流、諸所記錄多尚有典型、是固不以人廢言矣。

泊宅編三卷（內府藏本）

宋方勺撰。勺有青溪寇軌、已著錄。勺家本婺州、後徙居湖州之西溪。湖有張志和泊舟處、後人以志和有泛宅浮家之語、謂之泊宅村。勺寓其閒、因自號泊宅村翁。是編蓋即是時所作也。宋史藝文志載勺泊宅編十卷。此本僅三卷、乃商濬載入稗海者。明人傳刻古書、每多臆爲竄亂。今無別本可校、不知其爲原帙否矣。所載皆元祐迄政和閒朝野舊事。於王安石、張商英輩皆有不滿之詞、蓋亦公論。至宗澤乃其鄉里、而徽宗時功名未盛、故勺頗譏其好殺、則是非未必盡允。又袁文甕牖閒評據欽宗實錄、知欽宗即位之日、王黼入賀、已敕閤門使勿納、即貶崇信軍節度使、賜死於路。而勺乃記其有從幸龍德宮獻詩、識者指以爲讖事。則記載亦或失實。然其閒遺聞軼事、摭拾甚多、亦考古者所不廢。書中閒有附註、如教授誤據建版坤爲金一條、言不欲顯其姓名、而條下註曰姚祐尚書也。又秦觀贈妓陶心詞一條、條下註曰此乃誤記東坡詞云云。皆似非勺之自註。然詳其詞氣、當亦宋人筆也。

珍席放談二卷（永樂大典本）

宋高晦叟撰。晦叟仕履無可考。所紀上自太祖、下及哲宗時事、則崇寧以後人也。是書宋史藝文志不著錄。惟文淵閣書目載有一冊、世無傳本。今散見於永樂大典者、尚可裒輯成編。謹採集排綴、釐爲上下二卷。書中於朝廷典章制度沿革損益及士大夫言行可爲法鑒者、隨所聞見、分條錄載。如王旦之友悌、呂夷簡之識度、富弼之避嫌、韓琦之折佞、其事皆本傳所未詳、可補史文之闕。特閒加評論、是非軒輊、往往不能持平。又當王氏學術盛行之時、於安石多曲加迴護、頗乖公議。然一代掌故、猶藉以考見大凡。所謂識小之流、於史學固不無裨助也。

鐵圍山叢談六卷（浙江鮑士恭家藏本）

宋蔡絛撰。絛字約之、自號百衲居士、興化仙遊人。蔡京之季子也。官至徽猷閣待制。京敗、流白州以死。宋史附載京傳末、稱宣和六年京再起領三省、目昏眊不能視事、悉決於絛。凡京所判、皆絛爲之。且代京入奏、由是恣爲姦利、竊弄威柄。宰臣白時中、李邦彥惟奉行文書。其罪蓋與京等。曾敏行獨醒雜志則載絛作西清詩話、多稱引蘇、黃諸人、竟以崇尚元祐之學、爲言者論列。蓋雖盜權怙勢、而知博風雅之名者。陳振孫書錄解題稱西清詩話乃絛使其客爲之。殆以蔡攸領袖書局、懵不知學、爲物論所不歸。故疑絛所著作亦出假手。然此書作於竄逐之後、黨與解散、誰與捉刀。而敘述舊聞、具有文采。則謂之驕恣紈袴則可、不能謂之不知書也。書中稱高宗爲今上。謝石相字一條、稱中原傾覆後二十一年、爲紹興十七年。徽宗買茵香一條、稱中興歲戊辰、爲紹興十八年。又趙鼎亦卒於紹興十七年、而此書記鼎卒後王趯坐調護鼎被劾罷官、過白州見絛之事。是南渡後二十餘年尚謫居無恙、亦可云倖逃顯戮矣。絛所作北征紀實二卷、述伐燕之事。陳振孫謂其歸罪童貫、蔡攸、爲蔡京文飾。此書所敘京事、亦往往如是。如史稱京患言者議己、作御筆密進、乞徽宗親書以降。絛則稱政和三四年上自攬權綱、政歸九重、皆以御筆從事。史稱京由童貫以進、又稱宦官宮妾合詞譽京。絛則稱京力遏宦官、遏之不得、更反折角。史稱范祖禹、劉安世皆因京遠竄。絛則謂京欲援復安世及陳瓘而不能、已則與祖禹子溫最相契。其巧為彌縫、大抵類此。惟於其兄攸無怨詞。蓋以攸嘗劾條、又請京殺條故也。至於元祐黨籍、不置一語。詞氣之閒、頗與其父異趣。於三蘇尤極意推崇、而丁仙現一條、乃深詆王安石新法。則仍其西清詩話之旨也。他如述九璽之源流、元圭之形製、九鼎之鑄造、三館之建置、大晟樂之宮律、及徽宗五改年號之義、公主初改帝嬴、後改帝姬之故、宣和書譜畫譜博古圖之緣起、記所目覩、皆較他書為詳核。以及辨禁中無六更之例、宮花有三等之別、俗諺包彈之始、粵人雞卜之法、諸葛氏筆、張滋墨、米芾研山、大觀端硯、玻璃母、龍涎香、薔薇水、沈水香、合浦珠、鎮庫帶、藕絲鐙、百衲琴、建溪茶、姚黃花諸條、皆足以資考證、廣異聞。又如陳師道後山詩話稱蘇軾詞如教坊雷大使舞、諸家引為故實、而不知雷為何人。觀此書、乃知為雷中慶、宣和中以善舞隸教坊。三經新義宋人皆稱王安石。觀此書、乃知惟周禮為安石親筆、詩書二經實出王雱。又徽宗繪事世稱絕藝。觀此書、乃知皆畫院供奉代為染寫、非眞自作。尤歷來賞鑒家所未言。其人雖不足道、以其書論之、亦說部中之佳本矣。文獻通考作五卷。此本實六卷、或通考為傳寫之誤歟。

國老談苑二卷、浙江鮑士恭家藏本

舊本題夷門隱叟王君玉撰。考陳振孫書錄解題宋史藝文志、作國老閒談、卷數與此相合。而註稱夷門君玉撰、不著其姓。然則此名後人所改、王字亦後人所增也。是編所紀乃宋太祖太宗眞宗三朝雜事。於當時士大夫頗有所毀譽、尤推重田錫而貶斥陶穀。其餘如馮拯諸人、俱不免於微詞。雖閒或抑揚過情、而大致猶據實可信。如范質不受賂遺、竇儀議令皇弟開封尹署敕、趙普請從征上黨、曹彬平蜀回囊中惟圖書諸條、宋史皆採入本傳中。他亦多敘述詳贍、足與史文相參考。惟記太祖清流關之戰、謂臨陣親斬偽驍將皇甫暉。不知暉兵敗見擒、送壽州行在、周世宗尚賜以金帶鞍馬、因創甚不肯治而死、並非戮之陣前。又謂是時環滁僧寺皆鳴鐘、遂為定制。案滁人一日五時鳴鐘、乃後人感暉之義、以資追薦、亦非為太祖助戰而起。此則傳聞之譌異、未可槩從。至謂太宗欲用老成、寇準欲求速進、遂餌地黃蘆菔以求白髮、恐準亦未必至是也。

道山清話一卷、內府藏本

不著撰人名氏。說郛摘其數條刻之、題曰宋王暐。案書末有暐跋語云、先大父國史在館閣最久、多識前輩、嘗以聞見著館祕錄曝書記并此書為三。仍歲兵火、散失不存。近方得此書於南豐曾仲存家、因手鈔藏、示子孫。後題建炎四年庚戌、係銜奉大夫主管亳州明道宮、賜紫金魚袋暐書。則撰此書者乃暐之祖、非暐也。周煇清波雜志稱成都富春坊火詩、乃洛中名德之後、號道山公子者所作、亦不言其姓氏。書中記元祐五年其父為賀遼國正旦使、論范純仁呂公著事、歸奏哲宗。哲宗命寄書純仁。後純仁再相、哲宗問曾見李某書否。則撰此書者李姓、非王姓也。然考李燾通鑑長編、是年八月庚戌、命吏部郎中蘇注戶部郎中劉昱為正旦使、供備庫使郭宗顏西京左藏庫副使畢可濟副之。後郭宗顏病、改遣西頭供奉官閤門陸孝立、無李姓者在其閒。而所稱去年范純仁出守潁昌、呂公著卒於位事、考二人本傳、實均在元祐四年。則五年字又不誤、不審其何故也。或蘇字劉字傳寫譌為李歟。所記終於崇寧五年、則成書當在徽宗時。書中頗詆王安石之姦、於伊川程子及劉摯亦不甚滿。惟記蘇黃晁張交際議論特詳。其為蜀黨中人、固灼然可見矣。其書皆記當代雜事。王士禎居易錄嘗議其誤以兩張先為一。今考歐陽修集張子野墓誌銘、蘇軾集張子野詩集跋及定風波引、士禎之說信然。又所記陳彭年對眞宗墨智墨允出春秋少陽事、稱上令祕閣取此書、既至、彭年令於第幾版尋檢、果得之云云。其說頗誣。案春秋少陽篇、隋唐志已不著錄、彭年安得見之。宋祕閣又何自有之。今考皇侃論語疏陸德明經典釋文邢昺論語疏皆引春秋少陽此條。其時尚未有昺疏、彭年所舉、非陸氏書、則皇氏書耳。是則傳聞者失實、此書因而誤載也。

墨客揮犀十卷、兵部侍郎紀昀家藏本

宋彭乘撰。案北宋有兩彭乘。一為華陽人、眞宗時進士、官至翰林學士、宋史有傳。其作此書者則筠州高安人、史不載其仕履、故始末無可考。見書中稱嘗為中書檢正、又稱至和中赴任邕州、而不言其為何官。又自稱嘗至儋耳。其所議論、大抵推重蘇黃、疑亦蜀黨中人也。陳振孫書錄解題載此書十卷、續十卷、稱不知撰人名氏。今本為商濬刻入稗海者、卷首直題彭乘姓名、蓋以書中所自稱名為據。而止有十卷、則已佚其續集矣。書中如陳瑩中言後苑牧豭、徐潘大臨作滿城風雨近重陽詩、彭淵材遊興國寺諸條、惠洪所作冷齋夜話亦載之。皆全同其文、不易一字。惠洪本高安彭氏子、與乘同族同時、不應顯相蹈襲若此。又如魏舒詣野店、張華博物、傅融有三子諸條、皆全錄晉書北魏書原文、別無考證、亦不相類。疑原本殘闕、後人又有所竄入。然於宋代遺聞軼事、以及詩話文評、徵引詳洽、存之亦頗資參考焉。

唐語林八卷永樂大典本

宋王讜撰。陳振孫書錄解題云、長安王讜正甫、以唐小說五十家、倣世說分三十五門、又益十七門為五十二門。晁公武郡齋讀書志云未詳撰人、效世說體、分門記唐世名言、新增嗜好等十七門、餘皆仍舊。馬端臨經籍考引陳氏之言、入小說家。又引晁氏之言入雜家。兩門互見、實一書也。惟陳氏作八卷、晁氏作十卷、其數不合。然陳氏又云館閣書目十一卷、闕記事以下十五門。另一本亦止八卷、而門目皆不闕。蓋傳寫分併、故兩本不同耳。讜之名不見史傳。考書中裴佶一條、佶字空格、註云御名。宋惟徽宗諱佶、則讜為崇寧大觀間人矣。是書雖倣世說、而所紀典章故實、嘉言懿行、多與正史相發明。視劉義慶之專尚清談者不同。且所采諸書、存者亦少。其裒集之功、尤不可沒。明以來刊本久佚、故明謝肇淛五雜俎引楊慎語、謂語林罕傳、人亦鮮知。惟武英殿書庫所藏、有明嘉靖初桐城齊之鸞所刻殘本、分為上下二卷、自德行至賢媛止十八門。前有之鸞自序、稱所得非善本、其字畫漫漶、篇次錯亂、幾不可讀。今以永樂大典所載參互校訂、刪其重複、增多四百餘條。又得原序目一篇、載所採書名及門類總目。當日體例、尚可考見其梗概。惟是永樂大典各條散於逐韻之下、其本來門目、難以臆求。謹略以時代為次、補於刻本之後。無時代者又後之。其為四卷。又刻本上下二卷、篇頁過繁。今每卷各析為二、仍為八卷、以還其舊。此書久無校本、譌脫甚衆、文義往往難通。謹取新舊唐書及諸家說部、一一詳為勘正。其必不可知者、則姑仍原本、庶不失闕疑之義焉。

楓窗小牘二卷內府藏本

不著撰人名氏。前有明海鹽姚士粦序、以書中所載先三老一條、證以洪适隷釋袁良碑、知其姓袁。又有少長大梁、及僑寓臨安語、可知其鄉貫。其名則終莫得詳。查慎行註蘇軾來鶴亭詩、引為袁褧、未詳何據。褧實明人、疑慎行誤也。上卷記見崇寧閒作大鬢方額、下卷言嘉泰二年月食事、卽以崇寧末年而計、亦相距九十七年。舊本題百歲老人、不誣也。所記多汴京故事、如艮嶽京城河渠宮闕戶口之類、多可與史傳相參。其是非亦皆平允。惟洪芻以搜括金銀之日、勢劫內人、徵歌佐酒、其罪不可勝誅。長流海島、宋法已為寬縱。此乃力辨其無辜、則紕繆之甚、不足徵據矣。

南窗記談一卷編修程晉芳家藏本

不著撰人名氏。多紀北宋盛時事。淳熙中袁文作甕牖閒評、已引其書、則作於孝宗以前。而中有葉夢得問章惇濟一條。又有近傳嵇卿給事餽冰云云。夢得為紹聖四年進士、高宗時終於知福州。嵇卿為政和五年進士、高宗時終於中書舍人給事中。則是書當在南北宋閒也。中載葉景修泚延祐戊午開元宮立虞集碑一條、乃元仁宗五年事、殊不可解。檢核別本、此條獨低二格書之、乃知上一條記蔡寬夫在金陵鑿地丈餘、得竈灰及朱漆匕箸事。元人讀是書者、因記王眉叟掘地丈餘、得花臺魚池事、批於其旁、故稱與此事相同云云。此事卽指蔡寬夫事也。曹溶所藏之本、因傳寫者不究文義、一槩錄作正文、故致是譌異耳。其書凡二十三條。袁文所引衞大夫一條、此本不載、蓋已非完書。然所記多名臣言行、及訂正典故、頗足以資考證。惟袁州女子登仙一條、麗籍見天書一條、頗涉語怪。然籍見天書一事、曲洧舊聞已載之。蓋宋人說部之通例、固無庸深詰者矣。

過庭錄一卷內府藏本

宋范公偁撰。公偁仕履未詳。據其所言、乃仲淹之元孫、而不言其曾祖為誰。觀其稱純禮為右丞、純粹為五侍郎、則必非純禮純粹二人之後。純祐惟一子曰正臣、官太常寺太祝、與所言祖光祿者不合、則亦非純祐之後。考純仁傳末稱二子正平正思。此書皆稱為伯祖、則併似非純仁後。惟純仁傳中有沒之日、幼子五孫皆未官語。正平傳中亦稱以遺澤官推與幼弟。後蔡京與僞造純仁行狀之獄，正思與正平爭承，則純仁沒時，正思已不年幼。知純仁尚有一幼子，光祿卽所廕之官，公偁之父蓋卽其子。書中稱其於純仁沒後，未及釋服而卒，故後來不預行狀事，而史遂但稱純仁子二人耳。以是推之，知爲純仁之曾孫也。其書多述祖德，皆紹興丁卯戊辰閒聞之其父，故命曰過庭。語不溢美，猶有淳實之遺風。惟純禮自政府出守潁昌，史以爲王詵之譖，此則以爲中官閻守忠之譖，則未知孰是也。中亦閒及詩文雜事，如記宋祁論杜詩實下虛成語，記蘇軾論中岳畫壁似韓愈南海碑語，皆深有理解。其他蘇黃集外文及燕照鄰、崔鶠諸人詩詞，亦多可觀。獨黃鬚翁傳卽李靖虬髯客事，而稱爲已佚之異書，則偶誤記耳。

萍洲可談三卷（永樂大典本）

宋朱彧撰。彧字無惑，烏程人。是書文獻通考著錄三卷，而左圭刻入百川學海，陳繼儒刻入祕笈者，均止五十餘條，不盈一卷。陶宗儀說郛所錄更屬寥寥。蓋其本久佚，圭等特於諸書所引掇拾殘文，以存其槪，皆未及睹三卷之本也。惟永樂大典徵引頗繁，裒而輯之，尚可復得三卷。謹排纂成編，以還其舊。雖散佚之餘，重爲綴緝，未必毫髮無遺，然較左陳諸家所刊，幾贏四倍，約略核計，已得其十之八九矣。彧之父服，元豐中以直龍圖閣歷知萊、潤諸州，紹聖中嘗奉命使遼，後又爲廣州帥，故彧是書多述其父之所見聞，而於廣州蕃坊市舶，言之尤詳。考之宋史，服雖坐與蘇軾交遊貶官，然實非元祐之黨，嘗有隙於蘇轍，而比附於舒亶、呂惠卿，故彧作是書，於二蘇頗有微詞，而於亶與惠卿則往往曲爲解釋。甚至元祐垂簾，有政由帷箔之語，蓋欲回護其父，不得不回護其父黨，既回護其父黨，遂不得不尊紹聖之政，而薄元祐之人，與蔡絛鐵圍山叢談同一用意，殊乖是非之公。然自此數條以外，所記土俗民風、朝章國典，皆頗足以資考證，卽軼聞瑣事，亦往往有裨勸戒，較他小說之侈神怪、肆詼嘲、徒供談噱之用者，猶有取焉。

高齋漫錄一卷（永樂大典本）

宋曾慥撰。慥有類說，已著錄。類說自序，以爲小道可觀，而歸之於資治體、助名教、供談笑、廣見聞，其撰述是書，亦卽本是意。上自朝廷典章，下及士大夫事蹟，以至文評詩話，詼諧嘲笑之屬，隨所見聞，咸登記錄。中如給舍之當服賴帶，不歷轉運使之不得爲知制誥，皆可補史志所未備。其徵引叢雜，不無瑣屑，要其可取者多，固遠勝於遊談無根者也。陳振孫書錄解題載此書二卷，世尠流傳。近時曹溶嘗採入學海類編，而祗存五頁，蓋自他書鈔撮而成，姑以備數，遺漏宏多。今從永樂大典各韻中捃摭裒輯，視溶所收多踰什之三四，其或溶本有之，而永樂大典失載者，亦參校補入，略用時代詮次，合爲一卷。雖未必慥之完帙，然大略亦可睹矣。

默記三卷（兩淮馬裕家藏本）

宋王銍撰。銍有補侍兒小名錄，已著錄。此編多載汴都朝野遺聞，末一條乃考正陳思王感甄賦事。周煇清波雜志嘗疑其記尹洙扼吭之妄，又其中所引江南野史李後主小周后事，參校馬陸二家南唐書無此文，則亦不能無誤。然銍熟於掌故，所言可據者居多。如宋太祖以周世宗幼子賜潘美爲子事，似不近理，而證以王鞏所記，乃併其子孫世系一一有徵，則尹洙事或傳者已甚，鞏未察而書之。小周后事則今本江南野史已非完書，其文在佚篇之內，均未可知，未必盡構虛詞也。惟所記王朴引周世宗夜至五丈河旁見火輪小兒，知宋將代周一事，涉於語怪，頗近小說家言，不可據爲實錄耳。

揮麈前錄四卷、後錄十一卷、第三錄三卷、餘話二卷（河南巡撫採進本）

宋王明清撰。明清字仲言，汝陰人。慶元中寓居嘉興。書錄解題稱其官曰朝請大夫，宋詩紀事則曰泰州倅，未詳孰是也。是編皆其劄記之文。前錄爲乾道丙戌奉親會稽時所紀，多國史中未見事，自跋謂記憶殘闕，以補冊府之遺是也。末附沙隨程迥、臨汝郭九悳二跋，李垕一簡，及慶元二年實錄院移取揮麈錄牒文二道。後錄爲紹熙甲寅武林官舍中所紀，有海陵王禹錫跋。第三錄爲慶元初請外時所紀，於高宗東狩事獨詳。餘話兼及詩文碑銘，補前三錄所未備，有浚儀趙不譾跋。晁公武讀書志云總二十三卷，今止二十卷。文獻通考云前錄三卷，今四卷。後錄自跋云釐爲六卷，今多五卷，蓋久經後人分併，故卷帙不齊如此。明清爲王銍之子，曾紆之外孫。紆爲曾布第十子，故是錄於布多溢美。其記王安石沒，有神人幢蓋來迎，而於米芾極其醜詆，尤不免軒輊之詞。趙彥衞雲麓漫鈔嘗議其載張耆宴侍從諸臣事，爲不近事理。王士禎古夫于亭雜錄亦議其載歲祀黄巢墓事，爲不經之談。然明清爲中原舊族，多識舊聞，要其所載，較委巷流傳之小説終有依據也。

玉照新志六卷（內府藏本）

宋王明清撰。此書多談神怪及瑣事，亦閒及朝野舊聞及前人逸作。所載胡舜申己酉避亂錄，頗詆諆韓世忠，明清不爲置辨，蓋當時相去甚近，毀譽糾紛，尚未論定。宋齊愈獄牘一條，深不滿於李綱，則朱子語類亦有是語，非好詆諆正人。他如王堯臣諫取燕雲疏、李長民廣汴都賦、姚平仲擬劫寨破敵露布，皆載其全文，足資參證。又如載曾布馮燕水調歌頭排遍七章，爲詞譜之所未載，亦足以見宋時大曲之式。蓋明清博物洽聞，兼嫻掌故，隨筆記錄，皆有裨見聞也。其曰玉照新志者，自序謂得一玉照於永嘉鮑子正，又獲米南宮書玉照二字，揭之寓舍，因以名其所著書云。

投轄錄一卷（內府藏本）

宋王明清撰。是書乃其晚年所作。見於書錄解題者一卷，與此本相同。其以投轄爲名者，陳振孫謂所記皆奇聞異事，客所樂聽，不待投轄而留也。所列凡四十四事，大都掇拾叢碎，隨筆登載，不能及揮麈錄之援據賅洽，有資考證。然故家文獻，所言多信而有徵，在小説家中，猶爲不失之荒誕者。惟第六條之首，原闕四行，乃傳寫者所脱佚，今已不可考矣。書中於每條之下多註所聞之人。今考其江彥文一條下，註聞之陸務觀；任藎臣虹縣良家子二條下，註聞之曾祖秀。祖秀乃宣和舊人，節作艮岳記者，明清猶及見之。而又下見陸游。其稱己未歲金人歸我河南地者，爲高宗紹興九年。又稱甲戌歲者，乃寧宗嘉定七年。則明清之老壽，可以概見。宜其於軼聞舊事，多所諳悉也。

張氏可書一卷（永樂大典本）

案張氏可書，宋史藝文志、陳振孫書錄解題、晁公武讀書志皆不著錄。文淵閣書目載有一册，亦不詳撰人名氏。惟愛日齋叢鈔引其中司馬光文彥博論僧換道流一事，稱爲張知甫可書。知甫不知何許人。今考書中所紀，有僕頃在京師，因幹出南薰門事。又有見海賈鬻龍涎香於明節皇后閤事。是在宣和之初，嘗官汴京。中閒復有紹興丁巳戊午紀年，及劉豫僭號中原事。則入南渡後二十餘年矣。蓋其人生於北宋末年，猶及見汴梁全盛之日。故都遺事，目擊頗詳。迨其晚歲追述爲書，不無滄桑今昔之感。故於徽宗時朝廷故實，紀錄尤多，往往意存鑑戒。其餘瑣聞佚事，爲他説家所不載者，亦多有益談資。雖詼諧神怪之説，雜廁其閒，不免失於冗雜。而案其本旨，實亦孟元老東京夢華錄之流，未嘗不可存備考覈也。其書原本已佚，今據永樂大典收入各韻內者，採掇裒輯，共得五十條，謹編爲一卷，以存其概云。

聞見前錄二十卷（內府藏本）

宋邵伯溫撰。伯溫有易學辨惑，已著錄。伯溫藉邵子之緒，猶及見元祐諸耆舊，故於當時朝政，具悉端委。是書成於紹興二年。前十六卷記太祖以來故事，而於王安石新法始末及一時同異之論，載之尤詳。其論洛蜀朔三黨相攻，惜其各立門戶，授小人以閒。又引程子之言，以爲變法由於激成，皆平心之論。其記鐙籠錦事出文彥博之妻，於事理較近。其記韓富之隙由撤簾不由定策，亦足以訂强至家傳之誣。周必大跋呂獻可墓誌，謂伯溫是書頗多荒唐，凡所書人及其歲月，鮮不差誤，殆好惡已甚之詞，不盡然也。十七卷多記雜事。其洛陽永樂諸條，皆寓麥秀黍離之感。十八卷至二十卷皆記邵子之言行，而殤女轉生、黑猿感孕，意欲神奇其父，轉涉妖誕。又記邵子之言，謂老子得易之體，孟子得易之用，文中子以佛爲西方聖人，亦不以爲非，似乎附會。至投壺一事，益猥瑣不足紀，蓋亦擇焉不精者，取其大旨可耳。

清波雜志十二卷別志三卷（內府藏本）

宋周煇撰。煇字昭禮，邦彥之子。厲鶚宋詩紀事附載馬曰琯之言曰，舊本清波雜志有張貴謨序，書中煇俱作燀，應從之。案是編爲影宋精本，書中俱作煇，張貴謨序亦存。恐曰琯所見者或轉是譌本。煇自題曰淮海人，而兩浙名賢錄載之。書中有祖居錢塘後洋街語，則煇實自浙遷淮也。是書之末，有張斯中、張訢、陳晦、楊寅、張巖、龔頤正、徐似道等七跋，皆同時人。似道稱煇爲處士。然煇嘗試宏詞，奏名見之書中。或當時未就官耶。別志又自稱嘗至金國，益不可解。或隨出使者行也。清波爲杭州城門之名，紹興中煇寓其地，因以名書。所記皆宋人雜事，方回桐江續集力詆其尊王安石之非。考書中稱煇之曾祖與安石爲中表，蓋親串之閒，不無回護，猶之王明清揮麈諸錄曲爲曾布解耳。知其私意所在，則可以此盡廢其書，則又門戶之見矣。是書原本十二卷，商濬稗海作三卷，蓋明人刊本多好合併刪削，不足爲異。諸跋並稱二志，惟龔頤正跋作三志，考宋人著書，率以前後別續新分爲五集，則別志之前似乎當有後志，然別志中但稱前志，不及後志。嘉靖戊申姚舜牧跋亦但稱雜志十二卷，別志三卷，則自明以來，惟此兩集，或頤正跋三字誤歟。

雞肋編三卷（江西巡撫採進本）

宋莊季裕撰。季裕名綽，以字行，清源人。其始末未詳，惟呂居仁軒渠錄記其狀貌清癯，人目爲細腰宮院子。又薛季宣浪語集有季裕筮法新儀序，亦皆不著其生平。據書中年月，始於紹聖，終於紹興，蓋在南北宋之閒。又尹孝子一條自稱嘗攝襄陽尉，又原州棠樹一條稱作倅臨涇，李倢食糟蟹一條稱官於順昌，瑞香亭一條稱官於澧州，其爲何官則莫可考矣。此書前有自序，題紹興三年二月五日，而所記有紹興九年事，疑書成之後又續有所增。世無刊本，陶宗儀說郛僅錄其二三十條，此本較說郛所載約多五倍。後有至元乙卯仲春月觀陳孝先跋，曰此書莊綽季裕手集也，綽博物洽聞，有杜集援證、灸膏肓法、筮法新儀行於世，聞其他著述尚多，惜未之見。此書經秋壑點定，取以爲悅生隨鈔，而譌謬最多，因爲是正如右。然掃之如塵，尚多有疑誤云云。蓋猶季裕之完本也。季裕之父在元祐中與黃庭堅、蘇軾、米芾諸人遊，季裕猶及識芾及晁補之，故學問頗有淵源，亦多識軼聞舊事。書中如不知龍城錄爲同時王銍所作，反據以駁金華圖經之類，閒失考證，然可取者多。其記遼宋誓書一條，大旨以和議爲主，亦各抒所見。季裕方浮沈郡縣，與當時朝士附合秦檜者固自有殊，統觀其書，可與後來周密齊東野語相埒，非輟耕錄諸書所及也。

聞見後錄三十卷（江西巡撫採進本）

宋邵博撰。博字公濟，伯溫子也。是編蓋續其父書，故曰後錄。其中論復孟后諸條，亦有與前錄重出者。然伯溫所記多朝廷大政，可裨史傳，是書兼及經義、史論、詩話，又參以神怪俳諧，較前錄頗爲瑣雜。又伯溫書歷推二程，博乃排程氏而宗蘇軾，觀所記游酢、謝良佐之事，知康節沒後程氏之徒欲尊其師而抑邵，故博有激以報之。蓋怙權者務爭利，必先合力以攻異黨，異黨既盡，病利之不獨擅，則同類復相攻。講學者務爭名，亦先合力以攻異黨，異黨既盡，病名之不獨擅，則同類亦相攻，固勢之必然，不足怪也。至其彙輯疑孟諸說至盈三卷，證碧雲騢真出梅堯臣手，記王子飛事稱佛法之靈，記湯保衡事推道教之驗，論晏殊薄葬之非，詆趙鼎宗洛學之謬，皆有乖邵子之家法。他若以元稹詩作黃巢之類，引據亦頗疏略。惟其辨宜仁之誣，載司馬光集外章疏之類，可資考訂，議通鑑削屈原之非，駁王安石取馮道之謬，辨伊川易傳非誣，垂簾證紹興玉璽實非和璧，論皆有見。談詩亦多可採，宋人說部完美者稀，節取焉可矣。

北窗炙輠錄一卷（浙江鮑士恭家藏本）

宋施德操撰。德操有孟子發題，已著錄。是書炙輠之名，蓋取義淳于髡事，然所記多當時前輩盛德可爲士大夫觀法者，實不以滑稽嘲弄爲主，未審何以命此名也。德操與張九成友善，故孟子發題附刻於橫浦集末。其學問則九成純耽禪悅，德操多稱道二程，雖閒一及蘇氏，而不甚鄭重。其第一條卽言王氏新法由於激成，以闡明程子之意，則宗洛而不宗蜀，其微意固可概見。惟林靈素妖妄蠱惑，實方士中桀黠之雄，而德操稱其有活人之心，未免好爲異論。又解孟子萬物皆備一條，尤近荀卿性惡之旨，其橫浦之學偶相漸染，故立是異說歟。瑕瑜不掩，分別觀之可也。德操病廢終身，行事無所表見，志乘至不載其姓名，其書明以來傳本亦稀，朱彝尊始得是本於海鹽，乃稍稍傳鈔流播。殘編蠹蝕，幾佚幸存，亦可云希覯之祕笈矣。

步里客談二卷（永樂大典本）

宋陳長方撰。長方字齊之，侯官人。紹興戊午進士第，官江陰縣學教授。初，長方父侁爲洪州錄事，卒於官，長方奉母居吳，依其外祖太僕寺卿林旦家於步里，遂以名書。宋史藝文志載陳唯室步里客談一卷，唯室卽長方之別號，蓋宋史荒謬，未考其名。胡伯能作長方行狀，稱所著有步里談錄二卷，亦卽此書，蓋初名談錄，後乃改今名也。所記多嘉祐以來名臣言行，而於熙寧、元豐之閒，邪正是非九三致意。其論元祐黨人不皆君子，足破假借標牓之習。其引陳瓘與楊時書，議欲裂白麻之非禮，亦深明大體。所見迥在宋人之上。至於評論文章，頗可多採。如謂陳師道李杜齊名吾豈敢，晚風無樹不鳴蟬句，與黃庭堅坐對眞成被花惱，出門一笑大江橫句，皆學杜甫縛雞行，而陳爲不類。又引王剛中語，謂文字使人擊節賞嘆，不如使人肅然起敬。又謂文章態度如風雲變滅，水波成文，直因勢而然。以議蘇軾數擬盤谷序之非，皆爲有見。至謂月自有光，非受日之光一條，由不知推步之術。謂腎無左右一條，由不知診候之方。置之不論可矣。此書宋志作一卷，與胡伯能狀不合。蓋傳寫之誤。今散見永樂大典者，裒而輯之，尚得五十八條。謹以類排纂，從胡伯能所記，仍釐爲二卷。

桯史十五卷（浙江鮑士恭家藏本）

宋岳珂撰。珂有九經三傳沿革例，已著錄。是編載南北宋雜事，凡一百四十餘條。其間雖多俳優詼諧之詞，然惟金華士人著命司諸條不出小說習氣，爲自穢其書耳。餘則大旨主於寓褒刺，明是非，借物論以明時事，非他書所載徒資嘲戲者比。所記遺事，惟張邦昌劉豫二冊文可以不存。又康與之題徽宗畫一條，爲張端義貴耳集所駁，敖陶孫譏韓侂胄詩一條，與葉紹翁四朝聞見錄互異，亦偶然失實。至於石城堡寨、汴京故城諸條，皆有關於攻取形勢。他如湯岐公罷相、施宜生、趙希先節概、葉少蘊內制、乾道受書禮、范石湖一言悟主、紫宸廊食、燕山先見、大散論賞書、秦檜死報、鄭少融遷除、任元受啓、陳了翁始末、開禧北征、二將失律、愛莫助之圖、慶元公議、黃潛善諸條，皆比正史爲詳備。所錄詩文，亦多足以旁資考證。在宋人說部中，亦王明清之亞也。惟其以桯史爲名，不甚可解。考說郛載柳珵常侍言旨，其第一條記明皇遷西內事，末云此事本在朱崖太尉所續桯史第十六條內。則李德裕先有此名。（案此書唐志不著錄，疑即德裕次柳氏舊聞之別名也。）珂蓋襲而用之。然考工記曰，輪人爲蓋，達常爲圍三寸，桯圍倍之。註曰，桯，車杠也。說文解字曰，桯，牀前几也。皆與著書之義不合。至廣韻訓爲碓桯，集韻訓與楹同，義更相遠。疑以傳疑，闕所不知可矣。毛晉刻本末有附錄一卷，前爲岳飛傳及飛遺文，併珂詩文各一首，已與此書無關。又附明劉瑞孝娥井銘、王公祠記各一篇，尤足驗非此書所舊有。今併刪之，庶不溷簡牘焉。

獨醒雜志十卷（兩淮鹽政採進本）

宋曾敏行撰。敏行字達臣，自號浮雲居士，又曰獨醒道人，又曰歸愚老人，吉水人。吉水屬廬陵郡，故又自題曰廬陵。曾祖孝先，祖君彥，皆當熙寧之時不肎以新學干科第，故敏行守其家法，多與正士遊，胡銓楊萬里謝諤皆其友也。年甫二十，以病廢不能仕進，遂專意學問，積所聞見，成此書。其子三聘編爲十卷，以樊仁遠所作行狀及銓所作哀詞附後，萬里序之，諤跋之。後趙汝愚周必大樓鑰亦皆爲之跋。書中多紀兩宋軼聞，可補史傳之闕。間及雜事，亦足廣見聞。於南渡後劉岳諸將皆深相推挹，而於秦檜則惟記與翟汝文詬爭一事，亦不甚置是非。於秦熺登第一事，亦僅借檜頎以寓之。考敏行卒於淳熙二年，去檜未遠，殆猶有所避歟。書中稱風鳶造自韓信，而不言所據。案唐李冗獨異志載有是說，小說妄談，於古無徵。又唐敀正月晦日爲中和節，載於鄴侯家傳，當時嘗以命題試士，其詩載於文苑英華，本非僻事，而試官謬舉清明寒食之說，敏行亦不能糾正，蓋以記錄爲主，不以考證爲主也。但如仁宗朝二衞士論貴賤事，乃因朝野僉載唐魏徵事而影撰，（案此事先載能改齋漫錄，中賓退錄嘗辨之。）京師知術者埋金事，乃因國史補遺晉魄炤事影撰，（見太平廣記二百十六卷。）敏行皆不辨而述之。又蔡絛勒停，乃爲其兄攸所軋，見宋史蔡京傳，而云以西清詩話爲言者所劾，僞呂洞賓詩乃福州黃待聘所撰，當時已捕斬於馬行街，見耿延禧林靈素傳，（案此傳載賓退錄第一卷。）而云眞有洞賓現化事，尤失之不考。至於欲以人挽獨輪車爲陣，尤如兒戲，其謬更甚於房琯。楊萬里序乃盛稱之，可謂舍所長而譽所短矣。

耆舊續聞十卷（浙江鮑士恭家藏本）

案此書世有二本，一本題曰南陽陳鵠錄正，似乎舊有此書，鵠特繕寫校勘之。一本題曰陳鵠西塘撰，則又爲鵠所自作，疑不能明。然諸書援引，並稱陳鵠耆舊續聞，或題鵠撰者近之歟。鵠始末無考。書中載陸游辛棄疾諸人遺事，又自記嘗與知辰州陸子逸遊，則開禧以後人也。所錄自汴京故事及南渡後名人言行，捃拾頗多，閒或於條下夾註書名及所說人名字，蓋亦雜採而成。其閒如政和三年與外弟趙承國論學數條。乃出呂好問手帖。而雜置諸條之中。無所辨別。竟似承國爲鵠之外弟。又稱朱翌爲待制公。陸軫爲太傅公。沿用其家傳舊文。不復追改。亦類於不去葛龔。然所據皆南渡以後故家遺老之舊聞。故所載多元祐諸人緒論。於詩文宗旨。具有淵源。又如駁苕溪漁隱叢話議東坡卜算子詞之非。據宋祁奏議摘歐陽修撰薛參政墓誌之誤。亦頗有考據。雖叢談瑣語。間傷猥雜。其可採者要不少也。

四朝聞見錄五卷　江蘇巡撫採進本

宋葉紹翁撰。紹翁自署龍泉人。又書中載程公許與論眞德秀謚議。手柬字之曰靖逸。而厲鶚宋詩紀事稱其字嗣宗。建安人。與自述互異。考所載高宗航海一條。自稱本生祖曰李穎士。建之浦城人。則建安其祖籍歟。其歷官始末無考。觀所記庚辰京城災周端朝諷其論事一條。及與眞德秀私校殿試卷一條。則似亦嘗爲朝官。其所居何職則不可詳矣。所錄分甲乙丙丁戊五集。凡二百有七條。甲乙丙戊四集皆雜敘高孝光寧四朝軼事。各有標題。不以時代爲先後。惟丁集所記僅寧宗受禪慶元黨禁二事。不及其他。紹翁與眞德秀遊。故其學一以朱子爲宗。然寶武夷山一條。乃深惜朱在之賴其家聲。案在朱子之子。時官戶部侍郎。無所隱諱。則非攀援門戶者比。故所論頗屬持平。南渡以後。諸野史足補史傳之闕者。惟李心傳之建炎以來朝野雜記號爲精核。次則紹翁是書。陳郁藏一話腴嘗摘其誤。以劉禹錫題壽安甘棠驛詩爲趙仲湜游天竺詩一條。周密齊東野語嘗摘其光宗內禪慈懿於臥內取璽一條。又摘其函韓侂胄首求和誤稱由章良能建議一條。又摘其南園香山一條。蓋小小譌異。記載家均所不免。不以是廢其書也。惟王士禛居易錄謂其頗涉煩碎。不及李心傳書。今核其體裁。所評良允。故心傳書入史部。而此書則列小說家焉。

癸辛雜識前集一卷後集一卷續集二卷別集二卷　兩江總督採進本

宋周密撰。密有武林舊事。已著錄。是編以作於杭州之癸辛街。因以爲名。與所作齊東野語大致相近。然野語兼考證舊文。此則辨訂者無多。亦皆非要義。野語多記朝廷大政。此則瑣事雜言居十之九。體例殊不相同。故退而列之小說家。從其類也。明商濬稗海所刻。以齊東野語之半誤作前集。以別集誤作後集。而後集續集則全闕。又併其自序佚之。後烏程閔元衢於金閶小肆中購得鈔本。毛晉爲刻入津逮祕書。始還其原帙。書中楊凝式僧淨端一條。與野語重出。蓋刪除未盡。彌陀入冥。劉朔齋再娶二條。並附註衢案云云。蓋閔氏所加。海鰌兆火一條。附註不題名字。核其語意。殆亦閔語也。書中所記頗猥雜。如姨夫眼眶諸條。皆不足以登記載。而遺文佚事可資考據者實多。究在輟耕錄之上。所記羅椅董敬菴韓秋巖諸人。於宋末講學之弊。言之最悉。其引沈仲固語一條。周平原語一條。尤言言炯戒。有關於世道人心。正未可以小說忽之矣。都穆南濠詩話曰。吳興唐廣嘗手錄癸辛雜識。見其中載方萬里穢行之事。意頗不平。是夜夢方來曰。吾舊與周生有隙。故謗我至此。幸爲我暴之云云。夫是非之公。人心具在。使密果誣衊方回。不應有元一代無一人爲回訟冤。至明而其鬼忽靈者。其說荒唐。殆不足辨。且密爲忠臣。回實叛賊。卽使兩人面質。人終信密不信回也。況恍惚夢語乎。

隨隱漫錄五卷　兵部侍郎紀昀家藏本

舊本題宋臨川陳隨隱撰。蓋後人以書中自稱隨隱。而稱陳郁爲先君。知爲臨川陳姓。故題此名。實則隨隱非名也。據所載錢舜選詩。其人嘗於理宗景定四年以布衣官東宮掌書。又載辛巳八月己丑爲元世祖至元十八年。則其人蓋已入元。案劉壎水雲村泯稾載宋度宗御批一道。云令旨付藏一。所有陳世崇詩文稾。都好。可再揀幾篇來。在來日定要千萬千萬。四月五日辰初付陳藏一。壎跋其後以爲度宗在春宮時盛年潛躍。汲汲斯文。惜不遇園綺羽翼。乃下訪藏一父子之卑賤。藏一爲郁字。則其子當卽世崇。證以書中所記。與此批一一脗合。知隨隱卽世崇號也。其書多記同時人詩話。而於南宋故事言之尤詳。如紫宸殿上壽儀。賜太子玉食批。直書閣夫人名數。孩兒班服飾。孟享駕出儀。太子問安展書儀。帶格三十二種諸條。頗有史傳所未及者。他所記詩話雜事。亦多可採。其第二卷內論漢平帝后晉愍懷太子妃以下五條。皆假借古事以寓南宋臣降君辱之慘。與所以致敗之由。而終無一言之顯斥。猶有黍離詩人悱惻忠厚之遺，尤非他說部所及也。

東南紀聞三卷（永樂大典本）

不著撰人名氏，諸家書目亦不載。考書中有丙子之事，非復庚申之役語，丙子爲至元十三年，前一年巳顏渡江，臨安失守矣，當爲元人所作，故稱宋爲東南。而其中鄭紳一條，稱外戚生封王爵者，宋蓋自紳始；論乘舊一條，稱宋朝渡江以前，無今之舊；論三五九月一條，稱宋朝於此三月不支羊肉錢，亦皆屬元人之語。然於宋之諸帝，稱廟名，稱廟號年號，往往多內詞，殆江左遺民所追記歟。所載惟論蚳醢、論揖兩條，偶涉古事，餘皆南北宋之軼聞，閒與他書相出入，疑亦雜採說部爲之。至於韓滮之清節，何自之伉直，張惟孝之任俠，單煒之書法，趙執中之木箭，史嵩之之忮忍，以及徽宗時瑞禽迎駕出市，會之智術，紹興中韋后欲觀石塔，得寺僧之諷諫，則皆史傳所佚，足補紀載之闕。惟楊談耗用茶局官錢一事，足見宋政之不綱，乃載之以爲豪舉，殊不可訓。又汪勃調官一事，稱張浚韓世忠迎合秦檜，浚之心術不可知，世忠當萬萬不至此，恐未免傳聞失員。而南嶽夫人一事，尤爲猥褻，亦未免墮小說窠臼。自穢其書，然大旨記述近實，持論近正，在說部之中，猶爲善本。原書久佚，卷帙無考，今以永樂大典分載於各韻下者，裒合排纂，勒爲三卷。

歸潛志十四卷（浙江范懋柱家天一閣藏本）

元劉祁撰。祁字京叔，渾源人。御史從益之子。爲太學生，舉進士不第。元兵入汴，遁還鄉里。戊戌復出就試，魁南京，選充山西東路考試官，後征南行省辟置幕府。凡七年而歿。舊以金史載之文藝傳，遂題曰金人，殊非其實。是書名曰歸潛，蓋祁於壬辰北還，以此二字牓其室，因以題其所著。然晚年再出西山之節不終，亦非其實也。卷首有祁乙未自序，謂昔所聞見，暇日記憶，隨得隨書。第一卷至六卷，悉爲金末諸人小傳。第七卷至十卷，雜記遺事。第十一卷題曰錄大梁事，紀哀宗亡國始末。第十二卷題曰錄崔立碑事，紀立作亂時廷臣立碑以媚之，劫祁使撰文事。又一篇題曰辨亡，敍金前代之所以治平，末造之所以亂亡。自此二篇以下，至十三卷，悉爲雜說，略如語錄之體，殊不相類，疑此二篇本自爲一卷，殿全書之末，別以語錄爲第十三卷，詩文爲第十四卷，附綴於後。後人因篇頁不均，割語錄之半移綴此卷，故體例參差也。壬辰之變，祁在汴京目擊事狀，記載胥得其實。故金史本傳稱祁此志於金末之事多有足徵。哀宗本紀全以所言爲據。又若大金國志稱樞密使伊喇蒲阿出降於元，此志不書出降，與金史相合，可證大金國志之誤。元史稱壬辰正月太宗自白坡濟河而南，睿宗由峭石灘涉漢而北，以渡河涉漢同在一時。而此志則載睿宗涉漢在辛卯十一月，太宗渡河乃在壬辰，與金史及姚燧牧菴集蘇天爵名臣事略所紀相合，可證元史之誤。又如載天興元年劉元規使北朝，不知所終，而金史本紀不書其事。載薩克蘇媒孽李元妃，本紀不著其名。載大定十七年三月朔，諸國使臣朝見，遇雨放朝，與周煇北轅錄合，而本紀但載十六年三月朔日蝕放朝一條。載金代鈔法凡八易其名，而金史食貨志失載通貨改爲通寶，通寶又改爲通貨一條，皆足以補正史之闕。至於金史交聘表稱大定十六年，宋湯邦彥充申請使，此志作祈請使。圖克坦烏登傳稱天興元年正月朝廷聞大兵入饒風關，移烏登行省閿鄉以備潼關，此志書其事於正大八年。完顏思烈傳載王渥從思烈戰歿，此志作從持嘉哈希。李英傳稱與元兵遇於霸州敗死，此志作遇於潞州。郭阿林傳稱宋兵大至，遂戰歿，此志作馬倒被擒，不知存歿。師安石傳贊稱以論列侍從觸怒而死，此志則云旣居位，人望頗減，皆有異詞。其他年月先後，姓名官階，與史不同者甚多，皆足以資互考。談金源遺事者，以此志與元好問壬辰雜編爲最，金史亦並稱之。壬辰雜編已佚，則此志尤足珍貴矣。世所行本皆八卷，雖傳是樓藏本亦然。國朝郭朝釪編纂金詩，所採錄僅及前七卷，知其未見全帙。此本一十四卷，與王惲渾源世德碑相合，當猶從元本傳錄。錢曾讀書敏求記稱陸孟鳧家鈔本歸潛志凡十四卷，蓋即此本也。

山房隨筆一卷（兵部侍郎紀昀家藏本）

元蔣子正撰。子正不知何許人。惟書中杜善甫一條，內有余分教溧陽語，知嘗爲溧陽學官。又有穆陵在御語，知爲宋人入元者也。所記多宋末元初之事，而於賈似道事尤再三深著其罪。於鄭虎臣木棉菴事，敘述始末，亦比他書爲最詳。惟所記陸秀夫輓張世傑詩，似出附會。厓山舟覆，鯨海沸騰，烏有吟咏之暇。且詩中曾聞海上鐵斗膽句，亦不似同時之語。朱國楨湧幢小品謂世傑溺死在秀夫赴海之後，亦以此詩爲疑。所言良允。殆好事者欲褒忠義，故造斯言歟。至於以夏貴之降，歸咎似道，未爲無理。而反復解釋，反似於貴有恕詞，未免有乖大義。觀者不以詞害意可矣。

山居新語四卷（浙江鮑士恭家藏本）

元楊瑀撰。瑀，元史無傳。楊維楨集有瑀墓碑，曰：瑀字元誠，杭州人。天歷間擢中瑞司典簿。帝愛其廉慎，超授奉議大夫、太史院判官。至正乙未，江東浙西盜羣嘯，乃改建德路總管。瑀泣郡，視之如家，民亦視之如父母，其像而祠者凡十有四所。行省最其功，進階中奉大夫云云。是書卷末有至正庚子三月瑀自跋，結銜題中奉大夫、浙東道宣慰使都元帥。當成於進階以後。而卷首又有維楨序，作於是年四月，乃稱爲歸田後作，殆是年卽已致仕歟。其書皆記所見聞，多參以神怪之事，蓋小說家言。然如記處州砂糖竹箭，記至元六年增糶官米，記高克恭弛火禁，記托克托開舊河，則有關於民事。記敕令格式四者之別，記八府宰相職掌，記奎章閣始末，記儀鳳司教坊司班次，則有資於典故。記朱夫人陳才人之殉節，記高麗女之守義，記樊時中之死事，則有裨於風教。其他嘉言懿行，可資勸戒者頗多。至於辨正薩都剌元宮詞謂宮車無夜出之例，不得云深夜宮車出建章，擎執宮人紫衣大朝賀則於侍儀司法物庫關用，平日則無有，不得云紫衣小隊兩三行。北地無芙蓉，宮中無石欄，不得云石欄杆畔銀鐙過，照見芙蓉葉上霜。又辨其京城春日詩謂元制御溝不得洗手飲馬，留守司差人巡視，犯者有罪，不得云御溝飲馬不回首，貪看柳花飛過墻。則亦頗有助於考證。雖亦輟耕錄之流，而視陶宗儀所記之猥雜，則勝之遠矣。

遂昌雜錄一卷（內府藏本）

元鄭元祐撰。元祐字明德，至正丁酉除平江路儒學教授，移疾去，後七年復擢浙江儒學提舉，卒於官。本遂昌人，其父希遠徙錢塘，元祐又流寓平江。其集以僑吳名，而是錄仍題曰遂昌，不忘本也。元祐以至正二十四年卒，年七十一，則當生於前至元二十九年。故書中所列人名，上猶及見宋諸遺老，下及見泰哈布哈、倪瓚、杜本，倂見杜本之卒。多記宋末軼聞及元代高士名臣軼事，而遭逢世亂，亦閒有憂世之言。其言皆篤厚質實，非輟耕錄諸書捃拾冗雜者可比。其記葬高孝二陵遺骨事，作林景熙與輟耕錄異，蓋各據所聞。其稱南宋和議由高宗，不由於秦檜，宋既亡矣，可不必更爲高宗諱，亦誅心之論也。

樂郊私語一卷（兩淮馬裕家藏本）

元姚桐壽撰。桐壽字樂年，睦州人。順帝後至元中嘗爲餘干教授，解官歸里，自號桐江釣叟。至正中流寓海鹽。時江南擾亂，惟海鹽未被兵火，尚得以閉戶安居，從容論述，故以樂郊私語爲名。雖若幸之，實則傷亂之詞也。所記軼聞瑣事，多近小說家言。然其中如楊顯哲、武林之捷，張士誠杉青之敗，頗足與史傳相參。所辨六里山天冊碑、秦檜像贊，魯訔注杜甫詩諸條，亦足資考證。末載楊維楨撰其兄椿壽墓誌一篇，頗爲不倫。桐壽欲表章其兄，何不敘之書內，而乃別載於末，核以體例，深屬有乖。今削除不載，惟錄桐壽之本書焉。

輟耕錄三十卷（內府藏本）

明陶宗儀撰。宗儀有國風尊經，已著錄。此書乃雜記聞見瑣事。前有至正丙午孫作序，書中稱明兵曰集慶軍，或曰江南遊軍。蓋丙午爲至正二十七年，猶未入明時所作也。郎瑛七修類稿謂宗儀多錄舊書，如廣客談、通本錄之類，皆攘爲已作。今其書未見傳本，無由證瑛說之確否。但就此書而論，則於有元一代法令制度及至正末東南兵亂之事，紀錄頗詳。所考訂書畫文藝，亦多足備參證。惟多雜以俚俗戲謔之語，閭里鄙褻之事，頗乖著作之體。葉盛水東日記深病其所載猥褻，良非苛論。然其首尾賅貫，要爲能留心於掌故。故朱彝尊靜志居詩話謂宗儀練習舊章，元代朝野舊事，實借此書以存，而許其有裨史學，則瑕瑜不掩，固亦論古者所不廢矣。

水東日記三十八卷（兩淮鹽政採進本）

明葉盛撰。盛有葉文莊奏草，已著錄。是書記明代制度及一時遺文逸事，多可與史傳相參。其閒徵引旣繁，亦不免時有牴牾。又好自敘居官事蹟，殆不免露才揚己之病。王士禎作居易錄，多自記言行，有如家傳，其源濫觴於此，古人無是體例也。至於辨請禁官舍家人操習一疏，謂人誣其子與官舍鬬鵪鶉不勝，因有是奏，深自剖析，連篇不已，抑又淺之甚者矣。然盛固心掌故，於朝廷舊典，考究最詳。又家富圖籍，其菉竹堂書目今尚有傳本，頗多罕覯之笈。故引據諸書，亦較他家稗販成編者特爲博洽。雖榛楛之勿翦，亦蒙茸於集翠。取長棄短，固未嘗不可資考證也。

菽園雜記十五卷（浙江鮑士恭家藏本）

明陸容撰。容字文量，號式齋，太倉州人。成化丙戌進士。官至浙江右參政。事蹟具明史文苑傳。史稱容與張泰、陸釴齊名，時號婁東三鳳。其詩才不及泰、釴，而博學過之。是編乃其劄錄之文，於明代朝野故實，敘述頗詳，多可與史相考證。旁及談諧雜事，皆竝列簡編。蓋自唐宋以來說部之體如是也。中閒頗有考辨。如元王柏作二南相配圖，棄甘棠、何彼襛矣、野有死麕三篇，於經義極爲乖剌。而容獨嘆爲卓識。又文廟別作寢殿祀啓聖公，而配以四配之父，其議發於熊禾，而容謂叔梁紇爲主，出於無譏。孟孫激非聖賢之徒，不當從祀。尤昧於崇功報本之義，皆不足爲據。然核其大致，可採者較多。王鏊嘗語其門人曰，本朝紀事之書，當以陸文量爲第一。卽指此書也。雖無雙之譽，獎借過深。要其所以取之者，必有在矣。

先進遺風二卷（兩江總督採進本）

明耿定向撰。毛在增補。定向有碩輔寶鑑要覽，已著錄。在自署太倉人，其始末則未詳也。是書略仿宋人典型錄之體，載明代名臣遺聞瑣事，大抵嚴操守，礪品行，存忠厚者爲多。蓋明自嘉靖以後，開國敦龐之氣日遠日漓。士大夫估權營賄，風尙日偷。定向陳先進懿行以救時弊，故所紀多居家行己之細事，而朝政罕及焉。考其著書之時，正分宜驕恣之日。定向其有微旨乎。其閒如曲譽李東陽之類，未免鄕曲之私。提唱姚江之學，亦未免門戶之見。然著書大旨不在是，略其小疵可也。此本爲陳繼儒祕笈所刻，體例混淆，原書與續輯不甚可辨。閒有論斷，亦不知爲誰語。以行款推之，殆每條第一字跳行者爲定向之書，其第一字平書者爲在之書歟。今未見定向之原本，不可考矣。

觚不觚錄一卷（安徽巡撫採進本）

明王世貞撰。世貞有弇山堂別集，已著錄。是書專記明代典章制度，於今昔沿革尤詳。自序謂傷觚之不復舊觚，蓋感一代風氣之升降也。雖多紀世故，頗涉瑣屑，而朝野軼聞，往往可資考據。若徐學謨博物典彙載高拱考察科道，被劾者二十七人，竝載名氏。說者謂其諳於故事。而是書并詳及諸人所以被劾之故，爲學謨所不及載。於情事首尾，尤爲完具。蓋世貞弱冠入仕，晚成是書，閱歷既深，見聞皆確，非他人之稗販耳食者可比。故所敘錄，有足備史家甄擇者焉。

何氏語林三十卷（安徽巡撫採進本）

明何良俊撰。良俊有四友齋叢說，已著錄。是編因晉裴啓語林之名，其義例門目則全以劉義慶世說新語爲藍本，而雜採宋齊以後事蹟續之。併義慶原書，共得二千七百餘條。其簡汰頗爲精審。其採掇舊文，翦裁鎔鑄，具有簡澹雋雅之致。視僞本李垕續世說，剽掇南北二史，冗沓擁腫，徒盈卷帙者，乃轉勝之。每條之下，又仿劉孝標例，自爲之註，亦頗爲博贍。其閒摭拾旣富，閒有牴牾。如王世懋讀史訂疑所謂以王莽時之陳咸爲漢成帝時之陳咸者，固所不免。然於諸書舛互，實多訂正。如第二十二卷紀元載妻王韞秀事，援引考證，亦未嘗不極確核。雖未能抗駕臨川，竝驅千古，要其語有根柢，終非明人小說所可比也。

右小說家類雜事之屬，八十六部，五百八十一卷，皆文淵閣著錄。

案：紀錄雜事之書，小說與雜史最易相淆。諸家著錄，亦往往牽混。今以述朝政軍國者入雜史，其參以里巷閒談詞章細故者則均隸此門。世說新語古俱著錄於小說，其明例矣。

欽定四庫全書總目卷一百四十一

欽定四庫全書總目卷一百四十二

子部五十二

小說家類三

山海經十八卷（內府藏本）

晉郭璞註。卷首有劉秀校上奏，稱爲伯益所作。案山海經之名始見史記大宛傳，司馬遷但云禹本紀山海經所有怪物余不敢言，而未言爲何人所作。列子稱大禹行而見之，伯益知而名之，夷堅聞而志之，似乎即指此書，而不言其名山海經。王充論衡別通篇曰：禹主行水，益主記異物，海外山表，無所不至，以所見聞作山海經。趙煜吳越春秋所說亦同。惟隋書經籍志云：蕭何得秦圖書，後又得山海經，相傳夏禹所記。其文稍異，然似皆因列子之說推而衍之。觀書中載夏后啟、周文王及秦漢長沙、象郡、餘暨、下巂諸地名，斷不作於三代以上，殆周秦間人所述，而後來好異者又附益之歟。觀楚詞天問多與相符，使古無是言，屈原何由杜撰。朱子楚詞辨證謂其反因天問而作，似乎不然。至王應麟王會補傳引朱子之言，謂山海經記諸異物飛走之類，多云東向，或曰東首，疑本因圖畫而述之。古有此學，如九歌天問皆其類云云。則得其實矣。郭璞註是書，見於晉書本傳。隋唐二志皆云二十三卷，今本乃少五卷，疑後人併其卷帙以就劉秀奏中一十八篇之數，非闕佚也。隋唐志又有郭璞山海經圖讚二卷，今其讚猶載璞集中。其圖則宋志已不著錄，知久佚矣。舊本所載劉秀奏中稱其書凡十八篇，與漢志稱十三篇者不合。七略即秀所定，不應自相牴牾，疑其贋託。然璞序已引其文，相傳既久，今仍併錄焉。書中序述山水，多參以神怪，故道藏收入太元部競字號中。究其本旨，實非黃老之言。然道里山川，率難考據，案以耳目所及，百不一眞，諸家竝以爲地理書之冠，亦爲未允。核實定名，實則小說之最古者爾。

山海經廣註十八卷（浙江巡撫採進本）

國朝吳任臣撰。任臣有十國春秋，已著錄。是書因郭璞山海經註而補之，故曰廣註。於名物訓詁、山川道里皆有所訂正。雖嗜奇愛博，引據稍繁，如堂庭山之黃金、青邱山之鸑鷟，雖販婦傭奴皆識其物，而旁徵典籍，未免贅疣。卷首冠雜述一篇，亦涉冗蔓。然掎摭宏富，多足爲考證之資。所列逸文三十四條，自楊愼丹鉛錄以下十八條皆明代之書，所見實無別本，其爲稗販誤記，無可致疑。至應劭漢書註以下十四條，則或古本有異，亦頗足以廣見聞也。舊本載圖五卷，分爲五類：曰靈祇，曰異域，曰獸族，曰羽禽，曰鱗介。云本宋咸平舒雅舊稾。雅本之張僧繇，其說影響依稀，未之敢據。其圖亦以意爲之，無論不眞出雅與僧繇，即說果確實，二人亦何由見而圖之。故今惟錄其註，圖則從刪。又前列引用書目五百三十餘種，多採自類書，虛陳名目，亦不瑣錄焉。

穆天子傳六卷（兩江總督採進本）

晉郭璞註。前有荀勖序。案束皙傳云：太康二年，汲縣人不準盜發魏襄王墓，得竹書穆天子傳五篇，又雜書十九篇：周食田法、周書、論楚事、周穆王美人盛姬事。案今盛姬事載穆天子傳第六卷，蓋即束皙傳所謂雜書之一篇也。尋其文義，應歸此傳，束皙傳別出之，非也。此書所紀，雖多夸言寡實，然所謂西王母者，不過西方一國君；所謂縣圃者，不過飛鳥百獸之所飲食，爲大荒之圃澤，無所謂神仙怪異之事；所謂河宗氏者，亦僅國名，無所謂魚龍變見之說。較山海經、淮南子猶爲近實。郭璞註爾雅，於西至西王母句，不過曰西方昏荒之國；於河出崑崙墟句，雖引大荒西經，而不言其靈異。其註此書，乃頗引志怪之談。蓋釋經不敢不謹嚴，而箋釋雜書則務矜博洽故也。

案穆天子傳舊皆入起居注類，徒以編年紀月，敘述西遊之事，體近乎起居注耳。實則恍惚無徵，又非逸周書之比。以爲古書而存之可也，以爲信史而錄之，則史體雜，史例破矣。今退置於小說家，義求其當，無庸以變古爲嫌也。

神異經一卷（內府藏本）

舊本題漢東方朔撰。所載皆荒外之言，怪誕不經。共四十七條。陳振孫書錄解題已極斥此書稱東方朔撰、張茂先傳之僞。今考漢書朔本傳，歷敘朔所撰述，言凡劉向所錄朔書俱是，世所傳他事皆非。其贊又言後世好事者取其奇言怪語附著之朔云云。則朔書多出附會，在班固時已然。此書既劉向七略所不載，則其爲依託，更無疑義。晉書張華本傳，亦無註神異經之文，則併華註亦似屬假借。振孫所疑，誠爲有見。然隋志載此書，已稱東方朔撰，張華註，則其僞在隋以前矣。觀其詞華縟麗，格近齊梁，當由六朝文士影撰而成，與洞冥、拾遺諸記先後竝出。故其中西北荒金闕銀盤明月珠事，陸倕石闕銘引用之。其中玉女投壺事，徐陵玉臺新詠序引用之。流傳既久，固不妨過而存之，以廣異聞。又考廣韻去聲四十一漾收䍺字，說文、玉篇皆所不載。註稱獸似獅子，實本此經北方有獸焉，其狀如獅子，名曰䍺之文。則小學家已相援據，不但文人詞藻轉相採摭已也。隋志列之史部地理類，唐志又列之子部神仙類。今核所言，多世外恍惚之事，既有異於輿圖，亦無關於修煉，其分隸均屬未安。今從文獻通考列小說類中，庶得其實焉。

海內十洲記一卷（兩江總督採進本）

舊本題漢東方朔撰。十洲者，祖洲、瀛洲、懸洲、炎洲、長洲、元洲、流洲、生洲、鳳麟洲、聚窟洲也。又後附以滄海島、方丈洲、扶桑、蓬邱、崑崙五條。其言或稱臣朔，似對君之詞；或稱武帝，又似追記之文。又盛稱武帝不能盡朔之術，故不得長生，則似道家夸大之語。大抵恍惚支離，不可究詰。考劉向所錄朔書無此名。書中載武帝幸華林園射虎事。案文選應貞晉武帝華林園集詩李善註引洛陽圖經曰：華林園在城內東北隅，魏明帝起名芳林園，齊王芳改爲華林。武帝時安有是號。蓋六朝詞人所依託。觀其引衞叔卿事，知出神仙傳後。引五岳眞形圖事，知出漢武內傳後也。然自隋志已著於錄，李善註張衡南都賦、宋玉風賦、鮑照舞鶴賦、張衡思元賦、曹植洛神賦、郭璞遊仙詩第一首第七首、江淹擬郭璞遊仙詩、夏侯元東方朔畫贊、陸倕新刻漏銘，竝引其文爲證，足見其詞條豐蔚，有助文章。陸德明經典釋文亦於莊子北冥條下引此書曰：水黑色謂之冥海，無風洪波百丈。則通儒訓詁，且據其文矣。唐人詞賦引用尤多，固錄異者所不能廢也。諸家著錄或入地理，循名責實，未見其然。今與山海經同退置小說家焉。

漢武故事一卷（江蘇巡撫採進本）

舊本題漢班固撰。然史不云固有此書，隋志著錄傳記類中，亦不云固作。晁公武讀書志引張柬之洞冥記跋，謂出於王儉。唐初去齊梁未遠，當有所考也。所言亦多與史記、漢書相出入，而雜以妖妄之語。然如藝文類聚、三輔黃圖、太平御覽諸書所引甲帳珠簾、王母青雀、茂陵玉椀諸事，稱出漢武故事者，乃皆無之。又李善註文選西征賦，引漢武故事二條，其一爲柏谷亭事，此本亦無之。其一爲衞子夫事，此本雖有之，而文反略於善註。考隋志載此書二卷，諸家著錄竝同。錢曾讀書敏求記亦尙作二卷，稱所藏凡二本，一是錫山秦汝操繡石書堂本，一是陳文燭晦伯家本，又與秦本互異。今兩存之云云。兩本今皆未見。此本爲明吳琯古今逸史所刻，併爲一卷，僅寥寥七八頁，蓋已經刊削，又非兩家之本。以其六朝舊帙，姑存備古書之一種云爾。

漢武帝內傳一卷（江蘇巡撫採進本）

舊本題漢班固撰。隋志著錄二卷，不註撰人。宋志亦註曰不知作者。此本題曰班固，不知何據。殆後人因漢武故事僞題班固，遂併此書歸之歟。漢書東方朔傳贊稱好事者取奇言怪語附著之朔。此書乃載朔乘龍上昇，與傳贊自相矛盾，其不出於固，灼然無疑。其文排偶華麗，與王嘉拾遺記、陶宏景眞誥體格相同。考徐陵玉臺新咏序有靈飛六甲高擅玉函之句，實用此傳六甲靈飛十二事封以白玉函語，則其僞在齊梁以前。又考郭璞遊仙詩有漢武非仙才句，與傳中王母所云殆恐非仙才語相合。葛洪神仙傳所載孔元方告馮遇語，與傳中稱受之者四十年傳一人，無其人，八十年可頓受二人，非其人，謂之泄天道，得其人不傳，是謂蔽天寶云云相合。張華博物志載漢武帝好道，西王母七月七日漏七刻乘紫雲車來云云，與此傳亦合。今本博物志雖眞僞相參，不足爲證，而李善註文選洛神賦，已引博物志此語，足信爲張華之舊文。其殆魏晉間文士所爲乎。陸德明莊子釋文註大宗師篇西王母，亦引漢武內傳云：西王母與上元夫人降帝，美容貌，神仙人也。事與今本所載同，而文句迥異。或德明檃括其詞歟。錢曾讀書敏求記曰：漢武內傳一卷，孱守居士空居閣校本。（案孱守居士，常熟馮舒之別號也。）廣記刪去元靈二曲及十二事篇目，又脫朱鳥窗一段，對過始知此本爲完書。案李商隱詩曰：玉桃偷得憐方朔，金屋修成貯阿嬌。又曰：如何漢殿穿鍼夜，又向窗前覷阿環。皆用朱鳥窗事，知古本當有此一段。李善註文選郭璞遊仙詩引漢武內傳西王母侍女歌曰：遂乘萬龍輴馳聘眄九野二句。正元靈曲中語。知古本當有此二曲。錢會所云良是。今檢此本。亦無元靈二曲及朱鳥窗一段。而有十二事之篇目。與會所說又不同。又玉海引中興書目曰。漢武帝內傳二卷。載西王母事。後有淮南王公孫卿稷邱君八事。乃唐終南元都道士游巖所附。今亦無此八事。蓋明人刪竄之本。非完書矣。

漢武洞冥記四卷（江蘇巡撫採進本）

舊本題後漢郭憲撰。憲字子橫。汝南宋人。官至光祿勳。事蹟具後漢書方術傳。是書隋志止一卷。唐志始作四卷。文獻通考有拾遺一卷。晁公武讀書志引憲自序。謂漢武明儁特異之主。東方朔因滑稽浮誕以匡諫。洞心於道教。使冥迹之奧。昭然顯著。故曰洞冥。陳振孫書錄解題云。其別錄又於御覽中鈔出。則四卷亦非全書。別錄當卽拾遺也。今憲序與拾遺俱已佚。惟存此四卷。核以諸書所引。皆相符合。蓋猶舊本。考范史載憲初以不臣王莽。至焚其所賜之衣。逃匿海濱。後以直諫忤光武帝。時有關東觥觥郭子橫之語。蓋亦剛正忠直之士。徒以潠酒救火一事。遂抑之方術之中。其事之有無。已不可定。至於此書所載。皆怪誕不根之談。未必眞出憲手。又詞句縟豔。亦迥異東京。或六朝人依託爲之。然所言影娥池事。唐上官儀用以入詩。時稱博洽。後代文人詞賦。引用尤多。蓋以字句妍華。足供採摭。至今不廢。良以是耳。若其中伏生受尙書於李克一條。悠謬支離。全乖事實。朱彝尊乃採以入經義考。則嗜博貪奇。有失別擇。非著書之體例矣。

拾遺記十卷（內府藏本）

秦王嘉撰。嘉字子年。隴西安陽人。事蹟具晉書藝術傳。考舊本繫之晉代。然嘉實苻秦方士。是時關中雲擾。與典午隔絕久矣。稱晉人者。非也。其書本十九卷。二百二十篇。後經亂亡殘闕。梁蕭綺搜羅補綴。定爲十卷。并附著所論。命之曰錄。卽此本也。綺序稱文起羲炎以來。事迄西晉之末。然第九卷記石虎燋龍至石氏破滅。則事在穆帝永和六年之後。又東晉久矣。綺亦約略言之也。嘉書蓋倣郭憲洞冥記而作。其言荒誕。證以史傳皆不合。如皇娥讌歌之事。趙高登仙之說。或上誣古聖。或下獎賊臣。尤爲乖迕。綺錄亦附會其詞。無所糾正。然歷代詞人。取材不竭。亦劉勰所謂事豐奇偉。辭富膏腴。無益經典。而有助文章者歟。虞初九百。漢人備錄。六朝舊笈。今亦存備採擷焉。

搜神記二十卷（內府藏本）

舊本題晉干寶撰。寶字令升。新蔡人。元帝時以著作郎領國史。遷散騎常侍。事蹟具晉書本傳。史稱寶感父婢再生事。遂撰集古今靈異神祇人物變化爲此書。其自序一篇。亦載於傳內。隋志新舊唐志俱著錄三十卷。宋志作搜神總記十卷。亦云寶撰。崇文總目則云搜神總記十卷。不著撰人名氏。或云干寶撰。非也。（案此條見玉海。）此本爲胡震亨祕冊彙函所刻。後以其版歸毛晉。編入津逮祕書者。考太平廣記所引。一一與此本相同。以古書所引證之。裴松之三國志註魏志明帝紀引其柳谷石一條。齊王芳紀引其火浣布一條。蜀志麋竺傳引其婦人寄載一條。吳志孫策傳引其于吉一條。吳夫人傳引其夢月一條。宋夫人傳引其朱主一條。皆具在此本中。劉孝標世說新語註引其盧充金盌一條。劉昭續漢志註五行志荊州童謠條下引其華容女子一條。建安四年武陵充縣女子重生條下引其李娥一條。桓帝延熹七年條下引其大蛇見德陽殿一條。郡國志馬邑條下引其秦人築城一條。故道條下引其旄頭騎一條。李善註王粲贈文叔良詩引其文穎字叔良一條。註思元賦引其張車子一條。註鮑照擬古詩引其太康帕頭一條。劉知幾史通引其王喬飛舄一條。亦皆具在此本中。似乎此本卽寶原書。惟太平寰宇記青陵臺條下引其韓憑化蛺蝶一條。此本乃作化鴛鴦。郭忠恕佩觿上篇稱干寶搜神記以琵琶爲頻婆。此本吳赤烏三年豫章民楊度一條。凡三見琵琶字。安陽城南亭一條亦有琵琶字。均不作頻婆。又續漢志註地理志緱氏條下引其延壽亭一條。巴郡條下引其澤中有龍鳴鼓則雨一條。五行志建安七年醴陵山鳴條下引其論山鳴一條。李善蜀都賦註引其澹臺子羽一條。陸機皇太子宴元圃詩引其程猗說石圖一條。此本亦皆無之。至於六卷七卷全錄兩漢書五行志。司馬彪雖在寶前。續漢書寶應及見。似決無連篇鈔錄。一字不更之理。殊爲可疑。然其書敘事多古雅。而書中諸論亦非六朝人不能作。與他僞書不同。疑其卽諸書所引。綴合殘文。傳以他說。亦與博物志述異記等。但輯二書者耳目隘陋，故罅漏百出。輯此書者則多見古籍，頗明體例，故其文斐然可觀。非細核之，不能辨耳。觀書中謝尚無子一條，太平廣記三百二十二卷引之，註曰出誌怪錄，是則捃拾之明證。胡震亨跋但稱謝尚爲鎮西將軍，在穆帝永和中，寶此書嘗示劉惔，惔卒於明帝太寧中，則書在尚加鎮西將軍之前二十餘年，疑爲後人所附益，猶未考此條之非本書也。胡應麟甲乙剩言曰：姚叔祥見余家藏書目中有干寶搜神記，大駭，曰：果有是書乎？余應之曰：此不過從法苑、御覽、藝文、初學、書鈔諸書中錄出耳，豈從金函石匱幽巖土窟掘得耶？大抵後出異書，皆此類也。斯言允矣。

搜神後記十卷（內府藏本）

舊本題晉陶潛撰。中記桃花源事一條，全錄本集所載詩序，惟增註漁人姓黃名道眞七字。又載干寶父婢事，亦全錄晉書，剽掇之迹，顯然可見。明沈士龍跋謂潛卒於元嘉四年，而此有十四、十六兩年事，陶集多不稱年號，以干支代之，而此書題永初、元嘉，其爲僞託，固不待辨。然其書文詞古雅，非唐以後人所能。隋書經籍志著錄，已稱陶潛，則屬撰嫁名，其來已久。又陸羽茶經引其中晉武帝時宣城人秦精入武昌山採茗一條，與此本所載相合。封演聞見記引其中有人因病能飲一斛二斗，後吐一物一條，與此書桓宣武督將一條，僅文有詳略，及牛肺字作土肚，若瘕字作斛二瘕，其事亦與此本所載相合。知今所傳刻，猶古本矣。其中丁令威化鶴、阿香雷車諸事，唐宋詞人並遞相援引，承用至今。題陶潛撰者固妄，要不可謂非六代遺書也。

異苑十卷（江蘇巡撫採進本）

宋劉敬叔撰。敬叔，宋書、南史俱無傳，明胡震亨始採諸書補作之，稱敬叔彭城人，起家中兵參軍，元嘉三年爲給事黃門郎，太始中卒。又稱嘗爲劉毅郎中令，以事忤毅，爲所奏免官。今案書中稱毅鎮江州，褊躁愈劇，又載毅妻爲桓元所得，擅寵有身，多著憾詆毀之詞，則震亨之言當爲可信。惟書中自稱義熙十三年余爲長沙景王驃騎參軍，以宋書長沙景王道憐傳考之，時方以驃騎將軍領荊州刺史，與敬叔所記相合。而震亨傳中未之及，則偶疎也。其書皆言神怪之事，卷數與隋書經籍志所載相合。劉知幾史通謂晉書載武庫火，漢高祖斬蛇劍穿屋飛去，乃據此書，載入亦復相合。惟中間太平御覽所引傳承亡餞一條，此本失載。又稱宋高祖爲宋武帝，裕直舉其國號名諱，亦不似當時臣子之詞，疑已不免有所佚脫竄亂。然核其大致，尚爲完整，與博物志、述異記全出後人補綴者不同。且其詞旨簡澹，無小說家猥瑣之習，斷非六朝以後所能作。故唐人多所引用，如杜甫詩中陶侃胡奴事，據世說新語但知爲侃子小名，勘驗是書，乃知別有一事，甫之援引爲精切。則有裨於考證亦不少矣。

續齊諧記一卷（江蘇巡撫採進本）

梁吳均撰。均事蹟具梁書本傳。唐藝文志作吳筠，案唐有道士吳筠，乃大歷時人，是書隋志著錄，杜公贍荊楚歲時記註、歐陽詢藝文類聚已先引其文，非筠明甚，唐志蓋傳寫之譌。吳琯刊本有元陸友跋曰：齊諧志怪，蓋莊生寓言。今均所續，特取義云爾，前無其書也。案隋書經籍志雜傳類均書之前有宋散騎侍郎東陽無疑齊諧記七卷，唐志小說家亦並載之。然則均書實續無疑，友謂前無其書，亦爲失考。所記皆神怪之說，然李善註文選於陸機豫章行引其田氏三荊樹一條，於謝惠連七月七日夜詠牛女詩引其成武丁一條，韋絢劉禹錫嘉話引其霍光金鳳轄一條，蔣潛通天犀導一條，張彥遠歷代名畫記引其徐邈畫鯔魚一條，是在唐時已援爲典據，亦小說之表表者矣。惟劉阮天台一事，徐子光註李瀚蒙求引續齊諧記之文，述其始末甚備，而今本無此條，豈原書久佚，後人於太平廣記諸書內鈔合成編，故偶有遺漏歟？

還冤志三卷（內府藏本）

隋顏之推撰。之推有家訓，已著錄。此書隋志不載，唐書藝文志作冤魂志三卷，文獻通考作北齊還冤志二卷，考宋史藝文志作顏之推還冤志，太平廣記所引亦皆稱還冤志，與今本合，則唐志爲傳寫之譌。至書中所記上始周宣王杜伯之事，不得目以北齊，即之推亦始本梁人，後終隋代，觀陸法言切韻序，則開皇之初尚與劉臻等八人同時定韻，更不得目以北齊。殆因舊本之首題北齊黃門侍郎顏之推撰，遂誤以冠於書名上歟？觀宋史又載釋庭藻續北齊還冤志一卷，則誤稱北齊，亦已久矣。自梁武以後，佛教彌昌，士大夫率皈禮能仁，盛談因果。之推家訓有歸心篇、於罪福尤爲篤信。故此書所述、皆釋家報應之說。然齊有彭生、晉有申生、鄭有伯有、衞有渾良夫、其事竝載春秋傳。趙氏之大厲、趙王如意之蒼犬、以及魏其武安之事、亦未嘗不載於正史。強魂毅魄、憑厲氣而爲變、理固有之。尚非天堂地獄、幻杳不可稽者比也。其文詞亦頗古雅、殊異小說之冗濫。存爲鑑戒、固亦無害於義矣。陳繼儒嘗刻入祕笈中、刊削不完、僅存一卷。此本乃何鏜漢魏叢書所刻、猶爲原帙。今據以著錄焉。

集異記一卷、江蘇巡撫採進本

唐薛用弱撰。案唐書藝文志載用弱字中勝、長慶光州刺史。其里籍則未言。此本卷首題曰河東。然唐代士族率題郡望。劉必彭城、李必隴西、其確生何地則未之知。三水小牘案此書今佚、此條見太平廣記三百十二卷所引、載其大和中自儀曹郎出守弋陽、爲政嚴而不殘。蓋在當時稱良吏、其事蹟亦無考也。是書所記凡十六條。晁公武讀書志稱其首載徐佐卿化鶴事、此本正以此條爲首、與晁氏所記合。蓋猶舊本。其敘述頗有文采、勝他小說之凡鄙。世所傳狄仁傑集翠裘、王維鬱輪袍、王積薪婦姑圍棊、王之渙旗亭畫壁諸事、皆出此書。其良常山新宮銘、洪邁容齋隨筆推爲奇作。蘇軾與子過詩所謂爾應奴隸蔡少霞、我亦伯仲山元卿者、卽用其事。卷帙雖狹、而歷代詞人恆所引據、亦小說家之表表者。陳振孫書錄解題謂是書一名古異記。然諸家著錄、俱無此名、不知振孫何本。又唐比部郎中陸勳亦有集異記二卷、與用弱此本名同。故文獻通考題勳書曰陸氏集異記、以別於用弱書焉。

博異記一卷、江蘇巡撫採進本

舊本題唐谷神子還古撰、不著姓氏。考晁公武讀書志載老子指歸十三卷、亦題谷神子註、不著姓氏。而唐書藝文志有馮廓註老子指歸十三卷、與公武所言書名卷數皆合。則谷神子其馮廓歟。胡應麟二酉綴遺則曰、唐有詩人鄭還古、嘗爲殷七七作傳。其人正晚唐、而殷傳文與事皆類、是書蓋其作也。其說亦似有依據。然古無明文、闕所不知可矣。其書載敬元穎許漢陽王昌齡張竭忠崔元微陰隱客岑文本沈亞之劉方元馬燧十人。太平廣記三百四十八卷載李全質一條、稱會昌壬戌濟陰大水、谷神子與全質同舟云云、此本無之。蓋亦鈔合而成、非完帙也。所記皆神怪之事、敘述雅贍。而所錄詩歌頗工緻、視他小說爲勝。惟師曠鏡銘一條、不似三代語爾。陳振孫書錄解題謂語觸時忌、故隱其名。前有自序、亦稱非徒但資笑語、抑亦粗顯箴規。或冀逆耳之詞、稍獲周身之戒。今觀所載、殊不見觸忌之語。而證以太平廣記所引、又確爲本書、非出依託。未審其寓言之旨何在也。

杜陽雜編三卷、兩淮鹽政採進本

唐蘇鶚撰。鶚有演義、已著錄。此編所記、上起代宗廣德元年、下盡懿宗咸通十四年、凡十朝之事、皆以三字爲標目。其中述奇技寶物、類涉不經。大抵祖述王嘉之拾遺、郭子橫之洞冥。雖必舉所聞之人以實之、殆亦俗語之爲丹青也。所稱某物爲某年某國所貢者、如日林大林文單吳明拘弭大軫南昌澌東條支鬼谷河陵兜離、唐書外國傳皆無此名、諸帝本紀亦無其事。卽如夫餘國久併於渤海大氏、而云武宗會昌元年夫餘來貢。罽賓地接葱嶺、漢書唐書均有明文、而云在西海。尤舛迕之顯然者矣。然鋪陳縟豔、詞賦恆所取材、固小說家之以文采勝者。讀者挹其葩藻、遂亦忘其夸飾。至今沿用、殆以是歟。其曰杜陽雜編者、晁公武讀書志謂鶚居武功之杜陽、蓋因地以名其書云。

前定錄一卷、續錄一卷、浙江鮑士恭家藏本

唐鍾輅撰。輅、大和中人。官崇文館校書郎。唐書藝文志作鍾簵、未詳孰是也。是書所錄前定之事、凡二十三則、與書錄解題所言合。前有自序、稱庶達識之士知其不誣、奔競之徒亦足以自警。較他小說爲有勸戒。高彥休唐闕史曰、世傳前定錄、所載事類實繁、其間亦有鄰委曲以成其驗者、蓋卽指此書。然小說多不免附會、亦不能獨爲此書責也。續錄一卷、不題撰人名氏。書錄解題亦載之。觀其以唐明皇與唐元宗析爲兩條、知爲雜採類書而成、失於刪併。又柳宗元一條、乃全引龍城錄語。龍城錄爲宋王銍僞撰、則非唐以前書明矣。

桂苑叢談一卷、內府藏本

案新唐書藝文志載桂苑叢談一卷、註曰馮翊子子休撰、不著姓名。晁公武引李淑邯鄲書目云、姓嚴、疑馮翊子其號、而子休其字也。陳繼儒刻入祕笈、乃題爲唐子休馮翊著、顚倒其文、誤之甚矣。其書前十條皆載咸通以後鬼神怪異及瑣細之事、後爲史遺十八條。其十二條亦紀唐代雜事。餘六條則兼及南北朝。然如高澂捕賊、高延宗縱恣、崔宏度酷虐諸事，齊隋本史皆已載之。又似摘鈔卷中未及刊削者。疑已經後人竄亂，非原書也。其甘露亭一條，稱吳王收復浙右之歲者，當爲昭宗天復二年。時始封楊行密爲吳王，故子休以此稱之。然則作是書者，其江南人歟。

劇談錄二卷（浙江巡撫採進本）

唐康駢撰。王定保摭言作唐軿，蓋傳寫之誤。唐書藝文志作康軿，以其字駕言證之，二字義皆相合，未詳孰是。諸書引之，皆作駢，疑亦唐志誤也。駢，池陽人，乾符四年登進士第，官至崇文館校書郎。是書成於乾寧二年，皆記天寶以來瑣事，亦間以議論附之。凡四十條。今以太平廣記勘之，一一相合。非當時全部收入，即後人從廣記鈔合也。此本末有臨安府陳道人書籍鋪刊行字，蓋猶影鈔宋本。如潘將軍一條，註中疑爲潘鶻硉字。今本劒俠傳從廣記剽掇此條，譌爲潘鶴硉，遂不可解。知此本爲善矣。其中載元微之年老擢第，執贄謁李賀一條，古夫于亭雜錄辨之曰：案元擢第既非遲暮，於賀亦稱前輩，詎容執贄造門，反遭輕薄？小說之不根如此。其論最當。然稗官所述，半出傳聞，真僞互陳，其風自古，未可全以爲據，亦未可全以爲誣。在讀者考證其得失耳，不以是廢此一家也。

宣室志十卷補遺一卷（內府藏本）

唐張讀撰。陳振孫書錄解題稱讀字聖朋。唐書藝文志載讀建中西狩錄十卷，註曰讀字聖用。朋用字形相近，義亦兩通，未詳孰是也。深州陸澤人。舊唐書附見其祖張薦傳中，稱其登進士第，有俊才，累官至中書舍人、禮部侍郎，典貢舉，時稱得士。位終尚書左丞。新唐書藝文志則稱爲僖宗時吏部侍郎。高彥休唐闕史亦稱張侍郎讀爲員外郎張休復之子（案舊唐書作希復），牛僧孺之外孫，年十九登進士第。不言其爲吏部、禮部，以典貢舉之文證之，蓋新唐書爲誤矣。是書所記皆鬼神靈異之事，蓋以其外祖牛僧孺嘗作元怪錄，讀少而習見，故沿其流波歟。補遺一卷，舊本併題讀撰。然諸家書目皆無之，疑刊刻者摭他書所引，載於後也。宣室之義，蓋取漢文帝宣室受釐，召賈誼問鬼神事。然鬼神之對，雖在宣室，而宣室之名實不因鬼神而立。取以題誌怪之書，於義未當。特久相沿習，不覺耳。今特附訂其失，庶讀者有考，無相沿用焉。

唐闕史二卷（浙江鮑士恭家藏本）

舊本題唐高彥休撰。彥休始末未詳。書中鄭少尹及第一條，有開成二年愚江夏伯祖再司文柄語。考舊唐書高鍇傳，鍇於大和三年以吏部員外郎奉詔審定敕試別頭進士明經。開成元年以中書舍人權知禮部貢舉，尋爲禮部侍郎，掌貢部者三年。出爲鄂岳觀察使而卒。鄂岳正江夏之地，所言官品事蹟俱合，則彥休當爲鍇之從孫。惟新舊書皆失錯之里籍，遂不知彥休爲何地人耳。陳振孫書錄解題曰：彥休自號參寥子，唐藝文志註亦同。宋史藝文志載闕史一卷，註曰參寥子述。又載高彥休闕史三卷，分爲兩書兩人，殊爲舛誤。又黃伯思東觀餘論有此書跋云，敘稱甲辰歲編次，蓋僖宗中和四年。而其間有已書僖號者，或後人追改之。今考序中自言乾符甲子生，乾符無甲子，當爲甲午之誤。下詎中和四年僅十年，不應即能著書。由是以後，惟晉開運元年爲甲辰，上推乾符元年甲午生，年當七十一歲，尙有著書之理。然則彥休蓋五代人也。是書諸家著錄皆三卷，今止上下二卷，似從他書鈔撮而成，非其原本。張耒宛邱集稱賈長卿嘗稱此書所載白居易毋墮井事，此本無之，是亦不完之一證。然自序言共五十一篇，分爲上下二卷，又似非有脫遺者，或後人併追改其序歟。王士禎居易錄議其首載李師道之黨丁約獻俘闕下，臨刑幻化仙去事，以爲導逆，其說甚當。然所載如周墀之對文宗，崔圓之對宣宗，鄭薰判官之隣子，盧攜之議鎮州，皆足與史傳相參訂。李可及戲論三教一條，謂伶人不當授官，持論尤正。他如皇甫湜作福先寺碑，劉蛻辨齊桓公器單長鳴非姓單諸事，亦足以資考證，不盡小說荒怪之談也。

甘澤謠一卷（江蘇巡撫採進本）

唐袁郊撰。晁公武讀書志云，載譎異事九章，咸通中久雨臥疾所著。陳振孫書錄解題述其自序云，以春雨澤應，故有甘澤成謠之語，以名其書。此本爲毛晉所刊，云得之華陰楊儀。篇數與讀書志合，然但有儀序而無郊自序。儀序稱郊爲唐祠部郎中。考新唐書宰相世系表，郊字子乾，官至虢州刺史，不知儀何所據也。書影曰：甘澤謠別自有書。今楊夢羽所傳。皆從他書鈔撮而成。僞本也。或曰夢羽本未出時。已有鈔太平廣記二十餘條爲甘澤謠以行者。則夢羽本又贋書中之重儓矣。今考書影所稱夢羽。卽儀之字。其所稱先出之一本。今未之見。錢希言獪園薄明經爲魚一條。稱嘗見唐人小說有甘澤謠載魚服記甚詳。今此本無魚服記。豈希言所見乃先出一本耶。然據此本所載。與太平廣記所引者一一相符。則兩本皆出廣記。不得獨指儀本爲重儓。又裒輯散佚。重編成帙。亦不得謂之贋書。所論殊爲未允。其書雖小說家流。而瑣事軼聞。往往而在。如杜甫飲中八仙歌。葉夢得避暑錄話謂惟焦遂不見於書傳。今考此書陶峴條中。實有布衣焦遂。而絕無口吃之說。足以證師古僞註之謬。是亦足資考證。不盡爲無益之談矣。

開天傳信記一卷浙江鮑士恭家藏本

唐鄭綮撰。綮字蘊武。滎陽人。登進士第。累官右散騎常侍。好以詩謠託諷。昭宗意其有所蘊蓄。擢爲禮部侍郎同中書門下平章事。所謂歇後鄭五作宰相時事可知者。卽其人也。舊唐書本傳稱綮嘗歷監察殿中倉戶二員外。金刑右司三郎。而是書原本首署其官爲吏部員外郎。本傳顧未之及。或史文有所脫漏歟。書中皆記開元天寶故事。凡三十二條。自序稱傳領之暇。搜求遺逸。期於必信。故以傳信爲名。其紀明皇戲游城南。王琚延過其家謀誅韋氏一條。據唐書琚傳。乃琚選補主簿過謝太子乘機進說。以除太平公主。並無先過琚家之事。司馬光作通鑑。亦不從是書。惟新唐書兼採之。然韋氏稱制時。琚方以王同皎黨亡命江都。安得復卜居韋杜。綮所記恐非事實。宜爲通鑑所不取。又如華陰見岳神。夢遊月宮。羅公遠隱形。葉法善符籙諸事。亦語涉神怪。未能盡出雅馴。然行世既久。諸書言唐事者多沿用之。故錄以備小說之一種焉。

稽神錄六卷內府藏本

宋徐鉉撰。鉉字鼎臣。廣陵人。仕南唐爲翰林學士。隨李煜歸宋。官至直學士院給事中散騎常侍。淳化初。坐累謫靜難軍司馬。卒於官。事蹟具宋史本傳。是編皆記神怪之事。晁公武讀書志載其自序。稱自乙未歲至乙卯。凡二十年。則始於後唐廢帝清泰二年。迄於周世宗顯德二年。猶未入宋時所作。書中惟乾貞天復天祐開成同光書其年號。自後唐明宗以後。則但書甲子。考馬永卿懶眞子。稱南唐自顯德五年用中原正朔。士大夫以爲恥。碑文但書甲子。此書猶在李璟去帝號前三年。殆必原用南唐年號。入宋以後追改之。其稱楊行密曰僞吳。稱南唐曰江南。其官亦稱僞某官。亦入宋以後所追改歟。讀書志云所載一百五十事。陳振孫書錄解題云。元本十卷。此無卷第。當是他書中錄出者。案今本止六卷。而反有一百七十四事。末又有拾遺十三事。與晁氏陳氏所云卷數條數俱不合。案楓窗小牘云。太宗命儒臣修太平廣記時。徐鉉實與編纂。稽神錄。鉉所著也。每欲採擷。不敢自專。輒示宋白。使問李昉。昉曰。詎有徐率更言無稽者。於是此錄遂得見收。疑是錄全載太平廣記中。後人錄出成帙。而三大書徵引浩博。門目叢雜。所列諸事。凡一名叠見者。太平御覽皆作又字。文苑英華皆作前名字。廣記皆作同上字。其間前後相連。以甲蒙乙者。往往而是。或緣此多錄數十條。亦未可知也。讀書志又云。楊大年云。江東布衣蒯亮好大言誇誕。鉉喜之。館於門下。稽神錄中事。多亮所言。考鉉騎省集中有送蒯參軍亮詩。前四句云。昔年聞有蒯先生。二十年來道不行。抵掌曾談天下事。折腰猶忤俗人情。則鉉客實有蒯亮。然不言及說鬼事。又書中載破瘧得碁子得鍼二章。云聞之於亮。則不題亮名者。似非亮語。趙與旹賓退錄備載洪邁夷堅志諸序。稱其三志庚集序。考徐鉉稽神錄。辨楊文公談苑所載蒯亮之事非是。其說必有所考。今不得而見之矣。

江淮異人錄二卷永樂大典本

宋吳淑撰。淑有事類賦。已著錄。是編所紀。多道流俠客術士之事。凡唐代二人。南唐二十三人。徐鉉嘗積二十年之力。成稽神錄一書。淑爲鉉壻。殆耳擩目染。挹其流波。故亦喜語怪歟。鉉書說鬼。率誕漫不經。淑書所記。則周禮所謂怪民。史記所謂方士。前史往往見之。倘爲事之所有。其中如耿先生之類。馬令陸游二南唐書皆採取之。則亦非盡鑿空也。尤袤遂初堂書目載此書。作江淮異人傳。疑傳寫之譌。又宋史淑本傳載是書三卷。而陳振孫書錄解題作二卷。宋藝文志亦同。則列傳以二爲三。由字誤矣。其書久無傳本。今從永樂大典中掇拾遺又適得二十五人之數，首尾全備，仍爲完書。謹依宋志，仍分爲上下二卷，以復其舊焉。

太平廣記五百卷（內府藏本）

宋李昉奉敕監修，同修者扈蒙、李穆、湯悅、徐鉉、宋白、王克貞、張洎、董淳、趙鄰幾、陳鄂、呂文仲、吳淑十二人也。以太平興國二年三月奉詔，三年八月表進，（此據宋會要之文，玉海則作二年三月戊寅所集，八年十二月庚子書成，未詳孰是。）六年正月勑雕版印行。凡分五十五部，所採書三百四十五種，古來軼聞瑣事，僻笈遺文，咸在焉。卷帙輕者往往全部收入，蓋小說家之淵海也。玉海稱廣記鏤本頒天下，後以言者謂非後學所急，收版貯之太淸樓，故北宋人多未之睹。鄭樵號爲博洽，而通志校讎略中乃謂太平廣記爲太平御覽中別出廣記一書，專記異事，誤合兩書而一之，是樵亦未嘗見矣。其書雖多談神怪，而採摭繁富，名物典故，錯出其閒，詞章家恆所採用，考證家亦多所取資。又唐以前書世所不傳者，斷簡殘編，尚閒存其什一，尤足貴也。此本爲明嘉靖中右都御史談愷所刊，卷頁閒有闕佚。胡應麟二酉綴遺曰：談於此書頗肆力校讎，第中闕嗤鄙類二卷、無賴類二卷、輕薄類一卷，而酷暴類闕胡淛等五事，婦人類闕李誕等七事。諛謂偏閱諸藏書家悉然，疑宋世已亡。又曰：輕薄類劉祥、許敬宗等皆見六朝諸史及唐書，雜說談已考補，餘目中有名姓者，尚多互見諸書，惟出小說中而其書今亡者，雖悉究矣云云。則書在當時已非完帙，今亦姑仍舊本錄之焉。

茆亭客話十卷（兩江總督採進本）

宋黃休復撰。休復有益州名畫錄，已著錄。是編乃雜錄其所見聞，始王孟二氏，終於宋眞宗時，皆蜀中軼事。無一條旁涉他郡。陳振孫書錄解題稱其所記多蜀事，似未徧檢其書，但約略言之也。李畋作益州名畫錄序，稱其通春秋學。又稱其餌丹養親。書中李處士一條，極論杜預以左傳合經之誤，足徵其深於春秋。其他論燒煉服餌導引之術，臚列道家靈迹者居全書之大半，足徵其嫻於丹法。餘雖多及神怪，而往往借以勸戒，在小說之中最爲近理。其記吳王客省使高弼以王羲之石本蘭亭一軸獻僞蜀太子，當時識者謂是羲之撰序之後，刻石蘭亭之本。其說爲自古錄金石者所未聞。（案賓退錄引蔡絛之言曰：定武本乃江左所傳晉會稽石也。其說殆即因此事而附會。）又記唐德宗疑韋臯有異志，陰遣僧行勤誘之餌丹，至貞元二十年，丹毒發而死。亦唐史所不載。又記雷琴所以爲異者，岳雖高而絃低，雖低而不拍面，按之若指下無絃，吟振之則有餘韻，皆足以廣異聞。其駁北夢瑣言所記高駢鎭蜀時術士王劍撰福感寺塔金相輪事，謂淳化五年相輪墜地，實銅鐵所鑄，證孫光憲爲誣，亦足訂小說之謬也。

分門古今類事二十卷（浙江巡撫採進本）

不著撰人名氏。宋史藝文志亦未著錄。卷首題蜀本二字。第八卷內載有先大夫龍泉夢記一篇，記中稱崇寧乙酉挍漕解，次年叨第，末署政和七年三月宋如璋記。是作此書者即如璋之子。特前後無序跋，其名已不可考矣。書分十二類，凡帝王運兆門二卷，異兆門三卷，夢兆門三卷，相兆門二卷，卜兆門二卷，讖兆門二卷，祥兆門一卷，婚兆門一卷，墓兆雜志門一卷，爲善而增門一卷，爲惡而損門一卷。大旨在徵引故事，以明事有定數，無容妄覬，而又推及於天人迪吉從逆之所以然。雖採摭叢瑣，不無涉於誕幻，而警發世俗，意頗切至，蓋亦前定錄、樂善錄之類。且其書成於南渡之初，中閒所引如成都廣記、該聞錄、廣德神異錄、唐宋遺史、賓仙傳、靈異記、搢紳脞說、靈驗記、靈應集諸書，皆後世所不傳，亦可以資博識之助也。

陶朱新錄一卷（浙江鮑士恭家藏本）

宋馬純撰。純字子約，自號樸樕翁，單州武城人。紹興中爲江西漕使，隆興初以太中大夫致仕，居越之陶朱鄉，捜輯見聞，著是書，因名曰陶朱新錄。純事蹟不概見，惟會稽志載其題能仁寺壁一詩，以識僧宗昂有黃紙除書猶到汝，定知淸世不遺賢之句，爲當時傳誦。是書自宋以來，史志及各家書目亦皆不著錄，然周煇淸波雜志引其中韓南一條，稱爲樸樕翁陶朱集，又稱樸樕翁單父人，嘗宦於宣歙閒，蓋即此書，知實出宋人，非後來依託也。所載皆宋時雜事，大抵涉於怪異者十之七八，亦洪邁夷堅志之流。末附元祐黨籍一碑，與全書體例頗爲不類。考錄中所記馬默思郭眞人詩，純蓋默之諸孫。默在神宗朝以戶部侍郎寶文閣待制致仕，奉祠，後入黨籍。南渡以後，力反宣和之政，以收人心，凡黨人子孫，皆從優敘，故張綱華陽集中有論其除授太濫一疏。然士大夫終以爲榮，純載是碑，蓋以其祖之故，亦陸游自稱元祐黨家之意云。

睽車志六卷（內府藏本）

宋郭彖撰。彖字伯象、和州人。由進士歷官知興國軍。是書皆紀鬼怪神異之事、爲當時耳目所見聞者。其名睽車志、蓋取易睽卦、上六載鬼一車之語也。張端義貴耳集曰、憲聖在南內、愛神鬼幻誕等書。郭彖睽車志始出、洪景盧夷堅志繼之。似此書嘗經進御矣。宋史藝文志小說家類載有是書一卷。陳振孫書錄解題作五卷。而明商維濬刻入稗海者又作六卷。參錯不一。考夷堅志載趙三翁得道事、有張儔朋父爲作傳、郭彖伯象得其文載於睽車志末云云。今勘檢此本、惟張儔作張壽、傳寫異文。其在卷末、則與洪說相應。知猶舊本。特後人屢有分析、故卷目多寡互異耳。書中所載、多建炎紹興乾道淳熙閒事、而汴京舊聞亦閒爲錄入。各條之末、悉分註某人所說。蓋用杜陽雜編之例。其大旨亦主於闡明因果、以資勸戒。特摭拾旣廣、亦往往緣飾附會、有乖事實。如米芾本北宋名流、而疑爲蟒精。程迥亦南渡宿儒、多所著述、而以爲其家奉玉眞娘子、由此致富。張覺能斥姦平亂、志操甚正、身後尙廟食邵武、而以爲挾嫌殺人、白晝見鬼而卒。皆灼然可知其妄。其他亦多涉荒誕。然小說家言、自古如是、不能盡繩以史傳。取其勉人爲善之大旨可矣。

夷堅支志五十卷（編修汪如藻家藏本）

宋洪邁撰。邁所著容齋隨筆、已著錄。是書所記、皆神怪之說、故以列子夷堅事爲名。考列子謂大禹行而見之、伯益知而名之、夷堅聞而志之、正謂珍禽異獸、如山海經之類。邁雜錄仙鬼諸事、而名取於斯、非其本義。然唐華原尉張愼素已有夷堅錄之名、則邁亦有所本也。陳振孫書錄解題稱夷堅志甲至癸二百卷、支甲至支癸一百卷、三甲至三癸一百卷、四甲四乙二十卷、共四百二十卷。趙與旹賓退錄亦載夷堅志三十二編、凡三十一序、不相重複。各節錄其序之大略、頗爲詳備。此本僅存自甲至戊五十卷、標題但曰夷堅志。以其序文校與旹之所載、乃支甲至支戊、非其正集。惟與旹記支丙作支景、謂避其曾祖之嫌名、而此仍作丙。殆傳寫者所改歟。胡應麟筆叢謂所藏之本有百卷。核其卷目次第、乃支甲至三甲共十一帙。此殆胡氏之本又佚其半也。朱國楨湧幢小品不知爲志中之一集、乃云夷堅志本四百二十卷、今行者五十一卷。蓋病其煩蕪刪之、則誤之甚矣。陳振孫譏邁爲謬用其心。其說頗正。陳櫟勤有堂隨錄則謂邁欲修國史、借此練習其筆、似乎曲爲之詞。然其中詩詞之類、往往可資採錄、而遺聞瑣事、亦多足爲勸戒、非盡無益於人心者。小說一家、歷來著錄、亦何必拘於方隅、獨爲邁書責歟。

右小說家類異聞之屬、三十二部、七百二十四卷、皆文淵閣著錄。

博物志十卷（內府藏本）

舊本題晉張華撰。考王嘉拾遺記、稱華好觀祕異圖緯之部、捃采天下遺逸、自書契之始、考驗神怪及世閒閭里所說、造博物志四百卷、奏於武帝。帝詔詰問、卿才綜萬代、博識無倫。然記事采言、亦多浮妄、可更芟截浮疑、分爲十卷云云。是其書作於武帝時。今第四卷物性類中稱武帝泰始中武庫火、則武帝以後語矣。書影有謂藝文類聚引博物志子貢說社樹一條、今本不載者。案此條實在第八卷中、書影蓋偶然未檢。然考裴松之三國志註、魏志太祖紀、文帝紀、吳志孫賁傳、引博物志四條、今本惟有太祖紀所引一條、而佚其前半。餘三條皆無之。又江淹古銅劍贊引張華博物志曰、鑄銅之工、不可復得、惟蜀地羌中時有解者。今本無此語、足證非宋齊梁時所見之本。又唐會要載顯慶三年太常丞呂才奏、案張華博物志曰、白雪是泰帝使素女鼓五弦曲名、以其調高、人遂和寡。又張彥遠歷代名畫記引張華博物志曰、劉褒、漢桓帝時人、曾畫雲漢圖、人見之覺熱、又畫北風圖、人見之覺涼。今本皆無此語。李善註文選引張華博物志十二條、見今本者九條。其西京賦註引王孫公子皆古人相推敬之詞一條、閒居賦註引張騫使大夏得石榴、李廣利爲貳師將軍伐大宛得蒲陶一條、七命註引橙似橘而非若柚而有芬香一條、則今本皆無此語。段公路北戶錄引博物志五條、見今本者三條。其鵂鶹一名鷄鵂一條、金魚腦中有麩金出邛婆塞江一條、則今本皆無此語。足證亦非唐人所見之本。太平廣記引博物志鄭宏沈釀川一條、趙彥衛雲麓漫鈔引博物志黃藍張騫得自西域一條、今本皆無之。晁公武讀書志稱卷首有理略、後有讚文。今本卷首第一條爲地理，稱地理略。自魏氏曰以前云云，無所謂理略。讀文惟地理有之，亦不在卷後。又趙與旹賓退錄稱張華博物志卷末載湘夫人事，亦誤以爲堯女。今本此條乃在八卷之首，不在卷末。皆相矛盾，則併非宋人所見之本。或原書散佚，好事者掇取諸書所引博物志，而雜採他小說以足之。故證以藝文類聚、太平御覽所引，亦往往相符。其餘爲他書所未引者，則大抵勦掇大戴禮、春秋繁露、孔子家語、本草經、山海經、拾遺記、搜神記、異苑、西京雜記、漢武內傳、列子諸書，餖飣成帙，不盡華之原文也。又劉昭續漢志註律歷志引博物記一條，與服志引博物記一條，五行志引博物記二條，郡國志引博物記二十九條，齊東野語引其中日南野女一條，謂博物記當是秦漢閒古書，張華取其名而爲志。楊愼丹鉛錄亦稱據後漢書註，博物記乃唐蒙所作。今觀裴松之三國志註引博物記四條，又於魏志涼茂傳中引博物記一條，灼然二書，更無疑義。此本惟載江河水赤一條，又載漢末關中女子及范明友奴發冢重生二條，而分爲兩條。又載日南野女一條，譌羣行不見夫句爲羣行見丈夫，譌其狀皛且白句爲狀皛且。其餘三十一條，則悉遺漏。豈非偶於他書見此三條，以博物二字相同，不辨爲兩書而貿貿採入乎。至於雜說下所載豫章衣冠人有數婦一條，乃隋書地理志之文，唐人所撰，華何自見之。尤雜合成編之明證矣。書中閒有附註，或稱盧氏，或稱周日用。案文獻通考載周盧註博物志十卷，又盧氏註博物志六卷。此所載寥寥數條，殆非完本，或亦後人偶爲摘附歟。

述異記二卷（內府藏本）

舊本題梁任昉撰。昉字彥昇，樂安人，官至新安太守。事蹟具梁書本傳。此書宋志始著錄，卷數與今本相符。晁公武讀書志曰：昉家藏書三萬卷，天監中採輯先世之事，纂新述異，皆時所未聞，將以資後來屬文之用，亦博物志之意。唐志以爲祖沖之所作，誤也。案隋志先有祖沖之述異記十卷，唐志蓋沿其舊文，以爲別自一書則可，以爲誤題祖沖之，則史不誤而公武反誤矣。其書文頗冗雜，大抵剽剟諸小說而成。如開卷盤古氏一條，即採徐整三五歷記。其餘精衞諸條，則採山海經。園客諸條，則採列仙傳。魍魎諸條，則採拾遺記。老桑諸條，則採異苑。以及防風氏、蚩尤、夜郎王之類，皆非僻事，不得云世所未聞。其武陵源一條，則襲陶潛所記，而於桃外增李，移其地於吳中。周禮孤竹之管、空桑之琴瑟二條，則附會竹生東海、空桑生大野山，尤爲拙文陋識。考昉本傳稱著雜傳二百四十七卷、地志二百五十二卷、文章三十三卷，不及此書。且昉卒於梁武帝時，而下卷地生毛一條云北齊武成河清年中。案河清元年壬午，當陳天嘉三年、周保定二年、後梁蕭巋天保元年，距昉之卒久矣，昉安得而記之。其爲後人依託，蓋無疑義。姚寬西溪叢語，得潘岳閒居賦房陵朱仲之李句，李善注朱仲未詳。此書中乃有其事，摭以補善注之遺。今考李善閒居賦注，此句下引荊州記曰：房陵縣有朱仲者，家有縹李，代所希有。竝無未詳之語。寬偶讀誤本，不知此書之剽文選注，反謂選注未見此書，舛誤甚矣。考太平廣記所引述異記，皆與此本相同，則其僞在宋以前。其中桃都天雞事，溫庭筠雞鳴埭歌用之；燕昭王爲郭隗築臺事，白居易六帖引之；則其書似出中唐前。蛇珠龍珠之諺，乃剽竊灌畦暇語，則其書又似出中唐後。或後人雜採類書所引述異記，益以他書雜記，足成卷帙，亦如世所傳張華博物志歟。

酉陽雜俎二十卷續集十卷（內府藏本）

唐段成式撰。成式字柯古，臨淄人，宰相文昌之子。官至太常卿。事蹟具唐書本傳。是書首有自序云：凡三十篇，爲二十卷。今自忠志至肉攫部，凡二十九篇，尙闕其一。考語資篇後有云：客徵鼠虱事，余戲撫作破蝨錄。今無所謂破蝨錄者，蓋脫其一篇，獨存其篇首引語，綴前篇之末耳。至其續集六篇十卷，合前集爲三十卷，諸史志及諸家書目竝同。而胡應麟筆叢云：酉陽雜俎世有二本，皆二十卷，無所謂續者。近於太平廣記中鈔出續記，不及十卷，而前集漏軼者甚多，悉鈔入續記中，爲十卷，俟好事者刻之。又似乎其書已佚，應麟復爲鈔合者然。不知應麟何以得其篇目，豈以意爲之耶。其書多詭怪不經之談，荒渺無稽之物，而遺文祕籍，亦往往錯出其中。故論者雖病其浮誇，而不能不相徵引。自唐以來，推爲小說之翹楚，莫或廢也。其曰酉陽雜俎者，蓋取梁元帝賦訪酉陽之逸典語，二酉藏書之義也。其子目有曰諾皋記者，吳曾能改齋漫錄以爲諾皋太陰神名，語本抱朴子，未知確否至其貝編玉格夫毘壺史諸名，則在可解不可解之閒，蓋莫得而深考矣。

淸異錄二卷（浙江巡撫採進本）

宋陶穀撰。穀字秀實，邠州新平人。本唐彥謙之孫，避晉諱改陶氏。仕晉爲知制誥、倉部郎中。仕漢爲給事中。仕周爲兵部侍郎、翰林承旨。入宋仍原官，加戶部尚書。事蹟具宋史本傳。是書皆採摭唐及五代新穎之語，分三十七門，各爲標題，而註事實緣起於其下。陳振孫書錄解題以爲不類宋初人語。胡應麟筆叢嘗辨之。今案穀雖入宋，實五代舊人。當時文格，不過如是。應麟所云良是。惟穀本北人，僅一使南唐，而花九品九命一條，云張翊者世本長安，因亂南來，先主擢置上列，乃似江南人語。是則稍不可解耳。豈亦雜錄舊文，刪除未盡耶。所記諸事，如出一手。大抵即穀所造，亦雲仙散錄之流。而獨不僞造書名，故後人頗引爲詞藻之用。樓鑰攻媿集有白醉軒詩，據其自序，亦引此書。則宋代名流，即已用爲故實。相沿既久，遂亦不可廢焉。

續博物志十卷（江蘇巡撫採進本）

舊本題晉李石撰。然第二卷稱今上於前朝作鎭睢陽，洎開國，號大宋。是宋太祖時人矣。而又稱曾公亮得龍之脊，王安石得龍之睛。全摭陸佃埤雅之說。又引子華子、陳正敏遯齋閒覽、曾慥集仙傳，均南北宋間之書，則併非北宋初人。別本末有其門人迪功郎眉山簿黃宗泰跋，稱爲方舟先生。方舟爲宋李石之號，所作詩如例，已著錄經部中。則稱晉李石誤也。然石爲紹興乾道間人，亦不應稱太祖爲今上。殆亦剽掇說部以爲之，仍其舊文，未及削改歟。其書以補張華所未備，惟華書首地理，此首天象，體例小異。其餘雖不分門目，然大致略同。故自序謂次第仿華說。一事續一事，然龜巢蓮葉一條，與華說複出，竟不及檢。又王士禎香祖筆記摘其既云劉亮合仙丹得白蝙蝠服之立死，又云陳子眞得蝙蝠大如鴉，食之，一夕大泄而死。乃更云丹水石穴蝙蝠百歲者倒懸，得而服之，使人神仙，自相矛盾。又摘其以文帝使掌故歐陽生受伏生尚書，以伏生墓爲在濮水，以磻溪爲在汲郡，皆附會舛謬。特以宋人舊笈，軼聞瑣語，閒有存焉，姑錄以備參考云爾。

右小說家類瑣語之屬，五部，五十四卷，皆文淵閣著錄。

欽定四庫全書總目卷一百四十二

欽定四庫全書總目卷一百四十三

子部五十三

小說家類存目一

燕丹子三卷（永樂大典本）

不著撰人名氏。所載皆燕太子丹事。漢志法家有燕十事十篇，註曰不知作者。雜家有荆軻論五篇，註曰司馬相如等論荆軻事。無燕丹子之名。至隋書經籍志始著錄於小說家。唐李善註文選始援引其文。是其書在唐以前。又史記刺客列傳曰世言荆軻其稱太子丹之命天雨粟馬生角也太過，其文見此書中，而裴駰集解不引此書。司馬貞索隱曰風俗通及論衡皆有此說，仍云廄門木烏生肉足也，亦不引此書。諸家引書，以在前者爲據，知此書在應劭王充後矣。史記正義引田光論夏扶、宋意、秦舞陽事，又引秦王乞聽琴事，均作燕太子。索隱引進金丸膾馬肝等事，亦作燕太子。殆傳寫異文歟。宋志尚著於錄，至明遂佚，故馬驌作繹史，稱魯連子燕丹子之類，或眞或僞，今皆亡，其所輯秦事，引燕丹子凡十條，大抵本之文選註、太平御覽諸書，字句亦頗多舛異。今檢永樂大典，載有全本，蓋明初尚存。然其文實割裂諸書燕丹荆軻事雜綴而成。其可信者已見史記，其他多鄙誕不可信，殊無足採。謹仰遵
聖訓，附存其目。隋志作一卷，唐志、宋志及文獻通考並作三卷。永樂大典所載併爲一卷，而實作三篇，故今仍以三卷著錄焉。

漢雜事祕辛一卷（內府藏本）

不著撰人名氏。楊慎序稱得於安寧土知州萬氏。沈德符敝帚軒剩語曰、卽慎所僞作也。敘漢桓帝懿德皇后被選及冊立之事。其與史舛謬之處、明胡震亨、姚士粦二跋辨之甚詳。其文淫豔、亦類傳奇、漢人無是體裁也。

飛燕外傳一卷（內府藏本）

舊本題漢伶元撰。末有元自序、稱字子于、潞水人。由司空小吏歷三署、刺守州郡、爲淮南相。其妾樊通德、爲樊嫕弟子不周之子、能道飛燕姊弟故事、於是撰趙后別傳。其文纖靡、不類西漢人語。序末又稱元爲河東都尉時、辱班彪之從父躅、故彪續史記不見收錄。其文不相屬、亦不類元所自言。後又載桓譚語一則、言更始二年劉恭得其書於茂陵卞理。建武二年賈子翊以示譚。所稱埋藏之金縢漆匱者、似不應如此之珍貴。又載荀勖校書奏一篇、中經簿所錄、今不可考。然所校他書、無載勖奏者、何獨此書有之。又首尾僅六十字、亦無此體。大抵皆出於依託。且閨幃媟褻之狀、嫕雖親狎、無目擊理。卽萬一竊得之、亦無娓娓爲通德縷陳理。其僞妄殆不疑也。晁公武頗信之。陳振孫雖有或云僞書之說、而又云通德擁髻等事、文士多用、而禍水滅火之語、司馬公載之通鑑。夫文士引用、不爲典據。採淖方成語以入史、自是通鑑之失。乃援以證實是書、紕繆殊甚。且禍水滅火、其語亦有可疑。王懋竑白田雜著有漢火德考、曰漢初用赤帝子之祥、旗幟尚赤、而自有天下後、仍襲秦舊、故張蒼以爲水德。孝文帝時、公孫臣言、當改用土德、色尚黃、其事未行。至孝武帝改正朔、色尚黃、印章以五字、則用公孫臣之說也。王莽篡位、自以黃帝之後、當爲土德、而用劉歆之說、盡改從前相承之序、以漢爲火德。後漢重圖讖、以赤伏符之文改用火德。班固作志、遂以著之高帝紀、而後漢人作飛燕外傳（案懋竑此語尚以此傳爲眞出伶元、蓋未詳考）、有禍水滅火之語。不知前漢自王莽劉歆以前、未有以漢爲火德者。蓋其誤也云云。據此、則班固在莽歆之後、沿誤尚爲有因。淖方成在莽歆之前、安得預有滅火之說。其爲後人依託、卽此二語亦可以見。安得以通鑑誤引、遂指爲眞古書哉。

案此書記飛燕姊妹始末、實傳記之類。然純爲小說家言、不可入之於史部、與漢武內傳諸書同一例也。

大業拾遺記二卷（江蘇巡撫採進本）

一名南部煙花錄。舊本題唐顏師古撰。末有跋語、稱會昌中沙門志徹得之瓦棺寺閣、乃隋書遺稿云云。王得臣麈史稱其極惡可疑。姚寬西溪叢語亦曰南部煙花錄文極俚俗。又載陳後主詩云、夕陽如有意、偏向小窗明、此乃唐人方域詩、六朝語不如此。唐藝文志所載煙花錄、記幸廣陵事、此本已亡。故流俗僞作此書云云。然則此亦僞本矣。今觀下卷記幸月觀時與蕭后夜話、有儂家事一切已託楊素了之語。是時素死久矣。師古豈疎謬至此乎。其中所載煬帝諸作及虞世南賭袁寶兒作、明代輯六朝詩者往往採掇、皆不攷之過也。

海山記一卷、迷樓記一卷、開河記一卷（江蘇巡撫採進本）

三書並載明吳琯古今逸史中。不著撰人名氏。海山記述隋煬帝西苑事、所錄煬帝諸歌、其調乃唐李德裕所作望江南調。段安節樂府雜錄述其緣起甚詳、大業中安有是體。考劉斧青瑣高議後集載有此記、分上下二篇、其文較詳。蓋宋人所依託。此本刪併爲一卷、益僞中之僞矣。迷樓記亦見青瑣高議、載煬帝幸江都、唐帝入京見迷樓云云。竟以迷樓爲在長安、乖謬殊甚。開河記述麻叔謀開汴河事、詞尢鄙俚、皆近於委巷之傳奇、同出依託、不足道也。

續世說十卷（兵部侍郎紀昀家藏本）

舊本題唐隴西李垕撰。前有俞安期序、稱其書出自梁谿安茂卿、以宋本翻雕、未及印行而沒。後三年、安期復得焦竑藏本、更爲校正成完書。又稱其書唐志不經見、通考所列續世說載宋至五代事者、又孔平仲所撰、實非此書。何良俊撰語林、文徵明爲作序、王世貞又刪語林補世說、皆不言曾見此書。疑其贋作、而終以宋本紙墨古闇、中闕宋諱爲據。今考其書、惟取李延壽南北二史所載碎事、依世說門目編之、而增以博洽、介潔、兵策、驍勇、游戲、釋教、言驗、志怪、感動、癡弄、凶悖十一門、別無異聞可資考據。蓋卽安期輩依託爲之、詭言宋本。其序中所設之疑、正以防後人之攻詰。明代僞書、往往如是、所謂欲蓋而彌彰也。

丁晉公談錄一卷（江蘇巡撫採進本）

不著撰人名氏。皆述丁謂所談當代故事。晁公武讀書志以其出於洪州潘延之家、疑卽延之所作。

延之謂甥也。今觀所記謂事，皆溢美，而敘澶淵之事，歸之天象，一字不及寇準。又載準挾嫌私改馮拯轉官文字事，皆顛倒是非，有乖公論。卽未必延之所作，其出於謂之餘黨，更無疑義也。然稱謂籌畫軍務，洪眞宗東封之行以爲美談，則欲譽其才，適彰其附合時局，小人之情狀，終有不能自掩者矣。

殘本唐語林二卷（內府藏本）

不著撰人名氏。以永樂大典所載考之，卽王讜之書，佚其六卷耳。前有明嘉靖閒桐城齊之鸞序，亦稱所得非善本。今已採掇永樂大典，重爲補綴成帙，別著於錄。此殘缺之本已爲土苴，以其爲讜之原書，久行於世，故仍附存其目焉。

昨夢錄一卷（編修程晉芳家藏本）

宋康與之撰。與之字伯可，又字叔聞，號退軒，滑州人，故自署曰箕山。此書末有小傳，乃稱爲嘉禾人，蓋南渡後流寓也。建炎初，上中興十策，爲汪伯彥、黃潛善所抑，不得用。及秦檜當國，乃附合求進，擢爲臺郎。後遂專以歌詞供奉，廁身優伶之班，大爲士論所不齒。所撰順菴樂府五卷，爲談藝者所輕，世不甚傳，今亦未見其本。其僅存者惟是編，皆追述北宋軼聞。以生於滑臺，目覩汴都之盛，故以昨夢爲名。所記黃河卷埽事、竹牛角事、老君廟畫壁事，亦可資考證。其西北邊城貯猛火油事，遼史先有是說，然疑皆傳聞附會。終遼宋之世，均未聞用此油火攻致勝。且所產之地在高麗東，高麗去中國至近，亦不聞產此異物也。至開封尹李倫被攝事，連篇累牘，殆如傳奇，又唐人小說之末流，益無取矣。

談藪一卷（編修汪如藻家藏本）

舊本題宋龐元英撰。元英有文昌雜錄，已著錄。案元英爲宰相籍子，乃元豐中人。此書乃多述南宋寧建兩朝事，相距百載，其僞殆不足攻。書中凡載雜事二十五條，皆他說部所有，殆書賈鈔合曾文，詭立新目，售僞於藏書之家者。厲鶚等南宋雜事詩註亦誤採之，蓋偶未考。然尤侗明史藝文志作於康熙己未，業已著錄，則其僞作自前明矣。

月河所聞集一卷（浙江范懋柱家天一閣藏本）

宋莫君陳撰。君陳，湖州人，其始末未詳。書中稱授知婺州，朝辭有劄子，權刑部郎中，則嘗以朝官典郡矣。書中載郭瑰錢塘識，則似在南渡之初。而書中多載元祐事，又有今左丞晦叔之語。考呂公著爲尚書左丞在哲宗卽位之年，則又及見北宋。周密癸辛雜識記當時藏書家有月河莫氏，或卽其人歟？所載皆當時雜事，篇頁寥寥，且繕寫譌脫，幾不可讀。蓋書賈從說郛鈔出，非其完本矣。

養痾漫筆一卷（編修汪如藻家藏本）

宋趙溍撰。溍字元晉，號冰壺，葵之子也。咸淳中嘗知建寧府。是書雜記宋時瑣事，末附醫方數條，多掇摭他書而成，如坦齋筆衡、鶴林玉露、瑞桂堂暇錄、譚淵之類，亦閒註出處。寥寥數頁，殆非完書，亦書賈從說部錄出，託爲舊本者也。

清夜錄一卷（浙江巡撫採進本）

宋俞文豹撰。文豹有吹劍錄外集，已著錄。是編所記皆宋時雜事，敘次頗叢雜，亦多他書所已見。陶宗儀說郛第三十八卷載有此書，以此本相校，僅多出二三條，疑後人從說郛錄出而稍附益之，未必盡原本也。

翠屏筆談一卷（浙江范懋柱家天一閣藏本）

舊本題王應龍撰，不著時代。其書多記詩話，兼及神怪雜事，亦小說家流。然採摭冗碎，絕無體例。末一條獨有標題，記開禧閒邊釁甚悉，然以史文證之，如金人封吳曦爲蜀王，在開禧二年六月，此書則在七月之類，亦小有異同。他如宋史開禧二年十一月，金圍和州之後，又破信陽軍，又圍襄陽，乃犯隨州，此書於犯隨州之前脫去二事。又宋史是年十二月金人圍德安府，又破成州之後，吳曦乃焚河池縣，退屯青野原，而是書於吳曦焚河池縣之前又脫去二事，則亦傳聞舛漏之言，不足盡據矣。

朝野遺記一卷（編修程晉芳家藏本）

舊本題宋無名氏撰。載南渡後雜事，稱寧宗爲今上，而又有寧宗字，又稱理宗爲今東宮，頗爲不倫，亦似雜採小說爲之。曹溶學海類編所收，往往此類也。

三朝野史一卷（編修程晉芳家藏本）

舊本題宋無名氏撰。記理、度、端三朝之事。然書中稱大兵渡江，賈似道出檄書，又稱周有太后在上，禪位於太祖，宋亦有太后在上，歸附於大元，則元人作矣。書僅十九條，率他說部所有，似雜摭成編之僞本。然賈似道甲戌寒食一詩，厲鶚宋詩紀事卽據此採入、所不可解。豈亦如鄭景望詩之誤採蒙齋筆談乎。

幽居錄三卷、浙江范懋柱家天一閣藏本

不著撰人名氏。諸家書目亦多未著錄。檢勘其書、乃全載今本周密齊東野語第六卷至第十卷之文。無一字異同。惟次第稍有顚倒。蓋書肆所僞託也。

至正直記四卷、兩淮鹽政採進本

一曰靜齋類稿。元孔齊撰。齊字行素、號靜齋、曲阜人。其父退之爲建康書掾、因家溧陽。元末又避兵居四明。其仕履則未詳也。是書亦陶宗儀輟耕錄之類、所記頗多猥瑣。中一條記元文宗皇后事、已傷國體。至其稱年老多蓄婢妾、最爲人之不幸。辱身喪家、陷害子弟、靡不有之。吾家先人、晚年亦坐此患、則併播家醜矣。所謂直記、亦證父攘羊之直歟。別一本題曰靜齋直記、其文竝同。惟分四卷爲五卷、而削去各條目錄。蓋曹溶學海類編所改竄也。今附著於此、不更存其目焉。

冀越集記二卷、浙江巡撫採進本

元熊太古撰。太古、豐城人。熊朋來之孫也。登進士。官至江西行省郎中。至正末、天下盜起、太古力陳守禦計。當事者不能從、遂棄官去。入明後不仕而終。此書自序題乙未歲、爲至正十五年、猶在元代所作也。太古生平足跡半天下、北涉灤河、西泛洞庭、東遊浙右、南至交廣、故舉南北所至以冀越名其集。雜記見聞、亦頗賅博。明李時珍輩撰本草綱目、頗援據之。然記載每不甚確、如元史天文志言郭守敬爲太史、四海測景之所凡二十有七。太古乃云奏遣使者十四輩、分隸十四處。殊未詳考。又河源之說、據翰林學士潘昂霄道士朱思本所記、謂張騫所言乃葱嶺支川。以今核之、亦多妄傳失實也。

農田餘話二卷、兩江總督採進本

舊本題明長谷眞逸撰。不著名氏。所記多元末及張士誠竊據時事。中一條記至正壬辰紅巾入寇。又一條記至正甲申流星墜地事。皆所親歷、則其人生於元末。而下卷內一條稱正德庚午九月一日蘇臺張翼南伯志云云、相距一百五十八年。年月殊爲牴牾、或後人有所增入歟。

東園客談一卷、浙江范懋柱家天一閣藏本

明孫道易撰。道易字景周、自號映雪老人、華亭人。其書皆錄名人嘉言懿行及近代聞見諸事。以據當時友朋所書輯之、故曰客談。於每條下各標其名。凡錢維善全思誠陶宗儀趙宣晉貢文彥夏頤朱武郭亨邵煥孫中晉孫元鑄黃琦費閬用楊孫李升曾樸竝道易共十七人。多元之遺民也。後有景泰丙子金靂跋、稱舊凡五十帙、散佚不全、幸存止此。則已非完本矣。

東園友聞一卷、編修程晉芳家藏本

不著撰人名氏。載曹溶學海類編中。所錄皆宋元閒事。核檢其文、卽剽劉孫道易東園客談、改題此名也。

可齋雜記一卷、浙江巡撫採進本

明彭時撰。時字純道、安福人。正統戊辰進士第一。官至文淵閣大學士。謚文憲。事蹟具明史本傳。此書述其生平閱歷、始正統乙丑、在國子監肄業、多稱李時勉善教事。次敘廷試第一、及入翰林事、多陳夢兆禨祥及諸瑣事。次記景泰初入內閣事、所載英宗北狩、額森內侵、奪門復辟、曹吉祥謀逆、皆甚寥寥。王文入相事獨詳。敘周錢二太后竝尊及錢太后祔廟事、往返曲折甚悉。蓋平生經濟在策項忠一事、平生大節則在此一事。證以本傳、一一相合、知非詭詞以自炫。惟稱景泰初內外防禦以于謙陳循同功、似非公論。又記張英劉長子之冤、以時方省親、自家至京、不及申救爲解。然其後時在內閣、亦未聞申攘功之誅、正骩法之罪。僅以筆記存公論、殊無謂也。時本賢相、殆以此自識其過乎。

方洲雜言一卷、浙江鮑士恭家藏本

明張寧撰。寧字靖之、方洲其號也。海鹽人。景泰甲戌進士。官至給事中。事蹟具明史本傳。是書所述、皆見聞瑣屑之事。於登第夢兆記之尤詳。頗近猥雜。又祇二十餘則、篇幅寥寥、疑非足本也。

蹇齋瑣綴錄八卷、浙江范懋柱家天一閣藏本

明尹直撰。直有明良交泰錄、已著錄。是書所載、多明代掌故。於內閣尤詳。於同時仕宦黜陟、恩怨報復之由、亦頗縷悉。而好惡之詞、或所不免。其醜詆吳與弼不遺餘力。案明史儒林傳、載與弼至京師、李賢推之上坐、以賓師禮事之。編修尹直至、令坐於側。直大慍、出卽謗與弼。及與弼歸、知府張璝謁見不得、大恚、募人代其弟投牒訟與弼、立遣吏攝之。大加侮慢、始遣還。編修張元禎不知其始末、遣書誚讓、有上告素王、正名討罪、豈容先生久竊虛名語。直復筆其事於瑣綴錄。又言與弼跋石亨族譜、自稱門下士、士大夫用此訾與弼。又載顧允成之言、以為好事者為之。然與弼求名太急、實有矜心作意、刻畫聖人之處。觀其日錄、約略可見。直之所記、當亦有所激而然歟。其論續通鑑綱目一條、謂宋太宗燭影斧聲之事、由陳桱誤增李燾之文。李燾又誤改文瑩之語。則考證頗詳云。

雙槐歲鈔十卷　浙江鮑士恭家藏本

明黃瑜撰。朱國楨湧幢小品曰、黃瑜字廷美、香山人。景泰丙子舉人、長樂縣知縣。有惠政、以勁直棄官。手植槐二、構亭吟嘯其閒。自稱雙槐老人、作雙槐歲鈔、卽此本也。所記洪武迄成化中事、凡二百二十條。黃虞稷千頃堂書目稱其孫佐以春坊諭德掌南京翰林院事。於院堂書簏中得吳元年故簡、因足成之。案佐有目錄跋語、則所補者為洪武初科第及永樂庶吉士姓名二條是也。其書首尾貫串、在明人野史中頗有體要。然亦多他書所載、無甚異聞。至於神怪報應之說、無關典故者、往往濫載、亦未免失於裁翦矣。

石田雜記一卷　編修程晉芳家藏本

明沈周撰。周字啟南、長洲人。以繪事名一時。郡守欲以賢良薦、周筮得遯之九五、遂決意不出。年八十三而卒。事蹟具明史隱逸傳。此編乃所記聞見雜事。末有伍忠光跋、稱先生化後二十餘年、而是記存於糊工故紙之中。手墨宛然、疑卽先生絕筆。友人何良輔持以示予、因命工梓之云云。蓋本叢殘手稾、非有意於著書。故所記頗涉瑣屑云。

雙溪雜記無卷數　兩淮鹽政採進本

不著撰人名氏。案焦竑經籍志載雙溪雜記二卷、王瓊撰。續說郛所載、亦題曰王瓊。檢卷中所述、並自署其名曰瓊。與二書所載合。蓋卽瓊書矣。瓊在當時、以幹略稱。所著晉溪奏議、已著錄。是編其雜記見聞之作也。所載朝廷故事、於宏治以前頗有稽核、足與正史相參。卽是非取予、亦不甚剌謬。至正嘉之閒、則自任其私、多所污衊、不可盡據為實錄。考明史本傳、瓊督邊之功及薦王守仁以平宸濠、其功固不可沒。然平日與江彬錢寧等相比、而與楊廷和彭澤等不協。故記中於廷和與澤詆誣尤甚。至於大禮一事、曲徇世宗之意、悉歸其過於廷和、尤非定論矣。

立齋閒錄四卷　浙江范懋柱家天一閣藏本

明宋端儀撰。端儀有考亭淵源錄、已著錄。是編雜錄明代故事、自太祖吳元年迄於英宗天順、皆採明人碑誌說部為之。與正史閒有牴牾。體例亦冗雜無緒。

寓圃雜記十卷　浙江范懋柱家天一閣藏本

明王錡撰。錡字元禹、別號夢蘇道人、長洲人。是書載明洪武迄正統閒朝野事蹟、於吳中故實尤詳。然多摭拾瑣屑、無關考據。

復齋日記二卷　浙江范懋柱家天一閣藏本

明許浩撰。浩有宋史闡幽、已著錄。此書皆紀敘明初以來朝野事蹟、與葉盛水東日記頗相出入。前有自序、題乙卯蒲節、蓋宏治八年也。其中如楊榮料敵、于謙治兵、汪直亂政諸條、敘述頗詳。然如謂王振初時閑邪納誨、以成英廟盛德、不為無補。則紕繆殊甚。至於兒能成名妾不嫁、良人瞑目黃泉下一詩、乃明初高啟張節婦詞、載於本集。而以為章綸之母所作、亦失實也。

野記四卷　浙江鮑士恭家藏本

明祝允明撰。允明有蘇材小纂、已著錄。是書所記多委巷之談。如記張太后遺詔復建文年號一事、張朝瑞忠節記已辨之。至謂永樂大典修輯未成而罷、則他事失實可知。朱孟震河上楮談亦稱允明所撰志怪及此書、可信者百中無一云。

前聞記一卷　浙江巡撫採進本

明祝允明撰。是書雜載前明事實、散無統紀。大抵於所為野記中別撮為一書、而小更其次第。如野記載洪武三年二月命制四方平定巾、二十四年又諭禮部侍郎張智申明巾義。其下註云、舊傳太祖召楊維楨問以所戴巾、對曰四方平定巾。而是書則取野記之小註為正文、後附以洪武三年二十四年事、則辭義全複也。又如野記載太祖聞危素履聲、笑曰、我只道是文天祥。是書則曰我只道伯夷叔齊來、或云文天祥。蓋仍是一條、而小變其語耳。明人欲誇著述之富、每以所著一書分為數種、往往似此、不足詰也。

明記略四卷　浙江范懋柱家天一閣藏本

明皇甫錄撰。錄字世庸、號近峯、長洲人。宏治丙辰進士、官至順慶府知府。明史皇甫涍傳稱父錄官重慶府知府。案錄下陴紀談載順慶事甚詳、則明史字誤。是編據嘉靖壬寅其子沖序、稱原本多冗談細故、命沖讐定。於是原始要終、掇洪拾大、別爲四卷云云。則錄之稾本而沖所删定也。所記皆正德以前舊聞。然如鐵鉉二女在教坊作詩。建文帝騎騾在黔國公第。王振嘗爲教官、永樂末以年滿無功見閹。仁宗或云死於雷、或云爲宮人所毒、或云爲內官擊殺之類。大抵委巷之傳聞、其删除猶有未盡矣。

近峯聞略八卷、浙江鮑士恭家藏本、

明皇甫錄撰。此書亦其子沖所删定。於稗官雜說採摭頗繁、而考證全疎、舛謬亦復不少。如拾遺記介子推之白鵶、龍城錄李賀之赤虬、皆信爲實事。又如楊溝事出古今注、乃引霏雪錄爲始。妻之父曰外舅、文本爾雅、而云始漢董承。前進士見國史補、而云出唐會要。甘草苦草之說出師曠占、而云出大戴禮。他如以龍生九子爲出爾雅、以李商隱樂游原詩爲王建、以二喬爲妓、皆不考之甚。至於陳善捫蝨新語記馬大師等在孔子上之類、皆謬妄之語。袁宗徹客座新聞記元順帝爲瀛國公子之類、亦誣罔之詞。一概取之、尤冗濫矣。

下陴紀談二卷、浙江范懋柱家天一閣藏本、

明皇甫錄撰。是書乃其守四川順慶府時所作。或載時事、或考前聞、大抵皆有關於是地者也。時值藍鄢之亂、賊三犯順慶、錄授兵固守。以其登城則守陴、下陴則著書、故以下陴爲名。末附三峽山水記一卷、爲其子沖作。沖字子浚、嘉靖戊子舉人。明史附見皇甫涍傳。稱所著有幾策、兵統、枕戈雜言三書、今皆未見。惟此書附其父書以存耳。

延休堂漫錄三十六卷、浙江范懋柱家天一閣藏本、

明羅鳳撰。鳳字子文、號印岡、應天人。宏治丙辰進士。官至石阡府知府。此書徵引蒐輯、頗爲繁富。然或錄漢晉以來遺事、而錯以有明、或詳有明一朝人物典制、而復泛摭前代。古今混淆、巨細錯雜、此其失也。又其所載明一代事、如謂劉基識天子氣之類、皆雜取小說、不足徵信。惟辨袁忠徹符臺外集謂元順帝爲瀛國公子之謬。謂瀛國公六歲降元、至元世祖崩時、年二十四。元順帝生於延祐庚申、其時瀛國五十矣。設使眞有感夢涉疑、從釋奪后之事、在世祖未崩之前、其去順帝生時二三十年矣。此論最善、可以釋千古之疑也。

蒻勝野聞一卷、浙江范懋柱家天一閣藏本、

不著撰人名氏。所記皆明太祖初年之事、亦多互見他書。陶珽續說郛、黃虞稷千頃堂書目皆載此書、題吳郡徐禎卿著。然明史禎卿本傳及藝文志俱不載。書中所紀、亦往往不經。如謂徐達追元順帝將及之、而遽班師。常遇春懟於帝、達入自疑、拔劍斫關而出。眞齊東野人之語。禎卿似未必至是也。

玉堂漫筆三卷、內府藏本、

明陸深撰。深有南巡日錄、已著錄。是書乃在翰林時記其每日所得、而於考核典故爲尤詳。其載楊士奇子稷得罪、爲出於陳循所構陷、亦修史者所未詳也。

金臺紀聞二卷、內府藏本、

明陸深撰。皆深官翰林時雜記正德乙酉至戊子四年中朝廷故事、及友朋論說。

春風堂隨筆一卷、編修勵守謙家藏本、

明陸深撰。雜記聞見凡二十三條。末附所載歙硯志一篇。

知命錄一卷、編修勵守謙家藏本、

明陸深撰。蓋亦雜志之類、而所記秦蜀山川名勝爲多。乃深於嘉靖十三年赴四川左布政使任時途次所編也。其曰知命者、以初授陝藩、道經揚州蜀岡、異其名問之、則曰由此可通蜀。已而得入蜀之命。追數先徵、信由前定、因以爲名。

谿山餘話一卷、編修勵守謙家藏本、

明陸深撰。所記一時名臣如劉健、章懋、劉大夏遺事頗詳。又多談閩事、蓋其宦閩日所著也。

願豐堂漫書一卷、編修勵守謙家藏本、

明陸深撰。深年譜載所著有願豐堂稿、乃正德己巳成於家。今此卷末載正德壬申過蘭谿謁章懋一事、與年譜歲月不符。蓋願豐堂稿乃其詩文、此則所著說部也。其書亦雜記故事、僅及七條、疑非完本。

見聞考隨錄、無卷數、浙江范懋柱家天一閣藏本、

明韓邦奇撰。邦奇有易學啟蒙意見、已著錄。是書已載入所著苑洛集中。此乃明人鈔出別本。中多朱筆標識、上闌又間加評語。如胡守中結交郭勛一條、則云傳聞之過。甲申大同之變一條、則云視各書所記爲詳確。藩臬陞遷一條、則云銓法變自

楊寔菴蓋別有說，所論亦頗有見，特不知出誰手也。

碧里雜存一卷（兩江總督採進本）

明董穀撰。穀有續澉浦志，已著錄。是書雜記瑣聞，多涉東之語。如謂明太祖作鈔，用賢人心肝，馬皇后鑿鷄鳴山石碓𥚃太學，成祖飯蒸僧碧峰，皆不近事理。其以鄒衍為漢儒，亦殊疎舛。甚至以禮部壁上所見讀書須努力、寫字莫糊塗之句，為雜之少陵集中，亦不可辨，尤不可解也。

芊野纂聞一卷（編修程晉芳家藏本）

明伍餘福撰。餘福有成化陝西志，已著錄。是書所紀僅二十條，皆吳中故實聞及朝政。末有其子忠光跋，謂餘福家食時所纂，沒後始於笥中檢出，因鋟諸梓云。

賢識錄一卷（浙江范懋柱家天一閣藏本）

明陸釴撰。釴有山東通志，已著錄。此書皆紀洪武中雜事，所採惟餘冬序錄、野記、客座新聞、草木子諸書。援據既寡，事迹亦僅寥寥數則，不足以當賢識之目。

病逸漫記（無卷數，浙江巡撫採進本）

明陸釴撰。是書雜記當時事實，如明史高啟傳稱啟歸居青邱，知府魏觀為移其家，且夕延見甚歡。觀以改修府治獲譴，帝見啟所作上梁文，因發怒腰斬。而是書則載啟因撰蘇州府上梁文，為巡按御史張度所奏，與知府魏觀俱被極典。本傳不載張度之奏，則是書為加詳。又明志載天子冠禮一加冕服，皇太子乃三加。初加折上巾，次加進賢冠，次加冕服。是書為天子三加，初折上巾，次遠遊冠，三九旒冕，則是釴猶及見天子三加，與志所載皇子儀同，蓋志舉成典，而是書據往制也。又若載三里河在天地壇前，去通州五十里，形高通州一丈九尺，置二閘，可行舟，但有一二走沙處。大通橋去通州四十里，形高通州五丈，置十閘，方可行舟。今三里河湮塞，與二閘不通，是書猶可以備志乘之採。然其他多冗瑣之談，不盡足資考證也。

孤樹裒談十卷（兩淮鹽政採進本）

明李默撰。默有建陽人物傳，已著錄。是書錄有明事蹟，起自洪武，迄於正德，所引用羣書凡三十種。例則編年，體則小說，大抵皆委巷之談。考千頃堂書目，以是書為趙可與作。註云，可與字念中，安成人，正德癸酉舉人，福建鹽運司提舉。實作李默，誤也。未審所據，姑兩存之。

吏隱錄二卷（浙江范懋柱家天一閣藏本）

明沈津撰。津有鄧尉山志，已著錄。明有兩沈津，知此為蘇州沈津作者，是編所載朝野逸事，并及其先世善醫事蹟。蘇州沈津家世業醫，正德中選入太醫院，充唐藩醫正，與之合也。

北窗瑣語（無卷數，浙江范懋柱家天一閣藏本）

明余永麟撰。永麟，鄞縣人，嘉靖戊子舉人，官蘇州府通判。書中敘日本出處、土俗、朝貢三事頗詳。其餘紀載則頗多失實，如周岐鳳以邪術坐罪，而永麟以為豪俠跌宕，力為左袒。又謂明太祖殺徐中山王達夫人，太祖雖猜忌殘忍，何至如是，殆近於無稽之談。至所載淫褻瑣事，更不足觀矣。

蠙頭密語一卷（兩江總督採進本）

舊本題明楊儀撰。儀字夢羽，常熟人，嘉靖丙戌進士，官至山東按察司副使。其書雜記明代時事，僅二十餘條，而語多不經。如建文帝從隧道出亡，仁宗中毒，宣宗微行，皆里巷無稽之談。所誌孝宗、武宗佚事，尤涉鄙俚。常熟志載儀所著有南宮集、高坡異纂，獨無此書，疑或出於偽託也。

病榻遺言二卷（安徽巡撫採進本）

明高拱撰。拱有春秋正旨，已著錄。是編備述與張居正先後構隙之端，一曰顧命紀事，二曰矛盾原由，三曰毒害深謀，以史考之，亦不盡實錄。

名世類苑四十六卷（浙江朱彝尊家曝書亭藏本）

明凌迪知撰。迪知有左國腴詞，已著錄。是編採洪武迄嘉靖凡十朝名臣彙集成編，其前四卷先紀姓氏爵里，系以論贊，後四十二卷列其言行，分為九類，每類之中又各為小目。先是楊廉輯名臣言行錄，其後徐咸有名臣後錄，鄭曉吾學編有名臣紀，沈應魁有名臣新編，迪知裒合諸本，排纂成書。正德以前凡二百七十一人，嘉靖間三十二人，則迪知摭諸書以補之。而建文末忠臣八十二人附焉。敘述名臣，類乎傳記，而斷裂分隸，非人自為傳，又兼及神異詼諧定數之類，體雜小說，故附之小說家焉。

邇訓二十卷（兩淮馬裕家藏本）

明方學漸撰。學漸有桐彝，已著錄。是書專載其鄉人物行誼及其先世事之可為法者，以近在桑梓，故名邇訓。凡分四十一類，門目繁碎，隸事亦不詳所出。

西吳里語四卷（浙江巡撫採進本）

明宋雷撰。雷自號市隱居士，湖州人。是編成於嘉靖中，皆記吳興軼事。前有自序，謂予夙好博覽史傳，乘載稗官小說之書，不列歲代，不序倫理，信手雜錄，間有犯孔氏不語之戒，蹤史臣謬遺亡之失，冀就正於觀者云云。故其書隨筆摭錄，皆不著所出，亦多涉荒誕，不盡可信。後有其子鑒跋，蓋雷既沒後，鑒所裒集而付諸梓者也。

明朝典故輯遺二十卷（浙江巡撫採進本）

不著撰人名氏。雜記洪武至正德十朝事。前有自序，作於嘉靖三十二年，自稱東吳逸史。又附載魯宗人當漸序一首。案當漸本輯有國朝典故，疑此即從當漸書採掇而成。大抵叢脞龐雜，全無義例。其紀明太祖微行為巡軍所拘諸事，已屬不經。至以明宣宗為建文之子，更為荒誕也。

吳社編一卷（浙江孫仰曾家藏本）

明王穉登撰。穉登有吳郡丹青志，已著錄。是書專紀吳中里社之事。其神名五方賢聖，乃淫祀之尤者。而謂本於搜神記，殊屬附會不經。所列走會捨會諸條，亦徵風俗之弊。末附顧文龍書，謂穉登是編有憫時之懷，先事之慮。然鋪張太過，不免諷一而勸百矣。

筆記一卷（江蘇巡撫採進本）

明連鑛撰。鑛字抑武，常熟人。嘉靖中官安陸縣知縣。茲編就其生平聞見，隨筆紀載。其目曰兩京舊聞，曰先輩故實，曰鄉邑舊事，曰宦游約紀，曰隨手筆餘。卷末附以傒蠻紀略九則，頗多傳聞失實之詞，不足據為徵信也。

世說新語補四卷（江西巡撫採進本）

舊本題明何良俊撰補，王世貞刪定。良俊有四友齋叢說，世貞有弇山堂別集，皆已著錄。前有康熙丙辰富陽章縠序，稱雲間何元朗仿世說新語為語林，甚為當時所稱。但其詞錯出，王弇州麟州又取而刪定之，改名世說新語補。幾百年來，梨棗不啻數十易。惟吳興凌初成原刻悉遵古本，分為六卷，附以王世貞所訂，名曰鼓吹云云。良俊語林三十卷，於漢晉之事全採世說新語，而摭他書以附益之，本非補世說新語，亦無世說補之名。凌濛初刊劉義慶書，始取語林所載削去與義慶書重見者，別立此名，託之世貞。蓋明世作偽之習。縠從而信之，殊為不考。然縠序字句鄙倍，詞意不相貫屬，疑亦出書賈依託。觀其所刊目錄，列補編於前，列原書於後，而三十六門之名，一頁中重見疊出，不差一字，豈識黑白者所為哉。

樊川叢話八卷（浙江巡撫採進本）

明姜兆熊撰。兆熊字恂如，歸安人。是編皆紀錄雜事，分朝廟、山川、考證、詩話、閨秀、仙釋、怪異、數驗八門，每門僅十餘條。樊川即樊澤里，在湖州府城東，乃兆熊世居之地也。

西臺漫記六卷（浙江巡撫採進本）

明蔣以化撰。以化字仲學，常熟人。隆慶丁卯舉人，官至監察御史。是書雜記見聞，多及僻逸幽怪之事。其紀李贄之荒悖不經，卒以臺臣會訐下獄前後端末頗詳，而不詳其所終。又誤以姚安府知府為姚州知州。所紀王大臣事與史所言馮保之說迥異，殆不可解。全書議論每過於叫囂求快，似乎多恩怨之詞，不盡實錄也。

見聞雜記四卷（浙江吳玉墀家藏本）

明李樂撰。樂字彥和，號臨川，歸安人。隆慶戊辰進士，官至福建按察司僉事。是書前二卷全錄董氏古今粹言及鄭曉今言，後二卷乃自記所見聞，凡一百八十六條。

林居漫錄前集六卷畸集五卷（浙江鄭大節家藏本）

明伍袁萃撰。袁萃字聖起，吳縣人。萬歷庚辰進士，官至廣東海北道按察司副使。事蹟附見明史徐貞明傳。史稱所撰林居漫錄，彈園雜志，多貶斥當世公卿大夫，而於李三才、于玉立尤甚。今觀是書所載，多朝野故實，往往引明初之事以證明季之弊政，而詞氣過激，嫌於已甚。又因力排良知之說，與王守仁為難，遂并其事功而沒之，不免矯枉過正。至臚載閭巷瑣事，多參以因果之說，尤失於龐雜矣。

闇然堂類纂六卷（浙江巡撫採進本）

明潘士藻撰。士藻有洗心齋讀易述，已著錄。是書以所聞見雜事分類纂敘，大抵皆警世之意。一訓悖，二嘉話，三談箴，四警喻，五溢損，六徵異。成於萬歷壬辰，時當明季，正風俗彫弊之時，故士藻所錄，於驕奢橫溢，備徵果報，垂戒尤切。蓋所以鍼砭流俗也。

西山日記二卷（浙江巡撫採進本）

明丁元薦撰。元薦字長孺，長興人。萬歷丙戌進士，官至尚寶司少卿。事蹟具明史本傳。是編雜錄自洪武迄萬歷朝野事迹，分英斷、相業、延攬、才略、深心、名將、循良、法吏、節烈、忠義、清修、直節、德量、器識、神識、正學十六類，爲上卷。古道、友誼、義俠、格言、正論、清議、文學、師模、庭訓、母範、孝友、篤行、方術、高隱、恬退、持正、賢媛、耆壽、家訓、自錄二十類，爲下卷。西山者，其所隱居處也。末附避亂五箴，蓋已刻於拙存堂集中者，以其切裨身世，故復入於是編云。

玉堂叢語八卷（江蘇巡撫採進本）

明焦竑撰。竑有易筌，已著錄。是編仿世說之體，採摭明初以來翰林諸臣遺言往行，分條臚載，凡五十有四類，而終以讐隙。案朱國楨湧幢小品曰：焦弱侯率直任眞，元子初出閣，定講官六人，癸未則郭明龍，丙戌唐抑所、袁玉蟠、蕭元圃、全元洲，己丑則弱侯。太倉相公謂宜擇其近而易曉者，勒一書進覽。無何，太倉去國，諸公不復措意，惟弱侯纂養正圖說一册。郭聞之不平，曰：當衆爲之，奈何獨出一手。後其子攜歸，刻於南中，送之寓所，正在衆瓚，陳矩適至，取去數部呈御覽。諸老大恚，謂由他途進圖大拜。又載其序呂坤閨範，鄭國泰乞取添入后妃一門，衆大譁，謂鄭氏著書，弱侯交結作序云云。竑作是書，以讐隙終篇，蓋感此二事，借以寓意。然陳矩爲司禮太監，鄭國泰爲貴妃之姪，何以二書適入二人之手，俱得進於宮禁。當時物議，實有其因，未可盡委之排擠也。

貽清堂日鈔（無卷數，浙江汪汝瑮家藏本）

明錢養廉撰。養廉字國維，仁和人。萬歷己丑進士，官至吏部考功司郎中。是書記萬歷中縉紳門戶甚詳。考養廉以爭范謙贈䘏，忤大學士張位削籍，故是書之首，即列戊戌落職一條，蓋所謂發憤著書者，於諸事往往醜詆，不免有恩怨之辭矣。

汝南遺事二卷（兩淮馬裕家藏本）

明李本固撰。案神宗時有兩李本固，其一臨清人，萬歷壬辰進士。此李本固字叔茂，汝寧人，萬歷甲戌進士，官至大理寺卿，以言事罷歸。郡守黃鄉初屬修汝南志，其例草未經收錄者，復輯爲是書。蓋當時志乘裁斷，或不能盡出己意，故以此續之，以示不忍割棄之意。然多涉神怪仙鬼，不免爲小說家言。又汝南遺事乃元王鶚記金哀宗亡國之書，本固誤襲其名，亦未考也。

客座贅語十卷（浙江鮑士恭家藏本）

明顧起元撰。起元有說略，已著錄。是書所記皆南京故實及諸雜事，其不涉南京者不載，蓋亦金陵瑣事之流，特不分門目，仍爲說部體例耳。雖頗足補志乘之闕，而亦多神怪瑣屑之語。至前聞紀異一百條，全錄舊文，取充卷帙，尤爲無取矣。

翦桐載筆一卷（兩淮鹽政採進本）

明王象晉撰。象晉有羣芳譜，已著錄。是書因奉使册封途中所作，故取義於翦桐。所載皆嘉言善行，然多涉因果。其四公厚德解等篇，體近於戲。卷首列賀登極一表、賀惠王陞位一啟，尤不倫也。

金華雜識四卷（浙江吳玉墀家藏本）

明楊德周撰。德周有澹圃芋記，已著錄。是編乃其爲金華教諭時所作，雜採軼文逸事，以補地志所未備。如潘良貴與陳瓘實非同母，無瓘父借妾生子事。良貴父有子六人，亦非晚年乏嗣。辨周密癸辛雜識之誤，亦間有考證。然多採小說神怪之語，自穢其書，則貪多嗜奇之過也。

嶠南瑣記二卷（福建巡撫採進本）

不著撰人名氏。卷首有萬歷壬子湛盧山中人題詞云：彙篋中所錄西事，見大荒經所載神人有珥蛇者，珥，耳飾也，一曰瑱；又蠶弄絲於口亦曰珥，因以珥名錄。竟尚有碎事及續聞者百餘種，因復理而存之，命曰嶠南瑣記。考萬歷中閩人魏濬嘗作西事珥八卷，述粵西風土，已別著錄。以題詞證之，此書蓋亦濬作矣。然西事珥乃地志之屬，此書多記雜事，則小說家流也。

瑯嬛史唾十六卷（浙江巡撫採進本）

明徐象梅撰。象梅有兩浙名賢錄，已著錄。是書摭史傳及稗官事語，分類紀敘，其體一仿世說，而別創品目，起帝符、后瑞，訖靈畜、士人，凡一百二十二類。分配既多未確，又每條下不註引用書名，亦無徵據。書成於萬歷己未。其曰史唾者，自以爲拾史氏之唾餘，蓋亦何良俊語林之類，而持擇不及良俊多矣。

避暑漫筆二卷（兩淮鹽政採進本）

明談修撰。修有惠山古今考，已著錄。是編皆掇取先進言行可爲師法，及近代風俗澆薄可爲鑒戒者，臚敘成篇。其書成於萬歷中，當時世道人心皆極弊壞，修發憤著書，故其詞往往過激云。

明世說新語八卷（兩江總督採進本）

明李紹文撰。紹文有藝林累百，已著錄。是書全仿宋劉義慶世說新語，其三十六門亦仍其舊。所載明一代佚事瑣語，迄於嘉隆，蓋萬歷中作也。前有釋名一則，詳列書中諸人名字謚號爵里。陸從平序謂紹文近以文學受知於熊劍化。劍化復為釐其謬誤。然今書方正門以文徵明論先人世誼語屬之對上相楊公，品藻門以王畿貪嗔癡救戒定慧語屬之對陸樹聲，皆與他說部不合。是傳聞異詞，未能盡確。又以楊士奇為東楊，楊榮為西楊，其釋名亦頗多舛互云。

管窺小識四卷（浙江巡撫採進本）

不著撰人名氏。書中世宗尚青詞一條云，少年至都，猶及見之。又稱張居正以橫肆敗，則其人在嘉靖萬歷之間。又九卿保晉新鄭一條云，先太保正在行河，不與其事，則當時大臣之子。故其自序云，余少鮮具識，然於宦遊過庭之閒，亦頗有一二識憶也。其書記當時門戶傾軋專權亂政之事，多史所未詳。其記會推有立推坐推行推之異，亦諸書所未及。然於高拱張居正詆諆頗甚，而獨推尊徐階，殆亦恩怨之詞，不盡直筆矣。

見聞錄八卷（副都御史黃登賢家藏本）

明陳繼儒撰。繼儒有邵康節外紀，已著錄。此書排次明代朝士事實，閒及典章制度，如蔣瑤之悟武宗，李充嗣之禦宸濠，其事皆史所未詳。然敘次叢雜，先後無緒，仍不出其生平著述潦草成編之習也。

太平清話四卷（內府藏本）

明陳繼儒撰。是書雜記古今瑣事，徵引舛錯，不可枚舉。當時稱繼儒能識古今書畫，然如所載耐辱居士墨竹筆銘，證以唐書司空圖傳，乖舛顯然，殊不能知其偽也。

西峯淡話四卷（浙江巡撫採進本）

明茅元儀撰。元儀有嘉靖大政類編，已著錄。是書多論明末時政，其論有明制度，多本於元，尤平情之公議。非明人挾持私見曲相排抑者可比。然其中憤激已甚之詞，亦不能免，仍當時詬爭之積習也。

蘭畹居清言十卷（浙江巡撫採進本）

明鄭仲夔撰。仲夔字龍如，江西人。其書採錄僻事儁語，自漢魏以迄嘉隆，分門別類，一如劉義慶世說之例。其已見劉孝標註及王世貞所補者，（案世說新語補本何良俊語林之文，坊本託名於王世貞。此從原序之文，謹附識於此。）則不複載。又以一人編中錯見名字爵謚不一，其稱者別為釋名，以附於前，亦仿汪藻校定世說之例。

癸未夏鈔四卷（兩淮鹽政採進本）

明釋靜福撰。靜福，錢塘人。所謂癸未，蓋崇禎十六年也。其書鈔撮諸家說部，亦間載其所見聞，頗無倫次，惟多載緇徒惡蹟，不為其教少諱，視儒家堅持門戶者為猶賢焉。

明遺事三卷（兩淮鹽政採進本）

不著撰人名氏。皆記明太祖初起之事。始於壬辰六月，為元順帝之至正十二年，止於洪武元年四月壬戌，至正之二十八年也。編年紀月，亦頗詳悉。而多錄小說瑣事，如以酒飲蛇之類，皆荒誕不足信，非史體也。

雲閒雜記三卷（浙江巡撫採進本）

舊本題明人撰，不著名氏。下卷載顧氏東園北園一條，稱後遭鼎革，二園皆成榛莽，則國朝人撰矣。所記皆明萬歷以前松江軼事。中載徐階為首輔時，忤旨下獄，會地震，幸得赦免一條，其事為正史所未載，殆委巷之談也。

讀史隨筆六卷（浙江巡撫採進本）

國朝陳忱撰。忱字遐心，秀水人。是書前四卷雜論黃帝至宋元事，後二卷皆論明事。敘述獨詳，蓋年遠則紀載多略，世近則見聞易悉，其勢然也。然其中多採掇瑣屑，類乎說部。如敘黃帝夢風后力牧，武丁夢傅說事，斷之曰，以夢求賢，為後世不能數有之事。敘齊代女子婁逞事，斷之曰，觀此則木蘭從軍不足異也。又或但書其事，如敘成化十三年樂安王奏寧王奠培慘酷貪淫不軌等事，命太監羅吉祥往勘，多實，擬罪姑從寬典，革去祿米一年，更不論斷一字，亦不知何所取。蓋其立名似乎史評，實則雜記之類也。

玉堂薈記一卷（副都御史黃登賢家藏本）

國朝楊士聰撰。士聰字朝徹，號鳧岫，濟寧人。前明崇禎辛未進士，官翰林院檢討。入國朝，官至諭德。是書成於崇禎癸未之十二月，距明之亡僅百餘日。自序謂古來正史所闕，或得之雜錄漫記，以補其所不足，亦識其小者之意也。自余叨史局，不廢記存，且積有年歲。壬午再入春明，感與時事，乃取舊所編輯，更加撰次。不拘年月，惟有慨於中則書之，彙爲一帙。凡十餘年來世局朝政、物態人情，約略粗載於此。而戲笑不經之事，亦往往而在。今觀其書，於當日周延儒、薛國觀、溫體仁、王應熊諸人門戶傾軋之由，政刑顛倒之故，頗能道其委曲，多正史之所未及。然士聰爲延儒門生，筆墨之間，頗爲回護。而於黃道周、倪元璐皆有不滿之意。至謂道周不坐宦官之房，不以通家名刺與宦官，皆爲太過。其記張溥試詩，亦詆諆已甚，皆不免於恩怨之詞。又孔有德之變，乃新城王氏所激，毛霦平叛記言之最詳，而以爲由於誅袁崇煥，失遼人之心，殊非實錄。至於鄙褻穢語，皆備載之，尤爲猥雜。又非歸田錄諸書偶記俳諧之例矣。是書自序稱一帙，而書首題卷一字，則當有二卷。中間癸未九月經筵以下，舊本別爲一頁，與前不屬。疑爲下卷之首，傳寫佚其標題也。

庭聞州世說（無卷數，兩江總督採進本）

題曰桃都漫士宮紫陽述，不著其名，亦不著作書年月。核其書中所言及卷首自序，蓋前明崇禎癸未進士，而是書則成於

國朝康熙甲辰。檢江南通志，崇禎癸未進士有泰州宮偉鏐，官翰林，當即其人矣。所記皆泰州雜事，故曰州世說。又皆聞於庭訓，故曰庭聞。目錄分六段，似有六卷。而刊本則不標卷帙，未詳其體例云何也。

客途偶記一卷（山東巡撫採進本）

國朝鄭與僑撰。與僑字惠人，濟寧人。前明崇禎丙子舉人。是編述明末所見聞者二十五篇，多忠義節烈之事。所謂義犬、義貓、義象諸記，疑寓言以媿背主者。敗節紀一篇，亦爲守義不堅者諷也。雜說十篇，多借事以寓憤激。遊記一篇，則遊河南所作，多敘流賊殘破之狀。其中濟寧守禦記、濟寧倡義紀二篇，序當時方略頗詳。折姦紀則與無賴小人交易，偶失簿籍，復偶然得之，事至瑣瑣，殊不足記也。

玉劍尊聞十卷（左都御史張若溎家藏本）

國朝梁維樞撰。維樞字慎可，眞定人。在前明由舉人官工部主事。是書作於

國朝順治甲午。取有明一代軼聞瑣事，依劉義慶世說新語門目，分三十四類，而自爲之註。文格亦全仿之。然隨意鈔撮，頗乏持擇。如李贄嘗云宇宙內有五大部文章，漢有司馬子長史記，唐有杜子美集，宋有蘇子瞻集，元有施耐菴水滸傳，明有李獻吉集之類。皆狂謬之詞，學者人放誕而失之者。其註尤多膚淺。如曹操、李白之類，人人習見，何必多累簡牘乎。至所以名書之義，吳偉業諸人之序及維樞自作小引，均未之言，今亦莫得而詳焉。

明語林十四卷（安徽巡撫採進本）

國朝吳肅公撰。肅公有讀禮問，已著錄。是書凡三十七類，皆用世說新語舊目。其德行、言語、方正、雅量、識鑒、容止、俳調七類，又各有補遺數條，體格亦摹世說。然分類多涉混淆。若夙慧類載楊東里母改適羅理，東里從往，時方六歲，嘗私磨磚土如主式，祀其三世。羅爲之感泣。此至行也，與德行類所載劉謹六歲時事正相類。然劉入德行，而楊入夙慧。事同例異，莫知所從。所載亦多挂漏。

明逸編十卷（湖南巡撫採進本）

國朝鄒統魯撰。是編搜訪有明一朝逸事，以世說新語原目分錄。本名明世說補，會其友江有溶先著逸編一書，因次第補入，仍名逸編。自序云，宗弗自專也。統魯之子定周、有溶之子度註之。前列釋名一篇，著諸人官爵謚號稱名之不一者，蓋仿宋汪藻校世說新語例也。其書疎略太甚，誣妄尤多。如仇隙內載仁宗葛妃進毒一事，信蠨頭密語所紀之言。遴筆之書，使洪熙令主遭此冤誣，又不止黃公酒壚作褻耶學矣。統魯字大系，衡陽人。有溶字谷尚，長沙人。

聞見集三卷（江西巡撫採進本）

國朝蔡憲陞撰。憲陞字江雲，南昌人。是書皆紀明末雜事。其偶及明中葉者，僅謝榛、桑悸、徐渭等數條耳。所記多與史合。如劉綎之父顯本龔氏子，其祖岷養以爲子，遂冒其姓，則史所未及也。然中亦有傳聞失實之說。如云天啟辛酉，諸名士觴雪滕王閣，賦詩得滕字。一漁父往來閣下，若有所思。諸名士戲曰，爾能詩耶。曰，公等吟咏，某適憶滕王蛺蝶圖耳。即朗吟其句，鴨鶩夜亂功收蔡，蛺蝶春深戲試滕云云。是乃宋末呂徽之事，載於陶宗儀輟耕錄中。但改易數字，即別撰一人，何其誣也。其云李贄官姚安時，以削髮爲上官所劾，下詔獄，與明末李自成陷揚州，亦均無其事。

筇竹杖七卷（兩淮鹽政採進本）

國朝施男撰。男字偉長，吉水人。順治初，隨征廣西，以

軍功授廣西按察使副使。是編前三卷爲男官桂林時所作，記峒黎風土，并所自作詩句。卷四、卷五則遊於江浙吳楚間所作，多記山川名勝。卷六爲自著詩集。卷七則錄劉湘客、楊廷麟、劉大璞、劉日襄、倪元璐五家之作。其所著詩文詞多險僻，蓋猶沿明末公安、竟陵之餘習也。

今世說八卷 浙江巡撫採進本

國朝王晫撰。晫有遂生集，已著錄。是書全仿劉義慶世說新語之體，以皆近事，故以今名。其分類亦從舊目，惟除自新、黜免、儉嗇、讒險、紕漏、仇隙六類，惑溺一類則擇近雅者存焉。其中刻畫摹擬，頗嫌太似。所稱許亦多溢量，蓋標榜聲氣之書，猶明代詩社餘習也。至於載入己事，尤乖體例。徐喈鳳序引漢黃憲爲說，然天祿閣外史本王逢年之僞書，烏足據乎。文學門中載吳百朋以殹、鄦二字問吳任臣，任臣對以殹也同本秦權古文，鄦許同本說文長箋，百朋嘆服。案殹字出秦權是矣，然說文自有殹字，註曰擊中聲。惟趙宧光說文長箋以說文也字訓義不雅，改從秦權，以殹字代也字，不得舉一遺一也。說文有鄦字，卽鄦字也，註甫侯所封，在潁川，今通作許。其正作鄦字者，則見史記鄭世家鄦公惡鄭於楚，註許靈公也。是其字見於正史，任臣以爲出說文長箋，殊不得其本。晫遽以爲博洽而記之，亦爲不考。信乎空談易而徵實難也。

秋谷雜編三卷 浙江巡撫採進本

國朝金維寧撰。維寧有垂世芳型，已著錄。是編皆載同時瑣事，而維寧居鄉頗忤於同里，居官又頗忤於同官，以浮躁罷歸，故詞旨憤激，多傷忠厚。其記董含鬻婢及作三岡識略諸條，恐未必如是之甚也。至摭山海經、拾遺記諸書舊文，隱其出處，以足卷帙，亦非著述之體。

隴蜀餘聞一卷 山東巡撫採進本

國朝王士禎撰。士禎有古懽錄，已著錄。是編皆記隴蜀碎事，如吳山、岍山之類，亦間有考證。以其奉使時所記，多非親見之事，且多非所經之地，故曰餘聞。兼及趙州、介休者，則以往隴蜀時驛路所必經也。

皇華紀聞四卷 山東巡撫採進本

國朝王士禎撰。康熙甲子，士禎以少詹事奉使祭告南海，因綴其道途所經之地，捜採故事爲此書。多採小說地志之文，直錄其事，無所考證，不及其池北偶談諸書也。

硯北叢錄無卷數 編修勵守謙家藏本

國朝黃叔琳撰。叔琳有研北易鈔，已著錄。是編卷首有魏兆龍序，稱爲叔琳巡撫浙江時罷官以後所偶錄。皆雜採唐宋元明及近時說部，亦益以耳目所聞見。大抵多文人嘲戲之詞，如諧史、笑林之類。或著出處，或不著出處，爲例不一，亦未分卷帙。蓋憂患之中借以遣日而已，意不在於著書也。

漢世說十四卷 浙江巡撫採進本

國朝章撫功編。撫功字仁鑑，錢塘人。是書仿劉義慶世說新語體例，以紀漢人言行，大抵以史記、漢書爲主，而雜以他書附益之。分十四門，曰德行，曰言語，曰政事，曰文學，曰方正，曰雅量，曰識鑒，曰賞譽，曰品藻，曰清介，曰才智，曰英氣，曰義烈，曰寵禮，與義慶原本小異。其採摭亦備，然事皆習見，無他異聞。又分類往往不確，如龔遂刺昌邑王過，自宜入方正；鄧禹師行有紀，自應入政事，乃俱入之德行。至射的山仙人取箭，自是誌怪之說，入之此書，尤無體例也。其凡例云：書以語名，始論語也。國語紀言，不參以事。陸賈新語，馬上翁每奏稱善。臨川世說一書，諸多士所共撰述，始自竹林，迄於江左，風流簡遠，少許勝多，最爲可貴。茲編獨尊兩漢，意專敘事，故不以新語名篇云云。案劉向先有世說，故義慶所撰別名世說新書，後人乃改爲新語，黃伯思東觀餘論考之最詳，非以記言而謂之新語，撫功之說殊誤。至義慶所述上接東漢，何得云始自竹林，益爲失檢矣。

過庭紀餘三卷 編修汪如藻家藏本

國朝陶越撰。越字艾村，秀水人。是書乃雜綴聞見瑣事，以多聞之其父口述，故以過庭爲名。間有志乘所遺佚足裨考核者，而大抵過涉冗碎。又所載生平遊幕事蹟，亦未免近於自詡。

右小說家類雜事之屬，一百一部，四百七十五卷，內七部無卷數，皆附存目。

欽定四庫全書總目卷一百四十三

欽定四庫全書總目卷一百四十四

子部五十四

小說家類存目二

山海經釋義十八卷、圖二卷（通行本）

明王崇慶撰。崇慶有周易議卦、已著錄。是書全載郭璞註。崇慶閒有論說、詞皆膚淺。其圖亦書肆俗工所臆作、不爲典據。

幽怪錄一卷、續幽怪錄一卷（兩淮鹽政採進本）

幽怪錄、唐牛僧孺撰。僧孺事蹟具新唐書本傳。唐書藝文志作元怪錄。朱國楨湧幢小品曰、牛僧孺撰元怪錄、楊用修改爲幽怪錄、因世廟時重元字、用修不敢不避。其實一書、非刻之誤也。然宋史藝文志載李德裕幽怪錄十四卷、則此名爲複矣。唐志作十卷、今止一卷、殆鈔合而成、非其舊本。晁公武讀書志云、僧孺爲宰相、有聞於世、而著此等書。周秦行紀之謗、蓋有以致之也。末附唐李復言續錄一卷。考唐志及館閣書目皆作五卷、通考則作十卷、云分仙術、感應二門。今僅殘篇數頁、並不成卷矣。然志怪之書、無關風教、其完否亦不必深考也。

續元怪錄四卷（浙江范懋柱家天一閣藏本）

唐李復言撰。是書世有二本、其附載牛僧孺幽怪錄末者、蓋從說郛錄出、一卽此本。凡二十三事、與唐志卷數亦不符。蓋從太平廣記錄出者。雖稍多於說郛本、然亦非完帙也。

龍城錄二卷（浙江巡撫採進本）

舊本題唐柳宗元撰、宋葛嶠始編之柳集中。然唐藝文志不著錄。何遠春渚紀聞以爲王銍所僞作。朱子語錄亦曰、柳文後龍城錄雜記、王銍之爲也。子厚敘事文字、多少筆力、此記衰弱之甚、皆寓古人詩文中不可知者於其中、似暗影出。今觀錄中所載帝命取書事、似爲韓愈調張籍詩天官遣六丁、雷電下取將二句作解。趙師雄羅浮夢事、似爲蘇軾梅花詩月下縞衣來扣門作解。朱子所論、深得其情。莊季裕作雞肋編、乃引此錄駁金華圖經。季裕與銍爲同時人、或其書初出、僞迹未露、故不暇致詳歟。然自南宋以來、詞賦家已沿爲故實、不可復廢。是亦王充所謂俗語不實、流爲丹青者矣。

獨異志二卷（江蘇巡撫採進本）

唐李亢撰。唐藝文志作李亢、未詳孰是。其書雜錄古事、亦及唐代瑣聞、大抵語怪者居多。如女媧兄妹爲夫婦事、皆齊東之語。又如列子海人狎鷗、愚公移山事、皆摭寓言爲實事、尤爲膠固。至王涯爲仇士良所害、本非文宗之命、乃稱涯爲天兵梟戮、則悖謬甚矣。

陸氏集異記四卷（兩江總督採進本）

舊本題唐比部郎中陸勳撰。書錄解題及宋史藝文志並作二卷。陳振孫曰、語怪之書也。凡三十二事、言犬怪者居三之一。此書較陳氏所載多二卷、而事較振孫所記之數多三四倍、亦不多言犬怪。豈後人附會、非其本書歟。

劍俠傳二卷（江蘇巡撫採進本）

舊本題爲唐人撰、不著名氏。載明吳琯古今逸史中。皆紀唐代劍俠之事、與太平廣記一百九十三卷至一百九十六卷所載豪俠四卷文盡相同。次序及句下夾註、如潘將軍條下所附忘其名疑爲潘鶻硉也九字、亦復脗合。但譌鶻硉爲鶻碎耳。蓋明人勦襲廣記之文、僞題此名也。

錄異記八卷（兩江總督採進本）

蜀杜光庭撰。光庭有了證歌、已著錄。此書宋志作十卷、與今本異。白雲霽道藏目錄收於洞元部記傳類恭字號中。然光庭雖道士、而此書所述實無與於道家。卷首沈士龍題辭謂光庭以方術事蜀孟昶、故成此書以取悅。考陶岳五代史補、光庭以唐僖宗幸蜀時入道、其後歷事王建、王衍、未入後蜀。卽以此書而論、其記蜀丁卯年會昌廟城壕側龜著金書王字大吉字、則王建天復七年也。又稱蜀皇帝乾德元年己卯七月十五日庚辰降誕廣聖節、王彥徽得白龜以進、則王衍元年也。凡此皆爲前蜀王氏誕陳符瑞、以云悅昶、失考甚矣。其言皆荒誕不足信。冶城客論曰、廣成先生杜光庭撰仙傳錄異等書、率多自作、故人有無稽之言謂之杜撰。然則光庭之妄、前人已言之矣。

括異志十卷（內府藏本）

舊本題宋張師正撰。師正字不疑、熙寧中爲辰州帥。文獻通考載師正擢甲科、後宦遊四十年不得志、於是推變怪之理、參見聞之異、得二百五十篇。魏泰爲之序。此本不載魏序、蓋傳寫佚之。然王銍默記以是書卽魏泰作、蓋泰爲曾布之婦兄、而銍則曾紆之壻、猶及識泰、其言當不誣也。

青瑣高議前集十卷、後集十卷（兩淮鹽政採進本）

不著撰人名氏。晁公武讀書志及宋史藝文志皆著錄，亦皆不云誰作。趙與旹賓退錄稱爲劉斧青瑣高議，當必親見其標題，前有孫副樞序，不稱名而舉其官，他書亦無此例。其爲里巷俗書可知也。所紀皆宋時怪異事蹟及諸雜傳記，多乖雅馴。每條下各爲七字標目，如張乖崖明斷分財，回處士磨鏡題詩之類，尤近於傳奇。間有稱議曰者，寥寥數言，亦多陳腐。讀書志稱其詞意鄙淺，良非輕詆。公武所錄作十八卷，宋史藝文志亦同。此本乃多兩卷，或坊賈傳刻，又有所竄入歟。蔡絛鐵圍山叢談稱所載孫勔射寵被追見韓琦爲紫府眞人事，其說不謬。然稱爲青瑣小說，或又其別名也。孫勔事魏公別錄、魏公家傳皆載之，周煇清波雜志又考其同異，謂當以家傳爲正。其所引王老志別一說，卽蔡絛語也。韓琦名德，何必死作閻羅王乃足取重。斧作小說，侈談神怪可矣，士大夫以爲實事而記於家傳別錄，好事者又校正其異同，相率說夢，不亦傎乎。

雲齋廣錄八卷後集一卷（內府藏本）

宋李獻民撰。獻民字彥文，延津人。是書前有政和辛卯獻民自序，所載皆一時豔異雜事，文旣冗沓，語尤猥褻。晁公武讀書志、陳振孫書錄解題俱云十卷，分九門。今止存六門，曰士林清話，曰詩話錄，曰靈怪，曰麗情，曰奇異，曰神仙，共八卷。末有後集一卷，曰盈盈傳，乃作者自述所遇。然首稱皇祐中，中稱嘉祐五年，皆仁宗年號，與獻民時代不相及，則傳中所謂余者乃別一人，而佚其名，非獻民自稱也。其書大致與劉斧青瑣高議相類，然斧書雖俗，猶時有勸戒，此則純乎誨淫而已。以向來諸家著錄，今姑存其目焉。

五色線二卷（內府藏本）

不著編輯者名氏。載毛晉津逮祕書中。考中興館閣書目有此書名，然是書雜引諸小說新誕之語，或不紀所出，割裂舛謬，不可枚舉。至謂楚襄王夢神女事出史記，其庸妄可知。未知果宋時舊本否也。

峽山神異記一卷（永樂大典本）

宋王輔撰。輔里籍未詳。是書作於嘉定戊寅，輔時辟爲瀧水縣令，自序謂予備員西征，始聞峽山非常可駭之事，始猶未敢以爲然。及觀前賢所記，由東坡以來，連篇累牘，悉出於名公巨卿之口，以其人之可信，則事必可信矣。訪峽山集舊版散失，於是裒集傳之。然其敘述飛來殿，謂至德元年峽有三神人化爲方士，夜扣穎州貞俊禪師曰：本峽居淸遠上流，吾欲建道場，師能去否。俊諾之。是夕風雨驟作，黎明霽，啟戶而觀，則佛殿與神像已運至山中矣。俊師乃於峯前石上安坐。本淮南西路舒州延祚寺之所移。其事涉於語怪，是小說之支流，非地志之正體也。

閒窗括異志一卷（浙江鄭大節家藏本）

宋魯應龍撰。自署東湖，蓋嘉興人。書中稱淳祐甲申館於沈氏，則理宗時也。其書皆言神怪之事，而多借以明因果。前半帙皆所聞見，後半帙則雜採古事以足之，大半與唐五代小說相出入。

續夷堅志二卷（浙江巡撫採進本）

金元好問撰。好問字裕之，號遺山，太原人。官至左司郎中，事蹟具金史本傳。是編蓋續宋洪邁夷堅志而作，所紀皆金泰和、貞祐間神怪之事。前有自序，見於遺山集，而此本無之，蓋傳寫佚脫也。

異聞總錄四卷（內府藏本）

不著撰人名氏，亦不著時代。其中林行可一條稱大德丁酉，則元人矣。然所載臨安倡女儀珏一條，稱其編隸鄱陽，予嘗於席閒與紙筆，卽賦詞，大略美吾兄弟有鄱江英氣鍾三秀之語，乃洪邁夷堅志原文，所謂予者，卽邁，所謂弟兄三秀，卽邁、适、遵也。此本剿襲其言，併其自稱亦未改，則亦剽劉而成者矣。

效顰集三卷（兩淮鹽政採進本）

明趙弼撰。弼有雪航膚見，已著錄。是編皆紀報應之事，意寓勸懲，而詞則近於小說。第三卷中闕疥鬼對、夢遊番陽傳二篇，殆傳寫佚之。

談纂二卷（浙江鮑士恭家藏本）

明都穆撰。穆有壬午功臣爵賞錄，已著錄。是書記錄元明以來逸事，然多涉神怪，不足徵信。書中龔泰軒觀張仙三條，註稱采曰者，乃其門人陸采附記。蓋此書采所編次，故原本題曰都公談纂云。

陸氏虞初志八卷（浙江范懋柱家天一閣藏本）

舊本題陸氏虞初志，不著其名。惟第一卷中續齊諧記有跋，稱得於外舅都公家，疑爲都穆壻也。其書所收諸家小說，惟吳均爲梁人，餘皆唐人雜傳，不出太平廣記之中，殊乏異聞。白猿傳舊題江總雖曰託名，然既爲謗歐陽詢而作，則出於隋末唐初更無疑義。乃以殿唐末，未免失倫，則亦隨手鈔合，取足卷帙，無所詮次之本矣。

志怪錄五卷（兩淮鹽政採進本）

明祝允明撰。允明有蘇材小纂，已著錄。是編所載皆怪誕不經之事。觀所著野記諸書，記人事尚多不實，則說鬼者可知矣。朱孟震河上楮談謂允明所作志怪凡數百卷，疑無此事，卷字殆條字之誤歟。

西樵野記四卷（兩淮鹽政採進本）

明侯甸撰。甸，蘇州人。明史藝文志載是書作十卷，此本卷數不符，疑有散佚。然原序稱一百七十餘條，計數無闕，或明史誤也。序又稱所載悉幽怪之事，此本所載乃有不涉幽怪者二十三條，爲例未免不純。其女子咏錢一詩，見沈括筆談，掇爲近事，尤疎舛矣。

廣夷堅志二十卷（兩江總督採進本）

舊本題明楊慎撰。慎有檀弓叢訓，已著錄。是編前有嘉靖二十年慎門人夏林序，文詞猥陋，舛誤疊出。如云宋洪邁有夷堅志二十卷，考邁書甲集至癸集二百卷，支甲至支癸一百卷，三甲至三癸一百卷，四甲四乙二十卷，乃四百二十卷，非二十卷也。又稱因宣和皇帝喜長生不死之術，一時士大夫相習成風，爭爲此類言語以媚於上，洪故賢者，亦不能免。考邁乃高宗紹興十五年進士，孝宗時官端明殿學士，非徽宗宣和時人也。又稱慎著述已滿天下，晚年學莊子之卮言，拾齊諧之剩語，仿洪氏之例而推廣之。考慎以正德六年辛未登第，年二十四，至嘉靖二十年辛丑，僅五十四歲，非晚年也。其爲依託，已無疑義。及核其書，乃全錄樂史廣卓異記，一字不異，可謂不善作僞矣。

見聞紀訓一卷（兩江總督採進本）

明陳良謨撰。良謨字中夫，安吉人。正德丁丑進士，官至貴州布政司參政。是書雜記見聞，多陳因果。雖大旨出於勸戒，而語怪者太多。

耳鈔祕錄一卷（浙江巡撫採進本）

舊本題上元壬午南贍部洲二十八年林之東無名氏撰。考書中所紀，其人當在嘉靖時。壬午即嘉靖元年，而稱二十八年，其詞詭誕未之詳也。所紀皆明代雜事，然無一非委巷之談。如謂明成祖發劉基之墓，得一朱匣，中有賀永樂元年登極表。元順帝爲明所敗，匿於古寺而死，即以寺梁爲棺。寧王權爲許遜後身，邱濬爲蝦蟆精。凡孔氏襲衍聖公者，其相必口露雙齒如孔子。明太祖以公主嫁朝鮮國世子。劉基對明太祖稱白翁子變紅翁子。明孝宗爲牟尼佛降生，故年號上下二字皆取牟字字頭。其鄙俚荒唐，殆不足與辨。至於以危素爲姓魏，以于謙爲姓余，殆市井略識字人妄聽之而妄記之，不知何以得傳至今也。

高坡異纂二卷（江西巡撫採進本）

明楊儀撰。儀有螭頭密語，已著錄。是編乃志怪之書。前有自序，謂高坡者京邸之寓名，案明張爵坊巷衚衕集，東城有高坡衚衕，蓋即所居也。錢希言獪園稱楊儀禮部素不信元怪之談，因閻王維賢親見仙人騎鶴事，始遂傾心，著有高坡異纂行於世。然書中所記，往往誕妄。如黃澤爲元末通儒，趙汸之所師事，本以經術名家，而儀謂劉基入石壁得天書，從澤講授，眞可謂齊東之語。至謂織女渡河，文曲星私窺其媟，狎織女，誤牽文曲星衣，上帝醜之，手批牽牛頰，傷眉流血，竟公然敢於侮天矣。小說之誕妄，未有如斯之甚者也。

冶城客論二卷（浙江范懋柱家天一閣藏本）

明陸采撰。采字子元，長洲人，粲之弟也。是編乃其肄業南雍時記所聞見，大抵妖異不根之言。其胡銓後身一條，云聞之祝允明，又云初聞祝子之言，以爲祝好奇，必記此，不暇詳叩。因近閱語怪兩編，無之，追書於冊。是允明有所不記，而采記之，其誕更甚於允明矣。乃譏沈周作客座新聞，多信門客妄言，何也？卷末鴛鴦記一篇，述施氏婦閨閫幽會之事，淫媟萬狀，如身歷目睹，此同時士大夫家也，誰見之而誰言之乎？尤有乖名敎矣。

祐山雜說一卷（兩淮鹽政採進本）

明馮汝弼撰。汝弼字惟良，平湖人。嘉靖壬辰進士，官工科給事中，以言事謫潛山縣丞，遷知太倉州，調揚州府同知，不赴。隆慶中追贈布政司參政。是書自記生平瑣事，率涉夢卜禨祥。其所記他人事，亦多不出此。末載種植數方，尤與全書不類。

古今奇聞類記十卷（兩淮鹽政採進本）

明施顯卿撰。顯卿字純甫，無錫人。嘉靖壬子舉人，官新昌縣知縣。是書成於萬歷丙子，分天文、地理、五行、神祐、前知、淩波、奇遇、驍勇、降龍、伏虎、禁蟲、除妖誕毒物精仙佛神鬼十六門。兼及明代近事，頗取史傳，而掇拾稗官小說者爲多。

二酉委談一卷（兩淮鹽政採進本）

明王世懋撰。世懋有卻金傳，已著錄。此編乃隨筆雜記，多說神怪之事，亦閒作放達語，蓋其時山人習氣漸染及於士大夫也。卷頁頗寥寥。其西山雲霧茶一條云，追憶夜來風味，書一通以贈先生。（案：先生指蔡琳泉也。）五月十二日歸自郡城一條云，坐心遠堂中命筆伸紙，作數行記之。萬歷十二年一條云，第三子士騤年十三，書此付之。三月晦日一條云，歸而記之，以示兩兒。殆平時所作雜帖，其後人錄之爲帙歟。

燃犀集四卷（通行本）

不著撰人名氏，自稱茂苑樹瓠子。有嘉靖辛酉自序。摘取小說家所錄神怪之事，彙錄成編，大都與他書複出，無可採也。

異林十六卷（河南巡撫採進本）

明朱睦㮮撰。睦㮮有易學識遺，已著錄。此乃摘百家雜史中所載異事，分爲四十二目，頗爲雜糅。如防風、僬僥之類，世所習聞，不足稱異，而他書稍僻者仍不無挂漏。惟詳註所出書名，在明末說家中體例差善耳。

快雪堂漫錄一卷（浙江巡撫採進本）

明馮夢禎撰。夢禎有歷代貢舉志，已著錄。是編爲陸烜奇晉齋所刻，皆記見聞異事。語怪者十之三，語因果者十之六。記翰林舊例、大同米價、冏冏人、義僕節婦、虞長孺漢印、吳茂昭品龍井茶、李于鱗蕓岕茶，以及栽蘭、藏茶、炒茶、茉莉酒、造印色、鑄鏡、造糊、造色紙諸法，爲雜家言者十之一。故從其多者入之小說家焉。

孝經集靈一卷（編修程晉芳家藏本）

明虞淳熙撰。淳熙字長孺，錢塘人。萬歷癸未進士。官至吏部稽勳司郎中。經義考載淳熙有孝經邇言九卷、今文孝經說一卷，今皆未見。此書專輯孝經靈異之事，如赤虹化玉之類，故曰集靈。夫釋氏好講福田，尚非上乘，況於闡揚經義，而純用神怪因果之說乎。其言既不詁經，未可附於經解。退居小說，庶肖其眞。至其採錄顚舛，如張角作亂，向詡上便宜，不欲國家興兵，但遣將於河上北向讀孝經，則賊當自消滅一條，乃嗤鄙之事，古來傳以爲笑者，亦收爲靈蹟，殆信爲賊果消滅乎。

前定錄二卷（浙江鮑士恭家藏本）

明蔡善繼編。善繼字伯達，烏程人。萬歷辛丑進士。官至福建左布政使。其書皆載古來前定之事。上卷凡七十八事，下卷凡九十三事。前有善繼自序，後有泉州府訓導張啓睿跋。細核所錄，乃全剿太平廣記第一百四十六卷至第一百六十卷定數一門之文，名姓次序，一字無異。惟上卷之末增延陵包隰一人，下卷之首增竇易直至劉邈二十八人，爲原書所無。然亦自廣記他門移掇竄入者。廣記爲習見之書，乃取其中十五卷別立書名，攘爲己有，作僞之拙，於是極矣。

仙佛奇蹤四卷（內府藏本）

明洪應明撰。應明字自誠，號還初道人。其里貫未詳。是編成於萬歷壬寅。前二卷記仙事，後二卷記佛事。首載老子至張三丰六十三人，名曰消搖墟。末附長生詮一卷。次載西竺佛祖自釋迦牟尼至般若多羅十九人，中華佛祖自菩提達摩至船子和尚四十二人，曰寂光境。末附無生訣一卷。仙佛皆有繪像，殆如兒戲。考釋道自古分門，其著錄之書亦各分部。此編兼採二氏，不可偏屬，以多荒怪之談，姑附之小說家焉。

猗園十六卷（浙江巡撫採進本）

明錢希言撰。希言有戲瑕，已著錄。是書成於萬歷癸丑，皆記當時神怪之事。一仙幻，二釋異，三影響，四報緣，五冥蹟，六靈祇，七淫祀，八奇鬼，九妖孽，十瓌聞。其以猗園名書者，猗者狡猾之意，狡猾者戲弄之意也。其中記陳祖皐陷冤獄，出金貲營救，反爲人所紿事。影響類中作其姻家錢日省，因其從子朗生誘祖皐妻鏹三百緡及金鳳釵諸物，爲沈儒宗所脅致敗，祖皐妻死而爲厲。靈祇類中作指揮采成文構成其獄，因其同里沈瑞徵誘祖皐母鏹六百緡，後瑞徵獨匿其賂，成文無所得，因陷祖皐大辟，祖皐父與郊爲厲。兩卷之中，姓名事迹自相矛盾。記所見如是，記所聞者可知矣。

耳新十卷（兩淮鹽政採進本）

明鄭仲夔撰。仲夔有蘭畹居清言，已著錄。是書雜記瑣事，多及仙鬼因果，亦輟耕錄之流亞。中記魏忠賢事，蓋明末人也。

王氏雜記十四卷（浙江巡撫採進本）

明王兆雲撰。兆雲有詞林人物考，已著錄。是編凡湖海搜奇二卷揮麈新談二卷白醉璅言二卷說圃識餘二卷獻石閒談二卷烏衣佳話四卷皆雜記新異之事本各自爲書後人裒爲一帙總題曰王氏雜記非其本名也其中烏衣佳話明史藝文志作八卷此本僅前後二集每集分上下卷或爲合併或爲闕佚均不可知然志怪之書無關學問其完否亦無容深考惟其中記張孚敬既遇一條謂廷臣議追封大禮附於俗說濮園之非云云則意存左袒不爲公論有不可不糾正者耳

燕山叢錄二十二卷浙江巡撫採進本

明徐昌祚撰昌祚字伯昌常熟人是編蓋其官刑部時所作多載京畿之事故以燕山爲名凡分二十二類大抵多涉語怪末附以長安里語尤爲鄙俚又多失其本字本音不足以資考證書成於萬歷壬寅有昌祚自序謂因輯太常寺志得徽州縣志書因採其所記成此書則亦剽掇之學也

芙蓉鏡孟浪言四卷浙江巡撫採進本

明江東偉撰東偉字青來自號壺公開化人萬歷丙午舉人其書分元部幻部靈部幽部爲四集皆摘錄諸書神仙鬼怪之事各系評語而佻纖殊甚如幻部中載張南軒晚得奇疾沒時就殮通身透明腑臟筋骨歷歷可數瑩徹如水晶云云本說部無稽之談東偉乃爲之評曰此明明德之本體可謂無所不戲侮矣其曰孟浪言者蓋取莊子齊物篇語殆亦自知其不經歟

敝帚軒剩語三卷補遺一卷兩淮鹽政採進本

明沈德符撰德符有飛鳧語略已著錄是書雜記神怪俳諧事多猥鄙至記林潤劾嚴世蕃論死世蕃爲厲鬼以報潤則又顛倒是非之甚矣

耳談十五卷安徽巡撫採進本

明王同軌撰同軌字行父黃岡人由貢生官江寧縣知縣其書皆集異聞亦洪邁夷堅志之流每條必詳所說之人以示徵信則用蘇鶚杜陽雜編之例前有陶冶序稱其事不必盡核理不必盡合文不必盡諱亦小說家之定評也然其中推重方士陶仲文稱謾加削奪時論大乖則其他曲筆諒多矣

聞見錄一卷浙江鄭大節家藏本

明姚宜撰宜字懋昭應天人是書所記雜事多涉神怪舊事則註出某書新事則註聞之某人而序述冗拙亦或失於詮次如祿薄儉常足官卑廉自尊一聯一以爲正德閒浙江巡檢題一以爲洪武中御史劉子敏左遷侯官典史時題一頁之中相隔三行而複出兩條可知其雜鈔無緒也

遁史搜奇無卷數兩江總督採進本

明汪雲程編雲程徽州人其書雜採漢唐迄宋小說一百四十種彙爲一編中分十集大抵皆猥鄙荒怪之語

四明龍薈一卷兩淮鹽政採進本

明聞性道撰性道有賀監記略已著錄是書專載四明諸井潭神龍見伏靈蹟紀錄寥寥惟所載蜥蜴考一篇於蠑螈蝘蜓蠦蠔等名辨證詳覈然紀四明龍事而氾濫及之於體裁亦未協也

才鬼記十六卷浙江鮑士恭家藏本

明梅鼎祚撰鼎祚字禹金宣城人嘗作三才靈記一爲才神記一爲才幻記一卽此書所載上自周下至明代末二卷則箕仙之語皆從諸小說採出然如左傳所載渾良夫夢譟之詞偶成韻語目以才鬼似乎未然又如搜神記之段孝直水經注之觧于冀但有辨枉之詞亦不得以才論至搜神記之劉伯文寄一家書卽謂之才尤爲非理小說家語怪之書汗牛充棟鼎祚捃拾殘賸以成是編本無所取義而體例龐雜又如是眞可謂作爲無益矣

峒菴瑣語一卷大學士英廉購進本

國朝李王逋撰王逋字肱枕嘉興人是編記明末及國初見聞皆其鄉里中事大抵語怪者多末述屠象美陳梧據嘉興作亂始末及白頭賊之事頗詳

矩齋雜記二卷江西巡撫採進本

國朝施閏章撰閏章仕履已附見青原志略條下是書多記見聞雜事兼涉神怪舊載閏章外集中與河東集後附龍城錄之例然終爲不類今析出別著錄焉

冥報錄二卷大學士英廉購進本

國朝陸圻撰圻有新婦譜已著錄此編皆記冥途因果之事意主勸善其眞妄不可究詰也

雷譜一卷浙江巡撫採進本

國朝金侃撰侃字亦陶吳縣人其書雜錄雷之典故與雷之果報意主戒惡而所摭皆小說家言

史異纂十六卷浙江巡撫採進本

國朝傳燮詞撰。燮詞字去異，靈壽人。工部尚書維鱗子。官至汀州府知府。是書雜纂災祥怪異之事，自上古至元，悉據正史採入。凡外傳雜記，皆不錄。分天異、地異、祥異、人異、事異、術異、譯異、鬼異、物異、雜異十門。

有明異叢十卷（浙江巡撫採進本）

國朝傳燮詞撰。是書記明一代怪異之事。亦分十類，與史異纂門目相同。皆從小說中撮鈔而成，漫無體例。如尹蓬頭騎鐵鶴上升、正德中上蔡知縣霍恩為流賊所殺，頭出白氣，及天啟丙寅王恭廠災之類，往往一事而兩見。又有實非怪異而載者，如事異門內胡壽昌毀延平淫祠而絕無妖、任高妻女三人罵賊沒水，次日浮出面如生；術異門內汪機以藥治狂瘋；物異門內蕭縣岳飛祠內竹生花；雜異門內漳州火藥局災，大石飛去三百步之類。皆事理之常，安得別神其說。至如譯異門內謂黑妻在嘉峪關西，近土魯番，其地山川草木禽獸皆黑，男女亦然。今土魯番以外咸入版圖，安有是種類乎。其妄可知矣。

觚賸八卷續編四卷（浙江巡撫採進本）

國朝鈕琇撰。琇字玉樵，吳江人。康熙壬子拔貢生。歷官至陝西知府。是編成於康熙庚辰，皆記明末國初雜事。隨所至之地，錄其見聞。凡吳觚三卷，燕觚、豫觚、秦觚各一卷，粵觚二卷。續編成於康熙甲午。分類排纂，為言觚、事觚、人觚、物觚四卷，體例與初編略殊，各有琇自序。琇本好為儷偶之詞，故敘述是編，幽豔悽動，有唐人小說之遺。然往往點綴敷衍，以成佳話，不能盡核其實也。

曠園雜志二卷（大學士英廉購進本）

國朝吳陳琰撰。陳琰有春秋三傳同異考，已著錄。是書皆記見聞雜事，而涉神怪者十之七八。惟所記楊維垣僞題柩字，棄城夜遁，為劫盜所殺，非死於國事。及葬明莊烈帝始末二事，足備考證耳。

述異記三卷（大學士英廉購進本）

舊本題東軒主人撰，不著名氏。所記皆順治末年康熙初年之事，多陳神怪，亦閒及奇器。觀其述江村雜記一條，其人尚在高士奇後也。

鄢署雜鈔十四卷（浙江巡撫採進本）

國朝汪為熹撰。為熹字若木，桐鄉人。康熙末官鄢陵知縣。欲修縣志而未果，因摭其地之遺聞瑣事綴為此書。自序稱事涉鄢陵者十之六七，涉省郡別州縣者十之三四，合以身之所歷，目之所覩，得十四卷。大抵多採稗官說部一切神怪之言，蓋本儲地志之材，而翻閱既多，捃摭遂濫，又嗜奇愛博，不忍棄去，乃裒而成帙，別以雜鈔為名。是特說部之流，非圖經之體也。今存目於小說家中，庶從其類。至卷首冠以康熙五十二年覃恩敕命，莫喻其理。殆見唐宋文集有以告身冠集首者，故亦效之歟。不知彼乃後人所加，非所自編，又皆施於專集，非施於筆記之類也。

果報見聞錄一卷（大學士英廉購進本）

國朝楊式傳撰。式傳字雪崖，鄞縣人。是編皆述善惡之報，而大旨歸心於二氏。其逆婦小善免死一條，雖意主戒殺，然婦欲殺姑，罪通於天矣，豈偶救數鳥之命，即可以贖乎。殆不可訓也。

信徵錄一卷（大學士英廉購進本）

國朝徐慶撰。慶字賓溪，自署曰烏山人，不知何地之烏山也。是編雜記果報，語多荒誕。夫禍善禍淫，天有顯道；即明神肸蠁，亦當在杳冥之閒。至於人鬼對言，幽明相接，指陳獄牘，判決是非，如虞山孫振先竊銀因果記之類，何其怪而不經也。命曰信徵，豈其然乎。

見聞錄一卷（大學士英廉購進本）

國朝徐岳撰。岳字季方，嘉善人。是編皆記怪異之事，亦夷堅睽車之流。

簪雲樓雜記一卷（大學士英廉購進本）

國朝陳尚古撰。尚古字雲瞻，德清人。是編雜記瑣聞，多涉語怪。其足資考證者，惟述魏忠賢養女任氏冒稱明熹宗皇后張氏一事耳。

右小說家類異聞之屬，六十部，三百五十二卷，內一部無卷數，皆附存目。

笑海叢珠一卷（永樂大典本）

舊本題唐陸龜蒙撰。然書中有蘇軾、黃庭堅、僧了元及黨進事。龜蒙生於唐末，何得預知。其為妄人依託可知矣。

牡丹榮辱志一卷（內府藏本）

舊本題宋邱璿撰。考宋邱璿字道源，黟縣人。天聖五年進士。官至殿中丞。邵博聞見後錄記當時有邱濬者，以易卦推驗歷代，謂元豐正當豐卦。靖康要錄記欽宗以郭京為將，蓋取邱濬詩郭京楊式劉無忌，皆在東南臥白雲之讖。其字皆從睿從水。

此本亦題曰字道源，蓋即其人，而名乃作璿，殆傳寫誤歟。尤侗明藝文志乃以是書爲明邱濬作，又誤中之誤矣。厲鶚宋詩紀事稱濬有洛陽貴尚錄，今未見。此書亦品題牡丹，以姚黃爲王、魏紅爲妃，而以諸花各分等級役屬之。又一一詳其宜忌。其體略如李商隱雜纂，非論花品，亦非種植，入之農家爲不倫。今附之小說家焉。

東坡問荅錄一卷（內府藏本）

舊本題宋蘇軾撰。所記皆與僧了元往復之語，詼諧泿極，爲猥褻。又載佛印環璺字詩，及東坡長亭詩。詞意鄙陋，亦出委巷小人之所爲，僞書中之至劣者也。

漁樵閒話二卷（內府藏本）

舊題宋蘇軾撰。明陳繼儒刻入普祕笈中，名爲漁樵閒話錄。案晁公武讀書志中有此書，作漁樵閒話，無錄字。公武又云，設爲問荅及史傳雜事，不知何人所爲，亦不言出自軾手。書中多引唐小說，議論皆極淺鄙。疑宋時流俗相傳有是書，而明人重刻者復假軾以行耳。

開顏集二卷（浙江范懋柱家天一閣藏本）

宋周文玘撰。文玘嘗官試祕書省校書郎。其里籍未詳。此書通考作三卷，而所載三十五事與自序合，疑通考誤二爲三也。此本僅上下二卷。文玘通考作文規，書錄解題謂文規未知何人。然此刻本玘字甚分明，亦疑通考傳寫之誤。其書皆古來詼諧事，各註出典。然其中如世說濟尼一條，無可笑者。列子攫金一條，增吏大笑之四字。後漢書袁隗婦一條，增隗大笑之四字。皆非本文，亦一病也。

談諧一卷（兩淮鹽政採進本）

宋陳日華撰。日華不知何許人。文獻通考載所著金淵利術八卷，亦不著時代。別有詩話一卷，中引朱子之語。考姜夔白石詩集有陳日華侍兒讀書詩。又張端義貴耳集稱淳熙間有二婦人，足繼李易安之後，曰清菴鮑氏、秀齋方氏。秀齋即陳日華之室，則孝宗時人也。所記皆俳優嘲弄之語，視日華所作詩話，尤爲猥雜。然古有笑林諸書，今雖不盡傳，而太平廣記所引數條，體亦如此，蓋小說家有此一格也。

諧史一卷（編修程晉芳家藏本）

舊本題宋沈俶撰。俶始末未詳。書中載有趙師𢍰爲臨安尹時事，則嘉定以後人矣。所錄皆汴京舊聞，以多詼嘲之語，故名曰諧史。其載吳興項羽廟事，謂鬼神之於人，但侮其命之當死及衰者。又謂魑魅罔兩假羽名以興禍福。所論頗正，然與書名殊不相應，疑亦後人雜鈔成編也。

古今諺一卷（永樂大典本）

宋周守忠撰。守忠有養生雜纂，已著錄。是編前有自序，稱略以所披之編，採摘古今俗語，又得近時常語，雖鄙俚之詞，亦有激諭之理，漫錄成集，名古今諺。古諺多本史傳，今諺則鄙俚者多矣。

滑稽小傳二卷（永樂大典本）

一名滑稽逸傳。不著撰人名氏。自序稱烏有先生，亦借司馬相如之語，非其本號也。序稱史記特爲滑稽立傳，以俳諧之中自有箴諷，是以取之。余遊士大夫閒，街談巷語，輒取而書之。然所載皆毛穎傳、容成侯傳之類，大抵寓言，無事實也。

笑苑千金一卷（永樂大典本）

舊本題張致和撰。致和未詳何許人。中一條稱周益公罷相云云，則亦南宋時人也。

醉翁滑稽風月笑談一卷（永樂大典本）

不著撰人名氏。其書首條爲二勝環，刺高宗不迎徽欽。又有韓信娶三秦之謔，以刺秦檜。蓋亦南宋人所爲。

文章善戲一卷（兩淮馬裕家藏本）

元鄭持正撰。倣韓愈毛穎傳例，於筆墨紙硯悉加封號，而擬爲制表之詞。又益以宋无文房十八學士制、吳必大歲寒三友、無腸公子除授集、鄭楷擬封花王冊，而張敏頭責子羽文、沈約脩竹彈甘蕉文諸篇，亦附載焉。末有元統元年古雍樊士寬後序一首，謂集文房茶具圖贊、羅氏十夫八仙爲一卷，簽曰房闈翬珍，刻之介然堂。與書名不相應，未詳何故也。

拊掌錄一卷（編修程晉芳家藏本）

舊本題元人撰，不著名氏。後有至正丙戌華亭孫道明跋，亦不言作者爲誰。說郛載此書，題爲宋元懷撰。前有自序，稱延祐改元立春日，驪然子書。蓋元懷自號也。此本見曹溶學海類編中，失去前序，遂以爲無名氏耳。書中所記皆一時可笑之事。自序謂補東萊呂居仁軒渠錄之遺，故目之曰拊掌錄云。

古杭雜記詩集四卷（浙江汪啓淑家藏本）

不著撰人名氏。皆載宋人小詩之有關事實者。各爲詳其本末，如本事詩之例。目錄末有題識云：已上係宋朝遺事，一新繡梓，求到續集，陸續出售，與好事君子共之。其書目又別題一依廬陵正本六字。蓋元時江西書賈所刊也。所記凡四十九條，多理宗度宗時嘲笑之詞，不足以資考核。案陶宗儀說郛內亦載有是書，題作元李東有撰。然與此本參較，僅首二條相同，餘皆互異，未喻其故。觀書首標題殆古杭雜記爲總名，而詩集爲子目。乃其全書之一集，非完帙也。

玉堂詩話一卷（永樂大典本）

不著撰人名氏。所採皆唐宋人小說，隨意雜錄，不拘時代先後，又多取鄙俚之作，以資笑噱，此諧史之流，非詩品之體，故入之小說家焉。

埤雅廣要二十卷（內府藏本）

明牛衷撰。衷里貫未詳，官蜀府護衛千戶。蜀王以陸佃埤雅未爲盡善，令衷補正爲此書。然佃雖以引用王安石字說爲陳振孫等所譏，而其博奧之處，要不可廢。衷所補龐雜餖飣，殆不成文，甚至字謎小說，雜然並載，爲薦紳之所難言，乃輒詆佃書，殊不知量。今退而列於小說家，俾以類從。衷序所稱蜀王，不著其名。考明史諸王年表，蜀和王悅𤌍以宣德十年進封，薨於天順五年。衷序爲天順元年作，則王當爲悅𤌍審矣。

十處士傳一卷（浙江巡撫採進本）

明支立撰。立字中夫，嘉興人。天順中官翰林院孔目。是編乃其爲常州學官時作。取布衾、木枕、紙帳、蒲席、瓦爐、竹牀、杉几、茶甌、燈檠、酒壺十物，仿毛穎傳例，各爲之姓名里貫。蓋冷官游戲，消遣日月之計。末有自跋，稱初爲九傳，夜夢酒壺訴爭，乃補爲十。則滑稽太甚矣。

蓮窗類記五卷（浙江范懋柱家天一閣藏本）

明黃暐撰。暐字日昇，號東樓，吳縣人。宏治庚戌進士，官至刑部郎中。此書雜記舊事，上自朝廷典故，下及詼諧鬼怪之屬，無所不錄，分功臣紀、科第紀、賦役紀、國初紀、妖人紀、災異紀、輿人紀、厚德紀、政績紀、忠烈紀、高士紀、異行紀、耿介紀、穎慧紀、德怨紀、節婦紀、著作紀、詩話紀、技藝紀、冠衲紀、夢紀、果報紀、滑稽紀、怪異紀、黠盜紀、祛惑紀、商販紀、釋冤紀諸目。所載吳事尤多，然頗蕪雜，不盡可據。前有王鏊序，稱故友黃君，少攻舉業，未甚該洽，及筮仕，乃始汎觀博取，此書所紀，雖不能無猥瑣，而崇正之意亦寓其間，可謂得是非之公矣。

博物志補二卷（兩江總督採進本）

明游潛撰。潛字用之，豐城人。宏治辛酉舉人，官雲南賓川知州。是編補張華之書，體例略如李石所續，而猥雜宂濫，無一異聞，又出石書之下。

古今文房登庸錄一卷（浙江巡撫採進本）

明黃謙撰。謙，江寧人。昔曹植組表，加以爵位，爲俳諧游戲之祖。嗣後作者日繁，曼衍及於諸物。宋林洪有文房圖贊一卷，元羅先登又爲圖贊續一卷，各繫以職官名號。此書因而衍之，所擬諸文，更加徵拜詔贊諸名，陳陳相因，皆敝精神於無用之地者也。

香奩四友傳二卷（編修勵守謙家藏本）

明陸奎章撰。奎章字子翰，武進人。前四友曰金亮、木理、房施、白華，乃鏡梳脂粉也。後四友曰周進齊、銛金貫、索紉，乃尺剪針綫也。蓋仿韓愈毛穎傳而作。後附偶人說一篇，皆詞意儇薄，了無可取。蓋明初淳實之風，至是已漸漓矣。

居學餘情三卷（浙江巡撫採進本）

明陳中州撰。中州字洛夫，青田人。宏治中由貢生官廬江縣教諭。初號太鶴山人，久而落拓不得志，占得亢悔之象，復自號亢惕子，佯狂恣肆，蕩然於禮法之外。嘗琢石爲冠，刻太極兩儀五行八卦之象。是編首載其圖，并繫以詩，有圉子不須龍馬背，老夫頭上頂羲皇之句，其妄誕可想。其餘諸篇，亦皆踵毛穎革華之窠臼，無非以游戲爲文。雖曰文集，實則小說，故今存其目於小說家焉。

古今諺二卷、古今風謠二卷（浙江汪啓淑家藏本）

明楊慎編。是書採錄古今謠諺，各爲一編。然賈子及太公兵法引黃帝語，自屬巾机銘之遺文，或列子所謂黃帝書者，不得謂之爲諺。且是書成於嘉靖癸卯，即載正德嘉靖時諺，然則慎自造數語，亦可入之矣。此蓋久居戍所，借編錄以遣歲月，不足以言著書。其孫宗吾誤刻之耳。

黎洲野乘（無卷數，浙江范懋柱家天一閣藏本）

明舒纓撰。纓字振伯，餘姚人。嘉靖乙未進士，官王府長史。是書乃其游戲之作，爲太極氏本紀者一，爲性書學書者二，爲歲月日時表者四，爲悅翁愚隱君何有先生蓮溢魚言達觀居士中虛子浣公等列傳者入，皆仿史例爲之。蓋欲仿莊列之寓言，實則詞旨淺陋，尚遠出革華諸傳下也。

六語三十卷浙江鮑士恭家藏本

明郭子章編。子章有蠙衣生易解，已著錄。是編凡謠語七卷、諺語七卷、隱語二卷、讖語六卷、謎語一卷、諧語七卷，皆雜採諸書爲之，頗足以資談柄。而所錄明代近事，往往猥雜，蓋嗜博之過，失於翦裁也。

廣滑稽三十六卷浙江巡撫採進本

明陳禹謨編。禹謨有經籍異同，已著錄。是編採掇諸書瑣事雋語，不分門目，仍以原書爲次第，仿曾慥類說之例。其原書久佚，僅從他書所引裒輯數條，仍標原目，則仿陶宗儀說郛例也。

諧史集四卷兩淮鹽政採進本

明朱維藩編。維藩，淮安人。是書成於萬歷乙未，取徐常吉諧史、賈三近滑稽耀編刪削補綴，共爲一集。凡明以前游戲之文，悉見採錄，而所錄明人諸作，尤爲猥雜。據其體例，當入總集，然非文章正軌，今退之小說類中，俾無溷大雅。據其自序，稱題於豫章官署，則非遊食山人流也。讀聖賢之書，受民社之寄，而敝精神於此種，明末官方士習，均可以睹矣。

古今寓言十二卷兩淮馬裕家藏本

明陳世寶撰。世寶字介錫，鉅鹿人。萬歷中官監察御史，巡按江西。其書鈔撮諸家文集中託諷取譬之作，分十二類。體近俳諧，頗傷猥雜。

廣諧史十卷內府藏本

明陳邦俊編。邦俊字良卿，秀水人。先是徐常吉嘗採錄唐宋以來以物爲傳者七十餘篇，彙而錄之，名曰諧史。邦俊因復爲增補，得二百四十餘首。夫寓言十九，原比諸史傳之滑稽，一時游戲成文，未嘗不可少資諷諭。至於效尤滋甚，面目轉同，無益文章，徒煩楮墨，搜羅雖富，亦難免於疊牀架屋之譏矣。

清異續錄三卷編修程晉芳家藏本

明李琪枝撰。琪枝字雲連，號奇峰，嘉興人，李肇亨之子，李日華之孫。書中卵色天一條稱先太僕有詩云云，畫雲一條稱先冏卿筮仕江州司理被讒拂衣云云，畫隱一條稱黃魯直詩李侯畫隱百僚底，冏卿用下五字鐫一圖記，自作畫則識之云云，皆指日華也。是書續陶穀清異錄而作。穀書皆載唐末五代近事，此則皆採古書。穀書分三十七門，此則併爲天文、地理、君道、官志、君子、女行、幺麼、釋族、仙宗、人事、詞苑、藝能、肢體、居室、衣服、粧飾、陳設十七門，女行之末又附載婦女雙名一門。體例頗不相同，而採摭故事，或佚脫其出典，或舛誤其字句。如開卷天笑一條，出東方朔神異經，人人習見，而題曰莊子。四雨一條，自是詩話，而入之天文。舊雨一條，本出杜甫集，而註曰白孔六帖。影娥池本出洞冥記，而註曰三輔黃圖。蕊女一條，引關尹子是也，而又引漢童謠河閒蕊女工數錢句，不知續漢志實作姹女。蝦蟆更一條，據郎瑛七修類稾，指爲宋事，而不知唐張泌詩已有蝦蟆更急海城寒句，先載蜀韋穀才調集中。是雖蒐羅實事，轉不如陶穀之多構虛詞矣。

小窗自紀四卷豔紀十四卷清紀五卷別紀四卷內府藏本

明吳從先撰。從先爵里未詳。自紀皆俳諧雜說及游戲詩賦詞，多傷淺薄。豔紀採錄漢至明雜文，分體編錄，蕪駁殊甚。清紀摹仿世說，分清語、清事、清韻、清學四門。別紀兼涉志怪。總明季纖詭之習也。

亘區八友傳一卷兩淮鹽政採進本

國朝王著撰。著字宓草，秀水人。以製造菽乳，其名有八，因呼八友，各爲寓名而傳之。蓋遊戲之小品。後有胡奉衡跋，題己卯年，蓋其書成於崇禎十二年也。

筆史二卷兩淮鹽政採進本

國朝楊忍本撰。忍本字因之，南城人。其書內編一卷，分原始、定名、屬籍、結撰、效用、膺秩、寵遇、引退、考成九門，外編一卷分徵事上下及述贊三門。大旨出韓愈毛穎傳而推衍之，雜引故典，鈔撮爲書，不以著作論也。

青泥蓮花記十三卷兩淮鹽政採進本

明梅鼎祚撰。是編記倡女之可取者，分七門：一曰記禪，二曰記元，三曰記忠，四曰記義，五曰記孝，六曰記節，七曰記從。又附外編五門：一曰記藻，二曰記用，三曰記豪，四曰記遇，五曰記戒。自謂寓維風於諸末，奏大雅於曲終，然狹斜之遊，人情易溺，懲戒尚不可挽回，鼎祚乃捃摭瑣聞，謂冶蕩之中亦有節行，使倚門者得以藉口，狎邪者彌爲傾心，雖意主善善從長，實則勸百而諷一矣。

板橋雜記三卷大學士英廉購進本

國朝余懷撰。懷字無懷，號澹心，閩縣人。自明太祖設官伎於南京，遂為冶遊之場，相沿謂之舊院。此外又有珠市，亦名倡所居。明季士氣儇薄，以風流相尚，雖兵戈日警，而歌舞彌增。懷此書追述見聞，上卷為雅遊，中卷為麗品，下卷為軼事。文章儇緻，足以導欲增悲，亦唐人北里志之類。然律以名教，則風雅之罪人矣。

右小說家類瑣語之屬，二十五部，一百卷，（內一部無卷數）皆附存目。

欽定四庫全書總目卷一百四十四

欽定四庫全書總目卷一百四十五

子部五十五

釋家類

梁阮孝緒作七錄，以二氏之文別錄於末。隋書遂用其例，亦附於志末，有部數卷數而無書名。舊唐書以古無釋家，遂併佛書於道家，頗乖名實。然惟錄諸家之書為二氏作者，而不錄二氏之經典，則其義可從。今錄二氏於子部末，用阮孝緒例；不錄經典，用劉昫例也。諸志皆道先於釋，然魏書已稱釋老志，七錄舊目載於釋道宣廣宏明集者，亦以釋先於道。故今所敍錄，以釋家居前焉。

宏明集十四卷（兵部侍郎紀昀家藏本）

梁釋僧祐編。僧祐姓俞氏，彭城下邳人。初出家揚都建初寺，武帝時居鍾山定林寺。唐書藝文志載僧祐宏明集十四卷，此本卷數相符，蓋猶釋藏之舊。末有僧祐後序，而首無前序，疑傳寫佚之。所輯皆東漢以下至於梁代闡明佛法之文。其學主於戒律，其說主於因果，其大旨則主於抑周孔，排黃老，而獨伸釋氏之法。夫天不言而自尊，聖人之道不言而自信，不待夸，不待辨也。恐人不尊不信而嚚嚚其外以彌縫之，是亦不足於中之明證矣。然六代遺編，流傳最古，梁以前名流著作，今無專集行世者，頗賴以存。終勝於庸俗緇流所撰述，就釋言釋，猶彼教中雅馴之言也。

廣宏明集三十卷（兵部侍郎紀昀家藏本）

唐釋道宣撰。道宣姓錢氏，丹徒人，隋末居終南白泉寺，又遷豐德寺、淨業寺，至唐高宗時乃卒。持戒精苦，釋家謂之宣律師。唐志載廣宏明集三十卷，與此本合。然二十七卷以後每卷各分上下，實三十四卷也。其書續梁僧祐宏明集而體例小殊，分為十篇：一曰歸正，二曰辨惑，三曰佛德，四曰法義，五曰僧行，六曰慈濟，七曰戒功，八曰啟福，九曰悔罪，十曰統歸。每篇各為小序，大旨排斥道教，與僧祐書相同。其中如魏書釋老志本於二氏兼有紀錄，雖同為粉飾，而無所抑揚，道宣乃於敘釋氏者具載其全文，敘道家者潛刪其蠱蠹。然則冤親無等，猶為最初之佛法，迨其後世，門戶漸深，勝負互軋，雖以叢林古德，人天瞻禮，如道宣者亦不免於門戶之見矣。其書採摭浩博，卷帙倍於僧祐，如梁簡文帝被幽述志詩及連珠三首之類，頗為泛濫，然道宣生隋唐之間，古書多未散佚，故墜簡遺文往往而在。如阮孝緒七錄序文及其門目部分，儒家久已失傳，隋志僅存其說，而此書第三卷內乃載其大綱，尚可推尋崖略，是亦禮失求野之一端，不可謂無裨考證也。神僧傳稱僧祐前身為南齊剡溪隱嶽寺僧護，道宣前身即為僧祐，殆因道宣續僧祐之書，故附會是說。又稱道宣卒於乾封二年，而書末有遊大慈恩寺詩，乃題高宗之諡，殊不可解。又註曰一作唐太宗，蓋知其牴牾，為之遷就。考雍錄載慈恩寺貞觀二十二年高宗在春宮時為文德皇后立，則太宗猶及見之。然大慈恩之名可以出高宗之口，不可以出太宗之口，殆原本題為御製，後人追改歟。

法苑珠林一百二十卷（大理寺卿陸錫熊家藏本）

唐釋道世撰。道世字元惲，上都西明寺僧。是書成於高宗總章元年。朝散大夫蘭臺侍郎隴西李儼爲之序，稱事總百篇，勒成十帙。此本乃一百二十卷，蓋百篇乃其總綱，書中則約略篇頁而分卷帙。如千佛篇十惡篇則一篇分七八卷，善友篇惡友篇擇交篇則兩三篇共一卷，故書凡一百一十八卷。而目錄二卷亦入卷數，與陸德明經典釋文例同，合之共爲百二十也。每篇各有述意，如史傳之序。子目之首則或有述意，或無述意，爲例不一。大旨以佛經故實分類排纂，推明罪福之由，用生敬信之念。蓋佛法初興，惟明因果。暨達摩東邁，始啓禪宗。譬以六經之傳，則因果如漢儒之訓詁，雖專門授受，株守師承，而名物典故，悉求依據，其學核實而難誣。禪宗如宋儒之義理，雖覃思冥會，妙悟多方，而擬議揣摩，可以臆測，其說憑虛而易騁。故心印之教既行，天下咸避難趨易，辨才無礙，語錄日增，而腹笥三藏之學，在釋家亦幾乎絕響矣。此書作於唐初，去古未遠，在彼法之中，猶爲引經據典。雖其間荒唐悠謬之說，與儒理牴牾，而要與儒不相亂。存之可考釋氏之掌故，較後來侈談心性、彌近理大亂眞者，固尚有間矣。

開元釋教錄二十卷（江西按察使王昶家藏本）

唐釋智昇撰。智昇開元中居長安西崇福寺。是編以三藏經論編爲目錄，不分門目，但以譯人時代爲先後。起漢明帝永平十年丁卯，迄開元十八年庚午，凡六百六十四載，中間傳經緇素總一百七十六人，所出大小二乘三藏聖教及聖賢集傳，并及失譯，總二千二百七十八部，合七千四十六卷。分爲二錄。一曰總括羣經錄，皆先列譯人名氏，次列所譯經名卷數及或存或佚，末列小傳，各詳其人之始末，凡九卷。其第十卷則載列代佛經目錄，凡古目錄二十五家，僅存其名；新目錄十六家，具列其數。首爲古經錄一卷，謂爲秦始皇時釋利防等所齎。其說恍惚無徵。次爲舊經錄一卷，稱爲劉向校書天祿閣所見，蓋依據向列仙傳序稱七十二人已見佛經之文。至稱爲孔壁所藏，則無庸置辨矣。餘自漢時佛經目錄以後，則固皆有實徵者也。一曰別分乘藏錄，凡爲七類：一曰有譯有本，二曰有譯無本，三曰支派別行，四曰刪略繁重，五曰拾遺補闕，六曰疑惑再詳，七曰僞邪亂眞，則各以經論類從，州列部分，與總錄一經一緯。凡八卷。其第十九卷則大乘經律論入藏目錄，第二十卷則小乘經律論聖賢集傳入藏目錄也。佛氏舊文，茲爲大備，亦茲爲最古。所列諸傳，尤足爲考證之資。朱彝尊作經義考，號爲善本，而核其體例，多與此符，或爲規仿，或爲闇合，均未可定，然足見其爲緇流之中嫻於著作者矣。考隋書載王儉七志，以道佛附見，合爲七門。阮孝緒七錄則以佛錄第六、道錄第七，共爲七門。隋志則於四部之末附載道經佛經之總數，而不列其目。唐志以下頗載經目，而挂漏實多。今於二氏之書皆撰體裁，猶近儒書者略存數家，以備參考。至經典敘目則惟錄此書及白雲霽道藏目錄以存梗概，亦猶隋志但列總數之意云爾。

宋高僧傳三十卷（內府藏本）

宋釋贊寧撰。贊寧有筍譜，已著錄。是書乃太平興國七年奉太宗敕旨編撰，至端拱元年十月書成，遣天壽寺僧顯忠等於乾明節奉表上進，有敕獎諭，賜絹三十匹，仍令僧錄司編入大藏，而宋史藝文志不著錄。蓋史志於外教之書粗存梗概，不必求全，於例當然，亦於理當然也。高僧傳之名起於梁釋惠敏，分譯經、義解兩門。釋慧皎復加推擴，分立十科。至唐釋道宣續高僧傳，蒐輯彌博，於是分譯經、義解、習禪、明律、護法、感通、遺身、誦讀、興福、雜科十門，所載迄唐貞觀而止。贊寧此書，蓋又以續道宣之後，故所錄始於唐高宗時，門目亦一仍其舊。凡正傳五百三十三人，附見一百三十人。傳後附以論斷，於傳授源流最爲賅備。中間如武后時人皆系之周朝，殊乖史法。又所載既託始於唐，而雜科篇中乃有劉宋元魏二人，亦爲未明限斷。然其於誄銘記志摭採不遺，實稱詳博，文格亦頗雅贍，考釋門之典故者，固於茲有取焉。

法藏碎金錄十卷（內府藏本）

宋晁迥撰。迥有昭德新編，已著錄。迥受學於王禹偁，以文章典贍擅名，而性耽禪悅，喜究心於內典。是編乃天聖五年退居昭德里所作，皆融會佛理，隨筆記載，蓋亦宗門語錄之類。其曰碎金，取世說新語安石碎金義也。孫覿謂其宗向佛乘，以莊老儒書彙而爲一。蓋嘉祐治平以前，濂洛之說未盛，儒者沿唐代餘風，大抵歸心釋教，以范仲淹之賢而手製疏文，請道古開壇說法。其他可知。迥作是書，蓋不足異。南宋初年，迥五世孫公武作郡齋讀書志，乃附載迥道院集後，列之別集門中，殊爲不類。殆二程以後，諸儒之辨漸明，公武既不敢削其祖宗之書，不著於錄，又不肎列之釋氏，貽論者口實，進退維谷，故姑以附載回護之。觀其條下所列，僅敘迥仕履始末，行誼文章，而無一字及本書，其微意蓋可見矣。然自阮孝緒七錄以後，釋氏之書久已自爲一類，歷朝史志，著錄並同，不必曲爲推崇，亦不必巧爲隱諱。今從陳振孫書錄解題入之釋氏類中，存其實也。其書傳本頗稀，明嘉靖乙巳迥裔孫翰林院檢討瓌始從內閣錄出，鋟版以行。改其名曰迦談，殊爲無謂。今仍從迥原名著於錄焉。

道院集要三卷（兩淮馬裕家藏本）

舊本題爲道院集，宋晁迥撰。宋史藝文志載道院集要三卷，註曰不知作者。考晁公武讀書志載道院別集十五卷，稱五世祖文元公撰。文元卽迥謚也。又別載道院集要三卷，稱元祐中侍從王古編併載古序，曰文元晁公博觀內書，復勤於著述。其書曰道院別集，曰自擇增修百法，曰法藏碎金，曰隨因紀述，曰耄智餘書。余嘗偏閱之，以爲名理之妙，雖白樂天不逮也。輒刪去重複，總集精粹，以便觀覽。則此書乃王古選錄迥書，故名集要。此本以爲卽道院集者，誤也。文獻通考列之別集門中。今檢其書，乃語錄之流，實非文集。改隸釋家，庶不失其旨焉。

僧寶傳三十二卷（安徽巡撫採進本）

宋釋惠洪撰。惠洪有冷齋夜話，已著錄。禪宗自六祖以後，分而爲二：一曰青原，其下爲曹洞、雲門、法眼；一曰南岳，其下爲臨濟、溈仰，是爲五宗。嘉祐中，達觀曇潁嘗爲之傳，載其機緣語句，而略其終始行事。惠洪因綴輯舊聞，各爲之傳，而系以贊。凡八十一人。前有寶慶丁亥臨川張宏敬序，稱舊本藏在廬阜，後失於回祿。錢塘風篁山僧廣遇慮其湮沒，因校讎鋟梓。然卷末題明州府大慈名山教忠報國禪寺住持比邱寶定刊版，又似刻於四明者。疑爲重鋟之本也。陳氏書錄解題作三十卷，文獻通考作三十二卷，蓋原書本三十卷，後有補禪林僧寶傳一卷，又有臨濟宗旨一卷，共爲三十二卷。臨濟宗旨亦惠洪所撰。補禪林僧寶傳題舟峯菴僧慶老，蓋亦北宋人也。

林間錄二卷後集一卷（浙江巡撫採進本）

宋釋惠洪撰。晁公武讀書志稱是書所記皆高僧嘉言善行。然多訂贊寧高僧傳諸書之謬，又往往自立議論，發明禪理，不盡敘錄舊事也。前有大觀元年謝逸序，稱惠洪與林間勝士抵掌清談，每得一事，隨卽錄之。本明上人以其所錄析爲上下二帙，刻之於版。是其書乃惠洪劄記，而本明爲之編次者。文獻通考作四卷，以原序上下二帙之語證之，殆通考字誤歟。後集一卷，載惠洪所作贊偈銘三十一首，漁父詞六首，逸序未言及之，不知何人所附入也。惠洪頗有詩名，其所著作，多援引黃庭堅諸人爲重，然喜遊公卿間，初以醫術交結張商英，復往來郭天信之門。政和元年，張郭得罪，遂連坐決配朱厓。又吳曾能改齋漫錄記其作上元宿嶽麓寺詩，有十分春瘦緣何事，一掬鄉心未到家句，爲蔡卞之妻所譏，有浪子和尚之目。則既役志於繁華，又溺情於綺語，於釋門戒律實未精嚴。在彼教中未必據爲法器。又書中載杜衍張詠同居睢陽事，晁公武讀書志嘗辨其疎。胡應麟筆叢亦稱其載杜衍呼張詠爲安道，安道乃張方平字，非詠之字，益證其所記之誣。蓋與所作冷齋夜話同一喜作妄語。然所作石門文字禪，釋家收入大藏。又普濟五燈會元亦多採此書。蓋惠洪雖僧律多疎，而聰明特絕，故於禪宗微義，能得悟門。又素擅詞華，工於潤色，所述釋門典故，皆斐然可觀，亦殊勝粗鄙之語錄。在佛氏書中，固猶爲有益文章者矣。

五燈會元二十卷（內府藏本）

宋釋普濟撰。普濟字大川，靈隱寺僧也。其書取釋道原景德傳燈錄，駙馬都尉李遵勗天聖廣燈錄，釋維白建中靖國續燈錄，釋道明聯燈會要，釋正受嘉泰普燈錄，撮其要旨，彙爲一書，故曰五燈會元。以七佛爲首，次四祖五祖六祖，南嶽青原以下，各按傳法世數，載入焉。蓋禪宗自慧能而後分派滋多，有良价號洞下宗，文偃號雲門宗，文益號法眼宗，靈祐慧寂號溈仰宗，義玄號臨濟宗，學徒傳授，幾徧海內。宗門撰述，亦日以紛繁。名爲以不立語言文字爲不二法門，實則轇轕紛紜，愈生障礙。蓋唐以前，各尊師說，儒與釋爭；宋以後，機巧日增，儒自與儒爭，釋亦自與釋爭。人我分而勝負起，議論所以多也。是書刪掇精英，去其宂雜，敘錄較為簡要。其考論宗系，分篇臚列，於釋氏之源流本末，亦指掌瞭然，固可與僧寶諸傳同資釋門之典故，非諸方語錄掉弄口舌者比也。

羅湖野錄四卷（浙江鮑士恭家藏本）

宋釋曉瑩撰。曉瑩字仲温，江西人。頗解吟詠，其南昌道中一律，載宋高僧詩選中，紹定間釋紹嵩作江浙紀行詩，廣集唐宋名句，曉瑩亦與焉，則在當時亦能以詞翰著也。是書卷首有紹興乙亥自序，謂以倦遊歸憩羅湖之上，因追憶昔所聞見，錄為四卷。其中多載禪門公案及機鋒語句，蓋亦林間錄之流，而緇徒故實，紀述頗詳。所載士大夫投贈往來篇什九聯，遺聞逸事，多藉流傳，亦頗有資於談柄。末有紹興庚辰後跋一首，不署姓名，而跋中自稱曰妙總，則亦僧作也。近厲鶚撰宋詩紀事，多採此書，然如普首座詩，取其別衆絕句，而山居一絕反不見錄，則鶚所捃摭，尚未盡其菁華矣。

釋氏稽古略四卷（編修汪如藻家藏本）

元釋覺岸撰。覺岸字寶洲，烏程人。其書皆敘述釋氏事實，用編年之體，以歷代統系為綱，而以有佛以來釋家世次行業為緯，始於太昊庖犧氏，終於南宋瀛國公德祐二年。初名稽古手鑑，既以所載尚未賅備，復因舊輯而廣之，始改今名。書成於至正初，中山李恒為之序。覺岸記誦該博，故所錄自內典以外，旁及雜家傳記文集志乘碑碣之類，多能搜採源流派別，詳贍可觀。惟於列朝興廢盛衰絕無關於釋氏者，亦復分條摘列，參雜成文，未免傷於枝贅。且據藏經所記佛生於周昭王九年，既欲甄敘宗門，自當斷以是歲為始，顧乃侈談邃古，遠引洪荒，於體例亦為氾濫。又唐代紀年於昭宣帝後別有少帝濮王緗一代，謂為朱全忠所立，年號天壽，旋復被鴆，求之正史，全無事實，尤不知其何所依據。然其援據既富，亦頗有出自僻書，足資考證者。其於叢林古德記莂流傳，亦多攷覈詳明，備徵典故，錄存其說，未始非緇林道古之一助也。

佛祖通載二十二卷（兩淮鹽政採進本）

元釋念常撰。念常姓黃氏，號梅屋，華亭人。延祐中居嘉興大中祥符禪寺。是編前有至正元年虞集序。所敘釋氏故實，上起七佛，下迄元順帝元統元年，皆編年紀載。念常於至治癸亥嘗驛召至京師，繕寫金字佛經，因受法於帝師帕克巴（原作癸合思巴，今改正），是以卷首七佛偈後，即繼以帕克巴所撰彰所知論。又所謂莊嚴劫、賢劫，不知當中國何年，不能編次，故盤古以至周康王但略存帝王統系，自周昭王二十五年釋迦牟尼佛誕生以後，始據內典編年。每條之後，多附論斷，大旨主於侈神異，陳罪福，起人敬畏之心，以自尊其教，然知儒者之禮樂刑政必不可廢，故但援儒入墨，與闢佛者力爭，而仍尊孔子。又知道家清淨與佛同源，故但攻擊齋醮章咒服餌修鍊之術，而仍尊老子。其論唐憲宗懿宗之迎佛為崇奉太過，論王縉杜鴻漸但言福業報應，故人事置而不修，為泥佛太過，亦時能自彌其罅漏。其立言頗巧。至韓愈為一代偉人，乃引西蜀龍氏之書，詆其言行悖戾，扎木楊喇勒智（原作楊璉真伽），窮凶極惡，乃沒其事迹，但詳述其談禪之語，竟儼然古德宗風，尤不免顛倒是非，不足為據。然念常頗涉儒書，在緇流之中較為賅洽，於佛教之廢興，禪宗之授受，言之頗悉，於唐以來碑碣誌傳之類，採掇尤詳，亦足以資考訂。其黨同伐異，負氣囂爭，乃釋道二氏之通例，心知其意置而不論可也。

右釋家類十三部，三百十二卷，皆文淵閣著錄。

釋家類存目

迦談四卷（浙江巡撫採進本）

宋晁迥撰。迥有昭德新編，已著錄。是編即迥法藏碎金錄也。明代久無傳本，嘉靖乙巳其裔孫瑮以翰林院檢討兼管誥敕，得此編於內府而刻之，改題此名。前載迥逸事數條，及瑮所為跋，跋稱十卷，與宋志合。此本止四卷，蓋又佚闕矣。

佛祖統紀五十四卷（浙江巡撫採進本）

宋僧志磐撰。志磐咸淳中住四明東湖。是書詳載天台一宗源流，其凡例稱政和中僧元穎作宗元錄，慶元中吳克己作釋門正統，嘉定間僧景遷因克己之書作宗源錄，嘉熙初僧宗鑑又取釋門正統重修之。志磐以其皆未盡善，乃參取諸書，撰為此編。以諸佛諸祖為本紀八卷，以諸祖旁出為世家二卷，以諸師作列傳十三卷，又作表二卷，志三十卷，全仿正史之例。大旨以教門為正脈，而蓮社淨土及達摩賢首慈恩灌頂南山諸宗僅附見於志，斷斷然分門別戶，不減儒家朱陸之爭。至所稱上稽釋迦示生之日，下距法智息化之年，一佛二十九祖通為本紀，以繫正統，如帝王正寶位而傳大業。如謂已超方外，則不宜襲國史之名。如謂仍在寰中，則不宜擬帝王之號。雖自尊其教，然僭已甚矣。

武林西湖高僧事略一卷 浙江巡撫採進本

宋僧元敬、元復同撰。初，西湖僧了性採自晉至宋高僧卓錫錢塘者二十四人，建閣祀之，功未竟而去。元敬嗣葺其事，因屬東嘉僧元復摭二十四人行實爲此書。後又續得六人，元敬補爲傳贊。寶祐丙辰，吳郡莫子文爲之序。

神僧傳九卷 通行本

不著撰人名氏。焦竑國史經籍志載此書，卷帙相符，亦不云誰作。所載始於漢明帝時摩騰、法蘭，終於元世祖時國師帕克巴，凡二百八人。蓋元人所撰。帕克巴傳稱大德七年卒，皇慶間追號大覺普惠廣照無上帝師，則書成於仁宗以後也。二百八人中，宋僧僅十六人。十六人中北宋十三人，南宋僅三人，似爲北僧所著。然遼、金竟無一人，又不知其何意矣。大旨自神其教，必有靈怪之蹟者乃載，故以神僧爲名。而諸方古德談禪持律者，則槩不錄焉。

大藏一覽十卷 內府藏本

明陳實原編。實原，寧德人，始末未詳。是編以藏經浩繁，難於尋覽，因錄其大要，括爲一書。分八門六十品，系以因緣一千一百八十一則。

覺迷蠡測三卷剩言一卷附錄一卷 浙江巡撫採進本

明管志道撰。志道有孟義訂測，已著錄。是編皆闡發佛理，前有自序，稱江陽段倓幻然子傳來一劄，詢大覺起迷之生相及老釋差殊之教相，俱是儒書率性修道以上事，不容不荅，亦不忍不荅。乃草勒數款而命之曰覺迷蠡測。末有瞿汝稷題語。其剩言一卷，皆闡發此書餘義。附錄一卷，則與諸人往返論禪書也。

法喜志三卷 浙江巡撫採進本

明夏樹芳撰。樹芳有棲眞志，已著錄。是編取歷代知名之人，摭其一事一語近乎佛理者，皆謂得力於禪學。凡二百餘人。至於韓愈、程子、周子、朱子亦羅織入之。姚江末派，至明季而橫流，士大夫無不以心學爲宗，故有此援儒入墨之書，以文飾其謬，可謂附會不經。前有萬歷六年顧憲成序。憲成所見必不如是，殆亦樹芳嫁名耳。

長松茹退二卷 浙江孫仰曾家藏本

明釋可眞撰。可眞字達觀，吳江人，世號紫柏大師。始居蘇州楞嚴寺，既而游大房石經，進隋僧淨琬所藏佛舍利，慈聖太后迎入宮中，特賜紫伽黎。俄以獄詞牽連論死。著有茹退集。是書乃其別撰語錄，間及物理，不盡爲釋氏之言。惟其以茹退爲名，殊不可解。李日華六研齋筆記稱佛經以牛糞爲茹退，其名甚新。其自謙之詞歟？然謙亦不應至此，或別有取義也。

吳都法乘十二卷 兩淮鹽政採進本

明周永年撰。永年有鄧尉聖恩寺志，已著錄。是書皆輯吳中釋氏典故，分十二篇。

正宏集一卷 編修周永年家藏本

國朝釋本果撰。本果字曠圜，潮州靈山寺僧。是編皆述唐僧大顛事迹，而大旨主於誣韓愈歸依佛法，以伸彼教。首列寺圖，次爲元大德辛丑僧了性所作大顛本傳，次爲韓愈與大顛三書，次爲歐陽修別傳跋，次爲虞集別傳贊，次爲諸家詩文，而終以本果自跋。據朱子韓文考異，以與大顛書爲眞。而陳振孫書錄解題力辨其僞，且言其因仍方崧卿所編外集之誤。然崧卿所刻韓集舉正，今尚有淳熙舊刻，考其外集所列二十五篇之目，實無此三書，殆不能明也。愈與大顛往返事見與孟簡書中，而所傳大顛別傳，即稱簡作。其爲依託，灼然可見。韓文考異亦引之，不知何所證驗。考陳善捫蝨新話引宗門統要所載憲宗詰愈佛光及愈皈依大顛屢參不悟事，一一與此書相合。宋史藝文志載宗門統要十卷，僧宗永所撰，蓋緇徒造作言語以復闢佛之讎，不足爲怪。至儒者亦採其說，則未免可訝矣。

南宋元明僧寶傳十五卷 浙江巡撫採進本

國朝釋自融撰。其門人性磊補輯。始自宋建炎丁未至

國朝順治丁亥，凡五百二十一年。採錄共九十七人。不載禪門宗系，人自爲傳，並系之以贊。蓋續宋僧惠洪所撰僧寶傳也。

現果隨錄一卷 大學士英廉購進本

國朝僧戒顯撰。戒顯字悔堂，順治間居杭州靈隱寺。是編凡九十一則，每則附以論斷，皆陳善惡之報。而大旨歸於持戒奉佛，懺除惡業。仍彼教之說而已。

右釋家類十二部、一百一十七卷，皆附存目。

欽定四庫全書總目卷一百四十五

欽定四庫全書總目卷一百四十六

子部五十六

道家類

後世神怪之迹，多附於道家。道家亦自矜其異，如神仙傳、道教靈驗記是也。要其本始，則主於清淨自持，而濟以堅忍之力，以柔制剛，以退爲進。故申子、韓子流爲刑名之學，而陰符經可通於兵。其後長生之說與神仙家合爲一，而服餌、導引入之；房中一家，近於神仙者亦入之；鴻寶有書，燒煉入之；張魯立教，符籙入之；北魏寇謙之等又以齋醮章呪入之。世所傳述，大抵多後附之文，非其本旨。彼教自不能別，今亦無事於區分。然觀其遺書，源流遷變之故，尚一一可稽也。

陰符經解一卷（浙江鮑士恭家藏本）

舊本題黃帝撰，太公、范蠡、鬼谷子、張良、諸葛亮、李筌六家註。崇文總目云：陰符經敍一卷，不詳何代人敍集。太公以後爲陰符經註者凡六家，并以惠光嗣等傳附之。蓋即此書，而佚其傳也。晁公武讀書志引黃庭堅跋，稱陰符糅雜兵家語，又妄託子房、孔明諸賢訓註，則是書之註，以此本爲最古矣。案隋書經籍志有太公陰符鈐錄一卷，又周書陰符九卷，皆不云黃帝。集仙傳始稱唐李筌於嵩山虎口巖石室得此書，題曰大魏眞君二年七月七日道士寇謙之藏之名山，用傳同好。已糜爛，筌鈔讀數千徧，竟不曉其義。後於驪山逢老母，乃傳授微旨，爲之作註。其說怪誕不足信。胡應麟筆叢乃謂蘇秦所讀即此書，故書非僞，而託於黃帝則李筌之僞。考戰國策載蘇秦發篋得太公陰符，具有明文。又歷代史志皆以周書陰符著錄兵家，而黃帝陰符入道家，亦足爲判然兩書之證。應麟假借牽合，殊爲未確。至所云唐永徽初褚遂良嘗寫一百本者，考文徵明停雲館帖所刻遂良小字陰符經，卷末實有此文。然遂良此帖，自米芾書史、寶章待訪錄、宣和書譜，即不著錄，諸家鑒藏，亦從不及其名。明之中葉，忽出於徵明家，石刻之眞僞，尚不可定，又烏可據以定書之眞僞乎。特以書雖晚出，而深有理致，故文士多爲註釋，今亦錄而存之耳。註中別有稱尹者，曰不知何人。卷首有序一篇，不著名氏，亦不著年月。中有泄天機者沈三劫語，蓋黃冠野道流之鄙談，無足深詰。惟晁公武讀書志中所引筌註，今不見於此本，或傳寫有所竄亂，又非筌之原本歟。

陰符經考異一卷（江西巡撫採進本）

宋朱子撰。陰符經出於唐李筌，晁公武讀書志引黃庭堅跋，定爲筌所僞託。朱子語錄亦以爲然，然以其時有精語，非深於道者不能作，故爲考定其文。其定人以愚虞聖而下一百十四字，皆爲經文，蓋用褚氏、張氏二註本也。語錄載閭邱次孟論陰符經自然之道靜數語，雖六經之言無以加。朱子謂閭邱此等見處儘得，而楊道夫以爲陰符經無此語，蓋道夫所見乃驪山老母註本，以我以時物文理哲爲書之末句，故疑其語不見於本經也。書中有黃瑞節附錄，徵引亦頗賅備。考吉安府志，瑞節字觀樂安福人舉鄉試授泰和州學正元季棄官隱居嘗輯太極圖通書西銘易學啓蒙家禮律呂精義皇極經世諸書幷加釋註名曰諸子成書此及參同契蓋亦其中之二種志蓋以其學涉道家故諱而不載云

陰符經講義四卷浙江巡撫採進本

宋夏元鼎撰元鼎字宗禹自號雲峯散人永嘉人是編以丹法釋陰符之旨卷末附內外三關圖日月聖功圖奇器萬象圖三教歸一圖先天後天圖上下鵲橋圖七十二候圖五行生成圖各繫以說案漢志道家神仙家截然兩派陰符三百八十四字本李筌自撰而自註之筌註不言爐火則爲道家之言而非神仙家言可知後人註筌之書乃不用筌之自註郢書燕說殆類鑿空然參同契不言易陳摶引以言易遂自爲一家陰符經不言丹此書引以言丹亦遂自爲一家遞相傳授而不能廢故今於陰符一書錄六家之註以存其初義復錄此書以備其旁支所謂從同同也其餘衍此兩派者則不更錄焉二氏之書姑存崖略而已不必一一窮其說也是書前有寶慶二年樓昉序稱元鼎少從永嘉諸老遊好觀陰符未盡解後遇至人於祝融峯頂若有所授者後取陰符讀之章斷句析援筆立成若有神物陰來相助云云蓋方術家務神其說往往如是也又有寶慶丙戌留元剛雲峯入藥鏡箋序一篇及元鼎自記自序二篇寶慶丁亥王九萬後序一篇俞琰席上腐談稱元鼎註陰符藥鏡悟眞三書眞西山爲之序與諸序所言悉合今未見其入藥鏡悟眞篇二註而此本已無德秀序殆傳寫佚之然德秀西山文集亦不載其文則其喻何故矣

老子註二卷江西巡撫採進本

舊本題河上公撰晁公武讀書志曰太史公謂河上丈人通老子再傳而至蓋公蓋公卽齊相曹參師也而葛洪謂河上公者莫知其姓名漢孝文時居河之濱侍郎裴楷言其通老子孝文詣問之卽授素書道經兩說不同當從太史公云云案晁氏所引乃史記樂毅列傳贊之文敘述源流甚悉然隋志道家載老子道德經二卷漢文帝時河上公註又載梁有戰國時河上丈人註老子經二卷亡則兩河上公各一人兩老子註各一書戰國時河上公書在隋已亡今所傳者實漢河上公書耳明朱東光刻是書題曰秦人蓋未詳考惟是文帝駕臨河上親受其書無不入祕府之理何以劉向七略載註老子者三家獨不列其名且孔穎達禮記正義稱馬融爲周禮註欲省學者兩讀故具載本文後漢以來始就經爲註何以是書作於西漢註已散入各句下唐書劉子元傳稱老子無河上公註欲廢之而立王弼前此陸德明作經典釋文雖敘錄之中亦採葛洪神仙傳之說頗失辨正而所釋之本則不用此註而用王弼註二人皆一代通儒必非無據詳其詞旨不類漢人殆道流之所依託歟相傳已久所言亦頗有發明姑存以備一家可耳

道德指歸論六卷江蘇巡撫採進本

舊本題漢嚴遵撰隋志著錄十一卷晁公武讀書志曰唐志有嚴遵指歸四十卷馮廓註指歸十三卷今考新舊唐書均載嚴遵老子指歸十四卷馮廓老子指歸十三卷無嚴遵書四十卷之說疑公武所記爲傳寫誤倒其文也此書爲胡震亨祕册彙函所刻後以版歸毛晉編入津逮祕書止存六卷錢曾讀書敏求記云曾得錢叔寶鈔本自七卷至十三卷前有總序後有人之饑也至信言不實四章今皆失去又引谷神子序云道德指歸論陳隋之閒已逸其半今所存者止論德篇近代嘉興刻本列卷一之卷六與序文大相逕庭云云此本亦題卷一之卷六然則震亨所刻卽據嘉興本也曹學佺作元羽外編序稱近刻嚴君平道德指歸論乃吳中所僞作今案通考引晁氏之言案此條通考所引與今本讀書志不同稱其章句頗與諸本不同如以曲則全章末十七字爲次章首之類則是書原有經文陸游集有是書跋稱爲道德經指歸古文亦以經文爲言此本乃不載經文體例互異又谷神子註本晁氏尙著錄十三卷不云佚闕此本載谷神子序乃云陳隋之閒已逸其半今所存止論德篇因獵其譌外定爲六卷與晁氏所錄亦顯相背觸且旣云佚其上經何以說目一篇獨存至於所引莊子今本無者十六七不應遵之所取皆向郭之所棄此必遵書散佚好事者摭吳澄道德經註跋中莊君平所傳章七十有二之語造爲上經四十下經三十二之說目又因漢志莊子五十二篇今本惟三十三篇遂多造莊子之語以影附於逸篇

而偶未見晁公武說，故谷神子僞序之中牴牾畢露也。以是推求，則學佺之說不爲無據。錢曾所辨殊逐末而遺其本矣。以其言不悖於理，猶能文之士所贋託，故仍著於錄，備道家之一說焉。

老子註二卷　兵部侍郎紀昀家藏本

魏王弼撰。案隋書經籍志載老子道德經二卷，王弼註。舊唐書經籍志作元言新記道德二卷，亦稱弼註，名已不同。新唐書藝文志又以元言新記道德爲王肅撰，而弼所註者別名新記元言道德，益爲舛互，疑一書而誤分爲二，又顚錯其文也。惟宋史藝文志作王弼老子註，與此本同，今從之。錢曾讀書敏求記謂弼註老子已不傳，然明萬歷中華亭張之象實有刻本，證以經典釋文及永樂大典所載，一一相符。列子天瑞篇引谷神不死六句，張湛皆引弼註以釋之，雖增損數字，而文亦無異，知非依託。曾蓋偶未見也。此本即從張氏三經晉註中錄出，亦不免於脫譌，而大致尚可辨別。後有政和乙未晁說之跋，稱文字多謬誤。又有乾道庚寅熊克重刊跋，稱近世希有，蓋久而後得之，則書在宋時已希逢善本矣。然二跋皆稱不分道經、德經，而今本經典釋文實上卷題道經音義，下卷題德經音義，與此本及跋皆不合，豈傳刻釋文者反據俗本增入歟？考陳振孫書錄解題尚稱不分道經、德經，而陸游集有此書跋曰：「晁以道謂王輔嗣老子題曰道德經，不析乎道德而上下之，猶近乎古。」此本乃已析矣，安知其他無妄加竄定者乎？其跋作於慶元戊午，已非晁、熊所見本，則經典釋文之遭妄改，固已久矣。

道德經解二卷　內府藏本

宋蘇轍撰。轍有詩傳，已著錄。蘇氏之學，本出入於二氏之閒，故得力於二氏者特深，而其發揮二氏者，亦足以自暢其說。是書大旨主於佛老同源，而又引中庸之說以相比附。蘇軾跋之曰：「使漢初有此書，則孔老爲一；使晉宋有此書，則佛老不爲二。」朱子謂其援儒入墨，作雜學辨以箴之。然二氏之書，往往陰取儒理而變其說，儒者說經明道，不可不辨別毫釐，剖析疑似，以杜學者之岐趨。若爲二氏之學而註二氏之書，則爲二氏立言，不爲儒者立言矣。其書本不免援儒以入墨，註其書者又安能背其本旨哉？故自儒家言之，則轍書爲兼涉兩岐；自道家言之，則轍書猶爲各明一義。雜學辨所攻四家，攻其解易、解中庸、解大學者可也，攻及此書，則不揣其本而齊其末，不如徑攻老子矣。

道德寶章一卷　內府藏本

宋葛長庚撰。長庚字白叟，閩清人，爲道士，居武夷山。舊本題紫淸眞人白玉蟾。白玉蟾其別號，紫淸眞人則嘉定閒徵赴闕下所封也。其書隨文標識，不訓詁字句，亦不旁爲推闡，所註乃少於本經。語意多近於禪偈，蓋佛老同源故也。此本爲元趙孟頫手書鉤摹雕版，字畫絕爲精楷。明陳繼儒亦嘗刻之彙祕笈中，改題曰蟾仙解老，非其本目。又前有萬歷癸未適園居士跋二則，其前一則稱董道藏書志述張道相集古今註老子四十餘家，不載是編。案晁氏讀書志，張道相乃唐天寶後人，安能以南宋寧宗時書著之於錄？且道相所集凡二十九家，幷其自註爲三十家，亦無所謂四十餘家者。跋所云云，殆於道聽塗說矣。長庚世傳其神仙，而劉克莊集有王隱居六學九書序，稱所見丹家四人，鄒子益不登七十，曾景建、黃天谷僅六十，白玉蟾夭死。又陳振孫書錄解題羣仙珠玉集條下云：「白玉蟾，葛其姓，福之閩淸人，嘗得罪亡命，蓋姦妄流也。余宰南城，有寓公稱其人，云近嘗過此，曾相識否？余言此輩何可使及吾門」云云。二人與長庚同時，其說當確，流俗所傳，殆出附會。然道家自尊其教，往往如此。其書旣頗有可取，則其人亦不足深詰矣。

道德眞經註四卷　兩淮鹽政採進本

元吳澄撰。澄有易纂言，已著錄。據澄年譜，稱大德十一年澄辭疾歸，自京南下，留淸都觀，與門人論及老、莊、太元等書，因爲正其譌僞而著其說。澄學出象山，以尊德性爲本，故此註所言與蘇轍指意略同，雖不免援儒入墨，而就彼法言之，則較諸方士之所註精邃多矣。篇末有澄跋云：「莊君平所傳章七十二，諸家所傳章八十一，然有不當分而分者，定爲六十八章。上篇三十二章，二千三百六十六字；下篇三十六章，二千九百六十二字；凡五千二百九十二字。」然大抵以意爲之，不必於古有所考。蓋澄好竄改古經，故於是書亦多所更定，殆習慣成自然云。

老子翼三卷老子考異一卷　浙江巡撫採進本

明焦竑撰。竑有易筌，已著錄。是編輯韓非以下解老子者六十四家，而附以竑之筆乘，共成六十五家。各採其精語，裒為一書。其首尾完具、自成章段者，倣李鼎祚周易集解之例，各標舉姓名，列本章之後。其音義訓詁但取一字一句者，則倣裴駰史記集解之例，聯貫其文，綴本章末句之下。上下篇各為一卷。附錄及考異共為一卷。不立道經德經之名，亦不妄署篇名，體例特為近古。所採諸說，大抵取諸道藏，多非世所常行之本。竑之去取，亦特精審。大旨主於闡發元言，務明清淨自然之理。如葛長庚等之參以道家爐火、禪學機鋒者，雖列其名，率屏不錄。於諸家註中為博贍而有理致。蓋竑於二氏之學本深於儒學，故其說儒理者多涉悠謬，說二氏之理者轉具有別裁云。

御註道德經二卷

順治十三年

世祖章皇帝御撰。老子載漢書藝文志，而不載其有註。隋書經籍志以下，註其書者著錄日繁。焦竑老子翼作於明萬歷中，所採尚六十四家。竑所未見者不知凡幾。竑以後之所註，又不知凡幾也。蓋儒書如培補榮衞之藥，其性中和，可以常餌。老子如清解煩熱之劑，其性偏勝，當其對證，亦復有功。與他子書之偏駁悠謬者異，故論述者不絕焉。然諸家舊註，多各以私見揣摩，或參以神怪之談，或傅以虛无之理，或岐而解以丹法，或引而參諸兵謀，羣言淆亂，轉無所折衷。惟我

世祖章皇帝此註，皆即尋常日用，親切闡明，使讀者銷爭競而還淳樸，為獨超於諸解之上。蓋

聖人之道大，兼收並蓄，凡一家之書，皆不沒所長。

聖人之化神，因事制宜，凡一言之善，必旁資其用。固非拘墟之士所能仰窺涯涘矣。

老子說略二卷 編修周永年家藏本

國朝張爾岐撰。爾岐有儀禮鄭註句讀，已著錄。道德經解者甚多，往往繳繞穿鑿，自生障礙。爾岐是編，獨屏除一切，略為疏通大意。其自序謂流覽本文，讀有未通，輒以己意占度，稍加一二言於句讀隙閒，覺大意犂然。迴視諸註，勿計不能讀，亦已不欲讀云云。又有自跋，稱人問朱子道可道如何解，應之曰：道而可道則非常道，名而可名則非常名。朱子生平未嘗解老，使其解老，此即其解老之法，亦即可謂解一切諸書之法。要在不執解求解，反之是書，以解是書而已云云。蓋其大旨在於涵泳本文，自得理趣，故不及縱橫權譎之談，亦不涉金丹黃白之術。明白簡當，頗可以備參覽焉。

道德經註二卷附陰符經註一卷 洗馬劉權之家藏本

國朝徐大椿撰。大椿有神農本草經百種錄，已著錄。是編以老子舊註人人異說，而本旨反晦，乃尋繹經文，疏解其義。仍分上下二篇，而削其道經德經之目。仍分八十一章，而削其章名。但以每章第一句標題。其字句參考諸本，取其詞意通達者。其訓詁推求古義，取其上下融貫者。其所詮釋，主於言簡理該。大旨與張爾岐老子說略相同，而研索較深，發揮較顯，在老子註中尚為善本。附載陰符經註一卷，詁以易理，義亦可通。惟其凡例詆呵古人，王弼註謂之膚近，河上公註謂之文理不通，未免過當。又謂老氏之學與六經旨趣各有不同。六經為中古以後文物極盛之書。老氏所云養生修德、治國用兵之法，皆本上古聖人相傳之精意，故其教與黃帝竝稱。其用甚簡，其效甚速。漢時循吏師其一二，已稱極治云云。亦未免務為高論。夫老子生乎亂世，立清淨之說以救之，特權宜拯弊之一術，猶曰不藥得中醫耳。蓋公以是術教曹參，亦適當秦虐之後，人思休息，猶適當靜攝可愈之病耳。必謂老氏欲以此術治萬世，非老氏之本意。至於黃帝以七十戰定天下，一切禮樂刑政無一非其所制作，古書具在，班班可考。必謂黃帝以無為治天下，尤非黃帝之實事。大椿此書，於老子之學不為無見，而躋老子於六經上，則不可以訓。故錄存其書，而附辨其說如右。

關尹子一卷 兩淮鹽政採進本

舊本題周尹喜撰。案經典釋文載喜字公度，未詳何本。然陸德明非杜撰者，當有所傳。李道謙終南祖庭仙眞內傳稱，終南樓觀為尹喜故居，則秦人也。考漢志有關尹子九篇，劉向列仙傳作關令子。而隋志、唐志皆不著錄，則其佚久矣。南宋時徐蔵子禮始得本於永嘉孫定家，前有劉向校定序，後有葛洪序。向序稱蓋公授曹參，參薨書葬，孝武帝時有方士來上，淮南王祕而不出。向父德治淮南王事得之。其說頗誕，與漢書所載得淮南鴻寶祕書言作黃金事者不同。疑即假借此事以附會之。故宋濂諸子辨以為文既與向不類，事亦無據，疑即定之所為。然定為南宋人，而墨莊漫錄載黃庭

堅詩尋師訪道魚千里句、已稱用關尹子語。則其書未必出於定、或唐五代閒方士解文章者所爲也。至濂謂其書多法釋氏及神仙方技家。如變識爲智、一息得道、嬰兒蕊女、金樓絳宮、青蛟白虎、寶鼎紅爐、誦呪土偶之類、老聃時皆無是言。又謂其文峻潔、而頗流於巧刻。則所論皆當。要之、其書雖出於依託、而核其詞旨、固遠出天隱無能諸子上、不可廢也。此本分一宇、二柱、三極、四符、五鑑、六匕、七釜、八籌、九藥九篇、與濂所記合。俞琬席上腐談稱舊有陳抱一註。又元大德中有杜道堅註、名曰闡元。今皆未見云。

列子八卷、江蘇巡撫採進本

舊本題周列禦寇撰。前有劉向校上奏、以禦寇爲鄭穆公時人。唐柳宗元集有辨列子一篇、曰穆公在孔子前幾百歲。列子書言鄭國、皆言子產鄧析。不知向何以言之如此。史記鄭繻公二十四年楚悼王四年圍鄭、鄭殺其相駟子陽。子陽正與列子同時、是歲魯穆公十年。不知向言魯穆公時遂誤爲鄭耶。其後張湛徒知怪列子書言穆公後事、每不能推知其時。然其書亦多增竄非其實。其言魏牟孔穿皆出列子後、不可信云云。其後高似孫緯略遂疑列子爲鴻濛雲將之流、竝無其人。今考第五卷湯問篇中并有鄒衍吹律事、不止魏牟孔穿。其不出禦寇之手、更無疑義。然考爾雅疏引尸子廣澤篇曰、墨子貴兼、孔子貴公、皇子貴衷、田子貴均、列子貴虛、料子貴別囿、其學之相非也數世矣、而已皆弇於私也。天帝皇后辟公宏廓宏溥介純夏憮冢晊昄皆大也、十有餘名而實一也。若使兼公虛均衷平易別囿一實也、則無相非也云云。是當時實有列子、非莊周之寓名。又穆天子傳出於晉太康中、爲漢魏人之所未睹。而此書第三卷周穆王篇所敘駕八駿、造父爲御、至巨蒐、登崑崙、見西王母於瑤池事、一一與傳相合。此非劉向之時所能僞造、可信確爲秦以前書。考公羊傳隱公十一年子沈子曰、何休註曰、子沈子後師沈子。稱子冠氏上、著其爲師也。然則凡稱子某子者、乃弟子之稱師、非所自稱。此書皆稱子列子、則決爲傳其學者所追記、非禦寇自著。其雜記列子後事、正如莊子記莊子死、管子稱吳王西施、商子稱秦孝公耳、不足爲怪。晉光祿勳張湛作是書註、於天瑞篇首所稱子列子字、知爲追記師言、而他篇復以載及後事爲疑。未免不充其類矣。書凡八篇、與漢志所載相合。趙希弁讀書附志載、政和中宜春彭瑜爲積石軍倅、聞高麗國列子十卷、得其第九篇曰元瑞於青唐卜者云云。今所行本皆無此卷、殆宋人知其妄而不傳歟。其註自張湛以外、又有唐當塗丞殷敬順釋文二卷。此本亦散附各句下。然音註頗爲淆亂、有灼然知爲殷說者、亦有不辨孰張孰殷者。明人刊本往往如是、不足訝也。據湛自序、其母爲王弼從姊妹、湛往來外家、故亦善談名理。其註亦弼註老子之亞。葉夢得避暑錄話乃議其雖知列子近佛經、而逐事爲解、反多迷失。是以唐後五宗之禪繩晉人、失其旨矣。

冲虛至德眞經解八卷、內府藏本

宋江遹撰。遹自署杭州州學內舍生。始末未詳。是書乃所註列子。據舊刻標題、蓋經進之本。其稱沖虛至德眞經者、案唐書藝文志、天寶元年詔號莊子爲南華眞經、列子爲沖虛眞經、文子爲通元眞經、亢倉子爲洞靈眞經。故有是名。其兼稱至德、據晁公武讀書志、宋景德中所加也。老莊二子自王弼郭象作註後、著錄者不下百家。列子今尚僅存註本之行於世者、張湛殷敬順以外、惟林希逸口義及遹此書而已。此書焦竑國史經籍志作二十卷、與今本不符。然今本首尾完具、不似闕佚。竑所著錄、大抵雜鈔史志書目、舛漏相仍、僞妄百出。所記卷數、不足憑也。張湛註、詞旨簡遠、不尚繁詞。遹此註則仿郭象註莊之體、擺落訓詁、自抒會心。領要標新、往往得言外之旨。其閒如周穆王篇註云、穆王亦丹臺之僊侶也、謫降人閒、塵俗之氣尚未深染、故能安栖聖境。此雖下乘之所居、豈胎生肉人所能到哉。殆似杜光庭林靈素輩語、未免自穢其書。考諸宋史、徽宗時始立三舍法。遹自稱曰內舍生、其當道君上號之日、作此以附和方士之局乎。又如楊朱篇謂列子以禦寇爲名、蓋以闢先聖之道爲己任。湯問篇解魏黑卯邱邴章來丹之名曰、黑者陰之色、卯者陰之類、魏者高顯之所、魏黑卯者老陰之象也。邴者明之盛、章者文之成、邱者中高之地、邱邴章者老陽之象也。丹含陽、來丹則少陽之方浸而長也云云。亦未免於穿鑿。然大致文詞都雅、思致元遠、迥在林希逸書之上也。

莊子註十卷、江蘇巡撫採進本

晉郭象撰。象字子元、河南人。辟司徒掾、稍遷至黃門侍郎。東海王越引爲太傅主簿。事蹟具晉書本傳。劉義慶世說新語曰、註莊子者數十家、莫能究其旨統。向秀於舊註外別爲解義、妙演奇致、大暢元風。惟秋水至樂二篇未竟而秀卒。秀子幼、其義零落、然頗有別本遷流。象爲人行薄、以秀義不傳於世、遂竊以爲己註、乃自註秋水至樂二篇。又易馬蹄一篇。其餘衆篇、或點定文句而已。其後秀義別本出、故今有向郭二莊、其義一也。晉書象本傳亦採是文、絕無異詞。錢曾讀書敏求記獨謂世代遼遠、傳聞異詞。晉書云云、恐未必信。案向秀之註、陳振孫稱宋代已不傳、但時見陸氏釋文。今以釋文所載校之、如逍遙遊有蓬之心句、釋文郭向竝引、絕不相同。胠篋篇聖人不死大盜不止句、釋文引向註二十八字、又爲之斗斛以量之句、釋文引向註十六字、郭本皆無。然其餘皆互相出入。又張湛列子註中凡文與莊子相同者、亦兼引向郭二註。所載達生篇痀僂丈人承蜩一條、向註與郭一字不異。應帝王篇神巫季咸一章、皆棄而走句、向郭相同。列子見之而心醉句、向註曰、迷惑其道也、而又奚卵焉句、向註六十二字、郭註皆無之。故使人得而相汝句、郭註多七字。示之以地文句、向註塊然如土也、郭註無之。是殆見吾杜德機句、鄉吾示之以天壤句、名實不入句、向郭竝同。是殆見吾善者機也句、向註多九字。子之先生坐不齋句、向註二十二字、郭註無之。鄉吾示之以太沖莫勝句、郭改其末句。淵有九名此處三焉句、郭增其首十六字、尾五十一字。鄉吾示之以未始出吾宗句、故逃也句、食豨如食人句、向郭竝同。於事無與親以下、則竝大同小異。是所謂竊據向書、點定文句者、殆非無證。又秋水篇與道大蹇句、釋文云、蹇、向紀輦反。則此篇向亦有註、併世說所云象自註秋水至樂二篇者、尚未必實錄矣。錢曾乃曲爲之解、何哉。考劉孝標世說註、引逍遙遊向郭義各一條、今本無之。讓王篇惟註三條、漁父篇惟註一條、盜跖篇惟註三十八字、說劍篇惟註七字、似不應簡略至此、疑有所脫佚。又列子生物者不生、化物者不化二句、張湛註曰、莊子亦有此文、併引向秀註一條、而今本莊子皆無之。是併正文亦有所遺漏。蓋其亡已久、今不可復考矣。

南華眞經新傳二十卷、兩淮鹽政採進本

宋王雱撰。雱字元澤、臨川人。王安石子也。未冠登進士。累官龍圖閣直學士。事蹟附見宋史安石傳。是書體例略仿郭象之註、而更約其詞。標舉大意、不屑屑詮釋文句。大旨謂內七篇皆有次序綸貫。其十五外篇、十一雜篇、不過藏內篇之宏綽幽廣、故所說內篇爲詳。後附拾遺雜說一卷、以發揮餘義。疑其書成後所補綴也。史稱雱睥睨一世、無所顧忌。其很愎本不足道。顧率其傲然自恣之意、與莊周之混漾肆論、破規矩而任自然者、反若相近。故往往能得其微旨。孫應鼇序謂取言不以人廢、諒矣。是書宋志不著錄。晁公武讀書志作十卷。此本倍之。疑讀書志誤脫二字。或明人重刊、每卷分爲二歟。王宏撰山志曰、註道德南華者無慮百家、而呂惠卿王雱所作頗稱善。雱之才尤異。使當時從學於程子之門、所就當不可量。又曰、竊又疑惠卿之姦諂、雱之恣戾、豈宜有此。小人攫名、或倩門客爲之、亦未可知。案小人凶狡、其依憑道學、不過假借聲名。邢恕何嘗不及程子之門、見伊洛淵源錄章惇何嘗不及邵子之門、見聞見錄而一旦決裂、不可收拾。安見雱一從程子、必有所就。至於雱之材學、原自出羣。王安石所作新經義、惟周禮是其手稾。其餘皆雱所助成。蔡絛鐵圍山叢談言之甚詳。又何有於莊子註、而必需假手乎。宏撰所言、不過好爲議論、均未詳考其實也。

莊子口義十卷、安徽巡撫採進本

宋林希逸撰。希逸有考工記解、已著錄。是編爲其三子口義之一。前有自序、大意謂讀莊子有五難。必精於語孟學庸等書、見理素定。又必知文字血脈、知禪宗解數、而後知其言意。少嘗鬭於樂軒、因樂軒而聞艾軒之說。文字血脈、頗知梗概。又嘗涉獵佛書、而後悟其縱橫變化之機。於此書稍有所得。實前人所未盡究者云云。蓋希逸之學本於陳藻。藻之學得於林光朝。所謂樂軒者藻之別號。艾軒者、光朝之別號。凡書中所稱先師、皆指藻也。序又謂郭象之註、未能分章析句。王雱呂惠卿之說、大旨不明。愈使人有疑於莊子云云。今案郭象之註、標意旨於町畦之外。希逸乃以章句求之、所見頗陋。即王呂二註、亦非希逸之所及。遽相詆斥、殊不自量。以其循文衍義、不務爲艱深之說、剖析尚爲明暢。差勝後來林雲銘輩以八比法詁莊子者。

故姑錄存之，備一解焉。

南華眞經義海纂微一百六卷（浙江巡撫採進本）

宋褚伯秀撰。伯秀，杭州道士。是書成於咸淳庚午。前有劉震孫、文及翁、湯漢三序。下距宋亡僅六年。周密癸辛雜識後集載：至元丁亥九月，與伯秀及王磐隱游閲古泉，則入元尚在也。其書纂郭象、呂惠卿、林疑獨、陳祥道、陳景元、王雱、劉概、吳儔、趙以夫、林希逸、李士表、王旦、范元應十三家之說，而斷以己意，謂之管見。中多引陸德明經典釋文，而不列於十三家中，以是書主義理，不主音訓也。成元英疏、文如海正義、張潛夫補註，皆間引之，亦不列於十三家，以從陳景元書採用也。范元應乃蜀中道士，本未註莊子，以其爲伯秀之師，故多述其緒論焉。蓋宋以前解莊子者，梗概略具於是。其間如吳儔、趙以夫、王旦諸家，今皆罕見，實賴是書以傳，則伯秀編纂之功，亦不可沒矣。

莊子翼八卷、莊子闕誤一卷、附錄一卷（安徽巡撫採進本）

明焦竑撰。是編成於萬歷戊子，體例與老子翼同。前列所載書目，自郭象註以下凡二十二家，旁引他說互相發明者，自支遁以下凡十六家。又章句音義自郭象以下凡十一家。今核其所引，惟郭象、呂惠卿、褚伯秀、羅勉學、陸西星五家之說爲多，其餘特閒出數條，略備家數而已。又稱褚氏義海引王雱註內篇、劉概註外篇，道藏更有雱新傳十四卷，豈其先後所註不同，故竝列之歟。今採其合者著於編，仍以新傳別之云云。今考書中所引，自雱新傳以外，別無所謂雱註，而養生主註引劉概一條，則概註亦有內篇。其說殆不可解。蓋明人著書，好誇博奧，一核其實，多屬子虛。萬歷以後，風氣類然，固不足深詰也。至於支遁註莊，前史未載，其逍遙遊義本載劉孝標世說新語註中，乃沒其所出，竟標支道林註，亦明人改頭換面之伎倆，不足爲憑。然明代自楊愼以後，博洽者無過於竑。其所引據，究多古書，固較流俗註本爲有根柢矣。末附莊子闕誤一卷，乃全錄宋陳景元南華經解之文，亦足以資考證。又附刻一卷，列史記莊子列傳、阮籍王安石莊子論、蘇軾莊子祠堂記、潘佑贈別、王雱雜說、李士表莊子九論。考南唐潘佑以直諫見殺，陳振孫書錄解題已不知爲何許人。宋史藝文志載其莊子十論一卷，此惟存其九，亦未喻何故。又此九論書中已採其解牛、壺子、濠梁三篇，而仍全錄之於末，亦爲例不純，殆隨手編纂，未及刪併之故歟。

文子二卷（兩淮鹽政採進本）

案漢志道家文子九篇，註曰：老子弟子，與孔子竝時，而稱周平王問，似依託者也。（案此班固之原註，讀書志以爲顏師古註，誤也。）隋志載文子十二篇，註曰：老子弟子，七略有九篇，梁十卷，亡。二志所載，不過篇數有多寡耳，無異說也。因史記貨殖傳有范蠡師計然語，又因裴駰集解有計然姓辛字文子，其先晉國公子語，北魏李暹作文子註，遂以計然、文子合爲一人。文子乃有姓有名，謂之辛鈃。（案暹註今已不傳，此據讀書志所引。）案馬總意林列文子十二卷，註曰：周平王時人，師老君。又列范子十三卷，註曰：竝是陰陽歷數也。又曰：計然者，葵邱濮上人，姓辛，名文子，其先晉國公子也。其書皆范蠡問而計然荅，是截然兩人兩書，更無疑義。暹移甲爲乙，謬之甚矣。柳宗元集有辨文子一篇，稱其旨意皆本老子，然考其書，蓋駁書也。其渾而類者少，竊取他書以合之者多。凡孟子輩數家，皆見剽竊，嶢然而出其類。其意緒文詞，又互相牴而不合。不知人之增益之歟，或者衆爲聚斂以成其書歟。今刊去謬惡亂雜者，取其似是者，又頗爲發其意，藏於家。是其書不出一手，唐人固已言之。然宗元所刊之本，高似孫子略已稱不可見。今所行者仍十二篇之本。別本或題曰通元眞經，蓋唐天寶中嘗加是號，事見唐藝文志云。

文子纘義十二卷（永樂大典本）

宋杜道堅撰。道堅字南谷，當塗人，武康計籌山昇元觀道士也。其始末無考。是書諸家書目亦罕著於錄，惟考牟巘陵陽集有爲道堅所作序，又別有計籌峯眞率錄序，稱洞微先生常主昇元觀席，德壽宮錫之寶翰，至今歲某甲道堅實來，上距祖君十二化，然才百年云云。案自高宗內禪居德壽宮時，下至景定壬戌，正一百年，則道堅當爲理宗時人，而李道純久和集序乃道堅所作，題大德丙午，則入元久矣。文子一書，自北魏以來，有李暹、徐靈府、朱元三家註，惟靈府註僅存，亦大半闕佚。道堅因所居計籌山有文子故蹟，因註其書。凡自爲說者，題曰纘義，其餘裒輯衆解，但總標曰舊說，不著姓名，頗嫌掠美。然杜預左傳集解先有此例，朱子註四書已用之，亦無責於道堅也。自元以來，傳本頗稀。獨永樂大典尚載其文，其精誠符言上德下德微明自然上義七篇，首尾完備。惟道原九守道德上仁上禮五篇原本失載，或修永樂大典之時已散佚不完歟。今檢校原目次第，排錄成帙，所闕之五篇，亦仍載其原文，釐為十有二卷，仍符隋唐志文子舊數。書中字句與世傳明代道潛堂刊本多所同異。其閒文義兩通者不可勝舉，其顯然譌脫者，如符言篇求為而寧，求為而治句，明刊本作無為，與上下文義全反。又知言不知上也，不知言知病也四句，明刊本無言字，於義難通。又時之去不可追而援也句，明刊本追字作足。又內在己者得句，明刊本內字作則。又夫氣者可以道而制也句，明刊本夫字作二。又微明篇聖人見福於重關之內句，明刊本見字作先。又微言篇奇伎逃亡句，明刊本逃亡作天長，均譌誤不可解，當以此本為正。又符言篇故能以眾不勝成大勝者，惟聖人能之二句，明刊本脫下一句。又能成王者必德勝者也句，明刊本脫德字。又上義篇故天下可一也句，明刊本一字下衍人字。此類甚多，皆可以證傳刻之誤。蓋道堅生當宋季，猶見諸家善本，故所載原文，皆可正後來譌誤，不但註文明暢，足以宣通疑滯也。

列仙傳二卷（兩淮鹽政採進本）

舊本題漢劉向撰。紀古來仙人自赤松子至元俗凡七十一人，人係以讚，篇末又為總讚一首。其體全仿列女傳，陳振孫書錄解題謂不類西漢文字，必非向撰。黃伯思東觀餘論謂是書雖非向筆，而事詳語約，詞旨明潤，疑東京人作。今考是書，隋志著錄，則出於梁前。又葛洪神仙傳序亦稱此書為向作，則晉時已有其本。然漢志列劉向所序六十七篇，但有新序、說苑、世說、列女傳圖頌，無列仙傳之名。又漢志所錄，皆因七略，其總讚引孝經援神契，為漢志所不載。涓子傳稱其琴心三篇，有條理，與漢志蜎子十三篇不合。老子傳稱作道德經上下二篇，與漢志但稱老子亦不合，均不應自相違異。或魏晉閒方士為之，託名於向耶。振孫又云，館閣書目作二卷，七十二人。李石續博物志亦云劉向傳列仙七十二人。皆與此本小異。惟葛洪神仙傳序稱七十一人，此本上卷四十人，下卷三十人，內江妃二女應作二人，與洪所記適合。檢李善文選註及唐初藝文類聚諸書所引，文亦相符，當為舊本。其篇末之讚，今概以為向作，隋志載列仙傳讚三卷，劉向撰，鬷續，孫綽讚。（案鬷續上似脫一字，蓋有續傳一卷，故為三卷也，今無從校補，姑仍舊文。）又列仙傳讚二卷，劉向撰，晉郭元祖讚。此本二卷，較孫綽所讚少一卷。又劉義慶世說新語載孫綽作商邱子胥讚曰：所牧何物，殆非真豬，儻遇風雲，為我龍攄。此本商邱子胥讚亦無此語。然則此本之讚，其郭元祖所撰歟。以舊刻未列郭名，疑以傳疑，今亦姑闕焉。

周易參同契通真義三卷（浙江巡撫採進本）

後蜀彭曉撰。曉字秀川，永康人，自號真一子。仕孟昶為朝散郎、守尚書祠部員外郎，賜紫金魚袋。其事蹟未詳。楊慎序古本參同契，則以曉為道士。考王建之時，杜光庭嘗以道士授官，曉為道士，亦事理所有，但未知其據何書也。葛洪神仙傳稱魏伯陽作參同契五行相類凡三卷，其說是周易，其實假借爻象以論作丹之意。世之儒者不知神丹之事，多作陰陽註之，殊失其旨云云。今案其書多借納甲之法，言坎離水火龍虎鉛汞之要，以陰陽五行昏旦時刻為進退持行之候。後來言鑪火者皆以是書為鼻祖。隋書經籍志不著錄，舊唐書經籍志始有周易參同契二卷，周易五相類一卷，而入之五行家，殊非其本旨。曉序謂伯陽先示青州徐從事，徐乃隱名而註之。至桓帝時，復以授同郡淳于叔通，遂行於世。而傳其訣者頗尠，其或然歟。至鄭樵通志藝文略始別立參同契一門，載註本一十九部，三十一卷，今亦多佚亡。獨曉此本尚傳。其分九十章，以應陽九之數。又以鼎器歌一篇字句零碎，難以分章，獨存於後，以應水一之數。又撰明鏡圖訣一篇，附下卷之末。曉自作前後序，闡發其義甚詳。諸家註參同契者以此本為最古。至明嘉靖中，楊慎稱南方有發地中石函者，得古文參同契，以為伯陽真本，反謂曉此本淆亂經註，好異者往往信之。然朱子作參同契考異，其章次竝從此本。永樂大典所載參同契本亦全用曉書，而以俞琰諸家之註分隸其下。則此本為唐末之書，授受遠有端緒。慎所傳本，殆豐坊古大學之流，殊荒誕不足為信。故今錄參同契之註，仍以此本為冠焉。

案唐志列參同契於五行類，固為失當。朱彝尊經義考列周易之中，則又不倫。惟葛洪所云得魏伯陽作書本旨，若預睹陳摶以後牽異學以亂聖經者。是此書本末源流，道家原了了，儒者反憒憒也。今仍列之於道家，庶可知丹經自丹經，易象自易象，不以方士之說淆羲文周孔之大訓焉。

周易參同契考異一卷（江西巡撫採進本）

宋朱子撰。考陳振孫書錄解題，稱朱子以參同契詞韻皆古，奧雅難通，讀者淺聞，妄輒更改，比他書尤多舛誤。因合諸本，更相讎正。朱子自跋亦稱凡諸同異，悉存之以備考證，故以考異爲名。今案書中註明同異者，惟天下然後治之治字，云或作理。威光鼎乃熺之熺字，云本作喜，一作熺。參證他本者不過二處。又如修字疑作循，六五疑作廿六，鉛字疑作飴，與字疑作爲之類，朱子所自校者，亦祇六七處。其餘每節之下，隨文詮釋，實皆箋注之體，不盡訂正文字。乃以考異爲名，未喻其旨。跋末自署空同道士鄒訢。蓋以鄒本邾國，其後去邑而爲朱，故以寓姓。禮記鄭氏註謂訢當作熹，又集韻熹虛其切，訢亦虛其切，故以寓名。殆以究心丹訣非儒者之本務，故託諸廋辭歟。考朱子語錄，論參同契諸條頗爲詳盡。年譜亦載有慶元三年蔡元定將編管道州，與朱子會宿寒泉精舍，夜論參同契一事。文集又有蔡季通書曰，參同契更無縫隙，亦無心思量，但望他日爲劉安之鷄犬耳云云。蓋遭逢世難，不得已而託諸神仙，殆與韓愈謫潮州時邀大顛同游之意相類。故黃瑞節附錄謂其師弟子有脫屣世外之意，深得其情。黃震日鈔乃曰，參同契者上虞人魏伯陽作，其說出神仙不足憑。近世蔡季通學博而不免於雜，嘗留意此書，而晦菴與之游，因爲校正。其書頗行於世，而求其義則絕無之云云。其持論固正，然未喻有託而逃之意也。

周易參同契解三卷（浙江巡撫採進本）

宋陳顯微撰。顯微字宗道，自號抱一子，淮陽人。嘉定端平閒臨安佑聖觀道士也。是書乃端平元年其弟子王夷所刊，顯微自爲序。書中次第，悉依彭曉之本。其鼎器歌一首，亦從彭本附於卷末。惟分上中下三篇而不分章，則從葛洪神仙傳之說。象彼仲冬節以下七十字，彭本陳致虛本俱在枝莖華葉之下，而是本移在太陽流珠一節之下。則顯微據經中別序四象之語，更其舊次也。蓋其時錯簡之說盛行，王柏諸人遞相煽動，流波所汩，併及於方以外矣。以其詮釋詳明，在參同契諸註之中猶爲善本，故存備言內丹者之一家，猶經解之中錄吳澄諸書之意云爾。

周易參同契發揮三卷釋疑一卷（浙江鮑士恭家藏本）

宋俞琰撰。琰有周易集說，已著錄。是書以一身之水火陰陽發揮丹道，雖不及彭曉陳顯微陳致虛三註爲道家專門之學，然取材甚博。其釋疑三篇，考核異同，較朱子本尤詳備。明白雲霽道藏目錄謂二書共十四卷，焦竑國史經籍志則作十二卷。毛晉津逮祕書以琰註與曉等三家註合爲一編，已非其舊，又併其釋疑佚之。此本每卷俱有圖，乃至大三年嗣天師張與封所刻，實祇三卷，附以釋疑一卷。考琰易外別傳自序，亦稱丹道之口訣細微具載於參同契發揮三篇。白雲霽所記或併其他書數之。焦竑所記，悉輾轉販鬻於他書，沿譌襲謬，益不足據矣。

周易參同契分章註三卷（浙江巡撫採進本）

元陳致虛撰。致虛字觀吾，自號上陽子。年四十，始從趙友欽學道，講神仙煉養之術。其說以金丹之道當以陰符道德爲祖，金碧參同次之。又稱丹書多不可信，得眞訣者要必以參同契悟眞篇爲主。所作醒眼詩有云，端有長生不死方，常人緣淺豈承當。鉛銀砂汞分斤兩，德厚恩深魏伯陽。蓋於伯陽之書尤所研討也。此乃所作參同契註，凡分爲三十五章，與彭曉註本分九十章者不同。又謂曉以鼎器歌一篇移置於後爲非，仍依原本置之法象成功章之後。其所疏解，亦皆明白顯暢。近時李光地註參同契，謂諸本之中惟漢魏叢書所載朱長春本爲最得古意。今以朱本相勘，惟首篇乾坤者易之門戶云云，不立章名，故自乾坤設位以下祇分爲三十四章，視此較少一章。其餘章次，悉與此本相同。蓋朱本即鈔此本而去其註，光地未考其淵源也。

古文參同契集解三卷（內府藏本）

明蔣一彪撰。一彪自號復陽子，餘姚人。魏伯陽作參同契，原本三篇。自彭曉分章作解，後來註家雖遞有併析，而上中下篇之次序俱仍舊目。至明楊愼，始別出一本，稱南方掘地得石函，中有古文參同契上中下三篇，敍一篇，徐景休箋註亦三篇，後序一篇，淳于叔通補遺三相類上下二篇，後序一篇合爲十一篇。自謂得見朱子所未見。一彪此註即據愼本而作。故謂之古文。其彭曉陳顯微陳致虛俞琰四家之註。悉割裂其文。綴於各段之下。故謂之集解。今考其書。於舊文多所顚倒。以原本所有讚一篇。則指爲景休後序。原本補塞遺脫一章亦析出爲叔通後序。案參同契一書。自虞翻註易引其日月爲易一語外。見李鼎祚周易集解。他家罕所稱引。其授受源流。諸書亦不具載。所可據者。惟彭曉之序爲古。曉序但稱魏君示青州徐從事。徐隱名而註之。鄭樵通志藝文略有徐從事註陰陽統略參同契三卷。亦不言爲徐景休。何以越二千年至愼。而其名忽顯。其讚序一首。朱子嘗謂其文意是註之後序。恐是徐君註而註不復存。今此本乃適與相合。豈非因朱子之語而附會其說歟。若淳于叔通不過傳授此書。舊時道家有徐從事淳于叔通各序一篇之語。彭曉已據唐時劉知古日月元樞論極辨其誤。愼乃復以三相類篇爲出叔通。是又借曉所駁之說。證成其爲唐以前本也。不知參同契本末。漢魏遺書雖無文可證。若晉以來書。則葛洪神仙傳固云伯陽作參同契五行相類凡三卷。唐以來書。則舊唐書經籍志。案舊唐書著錄之書。並據開元內外經錄。固云周易參同契二卷。魏伯陽撰。周易五相類一卷。魏伯陽撰矣。愼所謂古本何代之古本乎。一彪此本。於諸註原稱魏君者。輒改作徐君。以就其說。尤非闕疑之義。然自愼以後世遂別有此本。諸家所註。往往沿之。亦遂不可磨滅。今姑依其篇第。各分子卷。與彭曉諸本並著於錄。以著作僞變亂之由。俾來者無惑焉。

抱朴子內外篇八卷。江蘇巡撫採進本

晉葛洪撰。洪有肘後備急方。已著錄。是編乃其乞爲句漏令後退居羅浮山時所作。抱朴子者。洪所自號。因以名書也。自序謂內篇二十卷。外篇五十卷。隋志載內篇二十一卷。音一卷。入道家。外篇三十卷。入雜家。外篇下註曰梁有五十一卷。舊唐志亦載內篇二十卷。入道家。外篇五十一卷。入雜家。卷數已小不同。新唐志道家載內篇十卷。雜家載外篇二十卷。乃多寡迥殊。宋志則均入雜家。內篇作二十卷。與舊唐書同。外篇作五十卷。較舊唐書又少一卷。晁公武讀書志作內篇二十卷。外篇十卷。內外篇之卷數與新唐書互異。陳振孫書錄解題但載內篇二十卷。而云館閣書目有外篇五十卷。未見。其紛紜錯互。有若亂絲。此本爲明烏程盧舜治以宋本及王府道藏二本參校。視他本較爲完整。所列篇數與洪自序卷數相符。知洪當時蓋以一篇爲一卷。以永樂大典所載互校。尚多丹砂法以下八篇。知爲足本矣。其書內篇論神仙吐納符籙尅治之術。純爲道家之言。外篇則論時政得失人事臧否。詞旨辨博。饒有名理。而究其大旨。亦以黃老爲宗。故今併入之道家。不復區分焉。

神仙傳十卷。兩淮鹽政採進本

晉葛洪撰。是書據洪自序。蓋於抱朴子內篇既成之後。因其弟子滕升問仙人有無而作。所錄凡八十四人。序稱秦大夫阮倉所記凡數百人。劉向所撰又七十一人。今復鈔集古之仙者見於仙經服食方百家之書。先師所說。耆儒所論。以爲十卷。又稱劉向所述。殊甚簡略。而自謂此傳有愈於向。今考其書。惟容成公彭祖二條與列仙傳重出。餘皆補向所未載。其中如黃帝之見廣成子。盧敖之遇若士。皆莊周之寓言。不過鴻濛雲將之類。未嘗實有其人。淮南王劉安謀反自殺。李少君病死。具載史記漢書。亦實無登仙之事。洪一槪登載。未免附會。至謂許由巢父服箕山石流黃丹。今在中岳中山。若二人晉時尚存。洪目覩而記之者。尤爲虛誕。然後漢書方術傳載壺公薊子訓劉根左慈甘始封君達諸人。已多與此書相符。疑其亦據舊文。不盡僞撰。又流傳既久。遂爲故實。歷代詞人。轉相沿用。固不必一一核其眞僞也。諸家著錄皆作十卷。與今本合。惟隋書經籍志稱爲葛洪列仙傳。其名獨異。考新舊唐書並作葛洪神仙傳。知今本隋志殆承上列仙傳讚之文。偶然誤刊。非書有二名也。此本爲毛晉所刊。考裴松之蜀志先主傳註。引李意其一條。吳志士燮傳註引董奉一條。吳範劉惇趙達傳註引介象一條。併稱葛洪所記近爲惑衆。其書文頗行世。故撮舉數事。載之篇末。是徵引此書以三國志註爲最古。然悉與此本相合。知爲原帙。漢魏叢書別載一本。其文大略相同。而所載凡九十二人。核其篇第。蓋從太平廣記所引鈔合而成。廣記標題閒有舛誤。亦有與他書複見。即不引神仙傳者。故其本頗有譌漏。即如盧敖若士一條。李善註文選江淹別賦鮑照升天行凡兩引之。俱稱葛洪神仙傳。與此本合。因太平廣記未引此條。

漢魏叢書本遂不載之。足以證其非完本矣。

眞誥二十卷（兩淮馬裕家藏本）

梁陶宏景撰。宏景有刀劒錄、已著錄。是書凡運象篇、甄命授、協昌期、稽神樞、闡幽微、握眞輔、翼眞檢等七篇。其運象篇書末宏景敘錄又作運題象。前後必有一譌。然未詳孰是也。文獻通考作十卷。此本乃二十卷。蓋後人所分析也。所言皆仙眞授受眞訣之事。朱子語錄云、眞誥甄命篇、卻是竊佛家四十二章經爲之。至如地獄託生妄誕之說、皆是竊佛教中至鄙至陋者爲之。黃伯思東觀餘論則云、眞誥衆靈教戒條、後方圓諸條、皆與佛四十二章經同、後人所附。然二氏之書亦存此一家於天地間耳。固不必一一別是非、亦無庸一一辨眞僞也。伯思又云、小宋太乙宮詩、瑞木千尋聳、仙圖幾弔開。註云、眞誥謂一卷爲一弔。殊不知眞誥所云弓、卽卷字。蓋從省文。眞誥音亦爾、非弔字也。然則此書諸卷、皆原作弓字。陶宗儀說郛蓋本於此。今皆作卷幾、亦非宏景之舊矣。

亢倉子一卷（衍聖公孔昭煥家藏本）

舊本題庚桑楚撰。唐柳宗元嘗辨其僞。晁公武讀書志曰、案唐天寶元年、詔號亢桑子爲洞靈眞經、然求之不獲。襄陽處士王士元謂莊子作庚桑子、太史公列子作亢倉子、其實一也。取諸子文義類者補其亡。今此書乃士元補亡者。宗元不知其故而遽詆之、可見其銳於譏議也。今考新唐書藝文志載王士元亢倉子二卷、所註與公武所言同。則公武之說有據。又考孟浩然集首有宣城王士元序、自稱修亢倉子九篇。又有天寶九載韋滔序、亦稱宣城王士元藻思淸遠、深鑒文理、常游山水、不在人間。著亢倉子數篇、傳之於代云云。與新唐書所言合。則新唐書之說亦爲有據。宋濂作諸子辨、乃仍摘其以人易民、以代易世、斷爲唐人所僞、亦未之考矣。惟是庚桑楚居於畏壘、僅見莊子。而史記莊周列傳則云周爲書如畏壘亢倉子、皆空言無事實。則其人亦鴻濛雲將之流、有無蓋未可定。其書漢志隋志皆不著錄。至於唐代、何以無所依據、憑虛漫求。毋亦士元先有此本、而出入禁中之方士如葉法善、羅公遠者、轉相煽惑、預爲之地、因而詔求歟。觀士元自序、稱天寶四載、徵謁京邑、適在書成之後、是亦明證也。劉恕通鑑外紀引封演之言曰、王叵源採莊子庚桑楚篇義補葺、分爲九篇。云其先人於山中得古本、奏上之。敕付學士詳議、疑不實、竟不施行。今亢桑子三卷是也。（案此條封氏聞見記不載。蓋今本乃殘闕之餘。其以王士元爲王叵源、以亢倉子爲亢桑子、以二卷爲三卷、則傳聞異詞也。）然則士元此書、始猶僞稱古本、後經勘驗、知其不可以售欺、乃自承爲補亡矣。然士元本亦文士、故其書雖雜剽老子、莊子、列子、文子、商君書、呂氏春秋、劉向說苑、新序之詞、而聯絡貫通、亦殊亹亹有理致、非他僞書之比。其多作古文奇字、與衞元嵩元包相類。晁公武謂內不足者必假外飾、頗中其病。宋史藝文志別有亢倉子音一卷、殆卽釋其奇字歟。崇文總目作九篇。晁陳諸家皆同。宋志作二卷。宋濂諸子辨則作五卷。此本僅有一卷、而篇數與崇文總目合。蓋又明人所併云。

亢倉子註九卷（衍聖公孔昭煥家藏本）

舊本題何粲撰。不著時代。柳宗元讀亢倉子稱、劉向班固錄書無亢倉子、而今之爲術者、乃始爲之傳註、以教於世。則註自宗元時已有。然宗元不著註者姓名。晁公武讀書志乃作亢倉子二卷、何璨註。公武當南北宋之間、則何璨當在北宋以前。惟璨字從玉、與今本小異、或傳寫異文歟。註文簡質、不類宋以後語、疑卽宗元所見也。註中又雜以音釋、爲明黃諫所補。卷末有諫跋。諫喜作古字、所著有從古正文、頗迂怪不可行用。亢倉子多用奇字、與諫所學合、故諫喜而爲之音釋。然與註糅雜、不復識別、是則明人竄亂古書之惡習也。亢倉子爲王士元所補、高似孫子略誤以士元爲王褒、紕繆殊甚。諫跋亦以爲王褒所作、不能考正。蓋諫平生之精力、主於以篆改隸、以駭俗取名。其他皆未能深究、固其所矣。

元眞子一卷附天隱子一卷（兵部侍郎紀昀家藏本）

元眞子、唐張志和撰。志和字子同、婺州人。初名龜齡。肅宗時以明經擢第、待詔翰林、坐事貶南浦尉。後遇赦還、放浪江湖以終。自號曰煙波釣徒、又號曰元眞子。事蹟具新唐書隱逸傳。沈汾續仙傳載其行事甚怪。大抵好事者附會之。實則恬退自全之士而已。其書據書錄解題稱本十二卷。陳振孫時存三卷、已非完帙。此本僅存三篇、一曰碧虛、二曰鸑鷟、三曰濤之靈、併爲一卷、與振孫所言又異。或當時之本以一篇爲一卷歟。其言略似抱朴子外篇、但文采不及其藻麗耳。天隱子亦唐人撰、不知其姓名。前有司馬承禎序，則元宗時人。晁公武陳振孫皆疑爲承禎所託名。然承禎自有坐忘論，已自著名，又何必託名爲此書也。書凡八篇，一曰神仙，二曰易簡，三曰漸門，四曰齋戒，五曰安處，六曰存想，七曰坐忘，八曰神解。讀書志稱一本有三宮法附於後，此本無之，殆傳寫佚脫矣。書寥寥僅兩三紙，不能自成卷帙，今以與元眞子同時，即附之元眞子後，俾從其類焉。

無能子三卷（浙江范懋柱家天一閣藏本）

不著撰人名氏。序稱光啓三年天子在褒，則唐僖宗時人也。崇文總目列之於道家，晁公武讀書志云書三十篇，明老莊自然之旨。今考其書實三十四篇，與序所言篇數合。而卷上註闕第六篇，卷中註闕第五篇，卷下註闕第七第九第十第十二第十三第十四等六篇，是其全書具在，實四十二篇，與序又不相應，豈序爲後人追改，以就所存之篇數耶。唐書藝文志以爲光啓間隱民。考序中有不述姓名游宦語，則亦嘗登仕籍，非隱民也。其書多竊莊列之旨，又雜以釋氏之說，詞旨頗淺，第以唐代遺書漸少，姑以舊本錄之耳。

續仙傳三卷（兩淮鹽政採進本）

舊本題唐溧水令沈汾撰。陳振孫書錄解題曰，汾或作玢，案吳淑江淮異人錄載有侍御沈汾游戲坐蛻事，亦道家者流，疑即其人。書中記及譚峭，而稱楊行密曰吳太祖，則所謂唐者南唐也。其書上卷載飛昇一十六人，以張志和爲首，中卷載隱化十二人，以孫思邈爲首，下卷載隱化八人，以司馬承禎爲首。雖其中附會傳聞，均所不免，而大抵因事緣飾，不盡子虛烏有。如張志和見顏眞卿集，藍采和見南唐書，謝自然見韓愈集，許宣平見李白集，孫思邈司馬承禎譚峭各有著述傳世，皆非鑿空。他如馬自然許碏戚逍遙許宣平李昇徐鈞者譚峭李陽冰諸詩，亦頗藉其採錄，惟泛海遇仙使歸師司馬承禎事，上卷以爲女眞謝自然，下卷又以爲女眞焦靜眞，不應二人同時均有此異，是其虛構之詞，偶忘其自相矛盾者矣。

雲笈七籤一百二十二卷（浙江孫仰曾家藏本）

宋張君房撰。君房，岳州安陸人，景德中進士及第，官尚書度支員外郎，充集賢校理。祥符中自御史臺謫官寧海。適眞宗崇尚道教，盡以祕閣道書付杭州，俾戚綸陳堯臣校正，綸等同王欽若薦君房主其事，君房乃編次得四千五百六十五卷進之，復撮其精要，總萬餘條，以成是書，其稱雲笈七籤者，蓋道家之言以天寶君說洞眞爲上乘，靈寶君說洞元爲中乘，神寶君說洞神爲下乘，又太元太平太清三部爲輔經，又正一法文遍陳三乘，別爲一部，統稱三洞眞文，總爲七部，故君房取以爲名也。其詮敍之例，自一卷至二十八卷總論經教宗旨及仙眞位籍之事，二十九卷至八十六卷則以道家服食鍊氣內丹外丹方藥符圖守庚申尸解諸術分類縷載，八十七至一百二十二卷則前人文字及詩歌傳記之屬，凡有涉於道家者悉編入焉。大都摘錄原文，不加論說，其引用集仙錄靈驗記等，亦多有所删削，然類例既明，指歸略備，綱條科格，無不兼該，道藏菁華亦大略具於是矣。文獻通考作一百二十卷，此本爲明中書舍人張萱所刊，中多二卷，蓋通考脫誤也。

悟眞篇註疏三卷附直指詳說一卷（浙江巡撫採進本）

宋張伯端撰，翁葆光註，元戴起宗疏。伯端一名用成，字平叔，天台人，自云熙寧中遊蜀，遇異人傳授丹訣。元豐中卒於荆湖。世俗傳以爲仙，亦無可考驗也。是書專明金丹之要，與魏伯陽參同契道家並推爲正宗。其中所云要知產藥川源處，只在西南是本鄉者，即參同契三日出爲爽，震生庚西方之旨。其云藥重一斤須二八者，即參同契上弦兌數八，下弦艮亦八之旨。其云三五一都三個字，古今明者實然稀者，即參同契三五與一，天地至精，可以口訣，難以書傳之旨。其云木生於火本藏鋒，要須制伏覓金公者，即參同契河上姹女，得火則飛，將欲制之，黃芽爲根之旨。其餘亦皆彼此闡發。然其書初出，第道家自相授受，儒家罕有傳述者。至乾道中，翁葆光始析爲三篇，作註以申釋其義。又附以悟眞直指詳說一篇，傳之既久，或譌爲薛道光撰，而葆光之名遂不顯。逮元至順間，戴起宗訪得舊本，重加訂正，於是定爲葆光之註，而復爲疏以發明之。是二人者皆未聞其羽化飛昇，亦未聞其長生久視，但據其書而論，則所云假眞陰眞陽之二物，奪天地之一氣，以爲丹飢歸丹田氣海之中，以御一身，後天地之氣，則一身之氣翕然歸之，若衆星之拱北辰，其說亦似乎近理，故錄而存之，以備丹經之一種。葆光字淵明，號無名子，緣川人。起宗字同甫，集慶路人。延祐中常官紹興儒學教授。其始末則均無可考云。

古文龍虎經註疏三卷（江蘇周厚堉家藏本）

宋王道撰。前有道自序及太乙宮道士周眞一爽進劄子。又有道後序一篇。道本末不可考。自題稱保義郎差充恩平郡王府指揮使。自序又云，一介武弁，隸職王府，蓋本藩邸環衞官，而依附道流者也。陳振孫書錄解題載古文龍虎上經一卷，不著名氏，道推衍其義爲之註，又申註意自爲之疏。其經分三十三章，上卷十三章，中卷六章，下卷十四章。末又載攢簇周天火候金火相交生藥二圖，以明用功之法。大旨謂眞鉛眞汞止取天地之精，日月之華，混合造化，以成神丹，辨藥材之眞僞，抉金石之異同。又稱得眞師口訣，以龍虎經行世之本謬誤爲多，故釐而正之，分章定句，於淳熙間奏進。所謂龍虎者，卽水火之義，道家丹訣例用寓名耳。註疏中多引參同契語，蓋爐火之說自魏伯陽始有書，猶彼法中之六經也。道又有補註參同契見所作後序，今佚不傳，然大意亦不過如此矣。此書宋史藝文志不著錄，或疑出羽流依託。然龍虎經之爲古書，尚無確驗，亦何必究註之眞僞。且服氣養生，山林隱逸之事也。因方士以奏於朝，此何意乎。其人殊不足道，姑以其言成理存之爾。

易外別傳一卷（浙江吳玉墀家藏本）

宋俞琰撰。其書以邵子先天圖闡明丹家之旨。考先天圖傳自陳摶，南宋以來，無不推爲伏羲之秘文，卦爻之本義。袁樞、林栗雖據理以攻之，然不能抉其假借之根，口衆我寡，無以相勝也。迨元延祐間，天台陳應潤始指爲參同契爐火之說，其言確有根據。然宗河洛者深諱之，巧辨萬端，轇轕彌甚。惟琰作此書，絕無文飾，其後序有曰：名之曰易外別傳，蓋謂丹家之說雖出於易，不過依仿而託之者，非易之本義也。可謂是非皎然，不肎自誣其心者矣。後序稱是書附周易集說後，其子仲溫跋亦云易外別傳一卷，先君子之所著，而附於周易集說後者。今通志堂所刊集說，納喇性德序中雖稱易圖纂要一卷、易外別傳一卷附焉，而印本實無此卷，豈初鋟於木，後覺其不類而刪之耶。白雲霽道藏目錄以此書與易圖通變、易筮通變同載於太元部若字號中，並題曰雷思齊撰，考揭傒斯爲思齊作序，稱所著有老子本義、莊子旨義、和陶詩，吳全節序又稱其別有文集，而均不及此書。殆雲霽以三書同函而誤歟。

案此書純爲道家之說，自序中已明言之。舊雖附於周易集說之後，今移置於道家。蓋一家之書，可以不分帙目，自相繫屬。若區別門類，則宗旨各殊，不容以黃老之談參羲文之奧矣。

席上腐談二卷（兩淮鹽政採進本）

宋俞琰撰。是書乃其劄記雜說。惟上卷前數十條爲考證名物之語，詞意多膚淺無稽。如謂婦人俗稱媽媽，乃取坤卦利牝馬之貞意。謂氍毹之名因出於渠搜。謂毾㲪之名取於蹋以登牀。多附會穿鑿，不足據。其餘則皆闡容成之術，及論褚氏遺書胎孕之說。下卷則備述丹書，而終以黃白爲戒。大旨皆不出道家，而在道家之中持論獨爲近正。由其先明儒理，故不惑方士之詭說也。朱存理樓居雜著有是書跋語二條，其一稱石澗先生註易外，別有席上腐談，易說既有刻，此編特手筆存於家。黃巖林公守郡時，持之而去。其家別無副本，至今吳中失其傳。庚戌秋，與海昌董子壬會於逆旅，偶談家有是書，又已失去。遂同過祝秋官處，轉爲假之歸。幸此書又復來吳中云云，是此書之傳出於存理。其一稱俞氏家集云：腐談四卷，今止二卷，今本曰輔談者，雖聲相近而字畫轉訛，不同，必有據也云云。考永樂大典所引，或作輔，或作腐，參差不一。觀存理跋，知當時本自異文，非有兩書矣。

道藏目錄詳註四卷（兵部侍郎紀昀家藏本）

明道士白雲霽撰。雲霽字明之，號在虛子，上元人。是書成於天啓丙寅，以道藏之文分門編次，大綱分三洞四輔十二類。三洞者：一，洞眞部，元始天尊所流演，是爲大乘上法；二，洞元部，太上老君所流演，是爲中乘中法；三，洞神部，亦出太上老君，是爲小乘初法。四輔者，其一，太元部，洞眞之輔也；二，太平部，洞元之輔也；三，太清部，洞神之輔也；四，正一部，三洞三輔所會歸也。所分七部，與雲笈七籤一一相合，蓋歷代道家之舊目。其七部子目，則各分本文、神符、玉訣、靈圖、譜錄、戒律、威儀、方法、衆術、記傳、讚頌、表奏十二類。其書則以千字文爲次，以一字當一函，函各具其卷數。自天字至英字爲舊藏之目，自英字至將字爲明人新續之目。每條各有解題、如崇文總目郡齋讀書志之例。所列諸書、多捃拾以足卷帙。如劉牧易數鉤隱圖遺論九事張理易象圖說內外篇雷思齊易外別傳（案此本兪琬之書、雲齋誤以爲思齋）易筮通變易圖通變舊皆入易類。穆天子傳舊入起居注類。山海經舊入地理類。揚雄太元經邵子皇極經世鮑雲龍天原發微舊皆入儒家類。墨子舊入墨家類。素問靈樞經八十一難孫思邈千金方葛洪肘後備急方急救仙方仙傳外科祕方寇宗奭本草衍義舊皆入醫家類。公孫龍子尹文子舊入名家類。韓非子舊入法家類。孫子舊入兵家類。鬼谷子舊入縱橫家類。鬻子鶡冠子淮南子子華子劉子馬總意林舊皆入雜家類。錄異記江淮異人錄舊皆入小說家類。黃帝宅經龍首經金匱玉衡經元女經通占大象歷星經靈棋經舊皆入術數家類。陶宏景華陽隱居集邵子擊壤集吳筠宗元集舊皆入別集類。雖配隸或有未安、門目或有改易、然總無以爲道家言者。今一概收載、殊爲牽強。蓋二氏之書、往往假借附會、以自尊其教、不足深詰。雲霽所註、不能甚詳、而亦頗具崖略。考道家之源委、玆編亦其總匯也。羣字號之末、附以道藏闕經目錄二卷。則亦多所散佚、不盡完備矣。考漢志所錄道家三十七部、神仙家十部、本截然兩途。黃冠者流、惡淸靜之不足聳聽、於是以丹方符籙炫燿其神怪。名爲道家、實皆神仙家也。黃老之學、漢代並稱。然言道德者稱老子、言靈異者稱黃帝。名爲述說老子、實皆依託黃帝也。其恍惚誕妄、爲儒者所不道、其書亦皆不足錄。顧其書名、則歷代史志皆著於錄。故今亦存其總目、見彼教之梗概焉。

右道家類四十四部、四百三十二卷、皆文淵閣著錄。

欽定四庫全書總目卷一百四十六

欽定四庫全書總目卷一百四十七

子部五十七

道家類存目

陰符經三皇玉訣三卷（浙江范懋柱家天一閣藏本）

其書述黃帝得陰符經、問於廣成子及天眞皇人、皆稱黃帝問而二人荅。詞旨鄙淺。前有黃帝御製序一首、文尤謬陋。蓋粗知字義道士所爲也。然金明昌中范懌作陰符經註序已引之、則其僞亦久矣。

陰符經註一卷（浙江范懋柱家天一閣藏本）

舊本題金陵道士唐淳撰。前有至大己丑孟綽然序、稱不知淳爲何代人。其說皆主於內丹。中稱天性人也、人心機也、立天之道以定人也十六字、爲杜光庭所加、則五代後人矣。

陰符經集解三卷（浙江巡撫採進本）

宋袁淑眞撰。是書前有淑眞銜、稱朝散郎行潭州長沙縣主簿。其里貫則未詳也。其本亦分三篇、引驪山老姥百言演道百言演法百言演術之說、惟末附一段祗五十八字、又與諸本不同。

陰符經註一卷（江蘇巡撫採進本）

宋兪琬撰。琬有周易集說、已著錄。琬本文士、故是編所註較他家具有條理。其闢詹谷以容成之術釋強兵戰勝之義、尤爲正論。其本亦合爲一篇、而人以愚虞一百十四字則兩存經文註文之說。

陰符經註一卷（江蘇巡撫採進本）

金劉處元撰。處元卽王重陽七弟子之一也。其說參以佛經。前有明昌辛亥寧海州學正范懌序。

陰符經註一卷、江蘇巡撫採進本、

舊本題姑射山太元子侯善淵註。不知何許人。其本合三篇爲一、而末有人以愚虞以下一百十四字。註較他本頗有文義、而傷於簡略。

陰符經解一卷、兩江總督採進本、

明焦竑撰。竑有易筌、已著錄。考戰國策稱蘇秦得太公陰符之謀。其書漢志隋志皆不著錄、蓋已不傳。今世所行之本、出唐李筌。宋黄庭堅以爲卽筌所託。註其書者自筌而後凡數十家、或以爲道家言、或以爲兵家言、或以爲神仙家言。竑此註雖引張永叔眞土擒眞鉛、眞鉛制眞汞之說、似乎神仙家言。而核其宗旨、實以佛理解之、與劉處元註相近。蓋竑與李贄友善、故氣類薰染、喜談禪悅。其作此註、仍然三教歸一之旨也。

陰符經質劑一卷、江蘇周厚堉家藏本、

明方時化撰。時化有易引、已著錄。是編大旨以陰符與易理相合。前有自序、謂已有易引百篇、不可不質劑於陰符。末又附陰符質劑問、設爲問答以暢其說、大都不離乎禪學。

陰符經註一卷、安徽巡撫採進本、

國朝李光地撰。光地有周易觀象、已著錄。陰符經文意刻酷、五賊三盜之名、尤爲奇險。光地註義純粹、頗能補苴其罅漏。其註禽之制在炁、謂以心制目、以目制心、如禽鳥之以氣相制、雖雄鷙者不敢動。似較李筌註爲順。然此書本筌所僞撰、自作之而自註之、自必不失其本意。可不必與立異同。況此註禽之制在炁句次在心生於物、死於物、機在目之下、故此註會通四語以立義。漢魏叢書本次此句於天之至私、用之至公二句下、則義有難通矣。傳寫互異、莫可究詰。楚失齊得、輾轉安窮。既非儒書要義、亦聽其各存一說於天地閒耳。

古老子二卷、浙江汪啟淑家藏本、

舊本題許劍道人手刊。卷首有自題絕句一首云、道人自昔不談元、何事皤然繪此篇。料得浮雲無挂礙、欲從牛背學長年。稱壬子閏五題於申州傳舍。末有二小印。一曰史垂名、一曰青史。蓋其名字。次爲所畫老子像、亦有二小印。一曰許劍道人、一曰別號題橋生。又書首二小印。一曰垂名原名南、一曰兩江一字青史。不知何許人也。考石墨鐫華有元至元間盩厔樓觀說經臺篆書古老子及正書釋文、與此無異。末刻夷門天樂道人李道謙跋。云魯之大儒高翿文舉者、善古篆。嘗爲會眞宮提點張志偉壽符書道德五千言、筆法精妙、古今罕有。至元庚寅、承命祀香嶽瀆、駐於終南山重陽萬壽宮。遂摹諸經臺、垂之永久。然則高翿所書、李道謙摹刻於石、而是冊又從石刻摹出耳。字體怪異、不合六書。趙崡謂其雜出頡籀款識古文大小二篆、沾沾自喜、尚不堪郭忠恕一噱。非過論也。考翿自識有云、老子舊有古本、歷歲滋久、不可復見。於古文韻海中檢討綴緝、越月乃成。據此、則翿所書篆體、徒本之古文韻海耳。其文視今本老子惟增減數虛字、亦不足以資考校也。

道德經說奧二卷、兩江總督採進本、

舊本題朱孟嘗撰。附刻朱翊鈺廣讌堂集後。明宗室命名、每府以二十字爲次。其下一字則偏旁取五行相生。此曰孟嘗、蓋其字號。惟未審卽翊鈺作、或其子孫所作耳。其書於每章之後寥寥各贅數言、殊未盡老氏之旨。

道德經編註二卷、安徽巡撫採進本、

國朝胡與高撰。與高字岱瞻、黟縣人。雍正癸卯舉人。是書謂老子今本相沿、章句多舛。乃遍訪古本、考正其文、併註釋其義。而篇中分合增改之處、絕不註所據者何本、未免無徵。其謂老子與六經相發明、亦蘇轍之緒論。每章註釋之後又有附解、則其弟與宗所續。與高之註成於雍正甲寅。與宗之解成於乾隆戊辰。據與宗自跋、仍其兄之餘意云。

讀道德經私記二卷、江蘇巡撫採進本、

國朝汪縉撰。縉字大紳、吳縣人。是書以易義解老子。前有自序曰、釋老子者多矣、別於諸子方外與易相出入者私記之。蓋其大意欲於諸註之外獨標新義。然晉人清談、實合老莊與易爲一。王弼以老子解易、人人類能言之。卽三語掾之故實、亦非僻事也。

道德經懸解二卷、編修周永年家藏本、

國朝黃元御撰。元御有周易懸象、已著錄。是書多以養生家言訓釋老子。於原文章次多所變更、字句亦多有竄亂。謂之改本老子可也。

列子辨二卷、江蘇巡撫採進本、

不著撰人名氏。前有康熙後壬寅自序、署其號曰復堂。不知何許人也。其註用林希逸口義本稍爲刪削、而閒附以劉辰翁評。卷首凡例稱、列子刻本、書肆絶少。此特借鈔，其中必多譌字云云。則亦寒鄉之士，罕睹舊籍者矣。其辨論大旨，謂漢藝文志載列子八篇，典午之禍，典籍蕩然，六朝清談之士，依傍藝文志所云而妄託之。然其所證據，特以文句臆斷之耳。考柳宗元集有辨列子一篇，摘其言魏牟、孔穿皆出列子後，然特謂其不免增竄，不以爲僞也。高似孫緯略頗以史記無傳爲疑，又疑其出於後人之薈萃，然未敢定爲誰氏作也。是編漫無所據，竟毅然斷其出於六朝，極詆其文詞之惡，以朱筆勒其旁者，不一而足。文詞工拙，姑置無論。第考東晉光祿勳張湛所註，已疑其言鄭穆公以後事，與劉向所云鄭穆公時人者不合，則書在東晉以前審矣。作者未見湛註，遂以爲出自六朝耳。觀其批篇首將嫁於衛句云：嫁字諸書所無，但此書率多譌字，嫁或家字之譌。不知爾雅釋詁曰：嫁，往也。郭璞註引方言曰：自家而出謂之嫁，猶女出爲嫁。古訓炳然，乃横生揣度，其空言臆斷可知矣。

莊子通義十卷（兩江總督採進本）

明朱得之撰。得之有宵練匣，已著錄。此書以爲莊子之書，命辭跌宕，設喻險奇，人多謂其荒唐謬悠，不知異者辭也，不異者道也，故爲作通義，并加旁註以詳釋之。先是宋咸淳閒錢塘道士褚伯秀嘗作義海纂微，未行於世。王潼錄其遺稾以授得之，得之因附刻於每段之下，先列通義，次及義海。前有得之自序，稱伯秀義海纂微，採掇詳博，今原本尚存，已著於錄。得之所解，議論陳因，殊無可採。至於評論文格，動至連篇累牘，尤冗蔓無謂矣。

解莊十二卷（內府藏本）

明陶望齡撰。望齡字周望，號石簣，會稽人。萬歷癸丑進士，官至國子監祭酒，謚文簡，事蹟附見明史唐文獻傳。是編僅寥寥數則，歸安茅兆河取與郭正域所評合刻之，均無所發明。

南華經副墨八卷（兩江總督採進本）

明陸西星撰。西星字長庚，號方壺外史，不知何許人。焦竑作莊子翼，引西星之說頗多，則其人在竑以前。書首有其從子律序，作於萬歷戊寅，則與竑相距亦不遠也。是書編次，一依郭象本，而以天道篇虛靜恬淡寂寞無爲八字分標八卷。每篇逐節詮次，末爲韻語總論一篇之旨。其名副墨，即取大宗師篇副墨之子語也。大旨謂南華祖述道德，又即佛氏不二法門，蓋欲合老釋爲一家。其言博辨恣肆，詞勝於理。其謂天下篇爲即莊子後序，歷敘古今道術，而以己承之，即孟子終篇之意，則頗爲有見，故至今註莊子是篇者承用其說云。

讀莊小言一卷（江西巡撫採進本）

明文德翼撰。德翼有宋史存，已著錄。此書就莊子諸篇隨筆記其所得，然未能拔奇於舊註之外。

藥地炮莊九卷（內府藏本）

明方以智撰。以智有通雅，已著錄。是編乃所作莊子解。藥地者，以智僧號也。以莊子之說爲藥，而已解爲藥之炮，故曰炮莊。大旨詮以佛理，借洸洋恣肆之談，以自攄其意，蓋有託而言，非莊子當如是解，亦非以智所見真謂莊子當如是解也。

古今南華內篇講錄十卷（浙江巡撫採進本）

題林屋洞藏書，不著撰人名氏，亦不著時代。卷一爲南華旨要，皆言註莊之大旨。其第五節云：洞庭今日首提虛用，其言何徵？亦惟得宗印於雲莊先師。卷二以莊子寓言一篇升冠於諸篇，前有小序云：洞庭山縹緲峯林屋洞天夢蝶易師從慧谿老農學易於天都峯，嘗會門弟子詳說南華反約旨要，弟子三林輩因記錄師語，著爲成書，而南華旨要中又有莊子至今二千年語。以長歷推之，當爲明末

國初人也。卷三爲逍遙遊，卷四爲齊物論，卷五爲養生主，卷六爲人閒世，卷七爲德充符，卷八爲大宗師，卷九爲應帝王，卷十爲天下。蓋以寓言爲莊子前序，以天下爲莊子後序，而內七篇之次第亦先後不同。其說以郭象註爲今本，以向秀註爲古本。然秀註經典釋文尚引之，而陳氏書錄解題已稱亡佚。宋以來諸家書目皆不著錄，不知何由見之。且古人一書無兩序，其有序者，必附於末，最可考者，呂氏春秋之序在十二紀末，史記自序、漢書序傳、揚雄太元、法言、王符潛夫論、袁康越絶書，下至劉勰之文心雕龍，諸序亦皆在書末。此以前序後序指爲古本，是用後世之例推測三代，其爲依託無疑。又唐書藝文志稱唐天寶元載尊莊子爲南華眞經，而此乃云加之南華之名，吾茲未之聞焉。意者郭子歟，向子歟，其在後之人歟，吾無聞焉耳矣。烏在其見古本也。

南華評註（無卷數，山東巡撫採進本）

國朝張坦撰。坦字方平，號一莛，泰安人。是書成於康

熙戊午。自序謂廣求古註數十餘家、採其簡當、刪其繁蕪。又參以己意爲之評釋、別爲或問十條、列於卷首。今案其書、分段加評、逐句加註、皆不言本某家之古註。其註似徐增之說唐詩、其評亦如金人瑞之評西廂記水滸傳而已。觀其或問第二條、以莊子爲風流才子、可知其所見矣。

莊子解三卷、內府藏本、

國朝吳世尚撰。世尚、貴池人。是編成於康熙癸巳。所說止莊子內七篇。大旨引莊子而附之儒家、且發揮其文字之妙。觀其目錄後附記、稱向來解莊子者惟林西仲可觀、但有不盡洽乎文義者。是不知古有向郭。又開卷卽云莊子自名其書曰南華經。是併唐書藝文志亦未考也。

南華通七卷、陝西巡撫採進本、

國朝孫嘉淦撰。嘉淦有春秋義、已著錄。是編取莊子內篇、以時文之法評之。使起承轉合、提掇呼應、一一易曉。中亦頗以儒理文其說。

南華本義二卷、山東巡撫採進本、

國朝林仲懿撰。仲懿不知何許人。是編祇註莊子內篇、語多附會。如釋逍遙遊以北冥有魚爲太極靜而生陰、化而爲鵬爲太極動而生陽。以南冥北冥爲無極而太極、太極本無極之類。皆強生意見。其餘詮釋、亦多類金人瑞徐增之流。

南華簡鈔四卷、浙江巡撫採進本、

國朝徐廷槐撰。廷槐字立三、號笠山、會稽人。雍正庚戌進士。是編於莊子內篇全錄其文。外篇雜篇頗有刊削。漁父盜跖讓王說劍之屬則全篇刪之。每篇各爲詳註。其論文論理、純以妙悟不測爲宗。大抵原本禪機、自矜神解也。

南華模象記八卷、浙江巡撫採進本、

國朝張世犖撰。世犖字無夜、錢塘人。乾隆甲子舉人。其學以禪爲宗、因以禪解莊子。以天下篇爲莊子自序、以寓言篇爲開宗第一、爲首卷。如林屋洞南華講錄之說。其下則悉取外篇之文附內七篇之後。亦明人移掇管子晏子之意。其篇目皆依佛經之例、以內篇之名標曰某品某品。刪去盜跖漁父說劍三篇。又刪去蔣閭葂數段。每篇之首、各爲宗旨、敘其所以分并之故。昔蘇軾撰莊子祠堂記、欲刪漁父盜跖等篇、然不過託之文字、非眞有刪本。今則分割併附、又多所芟薙。是直修改莊子、非註釋莊子矣。

觀老莊影響論一卷、浙江巡撫採進本、

明釋德清撰。德清字登印、全椒人。卽當時所稱憨山大師者也。其書多引佛經以證老莊。大都欲援道入釋、多惝恍恣肆之言。以其借老莊爲名、故姑附之道家。其曰影響論者、取空谷傳聲、衆響斯應之義也。

周易參同契註解三卷、江蘇周厚堉家藏本、

明張位撰。位有問奇集、已著錄。是書章次、一依陳致虛本、而別爲之註。大抵參取諸家之說、以己意發明之。其震庚兌丁諸圖、及上下弦諸圖、則皆位所補入也。

參同契章句一卷、安徽巡撫採進本、

國朝李光地撰。是書前有自序、謂參同契者、參之而同契也。三相類者、三字之義疏爾。魏氏作參同契、自以爲闕略未備、復作三相類一篇、互相解釋。而二千年來未有知者。心之不達、則竊易舊簡以就膚見。故此書獨無完編。惟漢魏叢書所載似是原本、閒有竄互不多也。獨其不知中斷二書及截立標題、亦庸末者之妄云云。蓋據篇末參同契者以下有今更作此命三相類之文。考舊唐書經籍志載周易參同契二卷、周易五相類一卷、並註魏伯陽撰。三五字形相近、未詳孰是。然足知伯陽原有此二書也。明楊愼稱或掘地得石函、中有古文參同契、魏伯陽所著上中下三篇、後序一篇。徐景休箋註亦三篇、後序一篇。淳于叔通補遺三相類二篇、後序一篇。合爲十一篇。其說頗怪。愼好僞託古書、疑其因唐志之言、別三相類於參同契、造爲古本。光地是書又陰祖其說、惟愼以三相類爲淳于叔通補遺、光地則以爲亦伯陽著、與唐志相合。較爲有本耳。書中分章、大概亦與楊本同。惟不載徐景休箋註、又釐三相類爲三篇、而於二書之後各列鑪火說一篇、與楊本異。則不知光地又何所據也。

參同契註二卷、江蘇巡撫採進本、

國朝陳兆成撰。兆成字宏亦、上虞人。案浙江遺書目錄、載有兩陳兆成。其作太極圖說註解者、稱爲常熟陳兆成、康熙初人。作此書者、稱爲上虞陳兆成。然太極圖說註解末有乾隆戊辰兆成子啓附記凡例、稱是書與參同契互有異同。是刻可分爲二、可合爲一云云。則似乎二書又出一人、疑不能明也。其書盡廢諸家舊註，獨以文義推尋，分參同契爲三篇，以補塞遺脫爲後篇，亦分爲三，與前篇相配。又統分爲二十九章，大旨謂首篇專明易理，御政章乃言人君治世之事，即易之神化流通處，其後乃配以服食之法，而總不外乎易之中。又自作釋例一篇附於末，反覆推闡，其說頗詳。

古文周易參同契註八卷（陝西巡撫採進本）

國朝袁仁林撰。仁林字振千，三原人。是編以參同契舊註往往各自爲說，反增障礙，因爲隨文解義，凡書中借喻之語，悉以身所自具者指明之。書成於雍正壬子。其曰古文者，蓋據楊愼所稱石函本云。

古參同契集註六卷（江西巡撫採進本）

國朝劉吳龍撰。吳龍字紹聞，南昌人。雍正癸卯進士，官至都察院左都御史。是集前有自序，稱參同契自明楊愼掘地得原本，經傳始分，因本元俞琰發揮而爲是註。前載愼序，謂參同契書隋唐經籍志是書原未著錄。蓋據讀書志之說，考舊唐書經籍志五行類有周易參同契二卷，魏伯陽撰，周易五相類一卷，亦魏伯陽撰，新唐書藝文志同，晁氏所說未免失考。愼述之，亦爲沿誤。至愼所稱古本，云掘地得之石函。夫文字託於金石，尚不免剝蝕銷泐，石函所藏，如在彭曉以後，則五代至宋，不應無一人見之，至明始出。如在彭曉以前，則絹素紙札，入土五六百年，尚完全無闕，有是理耶？至俞琰之發揮，實不及彭曉、陳致虛所註，獨據以爲本，亦未爲確論也。

枕中書一卷（江蘇巡撫採進本）

舊本題晉葛洪撰。考隋唐宋藝文志，但有墨子枕中記及枕中素書，而無葛洪枕中書。此本別載說郛中，一名元始上眞衆仙記。而通志所列元始上眞記無衆仙字，似亦非此書。書中說多謬悠，若稱太昊氏治岱宗山，顓頊治恒山，祝融氏治衡霍山，黃帝治嵩高山，金天氏治華陰山，堯治熊耳山，舜治積石山，禹治蓋竹山，湯治元極山，武王爲田極明公，漢高祖、光武爲四明賓友之類，已屬不經。至謂元始天尊與太元玉女通氣結精，遂生扶桑大帝、九天元女，誕妄尤甚。又在眞靈位業圖諸書之下，其出後人僞撰無疑也。

眞靈位業圖一卷（內府藏本）

舊本題梁陶宏景撰。宏景有眞誥，已著錄。眞誥見於唐宋志，朱子謂其竊佛家至鄙至陋者。此書杜撰鑿空，又出眞誥之下。其用緯書靈威仰、赤熛怒、曜魄寶、含樞紐之名，已屬附會。而易叶光紀爲隱侯局，尤爲無據。至以孔子爲第三左位太極上眞公，顏回爲明晨侍郎，秦始皇爲酆都北帝上相，曹操爲太傅，周公爲西明公，比少傅，周武王爲鬼官北斗君，則誕妄殆不足辨。王世貞、胡震亨乃取眞誥及玉檢大錄諸書詳爲考核，殆亦好奇之過矣。

冥通記四卷（內府藏本）

梁周子良撰。隋志作一卷，宋志作十卷，與今本皆不同。然第四卷目錄末云，大凡四卷眞本書雜色合六十五番，或眞或草行，所言乃與今本合，則隋志、宋志均誤也。首有陶宏景所作子良傳，稱子良字元斂，本汝南縣人，寓居丹陽。年十二，從宏景於永嘉受仙靈籙、老子五千文、西嶽公禁虎豹符。十一年從還茅山，受五岳圖、三星內文。十四年乙未歲五月二十三日，遂通眞靈。後一年卒，年二十。其說荒誕不經。此書所記遇仙之事，起乙未五月十三日，至丙申七月末，逐日縷載，亦宏景眞誥之流也。然其文頗古雅，時有奧字。黃生義府第二卷末附此書訓釋一篇，如治堂爲道士之居，彌淪爲夢魘，道義爲道友，妻雞一作毗縷，猶言委曲，水湯讀爲盪，謂以水滌器，道子爲弟子，約尺爲壓書尺，五尺爲牀之別名，帆帆爲夢魘鼻中作聲，壖字即甌字，角家爲風角家，壇靖皆爲修道之所，攤展之攤音洛官反，爲二屐相叠，庪爲橫展兩臂，乙爲以墨滅字，甲乙告之爲次第，胣請爲以財事神，登爲登時，屛檔爲安置，傳寫誤從木，畔等爲同伴，扇倒爲起屋犯鬼神禁忌，靖構爲道室之窗，輔病爲口頰病，各有考證，亦頗賅洽。惟薰陸爲乳香，則可不必箋註耳。

金丹詩訣二卷（兩江總督採進本）

舊本題唐純陽眞人呂巖撰。宋雲峯散人夏元鼎編。元鼎即作陰符經講義者也。卷中詩句皆言坎離交媾、嬰兒姹女、道家修養之術。其上卷末附載蕭題詩六首，厲鶚宋詩紀事亦採錄之。然巖本唐人，其詩殊不類唐格。下卷歌行尤鄙俚。且唐人棋路，黑白各百五十，故棊經有枯棊三百之語。此所載下棋歌中乃稱因看黑白，愕然悟頓曉三百六十路。又窯頭坯歌內有君不見洛陽富鄭公，說與還丹如盲聾。又不鬪三衢趙閱道，參禪作鬼終不㥦之句。是直爲入宋作矣。殆羽流所依託歟。下卷末附南嶽遇師本末、亦題夏元鼎編。述元鼎遇赤城周眞人指示得道事。考蓬萊鼓吹附錄、稱元鼎博極羣書、屢試不第。應賈許二帥幕、出入兵閒。至上饒夜感異夢、棄官入道。至南嶽祝融峯、得遇異人傳授。亦道家荒誕之言、不足信也。

韓仙傳一卷、兩江總督採進本

舊本題唐瑤華帝君韓若雲撰。篇中自序、祖爲韓仲卿、父爲韓會叔、父爲韓愈、即世俗所傳韓湘事。然湘字北渚、不識何以稱韓若雲也。傳中自稱遇呂洞賓傳授得道。考呂巖爲呂渭之孫、當在湘後。何以湘轉師之。又太平廣記載解造逡巡酒、能開頃刻花、及牡丹瓣上現雲橫秦嶺家何在、雪擁藍關馬不前句、稱爲愈之疎從、自江淮來者。不云即湘。而愈集秦嶺藍關一詩題云示姪孫湘、亦不云姪。與此傳皆不合其爲僞託明矣。元陳櫟跋韓昌黎畫圖一篇、辨湘事甚詳、見所作定宇集中。

西山羣仙會眞記五卷、兩淮鹽政採進本

舊本題華陽眞人施肩吾撰。肩吾字希聖、洪州人。唐元和十年進士。隱洪州之西山。好事者以爲仙去。此書中引海蟾子語。海蟾子劉操、遼時燕山人、在肩吾之後遠矣。殆金元閒道流所依託也。其書凡五卷、卷各五篇。曰識道識法識人識時識物。曰養生養形養氣養心養壽。曰補內補氣補精補益補損。曰眞水火眞龍虎眞丹藥眞鉛汞眞陰陽。曰鍊法入道鍊形化氣鍊氣成神鍊神合道鍊道入聖。其大旨本於參同契。附會周易參以醫經。戒人溺房帷餌金石、收心斂氣、存神固命。有合於清淨之旨、猶道書之不甚荒唐者。

仙苑編珠三卷、浙江汪啟淑家藏本

舊本題唐王松年撰。松年、天台道士。文獻通考作唐人。然書中有梁開成二年事、則已入五代矣。是書以古來聖帝明王竝在仙籍、與後世修眞好道者竝數、得三百餘人。倣蒙求體、以四字比韻。撮舉事要、而附箋註於下。通考作二卷。又序文及通考所舉人數、皆與今書不符。或後人有所附益歟。

道教靈驗記十五卷、兩淮鹽政採進本

蜀杜光庭撰。光庭有了證歌、已著錄。其書歷述奉道之顯應、以自神其教。凡宮觀靈驗三卷、尊像靈驗二卷、天師靈驗一卷、眞人王母等神靈驗一卷、經法符籙靈驗三卷、鐘磬法物靈驗一卷、齋醮拜章靈驗二卷。以光庭自序及宋徽宗序考之、尚闕五卷。張君房雲笈七籤亦載此書、僅六卷一百十八條。又節删之本、更非其舊矣。陶岳五代史補載光庭、長安人。僖宗時應九經舉不第。嘗從道士潘尊師遊。會僖宗求可領蜀中道教者、潘薦光庭。遂奉詔披戴、賜號廣成先生。而青城山志載元符中彭崇一序、則云光庭字賓聖、京兆杜陵人。與鄭云更應百篇舉不第、入天台爲道士。扈僖宗入蜀。留居青城、以卒。其說小異、未詳孰是。然其爲由儒入道則同。故所述皆嫺於文字、較他道家之書詞采可觀。惜其純爲神怪之說、不足據爲典要耳。舊本題曰唐人。考朱子通鑑綱目書王建以道士杜光庭爲諫議大夫、而光庭廣成集中又有謝戶部侍郎表。則非惟入蜀、且仕蜀矣。故今改題焉。

神仙感遇傳五卷、兩淮鹽政採進本

蜀杜光庭撰。記古來遇仙之事。雲笈七籤所載凡四十四條、此本凡七十五條。然第五卷末尚有闕文、不知凡佚幾條也。

墉城集仙錄六卷、兩淮鹽政採進本

蜀杜光庭撰。記古今仙女凡三十七人。云墉城者、以女仙統於王母、而王母居金墉城也。張君房雲笈七籤所載、與此本互異。然此本前數卷皆襲漢武內傳、陶宏景眞誥之文、眞僞蓋不可知。疑君房所錄爲原本、而此本爲後人雜摭他書砌合成編。然均一荒唐悠謬之談、眞僞亦無足深辯耳。

洞天福地嶽瀆名山記一卷、兩淮馬裕家藏本

蜀杜光庭撰。首仙山。次五岳。次十大洞天、附以青城山。次五鎭海瀆。次三十六靖廬。次三十六洞天。次七十二福地。次靈化二十四。皆神仙幻窅之言。故雖紀山川、不隸之地理類焉。

洞仙傳一卷、浙江汪汝瑮家藏本

不著撰人名氏。晁陳諸家書目皆未著錄。然太平廣記嘗引之。雲笈七籤第十卷第十一卷亦全載其文。則宋以前人作也。所錄自元君苞姜伯、凡爲傳七十有七。

集仙傳十五卷、江蘇巡撫採進本

不著撰人名氏。書錄解題載集仙傳十二卷、曾慥撰。稱其書記岑道願而下一百六十二人。今說郛所載、雖非完本、然與此書體例迥殊、知非慥作。焦竑國史經籍志載集仙傳十卷、亦不著撰人名氏。

茲書鈔本刊本皆多譌誤豈十字下脫一五字歟此書所載皆唐事每條各註出典如太平廣記之例以廣記核之無不符合蓋卽好事者從廣記鈔出耳

无上祕要一卷 浙江孫仰曾家藏本

不著撰人名氏案晁公武讀書志載此書稱元始天尊說藝文志止七十二卷不知何時析出二十三通此本僅數十則前後雜亂無次第不特非七十二卷之舊卽所謂二十三通者亦不可復識卷內引司命東鄉君語又列張子房司馬季主諸人疑非晁公武所見之本或後人襲原書之名勦他書以成編也其大旨推演尸解之術而尸解之術在煉錄形靈丸又云尸解者當遺脚一骨以歸三官餘骨隨身而遷男留左骨女留右骨又有火解兵解諸術俱怪誕不經

胎息經一卷 內府藏本

舊本題幻眞先生註不著名氏亦不著時代經與註似出一人大旨本老子谷神不死一章而暢發其義

疑仙傳三卷 兵部侍郎紀昀家藏本

舊本題隱夫玉簡撰不著名氏諸書或引作王簡字形相似莫能詳也亦不著時代中卷朱子眞趙穎一條稱鑾輿將幸蜀忽失子眞穎服其藥果得二百餘歲考唐元宗僖宗皆嘗幸蜀卽以元宗幸蜀計之自天寶十四載乙未下推二百餘年亦當乾德開寶之間知爲宋人所撰矣所錄凡二十二人皆開元以後事前有自序稱不敢便以神仙爲名因目之曰疑仙傳其詞皆宂沓拙陋或不成文殆粗知字義者所爲雖宋人舊本無足採錄也

翊聖保德傳三卷 兩淮鹽政採進本

宋王欽若撰欽若爵里事蹟具宋史本傳初澶淵之役欽若忌寇準功以孤注之說進眞宗以爲恥乃謀以符命誇四裔於是天書之事起東封西祀諸說並興欽若嘗自言少時見天中赤文成紫薇二字復於襄城道見異人告以他日當位至宰相覩其剌乃唐裴度自以爲深達道教遂創修醮儀領校道書凡增六百餘卷復自著道書數種此傳其一也傳中所言翊聖眞君降盩厔民張守眞家太祖太宗皆崇信之事殊怪妄蓋自張魯之教有三官天地之外獨有水官而木金火土不與故道家獨尊元武此所謂翊聖眞君卽元武也欽若小人借神怪之說以固寵不足多責至著而爲書則無忌憚之甚矣

案節坐功法一卷 編修程晉芳家藏本

舊本題宋陳摶撰所論坐功治病之法分案節氣行之宋史藝文志不著錄蓋後人託名也

極沒要緊一卷 浙江巡撫採進本

舊本題公是先生撰公是先生宋劉敞別號也錢曾讀書敏求記曰極沒要緊一卷卽劉原父弟子記也於時人或書名或書字蓋以微旨別其人之賢否案公是先生弟子記載晁公武讀書志曾所述卽公武之語然其書尚有傳本今別著錄此書皆採掇郭象莊子註語聯綴成文與弟子記逈別不知曾何以合爲一書豈曾所見別一本而此爲好事者所依託歟弟子記本屬儒家此書旣剽莊子註則道家言矣故附存其目於道家而辨其僞妄焉

三洞羣仙錄二十卷 浙江吳玉墀家藏本

宋陳葆光撰葆光江陰道士是書採摭古來仙人事實集爲四字儷語而自註之蓋王松年仙苑編珠之續然所載但取怪異不盡仙人事也

道門定制十一卷 安徽巡撫採進本

前五卷爲西蜀道士呂元素撰所載皆齋醮中表狀文牒之式兼及符籙有淳熙戊申自序後六卷爲元素門人呂太煥所補兼錄政和玉音長吟法事短吟法事及道君自製道詞有嘉泰辛酉自序皆道流以意爲之自神其教者也元素書作於孝宗時太煥書作於寧宗時而第五卷中有大元國鄉貫字樣殆元代刊刻又有所附益非復二呂之舊然本書旣純構虛詞則增竄亦不足詰同歸於誕而已矣

梅仙觀記一卷 浙江汪汝瑮家藏本

宋楊智遠編智遠仙壇觀道士其始末未詳是編記漢梅福仙迹首列梅仙事實不著撰人稱自漢至今凡二十二丙寅自元始中至今貞元二年丙申計一千二百五十九年則當爲唐人作然其文前列福王莽時所上書全錄漢史自變名爲吳門市卒以下備言煉丹遇魔逢師昇舉之事其詞甚鄙至稱王莽爲國舅殆粗野道流所依託也次列羅隱碑及蕭山明萬泰來題後次列宋敕誥次列宋人贊詞及題詠有後林李義山詩一首考厲鶚

宋詩紀事，宋別有李義山，非唐之商隱也。蕭山明碑陰文稱咸淳六年六月朔，則此書成於度宗時矣。

延壽第一紳言一卷（編修程晋芳家藏本）

舊本題宋愚谷老人撰，不著名氏。其論攝生以絕慾爲第一義，力闢三峯採戰之術。所引前人緒論居多，中及儲泳祛疑說，則其人當在南宋末也。

廣胎息經二十二卷（兩淮鹽政採進本）

不著撰人名氏，但題爲宋人。然第二十一卷中引羅洪先陳獻章語，則明代道流所作，題宋人者妄矣。其書皆稱養浩生問而丹庭眞人荅，分卻病延年成眞了道四部，論吐納之法，兼及容成之術，非道家正傳也。

元學正宗二卷（江蘇巡撫採進本）

宋俞琰撰。上卷列經傳及儒先之說，以闡明周易坎離水火之旨。下卷載賦詩各一首，名易外別傳，附於周易集說之後。後又附以琰所解呂巖沁園春調及陰符經，總名元學正宗，案宋張伯端悟眞篇自序曰：世之人以心腎爲坎離，配肝肺爲龍虎，皆日月失道，鉛汞異爐，欲望還丹，必無所就。今琰之言乃曰：子時曰坎卦，腎氣生；午時曰離卦，心氣生。又曰：內煉之道至簡至易，惟欲降心火於丹田耳。與伯端之言乃截然相反。又琰陰符經註本自爲一書，易外別傳亦別有一書，今以陰符經註併入此編，而所謂易外別傳者又止一詩一賦，不應兩書同名。蓋道流採合琰書，飣餖成帙，非所手著也。

爐火鑒戒錄一卷（編修程晋芳家藏本）

宋俞琰撰。琰所著書，多闡明元學。此書專爲言外丹爐火者而發，以爲之者未必成，而致禍者十居八九，歷引古今事蹟及前人議論以爲鑒戒。自序謂兵後稾不復存，姑舉其略。今核其文，即所作席上腐談第二卷之下半卷，曹溶制裂其文，別爲一書，收之學海類編中。然琰原有此書，特以散佚不完，附其大概於席上腐談中。溶摘出別行，較所收鑿空贋造之書別立書名人名者，尚屬僞中之眞矣。

華山志一卷（浙江汪汝瑮家藏本）

金王處一撰。處一始末未詳。前有大定癸卯泥陽劉大用序。其書皆載華山神仙故事，蓋道藏之餘文，非地志之正體，故隸之道家類焉。

海瓊傳道集一卷（兩淮鹽政採進本）

舊本題廬山太平興國宮道士洪知常集。前有陳守默詹繼瑞序，稱乙亥之秋，遇其師白玉蟾於武夷山，戊寅之春，復於廬山相會，有道友洪知常，字明道，號故離子云云。白玉蟾即葛長庚，宋末道士。則所謂乙亥者爲宋德祐元年，所謂戊寅者爲元至元十五年。知常蓋元人矣。其書稱白玉蟾所傳凡二篇：一曰金丹捷徑，一曰鉤鎖連環經。文詞鄙倍，殆村野黃冠所依託。前有錢曾名字二印，篆刻醜惡，亦庸劣書賈所贋造也。

攝生消息論一卷（編修程晋芳家藏本）

舊本題元邱處機撰。處機，登州棲霞道士，爲全眞之學，自號長春子。嘗應元太祖召入西域，還燕居長春宮，事蹟具元史釋老傳。此書皆言四時調攝之法。其眞出處機與否，無可證驗。考處機荅元太祖之問，亦止以節慾保躬、無爲清淨爲要，與此書頗相發明，或有所受之，亦未可知。然曹溶學海類編所收僞本居十之九，不能不連類疑之耳。

中和集三卷、後集三卷（浙江巡撫採進本）

元李道純撰。道純字元素，號清菴，都梁人，又自號瑩蟾子。是書乃其門人蔡志頤所編，大題曰中和集者，蓋取其師靜室名也。前集上卷曰元門宗旨，曰畫前密意；中卷曰金丹祕訣；下卷曰問答語錄，曰全眞活法。後集上卷曰論，曰說，曰歌；中卷曰詩；下卷曰詞，曰隱語。大旨盡闢一切鑪鼎服食修煉之說，歸於沖虛渾化，與造化爲一。前有大德丙午杜道堅序，蓋世祖時人也。

三元參贊延壽書五卷（浙江巡撫採進本）

元李鵬飛撰。鵬飛，至元閒人，自稱九華澄心老人。所言皆攝生之事，凡節嗜欲、慎飲食、神仙導引之法，俚俗陰陽之忌，因果報應之說，無不悉載。其說頗爲叢雜，要其指歸，則道家流也。前有自序，亦稱得之飛來峯下道士云。

修眞捷徑九卷（內府藏本）

元余覺華撰。覺華字榮甫，建安人。其書成於至元中，輯道家服氣煉神歌訣論，皆篤實，大旨闡發谷神不死之說者也。

金丹大要十卷（浙江巡撫採進本）

元陳致虛撰。致虛有周易參同契分章註，已著錄。金丹二字，其源即出於參同契，亙勝尚延年，還丹可入口，金性不敗朽，故爲萬物寶之語，自唐人專以金石爐火爲丹藥，服之反促其生，是循名而失其實也。致虛是書，猶不失魏氏之本旨，其牽合老莊佛氏之書，皆指爲金丹之說，則未免附會。學術各有源流，非惟佛道異塗，卽道家不能槪以一軌也。

清微仙譜一卷附錄三卷 兩淮鹽政採進本

元陳采撰。采，建安道士。是書自序，道教啟於元始，一再傳至老君，分爲四派，曰眞元，曰太華，曰關令，曰正一。十傳至清微侍元昭凝元君，復合於一。元君，零陵女子也。繼是八傳至混隱眞人南公，南公傳雷囦黃先生，黃傳之於采，因著是譜。其所序四派傳授，亦不甚明了。大概今所云全眞者，乃關令派；張道陵者，乃正一派。四派皆可以有清微之名，而采又自以會合四派，別爲清微派也。後附道蹟靈仙記一卷、上清後聖道君列記一卷、洞元靈寶三師記一卷，每卷各編爲一、致一、有一、有二等號，蓋自道藏鈔出別行者也。

終南山祖庭仙眞內傳三卷附終南山說經臺歷代仙眞碑記一卷 兩淮鹽政採進本

終南山祖庭仙眞內傳，元道士李道謙編。終南山說經臺歷代仙眞碑記，元道士朱象先編。終南山樓觀爲尹喜故居，故其徒目曰祖庭。是編載歷代羽流居是觀者，道謙所編皆金元人，象先所纂，則自尹喜而下，周漢以來人也。象先自跋云，樓觀先師傳者，尹喜之弟尹軌所撰，至唐有尹文操者，續紀三十八人，各列一傳，爲書三卷。今碑記僅一卷，而有三十五人，蓋象先節錄文操所傳，又增入文操等五人耳。所言多涉神怪，異學之徒，自尊其教，不足與辨眞僞也。

甘水仙源錄十卷 兩淮鹽政採進本

元道士李道謙撰。自老子言清靜，佛言寂滅，神仙家言養生術，而張魯等教人以符籙祈禱之事，四者各別。至金源初，咸陽人王嚞棄家學道，狀若狂疾，正隆中自稱遇仙人於甘河鎭，飲神水，疾愈，遂自號重陽子。大定中聚徒寧海州，立三教平等會，以孝經、心經、老子教人諷誦，而自名其教曰全眞。元興之後，其教益盛，都卬三餘贅筆曰：今之道家，有南北二宗，其南宗者謂自東華少陽君得老聃之道，以授漢鍾離權，權授唐進士呂巖、遼進士劉操，操授宋張伯端，伯端授石泰，泰授薛道光，道光授白玉蟾，玉蟾授彭佀。其北宗者謂呂巖授金王嚞，嚞授七弟子，其一邱處機，次譚處端，次劉處元，次王處一，次郝大通，次馬珏及珏之妻孫不二。此外又有所謂全眞者，其名始嚞。蓋嚞大定中抵寧海州，馬珏夫婦築菴事之，題曰全眞，由是四方之人凡宗其道者，皆號全眞道士云云。其說甚詳，然孰見其授受乎。厥後三教歸一之說，浸淫而及於儒者，明代講學之家，矜爲祕密，實則嚞之緒餘耳。是書作於至元中，集文士所爲碑記詩歌，合爲此編，以其源出重陽子，故取甘河鎭神水之事名焉。

元品錄五卷 兩淮鹽政採進本

元張雨撰。雨字伯雨，一字天雨，別號貞居子，錢塘人，宋崇國公九成後也。年二十餘，棄家爲道士，往來華陽雲石間，自稱句曲外史。能詩詞，工書翰，當時虞集、楊維楨亟稱之。是編載歷代道家者流，起周訖宋，列爲十品，曰道品、道權、道化、道儒、道術、道隱、道默、道言、道質、道華，得百三十五人。然書名元品，自應以清淨爲宗，故曹參、張良之流可以類入。至於神仙方士，別自成家，隱士逸人，各爲一傳，涸而一之，已昧老氏之宗，乃至范蠡權謀之士，鬼谷捭闔之師，亦復借材，未知其可。蒐羅雖富，難免蕪雜之譏矣。又雨自序中稱題曰元史，今標題之目與序不同，豈書後改名，而序則偶未及改歟。

徐仙翰藻十四卷附贊靈集四卷 浙江范懋柱家天一閣藏本

不著編輯者名氏。前有至元乙未福州教諭周壯翁序，似元時舊本矣。所載皆唐末徐溫二子知證、知諤詩文，稱降神於閩所作，然不言其所自來。考第三卷塞語文中有今之箕筆語，乃知皆附乩書也。考倪岳集有正祀典疏，其第十條云，金闕上帝、玉闕上帝，謹案大明一統志，福州府閩縣南舊有洪恩靈濟宮一所，祀二徐眞人，卽今之金闕玉闕二眞人也。眞人五代時徐溫子，曰知證，封江王，曰知諤，封饒王，嘗提兵定福建，父老戴之，圖像以祀。宋賜今額。又考御製碑文云，太宗文皇帝臨御之十有五年，適遇疾，弗愈，百藥罔效，或有言神靈驗者，禱之輒應，脫然卒復，於是大新閩地廟云云。又春明夢餘錄載劉健革除濫祀疏云，謹案正史載徐溫養子知誥篡僞吳王楊氏，諸子皆爲節度使。知證夭死，知諤病死，五代石晉時無故立廟，稱之爲神。成化末年，加爲上帝云云。是徐仙之祀肇於晉，顯於宋，而大盛於明。此書元人輯之，明人刊之，蓋有以矣。後附贊靈集四卷，皆頌神之文，其中無一知名者，蓋未有端人正士肯列名於此等書也。

周顛仙傳一卷（戶部尚書王際華家藏本）

明太祖高皇帝御製。紀周顛仙事蹟。顛仙，建昌人，少得狂病，其蹤蹟甚怪。初謁太祖於南昌，隨至金陵。後從征陳友諒，旋即辭去。友諒既平，太祖遣使往廬山求之，不得。洪武二十六年，太祖親製此傳，命中書舍人詹希庾書之，勒石廬山。後人錄出別行，并附以太祖御製祭天眼尊者文一首、羣仙詩及赤脚僧詩各一首。明史方技傳敘周顛事，即據此文也。

神隱志二卷（江西巡撫採進本）

明寧王權撰。權有漢唐祕史，已著錄。此書多言神仙隱逸攝生之事。權本封大寧，爲燕王所劫，置軍中，使草檄。永樂元年，改封南昌。會有謗之者，乃退講黃老之術，自號臞仙，別構精廬，顏曰神隱，併爲此書以明志。永樂六年上之，蓋借此韜晦以免患，非眞樂恬退者也。

修齡要指一卷（編修程晉芳家藏本）

舊本題明冷謙撰。謙字啟敬，嘉興人。洪武初官太常協律郎。世或傳其仙去，無可質驗也。此本載曹溶學海類編中，所言皆養生調攝之事，如十六段錦、八段錦之類，彙輯成編，疑亦依託。

鶴林類集（無卷數，浙江鮑士恭家藏本）

明道士郭本中、步履常同編，以述其師周元眞之靈異者也。元眞字元初，吳縣人，居元妙觀，以雨暘祈禱頗有應驗，故一時文士多以詩文投贈。本中等因萃爲是編，又以元眞所授五雷法本於宋道士王文卿、莫起炎二人，故卷首先列二人繪像及事蹟碑傳像贊，以明淵源所自云。

龍門子凝道記二卷（內府藏本）

明宋濂撰。濂有洪武聖政記，已著錄。是書乃元至正閒濂入小龍門山所著，有四符、八樞、十二微，總二十有四篇，蓋道家言也。舊載潛溪集中。嘉靖丙辰，與劉基郁離子合刻於開封，李濂爲之序。

實地論二卷（編修勵守謙家藏本）

不著撰人名氏。有永樂乙酉自序，稱養和子題，不知何許人也。上卷二篇：曰一宗，闢寡欲延年之旨；曰二要，言導引服食之事。下卷二篇：曰辨惑，斥燒煉之妄；曰破邪，詆御女之非。大旨謂清淨以葆元神，爲道家之實地，一切異術皆虛幻之談云。

霞外雜俎一卷（浙江范懋柱家天一閣藏本）

舊本題鐵脚道人撰。有敖英序，稱嘉靖丁酉泊舟空舲灘，遇仙翁所授。又有後跋，稱鐵脚道人姓杜，氏名巽才，魏人，亦未詳其信否也。所言皆養生術，大旨闡黃老恬靜之理。

至游子二卷（浙江巡撫採進本）

不著撰人名氏。上卷凡十有三篇，下卷凡十有二篇。大旨主於清心寡欲，而歸於坎離配合，以保長生。且力闢容成御女之術，言頗近正。惟上篇多取佛經，而復附會以儒理，故謂顏子之不改其樂，與莊子、竺乾氏皆殊塗而同歸。朱子語錄謂今世佛經皆六朝文士剽剟莊老以潤色之。此編又摭釋典以爲道書，蓋二氏本出一源，宜相假借。至援儒以入之，則陋見也。前有嘉靖丙寅姚汝循序，謂原書不著名氏，考宋曾慥號至游子，慥嘗作集仙傳，蓋亦好爲道家言者，則似乎當爲慥作。然玉芝篇首引朝元子，註曰陳舉寶，元人，則明人所撰矣。毛漸傳三墳，世以爲即出於漸；張商英傳素書，世以爲即出於商英。然則是書也，其亦汝循所託名歟。

諸眞元奧集成九卷（浙江巡撫採進本）

明朱載瑋編。第一卷爲宋張伯端金丹四百字，解者爲黃自如；第二卷爲石泰還源篇，泰字得之，號杏林；第三卷爲薛式還丹復命篇，式字道源，又號紫賢，嘗受訣於石泰；第四卷爲陳楠翠虛篇，楠號泥丸；第五卷爲金液還丹印證圖，序稱龍眉子，不著名氏，據林淨後序，龍眉子之師爲翁葆光，即註悟眞篇者；第六卷爲白玉蟾指元篇，白玉蟾即葛長庚，嘗受訣於陳楠，楠受之於薛式；第七卷爲蕭廷之金丹大成集，廷之號紫虛；第八卷爲趙友欽仙佛同源，友欽即趙緣督，嘗作革象新書者；第九卷爲許遜石函記上下篇，遜即道家所謂旌陽眞人也。宋元之閒以仙佛著稱者，若石泰、薛式、陳楠、葛長庚之流，其源皆出於張伯端。蕭廷之、趙友欽所言亦皆悟眞篇之旨。其仙佛同源一篇，繁稱博引，謂仙佛皆有入室求丹之事，再傳爲陳致虛金丹大要，其發明仙佛同源之義尤詳，但以爲即釋氏教外別傳、不立文字之旨，則未知其果合否也。

羣仙珠玉集成四卷（浙江巡撫採進本）

不著編輯者名氏。第一卷賦二十二篇，第二卷論十七篇，第三卷歌詞六十六首，第四卷爲錢道華畝爻歌註、李光元海客論。大概恍忽不可究詰，其詞亦多涉於鄙俚。

悟眞篇註解三卷（江蘇周厚堉家藏本）

明張位註。位有問奇集，已著錄。是編前有位序，謂悟眞篇自葉文叔著外傳，紊亂眞經，使學者愈增惑誤。故分此書爲三，而又摭直指詳說三乘祕要諸論附於卷末。

玉洞藏書四卷（浙江巡撫採進本）

明李堪撰。堪號楚愚，應城人。書首何思沛序，稱其厭失利於棘闈，則嘗爲諸生也。是書成於萬歷壬子。前二卷取宋張伯端悟眞篇句爲箋釋，而附以諸仙修煉之說。後二卷則註漢魏伯陽參同契三相類，其以三相類爲淳于叔通作，用楊愼本也。

黃白鏡一卷續黃白鏡一卷（兩淮鹽政採進本）

明李文燭撰。文燭字晦卿，自號夢覺道人，丹徒人。其第一卷專言丹汞之術，謂土稟中央之氣，色象故黃；鉛稟西方之氣，色象故白。黃者爲藥，白者爲丹。一藥一丹，是謂黃白。自取藥以至成仙，案其次序，分二十六條，前後有自序自跋。其續編一卷則醒醒歌二十七則，水心篇五十則，卷末亦有自跋云：昔余遭劉青田累，幾成孔北海禍，姑蘇拙老獨不避去，由是多老蓬欲以修煉胎仙之法告之，故續此鏡。題萬歷辛丑午月。然距劉基二百餘年，而稱受其累爲不可解，大抵荒誕之談也。

觀化集一卷（浙江范懋柱家天一閣藏本）

明朱約佶撰。約佶號雲仙，又號弄丸山人，靖江王守謙之裔，於廣西。集中所載詩，皆論內丹之旨。篇首有三圖，亦內養之法。原序稱其得僧古光之傳，蓋專以修煉爲事者。前有刑部郎中袁福徵序，稱其別有詩集行世，又精於繪素云。

含元子十二卷（浙江巡撫採進本）

明趙樞生撰。樞生字彥材，太倉人。是書倣莊子體例，自一卷至八卷爲內篇，九卷十卷爲外篇，十一卷十二卷爲餘篇。其內篇大旨皆言習靜養生，修仙修佛之說，謂心中眞靈種子，毫末不許外佚，則吾身之氣與天地之氣淡漠而合一。前後立言皆本此意。然衍爲八卷，不免有繁冗重複之弊。外篇多言歷代帝王之事，閒及於飲食植物之類，則隨筆雜記也。餘篇意主發明五經，而究多剿襲，亦時傷穿鑿。如論易之諸卦，聖王純乾也，佛純坤也，仙復也，水仙姤也，僧剝也，道士夬也。於義亦難通矣。

香案牘一卷（浙江孫仰曾家藏本）

明陳繼儒撰。繼儒有邵康節外紀，已著錄。是書述神仙故事，自軒轅以下凡七十二人，皆自列仙傳、集仙傳諸書中鈔撮成編，了無義例。末有王衡跋，稱乙未正月繼儒以此書寄衡云云。蓋衡嘗以書抵繼儒，約爲楊許碧落之遊，故繼儒以此相報也。然繼儒聲氣通天下，與棲神山澤，吐納淸虛者，其趣固不同矣。

養生膚語一卷（編修程晉芳家藏本）

明陳繼儒撰，以寡慾保神及起居調攝諸法爲養生之要，雜採史傳說部及前人緒論，大抵習見語也。

化機粲參五卷（江蘇巡撫採進本）

明段元一撰。元一字思眞，號涵虛子，又號永明道人，自稱北郡人。明無北郡，不知爲何地也。自云一行作令，遂歸林下，則嘗官知縣矣。其書成於崇禎元年，摭拾道藏之言，以端的上天梯五字爲號，列爲五卷，凡六十四篇，皆內丹訣也。其序稱親譜正於呂洞賓，殆爲乩仙幻術所惑。所列編次姓名有新安呂維祺，自稱純陽子二十六世從孫。維祺儒者且殉節名臣，不知何以如是也，其託名耶。

含素子塵譚十卷（江西巡撫採進本）

明朱淸仁撰。淸仁號懷白，別號含素子，黃州人，流寓南昌爲道士。此書分條劄記，而以類分爲十篇，曰行品，曰元眞，曰聖哲，曰佛說，曰審世，曰博論，曰迂言，曰地形，曰雜記，曰疣批。疣批即諸篇之自評，彙之於末，其實九篇也。其說有頗切事理者，然大旨出於黃老。艾南英序取其闢佛，然淸仁爲道士，自爭釋老之勝負，非儒者之闢佛。其地形一篇，雜採山海經、神異經及道家附會之說，繪爲地圖，尤爲謬誕。

引年錄二卷（兩淮鹽政採進本）

舊本題靖江朱應鼎撰。前有自敘，不著時代年月。書中引李時珍本草綱目，則萬歷後人也。大旨講養生之術，故以引年爲名。上卷分天地、時令、居處、服飾、人事五類，下卷分飲饌、穀、菜、果、草木、鱗介、禽獸、蟲、服餌、病之藥忌十三類。其中如以狗肝合土泥竈、令婢妾孝順諸條，亦不盡關於養生也。

讀丹錄（無卷數，浙江巡撫採進本）

明彭在份撰。在份號從野逸人，莆田人。是書論道家煉丹養生之法，前列道宗起漢欒巴以下寥寥數則，次總論，次錄杜道堅歌，次錄白玉蟾元關祕論。自是以下，皆所自著，詳論修煉之法，自習靜至崑崙，共分四十四篇，其大旨以斷慾清淨爲宗，以煉氣凝神爲要云。

道書類鈔無卷數，浙江巡撫採進本

不著編輯者名氏，前後無序跋，亦無卷數，蓋偶於道藏摘取以備觀覽，非欲勒爲成書者也。

攝生要語一卷 編修程晉芳家藏本

舊本題明息齋居士撰，不著名氏，所載調攝之方，皆雜引舊文，無所論斷。

二六功課一卷 編修程晉芳家藏本

舊本題明石室道人撰，不著名氏，所錄自辰至卯凡十二節，各有調攝事宜，蓋道家導引術也。

列仙通紀六十卷 江蘇巡撫採進本

國朝薛大訓撰。大訓字六詁，吳縣人。是書採摭道藏神仙故實，始於黃帝，次爲穆天子傳，次爲廣黃帝本行記，次爲元始上眞衆仙記，次爲老子史略，次關尹子以下至孫仙姑，凡八百七十七人，往往時代參錯，莫明其例。次以文昌化書，次以元天上帝啟聖錄，次以金蓮正宗，次以純陽神化妙道通紀，次以六仙外傳、植眞人昇仙記、洞天福地記、十洲記、閻祖師傳、吳許二眞君傳、羣仙總會錄。前有華亭王宗熙、王辰熙二序，並稱親見許旌陽，辰熙又稱見潛山司命神，與其兄宗熙對談，其言尤怪異無稽。二序皆不署年月，考此書先刊於崇禎庚辰，名神仙通鑑，卷數相符，則序中所謂壬午者，崇禎壬午，己丑者，順治己丑。蓋先刊於明，名神仙通鑑，至

國朝版燬，重刊，改此名云。

眞詮二卷 浙江巡撫採進本

不著撰人名氏，前有自序，稱傺眞子所誤眞詮，余嘗刪節之，猶病其多，今重爲訂正，撮其要旨云云。後跋題丁酉立秋前二日夢覺子書，亦不知爲誰。又一行署酉嚴山人四字，知爲無錫秦氏鈔本。則丁酉當爲順治十四年也。其書皆言煉氣還丹之術，大旨依傍道德經、陰符經而傅合以易義，較道家荒誕之說，頗爲近理。

果山修道居誌二卷 江蘇周厚堉家藏本

國朝葉鈖撰。鈖有續小學，已著錄。果山在嘉興，鈖卜居其地，創修道居，此其所自爲誌也。其所居以釋教、道教與儒教合爲一堂，殊爲乖誕。後一卷爲同時諸人贈言，亦大抵荒謬之談，蓋明林兆恩等之流亞也。

得一參五七卷 浙江巡撫採進本

國朝姜中貞撰。中貞，會稽人。卷末有許尚質所作中貞小傳，稱嘗遇紫清眞人白玉蟾，因得仙術，蓋妄人也。是書闡明修煉之旨，所註陰符經、道德經各一卷，參同契三卷，黃庭經、悟眞篇各一卷，爲書凡五，故以得一參五名。案陰符經、道德經皆黃老之言，無所謂丹法也。自宋夏倘鼎始以陰符言內丹，葛長庚又以道德經言內丹，而宗旨大變。中貞以陰符經所言九竅三要爲火候之訣，道德經所言有物混成先天地生爲金丹之母，蓋因二家之書而衍之，即在道家亦旁支別解而已。

萬壽仙書四卷 浙江巡撫採進本

國朝曹無極編。無極字若水，金壇人。是書裒輯調息導引之法，而崔子玉座右銘、范堯夫布衾銘之類亦採入焉，蓋守靜默、寡嗜慾爲黃老養生之本，其文雖似不倫，而其理實一家之學也。

右道家類一百部，四百六十四卷，內四部無卷數，皆附存目。

欽定四庫全書總目卷一百四十七

集部總敘

集部之目、楚辭最古。別集次之。總集次之。詩文評又晚出。詞曲則其閏餘也。古人不以文章名、故秦以前書無稱屈原宋玉工賦者。洎乎漢代、始有詞人。迹其著作、率由追錄。故武帝命所忠求相如遺書。魏文帝亦詔天下上孔融文章。至於六朝、始自編次。唐末又刊版印行。事見貫休禪月集序 夫自編則多所愛惜、刊版則易於流傳。四部之書、別集最雜、茲其故歟。然典冊高文、清辭麗句、亦未嘗不高標獨秀、挺出鄧林。此在翦刈卮言、別裁僞體、不必以猥濫病也。總集之作、多由論定。而蘭亭金谷、悉觴詠於一時、下及漢上題襟、松陵倡和。丹陽集惟錄鄉人、篋中集則附登乃弟。雖去取僉孚衆議、而履霜有漸、已爲詩社標榜之先驅。其聲氣攀援、甚於別集。要之浮華易歇、公論終明、歸然而獨存者、文選玉臺新詠以下數十家耳。詩文評之作、著於齊梁。觀同一八病四聲也、鍾嶸以求譽不遂、巧致譏排。劉勰以知遇獨深、繼爲推闡。詞場恩怨、亙古如斯。冷齋曲附乎豫章、石林隱排乎元祐。黨人餘釁、報及文章、又其已事矣。固宜別白存之、各核其實。至於倚聲末技、分派詩歌、其間周柳蘇辛、亦遞爭軌轍。然其得其失、不足重輕、姑附存以備一格而已。大抵門戶構爭之見、莫甚於講學、而論文次之。講學者聚黨分明、往往禍延宗社。操觚之士筆舌相攻、則未有亂及國事者。蓋講學者必辨是非、辨是非必及時政、其事與權勢相連、故其患大。文人詞翰、所爭者名譽而已、與朝廷無預、故其患小也。然如艾南英以排斥王李之故、至以嚴嵩爲察相、而以殺楊繼盛爲稍過當。豈其捫心清夜、果自謂然。亦朋黨既分、勢不兩立、故決裂名教而不辭耳。至錢謙益列朝詩集、更顛倒賢姦、彝良泯絕、其貽害人心風俗者、又豈尠哉。今掃除畛域、一準至公。明以來諸派之中、各取其所長、而不回護其所短。蓋有世道之防焉、不僅爲文體計也。

集部一

楚辭類

裒屈宋諸賦、定名楚辭、自劉向始也。後人或謂之騷、故劉勰品論楚辭、以辨騷標目。考史遷稱屈原放逐、乃著離騷、蓋舉其最著一篇。九歌以下、均襲騷名、則非事實矣。隋志集部以楚辭別爲一門、歷代因之。蓋漢魏以下、賦體既變、無全集皆作此體者。他集不與楚辭類、楚辭亦不與他集類、體例既異、理不得不分著也。楊穆有九悼一卷、至宋已佚。晁補之朱子皆嘗續編、然補之書亦不傳、僅朱子書附刻集註後。今所傳者大抵註與音耳。註家由東漢至宋、遞相補苴、無大異詞。迨於近世、始多別解。割裂補綴、言人人殊。錯簡說經之術、蔓延及於詞賦矣。今並刊除、杜竄亂古書之漸也。

楚辭章句十七卷 兵部侍郎紀昀家藏本

漢王逸撰。逸字叔師、南郡宜城人。順帝時官至侍中。事蹟具後漢書文苑傳。舊本題校書郎中、蓋據其註是書時所居官也。初劉向裒集屈原離騷九歌天問九章遠遊卜居漁父宋玉九辯招魂景差大招、而以賈誼惜誓淮南小山招隱士東方朔七諫嚴忌哀時命王褒九懷及向所作九歎、共爲楚辭十六篇。是爲總集之祖。逸又益以己作九思、與班固二敘、爲十七卷、而各爲之註。其九思之註、洪興祖疑其子延壽所爲。然漢書地理志藝文志卽有自註、事在逸前。謝靈運作山居賦、亦自註之。安知非用逸例耶。舊說無文、未可遽疑爲延壽作也。陳振孫書錄解題載有古文楚辭釋文一卷、其篇第首離騷、次九辯九歌天問九章遠遊卜居漁父招隱士招魂九懷七諫九歎哀時命惜誓大招九思、迥與今本不同。興祖據逸九章註中稱皆解於九辯中、知古本九辯在前、九章在後。振孫又引朱子之言、據天聖十年陳說之序、謂舊本篇第混併、乃考其人之先後、重定其篇第。知今本爲說之所改。則自宋以來、已非逸之舊本。又黃伯思東觀餘論謂逸註楚辭、序皆在後、如法言舊本之例、不知何人移於前。則不但篇第非舊、併其序亦非舊矣。然洪興祖考異於離騷經下註曰、釋文第一、無經字。而逸註明云離、別也。騷、愁也。經、徑也。則逸所註本確有經字、與釋文本不同。必謂釋文爲舊本、亦未可信。姑存其說可也。逸註雖不甚詳賅、而去古未遠、多傳先儒之訓詁。故李善註文選、全用其文。抽思以下諸篇註中、往往隔句用韻。如哀憤結縎、慮煩冤也。哀悲太息、損肺肝也。心中結屈、如連環也之類、不一而足。蓋仿周易象傳之體、亦足以考證漢人之韻。而吳棫以來談古韻者、皆未徵引、是九宮表而出之矣。

楚辭補註十七卷、（內府藏本）

宋洪興祖撰。興祖字慶善。陸游渭南集有興祖手帖跋、稱爲洪成季慶善、未之詳也。丹陽人。政和中登上舍第。南渡後召試、授祕書省正字。歷官提點江東刑獄、知眞州、饒州。後忤秦檜、編管昭州卒。事蹟具宋史儒林傳。周麟之海陵集有興祖贈直敷文閣制、極褒其編纂之功。蓋檜死乃昭雪也。案陳振孫書錄解題列補註楚辭十七卷、考異一卷。稱興祖少時、從柳展如得東坡手校十卷。凡諸本異同、皆兩出之。後又得洪玉父而下本十四五家、參校遂爲定本、始補王逸章句之未備者。成書又得姚廷輝本、作考異附古本釋文之後。又得歐陽永叔孫莘老蘇子容本於關子東葉少協、校正以補考異之遺云云。則舊本兼載釋文、而考異一卷附之在補註十七卷之外。此本每卷之末有汲古後人毛表字奏叔依古本是正印記、而考異已散入各句下。未知誰所竄亂也。又目錄後有興祖附記、稱鮑欽止云、辨騷非楚辭本書、不當錄。班固二序舊在九嘆之後、今附於第一通之末云云。此本離騷之末有班固二序、與所記合。而劉勰辨騷一篇仍列序後、亦不詳其何故。豈但言其不當錄、而未敢遽刪歟。漢人註書、大抵簡質、又往往舉其訓詁而不備列其考據。興祖是編、列逸註於前、而一一疏通證明補註於後、於逸註多所闡發。又皆以補曰二字別之、使與原文不亂。亦異乎明代諸人妄改古書、恣情損益。於楚辭諸註之中、特爲善本。故陳振孫稱其用力之勤、而朱子作集註、亦多取其說云。

楚辭集註八卷、辨證二卷、後語六卷、（內府藏本）

宋朱子撰。以後漢王逸章句及洪興祖補註二書、詳於訓詁、未得意旨。乃檃括舊編、定爲此本。以屈原所著二十五篇爲離騷、宋玉以下十六篇爲續離騷。隨文詮釋、每章各繫以興比賦字、如毛詩傳例。其訂正舊註之謬誤者、別爲辨證二卷附焉。自爲之序。又刊定晁補之續楚辭變離騷二書、錄荀卿至呂大臨凡五十二篇、爲楚辭後語、亦自爲之序。楚辭舊本有東方朔七諫、王褒九懷、劉向九歎、王逸九思。晁本刪九思一篇。是編幷削七諫、九懷、九歎三篇、益以賈誼二賦。陳振孫書錄解題謂以七諫以下詞意平緩、意不深切、如無病而呻吟者也。晁氏續離騷凡二十卷、變楚辭亦二十卷。後語刪爲六卷、去取特嚴、而揚雄反騷爲舊錄所不取者、乃反收入。自序謂欲因反騷而著蘇氏、洪氏之貶詞、以明天下之大戒也。周密齊東野語記紹熙內禪事曰、趙汝愚永州安置、至衡州而卒。朱熹爲之註離騷以寄意焉。然則是書大旨在以靈均放逐寓宗臣之貶、以宋玉招魂抒故舊之悲耳。固不必於箋釋音叶之閒、規規爭其得失矣。

離騷草木疏四卷、（安徽巡撫採進本）

宋吳仁傑撰。仁傑有古周易、已著錄。是編末有仁傑慶元丁巳自序、謂梁劉杳有草木疏二卷、見於本傳。其書已亡。杳疏凡王逸所集者皆在焉、仁傑獨取二十五篇疏之。其大旨謂離騷之文、多本山海經。故書中引用、每以山海經爲斷。若辨夕攬洲之宿莽句、引朝歌之山有莽草焉爲據、駁王逸舊註之非。其說甚辨。然騷人寄興、義不一端。瓊枝若木之屬、固有寓言。澧蘭沅芷之類、亦多卽目。必舉其隨時抒望、觸物興懷、悉引之於大荒之外、使靈均所賦、悉出伯益所書。是澤畔行吟、主於侈其博贍、非以寫其哀怨、是亦好奇之過矣。以其徵引宏富、考辨典核、實能補王逸訓詁所未及。以視陸璣之疏毛詩、羅願之翼爾雅、可以方軌並駕、爭騖後先。故博物者恆資焉。迹其賅洽、固亦考證之林也。此本爲影宋舊鈔、末有慶元庚申方燦跋。又有校正姓氏三行。蓋仁傑官國子學錄時、屬燦刊於羅田者。舊版散佚、流傳頗罕。寫本僅存、亦可謂藝林之珍笈矣。

欽定補繪離騷全圖二卷、

國朝蕭雲從原圖。乾隆四十七年奉敕補繪。雲從字尺木、當塗貢生。考天問序、稱屈原放逐、彷徨山澤、見楚有先王之廟及公卿祠堂、圖畫天地山川神靈琦瑋譎佹及古聖賢怪物異事。因書其壁、呵而問之。是天問一篇、本由圖畫而作。後世讀其書者、見所徵引自天文地理蟲魚草木與凡可喜可愕之物、無不畢備。咸足以擴耳目而窮幽渺、往往就其興趣所至、繪之爲圖。如宋之李公麟等、皆以此擅長。特所畫不過一篇一章、未能賅極情狀。雲從始因其章句、廣爲此圖。當時咸推其工妙、爲之鐫刻流傳。原本所有、祇以三閭大夫鄭詹尹漁父合繪一圖、冠於卷端。及九歌爲九圖、天問爲五十四圖。而目錄凡例所稱離騷經遠遊諸圖，並已闕佚。香草一圖則自稱有志未逮。核之楚辭篇什，挂漏良多。皇上幾餘披覽，以其用意雖勤，而脫略不免。特命內廷諸臣，參考釐訂，各爲補繪。於離騷經則分文析句，次爲三十二圖。又九章爲九圖，遠遊爲五圖，九辯爲九圖，招魂爲十三圖，大招爲七圖，香草爲十六圖。於是體物摹神，粲然大備。不獨原始要終，篇無剩義。而靈均旨趣，亦藉以考見其比興之原。仰見大聖人游藝觀文，意存深遠。而雲從以繪事之微，荷蒙宸鑒，得爲大輅之椎輪，實永被榮施於不朽矣。

山帶閣註楚辭六卷、楚辭餘論二卷、楚辭說韻一卷（通行本）

國朝蔣驥撰。驥字涑塍，武進人。是書自序題康熙癸巳。而餘論上卷有庚子以後復見安溪李氏離騷解義之語。蓋餘論又成於註後也。註前冠以史記屈原列傳、沈亞之屈原外傳、楚世家節略，以考原事蹟之本末。次以楚辭地理，列爲五圖，以考原涉歷之後先。所註即據事蹟之年月、道里之遠近，以定所作之時地。雖穿鑿附會，所不能無，而徵實之談，終勝懸斷。餘論二卷，駁正註釋之得失，考證典故之同異。其閒詆訶舊說，頗涉輕薄。如以少司命爲月下老人之類，亦幾同戲劇。皆乖著書之體。而汰其冗蕪，簡其精要，亦自瑕不掩瑜。說韻一卷，分以字母，通以方音。又博引古音之同異，每部列通韻、叶韻、同母叶韻三例，以攻顧炎武、毛奇齡之說。夫雙聲互轉、四聲遞轉之二例，沙隨程迥已言之，非驥之剏論。然實不知先有聲韻，後有字母。聲韻爲古法，字母爲梵學。而執末以繩其本，至於五方音異，自古已然，不能謂之不協，亦不能執以爲例。黃庭堅詞用蜀音，以笛韻竹。林外詞用閩音，以掃韻鎖。是可據爲典要，謂宋韻盡如是乎。又古音一字而數叶，亦如今韻一字而重音。佳字佳麻並收，寅字支真並見，是即其例。使非韻書俱在，亦將執其別音攻今韻之部分乎。蓋古音本無成書，不過後人參互比校，擇其相通之多者，區爲界限。猶之九州列國，今但能約指其地，而不能一一稽其犬牙相錯之形。驥不究同異之由，但執一二小節，遽欲變亂其大綱，亦非通論。以其引證浩博，中亦閒有可採者，故仍從原本，與餘論並附錄焉。

右楚辭類六部，六十五卷，皆文淵閣著錄。

楚辭類存目

天問天對解一卷（浙江范懋柱家天一閣藏本）

宋楊萬里撰。萬里有易傳，已著錄。是書取屈原天問、柳宗元天對，比附貫綴，各爲之解。已載入誠齋集中。此其別行本也。訓詁頗爲淺易。其閒有所辨證者，如天問雄虺九首，儵忽焉在，引莊子南方之帝曰儵，北方之帝曰忽，證王逸註雷光之誤。特因天對儵忽之居帝南北海而爲之說。又如天問鯪魚何所，鬿堆焉處，獨謂堆當爲雀，鬿雀在北號山，如雞虎爪食人，證王逸註奇獸之誤。亦因天對鬿雀在北號，惟人是食而爲之說。未嘗別有新義也。

楚辭集解八卷、蒙引二卷、考異一卷（兩淮鹽政採進本）

明汪瑗撰。瑗字玉卿，歙縣人。是書集解八卷，惟註屈原諸賦，而宋玉、景差以下諸篇弗與。蒙引二卷，皆辨證文義。考異一卷，則以王逸、洪興祖、朱子三本互校其字句也。楚辭一書，文重義隱，寄託遙深。自漢以來，訓詁或有異同，而大旨不相違舛。瑗乃以臆測之見，務爲新說以排詆諸家。其尤舛者，以何必懷故都一語爲離騷之綱領，謂實有去楚之志，而深闢洪興祖等謂原惓惓宗國之非。又謂原爲聖人之徒，必不肯自沈於水，而痛斥司馬遷以下諸家言死於汨羅之誣。蓋掇拾王安石聞呂望之解舟詩、李壁註中語也。亦可爲疑所不當疑，信所不當信矣。

離騷草木疏補四卷（浙江范懋柱家天一閣藏本）

明屠本畯撰。本畯有閩中海錯疏，已著錄。是書以宋吳仁傑離騷草木疏多有未備，特於香草類增入麻、秬、黍、䕡、藻、稻、粢、麥、粱八種，於嘉木類增入楓、梧二種。其餘於仁傑疏多所刪汰。自謂明簡過之，而實則反失之疏略。又每類冠以離騷本文及王逸註，擬於詩之小序，亦無關宏旨，徒事更張。至仁傑謂宿莽非卷葹，斥王逸註及郭璞爾雅註之誤。本畯是書，引羅願爾雅翼以明之。不知其引南越志寧鄉草名卷葹，江淮閒謂之宿莽者，正主郭之說。不免自相剌謬，尤失於考證矣。

楚騷協韻十卷、附讀騷大旨一卷（浙江范懋柱家天一閣藏本）

明屠本畯撰。此本惟題曰屠畯，蓋未改名以前刻也。本畯以朱子楚辭集註韻爲未備，故廣爲此書。然所增實未盡當。古無韻書，各以方音取讀。方音南北互殊，不免大同而小異。如離騷朕皇考曰伯庸，維庚寅吾以降，降讀戶工切。又重之以修能，紉秋蘭以爲佩，能讀奴來切。皆古音也。至肇錫子以嘉名字余曰靈均則方音矣江以南眞庚互叶今世尙然本畯必讀名爲延反均居員反殊爲牽合本畯又好取說文字體改今楷法以爲楚騷文字在小篆未變之前寫楚辭宜用小篆分草今刊本雖用隸書然宜以六書善本正其差譌夫隸體與分草之興初不相遠且意取簡易與篆固殊若盡依說文改變形體以爲能守六書之義轉爲煩重則但作篆可耳矣以隸爲是亦好奇之過也

楚辭聽直八卷合論一卷（兩江總督採進本）

明黃文煥撰文煥有詩經考已著錄崇禎中文煥坐黃道周黨下獄因在獄中著此書蓋借屈原以寓感其曰聽直卽取原惜誦篇中皐陶聽直語也其例凡評謂之品註謂之箋九歌九章諸篇標題下又有總品其篇次首離騷次遠遊次天問次九歌次漁父次卜居次九章又據王逸之註以大招或稱屈原又據司馬遷屈原賈生傳贊有讀原離騷招魂哀郢語竝以大招招魂附於篇末與舊本皆異合論一卷卽以發明聽直之旨有合論一篇者聽離騷聽遠遊聽天問聽九歌聽卜居漁父聽九章聽二招七篇是也有合論全書者聽忠聽孝聽年聽次聽複聽芳聽玉聽路聽女聽禮十篇是也大抵借抒牢騷不必盡屈原之本意其詞氣傲睨恣肆亦不出明末佻薄之習也

楚辭評林八卷（內府藏本）

明沈雲翔編雲翔字千仞慶城人是書成於崇禎丁丑因朱子集註雜採諸家之說標識簡端尤碎殊甚蓋坊賈射利之本也

天問補註一卷（浙江巡撫採進本）

國朝毛奇齡撰奇齡有仲氏易已著錄是編以朱子楚辭集註於天問一篇多所闕疑又謂世或牽引天問造飾褻穢因以爲說而淺陋者更且牽引而註之奇齡喜搪朱子之失故爲之補註前爲總論後凡三十四條皆先列天問原文次列集註而後以補註繼之亦時有所疏證然語本恍惚事尤奇詭終屬臆測之詞不能一一確證也

楚辭燈四卷（內府藏本）

國朝林雲銘撰雲銘字西仲侯官人順治戊戌進士官徽州府通判王晫今世說稱雲銘少嗜學每探索精思竟日不食暑月家僮具湯請浴或和衣入盆里人皆呼爲書癡然觀所著諸書實未能深造是編取楚辭之文逐句詮釋又每篇爲總論詞旨淺近蓋鄉塾課蒙之本江寧朱冀嘗作離騷辯一卷攻雲銘之說甚力然二人均以時文之法解古書亦同浴而譏裸裎也其於九章篇次自涉江以下皆易其舊曰惜誦第一思美人第二抽思第三涉江第四橘頌第五悲回風第六惜往日第七哀郢第八懷沙第九考王逸註稱屈原放於江南之埜思君念國憂心罔極故復作九章蓋以九章皆放江南時作雲銘此編謂惜誦爲懷王見疏之後又進言得罪而作時但見疏而未嘗放本傳所謂不復在位者以不復在左徒之位未嘗不在朝也其思美人抽思乃懷王遷之於外時作然此時在漢北尙與江南之埜無涉惟涉江橘頌悲回風惜往日哀郢懷沙六篇始是頃襄放之江南所作如此說求既與本傳使齊及諫釋張儀諫入武關數事不相礙且與思美人抽思章稱造都爲南行朝臣爲南人及來集漢北等語哀郢章仲春東遷遵道來東西思故都等語一一印合云云然此說本明黃文煥楚辭聽直亦非其創解也

離騷經註一卷九歌註一卷（安徽巡撫採進本）

國朝李光地撰光地有周易觀象已著錄案史記但稱屈原著離騷至王逸註本始於離騷加經字而九歌九章加傳字此稱離騷經從逸本也所註皆推尋文意以疏通其旨亦頗簡要然楚辭實詩賦之流未可說以詁經之法至國殤禮魂二篇向在九歌之末古人以九紀數實其大凡之名猶雅頌之稱什故篇十有一仍題曰九光地謂當止於九篇竟不附載則未免拘泥矣

離騷經解一卷（浙江巡撫採進本）

國朝方楘如撰楘如字文輈淳安人康熙丙戌進士官豐潤縣知縣是編所解甚略無所考證發明原附刻集虛齋學古文後今析出別著錄焉

離騷解一卷（江蘇巡撫採進本）

國朝顧成天撰成天字良哉婁縣人雍正庚戌進士官翰林院侍講是編成於乾隆辛酉大旨深闢王逸以來求女譬求君之說持論甚正然詞賦之體與敘事不同寄託之言與莊語不同往往恍惚汗漫翕張反覆迥出於蹊徑之外而曲終乃歸於本意疏以訓詁核以事實則刻舟而求劍矣離騷之末曰陟升皇之赫戲兮忽臨睨夫舊鄉僕夫悲余馬懷兮蜷局顧而不行而終之以亂曰云云大意

顯然以前皆文章之波瀾也。不通觀其全篇，而句句字字必求其人以實之，反詆古人之疎舛，是亦蘇軾所謂作詩必此詩也。

楚辭九歌解一卷（江蘇巡撫採進本）

國朝顧成天撰。其說以湘君湘夫人爲一篇，大司命少司命爲一篇，併十一篇爲九，以合九歌之數。說尚可通。至於每篇所解，大抵以林雲銘楚辭燈爲藍本，而加以穿鑿附會。如河伯篇云九河屬韓魏之境，而崑崙在秦之墟，韓魏不能蔽秦而東諸侯始無寧日。與女遊兮九河，武關之要盟也。衝風起兮橫波，伏兵之劫行也。登崑崙兮四望，西秦而不返也。靈何爲兮水中，朝章臺如藩臣，不與抗禮也。與女遊兮河渚，流澌紛兮來下，冬卒而春歸其喪也。則全歸之於懷王。又山鬼篇云楚襄王遊雲夢，夢一婦人，名曰瑤姬，通篇辭意，似指此事。則又歸之於巫山神女。屈原本旨，豈其然乎。

讀騷別論一卷（江蘇巡撫採進本）

國朝顧成天撰。此書又舉九章以下諸篇未及作解者，一一評其大意。謂離騷之作在頃襄之世，屈原之死乃身殉懷王，力闢史記記事之謬。謂九章惜誦惜往日二篇爲僞託，定爲河洛閒人所作。謂卜居亦爲僞託，定爲戰國人所作。謂漁父即莊周。謂招魂大招皆招懷王。其說皆不免武斷。至思美人篇託元鳥而致詞句，謂因張儀生出鳥字，因商於生出元鳥字。其說尤不可解矣。

離騷中正（無卷數。副都御史黃登賢家藏本）

國朝林仲懿撰。仲懿有南華本義，已著錄。是編首載讀離騷管見數則，謂屈原之賦以執中爲宗派，主敬爲根柢，自敘學問本領，陳述帝王心法，與四子書相表裏。其說甚迂。故所釋類多穿鑿。如釋名余曰正則，字余曰靈均，謂屈子竊取子思之道。所言正則靈均，與中庸天命之性、率性之道相合。是果騷人之本意乎。

屈騷心印五卷（浙江巡撫採進本）

國朝夏大霖撰。大霖字用雨，號梅臯，衢州西安人。是編成於乾隆甲子。因林雲銘楚辭燈而改訂之。據其自述，自林本以外，所見惟朱子、來欽之、黃維章三家本。其論韻稱沈約爲晉人，所引據者亦不過李漁笠翁詩韻、蔡方炳廣輿記諸書。前有毛以陽評，謂朱子未暇註楚辭，今本出後人之附會。尤不知何據也。

楚辭新註八卷（陝西巡撫採進本）

國朝屈復撰。復字悔翁，蒲城人。是編採合楚辭舊註，而自以新意疏解之。復頗工詩，故能求騷人言外之意，與拘言詮、涉理路者有殊。而果於師心，亦往往臆爲變亂。如離騷曰黃昏以爲期兮二句，指爲衍文。天問一篇，隨意移置其前後，謂之錯簡。九歌末禮魂一章，欲改爲禮成，以爲九歌之亂辭。大抵皆以意爲之，無所依據也。

楚辭章句七卷（山東巡撫採進本）

國朝劉夢鵬撰。夢鵬有春秋義解，已著錄。是書就諸本字句異同，參互考訂，亦頗詳悉。然不註某字出某本，未足依據。至於篇章次第，竄亂尤多。如二卷九歌內湘君湘夫人大司命少司命本各自標題，而刪除湘夫人少司命之名，稱湘君前後篇、司命前後篇。六卷九章內刪抽思橘頌之目，統爲哀郢，又移置其先後，均不知何據。又誤以史記敘事之文爲屈平之語，遂合漁父懷沙爲一篇，刪去漁父歌，而增入乃作懷沙之賦，其辭曰九字。尤以意爲之也。

右楚辭類十七部，七十五卷，內一部無卷數，皆附存目。

別集類一

集始於東漢，荀況諸集，後人追題也。其自製名者，則始張融玉海集。其區分部帙，則江淹有前集、有後集。梁武帝有詩賦集、有文集、有別集。梁元帝有集、有小集。謝朓有集、有逸集。與王筠之一官一集，沈約之正集百卷，又別選集略三十卷者，其體例均始於齊梁，蓋集之盛自是始也。唐宋以後，名目益繁。然隋唐志所著錄，宋志十不存一，宋志所著錄，今又十不存一。新刻日增，舊編日減，豈數有乘除歟。文章公論，歷久乃明，天地英華，所聚卓然不可磨滅者，一代不過數十人。其餘可傳可不傳者，則繫乎有幸有不幸。存佚靡恆，不足異也。今於元代以前，凡論定諸編，多加甄錄。有明以後，篇章彌富，則刪薙彌嚴。非曰沿襲恆情，貴遠賤近，蓋閱時未久，珠礫竝存，去取之閒，尤不敢不慎云爾。

揚子雲集六卷（副都御史黃登賢家藏本）

漢揚雄撰。案漢書藝文志、隋書經籍志、唐書藝文志皆載雄集五卷，其本久佚。宋譚愈始取漢書及古文苑所載四十餘篇，仍輯爲五卷，已非舊本。明萬歷中，遂州鄭樸又取所撰太元、法言、方言三書及類書所引蜀王本紀、琴清英諸條，與諸文賦合編之，釐爲六卷，而以逸篇之目附卷末，即此本也。雄所撰諸箴，古文苑及中興書目皆二十四篇，惟晁公武讀書志稱二十八篇，多司空、尚書、博士、太常四篇。是集復益以太官令、太史令爲三十篇。考後漢書班固傳註引雄尚書箴，太平御覽引雄太官令、太史令二箴，則樸之所增，未爲無據。然考漢書胡廣傳，稱雄作十二州箴、二十五官箴，其九箴亡，則漢世止二十八篇。劉勰文心雕龍稱卿尹州牧二十五篇，則又亡其三，不應其後復出。且古文苑載司空等四箴，明註崔駰、崔瑗之名，葉大慶考古質疑又摘初學記所載潤州箴中乃有六代都興之語，則諸書或屬誤引，未可遽定爲雄作也。是書之首又冠以雄始末辨一篇，乃焦竑筆乘之文。謂漢書載雄仕莽作符命投閣，年七十一，天鳳五年卒。考雄至京見成帝，年四十餘，自成帝建始改元至天鳳五年，計五十有二歲，以五十二合四十餘，已近百年，則與年七十一者又相牴牾。又考雄至京，大司馬王音奇其文，而音薨於永始初年，則雄來必在永始之前，謂雄爲仕於莽年者妄也。云云。近人多祖其說，爲雄訟枉。案文選任昉所作王文憲公集序，家牒字下，李善註引劉歆七略曰：子雲家牒言，以甘露元年生，漢書成帝紀載行幸甘泉，行幸長楊宮，並在元延元年，己酉，上距宣帝甘露元年戊辰，正四十二年，與四十餘之數合。其後元延凡五年，綏和凡二年，哀帝建平凡四年，元壽凡二年，平帝元始凡五年，孺子嬰凡三年，王莽始建國凡五年，積至天鳳五年，正得七十一年，與七十一卒之數亦合，其仕莽十年，毫無疑義。竑不考祠甘泉、獵長楊之歲，而以成帝即位之建始元年起算，悖謬殊甚。惟王音卒歲，實與雄傳不合。然音字爲根字之誤，宋祁固已言之。其文載今本漢書註中，竑豈未見耶。

蔡中郎集六卷（江蘇巡撫採進本）

漢蔡邕撰。隋志載後漢左中郎將蔡邕集十二卷，註曰：梁有二十卷，錄一卷。則其集至隋已非完本。舊唐志乃仍作二十卷，當由官書佚脫，而民間傳本未亡，故復出也。宋志著錄僅十卷，則又經散亡，非其舊本矣。此本爲雍正中陳留所刊，文與詩共得九十四首，證以張溥百三家集刻本，多寡增損，互有出入。卷首歐靜序論姜伯淮、劉鎮南碑，斷非邕作，以年月考之，其說良是。張本刪去劉碑，不爲無見。然以伯淮爲邕前輩，宜有邕文，遂改建安二年爲熹平二年，則近於武斷矣。張本又載薦董卓表，而陳留本無之。其事范書不載，或疑爲後人贋作。然劉克莊後村詩話已排詆此表，與揚雄劇秦美新同稱，則宋本實有此文，不自張本始載。後漢諸史，自范袁二家以外，尚有謝承、薛瑩、張璠、華嶠、謝沈、袁崧、司馬彪諸家，今皆散佚，亦難以史所未載，斷其事之必無。或新本刊於陳留，以桑梓之情，欲爲隱諱，故削之以滅其蹟歟。

孔北海集一卷（編修朱筠家藏本）

漢孔融撰。案魏文帝典論論文，稱孔氏卓卓，信含異氣，筆墨之性，殆不可勝。後漢書融本傳亦曰：魏文帝深好融文辭，歎曰：揚班儔也。募天下有上融文章者，輒賞以金帛。所著詩、頌、碑文、論議、六言、策文、表、檄、教令、書記凡二十五篇。隋書經籍志載漢少府孔融集九卷，註曰：梁十卷，錄一卷。則較本傳所記已多增益。新舊唐書皆作十卷，蓋猶梁時之舊本。宋史始不著錄，則其集當佚於宋時。此本乃明人所掇拾，凡表一篇，疏一篇，上書三篇，奏事二篇，議一篇，對一篇，教一篇，書十六篇，碑銘一篇，論四篇，詩六篇，共三十七篇。其聖人優劣論，蓋一文而偶存兩條，編次者遂析爲兩篇，實三十六篇也。張溥百三家集亦載是集，而較此本少再告高密令教、告高密縣僚屬二篇。大抵捃拾史傳類書，多斷簡殘章，首尾不具。不但非隋唐之舊，即蘇軾孔北海贊序稱讀其所作楊氏四公贊，今本亦無之。則宋人所及見者，今已不具矣。然人既國器，文亦鴻寶，雖闕佚之餘，彌可珍也。其六言詩之名見於本傳，今所傳三章，詞多凡近，又皆盛稱曹操功德，斷以融之生平，可信其義不出此。即使舊本有之，亦必黃初間購求遺文，贋託融作，以頌曹操，未可定爲眞本也。流傳既久，姑仍舊本錄之，而附糾其僞於此。集中詩文，多有箋釋本事者，不知何人所作。奏疏之類皆附綴篇末，書教之類則夾註篇題之下，體例自相違異。今悉夾註篇題之下，俾畫一焉。

曹子建集十卷（兩江總督採進本）

魏曹植撰。案魏志植本傳，景初中撰錄植所著賦頌詩銘雜論凡百餘篇，副藏內外。隋書經籍志載陳思王集三十卷，唐書藝文志作二十卷，然復曰又三十卷，蓋三十卷者隋時舊本，二十卷者爲後來合併重編，實無兩集。鄭樵作通志略亦併載二本，焦竑作國史經籍志遂合二本卷數爲一，稱植集爲五十卷，謬之甚矣。陳振孫書錄解題亦作二十卷，然振孫謂其間頗有採取御覽、書鈔、類聚中所有者，則捃摭而成，已非唐時二十卷之舊。文獻通考作十卷，又併非陳氏著錄之舊。此本目錄後有嘉定六年癸酉字，猶從宋寧宗時本翻雕，蓋即通考所載也。凡賦四十四篇，詩七十四篇，雜文九十二篇，合計之得二百十篇，較魏志所稱百餘篇者，其數轉溢。然殘篇斷句，錯出其間，如鶡雀、蝙蝠二賦，均採自藝文類聚。藝文類聚之例，皆標某人某文曰云云，編是集者遂以曰字爲正文，連於賦之首句，殊爲失考。又七哀詩，晉人採以入樂，增減其詞，以就音律，見宋書樂志中。此不載其本詞，而載其入樂之本，亦爲舛謬。棄婦篇見玉臺新詠，亦見太平御覽。鏡銘八字，反覆顛倒，皆叶韻成文，實爲回文之祖，見藝文類聚，皆棄不載，而善哉行一篇，諸本皆作古辭，乃誤爲植作，不知其下所載當來日大難，即當此篇也，使此爲植作，將自作之而自擬之乎。至於王宋妻詩，藝文類聚作魏文帝，邢凱坦齋通編據舊本玉臺新詠稱爲植作，今本玉臺新詠又作王宋自賦之詩，則衆說異同，亦宜附載，以備參考，乃竟遺漏，亦爲疏略。不得謂之善本，然唐以前舊本既佚，後來刻植集者率以是編爲祖，別無更古於斯者，錄而存之，亦不得已而思其次也。

嵇中散集十卷（兩江總督採進本）

舊本題晉嵇康撰。案康爲司馬昭所害，時當塗之祚未終，則康當爲魏人，不當爲晉人，晉書立傳，實房喬等之舛誤，本集因而題之，非也。隋書經籍志載康文集十五卷，新舊唐書並同。鄭樵通志略所載卷數尚合。至陳振孫書錄解題則已作十卷，且稱康所作文論六七萬言，其存於世者僅如此，則宋時已無全本矣。疑鄭樵所載亦因仍舊史之文，未必眞見十五卷之本也。王楙野客叢書云，嵇康傳曰康喜談名理，能屬文，撰高士傳贊，作太史箴、聲無哀樂論。余得毘陵賀方回家所藏繕寫嵇康集十卷，有詩六十八首，今文選所載才三數首。選惟載康與山巨源絕交書一首，不知又有與呂長悌絕交一書。選惟載養生論一篇，不知又有與向子期論養生難答一篇，四千餘言，辨論甚悉。集又有宅無吉凶攝生論難上中下三篇，難張遼自然好學論一首，管蔡論、釋私論、明膽論等文，崇文總目謂嵇康集十卷，正此本爾。唐藝文志謂嵇康集十五卷，不知五卷謂何，觀楙所言，則樵之妄載確矣。此本凡詩四十七篇，賦一篇，書二篇，雜著二篇，論九篇，箴一篇，家誡一篇，而雜著中嵇荀錄一篇有錄無書，實共詩文六十二篇，又非宋本之舊，蓋明嘉靖乙酉吳縣黃省曾所重輯也。楊愼丹鉛錄嘗辨阮籍卒於康後，而世傳籍碑爲康作，此本不載此碑，則其考核猶爲精審矣。

陸士龍集十卷（編修勵守謙家藏本）

晉陸雲撰。雲與兄機齊名，時稱二陸，史謂其文章不及機，而持論過之。今觀集中諸啟，其執辭諫諍，陳議鯁切，誠近於古之遺直。至其文藻麗密，詞旨深雅，與機亦相上下，平吳二俊，要亦未易優劣也。隋書經籍志載雲集十二卷，又稱梁十卷，錄一卷，是當時所傳之本已有異同。新唐書藝文志但作十卷，則所謂十二卷者已不復見，至南宋時，十卷之本又漸湮沒。慶元間信安徐民瞻始得之於祕書省，與機集並刊以行。然今亦未見宋刻，世所行者惟此本。考史稱雲所著文詞凡三百四十九篇，此僅錄二百餘篇，似非足本，蓋宋以前相傳舊集久已亡佚，此特裒合散亡，重加編輯，故敘次頗爲叢雜。如荅兄平原詩二首，其行矣怨路長一首，乃機贈雲之作，故馮惟訥詩紀收入機詩內，而此本誤作雲荅機詩。又綠房含青實四語及逍遙近南畔二語，皆自藝文類聚芙蕖部、嘯部摘出，佚其全篇，故詩紀以爲失題，系之卷末，但註見藝文某部。此乃直標曰芙蓉、曰嘯，殆明人不學者所編，又出詩紀之後矣。特是雲之原集既不可見，惟藉此以傳什一，故悉仍其舊錄之，姑以存其梗槪焉。

陶淵明集八卷（內府藏本）

晉陶潛撰。案北齊陽休之序錄，潛集行世凡三本，一本八卷，無序。一本六卷，有序目，而編比顛亂，兼復闕少。一本爲蕭統所撰，（案古人編錄之書亦謂之撰，故文選舊本皆題梁昭明太子撰，而徐陵玉臺新詠序亦稱撰錄豔歌，凡爲十卷。休之稱潛集爲統撰，蓋沿當日之稱，今亦仍其舊文。）亦八卷，而少五孝傳及四八目。四八目即聖賢羣輔錄也。休之參合三本，定爲十卷，已非昭明之舊。又宋庠私記稱隋經籍志潛集九卷，又云梁有五卷，錄一卷。唐志作五卷。庠時所行，一爲蕭統八卷本，以文列詩前。一爲陽休之十卷本。其他又數十本，終不知何者爲是。晚乃得江左舊本，次第最若倫貫。今世所行，卽庠稱江左本也。然昭明太子去潛世近，已不見五孝傳、四八目，不以入集。陽休之何由續得。且五孝傳及四八目所引尚書自相矛盾，決不出於一手。當必依託之文，休之誤信而增之。以後諸本雖卷帙多少，次第先後，各有不同。其竄入僞作，則同一轍。實自休之所編始。庠私記但疑八儒三墨二條之誤，亦考之不審矣。今四八目已經睿鑒指示，灼知其僞，別著錄於子部類書而詳辨之。其五孝傳文義庸淺，決非潛作。既與四八目一時同出，其僞亦不待言。今並刪除，惟編潛詩文，仍從昭明太子爲八卷。雖梁時舊第今不可考，而黜僞存眞，庶幾猶爲近古焉。

璿璣圖詩讀法一卷（湖北巡撫採進本）

明康萬民撰。萬民字無沴，武功人，海之孫也。蘇蕙織錦回文，古今傳爲佳話。劉勰文心雕龍稱回文所興，道原爲始，則齊梁之際，尚未見其圖。此圖及唐則天皇后序，均莫知所從來。考晉書列女傳載苻堅秦州刺史竇滔，有罪徙流沙，其妻蘇蕙織錦爲回文旋圖詩。無滔鎮襄陽及趙陽臺讒間事。又考晉書孝武帝紀，稱太元四年苻丕陷襄陽。苻堅載記稱以其中壘梁成爲南中郎將、都督荆揚州諸軍事、荆州刺史、領護南蠻校尉，配兵一萬，鎮襄陽。亦不言竇滔。與序所言，全然乖異。序末稱如意元年五月一日。是時晉書久成，不應矛盾至此。又其文萎弱，亦不類初唐文體。疑後人依託。然晉書稱其圖凡八百四十字，縱橫宛轉以讀之，文多不錄。則唐初實有是圖。又李善註江淹別賦，引織錦回文詩序曰：竇滔秦州，被徙沙漠，其妻蘇氏，秦州臨去別蘇，誓不再娶。至沙漠，更娶婦。蘇氏織錦端中，作此回文詩以贈之。苻國時人也。其說亦與晉書合。益知詩眞而序僞。考黃庭堅詩已用連波悔過陽臺暮雨事，其僞當在宋以前也。序稱其錦縱廣八寸，題詩二百餘首，計八百餘言，縱橫反覆，皆成章句。黃伯思東觀餘論謂其圖本五色相宣，因以別三五七言之異。後人流傳，不復施采，故迷其句讀。又謂嘗於王晉玉家得唐申誠之釋，而後曉然。今誠本已不傳。僧起宗以意推求，得三四五六七言詩三千七百五十二首，分爲七圖。萬民更爲尋繹，又於第三圖內增立一圖，併增讀其詩至四千二百六首，合起宗所讀，共成七千九百五十八首。合兩家之圖，輯爲此編。夫但求協韻成句，而不問義之如何，輾轉鉤連，旁行斜上，原可愈增愈多。然必以爲若蘭本意如斯，則未之能信。存以爲藝林之玩可矣。起宗不知何許人。王士禎居易錄載趙孟頫妻管道昇璇璣圖眞蹟，已稱起宗道人云云。則其人當在宋元間也。

鮑參軍集十卷（安徽巡撫採進本）

宋鮑照撰。照字明遠，東海人。晁公武讀書志作上黨人。蓋誤讀虞炎序中本上黨人之語。照或作昭，蓋唐人避武后諱所改。韋莊詩有欲將張翰松江雨，畫作屛風寄鮑昭句，押入平聲，殊失其實。（案宋禮部貢舉條式，齊桓避諱作齊威，可用於句中，不可押入韻。）沈約宋書、李延壽南北史作於武后稱制前者，實皆作照，不作昭也。照爲臨川王子頊參軍，沒於亂兵，遺文零落。齊散騎侍郎虞炎始編次成集。隋書經籍志著錄十卷，而註曰梁六卷。然則後人又續增矣。此本爲明正德庚午朱應登所刊，云得自都穆家，卷數與隋志合，而冠以炎序。未審卽隋志舊本否。考其編次，既以樂府別爲一卷，而采桑、梅花落、行路難亦皆樂府，乃列入詩中。唐以前人皆解聲律，不應舛互若此。又行路難第七首躑躅字下註曰集作蹢躅，啄字下註曰集作逐。使果原集，何得又稱集作。此爲後人重輯之明驗矣。然文章皆有首尾，詩賦亦往往有自序自註，與六朝他集從類書採出者不同，殆因相傳舊本而稍爲竄亂歟。鍾嶸詩品云：學鮑照纔能日中市朝滿，學謝朓劣得黃鳥度青枝。今集中無此一句，益知非梁時本也。

謝宣城集五卷（內府藏本）

齊謝朓撰。朓字元暉，陳郡陽夏人。事蹟具南齊書本傳。案朓以中書郎出爲宣城太守，以選復爲中書郎。又出爲晉安王鎭北諮議、南東海太守，行南徐州事，遷尙書吏部郎，被誅。其官實不止於宣城太守。然詩家皆稱謝宣城，殆以北樓吟咏爲世盛傳耶。據陳振孫書錄解題，稱朓集本十卷。樓炤知宣州，止以上五卷賦與詩刊之，下五卷皆當時應用之文衰世之事可采者已見本傳及文選餘視詩劣為無傳可也考鍾嶸詩品稱朓極與予論詩感激頓挫過其文則振孫之言審矣張溥刻百三家集合朓詩賦五卷為一卷此本五卷卽紹興二十八年樓炤所刻前有炤序猶南宋佳本也本傳稱朓長於五言詩沈約嘗云二百年來無此詩鍾嶸詩品乃稱其微傷細密頗在不倫一章之中自有玉石又稱其善自發端而末篇多躓過毀過譽皆失其眞趙紫芝詩曰輔嗣易行無漢學元暉詩變有唐風斯於文質升降之閒為得其平矣

昭明太子集六卷江蘇巡撫採進本

梁昭明太子統撰案梁書本傳稱統有集二十卷隋書經籍志唐書藝文志並同宋史藝文志僅載五卷已非其舊文獻通考不著錄則宋末已佚矣此本為明嘉興葉紹泰所刊凡詩賦一卷雜文五卷賦每篇不過數句蓋自類書採掇而成皆非完本詩中擬古第二首林下作伎一首照流看落釵一首美人晨妝一首名士悅傾城一首皆梁簡文帝詩見於玉臺新詠其書為徐陵奉簡文之命而作不容有誤當由書中稱簡文帝為皇太子輾轉稗販故誤作昭明又錦帶書十二月啟亦不類齊梁文體其姑洗三月啟中有啼鶯出谷爭傳求友之聲句考唐人試鶯出谷詩李綽尚書故實譏其事無所出使昭明先有此啟綽豈不見乎是亦作僞之明證也張溥百三家集中亦有統集以兩本互校此本七召一篇與東宮官屬令一篇謝賚渥槊經講疏啟一篇謝敕齋銅造善覺寺塔露盤啟一篇謝賚魏國錦賚廣州塸賚城邊橘賚河南菜賚大菘啟五篇與劉孝儀與張纘與晉安王論張新安書三篇駁舉樂議一篇皆溥本所無溥本與明山賓令一篇詳東宮禮絕旁親議一篇謝敕錫慈覺寺鍾啟一篇亦此本所無然則是二本者皆明人所掇拾耳

江文通集四卷江蘇巡撫採進本

梁江淹撰淹有銅劍贊已著錄淹自序傳稱自少及長未嘗著書惟集十卷考傳中所序官階止於中書侍郎校以史傳正當建元之初則永明以後所作尚不在其內今舊本散佚行於世者惟歙縣汪士賢太倉張溥二本此本乃乾隆戊寅淹鄉人梁賓以汪本張本參核異同又益以睢州湯斌家鈔本參互成編汪本闕知己賦一篇井賦四語銅劍讚一篇詠美人春遊一篇征怨一篇張本闕為蕭讓太傅揚州牧表一篇此皆補完他如待罪江南思北歸賦張本無題首四字尚書符張本題下闕夾註起都宮車軍局蘭臺八字為蕭重讓揚州表中任釣符員圖之重句張本誤脫符字為蕭讓太傅相國十郡九錫表首張本無備九錫之禮五字上建平王書末汪本脫此心旣照死且不朽八字亦均校正其餘字句皆備錄異同若雜擬詩序中芳草寧其氣句此本謂氣為蕪之類小小疏舛閒或不免然終較他本為善也

何水部集一卷江蘇蔣曾瑩家藏本

梁何遜撰遜字仲言東海郯人官至水部員外郎故自唐以來稱何水部王僧孺嘗輯遜詩編為八卷宋黃伯思東觀餘論有遜集跋稱為春明宋氏本蓋宋敏求家所傳其卷數尚與梁書相符而伯思云杜甫所引昏鴉接翅歸金粟裹搔頭等句不見集中則當時已有佚脫舊本久亡所謂八卷者不可復睹卽永樂大典所引遜詩亦皆今世所習見則元明閒已不存矣此本為正德丁丑松江張紘所刊首列遜小傳凡詩九十五首附載范雲劉孝綽同作擬古二首聯句十三首末載黃伯思跋跋後附七召一篇末復有紘跋稱舊與陰鏗集偕刻紘以二家體裁各別不當比而同之公暇獨取是集刪其繁蕪同寅毘陵陸懋之永嘉李昇之捐俸共刻然則是集又經紘刊削有所去取歟玉臺新詠載遜學青青河邊草一首此本標題作擬青青河畔草轉韻體為人作其人識節工歌與玉臺新詠不同考六朝以前之詩題無此體格顯為後人所妄加又青青河邊草為蔡邕之作青青河畔草為枚乘之作六朝人人所擬截然有別此效邕體而題作畔字明為後人據十九首而改復以古詩不換韻此詩換韻妄增轉韻體云云蓋字句亦多所竄亂非其舊矣

庾開府集箋註十卷少詹事陸費墀家藏本

周庾信撰

國朝吳兆宜註信周書有傳然考集中辛成碑文稱開皇元年七月某日反葬河州則入隋幾一載矣信為梁元帝守朱雀航望敵先奔厥後歷仕諸朝如更傳舍其立身本不足重其駢偶之文則集六朝之大成而導四傑之先路自古迄今屹然為四六

宗匠。初在南朝，與徐陵齊名。故李延壽北史文苑傳序稱徐陵庾信其意淺而繁，其文匿而采，詞尚輕險，情多哀思。王通中說亦曰，徐陵庾信古之夸人也，其文誕。令狐德棻作周書，至詆其詩目爲於紅紫，蕩心逾於鄭衞，斥爲詞賦之罪人。然此自指臺城應敎之日，二人以宮體相高耳。至信北遷以後，閱歷既久，學問彌深，所作皆華實相扶，情文兼至。抽黃對白之中，灝氣舒卷，變化自如，則非陵之所能及矣。張說詩曰，蘭成追宋玉，舊宅偶詞人，筆涌江山氣，文驕雲雨神。其推挹甚至。杜甫詩曰，庾信文章老更成，凌雲健筆意縱橫。後來嗤點流傳賦，不覺前賢畏後生。則諸家之論，甫固不以爲然矣。北史本傳稱有集二十卷，與周滕王逌之序合。隋書經籍志作二十一卷，皆已久佚。倪瓚清閟閣集有與蘇齋學士書曰，聞執事新收得庾子山集，在州郭時欲借以示僕，不時也。茲專一力致左右，千萬暫借一觀云云。則元末明初尚有重編之本，今亦未見此本。雖冠以滕王逌序，實由諸書鈔撮而成，非其原帙也。隋書魏澹傳稱廢太子勇命澹註庾信集，其書不傳。唐志載張廷芳等三家嘗註哀江南賦，宋志已不著錄。近代胡渭始爲作註，而未及成帙。兆宜採輯其說，復與崑山徐樹穀等補綴成編，粗得梗概。然六朝人所見之書，今已十不存一。兆宜捃摭殘文，補苴求合，勢不能盡詳所出。如註哀江南賦經邦佐漢一事，引史記索隱誤本以圖公爲姓庾，以四皓爲漢相，殊不免附會牽合。後錢塘倪璠別爲箋註，而此本遂不甚行。然其經營刱始之功，終不可沒。與倪註竝錄存之，亦言杜詩者不盡廢千家註意也。兆宜字顯令，吳江人。康熙中諸生。嘗註徐庾二集，又註玉臺新詠、才調集、韓偓詩集。今惟徐庾二集刊版行世，餘惟鈔本僅存云。

庾子山集註十六卷（通行本）

國朝倪璠撰。璠字魯玉，錢塘人。康熙乙酉舉人，官內閣中書舍人。是編以吳兆宜所箋庾開府集合衆手以成之，頗傷漏略，乃詳考諸史，作年譜冠於集首。又旁採博蒐，重爲註釋。其中如小園賦前一段本屬散文，而璠以爲用古韻，未免失之穿鑿。漢書藝文志別栩陽賦五篇，自是人姓名，而信哀江南賦乃云栩陽亭有離別之賦。唐山夫人安世房中歌桂華二字，自屬篇名，馮馮翼翼，承天之則二句，乃下章之首，而信黃帝雲門舞歌乃云清野桂馮馮，皆顯然舛誤。璠依違其詞，不加駁正，亦失之附會。然比核史傳，實較吳本爲詳。哀江南賦一篇，引據時事，尤爲典核。集末彭城公夫人爾朱氏墓誌銘、伯母東平郡夫人李氏墓誌銘，竝考核年月，證以文苑英華，知爲楊炯之文誤入信集，辨證亦頗精審，不以稍傷蕪冗爲嫌也。

徐孝穆集箋註六卷（內府藏本）

陳徐陵撰。

國朝吳兆宜註。隋書經籍志載陵集本三十卷，久佚不傳。此本乃後人從藝文類聚、文苑英華諸書內採掇而成。陵文章綺麗，與庾信齊名，世號徐庾體。陳書本傳稱其緝裁巧密，多有新意，自有陳創業，文檄軍書及禪授詔策，皆陵所製，爲一代文宗。其集舊無註釋，兆宜既箋庾信集，因幷陵集箋之。未及卒業，其同里徐文炳續爲補綴，以成是編。其中可與史事相證者，如資治通鑑梁武帝太清二年遣建康令謝挺散騎常侍徐陵等聘於東魏，胡三省註謂建康令秩千石，散騎常侍秩二千石，謝挺不當在徐陵之上，蓋陵將命而使挺持輔行耳。今案集中在北齊與楊僕射書有云，謝常侍今年五十有一，吾今年四十有四，介已知命，賓又杖鄉云云，是謝挺實爲正使，蓋假散騎常侍以行。特通鑑但書其本官，竝非舛錯，胡三省未考陵書，未免曲爲之說。參諸此集，可正其譌。而兆宜所箋，略不言及，蓋主於捃拾字句，不甚考訂史傳也。然箋釋詞藻，亦頗足備稽考，故至今與所箋庾集竝傳焉。

欽定四庫全書總目卷一百四十八

欽定四庫全書總目卷一百四十九

集部二

別集類二

東皋子集三卷（兩江總督採進本）

唐王績撰。績字無功，太原祁人。隋大業中授祕書省正字，出爲六合丞，歸隱北山東皋，自號東皋子。唐初以前官待詔門下省，復求爲太樂丞，後乃解官歸里。是身事兩朝，皆以仕途不達，乃退而放浪於山林。新唐書列之隱逸傳，所未喻也。然績爲王通之弟，而志趣高雅，不隨通聚徒講學，獻策干進，其人品亦不可及矣。史稱其嗜酒放曠，嘗作醉鄉記、五斗先生傳、無心子傳，其醉鄉記爲蘇軾所稱。然他文亦疎野有致。其詩惟野望一首爲世傳誦，然如石竹詠意境高古，薛記室收過莊見尋詩二十四韻氣格遒健，皆能滌初唐排偶板滯之習，置之開元、天寶間，弗能別也。唐書藝文志載績集五卷，陳振孫書錄解題亦云其友呂才鳩訪遺文，編成五卷，爲之序，而今本實止三卷。又晁公武讀書志引呂才序稱績年十五謁楊素，占對英辯，薛道衡見其登龍門憶禹賦，歎爲今之庾信，且載其卜筮之驗者數事。今本呂才序尚存，而晁公武所引之文則無之。又序稱訪未畢者爲三卷，與書錄解題不合，其登龍門一賦亦不載集中。或宋末本集已佚，後人從文苑英華、文粹諸書中採績詩文，彙爲此編，而僞託才序以冠之，未可知也。此本爲明崇禎中刊本，卷首尚有陸淳序一首，選陳一家目中，皆未言及，其眞僞亦在兩可閒矣。

寒山子詩集一卷附豐干拾得詩一卷（浙江巡撫採進本）

寒山子，貞觀中天台廣興縣僧，居於寒巖，時還往國清寺。豐干、拾得則皆國清寺僧也。世傳台州刺史閭邱允遇三僧事，蹤跡甚怪，蓋莫得而考證也。其詩相傳即允令寺僧道翹尋寒山平日於竹木石壁上及人家廳壁所書，得三百餘首，又取拾得土地堂壁上所書偈言，並纂集成卷。豐干則僅存房中壁上詩二首。允自爲之序。宋時又名三隱集，見淳熙十六年沙門道南所作記中。唐書藝文志載寒山詩七卷，今本併爲一卷，以拾得、豐干詩別爲一卷附之，則明新安吳明春所校刻也。王士禎居易錄云：寒山詩，詩家每稱其鸜鵒花間弄，琵琶月下彈，長歌三月響，短舞萬人看，謂其有唐調。（案此明江盈科雪濤詩評，士禎引之。寒山子即唐人，盈科以爲有唐調，蓋偶未考其時代，謹附訂於此。）其詩有工語，有率語，有莊語，有諧語。至云不煩鄭氏箋，豈待毛公解，又似儒生語。大抵佛語菩薩語也。今觀所作，皆信手拈弄，全作禪門偈語，不可復以詩格繩之，而機趣橫溢，多足以資勸戒。且專集傳自唐時，行世已久，今仍著之於錄，以備釋氏文字之一種焉。又案太平廣記引仙傳拾遺曰：寒山子者，不知其名氏，大曆中隱居天台翠屏山。其山深邃，當暑有雪，亦名寒巖，因自號寒山子。好爲詩，每得一篇一句，輒題於樹間石上。有好事者隨而錄之，凡三百餘首，多述山林幽隱之興，或譏諷時態，能警勵流俗。桐柏徵君徐靈府序而集之，分爲三卷，行於人閒。云云。則寒山子又爲中唐人，與閭邱允事又異，無從深考，姑就文論文可矣。

王子安集十六卷（山東巡撫採進本）

唐王勃撰。唐書文苑傳稱其文集三十卷，而楊炯集序則謂分爲二十卷，且諸書目、洪邁容齋隨筆亦稱今存者二十卷，蓋猶舊本。明以來其集已佚，原目遂不可考。世所傳初唐十二家集，僅載勃詩賦二卷，闕略殊甚。故皇甫汸作楊炯集序，稱王詩賦之餘，未睹他製。此本乃明崇禎中閩人張燮搜輯文苑英華諸書，編爲一十六卷，雖非唐宋之舊，而以視別本，則較爲完善矣。勃文爲四傑之冠，儒者頗病其浮豔。案段成式酉陽雜俎曰：張燕公嘗讀勃夫子學堂碑頌，帝車南指，遁七曜於中階，華蓋西臨，藏五雲於太甲四句，悉不解，訪之一公。（案一公謂僧一行也。）一公言北斗建午，七曜在南方，有是之祥，無位聖人當出，華蓋以下卒不可悉。洪邁容齋隨筆亦曰：王勃等四子之文，皆精切有本原，其用駢儷作記序碑碣，蓋一時體格如此，而後來頗議之。杜詩云：王楊盧駱當時體，輕薄爲文哂未休，爾曹身與名俱滅，不廢江河萬古流。正謂此耳。身名俱滅以責輕薄子，江河萬古指四子也。韓公滕王閣記云：江南多游觀之美，而滕王閣獨爲第一。及得三王爲序賦記等，壯其文詞。註謂王勃作遊閣序。又云：中丞命爲記，竊喜載名其上，詞列三王之次，有榮耀焉。則韓之所以推勃，亦爲不淺矣。夫一行、段成式博洽冠絕古今，杜甫、韓愈詩文亦冠絕古今，而其推勃如是。彼白戰之徒，摭拾語錄之糟粕，乃沾沾而動其喙，殆所謂蚍蜉撼樹者歟。

錄勃集併錄成式及邁之所記，庶耳食者無輕詆焉。

盈川集十卷、附錄一卷（浙江鮑士恭家藏本）

唐楊炯撰。唐書文苑傳稱其文集本三十卷。晁公武讀書志僅著錄二十卷，云今多亡逸。是宋代已非完本。然其本今亦不傳。此乃明萬歷中龍游童佩從諸書裒集，詮次成編，併以本傳及贈荅之文評論之語，別爲附錄一卷。皇甫汸爲之序。凡賦八首，詩三十四首，雜文三十九首。文苑英華載其彭城公夫人爾朱氏墓誌銘一首，伯母東平郡夫人李氏墓誌銘一首，列庾信文後，明人因誤編入信集中。此本收爾朱氏誌一篇，而李氏誌仍不載，則蒐羅尚有所遺也。舊唐書本傳最稱其盂蘭盆賦。然炯之麗製，不止此篇。劉昫殆以爲奏御之作，故特加紀錄歟。傳又載其駮太常博士蘇知幾冕服議一篇，引援經義，排斥游談，炯文之最有根柢者。知其詞章瑰麗，由於貫穿典籍，不止涉獵浮華。而新唐書本傳刪之不載，蓋猶本紀不載詔令之意。是宋祁之偏見，非定評也。又新舊唐書並稱炯爲政嚴酷，則非循吏可槩見。童佩序稱盈川廢縣在瀫水北，其地隸龍邱，去郡四十餘里，今址歸然獨存。炯令盈川，無何卒，縣尋罷。民尸祝其地，至今春秋不輟。是則因其文藝而更粉飾其治績，亦非公論矣。

盧昇之集七卷（兩江總督採進本）

唐盧照鄰撰。唐書文苑傳稱照鄰初爲鄧王府典籤，調新都尉，以病去官。後手足攣廢，竟自沈潁水而死。考集中相里夫人檀龕序，稱乾封紀歲，當爲乾封元年丙寅。對蜀父老問稱龍集荒落，當爲總章二年己巳。皆在益州時所作。病梨樹賦序稱癸酉之歲，臥病長安。則其罷官當在咸亨四年以前。計其羈栖一尉，僅五六年。又窮魚賦序稱曾以橫事被拘，將致之深議，則中間又遭非罪。其病廢以後，與洛陽名流朝士乞藥借書，至每人求乞錢二千，其貧亦可想見。蓋文士之極坎坷者，故平生所作，大抵歡寡愁殷，有騷人之遺響，亦遭遇使之然也。史又稱王楊盧駱以文章齊名。楊炯嘗謂愧在盧前，恥居王後。張說則曰：盈川文如懸河，酌之不竭。優於盧而不減王。恥居後，信然；愧在前，謙也。今觀照鄰之文，似不及王楊駱三家之宏放，疑說之論爲然。然所傳篇什獨少，未可以一斑槩全豹。杜甫均以江河萬古許之，似難執殘編斷簡以強定低昂。況張鷟朝野僉載亦記是語，而作照鄰謂喜居王後，恥在駱前。文人品目，多一時興到之言，尤未可據爲定論也。其集晁氏陳氏書目俱作十卷。此本僅七卷，則其散佚者已多。又窮魚賦序稱嘗思報德，故冠之篇首。則照鄰自編之集，當以是賦爲第一。而此本列秋霖馴鳶二賦後，其與在朝諸賢書亦非完本。知由後人掇拾而成，非其舊帙矣。

駱丞集四卷（副都御史黃登賢家藏本）

唐駱賓王撰。唐書文苑傳稱中宗時詔求其文，得百餘篇，命郗雲卿編次之。書錄解題引雲卿舊序，稱光宅中廣陵亂伏誅。蓋據李孝逸奏捷之語。孟棨本事詩則云賓王落髮，徧遊名山。宋之問遊靈隱寺作詩，嘗爲續樓觀滄海日、門對浙江潮之句。今觀集中與之問蹤蹟甚密，在江南則有投贈之作，在兗州則有餞別之章，定非不相識者。何至覿面失之。封演爲天寶中人，去賓王時甚近，所作聞見記中載之問此詩，證月中桂子之事，並不云出賓王。知當時尚無是說。又朱國楨湧幢小品載正德九年有曹某者，鑿靛池於海門城東黃泥口，得古冢題石，曰駱賓王之墓云云。亦足證亡命爲僧之說不確。蓋武后改唐爲周，人心共憤，敬業賓王之敗，世頗憐之，故造是語。孟棨不考而誤載也。其集新舊唐書皆作十卷。宋藝文志載有百道判三卷。今並散佚。此本四卷，蓋後人所裒輯。其註則明給事中顏文選所作，援引疎舛，殆無可取。以文選之外別無註本，而其中亦尚有一二可採者，故姑並錄之，以備參考焉。

陳拾遺集十卷（內府藏本）

唐陳子昂撰。子昂事蹟具唐書本傳及盧藏用所爲別傳。唐初文章不脫陳隋舊習。子昂始奮發自爲，追古作者。韓愈詩云：國朝盛文章，子昂始高蹈。柳宗元亦謂張說工著述，張九齡善比興，兼備者子昂而已。馬端臨文獻通考乃謂子昂惟詩語高妙，其他文則不脫偶儷卑弱之體。韓柳之論不專稱其詩，皆所未喻。今觀其集，惟諸表序猶沿排儷之習，若論事書疏之類，實疎樸近古，韓柳之論未爲非也。子昂嘗上書武后，請興明堂太學。宋祁新唐書傳贊以爲薦圭璧於房闥，以脂澤汙漫之。其文今載集中。王士禎香祖筆記又舉其大周受命頌四章、進表一篇、請追上太原王帝號表一篇、以爲覘劇秦美新殆又過之。其下筆時不復知世有節義廉恥事。今亦載集中。然則是集之傳、特以詞采見珍。譬諸蕩姬佚女、以色藝冠一世、而不可以禮法繩之者也。此本傳寫多譌脫、第七卷闕兩葉。據目錄尋之、禡牙文、禜海文在文苑英華九百九十五卷。弔塞上翁文在九百九十九卷。祭孫府君文在九百七十九卷。又送崔融等序之後、據目錄尚有餞陳少府序一篇。此本亦佚。英華七百十九卷有此文。今並葺補、俾成完本。英華八百二十二卷收子昂大崇福觀記一篇、稱武士彠爲太祖孝明皇帝。此集不載其目、殆偶佚脫。今併補入、俾操觚揮翰之士知立身一敗、遺詬萬年、有求其不傳而不能者焉。

張燕公集二十五卷（兩淮馬裕家藏本）

唐張說撰。說事蹟具唐書本傳。其文章典麗宏贍、當時與蘇頲並稱。朝廷大述作多出其手、號曰燕許。唐書藝文志載其集三十卷。今所傳本止二十五卷。然自宋以後、諸家著錄並同、則其五卷之佚久矣。集中元處士碣銘稱、序爲處士子將作少監行沖撰、而唐書行沖傳乃不載其爲此官。爲畱守奏慶山醴泉表、稱萬年縣令鄭國忠狀、六月十四日縣界霸陵鄉有慶山見、醴泉出、而唐書武后傳載此事乃作新豐縣。皆與史傳頗有異同。然說在當時、必無譌誤。知唐書之疎舛多矣。此書所以貴舊本也。集首永樂七年伍德記一篇、稱兵燹之後、散佚僅存、錄而藏之。至嘉靖閒、其子孫始爲梓行、而譌舛特甚。又參考本傳及文粹、文苑英華諸書、其文不載於集者尚多。今旁加搜輯、於集外得頌一首、箴一首、表十八首、疏二首、狀六首、策三首、批答一首、序十一首、啓一首、書二首、露布一首、碑四首、墓誌九首、行狀一首、凡六十一首。皆依類補入。而原集目次錯互者、亦詮次更定、仍釐爲二十五卷。庶幾復成完本焉。

曲江集二十卷（廣東巡撫採進本）

唐張九齡撰。九齡事蹟具唐書本傳。徐浩作九齡墓碑、稱其學究精義、文參微旨、而不及其文集卷數。唐宋二史藝文志俱載有九齡文集二十卷。其後流播稍稀。惟明文淵閣書目有曲江文集一部四冊、又一部五冊。而外閒多未之覩。成化閒、邱濬始從內閣錄出、韶州知府蘇韡爲刊行之。其卷目與唐志相合、蓋猶宋以來之舊本也。九齡守正嫉邪、以道匡弼、稱開元賢相。而文章高雅、亦不在燕許諸人下。新唐書文藝傳載徐堅之言、謂其文如輕縑素練、實濟時用、而窘邊幅。今觀其感遇諸作、神味超軼、可與陳子昂方駕。文筆宏博典實、有垂紳正笏氣象、亦具見大雅之遺。堅局於當時風氣、以富豔求之、不足以爲定論。至所撰制草、明白切當、多得王言之體。本傳稱爲祕書少監時、會賜渤海詔、而書命無足爲者、乃命九齡爲之。被詔輒成、因遷工部侍郎知制誥。今檢集中有渤海王大武藝書、當即其時所作。而其他詔命、亦多可與史傳相參考。如集中有敕奚都督右金吾衛大將軍歸誠王李歸國書。而核之唐書外國傳所載奚事、自開元以後、僅有李大酺、魯蘇、李詩、延寵、婆固諸酋長名、而不及歸國。知記載有所脫漏。是尤可以補史之闕矣。

李北海集六卷附錄一卷（浙江鮑士恭家藏本）

唐李邕撰。邕事蹟具唐書本傳。邕文集本七十卷、宋志已不著錄。此本爲明無錫曹荃所刊。前有荃序、稱紹和徵君刻唐人集、初得北海集、而余論之。不言爲何人所編。大抵皆採摭文苑英華諸書、裒而成帙、非原本矣。史稱邕長於碑頌、前後所製凡數百首。今惟賦五首、詩四首、表十四首、疏狀各一首、碑文八首、銘記各一首、神道碑五首、墓誌銘一首。蓋已十不存一。舊唐書稱其韓公行狀、洪州放生池碑、批韋巨源謚議、爲當時文士所重。李白東海有勇婦一篇、稱北海李使君、飛章奏天庭。杜甫八哀詩稱、朗詠六公篇、憂來豁蒙蔽。趙明誠金石錄亦稱、唐六公詠、文詞高古。今皆不見此集中、殊可惜也。劉克莊後村詩話譏其爲葉法善祖作碑、貽千載之笑。然唐時名儒碩士、爲緇黃秉筆、不以爲嫌。不似兩宋諸儒視二教如敵國。此當尚論其世、固不容執後而議前。且克莊與眞德秀游。德秀西山集中、琳宮梵刹之文、不可枚舉。克莊曾無一詞、而獨刻責於邕。是尤門戶之見、不足服邕之心矣。卷末附錄、載新舊唐書邕本傳及贈送諸作、而別載文苑英華所錄邕賀赦表六篇、題曰糾繆。謂考其事在代宗、德宗、憲宗時、邕不及見。其論次頗爲精審。然考彭叔夏文苑英華辨證曰、賀赦表六首、類表以爲李吉甫作、而文苑以爲李邕。案邕天寶初卒、而六表乃在代宗、德宗、憲宗時。況文苑於三百五十九卷重出一表、題曰李吉甫。又第二表末云謹遣衙前虞候王國清奉表陳賀以聞、正與吉甫郴州謝上表末語同。則非邕作也云云。是宋人已經考證、編是集者用其說而諱所自來、亦可謂攘人之善矣。

李太白集三十卷、安徽巡撫採進本

唐李白撰。舊唐書白傳稱山東人、新唐書則作隴西成紀人。考杜甫作崔端薛復筵醉歌有近來海內爲長句、汝與山東李白好句。楊慎丹鉛錄據魏顥李翰林集序有世號爲李東山之文、謂杜集傳寫誤倒其字。似乎有理。然元稹作杜甫墓誌亦稱與山東人李白、其文鑿然。如倒之作東山人、則語不成文、又不得以魏序爲解。檢白集寄東魯二子詩、有我家寄東魯句。顥序亦稱合於魯一婦人、生子曰頗黎。蓋居山東頗久、故人亦以是稱之。實則非其本籍、劉昫等誤也。至於隴西成紀乃唐時李氏以郡望通稱、故劉知幾史通因習篇自註曰、近代史爲王氏傳云、瑯邪臨沂人。爲李氏傳云、隴西成紀人。非惟王李二族久離本郡、亦自當時無此郡縣、皆是魏晉以前舊名。今勘驗唐書地理志、果如所說。則宋祁等因襲舊文、亦不足據。惟李陽冰序稱涼武昭王暠之後、謫居條支。神龍之始、逃歸於蜀、復指李樹而生伯陽。驚姜之夕、長庚入夢。顥序稱白本隴西、乃因家於綿、身既生蜀云云。則白爲蜀人、具有確證。二史所書、皆非其實也。陽冰序不言卷數、新唐書藝文志則曰草堂集二十卷、李陽冰編。案宋敏求後序曰、唐李陽冰序李白草堂集十卷、咸平中樂史別得白歌詩十卷、合爲李翰林集二十卷。史又云、雜著爲別集十卷。然則草堂集原本十卷、唐志以陽冰所編爲二十卷者、殊失之不考。今草堂集不傳、樂史所編亦罕見。此本乃宋敏求得王溥及唐魏顥本、又裒集唐類詩諸編、洎石刻所傳、編爲一集。曾鞏又考其先後而次第之、爲三十卷。首卷惟載諸序碑記。二卷以下乃爲歌詩、爲二十三卷。雜著六卷。流傳頗少。

國朝康熙中、吳縣繆曰芑始重刊之。後有曰芑跋云、得臨川晏氏宋本、重加校正、較坊刻頗爲近古。然陳氏書錄解題、晁氏讀書志並題李翰林集。而此乃云太白全集。未審爲宋本所改、曰芑所改、是則稍稍可疑耳。據王琦註本、是刻尚有考異一卷。而坊間印本皆削去曰芑序目、以贋宋本、遂併考異而削之。以其文已全載王琦本中、今亦不更補錄焉。

分類補註李太白集三十卷、通行本

宋楊齊賢集註、而元蕭士贇所刪補也。杜甫集自北宋以來註者不下數十家。李白集註宋元人所撰輯者、今惟此本行世而已。康熙中、吳縣繆曰芑翻刻宋本李翰林集、前二十三卷爲歌詩、後六卷爲雜著。此本前二十五卷爲古賦樂府歌詩、後五卷爲雜文、且分標門類、與繆本目次不同。其爲齊賢改編、或士贇改編、原書無序跋、已不可考。惟所輯註文、則以齊賢曰、士贇曰互爲標題以別之、故猶可辨識。註中多徵引故實、兼及意義。卷帙浩博、不能無失。唐覲延州筆記嘗摘士贇註寄遠詩第七首滅燭解羅衣句、不知出史記滑稽傳淳于髡語、乃泛引謝瞻、曹植諸詩。又如臨江王節士歌、齊賢以爲史失其名、士贇則引樂府遊俠曲證之。不知漢書藝文志臨江王及愁思節士歌原各爲一篇。自南齊陸厥始併作臨江王節士歌。後來庾信、杜甫俱承其誤。白詩亦屬沿譌。齊賢等不爲辨析、而轉以爲史失名。此類俱未爲精核。然其大致詳贍、足資檢閱。中如廣武戰場懷古一首、士贇謂非太白之詩、釐置卷末、亦具有所見。其於白集固不爲無功焉。齊賢字子見、舂陵人。士贇字粹可、寧都人、宋辰州通判立等之子。篤學工詩、與吳澄相友善。所著有詩評二十餘篇、及冰崖集、俱已久佚。獨此本爲世所共傳云。

李太白詩集註三十六卷、浙江巡撫採進本

國朝王琦撰。琦字琢崖、錢塘人。註李詩者自楊齊賢、蕭士贇後、明林兆珂有李詩鈔述註十六卷、簡陋殊甚。胡震亨駁正舊註、作李詩通二十一卷。琦以其尚多漏略、乃重爲編次、箋釋定爲此本。其詩參合諸本、益以逸篇、釐爲三十卷。以合曾鞏序所言之數。別以序誌碑傳贈荅題咏詩文評語年譜外紀爲附錄六卷。而繆氏本所謂考異一卷、散入文句之下、不另列焉。其註欲補三家之遺闕、故採摭頗富、不免微傷於蕪雜。然捃拾殘賸、時亦寸有所長。自宋以來註杜詩者林立、而註李詩者寥寥僅二三本。錄而存之、亦足以資考證。是固物少見珍之義也。

九家集註杜詩三十六卷（內府藏本）

宋郭知達編。知達，蜀人。前有自序，作於淳熙八年。又有曾噩重刻序，作於寶慶元年。噩據書錄解題作字子肅，閩清人。麥迪知萬姓統譜則作字噩甫，閩縣人，慶元中尉上高，後遷廣東漕使，與陳振孫所記小異。振孫與噩同時，迪知所敘又與序中結銜合，未詳孰是也。宋人喜言杜詩，而註杜詩者無善本。此書集王洙、宋祁、王安石、黃庭堅、薛夢符、杜田、鮑彪、師尹、趙彥材之註，頗爲簡要。知達序稱屬二三士友隨是非而去取之，如假託名氏撰造事實，皆刪削不載。陳振孫書錄解題亦曰：世有稱東坡事實者，（案當作老杜事實）隨事造文，一一牽合，而皆不言其所自出，且其詞氣首末出一口，蓋妄人僞託以欺亂流俗者，書坊輒抄入集註中，殊敗人意。此本獨削去之云云，與序相合，知其別裁有法矣。振孫稱噩刊版五羊漕司，字大宜老，（案宜老謂宜乎老眼，刻本或作可考）最爲善本。此本卽噩家所初印，字畫端勁而清楷，宋版中之絕佳者。振孫所言固不爲虛云。

黃氏補註杜詩三十六卷（內府藏本）

宋黃希原本，而其子鶴續成之者也。希字夢得，宜黃人，登進士第，官至永新令，嘗作春風堂於縣治。楊萬里爲作記，今載誠齋集中。鶴字叔似，著有北窗寓言集，今已久佚。希以杜詩舊註每多遺舛，嘗爲隨文補緝，未竟而歿。鶴因取槧本集註，卽遺槁爲之正定，又益以所見，積三十餘年之力，至嘉定丙子，始克成編。書首原題補千家集註杜工部詩史，所列註家姓氏實止一百五十一人，註中徵引則王洙、趙次公、師尹、鮑彪、杜修可、魯訔諸家之說爲多，其他亦寥寥罕見，而當時所稱僞蘇註者，乃竝見採綴。蓋坊行原有千家註本，鶴特因而廣之，故以補註爲名。其郭知達九家註本、蔡夢弼草堂詩箋，視鶴本成書稍前，（案知達本成於淳熙辛丑，在鶴本前三十餘年。夢弼成於嘉泰甲子，在鶴本前十有二年。）而註內無一字引及，殆流傳未廣，偶未之見也。書中凡原註各稱某曰，其補註則稱希曰、鶴曰以別之。大旨在於案年編詩，故冠以年譜辨疑，用爲綱領，而詩中各以所作歲月註於逐篇之下，使讀者得考見其先後出處之大致。其例蓋始於黃伯思，後魯訔等踵加考訂，至鶴父子而益推明之，鉤稽辨證，亦頗具苦心。其間牴牾不合者，如贈李白一首，鶴以爲開元二十四年遊齊趙時作，不知甫與白初未相見，至天寶十四載白自供奉被放後始相遇於東都，觀甫寄白二十韻詩所云乞歸優詔許，遇我宿心親者，是其確證。鶴說殊誤。又鄭駙馬宅宴洞中一首，鶴謂與重題鄭氏東亭詩皆在河南新安縣作，不知長安志有蓮花洞，在神禾原鄭駙馬之居，卽詩所云洞中，竝不在新安，不可與東亭混而爲一。又高都護驄馬行，鶴以爲天寶七載作，考高仙芝平小勃律後，以天寶八載方入朝，詩中有飄飄遠自流沙至語，則當在八載，而非七載。又遣興詩赫赫蕭京兆，鶴以京兆爲蕭至忠，不知至忠未嘗官京兆尹，詩中所指當是蕭炅。又喜雨一首，鶴謂永泰元年所作，考詩末甫自註浙右多盜賊語，正指寶應元年袁晁之亂，詩當作於是年。時甫方在梓閬間，故有巴人之句。鶴說非是。似此者尚數十條，皆爲疏於考核。又題與詩皆無明文，不可考其年月者，亦牽合其一字一句，强爲編排，殊傷穿鑿。然其考據精核者，後來註杜諸家亦往往援以爲證，故無不攻駁其書，而終不能廢棄其書焉。

集千家註杜詩二十卷（江蘇巡撫採進本）

不著編輯人名氏。前載王洙、王安石、胡宗愈、蔡夢弼四序。所採不滿百家，而題曰千家，蓋務誇摭拾之富，如魏仲舉韓柳集註亦虛稱五百家也。其句下篇末諸評，悉劉辰翁之語。朱彝尊謂夢弼所編入，然夢弼所撰本名草堂詩箋，其自序內標識註例甚詳，與此本不合。宋犖謂杜詩評點自劉辰翁始，劉本無註，元大德間有高楚芳者，刪存諸註，以劉評附之。此本疑卽楚芳編也。辰翁評所見至淺，其標舉尖新字句，殆於竟陵之先聲。王士禎乃比之郭象註莊，殆未爲篤論。至編中所集諸家之註，眞贋錯雜，亦多爲後來所抨彈。然宋以來註杜諸家，鮮有專本傳世，遺文緒論，頗賴此書以存，其篳路藍縷之功，亦未可盡廢也。

杜詩攟四卷（江蘇巡撫採進本）

明唐元竑撰。元竑字遠生，烏程人，萬歷戊子舉人。明亡，不食死。論者以首陽餓夫比之。是編乃其讀杜詩時所劄記，所閱蓋千家註本，其中附載劉辰翁評，故多駁正辰翁語。自宋人倡詩史之說，而箋杜詩者遂以劉昫、宋祁二書據爲稾本，一字一句，務使與紀傳相符。夫忠君愛國，君子之心，感事憂時，風人之旨，杜詩所以高於諸家者，固在於是。然集中根本不過數十首耳。咏月而以爲比肅宗，詠螢而以爲比李輔國，則詩家無景物矣。謂紈袴下服比小人，謂儒冠上服比君子，則詩家無字句矣。元竑所論，雖未必全得杜意，而刊除附會，涵泳性情，頗能會於意言之外。其中如白鷗沒浩蕩句，必抑蘇軾而申宋敏求；宛馬總肥秦苜蓿句，正用漢武帝離宮種苜蓿事，而執誤本春苜蓿事以爲不對漢嫖姚，又往往喜言詩讖，尤屬不經。然大旨合者爲多，勝舊註之穿鑿遠矣。

杜詩詳註二十五卷、附編二卷（內府藏本）

國朝仇兆鰲撰。兆鰲字滄柱，鄞縣人。康熙乙丑進士，官至吏部侍郎。是書乃康熙三十二年兆鰲爲編修時所奏進。凡詩註二十三卷，雜文註二卷。後以逸杜、咏杜、補杜、論杜爲附編上下二卷。其總目自二十八卷以下尚有倣杜、集杜諸卷，皆有錄無書，疑欲續爲而未成也。每詩各分段落，先詮釋文義於前，而徵引典故列於詩末。其中摭拾類書，小有舛誤者，如註忘機對芳草句，引高士傳葉幹忘機。今高士傳無此文，即太平御覽所載嵇康高士傳幾盈二卷，亦無此文。又註宵旰憂虞軫句，不知二字本徐陵文，乃引左傳註旰食、引儀禮註宵衣，考之鄭註，宵乃同綃，非宵旦之宵也。至吟杜卷中載徐增一詩，本出其說唐詩中，所謂佛讓王維作，才憐李白狂者，蓋以維詩雜禪趣，白詩多逸氣，以互形甫之謹嚴。兆鰲乃改上句爲賦似相如逸，乖其本旨。如此之類，往往有之，皆不可據爲典要。然援據繁富，而無千家諸註偽撰故實之陋習，核其大局，可資考證者爲多，亦未可竟廢也。

王右丞集箋註二十八卷、附錄二卷（江蘇巡撫採進本）

唐王維撰。

國朝趙殿成註。殿成字松谷，仁和人。王維集舊有顧起經分類註本，但註詩而不及文，詩註亦間有舛漏。殿成是本，初定稾於雍正戊申，成書於乾隆丙辰。鉤稽考訂，定爲古體詩六卷、近體詩八卷，皆以元劉辰翁評本所載爲斷。其別本所增及他書互見者，則爲外編一卷。其雜文則釐爲十三卷，併爲箋註。又以王縉進表、代宗批答、唐書本傳、世系、遺事及同時唱和、後人題詠爲一卷，弁之於首。以詩評、畫錄、年譜爲一卷，綴之於末。其年譜亦本傳、世系之類，後人題詠亦詩評、畫錄之類，而一置於後、一置於前，編次殊爲未協。又集外之詩既爲外編，其論畫諸篇亦集外之文，疑以傳疑者，而混於文集，不復分別，體例亦未畫一。然排比有緒，終較他本爲精審。其箋註往往捃拾類書，不能深究出典。即以開卷而論，闔字見楚辭，而引三輔黃圖；八荒字見淮南子，而引章懷太子後漢書註；胡牀字見世說新語桓伊載淵事，而引張端義貴耳集；朱門字亦見世說新語支遁語，而引程大昌演繁露；雙鵠字自用古詩願爲雙黃鵠語，而引謝維新合璧事類；絕迹字見莊子，而引曹植與楊修書。皆未免舉末遺本。然於顧註多所訂正，又維本精於佛典，顧註多未及詳。殿成以王琦熟於三藏，屬其助成，亦頗補所未備。核其品第，固猶在顧註上也。

高常侍集十卷（浙江鮑士恭家藏本）

唐高適撰。適，唐書作渤海人，其集亦題曰渤海。河間府志據其封邱縣詩我本漁樵孟諸野句，又初至封邱詩有去家百里不得歸句，定爲梁宋間人。然集中別孫沂詩題下又註時俱客宋中，則又非生於梁宋者。志所辨，似亦未確。考唐代士人多題郡望，史傳亦復因之，往往失其里籍，劉知幾作史通，極言其弊，而終不能更。適集既無定詞，則亦闕疑可也。其集，唐志作十卷，通考又有集外文一卷、詩一卷。此本從宋本影鈔，內廓字闕筆，避寧宗嫌名，當爲慶元以後之本。凡詩八卷、文二卷。其集外詩文則無之，考明人所刻適集，以太平廣記高鍇侍郎墓中之狐妖絕句「危冠高髻楚宮妝，閒步前庭趁夜涼。自把玉簪敲砌竹，清歌一曲月如霜」一首，併載入之，蕪雜殊甚。又九日一詩見宋程俱北山集，毛奇齡選唐人七律，亦誤題適作。此本不載，較他本特爲精審。第十卷中有賀安祿山死表，稱臣得河南道及諸州牒，皆言逆賊安祿山苦痛而死，手足俱落，眼鼻殘壞。則祿山竟以病死，與史載李豬兒事迥異，蓋兵戈雲擾，得諸傳聞之故也。

孟浩然集四卷（江蘇蔣曾瑩家藏本）

唐孟浩然撰。浩然事蹟具新唐書文藝傳。前有天寶四載宜城王士源序（案：士源即補亢倉子之王士元，其事亦見序中，此作源字，蓋傳寫異文）。又有天寶九載韋滔序。士源序稱浩然卒於開元二十八年，年五十有二。凡所屬綴，就輒毀棄，無復編錄。鄉里購採，不有其半，敷求四方，往往而獲。今集其詩二百一十七首，分爲四卷。此本四卷之數雖與序合，而詩乃二百六十二首，較原本多四十五首。洪邁容齋隨筆嘗疑其示孟郊詩時代不能相及。今考長安早春一首，文苑英華作張子容，而同張將軍薊門看鐙一首亦非浩然遊迹之所及，則後人竄入者多矣。士源序又稱詩或闕逸未成，而製思清美，及他人酬贈，咸次而不棄。而此本無不完之篇，亦無唱和之作，其非原本尤有明徵。排律之名始於楊宏唐音，古無此稱。此本乃標排律爲一體。其中田家元日一首、晚泊潯陽望香爐峯一首、萬山潭一首、渭南園即事貽皎上人一首，皆五言近體，而編入古詩。臨洞庭詩舊本題下有獻張相公四字，見方回瀛奎律髓，此本亦無之。顯然爲明代重刻，有所移改。至序中丞相范陽張九齡等與浩然爲忘形之交語，考唐書張說嘗謫岳州司馬，集中稱張相公、張丞相者凡五首，皆爲說作。若九齡則籍隸嶺南，以曲江著號，安得署曰范陽？亦明人以意妄改也。以今世所行別無他本，姑仍其舊錄之，而附訂其舛互如右。

常建詩三卷江蘇巡撫採進本

案唐常建不知其字，其里貫亦無可考。據陳振孫書錄解題，知爲開元十五年進士，終於盱眙尉而已。詩家但稱曰常尉，從其官也。唐書藝文志載常建詩一卷，此本三卷，乃毛晉汲古閣所刊，云不知何人類而析之。據書錄解題作於宋末，尙稱一卷，則元明人所分矣。殷璠作河嶽英靈集，去取至爲精核，盡代之間，所錄僅二十四人，以建爲冠，載詩僅二百三十四首，而建詩居十五首。其序稱劉楨死於文學，左思終於記室，鮑照卒於參軍，常建亦淪於一尉，深用悲惋。又稱其松際露微月，清光猶爲君，山光悅鳥性，潭影空人心諸句，而尤推弔王將軍墓一篇，以爲善敘悲怨，勝於潘岳。今觀其詩凡五十七首，所與贈答者率莫考其姓氏，其中最知名者惟王昌齡一人，而僅有宿其隱居一篇，爲招與張賁其隱。則非惟官迹寂寞，守道無營，即倡和交遊亦泊然於名場聲氣之外。不然，則李白與昌齡最契，高適、王之渙等亦與昌齡旗亭畫壁，同作俊遊，建亦何難因緣牽附，以博一時之譽哉？其人品如是，則詩品之高固其所矣。其詩自殷璠所稱外，歐陽修題青州山齋，又極賞其曲徑通幽處，禪房花木深之句，稱欲效其語久不可得。案修集本作竹徑遇幽處，蓋一時誤記，姚寬西溪叢語已辨之，今據建集改正，附識於此。然全集之中，卓然與王孟抗行者，殆十之六七，不但二人所稱也。洪邁萬首絕句別載建吳故宮一首，此集不載，語亦不類。邁所編舛誤至多，不盡足據，今亦不復增入焉。

儲光羲詩五卷內府藏本

案陳振孫書錄解題載儲光羲詩五卷，唐監察御史魯國儲光羲撰，與崔國輔、綦毋潛皆同年進士，天寶末任僞官，貶死。唐書藝文志儲光羲政論下註曰：兗州人，開元進士第，又詔中書試文章，歷監察御史，安祿山反，陷賊自歸。與振孫所敘爵里相同，而任僞官事已小異。又包融集條下註曰：融與儲光羲皆延陵人，與丁仙芝等十八人皆有詩名，殷璠彙次其詩，號曰丹陽集。則併其里籍亦異，自相矛盾，莫之詳也。唐志載其集七十卷，是集前有顧況序，亦稱所著文篇賦論七十卷。辛文房唐才子傳稱其又有九經分疏義二十卷，與所作政論十五卷並傳，今皆散佚，存者惟此詩五卷耳。其詩源出陶潛，質樸之中有古雅之味，位置於王維、孟浩然間，殆無愧色。殷璠河岳英靈集稱其削盡常言，得浩然之氣，非溢美也。

次山集十二卷內府藏本

唐元結撰。結事蹟具新唐書本傳。結所著有元子十卷，李商隱爲作序；文編十卷，李紓爲作序；又猗玕子一卷，並見唐志，今皆不傳。所傳者惟此本，而書名卷數皆不合，蓋後人摭拾散佚而編之，非其舊本。觀洪邁譏所記二十國事，如方國、圓國、言國、相乳國、無手國、無足國、惡國、忍國、無鼻國、觸國之類，見於容齋隨筆者，此本皆無之，則其佚篇多矣。結性不諧俗，亦往往迹涉詭激。初居商餘山，自稱季；及逃難猗玕洞，稱猗玕子；又或稱浪士，或稱聱叟，或稱漫叟；爲官，或稱漫郞。頗近於古之狂。然制行高潔，而深抱閔時憂國之心，文章戛戛自異，變排偶綺靡之習。杜甫嘗和其舂陵行，稱其可爲天地萬物吐氣。晁公武謂其文如古鍾磬，不諧俗耳。高似孫謂其文章奇古，不蹈襲。蓋唐文在韓愈以前毅然自爲者，自結始，亦可謂耿介拔俗之姿矣。皇甫湜嘗題其浯溪中興頌曰：次山有文章，可惋只在碎，然長於指敘，約結有餘態，心語適相應，出句多分外，於諸作者閒，拔戟成一隊。其品題亦頗近實也。

顏魯公集十五卷補遺一卷年譜一卷附錄一卷副都御史

（黃登賢家藏本）

唐顏眞卿撰。眞卿事蹟具唐書本傳。其集見於藝文志者有吳興集十卷、又廬州集十卷、臨川集十卷。至北宋皆亡。有吳興沈氏者、採掇遺佚、編爲十五卷、劉敞爲之序。但稱沈侯而不著名字。嘉祐中、又有宋敏求編本、亦十五卷、見館閣書目。江休復嘉祐雜志極稱其採錄之博。至南宋時、又多漫漶不完。嘉定閒、留元剛守永嘉、得敏求殘本十二卷、失其三卷。乃以所見眞卿文別爲補遺、併撰次年譜附之、自爲後序。後人復即元剛之本分爲十五卷以符沈宋二本之原數。沿及明代、留本亦不甚傳。今世所行乃萬歷中眞卿裔孫允祚所刊、脫漏舛錯、盡失其舊。獨此本爲錫山安國所刻、雖已分十五卷、然猶元剛原本也。眞卿大節、炳著史冊、而文章典博莊重、亦稱其爲人。集中廟享議等篇、說禮尤爲精覈。特收拾於散佚之餘、即元剛所編亦不免闕略。今考其遺文之見於石刻者、往往爲元剛所未收。謹詳加搜輯、得殷府君夫人顏氏碑銘一首、尉遲迥廟碑銘一首、太尉宋文貞公神道碑側記一首、贈祕書少監顏君廟碑碑側記、碑額陰記各一首、竹山連句詩一首、奉使蔡州詩一首、皆有碑帖現存。又政和公主碑殘文、顏元孫墓誌殘文二篇、見江氏筆錄。陶公栗里詩見困學紀聞。今俱採出、增入補遺卷內。至留元剛所錄禘祫議、其文旣與廟享議複見、而篇末時議者羣然云云、乃新唐書陳京傳敘事之辭、亦非眞卿本文。又干祿字書序乃顏元孫作、眞卿特書之刻石、元剛遂以爲眞卿文、亦爲舛誤。今並從刊削焉。後附年譜一卷、舊亦題元剛作、而譜中所列詩文諸目、多集中所無、疑亦元剛因舊本增輯也。元剛字茂濳、丞相留正之子。官終起居舍人。

宗元集三卷、附錄元綱論一卷、內丹九章經一卷、（浙江巡撫採進本）

唐吳筠撰。筠字貞節、華陰人。隱於南陽。天寶中召至京師。請爲道士、居嵩山。復求還茅山、東遊會稽。往來天台剡中、與李白孔巢父酬唱。大歷中卒。弟子私謚曰宗元先生。新舊唐書皆載隱逸傳。此本爲浙江鮑氏知不足齋所鈔、末有跋云、收入道藏中、世無別本。然文獻通考云吳筠宗元先生集十卷、前有權德輿序、列於別集諸人之次、則當時非無傳本。此跋題戊申歲、不著年號、疑作於通考前也。卷首權德輿序稱太原王顏類遺文爲三十卷。後又有吳尊師傳、亦德輿撰、乃言文集二十卷、均與文獻通考稱十卷者不合。考德輿序稱四百五十篇、而此本合詩賦論僅一百十九篇、則非完書矣。又舊書筠本傳云魯中儒士也。新書本傳云華州華陰人。德輿序稱華陰人、而傳又云魯儒士。序稱受正一法於馮尊師、上距陶宏景五傳。傳又云受正一法於潘體元、乃馮之師。亦相乖刺。考舊書李白傳、稱天寶初客遊會稽、與道士吳筠隱於剡中。而傳乃言祿山將亂、求還茅山、旣而中原大亂、江淮多盜、乃東遊會稽、與詩人李白孔巢父詩篇酬和。不知天寶亂後、白已因永王璘事流夜郎矣、安能與筠同隱。此傳殆出於依託。序又稱筠卒於大歷十三年、後二十五歲乃序此集。其年爲貞元十九年。德輿於貞元十七年知禮部貢舉、明年眞拜侍郎。故是年作序、系銜云禮部侍郎。其文與史合。而金丹九章經前又載筠自序一篇、題元和戊戌年作。戊戌乃元和十三年、距所謂先生化去之年又隔四十年。後且云元和中遊淮西、遇王師討蔡賊吳元濟、避亂東岳、遇李謫仙、授以內丹九章經。殆似囈語。然則此序與傳同一僞撰矣。據新舊書皆有元綱三篇語、則卷末所附元綱論三篇、自屬筠作。至內丹九章經、核之以序、僞妄顯然。以流傳已久、姑併錄之、而辨其牴牾如右。

杼山集十卷、（內府藏本）

唐僧皎然撰。案唐書藝文志、皎然字清晝、湖州人。謝靈運十世孫。居杼山。顏眞卿爲刺史、集文士撰韻海鏡源、預其論著。貞元中、取其集藏集賢御書院。刺史于頔爲序。此集卷數與唐志合、頔序亦存。蓋猶舊本。前有贊寧所爲傳、蓋自高僧傳錄入。末有集外詩、則毛晉所補緝也。皎然及貫休齊已皆以詩名。今觀所作、弱於齊已而雅於貫休、在中唐作者之閒、可廁末席。集末附載雜文數篇、則聊以備體、非其所長矣。別本附刊杼山詩式一卷、案唐志晝公詩式詩評皆載文史類中、不附本集。今亦析出別錄著焉。

劉隨州集十一卷、（編修鄒炳泰家藏本）

唐劉長卿撰。長卿字文房、河閒人。姚合極元集作宣城人、莫能詳也。開元二十一年登進士第。官終隨州刺史、故至今稱曰劉隨州。是集凡詩十卷、文一卷。第二卷中送河南元判官赴河南勾當苗稅充百官俸錢詩，不書勾字，但註曰御名。蓋宋高宗名構，當時例避同音，故勾字稱御名，則猶從南宋舊本翻雕也。然編次叢脞頗甚，諸體皆以絶句爲冠，中間古體近體亦多淆亂。如四月深澗底，桃花方欲然，寧知地勢下，遂使春風偏四句，第四卷中作晚桃詩前半首，乃幽居八詠上李侍郎之一。而第一卷又割此四句爲絶句，題曰入百丈澗見桃花晚開。是二者必有一譌也。舊原有外集一卷，所錄僅詩十首，而重送一首已見八卷中，又佚去題中裴郎中貶吉州六字。次前溪館作一首，已見二卷中。贈袁贊府一首已見九卷中，而又誤以題下所註時經劉展平後句爲題，併軼時經二字。送裴二十七端公詩亦見二卷中。哭李宥一首，亦見九卷中。秋雲嶺、洞山陽、橫龍渡、赤沙湖四首，即四卷中湘中紀行十首之四。又譌秋雲嶺爲雲秋嶺，洞山陽爲山陽洞。寄李侍郎行營五十韻一首，已見七卷。又佚其題首至德三年等二十四字。不知何以舛謬至此。蓋宋本亦有善不善，不能一一精核也。今刊除入百丈澗見桃花晚開一首，其外集亦一併刊除，以省重複。長卿詩號五言長城，大抵研鍊深穩，而自有高秀之韻。其文工於造語，亦如其詩，故於盛唐中唐之閒，號爲名手。但才地稍弱，是其一短。高仲武中興閒氣集病其十首以後語意略同，可謂識微之論。王士禎論詩絶句乃云不解雌黃高仲武，長城何意貶文房，非篤論也。

韋蘇州集十卷（江蘇巡撫採進本）

唐韋應物撰。應物，京兆人。新舊唐書俱無傳。宋姚寬西溪叢話載吳興沈作喆爲作補傳，稱應物少游太學，當開元天寶閒宿衛，扈從遊幸，頗任俠負氣。兵亂後流落失職，乃更折節讀書，由京兆功曹累官至蘇州刺史、太僕少卿，兼御史中丞，爲諸道鹽鐵轉運江淮留後，年九十餘，不知其所終。先是嘉祐中王欽臣校定其集，有序一首，述應物事迹，與補傳皆合。惟云以集中及時人所稱推其仕宦本末，疑止於蘇州刺史。考劉禹錫集有蘇州舉韋中丞自代狀，則欽臣爲疎略矣。李覯集有上應物書，深言其褊躁，而李肇國史補云應物性高潔，鮮食寡欲，所居焚香掃地而坐。二說頗異。蓋狷潔之過，每傷峭刻，亦事理所兼有也。其詩七言不如五言，近體不如古體。五言古體源出於陶，而鎔化於三謝，故眞而不朴，華而不綺。但以爲步趨柴桑，未爲得實。如喬木生夏涼，流雲吐華月，陶詩安有是格耶。此本爲康熙中項絪以宋槧翻雕，卽欽臣所校定。首賦，次雜擬，次燕集，次寄贈，次送別，次酬荅，次逢遇，次懷思，次行旅，次感歎，次登眺，次遊覽，次雜興，次歌行，凡爲類十四，爲篇五百七十一。原序乃云分類十五，殊不可解。然字畫精好，遠勝毛氏所刻四家刻本，故今據以著錄。其毛本所載拾遺數首，眞僞莫決，亦不復補入焉。

欽定四庫全書總目卷一百四十九

欽定四庫全書總目卷一百五十

集部三

別集類三

毗陵集二十卷（江蘇巡撫採進本）

唐獨孤及撰。及字至之，洛陽人。官至司封郎中、常州刺史，卒謚曰憲。事蹟具唐書本傳。權德輿作及謚議，稱其立言遣詞，有古風格，濬波瀾而去流宕，得菁華而無枝葉。皇甫湜諭業亦稱及文如危峯絶壁，穿倚霄漢，長松怪石，顚倒巖壑。王士禎香祖筆記則謂其序記尙沿唐習，碑版敍事稍見情實。仙掌、函谷二銘，琅邪溪述、馬退山茅亭記、風后八陣圖記是其傑作。文粹略已載之，頗不以湜言爲然。考唐自貞觀以後，文士皆沿六朝之體。經開元天寶，詩格大變，而文格猶襲舊規。元結與及始奮起湔除，蕭穎士、李華左右之。其後韓柳繼起，唐之古文遂蔚然極盛。斵雕爲樸，數子實居首功。唐實錄稱韓愈學獨孤及之文，當必有據。（案此據晁氏讀書志所引）特風氣初開，明而未融耳。士禎於篳路藍褸之初，責以制禮作樂之事，是未尙論其世也。集爲其門人安定梁肅所編，李舟爲之序。凡詩三卷，文十七卷。舊本久湮，明吳寬自內閣鈔出，始傳於世。其中如景皇帝配天議、郭知運呂諲等謚議，皆粹然儒者之言，非徒以詞采爲勝。不止士禎所舉諸篇。至馬退山茅亭記乃柳宗元作，後人誤入及集。士禎一例稱之，尤疎於考證矣。又文苑英華載有及賀赦二表、代獨孤將軍讓魏州刺史表、爲崔使君讓潤州表、代于京兆請停官侍親表，唐文粹有招北客文凡六篇集內皆無之案賀赦表所云誅翦大憝清復闕廷及歸過罪己降去鴻名竝德宗興元時事及沒於大歷十二年已不及見招北客文文苑英華又以爲岑參之作彼此錯互疑莫能詳今姑依舊本闕載焉

蕭茂挺文集一卷江蘇巡撫採進本

唐蕭穎士撰穎士字茂挺潁川人梁鄱陽王之裔世系具載其贈韋司業書中開元二十三年舉進士對策第一天寶初官祕書正字以搜括遺書淹久不報劾免尋召爲集賢校理忤李林甫調廣陵參軍韋述薦爲史館待制又忤林甫免林甫死調河南府參軍安祿山反穎士走山南源洧辟掌書記後爲揚州功曹參軍復棄官去遂客死於汝南事蹟具新唐書文藝傳穎士嘗作伐櫻桃賦以刺林甫唐書本傳譏其褊而晁公武讀書志則稱其每俯臨於蕭牆姦回得而窺伺之句爲知幾先見唐書貶之爲非今考穎士當祿山寵盛之時嘗與柳并策其必反既而言驗乃詣河南採訪使郭納言獻策守禦納言不能用祿山別將攻南陽山南節度使源洧欲遁穎士力持之乃堅意拒賊永王璘嘗召之不赴而與宰相崔圓書請先防江淮之亂既而劉展又果叛其才略志節皆過於人不但如晁氏之所云文章根柢固不僅在學問之博奧也穎士文章與李華齊名而穎士尤爲當代所重李邕負一代宿望而進芝草表假手穎士則其推挹可知唐志載穎士游梁新集三卷文集十卷宋志僅載文集十卷而游梁新集已佚此本前有曹溶名字二印蓋其所藏僅賦九篇表五篇牒一篇序五篇書五篇史稱其與崔圓書今集中不載書錄解題所云柳并序今亦佚之又後人鈔撮文苑英華唐文粹諸書而成非復十卷之舊矣然殘膏賸馥猶足沾溉正不必以不完爲歉也

李遐叔文集四卷浙江吳玉墀家藏本

唐李華撰華字遐叔趙州贊皇人累中進士宏辭科天寶中遷監察御史徙右補闕安祿山反華爲賊所得僞署鳳閣舍人賊平貶杭州司戶參軍李峴表置幕府擢吏部員外郎以風痺去官卒新舊唐書俱載入文苑傳中舊唐書稱華有文集十卷獨孤及序則稱自監察以前十卷號爲前集其後二十卷爲中集卷數頗不合馬端臨經籍考不列其目則南宋時原本已亡此本不知何人所編蓋取唐文粹文苑英華所載裒集類次而仍以及序冠之有篇次而無卷目今釐爲四卷著之於錄華遭逢危亂污辱賊庭晚而自傷每託之文章以見意如權皋銘云瀆而不滓瑜而不瑕元德秀銘云貞玉白華不緇不磷四皓銘云道不可屈南山採芝竦慕元風徘徊古祠其悔志可以想見然大節一虧萬事瓦裂天下不獨與之論心也至其文詞緜麗精彩煥發實可追配古之作者蕭穎士見所著含元殿賦以爲在景福之上靈光之下雖友朋推挹之詞亦庶幾乎近之矣集中原有盧坦之殤烈婦二傳檢勘其文皆見於李翺集中當由誤採今竝從刊削焉

錢仲文集十卷內府藏本

唐錢起撰起字仲文吳郡人天寶中舉進士官至考功郎中大歷以還詩格初變開寶渾厚之氣漸遠漸漓風調相高稍趨浮響升降之關十子實爲之職志起與郎士元其稱首也然溫秀蘊藉不失風人之旨前輩典型猶有存焉其集唐志作一卷晁公武讀書志作二卷今本十卷殆後人所分其中凡古體詩皆題曰往體考陸龜蒙松陵集亦以古體爲往體蓋唐代詩集標目有此二名偶然異文別無他義又集末江行絕句一百首胡震亨唐音統籤以爲本錢珝之詩誤入起集有考辨甚詳然舊本流傳相沿已久且珝固起孫卽附錄祖集之末亦無不可故今仍竝存之焉

華陽集三卷附顧非熊詩一卷浙江鮑士恭家藏本

唐顧況撰況字逋翁海鹽人至德二年進士德宗時官祕書郎遷著作郎貶饒州司戶參軍晚年退居茅山自號華陽眞逸集有皇甫湜序稱爲三十卷讀書志作二十卷書錄解題惟載其詩集云本十五卷今止五卷其本今皆不傳此本乃明萬歷中況裔孫名端裒其詩文成三卷末附況子非熊詩十餘首文苑英華唐文粹中尚有況詩四首非熊詩一首皆未收入尙未爲賅備也非熊詩有父風長慶中登第大中閒爲盱眙簿亦棄官隱茅山酉陽雜俎記況作瘞子詩旦夕悲吟其子之魂聞之因再生爲況子卽非熊也其事怪誕不足信本事詩又載況紅葉題詩事尤屬不經其所題詩亦猥鄙不足傳皆好事者爲之也舊本所有姑存之以爲談助云爾

翰苑集二十二卷內府藏本

唐陸贄撰。贄事蹟具唐書本傳。案藝文志載贄議論表疏集十二卷，又翰苑集十卷，常處厚纂；陳振孫書錄解題載陸宣公集二十二卷，中分翰苑牓子爲二集，其目亦與史志相同。惟晁公武讀書志所載乃祇有奏議十二卷，且稱舊有牓子集五卷、議論集三卷、翰苑集十卷，元祐中蘇軾乞校正進呈，改從今名。疑是裒諸集成此書，與史志名目全不相合。今考尤袤遂初堂書目所列，實作翰苑集，而錢曾讀書敏求記載所見宋槧大字本二十二卷者，亦作翰苑集。則自南宋以後已合議論表疏爲一集，而總題以翰苑之名。公武所見乃元祐本，恐非全冊。而今世刊行贄集，亦有題作陸宣公奏議者，則又沿讀書志而失之者也。宋祁作贄傳贊，稱其論諫數十百篇，譏陳時病，皆本仁義，炳炳如丹青，而惜德宗之不能盡用。故新唐書例不錄排偶之作，獨取贄文十餘篇，以爲後世法。司馬光作資治通鑑，尤重贄議論，採奏疏三十九篇。其後蘇軾亦乞以贄文校正進讀。蓋其文雖多出於一時匡救規切之語，而於古今來政治得失之故，無不深切著明，有足爲萬世龜鑑者。故歷代寶重焉。贄尚有詩文別集十五卷，久佚不傳。全唐詩所錄僅存試帖詩三首及語林所載逸句。然經世有用之言悉具是書，其所以爲贄重者，固不必在雕章繪句之末矣。

權文公集十卷內府藏本

唐權德輿撰。德輿字載之，天水人。初辟河南幕府，歷中書門下平章事。事蹟具唐書本傳。德輿嘗自纂制集五十卷，楊憑序之；其孫憲又編其詩文爲五十卷，楊嗣復序之。今制集已佚，文集亦久無傳本。此本乃明嘉靖二十年楊慎得之於滇南，僅存目錄及詩賦十卷，劉大謨序而刻之，又刪其無書之目錄。德輿文集遂不可考。惟文苑英華及唐文粹中時時散見耳。考王士禎居易錄載權文公集五十卷，註曰詩賦十卷、文四十卷、碑銘八卷、論二卷、記二卷、集序三卷、贈送序四卷、策問一卷、書二卷、疏表狀五卷、祭文三卷，稱無錫顧宸藏本，劉體仁之子凡寫之以貽士禎者。然則德輿全集康熙中猶存，不識何以今所存者皆楊慎之殘本。第士禎所註卷目以數計之，乃八十卷，與五十卷之說不合，又不識其何故也。

韓集舉正十卷外集舉正一卷編修朱筠家藏本

宋方崧卿撰。崧卿，莆田人，孝宗時嘗知台州軍事。是書後有淳熙己酉崧卿自跋，稱右昌黎先生集四十卷、外集一卷、附錄五卷、增考年譜一卷，復次其異同爲舉正十卷。陳振孫書錄解題所載同，而多外鈔八卷。其註稱年譜洪興祖撰，莆田方崧卿增考，且撰舉正以校其同異，而刻之南安。外集但據嘉祐劉𤧉所錄二十五篇，而附以石刻聯句詩文之遺見於他集者，及葛嶠刻柳文，又以大庾韓郁所編註諸本號外集者，幷考疑誤，輯遺事，共爲外鈔刻之。然則外鈔非方氏書，特葛氏刻柳集以配韓，因而增入，故崧卿跋不之及也。據自跋與陳氏所錄，則此書蓋與文集外集附錄年譜並刻，此本惟有舉正，蓋所存止此也。十卷之末，又有外集舉正一卷，而跋中不及，陳氏亦不及，核其原刻，不標卷第，殆即附之十卷中歟。自朱子因崧卿是書作韓文考異，盛名所掩，原本遂微。越及元明，幾希泯滅。此本紙墨精好，內桓字闕筆，避欽宗諱；敦字全書不避光宗諱，蓋即淳熙舊刻。越五百載而幸存者，殆亦其精神刻苦，足以自傳，故若有呵護其間，非人力所能抑遏歟。閻若璩號最博洽，其潛邱劄記中不知李浙東爲誰，稱得李翶全集或可以考。今觀此本第六卷代張籍書下明註爲李遜，且引舊書本傳，遜以元和五年刺浙東，九年召還，此書作於六七年間云云。則若璩亦未見此本，可稱罕覯之笈。其名曰舉正，蓋因郭京易舉正之舊。見首篇之自註。考異刪去此條，遂莫知其命名之義。其於改正之字用朱書，案刻本實作陰文，蓋古無套版之法，不能作二色也。觀政和本草稱神農本經用朱書，而皆作陰文，是其明證，謹附識於此。衍去之字以圓圈圍之，增入之字以方圈圍之，顛倒之字以墨線曲折乙之。體例亦似較考異爲明晰。所據碑本凡十有七。所據諸家之書，凡唐令狐澄本、南唐保大本、祕閣本、祥符杭本、嘉祐蜀本、謝克家本、李昞本，參以唐趙德文錄、宋白文苑英華、姚鉉唐文粹，參互鉤貫，用力亦勤。雖偏信閣本，是其一失，宜爲朱子所糾。然司馬遷因國策作史記，不以史記廢國策；班固因史記作漢書，不以漢書廢史記。倪思嘗集國策史記漢書之同異，纂爲二書。今其班馬異同猶有傳本。然則雖有考異，不妨並存。此書以備參訂，亦何必堅持門戶，盡沒前人著作之功乎。

書錄解題又曰，韓昌黎集四十卷、外集十卷，朱侍講以方氏本校定，凡異同定歸於一，多所發明。外集皆如舊本，獨用方本益大顛三書。今考外集舉正所列，自海水詩至明水賦，二十五篇之數俱全，無所謂大顛三書者，亦無所謂石刻聯句詩文之遺於他集者。不知考異所據何本。此亦千古之大疑，姑闕所不知可矣。

原本韓文考異十卷（江蘇巡撫採進本）

宋朱子撰。其書因韓集諸本互有異同，方崧卿所作舉正，雖參校衆本，棄短取長，實則惟以館閣本為主，多所依違牽就。即南山有高樹詩之婆娑弄毛衣，傳安道所舉為笑端者，亦不敢明言其失。是以覆加考訂，勒為十卷。凡方本之合者存之，其不合者一一詳為辨證。其體例本但摘正文一二字大書，而所考夾註於下，如陸德明經典釋文之例。於全集之外別行。至宋末王伯大始取而散附句下。以其易於省覽，故流布至今，不復知有朱子之原本。其閒譌脫竄亂，頗失本來。此本出自李光地家，乃從朱子門人張洽所校舊本翻雕，最為精善。第一卷末有洽補註一條，稱陪杜侍御游湘西兩寺詩長沙千里平句，千里當作十里，言親至嶽麓寺見之。方氏及朱子皆未知。又第四卷末洽補註一條，辨原性一篇，唐人實作性原，引楊倞荀子註所載全篇，證方氏舉正不誤，朱子偶未及考。又第七卷末有洽補註一條，辨曹成王碑中搏力句卒之義。皆今本所未載。其字為徐用錫所校，點畫不苟。然光地沒後，其版旋佚，故傳本頗少。此本猶當日之初印，毫無刓闕，尤可貴也。

別本韓文考異四十卷、外集十卷、遺文一卷（兩江總督採進本）

宋王伯大編。伯大字幼學，號留耕，福州人。嘉定七年進士。理宗朝官至端明殿學士，拜參知政事。事蹟具宋史本傳。伯大以朱子韓文考異於本集之外別為卷帙，不便尋覽，乃重為編次，離析考異之文，散入本集各句之下，刻於南劍州。又採洪興祖年譜辨證、樊汝霖年譜註、孫汝聽解、韓醇解、祝充解為之音釋，附於各篇之末。厥後麻沙書坊以註釋綴於篇末，仍不便檢閱，亦取而散諸句下。蓋伯大改朱子之舊第，坊賈又改伯大之舊第，已全失其初。即卷首趙朱文公校昌黎先生集凡例十二條者，勘驗其文，亦伯大重編之凡例，非朱子考異之凡例。流俗相傳，執此為朱子之本，實一誤且再誤也。據李光地翻刻宋版考異跋，此本之舛譌遺漏，不一而足，蓋屢次重編，不能一一清整，勢所必然。然註附句下，較與文集別行者究屬易觀。今錄光地所刻十卷之本，以存舊式，仍錄此本以便參稽。自宋以來，經典釋文、史記索隱均於原書之外別本各行，而監本經史仍兼行散入句下之本，是即其例矣。

五百家註音辯昌黎先生文集四十卷（內府藏本）

宋魏仲舉編。仲舉，建安人。書前題慶元六年刻於家塾，實當時坊本也。首列評論詁訓音釋諸儒名氏一篇，自唐燕山劉氏迄潁人王氏，其一百四十八家。又附以新添集註五十家、補註五十家、廣註五十家、釋事二十家、補音二十家、協音十家、正誤二十家、考異十家，統計祇三百六十八家，不足五百之數。而所云新添諸家，皆不著名氏。大抵虛構其目，務以炫博，非實有其書。即所列一百四十八家，如皇甫湜、孟郊、張籍等，皆同時唱和之人。劉昫、宋祁、范祖禹等，亦僅撰述唐史，均未嘗詮釋文集。乃引其片語，即列為一家，亦殊牽合。蓋與所刊五百家註柳集均一書肆之習氣。然其閒如洪興祖、朱子、程敦厚、朱廷玉、樊汝霖、蔣璨、任淵、孫汝聽、韓醇、劉崧、祝充、張敦頤、嚴有翼、方崧卿、李樗、鄭耕老、陳汝義、劉安世、謝無逸、李朴、周行己、蔡夢弼、高元之、陸九淵、陸九齡、郭忠孝、郭雍、程至道、許開、周必大、史深大等，有考證音訓者，凡數十家。原書世多失傳，猶賴此以獲見一二，亦不可謂非仲舉之功也。宋犖尊稱此書尚有宋槧本在長洲文氏，後歸李日華家。正集之外，尚有外集十卷、別集一卷，附論語筆解十卷。此本止四十卷，而外集、別集不與焉。蓋流傳既久，又有所闕佚矣。

東雅堂韓昌黎集註四十卷、外集十卷（副都御史黃登賢家藏本）

不著撰人名氏。惟卷末各有東吳徐氏刻梓家塾小印。考陳景雲韓集點勘書後曰：近代吳中徐氏東雅堂刊韓集，用宋末廖瑩中世綵堂本。其註採建安魏仲舉五百家註本為多。閒有引他書者，僅十之三。復刪節朱子單行考異，散入各條下。皆出瑩中手也。瑩中為賈似道館客，事見宋史似道傳。徐氏刊此本，不著其由來，殆深鄙瑩中為人，故削其名氏并開版年月也云云。今考此本，前列重校凡例九條，內稱廟諱一條，確為宋人之語，景雲之說爲可信。知此本爲塋中註也。景雲又自註此文曰：東雅堂主人徐時泰，萬歷中進士，官工部郎中。今考明進士題名碑，萬歷甲戌科有徐時泰，長洲人，蓋卽其人矣。

韓集點勘四卷（浙江巡撫採進本）

國朝陳景雲撰。景雲有通鑑胡注舉正，已著錄。是編取廖瑩中世綵堂所註韓集，糾正其誤，因彙成編。卷首註曰校東雅堂本，以廖註爲徐時泰東雅堂所翻雕也。末有景雲自跋，稱瑩中粗涉文義，全無學識。其傳採諸條，不特遴擇失當，卽文義亦多疏舛。今觀所校考據史傳，訂正訓詁，删繁補闕，較原本實爲精密。如別知賦之一旦爲仇，證以爾雅。元和聖德詩之麻列，證以李白夢遊天姥詩。城南聯句之疆吡，證以周禮鄭註。梁國公主輓歌之厭翟，證以毛詩鄭箋。師說之句讀，證以經典釋文。送韓侍御序之所治，證以魏文帝與吳質書。祭李使君文之鸞透，證以揚雄方言。左思賦烏氏廟碑之立議，證以漢書顏註。太原郡公神道碑之耆事，證以王安石文。劉統軍墓誌之父訟，證以漢書段熲傳。太傅董公行狀之其子，乃證以唐書李萬榮傳。以至鄖城聯句之諛噱，當爲庾噱，證以李藩傳。進學解之守正，當爲宗正，證以新唐書及文粹，皆援據精確。他如引亦蘇杖歌，證南宮不止稱禮部。引唐志五岳四瀆令，證廟令老人。引德宗祔廟高宗已祧，證諱辨之治字，亦具有典據，而於時事辨別尤詳，可稱善本。惟尸子先見公羊傳，而云出漢書，稍爲疏漏。又次潼關先寄張十二閣老詩，忽參宋人譜謔一條，非惟無預於校讎，乃併無預於韓集，殊乖體例耳。

詁訓柳先生文集四十五卷外集二卷新編外集一卷（內府藏本）

唐柳宗元撰，宋韓醇音釋。醇字仲韶，臨邛人。其始末未詳。宗元集爲劉禹錫所編，其後卷目增損，在宋時已有四本。一則三十三卷，爲元符間京師開行本。一則曾丞相家本。一則晏元獻家本。一則此四十五卷之本，出自穆修家，云卽禹錫原本。案陳振孫書錄解題曰：劉禹錫作序，稱編次其文爲三十二通，退之之誌若祭文附第一通之末。今世所行本皆四十五卷，又不附誌文，非當時本也。考今本所載禹錫序，實作四十五通，不作三十二通，與振孫所說不符。或後人追改禹錫之序，以合見行之卷數，亦未可知。要之，刻韓柳集者自穆修始，雖非禹錫之舊第，諸家之本亦無更古於是者矣。政和中，胥山沈晦取各本參校，獨據此本爲正，而以諸本所餘者別作外集二卷，附之於後，蓋以此也。至淳熙中，醇因沈氏之本爲之箋註，又搜葺遺佚，別成一卷，附於外集之末。權知珍州事王咨爲之序。醇先作韓集全解，及是又註柳文，其書蓋與張敦頤韓柳音釋同時並出，而詳博實過之。魏仲舉五百家註亦多引其說。明唐覲延州筆記嘗摘其註南霽雲碑不知沂城鑿穴之奇句，本潘岳馬汧督誄，是誠一失。然不以害其全書也。

增廣註釋音辯柳集四十三卷（內府藏本）

舊本題宋童宗說註釋，張敦頤音辯，潘緯音義。宗說，南城人，始末未詳。敦頤有六朝事蹟，已著錄。緯字仲寶，雲間人。據乾道三年吳郡陸之淵序，稱爲乙丑年甲科，官灊山廣文。亦不知其終於何官也。之淵序但題柳文音義，序中所述亦僅及韓仿祀充韓文音義傳柳氏釋音，不及宗說與敦頤書。中所註各以童云、張云、潘云別之，亦不似緯自撰之體例。蓋宗說之註釋，敦頤之音辯，本各自爲書，坊賈合緯之音義刊爲一編，故書首不以柳文音義標目，而別題曰增廣註釋音辯唐柳先生集也。其本以宗元本集外集合而爲一，分類排次，已非劉禹錫所編之舊，而不收王銍僞龍城錄之類，則尙爲謹嚴。其音釋雖隨文詮解，無大考證，而於僻音難字，一一疏通，以云詳博則不足，以云簡明易曉，以省檢閱篇韻之煩，則於讀柳文者亦不爲無益矣。舊有明代刊本，頗多譌字。此本爲麻沙小字版，尙不失其眞云。

五百家註音辯柳先生文集二十一卷外集二卷新編外集一卷龍城錄二卷附錄八卷（內府藏本）

宋魏仲舉編。其版式廣狹，字畫肥瘠，與所刻五百家註昌黎集纖毫不爽，蓋二集一時並出也。前有評論訓詁諸儒姓氏，檢核亦不足五百家。書中所引僅有集註、有補註、有音釋、有解義及孫氏、童氏、張氏、韓氏諸解。此外罕所徵引，又不及韓集之博。蓋諸家論韓者多，論柳者較少，故所取不過如此。特姑以五百家之名與韓集相配云爾。書後外集二卷、新編外集一卷，乃原集末錄之文，其二十五首附錄二卷，則羅池廟碑及崇寧紹興加封誥詞之類、而法言註五則亦在其中。又附以龍城錄二卷、序傳碑記共一卷、後序一卷、而柳文綱目文安禮年譜則俱冠之卷首。其中如封建論後附載程敦夫論一篇。又揚雄酒箴李華德銘屈原天問劉禹錫天論之類、亦俱採掇附入。其體例與韓集稍異。雖編次叢雜、不無繁贅。而旁搜遠引、寧冗毋漏、亦有足資考訂者。且其本槧鍥精工、在宋版中亦稱善本。今流傳五六百年、而紙墨如新、神明煥發。復得與昌黎集註先後同歸祕府、有類乎珠還合浦、劍會延津、是尤可爲寶貴矣。

劉賓客文集三十卷、外集十卷、江蘇巡撫採進本

唐劉禹錫撰。唐書禹錫本傳稱爲彭城人、蓋舉郡望。實則中山無極人。是編亦名中山集、蓋以是也。陳振孫書錄解題稱原本四十卷、宋初佚其十卷。宋次道裒其遺詩四百七篇、雜文二十二首爲外集、然未必皆十卷所逸也。禹錫在元和初、以附王叔文被貶、爲八司馬之一。召還之後、又以詠元都觀桃花觸忤執政、頗有輕薄之譏。然韓愈頗與之友善、集中有上杜黃裳書、歷引愈言爲重。又外集有子劉子自傳一篇、敘述前事、尙不肎詆諆叔文。蓋其人品與柳宗元同。其古文則恣肆博辨、於昌黎柳州之外、自爲軌轍。其詩則含蓄不足、而精銳有餘。氣骨亦在元白上。均可與杜牧相頡頏、而詩尢矯出。陳師道稱蘇軾詩初學禹錫。呂本中亦謂蘇轍晚年令人學禹錫詩、以爲用意深遠、有曲折處。劉克莊後村詩話乃稱其詩多感慨、惟在人雖晚達、於樹似冬青十字差爲閑婉。似非篤論也。其雜文二十卷、詩十卷、明時曾有刊版。獨外集世罕流傳、藏書家珍爲祕笈。今揚州所進鈔本、乃毛晉汲古閣所藏。紙墨精好、猶從宋刻影寫。謹合爲一編、著之於錄、用還其卷目之舊焉。

呂衡州集十卷、浙江鮑士恭家藏本

唐呂溫撰。溫字和叔、一字化光、河中人。貞元十四年進士。官至刑部郎中、兼侍御史、後謫道州刺史、徙衡州卒。事蹟具唐書本傳。劉禹錫編次其文、稱斷自人文化成論至諸葛武侯廟記爲上篇。此本先詩賦、後雜文、已非禹錫編次之舊。又第六卷七卷誌銘已闕數篇。卷末有孱守居士跋云、甲子歲從錢氏借得前五卷、戊辰從郡中買得後三卷、俱宋本。第六第七二卷均之闕如。因取英華文粹照目寫入、以俟得完本校定。又云第二卷鬪𥘵以下十五首、宋本所無、照陳解元棚本鈔入。孱守居士、常熟馮舒之別號。蓋舒所重編也。溫亦八司馬之黨。當王叔文敗時、以使吐蕃幸免。其人品本不純粹。而學春秋於陸淳、學文章於梁肅、則授受頗有淵源。集中如與族兄皐書、深有得於六經之旨。送薛天信歸臨晉序、洞見文字之源。裴氏海昏集序、論詩亦殊精邃。古東周城銘、能明君臣之義、以糾左氏之失。其思子臺銘序、謂遇一物可以正訓於世者、秉筆之士未嘗闕焉。其文章之本可見矣。惟代尹僕射度女爲尼表可以不存。而諸葛侯廟記以爲有才而無識、尤好爲高論、失之謬妄。分別觀之可矣。

張司業集八卷、安徽巡撫採進本

唐張籍撰。籍字文昌、和州人。貞元十五年進士。官至國子司業。事蹟附載唐書韓愈傳中。籍以樂府鳴一時、其骨體實出王建上。後人概稱張王、未爲篤論。韓愈稱張籍學古淡、軒鶴避雞群、諒矣。其文惟文苑英華載與韓愈二書。餘不概見。相其筆力、亦在李翺皇甫湜閒。視李觀歐陽詹之有意劖削、亦爲勝之。昌黎集有代籍上李淛東書、稱以盲廢。然集中祭退之詩、稱公比欲爲書、遺約有修章、令我署其末、以爲後事程。則愈沒之時、籍猶執筆作字、知其目疾已愈。世傳盲廢者非也。其集爲張洎所編。洎序稱自丙午至乙丑相次綴輯、得四百餘篇。考丙午爲南唐李昪昇元元年、當晉開運三年。乙丑爲宋乾德二年。蓋洎捜葺二十年始成完本、亦云勤矣。陳振孫書錄解題云、張洎所編籍詩、名木鐸集、凡十二卷。近世湯中季庸以諸本校定爲張司業集八卷、刻之平江。此本爲明萬歷中和州張尙儒與張孝祥于湖集合刻者。尙儒稱購得河中劉侍御本、又參以朱蘭嵎太史金陵刊本、得詩四百四十九首、并錄與韓昌黎書二首、訂爲八卷。則已非張洎湯中之舊。然其數不甚相遠、似乎無所散佚也。

皇甫持正集六卷、浙江鮑士恭家藏本

唐皇甫湜撰。湜睦州人、持正其字也。元和元年進士。解褐爲陸渾尉。仕至工部郎中。卞急使氣、數忤同省、求分司。裴度特愛之、辟爲東都判官。其集唐志作三卷、晁公武讀書志作六卷、雜文三十八篇、與今本合。唐書本傳載湜爲度作光福寺碑文、酬

欽援筆立就，度贈車馬繒綵甚厚。湜曰，吾自爲顧況集序，未嘗許人。今碑字三千，一字三縑，何遇我薄耶。高彥休唐闕史亦載是碑，并記其字數甚詳。蓋實有是作，非史之謬。然此本僅載況集序，而碑文已佚。卽集古金石二錄已均不載。此碑殆唐末尚存，故彥休得見。五代兵燹，遂已亡失歟。足證此本爲宋人重編，非唐時之舊矣。其文與李翺同出韓愈。翺得愈之醇，而湜得愈之奇崛。其答李生三書，盛氣攻辨，又甚於愈。然如編年紀傳論、孟子荀子言性論，亦未嘗不持論平允。鄭玉師山遺文有與洪君實書曰，所假皇甫集，連日細看，大抵不惬人意。其言語敘次，卻是著力鋪排，往往反傷工巧，終無自然氣象。其記文中又多叶韻語，殊非大家數云云。蓋講學之家，不甚解文章體例，持論往往如斯，亦不足辨也。集中無詩，洪邁容齋隨筆嘗記其浯溪一篇，以爲風格無可采。陸游跋湜集，則以爲自是傑作，邁語爲傳寫之誤。今考此詩爲論文而作，李白集之大雅久不作一篇，蘇軾集之我雖不工書一篇，卽是此格，安可全詆。游之所辨是也。游集又有一跋，謂司空圖論詩，有皇甫祠部文集外所作，亦爲遒逸之語。疑湜亦有詩集。又謂張文昌集無一篇文，李習之集無一篇詩，皆詩文各爲集之故。其說則不盡然。三人非漠漠無聞之流，果別有詩集文集，豈有自唐以來都不著錄者乎。

李文公集十八卷（浙江鮑士恭家藏本）

唐李翺撰。翺字習之，隴西成紀人，涼武昭王暠之裔也。貞元十四年進士，官至山南東道節度使，檢校戶部尚書。事蹟具唐書本傳。其集唐藝文志作十八卷。趙汸東山存稾有書後一篇，稱李文公集十有八卷，百四篇。江浙行省參政趙郡蘇公所藏本，與唐志合。陳振孫書錄解題則云，蜀本分二十卷。近時凡有二本，一爲明景泰間河東邢讓鈔本，

國朝徐養元刻之，譌舛最甚。此本爲毛晉所刊，仍十八卷，或卽蘇天爵家本歟。考閻若璩潛邱劄記有與戴唐器書曰，特假舊唐書參考，李浙東不知何名，或李翺。習之全集出，尚可得其人。然老矣，倦於尋訪矣云云。則似尚不以爲足本，不知何所據也。翺爲韓愈之姪壻，故其學皆出於愈。集中載答皇甫湜書，自稱高愍女楊烈婦傳不在班固蔡邕下。其自許稍過。然觀與梁載言書，論文甚詳。至寄從弟正辭書，謂人號文章爲一藝者，乃時世所好之文。其能到古人者，則仁義之詞，惡得以一藝名之。故才與學雖皆遜愈，不能鎔鑄百氏，皆如已出，而立言具有根柢。大抵溫厚和平，俯仰中度，不似李觀劉蛻諸人有矜心作意之態。蘇舜欽謂其詞不逮韓，而理過於柳，誠爲篤論。鄭獬謂其尚質而少工，則貶之太甚矣。集不知何人所編，觀其有與侯高第二書，而無第一書，知其去取之間，特爲精審。惟集中皇祖實錄一篇，立名頗爲僭越。夫皇祖皇考，文見禮經，至明英宗時始著爲禁令。翺在其前，稱之猶有說也。若實錄之名，則六代以來，已定爲帝制。隋志所載，班班可稽。唐宋以來，臣庶無敢稱者。翺乃以題其祖之行狀，殊爲不經。編集者無所刊正，則殊失別裁矣。陳振孫謂集中無詩，獨載戲贈一篇，拙甚。葉適亦謂其不長於詩，故集中無傳。惟傳燈錄載其贈藥山僧一篇。韓退之遠遊聯句記其一聯。振孫所謂有一詩者，蓋蜀本。適所謂不載詩者，蓋卽此本。毛晉跋謂邇來鈔本，始附戲贈一篇，蓋未考振孫語也。然傳燈錄一詩，得於鄭州石刻。劉攽中山詩話云，唐李習之不能詩，鄭州掘石刻，有鄭州刺史李翺詩云云。此別一李翺，非習之。唐書習之傳不記爲鄭州，王深甫編習之集，乃收此詩，爲不可曉。苕溪漁隱叢話所論亦同。惟王楙野客叢書獨據僧錄敘翺仕履，斷其實嘗知鄭州。諸人未考。考開元寺僧嘗請翺爲鐘銘，翺答以書曰，翺學聖人之心焉，則不敢遜乎知聖人之道者也。吾之銘是鐘也，吾將明聖人之道焉，則於釋氏無益。吾將順釋氏之教而述焉，則紿乎下之人甚矣。何貴乎吾之先覺也。觀其書語，豈肯向藥山問道者。此石刻亦如韓愈大顛三書，因其素不信佛，而緇徒務欲言其皈依，用彰彼教耳。楙乃以翺嘗爲鄭州信之，是知其一，不知其二也。至金山志載翺五言律詩一篇，全剿五代孫魴作，則尤近人所託，不足與辨。葉夢得石林詩話曰，人之材力有限，李翺皇甫湜皆韓退之高弟，而二人獨不傳其詩。不應散亡無一篇者。計或非其所長，故不作耳。二人以非所長而不作，賢於世之不能而強爲之者也。斯言允矣。

歐陽行周集十卷（福建巡撫採進本）

唐歐陽詹撰。詹字行周，泉州人。舉進士，官至四門助教。事蹟具新唐書文藝傳。其集有大中六年李

貽孫序，稱韓侍郎愈、李校書觀洎君，並數百歲傑出。今觀詹之文與李觀相上下，去愈甚遠。蓋此三人同年舉進士，皆出陸贄之門，並有名聲，其優劣未經論定，故貽孫之言如此。然詹之文實有古格，在當時纂組排偶者上。韓愈爲歐陽生哀辭，稱許甚至，亦非過情也。太原聆妓一詩，陳振孫書錄解題力辨函髻之誣，考閩川名士傳，載詹游太原始末甚詳，所載孟簡一詩，乃同時之所作，亦必無奸誤。又考邵博聞見後錄，載妓家至宋猶隸樂籍，珍藏詹之手迹，博嘗見之，則不可謂竟無其事。蓋唐宋官妓，士大夫往往狎游，不以爲諱，見於諸家詩集者甚多，亦其時風氣使然，固不必奬其風流，亦不必諱爲瑕垢也。惟王士禎池北偶談摘其自誠明論，謂尹喜自明誠而長生，公孫宏自明誠而爲卿，張子房自明誠而輔劉，公孫鞅自明誠而佐嬴諸句，以爲離經畔道，則其說信然。然宋儒未出以前，學者論多駁雜，難以盡糾，亦存而不論可矣。

李元賓文編三卷外編二卷（兩江總督採進本）

唐李觀撰。觀字元賓，趙州贊皇人，李華之從子也。貞元八年登進士第，九年復中博學宏詞科，官至太子校書郎，年二十九卒。事蹟具新唐書文藝傳李華傳內。韓愈爲誌其墓，文載昌黎集中。是集前三卷爲大順元年給事中陸希聲所編，希聲自爲之序。後爲外編二卷，題曰蜀人趙昂編，希聲後至宰相，昂則未詳其仕履。晁公武讀書志稱昂所編凡十四篇，此本闕帖經日上王侍御書一篇，又時時有闕句闕字，蓋輾轉傳寫，脫佚久矣。觀與韓愈、歐陽詹爲同年，並以古文相砥礪。其後愈文雄視百世，而二人之集寥寥僅存。論者以元賓蚤世，其文未極，退之窮老不休，故能獨擅其名。希聲之序則謂文以理爲本，而詞質在所尚。元賓尚於詞，故詞勝於理；退之尚於質，故理勝其詞。退之雖窮老不休，終不能爲元賓之詞。假使元賓後退之死，亦不及退之之質。今觀其文，大抵琱琢艱深，或格格不能自達其意，殆與劉蛻、孫樵同爲一格，而鎔鍊之功或不及，則不幸蚤凋，未卒其業之故也。然則當時之論，以較蛻、樵則可，以較於愈則不及。希聲之序爲有見，宜不以論者爲然也。顧當琱章繪句之時，方競以駢偶鬭工巧，而觀乃從事古文，以與愈相左右，雖所造不及愈，固非餘子所及。王士禎池北偶談詆其與孟簡吏部奚員外諸書，如醉人使酒罵坐，抑之未免稍過矣。惟希聲之序稱其文不古不今，卓然自作一體，品題頗當。今併錄之，以弁於篇首焉。

孟東野集十卷（內府藏本）

唐孟郊撰。郊字東野，武康人。貞元中舉進士，官溧陽尉，事蹟附載新唐書韓愈傳。愈集中貞曜先生墓誌銘，即爲郊作也。是集前有宋敏求序，稱世傳其集編汴吳鏤本五卷，一百二十四篇；周安惠本十卷，三百三十一篇；蜀人蹇濬所纂八卷，一百八十篇；取韓愈贈郊句，名之曰咸池集。自餘諸家所雜錄，不爲編帙，諸本各異。敏求總括遺逸，刪除重複，分十四類，編集得詩五百一十一篇，又以雜文二篇附於後，共爲十卷。此本卷數相符，蓋敏求所編也。郊詩託興深微，而結體古奧。唐人自韓愈以下，莫不推之。自蘇軾詩有寒蟲小魚之誚，始有異詞。元好問論詩絕句，乃有東野窮愁死不休，高天厚地一詩囚之句。蓋以蘇尚俊邁，元尚高華，門徑不同，故是丹非素。究之郊詩品格，不以二人之論減價也。

長江集十卷（浙江汪啟淑家藏本）

唐賈島撰。島字閬仙，范陽人。初爲僧，名無本。後返初服，舉進士不第，坐謗責授長江主簿，終於普州司倉參軍。島之謫也，唐書本傳謂在文宗時。王定保摭言謂在武宗時。晁公武讀書志謂長江祠中有宣宗大中九年墨制石刻。陳振孫書錄解題亦稱遂寧刊本首載此制。二人皆辨其非。今考集中卷二有寄與令狐相公詩，不署其名；卷五有送令狐綯相公詩；卷六有謝令狐綯相公賜衣九事詩，又有寄令狐綯相公詩二首，則顯出綯名。考綯本傳，其爲相在大中四年十月，與石刻墨制年號相合。然韓愈送無本師歸范陽詩，年譜在元和六年。本傳載島卒時年五十六，從大中九年逆數至元和六年，凡四十五年，則愈贈詩時島纔十二歲，自長江移普州又在其後，則愈贈詩時島不滿十歲，恐無此理。今檢與綯諸詩，皆明言在長江以後，尚無顯證。至送綯詩中有梁園趨庭節句，又有是日梁遊汴，當時怯往陳句，當是楚鎮河中之時。若綯則未嘗爲是官，島安得有是語乎。知原集但作令狐相公，遂寧本各增一綯字，以遷就大中九年之制，經晁、陳二家辨明，故後來刊本削去此制，而詩題所妄增，則未及改正耳。晁氏稱長江集十卷，詩三百七十九首。此本共存三百七十八首，僅佚其一，蓋猶舊本。唐音統籤載島送無可上人詩，獨行潭底影，數息樹邊身二句之下，自註一絕云：二句三年得，一吟雙淚流，知音如不賞，歸卧故山秋。晁氏其併此數之爲三百七十九耶。集中劍客一首，明代選本末二句皆作今日把示君，誰有不平事。惟舊本才調集誰有作誰爲。案爲字去聲。馮舒兄弟嘗論之，以有字爲後人妄改。今此集正作誰爲，然則猶舊本之未改者矣。

昌谷集四卷、外集一卷。浙江巡撫採進本

唐李賀撰。賀事蹟具新唐書文學傳。案賀系出鄭王，故自以郡望稱隴西。實則家於昌谷。昌谷地近洛陽，於唐爲福昌縣，今爲宜陽縣地。集中屢言歸昌谷。宋張耒集有春遊昌谷訪長吉故宅詩。又福昌懷古詩中亦有李賀宅一首。其明證矣。幽閒鼓吹稱賀遺詩爲其表兄投溷中，故流傳者少。然但謂李藩所收耳。其沈子明所編，杜牧所序者，實未嘗亡。牧序述子明之書，稱賀且死，嘗授我平生所著歌詩，離爲四編，凡二百三十三首。則卷帙併賀所手定也。唐宋志皆稱賀集五卷，較牧序多一卷。檢文獻通考始知爲集四卷、外集一卷。吳正子昌谷集箋註曰：京師本無後卷，有後卷，鮑本也。嘗聞薛常州士龍言，長吉詩蜀本、會稽姚氏本皆二百一十九篇，宣城本二百四十二篇云云。蓋外集詩二十三首，合之則爲二百四十二，除之則爲二百一十九。實即一本也。惟正集較杜牧所序少十四首，而外集較黃伯思東觀餘論所跋少二十九首，則莫可考耳。樂府詩集載有賀靜女春曙曲一首、少年樂一首，今本皆無之，得非伯思藏本所佚耶。正子又謂外集詞意儇淺，不類賀作，殆出後人摹仿。然正集如苦篁調嘯引之類，句格鄙率，亦不類賀作。古人操觚，亦時有利鈍。如杜甫詩之林熱鳥開口，水渾魚掉頭，使非刊在本集，誰信爲甫作哉。疑以傳疑可矣。

箋註評點李長吉歌詩四卷、外集一卷。江蘇巡撫採進本

舊本題西泉吳正子箋註，須溪劉辰翁評點。辰翁所評班馬異同，已著錄。正子則不知何許人。近時王琦作李長吉歌詩彙解，亦稱正子時代爵里未詳。考此本以辰翁之評列於其後，則當爲南宋人。又外集之首，註稱嘗聞薛常州士龍言云云。士龍爲薛季宣字。據書錄解題，季宣卒於乾道九年，則正子亦孝宗時人矣。註李賀詩者，明以來有徐渭、董懋策、曾益、余光、姚佺五家本，又有邱象升、邱象隨、陳愫、陳開先、楊研、吳甫六家之辨註，孫枝蔚、張恂、蔣文運、胡廷佐、張星、謝敏秀、朱潮遠七家之評。王琦又采諸家之說作爲彙解，遞相糾正，互有發明，而要以正子是註爲最古。賀之爲詩，冥心孤詣，往往出筆墨蹊徑之外，可意會而不可言傳。嚴羽所謂詩有別趣，非關於理者，以品賀詩，最得其似。故杜牧序稱其少加以理，可以奴僕命騷。而諸家所論，必欲一字一句爲之詮釋，故不免輾轉轇轕，反成滯相。又所用典故，率多點化其意，藻飾其文，宛轉關生，不名一格。如羲和敲日玻璨聲句，因羲和馭日而生敲日，因敲日而生玻璨聲，非眞有敲日事也。又如秋墳鬼唱鮑家詩，因鮑照有蒿里吟而生鬼唱，因鬼唱而生秋墳，非眞有唱詩事也。循文衍義，詎得其眞。王琦解塞土臙脂凝夜紫，不用紫塞之說，而改塞土爲塞上，引隋書長孫晟傳望見磧北有赤氣，爲匈奴欲滅之徵，此豈復作者之意哉。正子此註，但略疏典故所出，而不一一穿鑿其說，猶勝諸家之淆亂。辰翁論詩，以幽雋爲宗，逗後來竟陵弊體。所評杜詩，每舍其大而求其細。王士禎顧極稱之。好惡之偏，殆不可解。惟評賀詩，其宗派見解，乃頗相近，故所得較多。今亦並錄之，以資參證焉。

絳守居園池記註一卷。浙江鄭大節家藏本

唐樊宗師撰，元趙仁舉、吳師道、許謙註。宗師始末具韓愈所作墓誌中。是文乃長慶三年宗師官絳州刺史，即守居構園池，自爲之記。文僻澀不可句讀。董逌廣川書跋稱嘗至絳州，得其舊碑，剔刮劘洗，見其後有宗師自釋，然僅略註亭榭之名，其文仍不盡可解。故好奇者多爲之註。據李肇國史補稱，唐時有王晟、劉忱二家，今並不傳。故趙仁舉補爲此註。皇慶癸丑，吳師道病其疎漏，爲補二十二處，正六十處。延祐庚申，許謙仍以爲未盡，又補正四十一條。至順三年，師道因謙之本，又重加刊定，復爲之跋。二十年屢經竄易，尚未得爲定槀。蓋其字句皆不師古，不可訓詁考證，不過據其文義推測，鉤貫以求通。一篇之文僅七百七十七字，而衆說糾紛，終無定論，固其宜也。以其相傳既久，如古

器銘識雖不可音釋，而不得不謂之舊物，賞鑒家亦存而不棄耳。宗師別有越王樓詩序，其僻澀與此文相類，計有功唐詩紀事尚載其文，諸家未註，蓋偶未及檢。

國朝仁和孫之騄始合二篇而註之，題曰樊紹述集。今別著於錄云。

王司馬集八卷（浙江巡撫採進本）

唐王建撰。建字仲和，潁川人。大歷十年進士。大和中爲陝州司馬。據文獻通考，建集十卷。此本爲

國朝胡介祉所校刊，凡古體二卷，近體六卷，蓋後人所合併。前有介祉序，謂虞山毛氏曾有刊本行世，校對亦未盡善。至宮詞自宋南渡後逸去其七，好事者妄爲補之。如淚盡羅巾，白樂天詩也；鴛鴦瓦上，花蘂夫人詩也；寶帳平明，王少伯詩也；日晚長秋與日映西陵，樂府銅爵臺詩也；銀燭秋光冷畫屏與閒吹玉殿昭華管，杜牧之詩也。獨楊升菴集中別載七首，云得之古本，今錄於後云云。介祉所論，蓋本之胡仔苕溪漁隱叢話，其考證皆精確。惟楊慎之言多不足據，石鼓文尚能僞造，何有於王建宮詞，介祉遽從而增入，未免輕信之失。至於傷近而不見，乃玉臺新詠舊題，此本譌爲傷近者不見；江南三臺，名見樂府詩集及才調集，此本譌爲江南臺，亦未免小有所失，不能全譏毛本。但取以相較，猶爲此善於彼耳。

沈下賢集十二卷（編修汪如藻家藏本）

唐沈亞之撰。下賢，亞之字也。本長安人，而原序稱曰吳興人，似從其郡望。然李賀集有送亞之詩，亦曰吳興才人怨春風，又曰家在錢塘東復東，則其里貫似實在吳興者也。亞之登元和十年進士第。大和三年柏耆宣慰德州，辟爲判官，耆罷，亞之亦坐貶南康尉。是集凡詩賦一卷，雜文雜記一卷，雜著二卷，記二卷，書二卷，序一卷，策問併對一卷，碑文墓誌表一卷，行狀祭文一卷。杜牧、李商隱集均有擬沈下賢詩，則亞之固以詩名世，而此集所載乃止十有八篇。其文則務爲險崛，在孫樵、劉蛻之間。觀其答學文僧請益書，謂陶器速售而易敗，煅金難售而經久；送韓靜略序，亟述韓愈之言，蓋亦戛然自異者也。其中如秦夢記、異夢錄、湘中怨解，大抵諱其本事，託之寓言，如唐人后土夫人傳之類。劉克莊後村詩話詆其名檢掃地，王士禎池北偶談亦謂弄玉、祁鳳等事大抵近小說家言。考秦夢記、異夢錄二篇見太平廣記二百八十二卷，湘中怨解一篇見太平廣記二百九十八卷，均註曰出異聞集，不云出亞之本集。然則或亞之偶然戲筆，爲小說家所採，後來編亞之集者，又從小說摭入之，非原本所舊有歟？此本前有元祐丙寅重刊序，不署姓名。錢曾讀書敏求記乃稱爲元祐丙申刻。考元祐元年歲在丙寅，至甲戌已改元紹聖，中間不應有丙申，蓋卽此本而曾誤記寅爲申。又是集本十二卷，曾記爲二十卷，亦誤倒其文也。池北偶談又記末有萬歷丙午徐𤊹跋，此本無之。而別有跋曰：吳興文集十二卷，義取艱深，字多舛駁，不可卒讀。因從秦對巖先生借所藏季滄葦鈔本校閱一過。題曰辛卯仲夏，有小印曰邦采，不知爲誰。然則此本校以季氏本，季氏本鈔自錢氏宋刻，其源流固大概可見矣。

追昔遊集三卷（浙江范懋柱家天一閣藏本）

唐李紳撰。紳字公垂，亳州人。元和元年進士。武宗時爲中書侍郎、同中書門下平章事。事蹟具唐書本傳。此集皆其未爲相時所作。晁公武讀書志載前有開成戊午八月紳自序，此本無之。詩凡一百一首。新唐書本傳所載貶端州司馬禱神灘漲，及刺壽州虎不爲暴，爲河南尹惡少斂跡，皆語出此集。史傳事須實錄，而宋祁以所自言者爲據，殊難徵信。且考紳之赴端州也，在夏秋之間，其妻子舟行十月始至，其時灘水減矣，故以書祝媪龍祠而江復漲。紳詩內及所自註者如此，祁乃以爲紳自度嶺時事，是閱其集而未審。後儒以名之輕重爲文之是非，必謂新書勝舊書，似非篤論也。紳與李德裕、元稹號三俊，白居易亦有笑勸迂辛酒、閒吟短李詩句。今觀此集，音節嘽緩，似不能與同時諸人角爭強弱，然春容恬雅，無雕琢細碎之習，其格究在晚唐諸人刻畫纖巧之上也。

會昌一品集二十卷別集十卷外集四卷（江蘇巡撫採進本）

唐李德裕撰。德裕有次柳氏舊聞，已著錄。是編凡分三集：會昌一品集皆武宗時制誥，外集皆賦詩雜文，窮愁志則遷謫以後閒居論史之文也。明代袁州有刊本，然僅會昌一品集十卷，外集四卷。此本正集二十卷，別集十卷，外集四卷，卽窮愁志，與晁公武讀書志所載相合，意卽蜀本之舊歟？陳振孫書錄解題稱衛公備全集五十卷，年譜一卷，又

稱蜀本之外有姑臧集五卷。獻替錄辨謗略諸書共十一卷。則其本不傳久矣。史言德裕在穆宗朝爲翰林學士。號令大典冊。咸出其手。而文多不傳。意皆在五十卷內也。會昌一品集序鄭亞所作。李商隱集所謂滎陽公者是也。其文亦見商隱集序。稱代亞作。而兩本異同者不一。考尋文義。皆以此集所載爲長。蓋亞所改定之本云。

欽定四庫全書總目卷一百五十

欽定四庫全書總目卷一百五十一

集部四

別集類四

元氏長慶集六十卷、補遺六卷 通行本

唐元稹撰。稹事蹟具唐書本傳。考稹與白居易書。稱河東李明府景儉在江陵時。僻好僕詩章。僕因撰成卷軸。其中有旨意可觀而詞近古往者爲古諷。意亦可觀而流在樂府者爲樂諷。詞雖近古而止於吟寫性情者爲古體。詞實樂流而止於模象物色者爲新題樂府。聲勢沿順屬對穩切者爲律詩。仍以五七言爲兩體。其中有稍存寄興與諷爲流者爲律諷。又稱有悼亡詩數十首。豔詩百餘首。自十六時至元和七年。有詩八百餘首。成二十卷。又稱昨巴南道中有詩五十首。又書中得七年以後所爲向二百篇。然則稹三十七歲之時已有詩千餘首。唐書本傳稱。稹卒時年五十三。其後十六年中。又不知所作凡幾矣。白居易作稹墓誌。稱著文一百卷。題曰元氏長慶集。唐書藝文志又載有小集十卷。然原本已闕佚不傳。此本爲宋宣和甲辰建安劉麟所傳。明松江馬元調重刊。自一卷至八卷前半爲古詩。八卷後半至九卷爲傷悼詩。十卷至二十二卷爲律詩。二十三卷爲古樂府。二十四卷至二十六卷爲新樂府。二十七卷爲賦。二十八卷爲策。二十九卷至三十一卷爲書。三十二卷至三十九卷爲表狀。四十卷至五十卷爲制誥。五十一卷爲序記。五十二卷至五十八卷爲碑誌。五十九卷至六十卷爲告祭文。其卷帙與舊說不符。卽標目亦與自敘迥異。不知爲何人所重編。前有麟序。稱稹文雖盛傳一時。厥後浸以不顯。惟嗜書者時時傳錄。某先人嘗手自鈔寫。謹募工刻行云云。則麟及其父均未嘗有所增損。蓋在北宋卽僅有此殘本爾。

白氏長慶集七十一卷 通行本

唐白居易撰。居易有六帖。已著錄。案錢曾讀書敏求記稱所見宋刻居易集兩本。皆題爲白氏文集。不名長慶集。汪立名校刻香山詩集。亦謂實歷以後之詩。不應槩題曰長慶。今考居易嘗自寫其集。分置僧寺。據所自記。大和九年置東林寺者。二千九百六十四首。勒成六十卷。開成元年置於聖善寺者。三千二百五十五首。勒成六十五卷。開成四年置於蘇州南禪院者。凡三千四百八十七首。勒爲六十七卷。皆題曰白氏文集。開成五年置於香山寺者。凡八百首。合爲十卷。則別題曰洛中集。惟長慶四年元稹作白氏長慶集序。稱盡徵其文。手自排纂。成五十卷。二千一百九十一首。又稱明年當改元長慶。訖於是。因號曰白氏長慶集。則長慶一集。特穆宗甲辰以前之作。曾及立名所辨。不爲無據。然唐志載白氏長慶集七十五卷。宋志亦載白氏長慶集七十一卷。而白氏文集之名轉不著錄。又高斯得恥堂存稿有白氏長慶集序。宋人目錄傳於今者。晁公武讀書志尤袤遂初堂書目陳振孫書錄解題。亦均作白氏長慶集。則謂宋刻必作白氏文集。亦未盡然。況元稹之序本爲長慶集作。而聖善寺文集記中載有居易自註。稱元相公

先作集序幷目錄一卷在外。則長慶集序已移幷開成新作之目錄。知寶歷以後之詩文均編爲續集、襲其舊名矣。未可遽以總題長慶爲非也。其卷帙之數、晁公武謂前集五十卷、後集二十卷、續集五卷。今亡三卷、則當有七十二卷。陳振孫謂七十一卷之外又有外集一卷、亦當有七十二卷。而所標總數乃皆仍爲七十一卷、與今本合、則其故不可得詳。至彭叔夏文苑英華辨證謂集中進士策問第二道、俗本妄有所增。又馮班才調集評亦稱每卷首古調律詩格詩之目爲重刻改竄。則今所行本已迥非當日之舊矣。

白香山詩集四十卷、附錄年譜二卷、（內府藏本）

國朝汪立名編。立名有鐘鼎字源、已著錄。唐白居易長慶集詩文各半。立名引宋祁之言、謂居易長於詩而他文未能稱是、因別刊其詩、以成是集。又據元稹序、謂長慶時所作僅前五十卷、其寶歷以後所作不應槩名以長慶。（案立名此論未確、已詳辨於長慶集下。）因即其歸老之地、題曰香山。參互衆本、重加編次、定爲長慶集二十卷、後集十七卷、別集一卷。又採摭諸書爲補遺二卷。而以新定年譜一卷、陳振孫舊本年譜一卷、併元稹長慶集序一篇、舊唐書本傳一篇冠於首。復採諸書之有關居易詩者、各箋註於其下。居易集在東林寺者、陸游入蜀記稱宋時已佚。眞宗嘗令崇文院寫校、包以斑竹帙、送寺。建炎中亦壞于兵。其傳于世者、錢曾所云宋本莫知存佚。舊有明武定侯家刻本、今亦罕見。世所行者惟蘇州錢氏、松江馬氏二本、皆頗有顚倒譌舛。胡震亨唐音丁籤所錄、又分體瑣屑、往往以一題割隸二卷、殊爲叢脞。立名此本考證編排、特爲精密。其所箋釋、雖不能篇篇皆備、而引據典核、亦勝於註書諸家漫衍支離、徒溷耳目。蓋於諸刻之中特爲善本。其書成於康熙壬午、朱彝尊、宋犖皆爲之序云。

鮑溶詩集六卷、外集一卷、（江蘇巡撫採進本）

唐鮑溶撰。溶字德源。元和四年進士。其仕履未詳。溶詩在後世不甚著。然張爲作主客圖、以溶爲博解宏拔主、以李羣玉爲上入室、而爲與司馬退之二人同居入室之例、則當時固絕重之也。其集宋史館舊本五卷、譌題鮑防。曾鞏始據唐文粹唐詩類選考正之。又以歐陽修本參校、增多三十三篇。合舊本共二百三十三篇、釐爲六卷。晁公武讀書志仍作五卷、稱惟存一百九十三篇、餘皆佚。此本爲江南葉裕家所鈔、首有曾鞏校上序。今核所錄、惟集外詩一卷與曾鞏新增三十三首之說合。其正集比鞏序多一卷、而詩止一百四十五首。蓋舊本殘闕、傳寫者離析卷帙、以足鞏序之數、而忘外集一卷本在六卷中也。全唐詩所錄較此本多十六首、較晁本多二首、而較曾本尚少三十九首。則其集之佚者多矣。

樊川文集二十卷、外集一卷、別集一卷、（內府藏本）

唐杜牧撰。牧字牧之、京兆萬年人。大和二年登進士第。官至中書舍人。事蹟附載新唐書杜佑傳內。是集爲其甥裴延翰所編。唐藝文志作二十卷。晁氏讀書志又載外集一卷。王士禎居易錄謂舊藏杜集止二十卷、後見宋版本、雕刻甚精、而多數卷。考劉克莊後村詩話云、樊川有續別集三卷、十八九皆許渾詩。牧仕宦不至南海、而別集乃有南海府罷之作。則宋本外集之外又有續別集三卷。故士禎云然也。此本僅附外集別集各一卷、有裴延翰序。又有宋熙寧六年田槩序、較克莊所見別集尚少二卷、而南海府罷之作不收焉。則又經後人刪定、非克莊所見本矣。范攄雲溪友議曰、先是李林宗杜牧言元白詩體舛雜、而爲清苦者見嗤、因茲有恨。牧又著論言、近有元白者喜爲淫言媟語、鼓扇浮囂、吾恨方在下位、未能以法治之。後村詩話因謂牧風情不淺、如杜秋娘張好好諸詩、（案杜秋詩非豔體、克莊此語殊誤。）青樓薄倖之句、街吏平安之報、未知去元白幾何、比之以燕伐燕。其說良是。新唐書亦引以論居易。然考牧集無此論、惟平盧軍節度巡官李戡墓誌述戡之言曰、嘗痛自元和以來、有元白詩者、纖豔不逞、非莊士雅人、多爲其所破壞、流於民閒、疏於屏壁、子父女母交口教授、淫言媟語、冬寒夏熱、入人肌骨、不可除去。吾無位、不得用法以治之。欲使後代知有發憤者、因集國朝以來類於古詩得若干首、編爲三卷、目爲唐詩、爲序以導其志云云。然則此論乃戡之說、非牧之說、或牧嘗有是語、及爲戡誌墓、乃借以發之、故攄以爲牧之言歟。平心而論、牧詩冶蕩甚於元白、其風骨則實出元白上。其古文縱橫奧衍、多切經世之務。罪言一篇、宋祁作新唐書藩鎭傳論、實全錄之。費袞梁谿漫志載、歐陽修使子棐讀新唐書列傳、臥而聽之。至藩鎭傳敘、歎曰、若皆如此傳、筆力亦不可及。識曲聽眞、殆非偶爾。郎以散體而論、亦遠勝元白。觀其集中有讀韓杜集詩。又冬至日寄小姪阿宜詩曰、經書刮根本、史書閱興亡。高摘屈宋豔、濃薰班馬香。李杜泛浩浩、韓柳摩蒼蒼。近者四君子、與古爭強梁。則牧於文章具有本末。宜其睥睨長慶體矣。

姚小監詩集十卷（江蘇巡撫採進本）

唐姚合撰。合、宰相崇之曾孫也。登元和十一年進士第。調武功主簿、又爲富平、萬年二縣尉。寶應中歷監察殿中御史、戶部員外郎。出爲荊杭二州刺史。後爲戶刑二部郎中、諫議大夫、陝虢觀察使。開成末、終於祕書少監。然詩家皆謂之姚武功。其詩派亦稱武功體。以其早作武功縣詩三十首、爲世傳誦、故相習而不能改也。合選極元集、去取至爲精審。自稱所錄爲詩家射雕手、論者以爲不誣。其自作則刻意苦吟、冥搜物象、務求古人體貌所未到。張爲作主客圖、以李益爲清奇雅正主、以合爲入室。然合詩格與益不相類、不知爲何以云然。其集在北宋不甚顯。至南宋永嘉四靈始奉以爲宗。其末流寫景於瑣屑、寄情於偏僻、遂爲論者所排。然由摹倣者滯於一家、趨而愈下、要不必追咎作始、遽懲羹而吹虀也。此本爲毛晉所刻。分類編次、唐人從無此例。殆宋人所重編。晉跋稱此爲浙本、尚有川本、編次小異。又稱得宋治平四年王頤石刻武功縣詩三十首、其次序字句皆有不同。然則非唐時舊本審矣。

李義山詩集三卷（內府藏本）

唐李商隱撰。商隱字義山、懷州河內人。開成二年進士。釋褐祕書省校書郎、調宏農尉。會昌二年又以書判拔萃。王茂元鎭河陽、辟爲掌書記。歷佐幕府、終於東川節度判官、檢校工部郎中。事蹟具唐書文藝傳。商隱詩與溫庭筠齊名、詞皆縟麗。然庭筠多綺羅脂粉之詞、而商隱感時傷事、尚頗得風人之旨。故蔡寬夫詩話載王安石之語、以爲唐人能學老杜而得其藩籬者、惟商隱一人。自宋楊億、劉子儀等沿其流波、作西崑唱酬集、詩家遂有西崑體。致伶官有撏撦之譏。劉攽載之中山詩話、以爲口實。元祐諸人起而矯之。終宋之世、作詩者不以爲宗。胡仔漁隱叢話至摘其馬嵬詩、渾河中詩詆爲淺近。後江西一派漸流於生硬麤鄙、詩家又返而講溫李。自釋道源以後、註其詩者凡數家。大抵刻意推求、務爲深解、以爲一字一句皆屬寓言、而無題諸篇穿鑿尤甚。今考商隱府罷詩中有楚雨含情皆有託句、則借夫婦以喻君臣、固嘗自道。然無題之中有確有寄託者、來是空言去絕蹤之類是也。有戲爲豔體者、近知名阿侯之類是也。有實屬狎邪者、昨夜星辰昨夜風之類是也。有失去本題者、萬里風波一葉舟之類是也。有與無題相連誤合爲一者、幽人不倦賞之類是也。其摘首二字爲題、如碧城錦瑟諸篇、亦同此例。一槩以美人香草解之、殊乖本旨。至於流俗傳誦、多錄其綺豔之作。如集中有感二首之類、選本從無及之者。取所短而遺所長、益失之矣。

李義山詩註三卷附錄一卷（通行本）

國朝朱鶴齡撰。鶴齡有尚書埤傳、已著錄。李商隱詩舊有劉克、張文亮二家註本、後俱不傳。故元好問論詩絕句有詩家總愛西崑好、只恨無人作鄭箋之語。（案西崑體乃宋楊億等摹擬商隱之詩、好問竟以商隱爲西崑、殊爲謬誤。謹附訂於此。）明末釋道源始爲作註。王士禎論詩絕句所謂獺祭曾驚博奧殫、一篇錦瑟解人難、千秋毛鄭功臣在、尚有彌天釋道安者、卽爲道源是註作也。然其書徵引雖繁、實冗雜寡要、多不得古人之意。鶴齡刪取其什一、補輯其什九、以成此註。後來註商隱集者、如程夢星、姚培謙、馮浩諸家、大抵以鶴齡爲藍本、而補正其闕誤。惟商隱以婚於王茂元之故、爲令狐綯所擠、淪落終身。特文士輕於去就、苟且目前之常態。鶴齡必以爲茂元黨李德裕、綯父子黨牛僧孺。商隱之從茂元、爲擇木之智、渙邱之公。然則令狐楚方盛之時、何以從之受學。令狐綯見讐之後、何以又屢啓陳情。新舊唐書班班具在。鶴齡所論、未免爲回護之詞。至謂其詩寄託深微、多寓忠憤、不同於溫庭筠、段成式綺靡香豔之詞、則所見特深、爲從來論者所未及。惟所作年譜、於商隱出處及時事頗有疎漏、故多爲馮浩注本所糾。又如有感二首詠文宗甘露之變者、引錢龍惕之箋、以李訓、鄭注爲奉天討、死國難、則觸於明末璫禍、有激而言。與詩中如何本初輩、自取屈氂誅、臨危對盧植、始悔用龐萌諸句、顯爲背觸、殊失商隱之本旨。又重有感一首所謂竇融表已來關右、陶侃軍宜次石頭者、竟以稱兵犯闕望劉從諫、漢十常侍之巳事、獨未聞乎。鶴齡又引龍惕之語不加駁正、亦未免牽就其詞。然大旨在於通所可知、而闕所不知、絕不牽合新舊唐書、務為穿鑿。其摧陷廓清之功、固超出諸家之上矣。

李義山文集箋註十卷（通行本）

國朝徐樹穀箋、徐炯註。樹穀字藝初、康熙乙丑進士。官至山東道監察御史。炯字章仲、康熙壬戌進士。官至直隸巡道。皆崑山人。考舊唐書李商隱傳、稱有表狀集四十卷。新唐書藝文志稱李商隱樊南甲集二十卷、乙集二十卷、玉溪生詩三卷、文賦一卷。宋史藝文志稱李商隱文集八卷、四六甲乙集四十卷、別集二十卷、詩集三卷。今惟詩集三卷傳、文集皆佚。

國初吳江朱鶴齡始裒輯諸書、編為五卷、而闕其狀之一體。康熙庚午、炯典試福建、得其本於林佶。採摭文苑英華所載諸狀補之、又補入重陽亭銘一篇、是為今本。鶴齡原本雖略為詮釋、而多所疏漏、蓋猶未竟之稾。樹穀因博考史籍、證驗時事、以為之箋。炯復徵其典故訓詁、以為之註。其中上崔華州書一篇、樹穀斷其非商隱作。近時桐鄉馮浩註本則辨此書為開成二年春初作。崔華州乃崔龜從、非崔戎。故賈相國乃賈餗、非賈耽。崔宣州乃崔鄲、非崔羣。引據唐書紀傳、證樹穀之誤疑。又重陽亭銘一篇、炯據全蜀藝文志採入。馮浩註本則辨其碑末結銜及鄉貫皆可疑。知為舊碑漫漶、楊慎偽補足之。援慎偽補樊敏柳敏二碑、證炯之誤信。又據成都文類採入為河東公上西川相國京兆公書一篇、及逸句九條、皆足補正此本之疎漏。然上京兆公書乃案牘之文、本無可取。逸句尤無關宏旨。故仍以此本著於錄焉。

溫飛卿集箋註九卷（內府藏本）

明曾益撰、顧予咸補輯、其子嗣立又重訂之。凡註中不署名者、益原註。署補字者、予咸註。署嗣立案者、則所續註也。益字子謙、山陰人。其書成於天啓中。予咸字小阮、長洲人。順治丁亥進士。官至吏部考功司員外郎。嗣立字俠君。康熙壬辰進士。由庶吉士改補中書舍人。曾註謬譌頗多。如漢皇迎春詞、乃詠漢成帝時事、而以漢皇為高祖。邯鄲郭公詞為北齊樂府、舊題郭公者、傀儡戲也。舊本譌詞為祠、遂引東京郭子儀祠以附會祠字之譌。嗣立悉為是正、考據頗為詳核。然參引白居易李賀李商隱詩為註、雖李善註洛神賦遠遊履字引繁欽定情詩為證、古人本有此例。然必謂夜宴謠裂管字用白居易翕然聲作如管裂句、曉仙謠下視九州字用賀遙望齊州九點煙句、生禖屛風歌銀鴨字用商隱睡鴨香鑪換夕薰句、似乎不然、是亦一短也。唐藝文志載庭筠握蘭集三卷、金荃集十卷、詩集五卷、漢南真稾十卷。宋志亦同。陳振孫書錄解題作飛卿集七卷。又陸游渭南集有溫庭筠集跋、稱其父所藏舊本、以華清宮詩為首、中有早行詩。後得蜀本、則早行詩已佚。文獻通考則云、溫庭筠金荃集七卷、別集一卷、是宋刻已非一本矣。曾本合為四卷、名曰八义集、以作賦之事名其詩、頗為杜撰。嗣立此註、稱從所見宋刻分詩集七卷、別集一卷、以還其舊。疑即通考所載之本。又稱采文苑英華萬首絕句所錄為集外詩一卷、較曾本差為完備。然總之非唐本之舊也。

丁卯集二卷續集二卷續補一卷集外遺詩一卷（江蘇巡撫採進本）

唐許渾撰。渾字用晦。武后朝宰相圉師之後。考新唐書宰相世系表、圉師為安陸許氏。渾為其後、應亦出於安陸。陳振孫書錄解題乃稱渾為丹陽人。觀集中送王總歸丹陽詩有曰、憑寄家書為回報、舊居還有故人知。其家於丹陽、猶李白系出隴西而為蜀人矣。渾大和六年進士及第、為當塗太平二令、以病免。起潤州司馬。大中三年、為監察御史。歷虞部員外郎、睦郢二州刺史。其曰丁卯集者、潤州有丁卯橋、渾別墅在焉。因以名集。集中有夜歸丁卯橋村舍詩是也。新唐書藝文志作二卷。晁氏讀書志亦作二卷。陳氏書錄解題註云、蜀本有拾遺二卷。今之續集當即陳氏所謂拾遺、為後人改題。其續補及集外遺詩、又後人掇拾增入耳。惟晁氏稱近得渾集完本五百篇、止二卷。是本篇數雖合、而卷帙不同、蓋總非宋人刊本之舊矣。毛晉汲古閣刊本亦二卷、詩僅三百餘篇、疑即晁氏所見之本。讀書志或誤三為五、亦未可知。以此本較毛本完備、故置彼而錄此焉。

文泉子集一卷（兵部侍郎紀昀家藏本）

唐劉蛻撰。蛻字復愚、長沙人。大中四年進士及第。咸通中官至左拾遺、外謫華陰令。案王定保唐摭言載劉纂者、商州劉蛻之子、亦善為文。則蛻當為商州人。又孫光憲北夢瑣言載劉蛻桐廬人，官至中書舍人，有從其父命，死不祭祀一事，所敘爵里復不同，或疑爲別一劉蛻，未之詳也。是集前有自序曰：自褐衣以後，辛卯以來，辛丑以前，收其微詞屬意古今上下之間者爲內、外篇，復收其怨抑頌記嬰於仁義者雜爲諸篇焉。物不可以終雜，故離爲十卷。離則名之不絕，故授之以爲文泉。蓋覃以九流之旨曰文，配以不竭之義曰泉。崖谷結珠璣昧則將救之，雨雷亢飡盛乾則將救之，豈託之空言哉。觀其命名之義，自負者良厚。其文冢銘最爲世所傳，他文皆原本揚雄，亦多奇奧，險於孫樵，而易於樊宗師。大旨與元結相出入，欲挽末俗反之古，而所謂古者，乃多歸宗於老氏，不盡協聖賢之軌，又詞多恚憤，亦非仁義藹如之旨。然唐之末造，相率爲纂組俳儷之文，而蛻獨毅然以復古自任，亦可謂特立者矣。高彥休唐闕史載蛻能辨齊桓公盜之僞，其學蓋有根柢。舊唐書令狐楚傳載咸通二年，左拾遺劉蛻極論令狐綯子滈恃權納貨之罪，坐貶華陰令，則蛻在當時本風裁矯矯，宜其文之拔俗也。集十卷，今已不傳。此本爲崇禎庚辰閭人韓錫所編，僅得一卷，蓋從文苑英華諸書採出，非其舊帙，存備唐文之一家，姑見崖略云爾。

黎岳集一卷附錄一卷（浙江鄭大節家藏本）

唐李頻撰。頻字德新，壽昌人。大中八年擢進士第，調祕書郎，累遷建州刺史，卒於官。州民思其德，立廟黎山，事蹟具唐書文藝傳。頻爲姚合之壻，然其詩別自爲格，不類武功之派。是編本名建州刺史集，後人敬頻之神，尊黎山曰黎嶽，集亦因之改名。初罕傳本，眞德秀得本於三館，欲刻未果。嘉熙三年，金華王埜始求得舊本鋟版。元元貞及後至元間，頻裔孫邦材、會同，明永樂中河南師祐，正統中廣州彭森，先後重刊者四。此本卽正統刻也。凡詩一百九十五首，較全唐詩所載少八首，而送劉山人歸洞庭一首，卷中兩見，惟起二句小異。又秋宿慈恩寺遂上人院詩，誤作送宋震先輩赴青州，題與詩兩不相應，殊不及席氏唐百家詩本之完善。末爲附錄，則歷朝廟祀敕書碑記及刻詩序跋。張復、彭森二序，皆稱初刻出眞德秀，與王埜序稱德秀欲刻不果者自相矛盾，未喩其故。殆傳聞譌異歟。王士禎居易錄稱詩人爲神，未有頻之顯著者。然頻詩自佳耳，其爲神則政事之故，非文章之故也。

李羣玉集三卷後集五卷（江蘇蔣曾瑩家藏本）

唐李羣玉撰。羣玉字文山，澧州人。大中八年詣闕進詩，授宏文館校書郎。其集首載羣玉進詩表及令狐綯薦狀、鄭處約所行制詞。表稱歌行、古體、今體七言、今體五言四通，合三百首。考劉禹錫作柳宗元集序，稱三十二通（案今本作四十五通，乃後人追改），則唐時以一通爲一卷。今本三卷，已與表不合。又表稱三百首，而今本正集僅一百三十五首，外集亦僅一百一十三首，合之不足三百之數。觀中卷之末有出春明門一首，自註曰：時請告歸。則此集雖仍以歌行、古體、今體七言、今體五言分目，而已兼得官以後之詩，非復奏進之原本矣。太平廣記載羣玉遇湘君事甚異，其詩今載後集第三卷，然前一首爲弔古之詞，無媟褻之意，後一首寫當時棹女與二妃尤不相關。況羣玉雖放誕風流，亦豈敢造作言語，瀆慢神明，汚蔑古聖。殆因其詩爲時傳誦，小說家因造此事附會之耳。洛神譌爲感甄，李善至引以註文選，俗語丹青，往往如是，未可據爲實錄也。

孫可之集十卷（浙江鮑士恭家藏本）

唐孫樵撰。樵字可之，又字隱之，自稱關東人，函谷以外幅員遼闊，不知其籍何郡縣也。大中九年進士，授中書舍人。僖宗幸岐隴時，詔赴行在，遷職方郎中，上柱國，賜紫金魚袋。新唐書藝文志、通志、通考皆載樵經緯集三卷，書錄解題稱樵自爲序，凡三十五篇。此本十卷爲毛晉汲古閣所刊，稱王鏊從內閣鈔出。前載樵自序，稱藏書五千卷，常自探討，幼而工文，得其眞訣。廣明元年，駕避岐隴，朝廷以省方蜀國，文物攸興，品藻朝論，旌其才行。遂閱所著文及碑碣書檄傳記銘誌，得二百餘篇，擷其可觀者三十五篇云云，與陳振孫之說合。又稱編成十卷，藏諸篋笥云云，則與三卷之說迥異。近時汪師韓集有孫文志疑序一篇，因謂樵文惟唐文粹所載後佛寺奏、讀開元雜記、書褒城驛、刻武侯碑陰、文貞公笏銘、與李諫議行方書、與賈秀才書、孫氏西齋錄、書田將軍邊事、書何易于十篇爲眞，餘一十五篇皆後人僞撰。然卷帙分合，古書多有，未可以是定眞僞。且師韓別無確據，但以其字句格局斷之，尤不足以爲定論也。樵與王霖秀才書云某嘗得爲文眞訣於來無擇，來無擇得之於皇甫持正，皇甫持正得之於韓吏部退之。其與友人論文書，又復云然。今觀三家之文，韓愈包孕羣言，自然高古；而皇甫湜稍有意爲奇；樵則視湜益有努力爲奇之態。其彌有意於奇，是其所以不及歟。讀書志引蘇軾之言，稱學韓愈而不至者爲皇甫湜，學湜而不至者爲孫樵，其論甚微。毛晉跋是集，乃以軾言爲非，所見淺矣。

曹祠部集二卷附曹唐詩一卷江蘇蔣曾瑩家藏本

唐曹鄴撰。鄴字鄴之，陽朔人。明蔣冕序稱大中閒登進士第，由天平節度掌書記累遷太常博士、祠部郎中，仕至洋州刺史。然鄭谷雲臺編有送曹鄴吏部歸桂林詩，則又嘗官吏部，冕考之未盡也。唐書高元裕傳載鄴爲太常博士時議高璩贈諡事，其論甚偉。顧其詩乃多怨老嗟卑之作，蓋坎壈不遇，晚乃成名，故一生寄託不出此意。不但韋愨所稱四怨、三愁、五情諸篇，及乎登第以後，杏園席上同年詩則曰「忽忽出九衢，僮僕顏色異」；獻恩門詩則曰「名字如鳥飛，數日便到越」；寄陽朔友人詩則曰「桂林須產千秋桂，未解當天影月開。我到月中收得種，爲君移向故園栽」。又何其淺也。張爲作主客圖，鄴與其數，則當時亦爲文士所推。其讀李斯傳及始皇陵下作二首，諸家選本或取之，然皆無深致。唐志載鄴集三卷，今僅二卷，其有佳篇而逸之耶？流傳已久，姑存以備一家可也。末附曹唐詩一卷。唐字堯賓，桂林人。初爲道士，大和中返初服，舉進士，累辟諸府從事。其遊仙詩最著名，蓋本顏延之爲織女贈牽牛詩而曼衍及諸女仙，各擬贈荅。然諸篇姓名雖易，語意略同，實非傑出之作。唐志載其集亦三卷。蔣冕求其原本不獲，乃蒐諸選本，裒成一卷，附之曹鄴詩後，以二人皆粵西產耳。

麟角集一卷浙江汪啓淑家藏本

唐王棨撰。棨字輔之，福清人。咸通三年進士，官至水部郎中。黃巢亂後，不知所終。唐代取士科目至多，而所最重者惟進士。其程試詩賦，文苑英華所收至夥，然諸家或不載於本集中。如李商隱以霓裳羽衣曲詩及第，而玉溪生集無此詩；韓愈以明水賦及第，而其賦乃在外集是也。其自爲一集行世得傳於今者，惟棨此編。凡律賦四十五篇。又棨八代孫宋著作郎蘋於館閣得棨省試詩，錄附於集，凡二十一篇。題曰麟角者，蓋取顏氏家訓「學如牛毛，成如麟角」之義，以及第比登仙也。集中佳作已多載文苑英華中，雖科舉之文，無關著述，而當時風氣略見於斯，錄而存之，亦足備文章之一格也。

皮子文藪十卷浙江鮑士恭家藏本

唐皮日休撰。日休字襲美，襄陽人。居於鹿門山，自號醉吟先生。登咸通八年進士，官太常博士。唐書稱其降於黃巢，後爲所害。尹洙河南集有大理寺丞皮子良墓誌，則稱日休避廣明之難，徙錢氏。子光業爲吳越丞相，生璨，爲元帥判官。子良卽璨之子。陸游老學菴筆記亦據皮光業碑，以爲日休終於吳越，並無陷賊之事，皆與史全異，未知果誰是也。是編乃其文集，自序稱咸通丙戌不上第，退歸州墅，編次其文，發篋叢萃，繁如藪澤，因名文藪。凡二百篇。宋晁公武謂其尤善箴銘。今觀集中書序論辨諸作，亦多能原本經術。其請孟子立學科、請韓愈配饗太學二書，在唐人尤爲卓識，不得僅以詞章目之。集中詩僅一卷，蓋已見松陵唱和集者不復重編，亦如笠澤叢書之例耳。王士禎池北偶談嘗摘其中鹿門隱書一條、與元微君書一條，皆世民二字句中連用，以爲不避太宗之諱。今考之信然。然後人傳寫古書，往往改易其諱字，安知日休原本非世本作代、民本作人，而今本易之耶？是固未足爲日休病也。

笠澤叢書四卷補遺一卷內府藏本

唐陸龜蒙撰。龜蒙有耒耜經，已著錄。此集爲龜蒙自編，以其叢脞細碎，故名叢書，以甲乙丙丁爲次。後又有補遺一卷。宋元符閒蜀人樊開始序而梓之。政和初毘陵朱衮復行校刊，止分上下二卷，及補遺爲三。此本爲元季龜蒙裔孫德原重鐫，既依蜀本釐爲四卷，而序仍毘陵本作三卷者，字偶誤也。王士禎漁洋文略有此書跋，謂得都穆重刊蜀本，丙紀錦裙在丙集，迎潮詞在丁集；而此本錦裙在乙集，迎潮詞在丙集，敍次又不盡依蜀本之舊，疑德原又有所竄亂矣。龜蒙與皮日休相倡和，見於松陵集者，工力悉敵，未易定其甲乙。惟雜文則龜蒙小品爲多，不及日休文藪時標偉論，然閑情別致，亦復自成一家，固不妨各擅所長也。

甫里集二十卷浙江汪汝瑮家藏本

唐陸龜蒙撰。龜蒙著作頗富，其載於笠澤叢書者卷帙無多。即松陵集亦僅倡和之作，不爲賅備。宋寶祐間，葉茵始蒐採諸書，得遺篇一百七十一首，合二書所載四百八十一首，共六百五十二首，編爲十九卷。並附錄，總爲二十卷。林希逸爲序，刊版置於義莊。歲久闕失。明成化丁未，崑山嚴景和重刊之。於附錄之中增胡宿所撰甫里先生碑銘一篇。陸釴序之。萬歷乙卯，松江許自昌又取嚴本重刻。於附錄中續增范成大吳郡志一條，王鏊姑蘇志一條。其餘詩十三卷，賦二卷，雜文四卷，則悉依舊次。即此本也。葉本所附顏萱過張祜丹陽故居詩序，龜蒙特屬和而已，其事不應附之於集。胡宿碑銘，姑蘇志云其碑亡，嚴氏所錄，乃有全文。意成化中宿集尚未佚也。希逸序中辨詔拜拾遺一事極精核，足證新唐書之誤。茵於楊億談苑所載彈鴨一事，反覆辨其必無，殊爲蛇足。文人游戲，亦復何關於賢否。乃以爲瑕玷而諱之，亦迂拘之甚矣。

詠史詩二卷（編修汪如藻家藏本）

唐胡曾撰。曾，邵陽人。文苑英華載其二啟，皆干謁方鎮之作。陳振孫書錄解題稱其咸通末爲漢南從事。何光遠鑑戒錄判木夾一條，載高駢鎮蜀，曾爲記室，有草檄諭西山八國事。蓋終於幕府也。是編雜詠史事，各以地名爲題。自共工之不周山，迄於隋之汴水，凡一百五十首。文獻通考載三卷。此本不分卷數，蓋後人合而編之。其詩興寄頗淺，格調亦卑。何光遠稱其中陳後主、吳夫差、隋煬帝三首。然在唐人之中，未爲傑出。惟其追述興亡，意存勸戒，爲大旨不悖於風人耳。每首之下，鈔撮史書，各爲之註。前後無序跋，亦不載註者名氏。觀所引證，似出南宋人手。如鉅橋詩中遂作商郊一聚灰句，註曰，武王發鹿臺之財，散鉅橋之粟，大賚於四海，而萬姓悅服。詩謂其作商郊聚灰，非也。又渭濱詩當時未入非熊夢句，註曰，舊作非羆，俗本誤。後世莫知是正。亦間有駁正。然舛陋特甚。如洞庭詩詠軒轅自指張樂一事，而註乃置莊子本文，引史記鼎湖之說，未免失之於眉睫。徒以舊本存之耳。

雲臺編三卷（江蘇巡撫採進本）

唐鄭谷撰。谷字守愚，宜春人。光啓三年進士。乾寧中仕至都官郎中。谷父嘗爲永州刺史，與司空圖同院。圖見谷，即奇之，謂當爲一代風騷主。詩名盛於唐末，人多傳諷，稱爲鄭都官。史不立傳。其事蹟頗見計有功唐詩紀事中。新唐書藝文志載谷所著有雲臺編三卷，宜陽集三卷。今宜陽集已佚，惟此編存。所錄詩約三百首。其云雲臺編者，據自序稱，乾寧初上幸三峯，朝謁多暇，寓止雲臺道舍，因以所紀編而成之。蓋昭宗幸華州時也。谷以鷓鴣詩得名，至有鄭鷓鴣之稱。而其詩格調卑下，第七句相呼相喚字，尤重複。寇宗奭本草衍義引作相呼相應，差無語病。然亦非上乘。方回瀛奎律髓又稱谷詩多用僧字，凡四十餘處。谷自有句云，詩無僧字格還卑。此與張端義貴耳集謂詩句中有梅花二字，便覺有清意者，同一雅中之俗。未可遽舉爲美談。至其他作，則往往於風調之中，獨饒思致。汰其膚淺，擷其菁華，固亦晚唐之巨擘矣。

司空表聖文集十卷（兩淮馬裕家藏本）

唐司空圖撰。圖，河內人。表聖，圖字也。僖宗時知制誥，爲中書舍人。旋解職去，晚自號耐辱居士。朱全忠召之，力拒不出。及全忠僭位，遂不食而死。新唐書列之卓行傳。所著詩集別行於世。此十卷乃其文集，即唐志所謂一鳴集也。其文尚有唐代舊格，無五季猥雜之習。集內韓建德政碑，五代史謂乾寧三年昭宗幸華州所立。還朝乃封建潁川郡王。而碑稱爲乾寧元年立，已書建爲潁川郡王。蓋史之誤。其時建方強橫，昭宗不得已而譽之。圖奉敕爲文，詞多誡飭，足見其剛正之氣矣。又集內解縣新城碑爲王重榮作，河中生祠碑爲其弟重盈作。宋祁遂謂重榮父子雅重圖，嘗爲作碑。今考其文，亦皆奉敕所爲，事非得已，不足以爲圖病也。陳繼儒太平清話載耐辱居士墨竹筆銘，此集無之。其銘序云，咸通二年，余登進士，叨職史館。按唐制，進士無即入史館者。圖成進士在咸通末，出依王凝爲幕職，本傳甚明。安有職史館之事。又云，自後召拜禮部員外郎，遷知制誥，尋以中書舍人拜禮戶二侍，無日不與竹對。按序稱墨竹種於長安。圖爲知制誥、中書舍人，乃僖宗次鳳翔時。其爲兵部侍郎，又當昭宗在華州時。何由得與竹對。況圖身爲唐死，年七十二。而序乃云今爲梁庚寅，余年八十有二。其爲僞撰益明矣。是編前後八卷，皆題爲雜著。五卷、六卷獨題曰碑。實則他卷亦有碑文，例殊叢脞。舊本如是，今姑仍之焉。

韓內翰別集一卷（江蘇巡撫採進本）

唐韓偓撰。唐書本傳謂偓字致光。計有功唐詩紀事作字致堯。胡仔漁隱叢話謂字致元。毛晉作是集跋以爲未知孰是。案劉向列仙傳稱偓佺堯時仙人，堯從而問道，則偓字致堯，於義爲合。致光、致元皆以字形相近誤也。世爲京兆萬年人。父瞻，與李商隱同登開成四年進士第，又同爲王茂元壻。商隱集中所謂留贈畏之同年者，即瞻之字。偓十歲即能詩，商隱集中所謂韓冬郎即席得句有老成之風者，即偓也。偓亦登龍紀元年進士第，昭宗時官至兵部侍郎、翰林學士承旨。忤朱全忠，貶濮州司馬，再貶榮懿尉，徙鄧州司馬。天祐二年復故官，偓惡全忠逆節，不肯入朝，避地入閩，依王審知以卒。偓爲學士時，內預祕謀，外爭國是，屢觸逆臣之鋒，死生患難，百折不渝，晚節亦管寧之流亞，實爲唐末完人。其詩雖局於風氣，渾厚不及前人，而忠憤之氣，時時溢於語外。性情既摯，風骨自遒，慷慨激昂，迥異當時靡靡之響。其在晚唐，亦可謂文筆之鳴鳳矣。變風變雅，聖人不廢，又何必定以一格繩之乎。唐書藝文志載偓集一卷，香奩集一卷。晁氏讀書志云韓偓詩二卷，香奩不載卷數。陳振孫書錄解題云香奩集二卷，入內廷後詩集一卷，別集三卷，各家著錄，互有不同。今鈔本既曰別集，又註曰入內廷後詩，而集中所載又不盡在內廷所作，疑爲後人裒集成書，按年編次，實非偓之全集也。

唐英歌詩三卷 江蘇巡撫採進本

唐吳融撰。融字子華，越州山陰人。龍紀元年登進士第。昭宗時官翰林學士承旨、戶部侍郎知制誥。事蹟具新唐書文藝傳。融與韓偓同爲翰林學士，故偓有與融玉堂同直詩。然二人唱酬僅一兩篇，未詳其故。以立身本末論之，偓心在朝廷，力圖匡輔，以孱弱文士毅然折逆黨之凶鋒，其詩所謂報國危曾捋虎鬚者，實非虛語，純忠亮節，萬萬非融所能及。以文章工拙論之，則融詩音節諧雅，猶有中唐之遺風，較偓爲稍勝焉。在天祐諸詩人中，閒遠不及司空圖，沈摯不及羅隱，繁富不及皮日休，奇闢不及周朴，然其餘作者，實罕與雁行。唐書本傳稱昭宗反正，融於御前跪作十許詔，少選即成，意詳語當。唐詩紀事又稱李巨川爲韓建草謝表以示融，融吟罷立成一篇，巨川賞歎不已。蓋在當時亦鐵中錚錚者矣。

元英集八卷 浙江范懋柱家天一閣藏本

唐方干撰。干字雄飛，新定人，章八元之外孫也。以詩名於江南，咸通中一舉不第，遂遯跡會稽。歿後，宰相張文蔚請追賜名儒淪落者，及第凡十五人，干與焉。是集前有乾寧丙辰中書舍人祁縣王贊序，又有安樂孫郃所作小傳，名曰元英者，干私謚元英先生也。何光遠鑑戒錄稱干爲詩鍊句，字字無失，詠繫風雅，體絕物理，郃傳亦稱其高堅峭拔，蓋其氣格清迥，意度閒遠，於晚唐纖靡俚俗之中，獨能自振，故盛爲一時所推。然其七言淺弱，較遜五言，郝氏林亭而外，佳句無多，則又風會之有以限之也。贊序稱干甥楊弇洎門僧居遠收綴遺詩三百七十餘篇，析爲十卷，唐書藝文志亦同。此本爲明嘉靖丁酉干裔孫廷璽重刊，祇分八卷，詩三百七篇，卷目俱非其舊。近時洞庭席氏百家唐詩本從宋刻錄出者，雖仍作十卷，而詩亦止三百十六篇。全唐詩搜羅放失，增爲三百四十七篇，然與贊序原數終不相合，蓋流傳既久，其佚闕者多矣。

唐風集三卷 江蘇巡撫採進本

唐杜荀鶴撰。荀鶴，池州人。案計有功唐詩紀事稱荀鶴有詩名，大順初擢進士第二，牧之微子也。牧之自齊安移守秋浦時，有妾懷娠，出嫁長林鄉杜筠而生荀鶴。又稱荀鶴擢第時，危勢晏，復還舊山。田頵在宣州，甚重之。頵起兵，陰令以牋問至梁太祖，許及頵遇禍，梁主表授翰林學士、主客員外郎中知制誥，恃勢侮易縉紳，衆怒欲殺之，未及，天祐初卒。又稱荀鶴初謁梁王朱全忠，雨作而天無雲。荀鶴賦詩有若教陰翳都相似，爭表梁王造化功句，是荀鶴爲人至不足道，其稱杜牧之子，殆亦梁師成之依託蘇軾乎。其詩最有名者爲風暖鳥聲碎，日高花影重一聯，而歐陽修六一詩話以爲周朴詩。吳聿觀林詩話亦稱見唐人小說作朴詩，荀鶴特竊以壓卷。然則此一聯者，又如竇月之於柴廓矣。此集乃其初登第時所自編，詩多俗調，不稱其名。以唐人舊集，流傳已久，姑存以備一家。毛晉刻本前有顧雲序，序末謂之唐風集，以下文不相屬，蓋舊本唐詩紀事載雲此序，誤連下條荀鶴初謁梁王云云六十四字爲一條，晉不察而誤併鈔之，殊爲疎舛。今刊除此段，以還其舊焉。

徐正字詩賦二卷 福建巡撫採進本

唐徐寅撰。寅字昭夢，莆田人。乾寧元年進士及第。

授祕書省正字。後依王審知幕府。歸老延壽溪。所著有探龍、釣磯二集，共五卷。自唐書藝文志已不著錄，諸家書目亦不載其名，意當時即散佚不傳。此本僅存賦一卷，計八首；各體詩一卷，計三百六十八首。蓋其後裔從唐音統籤、文苑英華諸書裒輯成編，附刻家乘之後者，已非五卷之舊矣。其賦句雕字琢，不出當時程試之格，而刻意鍛鍊，時多秀句。集中贈渤海賓貢高元固詩序，稱其國傳寫寅斬蛇劍、御溝水、人生幾何三賦，至以金書列為屏幛，則當時亦價重雞林矣。詩亦不出五代之格，體物之咏尤多。五言如白髮隨梳少，青山入夢多；歲計懸僧債，科名負國恩；七言如豐年甲子春無雨，良夜庚申夜足眠；月明南浦夢初斷，花落洞庭人未歸；鷓鴣聲中雙闕雨，牡丹花畔六街塵；諸聯已為集中佳句。然當時文體不過如斯，不能獨責備於寅也。寅嘗獻賦於朱全忠，後忤全忠，乃遁歸閩，非真有惓惓故主之思，乃與司空圖、羅隱二人遙相倡和，有如臭味。又作大夫松詩曰：爭如潤底凌霜節，不受秦王號此官。馬嵬詩曰：張均兄弟皆何在，却是楊妃死報君。是似一飯不忘唐者，蓋文士之言不足盡據，論世者所以貴考其實也。

黃御史集十卷附錄一卷（浙江汪啓淑家藏本）

唐黃滔撰。滔字文江，莆田人。乾寧二年進士第，光化中除四門博士，尋遷監察御史裏行，充威武軍節度推官。王審知據有全閩，而終守臣節，滔匡正之力為多。五代史稱審知好禮下士，王淡、楊沂、徐寅，唐時知名士，多依之，獨不及滔。五代史多漏略，不足據也。又集中有祭南海南平王文，稱崔員外昨持禮幣，嘗詣門牆，爰蒙執手之懽，宏敘親仁之旨云云，乃為王審知祭劉隱而作。案隱初封大彭王，進封南平王，再進封南海王。據五代會要，南海之封在隱卒後一月，故此文尚稱南平王。說者或以高季興亦封南平，又不知此文為代審知所作，遂謂滔曾應高氏之聘，亦考之未審矣。唐書藝文志載滔集十五卷，又泉山秀句三卷，並已散佚。此本卷首有楊萬里及謝諤序，萬里序謂滔裔孫永豐君自言此集久逸，其父考功公始得之，僅四卷而已。其後永豐君又得詩文五卷於呂夏卿家，又得逸詩於翁承贊家，又得銘碣於浮屠老子之宮，編為十卷。是為淳熙初刻。後再刻於明正德，三刻於萬歷，四刻於崇禎。此本即崇禎刻也。集中文頗膽蔚，詩亦有貞元長慶之遺，雖不及羅隱、司空圖，而實非徐寅諸人之所及。其潁川陳先生集序稱天復元年，某叨闔相之辟。考乾寧四年，唐以福州為威武軍，拜審知節度使，累遷同中書門下平章事，封琅邪王。至梁太祖即位，乃封閩王，仍同中書門下平章事。滔稱闔相而不稱王，則所謂規正審知使守臣節者，是亦一證也。末有附錄一卷，又載滔裔孫補遺文一篇，補字季全，紹興中進士，歷官安溪縣令，所著詩解、九經解、人物志等書，皆失傳。惟此篇僅存，故附滔集以行世云。

羅昭諫集八卷（浙江巡撫採進本）

唐羅隱撰。隱有兩同書，已著錄。考吳越備史，隱本傳云：隱有江東甲乙集、淮海寓言及讒書、後集，並行於世。鄭樵通志藝文略載羅隱集二十卷，後集三卷，又有吳越掌記集三卷。至陳振孫書錄解題，則甲乙集僅十卷，而後集反有五卷，又多湘南集三卷，且註甲乙集皆詩，後集有律賦數首，湘南集乃長沙幕中應用之文。隱又有淮海寓言及讒書等，求之未獲云云。據此，則不特吳越掌記集不傳，即淮海寓言、讒書二種，振孫且不得見矣。此本為康熙初彭城知縣張瓚所刻，後有瓚跋云：昭諫諸集今不復見，僅得江東集鈔本於邑人袁英家，嗣後得甲乙集刻本，合而讀之，雖全集不獲盡覩，窺豹者已得一斑矣。蓋出於後人所掇拾，非舊帙也。所載詩四卷，又有雜文一卷，詩與毛晉所刻甲乙集合，雜文則不知原在何集。其湘南集僅存自序一篇，列於卷中。序謂湘南文失落於馬上，軍前僅分三卷，而舉業祠祭亦與焉。今雜文既無長沙應用之作，亦無舉業祠祭之文，惟諸啟多作於湖南，或即湘南集中之遺歟。文苑英華有隱秋雲似羅賦一篇，蓋即後集之律賦，此本失載，則所採亦尚遺漏矣。第七卷末一篇為廣陵妖亂志前十一篇，疑即淮海寓言之文也。第八卷有兩同書十篇，唐志著錄，其說以儒道為一致，故曰兩同，似乎讒書之外又有此書者，其異同則不可考矣。隱不得志於唐，迨唐之亡也，梁主以諫議大夫召之，拒不應。又力勸錢鏐討梁，事雖不成，君子韙之。其詩如徐寇南遁感事獻江南知己一首，即事中元甲子一首，中元甲子以辛丑駕幸蜀四首，皆忠憤之氣溢於言表。視同時李山甫、杜荀鶴輩有鸞梟之分，雖殘闕之餘，猶為藝林所寶重，殆有由矣。

白蓮集十卷（兩江總督採進本）

唐釋齊己撰。齊己，益陽人，自號衡岳沙門。宋人註杜甫已上人茅齋詩，謂齊己與杜甫同時，其謬不待辨。舊本題為梁人，亦殊舛謬。考齊己嘗依高季興為龍興寺僧正，季興雖嘗受梁官，然齊己為僧正時，當龍德元年辛巳，在唐莊宗入洛之後矣。集中已稱季興為南平王，而陶岳五代史補載徐東野在湖南幕中贈齊己詩，稱我唐有僧號齊己，安得謂為梁人耶。是集為其門人西文所編，首有天福三年孫光憲序，前九卷為近體，後一卷為古體。古體之後又有絕句四十二首，疑後人採輯附入也。唐代緇流能詩者衆，其有集傳於今者，惟皎然、貫休及齊己。皎然清而弱，貫休豪而麤，齊己七言律詩不出當時之習，其七言古詩以盧仝、馬異之體縮為短章，詰屈聱牙，尤不足取。惟五言律詩居全集十分之六，雖頗沿武功一派，而風格獨遒，如劍客、聽琴、祝融峯諸篇，猶有大歷以還遺意。其絕句中庚午年十五夜對月詩曰：海澄空碧正團圓，吟想元宗此夜寒。玉兔有情應記得，西邊不見舊長安。惓惓故君，尤非他釋子所及，宜其與司空圖相契矣。

禪月集二十五卷、補遺一卷（內府藏本）

唐釋貫休撰。貫休字德隱，姓姜氏，蘭谿人。舊本題曰梁人。案貫休初以乾寧三年依荊帥成汭，後歷遊高季興、錢鏐間，晚乃入蜀依王建，至乾德癸未卒，年八十一，終身實未入梁，舊本誤也。陶岳五代史補稱貫休西岳集四十卷，吳融序之。然集末載其門人曇域後序，編次歌詩文贊為三十卷，則岳亦誤記矣。此本為宋嘉熙四年蘭谿兜率寺僧可燦所刊，毛晉得而重刊之，僅詩二十五卷，豈佚其文贊五卷耶。補遺一卷，亦晉所輯。然所收佚句，如朱門當大道，風雨立多時一聯，乃贈乞食僧詩，今在第十七卷之首，但道作路，雨作雪耳。晉不辨而重收之，殊為失檢。文獻通考別載寶月集一卷，亦云貫休作，今已不傳。然曇域不云有此集，疑馬端臨或誤。毛晉又云西岳集或作南岳集，考貫休生平未登太華，疑南岳之名為近之，西字或傳寫誤也。又書籍刊版始於唐末，然皆傳布古書，未有自刻專集者。曇域後序作於王衍乾德五年，稱檢尋槀草及闇記憶者約一千首，雕刻成部，則自刻專集自是集始，是亦可資考證也。

浣花集十卷、補遺一卷（編修汪如藻家藏本）

唐韋莊撰。莊字端己，杜陵人，乾寧九年第進士，授校書郎，轉補闕，後仕蜀王建，至吏部侍郎同平章事。文獻通考載莊集五卷，此本十卷，乃毛晉汲古閣所刻，為莊弟藹所編，前有藹序。疑後人析五為十，故第十卷僅詩六首也。末為補遺一卷，則毛晉所增。然如癸丑年下第獻新先輩一首，既見於卷八，又入補遺，殊為失檢。全唐詩所錄較此本多勉兒子、卹事等篇共三十餘首。藹序作於癸亥年六月，為唐昭宗之天復三年，莊方得杜甫草堂，故以名集，自是以後篇什皆未載焉，故往往散見於諸書，後人遞有增入耳。

廣成集十二卷（浙江汪汝瑮家藏本）

蜀杜光庭撰。光庭有了證歌，已著錄。宋史藝文志載光庭廣成集一百卷，又壺中集三卷，通志藝文略載光庭集三十卷，今此本十二卷，僅表及齋醮文二體。十國春秋所載序毛仙翁、略文一篇，又瀘州劉眞人碑記、青城縣重修沖妙觀碑記、雲昇宮廣雲外尊師碑記、三學山功德碑文諸目，皆不載集中。蓋殘闕之餘，已非完本也。考通鑑載蜀主以光庭為諫議大夫，而集有謝除戶部侍郎表，史並不言其為此官。又通鑑載王宗綰取寶雞，岐保勝節度使李繼岌降，復姓名為桑宏志，而集中賀收復隴州表稱節度使桑簡以手下兵士歸降，是宏志又名簡，而史不之及。又有賀太陽當虧不虧表，稱今月一日丁未巳時，太陽合虧於軫十一度。今以史志核之，蜀高祖永平元年正月丁亥朔，後主乾德三年六月乙卯朔，五年十月辛未朔，皆當日食，而獨無丁未日。蜀用胡秀林永昌歷，或其法與中國不同，是可以備參考。又其在唐末時為王建所作醮詞，有稱川主相公者，有稱司徒者，有稱蜀王者，有稱太師者。考之於史，建以西川節度同平章事守司徒，封蜀王，一一皆合，而獨失載其太師之號。又有稱漢州尚書王宗夔、鎮江侍中王宗黯者，二人皆王建養子，十國春秋具詳其官，而獨不紀其嘗為漢州刺史、鎮江軍節度使。又有越國夫人為都統宗侃還願詞，稱俯迫孤城，遽淹旬月，俄開壁壘，大破兇狂，成掃蕩之功，副聖明之獎云云。而史記王宗侃為北路行軍都統伐岐，青泥鎮之戰侁兵大敗為蜀主所責無功而還與所言全不相合光庭駢偶之文詞頗贍麗而多涉其教中荒誕之說不能悉軌於正獨五季文字闕略集中所存足與正史互證者尚多故具錄之以為稽考同異之助焉

欽定四庫全書總目卷一百五十一

欽定四庫全書總目卷一百五十二

集部五

別集類五

騎省集三十卷（兩淮馬裕家藏本）

宋徐鉉撰鉉有稽神錄已著錄晁公武讀書志陳振孫書錄解題並載鉉集三十卷與今本同陳氏稱其前二十卷仕南唐時作後十卷皆歸宋後作今勘集中所載年月事蹟亦皆相符蓋猶舊本也集為其壻吳淑所編天禧中都官員外郎胡克順得其本於陳彭年刊刻表進始行於世鉉精於小學所校許慎說文至今為六書矩矱而文章淹雅亦冠一時讀書志稱其文思敏速凡有撰述常不喜預作有欲從其求文者必戒臨事即來請往往執筆立就未嘗沈思常曰文速則意思敏壯緩則體勢疎慢故其詩流易有餘而深警不足然如臨漢隱居詩話所稱喜李少保卜鄰詩井泉分地脈砧杵共秋聲之句亦未嘗不具有思致蓋其才高而學博故振筆而成時出名雋也當五季之末古文未興故其文沿溯燕許不能嗣韓柳之音而就一時體格言之則亦迥然孤秀矣翟耆年籀史曰太平興國中李煜薨詔侍臣撰神道碑有欲中傷鉉者奏曰吳王事莫若徐鉉為詳遂詔鉉撰鉉請存故主之義太宗許之鉉但推言歷數有盡天命有歸而已其警句曰東隣搆禍南箕扇疑投杼致慈親之惑乞火無隣婦之詞始勞因壘之師終後塗山之會太宗覽之稱歎不已云云後呂祖謙編文鑑多不取儷偶之詞而特錄此碑蓋亦賞其立言有體以視楊維楨作明鼓吹曲反顏而詆故主者其心術相去遠矣然則鉉之見重於世又不徒以詞章也

河東集十五卷附錄一卷（浙江鮑士恭家藏本）

宋柳開撰開字仲塗大名人開寶六年進士歷典州郡終於如京使事蹟具宋史文苑傳開少慕韓愈柳宗元為文因名肩愈字紹先既又改名改字自以為能開聖道之塗也集中東郊野夫補亡先生二傳自述甚詳集十五卷其門人張景所編附以景所撰行狀一卷蔡絛鐵圍山叢談記其在陝右為刺史喜生膾人肝為鄭文寶所按賴徐鉉救之得免則其人實酷暴之流石介集有過魏東郊詩為開而作乃推重不遺餘力絛說固多虛飾介亦名心過重好為詭激不合中庸其說未知孰確今第就其文而論則宋朝變偶儷為古文實自開始惟體近艱澀是其所短耳盛如梓恕齋叢談載開論文之語曰古文非在詞澀言苦令人難讀在於古其理高其意王士禎池北偶談譏開能言而不能行非過論也又尊崇揚雄太過至比之聖人持論殊謬要其轉移風氣於文格實為有功謂之明而未融則可王士禎以為初無好處則已甚之詞也

咸平集三十卷（兩江總督採進本）

宋田錫撰錫有奏議已著錄考奏議乃明安磐所輯其文已全載此集中然宋史藝文志載錫奏議二卷文獻通考載錫咸平集五十卷此本載奏議一卷書三卷賦五卷論三卷箴銘二卷詩六卷頌

策箚記表狀七卷，制誥考詞三卷。以奏議與詩文集合爲一編，僅三十卷，則亦後人重輯之本，非其舊也。錫嘗慕魏徵、李絳之爲人，以獻納爲己任。國老談苑記太宗幸龍圖閣閱書，指西北架一漆畫篋，上親自署鑰者，謂學士陳堯叟曰：此田錫之奏疏也。愴然者久之。則當時已重其言，故其沒也，范仲淹作墓誌，司馬光作神道碑，而蘇軾序其奏議亦比之賈誼。爲之操筆者皆天下偉人，則錫之生平可知也。詩文乃其餘事，然亦具有典型。其氣體光明磊落，如其爲人，固終非澌泯者所得彷彿焉。

逍遙集一卷（永樂大典本）

宋潘閬撰。閬，大名人。晁公武讀書志謂其字曰逍遙。江少虞事實類苑則謂其自號逍遙子。少虞說或近是歟。太宗時召對，賜進士第。後坐事亡命，眞宗捕得之，釋其罪，以爲滁州參軍。閬在宋初，去五代餘風未遠，其詩如秋夕旅舍書懷一篇，喜臘雪一篇，間有五代纖瑣之習，而其他風格孤峭，亦尙有晚唐作者之遺。蘇軾嘗稱其夏日宿西禪詩，又稱其題資福院石井詩，不在石曼卿、蘇子美下。劉攽中山詩話稱其歲暮自桐廬歸錢塘詩，不減劉長卿。事實類苑稱其苦吟詩、貧居詩、峽中聞猿詩、哭高舍人詩、寄張詠詩諸佳句。劉克莊後村詩話稱其客舍詩、方回瀛奎律髓稱其渭上秋夕閒望詩、秋日題瑯琊寺詩、落葉詩。事實類苑又記其在浙江時，好事者畫爲潘閬詠潮圖。郭若虛圖畫見聞志又記長安許道寧愛其華山詩，畫爲潘閬倒騎驢圖。一時若王禹偁、柳開、寇準、宋白、林逋諸人皆與贈答，蓋宋人絕重之也。讀書志載逍遙詩三卷，宋史藝文志則作潘閬集一卷，原本久佚，未詳孰是。今考永樂大典所載，裒而錄之，編爲一卷。而逸篇遺句載在他書者，亦併採輯，以補其闕。雖不能如晁氏著錄之數，而較宋志所載，則約略得其八九矣。其古意一首，今刻唐詩者皆以爲崔國輔作，而永樂大典則題閬名，疑以傳疑，亦姑竝錄之，而註其譌異於本題之下焉。

寇忠愍公詩集三卷（兩淮鹽政採進本）

宋寇準撰。準事蹟具宋史本傳。初，準知巴東縣時，自擇其詩百餘篇爲巴東集，後河陽守范雍裒合所作二百餘篇，編爲此集。考石林詩話有過襄州留題驛亭詩一首，侍兒小名錄拾遺有和蒨桃詩一首，合璧事類前集有春恨一首、春晝一首，皆集中所無。蓋題驛亭、和蒨桃二篇，語皆淺率。春晝、春恨二首格意頗卑，雍殆有所持擇，特爲刪汰，非遺漏也。準以風節著於時，其詩乃含思悽婉，綽有晚唐之致，然骨韻特高，終非凡艷所可比。惟湘山野錄嘗稱其江南春二首及野水無人渡孤舟盡日橫二句，以爲深入唐格，則殊不然。江南春體近塡詞，不止秦觀之小石調。野渡無人舟自橫本韋應物西磵絕句，準點竄一二字，改爲一聯，殆類生吞活剝，尤不爲工。準詩自佳，此二句實非其佳處，未足據爲定論也。

乖崖集十二卷附錄一卷（衍聖公孔昭煥家藏本）

宋張詠撰。詠事蹟具宋史本傳。其集宋代有兩本，一本十卷，見於趙希弁讀書附志，所稱錢易墓誌李畋語錄附於後者是也。一本十二卷，見於陳振孫書錄解題，所稱郭森卿宰崇陽刻此集，舊本十卷，今增廣并語錄爲十二卷者是也。此本前有森卿序，蓋即振孫所見之本。序稱於世刻中增詩八篇，別附以韓琦神道碑、王禹偁送宰崇陽序、李燾祠堂記、項安世北峯亭記。今檢勘竝合。惟所稱刪次年譜別爲一卷者，則已不見，蓋傳寫有所脫佚矣。詠兩莅益州，爲政恩威竝用，吏民畏服。平日剛方尙氣，有嚴嚴不可犯之節。其文乃疏通平易，不爲崭絕之語。其詩亦列名西崑體中（案西崑酬唱十七人，詠名在第十一）。其聲賦一首，窮極幽渺，梁周翰至歎爲一百年不見此作，則亦非無意於爲文者。特其光明俊偉，發於自然，故眞氣流露，無雕章琢句之態耳。案韓琦神道碑稱詠與邑人傅霖友善，登第後與傅詩有巢由莫相笑，心不爲輕肥之句。今集中乃作七言，琦蓋節用其意，故與集本不合。又案陳輔之詩話稱蕭林之知溧陽時，張乖崖召食，見几案一絕句云：獨恨太平無一事，江南閒殺老尙書。蕭改恨作幸字，且言公功高身重，姦人側目，以此與公全身。乖崖曰：蕭弟一字之師也云云。今考集中游趙氏西園詩末聯云：方信承平無一事，淮陽閒殺老尙書。詩中既無恨字、幸字，亦不作江南字，且七律而非絕句，則輔之所記乃傳聞譌異之詞。又青箱雜記載詠贈官妓小英歌，今不見集中，其詩詞意凡劣，決非詠之所爲，殆亦吳處厚誤採鄙談，不足據也。

小畜集三十卷（鴻臚寺少卿曹學閔家藏本）　小畜外集七卷（兵部侍郎紀昀

家藏本

宋王禹偁撰。禹偁字元之，鉅野人。太平興國八年進士，官至翰林學士，知制誥，屢以事謫守郡，終於知蘄州。事蹟具宋史本傳。禹偁嘗自次其文，以易筮之，得乾之小畜，因以名集。晁公武讀書志、陳振孫書錄解題皆作三十卷，與今本同。惟宋志作二十卷，然宋志荒謬最甚，不足據也。宋承五代之後，文體纖儷，禹偁始為古雅簡淡之作。其奏疏尤極剴切，宋史採入本傳者，議論皆英偉可觀。在詞垣時所為應制駢偶之文，亦多宏麗典贍，不愧一時作手。集凡賦二卷，詩十一卷，文十七卷。紹興丁卯歷陽沈虞卿嘗刻之黃州。明代未有刊本，世多鈔傳其詩，而全集罕覯。故王士禎池北偶談稱僅見書賈以一本持售，後不可復得為憾。近時平陽趙氏始得宋本刊行，而陳振孫書錄解題所載外集三百四十首，其曾孫汾所裒輯者，則久佚不傳。此殘本為河間紀氏閱微草堂所藏，僅存第七卷至第十三卷，而又七卷前闕數頁，十三卷末集賢錢侍郎知大名府序惟有篇首二行，計亦當闕一兩頁。原帙籤題仍曰小畜外集殘本上下二冊。知所傳止此矣。其中次韻和朗公見贈詩及題下自註朗字皆闕筆，知猶從宋本影鈔也。凡詩四十四篇，雜文八篇，論議五篇，傳三篇，箴贊頌九篇，代擬二十篇，序十二篇，共一百一篇，較原帙僅三之一。然北宋遺集流傳漸少，我

皇上稽古右文，凡零篇斷簡散見永樂大典中者，苟可編排，咸

命儒臣輯錄成帙，以示表章。此集原書七卷，歸然得存。

是亦可寶之祕笈，不容以殘闕廢矣。

南陽集六卷（永樂大典本）

宋趙湘撰。湘字叔靈。其先自京兆徙家於越，至湘始家於衢，遂為西安人。登淳化三年孫何榜進士，卽資政殿大學士趙抃之祖也。宋史抃傳不著世系，故湘始末亦不具。惟蘇軾為抃作碑，稱湘官為廬州廬江尉，其後追贈司徒，則以抃貴推恩者也。湘著作散佚，僅宋文鑑載其春夕偶作詩一首，剡錄載其剡中齊唐郎中所居詩一首，方輿勝覽載其方廣寺石橋詩一首，瀛奎律髓載其贈水墨峯上人、贈張處士詩二首，文翰類選載其秋夜集李式西齋詩一首，雲門集載其別耶溪諸叔詩一首，爛柯山志載其遊爛柯山詩一首，餘悉不傳。併南陽集之名，知者亦罕。惟永樂大典所載詩文頗夥，裒之尚可成帙。北宋遺集傳者日稀，是亦難覯之祕本矣。案元方回作羅壽可詩序，稱宋剗五代舊習，詩有白體、崑體、晚唐體。其晚唐一體，九僧最逼眞，寇萊公、林和靖、魏仲先父子、潘逍遙、趙清獻之祖，凡數家，深涵茂育，氣勢極盛。又回所選瀛奎律髓評湘贈張處士詩曰：清獻家聲言如此，宜乎乃孫之詩如其人之清，有自來哉云云。其推挹湘者甚至。然回錄湘二詩，皆取其體近江西者，殊不盡湘所長。今以永樂大典所載觀之，大抵運意清新，而風骨不失蒼秀。雖源出姚合、賈島，與彫鏤瑣碎、務趨僻澀者迥殊。其古文亦掃除排偶，有李翺、皇甫湜、孫樵之遺，非五季諸家所可及。沈埋晦蝕幾數百年，今逢

聖代右文，復得掇拾散亡，表見於世，豈非其精神足以不朽，故光氣終莫可掩歟。其中揚子三辨一篇，推重揚雄，頗為過當。然孫復、司馬光亦同此失，蓋北宋儒者所見如斯，不能獨為湘責。知其所短，則可矣。據方回稱清獻漕益路時，宋景文序叔靈集，歐陽公跋亦稱之，是原集實抃所編。今其目次已不可考，謹分類排訂，釐為六卷。

武夷新集二十卷（江蘇巡撫採進本）

宋楊億撰。億有歷代銓政要略，已著錄。宋史億本傳載所著有括蒼、武夷、潁陰、韓城、退居、汝陽、蓬山、冠鼇諸集，及內外制、刀筆。藝文志所著錄者，惟蓬山集五十四卷，武夷新編集二十卷，潁陰集二十卷，刀筆集二十卷，別集十二卷，汝陽雜編二十卷，鑾坡遺札二十卷，較本傳所載已不相符。陳氏書錄解題謂億所著共一百九十四卷，館閣書目猶有一百四十六卷，今俱亡佚。所存者獨武夷新集及別集而已。武夷新集者，億景德丙午入翰林，明年輯其十年以來詩筆而自序之。別集者，避讒歸陽翟時作也。此本但有武夷新集，則別集又亡矣。別本或題曰楊大年全集，誤也。凡詩五卷，雜文十五卷，大致宗法李商隱，而時際昇平，舂容典贍，無唐末五代衰颯之氣。田況儒林公議稱億在兩禁，變文章之體，劉筠、錢惟演輩皆從而斆之，時號楊劉。三人以詩更相屬和，極一時之麗。惟石介不以為然，至作怪說以譏之。見所著徂徠集中。近時吳之振作宋詩鈔，遂置億集不錄，未免隨聲附和。觀

蘇軾深以介說爲謬，至形之於奏牘。知文章之不可以一格限矣。

和靖詩集四卷（安徽巡撫採進本）

宋林逋撰。逋事蹟具宋史隱逸傳。其詩澄澹高逸，如其爲人。史稱其就稾輒棄去，好事者往往竊記之。今所傳尚三百餘篇。茲集篇數與本傳相合，蓋當時所收止此。其他逸句，往往散見於說部及眞蹟中。劉克莊後村詩話謂逋一生苦吟，自摘出五言十三聯。今惟五聯見集中。如隱非唐甲子，病有晉春秋。水天雲黑白，霜野樹青紅。風回時帶灑，烟遠忽藏村。及郭索鉤輈之聯，皆不在焉。七言十七聯集逸其三。使非有摘句圖旁證，則皆成逸詩矣。今摘句圖亦不傳，則其失於編輯者固不少也。是集前有皇祐五年梅堯臣序。康熙中長洲吳調元校刊之。後附省心錄一卷，實李邦獻所作，誤以爲逋。今爲考辨釐正，別著錄子部中，而此集則削之不載焉。

穆參軍集三卷附錄遺事一卷（大學士于敏中家藏本）

宋穆修撰。修字伯長，鄆州人。蘇舜欽集有修哀文，稱其咸平中舉進士得出身。而集中上潁州劉侍郎書，稱某以大中祥符中竊進士第。邵伯溫易學辨惑亦稱修爲祥符二年梁固榜進士。宋史本傳又云，眞宗東封，詔舉齊魯經行之士，修預選，賜進士出身。所述小異，似當以自敘爲確也。修初授泰州司理參軍，以伉直爲通判秦應所誣搆，貶池州。再遇恩，徙潁蔡二州文學掾。明道元年病卒。宋人皆謂之穆參軍，從其初官也。修受數學於陳摶，先天圖之竄入儒家，自修始。其文章則莫考所師承，而歐陽修論尹洙墓誌書，謂其學古文在洙前。朱子名臣言行錄亦稱洙學古文於修。而邵伯溫辨惑稱修家有唐本韓柳集，募工鏤版，今柳宗元集尚有修後序。蓋天資高邁，沿溯於韓柳而自得之。宋之古文實柳開與修爲倡。然開之學及身而止。修則一傳爲尹洙，再傳爲歐陽修，而宋之文章於斯極盛。則其功亦不尠矣。據蘇舜欽哀文稱，訪其遺文，惟得任中正尚書家廟碑、靜勝亭記、徐生昌墓誌、蔡州塔記四篇，不能成卷。祖無擇集有修集序，稱其遺文於嗣子照得詩五十六，書序記誌祭文總二十，次爲三卷。其序作於慶歷三年。所刻詩文之數與今本合，蓋此集猶無擇所編之舊也。王得臣麈史述史驤之言，譏其作巨盜詩以刺丁謂，爲有累於道。考邵伯溫辨惑載修於丁謂爲貧賤交。謂後貴，修乃不與之揖。謂銜之，頗爲所軋。修集中聞報自崖徙雷一章，卽爲謂作。則驤所謂累於道者，病其挾私怨耳。然其詩排斥姦邪，尚不致乖於公義，未可深非。又葉適水心集譏呂祖謙宋文鑑所收修法相院鐘記、靜勝亭記二篇爲腐敗麤澀，亦言之已甚。惟第三卷之首載亳州魏武帝帳廟記一篇，稱曹操建休功，定中土，垂光顯盛大之業於來世。又稱帷帝之雄，使天濟其勇，尚延數年之位，豈强吳庸蜀之不平。又稱至今千年下，觀其書，猶震惕耳目，悚動毛髮，使人凜其遺風餘烈。又稱高祖於豐沛，光武於南陽，廟象咸存，威德弗泯。其次則譙廟也云云。其獎篡助逆，可謂大乖於名教。至述守臣之言，有吾臨此州，不能導爾小民忠知所奉，是亦吾過云云。顯然以亂賊導天下，尤爲悖理。尹洙春秋之學稱受於修，是於春秋爲何義乎。自南宋以來，無一人能摘其謬，殊不可解。今承

睿鑒指示，使綱常大義，順逆昭然，允足立天經而定人紀。豈可使之仍厠簡牘，貽玷汗靑。謹刊除此文，以彰衮鉞。其他作則仍錄之，用不沒其古文一脈華路藍縷之功。舊本前有劉清之序，佚而不載。今從龍學集補錄遺事一卷，不知何人所編，亦附載備考。諸家鈔本或稱河南穆先生文集，或稱穆參軍集。祖無擇序則稱河南穆公集，參差不一。今考文獻通考以穆參軍集著錄，蓋南宋時通用此名。今從之焉。

晏元獻遺文一卷（江西巡撫採進本）

宋晏殊撰。殊有類要，已著錄。東都事略稱殊有文集二百四十卷，中興書目作九十四卷。文獻通考載臨川集三十卷、紫薇集一卷。陳振孫書錄解題云，其五世孫大正爲年譜一卷，言先元獻嘗自差次起儒館至學士爲臨川集三十卷，起樞廷至宰席爲二府集二十五卷云云。今皆不傳。此本爲

國朝康熙中慈谿胡亦堂所輯，僅文六篇，詩六首，餘皆詩餘。殊當北宋盛時，日與諸名士文酒唱和，其零章斷什，往往散見諸書。如復齋漫錄、古今歲時雜詠、侯鯖錄、西淸詩話所載諸詩，此本皆未收入，未爲完備。然殊在北宋，號曰能文，雖二宋之作，亦資其點定。如能改齋漫錄所記白雪久殘梁複道，

黃頭閒守漢樓船者。其推重可以想見。原集既已無存，則此裒輯之編，僅存什一於千百者，亦不能不錄備一家矣。

文莊集三十六卷（永樂大典本）

宋夏竦撰。竦有古文四聲韻，已著錄。其集本一百卷，宋史藝文志著錄，今已不傳。茲據永樂大典所載，兼以他書附益之，尙得詩文三十六卷。竦之爲人無足取，其文章則詞藻贍逸，風骨高秀，尙有燕許軌範。歸田錄、青箱雜記、東軒筆錄、中山詩話、玉海、困學紀聞諸書皆稱引之。呂祖謙編文鑑，亦頗採錄。蓋其文可取，不以其人廢矣。集中多朝廷典冊之文，蓋所長特在於是。所載事蹟，如太宗爲京兆尹時，召見魏咸信事在乾德五年，而史以爲在開寶中。澶淵河清見底事在端拱元年，而史以爲在雍熙四年。竦之直集賢院以獻文得官，而史以爲自通判召入。凡斯之類，皆足以訂宋史之譌。他若李昉之追封韓國公，王曾之爲兵部郎中，魯宗道之爲給事中，任中正之爲右諫議大夫，史皆失書。凡斯之類，亦足補宋史之闕。蓋托克托等年遠傳聞，不及竦紀錄時事爲得其實也。集中表奏有代王曾、王旦、寇準諸人作者，考之史傳，竦在洪州能斷妖巫，毀淫祠。仁宗時增設賢良等六科，復百官轉對，置理檢使，亦皆竦所發。好水川之事，議者歸咎韓琦，竦於任福衣帶中得琦檄奏之，明其非罪，則竦雖巧枝，較之丁謂、王欽若輩，尙稍稍有閒，故正人尙肎假手歟？抑或爲所籠絡，當時尙未遽悟其姦也？竦學贍洽，百家及二氏之書皆能通貫。故其文徵引奧博，傳寫者不得其解，往往舛譌。今參考諸書，爲之是正，各附案語以明之。其不可盡考者，則姑仍其舊，從闕疑之義焉。

春卿遺稾一卷（編修汪如藻家藏本）

宋蔣堂撰。堂字希魯，宜興人。大中祥符五年擢進士第，仁宗朝歷官左諫議大夫，知蘇州，改給事中，仍知州事，後以禮部侍郎致仕，因家於蘇。事蹟具宋史本傳。案胡宿文恭集有堂神道碑，稱堂以皇祐六年卒，贈吏部侍郎。此集題曰春卿，仍舉其致仕之官，所未詳也。碑稱其有高情，富清藻，多所綴述，尤邃於詩。其閒所得，往往清絕。善作尺牘，思致簡詣，時人得之，藏爲名筆。及退居林下，神機日旺，雖飲食寢處，未嘗忘詩，亦天性然。有文集二十卷。本傳亦稱其好學，工文詞，尤嗜作詩，與碑文合。所載文集卷數亦同。然原集今不傳，此本乃明天啓中堂二十世孫鑛掇拾佚稾而成。凡賦一篇，詩三十七篇，記一篇，不及原集十分之一。其閒惟詩獨多，則碑所云尤邃於詩者信也。其詩雖興象不深，而平正通達，無雕鎪纖瑣之習，北宋遺集，流傳日少，錄之亦可備一家焉。

東觀集十卷（兩江總督採進本）

宋魏野撰。野字仲先，號草堂居士，先世蜀人，徙於陝州。眞宗聞其名，召之不出。天禧三年卒，贈祕書省著作郎。事蹟具宋史隱逸傳。野與林逋同時，身後之名，不及逋褒點湖山，供後人題咏，而當時則聲價出逋上。澠水燕談載眞宗西祀汾陰，至遣人圖畫所居。宋史本傳載大中祥符初，遼使至宋，言本國得野草堂集上帙，願求全部。續湘山野錄載長安名姬添蘇得野一詩，至署於堂壁，夸耀於人，則傾動一時可想也。據天聖元年薛田所作集序，野先有草堂集行在人閒。宋史亦稱野草堂集十卷，則十卷者野舊本也。序又稱其子閑以新舊詩三百篇混而編之，彙爲七卷，因取贈典命之曰鉅鹿東觀集，則東觀集者閑所重編七卷之本也。此本凡詩三百五十九首，題曰東觀集，而乃作十卷。未喩其故。豈序文誤十爲七歟？別有東觀集補遺三卷，出杭州汪氏家，前後無序跋，不知何人所輯。今核所載詩一百十九首，即此本之四卷至六卷。蓋書賈作僞之本，不足爲據。或疑除此三卷正合薛田序七卷之數，當爲後人所合倂。不知除此一百一十九首，則七卷僅詩二百四十首，與田序三百首之說仍不相合，知決不然矣。野在宋初，其詩尙仍五代舊格，未能及林逋之超詣，而胸次不俗，故究無齷齪凡鄙之氣。較楊朴詠蓑諸篇，固無多讓。趙與虤娛書堂詩話曰：魏仲先詩沖淡閑逸，前輩稱其警句甚多。上陳使君云：憂民如有病，見客似無官。形容甚切，余喜誦之云云。亦錄隱逸詩者所不廢矣。

宋元憲集四十卷（永樂大典本）

宋宋庠撰。史稱庠所著有國語補音三卷，紀年通譜十二卷，別集四十卷，掖垣叢志三卷，尊號錄一卷。今惟國語補音有傳本，已著錄。餘書與文集竝佚。

國朝厲鶚編宋詩紀事，僅採掇西清詩話、侯鯖錄、合璧事類揚州府志所載得詩八首，則海內絕無其本已三四百年矣。永樂大典修於明初，距宋末僅百餘年，舊刻猶存，故得以採錄。而庠文章淹雅，可取者多，故所載特爲繁富。今以類排比，仍可得四十卷，疑當時全部收入也。方回瀛奎律髓載夏竦守安州日，庠兄弟以布衣遊學，席上各賦落花詩，竦以爲有台輔器。趙令畤侯鯖錄亦云二宋落花詩爲時膾炙。今考庠詩所謂「漢皐佩冷臨江失，金谷樓危到地香」，祁詩所謂「將飛更作回風舞，已落猶成半面粧」者，特晚唐濃麗之格，實不盡其所長。祁集有和庠赴鎭圃田遊西池作，極稱其「長楊獵近寒熊吼，太液歌殘瑞鵠飛」句，嘆其警邁。蔡絛西清詩話亦稱之。又載其許昌西湖詩「鑿開魚鳥忘情地，展盡江湖極目天」，曠古未有。然集中名章儁句，絡繹紛披，固不止是數聯也。文章多館閣之作，皆溫雅瑰麗，渢渢乎治世之音。蓋文章至五季而極弊，北宋諸家各奮起振作，以追復唐賢之舊。穆修、柳開以至尹洙、歐陽修，則沿洄韓、柳之波；庠兄弟則方駕燕、許之軌。曾諸賈、董、枚、馬，體制各殊，而同爲漢京之極盛，固不必論甘而忌辛，是丹而非素矣。陳振孫稱其文清約莊重，不逮其兄，以此不至公輔。今觀其集，庠有沈博之氣，而祁多新警之思，其氣象亦復小殊，所謂文章關乎器識者歟。書錄解題載是集作四十四卷，與史不合。然文獻通考亦作四十四卷，似非譌舛，疑別本以掖垣叢志三卷、尊號錄一卷編入集中，其成此數。唐宋諸集往往有兼收雜著例也。通考於是集之下又附註曰「一作湜中集二十卷」，其名又異。然永樂大典實祇標宋元憲集，則非湜中集明甚，故今仍舊目，不取通考之名焉。

宋景文集六十二卷補遺二卷附錄一卷（永樂大典本）

宋宋祁撰。祁有益部方物略，已著錄。晁公武讀書志謂祁詩文多奇字，證以蘇軾詩「淵源皆有考，奇險或難句」之語。以今觀之，殆以祁撰唐書，彫琢劖削，務爲艱澀，故有是言。實則所著詩文博奧典雅，具有唐以前格律，殘膏賸馥，沾丐靡窮，未可盡以詰屈斥也。又陳振孫書錄解題稱祁自言年至六十，見少時所作，皆欲燒棄。然考祁筆記嘗云年二十五即見奇於宰相夏公，試禮部又見稱於龍圖劉公，蓋少作未嘗不工，特晚歲彌爲進境耳。至於舉陸機之謝華啓秀、韓愈之陳言務去以爲爲文之要，則其生平得力具可想見矣。祁筆記又深戒其子無妄編綴作集，使後世嗤詆。然當時實已裒合成編，且非一種。據本傳稱集百卷，藝文志則稱百五十卷，又有濡削一卷、刀筆集二十卷，已與本傳不符。馬端臨通考亦稱百五十卷，書錄解題暨焦竑經籍志俱止稱百卷。王偁東都事略則文集百卷之外，又有廣樂記六十五卷。記載互殊，莫詳孰是。陸游集載祁詩有出麾小集、西州猥稾，蜀人任淵曾與黃庭堅、陳無已二家同註，今亦不傳。近人所傳北宋小集中有西州猥稾一種，乃從成都文類、瀛奎律髓、文翰類選諸書採輯而成，非其原帙。茲就永樂大典所載彙萃裒次，釐爲六十有二卷。又旁採諸書纂成補遺二卷，併以軼聞餘事各爲考證，附錄於末。雖未必盡還舊觀，名章鉅製，諒可得十之七八矣。祁兄弟俱以文學名，當時號大宋、小宋。今其兄庠遺集已從永樂大典採掇成編，祁集亦於蠹蝕之餘得以復見於世。雖其文章足以自傳，實亦幸際

聖朝表章遺佚，乃得晦而再顯，同邀

乙夜之觀，其遭遇之奇，良非偶然也。

文恭集五十卷補遺一卷（永樂大典本）

宋胡宿撰。宿字武平，常州晉陵人。天聖二年進士，歷官兩浙轉運使，召修起居注，知制誥，由翰林學士拜樞密副使，以太子少師致仕。文恭其謚也。事蹟具宋史本傳。宿立朝以廉直著，而學問亦極該博。當時文格未變，尙沿四六駢偶之習，而宿於是體尤工。所爲朝廷大制作，典重贍麗，追蹤六朝。其五七言律詩，波瀾壯闊，聲律鏗鏘，亦可彷彿盛唐遺響。陳氏書錄解題載宿集七十卷，久無傳本。近人編北宋名賢小集，所輯僅寥寥數篇。厲鶚撰宋詩紀事，搜羅至博，所錄宿詩亦祇從志乘掇拾，未窺全豹。至金元好問選唐詩鼓吹，誤編入宿詩二十餘首，說者遂以爲唐末之人，爵里未詳。今考好問所錄諸詩，大半在文恭集內。且其中有和朱況一首，其人爲胡氏之壻，與宿同籍常州，具見所撰李太夫人行狀，確鑿可據。好問乃不能考證，舛錯至此，亦可知金元之間其集已罕覯矣。今惟永樂大典分採入各韻下者，裒而錄之，計詩文一千五百餘首，雖未必盡合原目，而篇帙較富，已可什得其八九。謹以類編次，釐爲五十卷，庶俾藝林好古

之士得以復見完書。其有永樂大典失採而散見於他書者，則別加搜輯，爲補遺一卷，附之於後焉。

武溪集二十卷（浙江汪啓淑家藏本）

宋余靖撰。靖字安道，韶州曲江人。天聖二年進士，累除右正言，知制誥，出知古州，經略廣西南路安撫使。預平儂智高，遷工部侍郎。英宗時官至工部尚書，謚曰襄。事蹟具宋史本傳。靖初爲臺諫，以申救范仲淹外貶，蔡襄因作四賢一不肖詩，頗涉標榜（語詳蔡忠惠集條下）。然實襄隨衆器譁，非靖之本志。蹟其生平，樹立要不失爲名臣，其文章不甚著名。然狄青討平儂智高，靖摩崖作記，以旌武功，當時咸重其文。嘗奉命使遼，作契丹官儀一篇，頗可與史傳參證。他如論史序潮諸作，亦多斐然可觀。以方駕歐梅，固爲不足，要於北宋諸人之中，固亦自成一隊也。是集乃其子屯田員外郎仲荀所編，有屯田郎中周源序。凡古律詩一百二十，碑誌記五十，議論箴碣表五十三，制誥九十八，判五十五，表狀啓七十五，祭文六卷，目與歐陽修所撰墓誌相合。其奏議五卷，別爲一編，今已散佚，故集中闕此體焉。歷元及明，幾希湮沒。成化中邱濬鈔自內閣，始傳於世。今所行本爲嘉靖甲午都御史唐胄所重刊云。

安陽集五十卷（內府藏本）

宋韓琦撰。琦事蹟具宋史本傳。其集晁公武讀書志、陳振孫書錄解題、宋史藝文志俱作五十卷，此本目次相符，蓋即原本。琦歷相三朝，功在社稷，生平不以文章名世，而詞氣典重，敷陳剴切，有垂紳正笏之風。呂祖謙編文鑑，錄其文十首，其中如論減省冗費，論西夏請和，論時事，論青苗諸篇，皆正論凜然，足覘其大節。詩句多不事彫鏤，自然高雅。黃花晚節一聯，久爲世所傳誦，而其他隨時抒興，亦多寄託遙深。江少虞事實類苑稱琦作喜雪一聯云：危石蓋深鹽虎陷，老枝擎重玉龍寒。人謂其身在外而自任以天下之重，固未免涉於附會，非琦本旨。至於司馬光詩話稱琦罷相守北京，新進多凌侮之，琦爲詩云：風定曉枝蝴蝶鬧，雨勻春圃桔槔閑。時人推其微婉。强至韓忠獻遺事稱琦在相臺作喜雨詩，斷句云：須臾慰滿三農望，却斂神功寂似無。人謂此眞做出相業，則實能得其寓意。蓋蘊蓄既深，故直抒胸臆，自然得風雅之遺，固不徒以風雲月露爲工矣。名臣言行錄載司馬光辭樞副時，琦有書與文彥博。東齋詩話載是時亦有二書與光。吳師道禮部詩話載琦手書早夏三詩，備蕭散閒適之趣。皆安陽集所無。又陸游渭南集有韓忠獻帖跋，稱西夏犯邊，琦當御戎重任，後入輔帷幄，陳謨畫策，駕馭人才，觀此帖可見。今集中亦未載入。蓋編次猶有所脫遺也。此集之後，舊附家傳十卷，別錄遺事各一卷，檢驗通考三書本各自爲目，乃後人彙而附之。今仍釐原帙，別著錄於史部，從其類焉。

文正集二十卷、別集四卷、補編五卷（江蘇巡撫採進本）

宋范仲淹撰。仲淹有奏議，已著錄。是編本名曰丹陽集。凡詩賦五卷，二百六十八首；雜文十五卷，一百六十五首。元祐四年蘇軾爲之序。淳熙丙午鄱陽從事綦煥校定舊刻，又得詩文三十七篇，爲遺集，附於後。即今別集。其補編五卷，則

國朝康熙中仲淹裔孫能濬所搜輯也。仲淹人品事業，卓絕一時，本不借文章以傳，而貫通經術，明達政體，凡所論著，一一皆有本之言，固非虛飾詞藻者所能，亦非高談心性者所及。蘇軾稱其天聖中所上執政萬言書，天下傳誦，考其平生所爲，無出此者。蓋行求無愧於聖賢，學求有濟於天下，古之所謂大儒者，有體有用，不過如此。初不必說太極衍先天，而後謂之能聞聖道；亦不必講封建議井田，而後謂之不愧王佐也。觀仲淹之人與仲淹之文，可以知空言實效之分矣。

河南集二十七卷（兩淮馬裕家藏本）

宋尹洙撰。洙有五代春秋，已著錄。洙爲人內剛外和，能以義自守。久歷邊塞，灼知情形，凡所措置，多有成效。其沒也，歐陽修爲墓誌，韓琦爲墓表，而范仲淹爲序其集，其爲正人君子所重與田錫相等。至所爲文章，古峭勁潔，繼柳開穆修之後，一挽五季浮靡之習，尤卓然可以自傳。邵伯溫聞見錄稱錢惟演守西都，起雙桂樓，建臨園驛，命歐陽修及洙作記。修文千餘言，洙止用五百字。修服其簡古。又稱修早工偶儷之文，及官河南，始得洙，乃出韓退之之文學之。蓋修與洙文雖不同，而修爲古文則居洙後也云云。蓋有宋古文，修爲巨擘，而洙實開其先，故所作具有原本。自修文盛行，洙名轉爲所掩，然洙文具在，亦烏可盡沒其功也。集凡二十七卷，與宋史藝文志所載合。晁公武郡齋讀書志

云二十卷者，蓋傳寫之脱漏。其雙桂樓臨園驛記集中未載，當由編録之時已佚其稾矣。

孫明復小集一卷（兵部侍郎紀昀家藏本）

宋孫復撰。復有春秋尊王發微，已著録。案文獻通考載孫復睢陽子集十卷，宋史藝文志亦同。此本出自泰安趙國麟家，僅文十九篇、詩三篇，附以歐陽修所作墓誌一篇。蓋從宋文鑑、宋文選諸書鈔撮而成，十不存一。然復集久佚，得此猶見其梗概。蘇轍歐陽修墓碑載修謂於文得尹師魯、孫明復，而意猶不足。蓋宋初承五代之敝，文體卑靡。穆修、柳開始追古格，復與尹洙繼之，風氣初開，菁華未盛。故修之言云爾。然復之文根柢經術，謹嚴峭潔，卓然爲儒者之言。與歐、蘇、曾、王千變萬化、務極文章之能事者，又別爲一格。修之所言，似未可槩執也。至於揚雄過爲溢美，謂其太元之作非以準易，乃以嫉莽，則白圭之玷，亦不必爲復諱矣。

徂徠集二十卷（江蘇巡撫採進本）

宋石介撰。介字守道，兖州奉符人。天聖八年進士及第，初授嘉州判官，後以直集賢院出通判濮州。事蹟具宋史本傳。初，介嘗躬耕徂徠山下，人以徂徠先生稱之，因以名集。介深惡五季以後文格卑靡，故集中極推柳開之功，而復作怪説以排楊億。其文章宗旨，可以想見。雖主持太過，抑揚皆不得其平，要亦戛然自爲者。王士禎池北偶談稱其倔強勁質，有唐人風，較勝柳、穆二家，而終未脱草昧之氣，亦篤論也。歐陽修作介墓誌，稱所爲文章曰某集者若干卷，又曰某集者若干卷，凡重言之，似原集當分爲二部。此本統名徂徠集，殆後人所合編歟。第四卷内寄元均叔仁、讀易堂、永軒、暫憩四詩，有録無書，則傳寫脱佚，亦非盡其舊矣。介傳孫復之學，毅然以天下是非爲己任，然客氣太深，名心太重，不免流於詭激。王偁東都事略記仁宗時罷呂夷簡、夏竦，而進章得象、晏殊、賈昌朝、杜衍、范仲淹、韓琦、富弼、王素、歐陽修、余靖諸人，介時爲國子直講，因作慶歷聖德詩，以褒貶忠佞。其詩今載集中，蓋仿韓愈元和聖德詩體。然唐憲宗削平淮蔡，功在社稷，愈仿雅頌以紀功，是其職也。至於賢姦黜陟，權在朝廷，非儒官所應議。且其人見在，非蓋棺論定之時，蹟涉嫌疑，尤不當播諸簡牘，以分恩怨。厥後歐陽修、司馬光朋黨之禍屢興，蘇軾、黄庭堅文字之獄迭起，實介有以先導其波。又若太學諸生挾持朝局，北宋之末，或至於臠割中使，南宋之末，或至於驅逐宰執，由來者漸，亦介有以倡之。史稱孫復見詩，有子禍始此之語，是猶爲一人言之，未及慮其大且遠者也。雖當時以此詩得名，而其事實不可以訓，故仍奮本存之，而附論其失如右。

蔡忠惠集三十六卷（江蘇巡撫採進本）

宋蔡襄撰。襄有茶録，已著録。宋史藝文志載襄集六十卷、奏議十卷，文獻通考則作十七卷，多寡懸殊，不應如是。疑通考以奏議十卷合于集六十卷，總爲七十卷，而傳刻譌舛，倒其文爲十七也。然其初本世不甚傳。乾道四年，王十朋出知泉州，已求其本而不得。後屬知興化軍鍾離松訪得其書，重編爲三十六卷，與教授蔣邕校正鋟版，乃復行於世。陳振孫書録解題惟載十朋三十六卷之本，與史不符，蓋以此也。元代版復散佚，明人皆未覩全帙。閩謝肇淛嘗從葉向高入祕閣檢尋，亦僅有目無書。萬歷中莆田盧廷選始得鈔本於豫章俞氏，於是御史陳一元刻於南昌，析爲四十卷。興化府知府蔡善繼復刻於郡署，仍爲三十六卷，而附以徐𤊹所輯別紀十卷。然盧本錯雜少緒，陳、蔡二本均未及詮次。後其里人宋珏重爲編定，而不及全刻，僅刻其詩集以行。雍正甲寅，襄裔孫廷魁又裒次重刻，是爲今本。觀十朋序稱所編凡古律詩三百七十首、奏議六十四首、雜文五百八十四首，則已合奏議於集中。又稱嘗於張唐英仁英政要見所作四賢一不肖詩，而集中不載，乃補置於卷首。又稱奏議之切直、舊所不載者，併編之，則十朋頗有所增益，已非初本之舊。今本不以四賢一不肖詩弁首，又非十朋之舊。然據目録末徐居敬跋，則此本僅古今體詩從宋珏本更其舊第，其餘惟删除十五卷、十九卷内重見之請用韓琦、范仲淹奏一篇而已，則與十朋舊本亦無大異同也。襄於仁宗朝危言讜論，持正不撓，一時號爲名臣，不但以書法名一世。其詩文亦光明磊落，如其爲人。惟其爲祕閣校勘時，以四賢一不肖詩得名，宋史載之本傳，以爲美談。今考其時范仲淹以言事去國，余靖論救之，尹洙亦上書請與同貶，歐陽修又移書責司諫高若訥，均坐譴貶。襄時爲祕閣校勘，因作是詩，至刊刻模印，爲遼使所鬻。夫一人去國，衆人譁然而爭之。章疏交於上，諷刺作於下。此其忿疾雖出於公，而其跡已近於黨。北宋門戶之禍，實從此胎。且宋代之制，雖小臣亦得上書。襄既以朝廷賞罰爲不公，何難稽首青蒲，正言悟主。乃僅作爲歌詩，使萬口流傳，貽侮鄰國，於事理尤爲不安。襄平生著作確有可傳，惟此五篇，不可爲訓。歐陽修作襄墓誌，削此一事不書。其自編居士集，亦削去與高司諫書不載。豈非晚年客氣漸平，知其過當歟。王十朋續收入集，殆非襄志。讀是集者，固當分別觀之，未可循聲而和也。

祠部集三十六卷、永樂大典本

宋強至撰。至有韓忠獻遺事，已著錄。宋史藝文志載至祠部集四十卷，文淵閣書目尚著於錄，其後遂湮沒不傳。近時厲鶚撰宋詩紀事，僅從高似孫蟹略、方回瀛奎律髓採錄二詩，其他均佚不可見。今從永樂大典各韻中裒輯編綴，得詩文數百篇。雖原目久佚，無由知其完闕，而準計卷帙，當尚存十之八九。謹分類排纂，釐爲三十六卷。稍據其出處之跡，以爲論次。而曾鞏原序載於元豐類稾者，仍錄以冠篇。大抵奏牘之文，曲折疏鬯，切中事情，多有裨於世用。杭州志稱韓琦出鎮時，上奏及他書，皆至屬稾。琦乞不散青苗錢，神宗閱之曰，此必強至之文也。因出疏以示宰臣，新法幾罷。是固琦之忠誠惻怛，足以感動人主，亦至文章懇摯，有以助之矣。其詩沈鬱頓挫，氣格頗高，在北宋諸家之中，可自樹一幟。觀所作送郭秀才序，稱初爲鄉試舉首，賦出，四方皆傳誦之。既得第，恥以賦見稱，乃專力六經，發爲文章。有舉其賦者，輒頸漲面赤，惡其溥己。是其屏斥時蹊，力追古人，實有毅然以著作自命者。宜其以餘事爲詩，亦根柢深厚若此也。

鐔津集二十二卷、浙江鮑士恭家藏本

宋釋契嵩撰。契嵩姓李氏，字仲靈，藤州鐔津人。慶歷間居杭州靈隱寺。皇祐間入京師，兩作萬言書上之。仁宗賜號明教大師，尋還山而卒。契嵩博通內典，而不自參悟其義諦，乃恃氣求勝，嘵嘵然與儒者爭。嘗作原教、孝論十餘篇，明儒釋之一貫，以與當時闢佛者抗。又作非韓三十篇，以力詆韓愈。又作論原四十篇，反覆強辨，務欲援儒以入墨。以儒理論之，固爲偏駁，即以彼法論之，亦嗔癡之念太重，非所謂解脫纏縛，空種種人我相者。第就文論文，則筆力雄偉，論端鋒起，實能自暢其說，亦緇徒之健於文者也。是編爲明宏治己未嘉興僧如巹所刊。凡文十九卷，詩二卷。附他人所作序贊詩題疏一卷。卷首有陳舜俞所撰行業記，稱契嵩所著，自定祖圖而下，爲嘉祐集、治平集，凡百餘卷，蓋兼宗門語錄言之。此集僅載詩文，故止有此數。王士禎居易錄稱其詩多秀句，而云集止十三卷，是所見篇帙更少，不及此本之完備矣。

祖英集二卷、編修汪如藻家藏本

宋釋重顯撰。重顯字隱之，遂州李氏子。幼依普安院僧仁銑落髮，後至靈隱翠峯，晚住明州雪竇。皇祐四年卒。事蹟具僧寶傳。此編乃其詩集。前有僧文政序，稱師自戾止雪竇，或先德言句，師因而頌之，或感興懷別，貽贈之作，總輯成二百二十首。末署天聖十年孟陬月。天聖十年即明道元年，是歲十一月改元，故正月猶稱天聖也。重顯戒行清潔，彼教稱爲古德，故其詩多語涉禪宗，與道潛、惠洪諸人專事吟詠者蹊逕稍別。然胸懷脫灑，韻度自高，隨意所如，皆天然拔俗。五言如靜空孤鶚遠，高柳一蟬新。草隨春岸綠，風倚夜濤寒。片石幽龕蘚，殘花冷襯雲。啼狖銜寒影，歸鴻見斷行。皆綽有九僧遺意。七言絕句如自貽、送僧、喜禪人回山諸篇，亦皆風致清婉，琅然可誦，固非概作禪家酸餡語也。

蘇學士集十六卷、浙江鮑士恭家藏本

宋蘇舜欽撰。舜欽字子美，其先梓州人，家開封。參政易簡之孫，直集賢院耆之子。景祐中進士，累遷集賢校理、監進奏院。坐事除名，後復爲湖州長史而卒。事蹟具宋史本傳。是集據歐陽修序，乃舜欽沒後四年，修於其婦翁杜衍家蒐得遺稾編輯。修序稱十五卷，晁、陳二家目並同。而此本乃十六卷，則後人又有所續入。考費袞梁溪漫志，載舜欽與歐陽公辨謗書一篇，句下各有自註，論官紙事甚詳，併有修附題之語。蓋修編是集時，以語涉於己，引嫌避怨而刪之。此本仍未收入，則尚有所佚矣。宋文體變於柳開、穆修，舜欽與尹洙實左右之。然修作洙墓誌，僅稱其簡而有法，蘇轍作修墓碑，又載修言於文得尹洙、孫明復，猶以爲未足。而修作是集序，獨曰，子美齒少於余，而余作古文，反在其後。推挹之甚。至集中昭應宮火疏、乞納諫書、詣匭疏、荅韓維書，宋史皆載之本傳。劉克莊後村詩話稱其歌行雄放於梅堯臣，軒昂不羈，如其爲人。及蟠屈爲近體，則極平夷妥帖。其論亦允。惟稱其垂虹亭中秋月詩，佛氏解爲銀色界，仙家多住月華宮一聯，勝其金餅玉虹之句，則殊不然。二聯同一俗格，在舜欽集中爲下乘，無庸置優劣也。王士禎池北偶談頗譏其及第後與同年宴李丞相宅詩。然宋初去唐未遠，猶沿貴重進士之餘習，亦未可以是深病之。存而不論可矣。

蘇魏公集七十二卷（浙江鮑士恭家藏本）

宋蘇頌撰。頌字子容，南安人，徙居丹陽。慶曆二年進士，官至右僕射同中書門下平章事，罷爲集禧觀使。徽宗立，進太子太保，累爵趙郡公。卒贈司空、魏國公。事蹟具宋史本傳。集爲其子攜所編。宋史藝文志、陳振孫書錄解題皆作七十二卷。今本與之相合，蓋猶原帙。惟藝文志尚載有外集一卷，而今本無之，則其書已佚也。史稱頌天性仁厚，宇量恢廓，在哲宗時稱爲賢相。平生嗜學，自書契以來，經史九流百家之說，至於圖緯陰陽五行律呂星官算法山經本草，無所不通。葉夢得石林燕語亦載頌爲試官，因神宗問謦欬之姓，頌引三國志證其當從入聲，不當從洎音，神宗甚喜。是其學本博洽，故發之於文，亦多清麗雄贍，卓然可爲典則。石林燕語又稱神宗用呂公著爲中丞，召頌使就曾公亮第中草制，又稱頌爲晏殊謚議，以其能薦范仲淹、富弼，比之胡廣、謝安，又稱頌過省時以歷者天地之大紀賦爲本場魁。既登第，遂留意天文術數之學。陸游老學菴筆記又引頌起草才多封卷速，把麻人衆引聲長之句，以證當時宣麻之制。徐度卻掃編又稱頌奉使契丹，文彥博留守北京，與之宴，問魏收通峭難爲之語，何謂。頌言梁上小柱名，取曲折之義，因即席作詩以獻。今檢是集，凡諸家所舉各篇，悉在其中，足知完本尚存，無所闕佚。而頌文翰之美，單詞隻句，膾炙人口，即此亦可見其概矣。

華陽集六十卷附錄十卷（永樂大典本）

宋王珪撰。珪字禹玉，成都華陽人，後徙舒。舉慶曆二年進士第二，授大理評事，累官翰林學士，知開封府，兼侍讀學士。神宗時拜尚書左僕射門下侍郎。哲宗即位，封岐國公。卒贈太師，謚文恭。事蹟具宋史本傳。珪少擢高科，以文章致位通顯，不出國門而致參預大政，詞人榮遇，蓋罕其比。晚居相位，惟務持祿固寵，與蔡確朋比，沮司馬光，復依阿時局，倡興西夏之役，大爲物論所不予。人品事業，皆無可取。然其文章則博贍瓌麗，自成一家。計其登翰苑掌文誥者幾二十年，朝廷大典策皆出其手。故其多而且工者，以駢儷之作爲最。揖讓於二宋之間，可無愧色。王銍、謝伋、陸游、楊萬里等往往稱之，殆非虛美。其詩以富麗爲主，故王直方詩話載時人有至寶丹之目，以好用金玉錦繡字也。然其捃藻敷華，細潤熨貼，精思鍛鍊，具有鑪錘。名貴之篇，實復不少，正不獨葛立方、方回所稱明堂慶成上元應制諸篇爲工妙獨絶矣。集本一百卷，諸家著錄皆同。自明以來，久已湮沒，僅宋文鑑、文翰類選等書略載數篇。今從永樂大典各韻中裒掇排比，所存詩文尚夥，而內外制草爲尤備。其生平高文典冊，大約已罕所遺佚。謹依類編次，釐爲六十卷。其遺聞逸事，與後人評論之語見於他書者，亦詳加蒐輯，別爲附錄十卷，系之集末，用資考核。至其中有青詞、密詞、道場文、齋文、樂語之類，雖屬當時沿用之體，而究非文章正軌，不可爲訓。今以原集所有，姑附存之，而刊本則概加刪削焉。

古靈集二十五卷（福建巡撫採進本）

宋陳襄撰。襄有州縣提綱，已著錄。襄生平最可傳者，一在熙寧中劾王安石，并極論新法，反覆陳奏，若目覩後來之弊。其文今具載集中。一在居經筵時，神宗訪以人才，遂條上所知司馬光、韓維、呂公著、蘇頌、孫覺、李常、范純仁、蘇軾、孫洙、王存、顧臨、林希、李思忠、傅堯俞、王安國、劉摯、虞太熙、程顥、劉載、薛昌朝、張載、蘇轍、孔文仲、吳賁、吳恕、林英、孫奕、林旦、鄒何、唐坰、鄭俠等三十三人。其時或在庶僚，或在謫籍，而一一品題，各肖其真。內惟林希一人後來附和時局，自隳生平，餘則碩學名臣，後先接踵。人倫之鑒，可謂罕與等夷。其文今爲集中壓卷，而葉祖洽作行狀，孫覺作墓誌，陳瓘作祠記，惟盛稱其興學育才，勤於吏治，皆不及薦賢一事，於爭新法事亦僅約略一二語。蓋其時黨禍初起，諱而不著也。他如陸佃博洽典禮，則薦之，不以王安石之門客而岐視。劉攽輕脫嘲弄，則彈之，亦不以蘇軾等之密友而徇隱。皆是是非非，不立門戶之見，乃國史本傳亦並削不書。微是集之存，幾無以見其心術之公矣。集內有代賀明堂禮成表三篇，一爲崇國夫人等，一爲內省宮正以下，一爲修儀婉容等並有批荅三篇亦載集內蓋當日率由舊典體例如斯固與江總代陳六宮謝表等於狎客者其事不同其詞氣嚴重亦非江表輕豔之比則人品邪正之殊也集爲其子紹夫所編以襄居侯官之古靈村因以名其詩文葉祖洽作行狀稱襄於六經之義自有所得方將營一邱之地著書以自見其志志竟不遂故其生平所作文集止二十五卷與今本卷數相符王士禎居易錄稱古靈集二十卷蓋所見乃謝氏鈔本非其完帙惟其稱冠以紹興元年求賢手詔者與李綱序合此本不載蓋傳寫佚之綱序稱其性理之學庶乎子思孟子其言太過至謂詩篇平淡如韋應物文詞高古如韓愈論事明白激切如陸贄雖亦稍覺溢量然核其所作固約略近之矣

伐檀集二卷兩淮馬裕家藏本

宋黃庶撰庶字亞夫分寧人慶歷二年進士歷佐一府三州皆爲從事後終於攝知康州黃庭堅之父也江西詩派奉庭堅爲初祖而庭堅之學韓愈實自庶倡之其和柳子玉十咏中怪石一首最爲世所傳誦然集中古體諸詩並戛戛自造不蹈陳因雖魄力不及庭堅之雄闊運用古事鎔鑄翦裁亦不及庭堅之工巧而生新矯拔則取徑略同先河後海其淵源要有自也惟開卷近體諸詩乃多不工觀集中呂造許昌十詠後序稱造天聖中爲許昌掾取境內古蹟之著者爲十詠其時文章用聲律最盛哇淫破碎不可讀其於詩尤甚士出於其閒爲詞章能主意思而不流者固少而最難云云然則庶當西崑體盛行之時頗有意矯其流弊故謝崔相之示詩稟一首有淡泊路入荒其約鋤榛莾之句擬歐陽舍人古篆一首有蘇梅鸞鳳相上下鄙語燕雀何能羣之句原註蘇子美梅聖俞同有此詩而其古文一卷亦古質簡勁頗具韓愈規格不屑爲駢偶纖濃之詞其不甚加意於近體蓋由於此非其才有不逮也其集自宋以來即刻附山谷集末然子雖齊聖不先父食古有明訓列父詩於子集之末於義終爲未協故今析之別著錄焉

傳家集八十卷江蘇巡撫採進本

宋司馬光撰光有溫公易說已著錄是集凡賦一卷詩十四卷雜文五十六卷題跋疑孟史剡共一卷迂書一卷壺格策問樂詞共一卷誌三卷碑行狀墓表哀辭共一卷祭文一卷光大儒名臣固不以詞章爲重然即以文論其氣象亦包括諸家凌跨一代邵伯溫聞見錄記王安石推其文類西漢語殆不誣伯溫又稱光除知制誥自云不善爲四六神宗許其用古文體今案集中諸詔亦有用儷體者但語自質實不以駢麗爲工耳邵博聞見後錄稱光辭樞密副使疏傳家集不載博獨記之熙寧中光嘗論西夏事其疏亦不傳惟略見於元城語錄中又論張載私謚一書載張子全書之首稱眞蹟在楊時家本集不載則亦頗有散佚矣光所作疑孟今載集中元白珽湛淵靜語謂爲王安石而發考孟子之表章爲經實自王安石始或意見相激務與相反亦事理所有疑珽必有所受之亦可存以備一說也

清獻集十卷副都御史黃登賢家藏本

宋趙抃撰抃事蹟具宋史本傳是集詩文各五卷前有天台陳仁玉序乃從宋嘉定中舊本重刊所載多關時事其劾陳執中王拱辰疏皆七八上可以知其伉直而宋庠范鎭亦皆見之彈章古所稱羣而不黨抃庶幾焉其詩諧婉多姿乃不類其爲人王士禎居易錄稱其五言律中晚風一首芳草一首杜鵑一首寒食一首觀水一首謂數詩掩卷讀之豈復知鐵面者所爲案皮日休桃花賦序稱宋廣平鐵心石腸而所作梅花賦輕便富豔得南朝徐庾體抃之詩情殆亦是類矣

欽定四庫全書總目卷一百五十二

欽定四庫全書總目卷一百五十三

集部六

別集類六

盱江集三十七卷年譜一卷外集三卷（浙江孫仰曾家藏本）

宋李覯撰。覯字泰伯，建昌南城人。皇祐初以薦授太學助教，終海門主簿、太學說書。事蹟具宋史儒林傳。考覯年譜，稱慶歷三年癸未，集退居類稾十二卷。又皇祐四年庚辰，集皇祐續稾八卷。此集爲明南城左贊所編，凡詩文雜著三十七卷，前列年譜一卷，後以制誥薦章之類爲外集三卷，蓋非當日之舊。宋人多稱覯不喜孟子，余允文尊孟辨中載覯常語十七條，而此集所載僅仲尼之徒無道桓文之事及伊尹廢太甲、周公封魯三條，蓋贊諱而刪之。集首載祖無擇退居類稾序，特以孟子比覯。又集中荅李觀書云，孟氏苟揚醇疵之說不可復輕重，其他文中亦頗引及孟子，與宋人所記種種相反，以所刪常語推之，毋亦贊所竄亂歟。覯文格次於歐曾，其論治體悉可見於實用，故朱子謂覯文實有得於經。不喜孟子，特偶然偏見，與歐陽修不喜繫辭同，可以置而不論。贊必欲委曲彌縫，務滅其跡，所見陋矣。集中平土書明堂五宗皆別有圖，此本不載，則或久佚不傳，未必贊所刊除也。覯在宋不以詩名，然王士禎居易錄嘗稱其王方平璧月梁元帝送僧還廬山、憶錢塘江五絕句，以爲風致似義山。今觀諸詩，惟梁元帝一首不免傖父面目，餘皆不媿所稱，亦可謂淵明之賦閑情矣。湘山野錄載覯望海亭席上作一首，集中不載。考是時蔡襄守福唐，於此亭邀覯與陳烈飲。烈聞官妓唱歌纔一發聲，即越牆攀樹遁去。講學家以爲美談。覯所謂山鳥不知紅粉樂，一聲拍板便驚飛者，正以嘲烈，殆亦左贊病其輕薄，諱而刪之歟。

金氏文集二卷（永樂大典本）

宋金君卿撰。君卿字正叔，浮梁人。江西通志載君卿登慶歷進士，累官知臨川，權江西提刑，入爲度支郎中。洪邁夷堅志載君卿讀書浮梁山一條，稱其策高科，歷郡守、部使者，積伐至度支郎中，與通志相合。然亦不詳其事蹟。考曾鞏元豐類稾有衛尉寺丞致仕金君墓誌銘一篇，乃爲君卿父溫叟而作，稱溫叟四子，君著、君佐、君卿、君佑，皆舉進士，君卿以皇祐二年官祕書丞，五年官太常博士，得以襃崇其親。其敘述頗詳。又稱君卿方以材自起於賤貧，欲以其所爲爲天下，慨然有志，則其人亦非碌碌者也。宋史藝文志載金君卿集十卷，江西通志作十五卷，考永樂大典載是集有富臨原序一篇，稱臨川江明仲求遺稾編成十五卷，號金氏文集，則宋志稱十卷者誤矣。原本久佚，今掇拾永樂大典所載，僅得十之一二。然北宋文集傳者日稀，此本尤世所罕見，殘珪碎璧，彌少彌珍，謹以類編次，分爲上下二卷。集中所作，有文彥博韓琦生日詩、范仲淹移鎭杭州次韻詩、和歐陽修潁州西湖及芍藥二詩，是君卿所與遊者皆一代端人正士，故詩文皆清醇雅飭，猶有古風。陳災事貢舉諸疏，剴切詳明，尤爲有裨世用。又如和介甫寄安豐張公儀一首，即用臨川集中安豐張令修芍陂之韻，而據君卿詩知張字爲公儀，爲李壁註所未引。又和曾子固直言謫官者一首，檢元豐類稾無其原唱，知此篇爲鞏所自刪，亦均可互資考證。富臨序稱君卿長於易，嘗著易說易箋，今竝不存。獨有傳易之家一篇，具載傳授本末，兢即易說前所載之敘錄，今既無可考，姑竝附於集末焉。

公是集五十四卷（永樂大典本）

宋劉敞撰。敞有春秋傳，已著錄。葉夢得避暑錄話稱敞集一百七十五卷，據其弟攽所作集序，稱公是總集七十五卷，敘爲五種，曰古詩二十卷，律詩十五卷，內集二十卷，外集十五卷，小集五卷。文獻通考亦作七十五卷，則夢得所記爲誤矣。原本不傳，今新喻所刻三劉文集，公是集僅四卷，大約採自宋文鑑者居多，而又以劉攽趙氏金石錄序、泰山秦篆譜序誤入集中，即攽所作公是集序亦采自文獻通考，而未見其全，故註云失名，其編次疎舛可知。又錢塘吳允嘉別編公是集六卷，亦殊闕略。考史有之序春秋意林曰，清江爲一劉，三孔之鄉，文獻之徵，而兄今三孔集故在，獨二劉所著燬於兵，則其佚已久矣。惟永樂大典所載頗富，今裒輯排次，釐爲五十四卷，疑當時重其兄弟之文，全部收入，故所存獨多也。敞之談經，雖好與先儒立異，而淹通典籍，具由心得，究非南宋諸家遊談無根者比，故其文湛深經術，具有本原。攽序稱其合眾美爲已用，超倫類而獨得，瓌偉奇特，放肆自若。又稱其考百子之雜博，六經可以折衷，極帝王之治功，今日可以案行，學聖人而得其道，所以優出於前人。友于之情，雖未免推揚太過。然曾肇曲阜集有敞贈特進制曰，經術文章，追古作者。朱子晦菴集有墨莊記曰，學士舍人兄弟，皆以文章大顯於時而名後世。語錄曰，原父文才思極多，湧將出來，每作文，多法古，絕相似。有幾件文字學禮記。春秋說學公穀。又曰，劉侍讀氣平文緩，乃自經書中來。比之蘇公，有高古之趣云云。則其文詞古雅，可以槩見矣。晁公武讀書志謂歐陽修嘗短其文於韓琦。葉適習學記言亦謂敞言經旨，閒以詼語酬修，積不能平，復忤韓琦，遂不得爲翰林學士。蓋祖公武之說。今考修草敞知制誥詔曰，議論宏博，詞章爛然。又作其父立之墓誌曰，敞與攽皆賢而有文章。又作敞墓誌曰，於學博，自六經百氏，古今傳記，下至天文地理，卜醫數術，浮屠老莊之說，無所不通。爲文章尤敏贍。嘗直紫薇閣，一日追封皇子公主九人，方將下直，止馬却坐，一揮九制，數千言。文辭典雅，各得其體。其銘詞曰，惟其文章，燦日星。雖欲有毀，知莫能。則修亦雅重之。晁氏葉氏所言，殆非其實歟。

彭城集四十卷（永樂大典本）

宋劉攽撰。攽字貢父，號公非。與兄敞同登慶歷六年進士第。官至中書舍人。事蹟具宋史本傳。史稱攽未冠通五經，博覽羣書。沈作喆寓簡亦曰，國朝六經之學，自貢父元倡之，而原父兄弟爲最高。司馬光修資治通鑑，自辟所屬，極天下之選，而任史記前後漢書者攽也。其知兗亳二州，以不能奉行新法，黜監衡州鹽倉。哲宗初，起知襄州，入爲祕書少監。錢勰草制，極稱其詞藝之富。後以直龍圖閣出知蔡州。孫覺、胡宗愈、蘇軾、范百祿交薦之，言攽博記能文章，政事侔古循吏，身兼數器，守道不回。乃召拜中書舍人。蘇軾草制，稱其能讀典墳邱索之書，習知漢魏晉唐之故。其沒也，曾肇祭文有曰，強學博敏，超絕一世。肇自載籍，孔墨百氏，太史所錄，俚聞野記，延及荒外，陰陽鬼神，細大萬殊，一載以身。下至律令，老吏所疑，故事舊章，盈廷不知，有問於子，歸如得師，直貫傍穿，水決矢飛，一時書林，衆俊竝馳，滿堂賢豪，覼子麈揮云云。蓋一時廷評士論，莫不共推。卽朱子於元祐諸人自洛黨以外多所不滿。而語錄云，貢父文字工於摹倣，學公羊儀禮，亦復稱之。豈非攽學問博洽，詞章奧雅，有不可遏抑者乎。史載所著諸書，有文集五十卷，五代春秋十五卷，內傳國語二十卷，經史新議七卷，東漢刊誤四卷，詩話二卷，漢官儀三卷，芍藥譜三卷。今所存者自詩話以外，惟東漢刊誤散附北監本後漢書中。近日始有刻本。芍藥譜亦僅而不亡。文集則宋史藝文志、文獻通考俱作六十卷。明文淵閣書目有彭城集十五冊，不列卷數。今所傳三劉文集，僅有公非集一卷，凡詩四首，文二十三篇。蓋掇拾於散佚之餘，多所闕漏。卽宋文鑑所選者，且不盡載，其他可知。至以劉顏之輔弼召對序，誤屬之攽，舛謬尤屬顯然，殊不足據。今檢永樂大典所載篇章尚富，蓋卽據彭城集收入。謹掇拾排比，釐爲四十卷，較之原書，所少不過十之一二。與新編其兄敞公是集，鉅製鴻裁，舊觀幾復，在北宋諸家中，可謂超軼三孔，而凴陵兩宋者矣。

邕州小集一卷（浙江鮑士恭家藏本）

宋陶弼撰。弼字商翁，祁陽人。慶歷中，隨楊畋討湖南猺，以功授陽朔縣主簿。歷官知邕州，四遷爲東上閤門使、康州團練使。宋史本傳詳敘其招納諸蠻之績，人稱其能。黃庭堅集有弼墓誌銘，亦謂其聚晚學子弟，講授六經。平生不治細故，獨以文章自喜，尤號爲能詩。詩文書奏十有八卷。讀其書，知非碌碌者。今十八卷之本久佚，惟此集一卷尚存鈔帙。所載詩僅七十三首。厲鶚宋詩紀事錄弼詩，有詠藕、詠蛙二首，見於合璧事類者，茲集不載。又湖廣通志稱弼詩尤善言風土，蠟茶詩至五十韻，今亦不見集中。蓋是集皆在湖南所作，故以邕州爲名。其非湖南所作者，則不在此集也。其中辰州一首、圖中一首，皆闕首二句。五溪一首，闕末二句。無別本校補，今亦仍之焉。

都官集十四卷（永樂大典本）

宋陳舜俞撰。舜俞有廬山記，已著錄。其集乃舜俞歿後其壻周開祖所編，凡三十卷。蔣之奇爲之序。慶元中，其曾孫杞以徽猷閣待制知慶元府，復刊版四明，名之曰都官集。樓鑰爲後序。原本久佚，惟永樂大典所載篇什頗多。檢核排比，可得十之六七。謹以類編次，益以厲鶚宋詩紀事、沈季友檇李詩繫所錄詩七首，釐爲文十一卷，詩三卷。舜俞少學於胡瑗，長師歐陽修，而友司馬光、蘇軾等。毅然有經世志。所進萬言策，至自比於賈生。及貶死後，軾爲文哭之，稱其學術才能兼百人之器，慨然將以身任天下事，而一斥不復。士大夫識與不識皆深悲之。今觀其詩，大半爲謫後所作，氣格疏散，皆自抒胸臆之言。文則論時政者居多，大抵剴直敷陳，通達事體。而上英宗書及諫青苗一疏，指摘利弊，尤爲深切著明。雖不竟其用，而氣節經濟均可於是見一斑矣。案宋史舜俞傳附於張問篇末，敘述官履甚略。今考集中自言爲天台從事十五年，中再官天台、四明二州。其上唐州知郡啟註云，時宰南陽，又韓琦有荅陳舜俞推官詩，司馬光贈詩亦云他日蒼生望，非徒澤壽春。本集序云以光祿丞簽書壽州判官，凡此皆傳所未及。又陳杞跋集後稱曾祖都官，陳振孫書錄解題亦云都官員外郎，集名實取於此，而本傳乃云以屯田員外郎知山陰，諸史之中，宋史最爲紕漏，此亦一證也。

丹淵集四十卷、拾遺二卷、年譜一卷、附錄二卷（浙江鮑士恭家藏本）

宋文同撰。同字與可，梓潼人，漢文翁之後，故人以石室先生稱之。皇祐元年進士，解褐爲邛州軍事判官，後歷知陵州、洋州，改湖州，未上而卒。今畫家稱文湖州，從其終而言之也。同事蹟具宋史文苑傳。遺文五十卷，其曾孫鶯編爲四十卷。慶元中曲沃家誠之守邛州，以同嘗三仕於邛，多遺蹟，因取其集重加釐正，而卷帙則仍其舊，所增拾遺二卷及卷首年譜、卷末附錄司馬光、蘇軾等往來詩文，則誠之所輯也。同未第時，即以文章受知文彥博，其詩如美人却扇坐，羞落庭下花諸篇，亦盛爲蘇軾所推。特以墨竹流傳，遂爲畫掩，故世人不甚稱之。然馳騁於黃、陳、晁、張之間，未嘗不頡頏上下也。集中稱蘇軾爲胡俟或曰蘇子平，見誠之跋中，蓋其家避忌蜀黨而改之，今亦姑仍其舊云。

西溪集十卷（浙江巡撫採進本）

宋沈遘撰。遘字文通，錢塘人。以蔭爲郊社齋郎，皇祐元年舉進士第一，以已官者不應先多士，改第二。歷知杭州、開封府，皆有能名，終於翰林學士。事蹟具宋史本傳。是集十卷，南宋初有從事郎處州司理參軍高布者，與遘弟遼雲巢集、遘從叔括長興集合刻於括蒼，名吳興三沈集，以是編爲首。然史稱遘通判江寧，還，朝奏本治論十篇，爲仁宗所嘉賞，而集中竟未之載，則亦非全帙矣。遘以文學致身，而吏事精敏，一時推爲軼材。其知制誥時所撰詞命，大都莊重溫厚，有古人典質之風。詩亦清俊流逸，不染俗韻。第二卷末題揚州山光寺二詩，其一有夾註稱爲盧中甫和詩，其高臺已傾曲池平一首，已見前，而重出於此，字句稍不同，詩下亦有夾註稱傳自山光寺壁，與集中異云云，疑皆高布校刊時所增入，非原集之舊，亦足見其校勘之不苟也。

鄖溪集三十卷（永樂大典本）

宋鄭獬撰。獬字毅夫，安陸人。皇祐五年進士第一，通判陳州，入直集賢院，知制誥。英宗即位，數上疏論事，出知荆南，還判三班院。神宗初召拜翰林學士，權知開封府，以不肯行新法忤王安石，出知杭州，徙青州，又力言青苗之害，引疾提舉鴻慶宮，卒。事蹟具宋史本傳。初獬以進士較試於廷，舍人劉敞得獬卷，曰此文似皇甫湜。獬嘗與敞書，亦言韓退之時用文章雄立一世者，獨李翶、皇甫湜、張籍耳。然翶之文尚質而少工，湜之文務實而不肆，張籍歌行乃勝於詩，至於他文不少見，計亦在歌詩下。使之質而工，奇而肆，則退之作也云云。觀其所言，知文章宗旨，實源出韓門矣。宋志載鄖溪集五十卷，淳熙十三年秦焴嘗序而刊之，今已久佚。惟從永樂大典內裒輯編次，又以宋文鑑、兩宋名賢小集諸書所載分類補入，勒爲三十卷。王得臣麈史稱鄭內翰久遊場屋，詞藻振時，唱名之日，同試進士皆歡曰好狀元，仁宗爲之慰悅。本傳亦稱其文章豪偉峭整，議論剴切，精練民事。今以所存諸作核之，殆非虛美。秦焴序稱於論綏州見其計深慮遠，於論毀譽見其居寵思危，稱揚繪救祖無擇，則特立不詭隨。今其文雖不盡傳，然大槩亦可想見矣。

錢塘集十四卷（編修汪如藻家藏本）

宋韋驤撰。驤字子駿，錢塘人。皇祐五年進士，除知袁州萍鄉縣，歷福建轉運判官，主客郎中，出爲夔路提刑。建中靖國初，除知明州，句宮祠，以左朝議大夫提舉杭州洞霄宮，卒。其事蹟不見於宋史，而集中所載表狀祭文諸篇，署銜尚存，可以得其大槩焉。馬端臨經籍考有錢唐韋先生集十八卷，宋史藝文志卷數亦同。是編原本十六卷，前有收藏家題識，云宋版韋驤集，係明吳寬家藏本。原闕第一、第二卷，實止十四卷。檢勘書中凡構字皆空闕，而註其下云太上皇帝御名，當由孝宗時刊本鈔傳。

特所闕兩卷、諸本皆同。今已末由考補耳。驤少以詞賦知名、王安石最稱其借箸賦、而集中未見。考宋史藝文志、驤別有賦二十卷。當別在賦集之內、而今佚之矣。其古體詩亦已不完、而梗槩尚具。觀其氣格、大抵不屑屑於規橅唐人、而寄詠恬吟、頗有自然之趣。雜文多安雅有法、而四六表啟爲尤工。其精麗流逸、已開南宋一派、雖未能接蹟歐梅、要亦一時才傑之士也。謹釐改目次、即所存之本以第三卷爲第一、定爲一十四卷、著之於錄。屢經傳寫、脫落頗多。世無別本、其可知者隨文校正。其不可知者則姑從闕疑之義焉。

淨德集三十八卷、（永樂大典本）

宋呂陶撰。陶字元鈞、號淨德、成都人。皇祐中進士。熙寧間復登制科。歷官給事中、改集賢院學士、知陳州。紹聖末坐黨籍貶。徽宗初復集賢殿修撰、知梓州。致仕卒。事蹟具宋史本傳。陶秉性抗直、遇事敢言、所陳論多切國家大計。其初應制科時、值王安石方行新法。陶對策言願陛下不惑理財之說、不問老成之謀、不興疆場之事。安石讀卷、神色頓沮。神宗使馮京竟讀、稱其有理。而卒爲安石所抑、僅得通判蜀州。其知彭州、力陳四川榷茶之害、爲蒲宗閔所劾謫官。其召用於元祐初、又極指蔡確、韓縝、章惇等之罪、請亟加罷斥。其他建白至多、大抵於邪正是非之介、剖析最明。而據理直陳、絕無洛蜀諸人黨同伐異之習。嚴氣正性、與劉安世略同。至哲宗親政之始、陶首言太皇太后垂簾九年、小人不無怨憾。萬一姦邪之人謂某人宜復用、某政宜復行、此安危之機、不可不察。其後興紹述之說、卒應其言。其深識遠慮、亦不在范祖禹下。故其所上奏議、類皆暢達剴切、洞悉事機。蔣堂以賈誼比之、良非虛譽。其餘詩文、亦多典雅可觀。至學論二篇、力攻王氏字說、不遺餘力。尤爲毅然自立、不附合時局者矣。宋史藝文志載陶集六十卷、久無傳本。其得見於世者、僅宋文鑑所載請罷黃隱一疏。今就永樂大典各韻內採掇裒輯、分類編次、釐爲三十八卷。雖以史傳相較、其奏疏諸篇或載或闕。其應制科策一首、不可復考、未必盡還舊觀。然已什得其七八、所闕者固無幾也。

馮安岳集十二卷、（浙江汪啟淑家藏本）

宋馮山撰。山字允南、初名獻能、安岳人。嘉祐二年進士。官至禮部郎中。山詩文本三十卷、嘉定中瀘州周鋭與山子澥集合刊之。前有劉光祖太師左丞合集序、及何憙固二馮先生文集序。此本澥集全佚。山集目錄雖具、而自十三卷以後悉佚不傳。所存者惟詩十二卷。徐氏傳是樓書目所闕亦同。知散佚已久、世僅有此殘本也。山與梅堯臣、蘇舜欽同時。時已盡變楊劉西崑之體、故其詩平正條達、無翦紅刻翠之態。其上金陵王荆公詩、有更張漢法新句。原序所謂當熙豐間不能苟合於新法者、於此可見。蓋亦介立之士。其人足重、雖殘編斷簡、要不害其可傳。至澥當靖康中奏罷李綱宣撫西河、又受張邦昌僞命、隳其家聲。其集與山並刻、實爲薰蕕同器。其不傳也、正亦不足惜矣。

元豐類稾五十卷、（江西巡撫採進本）

宋曾鞏撰。鞏字子固、建昌南豐人。嘉祐二年進士。官至中書舍人。事迹具宋史本傳。鞏所作元豐類稾本五十卷、見於郡齋讀書志。韓維撰鞏神道碑、又載有續稾四十卷、外集十卷。宋史本傳亦同。至南渡後、續稾外集已散佚不傳。開禧中、建昌郡守趙汝礪始得其本於鞏族孫濰、闕誤頗多。乃同郡丞陳東合續稾外集校定之、而刪其僞者、仍編定爲四十卷、以符原數。元季兵燹、其本又亡。今所存者惟此五十卷而已。吳曾能改齋漫錄所載懷友一首、莊綽雞肋編所載厄臺記一首、高似孫緯略所載實錄院謝賜硯紙筆墨表一首、及世所傳書魏鄭公傳後諸佚文、見於宋文鑑、宋文選者、當即外集續稾之文。故今悉不見集中也。今世所行凡有二本。一爲明成化六年南豐知縣楊參所刊。前有元豐八年王震序、後有大德甲辰東平丁思敬序。又有年譜序二篇、無撰人姓名、而年譜已佚。蓋已非宋本之舊、其中舛謬尤多。一爲國朝康熙中長洲顧崧齡所刊。以宋本參校、補入第七卷中水西亭書事詩一首、第四十七卷中太子賓客陳公神道碑銘中闕文四百六十八字、頗爲清整。然何焯義門讀書記中有校正元豐類稾五卷。其中有如雜詩五首之顛倒次序者、有如會稽絕句之妄增題目者、有如寄鄆州邵資政詩諸篇之脫落原註者。其他字句異同、不可殫舉。顧本尚未一一改正。今以顧本著錄、而以何本所點勘者補正其譌脫、較諸明刻差爲完善焉。

龍學文集十六卷、（浙江鮑士恭家藏本）

宋祖無擇撰。無擇字擇之、上蔡人。登進士第。歷官龍圖閣學士、知通進銀臺司。坐事謫忠正軍節度副使、移知信陽軍、卒。事蹟具宋史本傳。無擇受經於孫復、而文章則傳自穆修。世傳穆參軍集、即所編次。著作頗富、南渡後僅存十之二三。紹熙三年、其曾孫袁州軍事判官行、始裒爲十卷。取無擇知陝府日、歐陽修餞行詩中右掖文章煥星斗語、名之曰煥斗集。又採司馬光梅堯臣等與無擇贈荅之作、曰名臣賢士詩文、凡二卷。又輯無擇叔祖[illegible]叔起居舍人知制誥士衡、弟福建路提刑無頗等傳記敕書、及其姪知晉州德恭詩三首、曰家集。凡四卷。皆附之於後。見第十六卷行所作龍學始末中。即此本也。惟每卷標目、則題洛陽九老祖龍學文集。蓋無擇分司西京時、與文彥博等九人爲眞率會、當時推爲盛事。故行特舉之以爲重。然諸家書目、緣是並稱龍學文集、而煥斗集之名遂隱矣。集中詩一百二十三首、文四十二首。詩下間註所作時地、頗爲詳審。其中如三教圓通堂云、龍學時知制誥。蔡州壺仙觀云、龍學四月八日遊。九老詩云、英宗即位、龍學充契丹國信使。皆不類無擇自註。其咏震山巖彭徵君釣臺一首註中、有紹興己未雷轟石斷之語。無擇尤不及見。殆行編次之時、以所聞補入歟。又上安撫張擇端薦孫復牛仲容書註云、初任齊州通判、居官十有一月、作此書。案宋史無擇傳、但紀其舉進士後歷知南康軍、而不言嘗判齊州。與註不符、蓋史偶闕漏也。無擇爲文峭厲勁折、當風氣初變之時、足與尹洙相上下。雖流傳者少、而掇拾散亡、菁華猶未盡佚。至所附家集中如士衡之西齋話記、載宋初故事、多他書所未及、亦可以備考據焉。

宛陵集六十卷、附錄一卷　內府藏本

宋梅堯臣撰。堯臣字聖俞、宣城人。官屯田都官員外郎。事蹟具宋史本傳。其詩初爲謝景初所輯、僅十卷。歐陽修得其遺稾、增併之、亦止十五卷。其增至五十九卷、又他文賦一卷者、未詳何人所編。陳振孫書錄解題謂即景初舊本、修爲作序者、未詳考修序文也。通考載正集六十卷、又有外集十卷。此本爲明姜奇芳所刊、卷數與通考合、惟無外集。祇有補遺三篇、及贈荅詩文、墓誌一卷、亦不知何人所附。陳振孫謂外集多與正集複出、或後人刪汰重複、故所錄者止此耶。宋初詩文、尙沿唐末五代之習。柳開、穆修欲變文體、王禹偁欲變詩體、皆力有未逮。歐陽修崛起爲雄、力復古格。於時曾鞏、蘇洵、蘇軾、蘇轍、陳師道、黃庭堅等皆尙未顯。其佐修以變文體者、尹洙。佐修以變詩體者、則堯臣也。曾敏行獨醒雜志載、王曙知河南日、堯臣爲縣主簿、袖所爲詩文呈覽。曙謂其詩有晉宋遺風、自杜子美沒後二百餘年、不見此作。然堯臣詩旨趣古淡、知之者希。陳善捫蝨新話記蘇舜欽稱平生作詩、不幸被人比梅堯臣。又記晏殊賞其寒魚猶著底、白鷺已飛前二句、堯臣以爲非我之極致者。則其孤僻寡和、可知。惟歐陽修深賞之。邵博聞見後錄乃載傳聞之說、謂修忌堯臣出己上、每商推其詩、多故刪其最佳者、殊爲誣謾。無論修萬不至此、即堯臣亦非不辨白黑者、豈得失不自知耶。陸游渭南集有梅宛陵別集序曰、蘇翰林多不可古人、惟次韻和淵明及先生二家詩而已。案蘇軾和陶詩有傳本、和梅詩則未聞。然游非妄語者、必原有而今佚之。是堯臣之詩、蘇軾亦心折之矣。

忠肅集二十卷　永樂大典本

宋劉摯撰。摯字莘老、東光人、家於東平。登嘉祐四年甲科。神宗朝累遷禮部侍郎。哲宗即位、歷官門下侍郎、尙書右僕射、以觀文殿學士罷知鄆州。紹聖初、坐黨籍累貶鼎州團練副使、新州安置、卒。紹興中、追贈少師、謚忠肅。事蹟具宋史本傳。其文集四十卷、見於宋史藝文志、久無傳本。今從永樂大典各韻中裒輯編綴、其得文二百八十五首、詩四百四十三首。以原書卷目相較、尙可存十之六七。謹以類排纂、釐爲二十卷、而仍以劉安世原序冠之於首。摯忠亮骨鯁、於邪正是非之介、辨之甚嚴。終以見慍羣小、貶死荒裔。其爲御史時、論率錢助役之害、至王安石設難相詰、而摯反覆條辨、侃侃不撓。今其疏並在集中。他若劾蔡確、章惇諸疏、見於宋史者、亦並存無闕。其所謂修嚴憲法、辨別淄澠者、言論風采、猶可想見。固不獨文詞暢達、能曲暢情事已也。至集中有訟韓琦定策功疏、頗論王同老攘功冒賞之非、而道山淸話遂謂文彥博再入、摯於簾前言王同老劄子皆彥博敎之、乞下史官改正。宣仁不從、彥博因力求退。今考此事、史所不載、而集中有請彥博平章重事疏、其推重之者甚至、尤足以證小說之誣。蓋當時黨論交訌、好惡

是非，率難憑據。幸遺集具在，得以訂正其是非，於論世知人之學，亦不爲無補矣。

無爲集十五卷（安徽巡撫採進本）

宋楊傑撰。傑字次公，無爲軍人，因自號無爲子。嘉祐四年進士。元豐中歷官禮部員外郎，出知潤州，除兩江提點刑獄，卒於官。原序稱侍講楊先生，蓋其帶職也。傑事蹟具宋史文苑傳。傑及與歐陽修、王安石、蘇軾游，故其詩雖興象未深，而亦頗有規格。其率易者近白居易，其偶爲奇崛如送李辟疆之類者，或偶近盧仝。其大致則仍元祐體也。又及與胡瑗游，故所學亦頗有根柢。官太常時，議典禮因革，多所討論。集中如補正三禮圖、皇族服制圖諸序，以及禘祫、明堂、樂律諸奏，皆有關於典制。但其文才地稍弱，邊幅微狹耳。集凡賦二卷，詩五卷，文八卷。紹興癸亥，知無爲軍趙士彩所編，士彩序云，刪除蕪類，取有補於教化者。若釋道二家詩文，則見諸別集。今別集不傳，故張敦頤六朝事迹載其雨花臺詩一首，王象之輿地紀勝載其淨居寺詩一首，潛說友咸淳臨安志載其西湖參寥山房詩一首，鐵網珊瑚載其佛日山別長老㢙公詩一首，凡爲僧作者，今皆不見於集中也。然第五卷中有寶山寺璽一首，第七卷中有題寶林院五松一首、東峯白雲院一首、野寺一首，第十卷中有圓同菴銘一首、圓敘菴銘一首，未免自亂其例。又如銘五首入雜文，贊亦雜文，乃列詩中。詩以古體律體分編，而和謝判官宴南樓一首本拗體七言律，而誤入古詩。編次尤爲無緒。至於魏詔君贊，詔字蓋避仁宗嫌名，而次卷仍稱魏徵，君草堂校讐亦未盡善。惟傑集自南渡以後湮沒不傳，士彩積兩歲之力，搜求編次，使得復傳至今。其表章之功，固亦不可盡沒耳。

王魏公集八卷（永樂大典本）

宋王安禮撰。安禮字和甫，臨川人，安石之弟也。登嘉祐六年進士第，歷官翰林學士，知開封府，尚書左丞，遷資政殿學士，知太原府。事蹟具宋史本傳。安石兄弟三人，惟安國數以正議見絀，其文集亦湮沒不傳。安禮位稍通顯，史稱其以經濟自任，而闊略細謹，故其生平一以知湖潤兩州與倡女共飯論罷，一以貪論罷，屢蹶屢起，蓋亦跅弛於法度之外者。然其知制誥時，因彗星見，極言執政大臣不察上惠養元元之意，用力殫於溝瘠，取利究於圍夫，其語皆以譏刺新法，則於大體尚能持正，固未可以一節槩貶之矣。其集本二十卷，見於宋史藝文志，陳振孫書錄解題者並同。明葉盛菉竹堂書目亦載有王魏公集六冊，是明初尚有傳本。厥後諸家書目皆不著錄，蓋自明中葉以後已佚不存。今從永樂大典散見各韻者，裒輯彙編，釐爲八卷。其中內外制草頗典重可觀，敘事之文亦具有法度。至若沈季良、元絳諸誌銘，尤足補史傳之闕，以視安石雖規模稍隘，而核其體格固亦約略相似也。安禮封魏公，史所不載，惟田晝所撰王和甫家傳有云，累勳至上柱國，爵魏郡開國公，食邑三千戶，食實封五百戶。蓋宋世每遇郊恩，輒賜羣臣勳封名號，冗濫，故史不盡載。觀安禮所修靈臺祕苑，今著錄子部中者，書前有安禮署銜一條，題上騎都尉、劇縣開國男，而本傳亦未之及，則其爲史所略者固已多矣。

范太史集五十五卷（浙江汪啟淑家藏本）

宋范祖禹撰。祖禹有唐鑑，已著錄。其文集世有兩本，一本僅十八卷，乃明程敏政從祕閣借閱，因爲摘錄刊行，非其完本。此本五十五卷，與宋史藝文志卷目相符，蓋猶當時舊帙也。祖禹平生論諫，不下數十萬言。其在邇英守經據正，號講官第一。史稱其開陳治道，區別邪正，辨釋事宜，平易明白，洞見底蘊。故本傳載所上疏至十五六篇，而集中章奏尤多，類皆湛深經術，練達事務，深有裨於獻納。惟其中論合祭天地一事，祖禹謂分祭之禮，自漢以來不能舉行。又謂一年再郊，此必不能，且夏至之日尤未易行。同時蘇軾等據周禮以分祭爲是，而祖禹與顧臨堅持之。後卒從祖禹之議。蓋其君習於宴安，而議者遂爲遷就之論，誠不免於賢者之過。然其大端伉直，持論切當，要自無愧於醇儒。固不以一瑕掩也。當時以賈誼陸贄比之，良亦庶幾云。

潞公集四十卷（兩淮鹽政採進本）

宋文彥博撰。彥博事蹟具宋史本傳。是集凡賦頌二卷，詩六卷，論一卷，表啟一卷，序一卷，碑記墓誌一卷，雜文一卷。自十四卷以後，則皆奏議劄子之文。核其卷數，與陳振孫書錄解題同。惟尚闕補遺一卷。考葉夢得序，稱兵興以來，世家大族多奔走遷徙，於是公之集藏於家者散亡無餘。其少子維申（案維申乃文及甫之字）稍討求追輯，猶得二百八十六篇，以類編次爲略集二十卷。是葉氏所序者已非原本，陳氏所著錄者又非葉氏所序本，今所傳者又較陳氏之本佚其一卷也。彥博不以詩名，而風格秀逸，情文相生。王士禎稱其婉麗濃嫵，絕似西崑。嘗掇其佳句，載之池北偶談。其文章不事雕飾，而議論通達，卓然經濟之言。奏劄下多註年月，亦可與正史相參考。葉夢得序稱其未嘗有意於爲文，而因事輒見，操筆立成，簡質重厚，經緯錯出，譬之賁鼓鏞鍾，音節疏緩，雜然並奏於堂上，不害與嘒簫韶舞百獸而諧八風也。斯言允矣。

擊壤集二十卷（河南巡撫採進本）

宋邵子撰。前有治平丙午自序，後有元祐辛卯邢恕序。晁公武讀書志云，雍邃於易數，歌詩蓋其餘事，亦頗切理。案自班固作詠史詩，始兆論宗。東方朔作誡子詩，始涉理路。沿及北宋，鄙唐人之不知道，於是以論理爲本，以修詞爲末，而詩格於是乎大變。此集其尤著者也。朱國楨湧幢小品曰，佛語衍爲寒山詩，儒語衍爲擊壤集，此聖人平易近人，覺世喚醒之妙用。是亦一說。然北宋自嘉祐以前，厭五季佻薄之弊，事事反樸還淳。其人品率以光明豁達爲宗，其文章亦以平實坦易爲主。故一時作者，往往衍長慶餘風。王禹偁詩所謂本與樂天爲後進，敢期杜甫是前身者是也。邵子之詩，其源亦出白居易，而晚年絕意世事，不復以文字爲長。意所欲言，自抒胸臆，原脫然於詩法之外。毀之者務以聲律繩之，固所謂謬傷海鳥，橫斥山木。譽之者以爲風雅正傳，莊昶諸人轉相摹仿，如所謂送我一壺陶靖節，還他兩首邵堯夫者，亦爲刻畫無鹽，唐突西子，失邵子之所以爲詩矣。況邵子之詩，不過不苦吟以求工，亦非以工爲厲禁。如邵伯溫聞見前錄所載安樂窩詩曰，半記不記夢覺後，似愁無愁情倦時，擁衾側臥未欲起，簾外落花撩亂飛。此雖置之江西派中，有何不可。而明人乃惟以鄙俚相高，又烏知邵子哉。集爲邵子所自編，而楊時龜山語錄所稱須信畫前原有易，自從刪後更無詩一聯，集中乃無之。知其隨手散佚，不復收拾，眞爲寄意於詩，而非刻意於詩者矣。又案邵子抱道自高，蓋亦顏子陋巷之志，而黃冠者流以其先天之學出於華山道士陳摶，又恬淡自怡，迹似黃老，遂以是集編入道藏太元部賤字禮字二號中。殊爲誕妄。今併附辨於此，使異教無得牽附焉。

鄱陽集十二卷（兩淮馬裕家藏本）

宋彭汝礪撰。汝礪字器資，饒州鄱陽人。治平二年舉進士第一，歷官權吏部尚書，出知江州。事迹具宋史本傳。東都事略載所著易義、詩義、奏議、詩文五十卷。宋史藝文志鄱陽集四十卷。今易義、詩義已不傳。此本乃其詩集，亦止十二卷，非其完帙。又編次錯互，如古體中誤入律詩一首，律詩中誤入古體一首。武岡驛一首有錄無書。寄佛印一首前後兩見，頗多復混。殆其本集久佚，後人掇拾殘賸，復爲此編，故其淆雜如此歟。史稱汝礪詞命雅正，有古人風。而詩筆亦諸婉可諷。明瞿佑歸田詩話嘗極推其情致纏綿。王士禎居易錄亦引其梅花詩中瀟湘此日堪腸斷，暗處幽香著莫人之句，以證朱淑眞詞、耶律楚材詩內著莫二字之所出。在北宋諸人之中，固亦裒然一作手矣。張舜民畫墁錄載汝礪於臨歿作偈，有從今以後不打這鼓之語。蓋其學實出於禪，故集中多與僧往還酬答之作。然汝礪立朝侃直，風節凜然，凡所論諫皆關國是。其晚耽禪悅，蓋亦自行其所得，故不必以一格繩人，遽爲汝礪病也。

曲阜集四卷（浙江鮑士恭家藏本）

宋曾肇撰。肇字子開，南豐人，鞏、布之弟也。治平四年進士，官至中書舍人、龍圖閣學士。以元祐黨籍貶濮州團練副使，汀州安置。崇寧中，復朝散郎，歸潤州而卒。紹興初追謚文昭。事蹟具宋史本傳。肇行狀載所著曲阜集四十卷、外集十卷、奏議十二卷、邇英進故事一卷、元祐外制集十二卷、庚辰外制集三卷、內制集五卷、尚書講義八卷、曾氏譜圖一卷。楊時所作神道碑曲阜集奏議目次並與行狀同，而西掖集十二卷、內制五十卷、外制三十卷，則與行狀稍異。明永樂十年，其裔孫刊行奏議，曾棨爲序。有茲特曲阜集中一卷，尚當爲刻全文之語。則明初原集尚存，其後乃漸就散佚，傳本遂絕。國朝康熙中，其裔孫儼等取所存奏議，益以詔制碑表諸逸篇，掇拾編次，別爲此集。前三卷皆詩文，後一卷則附錄也。肇立朝有守，屬黨論翻覆，以一身轉側其閒，往往齟齬不合。又嘗力諫其兄布，宜引用善類，而布不從。所上奏議，如乞復轉對、宣仁皇后受冊、百官上壽、救韓維、繳王覿外任諸篇，皆爲史所稱述，今並在集中，可以考見大槩。其制誥亦爾雅典則，得訓詞之體，雖深厚不及其兄鞏，而淵懿溫純，猶能不失家法。惜其全本已亡，掇拾多有未盡，如進元豐九域志表爲肇所撰，見於王應麟玉海，而集中亦無之，則其佳文之散失者固不少矣。

周元公集九卷（編修朱筠家藏本）

宋周子撰。周子之學以主靜爲宗，平生精粹，盡於太極圖說、通書之中。詞章非所留意，故當時未有文集。陳振孫書錄解題載有文集七卷者，後人之所編輯，非其舊也。故振孫稱是集遺文纔數篇，爲一卷，餘皆附錄，則在宋代已勉強綴合，爲數無多矣。此本亦不知何人所編。凡遺書雜著二卷，圖譜二卷，其後五卷則皆諸儒議論及誌傳祭文，與宋本不甚相合，而大致亦不甚相遠。蓋後人病其篇目寂寥，又取所著二書編之集內，以取盈卷帙耳。明嘉靖間，漳浦王會曾爲刊行。

國朝康熙初，其裔孫沈珂又校正重鐫。先儒著述，學者所宗，固不以其太少而廢之。原本後附遺芳集五卷，乃沈珂輯其先世文章事蹟，自爲一編，與本集不相比附，今別入之總集類，不使相淆。集中愛蓮說一篇，江昱瀟湘聽雨錄力攻其出於依託，然昱說亦別無顯證，流傳已久，今仍並錄之焉。

南陽集三十卷、附錄一卷（江蘇巡撫採進本）

宋韓維撰。維字持國，潁昌人，絳之弟也。以蔭入仕，英宗朝累除知制誥。神宗即位，爲翰林學士。元祐初，拜門下侍郎，以太子少傅致仕。紹聖中，坐元祐黨籍，謫均州安置。元符初復官，卒，嘗封南陽郡公，故以名集。事蹟具宋史本傳。陳振孫書錄解題作二十卷，稱後有其外孫沈晦跋，前有鮮于綽所撰行狀。此本凡詩十四卷、內制一卷、外制三卷、王邸記室二卷、奏議五卷、表章雜文碑志各一卷、手簡歌詞共一卷，附錄一卷，較陳氏所載多十卷，疑陳氏誤三十爲二十。鮮于綽所撰行狀，今與沈晦跋並列卷末，亦與陳氏所說不同。然目錄仍以行狀列卷首，則傳寫者誤移之也。其第十九卷、二十卷稱王邸記室，立名頗別。考邵伯溫聞見前錄，稱神宗開潁邸，韓琦擇官僚，用王陶、韓維、陳薦、孫國忠、孫思恭、邵亢云云。蓋維於是時掌兩宮牋奏，所作耳。其集刊版久佚，藏書家轉相繕錄，譌脫頗多。第三十卷與附錄一卷尤顛舛參差，幾不可讀。蓋沈晦作跋之時，已云文字舛駁，不可是正。今流傳又四五百載，其愈謬也固宜矣。謹考定其可知者，其原闕字句無可校補，則姑仍其舊焉。

節孝集三十卷、附錄一卷（兩淮馬裕家藏本）

宋徐積撰。積有節孝語錄，已著錄。積受業胡瑗之門，淵源篤實。其事母以純孝稱，立身亦堅苦卓絕，蓋古所謂獨行之士。然其文乃奇譎恣肆，不主故常。故陳振孫書錄解題引蘇軾之言，稱其詩文怪而放，如玉川子。今觀其集，往往縱逸自如，不可繩以格律，軾所論者誠然。然其文雖雅俗兼陳，利鈍互見，頗有似於盧仝，而大致醇正，依經立訓，不失爲儒者之言，則非仝之所及也。惟其復河說一篇，欲求九河故道而穿之，不究地形，不明水勢，未免失於迂僻。史稱其雙耳聵甚，晝地爲字，乃始通語，終日面壁坐，不與人接，而四方事無不周知其詳，殆不然歟。舊本首載事實一卷，後附語錄一卷，景定甲子淮安州學教授翁蒙正合編刊行。明嘉靖間淮安兵備副使劉祐又因翁本重刊。今語錄已別本孤行，不更複載，惟附錄其事實一卷，備考核焉。

文忠集一百五十三卷、附錄五卷（江西巡撫採進本）

宋歐陽修撰。修有詩本義，已著錄。案宋史藝文志載修所著文集五十卷、別集二十卷、六一集七卷、奏議十八卷、內外制集十一卷、從諫集八卷，諸集之中，惟居士集爲修晚年所自編，其餘皆出後人裒輯，各自流傳，如衢州刻奏議、韶州刻從諫集、浙西刻四六集之類。又有廬陵本、京師舊本、緜州本、宣和吉本、蘇州本、閩本，諸名分合不一。陳振孫書錄解題謂修集遍行海內，而無善本，蓋以是也。此本爲周必大所編定，自居士集至書簡集，凡分十種，前有必大所作序。陳振孫以爲益公解相印歸，用諸本編校刊之家塾，其子綸又以所得歐陽氏傳家本，歐陽棐所編次者屬益公舊客曾三異校正，益完善無遺恨。然必大原序又稱郡人孫謙益、承直郎丁朝佐徧搜舊本，與鄉貢進士曾三異等互相編校，起紹熙辛亥，迄慶元庚辰。據此，則是書非三異獨校，亦非必大自輯，與振孫所言俱不合。檢書中舊存編校人姓名，有題紹熙三年十月丁朝佐編次、孫謙益校正者，有題紹熙五年十月孫謙益、王伯芻校正者，又有題郡人羅泌校正者，亦無曾三異之名。惟卷末考異中多有云公家定本作某者，似卽周綸所得之歐陽氏本。疑此書編次義例本出必大，特意存讓善，故序中不自居其名。而振孫所云綸得歐陽氏本付三異校正者，乃在與佐等校定之後添入刊行，故序亦未之及歟。其書以諸本參校同異，見於所紀者曰文纂、曰薛齊誼編年、曰慶歷文粹、曰熙寜時文、曰文海、曰文藪、曰京本英辭類稾、曰緘啟新範、曰仕途必用、曰京師名賢簡啟，皆廣爲蒐討。一字一句必加考覈。又有兩本重見而刪其複出者，如濮王典禮奏之類；有他本所無而旁採附入者，如詩解統序之類；有別本所載而據理不取者，如錢鏐等傳之類。其鑒別亦最爲詳允。觀樓鑰攻媿集有濮議跋，稱廬陵所刊文忠集列於一百二十卷，以後首尾俱同。又第四卷刊子註云「是歲十月撰，不曾進呈，檢勘所云」，卽指此本。以鑰之博洽而必引以爲據，則其編訂精審亦槩可見矣。

歐陽文粹二十卷（編修勵守謙家藏本）

宋陳亮編。亮有三國紀年，已著錄。是編有亮乾道癸巳後敘，謂錄公文凡一百三十篇。案修著作皆繫亮所選不及十之一二，似不足盡其所長。然考周必大序，謂居士集經公決擇，篇目素定，而參校衆本，迥然不同。如正統論、吉州學記、瀧岡阡表皆是也。今以此本校之，與必大之言正合。是書卷首有原正統論、明正統論、正統論上、正統論下四篇。居士集則但存正統論上下二篇。其正統論上乃以原正統論「學者疑焉」以上十餘行竄入，而論內「其可疑之際有四，其不同之說有三」以下半篇多刪易之。其正統論下復取明正統論「斯立正統矣」以上數行竄入，而論內「昔周厲王之亂」以下亦大半刪易之。其他字句異同，不可枚舉。皆可以資參考，固不妨與原集並存也。

樂全集四十卷、附錄一卷（編修汪如藻家藏本）

宋張方平撰。方平字安道，宋城人。舉茂材異等，爲校書郎，歷官參知政事，卒贈司空，諡文定。事蹟具宋史本傳。方平自號樂全居士，因以名集。蓋取莊子樂全之謂得志語。詳所作樂全堂詩中。其集見於宋史藝文志者四十卷，與此本合。然方平在翰林時代言之文，如立太子、除种諤節度使、韓琦守司徒、呂公弼樞密使、李昭亮殿前副都指揮使諸制，見於宋文鑑者，此集皆無之。考王鞏作方平行狀，稱別有玉堂集二十卷，東都事略所載亦同。蓋制草別爲一編，故集中不載耳。集凡詩四卷、頌一卷、芻蕘論十卷、雜論二卷、對策一卷、論事九卷、表狀三卷、書一卷、牋啟一卷、記序一卷、雜著一卷、祭文碑志六卷。方平天資穎悟，於書一覽不忘。文思敏贍，下筆數千言立就。才氣本什伯於人，而其識又能灼見事理，剸斷明決，故集中論事諸文，無不豪爽暢達，洞如龜鑑。不獨史所載平戎十策論新法疏爲切中利弊。蘇軾作序，以孔融、諸葛亮比之，雖推挹之詞稍爲溢量，然亦殆於近似矣。其集流傳甚少。此本首尾頗完善，慎字下皆註今上御名四字，蓋從孝宗時刊本鈔出。惟不載蘇軾原序，疑傳寫者偶遺之。今併爲錄補冠於卷首，以存其舊焉。

忠宣文集二十卷、奏議二卷、遺文一卷、附錄一卷、補編一卷（兩淮馬裕家藏本）

宋范純仁撰。純仁字堯夫，仲淹次子。皇祐元年進士。神宗時累擢天章閣待制。哲宗時貶永州安置。建中靖國初，召爲光祿卿，分司南京。卒諡忠宣。事蹟附見宋史仲淹傳。文集凡二十卷，前五卷爲詩，後十二卷皆雜文，其末三卷爲國史本傳及李之儀所撰行狀，皆其姪孫之柔刊集時所附入也。前有嘉定五年樓鑰序，後有之柔及知永州沈圻、廖視永州教授陳宗衛四跋。又奏議二卷，自治平元年爲殿中侍御史至元祐八年再相前後所奏封事凡七十三首。又遺文一卷，載純仁文七首，附以其弟純禮文二首、純粹文十九首，乃其裔孫能濬摭舊本重加刪補。又附錄一卷，爲諸賢論頌十三首。補遺一卷，載純仁尺牘一首，附以制詞題跋等十二首，亦能濬所編訂。康熙丁亥其二十世孫時崇與仲淹集合刻行之。書錄解題載純仁言行錄二十卷，在宋世已佚。又有彈事五卷、國論五卷，今悉未見，蓋亦久不傳矣。

嘉祐集十六卷、附錄二卷（兩淮馬裕家藏本）

宋蘇洵撰。洵有諡法，已著錄。考曾鞏作洵墓誌，稱有集二十卷。晁公武讀書志、陳振孫書錄解題俱作十五卷。蓋宋時已有二本。是本爲徐乾學家傳是樓所藏，卷末題紹興十七年四月晦日婺州州學雕，紙墨頗爲精好。又有康熙間蘇州邵仁泓所刊，亦稱從宋本校正。然二本並十六卷，均與宋人所記不同。徐本名嘉祐新集。邵本則名老泉先生集。亦復互異、未喻其故。或當時二本之外、更有此一本歟。今世俗所行又有二本。一爲明淩濛初所刊朱墨本、併爲十三卷。一爲
國朝蔡士英所刊任長慶所校本、凡十五卷。與晁氏陳氏所載合。然較徐本闕洪範圖論一卷、史論前少引一篇。又以史論中爲史論下、而闕其史論下一篇。又闕辨姦論一篇、題張仙畫像一篇、送吳侯職方赴闕序一篇、謝歐陽樞密啟一篇、謝相府啟一篇、香詩一篇。朱彝尊經義考載洵洪範圖論一卷、註曰未見。疑所見洵集、當卽此本、中閒闕漏如是、恐亦未必晁陳著錄之舊也。今以徐本爲主、以邵本互相參訂、正其譌脫。亦有此存而彼逸者、竝爲補入。又附錄二卷、爲奉議郎充婺州學教授沈斐所輯。較邵本少國史本傳一篇、而多挽詞十餘首。亦竝錄以備考焉。

臨川集一百卷（內府藏本）

宋王安石撰。安石有周禮新義、已著錄。案宋史藝文志載王安石集一百卷。陳振孫書錄解題亦同。晁公武讀書志則作一百三十卷。焦竑國史經籍志亦作一百卷、而別出後集八十卷。竝與史志參錯不合。今世所行本實止一百卷、乃紹興十年郡守桐廬詹大和校定重刻、而豫章黃次山爲之序。次山謂集原有閩浙二本、殆刊版不一、著錄者各據所見、故卷數互異歟。案蔡絛西淸詩話載安石嘗云、李漢豈知韓退之、輒其文不擇美惡、有不可以示子孫者、況垂世乎。以此語門弟子、意有在焉。而其文迄無善本。如春殘密葉花枝少云云、皆王元之詩。金陵獨酌寄劉原甫、皆王君玉詩。臨津豔豔花千樹云云、皆王平甫詩。陳善捫蝨新話所載亦大略相同。據二人所言、則安石詩文本出門弟子排比、非所自定。故當時已議其舛錯。而葉夢得石林詩話又稱蔡天啟稱荆公嘗作詩、得青山捫蝨坐、黃鳥挾書眠、自謂不減杜詩。然不能舉全篇。薛肇明被旨編公集、徧求之、終莫之得。肇明爲薛昂字、是昂亦曾奉詔編定其集。顧蔡絛與昂同時、而竝未言及。次山序中亦祇舉閩浙本、而不稱別有敕定之書。其殆爲之而未成歟。又考吳曾能改齋漫錄、稱荆公嘗題一絕句於夏畋扇。本集不載。見湟川集。又稱荆公嘗任鄞縣令、昔見一士人收公親札詩文一卷、有兩篇今世所刊文集無之。其一馬上、其一書會別亭云云。是當時遺篇逸句、未經搜輯者尚夥。其編訂之不審、有不僅如西淸詩話所譏者。然此百卷之內、菁華具在。其波瀾法度、實足自傳不朽。朱子楚辭後語謂安石致位宰相、流毒四海。而其言與生平行事心術、略無毫髮肖。夫子所以有於予改是之嘆。斯誠千古之定評矣。

王荆公詩註五十卷（江蘇巡撫採進本）

宋李壁撰。考宋史及諸刊本、壁或從玉作璧。然壁爲李燾第三子。其兄曰垕、曰塾。其弟曰埴。名皆從土。則作璧誤也。壁字季章、號雁湖居士。初以廕入官。後登進士。寧宗朝累遷禮部尚書、參知政事、兼同知樞密院事。謚文懿。事蹟具宋史本傳。是書乃其謫居臨川時所作。劉克莊後村詩話嘗譏其註歸陽一夜繞鍾山句、引韓詩不引吳志。註世論安以蟲疑冰句、引莊子不引盧鴻一。唐彥謙語、指爲疏漏。然大致捃摭蒐採、具有根據。疑則闕之、非穿鑿附會者比。原本流傳絕少、故近代藏書家俱不著錄。海鹽張宗松得元人槧本、始爲校刊。集中古今體詩、以世行臨川集校之、增多七十二首。其所佚者、附錄卷末。考葉紹翁四朝聞見錄、稱開禧初、韓平原欲興兵、遣張嗣古覘敵。張還、大拂韓旨。復遣壁。壁還、與張異詞、階是進政府云云。是壁附和權姦、以致喪師辱國、實墮其家聲。其人殊不足重。而箋釋之功、足裨後學、固與安石之詩均不以人廢云。

廣陵集三十卷、拾遺一卷（兩淮鹽政採進本）

宋王令撰。令、元城人。幼隨其叔祖乙居廣陵、遂爲廣陵人。初字欽美、後王萃字之曰逢原。少不檢。既而折節力學。王安石以妻吳氏之妹妻之。年二十八卒。遺腹一女、適吳師禮。生子曰說。其集卽說所編。凡詩賦十八卷、文十二卷。又拾遺一卷、墓誌事狀及交游投贈追思之作皆附焉。令才思奇軼、所爲詩磅礴奧衍、大率以韓愈爲宗、而出入於盧仝、李賀、孟郊之閒。雖得年不永、未能鍛鍊以老其材、或不免縱橫太過、而視局促剽竊者流、則固倜倜乎遠矣。劉克莊後村詩話嘗稱其暑旱苦熱詩、骨力老蒼、識度高遠。又稱其富公幷門入相荅孫莘老聞雁諸篇。明馮惟訥編古詩紀、以其於忽操三章誤收入古逸詩中、以爲龐德公作。豈非其氣格遒上、幾與古人相亂、故惟訥不能辨歟。古文如性

說等篇亦自成一家之言王安石於人少許可而最重令同時勝流如劉敞等並推服之固非阿私所好矣其集久無刊本傳寫譌脫幾不可讀今於有可考校者悉爲釐正其必不可通者則姑仍舊本庶不失闕疑之意焉

欽定四庫全書總目卷一百五十三

欽定四庫全書總目卷一百五十四

集部七

別集類七

東坡全集一百十五卷（內府藏本）

宋蘇軾撰軾有易傳已著錄案蘇轍作軾墓誌稱軾所著有東坡集四十卷後集二十卷奏議十五卷內制十卷外制三卷和陶詩四卷晁公武讀書志陳振孫書錄解題所載並同而別增應詔集十卷合爲一編卽世所稱東坡七集者是也宋史藝文志則載前後集七十卷卷數與墓誌不合而又別出奏議補遺三卷南征集一卷詞一卷南省說書一卷別集四十六卷黃州集二卷續集二卷北歸集六卷僧可手澤一卷名目頗爲叢碎今考軾集在宋世原非一本邵博聞見後錄稱京師印本東坡集軾自校其中香醪字誤者不更見於他書殆燬於靖康之亂陳振孫所稱有杭本蜀本又有軾曾孫嶠所刊建安本又有麻沙書坊大全集本又有張某所刊吉州本蜀本建安本無應詔集麻沙本吉州本兼載志林雜說之類不加考訂而陳鵠耆舊續聞則稱姑胥居世英刊東坡全集殊有序又少舛謬極可賞是當時以蘇州本爲最善而今亦無存葉盛水東日記又云邵復孺家有細字小本東坡大全文集松江東日和尚所藏有大本東坡集又有小字大本東坡集盛所見皆宋代舊刻而其錯互已如此觀捫蝨新話稱葉嘉傳乃其邑人陳元規作和賀方回青玉案詞乃華亭姚晉作集中如睡鄉醉鄉記鄙俚淺近決非坡作今書肆往往增添改換以求速售而官不之禁云云則軾集風行海內傳刻日多而紊亂愈甚固其所矣然傳本雖夥其體例大要有二一爲分集編訂者乃因軾原本原目而後人稍增益之卽陳振孫所云杭本當軾無恙之時已行於世者至明代江西刻本猶然而重刻久絕其一爲分類合編者疑卽始於居世英本宋時所謂大全集者類用此例迄明而傳刻尤多有七十五卷者號東坡先生全集載文不載詩漏略尤甚有一百十四卷者號蘇文忠全集版稍工而編輯無法此本乃
國朝蔡士英所刊蓋亦據舊刻重訂世所通行今故用以著錄集首舊有年譜一卷乃宋南海王宗稷所編邵長蘅查慎行補註軾詩稱其於作詩歲月編次多誤以原本所有今亦並存焉

東坡詩集註三十二卷（少詹事陸費墀家藏本）

舊本題宋王十朋撰十朋有會稽三賦已著錄是集前有趙夔序稱分五十類此本實止二十九類蓋有所合併十朋序題百家註此本所引數亦不足則猶杜詩稱千家註韓柳文稱五百家註也其分類頗多顚舛如芙蓉城詩入古蹟虎兒詩入詠史之類不可殫數不但以畫魚歌入書畫爲查慎行東坡詩補註所譏其註爲邵長蘅所掊擊者凡三十八條至作正譌一卷冠所校施註之首考十朋梅溪前集載序八篇後集載序三篇獨無此序又有讀蘇文三則亦無一字及蘇詩梅溪集爲其子聞詩聞禮所編十朋著述搜輯無遺不應獨漏此序又趙夔序稱崇寧間僕年志於學逮今三十

年，一字一句，推究來歷，必欲見其用事之處。頃者赴調京師，繼復守官累，與小坡叔黨游從至熟，叩其所未知者，叔黨亦能爲僕言之云云。考宋史軾傳，軾知杭州，蘇過年十九，其時在元祐五六年間。又稱過沒時年五十二，則當在宣和五六年間。若從崇寧元年下推三十年，已爲紹興元年，過之沒七八年矣，㚞安能見過而問之？則幷㚞序亦出依託。核書中體例，與杜詩千家註相同，殆必一時書肆所爲，借十朋之名以行耳。然長蘅摘其體例三失，而云中閒援引詳明，展卷瞭如者僅僅及半，則疎陋者不過十之五，未可全廢。其於施註所闕十二卷，亦云參酌王註，徵引羣書以補之，則未嘗不於此註取材。大抵刱始者難工，繼事者易密。邵註正王註之譌，查註又摘邵註之誤，今觀查註亦譌漏尚多。考證之學，不可窮盡，難執一家以廢其餘。錄存是書，亦足資讀蘇詩者之旁參也。

施註蘇詩四十二卷東坡年譜一卷王註正譌一卷蘇詩續補遺二卷（內府藏本）

宋施元之註。元之字德初，吳興人。陸游作是書序，但稱其官曰司諫，其始末則無可考矣。其同註者爲吳郡顧禧，游序所謂助以顧君景繁之賅洽也。元之子宿又爲補綴，書錄解題所謂其子宿從而推廣，且爲年譜以傳於世也。吳興掌故但言宿推廣爲年譜，不言補註，與書錄解題不同。今考書中實有宿註，則吳興掌故爲漏矣。嘉泰中，宿官餘姚，嘗以是書刊版，緣是遭論罷，故傳本頗稀。世所行者惟王十朋分類註本。康熙乙卯，宋犖官江蘇巡撫，始得殘本於藏書家，已佚其卷一、卷二、卷五、卷六、卷八、卷九、二十三卷、二十六卷、三十五卷、三十六卷、三十九卷、四十。犖屬武進邵長蘅補其闕卷。長蘅撰王註正譌一卷，又訂定王宗稷年譜一卷，冠於集首。其註則僅補八卷，以病未能卒業，更倩高郵李必恆續成三十五卷、三十六卷、三十九卷、四十卷。犖又摭拾遺詩爲施氏所未收者得四百餘首，別屬錢塘馮景註之，重爲刊版。乾隆初，又詔內府刊爲巾箱本。取攜既便，遂衣被彌宏。元之原本，註在各句之下。長蘅病其閒隔，乃彙註於篇末。又於原註多所刊削，或失其舊。後查愼行作蘇詩補註，頗斥其非，亦如長蘅之詆王註。然數百年沈晦之笈，實由犖與長蘅復見於世，遂得以上邀乙夜之觀，且剞劂棗梨，壽諸不朽，其功亦何可盡沒歟。

補註東坡編年詩五十卷（通行本）

國朝查愼行撰。愼行有周易玩辭集解，已著錄。初，宋犖刻施註蘇詩，急遽成書，頗傷潦草。又舊本黴黯，字跡多難辨識，邵長蘅等憚於尋繹，往往臆改其文，或竟刪除以滅跡，併存者亦失其眞。愼行是編，凡長蘅等所竄亂者，並勘驗原書，一一釐正。又於施註所未及者，悉蒐採諸書以補之。其閒編年錯亂及以他詩羼入者，悉考訂重編。凡爲正集四十五卷，又補錄帖子詞、致語、口號一卷，遺詩補編二卷，他集互見詩二卷，別以年譜冠前，而以同時倡和散附各詩之後。雖卷帙浩博，不免牴牾，如蘇轍辛丑除日寄軾詩，軾得而和，必在壬寅，乃亦入之辛丑卷末，則編年有差。題李白寫眞詩，前後文義相屬，本爲一首，惠洪所說甚明，乃據譬畫集分爲二首，則校讐爲舛。漁父詞四首、醉翁操一首，本皆詩餘，乃列之詩集，則體裁未明。倡和詩中所列曾鞏上元遊祥符寺詩、陳舜俞送周開祖詩、楊蟠北固北高峰塔詩、張舜民西征三絕句，皆與軾渺不相關，乃一概闌入。至於所補諸篇，如怪石詩指爲遭憂時作，不知朱子語類謂二蘇居喪無詩文；鼠鬚筆詩本軾子過作，而乃不信宋文鑑；和錢穆父寄弟詩已見三十一卷，乃全篇複見；元祐九年立春詩卽戲李端叔詩中四句，已見三十七卷，乃割裂再出；雙井白龍詩，冷齋詩話明言非東坡作，乃反云據以補入；甚至李白山中日夕忽然有懷詩，亦引爲軾作，尤失於檢校。如斯之類，皆不免炫博貪多。其所補註，如宋叔達家聽琵琶詩「夢回猶識歸舟字」句，本用鋈篠朱字事，見太平廣記，乃惟引「天際識歸舟」句，又誤謝朓爲謝靈運；黃精鹿詩本晝黃精與鹿，乃引雷斅炮炙論黃精汁製鹿茸事，皆爲舛誤。又如紀夢詩引李白「粲然啟玉齒」句，不知先見郭璞游仙詩；游徑山詩引廣異記孤雲兩角語，不知先見辛氏三秦記；端午詩引屈原飯筒事，云初學記引齊諧記，不知續齊諧記今本猶載此條，皆爲未窮根柢。其他譌漏之處，爲近時馮應榴合註本所校補者亦復不少。然考核地理，訂正年月，引據時事，元元本本，無不具有條理，非惟邵註新本所不及，卽施註原本亦出其下。現行蘇詩之註，以此本居最。區區小失，固不足爲之累矣。

欒城集五十卷欒城後集二十四卷欒城三集十卷應

詔集十二卷（內府藏本）

宋蘇轍撰。轍有詩傳，已著錄。案晁公武讀書志、陳振孫書錄解題載欒城諸集卷目，並與今本相同。惟宋史藝文志稱欒城集八十四卷、應詔集十卷、策論十卷、均陽雜著一卷。焦竑國史經籍志則又於欒城集外別出黃門集七十卷，均與晁、陳二家所紀不合。今考欒城集及後集、三集共得八十四卷，宋志蓋統舉言之。策論當即應詔集，而誤以十二卷爲十卷，又複出其目。惟均陽雜著未見其書，或後人掇拾遺文，別爲編次，而今佚之歟。至竑所載黃門集，宋以來悉不著錄，疑即欒城集之別名，竑不知而重載之。宋志荒謬，焦志尤多舛駁，均不足據。要當以晁、陳二氏見聞最近者爲準也。其正集乃爲尚書左丞時所輯，皆元祐以前之作。後集則自元祐九年至崇寧四年所作。三集則自崇寧五年至政和元年所作。應詔集則所集策論及應試諸作。轍之孫籀撰欒城遺言，於平日論文大旨敘錄甚詳，而亦頗及其篇目。如紀辨才塔碑，則云見欒城後集，於馬知節文集跋、生日漁家傲詞諸篇之不在集中者，則並爲全錄其文，以拾遺補闕。蓋集爲轍所手定，與東坡諸集出自他人裒輯者不同。故自宋以來，原本相傳，未有妄爲附益者。特近時重刻甚稀，此本爲明代舊刊，尚少譌闕。陸游老學菴筆記稱，轍在績溪，贈同官詩有歸報仇梅省文字，麥苗含穟欲蠶眠句，譏均州刻本輒改作仇香之非。今此仍作仇梅，則所據猶宋時善本矣。

山谷內集三十卷、外集十四卷、別集二十卷、詞一卷、簡尺二卷、年譜三卷（安徽巡撫採進本）

宋黃庭堅撰，年譜二卷，庭堅孫𥝌撰。庭堅事蹟具宋史文苑傳。𥝌字子耕，從學於朱子。朱子於元祐諸人，詆二蘇而不詆庭堅，𥝌之故也。葉夢得避暑錄話載黃元明之言曰，魯直舊有詩千餘篇，中歲焚三之二，存者無幾，故名焦尾集。其後稍自喜，以爲可傳，故復名敝帚集。晚歲復刊定，止三百八篇，而不克成。今傳於世者尚幾千篇云云。然庭堅所自定者皆已不存。其存者，一曰內集，庭堅之甥洪炎所編，即庭堅手定之內篇，所謂退聽堂本者也。一曰外集，李彤所編，所謂邱濬藏本者也。一曰別集，即𥝌所編，所謂內閣鈔出宋蜀人所獻本者也。內集編於建炎二年，別集編於淳熙九年，年譜則編於慶元五年。蓋外集繼內集而編，別集繼內外兩集而編，年譜繼別集而編。獨李彤之編外集未著年月。然考外集第十四卷送鄞慎思歸長沙詩，慎字空格，註云今上御名，是外集亦編於孝宗時也。三集皆合詩文同編。後人註釋，則惟取其詩。任淵所註之內集，即洪炎所編之內集。史容所註之外集，則與李彤所編次第已多有不同。而李彤編外集之大意，猶稍見於史註第一卷溪上吟題下。惟史季溫所註之別集，則與𥝌所編別集大有牴牾。此則原本與註本不可相無者矣。又外集第十一卷以下四卷，詩凡四百有奇，皆庭堅晚年刪去，而李彤附載入者。此則任、史三註本皆未之有。庭堅之詩，得此而後全。又其中有與年譜相應者，𥝌編年譜時皆一一分註某年某事之次，而今但據三集檢其目，則年譜有而本集無，故此四卷尤不可廢也。𥝌之年譜，專爲考證詩文集而作，故刻全集必當兼刻年譜。而近日刻本，或刪節年譜，或刪併卷次，或移易分類，以就各體，或專刻一集，而不及其全。此本刻於明嘉靖中，前有蜀人徐岱序，尚爲不失宋本之遺，非外間他刻所及焉。

山谷內集註二十卷、外集註十七卷（兩淮鹽政採進本）、別集註二卷（編修翁方綱家藏本）

宋任淵、史容、史季溫所註黃庭堅詩也。任淵所註者內集，史容所註者外集，其別集則容之孫季溫所補，以成完書。內集一稱正集，其又稱前集者，蓋內集編次成書在外集之前，故註家相承，謂內集爲前集耳。外集之詩起嘉祐六年辛丑，庭堅時年十七，而內集之詩起元豐元年戊午，庭堅時年三十四。故外集諸詩轉在內集之前。黃𥝌所編庭堅年譜云，山谷以史事待罪陳留，偶自編退聽堂詩，初無意盡去少作，胡直孺少汲建炎初帥洪，并類山谷詩文爲豫章集，命汝陽朱敦儒山房李彤編集，而洪炎玉父專其事，遂以退聽爲斷。史容外集序亦云，山谷自言欲倣莊周分其詩文爲內外篇。意固有在，非欲去此取彼也。譜又云，洪氏舊編以古風二篇爲首，今任淵註本亦云東坡報山谷書推重此二詩，故置諸篇首，是任淵所註內集即洪炎編次之本。史季溫外集跋云，細考出處歲月，別行詮次，不復以舊集古律詩爲拘，則所謂外集者已非復原次。再考李彤外集跋云，彤聞山谷自巴陵取道通城，入黃龍山，爲清禪師偈閱南昌集，自有去取、仍改定舊句。形後得本、用以是正其言非子詩者五十餘篇。形亦嘗見於他人集中、輒以除去。又云、前集內木之彬彬諸篇皆山谷晚年刪去。其去取據此而已。然季溫跋稱其大父為增註考訂、在嘉定戊辰後、又近十年。則上距庭堅之沒已百有十年。而外集原本卷次、至是始經史容更定。則所謂外集者、併非庭堅自刪之本矣。然則是三集者、皆賴註本以傳耳。趙與旹賓退錄嘗論淵註送舅氏野夫之宣城詩、不得春網琴高出典。然註本之善不在字句之細瑣、而在於考核出處時事。任註內集、史註外集、其大綱皆系於目錄每條之下。使讀者考其歲月、知其遭際、因以推求作詩之本旨。此斷非數百年後以意編年者所能為、何可輕也。外集有嘉定元年晉陵錢文子序、而內集鄱陽許尹序世傳鈔本皆佚之。惟劉壎水雲村泯稾載其大略。目錄亦多殘闕。此本獨有尹序全文。且三集目錄、犂然皆具、可與註相表裏。是亦足為希覯矣。淵字子淵、蜀之新津人。紹興元年乙丑、以文藝類試有司第一。仕至潼川憲。其稱天社者、新津山名也。容字公儀、號薌室居士、青衣人。仕至太中大夫。其孫季溫、字子威。舉進士。寶祐中官祕書少監。淵又嘗撰山谷精華錄詩賦銘贊六卷、雜文二卷。自序謂節其要而註之。然原本已佚。今所傳者出明人偽託。獨此註則昔人謂獨為其難者、與史氏二註本藝林寶傳、無異辭焉。

後山集二十四卷（副都御史黃登賢家藏本）

宋陳師道撰。師道字履常、一字無己、彭城人。受業曾鞏之門。又學詩於黃庭堅。元祐初、以蘇軾薦、除棣州教授。後召為祕書省正字。事蹟具宋史文苑傳。是集為其門人彭城魏衍所編。前有衍記、稱以甲乙丙稾合而校之、得詩四百六十五篇、分為六卷。文一百四十篇、分為十四卷。詩話談叢則各自為集云云。徐度却掃編稱、師道吟詩至苦、竄易至多。有不如意則棄稾。世所傳多偽、惟魏衍本為善是也。此本為明馬暾所傳、而松江趙鴻烈所重刊。凡詩七百六十五篇、編八卷。文一百七十一篇、編九卷。談叢編四卷。詩話理究長短句各一卷。又非衍之舊本。方回瀛奎律髓稱、謝克家所傳有後山外集。或後人合併重編歟。其五言古詩出入郊島之閒、意所孤詣、殆不可攀。而生硬之處、則未脫江西之習。七言古詩頗學韓愈、亦閒似黃庭堅、而頗傷謇直。篇什不多、自知非所長也。五言律詩佳處往往逼杜甫、而閒失之僻澀。七言律詩風骨磊落、而閒失之太快太盡。五七言絕句純為杜甫遺興之格、未合中聲。長短句亦自為別調、不甚當行。大抵詞不如詩、詩則絕句不如古詩、古詩不如律詩。律詩則七言不如五言。方回論詩、以杜甫為一祖、黃庭堅陳與義及師道為三宗。推之未免太過。馮班諸人肆意詆排、王士禎至指為鈍根、要亦門戶之私、非篤論也。其古文在當日殊不擅名。然簡嚴密栗、實不在李翺孫樵下。殆為歐蘇曾王盛名所掩、故世不甚推。棄短取長、固不失為北宋巨手也。

后山詩註十二卷（浙江巡撫採進本）

宋陳師道撰、任淵註。原本六卷。此本作十二卷、則淵作註時每卷釐為二也。淵生南北宋閒、去元祐諸人不遠。佚文遺蹟、往往而存。即同時所與周旋者、亦一一能知始末。故所註排比年月、鉤稽事實、多能得作者本意。然師道詩得自苦吟、運思幽僻、猝不易明。方回號曰知詩、而瀛奎律髓載其九日寄秦觀詩、猶誤解末二句。他可知矣。又魏衍作師道集記、稱其詩未嘗無謂而作、故其言外寄託、亦難以臆揣。如送郭概四川提刑詩之功名何用多、莫為分外慮。送杜純陝西轉漕詩之誰能留渴須遠井。贈歐陽棐詩之歲歷四三仍此地、家餘五一見今朝。觀六一堂圖書詩之歷數況有歸、敢有貪天功。次韻蘇軾觀月聽琴詩之信有千丈清、不如一尺渾。次韻蘇軾勸酒與詩之五士三不同、夙紀鳴蟬賦。寄蘇軾詩之功名不朽聊通袖、海道無違具一舟。寄張耒詩之打鴨起鴛鴦。離穎詩之叢竹防供爨、池魚已割鮮。送劉主簿詩之二父風流皆可繼、排禪詆道不須同。送王元均詩之故國山河開始終。以及宿深明閣、陳州門絕句、寄曹州晁大夫等篇。非淵一一詳其本事、今據文讀之、有茫不知為何語者。即鉅野詩之蒲港對蓮塘、儷偶相配、似乎不誤。非淵親見其地、亦不知港字當為巷也。其中如寄蘇軾詩之遙知丹地開黃卷、解記清波沒白鷗二語。蓋宋敏求校定杜詩、誤改白鷗沒浩蕩句。軾嘗論之、見東坡志林。故師道借以為諷。淵惟引其寄弟轍詩萬里滄波沒兩鷗句、則與上句丹地黃卷不相應矣。他如兒生未知父句、實用孔融詩。情生一念中句、實用陳鴻長恨歌傳。度越周漢登虞唐句、虞唐顛倒、實用韓愈詩。孰知詩有驗句、以熱爲孰、實用杜甫詩。而皆遺漏不註。次韻春懷詩塵生鳥跡多句、鳥跡當爲馬跡之譌、而引晉節文牀塵鼠跡附會之。齋居詩靑奴白牯靜相宜句、牯字必誤、而引白角簟附會之。謁厖籍墓詩叢篁侵道更須東句、東字必誤、而引齊民要術東家種竹附會之。至於以謝客見爲客子、以龍爲龍伯、皆舛謬顯然。淵亦絕不糾正。是皆不免於微瑕。據淵自序、其編次先後、亦如所註山谷集例、寓年譜於目錄。今考和豫章公黃梅二首註曰、此篇編次不倫、姑仍其舊。又於紹聖三年下註曰、是歲春初、后山當罷潁學、而離潁等詩反在卷終、又有未離潁時所作、魏本如此、不欲深加改正。而於示三子詩則註曰、此篇原在晁張見過詩後、今遷於此。於雪後黃樓寄負山居士詩則註曰、此詩原在秋懷前、今遷於此。於再次韻蘇公示兩歐陽五詩則註曰、以東坡集考之、原在涉潁詩後、今遷於此。則亦有所竄定、非衍之舊。又衍記稱師道卒於建中靖國元年、年四十九。此集託始於元豐六年、則師道年已三十一。不應三十歲前都無一詩。觀城南寓居二首、列於元豐七年、而註曰、或云熙寧閒作。則淵亦自疑之。題趙士暕高軒過圖一首、淵引王立之詩話、稱作此詩後數月閒遂卒。故其後更列送歐陽棐晁端仁、王鞏三詩。今考王立之詩話、實作數日無己卒、士暕贈以百縑。校其所錄情事、作數日爲是。則小誤亦所不免。然援證古今、具有條理、其所得者實多。莊綽雞肋編嘗摭師道詩採用俚語者十八條、大致皆淵註所已及。可知其用意之密矣。固與所註山谷集均可並傳不朽也。

宛邱集七十六卷、浙江鮑士恭家藏本

宋張耒撰。耒有詩說、已著錄。蘇軾嘗稱其文汪洋沖澹、有一唱三歎之音。晚歲詩務平淡效白居易、樂府效張籍。故瀛奎律髓載楊萬里之言、謂肥仙詩自然。肥仙、南宋人稱耒之詞也。文獻通考作柯山集一百卷。茲集少二十四卷。查愼行註蘇軾詩云、嘗見耒詩二首、而今本無之。考周紫芝太倉稊米集有書譙郡先生文集後曰、余頃得柯山集十卷於大梁羅仲洪家。已而又得張龍閣集三十卷於內相汪彥章家。已而又得張右史集七十卷於浙西漕臺。而先生之製作於是備矣。今又得譙郡先生集一百卷於四川轉運副使南陽井公之子晦之。然後知先生之詩文爲最多、當猶有網羅之所未盡者。余將盡取數集、削其重複、一其有無。以歸於所謂一百卷、以爲先生之全書云云。然則耒之文集、在南宋已非一本。其多寡亦復相懸。此本卷數與紫芝所記四本皆不合、又不知何時何人摭拾殘賸所編。宜其闕佚者頗夥。然考胡應麟筆叢有曰、張文潛柯山集一百卷、余所得卷僅十三。盞鈔合類書以刻、非其舊也。余嘗於臨安僻巷中見鈔本書一十六帙、閱之乃文潛集、卷數正同。明旦訪之、則夜來鄰火延燒、此書倏煨燼矣。余大悵惋彌月云云。此本雖不及百卷之完備、然較應麟所云十三卷者、則多已不啻五六倍。亦足見耒著作之大略矣。

淮海集四十卷、後集六卷、長短句三卷、副都御史黃登賢家藏本

宋秦觀撰。觀事蹟具宋史文苑傳。觀與兩弟覿、覯皆知名、而觀集獨傳。本傳稱文麗而思深。苕溪漁隱叢話載蘇軾薦觀於王安石、安石答書、述葉致遠之言、以爲清新婉麗、有似鮑謝。敖陶孫詩評則謂其詩如時女步春、終傷婉弱。元好問論詩絕句因有女郎詩之譏。今觀其集、少年所作、神鋒太儁、或有之。概以爲靡曼之音、則詆之太甚。呂本中童蒙訓曰、少游雨砌墮危芳、風檽納飛絮之類、李公擇以爲謝家兄弟不能過也。過嶺以後詩、高古嚴重、自成一家、與舊作不同。斯公論矣。觀雷州詩八首、後人誤編之東坡集中、不能辨別。則安得概目以小石調乎。其古文在當時亦最有名。故陳善捫蝨新話曰、呂居仁嘗言少游從東坡游、而其文字乃自學西漢。以余觀之、少游文格似正、所進策論、頗若刻露、不甚含蓄。若比東坡、不覺望洋而嘆。然亦自成一家云云。亦定評也。王直方詩話稱觀作贈參寥詩末句曰、平康在何處、十里帶垂楊、爲孫覺所呵。後編淮海集、遂改云經旬滯酒伴、猶未獻長楊。則此集爲觀所自定。文獻通考別集類載淮海集三十卷、又歌詞類載淮海集一卷。宋史則作四十卷。今本卷數與宋史相同、而多後集六卷、長短句分爲三卷。蓋嘉靖中高郵張綖以黃瓚本及監本重爲編次云。

濟南集八卷、永樂大典本

宋李廌撰。廌有德隅齋畫品、已著錄。文獻通考載廌濟南集二十卷、而當時又名曰月巖集。周紫芝

太倉稊米集有書月巖集後一篇，稱滑臺劉德秀借本於妙香寮始得見之，則南渡之初已爲罕覯，後遂散佚不傳。惟蘇門六君子文粹中載遺文一卷而已。永樂大典修於明初，其時原集尚存，所收頗夥。採掇編輯，十尚得其四五，蓋亦僅而得存矣。廌才氣橫溢，其文章條暢曲折，辯而中理，大略與蘇軾相近。故軾稱其筆墨瀾翻，有飛砂走石之勢。李之儀稱其如大川東注，晝夜不息，不至於海不止。周紫芝亦云自非豪邁英傑之氣過人十倍，其發爲文詞，何以痛快若是。蓋其兀奡奔放，誠所謂不羈之才，馳騁於秦觀、張耒之間，未遽步其後塵也。史又稱其善論古今治亂，嘗上忠諫書、忠厚論，又兵鑒二萬言。今所存兵法、奇正、將才、將心諸篇，蓋卽所上兵鑒中之數首。其議論奇偉，尤多可取，固與局促轅下者異焉。案呂本中紫微詩話極稱廌贈汝州太守詩，而今不見此首。又其祭蘇軾文所云「皇天后土，鑒一生忠義之心；名山大川，還萬古英靈之氣」者，當時傳誦海內，而亦不見其全篇。則其詩文之湮沒者固已不少，其幸而未佚者固尤足珍矣。

參寥子集十二卷 兵部侍郎紀昀家藏本

宋僧道潛撰。道潛，於潛人。蘇軾守杭州，卜智果精舍居之。墨莊漫錄載其本名曇潛，軾爲改曰道潛。軾南遷，坐得罪返初服。建中靖國初，詔復祝髮。崇寧末歸老江湖，嘗賜號妙總大師。

國朝吳之振宋詩鈔云參寥集杭本多誤，採他詩未及與析。今所傳者凡二本，一題三學院法嗣廣寄訂、智果院法嗣海惠閱錄，前有參寥子小影，卽海惠所臨，首載陳師道餞參寥禪師東歸序，次載宋濂、黃諫、喬時敏、張睿卿四序，鈔寫頗工；一本題法嗣法穎編，卷帙俱同，而敘次迥異，未知孰爲杭本。按集中詩有同法穎韻者，則法穎本授受有緒，當得其眞。惟所載陳師道序題曰高僧參寥集序，與序語頗相乖剌，豈傳寫者所妄改歟。冷齋夜話稱參寥性褊，尙凡子如讐。今觀其詩，如湖上二首之類，頗嫌語少含蓄，足爲傲僻寡合之驗。然其落落不俗，亦由於此。吳可藏海詩話曰：參寥細雨云「細憐池上見，清愛竹間聞」，荆公改憐作宜。又詩「成暮雨邊」，秦少游曰「雨中」、「雨旁」皆不好，只「雨邊」最妙。又云「流水聲中弄扇行」，俞清老極愛之。此老詩風流醞藉，諸詩僧皆不及。韓子蒼云若看參寥詩，則惠洪詩不堪看也云云。蓋當時極推重之。曹學佺石倉歷代詩選惟錄其游鶴林寺詩一首、夏日龍井書事詩一首，以當北宋一家，殆從他書採摭，未見此本歟。

寶晉英光集八卷 浙江鮑士恭家藏本

宋米芾撰。芾有畫史，已著錄。其集於南渡之後業已散佚。紹定壬辰，岳珂官潤州時，旣葺芾祠，因摭其遺文爲一編，併爲之序。序中不言卷數，而稱山林集舊一百卷，今所萃梓，附益未十之一，似卽此本。然陳振孫書錄解題稱寶晉集十四卷，與此不同。又此本後有張丑跋，云得於吳寬家。中間詩文或註從英光堂帖增入，或註從羣玉堂帖增入，則必非岳珂原本。又有註從戲鴻堂帖增入者，則併非吳寬家本。考寶晉乃芾齋名，英光乃芾堂名，合二名以名一書，古無是例。得無初名寶晉集，後人以英光堂帖補之，改立此名歟。芾以書畫名，而文章亦頗不俗。曾敏行獨醒雜志載其嘗以詩一卷投許沖元云：「芾自會道言語，不襲古人。年三十爲長沙掾，盡焚毀以前所作。平生不錄一篇投王公貴人，遇知己索一二篇則以往。元豐至金陵識王介甫，過蘇州識蘇子瞻，皆不執弟子禮」云云。其自負殊甚，殆猶顛態。然吳可藏海詩話引韓駒之言，謂芾詩有惡無凡。岳珂序引思陵翰墨志曰：「芾之詩文，語無蹈襲，出風煙之上，覺其詞翰同有凌雲之氣。」案此條今本思陵翰墨志不載。敏行又記蘇軾嘗言自海南歸舟中，聞諸子誦所作古賦，始恨知之之晚。蓋其胸次旣高，故吐言天拔，雖不規規繩墨，而氣韻自殊也。

石門文字禪三十卷 內府藏本

宋僧惠洪撰。惠洪有冷齋夜話，已著錄。是集爲其門人覺慈所編，釋氏收入大藏支那著述中，此本卽釋藏所刊也。許顗詩話稱其著作似文章巨工，仲殊、參寥輩皆不能及。陳振孫書錄解題亦謂其文俊偉，不類浮屠氏語。方回瀛奎律髓則頗詆諆之。平心而論，惠洪之失在於求名過急，所作冷齋夜話至於假託黃庭堅詩以高自標置，故頗爲當代所譏。又身本緇徒，而好爲綺語，能改齋漫錄記其上元宿岳麓寺詩，至有浪子和尚之目。要其詩邊幅雖狹，而清新有致，出入於蘇、黃之間，時時近似。在元祐、熙寧諸人後，亦挺然有以自立，固未可盡排也。集中有寂音自序一篇、述其生平出處甚悉。而晁公武所謂張商英聞其名、請住峽州天寧寺者、獨不之及。殆其朱崖竄謫、斁肇於斯、故諱而不書耶。蓋其牽連鉤黨、與道潛之累於蘇軾同。而商英人品非軾比、惠洪人品亦非道潛之比。特以詞藻論之、則與參寥子集均足各名一家耳。

青山集三十卷、浙江巡撫採進本 續集七卷、編修朱筠家藏本

宋郭祥正撰。祥正字功父、當塗人。熙寧中舉進士。官至汀州通判、攝守漳州。事蹟具宋史本傳。晁公武讀書志、陳振孫書錄解題皆載祥正青山集三十卷。王士禎居易錄曰、郭祥正青山集、閩謝氏寫本六卷。古詩二卷、近體詩四卷。七言歌行僅二篇、或有闕文。是士禎所見已爲傳寫殘闕之本。此本三十卷、與陳晁二家所載合、猶完書矣。又續集七卷、晁氏陳氏均不載、宋史藝文志亦不著錄。前後無序跋、莫審誰所編次。然核其詩格、確出祥正、非後人所能依託。其中紀述、頗足與史傳相參考。如史稱祥正致仕後居於姑孰、不復干進。所居有醉吟菴。久之、起爲通判汀州。後知端州、復棄去、家於當塗之青山以卒。今續集中有浪士歌一首、自序云、郭子棄官合肥、歸姑孰、自號曰醉吟先生。居五年、或者謂其未老可仕、以事薦於上。上卽召之、復序於朝、俾監閩汀郡。尋攝守漳南、上復召之。行至半道、閩使者狀其罪以聞、遂下吏。留於漳幾三年。又自號曰漳南浪士云云。集中留漳南詩甚多、則史所云知端州後復棄官者非也。又漳南書事云、元豐五年秋七月十九日、猛風終夜發、拔木壞廬室。新昌吟寄潁叔待制云、元祐丙寅冬、新昌有狂寇名探、其姓岑、厥初善巫呪云云。按元豐五年至元祐元年丙寅、正合詩序所云留漳南三年之數。然則祥正被議下吏在元豐五年、而其得歸也在元祐元年、而岑探構亂之事、史未及詳。則亦漏書也。又青山集載送蔣潁叔待制拜六路都領詩云、廊廟之材終大用、願敷和氣及巖幽。自註云、予已乞骸、將歸舊廬。再送潁叔云、雲閒驥尾終難附、梅子黃時公自歸。自註云、公屢有佳句、見約同歸。復有蒙詔許歸絶句二首。其次韻林辨之長官送別之什云、牢落名聲譏謗後、支離形影瘴氛餘。從來仕路誰爲援、却返家園數自如。以此數詩合之續集浪士歌之所自序、其再出一節、事蹟始備。可以補本傳之闕。惟史稱祥正以上書諛頌安石、反爲安石所擠、坐是偃蹇以終。而續集內有熙寧口號五首、末云、百姓命懸三尺法、千秋誰恤兩端情。近聞崇尚刑名學、陛下之心乃好生云云。殊不似推薦安石者。青山集有奠王荆公墳三首云、大手曾將元鼎調、龍沈鶴去事寥寥。又云、平昔偏蒙愛小詩、如今吟就誰復知云云。又不似見排於安石者。其是非自相矛盾。蓋述知己之感、所以自明依附之因。刺新法之非、所以隱報擯斥之憾。小人褊躁、忽合忽離、往往如是。不必以前後異詞疑也。其詩好用仙佛語、或偶傷拉雜。而才氣縱橫、吐言天拔。史稱其母夢李白而生。陸游入蜀記亦稱祥正少時、詩句俊逸、前輩或許爲太白後身。又稱青山太白祠以祥正侑食。蓋因其詩格相近、從而附會。然亦足見其文章驚邁、時似青蓮。故當時有此品目也。其人至不足道、而其集猶傳、厥有由歟。考東坡集有郭祥正家醉畫竹石壁上、郭作詩爲謝、且遺二古銅劒一首。王十朋東坡集註又有祥正觀東坡畫雪有感詩二首。青山集俱失載、而續集亦無之。疑不免有所散佚。然較比謝氏之本、則完備多矣。

畫墁集八卷、永樂大典本

宋張舜民撰。舜民有畫墁錄、已著錄。舜民爲人忠厚質直、慷慨喜論事。葉夢得巖下放言稱其尚氣節而不爲名。北宋人物中殆難多數。其初從高遵裕西征靈夏、無功而還。舜民作詩有靈州城下千枝柳、總被官軍斫作薪。及白骨似沙沙似雪、將軍休上望鄉臺之句。爲轉運判官李蔡所奏、謫監郴州酒稅。其後起爲臺官、浸至通顯。而議論雄邁、氣不少衰。崇寧初、又以謝表譏謗坐貶。晁公武稱其文豪縱有理致、最刻意於詩。晚作樂府百餘篇、自序云、年踰耳順、方敢言詩。百世之後、必有知音者。其自矜重如此。周紫芝太倉稊米集有書舜民集後一篇、稱世所歌東坡南遷詞回首夕陽紅盡處、應是長安二語、乃舜民過岳陽樓作。又舜民題庾樓詩有萬里秋風吹鬢髮、百年人事倚欄干之句、世或載之東坡集中。蓋由其筆意豪健、與蘇軾相近。故後人不能辨別、往往誤入軾集也。文獻通考載舜民畫墁集一百卷、奏議十卷。周紫芝謂政和七八年閒、京師鬻書者忽印是集、售者至塡塞衢巷、事喧復禁如初。而南渡後又有臨川雕本浮休

全集。蓋其著作在當日極爲世重，而自明以來，久佚不傳。惟永樂大典尙間載之，計其篇什，雖不及什之一二，然零璣斷璧，倍覺可珍。謹蒐輯排比，釐爲八卷。用存崖略。其郴行錄乃謫監酒稅時紀行之書，體例頗與歐陽修于役志相似，於山川古蹟往往足資考證，今亦並附集末焉。

陶山集十四卷（永樂大典本）

宋陸佃撰。佃有埤雅，已著錄。此集據書錄解題本二十卷，歲久散佚。今以永樂大典所載，裒爲十四卷，蓋僅存十之七矣。佃本受學於王安石，故埤雅及爾雅新義（案爾雅新義久佚，今散見永樂大典中，譌脫斷爛，殆不可讀。）多宗字說。然新法之議，獨斷斷與安石爭。後竟入元祐黨籍。安石之沒，佃在金陵爲文祭之，推崇頗過。然但敘師友淵源，而無一字及國政。元祐初預修神宗實錄，亦頗爲安石諱。數與史官辨爭，坐是外補。然徽宗初召還復用，佃乃欲參用元祐舊人，復與時宰齟齬而罷。蓋其初誤從安石遊，故牽於舊恩文字之間，不能不有所假借。至於事關國計，則毅然不以私廢公，亦可謂剛直有守者矣。佃既以新法忤安石，不復問以政事，惟以經術任之，神宗命詳定郊廟禮文，佃實主其議。今集中所載諸篇是也。其他文字，勘以史傳所紀，亦皆相符。惟元豐大裘議，集稱佃爲集賢校理，史乃稱同列皆侍從，佃獨以光祿丞居其間，當爲宋史之譌。又佃紹聖初落職知泰州，故到任謝表有海陵善地、淮甸近州語，史乃稱知秦州，亦爲字誤，殆修宋史時其集已不甚顯歟。佃所著有禮象諸書，當時以知禮名。集中若元豐大裘議諸篇，大抵宗王而黜鄭，理有可通，不妨各伸其說。惟其中自出新意，穿鑿附會者，如以特牲饋食禮饎爨在西壁，主婦視饎爨於西堂下，爲在廟外。引爾雅門側之堂謂之塾，饎爨在廟門外之西堂下。今以儀禮考之，燕禮曰小臣師一人在東堂下。大射儀曰賓之弓矢與中籌豐皆止於東堂下，賓之矢則以授矢人於西堂下。公食大夫禮曰小臣東堂下。士喪禮曰𦓖於東堂下。旣夕禮曰設棜於東堂下。少牢饋食禮曰司宮溉豆籩勺爵觚觶几洗於東堂下。凡此諸條，俱未有以東西堂爲東西塾之堂者。士冠禮曰具饌於西塾，聘禮曰擯者退負東塾而立。又曰擯者退負東塾。又曰出門西面於東塾南。士喪禮曰卜人及執燋者在塾西。士虞禮曰七俎在西塾之西。特牲饋食禮曰筮人取俎於西塾。凡此諸條，俱未有稱東西塾爲東西堂者。又士冠禮曰適東壁。士昏禮曰退適東壁。亦無以爲在廟門外者，佃之說殊爲牽合。佃又謂北堂有北壁，考大射儀工人士與梓人升下自北階，註曰位在北堂下。既有北階，明知其無北壁。佃弗及考詳，而輕詆賈疏，亦爲未允。至謂裼襲之襲從龍衣爲襲，則又附和字說而爲之，尤無足深詰矣。方回瀛奎律髓稱胡宿與佃詩格相似，宿詩傳者稍多，佃詩則不概見。惟詩林萬選載其送人之潤州一首，瀛奎律髓載其贈別吳興太守中父學士一首，能改齋漫錄載其韓子華挽詩一聯而已。今考永樂大典所載篇什頗夥，大抵與宿並以七言近體見長，故回云然。厥後佃之孫游以詩鳴於南宋，與尤袤、楊萬里、范成大並稱，雖得法於茶山曾幾，然亦喜作近體，家學淵源，殆亦有所自來矣。

倚松老人集二卷（兩淮馬裕家藏本）

宋饒節撰。節字德操，撫州人。嘗爲曾布客，後與布書論新法不合，乃祝髮爲浮屠，更名如璧，挂錫靈隱。晚主襄陽之天寧寺，嘗作偈云：閒攜經卷倚松立，試問客從何處來。遂號倚松道人。集中詩大半爲僧後所作。呂本中紫微詩話稱其蕭散似潘邠老。陸游老學菴筆記亦稱爲當時詩僧第一。宋史藝文志載倚松集十四卷，今止存鈔本二卷，末有慶元己未校官黃汝嘉重刊一行，蓋猶沿宋刻之舊。又今所傳本與謝邁、韓駒二集行款相同。卷首標目下俱別題江西詩派四字，與他詩集不同。或卽宋人所編江西詩派集一百三十七卷內之三種，舊本殘闕，後人析出單行歟。

長興集十九卷（浙江巡撫採進本）

宋沈括撰。括有夢溪筆談，已著錄。陳振孫書錄解題載括集四十一卷。南宋高布嘗合沈遼、沈遘二集刻於括蒼，題曰吳興三沈集。此本卷末題從事郎處州司理參軍高布重校一行，蓋卽括蒼所刻本也。括博聞強記，一時罕有其匹。所作筆談，於天文算數、音律醫卜之術，皆能發明考證，洞悉源流。而在當時乃不甚以文章著。然學有根柢，所作亦宏贍淹雅，具有典則。其四六表啟，尤凝重不佻，有古作者之遺範。惜流傳旣久，篇帙脫佚，闕卷一至卷十二，又闕卷三十一，又闕卷三十三至四十一。

共二十二卷。勘驗諸本，亦皆相同。知斷爛蠹蝕，已非一日。宋文鑑及侯鯖錄諸書載括詩什頗多，而集中乃無一首。又史稱括爲河北西路察訪使，條上三十一事，皆報可。其他建白甚衆，而集中亦無奏劄一門。蓋皆在闕卷之中矣。又案三沈之中，以括集列遘集之後，實則行輩括爲長。書錄解題曰：括於文通爲叔。案文通，沈遘之字也。而年少於文通。世傳文通常稱括叔。今四朝史本傳以爲從弟者，非也。文通之父扶，扶之父同，括之父曰周，皆以進士起家，官皆至太常少卿。王荆公誌周與文通墓，及文通弟遼誌其伯父振之墓，可考云云。其辨證甚明。元修宋史，仍以括爲遘之從弟，殊爲乖誤。今據陳氏之說，附正其失，用以見宋史疎舛，不足盡爲典據焉。

西塘集十卷 浙江鮑士恭家藏本

宋鄭俠撰。俠字介夫，福清人。治平四年進士。神宗時調光州司法參軍，入京監安上門，以抗疏極論新法之害，發馬遞上流民圖，復劾呂惠卿姦狀，謫英州編管。徽宗初，除監潭州南岳廟，而卒。事蹟具宋史本傳。其集本二十卷，明季重刊，葉向高更爲刪汰，存奏疏雜文八卷，詩一卷，附本傳諡議祠記等爲一卷，具見向高所作序中。蓋已刊除大半，非復宋本之舊。然如景定建康志載俠劾呂惠卿論西夏事，及上君子小人事業圖諸疏，今俱不存，則向高之去取，亦未爲至當矣。王士禎居易錄稱其文似石介，而無其怒張叫呶之習；古詩在白居易孟郊之閒。今觀其集，良如所說，惜横遭芟薙，舊帙遂亡，竟不得而全見之。是則前明隆萬以來輕改古書之弊也。

雲巢編十卷 浙江巡撫採進本

宋沈遼撰。遼字叡達，錢塘人，遘之弟也。用兄任監壽州酒稅。熙寧初爲審官西院主簿，久之以太常寺奉禮郎攝華亭縣，坐事流永州，更徙池州，築室齊山，自號雲巢。遂不復起。事蹟具宋史本傳。遼墓誌稱所著雲巢編二十卷。今此本乃宋高布載入吳興三沈集者，所存祗十卷。文獻通考所載卷數亦同。殆布校刊之時，已有所合併歟。又集中海天寥寥禾黍秋一首，此本題曰初聞鶴唳，而徐碩至元嘉禾志乃作題干山圖智寺。又門箴一首，至元嘉禾志作華亭縣門箴，且有跋語兩行，均與此乖互不合。或當時尚有別本，故所據互有異同也。遼文章豪放奇麗，無塵俗齷齪之氣，而尤長於歌詩。王安石嘗贈以風流謝安石，瀟灑陶淵明之句，而安石子雱亦云：前日覽佳作，淵明知不如。皆以柴桑格調爲比。其傾倒可謂甚至。然遼詩實主於生峭，與陶詩蹊徑頗不相類。觀其生平屢與黃庭堅酬和，而庭堅亦稱其能轉古語爲我家物，知爲豫章之別派，非彭澤之支流矣。

景迂生集二十卷 兩淮馬裕家藏本

宋晁說之撰。說之有儒言，已著錄。說之博極羣籍，尤長經術，著書數十種，靖康中兵燹不存。其孫子健訪輯遺文，編爲一十二卷，又續廣爲二十卷：前三卷爲奏議，四卷至九卷爲詩，十卷爲易元星紀譜，十一卷爲易規十一篇，又堯典中氣中星洪範小傳各一篇，詩序論四篇，十二卷爲中庸傳及讀史數篇，十三卷即儒言，十四卷爲雜著，十五卷爲書，十六卷爲記，十七卷爲序，十八卷爲後記，十九二十卷爲傳墓表誌銘祭文。其中辨證經史，多極精當。星紀譜乃取司馬光元歷邵雍元圖而合譜之，以七十二候六十四卦相配而成，蓋潛虛之流也。陳振孫書錄解題曰：劉跂斯立墓誌，景迂所撰，見學易集後。此集無之。計其佚者多矣。此本當即陳氏所見，而譌誤頗甚。洪範小傳及十七卷序文内兼有脫簡。又有別本題曰嵩山集，所錄詩文均與此本相合，譌闕之處亦同，蓋一書而兩名，今附著於此，不復別存其目云。

雞肋集七十卷 兩淮馬裕家藏本

宋晁補之撰。補之字无咎，鉅野人。元豐閒舉進士，試開封及禮部別院皆第一。元祐中除校書郎，紹聖末落職，監信州酒稅。大觀中起知泗州，卒於官。後入元祐黨籍。事蹟具宋史文苑傳。初蘇軾通判杭州，補之年甫十七，隨父端友宰杭州之新城，軾見所作錢塘七述，大爲稱賞，由是知名。後與黃庭堅、張耒、秦觀聲價相埒。耒嘗言補之自少爲文，即能追步屈宋班揚，下逮韓愈柳宗元之作，促駕力鞭，務與之齊而後已。胡仔苕溪漁隱叢話亦稱余觀雞肋集古樂府，是其所長，辭格俊逸可喜。今觀其集，古文波瀾壯闊，與蘇氏父子相馳驟，諸體詩俱風骨高騫，一往俊邁，並駕於張秦之閒，亦未知孰爲先後。世傳蘇門六君子，文粹僅錄其文之體近程試者數十篇；避暑漫鈔僅稱其芳儀曲一篇，皆不足以盡補之也。此本爲明崇禎乙亥蘇州顧凝遠依宋版重刊。前有元祐九年補之自序。後有紹興七年其弟謙之跋。序稱哀而藏之謂之雞肋集。跋則稱宣和以前世莫敢傳。今所得者古賦騷詞四十有三。古律詩六百三十有二。表啓雜文六百九十有三。自捐館舍迨今二十八年。始得編次爲七十卷云云。葢其稾爲元祐中補之自葺。雖有集名。倘非定本。後謙之乃裒合編次續成此帙。故中有元祐以後所作。與補之原序年月多不相應云。

欽定四庫全書總目卷一百五十四

欽定四庫全書總目卷一百五十五

集部八

別集類八

樂圃餘稾十卷附錄一卷（兩淮馬裕家藏本）

宋朱長文撰。長文有吳郡圖經續記，已著錄。長文著述甚富。所撰詩詞賦讚表章雜說凡一百卷。以所居名樂圃。故名之曰樂圃集。南渡以後。盡燬於兵。其從孫知漢陽軍思裒集遺文。得詩百六十有三。記五。序六。啓七。墓誌五。雜文六。重爲編次。類爲十卷。又以墓銘表傳爲附錄一卷。鋟木以傳。以非樂圃集之全本。故名之曰餘稾。歲久版佚。藏書家遞相傳錄。惟寫本僅存。康熙壬辰。其裔孫岳壽卽舊本重刊。復行於世。外附補遺詩一首。贊一首。則明嘉定陸嘉穎所掇拾增入也。稾中墓銘皆署其父公綽名。葢長文少時代其父作。思從石刻錄出。亦可見當時搜討之勤矣。葉夢得避暑錄話曰。元豐間淮浙士人以疾不仕。因以行義聞於鄉里者二人。楚州徐積仲車。蘇州朱長文伯原。則長文在南北宋間。與徐積齊名。然積之學問主精研事理。長文之學問主博考古今。積之文章多怪偉駭俗。長文之文章多平易近人。其所造則各有不同云。

龍雲集三十二卷（浙江鮑士恭家藏本）

宋劉弇撰。弇字偉明。安福人。元豐二年進士。復中博學宏詞科。初知峩眉縣。改博士。元符改元。進南郊大禮賦。除祕書省正字。歷實錄院檢討。事蹟具宋史本傳。是集名曰龍雲者。書錄解題謂龍雲。安福鄉名。弇所居也。其文不名一格。大都氣體宏整。詞致敷腴。周必大作是集序。謂其醞經飫史。吞吐百氏。爲足繼歐陽修之後。而上接韓文。則推許未免溢分。宋史本傳稱其文劌削瑕纇。卓詭不凡。庶幾乎近其實矣。詩雖才地稍弱。要亦峭拔不俗。異於庸音之足曲也。其集初刊於浦城。僅二十五卷。紹興四年。其鄉人羅良弼搜求別本。益以彭德源曾如晦等所編。又得宏詞時議諸篇於郭明叔家。總六百三十一首。釐爲三十二卷。後附誌銘及良弼跋。歲久版佚。明宏治中劉璋復序而重刊。吳之振撰宋詩鈔。不及弇集。曹庭棟撰宋詩存。始補收之。葢傳本較稀。故之振偶未見云。

雲溪居士集三十卷（永樂大典本）

宋華鎮撰。鎮字安仁。會稽人。元豐二年進士。官至朝奉大夫。知漳州軍事。鎮原集本一百卷。又有揚子法言訓解十卷。書記三卷。會稽覽古詩一百三篇。長短句一卷。會稽錄一卷。并附哀文一卷。通一百十七卷。紹興十三年。其子初成裒集刊刻。會表進於朝。又鎮上蔡樞密書。自云有所作王制解一編。而初成所爲狀跋則不載是書。葢當時已散佚矣。其集諸家書目皆不著錄。寶慶會稽續志但稱鎮好學博古。嘗著會稽覽古詩一百三篇。不及其集。惟焦竑經籍志載雲溪居士集一百卷。而其他著作亦均未載。近錢塘厲鶚編宋詩紀事。僅從地志之中鈔得會稽覽古詩九首。知自明以來。是集無傳本也。茲於永樂大典中掇輯詮次。釐爲三十卷。雖未能頓還舊觀。然原刻卷數。已得三之一矣。樓炤序其集。曰精深典贍。遒麗逸發。又曰介然自重、不輕以求人之知。其名之不昭也、固宜。然觀其學術、大抵以王安石爲宗。且與蔡京、章惇輩贈答往來、干祈甚至。炤之所云、未必遽爲公論。特幸不爲京輩所汲引、故倘未麗名姦黨、身敗名裂耳。至其所爲詩文、則才氣豐蔚、詞條暢達。雖不足與歐曾蘇黃比絜長短、而在元豐元祐之際、亦褎然自成一家。置其人品、取其文章可矣。

演山集六十卷 編修汪如藻家藏本

宋黃裳撰。裳字冕仲、南平人。元豐五年進士第一。累官禮部尚書。宋史列傳別有一黃裳、普城人。乾道五年進士。光宗時官至顯謨閣待制。名姓偶同、非一人也。其集見於陳振孫書錄解題者六十卷。今此本卷目相符、蓋猶宋時原本。國史經籍志作黃裳兼山集四十卷。書名卷數俱不合、蓋焦竑傳錄之誤耳。裳、宋史無傳、其行事不甚可考。福建通志稱政和宣和閒三舍法行。裳上書謂宜近不宜遠、宜少不宜老、宜富不宜貧。不如遵祖宗科舉之制。人以爲確論。要亦伉直有守之士。故其詩文俱骨力堅勁、不爲委靡之音。同時莊念祖述方外志乃謂裳爲紫薇天官九眞人之一。因誤校籍墮人閒云云。說殊誕妄。蓋以裳素喜道家元祕之書、又自稱紫元翁、往往愛作塵外語。故從而附會之耳。茲編爲乾道初其季子玠裒輯、建昌軍教授廖挺訂其舛誤、刻於軍學。前有王說序、亦稱其淵源六經、議論悉出於正云。

姑溪居士前集五十卷後集二十卷 編修汪如藻家藏本

宋李之儀撰。之儀字端叔、宋史稱滄州無棣人。而吳芾作前集序、乃曰景城人。考元豐九域志、熙寧六年省景城入樂壽、則當爲樂壽人。史殆因滄州景城郡橫海軍節度治平九年嘗由清池徙治無棣、遂誤以景城爲無棣也。陳氏書錄解題據所題郡望、稱爲趙郡人、益失之矣。之儀元豐中舉進士。元祐初爲樞密院編修官、通判原州。元符中監內香藥庫。以嘗從蘇軾幕府、爲御史石豫劾罷。崇寧初提舉河東常平、坐草范純仁遺表過於鯁直、忤蔡京意、編管太平。是編前集五十卷、爲乾道丁亥吳芾所輯、併爲之序。姑溪居士、之儀南遷後自號、因以名其集也。後集二十卷、不知誰編。然文獻通考已著錄、則亦出宋人手矣。之儀在元祐熙寧閒、文章與張耒秦觀相上下。王明清揮麈後錄稱其尺牘最工。然他作亦皆神鋒俊逸、往往具蘇軾之一體、蓋氣類漸染與之化也。其詩名稍不及黃陳。論者因蘇軾題其詩後有暫借好詩消永夜、每逢佳處輒參禪句、遂以爲諷其過於僻澀。今觀集中諸詩、雖魄力雄厚、不足敵軾。然大抵軒豁磊落、實無郊島鉤棘艱苦之狀。註家所論、附會其詞、非軾本意矣。

潏水集十六卷 永樂大典本

宋李復撰。復字履中。先世家開封祥符、以其父官關右、遂爲長安人。登元豐二年進士。歷官熙河轉運使、終於中大夫集賢殿修撰。其事蹟不見於宋史。洪邁容齋隨筆載其於蔡京邢恕謀用戰車戰艦一事、上疏排詆、甚爲切直。而恨史傳之不能詳盡。朱子語錄亦曰、閩人李復（按復非閩人、此或傳寫之誤）及識橫渠先生。紹聖閒爲西邊使者、博記能文。今信州有潏水集者、卽其文也。其閒有論孟子養氣、謂動必由理、故仰不愧於天、俯不怍於人。無憂無懼、其氣豈不充乎。舍是則明有人非、幽有鬼責、自歉於中、氣爲之喪矣。此語雖疏、却得其大旨。近世諸儒之論、多似過高、流於老莊、而不知不若此說之爲得也。今觀是集、如謂揚雄不知道、謂井田兵制不可遽言復古、皆確然中理。其他持論、亦皆醇正、不止朱子所稱一條。又久居兵閒、嫺習戎事。故所上奏議、大都侃侃建白、深中時弊、亦不止洪邁所稱二疏。至其考證今古、貫穿博洽、於易象算術五行律呂之學、無不剖晰精微、具有本末、尤非空談者所可及。在宋儒之中、可謂有體有用者矣。集本四十卷、乾道閒嘗刻於饒郡、卽朱子所謂信州本也。後散佚無存、談宋文者多不能舉其名氏。今從永樂大典裒輯編綴、釐爲一十六卷、著之於錄。既以發潛德之幽光、且以補史傳之闕略焉。

學易集八卷 永樂大典本

宋劉跂撰。跂字斯立、東光人、家於東平。尚書右僕射摯之子也。宋史附見摯傳、稱其能文章、遭黨事、爲官拓落、家居避禍、以壽終、而不詳著其仕履。惟晁說之作跂墓誌、稱跂登元豐二年進士。初選亳州教授。元祐初除曹州州學教授、以雄州防禦推官知江州彭澤縣。其後改管城斳水、所至有政聲。復主管成都府永寧觀。政和末以朝奉郎卒。所敍生平梗概、頗爲詳悉。說之又稱跂晚作學易堂、鄉人稱爲學易先生。其集名蓋取諸此也。紹聖初、摯以黨籍竄新州，卒於謫所。建中靖國初，鼓伏闕籲冤，得復官昭雪，世稱其孝。呂本中紫微詩話稱鼓初登科，謫亳州，見劉攽所稱引，皆所未知，於是始有意讀書。厥後與孫復、石介名相埒，蓋其行誼學問均不愧於古人。所作古文類簡勁有法度，詩則多似陳師道，體雖時露生拗，要自落落無凡語。江西宗派圖中不列其名，殆以擊為朔黨門戶不同歟。然淳熙中呂祖謙奉詔修文鑑，多取鼓作，其辨冤時上執政啟所云「晚歲離騷，魂竟招於異域；平生精爽，夢猶託於故人」者，呂本中詩話及王銍四六話亦俱極推其隸事之工，即以文章而論，亦北宋末年卓然一作者矣。其集原本二十卷，陳振孫書錄解題謂最初李相之得於鼓甥蔡瞻明，紹興中洪邁傳於長樂官舍，後施元之刻版行世，宣防宮賦、學易堂記世尤傳誦。今元之舊刻久無傳本，惟永樂大典載鼓詩文頗多，雖未免有所脫佚，而捃拾排次，尚可得什之六七，謹依類編訂，其錄為十有二卷。今恭承

聖訓，於刊刻時削去青詞，以歸雅正。其同天節道場疏、管城縣修獄道場疏、供給看經疏、北山塑像疏、靈泉修告疏、仁欽陞坐疏、請崇寧長老疏，以及為其父母舅氏修齋諸疏，皆瀆涉異端，與青詞相類，亦概為削除，重加編次，釐為八卷，用昭鑑古斥邪之訓，垂萬世立言之準焉。

道鄉集四十卷（兩淮馬裕家藏本）

宋鄒浩撰。浩字志完，常州晉陵人，元豐五年進士，官終直龍圖閣，贈寶文閣學士，諡曰忠。事蹟具宋史本傳。此集乃其子柄、栩所輯，凡詩十四卷，文二十六卷。李綱嘗為之序，此本失載。東都事略載浩集三十卷，疑此亦後人所分也。浩於元符二年以上疏諫立劉后編管新州，當時已焚燬其稾。徽宗初，蔡京重治浩罪，求其疏不得，仍偽作浩疏，宣示之。今集中具載原疏，蓋自徽宗實錄浩傳中採出者。又集載疏共四首，而李燾長編內尚有元符元年論執政大臣不和一疏，不見集中，又論章惇凡四疏，集亦祇載其三，而高俅轉官一制乃存而不刪，蓋編類之時蒐採未備，去取亦未盡當也。柄等鏤版，宋末已燬，明成化間其裔孫鄒量始得內閣鈔本，萬歷中錢塘令鄒忠允亦浩之裔，乃再刊行之。王士禎居易錄稱其古詩似白居易，律詩似劉夢得。又稱其受學程門，而特嗜禪理，詩文多宗門語。其指著易傳序、服膺荊舒之學，亦駁而不醇。夫浩之大節，可謂不愧師門矣，語言文字小小異同，未足為累。蓋所學在此不在彼也，以是吹求，是亦不揣其本矣。

游廌山集四卷（福建巡撫採進本）

宋游酢撰。酢字定夫，建陽人，元豐五年進士，建中靖國初歷官監察御史，宣和初終於知濠州。事蹟具宋史道學傳。楊時龜山集有酢墓誌銘，稱所著有中庸義一卷、易說一卷、詩二南義一卷、論語孟子雜解各一卷、文集十卷。年譜稱其年二十九錄明道先生語，年四十一錄伊川先生語，年四十六作論孟雜解、中庸義，年四十七作易說、詩二南義，而不言文集，蓋本各為書也。此本首以論語雜解、中庸義、孟子雜解為一卷，次易說、詩二南義為一卷，次師語、師訓為一卷，次以文七篇、詩十三首附以墓誌、年譜為一卷，又中庸義後有拾遺、孟子雜解僅八條，詩二南義僅二條，蓋後人掇拾重編，不但非其原本，且併非完書矣。春日山行詩中有「風詠舞雩正此日，雪飄伊洛是何年」之句，自用程門立雪故實，似亦不類酢作，以其為宋儒遺書，別無他本，姑錄之以備一家焉。

西臺集二十卷（永樂大典本）

宋畢仲游撰。仲游字公叔，鄭州人，同平章事士安之曾孫，與兄仲衍同舉進士，歷任州縣。元祐初召試學士院，除集賢校理，累遷吏部郎中，後入元祐黨籍，終於西京留司御史臺，提舉鴻慶宮。宋史附載入士安傳末，敘其事蹟頗詳。厲鶚宋詩紀事以為士安子者，誤也。東都事略但稱仲游有集行世，不詳卷數，宋史藝文志作五十卷，而晁公武讀書志則稱西臺集二十卷，所紀卷目多寡互殊。傳本亦久絕於世，今從永樂大典各韻中搜輯排比，詩文諸體俱全，似已尠所遺闕，特未能足五十卷之數。然宋志舛謬，多不可憑，疑五字為傳寫之誤，謹仍依讀書志釐為二十卷，亦幾幾乎還其舊矣。仲游少負儁名，其試館職時所與同策問者，乃黃庭堅、張耒、晁補之諸人，而蘇軾獨異所作，擢為第一。他日又舉以自代，且稱其學貫經史，才通世務，文章精麗，議論有餘，原狀具見東坡集中。今觀其著作，大都雄偉博辨，有珠泉萬斛之致，於軾文軌轍最近，針芥之契，殆由於此。其間如正統封建郡縣

諸議、雖不免稍失之偏駁。而其他論事之作、類皆明白詳盡、切中情理、不爲浮誇誕謾之談。蓋其學問既有根柢、所從遊者如富弼司馬光歐陽修范純仁范純粹劉摯輩、又皆一時名德。漸漬薰陶、故發爲文章、具有典則。集中上蘇學士書、稱其知畏於口、未畏於文、深戒其以文字買禍。又上司馬溫公書、稱其欲廢新法、而左右皆安石之徒、懼其禍之猶在。其後悉如所慮。是其深識遠計、尤不可及、固非獨文辭之工矣。又永樂大典有畢仲衍上編次官制卷目劄子一道、亦題作西臺集。考宋史載仲衍爲官制局檢討、文字千萬計、損益刪補、曲盡其當。或由仲衍無集、故附入仲游集中歟。今亦並存以備考證。至開啟疏樂詞諸篇、非文章之正體。今以原集所有、姑錄存之。而刊本則概從刪削焉。

樂靜集三十卷（編修汪如藻家藏本）

宋李昭玘撰。昭玘字成季。宋史云濟南人。考昭玘籍本鉅野、殆嘗自署濟陰、而史遂誤濟南也。元祐中擢進士第。歷官提點永興京西京東刑獄。坐元符黨奪官。徽宗立、召爲右司員外郎、遷太常少卿、出知滄州。崇寧初編入黨籍。紹興初追復直徽猷閣。事蹟具宋史本傳。史稱昭玘坐廢以後、居閒十五年。自號樂靜先生。寓意法書圖畫、貯以十囊、命曰燕游十友。侯蒙爲昭玘校試所舉士。及蒙執政、感舊恩、使人致意。昭玘惟求祕閣法帖而已。其孤介自守、不汲汲自進如是。故其胸度夷曠、發爲文章、皆光明俊偉、無依阿澳涊之態、亦無囂呼憤戾之氣。又早爲蘇軾所知、耳擩目染、具有典型。北宋之末、翹然爲一作者。當時與晁補之齊名、固不虛也。其集前後無序跋、不知何人所編。晁陳二家書目及宋史藝文志皆不著錄。葉盛菉竹堂書目有之、而無卷數。惟焦竑國史經籍志載三十卷。此本凡詩四卷、徐州十事一卷、記一卷、傳序一卷、雜文二卷、書二卷、表三卷、啟狀七卷、疏一卷、青詞疏文一卷、僧疏一卷、進卷二卷、試館職策一卷、碑誌行狀三卷。與焦竑志合。蓋即竑所見之本也。

北湖集五卷（永樂大典本）

宋吳則禮撰。則禮字子副、富川人。以父御史中復廕入仕。官至直祕閣、知虢州。晚居豫章、自號北湖居士。其事蹟略見陳振孫書錄解題、而不甚詳備。今考集中所與唱和者、若唐庚韓駒曾紆陳師道諸人、皆一時名士。其李長者像序署銜、則嘗爲軍器監主簿。又續百憂集行有疇昔罪臣投荆州之句、則中閒嘗以事貶謫也。又永樂大典載有韓駒北湖集序、題宣和壬寅、而中稱則禮卒於虢州之後一年、其子坰綴輯詩文云云。則當終於宣和辛丑。楊萬里誠齋詩話乃稱尤袤賞其二絕句。其一有華館相望總使星、長淮南北已休兵句、乃似南宋時語、豈萬里偶傳譌乎。駒序稱坰所編集爲三十卷。書錄解題則作北湖集十卷、長短句一卷。世久無傳、未詳孰是。今從永樂大典各韻中裒輯編綴、尚得詩三百餘首、長短句二十餘首、雜文三十餘首。謹校正譌舛、釐爲五卷。則禮詩格峭拔、力求推陳出新。雖閒涉於頹唐、而逸趣環生、正復不煩繩削。近體好爲生拗、筆力縱橫、愈臻遒上。雜文雖寥寥數首、而法律嚴密、具有典型。觀所作歐陽永叔集跋、曾子固大般若經鈔序、知其於古文一脈、具有淵源。宜其折矩周規、動符軌度、固非渡江以後講學支離、冗漫之體所得而比並矣。

溪堂集十卷（永樂大典本）

宋謝逸撰。逸字無逸、臨川人。屢舉不第。然以詩文名一時。呂本中作江西詩派、列黃庭堅而下凡二十五人、逸與弟薖並與焉。本中嘗稱逸才力富贍、不減康樂。劉克莊作江西詩派序、則謂逸輕快有餘而欠工緻。頗以本中之言爲失實。今觀其詩、雖稍近寒瘦、然風格儁拔、時露清新。上方黃陳則不足、下比江湖詩派則渢渢乎雅音矣。且克莊序中又稱、宣政閒有岐路可進身。韓子蒼諸人或自鬻其技至貴顯。二謝乃老死布衣、其高節爲不可及。而本中東萊詩話亦載汪華贈逸詩云、但得丹霞訪龐老、何須狗監薦相如。新年更勵於陵節、妻子同鉏五畝蔬。則知當時兼以人品重之、不獨以其詩也。考江西派中有集者二十四人。逸所著文集二十卷、詩集五卷、補遺二卷、詩餘一卷、尤稱繁富。今自黃陳呂晁諸家外、惟韓駒陵陽集及薖之竹友集猶有寫本。逸集已久佚無傳。故王士禎跋竹友集、以未見逸集爲歎。近時厲鶚撰宋詩紀事、蒐羅極廣、所採逸詩亦止十餘首。今從永樂大典所載、裒集綴輯、尚得詩文數百篇。中閒如冷齋夜話所載貪夫蟻旋磨、冷官魚上竿句。又豫章詩話所引逸蝴蝶詩狂隨柳絮有時見、舞入梨花何處尋。江天春暖晚風細、相逐賣花人過橋等句。雖皆已失其全篇。然其存者、詩詞約什之七八、文亦約什之四五。已可略見其大概。謹訂正譌舛、釐爲十卷。庶考江西詩派者、猶得以備一家焉。

竹友集十卷、編修汪如藻家藏本

宋謝邁撰。邁字幼槃、臨川人。宋史藝文志陳振孫書錄解題載邁竹友集俱作十卷。而世所行本止四卷、又有詩無文。蓋流傳僅存、已多闕佚。此本乃明謝肇淛從內府鈔出。凡古詩四卷、律詩三卷、雜文三卷。與宋時卷數相合、蓋猶舊本。卷末有紹興壬申撫州州學教授建康苗昌言題識、稱二謝文集合三卷、邦之學士欲刊之而未能。朝議大夫趙士鵬來守是邦、始命勒其書於學宮、以稱邦人之美意。詳其詞氣、蓋與謝逸溪堂集同時授梓、故呂本中原跋亦總二集而言之也。本中稱邁詩似謝元暉、不免譽之太過。劉克莊詩話則謂邁視逸差苦思、而合元暉者亦少。王士禎居易錄又謂邁在江西派中、亦清逸可喜。然涪翁沈雄剛健之氣、去之尚遠。所評雋俱爲不誣。士禎又極稱其顏魯公祠堂十八學士圖諸長歌、及尋山紅葉半旬雨、過我黃花三徑秋二句、靡靡江離只喚愁一詩。持論亦屬允當。至所稱接望蕉葉展新綠、從臾欄花開晚紅。瘦藤拄下萬峯頂、老鶴來歸千歲巢。則殊不盡邁所長。蓋一時興到之言、非篤論也。

日涉園集十卷、永樂大典本

宋李彭撰。彭字商老、南康軍建昌人。陳振孫書錄解題以爲公擇之從孫。王明清揮麈錄謂李定仲求以不得預蘇舜欽賽神會興大獄、彭卽其孫也。二說未知孰是。宋史不爲立傳、其行履亦不可考。趙彥衞雲麓漫鈔載呂居仁江西詩派圖、錄自黃庭堅以下二十五人、彭名在第十五、居韓駒之亞。則彭本文章之士、故事蹟不見於史也。其集書錄解題作十卷、世久無傳。今檢永樂大典、所載彭詩頗多。鈔撮編次、共得七百二十餘首、諸體咸備。謹校定譌謬、仍釐爲十卷、以還其舊。集中所與酬倡者、如蘇軾、張耒、劉羲仲等、皆一代勝流。故其詩具有軌度、無南宋人纖獷之態。呂居仁稱其詩文富贍宏博、非後生容易可到。劉克莊後村詩話亦稱其博覽强記、而獨惜其詩體拘狹少變化。今觀所作、克莊所論爲近之。然邊幅未宏、而鎚鍊精研、時多警策、頗見磨淬之功。在江西派中、與謝逸、洪朋諸人足相頡頏、終非江湖末派所能及也。

灌園集二十卷、永樂大典本

宋呂南公撰。南公字次儒、南城人。宋史文苑傳稱其於書無所不讀、於文不肯綴輯陳言。熙寧中、士方推崇馬融、王肅、許慎之業、按熙寧中科舉所用乃王安石三經新義及字說、非馬融、王肅、許慎之學。此語殊爲乖妄、宋史荒陋、此亦一端。謹附糾其謬於此。剽掠臨摹。南公度不能逐時好、一試禮闈不偶、退築室灌園、不復以進取爲意。元祐初、立十科薦士。中書舍人曾肇上疏、薦其不事俗學、安貧守道、堪充師表。廷議欲命以官、未及而卒。陳振孫書錄解題稱南公欲修三國志、名其齋曰衮斧。將成而南公卒、書亦不傳。惟其子郁編次遺文爲三十卷。然刊版久佚、流傳遂絕。僅存鈔本呂次儒集一卷、惟錄麻姑山詩二十四首、福山詩一首、及錢鄧州不燒紙鏹頌、義鷹志、龍母墓三篇。蓋後人從宋文鑑及麻姑山志鈔撮而成、十不存一。今據永樂大典所載、裒輯薈萃、篇帙尙夥。謹依類排次、釐爲二十卷。雖不必盡符原數、視世所傳本則賅備多矣。南公與汪祕校論文書、自言於莊、列、六經、百家、十八代史、因文見道、沈酣而演繹之。私心自許、謂文學之事、雖使聖人復生、不得廢吾所是。惟當勒成一書、俟之百世。又曰、堯舜以來、揚馬以前、與夫韓柳之作、此某所謂文者。若乃場屋詭僞劫剽、穿鑿猥冗之文、則某之所恥者。必若黃河泰山、峻厚高簡、渾灝奔注、與天地齊同、而日月不能老之者、此某之所以究心。今讀其集、雖所言不無過夸。然其覃精殫思、以力追秦漢、要亦毅然不惑於俗學者也。

慶湖遺老集九卷、兩江總督採進本

宋賀鑄撰。鑄字方回、衞州人。唐諫議大夫知章之後。元宗時、知章致政、詔賜鏡湖。據謝承會稽先賢傳、謂慶湖以王子慶忌得名、後譌爲鏡、故鑄自號慶湖遺老。初以婚於宗女、授右班殿直。元祐中、李清臣奏換通直郎、通判泗州、太平州、卒。事蹟載宋史文苑傳。其詩自元祐己卯以前、凡九卷、自製序文、是爲前集。己卯以後者爲後集。合前後集共二十卷、同時程俱爲之序。今後集已佚、惟前集僅存。鑄子檁跋、稱後集經兵火散失、則南宋已無完本。故書錄解題所載卷數與今本同也。方回作瀛奎律髓、稱鑄每詩題下必詳註作詩年月、與其人之里居姓氏。今觀此本、與回所說相符、蓋猶舊刻之未經刪竄者矣。鑄以塡詞名家、世傳其青玉案詞梅子黃時雨句，有賀梅子之稱。然其詩亦工緻修潔，時有逸氣。格雖不高，而無宋人俚獷之習。苕溪漁隱叢話稱其以望夫石詩得名。詩人玉屑稱王安石賞其定林寺絕句。王直方詩話載鑄論詩之言曰，平淡不涉於流俗，奇古不鄰於怪僻，題詠不窘於物義，敘事不病於聲律。比興深者通物理，用事工者如己出。格見於成篇，渾然不可鐫。氣出於言外，浩然不可屈。按此段以叶韻成文觀其所作，雖不盡如其所論，要亦不甚愧其言也。陸游老學菴筆記曰，賀方回狀貌奇醜，俗謂之賀鬼頭。喜校書，朱黃未嘗去手。詩文皆高，不獨工長短句也。今其文則不可睹矣。

摛文堂集十五卷、附錄一卷永樂大典本

宋慕容彥逢撰。彥逢字淑遇，宜興人。元祐三年進士。調銅陵主簿。復中詞科，還淮南節度推官。崇寧元年除祕書省校書郎，歷官刑部尚書。卒謚文定。宋史不爲立傳。其生平行履僅見永樂大典所載墓誌中。誌稱所著文集二十卷、外制二十卷、內制十卷、奏議五卷、講解五卷，藏於家。合計之，當爲六十卷。而宋史藝文志載有慕容彥逢集三十卷，其目與誌頗不合。今按彥逢孫綸原序，稱因兵火散失，綸搜訪所得，分爲三十卷，命工鏤版，目以摛文堂集。則是集乃綸所重編，宋史據以著錄，故與墓誌互異也。彥逢才藻富贍，當紹聖初設宏詞科，實首中其選。後受知徽宗，列禁近侍從者十有五年。一時典冊，多出其手。今集中存者尚幾數百篇。其樂遇不爲不至，而檢核所作，希睹讜言。惟多以獻媚貢諛，熒惑主聽。如以刑部獄空及天下奏案斷絕具劄稱賀，至三四上，殊可嗤鄙。又如理會居養院學校諸劄子，亦皆希廟堂意旨所尚，曲加文飾。呂祖謙輯宋文鑑，不錄彥逢一篇。其擯斥之意，當由於此。特因其沒於政和七年，時事尚未潰裂，故不至附會童蔡，以成其惡名耳。然其文章雅麗，制詞典重溫厚，尤爲得體。就文論文，固亦未可竟廢也。謹據永樂大典所載，分類裒輯，釐爲詩二卷、雜文十三卷，而以謚議墓誌銘別爲一卷附之，庶讀者猶得以考見崖略焉。

襄陵集十二卷永樂大典本

宋許翰撰。翰字崧老，拱州襄邑人。元祐三年進士。徽宗欽宗時再爲給事中，擢同知樞密院。以議論不合去。高宗即位，召爲尚書右丞，兼權門下侍郎。復乞宮祠以歸。事蹟具宋史本傳。據蔡絛鐵圍山叢談所載，絛與翰蓋最相契。然史稱翰於宣和間即奏記蔡京，謂百姓困弊，起爲盜賊，天下有危亡之憂。願罷雲中之師，修邊保境。時不能用。其後燕山之役，卒以召釁。論者謂其有曲突徙薪之謀。其諫种師道不當罷疏，至三四上，亦深得救時要領。至南渡後入踐政府，極論黃潛善姦邪，而力言李綱忠義可用，致爲宵小齮齕去位。生平正直之節，終始不撓。今所上章奏，具在集中。其勁氣凜然，猶可想見。然則絛所記錄，亦如其西清詩話依附蘇黃以求名耳，不足爲翰累也。翰所著有論語解、春秋傳諸書，蓋頗究心於經術，故發爲文章，具有源本。惟論配享劄子一通，稱揚雄與孟子異世同功，請以配食孔子廟廷，位次孟子。其說頗爲誣謬耳。陳振孫書錄解題稱襄陵集二十四卷，其本久佚。今據永樂大典所載，採輯編次，釐爲十二卷。其奏疏爲永樂大典所原闕者，則別據歷代名臣奏議補入。庶直言讜論，猶得以考見其什一云。

東堂集十卷永樂大典本

宋毛滂撰。滂字澤民，衢州江山人。官至祠部員外郎，知秀州。陳振孫書錄解題載滂東堂集六卷、詩四卷、書簡一卷、樂府二卷。滂嘗知武康縣，縣有東堂，故以名其集也。初元祐中蘇軾守杭州，滂爲法曹，秩滿去。已行抵富陽，軾聞有歌其惜分飛詞者，折簡追還，留連數月。由此知名。然其後乃出蔡氏兄弟之門。蔡絛鐵圍山叢談載蔡京柄政時，滂上一詞甚偉麗，因驟得進用。王明清揮麈後錄又載滂爲曾布所賞，擢置館閣。布南遷，坐黨與得罪，流落久之。蔡卞鎮潤州，與滂俱臨川王氏壻，滂傾心事之。一日家集，觀池中鴛鴦，卞賦詩云，莫學饑鷹飽便飛。滂和呈云，貪戀恩波未肯飛。卞妻笑曰，豈非適從曾相公池中飛過來者乎。滂大慙云云。是其素行儇薄，反覆不常，至爲婦人女子所譏，人品殊不足重。即集中所載酬荅之文，亦多涉請謁干祈，不免脂韋淟涊之態。故陳振孫謂其詩文視樂府頗不逮，蓋亦因其人而少之。然平情而論，其詩有風發泉湧之致，頗爲豪放不羈。文亦大氣盤礴，汪洋恣肆，與李廌足以對壘。在北宋之末，要足以自成一家，固未可竟置之不議也。謹從永樂大典蒐採裒輯，釐爲詩四卷、文六卷，仍還其十卷之舊。其

書簡即附入文集不復別編至所作東堂詞則毛晉已刊入六十家詞中世多有其本今亦別著於錄焉

浮沚集八卷永樂大典本

宋周行己撰行己字恭叔永嘉人元祐六年進士官至祕書省正字出知樂清縣陳振孫書錄解題稱其爲太學博士以親老歸教授其鄉再入爲館職復出作縣鄉人至今稱周博士蓋相沿稱其初授之官也振孫載浮沚先生集十六卷後集三卷宋史藝文志載周行己集十九卷正合前後兩集之數而又別出周博士集十卷已相牴牾萬歷溫州府志又稱行己集凡三十卷更參錯不符考振孫之祖母即行己之第三女振孫所記當必不誤宋史及溫州志均傳譌也行己早從伊川程子游傳其緒論實開永嘉學派之先集中有上宰相書云少慕存心養性之說於周孔佛老無所不求而未嘗有意於進取又有上祭酒書云十五學屬文十七補太學諸生學科舉又二年讀書益見道理於是學古人之修德立行云云觀所自敘其生平學問梗概可以略見則發爲文章明白淳實粹然爲儒者之言固有由也且行己之學雖出程氏而與會鞏黃庭堅晁說之秦觀李之儀左譽諸人皆相倡和集中寄魯直學士一詩稱當今文伯眉陽蘇新詞的皪垂明珠於蘇軾亦極傾倒絕不立洛蜀門戶之見故耳擩目染詩文亦皆嫻雅有法尤講學家所難能矣集久失傳今從永樂大典所載蒐羅排比共得八卷較之原編十幾得五尙足見其大凡也

劉給事集五卷浙江鮑士恭家藏本

宋劉安上撰安上字元禮永嘉人紹聖四年進士丙科由錢塘尉歷擢殿中侍御史疏劾蔡京不報復與石公弼等廷論之坐是浮沈外郡者十六年晚知舒州乞祠得提舉鴻慶宮靖康元年致仕建炎二年卒於家據許景衡作安上行狀稱其有詩五百首制誥雜文三十卷篇帙頗富然焦竑國史經籍志載劉安上集實止五卷與此本相合蓋兵燹之餘後人掇拾而成非其原本矣宋史藝文志作四卷則當由刊本舛譌以五爲四耳自明以來流傳甚尠朱彝尊自潁州劉體仁家借鈔僅得其半後得福州林佶鈔本始足成之其詩醞釀未深而格意在中晚唐閒頗見風致文筆亦修潔自好無粗獷拉雜之習蓋不惟風節足重即文章亦不在元祐諸人後矣

劉左史集四卷浙江鮑士恭家藏本

宋劉安節撰安節字元承永嘉人元符三年進士官至起居郎擢太常少卿出知饒州還知宣州卒於官是集不知何人所編前有晉元剛序標題雖稱劉左史集而其文始終以周孚劉安上與安節竝稱謂之三先生又祗言其氣節而無一字及文集莫之詳也其編次頗無法首以奏議次以表次以疏狀是矣而以功德疏入之疏狀則爲失倫又次以應酬諸啟冠墓銘之前又次以祭文青詞冠經義論策之前則顚倒尤甚終以漁樵問對其名與世傳邵子書同核其文亦皆相合考晁公武讀書志曰漁樵問對一卷皇朝邵雍撰按此爲讀書志之原文故仍其舊稱謹附識於此設爲問荅以論陰陽化育之端性命道德之奧邵氏言其祖之書也當考云云則漁樵問對有謂出自邵子者有謂邵子之祖者均不云安節所撰不知何人編入集中然以太極圖歸鶴林寺僧壽涯以先天圖歸華山道士陳摶儒者皆斷斷爭之以此書歸於安節而儒者未嘗駁其非或亦疑以傳疑歟安節出伊川程子之門其生平略見卷末附錄上蔡語錄三則及許景衡所作祭文墓誌中其文章亦明白質實不失爲儒者之言經義尤明白條暢若當時太學之程式後來八比之權輿也凡周禮十一篇論語三篇孟子二篇中庸一篇其中庸一篇介孟子二篇之中蓋繕寫偶失其次周禮第四篇前闕四行以文義考之其題當爲時見曰會其佚文三行則不可復補矣

竹隱畸士集二十卷永樂大典本

宋趙鼎臣撰鼎臣字承之衛城人自號葦溪翁元祐閒進士紹聖中登宏詞科宣和中以右文殿修撰知鄧州召爲太府卿其集見於宋史藝文志者四十卷陳振孫書錄解題云其孫綱立刊於復州本百二十卷刊至四十卷而代去遂止是在當時版行者已非完本劉克莊後村詩話又云竹隱集十一卷多其舊作暮年詩無稾本所紀卷目多寡頗不合疑克莊所稱十一卷者乃專指其詩而言也鼎臣宋史無傳其家世無可考獨集中有繳進其父元祐末所上河議奏狀一首今考宋史河渠志元祐紹聖閒水官建議回河獨轉運使趙偁不

以爲然。力主北流之議。疏凡數上。言皆切直。與鼎臣奏狀相合。是鼎臣卽傳之子。淵源有自。其後嘗往來大名眞定間。與蘇軾王安石諸人交好。相與酬和。故所作具有門逕。能力追古人。劉克莊稱其詩謂材氣飄逸。記問精博。警句巧對。殆天造地設。略不載入喉舌。費人心目。推挹甚至。今克莊所摘諸句。已多佚其全篇。而卽所存諸詩觀之。工巧流麗。其才實未易及。克莊之言。故非溢美。至其雜文刻意研練。古雅可觀。亦非倫陋者所能望其項背。惜原集久經失傳。謹就永樂大典各韻中蒐採彙輯。勒成二十卷。諸體具備。蔚然可觀。雖未能齊軌蘇黃。然比於唐庚晁補之諸人。則不啻驂之有靳矣。

唐子西集二十四卷（浙江巡撫採進本）

宋唐庚撰。庚有三國雜事。已著錄。讀書志書錄解題均載唐子西集二十卷。宋史庚本傳亦同。文獻通考則作十卷。此本乃明崇禎庚辰福州徐𤊹從何楷家鈔傳。

國朝雍正乙巳。歸安汪亮采所校刊。凡詩十卷。文十二卷。文末綴以三國雜事二卷。共二十四卷。前有鄭總呂榮義及庚弟庾三序。俱作於宣和四年。又庚子文若書後。作於紹興二十九年。總序但云太學諸生所錄。饗書家所刊。榮義序亦言非完本。庾序則稱比見京師刊行者。止載嶺外所述。因併取其少年時所作。隨卷附之。與文若書後均不言其卷數。惟紹興二十一年鄭康佐序。乃稱初於鵝城得文四十五首。詩賦一百八十五首。續得閩本文十二首。詩賦一百十有一首。又續得蜀本文一百四十二首。詩賦三百有十首。屬教授王維則校讐。勒爲二十二卷。刻版摹之。則此本實鄭氏所刊。晁陳諸目所著錄者。殆卽所謂閩本蜀本。故卷數不同歟。强行父作唐子西文錄序。稱次韻冬日旅舍及留別二詩。集者逸之。而二詩今在集中。信當時非一本矣。又汪亮采序稱其論三國事。雖別爲撰著。亦史所稱精密之一。則三國雜事二卷爲亮采所增入。故又與二十二卷之數不符也。書錄解題稱其文長於議論。所著名治存舊正友議賞諸論皆精確。劉克莊後村詩話曰。子西諸文皆高。不獨詩也。其出稍晚。使及坡門。當不在秦晁之下。文獻通考引劉夷叔之言。亦謂其善學東坡。今考庚與蘇軾皆眉州人。又先後謫居惠州。宜於鄉前輩多所稱述。而集中詩文。自聞東坡貶惠州一首及送王觀復序從蘇子於湘南一句外。餘無一字及軾。而詩中深著微詞。序中亦頗示不滿。又上蔡司空書。舉近代能文之士。但稱歐陽修尹洙王回而不及軾。又讀巢元修傳一篇。言蘇轍靳惜名器太甚。長以是失士心。似庚於軾轍兄弟頗有所憾。殆負其才氣。欲起而角立爭雄。非肯步趨蘇氏者。二劉所言。未詳考也。其詩刻意鍛鍊。而不失氣格。劉夷叔稱其工於屬對。緣此遂無古意。（按此語見文獻通考）胡仔苕溪漁隱叢話則稱其佳句不可勝舉。黃徹碧溪詩話則稱其巧於用事。三家之評。各明一義。而均得其實。至於白鷺詩之諸公有意除鉤黨。甲乙推求恐到君。詞意淺露。而鶴林玉露稱之。湖上詩之佳月明作搭好風聖之清。墮於惡趣。而詩話類編稱之。則舍所長而譽所短矣。集中有別永叔詩一篇。考歐陽修歿於熙寧六年壬子。宋史稱庚謫惠州。遇赦北歸。卒於道。年五十一。據集中黎氏權厝銘。其北歸在政和丁酉。上距熙寧壬子凡四十六年。是修卒之時。庚方五六歲。斷不相及。或他人所作誤入。抑別有字永叔者。如瘧疾示聖俞詩。乃其甥郭聖俞。而非梅堯臣也。疑以傳疑。亦姑仍原本錄之焉。

洪龜父集二卷（永樂大典本）

宋洪朋撰。朋字龜父。南昌人。黃庭堅之甥。兩舉進士不第。年僅三十八而卒。故事蹟不傳。然其詩則最爲當代所推重。豫章續志載黃庭堅之言曰。龜父筆力扛鼎。他日不患無文章垂世。及其沒也。同郡黃君著哀其詩百篇爲集。庭堅在宜州見其本。又稱爲篇篇可傳。呂本中作江西宗派圖。所列凡二十五人。首陳師道。次潘大臨。次謝逸。次卽及朋。紫微詩話又盛推其寫韻軒詩。王直方詩話亦稱其一朝厭蝸角。萬里騎鵬背句。劉克莊後村詩話復稱其游梅仙觀詩。能以直節期乃弟。且稱龜父警句。往往爲前人所未道。惜不多見云云。則朋雖終於布衣。其名在宋代且居三洪上矣。陳振孫書錄解題載有朋集一卷。久無傳本。故厲鶚作宋詩紀事。僅從宋文鑑聲畫集諸書摭得遺詩數篇。卽江湖小集所載。亦未爲完備。今採掇永樂大典。分體排比。釐爲上下二卷。雖王直方劉克莊所稱諸名句今悉不見全篇。未免尚有佚脫。然核黃氏所編僅一百首。今乃得一百七十八首。陳氏所載僅一卷。今乃溢爲二卷。疑永樂大典所據之本別經後人輾轉續有所增。約略大凡。其所關識亦無幾矣。

跨鼇集三十卷　永樂大典本

宋李新撰。晁公武讀書志曰。李新字元應。仙井人。早登進士第。劉涇嘗薦於蘇軾。命賦壘竹。口占一絕立就。元符末上書奪官。謫置遂州。流落終身。今考集中上李承旨書稱某叨冒元祐第。弔安康郡君詞序稱解褐通籍在元祐庚午。與公武早登進士之說合。上皇帝萬言書首稱元符三年五月十一日興元府南鄭縣丞李新云云。上吳戶部書稱庚辰之初云云。元符紀元凡三年。止於庚辰。與公武元符末上書之說合。謝循資啟稱妄投北闕之書。久作南冠之縶。與公武謫置之說亦合。惟馮隱士碑陰文稱崇寧二年跨鼇居士以言抵罪。羈於武信。遺愛碑記亦稱崇寧初入遂寧境。則其謫置在上書後三年。又與馮德夫手簡稱歸來山谷幾半歲。時時挾老母登高。指煙雲明滅處。正前日羈管所。則未嘗終於謫置。再與瀘南安撫手簡稱祇役新疆。苟攝支邑。上鄭樞相書稱陸沈州縣三十許年。始以城役改官。其他轉資到任諸謝啟雖不能定在何時。而更生閣記稱宣和癸卯八月誤恩二郡。復有謝茂州到任啟。正在是歲。則新斥廢以後。仍官至丞倅。亦未嘗流落終身。均與公武所記不合。豈宋人重內而輕外。不挂朝籍。即謂之流落耶。新受知蘇軾。初自附於元祐之局。故其所上書詞極切直。然一經挫折。即頓改初心。作三瑞堂記以頌蔡京。上王右丞書以頌王安石。上吳戶部書至自咎前日所言。得疾迷罔。謂白爲黑。其操守殊不足道。且所作韓長孺論譏其馬邑之役沮前日之議。敗今日之功。所以陰解滅遼之失也。作武侯論謂其當結魏以圖存。所以陰解和金之辱也。無非趨附新局。以冀遷除。公武但記其上書得罪。而不詳其後事。亦未免考之未審也。惟其詩氣格開朗。無南渡後噍殺之音。其文序記諸篇忽排忽散。雖似不合格。而他作亦多俊邁可誦。在北宋末年可以稱一作者。固不必定以其人廢之矣。集本五十卷。今散見永樂大典者。裒合編次。尚得三十卷。集中更生閣記述政和丁酉勦茂州叛羌旺烈事。所述宋兵怯弱之狀。殆可笑噱。核其地理。即今之金川土司。而諸書言蜀事者未嘗舉是篇。則是集亦罕覯之笈矣。

忠愍集三卷　永樂大典本

宋李若水撰。若水本名若冰。欽宗爲改今名。字清卿。曲周人。靖康初以上舍登第。由太學博士歷官吏部侍郎。從欽宗如金營。以力爭廢立不屈死。建炎初贈觀文殿學士。謚忠愍。事蹟具宋史本傳。書錄解題載李忠愍集十二卷。蓋以其追謚名集。劉克莊後村詩話作忠烈集。當由傳寫之誤。宋史藝文志作十卷。考書錄解題稱後二卷爲附錄其死節時事。宋志蓋但舉其詩文。其實一也。若水當金兵薄城之時。初亦頗主和議。於謀國之計未免少疎。而卒能奮身殉節。搘拄綱常。與斷舌常山後先爭烈。使敵人相顧歎息。有南朝惟李侍郎一人之語。其末路足以自贖。史家以忠義稱之。原其心也。其詩具有風度。而不失氣格。其文亦光明磊落。肖其爲人。南宋時蜀中有鋟本。劉子翬屏山集有題忠愍集詩。詞極悲壯。今原集不傳。茲就永樂大典中所散見者掇拾編次。釐爲三卷。以建炎時諸詞三道附錄於後。其子淳跋是集云。稱歸費守樞爲先公作文序。能不沒其實。今費序已佚。惟淳跋僅存。亦併附諸篇末。雖蒐羅補綴。非復蜀本之舊。然唐儲光羲詩格古雅。其集亦裒然具存。徒以苟活賊庭。身污僞命。併其詩亦不甚重。至於張巡所作。僅聞笛及守睢陽兩篇。而編唐詩者無不採錄。豈非以忠孝者文章之本耶。今若水詩文尚得三卷。不止巡之兩篇。殘編斷簡。固皦然與日月爭光也。

忠肅集三卷　浙江鮑士恭家藏本

宋傅察撰。察字公晦。濟源人。晁公休爲作行狀。言生於元祐四年。年十七舉進士。當在崇寧五年。周必大序作十八。則大觀元年登第也。初察登第時。蔡京欲以女妻之。察固辭。復娶趙挺之女。以外家恩例爲青州司法參軍。歷轉吏部員外郎。宣和七年借宗正少卿。接伴金使。適金兵至韓城鎮。挾以行。不屈死。贈徽猷閣待制。事蹟具宋史忠義傳。此本稱忠肅公集。則乾道中所賜謚。而其孫伯壽哀集遺文時所題也。周必大序稱文務體要。詞約而理盡。詩尤溫純該貫。閒作次韻。愈多而愈工。史亦稱其文溫麗有體裁。今觀其詩古體學韓不成。近體亦乏深致。文則皆表啟儷偶之詞。不出當時應酬之格，而請東封，頌西封，以及青詞疏文祝文，九宣政間道教盛行，隨俗所作，皆不足為典要。必大所云，蓋曲徇其孫之請，而史又沿必大之文。然察使不辱命，抗節隕身，人品可傳，則文章亦重，必大所序，在談藝為曲筆，以名教論之，雖謂之直道可矣。

欽定四庫全書總目卷一百五十五

欽定四庫全書總目卷一百五十六

集部九

別集類九

宗忠簡集八卷（浙江鮑士恭家藏本）

宋宗澤撰。澤事蹟具宋史本傳。是編自一卷至六卷皆劄子、狀、疏、詩文雜體，七卷、八卷為遺事附錄，皆後人紀澤事實及誥敕銘記之類也。澤孤忠耿耿，精貫三光。其奏劄規畫時勢，詳明懇切，當時狃於和議，不用其言，亦竟無收拾其文者。至寧宗嘉定間，四明樓昉乃綴緝散佚，以成是集。然陳振孫書錄解題竟不著錄，是宋末已不甚行。蓋理宗以後，天下趨朝廷風旨，道學日興，談心性者謂之真儒，講事功者謂之雜霸，人情所競，在彼而不在此，其沈晦不彰，固其所也。明崇禎間，熊人霖始據舊本重刻。

國朝義烏縣知縣王庭曾又重為編定，增入諫止割地一疏，而以樓昉原序及明初方孝孺序弁於篇首。考史稱澤力請高宗還汴，疏凡二十八上，本傳不盡錄其文。今集中所載僅十八篇，猶佚其十，則其散亡已多矣。

龜山集四十二卷（浙江鮑士恭家藏本）

宋楊時撰。時事蹟具宋史道學傳。是集凡書奏表劄講義經解史論啟記序跋各一卷，語錄四卷，荅問二卷，辨二卷，書七卷，雜著一卷，哀辭祭文一卷，狀述一卷，誌銘八卷，詩五卷。時受蔡京之薦，雖朱子亦不能無疑。然葉夢得為蔡京門客，南渡後作避暑錄話、石林詩話諸書，尚祖護熙寧紹聖之局，時於蔡京既敗以後，即力持公論，集中載上欽宗第七疏，詆京與王黼之亂政，而請罷王安石配享，則尚非始終黨附者比。又於靖康被兵之時，首以誠意進言，雖未免少迂，而其他排和議、爭三鎮、請一統帥、罷奄寺守城，以及茶務鹽法、轉般糴買、坑冶盜賊、邊防軍制諸議，皆於時勢安危言之鑿鑿，亦尚非空談性命，不達世變之論。蓋瑕瑜並見，通蔽互形，過譽過毀，皆講學家門戶之私，不足據也。時受學程子，傳之沙縣羅從彥，再傳為延平李侗，三傳而及朱子，開閩中道學之脈。其東林書院存於無錫，又為明季講授之宗，本不以文章見重，而篤實質朴，要不失為儒者之言。舊版散佚，明宏治壬戌，將樂知縣李熙重刊，併為十六卷。後常州東林書院刊本，分為三十六卷，宜興刊本又併為三十五卷。萬歷辛卯，將樂知縣林熙春重刊，定為四十二卷。此本為順治庚寅時裔孫令聞所刊，其卷帙一仍熙春之舊云。

案時卒於高宗建炎四年，其入南宋日淺，故舊皆繫之北宋末。然南宋一代之儒風，與一代之朝論，實皆傳時之緒餘，故今編錄南宋諸集，冠以宗澤，著其說不用而偏安之局遂成；次之以時，著其說一行而講學之風遂熾。觀於二集，以考驗當年之時勢，可以見世變之大凡矣。

梁溪集一百八十卷附錄六卷（編修汪如藻家藏本）

宋李綱撰。綱有建炎時政記，已著錄。是集首載宋少保觀文殿大學士陳俊卿序，謂綱少子秀之裒集其表章奏劄八十卷，而詩文不與焉。晁公武讀書志則作一百五十卷。陳振孫書錄解題則作一百二十卷。蓋後人續以詩文合編，互有分併，已非復秀之之舊本。此本賦四卷，詩二十八卷，雜文一百三十八卷，而以靖康傳信錄三卷、建炎進退志四卷、建炎時政記三卷俱編入集中。又以年譜行狀之類六卷附焉，與晁陳二家所錄均爲不合，又非宋本之舊矣。綱人品經濟，炳然史冊，固不待言。卽以其詩文而言，亦雄深雅健，磊落光明，非尋常文士所及。徒以喜談佛理，故南宋諸儒不肎稱之。然如顏眞卿精忠勁節，與日月爭光，固不能以書西京多寶塔碑、作撫州麻姑壇記，遂滅其文章之價也。集中有補宋璟梅花賦，自序謂璟賦已佚，擬而作之。其文甚明。元劉壎隱居通議所載璟賦二篇，皆屬僞本，明田藝衡留青日札乃稱得元鮮于樞手書璟賦，急錄傳之，樞之眞蹟旋燬，覈其文句，大抵點竄綱賦十同七八，其爲依託顯然，然亦見綱之賦格置於唐人之中，可以亂眞矣。

初寮集八卷（永樂大典本）

宋王安中撰。安中字履道，中山曲陽人。登進士第，累擢尚書左丞，出知燕山府，除大名尹，兼北京留守司公事。靖康初，安置象州。紹興初，復左中大夫。卒。事蹟具宋史本傳。安中以詞藻擅名，而行誼甚爲紕繆。陳振孫書錄解題稱其少時嘗師事蘇軾，於定武未卒業而軾去，會晁說之爲無極令，復往執弟子禮。說之勗以爲學當愼初之旨，因榜室曰初寮。其聞見議論得於說之爲多。及後貴顯，遂諱晁學，但稱成州使君四丈，無復先生之號。今考集中多直呼說之爲晁以道，與振孫言相合。其佻薄已可槩見。曾敏行獨醒雜志稱安中初學東坡書，崇觀宣政間頗更少習，南渡以來，復還其舊。其隨時局爲翻覆，亦爲灼然。史稱其以作瑞應表受知徽宗，考蔡絛鐵圍山叢談，實由詔事梁師成以進，幼老春秋又稱其交結禁近，引入禁中，則奔競無恥，更爲小人之尤。史又稱其附和童貫、王黼，貫成復燕之議，又身自請行，規措失當，招納叛亡，挑釁強鄰，禍貽宗社，則誤國之罪尤爲深重。然其詩文豐潤凝重，頗不類其爲人。四六諸作，尤爲雅麗。史稱徽宗嘗宴睿謨殿，安中賦百韻詩紀事，令大書殿屏，仍以副本分賜侍臣。王明清揮麈後錄載其詩，周煇清波雜志又備載其序，皆盛相推挹。張邦基墨莊漫錄又載其立春帖子，稱以才華清麗。其人雖至不足道，而文章富贍，要有未可盡泯者。錄而傳之，亦不以人廢言之義也。其集見於本傳者七十六卷，晁公武讀書志止作十卷，趙希弁附志則作前集四十卷，後集十卷，又內外制二十六卷，與史傳目次相符。自明以來，久佚不見。今從永樂大典採掇裒次，尚得詩文數百篇。周必大序稱安中送其曾大父詩，不論與汝小一月，政自容君數百人句，又楊萬里誠齋詩話稱安中行余深少宰制，仰惟前代守文爲難，相我受民，非賢不乂句。又在象州思鄉作文，有萬里邱墳，草木牛羊之踐履，百年鄉社，室家風雨之飄搖等句，今俱不見於集中，是其散佚尚多。然蒐羅什一，猶可考見崖略，謹釐爲八卷，而仍以李邴、周必大、周紫芝原序三篇冠之卷首，以存其舊焉。

橫塘集二十卷（永樂大典本）

宋許景衡撰。景衡字少伊，溫州瑞安人。登元祐九年進士。宣和中召爲監察御史，遷殿中侍御史。欽宗卽位，以左正言召，累遷中書舍人。高宗朝，至尚書右丞，罷爲資政殿大學士，提舉洞霄宮，卒，謚忠簡。事蹟具宋史本傳。景衡雖源出洛學，而立身剛直，不與賈易諸人鬬爭門戶。其文章坦白光明，粹然一出於正。在徽宗時，卽極言財力匱乏，請罷花石綱，遂爲王黼所中而去。及從高宗在揚州，又與黃潛善不協，借渡江之議，斥逐而死，雖阨於權倖，屢起屢躓，而終始不撓。今集中所存奏議，如論童貫誤國，葬宗澤無過，論王安石當自便乞寬恤東南諸劄子，皆誠意懇摯，剴切詳明，其他亦多關係國家大計。雖當時不能盡用其說，而史稱既沒之後，高宗每念其遇事敢言，追思不置，亦足見其忠愛之忱，有以感孚於平素也。至其詩篇，乃吐言清拔，不露伉厲之氣，如玉樽浮蟻一槐白，青眼與山相對橫諸句，殊饒風調。胡仔漁隱叢話謂寇準詩含思淒婉，富於音情，殊不類其爲人，今景衡亦然。蓋詩本性情，義存比興，固不必定爲濂洛風雅之派，而後謂之正人也。宋史藝文志載橫塘集三十卷，書錄解題亦同。自明以來，傳本久絕。今從永樂大典中採掇裒綴，以次排纂，釐爲二十卷。朱子語錄嘗稱陳少陽事，其詳見許右丞哀詞中，今已不略是篇，則鉅製鴻裁佚者不少，其幸而存者彌足寶貴矣。

西渡集二卷、補遺一卷（浙江鮑士恭家藏本）

宋洪炎撰。炎字玉父，南昌人。元祐末登進士，官至著作祕書少監。炎與兄朋、芻，弟羽，號曰四洪，皆黃庭堅之甥，受詩法於庭堅。羽元符中以上書入黨籍，不幸早卒，篇章散佚，故呂本中江西宗派圖中僅列芻、炎、朋三人。陳振孫書錄解題亦云羽集不傳，惟載朋清非集一卷、芻老圃集一卷、炎西渡集一卷。宋史藝文志並同。自明以來，清非、老圃二集並佚，近乃從永樂大典復裒輯成帙，惟炎集僅存，而亦無刊版。此本爲浙江鮑氏知不足齋所藏，惟分上下二卷，與陳氏所載少異。然老圃集陳氏亦稱一卷，而今日掇拾殘賸，尚非一卷所能容，則或書錄解題傳寫之譌，宋志因之，均未可知也。炎詩酷似其舅，今全集巋然獨完，殊足寶貴。卷末所附朋詩九首、芻詩二十四首、記二篇，不知何人所輯。觀其所引之書，如宋元詩會、碎彊園宋文選，皆康熙中人所集，則亦出近時人手矣。二人詩集已別著錄，此爲複贅，故刪之不錄焉。

老圃集二卷（永樂大典本）

宋洪芻撰。芻字駒父，南昌人。紹聖元年進士。靖康中官至諫議大夫，後謫沙門島以卒。劉克莊後村詩話曰：三洪與徐師川皆山谷之甥，龜父警句往往前人所未道，然早卒，惜不多見。駒父詩尤工。陸游老學菴筆記亦極稱其竄海島詩「煙波不隔還鄉夢，風月猶隨過海身」句，蓋當時文士頗重之。然芻之竄也，楓窗小牘謂坐爲金人括財太峻，頗稱其冤。今考王明清玉照新志所載，則芻實於根括金銀之時，入諸王邸中，以勢挾內人唱歌侍酒，得罪名教，殆不容誅。當時僅斥海濱，殊爲佚罰。其人如是，其詩本不足重輕，特其學有師承，深得豫章之格，但以文論，固不愧酷似其舅之稱。錄六朝人集者存沈約、范雲，錄唐人集者存沈佺期、宋之問，就詩言詩，片長節取，亦古來著錄之通例也。宋史藝文志載老圃集一卷，久佚不傳。宋詩紀事僅從諸地志類書中捃摭數篇，不及百分之一。惟永樂大典所載尚得一百七十首，殆當時全部收入歟。以篇帙稍多，謹釐爲上下二卷，以便循覽焉。

丹陽集二十四卷（永樂大典本）

宋葛勝仲撰。勝仲字魯卿，丹陽人。紹聖四年進士，又試學官及詞科，俱第一。官至華文閣待制、知湖州。紹興元年乞祠歸，十四年卒，謚文康。事蹟具宋史文苑傳。據其壻章倧所作行狀，稱有文集八十卷、外集二十卷，初刊版於眞州，兵燹殘闕。隆興甲寅知州事宋曉修補之，自跋其後。淳熙丙午，知州事姚恪又爲重鋟，中書舍人王信爲之跋。自明以來，傳本遂絕。今據永樂大典所載，以類裒輯，得文十五卷、詩七卷、詩餘一卷，又附錄行狀、謚議爲一卷，共成二十四卷。王信跋及章倧行狀並稱宣和北伐之時，勝仲貽書蔡京，力言其不可。然宋史本傳不載此事，集中亦無此書。又稱由兗州教授入爲太學正，時上幸學，多獻頌者，勝仲獨獻賦，上命中書第其優劣，勝仲爲首。今集中亦無此賦。他如本傳所載論郭天信不當提舉議歷所，論僖祖廟增置殿室不必毀，其奏議並佚不存。又所稱官諭德時爲仁孝學三論獻太子者，今惟存孝論、學論，而仁論竟無可考，則其散失者已多。然觀其四分之一，亦足以見其大凡矣。勝仲爲太府少卿時，能拒盛章之援引；知汝州時，能拒李彥之括斂；知湖州時，能拒朱勔之求白雀鸂鶒。其氣節甚偉。歷典諸州，皆有幹略。再知湖州，遭逢寇亂，復有全城之功。其吏績亦足以自傳，本不盡以文章重。即以文章論之，在南北宋間，亦裒然一作者也。歐陽修嘗輯建隆至治平故事爲太常因革禮一百篇。勝仲官太常卿時，復手續其書爲三百卷，故於當代典制最嫻。官諭德時，嘗纂歷代太子事蹟爲承華詔嬓。又考論諸史爲評古篇，故於古今成敗最悉。崇寧三年居父喪，盡閱釋氏大藏經，故所著作往往闡明佛理。惟青詞、功德疏、教坊致語之類，沿宋人陋例，一槩濫載於集中，殊乖文體。流傳既久，姑仍其舊，付諸無譏之列可矣。

毘陵集十五卷（永樂大典本）

宋張守撰。守字全眞，一字子固，常州晉陵人。崇寧元年進士。高宗即位，召爲監察御史。紹興中歷官參知政事，兼權樞密院事，以資政殿大學士知建康府，卒，謚文靖。事蹟具宋史本傳。所著毘陵集見於陳振孫書錄解題者五十卷。其本久佚，故遺文世不槩見，僅前賢小集拾遺中載其詩一首而已。今從永樂大典各韻中蒐輯編綴，約尚存十之三四，謹校訂排次，釐爲一十五卷，而以婁機等所作謚議文二篇附之於後。史稱守家貧好學，過目不忘。故所爲文、具有體幹。而論列國家大事、是非利害、如指諸掌。卓有經世之才、尤非儒生泥古者所可及。本傳載其建白諸事。如論防淮渡江利害。論金人侵淮有四路、宜擇帥捍禦。論大臣宜以選將治兵爲急、不急之務付之六曹。論宰相非人。論敵退後措置二事。今其文具在集中。他如論守禦事宜、乞以大河州軍爲藩鎭、乞修德諸劄子、史所不載者尚多。無不揣切時勢、動合機宜。其大旨在經營淮北以規復中原、而不欲爲畫江自守之計。雖其時宋弱金強、未必盡能恢復。要其所言、不可不謂非一時之正論也。至其薦汪伯彥、秦檜、頗乏知人之明。則瑕瑜不掩、亦不必曲爲之諱矣。

浮溪集三十六卷、永樂大典本

宋汪藻撰。藻字彥章、饒州德興人。登崇寧二年進士。歷官顯謨閣大學士、左太中大夫、封新安郡侯。事蹟具宋史文苑傳。藻學問博贍、爲南渡後詞臣冠冕。其集見於晁公武讀書志者僅十卷。陳振孫書錄解題始載有浮溪集六十卷。而趙希弁讀書後志又增猥稾外集一卷、龍溪文集六十卷、共一百二十一卷。宋史藝文志並著於錄。然趙汸跋羅願小集、謂浮溪之文、再更變故、失傳頗多。則明初已非完帙、其後遂亡佚不存。後有胡堯臣者、別得浮溪文粹十五卷、刊行於世。而其原集終不復可見。今檢勘永樂大典所載、視文粹所收、不啻倍蓰。雖未必盡符原數、而什可得其六七。統觀所作、大抵以儷語爲最工。其代言之文、如隆祐太后手書建炎德音諸篇、皆明白洞達、曲當情事。詔令所被、無不悽憤激發、天下傳誦、以比陸贄。說者謂其著作得體、足以感動人心、實爲詞令之極則。其他文亦多深醇雅健、追配古人。其詩則得於徐俯、俯得之其舅黃庭堅、見獨醒雜志尤具有淵源。孫覿作藻墓誌、以大手筆推之、殆非溢美。惟楊萬里誠齋詩話紀藻與李綱不叶、其草綱罷相制詞、至比之驩兜少正卯、頗爲清議所譏。是又名節心術之事、與文章之工拙別爲一論者矣。謹採掇編次、依類分排。其有永樂大典所失載者、即以文粹參校補正、考辨異同、釐爲三十六卷、庶操觚之士尚得以考見其大略焉。

浮溪文粹十五卷、江蘇巡撫採進本

宋汪藻撰。明胡堯臣刊。其爲何人所編錄、則原本不載、他書亦未言及、不可得而復考矣。所載僅詩文八十五篇、未能盡窺全豹。然如洪邁所稱元祐太后手書中漢家之厄十世、宜光武之中興、獻公之子九人、惟重耳之尚在數語。又宋齊愈責詞中義重於生、雖匹夫不可奪志、士失其守、或一言幾於喪邦數語。又張邦昌責詞中雖天奪其衷、坐愚如此。然君異於器、代匱可乎數語。皆當時所謂四六名篇、膾炙人口者。今並在其中、則採掇菁華、亦已略具。其去取尚有別裁、故所錄大半精腴、頗足以資諷誦。昔歐陽修有文忠全集、而又有歐陽文粹。黃庭堅有山谷全集、而又有山谷精華錄。談藝家俱兩存不廢。今亦用其例、與新編浮溪集併著於錄、以備參訂焉。

莊簡集十八卷、永樂大典本

宋李光撰。光有周易詳說、已著錄。其集目載於紹興正論者四十卷、載於宋史藝文志者前後集三十卷、載於焦竑國史經籍志者二十六卷、錯互不合。錢溥祕閣書目、葉盛菉竹堂書目俱載有莊簡集八冊。是明初尚存。其後散佚、原目多寡、遂無可考證。今從永樂大典中掇採編次、其詩四百二十五首、詞十三首、雜文二百六十五首、釐爲十八卷。考王明清揮麈餘話、稱蔡京既敗、攻擊者不遺餘力、光獨無劾章。坐貶謝表云、當乖滯止彎弓之射、人以爲狂。然臨危多下石之人、臣則不敢。而集中無此一篇。又趙甡之遺史載光在儋耳、嘗賦東坡六無詩。今止有食無肉、居無屋二詩、餘四題亦尋檢不獲。是佳篇之遺落者已多。然就其存於今者觀之、波瀾意度、亦約略可覩矣。考光本傳、光值國步阽危之時、忠憤激發、所措置悉有成緒。又以爭論和議、爲權相所排、垂老投荒、其節槩凜然、宜不可犯。而其詩乃志諧音雅、婉麗多姿。大抵皆託興深長、不獨張淏雲谷雜記、趙與虤娛書堂詩話所舉雙雁一詩、道中一詩、藤州安置贈樞密使臣一詩、爲清絕可愛。至所上奏議、如論守禦大計、勸車駕親征、戒約煩苛、裁減營繕諸劄子、尤剴切指陳、有裨國是。論梁師成、燕瑛等疏、疾惡如風、俱可想見其丰采。迨過嶺以後、與胡銓往還簡札甚夥、乃皆醇實和平、絕無幽憂牢落之意。其所養抑又可知矣。名臣著述、幸而獲存。雖殘章賸句、固當以鴻寶視之也。

忠正德文集十卷（永樂大典本）

宋趙鼎撰。鼎字元鎮、號得全居士、解州聞喜人。登崇寧五年進士第。累官尚書左僕射、同中書門下平章事、兼樞密使。卒贈太傅、追封豐國公、諡忠簡。事蹟具宋史本傳。初、紹興五年、鼎監修神哲二宗實錄成、高宗親書忠正德文四字賜之、因以名集。史稱其爲文渾然天成、凡軍國機事、多其視草。有奏疏詩文二百餘篇。紹興正論陳振孫書錄解題皆作十卷、今久佚不傳。僅就永樂大典散見各條、案時事先後、分類裒綴、得奏議六十四篇、駢體十四篇、古今體詩二百七十四首、詩餘二十五首、筆錄七篇。又據歷代名臣奏議增補十二篇。仍釐爲十卷。計所存者尚二百九十六篇、與宋史所稱二百餘篇不符。疑其集本三百餘篇、傳刻宋史者或偶誤三字爲二字歟。鼎南渡名臣、屹然重望。氣節學術、彪炳史書。本不以詞藻爭短長、而出其緒餘、無忝作者。蓋有物之言、有不待雕章繪句而工者。觀於是集、可以見一斑矣。

東窗集十六卷（永樂大典本）

宋張擴撰。擴字彥實、一字子微、德興人。宋史不爲立傳。江西通志載其崇寧中進士、授國子監簿、遷博士、調處州工曹、召爲祕書省校書郎、尋充館職。南渡後歷中書舍人。當有所據也。宋志載擴東窗集四十卷、又詩十卷。而陳振孫書錄解題不著於錄、則在宋末已不甚傳。故元明以來談藝者罕相稱引。惟永樂大典尚多錄其詩文。其爲中書舍人時所作制詞九夥、大抵溫麗緜密、與汪藻可以聯驅。謹採掇編輯、釐爲一十六卷。其爲秦檜追贈祖父及万俟卨兼侍讀諸制、極詞諛頌、紕繆殊深。考王明清揮麈餘話、稱擴爲著作郎、其兄祕書少監楚材新婚、約觀梅西湖。擴賦詩有折歸忍負金蕉葉、笑插新臨玉鏡臺之句。秦檜見之、大稱賞、日旦夕當以文字官相處。遷擢左史、再遷而掌外制。是擴本因檜得進、故假草制以貢媚。其爲人殊不足道。然擴所交遊、如朱翌曾慥呂本中徐俯皆一代勝流。切劘有助、故詞采清麗斐然可觀、亦未可盡沒也。其中贈顧景繁詩、龔明之中吳紀聞僅載有五十六字。厲鶚宋詩紀事遂引作絕句二首。今檢閱舊文、乃知爲七言古詩二篇、明之特節錄數語。鶚蓋未睹斯集、是以傳譌、亦足云罕覯之笈矣。

忠惠集十卷附錄一卷（永樂大典本）

宋翟汝文撰。汝文字公巽、潤州丹陽人。登進士第。事徽欽兩朝、至顯謨閣學士、出知越州。高宗時歷官參知政事。以伉直忤秦檜罷歸。事蹟具宋史本傳及孫繁所作誌銘中。忠惠者、其沒後門人所私諡也。汝文好古淹博、深通篆籀。嘗從蘇軾黃庭堅曾鞏游、故所爲文章、尚有熙寧元祐遺風。史稱其爲中書舍人時、外制典雅、一時稱之。蓋當北宋之季、如汪藻孫覿皆以四六著名、惟汝文能與之頡頏。周必大序覿鴻慶集、稱中多誤收汝文所作。亦足見其體格之相近矣。楊萬里誠齋詩話引汝文左僕射制中古我先王惟圖任舊人共政、咸有一德克左右厥辟宅師二句、以爲用成語雅馴妥貼之式。又引賀蔡攸除少師啟中朝廷無出其右、父子同升諸公二句、以爲截斷古語、補以一字而讀者不覺、爲巧之至。今觀其文、大都根柢深厚、措詞雄健。所謂無一字無來處者、庶幾足以當之。非南宋表啟塗飾剽掇之比。其爲作者所推、非徒然也。集乃其子耆年所編。見於宋史藝文志者三十卷。明以來久不復傳。今從永樂大典各韻中掇拾排比、編爲十卷、以存其梗槩。又汝文罷執政後、嘗提舉洞霄宮。宋史失載其事。近朱彝尊撰洞霄題名記、僅以李彌遜筠溪集所作制詞爲據、繫之紹興二年。且取靖康原職、題曰顯謨閣學士。今考孫繁誌銘、則汝文實在紹興七年冬以郊恩除資政殿學士、提舉洞霄宮。彝尊未見此文、故所記俱誤。今並以繁文附錄於末、亦足爲考證之一助焉。

松隱文集三十九卷（浙江鮑士恭家藏本）

宋曹勛撰。勛有北狩見聞錄、已著錄。是集前載正統中大理寺正洪益中序、稱爲勛十世孫參所藏。朱彝尊亦嘗從其家借鈔迎鑾賦七篇、謂勛之子姓保有此卷、半千餘年勿失。後復得文集錄之。蓋止有家傳鈔本、從未鋟版也。其中第十四卷已全佚。樓鑰攻媿集載有松隱集序、亦闕不載。又脫篇落句、不一而足。則亦蠹蝕斷爛之餘、轉相傳寫、幸而僅存矣。勛嘗從徽宗北狩、奉密詔南歸。後又奉使至金、迎宣仁太后。故其詩文多可以考見時事。詞采亦雅贍可觀。惟上呂頤浩書、欲結劉豫以圖金、則其計太疏、非惟於理不可、卽於勢亦必不行矣。洪邁夷堅志謂勛父元寵、昔以紅窗迥曲著名。今觀集中諸詩、如獨不見楊花曲之類、語多綺麗、時有小詞香豔之遺，似乎尚沿其家學。然如乾道聖德頌之類，亦未嘗不肅穆典重，具有古音。蓋亦如淮海一集，諸體並具，不可全謂之詩如詞也。

石林居士建康集八卷 福建巡撫採進本

宋葉夢得撰。夢得有春秋傳，已著錄。陳振孫書錄解題載夢得總集一百卷，審是集八卷，今俱不傳。又載建康集十卷，乃紹興八年再鎮建康時所著。此本八卷，與振孫所記不合。然末有其孫幹題跋，亦云八卷。其或書錄解題屢經傳寫，誤以八卷爲十卷；抑或舊本殘闕，亡其二卷，後人追改幹跋以僞稱完帙，則均不可考矣。夢得爲蔡京門客，章惇姻家。當過江以後，公論大明，不敢復噓紹述之焰。而所著詩話尚尊熙寧而抑元祐，往往於言外見之。方回瀛奎律髓於其送嚴壻北使一詩論之頗詳。然夢得本晁氏之甥，猶及見張耒諸人，耳擩目染，終有典型。故文章高雅，猶存北宋之遺風。南渡以後，與陳與義可以肩隨。尤、楊、范、陸諸人皆其能及，固未可以其紹聖餘黨遂掩其詞藻也。

簡齋集十六卷 浙江鮑士恭家藏本

宋陳與義撰。與義字去非，洛陽人，簡齋其號也。登政和三年上舍甲科，紹興中官至參知政事。事蹟具宋史本傳。是集第一卷爲賦及雜文九篇，第十六卷爲詩餘十八首，中十四卷皆古今體詩。方回瀛奎律髓稱簡齋集中無全首雪詩，惟以金潭道中一首有役嶺雪槎枒句，編入雪類。今考集中古體絶句並有雪詩，與回所言不合。蓋回所選錄惟五七言近體，故但就近體言之，非後人有所竄入也。與義之生視元祐諸人稍晚，故呂本中江西宗派圖中不列其名。然靖康以後，北宋詩人凋零殆盡，惟與義爲文章宿老，巋然獨存。其詩雖源出豫章，而天分絶高，工於變化，風格遒上，思力沉摯，能卓然自闢蹊徑。瀛奎律髓以杜甫爲一祖，以黃庭堅、陳師道及與義爲三宗，是固一家門戶之論。然就江西派中言之，則庭堅之下，師道之上，實高置一席無愧也。初與義嘗作墨梅詩，見知於徽宗。其後又以「客子光陰詩卷裏，杏花消息雨聲中」句爲高宗所賞，遂馴至執政。在南渡詩人之中，最爲顯達。然皆非其佳構。至於湖南流落之餘，汴京板蕩以後，感時撫事，慷慨激越，寄託遙深，乃往往突過古人。故劉克莊後村詩話謂其造次不忘憂愛，以簡嚴掃繁縟，以雄渾代尖巧，第其品格，當在諸家之上。其表姪張嵲爲作墓誌，云公詩體物寓興，清邃超特，紆餘閎肆，高舉橫厲，亦可謂善於形容。至以陶、謝、韋、柳擬之，則殊爲不類，不及克莊所論爲得其真矣。

北山小集四十卷 浙江鮑士恭家藏本

宋程俱撰。俱有麟臺故事，已著錄。是集凡詩十一卷，賦及雜文二十九卷。俱天性伉直，其在掖垣，多所糾正。如高宗幸秀州賜封劄子，極言賞罰施置之當合人心；論武功大夫蘇易轉橫行劄子，極言朝廷之當愛重官職；又徐俯與中人唱和，驟轉諫議大夫，俱亦繳還錄黃，頗著氣節。今諸制俱在集中，其抗論不阿之狀，讀之猶可以想見。至制誥諸作，尤所擅場。史稱其典雅閎奧，殆無愧色。詩則取逕韋、柳，以上闚陶、謝，蕭散古澹，亦頗有自得之趣。其九日一首，毛奇齡選唐人七律，至誤以爲高適之作，足知其音情之近古矣。其集傳世頗稀，此本乃石門吳之振得於泰興季振宜家，蓋猶從宋槧鈔存，故鮮所闕佚。近時厲鶚作宋詩紀事，載俱古詩二首，律詩二首，聯句一首，皆稱採自北山集。而其中南園一首，檢集本實作章僕射山林，與鶚所引已不相合。又遊大滌一首，採自洞霄詩集，而集本第三卷內有同餘杭尉江仲嘉褒、道人陳祖德良孫遊洞霄宮一首，檢勘即鶚所引，而篇幅較長幾過其半。鶚亦不及詳檢，反欲以補是集之遺，殊爲疎舛。殆鶚據他書轉引，未見此本歟。

檆溪居士集十二卷 永樂大典本

宋劉才邵撰。案邵字從卩，不從邑。他書或從邑者，傳寫誤也。才邵字美中，廬陵人，檆溪居士其自號也。大觀二年上舍釋褐，宣和二年又中宏詞科，累遷校書郎。以養親歸，家居十年。紹興初，起爲祕書丞，再掌制誥，官至工部侍郎、權吏部尚書，加顯謨閣直學士。事蹟具宋史本傳。是集之名亦見傳中，然藝文志乃闕而不載。據周必大序，原本蓋二十二卷。又自明以來，傳本甚稀。厲鶚宋詩紀事從詩話補遺中錄其夜度娘歌一首，今檢勘原集，乃相思曲中之四句，誤作全詩。知舊本久亡，故無從而考正矣。謹就永樂大典所載，裒輯編次，釐爲詩三卷，內外制四卷，雜文五卷。其間如必大原序所舉清江引、大堤曲諸詩，皆不復存。然約略卷帙，似尚得十之六七。其詩源出蘇氏，故才氣頗爲縱橫。其雜文亦多馴雅，而制誥諸作、尤有體裁。其他所紀朝廷典故、與宋史往往異同。如地理志謂南渡有淮平無盱眙、而集中有向子固知盱眙軍轉官制。職官志載政和七年易觀察留後爲承宣使、而集中賜董先辭免新除承宣使恩命不允詔、有頃因留務之職、易以使名之語。知承宣使之名乃始於紹興、不始於政和。又如選舉志不載紹興二十六年戒諭科舉事。張綱傳不載綱參知政事。陳康伯傳不載其居館職之類。皆可據以訂譌補闕。惟所行秦檜制詞、語多溢量。至稱其道義接丘軻之傳、勳名貞伊呂之佐。尤爲謬妄。史稱其於權臣用事之時、能雍容遜避以保名節、頗著微詞。其指此類歟。是則白璧之瑕矣。

筠溪集二十四卷、編修汪如藻家藏本

宋李彌遜撰。彌遜字似之、連江人、居於吳縣。大觀三年上舍第一。高宗朝試中書舍人、再任戸部侍郎。以爭和議忤秦檜、乞歸。事蹟具宋史本傳。是集首有樓鑰序、稱其歸隱西山十六年、不復有仕宦意。詠詩自娛、筆力愈偉。朱子語錄稱李彌遜亦一好前輩。又嘗跋其宿覲妙堂詩後、亦傾倒甚至。蓋其人其文、俱卓然足以自立者也。舊本原題筠溪集。筠溪者、其歸連江時所居之地、彌遜以自號、因以名集。集中有筠溪圖跋、敘其始末甚明。宋史藝文志載彌遜集二十四卷、亦名曰筠溪、可以互證。此本題曰竹溪集。考諸家著錄、皆無此名、知爲傳寫之誤。今仍改題曰筠溪集、以復其舊焉。

華陽集四十卷、兩江總督採進本

宋張綱撰。綱字彥正、金壇人。大觀政和閒試舍法、三中首選。初與蔡京王黼不合、二人每擠抑之。及南渡後登顯閫、復與秦檜有隙、遂致仕。檜沒、乃召用、終參知政事。事蹟具宋史本傳。綱健於爲文、每一落紙、都人輒傳播。遭建炎兵燹、什不存一。値檜柄國、懼爲所忌、絕意著述。然嗣子堅搜輯散佚、尙得八百餘篇。至孫釜始刊版寘郡學。以其自號華陽老人、即以名集。洪邁爲之序。凡文三十三卷、詩五卷、詞一卷、後附行狀一卷。詩文典雅、則講筵所進故事、因事納忠、亦皆剴切。至南宋之初、盡革紹述之弊。凡元祐諸臣之後、無不甄錄、轉相標榜、頗滋僞冒。綱乃復有劄子論黨籍推恩太濫。尤可謂卓然特立、毫無門戸之見者矣。

忠穆集八卷、永樂大典本

宋呂頤浩撰。頤浩字元直、其先樂陵人、徙齊州。中進士第。徽宗時歷官至河北都轉運使。高宗南渡、起知揚州。兩入政府、同中書門下平章事。後以少傅醴泉觀使致仕。卒贈太師、秦國公、諡忠穆。事蹟具宋史本傳。頤浩集凡十五卷、見於陳振孫書錄解題。宋史藝文志者竝同。舊本久佚、惟永樂大典頗散見其遺篇。哀而輯之、尙得文一百三十七首、詩詞五十八首。今重爲排輯、勒成八卷。頤浩在相位時、頗肆自用、力排李綱李光諸人、創立月樁錢、貽東南患。深爲公論所不與。然宣和伐燕之役、頤浩隨轉運奏燕山河北危急五事、請議長久之策。一時稱其切直。至建炎中苗傅劉正彥爲逆、頤浩與張浚倡義勤王、卒平內難。又少長西北、兩遊於軍旅、頗爲嫻習。其應詔上戰守諸策、載於徐夢莘三朝北盟會編者、大約皆謂和議之必不可成、而勸高宗爲乘機進取之計。凡分兵策應機宜、條畫頗備。雖都督江淮、迄未建恢復之績、不能盡酬其所言。然較張浚之迂謬寡謀、媢嫉誤國、富平諸役、流毒蒼生者、則固有閒矣。集中上時政一書、乃作於靖康初年、能預決金兵之必來、諄諄以遷避爲說、亦復具有先見。而本傳獨未及此事、是亦足以補史闕也。書錄解題又稱集後三卷皆燕魏雜記、蓋頤浩在河北時所作。今祇存二十九條、於古蹟頗有典據。又其集在孝宗時嘗付兩浙漕司鏤版、詳見其子摭所作謝表中。今與頤浩配享省劄一通竝附於末、以備稽核焉。

紫微集三十六卷、永樂大典本

宋張嵲撰。嵲字巨山、襄陽人。宣和三年上舍中第。紹興九年除司勳員外郎。累遷敷文閣待制、知衢州。終於提舉江州太平興國宮。事蹟具宋史文苑傳。嵲爲陳與義之表姪、少時嘗從受學。故劉克莊後村詩話謂其詩句法與簡齋相似。而於五言古詩尤極賞其語意高簡、意味深遠。又克莊所摘七言絕句、如故園墳樹想青葱諸篇、尤能以標格見長。而集中似此類者尙多。大抵絕句清和婉約、較勝與義。其他雖未能遽相方駕、而氣體高朗、頗足以自名一家。至古文典雅沈實、亦尙有北宋諸家矩矱。所上奏議、如論和戰守論攻取等篇、史皆採入本傳。於當時事勢、尤條析詳明。惟紹興復古詩一章、貢諛秦檜、深玷生平。考朱子語錄有云、金人敗盟時、秦檜大恐、顧朝士問計。張巨山微誦曰、德

無常師、主善爲師。善無常主、協於克一。檜因留與語、巨山爲之畫策。檜喜、即命作奏槀。倉卒不仔細、起頭兩句、以德無常師爲伊尹告成湯。陳力就列爲孔子之語。壽擢巨山爲中書舍人。有無名子作詩嘲之云、成湯爲太甲、宣聖作周任云云。是嶼本因附檜得進。陳振孫書錄解題亦載此事。且稱檜旋疑嶼貳己、未幾亦罷。然則此詩之作、乃借以修好於檜者。故本傳謂詩進後、將復召用、殆由檜意解而然。特作史者不能得其情故耳。今其代檜奏槀雖已不存、而是詩尚傳。留供千秋之嗤點、亦足以昭炯戒矣。宋史藝文志載紫微集三十卷。書錄解題則作張巨山集、亦三十卷。自明以來、久無傳本。今據永樂大典所錄、裒輯排比。諸體咸備、當已尟所闕遺。以其篇帙較富、析爲三十六卷。仍依宋史、題作紫微集、復其舊目焉。

茗溪集五十五卷（浙江鮑士恭家藏本）

宋劉一止撰。一止字行簡、湖州歸安人。宣和三年進士。紹興初召試、除祕書省校書郎。歷給事中、以敷文閣直學士致仕。事蹟具宋史本傳。案陳振孫書錄解題稱一止居瑣闥僅百餘日、忤秦檜罷去、閑居十餘年。後檜死、復召、仍力辭不起。年八十二乃終。蓋亦守正不阿之士。其沒也、韓元吉爲作行狀、稱其文章推本經術、出入韓柳、不效世俗纖巧刻琢。雖演迤宏博、而關鍵嚴備。其爲詩寓意高遠、自成一家。呂本中、陳與義讀之、曰、語不自人間來也。是其著作亦盛爲當代所推矣。行狀及宋史本傳皆稱非有齋類槀五十卷。書錄解題亦同。此本前有曝書亭印記、蓋朱彝尊家舊鈔。題曰茗溪集、不知何人所改。又詩文共五十三卷、末附行狀一卷、詩詞一卷、凡五十五卷。卷數亦非其舊、或後人掇拾遺篇、增附其後、因而更名歟。

東牟集十四卷（永樂大典本）

宋王洋撰。洋字元渤、山陽人。以省試第二名中宣和六年甲科。紹興初累官起居舍人、知制誥、直徽猷閣、歷典三郡。其事蹟不見於宋史。惟周必大所作集序、略紀其行履大槩。嘉定山陽志中有洋小傳、亦皆採必大序中語、不能有所增益。今考韓淲澗泉日記、稱洋在信州城居有荷花水木之趣、因號王南池。闕宴坐一室、號半僧寮。病貧、衣食窶甚。善詩篇云云。江西通志亦稱洋僑寓上饒、與曾幾相唱和。以二書所載與集序參考之、蓋亦南渡之清流也。集爲其子昌祖所編。宋史藝文志列其目爲二十九卷、而必大原序實作三十卷、則宋史爲誤。自明以來、世罕傳本。選錄宋詩者多未之及。獨永樂大典各韻中散見頗多。謹採掇編訂、得古今體詩七百首、雜文三百五十餘首。其詩極意鏤刻、往往兀奡自喜、頗不爲邊幅所拘。文章以溫雅見長、所撰內外制詞、尤有典則。蓋洋生當北宋之季、猶及覩前輩典型。故其所作、雖未能上追古人、而蟬蛻於流俗之中、則翛然遠矣。洪邁容齋三筆載洋題餘干縣琵琶洲詩云、塞外風煙能記否、天涯淪落自心知。眼中風物參差是、只欠江州司馬詩。當時稱爲佳句。而永樂大典內已佚不收。又澗泉日記極賞洋爲李彭老所作養源齋記。檢永樂大典亦無此篇。則其他殘闕、當復不少矣。今姑就其尚存者分類排纂、析爲十四卷、以著其槩。其周必大序亦仍冠之於首焉。

相山集三十卷（永樂大典本）

宋王之道撰。之道字彥猷、廬州人。宣和六年與兄之義、弟之深同登進士第。調歷陽丞。南渡後累官湖南轉運判官、以朝奉大夫致仕。後以其子藺官樞密使、追贈太師。宋史爲藺立傳、而不及之道、故其事蹟不詳。惟尤袤所撰神道碑尚在永樂大典中、可以考見大略。之道嘗自號相山居士、其集即以爲名。宋史藝文志作二十五卷。書錄解題作二十六卷。寶祐濡須志及濡須續志俱作四十卷。尤袤碑文作三十卷。彼此乖互不合。今原集既亡、無可復證。然袤碑乃據其子家狀所書、似當得其實也。初、金兵南伐、廬州盜起。之道率鄉人據險共保、城賴以全。幹略頗有足稱。又其登第對策時、即極言燕雲用兵之非、以切直抑置下列。及紹興和議初成、之道方通判滁州、移吏部侍郎魏矼、司諫曾統書、力陳辱國非便。尋又上疏論之、竝以前書繳進。大忤秦檜意、謫監南雄鹽稅。坐是淪廢者二十年。今原疏雖佚不存、而所與矼、統二書具在集中。其所論九不可和之說、慷慨激烈、足與胡銓封事相匹。氣節尤不可及。其他論事諸劄子、亦多明白曉暢、可以見諸施行。韻語雖非所長、而抒寫性情、具有眞朴之致。蓋有體有用之言、固不徒以文章工拙論矣。謹就永樂大典各韻中蒐輯編次、仍可得三十卷。疑明初纂修諸臣、重其爲人、全部收入。

故雖偶有脫遺，而仍去原數不遠歟。

三餘集四卷　永樂大典本

案三餘集世無傳本，惟散見永樂大典中。然各韻所載，題爲黃次岑者計七十餘篇，題爲黃次山者計五篇，已自相牴牾。集中有見山堂記一首，篇末自署豫章黃次岑，又別載謝鍔所撰三餘集序，則曰流江黃季岑，更互相舛迕。宋史藝文志則作黃季岑玉餘集，焦竑國史經籍志則作黃次山三餘集，前賢小集拾遺載其詩一首，歷代名臣奏議載其文三篇，亦均作黃次山。近時厲鶚撰宋詩紀事，則云黃次山字季岑，輾轉異同，幾於不可究詰。惟豐城縣志載宋黃得禮字執中，元祐間進士，曾爲柳州軍事參軍，與集中先大夫述一首符合。又載得禮長子名彥輔，字伯強，登政和進士；次子彥平，字季岑，號次山，登宣和進士，建炎初仕至吏部郎中，出提點湖南刑獄。載其世系名字科第仕履，皆一一條晰。然則撰此集者乃黃彥平，所謂次岑、次山、季岑者，或傳寫譌異，或偶以字行耳。至其集名三餘，當取三國董遇三餘讀書之意，宋史作玉餘，亦字形相似而誤也。彥平在靖康初坐與李綱善貶官，南渡後數上劄子論事，多所建白。其論賞罰一疏，持論尤爲平允，厥後劉光世、呂祉得失，卒爲所料，如操劵然，亦剛正有識之士矣。又張端義貴耳集曰：馬子方作守，令幕下黃次山作啟與廟堂，不入意，因自作之，有云：方卌九之年，買臣自知其將貴；當乙巳之歲，淵明已賦其歸來。固不敢自比於古人，欲以此折衷於夫子。黃大服云云。是其虛心從善，異乎一長自足者，忽其文之工也。今據永樂大典所存，編爲賦詩二卷、雜文二卷，存其文，併以存其人焉。

大隱集十卷　永樂大典本

宋李正民撰。正民有已酉航海記，已著錄。正民宋史無傳，事蹟始末不可考，惟據航海記所述，知其高宗時爲中書舍人，嘗奉使通問隆祐太后而已。今以集中諸表考之，則在朝嘗爲給事中、禮部吏部侍郎，在外嘗知吉州、筠州、洪州、湖州、溫州、婺州、淮寧府，歷官頗久，晚乃宮祠以歸。又考徐夢莘三朝北盟會編載紹興十二年五月金元帥來書云：汴梁留守孟庾、陳州太守李正民及畢良史者，比審議使蕭毅等回，具言江南嘗詢訪此人，今竝委沿邊官司發遣前去。六月，金人放東京留守孟庾、知陳州李正民還云云。是正民於知陳州時嘗爲金人所獲，以和議成得還。集中南歸詩所云淪身絕域久暌孤，投老歸來鬢髮疎者，蓋即其事。特孟庾以東京附金，歸後高宗棄不復用，而正民屢更任使，終始弗替，則其在金朝當猶未至於失節，特史文闕略，不能得其詳耳。其集見於宋史藝文志者三十卷，傳本久佚，惟嘉興府志載其海月亭詩一首。今據永樂大典所載，掇拾編次，釐爲文六卷、詩四卷。中多中書制誥之作，溫潤流麗，頗近浮溪。其詩亦妍秀可誦，在南渡初猶不失爲雅音焉。

欽定四庫全書總目卷一百五十六

欽定四庫全書總目卷一百五十七

集部十

別集類十

龜溪集十二卷　兩淮鹽政採進本

宋沈與求撰。與求字必先，德清人，政和五年進士。高宗時官至知樞密院事，卒謚忠敏，事蹟具宋史本傳。是集爲紹熙中其孫詵所刊，前有觀文殿大學士李彥穎、湖州教授張叔椿二序。史稱與求歷御史三院，知無不言，前後幾四百奏，其言切直。今所存僅十之三四，類多深中時弊。陳振孫書錄解題曰：與求嘗奏王安石之罪大者，在於取揚雄、馮道，當時學者惟知有安石，喪亂之際，甘心從僞，無仗節死義之風，實安石倡之，此論前未之及也云云。考熙寧以逮政和，王、蔡諸人以權勢奔走天下，詠歎善類，引拔宵人，其夤緣以苟富貴者，本無廉恥之心，又安能望以名節之事？其偷生賣國，實積漸使然，不必盡由於推奬揚雄、表章馮道。與求此奏，亦事後推索之詞，然其說主持風教，振刷綱常，要不可不謂之偉論也。至其制誥諸篇，典雅春容，亦具有唐人軌度，又不徒以奏議見長矣。

栟櫚集十六卷　福建巡撫採進本

宋鄧肅撰。案王明清揮麈後錄稱：宣和壬寅艮岳成，徽宗御製記，李質、曹組各獻賦，獨太學生鄧肅上十詩，備述花石之事，其末句云：但願君王安萬姓，圖中何日不春風。詔屏逐之。靖康初，李伯紀啟其事，爲其才，召對，賜進士出身，後爲右正言，著亮直之名於當日。肅字志宏，南劒人，有文集號栟櫚。

遺文三十卷、詩附集中云云。卽其人也。今本僅詩一卷、詞一卷、文十四卷。與三十卷之數不符、殆散佚不完、又經後人重編歟。當張邦昌之僭立也、肅閉行奔赴南京、其擢右正言卽在是時。大節與杜甫略相似。其靖康迎駕行後迎駕行等篇、亦頗近甫奉先諸作。在南北宋閒、可謂篤勵名節之士。又唐宋以來學者、皆尊揚雄、熙寧中遂至配享。而肅書揚雄事、獨指爲叛臣、無可容於天地之閒。與沈與求疏論王安石過尊揚雄、未知孰爲先後。然均在朱子綱目書莽大夫之前。考陸深谿山餘話、載肅與朱子父松相善、有醉酉冠帶以質紙筆之戲。肅有寄朱韋齋詩、卽道其事。然則綱目之斥揚雄、得無傳肅之說乎。其識如是、宜其立身有本末矣。

默成文集八卷（浙江汪啟淑家藏本）

宋潘良貴撰。良貴字義榮、一字子賤、號默成居士、婺州金華人。政和五年、以廷試第二人釋褐爲辟雍博士。累遷提舉淮南東路常平。靖康元年召還、坐事除監信州汭口排岸。高宗卽位、召爲左司諫、歷除徽猷閣待制、提舉亳州明道宮。坐與李光通書、降三官。卒贈左朝奉大夫。事蹟具宋史本傳。良貴學術醇正、侃直不阿、首論何㮚等之不可爲相。又與黃潛善呂頤浩相忤。又面劾向子諲。屢坐屏斥、而所守不移。故朱子亦稱其剛毅近仁。其論治體劄子等篇、悱惻沈痛、足以感人、尤足以覘其節槩。其集見於史者十五卷、久佚不傳。此本乃康熙中其裔孫所刊、僅文二十首、詩二十七首、詞一首、皆掇拾於散亡之餘、粗存梗槩。然以集中除謝諸表與本傳年譜相較、亦多足資參訂。如年譜載良貴既至嚴州任、請祠、得主管亳州明道宮、轉祕書少監、還起居郎、拜中書舍人。今集中有辭免祕書少監申省狀、可與年譜相證、而本傳不云轉祕書少監。又良貴知嚴州之後、凡再爲中書舍人、集中有謝中書舍人誥表、又有謝中書舍人表可證、而本傳但云起爲中書舍人、不著前後再命。皆可以補宋史之闕誤。惟是篇頁寥寥、而强分卷帙、未免有意求多。又一卷二卷皆載本傳及年譜誥敕等文、至三卷乃及其著作、雖用宋敏求編李白集之例、而喧奪太甚、究爲編次無法。至潘時乃良佐之子、於良貴爲猶子、而亦附其傳誌於末編、尤爲不倫。今姑仍舊本錄之、而附糾其叢脞如右。

鄱陽集四卷（永樂大典本）

宋洪皓撰。皓有松漠紀聞、已著錄。此其詩集也。皓建炎中擢徽猷閣待制、假禮部尚書、爲大金通問使、龔璹副之。後璹仕劉豫、皓獨不屈節、遂流遞冷山、居雪窖中。陳王固新（案固新、宋史作悟室、今據金國語解改正。）甚敬禮之、使教諸子八人。集中所稱彥清、彥章、彥隆、彥深者、皆固新子也。皓所作詩、亦於此時爲多。及烏珠（案烏珠、宋史作兀朮、今據金國語解改正。）殺固新、遷皓雲中。至紹興十二年、始歸國。留金首尾凡十五年。後爲秦檜所嫉、安置英州。皓詩所謂六十之年入瘴鄉是也。居九年、始內徙、行至南雄州卒。其詩世無傳本。傳稱皓有文集五十卷、而書錄解題作十卷。考皓子适盤洲集中載有皓集跋語一篇、稱裒其在北方詩文爲十卷、刻之新安郡。則宋史誤矣。其集久不傳。今從永樂大典所載、裒輯編次、共爲四卷。凡其始奉使時、途次所經、及還居冷山、以及歸國後南竄之作、有年月可考者、悉以年月排比。或年月不可考而確知其爲奉使後作、歸國後作、南遷後作者、亦皆以類相從。其不知作於何時者、則別綴於後。而以适跋語附焉。皓大節凜然、照映今古、雖不必以文章爲重。然其子适、遵、邁承藉家學、並掇詞科、著述紛紛、蜚聲一代。淵源有自、皓實開之。迄今年代迢遙、篇章散佚、幸得遭逢

聖世、蒐羅遺逸、復光耀於蠹蝕之餘。斯亦忠義之氣不可泯沒、待

昌期而自發其光者矣。

澹齋集十八卷（永樂大典本）

宋李流謙撰。流謙字無變、漢州德陽人。少以父良臣蔭、補將仕郎、授成都府靈泉縣尉。秩滿、調雅州教授。會虞允文宣撫全蜀、置之幕下、多有贊畫。尋以薦除諸王宮大小學教授、力匄補外、改奉議郎、通判潼州府事。其事蹟不見於宋史、惟其兄益謙所作行狀、尚具見其始末。所著文集、宋志亦不著錄、惟焦竑國史經籍志、黃虞稷千頃堂書目俱載有澹齋集八十一卷、是明世尚有傳本、今已湮沒無聞。厲鶚撰宋詩紀事、僅從成都文類中蒐得梅林分韻一首、其文亦與本集頗有異同。又以流謙爲綿竹人、與行狀不合。知鶚未覩本集、故傳聞異詞也。流謙以文學知名、其父良臣嘗出張浚門下、爲所論薦。集中分陝志專爲頌浚勳德而作、鋪張太甚、殊不免門戶之私。其詩文邊幅稍狹、閒傷淺

俚，亦未能盡臻醇粹。然筆力峭勁，不屑屑以雕琢為工。視後來破碎萎弱之習，較為勝之。宋代遺集，大半散佚。若流謙者，固不妨存備一家矣。謹就永樂大典所載，鈔撮編次，釐為十八卷。其益謙行狀及其子廉渠刊集原跋，並附錄於末，以備考證焉。

韋齋集十二卷、附玉瀾集一卷（內府藏本）

宋朱松撰。松字喬年，別字韋齋，朱子之父也。政和八年同上舍出身。官至吏部員外郎。以言事忤秦檜，出知饒州。未上，請閒，得主管台州崇道觀。滿秩再請，命下而卒。朱子作行狀，稱有韋齋集十二卷、外集十卷。外集今已久佚。是集初刻於淳熙，再刻於至元，又刻於宏治。傳本亦稀。康熙庚寅，其裔孫昌辰又校錄重刊，是為今本。核其卷數，與行狀所言相合，蓋猶舊帙也。前有傅自得序，稱其詩高遠而幽潔。其文溫婉而典裁。至表奏書疏，又皆中理而切事情。雖友朋推許之詞，然松早友李侗，晚折秦檜，其學識本殊於俗。故其發為文章，氣格高逸，翛然自異。卽不藉朱子以為子，其集亦足以自傳。自得所云頗為近實，非後來門戶之私，以張栻而尊張浚者比也。後附朱槔玉瀾集一卷。槔字逢年，松之弟也。其集原別本自行，故書錄解題與松集各自著錄。明宏治丙辰，任邱鄺璠得其本於睢陽陳性之，因附刻松集之後。昌辰此刻亦仍之。後有尤袤跋，極稱其春風一篇、郿事三首。然槔詩實不及松，袤所稱亦未為盡允。姑附驥以行云爾。

陵陽集四卷（浙江鮑士恭家藏本）

宋韓駒撰。駒字子蒼，蜀仙井監人。政和中召試，賜進士出身。累除中書舍人、權直學士院。南渡初，知江州。事蹟具宋史文苑傳。駒學原出蘇氏。呂本中作江西宗派圖，列駒其中，駒頗不樂。然駒詩磨淬翦截，亦頗涉豫章之格。其不願寄王氏門下，亦猶陳師道之瓣香南豐，不忘所自耳。非必其宗旨之迥別也。陸游跋其詩草，謂反覆塗乙，又歷疏語所從來。詩成既以與人，久或累月，遠或千里，復追取更定，無毫髮憾乃止。亦可謂苦吟者矣。晁公武讀書志謂王黼嘗命駒題其家藏太乙眞人圖，盛傳一時。今其詩具在集中，有玉堂學士今劉向之句，推許甚至。劉克莊謂子蒼諸人自鬻其技至貴顯，蓋指此類。其亦陸游南園記之比乎。要其文章不可掩也。

灊山集三卷（永樂大典本）

宋朱翌撰。翌有猗覺寮雜記，已著錄。其集目見於諸書者，宋史藝文志作四十五卷、詩三卷。陳氏書錄解題作三卷。焦氏經籍志作二卷。而周必大平園集又云其子輅等類公遺稾凡四十四卷。卷目彼此互異。蓋必大所言，卽宋志之四十五卷，乃其文集。所云三卷者，則專指詩集。經籍志所載亦其詩集，而又譌三卷為二卷也。今文集已不可見。詩集亦無傳本。惟永樂大典所收篇什尚多。謹裒而集之，釐為三卷，以還其原目。翌父載上，嘗從蘇軾、黃庭堅游。翌承其家學，而才力又頗富健。故所著作有元祐遺風。集中五七言古體，皆極跌宕縱橫。近體亦偉麗伉健，喜以成語屬對，率妥帖自然。陳鵠耆舊續聞、劉克莊後村詩話、王應麟困學紀聞皆採其佳句，盛相推挹。蓋其筆力排奡，實足睥睨一時。與南渡後平易嘽緩之音、牽率潦倒之習，迥乎不同。周必大序以杜牧擬之，非溢美也。今陳鵠等所摘諸句，雖不能悉見全篇。然三卷之內，菁華具存，亦足窺豹一斑矣。

雲溪集十二卷（永樂大典本）

宋郭印撰。印詩數百篇，散見永樂大典各韻中，皆題曰雲溪集。而宋史藝文志及諸家書目均未著錄。惟厲鶚宋詩紀事載印為成都人，政和中進士。而亦不詳其官爵。所錄詩僅二首。一從全蜀藝文志摘出，為遊大隋山詩。一從四川總志摘出，則卽集中遊下巖寺詩是也。今案集中有雲溪雜詠小序，自題亦樂居士。且稱性嗜水竹，經營二十載，始得一畝之園云云。則雲溪乃其別墅之名。又有過銅梁縣詩云，攝職臨茲邑，於今五十年。又仁壽縣山齋詩云，隨牒幾推遷，銅章領巖邑。又次韻宋南伯云，衰遲來作邑，勞苦劇萬狀。則嘗累任縣令，晚始退居。又贈劉元圭詩，有今年歲八十之語。則其齒亦躋上壽。觀所作養生歌及讀易諸詩，蓋有得於導引之術者。其交游最密為曾慥、計有功等，皆一時博雅之士。則印亦勝流矣。特以其集久不傳，故錄宋詩者遂罕能稱述耳。今據永樂大典所載，分體編輯，釐為十二卷。其詩才地稍弱，未能自出機杼。而清詞雋語，瓣香實在眉山。以視宋末嘈雜之音，固為猶有典型矣。

盧溪集五十卷（副都御史黃登賢家藏本）

宋王庭珪撰。庭珪字民瞻，盧陵人。政和八年進士第。謂茶陵丞。與上官不合。棄官隱居盧溪。胡銓謫嶺南時。庭珪以詩送之。有癡兒不了公家事。男子須爲天下奇語。後坐是流嶺南。孝宗時召對。賜國子監主簿。乾道六年復除直敷文閣。年九十三乃卒。卷首載胡銓周必大等序文題跋志狀敘述始末甚詳。其生平著作頗富。有六經論語講義易解語錄及滄海遺珠等書。今皆散佚。惟此集猶傳。凡古近體詩二十五卷。雜文二十五卷。其脫稾不全者。亦附於卷末。讀其所作。矯然伉厲之氣。時流露於筆墨間。劉澄評其文在廬陵可繼歐陽修。後楊萬里嘗從之遊。亦謂其詩出自少陵昌黎。大要主於雄剛渾大。雖推挹之詞未免涉於溢量。要亦得其近似矣。

屏山集二十卷（兩江總督採進本）

宋劉子翬撰。子翬字彥沖。崇安人。劉韐之季子。嘗通判興化軍。移疾歸里。築室屏山以終。此集乃其嗣子玶所編。而朱子爲之序。序末署門人朱某。蓋早年嘗以父命受業於子翬也。集中談理之文。辨析明快。曲折盡意。無南宋人語錄之習。論事之文洞悉時勢。亦無迂闊之見。如聖傳論維民論及論時事劄子諸篇。皆明體達用之作。非坐談三代。惟騖虛名者比。古詩風格高秀。不襲陳因。惟七言近體宗派頗雜江西。蓋子翬嘗與呂本中遊。故格律時復似之也。王士禎池北偶談曰。屏山諸詩。往往多禪語。如牧牛頌云。直饒牧得渾純熟。痛處還應著一鞭。徑山寄道服云。聊將佛日三端布。爲造青州一領衫。又云。此袍徧滿三千界。要與寒兒共解顏。此類是也。又述子翬之言曰。吾少官莆田。以疾病時接佛老之徒。聞其所謂清淨寂滅者。而心悅之。比歸讀儒書。乃見吾道之大云云。是子翬之學初從禪入。當時原不自諱。故見於吟詠者如此云。

北海集四十六卷附錄三卷（永樂大典本）

宋綦崇禮撰。崇禮字叔厚。高密人。後徙濰之北海。登重和元年上舍第。高宗南渡。爲起居郎。召試政事堂。拜中書舍人。歷官寶文閣學士。知紹興府。退居台州卒。贈左朝議大夫。事蹟具宋史本傳。藝文志書錄解題俱載崇禮北海集六十卷。世久失傳。厲鶚宋詩紀事僅從天台勝記中得所作石梁瀑布詩一首。而其他槩未之見。今檢永樂大典。載崇禮詩文頗多。中惟制誥最富。表啟之類次之。散體古文較少。而詩什尤寥寥無幾。蓋其平生以駢體擅長故也。集中間有原註稱崇禮爲先祖。則當時所據猶其家刻之舊本矣。史稱崇禮妙齡秀發。聰明絕人。覃心辭章。極潤色論思之選。再入翰林。凡五年。所撰詔命數百篇。文簡意明。不私美。不寄怨。深得代言之體。今觀是集所載內外諸制。大約明白曉暢。切中事情。頗與浮溪集體格相近。如呂頤浩開督府制詞。則樓鑰賞其宏偉。王仲嶷落職制詞。則王應麟取其精切。鄒浩追復待制制詞。則宋史採入本傳。以爲能推朝廷所以褒恤遺直之意。其草秦檜罷政制。則直著其惡。致檜再相後。奏索其稾。幾蹈危禍。史所云蓋非溢美矣。陸游老學菴筆記稱崇禮謝宮祠表云。雜宮錦於漁蓑。敢忘君賜。話玉堂於茅舍。更覺身榮。時歎其工。又有一表云。欲挂衣冠。尚低回於末路。未先犬馬。儻邂逅於初心。尤佳云云。今集中乃無此二聯。知其傑製鴻篇。尚多遺脫。然據今所得觀者。已足見詞藻之精麗。不必全璧也。謹分體排訂。釐爲三十六卷。又兵籌類要一書。乃其在翰苑時所撰進。皆援據兵法。參以史事。各加論斷。雖紙上空談。未必遽切實用。而採摭尚爲博洽。今亦編爲十卷。次之於後。其歷官除授告詞及呂頤浩書啟李邴祭文秦檜乞追取御筆詞頭劄子。原本皆載入集中。今並仍其舊。而益以宋史本傳氏族言行錄諸條。別爲附錄三卷。系諸集末。以備考核焉。

鴻慶居士集四十二卷（兩淮馬裕家藏本）

宋孫覿撰。覿字仲益。晉陵人。徽宗末。蔡攸薦爲侍御史。靖康初。蔡氏勢敗。乃率御史極劾之。金人圍汴。李綱罷。御營使太學生伏闕請留。覿復劾綱要君。又言諸生將再伏闕。朝廷以其言不實。斥守和州。既而綱去國。復召覿爲御史。專附和議。進至翰林學士。汴都破後。覿受金人女樂。爲欽宗草表上金主。極意獻媚。建炎初。貶峽州。再謫嶺外。黃潛善汪伯彥復引之。使掌誥命。後又以贓罪斥提舉鴻慶宮。故其文稱鴻慶居士集。孝宗時。洪邁修國史。謂靖康時人獨覿在。請詔下覿。使書所見聞靖康時事上之。覿遂於所不快者。如李綱等。率加誣辭。邁遽信之。載於欽宗實錄。其後朱子與人言。及每以爲恨。謂小人不可使執筆。故陳振孫書錄解題曰。覿生於元豐辛酉。卒於乾道己丑。年八十九。可謂耆宿矣。而其生平出處。則至不足道。岳珂桯史亦曰、孫仲益鴻慶集大半誌銘、蓋諛墓之常、不足詫。獨武功大夫李公碑、乃儼然一瑺耳、亟稱其高風絕識、自以不獲見之爲大恨。言必稱公、殊不爲作。趙與旹賓退錄復摘其作莫幵墓誌、極論屈體求金之是、倡言復讐之非。又摘其作韓忠武墓誌、極詆岳飛。作万俟卨墓誌、極表其殺飛一事。爲顛倒悖繆。則覿之怙惡不悛、當時已人人鄙之矣。然覿所爲詩文頗工、尤長於四六。與汪藻洪邁周必大聲價相埒。必大爲作集序、稱其名章俊句、晚而愈精。亦所謂孔雀雖有毒、不能掩文章也。流傳藝苑已數百年。今亦姑錄存之、而具列其穢迹於右。一以節取其詞華。一以見立身一敗、詬辱千秋、清詞麗句、轉有求其磨滅而不得者。亦足爲文士之炯戒焉。

內簡尺牘編註十卷編修勵守謙家藏本

宋孫覿撰。其門人李祖堯編、併爲之註。覿所撰鴻慶集、自三十七卷至五十卷皆書帖。然參校此本、時有不同。如此本載與信安郡王孟仁仲帖二十二首、集本皆不載。集本四十六卷內有與孟仁仲郡王帖一首、復與此不符。又此本載與葉左丞少蘊帖一首、與集本第四十五卷所載與葉少蘊資政帖三首、四十六卷所載與葉左丞帖一首、亦復各別。蓋祖堯據手稾編之、故時有出入。至其註中多取覿自著詩文以資考證。如第三卷與周表卿侍郎第五帖、註引覿集謝吏部侍郎兼權直學士表。集本乃無此篇。第七卷與常守徐計議第五帖、註引覿集常州資聖禪院興造記云、清智大師普璿、既至、始改號資聖。集本三十一卷載此文、乃脫清智大師四字。其他引證典、故亦皆切實。蓋祖堯親從覿游、較之任淵之註陳師道黃庭堅詩、闇見更爲有據。非後人註前代之書、摸索影響者所可同日語云。

崧菴集六卷永樂大典本

宋李處權撰。處權宋史無傳。其集諸家亦不著錄。惟方回瀛奎律髓中錄所作送二十兄還鎮江詩一首。而註其後云、處權字巽伯、洛陽人。邯鄲公淑之後。有崧菴集。宣和間與陳叔易朱希真以詩名。南渡後嘗領三衢云云。其履貫略可考證、而不言其距李淑爲幾世。今其集傳本已絕。獨永樂大典中有之。且尋檢各韻、處權自序及其從弟處全原序、邵驥原跋、一一具在。所紀生平蹤迹、差爲詳備。惟世系仍未明晰。今案建康志有李處全小傳、稱處全、淑之曾孫、本豐縣人、後遷溧陽。官至朝請大夫。而王明清揮麈餘話亦稱、大理少卿李傳正爲淑之孫、即處全之父。據此、則處權實淑曾孫、而家於溧陽。瀛奎律髓所稱洛陽、當有刻本傳譌、以溧爲洛耳。淑家富典籍、其邯鄲圖書志、晁公武每引以爲據。又精研聲律、所作詩苑類格、今尚散見諸書中。處權承其世學、標新領異、別出以清儁之思、於詩道頗爲深造。處全序稱其齒益高、心益苦、句法益老、與少作不類。是其覃思吟咏、老而彌工。雖原帙散佚、東京與南渡以後所作、互相糅雜、不復能以年歲辨析。而總其大槩、五言清脫瀏亮、略似張耒。七言爽健伉浪、可擬陳與義。在當時實一作手。久經湮沒、幸而復存、亦論宋詩者所宜甄錄也。謹採掇排比、以體區別、釐爲六卷。仍以原序跋分繫前後、俾將來有以考見焉。

藏海居士集二卷永樂大典本

案藏海居士集散見永樂大典中、題宋吳可撰。可事蹟無考、亦不知何許人。考集中年月、當在宣和之末。其詩有一官老京師句。又有挂冠養拙之語。知其嘗官於汴京、復乞閒以去。又有往時家分寧、比年客臨汝。及避寇湘江外、依劉汝水旁句。知其嘗居洪州。建炎以後、轉徙楚豫之閒。又可別有藏海詩話一卷、亦載永樂大典中、多與韓駒論詩之語。中有童德敏木筆詩一條。考容齋三筆載臨川童德敏湖州題顏魯公祠堂詩一篇、其人與洪邁同時。則可乃北宋遺老、至乾道淳熙閒尚在也。集中所與酬荅者、如王安中趙令畤米友仁諸人、亦多南北宋閒文士。元祐諸賢、風流未沫。故所存篇什無多、而大致清警、與謝逸謝邁兄弟氣格相近。特其集既不傳、後之言宋詩者、遂不能知其姓氏。厲鶚宋詩紀事搜羅至三千八百餘家、亦未之及。則其沈晦已久矣。今一一裒輯、析爲二卷、與詩話同著於錄、俾不致終就湮沒焉。

豫章文集十七卷浙江鮑士恭家藏本

宋羅從彥撰。從彥字仲素、沙縣人。以累舉恩授惠州博羅縣主簿。紹興初卒。淳祐閒追謚文質。事蹟具宋史道學傳。是編爲至正三年延平進士曹道振所編。以宋儒稱從彥爲豫章先生、因以名集。道振原序稱、郡人許源堂刻其遺集五卷、近得邑人吳紹宗秦鎣爲一十三卷、附錄三卷、外集一卷、年譜一卷、凡一十八卷。此本乃明代重刻。前有成化八年張泰序。後有嘉靖甲寅謝鸞跋。遵堯錄八卷、集二程及楊龜山語錄一卷、雜著二卷、詩一卷、附錄三卷、外集一卷。以年譜別置於前、不入卷數、故題爲十七卷。然第一卷雖列經解之目、而其文久佚。有錄無書、實止十六卷而已。

和靖集八卷、江西巡撫採進本

宋尹焞撰。焞有孟子解、已著錄。然孟子解雖名見書錄解題、原書實已散佚。今所行者乃贋本。惟此集猶相傳舊笈。凡奏劄三卷、詩文三卷。其壁帖一卷、乃焞手書聖賢治氣養心之要、黏之屋壁以自警惕、後人錄之成帙。又師說一卷、則焞平日之緒論、而其門人王時敏所編也。考朱子語錄、謂焞文字有關朝廷者、多門人代作。今其孰爲假手、孰爲真筆、已不可復考。然指授點定、亦必焞所自爲。會昌一品集序雖李商隱作、究以鄭亞改本爲勝、正不必盡自己出也。詩不多作、然自秦入蜀道中作云、南枝北枝春事休、啼鶯乳燕也含愁。朝來回首頻惆悵、身在秦川最盡頭。亦殊有詩情。固未可槩以有韻語錄目之矣。

王著作集八卷、浙江鮑士恭家藏本

宋王蘋撰。蘋字信伯、福清人。福建通志稱、紹興初、平江守孫祐以德行薦於朝、召對賜進士出身。除祕書省正字。累官左朝奉郎。陳振孫書錄解題則作以趙忠簡薦賜進士出身、官至著作佐郎。秦檜惡之、會其族子坐法、牽連文致奪官。與通志所記不同。然此集以著作爲名、則陳氏所言爲是矣。陳氏著錄作四卷、寶祐中其曾孫思文刊於吳學。盧鉞爲序。此本爲明宏治中蘋十一世孫觀所編。一卷爲傳道支派圖、二卷爲劄子雜文十餘篇、三卷以下爲像贊題跋及門人私志語錄之類。較陳氏所記、卷數遽增一倍。然遺文不過一卷、餘皆附錄。實則亡佚四分之三。蓋捃拾殘賸而成、已非舊本。以其學出伊洛、而能不附秦檜、立身無愧於師門、故錄而存之、不以殘闕廢焉。

郴江百詠一卷、浙江巡撫採進本

宋阮閱撰。閱字閎休、舒城人。趙希弁讀書附志稱其建炎初以中奉大夫知袁州。其事蹟則未詳也。所撰有松菊集。今佚不傳。此郴江百詠、則其宣和中知郴州時作也。其詩多入論宗、蓋宋代風氣如是。而閱素留心吟詠、所作詩話總龜、遺篇舊事、採摭頗詳。於玆事殊非草草、故尚罕陳因理障之語。如東山詩云、藜杖芒鞵過水東、紅褭寂寞酒樽空。郡人見我應相笑、不似山公與謝公。又乾明寺詩云、直松曲棘都休道、庭下山茶爲甚紅。往往自有思致。又如愈泉一首、所謂古來詩病知多少、試問從今瘉得無。語雖著相、然自爲其詩話一編而作。是亦詩中有人、異乎馬首之絡者矣。此本出自厲鶚家、百詠尚闕其八。考郴州志亦不載。吳之振選宋詩鈔、及曹庭棟選宋詩存、均未及收。存之亦可備一家。惟每題之下不註本事、非對圖經而讀之、有茫不知爲何語者。或傳寫佚之歟。袁州府志載其宜風道上詩一首、題春波亭詩一首、鮑氏知不足齋本錄於此集之末、以補松菊集之遺。今亦從鮑本並錄存之焉。

雙溪集十五卷、江蘇巡撫採進本

宋蘇籀撰。籀有欒城遺言、已著錄。考蘇、黃二家並隸名元祐黨籍。南渡以後、黃氏雖承藉先澤、頗見甄錄、而家學殆失其傳。惟其孫㽦依附朱子之門、得以挂名於語錄。朱子於蘇氏兄弟攻擊如讐、而於庭堅無貶詞、㽦之故也。然㽦之著作、惟宋史藝文志載有復齋漫稾二卷。世無其本。文獻通考已不著錄。宋人亦無稱述者。文章一道、殆非所長。惟籀以蘇轍之孫、蘇遲之子、尚有此一集傳世、爲能不墮其家風。獨是軾轍之爲偉人、不僅以文章爲重。其立身本末、俱不愧古賢。籀此集中乃有上秦檜二書、及庚申年擬上宰相書、皆極言和金之利。所以歸美於檜者無所不至、不免迎合干進之心。又雜著中別有進取策一篇、復力言攻劉豫以圖金。前後議論、自相矛盾。蓋皆揣摩時好以進說。小人反覆、有愧於乃祖實多。轉不如黃㽦之无咎无譽矣。特其詩文雄快疎暢、以詞華而論、終爲尚有典型、固亦未可遽廢焉。

少陽集十卷、編修朱筠家藏本

宋陳東撰。東有靖炎兩朝見聞錄、已著錄。其文集宋志不載。書錄解題亦不載。據戴埴鼠璞載、張浚奏胡珵筆削陳東書、追勒編置。蓋以浚爲黃潛善客、珵爲李綱客、故借此去之云云。則東死以後、尚牽連興鉤黨之獄、宜無編輯其文者。元大德中、始有刻本盡忠錄、凡八卷。編次頗嫌錯雜。續刊於國朝康熙中耆曰少陽文集凡十卷。前五卷皆東遺文、後五卷則本傳、行狀及他書論贊也。東以諸生憤切時事、摘發權姦、冒萬死以冀一悟。其氣節自不可及。然於時國步方危、而煽動十餘萬人震驚庭陛。至於擊壞院鼓、欄割中使、迹類亂民、亦乖大體。南宋末太學之橫、至於驅逐宰輔、莫可裁制。其胚胎實兆於此。張浚所謂欲以布衣持進退大臣之權、幾至召亂者、其意雖出於私、其言亦未始不近理也。後應詔再出、卒以此爲小人所構、亦不可謂東等無以致之矣。第以志在匡時、言皆中理。所指擊者皆人不敢觸之巨姦、所指陳者事後亦一一皆驗。是其事緣憂國、不出求名。故南宋以來儒者以忠義予之、而遺文亦至今傳述焉。蓋略迹而原其心也。

歐陽修撰集七卷、編修汪如藻家藏本

宋歐陽澈撰。澈字德明、崇仁人。建炎初徒步走行在、伏闕上書、請誅黃潛善、汪伯彥、與陳東俱論死。後高宗悔之、追贈秘閣修撰。事蹟具宋史忠義傳。紹興二十六年、吳沆次其詩爲飄然集三卷、併爲作序。至嘉定甲申、會稽胡衍又取其所上三書、並序而刻之、釐爲六卷。元季版燬於兵。明永樂丙申、澈十世孫永康縣丞齊重刊之。金華唐光祖跋、稱其書編爲三卷、詩文事蹟爲四卷。當時陳東所同上之書、亦爲掇拾無所失墜、並取附爲一卷。合爲八卷。所稱貰府士莊甫、即齊字也。而永樂丁酉崇仁知縣王克義序、乃稱齊錄前後奏議、次繼飄然集、分爲六卷。與光祖跋不同。蓋詞有詳略、實即一本。萬歷甲寅、澈二十世孫鉞再新其版、吳道南爲序。此本即從鉞刻傳寫、而闕第八卷陳東之書。然東已有別集單行、可不必附錄於此。今亦仍從此本定爲七卷焉。

東溪集二卷附錄一卷、兩江總督採進本

宋高登撰。登字彥先、號東溪、漳浦人。宣和間爲太學生。靖康之禍、與陳東伏闕上書、請誅蔡京、童貫等六賊、而用李綱、种師道。會欽宗方擢吳敏、張邦昌爲相、又將起用李邦彥。登又上書力爭。紹興二年舉於禮部、以廷對過於切直、僅授富川簿、調古縣令。時胡舜陟帥靜江、欲爲秦檜父立祠。登持不可、爲舜陟誣構逮治。適舜陟敗、得減死、謫容州。案宋史本傳載登卒後二十年、丞相梁克家及漳守何萬言諸朝、追復迪功郎。後十年、朱熹爲守、復奏乞褒錄、贈承務郎。今考朱子奏狀、謂克家始援紹興赦書以請、有司拘文、廢格不行。近歲傅伯壽又奏如前狀、未奉進止。使登抱恨終身、垂五十年、姓名猶在罪籍云云。以此觀之、宋史爲誤。又案書錄解題東溪集條下、稱迪功郎高登撰、則知登之進贈無承務郎之稱、而所謂迪功郎、非克家時追復、蓋明甚矣。又宋史載登五上書不報、又因謀南歸、忽聞邦昌等各與遠郡、一時小人相繼罷斥、與所言偶合者十七八。登喜、復爲書論吳敏未罷、不報。據此、則五書之外當更有一書矣。今閱集中所載、則此事即五書中之第四書。書首所敘方圖南下諸語、甚爲分明。此尤足證宋史之舛亂失實也。至如紹興八年上皇帝書、乃召赴都堂時與時議六篇先後同上者。據宋史作萬言疏、而集中寥寥五百餘字。玩其詞氣、頗有不相屬者。此則集本傳鈔所脫、非史之誤矣。登之遺集、文獻通考作二十卷。書錄解題及宋史藝文志俱云十二卷。此本爲明林希元所編、僅分上下二卷。書疏論議辨說等作共二十篇、詩三十一首、贊五首、箴銘二十六首、詞十二首、啟二首。末有附錄一卷、則朱子褒錄奏狀、祠堂記兩篇、及言行錄十條。史稱所上時議六篇、僅存其序。所上五書已亡其一。又言行錄載紹興元年上駐蹕臨安、公以十事投時相者、集中亦無之。蓋已全非其舊。然亡佚者雖多、而讀其遺篇、尚想見忠義之槩。即如命子名字說云、痛念王室陵遲、思扶持而一振之、左右匡拂、以守鴻業。此志未遂、命汝曰扶、曰持、曰振、曰拂。其勉效兩全之節。蓋其忠君愛國之心、每飯不忘如此。朱子謂能使人聞風興起、良不虛云。

欽定四庫全書總目卷一百五十七

欽定四庫全書總目卷一百五十八

集部十一

別集類十一

岳武穆遺文一卷（浙江巡撫採進本）

宋岳飛撰。飛事蹟具宋史本傳。陳振孫書錄解題載岳武穆集十卷，今已不傳。此遺文一卷，乃明徐階所編。凡上書一篇，劄十六篇，奏二篇，狀二篇，表一篇，檄一篇，跋一篇，盟文一篇，題識三篇，詩四篇，詞二篇。其辭鎮南軍承宣使僅有第三奏，辭開府僅有第四劄，辭男雲轉官僅有第二劄，辭男雲特轉恩命僅有第四劄，辭少保僅有第三劄、第五劄，乞敘立王次翁下僅有第二劄，乞解樞柄僅有第三劄，辭除兩鎮僅有第三劄，則其佚篇蓋不可殫數。史稱万俟卨白秦檜，簿錄飛家，取當時御札藏之以滅蹟，則奏議文字同遭毀棄，固勢有所必然矣。然宋高宗御書聖賢像贊，刻石太學，秦檜作記勒於後。明宣德中吳訥乃磨而去之。飛之零章斷句，後人乃掇拾於蠹蝕灰燼之餘，是非之公，千古不泯，固不以篇什之多少論矣。階所編本，附錄岳廟集後，前冠以後人詩文四卷，已為倒置。其中明人惡札，如提學僉事蔡克詩曰：千古人來笑會之，會之卻恐笑今時。若教似我當鈞軸，未必相知岳少師。尤為頂上之穢。今併芟除，而獨以飛遺文著錄集部，用示

聖朝表章之義焉。

茶山集八卷（永樂大典本）

宋曾幾撰。幾字吉甫，贛縣人，徙居河南。以兄弼卹恩授將仕郎，試吏部優等，賜上舍出身，歷校書郎。

高宗朝歷官江西、浙西提刑，忤秦檜去位，僑寓上饒茶山寺，自號茶山居士。檜死，召為祕書少監，權禮部侍郎，提舉玉隆觀，致仕，卒，諡文清。陸游為作墓誌云：公治經學道之餘，發於文章，而詩尤工，以杜甫、黃庭堅為宗。魏慶之詩人玉屑則云：茶山之學出於韓子蒼。其說小異，然韓駒雖蘇氏之徒，而名列江西詩派中，其格法實近於黃，殊塗同歸，實亦一而已矣。後幾之學傳於陸游，加以研練，面目略殊，遂為南渡之大宗。詩人玉屑載趙庚夫題茶山集曰：清於月白初三夜，淡似湯烹第一泉。咄咄逼人門弟子，劍南已見一燈傳。其句律淵源固灼然可考也。又游跋幾奏議稾曰：紹興末，先生居會稽禹蹟精舍，某自敕局歸，無三日不進見，見必聞憂國之言。先生時年過七十，聚族百口，未嘗以為憂，憂國而已。據此，則幾之一飯不忘君，殆與杜甫之忠愛等，故發之文章，具有根柢，不當僅以詩人目之，求諸字句間矣。墓誌稱有文集三十卷，易釋象五卷。易釋象已不傳，文集則書錄解題及宋史藝文志均作十五卷，是當時已佚其半。自明以來，并十五卷亦佚，僅僅散見各書，偶存一二。茲從永樂大典中搜採編輯，勒為八卷，凡得古今體五百五十八首。雖不足盡幾之長，然較劉克莊後村詩話所記九百一十篇之數，所佚者不過三百五十二篇耳。殘膏賸馥，要足沾匄無窮也。

雪溪集五卷（兩江總督採進本）

宋王銍撰。銍有侍兒小名錄補遺，已著錄。是編乃其詩集。陳振孫書錄解題、宋史藝文志並作八卷。此本僅五卷。考壘莊漫錄載銍所作王文孺臘菴詩一首，又山村詩一首，越詠載銍所作雲門寺詩一首，今皆不見於集中。知今世所傳，已佚其三卷，非完帙矣。銍詩格近溫、李。王士禎居易錄詆其詩不甚工，而獨稱其附載廬山僧可和詩一篇，似非篤論。惟銍以博洽名，乃集中白頭吟序不引西京雜記，而引吳兢樂府解題，已迷其本。（案西京雜記雖偽書，然在吳兢之前，即兢說所自出。）又稱宋志載文君詩云云，不知宋書樂志白頭吟實作古詞，不作文君，此亦千慮之一失，信乎考證之難也。

蘆川歸來集十卷附錄一卷（永樂大典本）

宋張元幹撰。元幹字仲宗，自號真隱山人，又曰蘆川老隱。周必大跋其送胡銓詞，稱長樂張元幹。惟陽王浚明跋其幽嵓尊祖錄，則稱永福張仲宗。皆宋人之詞，莫詳孰是也。王明清揮麈錄記其以作詞送胡銓得罪除名。考卷末其孫欽臣跋語，稱得賀新郎詞二首真蹟於銓之子，其說當信。然銓貶於紹興戊午，而集中上張丞相詩稱罪放丙午末、歸來辛亥初，又自跋祭祖母劉氏文，後稱宣和元年八月，獲緣職事，道過墓下，則徽宗時已仕宦，欽宗時已貶謫，但不知嘗為何官耳。元幹及識蘇軾，見所作蘇黃門帖跋。又從陳瓘游頗久，見所作了翁文集序。其結詩社同唱和者，則洪芻、洪炎、蘇堅、蘇庠、潘淳、呂本中、汪藻、向子諲，見所作蘇養直詩帖跋。而江端友、王銍諸人皆有贈答之作。劉安世、游酢、楊時、李綱、朱松諸人皆為題幽嵓尊祖錄，故

其學尊元祐而詆熙寧。詩文亦皆有淵源。其集今有鈔本、稱嘉定己卯其孫欽臣所鋟。然跋稱誦上陳侍郎詩序、知挂冠之年甫四十一。鈔本無此篇。又曾季貍艇齋詩話載元幹題瀟湘圖詩、鈔本亦無此篇。考胡仔苕溪漁隱叢話、稱嘗錄元幹之詩一卷、而元幹不自憶。則當時已不自收拾、疑欽臣所錄本有佚失。然近本但有五言律詩一卷、七言律詩一卷、而無古體及絕句、知非完書。又跋米元暉瀑布軸、跋蘇養直絕句後、跋江天暮雨圖、跋江貫道古松絕句、乃收之題跋類中。亦似後人所竄亂、非其原本。及考永樂大典所載、則所佚諸篇、蓋然具在。今裒集成帙、與鈔本互相勘校、刪其重複、補其殘闕、定爲十卷。元幹詩格頗遒。雜文多禪家疏文、道家靑詞、今從芟削。然其題跋諸篇、則具有蘇黃遺意、蓋耳目漸染之故也。鈔本末有幽岩尊祖錄一卷、乃記其爲祖母外家置祭田事。附以同時諸人題跋、中多元祐名臣之筆。亦仍其舊第併附錄焉。

東萊詩集二十卷、兩淮馬裕家藏本

宋呂本中撰。本中有春秋集解、已著錄。其詩法出於黃庭堅。嘗作江西宗派圖、列陳師道以下二十五人、而以己殿其末。其紫微詩話及童蒙訓論詩之語、皆具有精詣。案今本童蒙訓不載論詩諸條、其文散見各書中、說見本條之下。敖陶孫詩評稱其詩如散聖安禪、自能奇逸。頗爲近似。苕溪胡仔漁隱叢話稱其樹移午影重簾靜、門閉春風十日閑、往事高低半枕夢、故人南北數行書。殘雨入簾收薄暑、破窗留月鏤微明諸句。殊不盡其所長。朱子語錄乃稱本中論詩欲字字響、而暮年詩多啞。然朱子以詩爲餘事、而本中以詩爲專門、吟咏一道、所造自有淺深、未必遂爲定論也。此集有慶元二年陸游序、乾道二年曾幾後序。文獻通考別載有集外詩二卷。此本無之、蓋已散佚。又陸游序稱嗣孫祖平悉裒集他文爲若干卷。今此本有詩無文。惟其草趙鼎遷右僕射制詞所云、合晉楚之成、不若尊王而賤伯。散牛李之黨、未如明是而去非之語、以秦檜惡之、載於日歷、尙爲世所傳誦。其他文則泯沒久矣。

澹菴文集六卷、兩淮馬裕家藏本

宋胡銓撰。銓字邦衡、廬陵人。建炎二年進士甲科。紹興五年以薦除樞密院編修官。抗疏詆和議、謫吉陽軍。孝宗卽位、特召還擢用、歷官權中書舍人兼國子祭酒、權兵部侍郎。以資政殿學士致仕。卒諡忠簡。事蹟具宋史本傳。銓師蕭楚、明於春秋。故集中嘉言讜論、多本春秋義例。於南渡大政、多所補救。史但稱其高宗時請誅秦檜。今考集中論撰賀金國啟一篇、則於孝宗朝召還以後、更嘗請誅湯思退。又孝宗本紀、隆興元年三月、金以書來索四州、未報。八月、又齎書兩省。今考集中玉音問答一篇、知荅金人書孝宗已與銓定於五月三日。遲至八月未遣、必湯思退有以持之。當時情勢、可以考見。史文疏漏、賴此集尙存其崖略也。本傳稱銓集凡百卷。今所存者僅文五卷、詩一卷、蓋得之散佚之餘。然書錄解題載銓集七十八卷、宋志載銓集七十卷、則在當時已非百卷之舊矣。羅大經鶴林玉露曰、胡澹菴十年貶海外、北歸、飲於湘潭胡氏園、題詩曰、君恩許歸此一醉、旁有梨頰生微渦、謂侍妓黎倩也。後朱文公見之、題詩曰、十年浮海一身輕、歸見梨渦卻有情。世上無如人欲險、幾人到此誤平生云云。今本不載此詩、殆後人因朱子此語、諱而刪之。然銓孤忠勁節、照映千秋、乃以偶遇歌筵、不能作陳烈踰牆之遁、遂坐以自誤平生、其操之爲已蹙矣。平心而論、是固不足以爲銓病也。

五峰集五卷、浙江鮑士恭家藏本

宋胡宏撰。宏有皇王大紀、已著錄。案陳振孫書錄解題、其集凡有二本、一本五卷、一本不分卷。此本題其季子大時所編、門人張栻爲之敘。凡詩一百六首爲一卷、書七十八首爲一卷、雜文四十四首爲一卷、皇王大紀論八十餘條爲一卷、經義三種爲一卷、蓋卽所謂五卷之本也。所上高宗封事、剴切詳盡、宋史已採入本傳。其易外傳皆以史證經、論語指南乃取黃祖舜沈大廉二家之說折衷之、釋疑孟則辨司馬光疑孟之誤、議論俱極醇。又有與秦檜一書、自乞爲嶽麓書院山長。蓋檜與宏父安國交契最深、故力汲引之。宏能翛然自遠、蟬蛻於權利之外。其書詞婉而意嚴、視其師楊時委曲以就蔡京者、可謂靑出於藍而冰寒於水矣。

斐然集三十卷、兩江總督採進本

宋胡寅撰。寅有讀史管見、已著錄。是集端平元年馮邦佐刻於蜀、樓鑰序之。嘉定三年鄭肇之又刻於湘中、章穎序之。宋史本傳作三十卷、與此本相合蓋猶從宋槧繕錄也。寅父子兄弟皆篤信程氏之學，寅尤以氣節著。其晚謫新州，乃右正言章復劾其不持生母服。寅上書於檜自辯，其文今載第十七卷中。大意謂遺棄之子不同於出繼之子，恩義既絕，不更以本生論之。然母子天屬，即不幸遭人倫之變，義無絕理。設有遺棄之子殺其本生父母者，使寅司讞，能以凡人論乎？章復之劾雖出於迎合秦檜，假公以濟其私，而所持之事則不可謂之無理。寅存此書於集中，所謂欲蓋彌彰也。至於秦檜之罪，磬竹難書，而集中上秦檜第一書第規其不當好佛，其細已甚。又寅作崇正辯三卷，闢佛不遺餘力，資善堂崇奉佛像，寅至形之繳奏，載此集十五卷，而三十卷末乃有慈雲長老開堂疏、嚴州報恩開堂疏、光孝長老請疏、光孝抄題疏、龍山長老開堂疏、龍山長老請疏六篇，尤未免自亂其例。然靖康元年金人議立張邦昌，寅方爲司門員外郎，與張浚、趙鼎均不肎署議狀。邦昌立，遂棄官逃。建炎三年爲起居郎，時詔議移蹕之所，上萬言書力爭，其文今載第十卷中。紹興四年爲中書舍人，時議遣使往雲中，又抗疏力諫，其文今亦載第十卷中。竝明白剴切，樓鑰序所謂引誼以劘上，往往有敵以上所難堪者，殆非虛語。又上言近年書命多出詞臣好惡之私，使人主命德討罪之詞未免玩人喪德之失，乞命詞臣以飾情相悅、含怒相訾爲戒。故集中十二卷至十四卷所載內外諸制，竝秉正不阿，史稱所撰諸制詞多誥誡語，亦不誣。至寅之進用，本以張浚，後論兵與浚相左，遂乞郡以去。其父安國與秦檜爲契交，檜當國日，眷眷欲相援引，寅兄弟三人竝力拒不入其黨，寅更忤之至流竄。其立身亦具有始末者，其文亦何可廢也。

鄧紳伯集二卷 永樂大典本

宋鄧紳伯集，散見永樂大典中，裒集排纂，尚得二卷。然原本不著其名，亦不著時代，諸家目錄皆不載其書。惟集中有遊羅正仲磬沼分韻詩，題曰深得一字；又有諸人集貧樂軒賞花分韻詩，題曰深得把字，則其名當爲鄧深。考永樂大典鄧字韻下引古羅志曰：宋鄧深字資道，試中教官，入爲太府丞，輪對論京西湖南北戶及士大夫風俗，高宗嘉納。提舉廣西市舶，以親老求便郡，知衡州，茶陵安仁溪峒之盜望風帖息。擢潼川漕，鹽酒虛額久爲民害，請於朝，蠲川引四十七萬。守令貪虐，劾奏之。虞允文貽書云：不畏彊禦，思濟斯民，挺然之操，未見近比。後以朝散大夫終於家。愛居東湖之勝，建閣曰明秀。有文集十卷。凌迪知萬姓通譜亦載鄧深，湘陰人，紹興中進士，餘與古羅志同。是編中鄉人禱雨有應寓烏石及咏醴泉題巖石山石鼓贈別饒司理別長沙驛渡玉虛洞諸作，其地皆近衡州；探禹穴瀬峽三遊洞峽江灩澦堆諸作，其地皆近潼川，與深宦遊所歷一一相符，則此集爲鄧深所撰審矣。惟紳伯之字與古羅志所載不同，殆有兩字歟？黃虞稷千頃堂書目載有元鄧大隱居士詩集，此集中荅杜友詩有小軒名大隱句，又有自賦大隱一律，與之相合。然核其詩句標題，實宋人而非元人，或大隱即深別號，大隱居士詩集即此集之別名，虞稷等輾轉傳寫，誤宋爲元，亦未可知也。

北山集三十卷 浙江鮑士恭家藏本

宋鄭剛中撰。剛中有周易窺餘，已著錄。是集一名腹笑編，凡初集十二卷，中集八卷，後集十卷。初集起宣和辛丑至紹興乙卯，中集起紹興乙卯至甲子，皆剛中所自編；後集起紹興戊辰至甲戌，爲乾道癸巳其子良嗣所編，始末具見剛中自序及良嗣跋中。此本題初集二集三集，而相連編爲三十卷，蓋康熙乙亥其里人曹定遠重刻所改，非其舊也。史稱剛中由秦檜以進，故於和議不敢有違。及充陝西分畫地界使，又秉和尙原與金，後爲宣撫使時，始以專擅忤秦檜意，至竄謫以死。今集中所載諫和議四疏及議和不屈一疏，大旨雖不以議和爲非，而深以屈節求和爲不可。又有救曾開一疏、救胡銓一疏，與史皆不合。徐夢莘三朝北盟會編於當時章奏事蹟蒐括無遺，獨不及此七疏。曾敏行獨醒雜志雖記剛中與李誼等六人其救胡銓事，然但云入對便坐，亦不云有疏。或者良嗣恥其父依附秦檜，僞撰以欺世歟？諸疏之後多良嗣附記之語，若斤斤辨白心迹者，是必於公議有歉，故多方回護，如恐不及。李綱、胡銓諸集亦何待如是？噫嘻哉！剛中封州自序詩有曰：我昔貧時冬少袴，四壁亦無惟有柱。自從脚踏官職場，寖及奴胥妻子飫。線引鍼入敢忘鍼，入室古云嘗見妬。是始終不忘秦檜，剛中且自道之矣，亦烏可掩也。至其詩文則出於南北宋閒，猶及見前輩典型，方回作是集跋稱其文簡古，詩峭健。在封州詩九佳。其品題則頗不謬云。

浮山集十卷（永樂大典本）

宋仲并撰。并字彌性，江都人。宋史藝文志載并浮山集十六卷，而不爲立傳，其事蹟遂無可考。惟周必大平園集有所作并集序，稱并以紹興壬子擢進士第。甲寅以丞相朱勝非等論薦，改京秩，尋補外去。後三年丁巳，復以張浚薦召至闕，爲秦檜所阻，改倅京口。自是閒退者二十年。孝宗即位，擢光祿丞，出知蘄州。所紀歷官本末頗詳。然考集中謝宰相啟有贅序初除語，則嘗爲教官。又原槃錄序自稱監臨猥局，則嘗爲監場官。又多與平江、淮西、南安、建康、湖州諸守臣代作表啟，則嘗歷佐諸郡。而必大序俱未之及，殆以其無關出處，略之也。必大又稱并力排王氏之說，惟孔孟是師。其初任京秩時，王居正所草制詞亦有學知是非邪正之褒。而陳振孫書錄解題乃稱其官湖倅時爲籍中妓作生朝青詞，坐是謫官。與其素行不相類，頗不可解。考集中陳情啟有竊觀下石仇家誣傷之語，意其即指是事歟。又集中有回孟郡王姻禮書，郡王隆祐太后之姪孟忠厚也。宋史外戚傳稱忠厚與秦檜爲僚壻，而檜實陰忌之。又稱檜當國，親姻攀援以進，忠厚獨與之忤。王明清揮麈錄稱吳棫爲忠厚草表，因忤秦檜，謫判泉州。然則并之見惡於檜，殆以孟氏姻黨之故，竟以微罪坐廢也。其古文頗高簡有法度。四六能以散行爲排偶，尤得歐蘇之遺。詩亦清雋拔俗。王應麟困學紀聞嘗引所作詠韋執誼「不看嶺南圖」詩，政恐崖州如有北，卻應未肯受讒夫二句，以爲誅姦諛之斧鉞。然其詞淺露，殊不盡并之所長。應麟蓋偶拈及之，以爲并詩止此，則非矣。據周必大序，其集乃并外孫南安太守孟猷所編，舊本久佚。今據永樂大典所載，排次訂正，輯成十卷。

橫浦集二十卷（江蘇巡撫採進本）

宋張九成撰。九成有孟子傳，已著錄。是集乃其門人郎曄所編，凡賦詩四卷、雜文十六卷。九成少師楊時，於程門爲再傳弟子。後從僧宗杲問道，其學乃全入於禪。朱子作雜學辨，所駁正者凡四家，九成實居其一。見於語錄者，掊擊尤力。比其沒也，猶謂可惜，將了許多鶻突道理到地下去，蓋身後猶憾之不置。宋史本傳亦稱其早與學佛者游，故議論多偏。然其立身自有本末。其廷試對策，極陳恢復大計，規戒高宗安於和議之非。又指陳時弊，言皆痛切，於閹宦干政尤反覆申明。其在當時，可稱讜論。劉安世喜言禪，蘇軾喜言禪，李綱亦喜言禪，言禪不可以立訓，要不以是掩其大節也。陸游老學菴筆記謂九成對策有桂子飄香語，李易安作露花倒影柳三變，桂子飄香張九成之句以嘲之。更摘摭瑣屑，不足爲九成病矣。至洪邁容齋隨筆記洪皓沒後，道出南安，九成往祭，其文但稱年月官爵，而無詞，情旨倍覺哀愴，以爲前人未有此格。然九成乃一時避禍，不敢措詞，非有意立異。且其體本孔子季札墓碑而小變化之，亦非九成所獨創。其文字之工，實不在此，亦不足爲九成稱也。原本附刻心傳日新二錄，本皆各自爲書，今以已存目於子部，故竝從刪削，不更複出焉。

湖山集十卷（永樂大典本）

宋吳芾撰。芾字明可，自號湖山居士，台州仙居人。紹興二年進士，官至禮部侍郎，歷知數郡，以龍圖閣直學士致仕。事蹟具宋史本傳。芾爲祕書正字時，以不附秦檜劾罷。後金師臨江，芾建言有進無退，請高宗駐蹕建康，以繫中原之望。其領郡亦多惠政。蓋非徒以文藝擅長者。然其詩才甚富，往往瀾翻泉湧，出奇無窮。雖間或失之流易，要異乎齷率頹唐。如輓元帥宗澤諸篇，尤排奡縱橫，自成一格。據集中自述，芾生甲申歲，當崇寧三年。建炎初尚未及三十，而筆力已挺健如此。其後退閒者十有餘年，年幾八十，乃漸趨平淡，和陶諸詩，當作於其時。亦殊見閒適清曠之致。集中有寄朱元晦一詩曰：夫子於此道，妙處固已臻。尚欲傳後學，使聞所不聞。顧我景慕久，願見亦良勤。是其末年亦頗欲附託於講學。然其詩吐屬高雅，究非有韻語錄之比也。周必大集有芾湖山集序，稱集二十五卷，長短句三卷，別集一卷，奏議八卷。而宋史藝文志則稱湖山集四十三卷，又別集一卷，和陶詩三卷，附錄三卷，當塗小集八卷。本傳又稱表奏五卷，詩文三十卷。所載卷目，殊牴牾不合。原本亡佚，無從核定。今據永樂大典散見各韻者，採輯裒訂，釐爲十卷，以和陶詩併入，而仍取必大原序冠之。史稱芾爲文豪健俊整，是其雜著亦必可觀，惜永樂大典中已經闕佚，僅得表一首、序一首，附之末卷，以略存其概云。

文定集二十四卷　永樂大典本

宋汪應辰撰。應辰字聖錫，信州玉山人。初名洋，紹興五年登進士第一。高宗爲改此名。初授鎭東軍僉判，後官至敷文閣學士、四川制置使、知成都府。應辰少從喻樗、張九成、呂本中、胡安國諸人遊，又與呂祖謙、張栻相善。於朱子爲從表叔。朱子嘗往來商搉，故孝經刊誤援應辰之言以爲據。應辰授敷文閣待制，亦舉朱子以自代，契分特深。其學問具有淵源。又官祕書省正字時，以上書忤秦檜，困頓州郡者凡十七年。史稱其直言無隱，於吳芾、王十朋、陳良翰諸人中最爲骨鯁。其立身亦具有本末。宋史藝文志載其集五十卷。明初已罕流傳。宏治中，程敏政於內閣得其本，以卷帙繁重，不能盡錄，乃摘鈔其要，編爲廷試策一卷、奏議二卷、內制一卷、雜文八卷。嘉靖間，其鄉人夏浚刻之，又附以遺事、志傳等文凡二卷。今世所行，皆從程本傳錄，不見完帙者已二三百年。今考永樂大典所載，爲程本不載者幾十之四五。蓋姚廣孝等所據之本，即敏政所見之內閣本。而敏政取便鈔錄，所採太狹，故鉅製鴻篇，多所挂漏。謹以浙江所購程本與永樂大典互相比較，除其重複，增所未備，勒爲二十四卷。較五十卷之舊，業已得其大半。計其精華，亦約略具於是矣。

緗雲文集四卷　編修汪如藻家藏本

宋馮時行撰。時行字當可，璧山人。紹興乙卯丙辰閒爲丹稜令。罷歸後，出守蓬黎州，終於提點成都刑獄公事。嘗居縣北緗雲山授徒，因以爲號。宋志載其文集本五十五卷。歲久散佚。明嘉靖中，重慶推官李璽始訪得舊鈔殘本，編爲四卷授梓。此本即從璽所刻傳寫者也。時行宋史無傳。四川通志稱其與曾開、朱松等共斥和議，忤秦檜坐貶。今讀其詩文，忠義之氣隱然可見，志所載當不誣。惟志以爲嘉熙閒狀元及第，考集中明云宣和初應進士舉，又有建炎庚戌中秋與同官相期月下詩及紹興六年十月六日詩，斷不得爲嘉熙閒人。宋狀元錄亦無其名，志殆流傳之誤也。

嵩山居士集五十四卷　江蘇巡撫採進本

宋晁公遡撰。公遡字子西，鉅野人。公武之弟。宋史無傳，其仕履無考。今案集中上周通判書題左迪功郎、知梁山軍梁山縣尉，又程氏經史閣記稱嘗爲涪州軍事判官，又與費行之小簡稱紹興三十年內任施州通判，又眉州到任謝表及謝執政啟則嘗知眉州，又荅史梁山啟稱猥從支郡，遽按祥刑，而集首師璿序亦稱其爲部使者，則又嘗擢官提刑，而不詳其地。又眉州州學藏書記題乾道年月，而丙戌元夕詩有刺史敢云樂句。丙戌爲乾道二年，是時正在眉州。此集刻於乾道四年，蓋皆眉州以前所作。師璿序又稱公遡抱經堂槀，以甲乙分第，汗牛充棟，此特管中之豹，則其選輯之本也。晁氏自迥以來，家傳文學，幾於人人有集。南渡後則公武兄弟最爲知名。公武郡齋讀書志世稱該博，而所著昭德文集已不可見，惟公遡此集僅存。王士禎居易錄謂其詩在无咎叔用之下，蓋其體格稍卑，無復前人筆力，固由一時風會使然。而揮灑自如，亦尙能不受羈束。至其文章勁氣直達，頗有崟崎歷落之致，以視景迂、鷄肋諸集，猶爲不失典型焉。

默堂集二十二卷　浙江鮑士恭家藏本

宋陳淵撰。淵字知默，一字幾叟，沙縣人。楊萬里序稱爲瓘之猶子，而集乃自稱瓘之姪孫。疑萬里筆誤也。紹興七年詔舉直言敢諫之士，以胡安國薦除御史，官至宗正少卿。嘗牓所居之室曰默堂，其門人沈度編次詩文，因以名集。凡文十二卷，詩十卷。淵爲楊時弟子，傳程氏之學。故上殿劄子首闢王安石，又如詆秦檜、糾莫將、鄭億年，論宰執不職，皆侃侃不阿。其他議論時政，亦多切實。爲詩不甚雕琢，然時露真趣，異乎宋儒之以詩談理者。惟與翁子靜論陶淵明，以不知義責之，未免講學諸人好爲高論之錮習。又力崇洛學，而於陳瓘之事佛獨津津推獎，亦未免牽於私情，不爲至公耳。宋史藝文志載淵集二十六卷，詞三卷。此本止二十二卷，未知爲傳寫脫佚，或宋史字誤。又別本十二卷，題曰存誠齋集，蓋淵嘗以存誠齋銘示學者，故後人以名其集。有文無詩，第一卷末較此本少啟三篇，第九卷末較此本少書二篇，字亦多所譌闕，未若此本之完善也。

知稼翁集二卷　兩淮鹽政採進本

宋黃公度撰。公度字師憲，莆田人。紹興八年進士第一。歷官考功員外郎。書錄解題載公度集十一卷。卷端洪邁序稱公度既沒，其嗣子知邵州沃收拾手澤，彙次爲十有一卷。卷末載有沃跋，亦稱故笥所存，塗乙之餘，裒十一卷，均與陳氏所載合。又書錄解題詞曲部別有公度知稼翁詞一卷，合之當爲十二卷。此本爲天啟乙丑其裔孫崇翰所刊，稱嘉靖丙午得於陝西謁選人，乃前朝祕府之本，尚有御印。然併詞集合爲一編，僅一百三十四頁，分爲上下二卷，似不足十二卷之數，豈尚有佚遺歟。公度早擢魏科，而卒時年僅四十八，仕宦不達，故宋史無傳。肇慶府志稱其爲祕書省正字時，坐貽書臺官言時政，罷爲主管台州崇道觀，過分水嶺題詩，有誰知不作多時別，依舊相逢滄海中之句。時趙鼎方謫潮陽，說者謂此詩指鼎而言，遂觸秦檜之怒，令通判肇慶府云云，殆亦端愨之士，不附時局，故言者得借趙鼎中之歟。其詩文皆平易淺顯，在南宋之初，未能凌躒諸家，然詞氣恬靜，而軒爽無一切澒洞齷齪之態，是則所養爲之矣。公度別有漢書鐫誤，今已佚，此本從他本掇拾二段，併佚詞一首附之卷末，今亦并錄之焉。

唯室集四卷附錄一卷 永樂大典本

宋陳長方撰。長方有步里客談，已著錄。是集詩文散入永樂大典各韻下，據胡百能行狀，原本凡十四卷，又唐璟原序稱其家所刊凡二百篇，今掇拾殘闕，僅得文五十五首，詩三十九首，勒爲四卷，而以他人所作銘狀記序附錄於後，以備稽考。雖較原書篇數祇及其半，而菁華具在，亦可以觀其大凡矣。長方父侁，與游酢、楊時、鄒浩、陳瓘等游，故長方之學以程氏爲宗。朱子語錄於同時學者多舉其字，惟於長方則稱曰唯室先生，蓋頗引以爲重也。馮時可雨航雜錄謂宋儒論人喜核，而務深長方亦不免於是。然如謂劉先主滅劉璋取蜀，爲行不義殺不辜，故不能有天下；謂張九齡與李林甫同輔政，不能發其姦而去之，以致天寶之亂，雖核以事勢，均未必盡然，要其理則不爲不正。至於紹興六年應詔劄子，諄諄以嚴師律、備長江、講漕運爲急，又因朝廷罷趙鼎任張浚，作里醫一篇，以爲國家起錮疾，必固元氣，補當持重，攻當相機，蓋其意不主於和，亦不主於遽戰。富平、淮西、符離三敗，躁妄僨事，若預睹之，固與迂闊者異矣。雖佚篇殘篇，僅存什一，要勝於虛談高論，徒供覆瓿者也。

漢濱集十六卷 永樂大典本

宋王之望撰。之望字瞻叔，襄陽穀城人，後寓台州。登紹興八年進士第，累遷太府少卿。孝宗卽位，除戶部侍郎，充川陝宣諭使，洊擢至參知政事，勞師江淮。爲言者論罷。乾道元年起爲福建安撫使，加資政殿大學士，移知溫州，卒。事蹟具宋史本傳。錢溥祕閣書目載有之望漢濱集，而佚其冊數，焦竑經籍志作六十卷。然趙希弁、陳振孫兩家俱未著錄，則宋代已罕傳本，後遂散佚不存。今從永樂大典中採掇裒綴，所存什之三四而已。之望當秦檜柄國時，落落不合，人咸稱其有守。其歷官亦頗著政績，惟在隆興時，力主和議，與湯思退相表裏，專以割地啖敵爲得計，而極沮張浚恢復之謀。考宋南渡之初，自當以北取中原爲務，然惟岳、韓諸將可冀圖功。張浚很愎迂疎，但急於立功以固位，實非可倚以恢復之人。一敗於富平，而喪師三十萬；再衄於淮西，而叛逃者七萬；三挫於符離，而喪師又十三萬。僨轅誤國，其驗昭然。講學家以張栻之故，回護其父，殊未免顛倒是非。之望之沮浚，不可不謂之知人。至其論和議之策，以爲南北之形已成，未易相兼，惟當移攻戰之力以自守，然後隨機制變。又以爲金人制勝之謀，舉無遺策，加以器械之利，形勢之便，雖漢唐全盛之時，猶未能輕此敵，而況於今日。其斟酌時勢，以立言與史浩意頗相近，亦不可謂之不知時務。特其朋比小人，附和權倖，與浩之出於老成忠藎者不同，又湯思退所主者乃六國賂秦之計，與浩之主於持重俟釁者亦復迥異，故當時重爲人所抨擊，而宋史亦極不滿之，誅其心也。至其詩文，則皆疏暢明達，猶有北宋遺矩。諸劄子亦多足以考見時事，與正史相參。未可遽廢，謹釐爲十六卷，著之於錄，庶其人其文是非得失各不相掩焉。

香溪集二十二卷 安徽巡撫採進本

宋范浚撰。浚字茂名，蘭溪人。紹興中舉賢良方正，以秦檜柄政，辭不赴。然浚雖不仕，實非無意於當世者。其書曹參傳後，則隱戒熙豐之變法；其補翟方進傳，則深愧靖康之事讎；其讀周禮一篇，亦爲王安石發；而進策五卷，於當時世務尤言之鑿鑿。非迂儒不達時變者也。其詩論戒穿鑿，似爲鄭樵而言；易論鄙氣數，亦似爲陳摶而設，於經術頗爲有功。春秋論欲廢三傳，則猶祖孫復之餘習，頗爲乖迕。然盧仝所詆，儒者罕傳，浚論尚載其數條，亦足資異聞。其辯孟母無三遷事、黄帝無阪泉事、周穆王無西至崑崙事，雖頗失之固，然皆於理無害。其詩凡三卷，近體流易，猶守元祐舊格，不涉江西宗派。古體頗遒，亦非語錄爲詩之比，有足稱焉。集爲其門人高柟所編，其姪端臣刊之。前有紹興三十一年陳巖肖序，後有元吳師道跋，稱朱子取其心箴註孟子，而其集金履祥時已不傳，後從應氏得其前七卷，又從其族孫俊家得殘本，佚前五卷，合之遂爲完書。跋又稱端臣蒙齋集未及刊，先刊其與浚唱酬諸詩附見焉。此本無端臣詩，蓋又佚矣。

鄭忠肅奏議遺集二卷（江蘇巡撫採進本）

宋鄭興裔撰。興裔字光錫，初名興宗，顯肅皇后外家三世孫。由成忠郎歷官江東路鈐轄，遷均州防禦使、保靜軍節度使，召領內祠，武康軍節度使，贈太尉，諡忠肅。是集所錄多奏疏表狀，其記序辨跋諸雜著則間附數篇。其中如請起居重華宮及論淮西荒政諸疏，詞意剴摯。他如蠲緡錢禁改鈔論折帛錢諸奏，所列紹興間一切弊政，皆宋史食貨志及文獻通考所未載，亦足補史志之闕。又紀淳化閣帖之摹搨傳寫與黄伯思互有異同，辨瓊花之復榮較周必大玉蘂辨證更爲詳贍，亦考據者所不廢矣。書錄解題及宋史藝文志皆不著錄，蓋其裔孫所裒輯，出於南宋之後，錄之亦足徵宋代故實之一二焉。

案此編雖以奏議爲名，實則裒輯雜文，共爲一集，故錄之別集類中。

雲莊集五卷（永樂大典本）

宋曾協撰。協字同季，南豐人。宋史無傳，志乘亦不載其名。據傳伯壽所作集序，知爲曾肇之孫、曾纁之子，而所敘仕履但曰官零陵太守，不及其詳。且宋無零陵郡，亦無太守之名，殊非實事。今以集中詩文考之，知紹興中舉進士不第，以世賞得官。初爲長興丞，遷嵊縣丞，繼爲鎮江通判，遷臨安通判。乾道癸巳權知永州事以卒。伯壽所云蓋以古地名與古官名假借用之，文人换字之陋習耳。伯壽又稱慶元庚申協沒已二十八年，其子直敷文閣福建轉運副使炎輯其文爲二十通，考劉禹錫作柳宗元集序，稱一卷爲一通，則原集蓋二十卷。今傳於世者惟詠芭蕉一詩，僅見陳景沂全芳備祖中，他不概見，則其亡已久矣。今裒拾永樂大典所載，以類編次，尚得五卷。又得傳伯壽序一篇，亦併錄入。序稱其古詩多效選體，然合諸作觀之，大抵源出蘇軾、陳與義，故同沈正卿作仇池石詩用軾韻，陳晞賢過零陵贈詩亦用與義韻，而絕不及於他家，知其唱和講求在二家舊格也。雜文頗雅飭有法，賓對一賦爲集中巨篇，語特偉麗，而大旨以安享太平爲渾穆之王風，以恢復中原爲戰爭之霸術，誇大其詞，以文偏安之陋，曲學阿世，持論殊乖。姑以文采錄之，從昭明文選不廢劇秦美新之例，讀其文者分別觀之可矣。

竹軒雜著六卷（永樂大典本）

宋林季仲撰。季仲字懿成，永嘉人。登進士第，歷官太常少卿、知婺州，自號蘆山老人。嘗僑居暨陽，集中又自稱濟南林某者，蓋其祖貫也。宋史不爲立傳，其行事不可概見。惟陳振孫書錄解題稱季仲以趙鼎薦入朝，奏疏沮和議得罪。仲熊、叔豹、季貍其弟也，皆知名云云。今案集中與趙僕射書有相公過聽引而置諸朝，鹿鹿三年，蔑有報稱之語，與趙鼎薦引之說合。惟沮和議一疏，已不見於集中。其得罪貶謫之事遂略而弗顯。集中又有祭德和弟察和弟諸文，據所云同祖所出兄弟八人者，知其兄弟甚多，而仲熊、叔豹之名亦已不可復考。然宋史趙鼎傳稱鼎之再相，嘗奏言今清議所與，如劉大本、胡寅、呂本中、常同、林季仲之流，陛下能用之乎。是季仲在紹興中實負清流重望，故集中劄子雖所存無幾，而多力持正論，深切時弊之言。其趙鼎南遷以後所與簡牘數篇，無不反覆慰藉，詞意諄摯，交道之篤尤可概見。又庚溪詩話稱季仲頗喜爲詩，語佳而意新。今觀所作，雖邊幅稍狹，已近江湖一派，而筆力挺拔，其清雋亦可喜也。集本十五卷，世久失傳，論宋代人物者或不能知其姓氏。今從永樂大典中搜輯編綴，釐爲詩一卷、文四卷，用存其概，且爲略考本末，附著於此，俾不至無聞於後焉。

拙齋文集二十卷（浙江鮑士恭家藏本）

宋林之奇撰。之奇有尚書全解，已著錄。是集凡記問二卷，蓋即本傳所謂道山記問者。詩一卷，雜文十七卷。末附呂祖謙祭文及李楠所爲哀詞。姚同所爲行實，以之奇自號曰拙齋，因以名集。之奇之學得於呂本中，其記問內稱少蓬及呂紫微者，皆謂本中。其後呂祖謙又受學於之奇，祖謙祭之奇文云：昔我伯父西垣公，躬受中原文獻之傳，載而之南。先生與二李伯仲實來定師生之分。二李謂李棻之子李柟、李樗。西垣公者亦謂本中也。案祖謙之祖弸中，爲本中之弟，本中乃其從祖，而祖謙稱伯父者，蓋用左傳昔我皇祖伯父昆吾語，然亦太僻矣。謹附訂於此。呂氏之學頗雜佛理，故之奇持論亦在儒釋之閒。呂氏雖談經義，而不薄文章，故之奇註釋尚書，究心訓詁，而此集所載諸篇，皆明白暢達，不事鉤棘，亦無語錄粗鄙之氣。其詩尤具有高韻，如江月圖、早春偶題諸篇，置之蘇、黃集中，不甚可辨也。

于湖集四十卷　浙江巡撫採進本

宋張孝祥撰。孝祥字安國，歷陽烏江人。紹興二十四年進士第一。孝宗朝累遷中書舍人、直學士院，領建康留守。尋以荊南湖北路安撫使請祠，進顯謨閣直學士，致仕。事蹟具宋史本傳。書錄解題載于湖集四十卷，此本卷數相合。前有其門人謝堯仁及其弟華文閣直學士孝伯序。堯仁序稱孝祥每作詩文，輒問門人：視東坡何如？而堯仁謂其水車詩活脫似東坡，然較蘇氏畫佛入滅、次韻水官、韓幹畫馬等數篇，尚有一二分劣。又謂以先生筆勢，讀書不十年，吞東坡有餘矣。今觀集中諸作，大抵規摹蘇詩，頗具一體，而根柢稍薄，時露竭蹶之狀。堯仁所謂讀書不十年者，隱寓微詞，實定論也。然其縱橫兀傲，亦自不凡，故桯史載王阮之語，稱其平日氣吐虹霓，陳振孫亦稱其天才超逸云。

太倉稊米集七十卷　編修朱筠家藏本

宋周紫芝撰。紫芝字少隱，宣城人。紹興中登第，歷官樞密院編修官，出知興國軍。自號竹坡居士。是集樂府詩四十三卷，文二十七卷。前載唐文若、陳天麟及紫芝自序。集中問題一首註云：壬戌歲始得官，時年六十一。是紫芝通籍館閣，業已暮年，可以無所干乞，而集中有時宰生日樂府四首，又時宰生日樂府三首，又時宰生日樂府七首，又時宰生日詩三十絕句，又時宰生日五言古詩六首，皆爲秦檜而作。秦少保生日七言古詩二首，秦觀文生日七言排律三十韻，皆爲秦熺而作。又大宋中興頌一篇，亦歸美於檜，稱爲元臣良弼，與張嵲紹興復古頌用意相類，殊爲老而無恥，貽玷汗青。集中嘗引蘇軾之言，謂古今語未有無對者，琴家謂琴聲能娛俗耳者爲設客曲，頃時有作送太守詩者曰：此供官詩，不足觀。於是設客曲乃始有對。因戲作俳體詩曰：設客元無琴裏曲，供官尚有選中詩云云。是數篇者，殆所謂供官詩歟？然其詩在南宋之初，特爲傑出，無豫章生硬之弊，亦無江湖末派酸餡之習。方回作是集跋，述紫芝之言曰：作詩先嚴格律，然後及句法。得此語於張文潛、李端叔。觀於是論，及證以紫芝詩話所徵引，知其學問淵源實出元祐，故於張耒、柯山、龍門、右史、譙郡先生諸集汲汲搜羅，如恐不及。葉夢得石林詩話所謂寇國寶詩自蘇黃門庭中來，故自不同者也。略其人品，取其詞采可矣。

欽定四庫全書總目卷一百五十八

欽定四庫全書總目卷一百五十九

集部十二

別集類十二

夾漈遺稿三卷　編修汪如藻家藏本

宋鄭樵撰。樵有爾雅註，已著錄。樵銳於著述，嘗上書自陳，稱所作已成者凡四十一種，未成者八種。當時頗以博洽著，而未嘗以文章名。其集自陳振孫書錄解題以下亦皆不著錄，此本前後無序跋，不知何人所編。上卷古近體詩五十六首，中卷記一篇，論一篇，書二篇，下卷書三篇。其詩不甚修飾，而蕭散無俗韻，其文滉漾恣肆，多類唐李觀、孫樵、劉蛻，在宋人爲別調。其獻皇帝書自譽甚至，上宰相書、上方禮部書，益放言縱論，排斥古人。秦漢來著述之家，無一書能當其意。至投宇文樞密、江給事二書，置學問而誇抱負，益傲睨萬狀，不可一世。其量殊嫌淺狹，然南北宋閒記誦之富，考證之勤，實未有過於樵者。其高自位置，亦非盡無因也。觀於是集，其學問之始末，亦可以概見矣。

鄮峯真隱漫錄五十卷　浙江范懋柱家天一閣藏本

宋史浩撰。浩有尚書講義，已著錄。其集見於陳振孫書錄解題。宋史藝文志者皆五十卷，此本卷數竝合。而目錄別爲三卷，首題門人周鑄編，則猶宋時刊行舊式也。浩事孝宗於潛邸，隆興、淳熙中兩爲宰揆，沒後至配享廟庭。其推轂善類，寬厚不爭，亦頗爲世所稱許。當孝宗任張浚，銳意用兵，浩獨以爲不然，遂以論劾罷去。元代史臣作浩傳贊，亦頗詆其不能贊襄恢復之謀。今考集中如論山東未可用兵，論歸正人，論未可北伐，回奏條具弊事諸劄子，皆極言李顯忠、邵宏淵之輕脫寡謀，不宜輕舉。而欲練士卒，積資糧，以蓄力於十年之後。既而淮西奔潰，其言竟驗，不可爲非老成謀國之見。雖厥後再秉國政，亦未能收富强之效，以自踐其言。而量力知難，其初說固有未可深議者。至本傳稱浩因專對，請於普安、恩平二王內擇立一人爲皇子，高宗亟稱爲有用之才。而集中論對有司不能推廣恩意劄子下註云，見知高宗，只因此劄子。事當在請定繼嗣之先，而本傳顧未之及。集爲門弟子編排，所言當必有據，是亦足與史相參考也。集凡詩五卷，雜文三十九卷，詞曲四卷，末二卷爲童丱須知，分三十章，所言皆治家修身之道，而諧以韻語，乃錄之家塾以訓子孫者，自署辛丑，爲淳熙八年，蓋其罷官以少傅侍經筵時所著云。

燕堂詩稾一卷（浙江鮑士恭家藏本）

宋趙公豫撰。公豫字仲謙，常熟人。紹興中由進士知眞州，官至寶謨閣待制。是集卷首有傳一篇，不著撰人名氏，稱公豫本宗室子，南渡後徙居常熟。然考宋史宗室表，諸王系中無以公字聯名者，不知其出何派也。傳又稱公豫所著燕堂類稾原本十六卷，詔誥表策多爲時傳誦。其詩因屬對不甚工切，泉州守蔣雝選錄全部，澄汰太甚，僅存若干首。是公豫止優於文，而詩則非所擅長。故雖鈔本僅存，而選錄宋詩者亦未經採摭。今讀其詩，雖吐屬未工，而直寫胸臆，要自落落不凡。傳又稱公豫居官廉正，常言吾求爲良吏，不求爲健吏。去任之日，挈壺槳擎韍者甚衆，是其政績不愧於古之循吏，當因人以重其詩。使魯恭卓茂有遺集以傳於後，雖聲律未嫻，談藝者敢毅然斥去乎。存此一集，以風屬官方，較之掞藻摛華，其有補於世道爲多也。

海陵集二十三卷、外集一卷（編修汪如藻家藏本）

宋周麟之撰。麟之字茂振，海陵人。紹興十五年進士，中宏詞科，任起居舍人，歷擢兵部侍郎、直學士院，給事中，知制誥，翰林學士，官至同知樞密院事。宋史藝文志載麟之海陵集二十三卷，與此本合。前有淳熙癸卯周必大序，亦稱其子準裒遺稾得二十三卷，蓋猶舊帙。序稱其久官於朝，故其詩文因事而作者少，集中內外制詞殆居其半。今觀其集，非惟贈荅唱和寥寥無幾，卽奏議奏劄亦多不關軍國大計，蓋其珥筆禁庭，坐躋通顯，與王珪約略相似，而文章嫻雅，亦猶有北宋館閣之餘風，非南渡諸家日趨新巧者比，未可以專工儷偶輕也。別有外集一卷，其中使金諸詩稱紹興己卯，考徐夢莘三朝北盟會編載紹興二十九年周麟之爲告哀使，蓋以韋太后事而行。時金國方謀南伐，詩中造海船一章，亦知其欲由膠州浮海，水陸竝進。而所載中原民謠十章，乃盛陳符讖，以燕京小爲康王坐之兆，以迎送亭爲迎宋之兆，以金爛酒爲金爛之兆，以歸德府爲復舊之兆，以沃州爲天水之兆，皆附會牽合，亦何異呂紳棄通州而遁，乃表言夜夢赤幟朱甲爲中興之瑞乎。二老堂詩話又載麟之使金，金主愛之，享以牛魚，密糟其首以歸獻，時有魚頭公之嘲，則當時必有所取悅於金主者。而其詩誇詆金，與事實絕不相應。又前後凱歌三十首，虛張虞允文瓜洲采石僥倖之功，殊爲過實，詞句亦多鄙俚，不類麟之他詩。考諸宋志，亦無外集之目，殆其子諱而削稾，後人又掇拾附存歟。以原本所有，姑仍其舊錄之，而附訂其謬如右。

竹洲集二十卷、附棣華雜著一卷（安徽巡撫採進本）

宋吳儆撰。儆字益恭，初名偁，避秀邸諱改名，休寧人。紹興二十七年第進士，歷朝散郎，廣南西路安撫使，主管台州崇道觀，卒諡文肅。其集宋史藝文志、書錄解題、文獻通考皆不著錄。集首有端平乙未敷文閣學士程珌序，稱其文峭直而紆餘，嚴潔而平澹，質而非俚，華而不雕。今觀其詩文，皆意境劉削，於陳師道爲近，雖深厚不逮，而模範略同。蓋以元祐諸人爲法者。其上蔣樞密書，論戰和守之俱非，與汪楚材書，論伊川之徒，皆有卓識。其芻言中豪民黠吏一條，與論邕州以互市刼制化外一條，亦具有吏才，非但以文章重也。

高峯文集十二卷（兩淮馬裕家藏本）

宋廖剛撰。剛字用中，順昌人。紹興中爲御史中丞，出提舉明道宮致仕。高峯其號也。事蹟具宋史本傳。考朱子語類論龜山門人，謂剛爲助和議，今觀其集，若漳州被召上殿乞約束邊將諸劄，其說誠然。然宋史本傳載金人敗盟，剛乃有責鄭億年以百口保金人之語，又欲起舊相有德望者，以是爲檜所惡，致斥奉祠。而集中與秦相公書，亦以和議爲失，前後如出兩人。豈至是乃悟其謬歟。宋史以剛爲楊時弟子，道學一脈，愛屋及烏，使與張九成胡銓同傳，固爲不倫。然視恬過不悛者，則有閒矣。其他奏議指陳當時利弊，頗有可採。答陳幾叟書論知制誥之失，尤爲切當。至其乞設親軍劄子，舍大慮小，所見殊陋。又諫止高宗節序拜欽宗事，於君臣兄弟之義，亦皆未協。本傳乃獨採之，去取未免失倫。亦足證宋史之疎謬，其是非不盡可據矣。其集久無刻本，傳寫多誤，脱字或至數行，無從校補。今亦姑從舊本錄之焉。

鄂州小集六卷、附錄二卷（兩淮馬裕家藏本）

宋羅願撰。願有爾雅翼，已著錄。淳熙甲辰，願由知南劍州改鄂州，乙巳卒於官。州佐劉清之爲刊其遺稾，名鄂州小集，止六卷。史稱十卷，與原集不合，蓋宋史多譌，不足爲據。此本卷數雖符，然編次無法，又以新安志中小序二篇入之，疑經後人掇拾而成，亦非其舊也。願父汝楫助秦檜以害岳飛，犯天下之公怒，而願學問該博，文章高雅，乃卓然有以自立，不爲父惡之所掩。其淳安社壇記，朱子亦謂不如。其爾雅翼後有方回跋，曰：回聞之先君子，南渡後文章有先秦西漢風，惟羅鄂州一人。甫七歲能爲青草賦，以壽其先尚書，少長落筆萬言。既冠乃數月不妄下一語，其精思如此。又曰：小集僅文十之一，劉公清之子澄所刊。晦翁謂其文有經緯，嘗欲附名集後。又謂羅端良止此，可惜，蓋年止四十餘，使老壽，進未艾也。鄭玉作是集序亦曰：其陶令祠堂記、張烈女廟碑，詞嚴理暢，至於論成湯之慙德，則所以著千古聖賢之心，明萬世綱常之正云云。朱子當南宋初，方回當南宋末，其推重如出一轍，知一代作者，於願無異詞矣。今所傳者雖未必淳熙之原本，實皆願之遺文，要足貴也。後二卷附願兄頌、願弟頎、姪似臣之文，末又有明人月山錄一卷，尤雜鄙陋。蓋願之疎族因刊是集而竄入之，冀附驥以傳，殊爲疣贅。今存頌、頎、似臣之文，而所謂月山錄者，則竟從刪汰焉。

艾軒集九卷、附錄一卷（江蘇巡撫採進本）

宋林光朝撰。光朝字謙之，莆田人。登隆興元年進士，歷官國子祭酒兼太子左諭德，除中書舍人兼侍講，以集英殿修撰知婺州，卒。事蹟具宋史儒林傳。光朝爲鄭俠之壻，又從陸子正游，學問氣節，俱有自來。長朱子十六歲，朱子兄事之。其爲舍人日，繳還謝廓然詞頭一事，尤爲當世所稱。平生不喜著書，既沒後，其族孫同叔裒其遺文爲十卷，陳宓序之。後其外孫方之泰搜求遺逸，輯爲二十卷，刻於鄱陽，劉克莊序之。至明代，宋刊已佚，僅存鈔本。正德辛巳，光朝鄉人鄭岳擇其尤者九卷，附以遺事一卷，題曰艾軒文選，是爲今本。所謂十卷、二十卷者，今皆不可見。王士禎居易錄稱嘗從黃虞稷借觀其全集，憾未鈔錄，未審即此本否也。然即此本觀之，亦可見其一斑矣。舊本閒有評語，蓋明林俊所附入，皆無發明，故今悉刪汰焉。

晦菴集一百卷、續集五卷、別集七卷（內府藏本）

宋朱子撰。書錄解題載晦菴集一百卷，紫陽年譜三卷，不云其集誰所編，亦不載續集。明成化癸卯莆田黃仲昭跋，稱晦菴朱先生文集一百卷，閩浙舊皆有刻本。浙本洪武初取置南雍，不知輯於何人。今閩藩所存本，則先生季子在所編也。又有續集若干卷、別集若干卷，亦併刻之云云。是正集百卷，編於在手，然朱玉朱子文集大全類編，稱在所編實八十八卷，合續集、別集乃成百卷。是正集百卷又不出在手矣。別集之首有咸淳元年建安書院黃鏞序，曰先生之文，正集、續集，潛齋、實齋二公已鋟版書院。建通守余君師魯，好古博雅，搜訪先生遺文，又得十卷，以爲別集。其標目則一仿乎前，而每篇之下，必書其所從得，是別集之編，出余師魯手。惟續集不得主名，朱玉亦云無考。觀鏞所序，在度宗之初，則其成集亦在理宗之世也。此本爲康熙戊辰蔡方炳、臧眉錫所刊，眉錫序之，而方炳書後題曰朱子大全集，不知其名之所始。考黃仲昭跋及嘉靖壬辰潘潢跋，尙皆稱晦菴先生集，而方炳跋乃稱朱子故有大全文集，歲月浸久，版已磨滅，則其名殆起明中葉以後乎。惟是潢跋稱文集百卷、續集五卷、別集七卷，與今本合，而與潢共事之蘇信所作前序，乃稱百有二十卷，已自相矛盾。方炳手校此書，其跋又稱原集百卷、續集十卷、別集十一卷，其數尤不相符，莫明其故。疑信序本作百有十二卷，重刻者偶倒其文，而方炳跋則繕寫筆誤，失於校正也。方炳跋又稱校是書時，不敢妄有更定，悉依原本，即續、別二集亦未依類附入，頗得古人刊書謹嚴詳慎之意。今通編爲一百一十二卷，仍分標晦菴集、續集、別集之目，不相淆亂，以存其舊焉。

梁谿遺稾一卷（兩淮馬裕家藏本）

宋尤袤撰。袤有遂初堂書目，已著錄。宋史袤本傳載所著遂初小稾六十卷，內外制三十卷。陳振孫書錄解題載梁谿集五十卷。今竝久佚。

國朝康熙中，翰林院侍講長洲尤侗自以爲袤之後人，因裒輯遺詩，編爲此本，蓋百分僅存其一矣。厲鶚作宋詩紀事，卽據此本爲主，而別摭三朝北盟會編所載淮民謠一首，茅山志所載庚子歲除前一日遊茅山一首，荆溪外紀所載游張公洞一首，揚州府志所載重登斗野亭一首，郁氏書畫題跋記所載題米元暉瀟湘圖二首，後村詩話所載逸句四聯。而去年江南荒兩聯，卽淮民謠中之語，前後複出，良由瑣碎摭拾，故失於檢校。知其散亡已甚，不可復收拾也。方回嘗作袤詩跋，稱中興以來言詩必曰尤楊范陸。誠齋時出奇峭，放翁善爲悲壯，公與石湖冠冕佩玉，端莊婉雅。則袤在當時，本與楊萬里、陸游、范成大竝驅齊駕。今三家之集皆有完本，而袤集獨湮沒不存，蓋文章傳不傳，亦有幸不幸焉。然卽今所存諸詩觀之，殘章斷簡，尚足與三家抗行，以少見珍，彌增寶惜，又烏可以殘賸棄歟。

文忠集二百卷（浙江鮑士恭家藏本）

宋周必大撰。必大有玉堂雜記，已著錄。是集卽史所稱平園集者是也。開禧中，其子綸所手訂，以其家嘗刻六一集，故編次一遵其凡例，爲省齋文稾四十卷，平園續稾四十卷，省齋別稾十卷，詞科舊稾三卷，掖垣類稾七卷，玉堂類稾二十卷，政府應制稾一卷，歷官表奏十二卷，奏議十二卷，奉詔錄七卷，承明集十卷，辛巳親征錄一卷，龍飛錄一卷，歸廬陵日記一卷，閒居錄一卷，泛舟游山錄三卷，乾道庚寅奏事錄一卷，壬辰南歸錄一卷，思陵錄一卷，玉堂雜記三卷，二老堂詩話二卷，二老堂雜誌五卷，唐昌玉蕊辨證一卷，近體樂府一卷，書稾三卷，劄子十一卷，小簡一卷，其年譜一卷，亦綸所編。又以祭文、行狀、謚誥、神道碑等別爲附錄四卷終焉。陳振孫謂初刻時以奉詔錄、親征錄、龍飛錄、思陵錄十一卷所言多及時事，託言未刊。鄭子敬守吉時，募工人印得之，世始獲見完書。今雕本久佚，止存鈔帙，而玉堂雜記、二老堂雜誌等編，世亦多有別本單行者，已各著於錄。茲集所載，則依原書編次之例，仍爲錄入，以存其舊第焉。

雪山集十六卷（永樂大典本）

宋王質撰。質有詩總聞，已著錄。其集久佚不傳，僅散見永樂大典中。史稱其嘗著論五十篇，言歷代君臣治亂，謂之樸論。今止存漢高帝、文帝、五代梁末帝、周世宗四篇。質自序西征叢記云：自丁亥至庚寅，得詩一百三十有九，詞五十有一，記十，序六，銘二。又於淳熙二年作退文，有六悔、六變。永樂大典所載乃總題曰雪山集，不可辨識。又宋史藝文志稱王景文集四十卷，而別出雪山集三卷。陳振孫書錄解題亦作三卷。焦竑經籍志、朱彝尊經義考則俱云四十卷。考王阮原序，稱其家以遺稾見屬，乃爲蒐羅刪次，釐爲四十卷，名曰雪山。本其舊也。然則質初有小集三卷，自題雪山之名，迨阮刪定遺稾，編爲全集，而其名如故，故三卷之本與四十卷之本諸書互見也。張端義貴耳集載其何處難忘酒詩四首，稱所撰有雪齋集，則又刊本流傳譌山爲齋矣。今蒐羅排次，共得一十六卷。其詩文有歲月可稽者，各加考證，附於題下。雖殘闕之餘，十存四五，其生平出處與文章宗旨，尚可以見其梗概焉。宋史本傳頗以氣節推質，而周密齊東野語載張說爲承旨時，朝士多趨之，惟質與沈瀛相戒勿詣說。已而質潛往說所，甫入客位，瀛已先在。物議喧傳，久之皆不安而去。與史殊相乖刺。考史稱虞允文以質鯁亮不回，薦爲右正言。時中貴人用事，多畏憚質，陰沮之云云。則質非附勢求進者，殆張說等憚其彈劾，反造此謗。史所謂陰沮之者，正指其事。密不察而誤載也。觀其初受張浚之知，又以湯思退薦爲太學正，而集中論和戰守疏，排擊二人皆無恕詞，此豈依利偷合者所能爲歟。史又稱質博通經史，善屬文，與九江王阮齊名。阮序是集，亦稱聽其論古，如讀酈道元水經注，名山支川，貫串周帀，無有間斷。自明以來，阮義豐集尙傳，而質集湮沒不彰，談藝家亦罕能稱道。今仰蒙

睿鑒，取其論和戰守疏及上宋孝宗疏諸篇，詞旨剴切，當於事理，

特命校正剞劂，以發幽光，洵爲千載之一遇。至集中靑詞一體，本非文章之正軌，謹欽遵

諭旨，於繕錄之本姑仍其舊，於刊刻之本則槪予芟除。又如會慶節功德疏、福地化緣疏，與如修御書閣疏、天申節開啓疏、滿散疏、水陸修齋儭經諸疏及

化緣修造榜文諸篇，亦皆語涉異教。刊本并爲刪去，以示別裁焉。

方舟集二十四卷（永樂大典本）

宋李石撰。石有方舟易學，已著錄。宋史不爲石立傳，其集亦不見於藝文志。惟書錄解題載方舟集五十卷、後集二十卷。自明以來，絕無傳本。今從永樂大典採掇編次，猶可得十之六七。考鄧椿畫繼稱其出主石室（案此指由太學博士黜爲成都學官時），就學者如雲，閩越之士萬里而來，刻石題諸生名幾千人。蜀學之盛，古今鮮儷。李心傳建炎以來朝野雜記稱石在太學時，適石學生芝草，學官稱賀，石獨以爲兵兆。由是坐斥。趙雄其鄉人，驟貴，石不與通書。及石罷官，值雄秉政，遂不復起。是石亦學問氣節之士。資州志又稱其好學能屬文，少從蘇符尙書游，而集中亦有爲蘇嶠所作蘇文忠集御序跋，知其文字淵源出於蘇氏。故所作以閎肆見長，雖閒失之險僻，而大致自爲古雅。諸體詩縱橫跌宕，亦與眉山門徑爲近也。謹以類排比，編爲詩五卷、詞一卷、文十二卷。又浙江採進遺書中有石所撰易十例略、互體例、彖統、左氏卦例、詩如例、左氏君子例、聖語例、詩補遺諸篇，皆題門人劉伯龍編，而帙首一行乃標曰方舟先生集，勘驗永樂大典所錄經說諸篇與浙江本無異，而其前冠以方舟集字，亦與浙江本同。蓋本附入集中，後全集散亡，僅存此經說。今仍別爲六卷，附之於後，以還其舊焉。

網山集八卷（浙江鮑士恭家藏本）

宋林亦之撰。亦之字學可，號月漁，福清人。林光朝之弟子也。光朝講學於紅泉，及卒，學者請亦之繼其席。趙汝愚帥閩，嘗薦於朝，未及用而卒。景定閒贈迪功郎。原集刊於紹定辛卯，劉克莊序稱嘗謂艾軒高處逼檀弓、穀梁，平處猶與韓並驅，至於網山論著，句句字字足以明周公之志，得少陵之髓。其律詩高妙者，絕類唐人，疑老師當避其鋒。他文稱是云云。其推之可謂至矣。今觀此本，詩僅二卷，而輓詩居一卷。文凡六卷，而祭文居二卷，祝文聘書居一卷，青詞募疏之類不軌於正者又居一卷。殊不類克莊之所稱。其編次尤爲猥雜。疑原集散佚，無識者掇拾叢殘，重編此本，故遺其菁華而存其糟粕也。宋人撰著，傳者日稀，既未睹其全帙，姑以此本著錄，備插架之一種云爾。

東萊集四十卷（兩淮馬裕家藏本）

宋呂祖謙撰。祖謙有古周易，已著錄。其生平詩文，皆祖謙歿後，其弟祖儉及從子喬年先後刊補遺稾，釐爲文集十五卷。又以家範、尺牘之類爲別集十六卷，程文之類爲外集五卷，年譜、遺事則爲附錄三卷，又附錄拾遺一卷，即今所傳之本也。祖謙雖與朱子爲友，而朱子嘗病其學太雜。其文詞閎肆辨博，凌厲無前，朱子亦病其不能守約。又嘗謂伯恭是寬厚底人，不知如何做得文字却似輕儇底人。如省試義大段鬧裝，館職策亦說得漫不分曉，後面全無緊要。又謂伯恭祭南軒文，都就小狹處說來。其文散見於黃罃、滕璘所記饒錄，後托克托修宋史，遂列祖謙於儒林傳中，微示分別。然朱子所云，特以防華藻溺心之弊，持論不得不嚴耳。祖謙於詩書春秋皆多究古義，於十七史皆有詳節，故詞多根柢，不涉游談。所撰文章，關鍵於體格源流，具有心解。故諸體雖豪邁駿發，而不失作者典型，亦無語錄爲文之習。在南宋諸儒之中，可謂衘華佩實。又何必吹求過甚，轉爲空疏者所藉口哉。又按朱子語類，稱伯恭文集中如荅項平甫書，是傳夢泉子淵者。如駡曹立之書，是陸子靜者。其他僞作，想又多在云云。是祖儉等編集之時，失於別擇，未免收入贋作。然無從辨別，今亦不得而刪汰之矣。

止齋文集五十一卷、附錄一卷（浙江巡撫採進本）

宋陳傅良撰。傅良有春秋後傳，已著錄。此集爲其門人曹叔遠所編，前後各有叔遠序一篇。所取斷自乾道丁亥，訖於嘉泰癸亥。凡乾道以前之少作，盡削不存，其去取特爲精審。末爲附錄一卷，爲樓鑰所作神道碑、蔡幼學所作墓誌、葉適所作行狀。而又有雜文八篇綴於其後，不知誰所續入。據宏治乙丑王瓚序，稱澤州張璡欲掇拾遺逸，以爲外集，其璡重刊所附入歟。自周行己傳程子之學，永嘉遂自爲一派，而傅良及葉適尤其巨擘。本傳稱永嘉鄭伯熊、薛季宣皆以學行聞，伯熊於古人經制治法，討論尤精，傅良皆師事之，而得季宣之學爲多。及入太學，與廣漢張栻、東萊呂祖謙友善。祖謙爲言本朝文獻相承，而主敬集義之功得於栻爲多。然傅良之學，終以通知成敗，諳練掌故爲長，不專於坐談心性。故本傳又稱傅良爲學，自三代秦漢以下，靡不研究，一事一物，必稽於實而後已。

蓋記其實也。當寧宗卽位之初，朱子以趙汝愚薦內召。旣汝愚與韓侂胄忤，內批與朱子在外宮觀。傳良爲中書舍人，持不肎下，其於朱子亦不薄。然葉紹翁四朝聞見錄稱，考亭先生晚註毛詩，盡去序文，以彤管爲淫奔之具，以城闕爲偷期之所。止齋陳氏得其說而病之，謂以千七百年女史之彤管與三代之學校，以爲淫奔之具、偷期之所，竊有所未安。獨藏其說，不與考亭先生辨。考亭微知其然，嘗移書求其詩說。止齋荅以公近與陸子靜互辨無極，又與陳同甫爭論王霸矣，且某未嘗註詩。所以說詩者，不過與門人爲舉子講義，今皆毀棄之矣。蓋不欲滋朱之辨也云云。則傅良雖與講學者游，而不涉植黨之私，曲相附和，亦不涉爭名之見，顯立異同。在宋儒之中，可稱篤實。故集中多切於實用之文，而密栗堅峭，自然高雅，亦無南渡末流冗沓腐濫之氣，蓋有本之言固迥不同矣。

格齋四六一卷（浙江鮑士恭家藏本）

宋王子俊撰。子俊字材臣，吉水人。安丙帥蜀，嘗辟爲制置使屬官。其始末則未詳也。所著有史論、師友緒言、三松類稾諸書，俱已不傳。此編原本題曰格齋三松集，疑卽類稾中之一種，散佚僅存者。朱彝尊曝書亭集有是書跋，稱鈔得宋本格齋四六，計一百二首。今檢勘其數與所跋相同，當卽彝尊所見之本。楊萬里嘗謂其史論有遷固之風，古文有韓柳之則，詩有蘇黃之味，至於四六，踵六一、東坡之步武，超然絕塵。自汪彥章、孫仲益諸公而下不論，其推之甚至。今其他文已湮沒不傳，無由證所評之確否，但就此一卷而論，其典雅流麗，亦復斐然可觀。故朱彝尊亦謂其由中而發，漸近自然，無組織之迹，必謂勝於汪藻、孫覿，固友朋標榜之詞，要之驂駕二人，亦足步其後塵矣。

梅溪集五十四卷（兵部侍郎紀昀家藏本）

宋王十朋撰。十朋有會稽三賦，已著錄。是集爲正統五年溫州敎授何澹所校，知府劉謙刻之，黃淮爲序。凡奏議五卷，而冠以廷試策，前集二十卷，後集二十九卷，而附以汪應辰所作墓誌。後有紹熙壬子其子宣敎郎聞禮跋，稱文集合前後並奏議五十四卷，與此本合。而文獻通考作梅溪集三十二卷，續集五卷，并載劉珙之序。今無此序，卷數更多寡不符。應辰墓誌則稱梅溪前後集五十卷，與此本亦不相應。疑珙所序者初稾，應辰所誌者晚年續增之稾，而此本則十朋沒後其子聞詩、聞禮所編次之定稾也。觀應辰稱尙書、春秋、論語、孟子講義皆未成書，而此本後集第二十七卷中載春秋論語講義數條，則爲蒐輯續入明矣。十朋立朝剛直，爲當代偉人。應辰稱其於文專尙理致，不爲浮虛靡麗之詞，其論事章疏，意之所至，展發傾盡，無所回隱。尤條鬯明白。珙稱其詩渾厚質直，懇惻條暢，如其爲人。今觀全集，淳淳穆穆，有元祐之遺風。二人所言，良非溢美。曹安讕言長語僅稱其祭漢昭烈帝諸葛亮杜甫文各數語，未足以盡十朋也。

香山集十六卷（永樂大典本）

宋喻良能撰。良能字叔奇，義烏人。登紹興二十七年進士，補廣德尉，遷國子監主簿。復以國子監博士召，兼工部郎中。除太常寺丞，兼舊職，出知處州。尋以朝請大夫致仕。宋史不爲立傳，惟金華先民傳載其仕履頗詳。其兄良倚、弟良弼，亦俱以古文詞有聲於時。集中所稱伯壽兄、季直弟者是也。良能所著忠義傳二十卷、諸經講議五卷、家帚編十五卷，俱久佚不存。其集義烏志作三十四卷，焦竑國史經籍志作十七卷，世亦無傳。獨永樂大典中所錄古今體詩尙多。核其格律，大都抒寫如志，不屑屑爲絺章繪句之詞。楊萬里朝天集有送喻叔奇知處州詩云：括蒼山水名天下，工部風煙入筆端。頗相推許。而良能集內亦多與萬里酬唱之作。故其詩格約略相近，特不及萬里之博大耳。又陳亮龍川集題喻季直文編一篇云：喻叔奇於人煦煦有恩意，能使人別去三日念之輒不釋。其爲文精深簡雅，讀之愈久而意若新。是良能之文亦有可自成一家者，惜其詩僅存而文已湮沒不傳矣。今從永樂大典採掇裒次，而以南宋名賢小集所載參校補入，釐爲十六卷，庶猶得考見其大略。其集稱香山者，案集中次韻李大著春日雜詩中有淸夢到香山句，自註曰：余所居山名。蓋以地名其集云。

宮敎集十二卷（永樂大典本）

宋崔敦禮撰。敦禮有芻言，已著錄。焦竑國史經籍志載有敦禮集二十卷，其本久佚，他家書目亦罕著於錄。故厲鶚宋詩紀事不及敦禮之名。惟永樂大典載有敦禮宮敎集，其詩文篇帙尙富。大抵格律平正，詞氣暢達，雖不能領新標異，而周規折矩，尺寸不踰。前輩典型、兹猶未墜、未可等諸自鄶無譏。謹採掇編次、釐爲十有二卷。第五卷內有進重刪定呂祖謙所編文鑑劄子一篇、稱刪去增添別爲進呈云云。考李心傳朝野雜記、謂呂祖謙文鑑既成、近臣密啟其失當、乃命直院崔大雅更定。增損去留凡數十篇。大雅者、其弟敦詩字也。朱子語類嘗論祖謙編錄文鑑事、亦有崔敦詩刪定奏議之語。是此劄當出敦詩、不出敦禮。似乎永樂大典偶爾誤題。然或敦詩刊定進呈、敦禮代爲草奏、亦未可定。今既別無顯證、姑仍其舊錄之、而附著其舛互如右。

蒙隱集二卷、永樂大典本

宋陳棣撰。棣始末、諸書不載。惟凌迪知萬姓統譜載陳汝錫字師予。紹聖四年進士。官至浙東安撫使。子棣字鄂父。以父任、官至通判潭州。今考集中知軍劉公挽詞第三首、自註稱紹興初、先子帥越。與汝錫時代官階皆符、當即其人。惟譜稱通判潭州、而集中食枸杞菊詩自序稱僕官桐川。又有我今作掾嘗苦饑句、稍爲不合。或初仕爲桐川掾、後終潭州歟。集中有甲子除夕詩、甲子爲紹興十四年、則猶高宗時人也。栝蒼集紀載、汝錫嘗有閒愁莫浪遣、留爲痛飲資句、爲黃庭堅所賞。則其家學淵源、亦從元祐而來。棣詩乃於南渡之初、已先導宋季江湖之派。蓋其足迹游歷、不過數郡、無名山大川以豁蕩心胸。所與唱和者不過同官丞簿數人、相與怨老嗟卑、又鮮耆宿碩儒以開拓學識。其詩邊幅稍狹、比興稍淺、固勢使之然。然統各體而觀之、雖乏鴻篇、實殊僞體。大都平易近情、不失風旨。較以生硬晦澀爲奇偉、以鄙俚蕪雜爲眞切者、其品固有閒矣。宋代遺篇、日傳日少。錄而存之、俾談藝家見所未見、亦稽古者所不廢也。自明以來、選宋詩者皆未及。厲鶚作宋詩紀事、亦不載其姓名。則原集之佚已久。其卷帙多少、不可復考。詩惟一篇、題甲子、其年月先後亦不可知。謹從永樂大典所載、按體區分、釐爲上下二卷、以略存梗概焉。

倪石陵書一卷、江蘇巡撫採進本

宋倪樸撰。樸字文卿、浦江人。居於石陵村、因以爲號。嘗應進士舉。紹興末、爲萬言書擬上高宗、而不果。鄭伯熊、陳亮皆極稱之。後爲里人所搆、徙置筠州。以赦得還。吳師道、宋濂皆爲作傳。師道稱其究悉用兵攻守險要、尤精地理、著輿地會元志四十卷。今不傳。傳者僅此集。前載吳宋二傳、次擬上高宗書、又書劄八篇、書唐史諸傳七篇、辨一篇。大抵皆古健有法。惟其觀音院鐘刻辨、論吳越所以改元者、乃因梁滅於唐、不肯反面事仇、奉正朔於唐、爲錢氏立國之大節。夫錢鏐固唐遺民也。當朱溫僭逆之時、羅隱之言、凛然大義。乃不以篡唐之梁爲仇、而反以滅梁之唐爲仇、是非顛倒、莫甚於是。樸因汴京喪亂、務伸復讎之義、遂併此事而附會之。可謂斯言之玷。鄭楷、杜極二跋、乃特稱是篇、其傎甚矣。卷末又有吳萊一序、乃爲謝翺輯樸雜著而作者。獨不舉此篇、其識固在二人上也。翺所輯久無傳本、其序蓋自淵潁集錄出。此本則明嘉靖丙戌麻城毛鳳韶所輯。其不曰集而曰書者、鳳韶自序謂以上高宗書爲主、舉所重云。

樂軒集八卷、兩淮馬裕家藏本

宋陳藻撰。藻字元潔、福清人。林亦之之弟子。樂軒其自號也。是集爲其門人林希逸所編。劉克莊序希逸竹溪詩集稱、乾淳間、艾軒林光朝始好深湛之思、加鍛鍊之功、有經歲累月繕一章未就者。盡生平所作、不數卷。能以約敵繁、密勝疏、精揜麤。一傳而爲網山林亦之、再傳而爲樂軒陳藻。又稱艾軒歿、門人散、或更名他師。獨網山、樂軒篤守舊聞、窮死不悔云云。今觀集中所載諸體詩、頗涉麤率、而眞樸之處、實能自抒性情。古文亦主於鍛煉字句、不爲奔放閎肆之作、與艾軒集體格相近。雖其蹊逕太僻、不免寒瘦之譏、然在南宋諸家中、實亦自成一派也。

定菴類稾四卷、永樂大典本

宋衛博撰。博、宋史無傳。其集諸家亦未著錄。惟散見永樂大典中。考宋中興百官題名記、載乾道四年正月、衛博爲樞密院編修官、四月致仕。知其終於是職。然平生事蹟、已不可考。惟其中送楊舒州詩有我昔懷軍書、西行盡淮泗語。知其嘗參戎幕耳。所作凡表、劄、牋、啓、序、記、書、疏之類、無所不備。而什九皆爲他人屬草者。特原本多直標題目、不署明代字、故往往不可辨別。今以宋史參證、如辭免職名表有更化之初、叨居政地、及長沙資殿等語、則當爲代黃祖舜作。辭免御營使江淮都督表有戎輅親征、及太上起臣於戎馬飲江之際、陛下眷臣於飛龍御極之初等語、則當爲代楊存中作。又所上諸啓中，如魏參政爲魏杞，葉參政爲葉容，洪參政爲洪遵，周參政爲周葵，蔣樞密爲蔣芾，皆一時名臣。又有奉使汴京、眞定府燕賓館賜宴諸表，似嘗從人使金者。而集中送薛左司序，則稱諫大夫王公將出疆，求幕下士，監丞陶公以某進，會疾作不果。考之於史，使金者乃王之望，旋即召還，則博實未北行，諸表殆預擬而未及用者。蓋博本以表奏四六擅長，故每爲當時顯貴者所羅致，而觀其所作，亦大都工穩流麗，有汪藻、孫覿之餘風，非應酬牽率者可比。惜其流傳不廣，幾致亡佚，謹鈔撮薈萃，釐爲四卷，存其梗概，俾不致終就湮沒焉。

澹軒集八卷（永樂大典本）

宋李呂撰。呂字濱老，一字東老，邵武軍光澤人。其行事不見於史傳，惟周必大平園續稿第三十五卷內有所作呂墓誌一篇，稱其端莊自重，記誦過人。年四十，即棄科舉，至七十七而卒。又稱其學務躬行，深惡口耳之習，讀易六十四卦，皆爲義說，尤留意資治通鑑，論著數百篇，蓋亦恬退力學之士矣。朱子嘗爲其父作墓誌，今集中尙有上晦菴干墓誌書，又呂立社倉，朱子爲作記，歎其負經事綜物之才，老而不遇。呂殁後，其子文子以集求序，朱子語人曰：李丈之文可謂有補於世教，未及爲序而疾革。見於文子所作跋語中。今觀其詩文，雖多近樸直，少波瀾迴復之趣，不能成家，然明白坦易，往往有關於勸戒，不失爲儒者之言。朱子所稱，實出公論，不盡以其子游於門下之故也。焦竑國史經籍志載澹軒集十五卷，與周必大墓誌相符。然世無傳本，惟散見於永樂大典中。謹採掇裒綴，釐爲詩三卷、詩餘一卷、雜文四卷，周必大墓誌一首亦附之卷末，以備考核焉。

攻媿集一百一十二卷（兩淮鹽政採進本）

宋樓鑰撰。鑰有范文正年譜，已著錄。其集載於諸家書目者，或作百卷，或作八十五卷，而世所傳鈔本有僅存四十二卷者。蓋流傳既久，多所佚脫。此本原作一百二十卷，與宋史藝文志及陳振孫書錄解題所載相同，猶爲舊帙。惟中闕第七十七卷，據原目爲宣王內修政事、光武大度同高祖二賦，玉巵爲壽、宅道炳星緯二詩，用人、安民、治兵三策。又闕第七十八卷，據原目爲御試進士舉人召試館職、閤職、省試、別試、解試、上舍、州學諸試所擬策問十五篇。又闕第七十九卷，據原目爲宴會慶賀致語十五篇、上梁文四篇、勸農文二篇。其第七十三卷據原目闕跋王伯奮所藏文苑英華、跋淸閟居士臨修禊序二篇，第七十四卷據原目闕跋劉元城江諫議往諫議鄒道鄉陳了齋五人帖一篇，而第五十六卷中揚州平山堂記亦闕其後半。諸家所藏刻本、鈔本並同，今俱無從校補。至第四十八卷、第八十卷、第八十一卷、第八十二卷，有青詞朱表、齋文、疏文之類凡一百六十七篇，均非文章之正軌，謹稟承

聖訓，概從刪削，重編爲一百一十二卷，用聚珍版摹印，以廣其傳。鑰居官持正有守，而學問賅博，文章淹雅，尤多爲世所傳述。本傳稱其代言坦明，得制誥體，葉紹翁四朝聞見錄載鑰草光宗內禪制詞，有雖喪紀自行於宮中，而禮文難示於天下二語，爲海內所稱。此言其工於內外制也。本傳又稱鑰試南宮，以犯諱請冠末等，投贄諸公，胡銓稱爲翰林才。今集中謝省闈主文啓一首，即是時所作。此言其工於啓劄也。王應麟困學紀聞取其門前莫約頻來客，坐上同觀未見書二句，載入評詩類中。此言其工於聲偶也。而袁桷延祐四明志稱其於中原師友傳授悉窮淵奧，經訓小學精據可傳信。尤能盡鑰之實。蓋宋自南渡而後，士大夫多求勝於空言，而不甚究心於實學。鑰獨綜貫今古，折衷考較，凡所論辨，悉能洞澈源流，可謂有本之文，不同浮議。王士禎居易錄稱其行盡松杉三十里，看來樓閣幾由旬，一百五日麥秋冷，二十四番花信風，水眞綠淨不可唾，魚若空行無所依諸句，而病是集多蕪冗，謂表狀內外制之類，刪去半部亦可。然貪多務博，即誠齋、劍南、平園諸集亦然，蓋一時之風氣，不必以是爲鑰病也。至於題跋諸篇，尤多元元本本，證據分明，不止於居易錄所稱三笑圖贊、吳彩鸞玉篇鈔、唐昭宗賜憶實敕書三篇。毛晉輯津逮祕書，摘錄宋人題跋，共爲一集，而獨不及鑰，其偶未見此本歟。

尊白堂集六卷（永樂大典本）

宋虞儔撰。儔字壽老，寧國人。隆興初入太學，舉進士，累官兵部侍郎，奉祠卒。其行事不見於宋史，而志乘所載頗詳。始爲績溪令，即以治行被薦，遷監察御史，搏擊權貴，朝廷肅然。爲浙東提刑，徙知湖州，值歲祲，推行荒政，所全活甚衆。蓋亦不徒以文

學見長者。集中有使北回上殿劄子、是又嘗銜命使金。考金史交聘表、泰和元年三月乙亥、宋使刑部尚書虞儔泉州觀察使張仲舒等來報謝。即其事也。儔慕白居易之爲人、以尊白名堂、并以名集。其讀白樂天詩云、大節更思公出處、寥寥千載是吾師。生平志趣、可以想見。故所作韻語、類皆明白顯暢、不事藻飾。其質樸之處、頗近居易。而麤率流易之處、亦頗近居易。蓋心摹手追、與之俱化、長與短均似之也。然如除日獄空春靄行及勸農禱雨喜雨諸篇、剴切慈祥、詞意懇到。足以驗其心勞撫字、固不當僅求之吟咏閒矣。集中古文僅存制誥劄子二體、已不免多所散佚。而辭命溫雅、議論詳明、於當時廢弛積弊、言之尤切。其意亦頗有可取者。據陳貴誼原序、集本二十四卷。今從永樂大典中採掇裒次、薀爲詩四卷、文二卷。錄而存之、亦所謂布帛菽粟之文、雖常而不可厭者歟。

東塘集二十卷（永樂大典本）

宋袁說友撰。說友字起巖、建安人。流寓湖州。登隆興元年進士第。嘉泰中官至同知樞密院參知政事。說友學問淹博、留心典籍。官四川安撫使時、嘗命屬官程遇孫等八人輯蜀中詩文、自西漢迄於淳熙、爲成都文類五十卷。深有表章文獻之功。其集則書錄解題宋史藝文志皆不載。故厲鶚宋詩紀事僅從楊慎全蜀藝文志採其巫山十二峯詩一首、從郁逢慶書畫題跋記採其題米敷文瀟湘圖詩一首、而不言其有集。則非惟詩文散佚、并其集名亦湮沒不傳矣。今據永樂大典所載、蒐羅排纂、得詩七卷、文十三卷。又家傳一篇、不知誰作。後半文已殘闕、而前半所敘仕履頗詳。亦竝存之、以備考證。集中題跋諸篇、於司馬光韓琦歐陽修蘇舜欽蘇軾黃庭堅蔡襄米芾諸人、皆慨想流連、服膺甚至。而跋默堂帖一篇、於王安石新學之失、辨之尤詳。知其學問淵源、實沿元祐之餘派。故其論事之文、曲折暢達、究悉物情、具有歐蘇之體。其詩與楊萬里倡和頗多。五言近體、謹嚴而微傷局促。七言近體、警快而稍嫌率易。至於五七言古體、則格調清新、意境開拓、置之石湖劒南集中、淄澠未易辨別矣。說友敭歷中外凡三十年、其政績雖不盡見於後。然章奏敷陳、多切時病。今集中尚見大凡。其論守淮宜用武臣一疏、謂文臣不諳兵事、不宜以邊務委之。切中當時坐談僨事之弊、非講學家所肯言。又蜀將當慮其變一疏、引崔寧劉闢王建孟知祥爲戒。說友歿後、卒有開禧吳曦之變。若先事而預睹之、其識慮亦不可及。魏了翁鶴山集有祭袁參政文、以耆臣宿弼相推。惋悼頗深、當非無故。宋史不爲立傳、殊不可解。今收拾於散佚之餘、賸簡殘篇、尚能成帙、俾其人其文併藉以傳。則是集之存、其足補史氏之闕者、又不僅在詞翰閒也。

義豐集一卷（編修勵守謙家藏本）

宋王阮撰。阮字南卿、德安人。王韶之曾孫。隆興元年進士。仕至撫州守。召入奏、韓侂胄欲見之、卒不往。怒、使奉祠歸廬山以終。阮少謁朱子於考亭。朱子知南康時、阮又從遊。故集中有唱酬之作。阮之歸也、朱子惜之、謂其才氣術略過人、而流落不偶。集首有淳祐癸卯吳愈序、謂其文無一字無來處。論邊事則晁賈其倫。爲記銘則韓柳其亞。今其文集未見、所存僅詩一卷。蓋傳錄者以全集之序弁詩之首也。劉克莊嘗跋其詩、謂高處逼陵陽茶山。陵陽者韓駒、茶山者曾幾也。岳珂桯史稱阮學於張紫微、載其萬杉寺唱和絕句及重過萬杉寺絕句。紫微者張孝祥也。曾詩祖述黃庭堅、張詩則摹擬蘇軾、韓詩則出入於蘇黃。今觀阮詩於兩派之閒各得一體。克莊及珂所述、固皆爲近實矣。珂又記阮所作詩號義豐集、刻於江泮、校官馮椅爲之序。是阮詩本有單行之本、不知何以佚去椅序、易以愈序也。

涉齋集十八卷（永樂大典本）

案涉齋集、永樂大典原題許綸撰。案集中王晦叔惠聽雨圖詩序、自稱永嘉人、字深父。而諸書不載其人。考宋史許及之傳云、及之字深甫、溫州永嘉人。隆興元年進士。累官至知樞密院事。與自序永嘉人合。藝文志載許及之文集三十卷、涉齋課藳九卷。與今本涉齋之名合。焦竑經籍志載許右府涉齋集三十卷。宋人稱樞密爲右府、與及之本傳官知樞密院又合。則此集當爲及之所撰。又宋史寧宗本紀、紹熙四年六月、遣許及之賀金主生辰。金史交聘表亦同。今集中使金之詩、一一具在。本傳稱及之嘗爲宗正簿。今集中亦有題玉牒所壁閒詩。則此集出於及之、尤證佐鑿然。永樂大典所題、不知何據。或及之初名綸、史偶未載更名事歟。此集世無傳本。今摭拾殘賸、編爲十八卷。觀其讀王文公詩絕句曰文章與世爲師範經術於時起世儒。少讀公詩頭已白只應無忝句風流。知其瓣香在王安石。安石之文平挹歐蘇而詩在北宋諸家之中其名稍亞。然早年鍛鍊鎔鑄工力至深瀛奎律髓引司馬光之言稱其晚年諸作華妙精深殆非虛譽。是集雖下筆稍易未能青出於藍而氣體高亮要自琅琅盈耳。較宋末江湖詩派刻畫瑣屑者過之遠矣。

蠹齋鉛刀編三十二卷編修汪如藻家藏本

宋周孚撰孚字信道濟南人寓家丹徒乾道二年進士官眞州教授集首有京口陳珙序稱遺文共三十卷儀眞縣志並同而鄜延解百禴跋語又稱三十二卷與今集本相合蓋珙序專指詩文而言末二卷爲非詩辨妄原自別本單行百禴取以附入故通爲三十二卷耳。又宋詩紀事稱孚卒後辛棄疾刊其集今考集中多與棄疾贈荅之作然絕無刊集之文世所傳本實淳熙己亥歲百禴爲鏤版以傳跋語可證疑宋詩紀事有誤也孚七歲通春秋爲詩初學陳師道進而學黃庭堅俱能得其遺矩詩中分註自甲戌歲始距其卒於淳熙初凡二十餘年蓋皆其中年之作學問日進故大抵詞旨清拔無纖仄卑俗之病文章不事雕績而波瀾意度往往近於自然至鄭樵作詩辨妄決裂古訓橫生臆解實汩亂經義之渠魁南渡諸儒多爲所惑而孚陳四十二事以攻之根據詳明辨證精確尤爲有功於詩教今樵書未見傳本案經義考載樵此書註曰未見而孚書巋然獨存豈非神物呵護以延風雅一脈哉是尤可爲寶貴者矣。

欽定四庫全書總目卷一百五十九

欽定四庫全書總目卷一百六十

集部十三

別集類十三

乾道稾一卷淳熙稾二十卷章泉稾五卷永樂大典本

宋趙蕃撰蕃字昌父號章泉先世鄭州人建炎初其曾祖暘官於信州因家焉蕃以暘致仕恩補官後終於直祕閣蕃始受學劉淸之年至五十乃問學於朱子朱子文集與蕃尺牘凡六首蕃與朱子往還詩及他作之稱述朱子者二十餘首朱子荅徐斯遠書有云昌父志操文詞皆非流輩所及且欲其刊落枝葉就日用間深察義理之本然庶幾有所據依以造實地不但爲騷人墨客而已所以援引之者甚力然蕃本詞人晚乃講學其究也仍以詩傳與澗泉韓淲有二泉先生之稱淲集久佚今從永樂大典裒輯已別著錄蕃集世亦無傳而永樂大典所收頗富幷爲採掇編次依舊本標題釐爲乾道稾一卷淳熙稾二十卷章泉稾五卷共二十六卷而以蕃本傳及劉宰所作墓表附錄於後初蕃爲太和簿時受知於楊萬里萬里贈詩有云西昌主簿如禪僧日餐秋菊嚼春冰又云勸渠未要思舊隱且與西昌作好春又贊其寫眞云貌恭氣和無月下推敲之勢神清骨聳非山頭瘦苦之容一笑詩成萬象春風劉克莊跋亦云近歲詩人惟趙章泉五言有陶阮意詩人玉屑載蕃論詩一則以陳后山寄外舅詩爲全篇之似杜者後戴式之思家用陳韻又全篇之似陳者觀其持論其詩學淵源亦可概見矣又張端義貴耳集稱蕃與

周必大同里，必大當軸，所任但一酒官，五十年不調。案五十年疑當爲十五年之譌。壽九十餘，公朝耆老，以祕閣正郎聘之不至，則蕃之恬淡自守，人品本高，宜其詩之無俗韻也。

雙溪集二十七卷 兩淮馬裕家藏本

宋王炎撰。炎字晦叔，婺源人。乾道五年進士，官至軍器少監。與淳熙中觀文殿大學士王炎名姓偶同，非一人也。所著有讀易筆記、尚書小傳、禮記論語孝經老子解、春秋衍義、象數稽疑、禹貢辨、考工記、鄉飲酒儀、諸經考疑、編年通紀、紀年提要、天對解、韓柳辨證、傷寒論，總題曰雙溪類稾，今已無傳，惟詩文集僅存。世所行者凡二本：一本爲康熙中其族孫祺等所刊，凡十二卷；一卽此本，乃明萬歷丙申尚寶司丞王鏻得沈一貫家舊本，爲校正開雕者也。凡賦、樂府一卷，詩詞九卷，文十七卷。炎初與朱子相契，朱子集中和炎寄弟詩有「祗今心事同千里，靜對簞瓢獨喟然」之句。炎亦多與朱子往還之作，其交誼頗篤。及朱子爲待制侍經筵，寧宗方諒闇，擇日開講，炎貽書朱子，論其非禮，而朱子集中無荅書。蓋是時韓侂胄趙汝愚釁隙方開，汝愚援道學諸人以自助。語詳齊東野語。侂胄之黨眈眈側目，朱子急欲寧宗親近士大夫，故不拘喪禮，汲汲以講學爲先，實一時權宜之計，追一經攻駁，難以置詞，遂付之於不論，豈非所持者正，雖朱子亦不能與之爭歟。其詩文博雅精深，亦具有根柢。程敏政輯新安文獻志，所採最多，其所未採諸篇，議論醇正，引據典確者，尚不可悉數，蓋學有本原，則詞無鄙誕，較以語錄爲詩文者，固有蹈空徵實之別矣。

止堂集二十卷 永樂大典本

宋彭龜年撰。龜年字子壽，清江人。乾道五年進士，歷官煥章閣待制，知江陵府，遷湖北安撫使，坐事落職，尋復官，以寶謨閣待制致仕，卒諡忠肅。事蹟具宋史本傳。龜年官右史時，面折廷諍，剴切入主，有古直臣之風。集中所存奏疏劄子，尚五十五篇，敷陳明確，多關於國家大計，其論光宗不朝重華宮疏凡三四上，至於伏地叩額，血漬甃甓，光宗亦爲之感動。又嘗事寧宗於藩邸，有舊學之恩，卽位後數進讜言，拳拳懇到，因風雷示變，極陳小人之竊權，及朱子以論韓侂胄被絀，龜年又上疏請與同斥，今諸疏竝在集中，其嚴氣正性，凜然猶可想見。史稱其學識正大，議論簡直，善惡是非，辨析甚嚴，故生平雖不以文章名，而懇惻之忱與剛勁之氣，浩然直達，語不求工而自工，固非馨帨爲文者所得絜其長短也。宋史藝文志載其集四十七卷，世久失傳，今從永樂大典所載，益以歷代名臣奏議所錄，共得文二百二十三首，詩二百二十首，依類編次，釐爲二十卷。雖得諸殘闕之餘，而其一生建白，史所未盡載者，已略具於是，傳龜年之文，益足傳龜年之人矣。

緣督集二十卷 永樂大典本

宋曾丰撰。丰字幼度，樂安人。乾道五年進士，官至知德慶府事。眞德秀幼嘗受學於丰，及執政，奏取其集入祟文四部，當時嘗版行於世，歲久不傳。元統間，丰五世孫德安購其遺集，得四十卷，翰林學士虞集爲之敍，謂其氣剛而義嚴，辭直而理勝，有得於易之奇、詩之葩，其文今見道園學古錄中。然當時欲授梓不果。至明嘉靖閒，詹事講始選錄十有二卷，刻於宣城，卷末有萬鏜後序，稱摘其尤者存之。今觀所分諸體，如五言排律類中惟有排律一二首，餘皆五言古詩；七言排律類中皆七言古詩，無一首爲律，是古今體且不能辨，其去取乖謬大概可知。蓋事講從羅洪先游，日以討論心學爲事，文章一道，非所深研，遂使丰之菁華，反因此選而散佚，殊堪惋惜。惟永樂大典編自明初，尚見丰之原集，其所收錄，較刊本多至數倍。今據以增補，乃裒然幾還舊觀，佚而復存，亦云幸矣。丰仕蹟不顯，頗以著述自負，集中如六經論之類，根柢深邃，得馬鄭諸儒所未發。其他詩文，雖間有好奇之癖，要皆有物之言，非膚淺者所可企及，亦南宋一作者也。丰晚年築室，自號曰撙齋，故是編一名撙齋集，見於宋史藝文志。今從虞集所序，仍以緣督爲名。集序稱凡四十卷，而宋志乃作十四卷，蓋刊刻傳寫，誤倒其文。今原目不可復睹，謹據所存各體，以類區分，共釐爲二十卷。

象山集二十八卷、外集四卷、附語錄四卷 大理寺卿陸錫熊家藏本

宋陸九淵撰。九淵字子靜，金谿人。乾道八年進士，紹熙初官至奉議郎，知荆門軍，卒於官。事蹟具宋史本傳。據九淵年譜，集爲其子持之所編，其門人袁燮刊於江西提舉倉司者，凡三十二卷。宋史藝文志、文獻通考竝作象山集二十八卷、外集四卷。

總而計之，與燮所刊本卷數相符。獨年譜稱持之所編外集爲六卷，殆傳寫譌四爲六歟。此本前有燮序，又有楊簡序。燮序作於嘉定五年，簡序作於開禧元年，在燮序前七年，而刻於燮後，蓋刊版之時以新序弁首，故翻刻者仍之。又有嘉定庚辰吳杰跋，稱是集爲建安陳氏所刊，而年譜未載此本，豈持之偶未見歟。前十七卷爲書，十八卷爲表奏，十九卷爲記，二十卷爲序贈，二十一卷至二十四卷爲雜著，二十五卷爲詩，二十六卷爲祭文，二十七卷二十八卷爲墓誌墓碣墓表。外集四卷皆程試之文，末爲謚議行狀，則吳杰所續入也。其語錄四卷本於集外別行，正德辛巳撫州守李茂元重刻是集，乃并附集末，以成陸氏全書。其說與集中論學諸書互相發明，合而觀之，益足勘證。今亦仍附於末，不別著錄焉。

慈湖遺書十八卷續集二卷（編修汪如藻家藏本）

宋楊簡撰。簡有慈湖易傳，已著錄。金谿之學，以簡爲大宗。所爲文章，大抵敷暢其師說。其講學純入於禪，先儒論之詳矣。其論治務最急者五事，次急者八事，大抵欲罷科舉以復鄉舉里選，限民田以復井田，皆迂闊不達時勢。然簡歷官治績乃多有可紀，又非膠固鮮通者。蓋簡本明練政體，亦知三代之制至後世必不可行，又逆知雖持是說以告世，世亦必不肎用，不慮其試之而不驗，故姑爲高論以自表其異於俗學霸術而已。及其莅官臨事，利弊可驗而知者，則固隨地制宜，不敢操是術以治之，故又未嘗無實效也。宋史本傳載簡所著有甲稾、乙稾、冠記、昏記、喪禮家記、祭記、釋菜禮記、石魚家記及己易、啟蔽諸書，其目甚多。陳振孫書錄解題則稱簡遺書止三卷。此本自六卷以前爲雜文及詩，七卷至十六卷爲家記，皆雜錄論經史治道之說，如語錄之體，十七卷紀先訓，十八卷乃錢時行狀及真德秀跋。又編雜文一卷及孔子閒居解一卷於後，謂之續集，與振孫所記卷數多寡不合。而集中家記內各條，又有別標曰見遺書者，疑先有遺書三卷，初本別行，後又裒輯諸編，其成此集，仍總以遺書名之，猶之王質雪山集有三卷之本，有四十卷之本歟。

絜齋集二十四卷（永樂大典本）

宋袁燮撰。燮有絜齋家塾書鈔，已著錄。乾道、紹熙之閒，陸九淵以心學倡一世，燮初與同里沈煥、楊簡、舒璘同師事之，均號金谿高弟，猶程門之稱游、楊、呂、謝也。簡與璘各有全集流傳於後，煥之著述久已不存，今亦無從蒐輯。惟燮絜齋集二十六卷、後集十三卷見於書錄解題者，明初尚有其本，故永樂大典採掇頗多，厥後遂罕相傳錄，漸就散亡。即祖述象山之派者，亦不能舉其篇目矣。今據永樂大典所載裒集編次，得文二百四十八首，詩一百七十六首。大抵淳樸質直，不事雕繪，而真氣流溢，頗近自然。其剖析義理，敷陳利病，凡議論爲語錄所未採，事迹爲史傳所未詳者，亦多足證焉。固不徒以文章貴也。惟永樂大典於前後二集不各爲標識，今遂無可辨別，謹以類排纂，并爲一集，勒成二十四卷，而以燮子甫所作序一篇附之，用存其舊云。

舒文靖集二卷（浙江汪啟淑家藏本）

宋舒璘撰。璘字元質，一字元賓，奉化人。舉乾道八年進士，初授徽州教授，擢知平陽縣，終宜州通判。淳祐中追謚文靖，事蹟具宋史儒林傳。璘棲遲州縣，終身未一挂朝籍，故集中無章奏之文。其經略遂不可考見。本傳亦但稱其教授新安作詩禮講解，家傳人習，自是其學浸盛。然觀集中與陳倉劄子，論常平、義倉、茶鹽、保長之法，深切時弊，皆其教授新安時所作，則璘亦非短於經世者也。本傳稱璘釋褐之後，兩除郡教授，不就，未著其所除者何郡。今觀璘自作其父壙銘，篇末有曰子璘迪功郎信州州學教授，則是所稱兩郡之一，而本傳失之者。又本傳稱璘爲徽州學官，司業汪達首欲薦璘，或謂舉員已足，達曰，吾職當舉教官，舍斯人將誰先。卒剡薦之。今集中有申謝傅漕及張守陳倉三人薦舉劄子，又有謝李提舉書，乃獨不及達。其與樓大防書云，前張守所惠薦章，蒙示回簡，方知所自。與王大卿書亦云，荷禮書尤丈、漕使傅丈、倉使陳丈惠然相舉，皆出提獎之賜，亦均不及達，與本傳亦復互異。道學、儒林兩傳爲修宋史者所最留意，而參考斯集，已舛漏如是，是亦足證托克托等之疎謬矣。

雲莊集十二卷（浙江巡撫採進本）

宋劉爚撰。爚有四書問目，已著錄。爚與弟炳均游朱子之門，故嘗上疏乞開僞學之禁，爲宋史本傳所採。然其上史彌遠書論用人聽言之道，及宋史載其奏便民五事、論貢舉五弊諸疏、尤爲有用之言。今書載集中、而五事五弊疏集無其文。則所闕佚不少矣。是集爲祁承爜澹生堂鈔本。前有嘉定間李埴序、又附眞德秀碑文。乃明天順間其十世孫梗所編。又別一本爲其十世孫德所重刻。較梗所編少文數首、亦不載德秀碑文。德序稱朱子晚年以書屬蔡沈、以禮屬倫。又稱倫精力在王朝禮編、而雜著之文略見於此。案朱子以儀禮喪祭二門屬黃幹、未嘗屬倫。宋史倫本傳既不載此語、而王朝禮編亦未見其書。不知何所據而云然。殆與世傳四書問目同一在疑似之閒歟。

定齋集二十卷 永樂大典本

宋蔡戡撰。戡字定夫、其先興化軍仙遊人。端明殿學士襄之四世孫也。祖紳、紹興中官左中大夫、始寓常州武進縣。戡幼承門蔭、補溧陽尉。後中乾道丙戌進士甲科。官至寶謨閣直學士。宋史不爲立傳、故其行事不概見。淩迪知萬姓統譜載戡持節五羊、代輸軟銀、民甚便之。爲湖南憲、有定亂功。爲京兆尹、歲滂羅艱、亟請發廩、民賴以濟。其敘述頗詳。然案集中諸表啓、則又嘗任京西運判、廣東運判、湖北總領、廣西經略、淮西總領等官。其乞致仕劄子及效白樂天自詠詩中、亦頗見其概。而迪知均未之及。蓋其集久佚不傳、故迪知莫能考也。集本四十卷、乃紹定三年其季子戶部郎官總領四川財賦廩所刊、眉山李埴爲序。見於陳振孫書錄解題。今據永樂大典所載者、蒐採彙集、並集歷代名臣奏議得所未載者二十篇、互相訂正、釐爲二十卷。較諸原目、十殆得其五矣。埴序稱戡鯁挺不阿、屢更繁劇、宣力四方、無不殫盡、汔以全節始終。今觀集中所上奏劄、條列明確、類皆侃直忠亮、爲經世有用之言。其論邊事、專以嚴備自守爲主、而不汲汲於和戰紛爭。遠慮深謀、亦非好事僨安者所可幾及。方之同時名臣、實龔茂良之流亞。惜史不備載其生平、幾至湮沒。今幸遺集復彰、尚得以考見大略。謹旁採紀傳於人名事實有可稽核者、悉爲參互證明、庶以補宋史之闕漏焉。

九華集二十五卷、附錄一卷 永樂大典本

宋員興宗撰。興宗有采石戰勝錄、已著錄。其集見於焦竑國史經籍志者本五十卷、乃寶慶三年其孫榮祖所編、興宗弟夢協井研李心傳俱爲之序。明以來久佚不存。今檢勘永樂大典所錄、摭拾詮次、釐爲詩六卷、雜文十五卷。又論語解老子解略西陲筆略併紹興采石大戰始末各一卷。而原集所載同時祭文可以互證興宗始末者、則別爲一卷附之於後。集中多與張栻陸九淵往復書簡、蓋亦講學之家。然所上奏議、大抵毅然抗論、指陳時弊、多引繩批根之言。李心傳序謂、歸附既留而垂遣、暬御因逐而旋召、均輸久廢而驟復。此三事皆朝廷所必行、而興宗矢筆盡言、斥逐不悔。則其經濟氣節、均有實事、非徒侈空談者矣。又洪适撰隸釋時、嘗咨以漢碑數字、興宗爲之考核源委、具見精博。今荅書一通具在集中。學問淹雅、亦未易及。雖其文力追韓柳、不無錘鍊過甚之弊。然骨力峭勁、要無南渡以後冗長蕪蔓之習、亦一作者也。

野處類稾二卷 編修汪如藻家藏本

宋洪邁撰。邁有容齋隨筆、已著錄。宋史藝文志載邁野處猥稾一百四卷、瓊野錄三卷。而陳振孫書錄解題祇載有此集二卷、且云前集未見。則當時傳播已稀。觀馬端臨經籍考以別集詩集分類、而收此稾於別集中、不知其爲詩集。則亦未見其本、而循名誤載者矣。惟內閣書目有野處內外集九冊、不著卷數。當卽猥稾之殘本。今亦未見有傳錄者。世所行邁集、獨有此本而已。集前有邁自序、稱甲戌之春、家居臥病、作詩若干首、以自當綏憂之一物。遂取曩時所存而未棄者、錄爲二卷。甲戌爲高宗紹興二十四年、蓋邁退居鄱陽時所作。而集中謁普照塔詩、又有庚戌紀年、當在建炎三年。相去已二十四五歲、僅得詩八十餘首。又容齋三筆紀紹興十九年在福建貢院、與葉晦叔所作詩、正在甲戌之前、而集中並未載。疑本就篋笥所貯、偶然裒輯、故所錄闕略如此。然其生平韻語、惟藉此以考見大概、則零珪斷璧、未嘗不足珍惜也。

盤洲集八十卷 浙江巡撫採進本

宋洪适撰。适有隸釋、已著錄。許及之撰适行狀、稱有文集一百卷、藏於家。周必大撰适神道碑、則稱其論著爲四方傳誦、有盤洲集八十卷。與行狀互異。考陳振孫書錄解題、張萱重編內閣書目俱作八十卷、則及之所稱其家藏之舊稾、必大所稱乃其行世之刊本。其書流傳頗尠。王士禎居易錄謂朱彝尊所藏盤洲集、僅有其詩。則藏書家已罕覯全帙。此本爲毛氏汲古閣所藏、猶從宋刻影寫。惟末卷拾遺劄子第三篇、蠹損特甚。其餘雖字句間有脫落、而卷帙完好、亦古本之僅存者矣。适以詞科起家、工於儷偶。其弟邁嘗舉所草張浚免相制、王大寶致仕制、浙東謝表、生日詩詞謝啟諸聯、載於容齋三筆。然考适自撰小傳、自其少時擬復得河南賀表、即有齊人歸鄆讙之田、宣王復文武之境句、爲作者所稱。其內外諸制、亦皆長於潤色、藻思綺句、層見疊出、不但如邁之所舉也。至於記序誌傳之文、亦尚存元祐之法度、尤南宋之錚錚者矣。所作隸釋、隸續、於史傳外異、考核特精。今觀此集、如跋唐瑾傳、跋丹州刺史碑、跋皇甫誕碑諸篇、皆能援據舊刻、訂北史、唐書之謬。蓋金石之學最所留意、即隋唐碑誌亦多能辨證異聞。又宋史本傳稱其父皓謫英州、适往來嶺南省侍者九載。檜死、皓還、服闋、起知荆門州軍。今以集中自撰小傳及皓行述考之、則皓安置英州、居九年始復朝請郎、徙袁州。至南雄州卒。後一日秦檜亦死。非檜死而皓始還。足訂宋史之誤。其他表啟疏狀諸篇、亦多足與宋史參稽、是又不僅取其文詞之工矣。

應齋雜著六卷、永樂大典本

宋趙善括撰。善括宋史無傳。惟宗室表載此名、爲太宗第四子商王元份六代孫。考集中有趙運幹墓誌銘、稱同姓兄可大、蓺祖七世孫。與宗室表世次相合、蓋即其人。然表亦不詳其爵里。今案集中迓黃樞密知隆興府啟有一塵爲氓、應修桑梓之敬語。則籍隸隆興。祭漢陽趙守文有仙源同盟、雁塔俱第語。則嘗登進士。得常熟宰謝政府啟有奮身科第、千載之遇語。則釋褐爲常熟令。平江罷倅青詞有字邑罔功、叨陞郡佐語、賀趙樞密啟有贅員別駕、叨祿京畿語。又有長沙倅署磬沼詩。則由縣令倅三郡。與湖北張安撫啟有叨把一麾、深慚共理語。又有鄂州上殿三劄子。則由郡倅知鄂州。謝宰執啟有方懷溝壑之虞、遽增幕府之數語。謝湖南帥啟有四十年低徊州縣、三萬里奔走塵埃語。則任滿閒居、復充幕職。又有次計幕諸友韻詩謝岳漕啟。則終於岳州漕帥佐也。是集宋志不載、其原本卷帙不可考。今以永樂大典所載、裒爲六卷。宋人奏議、多浮文妨要、動至萬言、往往晦蝕其本意。善括所上諸劄、率簡潔切當、得論事之要。如論紛更之弊、糾賞罰之失、皆深中時弊。而永樂中修歷代名臣奏議、乃不載其一字、未明何故。詩詞多與洪邁、章甫唱和。而與辛棄疾酬贈尤多。其詞氣駿邁、亦復相似。觀其金陵有感詩、有謝安王導亦可罪、至今遂使南北分句。其不滿於湖山歌舞、文恬武嬉、意趣蓋與棄疾等。固宜其相契也。

芸菴類稾六卷、永樂大典本

宋李洪撰。洪姓名不著於史、諸家書目亦未載有是集。惟永樂大典頗散見其文。又別出陳貴謙原序一篇、稱洪爲李正民之子。又稱爲藤州使君、知洪官止知藤州。集中又有扈從朝德壽宮景靈宮詩、則嘗爲京朝官。有在溫州題其父手澤詩、稱嗣子守官於此、則曾知溫州。其他則不可復考矣。正民本揚州人、南渡後僑寓海鹽。故洪集中如烏龍井廟迎送神詞之類、皆在海鹽所作。而卜居飛英坊一首乃云束書辭都門、整棹還苕川、則洪後又移居湖州。乃兩郡紀流寓者俱不及其父子、則由遺集散佚、徵文獻者弗及也。洪所作詩雖骨幹未堅、而神思清超、時露警秀。七言律詩尤爲工穩、足以嗣響正民。陳貴謙序稱原本二十卷。而今所掇拾、僅得詩詞三百九十餘首、文三十首、視原集祇十之三四。謹據所存者釐爲五卷、而以雜文一卷附之。略具梗概、俾不致終就泯沒焉。

浪語集三十五卷、兩淮馬裕家藏本

宋薛季宣撰。季宣有書古文訓、已著錄。季宣少師事袁溉、傳河南程氏之學。晚復與朱子、呂祖謙等相往來、多所商搉。然朱子喜談心性、而季宣則兼重事功、所見微異。其後陳傅良、葉適等遞相祖述、而永嘉之學遂別爲一派。蓋周行己開其源、而季宣導其流也。其歷官所至、調輯兵民、興除利弊、皆灼有成績。在講學之家、可稱有體有用者矣。平生著書甚夥、有古文周易、古詩說、書古文訓、春秋經解、春秋指要、論語直解、小學諸書。自書古文訓以外、今多亡佚。其中庸大學解及考正握奇經、則今尚載於集中。蓋季宣學問最爲淹雅、自六經、諸史、天官、地理、兵農、樂律、鄉遂、司馬之法、以至於隱書小說、名物象數之細、靡不搜採研貫。故其持論明晰、考古詳核、不必依傍儒先餘緒、而立說精確、卓然自成一家。於詩則頗工七言、極踔厲縱橫之致。惜其年止四十、得壽不永、又覃思考證、不甚專心於詞翰、故遺稾止此。然即所存者觀之、其精深閎肆、已足陵跨餘子矣。其集乃寶慶二年其姪孫知府州事旦所編次刊行。旦所作後序尚存、而自明以來、刻本遂絕。藏書家輾轉傳鈔、譌脫頗甚。謹重爲校正、而卷帙則悉仍其舊焉。

石湖詩集三十四卷、（江蘇巡撫採進本）

宋范成大撰。成大有吳郡志、已著錄。案陳振孫書錄解題、成大有集一百三十六卷。宋史藝文志亦載石湖大全集一百三十六卷、與陳氏著錄同。而又有石湖別集二十九卷、又有石湖居士文集。亡其卷數。此本爲長洲顧嗣立等所訂、乃於全集之中獨摘其詩別行、而附以賦一卷。前有楊萬里陸游二序。然萬里所序者乃其全集、不專序詩。游所序者乃其西征小集、亦非序全詩。以名人之筆、嗣立等姑取以弁首耳。據萬里序集、乃成大所自編。考十一卷末有自註云、以下十五首、三十年前所作。續得殘稾、附此卷末。其餘諸詩、亦皆註以下某處作。是亦手訂之明證矣。詩不分體、亦不分立名目、惟編年爲次。然宋洪邁使金詩凡四首、其兩首在第八卷、列於邁使還入境以詩迓之之前。其兩首乃在第十卷、列於何溥挽詞之後。邁未嘗再使金、則送別之詩、不應前後兩見。又南徐道中詩下註曰、以下赴金陵漕試作、則是當在第二卷之首、不應孤贅第一卷之末。或後人亦有所竄亂割併歟。成大在南宋中葉、與尤袤楊萬里陸游齊名。袤集久佚、今所傳者僅尤侗所輯之一卷、篇什寥寥、未足定其優劣。今以楊陸二集相較、其才調之健不及萬里、而亦無萬里之麤豪。氣象之闊不及游、而亦無游之窠臼。初年吟詠、實沿溯中唐以下。觀第三卷夜宴曲下註曰、以下二首效李賀。樂神曲下註曰、以下四首效王建。已明明言之。其他如西江有單鵠行河豚歎、則雜長慶之體。嘲里人新婚詩春晚三首隆師四圖諸作、則全爲晚唐五代之音。其門徑皆可覆案。自官新安掾以後、骨力乃以漸而遒。蓋追溯蘇黃遺法、而約以婉峭。自爲一家、伯仲於楊陸之間、固亦宜也。

誠齋集一百三十三卷、（編修汪如藻家藏本）

宋楊萬里撰。萬里有誠齋易傳、已著錄。此集則嘉定元年其子長孺所編也。萬里立朝多大節。若乞留張栻、力爭呂頤浩等配享、及救變應詔諸奏、今具載集中、丰采猶可想見。然其生平乃特以詩擅名。有江湖集七卷、荆溪集五卷、西歸集二卷、南海集四卷、朝天集六卷、江西道院集二卷、朝天續集四卷、江東集五卷、退休集七卷、今併在集中。方回瀛奎律髓稱其一官一集、每集必變一格。雖沿江西詩派之末流、不免有頹唐麤俚之處、而才思健拔、包孕富有、自爲南宋一作手、非後來四靈江湖諸派可得而竝稱。周必大嘗跋其詩曰、誠齋大篇短章、七步而成、一字不改、皆掃千軍、倒三峽、穿天心、出月脅之語。至於狀物姿態、寫人情意、則鋪敘纖悉、曲盡其妙。筆端有口、句中有眼云云。是亦細大不捐、雅俗竝陳之一證也。南宋詩集傳於今者、惟萬里及陸游最富。游晚年隳節、爲韓侂胄作南園記、得除從官。萬里寄詩規之、有不應李杜翻鯨海、更羨夔龍集鳳池句。羅大經鶴林玉露嘗記其事。以詩品論、萬里不及游之鍛鍊工細。以人品論、則萬里倜乎遠矣。其集卷帙繁重、久無刻版、故傳寫往往譌脫。考岳珂桯史記朝天續集韓信廟詩淮陰未必滅文成句、麻沙刻本譌文成爲宣成。則當時已多誤本。今核正其可考者、凡疑不能明者則姑闕焉。

劍南詩稾八十五卷、（內府藏本）

宋陸游撰。游有入蜀記、已著錄。是集末有嘉定十三年游子朝請大夫知江州軍事子虡跋、稱游西泝僰道、樂其風土、有終焉之志。宿留殆十載。戊戌春正月、孝宗念其久外、趣召東下。然心未嘗一日忘蜀也。是以題其平生所爲詩卷曰劍南詩稾。蓋不獨謂蜀道所賦詩也。又稱戊申己酉後詩、游自大蓬謝事歸山陰故廬、命子虡編次爲四十卷、復題其籤曰劍南詩續稾。自此至捐館舍、通前稾爲詩八十五卷。子虡假守九江、刊之郡齋、遂名曰劍南詩稾（案遂字文義未順、疑當作通名曰劍南詩稾）云云。則此本游子虡之所編。至跋稱游在新定時所編前稾、於舊詩多所去取、所遺詩尚七卷、不敢復雜之卷首、別其名曰遺稾者（案後村詩話作別集七卷、蓋偶筆誤）、今則不可見矣。卷首又有淳熙十四年游門人鄭師尹序、稱其詩爲眉山蘇林所收拾、而師尹編次之、與子虡跋不同。蓋師尹所編、先別有一本、子虡存其舊序、冠於全集也。游詩法傳自曾幾、而所作呂居仁集序又稱源出居仁。二人皆江西派也。然游詩清新刻露、而出以圓潤、實能自闢一宗、不襲黃陳之舊格。劉克莊號爲工詩、而後村詩話載游詩、僅摘其對偶之工。已爲皮相。後人選其詩者、又略其感激豪宕、沈鬱深婉之作。惟取其流連光景，可以剽竊移掇者，轉相販鬻。放翁詩派，遂爲論者口實。夫游之才情繁富，觸手成吟，利鈍互陳，誠所不免。故朱彝尊曝書亭集有是集跋，摘其自相蹈襲者至一百四十餘聯。是陳因窠臼，游且不能自免，何況後來。然其託興深微，遣詞雅雋者，全集之內，指不勝屈。安可以選者之誤，併集矢於作者哉。今錄其全集，庶幾知劍南一派自有其真，非淺學者所可藉口焉。

渭南文集五十卷逸稾二卷（內府藏本）

宋陸游撰。游晚封渭南伯，故以名集。陳振孫書錄解題作三十卷，此本爲毛氏汲古閣以無錫華氏活字版本重刊。凡表牋二卷，劄子二卷，奏狀一卷，啓七卷，書一卷，序二卷，碑一卷，記五卷，雜文十卷，墓誌墓表壙記塔銘九卷，祭文哀辭二卷，天彭牡丹譜致語共爲一卷，入蜀記六卷，詞二卷，共五十卷。與陳氏所載不同。疑三字五字筆畫相近而譌刻也。末有嘉定三年游子承事郎知建康府溧陽縣主管勸農事子遹跋，稱先太史未病時，故已編輯，凡命名及次第之旨，皆出遺意，今不敢紊。又述游之言曰，劍南乃詩家事，不可施於文，故別名渭南。如入蜀記、牡丹譜、樂府詞本當別行，而異時或至失散，宜用廬陵所刊歐陽公集例，附於集後云云。則此集雖子遹所刊，實游所自定也。游以詩名一代，而文不甚著。集中諸作，邊幅頗狹。然元祐黨家，世承文獻，遺詞命意，尚有北宋典型。故根柢不必其深厚，而修潔有餘；波瀾不必其壯闊，而尺寸不失。士龍清省，庶乎近之。較南渡末流以鄙俚爲真切，以庸沓爲詳盡者，有雲泥之別矣。游劍南詩稾有文章詩曰，文章本天成，妙手偶得之，粹然無瑕疵，豈復須人爲。君看古彝器，巧拙兩無施。漢最近先秦，固已殊淳漓。其文固未能及是，其旨趣則可以概見也。逸稾二卷爲毛晉所補輯。史稱游晚年再出，爲韓侂胄撰南園閱古泉記，見譏清議。今集中凡與侂胄啓皆諱其姓，但稱曰丞相，亦不載此二記。惟葉紹翁四朝聞見錄有其全文，晉爲收入逸稾。蓋非游之本志，然足見愧詞曲筆，雖自刊除，而流傳記載，有求其泯沒而不得者。是亦足以爲戒矣。

放翁詩選前集十卷後集八卷附別集一卷（兵部侍郎紀昀家藏本）

宋羅椅、劉辰翁所選陸游詩也。前集椅所選，元大德辛丑其孫慤始刻之，前有慤自序。後集辰翁所選，前後無序跋。椅閒有圈點而無評論，辰翁則句下及篇末頗有附批，大致與所評杜甫、王維、李賀諸集相似。明人刻辰翁評書九種，是編不在其中，蓋偶未見此本。詳其詞意，確爲須溪門徑，非僞託也。末有明人重刻舊跋，蠧蝕斷爛，幾不可讀。并作者姓名亦莫辨。其可辨者，惟稱宏治某年，得於餘杭學究家，屬其同年餘杭知縣冉孝隆校刻之耳。又稱放翁集鈔本尚存，然聞而未嘗見。獨羅澗谷、劉須溪所選在勝國時書肆嘗合而梓行，以故轉相鈔錄，迄今漸出。而印本則見亦罕矣云云。據其所言，則兩人本各自爲選，其前集後集之目，蓋元時坊賈所追題矣。跋又有複者去之之語，故兩集所錄無一首重見。末附爲別集一卷，不題編纂名氏。其詩皆見瀛奎律髓中，以跋中取方虛谷句推之，知卽作跋者所輯，以補二集之遺。其中睡起至園中一首，已見前集五卷中，蓋偶誤也。劍南詩集汲古閣刻本，今已盛行於世，然此選去取頗不苟，又宋人舊本，故以陳亮歐陽文粹之例，與本集並存之。椅字子遠，號澗谷，廬陵人。寶祐四年進士，以秉義郎爲江陵教官，改漳州，復知贑州信豐縣。遷提轄榷貨。德祐初，遭論罷。周密齊東野語記其當道學盛時，依託求進。道學勢衰之後，遂棄去不相聞問。深不滿之。明偶桓乾坤清氣集皆錄元人之詩，而有謝幼輿折齒歌一首，蓋元初尚存。辰翁自有集，始末詳見本條下。

金陵百詠一卷（浙江鮑士恭家藏本）

宋曾極撰。極字景建，臨川布衣。晚以江湖集事得罪，謫道州卒。所著春陵小雅，今已不傳。此乃其詠建康故蹟之作，皆七言絕句，凡一百首，詞旨悲壯，有磊落不羈之氣。羅椅嘗謝其惠百詠書云，不知景建是何肺腑，能辦此等惱人語於千載下。今觀其詩，如天門山云，高屋建瓴無計取，二梁剛把當殽函。新亭云，江右於今成樂土，新亭垂淚亦無人。大抵皆以南渡君臣晝江自守，無志中原而作。其寓意頗爲深遠。豫章人物志載極遊金陵，題行宮龍屏，忤時相史彌遠，以是獲譴。是編有古龍屏風一首云，乘雲遊霧過江東，繪事當年笑葉公。可恨橫空千丈勢，翦裁今入小屏風。與人物志所紀相合。蓋其憤激之詞，雖不無過於徑直，而淋漓感慨，與劉過龍洲集中詩句氣格往往相同，固不徒以模山範水爲工者也。劉壎隱居通議摘其可惜當年殺嚴續，無人爲益決囚燈二語，謂續始終全美，未嘗被殺，不免誤用故事。考資治通鑑，載陳覺使周還，矯世宗詔，命李景殺嚴續，景表請於周，明續無罪，覺詐始露，而續得免。是續實未被殺，壎所駁良是。究其致謬之由，蓋以姚寬西溪叢語有鍾謨奉使歸唐，以陳覺矯周帝之命斬嚴續事，言於唐主云云，所言不具首尾，極遂以爲實有是事。又決囚燈事以中主誤爲後主，亦爲乖舛，是則考證之偶疏，固不必爲之諱矣。

頤菴居士集二卷 江蘇巡撫採進本

宋劉應時撰。應時字良佐，四明人。是集前有陸游、楊萬里二序。游序稱其詩爲范致能所賞，又摘其句如頗識造物意，長容吾輩閒，日晏猶便睡，犬鳴知有人，世事不復問，舊書時一看，一夜催花雨，數家臨水村，青山空解供望眼，濁酒不能澆別愁，寬句忍飢貧亦樂，鈔書得味老何傷，以爲卓然自得。雖前輩以詩得名者，亦無以加。萬里序以王安石擬之，安石詩雖鎔鍊有痕，不及蘇黃諸人吐言天拔，而根柢深厚，氣象自殊，究非應時之所及，許之未免太過。所摘之句，如睡魔正與詩魔戰，窗外一聲婆餠焦之類，頗涉纖佻。獨與梅花共過冬，清月又移疎影去之類，又頗近詩餘，亦不逮游序所舉之工。蓋二人各舉其派之近己者稱之也。然應時詩雖格力稍薄，不能與游等並駕，而往來於諸人之間，耳擩目染，終有典型，較宋末江湖諸人，固居然雅音矣。

水心集二十九卷 編修朱筠家藏本

宋葉適撰。適有習學記言，已著錄。其文集之目見於陳振孫書錄解題、趙希弁讀書附志者，皆二十八卷，又有拾遺一卷，別集十六卷，則獨載於書錄解題，且稱淮東本無拾遺，編次亦不同，別集前九卷爲制集，進卷，後六卷號外稾，皆論時事，末卷號總集，事論買田贍兵。讀書附志則但紀其集爲門人趙汝鐺序刻，而不詳其體例。此本爲明正統中處州推官黎諒所編，前有自識，稱少讀適策場標準，慕其文，至括郡訪求八年，得劄狀奏議等八百餘篇，因裒輯彙次，合爲一編，蓋已非宋本之舊。惟趙汝鐺原序尚存，然汝鐺實用編年之法，諒不加深考，以意排纂，遂至盡失其原次。其間如財總論田計諸篇，多論時事，當即別集佚篇，不在原集二十八卷之內，諒亦不能辨別也。適文章雄贍，才氣奔逸，在南渡卓然爲一大宗。其碑版之作，簡質厚重，尤可追配作者。適嘗自言，譬如人家觴客，雖或金銀器照座，然不免出於假借，惟自家羅列者，卽僅甆缶瓦杯，然都是自家物色。其命意如此，故能脫化町畦，獨運杼軸，韓愈所謂文必己出者，殆於無忝。吳子良荆溪林下偶談稱，水心作汪勃墓誌有云，佐佑執政，共持國論。執政乃秦檜，同時者，汪之孫綱不樂，請改。水心荅書不從，會水心卒，趙蹈中方刊文集未就，門下有受汪囑者，竟爲除去佐佑執政四字。今考集中汪勃誌文，已改爲居紀綱地，共持國論，則子良所紀爲足信，而適作文之不苟，亦可以概見矣。

南湖集十卷 永樂大典本

宋張鎡撰。鎡有仕學規範，已著錄。葉紹翁四朝聞見錄稱寧宗誅韓侂胄，鎡預其謀，史彌遠以韓大臣，近戚，未有以處，鎡曰，殺之足矣。史曰，眞將種也。因心忌之。及侂胄既誅，鎡矜伐自言，史謂不當居功，諷言者貶鎡於象，後以旨放還。周密齊東野語、癸辛雜識又稱鎡本善侂胄，被誅前一日，爲其愛妾生日，鎡猶攜庖夜宴，故侂胄不疑，及賞不滿意，復欲以故智去史，事泄，謫象臺而卒。據二書所云，是鎡本以機數立功名，有忍鷙之才，而心術未爲純正。密作武林舊事，又稱鎡卜築南湖，名其軒曰桂隱，園池聲伎服玩之麗甲於天下。園中亭榭堂宇名目數十，且排纂一歲中游適之目，爲賞心樂事，是其席祖父富貴之餘，湖山歌舞，極意奢華，亦未免過於豪縱。然其詩學則頗爲精深，趙與虤娛書堂詩話稱其游賞風雅，與誠齋、放翁唱和詩多佳句，載其晚晴絕句二首，題六合寺五言律詩一首，楊萬里誠齋詩話謂其寫物之工，絕似晚唐。又有寄張功甫姜堯章詩云，尤蕭范陸四詩翁，此後誰當第一功，新拜南湖爲上將，更差白石作先鋒。其意直躋諸姜夔之右矣。其集久佚不傳，楊士奇文淵閣書目雖載有張約齋南湖集一部五冊，藏弆家亦皆未見。今檢永樂大典各韻中，收入鎡詩尚多。評其格律，大都清新獨造，於蕭散之中時見雋永之趣，以視嘈雜者流，可謂翛然自遠。詩固有不似其人者，鎡之謂歟。鎡又工長短句，有玉照堂調選本，多見採錄，而原本亦久佚。謹裒集編次，以類相從，釐爲詩九卷、詞一卷，用存其略。永樂大典所載，多題曰湖南集，以諸書參考，知爲傳寫之誤，今亦並從改正焉。

南澗甲乙稾二十二卷 永樂大典本

宋韓元吉撰。元吉有桐陰舊話，已著錄。案陳振孫書錄解題，稱爲門下侍郎韓維元孫。江西通志則以爲韓維之子。考宋史韓維本傳，稱卒於元符元年。而集中南劍道中詩註，稱其生於戊戌，至甲子年二十七。戊戌爲徽宗重和元年，上距元符元年戊寅凡二十年，安得爲維之子。集中又有高祖宮師文編序，稱紹聖中公謫均州。又稱建中靖國以來，追復原官，與維事迹一一相符。知江西通志爲誤，當以陳氏爲是矣。陳氏又稱其初與從兄元龍皆試詞科不利，後官至吏部尙書，而不詳其事蹟。今據其赴信幕詩，知初爲幕僚。據其送連必達序，知嘗爲南劍州主簿。據其淩風亭題名，知嘗知建安縣。據其謝表狀劄，知在外嘗爲江東轉運判官，兩知婺州，又知建寧府；在內嘗權中書舍人，守大理寺少卿，爲龍圖閣學士，爲待制，爲吏部侍郎，中間一使金國，兩提舉太平興國宮，及爲吏部尙書，又晉封潁川郡公，而歸老於南澗，因自號南澗翁，併以名集。南澗者，一在建安城南，爲鄭氏別業，見本集詩序。一在廣信溪南，見書錄解題。詳其南澗新居成建醮青詞，似乎非建安之南澗，當以廣信爲是也。元吉本文獻世家，據其跋尹焞手迹，自稱門人，則距程子僅再傳。又與朱子最善，嘗以自代，其狀今載集中。故其學問淵源，頗爲醇正。其他以詩文倡和者，如葉夢得、張浚、曾幾、曾丰、陳巖肖、龔頤正、章甫、陳亮、陸游、趙蕃諸人，皆當代勝流，故文章矩矱，亦具有師承。其壻呂祖謙爲世名儒，其子淲，字仲止者，亦清苦自持，以詩名於宋季，蓋有由矣。朱子語類云：元吉詩做著者儘和平，有中原之舊，無南方嘲哳之音。誠定評也。集本七十卷，又自編其詞爲焦尾集一卷，文獻通考並著錄。歲久散佚。今從永樂大典所載，總裒爲詩七卷、詞一卷、文十四卷。統觀全集，詩體文格，均有歐蘇之遺，不在南宋諸人下。而湮沒不傳，殆不可解。然沈晦數百年，忽出於世，炳然發翰墨之光，豈非精神光采，終有不可磨滅者，故靈物撝訶，得以復顯於今歟。

自鳴集六卷 永樂大典本

宋章甫撰。考宋有二章甫，一字端叔，浦城人，熙寧三年進士，官至都官郎中，著有孟子解義十四卷。楊時爲作墓誌，其文今載龜山集中。一字冠之，鄱陽人，徙居眞州，自號易足居士，即撰此集者也。甫行事不概見，惟張端義貴耳集有云：張冠之名甫，有文集十卷。少從于湖交游，（案于湖乃張孝祥之別號）豪放飄蕩，不受拘羈。淳熙間，進有三士，舒之張用晦和之，張進卿眞之，張冠之也。據其所述，可略見其爲人。其以章爲張，蓋刊本字譌耳。又陸游入蜀記稱乾道六年八月二十八日，同章冠之秀才甫登石鏡亭，訪黃鶴樓故址，則甫蓋舉秀才矣。其集不見於宋史藝文志，文淵閣書目雖有其名，而傳本久絕，其得見於世者，惟名賢小集拾遺所載湖上吟一首，詩家鼎臠所載寄胡南故人一首而已。今檢永樂大典所收自鳴集詩句頗多。其格律雖稍近江湖一派，而骨力蒼秀，亦具有研鍊之功。觀其別陸游詩有人生相知貴知心，道同何必問升沈之句，謝韓元吉寄茶詩有別公宛陵今五春，過眼何曾生埃塵之句。又讀呂祖謙見寄詩有山林舊約都忘說，君著書看屋梁之句。是其所與酬贈者，皆一時俊傑之士，故耳擩目染，尙能脫化町畦，自成杼軸，頗爲不墮雅音。謹裒次釐訂，析爲六卷。至雜說三篇，以禪宗機鋒論道德仁義之旨，援儒入墨，是殆不得志於時者之肆志放言，然其害理已甚。今故附其說於集末，而特加糾正，以著其失焉。

客亭類稾十五卷 永樂大典本

宋楊冠卿撰。冠卿字夢錫，江陵人。宋史不爲立傳。陳振孫書錄解題載有此集，而亦不詳冠卿之始末。故事蹟無可考見。今以集中詩文參互考之，劉季岑手帖云：紹興初，假守南徐，趙君季淇爲理掾，後三十年見其子夢錫，則冠卿爲季淇之子。其紀夢詩序云：戊戌年四十。戊戌爲淳熙五年，上推四十年，則冠卿當生於紹興八年己未。其與傅濟詩有鄉書昔獻賢能，姓氏曾叨天府登句，則嘗舉進士。其上執政啓云：奉命領州，奪符而歸。又有祭廣東主管衙土地文，則嘗出知廣州，以事罷職。而奏贈冠卿詩有長安城中擇幽棲，靜退不願時人知句，則解官以後，又嘗僑寓臨安者也。其集世頗罕傳，惟浙江採進書中有舊刊客亭類稾爲巾箱小字本，檢勘尙係原刻，分四六編、雜著編、古律編皆所作詩文惠荅客亭書啟編則同時名人酬贈之作不標卷數前後亦無序跋而永樂大典各韻內所收冠卿之文尚有表牋詩餘各數十首皆刊本所未收疑當時本各自爲編流傳旣久遂有闕脫今據永樂大典所載以刊本參校搜緝補綴諸體始全謹仿原編名目釐爲十四卷而仍以書啟一卷附之冠卿才華清雋四六尤流麗渾雅張端義貴耳集載其掾九江戎司時趙温叔罷相帥荆南道由九江守帥合宴冠卿作致語云相公倦台鼎嘗看穠衮之東歸潯陽無管弦且聽琵琶之舊曲温叔再三稱道知其以是體擅長矣又京鏜何異李結諸帖極稱其集杜之工而稾中乃無一篇豈當時別本單行而今佚之耶

欽定四庫全書總目卷一百六十

欽定四庫全書總目卷一百六十一

集部十四

別集類十四

石屏集六卷浙江鮑士恭家藏本

宋戴復古撰復古字式之天台人嘗登陸游之門以詩鳴江湖間所居有石屏山因以爲號遂以名集卷首載其父敏詩十首蓋復古幼孤勉承家學因搜訪其先人遺稾以冠己集昔黃庭堅山谷集後附刻其父伐檀集王楙野客叢書後附刻其父野老紀聞復古以父詩爲數無多不成卷帙特弁於簡端例雖小變理乃較協矣復古詩筆俊爽極爲作者所推姚鏞跋其詩稱其天然不費斧鑿處大似高三十五輩晚唐諸子當讓一面方回跋其詩亦稱其清健輕快自成一家雖皆不免稍過其實要其精思研刻實自能獨闢町畦瞿佑歸田詩話載復古嘗見夕照映山得句云夕陽山外山自以爲奇欲以塵世夢中夢對之而不愜意後行郊中春雨方霽行潦縱橫得春水渡傍渡句以對上下始稱其苦心搜索卽此可見一端至集中嚴子陵釣臺詩所謂平生誤識劉文叔惹起虛名滿世間者趙與虤娛書堂詩話極賞其新意可喜而羅大經鶴林玉露又深以其議論爲不然蓋意取翻新轉致失之輕佻在集中殊非上乘與虤所云固未足爲定評矣

蓮峯集十卷永樂大典本

宋史堯弼撰堯弼字唐英眉州人其仕履不見於史傳焦竑國史經籍志載堯弼蓮峯集三十卷而世閒亦無傳本故錄宋詩者多不能舉其姓名惟永樂大典載有是集原序二篇其一作於乾道丙戌自署曰省齋不知何人其一爲任清全序作於嘉定癸酉稱堯弼童丱卽迥出不凡少以古樂府洪範等論往見張浚浚謂其大類東坡留館於潭與張栻遊每開以正大之學歲丁丑偕其弟堯文登第云云而亦不言其所終考周密浩然齋雅談云李燾十八歲爲眉州解魁時第二人史堯弼方十四歲人疑其文未工赴鹿鳴宴猶著粉紅袴太守命分韻賦詩堯弼得建字援筆立成云四歲尚少房元齡七步未饒曹子建後爲張魏公客不幸早世云云其所記與任清全序相合又江湖續集載張煒題蓮峯集詩一首亦有句云一梗江湖客三朝忠義家以諸書參互考證蓋堯弼登第後未授官而卒也堯弼天姿卓絕其詩縱橫排宕擺脫恆蹊其論策諸篇明白曉暢瀾翻不竆亦有不可羈勒之氣大抵有其鄉蘇氏之遺風惟其夏綠霜烈故不能如李燾之著書傳後然就其文章而論要亦不失爲才士任清全序乃因集中有論學之作遂以張栻少年自得爲堯弼磨礱浸灌之功欲援而入於道學則門戶標榜之習轉不足以見堯弼矣其文在宋已多散落是集乃其從孫師道所重刻今亦不可復覩謹從永樂大典中掇拾裒輯釐爲十卷著之於錄俾懷才齎志之士無聲塵翳如之慨焉

江湖長翁文集四十卷山東巡撫採進本

宋陳造撰造字唐卿高郵人淳熙二年進士官至

淮南西路安撫司參議。遭宋不競，事多齟齬，自以爲無補於世，置江湖乃安，遂號江湖長翁。既不竟其用，故無所表見，而宋史亦不爲立傳。惟元申屠駉爲作墓誌，稱其於誨誘則良師，於撫字則循吏，身篤操修，道兼體用，雖金石之文稱述例多溢量，亦未必純搆虛詞也。集中罪言一篇，蓋仿杜牧而作，不免紙上談兵，徒爲豪語。其文則恢奇排奡，要亦陳亮、劉過之流。其他劄子諸篇，多剴切敷陳，當於事理。記序各體，鍾字鍊詞，稍傷真氣，而皆謹嚴有法，不失規程，在南宋諸作者中，亦鐵中錚錚者矣。至易說一卷，始於无妄，終於比，凡十五篇，疑其未完之書，中多以史證經，與楊萬里誠齋易說、李光讀易詳說相類，殆爲時事而發，託之詁經歟。其集久無刻本，明崇禎中，李之藻以淮南自秦觀而後惟造有名於時，始與觀集同刻之於高郵云。

燭湖集二十卷附編二卷（永樂大典本）

宋孫應時撰。應時字季和，自號燭湖居士，餘姚人。登淳熙乙未進士，初尉黃巖，遷海陵丞，再遷遂安令，改知常熟縣，以倉粟流欠貶秩，移判邵武軍，未上而卒。考楊簡作應時壙志，及張淏會稽續志，均稱其紹熙初嘗應蜀帥邱崈辟，預料吳曦逆謀，白崈以別將領其軍。後曦以叛誅，其言果驗。時應時已歿，三省奏官其子祖開，蓋亦智略之士。又史彌遠受業於應時，集中與彌遠諸書，皆深相規戒。迨彌遠柄國，獨超然自遠，無所假借，甘淪一倅而終。其人品尤不可及矣。宋史藝文志載燭湖集十卷，據應時詩中自序，蓋嘗應劉克莊之求，手編其稾爲五十卷，集末有其姪祖祐跋，稱涑水司馬述先以十卷付梓，後附以問思錄五十條、通鑑摘義三十條，總名之曰經史說，又附雪齋父子倡和詩及雪齋行狀、墓銘、楊簡所撰壙記、會稽續志小傳、子祖開補官省劄等篇，是十卷爲祖祐所編，非其舊本也。年遠散佚，久無傳本，故厲鶚作宋詩紀事，僅於吳禮部詩話、王應麟困學紀聞、黃宗羲姚江逸詩內採掇數篇，寥寥不備。茲從永樂大典所載排纂成編，惟經史說殘闕特甚，僅存一篇，其餘則約略篇數，殆已十得八九。以卷帙繁重，分二十卷，仍附編其父介及其兄應求、應符詩，並錄應時父子誌傳、行狀、子祖開補官省劄諸篇，爲上下二卷。應求字伯起，嘗登鄉薦。應符字伯潛，所著有歷代帝王纂要二卷、初學須知五卷，載於陳振孫書錄解題，今並未見云。

昌谷集二十二卷（永樂大典本）

宋曹彥約撰。彥約有經幄管見，已著錄。是編稱昌谷集者，考集中有與劉後溪書，謂世爲都昌邨落人，後遷於城下昌谷巷，則其所居地名也。彥約初游朱子之門，其後歷任州郡，禦敵平寇，獨卓有實用，故宋史本傳稱其可以建立事功。及入侍講筵，亦能殫心啟沃，其經幄管見一書，敷陳祖訓，規箴時政，尙歷歷可稽。文集乃湮沒不顯，宋史藝文志皆不著錄，惟焦竑國史經籍志有昌谷小集二十卷，錢溥祕閣書目亦有曹文簡公集十五冊，然亦久無傳本，厲鶚宋詩紀事蒐羅繁富，絕不及其姓名，則無徵久矣。今考永樂大典載彥約詩文頗多，核其篇目，如本傳所稱爲利路轉運判官時所作病夫議，爲兵部侍郎時所上薦李心傳劄子，俱不載其中，知已未免於佚闕。然其餘諸作，世所不傳者，爲數尙夥，謹類次排纂，釐爲二十二卷。其間奏議大都通達政體，可見施行。所論兵事利害，尤確鑿有識，不同摭拾游談。其應詔陳言二封事，乃慶元寶慶間先後所上，於當日苟且玩愒之弊，反覆致意，切中窾要，亦可徵其鯁直之槩。惟儷詞韻語，稍傷質樸，然不事修飾而自能詞達理明，要非學有原本者不能也。

省齋集十卷（永樂大典本）

宋廖行之撰。行之字天民，其先延平人，五季時徙於衡州。登淳熙甲辰進士，嘗官岳州巴陵尉，以親老匄養而歸，注授寧鄉主簿，未赴。據田奇所作行狀，稱其生平內行修飭，留心經濟，入仕亦多著循績，然名位不昌，故姓字不著於史傳，其所著作，諸家亦罕著錄。是集乃其子謙所刊，原本十卷，今從永樂大典中採掇裒輯，篇帙頗夥，似當日全部收入。謹排次審訂，仍析爲十卷，以還其舊。其原跋十七通、行狀、墓銘等三首，仍附於後，以備考核。其文章大抵屏除藻繪，務以質樸爲宗，或不免近於樸僿，故戴溪作序，不甚稱之。然其詞意篤實，切近事理，亦足以想見其爲人。至其四六之作，則較他文爲流麗，潛敷敬跋稱其表啟多互見周必大集中。蓋以必大亦有省齋之名，故相淆混。今檢勘必大全集，實無一篇與此相複，當由後人知其誤載，從而刊除矣。

南軒集四十四卷（浙江鮑士恭家藏本）

宋張栻撰。栻字敬夫、廣漢人。丞相浚之子。以蔭補官。孝宗時歷左司員外郎、除祕閣修撰、終於荊湖北路安撫使。事蹟具宋史道學傳。栻歿之後、其弟杓裒其故稾四巨編、屬朱子論定。朱子又訪得四方學者所傳數十篇、益以平日往還書疏、編次繕寫。未及蕆事、而已有刻其別本流傳者。朱子以所刻之本多早年未定之論、而末年談經論事、發明道要之語、反多所佚遺。乃取前所蒐輯、參互相校、斷以栻晚歲之學、定爲四十四卷。併詳述所以改編之故、弁於書首。即今所傳淳熙甲辰本也。栻與朱子交最善、集中與朱子書凡七十有三首、又有答問四篇。其間論辨斷斷、不少假借。如第二札則致疑於辭受之間。第三札辨墓祭中元祭。第四札辨太極圖說註。第五六七札辨中庸註。第八札辨游酢祠記。第十札規朱子言語少和平。第十一札論社倉之弊、責以偏袒王安石。第十五札辨胡氏所傳二程集不必追改、戒以平心易氣。第二十一札辨論仁之說有流弊。第四十四札論山中諸詩、語未和平。第四十九札論易說未安、是從來許多意思未能放下。第五十四札規以信陰陽家言、擇葬地。與胡季隨第五札又論朱子所編名臣言行錄未精細。朱子並錄之集中、不以爲忤。又栻學問淵源、本出胡宏。而與朱子第二十八札謂胡寅讀史管見病敗不可言、其中有好處、亦無完篇。又第五十三札謂胡安國春秋傳其間多有合商量處。朱子亦並錄之集中、不以爲嫌。足以見醇儒心術、光明洞達、無一毫黨同伐異之私。後人執門戸之見、一字一句、無不回護、殊失朱子之本意。至朱子作張浚墓誌、本據栻所作行狀、故多溢美、語錄載之甚明。而編定是集、乃削去浚行狀不載。亦足見不以朋友之私、害是非之公矣。論張浚者往往遺議於朱子、蓋未核是集也。劉昌詩蘆浦筆記駁栻堯廟歌、指堯廟在桂林、失於附會。其歌今在集中、蓋取其尊崇帝德、而略其事實。昌詩又錄栻慤齋銘、稱栻奉其父命爲其弟杓作、本集不載。檢之良然。栻集即杓所輯、不應反漏。考高斯得恥堂存稾有南軒永州諸詩跋曰、劉禹錫編柳子厚集、斷至永州以後、少作不錄一篇。南軒先生永州所題三亭陸山諸詩、時方二十餘歲、興寄已落落穆穆如此。然求之集中、則咸無焉、豈編次者以柳集之法裁之乎。然則栻集外詩文、皆朱子刪其少作、非偶佚矣。

勉齋集四十卷（編修勵守謙家藏本）

宋黃榦撰。榦字直卿、號勉齋、閩縣人。少受業於朱子、朱子以女妻之。寧宗朝補將仕郎、歷知漢陽軍安慶府。以主管亳州明道宮致仕。卒諡文肅。事蹟具宋史道學傳。是集講義經說三卷、雜文三十六卷、詩一卷。雜文凡守郡公移案牘之辭皆在焉。據其卷目、與宋史藝文志相合、蓋猶原本也。昔朱子作竹林精舍成、嘗遺榦書、有他時便可請直卿代即講席之語。榦亦能堅守師說、始終不貳。然林栗與朱子論易不合、至搆釁攻擊、朱門弟子有欲火栗之書者。榦祭栗文、獨能不沒其所長。可謂絕無門戸之見。又史稱榦在安慶府築城、部署有方、民不勞而事集。及金兵大至、淮東西震恐、獨安慶按堵如故。又在制置李珏幕中、力以軍政不修邊備廢弛爲言。珏不能用、厥後光黃繼失、卒如其言。尤非朱學末流空談心性者可比。亦足見洛閩設教之初、尚具有實際、不徒以褎冠博帶刻畫聖賢矣。其文章大致質直、不事雕飾。雖筆力未爲挺拔、而氣體醇實、要不失爲儒者之言焉。

北溪大全集五十卷外集一卷（編修汪如藻家藏本）

宋陳淳撰。淳有北溪字義、已著錄。其生平不以文章名、故其詩其文皆如語錄。然淳於朱門弟子之中、最爲篤實。故發爲文章、亦多質樸眞摯、無所修飾。元王環翁序以爲讀其文者、當如布帛菽粟、可以濟乎人之饑寒。苟律以古文律度、聯篇累牘、風形露狀、能切日用乎否云云。是雖矯枉過直之詞、要之儒家實有此一派、不能廢也。又淳以朱子終身與陸九淵如水火、故生平大旨、在於力申儒釋之辨、以鍼砭金谿一派之失。集中如道學體統等四篇、似道似學二辨、皆在嚴陵時所作。反覆詰辨、務闡明鵞湖會講之緒論。亦可謂堅守師傳、不失尺寸者矣。集爲其子榘所編。末有外集一卷、載眞德秀祭文誌銘敘述五篇、亦榘所輯附。淳祐戊辰郡倅薛季良爲鋟版龍溪書院、歲久散佚。元至元乙亥、明宏治庚戌、又兩經翻刻。今所傳者、蓋猶宏治本云。

山房集九卷（永樂大典本）

宋周南撰。南字南仲、吳郡人。淳熙庚戌登甲科。官至祕書省正字。再以薦入詞館，皆不久罷去，遂以殿延所授文林郎終焉。藝文志有周南山房集五卷，陳振孫書錄解題則稱周氏山房集二十卷，後集二十卷，卷目多寡迥異。今檢永樂大典所載，有題山房集者，亦有題山房後稾者，與陳氏著錄之本合，知宋志五卷之目乃傳寫脫誤，不足據也。惟計永樂大典所錄篇帙無幾，當由刪薙太甚，故佚去者多。今但就其存於今者，各依原目，釐爲前集八卷，後稾一卷，以略存其舊。南長於四六，以俊逸流麗見稱，制誥諸篇尤得訓詞之體。其初入館也，葉適實薦之，考吳子良荆溪林下偶談有云：開禧用兵，韓侂胄欲以葉適直學士院草詔，適謝不能。既而衞涇被命草詔云：百年爲墟，誰任諸人之責；一日縱敵，遂貽數世之憂。涇見適舉似，誤爲墟爲成墟。他日周南至，適告以涇文字近頗長進，然成墟字可疑。南愕然曰：本爲墟字，何改也？適方知南實代作，因薦其宜爲文字官，遂召試館職。蓋即其事。案此四語，今在南所作奉檜降爵易謚敕中，則當時已載入己集，足徵其不能割愛，而敕內別有兵於五材，誰能去之；臣無二心，天之制也數語，亦極爲王應麟所激賞，是其織組之工，膾炙人口，尤可以概見矣。集中又有諸書題跋二十餘則，與館閣續書目體例相近，疑亦在館校勘時所作。又雜記數十條，多述宋代故事，間或直錄古書之文，無所論斷，疑本別有說部，附於集內，而爲永樂大典所割裂，今無可參證，姑仍其原文錄之云。

橘山四六二十卷（浙江鮑士恭家藏本）

宋李廷忠撰。廷忠字居厚，橘山其號也。於潛人。淳熙八年進士，歷無爲教官，旌德知縣，終於夔州通判。宋史無傳，厲鶚作宋詩紀事，載所著有洞霄詩集，今亦不傳，惟是編尚存。明萬歷中，丹陽孫雲翼爲之箋註。雲翼自序稱，所藏原係鈔本，甲申應貢之京師，偶攜是帙，遂取緗閱，隨手箋釋，後隨牒炎徼，左僻多暇，爰取訂正，稍加詮次云云。蓋向無刊版，自雲翼箋釋後始授梓行世也。廷忠名位不顯，故集中啟劄爲多，大抵候問酬謝之作，而第十四卷內乃皆賀正賀至箋表，中有乘軺護漕等語，與廷忠仕履不合，必非其所自爲。案洪邁容齋四筆稱宋時所在州郡相承，以表奏書啟委教授，因而餉以錢酒，則此必廷忠爲教官時代州守及憲臣所作，特原本未及註明，遂不可辨耳。北宋四六大都以典重淵雅爲宗，南渡末流，漸流纖弱。廷忠生當淳熙紹熙之間，正風會將變之時，故所作體格稍卑，往往好博務新，轉傷繁冗，然織組尚爲工穩，其佳處要不可掩，固當存之，以備一家。至雲翼箋註，尤多蕪雜，未足以資考核，以其裒綴頗勤，故姑仍舊本錄之，不復刊削焉。

後樂集二十卷（永樂大典本）

宋衞涇撰。涇字清叔，華亭人，徙居崑山。登淳熙十一年進士第一。王楙野客叢書所謂瀕至夷亭出狀元，甲辰衞涇果魁天下者也。累官參知政事，封秦國公，卒謚文節。其事蹟不具於宋史，惟南宋館苑題名記載涇以開禧二年七月官中書舍人，兼修玉牒官，直學士院。十月，除吏部侍郎，兼侍讀。三年十月，除禮部尚書。十一月，除御史中丞。宋史寧輔表載開禧三年十一月丙戌，涇自中奉大夫試御史中丞除端明殿學士，簽書樞密院事。丁亥，兼權參知政事。十二月壬戌，涇與雷孝友同除參知政事。嘉定元年六月乙亥，罷爲資政殿學士，知潭州。而集中謝表自潭州以後，又嘗一知福州，再知隆興府。其歷官歲月尚可考見。涇初號拙齋居士，改號西園居士，後築堂，成取范仲淹岳陽樓記中語題之曰後樂堂，遂以自號，并名其集。原本凡七十卷，乃其子樵所編，嘗刻之於永州，歲久亡佚。明楊樞淞故述僅著其名，而其本已不可見。今從永樂大典中裒輯編次，釐爲二十卷。衞氏在宋世以文學知名，涇諸父膚敏，紹興間爲禮部侍郎，立朝頗著風采。涇弟湜亦湛深經術，所著禮記集說，已別著錄。涇所作大都和平溫雅，具有體裁，歸有光震川集稱其文章議論有裨當世，當韓侂胄用事時，隱居十年，於所居石浦闢西園，堅臥不出。其進退之際，蓋能以禮自守者。今即集中諸奏疏考之，其應詔論北伐劄子，謂兩國相敵，持重者安，輕動者危，應兵常勝，首事常沮，力詆侂胄開釁之非，詞意極爲切直。其劾易祓朱質林行諸狀，亦能抵觸姦佞，侃侃不阿。他所論列，並中窾要，在當時可稱正人。特其執政未久，宋史又佚而不傳，其大節幾就湮沒，幸而遺文復顯，猶得據以見其仕履之大略。故著之於錄，補史文所未及焉。

竹齋詩集三卷附錄一卷（兩淮馬裕家藏本）

宋裘萬頃撰。萬頃字元量，新建人。淳熙十四年進士。歷官大理寺司直。請外任，添差江西撫幹。楊簡誌其墓，以戇議稱之。陳宏緒寒夜錄稱萬頃在當時與胡桐原、禹濱菴、徐竹堂往來倡和，號爲四傑。今三人俱已湮沒，惟萬頃集存。劉克莊後邨集有裘元量司直詩跋，稱其標致高勝，有顏氏之臞、龔生之潔。又稱其猶子南昌理掾應材攜竹齋遺墨古律詩三首、其季元齡又手錄四十二首。其言若近而遠，若淡而深。近而淡者可能，遠而深者不可能。爲人自貴重，恥表襮，惟詩亦然。世知竹齋者多，而見其詩者絕少。理掾盍鋟諸梓，與同志共之云云。則元量之詩，克莊時尚無專集。此本爲康熙己丑其裔孫錦縣知縣奏所刊。凡詩三卷，末一卷附錄誥敕誌銘，不知何人所編。近時工部尚書裘曰修又重刊之，曰修亦萬頃裔也。其詩雖風骨未高，而清婉有餘，不染江湖之濫派。趙與虤娛書堂詩話嘗稱其歸興一篇，又稱其初官樂平印曹與洪邁詩篇往來，邁最推其雲歸青嶂雨初歇，花臥碧苔春已休之句云。

華亭百詠一卷（浙江鮑士恭家藏本）

宋許尚撰。尚自號和光老人，華亭人。其始末無考。是編作於淳熙閒，取華亭古蹟，每一事爲一絕句。題下各爲註，然百篇之中無註者凡二十九，而其中多有非註不明者，以例推之，當日不容不註，殆傳寫佚脫歟。弔古之詩，大抵不出今昔之感，自唐許渾諸人已不能拔出窠臼。至於一地之景，衍成百首，則數首以後語意略同，亦固其所。厲鶚作宋詩紀事，僅錄其陸機宅、三女岡、征北將軍墓、顧亭林、白龍洞、俞塘、普照寺、陸瑁養魚池、唳鶴灘、湖光亭十首，亦以其罕逢新警故也。然格意雖多複衍，而措詞修潔，尚不失爲雅音。所註雖簡略，而其時在今五六百年之前，舊蹟猶未全湮，方隅之所在，名目之所由，亦尚足備志乘之參考。在詩家則無異於衆人，在輿記之中則視後來支離附會者勝之多矣。

梅山續稾十七卷（浙江鮑士恭家藏本）

宋姜特立撰。特立字邦傑，麗水人。父綬，靖康中殉難。南渡後廕補承信郎。孝宗召爲太子春坊，累官浙東馬步軍副總管、慶遠軍節度使，事蹟具宋史佞倖傳。陳振孫書錄解題載梅山稾六卷、續稾十五卷，列之詩集類中，則兩集皆有詩無文。此本出休寧汪森家，附以雜文及詩餘，共爲十七卷，不知何人所增輯。森序稱其流傳絕少，故繕寫以傳，則亦罕覯之本。其正稾六卷，藏書家皆不著錄，意其散佚已久矣。特立在當時恃光宗藩邸之舊，頗攬權勢，屢爲廷臣所糾，其人殊不足道。陳振孫稱其本一士人，塗轍一異，儼然磬御之態，蓋惜之也。然論其詩格，則意境特爲超曠，往往自然流露，不事雕琢。同時韓元吉、陸游皆愛之，亦有由矣。其上梁文引自述其生平最悉，有云百首之清詩夜上，九重之丹詔晨頒。今考此集所載，皆官春坊以後之作，而所云百首者，集中不載，或在所佚之數歟。

信天巢遺稾一卷、附林湖遺稾一卷、江邨遺稾一卷、疎寮小集一卷（浙江巡撫採進本）

宋高翥撰。翥字九萬，號菊磵，餘姚人。孝宗時游士也。有菊磵集二十卷，久佚不存。至國朝康熙二十六年，其裔孫士奇於徐乾學家宋槧書中採得遺詩一百九首，益以家藏二十二首，又於他集中得十三首，續得朱彝尊宋刻江湖集所載四十七首，刪除重複，共得詩一百八十九首，刻之，題曰信天巢遺稾。信天巢者，翥所以名其居也。然卷前元貞元年姚燧序，本稱曰菊磵集，不知何以改名也。後附林湖遺稾一卷，爲翥姪鵬飛字南仲者所撰。又附江邨遺稾一卷，則翥父選叔邁之詩。選、邁皆紹興間登第，選官武當軍節推，邁官縣尉。此卷之中又附質齋道翁二人之詩，則高氏譜中所載，僅存其號，即士奇亦莫能舉其名矣。最後附高似孫疎寮小集一卷。似孫即撰緯略者，文獻通考載疎寮集三卷，此所刻甚少，尚有他選所有而此刻無之者。是集在宋頗著稱，陳振孫書錄解題謂其作文怪澀，詩猶可觀。劉克莊後邨詩話謂其詩能參誠齋活句，不知此刻何以採輯轉不完備，然士奇後序中初未言及附刻疎寮集，疑爲士奇後人所加，更不暇博採歟。

欽定四庫全書總目卷一百六十一

欽定四庫全書總目卷一百六十二

集部十五

別集類十五

性善堂稿十五卷（永樂大典本）

宋度正撰。正有周子年譜，已著錄。宋史正本傳載正有性善堂集，而不著卷數。趙希弁讀書附志始列其目，凡十五卷。曹彥約為之序，自明以來，世久失傳。今從永樂大典中採摭裒次，以類排纂，仍析為十五卷，以還其舊。正游於朱子之門，文章質實，大都原本經濟，不為流連光景之語。其條奏便民諸疏，不下萬餘言，指陳利弊，明晰剴切，亦可謂留心世務，不徒為性命空談。詩品雖不甚高，而詞意暢達，頗與朱子格律相近。觀其書呂勿學啟蒙後、書晦菴所釋西銘後、跋中請釋禮諸篇，悉於師說篤信不疑，宜其一步一趨矣。魏了翁朱子語類序稱輔漢卿以所集朱子語類，文字度周卿從子乞本刊諸青衣，因屬其以學者之病著於篇端云云。是正又嘗梓行語類，且為之序，而集中無此文。又史稱正官太常時，適太廟災，為一說以獻，其一用朱子之議，其一則因宋朝廟制而參以朱子之說。本傳中具載其略，集中亦無此文，蓋刪汰編纂之餘，固不免有所闕佚也。

漫塘文集三十六卷（浙江鮑士恭家藏本）

宋劉宰撰。宰字平國，金壇人。紹熙元年進士，仕至浙東倉司幹官。屬北伐釁起，遂退居漫塘閒三十年。屢應不起，以直顯謨閣主管玉局觀卒於家。朝廷嘉其節，賜謚文清。事蹟具宋史本傳。宰著作甚富。淳祐初，王遂裒其遺稿，十僅得四五，為編訂作序，名曰前集。理宗收入祕閣，世遂無傳。明正德閒，大學士靳貴從內閣鈔出，因授王臬鋟梓，釐為三十六卷，即此本也。宰秉性恬淡，平生無他嗜好，惟書靡所不讀，所為文章淳古質直，不事藻飾，而自然暢達。其漫塘一賦，尤為世所傳誦。又頗事講學，嘗為真州司法時，方禁仕者讀周程氏書，宰堅不肎署狀。亦多從朱子門人游。本傳稱所著別有語錄十卷，今已久佚。其議論遂不可復考，然觀此一集，其宗旨已大略見矣。語錄即不存可也。

克齋集十七卷（湖北巡撫採進本）

宋陳文蔚撰。文蔚字才卿，上饒人。嘗舉進士。端平二年，都省言其所作尚書類編有益治道，詔補迪功郎。今尚書類編已佚，其文集亦無傳本，故書錄解題、宋史藝文志俱未著錄。明初，其郡人張時雨及其裔孫良鑑始掇拾成編，即此本也。文蔚始因同里余大雅以師事朱子，見於所撰余正叔墓碣。集中與朱子往復書甚多，皆以工夫精進相規切。而祭朱先生文有云「丁巳之冬，戊午之春，招之使來，授業諸孫，因獲終歲侍教誨」。是則又嘗館於朱子家。當理宗時，朱子之學大行，故所著之書得聞於朝廷，朝廷亦遂命以官也。然文蔚實亦篤信謹守，傳其師說。所記朱子之語，皆戊申以後所聞，見於池錄第四卷，已編入朱子語類中。此復具載於本集。蓋一從其所言之人，一從其所記之人，義可互存，不為複也。其詩雖頗拙俚，不及朱子遠甚，其文則皆明白淳實，有朱子之遺。講義九條，剖析義利之辨，亦為詳切，均不愧儒者之言。與後來依門傍戶者，固迥殊矣。

芳蘭軒集一卷（浙江鮑士恭家藏本）

宋徐照撰。照字道暉，一字靈暉，永嘉人，與徐璣、翁卷、趙師秀號曰永嘉四靈。照即四靈之首也。嘗自號曰山民，故其集又曰山民集。趙師秀清苑齋集有哀山民詩，可以為證。陳振孫書錄解題獨稱照自號天民，未知何據。當屬傳刻之譌也。葉適作照墓誌，稱其詩數百，斲思尤奇，皆橫絕欻起，冰懸雪跨，使讀者變掉慘慄，肎首吟歎，不能自已。然無異語，皆人所知也，人不能道耳。所以推獎之者甚至。而吳子良荊溪林下偶談則謂適雖不沒其所長，而亦終不滿之。故其跋劉潛夫詩卷，又有進乎古人而不已，何必四靈之語。後人不知，以為水心宗晚唐者，誤也。蓋四靈之詩，雖鏤心鉥腎，刻意雕琢，而取徑太狹，終不免破碎尖酸之病。照在諸家中，尤為清瘦，如其寄翁靈舒詩中「樓高望見船」句，方回以為眼前事，道著便新。又冬日書事詩中「梅遲思閏月，楓遠誤春花」句，方回亦以為思字誤字當是推敲不一乃得之。是皆集中所稱佳句，要其清雋者在此，其卑靡者亦即在此。風會升降之際，固有不能自知者矣。照集原本三卷，此本祗一卷，不知何人所併。又從瀛奎律髓得詩六首，東甌詩集得詩二首，東甌續集得詩一首，併為補遺，附之於後焉。

二薇亭集一卷（浙江鮑士恭家藏本）

宋徐璣撰。璣字文淵，一字致中，號靈淵。趙師秀集作靈囦。囦字即古淵字，蓋偶以別體書之。永嘉四靈之二也。宋元詩會載璣官建安主簿、龍游丞、武當長泰令，嘉定七年卒，年五十九。而陳振孫書錄解題則曰，四人者惟師秀嘗登科改官，意謂三人皆未嘗出仕。曹學佺亦謂二徐皆隱居不仕。今觀此卷中，璣有監造御茶五言古詩，蓋爲主簿時作。其贈趙師秀詩有游宦歸來幾度春之句，七言絕句又有移官南浦一首。則陳振孫所言偶然失考，學佺又誤因之也。書錄解題載璣集一卷，與此本相符。其名二薇亭集，則通考未載，或亦偶遺也。集後有補遺三首，從瀛奎律髓、東甌詩集、東甌續集中鈔出。厲鶚宋詩紀事載璣又有泉山集，今未之見。或東甌詩集所載爲泉山集中詩歟。

西巖集一卷（浙江鮑士恭家藏本）

宋翁卷撰。卷字續古，一字靈舒，永嘉四靈之三也。嘗登淳祐癸卯鄉薦，終於布衣。葉適序其詩，稱爲自吐性情，靡所依傍。劉克莊後村集亦有贈卷詩云，非止擅唐風，尤於選體工。有時千載事，祇在一聯中。張端義貴耳集曰，翁卷四靈也，有曉對詩云，梅花分地落，井氣隔簾生。瀑布詩云，千年流不盡，六月地長寒。春日云，一階春草碧，幾片落花輕。游寺云，分石同僧坐，看松見鶴來。吾廬云，移花連舊土，買石帶新苔。其所取者，大抵尖新刻畫之詞，蓋一時風氣所趨，四靈如出一手也。卷別有葦碧軒集，今未見其本。厲鶚宋詩紀事載卷詩四首，皆註出葦碧軒集，以校此集，惟寄遠一首不載，餘皆相同。可知二集之詩，實互相出入。至張端義所舉五聯，鶚但列之逸句中，不能得其全篇。是又在葦碧軒集之外，殆當時所刊原非一本，尚不止此二集歟。

清苑齋集一卷（浙江鮑士恭家藏本）

宋趙師秀撰。師秀字紫芝，號靈秀，永嘉人。太祖八世孫。紹熙元年進士。浮沈州縣，終於高安推官。永嘉四靈之四也。其詩亦學晚唐，然大抵多得於武功一派，專以鍊句爲工，而句法又以鍊字爲要。如詩人玉屑載師秀冷泉夜坐詩，樓鐘晴更響，池水夜知深一聯，後改更字爲聽字，改知字爲觀字。病起詩，朝客偶知承送藥，野僧相保爲持經一聯，後改承字爲親字，爲字爲密字。可以知其門徑矣。又梅磵詩話，杜小山問句法於師秀，答曰，但能飽喫梅花數斗，胸次玲瓏，自能作詩云云。故其詩主於野逸清瘦，以矯江西之失，而開寶遺風則不復沿溯也。陳振孫書錄解題載師秀集二卷，別本天樂堂集一卷，今皆未見。此本僅一卷，而題曰清苑齋集，未審爲即天樂堂集之別名否。趙與虤娛書堂詩話載送謝耘游淮詩二句，又東甌續集載師秀詩五首，瀛奎律髓載師秀詩四首，今並附錄集末，題曰拾遺。似乎別有天樂堂集，而詩人玉屑所論冷泉夜坐及病起二首，稱曰天樂者，今皆載此集中，似乎又即天樂堂集。今未能盡睹其全，莫之詳也。厲鶚宋詩紀事稱師秀有清苑齋集、有天樂堂集，分爲二種，而所錄皆此集之詩，則鶚亦未見天樂堂集矣。古書散佚，闕所不知可也。

瓜廬詩一卷（編修勵守謙家藏本）

宋薛師石撰。師石字景石，永嘉人。隱居不仕，築屋會昌湖西，題曰瓜廬。趙師秀詩野水多於地，春山半是雲之句，即爲瓜廬作也。是集卷末有王綽所作墓誌，述其始末甚詳。卷首有趙汝回序，稱其每與四靈聚吟，獨主古淡，融狹爲廣，夷鏤爲素，神悟意到，自然清空。今觀其詩，語多本色，不似四靈以尖新字句爲工，所謂夷鏤爲素者，殆於近之。至於邊幅太窄，興象太近，則與四靈同一門徑。所謂融狹爲廣者，殊未見其然。蓋才地視四人稍弱，而耕釣優游，以詩自適，意思蕭散，不似四靈之一字一句刻意苦吟，故所就大同而小異也。荆山劉植跋稱其多肥遯之詞，斯言諒矣。

洺水集三十卷（江西巡撫採進本）

宋程珌撰。珌字懷古，休寧人。以先世居洺州，因自號洺水遺民。紹熙四年進士。理宗朝累官禮部尚書、翰林學士、知制誥，歷端明殿學士，致仕。事蹟具宋史本傳。珌立朝以經濟自任，詩詞皆不甚擅長。俞文豹吹劍錄稱其省試紅藥當階翻詩，黃麻方草罷，紅藥正花翻一聯，亦未爲佳句。至於論備邊蠲稅諸疏，則拳拳於國計民瘼，詳明剴切，利病井然。蓋所長在此不在彼也。其跋洪邁萬首絕句，以爲不當進之於朝，與張栻詆呂祖謙撰文鑑大意相類，未免操之已蹙。至於跋張載西銘，論其欲復井田爲不可，則深明今古之宜，破除門戶之見，其識迥在講學諸儒上矣。集本六十卷，載於書錄解題。此本乃崇禎乙巳其裔孫至遠所刻，僅三十卷。原序稱歲久散佚，舊闕其半云。

龍川文集三十卷（浙江巡撫採進本）

宋陳亮撰。亮有三國紀年、已著錄。亮與朱子友善、故構陷唐仲友於朱子、朱子不疑。然才氣雄毅、有志事功、持論乃與朱子相左。羅大經鶴林玉露記朱子告亮之言曰、凡真正大英雄、須是戰戰兢兢從薄冰上履過去。蓋戒其氣之銳也。岳珂桯史又記呂祖謙歿、亮爲文祭之、有孝弟忠信常不足以趨天下之變、而材術辨智常不足以定天下之經語。朱子見之、大不契、遺書婺人、詆爲怪論。亮聞之、亦不樂。他日上孝宗書曰、今世之儒士、自謂得正心誠意之學者、皆風痹不知痛癢之人也。蓋以微諷晦翁、晦翁亦不訝也云云。足見其負氣傲睨、雖以朱子之盛名、天下莫不攀附、亦未嘗委曲附和矣。今觀集中所載、大抵議論之文爲多。其才辨縱橫、不可控勒、似天下無足當其意者。使其得志、未必不如趙括、馬謖狂躁僨轅。但就其文而論、則所謂開拓萬古之心胸、推倒一時之豪傑者、殆非盡妄。與朱子各行其志、而始終愛重其人、知當時必有取也。宋名臣言行錄謂其在孝宗朝六達帝廷、上書論大計。今集中獨有上孝宗四書、及中興論。考宋史所載亦同。又言行錄謂垂拱殿成、進賦以頌德、又進郊祀慶成賦、今集中均不載。葉適序謂亮集凡四十卷。今是集僅存三十卷、蓋流傳既久、已多佚闕、非復當時之舊帙。以世所行者祇有此本、故仍其卷目著之於錄焉。

龍洲集十四卷附錄二卷（浙江鮑士恭家藏本）

宋劉過撰。過字改之、廬陵人。當宋光宗、寧宗時、以詩遊謁江湖。韓侂胄嘗欲官之、使金國、而輕率漏言、卒以窮死。蓋亦陳亮之流、而跅弛更甚者也。當其叩閽上書、請光宗過宮、頗得抗直聲。然其時在廷諸臣已交章論奏、非廊廟不言、待於草野言之者、何必屋上架屋、爲此嘵嘵、特巧於博名耳。又屢陳恢復大計、謂中原可不戰而取、更不過附合時局、大言以倖功名。北伐之役、後竟何如耶。楊維楨弔其墓詩云、讀君舊日伏闕疏、嘆起開禧無限愁。文人標榜之詞、非篤論也。其詩文亦多麤豪抗厲、不甚協於雅音。特以跌宕縱橫、才氣坌溢、要非齷齪者所及、故今猶傳焉。集凡十四卷、後附宋以來諸人所題詩文二卷、合十六卷。岳珂桯史記過始末頗詳。稱其開禧乙丑過京口、相與摭奇弔古、多見於詩。其多景樓一篇、廣漢章以初升爲之大書。詞翰俱卓犖可喜、屬爲刻樓上、會兵起不果云云。今集中詩以此篇爲冠、蓋由於此。然伏闕一疏、今竟不載於集中、其尚有佚篇歟。至蔣子正山房隨筆載其辛棄疾席上賦羊腰腎羹絕句、及爲張栻作張浚挽詩、以集中不載爲遺珠之憾、核以岳珂桯史、蓋小說之附會、非脫漏也。（語詳龍洲詞條下）

鶴山全集一百九卷（浙江鮑士恭家藏本）

宋魏了翁撰。了翁有周易要義、已著錄。南宋之衰、學派變爲門戶、詩派變爲江湖。了翁容與其閒、獨以窮經學古、自爲一家。所著作詩文極富、本各自爲集。此本乃後人裒合諸本、其次爲一編。其三十五卷下題渠陽集、三十七卷下題朝京集、九十卷下題自菴類稾、則猶仍其舊名、刊削未盡者也。史稱了翁年十五時、爲韓愈論、抑揚頓挫、已有作者之風。其天姿本自絕異、故自中年以後、覃思經術、造詣益深。所作醇正有法、而紆徐宕折、出乎自然。絕不染江湖遊士叫囂狂誕之風、亦不染講學諸儒空疎拘腐之病。在南宋中葉、可謂翛然於流俗外矣。其集原本一百卷、見於焦竑經籍志。前有淳熙己酉宛陵吳淵序。凡詩十二卷、牋表制誥奏議等十八卷、書牘七卷、記九卷、序銘字說跋等十六卷、啓三卷、誌狀二十一卷、祭文輓詩三卷、策問一卷、長短句三卷、雜文四卷、又制舉文三卷、周禮折衷四卷、拾遺一卷、師友雅言二卷、其成一百一十卷。此十卷皆註有新增字、蓋書坊刊版所續入。然了翁尚有古今考一卷、又不入此集、蓋偶遺也。元明閒集版湮廢。嘉靖辛亥、四川兵備副使高翀等始重刻於邛州。而校訂草率、與目多不相應。或書中有此文、而目反佚之。疑有所竄改、已非其舊。又目凡一百十卷、而吳鳳後序稱一百七卷、蓋重訂時失於檢勘。又周禮折衷併爲三卷、以師友雅言併爲一卷、又闕拾遺一卷、故實止此數。然世閒僅存此本、流傳甚少。今重加校定、仍其所闕、析其所併、定爲一百九卷。而原目之參錯不合者、則削而不錄焉。

西山文集五十五卷（福建巡撫採進本）

宋真德秀撰。德秀有四書集編、已著錄。考宋史本傳、德秀有西山甲乙稾、對越甲乙集、經筵講義、端平廟議、翰林詞草、四六、獻忠集、江東救荒錄、清源雜志、星沙集志諸書。此本爲明萬歷中福建巡撫金學會所刊、國朝浦城縣知縣王允元又補葺之。所載詩賦而外、惟對越甲乙稾、經筵講義、翰林詞草三種自分卷帙。其餘序記等作、但以類次、不別分名目。或即本傳所謂西山甲乙稾者、未可知也。他如端平廟議諸書、俱不編入、疑其闕佚尚多。然馬端臨通考所載亦作五十六卷、則此本所少僅一卷。殆宋時刊本即未嘗以諸書編入耶。德秀生朱子之鄉、故力崇朱子之緒論。其編文章正宗、持論嚴刻於古人不貸尺寸。而集中諸作吹噓釋老之焰者、不一而足。有不止韓愈羅池廟碑爲劉昫所譏、與大顛諸書爲朱子所摭者。白璧微瑕、固不必持門戶之見、曲爲隱諱。然其他著作、要不失爲儒者之言、亦不必竟以一眚掩也。

方泉集四卷、編修汪如藻家藏本

宋周文璞撰。文璞字晉仙、號方泉、又號野齋、又號山楹。陽穀人。諸書不詳其仕履、蓋亦江湖派中人也。是集凡賦一卷、詩三卷。張端義貴耳集極稱其灌口二郎歌、聽歐陽琴行、金塗塔歌、以爲不減賀白。按賀白謂李賀李白也。語殊杜撰、謹附訂於此。然文璞古體長篇、微病頹唐、不出當時門徑、較諸東坡山谷、已相去不知幾許。端義擬以青蓮長吉、未免不倫。至於古體短章、近體小詩、如端義所稱題鍾山一絕、晨起一絕、固可肩隨於白石、澗泉諸集之閒、宜其迭相唱和也。端義所稱灌口二郎歌、集無此題。惟四卷之首有瞿塘神君歌、觀其詞意、殆即所謂灌口二郎歌者。或文璞以名不雅馴、後改此題歟。

東山詩選二卷、永樂大典本

案東山詩選、散見永樂大典中、皆題葛元承撰、而不著時代爵里。今考集中早發詩云、天台今日去、步步紫雲鄉。又新昌道中詩云、明朝行幾里、應近赤城西。則當爲天台人矣。謝鐸赤城續志載有葛紹體字元承、家於黃巖、嘗師事永嘉葉適、得其指授。趙希弁讀書附志亦載有葛紹體東山詩文選十卷。則此集即紹體所撰、舊本偶題其字耳。惟讀書附志稱詩文選、而永樂大典所載乃有詩無文。或文不足錄、爲編纂者所刪歟。希弁又稱家大酉應繇爲之序、葉夢鼎跋其後、及行狀墓誌原附集中。今並佚不存、其事蹟則無可考見矣。葉適水心集有贈紹體詩云、數年之酉能浩浩、一日之別還草草。念子身名兩未遂、令我衰病無一好。又云、不愁好龍龍不下、只愁愛玉酬石價。殆亦潦倒場屋之士。集中有與趙師秀翁卷酬贈之作、故其詩頗近四靈。蓋永嘉一派、以四靈爲宗主、當時風氣如是也。厲鶚撰宋詩紀事、獨不載紹體之名、知集佚已久。今據永樂大典所錄、分體釐訂、編爲二卷、以存其槩。紹體所著、又有四書述、見於朱彝尊經義考、註曰已佚。然有此一集、已足以傳紹體矣。

白石詩集一卷、附詩說一卷、編修汪如藻家藏本

宋姜夔撰。夔有絳帖平、已著錄。羅大經鶴林玉露稱夔學詩於蕭斞。而卷首有夔自序二篇。其一篇稱、三薰三沐、師黃太史氏、居數年、一語噤不敢吐。始大悟學即病、不若無所學者之爲得。其一篇稱、作詩求與古人合、不如求與古人異。求與古人異、不如不求與古人合、而不能不合。不求與古人異、而不能不異。其學蓋以精思獨造爲宗。故序中又述千巖、誠齋、石湖咸以爲與己合、而己不欲與合。其自命亦不凡矣。今觀其詩、運思精密、而風格高秀、誠有拔於宋人之外者。傲視諸家、有以也。宋史藝文志載夔白石叢稾十卷、陳振孫書錄解題載白石道人集三卷。今止一卷、殆非完本。考武林舊事載夔詩四首、咸淳臨安志載夔詩三首、硏北雜志亦載夔詩一首、皆此本所無。知在所佚諸卷之內矣。夔又有詩說一卷、僅二十七則、不能自成卷帙。舊附刻詞集之首。然既有詩集、則附之詞集爲不倫。今移附此集之末、俾從其類。觀其所論、亦可以見夔於斯事所得深也。

野谷詩稾六卷、兩淮馬裕家藏本

宋趙汝鐩撰。汝鐩字明翁、袁州人。其稱開封者、汝鐩爲太宗八世孫、追溯祖系、不忘本源、猶唐代諸李皆稱隴西成紀也。登嘉泰二年進士、授館職、嘉定中分司鎭江管榷。王士禎池北偶談載黃虞稷管鈔宋人小集二十八家、士禎手鈔姜夔、周弼、鄧林三家。餘摘錄佳句者十九家、以汝鐩爲首。所錄凡五言二十聯、七言一聯、稱其五言律時有佳句、七言俚俗、歌行漫無音節頓挫。而謂劉克莊序推其跌宕眞剌蛟縛虎手、又許以建安黃初、皆失之妄。又評釋斯植采芝集曰、此君及趙汝鐩五言皆多佳句、而無遠神。其論良允。然自唐以來、兼擅諸體者、不過數家。餘皆互有短長。孟浩然、韋應物以五言籠罩千古、而七言則皆不工。無論姚合以下、

至於晚唐五季。以迨九僧四靈。刻意苦吟。不過求工於五字。蓋江湖一派。門徑如斯。不能兼責以他體。一花一石。時饒佳致。如汝鎡之流。固亦談藝者所不廢也。

平齋文集三十二卷（編修汪如藻家藏本）

宋洪咨夔撰。咨夔有春秋傳。已著錄。是集經筵進講及制誥之文居多。詩歌雜著僅十之三。咨夔官御史時。忠言讜論。力陳時弊。略見於宋史本傳。而集中不錄其奏疏。或避人焚草之意歟。考史稱咨夔爲嘉定二年進士。而厲鶚宋詩紀事據咸淳臨安志謂嘉定無二年牓。因斷爲元年。今考集中題陶崇詩卷云。某與宗山同壬戌進士。案嘉定以戊辰改元。其二年爲己巳。若壬戌則實嘉泰二年。史特誤泰爲定。鶚未詳考。而以咨夔爲嘉定元年進士。非也。又謝枋得疊山集末附錄贈行諸詩。有洪平齋七律一首。核其時代。與咨夔殊不相及。宋詩紀事別出洪平齋一條。不以入咨夔條下。是則考之爲審矣。

蒙齋集十八卷（永樂大典本）

宋袁甫撰。甫字廣微。鄞縣人。禮部侍郎燮之子。舉嘉定七年進士第一。歷官吏部侍郎兼國子祭酒。權兵部尚書。贈少傅。謚正肅。事蹟具宋史本傳。焦竑國史經籍志載甫蒙齋集四十卷。明以來傳本甚稀。近時李鄴嗣等輯甬上耆舊詩。蒐羅頗廣。而亦未見甫集。僅從他書摭拾編次。則其佚固已久矣。今取永樂大典所載者。以類排比。釐爲一十八卷。甫承其家學。具有淵源。歷官所至。惟汲汲以興利除害爲事。凡有奏請。鑿然可見諸施行。其在徽州所上便民諸條。迄今利賴。不同紙上空談。至於遇朝廷大事。侃侃直陳。尤爲切中窾要。如史嵩之議約蒙古伐金。甫力持不可。且言嵩之輕脫難信。幾罹危禍。又力斥史彌遠之專政。而勸理宗以獨攬乾綱。更爲人所難言。今諸疏雖不盡傳。而所存劄子尚多。要皆剴切權貴。抗論不阿。可稱忠鯁之士。其他詩文。類多明白曉暢。切近事理。亦不屑爲藻績之詞。獨其遺編湮沒幾數百年。今幸逢蒐羅放佚之時。其祖文所著甕牖閒評。其父燮所著家塾書鈔。毛詩講義及絜齋集。並於永樂大典中裒輯刊布。且得邀

宸章褒咏。光耀藝林。茲甫斯集又得排次成帙。復顯於蠹蝕之餘。既仰見

聖天子表章遺籍。闡發幽光。爲千古藝林之至幸。併見袁氏父子祖孫。積學三世。凡所著作。雖沈晦有年。而卒之不能磨滅。待

昌運而重彰。亦足勵窮經稽古之儒。各勉爲其可傳也。

康範詩集一卷附錄三卷（安徽巡撫採進本）

宋汪晫撰。晫所編曾子。已著錄。是集題曰康範者。眞德秀參知政事時。屬績溪令李遇求晫言行之實。將薦於朝。會德秀卒。未果。後晫亦卒。遇私謚之曰康範。因以名集也。末有晫三世孫夢斗跋。語稱其詩詞共七十首。其餘雜著。亦嘗編輯得二十篇。并靜觀常語三十餘卷。亡於兵火。惟詩詞草本僅存云云。蓋掇拾於殘燬之餘。已非其完帙。故所存僅此。集後又有康範續錄。載夢斗進晫所編曾子子思子全書表及褒贈通直郎指揮二篇。又有康範實錄。載行狀銘誄之類。蓋仿李翺文集所作皇考實錄之例。（案自六朝以後。實錄已爲國史之尊名。臣庶不應僭擬。已駁正於李翺集條下。茲不具論。）又有附錄外集。載諸名賢與其先世酬唱題贈之作。皆後人所續輯也。是集及夢斗北遊集舊本合題曰西園遺稾。西園蓋其先世監簿琛別業。蘇轍有題汪文通豁然亭詩。即在其地。今以二人相距三世。本各爲一集。故仍分著於錄。而附存其改題之總名於此焉。

清獻集二十卷（編修汪如藻家藏本）

宋杜範撰。範字成己。黃巖人。嘉定元年進士。淳祐中官至右丞相。清獻其謚也。事蹟具宋史本傳。史載範所著古律詩五卷。今此本四卷。又雜文六卷。今此本亦四卷。又奏稾十卷。今此本十卷。又多書劄一卷。又外制三卷。進故事五卷。經筵講義三卷。今此本俱不載。而有行狀本傳祠記等一卷。列於卷首。共爲二十卷。蓋後人重輯之本。非其舊矣。範有公輔才。正色立朝。議論鯁切。其爲御史時。累劾李鳴復等行賄交結之罪。鳴復卒以去位。其守寧國還朝時。又極陳內憂外患之交迫。而勸理宗以屏聲色。遠邪佞。言多切摯。及其爲相。前後所上五事及十二事。無不深中時弊。雖在位未久而沒。不能大有所匡正。然奏疏之見於集者。大都悱惻懇到。足以徵其忠愛之忱矣。

鶴林集四十卷（永樂大典本）

宋吳泳撰。泳字叔永。潼川人。嘉定元年進士。理宗

朝歷官起居舍人兼直學士院權刑部尚書終寶章閣學士知泉州事蹟具宋史本傳史稱所著有鶴林集而不詳卷數藝文志亦不著錄惟永樂大典各韻中頗散見其詩文謹裒輯編次釐爲四十卷放佚之餘篇什尚夥亦可見其著作之富矣泳當南宋末造正權姦在位國勢日蹙之時獨能正色昌言力折史彌遠之鋒無所回屈可謂古之遺直至當時邊防廢弛泳於山川阨塞籌畫瞭如慷慨敷陳悉中窾要本傳所載諸疏簡略未詳今以本集考之如紹定二年上西陲八議五年疏四失三憂及保蜀三策端平二年言元兵先通川路後會江南不可不固上流三年乞預備蜀帥及陳壞蜀四證及救蜀五策大抵於四川形勢言之最晰良由南宋以蜀爲後戶於形勢最爲衝要泳又蜀人深知地利故所言切中窾會非揣摩臆斷者比實可以補史所未備其他章疏表奏明辨駿發亦頗有眉山蘇氏之風在西蜀文字中繼魏了翁鶴山集後固無多讓也

東澗集十四卷（永樂大典本）

宋許應龍撰應龍字恭甫閩縣人嘉定元年進士第調汀州教授累遷國子司業祭酒權直舍人學士二院官至端明殿學士簽書樞密院事提舉洞霄宮事蹟具宋史本傳其集則不見於藝文志原書卷目已不可考明錢溥編次祕閣書目亦不載其名則明初已散佚矣惟永樂大典頗散見其詩文鈔撮排綴各體麤備而制誥一類尤繁蓋應龍在理宗時歷掌內外制嘗以日昃拜命夜半宣鎖不二鼓而草三麻人服其敏史稱鄭清之爲行簡罷相制皆應龍所草帝極稱其善今二制並在集中典雅嚴重實能得代言之體其他亦多深厚簡切而於當時宰執將帥侍從諸臣姓名官爵遷轉拜罷紀傳所未詳者猶可藉以徵信於考史尤爲有裨又應龍於經濟幹略深所究心其知潮州屬劇盜逼境隨機扞禦諸寇悉平治潮政績與李宗勉治台齊名及爲兵部尚書値喬行簡行秤提楮幣之法民間不便應龍奏罷之今其劄子亦具存集內大抵疏通暢達切中事情務爲有用之言非篆刻爲文者可比雖其格力稍弱然舂容和雅能不失先正典型在南宋館閣之中亦可稱一作手矣謹以類裒次釐爲十有四卷著之於錄俾不致泯沒於後焉

方是閒居士小稾二卷（兩淮鹽政採進本）

宋劉學箕撰學箕字習之崇安人劉韐之曾孫劉子翬之孫劉珵之子也閒居不仕自號種春子家饒池館有堂曰方是閒故又號方是閒居士是編上卷古今體詩一百七十一首下卷賦及雜文二十七首長短調三十八首前有嘉定閒建陽劉淮東里趙蕃開封趙必愿三序末有學箕自記及其門人游彬等跋初已鋟版因兵亂散失元至正辛丑其裔孫名張者復重刊之此編蓋從刻本影鈔者也劉淮序稱其筆力豪放詩摩香山之壘詞拍稼軒之肩今觀集中諸詞魄力雖少遜辛棄疾然如其和棄疾金縷詞韻述懷一首悲壯激烈忠孝之氣奕奕紙上不愧爲韐之子孫雖置之稼軒集中殆不能辨淮所論者不誣至其詩雖大體出白居易而氣味頗薄歌行則往往放筆縱橫時露奇崛或傷於稍快稍麤與居易又別一格淮以爲抗衡居易則似尚未能矣

翠微南征錄十一卷（編修汪如藻家藏本）

宋華岳撰岳字子西貴池人爲武學生開禧元年上書請誅韓侂冑蘇師旦下大理寺鞫治編管建寧侂冑誅放還登嘉定武科第一爲殿前司官又謀去丞相史彌遠事覺下臨安獄杖死其集名南征者皆其竄建寧時所作翠微則其別號也此本卷首有新城王士禛題語曰宋華岳集十一卷名翠微南征錄第一卷開禧元年上皇帝書請誅韓侂冑蘇師旦語最抗直餘詩十卷率麤豪使氣上侂冑詩云十廟英靈儼如在漫於宗社作穿窬及誅侂冑函首請和又有詩云反漢須知爲晁錯成秦恐不在於斯皆不肯附和浮議蓋陳東一流人如岳詩不以工拙論可也其持議頗允士禛又引吳興掌故云翠微集華廉字仲淸著不知何據案岳名著史冊此集亦著錄藝文志昭灼無疑華廉所著翠微集當別自一人一書與岳集不得相混士禛乃錄以存疑則失於裁斷矣

浣川集十卷（永樂大典本）

宋戴栩撰栩字文子朱彝尊經義考引王瓚說作字立子未知孰是也永嘉人登嘉定元年進士爲太學博士遷祕書郎出知臨江軍不赴後復起爲湖南安撫司參議官焦竑國史經籍志載所著浣川集十八卷按栩有絕句云近來萬境心如洗笑

改斜川作浣川。蓋其罷官後所自號，因以名集也。外閒久無傳本，今從永樂大典採掇編次，釐爲十卷。栩與徐照、徐璣、翁卷、趙紫芝等同里，故其詩派去四靈爲近。然其命詞琢句，多以鏤刻爲工，與四靈之專主清瘦者氣格稍殊。蓋同源異流，各得其性之所近。至其文章法度，則本爲葉適之弟子，一一守其師傳，故研鍊生新，與水心集尤爲酷似。中如論聖學、論邊備諸劄子，亦復敷陳剴切，在永嘉末派可云尚有典型。惟是史彌遠柄國之時，栩獻詩頌不一而足，而胡知柔以爭濟王事忤彌遠，謫赴象臺，栩又賦詩贈行，深致惋惜，前後若出兩轍。昔韓愈上京兆尹李實書，深相推挹，及作順宗實錄，乃具列其罪，文人前後異論，雖往往而然，然不應一時之內翻覆至於如是，豈非內託於權倖，外又附於清流歟。其人殊不足道，以詞采取之可矣。經義考載栩所著有五經說，註曰已佚。今考其說，惟謂周禮特周公大約之書，當時未必盡行，其立論頗爲有識。至於謂詩壞於衛宏之序，春秋誤於公羊之傳，易由於三聖繫爻彖象之互入，書失於孔壁序傳簡編之相亂，大抵南宋諸人輕詆漢儒之餘唾，雖不存可也。

漁墅類稾八卷（永樂大典本）

宋陳元晉撰。元晉，宋史無傳，惟江西通志載其字明父，崇仁人，登嘉定四年進士，初授雩都尉，遷知福州融州，累官邕管安撫使，嘗建漁墅書院，因以名集。然考趙汸東山存稾有虞集行狀，稱集之祖解組過臨川，寓公陳元晉之夫人爲其女弟，因迎以歸，則元晉亦蜀人，僑居崇仁。通志尚考之未詳也。焦竑經籍志載有元晉漁墅類稾十卷，諸家悉不著錄，今檢永樂大典中尚存雜文八十餘首，各體詩一百一十餘首，謹以類編輯，釐爲八卷。江西志稱元晉嗜學好義，爲德於鄉人者甚多，歷官所至，俱著政績。今觀集中如乞差甲首科劄子，則極論當時賦役之弊。上曾知院書，則力陳上流防江之策，且謂天下非事功難立之爲憂，而人心不睦之可畏。又謂邊遽戒警，則號召郡國不敎之卒，坐糜粟於長江以南，謂之警報；及日遠則散遣解弛，又復置之度外，自開國以來同一痼病。其於南宋廢弛聚訟之象，指陳痛切，可謂深中膏肓。又上魏了翁啓有云：善類之勢不振，付之乍佞乍賢；正論之脈僅存，聽其自鳴自息。以奔趨爲捷徑，以軟熟爲圓機，習成脂韋，病入骨髓，皆憤世嫉俗之言。則知其生平必伉直不諧於時者。讀其遺文，猶可以見其人也。

滄洲塵缶編十四卷（永樂大典本）

宋程公許撰。公許字季與，一字希穎，敘州宣化人。舉嘉定四年進士，歷官權刑部尚書、寶章閣學士，知隆興府。事蹟具宋史本傳。公許沖澹自守，而在朝讜直敢言，不避權倖，屢爲羣小齮齕，不安其位而去。當代推其風節，初不以文采見長，然所作才氣磅礴，風發泉涌，往往下筆不能自休。本傳稱所著有塵缶文集、內外制、奏議、奉常擬謚、掖垣繳奏、金華講義、進故事行世，今皆散佚不傳。惟永樂大典載有公許詩文，題曰滄洲塵缶編，又有公許自序一篇，末署淳祐改元辛丑，蓋公許爲祕書少監時所自編也。按公許當日所論列，如應詔言事、乞罷杜範、乞還言官、言蜀事十條、請蠲和糴、乞罷襄基先、論徐元杰事諸疏，宋史皆撮其大綱，著於本傳。其全文必更剴切詳明，而詳檢永樂大典，均未之載，殆以內外制、奏議諸編當時皆別本單行，今惟文集僅存，故其他遂不復見。至古今體詩，據自序本以一官爲一集，而其目爲永樂大典所割裂，原第已無可考。雜文亦僅有序記策問等寥寥數篇，尤非完帙。今姑就所存者哀輯掇拾，分類編次，釐爲十四卷。大抵直抒胸臆，暢所欲言，雖不以鍛鍊爲工，而詞旨昌明，議論切實，終爲有道之言。其格在雕章繪句上也。

安晚堂詩集七卷（編修汪如藻家藏本）

宋鄭清之撰。清之初名燮，字文叔，後改今名，字德源，安晚其別號也，鄞縣人。嘉定四年進士，寶慶初以定策功累官太傅、左丞相，卒謚忠定。事蹟具宋史本傳。所撰安晚集本六十卷，宋時刊於臨安，此本所存僅第六卷至第十二卷，但有詩而無文，較原目僅十之一。考王士禎蠶尾集有安晚集跋，亦稱僅古今體詩第六卷至第十二卷，則康熙中已無完本矣。士禎但謂其詩多禪語，而不言其工拙。今觀所作，大都直抒性情，於白居易爲近。其咏梅咏雪七言歌行二十首，亦頗有可觀。且清之爲相，擢用正人，時有小元祐之號，在南宋中葉猶屬良臣，不但其詩爲足重，固不容以殘闕廢也。厲鶚宋詩紀事從臨安四明兩志採得淨明院及題雪竇妙高峯詩二首，爲此本所未載。零篇斷簡，幸留百一，今亦併附入焉。

欽定四庫全書總目卷一百六十二

欽定四庫全書總目卷一百六十三

集部十六

別集類十六

四六標準四十卷（內府藏本）

宋李劉撰，明孫雲翼箋釋。劉字公甫，崇仁人。嘉定七年進士，歷官寶章閣待制。雲翼有橘山四六箋註，已著錄。劉平生無他事可述，惟以儷語爲專門。所著類藁、續類藁、梅亭四六，今皆未見。此本乃其門人羅逢吉所編，以劉初年館何異家及在湖南蜀中所作彙爲一集，題曰標準，蓋門弟子尊師之詞也。凡分七十一目，共一千九十六首。自六代以來，箋啓即多駢偶，然其時文體皆然，非以是別爲一格也。至宋而歲時通候、仕宦遷除、吉凶慶弔，無一事不用啓，無一人不用啓，其啓必以四六，遂於四六之內別有專門。南渡之始，古法猶存，孫覿、汪藻諸人名篇不乏。迨劉晚出，惟以流麗穩貼爲宗，無復前人之典重。沿波不返，遂變爲類書之外編、公牘之副本，而冗濫極矣。然劉之所作，頗爲隸事親切，措詞明暢，在彼法之中，猶爲寸有所長。故舊本流傳，至今猶在，錄而存之，見文章之中有此一體，爲別派，別派之中有此一人爲名家，亦足以觀風會之升降也。至雲翼之註，蕪雜特甚，然亦有足備考證者，舊本所載，亦姑附存焉。

篔窗集十卷（永樂大典本）

宋陳耆卿撰。耆卿有赤城志，已著錄。考吳子良荊溪林下偶談云：葉適汲引後進，以文字之傳未有所屬，晚得耆卿，即傾倒付屬之。時士論猶未厭，適舉東坡太息一篇爲證，謂他日終當論定。其後纔十數年，世上文字日益衰落，而耆卿卓然爲學者所宗。又云：耆卿四六，理趣深而光焰長，以文人之筆藻，立儒者之典型，合歐、蘇、王爲一家。適深歎賞之，校以適所作耆卿集序，稱許甚至，知子良所言爲不誣。謝鐸赤城新志亦稱其文疆場甚寬，而步武甚的，惟車若水爲耆卿弟子，所著腳氣集則曰：予登篔窗先生門，方逾弱冠。荊溪吳明輔（案明輔，即吳子良字。）先從篔窗，已登科，相與作爲新樣古文，每一篇出，交相譽侫，以爲文章有格。歸呈先祖，乃不悅，私意謂先祖八十有餘，必是老拙，曉不得文字。顧首顧尾，有開有架，且造語俊爽，皆與老拙不合也。既而先祖與篔窗皆即世，吾始思六經不如此，韓文不如此，歐、蘇不如此，始知其非云云。其持論獨異。今觀其集，雖當南渡後文體衰弱之餘，未能盡除積習，然其縱橫馳驟，而一歸之於法度，實有灝氣行乎其間，非嘽緩之音所可比，宜其與適代興矣。讀書附志載所著篔窗初集三十卷、續集三十八卷，宋史藝文志、馬端臨經籍考已不著錄，世亦久無傳本。今從永樂大典中採掇薈稡，共得文一百三十一篇，詩三十八篇，詞四篇。中如林下偶談所稱代謝希孟上錢相啓、游仲鴻謚議之類，均已亡闕，蓋所存僅十之一二矣。謹釐正譌舛，錄爲十卷，俾不終就湮沒。其葉適、吳子良序跋及耆卿自序，仍錄冠前後，庶有以考見其大略焉。

友林乙稿一卷（浙江巡撫採進本）

宋史彌寧撰。彌寧字安卿，鄞縣人，丞相浩之從子也。嘉定中以國子舍生莅春坊事，帶閤門宣贊舍人。知邵陽。宋史無傳，其集亦不見於藝文志。此本猶宋時舊刊，楷法頗爲工緻。凡錄詩一百七十首，前有原序一篇，自稱其名曰域，大略謂浩帥閩時，以庠序諸生最沐稱賞，後四十年，得見彌寧於湘南，因掇拾友林詩稿，命工鋟之。而序末舊闕一翻，失去題署年月，不知其姓爲誰。以詞意推之，蓋作於彌寧知邵陽時也。集中近體詩居多。其詩禪一首云：詩家活法類禪機，悟處工夫誰得知。尋著這些關棙子，國風雅頌不難追。觀其持論，似亦以妙悟爲宗，與嚴羽之說相近。然命意遣詞，務取鮮新，乃往往傷於纖仄，無所謂鏡花水月之意，則所謂妙悟者，特一韻之奇，一字之巧而已。特其點綴映媚，時亦淸警，沙中金屑，要不可謂之非寶，固亦不妨錄其一長云爾。

方壺存稿八卷（編修汪如藻家藏本）

宋汪莘撰。莘字叔耕，休寧人。嘉定閒以布衣上封事，不用，退而築室柳溪之上，圍以方渠，自號方壺居士。與朱子頗相善，然集首辭晦菴朱侍講書，反覆以調和兩宮責望朱子，至稱建明稍緩，非特不能爲天下學道者之地，亦不能爲後世學道者之地。其言剴切耿直，相規以善，非依草附木苟邀獎借者比。朱子答書今佚不傳，而集中別有與莘兩書，其一書頗以好論說喜文章爲戒，亦深以道義相切劘，或病其前書太直歟。是編第一卷爲書，辨序說頌，第二爲賦歌行，第三卷至第七卷爲古今體詩，第八卷爲詩餘，附錄李以申所撰傳及交游往來書。前有程珌、孫嶸叟、王應麟三序，後有宇文十朋、史唐卿、劉次皋、汪循四跋。考所附徐誼書，稱移牒州縣，使書吏錄其著述。劉次皋跋又稱莘出示詩稿三編，則莘本有自編之集。宇文十朋跋稱曰柳塘集，蓋其初名也。汪循跋乃稱先生著述多不存，存者此耳。故謂之存稿。裔孫燦倚和李海輯而傳之，則此本爲燦等所重編，非其舊矣。觀孫嶸叟序作於咸淳辛未，已稱所上三疏不可見，則循跋所謂著述多不存者信也。集中諸文皆排宕有奇氣。詩源出李白，而天姿高秀，不及之，故往往落盧仝、李賀徑，雖非中聲，要亦不俗。詩餘前有自序，稱所愛者蘇軾、朱希眞、辛棄疾三人，謂之詞家三變。故所作稍近麤豪，其中水調歌頭二首，至以持志存心爲題，則自有詩餘從無此例。苟欲講學，何不竟作語錄乎。

鐵菴集三十七卷（浙江鮑士恭家藏本）

宋方大琮撰。大琮字德潤，號壺山，莆田人。開禧元年省試第三人，除右正言。疏論天下大勢，復言理亂安危之要，遷起居舍人，兼實錄院檢討官。奉祠去職，尋改集英殿修撰，知廣州，調知隆興，卒。諡忠惠。宋史無傳，其事蹟略見福建通志中。今按周密齊東野語，稱閩漕方大琮與王臞軒友善，而集中亦有將鄉漕之命語，則嘗官福建轉運使。又集首原題宋寶章閣直學士，則不終於集英修撰，蓋通志所紀歷官猶未備也。宋季三朝政要載理宗端平三年，大琮爲右正言，上疏極論濟王之冤，侍御史蔣峴劾其鼓扇異端，與王邁、劉克莊同日去國。蓋亦謇諤敢言之士，故其奏疏多能疏通暢達，切中時弊。經義亦頗有可觀，雖文格稍涉平衍，而要非游談無根也。原集久佚，此本乃其族孫良永、良節等蒐輯編成，蓋散亡之餘，已非全帙矣。

壺山四六一卷（浙江鮑士恭家藏本）

不著撰人名氏。考南宋文士號壺山者有四：其一爲宋自遜，字謙父，方回瀛奎律髓所謂謁賈似道獲楮幣二十萬以造華居者也；其一爲徐師仁，字存聖，所著有壺山集七十卷，見於續文獻通考中；其一爲黃士毅，字子洪，自莆徙吳，不忘故鄉，因號壺山，從學朱子，嘗編類其語錄以行世者；其一則方大琮也。四人之中，師仁事蹟已無考。自遜爲江湖遊客，未嘗仕宦。士毅則藉承師廕，列名道學，亦非顯宦。惟大琮曾任閩漕，而此集第一首即除福建漕謝喬平章啟，其中所云竟坐非空言之誅，當伏不可赦之罪者，亦與大琮疏論濟王被斥事蹟相符，似當爲大琮所作。第今所傳大琮鐵菴集，爲其族孫良永等所編，取入四六啟劄六十四首，多不與此相同。而此本所收八十餘首，其數轉浮於本集。良永等既加搜輯，不應疏脫如是，其偶未見此本耶？以其屬對親切，工於翦裁，當南宋駢體之中，尚爲佳手，疑以傳疑，姑附錄於鐵菴集後，以備參考云爾。

默齋遺稿二卷（浙江鮑士恭家藏本）

宋游九言撰。九言字誠之，建陽人。由古田尉知光化縣，充荆鄂宣武參謀官，端平中特贈直龍圖閣，諡文靖。其集宋史藝文志不著錄。此本爲浙江鮑氏知不足齋所藏。凡詩一卷、文一卷。厲鶚宋詩紀事錄九言詩四首。其前二首卽採之此集。然所載金陵野外廢寺一首云、池塘淡日蒹葭冷、籬落西風橘柚黃。此本淡日作淡月、橘柚黃作橘柚香。聽鄭三彈雙韻子歌一首云、眼前猶聽舊歌詞。此本作眼中猶有漢威儀。均字句小異。蓋傳寫者不一本也。其餘美人倚樓圖一首、溪上一首、則均爲集中所不載、鶚從詩家鼎臠錄入。而此本之末、鮑氏又從劉大彬茅山志補錄詞三首、從曹學佺宋詩選及檇李詩繫諸書補錄詩六首。疑此本亦由掇拾而成。故捜採有所未及歟。其詩格不甚高、而時有晚唐遺韻、不涉於生硬杈椏。其義靈廟迎享送神曲序、記台州司戶滕膺拒方臘之亂甚詳、亦足以補史之闕也。

履齋遺集四卷（浙江鮑士恭家藏本）

宋吳潛撰。潛字毅夫、宣州寧國人。嘉定十年進士第一。官至參知政事、右丞相、兼樞密使、進左丞相、封許國公。後謫化州團練使、安置循州、卒。事蹟具宋史本傳。是集爲明末宣城梅鼎祚所編。凡詩一卷、詩餘一卷、雜文二卷。蓋裒輯而成、非其原本。如詩餘中有和呂居仁侍郞一首。居仁卽呂本中字。呂好問之子也。爲江西派中舊人、在南北宋之閒。寶祐四年、潛論鄂渚被兵事、稱年將七十。則其生當在孝宗之末、何由見本中而和之。則捃拾殘賸、不免濫入他人之作。本傳載潛紹定四年有論京城大火疏、又有務畜人材疏。端平元年有陳九事疏。爲江西轉運副使時有奏造斗斛等十五事疏。知太平州時有論急救襄陽疏、請分路取士疏。知鎭江府時有言邊儲防禦十五事疏。爲浙西制置使時有申論防禦江海疏。爲吏部尚書時有乞遴選近族疏。爲左丞相時有令朝臣各陳所見疏、論鄂州被兵疏、劾丁大全等疏。今皆不見集中。則其散佚者尚多。又如題金陵烏衣園滿江紅詞、天一笑、滿園羅綺、滿城簫笛句、乃用杜甫每逢天一笑、復似物皆春語。甫則用神異經玉女投壺天爲之笑事。本非僻書、而鼎祚乃註天疑作添。則其校讎亦多妄改。然潛原集既佚、則收拾放佚、以存梗概、鼎祚亦不爲無功矣。潛詩頗平衍、兼多拙句。求如送何錫汝五言律詩之通體渾成者、殆不多見。其詩餘則激昂悽勁、兼而有之、在南宋不失爲佳手。雜文雖所存不多、其中如與史彌遠諸書、論辨明晳、猶想見嶽嶽不撓之槩。是固不但其人品足重矣。

臞軒集十六卷（永樂大典本）

宋王邁撰。邁字實之、興化軍仙遊人。嘉定十年進士。調南外睦宗院教授、召試學士院、改通判漳州。應詔直言、爲臺官所劾、削二秩。淳祐中、知邵武軍、子祠。卒贈司農少卿。事蹟具宋史本傳。然考周密癸辛雜識有載邁爲正字時事、而本傳不言其爲此官。則史文亦有所闕略也。邁所著文集、宋史藝文志不著錄。惟明錢溥祕閣書目載有臞軒集七冊、王圻續文獻通考亦有臞軒集二十卷、是明代尙有傳本。今世所存祇臞軒四六一卷、皆啟劄駢偶之作。蓋卽從集中鈔出別行、偶然獨存者也。今以永樂大典所載、兼採他書所引附益之。共得文一百七十一首、詩四百四十三首、詩餘五首、釐爲一十六卷。計其篇目、約略得十之七八矣。邁少負才名、而史尤稱其練達世務。蓋非徒以詞藻見長者。考其初以殿試第四人出佐長沙幕、劉克莊作詩送之、有策好人爭誦、名高士責全之句、見於後村集中。是當對策時已有伉直之目。厥後歷官所上封事、類多區別邪正、剖晰時弊之言。如諫喬行簡再相及禋祀雷雨應詔諸篇、敷陳皆極剴切。其於濟王竑事、反覆規勸、更見拳拳忠愛之心。癸辛雜識稱邁因輪對追論史彌遠擅權、詞氣過戇、帝以狂生目之。邁後歸里、遂自稱敕賜狂生。其事爲本傳所未載、亦足以見其氣節。全集中諸疏並存、尚可考見一二。集中詩文亦多昌明俊偉、類其爲人。讀者因其言而論其行、固不徒取其文辭之工矣。

東野農歌集五卷（浙江巡撫採進本）

宋戴昺撰。昺字景明、東野其自號也。天台人。石屏居士復古之從孫。嘉定十二年登進士第、授贛州法曹參軍。其自序有效官秋浦之語、則寶祐中又嘗爲池州幕僚。不知其終於何職也。其詩世有二本。一爲兩淮所進、題曰戴東野詩、祇一卷。卷首又題曰石屏詩集附錄。蓋本綴復古詩後以行者。一爲浙江所進、分爲五卷。其編次稍有條理、而詩視兩淮本較少數篇。今以浙江本爲主、據兩淮本增入詩十一首。又據宋詩鈔增入詩三首。凡百有餘篇。考卷內有寶祐改元癸丑修禊日昺自跋曰、抖擻破囊凡百篇錄之則昺所自編不過此數可以稱足本矣昺少工吟咏爲復古所稱有不學晚唐體曾聞大雅音之句今觀所作五言如眼明千樹底春入數花中秋牀梧葉雨曉袂竹林風清池涵竹色老樹蝕藤陰草潤蛩聲滑松涼鶴夢淸七言如野水倒涵天影動海雲平壓雁行低颶柳輕風寒忽暖催花小雨溼還晴格雖不高而皆淸婉可諷亦頗具石屏家法也

敝帚稾略八卷永樂大典本

宋包恢撰恢字宏父建昌人嘉定十三年進士歷官刑部尙書簽書樞密院事封南城縣侯以資政殿學士致仕卒贈少保謚文肅宋史本傳稱恢諸父皆從朱子學少時卽聞心性之旨歷官所至破豪猾去姦民治蠱獄課盆鹽然於賈似道傳又稱似道行公田法時恢知平江督買民田至以肉刑從事兩傳皆出托克托手乃賢姦迥異蓋宋史於道學諸人例多褒美雖有惡蹟亦諱之不書而似道傳中則偶忘刊削此事故有是矛盾也恢平生不以文名史傳亦絕不及其著作惟元劉壎隱居通議有云恢以學文爲時師表平生爲人作豐碑巨刻每下筆輒汪洋放肆根據義理娓娓不窮蓋其學力深厚不可涯涘云云獨推重之甚至今觀所作大都疏通暢達沛然有餘其奏劄諸篇亦剴切詳明得敷奏之體雖附合權姦不免負其所學置其人而論其文固亦不失爲儒者之言矣隱居通議又稱恢平生最疑周禮以爲非聖哲之書遂著書剖其非號曰周禮六官辨景定壬戌恢與劉克莊同侍經筵殿克莊奏之有詔宣取歐聖弼爲作進表雖所辨未當而表則極佳云云此事本傳失載而六官辨亦不在集中意其有別本單行故未經收入歟集爲恢所自編宋史藝文志馬氏經籍考皆未著錄世亦別無傳本原目已不可考今從永樂大典採掇編輯共得文七十餘首詩八十餘首釐爲八卷而以恢自識及門人鄭无妄書後附於末簡尙略見是集之始末也

清正存稾六卷附錄一卷浙江鮑士恭家藏本

宋徐鹿卿撰鹿卿字德夫號泉谷豐城人嘉定十六年進士官至禮部侍郎以華文閣待制致仕卒謚清正事蹟具宋史本傳其所著有泉谷文集奏議講議鹽楮議政稾歷官對越集諸書今俱散佚此本乃明萬歷中其十二世孫鑑巡按福建於家乘中蒐輯刊行者也鹿卿博通經史居官廉約淸峻多惠政凡所建白皆忠悃激發不少隱諱今觀是集如都城火則上封事言惑嬖寵溺燕私用小人三事遷國子監主簿入對則陳洗凡陋昭勸懲等六事爲太府少卿入對則言定國本正紀綱立規模諸事大抵眞摯懇切深中當時積弊劉克莊以董子之醇賈生之通許之雖標牓之詞不無稍過要其純忠亮節無愧古人固非矯激以取名者所得而比擬矣

寒松閣集三卷山東巡撫採進本

宋詹初撰初字以元休寧人始爲縣尉以薦入太學爲學錄嘗上乞辨邪正疏忤韓侂胄罷歸所居曰流塘里故其詩文名流塘集宋史藝文志不載諸家書目亦不著錄據其子陽跋稱舊有二十一卷後燬於火陽於族人處乞得殘本歸而藏之又有其十六世孫景鳳十七世孫璧二跋稱嘉靖戊午景鳳等始鋟於木因其讀書之處改名曰寒松閣集分爲三卷首卷翼學十篇世學問大旨又序經二篇序論語上下篇義如易序卦之例次卷爲目錄五十五條分上下二篇三卷爲古今體詩四十九首又附以往來書簡末有宋饒魯李士英及明嘉靖間田怡等跋據璧跋是集之刻共四十一版此本版數相符蓋從刻本影鈔也核其立言大旨如與詹體仁論道體仁摘其咏水詩野人見淸不見水卻道無水亦無清之句深以爲疑蓋不免稍涉於禪至翼學大道章所言器理有無之旨目錄第一條所言知止運用二段工夫之說則又皆力闢釋老觀其目錄載或問尊德性道問學朱子本來自全陸子前面祗尊德性一邊因朱子方走道問學曰此非學者所可輕議則所學實介於朱陸之間似明代調停之說其書晚出眞僞蓋不可知然景鳳作詹氏小辨其言駁雜恣肆殊無忌憚而此集議論頗醇謹殊不類景鳳所爲疑以傳疑姑以其言有可取而錄之其所自來存而不論可矣厲鶚宋詩紀事所錄初詩卽據此本蓋亦未敢確指其贋惟其字曰以元鶚書乃作子元與原跋不合名字世系其子孫所述未必誤鶚書蓋傳刻之譌也

滄浪集二卷兩淮鹽政採進本

宋嚴羽撰羽字儀卿一字丹邱邵武人自號滄浪

道客與嚴仁嚴參齊名世號三嚴今仁與參詩集無傳惟羽集在其滄浪詩話有曰論詩如論禪漢魏晉與盛唐之詩則第一義也大歷以還之詩則小乘禪也晚唐之詩則聲聞辟支果也盛唐諸人惟在興趣羚羊挂角無迹可求故其妙處透徹玲瓏不可湊泊如空中之音相中之色水中之月鏡中之象言有盡而意無窮近代諸公乃作奇特解會以才學爲詩以議論爲詩夫豈不工終非古人之詩也云云其平生大旨具在於是考困學紀聞載唐戴叔倫語謂詩家之景如藍田日暖良玉生煙可望而不可卽司空圖詩品有不著一字盡得風流語其與李秀才書又有梅止於酸鹽止於鹹而味在酸鹹之外語蓋推闡叔倫之意羽之持論又源於圖特圖列二十四品不名一格羽則專主於妙遠故其所自爲詩獨任性靈掃除美刺清音獨遠切響遂稀五言如一徑入松雪數峯生暮寒七言如空林木落長疑雨別浦風多欲上潮洞庭旅雁春歸盡瓜步寒潮夜落遲皆志在天寶以前而格實不能超大歷之上由其持詩有別才不關於學詩有別趣不關於理之說故止能摹王孟之餘響不能追李杜之巨觀也李東陽懷麓堂詩話曰嚴滄浪所論超離塵俗眞若有所自得反覆譬說未嘗有失顧其所自爲作徒得唐人體面而亦少超拔警策之處予嘗謂識得十分只做得八九分其一二分乃拘於才力其滄浪之謂乎云云是猶徒知其病未中其所以病矣其詩話一卷舊本別行此本爲明正德中淮陽胡仲器所編置之詩集之前作第一卷意在標明宗旨殊乖體例今惟以詩二卷著錄別集類其詩話別入詩文評類以還其舊焉

泠然齋集八卷　永樂大典本

宋蘇泂撰泂字召叟山陰人右僕射頌之四世孫宋史頌傳不詳列其後裔故泂始末無可考陳振孫書錄解題有泂泠然齋集二十卷亦久亡佚惟宋無名氏詩家鼎臠中尚存其二詩而已今從永樂大典所載採輯排比共得詩八百五十餘篇釐爲八卷卽詩中所自紀參互考之知泂少時卽從其祖遊宦入蜀長而落拓走四方曾再入建康幕府其書懷詩有云昨蒙宗公置牙齒事下丞相當審覈駑才不堪駕十乘爝火或可繼殘夕則嘗以薦得官而終偃蹇不遇以老生平所與往來唱和者如辛棄疾劉過王柟潘檉趙師秀周文璞姜夔葛天民等皆一時知名士集中又有送陸游赴修史之命詩云弟子重先生丱角以至斯文章起嬰慕德行隨蕭規是泂本從學於游詩法流傳淵源有自故其所作皆能鑱刻淬鍊自出清新在江湖詩派之中可謂卓然特出其金陵雜咏多至二百首尤爲出奇無窮周文璞爲作跋以劉禹錫杜牧王安石比之雖稱許不免過情要其才力富贍實亦一時之秀也惜其原集久湮錄宋詩者至不能舉其姓名其輓姜夔一詩元陸友仁硯北雜志引之以爲蘇石所作近時厲鶚作宋詩紀事遂分蘇泂蘇石爲兩人今考是詩猶在泂集中殆必原書題作蘇召叟傳寫者脫去叟字又誤召爲石遂致輾轉沿譌莫能是正倘非集本復出竟無由訂定其紕繆則晦而復著亦可云泂之至幸矣

可齋雜稾三十四卷續稾八卷續稾後十二卷　浙江鮑士恭家藏本

宋李曾伯撰曾伯字長孺覃懷人丞相邦彥之孫南渡後流寓嘉興邦彥庸材具位時有浪子之稱而曾伯則能以事功顯由著作郎兩分漕節七開大閫通知兵事所至皆有實績後官至觀文殿學士爲南渡以後名臣集中多奏疏表狀之文大抵深明時勢究悉物情多可以見諸施用惟詩詞才氣縱橫頗不入格要亦戛戛異人不屑拾慧牙後其雜稾編於淳祐壬子續稾編於寶祐甲寅續稾後不著年月不知編於何時皆有曾伯自序其子杓嘗彙三稾刻之荊州湖北倉使劉鑯又刻之武陵咸淳庚午書肆又爲小本刊行其序卽杓所作蓋其人其文並爲當時所重故流傳之廣如是也然三稾皆各自爲編至元嘉禾志始稱爲可齋類稾蓋後人合而名之殊非宋刻之舊今仍標三集之本名從其朔焉

後村集五十卷　編修汪如藻家藏本

宋劉克莊撰克莊字潛夫莆田人以蔭入仕官至龍圖閣直學士謚文定克莊初受業眞德秀而晚節不終年八十乃失身於賈似道王士禎蠶尾集有是集跋稱其論揚雄作劇秦美新及作元后誄蔡邕代作羣臣上表又論阮籍晚作勸進表皆詞嚴義正然其賀賈相啓賀賈太師復相啓再賀平章啓諛詞諂語連章累牘蹈雄邕之覆轍而不自

覺。今檢是集，士禎所舉諸聯，其指摘一一不謬。較陸游南園二記，猶存規戒之旨者，抑又甚焉。則其從事講學，特假借以爲名高耳，不必以德秀之故遂從而爲之詞也。其詩派近楊萬里，大抵詞病質俚，意傷淺露，故方回作瀛奎律髓，極不滿之。王士禎池北偶談亦論其詩與四六皆好用本朝故事，與王義山稼村集同譏。然其清新獨到之處，要亦未可盡廢。瀛奎律髓載其十老詩，最爲俗格。今南岳第二稿惟存三首，而佚其七，則此集亦嘗經刪定，非苟存矣。文體雅潔，較勝其詩。題跋諸篇，尤爲獨擅，蓋南宋末年，江湖一派盛行，詩則汨於時趨，文則未失舊格也。坊本所刻詩十六卷，詩話詩餘各二卷，毛晉津逮祕書又刻其題跋二卷，而他作竝闕。此爲傳鈔足本，前有淳祐九年林希逸序，較坊刻多文集三十卷，詩話亦較多，後集二卷，蓋猶從舊刻繕錄云。

澗泉集二十卷（永樂大典本）

宋韓淲撰。淲有澗泉日記，已著錄。此其詩集也。淲詩稱不逮其父，而淵源家學，故非徒作。同時趙蕃號章泉，有詩名，與淲竝稱曰二泉。李龏端平詩雋序所謂章澗二泉先生，方回詩所謂上饒有二泉者，即指蕃與淲也。然其集世罕傳本，文獻通考、宋史藝文志皆不著錄。方回瀛奎律髓絕推重之，有世言韓澗泉名下固無虛士之語，尤稱其人家寒食常晴日，野老春遊近午天之句。而所錄淲作，亦屬寥寥。又戴復古輓淲詩有三篇遺稿在，當竝史書傳句，復古自註稱淲臨終作三詩，近厲鶚輯宋詩紀事，采摭極博，乃僅載所以商山人所以桃源人二首，而所以鹿門人一首佚焉，則淲之詩文湮沒已久。今檢永樂大典所載，凡得詩二千四百餘首，詞七十九首，編爲二十卷。又得制詞一首，銘二首，亦併附焉。而所以鹿門人一編終不可見，知所佚者尚多。然較諸書所載，僅得殘章斷句者，已可謂富有矣。觀淲所撰澗泉日記，於文章所得頗深。又制行清高，恬於榮利，一意以吟咏爲事，平生精力具在於斯，故雖殘闕之餘，所存仍如是之夥也。

矩山存稿五卷（衍聖公孔昭煥家藏本）

宋徐經孫撰。經孫字仲立，初名子柔，豐城人。寶慶二年進士，授瀏陽主簿，歷官刑部侍郎，太子詹事，拜翰林學士，知制誥，以忤賈似道罷歸，閒居十年，卒贈金紫光祿大夫，謚文惠。事蹟具宋史本傳。經孫家在淇撫之閒，有山方正，因號曰矩山，并以名集。前後無序跋，惟附錄劉克莊贈其先人文集序一篇，殆傳寫佚脫歟。經孫以伉直自許，立朝大節，多有可稱。熊朋來銘其墓有云：是在烏臺而不畏權貴者，是在鸞臺而不畏近侍者。其丰裁嚴正，可以想見。文章則非所注意，故往往直抒胸臆，不復以研鍊爲長，然其理明辭達，亦殊有汪洋浩瀚之致。至於奏疏諸篇，或指陳時弊，或彈劾權姦，皆敷陳剴切，辭旨凜然，尤想見正笏垂紳氣象。雖謂之獨得雄直氣，發爲古文章，可也。惟詩筆俚淺，實非所長，其留於今日，蓋以其人而傳之，爲全集琬琰之藉可矣。

雪牕集二卷附錄一卷（兩淮鹽政採進本）

宋孫夢觀撰。夢觀字守叔，號雪牕，慈谿人。寶慶二年進士，官至吏部侍郎，後求外補，以集英殿修撰知建寧府。事蹟具宋史本傳。是編乃明嘉靖間其裔孫應奎所校刊，有劉敎後序，云集凡二卷，曰奏議，曰故事。其誌贊誄文爲附錄一卷。故事者，徵引古書於前，而附列議論於後，更番進御，因事納規。同時李曾伯集亦嘗載之，蓋當時體制如是也。其奏議自嘉熙庚子以迄寶祐丙辰，正宋政極壞之時。所言皆切直激昂，洞達時務。如謂理宗能容直言而不能用，又謂士大夫有寬厚之虛名，非國之福，尤切中宋末之弊。視當時迂腐儒生，高談三代衣冠而拯焚溺者，固不可同日而語矣。

欽定四庫全書總目卷一百六十三

欽定四庫全書總目卷一百六十四

集部十七

別集類十七

庸齋集六卷永樂大典本

宋趙汝騰撰。汝騰字茂實，庸齋其自號也。太宗七世孫，居於福州。登寶慶二年進士，歷官端明殿學士、提舉佑神觀兼翰林學士承旨。事蹟具宋史本傳。其集宋史藝文志及諸家書目皆不著錄，厲鶚宋詩紀事載宋宗室共七十五人，亦無汝騰之名。惟永樂大典各韻中閒收入汝騰之文，有題趙庸齋集者，有題庸齋蓬萊閣紫霞洲集者，又有題庸齋瑣闥集者。而舊序已佚，其卷目次第，不可復考。謹蒐羅殘賸，釐次成編，析爲六卷。篇帙無多，可無煩名目，統題作庸齋集，以歸於一。汝騰生朱子之鄉，故沿溯餘波，頗能講學。然史稱其守正不撓，其爲禮部尚書兼給事中時，上疏極論姦諛興利之臣戕損國脈，而規切理宗之私惠羣小。今集中壬子六月內引第一、第二劄，即其全文，反覆詳明，深中時弊。又集中內外制序自稱嘗以草制忤史嵩之去國。又稱時有無罪被譴，如王三俊、李伯玉之類，皆留黃不書，上疏申救，施行遂爲之格。是其氣節嶽嶽，眞不愧朱子之徒，非假借門牆者可比。惟周密癸辛雜識稱汝騰爲從官，力薦三衢徐霖爲著作郎，至比之范文正公，而霖舉止顚怪，妄自尊大，霖之無忌憚，皆汝騰縱其狂，至目汝騰爲大宗師，己爲小宗師，遞相汲引。霖既被逐，汝騰亦不自安，遂求補外云云。案集中與徐徑坂唱和最多，徑坂即霖之字。其贈詹生謁徑坂詩云：瞻彼徑坂今之泗水。又贊徑坂使君柯山講席之盛詩云：立天地心鳴道鐸，開生靈眼識師儒。其推挹之詞，殊爲誕謾無狀，知周密所紀爲不誣。是則宋季士大夫崇尚道學，矯激沽名之流弊，觀於是集，良足爲千古炯鑒也。

文溪存稿二十卷兩江總督採進本

宋李昴英撰。昴英字俊明，番禺人。寶慶三年廷對第三，淳祐初官至龍圖閣待制、吏部侍郎，致仕，卒諡忠簡。文溪其退居之地也。張端義貴耳集載昴英初任臨汀推官，陳孝嚴激軍變，盡出家貲撫定之。曾治鳳帥廣激會忠之變，崔菊坡臨城借用經略使印撫諭，李縋城入賊曉以禍福，五羊城郭得全。賊至肇慶就捕，朝廷錄功名之首，除榮王府教授，力辭不供職，但云素無學問，難以移氣習。士論韙之云云。則昴英蓋具幹濟之才，而又能介然自守者。其後劾史嵩之、趙與簒，直聲動天下，有自來也。是集爲元至元閒其門人李春叟所輯，凡奏稾雜文一百二十二篇，詩詞一百二十五首。明成化中重刻，陳獻章爲之序。其文質實簡勁，如其爲人。詩閒有麤俗之語，不離宋格，而骨力遒健，亦非靡靡之音。蓋言者心聲，其剛直之氣有自然不掩者矣。

彝齋文編四卷永樂大典本

宋趙孟堅撰。孟堅字子固，自號彝齋，太祖十一世孫。其先以安定郡王從高宗南渡，家於嘉禾之廣陳鎭，而孟堅自作告墓文中又作廣成，蓋俗語相沿，初無定字。至元嘉禾志載：廣陳鎭在海鹽縣東北九十里，則孟堅當爲海鹽人。其或作嘉興者，誤也。孟堅以宗室子登寶慶二年進士，好學工書，喜藏名蹟，時人比之米芾。至今遺墨流傳，人人能知其姓字。惟其生平本末，則諸書所紀往往不同。如周密齊東野語謂其終提轄左帑，身後有嚴陵之命，是孟堅歿於宋世。而姚桐壽樂郊私語謂孟堅入元，不樂仕進，隱居避客，從弟孟頫來訪，坐定問弁山笠澤佳否，孟頫云佳，孟堅曰：弟奈山澤佳何。既退，使人濯其坐具云云。則又似元初尚存者。二說錯互殊甚。今案孟堅甲辰歲朝把筆詩，有四十五番見除夕之句，以干支逆數之，當生於慶元己未，距宋亡時凡七十八年。孟頫仕元尚在其後，孟堅必不能及見。又考朱存理鐵網珊瑚載孟堅梅竹譜卷有咸淳丁卯葉隆禮跋，稱子固晚年工梅竹，步驟逃禪，予自江右歸，將與之是正，而子固死矣。跋出隆禮手蹟，其言可信，是孟堅之卒於丁卯以前，更爲確鑿，亦足證桐壽之說爲誕妄矣。至其歷官次第，他書不載，而見於詩文自述者，如爲湖州掾，入轉運司幕，知諸暨縣，以御史言罷歸，皆歷歷可考。獨不言其嘗爲朝官，宋詩紀事乃謂其景定初遷翰林學士，又不知何所據也。其集宋史藝文志不著錄，惟見於明祕閣書目者四冊。世久失傳，今從永樂大典摭拾補綴，釐爲四卷。大都清遠絕俗，類其爲人，剩璧零珪，風流未泯，亦足與書畫並傳不朽云。

張氏拙軒集六卷永樂大典本

宋張侃撰。侃字直夫，其事蹟不見於史乘。據集中自稱邗城，又稱淮海，則當爲揚州人。而自寶祐維揚志以下，記廣陵人物者皆未嘗舉其姓名。獨錢溥祕閣書目載有張拙軒初稾四冊，焦竑國史經籍志則有張侃拙軒稾四卷，而宋藝文志、書錄解題俱無之。宋人江湖前後諸集及近時選錄宋詩者亦多未之及，則其湮晦於世蓋已久矣。今永樂大典各韻內尚頗載其詩文，或題拙軒集，或題拙軒初稾。勘驗標目，與錢溥、焦竑所記並合，當卽其書。惟其人無可考見。今卽集中謝樓監丞爲其父作行實一書反覆參核，知侃卽開禧中知樞密院張巖之子也。案宋史巖以參知政事進凭樞密督視江淮軍馬，書中稱其父訏謨兩社，出董戎師，歷官既已相符。又巖附和韓侂胄用兵敗衂，御史劾其朋姦誤國，奪官。而書中謂其父惟主於和，以靖國家，或者不之察，極力詆毀云云，其言皆爲父辨白，益足與巖事相證。史又稱巖家本大梁，徙揚州。紹興末，渡江居湖州。考集中歸來詩，有結亭著水旁句。江淮錄跋中亦有吾家近西塞，識知其卜宅吳興，尤爲確據。至其生平宦蹟，雖不盡詳，以其詩文考之，則嘗監常州犇牛鎭酒稅，遷爲上虞丞，尚略見大概也。巖以諂媚權姦致位通顯，爲世詬病。而侃獨志趣蕭散，浮沈末僚。所與游者如趙師秀、周文璞輩，皆吟詠自適，恬靜不爭之士，故所作格律亦多清雋圓轉，時有閒澹之致。雖未能開闢門徑，自成一家，而其集久佚僅存，實爲世所未睹。謹排訂編次，釐爲六卷。俾言宋詩者猶得以知其名氏焉。

靈巖集十卷（永樂大典本）

宋唐士恥撰。士恥爵里始末諸書不載。案金華志有靈巖山，山有靈巖寺，爲梁劉孝標故宅。其集以靈巖爲名，與山相合。集中有兩溪詩，據志卽金華之瀫溪也。則士恥當爲金華人。集中又有府判何公行狀一首，府判名松，字伯固，卽金華何基之大父。士恥之母爲松女弟，士恥又爲松壻，亦世籍金華之徵矣。考金華諸唐自堯封首登紹興二年進士，累官龍圖閣朝散大夫。子饒州教授仲溫、樂平主簿仲義及知台州仲友，並紹興中進士。仲友復中宏詞科。仲友三子，名士傑、士特、士濟，亦與何爲姻婭，見朱子案仲友第三狀。集中通吉守史彌忠啓云：大父朝蹟之累，年嘗在王國履脣之刻；先世符麾之昔，日又聯金昆羈靮之遊。上聯似指堯封爲朝散時言，下聯似指仲友知台州時言。案其世系，殆堯封之諸孫、仲友之猶子。特其或爲仲溫之子，或爲仲義之子，則不可得而詳耳。其官階可考者，集中有謝許南丞薦舉啓云：僅以門調玷於士流。又啓云：曩緣芘蔭，常領簿書。通羅守啓云：牽絲邑屬，讞獄掾曹。又有交代張司理一啓。其他箇牘率云冒綰理曹，典司五聽。知士恥以門蔭入仕，薦充改秩，嘗任丞倅問刑之官。其宦迹可考者，曰吉州，曰臨江，曰建昌，曰萬安。知歷官皆在江右諸郡。其文字紀年可考者，上自嘉定，下至淳祐，知爲寧宗、理宗時人。其他則集無明文，莫得而稽矣。集中制誥等作，絕無除授姓名，卽表檄、箴銘、贊頌諸篇亦皆擬作。其題自羲軒以至漢唐，閒取北宋入朝與南渡初年時事，考高宗立詞科，凡十二題：制、詔、誥、表、露布、檄、箴、銘、記、贊、頌、序，內雜出六題，分爲三場，每場體制一古一今。士恥所作蓋卽備詞科之用也。仲友嘗著詞科雜錄，其亦家學擩染，世擅其長歟。集久失傳，非惟史不著錄，卽志乘亦不登其姓名。故談藝諸家率不之及。今從永樂大典內採輯，次爲十卷，并其代人之作以類附焉。循誦其文，洽聞殫見，古澤斑然，非南宋末流操觚見驕空談者所能望其涯涘，未可以其名不著而忽之也。

玉楮集八卷（浙江鮑士恭家藏本）

宋岳珂撰。珂有九經三傳沿革例，已著錄。此集凡詩三百八十五首，其編年起理宗嘉熙戊戌，迄於庚子。珂程史稱紹熙壬子年十歲，則是集其五十八歲所編。名曰玉楮，蓋取列子刻玉爲楮葉三年而成之意也。考珂於紹定癸巳元夕京口觀燈，因作詩及祐陵事，韓正倫疑其借端諷己，遂搆怨陷以他罪。會事白得釋，至戊戌復召用，故首篇有五年坐奇謗之語。他詩亦屢及。此詩止錄此三年者，其意實原於此。自敘云：木以不材壽，雁以不鳴棄。儀尊以青黃喪，大瓠以浮游取。蓋有慨乎其言之也。雖時傷淺露，少詩人一唱三歎之致，而軒爽磊落，氣格亦有可觀。王士禎居易錄稱是集流傳絕少，安邱張貞得高唐王家舊鈔本，乃錄而傳之，蓋亦罕覯之笈矣。

棣埜集十二卷（永樂大典本）

宋徐元杰撰。元杰字仁伯，信州上饒人。紹定五年進士第一，累官國子祭酒、權中書舍人、拜工部侍郎，謚忠愍。事蹟具宋史本傳。元杰侃直敢言，不避權勢。當史嵩之起復，元杰攻之甚力，卒寢成命。後元杰以暴疾卒，人皆以爲嵩之毒之。臺諫及太學生徒俱爲上疏訟冤，詔置獄追勘，迄不能白。本傳頗載其事，而周密癸辛雜識所記尤詳。是集舊有趙汝騰序，亦極言元杰死狀不明爲可悲，且云憸壬任折獄之責，蓋指侍御史鄭寀而言。然據癸辛雜識，寀實首爲元杰訟冤，特未能詰正是獄，而汝騰遽以姦回詆之，蓋當日朝端水火，入主出奴，沸羹蜩螗，迄無定論。即此一事，而宋之綱維不立，亦槩可見矣。其集不載於宋史藝文志，觀其子直諒跋語，乃景定二年直諒知興化州時所刊，本二十五卷。世久失傳，今從永樂大典中採輯編次，釐爲雜文十一卷、詩詞一卷。雖僅存十之五六，而本傳所列奏議條目具存，尚可得其大槩。其中如戊戌輪對劄子，則爲校書郎時所上；甲辰上殿劄子，則爲左司郎官時所上。其論濟王之宜置後，驕奢之宜戒，抑敵國外患之宜以宗社爲心，皆惓惓納忠，辭旨懇到。其白左揆論時事數書，乃爲杜範所延而作，亦多關繫國家大計，言無不盡。雖夙從陳文蔚、眞德秀游，或不免過泥古義，稍涉拘迂，然不可謂之不軌於正也。周密浩然齋雅談記元杰母張氏能詩，有「不知簾外溶溶月，上到梅花第幾枝」之句。而元杰詩乃頗朴僿，蓋眞氏文章正宗持論如是，元杰亦篤守其師說云。

恥堂存稾八卷（永樂大典本）

宋高斯得撰。斯得字不妄，邛州蒲江人。紹定二年進士。李心傳辟爲史館檢閱，遷祕閣校勘，歷官端明閣學士、簽書樞密院事、兼參知政事。爲留夢炎所構，罷官予祠。宋亡，隱居苕霅間而卒。事蹟具宋史本傳。斯得父稼，端平間知沔州，與元兵戰歿。斯得能以忠孝世其家，其立朝謇諤，盡言惟以培養國脈、搏擊姦邪爲志。本傳載所論奏凡十餘事，多當時切要。今集中僅存奏疏十篇，與本傳相較，已不能無所遺脫。然於宋末廢弛欺蔽之象，痛切敷陳，皆凜然足以爲戒。至其生平遭遇，始沮於史嵩之，中厄於賈似道，晚擠於留夢炎，雖登政府，不得大行其志。憫時憂國之念，一概託之於詩。雖其抒寫胸臆，閒傷率易，押韻亦時有出入，而感懷書事，要自有白氏諷諭之遺。如西湖競渡、三麗人行諸首，俱拾姦臣傳之所遺；雷異、雜禍諸篇，亦可增五行志之所未備。徵宋末故事者，是亦足稱詩史矣。案本傳載斯得所著有恥堂文集，明葉盛菉竹堂書目亦有恥堂集七冊，而皆不言卷數。其後遂亡佚不傳。厲鶚撰宋詩紀事，亦無斯得之名。今從永樂大典各韻中掇拾排次，釐爲文五卷、詩三卷，用存其槩。而仍以元龔璛原序冠之於前。

秋崖集四十卷（浙江鮑士恭家藏本）

宋方岳撰。岳字巨山，號秋崖，歙縣人。紹定五年進士。淳祐中爲趙葵參議官，移知南康軍，以杖舟卒忤荊帥賈似道。後知袁州，又忤丁大全，被劾罷歸。其集世有二本：一爲秋崖新藁，凡三十一卷，乃從宋寶祐五年刻本影鈔；一爲秋崖小藁，凡文四十五卷、詩三十八卷，乃明嘉靖中其裔孫方謙所刊。今以兩本參校，嘉靖本所載較備。然寶祐本所有而嘉靖本所無者，詩文亦尚各數十首。又有別行之本，題曰秋崖小簡，較之本集多書札六首。謹删除重複，以類合編，併成一集，勒爲四十卷。岳才鋒凌厲。洪焱祖作秋崖先生傳，謂其詩文四六不用古律，以意爲之，語或天出，可謂兼盡其得失。要其名言雋句，絡繹奔赴，以駢體爲尤工，可與劉克莊相爲伯仲。集中有在淮南與趙葵書，舉葵馭軍之失，辭甚切直，亦不失爲忠告。至葵兄范爲帥失律，致襄陽不守，所係不輕，而其罪亦非小。岳以居葵幕府之故，乃作書曲爲寬解，載之集中，則未免有愧詞矣。

芸隱橫舟稾一卷、芸隱倦遊稾一卷（編修汪如藻家藏本）

宋施樞撰。樞字知言，芸隱其號也，丹徒人。嘉熙時嘗爲浙東轉運司幕屬，又嘗爲越州府僚。橫舟稾首有嘉熙庚子自序一首，倦遊稾前有丙申自序一首。考其紀年，倦游稾當成於橫舟稾前，而原本以橫舟稾爲首。厲鶚宋詩紀事亦祇載有橫舟稾，而不及倦游稾。蓋以橫舟稾篇什較多，故以爲主，而倦游稾特從附載之例也。宋人編江湖小集，已收入其詩，此乃其別行之本。集中有漕闈揭曉後述懷一首，蓋當時會舉進士而未第。其自序稱萍氾不羈，每多感賦，至市橋見月之句，若有悟解。今考集中見月詩云：「樓臺疊翠繞清溪，淺潑雲邊月一眉。行到市聲相接處，傍橋燈火未多時。」亦屬尋常賦咏，未見有超詣之處，不知何以矜詡若是。

至其他登臨酬贈之作、雖乏氣格、而神韻尚爲清婉。在江湖詩派中、固猶爲庸中佼佼矣。

蒙川遺稾四卷（浙江鮑士恭家藏本）

宋劉黻撰。黻字聲伯、號質翁、樂清人。淳祐初、以試入太學、伏闕上書攻丁大全、送南安軍安置。大全敗後、召還廷試、又以對策忤賈似道、復爲所抑。後由昭慶軍節度掌書記除學官、擢御史、累官至吏部尚書、遭母喪解官、遂不復起。會宋亡、二王航海、黻追從入廣、至羅浮而卒。謚忠肅。所著有諫坡奏牘、薇垣制稾、經帷納獻諸書、航海時挾以自隨、遂散落不存。此詩文殘稾四卷、乃其弟應奎所裒集也。黻危言勁氣、屢觸權姦、當國家版蕩之時、瑣尾流離、抱節以死、忠義已足不朽。其詩亦淳古淡泊、雖限於風會、格律未純、而人品既高、神思自別。下視方回諸人、如鳳凰之翔千仞矣。惟傳鈔既久、文多譌脫、更無別本可校、爲足惜耳。卷首有應奎序、作於元大德中。又有鄭滁孫朝陽閣記一篇。閣爲黻山中讀書之地、黻沒後、舊宅盡燬、惟是閣尚存。故應奎屬滁孫爲之記云。

雪磯叢稾五卷（兩淮馬裕家藏本）

宋樂雷發撰。雷發字聲遠、寧遠人。累舉不第。寶祐元年、其門人姚勉登科、上疏請以讓雷發。理宗詔親試、對選舉八事、賜特科第一人。然竟不仕以終。居於雪磯、自號雪磯先生、因以名其詩稾。雷發人品頗高、而集中有謁易祓山齋詩、乃結契於蘇師旦之黨、殊不可解。然考祓與師旦牽連同敗、在韓侂冑敗之前。而詩稱淳熙人物到嘉熙、見說山齋亦白髭、則在祓竄謫之後二十餘年。非有勢焰之可附。殆以祓究心經學、且前輩舊人、故略其瑕垢而交之、固不足以累雷發也。其詩舊列江湖集中、而風骨頗遒、調亦瀏亮、實無猥雜麤俚之弊、視江湖一派迥殊。如寄姚雪篷、寄許介之、送丁少卿、讀繫年錄諸篇、尚有杜牧、許渾遺意。即秋日村落絕句一路稻花誰是主、紅蜻蜓伴綠螳螂之類。雖涉纖仄、亦無俗韻也。

北磵集十卷（浙江鮑士恭家藏本）

宋釋居簡撰。居簡字敬叟、潼川王氏子。嘉熙中敕住淨慈光孝寺。因寓北磵日久、故以名集。其集詩文各爲一編。此則皆其所作雜文也。張誠子序稱讀其文、與宗密未知伯仲。誦其詩、合參寥、覺範爲一人、不能當也。宗密即圭峯禪師、裴休爲書傳法碑者。其文集唐志不著錄、今亦未見傳本、無從較其工拙。第以宋代釋子而論、則九僧以下、大抵有詩而無文。其集中兼有詩文者、惟契嵩與惠洪最著。契嵩鐔津集、好力與儒者爭是非、其文博而辨。惠洪石門文字禪、多宣佛理、兼抒文談、其文輕而秀。居簡此集、不摭拾宗門語錄、而格意清拔、自無蔬筍之氣。位置於二人之間、亦未遽爲蜂腰矣。

西塍集一卷（編修汪如藻家藏本）

宋宋伯仁撰。伯仁字器之、湖州人。嘉熙中爲鹽運司屬官。多與高九萬、孫季蕃唱和、亦江湖派中人也。是編卷首題雪巖吟草、下註西塍集。又寓西馬塍詩題下註云、嘉熙丁酉五月二十一日、寓京遭熱、僑居西馬塍。其曰西塍、蓋由於是。是雪巖吟草乃全集之總名、西塍特集中之一種。厲鶚宋詩紀事稱伯仁有雪巖集、馬塍稾、分爲二編、已誤。又以西塍爲馬塍、益舛其實矣。其詩有流麗之處、亦有淺率之處、大致不出四靈餘派。自序稱隨口應聲、高下精麤、狂無節制、低昂疾徐、因勢而出、雖欲強之而不可。足知其稱意揮灑、本乏研鍊之功。然點綴映娟、時亦小小有致。蓋思清而才弱者也。陳起江湖集中已列其目、此其單行之本、今亦別著於錄焉。

梅屋集五卷（編修汪如藻家藏本）

宋許棐撰。棐字忱夫、海鹽人。嘉熙中居於秦溪、自號曰梅屋、因以名集。首爲梅屋詩稾一卷、次融春小綴一卷、次爲第三稾一卷、次爲第四稾一卷、次爲雜著一卷。蓋梅屋詩稾其初集、融春小綴其二集、故以下稱第三稾、第四稾。厲鶚宋詩紀事但稱其有梅屋詩稾、融春小綴、殊考之未備。觀其趁得山閒筍蕨春一首、本在梅屋稾中、題曰山閒。而鶚錄此詩、改其題曰筍蕨羹、註曰出山家清供。知未細檢其集矣。棐生當詩教極弊之時、沾染於江湖末派、大抵以趙紫芝等爲矩矱。雜著中跋四靈詩選曰、斯五百篇、出自天成、歸於神識、多而不濫、玉之純、香之妙者歟。後世學者愛重之、是也。以高翥等爲羽翼、招高菊磵詩所謂自改舊詩時未穩、獨斟新酒不成歡是也。以書賈陳起爲聲氣之聯絡、贈陳宗之詩所謂六月長安熱似焚、廛中清趣總輸君。又謝陳宗之疊寄書籍詩所謂君有新刊須寄我、我逢佳處必思君是也。以劉克莊爲領袖、讀南岳新稾詩所謂細把劉郎詩讀後、鶯花雖好不須看是也。厥後以江湖小集中秋雨梧桐一聯、卒搆詩禍。起坐黜配、克莊亦坐彈免官。而流波推蕩、唱和相仍。終南宋之世、不出此派。然其詠歌閒適、模寫山林、時亦有新語可觀。錄而存之、亦足以觀詩道之變也。

潛山集十二卷、（永樂大典本）

宋釋文珦撰。文珦、於潛人。其生平遊歷、略見於所作舊遊一百十韻詩中。大抵出家於杭州、遊於湖州、因而遊浙東至閩、由金華嚴陵返越。又至毘陵陽羨金陵淮甸而止、後仍歸杭州。遭讒下獄、久之得免。遂遯跡以終。集中有又看景定新頒朔、百歲還驚五十過句、知其生於宋寧宗嘉定三年辛未、宋亡時年六十六。又杭州薦福寺記、題至元乙酉二月、道與詩稱七十七歲潛山翁、則至元丁亥尚存。其行事則不少概見。惟咸淳臨安志載咸淳三年九月二十四日、賈似道至小麥嶺旌德顯慶寺游山、題名中列衲子四人、文珦與焉。疑亦託跡朱門者。然集中過似道葛嶺舊居詩、極詞詆斥、若有餘憤。而紀事一詩、作於似道初貶時。其序言似道位亢志驕、陰謀簒逆、言洩於夏金吾、金吾欲誅之、懼而宵遁云云。雖與宋史所載夏貴請死守淮南、似道奔遁揚州之事不甚相符。而抉摘隱惡、至加以曹瞞代漢之罪。非似道之黨可知。且集中獨吟之作十之九、倡和之作不及十之一。所與倡和者、又不過褚師秀周密周璞仇遠數人、皆一時高人文士。亦足徵非干謁之流。或似道重其名、祇游山邂逅、偶挈同遊、遂題名賓從之末、亦未可定也。其詩多山林閒適之作、比興未深、而即事諷諭、義存勸戒、持論率能中理。觀其哀集詩稾一篇有云、吾學本經論、由之契無爲。書生習未忘、有時或吟詩。興到即有言、長短信所施。盡忘工與拙、往往不修詞。惟覺意頗眞、亦復無邪思。其宗旨品格、可以具見矣。厲鶚宋詩紀事所錄釋子凡二百四十八人、顧嗣立元百家詩選所錄釋子集凡十五家、皆無其名。禪藻一集、蒐羅頗富、亦不登其一字。則是集之佚、其來已久。今從永樂大典裒輯、得詩尚近九百首。宋元以前僧詩之工且富者、莫或過之矣。

孝詩一卷、（江蘇巡撫採進本）

宋林同撰。同字子眞、號空齋、福清人。與弟合俱有隱操。後元兵至福州、抗節死。案宋史忠義傳、稱林空齋、失其名、已爲失考。又誤以空齋爲同之子、分一人爲二、併云空齋舉進士、歷知縣。考是書前有淳祐庚戌劉克莊序、謂同兄弟俱未脫褐。又曰、年未四十、慨然罷舉、是同固未嘗舉進士也。又宋人劉麟瑞昭忠逸詠、稱林處士同、是同固未嘗任知縣也。且麟瑞詩內有血書綾壁存吾節、氣貫長虹任汝烹句。又與史之嚙指血書壁、自誓不屈諸語相合。然則死節者爲同、而非同之子也。宋史誤矣。又福建通志人物傳、稱林同字子眞、公遇子。元兵至、不屈死。隱逸傳又稱林仝字子貞、與弟合並有隱操。至元中、郡府上其行誼、詔徵不就。合字子常云云。其說又異。然同合之俱爲公遇子、已見原序。同字子眞、合字子常、已見虙齋集。俱確鑿可信。通志既以死難之林同爲公遇子、則隱逸之林仝不得又曰弟合字子常也。且改同爲仝、改子眞爲子貞、並屬點畫音聲之變、明出傳寫訛謬、分爲二人。至曹溶學海類編、亦載孝詩一卷、題長樂林同季野著。名同而地與字俱異、又不知其何所據矣。今並詳爲考正、庶不失其實。林希逸虙齋續集中、與其兄弟贈荅詩文甚多。又有同壬申酬倡集跋。今皆散佚、惟此集猶傳。皆摭古今孝事、每一事爲五言絶句一首。亦閒有兩事合詠一首者。凡聖人之孝十首、賢者之孝二百四十首、仙佛之孝十首、異域之孝十首、物類之孝十首。其閒如唐李迥秀之類、本爲佞幸。寒山子煮爺煮孃之類、亦愛無差等之談。不免於駁雜。然大旨主於敦飭人倫、感發天性、未可以其詞旨陳腐棄之。況其人始以孝著、終以忠聞。雖零篇斷什、猶當珍惜。是固不僅以文章論矣。

字溪集十一卷附錄一卷、（永樂大典本）

宋陽枋撰。枋字宗驥、初名昌朝、巴川人。居字溪小龍潭之上、因以自號。端平元年冠鄉選。淳祐四年以蜀難免入對、賜同進士出身。闆帥交辟、於昌州監酒稅、於大寧爲理掾、於紹慶爲學官。晚以子炎卯貴、加朝奉大夫致仕。年八十一卒。其行履不見於史傳。惟文淵閣書目載有陽字溪集之名、而不著卷數。黄虞稷千頃堂書目則稱其集爲十二卷。久無傳本。今檢勘永樂大典所載、裒而集之、附以其子所作年譜行狀。仍析爲十二卷。適符原目之數雖已經割裂未必無所殘闕然所佚似亦無多矣枋嘗從朱子門人度正晏淵游故集中與人往復書簡大都講學之語所言皆明白篤實不涉元虛其易象圖說一篇多參以卦氣納甲之法乃不盡與朱子本義合案李性傳朱子語錄序稱諸書荅問之際多所異同而易爲甚晏淵所錄一編與本義異者十之三四枋殆述晏淵之所授故持論不同歟又有與稅與權論啓蒙小傳一篇乃暮年所作尤見其孳孳力學至老不衰於紫陽學派之中猶不離其宗旨云

勿齋集二卷（編修汪如藻家藏本）

宋楊至質撰至質字休文號勿齋閤皁山道士淳祐中敕賜高士右街鑒儀主管教門公事是集皆四六書啓多與一時當事酬荅之作其兼領旌德觀都監謝京尹趙節齋啓云觀以道名境隨人重知章有學始專鑑曲之煙霞清老能詩故奉金陵之香火倘酒甕飯囊之輩徒齋鐘粥鼓之羞云云蓋亦以文學自負不屑等於黃冠者流第二卷中大抵代人之作當由嫻於詞翰故士大夫假手者多也宋末啓劄之文多喜配合經史成語湊泊生硬又喜參文句往往冗長萎弱唐以前舊格蕩然至質所作雖邊幅少狹而對偶工緻吐屬雅潔猶有樊南甲乙集之遺正未可以方外輕之矣

巽齋文集二十七卷（大學士程景伊家藏本）

宋歐陽守道撰守道字公權初名巽字迂父吉州人淳祐元年進士授雩都主簿調贛州司戶入爲祕書正字累遷祕書郎罷歸咸淳三年以少傅呂文德薦添差通判建昌軍遷著作佐郎兼崇政殿說書兼權都官郎中終於著作郎事蹟具宋史本傳是編分甲乙丙丁戊五集中如復劉學士書辨李習之以守其中爲慎獨非中庸本旨荅丁敎授書辨劉景雲中心爲忠如心爲恕之說本之王安石字說非六書本義凡此之類持論咸有根柢非苟立異同史稱守道少孤貧無師自力於學年未三十翕然以德行爲鄉郡儒宗蓋崛起特立不由依託門戶而來故所見皆出自得也史又稱江萬里作白鷺洲書院首致守道爲諸生講說湖南轉運副使吳子良又聘爲岳麓書院山長後萬里爲國子祭酒復薦守道充史館檢閱萬里殉節忠臣子良得葉適之傳其林下偶談妙解文章肯綮觀於所主可以知其氣類吉州人文紀略又稱文天祥劉辰翁皆守道門人則守道益可知矣然則讀是集者又烏可與諸家語錄等類齊觀乎

雪坡文集五十卷（浙江巡撫採進本）

宋姚勉撰勉字述之一字成一高安人寶祐元年以詞賦擢第廷對萬言策第一除校書郎兼太子舍人宋史無傳是集藝文志亦失載此本爲其從子龍起所編凡奏對箋策七卷講義二卷賦一卷詩十一卷雜文二十九卷勉受業於樂雷發詩法頗有淵源雖微涉麤豪然落落有氣文亦頗媕雅可觀無宋末語錄之俚語外間傳本頗稀譌闕特甚今以永樂大典所載各爲校補其永樂大典不載者則仍其舊集首有文及翁序稱其磊落有奇節官僅校黃本書備青宮宋又有方逢辰序亦稱爲瑞之奇士觀其所上封事奏劄以及廷對諸篇論時政之謬辨宰相之姦皆侃侃不阿惟二十二卷載賀丞相賈秋壑一啓題下註庚申五月十六日考宋史理宗開慶元年十二月賈似道奏鄂州圍解景定元年正月詔獎賈似道功四月詔赴闕庚申即景定元年啓蓋作於是時與其攻丁大全封事若出兩手殊爲白璧微瑕然啓末多進規之語猶有曲終奏雅之意固視劉克莊王柏之諛頌差有閒矣

文山集二十一卷（兩淮馬裕家藏本）

宋文天祥撰天祥事迹具宋史本傳天祥平生大節照耀今古而著作亦極雄贍如長江大河浩瀚無際其廷試對策及上理宗諸書持論剴直尤不愧肝膽如鐵石之目故長谷眞逸農田餘話曰宋南渡後文體破碎詩體卑弱惟范石湖陸放翁爲平正至晦菴諸子始欲一變時習模仿古作故有神頭鬼面之論時人漸染既久莫之或改及文天祥習意杜詩所作頓去當時之凡陋觀指南前後錄可見不獨忠義貫於一時亦斯文閒氣之發見也生平有文山隨筆數十大冊常以自隨遭難後盡失之元貞大德閒其鄉人搜訪編爲前集三十二卷後集七卷世稱道體堂刻本考天祥有文山道體堂觀大水記稱自文山門入過障東橋爲道體堂云云則是堂本其里中名勝而鄉人以爲刊版之地者也書中原跋九條並詳載本事頗可以資考證明初其本散佚尹鳳岐從內閣得之重加編次爲詩文十七卷起寶祐乙卯迄咸淳甲戌皆

通籍後及贛州以前之作。江西副使陳价、廬陵處士張祥先後刻之。附以指南前錄一卷、後錄二卷、則自德祐丙子天祥奉使入元營、間道浮海、誓師閩粵、羈留燕邸、患難中手自編定者。吟嘯集則當時書肆所刊行、與指南錄頗相複出。紀年錄一卷、亦天祥在獄時所自述、後又復集衆說以益之。惟集杜詩以世久單行、未經收入。今各著於錄。至原本所載序記碑銘之類、乃其家子孫所綴錄、冗雜頗甚。今並從刪削焉。

文信公集杜詩四卷（編修汪如藻家藏本）

一名文山詩史、宋文天祥撰。蓋被執赴燕後於獄中所作。前有自序、題歲上章執徐月祝犁單閼日上章協洽。案上章執徐爲庚辰歲、當元世祖至元十七年、乃其赴燕之次年。祝犁單閼當爲己卯之月、上章協洽爲庚未之日。於干支紀次不合。考是年正月癸卯朔、二月內當有三庚日、二未日。必傳寫者有所錯互。至以歲陽歲名紀日、本於吳國山碑中日惟重光大淵獻語。而併以紀月、則獨見於此序。又序後有跋、稱壬午元日、則天祥授命之歲也。詩凡二百篇、皆五言二韻、專集杜句而成。每篇之首、悉有標目次第、而題下敍次時事、於國家淪喪之由、生平閱歷之境、及忠臣義士之周旋患難者、一一詳誌其實、顚末粲然、不愧詩史之目。吳之振宋詩鈔徒以裁割巧合評之、其所見抑亦末矣。劉定之序稱原書序跋中有闕文、指元之君臣、宋之叛逆、闕而不書。今皆補之爲白字。又題姓某履善甫者、即指南集中所謂越蠡改陶朱之意。案今本序跋並無闕字、蓋即定之所補。而履善甫上已署天祥之名、則不知何人增入。又定之稱分爲四卷、而今本止一卷、殊失原第。今仍析爲四卷、以存其舊焉。

疊山集五卷（編修汪如藻家藏本）

宋謝枋得撰。枋得事蹟具宋史本傳。所著易詩書三傳及四書解、雜著詩文、原本六十四卷。歲久散佚。明嘉靖中、揭陽林光祖爲廣信府知府、始以黃溥所校刊行世、僅分上下二卷。萬歷中、御史吳某所輯疊山集又刻之上饒、編次錯迕、未爲精審。此本乃
本朝康熙中弋陽知縣譚瑄所重訂、視舊本較爲詳備。枋得忠孝大節、炳著史冊。却聘一書、流傳不朽。雖鄉塾童孺、皆能誦而習之。而其他文章、亦博大昌明、具有法度、不愧有本之言。觀所輯文章軌範、多所闡發、可以知其非苟作矣。惟原本有蔡氏宗譜一首、末署至元二十五年。其詞氣不類枋得、確爲僞託。又有賀上帝生辰表、許旌陽飛升日賀表、此類凡十餘篇、皆似道流青詞、非枋得所宜有、亦決非枋得所肯作。其爲贋本誤收、亦無疑義。今並加刊削、不使其亂眞焉。

本堂集九十四卷（浙江汪啓淑家藏本）

宋陳著撰。著字子微、號本堂、鄞縣人。寶祐四年進士。官著作郎、出知嘉興府。忤賈似道、改臨安通判。是集凡詩三十四卷、詞五卷、雜文五十五卷。據其原目、尚有講義二卷。此本有錄無書、蓋傳寫佚之矣。宋代著作獲存於今者、自周必大樓鑰朱子陸游楊萬里外、卷帙浩博、無如斯集。惟其詩多沿擊壤集派、文亦頗雜語錄之體、不及周樓陸楊之淹雅。又兼借二氏、往往過當、尤不及朱子之純粹。然宋自元祐以後、講學家已以說理之文自闢門徑。南渡後輾轉相沿、遂別爲一格、不能竟廢。且眞德秀作文章正宗、甄別最嚴。胡寅作崇正辨、攻駁尤力。而德秀西山集、寅斐然集爲二氏操觚者不一而足、亦未可獨爲著咎。披沙簡金、時有可採。宋人舊帙、固不妨存備一家也。

汝陽端平詩雋四卷（浙江鮑士恭家藏本）

宋周弼撰。弼字伯弜、汝陽人。所選三體唐詩、黃虞稷千頃堂書目載之、乃稱爲新建人。洪武間以明經官訓導。考是編前有寶祐丁巳菏澤李龏序、稱與弼同庚生、同寓里、相與論詩三十餘年、嘗手刊端平集十二卷行於世。又稱弼十七八時即博聞強記、侍乃翁晉仙、已好吟詠。長而四十年閒宦遊吳楚江漢、又稱弼名振江湖、人皆爭先求市。但卷帙中有晚學未能曉者、多恐有不行之弊。茲摘其坦然者、兼集外所得者二百餘首、目曰端平詩雋。俾續芸陳君書塾入梓流行。而末有伯弜平生心不下人、今隔九原、閱予此選、必不以予爲謬云云。然則寶祐丁巳以前、弼卒久矣。安得明初爲學官。且與龏同里、亦不得爲新建人。虞稷所云誤也。此本有臨安府棚北大街陳解元書籍鋪印行字、蓋猶自宋本錄出。其詩風格未高、不出宋末江湖一派、而時時出入晚唐、尚無當時麤獷之習。一邱一壑、亦頗有小小佳致也。

庸齋續集三十卷江蘇巡撫採進本

宋林希逸撰。希逸有考工記解，已著錄。宋史藝文志載希逸有庸齋前集六十卷，久佚不存。惟此續集謂之竹溪十一稾者，尚有傳本，即此三十卷也。凡詩五卷、雜著一卷、少作三卷、記二卷、序一卷、跋一卷、四六三卷、省題詩二卷、輓詩一卷、祭文一卷、墓誌二卷、行狀二卷、學記四卷。其門人福清林式之所編，共十三類。而謂之十一稾，不詳其故。或十中存一之意歟。劉克莊嘗謂乾淳間林光朝始好深沈之思，爲文極鍛鍊。一傳爲林亦之，再傳爲陳藻，三傳爲希逸。比其師稾乾中見華滋，蕭散中見嚴密，窘狹中見紆徐。所以推許之者甚至。今觀其集，多應酬頌美之作。且以道學名一世，而上賈似道啓乃極口稱譽，至以趙普、文彥博比之。殆與楊時之從蔡京同一白璧之瑕。集末載學記，解太元經者居其半。其詩亦多宗門語。王士禎居易錄所記，良不爲誣。然南宋遺集流傳日少，其詩文雖不盡如劉克莊所稱，而尚不失前人軌度。其學記中所論學問文藝之事，亦時有可取。節取一長，固亦無不可耳。前有咸淳庚午林同序，稱戊辰九月上擢庸齋長仙蓬，侍緝熙，明年春再入禁林，長詞翰，趍行之詔聯翩而下。行有日，至是而續集之入梓者爲卷三十云云。則是集成於希逸內召時也。

魯齋集二十卷山東巡撫採進本

宋王柏撰。柏有書疑，已著錄。柏好妄逞私臆，竄亂古經。詩三百篇重爲刪定，書之周誥、殷盤皆昌言排擊，無所忌憚。殊不可以爲訓。其詩文雖亦豪邁雄肆，然大旨乃一軌於理。宋史儒林傳稱其少慕諸葛亮之爲人，自號長嘯。年踰三十，始知家學之原（案柏之祖師愈受業於楊時，其父瀚亦及朱子、呂祖謙之門，故史文云然），與其友汪開之著論語通旨。至居處恭、執事敬，惕然歎曰：長嘯非聖門持敬之道。亟更以魯齋。蓋其天資卓犖，本一桀驁不馴之才。後雖折節學問，以鎔鍊其氣質，而好高務異之意，仍時時不能自遏。故當其挺而橫決，至於敢攻孔子手定之經。其詩文雖刻意收斂，務使比附於理，而强就繩尺，時露有心牽綴之迹。終不似濂溪諸儒深醇和粹，自然合道也。特其勇於淬礪，檢束客氣，使縱横者一出於正，爲足取耳。集中第一卷有壽秋壑詩，極稱其援鄂之功，諛頌備至。是亦白璧之瑕。然核檢諸書，均不載其有依附權門之事，不知何以有此作。據正統八年楊溥序，此集乃其六世孫四川按察司僉事迪所自編，又不知何以載之集中，略無所諱，均不可解。疑以傳疑，存而不論可矣。

欽定四庫全書總目卷一百六十四

欽定四庫全書總目卷一百六十五

集部十八

別集類十八

須溪集十卷永樂大典本

宋劉辰翁撰。辰翁字會孟，廬陵人。須溪其所居地名也。少補太學生。景定壬戌廷試入丙第，以親老請濂溪書院山長。江萬里、陳宜中薦居史館，除太學博士，皆固辭。宋亡遂不復出。辰翁當賈似道當國，對策極言濟邸無後可慟、忠良戕害可傷、風節不競可憾，幾爲似道所中。以是得鯁直名。文章亦見重於世。其門生王夢應作祭文，至稱韓歐後惟先生卓然秦漢巨筆。然辰翁論詩評文，往往意取尖新，太傷佻巧。其所批點，如杜甫集、世說新語及班馬異同諸書，今尚有傳本。太率破碎纖仄，無裨來學。即其所作詩文，亦專以奇怪磊落爲宗，務在艱澀其詞，甚或至於不可句讀，尤不免軼於繩墨之外。特其蹊徑本自蒙莊，故惝恍迷離，亦間有意趣，不盡墮牛鬼蛇神。且其於宗邦淪覆之後，睠懷麥秀，寄托遙深，忠愛之忱，往往形諸筆墨。其志亦多有可取者，固不必概以體格繩之矣。須溪集明人見者甚罕，即諸書亦多不載其卷數。韓敬選訂晚宋諸家之文，嘗以不得辰翁全集爲恨。閻蘭溪胡應麟遺書中有其名，往求之，卒弗能獲。蓋其散失已久。世所傳者惟須溪記鈔及須溪四景詩二種，篇什寥寥。今檢永樂大典所錄記、序、雜著、詩餘尚多，謹採輯裒次，釐爲十卷。其天下同文集及記鈔所載，而不見於永樂大典者，亦別爲鈔補，以存

其概至四景詩則原屬單行之本今仍各著於錄故不復採入云

須溪四景詩集四卷（編修汪如藻家藏本）

宋劉辰翁撰考晉宋以前無以古人詩句爲題者沈約始有江蘺生幽渚詩以陸機塘上行句爲題是齊梁以後例也洎及唐宋科舉始專以古句命題其程試之作唐莫詳於文苑英華宋莫詳於萬寶詩山大抵以刻畫爲工轉相倣傚辰翁生於宋末故是集各以四時寫景之句命題春景凡六十三題詩七十二首夏景凡三十二題詩三十五首秋景凡四十題詩四十四首冬景十六題詩如題數所作皆氣韻生動無堆排塗飾之習在程試詩中最爲高格末附東桂堂賦一篇爲劉端伯教子讀書而作此集殆亦授劉之子備科舉之用者歟

葦航漫遊稾四卷（永樂大典本）

宋胡仲弓撰仲弓字希聖清源人其生平不少概見惟集中一第詩有衣冠新進士湖海舊詩人之句知嘗登第夜夢蒙仲作二象笏詩有嗟余初筮令之句知嘗宰縣將之官越上留別諸友詩有一官如許冷況復是清貧槐市風何古蘭亭本却眞之句知官在會稽老母適至時已見黜詩有千里迎阿孌相見翻不樂微祿期奉親親至祿已奪之句知不久罷歸雪中雜興詩有不被功名縛江湖得散行之句知被斥以後浪跡以終故以葦航漫遊名稾其行事則不可考矣仲弓詩名不甚著惟陳起江湖後集錄所作頗夥然校以永樂大典分列於各韻下者起所選之外遺佚尚多今蒐採裒輯編爲四卷雖未必盡覩其全視起所編則已增益者多矣南宋末年詩格日下四靈一派攄晚唐清巧之思江湖一派多五季衰颯之氣故仲弓是編及其兄仲參所作竹莊小集均不出山林枯槁之調如七言律中旱湖一首當凶祲流離之時絕無惻隱乃云但使孤山梅不死其餘風物不關情尤宋季游士矯語高蹈之陋習然吟咏既繁性情各見洪纖俱響正變兼陳苟非淫靡之音即不在放斥之列詩家有此一格固不妨使之並存亦錄唐詩者不遺周曇咏史之例也永樂大典所載別有漫遊集一書核其體例蓋採宋元兩代之作彙爲總集當時校讎未密宋書標目往往與此集混淆今並考校姓名刪除譌異不使與此集相亂庶幾不失其眞焉

蘭臯集三卷（浙江鮑士恭家藏本）

宋吳錫疇撰錫疇字元倫休寧人廣南西路安撫使儆之從孫處士垕之子也錫疇四歲而孤刻志於學慕徐穉茅容之爲人咸淳間南康守葉閶聘主白鹿洞書院辭不肎赴蓋篤實潛修之士不欲以聚徒講學驀競浮名也性喜藝蘭自號曰蘭臯子因以名集殆亦寓無人自芳之意其人品心術可謂超然流俗之外矣集所存詩不多然皆晚年所自刪定簡汰頗嚴其題林逋墓詩清風千載梅花共說著梅花定說君句爲呂午所賞春日詩燕未成家寒食雨人如中酒落花風句又爲方岳所賞並見於方岳跋中然集中佳句似此者尚頗不乏岳偶舉其一二耳蓋其刻意清新雖不免偶涉纖巧而視宋季潦倒率易之作則尚能生面別開以繼竹洲集後亦云不愧其家學矣

雲泉詩一卷（編修汪如藻家藏本）

宋薛嵎撰嵎字仲止一字賓日永嘉人寶祐四年進士官長溪簿宋承五代之後其詩數變一變而西崑再變而元祐三變而江西江西一派由北宋以逮南宋其行最久久而弊生於是永嘉一派以晚唐體矯之而四靈出焉然四靈名爲晚唐其所宗實止姚合一家所謂武功體者是也其法以新切爲宗而寫景細瑣邊幅太狹遂爲宋末江湖之濫觴葉適以鄉曲之故初力推之久而亦覺其偏始稍異論吳子良林下偶談述之頗悉嵎之所作皆出入四靈之閒不免局於門戶然尚永嘉之初派非永嘉之末派錄之亦足備一格也

嘉禾百詠一卷（浙江鮑士恭家藏本）

宋張堯同撰堯同秀水人仕履未詳詩中所咏會景亭爲潘師旦所築趙老園爲趙衰歸隱之處核其時代蓋寧宗以後人也宋世文人學士歌詠其土風之勝者往往以誇多鬭靡爲工如阮閱郴江百詠許尚華亭百詠曾極金陵百詠皆以百首爲率故堯同所咏嘉興山川古蹟亦以百篇概之徐碩至元嘉禾志已與陸蒙老所賦嘉禾八詠同採入題詠門內後來作郡志者亦頗散見其閒而掇拾均未全備此乃其初出單行之本每首之後皆有附考不知何人所作末有跋語亦不載姓名年月其詞雖不甚工而自吳越以來嘉興典故頗可得其梗概近時朱彝尊作鴛鴦湖櫂歌一百首蓋

卽踵前例而稍變其面目者。雖蘇𣪍詩情溫麗，遠勝堯同，而堯同採掇名目，臚敘大凡，其於地志考據，要亦不爲無助矣。

柳塘外集四卷（浙江鮑士恭家藏本）

宋釋道璨撰。道璨字無文，姓陶氏，南昌人。咸淳閒嘗主饒州薦福寺。所著別有語錄，故此以外集爲名。釋氏以佛典爲內學，以儒書爲外學也。其詩邊幅頗狹，未能脫蔬筍之氣，而短章絕句，能善用其短者，亦時有清致。如題水墨草蟲、陳了翁祠、和怨齋濂溪書院諸作，未嘗不楚楚可觀。沙中金屑，固亦不容捐棄矣。雜文中送一侍者序一首，乃爲日本僧作，考宋史外國傳所載，自太宗時奝然入朝後，屢有倭僧奉貢，迨南渡不復見，僅紀其國舟飄至內境數事，至嘉泰三年以後，遂絕不復書。此序作於淳祐戊申，稱其去國六年，一日東歸，計其來日當在淳祐三年，殆求法東來，非充貢使，故史不得而載之，非漏略也。集凡詩一卷，銘記一卷，序文疏書一卷，塔銘、墓誌、壙誌、祭文一卷。宋以來諸家書目皆未著錄。國朝康熙甲寅，釋大雷始訪得舊本，釋元宏燈岱因爲校正鋟版。書雖晚出，而核其格意，確爲宋末江湖之體，不緣贋造。考吳師道禮部詩話已載其題蘇堂竹一首，則宋代實有其人，疑當時名不甚著，僅彼教自相傳錄，故閱數百年始見於世云。

碧梧玩芳集二十四卷（永樂大典本）

宋馬廷鸞撰。廷鸞字翔仲，樂平人，淳祐七年進士，歷官右丞相，兼樞密使，事蹟具宋史本傳。史稱其罷相歸後，又十七年而卒。考廷鸞之罷在度宗咸淳八年壬申，其歿當在元世祖至元二十六年己丑。今集中老學道院記，稱著雍困敦之歲，余年六十有七，則作是文時，去其病歿已不遠。似集爲其子端臨所編矣。其曰碧梧玩芳者，廷鸞家有碧梧精舍，晚年又自號玩芳病叟，因以爲名也。自明以來，外閒絕無傳本，惟永樂大典所收，頗存梗槪。大抵駢體最工，理宗末年，又居兩制，朝廷大著作多出其手。其他詩文亦皆典贍秀潤，盎然有卷軸之味。端臨承藉世業，撰爲文獻通考，至今爲藝林寶重，卽廷鸞所學可知也。其集宋史不著錄，原編卷數已不可考。謹以今所存者裒輯排比，分爲二十三卷。廷鸞又嘗倣呂祖謙大事記之例，作讀史旬編，以十年爲一旬，起帝堯元載甲辰，迄周顯德七年庚申，爲三十八帙，今全書雖佚，而緒論尚散見永樂大典中，併裒爲一卷，附於文後，共爲二十四卷。宋史稱廷鸞所著又有六經集傳、語孟會編、楚辭補記、洙泗裔編、讀莊筆記諸書，今竝不傳。又稱其召試館職時，卽以彊君德、重相權、收直臣、防近習爲對，爲將作少監時，論貢舉三事，又言宜蠲除被災州縣租賦，爲起居舍人時，言太史當謹書災異，又言翁受敷施以壯人才之精神，虛心容納以植人言之骨幹，念邦本而以公滅私，嚴邊備而思患預防。同知樞密院時，言培命脈，植根本，崇寬大，行忠厚，又言恢大度以優容，虛聖心而延佇，推內恕以假借，忍難行而聽納，則情無不達，理無不盡云云。其文今皆不見於集中，或奏疏別爲一編，故此集皆不見收歟。

四明文獻集五卷（浙江鮑士恭家藏本）

宋王應麟撰。應麟有周易鄭氏註，已著錄。所著深寧集本一百卷，然宋志已不著錄，焦竑國史經籍志亦不載其名，則散佚久矣。此本乃明鄞縣鄭眞、陳朝輔所輯四明文獻之一種，故一人之作，冒總集之名也。通一百七十餘篇，制誥居十之七，蓋捃拾殘賸，非其眞矣。應麟以詞科起家，其玉海、詞學指南諸書，賸馥殘膏，尚多所沾溉，故所自作，無不典雅溫麗，有承平館閣之遺。且所載事迹，多足與史傳相證。如宋史應麟本傳謂度宗卽位，應麟草百官表，循舊制請聽政，四表已上，一夕入臨，宰臣諭旨增撰三表，則此七表者，先進前四表，次進後三表也。考之是集，則第一表至第二表乃景定五年十月上，第三表至第七表乃十一月上，與本傳互異。又宋史度宗本紀載賈似道罷都督，予祠在德祐元年二月，徙居婺州，又徙建寧，俱在七月，而由揚州責歸紹興，實在是年五月四日，見於是集責賈似道歸里制，亦足以補本紀之闕，則雖零章斷簡，固不以殘闕棄矣。

覆瓿集六卷（編修汪如藻家藏本）

宋趙必𤩪撰。必𤩪字玉淵，自號秋曉，太宗十世孫，居於東莞。咸淳元年，與父崇𥗽同登進士，初任高要尉，攝四會令，再任南康丞，文天祥開府惠州，辟攝惠州軍事判官。入元後，隱居溫塘村。是集詩二卷，長短句一卷，雜文二卷，附錄一卷。必𤩪治邑有惠政，屬宗邦淪喪，慷慨從軍，其志可取。滄桑以後，肥遯終身、其節亦不可及。詩文篇帙無多、在宋末諸家中未爲穎脫。然體格清勁、不屑爲靡靡之音。如一雨鳴蛙亂、深夜數聲啼鳥怨、斜陽諸句、固未嘗不綽有情韻也。

閬風集十二卷、永樂大典本

宋舒岳祥撰。岳祥字舜侯、寧海人。寶祐四年進士。官奉化尉、終承直郎。宋亡不仕、教授鄉里以終。兩浙名賢錄載所著有史述、漢砭、補史、家錄、蓀墅稾、避地稾、篆畦稾、蝶軒稾、梧竹里稾、三史纂言、談蓀、蓀續、蓀殘、蓀傳、蓀肆、昔遊錄、深衣圖說、凡二百二十卷。今多散佚。焦竑國史經籍志載岳祥閬風集二十卷、世亦無傳。檢永樂大典中所載岳祥詩文、開題篆畦、蝶軒、蓀墅諸集名、而題爲閬風集者居十之八九。似當時諸稾本分帙編次、而閬風集乃其總名。今原書卷第已爲永樂大典所亂、無可辨別。謹依類裒輯、釐爲詩九卷、雜文三卷、仍其總名、以閬風集名之。又集中有百一老詩序、蓋卽所賦老漁、老獵之類、似原本亦別爲一集。然所闕已多、不成卷帙、故亦不復分析焉。岳祥少時、以文見吳子良。子良卽稱其異稟靈識、如漢終賈。晚逢鼎革、遯跡終身、乃益覃思於著作。其詩文類皆稱臆而談、不事彫績。集中有詩訣一首云、欲自柳州參靖節、將邀東野適盧仝。又云、平原駿馬開黃霧、下水輕舟遇快風。其宗旨所在、可以想見矣。

北遊集一卷、安徽巡撫採進本

宋汪夢斗撰。夢斗號杏山、績溪人。景定間以明經發解江東漕試、授承節郎、江東司制幹官。咸淳初、遷史館編校、與葉李等議上書劾丞相賈似道。李等坐罪、夢斗亦遁歸。宋亡後、尚書謝昌言薦夢斗於元世祖、特召赴京。卒不受官、放還。是集乃其北遊紀行之作。中有見謝尚書詩云、正須自愛不貲身。蓋不特律己甚嚴、卽其以道義規昌言、亦可謂婉而嚴矣。惟是上故相留公詩、註謂公入朝不屈、稱前正奉大夫。考夢炎以德祐二年降元、特爲世祖所鄙、又曾勸殺文天祥。安得有入朝不屈之事。夢斗集中又有南園歌、爲吳潛竄循州而作。詩末附數語云、履翁再相、力言姦邪誤國數事。理皇竟不能平。會似道以江上肅清之報、徑達禁中、上遂罷潛相。明日乃以似道奏付外。考宋史、似道江上肅清之奏在理宗景定元年三月乙酉之前、吳潛之罷在是年四月己酉。若如夢斗言、是於己酉之明日始以似道奏付外、則上距四月乙酉前將及一月。是時朝野方以荆鄂爲奇功、乃捷書到禁中、一月始布於外、與情勢尤有未合。或其後人掇拾遺稾、不免以贋本竄入、未及致詳耶。又杏山摭稾數條、乃後人所集夢斗講學之語。原附集末、今亦仍之焉。

秋堂集三卷、編修汪如藻家藏本

宋柴望撰。望有丙丁龜鑑、已著錄。其詩有道州台衣集、詠史詩、西凉鼓吹諸編、俱佚不存。此本乃後人雜裒而成。詩末尚有道州台衣集序。其夢傳說以下十一絕、疑卽詠史詩中之作也。望以淳祐丙午上丙丁龜鑑得名。然應詔上書、但當指陳人事、論朝政之是非。乃牽引讖緯、以值歲干支推衍禍福、穿鑿附會、迂誕支離。其心雖出於忠誠、其言則涉於妖妄。乃出獄歸里、士大夫至祖道涌金門外、賦詩感慨、傾動一時。王應麟困學紀聞尚載其表中之語、以爲佳話。宋末士氣之浮囂、於是爲極。已別存其目、糾正於本條之下。至其人則宋亡以後、遁跡深山、至元十七年乃卒。翛然高節、追步東籬。其詩雖格近晚唐、未爲高邁、而黍離麥秀、寓痛至深。騷屑哀音、特爲凄動。亦可與謝翶諸人並傳不朽。故殘章斷簡、猶能流播至今也。

蛟峯文集八卷、外集四卷、江蘇蔣曾瑩家藏本

宋方逢辰撰。逢辰初名夢魁、字君錫、淳安人。登淳祐十年進士第一。理宗改賜今名。官至吏部侍郎。以母憂歸。德祐初、徵拜禮部尚書。會父疾、未赴。宋亡、元世祖詔御史中丞崔彧起之於家、以疾堅辭不出。至正閒修宋史、有司不得其事狀、故不爲立傳。惟黃溍集中有所作逢辰墓表、尚略見其始末。明邵經邦作宏簡錄、始爲補傳。然亦據溍所述、不能有所增益也。是集乃其五世從孫蒙城知縣淵等所輯。正集八卷、前七卷爲逢辰詩文、末一卷附以其弟逢振所作。逢振字君玉、景定中登進士、官至太府寺簿。亦國亡之後抗節不仕者也。外集四卷、則其七世從孫玉山知縣中所續輯。凡逢辰歷官誥敕及酬贈詩文皆在焉。逢辰當丁大全、賈似道柄國之時、皆能力抗其鋒、持正不屈。其提點川東刑獄及爲江西轉運副使、政績亦俱有可觀。惜其遺篇散佚、所錄奏劄惟寶祐三年請除內暨一疏尚存。餘若論雷變、論邊備、論吳潛去位、賈似道

匿敗諸劄子，皆平生建白之最著者。墓表略見大槩，而悉不載於集中。其所掇拾，大抵案牘簡札之文爲多。而策問一首至并考官評語載之，蓋散佚之餘，區區捜輯而成，故不免識小而遺其大矣。

秋聲集六卷（永樂大典本）

宋衛宗武撰。宗武字淇父，自號九山，華亭人。淳祐閒歷官尚書郎，出知常州，罷歸，閒居三十餘載，以詩文自娛。據至元甲午張之翰所作集序，稱九山墓宿草已六白，則宗武實卒於至元二十六年己丑，在宋亡後十年。故焦竑國史經籍志載秋聲集八卷，列入元人。然宗武實未仕元，仍當從陶潛書晉例也。集久失傳，今從永樂大典中採輯編次，得詩詞四卷、序記誌銘一卷、雜著一卷，以略存其槩。華亭衛氏自禮部侍郎膚敏後，資政殿學士涇、直寶謨閣湜兄弟相繼以學術著。宗武世系雖無考，而張之翰序稱爲喬木世臣後，則當爲涇、湜之裔。文采風流，不失故家遺範，有自來矣。其詩文根柢差薄，骨格亦未堅緻，蓋末造風會之所趨。其事與國運相隨，非作者所能自主。至於咏荷或一詩，稱其徒抱忠貞，遺恨千古，其學識亦有所未逮。然核其全集，大都氣韻沖澹，有蕭然自得之趣。蓋胸襟既別，神致自殊，品究在江湖諸集上。且眷懷故國，匿跡窮居，其志節深有足取。而宋遺民錄諸書乃竟脫漏其姓名，錄存是集，以發潛德之光，亦足見聖朝表章幽隱、砥礪風教之義也。

牟氏陵陽集二十四卷（浙江鮑士恭家藏本）

宋牟巘撰。巘字獻之，湖州人。父子才，理宗朝官端明殿學士、禮部尚書，以剛直著名。巘亦登進士第，官至大理少卿，入元不仕，閉戶三十六年。故其集中九日五言詩序、論陶潛於王宏中路具酒食事，及題淵明圖諸文，意皆自寓。又嘗謂世喜稱淵明入宋書甲子，無年號；黃豫章亦曰甲子不數義熙前。然今陶集詩本無書年號者，淵明恥事劉裕，大節較然，此未須深論云云。故巘文中多書至元年號，意本此也。是集凡詩六卷、雜文十八卷，前有至順二年程端學序。王士禎居易錄稱其詩有坡谷門風，雜文皆典實詳雅。今觀所作，知士禎之論不誣。牟氏本蜀之井研人，世居陵山之陽，至子才始著籍湖州。其以陵陽名集，蓋不忘本，以韓駒詩先有是名，故此集冠以牟氏，用相別焉。

湖山類稾五卷、水雲集一卷（浙江巡撫採進本）

宋汪元量撰。元量字大有，號水雲，錢塘人。度宗時以善琴供奉掖庭。宋亡，隨三宮入燕，久之爲黃冠南歸，往來匡廬、彭蠡閒。元陳泰所安遺集中尚有送錢塘琴士汪水雲詩。泰，延祐二年進士，則元量亦云老壽矣。其詩多慷慨悲歌，有故宮離黍之感。於宋末諸事，皆可據以徵信。故李鶴田湖山類稾跋稱其記亡國之戚、去國之苦、閒關愁歎之狀，備見於詩，微而顯，隱而彰，哀而不怨。開元天寶之事記於草堂，後人以詩史目之。水雲之詩亦宋亡之詩史云云。其品題頗當。惟集中醉歌一篇，記宋亡之事曰：亂點連聲殺六更，熒熒庭燎待天明。侍臣已寫投降表，臣妾僉名謝道清。以本朝太后直斥其名，殊爲非體。春秋責備賢者，於元量不能無譏。然元量以一供奉琴士，不預士大夫之列，而眷懷故主，終始不渝。宋季公卿，實視之有愧。其節槩亦不可及。筆墨之閒，偶然失檢，視無禮於君者，其事固殊。是又當取其大端，恕其一眚者矣。黃虞稷千頃堂書目載湖山類稾十三卷、水雲詞三卷，久失流傳。此本爲劉辰翁所選，祗五卷，前脫四翻，閒存評語。近時鮑廷博因復採宋遺民錄補入辰翁元序，合水雲集刻之。以二本參互校訂，詩多重複，今亦姑仍原本焉。

晞髮集十卷、晞髮遺集二卷、遺集補一卷、附天地閒集一卷、西臺慟哭記註一卷、冬青引註一卷（兩淮馬裕家藏本）

宋謝翺撰。翺字皐羽，一字皐父，長溪人，後徙浦城。咸淳中試進士不第。文天祥開府延平，署爲咨議參軍。天祥兵敗，避地浙東，後以元貞元年卒於杭州。事蹟具宋史本傳。南宋之末，文體卑弱，獨翺詩文桀驁有奇氣，而節概亦卓然可觀。據方鳳作翺行狀，稱翺遺稾凡手鈔詩六卷、雜文五卷、唐補傳一卷、南史贊一卷、楚詞芳草圖譜一卷、宋鐃歌鼓吹曲騎吹曲各一卷、睦州山水人物古蹟記一卷、浦陽先民傳一卷、東坡夜雨句圖一卷。其唐補傳以下如編入集中，當共二十八卷。如別本各行，則詩文當止十一卷。然世無傳本，莫知其審。明宏治閒儲巏所刻，已與鳳所記不合。萬歷中有歙縣張氏重刻本，益以降乩之作，尤爲穢雜。此本爲平湖陸大業以家藏鈔本刊行，云向從舊刻錄出，卷第已亂，大業以意釐定之，校他本差爲完善。然亦非其舊也。末附天地閒集一卷，皆翺所錄宋末故臣遺老之詩。凡文天祥、家鉉翁、文及翁、謝枋得、鄭協、柴望、徐直方、何新之、王仲素、謝翱、陸睿、何天定、王曼之、范協共子文、韓竹坡、林熙十七人。而詩僅二十首。考宋濂作翱傳，稱天地閒集五卷，則此非完書。意原本已佚，後人摭他書所云見天地閒集者，得此二十首，姑存其概耳。又元張丁註西臺慟哭記，併諸家跋語為一卷，又註冬青引及諸家考證唐珏、林景熙事為一卷，大業皆附刻集末。今亦並錄存之，庶與集中諸作可以互相考證焉。

潛齋文集十一卷、附鐵牛翁遺稾一卷（浙江鮑士恭家藏本）

宋何夢桂撰。夢桂字巖叟，別號潛齋，淳安人。咸淳元年進士，官至大理寺卿。引疾去，築室小酉源。元至元中，屢召不起，終於家。此集凡遺詩三卷，詞及試策一卷，雜文七卷。詩頗學白居易體，殊不擅長。王士禎池北偶談以酸腐庸下詆之，則似乎已甚。文則頗援引證佐，有博辨自喜之意。明成化中，其八世孫淳訪得舊印本於同邑汪廷貴家，校正刊行。後其遠孫之論等又為重刊。考元盛如梓庶齋老學叢談，載夢桂送留夢炎一詩曰：昆明灰劫化塵緇，夢覺功名黍一炊。鍾子未甘南操改，庾公空作北朝悲。歸來眠裏吳山在，別後心期浙水知。白髮門生羞未死，青衫留得裹遺屍。蓋夢桂為夢炎所取士，故是詩有王炎午生祭文天祥意。而是集不載，則其散佚亦多矣。末附鐵牛翁遺稾一卷，鐵牛翁名景福，字介之，夢桂族孫。元時不仕，存詩四十餘首、賦一首。詩頗奇偉，氣格在夢桂上云。

梅巖文集十卷（兩江總督採進本）

宋胡次焱撰。次焱字濟鼎，號梅巖，晚號餘學。其始祖本唐宗室，五代時育於胡氏，因冒姓胡。婺源人。咸淳四年進士，官貴池縣尉。德祐元年，元兵至貴池，元帥張林以城降。次焱奉母遁歸，教授鄉里以終。集中有媒爻問荅詩，所謂井底水不波，山頭石不遷，什襲藏破鏡，他年會黃泉者，所以自寓其志也。其詩文本未編集，故藏書家多不著錄。此本乃明嘉靖中其族孫璉蒐輯而成，璉甥潘滋校刊之，並為之序。凡賦詩雜文八卷，冠以雪梅賦，蓋著其素心。九卷以下皆附錄同時贈荅往來之作。目錄所載，往往與集中詩文不相應，則編次之疎也。次焱在宋元作者之中，尚未能自闢門戶，而其人有陶潛栗里之風，故是集至今猶傳。集中有贅箋唐詩絕句序，稱疊翁註章澗二泉先生選唐絕句，次焱復為贅箋。疊翁者，謝枋得，章泉者，趙蕃，澗泉者，韓淲也。其書不傳，無由驗其工拙，然亦足見次焱研心詩學，非苟作者矣。

四如集五卷（兩淮馬裕家藏本）

宋黃仲元撰。仲元有四如講稾，已著錄。是集前有咸淳甲戌余謙一序，所作夢筆記附焉。又有至治三年傅定保序，似猶原本。然考宋濂潛溪集中有仲元集序，稱其門人詹清子類次六經四書講義為六卷，其子梓又分記序墓銘字訓為五卷，其曾孫至又裒其遺文為十卷，而請濂序之。是仲元原集實合講義雜文共為二十一卷。今講義已別本單行，不入集內。此本止文四卷，附錄一卷，與其子所輯之五卷既不相合，而其曾孫所續輯之十卷亦不在其內。是散佚之餘，重為掇拾成帙，非其舊矣。集內諸文皆有註釋，不著名氏，疑或即其子之所作歟。仲元在宋末講學諸家，特為篤實。其出處亦均合道義，故其文章不事馳騁，而自有端厚樸直之氣。知近裏之言與囂爭門戶者固有殊也。

林霽山集五卷（浙江巡撫採進本）

宋林景熙撰。景熙一作景曦，字德陽，溫州平陽人。咸淳七年太學釋褐，官禮部架閣，轉從政郎。宋亡不仕。會札木揚喇勒智（原作楊璉眞伽，今改正）發宋諸陵，以遺骨建鎮南塔，景熙以計易眞骨葬之。其忠義感動百世。然諸書或以其事歸唐珏。今考此集載夢中作四詩，與諸書所載珏作同。珏他詩不概見，而此四詩詞格實與景熙他詩相類。且雙匣親傳竺國經句，與景熙葬高孝兩陵之說合，與珏同葬諸陵之說不合。考集中有和唐玉潛一詩，玉潛即珏之字。則二人本屬舊友，或當時景熙與珏共謀此舉，其事祕密，傳聞異詞，遂譌以為珏作也。所著有白石稾十卷，皆其雜文。又有白石樵唱六卷，皆諸體詩。元統甲戌，崑山章祖程為其詩集箋註，傳本僅存。其文集遂就散佚。此本乃明天順癸未其鄉人監察御史呂洪所編，以章祖程所註詩集併為三卷，增以元音所錄讀文山集詩一篇，又捃摭遺文得記十四篇、傳一篇、說一篇、文一篇、序十三篇、墓誌六篇、銘一篇，釐為二卷。嘉靖戊子，遼藩光澤王得江陵毛秀校本重刊，附以秀辨證一篇。於白石樵唱題卷一、卷二、卷三，白石稾題卷四、卷五。書名各別，而卷數相屬。驟閱之，似白石稾佚其前三卷者殊不了了。

國朝康熙癸酉，歙縣汪士鋐等重刊，乃總題曰林霽山集，較有體例。今用以繕錄焉。

勿軒集八卷 福建巡撫採進本

宋熊禾撰。禾初名鉌，字去非，號勿軒，又號退齋，建陽人。咸淳十年進士，授寧武州司戶參軍。宋亡不仕，教授鄉里以終。近時儀封張伯行嘗刊是集，多所刊削，殊失其眞。是書凡易學圖傳二卷、春秋通義一卷、四書標題一卷、詩文三卷、補遺一卷。蓋明天順中舊刻，猶爲完帙。惟前有元許衡序，稱其晚年修三禮通解，將脫稿，竟以疾卒。平生著述，獨四書標題、易經講義、詩選正宗、小學句解傳於世。嗣孫澍，家藏遺稾存十一於千百。族孫孟秉類次成帙，釐爲八卷，傳諸二世孫斌，授梓以傳，求予序之云云。末署至元十七年。考至元爲世祖年號，而禾卒於仁宗皇慶元年。自至元訖皇慶，相距三十餘年，何以先稱其疾卒？年月錯繆，依託顯然。蓋其後人僞撰此文，借名炫俗，不知禾亦通儒，固不必以衡重也。今刪除此序，庶不以僞亂眞焉。

古梅吟稾六卷 編修汪如藻家藏本

宋吳龍翰撰。龍翰字式賢，歙縣人。咸淳中貢於鄉，以薦授編校國史院實錄院文字。至元丙子，鄉校請充教授，尋棄去。家有老梅，因以古梅爲號。嘗爲之賦，併以名集。其見劉後邨詩有云：「詩瓢行脚半天下，多謝先生棒喝功。」又卷末附方秋崖和百韻詩，龍翰書其後，自稱門人。且言以詩正法眼授記於僕，是其淵源授受，猶及見前輩典型，故其詩清新有致，足耐咀吟，在宋末諸家，尚爲近雅。程元鳳序許其句老意新，亦不誣也。集中有內丹詩、外丹詩。又拜李謫仙墓云：「經營紫河車，破費十載功。金鼎馴烏兔，炎炎丹光紅。」又樓居狂吟云：「偃月爐深紫氣浮，紅鉛黑汞六丹頭。」是龍翰蓋講求神仙爐火之術者，殆亦俞琰之流亞歟。然詩則工於琰多矣。

佩韋齋文集十六卷 湖北巡撫採進本

宋俞德鄰撰。德鄰有佩韋齋輯聞，已著錄。是集原本二十卷，凡詩七卷、雜文九卷，末即輯聞四卷。然考集首有皇慶壬子熊禾序，稱其平生詩文多不留稾，其子庸裒集，僅得詩文五百二十二首，釐爲一十六卷，則集與輯聞本各爲卷帙。此本爲後人所附綴，今仍分著於錄，從其初也。禾序又稱紫陽方侯亦以文名，嘗序公集，載其遺事如作傳然，且以能保晚節而心服之云云。紫陽方侯，即歙人方回。宋末爲睦州守，以州降元，元擢爲總管者也。此本佚去此序，殆後人以德鄰高節，不滅陶潛，不欲以回序汚之，故黜而刊削歟。德鄰詩恬澹夷猶，自然深遠，在宋末諸人之中，特爲高雅。文亦簡潔有清氣，體格皆在方回桐溪集上。蓋文章一道，關乎學術性情，詩品文品之高下，往往多隨其人品。此集亦其一徵矣。

廬山集五卷英溪集一卷 永樂大典本

宋董嗣杲撰。嗣杲履貫未詳。考集中元宵懷鄉詩有「清河坊裏燈宵月，負却東風已兩年」句，又抵北新橋詩有「歸逢鄉井心纔穩」句。案咸淳臨安志，清河坊在臨安府左一北廂，北新橋在餘杭門外，則嗣杲殆杭州人歟。以詩中自誌歲月出處考之，廬山集乃其於宋理宗景定二三年間榷茶九江富池時所作，英溪集則爲武康令時所作，中有甲戌大水詩。案宋史五行志，有咸淳十年八月安吉武康大水事，正與相合。時瀛國公已卽位，距宋亡僅二年，而嗣杲亦遂於是年任滿代去。其卒歲雖不可考，而兩集之中無一仕元之顯證，則仍當繫之宋人。西湖志載有道士董嗣杲，蓋卽其人國亡後隱於黃冠矣。其集爲諸家書目所未載，獨明焦竑國史經籍志有嗣杲廬山集，而闕著其卷數。今據永樂大典所錄，有題廬山集者，又有題英溪集者，是嗣杲本有二集，但其名不顯，集亦久絕流傳。今觀集中多與葛秋巖唱和詩。秋巖卽葛慶龍，爲宋末高尚之士，見於鎦績霏雪錄，則嗣杲亦必勝流。又有題周伯弜手澤詩，推挹甚至，則其詩亦江湖集派。然吐屬新穎，無鄙俚瑣碎之態，固非江湖游士所及也。謹甄次裒輯，依仿原目，分爲廬山集五卷、英溪集一卷，著之於錄，庶論宋元間詩人者猶得有所稽考。至若富池客中諸作，應編入廬山集者，永樂大典或標英溪集，當由繕寫之誤，今竝詳悉考正，俾各從其類焉。

西湖百詠二卷 浙江鮑士恭家藏本

宋董嗣杲撰，附明陳贄和韻。據西湖志，嗣杲宋季入道孤山四聖觀，改名思學，字無益。此集當作於是時。贄字維成，餘姚人，徙於錢塘。洪武間以薦授杭州學訓導，後官至太常寺卿。其和嗣杲此集，亦當在居錢塘時。西湖志稱嗣杲原唱及贊所和皆九十六首。天順癸未、始以二家所作合刻。南康知府陳敏政爲之序。又載嘉靖丁酉、周藩南陵王雲樓子重刻。其序亦稱董倡居前、陳和居後、仍各九十六首。共一百九十二首。謂之百詠者、蓋亦極言之耳云云。此本上卷四十九題、下卷五十一題、實各足百詠之數。與西湖志所記不符。鮑廷博跋疑周藩翻雕之時、其底本偶有脫頁、未及深考、遂以爲原闕四首。田汝成修西湖志時、又僅見周藩之序、遂據以筆之於書。以志中僅載周藩序、不載陳敏政序爲證。理或然歟。其詩皆七言律體、每題之下、各註其始末甚悉。頗有宋末軼聞爲諸書所未載者。嗣杲詩格頗工整。贊所和才力稍弱、亦足肩隨。皆迥在許尚華亭百詠之上也。

則堂集六卷、永樂大典本

宋家鉉翁撰。鉉翁喜談春秋、尤喜談易。其河間假館詩曰、擬從諸君豫乞石一方、他年埋之冢前三四尺。上書宋使姓某其名某、下書人是西州之西老縫掖。平生著書苦不多、可傳者見之春秋與周易。然春秋詳說至今尚有刊本、已別著錄。其說易之書與其文集二十卷、則已全佚。惟永樂大典收其詩文尚夥。謹裒合排比、以類相從、釐爲文四卷、詩詞二卷。核其所作、大半皆在河閒、而明神宗時樊深撰河閒府志、已不能採錄、則其佚在萬歷前矣。鉉翁隸籍眉山、與蘇軾爲里人。故集中如文品堂記養志堂記志堂說篤信齋說跋太白賞月圖和歸去來詞諸篇、及豌豆菜詩自註、開或稱述軾事蹟。廣漢張栻亦其鄉人。故敬室記首亦慨然於南軒之學漸昧其傳。然其學問淵源、則實出金谿。觀集中心齋說主靜箴諸篇、可以概見。故其持論浸淫於佛氏。其說易亦惟以先天太極研思於虛杳之中。而尊教堂記一篇、至援陸九淵之言以三教歸一立說、尤爲乖舛。顧其立言大旨、皆歸於敦厚風俗、崇奬名教。隨事推闡、無非以禮義爲訓。原未嘗滉瀁恣肆、如明代姚江之末流。其詞意眞朴、文不掩質。亦異乎南宋末年纖詭繁碎之格、尚爲多有可取耳。且迹厥生平、上雖不及文天祥、而下比留夢炎輩則皭然其不侔。零篇斷簡、以其人重之可也。

富山遺稿十卷、浙江鮑士恭家藏本

宋方夔撰。夔一名一夔、字時佐、淳安人。生於宋季、嘗從何夢桂游。屢舉不第、退居富山之麓、扁其堂曰綠猗、自號知非子。嘗著漢論十卷、富山懶稿三十卷。後刊版散佚、其裔孫世德等復裒集其詩、輯爲是編。夔學有原本。國亡後遁跡以終、人品亦極高潔。商輅嘗稱其詩紆徐渾厚、弗事雕琢、可見其沖雅之操。周瑄亦稱其發之聲律、不爲體裁音節之所拘。蓋夔遇與揮毫、頗乏研鍊、故輅等云然。要其情致纏緜、機趣活潑、自有不衫不履之致。五言一體、氣勢蒼莽、尤勝於七言。較其師何夢桂潛齋集詩、實青出於藍。淳安方氏、自北宋以來、如殿中丞仲謀通判元修右文殿修撰閣太僕少卿閩等、皆留心於詩。今其集雖已亡佚、而流風餘韻、沾溉後人、其濡染固有自矣。

眞山民集一卷、浙江巡撫採進本

宋眞山民撰。山民始末不可考。宋末竄跡隱淪。以所至好題咏、因傳於世。或自呼山民、因以稱之。或云李生喬嘗歎其不愧乃祖文忠西山。考眞德秀號曰西山、謚曰文忠。以是疑其姓眞。或云本名桂芳、括蒼人。宋末嘗登進士。要之亡國遺民、鴻冥物外、自成採薇之志、本不求見知於世、世亦無從而知之。姓名里籍、疑皆好事者以意爲之、未必遂確。今從舊本題曰眞山民集、姑仍世之所稱而已。其集宋藝文志不著錄。明焦竑經籍志蒐宋人詩集頗備、亦未載其名。江湖小集始收之、而亦多未備。此本出浙江鮑氏知不足齋、較他本爲完善。然皆近體、無古詩。元詩體要中錄其陳雲岫愛騎驢七言古詩一首、此本無之。或詩本兩卷、而佚其古體一卷。或宋末江湖諸人皆不留意古體、山民亦染其風氣、均未可知。然就其存者論之、黍離麥秀、抱痛至深、而無一語對及新朝、則非惟其節至高、其安命知天、識量亦不可及。視謝靈運輩既襲康樂之封、而猶稱韓亡子房奮、秦帝魯連恥者、相去不啻萬萬矣。詩格出於晚唐、長短皆復相似。五言如鬢禿難瞞老、心寬不貯愁。煙碧柳生色、燒青草返魂。風竹有聲畫、石泉無操琴。榮醉風扶起、柳眠鶯喚醒。地皆宜避暑、人自要趨炎。飛花游蕩子、古木老成人。新葬塚無數、後來人更多。七言如欲談世事佛無語、不管客愁禽自啼。懶看世情晨睡去、怕傷時事暮吟休。商嶺定無屠狗客、雲臺寧有釣魚人。囊空儘可償詩債、脚倦猶能入醉鄉。雕鎪花柳春無迹沐浴山川雨有恩炭爲驟寒偏索價酒因不飲懶論交之類皆不出晚唐纖佻麤獷之習至於五言之鳥聲山路靜花影寺門深風蟬聲不定水鳥影同飛與鷗分渚泊邀月共船眠聽月燈昏見巖泉雨歇聞水清明白鷺花落失青苔曳杖雲同出開簾山自來寒塘倒山影空谷荅樵歌七言之泉石定非騎馬路功名不上釣魚船水禽與我共明月蘆葉同誰吟晚風隔浦人家漁火外滿江秋思笛聲中小窗半夜青燈雨幽樹一庭黃葉秋澗暗只聞泉滴瀝山青纔見路分明幾畝桑麻春社後數家雞犬夕陽中則頗得晚唐佳處矣一邱一壑足資延賞要亦宋末之翹楚也

百正集三卷永樂大典本

宋連文鳳撰文鳳字百正號應山三山人仕履未詳集中春秋雜興詩有仕籍姓名除句則德祐以前亦嘗從宦又庚子立春詩有又逢庚子歲老景對韶華句庚子爲大德四年則成宗之時猶在入元已二十四年矣至元丙戌浦江吳渭邀謝翱方鳳等舉月泉吟社以春日田園雜興爲題徵詩四方得二千七百三十五卷入選者二百八十卷刊版者六十卷以羅公福爲第一名據題下所註公福即文鳳之寓名也王士禎池北偶談則謂月泉吟社詩清新尖刻別自一家而謝翱等品題未允因重爲移置改文鳳爲第二十一名然元初東南詩社作者如林推文鳳爲第一物無異詞當必有說似未可以一字一句遽易前人之甲乙今觀所作大抵清切流麗自抒性靈無宋末江湖諸人纖瑣麤獷之習雖上不及尤楊范陸下不及范揭虞楊而位置於諸人之間亦未遽爲白茅之藉則當時首屈一指亦有由矣文淵閣書目載連百正丙子稾一部一冊久無傳本永樂大典所載但題曰連百正集當即其本今裒輯排比編爲三卷又賦三首序二首記二首說一首傳一首亦散見永樂大典中文格雅潔亦不失前民矩矱其冰壺先生傳一首雖以文爲戲然毛穎羅文諸傳載之韓蘇集中古有是例今並附綴卷末以存其梗概焉

月洞吟一卷浙江鮑士恭家藏本

宋王鎡撰鎡字介翁括蒼人嘗官縣尉宋亡之後棄印綬歸隱湖山扁所居爲月洞因以名其所著之詩此本爲嘉靖壬子其族孫端茂所刊詩僅七十餘首前有端茂序又有嘉靖辛丑湯顯祖序摘舉集中佳句併稱其七言絕句有閒逸之趣今觀其詩七言律詩格力稍弱不及七言絕句其七言絕句如春風無力晴絲軟絆住楊花不肯飛繡簾不隔荼蘼月香影無人自入樓涼風敲落梧桐葉片片飛來盡是秋又多近於小詞不爲高調惟五言律詩如蟬聲秋岸樹雁影夕陽樓馬嘶經戰地雕認打圍山櫓聲荷葉浦螢火豆花田斜陽曬魚網疎竹露人家晴雪添崖瀑春雲雜曉煙皆綽有九僧之意蓋宋末詩人有江湖一派有晚唐一派鎡蓋沿晚唐派者故往往有佳句而乏高韻亦絕無一篇作古體然較之江湖末流寒酸纖瑣則固勝之矣

伯牙琴一卷浙江巡撫採進本

宋鄧牧撰牧字牧心錢塘人宋亡不仕至元己亥入洞霄止於超然館沈介石爲營白鹿山房居之後無疾而逝牧與謝翱周密爲友善二人皆抗節遯迹者嘗爲翱作傳爲密作蠟屐集序而翱傳敘交情尤篤翱之臨卒遁牧出遊翱作詩有謝豹花開桑葉齊戴勝芊生藥草肥九鎖山人歸不歸之句九鎖山人牧別號也其志趣可想見矣密放浪山水著癸辛雜識諸書每述宋亡之由多追咎韓賈有黍離詩人彼何人哉之感翱西臺慟哭記諸作多慷慨悲憤發變徵之音牧則惟寓屋壁記逆旅壁記二篇稍露繁華消歇之感餘無一詞言及興亡而實侘傺幽憂不能自釋故發而爲世外放曠之談古初荒遠之論宗旨多涉於二氏其君道一篇竟類許行並耕之說吏道一篇亦類老子剖斗折衡之旨蓋以宋君臣湖山遊宴紀綱叢脞以致於亡故有激而言之不覺其詞之過也是集爲牧所自編皆汩汩清辨而不失修潔非晚宋諸人所及前有自序後有自跋以知音難遇故以伯牙琴爲名跋稱詩文六十餘篇此本惟文二十四篇併序跋爲二十六蓋佚其詩一卷也末又附沖天觀記超然館記清真道院碑記三篇題曰補遺而清真道院碑記末有大德四年庚子錢塘鄧牧記集賢直學士趙孟頫書字知後人從石刻鈔入非集所本有自跋稱平生爲文不止此是一證矣

存雅堂遺稾五卷浙江鮑士恭家藏本

宋方鳳撰鳳字韶卿一字景山浦江人試太學舉禮部不第後以特恩授容州文學宋亡遁歸隱於

仙華山。同里義烏令吳渭闢家塾敬事之。疾革、命子樗題其旌曰容州、示不忘宋也。其門人柳貫輯其遺詩三百八十篇、釐爲九卷、屬永嘉尹趙敬叔刻置縣齋、黃溍爲之序。及宋濂作鳳傳、又稱存雅堂槀三千餘篇。蓋據其未刻者而言、故與溍序篇數多寡不合。其後寖以散逸、遂并版本亦亡。

國朝順治甲午、其里人張燧乃博蒐諸書、掇拾殘賸、彙爲此編。凡詩七十三首、文十二首、金華洞天行紀一篇、附以鳳子樗梓詩十六首、文五首。鳳志節可稱、所作文章亦骫髒磊落、不屑爲庸腐之語。龔開嘗評其詩、以爲由本論之、在人倫不在人事。等而上之、在天地不在古今。蓋鳳澤畔行吟、往往睠念宗邦、不忘忠愛。開亦以遺民終老、故揚詡未免過情。然幽憂悲思、纏緜悱惻、雖亡國之音、固猶不失風人之義也。原本尚有物異考一卷、月泉吟社詩二卷、外篇詩文二卷。今案物異考出自唐宋遺書、寥寥數則、無資考證。月泉吟社詩已有別本自行。至外篇所輯他人贈荅之作、并謝翺傳吳萊碑而錄之、尤爲氾濫。今竝從删削焉。

吾汶槀十卷（浙江鮑士恭家藏本）

宋王炎午撰。炎午初名應梅、字鼎翁、後改今名。安成人。宋末爲太學生。咸淳閒、文天祥募兵勤王、炎午杖策謁之、留入幕府。旋以母老辭歸。天祥被執北上、炎午爲文生祭之、勵以必死、尤世所稱。入元後終身不出。因所居汶源里名其槀曰吾汶、以示不仕異代之義。其槀凡文九卷、附錄一卷、揭傒斯歐陽元皆爲之序。然傳本頗稀。明宣德中始行於世。正德中其裔孫偉乃刻之南京。後版散佚。萬歷中其裔孫伯洪重刊、乃摘鈔爲二卷、僅錄文二十八首、詞二首、又自以雜文數篇綴於末、去取失當、殊不足觀。此本從舊刻錄出、猶完帙之僅存者也。炎午大節不虧、而文章不甚著名、其集晚出、或後人有所竄入、珠礫混雜、亦未可知。然要當以人重、不當僅求之詞藻閒。王士禎居易錄至以爲里社餅肆中慶弔卷軸之語、又摭其干姚參政貫學士書、併其人而醜詆之、則未免責備太甚矣。

在軒集一卷（浙江鮑士恭家藏本）

宋黃公紹撰。公紹字直翁、昭武人。宋咸淳元年進士。集中樵川新驛記稱至元二十有三年。是歲丙戌、上距德祐乙亥已十年矣。記中自稱曰民、蓋入元未仕也。公紹嘗取胡安國心要在腔子裏語名所居曰在軒、因以名集。然所載僅文三十九篇、詩餘二十八首。其文三十九篇之中爲儒言者六篇、而爲佛氏疏榜之語者乃三十三篇。殆原本散逸、後人掇拾遺槀、以僧徒重其筆墨、藏弆爲榮、故所收特多歟。考厲鶚宋詩紀事蒐採最博、而求公紹一詩不可得、僅以西湖棹歌十首介於詩詞之閒者當之。知鶚所見亦此本、別無全集矣。公紹嘗作古今韻會、有名於世。然原本久已散佚、今所傳者乃熊忠舉要、已非復公紹之原本。眞出公紹手者、惟此一卷耳。宋人遺集、不傳者多。公紹在當時爲耆宿、雖殘編猶可寶也。書在軒銘後一篇、記詞曰以下、乃其友吳昇之文、意當時手蹟必併載於末、故其文意相屬、亦仍併錄之、存其舊焉。

紫巖詩選三卷（編修汪如藻家藏本）

宋于石撰。石字介翁、蘭谿人。宋亡不仕。因所居自號紫巖。晚徙城中、更號兩谿。浙江通志載入文苑傳中、又載入隱逸傳中。蓋二者均所不愧、不可偏舉、故兩見也。集有丁丑己卯紀年、乃臨安初破之後。又有丁亥戊子歲作、乃至元二十四五年。皆其中年以後之詩。每卷題門人吳師道選、僅古今體詩二百首、殆意求精汰、故少作皆不錄歟。其古詩感詩傷事者多哀厲之音、而或失之太盡。游覽閒適者有清迥之致、而或失之稍薄。如鄰叟言毋子別路傍女諸篇、欲摹少陵而不免入於元白。山中晚步諸篇、欲擬襄陽而不免入於錢郎。皆取法乎上、僅得其中。然在江湖集盛行以後、則啾啾百鳥羣、忽見孤鳳凰矣。律詩不及古詩、特大勢尚爲清整。至如題淨居寺之雪墮枯枝龍解甲、蘚纏怪石虎生鬚。題棲眞院之禪家也辦吟邊料、不種閒花只種梅。頗不脫宋季俗格、是則風氣之移人也。

九華詩集一卷（浙江鮑士恭家藏本）

宋陳巖撰。巖字清隱、青陽人。咸淳末屢舉進士不第。入元遂隱居不仕、築室於所居高陽河、日嘯歌其內。出則徧遊九華之勝、至一處則作一詩紀之、名九華詩集。前有至大戊申同里方時發序、稱以山之東西繪爲圖本、繡入於梓、與遠方朋友共之。詩人陳清隱吟咏有舊版、兵燬不全。此二百一十篇乃掇拾於散佚之餘者、捐帑重梓、俾詩與山相照耀於無窮。是時發本刻九華山圖、而以巖詩附於後。今圖佚而詩集獨存。篇數與時發序合、蓋猶原本巖以大德三年己亥卒，而時發序作於戊申，則巖歿後之十年也。其詩皆七言絕句，凡咏名勝者二百七首，咏物產者三首。九華山自唐以李白得名，詩家多有題咏，而取泉石洞壑之勝，徧加品目，實莫備於是編。其詩亦俱蕭灑出塵，絕去畦逕，有高人逸士風格，不僅足供山志採擇而已。集後附釋希坦詩十一首，乃後人從池州府志錄入，中有可與巖詩互證者，亦並仍其舊存之焉。

寧極齋稾一卷附愼獨叟遺稾一卷 編修汪如藻家藏本

宋陳深撰。深所著有讀易編、讀詩編、讀春秋編，今惟讀春秋編有刻本，已別著錄。其易、詩二編未見傳本。其詩則僅存此本而已。卷首有顧嗣立名字二印，蓋即元百家詩選之所據。卷末有題識曰：陳清全先生詩稾，藏於秋溪王寧遠氏，泰昌改元八月十日，張丑敬觀。丑以賞鑒書畫稱，而不以收藏圖籍著。詳其語意，殆從眞蹟錄出歟。後附詩一卷，別題曰寧極齋遺稾。考元詩選，深詩之後附刻其子植詩五首，核之皆在此卷中。嗣立稱其遺稾若干首，出於祝希哲手鈔，併錄鄭元祐所作墓銘於後，必當日親見墨蹟，故有是言。但元詩選題曰愼獨叟陳植，而此本乃題寧極齋遺稾，似乎深之外集，殊為淆混。今仍題曰愼獨叟遺稾，以相區別。深父子詩並春容閒雅，不失古風，然核其體裁，如出一手。且深詩中多酬應仕宦之作，與鄭元祐所作植墓誌稱其文行學術，結知於士林，時方承平，巨室大家將私淑其子弟，必厚幣延致者，大槩相符。而與深之閉戶著書者，頗不相合，疑或皆為植詩而傳寫譌異，誤以為深歟。然如輓褚伯秀詩，又似乎其時植年尚少，未必即能作詩，別無顯證，姑存疑焉可矣。

仁山集六卷 浙江巡撫採進本

宋金履祥撰。履祥有尚書表註，已著錄。履祥受學於王柏，柏受學於何基，基受學於黃榦，號為得朱子之傳。其詩乃彷彿擊壤集，不及朱子遠甚。王士禎居易錄極稱其箕子操一篇，然亦不工。夫邵子以詩為寄，非以詩立制，履祥乃執為定法，遂灘洛風雅一編，欲挽千古詩人歸此一轍，所謂華之學王，皆在形骸之外，去之愈遠。所作均不入格，固其所矣。至其雜文，如百里千乘說、深衣小傳、中國山水總說、次農說諸篇，則具有根柢。其餘亦醇潔有法，不失為儒者之言。蓋履祥於經史之學研究頗深，故其言有物，終與空談性命者異也。

自堂存稾四卷 永樂大典本

宋陳杰撰。厲鶚宋詩紀事載杰字壽夫，分寧人，淳祐十年進士，制置司屬官，有自堂存稾，然鶚僅錄其題梅壇毛慶甫雲悅樓詩一首，云出梅仙事實，則尚未見其集，故所載爵里亦不能具其始末。今從永樂大典裒輯遺篇，尚得四卷，以其詩語考之，四言古詩中春日江永諸篇自註曰：端平以來，是當理宗之初已能吟咏，其年當在二十左右。下距帝㬎德祐乙亥凡四十二年，則宋亡時已近六旬。閒鐖記之末署延祐二年七月，是歲乙卯，上距宋亡又四十年，則杰年已在百歲外，不應如是之壽考。時代似不相及。又閒鐖記末稱使其子樵書而刻之，元鹿皮子陳樵實婺州東陽人，里籍亦不相符。是記殆陳樵之父所作，永樂大典誤題杰名歟。然觀集中重過西湖感事諸篇，則為宋之遺老，入元尚在，固可無疑也。集中有和大闈芍藥讌詩，作於淮南。又有宣椒隨府詩，稱泝楚三千里，離淮第一程，則先官淮幕，後官楚幕，與厲鶚所載制置司屬官語合。又有與節東歸和同幕送行詩，稱立朝而壁愧在中，又有請代詩，稱郡小凋殘最，又有乙丑元旦壽昌拜表詩，則後亦守郡，非竟終於幕僚，厲鶚所載尚為未盡矣。其詩雖源出江西，而風姿峭蒨，頗參以石湖、劍南格調，視宋末江湖一派氣含蔬筍者，戛然有殊。在黃茅白葦之中，不可不謂之翹楚。據其戊辰重過弋陽石橋詩註，蓋與謝枋得相善，又讀邸報諸作，排斥姦諛，語皆忠憤，而和郭應酉詩自稱扶憊效死，客自杭來談江上師潰及京師非才誤國，極為不平云云。併附錄郭詩，而註曰：郭後赴匡山，其志節亦可想見，則不徒詩之足傳也。

附錄

心泉學詩稾六卷 永樂大典本

宋蒲壽宬撰。壽宬之名不見於史，其集亦不載於藝文志，惟明文淵閣書目載有蒲心泉詩一部，一冊，檢永樂大典各韻內所錄頗多，題名皆作壽宬，而淩迪知萬姓統譜則作壽晟，黃仲昭八閩通志又作壽晟，互有同異。今案永樂大典，卷卷皆作宬字，當非偶誤，其作晟、宬字者，殆傳寫譌也。壽宬家本泉州，其官履不概見，惟萬姓統譜稱其於咸淳七年知蒲州。案蒲州非南宋地，而集中有梅陽壬申勸農偶成書呈同官詩。壬申爲咸淳八年，梅陽即梅州，今爲廣東嘉應州地，是壽宬實知梅州。萬姓統譜又載其在官儉約，於民一毫無所取，建曾井汲水二缾置座右，人頌曰曾氏井泉千古冽，蒲侯心事一般清。是壽宬在當日爲循吏。八閩通志則稱宋季益廣二王航海至泉州，守臣蒲壽庚距城不納，皆出其兄壽宬陰謀。壽宬佯著黃冠野服，入法石山下，自稱處士，而密令壽庚納款於元。旣而壽庚以歸附功授官平章，富貴冠一時，壽宬亦居甲第。一日，二書生踵門獻詩，有水聲禽語皆時事，莫道山翁總不知之句。壽宬惶汗失措，追之不復見云云。則壽宬又一狡黠之叛人。稗官小說，記載多岐，宋元二史皆無明文，其孰僞孰眞，無從考證。今觀其詩，頗有沖澹閒遠之致，在宋元之際猶屬雅音，哀錄存之，釐爲六卷，亦足以備一家。若其人則疑以傳疑，姑附諸南宋之末焉。

欽定四庫全書總目卷一百六十五

欽定四庫全書總目卷一百六十六

集部十九

別集類十九

拙軒集六卷（永樂大典本）

金王寂撰。寂字元老，薊州玉田人。登天德二年進士，歷官中都路轉運使，諡文肅。金史不爲立傳，元好問中州集載其詩入乙集中，而仕履亦僅見梗概。今以寂詩文所著年月事蹟參互考證，知寂自登第後，於世宗大定二年爲太原祁縣令，十五年嘗奉使往白霫治獄，十七年以父艱歸，明年起復眞定少尹，兼河北西路兵馬副都總管，遷通州刺史，兼知軍事，又遷中都副留守。二十六年冬由戶部郎出守蔡州，二十九年被命提點遼東路刑獄。章宗明昌初召還，終於轉運使之職。而集中謝帶笏表有世宗饗國，臣得與諫員語，則又嘗爲諫官。又有羣言交搆，擠臣不測之淵語，而丁未肆眚詩有萬里湘纍得自新句。丁未爲大定二十七年，世宗本紀載是年三月辛亥，以皇長孫受冊肆赦，竝與集合，是寂之刺蔡州，當以人言去國，而集中情事不具其顚末，莫能詳也。中州集稱寂著有拙軒集、北遷錄諸書。今北遷錄已失傳，而好問所選寂詩僅七首，及附見姚孝錫傳後一首，其他亦久佚不見。惟永樂大典所載寂詩文尚多，雖如好問所摘酉別郭熙民詩諸聯，及蔣一葵長安客話所紀盧植墓詩逸句，皆未見全篇，亦不能盡免於脫闕，而各體具存，可以得其什七矣。寂詩境淸刻鑱露，有戞戞獨造之風，古文亦博大疏暢，在大定明昌間卓然不愧爲作者。金朝一代文士見於中州集者不下百數十家，今惟趙秉文王若虛二集尚有傳本，餘多湮沒無存。獨寂是編幸於沈薶晦蝕之餘復顯於世，而文章體格亦足與滹南滏水相爲抗行，謹次第哀綴，釐爲六卷，俾讀者擷其崖略，猶得以考見金源文獻之遺，是亦可爲寶貴矣。

滏水集二十卷（兩淮馬裕家藏本）

金趙秉文撰。秉文字周臣，自號閑閑道人，滏陽人。大定二十五年進士，歷官翰林侍讀學士，拜禮部尚書。事蹟具金史本傳。元好問中州集稱其自幼至老未嘗一日廢書，著易叢說十卷、中庸說一卷、揚子發微一卷、太元贊六卷、文中子類說一卷、南華略釋一卷、列子補註一卷，刪集論語孟子說各十卷、資暇錄十五卷，今皆未見，惟此集存。史稱所著詩文三十卷，此本乃二十卷，與史互異。然篇目完具，不似有所佚脫。考中州集稱秉文所著文章號滏水集者，前後三十卷。又劉祁歸潛志曰：趙閑閑本喜佛學，然方之屛山（案屛山，李之純之號也），顧畏士論，又欲得扶教傳古之名，晚年自擇其文，凡主張佛老二家者皆削去，號滏水集，首以中和誠諸說冠之，以擬退之原道。其爲二家所作文及其葛藤詩句，另作一編，號閑閑外集，以與少林寺長老英粹使刊之。故二集皆行於世，則滏水集本二十卷，別有十卷爲外集，本傳合而計之，故爲三十卷也。歸潛志又曰：李屛山教後學爲文，欲自成一家。趙閑閑教後進爲詩文，則曰文章不可拘一體，有時奇古，有時平淡，何拘？李嘗與余論趙文曰：才甚高，氣象甚雄。然不免有失支墮節處。蓋學東坡而不成者。又趙詩多犯古人語。一篇或有數句。此亦文章病。又曰。趙於詩最細。於文頗疎。止論氣象。李於文甚細。論關鍵賓主抑揚。於詩頗疎。止論詞氣才巧。故余於趙則取其作詩法。於李則取其爲文法云云。今觀是集。祁之論可謂公矣。

滹南遺老集四十五卷（兩淮鹽政採進本）

金王若虛撰。若虛字從之。自號慵夫。稾城人。登承安二年經義進士。歷官左司諫。轉延州刺史。入爲翰林直學士。金亡後微服歸里。自稱滹南遺老。越十年。與劉祁東游。卒於泰山。事蹟具金史文藝傳。史稱若虛有慵夫集、滹南遺老集。均曰若干卷。不詳其數。黃虞稷千頃堂書目載滹南遺老集四十五卷。與王鶚序合。慵夫集虞稷雖著錄。而卷數則闕。考大德三年王復翁序。稱以中州集所載詩二十首附卷末。則慵夫集元時已佚。惟此集存耳。此本凡五經辨惑二卷。論語辨惑五卷。孟子辨惑一卷。史記辨惑十一卷。諸史辨惑二卷。新唐書辨三卷。君事實辨二卷。臣事實辨三卷。議論辨惑一卷。著述辨惑一卷。雜辨一卷。謬誤雜辨一卷。文辨四卷。詩話三卷。雜文及詩五卷。與四十五卷之數合。然第三卷惟論語辨惑序一篇。總論一篇。僅三頁有奇。與他卷多寡懸殊。疑傳寫佚此一卷。後人割第四卷首三頁改其標題。以足原數也。蘇天爵作安熙行狀云。國初有傳朱氏四書集註至北方者。滹南王公雅以辨博自負。爲說非之。今考論語孟子辨惑。乃雜引先儒異同之說。斷以己意。其閒疑朱子者有之。而從朱子者亦不少。實非專爲辨駁朱子而作。天爵所云。不知何據。觀其稱陳天祥宗若虛之說。撰四書辨疑。因熙斥之。遂焚其稾。今天祥之書具存。無焚稾事。則天爵是說。特欲虛張其師表章朱子之功耳。均非實錄也。其五經辨惑頗詰難鄭學。於周禮、禮記及春秋三傳亦時有所疑。然所攻者皆漢儒附會之詞。亦頗樹偉觀。其自稱不深於易。即於易不置一詞。所論實止四經。則亦非強所不知者矣。史記辨惑、諸史辨惑、新唐書辨皆考證史文。掊擊司馬遷、宋祁似未免過甚。或乃毛舉細故。亦失之煩瑣。然所摘遷之自相牴牾與祁之過於雕斲。中其病者亦十之七八。雜辨、君事實辨、臣事實辨皆所作史評。議論辨惑、著述辨惑皆品題先儒之是非。其閒多持平之論。頗足破宋人之拘攣。雜辨二卷於訓詁亦多訂正。文辨宗蘇軾而於韓愈閒有指摘。詩話尊杜甫而於黃庭堅多所譏。蓋若虛詩文不尚劖削鍛鍊之格。故其論如是也。統觀全集。偏駁之處誠有。然金元之閒學有根柢者實無人出若虛右。吳澄稱其博學卓識。見之所到。不苟同於衆。亦可謂不虛美矣。

莊靖集十卷（兩淮馬裕家藏本）

金李俊民撰。俊民字用章。澤州人。承安五年以經義舉進士第一。應奉翰林文字。未幾棄官教授。南遷後隱於嵩山。自號鶴鳴道人。元世祖以安車召見。仍乞還山。卒。賜諡莊靖先生。集凡詩七卷。文三卷。澤州守段正卿嘗爲刊行。長平李仲紳等爲之序。明正德閒郡人李瀚重付諸梓。今版已久佚。祗存寫本而已。俊民抗志遯荒。於出處之際能潔其身。集中於入元後祗書甲子。隱然自比陶潛。故所作詩類多幽憂激烈之音。繫念宗邦。寄懷深遠。不徒以清新奇崛爲工。文格沖澹和平。具有高致。亦復似其爲人。雖博大不及元好問。抑亦其亞矣。詩末閒有註語。序不言何人所加。無可考證。今仍舊本錄之。而註者姓名則姑闕焉。

遺山集四十卷附錄一卷（江蘇巡撫採進本）

金元好問撰。好問字裕之。華容人。登興定五年進士。歷內鄉令。天興中除左司都事。轉行尚書省左司員外郎。金亡不仕。事蹟具金史文藝傳。是集凡詩十四卷。文二十六卷。爲明儲巏家藏本。宏治戊午沁州李瀚爲刊版以行。前有李冶、徐世隆二序。末有王鶚、杜仁傑二跋。集末附錄一卷。則儲巏所裒輯也。好問才雄學贍。金元之際。屹然爲文章大宗。所撰中州集。意在以詩存史。去取尚不盡精。至所自作。則興象深邃。風格遒上。無宋南渡末江湖諸人之習。亦無江西流派生拗麤獷之失。至古文繩尺嚴密。衆體悉備。而碑版誌銘諸作尤爲具有法度。晚年嘗以史筆自任。構野史亭。採金源君臣遺言往行。裒輯紀錄至百餘萬言。今壬辰雜編諸書雖已無傳。而元人纂修金史多本所著。故於三史中獨稱完善。亦可知其著述之有裨實用矣。

湛然居士集十四卷（兵部侍郎紀昀家藏本）

元耶律楚材撰。楚材字晉卿。遼東丹王八世孫。金尚書右丞履之子。從太祖平定四方。太宗時官至中書令。至順元年追封廣寧王。諡文正。事蹟具元史本傳。耶律或作移刺。蓋譯語之譌。焦竑經籍志以爲兩人。非也。是集所載詩爲多。惟第八卷第十三卷十四卷稍以書序碑記錯雜其中。編次殊無體例。疑傳寫者亂之。史稱其旁通天文地理術數及二氏醫卜之說。今其多有發揮。而文止於斯。不敵詩之三四。意者尚有佚遺歟。然十四卷之數與諸家著錄皆符。或經國之暇。惟以吟咏寄意。未嘗留意於文筆也。王士禎池北偶談摘錄其贈李郡王筆寄平陽澗老和陳秀玉韻贈富察元帥河中遊西園壬午元旦諸詩。以爲頗有風味。而稱其集多禪悅之說。考僧行秀所作集序。稱楚材年二十七。受顯訣於萬松。盡棄宿學。其耽玩佛經。蓋亦出於素習。平水王鄰則曰。按元裕之中州集載右相文獻公詩。又稱道閑閑爲吾道主盟。李屏山爲中州豪傑。知晉卿學問淵源有自來矣。故旁通詣極。而要以儒者爲歸云云。今觀其詩。語皆本色。惟意所如。不以研鍊爲工。雖時時出入內典。而大旨必歸於風教。鄰之所云。殆爲能得其眞矣。

藏春集六卷（浙江鮑士恭家藏本）

元劉秉忠撰。秉忠有玉尺經。已著錄。秉忠博覽好學。尤邃於易。凡天文地理律曆三式六壬遁甲之屬。無不精通。故術數家言多託之以行世。往往不可盡信。至其所著文集。見於本傳者十卷。今此本祗六卷。乃明處州知府馬偉所刊。前五卷爲各體詩。末一卷爲附錄誥敕誌文行狀。而不及所著雜文。故秉忠所上萬言書及其他奏疏見於本傳者。概闕焉。蓋文已佚而僅存其詩。故卷目多寡與本傳不合也。秉忠起自緇流。身參佐命。與明道行事頗同。然道行首構逆謀。獲罪名教。而秉忠則從容啓沃。以典章禮樂爲先務。卒開一代治平。其人品相去懸絕。故所作大都平正通達。無噍殺之音。史稱其詩蕭散閒澹。類其爲人。雖推之稍過。然如小詩中鳴鳩喚住西山雨。桑葉如雲麥始華之類。亦未嘗不時露風致也。

淮陽集一卷附錄詩餘一卷（浙江鮑士恭家藏本）

元張宏範撰。宏範字仲疇。易州定興人。汝南忠武王柔之第九子也。官至鎭國上將軍蒙古漢軍都元帥。將兵入閩廣。滅宋於厓山。師還而卒。累贈太師淮陽王。諡獻武。事蹟具元史本傳。其遺詩一百二十篇。詞三十餘篇。燕山王氏嘗刻之。敬義堂盧陵鄧光薦爲之序。光薦卽宋禮部侍郎。宏範南征時被獲不屈。因命其子珪事以爲師者也。後其曾孫監察御史旭重刊。明正德中公安知縣周鉞又重刊之。此本卽從鉞刻傳錄。蓋猶舊帙。宏範嘗從學於郝經。頗留心儒術。其詩皆五七言近體。雖頗沿南宋末派。然大抵爽朗可誦。其中如中酒未醒過似病。捜詩不得勝如愁。置之江湖集中不辨也。以元勳世冑。宣力疆場。用餘力從事於吟咏。亦無愧於曹景宗之賦競病矣。

陵川集三十九卷附錄一卷（編修汪如藻家藏本）

元郝經撰。經有續後漢書。已著錄。其生平大節。炳耀古今。而學問文章。亦具有根抵。如太極先天諸圖說辨微論數十篇。及論學諸書。皆深切著明。洞見闕奧。周易春秋諸傳。於經術尤深。故其文雅健雄深。無宋末膚廓之習。其詩亦神思深秀。天骨挺拔。與其師元好問可以肩行。不但以忠義著也。延祐五年。經門人集賢大學士郭貫請以是集與所作續後漢書。官爲刊版。付待制趙穆編修官浦道源等詳定。得旨允行。卷首所載江西中書省劄付咨文。蓋卽其事。後官版散佚。明正德己卯。沁水李淑淵重刊於鄂州。陳鳳梧序之。康熙乙酉。武進陶自悅守澤州。得李本於州民武氏家。欲鋟木未果。僅爲製序弁其首。乾隆戊午。鳳臺王鏐始校刊之。而摭諸書之有涉於經者。別爲附錄一卷。綴之於末。其誌傳行狀官誥劄咨及元明人原序。皆仍舊刻冠於首。今所行者皆鏐此本云。

歸田類稾二十四卷（永樂大典本）

元張養浩撰。養浩有三事忠告。已著錄。是編乃其詩文也。養浩嘗自序其集。稱退休田野。錄所得詩文樂府九百餘首。岐爲四十卷。名曰歸田類稾。富珠哩翀序（案富珠哩翀原作李朮魯翀，今改正。）作三十八卷。卷數已異。文淵閣書目載養浩雲莊傳家集一冊。雲莊集三冊。焦竑國史經籍志則作張養浩文忠集十八卷。書名卷數更均與養浩自序不符。黃虞稷千頃堂書目雖載歸田類稾之名。而亦無卷數。考吳師道序云。公雲莊集四十卷。已刻於龍興學宮。臨川危太朴掇其有關於治教大體者。爲此編。而屬予以序云云。則龍興所刻者。卽養浩手編之類稾。而改其名曰雲莊集。亦卽文淵閣書目之三冊。危素所刪定者。卽經籍志之張文忠集十八卷。而所謂傳家集一冊者。當由後人掇拾。乃外集補遺之類也。然蘇天爵輯元文類、僅錄養浩文二篇。故明葉盛水東日記頗以天爵失載諫燈山疏爲譏。疑元末已散流播。近時王士禎偶得養浩王友開墓誌、歎其奇詭、載之皇華紀聞。則亦未見其全集。惟明季有刻本二十七卷、尚存於世。既多漏略、編次亦失倫類。今據以爲本、而別採永樂大典所載、刪其重復、補其遺闕、得雜文八十八首、賦三首、詩四百六十三首、共爲五百八十四首。釐爲二十四卷。較之九百原數、已及其大半、亦足見其崖略矣。又集中有和陶詩序、自謂年五十二、退居無事、日讀陶詩、擬其題以發己意、得詩若干篇云云。今集中乃無一篇。殆別爲一編、未以入集、故永樂大典不收歟。養浩爲元代名臣、不以詞翰工拙爲重輕。然讀其集、如陳時政諸疏、風采凜然。而哀流民操長安孝子賈海詩諸篇、又忠厚悱惻、藹乎仁人之言。卽以文論、亦未嘗不卓然可傳矣。

白雲集三卷、浙江鮑士恭家藏本

元釋英撰。釋英字存實、錢塘人。唐詩人厲元之後也。早喜爲詩、歷游閩海江淮燕汴間。一日登徑山聞鐘聲、忽有所悟、遂去爲浮屠。蓋亦倚松老人饒節之流也。顧嗣立選元百家詩、收入此集。其目錄題曰存實、蓋舉其字。卷端標名則曰白雲上人英、蓋以英爲一字名也。考梁有僧祐僧肇、皆連僧字爲名。安知其不以釋英爲名、取義於釋家之英乎。雖牟巘趙孟頫胡長孺林昉趙孟若諸序皆稱曰英上人、此猶道林稱林公、慧遠稱遠公耳、不足證其非二名也。集中夜坐讀珦禪師潛山集詩、有遠想人如玉、何時叩竹房句。文珦與賈似道同時、則釋英當亦宋末人。但其爲僧在宋時元時、則無文可考。觀趙孟頫序、蓋亦厭棄世事、遁入空門。與遺民之有託而逃者、其事不同。詩中多閒適之作、而罕睹興亡之感、是一證矣。其才地稍弱、未脫宋末江湖之派。而世情既淡、神思自清、固非如高九萬輩口山水而心勢利者所可同日語也。其贈趙孟若七言律詩、亦見張羽靜居集中。然附載趙孟若和詩、而卷端又有孟若序。則二人倡和、於事理爲近。張集蓋偶爾誤收。集末跋語、亦牟巘作、而題曰跋厲白雲詩。核跋中詞意、猶其未爲僧時所作。巳稱白雲、然則併顧嗣立白雲上人之稱、亦以意爲之者歟。

稼村類稾三十卷、兩淮鹽政採進本

元王義山撰。義山字元高、豐城人。宋景定中進士。知新喻縣、歷永州戶曹。入元、官提舉江西學事。原刻題曰宋人、非其實也。是集乃其子惟肖所編。以義山退老東湖之上、扁讀書之室曰稼村、因以爲名。凡各體詩三卷、雜文二十七卷。詩文皆沿宋季單弱之習、絕少警策。故王士禎居易錄以爲蕪淺無足取、且詆爲最下最傳。然觀義山在湖南時、湘潭縣豪因爭田不遂、獻之學。義山引春秋齊人來歸汶陽之田斷其非、頗合經義。故集中說經之作、亦往往自出新意。如解周禮師氏職中大夫保氏職下大夫、而謂鄭註稱周公召公兼攝之非。又解古者天子冕服備十二章、而謂鄭註九章五章之非。皆頗有根據、不同剿襲。至表啓諸作、亦頗織組自然、實與劉克莊後村集蹊逕相近。雖榛楛之勿翦、亦蒙茸於集翠。概加排斥、則又太過之論矣。

桐江續集三十七卷、浙江孫仰曾家藏本

元方回撰。回有續古今考、已著錄。所撰有虛谷集、今未見。此桐江續集、皆其元時罷官後作。集中有自序、稱二十卷。而千頃堂書目作五十卷。今觀集中四卷末題從事郎寧國路儒學教授同舍生曹祐編次。五卷末題男方存心正心刊行。六卷末題初授徽州路儒學教授馮蒙龜林一桂等刊。九卷末題表姪劉秉懿謹編刊行。十卷末題甥姪汪庭芝謹編。二十五卷末題古杭徐芝石宅滄浪山房刊行。二十七卷末題學生徐編次、而佚其名。則後人所增益、非其舊也。此本猶元時舊刻。有玉蘭堂印。又有季滄葦藏書印。蓋文徵明所藏、復歸泰興季振宜者。詩集闕一卷、二卷、三卷、二十一卷、二十三卷、二十四卷、二十六卷、三十二卷、三十四卷、三十六卷、三十九卷、四十卷、四十一卷。僅存二十九卷。文集惟第一卷目次可辨。餘皆初刊稾本。卷字下但有墨臺、不知首尾。以數計之、約存八卷。中間頗有闕頁、無別本可校。今亦仍之。觀吳之振重刊瀛奎律髓、疑書首一序非回所作。今集中載此文在送王俊甫序後、劉子敬吟卷序前。知之振未見此集、則亦希覯之本、不以殘闕廢矣。回人品卑汚、見於周密癸辛雜識者、殆無人理。然觀其集中諸文、學問議論、一尊朱子。崇正闢邪、不遺餘力。居然醇儒之言。就文言文、要不可謂其悖於理也。其詩專主江西、平生宗旨、悉見所編瀛奎律髓中。雖不免以粗率生硬為老境，而當其合作，實出宋末諸家上，更不能以其人廢矣。

野趣有聲畫二卷（浙江鮑士恭家藏本）

元楊公遠撰。公遠字叔明，歙縣人。是集前有咸淳中吳龍翰序，稱一卷，而此本二卷。然至元乙酉方回跋在上卷末，所載回溪道中一詩，乃在下卷中。使原為二卷，則此跋不應介在其間。使集中原載此詩，則回又必不更錄其全文。知原集止一卷，而下卷為後人所續輯，故又有丙戌初度詩在作跋後一年也。其詩不出宋末江湖之格，蓋一時風尚使然。一邱一壑，亦有佳致。以久無刊本，故選宋元詩者多遺之。明嘉靖丙申，汪元錫始得本於其族子瀚，乃復傳鈔。集中有至元乙酉生朝詩，稱六十平頭愴兩歲，則是年五十八。以長歷推之，當生於理宗紹定元年。宋亡時年四十九，入元未仕。當從周密之例，稱南渡遺民。然集中春雪詩題下註己卯正月初三作，是時正張世傑、陸秀夫等蹈海捐生之歲，而其詩有向晚披衣更擁衾，更無一事惱胸襟，則是以宋之存亡付諸度外，與前朝故老惓惓舊國者迥殊。且入元以後，干謁當路，頌揚德政之詩，不一而足。其未出仕，當由梯進無媒，固不能與密之終身隱遁者同日語矣。今繫之元人，從其志也。

月屋漫稾一卷（兩淮鹽政採進本）

元黃庚撰。庚字星甫，天台人。厲鶚以其生於宋末，入元未仕，遂收入宋詩。然宋亡時庚尚幼，觀其集首自序，乃泰定丁卯所作，時元統一海內已五十七年，不得仍系之宋。今仍題作元人，從浙江通志文苑傳例也。庚嘗客山陰王英孫家，試越中詩社枕易題，庚為第一。考官乃李侍郎，今評語與原詩並在集中。（案張觀光屏巖小稾亦有此聯，未詳孰是，姑兩存之。）蓋甚為當時所推重。其詩沿江湖末派，體格不免稍卑，而觸處延賞，亦時逢警語。如五言之斜陽明晚浦，落葉瘦秋山，柳色獨青眼，梅花同素心，鳴榔丹葉聚，撒網浪花圓諸句；七言之鐘帶夕陽來遠寺，碑和春雨臥平蕪，細柳雨中垂綠重，殘花風裏亂紅輕，清夜夢分千里月，故鄉人各一方天，風月滿懷詩可寫，雪霜侵鬢鏡先知諸句，類皆風致婉約，猶具晚唐之一體。王士禎居易錄謂月屋漫稾一卷，皆庸下無足取，未免詆之太甚矣。

剡源集三十卷（兩淮鹽政採進本）

元戴表元撰。表元字帥初，一字曾伯，慶元奉化人。宋咸淳中登進士乙科，除建康教授，遷臨安，又遷行戶部掌故、國子主簿，皆以兵亂不就。元大德中，以薦除信州教授，調婺州，移疾歸。再以修撰博士薦，不起，終於家。事蹟具元史儒學傳。表元所著剡源集，明初上於史館。宋濂曾序而刻之，凡二十八卷，其版久佚。此本乃嘉靖間四明周儀得其舊目，廣為蒐輯，釐為三十卷，表元後裔洵復梓行之。王士禎居易錄稱海寧刻剡源集四卷，乃黃宗羲所選錄，非完書也。表元少從王應麟、舒岳祥游，學問淵源，具有授受。顧嗣立元詩選小傳，稱宋季文章氣萎薾而詞骫骳，帥初慨然以振起斯文為己任。其學博而肆，其文清深雅潔，化朽腐為神奇。閒事摹畫，而隅角不露。尤自祕重，不妄許與。至元大德間，東南之士以文章大家名重一時，帥初一人而已。又引宋濂之言曰：濂嘗學文於黃文獻公，公於宋季詞章之士，樂道之而不已者，惟剡源戴先生為然云云。於元人之中，推之獨至。今觀其詩文，信嗣立所論不誣也。

剩語二卷（永樂大典本）

案是集散見永樂大典中，或題曰艾性夫剩語，或題曰艾性夫孤山晚稾，而不著性夫為名為字，亦不載時代。今考江西通志，稱撫州三艾，叔可字無可，憲可字元德，性字天謂，皆工於詩。性閩門教授，執經者盈門，著有孤山詩集。與永樂大典所題孤山晚稾相合。吳澄支言集有高彥妻艾氏墓誌，稱為咸淳貢生性夫之女，習見其家儒教，屢以勗其夫云云。與永樂大典所題艾性夫合。疑江西通志本作性夫，字天謂，傳刻脫一夫字也。考集中有謝枋得輓詩一首，則性夫元初尚存。又曹安讕言長語，稱於成化五年之元江署學，一家多藏書，內一詩集乃江浙道提舉艾性夫作，貫酸齋作序云云。宋無江浙道提舉，蓋其晚年已仕元矣。性夫雖講學之家，而其詩氣韻清拔，以婉雅為宗，絕不似宋末有韻之語錄。五七言古體，筆力排蕩，尤為擅長。曹安稱其七言律太辣，五七言絕歌行語多關世教，併稱其銅雀硯、撲滿吟、臨邛道士招魂歌三首，所論頗為得實。謹採掇排次，釐為二卷，用存其概。至原書本分集編次，其卷目已不可見。而永樂大典內題作剩語者較多，今故用以標名，不復更為分析云。

養蒙集十卷（兩江總督採進本）

元張伯淳撰。伯淳字師道，嘉興崇德人。宋末舉童子科。至元二十三年以薦除杭州路教授，大德中官至翰林侍講學士。虞集序其集，述其生平甚悉，以漢賈誼比之。鄧文原序亦擬以陸贄。然所稱論事數十條者，今皆不載於集中，蓋召對面陳，未具疏也。文原又稱其爲文恥尚鉤棘，而春容紆餘，鏗乎如金石之交奏，然不喜以藻翰自名，歿後無成稾。其子河東宣慰副使采、長孫武康縣尹炯訪求遺逸，釐爲十卷。今觀其文，源出韓愈，多謹嚴峭健，得立言之體。文原以春容紆徐稱之，不甚相似。其詩則鄙拙殊甚，古體尤劣。王士禎居易錄深詆其膚淺。顧嗣立元詩選亦稱其古詩少合作，集中有題鮮于伯機所藏黃庭經一首，語較古健，乃趙孟頫作誤入。又稱其近體率皆酬應之作，其言皆允。惟嗣立所摘佳句九聯，則多所未安，如出郊詩云瘦筇支彳亍，疲路寫之元。此何等語，而顧以爲佳乎。皇甫湜、李翺諸集皆不載詩，不害其爲湜與翺，正不必曲爲回護也。其集刊版久佚，輾轉傳鈔，殘闕頗甚。此本凡文六卷、詩三卷、詞一卷，乃錢塘厲鶚鈔自繡谷吳氏者。鶚頗爲校正，然脫簡終弗能補。考顧嗣立元詩選中闕字與此本並同，則嗣立所見亦即此本矣。

牆東類稾二十卷（永樂大典本）

元陸文圭撰。文圭字子方，江陰人。幼而穎悟，博通經史及天文地理律象醫藥算數之學。宋咸淳初以春秋中鄉選。延祐設科，再中鄉舉，以老疾不應徵召，卒於家。事蹟具元史儒學傳。文圭當南宋之末，年已二十餘，入元後五十餘年，至泰定天歷間尚應聘設教於容山。至順末猶爲陳敬叔作安定祠記，又數年至順帝至正初始卒，最爲老壽。惟史不載其登仕版，而集中吳縣學田記有至元辛卯余領吳縣學事語，似亦曾爲教官。然辛卯爲世祖至元二十八年，文圭祇三十餘，而記中乃有余耄且老句，與文圭情事不合，或此記本代人作，而失於標註歟。史稱文圭之文融會經傳，縱橫變化，莫測其涯涘，東南學者皆宗師之。今核所作，史言不謬。史又稱其邃於地理，考核甚詳。今檢集中惟存辨毛穎傳中山一條，餘悉不載，殆散佚不可考矣。是集本二十卷，世久無傳。今從永樂大典中蒐採遺佚，共得文三百餘篇、詩詞六百餘篇，仍依原目釐爲二十卷。雖割裂之餘，重爲輯綴，亡失者已多，而據所存者觀之，固元初一作者也。

青山集八卷（永樂大典本）

元趙文撰。文字儀可，一字惟恭，號青山，廬陵人。宋景定咸淳間嘗冒宋姓，三貢於鄉，後始復本姓，入學爲上舍。宋亡入閩，依文天祥。元兵破汀州，與天祥相失，遁歸故里。後爲東湖書院山長，選授南雄文學，其卒也，程鉅夫爲作誌銘，見於雪樓集。劉將孫作墓表，亦見於養吾集，載其行履頗詳。近時顧嗣立元詩選小傳稱其入元授清江教授，而程誌實作南雄。鉅夫與文交契甚厚，不容有誤，疑嗣立所記乃偶然失考。又永樂大典書其名，多作炎字，案集韻，炎文音義本通，亦非別有兩名也。文與謝翺、王炎午同入文天祥幕府，滄桑以後，獨不能深自晦匿，以遲暮餘年，重餐元祿，出處之際，實不能無愧於諸人。然其文章則時有哀江南賦之餘音，擬以古人，其庾信之流亞乎。文嘗自言，行事使人皆可知，可見者爲君子之行，爲文使人讀之可曉，考之有證者爲君子之言。今觀其詩文，皆自抒胸臆，絕無粉飾，亦可謂能踐其言矣。焦竑國史經籍志載青山稾三十一卷，世尠流傳。今從永樂大典中裒輯編訂，勒爲八卷。

桂隱文集四卷詩集四卷（浙江鮑士恭家藏本）

元劉詵撰。詵字桂翁，廬陵人。生於宋末，猶及見諸遺老，得其緒論。迨延祐復科舉，後益肆力於名物度數訓詁箋註之學。既十年不第，乃刻意於詩古文。江南行御史臺屢以教官館職遺逸薦，皆不報。至正十年卒，年八十三。王榮祿爲之請於朝，謚曰文敏。事蹟具元史儒學傳。此集爲其門人羅如篪所編，有虞集、歐陽元二序。本傳稱其文根柢六經，躪躒諸子百家，融液今古，而不露其踔厲風發之狀。考集中有與揭曼碩書，稱文章期於古而不期於襲，期於善而不期於同，期於理之達，神之超，變化起伏之妙，而不盡期於爲收斂平緩之勢。若以委怯爲和平，迂撓爲舂容，如學西施者僅得其矉，學孫叔敖者僅得其衣冠談笑，非善學者也。蓋其文章宗旨，主於自出機軸，而不以摹擬字句爲古。歐陽元序亦稱其文溫柔敦厚似歐，明辨雄雋似蘇。至論其妙，非相師，非不相師，蓋深得詵之用意。

元又稱其尤長於詩、詩又長於五言古體短篇。所論亦允。顧嗣立元詩選則稱其律詩多佳句。案集中近體、格力頗遒、實不僅以佳句見。且嗣立所摘諸聯、如燕子樓臺人影瘦、海棠池館月痕孤。乃近小詞。君如硎刃千牛解、我似車輪四角方。亦江湖習調、殊不足盡詵所長也。詵墓誌亦歐陽元作、稱其有古文若干卷、諸體詩若干卷、駢儷書劄若干卷、總題曰桂隱集。均不著其卷數。疑作誌時僅有稾本、尚未釐定成編。此本爲明嘉靖閒其族孫志孔所刊。凡文四卷、詩四卷、而不載駢儷書劄。疑重刊時已有所散佚。又詩末有羅如篪跋、稱先梓其詩十四卷。而今本實止四卷、殆亦編次者所合併歟。

水雲村稾十五卷、江西巡撫採進本

元劉壎撰。壎有隱居通議、已著錄。其文集舊有二本。一曰水雲村泯稾、乃明洪武閒其孫瑛所手鈔。篇目無多、而多雜採隱居通議中語。綴輯成帙、不爲完本。一卽此本、乃其裔孫凝收拾遺佚、別加排次、蒐求較爲賅備。惟原目二十卷、而所存止十五卷。自十六卷以下有錄無書、當由傳寫者失之。然此五卷所載、皆青詞、祝文、無關體要之作。其存佚無足爲輕重、則雖闕猶不闕矣。壎才力雄放、尤長於四六。集中所載諸啓劄、大抵皆在宋世所作。考隱居通議、自述其得意之筆、如代吳後謝建閫表、弔吳後文、代趙必岊謝廟堂啓、通丁應奎啓、今皆不見於集中。則其散失者亦自不少。然卽所存者觀之、隸事鑄詞、亦復頗見精采。壎嘗自言、趙必岊稱其能以散文爲四六、正是片段議論。非若世俗抽黃對白、而血脈不貫者。蓋生平得力、有甘苦自知者矣。其他古文則多入元以後所作。灝瀚流轉、頗爲有氣。而時以俳句綺語攙雜其閒、頗乖典則。則覃精儷偶、先入者深、有不知其故態之萌者矣。惟其年過七旬、復出食元祿。而晚春郊行詩云、路少過軍仍鼓吹、地多遺老自衣冠。丙子閩山詩云、漢祚縱移諸葛在、唐兵雖散子儀侯。賈似道詩云、漢祖有恩懸馬邑、懷王何罪老咸陽。皆其未出山時所作、是則可以不存耳。

巴西文集一卷、江西巡撫採進本

元鄧文原撰。文原字善之、一字匪石、緜州人。隨其父流寓錢塘。自稱巴西、不忘本也。生於宋理宗寶祐六年。宋末應浙西轉運司試、中魁選。至元閒行中書省辟爲杭州路儒學正、官至集賢直學士、兼國子監祭酒、致仕。致和元年卒於家。謚文肅。事蹟見元史本傳。文原學有本原、所作皆溫醇典雅。當大德延祐之世、獨以詞林耆舊主持風氣。袁桷、貢奎左右之、操觚之士嚮附景從。元之文章、於是時爲極盛。文原實有獨導之功。所著有內制集、素履齋稾、今竝未見傳本。此本不知何人所編、僅錄其碑誌記序等文七十餘篇。卽顧嗣立元詩選中所錄諸詩、亦無一首。蓋出後人摘選、非其完帙。然黃虞稷千頃堂書目僅列二集之名、而無其卷數。蓋亦未見。近時藏書家所有、皆與此本相同、則其全集之存否、蓋未可知。或好事者蒐採遺篇、以補亡佚、亦未可知。然吉光片羽、雖少彌珍。固當以幸存寶之、不當以不完廢之矣。

屏巖小稾一卷、編修汪如藻家藏本

元張觀光撰。觀光字直夫、東陽人。其始末未詳。集中有和仇山村九日吟、而晚春卽事詩中有杜鵑亡國恨、歸鶴故鄉情句。蓋宋末元初人。又有甲子歲旦詩。考景定五年爲甲子、元泰定元年亦爲甲子。詩中有歲換上元新甲子句。以歷家三元之次推之、上元甲子當屬泰定。觀其除夕卽事詩中稱明朝年八十、則得壽頗長、其時猶相及也。詩多窮途之感、蓋不遇之士。惟贈談命姚月壺詩有試把五行推測看、廣文官冷幾時春句。其殆曾爲學官歟。全集皆格意清淺、頗窘於邊幅。然吐屬婉秀、無鉤章棘句之態。越中詩社、以枕易爲題、李應祈次其甲乙、以觀光爲第一。其詩今見集中。併載應祈批、稱其若紛紛盆盎中得古罍洗。案黃庚月屋漫稾、亦稱以枕易詩爲李侍郎取第一、一試有兩第一、必有一僞、然無可考證、謹附識於此。又有梅魂七言律詩一首、註曰武林試中選。秋色五言律詩一首、註曰山陰詩社中選。蓋在當日、亦以吟咏擅名矣。

玉斗山人集三卷、浙江鮑士恭家藏本

舊本題南宋王奕撰。考集中貢大成至聖文宣王文、稱至元二十六年歲在己丑、江南儒生王奕等。其玉窗如菴記則稱歲癸巳前、奉旨特補玉山教諭。癸巳爲至元三十年。然則奕食元祿久矣。蹟其出處、與仇遠、白珽相類。題南宋者、誤也。奕字敬伯、玉山人。所著有斗山文集十二卷、梅嵓雜詠七卷、今竝不傳。惟此集尚存。本名東行斐稾。明嘉靖壬

寅其鄉人陳中州爲刊版，佚其詩四首，而別附以遺文二篇，始改題今名。其詩稍失之粗，然磊落有氣，勝宋季江湖一派。素與謝枋得相善，枋得北行以後，尚有唱和詩十首，又有和元好問曲阜紀行詩十首，贈倪布山詩一首，稱爲金遺。其寄周月湖絶句，亦有起觀疆宇皆周土，只有西山尚屬商句，皆尚以宋之遺民自居。則其出爲學官，當在已丑之後。然其祭文宣王文，稱天混圖書，氣通南北，九域甫一，可輿可舟。祖庭覲丁歌稱幸際天地還淸寧，於新朝無所怨尤。祭曾子文稱某等律以忠孝，實爲罪人，願保髮膚，以遂終慕，亦未敢高自位置。視首鼠兩端，業已偷生驪節，而猶思倔強自異者，固尚有閒矣。集中詩文雜篇，頗乖體例，然無關於宏旨，今亦姑仍原本錄之焉。

谷響集三卷（編修汪如藻家藏本）

元釋善住撰。善住字無住，別號雲屋，嘗居吳郡城之報恩寺，往來吳淞江上，與仇遠、白珽、虞集、宋无諸人相酬唱。遠贈詩有云：閶門北去山如畫，有日同師步翠微。无荅其見寄詩，亦有句妙唐風在之語。蓋雖入空門，而深與文士同臭味也。集中癸亥歲寓居錢塘千頃寺述懷詩，有高閣工書三十年句，從英宗至治三年癸亥上推三十年，爲世祖至元三十一年甲午，距宋亡僅十四年。其贈歷者詩，有對食慙周粟，紉衣尚楚蘭句，蓋猶及見宋之遺老，故所作頗有矩矱。觀其論詩有云：典雅始成唐句法，纖豪終有宋人風，命意極爲不凡。及核其篇什，則但工近體，大抵以淸雋琱琢爲事，頗近四靈江湖之派，終不脫宋人窠臼，所言未免涉於過高。然造語新秀，絶無蔬筍之氣，佳處亦未易及，在元代詩僧中，固宜爲屈一指也。

竹素山房詩集三卷（編修汪如藻家藏本）

元吾邱衍撰。衍有晉史乘，已著錄。此其所著詩集，而附以遺文二篇。其詩頗效李賀體，不能盡脫元人窠臼，然胸次旣高，神韻自別，往往於町畦之外，逸致橫生，所謂王謝家子弟，雖不復端正者，亦奕奕有一種風氣也。考衍於至大三年爲人所累，被攝得釋，不勝其恚，自投西湖死。留一詩別其友仇遠云：劉伶一锸事徒然，蝴蝶飛來別有天。欲語太元何處問，西泠西畔斷橋邊。別見於釋宗泐集，而此三卷中無之，意者原稾爲衍所自編，故未經載入歟？朱存理樓居雜著有書吾氏類集一篇，稱虞山雜鈔內有竹房集三卷，予家有子招雨師文等篇遺蹟一冊，錄附集後。其卷帙與此本合，則此猶舊帙云。

紫山大全集二十六卷（永樂大典本）

元胡祗遹撰。祗遹字紹聞，磁州武安人。元史本傳載其字曰紹開。然今民將在祗遹乃文考，紹開衣德言，實周書康誥之文，核其名義，疑紹開當作紹聞，元史乃傳刻之譌也。中統初，張文謙宣撫大名，辟祗遹爲員外郎，後官至江南浙西道提刑按察使。延祐五年追贈禮部尚書，諡文靖。是集爲其子太常博士持所編，前有其門人翰林學士承旨劉賡序，稱原本六十七卷，歲久散佚，今據永樂大典所載，裒合成編，釐爲賦詩餘七卷，文十二卷，雜著四卷，語錄三卷，其閑雜著一卷。祗遹一生所學，具見於斯。然體例最爲冗瑣，有似隨筆劄記者，有似短章小品者，有似莅官條約者，有似公移案牘者，層見錯出，殆不可名以一格。考賈誼新書，皆以所作治安策及言事諸疏，割裂顚倒，各自爲章，別標篇目，說者以爲平時記錄之稾，其後聯綴成篇而上之。祗遹是集，或亦是例歟？史稱其官右司員外郎時，以論事忤姦相阿哈瑪（原作阿合馬，今改正），外遷太原路治中，提舉鐵冶，欲以歲賦不辦責之。及其莅職，乃以最聞。官荊湖北道宣慰副使時，辨誣告不軌之獄。官濟寧路總管時，獻書軍政八事，並修明學校之法。又稱其所至皆抑豪右，扶寡弱，敦教化，厲士風。蓋以吏治名一時，而無一語及其文章。今觀其集，大抵學問出於宋儒，以篤實爲宗，而務求明體達用，不屑爲空虛之談。詩文自抒胸臆，無所依仿，亦無所雕飾，惟以理明詞達爲主。元代詞人往往以風華相尚，得茲布帛菽粟之文，亦未始非中流一柱矣。惟編錄之時，意取繁富，遂多收應俗之作，頗爲冗雜。甚至如黃氏詩卷序、優伶趙文益詩序、贈宋氏序諸篇，以闡明道學之人，作媟狎倡優之語，其爲白璧之瑕，有不止蕭統之議陶潛者。陶宗儀輟耕錄載其鍾愛歌兒珠簾秀，贈以沈醉東風小曲，殆非誣詞矣。以原本所有，姑仍其舊錄之，而附糾其繆於此，亦足爲操觚之炯戒也。

松鄉文集十卷（兩淮馬裕家藏本）

元任士林撰。士林字叔實，號松鄉，奉化人。以郝天挺薦，授安定書院山長。是集所錄碑誌居多，大抵刻意摹韓愈而其力不足以及愈故句格往往拗澁乃流爲劉蛻孫樵之體又間雜偶句爲例不純其自然道士傳正一先生傳壽光先生傳諸篇襲毛穎傳而爲之亦頗嫌窠臼然南宋季年文章凋敝道學一派以冗沓爲詳明江湖一派以纖佻爲雅雋先民舊法幾於蕩析無遺士林承極壞之後毅然欲追步於唐人雖明而未融要亦有振衰起廢之功所宜過而存之者也趙孟頫嘗見其蘭芎山寺碑文深相傾挹後士林卒孟頫爲誌其墓杜本亦稱其謝翺傳朔烈婦傳能使秉彝好德之心千載著明固非曲相假借矣

松雪齋集十卷外集一卷（江蘇巡撫採進本）

元趙孟頫撰孟頫字子昂宋太祖之後以秀王伯圭賜第湖州故爲湖州人年十四以父蔭入仕宋亡家居會程鉅夫訪遺逸於江南以孟頫入見卽授兵部郎中累官翰林學士承旨卒追封魏國公諡文敏事蹟具元史本傳楊載作孟頫行狀稱所著有松雪齋詩集不詳卷數明萬歷間江元禧所編松雪齋集寥寥數篇實非足本惟焦竑經籍志載孟頫集十卷與此本目次相合而史所稱琴原樂原得律呂不傳之妙者檢勘均在其中外集雜文十九首亦他本所未載蓋全帙也孟頫以宋朝皇族改節事元故不諧於物論觀其和姚子敬韻詩有同學故人今已稀重嗟出處寸心違句是晚年亦不免於自悔然論其才藝則風流文采冠絕當時不但翰墨爲元代第一卽其文章亦揖讓於虞楊范揭之間不甚出其後也集前有戴表元序見剡源集中末題大德戊戌歲蓋孟頫自汾州知州謁告歸里時裒集所作請表元序之者表元不妄許與而此序推挹甚至其有所以取之矣後人編錄全集仍錄此序以爲冠非無意也

吳文正集一百卷（浙江孫仰曾家藏本）

元吳澄撰澄有易纂言已著錄是集爲其孫當所編永樂丙戌其五世孫爟所重刊後有爟跋曰支言集一百卷私錄二卷皆大父縣尹公手所編類刊行於世不幸刻版俱燬於兵火舊本散落雖獲存者間亦殘闕迨永樂甲申始克取家藏舊刻本重壽諸梓篇類卷次悉存其舊不敢更改惟卷首增入年譜神道碑行狀國史傳以冠之但舊所闕簡徧求不得完本今故止將殘闕篇題列於各卷之末以俟補續云云則此本乃殘闕之餘非初刻之舊矣然檢其卷尾闕目惟十七卷徐君順詩序一篇五十四卷題趙天放桃源卷後一篇五十七卷題約說後一篇又三十七卷湻南王先生祠堂記末註此下有闕文而已所佚尚不多也初許衡之卒詔歐陽元作神道碑及澄之卒又詔揭傒斯撰神道碑首稱皇元受命天降眞儒北有許衡南有吳澄所以恢宏至道潤色鴻業有以知斯文未喪景運方興云云當時蓋以二人爲南北學者之宗然衡之學主於篤實以化人澄之學主於著作以立教故世傳魯齋遺書僅寥寥數卷而澄於註解諸經以外訂正張子邵子書旁及老子莊子太元樂律八陣圖葬經之類皆有撰論而文集尚裒然盈百卷衡之文明白質朴達意而止澄則詞華典雅往往斐然可觀據其文章論之澄其尤彬彬乎吳當所編過於求備片言隻字無不收拾有不必存而存者未免病於稍濫然此自南宋以來編次遺集之通弊亦不能獨爲當責矣

金淵集六卷（永樂大典本）

元仇遠撰遠字仁近一曰仁父錢塘人因居餘杭溪上之仇山自號曰山村民世傳高克恭畫山村圖卷卽爲遠作也遠在宋咸湻間卽以詩名至元中嘗爲溧陽教授旋罷歸優游湖山以終遠初鋟所作一編方鳳牟巘戴表元皆爲之序及教京口時裒所作曰金淵集吾邱衍爲之題詩所謂仇仁父解秩建康有新文曰金淵集者是也二集皆已佚故明嘉靖中顧應祥跋其贈士瞻上人卷已有不見全集之憾世所傳興觀集山村遺藁皆從手書墨蹟蒐聚成編非其完書近時歙縣項夢昶始采摭諸書所載補輯爲山村遺集一卷刻之杭州而所謂金淵集者則不可復覩今惟永樂大典所載尚數百首考遠贈士瞻上人卷後有洪武二十一年僧道衍跋其推挹甚至蓋深傾倒於遠者故其監修是書載之獨夥疑其全部收入所遺無幾也謹依各體排纂編爲六卷遠在宋末與白珽齊名號曰仇白厥後張翥張羽以詩鳴於元代者皆出其門他所與唱和者周密趙孟頫吾邱衍鮮于樞方回黃溍馬臻皆一時名士故其詩格高雅往往頡頏古人無宋末麤獷之習方鳳序述遠之言曰近體吾主唐古體吾主選翟祐又記遠自跋其詩曰近世習唐詩者以不用事爲第一格少陵無

一字無來處衆人固不識也若不用事之說正以文不讀書之過耳其言頗中江湖西崑二派之病今觀所作不愧所言而此集出自塵薶蠹蝕之餘皆項夢昶本所不載若有神物呵護俾待

聖朝而後顯者爲尤可寶貴矣

山村遺集一卷（浙江鮑士恭家藏本）

元仇遠撰遠所撰金淵集皆官溧陽日所作故取投金瀨事以爲名所載皆溧陽之詩而他作不預焉其他作爲方鳳牟巘戴表元等所序者僅散見諸家集中而詩則久佚世所傳與觀集山村遺稾皆後人以墨蹟哀刻非其完本此本爲歙縣項夢昶所編後有夢昶跋稱留意搜訪從珊瑚木難清河書畫舫成化杭州府志嘉興志補上天竺寺志絕妙好詞花草粹編諸書中復得詩詞題跋如干首編排成帙雖其時永樂大典猶庋藏清祕外閒不得而窺金淵集所載夢昶皆不及錄不足以盡遠之著作然此集之詩皆不作於溧陽不可併入金淵集內故仍存其書各著於錄以不沒遠之佚篇焉

湛淵集一卷（浙江鮑士恭家藏本）

元白珽撰珽有湛淵靜語已著錄成化杭州府志載珽湛淵集八卷文淵閣書目尚著錄今已久佚此本爲近時杭州沈嵩町所輯凡賦二首詩六十三首文六首冠以戴表元序而附以宋濂所作墓誌表元序稱其詩甚似渡江陳去非濂誌載劉辰翁之言稱其不爲雕刻苛碎有雲山韶濩之音又月泉吟社第十八名唐楚友者卽珽之寓名謝翺方鳳等亦評其格調甚高陶九成撰輟耕錄載其演雅十首蓋珽在宋咸淳中已與仇遠同以詩名入元後二人皆應薦爲儒官坎坷不達退老湖山出處亦略相近其集皆散佚之後經後人重輯略存什一而遠所撰金淵集以永樂大典收入恭逢

聖代右文得邀

睿鑒重壽棗梨而珽集以永樂大典未收無從裒錄故所傳祗有此本其中又閒雜僞作如成化杭州府志所載三月八日過西馬塍一首中四句全與月泉吟社詩同而第二句以塍字與晴聲名字同押是於至正之初已用洪武正韻其爲依託淆混不問可知是則與遠所遺有幸有不幸矣然吉光片羽終足寶貴固不妨與遠並傳也

牧潛集七卷（編修汪如藻家藏本）

元釋圓至撰圓至字牧潛號天隱高安人至元以來遍歷荆襄吳越禪理外頗能讀書又刻意爲古文筆力斬然多可觀者前有崇禎己卯僧明河書姚廣孝序後一篇稱初得鈔本於武林前有方回序後有洪喬祖跋又有姚廣孝序序爲逃虛子集所不載後又得見刻本多詩數首因校付毛晉刻之此本卽毛晉所刻僅有喬祖跋及明河此文無方姚二序殆偶失之明河又稱嘗讀虎邱舊志見圓至修隆禪師塔記歎其文字之妙今此記不見集中則不知何以不補入也自六代以來僧能詩者多而能古文者不三五人圓至獨以文見亦緇流中之卓然者都穆南濠詩話嘗稱圓至工於古文詩尤清婉舉其寒食西湖送人再往湖南涂居士見訪五詩送人及再往湖南詩不免凡語餘三篇誠楚楚有清致蓋其詩亦有可觀而所註周弼三體唐詩乃弇陋不可言狀知文章之道與考證之學分路而揚鑣也久矣

小亨集六卷（永樂大典本）

元楊宏道撰宏道字叔能淄川人生金之季其事蹟不見於史傳以集中詩文考之金宣宗興定末始與元好問會於京師是時金已南遷至哀宗正大元年嘗監麟游酒稅後又仕宋以理宗端平元年爲襄陽府學教諭其投趙制置劄有歸朝未滿三載語則當以紹定末南歸者而集中又有贈仲經詩序稱端平二年淸明後出襄陽攝唐州司戶十二月上旬北遷寓家濟源云云則在宋未久旋入於元考之宋史是歲七月元兵至唐州全子才棄師宵遁唐州遂爲元所取宏道蓋因此北遷耳其後遂鮮所表見當未經復仕惟集中門帖子有己酉再逢鬢未皤之句計入元又十四五年而宏道年已六十矣綜其生平流離南北竊祿苟全其出處之際蓋無足道然其詩則在當日最爲有名元好問序其集謂金南渡後學詩者惟辛敬之楊叔能以唐人爲指歸又序楊飛卿陶然集謂貞祐後詩學爲盛洛西辛敬之淄川楊叔能太原李長源龍坊雷伯威北平王子正皆號稱專門又有贈宏道詩云海內楊司戶聲名三十年又云星斗龍門姓氏新豈知書劍老風塵其傾倒於宏道甚至劉祁歸潛志亦以宏道與好問及李汾杜仁傑並稱同時若趙秉文楊雲翼見其詩並稱歎不已秉

文至比之金膏水碧物外難得之寶今觀所作五言古詩得比興之體時時近漢魏遺音律詩風格高華亦頗有唐調雖不及好問之雄渾蒼堅然就一時詩家而論固不可謂非北方之巨擘也焦竑經籍志載小亨集十五卷世久失傳今從永樂大典中捜輯編綴釐爲詩五卷文一卷

還山遺稿二卷附錄一卷浙江鮑士恭家藏本

元楊奐撰奐字煥然又名知章乾州奉天人生於金世宗大定二十六年凡秋試四中選而春試輒不第入元以耶律楚材薦授河南路徵收課稅所長官兼廉訪使越十年致仕歸事蹟具元史本傳考集中贊僎記稱所著有還山前集八十一卷後集二十卷近鑑三十卷韓子十卷槩言二十五篇硯纂八卷北見記三卷正統記六十卷元史本傳則僅稱有還山集六十卷元好問作奐神道碑則稱還山集一百二十卷卷目均參差不符然舊本不傳無由考定此本乃明嘉靖初南陽宋廷佐所輯以掇拾殘賸故名之曰遺稿凡文一卷詩一卷冠以考歲略又附錄傳誌題咏之類爲一卷併各以採自某書得自某人及石刻今在某所註於下蓋明之中葉士大夫偶著一書猶篤實不苟必求有據如此也奐詩文皆光明俊偉有中原文獻之遺非南宋江湖諸人氣含蔬筍者可及其汴故宮記述北宋大内遺跡與姚公茂書論宋子家禮神主之式舉所見唐杜衍家廟及汴京宋太廟爲證東遊記述孔林古蹟尤悉皆可以備文獻之徵也陶宗儀輟耕錄稱奐嘗讀通鑑至論漢魏正閏大不平之遂修漢書駁正其事因作詩云風烟慘淡控三巴漢燼將然蜀婦髽欲起溫公問書法武侯入寇寇誰家後攷宋軍同始見通鑑綱目其書乃寢云云是郝經以外又有斯人亦具是卓識矣

魯齋遺書八卷附錄二卷左都御史張若溎家藏本

元許衡撰衡有讀易私言已著錄初衡七世孫婿郝亞卿輯其遺文未竟河内教諭宰廷俊繼成之何瑭爲之序嘉靖乙酉山陰蕭鳴鳳校刊於汴自爲之序序後復有題識云鳴鳳方校是書適應内翰元宗奉使過汴謂舊本次第似有未當乃重編如左續得内法及大學中庸直解俱以次增入舊本名魯齋全書竊謂先生之書尚多散佚未敢謂之全也故更名遺書蓋此本爲應良所重編而鳴鳳更名者也首二卷爲語錄第三卷爲小學大義直說大學要略大學直解第四卷分上下上爲中庸直解下爲讀易私言讀文獻公揲蓍說及陰陽消長一篇第五卷爲奏疏第六卷亦分上下上爲雜著下爲書狀第七第八卷爲詩樂府附錄二卷則像贊誥敕之類及後人題識之文其書爲後人所裒輯無所別擇如大學中庸直解皆課蒙之書詞求通俗無所發明其編年歌括尤不宜列之集内一槩刊行非衡本意然衡平生議論宗旨亦頗賴此編以存棄其蕪雜取其精英在讀者別擇之耳其文章無意修詞而自然明白醇正諸體詩亦具有風格尤講學家所難得也

靜修集三十卷兩江總督採進本

元劉因撰因有四書集義精要已著錄其早歲詩文才情馳驟既乃自訂丁亥詩集五卷盡取他文焚之卒後門人故友裒其軼稾得樵菴詞集一卷遺文六卷拾遺七卷最後楊俊民又得續集二卷捃拾殘賸一字不遺其中當必有因所自焚者一例編輯未必因本意也後房山賈鋕復增入附錄二卷合成三十卷至正中官爲刊行即今所傳之本其文道健排奡迥在許衡之上而醇正乃不減於衡張綸林泉隨筆曰劉夢吉之詩古選不減陶柳其歌行律詩直溯盛唐無一字作今人語其爲文章動循法度舂容有餘味如田孝子碑桐川圖記等作皆正大光明較文士之華氣象不侔今考其論詩有曰魏晉而降詩學日盛曹劉陶謝其至者也隋唐而降詩學日變變而得正李杜韓其至者也周宋而降詩學日弱弱而復強歐蘇黃其至者也云云所見深悉源流故其詩風格高邁而比興深微闖然升作者之堂講學諸儒未有能及之者王士禎作古詩選於詩家流別品錄頗嚴而七言詩中獨錄其歌行爲一家可云豪傑之士非門戸所能限制者矣

青崖集五卷永樂大典本

元魏初撰初字太初號青崖宏州順聖人從祖璠金末官翰林修撰以伉直稱元世祖徵至和林甚見禮重璠無子以初爲後少辟中書省掾吏告歸有薦於朝者帝問知璠子即授國史院編修尋拜監察御史官至南臺御史中丞事蹟具元史本傳焦竑經籍志載魏初青崖集十卷文淵閣書目亦載魏初青崖文集一部七冊是明初原集尚存

其後乃漸就亡佚。今從永樂大典所載詩文、搜輯裒綴、釐爲五卷、猶可見其崖略。史稱初好讀書、尤長於春秋。爲文簡而有法。而集中所記、自稱與姜彧同辱遺山先生教誨。又稱先生入燕、初朝夕奉杖屨。是其學本出元好問、具有淵源。故所作皆格律堅蒼、不失先民軌範。又其在世祖時、始以經史進讀、旋歷諫職、遇事敢言。於開國規模、多所裨益。集中奏議一門、皆詳識歲月、分條臚列。中如請定法令、請肅朝儀、請免括大興民兵、請令御史按察司官歲舉一人自代諸議、元史皆採入本傳中。其他若請緩椿配鹽貨、請禁刁蹬客來、請優護儒戶、請旌鄭江死節、請修孟子廟、請和僱工匠、請罷河南簽軍諸議、史所未載者、類皆當時要務、切中事情。今幸遺集僅存、猶足以補史闕、固不徒以文章貴矣。

養吾齋集三十二卷 永樂大典本

元劉將孫撰。將孫字尚友、廬陵人。辰翁之子。嘗爲延平教官、臨汀書院山長。辰翁以文名於宋末、當文體冗濫之餘、欲矯以清新幽雋。故所評諸書、多標舉纖巧、而所作亦多以詰屈爲奇。然蹊徑獨開、亦遂別自成家、不可磨滅。將孫濡染家學、頗習父風。故當日有小須之目。吳澄爲作集序、謂其浩瀚演迤、自成爲尚友之文、如蘇洵之有蘇軾。曾以立序則謂淵源所自、淹貫古今。觀其感遇諸作、皆效陳子昂張九齡、雖音節不同、而寄託深遠、時有名理。近體亦多佳句。序說碑誌諸文、雖傷於繁富、學句亦間涉鉤棘。然序事婉曲、善言情款、具有其父之所短、亦未嘗不具有其父之所長。又宋元之際故老遺民、如胡求魚龔濟之問學、趙文劉岳申之文章、郭汝介涂世俊之孝行、多不見於他書。獨是集能具其顚末、亦頗賴以傳。至所云歐蘇起而常變極於化、伊洛興而講貫達於粹。然尚文者不能暢於理、尙理者不能推之文。其言深中宋人之弊。又云、時文之精、卽古文之理。韓柳歐蘇、皆以時文擅名。其後爲古文、如取之固有。皇甫湜樊紹述尹洙穆修諸家、寧無奇字妙句、幽情苦思、所謂不得與韓歐竝、時文有不及焉故也。其言尤足以砭高語奇古、而不能文從字順之病。雖所作不盡踐其言、要不能不謂之通論也。據曾以立序、原集本四十卷。而自明以來、罕見藏弆。惟周南瑞天下同文集首有將孫序一篇、中錄其文一篇。顧嗣立元詩選僅載其詩一首。蓋亡佚久矣。今據永樂大典所載、輯爲三十二卷。以備文章之一格、亦歐陽修偶思螺蛤之意爾。

存悔齋稾一卷補遺一卷 浙江鮑士恭家藏本

元龔璛撰。璛字子敬、自高郵遷居平江。父潗、宋末官司農卿。國亡、不食卒。璛少爲憲使徐琰辟置幕下、後充和靖學道兩書院山長、調寧國路儒學教授、遷上饒主簿、改宜春丞、以江浙儒學副提舉致仕。所著有存悔齋詩稾一卷。明朱存理復輯其佚篇爲補遺一卷。其詩稾之末、至正九年開封俞禎跋所稱永嘉朱先生、乃別是一人而佚其名、非卽存理也。盛儀嘉靖維揚志、稱璛善屬文、刻意學書、有晉人風度。蓋亦一時知名士。乃篇什所存、寥寥無幾。當已不免散佚。然其詩格伉爽、頗能自出清新。在元人諸集中、猶爲獨開生面、正不必以少爲嫌矣。

雙溪醉隱集八卷 永樂大典本

元耶律鑄撰。鑄字成仲、遼東丹王九世孫、中書令楚材之子也。累官中書左丞相。卒、追贈懿寧王、謚文忠。事蹟具元史本傳。楚材佐元太祖太宗平定天下、立綱陳紀、皆出其所規畫。鑄少而聰敏、尤工騎射。從憲宗征蜀、屢建功績。後三入中書、定法令、製雅樂、多所裨贊。經濟不愧其父、而文章亦具有父風。故元好問李冶諸人皆與款契。然楚材湛然居士集尚有鈔本、而鑄集久佚不傳、藏書家至不能舉其名氏。惟明錢溥內閣書目有耶律丞相雙溪集十九冊、亦不詳其卷目。檢勘永樂大典所收鑄雙溪醉隱集、篇什較夥、有前集新集續集別集外集諸名。又別載趙著麻革王萬慶諸序跋、乃爲鑄年少之詩、名雙溪小稾者而作。是所作諸集本各爲卷帙、頗有瑣碎之嫌。謹裒集編次、都爲一集。而仍以雙溪小稾原序原跋分繫首末、用存其槩。鑄早從征伐、足蹟涉歷、多西北極遠之區。故所述塞外地理典故、往往詳核。如據和林城唐明皇御書闕特勤碑、證新舊唐書作特勒之誤。處月丁零二註、辨論頗詳。此類皆有裨於考證。又其家在金元之閒、累世貴顯、諳習朝廷舊聞。集中如瓊林園龍和宮諸賦、敘述海陵章宗軼事及宮室制度、多金史所未及。其他題詠、亦多關係燕都故實。而帝京景物略諸書均未紀錄。亦足以資博識也。至於金史耶律履傳元史耶律楚材傳均不著其里貫、於史例頗爲不合。今考鑄寓歷亭詩註云、予家遼上、後家醫無閭。又五湖別業詩註云、余先居和林、後寓隗臺、今卜築縉雲五湖別業。敍其遷徙之蹟頗詳、是尤足以補史之闕矣。

東菴集四卷（永樂大典本）

元滕安上撰。安上字仲禮、定州人。以薦除中山府教授。歷禹城主簿、徵爲國子博士、轉太常丞、拜監察御史。以地震上疏不得達、遂引疾去。尋起爲國子司業、卒於官。元史不爲立傳。其事實具見於姚燧所作墓碣銘、且稱其敏修篤行、學積其躬、道行其家、化及其鄉。而吳澄文正集亦謂安上爲人、乃有學有行而有文者。蓋亦束脩自好之士也。燧又稱所著有東菴類稾十五卷、江西廉訪使趙秉政版之行世。又有易解洗心管見藏於家。而焦竑國史經籍志乃稱安上東菴稾十六卷。與燧所紀卷數不合、當由未見原集而誤。近時顧嗣立作元詩選、搜採至數百家、而安上之集闕焉。則其佚久矣。今從永樂大典中裒集編次、得詩二百餘篇、分爲四卷。其詩格以朴勁爲主、不免稍失之麤獷、而筆力健舉。七言古詩尤有開闔排宕之致、視元末穠豔纖媚之格、全類詩餘者、又不以彼易此矣。考蘇天爵文類、載有安上祭硯司業先生文一篇。而姚燧亦謂其文一本理義、辭旨暢達、不爲險譎、非有裨世教者不言。是原集當兼載詩文、惜永樂大典僅存其詩、其文已無可考也。

白雲集四卷（編修朱筠家藏本）

元許謙撰。謙有讀書叢說、已著錄。謙初從金履祥游、講明朱子之學、不甚留意於詞藻。然其詩理趣之中頗含興象。五言古體、尤諧雅音、非擊壤集一派惟涉理路者比。文亦醇古、無宋人語錄之氣。猶講學家之兼擅文章者也。惟其與王申伯一詩、宗旨入於莊老、非儒者所宜言。求補儒吏一書、代人干乞、亦可不必編置集中、爲有道之累。至於南城晚望詩、乃五言長律八韻、而誤分爲二首。放棹行乃七言古詩、而誤以爲律體。故朝散大夫婺州路總管治中致仕朱公壙志、末稱孤子某等泣血謹識。全篇皆子爲父作之詞。乃他人之文、誤爲收入。題趙昌甫詩卷實七言絕句一首、題下昌甫以辛丑歲云云、卽詩之序、乃誤入雜著中。學箴一篇既據謙手蹟收入集中、卽當題曰補遺、乃別其明人題跋題曰附錄。考卷末舊跋、是集乃正統丁卯金臺李伸得殘編於其祖妣王氏家、皆謙之草稾。伸始編次成書、非出於謙所自定、故體例踳駁如是也。成化丙戌、江浦張瑄初刻於廣東、金華陳相爲之序。又有正德戊寅陳綱重刻跋、稱脫去數頁、竟不可得。又稱改其名曰白雲存稾。此本從商邱宋犖家傳寫、乃題曰許白雲集、亦無闕頁。觀卷末題識、蓋此跋從別本錄入、故與書不相應。今亦刪之不載云。

畏齋集六卷（永樂大典本）

元程端禮撰。端禮有讀書分年日程、已著錄。其詩文名畏齋集、見於黃溍所作墓誌、而不著卷數。諸家書目亦多不載。故世久無傳。惟散見永樂大典中者尚得詩文百餘篇。謹依類編次、釐爲六卷。其學以朱子爲宗。故作孫叔會詩集序云、詩至七言而衰、律而壞、詞而絕。自朱子出、而古詩遺意復見。蓋朱子之學不在乎詩、故其作有自然之妙、諷詠勸懲之實。又送牟景陽序云、蜀文再變於魏了翁。了翁學程朱學。故未嘗有意爲文人之文、而文自妙。其全集宗旨、不出於是。夫朱子爲講學之宗、誠無異議。至於文章一道、則源流正變、其說甚長。必以晦菴一集律天下萬世、而詩如李杜、文如韓歐、均斥之以衰且壞。此一家之私言、非千古之通論也。然端禮所作、尚皆明白淳實、不戾於正。而其持論、亦足以矯淫哇豔冶之弊、於文章尚不爲無功。故糾其膠固之失、而仍裒輯其佚篇、備一格焉。

默菴集五卷（兩淮馬裕家藏本）

元安熙撰。熙字敬仲、藁城人。少慕劉因之名、欲從之游、因亦願傳所學於熙。會因卒、不果。然所學一以因爲宗。其門人蘇天爵作熙行狀、稱朱子四書集註初至北方、滹南王若虛起而辨之。陳天祥益闡其說。熙力與爭、天祥遂焚其書。今天祥之書故在、焚之之說雖涉於夸飾。然熙之力崇朱學、固於是可見也。熙歿之後、天爵輯其詩文、而虞集爲之序。詩頗有格調、雖時作理語、而不涉語錄。惟冬日齋居五首及壽李翁八十詩、不入體裁。雜文皆篤實力學之言、而傷於平沓。蓋本無意於求工耳。天爵行狀稱集十卷。目錄後熙子塈附記、亦云內集五卷、外集五卷。此本僅存詩文五卷、附錄一卷。或舊本散佚、後人重爲編綴歟。

雲峯集十卷、兩淮馬裕家藏本

元胡炳文撰。炳文有周易本義通釋、已著錄。據林瀚所作是集序、其原本蓋二十卷、後燬於兵。明成化中、其七世孫用光、八世孫濬乃掇拾散佚、編爲此本。凡雜文七卷、附以賦四篇、歌詞一篇。詩一卷、附以詞三首。附錄二卷、則本傳、行狀及贈荅題詠詩文也。炳文之學、一以朱子爲宗。故其荅陳櫟書云、我輩居文公鄉、熟文公書、自是本分中事。其作草堂學稾序、歷舉前代詩人、極詞醜詆。有云縱追曹、劉、何補於格致誠正。縱追謝、鮑、何補於修齊治平。持論偏僻、殊爲謬妄。然其雜文乃平正醇雅、無宋人語錄方言皆入筆墨之習。其詩雖頗入擊壤集派。然如贈鶴菴相士四言、北寺昏鐘、廖塢晚煙、拜鄂岳王墓、濠觀亭、贈二齊生諸篇、皆不失雅韻。殆其天姿本近於詞章、故門徑雖殊、而性靈時露歟。至於古文之中、往往間以藻飾。如送文公五世孫序云、自古及今、人家豈無邱墓、亦豈無巢翡翠、臥麒麟者。與吳州盧書云、苔綠滋深、而芹香莫采、有負先聖先師。環綠亭記云、睿聖武公七十猶好學。德麟年方綠鬢、學當如何。以文體論之、皆爲破律。然較諸侈言載道、毫不修飾者、固有閒矣。

秋澗集一百卷、兩淮馬裕家藏本

元王惲撰。惲有玉堂嘉話、已著錄。惲文章源出元好問、故其波瀾意度、皆不失前人矩矱。詩篇筆力堅渾、亦能嗣響其師。論事諸作、有關時政者尤爲疏暢詳明、瞭如指掌。史稱惲有才幹、殆非虛語。不止詞藻之工也。集凡詩文七十七卷。又承華事略二卷、乃裕宗在東宮時所撰進、裕宗深重其書、令諸皇孫傳觀焉。中堂事紀三卷、載中統元年九月在燕京隨中書省官赴開平會議、至明年九月復回燕京之事。於時政綴錄極詳、可補史闕。烏臺筆補十卷、乃爲監察御史時所輯御史臺故事。玉堂嘉話八卷、則至元戊子所作、乃追記在翰林日所聞見者。凡文章得失、典制沿革、皆彙而錄之、頗爲精核。其論遼、金不當爲載記、尤爲平允。卽當時所取以作遼、金史者也。與承華事略均有別本單行。以舊本編入集中、今仍竝存焉。

牧菴文集三十六卷、永樂大典本

元姚燧撰。燧字端甫、號牧菴、河南人、姚樞之從子也。案元史稱樞爲柳城人。元無柳城、蓋史據誌狀之文著其祖貫耳。初以薦爲秦王府文學、歷官至翰林學士承旨、集賢大學士。謚曰文。事蹟具元史本傳。燧雖受學於許衡、而文章則過衡遠甚。張養浩作是集序、稱其才驅氣駕、縱橫開合、紀律惟意。如古勁將率市人戰、鼓行六合、無敵不北。柳貫作燧謚議、稱其典冊之雅奧、詔令之深醇、抉去浮靡、一返古轍。而銘誌箴頌、雄偉光潔、家傳人誦、莫得而掩。雖不免同時推獎之詞。然宋濂撰元史、稱其文閎肆該洽、豪而不宕、剛而不厲、舂容盛大、有西漢風、宋末弊習爲之一變。國初黃宗羲選明文案、其序亦云、唐之韓、柳、宋之歐、曾、金之元好問、元之虞集、姚燧、其文皆非有明一代作者所能及。則皆異代論定、其語如出一轍。燧之文品、亦可槩見矣。其集久佚不傳。明文淵閣書目有牧菴集二十冊。而諸家著錄皆未之及。劉昌輯中州文表、所選燧詩較元文類僅多數首。文則無出文類之外者。昌跋稱牧菴集五十卷、聞松江士人家有刻本。南北奔走、竟莫能致。今所得乃錄本、多殘闕、視刻本僅十之二。黃宗羲序天一閣書目云、嘗聞胡震亨家有牧菴集、後求之不得。蓋已久佚。惟永樂大典所收頗夥、校以劉時中年譜所載文目、雖少十之二三。而較之文類所選、則多十之五六矣。詩詞更多出諸家選本之外。謹排比編次、釐爲三十六卷、以存其概。集中諸體皆工、而碑誌諸篇、敘述詳贍、尤多足補元史之闕。又不僅以詞采重焉。

雪樓集三十卷、兩淮馬裕家藏本

元程鉅夫撰。鉅夫初名文海、以字行、建昌人。雪樓者、郢州有白雪樓、鉅夫嘗以名所寓、故世卽以是稱之。少與吳澄同學。宋亡後從季父飛卿入元、遂爲宿衞。世祖試以筆札、改授應奉翰林文字、累官翰林學士承旨。追封楚國公、謚文憲。事蹟具元史本傳。鉅夫宏才博學、被遇四朝。忠亮鯁直、爲時名臣。文章亦舂容大雅、有北宋館閣餘風。其順宗謚冊諸篇、宋濂等採入元史。蘇天爵撰文類、亦錄其文十餘篇、大抵皆詔誥碑版紀功銘德之作、而不及其詩。然其詩亦磊落俊偉、具有氣格。近體稍膚廓、當由不耐研思之故。古詩落落自將、七言尤多遒警。當其合作、不減元祐諸人、非竟不工韻語者。天爵偶爾見遺、非定論也。所著玉堂集類稾、奏議存稾及詩文雜著、本各自爲部。其子大本、合輯爲四十五卷、門人揭傒斯校正之。此本併作三十卷、乃至正癸卯其曾孫溍所重編。明太祖洪武甲戌，詔取其本入祕閣。蓋數十年後，已隔異代，猶重爲著作典型云。

曹文貞詩集十卷、後錄一卷（江蘇蔣曾瑩家藏本）

元曹伯啓撰。伯啓字士開，碭山人。至元中薦除冀州教授，天歷初官至陝西諸道行臺御史中丞。卒謚文貞。是集一名漢泉漫稾。後有至元戊寅吳全節跋，稱爲其子江南諸道御史臺管勾復亨所類次，國子生胡益編爲十卷。又稱有張夢臣、歐陽原功、蘇伯修、呂仲實四序。此本皆不載，總目於四序之前又列有御史臺咨文、太常博士謚議，亦皆有錄無書。蓋傳寫佚之。後錄一卷，爲曹鑑奉勅所撰碑及像贊、祭文、哀詞、輓章，而目中提調校刊謄寫姓名一條亦未載入，則後人刪之也。伯啓生於宋末元初，而家世江北，不染江湖末派，亦不沿豫章餘波，所作乃多近元祐格。惟五言古詩頗嫌冗沓。其餘皆春容嫻雅，渢渢乎和平之音。雖不能與虞楊范揭角立爭雄，而直抒胸臆，自諧宮徵，要亦不失爲中原雅調矣。

芳谷集二卷（編修汪如藻家藏本）

元徐明善撰。明善字志友，德興人。芳谷其別號也。至元中官隆興教授，又爲江西儒學提舉。嘗奉使安南。又歷主江浙湖廣三省考試，拔黃溍於棄卷中，識鑑爲當世所稱。元史不爲立傳，豫章人物志頗載其事跡，而不言其有集。又稱爲鄱陽人（案程文憲中州野錄亦稱明善鄱陽人），頗參差不合。知遺文湮晦，故傳聞異詞矣。中州野錄載其奉使交趾時，陳日烜知其能詩，即席請賦，遂口占五言律詩一首。日烜遂納款奉貢。明善詩名因大振。然此集中有文無詩，前後亦無序跋。凡文一百二十篇，其文頗談性理，而平正篤實，大致猶爲雅潔，固非以方言俚語闌入筆墨者也。其汪標墓銘一首，已有闕文。河南廉訪使吳公墓銘一首，有錄無書，當由佚脫。又平章董士選三代贈官制三首，考其生平，未居館職，不應代擬王言。案蘇天爵元文類載此三制，題元明善所作。蓋編芳谷集者因明善之名相同，遂不加考核而誤收。今姑仍原本錄之，而訂其舛謬於此焉。

觀光稾一卷、交州稾一卷、玉堂稾一卷、附錄一卷（浙江巡撫採進本）

元陳孚撰。孚字剛中，天台臨海人。歷官奉直大夫台州路總管府治中。是編凡分三集。觀光稾爲至元中孚以布衣上大一統賦，江浙行省聞於朝，署上蔡書院山長，考滿謁選京師時作。交州稾爲至元二十九年世祖命梁曾以吏部尚書再使安南，孚以翰林國史院編修官攝禮部郎中爲副使，往來道中之作。玉堂稾皆孚官翰林日作。案孚使安南回，擢翰林待制，仍兼國史院編修。而稾中有翰苑薦爲應奉文字二十韻謝大司徒併呈諸學士一首。又有至元壬辰呈翰林請補外二首。壬辰即使還之次年，是前後官翰林所作均在此集也。觀光、交州二稾皆紀道路所經山川古蹟，蓋仿范成大使北諸詩，而大致亦復相埒。玉堂稾多春容諧雅，渢渢乎治世之音。其上都紀行之作，與前二稾工力相敵，蓋摹繪土風，最所留意矣。附錄一卷，皆載諭安南詔、安南謝罪表及孚與安南諸書。考孚元史無傳，其出使始末，乃載梁曾傳中。其時陳世燇不出郊迎，又不延使自陽明中門入。孚作三書責之，辭直氣壯，迄不辱命。然傳不載其書詞，此卷亦足補史闕也。瞿宗吉歸田詩話曰：鸚鵡洲有陳剛中一篇，詞語跌宕，議論老成，誠佳作也。又白門詩亦佳。葉盛水東日記則曰：詩與文稍異者，以詩兼興趣，有感慨調笑，風流脫灑處。如長詩落句翻空旁入，作散場語是也。然時一出奇可耳。前元詩人陳孚剛中集中歌行，則全用此體，觀者審之云云。蓋宗吉舉其一兩篇，而盛則核其全集，故以自落窠臼爲病。雖推闡少苛，要亦識微之論矣。又陶宗儀輟耕錄記孚少嘗爲僧，題詩於父執之壁。父執知其欲歸俗，因使養髮，妻之以女。其詩淺鄙，其事亦不知有無。小說多誣，不盡可信。集中不載，顧嗣立元詩選初集乃錄之補遺中，殊失別擇。今無取焉。

陳秋巖詩集二卷（永樂大典本）

案陳秋巖集散見永樂大典中，然不著其名，亦不著時代。考焦竑國史經籍志有陳宜甫秋巖集，當即其人。而爵里則終無可考。集中接劉介臣書詩云：幾回夢裏尋君去，三尺書來約我歸。閩海浪肥春雨過，和林沙遠曉雲飛。則當爲閩人。又有庚辰再隨駕北行二詩。庚辰爲至元十七年，則元世祖時嘗爲侍從。又有讀元貞改元詔詩，丙申十月扈從晉王領降兵入京朝覲詩。考之元史，丙申爲元貞二年。晉王名噶瑪喇（案噶瑪喇原作甘麻剌，今改正），裕宗長子。

天性仁厚，御下有恩，王府官屬自内史以下俱請命天子，不敢稍專。嘗出鎮北邊，叛王禾和爾（案禾和爾原作岳木忽兒，今改正）等聞其至，望風請降。至元二十七年封梁王，二十九年改封晉王。所云領兵者應卽此事。則成宗時又爲晉王僚屬。其詩多與盧摯、姚燧、趙孟頫、程鉅夫、閻復夾炎等相倡和，而諸人詩乃罕及之，其始末遂不可復詳矣。原集焦竑志作一卷，然篇什稍多，疑其字畫偶譌。今據永樂大典所存者編爲二卷。其詩大抵源出元、白，雖運意遣詞少深刻奇警之致，而平正通達，諧無格礙，要自不失爲雅音也。

蘭軒集十六卷（永樂大典本）

元王旭撰。旭字景初，東平人。其事蹟不見於元史，談藝家亦罕見稱述。顧嗣立撰元詩選，備輯至三百家，而不載旭集，則久佚可知。惟山東通志稱旭與同郡王構及永平王磐俱以文章名世，天下號爲三王，而於其出處本末亦未詳載，則併其人亦幾湮沒矣。今以集中詩文考之，蓋旭家貧力學，教授四方。嘗爲碭山令所賓禮，送王侯一生序所云「至元庚寅，碭宰崔公以禮招余至其邑，俾專講習」者是也。又嘗至長蘆主高百川家中和書院，記所云「辱承君幣，求自泰山」者是也。其餘如安陽、如鄆城、如鯨川，皆所嘗僑寓之地。又嘗至杭州之長沙，遊跡幾半天下，而卒未登仕版。其有寄詩云「處困不堪家累重，謀生聊藉主人賢」，生平境遇卽此可以見其大略矣。其詩隨意抒寫，不屑於雕章琢句，而氣體超邁，亦復時見性靈。古文多講學家言，其井田說一篇，務欲復三代之制，迂闊尤甚，殆全不解事之腐儒。然如記序諸作，和平通達，眞之坐而談理，其持論則未嘗不醇正，未可廢也。其集見於文淵閣書目者一部一冊，而焦竑經籍志則作二十卷。今從永樂大典採掇排比，尚可得一十六卷，決非一冊所能盡，或一冊一字爲十字之譌歟。

欽定四庫全書總目卷一百六十六

欽定四庫全書總目卷一百六十七

集部二十

別集類二十

玉井樵唱三卷（兩淮馬裕家藏本）

元尹廷高撰。廷高字仲明，別號六峯，遂昌人。是集首有廷高自記，載其父竹坡詩一聯，蓋卽戴復古石屏集以其父遺詩冠首之意。竹坡名楝，宋寶祐間嘗爲紹興府幕官，見此君亭詩話。而廷高行履不概見，惟遂昌志稱其大德間任處州路儒學教授。顧嗣立元詩選小傳又謂其嘗掌教永嘉，秩滿至京，謝病歸，與志不同，永嘉志乘亦不載其名。今案集中有永嘉書所見一首云「此邦幸小稔，囂訟似有織」，又有永嘉任滿代者未至詩，又有告病致仕謝掌尚書詩，則廷高仕歷及謝病實非無據，疑遂昌志失考也。其詩氣格不高，而神思清雋，尚能不染俗氛。集中有題虞集邵闇一菴詩，則集亦重其筆墨矣。

清容居士集五十卷（兩淮馬裕家藏本）

元袁桷撰。桷有延祐四明志，已著錄。其集蘇天爵行狀及元史本傳俱稱五十卷，此本卷數相符，蓋猶舊本也。桷少從戴表元、王應麟、舒岳祥諸遺老游，學問淵源，具有所自。其在朝踐歷清華，再入集賢，六登翰苑，凡朝廷制冊、勳臣碑版多出其手，故其文章博碩偉麗，有盛世之音。尤練習掌故，長於考據。集中如南郊十議、明堂郊天異制議、祭天無間歲議、郊不當立從祀議、郊非辛日議諸篇，皆成宗初所上，其援引經訓，元元本本，非空談聚訟者所能當時以其精博並採用之其詩格俊邁高華造語亦多工鍊卓然能自成一家蓋桷本舊家文獻之遺又當大德延祐間爲元治極盛之際故其著作宏富氣象光昌蔚爲承平雅頌之聲文采風流遂爲虞楊范揭等先路之導其承前啓後稱一代文章之鉅公良無愧矣

此山集四卷（浙江鮑士恭家藏本）

元周權撰權字衡之號此山處州人嘗游京師以詩贄翰林學士袁桷桷深重之薦爲館職竟報罷然詩名日起唱和日多集中有贈趙孟頫詩云瓣香未展師道敬攜琴暫出松蘿中贈虞集詩云遠遊非涉覬利途願謁國史開榛蕪贈揭傒斯詩云嗟予觀光老賓客瓣香仰止懷生平贈陳旅詩云下榻清風延孺子高樓豪氣臥元龍贈歐陽元詩云床頭萍絲多矜色長價擢從薛卞門贈馬祖常詩云絕憐白髮南州士山斗彌高獨仰韓而趙孟頫贈權詩亦有靑靑雲外山炯炯松下石顧此山中人風神照松色之句且親寫此山二字爲額以貽是時文章耆宿不過此數人而數人無不酬答似權亦聲氣干謁之流然孟頫等並以儒雅風流照映一世其宏獎後進迥異於南宋末葉分朋標榜之私故終元之世士大夫無鉤黨之禍權與諸人款契蓋文字之相知固未可以依門傍戶論也是集爲陳旅所選定旅及袁桷歐陽元等各爲之序揭傒斯又爲之跋旅本作者故別擇特精旅序稱其簡淡和平無鬱憤放傲之色桷序稱其法蘇黃之準繩達騷選之旨趣元序稱其無險勁之詞而有深長之味無輕靡之習而有春容之風今觀其詩元所稱尤爲知言矣

申齋集十五卷（編修汪如藻家藏本）

元劉岳申撰岳申字高仲吉水人以吳澄薦召爲遼陽儒學副提舉不就後授泰和州判致仕是集乃其門人蕭洵所編李祁爲之序元季嘗付剞劂久經兵燹顧嗣立元詩選蒐羅至備獨不及此編江西通志亦謂岳申文集今已不傳今此鈔帙僅存亦可云希覯之本矣岳申文宗法韓蘇故其氣骨遒上無南宋卑冗之習豫章人物志稱所作簡約峻潔殆非虛語至集中碑誌之作居什之四五尤可據以考證史事如文天祥傳比宋史所載爲詳夏貴墓誌稱其出奇計立戰功甚悉而貴之失節偷生絕不爲諱且深致婉惜之詞亦非曲筆諛墓者可比觀其不妄許與其文品之矜貴可知也

霞外詩集十卷（浙江鮑士恭家藏本）

元馬臻撰臻字志道號虛中錢塘道士仇遠序是集稱其隱約西湖之濱士大夫慕與之交不過習清虛談淡泊無一言及勢力聲利龔開序則稱大德辛丑嗣天師張眞人如燕主行內醮元教名流並翼然景從王子繇馬志道在焉其人蓋在通介之閒者也集中鋪張富貴者數篇如嗣師吳眞人詩之類頗乖山林之格然所作皆神骨秀騫風力遒上琅琅有金石之音雖不能具金鳷擘海香象渡河之力而亦不類酸寒細碎蟲吟草閒觀其述懷一詩殆宋末遺老寄託黃冠而其豪逸俊邁之氣無所不可故不以枯寂恬淡爲高耳此本爲毛晉所刻末有晉跋稱伯雨之後復有虛中今考諸家之序皆作於仁宗大德初年則臻尚在張雨前晉偶失檢也

西巖集二十卷（永樂大典本）

元張之翰撰之翰字周卿邯鄲人元史無傳惟松江府志載之翰至元末自翰林侍講學士知松江府事有古循吏風時民苦荒租額以十萬計之翰力除其弊得以蠲除至今猶祠於名宦祠生平著述甚富晚號西巖老人故以西巖名集其詩清新宕逸有蘇軾黃庭堅之遺文亦頗具唐宋舊格其集據松江府志所載本三十卷今於永樂大典中蒐採綴輯分體編次釐爲二十卷雖當時舊本篇頁多寡不可知而約略大數計已得什之六七矣永樂大典所載有標題張西巖集而核其詩文實爲張起巖作起巖字夢臣濟南人有華峯漫稾類稾金陵集尚行於世與之翰截然兩人殆當世緒錄之人以張西巖集與張起巖集聲音略近故隨讀而譌致相淆亂今並釐正各存其眞焉

蒲室集十五卷（浙江汪啓淑家藏本）

元釋大訢撰大訢字笑隱南昌陳氏子居杭之鳳山遷中天竺又主建康集慶寺是集詩六卷文九卷前有虞集序謂其如洞庭之野衆樂並作鏗宏軒昂蛟龍起躍物怪屛走沈冥發興至於名教節義則感厲奮激老於文學者不能過雖稱之少溢其量然其五言古詩實足揖讓於士大夫閒餘體亦不含蔬筍之氣在僧詩中猶屬雅音又文宗入繼大統改建康潛邸爲集慶寺特起大訢居之授

大中大夫。故雖棣緇流，頗諳朝廷掌故。若所著王可毅尚書歷任記，證以元史文宗本紀，皆相符合。惟本紀謂至治元年五月中政使獵珠原作咬住，今改正。告托歡徹爾原作脫歡察兒，今改正。等交通親王，於是出文宗居海南。而是記則謂至治二年讒慝搆禍，文宗遷海南。與本紀相差一年。或傳寫誤元為二，故與史異耶。集中多與趙孟頫、柯九思、薩都拉原作薩都剌，今改正。、高彥敬、虞集、馬臻、張翥、李孝光往來之作。而第九卷中杭州路金剛顯教院記、第十二卷金陵天禧講寺佛光大師德公塔銘，並註曰代趙魏公作。則孟頫亦嘗假手於大訢，知非俗僧矣。

弁山小隱吟錄二卷（兩淮馬裕家藏本）

元黃玠撰。玠姓名不見於史傳。惟宏治湖州府志載玠字伯成，慈谿人，宋黃震之曾孫。清苦力學，無所不通。周游西湖，樂吳興山水，因卜居弁山，與趙文敏游，文敏稱許之。有卞山集、知非稿、唐詩選纂、韻錄等書，獨不載此集之目。或後人以卞山集、知非稾併為一編，改題此名歟。其詩不為近體，視宋末江湖諸人惟從事五七言律者，志趣殊高。中多勸戒之詞，其上者有元結遺意，次者亦近乎白居易。雖宏闊深厚不能及二人，要於俗音嘈囋之中讀之，如聽古鐘磬矣。前有自序，稱蔑有令德，不敢謂隱，獨以所得於天者薄，故將退藏以終其身。又引文中子之說，稱願上之人正身修德，使時和歲豐，己受其賜。尤粹然有德之言，勝矯語高蹈者萬萬也。

續軒渠集十卷、附錄一卷（江蘇巡撫採進本）

元洪希文撰。附錄一卷，則其父巖虎詩也。巖虎字德章，號吾圃，莆田人。宋末嘗為教諭。希文字汝質，號去華。嘗官訓導。巖虎詩名軒渠集，故希文集以續名。然軒渠集斷爛不存，故摭其遺詩附於卷末。首有希文自序，又有至治辛酉至正壬辰癸巳林以順、林以抃、卓器之、南謩等題詞，皆在未刻之前，不言原編卷數。嘉靖癸巳，其七世族孫紹與知府珠請山陰蔡宗兗刊定。宗兗序稱刪去一百三十五首，存四百三十五首，編為十卷，附刻一卷。則原集五百七十首也。王鳳靈序則稱詩二卷為七律一百九十二首，古詩九十七首，絕句一百首，為數不同。又皆不及其詞與雜文。此本凡詩三百六十九首，詞三十三首，雜文十八首，與兩序所言皆不符。疑傳寫者又有所刊削也。宗兗序謂其以山澤之臞，出山澤之語，譬諸夏鼎商鬲，華采雖若不足，而渾厚朴素之質，使望之者知為古器。鳳靈序稱其能以質勝，不蔽其情。今觀其詩，純沿宋格，於元末年華縟之風、明中葉堂皇之體，迥焉不同。故二人之論云爾。實則清遒激壯，亦足落落獨行也。惟其以巖虎之詩附希文詩末，用山谷集後附伐檀集之例，以子先父，究於義未安。而篇頁無多，又不能如伐檀集之自為卷帙，可以孤行。今特升冠此卷，置希文集之前，如石屏集玉井樵唱之例焉。

定宇集十六卷、別集一卷（浙江鮑士恭家藏本）

元陳櫟撰。櫟有書傳纂疏，已著錄。是集為其族孫嘉基所刊。凡文十五卷，詩及詩餘一卷，別集一卷，則附錄序記誌狀之類。櫟生朱子之鄉，故力崇朱子之學。集中如澄潭贊曰，惟千載心，秋月寒水，儒釋同處，我聞朱子。附會齋居感興詩句，以強合於禪，未免自生疵累，異乎朱子之所傳。然集中諸文大抵皆醇正質實，不涉詭誕。如深衣考之類，雖未必盡合古制，而援據考證，究與空談說經者有閒。惟詩作擊壤集派，多不入格。顧嗣立元詩選中所稱笑渠狂笏看山色，容我扶筇聽水聲，柳枝水洒一溪月，豆子雨開千嶂煙諸句，皆沙中金屑，不能數數遇之也。

艮齋詩集十四卷（浙江鮑士恭家藏本）

元侯克中撰。克中字正卿，真定人。幼喪明，聆羣兒誦書，不終日能悉記其所授。稍長習詞章，自謂不學可造詣。既而悔之，以為刊華食實，莫首於理。原易以求，乃為得之。於是精意讀易，著書名大易通義。年至九十餘而卒。今通義已不傳，而袁桷所作序尚見清容居士集中，可略見克中本末。此乃所作詩集，猶元時舊刻。卷首有毛晉私印，蓋汲古閣所藏。中閒律體最多，而七言律為尤夥。卷一、卷二皆咏經史之作，卷入為諧音格，乃每首全以音通字異者相叶。如一東叶同、峒、桐、銅、童，二冬叶鏞、庸、容、墉、蓉之類。凡七言三十一首，五言二十一首，亦克中自創之格，為古所未有。其詩頗近擊壤一派，多涉理路。而抒情賦景之作，亦時有足資諷咏者。昔唐汝詢幼而失明，長而能詩，姑蔑一集，明人詫為古所未有，而不知克中已在前。是亦足為是集希傳之證。又汝詢能註唐詩解，而克中乃至能詁經。是所學又在汝詢上矣。

知非堂稿六卷（江西巡撫採進本）

元何中撰。中有通鑑綱目測海，已著錄。據中自序，所著尚有易類象三卷，書傳補遺十卷，吳才老叶韻補遺一卷，六書綱領一卷，補六書故三十二卷，通書問一卷，蘇邱逃遊錄一卷，揖顧錄十卷。今自通鑑測海以外，惟通書問及此集僅存。然自序稱有知非堂稾十七卷，外稾十六卷。顧嗣立元詩選載知非堂稾十七卷，與自序合。王士禛居易錄作十六卷，亦與自序外稾合。此集止六卷，似非完書。然嗣立之所錄與士禛之所稱者，已均在此六卷之中，又似無所亡佚者。豈後人傳寫，或合併其卷數，抑或重為選錄，汰其繁冗，故篇帙雖減，而名章雋句一一具存歟。詩集之富，唐無若白居易，宋無若陸游、楊萬里，而珠礫並存，往往使後人以多為憾。是編佳製具存，而蕪詞較少，可謂刊糟粕而存菁華。即非足本，亦不必以不完為歉矣。

雲林集六卷附錄一卷（兩淮馬裕家藏本）

元貢奎撰。奎字仲章，宣城人。官集賢直學士。追封廣陵郡侯，謚文靖。李黼為之狀，馬祖常奉敕撰碑，皆天下重望也。所著有雲林小稾、聽雪齋記、青山漫吟、倦游集、豫章稾、上元新錄、南州紀行凡百二十卷。明永樂間徵入祕府，家無副本，遂絕不傳。惟雲林小稾宋濂所序者，尚存。其曾孫蘭家，洪熙中福州陳嵦復序而傳之。宏治間其裔孫元禮復采諸書所載奎詩及遺文二篇，附益成編，是為今本。奎詩格在虞、楊、范、揭之閒，為元人巨擘。王士禛居易錄論其境地未能深造，殆專以神韻求之歟。吳澄跋其文稾，稱其溫然粹然，得典雅之體，視求工好奇而卒不工不奇者，相去萬萬。惜今不可得見矣。卷末增載見婦人偶輿二首，鄙俚穢褻，必委巷附會之說。元禮不知而候收之，其為謬陋，不止謝康樂集載東陽溪中贈荅也。

梅花字字香前集一卷後集一卷（浙江鮑士恭家藏本）

元郭豫亨撰。豫亨自號梅巖野人，里籍未詳。據其自序，則至大辛亥作。其書名蓋取宋晏殊詞「唱得紅梅字字香」句也。離騷偏擷香草，獨不及梅。六代及唐，漸有賦詠，而偶然寄意，視之亦與諸花等。自北宋林逋諸人遞相矜重，暗香疏影，半樹橫枝之句，作者始別立品題。南宋以來，遂以咏梅為詩家一大公案。江湖詩人，無論愛梅與否，無不借梅以自重。凡別號及齋館之名，多帶梅字，以求附於雅人。黃大輿至輯詩餘為梅苑十卷，方回作瀛奎律髓，凡詠物俱入著題類，而梅花則自立一類。此倡彼和，沓雜不休，名則耐冷之交，實類附炎之局矣。豫亨在至大中，距南宋之末未遠，故亦染山人之積習，前後二集詠梅七律至二百首，與張洽之數相等。然洽詩層見疊出，總不出幽香高格、耽寂避喧之意，描摹窠臼，未免厭觀。豫亨則集句為之，又闢新境，且屬對頗能工巧，亦勝李龏翦綃集之多集絕句。一花一石，時逢佳勝，存備詩家之小品，固亦無不可矣。

中菴集二十卷（永樂大典本）

元劉敏中撰。敏中有平宋錄，已著錄。元史載敏中中菴集二十五卷，文淵閣書目作五冊，不著卷數。綮維樞內閣書目不載其名，則是時官書已佚。明藏書之家，惟葉盛菉竹堂書目僅著於錄，亦無卷數。黃虞稷千頃堂書目雖有其名，而獨作三十五卷，與史不符。蓋虞稷所列諸書，乃徧徵各家書目為之，多未親見其本，故卷數多譌，存佚不確，未可盡援為據也。蘇天爵元文類中僅載其賀正旦表、忠獻王廟碑二首，其他作則不槩見。今從永樂大典所載蒐羅裒輯，以類編次，尚可得二十卷，則所佚者不過十之二三矣。其詩文率平正通達，無鉤章棘句之習，在元人中亦元明善、馬祖常之亞。本傳稱其文理明辭備，韓性原序亦謂其不藻繢而華，不琢鏤而工，戶樞門鍵，庭旅陛列，進乎古人之作。固不誣也。史稱敏中為御史時，劾權臣僧格（原作桑哥，今改正），為集賢學士時，上書陳十事。其文今皆不見集中，殆已散佚。集中有星變奏議、皇慶改元奏議，則為本傳所未及，蓋史佚之。其金石之文，如巴延（原作伯顏，今改正）廟碑、哈剌哈斯（原作哈剌哈孫，今改正）、沙札該（原作純直海，今改正）、當達里（原作大達立，今改正）、耀珠（原作咬住，今改正）、布哈爾（原作不阿里，今改正）、李唐諸神道碑記、大智全寺碑、罔極寺碑，皆承詔撰述之作。今考元史哈剌哈斯傳，即用敏中所撰墓碑，然不載其在宗正時，從世皇北巡，猝遇亂突出破敵事，又不載其在中書省時，每退食，延見四方賓使，訪以物情得失、吏治否臧、人材顯晦、年穀豐歉、采可行行之數語。又度地置兩倉句兩字譌為內字。沙札該傳亦用敏中碑，而其子當達里諭降襄陽，取漢口，破婁賊功，不在沙札該下，而沙札該傳末乃僅附其子昂阿喇原作昂阿剌今改正名無一語及當達里事尤爲舛漏蓋元史倉猝成書疎脫實多不但重複割裂如顧炎武所譏則是集之存併可訂史傳之譌異不徒貴其文章矣

王文忠集六卷永樂大典本

元王結撰結字儀伯定興人仁宗在潛邸時以薦充宿衞及即位遷集賢直學士元統中官至中書左丞文忠其謚也事蹟具元史本傳史稱結有集十五卷王圻續文獻通考所載亦同今久散佚惟散見永樂大典者採掇排比尚得詩一百三十四首詩餘十三首編爲三卷又雜文九首爲一卷問荅五首爲一卷善俗要義三十三條爲一卷共成六卷結爲元代名臣張珪稱其非聖賢之書不讀非仁義之言不談今觀是集殆非虛語詩多古體大抵春容和平無鉤棘之態文亦明白暢達不涉雕華其中上宰相論八事書乃結年二十餘遊京師時所作平生識力已具見於是問荅五條皆與吳澄往復之語或闡儒理或明經義可略見其學問之根柢善俗要義乃結爲順德路總管時所作以化導閭里凡教養之法纖悉必備雖瑣事常談而委曲剴切謀畫周密如慈父兄之訓子弟循吏仁愛之意藹然具見於言表尤足以見其政事之大凡統觀所作所謂詞必軌於正理學必切於實用者也固不與文章之士爭詞采之工拙矣

靜春堂集四卷兩淮馬裕家藏本

元袁易撰易字通甫長洲人不求仕進部使者擬薦於朝謝不應行中書省署徽州路石洞書院山長旋亦罷歸居吳淞具區之間築堂曰靜春聚書萬卷手自校定或棹舟載筆床茶竈古器游於江湖趙孟頫嘗爲畫臥雪圖稱易與龔璛郭麟孫爲吳中三君子是集乃易歿之後其子泰所編延祐四年龔璛爲之序推之甚至然以王安石擬之殊不相類卷末有厲鶚跋擬以黃陳亦未盡然易詩吐言天拔於陳與義爲近與黃庭堅之鎔鑄劖削陳師道之深刻瘦硬其門徑實各別也有元作者綺縟居多易詩雖所傳無幾而風骨遒上固足以高步一時龔璛等所作集序墨蹟至明正統中尚存吳訥題其卷末深致向往蓋其人品詩品均有動人遐想者矣

惟實集四卷外集一卷江西巡撫採進本

元劉鶚撰鶚字楚奇永豐人皇慶間以薦授揚州學錄累官江州總管江西行省參政守韶州以贛寇圍城力禦不支被執抗節死其事甚烈明初修元史失於採錄不爲立傳併佚其名近邵遠平作元史類編始爲補入忠義傳然亦僅及其死節一事其生平行履則已不可考矣集爲其子遂述所編初名鷲溪文獻其稱惟實集者蓋本其祖訓以詩道貴實之語也鶚嘗官翰林修撰與虞集歐陽元揭傒斯等遊所居浮雲書院諸人皆有題咏元爲序其文集稱其詩六體皆善傒斯序亦謂其高處在陶阮之間雖友朋推挹之詞例必稍過其量然今觀其集大都落落不羣無米鹽齷齪之氣可以想見其生平二人所許亦不盡出標榜也且鶚身捍封疆慷慨殉國千秋萬世精貫三光即其文稍不入格亦當以其人重之況體裁高秀風骨清遒實有卓然可傳者乎外集一卷皆前人序記輓詩乃其裔孫于廷等所重輯今仍附之集末以補史傳之闕漏焉

勤齋集八卷永樂大典本

元蕭𣂏撰𣂏字維斗奉元人歷官集賢學士國子祭酒謚貞敏事蹟具元史儒林傳𣂏卒於仁宗延祐五年詩文多散佚順帝至正四年蘇天爵官西臺始哀輯其遺稾得文八十篇詩二百六十首樂府二十八篇分爲十五卷官爲刊版於淮東蓋距𣂏之歿幾三十年矣自明以來刊版久佚惟永樂大典所載尚存崖略謹依類編輯得文四十二首詩二百六十一首詞四首釐爲八卷按焦竑國史經籍志稱蕭𣂏勤齋貞敏集而永樂大典但題作勤齋集頗不相合然姚廣孝等修輯永樂大典距至正刊版時未遠其所據本當即天爵所編不容有誤殆焦竑誤增其文也又按天爵滋溪集載𣂏墓誌銘一首稱𣂏於六經百氏無不通尤精三禮及易且邃於六書初鑿土室終南山下以經傳列左右思索其義至於忘寐者三十年乃表裏洞徹關輔自許衡倡明理學之後𣂏實繼之爲文悉本諸經元史亦稱𣂏制行甚高眞履實踐其教人必自小學始爲文辭立意精深言近指遠一以洙泗爲本濂洛考亭爲據爲一代醇儒今考其文氣格雖不甚高而質實簡潔往往有關名教其辭儒學提舉書及辭免祭酒司業等狀尤可見其出處進退之大節詩非所長而陶冶性靈絕去纖穠流派

亦足覘其志趣之高焉。

石田集十五卷（兩淮馬裕家藏本）

元馬祖常撰。祖常字伯庸，世爲雍古部人。居靖州之天山。高祖錫里濟蘇（原作錫里吉思，今改正）。金末爲鳳翔兵馬判官。子孫用以官爲氏之例，遂稱馬氏。曾祖雅哈（原作月合，今改正）。從元世祖南征，因家於汴。後徙光州。延祐中初復科舉，祖常鄉貢會試皆第一，廷試第二。授應奉翰林文字。擢監察御史，劾罷丞相特們德爾（原作鐵木迭兒，今改正）。既而特們德爾復相，修怨黜爲開平縣尹，因避禍退居。特們德爾死，乃除翰林待制，累遷禮部尚書，參議中書省事。元統初拜御史中丞，轉樞密副使，乞歸。至正四年卒。謚文貞。事蹟具元史本傳。是集凡詩賦五卷，文十卷。名石田者，以所居有石田山房也。其文精贍鴻麗，一洗柔曼卑宂之習。其詩才力富健，如都門壯遊諸作，長篇巨製，迴薄奔騰，具有不受羈靮之氣。至元閒蘇天爵撰文類，錄其詩二十首，文二十首，視他家所收爲夥。又請於朝，刊行其集，而自爲之序。稱其接武隋唐，上追漢魏，後生爭效慕之，文章爲之一變。與會稽袁桷、蜀郡虞集、東平王構更迭倡和，如金石相宣，而文益奇。蓋大德延祐以後，爲元文之極盛，而主持風氣，則祖常等數人爲之巨擘云。

榘菴集十五卷（永樂大典本）

元同恕撰。恕字寬甫，其先太原人，徙於奉元。恕年十三，以書經魁鄉校。至元閒授國子司業，辭不拜。陝西行臺侍御史趙世延請置魯齋書院，以恕領教事。延祐六年立皇太子，召恕爲奉議大夫、左贊善。明年英宗繼統，以疾歸。致和元年拜集賢侍讀學士，復辭不赴。卒，贈翰林直學士，封京兆郡侯，謚文貞。事蹟具元史儒學傳。所著榘菴集本三十卷。至正初陝西行臺御史觀音保、潘惟梓等始刊布於江淮。趙郡蘇天爵爲之序。文淵閣書目亦載有榘菴文集一部八冊。焦竑經籍志乃作二十卷，疑傳寫誤也。自明以來久佚不傳。故葉氏菉竹堂書目、晁氏寶文堂書目竝不載其名。惟永樂大典中頗散見其詩文。謹鈔撮編集，分類排比，釐爲文十卷，詩五卷。視原本尚得半焉。其平生著作，不事紛飾，而於淳厚敦朴之中，時露峻潔峭厲之氣。賈仁行狀稱其於詩喜陸放翁，於文慕周益公。富珠哩翀神道碑又稱至元三十一年國史修世祖帝紀，采事四方，陝西行省平章政事咸寧王辟爲掾典司編錄。故於元初典故，最爲詳贍。集中誌狀諸作，多有可與金元正史相參訂者。惟祈禳青詞，本非文章正體。恕素以明道興教自任，更不宜稍涉異端。乃率爾操觚，殊爲失檢。今以其原集所有，姑附錄之，而竝糾其失於此焉。

道園學古錄五十卷（浙江巡撫採進本）

元虞集撰。集有平猺記，已著錄。此集凡分四編。曰在朝稾，曰應制稾，曰歸田稾，曰方外稾。其中詩稾又別名芝亭永言。據金華黃溍序，以是集爲集手自編定。然其天藻詩序云，友人臨川李本伯宗輯舊詩，謂之芝亭永言。又賦謝李伯宗題云，至元庚辰冬，臨川李伯宗黃仲律來訪山中，拾殘稾二百餘篇錄之。而李序又云，至正元年十有一月，閩憲韓公徵先生文稾本，與先生幼子翁歸及同門之友編輯之。得在朝稾二十卷，應制稾六卷，歸田稾一十八卷，方外稾六卷。所言與今本正相合。又考道園遺稾前有至正己亥眉山楊椿序，以爲集季子翁歸及其門人所編，與李本序合。蓋集母楊氏爲衡陽守楊文中之女，楊椿即其外家後人，其言自當無誤。亦可證黃溍所云之不足據。是編爲李所定無疑也。自元暨明，屢經刊雕，然皆從建本翻刻，亦閒有參錯不合。蓋多出後人竄改。要當以元本爲正矣。文章至南宋之末，道學一派，侈談心性；江湖一派，矯語山林。庸沓猥瑣，古法蕩然。理極數窮，無往不復。有元一代，作者雲興。大德延祐以還，尤爲極盛。而詞壇宿老，要必以集爲大宗。此錄所收，雖不足盡集之著作，然菁華薈稡，已見大凡。迹其陶鑄羣材，不減廬陵之在北宋。明人夸誕，動云元無文者，其殆未之詳檢乎。

道園遺稾六卷（江西巡撫採進本）

元虞集撰。其從孫堪編。蓋以補道園學古錄之遺也。凡古律詩七百四十一首，附以樂府，刻於至正十四年。考裒錄集之遺文者，別有道園類稾，以校此編。類稾所已載者僅百餘篇，稾所未載者尚五百餘篇。集著作雖富，而散佚亦多。當李本編學古錄時，已有泰山一豪芒之歎，則雲煙變滅者不知凡幾。堪續加蒐訪，輯綴成編，縱未能片楮不遺，要其名篇雋製，掛漏者亦已少矣。集中題花鳥圖一首，元詩體要作揭傒斯詩。今觀其格意，於揭爲近，或堪一時誤收，亦未可知。然元音及乾坤清氣集均載是詩，又題集作。此當從互見之例，疑以傳疑，不足以爲是書病也。

楊仲宏集八卷（內府藏本）

元楊載撰。載字仲宏，浦城人，後徙杭州。初以布衣薦授翰林國史院編修官，調海船萬戶府照磨。會仁宗復行科舉之制，遂登延祐二年進士，授饒州路同知浮梁州事，終於寧國路總管府推官。事蹟具元史儒學傳。焦竑國史經籍志載楊載仲宏集四卷，此本八卷，不知何人所分。元代詩人，世推虞、楊、范、揭。史稱其文章一以氣爲主，而於詩尤有法度。自其詩出，一洗宋季之陋云云。蓋宋代詩派凡數變，西崑傷於雕琢，一變而爲元祐之朴雅。元祐傷於平易，一變而爲江西之生新。南渡以後，江西宗派盛極而衰，江湖諸人欲變之，而力不勝，於是仄徑旁行，相率而爲瑣屑寒陋，宋詩於是掃地矣。載生於詩道弊壞之後，窮極而變，乃復其始。風規雅贍，雍雍有元祐之遺音。史之所稱，固非溢美。故清思不及范梈，秀韻不及揭傒斯，權奇飛動尤不及虞集，而四家並稱，終無作色，蓋以此也。瞿宗吉歸田詩話曰：楊仲宏以宗陽宮翫月詩得名。然他作如風雨五更雞亂叫，江湖千里雁相呼；挾書萬里朝明主，仗劍三年別故鄉；窗閉夜雨銷銀燭，城上春雲歷綵旗；空桑說法黃龍聽，貝葉繙經白馬馱，沈雄典實。先叔祖每稱之。長篇如古牆行、梅梁歌，亦皆爲時所稱。夫人瞿氏，余祖姑也。嘗以仲宏親筆草稾數紙授予，字畫端謹，而前後點竄幾盡，蓋不苟作如是。則載於是事，亦以苦吟得之者矣。陶宗儀輟耕錄曰：虞伯生先生、楊仲宏先生同在京口，楊先生每言伯生不能作詩。虞先生載酒請問作詩之法，楊先生酒既酣，盡爲傾倒。虞先生遂超悟其理云云。竟謂載詩在虞集上，則非其實也。

范德機詩七卷（山東巡撫採進本）

元范梈撰。梈字亨父，一字德機，清江人。以薦爲左衛教授，遷翰林院編修官。出爲嶺海廉訪使照磨，歷轉江西、湖東，後選充翰林應奉，又改閩海道知事，移疾歸。天歷二年授湖南嶺北道廉訪使經歷，以母老未赴。明年母喪，竟以毀卒。所著有燕然稾、東方稾、豫章稾、侯官稾、江夏稾、百丈稾，凡十二卷。此本七卷，不知何人所併。葉子奇草木子載梈有與危素同晚步，得雨止修竹聞（案諸本多譌聞爲閒，今據原本改正）流螢夜深至二句，喜甚，既而曰：語太幽，殆類鬼作云云。卽今集中蒼山感秋詩也。其語清微妙遠，爲詩家所稱。然梈詩豪宕清遒，兼擅諸勝，實不專此一格。閩書又載其爲閩海道知事時，以文繡局取良家子爲繡工，作閩州歌述其事，廉訪使遂奏革其弊。歌今亦載集中。然其事可記，其詩則語頗近俗。與沈作喆哀扇工歌僅相伯仲，尤不當以是槩梈也。揭傒斯序其集曰：虞伯生稱德機如唐臨晉帖，終未逼眞。改評之曰：范德機詩如秋空行雲，晴雷卷雨，縱橫變化，出入無朕。又如空山道者，辟穀學仙，瘦骨崚嶒，神氣自若。又如豪鷹掠野，獨鶴叫羣，四顧無人，一碧萬里云云。傒斯之語雖務反虞集之評，未免形容過當。然梈詩格實高，其機杼亦多自運，未嘗規規刻畫古人，固未可以唐臨晉帖一語據爲定論矣。

文安集十四卷（編修汪如藻家藏本）

元揭傒斯撰。傒斯字曼碩，龍興富州人。延祐初以薦授國史院編修官，應奉翰林文字，遷國子助教。告歸，復召還。天歷初開奎章閣，首擢爲授經郎，與修經世大典，累官翰林侍講學士，總修遼、金、宋三史，卒於官，追封豫章郡公，謚文安。事蹟具元史本傳。傒斯與虞集、范梈、楊載齊名，其文章叙事嚴整，語簡而當。凡朝廷大典册及碑版之文，多出其手，一時推爲鉅製。獨於詩則清麗婉轉，別饒風韻，與其文如出二手。然神骨秀削，寄託自深，要非嫣紅姹紫，徒矜姿媚者所可比也。虞集嘗目其詩如三日新婦，而自目所作如漢庭老吏，傒斯頗不平。故作憶昨詩，有學士詩成每自誇句。集見之，荅以詩曰：故人不肎宿山家，夜半驅車踏月華。寄語旁人休大笑，詩成端的向誰誇。且題其後曰：今日新婦老矣。是二人雖契好最深，而甲乙間乃兩不相下。考楊維楨竹枝詞序曰：揭曼碩文章居虞之次，如歐之有蘇、曾。其殆定論乎。顧嗣立元詩選載傒斯詩，題曰秋宜集，今未見。焦竑國史經籍志載傒斯集一卷，今亦未見。此本凡詩四卷，又續集二卷，制表書序記碑誌雜文八卷。乃其門人錫喇布哈（原作燮理溥化，今改正）所編。錫喇布哈字元普，泰定四年進士。第九卷有送錫元普序，卽其人也。所編雖不足盡傒斯之著作，然師弟相傳，得諸親授，終較他本爲善。觀元詩選所載秋宜集中曉出順承門有懷太虛絕句曰：步出城南門，遙望江南路。前日風雪中，故入從此去，乃割裂漢樂府半首爲傒斯之詩，則所收必不甚精矣。

翠寒集一卷（浙江巡撫採進本）

元宋无撰。无字子虛，蘇州人。嘗舉茂才不就。是集前有自序，又有元貞乙未趙孟頫序、延祐庚申馮子振序。然卷末有題孟頫遺墨詩，不應有孟頫序。以自序考之，蓋此本爲无晚年自定，子振爲序而刻之。孟頫所序乃其少作，以其名重，仍刊以冠集耳。子振序仿李中碧雲集序例，摘錄其佳句甚悉。所舉如古硏歌之「神媧踢雲去補天，西下一團焦黑煙」，殆纇獷不復成語。又如「楊柳昏黃晚西月，梨花明白夜東風」之句，亦欠自然。然其他品題大抵精當。統觀其集，七言古體純學李賀、溫庭筠，時有雋語。樂府短章往往欲出新意，而反失之纖。五言律詩、五言長律最爲擅長。七言絕句次之。七言律詩又次之。五言古詩集中惟建業懷古一首，亦僅如拗體律詩，句句對偶，特平仄不諧耳。蓋才所不近，避而不作也。亦可謂善用其短矣。

檜亭集九卷（浙江鮑士恭家藏本）

元丁復撰。復字仲容，天台人。延祐初游京師，與楊載、范梈同被薦，而復辭不就，放情詩酒，浪迹江淮間。凡三徙居，晚乃僑寓於金陵之城北。平生所作不下數千篇，脫稾卽棄去，故多所散佚。其壻饒介之及其門人李謹之各據所得，蒐輯成帙。介之所編稱集，謹之所編稱續集，今皆未見其本。此本乃至正十年南臺監察御史張惟遠合二集編爲九卷，刊於集慶學舍者。其稱檜亭，蓋以所居有雙檜，復日哦詩其下，因以爲名。集中有次韻介之雙檜亭詩，卽其地也。復詩不事雕琢，而意趣超忽，自然俊逸。其才氣橫溢，魏文帝所謂筆墨之性，殆不可勝者，幾乎近之。偶桓乾坤清氣集多錄其詩，如餞趙公子、送王伯庸、郭生生子諸詩，字句或有小異，殆由傳本各殊。又蘭堂上人之金陵因寄憲府張使君諸詩，此集不載，則遺稾散落，人間饒介之等偶然未見者矣。

伊濱集二十四卷（永樂大典本）

元王沂撰。沂字思魯，先世雲中人，徙於眞定。父元父，官至承事郎，監黃池稅務。馬祖常石田集有所作元父墓碣銘，敍其家世甚詳，而沂始末不槩見。今以集中所自述與他書參考之，尚可得其大略。據馬祖常碣銘，稱與沂同榜，則當爲延祐初進士。據集中送李縣令序，則嘗爲臨淮縣尹。據義應侯廟記稱延祐四年佐郡伊陽，考地理志，伊陽在嵩州，則嘗爲嵩州同知。又詩中有「綸巾羽服臥伊濱」之句，則集名伊濱，亦卽起於此時。據祀南鎭北嶽諸記，則至順三年嘗爲國史院編修官。據送瞿生序及胡節母詩序諸篇，則元統三年嘗在國子學爲博士。據送余闕序稱元統初佐考試，見闕對策云云，則嘗入試院同考，而余闕實爲所得士。據祀西鎭記、御書跋諸篇，則至元六年嘗爲翰林待制，並嘗待詔宣文閣。又宋遼金三史成於至正五年，而書前列修史諸臣，有總裁官中大夫禮部尚書王沂之名，則是時已位至列卿。其後遷轉，遂不可考。疑卽致仕以去。然集中壬寅紀異詩，有「壬寅仲春天雨雹，南平城中晝驚愕，自從兵革十年來，頑洞風塵互沙漠」之句。又隣寇逼境倉皇南渡詩，有「隣邑巢燧燧長驅寇南平，中宵始聞警，挈家速遠行」之句。又有寓吉安林塘避桃林兵警詩。壬寅爲至正二十二年，正中原盜起之時，距沂登第已五十載，尚輾轉兵戈閒，計其年亦當過七十矣。沂歷踐館閣，多居文字之職，廟堂著作，多出其手。與傅若金、許有壬、周伯琦、陳旅等俱相唱和，故所作詩文春容和雅，猶有先正軌度。惜其名不甚著，集亦絕勘流傳，遂錄元詩者幷不能舉其名氏。今從永樂大典中裒掇編次，釐爲二十四卷，庶梗槪尚具，不至遂就湮沒焉。

淵穎集十二卷附錄一卷（兩江總督採進本）

元吳萊撰。萊字立夫，浦陽人。延祐中復科舉之制，以春秋貢於鄉，試禮部不第，後以薦署饒州路長薌書院山長，未行而卒，年僅四十四。其門人金華宋濂等私諡爲淵穎先生，據其諡議，取經義元深爲淵，文詞貞敏爲穎也。萊與黃溍、柳貫並受業於宋方鳳，再傳而爲宋濂，遂開明代文章之派。故年不登中壽，身未試一官，而在元人中屹然負詞宗之目，與溍、貫相埒。遺稾甚夥，濂爲摘其有關學術議論之大者，編爲斯本。青田劉基序之，碑文謚議一卷，別爲附錄。張綸林泉隨筆曰：「吳立夫論倭書，蓋其十八歲所作，規模仿司馬相如論蜀文，其末所述論其王之言，雖古之辨士，莫能過也。其他大游、觀日、兩賦與夫形釋、泰誓論、補牛尾歌等篇，皆雄深卓絕，眞先秦兩漢閒作者。」黃溍亦稱其文嶄絕雄深、類秦漢間人。皆未免溢量。胡助謂他人患其淺陋、而萊獨患其宏博。斯為篤論矣。王士禛論詩絕句有曰、鐵崖樂府氣淋漓、淵穎歌行格儘奇。耳食紛紛說開寶、幾人眼見宋元詩。實舉以配楊維楨。而其所選七言古詩、乃錄萊而不錄維楨。蓋維楨為詞人之詩、萊則詩人之詩。恃氣縱橫、與覃思冶煉門戶固殊。士禛論詩絕句作於任揚州推官時。而古詩選一書、則其後來所定、所見尤深也。

黃文獻集十卷 浙江鮑士恭家藏本

元黃溍撰。溍有日損齋筆記、已著錄。其文原本經術、應繩引墨、動中法度。學者承其指授、多所成就。宋濂、王禕皆嘗受業焉。濂序稱所著日損齋稿二十五卷、溍歿後縣尹胡惟信鋟梓以傳。又有危素所編本為二十三卷。今皆未見。此本乃止十卷。前有嘉靖辛卯張儉序、稱舊本頗闕失、且兼載其一時泛應異端之求者、恐非公意也。索世家得善本、及公所為筆記一編、稍加刪定、付建陽尹沈璧陳珪重梓以傳云云。則儉已有所刊削、非濂所序之本。卷首題虞守愚張儉同校一行。又題溫陵張維樞重選、會稽王廷曾補訂一行。則二人又有所竄易、併非儉所刻之本。卷數不同、有自來矣。明人誕妄、凡古書經一刊刻、必遭一塗改。數變之後、遂失其真。蓋往往如此。然有所私損、未必有所私益。雖殘闕不完、尚可見溍之崖略也。

圭齋集十五卷、附錄一卷 江西巡撫採進本

元歐陽元撰。元有拯荒事略、已著錄。元平生三仕成均、兩為祭酒、六入翰林、三拜承旨。凡朝廷高文典冊、多出其手。揭傒斯作元集序、稱有曰詩流者三卷、曰鉛中者十卷、曰驅煙者十五卷、曰強學者十卷、曰述直者三卷。其門人王師模所編。明宋濂序則謂原集一百餘冊、皆燬於兵。惟存辛卯至丁酉七年之作二十四卷。其孫祐持編錄之。此本詩賦四卷、文十一卷、附錄一卷。題宗孫銘鏞編集。又非祐持之舊矣。孔齊至正直記曰、歐陽元作文、必詢其實事而書、未嘗代世俗誇誕。時人謂文法不及虞集、揭傒斯、黃溍、而事實不妄則過之。然宋濂稱其文如雷電恍惚、雨雹交下、可怖可愕。及乎雲散雨止、長空萬里、一碧如洗。實亦未減於三人也。虞集道園學古錄有送元謁告還瀏陽詩曰、憶昔先君早識賢、手封製作動成編。交游有道真三益、翰墨同朝又十年。蓋集父教授於潭州、見元文大驚、手封一帙寄集曰、他日當與汝並駕齊驅。故集詩云然。然則元發軔之初、聲價已與集相亞矣。

待制集二十卷、附錄一卷 浙江鮑士恭家藏本

元柳貫撰。貫字道傳、浦江人。大德四年薦為江山縣教諭。延祐四年授湖廣儒學副提舉。六年改國子助教。至治元年遷博士。泰定元年遷太常博士。三年出為江西儒學提舉。至正元年擢翰林待制、兼國史院編修官。僅七月而卒。故世稱柳待制焉。事蹟附載元史黃溍傳。貫雖受經於金履祥、其文章軌度則出於方鳳、謝翺、吳思齊、方回、龔開、仇遠、戴表元、胡長孺。其史學及掌故舊聞、則出於牟應龍。具見宋濂所作行狀中。學問淵源、悉有所受。故其文章原本經術、精湛閎肆、與金華黃溍相上下。早年不自存稾。年四十餘北游燕、始集為游稾。其後有西雝稾、容臺稾、鍾陵稾、靜儉齋稾、西游稾、蜀山稾。至正十年、余闕得稾於貫子卣、以濂及戴良皆貫門人、屬其編次。凡得詩五百六十七首、文二百九十四首、勒為二十卷。闕及危素、蘇天爵各為之序。濂為之後記。天爵序又稱有別集二十卷、今未見其傳本。考濂記稱尚餘詩九百七首、文二百四十八首、謄為二十卷、授先生子卣藏之。蓋刪汰之餘、本未刻也。以數計之、詩僅存十之四、文僅存十之六、亦其簡擇之精矣。附錄一卷、雜錄誥敕祭文像贊行狀墓表之屬、不知何人所編。卷首亦題曰柳貫著、其謬陋可想。又墓表今在黃溍集中、而題曰戴良記、舛駁尤甚。以所記較史為詳、尚可考貫之始末、姑仍其舊本存之云爾。

閑居叢稾二十六卷 江蘇巡撫採進本

元蒲道源撰。道源字得之、號順齋、世居眉州之青神、徙居興元。初為郡學正、罷歸。皇慶中徵為國史院編修官、進國子博士。年六十矣、越歲復引疾去。後十年召為陝西儒學提舉、不就。迹其生平、恬於仕宦、大抵閑居之日為多。故其子機裒輯遺文、題曰閑居叢稾。凡詩賦八卷、雜文樂府十八卷。詩文俱平實顯易、不尚華藻。黃溍為之序、稱國家統一海宇、士俗醇美、一時鴻生碩儒所為文、皆雄深渾厚、而無靡麗之習。承平滋久、風流未墜。皇慶延祐閒、公以性理之學施於臺閣之文。譬如良金美玉、不假鍛鍊琱琢、而光耀自不可掩云云。亦言其文之真樸也。蓋元大德以後、亦如明宣德正統以後、

其文大抵雍容不迫，淺顯不支。雖流弊所滋，庸沓在所不免，而不謂之盛時則不可。顧嗣立元詩選引溍此文，謂當時風尚如此，可以觀世運焉，斯言允矣。

所安遺集一卷（編修汪如藻家藏本）

元陳泰撰。泰字志同，別號所安，長沙茶陵人。延祐二年進士，除龍泉縣主簿，棲遲薄宦，惟以吟咏自適，竟終於是官。其著作亦未成集，至其曾孫朴，始裒輯以成此編，故曰遺藁。明成化中，其來孫銓等重刊，卷末有舊題六字云「後段蟲損，惜哉」，則併朴所緝亦非完本也。泰與歐陽元同舉於鄉，以天馬賦得薦，考官批其卷曰：「氣骨蒼古，音節悠然，天門洞開，天馬可以自見矣。」今賦與批詞俱載集首。後元躋膴仕，文章震耀一世，泰集乃幾幾不傳。今觀所作七言歌行，居十之七八，大致氣格近李白，而造句則多類李賀、溫庭筠。雖或不免奔軼太過，剽而不留，又不免時傷粗獷，不及元之風規大雅，具有典型，要其才氣縱橫，頗多奇句，亦自有不可湮沒者。久晦而終傳於世，亦有由矣。

至正集八十一卷（河南巡撫採進本）

元許有壬撰。有壬字可用，湯陰人。延祐二年進士，歷官集賢大學士、中書左丞，兼太子左諭德，致仕。卒謚文忠，事蹟具元史本傳。有壬立朝五十年，三入政府，於國家大事，侃侃不阿，多有可紀。文章亦雄渾閎肆，剴切事理，不為空言，稱元代館閣鉅手。所著至正集本一百卷，據其弟有孚圭塘小藁序云，門生集錄繕寫方畢，先生捐館，猶子太常博士楨，忽遭起遣，倉皇之際，輕身南行，書籍棄擲，藁亦俱亡。是其集自有壬既歿，即已淪佚無傳。明宏治閒，其五世孫容刊行圭塘小藁時，亦未之見。故葉盛水東日記載容嘗言先公至正集一百卷，遺失久矣，聞楊少師嘗收有副本，就叔簡少卿求之，少卿云，書籍在泰和，有無未可知也。此本不知何時復出，而尚闕其十九卷，據黃虞稷千頃堂書目所載卷數正同，蓋相傳祗有此本，其即楊士奇家所藏歟。中如箋表、傳狀、書簡諸體並闕，又有錄而失其辭者，詩十一篇、樂府八篇。有孚序又稱其論天下事，嘉言讜論，見至正集，而此本疏藁實無一篇，則其散佚者亦復不少。然觀元史本傳，載有壬於泰定初言特捫德爾（原作帖木迭兒，今改正）之子索南（原作鎖南，今改正）與聞大逆，乞正典刑，平章政事趙世延受禍尤慘，為辨冤復職，及上正始十事諸大端，皆見是集公移類中，亦足窺見崖略。而其論特克什（原作帖實，今改正）之姝勿令汙染宮壼，更人所難言，本傳顧未之及，是尤可以補史闕矣。

圭塘小藁十三卷、別集二卷、續集一卷、附錄一卷（浙江鮑士恭家藏本）

元許有壬撰。其小藁為有壬所自輯，至正庚子，其弟有孚錄而序之，所謂即至正集而不具錄者也。迨有壬既歿，集本散亡，而有孚所攜此本獨存，因重加編次，得詩文二百四十三首，釐為十三卷。又輯嘗寄有孚詩文八十五篇，緱獻可所收文過集及林慮記遊詩文九十三篇，為別集二卷。其殘編斷簡，得於倚尖野人家者，為外集一卷，有孚復為之序，題屠維作噩二月，乃洪武二年己酉，在元亡之後矣。子孫世藏其書，宣德閒復失其外集。成化己丑，其五世孫南康知府容始校正刊行，而以家乘載誌文、祭文及有孚等倡和之作，編為續集一卷，附之於末。葉盛水東日記曰：相臺許可用中丞文章表著一時，有盛名，今世所見者可數耳。耿好問言其裔孫容尚藏文集若干卷，惜乎不得見之。即此本也。其後至正集復出於世，而闕佚未全，今以兩書校核，雖大略相同，亦互有出入。如忽經春秋經說、成中丞詩諸序，雪齋書院、龍德宮、上淸儲祥宮、河南省左右贊治堂、遼山縣儒學諸記，武昌萬壽崇寧宮、林州同知孫承事克呼（原作怯烈，今改正）公神道諸碑，皆至正集所無，而獨見於此本。又別集中長短句，至正集未載者亦二十三闋。其他異同詳略甚多。以其為有壬手訂原本，又經有孚排定，視集本之晚出者較為精詳，故並著於錄，以備參證焉。

禮部集二十卷、附錄一卷（兩淮鹽政採進本）

元吳師道撰。師道有戰國策校註，已著錄。其集原名蘭陰山房類藁，此本題曰禮部者，蓋師道致仕以後，授奉議大夫禮部郎中，以所進之官名之也。（考張樞撰師道墓表、杜本撰師道墓誌，皆稱致仕後授奉議大夫禮部郎中，而宋濂所作墓碑則稱以禮部郎中致仕，元史本傳亦同。蓋元史即濂所撰，故與碑合。然樞與本皆師道舊友，不應有誤，或濂記錄未眞也。）凡詩九卷，文十一卷，流傳頗尠。此本乃新城王士禎寫自崑山徐秉義家，因行於世。師道少與許謙同師金履祥，所著有易雜說二卷、書雜說六卷、詩雜說二卷、春秋胡氏傳附正十二卷，於經術頗深。所補正鮑彪戰國策註，及所撰敬鄉錄，於史事亦頗有考證。又與黃溍、柳貫、吳萊相與往來倡和，故詩文具有法度。其文多闡明義理，排斥釋老，能篤守師傳。其詩則風骨遒上，意境亦深，褎然升作者之堂，非復仁山集中格律矣。蓋其早年本留心記覽，刻意詞章，弱冠以後，始研究眞德秀書，故其所作與講學家以餘力及之者，迥不同耳。

積齋集五卷（永樂大典本）

元程端學撰。端學有春秋三傳辨疑，已著錄。其文集元史本傳不載，世亦未見傳本，惟文淵閣書目有之。今檢勘永樂大典各韻中，尚頗散見一二。考曹安讕言長語記歐陽元爲浙省考官，本房得四靈賦一卷，詞意高迥，覆考官謂非賦體，欲黜之。元爭之力，且曰：其人賦場如此，經義必高。暨掌卷官取其本經，則偉然老成筆也。及拆卷，乃程端學。歐陽元作端學墓誌，亦稱至治癸亥浙闈秋試第二場四靈賦，詞氣高迥，因得與選。則端學以是賦得名，必載集中。今所存僅陽燧賦一篇，而是賦已佚，則散亡亦多矣。謹掇拾殘賸，釐爲詩一卷、文四卷，以備元人之一家。端學之說春秋，勇於信心，而輕於疑古，頗不免偏執膠固之弊。然其人品端謹，學術亦醇，故其文結構縝密，頗有閎深肅括之風。故曹安又記其會試經義策冠場，考官白宰相曰：此卷非三十年學問不能成。蓋根柢既深，以理勝而不以詞勝，故與雕章繪句者異焉。詩尚沿南宋末派。觀墓誌稱端學泰定初扈蹕上都，時虞集爲國子司業，深相器重，而不甚見兩人唱和之作，則端學不以是擅長，亦可見矣。

燕石集十五卷（浙江巡撫採進本）

元宋褧撰。褧字顯夫，大都人。泰定元年進士，歷官翰林直學士，兼經筵講官，謚文清。褧博覽羣籍，與兄本後先入館閣，並有集行世，時人以大宋、小宋擬之。褧集爲其姪太常奉禮郎彌所編，凡詩十卷、文五卷。首載至正八年御史臺咨浙江行中書省刊行咨呈一道，歐陽元、蘇天爵、許有壬、呂思誠、危素五序，末附謚議、墓誌、祭文、輓詩，又有洪武中何之權、呂燚二跋，蓋猶舊本。歐陽元序稱其詩務去陳言，燕人凌雲不羈之氣，慷慨赴節之音，一轉而爲清新秀偉。蘇天爵序稱其詩清新飄逸，閒出奇古，若盧仝、李賀。危素序則稱其精深幽麗，而長於諷諭。核其所說，亦約略近之。至其詞藻煥發，時患才多，句或不檢，韻成牽綴，如正獻公墳所樂食詩有高墳白打錢句，案韋莊詩上相閒分白打錢，非紙錢也。張女輓詩，却是貞魂埋不得句，序稱其女工於屬對，十歲而夭，案李商隱詩萬古貞魂倚暮霞，非十歲未字之女也。如斯之類，大抵富贍之過，貪多務得，遂不能刮垢磨光。然武庫之兵，利鈍互陳，論其大體，足爲一家，固不以字句累之矣。其文爲作詩之餘事，然溫潤而潔淨，亦不失體裁焉。

秋聲集四卷（兩淮馬裕家藏本）

元黃鎮成撰。鎮成有尚書通考，已著錄。其集據顧嗣立元詩選稱原本十卷，又載有鄭潛序。此本僅存四卷，又惟鎮成自序一篇，而不載潛序，似非完帙矣。王士禎居易錄稱其秋風一首、秋山小景一首、五曲精舍一首，以爲具有風調。今觀其集，大抵邊幅稍狹，氣味稍薄，蓋限於才弱之故。然近體出以雅潔，古體出以清省，亦復善用其短，故格韻楚楚，頗得錢郎遺意。較元代纖穠之體，固超然塵壒之外也。閩書稱鎮成至正中築室城南，號南田耕舍，部使者屢薦之，不就，似乎高隱之士。鄭潛序則稱其有所激而鳴其不平。今考集中南田耕舍詩序言，賦者率擬之於老農，人各有志，同牀而不相察。其第二首云：種田南山下，土薄良苗稀。稗日以長，荼蓼塞中畦。路逢荷蓧人，相顧徒嗟咨。我欲芟其蕪，但念筋力微。終焉鮮嘉穀，何以卒年饑。誰令惡草根，亦蒙雨露滋。豈無力耕士，悠悠與我思。則鎮成蓋遭逢亂世，有匡時之志而不能行，乃有託而逃，故詩多憂時感事之語。潛序爲知其心，徒以爲恬退之士，未足罄所抱矣。

雁門集三卷、集外詩一卷（江蘇巡撫採進本）

元薩都拉撰。（案薩都拉原作薩都剌，今改正。）薩都拉字天錫，號直齋。其祖曰薩拉布哈，（案薩拉布哈原作思蘭不花，今改正。）父曰傲拉齋，（案傲拉齋原作阿魯赤，今改正。）以世勳鎮雲、代，居於雁門，故世稱雁門薩都拉。實蒙古人也。舊本有干文傳序，稱薩都拉者，譯言濟善也。（案薩都拉蒙古語結親也，此云濟善，疑文傳以不諳譯語致悞，今姑仍原文而附訂於此。）則本以蒙古之語連三字爲名。而集中溪行中秋玩月詩，乃自稱爲薩氏子，殊不可解。又孔齊至正直記，載薩都拉本朱姓，非傲拉齋所生。其說不知何據。豈本非蒙古之人，故不諳蒙古之語，竟誤執名爲姓耶。疑以傳疑，闕所不知可矣。據所自序，稱始以進士入官，爲京口錄事長南行臺辟爲掾。繼而御史臺奏爲燕南架閣官。遷閩海廉訪知事，進河北廉訪經歷。干文傳序則稱其登泰定丁卯第，應奉翰林文字，除燕南經歷，歷侍御史。於南臺以彈劾權貴，左遷鎮江錄事，宣差，後陟官閩憲幕。與自序稍有不同。然自序當得其實也。虞集作傅若金詩序，稱進士薩天錫最長於情，流麗清婉。今讀其集，信然。楊瑀山居新語嘗辨其宮詞中紫衣小隊諸語，及京城春日詩中飲馬御溝之語爲不諳國制。其說良是。然驪山詩內誤用荔枝，亦何傷杜牧之詩格乎。集本八卷，世罕流傳。毛晉得別本刊之，併爲三卷。後得荻匾王氏舊本，乃以此本未載者別爲集外詩一卷。而其集復完。其中城東觀杏花一詩，今載道園學古錄中，顯爲誤入。則編類亦未甚確。然八卷之本，今不可得。故姑仍以此本著錄。晉跋又稱尚有巧題七言八句百首，別爲一集，惜其未見。今距晉又百餘載，其存佚益不可知矣。

杏亭摘稾一卷（浙江鮑士恭家藏本）

元洪焱祖撰。焱祖字潛夫，歙縣人。是集前有危素序，稱爲徽州路休寧縣尹致仕，而敘其仕履，乃曰年二十六爲平江路儒學錄，浮梁州長薌書院山長，紹興路儒學正，調衢州路儒學教授，擢處州路遂昌縣主簿。天歷元年年六十二致仕，乃不云其爲縣尹。考宋濂序，稱其自儒官起家，四轉而爲遂昌主簿，遂以休寧縣尹致其仕。蓋是時猶沿宋例，致仕者率進一官，使歸。實未嘗任是職也。焱祖嘗作羅願爾雅翼音釋，至今附願書以行。又有續新安志十卷，亦繼願新安志而作。蓋亦博洽之士。是集爲其子浦江尉在所編。其所居有銀杏樹，大百圍，焱祖嘗以杏亭自號，因以名集。其詩以古近體分列。然五言律下註曰長律附，不從高棅稱排律。七言律下註曰拗律附，亦宋人之舊名。蓋猶當日原本，未遭明人竄亂者也。其詩雖純沿宋調，而尚有石湖、劍南風格，抗衡於虞、楊、范、揭諸家則不足，以視宋季江湖末派，則蟬蛻於泥滓之中矣。

安雅堂集十三卷（兩淮馬裕家藏本）

元陳旅撰。旅字衆仲，莆田人。以薦爲閩海儒學官。中丞馬祖常奇之，與遊京師。又爲虞集所知。平章事趙世延引爲國子助教，考滿再任。後出爲浙江儒學提舉。又召入爲應奉翰林文字。至元元年遷國子監丞，越二年卒於官。事蹟具元史儒學傳。其集見於本傳者十四卷，此本僅十三卷，乃其子𨷻所編。有張翥、林泉生二序。一作於至正九年，一作於十一年。目次與焦竑經籍志相合，殆本傳筆誤以三爲四歟。史稱其文典雅峻潔，必求合於古作者，不徒以徇世好。又稱虞集見所作，有我老將休付子斯文之語。張翥序亦稱天歷至順間，學士虞公以文章擅四方，其許與君特厚，君亦得相與薰攜而法度加密。蓋紀實也。蘇天爵輯元文類，其時作者林立，而不以序屬諸他人，獨以屬旅。殆亦知其文之足以傳信矣。

傅與礪詩文集二十卷（江蘇巡撫採進本）

元傅若金撰。若金初字汝礪，揭傒斯爲改字與礪。江西新喻人。曹安讕言長語記其少年家酷貧，以織席爲生。又改業爲針工。後有所激，乃讀書。詩文遂膾炙人口。用以勉人之自礪，則亦奇士也。其詩法授於同郡范梈。虞集、宋褧以異材薦，佐使安南。歸除廣州文學教授。至正三年卒，年僅四十。所著詩集有初稾、南征稾、使還新稾、牛鐸音等編。范虞諸人皆嘗爲之序。至正間，其弟若川，鳩鋟之。名清江集。明洪武中，又刻其文集十一卷，附錄一卷。今詩文總爲一編，不知何人所併也。揭傒斯稱每讀與礪詩，如復見范德機。德機七言歌行勝，與礪五言古律勝。餘亦相伯仲。王士禎居易錄則稱其歌行得老杜一鱗片甲，七律亦有格調。與傒斯論小異。當以士禎之說爲然。古文蓋其餘事，然亦和平雅正，無棘吻螫舌之音。雖不能凌跨諸家，要亦一時之儁才矣。

瓢泉吟稾五卷（永樂大典本）

元朱晞顏撰。考元代有兩朱晞顏，其一爲作鯨背吟者。其一爲長興人，字景淵，即著此稾者也。晞顏始末不甚可考。惟吳澄集有晞顏父文進墓表，載及晞顏，稱其能詩文，而爲吏。亦不詳其爲何官。今以集中詩考之，則初以習國書被選爲平陽州蒙古掾。又爲長林丞、司煮鹽賦。又嘗爲江西瑞州監稅。蓋以郡邑卑吏終其身者。其集藏書之家罕見著錄，惟焦竑國史經籍志載有瓢泉集四卷，而世無傳本。顧嗣立錄元詩三百家，亦不及其名。今據永樂大典所載，鈔撮編次，釐爲詩二卷，詩餘一卷，文二卷。又牟巘、鄧僖原序二首尚存，仍以弁諸卷首。集中所與酬贈者爲鮮于樞、揭傒斯、楊載諸人。故耳目薰擩，具有法度。所作雖邊幅稍狹，而神理自清。牟巘序所稱擬古之作，今具在集中。頗得漢魏遺意，異乎以割剝字句爲工。其雜文亦刻意研練，不失繩墨。惟鄭僖所賞麴生、菊隱二傳，沿毛穎、革華之體，自羅文、葉嘉以來，已爲陳因之窠臼。僖顧以奇贍許之，殆所謂士俗不可醫矣。

筠軒集十三卷（安徽巡撫採進本）

元唐元撰。元字長孺，歙縣人。泰定丁卯，以文學授平江路學錄，再任建德路分水縣教諭，以徽州路學教授致仕卒。集中朱克用總管詩會序，作於至正乙酉，自題七十七歲，則當生於宋咸淳五年己巳。始終皆當元盛時，故所作多和平溫厚之音。又嘗著易大義見聞錄諸書，於經術頗深，故議論亦不詭於正。據朱文選行狀，元有敬堂雜著、思樂雜著、吳門雜著、分陽雜著、金陵雜著、老學叢稾幾七千篇，分爲五十卷。乃其子桂芳手輯，故集中閒有桂芳題識。此本爲程敏政編入唐氏三先生集者，僅詩稾八卷、文稾五卷，殊非其舊。觀其裔孫澤請汪抑之作序，啓中亦謂兵燹之餘，十存二三，則此集亦蠹蝕零落，幸而得存矣。惟元以鄉校終身，未嘗一官臺閣，而集中有扈從灤陽淸暑四詩，又有玉堂夜直詩，及察罕淖爾、李陵臺諸詩，未喻其故，或誤收他人之作歟。

俟菴集三十卷（兩淮馬裕家藏本）

元李存撰。存字明遠，更字仲公，安仁人。少博涉典籍，喜爲文章，後從上饒陳立太傳陸九淵之學，遂盡焚所著書。其論學以省察本心爲主。其論文謂唐虞所有之言，三代可以不言。三代所有之言，漢唐可以不言。未有六經，此理無隱。前古聖賢，直形容之而已。惡能有所增損，皆陸氏義也。然存所學篤實，非金谿流派墮於元渺，併失陸氏本旨者比。故其詩文皆平正醇雅，不露圭角，粹然有儒者之意。是集爲其子卓所編。凡詩十一卷，文十九卷。前有永樂乙酉鄒濟序，及危素所作墓誌。末附虞集書一首。集道園學古錄有送李彥方閩憲詩序曰：近日晚學小子，不肎細心讀書窮理，妄引陸子靜之說以自欺自棄。至欲移易章句，直斥程朱之說爲非。此亦非有見於陸氏者也，特以文其猖狂不學以欺人而已。此在王制之必不容者也。閩中自中立之歸，已有道南之歎。仲素、愿中至於元晦，端緒明白，皆在閩中。不能不於彥方之行發之。去一贓吏，治一弊政，不如此一事有以正人心云云。其言褊躁，與陸氏學派若不戴天，而與存書乃深相推挹，豈非以其人重之歟。亦足見元儒敦樸，無門戶之成見也。

滋溪文稾三十卷（兩淮馬裕家藏本）

元蘇天爵撰。天爵有名臣事略，已著錄。所作有詩稾七卷，文稾三十卷。其詩稾元百家詩尚錄之，今未見其本。此爲其文稾三十卷，乃天爵官浙江行省參政時，屬掾高明、葛元哲所編。元哲字廷哲，臨川人，以鄉貢第一人舉進士。趙汸東山存稾中有別元哲序一篇，載其行履甚詳。高明字則誠，永嘉人，登進士第，調官括蒼郡錄事。趙汸又有送高則誠歸永嘉序，卽其人也。天爵少從學於安熙，然熙詩文麤野不入格。天爵乃詞華淹雅，根柢深厚，蔚然稱元代作者。其波瀾意度，往往出入於歐、蘇，突過其師遠甚。至其序事之作，詳明典核，尤有法度。集中碑版幾至百有餘篇，於元代制度人物，史傳闕略者，多可藉以考見。元史本傳稱其身任一代文獻之寄，亦非溢美。虞集賦蘇伯修滋溪書堂詩有曰：積學抱沈默，時至有依行。抽簡魯史存，采詩商頌佚。蓋其文章原本，由沈潛典籍，研究掌故而，而不盡受之於熙也。

青陽集四卷（編修勵守謙家藏本）

元余闕撰。闕字廷心，一字天心，色目人，世居武威。以父官合肥，遂家焉。元統元年進士。累官淮南行省左丞，分守安慶。陳友諒陷城，自剄死。贈行省平章，謚忠宣。事蹟具元史本傳。闕以文學致身，於五經皆有傳註，篆隸亦精緻可傳。而力障東南，與許遠、張巡後先爭烈，故集中所著，皆有關當世安危。其上賀丞相四書，言蘄黃禦寇之策，尤爲深切。使闕計果行，則友諒之能陷江東西否，尚未可知也。其第二書謂往時泰哈布哈（原作泰不華，今改正）、曼濟哈雅（原作蠻子海牙，今改正）并力攻蘄黃賊，幾就滅。忽檄散各軍，止有布延特穆爾（原作卜顏帖木兒，今改正）駐劄蘭溪。盜之復陷沿江諸郡，實人謀不臧。證以布延特穆爾本傳，知丞相托克托（原作脫脫，今改正）雖有功於江淮，而實階亂於蘄黃之地。又第四書曰：蘭溪之功，布延特穆爾平章爲最，曼濟哈雅中丞特因之成事。布延特穆爾傳亦采用之，則又是非之公，足以信諸後代者也。其詩以漢魏爲宗，優柔沈涵，於元人中別爲一格。胡儼雜說曰，初危太樸以文學徵起，士君子皆想望其風采。或問虞文靖公曰，太樸事業當何如。曰，太樸入京之後，其詞多誇，事業非所敢知。必求其人，其余闕乎。問何以知之。曰，集於闕文字見之。後闕竟以忠義顯，乃知前輩觀人自有定鑒云云。然則文章雖闕之餘事，而心聲所發，識度自殊，亦有足覘其生平者矣。

鯨背吟集一卷（編修汪如藻家藏本）

舊本題元朱晞顏撰。前有自序，署其字曰名世。末又有自跋，序稱至元辛卯泛海至燕京，舟中成七言絕句三十餘首，詩尾各以古句足之。其末章云，早知鯨背推敲險，悔不來時只跨牛，因名鯨背吟。曹學佺編入十二代詩選中，長洲顧嗣立編元百家詩，據趙孟頫所作宋无翠寒集序，謂无舊以晞顏字行，先世自晉陵遷吳，冒朱姓。至元中，其父領征東萬戶棨櫝，當行病痿，无匄以身代，遂入海，經高麗諸山，未嘗廢吟咏，鯨背吟正其時作。然序稱偶託迹於曹科，未忘情於筆硯，緣木求魚，乘桴浮海，與代父入征東幕府情事渺不相涉。與孟頫序所稱西溪王公以茂才舉之，辭不就者，亦不合。又不知其何故矣。疑以傳疑可也。

近光集三卷扈從詩一卷（江蘇巡撫採進本）

元周伯琦撰。伯琦有六書正譌，已著錄。當順帝時，伯琦以文章知遇，出入禁廷，因別裒錄所作，爲此二集。近光集乃後至元六年庚辰由國史院編修擢翰林修撰，同知制誥，至正元年辛巳爲授經郎、經筵譯文官，二年壬午爲廉內官，四年甲申陞監書博士，五年乙酉改崇文監丞，迄於出爲海北廣東道肅政廉訪使，凡五年之詩。扈從詩則至正十二年壬辰由翰林直學士、兵部侍郎拜監察御史扈從上京之作也。近光集中述朝廷典制爲多，可以備掌故。扈從詩中記邊塞聞見爲詳，可以考風土。而伯琦文章淹雅，亦足以摹寫而敘述之。溯元季之遺聞者，此二集與楊允孚灤京百詠亦略具其梗概矣。

經濟文集六卷（浙江鮑士恭家藏本）

元李士瞻撰。士瞻字彥聞，先世新野人，徙居荊門。至正初，中大都路進士，中書辟充右司掾，除刑部主事，累官戶部尚書，出督福建海漕，就拜行省左丞，召入爲參知政事，改樞密副使，拜翰林學士承旨，封楚國公，以至正二十七年卒。元史不爲立傳，惟順帝本紀載至正二十二年樞密副使李士瞻上疏極言時政凡二十事，其列其目，大抵當時急務，蓋亦讜直之士也。是集爲其曾孫伸所編，所錄始於爲右司掾時，而迄於奉使閩中，故元史所載時政疏不在其中。然所載往來箚割至七十餘通，幾居全集之半，雖多屬一時酬荅之作，而當時朝政之姑息，兵事之乖方，藩臣之跋扈，多可藉以考見。其彌縫匡救，委曲周旋，拳拳憂國之忱，亦不在所上時政疏下。元史於順帝時事最稱疏略，存此一集，深足爲考證之助，正不徒重其文章矣。

純白齋類稾二十卷附錄二卷（浙江巡撫採進本）

元胡助撰。助字履信，一字古愚，婺州東陽人。始舉茂才，爲建康路儒學學錄，歷美化書院山長、溫州路儒學教授，用薦再爲翰林國史院編修官，秩滿授承信郎、太常博士致仕歸，時至正五年也。是集乃助所自編，本三十卷，歷年既久，殘闕失次。明正德中，其六世孫淮掇拾散佚，重編此本，僅存賦一卷，詩十六卷，雜文三卷，又附錄當時投贈詩文二卷，仍以純白齋類稾爲名，而卷帙已減三之一，非其舊本。虞集嘗跋其上京紀行集，稱其龍門以後詩尤佳，今已散入集中。鄧文原、吳澄嘗跋其燕坡小錄及升學祭器文，此本不載，則當在亡佚十卷中也。助詩文皆平易近人，無深湛奇警之思，而亦無支離破碎之病，要不失爲中聲。吳澄稱其詩如春蘭茁芽，夏竹含籜，露滋雨洗之餘，濯濯幽娟娟靜好，則形容過當，反不肖其品格矣。

圭峯集二卷（浙江鮑士恭家藏本）

元盧琦撰。琦字希韓，號立齋，惠安人。圭峯其所居地。鈔本或作圭齋集，傳寫誤也。至正二年進士，授州錄事，遷永春縣尹，改調寧德，歷官漕司提舉，除平陽州，命下而卒，事蹟具元史良吏傳。徐𤊹筆精曰，圭峯集歲久弗傳，近歲惠安莊戶部微甫蒐而梓之，悞入薩天錫詩六十餘首。此本爲元陳誠中所編，明萬歷初邑人朱一龍、福州董應舉序而刻之，在莊本之前，然已多竄入他作。如五言古詩春日思遠遊，則在陳旅集中。又五言古詩中過嶺至崇安送吳甫至揚州、題焦山方丈壁、秋日池上、度閶關、宿臺山寺絕頂、早發黃河等篇，七言古詩中有事居庸關走筆贈孟禮、樂陵臺望月、夜泊釣臺、江南樂、江南怨、雪山歌、崔鎮阻風、遊吳山、駞峯紫陽菴江上聞笛、別友寒夜聞笛、黯淡灘歌、清湖曲、海棠曲、儒有薩氏子等篇、七言律詩中高郵城樓晚望、燕將軍出獵、寄鶴林長老、和王維學海南還韻、三衢守索題爛柯石橋、登鎭陽龍興寺閣、寄參政許可用、送僉憲王君實金陵道中、再過鍾山萬壽寺等篇、共三十二首、皆在薩都拉集中。至於薩都拉溪行中秋玩月一篇、自序稱余乃薩氏子云云、班班可考。此集乃改題曰儒有薩氏子、序末又刪其至元丁丑仲秋書一句。尤爲顯然作僞、不得謂之誤收。蓋編輯之時、務盈卷帙、以誇蒐采之富、故眞贋淆如此也。琦官雖不高、而列名良吏、可不藉詩而傳。卽以詩論、其清詞雅韻、亦不在陳旅、薩都拉下。編錄者移甲爲乙、亦非無因矣。集又載賦三篇、記六篇、誌銘二篇、祭文一篇、啟三篇、雜著九篇、則確出琦作、非由假借。今刪其詩之妄錄者、併其文錄之、以存琦之眞焉。

蛻菴集五卷（浙江巡撫採進本）

元張翥撰。翥字仲舉、晉寧人。至元初、用隱逸薦、召爲國子助教、分教上都。尋退居淮東。會修宋遼金三史、起翰林國史院編修官。累遷翰林學士承旨、致仕、加河南行省平章政事、給俸終身。事蹟具元史本傳。案金明昌承安閒、亦有張翥、字曰仲揚。劉祁歸潛志記其綾窗小戸寒不到、一爐香火四圍書。西風了却黄花事、不管安仁兩鬢秋諸句。稱其浮豔。諸書援引、或誤爲一人、非也。翥嘗從學於李存、傳陸九淵之說。詩法則受於仇遠、得其音律之奧。其詩清圓穩貼、格調頗高。近體長短句、極爲當時所推。然其古體亦伉爽可誦、詞多諷諭、往往得元白張王之遺、亦非苟作。王士禎居易錄曰、蛻菴元末大家、古今詩皆有法度。無論子昂伯庸輩、卽范德機揭曼碩未知伯仲何如。其論當矣。史稱翥遺槀不傳、傳者有律詩樂府僅三卷。王士禎則稱蛻菴集四卷、明洪武三年錫山郎成鈔本。此本乃朱彝尊所藏、明初釋大杼手鈔本、前後有來復宗泐二人序跋。蓋大杼與翥爲方外交、元末翥沒無嗣、大杼取其遺槀歸江南、別爲選次而錄存之。考元音乾坤清氣集玉山雅集諸書所錄翥詩、尚有出此集之外者、則亦非全本也。

五峯集六卷（編修汪如藻家藏本）

元李孝光撰。孝光字季和、樂清人。隱居教授白野泰哈布哈（原作泰不華、今改正。）嘗師事之。至正七年、詔徵隱士、以祕書監著作郎召。明年陞文林郎、祕書監丞。所著詩文、歲久散佚。是編乃宏治甲子懷遠錢臬爲樂清令、訪求遺槀、得全集於儒生周綸家、因俾綸編次刊版。臬自爲之序、仍以五峯集爲名。其詩文不分卷帙、但以各體分編。今定以樂府四言詩爲一卷、五七言古詩爲一卷、五言律詩爲一卷、七言律詩爲一卷、絕句爲一卷、雜文爲一卷。卷首別有逸文目四篇、曰南村草堂記、曰郭翼還善齋記、曰姚文煥書聲齋記、曰孝善坊記、皆有錄無書。蓋傳寫復佚、今亦闕之。元詩綺靡者多、孝光獨風骨遒上、力欲排突古人。樂府古體皆刻意奮厲、不作庸音。近體五言疎秀有唐調、七言頗出入江西派中、而俊偉之氣自不可遏。中閒如贈潘九霞絕句所云、道士自稱潘九霞、身騎黄鶴大如車、借我北窗眠一夜、酒醒共喫白丹砂。失之麤獷者、亦閒有之。然不害其風格也。雜文凡二十首、皆矯矯無凡語。楊維楨作陳樵集序、舉元代作者四人、以孝光與姚燧吳澄虞集並稱、亦不虛矣。末附題朱澤民畫一首、蓋古樂府之末章、誤編於文集。今仍移附樂府末云。

野處集四卷（浙江巡撫採進本）

元邵亨貞撰。亨貞字復孺。楊樞淞故述、載其本淳安人。至正閒爲松江訓導、占籍華亭。今考集中有送族兄安仲還鄉序云、至元中、大父處縣君以弗終仕於宋、晦迹華亭別業、先子遂生華亭。至德閒、大父歸葬故里、先子弗克舉家去、至今爲華亭人。則自其祖已占籍松江、樞所述猶未盡也。是編後有馮遷汪稷二跋、謂其書本出上海陸深家、深之孫郯以授稷而刊行之。并所著蛾術詩選蛾述詞選爲十六卷。今詩詞二選世已無傳、惟此本獨存。共雜文六十八首。亨貞終於儒官、足蹟又不出鄉里。故無雄篇巨製以發其奇氣、而文章大致清快、步伐井然、猶能守先民遺矩者。其詩詞世不多見。陶宗儀南村輟耕錄載所作詠眉目沁園春詞二首、雋永清麗、頗有可觀。蓋所長尤在於是。惜詞選今已久佚矣。

夢觀集五卷（浙江鮑士恭家藏本）

元釋大圭撰。大圭字恆白、姓廖氏、晉江人。至正閒居泉州之紫雲寺。其集本二十四卷、首爲夢法一卷、夢偈一卷、夢事一卷、次爲詩六卷、次爲文十五卷，所謂夢法、夢偈、夢事者，皆宗門語錄，不當列之集中。其雜文亦多青詞疏引，不出釋氏之本色，皆無可取。惟其詩氣骨磊落，無元代纖穠之習，亦無宋末江湖蔬筍之氣。吳鑒原序稱其華實相副，詞達而意到，不雕鏤而工，去纂組而麗，屏耕鋤而秀，雖朋友推奬之詞，然核以所作，亦不盡出於溢美。蓋石湖、劍南之餘風，猶存於方以外矣。今刪除其夢法等卷，併刪除其雜文，惟錄古今體詩，編為五卷。沙礫既捐，精華斯露，取長棄短，斯於不失雅音。其三乘宗旨，聽釋氏之徒自傳之，固不必為彼法計也。

金臺集二卷（江蘇巡撫採進本）

元納新（原本作迺賢，今改正）撰。納新有河朔訪古記，已著錄。是集為危素所編，前有歐陽元、李好文、貢師泰三序，作於至正壬辰。又有黃溍題詞，作於至正庚寅。末有至正乙酉揭傒斯跋，至正辛卯程文跋，至正乙未楊彝跋，至正己丑泰哈布哈（原本作泰不華，今改正）題字，至正戊子張起巖題詩，復有虞集詩一首及危素一跋，均不著年月。素跋稱易之金臺前稾，余既序之，及再至京師，又得後稾一卷，則此集二卷乃合兩稾編之，故集中稱揭傒斯諡為揭文安，而集末乃有傒斯跋也。納新天才宏秀，去元好問為近。雖晚年內登翰林，外參戎幕，而仕進非所汲汲，惟以遊覽唱酬為事，故氣格軒翥，無世俗猥瑣之態。其名少亞薩都拉，核其所作，視薩都拉無不及也。

子淵詩集六卷（永樂大典本）

案子淵詩集散見永樂大典中，但題曰元人。文淵閣書目載之，亦不著撰人名氏。考集中有歲盡詩云：照我鄉關夢，相隨到鄮城。鄮故城在鄞縣東，唐時析鄮置鄞、慈、奉、鎮四邑，隸明州，元為慶元路。納新金臺集有懷明州張子淵七律一首，又有依韻奉荅子淵七律二首，今倡和詩俱在集中，韻亦相符，則當為慶元路人。又鐵釜中蓮詩題下自註稱同時並賦諸人，有覽仲深之語，則其名當為仲深。又有懷兄子益在横浦詩，以其兄字推之，則子淵當為其字矣。集久不傳，茲掇體綴輯，得詩六卷，多與納新、楊維楨、張雨、危素、袁華、周焕文、韓性、烏本艮斯道兄弟唱和之作，而納新為尤夥。古詩沖澹，頗具陶、韋風格。律詩雖頗涉江湖末派，格意未高，然五言如曉市魚鰕集，秋田筍蕨多；驛路隨江盡，湖雲類海寬；地通江棧闊，天入海門低；明月孤城柝，秋風弱客心；枯雀晴似雪，獨鶴夜如人。七言如江村夜迥傳金鼓，池館秋深老芰荷；滿面炎塵依客帽，一川離思屬荷花；家僮解事故攜酒，野鳥避人低度牆；北風吹沙弓力勁，落日照海旌旗寒；林荒乏釀茱為酒，魚熟難賒米當錢；西江返照連虹影，南鎮殘山入雁行，亦皆楚楚有致。其見重於當時名輩，亦有以也。

午溪集十卷（編修汪如藻家藏本）

元陳鎰撰。鎰字伯鉄，麗水人。嘗官松陽教授，後築室午溪上，遂以午溪名其集。卷首題前進士曲阜孔暘編選，前進士青田劉基校正。有黃溍、張翥、孫炎及暘、基五人序。翥序稱其學於外舅周衡，炎序又稱其學於翥，故其詩才地雖覺稍弱，而吐言清脫，不失風調，蓋淵源有所自來。前又載基、暘手柬各一通。基柬稱其體製皆佳，而近日應酬之作，去其一二則純矣。暘柬則稱其篇篇合律，而中呂字字鏗金而鏘玉。今觀其集，基言為是。基序稱午溪集一卷，炎序稱二卷，暘序則稱四百餘篇。此本十卷，豈基所欲去者，暘仍為存之乎。

藥房樵唱三卷附錄一卷（浙江鮑士恭家藏本）

元吳景奎撰。景奎字文可，蘭溪人。年三十，海道萬戶劉貞為浙東憲府掾，嘗辟為從事。明年貞去，景奎亦歸。久之，用部使者薦，署興化縣儒學錄，以母老辭不就。至正十五年卒於家。黃溍為誌其墓，深相惋惜。是集乃其子履與其門人黃琪所編。中閒五言古體皆源出白居易，七言古體閒似李賀，近體亦音節宏敞，豪放自喜。宋濂為作集序，亦極相推挹。特編次時失於簡汰，如偶成詩云：挾才勝德世所薄，寧我負人天可欺。士之言行苟如此，聖經賢傳將奚為。殆劉克莊所謂有韻語錄，殊不入格。其他應俗之作，亦多榛楛勿翦，是則履等輯錄之過。然其菁華自在，亦不以此相掩也。

栲栳山人集三卷（兩淮馬裕家藏本）

元岑安卿撰。安卿字静能，餘姚人。所居近栲栳峯，故以自號。志行高潔，窮阨以終。其詩有云：老成媿苟得，童稚羞無官。又云：人觀所為主，結交慎攀援。足見其堅苦自立之意。集中次韓明善題推蓬圖詩稱坡翁仙去二百春，以蘇軾卒於建中靖國元年計之，蓋當元之中葉，故上得見厲元吉，下得見危素也。是集為安卿邑人宋禧編輯。禧初名元禧洪武間召修元史曾爲安卿題像述其生平今亦附載於集中其詩戛戛孤往如其爲人惟七言古詩時雜李賀溫庭筠之體蓋有元一代風氣如斯然氣骨本清究亦不同纖婀穠冶之格顧嗣立元詩選曰安卿嘗作三哀詩弔宋遺民之在里中者寄託深遠有俯仰今昔之思案三哀詩一曰厲元吉宋末舉進士第爲烏程尉入元不仕以終安卿之師也一曰高師魯佚其名而爲安卿家三世之交總角時曾得見之一曰李天錫則其里之老儒安卿未及相識者詳其詞意前二篇爲追念故交後一篇爲表章潛德其間雖有新亭黍離諸語乃追敘三人之遺事非安卿自有是感詩語甚明嗣立遽以思宋爲說穿鑿殊甚又集中出門偶賦詩有側聞朝廷遺逸徵集賢著作空盈庭中書堂上日羊飯世祖山河如砥平則身見元政漸弛文恬武嬉方深以國事爲憂而望以無忘祖宗之䂓業豈復眷眷於宋者乎嗣立以詞害意遂使安卿首鼠兩端今謹訂正其誤俾讀者無惑焉

欽定四庫全書總目卷一百六十七

欽定四庫全書總目卷一百六十八

集部二十一

別集類二十一

梅花道人遺墨二卷浙江鮑士恭家藏本

元吳鎮撰鎮字仲圭自號梅花道人嘉興人嘉興志稱其卒於明洪武中考鎮自書墓碣稱生於至元十七年庚辰卒於至正十四年甲午則未嘗入明志爲舛誤又陳繼儒梅花菴記稱鎮自題墓碣爲梅花和尚之塔後扎木揚喇勒智原作楊璉眞伽今改正所至椎冢燔槨獨鎮之墓疑爲僧塔遂舍去考扎木揚喇勒智發宋陵在至元甲申乙酉之閒元史與癸辛雜識所記並同是時鎮方五六歲安有預題墓碣之事此好事者因鎮明於易數故神其說而未思歲月之顚舛繼儒摭以爲說亦疎謬也鎮以畫傳初不以文章見重而抗懷孤往窮餓不移胸次既高吐屬自能拔俗舊無專集此本題曰遺墨乃其鄉人錢棻捃拾題畫之作薈粹成編其中如題竹詩陰涼生硯池葉葉秋可數東華客夢醒一片江南雨一篇考鎮杜門高隱終於魏塘足蹟未至京師不應有東華客夢之句核以高士奇江村銷夏錄乃知爲鮮于樞詩鎮偶書之非其自作棻蓋未之詳審又鎮畫深自矜重不肯輕爲人作後來假名求售贋蹟頗多亦往往有庸俗畫賈僞爲題識如題畫骷髏之沁園春詞無論歷代畫家從無畫及骷髏之事即詞中漏洩元陽爹娘搬販至今未休諸句鄙俚荒謬亦決非鎮之所爲又如嘉禾八景之酒泉子詞詞既弇陋其序末乃稱梅花道人鎮頓首偶自作畫爲誰頓首耶即題竹佚句之我亦有亭深竹裏也思歸去聽秋聲亦字也字重疊而用鎮亦不應昧於字義如此凡斯之類棻皆一例編載未免失於決擇然僞本雖多眞跡亦在披沙簡金往往見寶要未可以糅雜之故一例廢斥之矣

玩齋集十卷拾遺一卷兩淮馬裕家藏本

元貢師泰撰師泰字泰甫宣城人以國子生中江浙鄉試除泰和州判官薦充應奉翰林文字出爲紹興府推官復入翰林遷宣文閣授經郎至正十四年擢吏部侍郎除浙江都水庸田使尋拜禮部尙書調平江路總管張士誠據吳避之海上江浙行省丞相承制授參知政事二十年改戶部尙書命督海運二十二年召爲祕書卿道卒事蹟具元史本傳明嘉靖中李默作是集跋云予在宣州諸生貢安國者爲言其先世禮部公流寓海寧時自名其里曰小桃源元命既革宋學士景濂嘗過之公爲置酒飲夜分乃起就臥仰藥而斃顧嗣立元百家詩選則據其門人朱鐩所作紀年錄及揭汯所作墓誌載至正十六年正月張士誠陷平江公抱印隱居吳淞江上主釣臺山長吳景文家易姓名爲端木氏號戾契子崩朔翁二十六年卒於海寧寓舍證默跋所紀之誣案明史宋濂傳濂乞假歸省在至正二十五年乙巳師泰歿於至正二十二年壬寅其時濂無由至海寧且太祖稱吳王在至正二十四年甲辰稱吳元年在二十七年丁未元順帝北趨上都在二十八年戊申七月是爲洪

武元年。師泰既沒於壬寅、尚在元亡前六年、何以稱元命既革。此其後人之飾詞、欲附於王蠋之節、殊非事實。嗣立疑之當矣。師泰所著有友迂集、余闕序之。玩齋集、黃溍序之。東軒集、程文序之。又有臾臾集、閩南集見於李國鳳之序。其門人謝肅、劉欽類爲一篇、總名曰玩齋集、今未之見。明天順間、寧國守會稽沈性重加蒐輯、得詩文六百五十三首、釐爲十卷、又補遺一卷、其年譜之類別爲一卷附之、是爲今本。師泰本以政事傳、而少承其父奎家學、又從吳澄受業、復與虞集、揭傒斯游、故文章亦具有源本。其在元末、足以淩厲一時。詩格尤爲高雅、虞、楊、范、揭之後、可謂挺然晚秀矣。集中題陶淵明五柳圖絕句、明詩別裁集以爲燕王篡位之後、建文舊臣江右袁敬所作、併記敬所本末甚詳。今考明孫原禮所撰元音、成於洪武甲子、張中達爲之刊版在建文辛巳、均在遜國以前。而收入是詩、題爲師泰所作。則爲師泰之詩誤附會於敬所、非敬所之詩誤竄入師泰集中明矣。

羽庭集六卷、永樂大典本

元劉仁本撰。仁本字德元、天台人。以進士乙科歷官溫州路總管、江浙行省左右司郎中。時方國珍據有溫、台、招延諸郡士大夫、仁本入其幕中、參預謀議。國珍歲治海舟、輸江淮之粟於大都、仁本實司其事。其所署省郎官、蓋卽元所授。故集中諸作、大都感慨阽危、眷懷王室。其從國珍、蓋欲借其力以有爲、徐圖興復。亦如羅隱之仕吳越、實心不忘唐。觀其贈李員外自集慶回河南詩云、漢兵早已定中華、孫述猶鳴井底蛙。於明祖顯然指斥、其志可知。厥後國珍兵敗、仁本就擒、抗節不撓、至鞭背潰爛而死。則仁本終始元人、未嘗一日入明。永樂大典題曰國朝劉仁本、非其實也。仁本學問淹雅、工於吟詠、多與趙俶、謝理、朱右等唱和。嘗治兵餘姚、作雩詠亭於龍泉左麓、髣髴蘭亭景物。集一時文士、修禊賦詩、自爲之序。其文雖不見於集中、而石刻今日猶存。文采風流、可以想見。故所作皆清雋絕俗、不染塵氛。其序記諸篇、述方國珍與察罕通使及歲漕大都諸事、多記傳所不載、亦可補史闕。原本久佚、謹就永樂大典所載、以類編次、釐爲詩四卷、文二卷。仍改題曰元劉仁本、以存其眞焉。

不繫舟漁集十五卷、附錄一卷、兩淮馬裕家藏本

元陳高撰。高字子上、溫州平陽人。至正十四年進士。授慶元路錄事。未三年、輒自免去。平陽陷、棄妻子往來閩浙間、自號不繫舟漁者。至正十六年、浮海過山東、謁河南王庫庫特穆爾原作擴廓鐵木兒、今改正。於懷慶、密論江南虛實。庫庫特穆爾欲官之、會疾作卒。蓋當國祚阽危、猶力謀匡復。明太祖稱王保保眞男子。卽庫庫特穆爾如高者、事雖不就、其志亦不愧王保保矣。不但詩之足傳也。明洪武初、蘇伯衡訪其遺集、釐定成編、題曰子上存稾。此本題不繫舟漁集、不知何人所改。文格頗雅潔。詩惟七言古體不擅場、絕句亦不甚經意。其五言古體、源出陶潛。近體律詩、格從杜甫。面目稍別、而神思不遠、亦元季之錚錚者矣。元又有嘉定曾祖柏、其詩亦名不繫舟集、見顧嗣立元詩選。集中有題倪瓚芝秀圖詩、蓋與高同時。然其詩不及高遠甚。今未見其本。以集名相亂、附著其異於此、庶來者無疑焉。

居竹軒集四卷、浙江鮑士恭家藏本

元成廷珪撰。廷珪字原常、一字元章、又字禮執、揚州人。好學不求仕進、惟以吟咏自娛。奉母居市廛、植竹庭院間、頗有山林意趣。因扁其燕息之所曰居竹軒。晚遭世亂、避地吳中、蹤跡多在松江。故集中有欲卜居海上之作。後竟沒於雲間、其年蓋已七十餘矣。此集乃其友郜肅、劉欽搜輯遺稾所刊也。廷珪與河東張翥爲忘年交、其詩音律體製、多得法於翥、而聲價亦與翥相亞。觀詩中所載酬荅者、如楊維楨、危素、楊基、李黼、余闕、張雨、倪瓚、皆一代勝流。而黼與闕之忠義、瓚之孤僻、尤非標榜聲氣之輩。其傾倒於廷珪、必有所以取之矣。劉欽稱廷珪五言務自然、不事雕劂。七言律最爲工深、合唐人之體。今觀其七言古詩、亦頗遒麗。惟五言古詩竟無一篇、似不應全卷遺佚。或自知此體不擅長、遂不復作、亦如宋无之翠寒集歟。

句曲外史集三卷、補遺三卷、集外詩一卷、浙江鮑士恭家藏本

元張雨撰。雨有元品錄、已著錄。其平生詩文、嘗手錄成帙。然當時未及刊版。故零縑斷素、賞鑒家多傳其墨蹟、而集則無傳。明成化間、姚綬始購得其稾。嘉靖甲午、陳應符始釐爲三卷、校讎付刊、而以劉基所作墓誌、姚綬所作小傳附之。崇禎中、常熟毛晉復取烏程閔元衢所錄佚詩、爲補遺三卷、附以同時酬贈之作。晉又與甥馮武搜得雨集外詩若干首、續刻於後。仍以徐世達原序冠於簡端者、

卽此本也。雨詩文豪邁灑落，體格遒上。早年及識趙孟頫，晚年猶及見倪瓚、顧阿瑛、楊維楨，中閒如虞集、范梈、袁桷、黃溍諸人，皆以方外之交，深爲投契。故耳擩目染，具有典型。雖託蹟黃冠，而談藝之家位置於文士之列，不復以異教視之，厥有由矣。

僑吳集十二卷（兩淮馬裕家藏本）

元鄭元祐撰。元祐有遂昌雜錄，已著錄。元祐家本遂昌，徙於錢塘，而流寓平江凡四十年，爲時最久。故其集名以僑吳，實則杭州所作亦在其內，蓋從其多者言之也。集本其晚年所定，以授謝徽。今此本後有宏治丙辰張習跋，乃稱元祐本有遂昌山人集與僑吳集，多繁蕪重出，因通錄之，得詩文之精純者併爲十二卷，仍名僑吳集，用梓以傳。則此本爲習所重訂，非元祐手編之本矣。凡文六卷、詩六卷。其中與張德常書，有僕贊郡無補，嘗移檇李之語。而蘇大年所作墓誌、盧熊蘇州府誌皆稱元祐以大府薦兩爲校官，不言嘗爲他職，與元祐仕履不合，豈代人所作，失於標註耶。其文頗疎宕有氣，詩亦蒼古。蓋元祐生於至元之末，猶及見咸淳遺老，中閒又得見虞集諸人，得其緒論。末年所與游者，亦皆顧阿瑛、倪瓚、張雨之流，互相薰染，其氣韻不同，固亦有自來矣。

詠物詩一卷（浙江鮑士恭家藏本）

元謝宗可撰。宗可自稱金陵人，其始末無考。相傳爲元人，故顧嗣立元百家詩選錄是編於戊集之末，亦不知其當何代也。昔屈原頌橘，荀況賦蠶，詠物之作，萌芽於是。然特賦家流耳。漢武之天馬，班固之白雉、寶鼎，亦皆因事抒文，非主於刻畫一物。其託物寄懷見於詩篇者，蔡邕詠庭前石榴，其始見也。沿及六朝，此風漸盛，王融、謝朓至以唱和相高，而大致多主於隸事。唐宋兩朝，則作者蔚起，不可以屈指計矣。其特出者，杜甫之比興深微，蘇軾、黃庭堅之譬喻奇巧，皆挺出衆流，其餘則唐尚形容，宋參議論，而寄情寓諷，旁見側出於其中，其大較也。中閒如雍鷺鷥、崔鴛鴦、鄭鷓鴣，各以摹寫之工得名當世，而宋代謝蝴蝶等，遂一題衍至百首，但以得句相誇，不必緣情而作，於是別岐爲詩家小品，而詠物之變極矣。宗可此編，凡一百六首，皆七言律詩，如不詠燕蝶而詠睡燕、睡蝶，不詠雁鶯而詠雁字、鶯梭，其標題亦皆纖仄。蓋沿雍、陶諸人之波，而彌趨新巧。瞿宗吉歸田詩話曰：謝宗可百詠詩，世多傳誦，除走馬燈、蓮葉舟、混堂、睡燕數篇，難得全首佳者。其說信然。四詩亦非高作，顧嗣立錄其四十首，又摘其警句二十聯，其中如筆陣之怒捲龍蛇雲霧泣，長驅風雨鬼神驚，則傷於麤豪；螳螂賸之鬢雪冷侵霜斧落，髮雲低壓翠裳空，則傷於湊砌。特以格調雖卑，才思尚豔，詩教廣大，亦無所不有。元人舊帙，姑存之備一體耳。歸田詩話又曰：曩見邱彥能誦宗可賣花聲詩一首，百詠中不載，蓋性旣喜此一格，則隨事成吟，非作此一集而絕筆。彥能所誦，殆出於此集旣成之後歟。

鹿皮子集四卷（兩淮馬裕家藏本）

元陳樵撰。樵字居采，婺州東陽人。至正中，遭亂不仕，遁居圁谷，每衣鹿皮，因自號鹿皮子。考所作北山別業詩三十八首，備水石花竹之趣，則亦顧阿瑛、倪瓚之流，非窮鄉苦寒之士也。鄭善夫經世要言稱其經學爲獨到，然所稱神所知者謂之智，實慈湖之緒餘，而姚江之先導，論其所長，當仍在文章。是集題曰盧聯子友編，其古賦落落有奇氣，詩古體五言勝七言，近體七言勝五言。大抵七言古體學溫庭筠，以幽豔爲宗；七言近體學陸龜蒙，而雕刻往往太甚。如春在地中常不死，月行天盡又飛來之類，則傷於麤俗；詩無獨髓痕猶在，夢有鷩膠斷若何之類，則傷於纖巧。顧嗣立元詩選乃標爲佳句，列於小傳之內，殊失別裁。又古詩用韻，多以眞諄臻侵同用，沿吳棫韻補之謬註，殊乖古法。近體多以支脂之微齊通押，蓋亦誤信吳棫之說。夫詩各有體裁，韻亦各有界限。旣僻於復古，自可竟作古詩，何必更作今體。旣作今體，而又不用今韻，則驢非驢、馬非馬，龜茲王所謂贏矣。是皆賢智之過，亦不必曲爲樵諱也。

林外野言二卷（浙江鮑士恭家藏本）

元郭翼撰。翼有雪履齋筆記，已著錄。翼學問博洽，旣老不得志，僅爲學官，惟刻意於詩古文，嘗自號東郭生，又稱野翁，而名所著集曰林外野言。今所傳本凡二卷，附與顧仲瑛書一篇。考玉山名勝及乾坤淸氣諸集所錄翼詩，不見此集者尚多。又如題劉龍洲墓、道士游武當諸詩，又皆別見呂誠集，疑或後人重編，故多所舛漏，未必卽翼手定之槀也。翼從楊維楨遊，詩頗近其流派，其閒如望夫石、精衞詞諸篇，皆用鐵崖樂府體，尤爲酷似。要其筆力挺勁，絕無懦響，在元季詩人中可謂矯然特出者矣。

傲軒吟稾一卷（浙江鮑士恭家藏本）

元胡天游撰。天游名乘龍，以字行，號松竹主人，又號傲軒，岳州平江人。當元季之亂，隱居不仕。邑人艾科爲作傳，稱使天假其年，遇明太祖，必爲劉基、宋濂，則沒於順帝末年也。其集兵燹之餘，僅存十一。傳稱其七歲能詩，已具作者風力，名籍籍一時，視伯生、子昂，不輸一籌。今觀所作，大都悲壯激烈，而頗病麤豪，非惟未足抗虞集，亦未足以敵趙孟頫。傳所稱者殊過。然長歌慷慨之中，能發乎情，止乎禮義，身處末季，惓惓然想見太平，猶有詩人忠厚之遺。其在元季，要亦不失爲作者也。集中陌上花詩小序，誤以錢鏐爲梁元帝，頗爲乖舛。蓋興酣落筆，記憶偶疎。庾信桂華之語，誤讀漢書，王維垂楊之句，譌解莊子。取其大端，則小疵可略，論古人者正不在尋章摘句間矣。

師山文集八卷、遺文五卷、附錄一卷（安徽巡撫採進本）

元鄭玉撰。玉有春秋闕疑，已著錄。是編文集八卷，前有至正丁亥程文序，又有至正庚寅玉自序。蓋卽玉所自編。惟序稱名曰餘力稾，以見吾學之不專於文詞，則集名似後人追改。然王禕序及楊士奇跋已皆稱師山集，則初刻時已改名矣。遺文五卷，不知何人所編。程敏政跋玉釣臺詩卷，稱其裔孫虯裝潢成冊。張駿和敏政詩跋，亦稱玉裔孫鯨、虯皆能詩。其或出虯等之手歟。附錄一卷，則當時酬贈詩文及後人題詠也。玉自序謂韓、柳、歐、蘇塗天下之耳目，置斯民於無聞見之地，道之不明，文章晦之；道之不行，文章尼之。其與洪君實書，又力詆唐皇甫湜，其言殊妄。汪克寬作玉行狀，稱其文以正大剛直之氣，發爲雄渾警拔之詞，感慨頓挫，簡潔純粹。然紀事樸實，不爲雕鏤鍛鍊、跌宕怪神之作。出入馬遷、班固，而根之以六經之至理。其推尊亦太過。然玉學術本醇，克寬所謂大抵主於明正道、扶世教者，其論不誣。其文皆雅潔不支，歐陽元所謂嚴而有法者（案元此語亦見克寬誌中），亦爲不愧。其送葛子熙序，稱陸子之質高明，故好簡易；朱子之質篤實，故好邃密。所入之途有不同，及其至也，三綱五常，仁義道德，豈有不同者哉。況同是堯舜，同非桀紂，同尊周孔，同排釋老，同以天理爲公，同以人欲爲私。大本達道，無有不同者。學者不求其所以同，惟求其所以異，此豈善學聖賢者哉。又與汪眞卿書，稱朱子盡取羣賢之書，析其同異，歸之至當。使吾道在宇宙如青天白日，萬象燦然，莫不畢見。然自是以來，三尺之童，卽談忠恕，目未識丁，亦闡性與天道，一變而爲口耳之弊。蓋古人之學，以所到之深淺爲所見之高下，所言皆實事；今人之學，所見雖遠而皆空言。此豈朱子畢盡精微以敎世之意哉。其言皆辨別眞僞，洞見癥結，無講學家門戶之見。知其授命成仁，撐拄名敎，不自剽竊語錄中來矣。

友石山人遺稾一卷（編修汪如藻家藏本）

元王翰撰。翰字用文，其先西夏人。元初從下江淮，授領兵千戶，鎮廬州，因家焉。翰少襲爵，有能名。累遷江西福建行省郎中。陳友定畱居幕府，表授潮州路總管，兼督循、梅、惠三州。友定敗，浮海抵交趾，不果。屏居永福之觀獵山，著黃冠服者十一年。洪武開辟書再至，翰以幼子偁託其故人吳海，遂自引決。翰本將家子，志匡時難，不幸遭宗邦顚沛，其慷慨激烈之氣，往往託之聲詩，故雖篇什無多，而沈鬱頓挫，凜然足見其志節。如題畫葵花云，憐渠自是無情物，猶解傾心向太陽。送陳仲實還潮陽云，歸去故人如有問，春山從此蕨薇多。大都憔悴行吟，不忘故國。其絕命詩云，昔在潮陽我欲死，宗嗣如絲我無子。彼時我死作忠臣，覆祀絕宗良可恥。今年辟書親到門，丁男屋下三人存。寸刃在手顧不惜，一死了却君親恩。蓋翰於死生之際，明決如此，亦可見其志之素定也。顧嗣立元詩選僅載翰詩二十七首。此本乃其子偁所輯，凡諸體詩八十四首，前有陳仲述序，後附誌銘表詞等七篇，皆吳海所作也。

聞過齋集八卷（兩淮鹽政採進本）

元吳海撰。海字朝宗，閩縣人。至正末，遭逢兵亂，絕意仕進。明洪武初，守臣欲薦諸朝，力辭得免。既而徵諸史局，亦力辭不赴。事蹟具明史隱逸傳。是集爲其門人王偁所編。初海與永福王翰善，元亡之後，海以翰嘗仕元，勸以死節，而自撫其遺孤，敎之成立，卽偁是也。史稱其文嚴整典雅，一歸諸理。又載海嘗言楊、墨、釋、老，聖道之賊；管、商、申、韓，治道之賊；稗官、野乘，正史之賊；支詞、豔說，文章之賊。上之人宜敕通經大臣，會諸儒定其品目，頒之天下，民開非此不得輒藏，坊肆不得輒鬻云云。雖持論少狹，非古人兼資博考之義，然其宗旨之正，亦於此可見矣。其題曰間過齋者，海平生虛懷樂善，有規過者欣然立改，嘗以間過名其齋，俑因以名其集云。

學言詩稾六卷（江西巡撫採進本）

元吳當撰。當字伯尙，崇仁人，澄之孫也。以蔭授萬億四庫照磨，薦爲國子助教，預修宋遼金三史，除翰林修撰，累遷直學士。江南兵起，拜江西肅政廉訪使，左遷撫州路總管，旋罷歸。後復擢江西行省參知政事，未上官而陳友諒已陷江西，遂遁迹不出。友諒遣人召之，當堅臥以死自誓，舁牀載送江州，拘留一年，終不屈。友諒滅，乃免。洪武初，復迫致之，見太祖，長揖不拜，竟得放歸。隱居吉水之谷坪，完節以終。所著有周禮纂言，今已佚，惟此集存。原本九卷，明崇仁知縣新安葉艮貴所刊。此本六卷，則

國朝臨川李紱重刊所併也。澄於元代，致位通顯，號曰大儒，然實宋咸淳鄉貢士，出處之間，猶不免責備於賢者，當不受僭竊之辟，則高於張憲諸人，乃天下已定，仍不降禮於萬乘，尤在楊維楨諸人上。蓋死生久付之度外，其不爲謝枋得者，特天幸耳。有元遺老，當其最矯矯乎。其詩風格遒健，忠義之氣，凜凜如生，亦元季之翹楚。顧嗣立元百家詩僅摭其潯陽舟中詩三首、送樊秀才詩一首，附澄草廬集末，其殆未見此本歟。

北郭集六卷、補遺一卷（浙江鮑士恭家藏本）

元許恕撰。恕字如心，江陰人。至正中，薦授澄江書院山長，旋棄去。會天下已亂，乃遁迹賣藥於海上，與山僧野人爲侶，善自晦匿，罕相識者，故徵召不及。至洪武甲寅乃卒。是集其子禮部主事節所輯，范餘慶跋稱其後張簡編爲七卷，今考定原本爲六卷，是今本六卷乃其原數。顧嗣立元詩選云所著北郭集十卷，或十字七字字畫相近而誤歟。集中每卷之首皆題五七言古一行，其實乃古體近體雜編，殊不可解，疑或傳錄者所妄加。補遺卷內附錄其子節詩六首、孫輅詩二首、又許穆詩二首、許雲詩一首，則其族孫裔所續入也。恕詩格力頗遒，往往意境沈鬱，而音節高朗，無元季靡靡之音。近體頗似陳與義，或其所宗法者在簡齋集耶。中多愁苦之詞，然如偶成詩之一「逕豆苗綠，獨行溪水西。繁露墜叢竹，新流漲芳堤。偶與樵者語，忽聞幽鳥啼」云云，亦未嘗不翛然淸遠，蓋遭逢喪亂，故哀怨獨深，有不能率其恬夷之素者矣。

玉笥集十卷（浙江鮑士恭家藏本）

元張憲撰。憲字思廉，山陰人，家玉笥山，因以爲號。少負才不羈，晚爲張士誠所招，署太尉府參謀，稍遷樞密院都事。元亡後，變姓名寄食僧寺以沒。明史文苑傳附載陶宗儀傳末。然二人出處不同，非氣類也。是集卷首有同時楊維楨、周砥、戴艮及成化初安成劉釪四序，又孫大雅玉笥生傳一篇、楊基玉笥生傳書後一篇，其平生事狀，尙略具梗概。憲早歲入元都，所作紅驕馬歌、酬海一漚諸篇，皆在集中，奇氣鬱勃，頗有志於功名。後從淮張之招，非其本願，故其枕上感興詩云：「拓疆良在念，擇木詎忘醜。嘉猷固久抱，忠憤欲誰展。」蓋初同王粲之依劉，晚類韋莊之仕蜀，亦自知所託非人，而貧賤銜恩，不能自拔。讀其詞，可以知其志矣。憲學詩於楊維楨，維楨許其獨能古樂府。今集中樂府琴操凡五卷，皆頗得維楨之體。其他感時懷古諸作，類多磊落骯髒，豪氣坌涌。詩末間附評語，蓋亦維楨所點定云。

青村遺稾一卷（浙江巡撫採進本）

元金涓撰。涓字德原，義烏人。本姓劉，先世避吳越王錢鏐嫌名，改爲金氏。嘗受經於許謙，又學文章於黃溍，嘗爲虞集、柳貫所知，交薦於朝，皆辭不赴。明初，州郡辟召，亦堅拒不起，竟教授鄉里以終。所著有湖西、青村二集，共四十卷，兵燹不存。嘉靖中，其六世孫魁始掇拾散亡，編爲此本。魁子江始刊版印行，以所存無幾，非涓手定之原集，故題曰遺稾。涓於宋濂、王褘爲同學，褘贈涓詩有「惜哉承平世，遺此磊落姿」句，頗嗟其沈晦，而涓送李子威之金陵詩云「若見潛溪宋夫子，勿云江漢有扁舟」，乃深慮其薦達，志趣頗高。然其詩則不出江湖習派，摹寫山林，篇篇一律，殊未爲超詣。觀集中有錢塘行在一篇，以元統至正閒人，何至指錢塘爲行在。知由耽玩宋末諸集，以習熟而誤沿舊語矣。特以託意蕭閒，不待矯語淸高，自無俗韻，又恬於仕宦，疏散寡營，亦無所怨尤，故品格終在江湖詩上耳。詩道關乎性情，此亦一證矣。

丁鶴年集一卷（直隸總督採進本）

元丁鶴年撰。鶴年字亦曰鶴年、蓋用孟浩然字浩然例也。色目人。本世家子。遭亂不求仕宦、篤尚志操、兼以孝聞。烏斯道、戴良爲作傳、皆以申屠蟠擬之。元亡避地四明、後歸老武昌山中。明史文苑傳附見戴良傳末。其詩本名海巢集。此本題丁鶴年先生集、不知何人所編。末附有鶴年長兄浙東僉事都元帥吉雅摩迪音（原作吉雅謨丁、今改正。）詩九首、次兄翰林應奉阿里沙詩三首、又鶴年表兄樊川吳惟善詩五首、亦不知何人所續入也。鶴年既絕意於功名、惟覃思吟咏、故所得頗深。尤長於五七言近體、往往沈鬱頓挫、逼近古人、無元季纖靡之習。至順帝北狩以後、興亡之感、一託於詩。悱惻纏綿、眷眷不忘故國。瞿宗吉歸田詩話所稱行蹤不異臯東徙、心事惟隨雁北飛句、及逃禪室與蘇生話舊一篇、可以知其素志。宗吉又稱其梧竹軒詩、謂其時作者已滿卷、此詩一出、皆爲斂袵。今考其詩中二聯、堆砌無味、徒以起二句用鳳凰事、以棲梧桐食竹實關合。末二句用蔡邕事、以焦尾桐柯亭竹關合。頗爲工巧耳。以是求鶴年之詩、失之遠矣。

貞素齋集八卷、附錄一卷、北莊遺稾一卷（浙江鮑士恭家藏本）

元舒頔撰。頔字道原、績溪人。至元丁丑、江東憲使辟爲貴池教諭。秩滿調丹徒。至正庚寅、轉台州路儒學正。以道梗不赴、歸隱山中。明興、屢召不出。名所居曰貞素齋、著自守之志也。所著有古淡稾、華陽集、今皆不傳。此本乃嘉靖中其曾孫旭、元孫孔昭等所輯、績溪知縣遂寧趙春所刊。其文章頗有法律。詩則縱橫排宕、不尚纖巧織組之習。七言古體尤爲擅場。卷首有頔自序及自作小傳、均以陶潛自比。而其文乃多頌明功德。蓋元綱失馭、海水羣飛、有德者興、人歸天與、原無所容其怨尤。特遺老孤臣、義存故主、自抱其區區之志耳。頔不忘舊國之恩、爲出處之正。不掩新朝之美、亦是非之公。固未可與劇秦美新一例而論也。附錄一卷、載俞希魯、唐仲實等所作銘記數篇。北莊遺稾一卷、則頔弟遠遜遺詩、亦孔昭等所採入、今竝仍其舊錄之焉。

一山文集九卷（兩淮馬裕家藏本）

元李繼本撰。繼本名延興、以字行、東安人、占籍北平。登至正十七年進士。授太常奉禮、兼翰林檢討。考其代雄縣知縣所作禱雨文、內稱洪武二十七年。則其人明初尚存矣。此集前有李敏序、稱爲其子方曙方煦所輯。而景泰中黎公穎序則曰其孫容城教諭伸所編。意其父子相繼爲之歟。朱彝尊明詩綜蒐羅最備、獨未錄是集。殆以未仕於明、故與楊維楨諸人一例不載。顧嗣立元百家詩選亦未收入。則疑流傳頗少、嗣立偶未見也。其詩文俊偉疏達、能不失前人規範。長歌縱橫磊落、尤爲擅場。中有學李白不成、流爲盧仝馬異格調者。好奇之弊、其失不免獷而野。然愈於翦紅刻翠、以詞爲詩者多矣。

江月松風集十二卷（山東巡撫採進本）

元錢惟善撰。惟善字思復、自號心白道人、錢塘人。領至正元年鄉薦、官至儒學副提舉。張士誠據吳、退隱吳江之筒川、又移居華亭。明洪武初卒。惟善初應鄉試時、題曰羅刹江賦。鎖院三千人、不知所出。獨惟善引枚乘七發、證錢塘之曲江卽羅刹江。大爲主司所稱、由是知名。其作西湖竹枝詞、乃稱斷橋曰段家橋、爲瞿宗範所議、竝見瞿宗吉歸田詩話。然考證之疎密、與吟咏之工拙、各自一事、不以地理之偶誤、病及其詩也。其集在明不甚顯、故焦竑撰國史經籍志收元人詩集頗夥、而惟善所作不著錄。其傳於世者、惟賴良大雅集所錄詩九首而已。此本初爲惟善手書眞跡、藏於緐川陸氏家。後歸嘉興曹溶。康熙中金侃於溶家鈔得、又以甫里許氏藏本較其異同、始行於世。顧嗣立元詩選所錄、卽據此本採入者也。前有陳旅序、稱其妥適淸蒨、娓娓乎有唐人之流風。品題頗當。又有至元五年淳安夏溥序、以宋末四靈指爲晚唐之人、紕繆殊甚。今惟錄旅序以弁首、溥序則削不載焉。

龜巢集十七卷（編修汪如藻家藏本）

元謝應芳撰。應芳有思賢錄、已著錄。集一卷爲賦、二卷至五卷爲詩、六卷至十一卷爲雜文、十二卷爲詩餘、十三卷至十五卷又爲雜文、十六卷十七卷又爲詩。編次頗爲無緒、疑後人傳寫、亂其舊第。抑或本爲前集十二卷、後集五卷、一則先詩而後文、一則先文而後詩。傳寫誤併爲一集、故參錯如是也。史稱其詩文雅麗醞藉。今集中詩頗雅潔、文則多應酬之作。然其中如上周郎中論五事啟、上奉使宣撫書、與王氏諸子書、上周參政正風俗書、上何太守書、上武進樊大尹書、與林掌諭請建先賢祠書、皆有關於國計民生、人心風俗。非徒以筆墨為物役者。史稱其年益高，學行益邵，達官縉紳過郡者必訪其廬。廬芳布衣韋帶，與之抗禮，議論必關世教，切民隱，蓋不誣焉。

石初集十卷附錄一卷（浙江鮑士恭家藏本）

元周霆震撰。霆震字亨遠，安成人。以先世居石門田西，自號石田子。初，省其文則曰石初。早年刻意學問，多從宋諸遺老游，得其緒論。延祐中行科舉法，再試不售，遂杜門專意詩古文。是集為廬陵晏璧所編，集後行狀誌銘之屬，亦璧所附也。霆震生於前至元二十九年壬辰，卒於明洪武十二年己未，年八十有八，親見元代之盛，又親見元代之亡，故其詩憂時傷亂，感憤至深。如二月十六日青兵逼城、古金城謠、李尋陽死節歌、兵前鼓農謠、杜鵑行、過玉成砦、關城曲、郡城高人食人、延平龍劍歌、寇至、雜咏、寇自北來、車中苦樂謠、宿州歌諸篇，並敘述亂離，沈痛酸楚，使異代尚如見其情狀。昔汪元量《水雲集》，論者以為宋末之詩史，霆震此集，其亦元末之詩史歟。

山窗餘稾一卷（浙江鮑士恭家藏本）

元甘復撰。復字克敬，餘干人。其詩源出於張翥，雖不及翥之才力富健，諸體兼備，而風懷澄澹，意境翛然。五言古體綽有韋柳之遺，其格韻乃似在翥上。蓋才有所偏長，詣有所獨至也。元亡之後，遁跡以終。著作散佚，僅存手墨於同里趙石蒲家，凡文數十篇，詩十餘首。明成化中，石蒲之孫琥始為繕錄開雕，復見於世。雖零篇斷簡，所剩無多，而詩格文筆一一高潔，疑復當日自擇其最得意者手錄此帙，故篇篇率有可觀，轉勝於珠礫雜陳，務盈卷帙，徒供覆瓿者矣。顧嗣立元詩選稱琥刻是編，劉憲為序。此本僅有琥跋，不載憲序，蓋刊版散失之後，輾轉傳鈔，佚之矣。然復集自足傳，亦不以序之有無為輕重也。

梧溪集七卷（浙江鮑士恭家藏本）

元王逢撰。逢字原吉，自稱席帽山人，江陰人。當至正間，被薦不就，避地吳淞江，築室上海之烏涇。適張氏據吳，東南之士咸為之用，逢獨高蹈遠引。及洪武初，徵召甚迫，又以老疾辭。明史文苑傳附載於戴良傳中，以二人皆義不負元者也。逢少學詩於陳漢卿，得虞集之傳，才氣宏敞，而不失謹嚴。集中載宋元之際忠孝節義之事甚備，每作小序以標其崖略，足補史傳所未及，蓋其微意所寓也。是書傳本差稀，王士禎屬其鄉人楊名時訪得明末江陰老儒周榮起手錄本，乃盛傳於世。榮起號硯農，究心六書，毛晉汲古閣刊版，多其所校，蓋亦好古之士云。

吾吾類稾三卷（永樂大典本）

元吳皐撰。皐，元史無傳，志乘亦失載其姓名，獨永樂大典各韻中頗採錄其詩文，題作吳舜舉吾吾類稾，又別收胡居敬等原序二篇，略具行履。知其為臨川人，乃宋丞相吳潛諸孫，早游吳澂之門，嘗官臨江路儒學教授。元亡後，抗志不出，遯跡以終。而不著其名。惟王圻續文獻通考載有吳皐吾吾類稾之目，而集中視文亦有皐忝游宦語，知皐為其名，舜舉乃其字也。皐工於韻語，所作大都以朴澹為主，不涉元末佻巧纖靡之習。詩中紀年，多有庚寅、壬辰及癸卯、甲辰等歲名，時值至正之季，盜賊縱橫，目擊艱危，每深憂憤。如和劉聞廷擬古十章，反覆於國步將傾、藩維弛廢，而繼之以堂堂溽陽守，重義知所本云云，特表李黼之忠烈，以激厲當時。其志有可憫者。雖其骨格未堅，尚不能抗行古作者，而纏綿悱惻，要不失變雅之遺意焉。集佚已久，顧嗣立元詩選蒐羅最廣，亦闕而不載。今從永樂大典裒輯，其得詩一百二十餘首，釐為三卷，其雜文十餘首，亦附於後，備考核焉。

樵雲獨唱六卷（浙江鮑士恭家藏本）

元葉容撰。容字景南，金華人。志行高潔，結廬城山東隅，名其地曰雲巘，自號雲巘天民。是集乃其孫瑄所編，前有自序，謂薪桂而雲山高，寒音調古而巖谷絕響，故名曰樵雲獨唱。序凡二篇，皆題至正甲午，而集中多載入明詩，且後篇乃明興後語，疑原本後篇未著年月，傳寫者誤以前篇年月補入也。顧嗣立元詩選載葉樵雲容，字伯愷，洪武中登進士，官行人司副，免歸。案集中挽琳荊山上人云：大德庚子春，生我及此公，以年計之，當洪武戊申，景南年六十有九矣。其獨樂歌云：屈指今年七十五。集中詩皆高曠之言，絕無及仕宦者。袁布政凱序云：使先生後生數年，際我朝之明盛，與一時俊乂並列庶職，其事業必有可觀。惜其不然，而徒於言語文字間見之，其志不亦可哀乎。袁序作於成化間，不應有誤。元詩選所引，未知何所據也。又震澤編載東山葉容字伯昂，嘗以鄉貢爲和靖書院山長、則又一同名姓者耳云云、其辨甚明。案太學題名碑、建文庚辰科有葉容、亦金華人。庚辰爲建文三年、革除以後稱洪武三十三年。元詩選所引、當必因此而譌、詞立特未之詳考也。其詩寫閒適之懷、頗有流於頹唐者。而胸次超然、殊有自得之趣。天機所到、固不必以繩削求矣。

桐山老農文集四卷、浙江范懋柱家天一閣藏本

元魯貞撰。貞字起元、自號桐山老農、開化人。集中萬青軒記、自稱曲阜人、蓋曲阜其祖貫也。是集凡文三卷、詩一卷。凡元代所作、皆題至正年號。其入明以後、惟題甲子、殆亦栗里之遺意。詩不出元末之格、且閒有累句、殊非所長。其文亦閒見頗狹、或失考正。如武安王廟記迎神詞中有蘭佩下兮桂旗揚、乘赤兔兮從周倉句。考周倉之名不見史傳、是直以委巷俚語鐫刻金石、殊乖大雅。然人品既高、胸懷夷曠、一切塵容俗狀、無由入其筆端。故稱臆而談、自饒清韻。譬諸深山幽谷、老柏蒼松、雖不中繩規、而天然有出塵之意。其故正不在語言文字閒矣。

靜思集十卷、浙江鮑士恭家藏本

元郭鈺撰。鈺字彥章、吉水人。江西通志稱其元末遭亂、隱居不仕。明初以茂才徵、辭疾不就。集首有洪武二年廬陵羅大已序、亦稱其有經濟、能自守。今案集中有辛亥秋詔舉秀才、余以耳聾足蹩、縣司逼迫非情、因成短句一詩。辛亥爲洪武四年、又在作序後二年。則所謂能自守者信矣。又癸丑首正詩中有盲廢倦題新甲子、醉來謾說舊山川、貞元朝士今誰在、東郭先生每自憐之句。是其不忘故國、抗跡行吟、志操可以概見。又有乙卯新元六十生辰詩、則其入明已八年矣。跡其生平、大抵轉側兵戈、流離道路。目擊時事阽危之狀、故見諸吟咏者每多愁苦之詞。如悲廬陵悲武昌諸篇、慷慨激昂、於元末盜賊殘破郡邑事實、言之確鑿、尤足裨史傳之闕。其遺集本藏於家、嘉靖閒、羅洪先始爲序而傳之。而其孫廷詔等不知編次之法、前後舛錯、殊無義例。以行世既久、今亦姑仍其舊錄之云爾。

九靈山房集三十卷、補編二卷、兩江總督採進本

元戴良撰。良字叔能、浦江人。嘗學文於柳貫、黃溍、吳萊、學詩於余闕。明史文苑傳、明太祖初定金華時、用爲學正。良棄官逃去。至正辛丑、順帝用薦者言、授淮南江北等處行中書省儒學提舉。後至吳中依張士誠。知士誠不足與謀、挈家浮海至膠州、欲閒道歸庫庫軍。庫庫即世所稱王保保、百戰以圖恢復者也。會道梗不達、僑居昌樂。洪武六年南還、變姓名隱四明山。十五年、徵入京、欲官之、以老疾辭。太祖怒、羈留不釋。次年四月卒於京師。然迄未食明祿也。良世居金華九靈山下、故自號九靈山人。其集曰山居稾、曰吳游稾、曰鄞遊稾、曰越遊稾。後跋又云、集外有和陶詩一卷。今檢集中、越遊稾內已有和陶詩一卷。而其門人趙友同所作墓誌亦云和陶詩一卷、九靈集三十卷、不在集目之內。或本別有和陶詩一卷、而爲後人合併於集中者、未可知也。良詩風骨高秀、迥出一時。睠懷宗國、慷慨激烈、發爲吟咏、多磊落抑塞之音。故其自贊謂歌黍離麥秀之詩、詠剩水殘山之句。蘇伯衡贊其畫像、亦謂其跋涉道途、如子房之報韓。其彷徨山澤、如正則之自放云。

灤京雜詠一卷、浙江鮑士恭家藏本

元楊允孚撰。允孚字和吉、吉水人。其始末未詳。惟集後羅大已跋稱、楊君以布衣襆被、歲走萬里、窮西北之勝。凡山川物產、典章風俗、無不以詠歌記之。則允孚似未登仕版者。然第四十九首註稱、每湯羊一膳具數十六、餐餘必賜左右大臣、日以爲常。予嘗職賜、故悉其詳云云。則亦順帝時尚食供奉之官、非游士矣。又末數首中、一則曰宮監何年百念消、冠簪驚見鬢蕭蕭、挑燈細說前朝事、客子朱顏一夕凋。一則曰強欲澆愁酒一卮、解鞍閒看古祠碑、居庸千載興亡事、惟有中天月色知。一則曰試將往事記從頭、老鬢征衫總是愁、天上人閒今又昔、灤河珍重水長流。則是集蓋作於入明之後。故羅大已序有兵燹所過、莽爲邱墟、回視曩遊、慨然永嘆語也。其詩凡一百八首、題曰百詠、蓋舉成數。其曰灤京者、以灤河逕上都城南、故元時亦有此稱。詩中所記元一代避暑行幸之典、多史所未詳。其詩下自註、亦皆賅悉。蓋其體本王建宮詞、而故宮禾黍之感、則與孟元老之東京夢華錄、吳自牧之夢粱錄、周密之武林舊事同一用意矣。

雲陽集十卷、浙江鮑士恭家藏本

元李祁撰。祁字一初、別號希蘧、茶陵人。元統元年進士。除應奉翰林文字、改授婺源州同知、遷江浙

儒學副提舉，以母憂解職。會天下已亂，遂隱永新山中。元亡，自稱不二心老人，年七十餘乃卒。祁爲詩沖融和平，自合節度，文章亦雅潔有法。其初登第也，元制以漢人南人爲左牓，蒙古色目人爲右牓。（案元制尚右，故元史梁增傳稱諭安南以新朝尚右之禮。蒙古色目人爲右牓以此。）祁爲左牓第二人，其右牓第三人則余闕也。後闕死節，而祁獨轉側兵戈閒，嘗爲闕序青陽集，以不得乘一障效死如廷心爲恨。又稱世之貪生畏死，甘就屈辱，靦然以面目視人者，斯文之喪，益掃地盡矣。蓋與闕雖出處稍殊，死生各異，而其惓惓故主，義不負元，則大節如一。昔宋理宗寶祐四年牓得文天祥爲狀元，又得陸秀夫、謝枋得二人。是牓得李黼爲狀元，而又得祁與闕二人。黼不愧文天祥，闕不愧陸秀夫，而祁亦不愧謝枋得。是二牓者，後先輝映，亦可云科名之盛事矣。初，明兵至永新，祁中刃僵道左，千戶俞子茂詢知爲祁，舁歸禮待之。雖幸不死，然洪武中徵召舊儒，祁獨力拒不起。子茂重其爲人，祁沒之後，子茂爲刻其遺集十卷。至宏治閒，其五世從孫東陽搜輯遺稾，屬吉安守顧天錫重鋟，即此本也。

國朝康熙中，廣州釋大汕復以意刪削，併爲四卷。然大汕雖號方外，實權利之流，其學識不足以知祁，去取深爲未當。故今仍以原本著錄，存其真焉。

南湖集七卷（浙江鮑士恭家藏本）

元貢性之撰。性之字友初。歸田詩話作有初，未詳孰是也。宣城人，尚書師泰之族子。元季以胄子除簿尉，後補閩省理官。洪武初，徵錄師泰後人，大臣以性之薦。性之避居山陰，更名悅。其從弟仕於朝者，迎歸金陵、宣城，俱不往。躬耕自給以終其身。其集名曰南湖。雖仍以宣城祖居爲目，實則沒於浙東，終未歸也。集中題畫馬詩云：記得曾陪仙仗立，五雲深處隔花看。題葡萄詩云：憶騎官馬過灤陽，馬乳纍纍壓架香。蓋惓惓不忘故國。又題墨菊詩曰：柴桑生事日蕭然，解印歸來只自憐。醉眼不知秋色改，看花渾似隔輕煙。題陶靖節像曰：解印歸來尚黑頭，風塵吹滿故園秋。一生心事無人識，剛道逢迎愧督郵。其不事二姓之意，尤灼然可見。貢欽作是集序曰：會稽王元章善畫梅，得其畫者無貢南湖題詩則不貴重。故集中多咏梅詩。嘗題絕句云：王郎胸次亦清奇，盡寫孤山雪後枝。老我江南無俗事，爲渠日日賦新詩。又云：王郎日日寫梅花，寫徧杭州百萬家。向我題詩如索債，詩成贏得世人誇。其他題畫之作尤多。蓋人品既高，故得其題詞則縑素爲之增價，有不全繫乎詩者。歸田詩話稱其吳山游女及送戴伯貞之廣西兩篇，未足以盡性之也。

佩玉齋類稾十卷（兩淮馬裕家藏本）

元楊翮撰。翮字文舉，上元人。父剛中，大德閒官翰林待制，著有霜月集，今已不傳。翮初爲江浙行省掾，至正中官休寧主簿，歷江浙儒學提舉，遷太常博士。剛中爲時名宿，所學具有原本，當代勝流多與之遊。翮承其家訓，益鍊厲爲古文辭。觀虞集、楊維楨等所作序，皆儼然以父執自居，則其指授提撕，必爲親切。故其文章格律，多得自師友見聞，意態波瀾，能不失先民矩矱。雖邊幅未廣，醞釀未深，而法度謹嚴，視無所師承，徒以才氣馳騁者，則相去遠矣。是集刊於至正末，而劉仔肩選明雅頌正音，乃採入其詩。又楊基集悼楊文舉博士詩，亦有白髮蒼髯老奉常，亂離終喜得還鄉句。則翮之沒當在洪武初年。今以其未受明祿，故仍系之元人焉。

清閟閣集十二卷（安徽巡撫採進本）

元倪瓚撰。瓚字元鎭，號雲林。（案梁溪遠雕邱雜錄曰：倪雲林字元鎭，而華亭夏正長寅贈陳進之序稱爲太宇，不知其何據，謹附識於此。）無錫人。畫居逸品。詩文不屑屑苦吟，而神思散朗，意格自高，不可限以繩墨。明天順閒，宜興蹇朝陽有刻本。至萬歷中，其八世孫珵等復爲彙刊，凡十五卷。歲久漫漶，惟毛晉所刊十元人集本行世。

國朝康熙癸巳，上海曹培廉重爲編定，校勘付梓，多所增補。考朱存理樓居雜著有題雲林子詩後一篇，稱素愛其詩，每見一篇一詠，輒收錄之。近得蹇氏新刻本，參校其所遺者，存而萃集成帙，多吳遊之作。計得諸體詩及雜文共若干篇，爲外集一卷。則蹇刻原非足本，故培廉更爲蒐輯也。凡詩八卷，雜文二卷，外紀二卷。上卷列遺事、傳銘、誄贈、荅弔輓之作，下卷專載諸家品題詩畫語。毛晉嘗刊雲林遺事，於集外別行，培廉裒爲一編，瓚之始末，備列無遺矣。世又有別本文集二卷，末有崇禎戊寅紀同人跋曰：雲林詩集，毛子晉家有刊本。此文集二卷，自滄江劉氏鈔得之，蓋裒輯墨蹟而成，非原本也。後見刻本，較此本增多數篇，分爲四卷，序次亦稍不同。然文中荆溪圖序一首，據宜興縣志載入者核之，即題陳惟允畫荆溪圖之節本，前後複見，略不一檢，則冗雜無緒可知，不及此本之清整也。云云。其考正頗核。今考集中所載，如題天香深處卷後、題紫華周公碑傳行狀後、題師子林圖、重跋紫華周公碑傳、題周遜學府君遺翰後、鶴林周元初像贊等六篇，皆詞意猥鄙，決非璞筆，蓋自僞本墨蹟鈔撮竄入，同人未及辨正，培廉此本亦尚載集中。以流傳既久，姑仍刊本存之，而附著其可疑如右。

玉山璞稾一卷（兩淮馬裕家藏本）

元顧瑛撰。瑛一名阿瑛，又名德輝，字仲瑛，崑山人。少輕財結客，年三十始折節讀書，與天下勝流相唱和。舉茂才，署會稽教諭，辟行省屬官，皆不就。年四十即以家產盡付其子元臣，卜築玉山草堂，池館聲伎，圖畫器玩，甲於江左。風流文采，傾動一時。後元臣仕爲水軍副都萬戶。元亡，隨例徙臨濠，瑛亦偕往，洪武二年卒。嘗自題其畫像曰：儒衣僧帽道人鞵，天下青山骨可埋。若說譽時豪俠興，五陵衣馬洛陽街。紀其實也。明史文苑傳附載陶宗儀傳末。楊循吉蘇談曰：阿瑛好事而能文，其所作不逮諸客，而詞語流麗，亦時動人，故在當時得以周旋騷壇之上，非獨以財故也。今觀所作，雖生當元季，正詩格綺靡之時，未能自拔於流俗，而清麗芊綿，出入於溫岐、李賀間，亦復自饒高韻，未可概以詩餘斥之。集末附步虛詞四章，體摹貫誥，又小詞二首、文二篇，拜石壇記頗疎峭，玉鸞一傳，爲楊維楨得鸞而作，摹擬毛穎、革華，則不免陳因窠臼矣。

麟原文集二十四卷（兩淮馬裕家藏本）

元王禮撰。禮字子尚，後更字子讓，廬陵人。元末爲廣東元帥府照磨。明興，不仕，聘爲考官，亦不就。江西通志載吉安人物有王子讓，而無王禮，蓋誤以子讓爲名也。禮工於文章，著述甚富，嘗選輯同時人詩爲天地間集（案謝翺嘗錄宋遺民詩爲天地間集，此蓋襲其名，蓋陰以自寓），其名見於郭鈺靜思集中，今已久佚，惟是編尚存。分前後兩集，各十二卷，前有李祁、劉定之二序。定之序謂其託耕鑿以棲迹，於運去物改之餘，依翅蕤以逃名於頭童齒豁之際。其文奇氣硉矹，胸臆以未裸將周京故也。有與子讓同出元科目，佐幕府，其氣亦有掣碧海、戈蒼旻之奇，及攀附龍鳳，自擬留文成，然有所作，噫喑懾伊，捫舌縣顙，昔豪氣澌泯無餘矣。意蓋借禮以詆劉基，然所評與禮文不甚似。祁序稱其藹然仁義之詞，凜然忠憤之氣，深切懇至，無不可人意者，斯得之矣。

來鶴亭詩八卷補遺一卷（浙江鮑士恭家藏本）

元呂誠撰。誠字敬夫，崑山人。工於吟詠，詩格清麗。與同里郭翼、陸仁、袁華相唱和。嘗於園林蓄一鶴，後有鶴自來爲伍，因築來鶴亭，併以名其詩集。考集中第一卷多嶺南詩，二卷有洪武辛亥南歸重渡梅關詩云：去年竄逐下南溟，萬里歸來鬢已星。辛亥爲洪武四年，是明初嘗謫遷廣東，已而赦歸。其緣何事獲譴，則不可考。第八卷詩內有洪武癸酉紀年，癸酉爲洪武二十六年，而楊維楨前序作於至正七年丁亥，至是已四十七年，計其時誠亦耄矣。諸書皆稱呂處士，無言其嘗仕於明者，則仍元遺老也。集不知何人所編。維楨序稱嘗和其古樂府，自上京至江南諸弄若干首，今集中皆無之，則原序雖存，詩已多所散佚，非其原本。又顧嗣立元人百家詩選稱其尚有旣白軒、竹洲、歸田諸稾，今所見者惟此集，或維楨所言，在其他集之內歟。

雲松巢集三卷（浙江鮑士恭家藏本）

元朱希晦撰。希晦，樂清人。至正末，隱居瑤州，與四明吳主一、蕭臺趙彥銘游詠雁山之中，稱雁山三老。明初有薦於朝者，朝命未至而卒。是集乃其子幽所編，天台鮑原宏爲之序。正統中，其元孫元諒刊版，章敞又爲之序。原宏序稱其飄逸放曠，宗於李，典雅雄壯，宗於杜。敞序稱其思致精深，詞意豐贍，滔滔汩汩，如驚濤怒瀾，蛟鼉出沒，而可駭可愕。今觀其詩，五言詩氣格頗淸，而邊幅少狹，興象未深。數首以外，詞旨略同。七言稍爲振拔，古體又勝於近體，溯其宗派，蓋瓣香於劍南一集。原序所稱，未爲篤論也。

環谷集八卷（浙江鮑士恭家藏本）

元汪克寬撰。克寬有禮經補逸，已著錄。其平生以聚徒講學爲業，本不留意於文章。談藝之家亦未有以文章稱克寬者。然其學以朱子爲宗，故其文皆持論謹嚴，敷詞明達，無支離迂怪之習。詩僅存十餘首，雖亦濂洛風雅之派，而其中七言古詩數首，造語新警，乃頗近溫庭筠、李賀之格，較諸演語錄以成篇，方言俚字，無不可以入集者，亦殊勝之。在其鄉人中，不失爲陳櫟、胡炳文之亞。文士之文以詞勝，而防其害理；詞勝而不至害理，則其詞可傳。道學之文以理勝，而病其不文；理勝而不至不文，則其理亦可傳。固不必以一格繩古人矣。此集爲國朝康熙初其裔孫宗豫所輯，前列行狀、墓表、年譜，末附以汪澤民等序文，爲胡傳纂疏諸書而作者。前有三原孫枝蔚序，稱祁門三汪先生集，今以時代不同，析之各著錄焉。

性情集六卷（永樂大典本）

元周巽撰。巽事蹟不見於他書，其詩集諸家亦未著錄，惟文淵閣書目載有周巽泉性情集一部，一冊，與永樂大典標題同。吉安府志又載有周巽亭白鷺洲洗耳亭二詩，檢勘亦與此集相合。而集中擬古樂府小序，則自題曰龍唐耋艾周巽云云，以諸條參互考之，知巽爲其名，而巽泉巽亭乃其號與字也。集中自稱嘗從征道賀二縣猺寇，以功授永明簿，則在元曾登仕版，而所紀干支有丙辰九月，當爲洪武九年，則明初尚存矣。巽詩格不高，頗乏沈鬱頓挫之致，然其抒懷寫景，亦頗近自然，要自不失雅則。集以性情爲名，其所尚蓋可知也。元末吉州一郡，如周霆震、楊允孚、郭鈺等，皆有詩集流傳，而巽詩獨佚，殆亦有幸不幸歟。今據永樂大典所載，蒐羅編輯，釐爲六卷，俾與石初諸集並存於世，亦未嘗不分路爭馳矣。

花溪集三卷（兩淮鹽政採進本）

元沈夢麟撰。夢麟字原昭，吳興人。舉後至元己卯鄉薦，授婺源州學正，遷武康令。至正中，解官歸隱。明初以賢良徵，辭不起。應聘入浙闈校文者三，爲會試同考者再。太祖稱之曰老試官。然知其志不可屈，亦不强以仕。年垂九十而卒。夢麟以前朝遺老，不能銷聲滅蹟，自遁於雲山煙水之間，乃出預新朝貢舉之事。此與楊維楨等之修元史，胡行簡等之修禮書，其蹤蹟相類。以較丁鶴年諸人，當降一格。然身經徵辟，卒不受官，較改節希榮者，終加一等。仍繫諸元，曲諒其本志也。是集爲其元孫江西按察司僉事清所編，凡詩文四百二十四篇。夢麟與趙孟頫爲姻家，傳其詩法。七言律體最工。時稱沈八句。劉基早與之遊，嘗寄贈曰：杜陵老去詩千首，陶令歸來酒一罇。其文其人，具見於是矣。

樗隱集六卷（永樂大典本）

元胡行簡撰。行簡字居敬，新喻人。至正二年進士。授國子監助教，歷翰林修撰，除江南道御史，遷江西廉訪司經歷。遭世亂，乞歸，以經學教授鄉里。事蹟見江西通志中。考明史禮志，載洪武二年詔郡縣舉高潔博雅之士，同修禮書，至者八人，而行簡與焉。是明初尚存，故集中晏公廟喻眞人二碑均有洪武年號。然明太祖實錄又載徵江西儒士劉于、胡行簡等至京，欲官之，俱以老病辭，各賜帛遣還。則尚未受明官也。行簡文章以沖和淡雅爲宗，雖波瀾未闊，而能確守法度，不爲支離冗贅之詞。擬之元末，殆李祁雲陽集之流。其詩傳者無多，墨竹一章，於故君舊國之思，再三致意，亦頗可見其節操。焦竑經籍志所列元末明初諸集，爲數最夥，而獨無此集之目，是明代傳本已尠。今從永樂大典蒐輯編綴，釐爲六卷，存其槪焉。

東山存稾七卷附錄一卷（內府藏本）

元趙汸撰。汸有周易文詮，已著錄。初汸於洪武二年應召修元史，歸未逾月而卒。其門人汪蔭夏輯遺文爲一編，後其門人范準又蒐羅補綴。汪仲魯爲之序，但稱若干卷而不詳其數，似作序時尚未編定也。又有嘉靖戊午鮑志定序，稱文集散佚，間輯於汪范二君而未備也。先翰林於先生爲莫逆交，故諸所撰述，富余家藏書樓中，大率悉備。先君子棠野公追念世好，收摭先生遺文，總彙成集，攜遊北雍，潛川鄭菴汪君亟請繡梓云云。則此本乃志定之父所編，非汪蔭范準之舊也。凡詩詞一卷，文六卷。附錄一卷，詩文間註本事，有似汸自註者。有稱汸爲先生，如贈推命焦月巖咏蟋蟀二詩及虞集私試江西六君子策之類，灼然爲後人所加者。詳其語意，殆汪范二人所附歟。康熙辛酉，趙吉士重刊跋，稱第六卷虞集行狀中闕二頁。今考此篇之末，其文未畢，蓋尚闕其末一頁，不但二頁也。有元一代，經術莫深於黃澤，文律莫精於虞集。汸經術出於澤，文律得於集，其淵源所自，皆天下第一。故其議論有根柢，而波瀾意度，均有典型。在元季亦翹然獨出。詩詞不甚留意，然往往頗近元祐體，無雕鏤繁碎之態。蓋有本之學，與無所師承，剽竊語錄，自炫爲載道之文者，固迥乎殊矣。

東維子集三十卷附錄一卷（浙江孫仰曾家藏本）

元楊維楨撰。維楨有春秋合題著說，已著錄。此其初刊詩文集也。維楨以詩文奇逸凌跨一時，此編乃錄文二十八卷，詩僅兩卷，又以雜文六篇足之。蓋以文爲主，詩特附行耳。朱國楨湧幢小品載王彝嘗詆維楨爲文妖，今觀所傳諸集，詩歌樂府出入於盧仝、李賀之閒，奇奇怪怪，溢爲牛鬼蛇神者，誠所不免。至其文則文從字順，無所謂翦紅刻翠以爲塗飾，聱牙棘口以爲古奧者也。觀其於句讀疑似之處，必旁注一句字，使讀者無所岐誤，此豈故爲險僻，欲使人讀不可解者哉。其作鹿皮子文集序曰：盧殷之文凡千餘篇，李礎之詩凡八百篇，樊紹述著樊子書六十卷，雜詩文凡九百餘篇，今皆安在哉。非其文不傳也，言龐義淫，非傳世之器也。孔孟而下，人樂傳其文者，屈原、荀況、董仲舒、司馬遷，又其次王通、韓愈、歐陽修、周敦頤、蘇洵父子。我朝則姚公燧、虞公集、吳公澄、李公孝光，凡此十數君子，其言皆高而當，其義皆奥而通也。觀其所論，則維楨之文不得概以妖目之矣。陶宗儀輟耕錄載維楨辨統論一篇，大旨謂元繼宋而不繼遼金。此集不載此篇，未喻其故。今恭奉

諭旨補入集內。蓋維楨雖皮顏吠主，罪甚揚雄，而其言可採，則不以其人廢之，仰見

聖人衮鉞之公，上超萬古，非儒生淺見之能窺也。

鐵崖古樂府十卷、樂府補六卷（安徽巡撫採進本）

元楊維楨撰，其門人吳復所編。維楨以樂府擅名，此其全帙也。樂府始於漢武，後遂以官署之名爲文章之名。其初郊祀等歌，依律製詩，橫吹諸曲，採詩協律，與古詩原不甚分。後乃聲調迥殊，與詩異格，或擬舊譜，或製新題，輾轉日增，體裁百出。大抵奇矯始於鮑照，變化極於李白，幽豔奇詭，別出蹊徑，岐於李賀。元之季年，多效溫庭筠體，柔媚旖旎，全類小詞。維楨以橫絕一世之才，乘其弊而力矯之，根柢於青蓮、昌谷，縱橫排奡，自闢町畦。其高者或突過古人，其下者亦多墮入魔趣，故文采照映一時，而彈射者亦復四起。然其中如擬白頭吟一篇曰：買妾千黃金，許身不許心，使君自有婦，夜夜白頭吟。與三百篇風人之旨亦復何異。特其才務馳騁，意務新異，不免滋末流之弊，是其一短耳。去其甚則可，欲竟廢之則究不可磨滅也。惟維楨於明初被召，不肎受官，賦老客婦謠以自況，其志操頗有可取。而樂府補內有所作大明鐃歌鼓吹曲，乃多非刺故國，頌美新朝，判然若出兩手。據危素跋，蓋聘至金陵時所作。或者懼明祖之羈留，故以遜詞脫禍歟。然核以大義，不止於白璧之微瑕矣。

復古詩集六卷（編修汪如藻家藏本）

元楊維楨撰，所載皆琴操、宮詞、冶春、遊仙、香奩等作，而古樂府亦雜厠其閒。乃其門人章琬所編，以其體皆時俗所置而不爲，故以復古爲名。琬序稱輯前後所製者二百首，逮吳復所編又三百首，而今止一百五十二首，數不相符，或後人已有所刪削，非完本歟。其中香奩諸詩，爲他本所不載。古樂府諸篇則與鐵崖樂府相複者數十首，而稍有異同。如石婦操山夫折山花句上，樂府本尚有峩峩孤竹岡，上有石魯魯二句，山頭朝石婦句，樂府本作歲歲山頭歌石婦。又烽燧曲一首，樂府本以上二句作下二句，其文互有顛倒。又樂府本所載詩題與此本異者，如北郭詞之作屈婦詞，秦宮曲之作桑陰曲，合歡詞之作生合歡，空桑曲之作高樓曲，此類不一而足。蓋吳復編鐵崖樂府在至正六年，琬編此集在至正二十四年，相距幾二十載，殆維楨於舊稾又有所改定，故琬據而錄之。此當從其定本，不當泥其初稾者矣。

麗則遺音四卷（江蘇巡撫採進本）

元楊維楨撰。維楨東維子集不載所作古賦，鐵崖文集中亦僅有土圭、蓮花漏、記里鼓車三作，而他賦概未之及。是集爲賦三十有二首，皆其應舉時私擬程試之作，乃維楨門人陳存禮所編，而刊版於錢塘者。至正二年，維楨自爲之序。其後漸佚不傳，明史藝文志中備錄維楨著述書目，亦無是集之名。明末常熟毛晉偶得元乙亥科湖廣鄉試荆山璞賦一冊，而是集實附卷末，始爲重刻以行。其荆山璞賦五首，并綴錄於後，以存其舊。元代設科，例用古賦，行之既久，亦復剽竊相仍，末年尤甚。如劉基龍虎臺賦，以場屋之作爲世傳誦者，百中不一二也。維楨才力富健，回飈馳霆，激之氣以就有司之繩尺，格律不更，而神采迥異。逮擬諸詩人之賦，雖未易言，然在科舉之文，亦可云卷舒風雲，吐納珠玉者矣。

夷白齋稾三十五卷、外集一卷（浙江鮑士恭家藏本）

元陳基撰。基字敬初，臨海人，受業黃溍之門，所作詩文皆操縱馳騁，而自有雍容揖讓之度，能不失其師傳。至正中，以薦授經筵檢討，嘗爲人草諫章，

幾獲罪，引避歸。張士誠據吳，引爲學士，書檄多出其手。明興，太祖召修元史，賜金而還。明史文苑傳附見趙壎傳中。基寓舍有夷白齋，故以名其稾。凡內集詩十一卷，文二十四卷。外集詩文合一卷。大抵皆元世所作也。朱存理樓居雜著有跋夷白齋稾一篇，稱得鈔本於王東郭家，臨寫一部，計二百九十六番，裒爲五冊，而不言其卷數。又有跋夷白齋拾遺一篇，稱尙寶李公前修郡乘時，先得海虞人家本一冊，復有遺文三十五篇，予悉錄之。今得王氏本相校異同，於海虞本錄出爲拾遺一卷。吳中尤氏有遺墨數紙，內有陳基傳、謝徽詩，併存拾遺後云云。據其所言，頗與今本相近。然存理但云拾遺爲遺文，而此本外集有詩，或後人又有所更定歟。

庸菴集十四卷（永樂大典本）

元宋禧撰。禧初名元禧，後改名禧，字无逸，庸菴其號也。餘姚人。元至正庚寅中浙江鄉試，補繁昌教諭，尋棄歸。洪武初，召修元史，所撰外國傳，自高麗以下，悉出其手。書成，不受職，乞還山，復與桂彥良同徵主考福建。故明史列之文苑中，附見趙壎傳末。然集中題桐江釣隱圖有云：黃冠漫憶賀知章，老病憐予簡書趣。又寄宋景濂云：當時十八士，去留各有緣。而戴良贈以詩，亦有麥秀歌殘已白頭，逢人猶自說東周之句。則亦沈夢麟、趙汸之流，非危素諸人比也。禧學問源出楊維楨。維楨才力橫軼，所作詩歌，以奇譎兀奡凌轢一世，效之者號爲鐵體。而禧詩乃淸和婉轉，獨以自然爲宗，頗出入香山、劍南之閒。文亦詳贍明達，而不詭於理。可謂善學柳下惠，莫如魯男子矣。黃虞稷千頃堂書目載庸菴文集三十卷，又庸菴詩集十卷。自明以來，未有刊版，故流播絕稀。今浙江所採進者，乃其詩集，卽千頃堂書目所云十卷之本，而文集則已久佚。惟永樂大典各韻內詩文並載，尙具梗概。以浙本相校，其詩惟多七言絕句四首、詞一首，其他轉不若浙本之詳備。疑編錄之時，多所刪汰。其雜文每題之下，各載年月，檢勘皆至正閒所作，而入明乃無一篇，當亦不免有所遺脫。然世無傳本，惟藉此以獲見一斑，尤不可不亟爲甄錄。謹據浙本參互考證，仍編詩集爲十卷，文集則別釐爲四卷。又從西湖志補詩二首，餘姚志補文二首，統題作庸菴集，以備元末之一家焉。

可閒老人集四卷（浙江鮑士恭家藏本）

元張昱撰。昱字光弼，自號一笑居士，廬陵人。元末左丞楊旺扎勒（原作楊完者，今改正）鎭江浙，昱參謀軍府，官至左右司員外郞、行樞密院判官。元末棄官不仕。張士誠招禮之，不屈。明太祖徵之至京，召見，憫其老，曰：可閒矣。厚賜遣歸，更號可閒老人，放浪山水，年八十三乃卒。明史文苑傳附見趙撝謙傳中。瞿宗吉歸田詩話記其在楊旺扎勒幕中諸作，又記其酒酣自誦歌風臺詩，以界尺擊案，淵淵作金石聲，曰：我死，葬骨湖上，題曰詩人張員外墓足矣。其風調可以想見也。其詩學出於虞集，故具有典型。舊稾散佚，正統元年，楊士奇始得殘帙於給事中夏時，以授浮梁縣丞時昌刻之。此本卽從正統刻本傳寫者。士奇原序尙載於卷端。其詩才氣縱逸，往往隨筆酬答，或不免於頹唐。然如五王行春圖、歌風臺諸作，皆蒼莽雄肆，有沈鬱悲涼之概。天寶宮詞、輦下曲、宮中詞諸作，不獨詠古之工，且足備史乘所未載。顧嗣立元詩選嘗錄其詩於辛集中，其小傳引楊士奇序云云，所見蓋卽此本。舊版久佚，流傳漸寡。

國初金侃得毛晉家所藏別本，改題曰廬陵集。侃復爲校正，閒附案語於下方。然其本亦從此本傳錄，非兩書也。

石門集七卷（浙江汪啟淑家藏本）

元梁寅撰。寅有詩演義，已著錄。其集世有二本：一卽此本，乃馬氏玲瓏山館所鈔；一爲新喻知縣崇安暨用所刊本，分爲十卷，與此本稍有詳略，而其大致不甚相遠。蓋卽此本而析其卷帙以就成數耳。寅於易、詩、書、春秋、禮記、周禮皆有訓釋，又有策要、史斷諸書，頗究心於史學。又有耄言、論林、蒐古集、格物編諸書，亦兼講考證。故其文理極醇雅，而持論多有根柢，不同剽掇語錄之空談。詩格尤舂容澹遠，規仿陶、韋。惟河源一記，過信篤什所傳，其謬與潘昂霄相類。蓋儒生拘限舊聞，故承譌襲謬。然有元一代，皆主火敦腦兒之說，不獨寅一人爲然，存而不論焉可矣。

玉笥集九卷（浙江汪啟淑家藏本）

元鄧雅撰。原本集首但題鄧伯言，而不著其名。今案集中洪武壬戌辭聘詩，有雅以菲才，側蒙郡舉云云，知其名爲雅，而伯言乃其字也。又雅雖辭聘而末一卷乃爲朝京紀行詩且有應制賦鍾山雲氣沍寒之作蓋當時未允其辭起送入都之後始得放還與張昱等相類也時梁寅方講學石門山中雅與之游此集卽寅所勘定然江西通志失載其人此集諸家書目亦未著錄惟此鈔帙流傳僅存至今耳卷首有梁寅序及荅書一首又何淑于節藏正心序各一首謝觀題詞一首皆極相推挹今觀其詩雖未免稍涉率易而氣味沖澹頗有自然之致究爲不失雅音與梁寅石門集體裁正復相近宜其契分之深矣

欽定四庫全書總目卷一百六十八

欽定四庫全書總目卷一百六十九

集部二十二

別集類二十二

明太祖文集二十卷 兩江總督採進本

明巡按直隸督學御史姚士觀南京戶部督儲主事沈鈇全校刊分十六類曰詔曰制曰誥曰書曰敕命曰策問曰敕問曰論曰樂章曰樂歌曰文曰碑曰記曰序曰說曰雜著曰祭文曰詩案太祖集初刻於洪武七年劉基及宋濂文集所載序文俱云五卷稱翰林學士樂韶鳳所編錄然黃虞稷千頃堂書目已不著錄所著錄者有太祖文集三十卷註曰甲集二卷乙集三卷丙集文十四卷詩一卷丁集十卷又太祖文集類編十二卷又太祖詩集五卷又太祖御製書稾三卷均與此本不符焦竑國史經籍志列太祖文集二十卷又三十卷此本卷數與竑所列前一本合當卽竑所著錄然其刻在萬歷十四年編次不知出誰手目錄之末有姚士觀等跋語乃據舊本刻於中都亦未能詳考所自來也考朱彝尊明詩綜載有太祖神鳳操一首而集內無之則亦未爲賅備然所謂三十卷者今未見傳本其存佚均未可知近時諸家所藏弆大抵皆卽士觀等所刻今亦據以著錄存有明一代開國之著作焉

宋學士全集三十六卷 內府藏本

明宋濂撰濂有篇海類編已著錄元末文章以吳萊柳貫黃溍爲一朝之後勁濂初從萊學既又學於貫與溍其授受具有源流又早從聞人夢吉講貫五經其學問亦具有根柢明史濂本傳稱其自少至老未嘗一日去書卷於學無所不通爲文醇深演迤與古作者並在朝郊社宗廟山川百神之典朝會燕饗律歷衣冠之制四裔貢賦賞勞之儀旁及元勳鉅卿碑記刻石之詞咸以委濂爲開國文臣之首士大夫造門乞文者後先相踵外國貢使亦知其名高麗安南日本至出兼金購其文集劉基傳中又稱基所爲文章氣昌而奇與濂並爲一代之宗今觀二家之集濂文雍容渾穆如天閑良驥魚魚雅雅自中節度基文神鋒四出如千金駿足飛騰飄瞥驀澗注坡雖皆極天下之選而以德以力則略有閒矣方孝孺受業於濂努力繼之然較其品格亦終如蘇之與歐蓋基講經世之略所學不及濂之醇方孝孺自命太高意氣太盛所養不及濂之粹也

宋景濂未刻集二卷 浙江巡撫採進本

明宋濂撰濂集重刻於嘉靖中行世已久此本乃國朝順治乙未濂裔孫實穎得文徵明家所藏舊稾以示金壇蔣超超擇其中今本未載者得三十八篇編爲此集以補其遺今以韓叔陽刻本重勘其中跋何道夫所著宣撫鄭公墓銘等十一篇皆今本所已載超蓋檢之未審其餘二十七篇則實屬佚文推究當日之意蓋或以元代功臣諸頌及誌銘諸篇大抵作於前朝至明不免有所諱或以尊崇二氏不免過當嫌於耽溺異學而隱之觀楊士奇東里集倪謙文僖集並用楊傑無爲集例凡爲二氏而作者皆別爲卷帙附綴末簡不散入各體

之中，則正德嘉靖以前士大夫之持論，可大略覩矣。然古來操觚之士，如韓愈之於高閑文暢，持論終始謹嚴，固其正也。其餘若蘇黃諸集，不入學派者勿論。至於胡寅眞德秀皆講學家所謂大儒，致堂西山二集，此類正復不少。蓋文章一道，隨事立言，與訓詁經義排纂語錄其例小殊，宋儒尚不能拘，則濂作釋老之文，又何必欲滅其迹歟。

誠意伯文集二十卷（浙江巡撫採進本）

明劉基撰。基有國初禮賢錄，已著錄。其詩文雜著凡郁離子四卷，覆瓿集十卷，寫情集二卷，春秋明經二卷，犂眉公集二卷，本各自爲書。成化中，巡按浙江御史戴䁱等始合爲一帙，而冠以基孫廌等所撰翊運錄，蓋以中載詔旨制敕，故列之卷首。然其書究屬廌編，用以編入卷數，使此集標基之名，而開卷乃他人之書，殊乖體例。今移綴是錄於末簡，以正其譌。餘十九卷則悉仍戴本之原次，以存其舊。基遭逢興運，參預帷幄，祕計深謀，多所裨贊。世遂謬謂爲前知，凡讖緯術數之說，一切附會於基，神怪謬妄，無所不至，方技家遞相熒惑，百無一眞。惟此一集，尚眞出基手。其詩沈鬱頓挫，自成一家，足與高啓相抗。其文閎深肅括，亦宋濂王禕之亞。楊守陳序謂子房之策不見詞章，元齡之文僅辦符檄，未見樹開國之勳業，而兼傳世之文章，可謂千古人豪。斯言允矣。大抵其學問智略如耶律楚材劉秉忠，而文章則非二人所及也。

鳳池吟稾十卷（浙江汪汝瑮家藏本）

明汪廣洋撰。廣洋字朝宗，高郵人，流寓太平。元末舉進士。太祖渡江，召爲元帥府令史，官至右丞相，封忠勤伯。洪武十二年，坐貶廣南，於中途賜死。事蹟具明史本傳。廣洋有幹濟才，屢參政柄，亦無他罪惡，徒以初與楊憲同爲中書左右丞，又與胡惟庸同爲左右丞相，俱隱忍依違，不能發其姦狀，卒以黨誅。蓋巧宦而適以巧敗，故史稱其有負於爰立。至於學問文章，則史稱其少師余闕，淹通經史，善篆隸，工爲詩歌。今觀是集，大都清剛典重，一洗元人纖媚之習。朱彝尊靜志居詩話嘗摘其五言之平沙誰戲馬，落日自登臺，湖水當門落，松雲傍枕浮，懷人當永夜，看月上疎桐，對客開春酒，當門掃落花，天垂芳草地，漁唱夕陽村等句數十聯，以爲可入唐人主客圖。靜居北郭猶當遜之，毋論孟載。其論頗爲允愜。雖當時爲宋濂諸人盛名所掩，世不甚稱，然觀其遺作，究不愧一代開國之音也。

陶學士集二十卷（浙江汪汝瑮家藏本）

明陶安撰。安字主敬，當塗人。元至正八年中浙江鄉試，入明官至江西行省參知政事。事蹟具明史本傳。其詩一曰辭達集，一曰知新近稾，一曰黃岡寓稾，一曰鶴沙小記，一曰江行雜咏，本各自爲集。此本分體編次，與所作詞賦共爲十卷。其文亦十卷，而送人之序引居其半，或以安文章宿望，人得其贈言以爲榮，故求之者多耶。又安以儒臣司著作，於郊社宗廟典禮皆有奏議。若明初分祭南北郊及四代各一廟之制，皆定於安。又刑律亦安所裁，而集中均不載其文，殆以朝廷公牘，同署者不一人，故不復列入私集也。世言祝壽之序自歸有光始入集，考此集已有二篇，則不自有光始矣。安聲價亞於宋濂，然學術深醇，其詞皆平正典實，有先正遺風，一代開國之初，應運而生者，其氣象固終不侔也。

西隱集十卷（浙江汪汝瑮家藏本）

明宋訥撰。訥字仲敏，滑縣人。元至正中舉進士，官鹽山知縣。洪武十三年徵爲國子助教，陞翰林學士，文淵閣大學士，遷國子祭酒，卒。正德中追諡文恪。事蹟具明史本傳。劉三吾撰訥墓誌，稱所著西隱集十七卷，而明史藝文志，黃虞稷千頃堂書目俱作十卷。此本有東萊劉師魯序，稱其集初爲上海張翥所手錄，滑人王崇之令上海，從其後求得而刻之，歲久漫漶，師魯因鳩工重刻，蓋即十卷之本，豈張翥繕錄之時，又有所刪併歟，故與墓誌不合歟。集前四卷爲賦詩，後六卷爲雜文，附以明太祖手敕四道，及白雲茅屋賦二篇，記一篇。白雲茅屋者，訥所築別墅之名也。訥領成均，胄子之任，師道嚴正，爲一時典型，文章亦渾厚醇雅。其奉敕製太學碑，極爲太祖所賞，今具載集中。又有壬子歲考試秋闈次北平詩，及秋闈即事諸詩。壬子乃洪武六年，蓋訥未仕之前，已應聘爲北平考官。而本傳墓誌均未之載，其過元故宮詩十九首，尤纏綿悱惻，有風人忠厚之遺。朱彝尊靜志居詩話亦甚推其半船涼色潮生海，兩岸秋風浪拍沙，華表柱頭相語鶴，秣陵江上獨歸鴻諸佳句云。

王忠文公集二十四卷（浙江巡撫採進本）

明王禕撰。禕有大事記續編，已著錄。是集前十二卷題鄱陽劉傑編輯、盧陵劉同校正。十三卷以下則編輯者改題同、校正者改題傑。意二人各刊其半歟。傑卽正統六年爲義烏丞時表禕之忠於朝、得贈官賜謚者也。禕所著本爲華川前集十卷、後集十卷。傑等合編爲此本。卷端胡翰胡行簡二序、皆爲前集作。宋濂蘇伯衡二序皆爲後集作。其楊士奇一序、則爲此本作也。禕師黃溍、友宋濂、學有淵源。故其文醇朴宏肆、有宋人軌範。濂序稱其文凡三變。初年所作、幅程廣而運化宏。壯年出遊之後、氣象益以沈雄。暨四十以後、乃渾然天成、條理不爽。可謂知禕之深矣。鄭瑗井觀瑣言稱其文精密而氣弱。非篤論也。集中多代擬古人之作。蓋學文之時、設身處地以殫揣摩之功。宋代諸集、往往有此。亦未可以遊戲譏焉。

翠屏集四卷、浙江汪汝瑮家藏本

明張以寧撰。以寧有春王正月考、已著錄。是集爲宣德三年所刊。陳璉爲之序。稱以寧文集爲其子孟晦所編、宋濂序之。詩集爲其門人石光霽所編、劉三吾陳南賓序之。其孫南雄教官隆、復以安南槀續版行世。今三序皆冠集首。而詩文集總題光霽編次、嗣孫德慶州訓導淮續編。與序不同、未喻其故。其文神鋒儁利、稍乏渾涵深厚之氣。其詩五言古體、意境清逸。七言古體亦遒警。惟倦繡篇洗衣曲等數章、稍未脫元季綺縟之習。近體皆清新。閒有涉於纖仄者。如次李宗烈韻詩、浮生萬古有萬古、濁酒一杯復一杯之類。然偶一見之、不爲全體之累也。明史文苑傳稱以寧在元以翰林侍讀學士知制誥。在朝宿儒虞集歐陽元揭傒斯黃溍之屬、相繼物故。以寧有俊才、博學強記、擅名於時、人呼小張學士云云。則以寧兼以文章顯、不但以春秋名家。徐泰詩談稱以寧詩高雅俊逸、超絕畦畛。如翠屏千仞、可望而不可躋。雖推挹稍過、然亦幾乎近似矣。

說學齋槀四卷、浙江鮑士恭家藏本

明危素撰。素有草廬年譜、已著錄。據千頃堂書目、其文集本五十卷、明代已散佚不存。此本乃嘉靖三十八年歸有光從吳氏得素手槀傳鈔。其文不分卷帙、但於紙尾記所作年歲、皆在元時所作。有光跋稱其一百三十六篇。此本乃止一百三十三篇。又王懋竑白田雜著有是集跋、稱賦三、贊二、銘二、頌三、記五十有一、序七十有六、共一百三十八首。以有光跋爲傳寫之誤。然據懋竑所列、實止一百三十七首。數亦不符。殆舊無刊版、好事者遞相傳錄、故篇數參差、不能畫一、實則一本也。素晚節不終、爲世僇笑。其人本不足稱。而文章則歐虞黃柳之後、屹爲大宗。懋竑跋稱其文演迤澄泓、視之若平易、而實不可幾及、非熙甫莫知其深。其珍重鈔傳、蓋非漫然矣。

雲林集二卷、浙江鮑士恭家藏本

明危素撰。皆在元代所作之詩、納新爲編次成集者也。素家居臨川、相近有雲林山、嘗讀書其上。方壺爲作雲林圖、陳旅等俱賦詩以記其事、故集卽以是爲名。朱彝尊曝書亭集有是書跋、稱發雕於後至元三年。則彝尊所見乃元時舊版。此本卷帙相符、蓋猶從原刻鈔傳者。特彝尊跋稱前有虞集序、而此本所載乃集贈行序一篇、絕與詩集無涉。似爲後人所附入。觀其靜志居詩話、亦稱前有虞集送行序。則已自知其誤而改之矣。素於元末負盛名。入明以後、其人不爲世所重、其文亦遂不復收拾。故說學齋集僅存在元之文。而此集亦僅存在元之詩。不足盡素之著作。然氣格雄偉、風骨遒上、足以陵轢一時。就詩論詩、要不能不推爲元季一作者矣。原集共詩七十六首。浙江鮑氏知不足齋本復從他書蒐採、增入補遺十四首、較爲完備。今並仍而錄之焉。

白雲集七卷、安徽巡撫採進本

明唐桂芳撰。桂芳一名仲、字仲實、號白雲、又號三峯、歙縣人。教授元之第五子。少從洪焱祖學。弱冠爲明道書院司訓。元至正中、用薦授建寧路崇安縣教諭、再任南雄路學正。以憂歸。明太祖定徽州、召對稱旨、命之仕。以瞽廢辭。尋攝紫陽書院山長。卒年七十有三。此集在程敏政所編唐氏三先生集中。盧陵鍾晦撰桂芳行狀、稱其文一以氣爲主。今觀集中有與陳浩書、稱嘗慕蘇老泉閉戶探賾、古今上下、融液胸臆、故下筆源源、而無艱險窘迫態。輒謂文不可學而能、氣可以養而致。此蘇老家傳法也。蓋其平生宗旨如此。故所作容與逶迤、絕無聱牙晦澀之習。詩亦清諧婉麗、頗合雅音。集中重修興安府孔子廟記、稱龍鳳元年、大丞相統軍下太平、克應天。六年冬、僉事黃公行郡興安、重建府學。又贈汪德元序、稱大丞相吳國公。又黃憲僉唱酬詩序，稱大丞相位冢宰之明年。案龍鳳乃韓林兒年號，大丞相即明太祖。蓋明興時實假僞宋號令，故用其紀年。徽州改興安府在丁酉年，見明史地理志。其爲冢宰事則明史不載，蓋必林兒所加官，而其後諱之，此亦可以證史也。

登州集二十三卷（福建巡撫採進本）

明林弼撰。弼字元凱，龍溪人。元至正戊子進士，爲漳州路知事。明初以儒士修禮樂書，授吏部主事，官至登州府知府。弼嘗與王廉同使安南，以御賜金爲太祖所器。生平著作有梅雪齋稿、使南安集。是集總名登州，蓋彙爲一編，總題以所終之官也。凡詩七卷、文十六卷。其使安南集，宋濂嘗爲之序，稱其文辭爾雅。王禕亦嘗贈以詩，與之唱酬。其墓誌即王廉所作，稱其詩文皆雄偉跌宕，清峻之語复出塵表。蓋明初閩南以明經學古擅名文苑者，弼實爲之冠也。弼又名唐臣，以時禁國號名氏，遂仍舊名。是弼其初名，唐臣乃其改名。朱彝尊明詩綜則云弼初名唐臣，當由宋濂序謂唐臣更名爲弼致誤。然宋序未嘗言初名唐臣也。至弼改名既久，而此本之首尙署林唐臣撰，殊乖其實，今仍署弼名，著之錄焉。

槎翁詩集八卷（浙江汪汝瑮家藏本）

明劉崧撰。崧字子高，初名楚，泰和人。元末舉於鄉。洪武三年以人材薦，授職方郎中，遷北平按察司副使，坐事輸作京師。十三年，手敕召爲禮部侍郎，擢吏部尙書，致仕。十四年，復召爲國子司業，未旬日卒。事蹟具明史本傳。崧七歲能賦詩，及長，日課一篇，讀書天寒，皸裂不少輟。其在官舍，孤燈諷誦，夜分不休。蓋一生耽嗜吟咏，至爲刻苦。故徐泰詩談稱其如冬嶺孤松，老而愈秀。胡應麟詩藪稱當明之初，吳中詩派昉於高啓，越中詩派昉於劉基，閩中詩派昉於林鴻，嶺南詩派昉於孫蕡，而江右詩派則昉於崧。史亦稱崧善爲詩，豫章人宗之，爲西江派。大抵以清和婉約之音，提導後進，迨楊士奇等嗣起，復變爲臺閣博大之體，久之遂浸成冗漫。北地信陽乃乘其弊而力排之，遂分正嘉之門戶。然崧詩正平典雅，實不失爲正聲，固不能以末流放失，併咎剏始之人矣。

東皐錄三卷（兩淮鹽政採進本）

明釋妙聲撰。妙聲字九皐，吳縣人。元末居景德寺，後居常熟慧日寺，又主平江北禪寺。洪武三年，與釋萬金同被召，莅天下釋教。所作詩文，繕寫藏之山房。洪武十七年，其徒德瓛始刊行之。明史藝文志明僧宗秀集皆作七卷，此本有汲古閣印，蓋毛晉家鈔本。前有晉題識，亦稱德瓛所刻凡詩三卷、雜文四卷，而其書雜文及詩僅共爲三卷，蓋傳錄時所合併也。妙聲入明時，年已六十餘，詩文多至正中所作，故顧嗣立元詩選亦錄是集。然方外者流，不嬰爵祿，不能以受官與否爲兩朝之斷限。既已謁帝金門，即屬歸誠新主，不能復以遺老稱矣。今繫之明，從其實也。妙聲與袁桷、張翥、危素等俱相友善，故所作頗有士風。當元季擾攘之時，感事抒懷，往往激昂可誦。雜文體裁淸整，四六儷語亦具有南宋遺風，在緇流之內，雖未能語帶煙霞，固猶非氣含蔬筍者也。

覆瓿集七卷附錄一卷（兩江總督採進本）

明朱同撰。同字大同，自號紫陽山樵，休寧人。翰林學士升之子。明史附見升傳末。是集末有范準跋，稱洪武中以人材舉，爲東宮官，尋進禮部侍郎。而同時范準作雲漢歸隱圖跋，則云由吏部員外郎陞禮部侍郎。準字平仲，嘗受業於升，與同交至契，所記宜得其實。又明史但載同坐事死，而不著其詳。蔣一葵堯山堂外紀乃云同以詞翰受知，宮人多乞書便面。一日，御溝有浮尸，帝疑之，遂賜死。其說頗荒唐，未可信也。集凡詩三卷，多元末之作，爽朗有格；文四卷，議論純粹，不愧儒者之言。惟編錄者不解體裁，知有拗體律詩，而不知何者爲拗體，遂以七言古體之八句者，列爲律詩，舛陋殊甚。今姑仍舊本錄之，而附糾其謬焉。

柘軒集四卷（兩淮鹽政採進本）

明凌雲翰撰。雲翰字彥翀，錢塘人。元至正十九年舉浙江鄉試，除平江路學正，不赴。洪武辛酉，以薦授四川成都教授，坐貢舉乏人，謫南荒以卒。事見歸田詩話。瞿宗吉與之最契，語必不誣。或以爲卒於官者，誤也。所作詩文雜著，藏稾於家。至永樂中，其孫始編爲四卷。朱彝尊靜志居詩話稱雲翰學於陳衆仲，故其詩華而不爲靡，馳騁而不離乎軌。今案集有宣德中王羽序，云莆田陳衆仲提舉浙路儒學，政以文鳴於東南，程以文聲譽與之伯仲。柘軒汎掃程門，獲承指授。其里人夏節作雲翰行述，亦云早遊鄞南程以文之門。是雲翰所師事者乃程以文、而非陳旅、諸家所記甚明。彝尊之言未知何據。至謂其五言如陪祭作、七言如鬼獵圖、才情奔放、不可羈靮、直可搴郤離之旗、摩青邱之壘。則評品頗當、於雲翰非溢量也。

白雲稾五卷　浙江汪啟淑家藏本

明朱右撰。右字伯賢、臨海人、自號鄒陽子。元至正二十一年嘗詣闕獻河清頌、不遇而歸。洪武三年召修元史。六年修日歷、除翰林院編修。七年修洪武正韻、尋遷晉府右長史、卒於官。明史文苑傳附載趙壎傳中。所著白雲稾本十卷。今世所傳僅存五卷、雜文之後僅有琴操而無詩。檢勘諸本並同、無可校補。朱彝尊靜志居詩話謂後五卷嘗得內閣本一過眼、恨未鈔成足本。則彝尊家所藏亦非完帙也。右爲文不矯語秦漢、惟以唐宋爲宗。嘗選韓柳歐陽曾王三蘇爲八先生文集、八家之目、實權輿於此。其格律淵源、悉出於是。故所作類多修潔自好、不爲支蔓之詞、亦不爲艱深之語。雖謹守規程、罕能變化、未免意言並盡、而較諸野調無詞、馳騁自喜、終不知先民矩矱爲何物者、有上下牀之別矣。

密菴集八卷　永樂大典本

明謝肅撰。肅字原功、上虞人。元至正末、張士誠據吳、肅慨然欲見宰相、獻偃兵息民之策、卒無所遇、歸隱於越。洪武中舉明經、授福建按察司僉事。以事被逮、下獄死。明史藝文志、焦竑國史經籍志、黃虞稷千頃堂書目俱載肅密菴集十卷、而傳本久稀、藏書家罕著於錄。惟永樂大典中所收肅詩文頗多。其時肅沒未久、而姚廣孝等已錄其遺集、與古人同列、知當日即重其文矣。朱彝尊靜志居詩話稱肅初謁貢師泰於吳山仰高亭、時貢方奉詔漕閩廣粟、嘗泛舟大海、因與同載至海昌、留居州北、執經問難。凡一詩之出、一文之就、折衷論議、必當於理乃已。是肅之學問淵源、實出師泰。觀集中題天風海濤亭詩序云、用先師尙書貢公玩齋所詠詩一句爲起、以仰止於公。又師泰遺集亦肅所刊行。均惓惓不忘其本。故所作古文詞、格律具有法程。其在濰州寄人一詩、載所與同徵修禮書者有張紳楊翮等十人之名、爲明史禮志所未及。又送行人蔡天英頒琉球國王印寶一詩、考之明史外國傳、但有賜中山山南山北三王鍍金銀印一事、而不言曾遣行人。凡此之類、於考史尤有所裨益。謹採掇編次、釐爲八卷。又載艮原序二首、別見九靈集中、今並取弁簡端、以略還其舊焉。

清江詩集十卷文集三十一卷　編修汪如藻家藏本

明貝瓊撰。瓊字廷琚、一名闕、字廷臣、崇德人。元末領鄉薦、遭亂退居殳山。明初徵修元史、除國子監助教。事蹟附見明史宋訥傳。考程慶琉贅文會選以貝闕貝瓊爲二人。然陶宗儀輟耕錄載妓女眞眞事云、嘉興貝闕有詩。今眞眞曲載此集中、則瓊一名闕審矣。兩浙名賢錄載瓊集二十卷、明萬歷中所刻乃止三卷。此本凡詩集十卷、文集分海昌集一卷、雲閒集七卷、兩峯集三卷、金陵集十卷、中都稾九卷、歸田稾一卷、僅有鈔本流傳。康熙丁亥、桐鄉金檀購得之、始爲刊版。瓊學詩於楊維楨、然其論文稱立言不在嶄絕刻峭、而平衍爲可觀。不在荒唐險怪、而豐腴爲可樂。蓋雖出於維楨之門、而學其所長、不學其所短、宗旨頗不相襲。朱彝尊靜志居詩話謂其詩爽豁類汪廣洋、整麗似劉基、圓秀勝林鴻、清空近袁凱、風華亞高啟、朗淨過張羽、繁縟愈孫蕡、足以領袖一時。鄉曲之言、未免過實。然其詩溫厚之中自然高秀、雖不能兼有諸人之勝、而馳騁於諸人之閒、實固無所多讓。其文亦沖融和雅、有一唱三歎之音。史稱宋濂爲司業、建議立四學、並祀舜禹湯文爲先聖、瓊作釋奠解駁之、識者多是瓊議。則其考證古禮、尤有依據、不但詞采之工矣。

蘇平仲集十六卷　浙江巡撫採進本

明蘇伯衡撰。伯衡有空同子瞽說、已著錄。是集卷首有洪武四年劉基序、而集中厚德菴記云、菴成於洪武壬戌十二月。則是記乃洪武十五年以後之作、基所序者、尙未定之初稾也。又集末有洪武八年胡翰跋、謂伯衡選爲太學官、居太學六年。考明史稱伯衡以丙午歲爲國子學錄、伯衡所著國子學同官記稱以丁未陞學正、其詩又有庚戌七月十日奉命編摩國史口號、則伯衡由學正擢編修、實在洪武三年、上距丙午僅五年。翰與伯衡同時、所敍不應有誤、或史誤移後一年歟。集爲正統壬戌處州推官黎諒所重刻。宋濂序稱其不求似古人、而未嘗不似。又明史文苑傳稱、濂以翰林學士承旨致仕、薦伯衡自代、稱其文詞蔚贍有法、殆非虛美。鄭瑗井觀瑣言病其用意太苦、造詞太繁縟，不可為法，則過高之論矣。

胡仲子集十卷（浙江汪汝瑮家藏本）

明胡翰撰。翰字仲子，一字仲申，金華人。洪武初，以薦為衢州府教授。事蹟具明史文苑傳。是集乃其門人劉剛及浦陽王懋溫所編，以洪武十四年刊版。今印本罕傳，惟寫本猶存於世。凡文九卷，詩一卷。史稱其文曰胡仲子集，詩曰長山先生集。今合為一集，豈剛等所併歟。史又稱翰少從吳師道及吳萊學為古文，復登同邑許謙之門。今觀其文章，多得二吳遺法。而持論多切世用，與謙之坐談誠敬小殊。然嘗與修元史五行志，序論即其所撰，今見集中。於天人和同之際，剖析頗微。犧尊辨、宗法論諸篇，亦湛深經術。則又未嘗不精究儒理也。詩不多作，故卷帙寥寥，而格意特為高秀。朱彝尊靜志居詩話曰：金華承黃文獻、潛柳文肅、貫吳貞文萊之後，多以古文詞鳴，詩非所好。以詩論，吾必以仲申為巨擘焉。獨孤及之論曰：五言之源生於國風，廣於離騷，著於蘇李，盛於曹劉。漢魏作者，質有餘而文不足。以今揆昔，則有朱弦疏越，太羹遺味之歎。誦仲申五言，正猶路鼗出於土鼓，篆籀生於鳥跡，庶幾哉升堂之彥乎。宜潛溪有學林老虎、文淵鯨之目也。斯言允矣。

始豐稾十四卷（浙江巡撫採進本）

明徐一夔撰。一夔有藝圃搜奇，已著錄。朱彝尊靜志居詩話曰：大章遺稾罕傳，余於京師見之新城王貽上所，凡四冊，比余家藏者倍之。然驗其目，無詩，猶未是足本。案今行世凡二本，其一本六卷，當即朱彝尊家所藏。此本自一卷至三卷為前稾，自四卷至十四卷為後稾，皆雜文，無詩，當即王士禎家所藏矣。據千頃堂書目載一夔始豐類稾十五卷，此本所佚不過詩一卷耳。其文皆謹嚴有法度，無元季冗沓之習。其與王褘論修史書，明史載之於本傳。陳繼儒嘗稱其宋行宮考、吳越國考研核精確。王士禎又稱其錢塘鐵箭辨精於考核。其歐史十國年譜備證一篇，謂歐陽氏於吳越改元，止據寶石山制稱寶正六年為證。一夔復得錢鏐將許俊墓磚有寶正三年字，以證歐史之不誣。又謂元瓘襲位後，不復改元。立說皆有根據。觀其所辨，始知明嘉靖閒錢德洪所撰吳越世家疑辨，謂改元之事別無證據者，特為先世諱耳。是又多資考證，不但其文之工也。

王常宗集四卷補遺一卷續補遺一卷（江蘇巡撫採進本）

明王彝撰。彝字常宗，其先蜀人，本姓陳氏。父仕元為崑山教授，遂遷嘉定。洪武初，以布衣召修元史，賜金幣遣還。尋選入翰林，以母老乞歸養。自號媯蜼子。後以魏觀上梁文事，與高啟併誅。明史文苑傳附載趙壎傳中。其集本名三近齋稾，宏治中都穆編為文三卷，詩一卷。劉廷璋、浦杲又輯補遺一卷。今世所傳鈔本又有續補遺一卷，不知何人所輯。考其體格，與全集相類，似非贋作也。王士禎香祖筆記曰：王徵士集，都少卿元敬編。元敬稱其古文明暢英發，又或以為吳中四傑之一，以常宗代張來儀者。今觀其詩，歌行擬李賀、溫庭筠，墮入惡道，餘體亦不能佳，安能與高楊相頡頏乎云云。案彝之學出天台孟夢恂，夢恂之學出婺州金履祥，本眞德秀文章正宗之派，故持論過嚴，或激而至於已甚。集中文妖一篇，為楊維楨而作者，曰：天下所謂妖者，狐而已矣。俄而為女婦，而世之男子惑焉，則見其黛綠朱白，柔曼傾衍之容，無乎不至。雖然，以為人也則非人，以為婦女也則非婦女，而有室家之道焉。此狐之所以妖也。浙之西言文者必曰楊先生。予觀其文，以淫詞譎語，裂仁義，反名實，濁亂先聖之道。顧乃柔曼傾衍，黛綠朱白，奄然以自媚，宜乎世之為男子者之惑之也云云。其言矯枉過直，而詬厲亦復傷雅。雖石介作怪說以詆楊億，不至於是。士禎所云，或亦有激而報之乎。然其文大致淳謹，詩亦尚不失風格，雖不足以勝張羽，必以為一無可取，則又太過。香祖筆記成於士禎晚年，詆訶過厲，時復有之，固未可據為定論矣。

白石山房逸稾二卷（兩淮馬裕家藏本）

明張孟兼撰。孟兼名丁，以字行，浦江人。洪武初，徵為國子監學錄，與修元史，以太常丞出為山西按察司僉事，遷山東按察司副使。以執法不阿，為吳印所誣訐，棄市。明史文苑傳附載趙壎傳中。藝文志載孟兼文集六卷，焦竑國史經籍志亦同。其本久已散佚。近時有孟兼十一世孫思煌者，始掇拾他書所載，重編定為五卷，而集內收他人唱和題贈之作幾十之七八，孟兼著作仍寥寥無多。此本不知何人所輯，視思煌本較多數首，疑尚出明人哀集，故思煌未之見也。孟兼與宋濂同里，其被召也，濂實薦之。太祖與劉基論一時文人，基稱宋濂第一而已居其次又其次即孟兼今雖不覩其全集而即二卷以觀其詩文溫雅清麗具有體裁而龍驤虎步之氣亦隱然不可遏抑接迹二人良足驂駕基雖一時之論即以為定評可矣

滄螺集六卷（兩淮馬裕家藏本）

明孫作撰作字大雅以字行一字次知江陰人元至正末避兵於吳初受張士誠之招旋去之松江洪武癸丑召修日歷書成除翰林院編修以老病乞外授太平府教授入為國子助教尋遷司業以事廢為民後復官長樂縣教諭作自號東家子宋濂為作東家子傳推挹甚至明史文苑傳附載陶宗儀傳末是集凡詩一卷文五卷其詩力追黃庭堅在元季自為別調集中與陳檢校詩有曰蘇子落筆崩海江豫章吐句敵山嶽湯湯濤瀾絕崖岸嶨嶨木石森劍槊二子低昂久不下藪澤逶包軀與鱷至今雜遝呼從賓誰敢崛強二子角吾尤愛豫章撫卷氣先慴磨牙咋舌熊豹面以手捫膺就東縛士如此老固可佳不信後來無繼作其宗旨灼然可見然才力不及庭堅之富鎔鑄陶冶亦不及庭堅之深雖頗拔俗而未能造古東家子傳一字不及其詩蓋有微意非漏略也至於文則磊落奇偉而隱有程度卓然足以自傳東家子傳謂他人之文東於理則詞不暢肆於詞則理不直惟作洞矚千古之上析之則理勝闔之則詞嚴動有據依皆非臆說明史文苑傳亦稱其文醇正典雅云

臨安集六卷（永樂大典本）

明錢宰撰宰字子予一字伯均會稽人元至正中中甲科親老不赴公車教授於鄉明初徵修禮樂書尋以病去洪武六年授國子助教以賦早朝詩忤旨遣歸二十七年又召修書傳會選書成優賚加博士致仕事蹟附見明史趙俶傳考集中金陵形勝論末署洪武二十七年六月國子博士致仕錢宰進是致仕即在奉召之年蓋留京師者不及一歲也宰學有原本在元末已稱宿儒韓宜可唐之淳皆其弟子其詩吐辭清拔寓意高遠刻意古調不屑為豔冶之體徐泰詩談譬以霜曉鯨音自然洪亮古文雖非所擅長而謹守法度亦無卑冗之習其集明史藝文志焦竑國史經籍志俱未著錄則在明代行世已稀今從永樂大典中採掇編排參以諸選本所錄釐為六卷以備明初之一家宰本浙東人集以臨安名者蓋自以為吳越武肅王十四世孫從其舊貫也

尚絅齋集五卷（編修朱筠家藏本）

明童冀撰冀字中州金華人洪武九年徵入書館後為湖州府教授謫北平坐罪死此集不知何人所編分詩文為二集體例雜糅殆不可讀就其編目考之原目當為金華集南行集霅川集北游集四種前三集兼載詩文惟北游集有詩無文後人不知古法以詩歸詩以文歸文分為二集而詩文之中又不各歸其類前後複疊職此之由幸其雖經割裂尚未竄亂其次第猶有端緒可尋今詳考標題仍分為四集中間時有闕文又霅川集末跋唐五王醉歸圖一篇書柳子厚伊尹五就桀贊後一篇書王簡死事傳後一篇書金節婦傳後一篇書集芳詩文卷後一篇卜釋一篇悉有錄無書蓋蠹蝕殘闕今亦仍其舊冀在明初與宋濂張羽姚廣孝相唱和詞意清剛不染元季綺靡之習雖名不甚著而在一時作者之中固亦足相羽翼也

考古文集二卷（浙江巡撫採進本）

明趙撝謙撰撝謙有六書本義已著錄明詩綜引黃宗羲之言謂其詩集名考古餘事凡千首不傳於世今考焦竑國史經籍志撝謙集已不著錄黃虞稷千頃堂書目雖列其名而不著卷數則亦未見原本信乎其久不傳也此本所錄詩僅十餘篇古文亦祇五十餘篇前有順治丁酉黃世春序稱其子孫式微已甚而能錄其遺集出沒於藏書之家殆天將藉是而彰考古云云蓋其後人掇拾散亡重裒成帙者耳集後附遺言十六條又載其裔孫諸生護上瓊州姜參政請復姓書及與浙中族姓札數通蓋撝謙沒後其幼子流寓海南依母族冒吳姓故護請於姜而復之又撝謙所作造化經綸圖亦附於後編次頗無條理然傳刻先集者多因祖父以附子孫自宋元以來即往往以文集為家牒陋例相沿亦不自是編始矣撝謙以小學名家不甚以文章著此本又僅存殘賸未必得其精華而意度波瀾頗存古法究與鈔語錄者有別是則學有原本之故也

劉彥昺集九卷（編修汪汝藻家藏本）

明劉炳撰炳字彥昺以字行鄱陽人洪武初獻書言事授中書典籤出為大都督府掌記除東阿知縣閱兩考引疾歸明史文苑傳附載王冕傳中所

著詩文本名春雨軒集、乃其門人劉子昇所編、楊維楨嘗爲評定。其評亦附載集中、維楨及危素宋濂徐矩皆爲作序、王禕俞貞木周象初皆爲作跋。此本題曰劉彥昺集、不知何人所改也。炳當元季兵亂時、與弟煜結里閈相保、寇至輒却走。依余闕於安慶、以其孤軍不振、辭歸。蓋亦才識之士。故詩格伉爽挺拔、類其爲人。惟末附雜文一卷、氣象薾弱、殊遜其詩。知所長不在此、特以餘事及之耳。案炳事蹟略具明史文苑傳中。而江西通志引豫章人物志、所紀炳歷官本末與史多有不合。如史云炳至正中從軍於浙、而志乃云爲參政于光使金陵、不知所據。史云炳以言事爲典籤、而志乃云先參贊沐總制守鎮江、尋授廣東衞知事。考其弔余闕墓文、結銜稱大都督府掌記、在洪武十二年。而哀曹國公詩有三年參記府句、沐西平輓詩有十年參幕府句。李文忠以洪武三年領大都督事、沐英以洪武四年同知大都督府。以年數計之、不應未授典籤、先參贊沐英軍事、前後亦相舛迕。蓋稗官野史、傳聞異詞、往往如此。今一以史文爲據、而並存其同異、以備考核。又舊本中書元國號皆作原字。蓋以明初刊版之時、猶未奉二名不偏諱之詔、故以原代元、而傳寫者仍之歟。事隔前朝、理無避忌。今悉改正、從本文焉。

藍山集六卷、（永樂大典本）

明藍仁撰。仁字靜之、崇安人。明史文苑傳附載陶宗儀傳末。稱元末杜本隱居武夷山、仁與弟智往師之。授以四明任松鄉詩法、遂謝科舉、一意爲詩。後辟武夷書院山長。遷邵武尉、不赴。又稱其明初內附、隨例徙臨濠、則必嘗仕張士誠。又集中有甲寅仲冬攝官詩。甲寅爲洪武七年、則放歸又嘗仕宦、特其始末不可考耳。仁詩規摹唐調、而時時流入中晚。蔣易作是集序、稱其和平雅澹、詞意融怡、語不彫鎪、氣無脂粉、出乎性情之正、而有太平之風。惜其不列承明著作、浮湛里閭、傲睨林泉。有達士之襟懷、無騷人之哀怨。卽屢更患難、而心恒裕如。要其所作、皆治世之音也。雖推之稍過、實亦近之。閩中詩派、明一代皆祖十子、而不知仁兄弟爲之開先。遂沒其椎始之功、非公論也。明史藝文志載仁集六卷、朱彝尊作明詩綜時猶及見之。今外閒絕少傳本、杭世駿言吳焯家有之。（語詳藍澗集條下）然吳氏藏書今進入書局者、未見此本。其存佚不可知、恐遂湮沒。謹從永樂大典中採掇裒輯、得詩五百餘篇。仍釐爲六卷、以符原目、著之於錄焉。

藍澗集六卷、（永樂大典本）

明藍智撰。其字諸書皆作明之、而永樂大典獨題性之。當時去明初未遠、必有所據、疑作明之者誤也。明史文苑傳附載陶宗儀傳末、稱洪武十年以薦授廣西按察司僉事、著廉聲。志乘均失載其事迹。考集中有書懷詩十首、乃在粵時所作、以寄其子雲松樵者。張渠爲之跋、稱其持身廉正、處事平允、三載始終無失。則史言著廉聲者、當必有據。劉彥昺集有輓藍氏昆季詩云、桂林持節還、高風振林谷。則晚年又嘗謝事歸里矣。智詩淸新婉約、足以肩隨其兄。五言結體高雅、翛然塵外。雖雄快不足、而雋逸有餘。七言頓挫瀏亮、亦無失唐人矩矱。與藍山一集卓然可稱二難。靜志居詩話謂藍山藍澗集中詩、選家互有參錯。殆亦因其格調相近、不能猝辨歟。智集原目已不可考。觀焦竑經籍志所載、惟有藍靜之集、而藍澗集獨未之及。是明之中葉已有散佚、近亦未見傳本。故杭世駿榕城詩話曰、二藍集閩人無知者。何氏閩書、藍仁有藍山集、藍智有藍澗集。竹垞嘗輯入詩綜中、以爲十子之先、詩派實其昆友倡之。集本合刻。吳明經焯嘗於吳門買得藍山集、是洪武時刊、有蔣易張渠二序。與竹垞言脗合。而藍澗集究不可購。徐惟和輯晉安風雅時、二藍闕焉。則此集之亡久矣云云。惟永樂大典各韻中所收尚夥、蒐輯裒綴、共得古今體三百餘首。雖篇什不及藍山集之富、而大略已見。謹以類編次、釐爲六卷。俾其兄弟著作、均不致泯沒於後世云。

大全集十八卷、（副都御史黃登賢家藏本、）

明高啟撰。啟字季迪、長洲人。元末避張士誠之亂、遁居松江之青邱、自號青邱子。洪武初、召修元史、授翰林院國史編修官、至戶部侍郎。後坐撰魏觀上梁文被誅、年僅三十九。事蹟具明史文苑傳。所著有吹臺集江館集鳳臺集婁江吟藁姑蘇雜詠、凡二千餘首。自選定爲缶鳴集十二卷、凡九百餘首。啟沒無子。其姪立、於永樂元年鋟版行之。至景泰初、徐庸掇拾遺佚、合爲一編、題曰大全集。劉昌爲之序、卽此本也。啟天才高逸、實據明一代詩人之上。其於詩、擬漢魏似漢魏、擬六朝似六朝、擬唐似唐、擬宋似宋。凡古人之所長、無不兼之。振元末纖穠縟麗之習而返之於古、啓實爲有力。然行世太早、殞折太速、未能鎔鑄變化、自爲一家。故備有古人之格、而反不能名啓爲何格。此則天實限之、非啓過也。特其摹仿古調之中、自有精神意象存乎其閒。譬之褚臨禊帖、究非硬黃雙鉤者比。故終不與北地信陽太倉歷下同爲後人詬病焉。

鳧藻集五卷、兩江總督採進本

明高啓撰。唐時爲古文者主於矯俗體、故成家者蔚爲鉅製、不成家者則流於僻澀。宋時爲古文者主於宗先正、故歐蘇王曾而後、沿及於元、成家者不能盡闢門戶。不成家者亦具有典型。啓詩才富健、工於摹古、爲一代巨擘。而古文則不甚著名。然生於元末、距宋未遠、猶有前輩軌度、非洪宣以後漸流爲膚廓冗沓、號臺閣體者所及。是集不知誰所編。以其詩集例之、殆亦啓自定。末有魏夫人宋氏墓誌銘。魏夫人者、蘇州知府魏觀母也。按明史本傳、啓坐爲觀作上梁文見法、則爲其末年之作。蓋平生古文盡於此集矣。初無刻本、周忱爲蘇州巡撫時、始得鈔本於郡人周立。立之姑、即啓婦也。正統九年、監察御史錢塘鄭士昂又得本於忱。因命敎授張素校刊之、而忱爲之序。此本爲雍正戊申桐鄉金檀所刻、即因鄭本而正其譌、多所校正。檀即註啓詩集者、故併刻是集、成一家完書云。

眉菴集十二卷、安徽巡撫採進本

明楊基撰。基字孟載、其先嘉州人。祖官吳中、因家焉。始爲張士誠記室。洪武初、起爲滎陽縣知縣、歷官山西按察使。尋以事奪官輸作、卒於工所。明史文苑傳附載高啓傳中。史稱基少以鐵笛歌爲楊維楨所稱、與高啓張羽徐賁號明初四傑。其詩頗沿元季穠纖之習。都穆南濠詩話摘其佳句十二聯、其所品題得失參半。李東陽懷麓堂詩話謂孟載春草詩最傳、然綠迷歌扇、紅襯舞裙、已不能脫元詩氣習。至簾爲看山盡捲西、更過纖巧。春來簾幙怕朝東、直豔詞耳。故徐泰詩談謂其天機雲錦、自然美麗、獨時出纖巧、不及高啓之沖雅。王世貞藝苑巵言謂其情至之語、風雅掃地。朱彝尊靜志居詩話亦摘其詩語類詞者至數十聯、而獨推重其五言古體。然近體之佳者、亦自清俊流逸、雖不能方駕青邱、要非餘子所及也。集初爲鄭鋼販行。成化中吳人張習重刻、嘉州江朝宗爲之序、習爲後志云。

靜居集四卷、浙江巡撫採進本

明張羽撰。羽字來儀、後以字行、更字附鳳。本潯陽人、僑居吳興。元末領鄉薦、爲安定書院山長、再徙於吳。洪武初、徵授太常寺丞。尋坐事竄嶺南、未半道召還。羽自知不免、投龍江死。明史文苑傳附載高啓傳中。史稱其文章精潔有法、尤長於詩。太祖重其文。洪武十六年、嘗自述滁陽王事、命羽撰廟碑。何喬遠名山藏亦稱其文詞典雅、紀載行事詳而有體。顧其詩名尤著、故編集者亦僅錄其詩。而文則未之及也。朱彝尊靜志居詩話謂其五言微嫌蘊藉、近體亦非所長、頗不免於微詞。今觀其集、律詩意取俊逸、誠多失之平熟。五言古體低昂婉轉、殊有劉亮之作、亦不盡如彝尊所云。至於歌行、筆力雄放、音節諧暢、足爲一時之豪。以之接跡青邱、先驅北郭、盧前王後之閒、亦未必遽作蜂腰矣。

北郭集六卷、安徽巡撫採進本

明徐賁撰。賁字幼文、其先蜀人、徙常州、再徙平江。張士誠開閫、辟爲屬官。賁與張羽俱避居湖州之蜀山。洪武七年、被薦至京。嘗奉使晉冀、有所廉訪。及還、檢其槖惟紀行詩數首。太祖悅、授給事中、歷官河南左布政使。會征洮岷兵過其境、坐犒勞不時、下獄死。明史文苑傳附載高啓傳中。賁善畫、亦工於書。李日華六研齋筆記稱其楷筆秀整端愼、不爲脅拖自恣。詹景鳳小辨亦稱其小楷、法鍾兼虞、然皆拘拘法內。蓋其天性端謹、不踰規矩。故其詩才氣不及高楊張、而法律謹嚴、字句熨貼。長篇短什、竝首尾溫麗、於三家別爲一格。其客吳時、常居城北之齊門、故名集曰北郭。舊本爲吳人張習編次。今是集前後無序跋、題曰陳邦瞻校、蓋萬歷閒重刻之本、又非習所編之舊矣。

鳴盛集四卷、浙江汪啓淑家藏本

明林鴻撰。鴻字子羽、福清人。洪武初、以薦授將樂縣訓導、歷官禮部精膳司員外郎。年未四十、自免歸。事蹟具明史文苑傳。明初閩中善詩者有長樂陳亮、高廷禮、閩縣王恭、唐泰、鄭定、王褒、周元、永福王偁、侯官黃元、而鴻爲之冠、號十才子。其論詩惟主唐音、所作以格調勝、是爲晉安詩派之祖。李東陽懷麓堂詩話曰、林子羽鳴盛集專學唐、袁凱在野集專學杜。蓋能極力摹擬、不但字面句法、併其題目亦效之。開卷驟視，宛若舊本。然細味之，求其流出肺腑，卓爾自立者，指不能一再屈也。是在宏正之閒，已有異議。故論者謂閩中才雋輩出，彬彬風雅，亦云盛矣。第晉安一派，流傳未已，守林儀部高典籍之論，若金科玉條，凜不敢犯。動爲七律，如出一手云云。是其末流且馴至爲世口實。然鴻倡始之時，固未嘗不春容諧雅，自協正聲，未可以作法於涼，遽相詆斥。況高棅尚不免庸音，鴻則時饒清韻，尤未可不分甲乙，一例擯排矣。此本爲成化初鴻郡人溫州知府邵銅所編，末有銅跋，稱覽其舊槀，慨然興思，因詳加校勘，補其闕略。然如張紅橋唱和詩詞，事之有無不可知，卽才人放佚，容或有之，決無存諸本集之理。此必銅摭小說妄增之。夢游仙記一首，疑亦寓言紅橋之事，觀其名目，乃襲元稹夢游春詩，可以意會。銅亦附之簡末，殊爲無識。葉盛水東日記載銅天順中爲御史，以言事忤權姦，左遷知縣，則其人亦錚錚者。或平生以氣節自厲，文章體例非所素嫻歟。

白雲樵唱集四卷附錄一卷（浙江范懋柱家天一閣藏本）

明王恭撰。恭字安中，閩縣人。自稱皆山樵者。閩中十子之一也。成祖初，以儒士薦修永樂大典，授翰林院典籍。明史文苑傳附載林鴻傳中。其詩凡三集。一曰鳳臺清嘯，乃官翰林以後作。此集及草澤狂歌，則皆未仕以前所作。恭沒之後，湮晦不傳。成化癸卯，南京戶部尚書黃鎬蒐恭遺槀，始得此集於吏部郎中長樂黃汝明家，因屬汝明編次，分爲前後二集。卷首有永樂三年林環舊序，兼爲三集而作者。序中所列次第，以此集爲首，知其詩在草澤狂歌以前。卷末又有永樂中林蕙諸人所作皆山樵者傳贊辭說，則刻成之後續爲增入者也。恭與同邑高棅齊名，同以布衣徵入翰林。然棅出山以後，詩應酬潦倒，無復清思。恭則歷官未久，投牒遽歸，迹其性情，本耽山野。此集又作於田居之日，故吐言清拔，不染俗塵。得大歷十子之遺意，其格韻遠在棅上。當時次第甲乙，以棅居第三，恭居第四，殆亦所謂恥居王後者矣。

草澤狂歌五卷（編修汪如藻家藏本）

明王恭撰。案恭所作三集，鳳臺清嘯已不傳。故千頃堂書目有其名而闕其卷數。范氏天一閣藏本僅存其白雲樵唱，而無此集。此集出秀水汪氏，蓋幾佚而僅存也。大致與白雲樵唱相近，而中年所作，情思較深。靜志居詩話嘗摘舉其集中佳句數聯。然如渭水寒流秦塞晚，灞陵殘雨漢原秋。椶櫚葉上驚新雨，砧杵聲中憶故園。幾處移家驚落葉，一年歸夢在孤舟諸句。皆詩家常語。至雲歸獨樹天邊小，雪罷孤峯鳥外青句，則小字形容頗拙。罷字節次未明。又鳥外明河秋一葉，天涯涼月夜千峯句，尤爲疵累。夫晝見飛鳥，不見明河，夜見明河，不見飛鳥。上四字自不相貫。一葉落而知秋，不係乎明河，天河夏月已明，不係乎落葉。下三字亦不相屬。蓋興之所到，偶然拈及，不足以盡其所長。讀恭詩者毋執是以刻舟求劍可矣。

半軒集十四卷（兩淮馬裕家藏本）

明王行撰。行字止仲，長洲人。少授徒於城北齊門。洪武初，有司延爲學校師。後館涼國公藍玉家。玉薦之太祖，得召見。玉誅，行亦坐死。事蹟具明史文苑傳。是時文士以藍黨誅者，有行與孫蕡。然蕡特爲玉偶題一畫，無所攀附於其閒。其詩今在蕡集中，亦並無假借溢分之語。行則性喜談兵。當元末兩浙兵起時，嘗默坐籌其勝負，與所親言之，恆百不失一二。益以自負。及藍玉延之，課其子，遂數以兵法說玉，頗與密議。又與道衍深相投契，嘗告以盍有所待，不當以浮屠老。蓋負其桀黠之才，有不肎槁死牖下者。故其文往往踔厲風發，縱橫排奡，極其意所馳騁，而不能悉歸之醇正。頗肖其爲人。詩格亦清剛蕭爽，在北郭十子之中（案明史文苑傳，行與高啓、徐賁、高遜志、唐肅、宋克、余堯臣、張羽、呂敏、陳則號北郭十友，亦曰十才子），與高啓稱爲勍敵。就文論文，不能不推一代奇才也。

西菴集九卷（浙江汪汝瑮家藏本）

明孫蕡撰。蕡字仲衍，廣東順德人。洪武三年舉於鄉，旋登進士，授工部織染局使，遷虹縣主簿。召入爲翰林院典籍，出爲平原主簿，坐累逮繫，旋釋之，起爲蘇州經歷。復坐累戍遼東。旣而以嘗爲藍玉題畫，坐玉黨論死。事蹟具明史文苑傳。是編前有黃佐、葉春及所撰小傳，稱蕡著述甚富。自茲集外，尙有通鑑前編綱目、孝經集善、理學訓蒙和陶集、古律詩。其孝經集善則宋濂爲之序。蕡歿，諸書散逸，其詩文今行世者爲門人黎貞所編。然佐稱西菴集八卷，而是編詩八卷，文一卷，卷端題姑蘇葉初春選，或初春別加釐訂，抑佐但舉其詩集歟。蕡當元季綺靡之餘，其詩獨卓然有古格。雖神骨雋異不及高啟，而要非林鴻諸人所及。小說載書生見蘇軾侍姬朝雲之魂者，得集句七言律詩十首、七言絕句十五首，今乃在此集第八卷末，蓋贊游戲之筆，即黃佐傳中所稱集古律詩一卷是也。黎貞乃綴於集後，又併載其序，遂似贊眞有遇鬼事者，殆與林鴻集末附載張紅橋詩同一無識。姜南蓉塘詩話又從而盛稱之，更無當矣。

南村詩集四卷（浙江鮑士恭家藏本）

明陶宗儀撰。宗儀有國風尊經，已著錄。是編毛晉嘗刻入十元人集。劉體仁七頌堂集有與張實水尺牘，稱讀史不載陶南村，竊謂此君靖節一流人。今考十元人集內，如倪瓚、顧阿瑛亦皆親見新朝，然瓚遁跡江湖，阿瑛隨子謫徙，未沾明祿，自可附朱子綱目陶潛書晉之例。宗儀則身已仕明，孫作滄螺集中有陶九成小傳可證，晉仍列之元人，非事實矣。觀集中洪武三十一年皇太孫即位詩曰：老臣忭舞南村底，笑對兒孫兩鬢霜。則宗儀臣明，原不自諱。又集中三月朔日至都門、二日早朝、三日率諸生赴禮部考試、十日給賞、十一日謝恩諸詩，即明史本傳所謂洪武二十九年率諸生赴禮部試時作也。是又豈東籬採菊之人所肯為之事。又何必曲相假借，強使與栗里同稱乎。是集不知何人所編。考其題中年月及詩中詞意，入明所作十之九。惟鐃歌鼓吹曲諸篇，似為元時作耳。其編次年月，頗為無緒，殆雜收遺稿而錄之，未追詮次。又顧阿瑛玉山草堂雅集所載激懷樓七律一首、送殊上人七律一首，皆不見收，知非宗儀自編也。毛晉品其詩如疎林早秋，殊不甚似。然格力道健，實處楊范揭之後，勁非元末靡靡之音。其在明初，固屹然一巨手矣。

望雲集五卷（浙江鮑士恭家藏本）

明郭奎撰。奎字子章，巢縣人。早從元余闕學，慷慨有志節。朱文正開大都督府於南昌，嘗參其軍事。後文正得罪，奎亦坐誅。明史文苑傳附見王冕傳中。奎當干戈擾攘之際，仗劍從軍，備嘗險阻，蒼涼激楚，一發於詩。五言古體原本漢魏，頗得遺意。七言古體，時近李白。五言律體，純為唐調。七言律體稍雜宋音。絕句則在唐宋之間。元末明初，可云挺出。趙汸、宋濂皆為之序，推崇甚至，良不誣矣。五卷之末附短札三篇。案嘉靖辛卯吳廷翰重刊是集，但稱五言古詩三十七，詞歌曲十三，五七言律百有九，排律雜詩四十四，不言有文，豈後人得其手稾，附入耶。集中送陳克明歸茶陵詩，瑚璉字押入平韻，蓋古人三聲之法。古詩上山采蘼蕪以素餘故同押，劉琨贈盧諶詩以璆叟同押，蓋即其例，非落韻也。

蚓竅集十卷（兩江總督採進本）

明管時敏撰。時敏初名訥，以字行，華亭人。洪武九年，徵拜楚王府紀善，從王之國，後進左長史，事楚王楨二十五年，乞致仕歸里，楨請命於朝，留居武昌，祿之終身。築室黃屯山，命曰全菴，而名其集曰蚓竅，蓋取韓愈石鼎聯句語也。是集即楚王所刊，中有丁鶴年評語。鶴年家於武昌，與時敏皆為楚王所禮重，故并其評語刻之。時敏學詩於楊維楨，而不蹈襲維楨之體。所作春容淡雅，多近唐音。張汝弼作董紀集序，歷數松江詩人，獨謂時敏詩清麗優柔，足與袁凱方駕，蓋不誣也。時敏又有秋香百詠、還鄉紀行諸篇，在集外別行，見周子治所作全菴記中，今皆未見，殆久而佚矣。

西郊笑端集二卷（兩淮鹽政採進本）

明董紀撰。紀字良史，以字行，更字述夫，上海人。洪武壬戌，舉賢良方正，廷試對策稱旨，授江西按察使僉事，未幾告歸，築西郊草堂以居，因即以名其集。然未及鋟版，稾藏其門人周鼎家。成化中，鼎孫光祿寺少卿庠始為刊印。此本有宣德辛亥鼎後跋，又有成化戊子錢溥序，蓋又從庠刻本傳寫者也。紀詩平易樸實，視袁凱諸人稍為不逮。故張汝弼作是集序，謂其漫爾而仕，漫爾而歸，詩文亦漫爾而著，弗冀有傳，頗致微詞。而朱彝尊靜志居詩話則舉其題海屋詩過橋雲磬天台寺，泊岸風帆日本船句，謂亦不為率漫。然紀集明世未經再刻，流播頗稀，明史藝文志亦闕而不載。彝尊明詩綜所錄但採之賴良大雅集中，未及見其全帙。故所摘佳句僅此。今觀此集，過質傷俚之弊，誠所不免。然其合作，往往得元白張王遺意。汝弼以一格繩人，不足以盡詩體。彝尊執一二語以爭之，亦未盡紀所長也。

草閣集六卷拾遺一卷文集一卷附筠谷詩一卷（兩淮鹽政採進本）

明李曄撰。曄字宗表，號草閣，錢塘人。南雍志作臨安人，蓋偶署宋代地名，非明之臨安也。洪武中官國子監助教。曄元季避地永康東陽間，館於胡氏。

故集中與胡伯宏兄弟贈荅之什最多。此集乃昱沒後伯宏及其友徐孟璣陳公明所輯。拾遺一卷則其門人唐光祖所輯。拾遺之後又附雜文四篇，題曰文集，不知何人所續輯，或亦出光祖之手歟。昱詩才力雄贍，古體長篇大抵清剛雋上，矯矯不羣。近體亦卓犖無凡語。雖爲高楊張徐諸人盛名所掩，實則並駕中原，未定孰居先後也。末附筠谷詩一帙，不著名氏。案宋濂作昱詩序，稱其子轅字公載，爲詩能繼其家。千頃堂書目亦載有李轅筠谷集，註爲李昱之子，官宜綸縣丞。殆編錄者以卷帙無多，附其父後。觀詩內有冬至前日侍父譙胡伯奇濟生堂七言一首，是轅作之明證矣。朱彝尊曝書亭集有昱草閣集跋，而不言末附筠谷詩，或所見之本偶佚此卷也。

樗菴類稿二卷（永樂大典本）

明鄭潛撰。潛字彥昭，歙縣人。元末由內臺掾廣東帥府從事，上計京師，遂爲監修國史掾，後擢正字，歷官監察御史、福建行省員外郎、海北道廉訪副使、泉州路總管。入明，起爲寶應縣主簿，遷潞州同知。至洪武十年乃致仕。程敏政新安文獻志載其始末甚詳。黃虞稷千頃堂書目列之元人，誤也。虞稷載樗菴類稾二卷，今從永樂大典裒輯，得古體詩五十首、近體詩一百四十六首，併原序三篇，仍可編爲二卷，計所遺亦無幾矣。是集皆其在元所作。程以文序稱行役小稾二卷，豫章鄧文著所編，凡一百五十餘篇。其時方爲監察御史，貢師泰序稱集其歌詩爲二卷，題曰行役稾、攬轡稾。其時爲福建廉訪副使，揭汯序始稱爲樗菴類稾，不言卷數。據其所言，仍成於元末官福建時。蓋初爲行役稾二卷，後刪併爲一卷，而益攬轡稾一卷，仍爲二卷，終乃合爲一編，改題曰樗菴類稾，蓋數經增損而後勒爲定本，則其成集亦不苟矣。潛雖起家掾史，而天資絕異，其詩詞意軒爽，有玉山朗朗之致。視元末纖穠之格，特爲俊逸。入明以後，名位不昌，距纂修永樂大典之時年代又近，而書局諸人顧特編錄其遺稾，追配古人，知當時必有以取之，非徒然也。

春草齋集十卷附錄一卷（編修汪如藻家藏本）

明烏斯道撰。斯道字繼善，慈谿人。洪武初官石龍縣知縣，調永新，坐事謫戍定遠，尋放還。明史文苑傳附見趙壎傳中。所著有秋吟稾及此集。千頃堂書目載秋吟稾之名，而闕其卷數，蓋明代已佚。此集凡詩五卷，文五卷，與千頃堂書目卷數相合，蓋猶舊本。又附錄傳贊一卷，則萬歷間其八世孫獻明所續輯也。斯道詩寄託深遠，吐屬清華，能刻滌元人繁縟之弊。文亦雅令，不爲劍拔弩張之狀。夷猶淡宕，頗近自然。宋濂爲作集序，所謂俊潔如明月珠者，蓋狀其圓潤，所謂洶湧如春江濤者，則與其文之紆餘爲妍，頗不相肖。推濂之意，特狀其詞源之不竭，非謂其騁才恃氣，以驚風駭浪爲奇特也。史稱斯道工古文，兼精書法，不及其詩，殆在當時文尤見重於世歟。

耕學齋詩集十二卷（浙江巡撫採進本）

明袁華撰。華字子英，崑山人。生於元季。洪武初爲蘇州府學訓導，後坐累逮繫，死於京師。此集凡古體詩七卷，近體詩五卷，不知何人所編。明史藝文志不著錄。考楊維楨爲作可傳集序，稱華自二十歲後三十年所積，無慮千餘首，吾選之得若干首云云。疑即所謂千餘首者，後人裒輯以傳也。明之初年，作者林立，華爲諸家盛名所掩，故人與詩皆不甚著。實則銜華佩實，具有典型，非後來僞體所能及，固未可以流傳未廣，輕之。華贈閔中孚初度詩有同生延祐丙辰年句，以干支推之，下至明太祖洪武元年，已五十三歲，故集中詩句，元代所作爲多。如甲午、丙申、己亥、庚子、乙巳、丙午、丁未諸紀年，皆在順帝至正中，惟癸丑正月風雨中偶成一首作於洪武六年，頗露悲涼感慨之語，蓋欲自附於元之遺民。然已食明祿，不必作是語矣。

可傳集一卷（浙江鮑士恭家藏本）

明袁華撰。其本爲至正癸卯楊維楨所刪定。華，維楨弟子也。前有維楨序，稱吾鐵門稱能詩者，南北凡百餘人，求如張憲、袁華者，不能十人。其集名亦維楨所題，蓋推獎之甚至。而維楨與李五峯論詩，又稱梅一於酸，鹽一於鹹，食鹽梅而味常得鹹酸之外。若華之作，僅一於鹹酸而已。其說自相剌謬。今觀其詩，大都典雅有法，一掃元季纖穠之習，而開明初舂容之派。維楨所論，蓋標舉司空圖說以味外之味務爲高論耳。其實一於鹹酸，不猶愈於洪熙宣德以後所謂臺閣體者，併無鹹酸之可味乎。未可遽以是薄華也。華耕學齋稾卷帙較富，世多行之。此集明史藝文志不著錄，千頃堂書目雖著錄而不載卷數蓋黃虞稷亦未見之今以其爲楊維楨所手定去取頗嚴故一取其備一取其精與全集並著於錄焉。

強齋集十卷（兩淮鹽政採進本）

明殷奎撰奎字孝章號強齋崑山人洪武初以薦例授州縣職以母老請近地除咸陽教諭卒奎受業於楊維楨之門學行純正爲當時所重是集乃其門人余熂所編詩文雜著凡九卷又益以其交游贈荅詩文暨行實墓誌共爲十卷元明之間承先儒篤實之餘風乘開國渾朴之初運宋末江湖積習門戶流波滌除已盡故發爲文章雖不以華美爲工而訓詞爾雅亦頗有經籍之光如奎等者在當時不以詞翰名而行矩言規學有根柢要不失爲儒者之言視後來雕章繢句乃有逕庭之別矣集本刊於洪武十五年崑山儒學訓導錢塘陳振祖爲之序其文亦朴雅可想見一時風氣云

海桑集十卷（江蘇巡撫採進本）

明陳謨撰謨字一德泰和人生於元成宗時洪武初召赴闕以疾辭歸後屢聘爲江浙考試官事蹟具明史儒林傳是集有謨家傳稱卒年九十六考集中年月止於洪武十七年晏璧於永樂七年作海桑集序稱謨卒後二十年則卒於洪武二十一年戊辰也謨書劉氏西齋唱和卷後稱生大德間爲前朝太平幸民六十餘年由洪武戊辰上推大德元年丁酉僅九十二年或晏璧所稱乃約成數也其詩集文集各五卷爲其甥楊士奇所編

國朝康熙庚申其裔孫邦祥重刊然靈山寺詩以五言長律入古體悼劉生詩以七言拗律入古體而崆峒雲居詩又以古體入律體士奇未必舛誤如是殆邦祥又有所竄亂歟集中通塞論一篇引微子箕子反復申明謂革代之時不必死節最爲害理故其客部州時爲太祖吳元年元尚未亡已爲衛官作賀表而集中頌明功德不一而足無一語故君舊國之思其不仕也雖稱以老病辭然孫仲亨跋其墨跡稱太祖龍興弓旌首至先生雖老猶輿曳就道一時老師俗儒曲學附會先生之論動輒矛盾是以所如不合遂命駕還山拂衣去國云云則與柴桑東籬之志固有殊矣至於文體簡潔詩格舂容則東里淵源實出於是其在明初固渢渢乎雅音也

畦樂詩集一卷（江西巡撫採進本）

明梁蘭撰蘭字庭秀又字不移泰和人右贊善梁潛之父也田居不仕故以畦樂自號於楊士奇爲姻家士奇嘗從之學詩此集即士奇所編前有洪武三十一年士奇序考士奇所作蘭墓誌稱卒於永樂八年則編此集時蘭猶及見之也舊本列泊菴集後蓋用山谷集後附刻伐檀集之例今以各自爲集仍分著於錄原目列古今體詩二百三十四首而五言古詩中註闕七首實二百二十七首題中有闕字二處詩中亦有闕字二處均無別本可補今亦仍之士奇序稱其志平而氣和識精而思巧渢渢焉穆穆焉簡寂者不失爲舒徐疎宕者必歸於雅則優柔而確議切而婉雖自重其師過相推重而於繁音曼調之中獨翛然存陶韋之致抑亦不愧於作者矣

竹齋集三卷續集一卷附錄一卷（兩淮鹽政採進本）

明王冕撰冕字元章續高士傳作字元肅諸暨人本農家子家貧依沙門以居夜潛坐佛膝上映火讀書後受業於安陽韓性遂傳其學然行多詭激頗近於狂著作郎李孝光祕書卿泰哈布哈（原作泰不華今改正）皆嘗薦於朝知元室將亂辭不就明太祖下婺州聞其名物色得之授諮議參軍未幾卒宋濂爲作傳載潛溪集中敘其始末甚備明史文苑傳亦同續高士傳以爲太祖欲授以參軍一夕卒浙江通志據以列入隱逸傳舊本亦題爲元人非其實矣詩集三卷其子周所輯劉基序之續集詩及雜文一卷又附錄呂升所爲王周行狀則冕女孫之子駱居敬所輯冕天才縱逸其詩多排奡遒勁之氣不可拘以常格然高視闊步落落獨行無楊維楨等詭俊纖仄之習在元明之間要爲作者集中無絕句惟畫梅乃以絕句題之續集所收皆自題畫梅詩史稱其隱居九里山時種梅千株自號梅花屋主尤善畫梅求者踵至以幅長短爲得米之差云

獨醉亭集三卷（兩淮馬裕家藏本）

明史謹撰謹字公謹崑山人洪武初以事謫居雲南後用薦爲應天府推官降補湘陰縣丞尋罷歸僑居金陵以終是集前有陳璉序稱洪武壬午九月按洪武無壬午壬午爲建文五年蓋革除之後傳錄者所追改又有獨醉亭記一篇不著作者名氏稱謹爲滇陽史先生則竄謫之時即以編管之

地著籍也據璉所序是集蓋璉所自編但以體分不題卷數自武當八景以下九十三首别題曰遺稾疑璉没以後其後人掇拾晚年所作附於集末然中有經人鮮覯詩謁黔寧王廟詩則皆在謫雲南時又有雪酒爲金粟公賦詩金粟道人乃顧阿瑛别號則元末明初之作亦在其中殆雜採佚篇不復甄别觀所載題畫之詩特多必丹青手蹟一一錄入矣今以原本所有亦併存之與璉所自定諸詩共釐爲三卷其詩不涉元季縟靡之習亦不涉宋季酸腐之調平正通達而神采自然高秀在明初可自爲一家偶桓選乾坤清氣集號爲精鑒其論詩多否少可而此集有送桓詩及題桓家攬勝樓詩二人契分頗深則璉之詩格可見矣

海叟集四卷集外詩一卷副都御史黃登賢家藏本

明袁凱撰凱字景文華亭人洪武中由舉人薦授監察御史以病免歸事蹟具明史文苑傳其集舊有祥澤張氏刻本乃凱所自定歲久散佚天順中朱應祥張璞所校選者名在野集多以己意更竄如煙樹微茫獨倚欄改爲煙樹微茫夢裏山蓋以詩用删山韻而欄字在寒桓韻不知洪武正韻已合二部爲一凱用官韻非好韻也故國飄零事已非改爲老去悲秋不自知蓋以凱已仕明欲諱其前朝之感不知據陶宗儀輟耕錄是詩作於至正末乃用金陵王謝燕事下句自明非爲元亡作也至雨聲終日過閒門改爲雨聲隨處有閒門更不知其黠竄之意何居矣宏治間陸深得舊刻不全本與何景明李夢陽更相删定即所刊瓦缶集既晦集是也隆慶時何元之得祥澤舊刻以活字校印百部傳之萬歷間張所望復爲重刻此本乃

國朝曹炳曾所校以張本爲主而參以何氏本正其謬誤較諸本差完善焉凱以白燕詩得名時稱袁白燕李夢陽序則謂白燕詩最下最傳其高者顧不傳今檢核全集夢陽之說良是何景明序謂明初詩人以凱爲冠蓋凱古體多學文選近體多學杜甫與景明持論頗符故有此語未免無以位置高啟諸人故論者不以爲然然使凱馳騁於高啟諸人之間亦各有短長互相勝負居其上則未能居其下似亦未甘也陸深金臺紀聞載啟贈凱詩曰清新還似我雄健不如他其語殊不似啟殆都穆等依託爲之（案二語啟集不載深聞之於穆穆聞之史鑑鑑聞之朱應祥云）然深以兩言爲實錄則頗不謬云

榮進集四卷江西巡撫採進本

明吳伯宗撰伯宗名佑以字行金谿人洪武辛未進士第一官至武英殿大學士後降檢討以終事蹟具明史本傳伯宗守正不阿雖忤旨貶謫不少悔胡惟庸擅權之日勢焰張甚獨毅然上疏劾之風節棱棱殊不可及所著有南宮集使交集成均集共二十卷又玉堂集四卷今皆未見此本中有奉使安南國擘窠玉堂燕坐諸詩疑原集散佚後人掇拾殘賸合爲此編也一卷冠以廖道南殿閣詞林記小傳一篇次爲鄉試會試御試卷二卷三卷皆詩而附以賦及詩補遺四卷爲雜文目錄首列序文而卷首無之蓋傳寫佚脱詩文皆雍容典雅有開國之規模明一代臺閣之體胚胎於此其鄉試會試諸篇可以考見當時取士之制與文字之式惟陸深金臺紀聞稱洪武前三科猶沿元制用經疑至二十一年戊辰始定今三場之制而集中所載試卷乃經義而非經疑殊不可解又第三卷有上問安南事五言詩與諸選本所載日本使臣嗒哩嘛哈答明太祖詔問日本風俗詩僅字句小異未詳孰是然其詩皆誇大日本之詞不應出自伯宗之手或伯宗後人因其曾使安南誤剿入之歟今姑仍舊本錄之而記其所疑以備參考焉

梁園寓稾九卷山西巡撫採進本

明王翰撰翰字時舉禹州人元季隱居中條山明初出爲周王橚長史王素驕有異志翰屢諫弗納斷指佯狂去後王敗得不坐其事附見明史周王傳中後起爲翰林編修尋謫廉州教授夷獠亂城陷抗節死明史藝文志載所著有敝帚集五卷梁園寓稾九卷敝帚集今未見此書卷數與明史合焦竑經籍志止稱寓稾二卷誤也焦志别載翰山林樵唱一卷今亦未見殆併佚歟翰始抗驕王終殉國難其立身具有本末發爲文章率具剛勁之氣故古體往往有質直語然自抒性情無元人穠纖之習七言古體聲調亦頗高朗朱彝尊輯明詩綜未錄翰詩當由未覩斯集今以其人而特存之亦

聖代表章忠烈闡揚幽隱之意也

自怡集一卷浙江巡撫採進本

明劉璉撰璉字孟藻青田人誠意伯基長子洪武

十年爲考功監丞、兼試監察御史。出爲江西布政司右參政、爲胡惟庸所矜、墮井死。事蹟附見明史劉基傳。是集爲其子廌所編。末附洪武十三年國史院編修官吳從善所作哀辭、備述基從太祖起兵、殱在南田山、制馭諸草竊、請設談洋巡檢、以靖逃盜之源。及汨沈立本媚附權臣事。惟以材略氣節稱之、不及其文章。卷首載秦府紀善黄伯生序、乃稱嘗見其遇事剛果、坐折姦佞、不撓不阿。宜其少年銳氣、盛滿於中。今讀其詩、顧乃溫柔沖淡、怛然有愛君憂國之至情、而自視欿然如有不足、以爲庶幾於聞道。今觀其詩、惟七言律詩頗涉流利圓美、不出元末之格。然僅三首、蓋非所喜作。至於五言古體、居集中之太半、皆詞旨高雅、而運思深摯、殆於駕兩宋而上之。以繼犁眉諸集、可謂不愧其父。而明人罕稱道之者、殆轉以勳閥掩歟。

斗南老人集六卷（兩淮鹽政採進本）

明胡奎撰。奎字虛白、海寧人。生元至順閒、嘗遊貢師泰之門。明初以儒學徵、官寧王府教授。是集前有寧王權序、稱其晚年泊舟鄱陽望湖亭、見石刻東坡黑雲堆墨未遮山詩、次韻和之。俄見一叟來誦其詩曰、子非斗南老人耶。因以自號。其事頗怪、疑好事者附會之、莫由詰其眞妄也。朱彝尊靜志居詩話稱吾鄉雲東逸史曾手錄其稾、舊藏項氏天籟閣、繼歸高氏稽古堂、後爲華山馬思贊所藏。案今世所傳奎集皆出天籟閣鈔本、止有四卷。前有項元汴題識、而無寧王原序。此本爲明初寧王府文英館所刊、見於寧藩書目。崑山徐氏傳是樓又從原刻影鈔、實分六卷。凡詩一千九百餘首、與項氏所藏互校、乃知彼多所脫佚、不爲足本。觀寧王序中、又載宗哲徐將軍居西山、有道士過訪、食蕨、道士吟一絶句云、一拳打得地皮穿、握住東風不放拳。只待杜鵑啼血後、展開鳳尾始朝天。問其所作、以箸書斗南一人四字。時先生未有是稱、後得先生稾、方知先生詩也。與望湖亭和詩一事文相連屬。而朱彝尊靜志居詩話獨未採錄、知彝尊所見惟天籟閣殘本。其記望湖亭事亦從都穆南濠詩話撫入耳。奎詩不事雕飾、往往有自然之致。彝尊謂其功力既深、格調未免太熟、誦之若古人集中所已有者。其言誠不爲過。然春容和雅、其長處亦不可掩。視後來之撏拾摹擬者、固有閒矣。

希澹園詩三卷（編修汪如藻家藏本）

明虞堪撰。堪字克用、一字勝伯、長洲人。至正中隱居不仕。故其題趙孟頫畫絶句有曰、王孫今代玉堂仙、自畫苕溪似輞川。如此青山紅樹裏、可無十畝種瓜田。深諷其出事二姓。然堪至洪武中竟起爲雲南府學教授、卒於官。蓋與仇遠入元事同一例。原本題曰元虞堪、非其實也。堪隸籍長洲、而集中殿居高士圖歌有我亦本是青城人句、畫山曲有家山萬里隔、蜀道正難行句、朱仲叔山水引有西蜀書生句、而西蜀二絶句、三峽謠、旅懷詩、憶錦官詩、送張士皋歸閩中詩、次韻陸高士見寄詩、皆於蜀有故鄉之思。而成都使君王季野席上詩、則併作於蜀。考宋史虞允文本蜀人、而虞集亦每自署西蜀。堪於允文爲七世孫、於集爲從孫。意其流寓長洲、而於蜀仍往來未絶歟。此集後有自跋、稱丁未歲冬至前一日。案丁未爲元至正二十七年、則皆元時所作。而入明以後篇什、遂不復見。相傳堪沒後、所遺翰墨尙數篋、其子孫不讀書、漫置屋中、久而亡之。則其散佚者固亦多矣。詩多題畫之作。又丁元末造、時有憂時感事之言。古體氣格頗高、近體亦音節諧婉。惟七言律詩、刻意欲效黄庭堅、而才力淺薄、終不相近。然大致婉約秀逸、頗饒情韻、無當時穠豔之習、亦可謂娟娟獨立矣。世又有堪詩別本、題曰鼓枻稾者、與此集互相檢勘、其詩篇數多寡迥同、惟前後編次稍異。或即堪之原本、或後人別題以行、均未可定。今附存其目於此、不復錄焉。

鷺湖集六卷（永樂大典本）

明龔斆撰。斆、鉛山人。明史無傳、惟太祖本紀載洪武十三年九月丙午、置四輔官、以儒士王本、杜佑、龔斆、杜斆、趙民望、吳源爲春夏官。又宋訥傳稱訥爲祭酒、與訥定學規者、司業王嘉會、龔斆、三人年俱高、鬚髮皓白、終日危坐堂上、肅然、而亦不詳其本末。考鉛山縣志、稱斆先以明經分教廣信、輯朱子之說、補六經圖。御史葉孟芳薦其學行、徵入爲四輔官。以老乞歸。又召爲國子祭酒、卒於官。著有經野類鈔二十八卷、蓋亦窮經篤學之士也。其集見於焦竑經籍志者六卷、流傳甚尠。程敏政明文衡、黄宗羲明文海蒐採極博、而均不及其名姓、則亡佚久矣。今惟永樂大典尙頗載其詩文。詩雖多沿元季餘波、而清婉諧暢、亦自琅琅可誦。文則原本經術結構謹嚴實能不愧於作者其送周倬張溥使高麗序稱洪武十八年命倬等往封國王而明史高麗傳失載其事又贈劉叔勉奉使西洋回序稱洪武二年春詔叔勉往使三年夏纔至西洋而明史浡泥傳乃稱三年八月命御史劉敬之往使閱半年始抵其國年月參錯不合自當以敞所記爲得其實是亦足以資考證也謹掇拾薈粹仍依原目定爲六卷著於錄

滎陽外史集七十卷兩淮鹽政採進本

明鄭眞撰眞字千之鄞縣人成化四明郡志稱其研窮六籍尤長於春秋奕澄嘗策以治道十二事皆經史之雋永眞答之無凝滯洪武四年鄉試第一授臨淮縣教諭陞廣信府教授與兄駒弟鳳並以文學擅名眞尤以古文著初與金華宋濂聲價相埒嘗與濂共作裴中著存堂記眞文先成濂爲之閣筆後濂致位通顯黼黻廟廊眞偃蹇卑棲以學官沒世故聲華闃寂傳述者稀今觀所作雖不能與濂並鶩詞壇而義有根柢詞有軌度與濂實可肩隨未可以名位之升沈定文章之優劣也原集百卷明代已佚其三十卷今所存者亦多殘闕失次譌不勝乙或至於不可句讀殆世不甚傳故莫爲是正其不全佚者幸耳今推驗文句各爲校定其必不可通者則仍原本錄之庶不失闕疑之義焉

全室外集九卷續集一卷安徽巡撫採進本

明僧宗泐撰宗泐字季潭臨安人洪武初舉高行沙門命住天界寺尋往西域求遺經還授左善世太祖欲授以官固辭太祖爲撰免官說其後胡惟庸謀逆詞連宗泐特原之是編題曰外集蓋釋氏以佛經爲內學故以詩文爲外猶宋釋道璨柳塘外集例也首二卷爲應制詩及樂府供佛讚佛諸曲三卷至八卷爲古近體詩九卷爲疏及題跋續集詩文合編而詩文之間闕四頁其原數遂不可考今所存者凡詩三十六首題跋十五篇千頃堂書目作全室外集十卷蓋合此一卷言之耳宗泐雖託蹟緇流而篤好儒術故其詩風骨高騫可抗行於作者之間徐一夔作是集序稱其如霜晨老鶴聲聞九臯淸廟朱弦曲終三歎彷彿近之皎然齊己固未易言要不在契嵩惠洪下與句曲外史張羽均元明之際方外之秀出者也千頃堂書目載宗泐尙有西遊集一卷蓋奉使求經時道路往還所作見聞既異其記載必有可觀今未見其本存佚殆不可知矣徐楨卿翦勝野聞謂宗泐奉使西域未至其地塗遇神僧幻化而歸者蓋未知宗泐有此集故造是齊東之語與所謂宗泐蓄髮還俗同一謬妄也

欽定四庫全書總目卷一百六十九

欽定四庫全書總目卷一百七十

集部二十三

別集類二十三

峴泉集四卷江西巡撫採進本

明張宇初撰宇初字子璿貴溪人張道陵四十三世孫洪武十年襲掌道教永樂八年卒明史方技傳附見其父正常傳中稱其建文時嘗坐不法奪印誥成祖即位復之又稱其嘗受道法於長春眞人劉淵然後與淵然不協互相詆訐其人品頗不純粹然其文章乃斐然可觀其中若太極釋先天圖論河圖原辨荀子辨陰符經諸篇皆有合於儒者之言問神一篇悉本程朱之理未嘗以雲師風伯荒怪之說張大其教以視誦周孔之書而混淆儒墨之界者實轉爲勝之韓愈送浮屠文暢序稱人有儒名而墨行者問其名則是校其行則非有墨名而儒行者問其名則非校其行則是然則若宇初者其言既合於理寧可以異端之故併斥其文乎朱彝尊明詩綜稱其集二十卷詩居其半王紳爲之序此本皆所作雜文惟末附歌行數十首卷首雖載紳序而二十卷之舊已不復存蓋又掇拾重編之本矣

唐愚士詩二卷附會稽懷古詩一卷江蘇巡撫採進本

明唐之淳撰之淳字愚士亦以字行山陰人肅之子也建文初詔詞臣修鑑戒錄方孝孺薦之授翰林院侍讀與孝孺同領書局卒於官明史文苑傳附載王行傳中徐禎卿翦勝野聞載明太祖以布囊貯之淳夜越宮牆入便殿點竄十王冊文一事

其事荒誕不經，殆委巷小人因之淳文思敏捷，造是妄語。張芹遣忠錄稱洪武中有薦之者，辭不就。曹國公李景隆俾其子師焉，征行四方，皆與俱。歷燕薊秦周，覽前代遺蹟，援筆而賦，凌轢一時。考明史李文忠傳，景隆以洪武十九年襲封曹國公，不載其北征事。惟馮勝傳載洪武二十年與傅友德藍玉趙庸等北征，常茂李景隆鄧鎮皆從，是年歲在丁卯，與集中寓寧軒記所載洪武丁卯相合，當即其時也。是集僅其丁卯戊辰二年所作，似非完本。又詩文相間成編，而總題曰詩，亦非體例，疑當日雜錄手稿，存此一帙，後人因鈔傳之，故編次叢雜如此歟。其詩雖未經簡汰，金礫並存，而氣格質實，無元季纖穠之習。其塞外諸作，山川物產，尤足以資考核。會稽懷古詩一卷，乃其少作，凡五言古詩三十首，題下各有小序，仿阮閱曾極張堯同之例。其中如舜廟不取地志耕象之說，禹廟不取禹穴藏書之說，皆爲有識。此卷本於集外別行，然篇頁寥寥，今綴於集後。末附長洲戴冠和詩三十首，大抵湊泊成篇，不及之淳原唱，以舊本所有，姑亦並存焉。

繼志齋集十二卷附錄一卷（兩淮鹽政採進本）

明王紳撰。紳字仲縉，義烏人，待制禕之仲子。明史附見禕傳，稱禕死時紳年十三，事母兄盡孝友。長博學，受業於宋濂，濂器之曰：吾友不亡矣。蜀獻王聘紳，待以客禮。紳啟王往雲南求父遺骸，不獲，述滇南痛哭記以歸。建文帝時，用薦召爲國子博士，預修太祖實錄，獻大明鐃歌鼓吹曲十二章，卒於官。王泌東朝記以爲成祖召入翰林，編摩太祖實錄者，誤也。其集冠以鐃歌十二首，即建文初所獻。次爲賦二篇，次爲古今體詩及諸雜文，末爲附錄一卷。紳名父之子，又師承有自，其文演迤豐蔚，不失家法，詩亦有陶韋風致，無元季纖穠之習。在洪武建文之時，卓然自爲一家，不但行誼之高也。名其齋曰繼志，可謂無忝所生矣。

練中丞集二卷（兩淮馬裕家藏本）

明練子寧撰。子寧名安，以字行，號松月居士，新淦人。洪武乙丑進士，建文時官左副都御史。燕兵入，殉節死，事蹟具明史本傳。當燕王篡立之初，誣建文諸臣爲姦黨，禁其文字甚嚴。宏治中，王佐始輯其遺文，名曰金川玉屑，故徐泰詩說有金川練子寧玉屑無多，爲世所寶之語。此本乃泰和郭子章重編，附以遺事一卷。其裔孫綺復增輯之，黃溥簡籍遺聞嘗記集中可疑者三事：一曰送花狀元歸娶詩，謂洪武辛亥至建文庚辰狀元但有吳伯宗、丁顯、任亨泰、許觀、張信、陳郊、胡靖七人，無所謂狀元花綸，綸乃洪武十七年浙江鄉試第二人，不應有奉詔歸娶事。一曰故耆老理庭黃公墓誌，謂子寧及第在洪武十八年，此誌後題洪武丙辰三月之吉，乃洪武九年，不應結銜稱賜進士及第授翰林院修撰。一曰集後雜考，引葉盛水東日記載長樂鄭氏有手卷，練子寧賦張顯宗跋，稱顯宗狀元及第。洪武時亦無此狀元，其言頗核，蓋子寧一代偉人，人爭依託，因而影撰者有之，然終不以僞廢其眞也。

遜志齋集二十四卷（內府藏本）

明方孝孺撰。孝孺有雜誡，已著錄。是集凡雜著八卷，書三卷，序三卷，記三卷，題跋一卷，贊一卷，祭文、誄、哀辭一卷，行狀、傳一卷，碑、表、誌一卷，古體詩一卷，近體詩一卷。史稱孝孺殉節後，文禁甚嚴，其門人王稌藏其遺稾，宣德後始稍傳播，故其中闕文脫簡頗多。原本凡三十卷，拾遺十卷，乃黃孔昭謝鐸所編。此本併爲二十四卷，則正德中顧璘守台州時所重刊也。孝孺學術醇正，而文章乃縱橫豪放，頗出入於東坡龍川之間。蓋其志在於駕軼漢唐，銳復三代，故其毅然自命之氣，發揚蹈厲，時露於筆墨之間。故鄭瑗井觀瑣言稱其志高氣銳，而詞鋒浩然，足以發之。然聖人之道，與時偕行。周去唐虞僅千年，周禮一書已不全用唐虞之法。明去周幾三千年，勢移事變，不知凡幾，而乃與惠帝講求六官，改制定禮，即使燕兵不起，其所設施，亦未必能致太平，正不必執講學家門戶之見，曲爲之諱。惟是燕王篡立之初，齊黃諸人爲所切齒，即委蛇求活，亦勢不能存。若孝孺則深欲藉其聲名，俾草詔以欺天下，使稍稍遷就，未必不接跡三楊，而致命成仁，遂湛十族而不悔，語其氣節，可謂貫金石，動天地矣。文以人重，則斯集固懸諸日月，不可磨滅之書也。都穆南濠詩話曰：方正學先生集傳之天下，人人知愛誦之，但其中多雜以他人之詩，如勉學二十四首，乃陳子平作。漁樵一首，乃楊孟載作。又有牧牛圖一絕，亦元人作。兩集互見，古人多有，今姑仍原本錄之，而附存穆說備考焉。

貞白遺稾十卷附顯忠錄二卷（浙江孫仰曾家藏本）

明程通撰。通字彥亨，貞白其齋名也。績溪人。洪武乙丑貢入太學。庚午舉應天鄉試。時方遣諸王將兵，因以封建策貢士於廷。通所對稱旨，擢第一。授遼府紀善，進左長史。燕王舉兵後，通上書數千言，論戰守大計。永樂初，錦衣衞都督紀綱發其事，詔械通詣京師，與二子俱論死。事蹟具明史本傳。所著述凡百餘卷，悉毀於官。後十年，其弟赴荆州，遼王以所圖通像及遺稾授之。嘉靖中，黨禁漸弛，其從孫長等乃搜訪佚篇，裒爲六卷，附以遼王竝同時諸人贈言及行狀小傳等篇，別爲四卷。天啓中，其裔孫樞及子應階又集前後建祠請謚之文，爲顯忠錄二卷，附綴於末，即此本也。初，通以祖平久戍，陳情乞賜還鄉，人稱其孝。及建文中，遭逢國難，上防禦封事，而卒以是死，人稱其忠。今陳情之表具在，而封事獨有題無文。蓋嘉靖中刻集時猶有所諱而不敢存也。封建二策，乃其受知於太祖者，持議頗正。其他詩文亦俱醇樸有法。雖所存無多，而大節凜然，有不僅以詞章論者，固宜與方練諸集竝傳不朽矣。

靜學文集一卷（兩淮馬裕家藏本）

明王叔英撰。叔英名原采，以字行，黄巖人。洪武中，與楊大中、葉見泰、方孝孺、林佑竝徵至。叔英固辭還鄉。後以薦官仙居訓導，改德安敎授，遷漢陽知縣。建文時，召爲翰林修撰。燕兵至淮，奉詔募兵。行至廣德，會齊泰來奔，知事不可爲，乃書絕命詞，自經於元妙觀。邏捕其家，妻金氏及二女并殉焉。事蹟具明史本傳。乾隆四十一年，賜謚忠節。史稱叔英在建文朝嘗上資治八策，又稱方孝孺欲行井田，叔英貽之書曰：事有行於古亦可行於今者，夏時周冕之類是也；有行於古而不可行於今者，井田封建之類是也。可行者行，則人之從之也易，而民受其利；難行者行，則人之從之也難，而民受其患云云。今是集三十篇，僅存序記二體，而所上八策及貽孝孺書竝無之。案徐敬孚跋，稱楊士奇嘗欲纂集叔英之文，求無完本，深悼惜之。成化年，有謝世修者，欲募刻以廣其傳，蓋搜葺重編，非其舊本。卷首林佑序作於洪武中者，乃後人所錄入，非即爲此本作也。叔英嘗自云：趙孟之貴，非所慕；陶朱之富，非所願；使吾文如聖賢，是吾心也。今觀是集，大抵皆規橅昌黎，稍失之拘，而簡樸有度，非漫無裁制者比。所存雖少，已可以見其生平矣。前有黄綰所爲傳，稱其文章有原本，知時達勢，爲用世之儒，蓋不誣云。

芻蕘集六卷（江西巡撫採進本）

明周是修撰。是修有綱常懿範，已著錄。是集爲其孫應麟所編，凡詩三卷、賦及雜文共三卷。大抵風骨棱棱，溢於楮墨，望而知爲忠臣義士之文。其矩度波瀾，亦具合古法，不在當時作者下。世不甚稱，殆轉以氣節掩歟。史稱是修由霍邱訓導遷周王府紀善。王多不法，是修動繩以禮。今觀集中修己十箴與保國直言二篇，蓋即是時之所作。其剛正不阿，不待役來始見矣。末附解縉所作誌銘及楊士奇所作傳。誌銘但稱歸京師，爲紀善，預翰林纂修，以死，竟不言其殉節。傳乃言其自經應天府學。蓋縉作誌在永樂九年，時黨禁方嚴，故諱其事。士奇作傳，則在宣德四年，時公論稍明，故著其實也。傳又稱是修數論國家大計，至指斥用事者誤國，用事者怒，眾共挫折之云云，於當時情事亦得其眞。雖是修精貫三光，不待二人之文而顯，二人之文亦不足以榮是修，然有誓死不死者，而後見眞能死者之難；有委曲以文其不死者，而後見慷慨就死者之不愧不怍。竝錄存之，亦可以相形而益彰矣。

巽隱集四卷（浙江巡撫採進本）

明程本立撰。本立字原道，巽隱其號也。桐鄉人。洪武九年，以明經擢秦王府引禮舍人。以母憂去。復補周府禮官，坐累謫雲南馬龍他郎甸長官司吏目。有平定百夷功，徵入翰林，歷官至右僉都御史，調江西按察副使。未行，值燕王纂位，遂自盡以殉。事蹟具明史本傳。是集詩二卷、文二卷，爲其曾孫山所編。宏治乙丑，桐鄉知縣莆田李廷梧序之。嘉靖初，南溪吳氏爲刊版。西虞范氏又重刊之。歲久皆散佚。此本乃萬歷乙丑桐鄉知縣濮陽粜得遺稾於其裔孫九澤，而屬訓導李詩校刊者也。本立文章典雅，詩亦深穩樸健，頗近唐音。不但節義爲足重，即以詞采而論，位置於明初作者之間，亦無愧色矣。

易齋集二卷（浙江巡撫採進本）

明劉璟撰。璟字仲璟，青田人，誠意伯基之次子。洪武二十三年，太祖命襲父爵，以讓其兄子廌，乃特設閤門使授之，尋爲谷王府左長史。燕王稱兵，隨谷王歸京師，令參李景隆軍事。兵敗，上書不見省，遂歸里。燕王即位，召之，稱疾不至，逮入京，下獄自經死。乾隆四十一年，

賜謚忠節事蹟附見明史劉基傳其遺文久佚不傳明
末楊文驄令青田從諸生蔣芳華家得鈔本始以
授梓考黄虞稷千頃堂書目載璟集十卷疑此尚
非完帙又別有無隱集一卷今佚不見其與此本
同異亦莫可考也璟少通諸經慷慨喜談兵太祖
嘗以爲眞伯溫子而詩文傳於𢈪率頗遜其父天
台盧廷綱稱其詩云酒酣落筆詞愈工命意不與
常人同清如冰甌玉盌貯繁露和如大廷清廟鳴
絲桐疾如黄河怒風捲濤浪麗如錦江秋水涵芙
蓉雖譽之未免過實然其氣勢蒼勁兀傲不羣猶
有覆瓿集之一體且其値革除之際捐生完節不
墜家聲尤宜以其人而重之矣

野古集三卷內府藏本

明龔詡撰詡字大章崑山人父詧洪武中官給事
中以言事遣戍五開衞詡遂隸軍籍後調守金川
門燕王篡位詡變姓名遁歸賣藥授徒以自給正
統己未巡撫周忱薦爲松江學官不就又薦爲太
倉學官亦不就嘗語都御史吳訥曰詡仕無害於
義但恐負當日城門一慟耳成化己丑始卒年八
十八明史附載牛景先傳是集乃崇禎乙亥其八
世從孫挺所刻前有李繼貞序稱删其十之二三
蓋詡詩格調在長慶集擊壤集間其傷於鄙俚淺
率者繼貞稍汰之也要其性情深摯直抒胸臆律
以選聲配色彫章琢句誠不能與文士爭工律以
綱常名教之旨則不合於風人者尠矣末附上周
忱書及王執禮張大復等所作家傳墓誌論議像
贊等篇又有年譜稱詡族姪紱所編於建文四年
稱傳言乘輿遜去於正統七年稱舊君還京先生
作落葉吟見意案紱之作譜在成化十三年楊應
能事應久已論定不應有舊君還京之語且落葉
一詩本無明指安知非別有託諷而顧據斷爲惠
帝出奔還京之作亦未見其然此譜於康熙乙巳
挺得本於其族弟維則故崇禎乙亥原刻總目不
與墓銘家傳等並列觀是一條其眞爲紱作與否
猶在兩可間也疑以傳疑姑並存之而已

案練子寧以下諸人據其通籍之年蓋有在
解縉諸人之後者然一則死革除之禍效命
於故君一則迎靖難之師貢媚於新主薰猶
同器於義未安故分別編之使各從其類至
龔詡卒於成化己丑更遠在縉等之後今亦
升列於縉前用以昭名教是非千秋論定紆
青拖紫之榮竟不能與荷戟老兵爭此一紙
之先後也

文毅集十六卷江西巡撫採進本

明解縉撰縉字大紳吉水人洪武戊辰進士永樂
初官翰林學士出爲江西參議改交阯爲漢王高
煦所譖下獄死事蹟具明史本傳縉所著有白雲
稾東山集太平奏疏等書歿後多散佚天順初金
城黄諫始輯其遺文爲三十卷後亦漸湮嘉靖中
同邑羅洪先復與縉從孫相輯成十卷千頃堂書
目又載有似羅隱集一卷學士集二十卷今並未
見此本十六卷則康熙戊戌其十世孫悅所補輯
也縉才氣放逸下筆不能自休當時有才子之目
迄今委巷流傳其少年夙慧諸事率多鄙誕不經
故李東陽懷麓堂詩話謂其詩無全稾眞僞相半
蓋出於後人竄亂者爲多然其中佳句間存亦復
不減作者至其奏議如大庖西封事白李善長冤
諸篇俱明白剴切黄汝亨狂言紀略詆其文義紊
繆使當賈長沙直是奴隸苛矣又案大庖西封事
中有云陛下好觀韻府雜書鈔輯穢蕪略無文彩
若喜其便於檢閱願集一二儒英隨事類別勒成
一經云云其後成祖修永樂大典縉實爲總裁官
果用分韻編類之法勒爲巨帙一切遺文墜簡竟
賴以傳於今日以待
聖朝之表章即以功在典籍而論其著作亦宜存録可
不必銖銖兩兩而繩之也

虚舟集五卷山東巡撫採進本

明王偁撰偁字孟揚永福人元潮州總管翰之子
翰於明初抗節死偁生甫六齡其母教之讀書洪
武庚午領鄉薦乞歸養母成祖即位徵至京師授
國史院檢討充永樂大典副總裁後坐解縉黨下
獄死偁爲閩中十子之一明史文苑傳附見林鴻
傳中是編乃其詩集前有王汝玉序又有解縉序
二篇一題虚舟集序一題王孟揚文集序又有宏
治六年桑悅序則爲袁州守王世英翻刻虚舟集
而作不言其別有文集蓋當時已失傳矣集末附
書評及自述詠各一首偁與解縉友善其才氣學
問約略相似卒同被讒譖以死然縉詩頗傷剽直
偁詩恬和安雅殆爲勝之自述稱服羣聖獵百家
窺幽明每遇登高弔古慨然發其悲壯愉樂一寓
於文若詩其命意亦殊不凡故集中若感遇諸作
規橅拾遺詠史數篇步趨記室將進酒行路難等

亦頗出入於太白。雖未必盡合古人，而意度波瀾時復具體，固不比於優孟衣冠也。

王舍人詩集五卷（浙江巡撫採進本）

明王紱撰。紱字孟端，無錫人。別號友石生，又曰九龍山人。洪武中，徵至京師，尋坐累戍朔州。永樂初用薦以善書供事文淵閣，久之除中書舍人，卒於官。事蹟具明史文苑傳。集爲其子默所編，又名友石山房稾。前有曾棨、王進序，後附章昞如、胡廣等所作行狀墓表。紱博學工書畫，所作山水竹石，風韻蕭灑，妙絕一時，說者謂可繼其鄉倪瓚。其詩雖結體稍弱，而消雅有餘，蓋其神思本清，故雖長篇短什，隨意揮染，不盡計其工拙，而擺落塵氛，自然合度。都穆南濠詩話獨稱其別娶婦者一絕，則倉父面目，不足以見紱之長矣。

泊菴集十六卷（江西巡撫採進本）

明梁潛撰。潛字用之，泰和人。洪武丙子舉人，授蒼溪訓導，歷知四會、陽江、陽春三縣。永樂初召修太祖實錄，累遷右春坊右贊善，會修永樂大典，代禮部尚書鄭賜爲總裁。陞侍讀。永樂十五年北征，仁宗監國，以釋陳千戶事牽連坐死。事蹟附見明史鄒濟傳。是集前有王直、胡儼二序。儼序稱爲潛子棨所編，考蕭鎡尚約居士集有陳循墓誌，稱梁公潛以職務違錯被逮，且籍之。棨平日所作詩文悉佑書冊，賣錢入官。循遣人訪求，倍價贖還，令鋟梓以傳者，循所贖也云云。則其稾爲潛所自編，因循而傳於世。儼序不載其事，而但稱其文章遭際，蓋諱言其賜死耳。潛文格清雋，而兼有縱橫浩瀚之氣，在明初可自成一隊。故鄭瑗井觀瑣言稱其豐瞻委曲，亦當代一作家。楊士奇潛墓誌稱其爲文章馳騁司馬子長、韓退之、蘇子瞻，亦閒出莊列爲奇，務去陳言，出新意。古詩高處逼晉宋。此本有文無詩，集末有康熙辛酉潛裔孫天清續刻家集小引，云泊菴公詩集已瘞文冢，不復存人間。則舊本久佚矣。

毅齋詩文集八卷附錄一卷（兩淮鹽政採進本）

明王洪撰。洪字希範，錢塘人。年十八舉洪武丁丑進士，授行人，尋擢吏科給事中，以薦入翰林，由檢討歷官修撰、侍講。爲永樂大典副總裁官。明史文苑傳附載林鴻傳中，稱成祖嘗命洪爲文，洪遜巡不應詔，爲同列所排，不復進用。而是集有劉公潛所作輓詩序，及莫琚後跋，乃言洪預修國史，會大臣欲載其家瑞異入日歷中，洪持不可，至聞於成祖前，坐謫禮部主事，卒於官。棨輓洪詩所謂玉堂分職見孤忠，亦指是事。明史蓋偶遺也。此集即莫琚所編。雜文皆樸雅，駢體亦工，詩尤具有唐格。而不爲林鴻、高棅之鉤摹。其序文及序書二篇，立論具見根柢。其序胡儼詩集，謂至元天歷間，趙、虞、范、揭各鳴一時之盛，及其衰也，學者以纖豪爲壯，以尖新爲奇，語言纖薄，音律怙懘，論元末之弊至爲切中。則洪之所見，高出當日遠矣。雖名位不昌，要爲有明初年屹然一作者。明史文苑傳稱王偁預修永樂大典，學博才雄，自負無輩行，獨推讓同官王洪，則洪之文章，概可見矣。

頤菴文選二卷（兩淮鹽政採進本）

明胡儼撰。儼字若思，南昌人。洪武末以舉人授華亭教諭。永樂初擢翰林院檢討，與解縉等同直內閣，遷國子祭酒。洪熙元年加太子賓客致仕，家居二十年而卒。事蹟具明史本傳。史稱儼少嗜學，於象緯、占候、律算、醫卜之術無不通曉。又稱是時海內混一，垂五十年，公卿大夫彬彬多文學之士。儼館閣宿儒，朝廷大著作多出其手。纂修太祖實錄、永樂大典皆爲總裁官，而以議論戇直，爲同僚所不容，故久於國學，未能大用。其詩頗近江西一派，詞旨高邁，寄託深遠，與三楊之和平安雅者氣象稍殊。文章則得法於熊釗，釗學於虞集，授受淵源，相承有自，故其氣格高老，律度謹嚴，可以追蹤作者，卓然爲明初之一家。明史藝文志載頤菴集本三十卷，此集詩文各止一卷，乃後人選本，非其全帙。然嘗鼎一臠，亦足以知其概矣。

青城山人集八卷（兩淮鹽政採進本）

明王璲撰。璲字汝玉，長洲人。洪武中舉浙江鄉試，以薦攝府學教授，改應天訓導。永樂初擢翰林五經博士，官至左春坊左贊善。後坐解縉累，下詔獄瘐死。洪熙初贈太子賓客，謚文靖。事蹟附見明史鄒濟傳。史稱璲少從楊維楨學，嘗應制撰神龜賦，璲第一，解縉次之。其文采爲當世所重。然所著詩稾散佚。正統十二年其孫鏜始裒次爲編，其姻家華靖刪定爲八卷，即此本也。靜志居詩話稱其詩不費冥索，斥斥唐人之調。吳人徐用理集永樂後詩家三百三十人，以璲壓卷。今觀其詩，音節色澤皆合古格，誠有擬議而不能變化者。然當元季詩格靡麗之餘，能毅然以六代三唐爲楷模，亦卓然特立之士，又不得以王李流弊預繩明初人矣。

東里全集九十七卷別集四卷（江蘇巡撫採進本）

明楊士奇撰。士奇有三朝聖諭錄，已著錄。明初三楊並稱，而士奇文章特優，制誥碑版，多出其手。仁宗雅好歐陽修文，士奇文亦平正紆餘，得其髣髴。故鄭瑗井觀瑣言稱其文典則，無浮泛之病，雜錄敍事，極平穩不費力。後來館閣著作，沿爲流派，遂爲七子之口實。然李夢陽詩云「宣德文體多渾淪，偉哉東里廊廟珍」，亦不盡沒其所長。蓋其文雖乏新裁，而不失古格，前輩典型，遂主持數十年之風氣，非偶然也。集分正、續二編，正集所載較少，續集幾至倍之。其別集四種，一卽代言錄，一爲聖諭錄，一爲奏對錄，一爲士奇傳誌諸文，綴於末爲附錄。李東陽懷麓堂詩話曰：「楊文貞東里集手自選擇，刻之廣東，爲人竄入數首。後其子孫又刻爲續集，非公意也。」然則續集乃士奇所自芟棄，非盡得意之作，以其搜羅較富，往往有足備考核者，故仍其舊并錄之焉。

楊文敏集二十五卷（福建巡撫採進本）

明楊榮撰。榮有後北征記，已著錄。榮當明全盛之日，歷事四朝，恩禮始終無間。儒生遭遇，可謂至榮，故發爲文章，具有富貴福澤之氣。應制諸作，渢渢雅音。其他詩文，亦皆雍容平易，肖其爲人。雖無深湛幽渺之思，縱橫馳驟之才，足以震耀一世，而逶迤有度，醇實無疵，臺閣之文，所由與山林枯槁者異也。與楊士奇同主一代之文柄，亦有由矣。柄國既久，晚進者遞相摹擬，城中高髻，四方一尺，餘波所衍，漸流爲膚廓冗長，千篇一律，物窮則變，於是何李崛起，倡爲復古之論，而士奇、榮等遂爲藝林之口實。平心而論，凡文章之力足以轉移一世者，其始也必能自成一家，其久也亦無不生弊。微獨東里一派，卽前後七子亦孰不皆然，不可以前人之盛，併回護後來之衰，亦不可以後來之衰，併掩沒前人之盛也。亦何容以末流放失，遽病士奇與榮哉。

省愆集二卷（江西巡撫採進本）

明黃淮撰。淮字宗豫，永嘉人。洪武丁丑進士，除中書舍人。燕王纂位，命入直文淵閣，歷翰林院編修，累進右春坊大學士，輔皇太子監國。爲漢王高煦所譖，坐繫詔獄十年。洪熙初復官，授武英殿大學士，累加少保，卒諡文簡。事蹟具明史本傳。淮當革除之際，身事兩朝，不免爲白圭之玷。史又言淮性頗險，同列有小過，輒以聞，解縉之死，淮有力焉。人品亦不甚醇。然通達治體，多所獻替，其輔導仁宗，從容調護，尤爲有功。雖以是被譖獲罪，而賜環以後，復躋禁近，迨至引年歸里，受三朝寵遇者，又數十年。遭際之隆，幾與三楊相埒。其文章舂容安雅，亦與三楊體格略同。此集乃其繫獄時所作，故以省愆爲名。當患難幽憂之日，而和平溫厚，無所怨尤，可謂不失風人之旨，故特存之，以見其著作之梗概。至其退直入覲歸田三稾，同編爲介菴集者，門徑與三楊不異。東里諸集既已著錄，則是可姑置焉。

金文靖集十卷（江西巡撫採進本）

明金幼孜撰。幼孜有北征錄，已著錄。幼孜在洪武建文之時，無所表見。至永樂以迄宣德，皆掌文翰機密，與楊士奇諸人相亞。其文章邊幅稍狹，不及士奇諸人之博大，而雍容雅步，頗亦肩隨。蓋其時明運方興，故廊廟賡颺，具有氣象，操觚者亦不知也。千頃堂書目載幼孜集十卷，又外集一卷，又北征集一卷。今外集未見。朱彝尊靜志居詩話稱其北征集大漠窮沙，靡不身歷，時發悲壯之音，則彝尊猶及見之。今亦未見，是編爲其子昭伯所輯，詩文多應制之作，蓋卽黃虞稷所謂十卷之本。別冠以三朝恩榮錄一卷，則其敕諭誥命祭文像贊神道碑之屬。幼孜事蹟已詳明史，核以本傳，多其子孫誇侈之詞，無關考證，今刪去不載，惟以本集著錄焉。

夏忠靖集六卷附錄一卷（浙江巡撫採進本）

明夏原吉撰。原吉字維喆，湘陰人。以鄉薦遊太學，選授戶部主事。燕王纂位，原吉降附，後官至戶部尚書，諡忠靖。事蹟具明史本傳。原吉詩文集六卷，載於明史藝文志，與此集卷數相合，蓋卽舊本。後附遺事一卷，爲其孫廷章所輯，刊版久佚。此本乃國朝康熙乙酉，潘宗洛提督湖廣學政時，得其裔孫之所藏，重爲校刊。前有楊溥序，稱其詩文平實雅淡，不事華靡。考原吉以政事著，不以文章著。洪永之際，作者如林，以原吉位置其間，尚未能並騖中原，齊驅方駕。然致用之言，疏通暢達，猶有淳實之遺風，以肩隨楊士奇、黃淮諸人，固亦無愧也。

抑菴集十三卷後集三十七卷（兩淮鹽政採進本）

明王直撰。直字行儉，泰和人。永樂甲申進士，正統聞拜吏部尚書。天順初以老疾乞休。卒謚文端。事蹟具明史本傳。直當景帝易儲之時，持之不堅，爲平生之遺憾。然于謙當國，亦不能爭，其中殆有難言者。至於初諫親征，繼力爭遣使迎英宗，侃侃不撓，至以出使自任，大節究爲不愧。其器識厚重，在銓曹十六年，奉職公允，亦稱名臣。詩文典雅純正，有宋元之遺風。自永樂初爲庶吉士，卽承命入閣典司制誥，後在翰林二十餘年，朝廷著作多出其手。當時與王英齊名，有西王東王之目。而直尤爲老壽，儼然負一代重望。蕭鎡作是集序，稱其文汗漫演迤，若大河長川，浴洄曲折，輸寫萬狀。蓋明自中葉以後，文士始好以矯激取名，直當宣德正統間，去開國之初未遠，淳樸之習，猶未全漓，文章不務勝人，惟求當理，故所作貌似平易，而温厚和平，實非後來所及。雖不能追古作者，亦可謂尚有典型者矣。集爲其子檢討穉所編，成化初其次子稹復加校訂，而以原集未錄及致仕後所作別爲後集云。

運甓漫稾七卷（浙江巡撫採進本）

明李昌祺撰。昌祺名禎，以字行，廬陵人。永樂甲申進士，選庶吉士，授禮部郎中。（案明初六科皆有庶吉士，不止翰林，故得以直授郎中。）歷官廣西河南左布政使。事蹟具明史本傳。是編皆古近體詩，並詩餘，乃天順三年吉安教授鄭綱所編。史稱昌祺預修永樂大典，凡僻書疑事，人多就質。其詩清新華贍，音節自然，陳循序稱其本之以理，充之以氣，故雅淡淸麗，宏偉新奇，無不該備，不必遠較於古，就今而論，千百之中不過數輩。曹安讕言長語極推其題文丞相研一首。朱彝尊靜志居詩話亦謂李禎詩務諧朝華，力啟夕秀，取材結體，頗與段柯古相似，蓋由其一變綺靡纖巧之習，而以流逸出之，故別饒鮮潤，迥異庸蕪。鄭瑗井觀瑣言乃曰：李布政昌祺，人多稱其剛毅不撓，嘗觀其運甓詩稾，浮豔太逞，不類莊人雅士所爲，所謂根也慾，焉得剛云云。是梅花一賦，足累宋璟之生平矣。執文章正宗一編以進退古今之作者，不亦隘乎。惟其中驪虎歌汴城閱武諸篇，或稍傷俚俗。然論一篇之詩，當字銖句兩而求之；論一家之詩，則當統觀其全局，不以一二章定工拙也。

古廉集十一卷附錄一卷（浙江孫仰曾家藏本）

明李時勉撰。時勉本名懋，以字行，安福人。永樂甲申進士，官至國子監祭酒，卒謚文敬，成化中改謚忠文。事蹟具明史本傳。時勉學術剛正，初以三殿災條上時務忤成祖，繼以奏上六事忤仁宗，終以不附王振爲所搆陷，前後瀕死者三，而勁直之節始終如一。其在國學，以道義砥礪諸生，人才蔚起，與南京祭酒陳敬宗號南陳北李，而時勉尤爲人望所歸。明以來司成均者莫能先也。至其爲文，則平易通達，不露圭角，藹然仁義之言，豈非以躬行實踐，所養者醇，故與講學之家驕心盛氣以大言劫伏者異歟。其所著作，以當代重其爲人，脫稾多爲人持去，故所存者無多。此集乃成化中其門人戴雖所編，其孫長樂知縣容所刊，併以墓誌傳贊之類附錄於末焉。

梧岡集八卷（安徽巡撫採進本）

明唐文鳳撰。文鳳字子儀，號夢鶴，歙縣人。與祖元父桂芳俱以文學擅名。永樂中薦授興國縣知縣，改趙府紀善，卒年八十有六。文鳳宰興國，著有政績，泰和劉鴻嘗爲作賢令祠記，見程敏政所編唐氏三先生集附錄中。其詩文亦豐縟深厚，刊落浮華，能不失其家法。其五世孫澤撰墓表云：先生著述在鄉校者曰朝陽類稾，在興國者曰政餘類稾，又曰章貢文稾，在藩府者曰進忠類稾，在洛陽者曰洛陽文稾，歸田後曰老學文稾。今此編所存者止詩四卷，文四卷，蓋不逮十之三四，然亦足見其大凡矣。

曹月川集一卷（江蘇巡撫採進本）

明曹端撰。端有太極圖說述解，已著錄。明初理學，以端與薛瑄爲最醇。瑄詩文集、讀書錄等皆傳於世，而端之遺書散佚幾盡，其集亦不復存。此本爲國朝儀封張伯行裒輯而成，首以夜行燭，次家規輯略，次語錄，次錄粹，次序七篇，次詩十五首。夜行燭家規二序不冠本書，而別載於後詩之中，間以太極圖贊一篇，皆非體例。蓋編次者誤也。末附諸儒評語及張信民所纂年譜。端詩皆擊壤集派，殊不入格。文亦質直朴素，不以章句爲工。然人品既已醇正，學問又復篤實，直抒所見，皆根理要，固未可繩以音律，求以藻采。況殘編斷帙，掇拾於放失之餘，固宜以其人存之矣。

薛文淸集二十四卷（大學士于敏中家藏本）

明薛瑄撰。瑄有讀書錄，已著錄。是集爲其門人闞西張鼎所編。初，瑄集未有刊本，瑄孫刑部員外郎禥以稾付常州同知謝庭桂，雕版未竟而罷。宏治己酉，監察御史楊亨得其稾於毘陵朱氏，鼎又從亨得之。字句舛譌，多非其舊，因重為校正，凡三易稾而成書。其得詩文一千七百篇，釐為二十四卷，鼎自為序，引朱子贊程子布帛之文、菽粟之味二語為比，殆無愧詞。考自北宋以來，儒者率不留意於文章，如邵子擊壤集之類，道學家謂之正宗，詩家究謂之別派。相沿至莊昶之流，遂以太極圈兒大，先生帽子高，送我兩包陳福建，還他一匹好南京等句，命為風雅嫡派，雖高自位置，遞相提唱，究不足以厭服人心。劉克莊集有吳恕齋文集序曰：近世貴理學而賤詩賦，間有篇詠，率是語錄講義之押韻者耳。則宋人已自厭之矣。明代醇儒，瑄為第一，而其文章雅正，具有典型，絕不以俚詞破格。其詩如翫一齋之類，亦閒涉理路，而大致沖澹高秀，吐言天拔，往往有陶韋之風，蓋有德有言，瑄足當之。然後知徒以明理載道為詞，常談鄙語，無不可以入文者，究為以大言文固陋，非篤論也。

兩溪文集二十四卷（江西巡撫採進本）

明劉球撰。球字求樂，更字廷振，安福人。永樂辛丑進士，授禮部主事，以楊士奇薦，入侍經筵，改侍講。後忤王振，下詔獄，為振黨馬順就獄中支解死。景泰初，贈翰林學士，謚忠愍。事蹟具明史本傳。是編皆所作雜文，球歿後二十八年，其子廣東布政司參政鉞所編。彭時、劉定之皆為之序。當王振盛時，侯伯公卿，惴惴趨風恐後，而球以一文弱詞臣，仗大義以與之抗，至死屹不少撓，沈德符野獲編記其見害之後，猶為厲於馬順家，明史亦載其事。於本傳，是其剛毅之氣，亙生死而不可磨滅。今觀其文，乃多和平溫雅，殊不類其為人。其殆義理之勇，非氣質用事者歟。然味其詞旨，大都光明磊落，無依阿淟涊之態，所謂君子之文也。雖殘章斷簡，猶當寶貴，況全集哀然具存，固宜亟為採錄，以風厲名教者矣。

于忠肅集十三卷（直隸總督採進本）

明于謙撰。謙字廷益，錢塘人。永樂辛丑進士，授御史，歷官兵部尚書。英宗復辟，為徐有貞、石亨等誣陷，棄市。成化初，追復原官。宏治初，贈特進光祿大夫、柱國、太傅，謚肅愍。萬歷中，改謚忠肅。事蹟具明史本傳。倪岳作謙神道碑，稱謙平生著述甚多，僅存節菴詩文稾奏議各若干卷，禍變之餘，蓋千百之什一云云。是其歿後遺稾已多散佚，世所刊行者，乃出後人掇拾而成，故其本往往互有同異。明史藝文志載謙奏議十卷、文集二十卷。又嘉靖中河南刊本詩文共八卷，而無疏議。此本前為奏議十卷，分北伐南征雜行三類，與藝文志合，後次以詩一卷，雜文一卷，附錄一卷，與藝文志迥異，與嘉靖刊本亦迥異，蓋又重經編次，非其舊本也。謙遭逢厄運，獨抱孤忠，憂國忘家，計安宗社，其大節炳垂竹帛，本不藉文字以傳。然集所載奏疏，明白洞達，切中事機，較史傳首尾完整，尤足覘其經世之略。至其詩風格遒上，興象深遠，雖志存開濟，未嘗於吟咏求工，而品格乃轉出文士上，亦足見其才之無施不可矣。又案王世貞名卿績記，及李之藻序謙集，皆謂謙嘗再疏請復儲，今集中實無此疏，明史亦不著其事。惟倪岳神道碑稱景帝不豫，謙同廷臣上章乞復皇儲，是當時所上乃廷臣公疏，非謙一人，故集中不載其稾。世貞等專屬之謙，殆亦考之未審歟。

蘭庭集二卷（兩淮鹽政採進本）

明謝晉撰。晉字孔昭，吳縣人。工畫山水，嘗自戲為謝疊山，其名明詩綜作晉，而集末贈盛啟東一首，乃自題葵邱謝縉，又附見沈大本詩一首，題作寄謝縉，案易象傳稱明出地上，晉，雜卦傳稱晉，晝也，以其字孔昭推之，作晉有理，作縉無義。本集或傳寫之誤耶。其始末不甚可考。集中有承天門謝恩值雨詩，則嘗以布衣應徵者也。卷首有汝南周傳渙、儀張肎二序。肎序稱晉詩二百餘篇，而此集所存乃不下四五百篇。考張序作於永樂甲申，而集末有永樂丁酉十月既望之作，丁酉上距甲申凡十四載，積詩之多，宜過於肎所云。傳序謂姑蘇之詩，莫盛於楊孟載、高季迪，而孔昭得二君之旨趣。肎序亦謂其得性情之正，而深於學問。然則晉不特以繪事傳矣。

古穰集三十卷（兩江總督採進本）

明李賢撰。賢有天順日錄，已著錄。賢為英宗所倚任，自三楊以來，得君未有其比。雖亦頗有所輔助，然抑葉盛，排岳正，擯張寧，不救羅倫諸事，頗為史所議。議其相業，蓋在醇疵之閒。文章非所注意，談藝者亦復罕稱。然其時去明初未遠，流風餘韻，尚明陳獻章撰。獻章字公甫，新會人。正統丁卯舉人。以薦授翰林院檢討。追謚文恭。事蹟具明史儒林傳。是集為其門人湛若水校定，萬曆間何熊祥重刊之。凡文四卷，詩五卷，行狀誌表附於後。史稱獻章之學以靜為主，其教學者但令端坐澄心，於靜中養出端倪，頗近於禪。至今毁譽參半。其詩文偶然有合，或高妙不可思議；偶然率意，或麤野不可嚮邇。至今毁譽亦參半。王世貞集中有書白沙集後曰：公甫詩不入法，文不入體，又皆不入題，而其妙處有超出法與體與題之外者，可謂兼盡其短長。蓋以高明絕異之姿，而又加以靜悟之力，如宗門老衲，空諸障翳，心境虛明，隨處圓通，辨才無礙，有時俚詞鄙語，衝口而談，有時妙義微言，應機而發。其見於文章者，亦仍如其學問而已。雖未可謂之正宗，要未可謂非豪傑之士也。

類博稾十卷附錄二卷（浙江汪汝瑮家藏本）

明岳正撰。正有類博雜言，已著錄。天順復辟以後，奪門諸臣挾功驕恣，帝心畏之而不敢遽圖。正以書生支撐其閒，欲設計以離曹吉祥、石亨之交，事不能成，反為所中。至於竄謫瀕死，其策雖疏，其志要為忠藎。及羣姦繼敗，又阨於李賢之媢嫉，淪落以終。薑桂之性，始終不改。嘉靖初追贈太常寺卿，制詞有云：嫉邪已甚，受謗寖深，左謫南荒，再編西戍。既而逆臣伏鑕，正士賜環，擬陟卿曹，庶僉言之允協，出分符守，竟直道之難容。紀其實也。其文章亦天真爛漫，落落自將。史稱所草承天門災諭廷臣詔，剴切感人，舉朝傳誦，足以見其一斑矣。是集

倪文僖集三十二卷（副都御史黃登賢家藏本）

明倪謙撰。謙有朝鮮紀事，已著錄。據李東陽序，謙所著有玉堂稾一百卷、上谷稾八卷、歸田稾四十二卷、南宮稾二十卷，又有奉使朝鮮之作為遼海編，別行於世。今皆未見。此本凡賦辭琴操古今體詩詩餘十一卷，頌贊表牋箴銘一卷，文二十卷。蓋謙所自編於生平著作汰存六之一者也。三楊臺閣之體至宏正之間而極弊，冗闒膚廓，幾於萬喙一音。謙當有明盛時，去前輩典型未遠，故其文步驟謹嚴，樸而不俚，簡而不陋，體近三楊而無其末流之失。雖不及李東陽之籠罩一時，然有質有文，亦彬彬然自成一家矣。固未可以聲價之重輕為文章之優劣也。

襄毅文集十五卷（副都御史黃登賢家藏本）

明韓雍撰。雍字永熙，吳縣人。正統壬戌進士，官至右僉都御史，總督兩廣。正德間謚襄毅。事蹟具明史本傳。明自正統以後，正德以前，金華、青田流風漸遠，而茶陵、震澤猶未奮興。數十年間，惟相沿臺閣之體，漸就庸膚。雍當其時，雖威行兩廣，以武略雄一世，不屑屑以雕章繪句為工，而英多磊落之氣，時時發見於文章。故雖未變體裁，而時饒風骨。其雜文亦高視闊步，氣象迥殊。韓愈所謂獨得雄直氣者，殆於近之。朱彝尊明詩綜但稱雍有集而不著集名，所錄雍詩一篇又非佳作，其賜遊西苑記，日下舊聞亦不載，靜志居詩話絕無一字及雍，殆偶未見斯集歟。

白沙集九卷（江西巡撫採進本）

有典型。故詩文亦皆質實嫺雅，無矯揉造作之習。此集為其壻程敏政所編。凡奏疏二卷，書一卷，記二卷，序三卷，題跋一卷，神道碑四卷，墓碑碣一卷，墓表二卷，墓誌二卷，行狀傳一卷，祭文銘箴贊賦哀辭一卷，古今體詩二卷，和陶詩二卷，天順日錄三卷，雜錄奏疏雜文三卷。中多記載時事，亦有足備史乘參核者，未可棄也。其天順日錄有本別行，茲以原本編入集中，仍並錄之焉。

武功集五卷（浙江汪啟淑家藏本）

明徐有貞撰。有貞初名珵，字元玉，吳縣人。宣德癸丑進士，官至兵部尚書兼華蓋殿大學士，封武功伯。尋下獄，戍金齒。放歸久之乃卒。事蹟具明史本傳。有貞究心經濟，於天官、地理、兵法、水利、陰陽方術之書，無不博覽。惟傾險躁進，每欲以智數立功名，與石亨等倡議奪門，僥倖孤注之一擲，幸而得濟。又怙權植黨，威福自專，卒亦為人搆陷。所謂君以此始，必以此終，實深為君子所詬病。祝允明為有貞外孫，所作蘇談，往往回護，其詞究不足以奪公論也。然其幹略本長，見聞亦博，故其文奇氣坌涌，而學問復足以濟其殊。集中如文武論、制縱論及題武侯像、出師表諸篇，多雜縱橫之說，學術之不醇，於是可見。才氣之不可及，亦於是可見。擬諸古人，蓋夏竦文莊集之流。遺編具存，固不必盡以人廢也。至其詩，則多在史館酬應之作，非所擅長。集中羽林子二首，靜志居詩話謂源出右丞，然語亦平平，僅具唐人之貌。人各有能有不能，存而不論可也。

爲其門人李東陽蒐輯遺稾而成。凡詩二卷，雜文八卷，又附錄二卷。前一卷載諸人誌銘傳贊等作，後一卷則東陽以葉盛所作誌銘多所隱諱，爲正補傳也。傳稱正晚好皇極書，故所作雜言二篇，皆闡邵子之學。而詩亦純爲邵子擊壤集體。東陽懷麓堂詩話稱蒙翁才甚高，俯視一切，獨不屑爲詩，云旣要平仄，又要對偶，安得許多工夫云云。蓋得其實。而傳乃稱以雅健脫俗，未免阿其所好。至稱其文高簡峻拔，追古作者，則不失爲公評。正統成化以後，臺閣之體漸成嘽緩之音，惟正文風格峭勁。如其爲人，東陽受學於正，又娶正女，其懷麓堂集亦稱一代詞宗，然雍容有餘，氣骨終不逮正也。所謂言者心之聲歟。

平橋稾十八卷（浙江巡撫採進本）

明鄭文康撰。文康字時乂，號介菴，崑山人。平橋其所居地也。集中或自署曰開封，其祖貫耳。江南通志文苑傳稱文康登正統戊辰進士，以父母繼亡，遂絕意仕進，居家枕藉經史，操觚頃刻千言，稾成輒爲人持去。其存者有平橋稾十八卷，卽此本也。初刊於天順辛巳，葉盛爲之序。舊版久佚，康熙癸酉其裔孫起泓又爲重刊。凡詩五卷，文十三卷。其詩意主勸懲，詞旨質直，頗近擊壤集體，而溫柔敦厚藹然可挹，要不失爲風人之遺。文章亦不屑以修詞爲工，而質朴之中，自中繩墨。較其詩爲尤勝。江南通志稱所作多記載時事，有益勸懲，文尤簡質有法度，殆非虛美。靜志居詩話以文康比石介尹洙，雖所造深淺不同，而意度波瀾，亦庶幾近之矣。

竹巖詩集一卷文集一卷補遺一卷（福建巡撫採進本）

明柯潛撰。潛字孟時，號竹巖，莆田人。景泰辛未進士第一，官至詹事府少詹事。事蹟具明史本傳。潛在當時負詞林宿望，流風餘韻，藹暎玉堂。嘗就後圃結清風亭，一區手植雙柏，數百年傳爲古蹟，卽所謂柯學士柏者也。柏已不存，而柯亭之號，得入
御製臨幸翰林院詩，其名益著。惟文集乃傳本甚稀，據集首董士宏序，則原集在嘉靖中曾經刊版，然今福建所採進者，僅屬鈔本。又據康太和序，知當時已多闕佚。今則并康序中所稱記丞箴序愚樂等作，亦俱未見。殆更爲後人妄有刊削，彌致散亡。鈔錄亦多舛誤，彌失其眞。今就是集所存詩文各一卷重爲訂正，并從鄭岳莆陽文獻，鄭王臣莆風清籟集中錄詩十首，文二首，爲補遺一卷，附綴於末，以存梗概。其詩沖澹清婉，不落蹊徑。文亦峻整有法度。蓋其時何李未出，文格未變，故循循軌度，猶不失明初先正之風焉。

彭惠安集十卷附錄一卷（福建巡撫採進本）

明彭韶撰。韶有政訓，已著錄。韶正色立朝，藹然耆舊，其文雖沿臺閣之體，而醇深雅正，具有根柢，不同於神癯而貌腴。初名從吾滯稾，嘉靖中重刊，乃改題此名。然據鄭岳原序，已有遺稾散佚之語，則似已非其舊本，故所收詩僅十餘首。如明詩綜載其臨江詞一篇，指斥東里，慷慨激烈，足起頑懦，而此集不載。又莆風清籟集載其詩十五首，亦半從他書錄入，是掇拾散亡，尚多未盡，特賴此一編，幸不至於全佚，是則校刊者之功耳。韶之風節雖不藉文章以傳，然文章亦足以不朽。至其巡視浙江，兼理鹽法，憐竈戶之苦，繪八圖上進，各系以詩，具有元結舂陵行鄭俠流民圖之意，又不僅以詞采工拙論矣。

清風亭稾七卷（浙江巡撫採進本）

明童軒撰。軒有紀夢要覽，已著錄。千頃堂書目載清風亭稾十卷，此本第一卷爲騷賦，自二卷至七卷皆詩。其門人李澄所編，而劉珝張弼許之。後有魏驥楊守陳沈周諸人題詞。較千頃堂書目少三卷，未知爲原本佚脫，爲黃虞稷誤記也。戴冠濯纓亭筆記稱軒性寡合，不妄取予。居南京日，家人衣食或不給，惟王恕餽以米及白金，或不受。毘陵王倎知其介，不敢致餽，有以禮幣求文者，導使詣軒，軒亦不納。其人品本爲高潔，其詩亦雅淡絕俗。然在明代不以詩名，殆正德以後北地信陽之說盛行，寥寥清音，不諧俗尚故耶。朱彝尊明詩綜僅錄其憶金陵五言律詩一首，未盡所長。又引周吉父之言，稱其九日詩黃菊酒香人病後，白蘋風冷鴈來初，草堂詩草堂夜雨生科斗，花徑春風嗅栗留兩聯，亦非其至。或彝尊偶未見其全集，亦未可知也。軒別有枕肱集二十卷，又有海岳涓談，諭蜀稾，千頃堂書目尙著錄，今未之見，其存佚蓋莫之詳矣。

方洲集二十六卷附讀史錄四卷（兩淮馬裕家藏本）

明張寧撰。寧有方洲雜言，已著錄。是集首有宏治

四年仁和夏時正序，稱方洲集四十卷，又有餘姚謝丕續集序，稱夏復拾林下之作爲四卷，又有錢陛募刻疏，稱僭作補遺，是又在四卷外矣。而今本乃止二十六卷，合以所附讀史錄僅三十卷，或錢陛重刊改併歟。寧官給事中，謇諤自持，六科章奏，多出其手。每有大議，必問張給事云何。石亨、曹吉祥惡之，會有邊釁，奏使宣撫，竟論定而還。其才略爲一時所稱。後以建言忤李賢，與岳正同謫外。其氣節尤爲天下所重。雖一麾出守，蹶不復振，而屹然宿望，不在廊廟鉅公下。今觀其奏疏諸篇，偉言正論，通達國體，不愧其名。他文亦磊落有氣。詩則頗雜浮聲，然亦無齷齪委弱之態。觀其使朝鮮日，與館伴朴元亨登太平館樓，頃刻成七言長律六十韻，殆由才調縱橫，不耐沈思之故矣。

重編瓊臺會稿二十四卷（副都御史黃登賢家藏本）

明邱濬撰。濬有家禮儀節，已著錄。其文集世不一本。初其門人蔣冕等刻其詩曰吟稿，續又裒其記序表奏曰類稿。嘉靖中，鄭廷鵠合二稿所載，益以所得寫本，釐爲十二卷，名曰會稿。天啟初，其裔孫爾穀遴類稿十之二，增會稿十之三，併吟稿合刻，曰重編會稿，即此本也。雖不及類稿會稿之完備，而簡汰頗嚴，菁華具在，足以括濬之著作矣。濬相業無可稱，其立朝與葉盛不相能，又與莊㫤相惡，具載明史盛㫤二人傳中。其嗾御醫劉文泰陷王恕一事，雖其妻亦知其非，具載明史恕傳。講學家以其力崇朱子，曲相回護，迄不能與公論爭也。其兩廣平賊之策，言之鑿鑿。然韓雍力駁其說，竟奏蕩平。具載明史雍傳中。則其好論天下事，亦不過恃其博辨，非有實濟。然記誦淹洽，冠絕一時。故其文章爾雅，終勝於遊談無根者流，在有明一代，亦不得不置諸作者之列焉。

謙齋文錄四卷（江蘇巡撫採進本）

明徐溥撰。溥字時用，宜興人。景泰甲戌進士，官至華蓋殿大學士，謚文靖。事蹟具明史本傳。溥於孝宗時在內閣十二年，與劉健、謝遷等協心輔治，不立異同。然於事有不可者，侃侃力爭，多所匡正。如諫止李華復官，執奏不撰三清樂章，因視朝漸晏上疏抗論，並著讜直之節。孝宗時朝廷清晏，海內小康，論者謂溥等襄贊之力爲多。今集中奏議尚存，其指事陳言，委曲懇至，具見老成憂國之忱。與隆、萬後以訐激取名，黨爭立異者，詞氣迥殊。蓋有明盛時，士大夫風氣如是也。至其他作，則頗多應俗之文，結體亦嫌平衍。蓋當時臺閣一派，皆以舂容和雅相高，流波漸染，有莫知其然而然者。王鏊震澤紀聞曰，徐溥在翰林，不以文學名。及在內閣，承劉吉恣威福報私怨之後，一以安靖調和中外。海內寧平，行政不必出於己，惟其是；用人不必出於己，惟其賢。時稱休休有大臣之度云云。是文章不如器量，當時已有公評。然有德之言，終與塗飾字句者異。是又不能不以其器量重其文章矣。

椒邱文集四十四卷（兩江總督採進本）

明何喬新撰。喬新有周禮集註，已著錄。明史喬新本傳載其歷仕中外，多著政績，又以氣節剛方爲萬安、劉吉所排，故迄不得大用。又載江西巡撫林俊爲喬新請謚時，中書詰喬新致仕之由，給事中吳世忠爲訟冤，以鄒魯之劾喬新，比於蔣之奇劾歐陽修、胡紘劾朱子。是誠太過。然核其立朝始末，㦝㦝懷方，在成化宏治之閒，不能不謂之名臣也。是集前三卷爲策略，蓋科舉之學。次五卷爲史論。次十二卷爲雜文。次十四卷爲詩。次六卷爲碑誄。次三卷爲奏議。外集一卷，則往來贈荅之文，爲婺源余瑩所編輯。喬新不以文章名，而所作詳明剴切，直抒胸臆。學問經濟，實具見於斯。史稱其博綜羣籍，聞異書輒借鈔，積三萬餘帙，皆手自校讎。著述甚富。則有本之言，固宜與枵腹高談者異矣。

石田詩選十卷（兩江總督採進本）

明沈周撰。周有石田雜記，已著錄。此集不標體製，不譜年月，但分天文時令等三十一類，蓋方朱人分類杜詩之例。據慈谿張鈇跋，蓋其友光祿寺署丞華汝德所編也。顧元慶夷白齋詩話載，都穆學詩於周，嘗作節婦詩，有青燈淚眼枯，周以禮寡婦不夜哭，議燈字未穩，是周於詩律不爲不細。然周以畫名一代，詩非其所留意。又晚年畫境彌高，頹然天放，方圓自造，惟意所如。詩亦揮灑淋漓，自寫天趣，蓋不以字句取工，徒以棲心邱壑，名利兩忘，風月往還，煙雲供養，其胸次本無塵累，故所作亦不琱不琢，自然拔俗，寄興於町畦之外，可以意會而不可加之以繩削。其於詩也，亦可謂教外別傳矣。都穆南濠詩話稱其詠錢、詠門神、詠簾、詠混堂、詠楊花、詠落花諸聯，皆未免索之於句下。蓋穆於詩所得不深，故所見止是也。集前有吳寬序，稱其詩餘發為圖繪，妙逼古人。核實而論，周固以畫之餘事溢而為詩，非以詩之餘事溢而為畫。寬序其詩，故主詩而賓畫耳。又有李東陽後序。東陽與周不相識，時已為大學士，與周勢分懸隔，以吳寬嘗以寫本示之，重其為人，故越三十年後又補為作之。然二序皆為全集而作，華汝德刊此選本時，仍而錄之，非序此本者也。

東園文集十三卷續編一卷（福建巡撫採進本）

明鄭紀撰。紀字廷綱，別號東園，仙遊人。天順庚辰進士，官至南京戶部尚書。是集前四卷為經筵講章及奏議，後九卷為雜文。續編一卷，凡文二十一篇，則

國朝康熙初其九世孫梁英等所續輯也。紀入翰林後，歸臥屏山讀書二十餘年。生平為文無構思，無易稾，為人取去，亦不復問。門人吳濂稱其文甚類老泉，其氣昌，其思深，其辭正而不阿，其辨博而不雜。今觀集內所載諸奏疏，皆愷摯詳明，切中時政。諸體文亦多屬有關世教之言。續編內有歸田咨目十條，皆兢兢以禮法自持，蓋其人品端謹，亦有足重者焉。

懷麓堂集一百卷（兵部侍郎紀昀家藏本）

明李東陽撰。東陽有東祀錄，已著錄。東陽依阿劉瑾，人品事業均無足深論。其文章則究為明代一大宗。自李夢陽、何景明崛起宏、正之間，倡復古學，於是文必秦漢，詩必盛唐，其才學足以籠罩一世，天下亦響然從之。茶陵之光焰幾燼。遂北地、信陽之派轉相摹擬，流弊漸深，論者乃稍稍復理東陽之傳，以相撐拄。蓋明洪、永以後，文以平正典雅為宗，其究漸流於庸膚。庸膚之極，不得不變而求新。正、嘉以後，文以沈博偉麗為宗，其究漸流於虛憍。虛憍之極，不得不返而務實。二百餘年，兩派互相勝負，蓋皆理勢之必然。平心而論，何、李如齊桓、晉文，功烈震天下，而霸氣終存。東陽如衰周弱魯，力不足禦強橫，而典章文物尚有先王之遺風。殫後來雄偉奇傑之才，終不能掩而廢之，亦有由矣。其集舊版已燬，此本為

國朝康熙壬戌茶陵州學正廖方達所校刻。凡詩稾二十卷，文稾三十卷，詩後稾十卷，文後稾三十卷，又雜稾十卷，曰南行稾，曰北上錄，曰經筵講讀，曰東祀錄，曰集句錄，曰哭子錄，曰求退錄，凡七種。其詩後稾本十卷，張鴻烈跋作二十卷，筆誤也。前有正德丙子楊一清序及東陽自序。然自序為擬古樂府作，不為全集作，後人移弁全集耳。

清谿漫稾二十四卷（浙江汪汝瑮家藏本）

明倪岳撰。岳字舜咨，錢塘人，徙居上元。南京禮部尚書謙之子也。登天順甲申進士，官至吏部尚書，諡文毅。事蹟具明史本傳。岳承其家學，研精典籍。明代父子俱入翰林，官九列，俱有文集傳世者，以倪氏為首。其居官不徇名譽，銓政平允，與王恕、彭韶等俱為孝宗時名臣。史稱其為禮部長貳時，禮文制度率待岳而決。論事未嘗苟同，前後陳請百餘事，軍國弊政，剔抉無遺。疏出，人多傳錄之。今集中疏議共五十九篇，與所謂百餘事者不合，疑刊集時已有所刪擇。然如正祀典、陳災異及論西北用兵諸奏，皆建白之最大者，已具在其中。所言簡切明達，得告君之體，頗有北宋諸賢奏議遺風。他文亦浩瀚流轉，不屑為追章琢句之習。蓋當時正人在位，為明治全盛之時，故岳雖不以文名，而乘時發抒，類皆經世有本之言，如布帛菽粟之切於日用，亦可知文章之關乎氣運矣。

康齋文集十二卷（江蘇周厚堉家藏本）

明吳與弼撰。與弼字子傅，臨川人。天順元年以忠國公石亨薦，徵至京師，授左春坊左諭德，辭不就職，詔行人護送歸。事蹟具明史儒林傳。其集初刻於撫州，凡四卷，歲久漫漶。此本乃崇禎壬申江南提學副使陳維新所刻，分為詩七卷，奏疏、書、雜著一卷，序一卷，記一卷，日錄一卷，跋、贊、銘、啟、墓誌、墓表、祭文一卷。其詩自永樂庚寅至正統辛酉皆編年，以下則有洪都稾、遊金陵稾、適上饒稾、金臺往復稾、西遊稾、適閩稾、東遊稾、東遊饒州稾諸名，而所註某稾止此之後，又有附贅之詩，蓋亦以編年續入者也。與弼出處之間，物論頗有異同。尹直作瑣綴錄，詆之尤力，雖不免恩怨之口，然為石亨作族譜跋，稱天順戊寅七月二十一日門下士崇仁吳與弼拜觀，其文今載十二卷中，決非尹直所竄入。陳維新序引薛瑄受知王振為解，劉世節序又引孔子欲見佛肸為解，究不能厭天下之心也。其講學之功，備見於日錄。第一條即稱乙巳夢見孔子、文王，第二條又稱夢見朱子，後又稱丙子三月初一日夢訪朱子，五月二十五夜夢孔子之孫奉孔子之命來訪，辛巳食後倦寢，夢朱子父子來枉

顧。此猶可云向慕之極，因心生象，於理亦或有之。至稱新居栽竹夜歸，其妻亦夢一老人，攜二從者，云孔夫子到此相訪，則無乃其妻戲侮弄之，而與弼不覺歟。觀其稱隨處惟歎聖人難學，又稱一味學聖人，克其不似聖人者，其高自位置，眞可謂久假而不歸，烏知其非有也。然與弼之學，實能兼採朱陸之長，而刻苦自立，其及門弟子陳獻章得其靜觀涵養，遂開白沙之宗，胡居仁得其篤志力行，遂啟餘干之學，有明一代，兩派遞傳，皆自與弼倡之，其功未可以盡沒。其詩文亦皆淳實近理，無後來混漾恣肆之談，又不得以其急於行道，躁於求名，遂幷其書而詆之也。

樓居雜著一卷野航詩稾一卷野航文稾一卷附錄一卷浙江巡撫採進本

明朱存理撰。存理有旌孝錄，已著錄。據文徵明作存理墓誌，稱所著有野航集，不言卷數。存理自作募刻詩疏，稱選得一百首之外，沈周題其詩稾，亦有雖止百篇，諸體備，不拘一律，大方諧句。知其集不過一卷。千頃堂書目載其野航漁歌、鶴岑集二種，亦不言卷數，蓋已久佚。是編爲其族孫觀潛所輯，惟樓居雜著一卷，爲當時原帙，凡題跋二十二篇，引一篇，逸事一篇，記二篇，尺牘二篇，募疏二篇。然雜亂無次第，又以王鏊募造野航疏一篇竄入其中，殊不可解。詩稾文稾各一卷，則觀潛採掇諸書而成，詩稾僅十四首，其中一爲佚句，一爲聯句，實止十二首，仍冠以楊循吉、祝允明二序。文稾亦僅十篇，而見於吳都文粹續集者八，益以欣賞編所載一跋，及顧氏憩賢堂所藏一帖而已。附錄一卷，雜錄存理逸事及諸家詩文爲存理而作者，而以觀潛跋語終焉。存理嗜古，精賞鑒，雜著中如題雲林子詩後、跋席上腐談、跋夷白齋稾、跋夷白齋拾遺、書楊鐵崖遺文、書吾氏類集、跋鳴鶴餘音後諸篇，皆足以考證諸書之始末。詩文則皆散佚之餘，不足以盡所長，姑附存以備一家耳。何良俊四友齋叢說記當時盛推其萬事不如杯在手，一年幾見月當頭句，其事今載附錄中。然二語格意殊卑，不審何以傳誦，折楊皇荂，嗑然而笑，殊不足爲存理重。蓋成宏之際，大抵沿臺閣舊體，故見一本色之語，遽覺耳目一新，而不知實非其至也。

欽定四庫全書總目卷一百七十

欽定四庫全書總目卷一百七十一

集部二十四

別集類二十四

一峯集十卷浙江汪汝瑮家藏本

明羅倫撰。倫字彝正，別號一峯，江西永豐人。成化丙戌進士第一，授修撰。釋褐甫三月，以疏劾大學士李賢，謫泉州市舶副提舉。明年詔還復原官，改南京供職，尋以疾辭歸，退居金牛山，授徒講學以終。事蹟具明史本傳。倫與陳獻章稱石交，然獻章以超悟爲宗，而倫篤守宋儒之途轍，所學則殊。明儒學案云倫剛介絕俗，生平不作合同之語，不爲軟熟之行，凍餒幾於死亡，而無足以動其中，庶可謂之無欲。今覽其文，剛毅之氣形於楮墨，詩亦磊砢不凡，雖執義過堅，時或失於迂闊，又喜排疊先儒傳註成語，少淘汰之功，或失於繁冗，然亦多心得之言，非外強中乾者比也。後載夢稾二卷，記夢之詞至三百餘首，隱約幻渺，幾莫測其用意所在，亦文集中罕見之體，以其人足重，故得附本集以傳，今亦姑仍舊本錄之焉。

篁墩集九十三卷兩淮馬裕家藏本

明程敏政撰。敏政有宋遺民錄，已著錄。是集爲敏政所自訂，據千頃堂書目，尚有外集十二卷，別集二卷，行素稾一卷，拾遺一卷，雜著一卷，今皆不在此編中，疑其本別行也。敏政學問淹通，著作具有根柢，非游談無根者比。特以生於朱子之鄉，又自稱爲程子之裔，故於漢儒宋儒判如冰炭，於蜀黨洛黨亦爭若寇讎，門戶之見既深，徇其私心，遂往往傷於偏駁。如奏考正祀典，欲黜鄭康成祀於其鄉，作蘇氏檮杌，以鍛鍊蘇軾，復伊川九世之讎，至今爲通人所詬厲。其文格亦頗頹唐，不出當時風氣。詩歌多至數千篇，尤多率易。求其警策者殊稀。然明之中葉，士大夫侈談性命，其病日流於空疎。敏政獨以雄才博學挺出一時，集中徵引故實，恃其淹博，不加詳檢，舛誤者固多。其考證精當者亦時有可取，要爲一時之碩學，未可盡以蕪雜廢也。其集名曰篁墩者，考新安有黃墩，爲晉新安太守黃積所居，子孫世宅於此，故以黃爲名。自羅願新安志、朱子文集所載皆同。敏政乃稱黃本篁字，因黃巢而改，遂稱曰篁墩，爲之作記，且以自號。其說杜撰無稽。然名從主人，實爲古義，今亦仍其舊稱焉。

楓山集四卷附錄一卷（浙江巡撫採進本）

明章懋撰。懋有楓山語錄，已著錄。懋初在詞垣，以直諫著名。今集中第一篇卽其原疏，考元夕張燈，未爲失德，詞臣力諍，亦有前規，而反覆力爭，近乎伊川之諫折柳，未免矯激太過，然其意要不失於持正，故君子猶有取焉。至其平生清節，矯矯過人，可謂耿介拔俗之操。其講學恪守前賢，弗踰尺寸，不屑爲浮夸表暴之談，在明代諸儒，尤爲淳實。明史本傳稱或諷之爲文章，則對曰：此小技耳，予弗暇。有勸以著述者，曰：先儒之言至矣，芟其繁可也。蓋其旨惟在身體力行，而於語言文字之閒非所留意。故生平所作，止於如此。然所存皆辭意醇正，有和平溫厚之風，蓋道德之腴，發爲詞章，固非蠟貌梔言者所可比爾。

莊定山集十卷（山東巡撫採進本）

明莊昶撰。昶字孔暘，江浦人。成化丙戌進士，官至南京禮部郎中。事蹟具明史本傳。昶官檢討時，以不奉詔作鼇山詩，與章懋、黃仲昭同謫，淪落者垂三十年，世頗推其氣節。惟癖於講學，故其文多闡太極圖之義。其詩亦全作擊壤集之體，又頗爲世所嗤點。然如病眼詩「殘書楚漢燈前壘，草閣江山霧裏詩」句，楊愼亦嘗稱之。其他如「山隨病起青逾峻，菊到秋深瘦亦香」，「土屋背牆烘野日，午溪隨步領和風」，「碧樹可驚遊子夢，黃花偏愛老人頭」，「酒瓊漫傾剛月上，釣絲纔颺恰風和」諸句，亦未嘗不語含興象。蓋其學以主靜爲宗，故息慮澄觀，天機偶到，往往妙合自然，不可以文章格律論，要亦文章之一種。譬諸釣叟田翁，不可繩以禮貌，而野逸之態，乃有時可入畫圖。錄之以備別格，亦論唐詩者存寒山子集之意也。

未軒文集十二卷補遺二卷附錄一卷（江蘇巡撫採進本）

明黃仲昭撰。仲昭有八閩通志，已著錄。是集爲其門人劉節所編。凡文六卷，詩五卷，詞一卷，而以碑文墓誌銘附之。仲昭官編修時，與章懋、莊昶並以疏爭元宵煙火事廷杖謫官，當時有翰林三君子之目。後懋與昶並以聚徒講學爲事，而仲昭獨刻意紀述，八閩通志、延平府志、邵武府志、南平縣志、興化府志皆所編錄，故楓山、定山之名滿於天下，仲昭幾爲所掩。然三人氣節相同，居官清介相同，文章質實亦略相同，未可以仲昭篤志勵行，不作語錄，遂分優劣於其閒也。林瀚作仲昭墓誌，稱其作爲文章，渾厚典重，無艱深聱牙之語。鄭岳莆陽文獻傳亦稱其有未軒集若干卷，文詞典雅。今觀其集，雖尚沿當日平實之格，而人品旣高，自無鄙語，頗於作者之閒，正不以坦易爲嫌矣。

醫閭集九卷（江蘇巡撫採進本）

明賀欽撰。欽字克恭，其先浙之定海人，以戎籍隸遼東義州衞。登成化丙戌進士，授戶科給事中。謝病歸。宏治初，起陝西參議，檄未至而母歿，乃上疏懇辭，服闋遂不復出。事蹟具明史儒林傳。此編乃其子士諮蒐輯遺稾，並生平言行，都爲一集。前三卷爲言行錄，四卷至七卷爲存稾，皆雜文。第八卷爲奏稾，第九卷爲詩稾。以欽常讀書醫無閭山，自號醫閭山人，因以名集。欽之學出於陳獻章，然獻章之學主靜悟，欽之學則期於反身實踐，能補苴其師之所偏。嘗言爲學不在求之高遠，在主靜以收放心而已。故集中所錄言行，皆平易眞樸，非高談性命者可比。而所上諸奏疏，亦無不通達治理，確然可見諸施行。在講學諸人之中，獨爲篤實，而純正。文章雖多信筆揮灑，不甚修詞，而仁義之言，藹然可見，固不必以工拙論也。

翠渠摘稾七卷補遺一卷（福建巡撫採進本）

明周瑛撰。瑛有書纂，已著錄。所著詩文集曰翠渠類稾，此本乃其門人林近龍所選錄，故曰摘稾。鄭岳撰瑛傳，稱其文章渾成雅健，詩格調高古。瑛亦嘗作絕句云：老去歸平澹，時人或未知。則其自命不在以繁音縟節務諧俗耳矣。朱彝尊明詩綜鄭王臣背風淸穎集並載瑛履霜操樂府，其言怨而不怒，足正昌黎之失。此集中乃未收之，或近龍去取失當，誤佚之歟。末附說三篇、序一篇、詩十八首，共爲一卷，乃康熙戊子其七世孫維鏞於家乘中鈔出，以補摘稾所遺者。然冠以鄒岳所撰傳，其八世孫成又於雍正壬子求得瑛自撰誌銘，補錄於後，又列於題跋之中，均乖編次之體。張詡作陳獻章行狀，稱瑛爲獻章門人，而成跋力辨其非。以二人之集考之，蓋始合而終暌者，詡與成之說皆各執其一偏。明史儒林傳亦稱瑛始與獻章友，獻章之學主於靜，瑛不然之，謂學當以居敬爲主云。

家藏集七十七卷　兩淮鹽政採進本

明吳寬撰。寬字原博，號匏菴，長洲人。成化壬辰進士第一，官至掌詹事府、禮部尚書，諡文定，事蹟具明史本傳。集爲寬所自訂，李東陽、王鏊二序皆稱詩三十卷、雜文四十卷，總爲七十卷。今此本詩目相同，而文集實多七卷，又附以補遺文六篇。後序亦稱寬子中書舍人奭蒐閱笥槀，得詩三十卷、文四十七卷，與前序頗不合。疑七十卷以上乃寬原編，而其後七卷則出奭等所附益也。寬學有根柢，爲當時館閣鉅手。平生學宗蘇氏，字法亦酷肖東坡，練素流傳，賞鑒家至今藏弆。詩文亦和平恬雅，有鳴鸞佩玉之風。朱承爵存餘堂詩話極稱其雪後入朝詩，雖非高格，至謂其詩格尙渾厚，琢句沈著，用事典切，無漫然嘲風弄月之語，則頗爲得實。以之羽翼茶陵，實如驂之有靳。至其作史彬墓表，稱其以力田拓業，代爲稅長，而不載有從建文君出亡之事，後人因據以正致身錄諸書之譌，是尤可以資考訂矣。

歸田稾八卷　浙江巡撫採進本

明謝遷撰。遷字于喬，餘姚人。成化乙未進士第一，授修撰，官至戶部尚書、謹身殿大學士，諡文正，事蹟具明史本傳。遷之在內閣也，與劉健同心輔政，史稱其秉節直諒，見事明敏，天下稱爲賢相。其文集全稾，嘉靖中倭亂被燬。此集乃其致仕以後及再召時所作，自題曰歸田稾，以授其子至者也。

國朝康熙中，其七世孫大名府同知鍾和復加釐輯，梓而傳之。集中奏疏類多晚年陳謝之作，凡在朝時嘉謨讜論均已無存，卽史所稱請罷選妃嬪、禁約內官諸疏，亦不在其閒，則其散失者當復不少。然遷當歸里以後，正劉瑾、焦芳等挾怨修郤，日在危疑震撼之中，而所作詩文大抵詞旨和平，惟惓惓寄江湖魏闕之思，老臣憂國，退不忘君，讀此一編，已足以知其忠悃矣。

震澤集三十六卷　江蘇巡撫採進本

明王鏊撰。鏊有史餘，已著錄。鏊以制義名一代，雖鄉塾童稚纔能誦讀八比，卽無不知有王守溪者。然其古文亦湛深經術，典雅遒潔，有唐宋遺風。蓋有明盛時，雖爲時文者，亦必研索六籍，汎覽百氏，以培其根柢而窮其波瀾。鏊困頓名場，老乃得遇，其澤於古者已深，故時文工而古文亦工也。史稱鏊上言欲仿前代制科，如博學鴻詞之類，以收異才，六年一舉，尤異者授以淸要之職，有官者加秩，數年之後，士類濯磨，必以通經學古爲高，脫去謏聞之陋，時不能用。又稱鏊取士尙經術，險詭者一切屏去，弘正閒文體爲一變，則鏊之所學可知矣。集中尊號議、昭穆對，大旨與張璁、桂萼相合，故霍韜爲其集序，極爲推挹，至比於孔門之游夏，未免朋黨之私。然其謂鏊早學於蘇，晚學於韓，折衷於程朱，則固公論也。其河源考一篇，能不信篤什所言，似爲有見，而雜引佛典道書以駁崑崙之說，則考證殊爲疎舛。此由明代幅員至嘉峪關而止，軺車不到之地，徒執故籍以推測之，其影響揣摩，固亦不足怪矣。

鬱洲遺稾十卷　兩江總督採進本

明梁儲撰。儲字叔厚，號厚齋，晚號鬱洲，廣東順德人。成化戊戌進士，官至華蓋殿大學士，諡文康，事蹟具明史本傳。是集其子次摅所編，初名鬱洲集，香山黃佐爲之序。後其孫孜官中書舍人，從內閣錄其奏疏補入集中，釐爲十卷，故名曰鬱洲遺稾，卽此本也。儲歷事三朝，當武宗末造，正杌隉不寧之時，乃能嶽嶽懷方，彌縫匡救。集中所載奏疏，如武宗自封鎭國公，則上疏力阻；許給秦王關中閒田爲牧地，則草敕時爲危言以動聽，事遂得寢；又力請回鑾，疏至八九上，無非惓惓忠愛之忱。雖辭之華瞻，而義存規諫，亦可云古之遺直矣。胡維霖墨池浪語乃引楊愼之言，謂明通紀一書乃儲弟梁億所撰，故以不草威武大將軍敕歸之於儲，其實爲威武大將軍敕者儲也，內閣有敕書稾簿，綴撰文者姓名，何可誣也云云。其說獨異，然稾簿果存，不應終明之世無一人見而言之。明史本傳亦無明文章之不論可也。至於集中詩文，寥寥無幾，體格亦不甚高。黄佐序稱其生平著作多不存稾，蓋非其注意之所在云。

見素文集二十八卷、奏疏七卷、續集十二卷（福建巡撫採進本）

明林俊撰。俊字待用，號見素，莆田人。成化戊戌進士，官至刑部尚書，謚貞肅。事蹟具明史本傳。俊始以糾權璫遠謫，及撫江右，則抗逆藩；撫西蜀，則平巨寇，爲宏正閒名臣。晚年再起，斷斷持正，卒以不附合張璁、桂萼等，致歿後卹典以士禮。尤見後凋之節。所著詩文，張詡序謂俊致仕之時，手編成集者五十餘卷。此本文二十八卷、奏疏七卷、續集詩文十二卷，兼及其起廢以後所作，併附以遺疏四首，與詡序不符。蓋已出後人裒輯，非俊自編之原本也。俊爲文，體裁不一，大都奇崛博奥，不沿襲臺閣之派。其詩多學山谷、後山兩家，頗多隱澀之詞，而氣味頗能遠俗。奏議分兩曹、外臺、內臺、西征、起輔、新政、秋臺六稾，無不委曲詳盡，通達事機。平生經略，此足見其大凡矣。又案王鳳靈續集序稱俊原有詩集十四卷，此本無之；別有西征集，凡詩歌二百二篇，跋二篇，賦一篇，書二十二篇，祭文二十四篇，序四篇，記五篇，亦不以詩爲一集。觀其孫則祖跋，稱重梓是書，而詩集尚闕，是當時本未同刊，故流傳頗尠，今仍其原第著錄云。

古城集六卷、補遺一卷（江蘇巡撫採進本）

明張吉撰。吉字克修，號翼齋，又曰默菴，又曰怡窩，晚乃自稱曰古城。餘干人。成化辛丑進士，官至貴州左布政使。是編第一卷爲三朝奏議，第二卷爲陸學訂疑，第三卷爲貞觀小斷，第四卷爲文略，第五第六卷爲詩。末有補遺，皆雜文。明至正德初年，姚江之說興，而學問一變；北地信陽之說興，而文章亦一變。吉當其時，猶兢兢守先民矩矱，高明不及王守仁，而篤實則勝之；才雄學富不及李夢陽、何景明，而平正通達則勝之。且爲工部主事時，則盡言直諫，忤武宗謫官；爲廣西布政使時，又以不肎納賂劉瑾貶秩，而爲肇慶府同知時，力持公議，掊擊柳璟，願與都御史秦紘同逮，卒白其冤。尤人情所難。以剛正之氣，發爲文章，固不與雕章繪句同日而論矣。

虛齋集五卷（浙江巡撫採進本）

明蔡清撰。清有易經蒙引，已著錄。明史藝文志載清虛齋文集五卷，與此本合。蓋正德閒葛志貞所輯，林俊爲之序。其後梨棗漫漶，清族孫廷魁復爲重刊，而益以補遺附錄，分爲八卷。然所增不過手簡墨蹟，本無關輕重，而史乘傳贊之作，一概附入，尤多冗濫，固不若原本之持擇有要矣。清學以窮理爲主，篤守朱子之說。其讀蜀阜存稾私記中，謂朱陸俱祖孔孟，而門戶不同，然陸學未盡符於大中至正之矩，不免爲偏安之業。其宗旨所在，可以概見。然其易經蒙引於朱子之解意有未安者，亦多所駁正，不爲茍合，是其識解通達，與諸儒之黨同伐異者有殊，故其文章亦淳厚朴直，言皆有物，雖不以藻采見長，而布帛菽粟之言，殊非雕文刻鏤者所可幾也。明史本傳稱清在吏部，因王恕訪以時事，清上二札，一請振紀綱，一薦劉大夏等三十餘人。恕皆納用。今檢其札，乃不見集中，卽蔡廷魁增緝之本，亦復不載。蓋清不欲居功，已諱而削其稾矣。其斯爲醇儒之用心歟。

容春堂前集二十卷、後集十四卷、續集十八卷、別集九卷（浙江汪汝瑮家藏本）

明邵寶撰。寶有左觿，已著錄。寶舉鄉試，出李東陽之門，故其詩文矩度皆宗法東陽。東陽於其詩文亦極推奬。當寶以侍郎予告歸，東陽作信難一篇以贈，稱其集出入經史，蒐羅傳記，該括情事，摹寫景物，以極其所欲言，而無亢字長語、辛苦不怡之色。若欲進於古之人，且以歐陽修之知蘇軾爲比。其心之相契如此。然東陽所見祗有前集，其後集續集別集，則寶後所續編，東陽弗及覩也。今統觀四集，其文邊幅少狹，而高簡有法，要無愧於醇正之目。明史儒林傳稱其學以洛閩爲的，嘗曰：吾願爲眞士大夫，不願爲假道學。其文典重和雅，以李東陽爲宗，而原本經術，粹然一出於正，殆非虛美。其詩清和澹泊，尤能抒寫性靈。顧元慶夷白齋詩話極稱其乞歸終養上疏，不允一篇，謂其感動激發，最爲海內傳誦，蓋其眞摯不可及云。

羅圭峯文集三十卷（江蘇巡撫採進本）

明羅玘撰。玘字景鳴，南城人。成化丁未進士，官至南京吏部右侍郎，謚文肅。事蹟具明史文苑傳。玘以氣節重一時，其乞定宗社大計二疏，及上李東陽書，皆言人之所難言。其文規橅韓愈，戛戛獨造，多抑掩其意，迂折其詞，使人思之於言外。陳洪謨序稱，聞其爲文，必嘔心積慮，至扃戶牖，或踞木石隱度遙旬日、或遙歲時、神生境具、而後命筆。稍涉於萎陋詘誕之微、雖數易稾不憚。蓋與宋陳師道之吟詩不甚相遠。其幽澀奧折也固宜。而磊落嶔崎、有意作態、不能如韓文之渾噩、亦緣於是。殆性耽孤僻、有所偏詣歟。然在明人之中、亦可謂爲其難者矣。明制、以翰林教習宦官、謂之內館。據玘所作白江墓碑、蓋嘗充是任者。故集中諸文、爲宦官作者頗多。雖玘之風概、可以共諒於後世。然其爲微瑕、不止陶集之閒情。顧一一錄之、是所不可解也。因樹屋書影稱玘集一刻於盱眙、再刻於南國子監、又有武進孫氏本。今皆未見。據此本所敘、則初刻於常州、再刻於荊州、版皆佚。嘉靖五年、陳洪謨得荊州本六卷、又得續集二卷、奏議一卷、彙而重刊。後其鄉人黃端伯又於玘曾孫寬處求得逸稾、合原集編爲三十卷。是其集輾轉增入、已非其舊。茲數篇者、毋乃端伯所增入歟。此本爲康熙庚午玘八世從孫美才所刊、編次頗無體例。如文以壽文爲冠、而以奏議列雜著後。詩亦以壽詩爲冠、而名之曰古樂府。又以詞置賦之後、詩之前。皆爲顚舛。其凡例第二條云、集中詳加評綴。凡有資舉業者、聯圈標出。所見如是、則其失於刊削、以多爲貴、亦宜矣。

吳文肅公摘稾四卷、江蘇巡撫採進本

明吳儼撰。儼字克溫、宜興人。成化丁未進士。官至南京禮部尚書。諡文肅。事蹟具明史本傳。正德初、儼主順天鄉試、以爲臣不易命題、爲劉瑾所怒、以飛語罷去。瑾誅、乃復進用。其程文今在集中。史稱劉瑾聞儼家多貲、遣人啗以美官。儼峻拒之、瑾怒。會大計羣吏、中旨罷儼官。卽其事也。其集初藏於家。至萬歷甲申、其孫士遇始刊版。同邑王升武進莊煦及其仲孫達可爲刪而存之。故名曰摘稾。儼當何李未出以前、猶守明初舊格、無鉤棘塗飾之習。其才其學、雖皆不及李東陽之宏富、而文章局度春容、詩格亦復嫻雅。往往因題寓意、不似當時臺閣流派、沿爲膚廓。雖名不甚著、要與東陽肩隨、亦足相羽翼也。

熊峯集十卷、直隸總督採進本

明石珤撰。珤字邦彥、藁城人。成化丁未進士。官至文淵閣大學士。諡文隱、改諡文介。事蹟具明史本傳。珤出李東陽之門。東陽每稱後進可託以柄斯文者、惟珤一人。皇甫汸嘗刪定其集爲四卷、歲久版佚。

國朝康熙丁未、餘姚孫光㷆爲藁城知縣、得別集遺稾於其家、爲合而重刊之。嗣聞眞定梁清標家有其全稾、乃購得續刊、共爲十卷。卽此本也。自一卷至四卷爲詩、五卷六卷爲文、七卷至九卷又爲詩、十卷又爲文。蓋刊版已定、不能依類續入、故其體例叢脞如是也。珤詩文皆平正通達、具有茶陵之體。故東陽特許之。當北地信陽駸駸代興之日、而珤獨堅守師說、屢典文衡、皆力斥浮夸、使粹然一出於正。雖才學皆遜東陽、而湜湜持正、不趨時好、亦可謂堅立之士矣。

立齋遺文五卷、浙江汪汝瑮家藏本

明鄒智撰。智字汝愚、合州人。成化丙午鄉試第一人。時萬安方倚內官怙權。智上公車時、道過王恕、卽立志欲發其姦。丁未成進士、改庶吉士。會星變、遂上疏擊安及劉吉尹直三大學士、兼劾中官。雖留中不報、而姦黨銜之次骨。乃借他事羅織下詔獄、將擬死刑。彭韶力持之、得謫廣東石城千戶所吏目。卒於官、年僅二十六。事蹟具明史本傳。金祺作智墓誌、稱所著有立齋集、藏於家。考集中初到石城詩第二首後、有其友人順德知縣吳廷舉附註、記智自改定中四句事。末有附載寄吳獻臣一書、失其姓名、論刻集及作序事。則集爲廷舉所編次刊刻。此本前有什邡縣訓導李廷樑序、稱舊版佚闕、案臺李公芳麓重梓。蓋天啟乙丑所刊也。凡奏疏一卷、雜文三卷、詩一卷、附錄一卷。智疏劾權姦、直聲動天下。然於君國之閒、纏綿篤摯、至死不忘、無一毫怨尤之意。其在獄詩有云、夢中不識身猶繫、又逐東風入紫宸。其謫朝詩有云、雲韶聲靜拜彤墀、轉覺嬋媛不自持。罪大故應誅兩觀、網疎猶得竄三危。盡披肝膽知何日、望見衣裳只此時。但願太平無一事、孤臣萬死竟何悲。與明季臺諫務以矯激沽名者、相去萬萬。故詩文多發於至性、不假修飾之功。雖閒傷樸遬、而眞氣流溢、其感人者固在文字外矣。

西村集八卷、附錄一卷、兩淮馬裕家藏本

明史鑑撰。案憲宗孝宗時有兩史鑑。其一長洲人、宏治己未進士、見太學題名碑。其一吳江人、字明古、號西村、隱居不仕、卽撰此集者也。鑑留心經世之務、三原王恕巡撫江南時、聞其名、延見之、訪以時政。鑑指陳利病。恕深服其才、以爲可以當一面。所著詩四卷、文四卷、嘉靖間其孫周袞而刊之。以墓表及諸人哀挽之詩附於後。周用盧襄各爲之序。其文究悉物情、練達時勢。多關於國計民生、而於吳中水利言之尤詳。第五卷皆明初諸人列傳、敘次簡明。疑其欲爲野史而未就也。其詩亦落落無俗韻。惟古詩不知古音、所註叶韻多謬誤。文中祭徐有貞文及文後跋一篇、以私恩之故、爲力辨奪門一事、未免曲筆耳。案王士禎香祖筆記曰、吳江門人徐翰林電發、案電發乃檢討徐釚之字寄西村集二十八卷、其鄉前輩史鑑明古著也。集中有曾祖文質府君行狀、案文質乃史彬之字祗言洪武中縛貪吏詣闕事、無一語及靖難。集是陳繼儒仲醇選云云。是鑑集本二十八卷。此本八卷、尚非完帙。然今未見繼儒所選本、故仍以此本著錄、而附載其卷帙之異同、備考證焉。

胡文敬公集三卷、副都御史黃登賢家藏本

明胡居仁撰。居仁有易像鈔、已著錄。居仁本從吳與弼遊、而醇正篤實、乃過其師遠甚。其學以治心養性爲本、以經世宰物爲用、以主忠信爲先、以求放心爲要。史稱薛瑄之後、惟居仁一人而已。居仁病學者撰述繁蕪、嘗謂朱子註參同契陰符經皆可不作。故易傳春秋傳外、於經書皆不輕爲之註。講授之語、亦惟居業錄一編。詩文尤罕。是集乃其門人余祐網羅散失而成。雖中多少作。然近裏著己、皆粹然儒者之言、不似吳與弼書動稱夢見孔子也。

小鳴稾十卷、浙江巡撫採進本

明秦王朱誠泳撰。誠泳號賓竹道人、太祖五世孫也。宏治元年以鎮安王襲封、十一年薨、謚曰簡。明史諸王列傳稱誠泳性孝友恭謹、嘗銘冠服以自警。所著有經進小鳴集。案朱彝尊詩話稱王年十齡、嫡母陳妃以唐詩教之、日記一首。嗣位後日賦一篇、三十年靡閒。案誠泳襲爵僅十一年、此云三十年、蓋併其初封鎮安王時言之也既薨、紀善強晟校刻其詩。嘉靖初、王孫定王維焯表上之、詔送史館。史稱經進、蓋由於此。此本不題經進字、蓋刻在前而進在後也。自卷一至卷八皆詩。卷九爲雜文。卷十爲恩賜勝覽錄、乃宏治癸丑誠泳請朝命養疾於鳳泉溫泉湯泉時所作。其詩古體清淺而質朴、近體諧婉可誦。七絕尤爲擅場。如秋夜詩云、霽月滿窗明似晝、梧桐如雨下空庭。又云、空庭久坐不成寐、明月滿堦砧杵聲。又山行詩云、啼鳥無聲僧入定、半巖風落紫藤花。皆風骨戍削、往往有晚唐格意。爾時館閣之中、轉無此清音矣。

方簡肅文集十卷、浙江巡撫採進本

明方良永撰。良永字壽卿、莆田人。宏治庚戌進士。官至右副都御史、撫治鄖陽。告歸再起、巡撫應天。中途疾作、乞致仕。旋除南京刑部尚書。良永已先卒。謚簡肅。事蹟具明史本傳。是集爲河南按察使鄭茂所編、隆慶庚午其孫山東布政使攸續刊之。良永當正德時歷仕巖疆、皆著丰采。乞休後廷推屢及、輒以養親辭。今諸疏俱在集中、進退頗爲不苟。其文信筆揮灑、雖不刻意求工、而和平坦易、不事鉤棘、視後來摹擬塗飾之習、轉爲本色。其論劾朱寧一疏、慷慨壯烈、猶有牽裾折檻之風。又常豫決寧王宸濠反謀。濠敗後、貽書王守仁、與論定亂大計、及其生平言學。則云近世學者出天入神、超悟獨到、專以心學爲言、皆附於象山。其妄如此。即所爲象山者似矣、而中實未然、毋亦優孟之爲孫叔敖歟。其語皆隱刺守仁、可謂卓然不阿其所好者矣。

懷星堂集三十卷、江蘇巡撫採進本

明祝允明撰。允明有蘇材小纂、已著錄。明史藝文志載祝氏集略三十卷、懷星堂集三十卷、小集七卷。本傳稱其詩文集六十卷。朱彝尊靜志居詩話載祝氏集略外、又有金縷醉紅窺簾暢哉擲果拂絃玉期等集。今行於世者惟祝氏集略及此集。凡詩八卷、雜文二十二卷。允明與同郡唐寅並以任誕爲世指目。寅以畫名、允明以書名、文章均其餘事。寅詩頗唐淺率、老益潦倒。袁袠所輯六如居士集、王世貞藝苑卮言以乞兒唱蓮花落詆之。顧璘國寶新編稱允明學務師古、吐詞命意、迥絕俗界。效齊梁月露之體、高者凌徐庾、下亦不失皮陸。其推挹誠爲過當。然允明詩取材頗富、造語頗妍、下擷晚唐、上薄六代、往往得其一體。其文亦蕭灑自如、不甚倚門傍戶。雖無江山萬里之鉅觀、而一邱一壑、時復有致。才人之作、亦不妨存備一格矣。

整菴存稾二十卷（江西巡撫採進本）

明羅欽順撰。欽順之學以窮理格物爲宗，力攻王守仁良知之說。其大旨具見所作困知記中，已別著錄。至詞章之事，非其所好，談藝家亦罕論及之。其弟欽誥作儀訓錄，嘗稱欽順於應酬文字辭謝居多，下筆稾成，未嘗自是，晉稾盈笥，晚年手自芟存，餘悉焚去，謂二子曰：此等文字世間不少，慎勿出以示人，姑留自觀可也云云。其志趣可以想見。然集中所作，雖意境稍涉平衍，而典雅醇正，猶未失成化以來舊格。詩雖近擊壤派，尚不至爲有韻之語錄。以抗行作者則不能，在講學諸家亦可云質有其文矣。

東江家藏集四十二卷（兩淮馬裕家藏本）

明顧清撰。清有松江府志，已著錄。是集凡山中稾四卷，爲初集，乃未仕時作。北遊稾二十九卷，爲中集，乃既仕後作。歸來稾九卷，爲後集，乃致仕後作。皆清晚年所自編，故體例頗爲精審。又有留都稾四卷、存稾十卷，爲其子孫所續輯，今已不傳矣。清學端行謹，砥礪名節。當正德時，諫疏凡十數上。嘉靖初，力請停遣旗校，於時政皆有所獻替。其詩清新婉麗，天趣盎然，文章簡鍊醇雅，自嫻法律。當時何李崛興，文體將變，清獨力守先民之矩矱，雖波瀾氣焰未能極俶奇偉麗之觀，要不謂之正聲不可也。在茶陵一派之中，亦挺然翹楚矣。

空同集六十六卷（陝西巡撫採進本）

明李夢陽撰。夢陽有空同子，已著錄。夢陽爲戶部郎中時，疏劾劉瑾，遘禍幾危，氣節本震動一世。又倡言復古，使天下毋讀唐以後書，持論甚高，足以竦當代之耳目。故學者翕然從之，文體一變。厥後摹擬剽賊，日就窠臼，論者追原本始，歸獄夢陽，其受詬厲亦最深。考明自洪武以來，運當開國，多昌明博大之音。成化以後，安享太平，多臺閣雍容之作。愈久愈弊，陳陳相因，遂至嘽緩冗沓，千篇一律。夢陽振起痿痺，使天下復知有古書，不可謂之無功。而盛氣矜心，矯枉過直。因樹屋書影載其黃河水繞漢宮牆一詩，以落句有郭汾陽字，涉用唐事，恐貽口實，遂刪除其稾，不入集中。其堅立門戶，至於如此。同時若何景明、薛蕙，皆夢陽倡和之人。景明論詩諸書，既斷斷往復，蕙亦有俊逸終憐何大復，粗豪不解李空同句，則氣類之中已有異議，不待後來之排擊矣。平心而論，其詩才力富健，實足以籠罩一時。而古體必漢魏，近體必盛唐，句擬字摹，食古不化，亦往往有之。所謂武庫之兵，利鈍雜陳者也。其文則故作聱牙，以艱深文其淺易。明人與其詩並重，未免怵於盛名。今並錄而存之，俾瑕瑜不掩，且以著風會轉變之由，與門戶紛競之始焉。

山齋集二十四卷（福建巡撫採進本）

明鄭岳撰。岳有莆陽文獻，已著錄。其所著詩文有蒙難錄、西行紀、南還錄、山齋吟稾、漫稾、淬稾、續稾、奏議，因雕本焚燬，所存不過數種。是集乃萬歷中其曾孫炫蒐輯重鋟，凡詩七卷、文十七卷。炫跋謂較視舊集十未能存二三，蓋亦幸而不佚也。柯維騏續莆陽志稱其所作詩文，俱暢達蘊藉。朱彝尊明詩綜引謝山子之言，亦稱其詩深於諷諭之體。考明史岳本傳，稱其屢拒中官崔文之干請，爭寧王宸濠之侵占，又以爭興獻王祔廟，忤旨奪俸。其居官頗著風節，而爲江西按察使時，與李夢陽互訐，爲兵部侍郎時，又爲羣豹劾罷，所與齟齬者，乃皆正人。蓋其天性孤介，非惟與小人相忤，卽君子亦不苟合也。其文章落落遠俗，固亦有由焉。

浮湘集四卷、山中集四卷、憑几集五卷、續集二卷、息園存稾詩十四卷、文九卷、緩慟集一卷（山西巡撫採進本）

明顧璘撰。璘有國寶新編，已著錄。是編乃其詩文全集。浮湘集由開封府知府謫全州知州時作，蔡羽序之。山中集移病家居時作，陳束序之。憑几集、憑几續集皆起官湖廣巡撫時作，皇甫汸序之。璘亦有自序。息園存稾並刻於嘉靖戊戌，詩稾陳大壯序之，文稾鄭繼中序之。附錄曰緩慟集，官工部侍郎時哭其亡女之作，璘自序之。朱彝尊明詩綜稱其尚有歸田集，今未見傳本，不知佚否也。明史文苑傳稱璘初與同里陳沂、王韋號金陵三俊，後寶應朱應登繼起，號四大家。然璘、應登羽翼李夢陽，而韋、沂則頗持異論。又稱璘詩矩矱唐人，以風調勝。今觀其集，遠挹晉安之波，近驂信陽之乘，在正嘉閒固不失爲第二流之首也。

華泉集十四卷（山東巡撫採進本）

明邊貢撰。貢字庭實，華泉其號也。歷城人。宏治丙辰進士，官至南京戶部尚書。事蹟具明史文苑傳。是集凡詩八卷、文六卷。魯中立海岱靈秀集曰：華泉之作雖不逮何李，然平淡和粹，孝廟以前，海岱之才無其倫比。胡應麟詩藪曰：世人獨推李何爲當代第一，余以爲空同關中人，氣稍過勁，未免失之怒張。大復之亮節俊語出於天性，亦自難到，但工於文句而乏意外之趣，獨邊華泉興象飄逸，而語九清圓，故當其推此人。陳子龍明詩選則曰：尚書才情甚富，能於沈穩處見其流麗，聲價在昌穀之下，君采之上。今考其詩，才力雄健，不及李夢陽、何景明，善於用長，意境清遠，不及徐禎卿、薛蕙，善於用短，而夷猶於諸人之間，以不戰爲勝，無憑陵一世之名，而時過事移，日久論定，亦不甚受後人之排擊。二人所論，當以子龍爲持平矣。昔薛蕙於嚴嵩爲同年，頗相倡和，及嵩柄國，蕙卽謝絶往還，併削去舊作，不留一字。至今爲論者所稱。是集乃以送嵩之作列爲壓卷，不免見疑於清議。然詩集爲貢沒之後其里人劉天民所編，時當嘉靖戊戌，正嵩權熾盛之日，或天民無識，趨附時局以爲榮，非貢本志歟。其文集亦大名魏允孚所續刊，自明以來，談藝家置而不論。今核其品格，實遠遜有韻之詞。蓋才有偏長，物不兩大，附詩以行，視爲琬琰之藉可矣。

劉清惠集十二卷 浙江巡撫採進本

明劉麟撰。麟字元瑞，一字子振，江西安仁人，後流寓長興，子孫遂隸籍焉。宏治丙辰進士，官至工部尚書。事蹟具明史本傳。初，麟觀政工部時，卽與同年陸崑抗疏爭諫官下獄事。及爲紹興府知府，又以忤劉瑾褫職。後官尚書，卒以爭蘇松織造爲宦官所擠而罷。蓋始終介介自立者。其自紹興歸也，依其姻家吳琬於長興，與孫一元、文徵明等往來倡和。世傳徵明神樓圖，卽爲麟作也。是集凡詩二卷，奏疏雜文九卷，附錄一卷。麟曾孫悆陛所編。萬歷丙午，湖州知府無錫陳幼學刊之長興。朱鳳翔爲序，稱其文出入秦漢，詩則駸駸韋杜，固未免太過，至稱其標格高入雲霄，胸中無一毫芥蔕，故所發皆㟍然天趣，讀之足消鄙吝，則得其實矣。是亦文章關乎人品之驗也。

東田遺稿二卷 兩江總督採進本

明張羽撰。羽字鳳舉，泰興人。宏治丙辰進士，官至河南左布政使。案明初張羽爲吳中四傑之一，相距不過百載，而襲前輩之姓名，殊不可解。然前張羽工詩，此張羽亦復工詩，豈有心仿效，有藺相如之慕歟。是集詩文各一卷，爲其季子楨所編，其門人儲洵序之。羽爲御史，抗疏劾劉瑾，直聲震朝野。集中疏劄文雖不多，皆切中時弊。方正之概，猶凜然可見。詩亦規摹盛唐，不落纖巧之習。蓋宏治正德之間，去明初前輩猶爲未遠，流風餘韻，往往尚存，而羽之澹靜峭直，又出天性，雖其博大富健不及李東陽諸人，排奡鉅麗亦不及李夢陽諸人，而不爲舊調之膚廓，亦不爲新聲之塗飾，肖心而出，務達所見而止，在諸作者中，亦可以自爲一隊矣。

沙溪集二十三卷 直隸總督採進本

明孫緒撰。緒字誠甫，沙溪其自號也，故城人。宏治已未進士，官至太僕寺卿。是集文八卷，賦一卷，雜著一卷，無用閒談六卷，詩七卷。其文沈著有健氣，其無用閒談有曰：文章與時高下，人之才力亦各不同。今人不能爲秦漢戰國，猶秦漢戰國不能爲六經也。世之文士，尺寸步驟，影響言墓擬，晦澀險深，破碎難讀云云。其意蓋爲李夢陽發，可以見其趣向矣。至於古今仕學粹之類，參以排偶，不古不今，則編次者失於刪汰，轉爲作者累耳。其無用閒談多深切著明之語，論文論詩，亦各有確見。王士禎池北偶談嘗摘其誤以五代王祚事爲彭時事。其說良是。他如論揚雄事亦失當。然要不害其大旨。詩格頗近李東陽，而深以何孟春等註東陽樂府稱其過於李杜爲非，蓋譏譽者之溢量，非排擊東陽也。此集舊與馬中錫東田集合刊，然學問筆力皆勝中錫，故今摘錄緒集，而中錫集則存其目焉。

王文成全書三十八卷 浙江巡撫採進本

明王守仁撰。守仁有陽明鄉約法，已著錄。是書首編語錄三卷，爲傳習錄，附以朱子晚年定論，乃守仁在時其門人徐愛所輯，而錢德洪刪訂之者。次文錄五卷，皆雜文。別錄十卷，爲奏疏公移之類。外集七卷，爲詩及雜文。續編六卷，則文錄所遺，搜輯續刊者。皆守仁歿後德洪所編次。後附以年譜五卷，世德記二卷，亦德洪與王畿等所纂集也。其初本各自爲書，隆慶壬申，御史新建謝廷傑巡按浙江，始合梓以傳，仿朱子全書之例，以名之。蓋當時以學術宗守仁，故其推尊之如此。守仁勳業氣節，卓然見諸施行，而爲文博大昌達，詩亦秀逸有致，不獨事功可稱，其文章自足傳世也。此書明末版佚，多有選輯別本以行者，然皆闕略，不及是編之詳備焉。

雙溪集八卷（浙江朱彝尊家曝書亭藏本）

明杭淮撰。淮字東卿，宜興人。宏治乙未進士，官至南京總督糧儲右副都御史。與兄濟並負詩名，與李夢陽、徐禎卿、王守仁、陸深諸人遞相唱和。其詩格清體健，在宏治、正德之際不高談古調，亦不沿襲陳言，頗諧中道。此本乃其弟洵所編，爲朱彝尊曝書亭舊藏。卷末有彝尊手題兩行，稱康熙辛巳九月十九日，竹垞老人讀一過，選入詩綜一十四首。各詩內亦多圈點甲乙之處，蓋其輯明詩綜時所評騭。今詩綜本內所錄淮詩篇數，並與自記相同。中如打牛坪詩第三聯，原本作碧嶂自雲生，而彝尊改作蔓草自春生。王思槐過訪詩第三聯，原本作野竹過牆初挺秀，而彝尊改作挺拔。亦間有所點定，皆較原本爲善。且稱其詩遒鍊，如繭絲抽自梭腸，似澀而有條理。五言尤擅場。持論亦屬允愜云。

對山集十卷（湖北巡撫採進本）

明康海撰。海有武功縣志，已著錄。其詩文集自明以來凡四刻，一爲張太微所選，一爲王世懋所選，互有去取。國朝康熙中，其里人馬氏始裒其全集刻之江寧。此本乃乾隆辛巳其里人編修孫景烈以所藏張太微本又加刊削而刻之。海以救李夢陽故失身劉瑾，瑾敗，坐廢，遂放浪自恣，徵歌選妓，於文章不復精思。詩尤頹縱。王世懋序稱其五七言古律多率意之作，又慕少陵直攄胸臆，或同時人名號爵里，韻至便押，不嫺於雅。朱孟震序述李維楨之言，亦稱張太微本碔玞燕石，間列錯陳，故馬氏所增刊，頗傷蕪雜。景烈此本雖晚出，而去取謹嚴，於詩汰之尤力，較諸本特爲完善，已足盡海所長矣。明人論海集者是非不一，要以俞汝成文過於詩語爲不易之評。其擬廷臣論寧夏事狀及鑄錢論諸篇，尤頗切時弊，崔銑、呂柟皆以司馬遷比之，誠爲太過。然其逸氣往來，翛然自異，固在李夢陽等剽剟秦漢者上也。

柏齋集十一卷（河南巡撫採進本）

明何瑭撰。瑭有醫學管見，已著錄。瑭篤行勵志，其論學一以格致爲宗。集中送湛若水序，謂甘泉以存心爲主，予以格物致知爲先，非存心固無以爲格致之本，物格知至則心之體用益備。其生平得力在此，故當時東南學者多宗王守仁良知之說，而瑭獨以躬行爲本，不以講學自名。然論其篤實，乃在講學諸家上。至如均徭、均糧論、兵諸篇，究心世務，皆能深中時弊，尤非空談三代、迂疏無用者比。雖其文體樸質，不斤斤於格律法度之間，而有體有用，不支不蔓，與雕章繪句之學固又當別論矣。集凡文十卷，詩一卷，爲嘉靖己酉鄭王所刻。鄭世子載堉即瑭之甥，其律數之學皆受之於瑭者也。

竹澗集八卷竹澗奏議四卷（浙江汪汝瑮家藏本）

明潘希曾撰。希曾字仲魯，金華人。宏治壬戌進士，官至兵部左侍郎。是集爲嘉靖末長洲黃省曾所校，首載詩四卷，次雜文四卷，次奏議四卷，而以墓誌、小傳之類附錄於末。核其卷數，與千頃堂書目所載相符，蓋猶舊本也。希曾官兵科給事中時，奏奪太監汪直義男官爵，復因災異陳八事，皆直指近倖，無所避忌。及奉使湖廣、貴州，計處邊儲，又以不賂劉瑾，矯旨下獄，拷訊除名。瑾誅，起官，復抗疏爭太素殿、天鵝房諸役，具著直聲。今觀集中章奏，語皆剴切眞摯，不爲粉飾，而深中事理，不愧其名。其平時雖不以文章著，而直抒胸臆，沛然有餘，亦其剛正之氣有不可掩遏者歟。又希曾治河績最著，小傳稱其別有治河錄，今已不傳，然集中條議修築諸疏，措置規模猶見一二，是尤切於實用之文，足以資後來考證者矣。

大復集三十八卷（兩淮馬裕家藏本）

明何景明撰。景明有雍大記，已著錄。是集凡賦三卷，詩二十六卷，文九卷，傳誌、行狀之屬附錄於末。王廷相、康海、唐龍、王世貞各爲之序。正、嘉之間，景明與李夢陽俱倡爲復古之學，天下翕然從之，文體一變。然二人天分各殊，取徑稍異，故集中與夢陽論詩諸書，反覆詰難，齗齗然兩不相下。平心而論，摹擬蹊徑，二人之所短略同。至夢陽雄邁之氣與景明諧雅之音，亦各有所長，正不妨離之雙美，不必更分左右袒也。景明於七言古體深崇四傑轉韻之格，見所作明月篇序中。王士禎論詩絕句有曰：接跡風人明月篇，何郎妙悟本從天。王楊盧駱當時體，莫逐刀圭誤後賢。乃頗不以景明爲然。其實七言肇自漢氏，率乏長篇。魏文帝燕歌行以後，始自爲音節，鮑照行路難始別成變調，繼而作者實不多逢。至永明以還，蟬聯換韻，宛轉抑揚，規模始就。故初唐以至長慶，多從其格。即杜甫諸歌行，魚龍百變，不可端倪，而洗兵馬、高都護驄馬行等篇，亦不廢此一體。士禎所論，以防浮豔塗飾之弊則可，必以景明之論足誤後人，則不免於懲羹而吹齏矣。

洹詞十二卷（副都御史黃登賢家藏本）

明崔銑撰。銑有讀易餘言，已著錄。是集題曰洹詞，以銑家安陽，境有洹水故也。一卷至三卷曰館集，三卷曰退集，四卷曰雍集，五卷至十卷曰休集，十一卷十二卷曰三仕集，皆編年排次，不分體裁。雜著筆記亦參錯於其間。銑力排王守仁之學，謂其不當舍良能而談良知，故持論行己，一歸篤實。其爭大禮，劾張璁、桂萼，風節表表，亦不媿其言。所作政議十篇，準今酌古，無儒生迂闊之習。他若漫記十條，可以補宋史之未備；諷傳兩則，可以靖明代之浮言；而岳飛論一篇，稱飛之急宜奉詔班師，尤識大體。蓋不以文章著，而文章自可傳也。第十一卷中有嚴嵩鈐山堂集序，似涉南園作記之疑。然嵩集載此序，題嘉靖己亥。攷明史嵩傳，是時方為禮部尚書，未操國柄，尚無由預識其姦。是猶司馬光之於王安石，非陸游之於韓侂胄矣。

莊渠遺書十二卷（山東巡撫採進本）

明魏校撰。校有周禮沿革傳，已著錄。校欲行周禮於後世，其說頗為迂闊。所著六書精蘊，欲以古篆改小篆，而所列古篆又多杜撰，尤為紕繆。然校見聞較博，學術亦醇，故是集文律謹嚴，不失雅正。考據亦具有根柢，無忝於儒者之言。其御札問經義諸條，亦多精確。惟郊祀論一篇，謂見於經者，獨有南郊，無北郊，而以社當地祇之祭。不知大司樂方丘之文，與圜丘相對。圜丘為郊天，方丘為祭地，可知。未聞祭社於澤中之方丘，且於夏日之至也。又祭法瘞埋於泰折，祭地也，與燔柴於泰壇祭天之文相對，皆北郊祭地之顯證。校乃引周禮陰祀用黝牲，駁祭法祭地用騂犢為附會，不知周禮、禮記不能強合，先儒辨之甚明，無庸橫相牽合，自生糾結也。

儼山集一百卷續集十卷（兵部侍郎紀昀家藏本）

明陸深撰。深有南巡日錄，已著錄。是集有費寀、徐階二序，文徵明後序。續集前有唐錦序，後有陸師道跋，皆其子楫所編。錦序及師道跋並稱尚有外集四十卷，通此二集為一百五十卷。此本不載外集，蓋外集皆其筆記雜著，又自別行也。明史文苑傳稱深少與徐禎卿相切劘，為文章。又善書，仿李邕、趙孟頫。賞鑒博雅，為詞臣冠。階序稱深以經濟自許，在翰林、在國子，數上書言事。督學於晉，參藩於楚，旬宣於蜀，則皆有功德於其士民。而惜其獨以文章見。寀序亦稱其以剴切不諛忤宰臣，左遷以後，略無感時憤俗之意。而舉其發教嚴詩、峽江道中詩，譏其無所怨尤。今觀其集，雖篇章繁富，而大抵根柢學問，切近事理，非徒劘靡誇多。當正、嘉之間，七子之派盛行，而獨以和平典雅為宗，毅然不失其故步，抑亦可謂有守者矣。

迪功集六卷附談藝錄一卷（兩淮鹽政採進本）

明徐禎卿撰。禎卿有翦勝野聞，已著錄。其平生論詩宗旨，見於談藝錄及與李夢陽第一書。如云古詩三百，可以博其源；遺篇十九，可以約其趣；樂府雄高，可以勵其氣；離騷深永，可以裨其思。然後法經而植旨，繩古以崇辭，或未盡臻其奧，吾亦罕見其失也。又云繩漢之武，其流也猶至於魏；宗晉之體，其弊也不可以悉據。其所談仍北地摹古之門徑。特夢陽才雄而氣盛，故枵張其詞；禎卿慮澹而思深，故密運以意。當時不能與夢陽爭先，日久論定，亦不與夢陽俱廢。蓋以此也。王士禎居易錄稱黃庭堅自定其詩為精華錄，僅三百首。禎卿自定迪功集亦三百首。此本凡樂府四十四首，贈荅詩十六首，遊覽詩二十五首，送別詩四十首，寄憶詩二十一首，詠懷詩十二首，題詠詩二十一首，哀挽詩三首，共一百八十二首，不足三百之數。而五卷以下則為雜文二十四篇，題正德庚辰刊，前有李夢陽、顧璘序，並稱六卷，當是原本。不知何以與士禎所言不符，豈士禎所見別有一本歟。毛先舒詩辨坻曰：昌穀迪功集外，復有徐迪功外集，皇甫子安為序而刻之者。又有徐氏別稾五集，曰鸚鵡編、焦桐集、花閒集、野興集、自懟集。又曰迪功集是所自選，風骨最高，外集殊復奕奕。焦桐多近體，最疵。鸚鵡多學六朝，閒雜晚唐。有竹枝、楊柳之韻，花閒文章江左家家玉，煙月揚州樹樹花，於詩為小乘，入詞亦苦於不稱。他如花閒打散雙蝴蝶，飛過牆兒又作團，詠柳花詩云：轉眼東風有遺恨，井泥流水是前程，便是詞家情語之最云云。今不盡可見矣。

鄭少谷集二十五卷（福建巡撫採進本）

明鄭善夫撰。善夫有經世要錄，已著錄。其詩規模杜甫，多憂時感事之作。林貞恆福州志病其時非天寶，地遠拾遺，爲無病而呻吟。然武宗時奄豎內訌，盜賊外作，詩人蒿目，未可謂之無因。王世懋藝圃擷餘曰：閩人家能佔畢，而不甚工詩。國初林鴻、高廷禮、唐泰輩皆稱能詩，號閩南十才子。然出楊徐下遠甚，無論季迪。其後氣骨崚嶒，差堪旗鼓中原者，僅一鄭善夫耳。其詩雖多摹杜，猶是邊、徐、薛王之亞。云云。斯言持其平矣。善夫論詩五言云：大哉杜少陵，苦心良在斯。末流但叫噪，古意漫莫知。鳳鳥空中鳴，衆禽反見嗤。觀其抒論，知其不諧於俗也。

太白山人漫稾八卷（浙江孫仰曾家藏本）

明孫一元撰。一元字太初，自稱秦人，或傳爲安化王孫。王世貞題一元墓詩曰：死不必孫，與子生不必父與祖。突作憑陵千古人，依然寂寞一抔土。蓋其蹤蹟詭異，當時即莫之詳也。嘗棲太白之巔，故稱太白山人。又嘗西入華，南入衡，東登岱，又南入吳，與劉麟、吳琬、陸崑、龍霓稱苕溪五隱。晚而就婿施氏，遂卒於吳。與麟爲文以表其墓，事蹟具明史隱逸傳。一元才地超軼，其詩排奡凌厲，往往多悲壯激越之音。靜志居詩話謂其瓣香在黃庭堅，體格固略相近。然庭堅之詩，沈思研鍊而入之，故蟠拏崛強之勢多。一元之詩，軒豁披露而出之，故淋漓豪宕之氣盛，其意境亦小殊也。明史藝文志載一元太白山人稾五卷，此本爲崇禎中湖州周伯仁所刻，凡八卷。蓋據吳興張氏本及陽湖本而合輯之，目錄於八卷之末尚標有補遺若干首，而卷內無之，豈當時有志搜訪而未得歟。閩元衢歐餘漫錄載一元逸詩有送許相卿詩一首，見許氏識題王伯雨圖亭二首，見烏青鎭志；和吳甘泉四首，重遊一首，君馬黃一首，見眞蹟；飲馬長城窟一首，見盧志菴所錄。續於紀宜符家得十四首。又稱鮑稚弢家有其詩鈔約千餘首，而梁清遠雕邱雜志亦稱所藏一元墨迹有送別李遠菴北上詩，風調極高，不知漫稾何以不載，則其散佚已多矣。

苑洛集二十二卷（副都御史黃登賢家藏本）

明韓邦奇撰。邦奇有易學啟蒙意見，已著錄。是集凡序二卷，記一卷，誌銘三卷，表一卷，傳一卷，策問一卷，詩二卷，詞一卷，奏議五卷，見聞考隨錄五卷，乃嘉靖末所刊。汾陽孔天允爲之序。當正嘉之際，北地信陽方用其學提唱海內，邦奇獨不相附和，以著書餘事發爲文章，不必沾沾求合於古人，而記問淹通，凡天官地理律呂數術兵法之屬，無不博覽精思，得其要領，故其徵引之富，議論之核，一一具有根柢，不同掇拾浮華。至見聞考隨錄所紀朝廷典故，頗爲詳備，其間如譏于謙不能匡正之失，及辨張綵阿附劉瑾之事，雖不免小有偏駁，而敘次明晰，可資考據。其他辨論經義，闡發易數，更多精確可傳。蓋有本之學，雖瑣聞雜記，亦與空談者異也。

東洲初稾十四卷（浙江巡撫採進本）

明夏良勝撰。良勝有中庸衍義，已著錄。明史本傳稱良勝除名以後，輯其部中章奏，名曰銓司存稾。凡議禮諸疏俱在，今已不傳。此其詩文集也。前七卷爲雜文，第八卷爲詩，第九卷爲考定皇極指掌諸圖，第十卷爲天文便覽，自十一卷以下皆題曰仕止隨錄。十一、十二兩卷雜錄諫南巡下獄疏奏詩文及同時諸人投贈申救之作，十三、十四兩卷雜錄家居詩文。自十三卷以前皆題門人滇池羅江編，十四卷則題門人鍾陵江治續編。明史藝文志載東洲稾十二卷，詩八卷，與此本卷帙互異。然此本題曰初稾，刻於正德十五年，其嘉靖以後諸作咸未之及，史所載者，殆其全集之卷數歟。良勝兩以直諫謫，風節凜然，其詩文無意求工，而皆嶽嶽有直氣，雖不以詞藻著名，要非雕章繪句之士所可同日語也。

欽定四庫全書總目卷一百七十一

欽定四庫全書總目卷一百七十二

集部二十五

別集類二十五

升菴集八十一卷 副都御史黃登賢家藏本

明楊愼撰。愼有檀弓叢訓，已著錄。此集爲萬歷中四川巡撫張士佩所訂。凡賦及雜文十一卷，詩二十九卷，又雜記四十一卷。蓋士佩取愼丹鉛錄、譚苑醍醐諸書，刪除重複，分類編次，附其詩文之後者也。愼以博洽冠一時，其詩含吐六朝，於明代獨立門戶。文雖不及其詩，然猶存古法，賢於何李諸家窒塞艱澀不可句讀者。蓋多見古書，薰蒸沈浸，吐屬自無鄙語，譬諸世祿之家，天然無寒儉之氣矣。至於論說考證，往往恃其强識，不及檢核原書，致多疏舛。又恃氣求勝，每說有窒礙，輒造古書以實之。遂爲陳耀文等所詬病，致糾紛而不可解。考因樹屋書影有曰：丹鉛諸錄出，而陳晦伯正楊繼之，胡元瑞筆叢又繼之。當時如周方叔謝在杭畢湖目諸君子集中，與用修爲難者不止一人。然其中雖極辨難，有究是一義者，亦有互相發明者。予已彙爲一書，顏曰翼楊云云。其語頗爲左袒，然亦未始非平心解鬭之論也。諸書本別本各行，士佩離析其文，分類排纂，合而爲一，較易檢尋，而所分諸目，較丹鉛總錄亦尚有條理，故仍錄之集中，備互考焉。

東巖集六卷 浙江汪汝瑮家藏本

明夏尚樸撰。尚樸字敦夫，東巖其號也，永豐人。正德辛未進士，官至南京太僕少卿。尚樸初師吳與弼，後師婁諒，故明史儒林傳附見諒傳中。然史於薛瑄傳末又稱瑄之門人有周蕙，蕙之門人有薛敬之、李錦、王爵、夏尚樸，與諒傳不合。考傳末惟敘敬之、錦、爵三人事蹟，一字不及尚樸，則瑄傳列尚樸之名，殆衍文歟。諒以勿忘勿助爲敬，胡居仁、羅欽順多譏其近禪，而史載尚樸常言纔提起便是天理，纔放下便是人欲，魏校亟稱之。王守仁少時亦學於諒，然守仁贈尚樸詩有舍瑟春風之句，尚樸則答曰：孔門沂水春風景，不出虞廷敬畏中。至謂心所以窮理，未足以盡理。又謂學不難於一貫，而難於萬殊，則與王守仁即心即理之說迥異。又與湛若水書，斥以厭常喜新爲戒。其語錄中復取陳獻章與論學詩一一爲之箋疏，指其謬誤，正嘉之際，學問漸岐，而尚樸獨恪守先儒，不爲高論，可謂篤實之士矣。至其論中庸分八節，獨不用朱子之說，則見仁見智，各有所得，其不爲苟同，即其不爲苟異者也。史載所著有中庸說、東巖文集。此本爲其壻劉賓所編，以語錄中庸說爲第一卷，與文集併爲一編，史蓋據其初出各行之本也。尚樸本講學之士，不以文章爲工，然其言醇正，固亦不乖於大雅焉。

瀼溪草堂稿五十八卷 浙江巡撫採進本

明孫承恩撰。承恩字貞父，南直隸華亭人。正德辛未進士，官至禮部尚書，兼翰林院學士，掌詹事府。諡文簡。是集爲其門人楊豫孫、董宜陽、朱大韶所編。七卷以前爲疏表講章，皆進呈之作；八卷以後爲賦詩詞曲，二十七卷以後爲雜文。承恩於嘉靖之初，以庶子充經筵講官，今集中所載正始箴、鑒古韻語及講章，即是時所作。及官禮部時，齋宮設醮，承恩獨不肯黃冠，遂乞致仕，較之嚴嵩諸人青詞自媚者，人品卓乎不同。其文章亦純正恬雅，有明初作者之遺。卷首陸樹聲序有曰：國初之文，淳厚渾噩，彬彬焉質有其文，迨關西、信陽兩君子出，追宗秦漢，薄魏晉而下，海內藝學之士，咸願執鞭弭從之，標品位置，率人人自詭先秦兩漢，以希方軌。雖體尚一新，國初淳龐渾厚之氣或少漓焉。公生長憲孝朝，博稽宏覽，遂詣淵蓄，故出之撰述，類皆深厚爾雅，紆徐委宛。論者謂公平生立言，類其爲人云云。承恩文章宗旨，盡是數十言矣。

方齋詩文集十卷 福建巡撫採進本

明林文俊撰。文俊字汝英，號方齋，莆田人。正德辛未進士，官至南京吏部右侍郎。事蹟具明史本傳。湛若水撰文俊神道碑，載所著有方齋存稾，世無刊本。此本乃其家藏舊鈔，凡疏表序文雜著九卷，詩一卷。史稱其文章醇雅，今觀其詩，亦從容恬適，不事雕琢。

國朝朱彝尊輯明詩綜，乃獨不載，當由未見此本，非黜之不錄也。又近人鄭王臣輯莆風清籟集，所錄文俊詩尚有彭城夜泊七言律詩一首、送黃主簿赴蘄水七言絕句一首，爲是集所未收，未知王臣何自得之。王臣即莆田人，於文俊爲鄉里，或墨迹流傳，據以載入歟。今世傳明北監板二十一史，即文俊所校刊，竄改舛譌，頗爲後人訾議，然文俊爲祭酒，已在雕版將竣之日，陳騤館閣續錄所謂經進不經修者，未可以是并訾其詩文也。

考功集十卷（江蘇巡撫採進本）

明薛蕙撰。蕙有西原遺書，已著錄。正嘉之際，文體初新，北地信陽，聲華方盛。蕙詩獨以清削婉約介乎其閒。古體上挹晉宋，近體旁涉錢郎，核其遺編，雖亦議擬多而變化少，然當其自得，覺筆墨之外別有微情，非生吞漢魏、活剝盛唐者比。其戲成五絕句，取何景明之俊逸，而病李夢陽之粗豪，所尚略可見矣。又蕙與湛若水俱爲嚴嵩同年，嵩權極盛之時，若水年已垂耄，不免爲嵩作鈐山堂集序，反覆推頌，頗爲盛德之累。蕙初亦愛嵩文采，頗相酬答，迨其柄國以後，卽薄其爲人，不相聞問。凡舊時倡和，亦悉削其稾，故全集十卷，無一字與嵩相關。人品之高，迥出流輩。其詩格蔚然孤秀，實有自來，是其所樹立，又不在區區文字閒也。

雲邨文集十四卷（兩淮鹽政採進本）

明許相卿撰。相卿有史漢方駕，已著錄。是集爲相卿所自定，簡擇頗精，自序謂兼其脫遺不可讀者，存其餘可讀者。其自題絕句有曰：雲邨病老語多哤，造次詩成絕宋腔，還溯開元論風格，拾遺壇上樹旌幢。蓋自以所學爲未足，欲進而求之唐人也。今觀其詩，大抵近體居多，五言有大歷之調，七言出入於陳師道、陳與義閒，可謂自知之審矣。章疏切實，雜文體裁雅潔，亦多有道之言。無明季士大夫求名若渴之習，殆篤實君子歟。其歸田後與王子揚書，稱時感更切，不敢以歸爲幸，乃今傳聞日駭，事勢日危，旦夕念北，如昔之思南，其惓惓君國之意，視所謂去國一身輕，似葉高名千古重於山者，相去蓋不啻倍蓰也。

小山類稾二十卷（浙江孫仰曾家藏本）

明張岳撰。岳字維喬，惠安人。正德丁丑進士，官至刑部侍郎，掌都察院事，復出總督湖廣四川貴州，卒謚襄惠。事蹟具明史本傳。岳初授行人，卽以疏諫南巡廷杖，調南京國子監學正。嘉靖初，牽復原官，又以議禮忤張璁，繼忤夏言，忤嚴嵩父子，而卒得以功名終，若有天幸然。其剛正之操，天下推之。集中奏議，分行人司稾、廉州稾、粵藩稾、督撫鄖陽稾、巡撫江西稾、督撫兩廣稾、總督湖廣川貴稾，皆據其歷官年月，次第編類。雖文義樸直，而經濟大業亦可據以考見。又史稱岳博覽工文章，經術湛深，不喜王守仁學。今觀集中草堂學則及諸書牘內辨學之語，大都推闡切至，歸於篤實近裏，蓋有體有用之言，固與空談無根者異也。

夢澤集二十三卷（安徽巡撫採進本）

明王廷陳撰。廷陳字稺欽，黃岡人。正德丁丑進士，選庶吉士，以言事廷杖，出知裕州。事蹟具明史文苑傳。其集一刻於淮安，再刻於蘇州，此本爲其從孫追淳知潁州時所刻，乃第三本也。廷陳少年高第，以恃才傲物，致放廢終身，其器量殊爲淺狹，至其詩意警語圓，軒然出俗，則不得不稱爲一時之秀。王世貞藝苑卮言稱其如良馬走坂，美女舞竿，五言尤是長城。又稱王稺欽、吳明卿之五言律各集，妙境專至而有餘。朱彝尊靜志居詩話亦謂其音高秋竹，色豔春蘭，樂府古詩，殊多精詣，蓋在正嘉之閒，何景明最爲俊逸，廷陳之天骨雄秀，抑亦驂乘矣。若雜文則藻采太多，華掩其實，等諸自鄶，無譏，無庸深論也。

泰泉集十卷（江蘇巡撫採進本）

明黃佐撰。佐有泰泉鄉禮，已著錄。此集乃佐官南京國子監祭酒時手自編定，其門人李時行刊版於嘉興者也。佐少以奇雋知名，及官翰林，明習掌故，博綜今古，生平著述至二百六十餘卷，在明人之中，學問最有根柢。文章衔華佩實，亦足以雄視一時。嶺南自南園五子以後，風雅中墜，至佐始力爲提倡，如梁有譽、黎民表等，皆其弟子，廣中文學復盛，論者謂佐有功焉。其詩吐屬沖和，頗見研練，於時茶陵之焰將燼，北地之鋒方銳，獨能力存古格，可謂不失雅音。惟其春夜大醉言志詩有云：倦游郤憶少年事，笑擁如花歌落梅。自註以爲欲盡理還之喻，是將以嘲風弄月之詞，而牽合於理學，殊爲無謂。王世貞藝苑卮言謂此乃佐爲儒官講學，恐人得而持之，故有此語，當得其情。白璧微瑕，惟在閒情一賦，是亦昭明太子深惜於靖節者矣。

甫田集三十五卷附錄一卷（內府藏本）

明文徵明撰。徵明初名璧，以字行，更字徵仲，號衡山，長洲人。以歲貢薦授翰林院待詔。事蹟具明史文苑傳。是集凡詩十五卷，文二十卷，附錄行略一卷，其仲子嘉所述也。徵明與沈周皆以書畫名，亦並能詩。周詩揮灑淋漓，但自寫其天趣，如雲容水態，不可限以方圓。徵明詩則雅飭之中，時饒逸韻。朱彝尊靜志居詩話記其告何良俊之言曰：吾少年學詩、從陸放翁入、故格調卑弱、不若諸君皆唐音也。此所謂如魚飲水、冷煖自知、皎然不誣其本志。然周天懷坦易、其書雄深而蒼莽、詩格如之。徵明秉志雅潔、其書細潤而蕭灑、詩格亦如之。要亦各肖其性情、不盡由於所倣效也。朱彝尊明詩綜錄徵明詩十五首。其池上一詩、得諸墨迹、爲本集所不載。且稱其集外流傳者甚多、惜無廣搜爲續集者。然縑素流傳、半眞半贋、與其如吳鎭倪瓚諸集多收僞本、固不如據其家集、猶不失本來面目矣。

西邨詩集二卷、補遺一卷、（浙江巡撫採進本）

明朱朴撰。朴字元素、海鹽人。當正德嘉靖間、與文徵明孫一元相唱酬。是集爲其孫綵所編、分上下二卷。下卷附以集句詩餘。又別輯補遺一卷。其近體格調清越、超然出羣。古詩差遜、然亦不墮俗氛。以不爲王世貞等所獎譽、故名不甚著。然當太倉歷下壇坫爭雄之日、士夫奔走不遑、七子之數、輾轉屢增。一時山人墨客、亦莫不望景趨風、乞齒牙之餘論、冀一顧以增聲價。蓋詩道之盛、未有盛於是時者。詩道之濫、亦未有濫於是時者。朴獨閉戸苦吟、不假借噓枯吹生之力。其人品已高、其詩品岧岧物表、固亦理之自然矣。

天馬山房遺稾八卷、（福建巡撫採進本）

明朱淛撰。淛字必東、號損巖、莆田人。嘉靖癸未進士。授湖廣道監察御史。會興國太后誕節、詔命婦朝賀、而慈壽太后誕節轉不令命婦朝賀。淛上疏爭之、廷杖斥歸、終於家。事蹟具明史本傳。其詩文不事鉛華、獨抒懷抱。朱彝尊靜志居詩話稱其詩無俗韻、誦之想見其人。蓋澤畔行吟、沈淪沒世、而未嘗有一窮蹙怨尤之語、是爲難也。至家居三十餘年、於民生國計、切切不忘。集中所載南洋水利之議、山寇海寇之防、皆指陳利病、斟酌時宜、委曲以告當事、不以罷黜而膜視、抑又難矣。其爭誕節朝賀疏、史僅刪存大略、集中尚載其完本、用以壓卷。蓋自議禮諸臣獲罪後、舉朝皆附新局、淛與馬明衡獨惓惓故君、尤其一生大節、故編錄遺文者、別爲一卷、弁於集首云。

蘇門集八卷、（浙江孫仰曾家藏本）

明高叔嗣撰。叔嗣字子業、號蘇門山人、祥符人。嘉靖癸未進士。官至湖廣按察使。事蹟具明史文苑傳。是集凡詩四卷、文四卷。其詩初受知於李夢陽、然擺脫窠臼、自抒性情、乃迥與夢陽異調。王世貞藝苑巵言曰、高子業詩如空山鼓琴、沈思忽往、木葉盡脫、石氣自青。又如衛洗馬言愁、憔悴婉篤、令人心折。王世懋藝圃擷餘亦曰、詩有必不能廢者、雖衆體未備、而獨擅一家之長。如孟浩然、洮洮易盡、止以五言雋永、千載竝稱王孟。我明其徐昌穀高子業乎。二君詩有不同、而皆巧於用短。徐以高韻勝、有蟬蛻軒舉之風。高以深情勝、有深閨愁婦之態。更千百年、李何有時興廢、二君必無絶響。世貞世懋談詩頗有異同、而品題叔嗣、則兩相符契。蓋論至當則無以易也。至其雜文四卷、特附綴以行。陳東原序言其詩優於文、抑亦確論矣。

愚谷集十卷、（山東巡撫採進本）

明李舜臣撰。舜臣字茂欽、號愚谷、又號未邨居士、山東樂安人。嘉靖癸未進士。官至太僕寺卿。是集詩四卷、曰部署稾、曰金陵稾、曰江西稾、曰歸田稾。文六卷。前有王世貞孔天允二序。詩格雅飭、而頗窘於邊幅。所長所短、皆在於斯。文皆古質、而稍覺有意謹嚴、或剷削太過。故王世貞嘗有體製纖小之譏。然於時北地信陽之學盛行於世、方以鉤棘塗飾相高、而舜臣獨以樸直存古法。其序記多名論、而西橋逸事狀一篇、觸張璁桂萼之鋒、直書不諱。文出之日、天下咋舌。抑亦剛正之士矣。據集所載諸序、所著有易卦辱言、詩序考、毛詩出比、禮經讀、春秋左傳考例、穀梁三例、左傳讀、古文考、三經考、籀文考、六經直音諸書。今皆未見。然亦足見其文有根柢也。

遵巖集二十五卷、（兩淮鹽政採進本）

明王慎中撰。慎中字道思、晉江人。嘉靖丙戌進士。官至河南布政使參政。事蹟具明史文苑傳。正嘉之際、北地信陽聲華籍甚。教天下無讀唐以後書。然七子之學、得於詩者較深、得於文者頗淺。故其詩能自成家、而古文則鉤章棘句、剽襲秦漢之面貌、遂成僞體。史稱慎中爲文、初亦高談秦漢、謂東京以下無可取。已而悟歐曾作文之法、乃盡焚舊作、一意師仿、尤得力於曾鞏。唐順之初不服其說、久乃變而從之。壯年廢棄、益肆力於文、演迤詳贍、卓然成家、與順之齊名。天下稱之曰王唐。李攀龍王世貞力排之、卒不能掩也。其詩則初爲藻豔之格。歸田以後，又雜入講學之語，頹然自放，亦與順之相似。朱彝尊明詩綜乃謂其五言文理精密，嗣響顏謝，而論者輒言文勝於詩，未爲知音。今考集中五言，如遊西山普光寺、睡起登金山、遊大明湖諸篇，固皆邃穆簡遠。七言如每夜猿聲如舍裏，四時山色在城中。萬井遙分初日下，羣山微見遠煙中。琴聲初歇月挂樹，蓮唱微聞風滿川。亦頗有風調。然綜其全集之詩，與文相較，則淺深高下，自不能掩。文勝之論，殆不盡誣。彝尊之論，不揣本而齊其末矣。慎中集舊有玩芳堂摘稿、遵巖家居諸刻，率雜以少作。是本乃隆慶辛未慎中子同康及壻莊國禎稍爲芟削，重鋟較爲精整。惟簡端洪朝選序稱詩文四十卷，此本止二十五卷，目錄卷數亦多改補，未喻其故。或刻成之後又爲簡汰歟。

陸子餘集八卷（兩淮鹽政採進本）

明陸粲撰。粲有左傳附註，已著錄。是集凡文七卷，詩一卷。粲早入詞館，負盛名。洎官工科，以劾張璁、桂萼，偃蹇終身。然亦緣是息意邱園，研心經史，學問具有根柢。又爲王鏊門人，明史粲本傳稱其少謁鏊，鏊異之，曰：此子必以文名天下。其授受亦有端緒。徐時行序稱其出入左氏、司馬遷，無論魏晉。彭年序以爲專法馬班，雄深雅健，東漢諸家所不及。推獎頗爲太過。至黃宗羲明文海云：貞山文秀美平順，不起波瀾，得之王文恪居多，乃歐陽氏之支流。則平心之論，當之無媿色矣。其憶父詩一首，明詩綜云七歲所作，然風格老成，不應至是，疑或有所夸飾。至於擔夫謠之類，有香山新樂府遺音。贈別王直夫二首之類，亦綽有風格。尤未可以篇什無多，遂謂曾子固不能詩也。

念菴集二十二卷（江西巡撫採進本）

明羅洪先撰。洪先有冬遊記，已著錄。洪先不及見王守仁，而受學於其鄉人李中。中之學出於楊珠，故其說仍以良知爲宗。後作守仁年譜，乃自稱曰門人。不免講學家門戶之習。其學惟靜觀本體，亦究不免於入禪。然人品高潔，嚴嵩欲薦之而不得，則可謂鳳翔千仞者矣。其集初刻於撫州，再刻於應天。最後諸門人編爲此本，而門人胡直序之，稱其學凡三變，文亦因之。初效李夢陽，既而厭之，乃從唐順之等相講磨，晚乃自行己意。其答友人書取譬於水，謂古之人有能者，必其中有自得實見，斯道之流行，無所不在，雖欲不爲波濤瀠瀾之致不可得。斯亦有見之言也。此本爲雍正癸卯其六世孫繼洪等重刻。洪先之裔乃名繼洪，理不可曉。豈誤解不逮事則不諱耶。

皇甫司勳集六十卷（內府藏本）

明皇甫汸撰。汸有百泉子緒論，已著錄。其詩文有政學、還山、奉使、寓黃、家居、南都、禪栖、澶州、栝州、南中、山居、副京、來皐、司勳、北征、南署、赴京、浩歌亭、安雅齋諸集。晚年手自刪削，定爲賦一卷，詩三十二卷，雜文二十七卷，冠以集原一篇。其諸集之名仍分註各卷之末。朱彝尊靜志居詩話稱汸集六十卷，卽此本也。集原自述其詩，始爲關洛之音，一變爲楚音，又一變爲江左之音，又一變爲燕趙之音，又一變爲蜀音。縷舉其師友淵源甚詳。今統觀所作，古體源出三謝，近體源出中唐。雖乏深湛之思，而雅飭雍容，風標自異，在明中葉不失爲第二流人。馮時可雨航雜錄云：皇甫百泉與王弇州名相埒，時人謂百泉如齊魯，變可至道；弇州如秦楚，強遂稱王。王士禎香祖筆記以時可所評爲確論云。

楊忠介集十三卷附錄三卷（陝西巡撫採進本）

明楊爵撰。爵有周易辨錄，已著錄。是編第一卷爲奏議，二卷爲序碑記，三卷爲傳，四卷爲書，五卷爲家書，六卷爲語錄，七卷爲祭文誌銘雜著，八卷至十二卷則皆詩。世宗時齋醮方興，士大夫率以青詞取媚，而爵獨據理直諫，如所陳時雪之不可爲符瑞，左道之不可以惑衆，詞極剴切。下獄以後，猶疏諫以冀一悟，其忠愛悱惻，至今如見。家書二十五則，諄諄以忠孝勖其子孫，未嘗一言及私。語錄皆不爲高論，而篤實明白，眞粹然儒者之言。案爵與羅洪先、錢德洪諸人遊，以講學相勖。然德洪等源出姚江，務闡良知之說；爵則以躬行實踐爲先，關西道學之傳，爵實開之。跡其生平，可謂不負所學者。所作詩文，大抵直抒胸臆，雖似傷平易，然有本之言，不由雕繪，其可傳者正不在區區詞采閒矣。

荊川集十二卷（兩淮馬裕家藏本）

明唐順之撰。順之有廣右戰功錄，已著錄。順之學問淵博，留心經濟，自天文、地理、樂律、兵法以至句股、壬奇之術，無不精研。深欲以功名見於世。雖晚年再出，當禦倭之任，不能大有所樹立，其究也仍以文章傳。然考索既深，議論具有根柢，終非井田封建之游談。其文章法度，具見文編一書。所錄上自秦漢以來、而大抵從唐宋門庭沿溯以入。故於秦漢之文、不似李夢陽之割剝字句、描摹面貌。於唐宋之文亦不似茅坤之比擬間架、掉弄機鋒。在有明中葉、屹然為一大宗。至其末年、遁而講學、文格稍變。集中如與王慎中書云、近來將四十年前伎倆、頭頭放捨。四十年前見解、種種抹殺、始得見些影子云云。則薰蒸語錄、與之俱化、分別觀之可矣。其集為無錫安如石所編、王慎中為之序。蓋二人早年論文不合、及其老也、客氣漸盡、乃互相傾挹云。

皇甫少元集二十六卷、外集十卷（江蘇巡撫採進本）

明皇甫涍撰。涍字子安、長洲人。嘉靖壬辰進士。除工部主事。官至浙江按察使僉事。事蹟具明史文苑傳。是集凡賦一卷、詩十九卷、文六卷。又涍沒之後、其子㮙等裒輯賸稾、得詩八卷、賦及雜文二卷、編為外集。古文非涍所刻意、亦不擅場。其詩則憲章漢魏、取材六朝、古體多於近體、五言多於七言。其持論、謂王宋反元習之靡、而不能不病於聲。李何矯一時之弊、而不能不泥其跡。可謂篤論。蓋涍與黃省曾為中表兄弟、早年稟其緒論、亦宗法北地之學。及其造詣既深、乃覺摹擬之失、故其論如此。然其鑒李何之弊、則云詩可無用少陵。取法迪功、則云詩可無用近體。又云七言易弱、恐降格為錢劉。亦頗於懲羹吹齏者矣。王世貞藝苑卮言嘗謂其如輕縑短幅、不堪裁翦。陳子龍明詩選亦謂其無縱橫蕩逸之致。豈非以取徑太狹、故窘於邊幅歟。要其婉麗之詞、綿邈之神、以驂駕昌穀蘇門、固無媿色也。

瑤石山人稾十六卷（浙江汪汝瑮家藏本）

明黎民表撰。民表字維敬、從化人。嘉靖甲午舉人。授翰林院孔目、遷吏部司務。以能文用為制敕房中書。後加官至參議。明史文苑傳附見黃佐傳中。史稱佐弟子多以行業自飭、而梁有譽歐大任及民表詩名最著。朱彝尊靜志居詩話謂民表詩讀之似質悶、而實沈著堅勒。王世貞所取續五子、無愧大小雅材者、僅此一人。是集前有萬歷戊子陳文燭序、稱民表請老以歸、話別三山、曾序其詩。鎮江鍾太守刻焉。又稱民表已下世、其子吏部郎君華裒刻此集、復屬以序。蓋民表詩凡再刻也。其初刻今未見。此刻冠以賦三首、餘皆古近體詩。雖錯采鏤金、而風骨典重、無綺靡塗飾之習。蓋與大倉歷下同源而派稍異、故雖與王道行石星朱多㷆趙用賢同列為續五子、而終非四人所可及也。

南行集四卷、東遊集二卷、北觀集四卷、山中集十卷（浙江汪啟淑家藏本）

明邱雲霄撰。雲霄字凌漢、號止山、崇安人。官柳城縣知縣。南行集四卷、蓋自崇安至省會之作、分建安延津晉安三稾。東遊集二卷、蓋遊處州之作、故二卷皆題曰栝蒼稾。北觀集四卷、乃其入京時所作、自南遊北、故有楚稾越稾吳稾宋稾魯稾齊稾燕稾之分。以上三集、皆有詩而無文。獨山中集詩四卷外、又有文六卷、皆居武夷止止齋時所作也。四集之中、惟南行集編次最早。首有豐熙序云、邱子年方富、而引志在遠。吾見其進、未見其止。當數十年後、乃可論定。其作序之歲、蓋嘉靖十一年甲午也。東遊集無序、不知何時所編。北觀山中二集序皆題曰嘉靖丁未、則最後矣。案朱彝尊明詩綜載雲霄所著名止止齋集。又引徐夢陽評、稱其詩雅澹勁古、景真情得。今讀之信然。要之不肎暗襲前人、異乎七子之派者也。又據雲霄門人李獻忠跋、稱雲霄所著尚有西居集。西居者、殆其官柳城時所作。今諸集俱在、惟闕是集、或藏弆者偶佚歟。

洞麓堂集十卷（江西巡撫採進本）

明尹臺撰。臺字崇基、號舊山、永新人。嘉靖乙未進士。官至南京禮部尚書。明詩綜稱其有洞山集。此作洞麓堂集。考集首鄒元標序、稱洞麓堂稾大宗伯洞山尹公所撰。去公家里許、有奇洞、峯巒卓詭、遂以名堂、且名其稾。然則洞山其號、洞麓則其堂名、實一集也。臺以護持楊繼盛一事、為清議所歸。集中如與羅念菴書、謂近世宗良知家者、心說沸揚、只緣金谿錯認孟子先立乎其大者一語。又極論即心即理之非、謂即實有所得、亦只此心靈覺之妙、蓋非所見之理。釋氏有見於心、無見於性。陸氏之學、大率類是。又謂程子之徒、當時且有失傳。如呂氏游氏、寖入禪學。朱子沒後、勉齋漢卿僅足自守、不再傳盡失其旨。如何王金許、皆潛畔師說、不止草廬一人。其攻擊姚江之學甚力、亦可謂屹然不移。惟集中有祭陸東湖文一首、推其望重朝廷、功盛社稷云云。東湖、陸炳號也。炳名列明史佞倖傳中、與臺殊非氣類。考史稱炳歲入不貲、待權要周旋善類、亦無所吝。世宗數起大獄、炳多所保全。折節士大夫、未嘗搆陷一人。以故朝士多稱之者。臺之假借、或以是故歟。然君子論公義、不論私交。究不免爲白璧之瑕也。集凡文六卷、詩四卷。元標序稱其詩數百首、力推唐雅。制疏書序記銘狀表數百篇、出入漢宋、闡繹名理、不屑綺語。雖鄉曲之詞、例皆溢美。今核其所作、尙不盡誣云。

張莊僖文集五卷、浙江巡撫採進本

明張永明撰。永明字鍾誠、烏程人。嘉靖乙未進士。官至刑部尙書、改左都御史。謚莊僖。事蹟具明史本傳。是編原分六集、以禮樂射御書數爲目、蓋編次者之陋。禮集爲誥命祭文贊誄碑誌之類。樂集射集皆南垣諫草、爲南京給事中時所作。御集書集爲中州疏略及部院彈奏事。數集爲家訓語錄雜著詩文、附外紀二篇、則去思碑贈序也。其文平實質樸、不尙雕華、而多有用之言。其爲給事中時劾嚴嵩交通郭勛、朋比漁利、聞者震悚。爲河南巡撫時、伊王典楧肆虐一方、勢橫甚、所司稍撓之、輒中以酖、莫敢誰何。永明亦抗疏劾之、卒伸國法。其風節有足多者。則發爲文章、固與無物之言異矣。永明人自可傳、不以贈言爲重。今削去禮集及外紀、編爲五卷云。

具茨集五卷、補遺一卷、文集八卷、補遺一卷、附錄一卷、遺稾一卷、江蘇巡撫採進本

明王立道撰。立道字懋中、無錫人。嘉靖乙未進士。官翰林院編修。其詩雖微嫌婉弱、而沖容淡宕、不爲奇險之語、猶有中唐錢劉之遺。文則縱橫自喜、頗於眉山爲近。其論文書有云、兵無常形、以正勝者什九。文無常體、以奇善者什一。盤誥之文則六經之什一耳。效而似者猶未可爲常、而況其萬不類也哉。其言深中當時北地諸人摹倣周秦之弊。卽其所爲文可識矣。原目列詩集五卷、文集七卷、附錄一卷。今詩集之末復載補遺附錄二十餘首。文集七卷之後亦增論表等十餘篇爲一卷、載於附錄之前。而附錄後又別載遺稾一卷。蓋其後人掇拾續刊、零星增入、故書與目不相應耳。

青霞集十一卷、年譜一卷、浙江巡撫採進本

明沈鍊撰。鍊字純甫、會稽人。嘉靖戊戌進士。除溧陽知縣。後官錦衣衞經歷。疏論俺荅請貢事、並劾嚴嵩。廷杖謫戍。復爲嵩黨路順搆入蔚州妖人閻浩案中、棄市。天下冤之。隆慶初、贈光祿寺少卿。天啟初、追謚忠愍。事蹟具明史本傳。是編本文三卷、賦一卷、詩三卷、論草兵說尺牘四卷、合十一卷。自十二卷至十六卷則年譜事紀祠記。前有茅坤序及鍊子襄刻集紀原。襄言方鍊被禍時、籍其家、燬其著述。又榜禁毋許藏匿副本。是編蓋襄所口誦而心記者。然人子卽能讀父書、不應字句無譌至十一卷之夥。此必別有藏本、不欲實言之耳。其文章勁健有氣。詩亦鬱勃磊落、肖其爲人。以詞藻論、雖不及鈐山堂集之工。然嵩集至使天下不欲讀、當時爲作集序者如湛若水諸人、至以爲文章之玷。而誦鍊集者至今肅然起敬。此則流芳遺臭、視所自爲、人心是非之公、有不知然而然者矣。今錄其原本集十一卷、而以年譜一卷附之。至鍊之事蹟、彰彰史冊、日月爭光、不假後人之表章。其贊記諸作則槩從刪薙焉。

滄溟集三十卷、附錄一卷、山東巡撫採進本

明李攀龍撰。攀龍有詩學事類、已著錄。是集凡詩十四卷、文十六卷、附錄誌傳表誄之文一卷。明代文章、自前後七子而大變。前七子以李夢陽爲冠、何景明附翼之。後七子以攀龍爲冠、王世貞應和之。後攀龍先逝、而世貞名位日昌、聲氣日廣、著述日富、壇坫遂躋攀龍上。然尊北地、排長沙、續前七子之焰者、攀龍實首倡也。殷士儋作攀龍墓誌、稱文自西漢以來、詩自天寶以下、若爲其毫素污者、輒不忍爲。故所作一字一句、摹擬古人。驟然讀之、斑駁陸離、如見秦漢間人。高華偉麗、如見開元天寶間人也。至萬歷間、公安袁宏道兄弟始以贗古詆之。天啟中、臨川艾南英排之尤力。今觀其集、古樂府割剝字句、誠不免剽竊之譏。諸體詩亦亮節較多、微情差少。雜文更有意詰屈其詞、塗飾其字、誠不免如諸家所譏。然攀龍資地本高、記誦亦博。其才力富健、凌轢一時、實有不可磨滅者。汰其膚廓、擷其英華、固亦豪傑之士。譽者過情、毀者亦太甚矣。

山海漫談三卷、附錄二卷、山西巡撫採進本

明任環撰。環字應乾、號復菴、長治人。嘉靖甲辰進士。歷任廣平、沙河、滑縣三縣知縣、遷蘇州府同知。以禦倭功、擢按察司僉事、整飭蘇松二府兵備道。進山東右參政。事蹟附見明史曹邦輔傳。是集爲乾隆丁丑其鄉人庚璵所刻。凡文二卷、詩詞一卷。其後兩卷則所附諭祭文本傳墓誌及諸家題詠

詩文也。環禦倭頗著奇績，當時皆以爲賞薄不足酬勞。其遺集久散佚，其子孫搜求輯錄，所得不及十之一。仍名曰山海漫談，從其初也。其文旣得諸殘燬之餘，故有見即收，不暇銓擇，多潦草應酬之作。然就其存者論之，古文皆嶄嶄有筆力，且高簡有法度。其中如蘇門雙節記、重修白雲茅屋記、重修文廟祭器記、啟明山先生書，雖不免參雜俗格，至於送蕭西泉朱蒲西二序、德風亭滑縣行館二記、與王南崖荅王東臺二書，皆絕非明人文集以時文爲古文者。雖置之作者間可也。詩如槎泛星河秋作客、劍橫滄海夜談兵之類，亦間有可觀，而冗俗者多。則其後人編次失於刪汰之過。然環之爲人無媿忠孝，亦不以韻語繩之矣。

楊忠愍集三卷附錄一卷（直隸總督採進本）

明楊繼盛撰。繼盛字仲芳，號椒山，容城人。嘉靖丁未進士，官至兵部武選司員外郎。以疏劾嚴嵩，爲所搆陷棄市。後追贈太常寺卿，諡忠愍。事蹟具明史本傳。繼盛本以經濟氣節自許，不屑屑於文字。後人重其人品，掇拾成編，仰蒙

世祖章皇帝御製序文，表其忠藎，一經褒予，曠世猶生，故雖朽蠹陳編，彌深寶惜。此本乃康熙間蕭山章鈺所校，凡奏疏一卷，雜文一卷，詩一卷，行狀碑記別爲一卷附焉。其論馬市劾嚴嵩二疏，史傳限於體裁，僅存大略。集本乃其全文，披肝瀝膽，伉直之氣如生。自作年譜一篇，學問人品，具見本末，尤史傳所不能詳。遺囑一篇，作於臨命前一夕，墨迹至今世守。倉卒之際，數千言無一字塗乙，尤足見其所養。詞雖質樸，而忠孝之意油然，尤足以感動百世。惟年譜中自記從韓邦奇學樂律，夜夢虞舜一事，頗涉怪異。然繼盛非妄語者，蓋覃思之極，緣心搆象。世說載衛玠以夢問樂廣，廣云是想。管子曰，思之思之，鬼神通之。固亦理之所有。昔吳與弼作日錄，自稱夢見孔子，人疑其僞。繼盛此語，頗與相類。明以來無疑之者，此則繫乎其人，有不待口舌爭者矣。

弇州山人四部稾一百七十四卷續稾二百七卷（兩江總督採進本）

明王世貞撰。世貞有弇山堂別集，已著錄。此乃所著別集。其曰四部者，賦部、詩部、文部、說部也。正稾說部凡七種，曰劄記內篇，曰劄記外篇，曰左逸，曰短長，曰藝苑卮言，曰卮言附錄，曰宛委餘篇，皆世貞爲鄖陽巡撫時所自刊。續稾但有賦詩文三部，而無說部，則世貞致仕之後，手裒晚歲之作，以授其少子士騏，至崇禎中其孫始刊之。考自古文集之富，未有過於世貞者。其摹秦仿漢，與七子門徑相同，而博綜典籍，諳習掌故，則後七子不及，前七子亦不及，無論廣續諸子也。惟其早年自命太高，求名太急，虛憍恃氣，持論遂至一偏。又負其淵博，或不暇檢點，貽議者口實。故其盛也，推尊之者徧天下；及其衰也，攻擊之者亦徧天下。平心而論，自李夢陽之說出，而學者剽竊班馬李杜；自世貞之集出，學者遂剽竊世貞。故艾南英天傭子集有曰，後生小子不必讀書，不必作文，但架上有前後四部稾，每遇應酬，頃刻裁割，便可成篇。驟讀之無不濃麗鮮華，絢爛奪目，細案之，一腐套耳云云。其指陳流弊，可謂切矣。然世貞才學富贍，規模終大，譬諸五都列肆，百貨具陳，眞僞駢羅，良楛淆雜，而名材瓌寶，亦未嘗不錯出其中。知末流之失可矣，以末流之失而盡廢世貞之集，則非通論也。

讀書後八卷（浙江巡撫採進本）

明王世貞撰。此書本止四卷，爲世貞四部稾及續稾所未載，遂至散佚。其姪士驌得殘本於賣餳者，乃錄而刊之，名曰附集。後吳江許恭又採四部稾中書後之文爲一卷，續稾中讀佛經之文爲一卷，讀道經之文爲二卷，併爲八卷，重刻之，而陳繼儒爲之序，稱其如呂氏讀書記、晁氏讀書志。案晁公武讀書志每書皆詳其卷數撰人，以及源流本末，世貞此書則九十五篇之中，爲跋尾者四十二，爲史論者五十三，而四十二篇之中，又皆議論之文，無一考證之語，與晁氏書南轅北轍。繼儒殆未見郡齋讀書志，而偶聞其名，妄以意揣度之，謂亦如此書之跋尾耳。書影記世貞初不喜蘇文，晚乃嗜之，臨沒之時，牀頭尚有蘇文一部。今觀是編，往往與蘇軾辨難，而其文反覆條暢，亦皆類軾。無復摹秦仿漢之習。又其跋李東陽樂府與歸有光集陳獻章集，均心平氣和，與其生平持論不同。而東陽樂府敘中自稱余作藝苑卮言時，年未四十，方與于鱗輩是古非今，此長彼短，未爲定論，至於戲學世說，比擬形似，旣不切當，又傷儇薄，行世已久，不能復祕，姑隨事改正，勿令多誤後人而已云云。然則此書爲晚年進境，以少許勝多許矣。其

第五卷爲四部稾中題跋二十五篇。其中如讀亢倉子、不知爲王士元所作、則未考孟浩然集序。讀三墳、以爲劉炫作、則未考隋書經籍志。讀元命苞一篇所言乃衞元嵩之元包、尤爲荒謬。則猶早年盛氣、不及檢校之作。許恭摭續此編、毋乃非世貞意歟。以原刻所有、姑竝存之。至是編雜論古書而究爲雜著、非目錄之比。無類可附、今仍著錄集部焉。

方麓集十六卷（兩淮馬裕家藏本）

明王樵撰。樵有周易私記、已著錄。其集凡有二本。一爲文九卷、老子解一卷、詩一卷。一卽此本、凡詩文十四卷、又戊申筆記一卷、紫薇堂劄記一卷。較初本頗爲完備。樵研思著述、於易書春秋及四書皆有解詁。江南通志稱其性素簡默、至談經則娓娓不倦、故文章具有根柢。又通志述樵之言曰、士大夫以留心案牘爲俗吏、文墨詩酒爲風雅。夫飽食官祿、受成吏胥、謂之風雅可乎。故其文章頗切實際、非模山範水、嘲風弄月之詞。其詩雖不能自闢門徑、而沖和恬澹、要亦不失雅音。蓋當七子爭馳之日、尤能守成宏先正之典型焉。

存家詩稾八卷（山東巡撫採進本）

明楊巍撰。巍字伯謙、號夢山、海豐人。嘉靖丁未進士。累官吏部尚書。贈少保。事蹟具明史本傳。巍歷中外、居官有能聲。自跋稱幼習舉子業、不知詩。至嘉靖乙卯、補晉臬提舉曹忭始導之爲詩。歸田後、與山人呂時臣相倡和、得詩六百餘篇、屬邢侗鄒觀光評騭而存之。蓋其中歲學詩、與唐高適相類。而天分超卓、自然拔俗、故能不染埃𡏖、獨發清音。王士禎池北偶談稱其五言簡古得陶體、爲明人所少。又舉其前年覩我山中病、落日獨騎驄馬來、記得任家亭子上、連翹花發共銜杯一絕。蓋其神韻清雋、與士禎論詩宗旨相近、故尤賞之。然其他高曠簡古之作、尚復不少、固與當時嘈雜之音相去遠矣。士禎嘗選訂其詩爲三卷、屬謝重輝刻之。今未之見。此卽鄒觀光刪定之本、猶全集也。

海壑吟稾十一卷（山東巡撫採進本）

明趙完璧撰。完璧字全卿、號雲壑、晚號海壑、膠州人。由歲貢生官至鞏昌府通判。是集詩五卷、文五卷。其第一卷爲目錄、入之卷數、蓋唐以前例、經典釋文尚然也。王三錫序其詩集、謂嘉靖間筮官司城、抗職忤權姦、與楊椒山公同厄。案集中北司獄中七言律二首序云、嘉靖甲寅秋、曹檄捕豪校、某因獲罪東湖翁、劾執坐死、賴元老科臺之力、僅復瓦全云云。東湖者、陸炳別號也。時炳爲錦衣衞都督、與嚴嵩表裏爲姦、其勢張甚。完璧以指揮末秩、能與之抗。其獄中與楊繼盛倡和諸詩、有辛苦不妨淹日月、授書喜有漢良臣等句。繼盛死西市、完璧作楊烈婦詞以哀之、有小雅怨誹之遺、可謂志節之士矣。其詩多觸事起興、吐屬天然、絕無叫囂怒張之態、亦與有明末造矯激取名者有殊。徒以名位未高、史不立傳、遂幾於湮沒不彰。僅賴此集之存、猶得略見其始末、亦足見正直之氣有不得而銷蝕者矣。

伐檀齋集十二卷（浙江孫仰曾家藏本）

明張元凱撰。元凱字左虞、吳縣人。以世職爲蘇州衞指揮。再督漕北上、自免歸。少受毛氏詩、折節讀書、寄情詩酒。王世貞嘗序其詩、比之於沈慶之曹景宗。及元凱沒後、世貞曝書、得其行卷、自歎知之未盡、復作詩以酹之。今竝載四部稾中。其詩大抵推陳出新、不襲窠臼。而風骨遒上、伉壯自喜。每淵淵有金石聲。所作西苑宮詞、靜志居詩話謂其高出世貞之上。他如北遊諸律、亦多不失矩矱。蓋其才華本富、又脫屣名利、胸次曠夷、故當瑯琊歷下之派盛行、而能不囿於風氣、宜世貞之心折不置矣。

備忘集十卷（兩淮馬裕家藏本）

明海瑞撰。瑞有元祐黨人碑考、已著錄。案明史藝文志載海瑞文集七卷。國朝廣東鹽運使故城賈棠與邱濬集合刻者、止六卷。是編載瑞所行條式申參之文、較爲全備。乃康熙中瑞六代孫廷芳重編。原跋云、共一十二卷、分爲十冊。今考此本冊數與跋相合。然每冊止一卷、實止十卷。較原跋尚闕二卷、未喻其故也。瑞生平學問、以剛爲主、故自號剛峯。其入都會試時、卽上平黎疏。爲戶部主事時、上治安疏、戇直無隱、觸世宗怒、下詔獄。然世宗覆閱其疏、亦感動太息、至擬之於比干。後巡撫應天、銳意興革、裁抑豪強、惟以利民除害爲事。而矯枉過直、或不免一偏。如集中畢戰問井地論、力以井田爲可行。謂天下治安、必由於此。蓋但覩明代隱匿兼井之弊、激爲此說、而不自知其不可通。然其孤忠介節、實人所難能。故平日雖不以文名、而所作勁氣直達、偘偘而談、有凜然不可犯之槩。當嘉隆間士風頹薾之際、切墨引繩、振頑醒聵、誠亦救時之藥石。滌穢解結、非大黃芒硝不能取效、未可以其峻利疑也。

石洞集十八卷、安徽巡撫採進本

明葉春及撰。春及字化甫、歸善人。嘉靖壬子舉人。官至戶部郎中。事蹟附見明史艾穆傳。是編首載應詔書五篇、共一卷。史所謂授福清教諭、上書陳時政、纚纚三萬言者是也。次載惠安政書十二篇、其官惠安知縣時作、共五卷。次公牘二卷。次志論二卷、爲所修府縣志書之論、用鄂州小集例也。次詩二卷。其第十九卷目錄作崇文榷書、而註一闕字。其曾孫綸跋語謂此書奉旨所刊、版藏部署、不得而見、蓋有錄無書者也。春及爲學宗陳獻章、治績爲當時第一。艾穆官四川巡撫時、春及爲賓州知州、嘗舉以自代。所著政書、井然有條。朱彝尊稱其詩宗杜陵、不落程邵門戶、故音節亦殊清亮。文章差近平直、而亦明暢。惟作令時符帖具載不遺、頗傷叢碎。至其在郎署時因遣使至日本、遂上言請多方購求古文尚書。是又誤信歐陽修日本刀歌、不核事實者矣。

宗子相集十五卷、兩淮馬裕家藏本

明宗臣撰。臣字子相、揚州興化人。嘉靖庚戌進士。除刑部主事、移吏部文選司、進稽勳司員外郎。以賻楊繼盛、忤嚴嵩、出爲福建參議。遷提學副使、卒於官。年僅三十有六。明史文苑傳附載李攀龍傳中。蓋攀龍、徐中行、吳國倫、梁有譽及臣有前五子之稱也。朱彝尊明詩綜稱臣所著有方城集、而此本實題宗子相集、其卷目與明史藝文志相合。王世貞志臣墓、稱其寢瘵疾、亟門人稍次生平著述凡十餘卷梓之。則其集乃臣未沒時所訂定也。臣嘗與吳國倫論詩不勝、歸而精思累日月、卒能卓然成家、爲嘉靖七子之一。其詩跌宕俊逸、頗能取法青蓮。而意境未深、閒傷淺俗。靜志居詩話謂使其不遇王、李、充之不難與昌穀、蘇門伯仲。自入七子之社、漸染習氣、日以窘弱、最可惋惜。所言誠切中其病。然天才婉秀、吐屬風流、究無剽剟塡砌之習、本質猶未盡漓也。惟竹閒諸篇、體近纖仄、未免汩沒於時趨耳。至其西門、西征諸記、指陳時弊、反覆詳明。蓋臣官閩中時、禦倭具有方略、故言之親切如是、是又不可以文字論矣。

衡廬精舍藏稾三十卷、續稾十一卷、江西巡撫採進本

明胡直撰。直有胡子衡齊、已著錄。是集爲其門人郭子章所刻。凡賦一卷、樂府一卷、古近體詩四卷、文十九卷、雜著四卷。又續集詩賦一卷、文十卷、不知何人所編。卷首盛才賦下註少作二字、殆其後人取初集簡汰之餘、與晚年未刻之作裒爲一帙也。直家泰和、東距衡山不千里、北距廬山亦不千里、故取二山之名名其書室、因以名集。直初從歐陽德游、又從羅洪先游、其學一以姚江爲宗。故所作胡子衡齊八卷、大抵闡明心學。然明儒學案稱其少駘宕、好攻古文詞、年二十六始講學。故其文章頗雅健有格、無鈔撮語錄之習。又其宗旨謂釋氏主於出世、故其學止於明心、明心則雖照乎天地萬物、而終歸於無有。儒者主於經世、故其學在於盡心、盡心則能察乎天地萬物、而常處於有。故其文章亦頗篤實近理、未至王學末流之誕放。至於雜著諸篇、如設罝獵人之類、詆諆薄俗、未免少傷忠厚。直初見歐陽德時、德病其疾惡太嚴、一切憤憤不平、是已先失仁體。殆亦其夙見未融、故嬉笑怒罵、不覺言之過歟。

薜荔園集四卷、福建巡撫採進本

明佘翔撰。翔字宗漢、號鳳臺、莆田人。嘉靖戊午舉人。官全椒縣知縣。與巡按御史牴牾、投劾棄官去、放遊山水以終。其詩以雄麗高峭爲宗、聲調氣格、頗近七子。故王世貞贈詩云、十八娘紅產荔支、蠣螃舌嫩比西施。更教何物誇三絕、爲有佘郎七字詩。屠隆作傳、亦稱閩產足珍貴者不獨荔支西施舌。蓋即指此。然人品頗高、故詩有清致、不全爲七子之膚廓、未可全斥之也。傳稱所著有薜荔園詩、佘宗漢稾、遊梁新編、金陵紀遊文。考翔遊蹤所經、至大梁、金陵爲最後、今集中俱已載及。則合而編之、仍以薜荔園詩名也。明詩綜不著其名、殆僅存鈔本、流傳尚少歟。

郭鯤溟集四卷、江蘇巡撫採進本

明郭諫臣撰。諫臣字子忠、長洲人。嘉靖壬戌進士。官至江西布政司參政。罷歸後起鄖陽巡撫、未上而卒。初、諫臣爲袁州推官時、憤嚴嵩父子亂政、乃密籍嚴世蕃姦逆不道事、因御史林潤上之。世蕃遂伏法。及轉吏部主事、遷員外郎、數上書論列時事、語多切直、遂與張居正忤、乃有江西之命。甫三

月卽自劾歸。其生平伉直，不愧其名與字。而其詩乃婉約閒雅，有范成大、陸游之遺。雖十首以外，不免語意略同，如高仲武之論劉長卿者。然當太倉、歷下主持壇坫之時，能毅然自爲，不隨風氣，亦足見其孤介矣。是集爲其子元望所編。凡詩六百七十一首，又附奏疏二篇。集中無與王世貞倡和詩。故世貞作序，謂交久而幾失之，復稱其詞咸調暢清麗，句穩而字安，不落蹊徑，而近體尤颯颯可詠。蓋亦重其爲人，不以門戸之異爲嫌也。世貞謂其詩可千餘首，此集不知誰所刊定，其亦出世貞之手歟。

亦玉堂稾十卷（浙江巡撫採進本）

明沈鯉撰。鯉有文雅社約，已著錄。鯉常輯其詩文爲亦玉堂稾十卷，續稾八卷。明末版燬不存。王士禎古夫于亭雜錄載其家有鯉正續兩集，三復其文，歎其經術湛深，議論正大。然士禎沒後，池北書庫所藏散佚皆盡，今亦未見其本。此本乃康熙庚午劉榛裒輯殘闕所重刊，集中有文無詩，蓋已非原稾之舊矣。鯉在神宗時，立朝伉直，稱爲名臣。晚入政府，毅然特立，與沈一貫相齟齬。一貫借妖書事以傾之，幾至不免。然天下知爲正人也。雖沮於姦邪，不獲盡究其用，而集中所載如諫止礦稅一疏，實國脈民生之所繫，其功甚偉。他如議復建文年號，改景帝實錄，停取麒麟，請竝封恭妃，請宥議禮諸臣，以及正文體，阻秦王服內請封，釋詔獄官犯諸事，皆關朝廷大體，知無不言。至於封還成命，不憚再三，削牘以冀一悟，惓惓款款惻怛之意，至今猶可想見之。文章之工拙，抑其末矣。惟亦玉堂之名頗不可解。推求其意，蓋鯉嘗爲翰林掌院學士，歸里之後，欲以廊廟山林視爲一致，若曰此亦玉堂云爾。然考沈括夢溪筆談，稱唐翰林院在禁中，乃人主燕居之所。玉堂、承明、金鑾殿皆在其間，則玉堂乃宮殿之名，非私家所可稱。鯉蓋考之未審也。

溫恭毅公集三十卷（江蘇巡撫採進本）

明溫純撰。純字希文，三原人。嘉靖乙丑進士，官至左都御史，諡恭毅。事蹟具明史本傳。純在隆、萬之際，正色立朝，初忤張居正，罷官。再起，又與中使爭礦稅，卒以忤沈一貫致仕，可謂毅然自立，不負君國。雖厄於羣小，無一日安於其位，而日久論定，究稱名臣。其奏疏皆切中情事，字句或失之太質，而明白曉暢，易於觀覽，蓋期於指陳利弊，初不以文字爲工。其他序記銘傳諸體，則多雅飭可誦。詩凡八卷，大抵沿溯七子之派，而稍失之麤。尺牘五卷，亦多關時政。末一卷爲理學六十一則，皆論學語錄。大旨以程朱爲本，不宗姚江，而亦不甚駁姚江。蓋純一生惟以國是爲己任，所爭者不在此也。言以人重，其此集之謂歟。

震川文集三十卷別集十卷（通行本）

明歸有光撰。有光有易經淵旨，已著錄。是編爲其曾孫莊所訂。首經解，終祭文，凡二十四體。別集首論策，終古今體詩，凡十有一體。初，太倉王世貞傳北地、信陽之說，以秦漢之文倡率天下，無不靡然從風，相與剽剟古人，求附壇坫。有光獨抱唐宋諸家遺集，與二三弟子講授於荒江老屋之間，毅然與之抗衡。至詆世貞爲庸妄巨子。世貞初亦牴牾，迨於晚年，乃始心折。故其題有光遺像贊曰：風行水上，渙爲文章。風定波息，與水相忘。千載惟公，繼韓歐陽。余豈異趨，久而自傷。蓋所持者正，雖以世貞之高名盛氣，終無以奪之。自明季以來，學者知由韓、柳、歐、蘇沿洄以溯秦漢者，有光實有力焉。不但以制藝雄一代也。文集舊本有二，一爲其族弟道傳所刻，凡二十卷，爲常熟本。一爲其子子祜、子寧所刻，凡三十二卷，爲崑山本。去取多不相同。莊以家藏鈔本互相校勘，又補入未刻之文，彙爲全集，刻於

國朝康熙閒。前有王崇簡、徐乾學二序，莊自作凡例。極言舊刻本之謬，詆斥不遺餘力。然考汪琬堯峰文集有與莊書二篇，又反覆論其改竄之非，至著爲歸文辨誣以攻之，是莊所輯亦未爲盡善。然舊本文多漏略，得莊掇拾散佚，差爲完備。既別無善本，姑從而錄之。有光詩格殊不見長，汪琬乃爲作箋註，王士禎頗以爲譏。今未見傳本，殆當時衆論不與，卽格不行歟。

四溟集十卷（浙江汪汝瑮家藏本）

明謝榛撰。榛字茂秦，臨清人。事蹟具明史文苑傳。榛早工詞曲，年十六作樂府商調，少年爭歌之。已而折節讀書，刻意爲詩。李攀龍、王世貞輩結詩社，推榛爲長。及攀龍名盛，榛與論生平，頗相刻責。攀龍輩遂怒相排擯，削其名於七子、五子之列。然當結社之始，尚論有唐諸家，定稱詩三要，皆自榛發。諸人實心師其言也。後薄游諸藩邸，竝爲上客。雖

終於布衣。而聲價重一代。趙康王至輟侍姬以贈之。如姜夔小紅故事。其救盧柟一事。尤見氣誼。攀龍送榛西遊詩所謂明時抱病風塵下。短褐論交天地間者。頗肖其實。其詩亦不失為作者。七子交口詆訶。乃一時恩怨之詞。固不足據為定論矣。是編刻於萬曆壬子。乃臨清州知州盛以進得趙邸舊本。重為補訂。又以榛所撰詩家直說二卷。附於卷首。案榛詩足以傳。而論詩之語則多迂謬。今惟錄此集。其詩家直說則別存目於詩文評焉。

蠛蠓集五卷。禮部尚書曹秀先家藏本

明盧柟撰。柟字少楩。濬縣人。以貲為國子監生。負才忤縣令。令誣以殺人。榜掠論死。淹繫數年。臨清謝榛走京師為稱冤。適縣令已罷。平湖陸光祖代之。乃平反其獄。得不死。明史文苑傳附載於榛傳中。是集為嘉靖癸卯柟所自編。凡雜文二卷。賦一卷。詩二卷。前有自序。稱蠛蠓者。醯雞也。取其潔於自奉。介於自守。不如蚊蚋之侵祴彊嘬。又以事繫獄。類蠛蠓之阸蛓吭懼蛛網。振其音而唶唶者。故以名集。史稱其騷賦最為王世貞所稱。詩亦豪放如其為人。今觀其集。雖生當嘉隆之閒。王李之焰方熾。而一意往還。眞氣坌涌。絕不染鉤棘塗飾之習。蓋其人光明磊落。藐玩一時。不與七子爭聲名。故亦不隨七子學步趨。然而榛救之。世貞稱之。柟反因是重於世。亦可謂毅然自立。無所依附者矣。

少室山房類藁一百二十卷。安徽巡撫採進本

明胡應麟撰。應麟有筆叢。已著錄。應麟藉王世貞以得名。與李維楨屠隆魏允中趙用賢稱末五子。所作詩藪。類皆附合世貞藝苑卮言。後之詆七子者。遂并應麟而斥之。考七子之派。肇自正德。而衰於萬曆之季。橫踞海內百有餘年。其中一二主盟者雖為天下所攻擊。體無完膚。而其集終不可磨滅。非惟天姿絕異。籠罩諸家。亦由其學問淹通。足以濟其桀驁。故根柢深固。雖敗而不至亡也。末俗承流。空疎不學。不能如王李剽劉秦漢。乃從而剽掇王李。黃金白雪。萬口一音。一時依附門牆。假借聲價。亦得號為名士。時移事易。轉瞬為覆瓿之用。固其所矣。應麟雖仰承餘派。沿襲頹波。而記誦淹通。實在隆萬諸家上。故所作蕪雜之內。尚具菁華。錄此一家。亦足以為讀書者勸也。是編前有王世貞所撰石羊生傳。稱應麟有寓燕還越計偕巖棲臥游抱膝二洞兩都蘭陰畸園諸集。凡二十餘卷。朱彝尊明詩綜所載。別有邯鄲華陽養疴婁江白榆湖上青霞等集。而無三洞畸園之名。蓋應麟在日。諸集皆隨作隨刻。別本單行。世貞彝尊各據所見。故名有異同。此集為萬曆戊午金華通判歙縣江湛然所刊。乃其合編之本也。

穀城山館詩集二十卷。山東巡撫採進本

明于愼行撰。愼行有讀史漫錄。已著錄。愼行於李攀龍為鄉人。而不沿歷城之學。其論古樂府曰。唐人不為古樂府。是知古樂府也。不效其體而特假其名以達所欲言。近世一二名家。至乃逐句形模。以追遺響。則唐人所吐棄矣。其論五言古詩曰。魏晉之於五言。豈非神化。學之則迂矣。何者。意象空洞。樸而不敢琱。軌塗整嚴。制而不敢騁。少則難變。多則易窮。若原本性靈。極命物態。洪纖明滅。畢究精蘊。唐詎無五言古詩哉。其生平宗旨。可以槩見。然其詩典雅和平。自饒清韻。又不似竟陵公安之學。務反前規。橫開旁徑。逞聰明而偭古法。其矯枉而不過直。抑尤難也。

宗伯集十卷。浙江孫仰曾家藏本

明孫繼臯撰。繼臯字以德。無錫人。萬曆甲戌進士第一。官至吏部侍郎。當陳太后梓宮發引時。神宗稱疾不肯送。繼臯疏爭忤旨。及三殿災。大臣自陳皆慰留。獨繼臯致仕去。後追贈禮部尚書。此編題曰宗伯集。從所贈官也。凡雜文九卷。詩一卷。第二卷末有其子源文跋語。稱其父生平不敢自居於名。以故諫草都焚。篋中只存辭疏十八。又求得其三。其留中者無從覓藁。卽其他著述亦多不存。今所刻碑銘誌傳之文。皆源文雜得之其子若孫暨朽練敗扇與行於世者云云。故集中所錄。多應制及酬贈之作。然當繼臯之時。士習佻而文體亦弊。七子之風未艾。三袁之焰方新。或棘句鉤章。或矜奇弔詭。操觚者出此入彼。大抵隨波而靡。繼臯詩文獨雍容恬雅。有承平臺閣之遺風。亦可謂不移於俗矣。

臨臯文集四卷。江西巡撫採進本

明楊寅秋撰。寅秋字義叔。號臨臯。廬陵人。萬曆甲戌進士。官至廣西按察司副使左江兵備道。其為貴州參議。平答千苗之亂。遷雲南副使。平土夷嘗應春斬之。為廣西副使。克五山。綏安南定府江。竝賜金加秩。及征楊應龍。命為左監軍。離安楊之黨。

卒平播亂。其經濟有足取者。其文章在當時不著名。是集千頃堂書目亦不著錄。則明末傳本已稀。故談藝家罕所稱述。然寅秋爲楊士奇之裔孫。故家典型流風餘韻。猶有存者。故所作大抵和平典雅。有明初前輩之風。奏議尤委曲盡致。其五山紀略、平播條議等篇。於邊略亦多裨益。非徒託之空言者也。

淡然軒集八卷 浙江孫仰曾家藏本

明余繼登撰。繼登有典故紀聞。已著錄。是集分奏疏二卷、序記三卷、誌銘及雜文二卷、詩一卷。繼登卒後。其友人馮琦序而刻之。繼登當神宗朝。以災異屢見。上疏極陳一切誅求開採之害民者。又請神宗躬郊廟、冊元子、停礦稅、撤中使。時將討播州楊應龍。因請罷四川礦稅以佐兵食。復上言近者天地人皆不和。怨毒凝結。臣子不能感動君父。故天以非常之變警悟陛下。不可恬不爲意云云。語皆切中時弊。其疏具載此集中。詩文則應酬之作。未免失於刊削。然大抵平正淳實。無萬歷中佻薄之習。亦尚不失典型。明史馮琦傳稱。時士大夫多崇釋氏教。士子作文。每竊其緒言。鄙棄傳註。前尚書余繼登奏請禁約。則所學之根柢可知也。

涇皐藏稾二十二卷 浙江孫仰曾家藏本

明顧憲成撰。憲成有小心齋劄記。已著錄。明末東林聲氣傾動四方。君子小人互相搏擊。置君國而爭門戶。馴至於宗社淪胥。猶蔓延詬爭而未已。春秋責備賢者。推原禍本。不能不遺恨於清流。憲成其始事者也。考憲成與高攀龍初不過一二人相聚講學。以砥礪節槩爲事。迨其後標榜日甚。攀附漸多。遂致流品混淆。上者或不免於好名。其下者遂至依託門牆。假借羽翼。用以快恩讐而爭進取。非特不得比於宋之道學。併不得希蹤於漢之黨錮。故論者謂攻東林者多小人。而東林不必皆君子。亦公評也。足見聚徒立說。其流弊不可勝窮。非儒者闇修之正軌矣。惟憲成持身端潔。恬於名利。且立朝大節。多有可觀。其論說亦頗醇正。未嘗挾私見以亂是非。尚非後來依草附木者比。故姑錄其集。并論其末流之失。以示炯戒焉。

小辨齋偶存八卷附事定錄三卷 兩江總督採進本

明顧允成撰。允成字季時。無錫人。憲成弟也。萬歷丙戌進士。官禮部主事。謫光州州判。事蹟具明史本傳。允成於癸未舉會試。丙戌始殿試。以對策攻嬖倖。抑置末第。今集中以是篇爲冠。次爲救海瑞疏。次爲爭三王竝封疏。次爲代翟從先論救李材及擬上惟此四字編二疏。沈思孝作允成墓誌。稱其以論救趙南星謫官。而集無此疏。疑傳寫佚也。次劄記。次說義。則允成自光州歸田後。與憲成講學東林所作。次爲書簡雜文。次爲吾與吟。則所作詩凡七十首。末附事定錄三卷。爲沈思孝所爲墓誌銘、高存之所爲行狀及憲成所爲行述。允成文皆論詩講學之語。書簡居十之九。直抒胸臆。不事修飾。詩爲擊壤集派。亦不入格。然大節凛然。其對策奏疏。皆眞氣流溢。發於忠愛之誠。其不朽千古者。固在此不在彼也。

高子遺書十二卷附錄一卷 浙江巡撫採進本

明高攀龍撰。攀龍有周易易簡說。已著錄。攀龍出趙南星之門。淵源有自。其學以格物爲先。兼取朱陸兩家之長。操履篤實。粹然一出於正。初自輯其語錄文章爲就正錄。後其門人嘉善陳龍正編爲此集。凡分十二類。一曰語。二曰劄記。三曰經說辨贊。四曰備儀。五曰語錄。六曰詩。七曰疏揭問。八曰書。九曰序。十曰碑傳記譜訓。十一曰誌表狀祭文。十二曰題跋雜書。附錄誌狀年譜一卷。其講學之語。類多切近篤實。闡發周密。詩意冲澹。文格清遒。亦均無明末纖詭之習。蓋攀龍雖亦聚徒講學。不免漸染於風尚。然嚴氣正性。卓然自立。實非標榜門戶之流。故立朝大節。不愧古人。發爲文章。亦不事詞藻。而品格自高。此眞之所以異於僞歟。

馮少墟集二十二卷 江蘇巡撫採進本

明馮從吾撰。從吾有元儒考略。已著錄。其集初刻止於萬歷壬子。此本乃其次子嘉年益以癸丑以後至天啓辛酉作。類序重刻。自卷一至卷十二皆語錄。卷十三至卷十八皆詩文。卷十九至卷二十爲族譜家乘。卷二十一至卷二十二爲關學編。蓋生平著作。彙於此集。其中講學之作。主於明理。論事之作。主於達意。不復以辭采爲工。然有物之言。篤實切明。雖字句閒涉俚俗。固不以弇陋譏也。惟其與朱童蒙爭論首善書院講學一疏。稱宋之不競。以禁講學故。非以講學故也。先臣守仁當兵事倥偬。不廢講學。卒成大功。此臣之所以不恤毀譽而爲此也。又郭允厚、郭興治等劾鄒元標、從吾。又上疏力爭。稱京師講學。昔已有之云云。其詭頗爲固執。夫士大夫自甲科通籍、於聖賢大義、不患不知。顧實踐何如耳、不在乎聚而講也。維古極盛之治、有皐夔稷契。亦越小康之世、有房杜王魏韓范富歐陽。亦何嘗招百司執事、環坐而談心性哉。無故而舍其職司、呼朋引類。使其中為君子者、授人以攻擊之隙。為小人者、借此為攀附之途。黨禍之興、未必非賢者開門而揖盜也。至於謂宋之不競由禁講學、尤為牽合。考宋之黨禁、始於寧宗慶元二年八月、弛於嘉泰二年二月、中間不過六七年耳。至於寶慶以後、周程張邵、竝從祀孔子廟庭。紫陽東萊之流、竝邀褒贈。理宗得謚為理、實由於是。蓋道學大盛者四五十年、而宋乃亡焉。史傳具存、可以覆案、安得以德祐之禍、歸咎於慶元之禁乎。從吾初為御史、拒絕閹人、劾罷胡汝寧、禁大計苞苴。又上疏諫神宗不親政事、幾遘危禍。後廷議三案、亦持正不阿。卓然不愧為名臣。惟此兩疏、意雖善而未計其流弊。故附糾其失、俾來者無惑焉。

石隱園藏稾八卷、山東巡撫採進本

明畢自嚴撰。自嚴字景曾、淄川人。萬歷壬辰進士。官至戶部尚書。事蹟具明史本傳。方自嚴總國計時、外則遼藩連兵、封疆巳蹙、而軍餉日增。內則東林奄黨、水火紛呶、閧然置社稷而爭門戶。自嚴支拄其閒、前後六年。綜覈敏練、為天下所推。孫廷銓為作墓誌、稱其有石隱藏稾八卷、奏議一百三十六卷。其奏議今未見。獨此集存、凡詩一卷、文七卷。前有高珩序、稱其官戶部時、於天下大計、朗朗於胸、屈指兵食款目、如觀掌果。軍輿旁午、中旨日數十下、即刻奏成手中。不似後來者止署紙尾、令司署具稾。每入署、輿後置書二寸餘。日晡事竣、必讀書。漏下數刻乃歸。鄴侯、劉晏遂抽最貴之簟、實古來僅事。又稱其七言近體分滄溟華泉之座。又作第二序、擬其文於韓蘇、擬其四六於徐庾。雖鄉曲之言、未免稍溢。而以經濟兼文章、則自嚴要不愧也。珩所稱雲閒條議十則、冀寧大閱十則、災祲救議十三則、今皆不見集中。意其在奏議一百三十六卷中歟。

仰節堂集十四卷、山西巡撫採進本

明曹于汴撰。于汴有共發編、已著錄。是集文十一卷、詩三卷。前有高攀龍馮從吾序、于汴嘗從二人講學故也。攀龍序謂其文足以定羣囂、明學術。詩足以暢天機、流性蘊。從吾序謂其非沾沾以文章名家、而操觚自豪之士、無不退避三舍。于汴亦嘗為從吾作理學文鵠序曰、關中少墟馮先生、輯諸大家舉子藝百數十首、以式多士、命曰理學文鵠。不命以舉業、而曰理學、何也。見理學舉業之非二也云云。故于汴之詩文、亦在理學舉業之閒、或似語錄、或似八比。蓋平生制行高潔、立朝風節凜然、震耀一世。遠者大者、志固有在、原不以筆札見長。從吾序所謂非沾沾以文章名家者、為得其實。觀是集者、謂之文以人重可矣。集初刻於首善書院。甲申版燬於兵。康熙癸卯初、其外孫景望蘧購得殘本、其門人呂崇烈鳩鄉人醵金重刊、崇烈為之序。序末一私印曰從貞子游、聽南皐少墟講。少墟即從吾、貞子即于汴、南皐者鄒元標也。明季風氣以講學宗派相高、故崇烈以是自標云。

願學集八卷、兩江總督採進本

明鄒元標撰。元標字爾瞻、別號南皐、吉水人。萬歷辛丑進士。官至左都御史。謚忠介。事蹟具明史本傳。元標有祭諸儒文、自稱甲戌聞道。蓋是時年方弱冠、即從泰和胡直遊也。其學亦陽明支派、而規矩準繩持之甚嚴、不墮二王流弊。初刻有太平山房集、後重訂為此本。凡詩一卷、文七卷。其鄉人龍遇奇巡視淮鹽時為之鋟版、序者無慮十數人、雜題萬歷丁未庚戌甲寅己未等年。考元標起用在天啟壬戌。此集刻於己未以前、故所載無非講學之語。而後來奏議等乃別行云。

劉蕺山集十七卷、國子監助教張羲年家藏本

明劉宗周撰。宗周有周易古文鈔、已著錄。講學之風、至明季而極盛、亦至明季而極弊。姚江一派、自王畿傳周汝登、汝登傳陶望齡陶奭齡、無不提唱禪機、恣為高論。奭齡至以因果立說、全失儒家之本旨。宗周雖源出良知、而能以慎獨為宗、以敦行為本。臨沒猶以誠敬誨弟子、其學問特為篤實。東林一派、始以務為名高、繼乃釀成朋黨。小人君子、雜糅難分。門戶之禍、延及朝廷。馴至於宗社淪亡、勢猶未已。宗周雖亦周旋其閒、而持躬剛正、憂國如家、不染植黨爭雄之習。立朝之日雖少、所陳奏如除詔獄、汰新餉、招無罪之流亡、恩義拊循以收天下泮渙之人心、還內廷掃除之職、正儒帥失律之誅諸疏、皆切中當時利弊。一阨於魏忠賢、再阨於溫體仁、終阨於馬士英。而薑桂之性、介然不改。

卒以首陽一餓日月爭光在有明末葉可稱皦皦完人非依草附木之流所可同日語矣是集爲乾隆壬申副都御史雷鋐所刊冠以人譜學言諸書至第八卷乃爲奏疏然諸書本自別行且宗周所著亦不止於此摘錄數種殊爲挂漏今竝刪除惟以奏疏以下十七卷勒爲一編而他書則仍別著錄焉

學古緒言二十五卷（副都御史黃登賢家藏本）

明婁堅撰堅字子柔長洲人隆慶閒貢生早從歸有光游明史文苑傳附載有光傳中稱其與唐時升程嘉燧號練川三老又與時升嘉燧及李流芳號嘉定四先生然嘉燧以依附錢謙益得名本非端士核其所作與三人如蒹葭倚玉未可同稱三人之中時升流芳雖均得有光之傳而能融會師說以成一家言者又當以堅爲冠蓋明之末造太倉歷下餘焰猶張公安竟陵新聲屢變文章衰敝莫甚斯時堅以鄉曲儒生獨能支拄頹瀾延古文之一脈其文沿溯八家而不勦襲其面貌和平安雅能以眞樸勝人亦可謂永嘉之末得聞正始之音矣王士禎居易錄嘗稱其長慶集序以爲眞古文今觀是集大抵具有古法不但是篇士禎特偶舉其一也

檀園集十二卷（安徽巡撫採進本）

明李流芳撰流芳字長蘅嘉定人萬歷丙午舉人三上公車不第因魏忠賢亂政遂絕意進取築檀園讀書其中明史文苑傳附見唐時升傳中是編凡古今體詩六卷雜文四卷題畫跋二卷雖才地稍弱不能與其鄉歸有光等抗衡而當天啟崇禎之時竟陵之盛氣方新歷下之餘波未絕流芳容與其閒獨恪守先正之典型步步趨趨詞歸雅潔二百餘年之中斯亦晚秀矣謝三賓刻嘉定四先生集時流芳尚存三賓詒視其疾索所作因盡出平生詩文手自芟薙以成斯集三賓爲作序文亦感慨悽動三賓字象三鄞縣人天啟乙丑進士後官巡按御史守萊州頗著勞績掖縣毛霦平叛記載之最詳云

忠介燼餘集三卷（兩江總督採進本）

明周順昌撰順昌字景文號蓼洲吳縣人萬歷癸丑進士官至吏部文選司郎中以忤魏忠賢爲所羅織逮治拷掠殺之於獄崇禎初追謚忠介事蹟具明史本傳初順昌被逮時篋衍著作頗多倉卒閒爲友人投火滅迹後其子茂蘭遇片紙隻字必摹而勒之石至其孫靖復從戚友家搜錄成集故名燼餘凡三卷一卷爲紀事公移二卷爲尺牘三卷爲雜文及詩而以尋聲譜附焉尋聲譜者當萬歷乙卯順昌在閩中常以詩扇寄鹿善繼其後扇失而詩猶爲馬潔所記憶崇禎甲戌莘縣與潔暨孫奇逢輩錄而爲譜

國朝康熙閒奇逢門人湯斌巡撫江蘇以譜貽靖附刻集後詳見靖跋語中順昌氣節蓋世本不以文章見長且收拾於灰滅之餘大抵案牘簿領隨手酬應之文非所經意然其隱憂國事崇尚名檢忠憤激發之氣時流露於楮墨閒尚足以廉頑立懦區區題扇一詩異代且珍重傳之則是集什一僅存固未可聽其湮沒矣

范文忠集十二卷（直隸總督採進本）

明范景文撰景文有大臣譜已著錄所著詩文有味元堂疏稿思仁堂存稿玉靜閣存稿且園存稿澗園存稿餐冰齋詩稿諸目其子毓秀及其甥王孫錫等合編以爲此集景文爲莊烈帝所知入閣未五十日而都城淪破卒能從容蹈義大節炳然至生平歷官所至亦多引繩切墨持正不阿史稱其在文選時值魏忠賢魏廣微中外用事景文同鄉不一詣其門亦不附東林孤立行義而已是其丰裁峻厲而不肯矯激以驚名在明季尤爲希覯今觀集中攝銓副銓諸稿所載奏議大抵剴切詳明切中時弊而撫豫出鎭等稿所載諸疏於興利除害之方規畫不遺餘力雖遭時艱棘弗獲盡用而經世之才實可具見其崖略是又不獨以義烈見重矣

幔亭詩集十五卷（福建巡撫採進本）

明徐熥撰熥字惟和閩縣人萬歷戊午舉人負才淹蹇肆力詩歌大抵圭臬唐人而不爲剽襲飣餖之學卷首有張獻翼序稱其調非偏長體必兼擅力追古則盡滌時趨又謝肇淛五雜俎謂其才情聲調足以伯仲高季迪微嫌古體不及朱彝尊靜志居詩話亦謂其七言絕原本王江寧多情至語審閱是集固非盡出標榜當明季詩道冗雜如熥者亦可謂蟬蛻穢濁矣王世懋藝圃擷餘論閩中詩人推鄭善夫爲冠熥生平喜稱善夫而卒年僅三十九與善夫正同亦頗可異明史文苑傳稱閩

中詩文自林鴻高棅後、閱百餘年、鄭善夫繼之。迨萬歷中年、曹學佺徐𤊹輩繼起、謝肇淛鄧原岳和之、風雅復振。不及於𤊹、惟𤊹傳中附見其名。然𤊹以博學稱、亦復工文。𤊹以詞采著、亦未嘗無學。二人固未易優劣也。

孫白谷集六卷　江蘇巡撫採進本

明孫傳庭撰。傳庭有鑒勞錄、已著錄。史載崇禎十一年、李自成自蜀還走陝西、傳庭扼諸澄城、分兵五道擊之、降其驍將混天星過天星等。朝廷恃以爲屏蔽。十六年出師潼關、降其僞將四天王李養純、擒其僞果毅將軍謝君友。自成懼、謀降、賊幾盡滅。乃以中旨督戰、値霖雨七日、餉絕軍亂致敗、遂歿於陣。今證以集中澄城報捷諸奏疏、委曲詳盡、一一相符。惟史載崇禎十二年正月戊辰、劉宇亮孫傳庭會師十八萬於晉州、不敢進。考集中官軍苦戰疏內稱解眞定之圍、救濟南之陷、出口之役又率所統鎭將官兵戮力合戰。事皆在正月戊辰之後。又恭聽處分兼瀝血忱疏內歷舉正月二十七日臣勉欲先發兵馳東安扼擊、而督察不從。二十九日臣勉發曹變蛟楊國柱等兵先往、次早復約督察同往、或臣獨往、而督察又力阻云云。督察乃劉宇亮也。據此、則兵集不敢進、其責全在宇亮。傳庭特爲所牽掣、故本紀連書之耳。是亦足資考證也。此集自一卷至三卷爲奏疏、卷四爲雜著、卷五爲詩、卷六爲內傳外傳。奏疏載自崇禎十年七月二十日起至十二年六月十二日止。其於十五年復起救開封、至十六年奏疏、併佚不載。殆傳庭殉難、全家俱歿。其十五年以後稾本、或俱失於兵火歟。

集玉山房稾十卷　山東巡撫採進本

明葛昕撰。昕字幼明、號龍池、德平人。官尙寶司卿。昕以蔭起家、初除都督府都事。揚武侯薛鋹以貧故、幾不得襲。昕力排羣議、始得襲封。尋遷工部屯田司郎中、議裁惜薪司炭額百餘萬。又汰廠司內官五百六十一人。禍幾不測。然連三疏爭之、竟如議。又爭戚畹鄭福藍請卹典、雖不允行、天下壯之。其風節頗侃侃不阿。其他文亦疎爽駿快、無婞婀齷齪之氣、肖其爲人。惟贈孔劒峯一序、似乎溺於左道、不類昕之所爲。然昕不得其父母遺像、孔以術追寫如生、故喜極而譽之、發於孝子之心、不自知其言之失、猶可以曲諒者也。是集爲其子如龍等所編。凡疏一卷、贊語一卷、詩一卷、誌狀一卷、記錄跋一卷、啟一卷、書二卷、祭文一卷。

宋布衣集三卷　直隸總督採進本

明宋登春撰。登春字應元、新河人。少能詩善畫。年二十餘、即棄家遠游、足迹幾遍天下。晚乃依其兄子居江陵之天鵝池、因自號鵝池生。徐學謨爲荆州守、深敬禮之。後學謨以尙書致政歸、登春訪之吳中。買舟浮錢塘、徑躍入江水以死。邢侗來禽館集有弔宋叟詩序、稱登春嘗語侗、君視宋登春豈杉柏四周中人。其生平立志如此。蓋亦狂誕之士也。其詩本名鵝池集、文名燕石集。學謨嘗刻之荆州。此編爲康熙乙丑王培益所刊、始併詩文爲一集。登春文章簡質、可匹盧柟蠛蠓集、而奇古之趣勝之。其論詩先性情而後文詞、故所作平易自然、而頗乏深意。然五言頗淡遠可誦。朱彝尊靜志居詩話以賈島李洞爲比、亦庶幾擬於其倫矣。

忠肅集三卷　江蘇巡撫採進本

明盧象昇撰。象昇字建斗、宜興人。天啟壬戌進士。官至兵部尚書。崇禎戊寅、大兵下鉅鹿、象昇督師戰敗、歿於陣。乾隆四十一年賜謚忠肅。事蹟具明史本傳。象昇奏疏凡六集、其姪孫豪然嘗彙刻別行、今未之見。此則其詩文集也。初刻於康熙戊辰、爲其幼子天駁孫聲諧所編。萬錦雯序之。後其曾孫安節又搜羅遺墨、補葺此本。第一卷爲詩三十五首、詩餘八首、傳一首、墓誌一首。詩餘末一首爲七夕歌、蓋古詩誤編。實得詩三十六首、詩餘七首也。第二卷爲記一首、書二十七首。第三卷爲明史列傳、年譜、世表。詩文皆有註、不著姓名。觀所註鹿善繼傳、言及楊嗣昌死事、則非象昇自註矣。其年譜之註、題四世孫師儉作。此註殆亦出其手歟。象昇年二十三登第、洎年二十九即戰鬬於流寇之間、死時年僅三十九。蓋未暇專力文藝、故詩古文多不入格。然讀其軍中家書尺牘、忠孝悱惻、使人感動。無意爲文而能文者莫加焉。雖謂之載道之文可也。楊嗣昌媢嫉怙權、擠象昇以至於死、嗣昌卒亦身敗名裂。其子所作孤兒籲天錄、雖巧辨百端、公論卒不可掩。藏書家亦多不肎收錄。而象昇遺集至今留天地間、錄而存之、亦聖朝敦崇風教、扶植綱常之義也。舊本題曰忠烈集、蓋用明福王時舊謚。今旣蒙

特典褒榮光垂千古謹改題所
賜新謚昭表章之至意焉

倪文貞集十七卷續編三卷奏疏十二卷講編四卷詩集四卷浙江汪汝瑮家藏本

明倪元璐撰元璐有兒易內外儀已著錄初元璐官翰林時掌外制之詞文章典雅爲館閣所宗其門人爲刻代言選六卷長洲文震孟序之崇禎丙子以國子監祭酒歸里哀輯所作名曰鴻寶應本華亭陳子龍序之壬午起官兵部侍郎明年擢戶部尚書時事已亟不復作應制文字聞取舊刻重爲刊定付其子會鼎庋藏之乾隆壬辰其元孫安世復編次重刻即此本也元璐少師鄒元標長從劉宗周黃道周遊均以古人相期許而尤留心於經濟故其擘畫設施鉤考兵食皆可見諸施行非經生空談浮議者可比其詩文雖不脫北地弇州之舊格至其奏疏則詳明剴切多軍國大計興亡治亂之所關尤爲當世所推重然當天崇之時君子小人雜遝竝進元黃水火恩怨相尋大抵置君國而爭門戶元璐獨持論侃侃中立不阿故齟齬不得大用及壞亂已極始見委任而已無所措其手僅以身殉國以忠烈傳於世而已此世所以重其人彌重其文也詩集頗多散佚如聞朝鮮墮一城七言律詩一首同衆友范姬集白下避暑湖亭七言古詩一首又律句黃花古戍春難到枯樹嚴關鴈不過薺石魏公偏斌媚輕煙呂相不糊塗等句皆載在施男筇竹杖中集中俱未收入蓋偶未見男書歟

凌忠介集六卷浙江汪汝瑮家藏本

明凌義渠撰義渠有湘煙錄已著錄義渠少以制義知名清新婉約極爲世所傳誦服官後以清操直節受知莊烈帝於文章不甚留意此集凡詩四卷文二卷乃其友徐汧門人姜垓所校定中間不載奏疏一門故平生建白如爲給事中時請原三河知縣劉煒責償餉銀疏論亂民焚掠巨室疏論大臣箝制言路疏論中樞不職疏預策江東叛亂及請陽撫陰勦諸疏皆其風采之卓卓者今竝不見於本集則編次時亦不免有所脫遺然如兵餉議清慎勤論諸篇剛毅自立之象凜然猶可槩見其崇化論有云能爲逢比者視碎首濺血仍無異於退食委蛇能爲申生伯奇者視抱石雉經仍無異於問安視膳蓋生平立志如此卒之見危授命克踐其言固與口孔孟而行蹻跖者區以別矣

茅簷集八卷浙江巡撫採進本

明魏學洢撰學洢字子敬嘉善人給事中大中長子也大中忤閹被逮學洢微服變姓名匿定興鹿善繼家籌計營救不得柩歸之後竟以毀卒世稱忠臣孝子萃於一門事蹟附見明史大中傳諸書所載亦大槩相近然學洢尚有老母而爲無益之死或頗疑其過中今觀集中與潘茂莊書曰追比方始洢將就浙獄矣又辭里中父老書曰目今公差來捉旦夕將死家門傾覆無復可言然則大中沒後所謂坐受楊鎬熊廷弼賄三千三百兩者所司仍追呼於家學洢積憂積瘁於前積痛於後又重以閹黨之威虐數者交迫乃無生理非眞徒以一瞑不視蹈滅性之戒故學洢之孝在於大中被禍之日竭力殫心蹈危履險出萬死以冀一生今誦其與人諸書至性惻怛足以感天地而動鬼神而錢士升等作序惟欲以隕身殉父稱之遂諱其追逮之事淺之乎知學洢矣其集一刊於錢棻棻大中門人也再刊於其弟學濂是爲今本學濂頹其家聲論者不能以大中之故曲爲寬假然益見學洢之不朽由所自立不由於父蔭也

申忠愍詩集六卷直隸總督採進本

明申佳允撰佳允字孔嘉永平人崇禎辛未進士官至太僕寺丞甲申殉流寇之難
世祖章皇帝賜謚忠愍事蹟具明史本傳佳允爲杞縣知縣時死守孤城卒擊破流寇掃地王其經濟有足稱者官考功時以舉劾公正忤溫體仁降謫及官寺丞方出巡牧場而李自成圍京師勢可避匿或勸之弗入佳允流涕曰固知京師必不守然吾君在焉安危共之何所逃避卒以甲申三月十二日崎嶇還京十九日死於國難其氣節亦震耀千古是集爲其子涵光所編卷首有家傳稱其於詩好稱李夢陽何景明今觀所作與何李頗不相似大抵直抒胸臆如其爲人但體格尚未成就且不免浸淫明末纖仄之習然凜然剛正之氣足使後人起敬不敢復以詩格繩之言以人重烏可沒也舊本首載孟津王鐸序不著年月核其所述蓋作於崇禎初佳允官杞縣時後人重刻此集仍錄以冠首然鐸何如人乃操筆弁冕佳允詩今特削之俾無爲佳允辱焉

陶菴全集二十二卷（浙江巡撫採進本）

明黃淳耀撰。淳耀有山左筆談，已著錄。淳耀湛深經術，刻意學古，所作科舉之文，精深純粹，一掃明季剽募詭怪之習。而平日力敦古義，尤能以躬行實踐爲務，毅然不爲榮利所撓。如吾師自監諸錄，皆其早年所訂論學之語，趨向極其醇正，而平易可近，絕無黨同伐異之風，足以見其所得之遠。文章和平溫厚，矩矱先民。詩亦渾雅天成，絕無儒響。於王李鍾譚餘派，去之惟恐若浼，可謂蟜然拔俗。卒之致命成仁，垂芳百世，卓然不愧其生平，可以知立言之有本矣。集爲其門人陸元輔所輯，見於明史者十五卷。此本爲文七卷，文補遺一卷，詩八卷，詩補遺一卷，吾師錄一卷，自監錄四卷，共二十二卷，乃後人續加增輯以行者也。

欽定四庫全書總目卷一百七十二

欽定四庫全書總目卷一百七十三

集部二十六

別集類二十六

聖祖仁皇帝御製文集一百七十六卷

謹案

聖祖仁皇帝御製詩文，篇章繁富，前後共分四集，以次成編。自康熙二十二年癸亥以前爲初集，於時方戡定九㝢，削平三㜸，而念勤訪落，化著觀文。運籌決勝之餘，寓志藝林，所存尙四十卷。自康熙三十六年丁丑以前爲二集，於時靈臺偃伯，九譯旅來，保泰持盈，勵精宵旰，萬幾餘暇，矢詠卷阿，十四年中，復積盈五十卷。自康熙五十年辛卯以前爲三集，於時四瀛不波，五緯咸若，驩心胥洽，佾命重申，堯衢時游，舜歌賡作，珥筆而錄奎章者，十四年中又積盈五十卷，皆大學士張英等所恭編也。至五十一年壬辰以後，六十一年壬寅以前，承平熙皡，悚牗松雲，壽考康寧，愈游心於翰墨，而八伯徵歌之日，正百年服教之初。我世宗憲皇帝嗣踐皇圖，始命和碩莊親王允祿編爲四集三十六卷，通一百七十六卷，合爲一編，迄今流布鴻都，尊藏冊府。萬方傳誦，藉以仰窺聖學之萬一，至於乾規坤矩，不可測以方圓，月采日華，不可圖以藻繪，非惟仰鑽所莫罄，抑亦歌頌所難名，惟有循環雒誦，尊若六經而已，莫能更贊一詞也。別有御製詩集二十八卷，乃高士奇等所校刊，恭檢篇目，皆已編入文集，次第亦無所更易，故今未敢復繕，惟附著分合之緣起，俾來茲有考焉。

世宗憲皇帝御製文集三十卷

謹案

世宗憲皇帝御製文集凡文二十卷，詩十卷。文分十三體，詩則前七卷曰雍邸集，皆康熙壬寅以前作，後三卷曰四宜堂集，則御極以後作也。欽惟世宗憲皇帝神資天授，聖孝性成，當聖祖仁皇帝時，景命先歸，九齡預與，承眷顧者獨深，故問視宮闈，殆無虛日，而晨昏餘暇，復覃精圖籍，硏悅文章，汲古之勤，爲儒生之所不及。迨乎握符合契，應運龍飛。宵旰勵精，心營四海。紫宮之所規畫，黼座之所咨詢者，天下臣庶，雖不能一一悉窺，至於硃批諭旨三百六十卷，上諭內閣至一百五十九卷，上諭八旗及上諭旗務議覆、諭行旗務議奏至四十八卷，則剞劂棃棗，共見共聞，仰計十三年中，罔無日不親御丹毫，疇咨庶政，而寄情翰墨，遂炳然與典誥雅頌輝映後先，蓋體恊健行，心懷無逸，精明强固之氣，舉措萬化而有餘，故旁涉詞章，尚足以陶鑄百氏，如元化運轉，時行物生，而二曜五緯三垣列宿，自然成在天之文也，豈非攝提合雒以來，超軼三五之至聖哉。

御製樂善堂文集定本三十卷，

乾隆二十三年，協辦大學士戶部尚書蔣溥等奉敕重編，欽惟我皇上聖聰夙擅，道岸先登，學海詞源，苞涵富有，昔當睿養，卽擅生知，雍正庚戌之秋，嘗訂樂善堂文鈔十四卷，乾隆丁巳，取文鈔所載存十之三，益以雍正乙卯以前續著十之七，彙爲樂善堂文集，頒示海內，詞林藝圃，弦誦相聞，至是以初刻卷帙稍繁，復指授溥等，校閱刪定，併省去制義一卷，定爲此本。伏考今之制義，即宋之經義也，劉安節等皆載入別集。呂祖謙選宋文鑑，亦載入總集，初刻兼錄制義，蓋沿古例，而我皇上區分體裁，昭垂矩矱，俾共知古文今文之分。睿鑒精深，逾安節祖謙等之所見，不啻萬倍。又考周必大所校歐陽修集，多至一百五十三卷，而修自定居士集原本乃至五十卷，文獻通考引葉適之言，稱其每篇閱至數十過，有累日去取未決者，所撰集古錄跋尾，集本視眞跡亦多所追改，我皇上奎章藻耀，籠括古今，逾修亦何啻萬倍，而釐定舊製，必審必精，聖意之謹嚴，乃與修相近。天懷沖挹，亢亙古之所無矣。易曰日新之謂盛德，又曰日進無疆，臣等伏讀斯編，仰見謙抑之淵衷，信聖壽彌高而聖學彌進，良有由也。

御製文初集三十卷，二集四十四卷，

謹案御製文初集三十卷，凡五百七十餘篇，爲十九門，二集四十四卷，凡四百一十餘篇，爲二十三門，各以歲月爲次，皆萬幾餘暇，親御丹素所成，其誥敕碑記之屬，詞臣恭擬代言者不與焉。伏考三古以來，帝王著作，散見諸子百家者，大抵有韻之語爲多。如黃帝巾机銘、唐堯神人暢、虞舜南風詩、卿雲歌、禹玉牒詞、湯鑄鼎繇以及武王丹書之戒、成王紫庭之操，古籍所傳，不可縷舉，皆詩之類也。其以文傳者則殊不多見，呂覽記神農之教，鬻子記顓頊以下修政之語，（案諸語今本鬻子不載，見賈誼新書所引）或出追記，或出依託，未必親所撰錄也。兩漢以後，諸帝王惟梁武帝有詩賦集，又有文集，其餘亦無有專以文傳者，然武帝文集不過十卷，未爲甚富，且六朝輕豔之詞，亦未能闡聖賢之奧，媲典謨之體也。惟我皇上心契道源，學蒐文海，題詠繁富，亙古所無，而古體散文亦迥超藝苑，凡闡明義理之作，多濂洛關閩所未窺，考證辨訂之篇，多馬鄭孔賈所未及，明政體之得失，則義深乎訓誥，示世教之勸懲，則理準乎春秋，至於體裁盡善，華實酌中，則賈董崔蔡以還，韓柳歐曾以上，號爲作者，無不包羅，豈特列朝帝王之所無，臣等上下千年，編摩四庫，所謂詞壇巨擘者，屈指而計，亦孰能希聖製之萬一哉。

御製詩初集四十八卷，二集一百卷，三集一百十二卷，四集一百十二卷，

謹案御製詩集三百七十二卷，皆合古今體詩編年爲次，已刻者凡四集，自乾隆元年丙辰至乾隆十二年丁卯，計詩四千一百五十餘首，編爲初集四十四卷，目錄四卷，自乾隆十三年戊辰至乾隆二十四年己卯，計詩八千四百七十餘首，編爲二集九十四卷，目錄六卷，並大學士蔣溥所校刊，自乾隆二十五年庚辰至乾隆三十六年辛

卯計詩一萬一千六百二十餘首編爲三集一百卷目錄十二卷則大學士于敏中所校刊自乾隆三十七年壬辰至乾隆四十八年癸卯計詩九千七百餘首編爲四集一百卷目錄十二卷則協辦大學士尚書梁國治侍郎董誥所校刊也統合三萬三千九百五十餘首甲辰以後未剞劂宣布者尚不知其數焉自今以往億萬斯年更不知其數焉自古吟詠之富未有過於我
皇上者蓋自
撫臨六寓
宰制萬幾勤民莅政之餘
紫殿
凝神別無嗜好惟以
觀書乙夜怡性怡情是以
聖學通微
睿思契妙
天機所到造化生心如雲霞之麗天變化不窮而形容意態無一相複如江河之紀地流行不息而波瀾湍折無一相同如二氣之育物生化不已而耳目口鼻無一相類故從心所欲動合自然
染翰聲成頃刻輒數十首侍臣授簡吮墨沈思
前韻未賡
新題已作
丹毫宣示日以爲常四十八年之中卷帙如是之浩博職是故也若夫有舉必書可以注
起居隨事寓教可以觀政事
聖人之德
聖人之功與
聖人之心無不可伏讀而見之尤獨探尼山删定之旨非雕章繪句者所知矣考帝王有集始於漢武帝然止二卷魏晉至唐御撰詩文惟唐高宗大帝集多至八十六卷今所存者亦大抵皆纂組之詞其於
聖製固猶培塿之望華嵩至王應麟玉海載宋太宗御集三百卷眞宗御集亦三百卷仁宗御集一百卷觀其目錄皆湊合雜纂書籍以充卷帙其數既已不確又惟眞宗集稱鏤版然宋人書目皆不著錄是未宣布也太宗仁宗集則並藏於禁中不以示人宋人詩話說部所稱述者太宗詩僅傳二首眞宗詩僅傳七首仁宗僅傳二首亦不甚工豈如
御製諸集開雕摹印昭布寰瀛文采煥於星漢苞涵富於山海爲有目所共睹也哉

梅村集四十卷通行本

國朝吳偉業撰偉業有綏寇紀略已著錄此集凡詩十八卷詩餘二卷文二十卷其少作大抵才華豔發吐納風流有藻思綺合淸麗芊眠之致及乎遭逢喪亂閱歷興亡激楚蒼涼風骨彌爲遒上暮年蕭瑟論者以庾信方之其中歌行一體尤所擅長格律本乎四傑而情韻爲深敘述類乎香山而風華爲勝韻協宮商感均頑豔一時尤稱絶調其流播詞林仰邀
睿賞非偶然也至於以其餘技度曲倚聲亦復接跡屯田嗣音淮海王士禛詩稱白髮塡詞吳祭酒亦非虛美惟古文每參以儷偶既異齊梁又非唐宋殊乖正格黃宗羲嘗稱梅村集中張南垣柳敬亭二傳張言其藝而合於道柳言其參寧南軍事比之魯仲連之排難解紛此等處皆失輕重爲倒却文章家架子其糾彈頗當蓋詞人之作散文猶道學之作韻語雖強爲學步本質終存也然少陵詩冠千古而無韻之文率不可讀人各有能有不能固不必一一求全矣

湯子遺書十卷附錄一卷河南巡撫採進本

國朝湯斌撰斌有洛學編已著錄斌在
國初與陸隴其俱號醇儒隴其之學篤守程朱其攻擊陸王不遺餘力斌之學源出容城孫奇逢其根柢在姚江而能持新安金谿之平大旨主於刻勵實行以講求實用無王學杳冥放蕩之弊故二人異趣而同歸今集中所載語錄可以見其所得力又斌雖平生講學而康熙己未
召試實以詞科入翰林故集中詩賦雜文亦皆彬彬典雅無村塾鄙俚之氣至其奏議諸篇規畫周密條析詳明尤昭昭在人耳目者矣蓋其著述之富雖不及陸隴其而有體有用則斌尤通達於治體云

兼濟堂文集二十卷直隸總督採進本

國朝魏裔介撰裔介有孝經註義已著錄是編奏疏三卷序六卷書牘二卷傳誌二卷祭文論二卷雜著二卷樂府古今體詩三卷附年譜一卷其平生著述刻於江南者有兼濟堂集十四卷刻於荆南者有兼濟堂集二十四卷刻於京師者有文選二集上下二編崑林小品上下二編崑林外集一編奏疏尺牘存餘七卷其刻於林下者有文選十卷崐舫近草五卷詩集七卷樗林三筆五卷此集乃詹明章裒輯諸本删汰繁冗合刊爲一編者也裔

介立朝，頗著風節。其所陳奏，多關國家大體。詩文醇雅，亦不失爲儒者之言。雖不以詞章名一世，而以介於國初作者之閒，固無忝焉。

學餘堂文集二十八卷、詩集五十卷、外集二卷、（江蘇周厚堉家藏本）

國朝施閏章撰。閏章有矩齋雜記，已著錄。王士禎選感舊、山木二集，所錄閏章詩最多。又取其五言近體八十二聯，爲摘句圖，見所撰池北偶談中。閏章嘗語士禎門人洪昇曰：爾師詩如華嚴樓閣，彈指即見。吾詩如作室者，瓴甓木石，一一就平地築起。士禎亦記於居易錄。平心而論，士禎詩自然高妙，固非閏章所及。而末學沿其餘波，多成虛響。以講學譬之，王所造如陸，施所造如朱。陸天分獨高，自能超悟，非拘守繩墨者所及。朱則篤實操修，由積學而漸進。然陸學惟陸能爲之，楊簡以下，一傳而爲禪矣。朱學數傳以後，尚有典型。則虛悟實修之別也。閏章所論，或亦微有所諷，寓規於頌歟。其蠖齋詩話有曰：山谷言近世少年，不肯深治經史，徒取給於詩，故致遠則泥。此最爲詩人鍼砭。詩如其人，不可不慎。浮華者浪子，叫號者粗人，窘瘠者淺，癡肥者俗。風雲月露，鋪張滿眼，識者見之，直一葉空紙耳。故曰君子以言有物。觀其持論，其宗旨可見矣。古文亦摹仿歐、曾，不失矩度。然視其詩品，則少亞。魏禧爲作集序，乃置其詩而盛許其文，非篤論也。外集二卷，一爲硯林拾遺，乃奉使廣東時記所見端溪石品。一爲試院冰淵，則歷年典試序文及條約，今附存之。又有別集四卷，其二卷爲蠖齋詩話，二卷爲矩齋雜記。詩話別擇未精，瑕瑜參半。雜記頗涉神怪，尤爲小說家言。今析出別存其目，茲不具錄焉。

忠貞集十卷、（浙江巡撫採進本）

國朝范承謨撰。承謨字覲公，號螺山，鑲黃旗漢軍。大學士文程子也。初充侍衞。順治辛卯詔八旗子弟均得應試，遂以是科中式舉人。次年壬辰成進士，改庶吉士，授宏文院編修。官至浙閩總督。康熙壬子，逆藩耿精忠叛，承謨抗節死。賜諡忠貞。所作畫壁詩，石門吳震方嘗刻之說鈴中，爲世傳誦。是編乃其全集，爲湻苑劉可書所編。首御製碑文，諭祭文，御題祠額，附以家傳及祠堂記，共爲一卷。次撫浙奏議一卷。次督閩奏議一卷。次吾廬存稾一卷。次百苦吟一卷。次畫壁遺稾一卷。次雜著一卷。次附錄題跋哀挽詩文三卷。康熙五十七年，其子時崇以畫壁遺稾進呈，聖祖仁皇帝親製序文，褒揚忠烈。宸章下賁，光逮幽泉。今謹敬錄冠集端，用示我國家扶植綱常、風勵臣節之至意。至承謨所上奏議，大都明白敷暢，多有關國計之言。詩文直抒胸臆，慷慨激昂，嚼齦裂眥之狀，至今猶可以想見。文以人重，承謨之謂矣。

林蕙堂集二十六卷、（浙江巡撫採進本）

國朝吳綺撰。綺有嶺南風物記，已著錄。王方岐作綺小傳，稱所著有亭皐集、藝香詞、林蕙堂文集諸編。綺沒之後，其子壽潛蒐訪遺稾，合而編之。此本一卷至十二卷爲四六，即所謂林蕙堂集也。十三卷至二十二卷爲詩，即所謂亭皐集也。二十三卷至二十五卷爲詩餘，即所謂藝香詞也。二十六卷則以所作南曲附焉。國初以四六名者，推綺及宜興陳維崧二人，均原出徐、庾。維崧泛濫於初唐四傑，以雄博見長。綺則出入於樊南諸集，以秀逸擅勝。章藻功與友人論四六書曰：吳園次班香宋豔，援僅短兵。陳其年陸海潘江，末猶強弩。其論頗公。然異曲同工，未易定其甲乙。其詩才華富豔，襛香在玉溪、樊川之閒。詩餘亦頗擅名，有紅豆詞人之號。以所作有把酒囑東風，種出雙紅豆句也。所作院本，如嘯秋風、繡平原之類，當時多被管絃，以各有別本單行，故僅以散曲九闋綴之集末。統而觀之，鴻篇鉅製，固未足抗跡古人，而跌宕風流，亦可謂一時才士矣。

精華錄十卷、（山東巡撫採進本）

國朝王士禎撰。士禎有古懽錄，已著錄。其詩初刻有落牋堂集，皆少作也。又有阮亭詩及過江入吳白門前後諸集，後刪併爲漁洋前集，而諸集皆佚。嗣有漁洋續集、蠶尾集、續集、後集、南海集、雍益集諸刻。是編又刪掇諸集，合爲一帙，相傳士禎所手定。其子啟汧跋語稱門人曹禾、盛符升仿任淵山谷精華錄之例，鈔爲此錄者，蓋託詞也。士禎談詩，大抵源出嚴羽，以神韻爲宗。其在揚州作論詩絕句三十首。前二十八首皆品藻古人，末二首爲士禎自述。其一曰：曾聽巴渝里社詞，三閭哀怨此中遺。詩情合在空舲峽，冷雁哀猿和竹枝。平生大指，具在是矣。當康熙中，其聲望奔走天下。凡刊刻詩集，無不稱漁洋山人評點者，無不冠以漁洋山人序者。下至委巷小說，如聊齋志異之類，士禎偶批數語於行間，亦大書王阮亭先生鑒定一行，弁於卷首，刊諸梨棗以爲榮。惟吳喬竊目爲清秀李于鱗。（見談龍錄）汪琬亦戒人勿效其喜用僻事新字。（見士禎自作居易錄）而趙執信作談龍錄，排詆尤甚。平心而論，當我朝開國之初，人皆厭明代王、李之膚廓，鍾、譚之纖仄，於是談詩者競尚宋、元。既而宋詩質直，流爲有韻之語錄；元詩縟豔，流爲對句之小詞。於是士禎等以清新俊逸之才，範水模山，批風抹月，倡天下以不著一字，盡得風流之說。天下遂翕然應之。然所稱者盛唐，而古體惟宗王、孟，上及於謝朓而止，較以十九首之驚心動魄，一字千金，則有天工人巧之分矣。近體多近錢、郎，上及乎李頎而止，律以杜甫之忠厚纏綿，沈鬱頓挫，則有浮聲切響之異矣。故國朝之有士禎，亦如宋有蘇軾，元有虞集，明有高啟，而尊之者必躋諸古人之上，激而反脣，異論遂漸生焉。此傳其說者之過，非士禎之過也。是錄具存，其造詣淺深，可以覆案。一切黨同伐異之見，置之不議可矣。

堯峰文鈔五十卷（內府藏本）

國朝汪琬撰。琬字苕文，號鈍翁，晚居堯峰，因以自號。長洲人。順治乙未進士，由戶部主事歷刑部郎中，降補北城兵馬司指揮，再歷戶部主事。康熙己未，召試博學鴻詞，授翰林院編修。初，琬自裒其文爲鈍翁類稾六十二卷，續稾五十六卷，晚年又手自刪汰，定爲此編，其門人侯官林佶爲手寫而刊之。古文一脈，自明代膚濫於七子，纖佻於三袁，至啟、禎而極敝。國初風氣還淳，一時學者始復講唐、宋以來之矩矱，而琬與寧都魏禧、商邱侯方域稱爲最工。宋犖嘗合刻其文以行世。然禧才雜縱橫，未歸於純粹；方域體兼華藻，稍涉於浮夸。惟琬學術既深，軌轍復正，其言大抵原本六經，與二家迥別。其氣體浩瀚，疏通暢達，頗近南宋諸家，蹊逕亦略不同。盧陵、南豐，固未易言，要之接跡唐、歸，無愧色也。琬性狷急，動見人過，交遊罕善其終者。又好詆訶，見文章必摘其瑕纇，故恒不滿人，亦恒不滿於人。與王士禎爲同年，後舉博學鴻詞時，乃與士禎相忤。其詩有區區晉藁心，豈爲一懷祖句，以王述比士禎，士禎載之於居易錄中。又與閻若璩議禮相詬，若璩載之潛邱劄記中，皆爲世口實。然從來勢相軋者，必其力相敵；不相敵，則弱者不敢，強者不屑，不至於互相排擊。否則必有先敗者，亦不能久相支拄。士禎詞章名一世，不與他人角，而所與角者惟趙執信及琬。若璩博洽亦名一世，不與他人角，而所與角者惟顧炎武及琬。則琬之文章學問，可略見矣。

午亭文編五十卷（山西巡撫採進本）

國朝陳廷敬撰。廷敬字子端，號說巖，澤州人。順治戊戌進士，改庶吉士，授檢討。本名敬，以是科有兩陳敬，因奉旨增廷字。官至大學士，諡文貞。嘗著尊聞堂集八十卷，晚年手定爲此編，其門人林佶繕寫付雕。廷敬有午亭山村，在陽城，因水經注載沁水逕午壁亭而名，因以名集。凡詩二十卷，雜著四卷，經解四卷，奏疏、序記及各體文共二十卷，杜律詩話二卷。廷敬論詩宗杜甫，不爲流連光景之詞，頗不與王士禎相合，而士禎甚奇其詩。所爲古文，雖汪琬性好排詆，論文少所許可，亦甚重之。生平同翔館閣，遭際昌期，出入禁闥幾四十年，值文運昌隆之日，從容載筆，典司文章，雖不似王士禎籠罩羣才，廣於結納，而文章宿老，人望所歸，燕許大手，海內無異詞焉，亦可謂和聲以鳴盛者矣。卷首有廷敬自序，謂於汪、王不苟雷同。然蹊逕雖殊，而分途並騖，實能各自成家。其不肯步趨二人者，乃所以能方駕二人歟。此固非依門傍戶、假借聲譽者所知也。

讀書齋偶存稾四卷（江蘇巡撫採進本）

國朝葉方藹撰。方藹字子吉，號訒菴，崑山人。順治己亥進士，官翰林院學士，兼禮部侍郎，加禮部尚書銜，卒諡文敏。方藹釋褐後，即以文章受知世祖章皇帝，其授學士述懷詩所云敢道齊賢爾異日，屢稱蘇軾是奇才，記是事也。後復蒙聖祖仁皇帝召入內廷，矢音賡唱，歌咏昇平，故其詩格亦進而益上。未遇時嘗著有觚齋集，得第後棄不復存，此本皆在朝及告歸時所作不分體不編年疑爲方藹所自定故篇什雖少而一一皆其菁華王原祁序稱方藹詩宗蘇陸文宗眉山生平服膺王士禎之詩汪琬之文實兼有二家之長云云今是集不及雜文而詩則諸體具備雖未及士禎之秀骨天成而和雅春容渢渢乎
盛世之音與士禎亦各擅其長焉

松桂堂全集三十七卷延露詞三卷南洼集三卷（江蘇巡撫採進本）

國朝彭孫遹撰孫遹字駿孫自號羨門生海鹽人順治己亥進士官中書舍人康熙己未舉博學鴻詞召試擢第一授編修歷官吏部侍郎兼翰林院學士洪惟
我
聖祖仁皇帝武功耆定六幕大同黼黻昇平右文稽古旁求俊乂肇舉
制科於時
景運方隆人文蔚起懷才抱藝之士雲蒸鱗集咸詣
金門司校閱者雖有李霨杜立德馮溥葉方藹四人而
甲乙次第皆稟
睿裁如王士禎池北偶談所記施閏章省耕詩中誤書旗字爲旂字
詔降置次等一事仰見
睿鑒精詳不遺纖芥故得人之盛今古罕儔而孫遹遭際昌期實冠是選文章聲價紙貴一時今觀是集才學富贍詞采清華館閣諸作尤瑰瑋絶特知其獨邀
甄拔傾袖羣才不偶然也孫遹所著南洼集香匳倡和集金粟詞延露詞俱先有刊本惟全集未刊孫遹沒後五十年至乾隆癸亥其孫景曾始爲開雕并以舊刊南洼集延露詞附錄於後云

曝書亭集八十卷附錄一卷（通行本）

國朝朱彝尊撰彝尊有日下舊聞已著錄此集凡賦一卷詩二十二卷皆編年爲次始於順治乙酉迄於康熙己丑凡六十五年之作其紀年皆用爾雅歲陽歲陰之名從古例也詞七卷曰江湖載酒集曰茶煙閣體物集曰蕃錦集雜文五十卷分二十六體附錄葉兒樂府一卷則所作小令也彝尊未入翰林時嘗編其行稾爲竹垞文類王士禎爲作序極稱其永嘉詩中南亭西射堂孤嶼瞿溪諸篇然是時僅規橅王孟未盡所長至其中歲以還則學問愈博風骨愈壯長篇險韻出奇無窮趙執信談龍錄論
國朝之詩以彝尊及王士禎爲大家謂王之才高而學足以副之朱之學博而才足以運之及論其失則曰朱貪多王愛好亦公論也惟暮年老筆縱橫天眞爛漫惟意所造頗乏翦裁然晚景頹唐杜陵不免亦不能苛論彝尊矣至所作古文率皆淵雅良由茹涵既富故根柢盤深其題跋諸作訂譌辨異本本元元實跨黃伯思樓鑰之上蓋以詩而論與王士禎分途各騖未定孰先以文而論則漁洋文略固不免瞠乎後耳惟原本有風懷二百韻詩及靜志居琴趣長短句皆流宕豔冶不止陶潛之賦閑情夫綺語難除詞人常態然韓偓香匳集別有篇帙不入內翰集中良以文章各有體裁編錄亦各有義例溷而一之則自穢其書今并刊除庶不乖風雅之正焉

政書八卷（山西巡撫採進本）

國朝于成龍撰成龍有于山奏牘已著錄是集皆其歷仕所紀曰羅城書令羅城時稾也曰合州書知合州時稾也曰武昌書同知黃州署武昌府時稾也曰黃州書知黃州府時稾也曰八閩書歷任福建監司時稾也曰畿輔書巡撫直隸時稾也曰兩江書總督兩江時稾也任監司以前皆申詳條議札檄誡諭之作任巡撫以後始列奏疏共七卷其第八卷曰吟咏書則其所作各體詩并以文六首附於後成龍以清節著名而自起家令牧至兩膺節鉞安民戢盜諸政績亦皆綽有成算其經濟頗有足傳今觀是書其平生規畫猶可見其本末也

愚菴小集十五卷（庶吉士汪如藻家藏本）

國朝朱鶴齡撰鶴齡有尙書埤傳已著錄此集凡賦一卷諸體詩五卷雜著文九卷末附傳家質言十三則鶴齡始專力於詞賦自顧炎武勖以本原之學始研思經義於漢唐註疏皆能爬梳抉擿獨出心裁故所作文章亦悉能典雅醇實不蹈剽竊摹擬之習其邶鄘衛三國禹貢三江震澤太湖嶓冢漢源諸辨多有裨於考證嘗箋註杜甫李商隱詩集故所作韻語頗出入二家之閒而寄興清遠能不自掩其神韻與錢謙益爲同郡初亦以其詞場宿老頗與倡酬既而見其首鼠兩端居心反覆薄其爲人遂與之絶所作元裕之集後一篇稱裕之舉金進士歷官左司員外郎及金亡不仕隱居秀容詩文無一語指斥者裕之於元既足踐其土口

茹其毛、卽無反噬之理。非獨免咎、亦誼當然。乃今之訕辭詆語、曾不少避、若欲掩其失身之事、以誑國人者、非徒誖也、其愚亦甚云云。其言蓋隱指謙益輩而發、尤可謂能知大義者矣。

抱犢山房集六卷、（江蘇巡撫採進本）

國朝嵇永仁撰。永仁字留山、別號抱犢山農、無錫人。康熙十三年耿精忠作亂、永仁在總督范承謨幕、同被拘縶。承謨遇害、永仁亦死難。四十七年、追贈國子監助教。是集前三卷、曰吉吉吟、曰百苦吟、皆其陷獄時與承謨及同難諸人唱和詩。曰和淚譜、則爲同難諸人所作小傳也。第四卷曰葭秋集、第五卷曰竹林集、乃其舊刻。第六卷附錄同難會稽王龍光、華亭沈天成二人之詩文。雍正中、其子曾筠編次付梓、並以
誥敕及
諭祭文等弁於卷首。永仁以諸生佐幕、尚未授官、而抗節殞身、義不從逆、可以愧劉秉政等於九泉。（案逆藩耿精忠叛時、劉秉政以巡撫降賊）其所爲詩文、皆襪述當時實事。獄中不得筆墨、以炭屑畫於四壁。閩人重其人品、錄而傳之、得存於世。今誦其詞、奕奕然猶有生氣。與承謨畫壁諸詩、同爲忠臣孝子之言、爭光日月、不但以文章論矣。

文端集四十六卷、（通政司使張若渟家藏本）

國朝張英撰。英有易經衷論、已著錄。此乃其詩文全集。凡存誠堂應
制詩四卷、存誠堂詩集二十五卷、篤素堂詩集七卷、篤素堂文集十卷。英遭際昌辰、仰蒙
聖祖仁皇帝擢侍
講幄、入直
禁廷。簪筆雍容、極儒臣之榮遇。矢音賡唱、篇什最多。其間鼓吹昇平、黼黻廊廟、無不典雅和平。至於言情賦景之作、又多清微淡遠、抒寫性靈。臺閣山林二體、古難兼擅、英乃兼而有之。其散體諸文、稱心而出、不事粉飾。雖未能直追古人、而原本經術、詞旨溫厚、亦無忝於作者焉。

西河文集一百七十九卷、（浙江巡撫採進本）

國朝毛奇齡撰。奇齡著述之富、甲於近代。沒後其門人子姪編爲西河合集、分經集、史集、文集、雜著四部、凡四百餘卷。其史問以奇齡有遺命、不付剞劂。語見經問第五卷景泰帝條下。餘亦不盡行於世。此本爲康熙庚子其門人蔣樞所編、但分經集、文集二部。經集自仲氏易以下凡五十種、已別著錄。文集凡二百三十四卷、而策問一卷、表一卷、集課記一卷、續哀江南賦一卷、擬廣博詞連珠詞一卷、皆有錄無書。其中如王文成傳本二卷、制科雜錄一卷、後觀石錄一卷、越語肎綮錄一卷、何御史孝子祠主復位錄一卷、湘湖水利志三卷、蕭山縣志刊誤三卷、杭志三詰三誤辨一卷、天問補註一卷、勝朝彤史拾遺記六卷、武宗外紀一卷、後鑒錄七卷、韻學要指十一卷、詩話八卷、詞話二卷、外附徐都講詩一卷、本各自爲書、今亦分載於各部。其當編於集部者、實文一百一十九卷、詩五十三卷、詞七卷、統計一百七十九卷。奇齡之文、縱橫博辨、傲睨一世、與其經說相表裏。不古不今、自成一格、不可以繩尺求之。然議論多所發明、亦不可廢。其詩又次於文、不免傷於猥雜、而要亦我用我法、不屑隨人步趨者、以餘事觀之可矣。

陳檢討四六二十卷、（庶吉士祝堃家藏本）

國朝陳維崧撰、程師恭註。維崧有兩晉南北史集珍、已著錄。
國朝以四六名者、初有維崧及吳綺、次則章藻功。思綺堂集亦頗見稱於世。然綺才地稍弱於維崧、藻功欲以新巧勝二家、又遁爲別調。譬諸明代之詩、維崧導源於庾信、氣脈雄厚、如李夢陽之學杜。綺追步於李商隱、風格雅秀、如何景明之近中唐。藻功刻意雕鐫、純爲宋格、則三袁鍾譚之流亞。平心而論、要當以維崧爲冠、徒以傳誦者太廣、摹擬者太衆、論者遂以膚廓爲疑。如明代之詬北地。實則才力富健、風骨渾成、在諸家之中、獨不失六朝四傑之舊格。要不能以撏撦玉溪、歸咎於三十六體也。師恭此註、成於康熙癸酉。王士禛古夫于亭雜錄曰、昔人云、一人知己、可以不恨。故友陽羨陳其年、諸生時老於場屋、小試亦多不利。己未博學鴻詞之舉、以詩賦入翰林。不數年病卒京師。及歿而其鄉人蔣京少景祁刻其遺集、無隻字遺失。皖人程叔才師恭又註釋其四六文字、以行於世。此世人不能得之子孫者、而一以桑梓後進、一以平生未面之人、而收拾護惜其文章如此云云。其推挹師恭頗至。然師恭所註、往往失其本旨。如銅雀瓦賦彈棊愛子句、自用曹丕市角彈棊事、而但引藝

經註彈棊引陸機弔魏武帝文註愛子傳粉佳兒句自用曹植傳粉對邯鄲淳事而引魏志武帝欲以何晏爲子及文帝疑晏傅粉事皆似是而非又如述祖德賦況彼鯉庭句自用楊汝士桃李新陰在鯉庭事而但引論語伯魚事憺園賦雙丁詎擬句自用梁武帝賜到溉詩漢世重雙丁語而但引文士傳丁儀兄弟事皆知其一不知其二至於毛貞女墮樓詩序空空實下天之狀句自用李斯奏秦始皇鑿之空空如下天狀語而補註引劍俠傳妙手空空兒尤爲乖謬如是之類不一而足且任淵史容註黃庭堅集於作詩本事及年月俱一一詳核故爲善本師恭去維崧最近文中事實緣起可以考知如璿璣玉衡賦序之烏空楚塞鵲去巴江句因

聖祖召試博學鴻詞在己未歲正平定湖廣四川之後故維崧云云師恭不註其故則突入此語是何文義哉特以四六之文非註難明而師恭捃摭故實尙有足資考證者故併存之以備參稽焉

蓮洋詩鈔十卷兩江總督採進本

國朝吳雯撰雯字天章本遼陽人順治六年其父允升任蒲州學正卒於官雯兄弟孤弱不能歸遂寄籍於蒲州康熙己未薦舉博學鴻詞不中選其卒也刑部尙書王士禎爲誌墓稱初見其詩有泉繞漢祠外雪明秦樹根濃雲溼西嶺春泥沾條桑至今堯峯上猶見堯時日諸句吟諷不絕於口所作居易錄中又亟稱雯西城別墅諸篇趙執信懷舊詩序亦稱雯拙於時藝困躓場屋體貌麤醜衣冠垢敝或經歲不盥浴人咸笑之然詩才特超妙其詩一刻於吳中再刻於都下三刻於津門後士禎爲刪定存千餘首亦見墓誌中因雯沒之後未及刊行故懷舊詩序曰蓮洋卒後阮翁爲作墓誌且刪定其集迄今將二十年未行於世意其時阮翁耄而多忘未幾遂亡未及歸諸吳氏也池北書庫散失殆盡蓮洋集從可知矣云云然其集實已歸吳氏乾隆辛未汾陽劉組曾裒其全稾刻之又以士禎所評者別刊一小冊竝行越十三年甲申蒲州府同知山東孫謀始從雯姪敦厚得士禎所定原本簡汰重刊詳載士禎之評併以劉本所遺者補刻於後以所見墨迹補之其士禎所刪而劉本誤刻者咸爲汰去凡得古詩二卷近體五卷補遺一卷詩餘一卷文一卷冠以墓誌而附以同時唱和題詠之作卽此本也雯天才雄駿其詩有其鄉人元好問之遺風惟熟於梵典好拉雜堆砌釋氏故實是其所短劉本無所別擇頗傷冗濫此本沿新城之派又以神韻婉約爲宗一切激昂沈著之作多見屏斥反似鄰於清弱亦不足盡其所長然終較劉本爲簡潔故置彼錄此惟雯詩本足自傳不藉士禎之評爲輕重而刊此本者牽於俗見務引士禎以重雯所載士禎評語繁碎特甚如題汪如輪看劍圖詩下附記云原本評語奇作二字似阮亭先生筆蹟胸有造化四字非阮亭先生筆蹟刻本併作一處誤又如城曲眺望詩下附記原本題下有墨筆評劉長卿之詩也不知何人評阮亭先生改作似劉長卿云云此亦何關宏旨而字句異同乃如是其考證今悉刪除以廓清耳目焉

張文貞集十二卷江蘇巡撫採進本

國朝張玉書撰玉書字素存丹徒人順治辛丑進士選庶吉士官至大學士諡文貞是集有儲大文序不分卷帙亦無目錄其繕寫格紙版心皆有松蔭堂字蓋其家藏鈔本編輯未成者也首爲賦二篇次爲頌三篇表三篇箋六篇疏二十篇議一篇書一篇考一篇說一篇序二十八篇跋一篇記九篇紀事十篇傳一篇贊二篇策問十二篇紀功碑二篇墓碑六篇神道碑四篇墓誌銘三十二篇大抵皆舂容典雅渢渢乎

盛世之音其拖諾山狼居胥山二碑敘述

聖武神功皆爲詳贍足以昭示萬世其紀平定江南事紀滅闖獻二賊事紀三路進師下雲南事紀平水西事及外國紀皆端緒詳明得諸耳聞目見足以彰

開國之

鴻烈紀順治間樂章及錢糧戶口三篇皆足資掌故而紀陝西殉難官事一篇亦足與史傳相參他若

賜遊玉泉山記

賜遊化育溝後苑記

賜遊喀喇河屯後苑記

賜遊熱河後苑記皆足發揚太平愷樂之象其餘碑誌亦多

國初將相事蹟可備考核惟莫疏祭文之屬收載太濫蓋其後人過寀卽錄不暇持擇轉爲全集之累今悉刪除而惟錄其賦頌以下諸篇釐爲十二卷庶不以榛楛勿翦爲將來論者所病焉

西陂類稾三十九卷（兩江總督採進本）

國朝宋犖撰。犖有滄浪小志，已著錄。是書凡詩二十二卷，詞一卷，雜文八卷，奏疏六卷。其詩之目曰古竹圃稾，曰嘉禾堂稾，曰柳湖草，曰將母樓稾，曰古竹圃續稾，曰都官草，曰雙江唱和集，曰回中集，曰西山倡和詩，曰續都官草，曰海上雜詩，曰漫堂草，曰漫堂倡和詩，曰嘯雪集，曰廬山詩，曰述鹿軒詩，曰滄浪亭詩，曰迎鑾集，曰紅橋集，曰迎鑾二集，曰清德堂詩，曰迎鑾三集，曰藤陰倡和集，曰樂春閣詩，曰聯句集，凡二十有五。其初本各自為集，晚年致仕居西陂，乃手自訂定，彙為茲帙。惟初刻綿津山人詩集，刪除不載，蓋以早年所作，格調稍殊，故別為一編，不欲使之相混也。犖雖以任子入官，不由科目，而淹通典籍，練習掌故，詩文亦為當代所推，名亞於新城王士禎。其官蘇州巡撫時，長洲邵長蘅選士禎及犖詩為王宋二家集，一時頗以獻媚大吏為疑。趙執信尤持異論，併士禎而掎軋之。平心而論，犖詩大抵縱橫奔放，刻意生新，其源淵出於蘇軾。王士禎池北偶談記其嘗繪軾像，而已侍立其側，後謁選果得黃州通判，為軾舊游地。又施元之蘇詩註久無傳本，犖在蘇州重價購得殘帙，為校讎補綴，刊版以行。其宗法可以概見。故其詩雖不及士禎之超逸，而清剛雋上，亦拔戟自成一隊。其序記奏議等作，亦皆流暢條達，有眉山軌度。士禎寄犖詩有曰：尚書北闕霜侵鬢，開府江南雪滿頭。當日朱顏兩年少，王揚州與宋黃州。言二人少為卑官，即已齊名，不自長蘅合刻始，所以釋趙執信之議也。然則士禎亦未嘗不引為同調矣。

鐵廬集三卷外集二卷後錄一卷（江蘇巡撫採進本）

國朝潘天成撰。天成字錫疇，溧陽人，寄籍桐城，為安慶府學生。溧陽志載其幼與父母避亂相失，年十五乞食行求，遇於江西界，百計迎歸，傭販以養，備極艱苦。以其閒讀書講業，竟為積學。年七十四，汔窮餓以死。瞿源洙集有潘孝子傳，與志所言合，蓋篤志苦行之士也。是集為其門人許重炎所編，冠以小傳年譜。第一卷為默齋訓言，天成述其師湯之錡語也。二卷為雜著，天成詩文也。三卷為語錄，重炎與蔣師韓記天成語也。外集一卷為匆菴訓言，天成記其師梅文鼎語。二卷為雜著，亦天成遺文補刊者。後錄一卷，則其墓記之類也。天成學問源出姚江，以養心為體，以經世為用。其詩文皆抒所欲言，不甚入格，然行誼者文章之本，綱常者風教之源。天成出自寒門，終身貧賤，而天性真摯，人品高潔，類古所謂獨行者。其精神堅苦，足以自傳其文，故身沒嗣絕，而人至今重之，特錄其集，俾天下曉然知國朝立教，在於敦倫紀，礪名節，正人心，厚風俗，固不與操觚之士論文采之優劣，亦不與講學之儒爭議論之醇疵也。

湛園集八卷（副都御史黃登賢家藏本）

國朝姜宸英撰。宸英有江防總論，已著錄。初編其文為湛園未定稾，秦松齡、韓菼皆為序。後武進趙同數摘為西溟文鈔。此本為黃叔琳所重編，凡八卷。宸英少習古文，年七十始得第，績學勤苦，用力頗深。集中有與洪虞鄰書，論兩浙十家古文事，謂兩浙自洪永以來三百餘年，不過王子充、宋景濂、方希直、王陽明三四人，其餘謝方石、茅鹿門、徐文長等，備具體而未醇，不應浙東西一水之閒，一時至十人之多。不欲以身廁九人之列，蓋能不涉標榜之習以求一時之名者。其文閎肆雅健，往往有北宋人意，亦有以也。是集前二卷皆應酬之作，去取之閒，未必得宸英本意。然梗概亦略具於斯矣。集末札記二卷，據鄭羽逵所作宸英小傳，本自單行，今亦別著於錄，不入是集焉。

古懽堂集三十六卷附黔書二卷長河志籍考十卷（兩江總督採進本）

國朝田雯撰。雯字子綸，一字綸霞，號山薑，德州人。康熙甲辰進士，授中書舍人，官至戶部侍郎。是集凡文二十二卷，詩十四卷。當康熙中年，王士禎負海內重名，文士無不依附門牆，求假借其餘論。惟雯與任邱龐塏不相辨難，亦不相結納。塏叢碧山房集格律謹嚴，而才地稍弱。雯則天姿高邁，記誦亦博，負其縱橫排奡之氣，欲以奇麗駕士禎上，故詩文皆組織繁富，鍛鍊刻苦，不肎規規作常語。趙執信作談龍錄，嘗議其詩中無人，然偏師馳突，終能自成一隊，談藝者弗能廢也。附載黔書二卷，其為貴州巡撫時作。又長河志籍考十卷，德州古廣川地，隋書避煬帝諱，改長河也。王士禎居易錄嘗稱黔書篇不一格，有似考工記者，似公穀檀弓者，似

越絕書者如觀傀儡化人之戲然與長河志籍考實皆祖郭憲洞冥記王嘉拾遺記之體是亦好奇之一證存備文章之別格云爾

榕村集四十卷（福建巡撫採進本）

國朝李光地撰光地有周易觀象已著錄是集為乾隆丙辰其孫清植所校刊其門人李紱為序惟詩下註自選字則餘皆清植排纂也凡觀瀾錄一卷經書筆記讀書筆錄共一卷春秋大義春秋隨筆共一卷尚書句讀一卷周官筆記一卷初夏錄二卷尊朱要旨要旨續記共一卷象數拾遺景行摘篇又附記共一卷文二十五卷詩五卷賦一卷所註諸書及語錄刊本別行者不與焉其不以詩文冠集而冠以劄記者光地所長在於理學經術文章非所究心然即以文章而論亦大抵宏深肅括不雕琢而自工蓋有物之言固與鞶帨悅目者異矣數十年來屹然為儒林巨擘實以學問勝不以詞華勝也

三魚堂文集十二卷外集六卷附錄一卷（兩江總督採進本）

國朝陸隴其撰隴其有古文尚書考已著錄是集為其門人侯銓所編凡雜著四卷書一卷尺牘一卷序二卷記一卷墓表志銘壙記傳共一卷外集六卷則哀其奏議條陳表策申請公移而終之以詩隴其行狀之類亦並附焉目錄之末有其從子禮徵跋言隴其平生不屑為詩古文詞尤以濫刻文集為戒故易簣時篋中無遺稾至康熙辛巳禮徵乃旁搜廣輯彙成是集而屬銓分類編次蓋隴其沒後九年此集乃出也其文既非隴其所手定則其中或有未定之稾與夫偶然涉筆不欲自存者均未可知然隴其學問深醇操履醇正卽率爾操觚之作其不合於道者固已鮮矣惟是隴其一生非徒以講明心性為一室之坐談其兩為縣尹一為諫官政績亦卓卓可紀蓋體用兼優之學而銓等乃以奏議公牘確然見諸行事者別為外集夫詩歌非隴其所長列之外集可也至於聖賢之道本末同原心法治法理歸一貫周禮皆述職官尚書皆陳政事周公孔子初不以是為粗迹卽黃榦編朱子詩文亦未嘗薄視論政之文擯而外之銓乃徒知以太極論冠篇欲使隴其接迹周子而以其循績別為外集尊空言而薄實政是豈隴其之旨乎以此本久行於世故姑仍原刻錄之而附糾其編次之陋如右

因園集十三卷（編修周永年家藏本）

國朝趙執信撰執信字伸符號秋谷晚號飴山老人益都人雍正中分益都置博山縣今為博山人康熙己未進士官至左春坊左贊善其詩集流傳頗夥諸本往往不同此本曾經落水紙墨渝敝末有乾隆辛酉執信門人丁際隆跋稱是秋重謁秋谷先生於因園時先生病目彌甚不作詩者六年矣從仲君羲梅得先生手定詩稾分十三集錄副未及校而羲梅遂索原本以去歲寒無事乃校一過曩見手書濟南竹枝及宿法慶寺二律皆不在蓋所刪多矣云云羲梅者常熟仲昰保之字為執信門人之冠最為篤契則是集為執信晚年定本手授之者矣十三集者一曰并門集二曰閑齋集三曰還山集四曰觀海集五曰鼓枻集六曰涓流集七曰葑溪集八曰紅葉山樓集九曰浮家集十曰金鵝館集十一曰回帆集十二曰懷舊集十三曰磺菴集集各一卷以存其舊不復以篇頁多寡為分也執信娶王士禎之甥女初相契重相傳以求作觀海集序士禎屢失其期遂漸相詬厲雠隙終身今觀還山集中尚有酬士禎詩二首又為士禎作西城別墅十三詠至鼓枻集中渡江一首已有祇應羨詩老持節問岷源句註曰謂阮翁又悼吳孝廉一首有漁洋未識名先著句其詞氣已不和平自是以還遂互相排擊則謂二人之釁生於作觀海集時其說當信迨其後沿波逐流遞相祖述堅持門戶入主出奴嘵嘵然迄無定說平心而論王以神韻縹緲為宗趙以思路劖刻為主王之規模闊於趙而流弊傷於膚廓趙之才力銳於王而末派病於纖小使兩家互救其短乃可以各見所長正不必論甘而忌辛好丹而非素也

懷清堂集二十卷（浙江巡撫採進本）

國朝湯右曾撰右曾字西厓仁和人康熙戊辰進士官至吏部右侍郎兼翰林院掌院學士少以詩見賞於王士禎康熙五十二年
聖祖仁皇帝問掌院學士揆敘聞湯右曾工詩令以其集進呈揆敘遂以右曾所作文光果詩上達
睿覽蒙
御製賜和今刻冠斯集之首實千古儒者之至榮是集刻於乾隆乙丑論者稱浙中詩派前推竹垞後推西厓兩家之間莫有能越之者今觀二家之集朱彝

尊學問有餘而才力又足以運掉，故能鎔鑄變化，惟意所如。右曾才足肩隨，而根柢深厚則未免稍遜。齊驅並駕，似未易言，然亦近人之卓然挺出者也。

二希堂文集十二卷（福建巡撫採進本）

國朝蔡世遠撰。世遠字聞之，漳浦人。康熙己丑進士，官至禮部侍郎，謚文勤。是編乃其所作雜文。冠以耕耤賦、聖主親詣太學頌、青海平定詩序、日月合璧五星連珠頌、河清頌、樂善堂文鈔序，共六篇，爲卷首，志榮遇也。其餘序四卷，記一卷，傳一卷，論說書共二卷，墓表誌銘行狀共一卷，祝文祭文共一卷，雜著一卷。目錄之後有其門人寧化雷鋐附跋，稱其堂所以名二希者，世遠嘗自作記，言學問未敢望朱文公，庶幾其眞希元乎；事業未敢望諸葛武侯，庶幾其范希文乎。其務以古賢自期見於是矣。前有雍正庚戌皇上在藩邸時親製序一篇，稱其講學醰粹，教人以忠信孝弟仁義，發明濂洛關閩淵源有自也。及立朝而風采議論，嘉言讜議，足以爲千百世治世之良規，則又國家棟梁之任也。今觀其文，淵源於六經，闡發周程張朱之理，而運以韓柳歐蘇之法度，所謂蘊之爲德行，行之爲事業，發之爲文章者，吾於先生見之。煌煌天語，載在簡端。睿鑒品題，昭示中外，非惟一時之恩遇，實亦千古之定論矣。迨我皇上龍飛御極，於甘盤舊學，篤念彌深，乾隆己卯，諭正文體，舉世遠之文爲標準。癸巳詔編纂四庫全書，世遠著作又蒙褒錄。且絲綸宣示，均字而不名。寵禮儒臣，於斯爲極。今讀其集，大抵理醇詞正，具有本原，仰見遭際聖時，契合非偶。其上邀知遇，固不僅在文字間矣。

敬業堂集五十卷（浙江巡撫採進本）

國朝查慎行撰。慎行有周易玩辭集解，已著錄。是編裒其生平之詩，隨所游歷，各爲一集。凡慎旃集三卷，遄歸集、西江集共一卷，蹠淮集一卷，假館集二卷，人海集、春帆集、獨吟集各一卷，竿木集、題壁集共一卷，橘社集、勸酬集、溢城集、雲霧窟集各一卷，客船集、並轡集共一卷，宂寄集一卷，白蘋集、秋鳴集共一卷，敝裘集、酒人集共一卷，游梁集、皖上集、中江集各一卷，得樹樓集、近遊集共一卷，賓雲集一卷，炎天冰雪集、垂橐集共一卷，杖家集、過夏集各一卷，偷存集、轓經集共一卷，赴召集、隨輦集、直廬集、考牧集、甘雨集、西阡集、迎鑾集、還朝集、道院集各一卷，槐簃集二卷，環東集、長告集、待放集、計日集、齒會集、步陳集、吾過集各一卷，夏課集、望歲集共一卷，粵游集二卷，附載餘波詞二卷。自古喜立集名，以楊萬里爲最多。慎行此集，隨筆立名，殆數倍之。其中有以二十四首爲一集者，殊傷煩碎。然亦徵其無時無地不以詩爲事矣。集首載王士禎原序，稱黃宗羲比其詩於陸游。士禎則謂奇創之才，慎行遜游；綿至之思，游遜慎行。又稱其五七言古體有陳師道、元好問之風。今觀慎行近體，實出劍南。但游善寫景，慎行善抒情；游善隸事，慎行善運意。故長短互形。士禎所評良允。至於後山古體，悉出苦思，而不以變化爲長；遺山古體，具有健氣，而不以靈敏見巧。與慎行殊不相似。核其淵源，大抵得諸蘇軾爲多。觀其積一生之力，補註蘇詩，其得力之處可見矣。明人喜稱唐詩，自國朝康熙初年，窠臼漸深，往往厭而學宋。然粗直之病亦生焉。得宋人之長而不染其弊，數十年來，固當爲慎行屈一指也。

望溪集八卷（江蘇巡撫採進本）

國朝方苞撰。苞所作周官集註，已著錄。其古文雜著，生平不自收拾，稾多散失。告歸後，門弟子始爲裒集成編，大抵隨得隨刊，故前後頗不以年月爲詮次。苞於經學研究較深，集中說經之文最多，大抵指事類情，有所闡發。其古文則以法度爲主，嘗謂周秦以前，文之義法無一不備。唐宋以後，步趨繩尺，而猶不能無過差。是以所作上規史漢，下倣韓歐，不肎少軼於規矩之外。雖大體雅潔，而變化太少，終不能絕去町畦，自闢門戶。然其所論古人渠度與爲文之道，頗能沈潛反覆，而得其用意之所以然。雖蹊徑未除，而源流極正。近時爲八家之文者，以苞爲不失舊軌焉。

存硯樓文集十六卷（江蘇巡撫採進本）

國朝儲大文撰。大文字六雅，宜興人。康熙辛丑進士。

官翰林院編修。大文初以制藝名，歸田後，乃潛心古學，尤究心於地理，故全集十六卷，而論形勢者居七卷。凡山川阻隘，邊關阨塞，靡不詳究。如荆州論至十一篇，襄陽論至七篇，廣陵、西城一篇，推求古今城郭異地，山川異名，援據史籍，如繪圖聚米。當年進退攻守之要，成敗得失之由，皆口講而指畫之。他家作史論者多約略大概，以談兵作地志者多憑藉今名而論古。

國朝百有餘年，惟閻若璩明於沿革，大文詳於險易。顧祖禹方輿紀要，考證史文雖極博洽，往往以兩軍趨戰中途相遇之地，即指爲兵家所必爭，不及二人之精核也。惟邊塞以外，如西域諸部、蜀徼各番，驗之往往不合，蓋當道路未通，異域傳聞，圖經不備，不能及今日

天威耆定，得諸目睹之真。勢使之然，固不足怪耳。其他雜文間有隸事太繁之失，而徵引典博，終勝空疎。但取其所長可矣。

香屑集十八卷 江蘇巡撫採進本

國朝黃之雋撰。之雋字石牧，號唐堂，華亭人。康熙辛丑進士，官至右春坊右中允。是編皆集唐人之句爲香奩詩，凡古今體九百三十餘首。前有自序，亦集唐人文句爲之，凡二千六百餘言。集句爲詩，始晉傅咸。今載於藝文類聚者，皆寥寥數句，聲韻僅諧。劉勰明詩不列，是體蓋繼之者無其人也。有唐一代，無格不備，而自韋蟾妓女續楚詞兩句之外，是體竟亦闕如。至北宋石延年、王安石，聞以相角，而未入於集。孔武仲始以入集，而別錄成卷，尚未單行。南宋李龏之梅花衲、翦綃集，文天祥之集杜詩，始別著錄，然卷帙亦無多。之雋是編，雖取諸家之成句，而對偶工整，意義通貫，排比聯絡，渾若天成。且惟第二卷無題五言長律中重用杜甫二句，陸龜蒙二句，餘雖纍纍鉅篇，亦每人惟取一句，不相重複，且有叠韻不已，至於倒押前韻，而一一如自己出，可謂前無古人，後無來者。雖其詞皆豔治，千變萬化，不出於綺羅脂粉之間，於風騷正軌未能有合，而就詩論詩，其記誦之博，運用之巧，亦不可無一之才矣。

鹿洲初集二十卷 江蘇巡撫採進本

國朝藍鼎元撰。鼎元有平臺紀略，已著錄。是集爲其友曠敏本所編，初定於雍正丙午，越六年壬子，又合其續稾重汰定之，仍爲二十卷，故前有敏本序，序後又有敏本紀，各述其始末。鼎元喜講學，尤喜講經濟，於時事最爲留心。集中如論閩粵黔諸省形勢，及征勦臺灣事宜，皆言之鑿鑿，得諸閱歷，非紙上空談。至於所敘忠孝節烈諸事，亦點染生動，足裨風教。其中如論直隸水利之類，生長南方，不能達北方水性，未免掇拾陳言，與顧太史書之類自雪冤誣，雜以輕薄譏訕，尤所養不純。然文筆條暢，多切事理，在近人文集中猶可謂有實際者也。

樊榭山房集二十卷 浙江巡撫採進本

國朝厲鶚撰。鶚有遼史拾遺，已著錄。是集因所居取唐皮日休句，題曰樊榭山房，是以爲名。生平博洽羣書，尤熟於宋事，嘗撰宋詩紀事一百卷、南宋院畫錄八卷、東城雜記二卷，又與同社作南宋雜事詩七卷，皆考證詳明，足以傳後。其詩則吐屬嫺雅，有修潔自喜之致，絕不染南宋江湖末派。雖才力富健尚未能與朱彝尊等抗行，而恬吟密咏，綽有餘思。視

國初西泠十子，則翛然遠矣。前集詩分甲乙丙丁戊己庚辛八卷，附以詞，分甲乙二卷，爲康熙甲午至乾隆己未之作。續集亦詩八卷，而以北樂府一卷小令一卷附焉，則己未至辛未作也。

果堂集十二卷 江蘇巡撫採進本

國朝沈彤撰。彤博究古籍，精於考據，所著有周官祿田考、三經小疏，皆已著錄。是集多訂正經學文字，如周官頒田異同說、五溝異同說、井田軍賦說、釋周官地征等篇，皆援據典核，考證精密。其於禮經服制，多所考訂，尤足補漢宋以來注釋家所未備。其釋骨一篇，雖爲醫家而作，然非究貫蒼雅，兼通靈素者不能也。其論堯典星辰不兼五緯，蓋主孔安國傳，又於在璿璣玉衡以齊七政力闢史記斗杓之解。雖未必盡爲定論，然各尊所聞，亦足見其用意之不苟矣。集雖不尚詞華，而頗足羽翼經傳。其實學有足取者，與文章家又別論矣。

松泉文集二十卷詩集二十六卷 工部侍郎汪承霈進呈本

國朝汪由敦撰。由敦字師茗，安徽休寧人，以商籍補浙江學生，故又爲錢塘籍。雍正甲辰進士，由編修官至吏部尚書，

贈太子太師，謚文端。由敦記誦淹博，文章典重有體，自爲諸生，即以才學著聲。及登第以後，負名詞館，稾筆

講幃，荷蒙

皇上特達之知，洊加拔擢，入直

禁廷，每應

制賡吟，奉

敕撰述，無不仰承

聖訓，指示塗轍。藝林淵本，學海知源，所業日以益進。晚年遺稟頗夥，未及編次。其子工部右侍郎臣汪承霈謹加排次，都為二集。文集分二十三門，詩集自戊子迄丁丑凡五十年之作，共成四十六卷，繕本進

呈。復蒙

特賁宸章，曲加

評騭，嘉詩篇之雅正，許文律之清醇。

御藻親摛，光垂不朽。此固由敦之績學能文，榮膺稽古，而人臣私集得以上邀

天獎，題詞弁首，實千古未有之殊施。尤海內承學之士所為敬誦

奎文，交相感頌者爾。

右別集類九百六十一部，一萬八千零三十八卷，皆文淵閣著錄。

案：諸史著錄，但有別集、總集之分。文獻通考始於別集之內析出詩集、歌詞、奏議三門。考奏議皆關國政，宜與詔令並為一類，不宜列之於集。詩集亦屬別集，必欲區分，則有文無詩者，將又立文集一門，彌滋繁碎。今移奏議入史部，而別集、詩集則不復區分。惟歌詞體卑而藝賤，則從馬氏之例，別立詞曲一門焉。

欽定四庫全書總目卷一百七十三

欽定四庫全書總目卷一百七十四

集部二十七

別集類存目一

董子文集一卷（編修朱筠家藏本）

漢董仲舒撰。仲舒有春秋繁露，已著錄。隋書經籍志載仲舒集一卷，又註曰梁二卷，亡。舊唐書經籍志、新唐書藝文志俱仍載二卷，宋史藝文志又作一卷。後兩本並佚。明正德己亥，巡按御史盧雍行部至景州，爲仲舒故里，因修復廣川書院，祀仲舒，並裒其逸文以成是集。然自採錄本傳外，僅益以西京雜記、古文苑所載數篇，不及張溥百三家集之完備，故僅存其目於此焉。

諸葛丞相集四卷（內府藏本）

國朝朱璘編。璘字青巖，常熟人，官至南陽府知府。是編首卷所錄諸葛亮遺文一卷，陳壽所上目錄皆不載。蓋摭拾三國志註及諸類書而成。其黃陵廟記、明楊時偉作諸葛書，嘗以摭用蘇軾大江東去詞語駁辨其僞。今考陸游入蜀記作於乾道六年，記黃牛廟事，引古諺及李白、歐陽修詩、張詠贊甚詳，獨一字不及亮記。袁說友所刻成都文類作於慶元五年，亦無此文。然則贋託之本出於南宋以後明甚。璘乃仍然載入，絕無考訂。至心書五十條，顯然僞託，亦取以苟充卷帙。且武侯十六策其僞與心書同，晁氏讀書志著錄，則猶出宋人之手。旣取心書，又不取是策，何也。二卷以下皆爲附錄，所列八陣圖及分野諸條，猥雜尤甚。末一卷全爲璘及其子瑞圖詩文，是非刻亮集，乃刻璘家集矣。

陶詩析義二卷（福建巡撫採進本）

明黃文煥撰。文煥有詩經考，已著錄。崇禎中文煥以召試擢翰林，會其鄉人黃道周以論楊嗣昌、陳新甲逮問，詞連文煥，同下詔獄。獄中箋註楚辭、聽直八卷，並著此書。自序所謂首夏之廿五日，襆被就白雲者是也。其析義之例有三：一曰練句練章，不專平淡。一曰憂時念亂，不徒隱逸。一曰理學標宗，聖賢自任。每首附批句下，而又總論於篇末。陶詩之妙，所謂寄至味於淡泊，發纖穠於簡古，其神理在筆墨之外，可以涵泳與化，而不可一字一句求之於町畦之內。如伯英逸少之蹟，不可鉤摹以波磔；襄陽雲林之畫，不可比量以形象。文煥遭逢世難，借以寓意則可，必謂得陶之精微則不然也。別本或作四卷，又附以文煥自作楮函集一卷，雖意求附驥，而事類續貂，今析出別著於錄焉。

陶詩箋五卷（戶部尚書王際華家藏本）

國朝邱嘉穗撰。嘉穗有考定石經大學經傳解，已著錄。是編乃所註陶潛集，摸索語氣，全類時文批語。其力辨潛不信佛，爲能崇正學、遠異端，尤爲拘滯。潛之可重，在於人品志節，其不入白蓮社，特蕭散性成，不耐禪儀拘束，非有儒佛門戶在其意中也。嘉穗刻意講學，故以潛不入慧遠之社爲千古第一大事。不知唐以前人正不以是論賢否耳。

陶詩彙註四卷（江蘇周厚堉家藏本）

國朝吳瞻泰撰。瞻泰字東巖，歙縣人。是編成於康熙乙酉。首卷載宋吳仁傑、王質二家年譜，末卷附詩話百餘條。其詩註則採宋湯漢、元劉履、明何孟春、張爾躬、黃文煥諸家之說。履未嘗註陶詩，蓋自其文選補遺摭出也。其中如辨辛丑歲遊斜川詩之開歲倏五日，亦仍舊註，未爲特解。辨讀山海經詩之形夭無千歲句，則持疑於曾季貍、周必大二家之說，不能遽斷。案精衛本屬銜冤，故借以寓忠臣志士之報復，若刑天爭帝不成，本屬亂賊化形而舞，仍爲妖魄，正可爲卓莽之流逆常干紀之比。山海經之文班班可考，潛何取而反尚其猛志耶。瞻泰不考其本，而徒爭於字形疑似之閒，未爲得也。又贈長沙公族祖一首，吳仁傑、張縯往復考證，終與世系不合。惟楊時偉所訂陶集，謂序首長沙公於余爲族，當讀一句，祖同出大司馬，當讀一句。其題中族祖二字，乃後人誤讀序文祖字爲句，因而妄增詩題。其說頗確，而瞻泰不引，豈偶未見其本乎。集中歸田園詩末首，據遯齋閒覽定爲江淹詩，有文選可證。問來使詩題一首，據七修類稾定爲蘇舜欽詩，有蘇子美集可證。其四時一章，但據許顗彥周詩話定爲顧愷之詩，而愷之詩於古書別無所見，似尚當存疑，未可遽刪也。讀史述九章，舊本不入詩集，瞻泰以其爲四言韻語，移於卷末，然畫扇諸贊亦四言韻語，何獨舍彼取此乎。

漫叟拾遺一卷（浙江范懋柱家天一閣藏本）

是編選錄唐元結之文，不著編輯者名氏。卷末有竹岡居士跋云：元次山全集廣南近已重刻，湛甘泉太史序之詳矣，玆復何言。顧此數篇於警策人心，感激時事頗切，故別錄之，非有所去取也。末署戊寅冬季，不著年號。以湛若水官翰林年月計之，蓋正德十三年也。

李詩鈔述註十六卷（福建巡撫採進本）

明林兆珂撰。兆珂有詩經多識編，已著錄。兆珂守衡州時，曾刻杜詩鈔述註，茲其守安慶時所刊，以白遊蹟多在皖，猶在衡刻甫詩意也。其書亦分體選鈔，每篇首箋故實，終加闡發，亦頗以考訂為事。欲突過蕭士贇、張齊賢舊本，然其中有本詩誤者，如王昭君詩「一上玉關道」，玉關與西域相通，非漢與匈奴往來之道；懷子房詩「我來圯橋上」，東楚謂橋為圯，不應於圯下加橋字。有傳寫誤者，如擬古「因之寄金徽」，據漢書和帝紀、唐書地理志，金徽當作金微，乃山名。聽新鶯百囀歌「還過茝石聽新鶯」，據西都賦，茝石當作茝若，乃殿名。今註內皆未辨及。至於詩之必須註而後明者，如擬古之「蒼然五情熱」，乃用爾雅「春為蒼天」郭註「萬物蒼蒼然生」，語言五情蒼然而生也。開元寺贈衡嶽僧之「五峯秀其骨」，乃用傳燈錄慧可大師一日頭痛，其頂骨如五峯秀出事。今註內亦未證明，文義便不可曉。凡此不一而足，尚未可謂之善本也。

杜律註二卷（內府藏本）

舊本題元虞集撰。集有平猺記，已著錄。是編所註杜詩凡七言近體一百四十九首，卷首楊士奇序稱其解題桃樹一篇，瞭然於仁民愛物之旨，深得杜意，必伯生所為。然歐陽元撰集墓碑，不載其有此書。觀其詞意，亦皆淺近。考元趙汸學詩於集，而所註杜詩乃無一語及其師。董文玉為趙註作序，亦疑虞註之非真，然不云實出誰手。案曹安讕言長語，稱元進士臨川張伯成著杜律演義，曾昂夫作傳有此名，又有刊版，惜其少傳，往往誤以為虞伯生。李東陽懷麓堂詩話亦云，徐竹軒以道嘗謂予曰，杜律非虞伯生註，宣德初已有刊本，乃張姓某人註，渠所親見。合二家之言觀之，則此註實出張伯成手，特後人假集之名以行耳。王士禛池北偶談謂伯成名性，江西金谿人，嘗註尚書補傳，吳伯慶有輓詩云「箋疏定分傳杜律，誌銘誰與繼唐碑」。此尤可為明徵也。

讀杜愚得十八卷（通行本）

明單復撰。復字陽元，會稽人。千頃堂書目作嵊縣人。洪武中為漢陽河泊官。又云一名復亨，舉懷才抱德科，授漢陽知縣，傳聞異詞，未詳孰是。是編前有宣德九年黃淮序，稱楊士奇得其本於湖湘，以授江陰朱善慶兄弟刻之。考黃伯思東觀餘論，稱嘗撰杜詩編年集，則編年實始自伯思。其本今已不傳，後魯訔、黃鶴諸家穿鑿字句，鉤稽歲月，牽多未安。是編冠以新定年譜，亦未免附會。其箋釋典故，皆剽掇千家註，無所考證。註後隱括大意，略為訓解，亦循文敷衍，無所發明。至每篇仿詩傳之例，註興也、賦也、比也字，尤多所牽合矣。

杜詩通十六卷本義四卷（安徽巡撫採進本）

明張綖註。綖字世文，千頃堂書目作字世昌，疑傳寫誤也。高郵人。正德癸酉舉人，官至光州知州。是編因淸江范德機批點杜詩三百十一篇，每首先明訓詁名物，後詮作意，頗能去詩家鉤棘穿鑿之說，而其失又在於淺近。本義四卷，皆釋七言律詩，大抵順文演意，均不能窺杜之藩籬也。

杜律意註二卷（陝西巡撫採進本）

明趙統撰。統字伯一，臨潼人。嘉靖乙未進士，官至戶部郎中。是編詮釋杜甫七言律詩，首論拗體，謂為杜之粗律，是全然不解聲調者。所詮釋亦皆臆度，不甚得作者之意。凡例稱所見杜詩惟虞註二卷，故雖頗有所校正，而漫無考證。如崔氏東山草堂詩以芹字為出韻，是未知唐韻殷字附真不附文，至宋賈昌朝乃移之。許觀東齋紀事、王應麟玉海皆可考也。

杜詩鈔述註十六卷（福建巡撫採進本）

明林兆珂撰。兆珂官西曹時即手纂是帙，及守衡州，遂刊刻之。謂甫嘗遊衡，刻甫詩於衡，所以為衡重也。自敘以為博摭羣書，增釋未備，時或附以己見，分體選註，成十六卷。然甫詩全集凡一千四百餘首，巨製名章往往不錄，而於杜鵑行、虢國夫人二詩，向因黃鶴、陳浩然二本誤入者，反竝登選。其秦州雜詩二十首，則僅錄八首；遊何氏山林十首，則僅錄六首。竟以其一、其二標寫次第，似原詩止有此數，尤不可解。至註中援引事實，多不註出典。此又明代著述之通病，非獨兆珂一人矣。

杜律意箋二卷（福建巡撫採進本）

明顏廷榘撰。廷榘字範卿，永春人。官九江府通判，終岷府左長史。是編取杜甫詩七言律一百五十一首，先用疏釋，次加證引，名曰意箋，蓋取以意逆志之義。其譏僞虞註之草草，持論良是，然核其所解，與僞虞註正復相等也。

杜詩分類五卷（內府藏本）

明傅振商撰。振商字君雨，汝陽人。萬歷丁未進士，官至南京兵部尚書。杜詩分類始於王洙千家註。振商此編，則又因千家註本小爲更定，殊無所取也。

杜詩解八卷（浙江巡撫採進本）

明楊德周撰。德周有澹圃芋紀，已著錄。是編裒詩家之論杜詩者爲第一篇，蓋即蔡夢弼草堂詩話之意推而廣之。然分類不免於瑣屑，其最不檢者，如八卷補註例第一條云：韓昌黎曰：人各有能有不能，抑而行之，必發狂疾。故杜云束帶發狂欲大叫。如此註，邪得不補云云。是杜詩乃用韓語，天下寧有是事。他如楊慎辨槎字一條，既全載於訂譌字中，又復見於正譌例中。如斯之類，亦往往失之嗜博也。

杜律註評二卷（浙江巡撫採進本）

明陳與郊撰。與郊有檀弓集註，已著錄。是編因元張性杜律演義略施評點，每首皆有旁批，註文亦時有塗乙，大致皆劉辰翁之緒論也。

杜詩說十二卷（內府藏本）

國朝黃生撰。生有字詁，已著錄。此書以杜甫詩分體註釋，於句法字法皆逐一爲之剖別，大旨謂前人註杜，求之太深，皆出於私臆，故著此以闢其謬。其說未嘗不是，然分章別段，一如評點時文之式，又不免失之太淺。中如謂行經昭陵詩非祿山亂後所作，寄裴施州詩據文苑英華本增遙憶書樓碧池映七字於末，雖亦間有考證，然視其字詁義府相去不止上下牀矣。蓋深於小學而疏於詩法者也。

讀書堂杜詩註解二十卷（直隸總督採進本）

國朝張溍撰。溍字上若，磁州人。順治壬辰進士，官翰林院庶吉士。是編乃其晚年家居所作，以千家註爲本，而稍節其宂複。凡稱原註者，皆千家註。每詩下評語及圈點，則溍所增入也。自稱起己丑迄癸丑，閱二十四寒暑，五易稾而成，其用功甚勤，然多依傍舊文，尚未能獨開生面。

杜詩會粹二十四卷（內府藏本）

國朝張遠撰。案康熙中有兩張遠，其一侯官人，有超然詩集，別著錄。此張遠字邇可，蕭山人，由貢生官緜雲縣教諭。朱彝尊曝書亭集有送遠之桂林詩，即其人也。是書採諸家之註而成，故曰會粹。其分析段落，訓釋文意，頗便初學，然不免尋行數墨，詩依年譜編次，與諸本互有異同，考核亦未爲詳審。

杜詩論文五十六卷（內府藏本）

國朝吳見思撰。見思字齊賢，武進人。是編成於康熙壬子，據其凡例，蓋擬舉杜詩典故別爲一書，名曰杜詩論事，故此編但詮釋作意，謂之杜詩論文。夫箋註典故，所以明文義也。論事自論事，論文自論文，是已兩無據矣。而所論之文，又皆敷衍，即以開卷言之，望嶽詩齊魯青未了，正極寫望字耳。其註乃云行至於齊，初見岱色，及行至於魯，岱色依然，故曰青未了。過宋員外之問舊莊詩，杜甫自註曰：員外季弟執金吾見知於代，故有下句。其語已明矣，其註乃云落到執金吾結，如此之類，皆頗嫌於詞費。重題鄭氏東亭詩華亭入翠微句，爾雅山未及上曰翠微，古有明訓，其註乃云山曰翠微，秋山也。如此之類，考證亦多未詳。首列章法句法字法諸論，其三折句法一條，引塵中老盡力歲晚病傷心一聯，謂塵中字、歲晚字一折，老字、病字一折，盡力字、傷心字一折，已嫌破碎。又引峽雲籠樹小，湖日落船明一聯，謂峽字、湖字一折，雲籠字、日落字一折，樹小字、船明字一折，詩家有是句法乎。

杜詩闡三十三卷（江蘇周厚堉家藏本）

國朝盧元昌撰。元昌有左傳分國纂略，已著錄。是書成於康熙壬戌，前有自序，稱杜詩有因註而顯者，有因註反晦者。一晦於訓詁之太雜，一晦於講解之太鑿，一晦於援引之太繁。反是者又爲膚淺凡庸之詞，曰吾以杜註杜也，則太陋。其持論甚當，然其註如四書講章，其評亦如時文批語，說詩不當如是，說杜詩尤不當如是也。

杜律疏八卷（洗馬劉權之家藏本）

國朝紀容舒撰。容舒有唐韻考，已著錄。此書因顧宸所撰辟疆園杜詩註解繁碎太甚，又多穿鑿，乃汰其蕪雜，參以己意，以成是編。初名杜詩詳解，其後以所解皆律詩，又字字句句備爲詮釋，體近於疏，因改今名焉。

讀杜心解六卷（通行本）

國朝浦起龍撰。起龍有史通通釋，已著錄。此書雖總題六卷，而卷首分上下二冊，不入卷數。卷一分子卷六，卷二分子卷三，卷三分子卷六，卷四分子卷二，卷五分子卷五，卷六分子卷二，實二十六卷也。

自昔註杜詩者或分體或編年起龍是編則於分體之中又各自編年殊爲繁碎如江頭五詠以二首編入五言古詩三首編入五言律詩尤割裂失倫其賦及雜文舊本皆繫卷末起龍亦散附各詩之後如雜述附送孔巢父詩後秋述附秋雨嘆後祭房琯文附別琯墓詩後說旱附大雨詩後封西岳賦附贈獻納使田舍人詩後事尙相屬以三大禮賦附贈崔國輔于休烈詩後因詩中有謬稱三賦在句以皇甫淑妃碑附宴鄭駙馬宅詩後因公主爲淑妃所生以華州試進士策問附洗兵馬後因所問乃中興之政已爲牽合至以天狗賦附靈湫詩後以雕賦附義鶻行後以畫太乙天尊圖文附李道士松樹障子歌後則強綴之甚矣自有別集以來無此編次法也其間考訂年月印證時事頗能正諸家之疎舛而句下之註漏略特甚篇末之解繳繞亦多又詮釋之中每參以評語近於點論時文彌爲雜糅與所撰史通通釋評與註釋夾雜成文者同一有乖體例殆好學深思之士而不善用所長者歟

類箋王右丞集十卷附文集四卷浙江范懋柱家天一閣藏本

明顧起經撰起經字長濟更字元緯無錫人嘉靖中以國子監生官廣東鹽課副使是集以王維詩分類重編五言古詩分十一門七言古詩分六門五言律詩分十一門五言排律分八門五言絕句分七門七言絕句分五門各爲箋註而以劉辰翁評散附句下冠以本傳年譜別以外編遺詩及同詠唱荅畫評附後其文集四卷則絕無箋註大都區別繁碎更甚於王洙之割裂杜詩王十朋之竄亂蘇集如淸如玉壺冰詩雖題出鮑照白頭吟然實省試之作列之閨情殊爲不類配隸尤多乖舛也

樊紹述集註二卷浙江巡撫採進本

國朝孫之騄撰之騄所輯尙書大傳已著錄樊宗師之文見稱於韓愈愈所爲墓誌稱其書號魁紀公者三十卷曰樊子者又三十卷春秋集傳十五卷表箋以下雜文凡二百九十一篇又雜銘二百二十賦十詩七百一十九唐書藝文志云樊宗師集二百九十一卷而今傳於世者止此二卷絳守居園池記舊有宋王晟劉忱所註至元時已不傳其載於輟耕錄者凡有二本其一爲濮陽趙仁舉字伯昂者所箋註其一不著註者姓名然宗儀亦僅著其句讀而不盡著其箋註此本以宗儀所得前本爲主而以後一本及他本註釋幷題跋附焉至綿州越王樓詩序一篇則得自計有功唐詩紀事舊無句讀之騄以意創補之宗師文故爲詭異本非正軌韓愈以交游之故曲以文從字順許之然所謂二百九十一卷者卒以無傳則是非之公雖愈不能奪也之騄乃掇拾廢棄爲之註釋謂之好奇則可如謂有當於文章則未也故特存舊註絳守居園池記一篇示好奇之戒而此則附存目焉

香山詩鈔二十卷內府藏本

國朝楊大鶴編大鶴字芝田武進人康熙己未進士官至左春坊左諭德是編用明馬元調所刊白氏長慶集本錄十之三四芟其所分門目但以五言七言分古今體編之

玉川子詩集註五卷浙江巡撫採進本

國朝孫之騄撰盧仝詩唐書藝文志一卷書錄解題作二卷又外集一卷明正德中刊本作二卷蓋無外集全唐詩增多二十二篇編爲三卷之騄又增入櫛銘一篇月詩一篇編爲五卷然月詩見錦繡萬花谷其詞不類櫛銘則僅與梳銘異數字乃一詩而誤爲兩題不當重入且彭叔夏文苑英華辨證據羅衮四銘小序知櫛銘乃衮所作唐文粹誤題爲盧仝之騄均未能訂正殊考之未詳也案朱彝尊明詩綜以櫛銘爲明人所作僞刪去二今字尤爲舛謬併附訂於此仝詩故爲粗獷非風雅之正體之騄嗜奇故特註之卷首月蝕一篇考據元和庚寅時事箋註最詳然後幅天若不肯信試喚皋陶鬼一問而今三台文昌宮云云應以問字爲句之騄乃以而今字爲句殊爲割裂其他註亦多支蔓如客荅蛺蝶一首引羅隱詩以釋黃雀字不顧其人之在仝後亦未免失檢矣

西崑發微三卷江蘇巡撫採進本

國朝吳喬撰喬一名殳字修齡太倉人是編乃所說李商隱詩案唐書商隱傳稱與溫庭筠段成式俱以四六得名號三十六體則商隱所作別無西崑之名楊億西崑倡酬集序稱取玉山冊府之義名曰西崑則西崑之名又非商隱所作此書標題先已失考其所說凡無題之詩又無一不歸於令狐綯如錦瑟一首劉攽中山詩話以爲令狐楚青衣之名其說本謬計有功唐詩紀事稱爲令狐丞相青衣蓋沿此文特省書楚名耳喬不考其源但據

丞相之文，亦孰爲絢之青衣。他如少年一首，明言外戚平羌第一功，富平少侯一首，明言十三身襲富平侯，可嘆一首，明言趙后樓中赤鳳來，與絢何與，皆鍛煉入之。然則柳枝五首非商隱明作一序，亦必謂爲絢作矣。

李長吉歌詩彙解五卷（浙江巡撫採進本）

國朝王琦撰。琦有李太白詩註，已著錄。註昌谷集者，宋有吳正子，明有徐渭、董懋策、曾益、余光、姚佺。又有宋劉辰翁評本。然賀詩鏤心劌腎，意匠多在筆墨之外，往往可以意會，不可言詮。諸家多鑽研字句以求之，失之愈遠。琦此註兼採諸家之本，故曰彙解，亦不免尋行數墨之見，或附會穿鑿，或引據失當。如鴈門太守行塞土臙脂凝夜紫句，舊註引古今註紫塞爲解，本不爲謬，而琦必從別本作塞上，引王勃煙光凝而暮山紫句，以就疑紫二字，是豈塞上夜景耶。又如勉愛行洛郊無俎豆，弊廄慙老馬句，舊本誤慙爲斬，曾益註遂云斬老馬以祖別，直謂殺馬食客，固非事理。余光註斬爲絕，謂廄中無馬可乘，亦牽強未安。琦不從之，是矣。然不知此用陶潛詩馬廄講肆之意，明儒者之不得志，而以爲無俎豆以餞行，即乘馬亦非強壯，仍郢書燕說也。至蘇小小墓詩油壁車久相待，冷翠燭勞光彩，西陵下，風吹雨，下與雨叶，乃用古音。集中如讀來爲釐，押入支韻之類，不一而足。琦乃易末句爲風雨改以就待彩二韻，尤失古法矣。此類不可枚舉，與諸家亦魯衛之政也。

豐溪存稾一卷（安徽巡撫採進本）

舊本題唐呂從慶撰。前有任啟運所撰小傳，稱從慶字世膺，大梁人。從其祖伸官於金陵。廣明元年黃巢攻金陵，從慶走歙之堨田。及朱溫篡唐，遂遁居旌德萬山中，隱居不仕，稱唐遺民。至南唐時乃卒，年九十七。其集歷代史志書目皆不著錄。此本爲乾隆庚申其裔孫積祚所刊，稱其從叔高祖元進所手錄。黃之雋、邵泰、儲大文皆爲之序，稱其湮沒八百年而始顯。然其書晚出，授受源流渺不可考。越宋元明至今，忽傳於世，論者頗以爲疑。其詩如賊警之何以慰時匆，遊多寶寺之先供座佛歆，村徑即景之啼鳥斷還仍，及長此樂清祁，草堂坐雨之儻黍轉餘精，薄暮步村徑之飛蟲搏澗舞，鳴鵲抱巢修，醉臥田間里人扶歸之垂手引模糊，詠菊之風雨困秋曦，皆不似晚唐五代人語。又其中有懷嚴子陵前輩一題，案李肇國史補，稱進士互相推敬，謂之先輩，無稱人以前輩之事。杜甫詩晝手看前輩，吳生遠擅場，又前輩飛騰入，餘波綺麗爲，亦僅用爲詞藻，無稱人以某前輩之事。況遠隔千年，忽被此目，唐人諸集實未前聞。又春雪往柵山題中有敲詩驢子背上語。案賈島吟推敲二字不定，見唐摭言。鄭綮言詩思在灞橋風雪中驢子背上，見唐詩紀事。在今日則爲故典，在唐末猶爲近事，不應從慶用之。且稱吟詩爲推敲，已屬割裂。至改爲敲詩，明以前人實無此語。疑爲贋鼎，蓋亦有由矣。

譚藏用詩集一卷集外詩一卷（江蘇巡撫採進本）

舊本題唐譚用之撰。用之字藏用。其履貫時代不見於史。新唐書藝文志載有譚藏用詩一卷，次於劉言史、黃滔之前。全唐詩亦載用之詩一卷，謂爲五代末人。而宋史文苑傳又云，開寶初有穎贄、劉從義善爲文章，張翼、譚用之善爲詩，張之翰善箋啟。則又當爲宋初人。厲鶚宋詩紀事遂系之於宋。衆說紛紛，莫能考定。今此集前題姑蘇吳岫家藏本，悉依宋鈔十一字。後有譚氏子孫札一通，稱集本元人鈔宋版，鈔書家珍藏，罕行於世云云。是其書當出於明之中葉。而全唐詩所載之七律四十首，則別爲集外詩附之於後。蓋亦其子孫所題，以別於本集者。然自宋以來，閱數百年，收藏者從未著錄，而忽得於吳岫家。又集外諸詩皆本於唐詩鼓吹，當時郝天挺所選錄已不爲少，乃無一篇出於本集，其故頗不可解。且反覆檢勘，頗多疑竇。如經歷官名不特唐百官志所無，即宋代亦未嘗置，至元時始有此職。而集中夢祝直詩，乃有忽夢潯州祝經歷句。其可疑者一也。又吳眞人奉旨求賢詩，不似唐人語。考元時有道士吳全節，被遇成宗、仁宗、英宗，封崇文宏道眞人，見於元史。而延祐中嘗命眞人王壽衍求訪道行之士，與此所云奉旨求賢者情事相近，似當爲吳全節作。其可疑者二也。又集中贈胡守詩，鋪敘時事極詳。其大略云，因思閩廣開壤地，有深阻兕豪據深洞，老幼負戈弩，幸逢天子聖元帥，復神武詔書一日下，海內盡歌舞，橫算罷舟車，求賢復科舉。而金盤山詩又有貞元紀年。案貞元爲德宗年號，距唐末百餘歲，時代大不相及。而證諸唐書，亦無閩廣作亂之事。惟元史載成宗元貞元年昭賀藤邕澧全衡柳吉贛南安等處蠻寇竊發二年上思州叛賊黃勝許攻剽水口思光寨其後屢見於本紀似與閩廣兇豪之語相合而仁宗皇慶二年始行科舉與求賢復科舉語亦相近蓋元代未嘗有此制仁宗始法古舉行故謂之復若唐則科舉一代不絕不可謂之復矣貞元年號恐當是元貞之譌特元貞盡二年而此作七年爲不相符耳其可疑者三也又送趙容詩云武林楊柳舊依依甲第樓臺有是非莫道天涯龍已化但看雲際鶴還飛其意似指南宋之亡若唐末五代時則錢氏據有臨安勢方全盛安得有此語其可疑者四也豈用之遺集散佚殘闕其子孫勦他人所作攙雜其間以足卷帙故牴牾如是歟

范文正公尺牘三卷 浙江巡撫採進本

宋范仲淹撰仲淹有范文正集已著錄是編皆其平生手簡爲家書三十六首交游八十一首蓋其家子孫所輯宋時已於集外別行後有張栻及朱子所作文正書帖跋語二則當亦後人所附入原本五卷今止三卷則陳振孫所改編也

曾樂軒集一卷 兵部侍郎紀昀家藏本

宋張維撰維烏程人仁宗時官衛尉寺丞都官郎中張先之父也先嘗摘維所自愛詩十首繪爲十詠圖孫覺爲之序周密齊東野語備載其詩及覺序併述是圖始末甚詳此本乃安邑葛鳴陽所刊即從齊東野語錄出原圖殘闕佚其第五首故此亦惟存九首焉

別本公是集六卷 山東巡撫採進本

宋劉敞撰敞有春秋傳已著錄其文集久佚今始從永樂大典編次成帙此本乃錢塘吳允嘉從諸書中搜輯而成考宋文鑑尙有敞所作續諡法一篇唐順之右編有奏議六篇此集均未收入又誤載劉攽詩及詩文重複文同題異者數篇又舜讓禹以下三篇鈔錄舛錯原目亦頗失先後之序然較之新喻所刻三劉集採摭稍富故今仍存其目不沒其蒐輯之勞焉

陳副使詩一卷 浙江巡撫採進本

宋陳洎撰洎字亞之彭城人師道之祖也皇祐中官至三司鹽鐵副使宋國史實錄皆不爲立傳故宋史亦失載其人此本僅詩十二首金侃跋語謂陸緇仲從宋人墨蹟卷錄出者前有熙寧九年曲阜顏復序後有張徽司馬光蘇軾任希夷李寔五跋復序謂其事業在卿大夫者以補國利民傳寔跋亦謂景行懿文知者蓋鮮曲阜長道顏公侯官宏中鄭公而下諸大賢表而出之輯成巨軸蓋皆當時就題卷中者寔跋作於嘉定癸酉自皇祐改元至是一百六十餘年賢士大夫猶相與珍其遺篇景企不置則洎之爲人可知矣金侃又謂跋其後者尙有林希孫覺蘇轍徐積錢世雄諸人惟遺侯官鄭宏中一跋今希等諸跋並佚不存則已非侃所見之本又顏復稱詩二十二篇蘇軾稱詩二十五篇今所存僅及其半亦不知何時散失厲鶚宋詩紀事載洎詩十三篇較此本多過項羽廟過田文墓二篇惟此本所有之黃鵠詩鶚失採耳

居士集五十卷 內府藏本

宋歐陽修撰前列蘇軾序及年譜舊本每卷有熙寧五年子發等編次數字而軾序謂得於其子棐乃次而論之蓋序作於元祐六年時發已卒故序中不及耳慶元中周必大編次修集自居士集外有外集等九種通一百五十三卷此編僅三之一然出自修所手輯文獻通考引葉夢得之言曰歐陽文忠公晚年取平生所爲文自爲編次今所謂居士集者往往一篇閱至數十過有累日去取未決者則其選擇爲最審矣此本又取淳熙間孫益謙所校重鐫卷末列諸本字句異同極爲詳核又一本爲明代朝鮮所刊校正亦極精審以周必大所編文忠集已全部收入無庸復錄故今惟存其目焉

歐陽遺粹十卷 編修勵守謙家藏本

明郭雲鵬編雲鵬爵里未詳卷首有嘉靖丁未雲鵬自敘以陳亮歐陽文粹僅錄一百三十篇所收太隘乃補錄八十三篇附刻其後然亮所錄持擇精審與本集多有異同宋人舊本存之可以備參考此則全從本集採出字句既無可互證又其精不及亮所錄而其博又不及修所自定居士集實兩無所取故析出別存其目焉

老泉文鈔無卷數 編修勵守謙家藏本

明郭祥鵬編祥鵬泰和人成化辛丑進士是集於蘇洵集中摘取權書十篇衡論十篇幾策二篇別爲一集案洵全集具存其文章之妙豈止於此此選亦無謂甚矣

東坡外集八十六卷江蘇巡撫採進本

不著編輯者名氏前有焦竑序稱世傳東坡集多亂以他人之作如老蘇水官九日上魏公送僧智能三詩叔黨颶風思子臺二賦人知其謬至和陶擬古九首大悲閣通閣記本子由作見欒城遺言虛飄飄三首公與黄秦倡和見少游集睡鄉記擬無功醉鄉記而作今竝屬子瞻代滕甫辨謗王鞏謂爲其父作四六話備載其文大率紀次無倫眞贋相雜最後得外集讀之多前所未載而卷帙有序如題跋一部游行詩文字畫等各以類從而盡去志林仇池筆記之目最爲精核其本傳自祕閣云云考和陶擬古九首雖見於欒城遺言其實軾轍各自有詩所謂客從遠林薄依牆種楊柳者轍詩也有客叩我門繫馬門前柳者軾詩也竑所糾摘未爲盡確又轍所作賦墓誌載所作凡六集晁陳二家所錄多應詔集十卷宋史藝文志所載凡十一集皆無此八十六卷之本且外集之名以別內集軾之詩文既已全載於此別無所謂內集則外集之名殊無根據竑稱得之祕閣不知明代之書盡於楊士奇張萱所錄二家之目不載竑又何從而得之此直竑以意刪併託之舊本耳

黄樓集二卷兩淮馬裕家藏本

明會點編胡廷宴補點有齊雲山志已著錄廷宴漳州人點書成於萬歷甲辰廷宴補刊則在丁未相距二三年而廷宴序稱歲久浸壞漸以失次殆不可曉蓋明代朝覲官入都例以重貨賂津要其餘朝官則刊書一部佐以一帕致餽謂之書帕其書即謂之書帕本其倉卒不暇自刊者則因舊官所刊稍改面目而用之動以舊刊漫漶爲詞而偶志其相去不久也宋熙寧十年蘇軾守徐州值河決澶淵南溢於泗城幾沒軾捍禦百方城以無恙乃取土剋水之義即城東門爲樓堊以黄土名曰黄樓其弟轍及秦觀皆爲之賦陳師道爲之銘軾亦有九日黄樓黄樓觀月諸詩遂爲古蹟點官徐州因裒軾詩文作於徐州者爲一集題曰黄樓集實非皆爲黄樓作也入之地理名實不倫今仍入之別集附軾集後焉

東坡守膠西集四卷浙江巡撫採進本

明閻士選編士選字立吾綏德州人萬歷庚辰進士官至山東按察使是編乃士選爲萊州府知府時採蘇軾在膠西詩文刻爲一帙以尙有挂漏及官按察使時補完之其王宗稷年譜亦僅摘錄熙寧八年乙卯軾到密州及十年丁巳自密移知河中府復改知徐州一段蓋借軾以重膠西也

蘇文奇賞五十卷江蘇周厚堉家藏本

明陳仁錫編仁錫有繫辭十篇書已著錄是編取東坡七集分體選錄一以時文之法批點之至於志林之屬亦皆摘錄不知是固不以文章論也颶風賦乃蘇過之作後人誤題其父仁錫因而錄之亦漫無考證矣

東坡禪喜集十四卷浙江巡撫採進本

明凌濛初編濛初有聖門傳詩嫡冢已著錄先是徐長孺嘗取蘇軾談禪之文彙集成編唐文獻序而刊之濛初以其未備更爲增訂萬歷癸卯濛初與馮夢禎遊吳閶擕是書舟中各加評語於上方至天啟辛酉與山谷禪喜集竝付之梓濛初喜取前人小品以套版刻之剞劂頗工而無裨藝苑此亦其一種也

東坡養生集十二卷內府藏本

國朝王如錫編如錫字武工江寧人是編前有王思任序則當成於前明之末然又有康熙甲辰邱象升序蓋書成於崇禎中批點行世則出象升手也其書取蘇軾詩文雜著有關於閒適頤養者分飲食方藥居止游覽服御翰墨妙理調攝利濟述古志異十二門軾以文章氣節雄視百代其游戲諸作大抵患難中有託而逃如錫乃惟錄其小品所謂飛鴻翔於寥廓而弋者索之藪澤也使軾僅以此見長則軾亦一明季山人而已矣何足以爲軾乎

蘇詩摘律六卷內府藏本

舊本題長垣縣知縣無錫劉宏集註不詳時代惟取蘇軾集七言律詩註之潦草殊甚

呂次儒集一卷編修汪如藻家藏本

宋呂南公撰南公有灌園集已於永樂大典中裒輯成編此本乃後人採掇而成僅麻姑山詩二十四首福山詩一首文三首仍以符行中原序冠之其麻姑山詩蓋出麻姑山志前有小引西江詩話所載之葛仙峯詩即在其中而題作上葛仙壇標目小異其錢鄧州不燒楮鏹頌一首則自呂祖謙宋文鑑中錄出者也篇帙寥寥採摭殊爲寒窘今既別編巨帙此爲廢棄矣

支離子集一卷（浙江鮑士恭家藏本）

一曰竹堂集。宋道士黃希旦撰。希旦，邵武人。一名晞，字姬仲，自號支離子。熙寧中嘗召至京師，典太乙宮事。後病卒，其徒傳爲仙去，無可證驗也。此集爲淳祐己酉九龍觀道士危必升所編，後附小傳云希旦爲九天彌羅眞人掌上帝章奏，語甚怪妄。其詩亦凡近無深致，不類出世有道者之言。且希旦沒於熙寧甲寅，不云有詩，越一百七十五年，是集忽出於羽流，則非惟仙去之說事涉荒誕，并此集殆亦依託矣。

山谷刀筆二十卷（編修汪如藻家藏本）

宋黃庭堅撰。庭堅全集已著錄。此乃所著尺牘也。以年爲次，自初仕至館職四卷，居憂時三卷，在黔州三卷，戎州七卷，荆渚二卷，宜州一卷，皆於全集中摘出別行者。然是編向有宋槧本，非後人所爲。考宋史藝文志，楊億亦以刀筆別行，蓋當時風氣有此一體云。

精華錄八卷（浙江鮑士恭家藏本）

舊本題宋任淵編。淵有山谷內集註，已著錄。是集皆摘錄黃庭堅詩文，前有淵序，不著年月。又有朱承爵題詞，稱嘗得其目錄，蓋宋元祐間刻版，而亡其文。心實其名而竊病其實，久之始獲旁稽載籍，緣目尋詞，以還故物。若太史大全詩、宋文鑑、文苑英華、文翰類選、元臣英華諸集，悉掇拾無遺云云。考庭堅卒於徽宗崇寧四年乙酉，是書之選，雖無年月，然稱黃太史山谷集幾萬篇，嘗節其略而謬註三十之一也，則成於所註內集後。內集註中已稱徽宗爲徽考，鄱海許尹敘內集註亦稱作於紹興時，此集既刻於元祐中，何以反在其後？且錄中詩文以本集年月核之，已有崇寧中作，何以預刻於元祐時？集中之目亦往往與本集不合。如夜發鄂渚曉泊漢陽親舊攜酒追送一題，是時庭堅自武昌赴宜州貶所，故親舊追送至於漢陽。此本割裂其文，作漢陽親舊追送，則親舊屬之漢陽，追送字不可通矣。又用前韻贈高子勉一題，乃庭堅自用其韻，本集可考。此本乃作和高子勉，則事實全乖矣。謝公定和二謝秋懷邀予同作一題，有末四字，乃見倡和之意。此本無此四字，則謝公定自和二謝，與庭堅無關矣。甚至雙井茶詩八閒風日不到處四句，乃七言古詩之前半，而割爲絕句，改其題曰內直觀化。第十一首之竹筍初生一絕，改其題曰二月江南。修水記一篇，乃取庭堅書幽芳亭一篇，摘其中一段，而略增末數語，其餘竄亂，不可勝數。淵所註內集年經事緯，考證詳明，何以此集憒憒至此？至於所錄集中不載諸詩，西湖徙魚和蘇公二首，乃陳師道三首之二，見後山集中，淵亦嘗註師道詩，何以兩集並收漫無一語之訂正？其新竹一首，乃陸游詩，題曰東湖新竹，見劒南集中，淵何以能於數十年前預見之？其爲僞託，固可不攻而破。且承爵序既稱緣目尋詞，集中一題數首者，目中並無明文，云摘選某首，何以摘選者較多？又稱所採之詩有文苑英華，乃宋太宗時宋白等奉敕編撰，所錄詩文止於唐代，何以有庭堅之作？排律之名，唐宋元人皆無之，舊集具存，可以覆案。至元末楊士宏所選唐音，始以排律標目。明初高棅選唐詩品彙，仍之不改，乃沿用至今。何以此本刊於宋時，已有五言排律？其爲承爵依託爲之，亦確鑿無疑。何景明曰：山谷精華錄任淵選者，其所採取多不愜人意。王士禎曰：精華錄八卷，有天社任淵自序，錄中取舍未愜人意。張宗柟亦曰：觀其錄取大意，祇以備體，且多闌入游戲之作，非上選也。宗柟所見者稱嘉靖間摹宋槧本，士禎所見者稱明章邱李開先家宋槧本，皆在承爵之後。何景明雖正德時人，而比承爵亦差後，蓋皆即承爵此刻，託諸宋槧。觀士禎所記任淵序，與此本不異一字，而承爵之序與淵序貌爲軋茁，如出一手。其作僞之蹟固了然矣。向來藏書之家，珍爲祕笈，蓋以名取之，未及一一核其實耳。

山谷禪喜集二卷（內府藏本）

明陶元柱編。元柱始末未詳。是集於黃庭堅集中錄其闡發禪理者，別爲一書，蓋欲以配東坡禪喜集也。

后山詩集十二卷（江蘇巡撫採進本）

宋陳師道撰。師道有全集，已著錄。此本爲雍正乙巳嘉善陳唐所刊。正集六卷，仍魏衍所編之舊，逸詩五卷，詩餘一卷，則唐蒐輯諸書補所未備者也。正集舊有任淵註，今皆削去，別本各行，未爲不可。唐同里吳淳爲作序，乃極論其註當削，則謬之甚矣。

襄陽遺集一卷（兩淮馬裕家藏本）

明范明泰編。明泰有米襄陽外紀，已著錄。此乃所輯米芾遺文。考芾寶晉英光集世有傳本，明泰蓋未之見，故蒐采各書，裒爲此編。然闕略殊甚，至於倒書心經咒語一則，本佛書舊文，非芾所撰，亦登簡牘，則更誤矣。

斜川集十卷（江蘇蔣曾瑩家藏本）

舊本題宋蘇過撰。過，軾之季子，字叔黨，斜川其自號也。事蹟附載宋史蘇軾傳。其集文獻通考作十卷，世無傳本。王士禎香祖筆記稱康熙乙酉有書賈來益都之顏神鎮，攜蘇過叔黨斜川集僅二冊，價至二百金有奇，惜未得見之。其存佚今不可知，然士禎所記多傳聞之詞，未必確也。此集乃近時坊間所刊，其本但有邊闌而不界每行之烏絲。此本染紙作古色，每頁補畫烏絲，而僞鐫虞山汲古閣毛子晉圖書一印，印於卷末，蓋欲以宋版炫俗。然考晁說之所作蘇過墓誌，過卒於宣和五年。此集中所稱乃嘉泰、開禧諸年號，以及周必大、姜堯章、韓侂胄諸人，過何從見之？其中所指時事，亦皆在南渡以後，尤爲乖剌。案劉過龍洲集中所載之詩，與此盡同，蓋作僞者因二人同名爲過，而鈔出冒題爲斜川集，刊以漁利耳。龍洲集已別著錄，此本本不足存，以世傳刊本、鈔本不一而足，且卷數與文獻通考所載相合，恐其熒聽，故存其目，而辯之焉。

雙峯存稾六卷（江西巡撫採進本）

舊本題宋進士舒邦佐平叔撰。宋志及諸家書目皆不著錄，厲鶚宋詩紀事亦不載其名。前有自序，稱早困舉子業，竊第後方學四六語。又稱尚書劉公曾爲辛丑省試官，余以晚出門生之禮事之。辛丑爲徽宗宣和三年，則邦佐當爲北宋末人。集中有和洪龜父歲晏詩。龜父，黃庭堅甥洪朋字也。庭堅最賞其詩，而劉克莊後村詩話稱其早卒，則邦佐與之倡和，又在徽宗以前。序末題甲子歲四月，而中云投紱西歸，老於三徑。甲子爲高宗紹興十四年，則其老而退休在南宋之初，而集中有賀黃察院啟，在紹熙四年；迎潭帥朱殿撰啟，在紹熙五年。上距高宗甲子凡五十年，邦佐當已百有餘歲，乃復在仕途，似無此理。況邦佐及見洪朋，則與蘇軾、陳師道、僧道潛皆同時人，特相距先後閒耳。自序稱願借後山向來一瓣香，敬爲曾南豐句，則陳師道語也。貢隱集序稱遞相傳寫，不無魚魯，謹守昔人白鷗沒浩蕩、採菊見南山之戒，則蘇軾語也。其詩復云：不如陶靖節，客至空持觚。不如蘇東坡，勝敗兩忘憂。又云：大蘇文章繼老蘇，魏徵勳業付魏謩。又云：參寥已似絮沾泥，天女雖來媛非肉。皆作典故用之，尤爲可疑。他如池平初鬭蛤，柳老半藏鴉，即軾詩之夜涼初吹蛤，柳老半書蟲也；早烏挂銅鉦，即軾詩之樹頭初日挂銅鉦也；小雨止還作，虛窗暗又明，即軾詩之微雨止還滴，小窗幽且妍也；蜜熟花蜂亦慣營，即軾詩之蜜熟黃蜂亦懶飛也；卷地風來忽吹散，即軾詩之驀地風來忽吹散也。即刻意學步，不應雷同至此。其爲撫軾詩贗作，痕迹顯然。至於宋璟梅花賦，宋已不傳，故李綱集有補作，其序甚明。今集中有讀廣平梅花賦詩，知其出在劉壎隱居通議之後；梅子又生仁句，乃以唐寅詩試嘗梅子又生仁句截去二字，知其出於唐寅之後，是殆近時之所爲耳。

別本海陵集一卷（浙江巡撫採進本）

宋周麟之撰。麟之海陵集二十三卷、外集一卷，已著錄。此本僅詩六十三首、文四篇，即外集一卷，書賈削去標題外集字，別作僞帙，以售欺耳。

李忠定集選四十四卷（福建巡撫採進本）

宋李綱撰。綱有梁谿集，已著錄。此本凡錄奏議十五卷、文十六卷、詩六卷、靖康傳信錄三卷、建炎進退志四卷，冠以本傳一卷、行狀三卷。明萬歷中閩人李嗣元所選，其凡例稱限於貲不及全刊也。兵燹版佚，國朝康熙己酉，建寧李榮芳又重刊之，稱購得三舊本，皆有殘闕，合之乃成完帙，其用力頗勤。梁溪全集，大抵藏書舊家始有之，世不多見，今行於世者惟此本，故附存其目，不沒剞劂之功云。

林泉結契五卷（編修汪如藻家藏本）

宋王質撰。質有詩總聞，已著錄。是編乃商邱宋犖摘紹陶錄中山友辭、山友續辭、水友辭、水友續辭、山水友續辭各爲一卷，謂其有玩物適情之趣，改題此名，其文則無所增損也。

北山律式二卷附王炎詩一卷晁沖之詩一卷（浙江鮑士恭家藏本）

宋葉夢得所選程俱詩也。夢得有春秋傳，俱有麟臺故事，皆已著錄。是編前有夢得序，稱致道北山集四十卷，既爲之序，人皆知致道之文，而不知其詩，即知其詩，亦僅知其古風，而不知其律詩之妙。

及門鄭晦、係致道同里人。初學韻語，子謂其何舍近而就遠也。因選錄致道近體詩二卷，名曰北山律式云云。其文淺鄙，不似夢得他作。北山集已別著錄。此爲駢拇枝指，無論眞僞矣。卷後附錄王炎雙溪類稾十數首，晁沖之具茨集數首，尤不解其何意。大抵雜湊之本，姑充插架之數者也。

別本江文定集十三卷（江蘇巡撫採進本）

宋汪應辰撰。應辰全集已於永樂大典內裒輯成編，別著於錄。此本乃明程敏政以內閣藏本選錄而成，非其完帙。

延平文集三卷附錄二卷（編修汪如藻家藏本）

宋李侗撰。侗有朱子所輯延平問荅，已著錄。此本乃侗裔孫葆初更彙詩文一卷，附綴於後，改題此名。故宋志不載，前三卷均標曰朱熹編，其實朱子惟編問荅，未編詩文，特借以爲重耳。後二卷爲附錄，則朱子所爲行狀之類也。

別本蘆川歸來集六卷（編修汪如藻家藏本）

宋張元幹撰。是集已於永樂大典中裒輯成編，別著於錄。此本凡詩二卷，雜文三卷，末附幽巖尊祖事實一卷。詩僅有近體，又編次無緒，至以題米元暉瀑布橫軸一詩，題蘇養直絕句後一詩，題江天暮雨圖一詩，題江貫道絕壁古松一詩入之雜文跋類中。蓋殘闕掇拾之本也。

陳文恭公集十三卷（浙江鮑士恭家藏本）

舊本題宋陳康伯撰。康伯字長卿，弋陽人。宣和三年中上舍丙科，仕終尚書左僕射同中書門下平章事，謚文恭。事蹟具宋史本傳。是集爲其裔孫以鈔編次，幷以誥敕及諸書文字有涉於康伯者彙附於後。然遺文僅二卷，而附錄乃十一卷，末大於本，殊非體例。且遺文亦多僞作，如所載謝敕命修家譜表，稱昨進家譜，敕令史院編修塡諱。自古以來無是事理。其謝語稱伏惟聖躬保重，聖壽隆長。而首稱臣康伯叩頭拜謝，曰末稱臣等不勝欣躍。無任感戴叩謝之至，尤不曉宋人章表體例。又首載原序一篇，稱乾道七年新安門人朱熹頓首拜書於碧落洞天。其詞鄙陋殊甚。朱子年譜具在，不言有此師。朱子集中亦無此文，蓋無往而不僞也。

志道集一卷（浙江鮑士恭家藏本）

舊本題宋顧禧撰。禧字景繁，吳郡人，居於光福山，閉戶誦讀，不求仕進。紹興間有司以遺逸薦，不起。後築室邳村，表曰漫莊。凡田居五十年而終。嘗與吳興施宿註蘇軾詩，行於世。陸游序所謂助以顧君景繁之賅洽是也。茲編稱禧子宏開搜求遺稾，從江浙提刑轉運任某鈔得若干首，取魯論隱居求志之義，題曰志道集。然莫知其所自來。卷首有禧姪長卿序，稱禧以文章擅名，爲里中同學所忌，指作周世宗宮詞，禍幾不解。會以遺逸薦得白。於是以杯酒釋奠，盡焚生平所著述，凡百餘卷，無復隻字存者。其敘述禧生平頗具。惟序末署至元壬辰，乃元世祖即位之二十九年。禧爲宋高孝時人，相距一百餘年，安得有其姪尚在爲之作序。又考集中多載洪興祖倡和之作。興祖當紹興中以忤秦檜貶死，禧正與之同時。又似乎眞出禧手。惟贈行省任古一首，宋時無此官名。而序中則作提刑轉運任公。復與宋制相合。其長卿結銜稱石泉書院山長、福州路教授，又非宋官。殊參錯不可解。詩僅三十餘首，且多俚句，疑其出於依託焉。

千慮策二卷（江西巡撫採進本）

宋楊萬里撰。萬里有誠齋易學，已著錄。是編凡君道三策，國勢三策，治原三策，人才三策，論相二策，論將二策，論兵二策，馭吏三策，選法二策，刑法二策，冗官二策，民政三策。前有自序，已載於誠齋集中。此江西所刊別行本也。本傳稱虞允文爲相，見此策，薦爲國子博士，則當時已別行矣。

錦繡論二卷（永樂大典本）

舊本題宋楊萬里撰。考宋貢舉條式第二場試論一道，限五百字以上，則此編蓋當時應試程式也。然體例拘陋，未必眞出於萬里。疑併書中國子監批點，皆坊賈託名耳。

分類誠齋文膾後集十二卷（副都御史黃登賢家藏本）

不著編輯者名氏。其書分三十二類，取楊萬里易傳、千慮策中之語摘錄標題，各加批點，殊爲庸俗。又有題見此集，而註云文見前集者，亦非完書。相其版式，乃麻沙舊刻，蓋宋末書坊陋本也。

蘂閣集一卷（兩淮馬裕家藏本）

舊本題宋辛棄疾撰。棄疾有美芹十論，已著錄。是編集六朝及唐人詩句爲五七言近體，平聲上下三十韻爲一首，前有棄疾自序，今案唐韻及宋禮部韻皆上平二十八部，下平二十九部，至理宗末平水劉淵始倂爲上下平各十五部。棄疾當高孝光寧之朝，平水韻未出，安得而用其部分。且平韻分上下，自廣韻已然，集中顧以一先爲十六先，至咸韻爲三十，此向來韻書所無。又據魏了翁之說，唐韻下平作二十九先，而小變之者也。至集句始於晉傅咸，宋王安石、孔武仲皆有其體。今序首卽云集韻非古，又舍王、孔而獨舉陳后山、林莆田，尤極疎舛，文筆亦頗類明末竟陵一派，決不出棄疾之手也。

別本攻媿文集三十二卷詩集十卷 兵部侍郎紀昀家藏本

宋樓鑰撰。鑰有攻媿集，已著錄。此本前後無序跋，又文集有目，而詩集無目，較原集少七十八卷，蓋後人選錄而成，然世所傳寫，大抵此本，今亦附存其目焉。

朱子大同集十三卷 江蘇巡撫採進本

宋陳利用編，明林希元增輯。希元有易註存疑，已著錄。是編皆朱子官同安時所作。考朱子年譜，二十四歲爲同安主簿，越二年，受學於李侗，又四年，秩滿而歸，凡莅事七年。其稱大同者，唐貞觀中於同安置大同場，宋時亦有大同驛，從古名也。詩文皆全集所載，問答亦語錄所收，別無新異，徒以賢者所莅，人爭攀附以爲重，故同安之人裒刻以夸飾其地，實不足以盡朱子，而朱子亦不藉此表章也。

晦菴文鈔續集四卷 安徽巡撫採進本

明崔銑編。銑有讀易餘言，已著錄。宣德中，常熟吳訥有晦菴文鈔六卷，銑以其未備，復爲續輯，而略釋大意於每篇之末，蓋與訥書相輔而行。目錄以七卷爲始，亦合訥書計之也。

朱子文集大全類編一百一十卷 兵部侍郎紀昀家藏本

國朝朱玉編。玉，建陽人，朱子十六代孫也。是編以朱子正、續、別三集合而爲一，俾諸體各以類從。每體之中，又以編年爲先後，分爲八冊。一冊爲道學淵源、世系、題贊、事實、年譜、祭文、行狀、褒典、祠廟及門人姓氏，附錄凡三卷。二冊爲賦詩詩餘，凡十卷。三冊爲封事奏劄，凡二卷。四冊爲政蹟、宮觀、經筵、表文、疏文，凡十一卷。五冊爲書劄，凡十四卷。六冊爲問答，凡三十五卷。七冊爲雜著，凡十五卷。八冊爲序記、祝文、碑文、行狀、墓誌、事實、年譜、遺事及庭訓、墨蹟，附編著書目，凡二十一卷。每卷各爲之引。述其用力頗勤，然割裂煩瑣，究不及大全集之原本爲能存其舊也。

別本象山文集六卷 江西巡撫採進本

宋陸九淵撰。舊本題九淵門人傅子雲編。首卷爲年譜，次卷爲講學語錄，後四卷爲詩文，末附以謚議行狀。前有萬歷乙卯金谿傅文兆重刻序，稱文集已經七刻，殊無善本。友人周希旦得全集而刻之金陵，集中不敢刊削一字。又稱吾家子雲與先生同里云云。考九淵子持之所作年譜云：開禧元年乙丑，持之編遺文爲二十八卷，外集八卷，楊簡序之。三年丁卯，撫州守括蒼高商老刊於撫州，是爲初本。又云：嘉定五年壬申八月，張衎編遺文成，傅子雲序之，未言刊版與否，是爲第二本。是年九月，江西提舉袁燮刊其文集三十二卷於倉司，稱爲持之所裒益，是爲第三本。紹熙四年辛卯，燮之子甫文重刊之，是爲第四本。文獻通考作象山集二十八卷，外集四卷，與三十二卷數合，併載燮序於後。宋史藝文志亦同，無所謂六卷之本，亦無所謂傅子雲編之事。其文僅全集五分之一，則不敢刊削一字之說，尤爲誕妄。蓋後人選刻之本，文兆以宗族之故，借張衎本有子雲作序一事，遂題其名，實非當日之舊。其年譜亦多所竄亂，如載形家占其先墓之言，有糊糊塗塗生一箇大孔夫子之語，顯爲不學者所妄加也。

別本緣督集十二卷 浙江鮑士恭家藏本

宋曾丰撰。丰集久無完本，近始採永樂大典所載薈綴成帙，已著於錄。此本爲其十世孫自明所輯，萬歷癸未詹事講爲選而刻之，據事講自序，其先本曾氏裔也。所選僅詩三卷，文九卷，挂漏頗多，今已採其中永樂大典所未載者，編入新本，故附存其目，不更繕錄焉。

止齋論祖五卷 浙江鮑士恭家藏本

宋陳傅良撰。傅良有春秋傳，已著錄。初，傅良講學城南茶院時，以科舉舊學人無異辭，於是芟除宿說，標發新穎，學者翕然從之。此論五卷，蓋卽爲應舉而作也。首列作論要訣八章，中分四書、諸子、通鑑、君臣、時務五門，凡爲論九十二篇。考止齋文集卷末附錄雜文數首，編內守令、文章、民論三篇存焉，餘皆削而不錄，疑傅良當日自悔其少作，故其門人編次之時，不以入集。特別錄此本，私存爲程試之用耳。

南塘四六一卷 浙江巡撫採進本

宋趙汝談撰。汝談字履常，太宗八世孫，居於餘杭。

淳熙十二年進士，官至權刑部尚書。事蹟具宋史本傳。汝談在當時，頗以詩名。歷掌制誥，亦以文章典雅見稱。其嘉定賀玉璽表，有函封遠致，不知何國之白環；琢刻孔彰，咸曰寧王之大寶四語，王應麟困學紀聞極稱之。今全篇在集中。然他作不盡如是也。

別本後樂集十卷、附錄二卷（江蘇巡撫採進本）

宋衛涇撰。涇集本五十卷，刊於元代，歲久散佚。今從散見永樂大典中者編次成帙，已著於錄。此本乃其十四世孫楫所輯，以志乘諸傳及遺像弁卷首，而以廷試策爲卷一，奏疏爲卷二至卷九，各以時代編次。其末卷則涇與人往還書及所題詩，而以後人祠記之類附焉。楫之大旨，以奏疏爲主，故詩別錄於末。然與後人之文雜編，究非體例。其搜採頗爲未周，亦不及新編之完備也。

騷略三卷（浙江汪啟淑家藏本）

宋高似孫撰。似孫有剡錄，已著錄。是編皆所擬騷賦，凡三十三篇。其後欸乃詞一篇，集杜甫詩八句、柳宗元詩四句爲之，殊纖詭也。

棠湖詩稾一卷（浙江鮑士恭家藏本）

舊本題宋岳珂撰。珂有金陀粹編，已著錄。茲編乃所作宮詞一百首，皆咏北宋之事。前有珂自序，稱棠湖綸釣之暇，適有猶子從軍自汴歸，誦言宮殿鐘簴儼然猶在，慨想東京盛際文物典章之偉，觀聖君賢相之懿範，輒用王建體成一百首，以示黍離宗周之末志云云。其本爲鮑氏知不足齋所刊，宋以來公私書目悉不著錄，不知其所自來。珂序亦無年月。考珂桯史稱紹熙壬子，年十歲，則端平甲午金亡之歲，其年僅五十二，固猶及見宋師之入汴。又據所作玉楮集，珂以紹定癸巳坐黜，至嘉熙戊戌乃重召，則滅金時珂正閒居，與序亦合。然汴京圖籍盡入於金，史有明文。詩中乃云卷帙異書三十萬，至今光采動奎星，所謂今者何時也？且稭蓺蘭亭終存己法，蘇和陶詩不掩本色。珂玉楮集具存，其詞與此迥殊，雖酷學唐人，未必遽失故步至於如此。又王建、王珪、花蕊夫人、宋徽宗、楊皇后諸家宮詞，今或有不省爲何語者，蓋宮禁舊事，載籍不能備錄，往往無徵。此一百首則檢點宋人說部，無不可註其端委，何珂之所述盡今人之所知也？昔厲鶚作宋詩紀事，凡鮑氏藏書無不點勘。今所進本標識一一具存，獨無一字及此書，則出在鶚後矣。疑鶚及符曾等七人嘗合作南宋雜事詩，而其北宋雜事詩則未及成書，或遺稾偶存，好事者嫁名於珂耶。

松垣集十一卷（衍聖公孔昭煥家藏本）

舊本題宋幸元龍撰。元龍字震父，高安人。宋史不爲立傳。據集中所言，嘗舉進士，理宗朝任朝奉郎、郢州通判，以論史彌遠爲陳晐所劾罷歸。是集宋志亦不著錄，所載凡疏三篇、書四篇、記事六篇、序一篇、行狀一篇、墓誌銘一篇、詩十首，前有像贊及傳。今已佚，後爲事蹟一卷，載所判岳飛、万俟卨子孫爭田事，不知何人所記。疑即集中稱濱谷居士者所爲。濱谷名鳴鶴，即元龍後裔，搜輯遺稾，編成此帙者也。詩文各繫以評語，間有註釋，亦頗疎略。元龍事蹟無考。其題曰幸清節公，亦莫詳其得謚之由。首篇論國是疏，內自引所作與陳晐、劉之傑二律，而終之曰：二詩之意切矣，殊非臣子對君之體。他文亦多鄙淺，而詩謂一篇爲一韻，尤古無是例。殆出依託。其事蹟類中載万俟卨子孫與岳飛家爭田，委問一十三州府縣不能決，理宗御批金牌敕賜諸侯劍、阜纛旗、袞龍筆架、玳瑁硯，委公裁斷。又稱判畢奏聞，上大喜，賜緋魚袋一、象笏一、玉帶一、金帛百端、梅花金臺盞一副，是直委巷之語矣。古來有是事乎。

臞軒四六二卷（浙江鮑士恭家藏本）

宋王邁撰。邁有臞軒集，已於永樂大典中裒輯成編，別著於錄。此乃所作駢體凡一百五首，蓋即從原集中摘出別行者也。

獻醜集一卷（浙江巡撫採進本）

宋許棐撰。棐有梅屋集，已著錄。是集前有嘉熙丁酉自序，僅短文十一篇，樵談三十則，載左圭百川學海中，似非完本。詞旨淺俗，亦無可取。

漁父詞集句二卷（永樂大典本）

宋釋少嵩撰。少嵩字亞愚。其序曰：嘉定壬申，予年十九。其秋自穆湖買船由鄱陽九江之巴河，往來凡數月，每遇景感懷，因集句作漁父詞以自適。所集不甚工，亦李龏翦綃集之流亞耳。

斷腸集二卷（浙江鮑士恭家藏本）

宋朱淑貞撰。淑貞錢塘女子，自號幽棲居士，嫁爲市井民妻，不得志以歿。宛陵魏端禮輯其詩爲斷腸集，即此本也。其詩淺弱，不脫閨閣之習，世以淪落哀之故得傳於後。前有田藝蘅紀略一篇、詞頗鄙俚、似出依託。至謂淑眞寄居尼菴、日勤再生之請、時亦牽情於才子、尤爲誣語。殆因世傳淑眞生查子詞附會之。其詞乃歐陽修作、今載在六一詞中、曷可誣也。（語詳詞曲類斷腸詞條下。）王士禎記康熙辛亥見淑眞紹定二年手書璿璣圖記一篇、備錄其文於池北偶談中。且稱斷腸集不載此文。諸家撰閨秀詩筆者、皆未之及云云。然流傳墨蹟、千僞一眞。此文出淑眞與否、無從考證。疑以傳疑、姑存是一說可矣。

巽齋四六一卷（浙江鮑士恭家藏本）

宋危昭德撰。昭德字子恭、昭武人。寶祐元年進士。官至權工部侍郎。事蹟具宋史本傳。昭德所著有春山集、今已久佚。此本摘錄其駢體、僅四十九首、非完本也。

石堂遺集四卷（福建巡撫採進本）

宋陳普撰。普有全集、已著錄。此本以渾天儀論一六條及各體文爲第一卷。賦三首、詞四首、歌二首及各體詩爲第二卷。其三四兩卷七言絶句二百餘首、皆詠史之詩、末附以雜纂十二條。乃明天啟中普里人阮光寧所選刻、非完帙也。

東澗集一卷（江西巡撫採進本）

宋湯漢撰。漢字伯紀、安仁人。以薦授信州教授。度宗時、官至工部尚書。諡文清。事蹟具宋史儒林傳。史稱漢文集六十卷。今惟所編妙絶古今尚有傳本。而文集則久佚。此本不知何人所輯、雜掇史傳所載奏疏七段、皆非全文。又益以陶靖節詩註序一篇、重修楊龜山舊宅記一篇、眞西山讀書記序一篇、石鼓書院記一篇、妙絶古今序一篇、遺詩三首。附以諸家題跋及告身。其於原帙、蓋泰山一毫芒矣。

翦綃集二卷（編修汪如藻家藏本）

宋李龏撰。龏字和父、號雪林、菏澤人。是編皆集唐人之句。上卷凡二十八首、惟五言律一首、餘皆古體。下卷凡九十首、則皆七言絶句。殆以艱於屬對故耶。不及石延年王安石孔平仲所集多矣。

汪水雲詩鈔一卷（江蘇巡撫採進本）

宋汪元量撰。元量有湖山類稾、已著錄。此本末有崇禎辛未舊跋、稱夏日晒書、理雲閒人鈔詩舊冊、得水雲詩二百二十餘首、錄成一帙。其劉辰翁所批點刊行者、藏書家必有全本。當與好事者共購之云云。蓋其時湖山類稾尚無刊本、故所見止此。所附錄元納新（原本作迺賢、今改正）讀水雲集詩并序、稱其多記亡國時事、及與文天祥獄中唱和之作。此本無與天祥唱和之詩、蓋亦從金臺集中鈔入、非原本所有也。

須溪記鈔八卷（副都御史黃登賢家藏本）

宋劉辰翁撰。辰翁有評點班馬異同、已著錄。其集本一百卷、明代已不傳。獨存記七十篇、其十八世孫棻等重刻之、即此本也。今全集於永樂大典中重爲裒輯、業已成帙。此殘闕之本、可無庸復錄、以孤行已久、姑附存其目焉。

雞肋集一卷（江西巡撫採進本）

宋何希之撰。希之、撫州樂安人。咸淳甲戌進士。署零陵教授。宋亡後、遁跡以終。此本首冠以廷試省試策二篇、後附以詩文五十餘篇、皆其子孫捜輯而成。故體制舛錯、編次殊爲無法、文格亦多平衍。蓋闕帙之餘、其菁華已不復存矣。

牧萊脞語十二卷二稾八卷（浙江鮑士恭家藏本）

宋陳仁子撰。仁子字同俌、號古迂、茶陵人。咸淳十年漕試第一。宋亡不仕。是集名曰牧萊、言牧牛於草萊閒也。初稾題其門人李懋宣編、二稾題其門人譚以則編。觀卷首余恁鄧光薦蕭龍友序、則仁子蓋自定之、託於門人耳。仁子作文選拾遺、襲眞德秀文章正宗之說、進退古今作者、若有特識。今觀所作、則殊爲猥濫。諸序皆推其南岳賦、特以壓卷。鄧光薦比之相如、蕭龍友比之班固。然賦所云卓高岡兮爭長、走平壠兮要荒。方各有山、山各有綱。譬諸觀水勢之瀠洄者、必航大海七澤之汪洋。訊花譜之繁麗者、必諏上林艮岳之低昂。恐馬班決無是語。又多以表啟駢詞語錄俚字入之古文。如與衡陽鄒府教書、通體皆散文、而其中忽曰士修於身、將用於天子之庭。春風莘野之耕、而升陑之規模已定。夜月磻溪之釣、而牧野之體段已成云云。不惟自韓歐以來無此文格、即春風夜月四字、尚可謂之有根據乎。殆好爲大言者耳。

寶峰集二卷（兩淮鹽政採進本）

宋趙偕撰。偕字子永、慈谿人。自以宋宗室、入元不仕、隱居大寶山東麓。是集爲其外孫顧恭所編。後兵燹散失。明嘉靖中、其裔孫廣東僉事繼宗得舊本於楊苢濟向純夫處、重梓行之。今所鈔傳、即其本也。上卷多與邑令陳文昭所論治縣規條。下卷皆古今體詩。亦多陳感。蓋其學以楊簡爲宗。故不免以語錄爲文云。

方韶卿集一卷（江蘇巡撫採進本）

舊本題宋方鳳撰。鳳有全集。已著錄。此集前有曹溶圖記。蓋其家藏鈔本。然前半卷全採宋遺民錄。後半卷錢塘詩以下。則皆汪元量作。蓋書賈僞鈔以射利。溶不辨而收之也。

待淸遺稾二卷（浙江巡撫採進本）

宋潘音撰。音字聲甫。天台人。自咸淳之末。遭逢世亂。即隱居不仕。題所居曰待淸軒。入元以後。仍隱遯以終。其集舊無傳本。明嘉靖間。其後人從敗簏中得遺稾。屬徐雲卿校定而序之。詞氣頗涉麤率。未知果音之手蹟否也。

心史七卷（江蘇巡撫採進本）

舊本題宋鄭思肖撰。思肖有題畫詩錦錢集。及所著雜文。併附載其父震菊山淸雋集後。已著於錄。此書至明季始出。吳縣陸坦休寧汪駿聲皆爲刊行。稱崇禎戊寅冬。蘇州承天寺浚山中房浚井。得一鐵函。發之有書緘封。上題大宋孤臣鄭思肖百拜封十字。因傳於時。凡咸淳集一卷。大義集一卷。中興集二卷。皆各體詩歌。久久書一卷。雜文一卷。略敘一卷。皆記宋亡時雜事。後附自序自跋盟言及瘞病咒一則。文詞皆蹇澀難通。紀事亦多與史不合。如雜文卷中於魏徵避仁宗諱作證。而李觀則不避高宗諱。又記蒲壽庚作蒲受耕。原本果思肖親書。不應錯漏至此。其載二王海上事。謂少保張世傑奉祥興皇帝奔遁。或傳今駐軍離裏。衞王溺海。當時國史野乘所記皆同。思肖尤不宜爲此無稽之談。此必明末好異之徒。作此以欺世。而故爲眩亂其詞者。徐乾學通鑑後編考異以爲海鹽姚士粦所僞託。其言必有所據也。

羅滄洲集五卷（編修勵守謙家藏本）

舊本題宋羅公升撰。案厲鶚宋詩紀事載公升字時翁。永豐人。大父開禮。從文天祥勤王。兵敗被執。不食死。公升以軍功授本邑尉。北遊圖恢復。不果。有滄洲先生集云云。其文不甚了了。天祥既敗。所謂軍功者何功。所謂本邑尉者何人所授。且宋亡之後。子然一匹夫。何以北上圖恢復。皆於事理不甚近。毋乃據地志家乘之文。疑以傳疑乎。此本有曹溶名字二印。蓋其所藏。題曰宋禮部侍郎鄧中齋中甫批點。明翰林國史修撰七世孫倫校正。首載賦一篇。以下各體分編。而每體之中分無名集還山稾抗塵集癡業集北行卷五名。各爲標題。其體例既爲繁碎。而以絕句居律詩前。律詩居古體前。亦爲倒置。意者其初五集自爲卷帙。其後人以體分之。故雜亂如是耶。第二卷之首有皇帝閤春帖子二首。端午帖子一首。皇后閤春帖子一首。夫人閤春帖子一首。端午帖子一首。考帖子詞爲翰林學士之職。公升一縣尉。何由得有此作。且其祖既於宋末殉節。則其孫必不及南宋承平之盛。而其詞乃皆治世之音。殊爲可疑。又第一卷末有得家問二首。一曰乍喜平安報。俄增放逐愁。又曰東風嚴瀨水。不是冷扁舟。公升未放逐嚴州也。一曰萬里平泉夢。惟憐創業難。又曰。長平門下客。知復幾任安。公升亦非故將相也。又皆與其生平不合。至於燕城俗吏諸作。詞氣鄙俚。如出二手。殆其子孫所爲。以裝點其忠義者。蓋竄亂失眞。其爲果出公升與否。殊在影響之閒矣。

林屋山人集一卷（浙江鮑士恭家藏本）

宋俞琬撰。琬有周易集說。已著錄。是集詩僅一冊。附雜文數首。率淺俗不足觀。其題楊妃圖絕句一首。及食鰻鰲一篇。尤爲鄙俚。蓋琬以數學著。不以文章著也。後人重其高名。捜錄遺篇存之。轉爲疵累耳。

遺山詩集二十卷（江蘇巡撫採進本）

金元好問撰。好問全集已著錄。此詩集二十卷。乃毛晉從全集摘出。刊於十元人集中者。刊行已久。姑附存其目。案好問雖入元而未仕元。晉以爲元人。殊謬。顧嗣立元百家詩選初集以好問詩爲冠。又沿晉之失。今仍題曰金人。從其實焉。

水雲村泯稾二卷（編修汪如藻家藏本）

元劉壎撰。壎有隱居通議。已著錄。又有水雲村稾。亦著錄。此集上卷凡賦三篇。記十一篇。傳一篇。題跋四十九篇。碑二篇。墓表二篇。壙志一篇。墓誌銘五篇。贊十四篇。銘五篇。啟二十篇。書十一篇。詩九十篇。筆記七則。下卷則皆其筆記。疑筆記在當日自爲一卷。傳寫者誤割數段入上卷也。考其詩文皆水雲村稾所載。其筆記亦隱居通議所載。蓋洪武癸丑孫瑛摘錄二書。併爲一帙。非其舊本也。下卷載有瑛跋二段。雜於書中。疑後人傳寫誤亂其次。又周密齊東野語一段、突出不倫、亦瑛所附錄、誤合於壎書耳。

別本松雪齋集二卷（編修汪如藻家藏本）

元趙孟頫撰。孟頫全集十卷、又外集一卷、已著錄。此本爲明江元禧所刊。後有萬歷甲寅跋、稱文敏文集湮沒、因檢笥中所藏、益以耳目所睹記流通之。蓋元禧未見全集、故復搜輯爲此本也。

安南卽事詩一卷（浙江巡撫採進本）

元陳孚撰。孚有觀光交州玉堂三稾、已著錄。此集詩及自註、皆自孚交州集中鈔出、別題此名。蓋書賈贋僞之本、藏弆者不辨而收之也。

輝山存稾一卷（浙江鮑士恭家藏本）

元蕭國寶撰。國寶字君玉、號輝山、山陰人、流寓吳江。其集乃至順二年其嗣子英所編次、而孔東濤爲之序。稱其詩清新警策、句律整嚴。然此本所載僅二十四首、爲明崇禎閒其裔孫雲程重編、疑舊稾散佚、雲程掇拾成之、故所存止此也。書僅五頁、不成卷帙、已見於顧嗣立元詩選中、故不復錄焉。

草廬吳先生輯粹六卷（浙江范懋柱家天一閣藏本）

明王蓂所選吳澄文也。蓂有忠義錄、已著錄。是編以草廬全集浩繁難竟、乃擇其尤精者錄爲六卷、以便誦讀。澄之學調說程朱、而源實出於陸九淵。蓂金谿人、與九淵爲同里、故力爲表章云。

吳草廬文鈔（無卷數、副都御史黃登賢家藏本）

不著編輯者名氏。前署甲辰春退谷手選。蓋康熙三年孫承澤所定本也。於吳澄支言集中鈔其十分之一、前後無序跋、亦無目錄、又不分卷帙、蓋偶然繕寫、未及成編之本耳。

剡源文鈔四卷（江蘇蔣曾瑩家藏本）

國朝黃宗羲編。宗羲有易學象數論、已著錄。其時戴表元剡源集傳本尙稀、因選其記十六首、序三十六首、墓誌銘四首、題後九首。宗羲亦閒有點定。其持擇頗精審、然不足以盡表元也。

趙仲穆遺稾一卷（兩淮馬裕家藏本）

舊本題元趙雍撰。雍字仲穆、孟頫子也。官至集賢待制、同知湖州路總管府事。是集凡詩十七首、詞十七首。卷末題延祐元年春正月寄呈德璉姊丈。後有文徵明跋、稱此卷行楷兼作、轉益妍美、從烏程王天羽借觀、因題其後。蓋從墨蹟鈔出者。詩詞皆淺弱、如所謂坐對荷花三兩朶、紅衣落盡秋風生者、殊不多得。徵明跋又云、德璉孟頫壻王國器也。長於樂府、楊鐵崖亟稱之云云。疑好事者依託雍作、並假借國器名也。顧嗣立元詩選已附錄其父孟頫詩末、今姑存其目焉。

清江碧嶂集一卷（浙江鮑士恭家藏本）

元杜本撰。本字伯原、清江人。事蹟具元史隱逸傳。父謙、在文天祥幕中、嘗毀家以佐軍。本讀書能文、頗留心於經世。吳越歲饑、本上救荒策。江浙行省丞相布呼密用其言、米價頓平。遂薦於武宗、召至京。已而去、居武夷山。文宗卽位、再徵不起、終於家。嘗輯宋遺民詩爲谷音一卷、鑒別極精、而所自作詩乃粗淺不入格。顧嗣立元百家詩選譏其多應酬俚近之作、非苛論也。

太平金鏡策八卷（兩江總督採進本）

元趙天麟撰。天麟自稱東平布衣、其始末無考。書中有國家道光五葉語、則當仁宗之世矣。其書以建八極、修八政、運八樞、樹八事、暢八脈、宣八令、示八法、舉八要爲綱、而繫以六十四子目。其文皆儷偶之詞、無所建白。蓋延祐閒初復科舉、坊賈射利之本。卷首題經進字、又冠以進表一篇、語意弇鄙。如云若國家使隨流待詔、更傾三峽之波濤、若國家使無罪容身、自有五湖之煙月。自古以來、豈有此對揚之體。至末云謹上書死赦以聞、尤爲無理。殆詭題以炫俗目耳。

水鏡集一卷（兩淮馬裕家藏本）

元元淮撰。淮字國泉、號水鏡、臨川人。至元初以軍功顯於閩、官至溧陽路總管。是編一名金囦集。囦古淵字、與仇遠金淵集同名。蓋遠亦嘗官溧陽教授、均取義於投金瀨耳。其詩有擊壤集之風、而理趣不逮。視遠詩則不可同日語矣。

農務集三卷（編修汪如藻家藏本）

舊本題元王禎撰。禎有農書、已著錄。此集凡賦五首、詩一百九十四首、贊銘七首、皆農書所已載。蓋卽從農書中鈔出、詭立此名也。其第二卷四言民社詩、乃農書祭社稷之祝詞。三卷繭館贊、乃農書之先蠶壇贊。農書撻詩下有耰詩一首、此集不載。又鐵搭賦佚其首句。則爲後人採掇、舛漏非禎所自編明矣。

山林清氣集一卷、續集一卷（浙江巡撫採進本）

元釋德淨撰。德淨字如鏡、錢塘人。泰定天歷閒嘗與仇遠、馮子振、白珽諸人遊。其詩皆五七言律體。

又續集僅詩七十六首，而咏物者至五十三首。格調亦皆淺弱。末有附集一卷，皆同時諸人酬贈之作。前有三山王都中題五言律詩一首，又一首署蒙古作，亦和王韻。蓋卽集中所稱錢蒙古松壑僉事也。

道園集無卷數 江蘇巡撫採進本

元虞集撰。集有平猺記，已著錄。此集不列卷數，惟分八冊。前七冊題曰道園學古錄，後一冊題曰類稾。然前七冊非學古錄之全本，後一冊亦非類稾之全本。蓋坊刻摘錄，疏漏實多。且每則之首皆題曰崇仁虞集。考集雖寓居崇仁，而其平生詩文皆自稱蜀人，不當以僑寓之地改其祖貫。此必撫州書賈所爲，欲引集以重其鄉土，不足據也。

虞伯生詩續編三卷 浙江范懋柱家天一閣藏本

元虞集撰。僅詩九十餘首。目錄末有至元後庚辰劉氏日新堂識語一則，稱是集乃學士晚年所作，尤爲得意，敬刻與騷壇共之云云。考至元後庚辰者，順帝之至元六年也。是年集年六十九歲，李本訪集山中，編其詩文爲學古錄者，卽是冬之事。本所爲序則在明年辛巳之十二月，是學古錄尚未出。不識何以有續編之目。中間題目字句，亦往往舛譌。此必當時坊賈以集負重名，故掇拾其詩數十篇，梓以射利之本耳。

范文白詩集六卷 山東巡撫採進本

元范梈撰。梈詩別有七卷之本，題范德機集者，乃臨川葛雝所編，刊於閩中，已著錄。是編爲明楊翬所選，所取纔十之六，其刪汰亦不盡當。

揭曼碩遺文一卷 江蘇巡撫採進本

元揭傒斯撰。傒斯有全集，已著錄。是編記序碑述凡九篇，爲安黃劉肇虞所輯。前有肇虞序，稱揭集版兵燹燬沒，今不可遽購。因於諸書所散見者摭拾若干，不復別擇，概爲編次云云。蓋不知原集猶存也。惟其中吳澄墓誌一篇，爲全集之所未收。然已刻於支言集首矣。

鼇溪文集二卷 江西巡撫採進本

元周閏孫撰。閏孫字以立，廬陵人。是集前有永樂辛丑鄒緝序，稱其年三十五舉進士，會試中乙榜。揭傒斯薦入史館，以論修宋史不合，出爲鼇溪書院山長，復爲貞文書院山長。遭亂還鄉里，薦於行省，以便宜授白鷺書院山長，改教授袁州，未及赴而亂益甚，遂不仕。所著書凡二十卷，無復存者。此本乃明正統壬戌其曾孫翰林院侍讀敘所輯，僅詩文各一卷而已。文末附奏修三史以宋爲正統論一篇，全文已佚，僅載其略。鄒緝序所論宋史不合者此也。自晉以來，南北史並傳，朱子作綱目，亦南北朝分註。閏孫必尊宋比蜀漢，而抑遼金不得比北魏，不知遼金各自立國，與曹氏孫氏以漢之臣子乘時篡竊不同。閏孫所執殊爲偏駁，以此去官，未見其有當也。

王魯公詩鈔一卷 編修汪如藻家藏本

元王士熙撰。士熙字繼學，東平人，翰林學士承旨構之子。以文學世其家，歷官中書省參知政事。在館閣日，與虞集袁桷等唱和，論者比之唐岑賈、宋楊劉，爲有元盛世之音。此本不知何人所鈔，與顧嗣立元詩選所載士熙江亭集八十餘首，一一相同，惟次第小異。疑卽書賈從元詩選鈔出，僞爲舊本射利耳。

存復齋集十卷 浙江鮑士恭家藏本

元朱德潤撰。德潤字澤民，睢陽人，流寓吳中。延祐末，以薦授翰林應奉文字，兼國史院編修官。尋授鎮東行省儒學提舉。召見，獻雪獵賦，稱旨，時集善書者以金泥寫梵書，遂以德潤總其事。後移疾歸。至正間，起爲江浙行中書省照磨官，參軍事，守杭湖二郡，攝守長興。是集有虞集題詞、黃溍序，皆見微詞，惟合沙俞焯序稱其文理到而辭不凡，差得其實。詩則膚淺少深致，益非其所長矣。

吟嘯集一卷 內府藏本

元宋无撰。无有翠寒集，已著錄。是集始於禹鼎，終於雷夢炎，每事爲七言絕句一章，凡一百一首。各敘其始末於詩後，如自註然。詠史詩肇於班固，厥後詞人閒作，往往一唱三歎，託意於語言之外。至周曇胡曾詞旨淺近，古法遂微。无詩頗可觀，而此集亦不免以論爲詩之病。其中如金明池龜胡琴婢勝兒之類，旁摭小說，亦殊泛濫也。

論範二卷 兩淮馬裕家藏本

題元進士歐陽起鳴撰。起鳴不知何許人。其書雜取經史諸子之語爲題，各繫以論，而史事爲多，共六十篇。所見多乖僻，不足採錄。

書林外集七卷 浙江鮑士恭家藏本

元袁士元撰。士元字彥章，鄞縣人，卽袁珙之父也。以薦授縣學教諭，尋擢翰林國史院檢閱官，不赴。

其詩危素序之稱其清麗可喜。然往往粗淺多累句。如壽呂瀛海詩云我方而立足先弱，公到古稀鬢未蒼。又其甚者也。

黃楊集三卷補遺一卷浙江鮑士恭家藏本

元華幼武撰。幼武字彥清，無錫人。平生篤於孝友，不樂仕進。構春草堂以奉母。凡力可以娛其親者，無不爲之。性好吟咏，友人陳方題其集曰黃楊。蓋爲其愛詩甚篤，而奪於多事，故勉其無厄於閏也。然其詩未足名家，世以重其人品傳之耳。

蕭雝集一卷浙江鮑士恭家藏本

舊本題元女子鄭允端撰。允端字正淑，平江人。宋丞相清之五世孫女，歸同郡施伯仁。至正丙申，張士誠入平江，家爲兵所破，貧病悒悒而卒，年僅三十。集首有敍傳，紀其始末。集爲允端沒後伯仁裒其遺稾而成，錢塘錢惟善、青城杜寅爲作前後序。明嘉靖中其五世孫仁始刻之。其詩詞意淺弱，失粘落韻者不一而足。錢惟善等皆一代勝流，不應濫許至是。考集中桃花集句所謂從教一簇開無主，終不畱題崔護詩者，楊循吉吳中往哲記以爲蘇州李氏女子所作。或正德間是集未刻，循吉偶爾傳譌。至於碧筒一首作於王夫人席上者，結有可笑狂生楊鐵篴，風流何用飲䩫盃句。鐵篴，楊惟楨號也。與允端雖同時人，然瞿宗吉歸田詩話稱維楨過宗吉叔祖士衡家，以香奩八題見示，依其體作八詩以呈。維楨稱賞，因以䩫盃命題。宗吉作沁園春云云。宗吉雖不著年月，而鐵崖復古詩中香奩八詠有維楨自序，稱至正丙午春三月，宗吉先和詩而後詠䩫盃。又必在丙午之後。以允端小傳考之，是時已沒十年矣，安得聞䩫盃之事。此殆允端原有詩集，歲久散佚，而其後人贋撰刊行，但知維楨䩫盃事在元末，而不知有年月可考也。又有萬歷丁酉江盈科序，稱改題其名曰姑蘇鄭姬詩。尤爲妄作。如以姬爲鄭姓，則其事太古，漢唐以下無此例。如以姬爲女子之美稱，則見與蔡京等矣。今仍以原名蕭雝集存其目焉。

倪雲林詩集六卷兩江總督採進本

元倪瓚撰。瓚有清閟閣集，已著錄。此本爲明潘璜校刻，凡四言古詩五言古詩一卷，七言古詩一卷，五言律詩一卷，七言律詩一卷，五言絕句六言絕句一卷，七言絕句一卷。不及新本之完善也。

韓山人集無卷數浙江巡撫採進本

元韓奕撰。奕有易牙遺意，已著錄。其詩古體傷於淺率，近體如新秋次韻云豐年稻熟村如畫，南國蓴生水亦香。送縣學教諭云官清便似居高品，任久長如在故鄉。東湖放舟云樹影不隨流水去，荷香常帶遠風來。晚晴云西風颯颯林間葉，乍聽猶疑是雨聲。一知半解，尚稍得宋人格律。其瓣香當在劍南。然如桃源小隱云山迴水轉疑無路，樹密花深別有香。則全襲陸游舊句，不免生吞活剝矣。

九靈山房遺稾五卷副都御史黃登賢家藏本

元戴良撰。良有九靈山房集，已著錄。初良集世罕傳本。

國朝康熙間，其里人張以培蒐採諸書，輯爲此本。傳旭元爲刊版，而秀水曾安世又爲校訂編次。今海內藏書咸登

祕府。良之全集復出，此本掇拾殘闕，已可不錄。以世所通行，且以培等掇拾補綴之勤亦不可沒，故附存其目焉。

書山遺集二十卷江西巡撫採進本

元吳會撰。會字慶伯，金谿人。至正三年嘗舉鄉薦第一。入明不仕，至洪武戊辰乃卒。以一足病廢，自稱獨足先生。所作詩文，即名獨足雅言，凡二十卷。李夢陽懷麓堂詩話尙引其輓張性詩，證杜律註非虞集作。則正德間尙存。近世已久無傳本，是集爲其裔孫尙絅所蒐輯。以已非原本，故改題曰書山遺集。而仍編爲二十卷，以存其舊。原刻獨足雅言解一篇，仍冠於首。會自序云和樂暢易清平時所著爲最先，愁促感激辟地時所著其次也，超逸遐放學仙時所著爲最後也。今觀其詩，雕繢有餘，而興寄頗淺，在元末明初，尙未能獨立一幟。卷首載明初潭王梓一序，文理俚謬。又稱會卒之後見夢於梓而求作。其事荒怪不經，殆不足辨。或好事者爲之也。

高閒雲集六卷兩淮鹽政採進本

元董養性撰。養性有周易訂疑，已著錄。養性入明不仕，作高閒雲賦以自況，因以名集。前有洪武中王翌序，盛推其文及詩。此本僅詩五卷，賦一卷。文則已佚。其詩頗清適，而淺於比興，往往意言並盡，少含蓄深婉之致。

程梅軒集四卷湖北巡撫採進本

元程從龍撰。從龍字登雲，別號漢章，嘉魚人。自元

末隱居教授。入明仍不仕以終。是集爲其孫鑑所編。前有其門人李德庸序，及從龍小傳。又有王進、王愷二序及鑑跋，皆永樂中所作。鑑跋稱從龍著作散佚，所存惟此。前三卷凡賦二首，詞七首，餘皆古今體詩。後一卷爲雜文，僅八篇。詩文皆清而過淺，未足抗行於作者之閫。

茶山老人遺集二卷（浙江孫仰曾家藏本）

元沈貞撰。貞字元吉，自號茶山老人，長興人。入明不仕。勞鉞湖州府志稱所著茶山稾十二卷，而顧應祥長興志則稱所著茶山集凡五十卷。朱彝尊編明詩綜，僅搜得樂神曲一十三首，倘多闕文，則原集之佚久矣。此本凡詩一卷，文一卷。乾隆戊午長興知縣鮑鈐與吳江王藻、歸安姚世鈺、姚世鍾蒐輯而成。鈐序稱縣志所載寥寥，惟從書賈船中購得顧箬溪長興舊志，所載稍多，因刺取諸書，編錄梓之。然所刺取之書，不著其名，未免無徵不信。靜志居詩話稱其人品高於楊維楨，至其詩文則頗涉粗淺，不逮維楨遠甚。如南川軍砦詩，關嚴虎豹千山月，壁宿貔貅萬竈煙一聯，對句全用蘇軾語。出句改合嚴爲關嚴，改鐘鼓爲虎豹，改三更月爲千山月，乃點金成鐵。了臼嶺詩彭殤等齊皆妄作，何爲更泣牛山衣，襲用杜牧語，而牛山衣字更拙。疑後人有所附會，非盡貞之舊稾矣。

得月稾四卷（兩淮鹽政採進本）

元呂不用撰。不用字則耕，上虞人。元亡不仕。洪武初舉教諭，以疾辭。自號石鼓山蠻。是集爲其孫鳳所編。凡詩三卷，文一卷。前有洪武九年曾衍、王霖二序，推之甚至。然詩多粗俚，文尤冗漫。

拱和詩集一卷（浙江鮑士恭家藏本）

元曹志撰。志字伯康，自號拱和居士，金華人。至正末，遭亂隱居。洪武中，以遺逸薦，不起，終於家。是集乃其家刻。前有二序，不署年月，亦不署撰人。末附拱和詩序及志小傳。又附其家傳三篇，惟曹倖傳稱六世孫服撰，曹光遠傳稱姚坦撰，曹煜傳稱野史氏容，不著其姓，餘併不知誰作。其文格則如出一手。又附曹光遠誥一篇，後有呂祖謙贊，曹彬誥一篇，後有米芾贊，終以竹卷記一篇，又爲志作。編次絕無體例。其詩惟近體，無古體，大抵流連光景，千篇一律云。

蘭雪集一卷（浙江鮑士恭家藏本）

元松陽女子張玉孃撰。玉孃明慧知書，少許字沈佺。既而父母有違言，玉孃不從。適佺屬疾，玉孃折簡貽佺，以死自誓。佺卒，玉孃遂以憂死。葉子奇草木子，深以其通問爲非。至嘉靖中，邑人王詔得其遺詩於道藏中，乃爲作傳，以表其事，而引無鹽、孟光爲比。要其失禮之咎自不可掩，而其志則可哀已。詩格淺弱，不出閨閣之態。卷首題張獻集錄，蓋玉孃之族孫也。

荻溪集二卷（編修汪如藻家藏本）

舊本題元王偕撰。前有洪武癸亥馮原智序，稱偕字叔與，瑯琊人，官崑山學教授，善繪事。元亡不仕，寓居荻溪之西，以荻溪翁自號。今檢集中所與唱酬者，皆

國朝順治間常熟諸文士。又嘗入京師，有慈仁寺雙松歌。慈仁寺建於明代，亦與偕時世不相合。惟詩中有歲暮還荻溪諸題，當必

國初人寓居荻溪者。集名偶同，坊賈遂妄取原智序冠之，指爲偕作，以售欺耳。

欽定四庫全書總目卷一百七十四

欽定四庫全書總目卷一百七十五

集部二十八

別集類存目二

明宣宗詩文一卷 浙江范懋柱家天一閣藏本

案明史藝文志載宣宗文集四十四卷，今未見傳本。此冊僅廣寒殿記一篇、玉簪花賦一首、詩歌詞曲三十九首，非其全帙也。朱彝尊明詩綜所錄宣宗詩多此冊所未載，意者彝尊尙及見其集歟。

御製回文詩一卷 左都御史張若溎家藏本

案此集載朱當㴐所輯國朝典故中，惟題曰御製，不著朝代。明史藝文志不著錄，不知何帝所作。其詩以春夏秋冬四景爲題，有龍文、連環、八卦諸體，凡二十八首，蓋偶然游戲之作，流傳於外，與他書宣示頒賜見諸國史者有殊，故史不載也。

元宮詞一卷 浙江巡撫採進本

不著撰人名氏。前有自序，稱永樂元年欽賜余家一老嫗，年七十矣，乃元宮之乳姆女，知宮中事爲最悉，間嘗細訪之，一一備陳其事，故余詩中所錄皆元宮之實事云云。末題永樂四年夏四月朔日蘭雪軒製。後有毛晉跋，亦不知爲何許人。案朱彝尊靜志居詩話曰：元宮詞百首，宛平劉效祖序稱周恭王所撰。考定王以洪武十四年之國，洪熙元年薨，序題永樂四年，則爲定王無疑矣。定王名橚，太祖第五子也。明史周王橚傳用彝尊之說，蓋以所考爲允矣。詩凡一百首，其中如東風吹綻牡丹芽一首、燈月交光照綺羅一首、玉京涼早是初秋一首、深宮春暖日初長一首、二十餘年備掖庭一首、月明深院有霜華一首、珊瑚枕冷象牙牀一首、金鴨燒殘午夜香一首、惻惻輕寒透鳳幃一首、憔悴花容只自知一首、小樓春淺杏花寒一首、御溝春水碧如天一首、燕子泥香紅杏雨一首、春情只在兩眉尖一首、白露橫空殿宇涼一首、纖纖初月鵞黃嫩一首、夢覺銀臺畫燭殘一首、曉燈垂焰落銀釭一首，尋常宮怨之詞，殆居五分之一，非惟語意重複，且歷代可以通用，不必定屬於元，頗爲冗泛。其他切元事者，皆無註釋，後人亦不盡解，不及楊允孚灤京雜詠多矣。

楓林集十卷 安徽巡撫採進本

明朱升撰。升有周易旁註，已著錄。是編前八卷皆詩文，而以官誥及太祖手敕編入第一卷首，與升文相連，殊爲非體。第九卷載徽州府志本傳一首、廖道南所撰詩贊一首，並翼運節略十餘則。第十卷爲附錄，皆當時投贈詩文也。升於明興之初，參贊帷幄，兼知制誥，一切典制多出其手，與陶安、宋濂等名望相埒。陳敬則明廷雜記嘗稱其李善長、徐達、常遇春、劉基四誥，惜明文衡未及收入。明史本傳載太祖大封功臣，制詞多升撰，時稱典核，蓋據是文。然統觀全集，文章乃非所長，詩學擊壤集而不成，頗近鄙俚，故朱彝尊明詩綜絕不登其一字。況升身本元臣，曾膺爵祿，而賀平浙東賦序肆言醜詆，毫無故君舊國之思，是尤不可爲訓也。

槎翁集八卷 兩淮馬裕家藏本

明劉崧撰。崧有槎翁詩集，已著錄。是編乃其文集，羅允升所校正，而吉安知府徐士元爲之刊版。其文頗傷流易，殊不及其詩。

野莊集六卷 兩淮馬裕家藏本

明王鈍撰。鈍字士魯，太康人。元至正丙午進士。洪武初徵授禮部主事，歷官浙江布政使。建文中召爲戶部尚書。燕王篡立，仍故官，後以布政使勒致仕。事蹟具明史本傳。是集凡詩二卷、文四卷，皆未能入格。前有王崇慶序，謂嘉靖中其後裔曰朝獻者始謀梓之。蓋集中多稱建文爲今上皇帝，故靖難後懼觸語禁，久而不敢出也。

滄浪櫂歌一卷 浙江范懋柱家天一閣藏本

明陶宗儀撰。宗儀有國風尊經，已著錄。是編詩詞合爲一卷，前有正德丁丑松江唐錦序，稱其集不傳，惟得此一卷，爲宗儀所自編。今考其中詩詞皆已載南村集中，惟題卞莊子刺虎圖七言古詩一首、題岳王廟七言長律十四韻一首，爲南村集所未載耳。又對月七言律詩甘旨未能娛綵侍句，南村集作娛綵服，疑此本爲誤。南浦詞序中一水竝九山南過村外以入於海句，南村集作一水兼九山，則南村集誤也。

危學士全集十四卷 江西巡撫採進本

明危素撰。素有草廬年譜，已著錄。其原集本五十卷，世久無傳。明歸有光得其手稾，因編爲說學齋稾，凡一百二十餘篇。又所作詩名雲林集，乃納新所編。此本文十三卷、詩一卷，乃其鄉人取二集彙輯而成，雖名全集，實非原本，故今仍錄說學齋稾、雲林集以存其舊，此本則附存目焉。

元釋集一卷（編修汪如藻家藏本）

明釋克新撰。克新姓余氏，字仲銘，自號江左外史，又稱爲雪廬和尚，鄱陽人。元末住嘉興水西寺。洪武初召至南京，嘗奉詔往西域招諭吐番。所著有雪廬南詢稾。此本別題元釋集，僅古今體詩六十餘首。考賴良大雅集載有克新詩四首，而此本皆無之。蓋後人於雪廬集中摘錄鈔存，非其全稾也。

愛禮集十卷（浙江巡撫採進本）

明劉駟撰。駟字宗道，龍谿人。洪武初徵秀才入試者八千人，駟爲第一。授都御史，尋坐事徙滇卒。門人私謚愛禮先生，故以名集。凡文三卷、詩二卷、中庸說一卷、書啟三卷、附錄一卷。駟宗陳淳之學，詩文多涉性理，略似語錄之體。中庸說乃講授口義，亦無所發明。集爲宏治六年浙江參政林進卿所刊。附錄愼獨翁行狀，紀駟父寶與駟平生行實頗具，乃其門人漳州陳拯所述。又附趙先生書一首，則駟之師趙彥進也。

坦齋文集二卷（江蘇巡撫採進本）

明劉三吾撰。三吾字如孫，自號坦坦翁，茶陵人。洪武中官翰林學士，事蹟具明史本傳。案鄭曉、雷禮、王世貞並謂三吾於洪武三十年以罪誅死。蔣一葵又謂三吾以作大誥漏言賜死。明史則稱以考試不實戍邊，建文初召還。今集中有敕下御製大明一統賦，實建文時所撰，與史相合。是曉等所載皆不確。知其集在明代不甚傳，故以曉等熟於掌故者，亦未之見矣。此本乃成化中桐江俞藎官茶陵時所刊，萬歷戊寅茶陵知州韓城賈緣又重刊之。三吾於洪武中典司文章，頗被恩遇，然其文鉤棘而淺近，未能凌轢一時也。

一齋集十六卷（福建巡撫採進本）

明朱善撰。善有詩解頤，已著錄。是集首載聶鉉所作墓誌，稱名善繼，然集中自稱曰朱善，而詩經解頤亦題曰朱善，則繼字殆刊本誤也。是編前集十卷、後集五卷，又廣遊集一卷，附刊於後。善以文章爲明太祖所知，然核其品第，究不能與宋濂諸人雁行。

甘白集六卷（浙江汪啟淑家藏本）

明張適撰。適字子宜，蘇州人。明初以儒士徵，授水部郎中。旋放歸，見集中所作其妻沈氏壙志。而其祭西平侯文，則自署雲南滇池漁課司大使，是洪武末又嘗官雲南，故集中每自稱滇池老漁也。集爲正統丁卯其子收所編，文體修潔而未造深厚。如在嘉隆以後則爲雅音，在元明之閒則未能與諸家壁壘相當也。

秋坡詩稾七卷附錄一卷（浙江孫仰曾家藏本）

明黎貞撰。貞字彥晦，秋坡其自號也，新會人。洪武初舉邑訓導，不就，坐事戍遼東，尋放歸。明史文苑傳附見孫蕡傳中。是集初刻於嘉靖庚戌，歲久散佚。國朝康熙丙寅，其後人搜輯重刊。凡詩詞賦三卷、雜文四卷，卷八附以贈言。貞少從孫蕡學詩，蕡集卽其所編次。雖所造未深，而風格尚爲遒上。惜此本掇拾於殘闕之餘，其菁華已不槩見矣。

竹居集一卷（兩淮馬裕家藏本）

明王珙撰。珙字廷珪，常熟人。是集爲其曾孫仲申所輯，其六世孫古始刊版。朱彝尊明詩綜不載其名，蓋偶未見也。其詩多用洪武正韻，蓋當時功令使然。大致出入於月泉吟社一派，亦時有秀句，而邊幅單窘，興象未深，數首之後，語意略同。觀卷中絕無古體，其根柢可知矣。

別本袁海叟詩集四卷（江蘇巡撫採進本）

明袁凱撰。凱有全集，已著錄。此本乃正德元年陸深同李夢陽所刪定，而何景明授其門人孫繼芳刊於松江。深及夢陽、景明各爲之序。其版久佚，今所存者傳鈔之本也。後有萬歷己丑王俞跋，已佚其前半，不能考見始末。惟篇終有偶續前刊，輒附數言之語，似乎俞又有所續入。然題下多註選入詩綜字，又似朱彝尊以後之本，非其舊編矣。

安分齋集十卷（江蘇巡撫採進本）

明鄭本忠撰。本忠自號安分先生，鄞縣人。洪武癸丑舉明經，不起。郡教授趙思盛薦授昌國訓導，尋陞秦府教授。是集乃永樂中其子復言、永言所編。凡記三卷、序二卷、賦詩四卷、雜文一卷。寧波府志稱本忠少篤學，從鄉先生舒皋受尚書。方國珍據浙東三郡，擅爵祿人，本忠義不食其粟，杜門不仕，益務綜覽，涵濡渟蓄，爲文必中矩度。又稱同時有鄭恕者，字本忠，亦爲昌國訓導，建文四年靖難兵至，不屈死，事載遜國名臣傳，疑爲一人。然考是集詩文有作於永樂閒者，姓字官爵偶爾相同，未可合而爲一也。

三畏齋集四卷（浙江汪啟淑家藏本）

明朱吉撰。吉字季寧，吳縣人。洪武初官中書舍人。是集凡詩二卷、雜文二卷。據其後序，當時蓋嘗刊版，今印本久佚，惟鈔本存。元末明初，作者林立，吉之所著，殊未能伯仲其間，所以世不甚傳歟。

新本白石山房稾五卷（浙江巡撫採進本）

明張孟兼撰。孟兼有白石山房逸稾，已著錄。是編乃其十一世孫思煌所重編。思煌序稱孟兼舊有白石山房文稾二十卷，與蜀山遺集並遭回祿，無片紙隻字之存。及觀焦竑國史經籍志載孟兼集六卷，乃知萬歷初猶存文淵閣。（案竑書雖名國史經籍志，實鈔合諸史藝文志及諸家書目而成，非明文淵閣所貯之書。楊士奇等書目可以互勘。思煌此語殆誤。謹附訂於此。）然祕之內府，人間不得而觀。茲不過殘編斷簡中採而輯之，僅存什一於千百云云。今計編中五言古詩九首，七言古詩三首，排律一首，五言律三首，七言律六首，七言絕句四首，樂歌八章，聯句二首，記四首，行狀二首，傳一首，雜文一首，皆掇拾他書而得者。附以諸家跋語，分為二卷。其三卷至五卷，皆載同時投贈及後人詩文傳誌。卷帙雖增於舊本，而孟兼之著作則無所增也。

靜菴集一卷（兩淮馬裕家藏本）

明張羽撰。羽有靜居集，已著錄。此本刪存原集四分之一，改名靜菴集，不知何人所選。其去取未為精當。

陳竹山文集四卷（江西巡撫採進本）

明陳誠撰。誠有使西域記，已著錄。是集分內外二篇。內篇二卷，皆其奉使時所撰述，僅文十餘首，詩一百三十餘首。外篇二卷，則皆當時投贈詩文，幷其先世諸狀也。

退菴遺稾七卷（兩淮馬裕家藏本）

明鄧林撰。林初名彝，又名觀善，字士齊，後成祖為改今名。新會人。洪武丙子舉人。任潯州府貴縣教諭，秩滿入京，預修永樂大典。凡五年，出為南昌教授。後又秩滿，試高等，遷吏部主事。宣宗時以事謫杭州。在杭多湖山之遊，倡和甚富。田汝成作西湖志，多採之。此本乃太常寺少卿會稽陳贄為廣東參議時掇拾遺稾而成也。

尹訥菴遺稾八卷附錄二卷（江西巡撫採進本）

明尹昌隆撰。昌隆字彥謙，泰和人。洪武丁丑進士。永樂二年擢左春坊右中允，改禮部主事，為尚書呂震誣構見殺。事蹟具明史本傳。昌隆死非其罪，史稱其為厲鬼以報震。然當燕王構逆之初，昌隆即勸惠帝以禪讓，其說甚謬。燕王篡立之後，獨以是奏得貸死，則其人亦不甚可重。是集為其八世孫應中所梓，鄒元標序之。附錄二卷，則載其詔敕、行狀、序傳之屬也。傳中稱為中允時進講，有穿楊集。仁宗命其家錄進，中途舟覆，沒於水云云。朱彝尊明詩綜祇稱有集而不載其名，蓋未見此本。然所選送孟潛陽先生教授邵武府學五言古詩一首，是編亦不錄，蓋採自他書，編此集者又未見也。

黃介菴集十一卷（浙江汪啟淑家藏本）

明黃淮撰。淮有省愆集，已著錄。案千頃堂書目載淮所著有介菴集、歸田稾，均不著卷數。此本總名介菴集，而分退直、入覲、歸田三稾，疑黃虞稷未見此本，但據傳聞載入也。據目錄本十二卷，今第七卷已佚，故以十一卷著錄焉。

冢宰文集一卷（浙江范懋柱家天一閣藏本）

明張紞撰。紞有雲南機務鈔黃，已著錄。此集為嘉靖中富平訓導王道所編。道序稱烽火之餘，僅存什一於千百。蓋其所遺者僅此也。卷首有道所纂宦績一篇，言紞以永樂之故，勺水不入口，如是者七日，終於吏部後堂。考明史本傳，成祖答建文之改官制者，乃令紞解職務，月給半俸，居京師。紞懼，自經於吏部後堂，妻子相率投池中死。道所云云，固善善從長之意，然非其實也。

王天游集十卷（兩江總督採進本）

明王達撰。達有筆疇，已著錄。是集乃其門人王孚所編。卷末又有其門人翟厚跋，謂其館閣鉅製及諸子辨等篇咸未見錄，乃重為增補，編次仍為十卷云云。則厚所重定非孚之舊本矣。據孚稱達所著有天遊小稾、梅花百詠、古今孝子讚，俱已梓行。詩書二經心法，學者多傳之。又有耐軒雜錄五卷、問津集一卷、南歸集一卷、通書發明一卷、天遊詩集十卷、文集三十卷，今皆未見。惟景仰撮書一卷、筆疇二卷，附於此集之末者，今尚有別本行世。蓋即從此集鈔出云。

黃忠宣集八卷（兩淮馬裕家藏本）

明黃福撰。福字如錫，號後樂翁，昌邑人。洪武甲子舉人。官至南京戶部尚書，兼掌兵部，參贊留都機務。事蹟具明史本傳。是集為其子琮所編，冠以奉使安南水程，殊乖體例。餘多手札、公牘，皆不入格。蓋福本以政績傳也。

坦菴文集八卷（江西巡撫採進本）

明梁本之撰。本之名混，以字行，坦菴其別號也。泰和人。洪武中爲瑞州府學訓導，遷溧陽教諭，改魯王府紀善。本之與其兄潛齋名蕭鎡稱所作泓渟澄深，端重典則，蓋莊人學者之文。然規模與其兄相近，骨力根柢則皆不及其兄也。

桐嶼集四卷（浙江汪啟淑家藏本）

明釋德祥撰。德祥字麟洲，號止菴，錢塘人。洪武中住持徑山。吳之鯨武林梵刹志稱德祥以西園詩忤上意。今觀集中所載夏日西園一律，有熱時無處可乘涼，又有林木三年未得長諸句，語意頗近譏諷，之鯨說當有所據。都穆南濠詩話曰：國初詩僧稱宗泐、來復，同時有德祥者，亦工於詩。其送僧東遊詩云：與雲秋別寺，同月夜行船。詠蟬云：玉貌名並出，黃雀患相連。泐、復不能道也云云。今案送僧一聯乃四靈之末派，詠蟬一聯尤落滯相。穆之所品殊屬乖方。朱彝尊明詩綜於此集雖多所採錄，然氣格薄弱，終不能與泐等並驅也。卷首有福建布政使富春姚肇序，稱詩集一卷，今本實四卷，又集外詩一首，其爲何人所分析，則不可考矣。

松月集一卷（兩淮鹽政採進本）

明釋睿略撰。睿略字道權，號簡菴，蘇州人。嘗以松月扁其軒，人呼爲松月翁，因以名集。前有洪武癸酉俞貞序，後載姚廣孝塔銘，稱其詩格高趣遠，絕肖唐人製作，無一點塵俗氣。今觀其集，大致亦承九僧、四靈之派，而陶冶之力則不及古人，故邊幅淺狹，意言並盡。五首以外，規模略同。廣孝之言未爲篤論也。

林公輔集三卷（編修汪如藻家藏本）

明林右撰。右字公輔，臨海人。洪武中官中書舍人，進春坊大學士，輔導皇太孫，以事謫中都教授。是集多記序酬應之作，惟題後數則間及史事，亦無特識，至於故國舊君，動多詆斥。其視徐鉉撰李煜碑，但陳運數有歸者，用心之厚薄尤相去遠矣。

逃虛子集十一卷類稾補遺八卷（浙江范懋柱家天一閣藏本）

明姚廣孝撰。廣孝，長洲人。初爲僧，名道衍，字斯道。洪武中以僧宗泐薦，選侍燕邸。燕王謀逆，實其策力居多。篡立之後，乃使復姓，賜今名，爵至資善大夫、太子少師，封榮國公，然迄未改僧服。事蹟具明史本傳。廣孝爲高啟北郭十友之一，所著初名獨菴集，沒後吳人合刻其詩文，曰逃虛子集，後又掇拾放佚，謂之補遺。其詩清新婉約，頗存古調，然與嚴嵩鈐山堂集同爲儒者所羞稱，是非之公，終古不可掩也。附載道餘錄一卷，持論尤無忌憚。姑蘇志曰：姚榮國著道餘錄，專詆程、朱。少師亡後，其友人張洪謂人曰：少師與我厚，今死矣，無以報之，但每見道餘錄，輒爲焚棄云云。是其書之妄謬，雖親暱者不能曲諱矣。

光菴集二卷（兩淮馬裕家藏本）

明王賓撰。賓字仲光，長洲人。博聞強記，尤精醫學。隱居奉母，以孝行稱。少與姚廣孝相善。吳中往哲記稱廣孝既貴，歸訪賓，賓弗與見，方盥，掩面而走。黃姬水貧士傳所記相同。明史廣孝傳中亦略載其事。然觀賓集有所作賑災記，稱廣孝爲少師，鋪陳功德甚至。賓沒後，廣孝爲之傳，亦極稱譽。是兩人交契終始如一。蓋流俗欲推尊賓者造作此言，殊非事實。集凡文一卷，後附諸家贊頌及吳中古蹟詩一卷，詩共一百三十七首，各有小序。其文務爲奇崛之語，間傷冗贅，未能成家。詩詞亦頗傷流易。卷首記唐鈺林德暘二事，全錄舊文，而無所論斷，或賓嘗手書此二節，後人不考，誤編入集歟。

別本東里文集二十五卷（江蘇巡撫採進本）

明楊士奇撰。士奇有代言錄，已著錄。是集記二卷，序六卷，題跋四卷，碑銘十卷，雜文三卷，末一卷題曰方外，凡爲二氏所作，悉別編焉。蓋用楊傑無爲集例。疑即懷麓堂詩話所謂士奇自定之本，以不及全集之完備，故附存其目焉。

胡文穆集二十卷（江西巡撫採進本）

明胡廣撰。廣有胡文穆雜著，已著錄。是集其裔孫張書等所刻，凡詩八卷，應制詩文一卷，各體文七卷，題跋二卷，扈從詩及扈從北征日記一卷。其第十九卷即所謂雜著也。朱彝尊明詩綜錄其楊白花一首，謂世傳袁景文賦此題，蓋寓讓皇遜國，而作不無故主之思。集中過顏平原文信國余青陽祠，輒有弔古之作。其題宋思陵所書洛神賦詞意悽惋，不類牧豬奴云云。似有意爲廣湔洗。又卷首米嘉績序，極論靖難之事，斥死節諸臣之非，而以廣之迎降爲是。然公論久定，要非可以他說解也。集中論漢高祖初入關秦王子嬰獻傳國璽，王莽篡漢亦從孺子嬰取傳國璽，其受傳相似，所謂天時非人力所致。又論李若水乃宋之賊，豈可以列

之忠義宋史失討賊之公云云持論殊爲倒置惟記高昌碑有裨史事李元忠神道碑所載事蹟頗詳亦足備唐史之闕耳

節菴集八卷續編一卷浙江巡撫採進本

明高得暘撰得暘字節菴錢塘人遷居臨安洪武閒有司以文學薦三爲校官永樂初擢爲宗人府經歷充永樂大典副總裁是集首雜著一卷次各體詩七卷鄒濟墓誌謂其生平稾多不存故所錄僅止於此誌又稱得暘與修永樂大典分掌三禮編摩有方今核所纂三禮諸條於前人經說去取尙爲精審蓋亦博識之士其詩文以淸麗爲宗如曲澗迴溪瑩澈見底而一往淸激尙少渟蓄之致姚廣孝序乃以江漢奔流曲折千里擬之過其實矣

存軒集無卷數江蘇巡撫採進本

明趙友同撰友同字彥如浦江人徙居長洲洪武末官華亭訓導永樂初用薦授御醫與修永樂大典五經大全諸書集首結銜稱修職郎太醫院御醫兼文淵閣副總裁蓋明初官制如此也其集皆賦頌記序雜文而無詩共一百四十四翻篇首雖標卷一而書中實不分卷數其文沿南宋餘習頗爲平衍在明初未爲作手

澹然集五卷兩江總督採進本

明陳敬宗撰敬宗字光世號澹然居士慈谿人永樂甲申進士選庶吉士預修永樂大典官至國子監祭酒贈禮部侍郎諡文定事蹟具明史本傳敬宗與李時勉同舉進士同時爲南北祭酒時勉立朝剛勁而待諸生則平恕敬宗亦立身端直而待諸生則甚嚴然同以德望爲士林師範世不得而優劣之惟文章質樸太甚又遜於時勉耳所著詩文集明史藝文志作十八卷此本乃萬歷四十四年慈谿知縣吳門陳其柱所編僅詩三卷文二卷亦非完本也

寅菴集三卷外集四卷附錄一卷兩淮馬裕家藏本

明羅肅撰肅字汝敬號寅菴以字行廬陵人永樂甲申進士官至陜西巡撫是集爲其元孫廷相所編詩文無詭僻之習亦無精深之致外集四卷皆誥敕像贊誄祭之詞附錄一卷爲桃林四景詩文蓋羅氏聚族之地也

覺非集十卷浙江巡撫採進本

明羅亨信撰亨信字用實號樂素東莞人永樂甲申進士官至左副都御史亨信居諫垣有直聲其巡撫大同宣府值英宗北狩捍城有功生平著述每不留稾是集乃其後人收拾散逸而邱濬祁順爲之詮次其中頌美中官之文至十餘篇編錄者略不刪汰殊不可解也

西墅集十卷浙江朱彝尊家曝書亭藏本

明曾棨撰棨字子棨永豐人永樂甲申進士第一官至少詹事棨文章捷敏信筆千百言立就劉昌懸笥瑣探稱成祖嘗御試天馬歌棨文先成詞旨瀏亮成祖賜以瑪瑙帶其思速可見然集中一題百首往往才氣用事而按切肌理不耐推敲是亦速成之過也此本乃萬歷中永豐知縣德淸吳期炤所選錄雖頗爲簡汰而菁華終鮮鄭瑗井觀瑣言曰曾子棨詩佳處不減崑體曹安讕言長語亦曰曾學士棨巢睫集絕似唐人殆未確焉

東墅詩集六卷浙江范懋柱家天一閣藏本

明周述撰述字崇述東墅其別號也吉水人永樂甲申進士官至左春坊左庶子事蹟具明史本傳述及第時與從弟孟簡同爲成祖至比之二蘇史亦稱其文章雅贍然其詩不出當時臺閣之體也

質菴文集無卷數浙江汪啓淑家藏本

明章敞撰敞字尙文會稽人永樂甲申進士由庶吉士授刑部主事官至禮部侍郎嘗與修永樂大典及五經四書性理大全事蹟具明史本傳其集本四十卷其子瑾等所編因倭亂散失茲編所存不及十之二三乃其裔孫元綸所蒐輯也凡賦四篇詩百餘首文僅三篇二篇爲記一篇爲敘又一篇併不標題皆錯雜於詩中殊無倫次又明詩綜載敞長安雪夜歸興絕句集中無之則舛漏亦殊不少末附錄祝壽詩一卷亦非古法也

南齋摘稾十卷浙江巡撫採進本

明魏驥撰驥字仲房號南齋蕭山人永樂乙酉舉人以進士副榜授松江訓導召修永樂大典擢太常寺博士官至南京吏部尙書諡文靖事蹟具明史本傳是編爲其孫堉福建布政使錢塘洪鍾所編前集四卷南京居官時所作後集六卷自景泰辛未歸田至成化辛卯所作蓋驥年九十八始卒故身歷七朝各有著述也前有鍾序云公爲文一本諸性情所發初不事雕刻務奇巧其稾具存皆公親書但其簡帙浩繁未易徧刻再閱原稾凡題

上有點注者皆公墨迹玩其詞意皆有益於事者也因摘取以付諸梓名曰摘稾黃虞稷千頃堂書目別載有顯前後集二十卷蓋其未摘之全稾今未見傳本其存佚不可考矣

東岡集十卷（兩淮鹽政採進本）

明柯暹撰暹字啟暉更字用晦建德人永樂乙酉領鄉薦年僅十六明年與修永樂大典選入翰林知機密文字進元兔詩授戶科給事中以三殿災應詔陳言謫交阯驩州知州累遷雲南按察使致仕歸事蹟附見明史鄒緝傳是集乃暹晚年所手訂劉定之序稱其詩文奇崛出人意表今觀所作文豪邁有餘而落筆太快少深涵渟蓄之致詩亦矢口即成不耐咀詠是亦登科太早才高學淺之效歟

石潭存稾三卷（兩江總督採進本）

明劉髦撰髦有易傳撮要已著錄是編上卷爲詩中卷即易傳撮要下卷爲義方錄義方錄者皆寄其子定之之手札而定之彙粹成編者也

若金集二卷（江西巡撫採進本）

明彭百鍊撰百鍊字若金泰和人永樂乙未進士官至廣西道監察御史是編前有任敬敏序稱遺文分爲十四卷而是編僅二卷文三十九首詩四首後附他人所爲碑誌題詠而已考其族孫敏求跋蓋散佚之餘後復重鈔成帙也

歲寒集二卷（浙江汪啟淑家藏本）

明孫瑀撰瑀字原貞以字行德興人永樂乙未進士官至兵部尚書是編乃其孫孚吉等所編凡文一卷詩一卷前有李東陽序稱其詩平正通達無鉤棘險怪之態今觀諸作大抵純任自然不事結構韓愈所謂此詩有何好有何惡也

芳洲集十卷（江西巡撫採進本）

明陳循撰循字德遵泰和人永樂乙未進士第一官至戶部尚書華蓋殿大學士英宗復辟謫戍鐵嶺石亨敗後循上疏自訟詔放還事蹟具明史本傳是編其裔孫以躍所輯附錄一卷則諭祭文誌銘祭文輓詩乞恩復官疏及祀鄉賢文移首列奏對而無策疏其自訟疏本傳尚載其略乃削而不存未喻何故殆久而佚其稾耶

東行百詠集句九卷附芳洲年譜一卷（浙江汪汝瑮家藏本）

明陳循撰是編乃其被謫東行時集古人詩句以成七絕初得三百首復疊和其韻至千餘首集句皆不著姓名頗多竄易牽就和韻諸作更多累句後附年譜一卷乃其門人王翔所錄當時敕諭及循所進詩頌俱載入其中亦非體例也

襪線集十五卷（江西巡撫採進本）

明蕭儀撰儀字德容樂安人永樂乙未進士官吏部主事以疏論遷都北京不便忤旨見殺明史附見夏原吉傳中是集乃其子超進所編據其原目凡文十卷詩十卷此本僅十五卷蓋詩佚其五卷矣其文有紆徐曲折之致而意境不深其詩爲朱彝尊明詩綜所不錄殆偶未見歟

半隱集十卷（浙江汪汝瑮家藏本）

明陳衡撰衡字克平淳安人永樂丁酉舉人官亳州學正是集序四卷記一卷說一卷詩四卷附雜文於後末有其甥方漢所撰行狀詩文皆不入格於明初諸人爲未能方軌並騖也

石溪文集七卷附錄一卷（江西巡撫採進本）

明周敘撰敘字功敘吉水人永樂戊戌進士官至南京翰林院侍講學士事蹟具明史本傳是編詩三卷賦頌詞一卷文三卷又以誥敕誌傳爲附錄一卷史稱敘初選庶吉士作黃鸚鵡賦稱旨得授編修今觀所作雖有春容宏敞之氣而不免失之膚廓蓋臺閣一派至是漸成矣其集編次無法至以五言六句別標一體區之古詩之外而五言長律反入於古詩之中殊乖體例

尋樂文集二十卷（江西巡撫採進本）

明習經撰經字嘉言號寅清居士晚自號尋樂翁新喻人永樂戊戌進士官至詹事府詹事經於成祖時亦以試黃鸚鵡賦稱旨擢授編修其賦今在集中又有皇都大一統賦朱彝尊撰日下舊聞未經收入蓋未見此集也集爲其子興化府同知襄所編其文結搆頗有法而意境太狹往往失於枯寂未可云似淡而腴詩則七言長句清婉頗似東陽而他體未能悉稱也

松臞集二十八卷（江西巡撫採進本）

明曾鶴齡撰鶴齡字延年一字延之泰和人永樂辛丑進士第一官至侍講學士詩多牽率之作命意不深而措詞結局往往爲韻所窘殆非所擅長文則說理明暢大序有法大抵規橅歐陽頗近王直抑菴集而沈著則不及也直爲作墓誌於其文章亦無所稱譽云

河汾詩集八卷（浙江汪汝瑮家藏本）

明薛瑄撰。瑄有讀書錄，已著錄。是集第一卷載賦五篇，餘皆古今體詩。其孫禚於成化間裒拾遺稾而成。門人閻禹錫爲之序。今考所載詩賦，皆已編入全集中。此猶其初出別行之本也。

嘯臺集二十卷、木天清氣集十四卷（浙江汪汝瑮家藏本）

明高棅撰。棅一名廷禮，字彥恢，號漫士，福建長樂人。永樂間自布衣徵爲翰林待詔，陞典籍。明史文苑傳附見林鴻傳中。閩中十子之一也。其山居時所作名嘯臺集，入京後所作名木天清氣集。棅嘗選唐詩品彙，專主唐音。實與閩縣林鴻共開晉安一派。沿習既久，學者剽竊形似，日益庸廓，併擿始者受詬厲焉。今觀嘯臺集詩八百首，尚稍見風骨。至木天清氣集六百六十餘首，大率應酬冗長之作，清氣之云，殆名不副實。其初與林鴻齊名，日久論定，鴻集尚見傳錄，而棅集幾於覆瓿，蓋亦有由矣。

道山集六卷（浙江汪汝瑮家藏本）

明鄭棠撰。棠字叔美，浦陽人。永樂中官翰林院檢討。是集編次猥雜，第一卷爲賦，二卷爲辭頌銘贊四言五言古體詩歌行樂府七言絕句塡詞，而附以論二篇。三卷爲記序，而附以五七言律詩五言絕句，後又附以雜文，殊漫無體例。卷四爲經筵講義，卷五卷六爲元史評，以雜著附入，則固唐以來例也。棠以文章遇入翰林，由典籍至檢討，而於詩殊不擅長。朱彝尊作明詩綜，不登一字，蓋非疎漏矣。

恆軒集六卷（浙江汪啟淑家藏本）

明韓經撰。經字本常，山陰人。宋太尉琦之十二世孫。以行誼稱於鄉里，屢徵不出，家居教授以終。是集爲其子監察御史暘所編。凡古體詩二卷，近體詩四卷。語多質直，主於抒寫己意而止，非屑屑以文字求工者也。

西澗文集十六卷（浙江巡撫採進本）

明熊直撰。直字敬方，吉水人。永樂中舉人。以子槩貴，贈右都御史。是集詩二卷，文十四卷。有宣德五年楊士奇序，稱蘇明允父子，一時皆有文名，而明允老成，歸然時號老蘇。其官位竟不顯，暨子貴乃進身後之命。敬方亦今之明允乎。今觀其文，視明初宋濂王褘去之尚遠，似未容上擬眉山也。

鳳鳴後集十卷（浙江汪汝瑮家藏本）

明鄭楷撰。楷字叔度，浦陽人。官蜀府左長史。是集第一卷中載近體詩數首，餘皆雜文。前後無序跋。其曰後集，當尚有前集也。朱彝尊明詩綜載義門鄭氏有棫、枎、榦、桐四人，而不及楷。今觀其謝銀鈔箋中稱家長兄榦，則楷爲榦弟，殆因不以詩名，故彝尊佚之抑或偶未之見耶。

貫珠編貝集五卷（兩淮鹽政採進本）

明沈行撰。行字履德，錢塘人。是編前有魏驥序，則當在永樂宣德間也。是編皆集句之詩，兼取唐宋元人之作。貫珠言其聲之和，編貝言其材之富。然牽強湊合，在所不免。視後來香屑集之類，其工巧自然，百不及一矣。

敝帚集二卷（江蘇巡撫採進本）

明陳益撰。益字啟行，自號行素，高安人。永樂間以五經教授於其鄉，至景泰甲戌始卒。是集乃宏治乙未其子暘所刊，後燬於火。萬歷中其裔孫德又重刊之。所載皆古今體詩雜文僅寥寥數篇。其意境頗清，而歉於深厚，文亦如之。末以同時諸人哀輓之作別爲一卷，附於集末，則皆德所裒集也。

草窗集一卷（浙江范懋柱家天一閣藏本）

明劉溥撰。溥字原博，草窗其別號也。長洲人。宣德初授惠民局副使，後調太醫院吏目。事蹟具明史文苑傳。史稱溥恥以醫自名，日以吟詠爲事。其詩初擬西崑，晚更奇縱，與湯允勣、蘇平、蘇正、沈愚、王淮、晏鐸、鄒亮、蔣忠、王貞慶等稱景泰十才子，而溥爲之首。今九人之集皆未見，惟溥集存，溥際土木之變，忠憤悱惻之意，時見於詩，亦頗有足取者。故朱彝尊靜志居詩話謂其在彼法中猶爲差勝。然溥嘗語客云：不讀二萬卷書，看溥詩不得。則虛憍太甚矣。宋人云：不讀萬卷書，不行萬里路，看杜詩不得。溥乃更加一倍乎。

廖恭敏侯稾一卷、附錄一卷（江西巡撫採進本）

明廖莊撰。莊字安止，號東山，吉水人。宣德庚戌進士，官至刑部左侍郎，謚恭敏。事蹟具明史本傳。莊爲給事中時，嘗劾輔臣楊士奇縱子稷恃勢稔惡事，下獄。士奇固良相，而溺愛其子，庇之實甚。當其權位最重之日，已爲言人所不敢言。景泰中疏請同羣臣朝見上皇於南宮，又言皇姪猶子也，宜令親儒臣誦經書，以繫人心，回天意。疏上，廷杖，貶官定羌驛丞。當新故嫌疑之際，尤爲言人所難言。其勁節孤忠，足以震動一世。而文章則非所專門。所著有東山居士集，日久散佚，惟自序尚存。千頃堂書目則載莊漁梁集二卷，今亦惟存其自序。是兩集皆亡。黃虞稷特據所徵各家書目載之耳。此本爲莊裔孫仲蔚及其里人李日東所輯，僅奏疏五篇，其大要已見於本傳。雜文二十篇，詩五首，則又草草應酬之作。莊固不必藉是以傳。附錄一卷，皆祭文碑誌之屬，莊亦不必藉是爲重也。

澹軒集七卷（浙江巡撫採進本）

明馬愉撰。愉字性和，臨朐人。宣德丁未進士第一。正統五年以侍講學士入直文淵閣，官至禮部右侍郎。事蹟附見明史楊溥傳。愉沒後，詩文散失，成化庚子，山東參政邢居正命青州知府劉時勉裒集遺亡而刊之。凡詩賦四卷，雜文三卷。第六卷又有歌詩錯雜其中。蓋隨得隨編，故先後無序。詩多酬應之作，或佳者多佚耶。然史稱愉端重簡默，門無私謁，論事務寬厚，又載其清理滯獄及善處蕃使二事，絕不稱及其著作，蓋不以文采見也。

別本澹軒集八卷（兩淮鹽政採進本）

明馬愉撰。愉集散佚之後，其鄉人都御史遲翔鳳購得殘本，更於愉家掇拾逸作，補葺刻之，故題曰續刻。目中註續刻字者，皆翔鳳所增也。

尚約居士集（無卷數，江西巡撫採進本）

明蕭鎡撰。鎡字孟勤，泰和人。宣德丁未進士。官至戶部尚書、文淵閣大學士，兼翰林院學士。事蹟附見明史陳循傳。案鎡爲蕭鵬舉之子。鵬舉學詩於劉崧，鎡不墜其家法。史稱其學問該博，文章爾雅。其門人邱濬序，稱其文正大光明，不爲浮誕奇崛。蓋洪宣閒臺閣之體大率如是也。

淡軒稾十二卷補遺一卷（福建巡撫採進本）

明林文撰。文字恆簡，莆田人。宣德庚戌進士。官至太常寺少卿，兼翰林院學士，謚襄敏。是集詩三卷，文七卷。其十一、十二兩卷乃附錄誥敕及行狀、神道碑。補遺一卷，則又其詩文雜著。凡有二本。初刻者爲其孫岳州同知希範。重刻者爲其曾孫南京大理寺寺正炳章。此本卽炳章所校也。

吳竹坡文集五卷詩集二十八卷（江西巡撫採進本）

明吳節撰。節字與儉，竹坡其號也。安成人。宣德庚戌進士。官至太常寺卿，兼侍讀學士。是集爲其七世孫琦所刊，後附彭華所作行狀，稱其爲文章援筆卽就，多至數千言，滔滔不竭，無刻苦艱窘態。於詩五七言古今體，隨題命意，開合起伏，不拘拘摹擬，而自合矩度云云。今觀其詩文，皆直抒胸臆，縱筆所如，無不自達之意。華所論頗得其眞。而渟蓄深厚，亦遂不及古人。所謂不踐迹亦不入室者歟。

雲川文集六卷附恭愍遺文一卷（江西巡撫採進本）

明鍾復撰。復字彥彰，雲川其號也。永豐人。宣德癸丑進士。官至翰林院侍講。其詩文不出當時臺閣之體。末附其子同遺文四篇，一曰直言安國疏，二曰送叔祖士傑之任序，三曰送伯氏世楨南歸序，四曰友蘭軒詩跋。同字世京，號待時。景泰辛未進士。官至貴州道監察御史。以疏爭建儲下詔獄，一時獻媚求榮者，欲借以傾動英宗，鍛鍊炮烙，備極慘毒，而同義不負故主，卒無一語連南內，竟拷斃於獄。天下悲之。事蹟具明史本傳。卷末又附墓誌一篇，章綸爲撰文，廖莊爲書丹，皆與同時建言受禍，幸而未死者也。誌稱同在獄所作詩文稾，綸藏於枕畔，爲獄卒竊去，故所存止此。忠臣著作，理宜甄錄，以寥寥不成卷帙，故附存其目於此，示表章焉。

松岡集十一卷（浙江汪汝瑮家藏本）

明姜洪撰。洪字啓洪，號松岡，江西樂安人。宣德癸丑進士。改庶吉士，除檢討，陞修撰，以疾乞歸。是集序二卷，記一卷，歌詩二卷，賦頌銘贊表一卷，近體詩五卷。文頗平淡，詩亦安適，而步趨東里，得其形似，格律未能遒上也。

畏菴集十卷（兩淮馬裕家藏本）

明周旋撰。旋字中規，別號畏菴，永嘉人。正統丙辰進士第一。官至左春坊左庶子。是集凡詩賦五卷，雜文五卷。樂清章綸爲之序，稱其典雅閒淡。然在當時，猶馳驅於流輩之中，未能自闢蹊徑。

桐山詩集十卷（浙江汪汝瑮家藏本）

明王偉撰。偉字士英，攸縣人。正統丙辰進士。官至兵部侍郎。事蹟附見明史于謙傳。偉所著有詩學正蒙，久已散佚。其桐山文集，繁昌吳琛序刻之，今亦未見。此集凡詩九卷，又以偉引疾告歸疏及贈行之作爲附錄一卷，乃其弟傑所錄，其子添楨所重刊也。史稱偉喜任智術，旣爲于謙所引，恐人目己爲朋附，乃密奏謙短，冀以自異。然卒以謙黨罷官。蓋反覆不常之士。又稱其年十四，隨父戍宣府，宣宗巡邊，獻安邊頌，得補安州學生，則亦儁才。然詩多率意酬應之作，研鍊之功，蓋才士之文往往如斯矣。

呆齋集四十五卷 浙江巡撫採進本

明劉定之撰。定之有易經圖釋，已著錄。是集前稾十六卷，存稾二十四卷，皆分類編錄。如代祀錄、永新人物錄、經筵講章、策略皆在其中。而鄉會三場試卷，亦皆附列。續稾五卷，則成化乙酉以後所作，不復分類，以一歲爲一卷焉。明史本傳稱定之以文學名一時。嘗有中旨命製元宵詩，內使却立以俟，據案伸紙，立成絕句百首。又嘗一日草九制，筆不停書。有質宋人名字者，就列其世次，若譜系然。人服其敏博。然其榛楛勿翦，亦由於此。李東陽懷麓堂詩話曰：劉文安公不甚喜爲詩，縱其學力，往往有出語奇崛，用事精當者。如英廟輓歌、右鍾山歌等篇，皆可傳誦，讀者擇而觀之可也。其言可謂婉而章矣。

完菴詩集一卷 江蘇巡撫採進本

不著撰人名氏。惟篇首有吳寬序，稱完菴先生劉公，少爲刑部屬，出僉山西按察司事，居三載，棄官歸吳中。所與倡和者，武功徐公、參政祝公及隱士沈石田數人。考江南通志人物文苑類中載，劉珏字廷美，長洲人。正統三年舉人，官至山西按察司僉事。老而好學，工於唐律。時人稱爲劉八句。所敘仕履與寬序合。又藝文類中載完菴詩集，長洲劉珏撰，與書名亦合。則此集蓋珏所作。然其詩有亮節而乏微情，不能如志所稱也。

劉文介公集三十卷 兩淮鹽政採進本

明劉儼撰。儼字宣化，吉水人。正統壬戌進士第一，累官太常寺少卿、春坊大學士，掌院事。明史附見周敘傳，稱其景泰中典順天鄉試，力持公道，黜大學士陳循、王文之子，幾得危禍，蓋剛正不撓之士也。是集策表講章一卷，記四卷，序十四卷，雜著六卷，五七言古今體詩五卷，尙沿臺閣舊體，無疵累之可摘，亦無精華之可挹。

姚文敏集八卷 浙江汪汝瑮家藏本

明姚夔撰。夔字大章，桐廬人。正統壬戌進士，官至吏部尙書，謚文敏。事蹟具明史本傳。是集本名轟[illegible]堆稾，後其子璽刊版，改題此名。夔一代名臣，風裁嶽嶽，不愧古人，而詩文乃直抒胸臆，不中繩度。如寄弟詩云：嫩韭蒸來香滿口，一飡午膳倍尋常。太不以詞藻爲工矣。此所謂人各有能有不能也。

蘭軒集四卷 浙江汪汝瑮家藏本

明沈彬撰。彬字原質，武康人。正統壬戌進士，官至刑部郎中。其居官以強幹著，不以詩文自鳴。遺稾亦多散佚，沒後百有餘年，至隆慶己巳，其鄉人周維新始序而刻之，以墓誌、墓表諸篇附於後。

靜軒集十三卷 浙江汪汝瑮家藏本

明陳宜撰。宜字公宜，靜軒其號也。泰和人。正統壬戌進士，官至兵部侍郎。路璧所作宜小傳，稱有金臺集、金陵集、滇南集、金臺晚集存於家。此本其季子佩所編錄，累朝誥敕、家譜序與搢紳投贈之作共爲七卷，冠於前，併以爲佩而作者附載卷內。自第八卷以後，始爲宜所著詩文，編次殊無體例。

商文毅公集十卷 浙江巡撫採進本

一名素菴集。明商輅撰。輅有商文毅疏稾略，已著錄。是編爲萬歷中淳安知縣漢陽劉體元所編。凡文九卷，詩一卷。多館閣應酬之作，不出當時嘽緩之體。

菉竹堂稾八卷 兩淮鹽政採進本

明葉盛撰。盛有葉文莊奏議，已著錄。是集乃盛所自訂。凡詩詞四卷，文四卷。詩詞皆非所長。文有勁直之氣，稍勝於詩。然亦無傑構，惟碑誌諸篇什尙頗整飭有法耳。

卞郎中詩集七卷 浙江汪汝瑮家藏本

明卞榮撰。榮字華伯，江陰人。正統乙丑進士，官至戶部郎中。榮在景泰間，盛有詩名，居郎署二十年。朝騎甫歸，持牘乞詩者擁塞戶限，日應百篇。湯沐公餘日錄盛稱其狀元自是渴睡漢，宰相須用讀書人一聯，以爲雖有翦裁，渾無痕迹，蓋亦儁才。然所作大半皆酬贈哀輓之章，亦多淺率，蓋得之太易也。是集爲其門人無錫吳鏈所刊，附以雜文十餘首，亦非所長。李東陽懷麓堂詩話曰：詩在卷冊中易看，入集便難看。古人詩集非大家數，除選出者鮮有可觀。卞戶部華伯在景泰間盛有詩名，對客揮翰，敏捷無比。近刻爲全集，殆不逮所聞。是當時已有公論矣。

白沙詩教解十卷附詩教外傳五卷 安徽巡撫採進本

明陳獻章撰，湛若水註。獻章有白沙集，若水有二禮經傳測，皆已著錄。白沙詩教凡一百六十六篇，皆闡發性理之作。詩教外傳則皆獻章語錄之類，足與詩相發明者。若水以類排纂，各爲之標目。獻章於詩家爲別調，不妨存備一格。若水務尊師說，必以爲風雅正宗，至別撰此書以行，言之似乎成理，而實則不然。王士禎居易錄曰：如欲講學，何不竟作語錄，可謂要言不煩矣。

彭文憲集四卷（江西巡撫採進本）

明彭時撰。時有可齋雜記，已著錄。其集原本十卷，歲久散佚。此本乃其六世從孫雋稱所刊，掇拾殘賸，取盈卷帙，不足見所長矣。

劉古直集十六卷（浙江汪汝瑮家藏本）

明劉珝撰。珝字叔溫，號古直，壽光人。正統戊辰進士，官至戸部尚書、謹身殿大學士，諡文和，事蹟具明史本傳。是集乃其子太常寺卿鈗所編，凡詩五卷，文十一卷，志表祭文附於末。珝當萬安、劉吉等朋比亂政之時，頗能持正，故本傳稱安貪狡，吉陰刻，珝爲稍優，顧喜談論，人目爲狂躁。又萬安傳稱在內閣者劉吉、劉珝，安爲首輔，與南人相黨附，珝與尚書尹旻、王越又以北人爲黨，互相傾軋。然珝疎淺而安深鷙，故珝卒不能勝，則珝亦一客氣用事、粗率不檢者耳。朱彝尊明詩綜謂其詩率意塗寫，不事翦裁，蓋肖其爲人也。彝尊又引李東陽語，謂公於詩，興之所到，筆不能閣，而無毫髮點綴呻吟之病云云。考東陽序中無此語，其語乃在王承裕序中。考此本二序皆五頁，版心號數相同，裝緝者互易其末頁，彝尊以仁裕語爲東陽語，知所見之本，二序亦互易末頁矣。

王端毅文集九卷（江蘇巡撫採進本）

明王恕撰。恕有玩易意見，已著錄。是集乃嘉靖壬子祥符李濂所編，前六卷爲文，平實淺顯，無所雕飾，如其爲人。喬世寧序稱當時以爲其文無假英藻，而質厚有餘，不務以閎辨，而歸準於躬行。又最稱其荅劉太保書。第七卷卽玩易意見，八卷曰石渠意見，九卷曰意見拾遺，皆說經之語，各有別本單行。濂用李石方舟集例，又編入集中也。

鳴秋集二卷（兩淮鹽政採進本）

明趙迪撰。迪字景哲，懷安人，自號白湖小隱。朱彝尊靜志居詩話謂余憲百家詩以迪爲山人，徐庸湖海耆英集載其元夕應制詩，徐泰明風雅則云迪宏陽人，官吏部侍郎。然鳴秋集有景泰五年迪仲子壯後序，中云先人值時多故，投老林泉，而同時閩人均有輓鳴秋山人詩，則二徐所云，自是別一人矣。是集卽其仲子壯所編，前載林誌序，稱其古詩不下魏晉，而諸作則醇乎唐。今考其詩，古體頗爲薄弱，誌說殊誣。律詩諧暢，差有唐音，然亦晉安一派也。

王文肅集十二卷（浙江孫仰曾家藏本）

明王僎撰。僎有毘陵志，已著錄。此集亦名思軒稾。卷首載李東陽所作傳，謂其官吏部尚書時，上疏陳八事，多見採納。今其疏不見集中，止存經筵進講、文華進講二卷，殆有所避而不載歟？抑東陽溢美也。

王太傅集二卷（浙江汪汝瑮家藏本）

明王越撰。越字世昌，濬縣人。景泰辛未進士，官至兵部尚書，以功封威寧伯，諡襄敏。此集稱王太傅者，其贈官也。考明史越本傳，功名頗有可觀，惟以前結汪直，後依李廣，爲士論所輕。是集分體編輯，附錄雜文，前有嘉靖九年吳江吳洪序，稱其遺稾散佚不傳，有郢人高德崇錄所見聞，刻之於學舍，乃行於世。後越曾孫紹思別輯全集，其跋中所稱在楚有太傅詩文集者，卽此本也。

王襄敏集二卷續集一卷（浙江汪汝瑮家藏本）

明王越撰。是編卽其曾孫紹思所輯。第一卷爲疏議，皆處置邊務及奏報捷音。第二卷爲雜文。續集一卷爲詩及詩餘，而以李東陽所作墓誌、崔銑所作神道碑附錄於末。越本魁傑之才，其詩文有河朔激壯之音，而往往傷於粗率。

野菴文集十卷（江西巡撫採進本）

明吳宣撰。宣字師尼，野菴其別號也，崇仁人。景泰癸酉舉人，授左軍督府經歷，坐劾長官不法，繫獄十年，始得釋，改中府，陞鎭遠府知府，道病卒。其文落落有氣，而格律未嚴。是集乃其門人王君謨等所編，未經刊行，其元孫道南復訂正，藏於家。前有道南自述顚末一篇。

奉使錄二卷（兩江總督採進本）

明張寧撰。寧有方洲集，已著錄。是集乃寧天順四年出使朝鮮所作，已編入方洲集內。此其初出別行之本也。上卷首敘奉使召對及奏稾數篇，餘皆途中留題之作。下卷則至朝鮮以後篇什，題曰皇華集，註云朝鮮刻本。前有崔恒序，乃奉國王李瑈命編次而序之者也。朱彝尊靜志居詩話載寧兩使朝鮮，水館星郵，而題殆遍。館伴朴元亨詩篇唱和，殊不相下。及偕登太平館樓，寧成七律六十韻，元亨誦至溪流殘白春前雪柳折新黃夜半風之句乃閣筆曰不敢屬和矣然其詩縱調騁情才思雖捷而少沈思故王世貞謂寧詩如小櫂急流一瞬而過無復雅觀也

彭文思集六卷 江西巡撫採進本

明彭華撰華字彥實安福人景泰甲戌進士官至吏部侍郎入內閣逾年以風疾去卒諡文思事蹟附見明史萬安傳所著有素菴集九卷李東陽序稱其文嚴整峭潔力追古作者今未見傳本此本爲其六世孫篤福所編視原集僅十之三矣

恥菴集十卷 浙江汪汝瑮家藏本

明陳煒撰煒字文曜別號恥菴閩縣人天順庚辰進士官至浙江左布政使煒風裁峻整爲御史時劾罷錦衣指揮門達在江西平反疑獄爲民興利除弊具有實績詩文非所注意是集乃正德初其從子塤爲東莞知縣時所刊嘉靖中其孫全之復補輯之而以贊贐諸詩附於其末

禮庭吟二卷 衍聖公孔昭煥家藏本

明孔承慶撰承慶字永祚曲阜人至聖六十代孫也年三十一未及襲封而卒其外祖王惟善爲裒其遺詩以成此集有景泰間同郡許彬序又有天順丁丑長洲劉鉉序歲久散佚康熙庚辰衍聖公孔毓圻檢校先世遺稾又得而重刊之

耕石齋石田集九卷 兩江總督採進本

明沈周撰周有石田雜記已著錄是集乃瞿式耜所刪定凡詩八卷文一卷其詩與華汝德本互有出入文則華本所未收然周詩猶以天趣勝文則更非所長徒爲贅疣矣

桂坡集十五卷 浙江汪汝瑮家藏本

明左贊撰贊字時翊南城人天順丁丑進士官至廣東布政使是編凡前集五卷後集八卷皆詩賦雜文而以所作方外諸篇別爲一卷附於末蓋用楊傑無爲集例至於樂府一卷之中如關山月楊白華之類皆古題而忽以詞曲續其後則從來無此體例殆以宋人詞曲亦標樂府之名故合爲一不知源流遞變格律各殊不可以宋之樂府竄當古樂府也贊嘗刪定李覯集蓋亦頗留心詩古文者然所作質朴而不能健清淺而不能腴其於古格僅具體云爾

別本彭惠安公文集七卷附錄一卷 兩江總督採進本

明彭韶撰韶有政訓已著錄所著詩文名從吾滯稾已散佚不存是集乃御史陳時周所重編已多所刊削非盡精要附錄一卷則楊守陳陳獻章等贈言及府志傳論也

餘力稾十二卷 副都御史黃登賢家藏本

明徐貫撰貫字元一淳安人天順丁丑進士官至工部尚書諡康懿是集乃貫所自定前有宏治己未自序其子頤初刊於舒城閒有遺佚嘉靖壬子其次子健倅歸州時復增訂梓行詩文皆平實然大半應酬之作也

栗菴遺稾二卷 浙江汪汝瑮家藏本

明鄭環撰環字瑤夫號栗菴仁和人天順庚辰進士官至太常寺少卿是集有其子孟紀跋稱環集本十卷不戒於火茲集乃其搜輯另編者楊守陳作環墓碑稱其文章典雅贍密今此本所存無多體亦不備不足以見其全守陳所論難遽定其確否也

東白集二十四卷 浙江孫仰曾家藏本

明張元禎撰元禎五歲能詩寧靖王召見名之曰元徵巡撫韓雍爲改今名字廷祥南昌人天順庚辰進士官至吏部左侍郎兼翰林院學士掌詹事府天啟初追諡文裕事蹟具明史本傳是集凡詩文二十三卷末卷則附錄事實祭文元禎以講學爲事其在講筵請增講太極圖西銘通書夫帝王之學與儒者異詎可舍治亂興亡之戒而談理氣之本原史稱後輩姍笑其迂闊殆非無因矣其詩文樸遬無華亦刻意摹擬宋儒得其形似也

定菴集五卷 兩淮鹽政採進本

明張悅撰悅字時敏華亭人天順庚辰進士官至南京兵部尚書諡莊簡事蹟具明史本傳是集凡詩一卷文四卷大抵流易有餘而頗乏雋永之味

巽川集十六卷附錄二卷 浙江孫仰曾家藏本

明祁順撰順字致和巽川其號也東莞人天順庚辰進士官至江西左布政使其集前載有韻之文次爲詩詞次爲散體末附張元正所作墓誌賈宏所作墓表各爲一卷

東園詩集續編八卷 浙江范懋柱家天一閣藏本

明鄭紀撰紀有東園文集已著錄是編其詩集也初紀子壬一壬敬嘗編其詩爲十二卷今未見傳本此本乃其少子忠蒐輯遺篇故題曰續集集中如古壍斜連江樹沒飢烏啞傷野人飛橋頭雨歇

徑初灑，天際雲收山漸多等句，亦頗有南宋風格。然亦止於如此耳。

東瀧遺稾四卷（江西巡撫採進本）

明彭教撰。教字敷五，號東瀧，吉水人。天順甲申進士第一，官至翰林院侍講。集中詩文，類多應酬之作。李東陽序云：敷五年僅四十餘，編摩考校之外，無由自試，而文又不盡其蘊。蓋亦微詞也。

閔莊懿集八卷（浙江巡撫採進本）

明閔珪撰。珪字朝英，烏程人。天順甲申進士，官至南京刑部尚書、左都御史。事蹟具明史本傳。是編乃其詩集，中七言律詩多至六卷，大抵皆酬贈之作。蓋珪老成持重，治獄平允，爲當代名臣，後以不阿劉瑾告歸。其立身自有本末，吟詠則非所留意云。

桃溪淨稾八十四卷（江蘇巡撫採進本）

明謝鐸撰。鐸有赤城論諫錄，已著錄。是集凡詩四十五卷，文三十九卷。蓋李東陽因其舊本再取而芟之，故以桃溪淨稾爲名。然瑕瑜參半，猶不能悉爲刊除也。

滄洲集十卷、續集二卷（浙江汪汝瑮家藏本）

明張泰撰。泰字亨父，太倉人。天順甲申進士，官至翰林院修撰。事蹟具明史文苑傳。泰爲人恬淡，獨喜爲詩。初與李東陽齊名，後東陽久持文柄，所學彌老彌深，而泰不幸早終，未及成就，故聲華銷歇，世不復稱。今觀是集，大抵圓轉流便，而短於含蓄。正如清水半灣，洮洮易盡，視東陽懷麓堂集實相去逕庭。故東陽作序亦云將極於古人而不意其遽止云。

西山類稾五卷（兩淮馬裕家藏本）

明謝復撰。復字一陽，祁門人。少從吳與弼游，與陳獻章爲同門友，而篤實勝於獻章。故集中有書獻章詩後一篇，頗詆其晚涉於佛老。其宗旨可見。然其詩文則不出講學之門徑，與談藝家又別論云。

陳剩夫集四卷（福建巡撫採進本）

明陳眞晟撰。眞晟字晦德，改字剩夫，又自號曰布衣。家本泉州，以父隸鎮海衛戍籍，遂爲漳州人。天順中，嘗詣闕上書，獻所撰程朱正學纂要，兼上書執政，均不見收。又上書當路，獻所撰正教正考會通，亦不見省而罷。又作學校正教文廟配享疏，擬詣闕再上，未及行而卒。事蹟具明史儒林傳。是集乃眞晟卒後，其鄉人林祺所編。康熙己丑，儀封張伯行官福建巡撫，乃爲序而刻之。所獻二書，今皆載集中。其程朱正學纂要，首爲程氏學制，次爲推明朱子兼補之法，次爲心學圖說。其圖凡二：一爲六十四卦圓圖，圖下大書一心字；一爲太極圖，圖下亦大書心字。次爲立師說，補正學輔皇儲隆教本振風教五條。其正教正考會要，首列朱子學校貢舉私議，次敕諭大略，次程氏學制，次呂氏鄉約，次德業過違二條，次立師考德考文三條。大意以爲天下之事莫大乎此，故次卷載所上當路書曰：朱子抱哭其書四百年矣，曾無一人憐而省之者。此魏鶴山、眞西山、許魯齋、吳草廬諸儒不能無大罪也。旣讀其書，宗其道，則實吾師也，父也，豈有視父師之哭而弟子能恝然耶。又謂宋元兩朝皆以不用程朱之學，故上干天怒，奪其命以與明。持論頗僻。又題玉堂賞花集後，詆諆執政，謂不賞其程朱纂要，而羣聚賞花，後世不免謂之俗相。尤爲褊激。林雍作眞晟行實，稱其旣無所遇，每四顧彷徨，不能自釋。亦異乎尋孔顏之樂者矣。

履坦幽懷集二卷（編修祝德麟家藏本）

明祝淇撰。淇字汝淵，號夢窗，海寧人。以子萃貴，封刑部主事。明詩綜作祝祺，云或作淇。此本乃其家刻，明作淇字，則詩綜誤也。是集爲餘姚胡培所編，凡文一卷，詩一卷。

思元集十六卷（浙江汪啟淑家藏本）

明桑悅撰。悅有桑子庸言，已著錄。是編賦一卷，文八卷，詩六卷，詩餘一卷，附刻一卷，則悅之志傳也。史稱悅爲人怪妄，敢爲大言以欺人。朱彝尊靜志居詩話稱悅在長沙，著庸言，自詡窮究天人之際，非儒者所知。又自稱其詩根於太極，則史所云怪妄，不虛也。所作兩都賦，有名於時，然去班固、張衡實不可道里計，而誇誕如是，淺之乎其爲人矣。

淶水集二卷（兩淮鹽政採進本）

明文洪撰。洪字功大，號希素，長洲人。成化乙酉舉人，官淶水縣教諭，故以名集。洪爲待詔徵明之祖，故朱彝尊靜志居詩話云：長洲文氏，世載其德，希素先生實始之。詩饒有恬淡之致。是集案洪自序稱，檢前後所作，汰之得百篇，蓋所自編。然此本末附遺文七篇，則後來又有增入，非手定之舊稾矣。

龍皐文集十九卷（浙江孫仰曾家藏本）

明陸簡撰。簡字伯廉，號治齋，龍皐其別號也。武進人。成化丙戌進士。官至詹事府少詹事。是集有文無詩、冠以日講直解及經筵講章。李東陽爲撰墓誌、稱其文縝密峻潔、力追古作、而不輕應接、有求之經歲而不得者。又云所著已累百數十卷。今所存者僅若此、則知其佚者多也。其文義蘊未深、而平正樸實、於長沙一派爲近。蓋何李未出之前、文格大率如是也。

東海文集五卷、兩江總督採進本

明張弼撰。弼字汝弼、華亭人。成化丙戌進士。官至南安府知府。事蹟具明史文苑傳。是集前四卷皆雜文、後一卷皆附錄弔輓銘贊之作。考吳鉞序、稱其子輯錄詩文若干卷。則其文原與詩合刻、此本偶佚其半也。弼工草書、爲世所重。其文則直抒胸臆、不事鍛鍊。李東陽懷麓堂詩話載、弼自評其書不如詩、詩不如文、以爲英雄欺人之語。誠篤論云。

東皐文集十三卷、附錄一卷、浙江巡撫採進本

明陸淵之撰。淵之字克深、上虞人。成化丙戌進士。官至河南布政使。是集爲其門人王汝鄰所刻。前有其門人劉瑞序曰、讀先生之文者、知其大可也。乃若較聲律、評矩矱、區區於文字家者、亦淺之乎知先生矣。殆微詞歟。

張文僖公文集十四卷、詩集二十二卷、浙江巡撫採進本

明張昇撰。昇字啟昭、南城人。成化己丑進士第一。官至禮部尚書。事蹟具明史本傳。是編乃其子浙江布政使元錫所刊。前有嘉靖元年邵寶序、謂此書本名柏崖集。刻成而賜謚之命適至、遂以名之。然本傳不言有謚、或偶漏歟。昇立朝頗著風節、而其文多應酬之作。末附瀛涯勝覽及北行錄西行錄、皆縷述見聞、無所考證。詩則近體多於古體、而七言近體尤多於五言。是足驗其所得矣。

使東日錄一卷、浙江巡撫採進本

明董越撰。越有朝鮮賦、已著錄。是集乃宏治元年越爲朝鮮頒詔正使途中紀行之詩。考越奉使時官庶子、而刻本首行結銜乃作儒林郎大理寺。寺字以下刊版刓滅、不可辨其姓名、疑或校刊者所題歟。

太和堂集六卷、浙江汪汝瑮家藏本

明屠勳撰。勳字元勳、平湖人。成化己丑進士。官至刑部尚書。謚康僖。是編詩四卷、文二卷、以神道碑墓誌附於末。陳懿典序稱合刻屠氏家藏二集。蓋其子應埈有蘭暉堂集、當日合爲一編耳。

交石類稾三卷、兩淮鹽政採進本

明吳文度撰。文度字憲之、應天人。成化壬辰進士。官至南京戶部尚書。事蹟附見明史張泰傳。是集詩一卷、文二卷、皆詞旨樸僿。蓋文度官汀州知府時有惠政、汀州人爲之刊行、以誌遺愛。是固不以詞采論也。

文溫州集十二卷、浙江巡撫採進本

明文林撰。林有瑯琊漫鈔、已著錄。林嘗爲溫州府知府、故其集以溫州名。其中陳馬政諸篇、皆官南京太僕寺丞時作。總題以溫州、從所終也。

孫清簡公集二卷、兩江總督採進本

明孫需撰。需字孚吉、别號冰蘗翁、德興人。成化壬辰進士。官至南京吏部尚書。謚清簡。事蹟附見明史孫原貞傳。需初爲南京御史、以劾妖僧繼曉、廷杖謫外。爲禮部尚書、又忤劉瑾罷官。以風節著。巡撫河南陝西鄖陽、抑權貴、綏流亡、尤具有循績。詩文則非所長。是集初名冰蘗稾。其孫世良改今名。末有隆慶庚午世良記曰、壬戌循例至京師、奉遺稾請瞿昆湖姜晉齋摘其尤者、得四帙。丁卯過常郡、謀諸王百穀、更爲分門別類、釐爲上下二卷。是刻豈欲上四大方、持示海內。第俾子孫異日有所取以承藉云耳。其言篤實、想見需之家法。王世貞序謂其詩文沖然而不爲藻采、淡然而若無深思。亦有微詞焉。

石淙稾十九卷、安徽巡撫採進本

明楊一清撰。一清有關中奏議稾、已著錄。考明史藝文志載一清奏議三十卷、石淙類稾四十五卷、詩二十卷。今所傳關中奏議稾已與三十卷之數不符。此本有詩無文。首鳳池稾、次省墓稾、次禪後稾、次西巡稾、次北行稾、次容臺稾、次行臺稾、次歸田前稾、次自訟稾、次制府稾、次吏部稾、次玉堂稾、次歸田後稾、次督府稾、次玉堂後稾、各以類分。止十九卷、與藝文志卷目亦不合。惟督府稾後別附簡札一卷、當爲文集中一種、裒緝誤入於此。史志或併此數之歟。

東溪稾十卷、兩淮鹽政採進本

明鄧庠撰。庠字宗周、宜章人。成化壬辰進士。官至南京戶部尚書。終蘇州巡撫。是編乃其詩集。凡吟稾五卷、入覲聯句錄一卷、續稾三卷、別稾一卷、而以石瑤所作小傳附焉。

梅巖小稾三十卷 浙江汪汝瑮家藏本

明張旭撰。旭字廷曙，休寧人。成化甲午舉人，歷官孝豐、伊陽、高明三縣知縣。是集凡詩二十二卷，文八卷。其詩長於集句，採摭成語，位置聯絡，往往如出自然。其所自作，則雖律調工整，而傷於剽利，蓋學長慶集而不至者也。散體諸文，大抵應俗之作矣。

東田漫稾六卷 直隸總督採進本

明馬中錫撰。中錫字天祿，別號東田，故城人。成化乙未進士，官至左都御史。事蹟具明史本傳。是集爲其子師言所編，同邑孫緒序之，稱其詩卑者亦邁許渾，高者當在劉長卿、陸龜蒙之列。而其末力詆竊片語，擣數字，規規於聲韻步驟，摹仿愈工，背馳愈遠，蓋爲李夢陽而發。其排斥北地，未爲不當。然中錫詩格實出入於劍南集中，精神魄力，尚不能逮夢陽也。

別本東田集十五卷 直隸總督採進本

明馬中錫撰。是集爲國朝康熙丁亥中錫鄉人賈棠所刊。凡文五卷，詩十卷。案嵩陽雜識曰：李空同與韓貫道草疏，劾瑾切齒，必欲置之死，賴康濟西營救而脫。後濟西得罪，空同議論稍過嚴，人作中山狼傳以詆之。王士禎居易錄亦稱中錫中山狼傳爲刺李夢陽負康海而作。今其文在第五卷中。然海以救夢陽坐累，夢陽特未嘗救之耳，未嘗逞凶反噬，如傳所云云也。疑中錫別有所指，而好事者以康、李爲同時之人，又有相負一事，附會其說也。

滇南行稾四卷附錄一卷 江西巡撫採進本

明蘇章撰。章字文簡，號雲崖，餘干人。成化乙未進士，官至延平府知府。初章官兵部主事時，因星變事劾妖僧繼曉、方士李孜省，謫姚安通判。因裒其所作共爲一集，故以滇南行稾爲名。末附詞四闋、祭胡敬齋文一首。附錄一卷，則其行實及諸家題跋與入祀鄉賢文卷也。章少問學於陳獻章之門，嘗出胡居仁於獄，與吳與弼亦友善，蓋亦刻意講學者。故所作皆率意而成，不能入格云。

七星詩文存十二卷 江西巡撫採進本

明劉鴻撰。鴻字雲表，泰和人。以居七星坳，自號七星居士。成化丁酉舉人，屢上公車不第，遂放游山水以終。是集爲泰和知縣區時行所編，前有正德五年羅欽順序。其文風格疎暢，多自抒抑塞磊落之懷。詩則率意而成，興寄頗淺。五言絕句中西州詞第一首，乃全錄西州古詞四句，殊不可解。疑或手書是詞，其後人不考而誤收也。

碧川文選四卷 兩江總督採進本

明楊守阯撰。守阯字惟立，號碧川，鄞縣人。成化戊戌進士，官至南京吏部左侍郎，加尚書銜致仕。事蹟附見明史楊守陳傳。案明分省人物考云：碧川文鈔二十九卷，雜文儲稾又若干卷。此本爲其外孫陸鈳所刻，前有陳琳序曰：楊公自摘手稾凡一百五十三篇，藏於家，陸君釐爲四卷云云。則此爲守阯手定之本矣。明人物考又云：守阯嘗書數語於遺稾曰：學文師韓吏部，學道師程伊川。然其文才力萎弱，不能規橅韓筆也。

西征集 無卷數 浙江汪汝瑮家藏本

明林俊撰。俊有見素文集，已著錄。是集皆其正德四年再起官四川巡撫，平定巴蜀土寇時作，故以西征爲名。凡詩歌一百二篇，跋二篇，賦一篇，書二十三篇，祭文二十四篇，序四篇，記五篇。末附戴錦所撰西征傳，述靖亂始末頗詳。

半江集十五卷 兩淮馬裕家藏本

明趙寬撰。寬字栗夫，號半江，吳江人。成化辛丑進士，官至廣東按察使。是集初爲其邑人王思誠所刊，王守仁、費宏皆爲之序。守仁序不載卷數，但惜其遺稾散佚。宏序稱詩六卷，文如之。此本凡詩八卷，文七卷，蓋其仲子綸掇拾補緝，又增三卷也。

柴墟齋集十五卷 兩江總督採進本

明儲巏撰。巏字靜夫，號柴墟，泰州人。成化甲辰進士，官至戶部侍郎。卒謚文懿。事蹟具明史文苑傳。是集爲其曾孫耀所刊，詩五卷，序文三卷，墓誌一卷，雜著二卷，奏疏一卷，書簡三卷。巏嘗與李夢陽、何景明、徐禎卿相倡和，其詩規仿陶韋，文亦恬雅，至於才力富健，則不及夢陽等也。

虛齋先生遺集十卷 編修祝德麟家藏本

明祝萃撰。萃字維貞，海寧人。成化甲辰進士，官至廣東布政司參政。是集文五卷，詩五卷。文頗舂容，詩亦妥帖，蓋成宏閒臺閣之體也。

蔡文莊集八卷 浙江巡撫採進本

明蔡清撰。清有易經蒙引，已著錄。其集凡有二本，一爲石崖葛氏所刊，即明史藝文志所載五卷之本。一卽此本。乾隆壬戌其族孫廷魁所重刊也。自一卷至五卷、仍其舊文、而重訂其目。又搜輯墨蹟遺稾、爲補遺一卷。附以其孫邦駒所集事蹟及志書傳序、爲附錄二卷。集中有與孫九峯書、述寧王宸濠譏其不能詩文。廷魁序中因反覆辨論、歷詆古來文士、而以清之詩文爲著作之極軌。夫文以載道、不易之論也。然自戰國以下、卽已岐爲二途。或以義理傳、或以詞藻見。如珍錯之於菽粟、錦繡之於布帛、勢不能偏廢其一。故謂清之著作主於講學明道、不必以聲偶爲詩、以彫繪爲文、此公論也。謂文章必以清爲正軌、而漢以來作者皆不足以爲詩文、則主持太過矣。廷魁序又稱以家藏密箴善本太極圖說河洛私見三種附焉、而此本無之。蓋本各自爲書、故或附載或別行也。

雪洲文集十四卷　浙江巡撫採進本

明黃瓚撰。瓚字公獻、儀眞人。成化甲辰進士。官至南京兵部侍郎。是集乃其子襄所刊。自一卷至六卷爲詩。自七卷至十二卷爲文。十三十四兩卷題曰續集、詩文竝列、蓋補遺也。詩多伉厲之響。文亦意境未深。集中載爲山東巡撫時薦劾方面各官疏、於所糾之人俱闕其名、殆不欲暴人之短耶。

雨村集四卷　直隸總督採進本

明周東撰。東字伯震、號雨村、阜城人。成化甲辰進士。官至大理寺少卿。以伉直忤劉瑾。時寘鐇將變、乃使勘事陝西。會亂作、死之。是集詩一卷、雜文一卷。其後二卷爲正論八篇、蓋東子所著之書、編以入集。詩文皆不甚留意。正論多刺時之語、蓋亦發憤而著書。然東之足不朽者、終在氣節也。

松籌堂集十二卷　兩淮鹽政採進本

明楊循吉撰。循吉有蘇州府纂修識異、已著錄。其平生詩文雜著幾及千卷、蕪累頗甚。是集雖經別裁、尙多俗體。蓋循吉任誕不羈、故其詞往往近俳云。

都下贈僧詩一卷　浙江汪汝瑮家藏本

明楊循吉撰。循吉好與方外遊。成化丙午、大給祠牒、吳僧多集京師。其所識緇流、時或往訪、比其還也、各賦詩以送之、因錄爲一通。吳寬跋其後。後二年、循吉復摹寬書、刻之持定塔院。

菊花百詠一卷　浙江汪汝瑮家藏本

明楊循吉撰。以菊花種類、各案其名、系以七言絕句。分爲十一類。天文類自滿天星以下三首。地理類自岳州紅以下三首。人物類自狀元紅以下二十一首。宮室類金樓子一首。珍寶類自銀絞絲以下七首。時令類自海棠春以下六首。花木類自白牡丹以下三十二首。身體類自金寶相以下三首。鳥獸類自金鳳仙以下十三首。衣服類自黃罨羅以下十四首。器用類自醺金香以下十八首。

齋中拙咏一卷　浙江汪汝瑮家藏本

明楊循吉撰。凡古今體詩二十一首、皆循吉官禮部主事、以病乞歸、將發京師、及至家後所作。又以成化甲辰丙午至宏治戊申所作聯句詩六首附於末。徐景鳳彙刻循吉所著爲南峯逸稾、此其一種也。

燈窻末藝一卷、攢眉集一卷　浙江汪汝瑮家藏本

明楊循吉撰。皆所作古文、合兩集僅四十餘首。頗宕逸有奇氣、而縱橫曼衍、亦多不入格。徐景鳳亦嘗刻入南峯逸稾中。

東所文集十三卷　浙江汪啟淑家藏本

明張詡撰。詡有白沙遺言、已著錄。是集凡雜文十卷、詩三卷。其學出於新會、故所爲白沙文集序、白沙遺言纂要序、周禮重言重意互註序及學記、與友人往復諸書、大抵皆本陳氏之說。

南海雜詠十卷　浙江汪汝瑮家藏本

明張詡撰。是集雜詠廣州古蹟、分爲九門。每題之下、各列小序、皆摭志乘爲之、無所糾正。詩亦罕逢新語。

李大厓集二十卷、附錄一卷　浙江孫仰曾家藏本

明李承箕撰。承箕字世卿、嘉魚人。讀書大厓山、自號大厓居士。成化丙午舉人。嘗徒步至嶺南、從陳獻章游。及歸、遂隱居黃公山、不復仕進。明史儒林傳附載於獻章傳末。是編乃其弟立卿所刻。明史藝文志載大厓集二十卷、與此本合。前十二卷爲詩、後八卷爲雜文。附錄一卷、則墓表、行狀及陳獻章所贈詩文。前有其兄承芳所作采菊稾引。采菊稾者、卽獻章所贈古詩凡十三首、裒濱成卷。以其首句有采菊二字、因以名焉。然此宜入附錄、乃以冠諸簡端、蓋欲假獻章以重承箕、殊非體例。且重不重繫乎其人、亦不繫乎其師也。

費文憲集選要七卷　兩江總督採進本

明費宏撰。宏字子充、鉛山人。成化丁未進士第一、官至吏部尙書、華蓋殿大學士。諡文憲。事蹟具明

史本傳。所著鵝湖摘稾本二十卷。此本乃徐階劉同升所選錄、非全帙也。

湘皐集三十三卷、浙江孫仰曾家藏本

明蔣冕撰。冕字敬所、案明史本傳冕字敬之。然編首王宗沐黃佐陳邦偁呂調陽四序俱稱敬所、同時之人不應有誤。疑明史乃刊本之訛。全州人。成化丁未進士。官至戶部尚書、謹身殿大學士。謚文定。事蹟具明史本傳。是集分奏對四卷、奏疏三卷、附錄召對及經筵講章救諭等稾一卷、詩八卷、詞一卷、序記等雜文十六卷。冕當正德之末、主昏政怠、獨持正不撓。凡所建白、俱切時務。嘉靖初大禮議起、冕固執爲人後之說、卒齟齬以去。丰裁嶽嶽、在當時不愧名臣。其詩文則未能挺出也。

別本熊峯集四卷、浙江汪汝瑮家藏本

明石珤撰。珤有全集十卷、已著錄。案朱彝尊明詩綜、稱珤所著名恆陽集、由周令皐甫汸刪定爲四卷、詩僅一百九十餘首。今此集題作熊峯先生集、前後無序跋、詩亦一百九十餘首。而詩綜所錄惟春日雜言秋蓮曲會昌宮詞三首在集中。其送邵國賢叟田行春渡滹沱諸篇皆未之載。疑此爲初刊別行之本、非汸所選、故集名亦各不同。然卷數篇數又合、殊不可解。今未見原刻、其同異莫能詳也。以此爲舊本、而不及康熙中所刻新本之賅備。故錄其新本、而此本附存目焉。

華山集十五卷、浙江孫仰曾家藏本

明李堂撰。堂字時升、鄞縣人。成化丁未進士。官至工部右侍郎、總理漕河。鄞有赤華山、即越絕書所謂赤堇之溪、涸而出銅者。堂居其側、故以名集。其文根據未深、持論頗多臆斷。

西軒效唐集錄十二卷、浙江孫仰曾家藏本

明丁養浩撰。養浩字師孟、別號西軒、仁和人。成化丁未進士。官至雲南布政使。是集詩八卷、文四卷。其名效唐者、蓋取法唐人之意。然殊不類唐音也。

鼇峯類稾二十六卷、浙江巡撫採進本

明毛紀撰。紀有密勿稾、已著錄。是集乃紀致仕後所手定。前十八卷爲文、後八卷爲詩。朱彝尊明詩綜載紀有鼇頭類稾、蓋即此編。校刊偶疎、誤以峯字爲頭字也。

赤城集二十三卷、兩淮馬裕家藏本

明夏鍭撰。鍭字德樹、天台人。成化丁未進士。官至南京大理寺左評事。事蹟附見明史夏壎傳。其詩欲爲別調、而轉乖雅則。文亦惟意所如、不可繩以古法。史稱鍭宏治四年謁選時、疏請復李文祥羅倫官、併請罷大學士劉吉、忤旨下獄。後官評事時、又疏論賦斂徭役馬政鹽課利弊及宗藩戚里侵漁狀。蓋亦讜正之士、非專意於詞章者也。

西巡類稾八卷、浙江范懋柱家天一閣藏本

明吳廷舉撰。廷舉字獻臣、梧州人。成化丁未進士。官至南京工部尚書。謚清惠。事蹟具明史本傳。此集乃其正德初官廣東按察司副使時、巡歷省治以西諸郡所上奏疏及往來文牘詩詞之類、故曰西巡類稾。明史言其發中官潘忠罪、爲忠反訐、下詔獄。劉瑾矯詔枷之、幾死。今觀此編、廷舉所上凡十疏、內有劾岷王府內監陳鶴稱令旨差往廣東違法乘驛騷擾、又奏各省鹽務差內監查盤者、因斂銀內進、又有人事銀以賄各衙門、賀禮銀以賄司禮監。此三者並科擾百姓、請敕御史體察。而盤查廣東鹽庫之內監韋霦將鹽課盡解京、令廣東無以充軍餉、其事不可行。其關涉於內官者不過如此。無發潘忠罪事。編首有劉瑞序云、逆瑾切齒於君、其黨探望風旨誣奏、即械下錦衣衞獄、枷史部門左、垂死而後釋之。瑞、廷舉同時人、其言必得實。然則史傳疑誤也。

月湖集四十八卷、浙江巡撫採進本

明楊廉撰。廉字方震、豐城人。成化丁未進士。官至南京禮部尚書。謚文恪。事蹟具明史儒林傳。是編凡分六集、以所作歲月核之、月湖淨稾十九卷、續稾二卷、遺稾一卷、當在前。月湖四稾十卷、五稾七卷、六稾七卷、當在後。原本次序顛倒、蓋編次偶誤也。廉以氣節稱、而其父崇嘗從吳與弼游、因亦喜講學。請頒薛瑄讀書錄於同朝、請躋周程張朱於漢唐諸儒上、皆其所奏。故其詩多涉理路、其文亦概似語錄云。

程念齋集十卷、江西巡撫採進本

明程楷撰。楷字念齋、饒州人。成化丁未進士。改庶吉士。是集末有方冀跋、稱其家居時所著有東樓南樓日錄。遊太學時有屏巖書屋稾。官翰林時有來英亭稾。皆散落不存。此本乃其郡人史簡所摘鈔。凡文七卷、詩詞八卷。古文具有間架、而醞釀未深。詩詞亦多率意之作、不留心於陶鍊。

欽定四庫全書總目卷一百七十五

欽定四庫全書總目卷一百七十六

集部二十九

別集類存目三

東嶠集十五卷（湖北巡撫採進本）

明李承芳撰。承芳字茂卿，嘉魚人。宏治庚戌進士。官大理寺評事。明史儒林傳與其弟承箕同附陳獻章傳末。是集詩多俚俗。如詠馮道云：「地獄判燒春磨具，定將此賊謝天人。」白頭吟云：「恨殺相如非正氣，未曾焚却白頭吟。」皆墮入下劣詩魔。文亦拙澀。曾璵序謂其議類許魯齋，志類范叔子，睦族類范文正，而詩文則甚自類，蓋譏其無所師法也。

戒菴文集二十卷（兩江總督採進本）

明靳貴撰。貴字充遂，號戒菴，丹徒人。宏治庚戌進士。官至武英殿大學士。諡文僖。是集乃吳郡蔡羽所編，凡文十八卷，詩二卷，大半皆應俗之作。

集古梅花詩四卷（浙江巡撫採進本）

明童琥撰。琥字廷瑞，蘭谿人。宏治庚戌進士。官至工部郎中。是編皆集句成詩，以咏梅花。得五言律詩、七言律詩、七言絕句各百首，又旁及紅梅，得七言律詩十首。所採上自六代，下及明初，排比聯貫，往往巧合。然非詩家正格，徒弊精神於無用之地耳。

白露山人遺稾二卷（浙江巡撫採進本）

明黃傅撰。傅字夢弼，蘭谿人。宏治庚戌進士。官至監察御史。是編詩文各一卷。其居在邑之白露山陽，故以山自號，因以名集。傅受業章懋之門，清苦自持，不愧其師。集中有「死臥溪山鬼亦清」句，可以見其志節。然年未四十而卒，文章則未成就也。

鶴灘集六卷（浙江巡撫採進本）

明錢福撰。福字與謙，松江華亭人。宏治庚戌進士第一。官翰林院修撰。家近鶴灘，因以自號。福少而穎悟，詩文以敏捷見長。故委巷鄙俚之詞，率以歸之。今觀是集，實少俳諧之作，知小說多附會也。末為鶴灘紀事一卷，蓋後人綴緝遺聞，又多溢美，亦不盡可憑。

勉齋遺稾三卷（浙江巡撫採進本）

明鄭滿撰。滿字守謙，慈谿人。宏治壬子舉人。官至山東濮州知州。是集為其仍孫梁敬所編。凡文二卷，詩一卷。大旨不詭於正，而頗乏修詞之功。

毛文簡集二卷（江蘇巡撫採進本）

明毛澄撰。澄號三江，太倉人。宏治癸丑進士第一。官至禮部尙書。嘉靖初議大禮不合，致仕歸，道卒。事蹟具明史本傳。是集皆所作雜文。前有李維楨序，稱澄沒十餘年，其子希原裒所作詩文為三江集，未及剞劂而散佚。後其從曾孫君明蒐拾鳩合，屬維楨校刊，更名曰遺稾。詩已無一存，文存者僅二卷耳云云。此本題曰毛文簡集，與序不合，豈又經重刊歟。

何燕泉詩四卷（兩淮馬裕家藏本）

明何孟春撰。孟春有何文簡疏議，已著錄。孟春少遊李東陽之門，傳其詩派，而才力不及其富贍，故往往失之平衍。是編乃嘉靖間署郴州事蔣文化選錄刊行，亦非其全集也。

吳文端集四十卷（安徽巡撫採進本）

明吳一鵬撰。一鵬字南夫，號白樓，長洲人。宏治癸丑進士。官至南京吏部尙書。諡文端。事蹟具明史本傳。一鵬力爭大禮，抗張璁、桂萼之鋒，頗著風節，而不以文章名。是集前有徐階序，稱其子純叔所編，而不著其名。朱彝尊靜志居詩話謂一鵬名位與守溪王鏊鼎峙吳中，詩品亦在伯仲閒。然鏊不以詩名，即一鵬之詩可知也。

姚東泉文集八卷（兩淮鹽政採進本）

明姚鏌撰。鏌字東泉，慈谿人。宏治癸丑進士。官至右都御史，總督兩廣。中蜚語罷職。後復起為兵部尙書，總制三邊，辭不赴，以規避落職，卒於家。事蹟具明史本傳。是集序記二卷，奏疏四卷，雜文一卷，學政事宜一卷。文皆嘽緩，尤多吏牘之辭。蓋鏌本以武略見也。

靜芳亭摘稾八卷（浙江孫仰曾家藏本）

明陳洪謨撰。洪謨有治世餘聞，已著錄。是集為洪謨所自定。以致仕之後居高吾山下，築亭山中，榜曰靜芳，故以名其集。又自稱高吾子，故亦曰高吾摘稾。其詩音節諧暢，而意境不深，蓋宏、正之間風氣初變，漸趨七子之派，而未盡離三楊之體也。明史藝文志有陳洪謨文集二卷，不載其詩。今乃獨有詩集而文集未見。本傳考此本卷首標題之下俱有詩集二字，知尙別有文集，故以示別，非史誤也。

矩洲集十卷，附榜亭集一卷（浙江汪汝瑮家藏本）

明黃衷撰。衷有海語，已著錄。考千頃堂書目，衷有文集、詩集各十卷。是編乃其詩集也。凡吳中稾一卷，南中稾一卷，閩中稾一卷，粵中稾一卷，湖中稾一卷，伐檀稾一卷，草堂前後稾二卷，續稾二卷。多描寫風景之作。末附樗亭集一卷，乃其弟褧所撰，篇帙不多，體格亦弱。

仁峰文集二十四卷、外集一卷（安徽巡撫採進本）

明汪循撰。循字進之，休寧人。宏治丙辰進士，官至順天府通判。江南通志稱其遊莊泉之門，與王守仁數相論辨，蓋亦講學之流。集中有答程曈書云：朱子著書立言，皆欲使人明其理，反求於心，未嘗教人弄故紙糟粕，以資一己功利。後之習其學者，徒知排比章句，而擴充變化之無功；辨析詞理，而持守涵養之不力。專訓詁者附會穿鑿，叢脞架屋，汩心思，亂耳目。工文詞者飾筌蹄，取青紫，龍斷罔利，中立為姦。朱子之學果如是乎。其持論亦頗中流弊。然於曈之嚚爭門戶，不一糾正，則猶未破癥結也。其文第取疏暢，不事窮裁，詩亦不出擊壤一派。是集凡文十七卷，日錄二卷，詩五卷，末附詩話數則。外集一卷，附錄敕命行實墓銘祭文之類。題嘉靖辛卯書林劉氏刊行，其子昺跋，謂先刻其强半，蓋尚非全稾。刻本亦頗多脫佚，失於校正云。

渼陂集十六卷、續集三卷（陝西巡撫採進本）

明王九思撰。九思字敬夫，鄠縣人。宏治丙辰進士，官至吏部郎中。坐劉瑾黨，降壽州同知，尋勒致仕。九思為宏治七子之一。明史文苑傳附見李夢陽傳中。是集前有自序，稱始為翰林時，詩學靡麗，文體萎弱。其後德涵、獻吉導予易其習。獻吉改正予詩稾，今尚在，而文由德涵改正者尤多云云。是其平生相砥礪者，在李夢陽、康海二人。故其詩體文格與二人相似。而詩之富健不及夢陽，文之粗率尤甚於海。蓋樂府是其長技，他皆未稱其名也。正集十六卷，為嘉靖癸巳九思門人監察御史王獻所刊。續集三卷，乃九思晚年之作，嘉靖丙午巡撫翁萬達續刊行之。

南川稾十二卷（浙江汪汝瑮家藏本）

明陶諧撰。諧字世和，號南川，會稽人。宏治丙辰進士，改庶吉士，授工科給事中。以忤劉瑾，逮訊謫戍肅州。後起江南按察司僉事，官至兵部侍郎，總督兩廣軍務。謚莊敏。事蹟具明史本傳。是編分為十集：曰西行稾、北上稾、洪都稾、十州稾、再北上稾、題贈稾、行臺稾、草堂續稾、北遊稾、歸閒稾，各一卷，雜著、奏疏二卷。正德三年，劉瑾所矯示姦黨敕諭一道，及諧下獄自辨一疏，亦附載於末。蓋其初刻之本，後乃重編為莊敏集也。

陶莊敏集八卷、附蘭渚遺稾一卷（江蘇巡撫採進本）

明陶諧撰。是集凡詩六卷，文二卷，據諧自序，但自錄其詩、雜著、奏疏。蓋其後人所續入。後附蘭渚遺稾，則其孫尚寶司丞允淳所撰也。諧以風節震一世，詩文直抒胸臆，明白坦易，不甚鎔鑄翦裁。允淳詩亦淺弱。而同日冊六妃四絕句，尤乖立言之體。以詩家之法言之，不當如是徑直；以臣子之禮言之，亦不容如是褻媟也。

靜觀堂集十四卷（浙江朱彝尊家曝書亭藏本）

明顧潛撰。潛字孔昭，崑山人。宏治丙辰進士，官至直隸提學御史。以伉直忤尚書劉宇，宇譏之於劉瑾，出為馬湖知府。未任罷歸。是集凡詩六卷，文八卷，俱平正樸實，不事修飾，蓋當時風氣類然。蘇州府志稱所著尚有讀史新知、林下記聞、湖塽醉韻、惇史、夢林等集。方鵬序又稱其有稽古治要若干卷，蓋亦多所著述者，今皆不可見矣。

華泉集選四卷（山東巡撫採進本）

明邊貢撰。貢華泉集已著錄。此本乃

國朝王士禎所刪定。其序謂濟南詩派，大昌於華泉、滄溟二氏。而華路藍縷之功，又以邊氏為首庸。其比之曹植、謝靈運，雖不免夸飾，然於李攀龍集終置不論，而獨加意於貢集，其去取之閒，亦有微意也。

陽明要書八卷、附錄五卷（浙江巡撫採進本）

明王守仁撰，葉紹容編。守仁有保甲法，已著錄。紹永，吳江人。是書成於崇禎乙亥。取守仁全書摘其要語。前有小序八首，及凡例四條，皆著其刪纂之大意。浙江通志載宋儀望輯陽明文粹十一卷，王畿輯陽明文選八卷，而無此書之名，蓋偶未見也。

王陽明集十六卷（浙江巡撫採進本）

明王守仁撰。其五世孫貽樂重編。案守仁全集刻於明嘉靖中，久而版佚。

國朝康熙初，貽樂為滕縣知縣，乃重為掇拾，定為此本。然視原集已闕其半。其目分論學書、南贛書、平濠書、思田書、雜著書，亦頗瑣屑。又因有李贄所作年譜，而遂以卓吾鑒定題其前，尤為依託，迴不及原本之完善也。

陽明文鈔二十卷（江西巡撫採進本）

明王守仁撰。是編康熙己巳江都張問達所編，以傳習錄、大學或問爲首，奏疏序記諸講學書及論說雜著賦詩以次之，而終以陽明年譜。

陽明全集二十卷、傳習錄一卷、語錄一卷（浙江巡撫採進本）

明王守仁撰。此本爲康熙中餘姚俞嶙所編，刪除錢德洪本正錄外錄別錄之目，併爲一集，更其舊第，首載年譜，次以書序記說諸體，而以傳習錄語錄附焉。

張伎陵集七卷（浙江范懋柱家天一閣藏本）

明張鳳翔撰。鳳翔字光世，號伎陵子，洵陽人。宏治己未進士，官戶部主事。是集前六卷爲詩，附賦三篇，後一卷爲雜文。鳳翔年僅三十而卒，文章本未成就。與李夢陽爲同年，夢陽爲作小傳，至比之王勃。當時頗以爲黨。今觀集中所附夢陽評點，惟白巖賦一篇稱揚過甚，其他詩文率多譏彈之語，則夢陽實未嘗心滿之也。

凌谿集十八卷（浙江巡撫採進本）

明朱應登撰。應登字升之，寶應人。宏治己未進士，官至雲南布政司參政。宏治七子之一也。明史文苑傳附見顧璘傳中。是集凡賦二卷，詩十卷，文五卷，附錄碑文傳銘詩文一卷。朱彝尊靜志居詩話云：李何並興，李自空諸子，自三秦而外，得其門者蓋寡。心摹手追，凌谿一人而已。其口占絕句云：文章康李傳新體，驅逐唐儒駕馬遷。是其生平惟以北地爲宗，故詩文格調相近，然沈著頓挫處，則才力不及夢陽。顧璘爲作碑文，稱其詩上準風雅，下採沈宋，磅礴蘊藉，鬱興一代之體，未免諛墓之辭矣。

貞翁淨稾十二卷（浙江汪汝瑮家藏本）

明周倫撰。倫字伯明，晚號貞翁，崑山人。宏治己未進士，官至南京刑部尚書，諡康僖。是集爲趙士英所刪定。其詩沿臺閣舊派，不免膚廓。士英序謂其有得於陶元亮王摩詰兩家，非定論也。

白齋竹里集七卷（浙江汪汝瑮家藏本）

明張琦撰。琦字君玉，鄞縣人。宏治己未進士，官至興化府知府，加布政使參政致仕。是集前有嘉靖癸未自序，稱守莆陽日，既梓平生所作，積數年，又得若干首，有相知君子贊予續梓之。文稾力縣不能盡刻，姑芟摭數十篇附詩之後。是琦尚有前集行世，此則歸田後所刻續集也。琦當何李盛時，別以獨造爲宗，自開蹊逕。王世貞藝苑巵言謂其如夜蛙鳴露，自極聲致，然不脫於泥中。蓋其用思雖苦，鍊骨未輕，有意生新，未免圭角太露。散體則縱筆所如，如遺稽行實一篇，至以案牘語入文，尤非體裁也。

夢蕉存稾四卷（浙江汪汝瑮家藏本）

明游潛撰。潛有博物志補，已著錄。是集凡詩三卷，文一卷。其詩工拙互見。七言如蘼蕪曉雨溼蝴蝶、楊柳晚風吹栗畱，雲深野岸客稀到、天闊斜陽鴉亂啼等句，皆頗有作意。古詩則摹擬溫李，而才力未至。散體不多作，僅二三十篇，亦未入格。其集曰夢蕉者，案集中有夢蕉亭睡起詩，自註云：亭在鍾城山隙處。蓋其別業云。

對山集十九卷（陝西巡撫採進本）

明康海撰。海有武功縣志，已著錄。海晚歲縱情聲伎，故樂府特爲擅長。詩文皆不甚留意，不免利鈍互陳。今已以孫景烈刪定之本繕入四庫，此本即張太微所編之原集，附存其目，不沒其裒輯之功云爾。

王氏家藏集六十八卷（浙江汪汝瑮家藏本）

一曰浚川集。明王廷相撰。廷相有愼言，已著錄。其詩文列名七子之中，然軌轍相循，亦不出北地信陽門戶。鄭善夫詩所謂海內談詩王子衡，春風坐徧魯諸生，一時興到之言，非篤論也。王士禎論詩絕句曰：三代而還盡好名，文人從古善相輕。君看少谷山人死，獨有平生王子衡。蓋善夫歿後，廷相始見是詩，賻恤其家甚至，亦頗有微詞矣。

內臺集七卷（江蘇巡撫採進本）

明王廷相撰。是編刻於嘉靖丙申。凡詩二卷，詞一卷，雜著一卷，奏疏一卷，雜文二卷。又在家藏集之後者也。時廷相爲都御史，故以內臺爲名云。

魯文恪存集十卷（浙江孫仰曾家藏本）

明魯鐸撰。鐸字振之，號蓮北，景陵人。宏治壬戌進士，官至南京國子監祭酒，卒贈禮部侍郎，諡文恪。事蹟具明史本傳。是編爲其子彭嘉所編。前四卷皆詩，第五卷爲使交稾。鐸官編修時，嘗奉使安南故也。第六卷以下爲雜文。史稱鐸爲司業日，與祭酒趙永皆李東陽門生也。東陽生日，相約以二帕爲壽。索笥無有，有乾魚食過半矣，乃擕其半饋東陽云云。案司業秩六品，何至貧不能具二帕，無帕可徒往，何必以食殘之物爲敬，皆於事理爲不近。

此殆世人欲著其清介，故甚其詞，史因而錄之。然亦足見其素行孤高，故致影造是語，不能不謂之賢者也。至於詩文，則皆不甚擅長，蓋其平生志趣不在於斯耳。

山堂萃稾十六卷（浙江汪汝瑮家藏本）

明徐問撰。問有讀書劄記，已著錄。是編詩六卷，文十卷，而奏疏三篇附詩之末，體例殊別。其詩文平正通達，而傷於淺易。中有孫偉、方棨、黃佐三人評語，蓋即以點勘之本付雕，亦非古式。

白石野稾十七卷（兩江總督採進本）

明林魁撰。魁自號白石山人，龍溪人。宏治壬戌進士，官至雲南兵備副使。是集賦詩詞六卷，序記雜言等十卷，前有自序，稱平生應酬雜稾毋慮千首，審非作家，然亦一愚之發也。今觀集中如上吏部揭帖及與楊一清、李東陽諸書，頗足覘其學行。詩亦俊逸，惟其稱心而談，不免乏鍛鍊之功耳。

水南稾十九卷（浙江汪汝瑮家藏本）

明陳霆撰。霆有唐餘紀傳，已著錄。是集所載諸詩，意境頗為蕭灑，而才氣坌涌，信筆而成，故往往不暇檢點。古文大致樸直，而少波瀾頓挫之勝。惟詩餘一體較工，其豪邁激越，猶有蘇、辛遺範。末附詩話一卷，中閒論詞一條，謂明代騷人多不務此，閒有知者，十中之一二，則其自負亦不淺矣。

周恭肅集十六卷（浙江汪汝瑮家藏本）

明周用撰。用字行之，吳江人。宏治壬戌進士，官至吏部尚書，謚恭肅，事蹟具明史本傳。是集為其子國南所編，凡詩九卷，詩餘一卷，文六卷。其詩古體多嘽緩之音，近體音節頗宏整，文則平實坦易，縱其筆之所如。

樗林摘稾三卷附錄一卷（浙江汪汝瑮家藏本）

明秦鏜撰。鏜字國和，號樂易，又自號樗子，無錫人。宏治甲子舉人。親沒後不復進取。嘉靖中召選人不願試者，授以散銜致仕，遂循例授南京都察院都事。是集為其子淮漳所刊，凡詩三卷，附錄贊銘誌文為一卷。鏜隱居不仕，絕意時名，其於詩特以寄興，故附錄諸篇皆敍其隱德，而不及其文章。朱彝尊明詩綜亦未採錄一篇云。

未齋集二十二卷（浙江巡撫採進本）

明顧鼎臣撰。鼎臣字九和，崑山人。宏治乙丑進士第一，官至武英殿大學士，謚文康，事蹟具明史本傳。初，鼎臣以直講筵受世宗恩眷。世宗好長生術，內殿設齋醮，鼎臣進步虛詞七章，且列上壇中應行事宜。又享太廟，上命鼎臣及霍韜捧主，二人有期功當辭，鼎臣乃言古者諸侯絕期，今公卿即古諸侯，請得毋避。深為清議所譏。惟其憫東南賦役失均，屢陳其弊，及請崑山築城，卒免倭患，為其鄉人所稱。明史藝文志載鼎臣集二十四卷，今所存者凡二本，一為其孫耆璠等輯，凡文稾六卷，詩六卷，續稾六卷，其題曰顧文康集，較史志少六卷。此本多三集四卷，亦止二十二卷，不足二十四卷之數。或集本殘闕，或史文偶誤，則莫之詳矣。

鈐山堂集三十五卷（編修勵守謙家藏本）

明嚴嵩撰。嵩字惟中，分宜人。宏治乙丑進士，官至大學士，事蹟具明史姦臣傳。嵩雖怙寵擅權，其詩在流輩之中乃獨為迥出。王世貞樂府變云：孔雀雖有毒，不能掩文章。亦公論也。然迹其所為，究非他文士有才無行可以節取者比，故吟咏雖工，僅存其目，以明彰癉之義焉。

洹詞別本十七卷附錄四卷（兩江總督採進本）

明崔銑撰。銑有讀易餘言，已著錄。是集原本為趙王所刊，僅十二卷，編年排次而不分體。此本乃嘉靖甲寅池州知府周鑄命貴池教諭范瀧所重編，始區別體裁，以類彙次，而其文則無所增損焉。

甘泉集三十二卷（廣東巡撫採進本）

明湛若水撰。若水有二禮經傳測，已著錄。據若水門人洪垣所記，其集本四十八冊，刊以行世者十五冊。此本凡樵語一卷，新論一卷，雍語一卷，二業合一訓一卷，大科訓規一卷，書一卷，新泉問辨錄一卷，新泉問辨續錄一卷，問疑錄一卷，問疑續錄一卷，金陵問答一卷，金臺問答一卷，書問二卷，古樂經傳或問一卷，序記章疏三卷，講章一卷，雜著一卷，約言一卷，語錄一卷，揚子折衷略一卷，非老子略一卷，詩二卷，歸來紀行略一卷，嶽游紀行略一卷，祭文碑銘二卷，外集一卷。蓋語錄居十之九，詩文其餘贅耳。

梅國集四十一卷（浙江孫仰曾家藏本）

明劉節撰。節有春秋列傳，已著錄。是集凡詩十二卷，附以詩餘雜文二十九卷。考節所輯廣文選，採摭浩博，而門目瑣碎，體例冗雜，頗有貪多務得之失。其所自作，亦惟取明白條暢，盡所欲言，往往下筆不能自休，故不免稍傷於蔓衍。

寶制堂錄二卷（江西巡撫採進本）

明劉節撰。是集乃節官副都御史時其子魯掇拾雜稾而成，前有林庭㭿、呂柟、方豪三序，皆題曰寶制堂私錄，以明非節所自編。此本標題乃皆作寶制堂錄，蓋其曾孫一𤣥等重刻所改也。然節之著作備於梅國集中，此未全之本也。

石川集四卷附集一卷（浙江巡撫採進本）

明殷雲霄撰。雲霄字近夫，壽張人。宏治乙丑進士，官至南京工科給事中。嘗疏論武宗納有娠女子馬姬事，以峭直稱。明史文苑傳附載鄭善夫傳中。是集分二種，又各分詩文為二卷。曰瀛洲集者，官靖江知縣時作；曰芝田集者，官青田知縣時作。附一卷曰金陵稾者，則官南京時作也。史稱雲霄嘗作蓄艾堂，聚書數千卷，以作者自命，多與孫一元唱和。詩派亦與相近，然大抵才情富贍，而骨格未堅。

孟有涯集十七卷（浙江孫仰曾家藏本）

明孟洋撰。洋字望之，一字有涯，信陽人。宏治乙丑進士，官至監察御史。以論張璁、桂萼下獄，謫桂林府教授，移知汶上縣，終南京大理寺卿。是集詩十三卷、文四卷。洋娶於何氏，故其詩格多效何景明，而才則不逮。景明之沒，洋誌其墓，其文亦不甚工。

玉巖集九卷附錄一卷（兩江總督採進本）

明周廣撰。廣有江西通志，已著錄。所著詩文自釋褐以前曰初稾；官縣令時曰鳴琴稾；御史時曰排雲稾；謫懷遠時曰啖荔稾；官建昌時曰量移稾；曰乞骸稾；謫竹寨時曰沅芷稾；官江西時曰攬轡稾；曰閱江稾；視學福建時曰外臺稾；官巡撫時曰內臺稾；官刑部時曰邦禁稾。篇帙甚富，後其子句同邑周鳳鳴刪汰編次，定為此集，凡詩六卷、文三卷。卷中仍註原集諸名。附錄一卷，則誌狀之屬也。廣在正德中疏攻錢寧，直聲動海內，而文名不甚著。故歸有光序止著其生平大節，而不論其詩文之工拙云。

倪小野集二十二卷（江蘇巡撫採進本）

明倪宗正撰。宗正字本端，餘姚人。宏治乙丑進士，官兵部武選司員外郎。時嘗以言事廷杖，後終於南雄府知府。嘉靖中賜祭葬，贈學士，謚文忠。所著有豐富集、突兀稾、觀海集、太倉稾，晚年復有小野集十六卷。此本二十二卷，蓋

國朝康熙中其七世孫健宗彙輯重刻，而題以最後之名者也。謝遷豐富集序述李東陽之言，謂明之詩文至宗正而集大成，未免推之已甚。宗正嘗有詩云：偶入棠陵眼，難齊少谷肩。棠陵，方豪別號；少谷，鄭善夫別號也。可謂自知之審矣。

治齋集十七卷（浙江孫仰曾家藏本）

明萬鏜撰。鏜字仕鳴，進賢人。宏治乙丑進士，官至吏部尚書。事蹟附見明史李默傳。是編凡奏議十卷，分順天、南京、南臺、勘夷、北兵、吏部、辭謝、稱賀八集；文集四卷；詩詞三卷。每集冠以自序，而其文一字不易。蓋其後人印行之時，分冠每集之首，而忘其合而編之，遂致複出也。史載鏜為南京都御史時，以星變上言八事，除名，頗著丰采。後為嚴嵩汲引，起為副都御史，征湖廣蠟爾山蠻，勦撫失宜，暫平復叛，委罪於偏裨以解。及居吏部，委曲以順嵩，反為趙文華斥擠罷官。則是集所載奏議，未必盡為可據。詩文則更其餘事矣。

南原集七卷（江蘇周厚堉家藏本）

明王韋撰。韋字欽佩，上元人。宏治乙丑進士，官至太僕寺少卿。明史文苑傳附見顧璘傳中。韋與璘及朱應登、陳沂相友善，時有朱顧陳王之目。朱顧皆羽翼北地，共立壇墠，而韋與陳沂獨心懲勦襲之非，頗欲自出手眼。閣試春陰一篇，當時至謂有神助。然所作多尚穠麗，亦未能突過李何。是編璘所選定，凡詩三卷、文四卷，前有璘所作小傳一篇。

西樵遺稾八卷（浙江巡撫採進本）

明方獻夫撰。獻夫有周易傳義約說，已著錄。是集名曰西樵，以早年讀書西樵山也。獻夫緣議禮驟貴，故開卷即冠所上大禮疏。明史本傳謂其雖執大政，氣厭厭不振，入閣之初，攻者四起。故集中多引疾求退之章，無所謂嘉言碩畫云。

行遠集、行遠外集（皆無卷數，內府藏本）

明陸深撰。深有南巡錄，已著錄。其文集續集刻於嘉靖中。此集則崇禎庚午其曾孫休寧縣知縣起龍所編，前有起龍述言一篇，稱深隨地著述，散見四方者，邈不可購。所鐫正續集一百五十卷有奇，十不得五。迄今模糊散佚又十之二三。起龍晚懷先澤，多方搜購，見輒筆之，又積至二十餘卷，以次校編。又稱附以年譜，重開生面云云。今考此本所載，皆文裕集所已收，蓋其時舊刻散佚，因掇拾所存，重刻此版，故稱蒐購，實則非續獲於正續二集

之外也。所稱年譜、今亦不存。或裒緝偶漏、或歲久版又佚鈌歟。

雪窗詩六卷、浙江汪汝瑮家藏本

明吳爰撰。爰字翼夫、上海人。本姓陸、以父贅於吳、故冒其姓。本名瑗、後去玉旁名爰、則不知其何故也。是集爲其門人高介所編、淺弱殊甚。如謝定翁招聯句詩云、舊雨不來新雨至、繡衣寧豈布衣嫌。寧豈二字殆不成語。又附載其里人張衍評語。如朱隱翁易齋詩曰、庖犧王天下、龍馬負河圖。夏禹治水成、元龜呈洛書。卽密點其旁、批於句下曰、味易之深、有此等語。通集大抵此類、殆故相侮弄耶。

霞城集二十四卷、浙江汪汝瑮家藏本

明程誥撰。誥字自邑、歙縣人。生平好遊、所至山川都邑、輒紀以詩。卷帙雖多、亦瑕瑜互見。朱彝尊靜志居詩話云、誥詩氣格專學空同。第才情稍鈍、色澤未鮮、五言庶稱具體耳。其論當矣。

類稾十卷、江西巡撫採進本

明涂幾撰。幾字守約、又字孟規、宜黃人。以隱居著述稱。然朱彝尊靜志居詩話謂幾嘗撰時事策十九篇、上言孝廟、大言不怍、蓋非安於遯世者云云。今觀其集、亦不甚講經世之學也。

士齋集三卷、兩淮鹽政採進本

明女子鄒賽貞撰。賽貞、常塗人、贈監察御史謙之女、翰林院編修濮韶之母也。當時稱爲女士、故自號曰士齋。是集凡詩二卷、雜文一卷。其壻大學士費宏爲之序。考明宏治中有御史鄒魯、謫官蕭山令、以私憾害何舜賓。其子競結客復仇、毆魯幾死。遣官鞫實、競與魯皆抵罪。見於明史孝義傳。今以賽貞所作其父謙行狀證之、則賽貞卽魯之妹也。

丹巖集十卷、浙江孫仰曾家藏本

明黃雲撰。雲字應龍、丹巖其別號也、崑山人。宏治中以歲貢授瑞州訓導。是集凡詩四卷、文六卷。其門人巡按御史高安朱實昌所編。中多與沈周、文徵明諸人往來題咏之作。

東壁遺稾二卷、浙江孫仰曾家藏本

明蔣燾撰。燾字仰仁、長洲人。徐有貞之外孫也。九歲能究經史百家言。十一歲補郡學生。十七歲而卒。祝允明爲作遺文後序、載其死爲丹臺記事、甚怪。燾外舅程遵爲作墓誌墓碣、集序乃無一語及之。允明故好奇、所作野記志怪諸書、朱孟震河上楮談稱其百無一信、則所述燾事、殆影附李賀小傳爲之、未必有據矣。是編乃燾沒之後遵所編次。凡論十五篇、策五篇、表四篇、皆其揣摩科舉之文。大抵才氣溢發、有蘇氏父子遺意、而神鋒太雋、義蘊未深、則天限其年、學問未足副之也。遵序稱燾在時、嘗題其文曰東壁錄、故因其志題曰東壁遺稾云。

尋樂堂集十一卷、江西巡撫採進本

明王烈撰。烈字正邦、樂安人。尋樂其別號也。成化宏治間諸生。是集文五卷、詩六卷。末附其族孫徵江府經歷素節所撰行實一篇、載其論文論經史之語。蓋志大而學則未廣者也。

康谷子集六卷、湖南巡撫採進本

明劉養徵撰。養徵字敬伯、廣濟人。是集前三卷爲樂府及詩。四卷則其說鈴及自譜四則。其詩宗李夢陽、而才力薄弱、頗窘於邊幅。其說鈴內極推夢陽、謂古色過於子美、未免爲偏好之言。五卷以下附其弟養言詩文及其遠祖天行、文煥等傳。又附劉秉鈐石泿詩鈔、劉醇駿盟鷗集、劉鶚化味閒軒遺稾數種。皆寥寥數篇、姑備劉氏一家之書而已。

句曲紀遊詩一卷、兩淮馬裕家藏本

明朱凱撰。凱字堯民、長洲人。與同里朱存理齊名、稱爲二朱先生。所著有堯民集、久已散佚。故朱彝尊明詩綜不載其詩、但附其名於存理之下。且云有句曲紀遊一卷、亦不傳。此本乃馬裕家所藏、末有馬人伯跋、謂崇禎己巳仲秋摹錄成宏諸先哲詩、因凱度先生談及、借得此本、鈔於雙橘齋中云。則明末尚有傳本、彝尊偶未見耳。編中古體八首、近體十七首、乃正德丁卯三月十三日凱與東陽沈用之、沈宏永兄弟同遊三茅山而作。前有凱自序、末有凱友吳奕跋。

謙光堂詩集八卷、兩廣總督採進本

明文城王朱彌鉗撰。彌鉗號秋江翁、唐莊王芝阯次子。初封文城王。後以子宇溫嗣封唐王、彌鉗亦追封唐王、謚曰恭。明史附見唐王桱傳、稱其有學行、孝友篤至。是集諸體詩凡八卷、而賦物居其大半。詠梅一韻至百首、頗見才氣、而骨格尚未成就。集爲正德戊寅彌鉗所自編。卷首有嘉靖辛丑思誠子序。思誠子卽宇溫自號也。親藩尊貴、筆札例不署名。然子序父集、則又不當拘此格、此亦於禮未協者矣。

省愆藁五卷（江西巡撫採進本）

明劉魁撰。魁字煥吾，泰和人。正德丁卯舉人，官至工部員外郎。嘉靖初，疏諫雷壇工作太急，忤旨廷杖，與楊爵、周怡同長繫鎮撫司獄，久之釋歸而卒。隆慶初，贈太常寺少卿。事蹟具明史本傳。所著有晴川集、仁恩錄，今皆不傳。此編乃其詩集，其六世族孫承琦所編，與黃淮省愆集同名，蓋亦獄中作也。魁少從王守仁游，講良知之學，登朝以氣節著，吟咏非所注意，大抵皆一時遣興之作而已。

禺山文集一卷詩集四卷（江蘇巡撫採進本）

明張含撰。含字愈光，永昌衞人。正德丁卯舉人。其學出於李夢陽，又與楊慎最契，故詩文皆慎所評定。慎序有曰：張子自少不喜爲時文，舉子語，見宋人厭棄之猶膩也。其爲文必弓左，字必蒼雅，其推挹甚至。然其病正坐於此，故襞積字句，而乏鎔鑄運化之功。明人別有雕鎪堆砌一派，含其先聲歟。蓋慎在雲南無可共語，得一好奇之士，遂爲空谷足音，不覺譽之過當。且慎名既重，聞者咸推波助瀾，而贗古之文又足以駭俗目，含遂盛爲文士所稱。實則塗飾之學，與其師同一病源，各現變證也。

涇野集三十六卷（浙江汪汝瑮家藏本）

明呂柟撰。柟有周易說翼，已著錄。其集初刻於西安，既而佚闕。其門人徐紳與吳遵、陶欽重爲刪補編次，刻於眞定，此本即眞定刻也。柟之學出薛敬之，敬之之學出於薛瑄，授受有源，故大旨不失醇正。然頗刻意於字句，好以詰屈奧澀爲高古，往往離奇不常，掩抑不盡，貌似周秦間子書。其亦漸漬於空同之說者歟。

矯亭存藁十八卷續藁八卷（兩淮馬裕家藏本）

明方鵬撰。鵬有矯觀感錄，已著錄。是集詩文多應酬之作，所載筆記，亦無所發明。

韓五泉詩集四卷附錄二卷（浙江汪汝瑮家藏本）

明韓邦靖撰。邦靖有朝邑縣志，已著錄。是集乃其兄邦奇所編，以誌傳二卷附錄於後。邦靖兄弟負重名，時有關中二韓之目，而詩則不出當日之風氣。王九思云：五泉子七言絕句，詩絕類少陵古歌詞，浸淫唐初，逼漢魏矣。標榜之詞，未免溢美。朱彝尊靜志居詩話曰：五泉心摹手追，乃在大復，比於西原，南泠不足，方之孟有涯、李嵩渚似勝一籌，斯爲平允之論矣。

鳥鼠山人集二十九卷（兩淮馬裕家藏本）

明胡纘宗撰。纘宗有安慶府志，已著錄。是編凡正德集四卷、嘉靖集七卷、鳥鼠山人小集十六卷、後集二卷。其詩激昂悲壯，頗近秦聲，無妩媚之態，是其所長；多粗厲之音，是其所短。

擬涯翁擬古樂府二卷（陝西巡撫採進本）

明胡纘宗撰。纘宗游李東陽之門，乃取東陽古樂府二卷，以次屬和，立題指事，率由東陽之舊，亦間有所釐正，凡一百八首。太康張光孝爲之評，而其弟統宗爲之註。

擬漢樂府八卷（陝西巡撫採進本）

明胡纘宗撰。一名輿上集，以其多成之輿上也。漢樂府多聲詞合寫，不能復辨，沈約宋書言之甚明。纘宗乃揣摩題意爲之，殊類於刻舟求劍，況唐人歌詩之法，宋人不傳，惟小秦王一調勉强歌之，尙須雜以虛聲乃能入律。宋人歌詞之法，元人亦不傳。白石道人歌曲自度諸腔，所注節拍，今皆不省爲何等事矣。纘宗乃於千年以外求漢樂府之音節，不愈難而愈遠乎。

遂谷集十二卷（兩淮馬裕家藏本）

明戴冠撰。案明有兩戴冠，其一長洲人，有禮記集說辨疑，已著錄。此戴冠字仲鶡，信陽人。正德戊辰進士，官至山東提學副使。事蹟具明史本傳。或混爲一人，非也。冠受業於鄉人何景明，詩亦似之。然景明詩雖風姿俊逸，而醞釀猶深；冠才學皆遜於師，而徒守其格調，殆所謂時女步春，終傷婉弱者矣。

少岷拾存藁四卷附司徒大事記一卷（兩廣總督採進本）

明曾璵撰。璵字東玉，瀘州人。正德戊辰進士，官至建昌府知府。宸濠之叛，璵率屬引兵從王守仁破賊，收復南康，集中有平江凱歌，即記是事也。璵號少岷山人，其集本曰少岷存藁，此本乃隆慶辛未南京工部主事章懋所選定，故曰拾存。後載司徒大事記一卷，自裁冗食至重漕政，凡十條，皆陳當世時務，題曰戶部江西司郎中臣曾璵，脩蓋奏進之書，附刻集末者也。

毛襄懋集十八卷（江西巡撫採進本）

明毛伯溫撰。伯溫有奏議，已著錄。此本凡詩十卷、文八卷。文格頗疎暢，詩則所造不深，詞多淺易，蓋伯溫北拒蒙古，南服安南，以功名自見於世，文章非所專營。童承欽序稱正德間李、何首倡，雅頌復振。嗣響有唐伯溫亦其一。乃自敘其師之詞非公論也。

東塘詩集十卷 浙江范懋柱家天一閣藏本

明毛伯溫撰。是集為伯溫所自編。後併入全集。此乃其初出別行之本。

歐陽恭簡集二十二卷 浙江巡撫採進本

明歐陽鐸撰。鐸字崇道，泰和人。正德戊辰進士。官至吏部右侍郎。謚恭簡。事蹟具明史本傳。史稱鐸清介自持。內行修飭。嘗知延平。毀淫祠百十所。以其材葺學宮壇廟。今考集中延平改建山川壇記。具載其事。與史相符。集中又有上嚴嵩書。然祇敘述榮遇。而無一字及其相業。猶異於稱功頌德之流。其文娟秀自喜。而邊幅頗狹。詩多近體。又遜於文。

東畬集十四卷 浙江汪汝瑮家藏本

明錢琦撰。琦有錢子測語。已著錄。是集為其子蕃蕤等所編。其文如申請設縣事宜。以及論禦寇勸捕蝗諸作。皆能留心世務。詩則氣味和粹。而警策者稀。陸師道稱其七言絕句云。江北滁南數日程。蕭蕭落木送秋聲。夕陽滿地鳥飛絕。人在亂山堆裏行。頗亦瀟灑有致。然集中似此者正不多覯也。

峯溪集五卷外集一卷 浙江孫仰曾家藏本

明孫璽撰。璽字朝信，平湖人。正德戊辰進士。官至山西按察司僉事。是集乃其子刑部尚書植所編。璽先世居松江之華亭。南有九峯。東有盛溪。自號曰峯溪道人。併以名集。卷一至卷四為詩。多往來滇黔道中游覽之作。卷五為文。不過試策書啟之類。外集則其在揚州時所頒條令也。

棠陵集八卷 浙江汪汝瑮家藏本

明方豪撰。豪有斷碑集。已著錄。是集前六卷為文。後二卷為詩。豪與鄭善夫友善。集中有祭鄭繼之文。敘交情極為篤摯。而詩則不及善夫遠甚。

鍾筠溪家藏集三十卷 浙江范懋柱家天一閣藏本

明鍾芳撰。芳有春秋集要。已著錄。瓊州府志載芳詩文集二十卷。此集文二十四卷。詩六卷。與志不符。蓋志誤三為二也。第二十卷第二十一卷為讀書札記。第二十二卷為皇極經世圖續。所推起宋神宗迄明嘉靖。第二十三卷為雜著。第二十四卷為夷情要覽。蓋皆各自為書者。附編於文集中云。

丁吏部文選八卷 江蘇巡撫採進本

明丁奉撰。奉字獻之，常熟人。正德戊辰進士。官至南京吏部郎中。著有南湖留稾、南湖逸稾。此集則宣城梅守箕合二稾選輯者也。凡詩四卷。文四卷。而詩末附以史贊。文末又附詩三首。體例頗為叢脞。詩文皆未成家。史論二卷。亦大半陳因之語。

漁石集四卷 兩淮鹽政採進本

明唐龍撰。龍有易經大旨。已著錄。龍敭歷中外。所著有黔南集、江右集、關中集、晉陽集、淮陽集。陝西提學僉事王維賢為合而刻之。以成此集。其文頗具浩瀚之氣。詩尤長於五言。然集中自朱彝尊詩話所摘數聯以外。亦復罕逢佳句矣。

涂水集八卷 浙江朱彝尊家曝書亭藏本

明寇天敘撰。天敘字子惇，榆次人。正德戊辰進士。官至兵部侍郎。事蹟具明史本傳。是集凡詩文三卷。巡撫陝西時奏疏五卷。天敘為應天府丞時。值武宗南征宸濠。力抗權倖。以風節著。後巡撫甘肅。又屢以戰功顯。詞采則非所擅長。故郭璽序亦稱其平日未嘗肆志於文章云。

東廓集十二卷 江西巡撫採進本

明鄒守益撰。守益字謙之，安福人。正德辛未進士。官至南京國子監祭酒。隆慶初追謚文莊。事蹟具明史儒林傳。守益傳王守仁之學。詩文皆闡發心性之語。其門人陳辰始編錄所作為東廓初稾。東廓山名。守益講學處也。諸門人又梓其切要者一百二十四篇。名曰摘稾。而晚年著述則未之備。是編為嘉靖中所刊。題建寧府知府劉佃彙選。同知董燧編次。通判黃文明掄集。又題門人周怡、宋儀望、邵廉續編，孫德涵等十八人重輯。錯互顛舛。莫知竟出誰手也。史稱世宗欲去興獻帝本生之稱。守益疏諫。下獄拷掠。嘉靖二十九年九廟災。守益疏陳上下交修之道。又忤旨落職。其疏具載本傳。今集中乃不載。考千頃堂書目此集之外。尚有東廓遺稾十三卷。今未見其本。或別收於遺稾中歟。

陽峯家藏集三十五卷 浙江孫仰曾家藏本

明張璧撰。璧字崇象，石首人。正德辛未進士。官至禮部尚書、東閣大學士。謚文簡。是集為璧居內閣時所自編。首以經筵講章及議典禮之文。次為應制諸詩及誥敕賦頌表疏。次為古今體詩及雜文。璧當夏言、嚴嵩相持之時。入閣不及一年而卒。明史不為立傳。其人蓋無所短長者。今觀其詩文。殆亦如其為人焉。

黼庵遺稾十卷、（江蘇巡撫採進本）

明柴奇撰。奇字德美、崑山人。正德辛未進士。官至應天府尹。奇在正德時、諫南巡、劾權倖、及上邊儲屯政諸疏、頗著直聲。以當時自焚其草、故集中不載。是編前有正德辛巳題識、稱舊有石池詩稾、石池文稾、嘉樹軒紀聞各一冊。己卯轉南光祿、失之。重置一冊、錄後來之作。時有所憶、或就人錄得、亦錯置其閒云云。蓋猶奇所手編也。凡詩六卷、雜文四卷、皆平易有餘、精深不足。鄒守益序稱其詩文典雅雄健、不落恍散、不矜刻峭。友朋推挹之詞耳。

巽峯集十二卷、附錄一卷、（兩淮鹽政採進本）

明尹襄撰。襄字舜弼、號巽峯、永新人。正德辛未進士。官至司經局洗馬。是集凡詩五卷、文七卷。後有其子祖懋題識、謂原集十卷、刻於閩中。繼復收輯得十二卷。其文持論頗純正、而波瀾結構則未造古人。

平田詩集二卷、（陝西巡撫採進本）

明管楫撰。楫字汝濟、號平田、又號竹木山人、咸寧人。正德辛未進士。官至右副都御史、巡撫山東。因與嚴嵩相忤、辭疾家居二十年。文徵明嘗畫平田草堂、杜曲山房二圖、並詩貽之、重其人也。此集前有張治道序、稱驪邑令刻諸縣齋、楫不知也。又有楫自序、稱再閱舊稾、又刪其十之三。然其本今皆不傳。故朱彝尊作明詩綜、不列其名。此本乃乾隆初其裔孫錫綬所輯。其詩頗沿七子之派、蓋楫與薛蕙、何景明、高叔嗣諸人相倡和、漸染而然也。

費文通集選要六卷、（江蘇巡撫採進本）

明費宷撰。宷有廣信府志、已著錄。所著文名鍾石集、本二十四卷。此本乃劉同升、許轂所選、與其兄宏詩文合刻之本也。

東巖詩集八卷、（浙江巡撫採進本）

明夏尚樸撰。尚樸有東巖文集、已著錄。此編乃其詩集。多涉理語、近白沙、定山流派。集中讀擊壤集絕句云、閒中風月吟邊見、始信堯夫是我師。其宗法可知也。

古菴文集十卷、（兩江總督採進本）

明毛憲撰。憲有諫垣奏草、已著錄。是集乃其子訢所編。凡文八卷、詩二卷。憲居言路、以戇直稱。故所作頗有剛勁之氣。以耳疾謝歸、後與王守仁、湛若水諸人講學、繩墨自守、務爲篤實。故亦不恣意高談。然以文章而論、則於是事非當家也。

蓉川集七卷、（兩江總督採進本）

明齊之鸞撰。之鸞字瑞卿、桐城人。正德辛未進士。官至河南按察使。事蹟具明史本傳。是集爲其曾孫山所編。凡五種。一曰南征紀行、爲其從征宸濠時所作雜詩、後附賦一首。一曰悠然亭雜詩、爲其官南京時作、後附記序三首。一曰開堰集、爲其在安慶時所作。一曰歷官疏草、皆其奏議、起正德九年、訖嘉靖八年、每種爲一卷。一曰入夏錄、析爲三卷、乃其僉事寧夏時作、前二卷皆詩、後一卷則雜文。別以汪元錫等贈言附於末、而總冠以小傳行狀年譜。後有山跋語、稱閒遊市闠、得遺稾數篇。已而徧歷茶坊藥肆、恣意搜輯、編次成帙。因康熙己未詔修明史、檄取入夏錄送官、遂裒而付諸剞劂。蓋之鸞位雖不顯、然在正嘉之閒、卓卓稱名臣。故史館徵其著作、以備採擇。今觀其奏疏、詞多剴切、猶可想見風采。詩則非所擅長也。

節愛汪府君詩集二卷、（浙江范懋柱家天一閣藏本）

明汪文盛撰。文盛字希周、崇陽人。正德辛未進士。除饒州推官。入爲兵部武選司主事。諫南巡、廷杖。嘉靖初出知福州、歷官按察使。以僉都御史巡撫雲南。進大理卿。事蹟附見明史毛伯溫傳。伯溫之官安南也、文盛功居多。顧不得優敘、論者惜之。其知福州也、有惠政、郡人爲立節愛祠。故傳海舟編次其詩、卽以名集。詩多虛響、不出北地信陽門徑。朱彝尊明詩綜所選萬年枝上露清華一首、題曰西苑。今考此集、實爲擬古八首之一。不知彝尊何以改其原題、其偶誤也歟。

後齋遺稾二卷、（浙江汪汝瑮家藏本）

明陳憲撰。憲字伯度、後齋其號也、餘干人。正德辛未進士。官至貴州布政使司參議。是集公餘紀拙一卷、粵江行稾一卷、乃憲之子鄞縣丞照所編。首有鄞縣人戴鱀序、謂其得鄉先哲胡居仁之傳。故詩多理語、鮮風人之致云。蓋當時本以理學推之也。

桃谷遺稾一卷、（兩淮馬裕家藏本）

明陸俸撰。俸字天爵、吳縣人。正德辛未進士。官刑部時、嘗以諫南巡廷杖。後終於寶慶府知府。其詩多應酬牽率之作、而時露風格。岳岱今雨瑤華謂其晚就操觚、靈心夙構、穎悟居多。蓋天姿高而學力未至者也。

漸齋詩草二卷（浙江巡撫採進本）

明趙漢撰。漢字鴻逵，平湖人。正德辛未進士，官至山西布政司參政。是集刻於嘉靖乙巳。詩學江西，於爾時爲別調。然風格雖異，興象未深，究不能獨絕一時也。

襄敏集四卷（浙江汪啟淑家藏本）

明王以旂撰。以旂有漕河奏議，已著錄。是集爲其子籥所編，凡詩二卷、文二卷。以旂治河按邊，皆以功見，而詞章不著於當時。此集所存，大抵皆應酬作也。

琴溪集八卷（兩淮鹽政採進本）

明陳寰撰。寰字原大，常熟人。正德辛未進士，官至南京國子監祭酒。寰與桂萼爲同年，官翰林時，乃力斥萼議大禮之非，坐是移南京，旋告歸。其人足重，詩文則皆不入格。

八厓集十三卷（浙江巡撫採進本）

明周廷用撰。廷用字子賢，華容人。正德辛未進士，官至江西按察使。是集賦一卷、詩六卷、文二卷，後附緒論四卷，則其訓飭士民之說。顧璘國寶新編以廷用爲殿，其贊云：按察入稾，闊視放言，文藻性成，早垂鉅篇。然廷用自以耿直傳，不必以文藻著也。

常評事集一卷（山西巡撫採進本）

明常倫撰。倫字明卿，號樓居子，沁水人。正德辛未進士，除大理寺評事，謫壽州判，遷知寧羌州。負才凌傲，屢爲忌者所中。後因跨馬疾馳，馬渴赴飲，墮水死，年僅三十有四。是集賦五首、樂府二十一首、各體詩百餘首、傳贊等雜著數篇附之。王世貞謂其詩如沙苑兒駒，驕嘶自賞，未諳步驟。陳子龍則謂其氣骨高朗，頗能自運。今觀是編，合二人之論，乃爲定評。

國朝王士禎分甘餘話云：明詩人有早慧而年不得四十者，如陳后岡、童中峯與明卿之屬，汗血方新，而筋骨未就，秀而不實，殊可惜也。

鷗汀長古集二卷、前集二卷、別集二卷、續集一卷、漁嘯集二卷、頓詩一卷（直隸總督採進本）

明頓鋭撰。鋭字叔養，涿州人。正德辛未進士，官代府右長史。鋭少負詩名，當時稱涿郡有才一石，鋭得其八斗。晚年卜居懷玉山，吟咏自適。其五言古詩，氣韻清拔，頗爲入格。七言古詩，跌蕩自喜，而少翦裁。近體專尚音節，數篇以外，意境多同，蓋變化之功猶未至也。

杏東集十卷（浙江孫仰曾家藏本）

明郭維藩撰。維藩字价夫，正德辛未進士，官至太常寺少卿，兼翰林院侍讀學士，掌院事。是集詩文各五卷，皆乏深湛之思。其門人河南巡撫蔡汝楫序稱，所著經筵、南雍二稾，俱不可見。此集已非完書，由維藩存日，無意傳其詞章，蓋亦道其實也。

海涯集十卷（浙江汪汝瑮家藏本）

明顧磐撰。磐字子安，南直隸通州人。正德癸酉舉人。是集詩四卷、詩餘附焉，文六卷。集中如考正鄉賢祠典，以及水利、馬政諸作，於鄉邑利病，亦頗爲詳核。然大致以流利爲主，故不爲詰屈，亦不造精深。

南湖詩集四卷（浙江汪汝瑮家藏本）

明張綖撰。綖有杜詩通，已著錄。是集詩多豔體，頗涉佻薄，殆玉臺、香奩之末流。每卷皆附詞數闋，考綖嘗作填詞圖譜，蓋刻意於倚聲者，宜其詩皆如詞矣。

古山集四卷（江西巡撫採進本）

明桂華撰。華字子樸，安仁人。正德癸酉舉人。大學士萼之兄也。嘗從胡居仁門人張正游，故所學頗爲醇正。詩文則尚未成家。

渭厓文集十卷（江蘇巡撫採進本）

明霍韜撰。韜有明良集，已著錄。是編爲其子與瑕與琦所編，皆所作雜文，惟七卷有詩數十首。韜性强執，謬戾，不顧是非。議尊興獻爲皇考，則斥司馬光不知忠孝，不當從祀孔廟。議合祀天地，則並詆及周禮，可謂無忌憚者。其他文亦皆爭辨迫急，異乎有德之言。前有倫以諒、金立敬二序，譽之甚力，蓋一其鄉曲，一其年家子也。

西原遺書二卷（直隸總督採進本）

明薛蕙撰。蕙有約言，已著錄。是編乃戶部侍郎南充王廷所輯，嘉靖癸亥刻於揚州。皆其與人講學往復書札也。其闡中庸中和之說，孟子性善之旨，研析頗至，惟推崇釋道太甚。如云空寂者即吾未發之本心，定慧者即古聖人之誠明。又云禪學不惟賢於後世之仙學，雖吾後儒之學亦非其倫。又於論黃庭、大洞諸經，俱自謂得其要妙，皆不免參雜二氏，未能粹然一出於正。蕙本詩人，考功一集馳驟於何景明、徐禎卿、高叔嗣閒，並驚爭先，原足以自傳不朽。乃求名不已，晚年忽逃而講學，所講之學又膚淺如是，反貽嗤點於後，求蛇本無足，子爲之足，其斯之謂乎。

谿田文集十一卷補遺一卷（兩江總督採進本）

明馬理撰。理有周易贊義，已著錄。是集凡文六卷，詩五卷，補遺一卷，則有文無詩。理少從王恕游，務爲篤實之學，故所詁諸經，亦多所闡發。惟其文喜摹倣尚書，似夏侯湛昆弟誥之體，造詞宅句，塗飾瑣刻，其爲贗古，視李夢陽又甚焉。明史儒林傳載楊一清督學關中，見理及呂柟、康海文，大奇之，曰：康生之文章，馬生、呂生之經術，皆天下士也。則一清雖賞識之，已不以文章許理，與柟矣。史又稱理名震都下，高麗使者慕之，錄其文以去，蓋亦以其人重之耳。

頤山私稾十卷（副都御史黃登賢家藏本）

明吳仕撰。仕字克學，號頤山，宜興人。正德甲戌進士，官至四川布政司參政。是編凡詩三卷，文七卷。皆意境平淺，不耐尋繹。

南泠集十二卷（兩江總督採進本）

明蔣山卿撰。山卿字子雲，千頃堂書目作字仙卿，傳寫誤也。儀眞人。正德甲戌進士，官至廣西布政司參政。是集爲山卿所自訂，其門人喬佑校刻。前有自序云：弱冠見東吳顧吏部、寶應朱戶曹，教以讀漢魏晉宋唐人之詩。年二十九舉進士，好與同年亳州薛子惠研攻古作。是時信陽何子景明與薛鄰，嘗聞其緒論焉。其學詩大旨已盡於此。顧璘序稱其下筆千言，才情煥發，朋輩每爲斂手，而王世貞又以不堪咀嚼少之。持論互異，今觀其集，正韓愈所謂無好無惡之詩耳。

函山集十卷（山東巡撫採進本）

明劉天民撰。天民字希尹，號函山，歷城人。正德甲戌進士，除戶部主事。諫武宗南征，廷杖。改禮部，諫大禮，復廷杖，遷吏部郎中，出知壽州，歷官按察司副使。朱彝尊詩話稱天民晚以計吏罷，憤懣不平，恒逃於詞曲。而顧璘序則稱其內境春融，神遊太古，無芥蔕於得失。今觀其集中，如擬宮詞五十首，古別離、宿楚相祠等作，尚可謂怨而不怒者。特其摹仿太多，不能卓然自成一家耳。所著本有蟲吟草、閒集、刺壽稾、遊蜀稾、田閒集諸目，其孫亮采彙而刻之，共爲此集云。

葛渚集一百卷（浙江汪汝瑮家藏本）

明李濂撰。濂有祥符先賢傳，已著錄。明史文苑傳載濂少年嘗作理情賦，其友左國璣持以示李夢陽，夢陽大嗟賞，訪之吹臺，濂自此聲馳河洛間。既罷歸，益肆力於學，遂以古文名於時。又稱濂初受知夢陽，後不肯附和。此集詩三十八卷，文六十二卷，乃濂所自訂，皆於七子之外挺然自爲一格。大抵筆鋒踔厲，泉湧颷馳，而裁翦尚疎，不免才多之患。濂跋石珤熊峯集謂詩文傳世，豈貴於多，其說良是。而自定已作，乃不能盡翦榛楛，信乎割愛之難也。

觀政集一卷（浙江范懋柱家天一閣藏本）

明李濂撰。濂是集乃其正德乙亥在京觀政時所作，故以爲名。凡賦二篇，各體詩二百五十四首，雜著八篇。考濂爲正德甲戌進士，乙亥爲登第之次年，猶少作也。

洞陽詩集二十卷（浙江汪汝瑮家藏本）

明顧可久撰。可久字與新，無錫人。正德甲戌進士，官至廣東按察司副使。是編標曰洞陽詩集，而子目俱題曰在澗集。考千頃堂書目，可久有在署草八卷，在疚草二卷，溫陵集六卷，虔州草一卷，珠崖草一卷，在澗集十九卷，無洞陽集之名。蓋總彙諸集，名曰洞陽，而仍各自爲書也。此集凡二十卷，首尾完具，而黃虞稷作十九卷，豈所見之本偶未全歟。其詩古體頗散漫，律體多乏堅老，七言絕句尤學質樸而不成。

人瑞翁集一卷（浙江巡撫採進本）

明林春澤撰。春澤字德敷，侯官人。正德甲戌進士，官至平番府知府，年百有四歲，有司爲建人瑞坊，故以人瑞翁名其集。原本十二卷，今未見傳本。此本其曾孫楨所重編也。春澤少與鄭善夫游，互相切磋，故其詩頗有體裁，但乏深思厚力耳。

谷平文集五卷（江西巡撫採進本）

明李中撰。中字子庸，吉水人。正德甲戌進士，官至總督南京糧儲、都察院副都御史，諡莊介。事蹟具明史本傳。是集爲其門人羅洪先所編，其目谷平者，以其所居之里名之也。凡疏二十有八，日錄三百九十六，書問三十有三，詩文一百六十有五。大抵講學者爲多。

石居漫興稾二卷（浙江汪汝瑮家藏本）

明陳器撰。器字德器，臨海人。正德甲戌進士，官至刑部郎中。嘗得三奇石，置之別業，晨夕臨玩，遂自號三石山人。而其孫承翁編次遺稾，亦遂名曰石居。詞多淺易，尚未成家。

明水文集十四卷（兩江總督採進本）

明陳九川撰。九川字惟濬，號竹亭，臨川人。正德甲戌進士，官太常寺博士。時以直諫廷杖。嘉靖初，為禮部主客司郎中，復以事謫戍，放還，居明水山，遂易號明水。初，九川釋褐時，告歸謁王守仁，講無善無惡之旨，遂稱弟子。撫州為姚江之學者，自九川始。是集乃其門人董君和所編，凡文八卷，大抵皆講學之語，詩六卷，小有韻致，而不免薄弱。

鹿原存稾九卷（浙江汪汝瑮家藏本）

明戴欽撰。欽字時亮，馬平人。正德甲戌進士，官至刑部郎中。以諫大禮廷杖創重而卒。其集刻於閩者八卷，曰玉溪存稾；刻於滇者二卷，曰戴秋官集。此則其姪希顥所合輯，凡文二卷，詩七卷。欽與何景明、李濂、薛蕙等同時友善，所作頗刻意摹古，然不越北地之餘派。

黃洛邨集二卷（兩江總督採進本）

明黃宏綱撰。宏綱字正之，雩都人。正德丙子舉人，官至刑部主事。是集乃其孫宏璞所刻。上卷書翰，多與鄒守益、羅洪先、聶豹輩講學之語，蓋宏綱師事王守仁，傳良知之說也。下卷雜著及詩數十首，則率皆應俗之作。

雙江文集十四卷（江西巡撫採進本）

明聶豹撰。豹有困辨錄，已著錄。是集乃其姪禮部郎中靜所編，第一卷至第十一卷皆文，第十二卷為詩，第十三卷又為壽文雜著，而註曰即困辨錄，疑靜所編本十二卷，其後人又摭壽文及困辨錄附見其後也。

東洲集二十卷續集十卷（江蘇巡撫採進本）

明崔桐撰。桐字來鳳，海門人。正德丁丑進士，官至禮部右侍郎。事蹟附見明史舒芬傳，以與芬俱以疏諫南巡廷杖故也。是集凡詩九卷，詞一卷，文十卷；續集詩六卷，文四卷。江南通志所載卷帙與此相同。千頃堂書目作東洲集三十卷，續集十卷。明史藝文志作東洲集四十卷，疑黃虞稷誤二十為三十，明志據虞稷之目合而計之，共為四十卷也。

東麓稾十卷（兩淮鹽政採進本）

明汪佃撰。佃字友之，弋陽人。正德丁丑進士，官至翰林院編修，後出為建寧府通判。其集無大疵累，亦無所見長。

青湖文集十四卷（浙江巡撫採進本）

明汪應軫撰。應軫字子宿，浙江山陰人。正德丁丑進士，官至江西提學僉事。事蹟具明史本傳。是集為其子廷良所編，前七卷為文，後七卷為詩。應軫有吏才，兼以氣節著。史稱其在戶科歲餘，所上凡三十餘疏，皆切時弊。今觀集中諸奏牘，多侃直之言，頗見風采。詩文則率皆樸實，猶守成宏之舊格。

紫峯集十三卷（福建巡撫採進本）

明陳琛撰。琛有易經淺說，已著錄。是集詩五卷，文七卷，正學編一卷，末以年譜附焉。初刻於嘉靖中，此其裔孫所重刻也。明史儒林傳附見蔡清傳末，稱琛杜門獨學，清見其文，異之，曰：吾得友此人足矣。琛因介友人以見清云云。今觀其詩，皆濂洛風雅一派；其文亦類語錄講義，蓋其淵源如是云。

青蘿文集二十卷（兩江總督採進本）

明王漸逵撰。漸逵字用儀，號青蘿子，番禺人。正德丁丑進士，官刑部主事，家居十餘年，以薦起官，言事不報，復乞歸。是集文八卷，首載陳愚見以裨聖化，乞創立以存根本兩疏，即其復起時所上。詩分北游、大隱、羅浮、靈洲、中洞、樾谷、雙魚、深明、洛澄、越山、白雲、羅山十二稾，稾為一卷。其鐵橋一稾，朱彝尊詩話謂其追蹤唐許渾、閬苑花前之作，然沙中金屑，正復不能多覯也。

西元集八卷（浙江汪汝瑮家藏本）

明馬汝驥撰。汝驥字仲房，綏德人。正德丁丑進士，改庶吉士，以諫南巡廷杖，出為澤州知州。世宗立，召還授編修，官至禮部右侍郎，謚文簡。事蹟附見明史舒芬傳。是集古體二卷，今體六卷，賸一葉云仲房詩有沈理而無元趣，黃省曾謂其詩整鍊似法顏謝，隊仗森然，求之聲律，未造其深，亦不失為高流。蓋汝驥刻意鎔鍊，務求典實，其長短皆在於是也。

戴中丞遺集八卷（兩江總督採進本）

明戴鱀撰。鱀字時重，或作時量，字之譌也。號東石，鄞縣人。正德丁丑進士，官至四川巡撫。是集千頃堂書目作東石遺稾，凡詩四卷，雜文五卷。其子士充所編。張時徹序謂其負恢廓之才，不屑屑爭雄鉛槧，或有句請，輒伸紙濡毫應之，故集中諸作，多傷牽易,獨鄞水利三敘及海防策,以情形目擊,言之較爲確鑿云。

筆峯存稾五卷(福建巡撫採進本)

明王鳳靈撰。鳳靈字應時,莆田人。筆峯其自號也。正德丁丑進士,官至廣西布政司參政。鳳靈官刑曹時,曾疏論宦官張銳、都督錢安大辟之不當贖,及給事中陳洸顯罪之無可曲宥,其言甚直。朝議莫能奪。守淮時,救災疏六十上,卒以好激論天下事,見忌罷歸,死於倭難。生平所著有淮陽急稾及漫稾、彙稾、淨稾各二十卷,旋皆散佚。玆集乃其孫介所蒐輯,至崇禎時版漶,元孫夢暘又重刊之。凡文四卷,賦詩一卷。

桂洲集十八卷(江西巡撫採進本)

明夏言撰。言有南宮奏稾,已著錄。此集凡賦詩詞八卷,文十卷,首有年譜。言未相時以詞曲擅名,然集內詞亦未甚工。詩文宏整而平易,猶明中葉之舊格。

朱福州集六卷(浙江汪汝瑮家藏本)

明朱豹撰。豹字子文,上海人。正德丁丑進士,官至福州府知府。是集爲其子察卿及其友馮遷所編。凡詩三卷,奏疏三卷。詩學中唐,以流麗清切爲主。

過庭私錄七卷外集一卷(江西巡撫採進本)

明吳鼎撰。鼎字維新,號泉亭,又自號支離子,錢塘人。正德丁丑進士,官至廣西布政司參議。是集其仲子遵晦所錄,故以過庭爲名。皆散體之文,末附賦騷古詩數首。外集則皆詩也。文有整飭平雅者,亦有微近俗調者。金石文字,頗失翦裁。有韻之文則更遜矣。

牛洲稾四卷(浙江孫仰曾家藏本)

明張經撰。卷首題曰蔡經,蓋其未復姓時所刊也。經字廷彝,侯官人。正德丁丑進士,累官南京兵部尚書,總督軍務,改左都御史。爲嚴嵩構陷,坐以失律棄市。後追謚襄愍。事蹟具明史本傳。是集第一卷爲北寓稾,乃經官御史時所著。次爲南行稾,爲嘉興府知府時所著。次爲西征稾,爲大理寺卿奉命安輯關西時所著。次爲東巡稾,巡撫山東時所著。詩多五七言近體,頗摹唐調,蓋正當太倉、歷下初變風氣之時也。

鄭思齋文集一卷(浙江范懋柱家天一閣藏本)

明鄭洛書撰。洛書字啟範,思齋其號也。莆田人。正德丁丑進士,官至監察御史,提督南直隸學政。事蹟附見明史解一貫傳。是集前後無序跋,不知誰所編次,亦無目錄。僅序九篇,記三篇,賦二篇,寥寥不成卷帙,又皆應酬之作,殆非完本。

林次崖集十八卷(福建巡撫採進本)

明林希元撰。希元有易經存疑,已著錄。是集爲其子有梧所編。凡奏疏四卷,書二卷,揭帖附焉,序三卷,記碑共一卷,論說議共一卷,雜著一卷,誌表一卷,傳行狀一卷,祭文哀詞二卷,詩二卷,詞附焉。希元之學,宗其鄉人蔡淸,故於明代諸儒,惟推薛瑄、胡居仁。與王守仁同時,而排其傳習錄最力。雖與守仁門人季本同年相善,而與本之書,亦不少假借其師。其祭守仁文,但推其功業而已,無一字及其學問也。至其氣質剛急,銳於用世,則類其鄉人陳眞晟。故其爲南京大理寺評事,則忤江彬,忤御史譚會,忤大理寺卿陳琳,坐謫泗州州判。及爲大理寺丞,又請勦遼東叛兵,坐謫欽州知州。官廣東時,值安南莫登庸篡國,力請討之,疏凡六上,竟坐是中計典罷歸。後又以爭郡邑利病,幾中危法。其負氣喜任事,蓋可想見。其由泗州再入大理也,蓋方獻夫、霍韜薦之,故與二人頗相契。集中與周石厓書,亦自稱氣味與兀厓相似。又自稱大禮安南之議,所見與兀厓同。兀厓者,韜別號也。然在泗州時,張璁、桂萼欲援之同議大禮,終謝不行,則諸人固不足爲希元累矣。集中有與汪可亭書,曰:今海內推大家者二人,曰李崆峒、何大復。二子雕詞鑄意,刮陳去新,力挽頹風以還之古,似爲一時文人也。然考其所得,典謨已乎,盤誥已乎,余皆未能知也云云。則非惟學問闢姚江,即文章亦闢北地、信陽。故其詩文皆惟意所如,務盡所欲言乃止。往往俚語與雅詞相參,儷句與散體間用。蓋其素志原不欲以是見長云。

玩鹿亭稾八卷附錄一卷(浙江巡撫採進本)

明萬表撰。表有海寇議,已著錄。萬氏世以勳績顯,表獨才兼文武,每與唐順之等講學,禦倭亦有功績,號爲儒將。然其詩文氣格稍弱,故終不能與一時文士角逐詞壇。是集凡詩二卷,文六卷,末附錄贈答詩啟及行狀墓誌。乃其子達甫所編,其孫邦孚所刻。達甫有皆非集,邦孚有一枝軒稾,皆能傳其家學云。

少石集十三卷(兩淮馬裕家藏本)

明陸釴撰。釴有山東通志，已著錄。是集詩五卷、文七卷、雜著一卷。前有張時徹序，稱其華不近浮，質不近俚，而惜其志之未艾。蓋具體而未成家者，故序有微詞云。

少華集四卷（浙江孫仰曾家藏本）

明詹泮撰。泮字少華，玉山人。正德辛巳進士，官至禮科給事中。乞養歸。泮嘗從章懋游，以講學自任。其詩文亦別爲一格。是集乃其子長至、長生所編，雜文詩詞共三卷，外錄一卷，則皆他人之贈言也。

介塘文略一卷（浙江范懋柱家天一閣藏本）

明王相撰。相號介塘，鄞縣人。正德辛巳進士，官翰林院編修。嘉靖初，以爭大禮廷杖卒。事蹟附見明史王思傳。是冊僅雜文十八篇，且多酬贈之作。所著歲月皆在嘉靖二三年，蓋叢殘鈔本，非其遺集。文格頗傷於雕琢，亦七子流派也。

棟峯遺稾二卷（浙江孫仰曾家藏本）

明曾梧撰。梧字于易，江西廣昌人。正德辛巳進士，官至常州府知府。是集凡文一卷、詩一卷。文冠以應詔疏，反復申明合祀天地之說，蓋是事古今聚訟，儒者各尊其所聞，不足異也。初鋟於嘉靖中，後燬於火。天啟辛酉，其曾孫邦泰又重刻焉。

龍湖文集十五卷（浙江巡撫採進本）

明張治撰。治字文邦，茶陵人。正德辛巳進士，官至文淵閣大學士，諡文隱，改諡文毅。萬歷初，復改諡文肅。是集凡文十卷、詩五卷，乃豐城雷禮與治壻彭宣所編刊。版久漫漶，雍正丙午，宣之從曾孫思眷得舊刻校正，屬其子維新重刊於浙江。治，明史無傳。獻徵錄稱其臨事不阿，以是失世宗旨。及其卒也，命與中諡。隆慶改元，始更諡焉。然觀何喬遠所撰小傳，不能舉其相業。集中奏疏，於時事亦罕指陳。喬遠所稱爲輔臣時，默默不自得，冀乘閒爭諫，殆亦曲解之詞歟。歸有光、薛應旂皆治所取士，當時以識鑒稱。而詩文則未能自爲一家。朱彝尊靜志居詩話嘗摘其夜過洞庭詩云：「曉發吳閶門，夕渡廣陵沚。日暮江帆遲，洞庭三百里。微風澹無波，明月照天水。隱隱見君山，鐘聲翠微裏。」以吳地而混於楚。且云：「文肅家茶陵，與洞庭湖密邇，豈得以君山屬吳耶。」今觀集中是詩，「曉發吳閶門」作「武昌門」，「夕渡廣陵沚」作「黃陵沚」，「洞庭三百里」作「八百里」，則固未嘗涉於吳地。豈彝尊所見之本，乃思眷序所謂翻本雜淆，或思眷重校，因彝尊是語而改之歟。

張水南集十一卷（江蘇巡撫採進本）

明張衮撰。衮字補之，江陰人。正德辛巳進士，歷官至南京光祿寺卿。是集凡詩二卷、文九卷。衮在諫垣，頗多建白。嘉靖中，倭擾東南，衮家居在危城中，馳書政府，條上禦倭五事，蓋亦留心於經世者。詞章則又當別論焉。

張文忠集十九卷（浙江巡撫採進本）

明張孚敬撰。孚敬有諭對錄，已著錄。是集凡奏疏八卷、詩稾四卷、續稾一卷、文稾六卷。孚敬以議禮得君，故其著述強半皆考禮之詞。不惟議興獻王禮，而且議郊祀禮、議孔廟禮；不惟撰明倫大典，而且撰禮記章句。自謂有明一主持禮教之人。其閒所論，未必百無一當，然穿鑿附會以遷就時局者，比比然也。

宏藝錄三十二卷（江蘇巡撫採進本）

明邵經邦撰。經邦字仲德，仁和人。正德辛巳進士，官至刑部員外郎。以論劾張孚敬下獄謫戍。事蹟具明史本傳。經邦以講學自任，嘗採古今論學語發明其旨爲宏道錄，又刪掇諸史爲宏簡錄。所著詩文則別爲此錄。經邦自作誌銘所云「三宏集成，聾開聵鳴」者是也。考其自作小傳，稱權稅荆州時所著爲宏藝錄，故卷首自序題嘉靖四年乙酉。而集中所載，併及於暮年絕筆，則又後人續編，非其手定之本矣。經邦上武宗疏及中興保治日食建言諸疏，皆慷慨激烈，足以見其志節。其他詩文則類皆抒寫胸臆，不屑屑以研鍊爲工。卷首藝苑元機七十三條，專明作詩之法，以嚴羽詩有別才非關學之說爲不然，且謂清廟緝熙，莫非至理所寓，未可不謂之詩。人惟狃於習俗，謂與經生不同，故往往黏皮帶骨。觀其持論，其宗旨槩可知也。

羣玉樓集八卷（山西巡撫採進本）

明李默撰。默有建陽人物傳，已著錄。是集凡文五卷、詩三卷，乃其子太學生培所編。康太和序稱其鎔意鑄詞，不涉蹊徑，然少傷於樸直。原集刊於萬歷元年，此本爲其裔孫重刊。默爲趙文華借策題誹訕構陷下獄以死。有孝廉江宗者力爭之，故卷末以江皋人上侍郎趙文華書附焉。其事蓋史所未及也。

秬山稾一卷（浙江巡撫採進本）

明田頊撰。頊字太素，龍溪人。正德辛巳進士，官至貴州提學副使。是集前半卷爲雜文，後半卷爲詩。大抵皆應酬之作，文格頗淺弱，惟詩頗爽朗。蓋沿前七子之流波，有意規橅唐人，而模擬未免有迹也。

覽餘集十二卷 江蘇巡撫採進本

明朱紈撰。紈有茂邊紀事，已著錄。是集九卷以前皆其在官時章疏公移。十卷曰海道紀言，其巡撫閩浙時所著詩文。十一卷即茂邊紀事，其整飭威茂兵備時所著平寇始末，并詩數十首。末卷曰永感錄，則其先人行述誌銘及諸人贈言也。

李徵伯存稾十三卷 兩淮鹽政採進本

明李兆先撰。兆先字徵伯，茶陵人，大學士東陽之子。以廕爲國子生，年二十七而卒。懷麓堂詩話載兆先論詩之語，可云夙慧。東陽所作兆先誌文，亦悼惜特甚。而沈周客座新聞乃載其父子相詆一事，則狂縱無復人理。雖胥人放達，不至於斯。平心而論，殆才雋而不修行檢，譽之者有所粉飾，毀之者亦有所附會耳。是集凡詩賦雜文十一卷。又東行稾一卷，乃其自京師赴山東之作。附錄一卷，則東陽所爲兆先誌及同時諸人慰問詩具在焉。

董從吾稾一卷 浙江汪啟淑家藏本

明董澐撰。澐字復宗，一字子壽，號蘿石，海鹽人。明史儒林傳附載錢德洪傳末。嘉靖甲申，澐年六十八，始遊會稽，從王守仁講學，或沮之。澐曰：吾從吾所好耳。遂又自號從吾。其集以詩與語錄雜文共爲一編，而附守仁和贈諸作。大抵皆暮年談理之詞也。卷末有其子穀跋，稱尙有詩文若干卷未刻。蓋講學以後，轉以早年之作爲不足存云。

啫泉詩存二卷附錄一卷 浙江巡撫採進本

明李璋撰。璋字政虹，海鹽人。是集前有正德四年璋自序，稱取舊刻痛加刊削，存十之一，並及近作爲二卷。雜著詩餘爲一卷，易其名曰詩存。此本爲其十世孫鳳藻所刊。上卷爲古體，下卷爲近體。附錄詩說五則，而獨無詩餘雜著。據其九世族孫續祖後序，蓋舊刊已佚，此重刻者殘本耳。卷末摘句三十四聯，同時諸人和章及小傳墓誌銘，皆鳳藻所續也。續祖跋又稱尙有重刊殘本詩鈔第八第九兩卷，今未見傳本，其存佚不可知矣。

譚樵海集六卷附幽谷集一卷霜巖集一卷 江西巡撫採進本

明譚寶煥撰。寶煥，江西樂安人，樵海其號也。集凡文三卷，詩三卷。寶煥少好講學，爲文多涉理趣，詩尤沿擊壤集流派。如自示云：從今脊骨剛如鐵，一擔綱常勿放肩。寄鄧九邱云：還與先生磨太極，乾坤宵負苦心人。較定山集抑又甚矣。末附幽谷集一卷，其孫欽瑗作。霜巖集一卷，其曾孫清巖作也。

性理吟二卷 江西巡撫採進本

明譚寶煥撰。是集成於正德壬申，前有自序，皆以四書及性理中字句爲題，前列朱子之說，而以一詩括其意。前集一卷爲七言絕句，後集一卷爲七言律詩。其意不在於詩，亦遂難以詩論也。

鴻泥堂小稾八卷續稾十卷 浙江孫仰曾家藏本

明薛章憲撰。章憲字堯卿，自號浮休居士，江陰人。小稾刻於正德丁丑，其子布所編。續稾刻於嘉靖庚申，邑人沈翰卿所編。詩文皆乏神韻，蓋摹古而僅得其貌也。

東原集七卷 兩江總督採進本

明杜瓊撰。瓊有紀善錄，已著錄。其詩以平正暢達爲宗，而傷於樸僿。後有正德己卯俞弁跋，稱刻本體製未備，此集乃其鄉人僉都御史張企翱所輯補云。

佘山人詩集四卷 浙江孫仰曾家藏本

明佘世亨撰。卷首題楢南，不著郡邑。廣東通志亦失載其姓名。惟歐大任序稱其在正德嘉靖間好游名山，去家數載而歸，卜居粵秀山下。粵秀爲廣州山名，則當爲廣州人矣。大任又稱山人有子嘉詔，既成進士，試令合肥，手錄山人詩四卷，即縣齋刻之。案太學題名碑，嘉靖乙丑科有三甲進士佘嘉詔，廣東順德縣人，蓋即世亨之子也。其詩近體居多，古體僅寥寥數篇耳。

雅宜集十卷 兩淮馬裕家藏本

明王寵撰。寵字履吉，自號雅宜山人，長洲人。八舉不第，終於諸生。明史文苑傳附見文徵明傳中。是集詩八卷，文二卷。詩分體編列，而各以正德稾嘉靖稾字繫標題之下，蓋約略編年之意，以自記所造淺深。大抵才力富贍，而抑鬱之氣激爲亢厲，亦往往失之過獷。文則非所留意，姑附存詩後云爾。

欽定四庫全書總目卷一百七十六

欽定四庫全書總目卷一百七十七

集部三十

別集類存目四

少鶴詩集八卷（兩江總督採進本）

明武岡王顯槐撰。顯槐，楚端王榮滅第三子，愍王顯榕之弟。嘉靖十七年封。榮滅嘗自稱黃鶴道人，故顯槐自號曰少鶴。嘉靖乙巳，顯榕爲其世子英燿所弒，世宗命顯槐攝國事。事蹟附見明史楚王植傳。此集乃其解政後所自編也。千頃堂書目載顯槐尚有文集及續集八卷，今未之見，惟此集存。

雁湖釣叟自在吟九卷附錄一卷（浙江孫仰曾家藏本）

明王周撰。周字質齋，嘉興人。屢試不售，自號雁湖釣叟。是集以年月先後編次，其詩皆率意直書，不拘格律，故名曰自在吟。末附錄同時題贈一卷，并前序後跋，皆稱其子爲觀察，而不著其名。據王錫命、張大忠等題詞，咸自稱年姪，證以太學題名碑所載，知其子乃嘉靖乙未進士王傣，後官至都御史。是編前四卷所稱北上寓京諸詩，即傣官京師迎養時作也。

十岳山人詩集四卷（浙江孫仰曾家藏本）

明王寅撰。寅字仲房，一字亮卿，歙縣人。嘗北走大梁，問詩於李夢陽。中年習禪，事古峯和尚。古峯曰：吾徧遊海內五岳，今將徧歷海外五岳，而後出世。寅聞其語而悅之，因自號十岳山人。是集寅所自編，其詩音節宏亮，皆步趨北地之派，而鑄語未堅，時多累句。

邊仲子詩一卷（山東巡撫採進本）

明邊習撰。習字仲學，濟南人。戶部尚書貢之次子。王士禎論詩絕句所謂不及尚書有邊習，猶傳林雨忽霑衣者是也。貢雖仕宦通顯，而圖籍以外無餘資，習竟貧困以沒。僅存其七十歲客孫氏時詩一卷，本名睡足軒集。士禎與徐夜共選定之，附刻其父詩集後，改題今名。習詩遠不及其父，尤多應俗之作。其輓李東陽二詩，論雖公而詞太訐，亦乖詩品。夜等特以名父之子重之耳。

世經堂集二十六卷（安徽巡撫採進本）

明徐階撰。階所編武穆集，已著錄。是集文二十四卷，賦、頌、詩、詞二卷。其中敷陳治體之文，皆能不詭於正。餘則未見所長。

少湖文集七卷（兩江總督採進本）

明徐階撰。是集乃階外謫延平府推官時，三年秩滿北上，延平士人裒其前後諸作，爲之付梓。凡文五卷，語錄一卷，詩一卷。大都應酬之文十居六七，皆不足以傳。特用誌遺愛云爾。

歐陽南野集三十卷（江蘇巡撫採進本）

明歐陽德撰。德字崇一，泰和人。嘉靖癸未進士，官至禮部尚書，卒諡文莊。事蹟具明史儒林傳。是集爲其門人王宗沐所編。凡內集十卷，皆講學之文；外集六卷，皆應制及章奏案牘之文；別集十四卷，則應俗之詩文也。德之學，宗法姚江，故惟以提唱良知者爲內，而餘則外之別之云。

南野文選四卷（江西巡撫採進本）

明歐陽德撰。此本爲隆慶中其門人馮惟訥等所編，於全集僅十分取一。然德在朝著述，如建儲災異諸疏，皆能言人所不能言，而是編不載，則惟訥等所錄，皆講學之文故也。是可以觀明儒之所尚矣。

笠江集十二卷（浙江孫仰曾家藏本）

明潘恩撰。恩字子仁，上海人。嘉靖癸未進士，官至左都御史，諡恭定。事蹟附見明史周延傳。是集爲諸生聶叔頤所編。凡賦詩五卷，策、表、箋、序、碑、記四卷，說、對、贊、誌、銘、祭文及雜述三卷。前有陸樹聲序，稱恩所著有笠江集、笠江近稟，皆已梓行。既沒而其子允哲、允端合前後刻彙爲恭定全集。今此本仍題曰笠江集，殆當時編集未成，故以新序冠於舊本歟。

章介菴集十一卷（江西巡撫採進本）

明章袞撰。袞字汝明，臨川人。嘉靖癸未進士，官至陝西按察司副使。是集首載大學口義、中庸口義各一卷，皆訓釋章句之語。三卷以下皆雜文。十卷爲各體詩，而以隨筆瑣言終焉。瑣言者，袞所作語錄也。其文疎爽而頗乏體要。序王臨川集幾萬言，極論新法之善，謂元祐若能守而不變，孰非繼述之善。又論公以瞑眩之藥攻治之於先，司馬公又以瞑眩之藥潰亂之於後，遂使國論屢搖，民心再擾云云。毅然翻久定之案，可謂桑梓情深矣。

芝園定集五十一卷別集十一卷（浙江汪汝瑮家藏本）

明張時徹撰。時徹有善行錄，已著錄。是集凡分二編：一曰定集，爲賦詩二十卷，雜文二十七卷，史論四卷；一曰別集，爲奏議五卷，公移六卷。詩文皆分體，而律詩中又分兩京藩臬歸田三稾。明史藝文志載芝園全集八十五卷。考浙江通志，時徹尙有芝園外集。史蓋合而總計之。然浙江通志載芝園定集五十六卷，別集十一卷，外集二十四卷，與此卷數亦不合。或定集當爲五十一卷，別集當爲十一卷，外集當爲二十四卷，共八十六卷。史誤八十六爲八十五，通志誤五十一爲五十六歟。其詩文不出常格。樂府喜用古題，而所擬諸篇，皆舍其本詞而擬其增減入樂之詞，未免逐影而失形。史論尤多偏駁。

疣贅錄九卷續錄二卷（江蘇巡撫採進本）

明顧夢圭撰。夢圭字武祥，號雍里，崑山人。嘉靖癸未進士，官至江西右布政使。此集爲夢圭所自編。同里歸有光序之。末載府志列傳及有光所撰墓誌，則其五世孫登重刊時所附入也。首二卷爲就正編，乃其讀書劄記之語。上卷論五經四書，下卷皆雜論，而說經講學者居多。大旨以心學爲宗。王守仁之餘緒。考有光序中稱夢圭暇日以所爲文名之曰疣贅錄，則疣贅但其文集之名，不應冠於此書。蘇州府志載其有北海齋、梁武不還山諸稾，集中亦不標此名，意者四稾乃其詩集，與就正編皆別行，登重刊時始合爲一編，而仍襲其文集之名歟。文凡五卷，詩凡四卷，續錄則文一卷，有奇。而詩附焉。詩文皆平正通達，直抒胸臆，無鉤章棘句之習。惟詩有捶字未堅者，蓋當有明中葉，風氣初更，學問移於姚江，而文章未移於北地，猶沿長沙舊格者也。

北泉集（無卷數，副都御史黃登賢家藏本）

明藍田撰。田字玉甫，號北泉，即墨人。嘉靖癸未進士，官至河南道監察御史。事蹟附見明史葉應驄傳。當張璁等希旨議大禮，田反覆抗論，凡七上章，受廷杖幾殆，復糾劾陳洸不法事，直聲動一時。今集中惟錄劾禮部尙書席書一疏，不知何故。其他古近體詩及書記雜文亦未分卷。考千頃堂書目，田有侍御集十卷，又東歸倡和一卷，則此本已非完書。且田生平可傳者在諸諫草，今章疏闕佚，則此本非菁華所在矣。

石比部集八卷（江蘇周厚堉家藏本）

明石英中撰。英中字子珍，上海人。嘉靖癸未進士，官刑部主事。是集凡詩三卷，文四卷。英在西曹，以受誣被囚。其七宜紀夢及古樂府等篇，皆獄中所作，頗磊落有氣。嘗自評其文如赤手捕龍蛇，蓋才情俊逸而未能斂才就法者也。

飛鴻亭集二十卷（兩淮鹽政採進本）

明吳鵬撰。鵬字萬里，秀水人。嘉靖癸未進士，官至吏部尙書。飛鴻亭者，鵬謝事娛老之所，因以名集。千頃堂書目作十二卷，此本實二十卷，蓋黃虞稷誤倒其文也。鵬嘗使安南，故集中有征南行諸篇。其詩文多應酬之作，未能精汰。後有其孫維貞跋，稱於奏疏外檢得若干首，又云先有狀譜之作，今是集俱不載，豈尙有闕佚耶。

葉海峯文一卷（浙江范懋柱家天一閣藏本）

明葉良佩撰。良佩有周易義叢，已著錄。天台志稱良佩所著有海峯堂前稾十八卷，此冊乃天一閣鈔本，所載皆雜文，僅四十二頁，蓋後人所摘錄，非其全集也。

兩崖集八卷（湖北巡撫採進本）

明朱廷立撰。廷立有鹽政志，已著錄。是集凡詩四卷，文四卷。其門人兵部尙書劉體乾撰墓誌，稱其學出於姚江，而擠之者復出自姚江之流。今其文集內推尊王守仁甚至，而詩集中東隣女西隣婦二首，詳其詞意，實有所託諷，意即指所謂擠之者歟。講學而至相傾軋，不知所講何學也。

水西居士集八卷（山東巡撫採進本）

明華鑰撰。鑰字德啟，號水西，無錫人。嘉靖癸未進士，官至兵部郎中。是集詩二卷，文六卷。其詩多慶賀贈荅之什，流麗有餘而深厚不足。其文亦尙未成就。

春谿詩集四卷（浙江朱彝尊家曝書亭藏本）

明狄沖撰。沖字仲虛，溧陽人。嘉靖癸未進士，官至南京工部郎中。是集分未達、筮仕、南行、移濵、居鈞、近遊、金陵七稾。其擬李東陽樂府一百二首，自謂神似。然全襲原題，篇模句仿，實牀上牀，屋下屋也。

王鳳林文集四卷詩集三卷（浙江汪汝瑮家藏本）

明王從善撰。從善字承吉，號鳳林，襄陽人。嘉靖癸未進士，官吏部考功司主事。是編乃其子之璠所編，多牽率應酬之作。千頃堂書目不著錄，殆偶未見歟。

中川遺稾三十三卷（浙江巡撫採進本）

明王敎撰。敎字庸之，祥符人。嘉靖癸未進士，官至南京兵部右侍郎。是集乃其子在阡所編。凡賦二卷，古今體詩十三卷，樂章及詩餘一卷，雜文十九卷。前有李濂序。稱其學寃本原。志在康濟。居嘗語人曰。吾賦性蹇拙。詞翰誠非所長。是教平日本不以詩文自命。故所作卷帙雖富。大抵縱筆所之。不甚剪裁結構也。

水洲文集四卷。兩江總督採進本

明魏良弼撰。良弼字師說。別號水洲。新建人。嘉靖癸未進士。官至禮科都給事中。以劾張璁爲所中。削籍歸。隆慶初。卽家晉太常寺少卿致仕。天啟初。追謚忠簡。事蹟具明史本傳。是集爲南昌劉曰寧所删訂。豐城熊劒化爲刻於華亭。據其原目。凡奏議書簡語錄撰述詩賦等五卷。附錄碑記行略一卷。此本佚其第三卷之語錄。與其第四卷之撰述。僅存四卷。非完帙矣。原序稱其學爲陽明高弟。建言受杖者三。今疏藁具載一二卷中。蓋亦剛直之士。詞章則非所長也。

東遊集一卷。浙江汪啟淑家藏本

明黃金撰。金號莘溪。莆田人。嘉靖癸未進士。官山東新城縣知縣。是集卽其赴新城時所作。自出京至濟南。凡所遊歷。俱紀以詩。率皆淺易。又閒以應酬雜著。若賀施少府榮膺旌奬序之類。錯載於詩之前後。尤無體例。

北海野人稾一卷。兩江總督採進本

明黃禎撰。禎字德兆。號北海野人。安邱人。嘉靖癸未進士。官至吏部文選司郎中。府志稱其免官歸。日事吟咏。爲文力追古作者。與李舜臣齊名海內。謂之李黃。然明代他書。不甚著李黃之名。疑輿記夸飾之詞。未必確也。宋弼山左明詩鈔謂禎有北上及戶部符臺諸集。是編僅鈔存騷賦九首。五言古詩數十首。前後無序跋。蓋非全帙矣。

漳埜文集八卷。兩江總督採進本

明李新芳撰。新芳字元德。別號漳埜。潞州人。嘉靖癸未進士。官至監察御史。是集爲其門人楊世卿所編。前六卷爲雜文。後二卷爲詩賦。以行狀墓誌附於後。其文講學之作多至三卷。而他文宗旨亦不離乎是。其詩亦濂洛風雅之派也。

謙簡文集十二卷。兩江總督採進本

明鄭曉撰。曉有禹貢圖說。已著錄。是編第一卷爲說經。第二卷爲詩。第三卷至八卷爲雜文。第九卷至十二卷爲奏疏。於奏疏中又分三類。首淮揚。次兵部。次刑部。曉熟諳典故。通達國體。志在經世。於詛語頗不多作。其文亦直抒所見。不以詞藻求工。前有萬歷庚子彭夢祖序。稱曉著作甚富。沒後懼纍畀火。存者未及什一。其孫敬仲始爲蒐集付梓云。

婁子敬文集六卷。浙江巡撫採進本

明婁樞撰。樞字子敬。河內人。嘉靖乙酉舉人。官廣宗縣知縣。集中雜著。頗留心經世之學。其論資治通鑑。專以首篇命晉大夫爲諸侯立論。雖亦有所見。而以此一條遂欲盡通鑑之義。未免主持太過。至於韓延壽趙廣漢考甘陳功罪考唐棄維州考。則皆人人意中語耳。

海樵先生集二十一卷。安徽巡撫採進本

明陳鶴撰。鶴字鳴野。山陰人。案浙江通志。鶴嘉靖乙酉舉人。年十七。襲廕紹興衛百戶。非其志也。遂棄官稱山人。則亦孤僻之士矣。是編賦一卷。古體詩四卷。近體詩九卷。文七卷。隆慶丁卯。其子以世職莅兵粤東。屬南海盧夢陽番禺黎民表校正編次。明自中葉以後。山人墨客。多以詩遨遊公卿間。然有才者纖詭。使氣者粗疎。體格蕪雜。率同一轍。朱彝尊詩話稱鶴才雖鈍。而鑄詞差醇。似比諸家稍勝。考盧夢陽序。稱其築室飛來山麓。閉戶伏枕。手不釋卷。足不下牀者七年。蓋卷軸較多。故與枵腹詀囁者異也。其絕句頗爲清雋。不止彝尊所摘律詩數聯。然趁筆而出。往往利鈍互陳。視孫一元太白山人集。尚未足旗鼓相當焉。

長谷集十五卷。安徽巡撫採進本

明徐獻忠撰。獻忠有吳興掌故。已著錄。是集賦一卷。詩三卷。文十一卷。嘉靖甲子。松江府知府袁汝是與其鄉士大夫醵金刻之。編次者其門人董宜陽也。朱彝尊詩話稱其詩沖澹無累句。所少者警拔。足爲定評。至其論松江加耗守備錢法水利諸書。條析利弊。皆頗詳悉。在一鄉亦足資考核焉。

胥臺集二十卷。浙江汪汝瑮家藏本

明袁袠撰。袠有世緯。已著錄。是編詩不失體格。而特乏堅蒼。文亦俊爽。而醞釀未免少薄。初爲其嗣子尊尼所刊。詩文各十卷。題曰袁永之集。此本爲萬歷甲申衡藩所重刊。改題曰胥臺集。實則一書。故千頃堂書目載袁永之集二十卷。訛作胥臺集也。前有左長史鄭復亨序。言衡府司理張炳忠爲袠之甥。以是集貲於衡王。因爲開雕云。

趙浚谷集十六卷。浙江汪汝瑮家藏本

明趙時春撰。時春有平涼府志，已著錄。時春素以將略自命，不屑屑以詩文名。然明史本傳稱其讀書善強記，文章豪肆，與唐順之、王慎中齊名。今觀其詩文，多慷慨自喜，不可拘以格律。胡松序所謂秦人而爲秦聲，亦其風氣然也。然則史所謂文章豪肆者，長短俱在是矣。是集詩六卷，文十卷，皆編年而不分體。徐階序稱十六卷，與此集合。李開先序則謂詩六卷，文九卷，凡十五卷，續有作者，當續入之。蓋開先序在嘉靖乙丑，而階序在萬歷庚辰，時春沒後十五年，又有所續入也。

別本浚谷集十七卷（安徽巡撫採進本）

明趙時春撰。此本凡詩二卷，賦及雜文十五卷。有其甥周鑒序。明史藝文志載時春集作十七卷，即據此本也。

雲崗選稾二十卷（浙江孫仰曾家藏本）

明龔用卿撰。用卿字鳴治，懷安人。嘉靖丙戌進士第一。官至南京國子監祭酒。是編首賦，次詞，次詩，次雜文。考古人以詞爲詩餘，今編入詩前，殊乖體例。所作亦大抵館閣體也。

東匯詩集十卷（兩江總督採進本）

明呂希周撰。希周字師旦，崇德人。嘉靖丙戌進士，官至通政使。是集編於嘉靖甲寅。其子端甫志云，始自乙酉，迄今甲寅，其詩一千二百八十九首，呈於太保東湖公，欣然命付之梓。東湖，陸炳別號也。爲希周門人。朱彝尊詩話云：東匯於詩亦沾沾自喜。其集不甚傳，由其子請論定於陸武惠也。同里曹秋嶽侍郎集明三百年名公手蹟，裝潢成冊，多至七百家，東匯雜詩在焉。比集中所載者較勝。今詳端甫志，希周家居至甲寅尚無恙。曹溶所集，當是其甲寅以後詩歟。

陸簣齋集十卷外集二卷（禮部尚書曹秀先家藏本）

明陸埛撰。埛有簣齋雜著，已著錄。是集爲郁天民所編。外集二卷，則附錄誥敕、誌狀及贈送誄貧之文與士民頌德之作也。徐階誌其墓，稱埛讀書恥爲章句，嘗曰：人心與事物不相離，舍事物而徒求諸心者，禪學也；逐事物而不求諸心者，俗學也。故集中有傳習錄存疑，不附和陸學。又有詩傳存疑，亦不盡墨守朱學。持論可謂篤實。詩文則多近質朴，蓋非所留意云。

田叔禾集十二卷（浙江汪汝瑮家藏本）

明田汝成撰。汝成有炎徼紀聞，已著錄。其全稾本名豫陽集，亦名楊園集。此集乃汝成晚年令其子藝蘅所編，凡詩文三百六十九首，五十以後所作均不在是焉。汝成歸田後，盤桓湖山，搜剔名勝，殊以風流自賞。其詩律隊仗修整，頗自娟娟秀出，然使逢大敵，則未足相當。文體亦頗傷平易。

玩芳堂摘稾四卷（兩江總督採進本）

明王慎中撰。慎中有遵巖文集，已著錄。此本乃嘉靖中江陵曹忭以御史巡按江西，取篋中所有慎中之文校而刻之，僅一百首，故以摘稾爲名。

江午坡集四卷（江西巡撫採進本）

明江以達撰。以達字于順，號午坡，貴溪人。嘉靖丙戌進士，官至湖南提學副使。（案千頃堂書目作福建提學，誤。福建去湖廣頗遠，不至）以忤楚藩繫獄，後放歸，病卒。明史文苑傳附見王慎中傳中。朱彝尊靜志居詩話曰：午坡以北地文出廬陵、昌山之上。又謂昌黎詩不逮文，尚染習氣云云。今考其語見集中所載張東沙集序。然其與霍渭崖論文書云：模形者神遺，斲句者氣索，景會者意脫，悉繁者荄衰。譬諸畫地爲餅，以餤則難；刻木爲人，束之衣冠，與之酬色笑，而施揖讓則不可。其於正嘉之時，剽竊摹擬之病，又未嘗不知之，而趨向如是，何耶。

匆菴錄二十卷（江蘇周厚堉家藏本）

明馮恩撰。恩字子仁，華亭人。嘉靖丙戌進士，官南京監察御史。以疏論張璁、汪鋐、方獻夫三人，下獄擬死。其子行可刺血書疏，請代死，謫戍雷州。越六年赦歸。隆慶初，進大理寺丞，致仕。事蹟具明史本傳。是集凡文十五卷，詩五卷。恩爲行人時，嘗奉命勞兩廣總督王守仁，因從王守仁講學，故其詩文得守仁餘緒爲多。其最得名者，在嘉靖壬辰彗星見應詔陳言一疏。其被禍也，蓋坐以上言大臣德政律，固非其罪。然恩爲御史，抨擊權姦，是其職也。至於所不抨擊者，置之不論可矣。乃一一臚舉所長，類乎薦牘，是既欲有所退，又欲有所進，卿相之餚擺，臺諫操之矣。此亦憤激一決，不暇擇言。既乖政體，又授議者以閒也。且稱禮部尚書夏言多蓄之學，不羈之才，駕馭任之，庶幾救時宰相；禮部右侍郎顧鼎臣警悟疏通，不局偏長，器足任重，核以二人本傳，亦皆不確。蓋其忠鯁之氣，足貫金石，而立言則不必盡當，是固當分別觀之者耳。

少泉集三十三卷（浙江孫仰曾家藏本）

明王格撰。格字汝化、京山人、嘉靖丙戌進士、改庶吉士。出爲分巡河北道按察司僉事。世宗南巡、坐行宮火杖黜、隆慶初、授太僕寺少卿致仕。明史文苑傳附見王廷陳傳末、千頃堂書目載格少泉集十卷。今考此本凡詩選十卷、詩續選八卷、詩新選六卷、文選五卷、續文選四卷、共三十三卷。黃虞稷蓋僅得其詩選著録也、朱彝尊靜志居詩話稱其信口矢筆、合作者寡。今考王世貞序云、公於意非不能深、不欲使其淫於詩之外。於象非不能極、不欲使其游於見之表。才不可盡、則引矩以圉之。亂不勝靡、則爲質以禦之。詳其語意、殆亦微詞也歟。

穀原文草四卷、兩江總督採進本

明蘇祐撰。祐有逌旃瑣語、已著録。是編乃其文集也。原分四卷、每卷又自分上下。詞多駢麗、規仿文選、而真氣不足以充之。在七子派中、又爲旁支矣。

穀原集十卷、山東巡撫採進本

明蘇祐撰。此編乃其詩集。大旨宗李攀龍之說、不肎作唐以後格、而亦不能變唐以前格。故音節琅琅、都無新意。

岳雲石集五卷、直隸總督採進本

明岳倫撰。倫字雲石、懷安衛人。嘉靖丙戌進士。官至工部郎中。卒贈太常寺少卿。是集文三卷、詩二卷、附以其子魯訟冤疏。案集中最著之文、莫若劾張璁桂萼疏。疏後附世宗諭旨曰、張璁著回家省改、桂萼革去散官、以尚書致仕。然考璁萼本傳、璁之罷也、一由給事中陸粲、再由御史譚纘端廷赦唐愈賢、三由魏良弼秦鼇。萼之罷也、獨由給事中陸粲。不見有倫劾罷二人之事、與史傳絕不相符。疑以傳疑可矣。

金陵覽勝詩一卷、浙江范懋柱家天一閣藏本

明章恩撰。恩字元之、山陰人。是集刻於嘉靖丙戌、皆五七言近體、多題咏名勝之作。其所列古蹟、如桃花小嶺及虎踞關、皆志乘所未載。然才力稍弱、尚未足以摹寫江山。

別本羅念菴集十三卷、浙江汪汝瑮家藏本

明羅洪先撰。洪先有冬遊記、已著録。是編爲嘉靖癸亥其同年滁陽胡松所刻。凡書二卷、雜著一卷、序記傳狀銘表各一卷、祭文及雜文二卷、古律詩二卷。蓋初刊之本、非其全帙也。

松溪集十卷、兩淮鹽政採進本

明程文德撰。文德字舜敷、永康人。嘉靖己丑進士。官至吏部左侍郎、掌詹事府。調南京工部右侍郎。疏辭忤旨、除名歸。萬厯中追贈禮部尚書、謚文恭。事蹟具明史儒林傳。是集第一卷爲對策講章、二卷爲頌及古體詩、三卷爲今體詩、四卷爲奏疏表、五卷爲書、六卷爲序、七卷爲記跋、八卷爲祭文、九卷爲傳誌銘、十卷爲雜著。詩非所長、奏疏內如賑濟疏所條陳便宜諸事、頗切明季時政之弊。又所奏郊壇事例、皆明史各志及明會典、王圻續通考所未載。考文德自述、謂私淑王子、蓋亦講良知之學者。如寄諸生書、稱今古聖賢之道、不違其心。復王畿書、謂全真返初、以求放心。跋陽明文錄、謂明德新民、無外無內之疑於禪者、非是、皆不免於回護。至其論學云、學問之道、必先立志、志既立、則行有定適、格致誠正、戒懼慎獨、別其塗轍、學問思辨、自不容已。是尚知以躬行實踐爲歸。史稱文德初從章懋游、後乃從王守仁。故與王畿輩之涉於禪悅者、差少異耳。

程文恭遺稾三十二卷、浙江巡撫採進本

明程文德撰。此集二十二卷以前皆文、二十一卷以後皆詩。較松溪集爲賅備、然體格則一也。

周漢中集四卷、內府藏本

明周顯宗撰。顯宗字子考、灤州人。嘉靖己丑進士。官至漢中府知府。是集前三卷爲自適稾、皆所著詩詞雜文。後一卷爲感寓錄、則隨筆劄記也。詩不入格。感寓錄亦多雜禪語、以空悟爲宗。

南北奉使集二卷、浙江汪啟淑家藏本

明唐順之撰。順之有廣右戰功錄、已著錄。是編一爲北奉使集、乃其以職方郎中出覈薊鎮兵籍時所作。一爲南奉使集、乃視師江浙所作。兩集俱載其籌邊勦寇之事。先敕諭、次題疏、次啟劄、次詩篇。前後皆無序跋。

陳后岡詩集一卷文集一卷、浙江巡撫採進本

明陳束撰。束字約之、鄞縣人。嘉靖己丑進士。官至河南提學副使。事蹟具明史文苑傳。束與唐順之爲同年、共倡爲初唐六朝之作、以矯李何之習、而所學不逮順之。又自翰林改禮部主事、道復官編修、旋卽外調、恆忽忽不樂、年僅三十餘而卒、文章亦未成就。故順之終以古文鳴、而束無稱焉。詩集爲順之所編、皆嘉靖甲午乙未丁酉三年之作。其餘僅寥寥數首。文集爲張時徹所刊、分京藁閩洛四集，以居官之地名之。初刻於蜀中，又刻於吳郡。此本乃萬歷中其同邑林可成所校刊也。

燕詒錄十三卷（兩江總督採進本）

明孫應奎撰。應奎字文卿，號蒙泉，餘姚人。嘉靖己丑進士，官至右副都御史，總理河道，後左遷山東布政使。明史附見建陽孫應奎傳，而以餘姚孫應奎別之。蓋與胡松傳中附載績溪胡松，均以同姓名合傳也。是集前三卷皆憶言，其語錄也。次書二卷，文二卷，詩三卷，次河南存稾二卷，林居續稾一卷，則詩文雜編焉。應奎受業於王守仁，講良知之學，初官禮科給事中，疏劾汪鋐，頗有直聲。然其著作則自成其為講學家之詩文而已。

胡莊肅集六卷（安徽巡撫採進本）

明胡松撰。松有滁州志，已著錄。是集惟第二卷末附載詩賦，餘俱雜著。考明史本傳，松初以禮部郎任山西提學副使，上邊務十二事，帝嘉其忠懇，進左參政。巡撫江西時，會討廣東寇張璉，又援閩破倭，功績甚偉。然其經世之文，惟答翟中丞邊事書及厚蓄貫塞防邊制變四篇，頗見謀略。餘皆不載集中，豈別有奏議集歟。其中格物解，謂心外無事，事外無心，蓋從事於姚江之學者。其功名亦略相彷彿焉。卷首有凌約東游稾序、鄔宗源趨大綱南浮稾序、徐獻忠西游集序、田汝成徐渭浙垣稾序，殆各集別有專本，此其彙而刻之者也。

別本胡莊肅集八卷（山東巡撫採進本）

明胡松撰。是集凡文六卷，詩二卷，與六卷之本稍有增刪，而大致相同。

鶴田草堂集十卷（浙江巡撫採進本）

明蔡雲程撰。雲程字亨之，臨海人。嘉靖己丑進士，官至刑部尚書。是集詩三卷，文七卷。雲程當王李盛行之時，獨無摹擬剽竊之習，可謂不轉移於風氣。然根柢頗薄，亦不能自樹一幟。

熊南沙文集八卷（浙江汪汝瑮家藏本）

明熊過撰。過有周易象旨決錄，已著錄。是集乃隆慶戊辰其門人嚴清所刻。前四卷為疏序書記，後四卷為題跋引傳碑銘祭文雜著。過留心經學，其文章亦列名八才子中。然集中諸作，大抵應酬之文也。

環溪集六卷（兩江總督採進本）

明沈愷撰。愷有夜燈管測，已著錄。是集皆所著雜文，乃其門人任子龍所編。前有徐階序，題曰鳳峯雜集序。又有文徵明序，亦題曰鳳峯子詩稾序。疑今名為後來所追改，而又佚其詩集歟。考千頃堂書目別載環溪集二十六卷，則此非其全也。愷文章頗尚古雅，不肎作秦漢以下語，而模仿太甚，遂與北地同歸。

閒居集十二卷（兩江總督採進本）

明李開先撰。開先有中麓書品，已著錄。是集詩四卷，文八卷，皆歸田後所作。其自序謂年四十罷歸田里，既無用世之心，又無名後之志，作不必工，信口直寫，名其集曰閒居，以別居官時苦心也。嘉靖初，開先與王慎中、唐順之、熊過、陳束、任瀚、趙時春、呂高稱八才子。其時慎中、順之倡議盡洗李何剽擬之習，而開先與時春等復羽翼之。然開先雅以功名自負，既廢以後，猶作塞上曲一百首，以寓其志。又末卷有蘇息民困或問及顏神事宜、濬渠私議、濼議諸篇，亦尚汲汲於經世，不甚爭文苑之名。故所作隨筆揮灑，一篇或至數千言，其詩亦往往疊韻至百首，其持論確於李何，而終不能奪李何之壇坫，蓋有由矣。

蔡可泉集十五卷（浙江巡撫採進本）

明蔡克廉撰。克廉字道卿，晉江人。嘉靖己丑進士，官至戶部尚書。其文每篇皆係以時地，末綴以各體詩及案牘之文。萬歷初其子應龍、應麟錄而梓之。克廉少與鄉人王慎中齊名，而其文乃遠不及慎中。蘇濬序稱克廉秉樞執鉞時，慎中已詮伏故園，日尋歐曾之緒，而克廉方銳意事功，論者謂慎中閱寂邱園，故文獨工云云。是當時已有定評矣。

端肅公集十卷（山東巡撫採進本）

明葛守禮撰。守禮字與立，德平人。嘉靖己丑進士，官至左都御史，謚端肅。是集凡文九卷，詩一卷。邢侗為之序。

知白堂稾十四卷（浙江孫仰曾家藏本）

明翁溥撰。溥字德弘，諸暨人。嘉靖己丑進士，官至南京刑部尚書，謚榮靖。是集乃其門人金元立、潘季馴所編。凡詩六卷，雜文八卷，其中奏疏十五篇，乃巡撫江西及為吏科時所上，皆無關大計。其餘亦大抵應酬之作。

張靜思文集十卷附錄二卷（江蘇巡撫採進本）

明張選撰。選字舜舉，無錫人。嘉靖己丑進士，授蕭山知縣，擢戶科給事中。會太廟祫祭，世宗遣勳臣卷至十卷爲詩，十一卷至十六卷爲雜文。

孔文谷詩集十四卷（山西巡撫採進本）

明孔天允撰。天允字汝錫，號文谷，又號管涔山人，汾州人。嘉靖壬辰進士第二。於故事當授編修，以藩戚外補陝西提學僉事，官至浙江布政司參政。朱彝尊靜志居詩話云：管涔山人如新調鸜鵒，雖復多言，舌音終強。蓋深不取之。此集爲同安洪朝選所刻，內履霜集一卷，澤鳴稾一卷，漁嬉稾以編年爲次，自隆慶丁卯至萬歷戊寅十二年所作，分十二卷。校以浙江採進之本，佚闕尚多，非其完帙。考千頃堂書目亦載天允詩集十四卷，則黃虞稷所見即此本矣。

孔文谷文集十六卷續集四卷詩集二十四卷（浙江巡撫採進本）

明孔天允撰。此本較其家刻多文集二十卷，而詩則惟有履霜集、漁嬉稾、澤鳴稾一卷。所作霞海篇亦不在其中。相其詩集版式，蓋隨作隨刻，故傳本多少不定也。焦竑國史經籍志載天允集僅三卷，是即多所續增之明驗矣。

霞海篇一卷（浙江巡撫採進本）

明孔天允撰。是編乃其督學浙江時案臨台州所作，故以霞海爲名。凡詩三十四首，力摹三謝而未成。如望司成程公詩起句曰：瞻塗胝來旌，邂逅欣遠斯。以胝字爲引領而望之意，是不止札闥鴻休矣。

祐山文集十卷詩集四卷（江蘇周厚堉家藏本）

明馮汝弼撰。汝弼有祐山雜記，已著錄。其官工科中，茲不具論焉。

司勳文集八卷（兩淮鹽政採進本）

明羅虞臣撰。虞臣字熙載，廣東順德人。嘉靖己丑進士，官吏部稽勳司主事。事蹟附見明史劉世穀傳。虞臣以初任刑部主事，提牢時寬假張延齡，爲大猾劉東山所訐，下獄拷掠，斥爲民。旣歸，結廬山中，讀書纂述，年僅三十五而卒。然其他著作不傳，惟是集存。其平生不屑爲詩賦，故集中皆散體之文。自六卷以下，則採錄所作家乘以足之，惟以中官傳六七篇參雜其閒耳。其文疎快有氣，然皆率其才氣，縱筆一往，未能範以法度也。光桂奇序以司馬遷擬之，談何容易乎。

五嶽山人集三十八卷（江蘇巡撫採進本）

明黃省曾撰。省曾有西洋朝貢典錄，已著錄。是集凡賦詩十八卷，雜文二十卷。王世貞序稱其古今體詩皆出自六代三唐，於他文亦推許甚至。及其爲藝苑卮言，則云勉之詩如假山，雖爾華整，大費人力。朱彝尊靜志居詩話亦謂其詩品太庸，沙礫盈前，無金可採。今觀其集，兩家之說不虛矣。中第二十卷爲客問四十章，二十一卷、二十二卷爲擬詩外傳，二十三卷爲黃氏家語。明人亦摘出別行。其客問雜論物理，多臆揣之說。擬詩外傳未免優孟衣冠。至家語刱立篇名，儼同孔氏，抑又僭矣。

蓉山集十六卷（江西巡撫採進本）

明董燧撰。燧字兆時，蓉山其號也，臨川人。嘉靖辛卯舉人，官至南京刑部郎中。燧少從王艮、聶豹講良知之學，是集自首卷至六卷皆其問荅會語，七代行禮，遡抗疏力諫，廷杖削籍。隆慶初復原官，終於通政司參議。事蹟具明史本傳。是集乃其曾孫纘曾所編。凡文九卷，詩一卷。其末二卷則附錄居官政績及碑銘小傳也。

汶濱集十卷附錄二卷（直隸總督採進本）

明蔡叆撰。叆有汶濱語錄，已著錄。是集爲其門人李登雲等所編。凡文六卷，詩四卷，銘贊之類附於詩末。附錄二卷，則其朋友贈荅與門人稱頌之作也。叆早師眞定張璿，入仕後師朝邑韓邦奇、增城湛若水，平居務講學，立朝務氣節，文章蓋非所長云。

崔筆山文集十卷（安徽巡撫採進本）

明崔涯撰。涯號筆山，太平人。嘉靖己丑進士，官至監察御史。是集自一卷至七卷爲奏疏及雜著，八卷爲古今體詩，九卷爲虎異，十卷爲鵲異。兩卷之末各附以頌德詩文。涯在當時有伉直聲，而文章非其所長，詩尤不入格。所謂虎異者，涯巡視山西時有虎自入神廟，爲人所殪；鵲異者，涯巡視福建時有葉氏爲奴所殺，靈鵲以訴冤。涯皆自紀其事，而所屬縉紳各歌頌之，因彙刊集後。昔猛虎渡河，劉寬以爲偶然，而涯乃以恍惚之事引爲己功，人之度量相去，蓋不可道里計矣。

環碧齋詩集三卷尺牘三卷（浙江孫仰曾家藏本）

明祝世祿撰。世祿有環碧齋小言，已著錄。西江志稱其工詩善草書，談理獨抒心得。今觀其詩格調頗伉爽，而簡汰未嚴。尺牘更開三袁一派矣。所謂談理獨抒心得者，殆即指小言，已訂正於雜家類

給事中時論劾汪鋐罪狀直聲震動一時其人足以不朽其詩文則以人見重非以詞章傳也

粵臺稾二卷 兩江總督採進本

明謝少南撰少南字與槐上元人嘉靖壬辰進士官至河南布政司參政是集乃其提學廣西時所作詩與文各一卷詩尚不失淸拔文則未之逮也千頃堂書目別載少南河垣稾一卷諭臺稾一卷今未見傳本疑其佚矣

序芳園稾二卷 浙江巡撫採進本

明趙伊撰伊字子衡平湖人嘉靖壬辰進士官至廣西按察司副使是集爲其甥沈懋孝所選附以劉子伯批點其詩時有淸脫之致而醞釀未深

菲泉存稾八卷 浙江汪汝瑮家藏本

明來汝賢撰汝賢字子禹蕭山人嘉靖壬辰進士官至禮部主事是集凡詩二卷文六卷末附許應元所撰墓志及姜寶所撰誣枉記蓋汝賢由丹陽知縣行取入都後同僚譖其受金爲巡按御史所論劾故作此以辯之寶卽汝賢之門人也千頃堂書目載此集作十六卷疑或有續集而佚之至云汝賢字汝禹則汝字傳寫誤耳

洛原遺稾八卷 浙江汪汝瑮家藏本

明白悅撰悅字貞夫武進人嘉靖壬辰進士官至江西按察司僉事悅爲尚書昂之孫家世鼎貴而獨刻意學詩句調華贍神理頗淸視當時襞積者差勝特格律未能變化往往雷同

蔣道林文粹九卷 兩江總督採進本

明蔣信撰信有道林諸集已著錄是集爲其門人姚學閔所編其文不事華藻惟直抒胸臆期於明暢而止蓋信嘗從王守仁於龍場驛後又從湛若水遊所重惟在於講學耳

巾石遺編一卷 江西巡撫採進本

明呂懷撰懷有周易卦變圖傳已著錄據千頃堂書目所著巾石類稾本三十卷是集不知何人所編皆掇拾於殘賸之餘寥寥數篇不成卷帙疑原本散佚此或其子孫所錄存也

閔午塘詩集七卷 浙江巡撫採進本

明閔如霖撰如霖字師望號午塘烏程人嘉靖壬辰進士官至南京禮部尚書是集爲其門人吏部侍郎姚宏謨所編詩多應酬之作雖淸圓而乏骨力古體尤不擅長千頃堂書目載午塘集十六卷殆尙有文集九卷而佚之歟

冰玉堂綴逸稾二卷蘭舟漫稾一卷附二餘詞一卷 浙江孫仰曾家藏本

明陳如綸撰如綸字德宣號午江太倉人嘉靖壬辰進士官至福建布政司參議文集爲其子謙亨等所編初稾本十卷以弗戒於火稾盡亡謙亨捜求殘賸裒爲二卷故題曰綴逸其詩別名蘭舟漫稾爲如綸所自編乃嘉靖甲辰服闋補江西按察司僉事時途中所作其詩餘別名二餘詞亦如綸自編二餘者如綸別號也

包侍御集六卷 江蘇周厚堉家藏本

明包節撰節有陜西行都司志已著錄是編前二卷爲臺中稾官御史時作後四卷爲湟中稾戍莊浪時作二編皆兼載詩文節嘗謂文苑英華集可以續昭明文選因輯苑詩類選三十卷故所作纖麗爲多大抵皆取材於是也

承啟堂稾二十九卷 浙江巡撫採進本

明錢薇撰薇字懋垣海鹽人嘉靖壬辰進士官至禮科給事中隆慶初贈太常寺少卿事蹟具明史本傳是集乃其門人嚴從簡所編凡詩七卷文二十卷附錄誌銘行狀墓表傳誄一卷末一卷則其曾孫嘉徵二疏并行狀誌銘也嘉徵字孚于天啟辛酉副榜貢生官松溪縣知縣嘗劾魏忠賢十大罪其疏爲世所傳云

自知堂集二十四卷 浙江汪汝瑮家藏本

明蔡汝楠撰汝楠有說經劄記已著錄是集詩七卷文十七卷其門人朱炳如所編明史稱汝楠初喜文章從王愼中唐順之高叔嗣顧璘皇甫涍兄弟游中年復好講學與鄒守益羅洪先相善詩格遂漸頹唐頗有壽陵餘子失其故步之譏然汝楠才地本不足肩行王唐諸人亦不盡係於講學之後荒廢吟咏也

涇林集八卷 江蘇周厚堉家藏本

明周復俊撰復俊有東吳名賢記已著錄是集一名六梅館集凡詩三卷雜文五卷其詩皆有楊愼評語據其孫元暐跋蓋愼戍雲南之時與復俊遇於仙村草堂劇談七晝夜因爲評定其詩一梓於蜀中再梓於玉田後編入全集評亦遂仍其舊云

龍谿全集二十卷 兩江總督採進本

明王畿撰畿字汝中號龍谿山陰人嘉靖壬辰進士官至兵部武選司郎中事蹟具明史儒林傳畿

傳王守仁良知之學，而漸失其本旨。如謂虛寂微密，是千聖相傳之祕，從此悟入，乃範圍三教之宗。又謂佛氏所說，本是吾儒大路，是不止陽儒而陰釋矣。故史稱其雜以禪機，亦不自諱。史又載畿嘗言學當致知見性而已，應事有小過，不足累。故在官不免干請，以不謹斥。蓋王學末流之恣肆，實自畿始。明史雖收入儒林傳，而稱士之浮誕不逞者率自名龍谿弟子云云，深著其弊，蓋有由也。是集爲其子應斌、應吉所編，凡語錄八卷，書序雜著記說其九卷，詩一卷，祭文誌狀表傳二卷，其門人蕭良榦刊之，丁賓又爲重鐫，而益以大象義述一卷、傳誌祭文一卷。

龍溪語錄八卷（浙江巡撫採進本）

明王畿撰。是編雖名語錄，實即畿之文集，前有李贄序，謂之龍溪集鈔，蓋又經贄所品定也。合是二人以成此書，則書可知矣。

王侍御集七卷（浙江巡撫採進本）

明王瑛撰。瑛字汝玉，無錫人。嘉靖壬辰進士，官至監察御史。是編爲其子鴻臚寺主簿同穀所刊，蓋歐大任所選定。前二卷爲古體，後五卷爲近體。前有小傳，亦大任所作。末有崔銑兩巡紀行稾跋，一篇。兩巡者，一出理北直隸山東河南馬政，一巡按福建也。集中無此標目，蓋其詩已散入集中，銑跋無所附麗，故綴於後。鄭啟謨序題曰石沙漫稾，亦與此本標題不同，則瑛世居石沙山，初以名集，同敎改題今名也。

少峯草堂詩集一卷（浙江巡撫採進本）

明林應亮撰。應亮字熙載，侯官人。人瑜翁春澤子也。嘉靖壬辰進士，官至戶部右侍郎，總督倉場。是集千頃堂書目作二卷，此本僅一卷，其詩皆沿七子之派。

寒邨集四卷（浙江汪啟淑家藏本）

明蘇志皐撰。志皐字德明，別號寒村，固安人。嘉靖壬辰進士，官至副都御史。此集凡詩二卷，雜文二卷，有汪來後序，稱其尚有巡撫奏議十八卷、譯語書跋恒言各一卷，今並不傳。

東白草堂集四卷（兩江總督採進本）

明顧存仁撰。存仁有太僕寺志，已著錄。是編詩分四集，每集一卷，曰使蜀初編，存仁爲給事中時作。曰居庸內編，曰居庸外編，曰居庸別編，存仁編管保安時作。別編末荅羅太史韻十首，自記作於吳中，蓋當隆慶改元，存仁將起用時也。朱彝尊靜志居詩話稱其建言受杖，起草時鬼近榻前詰旦鴉鳴戶上，無所畏縮，其勁直如是，故其詩亦稱心而談，罕鍛鍊之功云。

期齋集十四卷（江蘇巡撫採進本）

明呂本撰。本字汝立，號南渠，又號期齋，餘姚人。初冒姓李，晚乃歸宗。嘉靖壬辰進士，官至武英殿大學士，謚文安。本在位不久，即遭憂以歸，遂不復出，家居數十年，以亭館花竹之勝擅名一時。是編詩四卷，文十卷，爲其子禮部主事元所編，大抵應酬之作，仍沿臺閣之體。

璞岡集三卷（浙江孫仰曾家藏本）

明馬汝彰撰。汝彰字存美，璞岡其號也，汲縣人。嘉靖壬辰進士，官至雲南右布政使。是編乃汝彰所自編，垂沒之時，其友人陰秉暘欲刻之，汝彰不可。汝彰沒，其嗣子繩祖與其壻阮承謙始刻之，而秉暘爲之序。其始末具載序中。凡文一卷，詩一卷，詩餘一卷，皆不擅長，蓋其友其子其壻均不及汝彰之自知也。

許水部稾三卷（浙江汪汝瑮家藏本）

明許應元撰。應元字子春，錢塘人。嘉靖壬辰進士，官至廣西布政使。是集乃應元官夔州知府時所自刊，以皆官郎署時所作，故仍以水部名集。凡詩一卷，文二卷。

元光漫稾五卷（浙江巡撫採進本）

明李徵撰。徵字誠之，湖廣桃源人。嘉靖壬辰進士，官至布政司參議。歸田後結廬於元光洞，因以名集。其於律詩題曰八句，而不名律詩；於絕句題曰四句，而不名絕句，爲唐宋諸集未見之例。詩多出韻，又不合洪武正韻，亦不知何說也。前序稱六卷，而其書實止五卷，後餘一頁，蓋殘闕之本，故今以五卷著錄焉。

蓋心堂集二卷（浙江范懋柱家天一閣藏本）

明王尙文撰。尙文字賓江，眞定人。嘉靖壬辰武進士，累官福建總兵官，挂征蠻將軍印，都督同知。明萬歷戊寅，廣西桂林柳州苗獞煽亂，馬平獞韋王朋率東甌大產諸蠻攻掠村落，尙文勦平之。是書所載，祗當時奏疏劄啟，附以贈言壽序之類，故標題蓋心堂集，而以征蠻紀略爲子目。然韋王朋與堡兵爭鬬之由，及要挾東甌大產諸蠻事實，書中多不一敘。又十寨先後分合開設事宜、亦未能備載。均不及明史土司傳及廣西通志之詳實。非紀事之書、與紀略之名殊不相應。今從其總名、仍題曰蓋心堂集。存其目於集部、庶不失實焉。

白雲山房集二卷、浙江汪汝瑮家藏本

明高應冕撰。應冕字文中、仁和人。嘉靖甲午舉人。官光州知州。是集序記雜文凡八十七篇。中如游閒公子白雲先生羲皇上人諸傳、虞秦對曹交篇諸文。大抵構虛託喩、游戲筆墨。惟縱囚一辨、差爲有見云。

求志齋言草三十卷、兩淮鹽政採進本

明陳瀚撰。瀚號龍嶽、秀水人。嘉靖甲午舉人。官至廉州府知府。是集兼載詩文、詞頗質實而微嫌鈍置。前有薛僑序、稱所著學論十篇、尤其平日所自得。今在第十七卷中。然皆宋儒所常言、無所闡發也。

孫文恪集二十卷、附錄一卷、兩江總督採進本

明孫陞撰。陞字志高、餘姚人。燧之子也。嘉靖乙未進士。官至南京禮部尚書。是集文十四卷、詩六卷、其子鑨等所編。有與人論詩文書云、李空同步武古人。學李嘗則燕逖入秦、車轍所歷、可循而至。又云、空同與何大復辯論、詆其好詞乖法之失。何氏亦嘗詆李、謂其作疎鹵、閒涉於宋。總之負氣求勝、各不相下。觀於是言、可以知其瓣香所在矣。附錄一卷、乃其繼室楊文儷作。文儷、仁和人。工部員外郎應獬之女。諸子成進士者四人、鑨、鋌、鑛皆至尚書、鋐至太僕寺卿、皆文儷敎之。蓋有明一代以女子而工科舉之文者、文儷一人而已。詩其餘事也。

西野遺稾十四卷、兩江總督採進本

明李璣撰。璣字邦在、號西野、豐城人。嘉靖乙未進士。官至南京禮部尚書。是集前有何鏜序、稱璣文稾多燬於火。仲孫自茂掇拾其僅存者、裒爲五帙授梓。此本多至十四卷、又崇禎中其曾孫九疇所刻也。凡文十卷、詩三卷、雜著一卷。詩中以古體與五言古風分爲二目、殊乖體例。

文肅集二十三卷、兩江總督採進本

明趙貞吉撰。貞吉字孟靜、內江人。嘉靖乙未進士。官至文淵閣大學士。謚文肅。事蹟具明史本傳。是集凡詩六卷、文十七卷。貞吉學以釋氏爲宗。姜寶爲之序曰、今世論學者多陰採二氏之微妙、而陽諱其名。公於此能言之、敢言之、又訟言之、昌言之、而不少避忌。蓋其所見眞、所論當、人固莫得而訾議也。其持論可謂悍矣。

駱兩溪集十四卷、附錄一卷、江蘇周厚堉家藏本

明駱文盛撰。文盛字質甫、武康人。嘉靖乙未進士。官翰林院編修。初、蔡汝柟刻其詩集七卷、并爲之評點。卷首汝柟序卽爲詩集而作。此集益以雜文筆記七卷、蓋楊鶴所續增也。其詩文皆於淺弱之中時有清遠之致。蓋文盛官翰林時、以不附嚴嵩、遂移疾不出。後貧病垂死、有以千金求居閒者、尙力揮之、至沒無以葬。事具吳尙文序及卷末尙文書事中。是其胸次本高、故吐言不俗。特編次者欲取卷帙之富、未能盡翦其榛楛耳。

奚囊蠹餘十八卷、安徽巡撫採進本

明張瀚撰。瀚有臺省疏稾、已著錄。是集賦一卷、詩九卷、記一卷、雜著一卷、墓誌二卷、行狀行略一卷、祭文一卷、書二卷。瀚於萬歷中以忤張居正罷歸、頗著風節。浙江通志稱其善書法、工點染。詩文莊嚴典則、歸之爾雅。然集中酬贈率率、什居六七。雖平正無瑕、而殊少醞釀。其自序謂奔走四方二十餘年、每以一囊自隨。凡所得箭札詩帖、俱納其中。積久蠹蝕、因取其字畫稍全、章句可讀者、錄出成帙、故名曰奚囊蠹餘云。

璉川詩集八卷、浙江汪汝瑮家藏本

明施峻撰。峻字平叔、歸安人。嘉靖乙未進士。官至青州府知府。朱彝尊靜志居詩話謂平叔以七律自詡、然殊不見好。諸體過修邊幅、未免氣餒。是集有顧應祥序、亦謂唐以後詩、音調格律相尙。鍛鍊益工、其氣益弱。亦似微致不滿焉。

陳梧岡集九卷、兩江總督採進本

明陳堯撰。堯字敬甫、號梧岡、南通州人。嘉靖乙未進士。官至刑部左侍郎。明史藝文志載堯文集五卷、詩集三卷。是集乃文二卷、詩二卷、與志不符。然首尾完具、篇次分明、志蓋偶沿千頃堂書目之誤也。其文樸直不支、而微傷太質。其詩又遜於文。

驪山集十四卷、陝西巡撫採進本

明趙統撰。統有杜律意註、已著錄。是集乃楊光訓所編。集中自謂嘉靖丁未、誤罹陷獄、近三十年、多爲詩。萬歷癸酉恤歸、仍歲爲一集。此本凡賦及詩九卷、文一卷、雜著二卷、詩話二卷、總題曰驪山集、似光訓有所刪汰也。前有朱勤美序、稱其命意搜

微多出已見。大都骨力莽蒼、學殖淹博。稍稍融透、莫難厲行歟吉。然則明識其未融透矣、何不悟而猶刊以弁集也。

方山文錄二十二卷、（浙江孫仰曾家藏本）

明薛應旂撰。應旂有四書人物考、已著錄。是集爲應旂所自編。其學初出於邵寶、後從泰和歐陽德、德、姚江派也。又從高陵呂柟。柟、河東派也。故所見出入朱陸之間。然先入爲主、宗良知者居多。集中論學之語、互有醇疵、蓋由於此。至其識勢論中稱黨錮興而漢祉屋、元談盛而晉室傾、清流濁而唐祚移、學禁作而宋舟覆。其初文雅雍容、議論標致、不過起於一二人之獵勝。而其究乃致怨惡沸騰於寰中、干戈相尋於海內、而潰敗不可收拾云云。若於七八十年之前預見講學之亡明者、則篤論也。其文章當李何崛起之時、獨毅然不變於風氣。然應旂以時文擅長、古文特自抒胸臆、惟意所如。故往往輕快有餘、少停蓄深厚之意。如十五卷費文通傳、稱公生成化癸卯三月十四日、距卒六十有六年。初娶裴氏、以產卒。繼娶金谿吳都御史女、復卒。俱贈夫人。五子、長某、次某云云。此誌狀之文、非傳之體、於文格亦多未合。所謂不踐迹亦不入於室者歟。所作史論、如漢武帝、蘇軾諸篇、特爲平允。而漢文帝論中稱賈生不死、文帝終必用之。賈誼論中又稱文帝終不能用之。取快筆端、自相矛盾、亦不可盡據爲典要也。

兩城集二十卷、（山東巡撫採進本）

明靳學顏撰。學顏字子愚、濟寧人。嘉靖乙未進士。官至吏部左侍郎。事蹟具明史本傳。是集前有于若瀛序、稱所著有問存集、兩城集、荒稾、圖志等部。沒後所存僅十之二三。其子需等復裒輯爲詩十四卷、文六卷、即此本也。其詩格律清整、而蹊徑尚存、不脫歷下流派。文則偶然揮灑而已。

嵩陽集、無卷數、（浙江朱彝尊家曝書亭藏本）

明劉繪撰。繪字子素、一字少質、光州人。嘉靖乙未進士。官至重慶府知府。事蹟具明史本傳。是集首賦、次詩、次書、次疏、復以詩賦殿後、而不分卷帙。蓋編次未定、旋作旋刊。明人文集往往多如是也。其詩局度頗宏整、而乏深致。文不加修飾、暢所欲言。如春秋補傳序云、古之註經者務簡、後之註經者務繁。古之註經者務簡而經益明、後之註經者務繁而經益晦。六經之註、莫不皆然、而春秋爲甚。持論頗爲平允。至劾夏言一疏、但以不戴所賜香葉冠激世宗之怒、則非諫臣之體。案明史夏言本傳稱、賜香葉束髮巾、言謂人臣非法服不受。帝積憤欲去言、嚴嵩因得間之。至言得罪下獄、帝猶及前不戴香冠事。據此、則繪是疏或當有所受之歟。

王氏存笥稾二十卷、（江蘇巡撫採進本）

明王維楨撰。維楨字允寧、華州人。嘉靖乙未進士。官至南京國子監祭酒。明史文苑傳附見李夢陽傳中。千頃堂書目載維楨存笥稾二十卷、又全集四十二卷。今全集未見傳本、惟此集存、乃其友餘姚孫陞所編也。前十六卷爲雜文、後四卷爲古今體詩。陞序稱其文法司馬遷、詩法漢魏、近體尤宗杜氏。朱彝尊靜志居詩話則謂七律滯鈍、五言有句無篇。今觀其集、彝尊之論爲允。胡應麟又稱其文矯健勝其詩、亦不盡然。

天山草堂存稾八卷、（浙江巡撫採進本）

明何維柏撰。維柏字喬仲、南海人。嘉靖乙未進士。改庶吉士、授監察御史。坐劾嚴嵩廷杖除名。隆慶初復原官、累遷南京禮部尚書。諡端恪。事蹟具明史本傳。是集文六卷、詩二卷。文集中有講義語錄二種、皆以白沙緒論爲宗。其詩亦多講學語、蓋維柏嘗從陳獻章游也。朱彝尊明詩綜謂其乞休詩云、樂事尚饒新歲月、勝游不改舊雲山。乃侍其父與鄉人爲九老會時所作。今考乞休詩爲萬歷丙子得旨歸老之作。而和其父與九老韻七律二首、則作於嘉靖戊申乃劾嚴嵩後削籍歸里時作。彝尊徵引偶誤、殆亦未見此集歟。

金齋集四卷、（直隸總督採進本）

明宋諸撰。諸字子重、號金齋、故城人。嘉靖乙未進士。官至兗州府知府。是集文三卷、詩一卷、而別以策對書啟之類附入詩後。其歷官條教又標政績一目。體例頗爲糅雜。集中大抵宦游應酬之作。

沈鳳岡集四卷、（山西巡撫採進本）

明沈良才撰。良才字鳳岡、泰州人。嘉靖乙未進士。官至兵部右侍郎。其爲吏科給事中時、嘗疏劾嚴嵩、頗見風采。詩則尚未成家。

陳文岡集二十卷、（內府藏本）

明陳棐撰。棐、鄢陵人。文岡其字也。嘉靖乙未進士。官至甘肅巡撫。是集詩文多率筆。奏疏亦多迂論。

省中稾二卷、二臺稾二卷、歸田稾十卷、（兩淮鹽政採進本）

明許穀撰。穀字仲貽，上元人。嘉靖乙未進士，官至尚寶司卿。二臺稿、歸田稿皆詩集。惟省中稿兼有雜文。詩格頗爽俊，當其合處，時得古人之意。而失於芟擇，多參以應俗之作，遂不免沙中金屑之憾。千頃堂書目載所作尚有武林稿一卷，此本不載，或裝緝者偶佚歟。

徐陽溪集六卷（江西巡撫採進本）

明徐爌撰。爌字文華，後更字本充，號陽溪，奉新人。嘉靖丁酉舉人。嘗館於嚴嵩家。一日嵩與朝官讌，方獻酬，客皆跪受爵，爌遂慨然辭歸。蓋亦知幾之士。較賢於張鰲。平生喜講良知之學，故其文皆質俚，詩亦類擊壤集派。

見滄文集十五卷（浙江巡撫採進本）

明茅瓚撰。瓚字見滄，錢塘人。嘉靖戊戌進士第一。官至吏部左侍郎。是集爲其門人趙應元所編，而其子藉吉校刊之。第一卷爲廷對，第二卷至七卷爲各體詩，八卷以下皆雜文，大抵應俗之作也。

袁文榮詩略二卷（江蘇巡撫採進本）

明袁煒撰。煒字懋中，慈谿人。嘉靖戊戌進士，官至建極殿大學士，謚文榮，事蹟附見明史嚴訥傳。史稱煒才思敏捷，帝半夜出片紙命撰青詞，舉筆立成。遇中外獻瑞，輒極詞頌美。帝畜一猫死，命儒臣撰詞以醮，煒詞有化獅作龍語，帝大喜。其詭詞媚上多類此。時謂李春芳、嚴訥、郭樸及煒爲青詞宰相。又稱煒自負能文，見他人所作，稍不當意，輒肆詆誚。館閣士出其門者，斥辱尤不堪，故人皆畏而惡之。是編首題門人王穉登校，蓋穉登以山人游煒之門也。申時行序稱煒所爲詩甚多，歲久散逸，其孫景祖、景高搜遺草，得若干首，名之曰詩略。案明史藝文志袁煒詩集八卷，是煒別有全集，此其選本，故題曰詩略耳。集中佳句寥寥，不識何以狂傲如是。又兩卷無一應制之作，殆穉登削之耶。

愛吾廬集八卷（江西巡撫採進本）

明徐良傅撰。良傅字子弼，東鄉人。嘉靖戊戌進士，官至吏科給事中。以言事斥爲民。其門人湯顯祖所作傳載其行履頗詳。集凡八卷，詩體略近七子，氣度安雅，而風骨不足以振之。古文則序多至數十篇，而論碑記祭文僅得六篇。第八卷中題曰璚金楊子莊採補，疑本有散佚，而後人掇拾刊行之，非其全也。

崇蘭館集二十卷（浙江汪汝瑮家藏本）

明莫如忠撰。如忠字子良，華亭人。嘉靖戊戌進士，官至浙江布政使，告歸杜門，著書年至八十餘乃卒。明史文苑傳附載董其昌傳中。其詩頗具唐音，五言近體尤多佳句。文則應俗之作居多，惟題跋十餘則頗爲雅令。案如忠精於賞鑒，流傳墨蹟題識最多，此所收猶未盡也。

陳兩湖集三十四卷（江西巡撫採進本）

明陳昌積撰。昌積號兩湖，泰和人。嘉靖戊戌進士，官至尚寶司少卿，兼翰林院學士。嘗手刪其文爲龍津稿，後其子文揚、文振又益以古今體詩，合爲此集。其詩文悉才調富有，而馳騁自喜，細大不捐。

松風軒藏稿八卷（江西巡撫採進本）

明陳昌積撰。此集千頃堂書目不著錄，蓋其初刻未定之本也。

已寬堂集四卷（浙江孫仰曾家藏本）

明陳塈撰。塈字子兼，號兩泉，吳縣人。自署曰潁川，從郡望也。嘉靖戊戌進士，官至四川提學副使，署布政使。是集所載詩，自嘉靖壬辰至萬歷乙亥，計四十四年之作，篇什雖多，頗傷蕪雜。前有岷王定燿序，言其子出己寬堂詩文二編，而此帙有詩無文，蓋不全之本也。然千頃堂書目已作四卷，則文集之佚久矣。

錢永州集八卷（兩淮鹽政採進本）

明錢芹撰。芹字懋文，號泮泉，海鹽人，琦之次子也。嘉靖戊戌進士，官至永州府知府，故以永州名集。首列奏疏二卷，頗切當時利弊，其斥異端一條，蓋爲陶仲文而發也。惟其學出自湛若水，後乃改從王守仁，故於姚江一派推挹頗深，持論不無少偏云。

華陽漫稿十四卷（浙江汪汝瑮家藏本）

明章煥撰。煥有平倭四疏，已著錄。其官總督南京倉儲副都御史時，以赴任遲延，言者劾其忌慢君命，逮治謫戍廣東。卷中題羅浮山人，蓋在粵時所自號也。集爲其子德基所編，凡奏疏四卷，雜文九卷，詩一卷，而以德基從戍時賦詩百餘首附於末。

天目山齋歲編二十四卷（浙江汪汝瑮家藏本）

明吳維嶽撰。維嶽字峻伯，孝豐人。嘉靖戊戌進士，官至右都御史，巡撫貴州。明史文苑傳附見王世貞傳中，爲嘉靖廣五子之一。是集皆其讀書天目山時吟詠倡和之作，分年編次，起嘉靖己亥，訖壬戌。朱彝尊靜志居詩話謂峻伯詩如鉛刀土花，不堪洒削，雖詆之太過，然覆核斯集，其論亦非無因也。

白華樓藏稾十一卷、續稾十五卷、吟稾八卷、玉芝山房稾二十二卷、耄年錄七卷（浙江巡撫採進本）

明茅坤撰。坤有徐海本末，已著錄。是編藏稾、續稾皆其雜著之文，吟稾則皆詩也。玉芝山房稾文十六卷、詩六卷，耄年錄則詩文雜編，不復分類。坤刻意摹司馬遷、歐陽修之文，喜跌宕激射。所選史記鈔、八家文鈔、歐陽史鈔，即其生平之宗旨。然根柢少薄，摹擬有迹。秦漢文之有窠臼，自李夢陽始；唐宋文之亦有窠臼，則自坤始。故施於制義則爲別調獨彈，而古文之品終不能與唐順之、歸有光諸人抗顏而行也。至耄年錄則精力既衰，頹唐自放，益非復壯盛之時刻意爲文之舊矣。

大拙堂集九卷（浙江巡撫採進本）

明楊載鳴撰。載鳴字虛嗣，泰和人，嘉靖戊戌進士，官至通政使。是集前六卷爲雜文，後二卷爲詩，末一卷爲雜著。載鳴爲楊士奇之裔，士奇泰和人，嘉靖戊戌題名碑錄亦作泰和人，而卷首稱廬陵楊載鳴，蓋署古郡名也。

大司空遺稾十卷（浙江巡撫採進本）

明陳紹儒撰。紹儒字師孔，南海人，嘉靖戊戌進士，官至南京工部尚書。是集文八卷、詩二卷。詩皆嘉靖四十年以後至萬歷八年以前之作。其文有意刻畫韓、柳，而往往失之粗率；詩則音調諧美，亦學唐格而過於摹擬者也。

讓溪甲集四卷、乙集十卷（浙江孫仰曾家藏本）

明游震得撰。震得字汝潛，婺源人，嘉靖戊戌進士，授行人，擢監察御史，以疏諫世宗好方士，廷杖謫外，後官至左副都御史，巡撫福建，以興化失守罷歸，再起督轄南京糧儲。震得少與歐陽德、鄒守益諸人游，故頗講姚江之學，然與王畿書，多所規正，猶異於末派之狂禪。興化之役，由指揮歐陽深孤軍戰沒，震得封疆大臣，不能不爲法受惡。且所薦譚綸、劉顯、戚繼光諸人，卒皆有所建立，故論者或恕焉。是集其所手定，甲集四卷皆講學之語，乙集十卷則詩文雜著也。

鷄土集六卷（直隸總督採進本）

明劉乾撰。乾字仲坤，號易菴，保定人，嘉靖戊戌進士，官國子監丞。是集詩詞二卷，賦記雜文四卷。其以鷄土命名者，自序爲夢入太極宮見玉鷄，以爲文章之兆。其說頗荒唐不經，詩文亦不入格。而夢上天詩、夢戚賦、紀夢文諸篇，乃屢屢見之集中，何其好說夢歟。

青峯存集十二卷（江西巡撫採進本）

明江柏撰。柏字廷節，號青峯，浮梁人，嘉靖戊戌進士，官至光祿寺卿。其文氣度恬雅，無剽竊摹擬之病，而微嫌其弱。詩亦學宋格而未成，蓋不囿於李、何之門徑，而其力又不足以勝之也。集爲其姪思聰所刻。第一卷爲表論，第二卷爲詩歌、樂府、詞，三卷以下皆雜文。編次殊爲錯亂。思聰序稱柏歷官廣、浙，正當海寇猖獗之時，經略海防，不啻數萬言。居常自謂應酬文字，雖蒙士大夫許可，不過空言。此則身當其事，曲中機宜，異時修海防者，吾言恐不可廢。謄寫成帙，以呈大參王公及巡海林公，未及領回，此後無緣復取云云。則此集所存，原非柏愜意之作矣。

同春堂遺稾四卷（江蘇巡撫採進本）

明劉熠撰。熠字元麗，海鹽人，嘉靖庚子舉人，官至監察御史。是集乃崇禎丁丑其曾孫江南布政司參政泓所編。

國朝順治中，其元孫維棟始刻之。詞語皆非所長，古文亦不入格。

泌園集三十七卷（浙江孫仰曾家藏本）

明董份撰。份字用均，泌園其號也，烏程人，嘉靖辛丑進士，官至禮部尚書兼翰林學士。是集爲其孫嗣茂所編，凡詩七卷、文三十卷。

嚴文靖公集十二卷（浙江汪啟淑家藏本）

明嚴訥撰。訥有春秋國華，已著錄。明史訥本傳稱訥入直西苑，所撰青詞皆稱旨。然文格未能拔俗，集中亦大抵應酬之作。末附詩四十六首，朱彝尊錄其對月一首於明詩綜，與此本頗有異同，殆有所點竄歟。

高文襄公集四十四卷（安徽巡撫採進本）

明高拱撰。拱有春秋正旨，已著錄。是編分外制集一卷、綸扉內稾一卷、外稾一卷、獻忱集二卷、政府書答二卷、掌銓題稾十四卷、南宮奏牘二卷、防邊紀事一卷、伏戎紀事一卷、綏廣紀事一卷、程士集二卷、本語三卷、春秋正旨一卷、大學直講一卷、中庸直講一卷、論語直講三卷、問辨錄五卷、病榻遺言二卷。每類前各有題詞。明史藝文志作獻忱集五卷。詩文集四十四卷。今獻忱集卽在卷內。而四十四卷中有文無詩。殊不可解。又別本四十二冊。無卷數。以問辯錄居首。內多土蠻紀事靖夷紀事二種。餘皆相同。疑爲初刻之本也。

玉堂公草十卷（副都御史黃登賢家藏本）

明高拱撰。是編首載大學講義一卷。中庸講義一卷。論語講義三卷。皆嘉靖閒藩邸所講。次爲程士錄二卷。載嘉靖戊午及乙丑鄉會錄序及所撰程文。三場皆備。獨無易經文。未喻其故。後爲獻忱集二卷。皆辭謝稱賀諸表奏。次爲綸扉稾一卷。則在政府時作也。皆已見全集。此蓋初刻之本。故綸扉外稾不與焉。

外制集一卷（安徽巡撫採進本）

明高拱撰。嘉靖乙巳。世宗令輔臣舉編修二人檢討三人於中祕撰文官誥敕。拱時在列。是編乃其代言之稾也。前有自序。稱掌誥敕者初以閣學或翰詹掌貳。後乃屬之兩院供事官。至是始復翰林之舊云。

政府書荅四卷（河南巡撫採進本）

明高拱撰。皆錄其爲首輔時與各省文武大僚尺牘。分庚午防秋款虜北邊捷宣東寨安綏廣東蠻服貴番各省應荅調處徐府等七目。其文大都爲籌酌時政而發。至徐階一事。則全爲自明心迹而設矣。

萬子迂談八卷（江西巡撫採進本）

明萬衣撰。衣字章甫。潯陽人。嘉靖辛丑進士。官至河南左布政使。是集內編一卷。通論天地造化之理及古今人事之變。諸經劄記二卷。上卷專解五經之義。多雜採先儒之說。如論朱子詩集傳一條。本之王應麟。論淫詩一條。本之王柏。論春秋策書之例十有五。而筆削之義有八一條。本之趙汸者不一而足。然謂六經皆厄於傳疏。其宗旨未免偏僻。下卷專論律呂。其云十分爲寸。則三分損益之法不可行。以之規西山之誤。則頗爲明確。其迂談外篇一卷。雜論兵制屯鹽等事。又文三卷。詩一卷。書啟一卷。皆不過直抒胸臆。不復計其工拙矣。

履菴集十二卷（浙江巡撫採進本）

明萬士和撰。士和字思節。宜興人。嘉靖辛丑進士。官至禮部尚書。諡文恭。事蹟具明史本傳。是集凡詩詞三卷。雜文九卷。其官江西貴州湖廣山東以至爲宗伯時事蹟。頗散見於其中。然過任自然。罕鑄詞之功。蓋士和受業唐順之。能不染七子雕繪之習。而殫心吏事。又未能竟其業也。

瞿文懿制敕稾一卷制科集四卷詩文集十六卷（兩淮馬裕家藏本）

明瞿景淳撰。景淳字師道。號昆湖。常熟人。嘉靖甲辰進士。官至南京吏部右侍郎。事蹟具明史本傳。是集爲其子汝稷所編。首卷制稾十一篇。敕稾二十七篇。蓋卽明史藝文志所謂瞿景淳內制集也。其制科集四卷。皆應試策論諸作。詩文集十六卷。則文居其十五卷。詩賦一卷。特附見備體而已。景淳潔介自持。史載其與嚴嵩論胡宗憲。及不撰陸炳妻誥詞。皆觸忤權姦。無所憚畏。其制義亦名一時。至今有王唐瞿薛之稱。古文則非所擅長也。

石龍菴詩草四卷附刻二卷（浙江孫仰曾家藏本）

明徐學詩撰。學詩字以言。別號龍川。上虞人。嘉靖甲辰進士。授刑部主事。遷郎中。以劾嚴嵩父子罷職。隆慶初。起南京通政司參議。未上而卒。贈大理寺少卿。學詩不以詩名。而所作音節頗清亮。蓋嘗與李攀龍相贈荅。故流派與之相近。稾多闕字。邑人黃之璧爲補入。以圈別之。後二卷則附刻劾嵩疏稾及傳略諸篇。

山帶閣集三十三卷（浙江孫仰曾家藏本）

明朱曰藩撰。曰藩字子价。號射陂。寶應人。雲南布政司參政應登之子。嘉靖甲辰進士。官至九江府知府。是集詩十五卷。雜文十八卷。應登詩倣李夢陽。曰藩則法楊慎。嘗因所知通訊滇南。慎爲選其詩七十餘首。品題之。其在金陵。懸慎畫像於寓齋。集中有八日瞻禮升菴公像詩是也。然其詩穠麗僅得慎之一體。王世貞藝苑卮言謂其如高座道人。忽作番語。則詆之太甚矣。

石室祕鈔五卷（福建巡撫採進本）

明魏文焲撰。文焲字德章。侯官人。嘉靖甲辰進士。官至廣西按察司使。是集初刊於萬歷丙戌。崇禎庚午其孫定海知縣汝爲又重刊之。凡雜著二卷。皆讀書論古之作。其中如駁方孝孺之疑子華子。則未覩晁公武及朱子說。謂王充假蔡邕以自重。則未考充爲肅宗時人。不免疎舛。第三卷爲詩。五卷六卷爲雜文。中征支羅記征龍洲記松潘備兵本末。敘其戰功頗詳。福州道山下有朱子所書石

室淸隱字文㛮家近山麓遂以名其集云

白雪樓詩集十卷（江蘇周厚堉家藏本）

明李攀龍撰攀龍有詩學事類已著錄此集刻於嘉靖癸亥猶在滄溟集之前前有魏裳序又有擬古樂府序二篇一爲歷城許邦才撰一爲攀龍自序蓋當時特以樂府相誇然而後來受詬厲者亦惟樂府最甚焉

李滄溟集選四卷（浙江巡撫採進本）

明李攀龍撰宋光庭所選光庭莆田人始末未詳王李二家皆以詩擅長文則不逮詩遠甚攀龍之文尤不逮王世貞光庭乃獨選其文可謂不善持擇矣每卷之首皆題曰補註李滄溟集而書實無註亦不可解

敬所文集三十卷（江蘇巡撫採進本）

明王宗沐撰宗沐有海運詳考已著錄此集自一卷至十卷爲序頌書啓曰內編十一卷至二十卷爲詩論碑賦說傳書後約策問祭文行狀銘誌講義曰別編二十一卷至三十卷爲奏疏雜著文移曰外編明史藝文志載宗沐奏疏四卷文集三十卷此本止三十卷而奏疏在焉卷首題門人張位選集然則史所載者其全集此爲位所編定歟抑其奏疏又有集外別行之本史並載之也

師暇哀言十二卷（浙江孫仰曾家藏本）

明吳桂芳撰桂芳字子實新建人嘉靖甲辰進士官至工部尚書事蹟具明史本傳是集乃其總督兩廣時所自編時方禦倭故題曰師暇哀言其文平正通達無鉤章棘句之習而亦無警策蓋猶浴臺閣舊體詩力摹唐調亦頗宏敞而有學步太甚者如陳子昂有王師非樂戰之子愼佳兵句桂芳送張玉亭慮囚淮上襲用其調曰王仁非好殺之子愼祥刑非所謂擬議變化之道也

五鵲別集二卷（直隸總督採進本）

明盧宁撰宁字獻子號冠巖南海人嘉靖甲辰進士官至登州府知府宁受業黃佐之門佐樂典序卽所作也是集乃其官南京刑部時講學新泉精舍其門人程子明所刻及守登州所屬黃縣知縣劉珙又重刻之以宁先有五鵲臺集故此以別集名凡詩一卷文一卷皆湊泊成篇不能入格

崇質堂集二十卷（江西巡撫採進本）

明李萬實撰萬實字少虛南豐人嘉靖甲辰進士官至浙江按察司副使其爲給事中時嘗疏論權璫改官蓋亦骨鯁之士是集凡詩九卷文十一卷江西通志稱所作奏疏別名恬仕錄徐龍川序而此集末亦載有奏疏三篇蓋其初別本單行後又編入集中也萬實傳姚江之說其文體平正不事錘鍊猶講學家之格其詩頗學韋柳意取淸妍雖風骨未就而姿致可觀則其天分之高也

小海存稾八卷（兩江總督採進本）

明馮觀撰觀字晉叔別號小海海寧人嘉靖甲辰進士官至廣東按察司副使是集詩三卷文五卷乃其子有翼所編張瀚序稱其簡易明暢不假雕琢頗非溢美然才地頗弱未足名家集中有庚戌言兵事書乃觀爲兵部郞時所作以上丁汝夔者中有請就京城外土城遺址增築外羅城以備不虞一條其後竟築外城說者謂功成於許論而不知觀已發其端也

太乙詩集五卷（陝西巡撫採進本）

明張鍊撰鍊字伯純武功人嘉靖甲辰進士官至湖南按察司僉事其集曰太乙者太乙山名在武功王維所謂太乙近天都也鍊以自號因以名集其詩源出長慶而更加率易如云一種勳庸一代賢蓋聲滿路勢熏天憑君回首寰中事若箇豪華過百年之類殊不類詩格至如能使機衡在我從他造物弄人等句則愈涉俗矣

無聞堂稾十七卷（浙江孫仰曾家藏本）

明趙釴撰釴有古今原始已著錄是集凡文十二卷詩五卷乃其子鴻賜所編林樹聲爲作墓誌稱其幾希圖說闡方士論講學諸說皆關明理道發前人所未發今惟幾希圖說見集中餘皆不載盛汝謙爲作行狀載自祭文一篇集中亦不載蓋亦簡汰而存者也釴學出姚江主良知之說文頗磊落自喜而亦微近七子之派

郭東山文集七卷詩集二卷（江蘇巡撫採進本）

明郭文周撰文周字景復號東山福安人嘉靖甲辰進士官至監察御史巡按廣東其文集多應酬之作詩分前後二卷前卷爲南臺稾後卷爲菊邊閒譚集解組稾

百川集十二卷（浙江巡撫採進本）

明孫樓撰樓字子虛常熟人嘉靖丙午舉人官湖州府推官工於制義與胡友信瞿景淳等相上下詩古文則非專門也

貽安堂集十卷 兩江總督採進本

明李春芳撰。春芳字子實，號石麓，福建興化人。嘉靖丁未進士第一，官至中極殿大學士，謚文定。事蹟具明史本傳。春芳與嚴訥、郭樸、袁煒同有青詞宰相之目，史具載於袁煒傳中。然所作皆不傳。是集爲其子茂材所編，疏表序記之文居多，詩則不滿一卷。李戴、于愼行、朱賡、李維楨爲之序，皆謂春芳不規規以文墨見長，是以其存草僅如此云。

太岳集四十六卷 浙江巡撫採進本

明張居正撰。居正有書經直解，已著錄。神宗初年居正獨持國柄，後毀譽不一，迄無定評。要其振作有爲之功與威福自擅之罪，俱不能相掩。至文章本非所長，集中奏疏啟劄最多，皆在廟堂時論事之作，往往縱筆而成，未嘗有所鍛鍊也。

餘淸堂稾三十二卷 江蘇周厚堉家藏本

明汪鏜撰。鏜字遠峯，鄞縣人。嘉靖丁未進士，官至禮部尚書，掌詹事府，兼翰林院學士。是集詩八卷，文二十四卷。考千頃堂書目，鏜有餘淸堂稾十二卷，今未見其本。又有餘淸堂定稾三十二卷，卽此編也。

念初堂稾四卷續集二卷 兩淮馬裕家藏本

明陳嘉謨撰。嘉謨，廬陵人。嘉靖丁未進士，官至四川按察司副使。隆慶庚午移疾歸，召爲湖廣布政司左參政，不起，優游林下以終。其詩起於嘉靖丁未，終於萬歷癸卯，往來仕宦者二十三年，而閒居者三十三年，故多自適之言。序引邵子擊壤集自擬，而詩中屢引陳獻章語，其旨趣可知也。

友慶堂合稾七卷 江西巡撫採進本

明王時槐撰。時槐有廣仁類編，已著錄。是集凡書二卷，序記傳墓誌一卷，語錄一卷，說跋及石經大學略義一卷，雜著詩詞一卷。詩詞不多作，亦非所長，文皆講學之語，而兼出入於老莊之間，明季所謂心學者也。其石經大學略義，自云出於賈逵，而表章於鄭曉，且稱王守仁大學古本一依註疏之舊，味其文字旨趣，亦未甚瑩，似不無錯簡云云。不知鄭曉所傳乃豐坊之僞本，諸儒考證已明，誦妄舉謬，時槐更噓其殘燼，誤之甚矣。

周叔夜集十一卷 浙江孫仰曾家藏本

明周思兼撰。思兼有學道記言，已著錄。思兼以循吏著，然史稱其少有文名。是集爲王世貞所刪定，文頗學三蘇，詩則七子之流派也。

鳳洲筆記二十四卷續集四卷後集四卷 兩淮鹽政採進本

明王世貞撰。世貞有弇山堂別集，已著錄。是集乃隆慶己巳黃美中所編，前有美中序，稱世貞著作不能盡見，會從其姪孫少川子得此集，因編刻以公天下。蓋當時摘選之本也。然命詩文曰筆記，其稱名可謂不倫矣。

弇州稾選十六卷 兩淮鹽政採進本

明王世貞撰，沈一貫選。一貫有易學，已著錄。世貞才大學博，自謂靡所不有，方成大家，故其正續四部稾頗傷蕪雜。晚年悔其少作，而未及手自刪定。一貫是編，別裁澄汰，意在擷其菁華，而宗旨所歸，仍尊秦漢而薄唐宋，終未能棄短取長也。

文恪集二十二卷 兩淮鹽政採進本

明林燫撰。燫字貞恆，閩縣人。嘉靖丁未進士，官至南京禮部尚書，謚文恪。事蹟附見明史林瀚傳。是集詩六卷，文十六卷，末附王世貞、王穉登所撰傳二篇。千頃堂書目載林燫學士文集十六卷、詩集六卷，集名不同，然卷數皆相合，蓋卽此本。疑燫沒後重刻，改題其謚也。

三洲詩膾八卷 浙江孫仰曾家藏本

明沈淮撰。淮字澂伯，仁和人。嘉靖丁未進士。是集前後無序跋，亦無目錄，其完闕不可考。詩則體格尙未成就，累句亦多。

金輿山房稾十四卷 江蘇巡撫採進本

明殷士儋撰。士儋字正夫，號棠川，歷城人。嘉靖丁未進士，官至武英殿大學士，謚文莊。事蹟附見明史趙貞吉傳。是集爲其門人于愼行所編，凡詩頌二卷，文十一卷，講義一卷。士儋與李攀龍游，今觀其詩文，蓋直以鄉曲之誼相周旋耳，其投契不在文章也。

道峯集六卷 浙江汪汝瑮家藏本

明章適撰。適字景南，道峯其號也，蘭谿人。嘉靖丁未進士，官至禮科給事中。以疏請景裕二王出閣講讀，忤旨告歸。是集乃適沒之後其鄉人所刊，凡詩五卷，雜著一卷。而奏疏一篇冠於首，蓋當時以此一事重之也。詩頗娟雅，而醞釀不深。王世貞序稱其在陶韋之閒，則過矣。

彭比部集八卷 浙江巡撫採進本

明彭輅撰。輅字子殷，海鹽人。嘉靖丁未進士，官南京刑部主事，以察典罷歸。集爲其子潤宏所編。焦

竑稱其於七子盛時意氣高簡不少貶以就俗今觀集中多與王世貞酬荅之作體格亦近七子竑所言不盡然也

華陽館文集十七卷續集二卷江西巡撫採進本

明宋儀望撰儀望字望之永豐人嘉靖丁未進士授吳縣知縣徵拜御史以劾胡宗憲阮鶚忤嚴嵩貶夷陵州判歷擢霸州兵備僉事後官至大理寺卿卒以忤張居正被劾歸事蹟具明史本傳儀望少師聶豹故其學以王守仁為宗集中如刻陽明文集文粹等序足以見其大旨其從祀或問亦即為守仁配享事作故史稱守仁從祀儀望有力焉其集凡文十二卷詩五卷續集第一卷題曰內篇即從祀或問第二卷則其督學福建時訓飭士子條規其文本名華陽館集其詩則別名河東集此本合為一編總題曰華陽館文集殆其後人所併歟

華陽文集十二卷浙江汪汝瑮家藏本

明宋儀望撰千頃堂書目載華陽館文集十二卷又詩集十四卷此集皆其雜文卷數亦相合蓋猶儀望之原本惟許宗魯張獻翼諸人所作詩集序皆附錄集末未喻何故或裒輯者誤歟然重編之本僅有詩五卷則十四卷之本久佚矣又疑以諸序無所附麗故綴之文集末也

太函集一百二十卷安徽巡撫採進本

明汪道昆撰道昆有五車霏玉已著錄是編刻於萬歷辛卯凡文一百六卷詩十四卷卷首有自序及目錄六卷道昆名在後五子中最高自標置因樹屋書影曰廣陵陸弼記嘉靖間汪伯玉以襄陽守遷臬副丹陽姜寶以翰林出提學四川道經楚省三人會飲於黃鶴樓伯玉舉杯大言曰蜀人如蘇軾者文章一字不通當以劣等處之衆皆瞪眄云云其狂誕殊甚然文章實皆偽體沈德符敝帚軒剩語云王李初起道昆尚未得與其列後以張居正心膂驟貴其副墨行世暴得時名世貞力引之世遂稱元美伯玉汪文刻意摹古時援古語以證今事往往扞格不暢其病大抵與歷下同世貞晚年甚不服之嘗云予心服江陵之功而不敢言以世所曹惡也予心誹太函之文而不敢言以世所曹好也無奈此二屈事何云云其論頗為切中德符又稱張居正父七十世貞道昆俱有幛詞世貞刻集中六七年居正敗遂削去道昆垂沒自刻全集在居正身後十年而全載此文不竄去一字稍存雅道云云今案封柱國少師張公七十壽序一首見此集第十二卷中則德符之言為信然以居正父為衆父父至比之於蓍蔡之不言究不可以為訓也

副墨五卷內府藏本

明汪道昆撰是集刻於太函集之前千頃堂書目載作二十四卷此本五卷殆非完帙又載道昆尙有太函遺書二卷今亦未見傳本

汪次公集十二卷浙江汪汝瑮家藏本

明汪道貫撰道貫字仲淹休寧人道昆弟也其名因道昆而著故李維楨作序以王世懋為比然道昆固不及世貞道貫才力亦不及世懋也

江右詩稾二卷浙江汪汝瑮家藏本

明李先芳撰先芳有讀書私記已著錄宋弼山左明詩鈔稱其有李氏山房詩錄不著卷數邢侗來禽館集有先芳行狀稱所著東岱山房稾三十卷此集總題為東岱山房詩錄而子目則作江右詩稾蓋其集中之一種嘉靖戊申知新喻縣時作也嘉隆詩社先芳首倡厥後王李踵興遂擯斥先芳不與七子之列雖以先芳憤激乃收之廣五子中于慎行稱其詩與李攀龍異曲同工邢侗亦稱歷下名愈高濮陽苦為所掩然修戈待構未嘗一日忘于鱗今觀其詩才力實出攀龍下慎行等以鄉曲情均不欲分左右袒耳明末攻七子者遂欲以躋攀龍之上非篤論也

李氏山房詩選六卷江蘇周厚堉家藏本

明李先芳撰此本乃皇甫汸所選分體編次亦間有評語蓋非其全集也

欽定四庫全書總目卷一百七十七

欽定四庫全書總目卷一百七十八

集部三十一

別集類存目五

北虞先生遺文八卷（安徽巡撫採進本）

明邵圭潔撰。圭潔字伯如，一字茂齊，號北虞，常熟人。嘉靖己酉舉人。其詩妥適而乏警策。惟散文筆力頗縱宕，然史論諸篇縱橫曼衍，已啟後來顧大韶等之風。是集爲其子兵部主事曈所編。分爲二帙。前一帙凡六卷，繕寫多脫誤。後一帙凡二卷，與前帙閒有重複，豈編次未定之本歟。

平山文集八卷詩集八卷（直隸總督採進本）

明何濤撰。濤字仲平，江西廣昌人。嘉靖己酉舉人。據集中所言，蓋嘗官於安慶，不知爲安慶何官也。詩文皆率其所欲言。詩集第五卷有讀白集卒業一首，可以知其宗尚矣。

子威集三十二卷（兩淮馬裕家藏本）

明劉鳳撰。鳳有續吳中先賢贊，已著錄。其文皆僻字奧句，尤澀體之餖飣者。江左脞談載劉侍御子威好爲詰屈聱牙之文，吳人推服之，無敢後。袁卜士景休字孟逸，每向人抉摘其字句鉤棘，文義紕繆者以爲姍笑。子威聞之怒，訴於邑尉，攝而笞之。尉數之曰：若復敢姍笑劉侍御文章耶？景休仰而對曰：民寧再受笞數十，終不能改口沓舌妄譽劉侍御也。是亦可資笑噱者矣。

素園存稾十八卷（浙江巡撫採進本）

明方宏靜撰。宏靜字定之，歙縣人。嘉靖庚戌進士。朱彝尊明詩綜載其官至南京戶部右侍郎。千頃堂書目亦同。江南通志則載其奉使入浙，擊水寨寇，論功當敘，中蜚語歸，卒贈工部尚書。據集內山中稾小序，稱自撫浙待命凡十載，自留京歸田經廿載。集向高序亦云然。是宏靜實自南京罷歸，通志所記偶誤也。是集目錄祇十六卷，而書實十八卷。其目錄之次序前後參互，亦與卷內不合，皆校刊之疎漏。又千頃堂書目載是集作二十卷，殆初刻十六卷，後增至十八卷，又增至二十卷，而目則未改歟。

雲山堂集六卷（浙江孫仰曾家藏本）

明魏裳撰。裳字順甫，蒲圻人。嘉靖庚戌進士，官至濟南府知府。明史文苑傳附載王世貞傳中。是集前三卷皆詩，後三卷爲雜文。當嘉隆之際，李攀龍、王世貞方負盛名，而裳與南昌余曰德德甫、銅梁張佳允肖甫、新蔡張九一助甫，實左右之。當時稱爲四甫。裳才地稍弱，尤爲墨守不變。集首佳允序，謂其文非左國兩司馬，詩非建安大歷則不以寓目。此即其力持王李餘論之證。故世貞藝苑卮言亦稱其不失門宗云。

大雅堂摘稾（無卷數，江西巡撫採進本）

明況叔祺撰。叔祺有考古詞綜，已著錄。是集千頃堂書目不載。江西通志亦稱是時王李之學盛行，有後五子、廣五子等目，而不及叔祺。大雅堂集世亦罕有傳者，則明代已不行於世矣。此本題云摘稾，則尚非叔祺之全集。詩止近體，無古體，叔祺尤不應若是之陋。或選錄者不諳古體，惟取其所能解耶。

居來山房集六十五卷（江蘇巡撫採進本）

明張佳允撰。佳允字肖甫，銅梁人。初號孏山，以其家在居來兩山之閒，更號居來山人。（案居來一作崌崍，蓋字之別體。）嘉靖庚戌進士，官至兵部尚書、總督薊遼。事蹟具明史本傳。佳允爲郎時，與王世貞諸人相酬和。七子仕宦多不達，而佳允鎮雄邊，定大變，以功名始終。論者謂其詩文才氣縱橫，而頗乏深致。蓋雄心大略，不耐研思於字句閒也。是集賦一卷，詩二十八卷，雜文三十五卷，末一卷附錄行狀墓誌，後又載同時諸人所作序記等文十一篇。

天目山堂集二十卷附錄一卷（兩淮鹽政採進本）

明徐中行撰。中行字子與，號龍灣，長興人。讀書天目山下，故自稱天目山人。嘉靖庚戌進士，官至江西左布政使。明史文苑傳附見李攀龍傳中。中行爲後七子之一。王世貞藝苑卮言亟稱之，以爲左準右繩，靡所不合。胡應麟詩藪則惜其少深沈之致。陳子龍明詩選復有摹古太似之譏。是非恩怨，輾轉相爭。要之，或褒或貶，各有所當，合而觀之，則中行之定評出矣。雜文亦有意矯揉，頗失渾雅。蓋當時風尚，七子同一軌轍，非如是不能預壇坫也。

青蘿館詩六卷（兩江總督採進本）

明徐中行撰。是集乃隆慶中其壻汪時元所刻。其守汝寧以後之詩，居三分之一。汰其古文，又汰其少作，較前集爲精簡。然中行於北地之學漸染既深，時元能刪其枝蔓，不能變其根柢也。

余德甫集十四卷（江蘇周厚堉家藏本）

明余曰德撰。曰德初名應舉，字德甫，南昌人。嘉靖庚戌進士，官至福建按察司副使。明史文苑傳附見王世貞傳中。與魏裳、汪道昆、張佳允、張九一所謂嘉靖後五子也。世貞稱其詩古近體無所不佳，近體獨超。近體五七言無所不超，七言獨妙。靜志居詩話則謂其詩尚未見門戶，元美冠諸後五子之首，未免阿其所好。今觀是集，彝尊所論公矣。

豐陽集十二卷（浙江巡撫採進本）

明馮皐謨撰。皐謨字明卿，海鹽人。嘉靖庚戌進士，官至福建布政司參政。是集凡詩四卷，文八卷。皐謨在粵平大盜張璉，擊敗倭寇，皆有功。又創議立條鞭投櫃之法，至今稱便。其經濟頗可觀，而詩文則但有浮聲，殊乏切響。許聞造行狀稱皐謨官刑部時，與梁有譽、宗臣、吳國倫、徐中行相善，切劘爲詩，故其趨向亦相近云。

采薇集四卷、幽貞集二卷、邕歈集六卷（兩江總督採進本）

明董傳策撰。傳策有奏疏輯略，已著錄。此三集乃傳策以嘉靖戊午遣戍，至隆慶丁卯召還，前後十年之詩也。采薇集爲四言樂府歌行絕句等體，幽貞集爲五言古體，邕歈集爲七言律體。詩多激烈如其爲人。案千頃堂書目，采薇集作十四卷，幽貞集作十一卷，邕歈集作七卷，與此互異。明人集多隨作隨刊，卷帙無定，未知爲此本不完，或黃虞稷誤載。又有鄜然子稾二卷、遼廣稾七卷，此本不載，殆偶佚矣。

甗甀洞稾五十四卷、續稾二十七卷（山東巡撫採進本）

明吳國倫撰。國倫有陳張本末略，已著錄。初，國倫爲兵科給事中時，以倡衆賻楊繼盛忤嚴嵩，左遷。世稱其義。在後七子中最爲老壽。初與王世貞、李攀龍唱和，後與李維楨、汪道昆輩狎主詩盟，其著述頗富。然在當時，胡元瑞作詩藪，已譏其用句多同，一篇而外，不耐多讀。

國朝朱彝尊靜志居詩話亦謂王、李既歿，甗甀幾與四部爭富，而海內之爲貞詩者，寔則文章不逮其行誼矣。此甗甀洞稾，國倫所手定；續稾則其子士良所校刊。明史藝文志此二集外，又載其詩稾十五卷，今未之見，意其散佚歟。

蘇山集二十卷（兩淮鹽政採進本）

明陳柏撰。柏字子堅，一字憲卿，沔陽人。嘉靖庚戌進士，官至井陘兵備副使。是集凡詩十卷，文十卷。詩頗宕逸有姿，而失於薄弱。文又不及其詩。千頃堂書目別載柏見南山集八卷，不載此集，殆偶未見歟。

蘇山選集七卷（浙江巡撫採進本）

明陳柏撰。是集爲莆田黃謙所選定，凡詩四卷，文三卷。千頃堂書目作五卷，傳寫誤也。

小漁遺稾十二卷（浙江巡撫採進本）

明唐汝楫撰。汝楫字思濟，蘭谿人。吏部尚書龍之子。龍號漁石，故汝楫自號小漁。嘉靖庚戌進士第一，官至左春坊左諭德。事蹟附見明史龍傳。史稱龍與嚴嵩相善，汝楫又以素附嵩得第一人及第，後坐嵩黨奪官。則其人不足重，其文章亦不爲世所稱。是集爲萬歷乙卯蘭谿知縣莊起元所編，皆應俗之文。起元稱其著作甚夥，散佚不傳，僅從其孫宗本、曾孫明照索得殘稾，就而編次云。

春明稾十四卷（浙江汪汝瑮家藏本）

明徐學謨撰。學謨有春秋億，已著錄。是編皆其以尚書召起再入都時所作，故以春明爲名。凡文編十卷，詩編三卷，續編一卷。文編末四卷爲齊語，皆所著雜說。千頃堂書目作八卷，蓋除齊語計之也。其論詩一條云：近來作者，綴成數十豔語，如黃金白雪、紫氣中原、居庸碣石之類，不顧本題應否，強以竄入，專愚聾瞽，自以爲前無古人。小兒效顰，引爲同調。南北傳染，終作癘風。詩道幾絕，其語蓋爲王、李而發。學謨與王世貞里閈相近，而立論如此，頗不爲習俗所染。然詩多觕響，終不能副所言也。

徐氏海隅集四十卷（浙江孫仰曾家藏本）

明徐學謨撰。明史藝文志載學謨文集四十三卷，千頃堂書目亦載學謨海隅集四十三卷。此本僅四十卷，前無序目，蓋姦黠書賈以殘闕之本刪去序目，冒爲完書也。開卷即列寶殿玉芝諸頌，蓋當時風氣類然。至其書易名，始末一篇，與世傳學謨初名學詩，以其時有上虞徐學詩疏劾嚴嵩，懼以同名罹禍，故改名學謨者，說又不同，蓋莫得而詳焉。

歸有園稾二十九卷（江蘇巡撫採進本）

明徐學謨撰。是集文二十二卷，詩七卷，乃其歸田後所作。學謨嘗謂昔人有云：近世士大夫以官爲家，罷則無所於歸。故自早歲罷荊州守，即構一園，名曰歸有，因以名其詩文。中多酬應之筆。其雜著中麈譜鏡戒二卷，尤未免失之於俚。

畱餘堂集四卷（浙江巡撫採進本）

明潘季馴撰。季馴平生功業著於治河，所作河防一覽已著錄。是集詩一卷、文三卷，皆不見所長。千頃堂書目作五卷，或尙佚一卷歟。

李溫陵集二十卷（江蘇周厚堉家藏本）

明李贄撰。贄有九正易因，已著錄。是集一卷至十三卷爲荅書雜述，卽焚書也。十四卷至十七卷爲讀史，卽摘錄藏書史論也。十八、十九二卷爲道原錄，卽說書也。第二十卷則以所爲之詩終焉。前有自序，蓋因刻說書而併摘焚書、藏書合爲此集也。贄非聖無法，敢爲異論。雖以妖言逮治，懼而自剄，而焦竑等盛相推重，頗熒衆聽，遂使鄉塾陋儒，翕然尊信，至今爲人心風俗之害。故其人可誅，其書可燬，而仍存其目，以明正其爲名敎之罪人，誣民之邪說，庶無識之士不至怵於虛名，而受其蠱鼓，是亦彰癉之義也。

周禹川集五卷（直隸總督採進本）

明周大章撰。大章字章之，號禹川，吳江人。嘉靖壬子舉人，官至瑞安縣知縣。是編爲文藝集二卷，皆所作雜文。禦倭武略三卷，前二卷載防倭方略，後一卷附錄投贈詩文。嘉靖中，江以南屢被倭寇，大章以書生佐守吏，調兵食，所至克捷，鄉里實受其利。然生平本不以文章名，其禦倭武略中多載公移剳付之類，尤爲叢雜。

羽王先生集略（無卷數，兩江總督採進本）

明張鳴鳳撰。鳴鳳有桂故，已著錄。是集爲僧超撥所刻。超撥卽鳴鳳之孫也。自稱家遺鐫集七種，値兵火幸存，因從全稾內錄其十分之二，付之剞劂。然桂故等三書亦在其內，惟詩文集及漕書八論世無別行之本。而超撥刪削無識，往往去其菁華，搴其蕭艾，已非復鳴鳳之舊矣。

子相文選五卷（江西巡撫採進本）

明宗臣撰。臣有宗子相集，已著錄。是編止詩一卷、文四卷，爲鄭二陽所選評，姜承宗、姜續宗所編輯，於集外別行者也。

九愚山房詩集十三卷（山西巡撫採進本）

明何東序撰。東序字崇敎，號肖山，猗氏人。嘉靖癸丑進士，官至右僉都御史，巡撫延綏。其詩未能入格，而尤喜作古樂府。凡郭茂倩樂府詩集古題，擬之幾遍，甚至郊廟樂章亦倣爲之。然唐人已不能擬漢魏，而東序欲爲唐人所不能，不亦難乎。

惺堂文集十四卷（江西巡撫採進本）

明史桂芳撰。桂芳字景實，號惺堂，鄱陽人。嘉靖癸丑進士，官至兩浙鹽運使。桂芳與羅汝芳、耿定向講學。其語錄稱誦陳獻章未分無極源頭在，誰畫先天樣子來，碧玉樓中閒隱几，十千川繞又山迴之句，謂數十年不似今夕了悟。其宗旨可見。而文章頗朴實，不爲虛渺之談。集末附書經補說三卷，多與先儒立異，其謂周武王無封箕子事，說亦甚辯。然史傳炳然，古無異論，安可懸斷其誣也。

曹太史含齋集十六卷（浙江孫仰曾家藏本）

明曹大章撰。大章字一呈，號含齋，金壇人。嘉靖癸丑進士，官翰林院編修，以發疾罷。是集凡文十三卷、詩三卷，多慶祝哀輓之篇，應試策論亦悉載焉。

姜鳳阿文集三十八卷（江西巡撫採進本）

明姜寶撰。寶有周易傳義補疑，已著錄。是集分十稾：初稾一卷，中祕稾一卷，讀禮稾一卷，史館稾三卷，西川稾二卷，周南稾二卷，八閩稾二卷，銀臺稾二卷，南雍稾二卷，家居稾十一卷，留部稾十一卷。寶少從學於唐順之，其行文步驟開闔，頗得力於師說，而學力根柢不及順之之深厚，故論明代之文者不及焉。王世貞序謂安正而後，士大夫禰檀左而鼻先秦，及其流弊，而爲似龍，出之無所自，施之無所當。六季之習，巧者猴棘端，侈者繡土木。而極推寶之學，爲能深造自得。蓋世貞晚年亦深厭字剽句竊之病，而折服於歸有光諸人，故其說如此也。

虛籟集十四卷（湖南巡撫採進本）

明劉堯誨撰。堯誨號凝齋，臨武人。嘉靖癸丑進士，官至南京兵部尙書。是集爲其六世孫心忠所編。凡文九卷，詩五卷，詞三首，偈四首，共爲一卷。其論性論格物，頗拾姚江緒餘。書啟序記中，皆贈荅應酬之作，標題多稱父母郡祖都臺乃堂之類，亦頗嫌太質。

綠波樓詩集十四卷（河南巡撫採進本）

明張九一撰。九一字助甫，號周田，新蔡人。嘉靖癸丑進士，官至右僉都御史，巡撫寧夏。明史文苑傳附見王世貞傳中。世貞詩亦謂吾黨有三甫，蓋余曰德字德甫，張佳允字肖甫，與九一字助甫爲三甫也。（案此與四甫之說不同，蓋作詩之時魏裳猶未入社也。）論者謂其詩高華雄爽，振宕不羈，於七子齊盟，風氣雷同之時，自稱拔俗。然今觀其集，實未能於七子之外別開門徵蓋九一服膺王世貞，曾因世貞父忤嚴嵩遭遷謫而不悔，即其生平規橅可知矣。九一官湖廣參議時，嘗構祿波樓，後遂以名其集。舊版已燬，此本

國朝康熙中新蔡知縣呂民服所重鋟也。

學孔精言合彙稾十二卷 兩江總督採進本

明孫應鼇撰。應鼇有淮海易談，已著錄。明史藝文志載應鼇彙稾十六卷，此本十二卷，前有萬歷己卯劉伯燮序，言集首奏疏，終於古風絕律。今第十二卷止於五言律詩，而絕句、七言律詩皆闕，知非足本矣。

百可亭摘稾九卷 浙江巡撫採進本

明龐尚鵬撰。尚鵬字少南，南海人。嘉靖癸丑進士，官至副都御史，巡撫福建。天啟初追諡惠敏。事蹟具明史本傳。是集奏疏四卷、雜文三卷、詩二卷，凡分三編。千頃堂書目作三卷，蓋僅據其雜文一種也。詩文皆朴實，惟奏議頗為明暢。其與張居正小簡，尤切直。居正復書附焉。蓋論萬歷四年九月居正奪情事也。史稱居正深銜之，嗾吏科給事中陳三謨以給由歲月有誤劾之，遂罷去。家居四年而卒云。

石泉山房集十卷 江西巡撫採進本

明郭汝霖撰。汝霖字時望，號一厓，永豐人。嘉靖癸丑進士，官至南京太常寺卿。汝霖從鄒守益、歐陽德諸人講學，故其議論與羅汝芳一派相近。古詩頗規模陳子昂、李白諸人，得其形似。近體則又次焉。

李于田文集四卷 兩江總督採進本

明李蓘撰。蓘有黃谷瑣談，已著錄。所選宋元藝圃集，頗有別裁，而文章沿歷城、太倉之派，未能自闢門庭。其持論務合儒釋為一，遂併孟子而非之。如曰：孟子非排告子也，排告子而自異於孔氏諸聖人也；諸儒非尊孟氏也，尊孟氏而自別於孔氏諸聖人也。可云大繆。

近溪子文集五卷 江蘇巡撫採進本

明羅汝芳撰。汝芳有孝經宗旨，已著錄。其學出於顏鈞，承姚江之末流，而極於泛濫，故其說放誕自如，敢為高論。著述最易成編，多至四五十種，即其集亦非一刻。有近溪子集，其門人杜應奎編；有近溪子全集，其孫懷祖刊；有批點近溪子集，耿定向所編；有批點近溪子續集，楊起元所編；有明德公文集、近溪先生詩集、近溪子附集、近溪子外編，有從姑山集、續集，並其孫懷智所編；有明德詩集，其門人左宗郢刊。今多散佚，此集則其曾孫萬先所刊也。

愧非集十四卷 山東巡撫採進本

明馬攀龍撰。攀龍字沖霄，號愧非子，陽信人。嘉靖乙卯舉人，官禮部主事。是編凡談略四卷、乾坤逆旅集一卷、漫稾一卷、遊涉稾一卷、遊林稾一卷、邯鄲學步集四卷、忙忙亭稾二卷。明詩統稱其博學雄才，著述甚富，惜年不稱壽。今以集考之，攀龍為學官時有院試詩云：五十老文學，低頭竊自羞。自註云：余赴試許州，自傷老大猶滯學博云云。其後遷邯鄲令，轉京邑，入為主事，有早春入朝詩句云：書生慶際遇，白首得為郎。又長安除夕有為客已三載，壯志灰頹齡等句，則年不稱壽之說非也。談略所引多小說俚語，詩用洪武正韻，又與詩餘雜編，亦乖體例。

震堂集六卷 江蘇巡撫採進本

明王養端撰。養端字茂成，遂昌人。嘉靖乙卯舉人。是集為其鄉人何鏜所刪定，而遂昌知縣池明刻之。其時王、李並馳，海內響應，故養端所作，亦沿二家之波。大都一字一句必似古人，而意趣則罕所自得。冠以擬古樂府一卷，望其標目，古色斑然。核其文章，乃多無取。如李延年歌、漢武帝李夫人歌，皆偶爾神來，遂成絕調，即作者亦不能再為，而皆衍為長篇，味如嚼蠟。焦仲卿妻詩、木蘭詩，正以委曲瑣屑入妙，而縮為數句，又似斷鶴。至於樂府諸篇，古詞僅在，如曰摹其音節，則無詔伶人，事謝絲管，劉勰言之矣。非夔非曠，誰能於千百年後得其律呂？如曰闡其意義，則標名既每難詳，詞句尤多譌闕，吳兢所解，已多在影響之閒，今安得知其本旨？鈞竿、朱鷺之類，尚可緣題成文，至東光、翁離諸篇，題既不明，詞又不解，一概描摹，不已實不知何所見而云然矣。

潛學稾十二卷 浙江巡撫採進本

明鄒元錫撰。元錫有三禮釋，已著錄。此其所作雜文及語錄也。其語錄力闢心學，在當時尚為篤實。文章則頗為朴僿，未足擅長。

耿天臺文集二十卷 湖北巡撫採進本

明耿定向撰。定向有碩輔寶鑑要覽，已著錄。是集

爲其門人劉元卿所編。凡詩賦一卷，雜文十九卷，末一卷爲時藝。蓋用宋文鑑收張才叔經義例也。定向之學，歸宿在王守仁，故集中第十三卷以薛瑄諸人爲列傳，而以守仁爲世家。此蓋陰用史記孔子世家之例，不但以守仁封新建伯也。黃宗羲明儒學案列之泰州王艮派下，摘其與張居正論趙用賢吳中行等書，以爲雖欲少殺其禍，亦近於誦六藝以文姦言。又摘其劾御史王藩臣疏，以爲鉗制言官，考與居正書在第六卷中，核其詞意，蓋求寬言者之罰，不得不先解居正之怒，求解其怒，不得不先順其意而使之喜，於是借伊尹之任以獻諛頌，遂爲天下口實。案明史定向本傳稱居正奪情，定向貽書友人，譽爲伊尹而貶言者，時議鄙之，蓋偶未檢此集，誤以與居正爲與友人。謹附識於此。糾王藩臣疏，今在第二卷中，大旨慍藩臣劾巡撫周繼，未以揭帖送都御史，使藩臣所劾不實，定向糾其妄奏可也，乃因遺誤送揭閱一月之後始糾其不實，此爭私憤，非爭公論矣。顧允成作客問以詰定向，定向不能荅，厥有由歟。大抵定向之學，兼講作用，觀其全集，大略可知。宗羲所論，雖責備賢者之言，要不可謂之無因。

濟美堂集八卷 福建巡撫採進本

明吳文華撰。文華有粵西疏稾，已著錄。是集凡詩文四卷，頗沿臺閣舊體。前四卷即粵西奏議及留都奏議，其初別本各行，後又編入集中也。

屏居集八卷浪游集六卷耕餘集八卷 江蘇巡撫採進本

明姚汝循撰。汝循字敘卿，江寧人，嘉靖丙辰進士，官至大名府知府，終於嘉州知州。汝循自大名罷官，歸田著屏居集，及嘉州罷後，歷遊燕趙楚蜀閩著浪遊集，晚年退耕秦淮，著耕餘集。王穉登序其耕餘集，謂其沖若陶韋。然陶韋不在其貌也。

濟美堂集六卷 浙江巡撫採進本

明陳瓚撰。案世宗時有兩陳瓚，其一獻縣人，嘉靖丁未進士，官至南京吏部尚書，即嘗爲楊繼盛奏請卹典者。此陳瓚字廷祼，常熟人，嘉靖丙辰進士，官至刑部左侍郎，諡莊靖，事蹟附見明史魏時亮傳。是編首列疏一卷，詞頗伉直，餘多酬應之文。六卷之末附詩二十八首，詞一首，亦非所長。

蘭暉堂集四卷 浙江汪汝瑮家藏本

明屠應埈撰。應埈字文升，刑部尚書勳之子，嘉靖丙辰進士，官至左春坊左諭德，明史文苑傳附載王慎中傳中。應埈爲文善比事屬辭，詩法汎濫諸家，時有獨造，一時名出其父右。然率於華藻，蘊蓄未深。是編凡詩二卷，文二卷，與其父集本別行。後其曾孫繩德等又取勳所著太和堂集與是集合刻，名曰屠氏家藏二集云。

怡雲堂集十卷 江西巡撫採進本

明蔡國珍撰。國珍字汝聘，奉新人，嘉靖丙辰進士，官至吏部尚書，諡恭靖，事蹟具明史本傳。是集乃其從曾孫尚才所編，凡詩四卷，文六卷，詩皆近體。尚才序謂從敗簏中得其歸田後所作詩一帙，以類編次，蓋非全稾也。卷四後附其子若孫之詩，卷五卷六乃國珍所作奏疏序記諸文，又卷七卷八附以敕命墓表及壽文祭文，卷九又爲國珍所作書啟小詞，卷十又附刻他人書啟，編次殊爲無緒。且詩賦四卷，而序云二卷，尤爲不檢矣。

心泉集二十五卷 浙江孫仰曾家藏本

明何源撰。源字仲深，號心泉，江西廣昌人，嘉靖己未進士，官至刑部左侍郎，諡靖惠。源官吏部文選司主事時，張居正以親故託之，拒弗應，緣是引疾歸。及爲南京吏部侍郎，京察黜陟公允，爲海瑞所稱，以爲士人致身報主當如是。後卒於官，貧幾不能殮，蓋亦氣節自負者。是集爲其子孔賢孔賓所編，凡文二十二卷，詩賦歌詞三卷，大抵非公牘即應酬之作。然源之足以不朽者，固不在此也。

張滸東集十四卷 河南巡撫採進本

明張鹵撰。鹵字召和，號滸東，儀封人，嘉靖己未進士，官至右副都御史，巡撫保定，以忤張居正、馮保，左遷南京太常寺卿，旋乞休歸，終於家。是集凡詩六卷，文八卷，初刻於天啟五年，爲其子永忠及門人王安仁所訂定，版久燬，此本爲其後人重刊。其中如慶成宴、代巡贈別諸作，本五言長律，而雜之古體中；題鹿鳴宴圖，本七言古詩，而列之詞內，編次頗爲舛誤。且考鹵在諫垣時，陳奏頗爲侃直。其後三領節鉞，能殲叛卒，修邊備，與中朝權貴相抗，多有政績可紀，而集中章疏乃無一篇，意者尚別有奏議，自爲一集乎。

華陽洞稾二十二卷 兩江總督採進本

明張祥鳶撰。祥鳶字道卿，別號虛齋，金壇人，嘉靖己未進士，官至雲南府知府。是編文十三卷，詩九卷。祥鳶多與嘉靖七子相往還，而詩能不涉其窠臼，然所造則尚未深也。

王奉常集六十九卷（江蘇周厚堉家藏本）

明王世懋撰。世懋有卻金傳，已著錄。是集賦詩詞十五卷，文五十四卷。第五十二卷曰澹思子，第五十三卷曰藝圃擷餘，第五十四卷曰經子臆解。易爻解，皆所作雜說筆記，附編集內者也。世懋名亞於其兄世貞，而澹於聲氣，持論較世貞爲謹嚴。厥後藝苑巵言爲世口實，而藝圃擷餘論者乃無異議。高明沈潛之別也。但天姿學力皆不及世貞，故所作未能相抗耳。朱彝尊靜志居詩話云，敬美才雖不逮哲昆，習氣猶未陷溺，斯持平之論也。

關洛記游稾二卷（兩淮鹽政採進本）

明王世懋撰。是集乃萬歷辛巳世懋官陝西提學副使，旋以曇陽子事爲臺諫所彈，乃移疾自洛陽東歸時作。上卷游記三篇，下卷詩七十七首。屠隆爲之序，亦全作二氏支離語。蓋一時士大夫習氣如斯也。

賜閒堂集四十卷（兩淮鹽政採進本）

明申時行撰。時行有書經講義會編，已著錄。是集賦詩共六卷，文及雜著共三十四卷。其相業無咎無譽，詩文亦如其爲人。

王文肅集五十二卷附錄二卷（檢討蕭芝家藏本）

明王錫爵撰。錫爵有王文肅奏草，已著錄。是集爲其孫時敏所編。凡雜文十二卷，書十八卷，奏疏二十二卷。附載榮哀錄一卷，誌狀碑傳一卷。前有申時行序。然時行乃序其奏疏，非序其全集。時敏刊刻之時，取以冠編耳。時敏跋稱彙集文稾，不能十之五六。詩稾經年廣搜，未能成帙。又稱入閣以後參軍代筆，奉有先命，不敢混入云。

觀我堂摘稾十二卷（安徽巡撫採進本）

明李材撰。材有李見羅書，已著錄。其學出於姚江，而稍變其說，遂開止修一派，與良知一派並傳。然制行頗卒意自恣。官巡撫時，毀參將署爲書院，致激兵變。後雲南巡按御史劾其破蠻冒功，逮問坐繫十餘年。謫戍福建，乃仍用巡撫儀從以往，爲當時所怪。黃宗羲明儒學案謂其以師道自任，不因患難而改，不知者謂其不忘開府門面，則失之。然師道尊嚴，豈在鼓吹張蓋。宗羲以姚江一派門戶相同，從而爲之曲說耳。是集凡大學古本義一卷，書問十卷，雜著一卷，皆其講學之文也。

敬和堂集八卷（浙江巡撫採進本）

明許孚遠撰。孚遠字孟中，德清人。嘉靖壬戌進士。官至兵部左侍郎。事蹟具明史儒林傳。孚遠之學雖出於唐樞，然史稱其篤信良知，而惡夫援良知以入佛者，故與羅汝芳、楊起元、周汝登斷斷相爭，在姚江末派之中最爲篤實。馮從吾、劉宗周、丁元薦傳其所學，皆能有所樹立。是集前有葉向高序，蓋萬歷甲午孚遠爲福建巡撫時所刊。每卷之首尙空其次第，未鐫，以版心號數計之，凡序一卷，記一卷，雜著一卷，書一卷，疏二卷，公移二卷云。

衞陽集十四卷（直隸總督採進本）

明周世選撰。世選字文賢，故城人。嘉靖壬戌進士。官至南京兵部尚書。是集以衞陽爲名，蓋故城在衞河之陽，世選以自號，因以名集也。世選以風節著，文章非所留意。然集中章奏，如諫穆宗馳馬於禁掖，神宗講武於宮中。皆不知明之積弱，由於朝廷之宴安，朝廷之宴安，由於諸帝之不知兵事。持論殊爲迂闊。又姚希孟序謂大學士高拱構禍華亭，將引世選劾指臂，弗應，遂被逐去，復引其祭拱文中隱顯參商語以證之。然世選出拱之門，不受指嗾，具見特立之操。乃拱既卒而必特彰其事於祭文，是又不如置之不辨之爲厚矣。

海亭集四卷（福建巡撫採進本）

明鄭普撰。普字汝德，海亭其號也，南安人。嘉靖壬戌進士。官至雲南府知府。是集文三卷，皆應酬之作。詩一卷，僅二十餘首，亦殊寥寥。據王愼中所作墓誌，謂普精於經學，觀集中復林次崖二書，亦憑虛理斷之學，非元元本本之學也。

覆瓿草六卷（浙江汪汝瑮家藏本）

明林烴撰。烴字貞耀，閩縣人。嘉靖壬戌進士。官至南京工部尚書。事蹟附見明史林瀚傳。集首有王穉登序，言烴官未踰藩鎮，既告歸，幾二十年，乃以薦爲太僕，俄復請歸。與史不合，蓋史舉其所終之官，穉登所稱則其刻集時官也。穉登序極論七子末流之弊，而獨稱烴詩爲有道之言。然是集爲胡應麟所編，應麟故依附七子者，集中所錄，大抵舊調居多，新意殊少，仍七子之支派而已。

逍遙園集二十卷（江蘇周厚堉家藏本）

明穆文熙撰。文熙有七雄策纂，已著錄。是集爲南師仲所編。凡詩十卷，文十卷。明史藝文志作逍遙園集十卷，疑刊本誤脫二字也。

處實堂集八卷（江蘇周厚堉家藏本）

明張鳳翼撰。鳳翼有夢占類考、已著錄。是編詩四卷、文三卷。末一卷曰談輅、則其筆記也。鳳翼才氣亞於其弟獻翼、故不似獻翼之狂誕、而詞采亦復少遜。生平好塡詞、集中多論傳奇之語。千頃堂書目載鳳翼處實堂前集十二卷、後集六卷、與此本皆不符。未喻其故。

文起堂集十卷（兩淮馬裕家藏本）

明張獻翼撰。獻翼有讀易紀聞、已著錄。是集凡賦一卷、詩六卷、雜文三卷。其詩文多參以俳偶。蓋獻翼雖頗與李攀龍筆札往還、而與皇甫涍尤契。故學其含咀魏晉、而未能成家云。

紈綺集一卷（安徽巡撫採進本）

明張獻翼撰。乃自錄其早歲所作、於文起堂集外別行者也。

狎鷗子摘稾一卷（江蘇巡撫採進本）

明吳崇節撰。崇節有古史要評、已著錄。此其為武岡知縣罷歸後所為文也。前有狎鷗亭賦及霞塘八景絕句。後則雜文、寥寥僅十數篇、皆詞意淺薄。中有悟遷生傳、詳其詞意、乃崇節自謂。而其狎鷗亭賦又自稱豫石子。隨地易號、殆仿元結之例歟。

魯望集十二卷（兩淮馬裕家藏本）

明袁尊尼撰。尊尼字魯望、吳縣人。僉事袠之子。嘉靖乙丑進士。官至山東提學副使。是集純為七子之體、故王世貞序極稱之。

天池草二十六卷（編修吳典家藏本）

明王宏誨撰。宏誨字紹傳、瓊州安定人。嘉靖乙丑進士。官至南京禮部尚書。宏誨初釋褐時、值海瑞廷杖下詔獄、力調護之。張居正當國、又嘗作火樹篇春雪歌以諷、為居正所銜。蓋亦介特之士也。是集文二十卷、詩六卷。集首載諭祭文及本傳、猶古人附錄之例。又載其三世誥命、已為破格。至以萬歷己丑宏誨為會試副總裁、遂并載是科題名錄、則從來編別集者無此變體矣。

謝山存稾十卷（江蘇巡撫採進本）

明陳吾德撰。吾德字有齋、廣東新會人。嘉靖乙丑進士。官至浙江按察司僉事。吾德傳陳獻章之學。居官忤張居正、屢遭貶謫。其氣節亦錚錚者。詩文則直述胸臆而已。

震川文集初本三十二卷（安徽巡撫採進本）

明歸有光撰。有光有易經淵旨、已著錄。是編為其子子祐、子寧所輯。前有萬歷三年周詩序、所謂崑山本者是也。其中漏略尚多、故其曾孫莊又裒輯為四十卷、而有光之文始全。相傳子寧改竄父書、有光見夢於賈人童姓。其事雖不足信。而字句之譌舛、誠有如莊所指摘者。末載行述一篇、子祐所作。又序略一篇、子寧所作也。

二酉園詩集十二卷、文集十四卷、續集二十三卷（湖北巡撫採進本）

明陳文燭撰。文燭字玉叔、沔陽人。嘉靖乙丑進士。官至南京大理寺卿。其詩分八集。曰漢陰詩、曰廷中詩、曰淮上詩、曰嵩和詩、曰西蜀詩、曰東岱詩、曰金焦詩、曰黃蓬詩。陳思育、王穉登、皇甫汸、袁福徵、黃貫曾、沈明臣、李先芳、孫斯億、任瀚、高啟愚、熊敦朴、陳宗虞、曾可耕、吳國倫、方沆、黃一正、李維楨、屠隆、周光鎬十九人序之。文曰五岳山人前集、五岳山人後集。王世貞、歸有光、汪道昆、茅坤序之。後總編為二酉園文集、道昆、世貞又序之。續集則文燭身後、其孫之遴所輯。皆文無詩、亦無當時名士序。惟之遴自序之、又與文燭之壻龍膺各為一跋而已。斯亦生死之際、交遊盛衰之驗。而文壇標榜、其不足盡據可知矣。

楊端潔集（無卷數、江西巡撫採進本）

明楊時喬撰。時喬有周易古今文全書、已著錄。是集為其子聖蹊所編。江右之學、惟時喬一本程朱。故集中大學、周易諸序及孔朱二像碑、皆力闢心學之誤云。

洪洲類稾四卷（浙江汪啟淑家藏本）

明王圻撰。圻有東吳水利考、已著錄。是集凡詩一卷、文三卷。乃其提學湖廣時所自編。其孫謨又為重刻。圻所著述、如續文獻通考、三才圖會、稗史類編諸書、皆篇帙浩繁、動至一二百卷。雖龐雜割裂、利鈍互陳。其採輯編排、用力亦云勤篤。計其平日、殆無時不考古研今。其於詩文、殆以餘事視之。故寥寥如此、存而不論可矣。

寶善堂稾二卷（兩淮鹽政採進本）

舊本題慶成王宗川撰、不著其名。考明史晉王棡第四子濟炫封慶成王、其子孫襲封者無宗川之名。集中孔天允序、稱王纂世十葉。趙訥跋亦云王祖考安穆王。以世次推之、宗川蓋即榮懿王慎鍾之號。穆文熙詩話稱榮懿王以賢孝稱、器質敦厚、詩亦有體裁。足相證也。然明詩綜載有慎鍾夏日登萬佛樓次朱使君韻詩一首，而此集中不載，則又未詳其故矣。

山居集八卷（浙江范懋柱家天一閣藏本）

明栗應宏撰。應宏字道甫，長子人。嘉靖中舉人。屢試不第，耕讀太行山中。祥符高叔嗣謝病歸，應宏往與訂交。叔嗣作紫團山人歌贈之，是集即叔嗣所序也。集中惟五言近體頗有隱秀之致，餘體則自鄶無譏。千頃堂書目載是集作六卷，疑字之誤。又載有太行集十六卷，今未見傳本。

吾野漫筆十三卷（浙江巡撫採進本）

明許炯撰。炯字吾野，新會人。嘉靖中舉人。是集凡文七卷，詩六卷。前有自序，謂少時不慧，從羣兒騎竹馬，黏蜻蜓，捕鳥雀爲戲。未幾病痁，忽夢一父老出袖中書授之，戲墜而覺，自是遂能把筆作詩。其一卷首篇述戒，稱有通元先生過而誨之云云。蓋才高而無所師法者，故其漫書各篇內謂范仲淹揚雄之流也，胥於僭矣。蘇洵荀卿之流也，隣於詐矣。又謂蘇洵辨姦譽王安石也，吾以爲洵亦安石之徒云云。皆率意一往，不復絜以規矩者也。

俞仲蔚集二十四卷（浙江汪汝瑮家藏本）

明俞允文撰。允文初名允執，仲蔚其字也，崑山人。嘉靖中諸生，年四十即棄去舉子業，一意爲詩。明史文苑傳附載王穉登傳中。允文與王世貞善，故與盧柟、李先芳、吳維岳、區大任，世貞目爲廣五子。然允文論詩，乃深不滿李攀龍，特才地差弱，終不能與之抗衡耳。大抵廣五子中，柟最挺出，大任次之，先芳、維岳及允文又其次也。

天隱子遺稾十七卷（浙江巡撫採進本）

明嚴果撰。果字毅之，震澤人。嘉靖時布衣。是集詩七卷，文十卷。首有王思任序云：弇州盱衡海內，才子俱上贄貢。所不能致者，會稽徐文長、臨川湯若士。其鄉則嚴毅之，可謂卓然自立之士。然其詩文則尚非徐渭、湯顯祖匹也。

汪山人集十八卷（浙江孫仰曾家藏本）

明汪少廉撰。少廉字古矜，休寧人。嘉靖中布衣。其集第一卷爲賦，二卷至十六卷爲詩，末二卷爲雜文。詩於分體中又各分類名目，繁細每類中又註編年於其下，叢碎彌甚。所作音節高亢而神理不具，往往失之蹈襲。其邊憤一詩，朱彝尊明詩綜獨取之，然究不出少陵諸將蹊徑也。

大鄣山人集五十三卷（安徽巡撫採進本）

明吳子玉撰。子玉字瑞穀，休寧人。嘉靖中貢生。其文規橅李攀龍集中分體二十，皆以某部爲題，其敘事志略議譜等目，並出臆造。

何翰林集二十二卷（兩淮鹽政採進本）

明何良俊撰。良俊有四友齋叢說，已著錄。是集乃其詩文雜著，並語林之小序亦載焉。朱彝尊明詩綜載其有清森閣集，千頃堂書目載良俊清森閣集無卷數，又載其柘湖集二十八卷。據集首莫如忠序，稱是集二十八卷，蓋即所謂柘湖集者。此本僅二十二卷，目錄亦復殘闕，則已非完書矣。良俊在當時頗有文名，所作縱橫跌宕，亦時有六朝遺意。而落筆微傷太快，殆亦才人輕脫之習歟。

芸暉館稾十四卷（浙江巡撫採進本）

明茅翁積撰。翁積字穉延，歸安人。副使坤之子也。豪蕩不羈，以任俠自負，故所作多文酒讌會之詞。是集凡詩十卷，文二卷，樂府二卷，而以行狀墓誌銘小傳附其後。

兔園草六卷（江蘇巡撫採進本）

明曹乾學撰。乾學字叔驥，太倉人。與王世貞爲姻家，又與趙宧光輩友善，故集中多遊覽酬贈之作。其詩不盡落婁東窠臼，然邊幅窘束，則才地限之也。

黃說仲詩草十八卷（浙江孫仰曾家藏本）

明黃惟楫撰。惟楫字說仲，天台人。其詩多與王世貞、區大任等唱酬之作，蓋亦沿七子之流波者。

被褐先生稾十七卷（江蘇巡撫採進本）

明華善述撰。善述字仲達，無錫人。是集惟末一卷爲雜文，餘卷皆詩也。王世貞爲作序，云其詩或比興而忘之，大概不可爲典要。是深不滿之矣。

童子鳴集六卷（浙江汪汝瑮家藏本）

明童佩撰。佩字子鳴，龍游人。世爲書賈，佩獨以詩文遊公卿間，嘗受業於歸有光。其歿也，王世貞爲作傳，王穉登爲作墓誌，蓋亦宋陳起之流也。詩格清越，不失古音，而時有累句。如讀李博士集繞屋梅花然句，蓋用沈約詩山櫻紅欲然語，以之品梅殊不類。又如觀魏知古告身歌高齋試展竹滿牆句，上四字下三字邈不相貫。他如囊琴挾水流，客鬢帶山蒼之類，皆失之纖巧。公牘無盈案，私錢不入囊之類，皆失之拙俚。川原呈伎倆之類，尤失之偎佻。舊序稱其閉戶屬草，必屢易而後出，出則使人彈射其疵，往往未愜，併其稾削之，不留一字，殊不盡然也。

松韻堂集十二卷（浙江孫仰曾家藏本）

明孫七政撰。七政字齊之，常熟人。與王世貞諸人遊，故詩亦類七子之體，而字句時傷於笨滯。

王世周集二十卷（江蘇巡撫採進本）

明王伯稠撰。伯稠字世周，崑山人。是集卷首有王世貞兄弟序，頗相推許。然考其所作，似過於標榜。

壯遊編三卷（浙江巡撫採進本）

明王叔承撰。叔承初名光允，以字行，更字承父，晚更字子幻，自號崑崙山人，吳江人。明史文苑傳附載王穉登傳中。叔承早棄舉子業，縱遊齊、燕、趙，又入閩入楚。其在鄴下，鄭若庸薦之趙康王。叔承以王無下士實意，賦詩以行。有壯心欲別逢知己，羞向侯門待晚餐之句。又客大學士李春芳家，亦以使酒偃蹇謝去。史稱其與王錫爵為布衣交，錫爵再召時，有建三王並封議者，叔承遺書數千言，謂當引大義以去就爭，不當依違兩端負主恩辜物望。蓋其氣節懷抱亦非當時山人墨客以詩句為市者比。最後從顧養謙於塞上，無所成就而歸，乃不復出。此集即其初入都時作也。

吳越游八卷（浙江孫仰曾家藏本）

明王叔承撰。是集前六卷為詩，無錫陳以忠所刻。後二卷為雜文，烏程范應期所刻。千頃堂書目作十卷，與此本不合，或字誤歟。

涉江詩選七卷（浙江孫仰曾家藏本）

明潘之恒撰。之恒有黃海，已著錄。之恒初以文詞受知於汪道昆、王世貞，既而赴公車不得志，渡江歷潯陽、武昌，從公安袁宏道兄弟游。宏道稱其出汪、王之門而能不入其蹊徑，然當時論者又謂之恒依傍汪、王，終不能有所解駁。宏道徒以其論與己合而收之，迹其生平，蓋始終隨人作計者也。集本二十卷，宏道刪定為此本，凡甲乙集各三卷，丙集一卷。

翏翏集四十卷（浙江孫仰曾家藏本）

明俞安期撰。安期有唐類函，已著錄。是集騷一卷，賦二卷，詩三十七卷，雜文一卷。安期之名本由依附七子而成，故詩亦不出其流派。朱彝尊靜志居詩話稱其賦景有餘，言情不足，如觀翦綵花，青紅碧綠，非不爛然，即而視之，總與根株不相符，可謂定評矣。

江山人集七卷（浙江汪汝瑮家藏本）

明江瓘撰。瓘有名醫類案，已著錄。是集凡詩五卷，文二卷。汪道昆為作傳，稱其少補諸生，以病謝舉子業，專事吟咏，故其詩較勝於文，特稍嫌薄弱。別有武夷遊稾、游金陵詩二集，今皆未見，獨此集之末附存其原序二篇而已。

尚元草八卷、咏物詩二卷（浙江巡撫採進本）

明姚兗撰。兗字叔信，號元岳，秀水人。何三畏為作小傳，稱其少以事繫獄，與詩僧同羈，因得其詩法。蓋其派出自山林，故所作終無俗氣。王穉登序稱其詩清真古淡，不事藻繢，猶春岫孤霞，寒林片月。則稍過其實矣。

少嶽集四卷（浙江巡撫採進本）

明項元淇撰。元淇字子瞻，秀水人。以貲為光祿寺署丞。是集乃其弟元汴所刊。凡元汴與元淇唱和諸作亦附入焉。近體頗妥適，古體則力不逮矣。

蛣蜣集八卷（兩淮鹽政採進本）

明鄭若庸撰。若庸有類雋，已著錄。蛣蜣生其所自號，因以名集。凡文七卷，詩一卷。其詩與謝榛齊名，然材力遜榛之富健，文又其餘事矣。

北遊漫稾二卷（兩江總督採進本）

明鄭若庸撰。是集為歙人汪艮迪所輯，前有王錫爵序，稱山人今年已八十，違趙而居清源，又已數年，故今集中清源之詩不一而足，乃其晚年作也。明詩綜載若庸有蛣蜣集，不及此稾。然所錄諸詩具在茲集，蓋蛣蜣集詩止一卷，艮迪併入此稾耳。

越草一卷（浙江范懋柱家天一閣藏本）

明沈明臣撰。明臣有通州志，已著錄。明臣屢試不第，與山陰徐渭同入胡宗憲幕。宗憲逮繫，卒於獄，賓客星散，獨明臣持所作誄詞遍為訟冤，其行誼為世所重。詩則才氣坌涌，得之太易。此集乃萬歷己卯明臣適鹽官時所作，而其稾於錢氏者。鹽官地近禦兒，故越境也，因以越草為名。元日以下數首，乃其家居所作，以同為是年之詩，故並附錄焉。

豐對樓詩選四十三卷（浙江巡撫採進本）

明沈明臣撰。明臣生平所作詩凡七千餘首，其甥子九疇選定為四百篇，今未見傳本。是集為廣陵陳大科所校梓，凡為詩四千四百八十九首，較九疇所選增十倍。白居易詩尚以所存太富，有沙中金屑之譏，則不及居易者可知矣。

徐文長集三十卷（兩江總督採進本）

明徐渭撰。渭有筆元要旨，已著錄。陶望齡作渭小傳，載渭嘗自言書第一，詩二，文三，畫四。今其書畫流傳者，逸氣縱橫，片楮尺縑，人以爲寶。其詩欲出入李白、李賀之間，而才高識僻，流爲魔趣。選言失雅，纖佻居多，譬之急管幺絃，淒清幽渺，足以感蕩心靈，而揆以中聲，終爲別調。觀袁宏道之激賞，知其臭味所近矣。其文則源出蘇軾，頗勝其詩，故唐順之、茅坤諸人皆相推挹。中多代胡宗憲之作，進白鹿前後二表，尤世所豔稱。其代宗憲謝嚴嵩啓云：凡人有疾痛疴癢，必求免於天地父母，然天地能覆載之，而不能起於顛擠，父母能保全之，而未必如斯委曲。伏惟兼德，無可並名，名且不能，報何爲計云云。雖身居幕府，指縱惟人，然使申謝朝廷，更作何語。錄之於集，豈止白圭之玷乎。蓋渭本俊才，又受業於季本，傳姚江縱恣之派（案渭師季本，見明史文苑傳），不幸而學問未充，聲名太早，一爲權貴所知，遂侈然不復檢束，及乎時移事易，侘傺窮愁，自知決不見用於時，益橫溢無聊，放言高論，不復問古人法度爲何物。故其詩遂爲公安一派之先鞭，而其文亦爲金人瑞等濫觴之始。蘇軾曰：非才之難，處才之難。諒矣。渭所著有文長集、闕篇、櫻桃館集三種，鍾瑞先合刻之，以成此集。又有商濬所刻，題曰徐文長三集者，亦即此本。前有陶望齡、袁宏道所作二傳。宏道以爲一掃近代蕪穢之習，其言太過。望齡以爲文長負才性，惟不能謹防節目，跡其初終，蓋有處士之氣，其詩與文亦然，雖未免瑕類，成其爲文長而已。是則平心之論也。

徐文長逸稿二十四卷（江蘇周厚堉家藏本）

明徐渭撰。此本爲其鄉人張汝霖、王思任所同選。如末卷所載優人謔、噢酸梨、偈放鶴圖偈、對聯、燈謎諸作，鄙俚猥雜，豈可入之集中。觀照集中載字謎，恐非當時舊本，未可援以爲例。況照詞猶雅，不似渭所作猥褻無節。看著有節，兩頭冰冷中間火熱之類也。

朱邦憲集十五卷（江蘇巡撫採進本）

明朱察卿撰。察卿，上海人，福州知府豹之子。邦憲其字也。爲太學生，慷慨任俠，與沈明臣、王穉登友善。集凡詩二百五十四首，文一百五十六首，即明臣所訂定也。

白暘集（無卷數，江蘇巡撫採進本）

明陳淳撰。淳字道復，後以字行，別字復甫，號白暘山人，長洲人。以諸生援例入北監，卒業歸，不復就選。明史文苑傳附見文徵明傳中。淳少從徵明游，以書畫擅名，爲世寶重。詩則寄意而已，非其所長。是集其五世從孫仁錫所編，以同時贈答之篇附之卷末，與沈周集合刻之，以兩人之詩皆爲畫掩也。

隆池山樵集二卷（浙江孫仰曾家藏本）

明彭年撰。年字孔嘉，長洲人。隆池山樵其號也。明史文苑傳附見文徵明傳中。年書名亞於徵明，然當時鮮有稱其詩者。獨王世貞序稱徵明詩以韻勝，而年詩以邊幅勝，其詞亦頗有抑揚矣。又據世貞序，稱徵明孫子悱乃年女壻，年死後其家取其詩文草鬻於某甲，得稭錢以資葬。後有永嘉王公者，從某甲購得之，然已佚其大半，其存者僅十之三。故此編有詩無文。明史藝文志載隆池山樵集三卷，與此不合，疑刊本偶誤二字爲三云。

止止堂集五卷（浙江孫仰曾家藏本）

明戚繼光撰。繼光有練兵實紀，已著錄。千頃堂書目載繼光止止堂集，無卷數，又橫槊稾三卷、愚愚稾一卷。今此本橫槊稾亦三卷，愚愚稾則多一卷，編首總題止止堂集。前有萬歷二年工部尚書郭朝賓序。而集中有萬歷庚辰紀年，在朝賓作序之後，蓋又嘗續有增益。知虞稷所見愚愚稾一卷，乃初刻之本，非著錄之誤也。繼光有平倭功，當時推爲良將。詩亦伉健，近燕趙之音。而雜說中乃多及陰隲果報神怪之事，不免偏駁。考繼光有登盤山絕頂七律一首，格律頗壯，今石刻尚存，而兩集中皆不收，殆作於刻集之後歟。

句漏集四卷（浙江范懋柱家天一閣藏本）

明顧起綸撰。起綸字更生，號元名，無錫人，官鬱林州州判。是集即在鬱林所作。前二卷皆游覽詩，三四卷名感知篇，乃歷敘素所相知者，各賦一詩，繫以小序，凡四十首。中間人品亦甚爲雜糅，如於趙文華乃稱其雅志豪邁，名冠英流，序其罪廢事，則曰感激罷官去。而於方士陶仲文亦以風神端恪，恭誠一至稱之，皆不免阿私所好也。

赤城集三卷（浙江范懋柱家天一閣藏本）

明顧起綸撰。是集乃萬歷戊寅起綸游赤城時所作。上卷爲詩六十一首，下卷爲游記一篇，而以贈荅倡和之作，間於上下卷之間，別爲中卷。似別集而非別集，似總集而非總集，體例頗爲未善。然中卷有附錄字，知以起綸爲主矣，故仍入之別集類焉。

卯洞集四卷　浙江汪汝瑮家藏本

明徐珊撰。珊號三溪，餘姚人，官辰州府同知。卯洞在盤順中里，介於楚蜀之交。嘉靖間珊以廟工採木於是，積其二年中所作公牘雜文爲二卷，詩歌爲二卷，因以其地名集。中有讀高蘇門集詩，蓋宗法所在，大致不失風格，而深微則不及叔嗣也。

傅山人集三卷　浙江范懋柱家天一閣藏本

明傅汝舟撰。汝舟本名舟，字虛木，號丁戊山人，一曰磊老，侯官人。晚慕仙家服食之術，舍鄉井遨遊山水。其詩刻意學鄭善夫，喜爲荒誕詭譎之語。王世貞比之言法華作風語，凡多聖少。然奇崛處亦頗能獨造，特旁門曲徑，不入正宗耳。

包參軍集六卷　浙江巡撫採進本

明包大中撰。大中字庸之，別號三川，寧波人，官建陽縣丞。以嘗預征倭之役，故稱曰參軍。是集隨事立名，曰薄游集，曰武夷集，曰歸來集，曰台鴈集，各一卷，曰東征漫稾二卷。然薄游集題卷之一，則當有佚卷矣。

滄漚集八卷　江蘇周厚堉家藏本

明張重華撰。重華字虞侯，華亭人。是編前有張位、姜寶二序。位序稱其有集百卷，先梓八卷。寶序稱其文言言欲奇，其詩首首欲出塵淸新。然大抵拉雜不入格，如稱九峯三泖曰九三，雖𥡴守居園池記亦不至於斯矣。

栗齋文集十一卷　安徽巡撫採進本

明金瑶撰。瑶有六爻原意，已著錄。是集乃其外孫江從龍所梓。文頗有軼宕之致，其闡發經義之作，大抵空言多而實際少，蓋其說易說周禮，即多以臆斷云。

槃菴集二卷　編修汪如藻家藏本

明汪禔撰。禔字介夫，別號槃菴，祁門人。江南通志稱所著有家禮砭俗、投壺儀節，其學蓋深於禮，故集中與胡天敘書、論王生二書、與汪子立書、贈葉生新娶序、胡氏初堂記、新居告祖文、奉主還宗子祠文、宗法議，皆本禮以立言。惟卷端上學使者一書，猶明代學校之舊習，可以不作耳。其詩則全作擊壤集體，不以聲律論矣。

湛然堂詩稾無卷數　江西巡撫採進本

明陳汝瑒撰。汝瑒字席珍，高安人，官廣昌縣知縣。其自敘詩註云望五貢薦，蓋由貢生起家也。是集爲其子邦綸屬陳起元所選定，格意頗爲平實，然不足自名一家。

龜川詩集四卷　江西巡撫採進本

明董緒撰。緒字禹方，樂安人。少從鄒守益、聶豹游，講良知之學，故其詩不求工於聲律，以理趣爲主，蓋濂洛風雅之流派也。其子刑部尚書裕初刻於東莞，歲久版漶，其裔孫又爲重刻。然此本亦字多殘闕，殆難卒讀。據其目錄，尚有附錄誌狀之屬，亦佚之矣。

田子藝集二十一卷　浙江汪汝瑮家藏本

明田藝蘅撰。藝蘅有大明同文集，已著錄。此爲文選詩選十八卷，乃其爲諸生時所刊；北觀初稾二稾三卷，則以歲貢入京廷試時所作。藝蘅在嘉隆間猶爲博洽，而詩格頗嫌冗漫。

方建元詩集十二卷續集一卷　浙江孫仰曾家藏本

明方于魯撰。于魯有方氏墨譜，已著錄。是編前集以各體分編，總名佳日樓集。續集僅詩二十九首、文一首，題曰師心草，則其子嘉樹所續刻也。于魯初以製墨名，後與汪道昆唱和，遂招入豐干社中，然世終稱其墨也。

石西集八卷附崇禮堂詩一卷　編修汪如藻家藏本

明汪子祜撰。子祜字受夫，別號石西，石門人。性喜爲詩，自二十歲至七十歲皆編年爲集。後其元孫宗豫蒐輯遺稾，屬汪懋麟等定爲是編。凡詩六卷，賦一卷，文一卷。後附崇禮堂詩一卷，則宗豫父伯薦之作。伯薦字士儁，崇禎戊辰恩貢生。

石盂集十七卷　兩江總督採進本

明汪坦撰。坦字仲安，號誠環，鄞縣人。是集爲其子長文所刊，凡詩賦十卷，雜文七卷。前有屠隆序，稱其詩自三百篇、騷、選、漢魏六朝、唐宋，文自左、馬、班、揚、崔、蔡、韓、柳、蘇、王諸體，靡所不詣。然核其所作，不出七子之體。

石門詩集一卷　福建巡撫採進本

一名霞居集。明高瀔撰。瀔字宗呂，號石門，又號髯仙，侯官人。朱彝尊靜志居詩話云：少谷鄭善夫居鼇峯北，從之遊者九人，鄉黨目爲十才子，瀔居首，傅汝舟次之。今卷首林向哲序稱其後而不刻淸而不矯亦非虛語然竟以爲與少谷相伯仲則詘美矣瀫詩向未付梓流傳俱屬鈔本明詩綜載其岳陽樓一詩有殘雨數聲衡岳曉句今檢原集數聲實作數峯較聲字爲工考徐熥晉安風雅所載亦同蓋詩綜刊本偶誤耳

東厓遺集二卷（浙江汪汝瑮家藏本）

明王襞撰襞字宗順自號天南逸叟泰州安豐場人是集其門人林訥所輯上卷爲像贊墓圖年譜語錄及同時贈答雜文下卷爲所作詩賦附載行狀銘誌祭文世系門人姓氏刊集始末襞少從其父王艮至會稽傳王守仁之學沈桐贈之詩云念子賢者後至理早已融譬彼三世醫指授寧無從蓋其父子皆刻意講學非以文章爲事者朱彝尊靜志居詩話謂襞詩如一室風過雨三更月到窗好雨應宜早秋花不恨遲坐雨新亭晚聞潮落月時老攜杖屨歸山谷閒看兒孫種水田等句亦有活脫之趣然終非專門也

僦寮集一卷（浙江巡撫採進本）

舊本題古杭月堂宗賢撰不著時代考之志乘亦不載其名氏據其題名似乎衲子故所與唱和者亦衲子爲多集中有和沈石田鵲橋仙詞知爲正嘉間人也詩筆淸曠頗近自然特邊幅少狹不免傷於寒瘦

松菊堂集二十四卷（浙江孫仰曾家藏本）

明孫鑒撰鑒字端峯餘姚人江西巡撫燧之孫工部尙書陞之子也官上林苑丞是集凡詩二十卷雜文四卷詩句淸雋不入前後七子之派文則不免於平衍鑒晚歸竊湖於宅東構漆園居之作漆園供事別傳如滕六司農玉羽仙翁食苹仙子秦大夫淸修子姑射仙諸傳皆以文爲戲之筆也

鄭京兆集十二卷外集二卷（浙江巡撫採進本）

明鄭心材撰心材字敬仲號思泉海鹽人刑部尙書曉之孫光祿寺少卿履淳之子以蔭生官至應天府治中是集爲其壻項皐謨所校凡詩文雜著十二卷其外集二卷則附錄墓碑行實之類也考其子端允所作行實中稱所著文集以外有昭明文選鈔唐人列傳見聞紀鈔三書今本唐人列傳乃編在第六卷其外集別題曰芟錄與目錄不相應蓋隨意編次故無體例也心材老於場屋必欲一第而卒不可得年五十始就銓平生精銳之氣已消磨於時文中詩古文特偶試爲之耳

冬谿集二卷（浙江巡撫採進本）

明釋方澤撰方澤字雲望號冬谿嘉善人秀水精嚴寺僧也明詩選本載方澤詩俱作冬谿內外集據此本實作冬谿外內集上卷爲外集下卷爲內集以詩爲外以文爲內蓋詩多涉文字而文皆闡禪義故其下卷之詩亦不謂之詩而謂之偈則其外內之義卽程氏之外學內學作內外者誤也集中文章惝率不出方丈語錄之格詩稍近雅而亦不工

徐花潭集二卷（浙江巡撫採進本）

明嘉靖中朝鮮生員徐敬德撰敬德貧居講學年五十六其國提學金安國以遺逸薦授奉參力辭不就居於花潭因以爲號是集雜文雜詩共二卷其文中原理氣一篇末有附記稱曰先生鬼神生死論一篇末亦有附記稱以上四篇皆先生病亟時作詩中次申企齋韻一首附錄原作稱企齋贈先生詩蓋其門人所編也敬德之學一以宋儒爲宗而尤究心於周子太極圖說邵子皇極經世集中雜著皆發揮二書之旨其送沈教授序全然邵子之學也其論喪制疏答朴枝華書亦頗究心於禮制蓋東士之務正學者詩則強爲擊壤集派又多雜其國方音如所謂窮秋盛節換木落天地瘦體近郊島者不多見也他如無弦琴銘不用其弦用其弦弦律外宮商吾得其天非樂之以音樂其音音非聽之以耳聽之以心彼哉子期曷耳吾琴稍得蘇黃意者亦偶一遇之然朝鮮文士大抵以吟咏鬭於上國其卓然傳濂洛關閩之說以敎其鄉者自敬德始亦可謂豪傑之士矣故詩文雖不入格特存其目以表其人焉

欽定四庫全書總目卷一百七十八

欽定四庫全書總目卷一百七十九

集部三十二

別集類存目六

滄海披沙集十三卷（江蘇巡撫採進本）

明泌水王朱理堦撰。理堦號玉源，潘簡王模之七世孫，昭定王恬炘子。隆慶元年襲封，萬歷二十九年卒，謚康僖。見明史諸王世表。所著有衡漳初稾、棲雲洞集、雲竇寤言、葵園紀言、公族論等書，嘗刻於遜學書院，繼合爲一編，於吳中重刊之，總名曰滄海披沙集。穆文熙詩話謂王詩丰神俊逸，思致雅澹，格調在大歷以前。今觀集中若夏日東園詩「月落棋聲久，涼生酒興多」，潛龍寺訪孟誠菴詩「借宿聞多咏，求名靜覺非」，春初過涵春閣詩「酒嫌蘆筍少，春恨李花多」等句，其格調頗近四靈，殊未足追蹤大歷，至於文體，蓋可更不出王李流派矣。

芝堂遺草七卷（福建巡撫採進本）

明葉朝榮撰。朝榮有詩經存固，已著錄。是集爲其子大學士向高所刊。凡詩一卷，雜文六卷。其名芝堂者，朝榮判江州時，有靈芝產於所作仕學軒，前改軒曰瑞芝堂，自爲之記，因以名集。朝榮詩格文格，並明白坦易，大抵偶然涉筆，非刻意欲成一家者也。

四遊稾六卷（浙江巡撫採進本）

明趙志皐撰。志皐有內閣奏疏稾，已著錄。是集前二卷爲初入翰林時作，第三卷爲官南京時作，第四卷爲使楚時作，第五卷爲客粵時作，題曰四遊，蓋取於此。第六卷乃還山以後之作，亦併附焉。

朱秉器集八卷（浙江汪汝瑮家藏本）

明朱孟震撰。孟震有河上楮談，已著錄。此集文四卷，詩四卷，爲張九一所選錄。文不出當時習尚，詩則音節諧暢，而意境不深。

穀城山館文集四十二卷（山東巡撫採進本）

明于慎行撰。慎行有讀史漫錄，已著錄。此集乃所作雜文也。明中葉以後，文格日卑，學淺者蹈故守常，才高者破律壞度。慎行之文，雖不涉弔詭之習，至於精心結構，灝氣流行，終未能與唐順之、王慎中、歸有光等並據壇坫。故錄其詩集，而文集則附存目焉。

麗肖生集十六卷（山東巡撫採進本）

明于慎思撰。慎思字無妄，號航隱，東阿人，于慎行之弟也。是集詩七卷，雜文八卷，樂府一卷，皆有縱橫排奡之氣，而頗涉粗豪。

程幼博集六卷（浙江孫仰曾家藏本）

明程大約撰。大約字幼博，休寧人。是集爲于慎行所選。凡雜文二卷，詩四卷，多暢所欲言，不拘格律。如泛駕之馬，不可以羈勒範之。前有焦竑序，引孔子辭達之說，謂卷伯之譏刺，巧言之怨悱，何人斯之迫切，自後世論之，豈不傷溫柔敦厚之體，而聖人乃錄之於經，以爲與辭達之旨有合。又稱其骯髒之姿，不爲世俗所約結，持論侃侃，脂韋突梯之人多所不悅，而亦爲慷慨好義者之所深與，則大約固賦性剛毅，直情而徑行者，宜發於文章亦肖其爲人也。

雲東拾草十四卷，附錄一卷（浙江孫仰曾家藏本）

明韓世能撰。世能字存良，長洲人。隆慶戊辰進士，官至南京禮部侍郎，召入兼翰林學士。事蹟附見明史黃鳳翔傳。世能以鑒藏書畫名一時，張丑所爲輯南陽書畫表也。史稱其教習庶吉士，館閣文字，是科爲盛。考董其昌洛神賦十三行跋，稱館師韓宗伯，則當爲萬歷己丑科。據明史文苑傳所載焦竑、黃輝諸人，固較他科爲稍勝，然世能詩文則不出王李門徑。是集爲所自編，沒後二十年，其子逢祐乃刊行，附以誥敕、諭祭、葬文及碑銘傳狀。

玉恩堂集九卷，附錄一卷（浙江孫仰曾家藏本）

明林景暘撰。景暘字紹熙，華亭人。隆慶戊辰進士，官至南京太僕寺卿。是集爲其子有麟所編。凡奏議二卷，參詞二卷，詩二卷，文三卷，附錄碑誌行狀一卷。王錫爵、張以誠二序及張孟男所撰碑，申時行所撰墓誌，皆不稱其文章，惟杜士全序及王圻所作行狀稍稱之云。

醒後集五卷，續集一卷，附京省次五卷（福建巡撫採進本）

明盧維禎撰。維禎字瑞峯，號水竹居士，漳浦人。隆慶戊辰進士，官至戶部侍郎。是集爲維禎致仕以後所自刊，題曰醒後，言如夢之醒也。其集以奏疏公移評駁與詩文雜著共爲一編，蓋維禎留心吏事，故案牘亦一一錄存。末附京省次一冊，中分地望次、府州縣次、財賦次、會狀次、甲科卿輔次，蓋亦手錄成編，以備紀事，但刊入文集則濫矣。

朱文懿文集十二卷（浙江巡撫採進本）

明朱賡撰。賡字少欽，浙江山陰人。隆慶戊辰進士，官至文華殿大學士。事蹟具明史本傳。萬歷二十九年，大學士趙志臯罷。神宗慮朝臣植黨，乃起賡入閣。後沈一貫、沈鯉並罷，賡遂獨相七年。史稱其醇謹無過，然無所建白。惟是時東林聲氣傾動一時，賡獨借漢唐宋朋黨之害以立論。謂漢之黨皆君子，而罹小人之害。其勢在小人，故使卓操之徒得以假手而國移於強臣。唐之黨，君子小人互相攻擊，其勢兩盛而卒兩敗。故使朱全忠得以竊入而國移於盜賊。宋之黨皆以德行文章標表一時，其勢在君子，而芟除太過，不能使其身安於朝廷之上。故使呂蔡諸人得以藉口而國移於鄰敵。黨愈衆則害愈深，變愈大。其言切中時病。厥後明社既屋，乃信賡言。其深識早見，有非顧葉諸人所及者。其文則未能自成一家，其人蓋本不以詞章名也。

王文端集十四卷（山西巡撫採進本）

明王家屏撰。家屏有王文端奏疏，已著錄。據明史藝文志，其集凡二十卷。千頃堂書目作復宿山房集，凡四十卷。今未見傳本。是集奏疏四卷、詩二卷、尺牘八卷，凡三種。據尺牘卷首韓爌序，稱家屏之子已裒彙全帙，次第授梓，則此其不完之本也。朱彝尊明詩綜載其題長陵四駿圖古體詩四首，茲集亦未載入，知其散佚者多矣。

溪山堂草四卷（浙江汪汝瑮家藏本）

明沈思孝撰。思孝有秦錄，已著錄。是編乃其晚年之作。思孝名入瑯琊四十子之列，論者謂其晚交姚士粦，故間作聱牙之語。然其有韻之文，亦復流麗清脫，特雜著喜為澀體耳。

天遠樓集二十七卷（浙江孫仰曾家藏本）

明徐顯卿撰。顯卿字公望，號檢菴，長洲人。隆慶戊辰進士，官至吏部侍郎。是集為其嗣子元澇所編。前有王穉登序曰：先生卜居陽羨，士大夫莫名先生文，先生亦不自名文也。余與先生雖同枌槓，迹若風馬牛。然第聞人言先生長者，遂亦長者先生。未幾，先生來過余，每談立言之業，不東向讓三，郎南向讓再。余竟莫名先生，而僅識先生長者云云。是殆有微詞矣。

華禮部集八卷（浙江巡撫採進本）

明華叔陽撰。叔陽字起龍，無錫人。隆慶戊辰進士，官禮部主事。年二十九卒。叔陽為華察之子，王世貞之壻。故所作五言，頗有父風。七言則詞調朗暢，兼涉太倉流派。其以詩部文部分卷，亦仿世貞四部稾式也。

閒雲館集鈔六卷（兩江總督採進本）

明張位撰。位有問奇集，已著錄。是集據于慎行原序，有內外二編。今本乃其從子希載所選錄，故名集鈔。每篇具綴評語，皆希載所為。明史稱位當神宗並封三王，遽請篤修交泰，早兆高禖，及疏薦楊鎬，依違礦稅諸事。其疏稾是集皆不載，蓋希載諱而刪之也。又史稱位諡文莊，而此集皆稱文端，則未喻其故矣。集刻於康熙九年，而首有黎元寬序，蓋明末編訂之時，元寬尚在云。

江岷嶽文集四卷（浙江巡撫採進本）

明江以東撰。以東字貞伯，全椒人。隆慶戊辰進士，官至江西提學副使。是集為其門人謝廷諒、謝廷讚、舒曰敬、晏文輝同編。凡詩一卷、文三卷，皆不出當時風氣。其第一卷目錄惟載奏疏二篇，而集中併載諸記，又割二卷中序數篇附之，亦編校之疎也。

鐘臺集十二卷（福建巡撫採進本）

明田一儁撰。一儁字德萬，大田人。隆慶戊辰進士，官至禮部侍郎。事蹟具明史本傳。一儁禔身嚴苦，家無餘貲。為侍講時，以劾張居正救吳中行有直聲。其人自正，詩文則未能逮古也。

大泌山房集一百三十四卷（安徽巡撫採進本）

明李維楨撰。維楨有史通評釋，已著錄。是集詩六卷、雜文一百二十八卷，而一百二十八卷之中，世家傳誌碑表行狀金石之文獨居六十卷。記載之富，無逾於是。然率率之作過多，不特文格卑冗，並事實亦未可徵信。明史文苑傳稱，維楨為人樂易闊達，賓客雜進。其文章宏肆有才氣，海內請求者無虛日，能屈曲以副所望。碑版之文，照耀四裔，門下士招富人大賈受取金錢，代為請乞，亦應之無倦。然文多率意應酬，品格不能高也。朱彝尊明詩綜亦謂本寧著作，如官廚宿饌，羅鹿肥麋，雖腒鱐具陳，饜饜雜進，無當於味。今核是集，知非故為詆毀矣。

劉聘君全集十二卷（江西巡撫採進本）

明劉元卿撰。元卿有大象觀，已著錄。元卿師事耿定向及同邑劉陽，講求心學，而其詩文乃多慶弔之篇，罕見闡發理道。類閩中所刊林網山集。考江西通志，元卿所著本有山居草、還山續草諸編。此本爲其門人洪雲蒸等所輯。觀其體例舛雜，知其去取之失當，蓋已非元卿之舊本矣。

不二齋文選七卷（浙江巡撫採進本）

明張元忭撰。元忭有紹興府志，已著錄。明史儒林傳稱元忭少負氣節，年十九聞楊繼盛死，爲文遥祭之。又稱其自未第時即與鄧以讚從王畿游，傳良知之學，然皆勵志潛修，躬行實踐，以讚品端志潔，元忭亦矩矱儼然，無蹈入禪寂之病，與畿之恣肆迥殊。是集凡文六卷，詩一卷，亦無語錄粗鄙之習，但於是事非當行耳。

粤草十卷蜀草七卷（江西巡撫採進本）

明郭子章撰。子章有蠙衣生易解，已著錄。其平生所作之文，皆每官一地即爲一集。此粤草，其官廣東潮州知府時作。蜀草，其官四川提學僉事時作也。前有萬歷庚寅周應鼇序，稱子章没於廬山，粤草先出。越若干年，蜀草乃出，蓋作於諸草之前，而刻則在子章身後。其標題皆曰自學編，則子章諸草之總名云。

晋草九卷楚草十二卷家草七卷（江西巡撫採進本）

明郭子章撰。是集以晋草、楚草、家草合爲一編。晋草乃其由浙江參政遷山西按察使時所作，在萬歷二十一年。楚草乃其由山西遷湖廣布政使時所作，在二十二年。家草則由福建布政使入覲歸而乞休時作，在二十六年也。此後即接黔草矣。是集鈔本譌脱甚多，併佚其家草之第六卷。考其總目所闕凡尺牘十八首，故原目八卷，今以七卷著錄焉。

黔草二十一卷（浙江汪汝瑮家藏本）

明郭子章撰。是集自爲一編，乃其巡撫貴州時作。總目雖題二十一卷，而第八卷分九子卷，第九、第十、第十一、第十二、第十七卷皆分二子卷，卷十四分三子卷，實三十四卷。不明其例。至卷十四後既曰卷又十四，又曰卷又又十四，尤創見也。案千頃堂書目，子章所著尚有閩草十六卷、晋草十卷、浙草十六卷、閩藩草九卷、蒼草一卷、苫草六卷、傳草二十四卷，今皆未見。而粤草十卷，黄虞稷乃不著錄，蓋當時隨作隨刻，又隨意併數種爲一帙，多寡分合，初無一定，故所見參差不一耳。

李中丞文集二卷（江西巡撫採進本）

明李淶撰。淶字源甫，號養愚，雩都人。隆慶辛未進士，官至右僉都御史，巡撫應天。是集爲國朝康熙十年其里人易學實所刻，大抵皆應俗之作，蓋淶本以清介著，學實之刻其遺文，特重其爲人耳。

文潔集四卷（江西巡撫採進本）

明鄧以讚撰。以讚字定宇，新建人。隆慶辛未進士，官至吏部侍郎，謚文潔。事蹟具明史儒林傳。以讚早以孝行聞，晚退居西山三十年，以清介爲世所重，而無所著述。此本乃吉水鄒元標蒐輯於斷簡散帙之中，空與吳達可爲之付梓。其講學語僅存數則，餘不過奏疏三首，與書序記傳諸應酬之文耳。中附詩數十首，尤非所長也。

方初菴集十六卷（浙江孫仰曾家藏本）

明方揚撰。揚字思善，號初菴，歙縣人。隆慶辛未進士，官至杭州府知府。是集第一卷爲語錄，二卷爲箴論，三四卷爲詩，五卷至十六卷爲雜文。其語錄箴論尚皆切實，惟詩文多應酬之作。末附莅官時諸告條，尤爲冗雜。揚本有山中、燕中、中州、南署等稾，此集乃其門人賀燦然所合編也。

陳如岡文集二卷（兩江總督採進本）

明陳大科撰。大科字思進，號如岡，南通州人。隆慶辛未進士，官至右都御史，兼兵部侍郎，總督兩廣。大科官給事中時，因歲旱上弭災六事，遷太常卿時又疏救李獻可等，又劾太監馮保，有直聲。及總督兩廣，有定安南功。是集上一卷具錄當時奏疏，下一卷則雜文數篇而已。

賜餘堂集十四卷（內府藏本）

明吳中行撰。中行字子道，號復菴，武進人。隆慶辛未進士，官編修時，與趙用賢等論張居正，廷杖削籍。後屢起屢廢，卒不大顯，終於侍講學士，掌南京翰林院事。事蹟具明史本傳。是集爲其子大理寺少卿亮所編。中行以鯁直稱，詞章不甚著於世，集中植綱常，正朝廷，二疏氣節凜然，又不以詞章論矣。

鄒聚所文集六卷外集一卷（浙江巡撫採進本）

明鄒德涵撰。德涵字汝海，安福人。隆慶辛未進士，官至河南按察司僉事。明史儒林傳附見其祖守益傳末。是集凡詩一卷，文五卷。其外集一卷，則皆歷官誥敕及往來書牘也。詩文多涉禪機，持論亦往往偏駁。史稱守益子善，服習父訓，踐履無怠，稱其家學。而德涵從耿定理游，定理不荅，發憤湛思自覺有得。於是專以悟為宗、於祖父所傳、始一變云。

研山山人漫集一卷、浙江孫仰曾家藏本

明方旴撰。旴字文明、後棄舉子業、將遊五岳、取莊子逍遙遊語、改名大年。蘇州人、居洞庭東山。是集為湖州沈庭詔所編。前有隆慶二年姜元序、茅翁積方山人傳。又列翁積詩評數條、逐體分論、多大言無實、至詆束皙補亡穢不可讀。其分五言律五言排律為二格、而云排律本賦體。又謂絕句裁自近體、皆漫無依據。其推重旴詩、以四言六言比嵇康、五言比陶潛、五言律比張九齡、五言絕句比王維。然皆所謂形骸之外、去之愈遠。七言古詩尤為淺薄。翁積總評謂侈萬言於毫末、恣百態於緗縹、雖有歉於豪士、實無損於專門。則亦知其才地之弱矣。

蒼耳齋詩集十七卷、浙江孫仰曾家藏本

明方問孝撰。問孝字胥成、歙縣人。仕履未詳。歙縣志亦無其名姓。集中有與汪道昆詩、當是隆萬間人。其詩風華有餘、深厚不足。蓋亦沿七子之派、多浮聲而少切響也。

交翠館集十卷、江西巡撫採進本

明萬道光撰。道光字日章、臨川人。是集詩文皆未入格。其學以金谿為宗、說經諸篇、皆疏於考證。如或謂綱目不出朱子手、道光以為無的考、是不知有趙師淵也。伊尹放之于桐、放字為教字之誤、乃沈括夢溪筆談之說、道光亦未能引據。

汪禹乂詩集八卷、浙江孫仰曾家藏本

明汪淮撰。淮字禹乂、休寧人。隆慶間山人也。是集皆古今體詩、前有陳履、王世貞、劉鳳、汪道昆、吳子玉諸人序。子玉序稱令其伯子懋孝手錄成卷、謁序於余。蓋淮所自編。其詩皆依託七子之門戶、故世貞等頗獎借焉。

巢雲軒詩集六卷續集五卷詩餘一卷、安徽巡撫採進本

明吳宗儒撰。宗儒字次魯、號黃麓、晚號止耕、休寧人。其詩工於聲律、然運意不深、風骨亦未成就。

卓光祿集三卷、浙江汪汝瑮家藏本

明卓明卿撰。明卿有卓氏藻林、已著錄。所著有卓澂甫詩集、續集、北游稾、文集、三山游稾諸編。其子爾康請曹子念哀合刪定、編為此集。其詩頗囿於風氣、未能自出新裁。

卓澂甫詩續集三卷、江蘇巡撫採進本

明卓明卿撰。是集為明卿所自編、刻於萬曆甲申。李維楨序稱元美兄弟左提右挈、足使澂甫不朽。深有不滿之詞焉。

廣譙堂集二十四卷、兩淮鹽政採進本

明樊山王朱翊鉦撰。翊鉦字匡鼎、自號隱真子、荊王瞻堈六世孫。萬曆庚子襲封。其父載岑以文行稱。翊鉦世其家學、與弟翊壓、翊鍫皆好為詩。兄弟嘗共處一樓、號花萼社。楚藩多強橫、樊山一派其最文雅者也。是集賦及三言四言詩共一卷、五七言古今體詩共二十二卷、長短句一卷。大抵多近香山之派。末有道德經說與二卷、題曰朱孟嘗撰。蓋亦楚宗、是以附錄、與詩集為不倫、今別入子部道家類焉。

梅雪軒詩稾四卷、兩淮鹽政採進本

明朱敬鑑撰。敬鑑字進父、秦愍王樉八世孫。萬曆中為奉國中尉。詩格淺弱、敷衍成篇而已。

樂陶吟草三卷、浙江巡撫採進本

明姚舜牧撰。舜牧有易經疑問、已著錄。是集乃康熙癸丑其曾孫淳顯所刊。朱彝尊靜志居詩話謂舜牧以厚德聞鄉里、事難悉書。詩不專工、然頗自憙。今觀是編、皆沿白沙定山之派。首載論詩二首有云、試讀三百篇、寫意不求工、但能矢口發、含蓄自無窮。其宗旨可見矣。據淳顯後序、所刊乃詩文全集。此本有詩而無文、豈佚其半耶。

林初文詩選一卷、兩江總督採進本

明林章撰。章本名春元、字初文、福清人。萬曆癸酉舉人。坐事除名。後上書言兵事、瘐死於獄。是集前有曹學佺序曰、初文才士、為嫉者所中。所作多散佚、其子貞耆輯為一帙、梁溪尢時純付梓。則是集本有刊版、而此乃寫本、蓋傳錄於版佚之後也。凡賦二首、詩八十二首。學佺序稱其海月賦、而此本無之、蓋鈔胥又有所漏矣。

鬱儀樓集五十四卷、江蘇巡撫採進本

明鄒迪光撰。迪光字彥吉、無錫人。萬曆甲戌進士。官至湖廣提學副使。年四十、即罷歸、築室惠山、多與文士觴詠、優游林下者幾三十年。時王世貞已沒、迪光欲代領其壇坫、然竟不能也。是集凡賦一卷、詩二十九卷、雜文二十四卷。其詩文皆欲彌雕鐫、翻成淺易。故朱彝尊靜志居詩話深不滿焉、特略取其絕句而已。

石語齋集二十六卷（兩江總督採進本）

明鄒迪光撰。其以石語名齋，蓋用庾信讀溫子昇韓陵山寺碑事，亦高自位置矣。案江南通志文苑傳載迪光集凡三百餘卷，而不詳其名。明詩綜載迪光所著有鬱儀樓集、調象菴稾、始青閣集，不載此集。明人集刻本叢雜，著錄互異，此亦其一也。

調象菴稾四十卷（兩江總督採進本）

明鄒迪光撰。案涅槃經曰：譬如醉象狂騃暴惡，多欲殺害。有調象師以大鐵鉤鉤斲其項，即時調順，惡心都盡。一切衆生亦復如是，貪欲瞋恚愚癡醉故，欲多造惡。諸菩薩等以聞法鉤斲之，令住，更不得起造諸惡心云云。此編乃迪光之續集，蓋晚歲所作。時方歸心釋氏，故以調象名菴，因以名集云。

快獨集十八卷（山東巡撫採進本）

明李堯民撰。堯民字耕堯，濟寧人。萬歷甲戌進士，官至工部右侍郎。是集凡詩六卷、文十二卷。快獨者，所居樓名也。雜文中奏議一類，敷陳頗爲剴切。詩則秀潤有餘，而興象不足，純爲七子之派。故序之者爲李維楨焉。

征南草一卷（陝西巡撫採進本）

明王邦俊撰。邦俊字廣鄭，鄜州人。萬歷甲戌進士，官至貴州兵備參政。是編即貴州所作。時苗民不靖，起邦俊理兵事，故以征南爲名。凡詩三十餘首、賦一首。又母老乞致仕上兩院呈詞一首，亦並附焉。

林伯子詩草一卷（福建巡撫採進本）

明林兆珂撰。兆珂有詩經多識編，已著錄。此集本名挈明草。其題曰林伯子者，蓋其序爲柯壽愷所作，乃當日同社之辭也。凡詩二百三十餘首。其中七言律詩頗得錢劉風調，集中亦惟此體最多。古詩則不能入格，蓋晉安一派皆從七言律詩入門也。

隅園集十八卷蘋川集八卷（浙江巡撫採進本）

明陳與郊撰。與郊有檀弓集註，已著錄。隅園集皆所作雜文及詞曲。其文摹仿漢魏，似古色斑駮，而不出弇州四部之門徑。又以其子皋坐釁徒事陷冤獄，上書武安王及縣城隍神，亦載集中。雖柔詛楚文古有其事，編入文集，頗覺不倫。蘋川集皆其里居之時與人尺牘，益爲小品矣。與郊集總名奉常佚稾，凡分四種：首爲隅園集，次爲黃門集，次爲蘋川集，次爲詅癡符。詅癡符者，語出顏氏家訓，謂可笑之詩賦也。今黃門集別入奏議，詅癡符又有錄無書，故惟以此二編著錄集部焉。

去僞齋文集十卷（江蘇巡撫採進本）

明呂坤撰。坤有四禮疑，已著錄。是集爲其孫愼多等所刊。坤於明季講學諸儒中，最爲篤實。是集亦多有裨世道之文。而出於後人之編錄，一切俳諧筆墨無不具載。夫韓愈雜說僅數條耳，其他寓言惟毛穎傳、石鼎聯句編入集中。革華傳、嘲鼾睡諸篇即不編入。李漢所以爲有識。惜編是集者昧此也。至於應俗之文，連牘不已，益爲眼中金屑矣。

來禽館集二十九卷（浙江汪汝瑮家藏本）

明邢侗撰。侗字子愿，臨邑人。萬歷甲戌進士，官至陝西行太僕卿。明史文苑傳附載董其昌傳中。是集凡文二十四卷，詩僅五卷。侗以善書得名，當時有北邢南董之目。其序于愼行詩集，謂李何學唐，爲化鳩之眼，而於太倉歷下並有微詞，蓋能不依七子門戶者，故所作大抵和平雅秀。王士禎論詩絕句亦有來禽夫子本神清之語。特骨幹未堅，不能自成一隊，文體則更近於澀矣。

支子餘集五十二卷（浙江汪汝瑮家藏本）

明支大綸撰。大綸有世穆兩朝編年史，已著錄。是編乃大綸自萬歷丙子至壬寅所撰詩賦雜文。凡藝餘十四卷、政餘八卷、屯餘八卷、耕餘八卷、斆餘二卷、述餘六卷。又永陵編年史四卷、昭陵編年史二卷，即所爲世穆兩朝編年史也。集內酬應之作居多，語亦閒涉荒誕。觀其自題像贊及題觀音像贊，竟以孔子自居，是何言歟。

御龍子集七十七卷（兩江總督採進本）

明范守己撰。守己有曲洧新聞，已著錄。是編以集爲名，實則兼收其說部，故目錄每卷惟署曰御龍子第幾。首爲膚語四卷，次天官舉正六卷，次參兩通極六卷，次即曲洧新聞四卷，次乃爲吹劍草五十三卷。膚語皆襲宋人緒論，無所發明。天官舉正則鈔撮各史天文志，亦無所考正。參兩通極摹仿太元潛虛皇極經世諸書，於八卦之外，別爲元息進降中消毅沮八卦名，因而乘之爲九八七十二卦，以當七十二候。變彖曰繹，變象辭曰專，變爻象曰繇，末爲索辭八篇，以擬繫辭。又出諸家僭經之下。曲洧新聞雜記時事，蓋仿朱弁曲洧舊聞而於張居正屢以謀纂書之。未免恩怨之詞、不足徵信。吹劍草爲所作詩文、自稱不作唐以後語。然刻意摹擬、斧鑿之痕不化。

郢至集十二卷（浙江孫仰曾家藏本）

明范守己撰。是編於宦遊所至、各爲一集。曰西餉稾、曰雲閒稾、曰北行稾、曰吳中稾。詩文詞賦雜編、不分體裁。王世貞爲之序、語亦在抑揚之閒。

塲居集二卷、田居稾一卷、河上稾一卷（直隸總督採進本）

明李化龍撰。化龍有平播全書、已著錄。其平生以經濟著。平播、治河諸疏、表表當代、原不必以詩見。乃必欲以功業兼文章、其畫蛇之足乎。

少室山房續稾十五卷（浙江汪汝瑮家藏本）

明胡應麟撰。應麟有筆叢、已著錄。是編凡兩都集一卷、蘭陰集一卷、華陽集十卷、養痾集二卷、青霞稾一卷、僅止五種。蓋類稾未出以前、隨作隨刊之本也。

郊居遺稾十卷（安徽巡撫採進本）

明沈懋學撰。懋學字君典、宣城人。萬曆丁丑進士第一。授翰林院修撰。追謚文節。事蹟附見明史田一儁傳。是編詩三卷、雜文七卷、萬曆乙巳其兒子有容刻於福建。懋學官翰林時、値張居正奪情、與吳中行、趙用賢謀各上疏。吳、趙皆受杖去國、而懋學疏章爲人所持、不果進。乃貽居正子嗣修書、又與工部尚書李幼滋書以爭之。今集中有擬救建言諸臣令大學士張居正奔喪疏一篇、蓋卽其時未上之稾。然非擬疏之難、上疏之難也。既未上矣、存之何爲乎。

快雪堂集六十四卷（浙江朱彝尊家曝書亭藏本）

明馮夢禎撰。夢禎有歷代貢舉志、已著錄。夢禎舊藏王羲之快雪時晴帖、故以名堂。後帖歸馮銓、堂名亦隨之而移、實則始自夢禎也。是編文六十二卷、詩止二卷。所作皆喜於疏快、不以鏤刻爲工。而隨意所如、無復古人矩矱矣。

海門先生集十二卷（浙江朱彝尊家曝書亭藏本）

明周汝登撰。汝登有聖學宗傳、已著錄。是集凡文十卷、詩二卷。集中如九解九篇、越中、南都、剡中、東粵、新安會語五篇、皆聚徒講學之語。其釋良知二字、謂良訓甚也、當如至善、至德、至禮、至樂、太極、太初等。至字太字皆甚字之義、有不可擬議、不可名言之妙。其立義新奇、非惟孟子無此說、卽王守仁亦無此說。斯眞龍溪末派、惟所欲言者矣。詩亦作白沙、定山之體、其正唐詩一十五首、尤不可解。如取李白問余何事棲碧山一首、翻其意而竄改之、曰桃花流水依然在、別有天地只人閒。是不幾王安石之一鳥不鳴山更幽乎。

東越證學錄十六卷（安徽巡撫採進本）

明周汝登撰。汝登傳王畿之說、故是錄以證學爲名、而會語亦與詩文並列。

可菴書牘十卷（兩江總督採進本）

明張棟撰。棟字可菴、崑山人。萬曆丁丑進士。官至兵科都給事中。是編爲其邑人王煥所編。以其歷任書牘分卷排纂、亦王僉一官一集之例也。

詹養貞集三卷（江西巡撫採進本）

明詹事講撰。事講字明甫、別號養貞、江西樂安人。萬曆丁丑進士。官至北直隸提學御史。其集初刻於萬曆戊戌、凡文三卷、詩四卷。後詩集散佚、僅存文集。國朝乾隆庚申、其元孫道行重刊之、卽此本也。事講從羅洪先遊、傳姚江良知之學。陳獻章、王守仁之從祀、實允事講之請。集中以此疏爲冠、蓋其生平宗旨所在也。

片玉集四卷（江西巡撫採進本）

明陳邦科撰。邦科字俊卿、號警亭、高安人。萬曆丁丑進士。官至河閒府知府。是集凡閬瀛漫語一卷、言責要覽一卷、留臺疏稾一卷、聽花軒摘稾一卷。其閬瀛漫語皆設爲問荅、以辨析物理、力闢星命輪迴之說、持論甚正。其謂欲端善敗之原者謹諸德、握治亂之機者愼諸人、尤爲切實。至謂理之變者爲怪、氣之變者非怪、國家之盛衰本於乖和、不關祥異、則主持太過。欲破讖緯之妄、轉歧天人而二之、不幾於天變不足畏乎。言責要覽及留臺疏稾、皆其官南京御史時所作。明至萬曆以後、居言路者大率矯激攻訐、以致國是紛拏、迄於亂亡而未已。邦科所列十一條、分目爲四十三。中有當緩言者三、婉言者二、勿輕言者七、勿爲人言者五、可謂曲中明季諸臣之習。其疏稾如論罪謫言官、救李材、論西夏撫賊失策諸篇、亦頗剴切。惟詩筆粗厲、全不入格耳。敖文禎作邦科墓誌、云所著尙有循良模範、辨問錄二書。今集中未見、或選刻時所佚歟。

梅谷集十八卷（浙江巡撫採進本）

明莊履豐撰。履豐字中熙、晉江人。萬歷丁丑進士。改庶吉士。其集前十四卷皆雜文、後四卷爲詩。其門人黃汝良、何喬遠等所編。履豐以奉兄喪歸里、遘疾早卒。未掌制誥、而集中有冊文奏書等篇。殆皆其館課之擬作耶。

寶菴集八卷、江蘇周厚堉家藏本

明顧紹芳撰。紹芳字實甫、太倉人。萬歷丁丑進士。官至左春坊左贊善。是編前有馮琦三太史集序一篇、稱紹芳及王敬卿、葛仲明之詩皆所手定。則此集爲三家之一種也。朱彝尊靜志居詩話云、實甫詩工於五律、不露新穎矜鍊以出之、頗有近於孟襄陽高蘇門者。今觀其集、終覺意境未深也。

瑞陽阿集十卷、兩江總督採進本

明江東之撰。東之字長信、歙縣人。萬歷丁丑進士。官至右僉都御史、巡撫貴州。事蹟具明史本傳。明別有洗馬江朝宗字曰東之、或混爲一人、非也。東之嘗築室瑞金山中、故以瑞陽阿名集。其立朝頗著風節、初劾馮保徐爵、又劾王宗載于應昌及駙馬都尉侯拱宸、繼以爭壽宮事與李植楊可立均坐貶。其詳見魏禧所爲傳中。故集中奏議居半云。

楊文懿集十二卷、浙江巡撫採進本

明楊起元撰。起元有識仁編、已著錄。是集爲其孫延春所刊。據目錄作二十卷、而自十一卷至十八卷皆註云嗣刻。其有錄有書者僅十二卷。蓋裒輯未竟之本也。

松門稾八卷、浙江巡撫採進本

明王庭譔撰。庭譔字敬卿、華州人。萬歷庚辰進士。官至翰林院修撰。年未四十而沒、故詩文皆未成就。馮琦序其詩、稱其有沈鷙邁往之氣、而文以質掩。蓋道其實云。

孟雲浦集八卷年譜一卷附錄一卷、河南巡撫採進本

明孟化鯉撰。化鯉字叔龍、號雲浦、新安人。萬歷庚辰進士。官至吏部文選司郎中。持正不阿。後以奏起給事中張棟、先事削籍歸。事蹟具明史儒林傳。化鯉少從尤時熙遊、講良知之學。以無欲爲宗、以慎獨爲本。其集初刻於萬歷閒。此本則康熙癸卯其後人所重刊也。據其原目、卷一爲尊聞錄、皆所聞於時熙之語。卷二至卷五爲文。卷六卷七爲雜著。卷八爲詩。首冠以年譜、其門人王以悟所編。附刻謚議像贊諸作、則其後人所續輯。

梅園集二十卷、浙江汪汝瑮家藏本

明沈一中撰。一中字長孺、鄞縣人。萬歷庚辰進士。官至布政使。是集詩賦八卷、雜文十二卷。大抵欲以才藻見長、而短於翦裁澄汰。

九芝集選十二卷、內府藏本

明龍膺撰。膺字君御、武陵人。萬歷庚辰進士。官至南京太常寺卿。是集皆所作詩賦、乃其兄襄所選定。以卷首冠以九芝賦、遂以名之。

姑孰集二卷、浙江巡撫採進本

明章嘉禎撰。嘉禎字元禮、德清人。萬歷庚辰進士。官至大理寺寺丞。是集詩文雜編、殊無體例、蓋未定之稾。詩筆亦清儁、而多近率易。其名曰姑孰、以嘉禎嘗爲當塗知縣故也。

崇雅堂集十五卷、山東巡撫採進本

明鍾羽正撰。羽正字叔濂、益都人。萬歷庚辰進士。官至工部尚書。事蹟具明史本傳。是集賦詩六卷、文九卷、爲其門人高有聞元野鶴所編。羽正清介耿直、爲時所重。故集中奏疏、多切中時弊。其他雜文則率爾操觚者居多。詩多感激時事之作、氣體尚遒。然未免沿七子之末派。

負苞堂稾九卷、浙江汪汝瑮家藏本

明臧懋循撰。懋循字晉叔、長興人。萬歷庚辰進士。官國子監博士。詩多綺羅脂粉語、未免近靡靡之響。懋循善顧曲、元明雜劇皆所梓行。故詞曲序引、屢見集中、亦其結習之所在也。

農丈人文集二十卷詩集八卷、浙江巡撫採進本

明佘寅撰。寅有乙未私志、已著錄。朱彝尊靜志居詩話謂其自負古文、然於作者尚遠。其於詩自謂涉其藩、未窺其奧、亦自知之矣。是集乃其歸田以後所輯。考農丈人星見天官書、又雲仙雜記載陶潛聽水、稱吾師農丈人事。寅之命名、似取陶語也。

楊道行集十七卷、浙江巡撫採進本

明楊于庭撰。于庭有春秋質疑、已著錄。是集于庭所自編。其詩沿何李之派、故擬騷擬樂府古詩、不能變化蹊徑。惟五言古詩時露清挺、本色尚存。其官職方時、值寧夏及倭寇之亂、於本兵多所贊畫。及事平而竟中察典、與虞淳熙同罷歸。是爲萬歷中門戶交爭之始。故憤鬱不平、屢形篇詠。然事殊屈子、而怨甚行吟、未免失之過激。與風人溫厚之旨爲有閒矣。

青棠詩集八卷、浙江孫仰曾家藏本

明董嗣成撰。嗣成字伯念，烏程人。萬歷庚辰進士，官至禮部郎中。是編乃嗣成沒後其友茅維所編，前有謝肇淛序，稱嗣成古選憲章陶謝，近體沐浴岑王，如姑射仙人飡風飲露。蓋略舉其近似。至云使天假以年，駸駸乎將立壇坫與海內爭雄，則已顯言其學力尚淺矣。

鄒孚如集無卷數 浙江巡撫採進本

明鄒觀光撰。觀光字孚如，雲夢人。萬歷庚辰進士，官至南京兵部郎中。擢太僕寺少卿，未上而卒。是集皆雜文，無詩。前無序目，版心亦不刊卷次，蓋未定之本。其文往往體近制藝，蓋揣摩科舉，先入者深。觀其雲夢儒學藏書記極論明人不務博學，非久歷名場不能言之如是切中也。三楚文獻錄稱觀光與魏允中、顧憲成以文學經濟相砥礪。在吏部發諸吏增減文書拜官事，抵罪者數百人，一洗部弊。因陳論不合，乞歸養。事親十餘年，始補南職方郎。是其生平建豎固不以詞章見長矣。

來復堂集二十五卷 江西巡撫採進本

明曾維綸撰。維綸字惇吾，江西樂安人。萬歷庚辰進士，官至嘉興府同知。是集前有萬歷丁亥黃洪憲序，稱維綸出詩古文一編，則是集原本爲所自定。然未及授梓，歲久漸佚。乾隆壬戌其六世孫廷試乃裒輯佚稾刊版，即此本也。維綸學出姚江，與焦竑、李材、羅汝芳等共闡良知之旨，故文集十九卷以理學見解三卷爲冠，詩集六卷以理學詩六十一首爲冠云。

玉堂遺稾無卷數 湖北巡撫採進本

明蕭良有撰。良有字以占，號漢沖，漢陽人。萬歷庚辰進士，官至國子監祭酒。良有在史局十五年，長於當時制誥之文，規模宏敞，有承平臺閣之體。是集爲其曾孫廷昭等所編，分類排比，不分卷數。末有補遺及葉向高所撰墓誌一篇。

亦爲堂集四卷 江蘇巡撫採進本

明史孟麟撰。孟麟字際明，號玉池，宜興人。萬歷癸未進士，官至太僕寺卿。崇禎初追贈禮部右侍郎。事蹟具明史本傳。孟麟持正不阿，屢忤權倖，氣節動天下。其沒也，倪元璐爲作傳，趙南星序其奏疏，鄒元標序其語錄，其人品可以想見。其集凡奏疏一卷、明道附言一卷、詩草一卷、文草一卷，又一別本題曰史太僕集，所載亦同，蓋一書而再刻也。孟麟本講東林學，御史劉光復嘗斥東林，又嘗糾李三才。及光復爭挺擊下獄，孟麟乃疏救之。東林頗以爲疑。孟麟與三才書曰：論朋友則功名爲輕，論君臣則朋友之私義又輕，可謂能見其大。倪元璐亦曰：初趙公爲選部時，先生曾未識面，第以賢姦消長繫國否泰，情迫憂危，勢無結舌苟容，不惜再棄官以伸公，是不知者以爲爲友，予謂是乃純爲君耳，何友之有。然則孟麟在東林中爲超然於門戶外矣。至其文章則惟意所如，無復修詞之功，直以餘事視之可也。

方衆甫集十四卷 江蘇巡撫採進本

明方應選撰。應選字衆甫，別號明齋，華亭人。萬歷癸未進士，官至盧龍兵備副使。應選初牧汝州，刻有汝上詩文二集，其子又增併遺稾，刻爲此本。其詩古體頗清麗，文筆亦尚健舉，而漸染習尚，未盡脫當時風氣。

葛太史集五卷 山東巡撫採進本

明葛曦撰。曦字仲明，號鳳池，德平人。萬歷癸未進士，官翰林院檢討。據崇禎丙子其姪如麟後序，稱全集八卷。此本止五卷，以原目較之，尚佚諭朶顏衛檄、擬俘獻雲南叛夷露布、重修順天府學記三首，而勸政勵學箴一篇又不列入目錄，參差錯亂，莫之詳也。其詩尚沿歷下餘派，少精湛之思，而音響亦自琅琅可誦。較之竟陵、公安以後鉤章棘句者，尚有間焉。

占星堂集十五卷 浙江孫仰曾家藏本

明唐文獻撰。文獻字元徵，南直隸華亭人。萬歷丙戌進士，官至禮部右侍郎、翰林院學士，謚文恪。事蹟具明史本傳。朱彝尊靜志居詩話載文獻未第時，曾見奎宿於堂上，故以占星名其堂，因以名集。

大雲集無卷數 兩江總督採進本

明曹璜撰。璜字伯玉，別號元素，益都人。萬歷丙戌進士，官至通政司右參議。是集鈔本凡十冊，前無序目，亦不分卷帙。前四冊爲雜文及經解、奏疏、禪語，然殘闕殊甚，多不可讀。後六冊則其官西安知府及提學湖廣時案牘之文，而西安爲最詳。如社約、救荒、織造、開礦諸規議，大抵皆委曲懇到。其言關中居天下阨塞，戶口百萬，乃此公私之積，處之如掃，守令無一人長思畢其事者，而民惟寄死生於天。河南之事，吾保不再見也。璜守西安在萬歷中年，其於啟禎時事曲突移薪，若有先見。其解經則多影響支離。至臨濟大意、楞伽質義諸篇、尤夯涉雜學。蓋明季士大夫流於禪者十之九也。

中祕草三卷、湖北巡撫採進本

明李沂撰。沂字景魯、嘉魚人。萬歷丙戌進士。官至吏科給事中。劾東厰太監張鯨、廷杖削籍。後贈光祿少卿。事蹟具明史本傳。是集皆其爲庶吉士時所作。自記謂每月上旬中旬下旬試於翰苑者曰館草。每月朔望試於東閣者曰閣草。皆詳錄當時閣師館師評語。末附載劾張鯨疏一篇、及廷杖之後王錫爵楊起元袁黃通問三尺牘。

脅拙堂文集十二卷、浙江巡撫採進本

明丁元薦撰。元薦有西山日記、已著錄。元薦受業顧憲成、入東林黨籍、當時以節行稱。而文章質率、不出講學家窠臼。

永思齋文集六卷、直隸總督採進本

明李日茂撰。日茂字文華、號培吾、青縣人。萬歷丙戌進士。官至山東按察司副使。日茂官御史時、有諫三王竝封疏、今載集中、詞頗激直。而明史王錫爵傳載當時爭封議諸臣、但有趙志皐張位史孟麟羅萬化岳元聲顧允成張納陛陳泰來于孔兼李啟美曾鳳儀鍾化民項德禎李騰芳等。獨不及日茂之名、未詳其故。至諫竝封第二疏、據行狀稱撰稾未上。乃亦收入集中、則過矣。第二、三卷內多案牘之文、頗爲宂碎。

溟池集十六卷、江蘇巡撫採進本

明張文柱撰。文柱字仲立、崑山人。萬歷戊子舉人。官臨清縣知縣。是集前七卷爲詩賦、後九卷爲雜文。每篇之下、或標云見遺草見薄遊集見扇見題壁見友人集鈔。蓋其後人博蒐佚稾而成也。

容臺文集九卷、詩集四卷、別集四卷、兩淮馬裕家藏本

明董其昌撰。其昌有學科考略、已著錄。其昌以書畫擅名、論者比之趙孟頫。然其詩文多率爾而成、不暇研鍊。詞章之學蓋不及孟頫多矣。

竹素堂藏稾十四卷、浙江孫仰曾家藏本

明陳所蘊撰。所蘊字子有、上海人。萬歷己丑進士。官至南京太僕寺少卿。是集凡雜文十一卷、詩三卷。前有王宏誨陳文燭序、俱稱其官爲陳比部。蓋在郎署時所輯也。詩文摹擬太甚、未能杼軸予懷。詹景鳳明辨類函嘗稱所蘊文法汪伯玉、幾爲敵國。詩健而潔、近體亦似于鱗。則其宗法概可見矣。

青藜館集四卷、江蘇巡撫採進本

明周如砥撰。如砥字季平、號礪齋、即墨人。萬歷己丑進士。官至國子監祭酒。是集刊於崇禎壬午。詩不及一卷、餘皆雜文、多館課及應酬之作。如太上感應篇序之類亦備錄不遺、編次殊爲蕪雜。前有王思任公鼐二序。思任序多稱其制藝、鼐序多稱其德量、其微意可思矣。

小山草十卷、浙江巡撫採進本

明郝敬撰。敬有周易正解、已著錄。是編首爲鯫生蠡管三卷、首載闢佛書、次則辨論經旨之文。又雜著三卷、尺牘一卷、家乘三卷。蓋其山草堂全書之一種。敬喜說經、古文非所留意、置之不論不議可矣。

姜同節集八卷、江蘇巡撫採進本

明姜志禮撰。志禮字立之、丹陽人。萬歷己丑進士。官至尚寶司卿。致仕後加太常寺少卿。是集惟第五卷後半爲詩、餘皆雜文。所載諸疏、論列時事、頗爲切直。其守泉州時、淸還沙格澳及辨李相國偽書事。官兩廣時、拒李鳳高寀兩璫及擒飯猺韋尙勝事。政績多可稱。官山東參政時、以爭福王莊田謫官。官尙寶時、河南進玉璽、魏忠賢欲令表獻、執不可。其風節亦殊可取。詩文則類皆應酬之作也。

劉直洲集十卷、浙江孫仰曾家藏本

明劉文卿撰。文卿字徯蘇、江西廣昌人。萬歷己丑進士。官至南京兵部員外郎。文卿性孤介、嘗以忤權姦左遷。其文頗有英氣。惟年僅三十三而卒、功候未深、故風格未就。集中如急選被論辯疏及海防二議、台州金華二府興革條議、亦可以考見時政也。

吳繼疏集十二卷、江蘇巡撫採進本

明吳仁度撰。仁度字君重、金谿人。萬歷己丑進士。官至工部侍郎。明史儒林傳附載其父悌傳末。其集初刻於萬歷乙卯。此本爲其六世從孫廷相所重編。凡中書考功奏疏一卷、撫晉奏議六卷、撫晉全草三卷、各註原本卷次於下。又遺稾二卷、各註新增字。撫州府志稱其爲文不拘訓詁、每脫稾卽棄去、故無存者。此二卷蓋廷相摭拾殘剩、附於奏議公牘之後者也。仁度初除中書舍人時、嘗爭三王竝封之事。其疏今載第一卷中。撫晉時亦頗有擘畫。遺稾則隨筆寫意而已。

葉玉成全集四卷、附錄二卷、浙江巡撫採進本

明葉永盛撰。永盛字子沐，涇縣人。萬歷己丑進士。官至太僕寺少卿。事蹟具明史本傳。是集雜文一卷，奏疏三卷，爲其裔孫沃若等所刊。當萬歷中葉，稅璫用事，弊政百出。永盛以御史巡視浙江鹽政，適姦人奏請增課，稅璫持之甚急。永盛獨抗疏糾論，屢折不回，卒以無擾。今諸疏及措置浙鹽始末一篇，具在集中。明史本傳亦採錄其略。其他序、啟、祭文之類僅二十餘首，則其子孫姑存手澤而已。末附名宦錄一卷，皆萬歷中請祀呈詳批荅案牘，及去思德政碑，又鄉會中式錄一卷，則永盛倡建崇文書院，疏請許商人占籍應試，因紀歷科中式姓氏，以誌不忘。所載至

國朝康熙中，蓋後人所續入也。是亦足見浙人之不忘永盛矣。

李湘洲集十卷補遺一卷（湖北巡撫採進本）

明李騰芳撰。騰芳字子實，湘潭人。萬歷壬辰進士。官至禮部尚書。其學宗王守仁，故集中第二卷有陽明集鈔序，反覆幾二千言，發明良知之旨。至以事功節義與辭章養生均爲正道之障。又有金剛經集註序、金剛經注釆序、蓮池自知錄序，皆提唱二氏之說，亦頗尊崇李贄，稱爲卓吾老子。蓋明季士大夫所見大抵如斯，不但騰芳一人也。然騰芳留心經世，書談兵事，其策倭安攘至計疏及進戚繼光兵略諸疏，猶非徒以狂懼縱論者矣。集無序跋，不知何人所編。據卷首家傳，稱其生平著作燬於峒寇，此本蓋由掇拾而成，故十卷中多有錄無書者，別以補遺一卷，刻於末云。

關中集四卷（兩江總督採進本）

明余懋衡撰。懋衡字持國，婺源人。萬歷壬辰進士。官至南京吏部尚書。事蹟具明史本傳。是集乃其巡按陝西時所作。凡論說雜文共七十八篇。所評古今人物，皆蹈襲陳言。至謂封建井田爲可行，尤屬拘迂之見。自序稱萬歷丁未杜門請告，四閱月而成帙。中有自嘆一篇云：窮年焚膏，不得一二，偶得一二，索紙書之，紙墨未乾，已規規失，其大略可觀矣。

綠滋館稾九卷（江蘇巡撫採進本）

明吳士奇撰。士奇有史裁，已著錄。是集文八卷，詩一卷。其文雖不能步趨歸唐，而文從字順，尚不蹈王李贗古之習。惟韻語率頗甚。朱彝尊靜志居詩話稱其長於史學，詩特餘藝，其殆然歟。

靈蕤閣集八卷（浙江孫仰曾家藏本）

明湯兆京撰。兆京字伯闓，宜興人。萬歷壬辰進士。官至監察御史。事蹟具明史本傳。兆京廉正鯁直，佐孫丕揚掌察典，尤力持公議，爲羣小所嫉。然律身嚴正，雖屢遭排擊，卒不能以一言汚之。其制行甚高，詩文非所屬意，亦皆不入格。

西樓集十八卷（福建巡撫採進本）

明鄧原岳撰。原岳字汝高，閩縣人。萬歷壬辰進士。官至湖廣按察司副使。明史文苑傳附載鄭善夫傳中。是集詩十卷，文八卷。卷首謝肇淛所作小傳，謂原岳爲詩，初學鄭善夫，已又學七子，既而一意摹古，要以唐人爲宗，末年益復宏肆。今閱其詩，功候頗爲不淺，惟未免有摹擬之痕也。

繁露園集二十二卷（直隸總督採進本）

明董復亨撰。復亨字元仲，元城人。萬歷壬辰進士。官至吏部郎中，外轉布政司參政，未上而卒。是集凡文十七卷，詩五卷。復亨沒後，其同里張銓序而刻之。其文喜剽掇詞藻，如廣武郡理胡懷南治最承恩序曰：閒請所謂舉業讀之，其沈詞怫悅，如游魚銜鉤而出重淵之深；其浮藻聯翩，若翰鳥纓繳而墜曾雲之峻；其涵肆淵而吐滂沛，又若風飛猋豎，若芳蕤馥而青條森也。剽裂文賦，以入散體，古今有是格律耶？詩尤非所擅長矣。

袁中郎集四十卷（兩江總督採進本）

明袁宏道撰。宏道有觴政，已著錄。其詩文所謂公安派也。蓋明自三楊倡臺閣之體，遞相摹仿，日就庸膚。李夢陽、何景明起而變之。李攀龍、王世貞繼而和之。前後七子，遂以仿漢摹唐，轉移一代之風氣。迨其末流，漸成僞體，塗澤字句，鉤棘篇章，萬喙一音，陳因生厭。於是公安三袁又乘其弊而排抵之。三袁者，一庶子宗道，一吏部郎中中道，一即宏道也。其詩文變板重爲輕巧，變粉飾爲本色，致天下耳目於一新，又復靡然而從之。然七子猶根於學問，三袁則惟恃聰明。學七子者不過贗古，學三袁者乃至矜其小慧，破律而壞度，名爲救七子之弊，而弊又甚焉。觀於是集，亦足見文體遷流之故矣。

游燕集二卷小草齋稾一卷（安徽巡撫採進本）

明謝肇淛撰。肇淛有史觿，已著錄。游燕集二卷，爲萬歷己丑肇淛公車北上時所作。小草齋稾一卷，

則己丑還山後至辛卯復上公車時所作。案黃虞稷千頃堂書目，肇淛有小草齋詩集三十卷、文集二十八卷，又續集二卷。此二集乃集中之二種，非完帙也。

芙蓉館集二卷（浙江孫仰曾家藏本）

明楊一葵撰。一葵字翹卿，漳浦人。萬歷壬辰進士，官至雲南布政司。是集詩一卷、文一卷。詩格頗清，文則多應酬之作。首有蔣孟育序，稱一葵先有豫章集及畫脂編行世，今二書未見傳本，其自序二篇則在此集中云。

旭山集十六卷（浙江孫仰曾家藏本）

明金忠士撰。忠士字元卿，宿松人。萬歷壬辰進士，官至右僉都御史、巡撫延綏。是集詩止一卷，餘皆雜文。忠士歷任邊疆，所至皆有所建立，其施設頗見於集中。第六卷內榆林河套諸考，條列顛末，述盛衰之勢，備撫治之方，多可與史事相參核。蓋皆得之閱歷之實，故其言確鑿可據，固不必其文詞之工也。

石伯成詩稾四卷（直隸總督採進本）

明石九奏撰。九奏字伯成，冀州人。萬歷壬辰進士，官至兵備副使，進右參政。其詩多學才調集，而風格未成。朱彝尊明詩綜選入春郊一絕，閱其全稾，實無有過之者也。

水明樓集十四卷（福建巡撫採進本）

明陳薦夫撰。薦夫名藻，以字行，更字幼孺，閩縣人。萬歷甲午舉人。朱彝尊明詩綜作名邦藻，以集中行狀考之，明詩綜誤衍一邦字也。是集詩九卷、詩餘一卷、賦及雜文四卷。考徐𤊹晉安風雅，自薦夫之曾祖煃、祖達、父輔之，與其兄价夫，皆以詩名。其家學淵源，固有所自。曹學佺爲之序，稱其質癯而腹腴，語險而法中，雖目不涉詩書，跡不交山水，能使下帷之夫駭其博雅，好遊之士推其韻致，則過其實矣。

折㑹漫草八卷（浙江孫仰曾家藏本）

明華善繼撰。善繼字孟達，無錫人。官至永昌府通判。善繼與弟善述並有才名，朱彝尊謂其詩不及善述。然王世貞序列四十子詩，顧取善繼而善述不與焉。殆以善述詩體格不純，操縱任意，不若善繼之愜適歟。是集刻於萬歷甲午，蓋善繼所自編也。

奉使稾（無卷數，兩江總督採進本）

明朱之蕃撰。之蕃字元介，茌平人，南京錦衣衛籍。萬歷乙未進士第一，官至吏部右侍郎。之蕃以萬歷乙巳冬被命使朝鮮，丙午春仲出都，夏杪入關，與館伴周旋，有倡必和，錄爲二大冊。第一冊爲奉使朝鮮稾，前詩後雜著，之蕃作也。第二冊爲東方和音，朝鮮國議政府左贊成柳根等詩也。末有乙未制策一道，及東閣倡和詩數首，爲讀卷官沈演等作，蓋後人所附入。案千頃堂書目載之蕃使朝鮮稾四卷、紀勝詩一卷、南還雜著一卷、廷試策一卷、落花詩一卷，與此大同小異，蓋所見者又一別本云。

清暉館集二卷（兩江總督採進本）

明謝廷諒撰。廷諒有千金堤志，已著錄。是集上卷爲詩，下卷爲文。前有萬歷戊子陳文燭序，稱其學問日富，變化無窮，與胡應麟並稱。今觀其所作，亦頗工麗自喜，而邊幅太狹，猶在少室山房集下也。

薄遊草十五卷（浙江巡撫採進本）

明謝廷諒撰。此集皆其宦遊時所作，故以薄遊爲名。凡詩六卷、文九卷。明史藝文志載廷諒薄遊草二十四卷，此止十五卷，殆非完本也。

自愉堂集十卷（浙江巡撫採進本）

明來儼然撰。儼然字望之，三原人。萬歷乙未進士，官兵部主事。是集凡文四卷、詩六卷，乃其子復臨所刊。酬應尺牘居其大半，他作亦多亢厲之音。朱彝尊明詩綜不登一字，殆病其麤歟。

駱台晉文集八卷（福建巡撫採進本）

明駱日升撰。日升字台晉，泉州人。萬歷乙未進士，官至四川布政司參政。殉奢崇明之難，贈光祿寺卿。日升以節義顯，而文章不免漸染時趨。末附解經數則及學約規條，則其爲廣西提學僉事時以示諸生者也。

尙友堂集二卷忠諫遺稾一卷（福建巡撫採進本）

明林秉漢撰。秉漢字伯昭，一字啓五，長泰人。萬歷乙未進士，官至浙江道監察御史，巡按廣東，卒贈太僕寺卿，謚文端。事蹟具明史本傳。據張燮建所作秉漢傳，稱所著有館稾、疏草、尙友堂稾、若鳩草、長山集。此總名尙友堂集，蓋高密單德謨爲之選定，裒爲一編。惟其忠諫遺稾別爲一卷，皆案牘時奏疏也。

元居集九卷附哀榮錄一卷（福建巡撫採進本）

明李春熙撰。春熙字皞如、號泰階、建寧人。萬歷戊戌進士。官至南京戶部郎中。是集詩五卷、文四卷、後附哀榮錄一卷。詩分姑熟草、彭城草、旅言、粵游草、燕游草、白門草、鄴中草七集。文則奏疏及征交阯時文移公牘條議悉編入之。第七卷中論代藩爭立一疏、尤其大節也。集爲崇禎辛巳其子嗣元所編。此本又其裔孫芳所重雕。據嗣元序、當有十二卷。今止十卷、然首尾完具、又似非闕佚。疑芳又有所合併、非盡原帙矣。

蟄菴日錄四卷　兵部侍郎紀昀家藏本

明顧起元撰。起元有說略、已著錄。是集乃其天啓壬戌癸亥兩年所作詩文。曰蟄菴者、自序謂足蹟至冬輒發、每寒月卽自繭一室、塞向墐戶、嘗自笑以爲似昆蟲之入蟄、因以名其菴云。

樗全集七卷附錄一卷　福建巡撫採進本

明王畿撰。畿字翼邑、號慕蓼、晉江人。萬歷戊戌進士。官至浙江布政使。與講學之王畿同名、非一人也。是集詩文共七卷。末附家譜勸戒二十則、爲一卷。畿立身居官、矯矯自勵。故所爲詩文、皆質樸類其爲人。卷首序爲施邦曜所作。畿視學浙江時拔邦曜第一、邦曜貧不能婚、畿爲備聘、拜鳫於官署。邦曜卽於是秋登第、後殉節爲完人。其識鑒爲世所推服云。

大旭山房集一卷　江西巡撫採進本

明鄧渼撰。渼字遠遊、自號籲曲山人、建昌人。萬歷戊戌進士。官至僉都御史、巡撫順天。忤魏忠賢、謫戍貴州。崇禎初、放還卒。是集皆散體之文。案明版唐文粹之首有渼序曰、文家法秦漢、非不善也。然摹擬工則蹊徑太露、構撰富則窠臼轉多。至近日膚淺之法、畏難好易、眉山盛而昌黎河東二氏詘云云。頗中明季古文兩派之病。其自作則未能凌跨一時也。千頃堂書目有渼留夷館集四卷、南中集四卷、紅帛集四卷。不載此集、殆偶未見歟。

百花洲集二卷　江蘇巡撫採進本

明鄧雲霄撰。雲霄字元度、東莞人。萬歷戊戌進士。官至廣西布政使參政。是集乃其官長洲時所作、故以百花洲爲名。其詩近體居十之八九。

解弢集一卷　兩淮鹽政採進本

明鄧雲霄撰。雲霄作冷邸小言、論詩以妙悟爲宗、以自然爲用。故玆集所載、多仿王孟之音、而醞釀深厚則未及古人。昔嚴羽作滄浪詩話、標舉盛唐、而所作乃惟存浮響。雲霄所論所作、蓋均似之矣。

一齋詩集十三卷　福建巡撫採進本

明陳第撰。第有伏羲圖贊、已著錄。是集凡粵草一卷、詩文各半。萬歷戊戌至庚子游廣東時作也。寄心集六卷、焦竑爲之選定、皆四言五言古詩、多涉論宗、故別爲一集。五岳游草六卷、大抵紀遊之詠、而雜詩亦散見其中、不盡爲山水作也。據原序、尚有一集名塞曲、乃官薊州遊擊時作。此集不載、蓋佚之矣。第讀書妙有神解、遂爲言古音者之開山。詩則信筆而成、非所擅長、然第亦不必以此擅長也。

緱山集二十七卷　浙江汪汝瑮家藏本

明王衡撰。衡有紀遊稾、已著錄。萬歷戊子、衡舉順天鄉試第一。時其父錫爵在政府、爲高桂饒伸所劾、遂不復會試。錫爵罷相後、始登萬歷辛丑進士第二、入翰林。旋卽歸養、得以其閒肆力於古學。與王世貞雖同里閈、而不蹈其蹊徑。然頗染陳繼儒之俗格。明史隱逸傳稱、錫爵招繼儒與衡讀書支硎山。其所由來者漸矣。

許鍾斗集五卷　浙江孫仰曾家藏本

明許獬撰。獬有八經類集、已著錄。是集大抵應俗之作、館課又居其強半。蓋明自正嘉以後、甲科愈重、儒者率殫心制義、而不復用意於古文詞。洎登第宦成、精華已竭、乃出餘力以爲之、故根柢不深、去古日遠。況獬之制義、論者已有異議、則漫爲古調、其所造可知矣。

劉練江集七卷附錄一卷　編修程晉芳家藏本

明劉永澄撰。永澄字靜之、寶應人。萬歷辛丑進士。官國子監學正。乞歸省親。起兵部職方司主事、未上卒。事蹟具明史本傳。是集文六卷、詩一卷、附錄一卷、乃永澄沒後、其友劉宗周等共爲裒輯。其文章平正通達、而大致謹嚴。篇首程朱藥言序、尤爲深切。蓋永澄雖與東林諸人遊、而操履篤實、故詞采不足、而持論不詭於正、無門戶標榜之習云。

葉子詩言志十二卷　浙江巡撫採進本

明葉秉敬撰。秉敬有字孿、已著錄。是編首載述職吟心五卷、乃大計入覲時作。次載賦類一卷、吟類一卷、乃督學河南時作。次遵循編五卷、則雜錄對聯偶語。自序稱取虞書詩言志、論語志於學二語、以爲作詩要領、故以此名其集。秉敬淹貫羣書、著述甚富，而所作韻語，乃過於質樸，殆所謂詩有別才耶。

元凱集五卷（福建巡撫採進本）

明陳勳撰。勳字元凱，閩縣人。萬歷辛丑進士，官至戶部郎中。福建通志載元凱集四十卷，此本僅文三卷、詩二卷，然首尾完足，初非有闕，蓋爲其同年呂純如所刻，或經純如選定耶。勳爲鄭善夫外曾孫，其瓣香有自，故雖無傑構，而尙有典型。

臼榆集二十卷（江蘇巡撫採進本）

明屠隆撰。隆有篇海類編，已著錄。是集詩八卷、文十二卷。隆爲人放誕風流，文章亦才士之綺語。陳子龍明詩選謂其詩如衢繁驛舍，陳列壺觴，頃刻辦就，而少堪下箸。文尤語多穠纖，而漫無持擇，蓋沿王李之塗飾，而又兼涉三袁之纖佻也。

由拳集二十三卷（內府藏本）

明屠隆撰。是集凡賦一卷、古今體詩十卷、雜文十二卷。時隆方知青浦縣，故以由拳爲名。

玉茗堂集二十九卷（兩江總督採進本）

明湯顯祖撰。顯祖有五侯鯖字海，已著錄。顯祖於王世貞爲後進，世貞與李攀龍持上追秦漢之說奔走天下，歸有光獨詆爲庸妄。顯祖亦毅然不附。至塗乙其四部藁，使世貞見之。然有光才不逮世貞，而學問深密過之；顯祖則才與學皆不逮，而議論識見則較世貞爲篤實，故排王李者亦稱焉。是集凡詩十三卷、文十卷、尺牘六卷。前有南豐朱廷誨序，稱其解陰符五賊禽制之法，序春秋轄略，發仁孝動天下之旨，記小辨明復小乾大之一致，非無根據之學者，然終非有光匹也。

適適齋鑑餘集七卷（福建巡撫採進本）

明陳玉輝撰。玉輝字達卿，號荆碧，惠安人。萬歷辛丑進士，官至南京監察御史。所著有客客軒散言、皇苓草、公餘課兒草、岳陽草諸種，此集乃其一也。凡語錄一卷、文五卷、詩一卷。其子龍綬題識，謂全集未刻，已經淪軼，故所存者止此。玉輝從鄧元標講學，其文章根柢尙爲醇正。詩則隨意抒寫，不求甚工，又多佚脫，如白門紀懷七言律詩，稱依上下平韻次第，當有三十首，今僅存二十首，則其殘闕可知已。

薛文介公文集四卷（江蘇巡撫採進本）

明薛三省撰。三省字魯叔，定海人。萬歷辛丑進士，官至南京禮部尙書，卒謚文介。是編有文無詩、奏疏幾居其半，奏疏中辭謝者又居其半。惟請福王之國一疏，最爲激切，其官檢討時所上也。

叢桂軒集二卷（浙江朱彝尊家曝書亭藏本）

明吳大經撰。大經字元常，常熟人。是集大經所自編，前有萬歷癸卯自序，稱謝去帖括之學，蓋山林之士也。其詩酷摹劍南，圓熟有餘，深微不足。魏浣初序乃謂袁宏道推明代詩人以徐渭爲第一，而大經配之，殆非篤論矣。

蟋蟀軒草（無卷數，山東巡撫採進本）

明劉士驥撰。士驥字允良，禹城人。萬歷甲辰進士，官翰林院編修。士驥於李攀龍爲鄉人，而不循其門徑。是集前有李若訥序，稱允良自言少年濡首李王諸家，顧李王生今日，定另換其腸，其不肎從風而靡，不爲無見。然集中詩文，乃作嘽緩之音，是則楚既失之，齊亦未爲得也。

四然齋集十卷（兵部侍郎紀昀家藏本）

明黃體元撰。體元字長卿，穀城人。萬歷甲辰進士，官至山東按察司副使。是集體元所自編，取中和集身心世事謂之四緣，委身寂然，委心洞然，委世混然，委事自然之語，故以四然名齋，因以名集。蓋明季士大夫耽二氏者十之九也。

樊致虛詩集四卷（兩淮鹽政採進本）

明樊良樞撰。良樞字尙植，一號致虛，進賢人。萬歷甲辰進士，官至浙江提學副使。是編凡匡山社集一卷、二山草三卷，皆以所居地名之。匡山取居近匡廬之義，二山則官淮南時取淮南大小山之義也。二山草中又附以其叔儁、弟尙爆、良檝、子重鵬等次和之作，大抵多規橅七子聲調。

峽雲閣存草七卷、後存草七卷（福建巡撫採進本）

明魏濬撰。濬有易義古象通，已著錄。其詩草本四十卷，是集僅刪取十四卷，故謂之存草。存草爲未第時之詩，後存草爲既第後之詩，其後存草內又分爲初燕詩、農詩、桂詩、東詩、東後詩、家詩、衡詩各一卷，蓋皆隨宦蹟所及，各舉地名之一字以爲標目。其詩不出歷古之習，蓋萬歷以後之詩，不公安竟陵，則仍太倉歷下耳。

隆德堂詩文稾二卷（直隸總督採進本）

明魏純粹撰。純粹字仲乾，柏鄉人。萬歷甲辰進士，官至監察御史。是集詩文各一卷，多其官永城知縣時作，末附爲御史時請假省親疏一篇。

蕘言六卷（兩江總督採進本）

明余懋孳撰。懋孳字舜仲，婺源人。萬歷甲辰進士，官至給事中。此集乃懋孳所自編。凡文五卷，詩一卷。其曰蕘言者，蓋取芻蕘之意。自謂學而無當於道者稗學也，言而無當於道者蕘言也。又謂命題屬草，聊供酬應。今觀其文如門牆桃李冊序、刻聯捷稾引、細草流芳冊小引、題龍山課藝等篇，皆不免俗體，蓋疎於芟汰之過也。

皆春園集四卷（兩淮鹽政採進本）

明陳完撰。完字名甫，號海沙，南通州人。萬歷丙午舉人。是集爲完所自編。其詩多恬適敷暢，而不見性情。較黃省曾五岳山人集格調相似，而才力尚不能逮也。

達觀樓集二十四卷（江西巡撫採進本）

明鄒維璉撰。維璉字德輝，號匪石，新昌人。萬歷丁未進士，官吏部郎中時，以疏劾魏忠賢謫戍貴州。崇禎初，召爲南京太僕寺卿，洊擢右僉都御史，巡撫福建，勦海寇有功。終爲溫體仁所忌罷。崇禎八年起爲兵部右侍郎，未上而卒。事蹟具明史本傳。是編詩集凡六卷，曰願學編，蓋早年初學之作；曰宦遊草，作於司理延平時；曰友白草，作於貴州謫戍時，蓋擬太白之流夜郎也；曰友歐草，作於起官太僕時，蓋南太僕署在滁州，多歐陽修遺迹也；曰導噫草，中多感慨時事之什，蓋作於撫閩時也。文集凡十八卷，首冠以四書五經疑義，中如信豐坊僞石經、信兪庭椿改周禮、信蔡沈三代改時不改月諸說，皆未爲卓識。蓋其氣節才略足以自傳，學問則未深造也。據編首自序，尚有大夢棄文、夢棄自驚編諸目，此本皆無之。或維璉自刪，或後來所佚，均不可考矣。

揣餘之餘三卷附歸涂閒紀一卷（浙江巡撫採進本）

明劉錫元撰。錫元字玉受，長洲人。萬歷丁未進士，官至貴州提學僉事。是集第一卷庚戌夏七發記其庚申夏病疫事。二卷爲序記簡牘雜文。三卷爲雜文，乃其官祠部時考驗釋僧雜作。附歸涂閒紀一卷，則記其官黔中苗亂事。大抵多作佛家偈語，閒涉俳體。

湛園集十卷（山西巡撫採進本）

明程正己撰。正己字道先，號澄源，長治人。萬歷丁未進士，官至僉都御史，巡撫保定。以忤奄黨削職。後終於兵部侍郎。是集爲其子之藩所編。凡詩五卷，文五卷。大抵惟取自適，無意求工。

欽定四庫全書總目卷一百七十九

欽定四庫全書總目卷一百八十

集部三十三

別集類存目七

太古堂集二卷（山東巡撫採進本）

明高宏圖撰。宏圖字子猶，號硜齋，膠州人。萬歷庚戌進士，官至南京戶部尚書。福王時爲東閣大學士。南京破後，不食死。事蹟具明史本傳。其詩文經兵燹之後，多散佚不存。是集詩一卷，文一卷，爲其同里法坤厚及族孫敬業所蒐輯，蓋僅存其什一矣。

泊水齋文鈔三卷（山西巡撫採進本）

明張慎言撰。慎言字金銘，號藐山，千頃堂書目作號藐姑，疑其自號藐姑山人，而稱者各省其文也。陽城人。萬歷庚戌進士，官至南京吏部尚書。事蹟具明史本傳。初慎言官御史時，以論三案謫戍肅州，撰悔草。後官刑部侍郎時，讞獄失旨，罷官家居，著泊水詩文集，皆已散落。此集僅存奏疏三首，餘皆序記及雜著。卷首有康熙庚辰陳廷敬序，謂慎言在其鄉有興起文學之功云。

妙遠堂集四十卷（兩淮鹽政採進本）

明馬之駿撰。之駿字仲良，新野人。萬歷庚戌進士，官戶部主事。是集凡詩十四卷，文二十六卷。萬歷季年，文體漸變，竟陵鍾惺、譚元春倡尖新幽冷之派，以詩歸一編易天下之耳目。之駿於鍾惺爲同年，亦與王穉登之子留造作新聲，務以鮮警秀異相倡和，均別派也。鍾譚之名最盛，後來受詬亦至深。之駿與留名不甚盛，故所作亦如花香草媚，不久而自萎，談藝者遂不復抨擊。此集蓋偶爾得存耳。

東極篇無卷數，浙江巡撫採進本

明文翔鳳撰。翔鳳有太微經，已著錄。是集皆官萊陽令時所作。嘗自製五嶽冠，竝以五嶽爲號，東極亦其號也，故以之名篇。是集不分卷數，詩總目曰海雲集，文總目曰日門稾。其中子目有所謂蓬萊詩者，以登州之蓬萊閣也。日華詩者，以聽訟之日華堂也。九青詩者，以遊大澤山，遂易大澤爲九青也。入院詩者，奉檄入棘闈前後迴詠也。詩文率多怪僻，紀夢詩無非自爲誇詡，尤狂而近於誕矣。

文太青文集二卷陝西巡撫採進本

明文翔鳳撰。此本爲其七代孫三捷所手鈔。上卷爲講章，下卷爲詩賦雜作，乃偶然選錄之本，非完帙也。

慧閣詩八卷浙江巡撫採進本

明陳翼飛撰。翼飛字元明，平河人。萬歷庚戌進士，官安興縣知縣。所著有慧閣、長梧二集，己未、庚申、辛酉、壬戌行卷。此特其中一種。大抵墨守七子流派，音節宏壯而切響甚稀，閒附以四六序，尚頗工整。

漆園卮言二十四卷浙江巡撫採進本

明莊起元撰。起元字仲孺，武進人。萬歷庚戌進士，官至太僕寺少卿。是集大抵應酬之作，下至吏牘公移告示，靡不彙錄。且多編次叢脞，目中列目。如啟類之中分宰執、翰林諸門，已可不必，乃又列交際通用一門，殆近類書。昭明文選之分類，與杜詩、蘇詩之分類，均無是也。

銅馬編二卷浙江巡撫採進本

明楊德周撰。德周有澹圃芋記，已著錄。是集乃其崇禎中爲古田知縣入覲京師往返記程之作。上卷冠以北征記，次以北行諸詩。下卷冠以南征記，次以南旋諸詩。文格頗歷落自喜，詩則庸音也。

許靈長集無卷數，浙江巡撫採進本

明許光祚撰。光祚字靈長，陝西人。是集刻於萬歷壬子。詩格平易，罕逢警策。刊本不分卷數，而各體之首必題曰初集，蓋猶未竟之本也。

無欲齋詩鈔一卷直隸總督採進本

明鹿善繼撰。善繼有四書說約，已著錄。此乃所作詩稾，稱成雲洞定本。詩後閒有評語，不知何人所選輯也。案李光地有成雲洞詩韻，或光地所評歟。善繼成仁取義，大節凜然，詩筆亦有遒勁之氣，而不耐苦吟，未免失之俶率。

明德堂文集二十六卷浙江巡撫採進本

明呂維祺撰。維祺有四禮約言，已著錄。維祺晚殉闖難，以節義顯。其生平蓋主於篤實踐履，而不求以文章名世。然所論建多樸實，亦異乎空談經濟之流。集爲崇禎庚辰吳偉業所編，一名慎獨堂集。凡文十七卷，詩三卷，會約二卷，語錄四卷，後載制藝三首。又張鼎延所作全城定變記一篇，紀崇禎庚辰維祺家居平土寇王之典事。則康熙二年維祺子兆璜刻集時所附入也。

逸園新詩一卷詠懷詩一卷陝西巡撫採進本

明耿志煒撰。志煒字明夫，逸園其別號也，武功人。萬歷癸丑進士，官至提督四譯館少卿。是編乃志煒歸田後所作。於詩境未能深造，至於詠懷詩一卷，追和步兵，且一一次其原韻，尤爲文所必不能勝矣。

文敏遺集三卷直隸總督採進本

明李國𣚴撰。國𣚴字元治，號績溪，高陽人。萬歷癸丑進士，官至中極殿大學士。事蹟附見明史李標傳。國𣚴遺文，明季佚於兵燹。國朝順治己亥，其子大學士蔚掇拾殘闕，輯爲一編。康熙丁未，始獲其刻本於同里張亦純，刪除重複，得文二十二篇，詩一百一十四首。辛酉纂修明史，復於書局得其奏疏十三篇，因重編爲三卷，而以誌銘墓表碑附焉，即此本也。其詩文多館閣酬應之作，蓋蔚所得於亦純者，本其官翰林時課稾，故所存止是云。

豐麓集七卷江西巡撫採進本

明吳兆璧撰。兆璧字文燠，一字子穀，豐麓其別號也，金谿人。萬歷乙卯、辛酉兩中副榜，卒不第，以廩貢生官連州學正。是集皆所著雜文，末附壙誌，而以門人周懋文所作家傳冠於卷端。

博望山人稾二十卷安徽巡撫採進本

明曹履吉撰。履吉字元甫，當塗人。萬歷丙辰進士，官至河南提學僉事。是集詩六卷，文十一卷，尺牘三卷，刻於崇禎戊辰，乃履吉歸田以後所自編。卷首別載書目一葉，稱未刻者有漁山堂稾、牆謝閣稾、青在閣稾、辰文閣稾，則此猶非其全集矣。

蘧園集十卷浙江巡撫採進本

明顧簡撰。簡字默孫、自號遯園居士、歸安人。萬歷戊午舉人。不樂仕進、年僅五十而卒。其壻錢鴻袁錄遺稾、編爲是集。凡詩五卷、文五卷。

白下集十一卷、（兩江總督採進本）

明黃姬水撰。姬水有貧士傳、已著錄。是集詩六卷、賦一卷、文四卷。姬水自吳門徙居金陵所作、故以白下爲名。王世貞序謂姬水始務以清麗宏博自喜。中年游白下、稍趨淡辭雅調。晚節益自喜爲工語。東南諸詩人、不能先淳父而指屈也。其文則不復置論。然觀姬水自序、似所編實止各體詩。其餘數卷、爲其子役來增入也。姬水本五嶽山人省曾子。而世貞序謂省曾爲姬水之王父。同時之人不應有誤、殆刊本衍一王字歟。

高素齋集二十九卷、（江蘇巡撫採進本）

明黃姬水撰。是集凡賦一卷、詩十二卷、雜文十六卷。王世貞藝苑巵言稱其詩如北里名姬作酒糾、時出俊語。袞中寓貶、已足見其一斑矣。

黃淳父集二十四卷、（浙江汪汝瑮家藏本）

明黃姬水撰。是編乃萬歷乙酉其壻顧大思裒白下高素齋二集及所未刊者幷梓之。凡賦頌贊詩十六卷、雜文八卷。

元蓋副草二十卷、（浙江孫仰曾家藏本）

明吳稼竳撰。稼竳字翁晉、孝豐人。官南京光祿寺典簿。累遷雲南通判。稼竳素與吳應暘臧懋循游。故是集之序、應暘撰而懋循書之。其稱元蓋副草者、應暘序謂元蓋天目山別名。其藏書有在、姑謂之副。蓋夸大之詞、謂尚非其名山之正本耳。稼竳少年、以詩見稱於王世貞。朱彝尊靜志居詩話亦稱其樂府如健兒騎駿馬、左右馳突、靡不如意。近體頗合西崑。然摹古終太有痕也。

皆非集二卷、附一枝軒吟草二卷、（浙江鄭大節家藏本）

明萬達甫撰。達甫字仲章、號純初、鄞縣人。都督僉事表之子。少襲世職、官至廣東海防參將。表雖將家子、而篤好詞翰、達甫承其淵源、亦喜吟咏。此集其詩稾也。末附一枝軒吟草、乃其子邦孚所作。僅五十餘首。邦孚亦以世蔭官至福建總兵官左軍都督府僉事。

瞿冏卿集十四卷、（江蘇巡撫採進本）

明瞿汝稷撰。汝稷字元立、常熟人。禮部侍郎景淳子。用父蔭官主事、仕至太僕寺少卿。事蹟附見明史景淳傳。是集爲眉州張養正所編。凡詩五卷、文九卷。前有葉向高所作墓誌銘、稱汝稷最不喜溫陵李贄、以爲得罪名教。其識實出明季士大夫上。其詩文則未能凌跨流輩也。

梅顛稾選二十卷、（兩江總督採進本）

明周履靖撰。履靖有夷門廣牘、已著錄。所著有閒雲稾、泛泖吟、咏物詩、螺冠子詩餘、茹草編諸集。陳繼儒彙而選之、以成此編。蓋二人氣類相近也。

雅尚齋詩草二集二卷、（浙江汪汝瑮家藏本）

明高濂撰。濂字深甫、號瑞南、仁和人。其詩先有初集、今未之見。此其二集也。前有萬歷辛巳自序、大旨主於得乎自然、以悅性情、故往往稱心而出、無復鍛煉之功。其時山人墨客多此派也。

甬東山人稾七卷、（浙江巡撫採進本）

明呂時撰。時一名時臣、字仲父、鄞縣人。遊衡王潘王諸邸、亦當時所謂山人者也。時年六十、卽治生壙於句章之夕陽里、自撰墓銘、述所著有詩文集及樂府等稾。此集刻於萬歷辛巳、皆詩無文。陳子龍明詩選稱其頗有高岑遺調。蓋萬歷以後、公安竟陵交煽僞體、幺絃側調、無復正聲。時詩在淫哇嘈囋之秋、尚爲不墜風格。故子龍見近似者而喜也。

李山人詩二卷、（浙江范懋柱家天一閣藏本）

明李生寅撰。生寅字賓父、鄞縣人。是集爲其邑人楊承鯤所選。詩皆短章、音節頗諧、而乏深警之思、亦頗窘於邊幅。蓋思清而才弱者也。前有萬歷壬午鄞縣知縣楊芳序、稱其名可得而聞、人不可得而見。則其品在當時山人上、宜其詩之不俗矣。

復初集三十六卷、（庶吉士戴震家藏本）

明方承訓撰。承訓號郛邱、徽州人。是集乃承訓所自編。前有萬歷癸未自序、稱家世役什一、不樂仕進。蓋賈人子。又稱閒以玉獻、卽被擯斥弗用。蓋終於不遇之士也。集首冠以原刻漫談七條、大抵揚何李之餘波、而變本加厲。於唐以來詩文、如李杜韓柳、無不排擊。然核其所作、乃了不異人。

玩畫齋雜著編八卷、（浙江汪汝瑮家藏本）

明姚翼撰。翼字翔卿、歸安人。由歲貢生官廣濟縣知縣。是集皆所著雜文、編年排次。翼爲茅坤婦弟、其文格亦略相近。第八卷內附以瞿九思評語。前有其門人沈位序、作於隆慶丁卯、而所錄文至萬歷乙亥。蓋自三卷以下皆作序後所續刻也。

性靈稾二卷（浙江巡撫採進本）

明朱師孔撰。師孔字時行，徽州人，家於武昌。萬歷中歲貢生。是集名以性靈，蓋欲抒寫襟抱，不落窠臼之意。然師孔爲吳國倫弟子，究不能出七子之軌轍。

石秀齋集十卷（江蘇巡撫採進本）

明莫是龍撰。是龍有畫說，已著錄。是龍書畫皆有名，而爲詩不屑深思。明詩綜載有莫廷韓遺稾，不著卷數。此本前有傳一篇，於是龍平生事蹟不甚詳備，又無序跋及目錄，其末卷亦有闕佚。然明史藝文志云莫是龍石秀齋集十卷，與此本合，豈彝尊所見又別一本歟。

段黃甫詩稾（無卷數，兩江總督採進本）

明段黼撰。黼字黃甫，別號景山樵客，曹州人。萬歷中諸生。是集爲其友人王士龍所編。朱彝尊明詩綜稱黼所著有抱璞集，未知爲此稾之別名，抑或別有一編也。

汪遺民詩一卷（兩江總督採進本）

明汪逸撰。逸字遺民，歙縣人。是集詩一卷，皆與馬時良仲良兄弟倡和之作。首載友聲敘一篇，爲內黃司邇疆作，稱友聲兩卷，余得而展玩之，獨抒如展稍縠合奏如笙簧。是其詩本編入友聲集中，此本乃錄出逸詩別爲一卷耳。末附汪以俊詩二首，以俊字用章，亦與馬氏兄弟爲詩友者也。

環翠堂坐隱集選四卷（安徽巡撫採進本）

明汪廷訥撰。廷訥字無如，休寧人。是集古今體詩一卷，詞一卷，南北曲一卷，隨錄一卷。蕭和中序稱廷訥本有環翠堂集三十卷，與此本多重見，蓋坐隱乃其園名，故別自摘選爲此集，而仍以環翠堂冠之。集中酬唱皆陳繼儒、方于魯之流，又與李贄贈答，至稱其著書皆了義，評古善詠心，旨趣如此，其漸於當時氣習者深矣。

笑拙墅稾一卷（浙江汪汝瑮家藏本）

明金建中撰。建中字仲立，海陽人。萬歷中國子監生。笑拙墅者，其別業名也。是編前列諸人序記傳贊，次爲建中所作詩，多詠園中景物，後附其子麟祥跋，並志感詩。

古雪齋近稾一卷（浙江孫仰曾家藏本）

明朱多煃撰。多煃字以照，號斗齋，南昌人，寧藩裔也。在萬歷間與李維楨、曹學佺等唱和，其詩修飾風調，流易有餘，而短於精詣。

蘧堂集十卷（浙江孫仰曾家藏本）

明吳文奎撰。文奎字茂文，歙縣人。是集凡詩六卷，雜文四卷。文奎受業於興國吳國倫，故所作全效國倫之體。李維楨序亦稱其淵源如是云。

江皐吟一卷（浙江孫仰曾家藏本）

明劉師朱撰。師朱字仲文，號嵩潭，大名人。萬歷中由貢生官至廬州府同知。是集原序稱作於廬州，故名曰江皐吟。然集中有都門所作，有出塞所作，有超然臺所作，則亦不盡廬州詩，特刻於廬州耳。詩多淺語。原序亦稱其由兗州聞曹改廬江劇任，有顧盼自喜之意云。

潘象安詩集四卷（浙江孫仰曾家藏本）

明潘緯撰。緯字仲文，一字象安，歙縣人，家於白岳之下。萬歷中以貲官武英殿中書舍人，歸田以後，有養疴遊淮園居諸集，此其彙刻之本也。五言古體多摹文選，七言古體學初唐，近體亦頗有大歷諸人風調，然音節暢而性情少，所謂得皮而未得髓者也。中間類陽許國、嶺南區大相二人評語，如批點時文之法，亦非古人體例。

白雲集七卷（浙江巡撫採進本）

明陳昂撰。昂字爾瞻，一字雲仲，莆田人，自號白雲先生。是集前有鍾惺所作傳，稱集本十六卷，又排律一卷，昂沒後散佚無存。萬歷戊午，其同里宋珏重加裒集，僅得五言律詩七百首，七言律詩十二首，其詩頗學少陵、右丞，得其形似。

黃元龍詩集八卷附尺牘二卷（浙江巡撫採進本）

明黃奐撰。奐有元龍小品，已著錄。其詩意主獨造，而失之生硬。集中諸體皆備，獨無七言律詩，蓋流俗唱和，多以七言律詩，故奐薄而弗爲。然詩之雅俗在格韻，不在體裁，苟詞旨凡近，即四言亦屬庸音，苟興象深微，即七字亦成高調，必禁此一體不作，是又山林畸士矯枉過直之失也。

張太初集八卷（浙江孫仰曾家藏本）

明張汝元撰。汝元字太初，江寧人。萬歷中諸生。以詩受知於學使陳文燭，文燭爲序而刊之。其七言短歌，間有作意，而陶冶未精，他體則更減色。文燭序中多引二謝以下詩人擬之，蓋獎成後進之意，不必甚確也。

吾野詩集五卷（福建巡撫採進本）

明黃克晦撰。克晦字孔昭，號吾野，惠安人。少工繪事。

御定佩文齋書畫譜列之畫家傳中。其詩有金陵游稾、匡盧集、北游草、金臺詩、宛城集、五羊草、西山唱和編、觀風錄等，凡四十卷。其金陵稾則張仲立刊之，西山唱和編則李子美刊之，金臺詩則林登卿刊之。沒後二年，同里黃克纘復刻其遺詩六卷於聊城。歲久皆散佚。此本乃康熙壬午其五世孫象蕃摭家藏遺帙，哀而重鋟。其編次頗多未善。如小金山詩本五言律詩二首，而聯爲一篇，列之五言古體中，殊爲失檢。然克晦詩別無傳本，亦賴此刻以傳。其詩亦出歷下、太倉之門戶，而漸染稍輕。朱彝尊靜志居詩話謂青溪社集諸人，允當推克晦爲祭酒，蓋以此也。

夢草堂稾十二卷（浙江孫仰曾家藏本）

明胡鎮撰。鎮字子重，歙縣人。萬歷中賈人。其詩以宮商角徵羽分五集，每卷又以天時園圃等門分類，各有圈點評識，皆坊刻俗本之體例，即詩可知矣。

程仲權詩集十卷文集十二卷（浙江巡撫採進本）

明程可中撰。可中字仲權，休寧人。是集每體爲一卷，每卷不過數頁。其六言律、七言排律及賦頌諸體，至以一首爲一卷，編次殊爲繁碎。其詩亦七子末派也。

豐正元集四卷（浙江巡撫採進本）

明豐越人撰。越人字正元，鄞縣人，坊之孫也。嘗自號天放野人，故千頃堂書目作天放野人集，所載卷數與此本相合。蓋即一書而異名也。後有其子建跋，稱其遺逢骨肉之難，故往往有悽咽之音云。

甜雪齋集二十卷（兩江總督採進本）

明單思恭撰。思恭字惠仍，揚州人。是編凡詩十卷、文十卷。氣格纖瑣，皆無足取。前有思恭自序，大旨以竟陵爲宗。

梅禹金集二十卷（安徽巡撫採進本）

明梅鼎祚撰。鼎祚有才鬼記，已著錄。是集乃其詩。凡分庚辛草四卷、與元草八卷、子寧草八卷。鼎祚輯八代詩乘，又輯古樂苑，於詩家正變源流不爲不審，而所作止此，則囿於風氣，委曲諧俗之過也。

牒草四卷（直隸總督採進本）

明趙宧光撰。宧光有說文長箋，已著錄。此集皆其尺牘。有明中葉以後，山人墨客標榜成風，稍能書畫詩文者，下則廁食客之班，上則飾隱君之號，借士大夫以爲利，士大夫亦借以爲名。觀於是集，可以見當時風氣矣。此本標目參差，前兩卷題曰寒山藏，而以牒草爲子目；一卷題曰附錄，皆他人之作；又一卷題曰牒草卷之八，則當不止此四卷。蓋隨時刊刻，以爲贈遺之具，故不得而畫一也。

益齋存稾一卷（兩淮鹽政採進本）

明翁正春撰。正春初名允琦，字克生，金華人。明季縱游江湖，聞其詩頗多哀厲之音。是集詩凡一百十三首。其子煒輯錄之，附編宋翁卷西巖集後，疑爲卷之後裔也。

謝耳伯詩集八卷文集十六卷（福建巡撫採進本）

明謝兆申撰。兆申字伯元，號耳伯，邵武人。萬歷中貢生。兆申好深沈鉛刻之思，又多雜以奇字。其文蹇棘幽晦，至使人簡口慘腹而不可句。其鄉人曹能始序，謂爲遠溯揚子太元之脈以爲文。黃居中序，謂其平生喜交異人，購異書，撫異聞異見，蓋好奇而過者也。詩稍可成誦，皆四言五言古體，因不屑唐以後語，故不爲律詩。昔歐陽修柄文，斥劉幾爲險怪。兆申險怪殆甚於幾，當時省闈京兆試，輒報罷宜矣。其詩題曰全集，文則題曰初集，當尚有二集，今未之見也。

雪浪集二卷（兩江總督採進本）

明釋洪恩撰。洪恩字三懷，上元人，居長干寺。嘗說法雪浪山中，故以名集。上卷爲詩，下卷爲偈語雜著。朱彝尊明詩綜載其詩二首，然未離世法之僧不能語帶煙霞也。

空華集二卷飲河集二卷止啼集一卷石頭菴集五卷（兩江總督採進本）

明釋如愚撰。如愚字蘊璞，江夏人。祝髮後行腳四方，尋居金陵碧峯寺，從詩僧洪恩學。周汝登、曹學佺、袁宗道兄弟皆與之遊。是集凡四種：初曰空華集，詩二卷；次曰飲河集，詩二卷；次曰止啼集，文一卷；次曰石頭菴集，詩三卷、文二卷。明詩綜但稱有飲河、石頭二集，蓋未覩其全也。據自序，最後有寶善堂集，今亦未見。序言文無定質，詩不必有唐，文不必六經秦漢，自許甚高。然材地粗疎，徒好爲大言耳。

幻華集二卷（浙江孫仰曾家藏本）

明釋斯學撰。斯學字悅支，號瘦山，海鹽慈會寺僧。是集爲萬歷丁酉斯學沒後，居隆哀其遺稾與姚士弈同編。斯學天分絕高，故吐詞多自然秀拔。五言古體多用排偶，欲摹三謝而力所不逮，遂落中唐蓀山逃懷其最也。七言古體如贈錢參軍詩「落落有氣」、敬亭山歌即散漫頹唐。樂府如任俠行一篇，幾成笑具，更非所長。五言律詩篇什頗多，中間如「空林人打栗，深樹鳥驚啼」；「客來黃葉雨，鬼嘯白楊風」；「山光詩句得，湖色酒杯開」之類，則多近四靈。如「薄衾寒入夢，深雨遠沈鐘」；「一別春山淥，幾經秋葉黃」；「海門生片月，江寺入殘陽」；「一片孤峯影，青浮水面來」；「風雨山中樹，兵戈海外村」；「檐花飛片雨，庭草帶微霜」；「碧雲深夕照，黃葉隱寒蟬」；「入門寒月出，掃石暝雲開」；「掃榻分寒雨，然燈破暝煙」之類，則頗近九僧。其七言律詩及絕句皆不能及，蓋所長在此體。然首首格意略同，又多沾染公安竟陵習氣，故時有可採之句，而終不能自成一家也。

嬾園漫藁五卷 浙江巡撫採進本

明王襄治撰。襄治字仁子，亳州人。年十五，餼於庠，九試不第。天啟元年，以恩貢赴吏部試，擬授知縣，未補官而卒。此集詩二卷、文三卷，率多應酬之作。詩以纖麗為工，文亦平弱。

檀雪齋集四十卷 內府藏本

明胡敬辰撰。敬辰字直卿，餘姚人。天啟壬戌進士，官至江西驛傳道、署光祿寺錄事。是集以所著詩賦雜文及官縣令時讞牘共為一編。其文故為澀體，幾不可句讀。詩格亦公安之末派。

白雪堂詩一卷 直隸總督採進本

明李嵩撰。嵩有按晉疏草，已著錄。是集乃其巡按湖廣時所刻，故以郢中白雪為名。凡古律體詩一百餘首，有裴暘、董嗣模等四人評點，皆如時文之式。

赭圃集一卷 福建巡撫採進本

明黃文煥撰。文煥有詩經考，已著錄。是集詩文共為一卷，乃其與黃道周同下詔獄時所作，故以赭圃為名。詞多感慨，而不能甚工。舊附刻陶詩析義後，以所注陶詩亦多借以寄意，與此集若相發明也。然追步淵明，談何容易，合為一帙，未免擬不於倫，故析之別著於錄焉。

嶽歸堂集十卷 兩淮鹽政採進本

明譚元春撰。元春字友夏，天門人。天啟丁卯舉人。明史文苑傳附見袁宏道傳中。隆萬以後，公安三袁始攻擊王李詩派，以清巧為工，風氣一變。天門鍾惺更標舉尖新幽冷之詞，與元春相唱和，評點詩歸，流布天下，相率而趨纖仄，有明一代之詩遂至是而極弊。論者比之詩妖，非過刻也。元春之才較惺為劣，而詭僻如出一手，日久論定，徒為嗤點之資，覩其遺集，亦足為好行小慧之戒矣。

譚友夏合集二十三卷 安徽巡撫採進本

明譚元春撰。是編乃明季蘇州張澤合元春詩文而刻之。一卷至五卷為嶽歸堂新詩，六卷至十四卷為鵠灣文草，十五卷至二十三卷為嶽歸堂已刻詩選。每篇各有批評，皆刻意摹倣元春語。

譚子詩歸十卷 江西巡撫採進本

明譚元春撰。此集乃其選本，題曰鄒菴訂定，不知何許人。前有自序，并載諸藁自題之文，如西陵草、秋尋草、客心草之類，凡十餘種，蓋其詩之別刻者尚多云。

寸碧堂藁二卷 內府藏本

明汪膺撰。膺字元御，號玉涼，長洲人。天啟丁卯舉人，童年即喜為詩，年四十餘而卒。所存遺藁無多，康熙中其子琬始為編次，刻於所作鈍翁類藁之首，名之曰汪氏家傳集云。

此觀堂集六卷 江西巡撫採進本

明羅萬藻撰。萬藻有十三經類語，已著錄。萬藻與同邑章世純、陳際泰、東鄉艾南英並以制義名一時，號江西四家。明史以是收之文苑傳中。此集制義之序居三分之一，蓋其平生精力所萃也。四家之中，南英最好立門戶，近與南城張自烈互詬，遠與華亭陳子龍相爭，又最袒護嚴嵩，務與公論相反，以是終南英之身無日不叫囂跳踉，呶呶然與天下辨難。世純、際泰後亦隙末，惟萬藻日與南英游，而泊然一無所與，蓋其天性靜穆，不以聲氣為名高，故其文氣焰不及南英，而恬雅則勝之云。

編蓬集十卷後集十五卷 浙江巡撫採進本

明唐汝詢撰。汝詢字仲言，華亭人。五歲而瞽。父兄抱膝上，授以三百篇及唐詩，無不成誦，旁通經史。嘗撰唐詩解、唐詩十集等書，援據賅博，當時目為異人。惟其兄汝諤篤信王李之學，故汝詢所作亦演七子流派。開卷即擬古十九首，次以擬古百篇，感懷四十六首，皆沿襲蹊徑，貌似而神非。後集附雜文數十篇，其三五七言、四六八言、一字至十字諸雜體，尤傷纖巧也。

國門集一卷國門乙集一卷 浙江巡撫採進本

明凌濛初撰。濛初有聖門傳詩嫡冢，已著錄。是集以皆入國門以後所作，故謂之國門。再入再刻，故有乙集也。二集並於詩末附雜文數篇。蓋屢躓場屋之時，故頗多抑鬱無聊之作云。

貞元子詩草無卷數 浙江孫仰曾家藏本

明項穆撰。穆有書法雅言，已著錄。穆生於博古賞鑒之家，藉文雅交游之盛，耳擩目染，都無俗事。故其詩皆楚楚有清致。所謂謝家子弟，雖復不端正者，亦自有一種風氣也。惟偶然寄意，不似書法之精耳。

綺詠一卷綺詠續集一卷 安徽巡撫採進本

明汪汝謙撰。汝謙字然明，歙縣人。江南通志稱其移居武林，招集勝流，爲湖山詩酒之會。故是集大抵徵歌選妓之作。然其前集陳繼儒序之，後集又繼儒所選定。擩染熏蒸，久而與化。朱彝尊明詩綜不錄一字，蓋有由矣。

棲老堂集一卷 浙江巡撫採進本

明殷仲春撰。仲春字方叔，秀水人。嘗募王績爲人，自號東皐子。隱居教授，又精於醫，得錢輒入市買斷爛書讀之。集首載賦騷，次古今體詩，次引辭贊疏，僅二十餘葉。末有順治丁酉其孫觀國跋，稱原集詩千餘首，此本僅存什一。今核所作，不出明季山人之派，故其墓誌亦陳繼儒作也。

上生集八卷 浙江巡撫採進本

明秦燮撰。燮字曰上，一字廣齋，無錫人。萬歷中諸生。上生其號也。是集乃崇禎初其子堈坊所刊。前四卷爲詩，後四卷爲文。前有小傳，稱其長齋繡佛，趺坐焚修，蓋耽於禪悅之士，故所作韻語多近偈頌。文集自壽序、祭文外，亦募緣疏引爲多。

自娛齋詩集二卷 兩江總督採進本

明黃應徵撰。應徵字君求，江都人。天啟中諸生，偃蹇不第以卒。其子裒其遺詩爲此集。前有冒愈昌序，稱取數未多，爲體差備，浸假中年亡恙，而晚不苦於無年，所篡結何以加焉。蓋頗有微詞矣。

天啟宮中詞一卷 浙江巡撫採進本

明陳悰撰。悰字次杜，常熟人。是集前有悰自序。其詩仿王建宮詞，雜咏天啟軼事，凡一百首。自註亦極詳悉，頗足以廣異聞。朱彝尊嘗錄入明詩綜，其靜志居詩話述徐昂發之言，以爲本秦徵蘭撰，悰擴而有之。徵蘭字楚芳，亦常熟人也。

曲澗遺稾十五卷 江蘇巡撫採進本

明孫奎撰。奎字啟文，南城人。生平以講學爲事，故詩文多雜理語，蓋非所長。至溺信堪輿之說，反覆辨明，不一而足。其風水評一篇，援引營洛卜兆事及駁朱彥修語，尤爲未允矣。

齋志齋集十卷 浙江孫仰曾家藏本

明陳泰交撰。泰交有尙書註考，已著錄。是集中有自述一篇，言初字穉孚，更字同倩，號鱗海。少時名元佩，字三緘。其後三緘稱獨著，遂以爲號。是集爲其子鉉所刻，凡詩一卷，雜文九卷。泰交嘗與修秀水志，志文多載集中。詩文俱無以異人，至優童志一篇，尤過於放誕風流矣。

玩梅亭詩集二卷 兩江總督採進本

明柴惟道撰。惟道字允中，號白巖山人，嚴州人。是集前有原序，而此本闕其末頁，遂不知誰作。序自稱山人以才不遇，而所抱有以自樂，遊公卿間，泊然無所求，乃稱其高。然其詩則未成家也。

叢桂堂全集四卷詩集四卷 福建巡撫採進本

明顏廷榘撰。廷榘字範卿，永春人。官岷府右長史。其詩文揮灑千言，頗多率易。其稾亦多散佚。蓋不甚經意於是也。國初其孫堯揆、曾孫鐮始搜輯遺篇，編爲此集。

蕪園詩集六卷 浙江巡撫採進本

明葛徵奇撰。徵奇字無奇，號介龕，海寧人。崇禎戊辰進士，官至光祿寺少卿。告歸，遨遊湖山間，故其詩頗有閒適之致。集中多及其家姬，是菴者，徵奇妾李因之字。善畫花草禽鳥，亦頗能吟詠，徵奇嘗與酬和。其頗傷纖弱，或以此歟。

隴首集一卷 山東巡撫採進本

明王與允撰。與允字百斯，山東新城人。崇禎戊辰進士，官至湖廣道監察御史。以劾總兵鄧玘，降補光祿寺署正。明亡，與妻于氏、子士和同自經。是集乃其巡視陝西茶馬時所作，故名隴首。其姪士禎編次之，僅詩四十二首，又劾鄧玘淫掠疏一篇，自撰墓志一篇，而以傳及墓表、逸事狀附焉。

瑤光閣集十三卷 江西巡撫採進本

明黃端伯撰。端伯有易疏，已著錄。端伯生平好佛，嘗鐫私印曰海岸道人，取楞嚴經引諸沈冥出於苦海之語。及晚年，磨去印文，改鐫忠孝廉節四字。終以殉國流芳，可謂不負其志。是集古近體詩二卷，雜文十卷，爲僧作者居其大半。其措詞如偈如疏，如禪家語錄，非欲以詞章名世者。甚至五經四書頌，亦以禪語闡入，如春秋頌云：通身手，通身臉句中有眼定乾坤，識者須從䇿外鑒云云。蓋其性僻如是。其人足重，其學則不可訓也。別附外篇一卷，李紱序謂其當明季古文大壞之時，獨安雅無迂怪之習。惟時時雜佛氏語，因別擇編爲外編，以明其先迷後悟之旨，無使世俗之人以佛溷先生，亦不令學佛者借先生以張佛云云，亦委曲回護之言耳。

涂子一杯水五卷（江西巡撫採進本）

明涂伯昌撰。伯昌字子期，南昌人。崇禎庚午舉人。是集名一杯水者，自序云取澹然無味之義也。集中多雜釋老之說。其書唐武宗毀佛復僧後一篇，以三才三教並稱。其格物述及古本大學通序數篇，頗以朱子爲非。蓋江右之學，多從陸氏，自宋元已然也。詩多染竟陵末派，惟五言律詩閒有可觀。

敬亭集十卷補遺一卷（兩江總督採進本）

明姜埰撰。埰字如農，萊陽人。崇禎辛未進士，授儀眞縣知縣，擢授禮科給事中。以建言廷杖，謫戍宣州衞。國亡後流寓蘇州，鐫私印曰宣州老兵。臨沒遺命葬宣城，以明帝未有赦命，不敢歸也。事蹟具明史本傳。埰少以氣節著，自得罪流竄後，始學爲詩。朱彝尊靜志居詩話稱其風格一本杜陵。今觀所作，大抵才本清剛，氣尤激壯，故詩文皆直抒胸臆，自能落落不凡。然縱筆所如，不暇鍛鍊，故粗獷之語亦時時錯雜其閒，蓋性情用事居多也。集本埰自定，分敬亭、餽飥二集。其子安節等刊行，乃併合爲一，統名敬亭集。後有補遺一卷，又埰沒後安節掇拾而成。其揚州諸子燕集次韻一首，已見第四卷，乃更收入，殆偶然失檢歟。

更生吟（無卷數。山東巡撫採進本）

明高名衡撰。名衡字平仲，號鷟磯，沂州人。崇禎辛未進士，官至監察御史，以城守功晉兵部左侍郎。崇禎壬午，大兵破沂州，名衡死之。事蹟具明史本傳。乾隆四十一年，賜諡忠節。是編乃名衡巡按河南時，値李自成攻開封，在圍城中所作。自成凡三攻開封，此其初攻解去之時也。前有自序，末有其元孫淑曾跋，稱其生平著述甚夥，屢經兵燹，拾之灰燼之餘者，類多殘闕。惟此詩粗備首尾，因鈔藏之云云。考漢書藝文志詩賦類，雖一二篇亦著錄，而世傳張巡守睢陽作亦僅二篇。是編雖止七言律詩八首，不成卷帙，而忠義之氣，凜然簡外。今

聖朝大公至正，扶植綱常，凡勝國死節之臣，咸邀褒祀，名衡亦在其中。則此零章斷簡，實千古名教之所寄，謹存其目，以昭表章之義焉。

章格菴遺書五卷（福建巡撫採進本）

明章正宸撰。正宸字羽侯，號格菴，晚號偶東餓夫，會稽人。崇禎辛未進士，官至吏科給事中。事蹟具明史本傳。正宸爲劉宗周弟子，生平以氣節自負。是書所載凡奏疏七十九篇，論著十八首，記傳九首，詩賦四十一首，又補遺一首，則偶東餓夫自傳也。正宸於明亡之後，不知所終，遺稾亦多散佚，此本蓋其族孫詗掇拾殘闕，補綴成帙云。

鶴和篇三卷（江蘇周厚堉家藏本）

明閔仲儼撰。仲儼字士覺，永昌人。其仕履未詳。考明天啟乙丑進士有閔仲儼，官至少詹事，亦永昌人，當即其兄弟。仲儼自稱崇禎辛未下第，則亦舉於鄉矣。然雲南通志鄉舉中不載其名，所未詳也。是集一卷爲雜文，一卷爲詩，一卷爲制義，皆明末猥佻之派。曰鶴和篇者，仲儼時侍其父遊吳越閒，故取中孚九二爻詞以名所作也。

花王閣賸稾一卷（兵部侍郎紀昀家藏本）

明紀坤撰。坤字厚齋，獻縣人。崇禎中諸生。是集後有其孫容舒跋，稱坤少有經世志，久而不遇，乃息意逃禪。晚所居曰花王閣，蓋自傷文章無用，如牡丹之華而不實也。崇禎己卯，嘗自編其詩爲六卷。沒後盡燬於兵燹。此本爲其子鈺所重編，蓋於敗簏中得蠹蝕殘紙，錄其可辨識者，僅得一百餘首，非原帙矣。其詩大致學蘇軾，而戛戛自造，不循蹊徑。惟遭逢亂世，坎壈以終，多感時傷俗之言，故刻露之語爲多，含蓄之致較少焉。

雅似堂文集十卷詩集三卷（浙江巡撫採進本）

明文德翼撰。德翼有宋史存，已著錄。德翼人品清逸，而學問未能精邃。所作備吹錄之類，大抵以餖飣爲工，故詩文亦未能超詣。

文嘻堂詩集三卷（浙江巡撫採進本）

明朱芾煌撰。芾煌字子衷，又字玉璠，自號濤須江漁，無爲州人。崇禎甲戌進士，官至兵部武選司郎中。是集大都寓目時艱，語多感慨。七言律詩中如秋懷、春愁諸篇，紀明末朝政紛紜，亂亡之象，亦可見其大槪。末有其孫端跋，稱芾煌嘗自題四語於詩稾卷首云：詩須有爲而作，文至無心乃傳。又云：從前各夢事，見我篋中詩。其生平作詩之旨，具見於是矣。

心遠堂集二十卷（江蘇周厚堉家藏本）

明王永積撰。永積字釋實，無錫人。崇禎甲戌進士，官至兵部職方司員外郎。是編文十四卷，詩六卷，末附詩餘四闋，前後無序跋。永積在兵部時，嘗以

推舉遲延事獲譴。今以集中自記覈之，蓋太監王之心欲用其弟之仁爲浙江總兵官，永積持不可，從而之心以是中之者也。

野獲園集二卷（江西巡撫採進本）

明歐陽鉉撰。鉉字子玉，江西龍泉人。崇禎丁丑進士，官休寧縣知縣。其詩意境頗淺，自序謂寧淡毋穠，寧游毋蕪，安在今人不如古人，蓋醞釀未深而欲驟語平淡，故所就止此。題曰野獲園者，謂性耽野趣，其詩半於野得之也。

文齋文集十一卷（浙江鮑士恭家藏本）

明余祚徵撰。祚徵字符之，永豐人。文齋其號也。崇禎癸未會試副榜，授鳳陽府推官。時唐王聿鍵錮高牆，祚徵待之有禮。及聿鍵自立而祚徵已卒，因贈應天府丞，謚曰忠貞。次子玠，後爲僧，名洪瀚，蒐集其遺文刻之。凡雜文三卷，詩六卷，書啟二卷，皆不見所長。惟請誅劉良佐疏載其跋扈之迹極詳，爲史所不盡載云。

雲樵文集八卷（江西巡撫採進本）

明程士鯤撰。士鯤字天修，號雲山樵叟，永豐人。崇禎癸未副榜，官至樂平府推官。是集雜文二百餘篇，所紀物產珍異之類，體或同於稗官，其編次體例亦頗無緒。

羅溪閒語（無卷數，山東巡撫採進本）

明董養河撰。養河字叔會，閩縣人。崇禎中黃道周以鉤黨下獄，所波累竄遠者有黃文煥等七人，養河其一也。集中在獄對簿諸詩頗有氣格，而粗豪則所不免。又多狹斜贈答之作，蓋明季士大夫多以風流相尚，養河亦沿其習耳。養河名載福建通志。此本卷首題名董卷阿，殆傳寫之誤。至羅溪乃閩中地名，而通志乃作羅漢，則志誤也。中多闕落不可讀，亦未分卷，蓋殘稾僅存，未及校正編次，故錯亂如是矣。

書警（無卷數，浙江巡撫採進本）

明李永昌撰。永昌字周生，自署曰黃海，蓋徽州人。林古度爲之序，則當明末也。其書皆自題所畫之作，分爲四冊，俱五言絕句，而不著題。氣韻亦未能瀟灑。

采菊雜咏一卷（江西巡撫採進本）

明馬宏衜撰。宏衜字人伯，號退山，蘇州人。是編詩止一十五首，刻於羣芳清玩中。毛晉識其後云：五岳山人製冶菊月令，故吳下藝菊家頗得三昧。吾友人伯發爲詩歌，高平京兆二譜收拾錦囊尺幅中。今觀其詩，乃明季山人刻意投贄結社之具者耳。

射堂詩鈔十四卷（浙江巡撫採進本）

明吳夢暘撰。夢暘字允兆，歸安布衣。射堂其所居室也。是集乃其曾孫自牖所編，末附朱大復等輓詩。大復自註稱夢暘年老氣衰，頗有文通之盡。沒後友人檢其遺稾，大半散失云云。則知夢暘之詩盡在此編。雖曰詩鈔，實即其全集矣。胡應麟甲乙賸言極稱其春草詩十首。閔景賢輯明布衣詩，稱夢暘爲明季布衣之冠，未免阿其所好。朱彝尊靜志居詩話謂與程嘉燧政則偽衛、風同曹檢。眞二家之定論矣。

誠齋文集二卷附西銘問答一卷（安徽巡撫採進本）

明施璜撰。璜字虹玉，休寧人。是編乃所著雜文，皆講學之語，排斥陸王，不遺餘力。末附西銘問答，別爲一卷，蓋自馬端臨文獻通考西銘註已別著錄，故璜亦不編入文集中，見鄭重之意云。

栖館初函集選十二卷（江西巡撫採進本）

明湯思本撰。思本有筆史，已著錄。是集首爲釋道十箋一卷，中佚二篇，已非完本。其中如形神篇云：君子靜對於無動，觀諸有不勞形以壞神之舍，不傷神以竭形之君。諸語宗旨頗雜於二氏。次爲經國十書一卷，其榮氣集虛齊神諸篇，亦同清淨之旨。又續經國十書一卷，其化盜篇言盜與民互相消長，有一定之民而無一定之盜。鈞俗篇言奢侈之費甚於天菑，皆切明季時事以立言。次爲古疑義一卷，大抵臆斷之語。至謂西廂一曲，實具一大公案，世誤認爲淫詞，但觀西廂二字，則知王實甫從聲色場中轉大法輪云云，尤不可爲訓。次爲太平三策，次爲文五卷，賦一卷，詩詞二卷，皆以藻績爲宗，世俗所謂才子之文也。

東江集鈔九卷別集一卷（浙江巡撫採進本）

明沈謙撰。謙字去矜，仁和人。崇禎末，杭州有西陵十子之稱，謙其一也。所著文集數十卷，晚年手自刪汰，僅存詩文八卷，雜說一卷，名曰集鈔。末附塡詞南北曲爲別集一卷，大半皆香奩之作。其雜記末一條云：彭金粟在廣陵，見余小詞及董文友蓉渡集，謂鄒程村曰：泥犂中皆若人，故無俗物。（案此蓋指宋僧法秀戒黃庭堅以小詞誨淫當入泥犂獄事。）夫韓偓秦觀黃庭堅及楊愼輩皆有鄙聲。既不足害諸公之品。悠悠冥報。有則其之云云。其放誕可見矣。

彈劍草。無卷數。江蘇巡撫採進本

明陳邦儀撰。邦儀字開甫。高安人。崇禎中諸生。是編分爲二集。前集刻於崇禎庚午。續集則崇禎壬午至甲申作也。邦儀生當亂世。奔竄於兵火之閒。故所作語多悲楚。然如聞亂飲酒詩所云今日也飲酒。明日也飲酒。飲得醉時天地寬云云。殊傷悁率也。

樂府一卷。浙江孫仰曾家藏本

明周道仁撰。道仁字以修。烏程人。所作擬漢魏樂府凡一百三章。原附於所刊孫一元太白山人稾後。自序謂道不師孔顏。學不則經史。性不本忠孝。法不憲天王。豈伊無才。致譏寡識。其論甚正。其詩則仍摹擬形似而已。蓋樂府音節。唐人已不能考矣。

王冠九文集。無卷數。江西巡撫採進本

明王業撰。業字蔚上。號冠九。其里貫未詳。明末嘗爲諸生。尋棄去。吳楚材序稱其所著有五經釋義性理約言及文集八卷。是書僅雜文數十首。不分卷數。其史論諸篇。大抵爲明季秕政而發。而文多冗贅。

仁節遺稾。無卷數。江蘇巡撫採進本

明陶琬撰。琬字稚圭。號別峯。崑山人。崇禎末諸生。明亡。殉節死。是集爲其邑人柴源岷所編。其學以佛爲宗。詩文多類禪偈。不出李贄屠隆舊習。而捐生殉國。節概稟然。其殆黃端伯之流歟。

七十二候詩一卷。浙江孫仰曾家藏本

明顧德基撰。德基字用晦。常熟人。是集以月令七十二候各爲七言律詩一首。詞旨凡鄙。殆不足觀。以古人從無此題。姑存以備一體耳。

繡佛齋草一卷。兩淮鹽政採進本

明馮元鼎妻陳氏撰。陳氏。天台人。年二十餘夫亡。守節。其詩多幽怨之音。

國朝康熙初。其孫刑部侍郎甦爲刊行之。

祝子遺書四卷附錄一卷。浙江巡撫採進本

明祝淵撰。淵字開美。海寧人。崇禎癸酉舉人。初崇禎壬午。劉宗周以劾周延儒下獄。淵與宗周不相識。上書救之。逮治拷掠幾殆。卒抗詞不撓。既而延儒敗。流寇逼京師。始有詔赦出。而城已陷。會吳麟徵殉節死。淵與相善。乃乘閒護其喪以歸。時馬士英亂政。又擬具疏劾之。未及上而南都破。乃亟葬其母。自經而死。事蹟附見明史劉宗周傳。柴紹炳省軒集載其始末甚詳。乾隆乙未。

賜謚忠節。是集爲其友陳確吳蕃昌所編。卷一爲問學錄。卷二爲傳習錄。皆與宗周講學之語。蓋淵初上書時。尚未被罪。故得與宗周同舟南歸。因而受業。後周延儒欲羅織吳麟徵。乃票嚴旨遣緹騎追攝赴京。此皆其上書以後未逮以前所記也。三卷爲奏疏書札。其劾馬士英疏。僅殘稾半篇。以福王時已就擒。而輟筆未竟也。四卷爲詩及所記吳麟徵殉節事實及祭文。而終以自警條規十六條。附錄一卷。則劉宗周疏及所作別淵序贈淵詩。而以談遷等所作小傳綴其後焉。

徵古堂類稾十八卷。湖北巡撫採進本

明陳文濤撰。文濤字濤生。廣濟人。是集凡論六卷。經解二卷。史議二卷。子略一卷。書序傳記誌林各一卷。詩二卷。前有自序及徵古堂書目序。列生平著述凡七十五卷。謂諸書編輯成帙。貰貧務謬。不能悉以問世。僅梓其略云云。卽四卷至十一卷是也。

黌中草一卷蜀中草一卷。江蘇周厚堉家藏本

明董應揚撰。應揚字于廷。武進人。官翰林院待詔。黌中草乃其司鐸銅陵時所作。蜀中草乃其蜀闈分校時所作。自序謂五載署銅。一朝聘蜀是也。其詩寄託頗淺。往往率率成篇。

采芝堂集十六卷。浙江巡撫採進本

明周益祥撰。益祥字履吉。侯官人。崇禎末貢生。所著有潛頴鹿草撫星錦囊等集。此乃合編之本。中閒木鈇一卷。雜記時事。意取警世。而傾失之俚。詩則有意奇放。縱筆揮灑。不復裁以古法也。

西溪百詠二卷。浙江巡撫採進本

明釋大善撰。大善號虛聞道人。其始末未詳。以其詩考之。蓋崇禎初人也。西溪在武林西北。欽賢鄉。宋高宗欲都其地。後卜遷鳳凰山。在南渡時梵剎甚盛。宋人舊有西溪百詠。此復追詠古蹟。每題七律一首。凡百首。拾遺五首。又附福勝菴八詠。曲水菴八詠。梅花十絕於末。

石屋山居詩一卷。浙江巡撫採進本

題曰石屋禪師撰。不著其名。明史藝文志浙江通志亦不載其目。詩中有吾家住在霅溪西之語。蓋明代湖州僧也。是集前爲山居各體詩，後附偈頌九十首，首署參學門人至柔編，新安吳明春校正。其詩不脫釋家語錄之氣，不足以接蹟吟壇。

欽定四庫全書總目卷一百八十

欽定四庫全書總目卷一百八十一

集部三十四

別集類存目八

燕香齋文集四卷詩集六卷　直隸總督採進本

國朝劉餘祐撰。餘祐字申徵，號玉吾，又號燕香居士，宛平人。其自稱濱宛者，先世濱州人也。前明萬歷丙辰進士，官兵部左侍郎。入國朝官至戶部尚書。是集爲其子芳喆所編，每篇之末皆有評語，如坊刻時文之式。後附餘祐行略，猶前人所有之例，至附以其妻之行略，其父母之墓誌，則非古法矣。

金文通集二十卷　湖北巡撫採進本

國朝金之俊撰。之俊字豈凡，吳江人。前明萬歷己未進士。入國朝官至中和殿大學士。文通其謚也。之俊爲茅坤之外孫，故其文摹仿唐宋，一遵坤法。又與陳名夏相善，凡有所作，大抵名夏定之，見於自序甚詳。

灌研齋集四卷　江西巡撫採進本

國朝李元鼎撰。元鼎字梅公，吉水人。前明天啟壬戌進士。入國朝官至兵部左侍郎。所著詩文凡三十卷，統名之曰石園集。此集雜文四卷，乃其中之一種也。其曰灌研齋者，陸廷燦南邨筆記稱元鼎家有古研五，狀如梅花，質如黃玉，相傳爲灌嬰廟瓦，故以名齋，因以名集。考曾敏行獨醒雜志稱，饒之雩都尉廳後舊有灌嬰廟，臨其池上，廟毀，瓴甓墮池中，歲年不可計矣。因刀鑷工取半瓦以爲礪石，人見而異之，遂求其瓦爲研，於是有灌氏之名云云。則亦非元鼎之創目也。

用六集十二卷　直隸總督採進本

國朝刁包撰。包有易酌，已著錄。是集包所手編，自謂有得於易，故取永貞之義，以用六爲名。其中如寄魏環極書稱砥礪躬行，不欲以議論爭勝，希聖堂學規多留意於灑埽應對，語皆平易近人。又謂時文之士不知考究史事，昧於治亂之原，每舉春秋綱目書法風諭學者，在講學家中較空談心性者特爲篤實。然持論每多苛刻，如裴度、韓愈皆懸度其事，力加詆毀，殊失春秋善善從長之意。又如重修秦王廟疏，多引委巷無稽之言，不知折衷於古。亦其所短也。

秀巖集三十一卷　浙江巡撫採進本

國朝胡世安撰。世安有大易則通，已著錄。是集凡詩二十二卷，文九卷。前有順治丙戌世安自序，云己卯秋以前藁，因罹兵燹，霹靂電委之，頃檢其存者彙錄成帙。甲申春以前詩曰秀巖存詠，以後曰石芝軒集，雜文曰客竹居偶存、右芝軒續存，蓋裒四小集以爲一編。卷首別載所著書名，分逸目、存目。其逸目凡十六種，存目凡十九種。中已刻者十種。今所見者異魚圖贊箋、褉帖綜聞、操縵錄數種而已。

澹友軒集十六卷　浙江巡撫採進本

國朝薛所蘊撰。所蘊字子展，前明崇禎戊辰進士。入國朝官至禮部侍郎。是集凡雜文百餘篇，乃其歸田後所手定。前有劉正宗序，謂其直抒胸臆，意必準情，言必擇雅。蓋所蘊文主典質，謹守繩墨，規規不失尺寸，故正宗云然，然未能神明於規矩之外也。

杼菴集四卷（江蘇巡撫採進本）

國朝薛所蘊撰。是編乃其詩集，其子奮生等所錄。奮生即王士禎詩所謂十載雕蟲稍擅名，未曾縛袴學長征，他年我若登三事，但乞蕭郎作騎兵者是也。集刊於順治癸巳。其門人彭志古跋，稱其詩創闢似王建，蘊藉似張籍，豪縱似李白，悲壯似杜甫。蓋弟子尊師之詞也。

搜遺稾四卷（江蘇周厚堉家藏本）

國朝彭賓撰。賓字燕又，一字穆如，華亭人。前明崇禎庚午舉人。入國朝官汝寧府推官。賓少入幾社，與夏允彝、陳子龍友善，而文章則各成一格。歿後遺稾散佚，康熙後壬寅，其孫士超始從亂帙中掇拾殘賸，錄爲此編。凡文三卷、詩一卷。

青溪遺稾二十八卷（浙江孫仰曾家藏本）

國朝程正揆撰。正揆有讀書偶然錄，已著錄。是集凡詩十六卷、文十一卷、序一卷，附奇夢錄一卷。正揆少從董其昌游，故頗工於畫。集中亦多題畫論畫之作。王士禎序稱其江山臥遊圖散在人間者有數百本，士禎亦藏其二，又有題正揆畫詩，蓋當時亦重其筆墨也。其詩文則不出其鄉公安竟陵之習。其浮記一篇，殆類小說，奇夢記一卷，益荒誕矣。

已亥存稾一卷（直隸總督採進本）

國朝孫承澤撰。承澤有尚書集解，已著錄。此編乃其文稾，順治己亥解官退居時所作也。

浮雲集十一卷（江蘇周厚堉家藏本）

國朝陳之遴撰。之遴字素菴，海寧人。太學進士題名作海鹽人，疑其寄籍也。前明崇禎丁丑進士，授編修。入國朝官至宏文院大學士。順治十三年，以交結近侍擬斬，免死，謫戍尚陽堡。是集前有自序，起康熙丙午，盡戊戌所編次也。其詩才藻有餘，而不出前後七子之格。

靜惕堂詩集四十四卷（江蘇巡撫採進本）

國朝曹溶撰。溶有崇禎五十宰相傳，已著錄。溶記誦淹博，詩文亦富，然其集初無定本，篇帙多寡不一。有作三十卷者，有作正集八卷、續集三卷者，皆不知何人所編。此本爲雍正乙巳刊行，凡古今體詩幾四千首，乃其外孫朱丕戭所裒輯，溶生平吟咏蓋具在於是矣。

粤游草一卷（兩江總督採進本）

國朝曹溶撰。是集乃其順治丙申丁酉官廣東時所作，凡古體三十首，近體二百八十一首，已編入靜惕堂集中。此乃其初出別行之本。

橘洲詩集六卷（直隸總督採進本）

國朝范士楫撰。士楫字箕生，定興人。前明崇禎丁丑進士。入國朝官至吏部郎中。是集皆其順治乙酉以後之作。其詩尚染明季偽體，卷首自序一篇，故爲奧澀，亦當時習氣也。

犀崖文集二十五卷（江西巡撫採進本）

國朝易學實撰。學實字去浮，雩都人。前明崇禎己卯舉人。是集學實所自編，其文一往有駿氣，而微傷於剽。

雲湖堂集六卷（江西巡撫採進本）

國朝易學實撰。是編乃其詩集。第一卷曰湖山詩，二卷曰北征詩，三卷曰南歸詩，四卷曰寓情詩，五卷曰贈懷詩，六卷曰離憂詩，皆入國朝以後作也。

且園近集四卷且園近詩五卷（江蘇周厚堉家藏本）

國朝王岱撰。岱字山長，湘潭人。前明崇禎己卯舉人。入國朝官隨州學正。康熙己未嘗薦舉博學鴻詞。其雜文題曰近集，蓋以別於近詩。然集非文之專名，古例具存，分隸殊未允也。近詩之末有楚書姪編校且園集跋一首，則兩編皆岱所自定。其名且園者，近集中有且園記，稱康熙丙午七月，就隨州任，黌宮有隙地，宅而園之，曰且園，故以名其集云。

了菴文集九卷（浙江巡撫採進本）

國朝王岱撰。是集九卷皆雜文，第八卷則全錄募疏，殊失刪汰。其文雅俗相參，而好爲詬詈之詞，猶明末門戶之餘習。

內省齋文集三十二卷（江西巡撫採進本）

國朝湯來賀撰。來賀字佐平，改字念平，號惕菴，南豐人。前明崇禎庚辰進士，官至廣東按察司僉事。明亡歸里，主白鹿書院講席以終。其文多以砥礪薄俗，警勸愚蒙，故詞多質樸，務求盡意而後止。江右之俗，無不尊其鄉先生，而來賀論王彥章爲忠於賊，不可爲死節，獨深斥歐陽修新五代史之非，則爲明季降闖諸人而發，所謂有爲而言之者也。

古處堂集四卷（直隸總督採進本）

國朝高爾儼撰。爾儼字岱輿，靜海人。前明崇禎庚辰進士，授編修。入國朝官至大學士，謚文端。是集大抵應酬之作，亦尚沿明季之餘習。

汴亭文集二卷（山東巡撫採進本）

國朝孫廷銓撰。廷銓有南征紀略，已著錄。是集爲其門人慕天顏所編。國初景運光明，人才蔚起，廷銓文筆雖未能與一時作者抗衡，而平正通達，究無纖仄噍殺之音，蓋時會之盛爲之也。

薪齋集八卷（浙江巡撫採進本）

國朝呂陽撰。陽字全五，無錫人。前明崇禎庚辰進士。入國朝，官至浙江布政司參議。是集凡詩一卷、文六卷，歌行賦詩餘又爲一卷。

讀史亭詩集十六卷、文集二十二卷（浙江巡撫採進本）

國朝彭而述撰。而述字禹峰，鄧州人。前明崇禎庚辰進士。授陽曲縣知縣。入國朝，官至貴州巡撫，終於雲南布政使。而述久歷邊陲，所爲詩文皆雄奇峭拔，不受前人羈勒，而不免才多之患。朱彝尊序謂其人所應有盡有，人所應無不盡無，斯評當矣。

道山堂前集四卷、後集七卷（福建巡撫採進本）

國朝陳軾撰。軾字靜機，侯官人。前明崇禎庚辰進士。入國朝，官至廣西蒼梧道。是編前集文一卷、詩三卷，詩餘附之。後集文二卷、詩三卷、詩餘二卷。軾詩文皆清婉和雅，特未深厚。七言古體亦多未諧音節，蓋非其所長。

山園堂集二十三卷（福建巡撫採進本）

國朝鄭宗圭撰。宗圭字圭甫，號瞻亭。前明崇禎壬午舉人。入國朝，官烏程縣知縣。是集前十卷皆史論，自春秋迄於元代，名曰讀史卮言。十一卷至十七卷皆詩。十八卷至二十卷爲序記。二十一卷至二十二卷爲續讀史卮言，乃專論明代君臣。二十三卷爲雜著，亦史論之餘也。宗圭留心史學，其褒譏頗平允，無讀史管見諸書好爲詆訶吹索之弊。至論明事，仍載建文出亡諸語，則野史傳疑，尚未經訂定故耳。

石雲居士集十五卷、詩七卷（江蘇巡撫採進本）

國朝陳名夏撰。名夏字百史，溧陽人。前明崇禎癸未進士。授翰林院編修。入國朝，官至大學士，緣事伏誅。此集卷首有名夏順治三年自序，而集中賀成青壇家宰序稱順治九年，則集成之後又有所增續矣。集中祭其師項煜文，歷稱煜之智與煜之忠，又云吾師不死於仇而死於賊，殊乖公論。厥後歸命，
御製人臣儆心錄，即爲名夏所作，至今爲鑒。其立身蓋不足稱，特以當時著作，商搉典制，足資考核，故遺集流布，尚在人間。今亦姑存其目，而併辨其顛倒是非之失，俾來者無惑焉。

棲雲閣詩十六卷、拾遺三卷（山東巡撫採進本）

國朝高珩撰。珩字葱佩，號念東，晚號紫霞道人。前明崇禎癸未進士。入國朝，官至刑部侍郎。王士禎居易錄稱其生平撰著不減萬篇。是集爲趙執信所編，又拾遺三卷，則宋弼所輯。其詩多率意而成，故往往近元白長慶集體。

棲雲閣詩略（無卷數，編修勵守謙家藏本）

國朝高珩撰。此集猶鈔寫之本，以各體編次，不分卷數，題曰男之騊、之駒同校閱，蓋未刻全集以前，其家錄存之稾也。

誠正齋集八卷（山西巡撫採進本）

國朝上官鉝撰。鉝字三立，號松石，翼城人。前明崇禎癸未進士。入國朝，官至副都御史，終於太常寺卿。是集自一卷至五卷之前半爲雜文，五卷後半至六卷皆詩，七卷以後又皆文。且第六卷詩集未完，又雜以對聯，其編次殊爲無法。其詩文惟意所如，不可繩以格律。

靑箱堂文集三十三卷、詩集三十三卷（直隸總督採進本）

國朝王崇簡撰。崇簡有冬夜箋記，已著錄。崇簡練習掌故，爲禮官，嘗議移祀北嶽於渾源州，今其疏具在集中。然其文類皆平近流易。徐乾學序謂其卮詞讕語，無非仁義道德，殆不免於微詞。詩集以編年爲次，始於天啟丙寅，迄於國朝康熙戊午，蓋萊陽宋琬所刪定也。

東村集十卷（山東巡撫採進本）

國朝李呈祥撰。呈祥字其旋，一字吉津，號木齋，霑化人。前明崇禎癸未進士，改庶吉士。入國朝，官至詹事府少詹事。是編詩文各五卷。詩分十集，曰邸中稾、使程自刪、木齋詩稾、游中山草、唐城草、秋尋草、南游詩、絕行詩、秋游詩、東村詩。集前各有小序。查慎行序稱其與李攀龍、王士禎前後鼎足。今觀所作，慎行非定評也。

蕉林詩集（無卷數，直隸總督採進本）

國朝梁清標撰。清標字玉立，清苑人。前明崇禎癸未進士，改庶吉士。入國朝，官至保和殿大學士。所著詩稾各以古近體爲

分不列卷次。其詩作於明季者，多感慨諷刺之言。及入
本朝以後，則渢渢乎春容之音矣。

東谷集三十四卷歸庸集四卷桑榆集三卷（山西巡撫採進本）

國朝白允謙撰。允謙有學言，已著錄。此集爲其子方鴻等所編刊。自順治十八年辛丑作於致仕以前者，曰東谷集，其詩正續二十二卷，文正續十二卷。自康熙元年壬寅至丁未作於致仕之後者，曰歸庸集，共詩文四卷。自戊申至壬子晚年所作者，曰桑榆集，共詩文三卷。允謙刻意講學，故所作直抒胸臆，不以文字求工也。

陳士業全集十六卷（江西巡撫採進本）

國朝陳宏緒撰。宏緒有江城名蹟錄，已著錄。是編凡分六種，曰石莊初集六卷，寒崖近稾二卷，敦宿堂留稾二卷，鴻桷集二卷，鴻桷續集二卷，恒山存稾二卷。石莊集斷自甲申以前，餘集多甲申以後之作。

九山游草一卷（浙江巡撫採進本）

國朝李確撰。確有平寇志，已著錄。是編皆其紀游之作。九山者，雅山、苦竹山、湯山、觀山、龍湫山、暈頂山、高冠山、益山、獨山也。皆在當湖海濱，確隨所游歷，各紀以詩，彙爲此編。

梅花百詠一卷（江蘇周厚堉家藏本）

國朝李確撰。是編乃確甲申以後遁跡龍湫山中，一月間詠梅花七律百首。自序謂寄一枝於山中，有同枯樹，感三生於石上，恍覩殘魂。大抵以愁苦之詞，寄意然詠梅本爲塵劫，衍至百首，尤難爲工。宋張洽元馮子振皆有是作，而皆不免利鈍互見，則亦不必好爲苟難矣。

二槐草存（無卷數，兩淮鹽政採進本）

國朝王翃撰。翃字介人，嘉興人。王晫今世說嘗記其還妾一事，稱爲厚德。又稱其少失學，論孟不卒讀，識字而已。弱冠偶覽琵琶記，欣然會意，曰此無難，吾亦能之。即據案唔唔學填詞，竟合調。自後學不稍懈，工詞曲，又進攻詩。然貧日甚，抱膝苦吟，落落不問家人產云云。則亦姚士粦之流矣。天崇之間詩歸盛行，人沿竟陵流派，翃毅然獨尚唐音。嘗以前路夕陽外，行人春草中句爲陳子龍所賞。沒後無子，遺稾多佚。是本乃朱彝尊所選定者也。

直木堂詩集七卷（浙江巡撫採進本）

國朝釋本晝撰。本晝字天岳，號寒泉子，居紹興平陽寺。此集乃其晚年所著，凡詩四百餘首。其詩不作禪語，絕無僧家蔬筍氣。故李鄴嗣序曰非有人作序，幾不知爲曲彔座上人也。餘姚黃宗羲稱其五律上入王孟之室，次不落大復以下，則似稍過矣。

南耕草堂詩稾（無卷數，浙江巡撫採進本）

國朝曹亮武撰。亮武字渭公，號南耕，宜興人。其填詞有名於時，詩不多見。此集乃其讀書廬山時所作，凡一百八首，題曰第二集。後又附以甲子歲詩十八首，題曰第三集。蓋殘闕不完之稾也。集中有謝文德翼作詩序詩，而集首祇有蔣超、陳維崧二序，德翼序當在第一集內，今佚之也。

南雷文定十一卷文約四卷（江蘇巡撫採進本）

國朝黃宗羲撰。宗羲有周易象數論，已著錄。其所作古文，舊有南雷文案、吾悔撰杖、吾山等集。晚年手自刪削，名曰文定。後更刊存四卷，故名曰文約云。

紫峯集十四卷（直隸總督採進本）

國朝杜越撰。越字君異，號紫峯，容城人。前明諸生。康熙己未薦舉博學鴻詞，以老疾未及赴試而罷。是集乃其門人楊湛等所編。凡詩四卷，詩餘附焉，雜文共十卷。越受業於定興鹿善繼，平生惟以砥礪行誼、講明道學爲事，故鄉里推爲耆宿，而文章則非所長。湛等所編，既多錄應酬代筆之作，又不甚諳體例。其雜錄中有龍王廟募緣一篇，乃七言古詩，而編於文中。其所作祠聯、堂聯、書齋聯一一備載，尤爲冗雜。玉山雅集載聯額，別自有義，非此之謂也。

白茅堂集四十六卷（湖北巡撫採進本）

國朝顧景星撰。景星有黃公說字，已著錄。景星著述甚富，初有童子集三卷，顧學集八卷，書目十卷，皆崇禎壬午以前作，明末燬於寇。顧氏列傳十五卷、阮嗣宗詠懷詩註二卷、李長吉詩註四卷、讀史集論九卷、曬池錄一百十八卷、南渡集、來耕集共七十三卷，皆崇禎癸未以後作，康熙丙午燬於火，僅南渡、來耕二集存十之三四。乙酉、丙戌之間又有登樓集、遊地沕澱集，亦皆散佚。是集爲其子暢所輯，而其子昌編次音釋之。凡賦騷一卷，樂府一卷，詩二十二卷，文二十卷。景星記誦淹博，才氣尤縱橫不羈，詩文雄贍，亦一時之霸才。而細大不捐，榛楛勿翦，其後人收拾遺稾，又不甚別裁，傳毅之不能自休，陸機之才多爲患，殆俱有焉。

溉堂前集九卷、續集六卷、後集六卷、詩餘二卷（陝西巡撫採進本）

國朝孫枝蔚撰。枝蔚字豹人，三原人。康熙己未舉博學宏詞，以老病不能入試，授中書舍人，罷歸。枝蔚於甲申闖賊亂時，嘗結里中少年殺賊，失足墮土坎中，幸不死。後至廣陵學賈，三置千金，既而傲居董相祠，扃戶讀書，刻意爲歌詩。此集題曰溉堂，即所傲居處也。前集十卷，各以體分。續集六卷，則起康熙丙午止戊午。後集六卷，起己未還山以後，迄丙寅，皆編年爲次。詩餘則以小令、中調爲一卷，長調爲一卷。枝蔚在當時名甚重，然詩本秦聲，多激壯之詞。大抵如昔人評蘇軾詞，如銅將軍鐵綽板唱大江東去也。

五公山人集十四卷（直隸總督採進本）

國朝王餘祐撰。餘祐本姓宓，先世爲王氏後，因不復改，字申之，一字介祺，直隸新城人。明末避亂易州五公山，因號五公山人。後流寓獻縣，子孫遂爲獻縣人。餘祐在前明爲諸生，受知於桐城左光斗，故喜談氣節。其學則出自容城孫奇逢、定興杜越，以砥礪品行、講求經濟爲主，故立身孤介刻苦，有古獨行之風。然恆以談兵說劍爲事，又精於技擊，喜通任俠，不甚循儒者繩墨。其詩文亦皆不入格，考證尤疎。如謂西洋呼月爲老死，杜詩莫笑田家老瓦盆，即月盆也，如月琴、月臺之類，取其形似。按歐邏巴人至明萬歷閒利瑪竇始入中國，杜甫何自識其譯語。又謂古詩爲樂當及時，焉能待來滋，滋爲草名，又名緐耬，易於滋長，即藤也。案古詩本作來兹，字本呂氏春秋今兹、來兹，猶今年、明年，高誘註甚明。餘祐殆見誤本古詩兹字加水，因生曲說。又題鷊水亭印，載稱本說文正譌、玉篇諸書。周伯琦六書正譌論雖偏僻，猶是篆體。顧野王孫强之玉篇則全是隸書，何與摹印之事，亦太不詳檢矣。

二曲集二十二卷（浙江巡撫採進本）

國朝李容撰。容有四書反身錄，已著錄。集爲門人王心敬所編。每卷分標篇目，曰悔過自新說，曰學髓，曰兩庠彙語，曰靖江語要，曰錫山語要，曰傳心錄，曰體用全學，曰讀書次第，曰東行述，曰南行述，曰東林書院會語，曰匡時要務，曰關中書院會約，曰盩厔荅問，曰富平荅問，曰觀感錄，皆其講學教授之語，或出自著，或門弟子所輯，凡十六種，本各自爲書，故卷前閒錄原序。其第十六至二十二卷，則容所著雜文也。二十三卷以下曰襄城記異，乃容父可從明末從汪喬年擊流寇戰歿，容建祠襄城，有聞鬼語之事，各作詩文記之，而劉宗泗裒輯成帙者。曰義林記，則記容招魂葬父事，亦宗泗所輯。曰李氏家乘，曰賢母祠記，則皆爲可從及容母彭氏所作傳記詩文，而富平惠龗嗣彙次之，刊集時并以編入，蓋用宋人附錄之例。然卷帙繁重，而無關容之著作，殊爲疣贅。

聰山集十四卷（直隸總督採進本）

國朝申涵光撰。涵光字孚孟，亦作符孟，又曰孟和，復自號曰鳧盟，取與符孟字音近也。永年人。明太僕寺丞佳允之子。順治中恩貢生。是編首列年譜、傳誌一卷，次文三卷，詩八卷，附荊園小語一卷、荊園進語一卷，皆所作語錄也。

蒿菴集三卷（編修周永年家藏本）

國朝張爾岐撰。爾岐有周易說略，已著錄。是集爾岐所自定，凡雜文七十篇。大抵才鋒駿利，縱橫曼衍，多似蘇軾，而持論不免駮雜，蓋爾岐之專門名家究在鄭氏學也。

雲龕遺稾一卷（編修鄭際唐家藏本）

國朝梁春暉撰。春暉字時皇，號淑三，福建長樂人。考淳熙三山志，雲龕山即龍龕山，在長樂縣南千溪潭上，有歸雲洞、望海亭、香爐峰諸勝。春暉晚年卜居其地，以吟咏自娛，故以名集。此本乃雍正癸卯其孫澄漪所錄，末有澄漪跋，稱初名雲龕吟稾，嘗謀鋟版而力未逮，藏弆既久，不幸爲蟲鼠所殘，剝蝕斷爛，至不可讀。細加檢錄，得其首尾完具者僅十之一二，裒爲一卷，顏曰雲龕遺稾云。

茂綠軒集四卷（江蘇巡撫採進本）

國朝顧夢游撰。夢游字與治，江寧人。前明諸生。曹學佺刻十二代詩選，嘗錄其詩，題曰偶存稾。至順治庚子，夢游既卒，施閏章又廣爲收輯，合學佺所刻，得五百四十二篇，刪其什二，定爲此本。夢游與葛一龍、邢昉諸人相倡和，詩格皆近中晚。閏章序稱昉詩學勝才，夢游詩才勝學，亦二人之定評也。

苧菴二集十二卷（江蘇周厚堉家藏本）

國朝吳懋謙撰。懋謙字六益，松江人。早從陳子龍、李雯諸人遊，故力追七子之派。稱詩多以漢魏盛唐爲宗，然時有踳張之失。

水田居士文集五卷（江西巡撫採進本）

國朝賀貽孫撰。貽孫有詩觸，已著錄。是集有文無詩。所作皆跌宕自喜。其與艾千子書云，文章貴有妙悟，而能悟者必於古人文集之外，別有自得。是雖鍼砭東鄉之言，而貽孫所以自命者亦大略可見。特一氣揮寫，過於雄快，亦不免於太盡之患也。

闇修齋稾一卷（湖北巡撫採進本）

國朝蕭企昭撰。企昭有性理譜，已著錄。是集凡文三十二篇，前有其兄廣昭序，述企昭始末甚詳。企昭爲學之梗槩，則見於與熊賜履書中。蓋無所師承，而篤志自立之士也。然企昭雖尊法朱子，排斥王氏，而心平氣和，無明人喧鬨之習。故與賜履書中有某平昔講學，不欲立門戶，肆口耳之語。其東林要錄序曰：當其始也，出於士大夫意見之相岐，聲名之相奪，而其後也，舉國家之大命隨之。其同時尚論錄書後曰：當日東林魏璫之門戶，牢結而不可破，一勝一敗，正不敵邪，遂至殺戮忠良，剝削元氣，感召災祲，醞釀盜賊，雖食小人之肉而寢其皮，寧足以紓其恨哉。然而小人不足責也，彼所稱爲君子者，持意見，快恩讐，以和衷易處之事，爲誶語相加之行，激而生端，禍貽於國，又安得盡歸罪於小人乎。均可謂平心之論。至其文章則不及汪琬諸人之深厚。觀所著性理譜中論讀書之序，稱始於小學、四書、五經，而性理大全、二程遺書、朱子文集、語類、魯齋遺書、薛氏讀書錄、胡氏居業錄、高子遺書次之，西山大學衍義又次之，通鑑綱目、十七史詳節、吾學編又次之，韓文、歐文、陶詩、杜詩、文章正宗及宋金華、歸震川文集又次之。則其學問根柢可見矣。

藕灣全集二十九卷（湖北巡撫採進本）

國朝張仁熙撰。仁熙有雪堂墨品，已著錄。其詩凡初集十卷、二集十卷，餘九卷則文集也。初集作於前明，身經離亂，多悲苦之音。大旨宗尚北地、太倉、歷下諸人，未脫摹仿之跡。其論詩謂時弊雖深，愼勿相救。公安救歷下，至於佻；竟陵救公安，陷於孱。其與王昊廬論文書，謂歸太僕之文秀善而衷於宋氏之理，秀善則易柔，衷於宋氏則理信而詘於氣。又謂瑯琊、歷下與毘陵、歸安兩家角立，毘陵、歸安之流幾欲駕瑯琊、歷下而上之，然徒以其秀善婉媚沓遝千里，白葦平疇者，又安能服瑯琊諸君子制作諸大篇哉。觀其持論，可知其生平宗旨矣。

芝在堂集十五卷（湖北巡撫採進本）

國朝劉醇驥撰。醇驥有古本大學解，已著錄。是集凡詩六卷、雜文九卷。其自序云，奉嘉、隆間二三名人集，要去其襲迹，以近古爲是，不能作宋元下廉纖支折語。又作鍾惺、譚元春傳，謂學王、李未至，襲風格，備鏗鏘，猶俟諸三餘；儉儒苦古帙浩繁，便援公安、竟陵而以其竅鳴也。觀其所論，可知其所宗法矣。

織齋集鈔八卷（山東巡撫採進本）

國朝李煥章撰。煥章字象先，號織齋，山東樂安人。前明諸生。後棄舉子業，專肆力於詩文古詞。所著有龍灣集、無學堂集、老樹村集，凡百餘萬言。後合諸集而刊削之，定爲此本。其文跌宕排奡，氣機頗壯，而汪洋縱放，未免一瀉無餘。至於明季忠烈諸臣，多爲立傳，其表微闡幽，亦可謂留意史學。然所載不能一一審核。如周遇吉妻周夫人傳，載李自成攻寧武，遇吉數大敗之，追戰陷重圍，馬蹶，公拔佩刀自殺，夫人貫重鎧陷陣，連斬賊驍將，及聞遇吉死，亦自殺云云。案明史，遇吉巷戰被執，爲賊叢射而死，實非自殺。其妻劉氏素勇健，率婦女數十人據山巔公廨，登屋而射賊，賊不敢逼，縱火焚之，闔家盡死，亦與煥章所載陷陣及自殺事不合。且佚其姓，但稱周夫人，蓋草莽傳聞之詞，隨筆紀錄，未足據爲定論也。

謝程山集十八卷（江蘇巡撫採進本）

國朝謝文洊撰。文洊有學庸切己錄，已著錄。是集初祇日錄三卷、講易義三卷、書三卷，乃其門人甘京、黃采所編。乾隆乙丑，文洊元孫鳴謙又收合雜文遺稾，與新城涂登、陳道編爲此本。甘京序稱其早習舉子業，爲諸生，年二十，學禪有所得。三十後始宗儒。越四十，始一以程朱爲宗。年六十七而卒。將卒，自作墓誌曰，大學、中庸切己錄凡八九易稾始定。竊欲折衷先儒，期足以啟發來學。自訂所體驗者日錄三卷。易堂諸友節行文章爲海內所重，某不自量，亦欲學其詩文，才短終不能就，而己學亦遂旁洩云云。蓋文洊生平以講學爲主，文章則其餘事耳。

燕峰文鈔一卷（江蘇巡撫採進本）

國朝費密撰。密字此度，成都人。遭張獻忠之亂，棄家爲道士，流寓吳江以終。王士禎詩所謂成都跛道士萬里下峨岷者是也。士禎盛稱其詩，而其文不甚著。今觀是集，不涉王李之摹擬，亦不涉袁鍾之纖仄，奇矯自喜，頗有可觀。然往往好持異論，如春秋論謂春秋爲三桓而作，則舉一廢百。明堂配上帝論兼斥鄭康成王肅之說，而以上帝爲上世之帝，則經典從無此稱。僭用天子禮樂辨兼斥程子及楊愼所引呂覽之說，而謂周公有王者之功，宜用王者之禮樂，成王之賜未足爲非，魯人用之於羣廟，乃爲僭上。不知惟名與器不可假人，有王者之功，宜用王者之禮樂，然則有王者之功，亦可用王者之名號乎。是率天下而亂也。

虎溪漁叟集十卷（江西巡撫採進本）

國朝劉命清撰。命清字穆叔，臨川人。是書前後無序跋，惟冠以臨川縣志小傳一篇，稱其明末捍禦土寇有方略，福王時揭重熙薦充館職，辭不就。入國朝以布衣終。是集凡經論二卷，史論二卷，文二卷，詩三卷，詞一卷。其經論稱朱子兼子貢詩傳子夏詩序，有駁於聽聞，案朱子但嘗駁詩序耳，其子貢詩傳至明始出，朱子烏得而見之。又謂魯之春秋本用周正，孔子始改用夏正，以秦正建亥，而呂不韋作月令乃用夏時爲例，是不特按之經文無一相合，且案史記秦始皇本紀，呂不韋死在十二年，以十月爲歲首在二十六年，又呂氏春秋後序稱歲在涒灘，乃始皇之八年，與改用亥正遠不相及。引以爲證，尤考之不詳。史論頗多臆斷，其詆諸葛誅馬謖之非，及力袒王安石而深斥蘇洵辨姦論及呂公著彈文，尤不免顛倒是非。詩文亦皆不入格。蓋倜儻自豪之士，負氣縱橫，而學問則未能深造也。

徐太拙詩稾（無卷數，山東巡撫採進本）

國朝徐振芳撰。振芳字太拙，山東樂安人。是集凡分三種：一曰雪鴻草，一曰三素草，一曰楚萍草。所作奇氣坌湧，時出入於李賀盧仝之閒，而竟陵公安之餘習未盡湔除，故往往失之纖仄，變徵之聲，酸吟激楚，其學謝翺而未成者與。

彭省廬文集七卷詩集十卷（江蘇周厚堉家藏本）

國朝彭師度撰。師度字古晉，號省廬，華亭人。崇禎戊寅，吳下諸人爲千英之會，畢集於虎邱。師度年十五，即席成虎邱夜宴同人序，吳偉業有江左三鳳凰之目，蓋謂師度及吳兆騫陳維崧也。集中兵謀十餘篇，頗見用世之志。詩格沿雲閒之派，富贍有餘。

蘧廬詩（無卷數，浙江巡撫採進本）

國朝韓純玉撰。純玉字子蘧，別號蘧廬居士，歸安人。明翰林韓敬之子也。敬以黨附湯賓尹見擯於時，純玉以是抱憾，終身不求仕進。其行蹤略具所作自序及集中癸丑五十生朝示兒詩中。是集不分卷帙，但每體別編，中多淒楚之音，蓋皆明季兵燹及國初江南初定，餘孽未平，山居避寇之作也。

省軒文鈔十卷（浙江巡撫採進本）

國朝柴紹炳撰。紹炳有古韻通，已著錄。此集前有程其成引，稱古韻通卷帙浩繁，艱於付梓，因先以部首諸作載於五卷。蓋刻在古韻通之前也。紹炳在西泠十子中文名最著，持躬亦復端謹。集首有朱協咸所作小傳，至稱其歿後爲冥官，蓋當時重其行誼，故造作是說。其文大抵清快有餘，而根柢較薄，金石之文尤無法。如張德聲誌篇首既曰余備館甥於張氏，始與德聲君遊，隔一行後又云德聲姓張氏，何其複也。且壻稱館甥，尤似典而非典也。又張俊卿誌曰錢塘邑諸生也，張本武林華族，錢塘武林連綴而見，是一地耶，兩地耶。其他往往似此。蓋長於持論，而短於敘事云。

張秦亭詩集十二卷（浙江巡撫採進本）

國朝張丹撰。丹字祖望，原名綱孫，錢塘人。與陸圻柴紹炳陳廷會毛先舒丁澎吳百朋孫治沈謙虞黃昊相倡和，稱西泠十子。此集其晚年所刻，原名從野堂集，前有自敘一篇，述其游歷所經，而詩格與之俱變。毛先舒稱其悲涼沈遠，嶠然不羣，朱彝尊亦謂其五言古體波瀾老成，南北行旅諸篇尤爲奇崛。又嘗批其北歸詩云：句句學杜，句句不襲杜，句句做，句句不做。其傾挹甚至。故丹寄彝尊詩有慚我詩詞遘知己，思君杖履定登臺之句。今觀全集，其七言古體亦宕逸可誦，不獨五言。特諸體未能悉稱，律詩尤不免率易。

潠書八卷（浙江巡撫採進本）

國朝毛先舒撰。先舒有聲韻叢說，已著錄。是編皆所作雜文。諸篇之末閒附王猷定柴紹炳沈謙評語。先舒自記云：惟三君語略載數條，以其爲亡友之筆故也。則是集乃先舒自訂矣。中頗多考證之文，而不能皆有根據，其議禮尤多臆斷，行筆頗儁爽，而不免於作態弄姿。大致好辨，如毛奇齡而才與學則皆不逮之。其論太王好貨好色一篇，謂孟子意是而言非。論說大人則藐之一篇，又謂其言太過。猶王充、李覯之餘習。論格物爲格去物欲，亦姚江之緒語。觀其答徐古周書，稱近於坐功頗有所窺，只是佛氏無所住。孟子不動心。又稱住卽是動，動卽是住，無住則不動，不動則無住。其所學固可見矣。論韻諸書，用力較深，而亦未究其本原。如答友人論韻學通指二書，謂音當分古今，不當更分南北。其說爲是。謂古三聲不通用則非。與柴紹炳論翻切三書，專取合聲，亦後來之捷法。必謂下一字不拘本部，則紹炳所辨饑機、虺灰、凊青諸字，先舒終不能難也。

思古堂集四卷 浙江汪汝瑮家藏本

國朝毛先舒撰。前有康熙乙丑潘耒序，稱所著有潠書、匡林、格物問答、聖學眞語、東苑文鈔、詩鈔凡若干冊，不下數十萬言，而復有此集。則此集之成在諸書之後。而先舒裒刻其書十四種，乃以此集爲首。殆自以晚年定本，故用爲弁冕耶。然所見與早年等也。

東苑文鈔二卷詩鈔一卷 浙江汪汝瑮家藏本

國朝毛先舒撰。先舒嘗讀書杭州之東園，卽宋東苑故址，因以名其所作詩文。文鈔凡三十三篇。其趙盾論、解越境爲出奔不歸，較前人所說爲允。方正學論，責其當巽詞以免十族，則其說刻而且迂。當生死呼吸之際，稍一轉念瞻顧，豈復能抗節不撓。且成祖天性慘毒，瓜蔓之抄，亦不因此一語。至引侯君集謀反伏誅，乞免一子以存宗祀爲例，尤爲不倫。其武成論，謂聖人存血流漂杵一語，見紂之世臣捐軀報國者衆，雖因鼎革之際，抗節死事者發，未免附會經義，穿鑿太過。詩鈔凡九十六首。大抵音調瀏亮，猶有七子之餘風焉。

小匡文鈔四卷 浙江汪汝瑮家藏本

國朝毛先舒撰。前有自序曰：小匡文鈔者，文皆小有所匡者也。又自稱謂求契於天心，懷其意久而後落筆。今觀所錄之文，大抵以口舌相辨難。如劉璋論，謂其召昭烈爲智。北地王論，謂其殺妻子爲忍。謚議，以秦始皇爲合道。駁王禕七出議，謂禕奉使雲南被殺，屍無處所，乃此議教人出妻之果報。書三案論後，謂梃擊一事，諸臣當體神宗之意，不可罪鄭貴妃，引申生不明驪姬之譖爲證。書魏冰叔文，謂李國禎實死節之臣，不當誣以降賊。皆不足爲訓，未見果契於天心也。

蕊雲集一卷晚唱一卷 浙江汪汝瑮家藏本

國朝毛先舒撰。蕊雲集皆所作豔體。其曰蕊雲者，取古織錦詞蕊亂雲盤相間深，此意欲傳傳不得語也。晚唱皆摹李商隱、李賀、溫庭筠、韓偓四家之體。以別於初唐盛唐之格，故以晚名焉。

學園集六卷續編一卷 浙江巡撫採進本

國朝沈起撰。起有墨菴經學五種，已著錄。靜志居詩話稱起嘗擬撰明書，絕筆於成化之設東廠，而曾王孫作起墓誌，述其所撰書又有測杜少陵詩一卷、今國語八卷、宗門近錄二卷。今皆未見。此乃所著詩文集，爲起門人曾安世所編。安世卽王孫之子也。起天姿穎俊，筆力亦殊勁爽，然與金人瑞相善，故薰染亦深。其與李煒書，自稱近來評點會眞記，頗多奇解，嘗終夜不寐，求作者之意，知王實甫悲惘物情，立言變化，卽其十六闋立名，上下相對，猶之乾與坤對，屯與蒙對，以大易之體而行左氏之法云云。其所見解頗與世所傳人瑞六才子書議論相近也。

榆墩集選文九卷詩二卷 江西巡撫採進本

國朝徐世溥撰。世溥有夏小正解，已著錄。是集前有熊人霖序，稱僅存十之一。蓋選本也。中間諸葛武侯無成論一篇，謂諸葛之出師，卽周公居東之志。其盡瘁而無成功，則昭烈如其不才，卿可自取一言猷之也。又云，昭烈之疑忌，盡見生平，深險畢露。又云，諸葛若久畱在蜀，必有不利孺子之讒。又云，昭烈之有是言，則亮勸攻劉璋之言有以致之。一事之不仁，百行忠厚不足以蓋之。亮始教備殺璋以取蜀，卒也致備疑其圖禪，以終身云云。其持論殊爲偏激。昭烈君臣之契，光明磊落，爲三代以後所僅有。永安託孤之言，亦出至誠，陳壽於昭烈傳中已極論之。卽後主之於諸葛，始終尊信，亦未嘗有毫髮之閒言。何得因卿可自取一語，而遂謂其有所疑忌乎。至諸葛勸昭烈取蜀，則自三顧隆中時已定其計，而昭烈卒用其策，以少延漢緒。若如所論，則昭烈生平與諸葛周旋者，皆日在猜嫌疑忌之中。雖魏主叡之於司馬懿，尚不忍出此。而謂魚水相合者若是哉。文人好爲翻案之說，殊非論古之正軌。王士禎爲居易錄，極斥其妄，固非太過矣。

筠谿集七卷（江蘇巡撫採進本）

國朝范青撰。青字筠堅，上海人。是集分北遊草、北遊續草、峽遊草、金陵草、歸田草諸目。第一卷有挽制府范承謨詩十首，開載承謨殉難事蹟。其末首有云：猋雖過酹君知否，十九人中是一人。蓋嘗爲承謨之客者也。

橘苑詩鈔十一卷（浙江巡撫採進本）

國朝諸匡鼎撰。匡鼎字虎男，錢塘人。是編于目曰橘苑詩鈔，而總題則曰說詩堂集，蓋全集之一種也。匡鼎生於國初，猶及見西泠十子，故所作亦沿其流派，圓美有餘而深厚不足。

安靜子集十三卷（山東巡撫採進本）

國朝安致遠撰。致遠字靜子，一名如磐，字拙石，壽光人。貢生。自順治乙酉至康熙甲子，十五舉不售，卒偃蹇以沒。是集凡爲文集九卷，曰玉磑集四卷，紀城文稾四卷，螢音一卷。詩集四卷，曰柳村雜詠二卷，嶽江草、倦游草各一卷，總名之曰紀城詩草。而嶽江草獨標卷六字，似非完本。詞集一卷，曰吳江旅嘯。自序謂詩喜摩詰，文摹廬陵，愛其從容閑雅，不事鉤棘，故能不染明末纖詭之習，而精神魄力，亦未能凌跨諸家。

完玉堂詩集十卷（浙江巡撫採進本）

國朝釋元璟撰。元璟字借山，浙江天童寺僧也。是編分十集，曰東湖集、名山集、紅椒集、紫柏集、太白集、綠瓊集、京師百詠、晚香集、黃琮集、鵲南集。每集爲一卷。前有元璟自序及題辭二十餘則。其詩以清雅爲宗，時有秀句。如幾憐孤嶠遠，斗轉一峰迎；淺碧膠魚沫，殘紅落鴈聲；水繞西施浣紗石，雲藏子敬讀書山；二月草堂逢社燕，一春花事到山茶等句，爲盧元昌所賞，見卷首題辭。又如一笛破寒渚，千帆凑夕陽；船如米家小，水似瀼西偏；秋思啼螢集，歸心落葉知；吟詩不閉梅花閣，懷古獨登文選樓；才堪與世作著草，道在忘情似木鷄等句，王士禎亦摘入居易錄中。蓋其居杭州時，曾結西溪吟社，所與酬倡者皆一代勝流，耳擩目染，落筆自能遠俗。但根柢不深，氣味不免太薄耳。

冬關詩鈔六卷（浙江巡撫採進本）

國朝釋通復撰。通復字文可，嘉興人。少與曹溶同學，晚乃託跡於緇服。溶贈以詩，有共排流俗論，重起杜陵人之句，蓋其宗尚如此。遺稾多散佚，朱彝尊選詩綜，搜訪不能得。至康熙己丑，其友人盛遠等始爲哀輯刊版。前三卷皆遠所輯，後三卷則汪文楨、汪森兄弟所輯。前有遠與森二序。通復以春草詩著名，遠等取以壓卷，然如魂消南浦人將遠，夢落西堂句忽成之類，格落晚唐，非其至者也。

嬾齋別集十四卷（內府藏本）

國朝僧通門撰。通門字牧雲，姓張氏，常熟人。明季祝髮於興福禪林，尋主古南鶴林天童等寺。頗與士大夫游，故文士往往稱之。其集爲其同里毛晉所刊，凡雜文三卷，書啟三卷，頌贊偈語二卷，詩六卷。

西北文集四卷（江蘇巡撫採進本）

國朝畢振姬撰。振姬有四州文獻摘鈔，已著錄。其文頗縱橫有奇氣，然劍拔弩張之狀，亦覺太甚。其云西北文者，太原傅山所題，以東南之人謂之西北之文也。元好問中州集題詞有曰：鄴下曹劉氣儘豪，江東諸謝韻尤高，若從華實評詩品，未便吳儂得錦袍。傅山所題，蓋猶是意。然文章公器，何限方隅。韓柳皆非南人，歐曾亦非北士，門戶相詬，總拘墟之見耳。

涑水編五卷（山西巡撫採進本）

國朝翟鳳翥撰。鳳翥字象陸，聞喜人。順治丙戌進士，官至福建布政使。是集文四卷，詩一卷。因嘗講學於其鄉之涑水書院，故題曰涑水編。卷首有徐元文序，稱原集本六卷，第五爲制義。今制義不知何人所刪，目錄內亦爲鏟去，故只存五卷云。

蘭雪堂詩集三卷（山東巡撫採進本）

國朝謝賓王撰。賓王字起東，臨淄人。順治丙戌進士，官南康府推官。是集爲未刻鈔本。凡古體詩一卷，近體詩二卷。意與頗遒，而骨格未就。卷首題王士禎評選，蓋山左談詩之士，罕不問津於士禎者，此其一也。

祓園集九卷（直隸總督採進本）

國朝梁清遠撰。清遠有雕邱雜錄，已著錄。是集清遠所自編，凡詩四卷，文四卷，詞一卷。其詩直抒性情，頗能蟬蛻於習俗之外，而人所應無盡無，人所應有尚未能盡有也。

黃山詩留十六卷（山東巡撫採進本）

國朝法若眞撰。若眞字漢儒，號黃石，一號黃山，膠州人。順治乙酉，以五經特賜中式，授中書舍人。丙戌成進士，改庶吉士，官至江南布政使若眞詩古文詞少宗李賀，晚乃歸心少陵，不屑櫛比字句，依倚門戶，惟其意所欲爲，不古不今，自成一格。此本爲張謙宏所編，共詩四千一百三首。

心遠堂詩集十二卷（直隸總督採進本）

國朝李霨撰。霨字坦園，高陽人，順治丙戌進士，官至大學士，謚文勤。是集爲霨所自編，初刻於康熙辛亥，至於丁巳又續廣之。其論詩，謂王、李、鍾、譚其詞皆予，而所不予者在其效顰學步之流。持論最爲平允，故集中諸作，皆沖和雅正，不爲叫囂之音，亦不蹈纖仄之習。其門人陳廷敬序，稱其寫一時交泰之盛，蓋遭際
盛時，故其詩有雍容太平之象，古人所謂臺閣文章者，蓋若是矣。

聿修堂集一卷（山東巡撫採進本）

國朝藍潤撰。潤字海重，即墨人，順治丙戌進士，官至湖廣布政使。潤初名滋，故國學進士題名碑及館選錄舊本皆作藍滋，後官侍讀時乃
賜今名。其爲江南學政時，有視學錄，爲福建參政時，有視閩紀略，爲廣東參政時，有入粵條議，爲江南按察使時，有臬政紀略。今皆未見，惟此集爲其子孫鈔傳，詩古文寥寥數首，皆應酬之作，殆非所長。

寒松堂集九十二卷（江蘇巡撫採進本）

國朝魏象樞撰。象樞字環極，蔚州人，順治丙戌進士，歷官至都察院左都御史，遷刑部尚書，以病乞休，
聖祖御書寒松堂額以寵其歸。卒謚敏果。其平生立朝端勁，爲人望所歸，講學亦醇正篤實，無空談標榜之習，文章樸直，亦如其爲人。惟其子學誠編此集時，意在於先人手澤一字無遺，遂細大不捐，幾盈百卷，未免有榛楛勿翦之憾耳。

且亭詩集（無卷數，直隸總督採進本）

國朝楊思聖撰。思聖字猶龍，鉅鹿人，順治丙戌進士，官至四川布政使。申涵光所作小傳，稱有且亭詩七集，然不著其卷數。此本乃思聖既歿，其子履吉所編，凡詩八百餘首。其入蜀諸作，刻意摹杜，而刻畫之痕未化也。

夢吟集一卷、續集一卷（內府藏本）

國朝王天春撰。天春字魯源，濟寧人，順治丙戌進士，官至兵部侍郎，致仕後惟以吟咏自娛，故此集皆暢所欲言，頗多率句。

崑林小品三卷、崑林外集（無卷數，直隸總督採進本）

國朝魏裔介撰。裔介有孝經註義，已著錄。此其雜著諸篇，集外別行者也。小品分上中下卷，外集則剞劂未竟，尚不分卷。裔介學宗朱子，著有約言錄、知統錄等書，而此集於二氏之學，亦若有取焉，豈晚耽禪悅耶？其文間有俚語，頗沿宋人語類餘派，而時露古質，亦復可觀。至駢體則非所擅長，雖無作可也。

四思堂文集八卷（直隸總督採進本）

國朝傅維鱗撰。維鱗有明書，已著錄。是集奏疏一卷、記序雜著二卷、詩五卷。所載如更役法、嚴巡方考覈諸疏，及屯田苦民書諸作，頗有侃直之風。至士傳民語諸謠曲，盡明末兵荒流離之狀，然統其全集觀之，則頗傷麤率，蓋天性耿直，直抒胸臆，不甚留意於文章云。

燕川漁唱詩二卷、植齋文集二卷（直隸總督採進本）

國朝傅維橒撰。維橒字培公，號霄影，靈壽人，明吏部尚書永淳之子。雖生於貴族，而恬退不求仕進，早歲即棄舉子業，以詩文自娛，迹其品度，當屬勝流。然是集所錄，大抵應酬之作，罕逢高唱，豈併文章視爲贏迹歟？

倚雉集十二卷（直隸總督採進本）

國朝竇遴奇撰。遴奇字松濤，大名人，順治丁亥進士，官至僉都御史。是編爲其友賀應旌所編，凡文五卷、詩六卷、詞一卷。倚雉者，其所居堂名也。

王文靖集二十四卷、附錄一卷（直隸總督採進本）

國朝王熙撰。熙字子撰，一字胥庭，宛平人，順治丁亥進士，官至大學士，謚文靖。是集爲其子克昌所編，凡奏疏二卷、頌賦一卷、詩六卷、文十五卷，以自作年譜及行狀誌銘碑傳附錄於末。前有其門人張玉書、吳震方二序，又有朱彝尊序，核其詞意，皆熙在時所作，而標題亦稱其謚，或刊版者追改也。

佳山堂集十卷（山東巡撫採進本）

國朝馮溥撰。溥字易齋，益都人，順治丁亥進士，官至大學士，康熙己未
召試博學鴻詞，溥與高陽李霨、寶坻杜臻、崑山葉方藹四人同爲閱卷官，得人最盛，故毛奇齡等爲作集序，皆稱門人。其詩則未爲精詣也。

林屋文稾十六卷、詩稾十四卷（江蘇周厚堉家藏本）

國朝宋徵輿撰。徵輿字轅文，華亭人，順治丁亥進士，官至都察院左副都御史。徵輿爲諸生時，與陳子

龍、李雯等倡幾社，以古學相砥礪。所作以博贍見長。其才氣睥睨一世，而精鍊不及子龍，故聲譽亦稍亞之云。

慎齋遇集五卷、莅楚學記一卷、日懷堂奏疏四卷（江蘇巡撫採進本）

國朝蔣永修撰。永修有孝經集解，已著錄。是編裒其平生之文，名曰遇集，言即所遇而成文也。中多記貴州、湖廣風土，蓋永修初官應山縣知縣，纔官平越府知府，終官湖廣提學副使也。其學記則康熙十九年提學時作。奏疏則官刑科給事中時所上。江南通志稱其在應山有守禦功。在平越，清丈苗民虛稅八千有奇。在湖廣，振興文教，楚風爲之一變，列於宦績傳中云。

潛滄集七卷（直隸總督採進本）

國朝余一元撰。一元字占一，號潛滄，山海衛人。順治丁亥進士。官至禮部郎中。是集卷一爲四書解，卷二至卷六爲雜文，卷七爲詩。其次韻答張築夫詩，有良知自是姚江旨，躬秉幾亭夫子傳句。附載張贈詩，有姚江絕學重開闢，直續良知兩字傳句。蓋其學出於陳龍正，集中所謂幾亭師者，龍正別號也。故其四書解中以小學爲格物，而深譏朱子補傳爲非。猶宗王守仁之說而小變之者也。是集其所自編。卷端有凡例六條，述所以編次之意甚詳。然詩文皆不入格。觀其自編而自發凡例，或自譽，或自怨，儼如刪纂他人之集者。是於古來著述體裁皆未及考，則所作可略見矣。

安雅堂詩、安雅堂拾遺詩（皆無卷數）、安雅堂拾遺文二卷、附二鄉亭詞四卷（大理寺卿陸錫熊家藏本）

國朝宋琬撰。琬有永平府志，已著錄。案王士禎池北偶談曰：康熙以來，詩人無出南施北宋之右。宣城施閏章愚山、萊陽宋琬荔裳也。又曰：宋浙江後詩，頗擬放翁。五古歌行，時闖杜、韓之奧。康熙壬子春，在京師求余定其詩，筆爲三十卷。其秋，與余先後入蜀。余歸之明年，宋以臬使入覲，蜀亂，妻孥皆寄成都，宋鬱鬱沒於京邸，此集不知流落何地矣。又漁洋詩話曰：康熙庚辰，余官刑部尚書。荔裳之子思勃來京師，以入蜀集相示，亟錄而存之。集中古選詩歌行，氣格深穩，余多補入感舊集云云。今三十卷之本久已散佚，所謂入蜀集者，其後人亦無傳本。此本題安雅堂詩者，不分卷數，有來集之、蔣超二序，皆題順治庚子，蓋猶少作。題安雅堂拾遺詩者，與其文集、詞集皆乾隆丙辰其族孫邦憲所刻。掇拾殘剩，非但珠礫並陳，亦恐眞贋莫別，均不足見琬所長。其視閏章，蓋有幸有不幸矣。

退菴集二十一卷（江蘇巡撫採進本）

國朝李敬撰。敬字退菴，江寧人。順治丁亥進士。官至監察御史，巡按湖南。是集詩詞十二卷，奏疏及雜著九卷。詩集自序，謂必深知元氣流行，使心口之間律呂相合，以適於喜怒哀樂之正。蓋即白沙、定山之宗旨。文集自序，謂按楚時審錄盡心，至於甘澍大降。死囚爲兵刼去，自請歸獄，亦未免好自譽矣。

西山集九卷（山西巡撫採進本）

國朝張能鱗撰。能鱗有詩經傳說取裁，已著錄。是集凡文八卷，詩一卷。能鱗喜談理學，其詩文多率爾操觚，體裁未盡合於古。

馮定遠集十一卷（浙江巡撫採進本）

國朝馮班撰。班有鈍吟雜錄，已著錄。班與其兄舒，皆以詩名一時，稱海虞二馮。其姪馮武作所評才調集凡例，稱舒之論詩，講起承轉合最嚴，而班之論詩，則欲化去起承轉合，定法微有不同。然二人皆以晚唐爲宗，由溫、李以上溯齊、梁。故才調集外又有玉臺新咏評本，蓋其淵源在二書也。其說力排嚴羽，尤不取江西宗派，持論亦時有獨到。然所作則不出於崑體。大抵情思有餘，而風格未高。纖佻綺靡，均所不免。是集凡定遠小集二卷、鈍吟集三卷、別集一卷、鈍吟餘集一卷、集外詩一卷。又樂府一卷、遊仙詩一卷、鈍吟文稾一卷，亦附於末。其中論詩之說，多可取。惟日記所論吳棫韻補一條，推爲奧入鬼神，則失之遠矣。

文襄公別錄六卷（山東巡撫採進本）

國朝李之芳撰。之芳有文襄奏疏，已著錄。是書首行間紀略二卷，次軍旅紀略二卷，皆討耿精忠時文移。次文告紀事二卷，皆居官時告諭之文。

擬故宮詞一卷（浙江巡撫採進本）

國朝徐宇昭撰。宇昭不知何許人。是集凡詩四十首。序稱順治丁亥春月，寓止燕都，遇長春寺僧乃明宦者，因從閒話，得故宮遺事四十條。其詞不甚工，註亦止寥寥數條。

春樹草堂集六卷（監察御史孟生蕙家藏本）

國朝杜恒燦撰。恒燦字杜若，號蒼舒，三原人。順治戊子副榜貢生。考職授通判，未仕而卒。其卒也，寧都魏禧表其墓，關中李因篤爲作傳，皆悼惜其才。是編凡詩二卷、文四卷，塗乙縱橫，猶當時原稾。中多代人之作，蓋恒燦歷爲郎廷極、賈漢復、梁化鳳諸人客，畢生出入幕府中，故以賣文爲活。所作富贍有餘，而多不修飾，殆亦由於取辦倉卒也。

屺思臺文集八卷詩集一卷（湖北巡撫採進本）

國朝劉子壯撰。子壯字克猷，黄岡人。明崇禎庚午舉人，困公車者幾二十年。至順治己丑乃進士第一人及第，授翰林院修撰。子壯制藝與熊伯龍齊名。雄厚排奡，凌轢一切。其詩古文亦以氣勝，然精華果鋭已銷耗於八比之中，又年僅四十四而卒，未能於登第之後復殫心於古學，純以天資用事，往往或失之麤豪。其翼者兩其足，予之角者去其齒，固亦事理之恒耳。是編爲其孫永錫等所刻，壽序賀序連篇累牘，而獨不載其對策，恐所拾掇亦未必子壯意也。

熊學士詩文集三卷（湖南巡撫採進本）

國朝熊伯龍撰。伯龍字次侯，號鍾陵，漢陽人。順治己丑進士，官至翰林院侍讀學士。其古文較勝劉子壯。詩雖直抒胸臆，而五言古體亦時有淳古之音。惟刊版漫漶，篇葉倒亂，遂至於斷爛不可讀。

志壑堂詩十五卷（浙江巡撫採進本）

國朝唐夢賚撰。夢賚字濟武，淄川人。順治己丑進士，官翰林院檢討。是編爲新城王士禛所定，間有士禛評識，前有士禛序，稱其文近於蒙莊，詩近於東坡。慈溪姜宸英序亦言讀其經世之言，所爲籌餉積穀銅鈔改漕之法，嘉謨碩畫，鑿鑿皆可見之施行。皆兼序其詩文集，而是集有詩無文，蓋其集中之一種也。其詩運思頗深摯，吐屬亦頗溫雅，然較其才力，則稍謝士禛及趙執信、田雯諸人。

耿巖文選（無卷數，浙江巡撫採進本）

國朝沈珩撰。珩字昭子，海寧人。康熙甲辰會試第一人，殿試二甲第一人，授内閣中書舍人。己未薦舉博學鴻詞，召試，授編修。是集皆所作雜文，不標卷帙，但以體分。其目録題耿巖文鈔初集，而卷端則題耿巖文選。每篇自爲起訖，不相聯屬，疑校刊未竟之本，偶然印行，非其全也。其文平易近人，大抵規仿廬陵，而尚未能入室。

樂圃詩集七卷（山東巡撫採進本）

國朝顏光敏撰。光敏字遜甫，一字修來，曲阜人。康熙丁未進士，官至吏部考功司郎中。此集爲王士禛所定，版心題曰十子詩略。蓋士禛嘗選商邱宋犖、郃陽王又旦、安邱曹貞吉、黄岡葉封、德州田雯、謝重輝，晉江丁煒，江陰曹禾，江都汪懋麟及光敏之詩，共編一集，而十人各爲卷帙。其版亦分藏於各家，往往別本單行。版心所題，猶其全編之總名也。

湯潛菴文集節要八卷（兩江總督採進本）

國朝彭定求編。定求有周忠介公遺事，已著録。湯斌文集有湯子遺書諸刻，定求又擇其切於身心者，倣聶豹南軒節要之例，纂爲此編。定求，斌門人也。蘇州府志載其有儒門法語、彙正錄、南畇詩文集，而不及此書，殆修志時偶未見與。

寶綸堂集五卷（浙江巡撫採進本）

國朝許纘曾撰。纘曾有滇行紀程，已著録。是集樂府規仿舊文，七言古詩多學初唐四傑之體，皆擬議而未能變化。

漫餘草一卷（浙江巡撫採進本）

國朝王庭撰。庭有理學辨，已著録。其所爲詩，有秋閒、三仕、二西諸草。是集刻於康熙戊辰，乃其晚歲所訂，時年已八十有二矣。凡五百餘首，大約近體多於古體，七律一種又多於諸體。其曰漫餘者，自序云余詩之漫久矣，此無非漫之餘也。

循寄堂詩稾（無卷數，陝西巡撫採進本）

國朝朱廷燝撰。廷燝字山輝，富平人。順治己丑進士，官至河南布政司參政。是集先名澄潡堂詩，後改今名。編次不分體裁，但以年月爲前後。自序二篇，一作於河南，一作於里居之時。其詩結字鑄句，皆未堅緻，古體尤風骨未就。

鶴靜堂集十九卷（浙江巡撫採進本）

國朝周茂源撰。茂源字宿來，號釜山，華亭人。順治己丑進士，官至處州府知府。是集前十四卷爲詩，後五卷爲文。所作葩藻麗縟，沿齊梁之餘豔。其同郡五君詠中所稱夏允彝、陳子龍、李雯三人，皆其幾社舊友，而才力尚不逮子龍等也。

貽清堂集十三卷補遺四卷（兩淮馬裕家藏本）

國朝張習孔撰。習孔有雲谷臥餘，已著録。是集凡詩八卷，附以詩餘，補遺凡文三卷，詩一卷。多直抒胸臆，無明末鉤棘纖佻之習。施閏章序其詩，蓋其趨向爲近也。

顧學堂集二十卷、陝西巡撫採進本

國朝周燦撰。燦字星公、臨潼人。順治己亥進士。官至南康府知府。是集凡文十八卷、詩二卷。詩格宏敞、頗勝於文。然規橅唐音、浮聲多而切響少、猶襲北地之舊調者也。

月巖集五卷、江西巡撫採進本

國朝周禮撰。禮字情畊、號月巖、宏黃人。是集文四卷、詩一卷。其文力摹歐蘇、頓挫曲折、頗爲形似。詩則多不入格。蓋殫力於古文、而吟咏其餘事也。

容菴詩集十卷辛卯集一卷、浙江巡撫採進本

國朝孫爽撰。爽字子度、錢塘人。集中有嘉禾吳冢宰寶摩徐公詩。寶摩、徐石麒字、則爽爲國初人。所謂辛卯集者、順治八年作也。其詩刻於學古、亦刻於用意。而摹擬雕鑿之痕、俱不能化。此本不知何人所鈔。每卷或僅三四首、非出刪節、即由掇拾、亦非其完本也。

欽定四庫全書總目卷一百八十一

欽定四庫全書總目卷一百八十二

集部三十五

別集類存目九

萬山樓詩集二十四卷、江西巡撫採進本

國朝許虬撰。虬字竹隱、長洲人。順治辛卯舉人。官至思南府知府。其詩前數卷多擬古之作、刻意摹仿、頗嫌太似。其擬陸機迢迢牽牛星詩、後有自跋曰、予已於十九首中和此題矣。今復因曙戒之訂、其和陸平原篇成、自詠一過、確是晉古、非漢古也。詩之升降微矣。觀其持論、知無往非雙鉤古帖也。

萬青閣全集八卷、內府藏本

國朝趙吉士撰。吉士有續表忠記、已著錄。是集爲吉士所自編。凡雜文二卷、詩一卷、勘河詩紀等十三種共一卷、制藝一卷、平交山寇公牘詩文一卷、讞牘一卷。交山在交城境、姜瓖平後、餘孽竄伏山中、出沒爲患。吉士以計討平之、材略有足稱者。文章則非專門也。

林臥遙集三卷、浙江巡撫採進本

國朝趙吉士撰。康熙戊辰、吉士由戶科給事中罷職閒居、僑住宣武門西之寄園。適金壇于漢翔貽詩四首、吉士依韻酬荅。後凡遇他題、皆疊此韻。積成千首、命曰疊韻千律、分爲上下二卷。尋又續得五百餘首、編爲一卷、命曰千疊彼餘、合刻以爲此編。案和韻爲詩、本不能曲折如志。又疊至千五百首、此雖香山東坡亦斷無能工之理矣。

遂初堂文集九卷、江蘇巡撫採進本

國朝楊兆魯撰。兆魯字青巖、武進人。順治壬辰進士。官至福建延平道按察司副使。兆魯官建寧時、巨寇蕭維堂等作亂、兆魯招撫有功。集中平寇紀略、述其始末頗詳。惟多載案牘之文、詞不雅馴。

畫壁遺稾一卷、通行本

國朝范承謨撰。承謨有忠貞集、已著錄。康熙壬子、承謨總督閩浙。值逆藩耿精忠謀反、巡撫劉秉政輸情於賊、紿承謨入見、脅令從逆。承謨詆罵不屈、遂爲所拘縶。被幽者三載、備受窘毒、時作爲詩歌以自抒忠憤。守者屏絕筆墨、乃以桴炭畫字壁上。其尤激烈者、輒爲賊黨塓去、僅存四十七首、承謨自爲之序、已彙載入忠貞集中。此乃石門吳震方錄入說鈴之本也。

見山樓詩文集、無卷數、陝西巡撫採進本

國朝楊素蘊撰。素蘊有西臺奏議、已著錄。其詩集刻於康熙壬子。文集則無序無跋、不知刻於何時。均不分卷帙、不列目錄、皆似乎隨有所作、隨以付雕。其詩頗摹李夢陽、文則皆應俗之作也。

撫皖治略一卷撫楚治略一卷轂城水運紀略一卷、陝西巡撫採進本

國朝楊素蘊撰。撫皖治略、乃其官安徽巡道時條教奏疏。撫楚治略、皆其官湖廣巡撫時條教奏疏。轂城水運紀略、則素蘊官荊南道時會大軍勦逆藩吳三桂、兵儲陸運頗艱、因訪明季楊嗣昌勦張獻忠時水運故道、修復縴路、裒其文移以成是編。素蘊爲御史時、曾疏劾吳三桂、號爲敢言。此三書則皆尋常案牘也。中多奏疏、宜入奏議類中。而文告居其大半、故仍附之別集類焉。

張康侯詩草十一卷（陝西巡撫採進本）

國朝張晉撰。晉字康侯，狄道人。順治壬辰進士，官丹徒縣知縣。其詩頗學李白，兼及李賀之體。第一卷爲黍谷吟，第二卷爲秋舫一嘯，第三卷爲薊門篇，第四卷爲勞勞篇，第五卷爲石芝山房草，第六卷七卷爲雍草，第八卷爲稅雲草而以詩餘附焉，第九卷爲律陶，集陶詩爲五言律也。第十卷爲集杜，第十一卷爲集唐，亦皆五言律。據後跋云，尚有七律集句，未經編入云。

憨齋存稾四卷（陝西巡撫採進本）

國朝白乃貞撰。乃貞字廉叔，號蘂淵，順治壬辰進士，官翰林院檢討。其詩敘述眞樸，不加文飾，故余恂序以爲善學香山，蓋舉其近似者爾。

堪齋詩存八卷（江蘇周厚堉家藏本）

國朝顧大申撰。大申字震雉，一字見山，華亭人。順治壬辰進士，官至工部郎中。大申初與同郡王廣心、周茂源、宋徵輿諸人唱和，後又與施閏章相酬荅。所作有鶴巢集，又有燕京倡和及泗亭諸集，後自删併爲此集，故曰詩存。陳伯璣撰國雅集，稱其樂府於古人可謂毫髮無遺憾，七律高華，可追王、李。今觀其集，大抵襲明七子之餘風，可追王、李，庶乎近之。至於樂府，則談何容易也。

學源堂文集十八卷（直隸總督採進本）

國朝郭棻撰。棻字快圃，清苑人。順治壬辰進士，官至翰林院侍讀學士。其文頗爲華贍，惟酬應之作太多，未免失於删汰。棻嘗修畿輔志及保定府志，今集內所載星野沿革等說，皆志中之文，蓋用鄂州小集載新安志序之例也。

蓮龕集十五卷（江西巡撫採進本）

國朝李來泰撰。來泰字仲章，號石臺，臨川人。順治壬辰進士，官工部虞衡司主事。康熙己未

召試博學鴻詞，授翰林院侍講。其制藝才藻富豔，有幾社之餘風，詩古文則不逮也。

司勳五種集二十卷（副都御史黃登賢家藏本）

國朝王士祿撰。士祿有讀史蒙拾，已著錄。是集一曰表餘堂詩存二卷，二曰十笏草堂詩選九卷，三曰辛甲集七卷，四曰上浮集二卷，皆古今體詩。五曰炊聞卮語二卷，則詞也。然表餘堂詩存未刻，刻者實止四種耳。

天延閣詩前集十六卷後集十三卷附花果會唱和詩一卷贈言集四卷（內府藏本）

國朝梅清撰。清字淵公，號瞿山，宣城人。順治甲午舉人。是編分前後二集。前集分十六編：一曰樂府，二曰稼園草，三曰新田集，四曰燕征草，五曰宛東草，六曰休夏集，七曰驅塵集，八曰越游草，九曰匡琴集，十曰寒江集，十一曰歸舟集，十二曰嶽雲集，十三曰梅花溪上集，十四曰雪廬草，十五曰菊閒草，十六曰唱和詩。以一集爲一卷，卷各有序。後集編年，分十三卷，自康熙甲寅至戊辰，或以一年爲一卷，或以二年爲一卷。末附花果會唱和詩一卷，贈言四卷，則皆同人讌游酬荅之作也。

瞿山詩略三十三卷（安徽巡撫採進本）

國朝梅清撰。清舊刻有天延閣前後集，皆七十以前之作，版燬於火，故又取未刻三卷合而編之，以成此本。

飲和堂集二十一卷（浙江巡撫採進本）

國朝姚夔撰。夔字胄師，號成龔，山陰人。順治甲午舉人，官安化縣知縣。是集凡詩十三卷，曰梅軒草、公車草、歷游草、夫都草、金谿草、金谿又草、叱馭草、忠唐草、忠唐又草、三草、四草、五草、東行草，每一集爲一卷。雜文八卷，則分體編次。其詩流易有餘，頗傷圓熟。文亦肉多於骨，若十二種功德連珠等作，尤墮入纖巧一派矣。

涑亭詩略一卷（福建巡撫採進本）

國朝林堯光撰。堯光字覲伯，莆田人。順治中以選拔貢生官行人司行人。近鄭王臣選莆風清籟集，謂堯光伯仲詩各臻妙境，而堯光尤秀拔，當爲馬氏白眉。然所作亦頗涉纖麗，於元人蹊徑爲近也。

浣亭詩略二卷浣亭歸來吟一卷附山薝花埡長短句一卷（福建巡撫採進本）

國朝林堯華撰。堯華字闢伯，莆田人。順治甲午舉人，官榆次縣知縣。是集浣亭詩略二卷，皆早年所作。浣亭歸來吟一卷，皆罷官以後所作。山薝花埡長短句，則附載其詞集也。其詩集編次頗爲叢雜，如詩略中有詠園花十四首，歸來吟中有詠園花四首，而其中酴醾一首，一字不易，殆校勘之疎歟。其詩才氣儁爽，早年刻意雕鐫，而未造渾成。晚年又頗涉頹唐，縱筆太早。其詞有南宋人格意，而罕睹新聲，亦擬議而未變化也。

託素齋集十卷（浙江巡撫採進本）

國朝黎士宏撰。士宏字媿曾，長汀人。順治甲午舉人。

官至陝西布政司參議。是集詩四卷、文六卷。詩集凡四刻，文集凡三刻，蓋積數年而彙爲一冊，故每刻各體皆備。士宏沒後，其子文遠復合而刊之。自序稱少時詩好李賀，文好王勃。今觀集中諸作，大抵多宋人末派，絕無一篇與子安、長吉相近者。蓋嗜好雖篤，而才地則與之不近也。

漣漪堂遺稾二卷（浙江巡撫採進本）

國朝沈峻曾撰。峻曾字崧菴，仁和人。順治甲午副榜貢生。是集爲晉安林雲銘所選定。上卷爲雜文，下卷爲詩，末附雜言數十條，皆談理之語，頗近陳繼儒小品。

半農齋集八卷（兩江總督採進本）

國朝蔣中和撰。中和字本達，又字眉三，璚江人。順治乙未進士，官蘭陽知縣，遷滄州州判。是集分詩、文、論、策、史、說六部。其文頗辨博自喜，而多拾李贄餘論，未脫明季町畦也。

陸密菴文集二十卷、錄餘二卷、詩集八卷、詩餘四卷（浙江鄭大節家藏本）

國朝陸求可撰。求可字咸一，淮安人。順治乙未進士，官至刑部郎中。其古文頗疎暢，而機調多類時藝。詩詞亦酬應之作居多。

鶴嶺山人詩集十六卷（浙江巡撫採進本）

國朝王澤宏撰。澤宏字涓來，黃岡人。順治乙未進士，官至禮部尚書。是集乃其子材振所編。前三卷皆趣已刻詩若干首，蓋皆澤宏舊作，嘗爲魏憲錄入石倉詩選者。四卷以下用編年體，自丁巳迄庚辰，題某年詩若干首，附註曰未刻稾，則材振所裒輯也。前有魏憲原序，又附其祖用子傳一篇，及澤宏請復九江關一疏。澤宏喜與諸名士游，王士禎、姜宸英、洪昇等皆嘗點定其詩。所作類皆和平安雅，不失臺閣氣象，而骨體未堅，醞釀未厚，尙不能淩轢一時。

恥躬堂文集二十卷（江西巡撫採進本）

國朝王命岳撰。命岳字伯咨，號恥古，晉江人。順治乙未進士，官至刑科都給事中。是集自卷一至卷五爲奏疏，卷六至卷十七爲雜文，卷十八爲詩，卷十九爲周易雜卦臏中天，卷二十爲讀詩臏中天。據其自序，謂辛卯冬，夢文王、周公先後車盍喝道甚盛，命岳自臏中窺覘，故以名也。其書分十二篇，大旨謂易雜卦無錯簡，而以互卦之法推求其義。讀詩凡五十條，皆標識簡端之語，一篇或止一兩句。如讀簡兮曰，使我懷古之情更深。讀王風曰，大車之淫甚於丘麻，丘麻淫人，大車淫鬼。尤非說經之正軌也。

潛餘軒集八卷（山東巡撫採進本）

國朝孫光祀撰。光祀字作庭，號瀨玉，歷城人。順治乙未進士，官至兵部侍郎。是集凡文七卷、詩一卷。

南沙文集八卷、附錄一卷（浙江巡撫採進本）

國朝洪若皐撰。若皐字虞鄰，臨海人。順治乙未進士，官至福建按察司僉事。是集凡詩二卷、文六卷。其文頗以恢奇自喜，然縱橫太過。附錄一卷，乃其鄉會試中式制藝，蓋用吳伯宗榮進集例也。

緜津山人詩集十八卷、附楓香詞一卷、緯蕭草堂詩一卷（內府藏本）

國朝宋犖撰。犖有滄浪小志，已著錄。犖所作詩有古竹圃稾，有嘉禾堂稾，有柳湖草，有將母樓稾，有和松菴稾，有都官草，有雙江倡和集，有回中集，有西山倡和詩，有續都官草，有海上雜詩，有漫堂草，有漫堂倡和詩，又有漫堂草，凡十四集。大抵沿明季詩社之習，旋得旋刊，出之太早，故利鈍不免互見。此集則犖爲江西巡撫時重自刪汰，併爲一編，而仍存諸集之舊目，故有六首爲一卷者，視舊集爲精簡矣。前有汪琬、劉榛二序。榛序以種樹爲喻，言方其初植，雖一病葉不忍摘，久之而繁枝茇焉，又久之而岐幹斮焉。亦篤論也。宋楊萬里、陸游並一代巨擘，而萬里誠齋集、游劍南詩，金礫混淆，往往爲後人口實，豈非愛不能割，依違牽就至是乎。後犖自定西陂類稾，凡此集之詩皆不收，毋亦學與年進，悔其少作歟。後附緯蕭草堂詩一卷，乃其子翰林院編修至所作，才力殆又亞於犖焉。

精華錄訓纂十卷（大理寺卿陸錫熊家藏本）

國朝王士禎撰，惠棟註。士禎有古懽錄，棟有易漢學，皆已著錄。士禎晚年，仿宋黃庭堅精華錄例，自定其詩爲此本。棟祖周惕爲士禎門人，故棟亦仿任淵、史季溫例註之，以引證浩繁，每卷各分爲上下。其凡例稱所採書共數百餘種，恐從本書中出，不敢一字拾人牙後慧，然亦大槩言之耳。即以第一卷而論，如溫庭筠靚妝錄、蔡賢漢官典職、孫氏瑞應圖、陸機洛陽記、沈懷遠南越志、蔡邕琴操、河圖括地象、顧野王玉篇（案今本廣益會玉篇，乃宋大中祥符六年重修，非惟非野王之舊，並非孫強之舊）、輿地志、管輅別傳、梁京寺記、檀道鸞續晉陽秋十二書，宋以來久不著錄，棟何由見本書哉。（案棟註例，凡引已佚書者，皆冠以現存書名，如藝文類聚、太平御覽之類。）又棟邃於經學，於詞賦所涉頗淺，所引或不得原本，於顯然共見者或有遺漏。如註寒肌起粟字，引蘇軾旅館孤眠體生粟句，不知此用軾雪詩凍合玉樓寒起粟句也。註吹香字，引李賀山頭老桂吹古香句，不知此用李頎愛敬寺古藤歌密葉吹香飯僧偏句也。註麥飯字，引劉克莊漢寢唐陵無麥飯句，不知爲五代史家人傳語也。註大漠字，引程大昌北邊備對，不知爲後漢書竇憲傳語也。至於每條既各自標目，則其文不相連屬，乃於數條共引一書者，不另標名。如轅固里詩註曲學字曰：今上初即位云云，蓋蒙上條史記之文，然不標史記而首句突稱今上，是何代之帝也。其體例亦間有未善。（案以上亦姑舉第一卷言之。）是書先有金榮箋註盛行於時，棟書出而榮書遂爲所軋，要亦勝於金註耳。至於元元本本，則不及其詁經之書多矣。人各有能有不能，不必以此註而輕棟，亦不必以棟而併重此註也。

漁洋詩集二十二卷、續集十六卷（山東巡撫採進本）

國朝王士禛撰。士禛初刻落牋堂詩，又刻順治丙申至辛丑所作爲阮亭詩，復有過江入吳白門前後諸集。後乃删併諸作，定爲漁洋前集，始於丙申，終於康熙己酉，凡十四年之詩。是集出而少作諸集悉微，故今不甚傳。康熙甲子，又裒其辛亥至癸亥之詩十六卷，爲漁洋續集，蓋其爲詹事時也。其時菁華方盛，與天下作者馳逐矜名，故平生刻意之作，見於二集者爲多焉。

漁洋文略十四卷（山東巡撫採進本）

國朝王士禛撰。蓋康熙乙亥士禛所自編。前有其門人張雲章序。士禛以詩名一時，而古文特以天姿朗悟，自然修潔，實則非所專門。雲章序謂以先生爲今之太白、子美，羣知非溢美矣。語以先生之文昌黎、柳州之文也，容有或信或不信者。蓋當時公論已爾，而雲章必以詩文並稱，非篤論矣。

蠶尾集十卷、續集二卷、後集二卷（山東巡撫採進本）

國朝王士禛撰。士禛以康熙甲子祭告南海，阻雪東平，望小洞庭中蠶尾山，悅其清遠，因取以名其山房，併以名集。案盛符升作雍益集序，稱合戊辰至乙亥詩文爲蠶尾集十卷。此集目錄下乃註詩自甲子年起，其年冬及乙丑年作別爲南海集，文自庚午年起。士禛自序又稱偶次甲子使粵以前及丁卯以後詩文，稍成卷帙，因以蠶尾名集。士禛集皆所自刊，而三說錯互如是，未喻其故。文中題跋凡三卷，頗足考證，然皆與居易錄重出。又蠶尾集序一篇，既刊卷端，又刻之集中，亦乖體例。其續集二卷，皆乙亥迄甲申之詩，惟無丙子一年詩，以是年奉使祭告，別爲雍益集也。後集二卷，則戊子歸田後所作，五七言絕句居十之九。自序謂時方删定洪邁萬首絕句，因效爲之。然是年士禛七十五歲矣，殆亦精力漸減，不耐爲長篇巨製也。

南海集二卷（山東巡撫採進本）

國朝王士禛撰。皆其奉使祭告南海往還之作。上卷自京師至廣州，下卷自廣州至其家新城而止。蓋其北歸志亦止於新城也。趙執信作談龍錄，摭其開卷二詩，以爲似羈臣遷客之語，其言誠是。然士禛之詩長於山水，別爲一調，未可以二馮之法繩之也。

雍益集一卷（山東巡撫採進本）

國朝王士禛撰。皆康熙丙子奉使祭告西岳西鎮江瀆途中所作。前有其門人盛符升序，述士禛自言：再使秦蜀，往返萬里，得詩纔百餘篇，皆寥寥短章，無復當年蜀道南海豪放之格。其門人蔣仁錫後序亦述士禛自言：老耽禪寂，遇事短吟，略倣西竺氏偈頌，不應更作文字觀也。可謂明於自知者矣。

掄山集選一卷（山東巡撫採進本）

國朝王士禧撰。士禧字禮吉，山東新城人。與其兄士祿、弟士禛、士祜自幼以詩相唱和。三人皆成進士，而士禧獨以歲貢終。沒後四年，士禛選其遺詩三分之一刊之。其詩綽有風調，而才地較弱。

鈍翁前後類稿一百十八卷（內府藏本）

國朝汪琬撰。琬有堯峰文鈔，已著錄。始琬請告以前所作詩文，自輯爲類稿六十二卷，先刊版置之堯峰皆山閣。其歸田後十三年之作，則輯爲續稿三十卷。又取明史列傳稿一百七十五首，附以汪氏族譜及其父行略，爲別集二十六卷。有周公贊者爲校刻之。後琬復自芟擇，取其愜意者爲堯峰詩文鈔，屬林佶繕本刊行。世閒多有其本，而類稿原刻遂不顯矣。

七頌堂集十四卷（安徽巡撫採進本）

國朝劉體仁撰。體仁有識小錄，已著錄。是集凡詩八卷、文四卷，又空中語一卷、尺牘一卷。其曰七頌堂者、體仁嘗纂成連陸賈司馬徽桓伊沈麟士王績韋應物之爲人、人爲之頌。故以名堂、因以名集。王士禎燕臺倡和集與體仁往來之作最多。卷首施閏章序、亦謂其詩清雋遙深。然體仁欲力脫七子之窠臼、而詩或生硬、文或纖佻、實出入於竟陵公安之閒、明末山人之習、未盡除也。其空中語一卷、皆所作豔詞、故取黃庭堅語名之。其於集外別行、則香奩集例也。

閒居草一卷江蘇周厚堉家藏本

國朝董含撰。含字榕菴、華亭人。董俞弟也。詩名不及其兄、而詩格高雅過其兄。是編卷首稱藝葵草堂稾、而卷中稱閒居草、蓋其全集之一種也。大抵蒼涼幽咽、有騷人哀怨之遺、而惝怳其詞、知其意有所寓、而莫名其寓意之所在焉。

雪鴻堂文集十八卷山東巡撫採進本

國朝李蕃撰。蕃字錫徵、號懶菴、通江人。順治丁酉舉人、官黃縣知縣。是集爲其子鍾峩所刊。集中黃志略序、謂黃有四累、而屢肆宜復、社甲宜均、風尚宜更、士習宜端、稅課宜減。蕃編徭役序、極言派銀雜費之患。他如憶堂記旱魃辨黃志跋諸篇、皆汲汲以興利除弊爲事。蓋有古良吏之風。其文亦皆樸直不支、意其人必悃愊無華、故文亦如之歟。然蕃之意固不在以詞藻見也。

秋笳集八卷江蘇巡撫採進本

國朝吳兆騫撰。兆騫字漢槎、吳江人。順治丁酉舉人。戊戌以科場貲緣事、戍寧古塔。後蒙恩赦還。此集前四卷爲徐乾學所刊、後四卷爲其子振所刊、而編次無序、通爲八卷。前三卷題秋笳集、四卷題西曹雜詩、五卷題秋笳前集、六卷題曰擬古、後雜體詩、七卷曰秋笳後集、八卷則五頁以前題雜著、六頁以後題後集。蓋隨得隨刊、故舛謬如是。兆騫詩天分特高、風骨遒上。又荷戈邊塞、窮愁之語易工、故當時以才人目之。而立身一敗、萬事瓦裂、其詩亦頗爲當代所輕。特其自知罪重譴輕、甘心竄謫、但有悲苦之音、而絕無怨懟君上之意、猶爲可諒、故仍存其目焉。如兆騫者、使其謹守防檢、克保身名、豈非國初一作手哉。

改亭詩集六卷文集十六卷江蘇巡撫採進本

國朝計東撰。東字甫草、吳江人。順治丁酉舉人。以江南奏銷案被黜、又十餘年而歿。東少負奇氣、中年出遊四方、遍覽山川之勝、詩文日富。康熙癸酉、宋犖巡撫蘇州、爲刻其文集。其詩集則刻於戊子、王廷揚所助成也。王晫今世說載其客鄴城日、嘗訪謝榛之墓、爲樹碣表之。蓋以游食四方、行蹤相近、故用以寄意。其生平事蹟、具見尤侗所作計孝廉傳、亦載卷首云。

庸書二十卷江西巡撫採進本

國朝張貞生撰。貞生有玉山遺響、已著錄。是集爲其子世坤世坊所刊。第一卷爲講義十條、二卷至十五卷爲文、十六卷至二十卷爲詩、末附館試賦一首。貞生家居、構我師祠、又捐宅爲誠意書院講學。故所作多近語錄、藻麗非所尚也。

安序堂文鈔二十卷浙江巡撫採進本

國朝毛際可撰。際可字會侯、號鶴舫、遂安人。順治戊戌進士、官彰德府推官。際可與毛先舒毛奇齡有三毛之稱。其學不及奇齡之博、而亦不至如奇齡之強悍堅僻。與先舒則鴈行矣。

會侯文鈔二十卷浙江巡撫採進本

國朝毛際可撰。此本刻於康熙己亥、乃淳安方婺如所重輯。

午亭集五十五卷江蘇周厚堉家藏本

國朝陳廷敬撰。廷敬有午亭文編、已著錄。是集詩三十卷、古樂府及古今體賦一卷、經解十卷、雜著十四卷。蓋刻在文編之前、猶未經删定之本也。

挹奎樓文集十二卷江西巡撫採進本

國朝林雲銘撰。雲銘有楚詞燈、已著錄。耿精忠之叛、雲銘方家居、抗不從賊、被四十八月。會王師破閩、始得釋。其志操有足多者。然學問則頗爲弇陋、所評註選刻、大抵用時藝之法、不能得古文之源本。故集中諸文、亦皆不入格云。

吳山鷇音八卷福建巡撫採進本

國朝林雲銘撰。此其寓杭州時所作詩文、故署以吳山。其曰鷇音、則取莊子語也。據自序云、分爲四卷、而書實八卷。或刻時每卷分而爲二歟。

經義齋集十八卷翰林院孔目熊志契家藏本

國朝熊賜履撰。賜履有學統、已著錄。此集乃康熙庚午賜履以禮部尚書丁憂家居時所刻。凡文十四卷、詩四卷。其名經義齋者、聖祖仁皇帝所賜御題也。

澡修堂集十六卷（兩江總督採進本）

國朝熊賜履撰。賜履既刻經義齋集，又裒輯辛未起復及癸未致仕十三年中所作，以成是編。而書札獨多。所題匾額對聯，咸附載末卷。澡修堂亦聖祖仁皇帝御題之名，故以名續集焉。

槐軒集十卷（山東巡撫採進本）

國朝王曰高撰。曰高字北山，號槐軒，茌平人。順治戊戌進士，由庶吉士改給事中。是集詩五卷，文五卷。曰高與新城王士禛兄弟相倡和，耳擩目染，詩格時復近之。而才與學則未逮也。

霞園詩集三卷文集一卷（福建巡撫採進本）

國朝鄭重撰。重字山公，建安人。順治戊戌進士，官至刑部左侍郎。是集詩三卷，第一卷令靖江時作，第二卷為越使吟，祭告會稽南鎮時作，第三卷為秦遊草，典試陝西時作。又雜文一卷。考重典試陝西在康熙十七年戊午，使越祭告在康熙二十三年甲子。今反錄越使吟於秦遊草之前，殆編次者誤歟。

荆南墨農全集（無卷數，江蘇巡撫採進本）

國朝徐喈鳳撰。喈鳳字竹逸，宜興人。順治戊戌進士，官永昌府推官。是編首曰滇遊詩集，官永昌時所作。次曰願息齋詩文集，里居後所作。又附蔭綠軒詞初集、續集及秋泛詩餘、南遊詩餘四種，而以荆南墨農集為總名。荆南墨農，喈鳳晚年自號也。

嵩菴集五卷（浙江巡撫採進本）

國朝馮甦撰。甦有滇考，已著錄。甦官雲南時，先刻有南中集。會吳三桂作亂，甦不屈被囚，遂燬於兵。歸里後詩文亦多散佚。此集乃其外孫洪承澤所刻，凡古今體詩三百八十餘首，蓋甦晚年掇拾殘稾，以付其女，故承澤得而刊之也。

靜菴集十二卷（江西巡撫採進本）

國朝鄭日奎撰。日奎字次公，貴谿人。順治己亥進士，改庶吉士，散館授禮部主事。康熙壬子，與新城王士禛同典四川鄉試。士禛詩所謂水部風流似鄭虔者也。是集凡詩五卷，又別集詩一卷，文五卷。中多留心時事之言。又談臆一卷，一名醒世格言，則劄記語也。

日知堂文集六卷（直隸總督採進本）

國朝鄭端撰。端有政學錄，已著錄。是集凡奏疏二卷，文告一卷，記序書啟傳誌三卷。其奏章公牘，大抵曲暢事理，而不以雕鎪字句為工。第三卷中狀式七頁，乃呂坤實政錄中全文，端為江蘇巡撫時刊版以示所屬，載其事於誌狀則可，以前人之作刻於文集之中，則非體例矣。

世德堂集四卷（山東巡撫採進本）

國朝王鉞撰。鉞有粵遊日記，已著錄。是集文二卷，詩二卷。其文多通暢詳贍，不為詰屈聱牙。詩學宋人而不流於纖靡，一邱一壑，亦自成結構。在國初作者之中，則未能金鼓抗行也。

行素堂詩集一卷（直隸總督採進本）

國朝李如芳撰。如芳字仲淵，高陽人。其祖父明末皆死於亂，如芳闖關冒死，訪遺骸於兵火之中。其行誼為鄉黨所稱。入國朝，登順治己亥進士，官酆都縣知縣。是集如芳所自編，前有李霨序。霨，如芳諸父行也。

思誠堂集二卷（山西巡撫採進本）

國朝吳璵撰。璵號銅川，沁州人。順治己亥進士，官至大學士，諡文端。此集詩僅五十三首，餘皆奏疏雜文，並督撫楚中時牌示，舊無刊本。乾隆己丑，其鄉人趙熟典始裒而刻之。

古愚心言八卷（浙江巡撫採進本）

國朝彭鵬撰。鵬字奮斯，莆田人。順治庚子舉人。康熙甲寅耿精忠叛，逼鵬受職，凡九拒偽命，卒得不污。賊平後，授三河縣知縣，後官至廣東巡撫。其平生以節氣著，故集中多彗神之文。其他奏疏案牘，亦皆辭氣侃侃，無所撓屈。官三河時與妻子書，皆以清苦刻厲相勉，足以見其為人。其他詩文則率臆而成，字句皆不入格矣。鵬行誼本末，具載國史。至今婦女孺子人人能道其名，固不必以文章傳也。

聊園全集十五卷（山東巡撫採進本）

國朝孔貞瑄撰。貞瑄有大成樂律，已著錄。貞瑄少遊江淮，既而官泰安、濟南，繼乃遠宰大姚，所歷山水頗多。炎荒萬里，猺俗苗境，多所記載，故軼聞逸事多散見於此集中。其文則奇逸之氣往往不可控馭，而頹唐潦倒之處亦不一而足云。

葉忠節遺稾十三卷（江蘇周厚堉家藏本）

國朝葉映榴撰。映榴字炳霞，號蒼巖，上海人。順治辛丑進士，官至湖廣布政司參議。武昌撫標叛兵夏包子作亂，映榴死之。

特贈工部右侍郎，賜諡忠節。初，映榴嘗與李基和合刻詩集，朱彝尊爲之序。映榴死難以後，其子㬚等又裒其遺文與詩合爲此集重刻之。凡文八卷，詩賦四卷，詩餘一卷。彝尊又爲之序，稱映榴之節，不待此區區之文以傳。其論當矣。

張文貞外集二卷（江蘇巡撫採進本）

國朝張玉書撰。玉書有文集，已著錄。此其外集也。凡序九篇，跋一篇，募疏一篇，祭文十七篇。蓋當日刪棄之餘，而後人掇拾存之者也。

笠山詩選五卷（山東巡撫採進本）

國朝孫蕙撰。蕙有歷代循良錄，已著錄。是集爲汪懋麟所選定。詩格清麗，無塵俗之氣，而邊幅微狹，蓋才分弱也。王士禎序稱其五七言詩雖古作者無以加，亦一時獎進之言耳。

谷口山房詩集十卷（陝西巡撫採進本）

國朝李念慈撰。念慈字屺瞻，號劬菴，涇陽人。順治戊戌進士，授河陽府推官，後改補新城縣知縣，以催科不力褫職。吳三桂叛，大兵駐荊襄，以奉檄運餉有功，再授天門縣知縣。康熙己未薦舉博學鴻詞，試不入格而罷。其詩吐屬渾雅，無秦人亢厲之氣。是集皆其未第以前所作，故歡愉之詞少，而愁苦之音多。其題曰谷口山房者，史稱池陽谷口在涇陽西北四十里，爲念慈舊廬所在，故以名其集云。

證山堂集八卷（兩江總督採進本）

國朝周斯盛撰。斯盛字屺公，鄞縣人。順治辛丑進士，官即墨縣知縣。嘗以事論繫，出獄後奔走燕趙吳楚閩，足迹半天下。與李澄中、洪嘉植以談詩相契。其斥當時劍南流派之非，力主祧宋以宗唐。然筆力薾弱，亦僅得唐人之形似而已。

時一吟詩四卷（內府藏本）

國朝黎耿然撰。耿然字介菴，晉江人。久困諸生，乃棄而從軍，積功至雲南總兵官。詩皆率意而成，殊不入格。

柴村集十九卷附錄一卷（山東巡撫採進本）

國朝邱志廣撰。志廣字粟海，號洪區，又號蝶菴，諸城人。柴村其世居也。順治中由貢生官長清縣訓導。是集文十二卷，蝶菴自藥一卷，蓋其箴銘語錄之類。詩集五卷，賦一卷，末附其孫性善所著德滋堂歌詩及志廣小傳共一卷。志廣少好神仙，學於道士齊本守，後乃從馬從龍講學，故所見雜出儒盡之閒。其文長於議論，然稱所欲言，詞多不擇。詩尤涉擊壤集派。其甥李澄中序，謂雜以詼諧，出以調笑，亦覺風流蘊藉，罔不宜人。澄中山左勝流，非無鑒別，殆以母黨尊行，故婉詞見意歟。

晚簾集七卷（福建巡撫採進本）

國朝陳箴撰。箴字子寶，龍溪人。由貢生官連城縣教諭。是集文三卷，詩四卷。前三卷分體，後一卷則不分體，蓋續刻也。其古文多雜偶句，不古不今。詩頗澤於古，而不能得其格律。蓋刻意有爲，而限於無師者也。

中巖集十六卷（江西巡撫採進本）

國朝朱振麟撰。振麟字子禎，號中巖，淳化人。順治中拔貢生。是集於振麟歿後僅存殘稾，其女孫適王氏者得而藏之。至乾隆辛未，女孫之子文昭官於福建，乃校刊之。凡詩四卷，文二卷。末有富平李因篤所作傳略。文昭序則稱郭明府九芝延居餘園書館，崑山顧亭林、二曲李中孚皆執弟子禮。亭林，顧炎武號；二曲，李容號也。二人皆國初通儒，似不輕北面於人者。存其說可矣。

積書巖詩選（無卷數，直隸總督採進本）

國朝劉逢源撰。逢源字津逮，廣平人。與同里申涵光相唱和。是編分初集、二集，後附前後漫興詩各五十首。逢源生當明季，崎嶇轉徙於江漢淮海之閒，故幽憂之語多，而和平之韻鮮焉。

鴻逸堂稾（無卷數，安徽巡撫採進本）

國朝王艮撰。艮有易贅，已著錄。是集前有顧祖禹序，稱王子名熚，蓋艮本名熚，作序時猶未更名也。艮與顧炎武等遊，故文章頗有法度，而謹守古格，未能變化。其長短均在於是。惟偃師紀事、內江紀事諸篇，載明季流寇事頗爲詳備，足資參考云。

稽畱山人集二十卷（浙江巡撫採進本）

國朝陳祚明撰。祚明字允倩，錢塘人。浙江通志稱其博學善屬文，以貧傭書京師，歿於客邸。所著有詩二十卷，詞一卷，古文尤富。其古文與詞今皆未見。此編乃其詩集也，亦名敝帚集，自順治乙未至康熙癸丑凡十九年之作，編年排次。

止泉文集八卷（戶部尚書王際華家藏本）

國朝朱澤澐撰。澤澐有朱子聖學考略，已著錄。此集乃其子光進所編。凡詩一卷，語錄一卷，書牘四卷，雜著二卷，大抵亦皆講學之語，蓋其生平惟以崇奉朱子爲事也。

性學吟二卷 兩江總督採進本

國朝徐世沐撰。世沐有易經惜陰錄，已著錄。是編以詩講學，皆拈理語爲題，如太極仁義之類。又時附夾注數語，如葛長庚道德寶章之式。

陋軒詩四卷 江蘇巡撫採進本

國朝吳嘉紀撰。嘉紀字野人，泰州人。泰州多以煮海爲業，嘉紀獨食貧吟咏，屏處東淘，自銘所居曰陋軒，因以名集。其詩頗爲王士禎所稱。後刊板散佚，此本乃其友人方千雲哀集重刻者也。其詩風骨頗遒，運思亦復劖刻，而生於明季，遭逢荒亂，不免多怨咽之音。

欣然堂集十卷 江蘇巡撫採進本

國朝陶孚尹撰。孚尹字誕仙，江陰人。官桐城縣訓導。是集詩六卷，詩餘附焉，文四卷。王士禎、尤侗爲之序，皆深相推挹，實則無好無惡之作也。

定峰樂府十卷 江蘇巡撫採進本

國朝沙張白撰。張白原名一卿，號定峰，江陰人。是集皆所作樂府，或用古題，或自製新題，曹禾爲之評點。第五卷中有爲王熙作青箱堂頌、爲魏裔介作脩竹頌，禾跋其後曰：或問青箱堂、脩竹二頌何以俱入樂府，予曰：子不見郭茂倩全書乎？宋泰始歌舞曲詞，其中皇華頌、聖祖頌、大符頌、明德頌、帝圖頌皆頌也，頌何可不入樂府哉？不獨頌也，自六朝至唐，凡古七言律詩、絶句、排律，無不入樂府者，俱取其聲律格調，非可執一論也云云。案禾此說似乎博洽，而實未詳考。如從其始而論，則頌居四詩之一，是爲樂府之原本，又何必牽引宋舞曲詞以相附會？如核其派別而論，則律逐調移，詞隨律變，郊祀燕享有殊於鼓吹，平調清商有殊於吳聲，以至舞曲琴操，體例各殊，郭茂倩書可以覆按。如必混而一之，總歸諸樂府，則合而併之，正可總謂之詩，又何樂府之云乎？至謂五七言律詩、絶句、排律無不入樂府者，其說又知一而不知二。禾所謂五七言律者，非沈佺期古意、姚崇龍池樂章之類乎？所謂排律者，非薛道衡昔昔鹽、楊巨源萬壽無疆詞之類乎？漢魏至唐，自朝廟樂章以外，大抵採詩入樂者多，倚聲製詞者少。其詩人擬作，亦緣題取意者多，按譜填腔者少。故竹枝詞、楊柳枝、囉嗊曲之屬，其倚聲製詞、按譜填腔者也。王維送元二使安西詩，譜爲陽關曲，此採詩入樂者也。蜀道難卽賦蜀道，巫山高卽賦巫山，此緣題取意者也。當其入樂，與詩絶不相關，且有割取詩末四句，如李嶠汾陰行，割取詩前四句，如高適哭單父梁二少府詩者，當其作詩，與樂亦絶不相關，甚有以古題衍爲七言律詩，如胡曾之關山月者，又甚至每句衍爲一首，如趙嘏之昔昔鹽者，其閒連篇大曲入破多用五言絶句，而謂五言絶句爲入破則不可。遺隊多用七言絶句，而謂七言絶句爲遺隊則不可。張白既不知詩樂之分，禾又徒見樂府之用律詩，遂執律詩以爲樂府，均失之矣。

葭里集六卷葭里二集六卷葭里三集五卷 直隸總督採進本

國朝周鎬撰。鎬字若柯，南和人。順治中諸生，屢試不售，棄舉業，專力爲詩，與廣平申涵光游，故所作不失矩度，然才地頗弱，僅涉唐人之藩籬。魏裔介序是集，稱其詩溫潤清脫，在唐人中項斯、馬戴可以伯仲，蓋舉其近似耳。

突星閣詩鈔十五卷 檢討蕭芝家藏本

國朝王戩撰。戩字孟穀，漢陽人。新城王士禎最稱其池陽山行長句，以爲突過歐陽修廬山高。蓋士禎於歐詩不喜廬山高，是以見有長句崛奇者，卽謂能過之，其實未能也。是集前有士禎序，云出前後詩屬予論序，而戩自跋云排纘續集，合前集共十卷，其姪枏跋云前五卷阮亭付梓，後九卷朱愷仲、董養齋所鐫，末一卷則許謙次諸人所刻。蓋此本合前後諸刻彙輯成編也。

吳季野遺集一卷 浙江巡撫採進本

國朝吳垌撰。垌字季野，宣城人。王士禎居易錄云：吳垌文學戰國短長及管、韓、荀卿子，作準言以擬權書，其正學、觀時、敍禍諸篇，可自作一子。今觀其文，大抵摹擬周秦，得其形似，士禎所云，猶明人標榜之餘習也。

杏村詩集七卷 山東巡撫採進本

國朝謝重輝撰。重輝字千仞，號方山，德州人。大學士陞之子，以蔭授中書舍人，官至刑部郎中。王士禎嘗選刻十子詩，重輝其一也。

蕭亭詩選六卷 山東巡撫採進本

國朝張實居撰。王士禎所評選也。實居字賓公，號蕭亭，鄒平人。士禎序稱其古今詩盈千首，樂府古選尤有神解，爲擇其最者三百餘篇爲此集云。

後甫編年稾十六卷（浙江巡撫採進本）

國朝李嶟瑞撰。嶟瑞字蒼存，盱眙人。王士禎嘗稱其縱橫有奇氣。今觀其詩，士禎之說不謬。而過求磊落，轉近粗豪，則陶冶之功未至也。

荊樹居文略十卷（湖北巡撫採進本）

國朝李懋緒撰。懋緒字汝時，號正所，江陵人。是編乃其門人楊士瓊所編，凡語錄五卷，詩文五卷。懋緒與趙御衆、漆士昌為友。御衆，孫奇逢弟子也，故耳目擩染，其語錄亦宗姚江之學。然不為明季門戶之見，以奇逢亦不立門戶故也。至於文格樸拙，詩多說理之作，則講學家之舊派，不自懋緒始矣。

冠豸山堂文集三卷（福建巡撫採進本）

國朝童能靈撰。能靈有周易剩義，已著錄。是編刻本一卷，為中天河洛五倫說；鈔本二卷，皆論學之文。然刻本題曰卷一，必尚有他卷，非完書也。其論河圖之中數三五配大學之三綱領，外八數配八條目，一二三四為明明德之條目，六七八九為新民之條目，未免牽合。至於辨六十四卦與大衍相合之數，又以九卦即序卦之餘蘊，序卦為氣，九卦為朔，亦苦心研索之學。然大抵附會於術數，朱子所謂易外別傳者也。

谷水集二十二卷（浙江巡撫採進本）

國朝胡夏客撰。夏客字宣子，海鹽人。順治中諸生。明兵部職方司郎中震亨子也。是集凡詩二十卷，文二卷。康熙中，其同邑陳光綽為之序，並傳，又為之箋。震亨家富藏書，其撰唐音統籤，夏客實與有力。泛濫古人，耳目既闊，故負其才調，頗以氣骨自高，而麤豪之失亦由於此。

丁野鶴詩鈔十卷（江西巡撫採進本）

國朝丁耀亢撰。耀亢字西生，號野鶴，諸城人。順治中由貢生官至惠安縣知縣。是集凡分五種：曰椒邱集二卷，起甲午終戊戌，官容城教諭時所作；曰陸舫詩草五卷，起戊子終癸巳，皆其入都以後所作；曰江干草一卷，起己亥終庚子；曰歸山草一卷，起壬寅終丙午；曰聽山亭草一卷，起丁未止己酉。自陸舫詩草以前，耀亢所自刻；江干草以下，皆其子慎行所續刻也。耀亢少負雋才，中更變亂，棲遲羈旅，時多激楚之音。自入都以後，交遊漸廣，聲氣日盛，而性情之故亦日漓。王士禎池北偶談載其陶令兒郎諸葛妻一律，謂野鶴晚遊京師，與王文安諸公倡和，其詩亢厲，無此風致。蓋亦有所不滿矣。

吾好遺稾一卷（江蘇巡撫採進本）

國朝章靜宜撰。靜宜字湘御，吳縣人。順治中諸生。此本凡詩三百餘首，列近體於前，而次古體於後。卷首具標姓字里貫，如小傳式，疑即從選本中析出者也。靜宜嘗從學於宋實穎，又與吳偉業酬贈，故歌行清麗激楚，頗近梅村集門徑。特才華未為富贍，故邊幅太狹，終不能與之抗行耳。

萊山堂集八卷遺稾五卷（浙江巡撫採進本）

國朝章金牧撰。金牧字雲李，歸安人。由監生官柏鄉縣知縣。其時文縱橫博麗，雖不中規矩，而勃勃有奇氣，在當時其名甚噪。日久論定，究不免有偽體之譏。至今談制藝者舉為厲禁。計其詩格，亦當在盧仝、李賀之間，而是集所載了不異人，其殆才有偏長歟。

杲堂文鈔六卷詩鈔七卷（江蘇巡撫採進本）

國朝李鄴嗣撰。鄴嗣字杲堂，鄞縣人。順治中諸生。其文鈔，餘姚黃宗羲所定；詩鈔，其同里徐鳳垣所定也。鄴嗣自序，稱得黃梨洲而後敢為文，得梁中狄而後敢為詩。宗羲序稱其皆胸中流出，無比擬皮毛之習，蓋破除王、李、鍾、譚之窠臼，而毅然自為者也。

孔天徵文集（無卷數，江蘇巡撫採進本）

國朝孔尚典撰。尚典字天徵，號汝林，江西新城人。順治中歲貢生。新城縣志載尚典有文集數卷，乃其師魏禧所評定。今此本祇二冊，詩文雜編，又附以他人之詩，殆編次未成之稾歟。

懷葛堂文集十五卷（江西巡撫採進本）

國朝梁份撰。份字質人，南豐人。嘗學於寧都魏禧，得其文律。是集前十四卷為雜文，末一卷為詩十二首，漫遊雜錄十一條。

草亭文集一卷（江西巡撫採進本）

國朝彭任撰。任字遜仕，號中叔，寧都人。同邑魏禧嘗集同志九人講學于易堂，任其一也。是集前有行略一篇，稱所著有草堂詩文集二卷。此一卷，其文集也。大致與魏禧同派，而質勝於文，詞多於意，未能與禧抗行。其辨朱陸異同，謂學者之病不在於辯之不晰，而在於行之不篤，持論頗平。至尊信豐坊偽詩傳，則失考矣。

孔鍾英集十卷（江西巡撫採進本）

國朝孔毓璵撰。毓璵字鍾英，江西新城人。嘗學於魏禮。禮爲是集序，稱其學古於世所不學之日，其文頗有健氣，而意言竝盡，殆由蘊釀未深歟。

孔惟敘集六卷 江西巡撫採進本

國朝孔毓功撰。毓功字惟敘，江西新城人。亦受學於魏禮，是集皆所作雜文，以年爲次，不分體類。目錄前有自記，欿欿然自以爲未信，而欲待他年之删改，亦可謂篤志斯事者。雖骨格未堅，其規橅固有自矣。

江泠閣詩集十四卷 浙江巡撫採進本

國朝冷士嵋撰。士嵋字又湄，丹徒人。居傍大江，其讀書之閣曰江泠，故以名集。其詩刻意學杜，多爲激壯之音。晚年節穫飧之費，自梓是集。凡古今體詩十二卷，首載琴操、古樂府一卷，末附詩餘一卷。

江泠閣文集四卷續集二卷 浙江巡撫採進本

國朝冷士嵋撰。其文詞意條達，頗爲博辨，而亦失之好盡。朱子所謂少先輩淳實氣象者也。其與張錬卷論春王正月書及荅或人一書，均爲平生得意之筆。然其說似辨而不確。所引秦以亥爲歲首，漢因之，而史書始建國曰元年冬十月，後世之文既不可以證經。卽所引伊訓元祀十有二月，亦不知其爲古文尚書，蓋明知周正之必不可移，而又必欲申夏時之說，於是謂書春以敬天，春爲夏之春；書王正月以尊王，月爲周之月，仍胡安國之緒論而已矣。

懷舫集三十六卷 直隸總督採進本

國朝魏荔彤撰。荔彤有大易通解，已著錄。是集凡詩十二卷，又續集詩九卷，別集詩六卷，偶遂草兩卷，恩詩一卷，外雜著三卷，懷舫詞一卷，雜曲一卷，彈詞一卷。末附自述一篇，蓋仿揚雄之體。然所云手註九古經，望道窺一貫，發微言，明大義，不落前儒窠臼云云，自負亦頗不淺矣。

秋水集十六卷 御史戈岱家藏本

國朝馮如京撰。如京字紫乙，代州人。順治中由拔貢生歷官至廣東左布政使。是集凡詩八卷，文四卷，宮詞一卷，粵槎日記一卷，北征紀略二卷。其詩頗清利，尤工於五言。文亦平正，惟駢體不爲擅長。詩文皆有批評，爲其宗人士標所點定。粵槎日記者，乃自江南之廣東任時，紀其行役所見。北征紀略則自廣入覲時作也。

偶然云集十卷 江蘇巡撫採進本

國朝湯之錡撰。之錡字世調，宜興人。是集冠以約言一卷，江南通志稱其論學以周子主靜之說爲宗，仿高攀龍復七規，春秋兩會，卽指是約也。文錄二卷，解易春秋獨多，餘亦講學之文。詩錄三卷，仿擊壤集體。語錄二卷，大抵衍先儒緒論。行錄、行狀，其一卷則其門人所輯也。其隱公論謂隱公仇君慭父，未免鍛鍊深文。春王正月解謂始乎子者，十二月之序；始乎寅者，四時之序，惟商與秦建丑建亥，時與月皆不可首，亦未免勇於非古。解大學以明明德爲格物，又云物者可見可聞者也，至善者不可見不可聞者也。然既不可見聞矣，又烏從而止之乎。至於假寐見先師孔子拊其背而呼之，未卒之先，夢周公約其同行，又與夢日錄之續矣。

臯軒文編一卷 福建巡撫採進本

國朝李光坡撰。光坡有周禮述註，已著錄。是集凡文二十篇，皆發揮性理，闡明經義之作。其論學主程朱，論禮主鄭氏，論易則宗邵子，而兼取揚雄太元，以爲僭經雖有罪，而存易則有功。然必以太極先天二圖爲不出自陳摶，則未免回護之見。晁以道作李之才傳序，述源流至爲明白，同時之人，當非無據，非朱震一人之私言也。

澄江集無卷數 浙江巡撫採進本

國朝陸次雲撰。次雲有八紘繹史，已著錄。是集皆古今體詩，蓋其官江陰時所作，故以澄江爲名。集中五古短篇及宮詞之類，頗能自出新裁，而蹊徑不免於太狹。尤侗序稱次雲尚有玉山集，附此以傳，此本無之，殆偶佚歟。

北墅緒言五卷 浙江巡撫採進本

國朝陸次雲撰。是集皆所作雜文，而俳諧游戲之篇居其大半，蓋尤侗西堂雜俎之流，世俗所謂才子之文也。

恕齋偶存七卷 浙江巡撫採進本

國朝方士穎撰。士穎字伯陽，淳安人。順治末諸生。是集凡詩六卷，賦一卷，末附其子菉如銜恤吟一篇。士穎四子，叔子棨如登康熙丙戌進士，以制藝名。菉如其季也。士穎沒後，菉如手寫遺稾刊行。毛奇齡、毛際可諸人爲之序。其詩惟五言古體稍有氣格。

欽定四庫全書總目卷一百八十二

欽定四庫全書總目卷一百八十三

集部三十六

別集類存目十

耐俗軒詩集三卷直隸總督採進本

國朝申頲撰。頲字敬立，廣平人。副榜貢生。明太僕寺丞佳允之孫，涵光之姪也。涵光所著聰山集，以杜甫爲宗。頲詩則惟作古體，無近體。古體又皆五言，無七言。大抵源出阮籍詠懷、陳子昂張九齡感遇，多託意寓言之作，而其運思取徑，又出入於黃庭堅蘇軾之間，頗爲拔俗。然其間或有縱筆一往，傷於快縱者；或有故以波峭取姿，掩抑示意，傷於纖佻者；或有太涉理語，傷於實相者。瑕瑜互見，尚未能一一超詣也。

一漚堂詩集一卷江西巡撫採進本

國朝余光耿撰。光耿字介邁，婺源人。康熙初諸生。江南通志作康熙乙酉舉人。案光耿之父懋衡，爲明萬歷壬辰進士。距康熙乙酉凡一百一十四年，斷不相及，非順治乙酉之譌，即別一人同姓名也。懋衡與鄒元標馮從吾等講學，同罹黨禍。光耿承其父教，淡泊自守，故詩格亦樸實平近，不尚藻采。其拆貧字曰號所云有分定安分營財本乏才者，乃里巷字謎之詞，尤不宜入集也。

尋壑外言五卷浙江巡撫採進本

國朝李繩遠撰。繩遠有姓氏譜，已著錄。是集詩二卷、文三卷。其詩格意頗清，文亦謹飭，近人集中之有法度者。然束於邊幅，未能凌踔古人也。

暘山詩集十卷浙江巡撫採進本

國朝陳炳撰。炳字虎文，長洲人。居暘山裘巷里，因以自號。是集分青桂巖稾、潤州草、風蓬吟、楚遊草、始聞吟、賓華山稾、蕉雨閒房寓中稾、詹鈴集、仙人塘上吟、坐鷗遺稾，凡十集。大致妥帖，而頗乏遒警。黃中堅作傳，稱其少時有松頂紅衰拖綠上，山腰白鳥破青飛之句，由是知名。然二語實卑俗，非詩家上乘，不知當時何以傳誦也。

黃葉村莊詩集十卷浙江巡撫採進本

國朝吳之振撰。之振字孟舉，石門人。以貢生授中書科中書。嘗選宋詩鈔行世，故其詩流派亦頗近宋人。是編凡初集八卷、後集一卷、續集一卷。

白漊文集四卷江西巡撫採進本

國朝沈受宏撰。受宏字台臣，太倉人。所居地名洗白漊，故以名集。江南通志載受宏白漊集十卷，而此本止四卷。核其目錄，亦無闕佚，殆後人汰削之本耶。

璇璣碎錦二卷安徽巡撫採進本

國朝萬樹撰。樹字紅友，宜興人。是集皆迴文詩圖，上卷三十幅，下卷三十幅，各以名物寓題，組織頗巧。然亦弊精神於無用之地矣。蘇若蘭事不可無一，亦不必有二也。

強恕堂詩集八卷山東巡撫採進本

國朝高之騱撰。之騱字仲治，淄川人。侍郎珩之子也。詩學西崑香奩之體，姿致有餘。敖陶孫謂秦少游如時女步春，終傷婉弱。於淮海集非確評，移評此集則確矣。張篤慶序謂詩無定法，與年俱進，將又有老健於是者，亦可謂婉而章也。

芙蓉集十七卷兩江總督採進本

國朝宗元鼎撰。元鼎字定九，號梅岑，江都人。嘗從王士禎學詩。漁洋詩話稱其詩以風調勝，酷似才調集。又稱其緣情綺靡，不減西崑丁卯。蓋其所取法者如此。前有鄒祗謨序，謂其憔悴江濆，挂戶高吟，年已四十，猶在捉鼻時，則此集所編，皆其少作也。凡樂府一卷、古體詩三卷、律詩四卷、排律二卷、絕句二卷、詞一卷、賦一卷、雜文三卷。元鼎弟元瑾爲之箋註，頗傷冗贅。其以詩餘居賦雜文之前，亦元瑾編次之失也。

不礙雲山樓稾無卷數江蘇周厚堉家藏本

國朝周綸撰。綸字鷹垂，華亭人。周茂源之子。康熙初，以貢生官國子監學正。受業王士禎之門。士禎作居易錄，稱爲才士不偶者是也。是編詩文以體分，詞以小令中調長調分。皆不題卷數，亦無目錄及序跋，似爲刊刻未竟之本。

重知堂詩二卷兵部侍郎紀昀家藏本

國朝趙善慶撰。善慶字怡齋，德州人。由貢生授國子監助教，官至金華府知府。嘗學詩於新城王士禎，是集即士禎所點定。前有士禎序，稱其妙在本色。頗爲得實。惟序稱論次都爲一卷，而此本實二卷。又稱善慶將赴官國學，而下卷有歸田之作，殆後復續刻，而序則未追改歟。

寵壽堂詩集三十卷浙江巡撫採進本

國朝張競光撰。競光字覲菴，杭州人。其詩每首之後評語雜遝，殆於喧客奪主。蓋猶明季詩社之餘習也。

雪菴詩存二卷 浙江巡撫採進本

國朝丁嗣徵撰。嗣徵字集虛，嘉善人。性嗜古，喜藏書，又頗耽心禪悅，故其詩格在宋元之閒，亦時時有清逸之致。嘗自訂其集十卷，與亘硯同扃笥中，爲盜者誤持去，購之不獲，乃掇拾殘剩，重繕此集，故名曰詩存云。

天外談四卷 安徽巡撫採進本

國朝石龐撰。龐字天外，太湖人。詩文皆纖仄佻巧，墮入魔趣。惟迴文雪賦一首、春賦一首爲自古所無之格。蓋小有才而未讀書，聰明過於學問者也。至遊春賦之每句用一部偏旁之字，則彌無可取矣。

復園文集六卷 浙江巡撫採進本

國朝董聞京撰。聞京字丹鳴，烏程人。康熙初官吉安府知府。是集皆所作雜文，自序謂明理以端其源，博學以廣其識，尊經以正其歸，養氣以聚其實，和聲以發其華，持論甚高。然核其所作，不能出公安、竟陵門戶也。

章江集五卷 內府藏本

國朝安世鼎撰。世鼎字鑄九，鑲紅旗漢軍。由保德州知州官至江西巡撫。此集乃世鼎自輯歷官奏疏以及文移條告諸篇，編爲是集，後附以書記序二十一篇，皆在江西時所作也。

尺五堂詩刪六卷 浙江巡撫採進本

國朝嚴我斯撰。我斯字存菴，歸安人。康熙甲辰進士第一，官至禮部左侍郎。其詩近體最富，古體僅十之二三。大抵長於華贍之作，湯惠休所謂如鏤金錯采，亦雕繢滿眼者也。

讀書堂集四十六卷 江蘇巡撫採進本

國朝趙士麟撰。士麟，雲南河陽人。康熙甲辰進士，官至吏部侍郎。是集爲士麟所自編，凡語錄四卷、文十七卷、詩二十一卷、條約四卷，大抵應酬之作。冠以序一卷、題詞一卷，密行細字，凡八十二頁，裒然自爲一巨冊，亦向來刻集者所未有也。

珂雪詩無卷數 山東巡撫採進本

國朝曹貞吉撰。貞吉字升六，號實菴，安邱人。康熙甲辰進士，官至禮部員外郎。初王士禛有十子詩略之刻，貞吉與焉。因其版分藏各家，故往往各以別本單行。後其曾孫益厚，即士禛所錄，附以朝天、鴻爪、黃山紀遊等集，總顏之曰珂雪詩。貞吉詩格遒鍊，其黃山諸作，極爲宋犖所推。在京師時，和其文姬歸漢圖等長歌，極有筆力，今檢集中不載。又士禛感舊集所選登望海樓、吳山晚眺、金山諸詩，亦皆不見集中，則全稾之散失者多矣。

九谷集六卷 兩江總督採進本

國朝方殿元撰。殿元字蒙章，九谷其別號也，番禺人。康熙甲辰進士，歷官郯城、江寧二縣知縣。是集凡樂府二卷、諸體詩二卷、雜文一卷，末卷爲環書上下篇，附以四書講語數則。其環書下篇多發明易義，蓋亦雜家流也。

戒菴詩存一卷 浙江巡撫採進本

國朝邵遠平撰。遠平本名吳遠，字戒三，仁和人。康熙甲辰進士，官至光祿寺少卿。己未召試博學宏詞，授翰林院侍讀，官至詹事府少詹事。此集首行下署曰京邸集。自序謂己未再入京，五載內所作，多典禮紀頌之章，酷摹唐音，頗見宏贍。長洲韓菼序，謂其使粵時唱酬甚富，別爲集以行於世，則此卷乃其全集之一種耳。

雪園詩集六卷 編修鄭際唐家藏本

國朝梁珪撰。珪字至鉉，號雪園，福建長樂人。是集前有其友袁奐序，作於康熙甲辰。其詩凡分六集：一曰靈峰草，二曰江南遊草，三曰循陔草，四曰楚遊草，五曰江西遊草，六曰恒山遊草。惟靈峰、循陔二草爲居家奉母時所作，餘皆其客遊南北登覽山川之什也。

健松齋集二十四卷續集十卷 浙江巡撫採進本

國朝方象瑛撰。象瑛有封長白山記，已著錄。是集象瑛所自編，凡文十六卷，少作及入翰林以後之作悉在焉。十七卷以下爲詩集，秋琴閣詩一卷，刻於康熙己未，少作也。展臺詩鈔二卷，展臺，燕昭王展禮賢士之臺，即金臺而變其名也。錦官集二卷，康熙癸亥典試四川所作。時蜀亂始平，補行鄉試，故以癸亥行也。舊遊詩一卷，未仕時遊鄞、遊燕、遊越、遊楚作也。萍畱草一卷，國初浙閩未定時，避兵杭州時作也。都門懷古詩、倦還篇共一卷，都門懷古詩作於辛酉官翰林時，倦還篇則乞假歸里時作也。其編次不以作詩年月爲先後，不解其意。續集六卷，刻於康熙壬辰，凡文八卷，詩二卷。詩題曰所之草，皆歸田以後作也。

百尺梧桐閣集二十六卷 兩淮馬裕家藏本

國朝汪懋麟撰。懋麟字季甪，號蛟門，江都人。康熙丁未進士，授祕書院中書舍人，官至刑部主事。其詩法傳自王士禎而才氣縱橫視士禎又爲別格趙執信談龍錄記嘗見其浯溪中興頌詩起句云楊家姊妹顏妖狐即擲去不視謂頌中興而自天寶致亂敘起雖萬言不難辦也雖以愁麟爲新城弟子借愁麟以攻士禎未免操之已蹙然亦足見其少所翦裁矣

學文堂集四十三卷江蘇周厚堉家藏本

國朝陳玉璂撰玉璂字賡明號椒峯武進人康熙丁未進士官中書舍人是集雜文三十一卷詩八卷詞四卷其說經之文及辨議諸作亦頗有源委不同剿說然大致逶迤平衍學宋格而未成詩則更非所長矣

別本學文堂集四十七卷浙江巡撫採進本

國朝陳玉璂撰此本凡文四十三卷詩十卷詞三卷總五十六卷然文集之中有錄無書者九卷實爲四十七卷與前一本大同小異然兩本皆無總目疑皆隨作隨刊之本非其全帙也王晫今世說稱玉璂每讀書至夜分兩眸欲合如綫輒用艾灼臂久之成痂蓋亦苦學之士又稱其所爲詩文旬日之間動至盈尺見者遜其俊才則貪多務博可知矣其集不一本也

五經堂文集五卷語錄一卷山西巡撫採進本

國朝范鄗鼎撰鄗鼎有理學備考已著錄是集皆各體雜文本名草草草卷首有鄗鼎自序文格酷摹尚書雖本之夏侯元昆弟誥然未免太近遊戲末附語錄一卷乃其子翮搜輯諸刻書中鄗鼎評識之語彙成一帙因並梓之實非鄗鼎自作亦非門人所記也

柳村詩集十二卷山東巡撫採進本

國朝董訥撰訥有督漕疏草已著錄其詩皆訥手自刪定因有別墅在平原城南二里名曰柳村遂以名集平原縣志稱康熙四十一年

聖祖南巡駐蹕柳村之南樓詢訥詩集其子思凝繕寫恭呈

御覽殆即此本歟

石屋詩鈔八卷補鈔一卷浙江巡撫採進本

國朝魏麐徵撰麐徵字蒼石溧陽人康熙丁未進士官至邵武府知府此集即在邵武所刊第二卷爲西湖和蘇詩第七卷爲和白香山樂府其瓣香所在可以想見第五卷爲擬漢樂府雖未至於苦學妃豨而形骸之外去之轉遠蓋唐樂府重在諷諭其文章可以力追漢樂府重在音律其節奏不可以臆揣也第三卷爲閩行日記詩第四卷爲閩中吟第六卷爲漁山詩皆以地記第一卷與第八卷則總題曰雜詩補鈔一卷亦無標目大抵詩材清拔而根柢不深如曉行詩暗燈移附壁句自是東裝眞景而刻畫瑣碎已入武功末派矣

縱鈞居文集八卷江西巡撫採進本

國朝應是撰是有讀孝經已著錄是編皆所著雜文集中多載論策蓋康熙丁未改八比爲論策時所擬作其文多摹擬蘇氏父子辨論瀾翻而未免過求駿快遂剽而不留其他序記傳誌諸篇則欲擬其鄉人王安石而邊幅亦微狹焉

愼修堂詩集八卷福建巡撫採進本

國朝廖騰煃撰騰煃字占五號蓮山將樂人康熙己酉舉人官至戶部侍郎其服官頗著清節詩則尙未成家

匏菴遺集三卷兩江總督採進本

國朝石璜撰璜字夏宗別號匏菴如皋人是集爲其子尹等所編據目錄當爲五卷而此本僅三卷蓋不全之本也

憺園集三十八卷兩淮馬裕家藏本

國朝徐乾學撰乾學有讀禮通考已著錄乾學家富圖籍

聖祖仁皇帝購求遺書乾學奏進十二部其疏今在集中近所藏雖已散佚而傳是樓書目猶存於世所著讀禮通考及續宋元通鑑長編皆閎通淹貫確有可傳集中考辨議說之類亦多與傳註相闡發蓋乾學爲顧炎武之甥而閻若璩諸人亦多客其家師友淵源具有所自故學問頗有根據然文章則功候未深大抵隨題衍說不甚講求古格賦頌用韻尤多失考尙未能掉鞅詞壇與諸作者爭雄長也是集刻於康熙丁丑據宋犖原序稱尙有外集今未之見或此本偶佚歟

白石山房稾十三卷江西巡撫採進本

國朝李振裕撰振裕字維饒吉水人康熙庚戌進士官至兵部尙書是集凡詩三卷文九卷又附江南所作詩一卷乃振裕督學江南時所刊前有施世綸汪琬序世綸序惟述政績不及文章琬序稱其工於臺閣之體亦頗著微詞

別本白石山房稾二十六卷浙江巡撫採進本

國朝李振裕撰。此本詩文各十三卷，與刻於江南者大同小異。前後無序跋，亦無目錄，不知何時所刻也。

已畦集二十一卷、原詩四卷（江蘇巡撫採進本）

國朝葉燮撰。燮有江南星野辨，已著錄。是集前有自序，論文章利病，頗爲有見。然檢閱集中諸作，則頗不逮其所言，至於意態波瀾，彼此重複。如聽松堂、秀野堂二記，其尤甚者也。

趙恭毅剩稾八卷、附裘萼賸稾三卷（兩江總督採進本）

國朝趙申喬撰。申喬字松伍，武進人。康熙庚戌進士，官至戶部尚書，諡恭毅。是編首奏議，次序記，次案牘之文，終以雜著。其孫侗斆所編也。後附裘萼賸稾三卷，則申喬之子熊詔撰。熊詔，康熙己丑進士第一，官至翰林院侍讀。裘萼其號也。

玉巖詩集七卷（福建巡撫採進本）

國朝林麟焻撰。麟焻字石來，莆田人。康熙庚戌進士，官至貴州提學僉事。其詩法受自王士禎。初官中書舍人時，嘗偕檢討汪楫奉使琉球，途中唱酬甚夥，是編凡前集二卷，皆初年所作。又星槎草一卷，中山竹枝詞五十首爲一卷，皆出使時所作。郊居集一卷，則官提學後家居時作也。自中山竹枝詞以前，皆載士禎評點。竹枝詞後又以當時同人贈別之作附焉。

孜堂文集二卷（內府藏本）

國朝張烈撰。烈有讀易日鈔，已著錄。烈篤守朱子之說，故集中多講學之文，然如朱陸異同論、王學質疑，皆未免有鍛鍊周內之意，不及其賈董同異論之持平。蓋漢學但有傳經之支派，各守師說而已。宋學既爭門戶，則不得不百計以求勝，亦勢之不得不然者歟。

臨野堂文集十卷（兩淮馬裕家藏本）

國朝鈕琇撰。琇有觚賸，已著錄。是集前有潘耒序，盛推其四六之工。今觀所撰，疏儁頗勝近人，而渾雅終不逮古人。其外篇俳諧諸作，如商陸侯傳之類，則不可作也。

立命堂二集十三卷（安徽巡撫採進本）

國朝嵇宗孟撰。宗孟字淑子，山陽人。官至杭州府知府。是集前有康熙壬子沈珩序，稱已刻賦若干卷，詩若干卷，文若干卷，故又編爲二集。計賦十二首，詩四百三首，文八十八首，凡七卷。其七卷以下，附刻各種小集，曰蠡史，曰星路陽秋，曰識小箋，曰詩搨，曰甌樂行，曹錄，各爲一卷。又詩餘一卷，曰酒古董。蓋其時去明未遠，故通體皆規摹鍾譚，以幽冷纖巧爲宗。觀諸集之名，而其詩可見矣。

古鉢集選一卷（山東巡撫採進本）

國朝王士祜撰。士祜字叔子，一字子側，號東亭，又號古鉢山人，山東新城人。康熙庚戌進士，未仕而卒。是集爲其弟士禎所編。其詩長於情韻，士禎序述計東之言曰：三王並著詩名，西樵院亭早達，故聲譽易起。若東亭之才，詎肯作蜂腰哉。然自是士禎篤念友于，存此標榜之詞耳。其實士祿不及士禎，士祜不及士祿，天下之公評也。

有懷堂詩文稾二十八卷（內府藏本）

國朝韓菼撰。菼字元少，號慕廬，長洲人。康熙癸丑進士第一，官至禮部尚書。乾隆三十年

賜諡文懿。是集爲菼所自編，凡詩六卷，分蹣躅、歸愚、病坊、粟迷四集；文二十二卷。菼以制藝著名，其古文亦法度嚴謹，凡安章宅句，皆刻意研削。然其不能脫然於畦封，亦即在此。詩則又其餘事矣。

蘋村類稾三十卷、附錄二卷（編修徐天柱家藏本）

國朝徐倬撰。倬字方虎，蘋村其號也，德清人。康熙癸丑進士，官至翰林院侍讀。

聖祖南巡，進所纂全唐詩錄，晉禮部侍郎。是集凡修吉堂文稾八卷、應制集二卷、寓園小草一卷、燕臺小草一卷、梧下雜鈔二卷、蘋蓼間集二卷、甲乙友鈔一卷、汗漫集二卷、野航集二卷、鼓缶集三卷、黃髮集二卷、詞集二卷、耄餘殘瀋二卷，附錄其子元正遺稾二卷，一曰清嘯樓草，皆未第以前作；一曰鸞坡存草，則自入詞館以後應

制紀

恩遊讌贈答之什也。元正字子貞，號靜園，康熙乙丑進士，官至工部尚書。徐氏五世翰林，倬其第二世，元正其第三世云。

禮山園文集八卷（浙江巡撫採進本）

國朝李來章撰。來章有連陽八排風土記，已著錄。是集摹倣歐曾，頗爲近似，以作意點綴求姿，故或失之微纇。中如李氏紫雲山莊記、辛公子傳諸篇，規橅古人，亦覺墨痕未化，謂之不失典型則可矣。

殘本經史緒言一卷（兩江總督採進本）

國朝朱董祥撰。董祥有讀禮記略，已著錄。是編名似筆記，實則文集。前有雜論數篇，其餘多言居家禮

制，而喪禮尤多。大抵執古義以繩今，與所作讀禮記略相出入。如居喪不當稱制之類，一字之爭，動輒累牘，多非大義所關也。其書題曰上卷，則尚有下卷而佚之。目錄列文四十七篇，而闕其原學上、大司農本政書、教子晟讀詩說三篇，蓋併此卷亦非完本矣。

南昀文集十二卷（江蘇巡撫採進本）

國朝彭定求撰。定求有周忠介公遺事，已著錄。案定求之學出於湯斌，斌之學出於孫奇逢，奇逢之學出於鹿善繼，善繼之學則宗王守仁傳習錄。故自奇逢以下，皆根柢於姚江，而能參酌朱陸之間，各擇其善，不規規於門戶之異同。定求是集，於文章之有關於學術者，尤所留意，而持論則兼採二家，無所偏倚云。

寶嗇堂詩稾四卷（直隸總督採進本）

國朝張榕端撰。榕端有海岱日記，已著錄。是集爲榕端官內閣學士時所刊，皆其康熙己未至己卯之詩。前有任邱龐塏序，稱其詩和而不迫，秀而不纖，逸而不肆，宛轉纏綿，一寫其胸中之趣，而未嘗借以宣其喜怒不平之氣。頗近其實。然婉約有餘，遂乏雄渾之氣、深湛之思。蓋其長在是，其短亦在是矣。

河上草二卷（直隸總督採進本）

國朝張榕端撰。康熙庚辰，榕端以內閣學士預治河之役，至癸未始召還。此編皆其四年之中，在工次所作。前有宋犖序，稱其泥塗樺橇，樺石沈薪，卒以塞決，乃殊不見其有歌咏勤苦之勞，而往往道其達天適性之樂。今觀其詩，雖醞釀不深，而和平恬靜，犖言蓋不誣云。

蘭樵歸田稾一卷（直隸總督採進本）

國朝張榕端撰。皆康熙甲申以後致仕歸里之作。其詩直抒胸臆，多入香山一派。蓋老境優游，頹然自放，不復以文字爲意矣。

彭椒巖詩稾二十二卷（江蘇周厚堉家藏本）

國朝彭開祐撰。開祐字孝緒，號椒巖，吳縣人。康熙丙辰進士，官至武岡州知州。是集分四種，曰瞻雲稾，曰游琴稾，曰一螺稾，各六卷；曰稾丸稾，四卷。游琴、一螺、稾丸三稾，皆其官河間及游大梁、濟南時所著；瞻雲稾則其官武岡時所著也。

旭華堂文集十四卷、補遺一卷、續編一卷（山西巡撫採進本）

國朝王奐曾撰。奐曾字元亮，別字思顯，號誠軒，山西太平人。康熙丙辰進士，官至湖廣道監察御史。是編爲其孫堉趙勳典所刊。凡奏議一卷，雜文十三卷。附以補遺一卷，則奏議二首并序文雜著八首也。

通志堂集十八卷、附錄二卷（江西巡撫採進本）

國朝納喇性德撰。性德有合訂刪補大易集義粹言，已著錄。性德生長華閥，勤於學問。鄉試出徐乾學之門，遂受業焉。九經解即其所刻，而徐乾學延顧湄校正之。以書成於性德歿後，版藏徐氏，世遂稱徐氏九經解，並通志堂而移之徐氏，實相傳之誤也。是編爲乾學所裒輯，凡詩五卷、詞四卷、文五卷、淥水亭雜識四卷，又附錄碑誌哀輓之作爲二卷。

翠滴樓詩集六卷（監察御史戈岱家藏本）

國朝馮雲驌撰。雲驌字懿生，代州人。康熙丙辰進士，官翰林院編修。是集皆所作古今體詩，惟冠以賦一篇，殿以詞一闋。蓋雲驌沒後，其門人鹿祐所編，故掇拾殘賸，所存僅此云。

兼山堂集八卷（浙江巡撫採進本）

國朝陳錫嘏撰。錫嘏字介眉，號怡庭，鄞縣人。康熙丙辰進士，官翰林院編修。是集爲慈谿鄭梁所選錄，凡文六卷，詩二卷，頗不失矩度。然錫嘏本以制義擅長，此則其餘力及之者也。

清芬堂存稾八卷（浙江巡撫採進本）

國朝胡會恩撰。會恩字孟綸，德清人。康熙丙辰進士，官至刑部尚書。其館閣諸詩，別編爲賡颺集，今未見傳本。是集所錄，則由丙辰至庚寅三十五年所作也。詩有清腴之致，而風骨未遒，故於一時流輩之中，尚不能排突諸家，自成一隊。

蘧廬草一卷（兩江總督採進本）

國朝黃鐘撰。鐘字宏音，號蘧廬，如皐人。康熙中諸生。是集爲其門人鄧士英所編。凡文四十四篇，前列總目。總目之後，仿史記自序、漢書敘傳之例，每篇各爲之序，述所以立言之意。自有別集以來，茲爲創體。然亦足以見其文不苟作，必有所取義矣。其文大抵縱橫奇肆，自達所見。其與友人論文書，大旨主於不似古人，乃能爲古人，亦迥異貌擬秦漢、詞雜齊梁之習。惟其文多作於明末，感觸時事，往往言之過當。如洪範論謂治世之天甚願乎人之爲君子也，則所嚮在此矣；亂世之天甚怒乎人之爲君子也，則所威在此矣。至終篇歸於順受其正，亦仍沿劉峻辯命論之旨，非和平中正之道。其楊墨論雖爲僞談忠孝者發，而以墨翟爲僞、楊朱爲誠，亦未免憤激太甚。大抵其才力足以馳驟古人，而學養之深醇則未之逮也。

西澗初集六卷（江蘇周厚堉家藏本）

國朝劉然撰。然字簡齋，江寧人。卷首有康熙戊午杜濬序，稱其詩文閎深奥衍，不可名狀。今觀斯集，殊不副斯言。其水中雁字七言律詩，用上下平韻至三十首，亦太誇多鬬靡。以如是題目，作如是體裁，雖李杜不能工也。

青門簏稾十六卷附邵氏家錄一卷青門旅稾六卷青門賸稾八卷（安徽巡撫採進本）

國朝邵長蘅撰。長蘅一名衡，字子湘，武進人。是集乃其兄子璿等編次。康熙戊午以前爲青門簏稾，詩六卷、文十卷。己未訖辛未爲旅稾，詩二卷、文四卷。壬申後爲賸稾，詩三卷、文五卷。其邵氏家錄，則以康節祠堂碑記之類彙爲一編者也。

竹垞文類二十六卷（內府藏本）

國朝朱彝尊撰。彝尊有經義考，已著錄。是集乃其未遇時所刻，中有曝書亭所未錄者，皆悔其少作，自爲删汰也。

受祺堂詩集三十四卷（陝西巡撫採進本）

國朝李因篤撰。因篤字子德，又字天生，富平人。康熙己未
召試博學鴻詞，授翰林院檢討。顧炎武作音學五書，特載與因篤一札，蓋頗重之。閻若璩作潛邱劄記，則云杜造故事，莫過於李天生。然所謂杜造故事者，今不可考，則姑存其說矣。是集爲因篤所自定，本三十五卷，此本獨闕第四卷，目錄註云未出。其爲因篤自删之，或爲隨寫隨刻，誤排卷數，不得已而立一虚卷，均未可知也。其詩大抵意氣蒼莽，才力富贍，而亢厲之氣一往無前，失於粗豪者，蓋亦時時有之。殆所謂利鈍互陳者歟。

世恩堂集三十五卷（江蘇巡撫採進本）

國朝王頊齡撰。頊齡號瑁湖，華亭人。康熙丙辰進士。己未
召試博學鴻詞，授編修，官至大學士，諡文恭。是編凡詩集三十卷、經進集三卷、詩餘二卷。頊齡値文治昌明之日，奏太平黼黻之音，故一時臺閣文章，迥異乎郊寒島瘦。即早年未達時作，亦無衰颯哀怨之意，足以見其襟抱矣。

深秀亭近草五卷（江蘇周厚堉家藏本）

國朝潘鍾麟撰。鍾麟字曆峰，華亭人。是編皆七言律詩，前四卷爲乞酒之作，所投贈者凡二百六十五人；後一卷爲寄懷之作，所投贈者凡三十人。以大學士王頊齡、戶部尚書王鴻緒爲冠，蓋借此以存其人，乞酒寄懷，特假託之詞耳。

遂初堂詩集十五卷文集二十卷別集四卷（江蘇巡撫採進本）

國朝潘耒撰。耒有類音，已著錄。詩分少遊、夢遊、近遊、江嶺遊、海岱遊、台蕩遊、閩遊、黃廬遊、楚粵遊、豫遊、臥遊諸草，分年編次。文則各以體分。惟爲二氏作者入之別集，用楊傑無爲集例也。耒性好遊名山，足跡甚廣。其詩不事雕飾，直抒所見。古文蹊徑較平，稍遜於魏禧諸人，而氣體渾厚，空所依傍，則又耒所獨得也。耒家吳江之爛溪，少受業於顧炎武，頗得其傳，故詩文皆有原本。特其議論之文往往反覆求快，太傷於盡，未免失之好辯焉。

抱經齋集二十卷附焚餘草一卷（浙江巡撫採進本）

國朝徐嘉炎撰。嘉炎字華隱，秀水人。康熙己未
召試博學鴻詞，授翰林院檢討，官至內閣學士兼禮部侍郎。是集凡應制詩一卷、樂府一卷、古詩四卷、律詩五卷、絶句二卷、玉臺詞一卷、賦頌一卷、論一卷、序三卷、雜文一卷，末附焚餘草一卷，乃嘉炎父肇森所作。遭亂散失，僅存二十餘首，嘉炎記而錄之，猶山谷集後附伐檀集意也。

叢碧山房集五十七卷附詩義固說二卷（內府藏本）

國朝龐塏撰。塏字霽公，號雪崖，任邱人。康熙己未
召試博學鴻詞，授翰林院檢討，降中書舍人，終於建寧府知府。是集凡文八卷、雜著三卷、翰苑稾十四卷、舍人稾六卷、工部稾十一卷、戶部稾十卷、建州稾五卷，皆其所手自編定也。塏爲詩主於平正沖澹，不求文飾。當王士禎名極盛時，能文之士率奔走門牆，假借聲譽。塏獨落落不相親附，故士禎亦不甚稱之，惟記其病足詩「切防美人笑，蹇者春來不過平原門」一絶而已。然塏早歲所作，頗得深婉清微之致，晚年菁華既竭，流於枯淡。其舍人稾不及翰苑，工部稾不及舍人，戶部稾不及工部，至建州稾以後，頹唐益甚。田雯爲作戶部稾序，以白居易、陸游比之，塏意頗慍然，實箴規之言也。末附詩義固說二卷，論亦切實，惟推衍嚴羽之說，以禪談詩，轉至於支離曼衍，是其好高之過矣。

臥象山房集三卷、附錄二卷（山東巡撫採進本）

國朝李澄中撰。澄中有滇南日紀，已著錄。是編賦一卷，文一卷，詩一卷，附滇南集一卷，又艮齋文選一卷。安若訥爲作墓誌，記其夢爲李攀龍後身。趙執信亦稱其生而父夢攀龍入室，故其詩仍學攀龍。龐塏論文絕句，則有壽光安子非知己，強爲于鱗認後身句。今觀其集，頗不類滄溟體格，是塏所論者爲允，若訥、執信皆好奇之論也。

白雲村集八卷（山東巡撫採進本）

國朝李澄中撰。康熙己未以召試入史館者，澄中與龐塏交最契，文格詩格二人往往互似。是集卽塏官建寧府知府時爲刻於福建者。塏序稱王新城阮亭、由德州綸霞，壇坫久成於時，望重龍門，漁村入都，與鼎足而立，士林稱山左三大家。然澄中詩文修潔有餘，至魄力雄厚，終非王、田比也。王士禎感舊集載其齊謳行三首、細草谷一首，此集皆未載，又魚龍圖一篇，亦與感舊集所載數字不同。蓋塏與士禎門徑稍別，故去取亦稍異也。

秋錦山房集二十二卷（江蘇巡撫採進本）

國朝李良年撰。良年字武曾，秀水人。康熙己未，嘗薦舉博學鴻詞，初冒姓虞氏，名兆漢，故當時薦牘無良年名。朱彝尊所作墓誌，僅載其原名，而未載其冒姓，亦偶疎也。是編凡詩集十卷，詞二卷，文集十卷。良年少有儁才，其游蹤幾遍天下，所未至者秦蜀嶺嶠耳。其詩清峭灑落，亦頗得江山之助。惟自少至老，風調不變，其蹊徑之狹，殆才分所偏歟。文則長於議論，而短於敘述，不逮其詩。詞則已刻入六家詞中者，殆三分之二，品在其詩文之閒云。

別本蓮洋集二十卷（刑部員外郎張道源家刻本）

國朝吳雯撰。雯蓮洋集已著錄。案王士禎作雯墓誌，稱其詩一刻於吳，再刻於都下，三刻於津門。今皆未見。趙執信懷舊詩序，稱雯以遺稾付王士禎。雯歿後將二十年，其集未出，疑士禎耄而忘之。又稱池北藏書散失殆盡，是集可知。則雯之原稾似乎散佚。近時乃疊出三本，一爲臨汾劉組曾所刻，一爲山東孫㦤所刻，一卽此本，爲浮山張體乾所刻。劉本稱得自士禎門人黃叔琳家，孫本及此本幷稱得自雯姪秉厚家，皆以士禎評點相誇。孫本竝考核評語之同異，此本更較量圈點之眞僞。考第七卷中留別車全詩，載士禎評曰，今車全果領解中州，此亦讖也。惜天章不及見耳。灼爲雯歿後之語，則士禎所定，或歸諸吳氏，亦未可知也。然士禎諸說部中所品題獎借者，幾於指不勝屈。今其集率久覆醬瓿，無人重其姓名，而雯詩獨數刻而未已，是知雯詩足以自傳，不以士禎始重也。刻雯集者反若借士禎以傳雯，然則使雯不及識士禎，卽謂雯詩不工乎。三本之中，劉本詳備於孫本，此本又詳備於劉本。要之詩之工拙，不係篇帙之多少。今繕孫本入祕閣，而此本則存其目焉。

雪石堂詩草（無卷數、陝西巡撫採進本）

國朝劉爾㦿撰。爾㦿字敬又，空君人。康熙己未嘗薦舉博學鴻詞，其詩刻意摹杜，然大抵在形似之閒。

思復堂集十卷（浙江巡撫採進本）

國朝邵廷采撰。廷采字念魯，餘姚人。康熙初諸生。嘗從毛奇齡遊。是集刊於康熙壬辰，以龔翔麟所撰墓誌、邵思淵所撰墓表、萬經所撰小傳冠諸編首。

徐都講詩一卷（浙江巡撫採進本）

國朝徐昭華撰。昭華字亦曰昭華，駱加采之妻也。其父咸清，與毛奇齡善。奇齡暮年里居，昭華從之學詩，稱女弟子，故有都講之目。是集卽奇齡所點定，附刻西河集中者也。

拙齋集五卷（浙江巡撫採進本）

國朝朱奇齡撰。奇齡有春秋測微，已著錄。其平生潦倒場屋，老而不遇，刻意以古文自任，所作皆簡潔明鬯，無鉤章棘句之態，而邊幅不免於稍狹。

張邇可集四卷（浙江巡撫採進本）

國朝張遠撰。遠有杜詩會稡，已著錄。是集凡分三種，曰雲嶠集一卷，蕉園集一卷，梅莊集二卷。梅莊集兼載詩文，蕉園、雲嶠二集則有詩無文。顧湃序謂其詩凡三變，蕉園最先，梅莊次之，雲嶠則官稽雲時所作，爲最後。三集格調皆與毛奇齡相近，蓋二人同里，得法於奇齡者多云。

超然詩集八卷（福建巡撫採進本）

國朝張遠撰。遠字超然，侯官人。康熙己卯舉人，官祿豐縣知縣。與蕭山張遠同姓名，而其生稍後。是集諸詩，多近元白長慶體，在晉安詩派之中，自爲別調。杭世駿榕城詩話曰，張遠領康熙己卯鄉薦第一。游京師，與竹垞、初白諸人倡和甚富，有集梓行。初嘗挾策游四方，未有所遇，登滕王閣題詩，一逹官嗟賞，爲之延譽，詩名遂振。其詠松濤有月明何處雨風定數聲鐘，亦佳句也。

山曉閣詩十二卷（浙江巡撫採進本）

國朝孫琮撰。琮字執升，嘉善人。山曉閣其讀書處也。集前有魏坤序，謂其初集不下千首，其後數十年，復成兩集。今計此本所存，僅十之二三耳。其詩頗有警句，而醞釀未深。

香草居集七卷（浙江巡撫採進本）

國朝李符撰。符本名符遠，字分虎，號耕客，嘉興人。是集後有其從孫菊房跋，稱所作詩詞刻於滇南者曰香草居詩，刻於金陵者曰耒邊詞，未刻詩詞曰花南老屋集、排偶之文曰補袍集。後補袍集寄於容城胡具慶家，遂亡其本，花南老屋集亦僅存詩一冊。此集即菊房以香草花南二集合為一編，凡古今體五卷，第六卷以下為詞，即所謂耒邊詞也。符早受知於曹溶，得讀其藏書，又與朱彝尊等結詩社，故其學頗有淵源。詩則詞意清婉，似源出於范成大，與彝尊等格又異焉。

秋水閣文鈔一卷（江蘇巡撫採進本）

國朝陳維岳撰。維岳字緯雲，宜興人，檢討維崧之弟也。晚年自定古文百篇，詩二冊，詞二冊。其季弟欲附梓於維崧迦陵集後，未果，遂多散佚。此其傳寫殘本，僅存賦十篇、雜文十五篇。卷首有同里蔣景祁序，以維岳比其兄維崧，然駢體略得維崧之格，至魄力根柢皆遠遜之。雜文中如十三經考、符科舉策略，無所發明。漆園生傳亦毛穎傳之窠臼。伸兄半雪傳亦失諱親之義。考景祁序乃為全集而作，豈別有佳製佚不可覩歟。

寶菌堂遺詩二卷（山東巡撫採進本）

國朝趙執端撰。執端號緩菴，益都人。雍正中分益都置博山，趙氏所居劃隸焉，故此本追題為博山人。執端於趙執信為從弟，而於王士禎為甥。執信士禎以爭名構釁，著書互詆，兩家詬爭如水火。執端獨舍執信而從士禎。其詩句擬字摹，亦頗得其一體。集中有過士禎舊居詩曰：突兀龍門羣仰望，飄零宅相獨徘徊。依然萬壑朝宗在，不禁蚍蜉撼樹來。蓋為執信談龍錄發也。執信談龍錄負氣指摘，或不免失之太過，而所言不盡無理。執端直以羣兒謗傷詆之，是其門戶之見，尚未湔明季餘習矣。

友柏堂遺詩選二卷（編修周永年家藏本）

國朝馮協一撰。協一字躬暨，益都人，大學士馮溥第三子也。以溥蔭官至臺灣府知府。是集乃協一歿後，其子厚檢收遺稾，求正於其姻家趙執信。執信託目疾不省覽，命門人常熟仲是保代刪之，而執信為之序，是保跋焉。其詩雖未極工，亦非極惡，而執信序嘲謭百端，殊可怪訝，亦可云魏收驚蛺蝶矣。

野香亭集十三卷（浙江巡撫採進本）

國朝李孚青撰。孚青字丹壑，合肥人，大學士天馥子。康熙己未進士，官翰林院編修。是集詩編年分卷，起康熙戊寅，訖己亥。毛奇齡西河詩話中極稱其吐屬工敏，蓋其穎悟有過人者，其氣骨未遒，則年未四十而歿，功候猶淺之故也。

夢鼎堂文集四卷若溪集一卷（大理寺少卿劉天成家藏本）

國朝任觀瀛撰。觀瀛字子登，或書曰紫登，以同音相假借也。蕭縣人。康熙己未進士，官至陝西潼商道。是二集皆其官長興知縣時所作。若溪集以水名名其詩，夢鼎堂在長興署中，明歸有光所建，觀瀛重構之，因以名其文集云。

晚樹樓詩稾四卷（江蘇周厚堉家藏本）

國朝吳震方撰。震方有讀書正音，已著錄。是編乃其詩稾，始於康熙己未初館選時，終於甲申遊滁州時所作。初震方以御史罷歸，康熙癸未恭逢
聖祖仁皇帝南巡，以所輯朱子論定文鈔進
呈，蒙
恩復職，且
御書白居易詩以
賜。因摘詩中晚樹二字以名其樓，併以名集云。

雙溪草堂詩集一卷附遊西山詩一卷（兩淮鹽政採進本）

國朝王晉徵撰。晉徵字涵齋，休寧人。康熙己未進士，官至戶部侍郎。是集為晉徵所自定，以編年為次，始於康熙癸丑，終於戊子。

老雲齋詩刪十卷（浙江巡撫採進本）

國朝沈不負撰。不負字集九，一字次山，平湖人。是集據乾隆庚申陸奎勳序，謂康熙己卯，不負手刪其詩，存十之五，編年而不分體，以授其子方蕙曰：汝他日力能開雕，當名之曰老雲齋詩刪，不必更有增入云云。而俞慤琪所作不負小傳，乃稱不負病亟時，客有傳濟南劉中丞幕中貫花主人降於乩（案貫花主人謂金人瑞也），不負慨然而興，口吟云云，竟絕筆於此。今此詩刻於卷末，則似非盡自定之本，或以其事奇異，故附存耶。

馮舍人遺詩六卷、山東巡撫採進本

國朝馮廷櫆撰。廷櫆字大木、德州人。康熙壬戌進士。官中書舍人。丁卯典試湖廣、作詩一卷、名曰晴川集、王士禎嘗序之。是集乃廷櫆歿後趙執信所編。首爲京集三卷、次卽晴川集一卷、又雪林集一卷、曹村集一卷、併爲作序、以士禎序爲知之未盡。蓋當日執信方以論詩與士禎相左、故雖同一推奬、亦持異議云。

居業齋文集二十卷、別集十卷、湖南巡撫採進本

國朝金德嘉撰。德嘉字會公、廣濟人。康熙壬戌進士。官翰林院檢討。德嘉晚年、鍵戶著書。時同郡顧景星張仁熙劉醇驥往往追摹秦漢、宗尚王李、皆歸有光爲秀善婉娟、德嘉獨不爲高論、力摹韓歐。雖其閎肆博贍遜於國初前輩、而先民矩矱彷彿猶存。惟復胡石莊書謂史館方開、吾楚先輩故事、尚待折衷。江陵當國、綜覈名實、富國強兵數十年、而論者以專病之。熊楊慷慨任事、而能以過剛見嫉於當世。楊專閫仗鉞、憂憤以死、或曰自縊。當時失機逸賊、別有主名、武陵豈自經溝瀆者耶云云。爲狃於鄉曲之私、未可爲萬世之公論也。

艾納山房集五卷、江蘇周厚堉家藏本

國朝王九齡撰。九齡字子武、華亭人。廣心之仲子也。康熙壬戌進士。官至監察御史。其詩欲挹何李之流波、而才思富豔、加以纖穠。如金陵雜感云、十里青樓原上草、六朝紅粉路旁花、殆純以情韻勝矣。

德星堂文集八卷、續集一卷、河工集一卷、詩集五卷、浙江巡撫採進本

國朝許汝霖撰。汝霖字時菴、海寧人。康熙壬戌進士。官至禮部尚書。是編文集目列十四卷、而十一卷以下有錄無書、註曰以下嗣出。又目列卷九爲課士條約、卷十爲河工集、而書中九卷題曰續集、河工集則自爲一帙、不入卷數。且書有刊刻未完之處。蓋初刻未校之本、故體例不畫一也。詩集五卷、而分爲八編。曰祥獻集、曰應制集、曰氷銜集、曰使旋集、曰河干集、曰還朝集、曰歸田集、曰酬應集。汝霖才思富贍、集中諸體皆備。然如河工集內批高陽水災詳文云、仰速行確查、候撫部堂批示繳之類、僅十二字、亦列之集中。則授梓之時、舉其平生手跡、一字不遺、未免不能割愛耳。

素巖文稾二十六卷、江蘇巡撫採進本

國朝王喆生撰。喆生有懿言日錄、已著錄。是編所載皆雜文。末卷並錄及訟牒、則太甚矣。

周廣菴全集三十八卷、浙江巡撫採進本

國朝周金然撰。金然字廣菴、上海人。康熙壬戌進士。官至司經局洗馬。是編分爲七種。飲醇堂文集八卷、抱膝庭詩草二十卷、娛暉堂集二卷、和陶靖節集三卷、和李昌谷集一卷、西山紀遊詩一卷、南浦詞三卷。金然與施閏章宋琬遊、其才思格力、亦介於二人之閒。

奉使滇南集無卷數、兩江總督採進本

國朝許嗣隆撰。嗣隆字山濤、如皐人。康熙壬戌進士。官翰林院編修。是編乃康熙癸酉奉命典試雲南往來紀行之作、多述山川名勝。

嶺南二紀二卷、浙江巡撫採進本

國朝茅兆儒撰。兆儒號雪鴻、錢塘人。是編皆其紀遊之詩。一曰嶺南方物紀、乃康熙壬戌居部州時所作。凡二百四十種、各以絕句一首紀之、而略註其狀於題下。一曰粵行日紀、則述其戊午歲自錢塘至廣州途中六十二日所經、凡一百四十餘首、亦每題爲一絕句。

正誼堂集十二卷、江西巡撫採進本

國朝張伯行撰。伯行有道統錄、已著錄。是編前二卷爲奏議。第三卷至第五卷皆尋常案牘之文。第六卷爲書、大抵講學之語。第七卷八卷爲序、皆已見所刊各書中。第九卷至十二卷爲記論說議傳墓誌墓表祭文雜著。跡其一生、大抵步趨陸隴其也。

愛日堂詩二十七卷、浙江巡撫採進本

國朝陳元龍撰。元龍有格致鏡原、已著錄。愛日堂者、聖祖仁皇帝御書、故以名集。其詩編年分集、凡十二種。

鶴侶齋集三卷、山東巡撫採進本

國朝孫勷撰。勷字子未、一字予未、號莪山、又號誠齋、德州人。康熙乙丑進士。官至大理寺少卿、終於通政司參議。其集凡詩一卷、文二卷。勷性簡傲、不諧於俗。集中石丈詩云、山鬼矜伎倆、此老如不聞。或具袍笏拜、此老亦不尊。坦然自高臥、雨蝕青苔痕。蓋亦自寓云。

寶宸堂集四卷、湖北巡撫採進本

國朝張希良撰。希良有春秋大義、已著錄。是集凡文二卷、詩二卷。希良久困名場、早年著述、頗多亢厲之音。自選入詞館後、其體格乃一變焉。

倚雲閣詩集一卷、山東巡撫採進本

國朝汪灝撰。灝字文漪，一字天泉，臨清人。康熙乙丑進士，官至貴州巡撫。是集爲王士禎所定，凡評點悉仍士禎之舊。自趙將都憲家慶圖以下，則士禎所未見，故評點闕焉。灝詩一以士禎爲法，集中有讀唐賢三昧集二絕句，殆於鑄金呼佛，然姿韻略同，而近體多湊泊語，不及士禎之天然也。同時別有汪灝，字紫滄，休寧人，康熙癸未進士，官翰林院編修，二人詩文傳寫者往往相淆，惟以字爲別識而已。

岕老編年詩鈔十三卷　浙江巡撫採進本

國朝金張撰。張字介山，錢塘人。其詩起康熙乙丑，迄癸酉，凡九年之作，分年爲卷。甲戌至丙子詩四卷，題曰續鈔。其外集五種，曰己未詩刪，曰幺鳳詩，曰庚申詩刪，曰學誠齋詩話，曰雜著，則皆有錄無書，不知爲殘闕，爲未刻也。張詩力掃明人蹈襲之弊，而間失之輕。自稱學楊誠齋，今檢所作，其得失皆去之不遠，所言可謂不誣矣。

崑崙山房集三卷　山東巡撫採進本

國朝張篤慶撰。篤慶有班范肪截，已著錄。其詩古文頗知名於時，此集乃有文而無詩，疑編次未竟之本也。篤慶才藻富有，洋洋灑灑，動輒千言，風發泉涌，不可節制。如集中所載代王士禎作候補中書吳燦墓誌銘，今錄入蠶尾續集者，已刪削十之三四，則亦頗病其冗漫矣。其曰崑崙山房者，以所居室旁有小山，號崑崙，因以名集云。

鬲津草堂詩集　無卷數，山東巡撫採進本

國朝田霢撰。霢字子益，號樂園，又號香城居士，德州人。康熙丙寅拔貢生，授堂邑縣教諭，以病未赴。霢與兄雯、需並能詩，雯才調縱橫，沿幾社之餘風，以奇偉鉅麗自喜，與王士禎同郡同時，而隱然負氣不相下。士禎池北偶談中載其服藥必取異名一事，亦陰不滿之。霢乃獨從士禎遊，是編凡鬲津草堂五字古體詩一卷，五字今體詩一卷，皆士禎評，而序之。序稱唐有詩，不必建安、黃初也；元和以後有詩，不必神龍、開元也；北宋有詩，不必李、杜、高、岑也。語蓋爲雯而發。又鬲津草堂絕句詩一卷，里人孫勷序之。序稱吾州近時前輩以詩名者，無閒於時，余性不近詩，然嘗披編佩句之餘，亦或頗有所覩於作者之旨，大都若格格於余懷，未能強以爲無閒然也。語亦使雯然，觀霢所作，雖密咏恬吟，成一邱一壑之趣，至才力富健，究不足以敵雯也。集後又有菊隱集一卷，南遊藁一卷，總題曰鬲津草堂。七十以後詩，黃越序之，稱其垂老所作，彌淡彌甘。大抵霢生平爲詩，以七言絕句自負，自少至老，亦惟是體特多云。

匡山集六卷　山東巡撫採進本

國朝王沛恂撰。沛恂字書巖，諸城人，官兵部主事。是集凡文五卷，詩一卷。詩文皆伉直有氣，而亦有恃氣之處，故意之所至，暢所欲言，不免時有累句。

綺樹閣藁一卷　山東巡撫採進本

國朝安箕撰。箕字嵩士，壽光人，致遠之次子。是集止詩二十八首，賦九首，記一篇，附載致遠集末。箕名父之子，承其家學，故詩文皆有矩度，惟波瀾尚未老成，則問世太早之故也。

箐菴遺藁一卷　內府藏本

國朝汪筠撰。筠字禹吹，編修琬之長子，少補吳江學諸生，年三十二病咯血卒。琬得其遺詩數十篇，爲刊附於汪氏家傳集後。

學古堂詩集六卷　浙江巡撫採進本

國朝沈季友撰。季友字客子，平湖人。康熙丁卯副榜貢生。其集卷一至卷三曰南旋集，卷四至卷六曰秋蓬集，乃其孫錀所合刊。季友爲陸棻之壻，與汪琬、毛奇齡以詩相倡和，奇齡爲作集序，亦以才子目之，然抑揚皆在是兩字矣。

半菴詩藁　無卷數，山東巡撫採進本

國朝勞蠙撰。蠙字貞菖，陽信人。山左詩鈔作勞礪，其字從石，然此本爲其家刻，字皆從山，則山左詩鈔誤也。蠙年五十四爲詩，故工候未深，多不入律。高適曠代之才，固不容於有二矣。

東湖文集三卷　江蘇周厚堉家藏本

國朝朱璘撰。璘所編諸葛丞相集，已著錄。是集前二卷爲雜文，第三卷即所作通鑑輯略之論斷，然止於唐末，似非完本也。

藥亭詩集二卷　江蘇周厚堉家藏本

國朝梁佩蘭撰。佩蘭字藥亭，番禺人。康熙戊辰進士，改庶吉士。是編乃休寧汪觀所選，皆近體詩。卷首有朱文小印，曰古體嗣出，則不但非其全集，即選本亦尚未刻竣矣。

鉢山堂詩集十九卷　浙江巡撫採進本

國朝陳阿平撰。阿平字獻吉，東莞人，康熙中諸生。與梁佩蘭同時，是集即佩蘭爲之序。其古體勁直而少陋醲。五言律詩如東風歸故國，孤燭對高樓，明月又將滿，秋風吹別離諸聯，頗有風味，惜不多得耳。

紺寒亭詩集十卷文集四卷（江西巡撫採進本）

國朝趙俞撰。俞號蒙泉，嘉定人。康熙戊辰進士，官定陶縣知縣。是集俞所自編，詩格極爲道上，但才鋒太銳，少一唱三歎之致。文則縱筆而成，傷於平易，又不及其詩。

秋左堂詩集六卷詞四卷續集三卷（江西巡撫採進本）

國朝孫致彌撰。致彌字愷似，嘉定人。康熙中被薦，以太學生

賜二品服出使朝鮮採詩。戊辰成進士，改庶吉士，官至翰林院侍讀學士。歿後詩稾散佚，雍正中張鵬翀朱厚章得鈔本於戴璣家，始選而刻之。詞凡三種，曰別花餘事，曰梅沜，曰衲琴，皆其門人樓儼所定。續集附詞後，則未詳何人編次也。致彌以書名，得董其昌之法，詩則以跌宕流逸爲長，而率易亦所不免。

咨嵐山人集（無卷數，山東巡撫採進本）

國朝謝乃實撰。乃實字華函，福山人。福山有咨嵐山，因號咨嵐山人。康熙戊辰進士，官輿寧縣知縣。是集不分卷數，但以各體類從，而附詩餘於末。其詞名絶句一百三十首，別爲一冊，爲古今所未有。然雜體昉自齊梁，究爲小品，可偶一爲之，不可以爲擅長之技也。

過江集四卷（兩淮馬裕家藏本）

國朝史申義撰。申義字叔時，號蕉飲，江都人。康熙戊辰進士，選庶吉士，散館改給事中。時新城王士禎方以詩名海內，嘗稱申義及湯右曾足傳其衣鉢，見集中自註。

聖祖仁皇帝嘗以後進詩人詢壽州陳廷敬，廷敬以申義及周起渭對，見廷敬序中。其官翰林時，有燕城集，典試雲南時有使滇集，此則官給事中時前後數年作也。

寒村集三十六卷（江蘇周厚堉家藏本）

國朝鄭梁撰。梁字禹梅，慈谿人。康熙戊辰進士，官至高州府知府。是編詩分十一集，一曰見黃稾詩刪五卷，二曰五丁詩稾五卷，三曰安庸集一卷，四曰玉堂集一卷，五曰歸省偶錄一卷，六曰還朝詩存一卷，七曰玉堂後集一卷，八曰寶善堂集一卷，九曰白雲軒集一卷，十曰南行雜錄一卷，十一曰高州詩集二卷。文分四集，一曰見黃稾二卷，二曰五丁集二卷，三曰安庸集二卷，四曰寒村雜錄二卷，補一卷，又半生亭集一卷，息尚編四卷，則詩文合刻也。梁受學於黃宗羲，嘗謂陳師道年三十一見黃魯直，盡焚其稾而學焉，梁見宗羲時亦三十一，故詩文皆以見黃稾爲冠。其文得之宗羲者爲多，而根柢較宗羲少薄。詩則旁門別徑，殆所謂有韻之語錄。其書定山詩鈔句云明朝詩學崔公甫若語仙才拜定山，可以得其宗旨之所在矣。

雙雲堂文稾六卷詩稾六卷（浙江巡撫採進本）

國朝范光陽撰。光陽字國雯，號北山，鄞縣人。康熙戊辰進士，改庶吉士，官至福建延平府知府。是集爲其晚年所手定，沒後其孫從律等以充安堂近稾附入刊行。其曰雙雲堂者，以其先墓有紅雲白雲二山，故名所居以示不忘其祖之義云。

黎乘初集一卷二集二卷（山東巡撫採進本）

國朝劉以貴撰。以貴字滄嵐，濰縣人。康熙戊辰進士。是編初集先詩後文，二集先文後詩，每篇之後俱附王道炷評語。道炷序稱其語意獨造，刻鑿精深，葢生澀爲工者。後附初學正鵠數十則，則皆鄉塾講師語也。

峨山文集四卷詩集一卷（山西巡撫採進本）

國朝田從典撰。從典字克正，陽城人。康熙戊辰進士，官至文華殿大學士，諡文端。是集奏疏序傳等雜文五十餘篇，爲四卷，詩三十餘首，爲一卷。又附以補刻文一冊，據卷首備大文序，謂從典文多散佚，此乃其子豎族屬所搜輯者，故僅止於此，非全本也。

潘中丞集四卷（江蘇巡撫採進本）

國朝潘宗洛撰。宗洛字書原，號巢雲，又號垠谷，宜興人。康熙戊辰進士，官至湖南巡撫。詩文多臺閣之作，奏疏序記家訓等篇明白質直，觀其文頗爲勝之。卷末有儲大文所作傳，以爲古文詞上宗史記，詩由玉溪諧少陵，皆以千古第一人推之，則非其實也。

楝亭詩鈔五卷附詞鈔一卷（江蘇巡撫採進本）

國朝曹寅撰。寅有居常飲饌錄，已著錄。其詩一刻於揚州，計盈千首，再刻於儀徵，則寅自汰其舊刻而吳尚中開雕於東園者，此本即儀徵刻也。其詩出入於白居易蘇軾之間。

時用集（無卷數，浙江巡撫採進本）

國朝陳訏撰。訏有句股引蒙，已著錄。訏爲黃宗羲門人，又與查慎行同里友善，故文格詩格俱有所受。然所作終亞於二人。是集爲訏所自編。凡四十歲以前所作悉刪去之，斷自己巳，迄戊子爲正編。又自己丑迄壬子爲續編，則其晚所增刻也。其曰時用集者，訏自序爲家塾署聯用東坡語，春秋古史乃家法，詩筆離騷亦時用，故手訂正續集，遂以時用標題云。

善卷堂四六十卷　浙江巡撫採進本

國朝陸繁弨撰。吳自高註。繁弨字拒石，錢塘人。自高字若山，桐城人，官翰林院待詔。是集皆駢體之文。崑山徐炯爲刻板，陳廷會序之，而章藻功爲之跋。藻功，繁弨之門人，即作思綺堂四六者也。本止四卷，雍正甲寅自高爲之註，始分十卷。王晫今世說載繁弨自許儷語爲海內少雙，蓋是時陳維崧、吳綺皆已下世矣。

欽定四庫全書總目卷一百八十三

欽定四庫全書總目卷一百八十四

集部三十七

別集類存目十一

湖海集十三卷　山東巡撫採進本

國朝孔尚任撰。尚任有節序同風錄，已著錄。尚任官國子監博士時，隨侍郎孫在豐在淮揚疏濬海口，因輯其入淮以後詩文，自編此集，故以湖海爲名。

辛跌草三卷　浙江巡撫採進本

國朝黃百家撰。百家有體獨私鈔，已著錄。是集凡雜文二十篇。其序盧氏春秋三傳纂凡，謂春秋之本旨皆顯以示人，無暗藏機括，使人如猜謎射覆者，深得聖人作春秋之意。其王劉異同序，亦深見兩家之閫奧。大致頗肖其父，但蒼老不及耳。書首題曰學箕五稾，則卷帙尚多，此其稾中之一種耳。

眺秋樓詩八卷　浙江巡撫採進本

國朝高岑撰。岑字峴京，商邱人，官豐城縣知縣。其詩每卷各爲集名，終之以和月泉吟社田園雜興六十首。岑爲吏部尚書宋犖外孫，故其詩法亦本於犖。與宋至緯蕭草堂集體格相近，所謂酷似其舅者也。

赤嵌集四卷　兩淮馬裕家藏本

國朝孫元衡撰。元衡字湘南，桐城人，康熙中官至東昌府知府。是集皆其爲臺灣同知時所作。以地有赤嵌城，故以爲名。多紀海外土風物產，頗逞才氣，而未能盡軌於詩律。王士禎爲之點定，謂其追蹤建安，躡跡長公，似乎太過也。

四香樓集四卷　江蘇巡撫採進本

國朝范纘撰。纘字武公，婁縣人。其詩源出晚唐，而參以南宋，如蜂愉絲蟻晴偷蜜，燕覓青蟲哺雛。一潭水聚三更月，四野山圍小閣燈。三秋樹老蟬聲盡，八月江寒雁影過。蟬聲送過秋多少，鶴夢愁他夜短長之類，皆綽有思致，而格調未高。陳元龍序稱其長堪輿學，嘗館於元龍家，相傳格致鏡原即其所纂，亦博洽之士也。

釀川集十三卷　浙江巡撫採進本

國朝許尚質撰。尚質字又文，山陰人。是集賦一卷，雜文二卷，詩二卷，詞五卷。宋祖煜序謂尚質少而業詩，亦喜飲，指邑中所謂沈釀川者自號，因以名集。其文頗有法度，詞亦修整，惟歌詩稍嫌放縱，或不入律云。

南閭詩鈔十卷　江蘇巡撫採進本

國朝尤世求撰。世求字念修，長洲人，官南充縣知縣。是集分金臺草一卷，冰壺草二卷，淇華草一卷，懷新草二卷，沁雪草二卷，逢辰草一卷，都歷草一卷。世求爲侗之孫，故詩格亦與西堂雜組相近。

舟車初集二十卷　浙江巡撫採進本

國朝陶季撰。季原名徵，字季深，後以一字爲字，又以字行，寶應人。王士禎漁洋詩話記其與萊陽董樵同以一字爲字，因而賦詩定交者是也。其平生足跡半天下，詩多於舟車得之，因名舟車集。其詩多才鋒踔厲，風發泉湧，不爲邊幅所窘。然有警句，亦有率句；有健句，亦有弱句。蓋跌宕有餘，而陶鍊未至者也。

燕堂詩鈔八卷　戶部尚書王際華家藏本

國朝朱徑撰。徑字恭亭，寶應人，喬萊之壻也。是集爲徑所自編，自康熙丙寅至己卯凡十四年之詩。緣情綺靡，頗有格韻，特少作居多，尚未能盡謝鉛華耳。

鈍齋文鈔七卷（江西巡撫採進本）

國朝楊兆嶒撰。兆嶒字又平，瑞金人。是集前有自序，謂著文三百餘首，汰其三之二授諸梓，則兆嶒所自定也。又有張尚瑗序，稱其文似歸有光，使汰其冗句俗字，固亦近之矣。

集古梅花詩（無卷數，浙江巡撫採進本）

國朝張吳曼撰。吳曼字也倩，上海人，居吳淞江上。其地多梅，因爲集句賦咏。凡和中峯禪師韻者一百首，和陳涉江韻者三十首，自和者十首。又一百首則吳曼以同里高士沈球本有是體，爲繼作而合刻之者。又一百首則吳曼六十生日，其仲兄文卿取十月先開嶺上梅句集古爲壽，吳曼因續爲之者。末附集唐梅歌一首，乃七十六歲所作，殆終身詠此一花也。

根味齋詩集二十卷（編修徐天柱家藏本）

國朝徐志莘撰。志莘字任可，一字商農，德清人。工部尚書元正子。以父蔭官順天府通判。是編凡趨庭集二卷、壯圖集三卷、小草集三卷、彙擔集七卷、起乾集二卷、老傳集三卷。詩多取法蘇、陸，不事雕飾，蓋其家學然也。

芴峙樓集五卷（江蘇周厚堉家藏本）

國朝張祖年撰。祖年有道驛集，已著錄。是書釋疑孟一卷，以司馬光有疑孟一書，而祖年逐條爲之辨。廢言四卷，則其所自著也。中多游戲之詞，與道驛集之正色講學者又殊。

觀樹堂詩集十四卷（浙江巡撫採進本）

國朝朱樟撰。樟字鹿田，錢塘人。由舉人官至澤州府知府。其詩爲叱馭集一卷，入蜀時作也；問絹集一卷、白舫集二卷、古隱集四卷，皆令江油時作也；冬秀亭集四卷，官澤州時作也；剡曲集一卷，則天台紀遊詩也；一半勾留集一卷，則憂歸居杭詩也。

恕谷後集十卷續刻三卷（直隸總督採進本）

國朝李塨撰。塨有周易傳註，已著錄。是集所作古文也。前有其門人閻鎬序，稱恕谷者，自名其里也。後集者，自康熙癸未以前俱置之，而惟存其後爲者也。集首第一篇爲送黃宗夏序，後有題曰：此王崑繩改本也。恕谷初學八大家，崑繩言當宗秦漢，章法訂此。恕谷後謂唐宋不如秦漢，秦漢不如六經，於文法一宗聖經，題曰後集云云。崑繩者，大興王源字也，嘗撰文章練要，分六宗百家，談古文之法，後與塨同師顏元。塨遂從學古文，盡棄其少作。後集之名，蓋別其前之所棄也。今觀其文，根柢仍出八家，但開合斷續，不主故常，異乎明以來學歐、曾者惟以紆餘曼衍爲長耳。遽曰秦漢，曰六經，溢其量矣。塨天分本高，其學自成一家，以經世致用爲主，亦具有根柢。然負氣求勝，其文或失之麤豪，少古人淳穆之氣。其持論又自命太高，自信太果，幾於唐、宋、元、明諸儒無一人能當其意，亦未免傷於偏激。蓋前明自萬歷以後，心學盛行，儒禪淆雜。其曲謹者又闊於事情，浴及國初，猶存兩俗。故顏元及塨獨力以務實相爭，存其說以補諸儒之枵腹高談，未爲無益。然不可獨以立訓，盡廢諸家。譬諸礞石、大黃，當其對證，實有解結滌滯之功；若專服久服，則又生他疾耳。

東山草堂文集二十卷詩集八卷續集一卷（戶部尚書王際華家藏本）

國朝邱嘉穗撰。嘉穗有考定石經大學經傳解，已著錄。其文頗條暢，詩則淺弱。集後舊附陶詩箋註五卷、邇言六卷，又考定石經大學經傳解一卷，今各分著於錄，傳從其類。

在陸草堂集六卷（兩淮馬裕家藏本）

國朝儲欣撰。欣有春秋指掌，已著錄。欣以制藝名於時，而古文亦謹嚴明暢，有唐宋家法，大致於蘇軾爲近。所作蜀山東坡書院記，宗旨可概見也。其中如周公太公論、撻伯禽辨、挾天子辨，皆少近迂。與齡辨則先儒久言之，亦不免爲屋下之屋。其正統辨不取帝蜀之說，亦不免失之好辨也。

息廬詩一卷（江蘇周厚堉家藏本）

國朝陶爾穟撰。爾穟字穎儒，華亭人。是集前有曹溶序，稱其人巧極天工錯；顏光敏序，稱其七古似青蓮、長吉，近體不專一家，而各盡其妙。今觀所作，大抵以才思擅長，品格故未能超詣。雪美人七律二首，世所豔稱，實則小巧也。

陳恪勤集三十九卷（浙江巡撫採進本）

國朝陳鵬年撰。鵬年字北溟，號滄洲，湘潭人。康熙辛未進士，官至兵部侍郎、河道總督，謚恪勤。是集凡分十編：曰耦耕集者，以舍北耦耕堂而名也；水東集者，以其先人隴墓所在也；嵩廬集者，憂居前後所作也。浮石集、朐山集、淮海集者，皆宦游地也。于山集、香山集、武夷集者，皆往來游息處也。末附喝月詞五卷，則詩餘也。

道榮堂文集六卷（兩江總督採進本）

國朝陳鵬年撰。此本爲鵬年所自編，刻於恪勤集之前。其生平以清操受主知。詩文非所注意，集中亦皆應酬之作，更不見所長。

固哉叟詩鈔八卷（浙江巡撫採進本）

國朝高孝本撰。孝本字大立，號青華，嘉興人。康熙辛未進士，官績溪縣知縣。孝本雖年屆四十始爲詩，然罷官後放浪山水以老，故其詩灑落有清氣，但深厚不足耳。是編分十七集，曰趨庭集，曰江漢集，曰徑山集，曰琴溪集，曰嶺南集，曰秦遊集，曰大鄣集，曰葛園集，曰晉遊集，曰津門集，曰南州集，曰幔亭集，曰海岱集，曰黃梅集，曰台雁集，皆孝本七十八歲所自編。爲雍正丙午以前詩。至丁未，又編其病中所作爲維摩集，附十七集後，故自序但列十七集云。

葛莊詩鈔十三卷（內府藏本）

國朝劉廷璣撰。廷璣有在園雜志，已著錄。其詩以陸游爲宗。在園雜志嘗自記其童去自埋生後火，飯來還掩讀殘書一聯，或以爲剿襲陸游呼童不至自生火，待飯未來還讀書句。自辨其用意不同，是固誠然，然奪胎換骨，要不能謂不出於游也。又自記有人評其詩曰：此亦出入於香山、劒南之間而未純者。自以爲允，可謂自知矣。

葛莊編年詩（無卷數，江西巡撫採進本）

國朝劉廷璣撰。葛莊詩鈔止於官九江道時，是編又其官淮徐道時所作，分年排次，起康熙丁巳，止於壬辰，後復有補遺一卷。

咸齋文鈔七卷（浙江巡撫採進本）

國朝查旭撰。旭字咸齋，海寧人。康熙癸酉副榜貢生。是集凡書一卷，序二卷，祭文一卷，論一卷，傳一卷，雜著一卷。旭有孝行，嘗於兵亂中崎嶇萬里尋父遺柩，士論稱之。其文源出南宋，頗清雅有法度。使假之年，尚可追古作者。前有益都趙執信序，作於旭在之日，又有楊中訥序，則旭沒後所作也。

冰齋文集四卷（浙江巡撫採進本）

國朝懷應聘撰。應聘字莘臯，秀水人。是編刊於康熙癸酉，蓋所自編。皆散體古文，而時文選本之序最多。

清端集八卷（江西巡撫採進本）

國朝陳瑸撰。瑸字文煥，一字眉川，海康人。康熙甲戌進士，官至福建巡撫，諡清端。是集凡文七卷，詩一卷，皆非當行。然瑸居官以廉介稱，其節概足以自傳，亦不必以文章傳也。

夢月巖詩集二十卷（浙江巡撫採進本）

國朝呂履恒撰。履恒字元素，號坦菴，河南新安人。康熙甲戌進士，官至戶部侍郎。此集乃雍正乙巳其姪纘曾等校刊。詩以體分，末附詩餘二十四首。前有凡例，稱其詩或經歲一改，或一月數改。如洛陽秋思、河上寓目詩之頷聯，嫌其調近七子，輒加竄易。金陵雜感之結句，嫌其涉於怨罵，亦復易之。又稱盛朝詩選載其秦中懷古詩、洛陽秋思詩、懷公穀詩，字句皆有所竄亂，今悉從原本云云。或刊版時有所點定歟。

冶古堂文集五卷（浙江巡撫採進本）

國朝呂履恒撰。是集爲履恒歿後淳安方楘如及其門人石屏張漢所選定，凡一百九十二篇，每篇各有評語，如制義之式。

雪鴻堂文集四卷（山東巡撫採進本）

國朝李鍾璧撰。鍾璧號鹿嵐，通江人，檢討蕃之子也。康熙丙子舉人，官平南縣知縣。考古來集部之名，往往相複，然無一家之中共一集名者。惟呂本中、呂祖謙俱稱東萊集，然祖謙集加太史字以別之（見文獻通考）。又洪巖虎及其子希文皆名軒渠集，然希文集加續字以別之，非竟相同。鍾璧之父蕃有雪鴻堂集，已著錄，而鍾璧此集仍以雪鴻堂爲名，父子竟無所別，亦未有之創例也。其詩皆信筆揮灑，於聲律多未能諧。疊韻詩九十一首，尤多累句。自序謂隨手塗抹，長短得失在所不計，諒矣。其文亦惟意所如，如與陳敷相書，引原憲貧也非病之語，至以聖賢爲戲，更軼乎規矩之外矣。

克念堂文鈔二卷（江蘇巡撫採進本）

國朝雷鐸撰。鐸字伯覺，蒲城人。康熙丙子舉人。陝西通志稱其事繼母孝，負米他郡以養，遇水幾溺，嘗終日不食，不致母缺於供。家雖貧，養從兄弟及寡姊妹不少懈。朔望聚族人習禮講法，以相勸勉，蓋亦篤行之士。其文章則以人存之耳。

殘本賦清草堂詩鈔六卷（江蘇巡撫採進本）

國朝張棠撰。棠字吟樵，華亭人。康熙丙子舉人，官至桂林府知府，告歸後加銜爲太僕寺少卿。是編原分五集：曰白雲吟，曰一肩吟，曰獨宜吟，曰江上吟，最後所作曰雪蓬吟。今存者惟江上吟及雪蓬吟，餘俱散佚。其詩欲以風調勝，而骨幹未遒。

山舟堂集十二卷（江蘇巡撫採進本）

國朝周士彬撰。士彬字介文，婁縣人。康熙丙子副榜貢生。世居干山，其山舟堂額，猶趙孟頫手書也。此集凡古今體詩一千餘首，乃其子忠炘等所刊。其論詩以眞朴爲主，尤喜讀宋儒語錄，故所作如存心養性須常靜，莫負吾家太極翁之類，皆白沙定山派也。

湛園未定稾六卷（浙江巡撫採進本）

國朝姜宸英撰。宸英有江防總論，已著錄。此本爲其未入書局以前所自定，不及大興黃氏本之完備，以別行已久，姑附存其目。

眞意堂文稾一卷（浙江巡撫採進本）

國朝姜宸英撰。此本前有秦松齡序，言宸英奉纂修之
命治裝北上，裒爲此集，蓋其中年所作，初出問世之本也。

菀青集（無卷數　浙江巡撫採進本）

國朝陳至言撰。至言字山堂，一字青厓，蕭山人。康熙丁丑進士，官翰林院編修。早年與同郡張遠齊名。毛奇齡稱其能守古人三義八法之意而不變，今觀所作，以藻繪爲主，音節壯，頗似西河集中語，安奇齡之喜其類己也。

華鄂堂集二卷（江蘇周厚堉家藏本）

國朝周彝撰。彝字策銘，婁縣人。康熙丁丑進士，官翰林院編修。其詩喜作長篇，如送張長史君山玩雪、遊江心寺諸作，皆灑灑千言，才鋒橫溢，然律以和平之義，往往有乖。後附研山十咏，別爲一卷，蓋刊成之後又續入者也。

樸學齋詩集十卷（福建巡撫採進本）

國朝林佶撰。佶有甘泉宮瓦記，已著錄。佶工於楷法，文師汪琬，詩師陳廷敬、王士禎。琬之堯峯文鈔，廷敬之午亭文編，士禎之精華錄，皆其手書付雕。廷敬、士禎之集，皆刻於名位烜耀之時，而琬集則繕寫於身後，故世以是稱之。茲集古體詩三卷，今體詩七卷，淵源有自，故體格猶爲近古，特才分差弱，出手微易耳。

柳塘詩集十二卷（浙江巡撫採進本）

國朝吳祖修撰。祖修字慎思，吳江人。是集乃康熙己卯其子大庚所編，後有大庚跋，稱祖修在時嘗版行五七言古詩，已而悔之，謂詩當以編年爲次，不當分體，今所編詩十二卷，其半猶出祖修手定也。祖修詩頗雅馴，嘗作讀王子淵傳詩，有非無聖主賢臣頌，只教宮人記洞簫之句，後見升菴集中有之，喜其闇合，因作詩誌之。然此二語太涉論宗，本非上乘。且慎詩亦即李商隱賈生詩可憐夜半虛前席，不問蒼生問鬼神之意，亦非新義也。

畏壘山人詩集四卷（浙江巡撫採進本）

國朝徐昂發撰。昂發有畏壘筆記，已著錄。是集諸體雜編，其五言古體大抵刻峭清新，一往駿利，有透空碎遠之音，而下手太快，亦頗乏渟蓄深厚，則思銳而才狹之故也。

澄懷園全集三十七卷（通政司使張若渟家刊本）

國朝張廷玉撰。廷玉字衡臣，號硯齋，桐城人。康熙庚辰進士，官至保和殿大學士，謚文和。是集爲廷玉所自編，凡文存十五卷，皆乾隆戊辰以前作；詩選十二卷，皆雍正乙卯以前作；載賡集六卷，皆乾隆丙辰以後作；澄懷園語四卷，則所作筆記也。

秋江詩集六卷（福建巡撫採進本）

國朝黃任撰。任字莘田，永福人。康熙壬午舉人，官至四會縣知縣。杭世駿榕城詩話稱其工書法，好賓客，詼諧談笑，一座盡傾。罷官歸里，歷裝惟端溪石數枚，詩束兩牛腰而已。其詩源出溫李，往往刻露清新，別深懷抱，如楊花絕句云：到底不知離別苦，後身還去作浮萍。春日雜思云：夕陽大是無情物，又送墻東一日春。所爲緣情綺靡，殆於近之，而低徊宛轉，亦或闌入小詞。大致古體不如今體，大篇又不如小詩，故榕城詩話獨稱其七絕，蓋才分各有所長云。

秋葉軒詩四卷（江蘇巡撫採進本）

國朝張琳撰。琳字佩嘉，一字玉田，錢塘人。是集乃康熙丙戌其友趙炎所選定。集中近體多於古體，而七言律詩一種又多於諸體。大抵圓熟流利，篇篇如一。蓋其瓣香惟在劍南一集耳。

黑蝶齋詩鈔四卷（浙江巡撫採進本）

國朝沈岸登撰。岸登字覃九，號惰耕邨叟，平湖人。是集乃康熙壬午岸登歿後其從子豳熊所編。共詩四百四十餘首。其詩瘦削無俗韻，而邊幅微狹，亦

稼於是。

樸邨集二十五卷（安徽巡撫採進本）

國朝王式丹撰。式丹字方若，寶應人。康熙癸未進士第一，官翰林院修撰。是集乃雍正甲辰其子懋訥所刻，分年編次。凡龍竿集五卷、畢蘇集七卷、補過齋集二卷、忍冬齋集七卷、鴻柯集一卷、梅花書屋集三卷。起壬申迄丙申，每年一卷。惟龍竿集之第五卷爲其壬申以前詩，不以冠集而以殿集，以少作故也。

古劍書屋文鈔十卷（江蘇巡撫採進本）

國朝吳廷楨撰。廷楨字山掄，長洲人。康熙癸未進士，官至左春坊左諭德。是編凡詩八卷，末附補遺及詩餘，又雜文二卷。乾隆丙子其孫士端刊於貴州。其名曰古劍書屋者，聖祖仁皇帝南巡，廷楨以舉人召試，御書古劍篇以賜，因以爲名，誌榮遇也。

緯蕭草堂詩六卷（浙江巡撫採進本）

國朝朱至撰。至字山言，商邱人。吏部尚書犖之子。康熙癸未進士，官翰林院編修。初刻有緯蕭堂詩一卷，附犖集後。此其全集也。至承其家學，兼得新城王士禎之傳，故其詩派亦介出於父師之閒。但才與學均未及耳。集中孔雀聯句，父子同爲之，蓋用蘇軾與子過聯句例也。

績學堂文鈔六卷詩鈔四卷（兩江總督採進本）

國朝梅文鼎撰。文鼎有歷算全書，已著錄。其以績學名堂者，初大學士李光地嘗薦文鼎於朝，康熙乙酉恭逢聖祖仁皇帝南巡，文鼎迎鑾道左，蒙召對，御書績學參微四字賜之，因以名堂，併以名集也。然文鼎測驗推算諸法，皆足以自傳於後，詩文特其餘事，非所擅長。蓋算術雖一藝，而非以畢生之精力專思研究，則莫造其微，雖超特絕世之姿，其勢不能以旁及。張衡深通歷算，妙契陰陽，至能作候風地動儀，而文章博麗，又能淩轢崔蔡之閒，千古一人而已。自洛下閎、鮮于妄人以下，淳風、一行亦未能以詞采著也。斯亦物不兩大之理矣。

滋蘭堂詩集十卷（浙江巡撫採進本）

國朝沈元滄撰。元滄有禮記類編，已著錄。是編分六集，曰康瓠集、灌畦集、今雨集、紫貝集、勞薪集、西征集。前有其孫廷芳題識，稱康瓠集爲家居侍親及爲查氏贅壻時作，灌畦集爲移居龍山時作，今雨集爲入直武英殿時作，紫貝集爲官文昌時作，勞薪集爲罷官後自京赴粵時作，西征集爲由粵赴京，謫居銀州時作。元滄爲查昇之壻，久與查慎行遊，故其詩格頗近初白堂集云。

澹初詩稾八卷附見山堂詩鈔一卷（編修程晉芳家藏本）

國朝沈翼機撰。翼機字西園，號澹初，海寧人。康熙丙戌進士，官至翰林院侍讀學士。詩分十集。曰謀野集。曰新安集，附黃山紀遊百詠，皆翼機爲諸生時作。曰瀛洲集、丹葵集，皆館選後作。曰蜀使草，康熙甲午典試四川時作。曰黔使草，康熙丁酉至庚子爲貴州學政時作。曰江右使草，雍正癸卯至丙午爲江右學政時作。曰兩山集，乞假歸田後作。曰觀光集，乾隆元年翼機復補原官後作。曰游衍集，則致仕後作也。附見山堂詩鈔一卷，爲其子廷薦之作。廷薦字澄懷，雍正壬子舉人，未仕早卒，僅存詩六十餘首。

集虛齋學古文十二卷（浙江巡撫採進本）

國朝方粢如撰。粢如有離騷經解，已著錄。其制義最有時名，而散體之文亦頗雋勁有筆力。然喜雕琢新句，襞積古辭，遂流爲別派。蓋其制義亦喜以新穎爲工，天性然也。

覲齋詩選二卷（山東巡撫採進本）

國朝張謙宜撰。謙宜號稚松，膠州人。康熙丙戌進士。是集末有法輝祖跋，謂全稾三千餘首，暮年自訂，存詩四百餘篇。自序凡千言，極述其苦吟之狀。然其詩出入於香山、劍南之閒，一吟一詠，亦足自娛。起而抗衡古人，則力尚不逮也。

蓼村集四卷（編修周永年家藏本）

國朝王苹撰。苹字秋史，歷城人。康熙丙戌進士。其詩爲王士禎、田雯所稱，而文不甚顯。乾隆癸巳，桂林胡德琳得其本於歷城周氏，爲刪訂付梓。德琳爲之序，稱原本分甲乙二集，自癸亥至庚子三十四年之作，各自編年。惟辛丑以後之文無存。今仍其舊，編爲四卷，乙居四之一。惟書記記傳註干支於本目之下，使後人有所考焉。

雪鴻堂文集二卷（山東巡撫採進本）

國朝李鍾峩撰。鍾峩號芝麓，通江人。康熙丙戌進士，官翰林院檢討。是集乃其督學福建時所編。凡賦頌一卷、詩一卷、多館課及應酬之作。案鍾峩父蕃有雪鴻堂集，其兄鍾壁集襲用其名，鍾峩又襲用其名，殊不可解。如以爲家乘之總名，則又各爲卷第，例亦難通也。

王石和文集（無卷數、山西巡撫採進本）

國朝王珻撰。珻字石和，又字韞輝，盂縣人。康熙丙戌進士，官翰林院檢討。是集中多議論之文，筆意亦頗縱橫。其記周遇吉死節事，謂賊兵攻城急，城將陷，賊募獻遇吉者。遇吉謂左右曰，豈惜一死以累衆，可獻我。兵民環泣，衆遂以繩繫公下。有兩賊掖之去，公見賊罵，倒懸演武廳磔之云云。與明史本傳不合。又以蚜蜥廟爲田子方廟，與朱彝尊碑不合。其最異者，如文昌閣碑記，謂孔子不得帝君之教，天下將有悖心反道，肆然於日用倫常之際，而不復以天地日月爲可忌者，尤不可爲訓也。

十峯集五卷（江蘇周厚堉家藏本）

國朝徐基撰。基字宗項，華亭人。由貢生官訓導。是集自詩賦文及塡詞皆集前後赤壁賦中字，錯綜盡變，極有巧思。若其中遊小赤壁賦、春日遊小赤壁賦及道德篇諸作，皆洋洋數千言，而伸之縮之，不出四百餘字之外。雖才人狡獪，不足以語大雅，而專門之技，別開奥窔，亦詞苑中之奇作，亙古所未有者也。末卷倣梁簡文蘇蕙蘭古盤鑑圖，及宋庠寄范仲淹諸迴文，皆有思致。卷首有康熙丙戌陳元龍序。序集聖教序中字，亦如自己出，以弁此集，可云勁敵。然元龍特偶一爲之，尚無不可。基則弊一生之精神，成此一集，可謂宋人之楮葉矣。

蓮莊詩集六卷（江西巡撫採進本）

國朝沈虹撰。虹字渭梁，長洲人。是集其所自編，以作詩先後爲次，起康熙丁亥，訖雍正甲辰，古今體共五百四首。每卷之前皆有小引，紀其歲月及所閱歷遭逢。

雄雉齋選集六卷（江蘇周厚堉家藏本）

國朝顧圖河撰。圖河字書宣，江都人。康熙己丑進士，官翰林院編修。圖河爲江左十五子之一。其詩古體多學眉山，近體多學劍南，詠物諸作亦頗新穎，而在同時諸人之中，尚未能籠罩一切也。

青溪詩偶存十卷（江蘇巡撫採進本）

國朝蔣錫震撰。錫震字昰潛，宜興人。康熙己丑進士。是集分二十二種，曰輟耕草、北征集、渡河集、賫眈集、北游草、楚游草、還山草、汗漫吟、北行草、歸耕草、章江草、還山草、後北游草、涉江草、洛遊草、灌園草、游燕草、廬中吟、後章江草、還山吟、金臺草、學製集，自己巳至壬寅，凡三十四年之作，皆以年編次。

退谷文集十五卷詩集七卷（兩江總督採進本）

國朝黃越撰。越字際飛，上元人。康熙己丑進士，改庶吉士。所著四書大全合訂及選刻制義如明文商、今文商、墨卷商、考卷商之類，皆盛行一時。蓋平生精力注於講章時文，此集所著詩古文，乃以餘暇兼治者。其尚書古今文辨，惟以蔡傳折服諸家，三傳得失辨，惟以胡傳斷制衆論，亦仍舉業繩尺也。

圭美堂集二十六卷（浙江巡撫採進本）

國朝徐用錫撰。用錫字晝堂，宿遷人。康熙己丑進士，官翰林院編修。是集詩十卷、文十六卷，乃其族子鐸及門人周毓崙所校刊。用錫從學於李光地，作文以樸澹爲長。生平書法頗工，集中字學劄記二卷，皆自道其心得。其他題跋，亦辨論法帖手跡者居多。

青要集十二卷（浙江巡撫採進本）

國朝呂謙恆撰。謙恆字天益，河南新安人。康熙己丑進士，官至光祿寺卿。謙恆嘗讀書青要山，因以名集。其詩純作宋格，疎爽有餘，而亦頗傷樸直，如洗象行之類，皆病於太質。

吾廬遺書（無卷數、江西巡撫採進本）

國朝陶成撰。成有皇極數鈔，已著錄。是集爲其子其愫所編，皆所作雜文。頗純正有軌度，而稍狹於波瀾。其中象緯考一篇，有錄無書，意傳寫佚之，或訂定時刪去，而誤留其目也。

性影集八卷（江蘇巡撫採進本）

國朝王時憲撰。時憲字若千，號禊亭，太倉人。康熙己丑進士。由宜興教諭改翰林院庶吉士。是編凡八集，集各一卷，曰水邊林下稾、曰桐溪稾、曰無隱林稾、曰靜寄軒稾、曰莊瀼稾、曰荆溪稾、曰楚遊稾、曰粤遊稾。其名性影者，蓋取邵子情爲性影之說也。集中近體頗饒風致，擬古諸作則隨意抒寫，不甚求工。

改堂文鈔二卷（江蘇巡撫採進本）

國朝唐紹祖撰。紹祖字次衣，江都人。康熙己丑進士。由庶吉士改刑部主事，官至湖州府知府。仍入爲刑部員外郎，告歸卒。紹祖少師姜宸英，登第出安溪李光地之門，故其文蒼勁有師法。此集乃晚年手自刪定，僅存四十三篇，皆其生平得意之作也。

石川詩鈔三卷（浙江巡撫採進本）

國朝方觀撰。觀字近雯，江都人。康熙己丑進士，官至西安布政使。是集乃其少子桂山所編，凡各體詩二百六十餘首。其題朱彝尊手書詩冊，有「曝書亭下自鈔詩，想見蒼茫獨立時，不是到門親受業，唐音宋格有誰知」，蓋嘗從學於彝尊者也。

師經堂集十八卷（浙江巡撫採進本）

國朝徐文駒撰。文駒字子文，鄞縣人。康熙己丑進士。是集爲文駒所自編，凡文十三卷，詩五卷。前有孫勷序，稱其濬伊洛之淵源，採韓歐之骨髓，沈浸醲郁，積有年歲。自序亦主於自達其情。今觀其集，滔滔而出，足以暢所欲言，然未能囿而存之也。

疊潤亭集（無卷數，江西巡撫採進本）

國朝帥我撰。我字備皆，號簡齋，奉新人。康熙辛卯舉人。江西古文自艾南英倡於前，魏禧等和於後，踵而起者雖所造深淺不同，而大都循循有禮法。是集亦其一也。舊刊版於南昌，所載未備。雍正乙卯，其子念祖屬徐廷槐彙取已刻未刻諸稿，裒爲此本，凡一百四十篇。

殘本雲川閣詩集九卷（兩江總督採進本）

國朝杜詔撰。詔字紫綸，無錫人。康熙乙酉
聖祖仁皇帝南巡，迎
鑾獻詩，
命供職
內廷。壬辰會試榜後，
特賜一體殿試，改庶吉士。是編總題雲川閣集，而僅有古體詩。詩又起於卷三，終於第十二，前無目錄，其版又近時新刻，不喻其故，或裝緝者佚之耳。

閬邱詩集六十卷（兩淮馬裕家藏本）

國朝顧嗣立撰。嗣立有溫飛卿詩註，已著錄。江南通志文苑傳稱嗣立博學有才名，尤工詩。所居秀野草堂，嘗集四方知名士觴詠無虛日，風流文雅，照映一時。嘗撰元詩選四集，採摭略備，蓋其性之所近，故詩亦往往似之。

今有堂詩集六卷附茗柯詞一卷（編修程晉芳家藏本）

國朝程夢星撰。夢星字午橋，號香溪，江都人。康熙壬辰進士，官翰林院編修。家有篠園，擅水竹之勝，日與賓客吟詠其中，年七十七乃卒。是編分六集，曰漪南集、蟸餘集、五䞜集、山心集、琴語集、就簡集，末附茗柯詞。其詩略近劍南一派，而閒出入於玉溪生。詞亦具南宋之體，但格力差減耳。

二水樓詩集十八卷文集十卷（江西巡撫採進本）

國朝李茹旻撰。茹旻字覆如，臨川人。康熙癸巳進士，官中書舍人，嘗預修廣西通志、撫州府志。所作凡例及諸傳序，皆載集中。

朱圉山人集十二卷（陝西巡撫採進本）

國朝鞏建豐撰。建豐字子文，號渭川，又號介亭，伏羌人。康熙癸巳進士，官至翰林院侍讀學士。是集詩文各六卷，又以補遺之文附於詩末。大抵平實簡易，無擅勝之處，亦無蹖駁之處。

三華集四卷（兵部侍郎紀昀家藏本）

國朝梁機撰。機字仙來，泰和人。康熙癸巳進士。是集機所自編，分四子部：一曰入洛志勝，多題詠古蹟之作；一曰燕雲詩鈔，隨侍其父宦游京邸之作，皆王士禎選定；一曰徵草，則乾隆元年薦舉博學鴻詞，
召試入都之作；一曰還草，則試不入格，歸途之作也。

絅溪集五卷（山東巡撫採進本）

國朝傅米石撰。米石字立元，鉅野人。康熙癸巳舉人。是集凡文二卷，詩二卷，雜記一卷。前有其門人李包序，後有其子爾德所作家傳。其古文頗謹嚴有法度，如豚磨偶記序，誤以碧雲騢爲白獮獢。引據或疎，管禁論謂周公勝季友，殊爲贅衍。季札論責以當爲伯夷、泰伯之逃，亦爲吹索。然其他率不失醇正。雜說持論亦平允。其曰讀書之人屏伏田里，不敢爲畸邪之行，不敢爲詭激之論，不敢著非聖之書，謹身力行，以爲齊民先，是即所以報君父，可謂有德之言。其誤以鉤輈爲蟬之類，特小失耳。惟古詩以文筆爲之，猶未乖大雅。近體則皆不入格，甚至以海若押入馬韻，是蘭若之若也。以刻鏤讀爲平聲，是屬鏤之鏤也。吟詠非所擅長，而雜然編錄，轉爲全集之累，是則其後人之過矣。

約園詩鈔二卷（福建巡撫採進本）

國朝郭雍撰。雍字仲穆，一字青禮，福清人。約園其號也。康熙癸巳舉人。是集各體詩共二百餘首。雍自謂前後所作多屬近體，於古體歌行僅存一二，樂府則有待而未及。今觀其詩，惟五言律詩頗有局度，餘皆平平。詩不泝溯於古，而先求之偶儷之格，

終不能採其本也。

瓦缶集十二卷 浙江巡撫採進本

國朝李宗渭撰。宗渭字泰川，嘉興人。康熙癸巳舉人。初於康熙丁亥自編其詩爲瓦缶集三卷，後又有永懷集一卷附刻以行。宗渭沒後，其壻高衡乃裒其遺詩，編爲樂府一卷、古體九卷、近體二卷，仍以瓦缶爲名，從其初稱也。其詩古體多於近體，五言多於七言。大旨以漢魏六朝唐人爲法，而不肯爲宋元之格，故字句率有古意。昔人論林鴻之詩如唐摹晉帖，者其庶幾乎。

若菴集五卷 兩江總督採進本

國朝程庭撰。庭字且碩，號若菴，歙縣人。是集文一卷、次詩一卷、次詩餘一卷、次停驂隨筆一卷。康熙癸巳庭至京祝
釐隨日紀行所作，附以詩詞，次春帆紀程一卷，則自揚州至歙往返所作，亦有詩詞附焉。

嗜退山房稾五卷 江西巡撫採進本

國朝帥仍祖撰。仍祖字宗道，號介亭山人，奉新人。是集乃仍祖自編其康熙癸巳甲午二年所作，凡詩二卷、文三卷。

空明子詩集十卷、又八卷、文集六卷、又二卷、雜錄一卷、詩餘一卷 江蘇巡撫採進本

國朝張欒撰。欒字景桓，華亭人。自序謂生平共得古文雜作六百餘首，詩三萬餘首，詩餘一千五百餘首，歌謠三百餘首。康熙甲午檢出盡付祖龍，僅存三十分之一，即是編也。詞意多放曠不羈。

挹青軒詩稾一卷 江蘇巡撫採進本

國朝華浣芳撰。浣芳，蘇州女子，華亭張欒之妾也。年二十三而卒，欒刊其遺詩，自爲作序，述其九歲時夢見唐太宗召有唐一代諸詩人教之作詩。其事甚怪，欒好爲遊戲之文，殆亦寓言耶。

龍溪草堂集十卷 山東巡撫採進本

國朝王世睿撰。世睿字道存，章邱人。康熙乙未進士，官上海縣知縣。世睿初改庶吉士，及散館，仍外補，故是集多館課之作。至第九卷金陵宦稾中八勸八戒詩，意求通俗，然太質勝於文矣。

陳玉几詩集三卷 禮部主事任大椿家藏本

國朝陳撰撰。撰字楞山，號玉几，鄞縣人。以書畫遊江淮閒，窮愁寡合，故其詩多悽斷怨咽之音。是編刻於康熙丙申，蓋其中年所作。首曰繡鋏集一卷，次曰玉几山房吟一卷，次曰玉几山房擬古詩一卷，皆戛戛獨造。如其爲人，雖未及古，要能離俗。惟擬古詩中多載勝流評語，仍沿明末山人之習耳。

雲溪文集五卷 兩江總督採進本

國朝儲掌文撰。掌文字曰虞，一字越漁，宜興人。康熙丁酉舉人，官四川納溪縣知縣。納溪舊名雲溪，故掌文以雲溪自號，是集又名雲溪隨筆。自儲欣以古文詞有名，其家父子兄弟多以此相鏃厲。掌文爲欣之孫，得其指授爲多。今世所傳欣選左國史漢及唐宋十家文，即其甄錄以授掌文者也。

據梧詩集十五卷 兩淮馬裕家藏本

國朝管棆撰。棆有師宗州志，已著錄。是編凡吹萬集二卷、栢軒草二卷、修琴閣集二卷、鷗馴集二卷、天外集二卷、圖華集二卷、寓燊稾三卷。邵長蘅序稱其詩先學劍南，後學少陵。今觀所作，大抵先入者爲主也。

近道齋文集六卷、詩集四卷 吏部主事張慎和家藏本

國朝陳萬策撰。萬策字對初，一字謙季，安溪人，徙於晉江。康熙戊戌進士，官至詹事府詹事，緣事降翰林院檢討，終於侍讀學士。萬策以康熙癸酉舉於鄉，出公車者二十六年，久從李光地游，多得其指授。然平生詩文多散佚不收，此本乃乾隆癸亥其子晃世所輯，其中西洋算法異同論頗能究其所以然，李光地施琅諸傳，軼聞舊事亦多可考云。

白田草堂存稾二十四卷 兩江總督採進本

國朝王懋竑撰。懋竑有白田雜著，已著錄。是集凡文二十卷、詩四卷，末附行狀一篇。其學長於考證，故全集以雜著爲冠，詩文則未能過人。其與方苞書自謂筆力拖沓，不近古人，所謂人之知我不如我之自知，亦足見其學問之篤實也。

莊元仲集一卷 福建巡撫採進本

國朝莊亨陽撰。亨陽有算學，已著錄。此集僅文十二篇，乃其官淮徐道時所上河防條議也。

綠蘿山房文集二十四卷、詩集三十三卷 江蘇巡撫採進本

國朝胡浚撰。浚字希張，號竹巖，會稽人。康熙庚子舉人。是編文皆駢體，浚自爲之註。前有詹爔序，稱仿韓非子有經有傳例。然韓非子經傳各自爲條，其著書句下自註者始班固漢書藝文志，作文句下自註者始謝靈運山居賦。浚蓋用靈運例也。

褰香閣詩集四卷 山東巡撫採進本

國朝鄧鍾岳撰。鍾岳有知非錄，已著錄。是集爲乾隆

乙亥其子汝功、汝敏所編。凡古今體詩一百九十二首。其詩頗溫厚和平，無血脈僨張之狀，而材地稍弱，尚未能頡頏古人。

墨麟詩十二卷（浙江巡撫採進本）

國朝馬維翰撰。維翰字墨麟，海鹽人。康熙辛丑進士，官至四川東道。其詩以縱橫排奡爲長，意之所向，不避險阻，然神鋒太儁者居多。

秋塍文鈔十二卷、三州詩鈔四卷（浙江巡撫採進本）

國朝魯曾煜撰。曾煜字啟人，秋塍其別號也。會稽人。康熙辛丑進士，改庶吉士，未授職乞養親歸，教授生徒，終於家。是集文一百二十一篇，中多考證之作。其文氣頗剽急，蓋才性使然。若續中山狼傳之類，雖規橅毛穎，然不作可也。目列易本末論六十四篇、易纂例八十篇，而有錄無書，蓋均未刻。又廣東、祥符二志凡例，亦有錄無書，殆以已見於兩志歟。其詩以三州名集，自序曰杭州、汴州、廣州也，蓋其歷主講席游蹤所及之地云。

最古園二編十八卷（江蘇周厚堉家藏本）

國朝羅人琮撰。人琮字紫蘿，湖南桃源人。康熙辛丑進士，官至監察御史。是集人琮所自定，其云二編，以向有初刻最古園集二十四卷也。然其初刻今未之見。此集詩文則大抵以才氣用事，曼衍縱橫者也。

陸堂文集二十卷、詩集十六卷、續詩集八卷（浙江巡撫採進本）

國朝陸奎勳撰。奎勳有陸堂易學，已著錄。是集前有自序，謂在長洲汪琬、秀水朱彝尊之間。其文內序問考辨諸篇，亦頗博洽，然說經好爲異論，頗近毛奇齡，尚不及琬與彝尊也。

唐堂集六十一卷（江蘇巡撫採進本）

國朝黃之儁撰。之儁有香屑集，已著錄。是集凡五十卷，又補遺二卷、續集八卷，皆之儁所手編，各有自序。末附冬錄一卷，則所自撰年譜也。之儁之學，排陸王而尊程朱，多散見所作詩文中，持論甚正。而綜覽浩博，才華富贍，興之所至，下筆不能自休。往往溢爲狡獪游戲之文，不免詞人之結習。又名譽既盛，贈答遂繁，牽率應酬，不能割愛，榛楛勿翦，所存者不盡精華，譬之古人，殆陸機之患才多矣。

雲在詩鈔九卷（浙江巡撫採進本）

國朝查祥撰。祥字星南，海寧人。康熙辛丑進士，官翰林院編修。祥早歲嘗舉博學鴻詞，晚乃登第，年至八十餘而歿。詩集未經刊行，此流傳寫本也。

小蘭陔集十二卷（福建巡撫採進本）

國朝謝道承撰。道承字又紹，號古梅，閩縣人。康熙辛丑進士，官至內閣學士，兼禮部侍郎。是集詩十卷、文二卷。道承假歸養親，故取南陔補亡詩語名集。而集中所載則應制館課之作皆在焉，不專家居作也。其中碑帖題跋亦頗具鑒賞。

桐村詩九卷（江西巡撫採進本）

國朝馮詠撰。詠字夔颺，金谿人。康熙辛丑進士，官翰林院編修。是編一卷爲一集：一曰江漢集，二曰日下集，三曰章江集，四曰南海集，五曰南海二集，六曰公車集，七曰玉堂集，八曰京口集，九曰黔中集，分年編次，各以作詩之地爲名。始於康熙癸巳，迄於雍正己酉，共十七年之詩。前有自序，題康熙甲午，蓋江漢集之序，刊版時取冠全詩爾。

崇德堂集八卷（直隸總督採進本）

國朝王植撰。植有四書參註，已著錄。此集植所自編。其學主於敦勵名節，而事事有濟於物，故集中所載多居官案牘之文，頗足見其生平。其考論經籍，則好以意推理，斷不能一一徵於古也。

偶存草（無卷數，直隸總督採進本）

國朝王植撰。是集亦植所自編。植喜講學，故其詩全沿擊壤集之派。

牆東雜著一卷（浙江巡撫採進本）

國朝王汝驤撰。汝驤字雲衢，所刻制義，或自書曰云劬，又自書曰耘渠，皆以同音假借也。金壇人。由貢生官通江縣知縣。此編乃所作古文，其以牆東爲名，蓋用後漢王君公事。汝驤掉鞅文壇，事殊牛僧，殆以其王姓，斷章取義耶。文凡二十一篇，前六篇皆經說，後十五篇則皆史評也。其術序記，謂學記術有序，即遂也，辨舊志讀術爲州之非。考春秋秦伯使術來聘，公穀作使遂，則汝驤之說實闇合古義。其祊或論上下二篇，反覆推奬，以爲有道之士，則過矣。

與梅堂遺集十二卷、耳書一卷、鮓話一卷（江蘇巡撫採進本）

國朝佟世思撰。世思字儼若，正藍旗漢軍。以蔭生官思恩縣知縣。是集凡詩十卷、詞一卷、雜文一卷。其弟世集裒而刻之。末附耳書一卷，皆記所聞見荒怪之事，分人物神異四部。鮓話一卷，則以公事至恩平，而記其風土也。

金闇齋集十二卷（江蘇巡撫採進本）

國朝金敞撰。敞字廓明，號闇齋，武進人。其學出於東林。是書首載家訓紀要，次默齋湯先生述略，次其學山居會約，次自知日錄，次讀史筆記，次古今體詩，次雜著，次可凡編，次客窗偶記，次師古約言，次宗約宗範。其中家訓紀要一卷，乃其父所剳記以訓子孫，敞更纂而錄之，故冠首云。

前溪集十四卷（浙江巡撫採進本）

國朝唐靖撰。靖字聞宣，武康人。康熙中諸生。是集詩八卷，文五卷，二集詩一卷。其詩頗具風骨，間傷率易。其文亦然。五卷論水利、樂律諸條，則科舉答策之類耳。前溪在武康縣治南，源出銅峴山，在六朝爲繁會地，所謂前溪舞者是也。

華林莊詩集四卷（江蘇巡撫採進本）

國朝姚孔鋠撰。孔鋠字粲頁，號于巢，桐城人。康熙中諸生。其詩七言絶句工於寫景，如垂楊枝上鶯捎蝶，撇得飛花破水痕之類，亦殊有晚唐風味。所謂香車金犢陌上留連者也。至黃雲白雪門前略彴，麥田中作菜花之類，則刻畫太甚，無情景交融之致矣。

瓠尊山人詩集十七卷（檢討蕭芝家藏本）

國朝夏熙臣撰。熙臣字無易，孝感人。七歲補諸生，以歲貢官安陸府教授。初著有巢雲閣詩十五卷，後增以新作，重編爲此集。其詩才情富贍，故往往壘韻至五六，又和阮籍詠懷、擬李東陽樂府，殆逾然連篇累幅，瑕瑜不免互見，亦所謂武庫之兵，利鈍互陳者矣。

道腴堂詩集四卷（江西巡撫採進本）

國朝曹煜曾撰。煜曾號巖譜，上海人。康熙末貢生。是集爲其孫錫寶所編石倉世纂之第一種也。凡詩一百五十五首。煜曾爲雲間董俞弟子，故其詩聲律格調頗有師法。然卷中但存近體而無古詩。王延年序稱其懶不自惜，散佚頗多。今所傳者皆其孫口授，並訓課時惟取聲律諧適易於記誦故耶。

長嘯軒詩集六卷（江西巡撫採進本）

國朝曹焕曾撰。焕曾字祖望，號春浦，上海人。康熙末貢生。炳曾之弟也。是集爲石倉世纂之第二種。凡詩四卷，後附詩餘一卷，雜著一卷。其生平所注意者在於詩餘駢體。其詩亦專學晚唐，以纖麗自喜。

放言居詩集六卷（江西巡撫採進本）

國朝曹炳曾撰。炳曾字爲章，號巢南，上海人。康熙末諸生。煜曾之從弟也。是集爲石倉世纂之第三種。凡詩五卷，後附雜著一卷，并從子一士所撰墓誌銘。其詩與煜曾道腴堂集格律相近，而才地稍遜焉。

隨村遺集六卷（江西巡撫採進本）

國朝施璟撰。璟字隨村，宣城人。侍讀閏章之孫也。此集爲杭世駿所編。其詩酷學其祖，而風格稍峭，邊幅稍狹，則根柢之深厚不及也。

有懷堂詩文集一卷（江西巡撫採進本）

國朝田肇麗撰。肇麗字念始，號蒼厓，戶部侍郎雯之子。官戶部郎中。肇麗負雋才而屢試不第，其入官也以任子，故述懷詩有慚非科名人句，蓋吟咏之間，嘗以是耿耿云。

靜便齋集十卷（浙江巡撫採進本）

國朝王曾祥撰。曾祥字麐徵，仁和人。康熙末諸生。與厲鶚、金農諸人相唱和。是集前五卷爲詩，後五卷皆雜文。靜便齋者，館於義橋陳氏時所葺，取謝靈運還得靜者便句名之。有所爲記，見於集中。前有雷鋐所撰兩王生小傳，一謂曾祥，一謂江都王世球也。

鍾水堂詩三卷（山東巡撫採進本）

國朝顏肇維撰。肇維字次雷，曲阜人。官臨海縣知縣。是集乃其官浙東時所作，多學南宋諸家。

帶月草堂詩集一卷（山東巡撫採進本）

國朝顏懷禮撰。懷禮字約亭，曲阜人。襲世職爲五經博士。好學喜爲詩，早年夭逝，故骨格未成。此集爲其弟懷釋所編。前有康熙後壬寅嵊縣李克敬序，亦稱天假以年，俾盡其勤，何遽不如鏤肝斵髓者之所爲也。

青嶼稾存（無卷數，浙江巡撫採進本）

國朝張安紘撰。安紘字琴父，烏程人。其文以才氣勝，而喜事塗澤。詩則音節疎放，亦未能磨礲圭角。

桐乳齋詩集十二卷（浙江巡撫採進本）

國朝梁文濂撰。文濂字谿父，錢塘人。大學士詩正父也。是集凡詩九百餘首，而同時唱和諸作亦間附錄。杭世駿序稱其壯時南浮衡湘，北抵碣石，跋履嵩華，迴旋宋衛之郊，蓋頗耽懷山水者，故記游之詩爲最多焉。

橡村集四卷（山東巡撫採進本）

國朝朱緗撰。緗字子青，號橡村，歷城人。候補主事。嘗學詩於王士禎，所作具有法程，而早年夭逝，故骨格未成。是集分四種，曰風香集，曰吳船書屋集，曰覯稼樓詩，曰雲根清壑集。自吳船書屋以下，皆士禎之所評定也。

蒼雪山房槀一卷（山東巡撫採進本）

國朝朱綱撰。綱字子聰，歷城人，官至福建巡撫。與兄緗、綷皆學詩於王士禎，是集亦士禎所評定。詩頗清淺，蓋少作也。

吾友于齋詩鈔八卷（浙江巡撫採進本）

國朝張錫爵撰。錫爵字擔伯，號中巖，嘉定人，寄居吳江。是集前有雍正乙巳張雲章序，題曰原序，蓋爲其舊槀而作。又有乾隆辛酉朱稻孫序，則刊此本時所作。其詩酷摹王士禎，亦往往得其一體。其齋名吾友于者，取杜甫岳麓寺詩「山鳥山花吾友于」語也。

欽定四庫全書總目卷一百八十四

欽定四庫全書總目卷一百八十五

集部三十八

別集類存目十二

蔗尾詩集十五卷文集二卷（福建巡撫採進本）

國朝鄭方坤撰。方坤有經稗，已著錄。方坤天分既高，記誦尤廣，故其詩下筆不休，有凌厲一切之意。尤力攻嚴羽滄浪詩話「詩不關學」之非。然於澀字險韻，恆數十疊，雖閒見層出，波瀾不窮，要亦不免於炫博。此又以學富失之，所謂矯枉者必過直也。其詩凡分十五集，曰剩餘草，曰公車草，曰木石居草，曰公車後草，曰木石居後草，曰丁年小草，曰叢臺槀，曰春明草，曰廣川槀，曰酒市槀，曰一粟齋槀，曰瓶花齋槀，曰杞菊軒槀，曰詩話軒槀，皆古今體詩。曰青衫詞，則詩餘附錄者也。文集二卷，亦大抵儷體居多，蓋其根柢在六朝也。

樹人堂詩七卷（江西巡撫採進本）

國朝帥念祖撰。念祖字宗德，號蘭皐，奉新人。雍正癸卯進士，官至陝西布政使，緣事謫戍軍臺，沒於塞外。是集前有何焯序，稱念祖塞上所作，有多博吟，今未見。此七卷則念祖官陝西時所自編也。念祖以時文鳴一時，務以幽渺之思擺脫陳因，其詩亦清刻不俗，但平生精力盡於八比，徒以餘力爲之，未能自成一隊耳。

涵有堂詩文集四卷（福建巡撫採進本）

國朝游紹安撰。紹安號心水，福清人。雍正癸卯進士，官至南安府知府。是集詩二卷，文二卷。紹安守南安幾二十年，故詩文多南安所作。其文務爲奇崛語，詩亦欲以生僻見長。

南陔堂詩集十二卷（編修徐天柱家藏本）

國朝徐以升撰。以升字階五，號恕齋，德清人。雍正癸卯進士，官至廣東按察使。是編爲其孫天柱、天驥所刊，分年編次，曰學步集，雪泥集，湘灘集，秋帆集，夢華集，忽至草，黃樓草，嶓嶓草，南還集，黔游草，煙江疊嶂集，閒閒集，凡十二種。

王已山文集十卷別集四卷（江蘇巡撫採進本）

國朝王步青撰。步青有四書本義匯參，已著錄。金壇王氏以八比稱於世者凡六人，所謂王氏六子是也。六子之中，汝驤及步青名尤著。汝驤文神思澹遠，取徑單微。步青則法律嚴謹，不失尺寸，在近時號爲正宗。於古文則餘力及之，非所專門也。其集原名竹里草堂遺槀，乃步青沒後其子士鼇所編，後寧化雷鋐督學江蘇時，從士鼇取其槀本，重爲刪定，凡存九十餘篇，勒爲十卷，用步青別號改題今名。又別集四卷，皆其時文選本之序論，則士鼇裒輯編次，附刊以行。蓋步青困諸生者二十餘年，至康熙甲午乃舉於鄉，往來公車又十年，至雍正癸卯始成進士，旋以病乞歸，里居教授，惟以評選時文爲事，平生精力盡在於是，故講論時文之語至於積成卷帙。夫論文之書，自摯虞文章流別後，凡數百家，其專論場屋程式者，則自元倪士毅作義要訣始自爲一編。於例當入詩文評類，以其原附本集之末，故仍其舊焉。

江聲草堂詩集八卷（浙江巡撫採進本）

國朝金志章撰。志章字繪卣，仁和人。雍正癸卯舉人。

官至口北道。是編分七集，曰敝帚、曰梅東、曰始游、曰鏡中、曰瞻雲、曰谷雲、曰漁浦歸耕。其詩五言古體多近蘇軾，七言古體多近溫庭筠，近體多近陸游、范成大。

謙齋詩稾二卷補遺一卷（浙江巡撫採進本）

國朝曹庭樞撰。庭樞字六蘇，嘉善人。雍正癸卯副榜貢生。乾隆元年嘗薦舉博學鴻詞。集中載有午門謝頒月廩恭紀詩，即其事也。是集亦皆其游京師時所作。

司業文集四卷（江蘇巡撫採進本）

國朝陳祖范撰。祖范有經咫，已著錄。其爲文不規規於摹古，而學有根柢，暢所欲言，亦自合古人法度。其中如方孝孺死節論、讀禮記、述史、述斂用喪服議、陳貞女合葬議、王罕皆文稾序、注西京文稾序、王次山詩序、樂府解，皆有可觀。而如記昌黎集後，務爲新論，別號舍文，忽作俳體，松筠堂宴集詩序，雜以儷詞。又多收一切應俗之作。蓋編錄時務盈卷帙，一概登載，未免失於刊除。使簡汰精華，十存三四，豈不翹然作者哉。

司業詩集四卷（江蘇巡撫採進本）

國朝陳祖范撰。前有自序，題乾隆壬申，而第四卷乃題自乙丑至甲戌詩，蓋又有所續入，如古人後集、別集例也。其詩直抒胸臆，不煩繩削，於古人中去白居易爲近。敖陶孫所謂事事言言皆著實者也。自序有曰：詩之作出於無心，則其情眞；又必各有所爲，則其義實。故一國之事繫一人之本，而匹夫匹婦之歌吟可以察治忽也。其論洞悉本原，非明以來彫章刻句之流所能見及。又云：後之詩人既以詩自命，人亦以詩相屬，於是外物爲主，而詩役焉；詩爲主，而心役焉。於是無眞性情、眞比興。然而情實彌隱，詞采彌工，義理彌消，波瀾彌富，而又格律以繩之，派別以嚴之，時代以區分之，同視詩教之本來，其然乎，其不然乎。其論亦切中流弊。劉勰所謂古之詩人爲情而造文，今之詩人爲文而造情者，祖范所言，殆庶幾焉。然文以載道，理不可移，而宋儒諸語錄，言言誠敬，字字性天，卒不能與韓、柳、歐、蘇爭文壇尺寸之地，則文質相宣，亦必有道矣。觀祖范之序，而其詩所長所短，蓋可以想見也。

王艮齋集十四卷（江蘇巡撫採進本）

國朝王峻撰。峻字次山，常熟人。雍正甲辰進士，官至江西道察院御史。是編凡詩十卷，文四卷。其吳中先哲諸傳，則修蘇州府志時所撰，亦併附之集中云。

鋤經餘草十六卷（侍講劉亨地家藏本）

國朝王文清撰。文清有周禮會要，已著錄。此其所作詩集。前有論詩法十條，則其平生心得之語，而其門人錄以冠集者也。

明史雜詠四卷（浙江巡撫採進本）

國朝嚴遂成撰。遂成字海珊，烏程人。雍正甲辰進士，官雲南知州。詠史之作，起於班固。承其流者，唐胡曾、周曇皆用近體，明李東陽則用樂府體。遂成此編賦明一代之事，古體近體相間，故名曰雜詠。嚴震直一首，力辨史彬致身錄之誣，雖子孫之詞，實則公論。至於劉三吾一首，謂太祖欲立燕王，爲三吾所沮，釀靖難之禍，不爲無見。至周公成王本一家事，猶賢於王莽篡句，則謬矣。姚廣孝二首，盛推其功，比以蕭何、李泌，且有特地開科長取士、不知漏落幾多人句。王越、王驥、王瓊三首，謂三人之交結宦侍，乃借其陰助以濟國事，非爲身家之計，比之郭子儀之俯仰魚朝恩，持論皆有意抑揚，故翻定案。李夢陽一首，詞多詆斥，併有附記曰：北地雖非西涯門人，然如王九思以仿西涯體中選，其餘諸子，多有親承指授者，皆奪於北地之焰，改轅背之，猶之北地背之也云云。夫文章公器，各自成家，原非爲植黨報恩之地，況夢陽與東陽本風馬牛不相及，而忽坐以背東陽之罪，尤未免深文鍛鍊，踵明末門戶之舊論矣。

絳跗閣詩稾十一卷（浙江巡撫採進本）

國朝諸錦撰。錦有毛詩說，已著錄。是編古今體詩分三十一集，自康熙甲申至乾隆壬午五十九年之作，其一千五百餘篇。

賜書堂詩選八卷（編修吳壽昌家藏本）

國朝周長發撰。長發字蘭坡，別號石帆，會稽籍，山陰人。雍正甲辰進士，選庶吉士，散館外補廣昌縣知縣，又改樂清縣教諭。乾隆丙辰召試博學鴻詞，授檢討，官至侍講學士，後降補侍講。長發詩才敏捷，操筆即成，故富贍有餘，而亦微傷於快。平生所作，計逾萬首，此集八卷，蓋汰存十之一云。

小山全稾二十卷（江蘇周厚堉家藏本）

國朝王時翔撰。時翔字皐謨，一字抱翼，號小山，鎮洋人。雍正戊申，由諸生薦舉，授晉江縣知縣，官至成都府知府。是集凡詩稾八卷，詩餘四卷，文稾八卷。詩稾分初續後三稾。詩餘分五集，曰香海，曰紺寒，曰青綃樂府，曰初禪綺語，曰旗亭夢壓。

就正草一卷（江西巡撫採進本）

國朝徐璽撰。璽號雷谿，進賢人。雍正乙酉拔貢。是編乃其文集。前題云續刻就正草，則必先有初刻，今未之見。前有吳士玉序，而卷中有祭士玉文，殆刻在序後耶。

松源集（無卷數，兩江總督採進本）

國朝孫之騄撰。之騄所輯尚書大傳，已著錄。是集凡五種，其題曰松源紀行者，初取道富春赴慶元任作也。曰龍泉舟中雜記者，歲試至處州作也。曰經說者，告諸生五經源流紀也。曰敦行錄者，與諸生立條約及經傳雜訓也。曰雜文者，其酬應之作也。集刻於雍正己酉庚戌閒。慶元古松源地，故以為是集之總名焉。

春及堂詩集四十三卷（太常寺卿倪承寬家藏本）

國朝倪國璉撰。國璉有康濟錄，已著錄。是集乃乾隆壬辰其子承寬所刊。凡竹立園集一卷，南隱山房小草一卷，橘山游草二卷，文杏館集一卷，浮湍集一卷，楓花草一卷，松鱗書屋唱和詩一卷，庚子詩草一卷，剡東游草一卷，廬江游草二卷，西江游草三卷，南游草二卷，湖南吟稾二卷，燕雲集一卷，竹窗集三卷，滇行集八卷，春闈詩一卷，星沙奉使集二卷，潞河吟一卷，庚申南行集三卷，嘉蔭書屋集三卷。皆國璉嚴自刪汰，惟存其得意之作。故每卷多者不過四十餘首，少者或十餘首云。

四焉齋詩集六卷附梯仙閣餘課一卷拂珠樓偶鈔二卷（江西巡撫採進本）

國朝曹一士撰。一士字諤廷，號濟寰，上海人。雍正庚戌進士，官至兵科給事中。是編乃其詩集，石倉世纂之第四種也。附載梯仙閣餘課，為一士繼室陸氏鳳池作，刻於康熙壬辰。又拂珠樓偶鈔，一士之女錫珪所作，刻於雍正甲寅。

四焉齋文集八卷（江西巡撫採進本）

國朝曹一士撰。石倉世纂之第五種也。與其詩集同刻於乾隆庚午。其論文之旨，謂古文之所以稱古者，乃意義之古，非詞句之古。有明潛溪、遜志、荊川、震川，其文詞之近時者甚多，不以此損其古意。于鱗、元美字句之古，幾於無一不肖，而終與古遠。觀其持論，可以見其宗旨矣。

寒香草堂集四卷（檢討蕭芝家藏本）

國朝劉元燮撰。元燮字孟調，湘潭人。雍正庚戌進士，官至山西道御史，緣事降廣西布政司經歷。所著有耨學齋稾、梅垞吟，篇什頗多。是編古今體詩僅二百餘首，乃其晚年所自訂也。

金管集一卷（江蘇巡撫採進本）

國朝顧成天撰。成天有離騷解，已著錄。其所作詩，凡二千餘首，嘗以質於蔡嵩。嵩為摘其中有關世教者八十三首，鈔為此集。題曰金管，用梁元帝事也。

花語山房詩文小鈔一卷附三重賦一卷燕京賦一卷（江蘇巡撫採進本）

國朝顧成天撰。是集乃雍正庚戌、辛亥二年成天侍直內廷時所作。花語山房，即苑外直廬名也。凡詩六十八首，文二十三首，以歲月先後雜編，不分體裁。又三重賦一卷，成天為諸生時恭逢聖祖南巡所獻。燕京賦一卷，併自註，則雍正癸卯成天赴京會試時作也。

桑弢甫集八十四卷（浙江巡撫採進本）

國朝桑調元撰。調元有論語說，已著錄。是集詩十四卷，續集二十卷，五嶽詩二十卷，文三十卷。調元才鋒踔厲，學問亦足以副之。故詩文縱橫排奡，擺落蹊徑，毅然自為一家。而恃其才學，不主故常，豪而失之怒張，博而失之蔓衍者，亦時有之。所作鎮海樓詩至七言長律二百韻，古人無是格也。其所以長，即其所以短乎。

柯椽集一卷（侍講劉亨地家藏本）

國朝周宣猷撰。宣猷字辰遠，長沙人。雍正癸丑進士，官至浙江鹽運通判。是集凡雜文五十七篇，駢體及賦亦參錯其閒。前後亦無序跋，似乎未定之稾，其後人錄之成帙也。末附陳兆崙所作傳一篇，載宣猷所著尚有史斷、史記難字、南北史褫眠、雲集、禾中雜韻、卷葹小草諸編。集中又有風鈴餘韻自序一篇，亦所作詩集。今惟卷葹小草及此集存，餘皆未見。

雪舫詩鈔八卷（侍講劉亨地家藏本）

國朝周宣猷撰。其詩自乾隆辛未迄丁丑，分年編次。前七卷名卷葹小草，後一卷則

南巡紀略

皇太后萬壽詩各三十首。

柳漁詩鈔十二卷 浙江巡撫採進本

國朝張湄撰。湄字鷺洲，錢塘人。雍正癸丑進士，官至給事中。是編分于野雞木瓠曼演行癡卅海槎岵懷皖游鴿風蟲恥十集。湄與金志章、厲鶚等以詩相鏃厲，故集中與諸人唱和爲多。

秋水齋詩集十五卷 浙江巡撫採進本

國朝張映斗撰。映斗字雪子，烏程人。雍正癸丑進士，官翰林院編修。是編凡十四集。首曰或可存集，次江上集，次釣磯集，次雲林集，次范湖集，次日下集，次水籤集，次新館集，次內舍集，次新館後集，次舊雨集，次清祕集，次瀛臺集，次使星集。皆其子守約守愚所編。前有湯右曾序，作於康熙乙未，蓋其早年即爲右曾所賞識也。

寧遠堂詩集一卷 侍講劉亨地家藏本

國朝朱成點撰。成點字司衡，寧鄉人。此集其所自編。自序有云：遷徙流離，至庚子疾中閉門卻軌，始多作詩以自遣。而集中又有己酉下第詩，蓋老於諸生者也。

松桂讀書堂集八卷 江蘇周厚堉家藏本

國朝姚培謙撰。培謙字平山，華亭人。嘗刻巾箱小本，亦好事之士。所著有春帆集，刻於康熙庚子。自知集，刻於雍正甲辰。樂府及覽古詩，刻於乾隆己未。此本乃乾隆庚申裒合諸編，刪爲一集。培謙自爲之序。其諸集序亦仍列之於卷端。

舒曉齋存稾三卷 山東巡撫採進本

國朝黃溶撰。溶字涪遠，鄆城人。雍正中貢生。是集凡詩二卷、詞賦共一卷。皆未合古人尺度，蓋鄉曲無師之學也。

桐陰書屋集二卷 山東巡撫採進本

國朝朱崇勳撰。崇勳字彝存，號怡園，歷城人。其詩沿新城末派，清脫有餘而深厚不足。

湖上草堂詩一卷 山東巡撫採進本

國朝朱崇道撰。崇道字帶存，崇勳弟也。其詩如寒煙依樹，殘餘雪傍山明，樵磬通澗底，人影上蘆花，頗有思致。然寥寥數篇，不成卷帙。

蠶桑樂府一卷 江西巡撫採進本

國朝沈炳震撰。炳震有九經辨字瀆蒙，已著錄。此乃其增默齋詩集之一種。自護種至賽神凡二十首，皆七言長句，蓋欲以當蠶畢報賽之曲也。

無悔齋集十五卷 浙江巡撫採進本

國朝周京撰。京字西穆，一字少穆，錢塘人。雍正中諸生。是集爲同里厲鶚所定，分年編次。附錄全祖望所撰墓誌銘及同人掃墓詩。鶚序以高岑豪健比之。今觀其詩，源出劍南，在一時詩社中，酒旗茗椀，拈韻分題，亦足傾倒流輩。若方駕古人，則又當別論矣。

實嬾齋詩集四卷 浙江巡撫採進本

國朝張時泰撰。時泰字平山，號六可，嘉興人。官桐城縣知縣。是集前有時泰自作實嬾先生傳，頗以曠達閒適自許。傳末系以詩曰：嬾送窮愁嬾顧身，嬾趨權貴嬾干人，嬾尋枯句每經日，嬾作報書恆幾旬。幽賞嬾殊搴景物，遠游嬾已絕風塵，嬾眠嬾起情如醉，十嬾先生嬾是眞。其詩格大抵似此也。

亦廬詩集二十八卷 江西巡撫採進本

國朝湯斯祚撰。斯祚字衍之，號亦廬，南豐人。雍正中以歲貢生官江西新昌縣訓導。是集以編年爲次。其居家則有超遙書堂草、茗柯山房草，游楚則爲匡廬山草、怡陽草，泊歸而復出，則有茗柯山房後草、崇眞禪院草、沅湘草。充貢以後，則有北征燕山南轅諸草。爲學官以後，則爲宜豐草倖滿草回任草宜豐後草。其詩筆力頗爽健，惟功候未深耳。

芝壇集二卷 山東巡撫採進本

國朝張鵬翼撰。鵬翼有芝壇史案，已著錄。其詩文皆以講學爲宗，體格多近於語錄。

江湖閒吟八卷 福建巡撫採進本

國朝王道撰。道字直夫，漳浦人。官金山縣知縣。卷首有黃之雋序，稱所著有鹿阜文集，有京華稾。今未見。此集題曰江湖閒吟，乃其罷官後寓居朱涇所作。其版心則題曰鹿阜詩集，蓋其集總名鹿阜，以詩文分集，而詩集之中此爲一種也。據所自述，初學李夢陽，後乃變以王維、陸游。然先入者爲主矣。

愼獨軒文集八卷 浙江巡撫採進本

國朝劉青霞撰。青霞字嘯林，襄城人。雍正中諸生。是集皆散體雜文。前有王心敬所作小傳，稱其酷愛司馬遷、班固書，未嘗釋手。今集中有小傳二卷、史論一卷，蓋亦留心史學者也。

孱守齋遺稾四卷 江西巡撫採進本

國朝姚世鈺撰。世鈺字玉裁，號薏田，歸安人。平生學問以何焯爲宗，故全祖望爲其墓銘曰：薏田之學，私淑義門。義門之從莫之或先。人亦有言。墨守太堅。蓋田不信。禦侮冗然。每逢異幟。互有爭端。焦脣敝舌。各尊所聞。紀其實也。祖望誌又稱馬曰璐馬曰琯張四科收拾其遺文開雕。又稱所著爲蓮花莊集八卷。此本書名卷數皆與誌不合。末有張四教跋稱勒爲詩文各二卷。則又無所闕佚。不知何故也。

蘊亭詩稾二卷 江蘇巡撫採進本

國朝金綎撰。綎字連城。先世居廣東。綎移居於江南。遂爲吳縣人。是集爲其子祖靜所編。前有錢維城序。稱其詩派出自嶺南。少年至京師。秋日游靈佑寺。有高雲不碍靜晴日自知寒。爲新城王士禎所賞。又附載舊評數條。其一條云。才不富。卻有氣。如裴旻舞劒。非行陣之才。而亦能令吳道子長筆力。思不苦。卻自深。如帝釋天人不能參扣聞大迦葉語。亦一一入眞法藏。語格欲正。卻亦別如蜀漢南唐。稱名甚正。論其立國。固是偏隅。亦頗得其似云。

翰村詩稾六卷 編修周永年家藏本

國朝仲昰保撰。昰保字羹梅。號翰村。常熟人。是集前五卷爲昰保所自編。皆題曰行卷。第一卷曰辛集。第二曰壬集。第三曰癸集。第四曰甲集。第五曰後甲集。案唐時進士。以所業投贄當路。謂之行卷。見於摭言等書者頗詳。昰保終老山林。而名所作爲行卷。未喻其說。又文集以甲乙標目。始於文選諸賦。其兩集分甲乙者。爲李商隱樊南集。一集以甲乙分卷者。爲陸龜蒙笠澤叢書。然皆以十干爲次。是集獨以辛壬癸甲爲次。亦莫明其故。第八卷題曰遺集。則乾隆癸亥昰保旅卒於博山。其友趙念所續編也。昰保初學詩於同里馮武。武馮班從子也。故其詩格律色澤皆馮氏法。康熙辛丑。復北至益都。從趙執信受學。故其詩運意鑱刻。則純用趙氏法云。

梧江雜詠一卷 編修汪如藻家藏本

國朝劉雲峰撰。雲峰字秋冶。南昌人。是編取梧州風景古蹟。爲竹枝詞四十五首。各附註其下。亦頗詳悉。然皆因仍地志之舊文。無所考辨。

在亭叢稾二十卷 江蘇巡撫採進本

國朝李果撰。果字碩夫。長洲人。在亭其號也。是集凡雜文十二卷。後附詠歸亭詩鈔八卷。果之論文。謂弇州北地文古而患乎似。義烏延陵文眞而患乎淺。欲救似與淺之病。惟在讀書窮理。故所作頗有矩矱。而墨守太甚。亦未能變化也。

樸庭詩稾十卷 編修吳壽昌家藏本

國朝吳𨲾文撰。𨲾文字璞存。一字樸庭。會稽籍。山陰人。雍正中國子監生。屢舉不第。生平游歷。一寄諸吟咏。前四卷其友人嚴遂成所選。後六卷則晚年所自訂也。

孤石山房詩集六卷 浙江巡撫採進本

國朝沈心撰。心字房仲。仁和人。雍正中諸生。早從查愼行游。其詩亦頗有查氏法。

抗言在昔集一卷 江西巡撫採進本

國朝沈冰壺撰。冰壺字心玉。山陰人。是編皆咏古七言絕句。而多考證文史。與他家詠古評論事蹟得失者又別。其學識頗爲拔俗。而有意示高。或流於誕。如論帝魏帝蜀一條。洞見宋人之癥結。論蘇氏父子之文自相矛盾一條。足關其口。論續通鑑綱目諸條。皆頗公允。論岳飛女銀瓶一條。極有根據。羊祜周恭帝二條。亦頗有推闡。至於以司馬遷之先黃老後六經爲是。以王充論衡欲藉諸子正經之誤爲識在董仲舒上。以莊子荀子爲兩大儒。以老子配論語。莊子配易。管子配書。離騷配詩。荀子配禮。史記配春秋。續爲沈氏六經。謂管子地員篇班固地理志伯仲禹貢。而周禮職方有愧色。皆未免有意駭俗。不爲定論。其論劒俠傳之誤。似矣。不知劒俠傳本無是書。乃明人鈔太平廣記二卷爲之。其論亢倉子爲彫撰似矣。不知爲王士元所補。士元作孟浩然集序。自言其始末最明。頗爲失考。又如

國朝詩人自王士禎朱彝尊田雯梁佩蘭宋琬諸人。無一不肆詆排。

國朝文人自黃宗羲毛奇齡汪琬姜宸英王源方苞諸人。無一不遭指摘。或加以醜詈。至謂其不堪供唾。且謂此外寥寥自鄶無譏。其意欲於百餘年中。以第一人自命。尤放誕矣。

二須堂集二卷 戶部尚書王際華家藏本

國朝丁詠淇撰。詠淇字瞻武。號菉濱居士。錢塘人。是集爲詠淇所自編。二須者。取諸葛亮學須靜才須學語也。上卷書十二首。序十九首。下卷記二首。傳六首。論二首。辨一首。說四首。題跋五首。書事二首。家訓十八則。其中卹希子傳未聞其人。意爲自寓之詞歟。文雖不甚入古格。而頗以扶持名教爲主。

集中別有仰編序，蓋其筆記。又有蔡演詩鈔序，爲其詩集，今皆未見。

雙樹軒詩鈔一卷（編修李中簡家刊本）

國朝僧湛性撰。湛性一名湛汎，字藥根，又曰葯菴。本丹徒徐氏子，居揚州之祇園菴，故其詩卷亦自署爲江都。初自刻所作爲葯菴集，沒後其版散佚。此本乃乾隆壬辰所重刊也。其詩宗法王士禎，惟沿溯於士禎唐詩十選之中，故結體修潔，時有雋語。如所謂春風拂禪衣，流鶯啼樹杪，二月青滿林，百花開已早者，亦頗近自然。然骨力未堅，興象頗淺。十首以外，語意略同，蓋聰明多而學問少，故流連光景，所就止於如斯耳。

香域內外集十二卷（兩淮馬裕家藏本）

國朝釋敏膺撰。敏膺，蘇州花山翠巖寺僧。是集乃其弟子聖藥等所編，外集詩文凡七卷，內集五卷，皆語錄偈語。蓋釋家以釋爲內學，儒爲外學耳。

敲空遺響十二卷（內府藏本）

國朝僧如乾撰。如乾字憨休，四川人，嘗主陝西興善、燉煌等寺。是集凡雜文八卷，詩四卷。

餐秀集二卷（浙江巡撫採進本）

國朝黃千人撰。千人字證孫，餘姚人，宗羲之孫，百家之子也。官泰安縣丞。是集爲其同官覺羅普爾泰所刊，前有普爾泰序，又有顏懋价序，引嚴羽、王士禎之說，嘗警館閣之士以抒其憤。懋价字介子，曲阜人，以貢生官肥鄉教諭，老而不第，故其詞如是云。

梯青集（無卷數，檢討蕭芝家藏本）

國朝項大德撰。大德字立上，漢陽人。封股療母，不愈，以哀毀卒。是集凡賦二十七首，詞四十一首，吐屬頗韶秀，而得年僅二十有六，功候未深，故骨格未能成就焉。

月湖賸稾一卷（江西巡撫採進本）

國朝王楳撰。楳有讀畫錄，已著錄。是集僅文二十四首，又多小品，蓋猶明季山人之遺風。鈔本題曰月河賸稾，考集內所居丙舍地名皆作月湖，楳別有讀畫錄，亦載張庚爲作月湖圖，則卷首月河字，鈔本誤也。

夢村集二卷（編修周永年家藏本）

國朝朱緯撰。緯字義俶，歷城人，由歲貢生官邱縣訓導。是集有七十自壽詩，又有次兒生日詩，作於七十四歲時，蓋其晚年所自編。詩頗清淺，而時有脫灑之致。

後海書堂遺文二卷（江蘇巡撫採進本）

國朝王孝詠撰。孝詠有嶺西雜錄，已著錄。是集上卷爲雜文，下卷皆金石題跋。文頗質實，而少覺其樸。惟題跋則品題不苟，可取者多。

薇香集一卷、燕香集二卷、燕香二集二卷（內閣中書方維甸家藏本）

國朝方觀承撰。觀承字遐穀，號問亭，又號宜田，桐城人。由監生薦授中書舍人，官至直隸總督，諡恪敏。觀承遭遇
聖朝，備蒙
恩眷，封疆宣力，積有勤勞，而性嗜詩篇，政務之餘，不廢吟詠。舊所著有東闔剩稾、入塞詩、懷南草、豎步吟、叩舷吟、宜田彙稾、看蠶詞、松漠草，其八種，皆編入述本堂詩集中，已別著錄。是編三集則其爲直隸總督時所作，其子維甸編錄別行者也。

晚晴樓詩草二卷（大理寺卿陸錫熊家藏本）

國朝曹錫淑撰。錫淑字采荇，上海人，兵科給事中一士之女，適同里舉人陸正笏。一士有四焉齋詩集，其妻陸鳳池亦有梯仙閣餘課。錫淑承其家學，具有軌範，大致以性情深至爲主，不規規於儷偶聲律之間云。

藍戶部集二十六卷（江西巡撫採進本）

國朝藍千秋撰。千秋字長青，宜黃人。以薦授國子監學正，官至盛京戶部員外郎。是集刻於乾隆丙寅，凡詩四卷、文二十二卷。

豐川全集二十八卷（內府藏本）

國朝王心敬撰。心敬有豐川易說，已著錄。此集乃所作語錄及雜著，大抵講學者居多。乃康熙丙申湖廣總督額倫特所刊。額倫特卽嘗以隱逸薦心敬者也。

豐川續集三十四卷（陝西巡撫採進本）

國朝王心敬撰。據其子勍凡例稱，心敬康熙丙申刻有正續集二十八卷，是已有正續兩集矣。又稱自丙申至乾隆戊午，與當代大人君子相酬荅，及與門人子弟講說論辨者，視前刻倍多，今裒成三十四卷，是此本又出續集後矣。然其二十八卷之本，實不分正集續集之目，未喻何說。故此本仍刊版之名，以豐川續集著錄焉。

綠筠軒詩四卷（編修周永年家藏本）

國朝張元撰。元字殿傳，淄川人。雍正丙午舉人，官魚臺縣教諭。元爲崑崙山人篤慶從子，故詩法本王士禎之論，以神韻爲宗。晚乃漸歸朴老，而終未忘其故轍。是集凡七百餘首，其孫庭棨所刻也。

質園詩集三十二卷（編修程晉芳家藏本）

國朝商盤撰。盤號蒼雨，又號寶意，會稽人。雍正庚戌進士，官翰林院編修，以養親乞外補，改授同知，終於元江府知府。盤與錢塘厲鶚名價相埒，才情富贍，生平篇什甚多。此集乃刪汰之餘，尚三千首云。

竹香詩集四卷（大理寺卿陸錫熊家藏本）

國朝席鏊撰。鏊字據溪，常熟人。雍正己酉舉人，官內閣中書。鏊爲吳偉業外孫，於詩法頗有端緒。此集凡詩三百餘首，乃其友杭世駿所刪存也。

冰壑詩鈔六卷（編修周永年家藏本）

國朝朱令昭撰。令昭字次公，歷城人。少與淄川張元、膠州高鳳翰等結柳莊詩社，繪畫篆刻皆能留意。其詩亦與鳳翰相伯仲，而少遜其雄傑。

鷺浦集六卷（編修周永年家藏本）

國朝朱懷樸撰。懷樸字素存，歷城人。其詩格近宋人，而時有風致。

菱溪遺草一卷（編修程晉芳家藏本）

國朝蔣麟昌撰。麟昌字靜存，陽湖人。乾隆己未進士，官翰林院編修。年僅二十有二而歿，遺詩數十篇，其父原任倉場侍郎炳爲刻而傳之。

松泉詩集六卷（編修程晉芳家藏本）

國朝江昱撰。昱有尚書私學，已著錄。其平生喜爲韻語，與編修程夢星等相唱和，游蹟多在衡湘間。是集即刻於湖南者也。

閨房集一卷（編修程晉芳家藏本）

國朝陳珮撰。珮字懷玉，天長人，江都諸生江昱之妻。是集僅詩四十首，長短句十首，附以傳誄及昱所作墓碣。

白雲詩集七卷別集一卷（兩江總督採進本）

國朝盧存心撰。存心原名堃，字玉巖，別字敬甫，錢塘人。恩貢生。乾隆元年嘗薦舉博學鴻詞。是集首以文廟從祀弟子贊八十首，殿以詠梅七言律詩八十五首。前有桑調元序，稱爲總角交，其才氣亦調元之亞也。

萬青樓詩文殘編一卷（國子監助教張義年家藏本）

國朝邵昂霄撰。昂霄有萬青樓圖編，已著錄。所著詩文名萬青樓稾，身後散佚。是編爲其從子是枏所手錄，僅存文數篇、詩數首而已。

隨園詩集十卷附錄一卷（御史戈源家藏本）

國朝邊連寶撰。連寶字趙珍，今刊本作肇畛，乃戲以同音書之，如申涵光本字符孟，而每書凫盟，非其本字也。任邱人。雍正乙卯拔貢生。乾隆丙辰薦舉博學鴻詞，辛未又薦舉經學。是集前有乾隆丁丑戈濤序，而第四卷以下題曰病餘草者，乃皆戊寅以後詩，蓋續編而仍冠以原序也。附錄一卷曰禪家公案頌，則其晚耽禪悅，讀指月錄所作云。

隱拙齋集五十卷（浙江巡撫採進本）

國朝沈廷芳撰。廷芳有十三經注疏正字，已著錄。是集爲廷芳所自編，凡詩賦三十二卷，散體文十八卷。其詩學出於查慎行，古文之學出於方苞，故所作雖無鉅麗之觀，而皆有法度。

東山草堂集六卷（江西巡撫採進本）

國朝潘安禮撰。安禮字立夫，南城人。乾隆丙辰召試博學鴻詞，官翰林院編修。是編皆其官京師時所作律賦，凡三十九首，其門人爲註而刻之。

黃靜山集十二卷（江蘇巡撫採進本）

國朝黃永年撰。永年字靜山，江西廣昌人。乾隆丙辰進士，官至常州府知府。是集前有雷鋐所作墓誌銘，稱所著有希賢編、春秋四傳異同辨、崧甫文類、南莊類稾、白雲詩鈔、靜子日錄。此本僅南莊類編稾八卷、白雲詩鈔二卷、奉使集一卷、靜子日錄一卷，而他集不見。其春秋四傳異同辨今在南莊類稾第二卷中，亦不別爲書，未喻其故。又一別本僅有南莊類稾、奉使集、靜子日錄三種，疑其隨刻隨印，皆非完本云。

山陰集一卷歸田遺草一卷（編修鄭際唐家藏本）

國朝林其茂撰。其茂字培根，侯官人。乾隆丙辰進士，官山陰知縣。此二集，一爲官山陰時作，一爲罷官後作。其茂沒後，其婦弟鄭天錦所編，冠以魯曾煜所作家傳，又有沈廷芳序，惜其遘疾早世，未克竟其所長。蓋其茂沒時年僅三十有九云。

史復齋文集四卷（陝西巡撫採進本）

國朝史調撰。調字勻五，號復齋，晚號寔臺山人，華陰人。乾隆丙辰進士，官仙游縣知縣。是集一卷爲其官仙游時稟諭及荒政養倉等略，二卷爲序跋書論，三卷爲橫渠書院規諭及諭子書，而以仙游所定求士三則冠焉，四卷爲語錄及功過式，併以崔紀所作誌銘附於其後。

瑜齋詩草一卷（庶吉士盧遂家藏本）

國朝郭趙璧撰。趙璧字名瑾，侯官人。乾隆丙辰舉人。是集乃趙璧沒後，其子文煥所編。後其子文海又搜求佚稾附益之。凡古今體詩一百十一首。蓋趙璧喜吟詠，而不自收拾，故散失之餘，所存僅此云。

卓山詩集十二卷（江西巡撫採進本）

國朝帥家相撰。家相字伯子，奉新人。乾隆丁巳進士。官至潯州府知府。是集又名三十乘書樓集，中多改竄之處，蓋猶其自訂之原本也。

瓠息齋前集二十四卷（浙江巡撫採進本）

國朝凌樹屏撰。樹屏字保釐，烏程人。乾隆己未進士。官鳳縣知縣，調咸陽，後改補嘉興府教授。是集賦一卷，詩二十三卷，分十二集，大抵才情奔放之作。

問義軒詩鈔二卷賸草一卷（國子監助教張義年家藏本）

國朝莊綸渭撰。綸渭字對樵，號葦塘，武進人。乾隆壬戌進士。官定海縣知縣。是集為綸渭所手定，其子世駿校刊。賸草乃其在定海時所著雜文及案牘，已載入定海續志，又別錄成帙，附於詩集之後焉。

詠史六言一卷（侍講劉亨地家藏本）

國朝周宣武撰。宣武字燮軒，長沙人。乾隆壬戌進士。是編雜採史事，以六言絕句評論之。或一首詠一事，或一首連類兩三事，不分門目，亦不敘時代後先。每首之末，各附論一篇。六言一體，古今作者頗少。詩家偶一為之，避其難也。宣武獨衍至百首，以外意欲閒道出奇，然終不能見長也。

月坡詩集四卷（福建巡撫採進本）

國朝郭植撰。植有經史問，已著錄。是集分四編，一曰雪竹草堂集，一曰北游集，一曰臺江草，一曰溫陵草。以集中編年考之，迄於辛酉，蓋其鄉試中式之後所刊也。

玉芝堂集九卷（江蘇巡撫採進本）

國朝邵齊燾撰。齊燾字荀慈，昭文人。乾隆壬戌進士。官翰林院編修。是集凡詩三卷，文六卷，乃其晚年所自定。詩文皆不分體，大抵駢偶之作為多。為四六之文者，陳維崧一派以博麗為宗，其弊也膚廓。吳綺一派以秀潤為宗，其弊也甜熟。章藻功一派以工切細巧為宗，其弊也刻鏤纖小。齊燾欲矯三家之失，故所作以氣格排奡、色澤斑駁為宗，以自拔於蹊徑，而斧痕則尚未渾化也。

嬾真初集詩選八卷（江蘇巡撫採進本）

國朝張用天撰。用天字用六，號誠菴，婁縣人。是集刻於乾隆甲子，有用天自序。其詩氣體匀整，而捶字往往未堅，句法亦多沿襲。如板橋吟中「紅歸水上桃花簇，青入煙中柳葉齊」，則直點竄杜甫句矣。

燕川集六卷（江蘇巡撫採進本）

國朝范泰恆撰。泰恆字無厓，河內人。乾隆乙丑進士。改庶吉士，外補崇義縣知縣。此集皆其所為古文。後附其祖父墓表、祖母壽序，皆他人作，而末又綴以泰恆代文六篇。編次不倫，疑墓表壽序即泰恆自作，嫁名於人，後仍收之集中耳。然究非體例也。

敝帚集二卷附蘆中集一卷（國子監助教張羲年家藏本）

國朝趙秉忠撰。秉忠字景光，號秋墅，興化人。乾隆乙丑進士。改庶吉士，未散館而卒。是集皆古今體詩。末附蘆中集，乃哭其子春祈而作也。

凝齋遺集八卷（江西巡撫採進本）

國朝陳道撰。道字紹洙，號凝齋，江西新城人。乾隆戊辰進士。是集為其子守誠等所刊。凡文六卷，詩二卷，中頗多講學之作。

柘坡居士集十二卷（浙江巡撫採進本）

國朝萬光泰撰。光泰字循初，秀水人。乾隆庚午舉人。是集其所自定。卷一曰南村草堂集，卷二曰欒子集，卷三卷四曰聞魚閣集，卷五曰北郭草堂集，卷六卷七曰江船集，卷八曰聞魚閣續集，卷九曰觚屋集，卷十曰江船續集，卷十一曰五上春司集，卷十二曰青乳軒集。前有汪孟鋗序，稱循初計偕北上，以病卒。方病中，譽自定詩十二卷，一緘寄余，有可存則付令子存之，不者燬之之說。又稱刻既成，取循初別字，題曰柘坡居士集。其古文詩餘極夥，聞手自燬去。外雜著十六種，則皆其自定緘寄者，俟他日續刻云云。蓋光泰才思富贍，篇什頗多，後乃悔其少作，所存止此也。

浩波遺集三卷（庶吉士梁上國家藏本）

國朝鄭際熙撰。際熙字大純，侯官人。乾隆丙子舉人。年三十六而卒。是集為其弟際唐等所刊。凡詩二卷，文一卷。文中有杜律篇法序一篇，稱能詩者未嘗先言法，而自中法，且神而明之，變化以自成其法。未有案一定之科條而譜之，舍其性情才力，俯首以從法也。其論亦足破拘攣之說。其書則未之見也。

觀光集五卷（浙江巡撫採進本）

國朝蔡以封撰。以封字桐川、嘉善人。由優貢生官桐鄉訓導。是集凡古今體詩八十五首、擬樂府四十六首、皆其監敷文書院、恭逢
聖駕南巡、率諸生迎
駕時所賦也。

綠杉野屋集四卷、浙江巡撫採進本

國朝徐以泰撰。以泰字陶尊、德清人。國子監生。乾隆二十二年官陽曲縣知縣。其詩皆早年之作、故骨格未就、而時有雋句。如詠鷹御扇附人終在手、斷翮尙生風一聯、亦頗工點染也。

強恕齋文鈔五卷、浙江巡撫採進本

國朝張庚撰。庚有通鑑綱目釋地糾繆、已著錄。庚少孤貧、賣畫養母、以餘力爲古文。是集乃其七十三歲所自編。中傳誌之文居十之七、多述忠孝節義之事。

冬心集四卷、江蘇巡撫採進本

國朝金農撰。農字壽門、錢塘人。客於揚州。書畫皆以奇逸自喜、詩亦如之。其名冬心者、取崔國輔寂寥抱冬心之語也。

産鶴亭詩集七卷、浙江巡撫採進本

國朝曹庭棟撰。庭棟有易準、已著錄。是集凡分七槀、每槀各爲小序。其書齋中有産鶴亭、因以名集。故集中詠鶴詩最多。其第二槀別題曰魏塘紀勝、第七槀亦別題曰續魏塘紀勝。蓋嘉善舊隸嘉興路、爲魏塘鎭、亦名武塘、明宣德五年始析爲縣。庭棟先詠其名蹟爲一百首、又續成五十首也。

西澗草堂集四卷、編修周永年家藏本

國朝閻循觀撰。循觀有尙書讀記、已著錄。是編其所著古文也。其文謹嚴、頗不苟作。循觀沒後、其同學韓夢周爲搜輯編次、序而刊之、僅五十七篇。

嶰嵎山人集八卷、禮部主事任大椿家藏本

國朝汪舸撰。舸字可舟、婺源人。流寓揚州。性不諧物、偃蹇貧病以沒。是集爲舸所自定、斷自五十歲以後。乾隆庚寅、杭世駿爲之序。併附錄世駿與沈沃田書、盛稱其和丁隱君貝葉經歌、長春觀老子像絕句云。

睫巢集六卷後集一卷、江西巡撫採進本

國朝李鍇撰。鍇有尙史、已著錄。鍇卜居盤山、優游泉石以終。故其詩意思蕭散、挺然拔俗。大都有古松奇石之態。而刻意求高、務思擺脫、亦往往有鑱削骨立、斧鑿留痕。較王世貞所謂高叔嗣詩如空山鼓琴、沈思忽往、木葉盡脫、石氣自青者、則猶有一閒之未達。蓋可以著力之處、精思者得之。不容著力之處、精思者反失之也。第一卷皆擬古樂府、古八音節既不可得、乃詰屈其詞以意爲之。題下所註、如朱鷺下註曰、建鼓殷所作、棲翔鷺於上、或曰鷺鼓精。此吳兢解題本說也。臨高臺下註曰、趨帝鄉而會瑤臺也。借寓游仙、已非原解。雉子斑下註曰、關雎之類。則純非古題之意、又不知其寓意所在。卷中大抵類此、殊不可解也。

石閭詩一卷、江西巡撫採進本

國朝陳景元撰。景元號石閭、鑲紅旗漢軍。生平作字效晉、作詩效漢、務欲自拔於流俗之上。是集乃其手書擬古詩六十餘首以貽雷鋐者。前有短札、亦其手書。鋐並鉤摹筆蹟刻之、紙版頗爲精好。景元詩雖以漢爲宗、而性旣孤僻、思復刻峭、結習所近、乃在孟郊賈島之閒。如米摹晉帖、矩度不失二王。而波勒鉤剔、乃時時露其本法。於漢人不彫不琢之意、未能全似也。此本以篇頁較少、不能成帙、舊附於李鍇睫巢集以行。然二人同時唱和、名亦相齊、未可列諸附綴、故仍各著於錄焉。

南阜山人詩集七卷、山東巡撫採進本

國朝高鳳翰撰。鳳翰字西園、晚自號南阜山人、又曰歸雲老人、膠州人。官以縣丞署歙鹽大使、患風痹罷歸。卒。鳳翰工於書畫、筆墨脫灑、不主故常。風痹後右臂已廢、乃以左臂揮灑、益疎野有天趣。閒作詩歌、不甚研鍊、往往頹唐自放、亦不甚局於繩尺。然天分絕高、興之所至、亦時有清詞麗句。故少時以詩謁王士禎、極稱賞之。生平所作凡三千餘首、集曰擊林集、曰湖海集、曰岫雲集、曰鴻雪集、曰歸雲集、曰歸雲續集、曰青蓮集。晚年貧病、且死、自跋其後曰、盲子頑孫、廢箚誰付。不知後來所作、尙復幾許、亦不知得成卷與册否。尙有人拾取於蛛絲蠹腹之餘、以少得流傳於人世否。露電茫茫、老病日篤、死且不知何時、而猶惓惓於此故紙叢中物。愚哉南阜、不直達人一笑矣。其志亦可哀也。

拙齋集一卷、編修周永年家藏本

國朝李遠撰。遠字君宏、益都人。是集皆五七言近體、吐屬亦頗恬雅。其刊版字畫、悉從說文、以小篆改隸、詭形怪態、則殊爲好異。

密娛齋詩槀一卷、編修周永年家藏本

國朝鄧汝功撰。汝功字謙持，聊城人。乾隆乙未進士。傳臚後即病歸，未及釋褐而卒。是集乃其友桂林府同知李文藻所刊。文藻序稱其古體出於韓蘇，近體似錢郎，皆非止境。蓋其天分頗高，而得年不永，功候則尚未成就云。

放鶴村文集五卷（山東巡撫採進本）

國朝張侗撰。侗字同人，一字石民，諸城人。是集前有方邁所作侗小傳，稱其有孝行，多奇節，蓋亦孤高之士。其文則欲擺脫町畦，乙乙冥冥，別標象外之趣，而反墮公安、竟陵派中，蓋存一不落窠臼之意，即其窠臼矣。

東坪集八卷（浙江巡撫採進本）

國朝胡慶豫撰。慶豫字雖來，號東坪，平湖人。歲貢生。是集卷一曰南浦吟，客江右時所作；卷二曰昭陽小槀，客邗江時所作；卷三曰北征集，赴京道中及寓京師時所作；卷四卷五曰西征草，入關中及流寓西蜀時所作；卷六卷七卷八曰榍軒集，則里居所作也。其詩以雅淡為宗，而未能超詣。

六湖遺集十二卷（浙江巡撫採進本）

國朝張文瑞撰。文瑞字雲表，六湖其號也，蕭山人。官青州府同知。其詩凡分十八集。其私印曰少陵私淑，又曰五言長城，自命頗高。所作則大抵以秀潤為工也。

念西堂詩集八卷（陝西巡撫採進本）

國朝王令撰。令字仲錫，渭南人。由拔貢生官至廣東按察使。是編分金石絲竹匏土革木八集。自序謂皆適性自樂之言。盖浴波鍾讜，全非慶陽武功以來秦中舊格矣。

古雪堂文集十九卷（浙江巡撫採進本）

國朝王令撰。是編乃其所著雜文，詞多蹇澀，似沿其鄉文翔鳳餘派。又好用釋典，頗雜宗門語錄。所作詩話如紀隴西施妙玉在冥中代高素臣作詩還魂，遂為夫婦事，亦多類唐人說部也。

有蘭書屋存稾四卷（江蘇周厚堉家藏本）

國朝石球撰。球字鳴虞，嘉定人。其近體詩頗有風致，而骨格未堅。徐樹紳序稱球自以生平蹤蹟少所涉歷，無瑰偉奇特之觀，故亦罕沈博絕麗之作，可謂自知矣。

寒玉屏集二卷碎金集二卷（浙江巡撫採進本）

國朝閔南仲撰。南仲字湘人，號石漁，湖州人。其詩以新穎為宗，體格頗近金元。

新樵集四卷（江蘇巡撫採進本）

國朝許呂國撰。呂國字仔庭，原字一清，荆溪人。歲貢生。是書首雜著，次論學，次論古，次課徒訓兒，各為一卷，大抵皆語錄之類。後集一卷，則附錄也。末有其子重炎所作年譜，案其事狀，蓋亦篤行好修之士，故集中講學之語，多能切實近理，特不以著作見長耳。

璞堂文鈔十一卷（江蘇巡撫採進本）

國朝許重炎撰。重炎字少來，荆溪人。是集多講學之文，而持論平允，無喧爭門戶之習，於忠孝節義，尤睠睠表章，亦非空談性命、自號聖賢者流。文則縱橫曼衍，惟意所如，不能一一入格也。

禹門集四卷（內府藏本）

國朝郭振遐撰。振遐字中洲，汾陽人，寄居揚州。詩頗率易，至以大禹顏回自比，尤為狂縱矣。

栞書六卷（浙江巡撫採進本）

國朝王鳳九撰。鳳九，仙游人。是集自序謂倣笠澤叢書之例，故以栞書名之。中多講易之文，其說皆宗程朱。詩則有韻語錄也。

天門詩集六卷文集六卷（內府藏本）

國朝吳盛藻撰。盛藻字觀壯，和州人。由拔貢生官至廣東按察司副使。其詩文皆惟意所如，罄所欲言而止。

歲寒堂存稾一卷（浙江巡撫採進本）

國朝林璐撰。璐字鹿菴，錢塘人。是集皆其所著雜文，僅數十篇。用其版式，蓋陸續開雕，尚未編定成帙。其安溪憶古序，信建文出亡為真，殊為未考。所記顏允紹、鄧少尹等事，皆足裨史之闕，特敘述稍冗，筆力稍弱耳。

天香閣詩集十卷（浙江巡撫採進本）

國朝唐之鳳撰。之鳳字武侯，烏程人。其詩多愁苦之音，擬古諸作亦頗具體，然未能變化。末附碎玉合編二卷，一題唐雲祺子霖著，一題唐德遠深源著，蓋之鳳兄弟行也。

笑門詩集二十五卷（內府藏本）

國朝戚珥撰。珥字後升，泗州人。由優貢授知縣。所作好為新語，公安、竟陵之流派也。

偶存草堂集六卷（山東巡撫採進本）

國朝林之椅撰。之椅字素園。楊夢琬序稱其產於閩，客於楚，其自署曰孝感，蓋寓籍也。其取法在中唐南宋之間，而學力則未逮焉。

右別集類一千五百六十八部，一萬六千四百三十九卷，內六十六部無卷數 皆附存目。

欽定四庫全書總目卷一百八十五

欽定四庫全書總目卷一百八十六

集部三十九

總集類一

文籍日興，散無統紀，於是總集作焉。一則網羅放佚，使零章殘什，並有所歸；一則刪汰繁蕪，使莠稗咸除，菁華畢出。是固文章之衡鑒，著作之淵藪矣。三百篇既列爲經，王逸所裒又僅楚辭一家，故體例所成，以摯虞流別爲始。其書雖佚，其論尚散見藝文類聚中，蓋分體編錄者也。文選而下，互有得失，至宋眞德秀文章正宗，始別出談理一派，而總集遂判兩途。然文質相扶，理無偏廢，各明一義，未害同歸。惟末學循聲，主持過當，使方言俚語，俱入詞章，麗製鴻篇，橫遭嗤點，是則併德秀本旨失之耳。今一一別裁，務歸中道。至明萬歷以後，儈魁漁利，坊刻彌增，剽竊陳因，動成巨帙，併無門徑之可言。姑存其目，爲冗濫之戒而已。

文選註六十卷（內府藏本）

案文選舊本三十卷，梁昭明太子蕭統撰。唐文林郎守太子右內率府錄事參軍事崇賢館直學士江都李善爲之註，始每卷各分爲二。新唐書李邕傳稱其父善始註文選，釋事而忘義，書成以問邕，邕意欲有所更，善因令補益之，邕乃附事見義，故兩書並行。今本事義兼釋，似爲邕所改定。然傳稱善註文選在顯慶中，與今本所載進表題顯慶三年者合。而舊唐書邕傳稱天寶五載坐柳勣事杖殺，年七十餘。上距顯慶三年凡八十九年，是時邕尚未生，安得有助善註書之事。且自天寶五載上推七十餘年，當在高宗總章、咸亨間，而舊書稱善文選之學受之曹憲，計在隋末，年已弱冠，至生邕之時，當七十餘歲，亦決無伏生之壽，待其長而著書。考李匡乂資暇錄曰：李氏文選有初註成者，有覆註，有三註、四註者，當時旋被傳寫。其絕筆之本，皆釋音訓義，註解甚多。是善之定本本事義兼釋，不由於邕。匡乂唐人，時代相近，其言當必有徵。知新唐書喜采小說，未詳考也。其書自南宋以來，皆與五臣註合刊，名曰六臣註文選，而善註單行之本世遂罕傳。此本爲毛晉所刻，雖稱從宋本校正，今考其第二十五卷陸雲荅兄機詩註中有向曰一條、濟曰一條；又荅張士然詩註中有翰曰、銑曰、向曰、濟曰各一條，殆因六臣之本削去五臣，獨留善註，故刊除不盡，未必眞見單行本也。他如班固兩都賦誤以註列目錄下，左思三都賦善明稱劉逵註蜀都、吳都，張載註魏都，乃三篇俱題劉淵林字。又如楚辭用王逸註，子虛上林賦用郭璞註，兩京賦用薛綜註，思元賦用舊註，魯靈光殿賦用張載註，詠懷詩用顏延年、沈約註，射雉賦用徐爰註，皆題本名，而補註則別稱善曰。於薛綜條下發例甚明，乃於揚雄羽獵賦用顏師古註之類，則竟漏本名；於班固幽通賦用曹大家註之類，則散標句下。又文選之例，於作者皆書其字，而杜預春秋傳序則獨題名，豈非從六臣本中摘出善註，以意排纂，故體例互殊歟。至二十七卷末附載樂府君子行一篇，註曰李善本古詞止三首，無此一篇，五臣本有、今附於後。其非善原書尤爲顯證。以是例之、其孔安國尚書序、杜預春秋傳序二篇、僅列原文、絕無一字之註、疑亦從五臣本剿入、非其舊矣。惟是此本之外、更無別本、故仍而錄之、而附著其舛互如右。

六臣註文選六十卷（內府藏本）

案唐顯慶中、李善受曹憲文選之學、爲之作註。至開元六年、工部侍郎呂延祚復集衢州常山縣尉呂延濟、都水使者劉承祖之子良、處士張銑、呂向、李周翰五人、共爲之註、表進於朝。其詆善之短、則曰忽發章句、是徵載籍、述作之由、何嘗措翰。使復精核註引、則陷於末學、質訪旨趣、則巋然舊文、祇謂攪心、胡爲析理。其述五臣之長、則曰相與三復、乃詞、周知祕旨、一貫於理、杳測澄懷、目無全文、心無留意、作者爲志、森然可觀。觀其所言、頗欲排突前人、高自位置。書首進表之末、載高力士所宣口敕、亦有此書甚好之語。然唐李匡乂作資暇集、備摘其竊據善註、巧爲顛倒、條分縷析、言之甚詳。又姚寬西溪叢語詆其註揚雄解嘲、不知伯夷、太公爲二老、反駁善註之誤。王楙野客叢書詆其誤敘王暕世系、以覽後爲祥後、以曇首之曾孫爲曇首之子。明田汝成重刊文選、其子藝衡又摘所註西都賦之龍興虎視、東都之乾符坤珍、東京賦之巨猾閒釁、蕪城賦之袤廣三墳諸條。今觀所註、迂陋鄙倍之處、尚不止此。而以空疏臆見輕詆通儒、殆亦韓愈所謂蚍蜉撼樹者歟。其書本與善註別行、故唐志各著錄。黃伯思東觀餘論尚譏崇文總目誤以五臣註本置李善註本之前。至陳振孫書錄解題、始有六臣文選之目。蓋南宋以來、偶與善註合刻、取便參證。元明至今、遂輾轉相沿、併爲一集、附驥以傳、蓋亦幸矣。然其疏通文意、亦間有可採。唐人著述傳世已稀、固不必竟廢之也。田氏刊本頗有刪改、猶明人竄亂古書之習。此本爲明袁褧所刊。朱彝尊跋謂從宋崇寧五年廣都裴氏本翻雕、諱字闕筆尚仍其舊、頗足亂真、惟不題鏤版誌工年月、以是爲別耳。錢曾讀書敏求記稱所藏宋本五臣註作三十卷、爲不失蕭統之舊、其說與延祚表合。今未見此本。然田氏本及萬歷戊寅徐成位所刻、亦均作三十卷。蓋或合或分、各隨刊者之意。但不改舊文、卽爲善本、正不必以卷數多寡定其工拙矣。

文選顏鮑謝詩評四卷（永樂大典本）

元方回撰。回有續古今考、已著錄。是編取文選所錄顏延之、鮑照、謝靈運、謝惠連、謝朓之詩、各爲論次。諸家書目皆不著錄、惟永樂大典載之。考集中顏延之三月三日侍游曲阿後湖作一首、評曰、本不書、此詩書之、以見夫雕繢滿眼之詩、未可以望謝靈運也。又北使洛一首、評曰、所以書此詩者有二。又謝靈運擬鄴中集八首、評曰、規行矩步、甃砌妝點而成、無可圈點、故余評其詩而不書其全篇。（案此本八首皆書全篇、與此評不合、蓋不載本詩則所評無可繫屬、故後人又爲補錄也。）則此集蓋回手書之冊、後人得其墨蹟、錄之成帙也。回所撰瀛奎律髓、持論頗偏。此集所評、如謝靈運詩多取其能作理語、又好標一字爲句眼、仍不出宋人窠臼。然其他則多中理解。又如謝靈運述祖德第二首、評曰、文選註高揖七州外、謂舜分天下爲十二州、時晉有七州、故云七州。余謂不然、此指謝元所解徐兗青司冀幽并七州都督耳。謂晉有七州而高揖其外、則不復居晉土耶。謝瞻張子房詩、評曰、東坡詆五臣誤註三殤、其實乃是李善。顏延之秋胡詩、評曰、秋胡之仕於陳、止是魯之鄰國、而云王畿、恐是延之一時寓言、雖以秋胡子爲題、亦泛言仕宦。善註乃引詩緯曰、陳王者所起也。此意似頗未通、亦間有所考訂。至於評謝靈運九日戲馬臺送孔令詩、謂鳴葭當作鳴笳、則未考晉書夏統傳。評鮑照行藥至城東橋詩、謂行藥爲乘興還來看藥欄之意、則誤引杜詩。評謝朓郡內高齋閒坐荅呂法曹詩、謂或以爲岫本訓穴、以爲遠山亦無害、則附會陶潛歸去來辭。小小舛漏、亦所不免、要不害其大體。統觀全集、究較瀛奎律髓爲勝、殆作於晚年、所見又進歟。

玉臺新詠十卷（兵部侍郎紀昀家藏本）

陳徐陵撰。陵有文集、已著錄。此所選梁以前詩也。案劉肅大唐新語曰、梁簡文爲太子、好作豔詩、境內化之。晚年欲改作、追之不及、乃令徐陵爲玉臺集以大其體。據此、則是書作於梁時、故簡文稱皇太子、元帝稱湘東王。今本題陳尚書左僕射太子少傅東海徐陵撰、殆後人之所追改。如劉勰文心雕龍本作於齊、而題梁通事舍人耳。其梁武帝書謚、書國號、邵陵王等並書名、亦出於追改也。其書前八卷爲自漢至梁五言詩、第九卷爲歌行、第十卷爲五言二韻之詩。雖皆取綺羅脂粉之詞、而去古未遠、猶有講於溫柔敦厚之遺、未可概以淫豔斥之。其中如曹植棄婦篇、庾信七夕詩、今本集皆失載、據此可補闕佚。又如馮惟訥詩紀載蘇伯玉妻盤中詩作漢人、據此知爲晉代。梅鼎祚詩乘載蘇武妻荅外詩、據此知爲魏文帝作。古詩西北有高樓等九首、文選無名氏、據此知爲枚乘作。飲馬長城窟行、文選亦無名氏、據此知爲蔡邕作。其有資考證者、亦不一。明代刻本妄有增益、故馮舒疑庾信有入北之作、江總濫擘牋之什。茅元禎本顛倒改竄更甚。此本爲趙宧光家所傳宋刻、有嘉定乙亥永嘉陳玉父重刻跋、最爲完善。間有後人附入之作、如武陵王閨妾寄征人詩、沈約八詠之六諸篇、皆一一註明、尤爲精審。然玉父跋稱初從外家李氏得舊京本、閒多錯謬、復得石氏所藏錄本以補亾校脫。如五言詩中入李延年歌一首、陳琳飲馬長城窟行一首、沈約六憶詩四首、皆自亂其例。七言詩中移東飛伯勞歌於越人歌之前、亦乖世次。疑石氏本有所竄亂、而玉父因之、未察也。觀劉克莊後村詩話所引玉臺新詠、一一與此本脗合。而嚴羽滄浪詩話謂古詩行行重行行篇、玉臺新詠以越鳥巢南枝以下另爲一首、此本仍聯爲一首。又謂盤中詩爲蘇伯玉妻作、見玉臺集、此本乃溷列傅元詩中。邢凱坦齋通編引玉臺新詠、以誰言去婦薄一首爲曹植作、此本乃題爲王宋自作。蓋克莊所見卽此本、羽等所見者又一別本。是宋刻已有異同、非陵之舊矣。特不如明人變亂之甚、爲尚有典型耳。其書大唐新語稱玉臺集、元和姓纂亦稱梁有聞人蒨詩載玉臺集。然隋志已稱玉臺新詠、則玉臺集乃相沿之省文。今仍以其本名著錄焉。

玉臺新詠考異十卷（大理寺卿陸錫熊家藏本）

國朝紀容舒撰。容舒有孫氏唐韻考、已著錄。是編因徐陵玉臺新詠自明代以來、刊本不一、非惟字句異同、卽所載諸詩、亦復參差不一。萬歷中張嗣修本多所增竄、茅國縉本又併其次第亂之、而原書之本眞益失。惟寒山趙宧光所傳嘉定乙亥永嘉陳玉父本、最爲近古。近時馮舒本據以校正、差爲清整。然舒所校、有宋刻本誤而堅執以爲不誤者。如張衡同聲歌、譌恐慓爲恐瞟、譌莞弱爲苑蒻之類、亦以古字假借、曲爲之說、旣牽強而難通。有宋刻本不誤而反以爲誤者。如蘇武詩一首、舊本無題、而妄題爲留別妻之類、復僞妄而無據。又有宋刻已誤、因所改而益誤者。如塘上行、據宋書樂志改爲魏武帝之類、全與原書相左、彌失其眞、皆不可以爲定。故容舒是編、參考諸書、裒合各本、倣韓文考異之例、兩可者並存之、不可通者闕之、明人刊本雖於義可通而於古無徵者、則附見之。各箋其棄取之由、附之句下、引證頗爲賅備。他如塘上行之有四說、劉勳妻詩之有三說、蘇伯玉妻詩誤作傅元、吳與妖神詩誤作妓童、徐悱詩誤作悱妻、其妻詩又誤作悱、梁武帝詩誤作古歌、以及徐幹室思本爲六首、楊方合歡實共五篇、與王融、徐陵之獨書字、昭明太子之不入選、梁代帝王與諸臣並列之類、考辨亦頗詳悉。雖未必一一復徐陵之舊、而較明人任臆竄亂之本、則爲有據之文矣。惟漢魏六朝諸作、散見永樂大典者、所據皆宋刻精本、足資考證。（案文淵閣書皆宋刻、見王肎堂鬱岡齋筆麈。）以書藏中祕、非外閒之所能窺、其閒文句之殊、尚未能一一參訂。今並詳爲校正、各加案語於簡端、以補其所遺焉。

高氏三宴詩集三卷、附香山九老詩一卷（江蘇巡撫採進本）

唐高正臣編。所載皆同人會宴之詩、以一會爲一卷、各冠以序。一爲陳子昂、一爲周彥暉、一爲長孫正隱。三會正臣皆預、故彙而編之。與宴者凡二十一人。考之新唐書、有傳者三人、則陳子昂、郞餘令、解琬也。附見他傳者一人、則周思鈞也。見於本紀及世系表者一人、則張錫也。僅見於世系表者五人、則正臣及高瑾、王茂時、高紹、高嶠也。餘皆不詳顚末。案世系表、正臣曾爲襄州刺史、不云衞尉卿。今詩後敘正臣及周思鈞事獨詳。所云連媚帝室、寓居洛陽、皆與諸序語合、似非無據。末又附香山九老會詩一卷、卷尾有夷白堂重雕字。考宋鮑慎由字欽止、括蒼人、元祐六年進士。著有夷白堂集。此或愼由所刊歟。九老會詩已附見白香山詩集、而三宴詩之名、新舊唐書志皆不載。蓋當時編次詩歌、裒褫卷軸、如蘭亭詩之墨蹟流傳、但歸賞鑒之家、故不著藏書之錄。後好事者傳鈔成帙、乃列諸典籍之中耳。惟輾轉繕錄、不免多譌。如以高嶠爲司府郞中、唐百官志無此官、應從世系表改爲司門郞中。又張錫於武后久視元年拜同平章事、本兗州東武城人、詩中誤以錫東爲名。又弓嗣初、高瑾、周彥暉竝曰咸寧進士、唐無咸寧年號。惟高宗嘗改元咸亨、寧字亦亨字之誤。茲竝爲改正云。

篋中集一卷、（江蘇巡撫採進本）

唐元結編。結有次山集、已著錄。是集成於乾元三年。錄沈千運、王季友、于逖、孟雲卿、張彪、趙微明、元季川七人之詩、凡二十四首。前有自序、稱已長逝者遺文散失、方阻絕者不見近作、盡篋中所有、總編次之、命曰篋中集。其詩皆淳古淡泊、絕去雕飾。非惟與當時作者門徑迥殊、卽七人所作見於他集者、亦不及此集之精善。蓋汰取精華、百中存一。特不欲居刊薙之名、故託言篋中所有僅此云爾。其沈千運寄祕書十四兄一首、較河岳英靈集所載顚倒一聯、又少後四句、字句亦小有異同、而均以此本爲勝。疑結亦頗有所點定。館閣書目謂二十四首皆結作、則不然也。千運、吳興人、家於汝北。季友、河南人、家貧賣屐、博極羣書。豫章太守李勉引爲賓客、杜甫詩所謂豐城客子王季友也。逖、里籍無考。李白獨孤及皆有詩贈之。雲卿、河南人、或曰武昌人。嘗第進士、官校書郞。今所傳詩一卷、僅十七首、而悲苦之詞凡十三首、則亦不得志之士。彪、潁洛閒人、杜甫詩所稱張山人彪者、卽其人。微明、天水人、名見竇臮述書賦。季川卽結弟元融、獨書其字、未詳其故。或融之子孫所錄、如玉臺新詠之稱徐孝穆歟。

河岳英靈集三卷、（江蘇巡撫採進本）

唐殷璠編。璠、丹陽人。序首題曰進士、書錄解題亦但稱唐進士、其始末則未詳也。是集錄常建至閻防二十四人、詩二百三十四首。姓名之下各著品題、仿鍾嶸詩品之體。雖不顯分次第、然篇數無多、而釐爲上中下卷、其人又不甚叙時代、毋亦隱寓鍾嶸三品之意乎。文獻通考作二卷、蓋字誤也。其序謂爰因退迹、得遂宿心。蓋不得志而著書者。故所錄皆淹蹇之士、所論多感慨之言。而序稱名不副實、才不合道、雖權壓梁竇、終無取焉。其宗旨可知也。凡所品題、類多精愜。張謂條下、稱其代北州老翁荅湖上對酒行、而集中但有湖上對酒行、無代北州老翁荅。疑傳寫有所脫佚。其中字句多與國秀集小異。又毛晉刊本綦毋潛條下註曰、小序與時刻不同。蓋校刊者互有點竄、已非盡舊本矣。

國秀集三卷、（江蘇巡撫採進本）

唐芮挺章編。挺章里貫未詳。諸書稱爲國子進士、蓋太學生也。前有舊序、謂是集編於天寶三載。凡九十人、詩二百二十首。宋元祐閒曾彥和跋云、名欠一士、詩增一篇。洎毛晉校刊、復謂虛列三人。今案編內實八十五人、詩二百十一首。晉未及詳檢也。唐以前編輯總集、以己作入選者、始見於王逸之錄楚辭、再見於徐陵之撰玉臺新詠。挺章亦錄己作二篇、蓋仿其例。然文章論定、自有公評、要當待之天下後世。何必露才揚己、先自表章。雖有例可援、終不可爲訓。至舊序一篇、無作者姓氏。陳振孫書錄解題謂爲樓穎所作。穎、天寶中進士、其詩亦選入集中。考梁昭明太子撰文選、以何遜猶在、不錄其詩。蓋欲杜絕世情、用彰公道。今挺章與穎、一則以見存之人採錄其詩、一則以選己之詩爲之作序、後來互相標榜之風、已萌於此。知明人詩社錮習、其來有漸、非一朝一夕之故矣。以唐人舊本所選尚有可採、仍錄存之、而特著其陋、以爲文士戒焉。

唐御覽詩一卷、（江蘇巡撫採進本）

一名唐歌詩、一名選進集、一名元和御覽、唐令狐楚編。楚字殼士、宜州華原人。貞元七年登進士第。桂管觀察使王拱辟入幕。後歷辟太原節度判官、召授右拾遺、官至吏部尚書、檢校尚書左僕射。出爲山南西道節度使、卒於官。事蹟具唐書本傳。是書乃憲宗時奉敕編進、其結銜題翰林學士朝議郞守中書舍人。考楚本傳稱皇甫鎛與楚厚、善薦爲翰林學士、進中書舍人、元和十二年、裴度以宰相領彰義節度使、楚草制、其詞有所不合、停楚學士、但爲中書舍人。則此書之進在元和十二年以前也。陸游渭南文集有是書跋曰、右唐御覽詩一卷、凡三十人、二百八十九首、元和學士令狐楚所集也。案盧綸墓碑云、元和中、章武皇帝命侍臣採詩、第名家得三百十一篇、公之章句奏御者居十之一。今御覽所載綸詩三十二篇、正所謂居十之一者也。據此、則御覽爲唐舊本不疑。然碑云三百十一篇、而此纔二百八十九首、蓋散佚多矣云云。此本人數詩數均與游所跋相合、蓋猶古本。所錄惟韋應物爲天寶舊人、其餘李端司空曙等皆大歷以下人、張籍楊巨源竝及於同時之人、去取凡例、不甚可解。其詩惟取近體、無一古體。卽巫山高等之用樂府題者、亦皆律詩。蓋中唐以後、世務以聲病諧婉相尚。其奮起而追古調者、不過韓愈等數人。楚亦限於風氣、不能自異也。本傳稱楚於牋奏制令尤善、每一篇成、人皆傳諷。舊唐書李商隱傳亦稱楚能章奏、以其道授商隱。均不稱其詩。劉禹錫集和楚詩、雖有風情、不似四登壇句、而今所傳詩一卷、惟宮中樂五首、從軍詞五首、年少行四首、差爲可觀。氣格色澤、皆與此集相同。蓋取其性之所近。其他如郡齋詠懷詩之何時犴圄闔、九日言懷詩之二九卽重陽、立秋日悲懷詩之泉終閉不開、秋懷寄錢侍郎詩之燕鴻一聲叫、和嚴司空落帽臺宴詩之馬奔流電妓奔車、郡齋栽竹詩之退公閒坐對嬋娟、青雲干呂詩之瑞容驚不散、譏劉白賞春不及之下馬貪趨廣運門、皆時作鄙句。而贈毛仙翁一首、尤爲拙鈍。蓋不甚避俚俗者。故此集所錄如盧綸送道士詩、駙馬花燭詩、鄭鏦邯鄲俠少年詩、楊凌閣前雙槿詩、皆頗涉俗格、亦其素習然也。然大致雍容諧雅、不失風格、上比篋中集則不足、下方才調集則有餘、亦不以一二疵累棄其全書矣。

中興間氣集二卷、江蘇巡撫採進本

唐高仲武編。仲武自稱渤海人。然唐人類多署郡望、未知確貫何地也。是集前有自序、云起至德初、迄大歷末、凡二十六人、詩一百四十首。末有元祐戊辰曾子泓跋、稱獨遺鄭當一人、逸詩八首、蓋在宋時已殘闕。故陳振孫書錄解題云所選詩一百三十二首也。姓氏下各有品題、括其警句、如河岳英靈集例。而張衆甫章八元戴叔倫孟雲卿劉灣五人俱闕。考毛晉跋、謂得舊鈔本、所闕張章戴諸評俱在、獨劉灣無考。故編中於四家姓氏之下、俱註云評載卷首。今檢卷首無之、當由久而復佚耳。又案錢曾讀書敏求記、謂得宋鋟本、如朱灣詠玉一首、玉字作三、蓋每句皆藏三字義也。後人不解詩義、翻謂三爲譌字、妄改爲詠玉。自元至明、刻本皆然。此本仍襲舊譌、知毛晉所云舊鈔本、猶未足據也。仲武持論頗矜愼。其謂劉長卿十首以後、語意略同、落句尤甚。鑒別特精。而王士禎論詩絕句獨非之。蓋士禎詩修詞之功、多於鍊意、其模山範水、往往自歸窠臼、與長卿所短頗同。殆以中其所忌、故有此自護之論耶。陸游集有是書跋、曰高適字仲武。此乃名仲武、非適也。然適自字達夫、游實誤記而誤辨。至稱其評品多妄、又稱其議論凡鄙、則尤不然。今觀所論、如杜誦之流水生涯盡、浮雲世事空、語本習徑、而以爲得生人始終之理。張繼之女停襄邑杼、農廢汶陽耕、句太實相、而以爲事理雙切。頗不免逗漏末派。其餘則大抵精確、不識游何以詆之。至所稱錢起之窮達戀明主、耕桑亦近郊。劉長卿之得罪風霜苦、全生天地仁。此自詩人忠厚之遺、尤不得目以凡鄙。惟王世懋藝圃擷餘摘郞士元暮蟬不可聽、落葉豈堪聞句、謂聽聞合掌、而仲武稱其工於發端、則切中其失、不爲苛論矣。

極元集二卷、江蘇巡撫採進本

唐姚合編。合有詩集、已著錄。合爲詩刻意苦吟、工於點綴小景、搜求新意、而刻畫太甚、流於纖仄者、亦復不少。宋末江湖詩派、皆從是導源者也。然選錄是集、乃特有鑒裁、所取王維至戴叔倫二十一人之詩、凡一百首、今存者凡九十九。合自稱爲詩家射雕手、亦非虛語。計敏夫唐詩紀事、凡載集中所錄之詩、皆註曰右姚合取爲極元集。蓋宋人甚重其書矣。二十一人之中、惟僧靈一、法振、皎然、清江四人不著始末、祖詠不著其字、暢當字下作一方空、蓋原本有而傳寫佚闕。其餘則凡字及爵里與登科之年、一一詳載。觀劉長卿名下註曰宣城人、與唐書稱河閒人者不同。又皇甫曾註天寶十二載進士、皇甫冉註天寶十五載進士。以登科先後爲次、置曾於冉之前、與諸書稱兄弟同登進士者亦不同。知爲合之原註、非後人鈔撮諸書所增入。總集之兼具小傳、實自此始、亦足以資考證也。

松陵集十卷、編修汪如藻家藏本

唐皮日休陸龜蒙等倡和之詩。考卷端日休之序、則編而成集者龜蒙、題集名者日休也。龜蒙有耒耜經、日休有文藪、皆已著錄。依韻倡和、始於北魏王肅夫婦。至唐代盛於元白、而極於皮陸。蓋其時崔璞以諫議大夫爲蘇州刺史、辟日休爲從事、而龜蒙適以所業謁璞、因得與日休相贈荅。同時進士顏萱、前廣文博士張賁、進士鄭璧、司馬都、浙東觀察推官李縠、前進士崔璐及處士魏朴、羊昭業等、亦相隨有作。裒爲此集、序稱其詩六百八十五首。今考集中日休龜蒙各得往體詩九十三首、今體詩一百九十三首、雜體詩三十八首、又聯句及問荅十有八首。外顏萱得詩三首、張賁得詩十四首、鄭璧得詩四首、司馬都得詩二首、李縠得詩三首、崔璐魏朴羊昭業各得詩一首、崔璞亦得詩二首。其他如清遠道士顏眞卿李德裕幽獨君等五首、皆以追錄舊作、不在數內、尚得詩六百九十八首。與序中所列之數不符、豈序以傳寫誤歟。明宏治壬戌、吳江知縣濟南劉濟民以舊本重刊、都穆爲之跋尾。歲久漫漶、毛晉又得宋槧本重校刻之。今所行者皆毛本。唐人倡和裒爲集者凡三。斷金集久佚。王士禎記湖廣莫進士有漢上題襟集、求之不獲、今亦未見傳本。其存者惟此一集。錄而存之、尚可想見一時文雅之盛也。

二皇甫集七卷（江蘇蔣曾瑩家藏本）

唐皇甫冉皇甫曾兄弟合集也。冉字茂政、丹陽人。天寶十五載進士。大歷中官至左補闕。曾字孝常。天寶十二載進士。官至監察御史、謫陽翟令以終。曾集一卷、與書錄解題合。冉集六卷、較書錄解題多五卷。然曾集前有大歷十年獨孤及序、稱三百有五十篇、而此本僅一百三十四篇、則已佚其一百十六篇。又酬楊侍御寺中見招送薛判官之越、送魏中丞還河北、賦得越山、皆三韻律詩、而編五言古詩中。奉寄皇甫補闕六言一首、乃張繼詩。冉有荅詩竝序可證、而亦編爲冉詩。知舊本附荅詩後、重刊者分體編次、乃雜入六言詩中、遂誤爲冉詩。則竝次第亦非其舊。觀其與曾集皆以五言排律別立一體、非惟唐無此名、卽宋元亦尚無此名。其爲高棅以後不學者所竄亂審矣。前有王廷相序、後有楊愼跋、竝稱河中劉潤之輯二皇甫集。然則此集卽潤之所編也。

唐四僧詩六卷（編修汪如藻家藏本）

唐僧靈澈詩一卷、靈一詩二卷、清塞詩二卷、常達詩一卷。案書錄解題載靈澈靈一集皆一卷、而清塞與常達失載。是集合而輯之、不知何人所編。靈澈靈一及常達集前、各載宋沙門贊寧奉敕所撰本傳一篇。惟清塞無之、蓋贊寧作高僧傳時偶遺其名也。靈澈詩前有劉禹錫序一篇、文獻通考亦引之。蓋靈澈當時與僧皎然游、得見知於侍郎包佶李紓、故來往長安、其名較著、得以求序於名流。然禹錫序其詩凡十卷、茲僅一卷、則亦吉光片羽、非其完書矣。靈澈姓湯、字源澄、越州人。靈一姓吳、廣陵人。常達姓顧、字文舉、海隅人。清塞卽周朴、其人後返初服、不應列爲四僧。語詳李龏宏秀集條下、茲不具論焉。

薛濤李冶詩集二卷（編修汪如藻家藏本）

薛濤、蜀中妓。李冶、烏程女道士。濤與元稹相倡和、冶亦嘗與劉禹錫游、皆中唐人也。書錄解題載薛濤詩一卷、李冶詩一卷、今皆不傳。此本皆後人鈔撮而成。濤集中如聞道邊城苦一首、兼載洪邁唐人萬首絕句、計有功唐詩紀事、楊愼升菴詩話之說、一詩兩見。又唐詩紀事之五離詩、唐摭言之十離詩、乃一事譌傳、其文互異、亦相連竝載。其編輯頗爲詳愼、附以補遺三篇、又採摭濤傳及諸書所載事蹟、考證亦殊賅備。冶集僅詩十四首。然其中恩命追入留別唐陵故人一首、詳其詞意不類冶作、殆好事者欲裒冶詩與濤相配、病其太少、姑摭他詩足之也。濤送友人及題竹郎廟詩、爲向來傳誦。然如籌邊樓詩曰、平臨雲鳥八窗秋、壯壓西南四十州、諸將莫貪羌族馬、最高層處見邊頭。其託意深遠、有魯嫠不恤緯、漆室女坐嘯之思、非尋常裘展所及、宜其名重一時。冶詩以五言擅長、如寄校書七兄詩送韓揆之江西詩送閻二十六赴剡縣詩、置之大歷十子之中、不復可辨。其風格又遠在濤上、未可以篇什之少棄之矣。

竇氏聯珠集五卷（兩江總督採進本）

唐西江褚藏言所輯竇常竇牟竇羣竇庠竇鞏兄弟五人之詩、人爲一卷。每卷各有小序、詳其始末。常字中行、官國子祭酒。牟字貽周、官國子司業。羣字丹列、官容管經略。庠字胄卿、官婺州刺史。鞏字友封、官祕書少監。皆拾遺叔向之子。羣庠以薦辟、餘皆進士科。叔向有集一卷、常有集十八卷、見唐書藝文志、今竝不傳。此集五卷、唐志亦著錄、而宋時傳本頗稀。故劉克莊後村詩話稱、惜未見聯珠集。此本爲毛晉汲古閣所刊。末有張昭跋、署戊戌歲、晉高祖天福三年也。又有和峴跋及和㠡題字、署甲子歲、爲宋太祖乾德二年。峴、凝之子。㠡、峴之弟。峴跋稱借鈔於致政大夫、卽張昭也。又有淳熙戊戌王崧跋、亦稱世少其本、今刊諸公府。蓋鈔寫流傳、至南宋始有蘄州雕版耳。最後爲毛晉跋、引洪邁容齋隨筆及計有功唐詩紀事、附載叔向詩九篇、又補羣詩六篇不載於此集者。褚藏言序稱牟羣庠鞏之集竝未遑編錄、蓋遺篇散見者也。又稱手錄唐書列傳於後、而此本無之、殆偶佚耶。集中附載楊憑、韓愈、韋執中、李益、武元衡、韋貫之、劉伯翁、韋渠牟、元稹、白居易、裴度、令狐楚諸詩、蓋謝朓集中附載王融之例。庠詩一首、常詩一首、亦附載牟集之中、不入本集。蓋古人倡和、意皆相荅、不似後來之泛應。必聚而觀之、乃互見作者之意、是亦編次之不苟耳。

才調集十卷（江蘇巡撫採進本）

蜀韋縠編。縠仕王建爲監察御史、其里貫事蹟皆未詳。是集每卷錄詩一百首、共一千首。自序稱觀李杜集、元白詩、而集中無杜詩。馮舒評此集、謂崇重老杜、不欲芟擇。然實以杜詩高古、與其書體例不同、故不採錄。舒所說非也。其中頗有舛誤。如李白錄愁陽春賦、是賦非詩。王建錄宮中調笑詞、是詞非詩。皆乖體例。賀知章錄柳枝詞、乃劉采春女所歌、非知章作。其曲起於中唐、知章時亦未有。劉禹錫錄別蕩子怨、乃隋薛道衡昔昔鹽。王之渙錄惆悵詞、所咏乃崔鶯鶯、霍小玉事、之渙不及見。實王渙作。皆姓名譌異。然頗有諸家遺篇。如白居易江南贈蕭十九詩、賈島贈杜駙馬詩、皆本集所無。又沈佺期古意、高棅品彙改成律詩。王維渭城曲客舍青青楊柳春句、俗本改爲柳色新。賈島贈劍客詩誰爲不平事句、俗本改爲誰有如斯之類。此書皆獨存其舊、亦足資考證也。縠生於五代文敝之際、故所選取法晚唐、以穠麗宏敞爲宗、救麤疏淺弱之習、未爲無見。至馮舒、馮班意欲排斥宋詩、遂引其書於崑體、推爲正宗。不知李商隱等、唐書但有三十六體之目、所謂西崑體者、實始於宋之楊億等、唐人無此名也。

搜玉小集一卷（江蘇巡撫採進本）

不著編輯者名氏。鄭樵通志已載之、則其來舊矣。舊目題凡三十七人、詩六十三首。此本但三十四人、詩六十二首。蓋毛晉重刊所釐定、所註考證頗詳。然胡鵠等三人有錄無詩、晉并删其姓氏、已非闕疑存舊之意。又人闕其三、而詩僅闕其二、不足分配三人、必有一人之詩溷於他人名下矣。則所訂亦未確也。其次第爲晉所亂、不可復考。既不以人敘、又不以體分、編次參差、重出疊見、莫能得其體例。徒以源出唐人、聊存舊本云爾。

古文苑二十一卷（兩淮馬裕家藏本）

不著編輯者名氏。書錄解題稱、世傳孫洙巨源於佛寺經龕中得之、唐人所藏。所錄詩賦雜文、自東周迄於南齊、凡二百六十餘首、皆史傳文選所不載。然所錄漢魏詩文、多從藝文類聚、初學記删節之本、石鼓文亦與近本相同、其眞僞蓋莫得而明也。南宋淳熙閒、韓元吉次爲九卷。至紹定閒、章樵爲之註釋。明成化壬寅、福建巡按御史張世用得本刊之。樵序稱有首尾殘闕者、姑存舊編、復取史冊所遺、以補其數、釐爲二十卷。又有雜賦十四首、頌三首、以其文多不全、別爲一卷、附於書末。共爲二十一卷、則已非經龕之舊本矣。中閒王融二詩、題爲謝朓、蓋因附見朓集而誤。又文木賦出西京雜記、乃吳均所爲、見段成式酉陽雜俎、亦不能辨別。則編錄未爲精核。至柏梁一詩、顧炎武日知錄據所註姓名、駁其依託。錢曾讀書敏求記則謂舊本但稱官位、自樵增註、妄以其人實之、因啟後人之疑。又如宋玉釣賦、蜎淵誤作元洲。曹夫人書、官綿誤作官錦。皆傳寫之譌、而註復詳爲之解。王應麟困學紀聞亦辨之。則註釋亦不能無失。然唐以前散佚之文、閒賴是書以傳、故前人多著於錄、亦過而存之之意歟。據此書所題、樵字升道、臨安人、以朝奉郎知吳縣事。成化杭州府志則作昌化人、知處州事。宋詩紀事亦作昌化人、其號曰峒麓。嘉定元年進士、歷官知漣海軍、授朝散郎、知處州。蓋昌化即臨安屬縣、此書舉其郡名。處州乃所終官、此書則其知吳縣時所註也。

文苑英華一千卷（御史劉錫嘏家藏本）

宋太平興國七年李昉、扈蒙、徐鉉、宋白等奉敕編。續又命蘇易簡、王祐等參修。至雍熙四年書成。宋四大書之一也。梁昭明太子撰文選三十卷、迄於梁初。此書所錄、則起於梁末、蓋即以上續文選。其分類編輯、體例亦略相同、而門目更爲繁碎。則後來文體日增、非舊目所能括也。周必大平園集有是書跋、稱太平御覽、冊府元龜今閩蜀已刊、惟文苑英華士大夫閒絕無而僅有。蓋所集止唐文章、如南北朝閒存一二、是時印本絕少、雖韓柳元白之文尚未甚傳。其他如陳子昂、張說、張九齡、李翺諸名士文籍、世尤罕見。故修書官於柳宗元、白居易、權德輿、李商隱、顧雲、羅隱或全卷收入。當眞宗朝、姚鉉銓擇十一、號唐文粹、由簡故精、所以盛行。近歲唐文摹印漫多、不假英華而傳、其不行於世則宜云云。蓋六朝及唐代文集，南宋初存者尚多，故必大之言如是。迄今四五百年，唐代詩集已漸滅於舊，文集則宋志所著錄者殆十不存一。即如李商隱樊南甲乙集，久已散佚，今所存本，乃全自是書錄出。又如張說集雖有傳本，而以此書所載互校，尚遺漏雜文六十一篇。則考唐文者惟賴此書之存，實為著作之淵海，與南宋之初其事迥異矣。書在當時已多譌脫，故方崧卿作韓集舉正，朱子作韓文考異，均無一字之引證。彭叔夏嘗作辨證十卷，以糾其舛漏重複，然如劉孝威紹古詞，一收於二百三卷，一收於二百五卷，而字句大同小異者，叔夏尚未及盡究也。此本為明萬曆中所刊，校正頗詳，在活字版太平御覽之上，而卷帙浩繁，仍多疎漏。今參核諸書，各為釐正，其無別本可證者，則姑仍其舊焉。

文苑英華辨證十卷（內府藏本）

宋彭叔夏撰。叔夏，廬陵人，自署曰鄉貢進士，其始末未詳。江西通志亦但列其名於紹熙壬子鄉舉條下，不為立傳，蓋已無考矣。是書蓋因周必大所校文苑英華而作。考必大平園集有文苑英華跋曰：孝宗皇帝欲刻江鈿文海，臣奏其去取差謬不足觀，乃詔館閣裒集皇朝文鑑。臣因及文苑英華，雖祕閣有本，然舛誤不可讀。俄聞傳旨取入，遂經乙覽。時御前置校正書籍一二十員，往往妄加塗注，繕寫裝飾，付之祕閣，頃嘗屬荆帥范仲藝、均倅丁介稍加校正。晚幸退休，求別本與士友詳議，疑則闕之。惟是元修書非出一手，叢脞重複，首尾衡決，一詩或析為二，二詩或合為一，姓名差互，先後顛倒，不可勝計。其中賦多用員來，非讀泰誓正義安知今日之云字乃員之省文。以堯韭對舜榮，非讀本草註安知其為菖蒲。又如切磋之磋，馳驅之驅，挂帆之帆，仙裝之裝，廣韻各有側音，而流俗改切磋為效課，以駐易驅，以席易帆，以仗易裝，今皆正之。詳註逐篇之下，不復徧舉。始於嘉泰初年，至四年秋訖工云云。是書之首，亦有嘉泰四年叔夏自序，稱益公先生退老邱園，命以校讐，考訂商搉，用功為多，散在本文，覽者難徧，因會稡其說，以類而分，各舉數端，不復具載云云。則必大所稱與士友詳議者，蓋即叔夏，故與必大校本同以嘉泰四年成書也。所分諸類，一曰用字，為目凡三；二曰用韻，為目凡二；三曰事證，無子目；四曰事誤，為目凡二；五曰事疑，無子目；七曰人名，為目凡五；八曰官爵，為目凡三；九曰郡縣，為目凡三；十曰年月，為目凡四；十一曰名氏，為目凡三；十二曰題目，為目凡二；十三曰門類，無子目；十四曰脫文，為目凡四；十五曰同異，十六曰離合，十七曰避諱，十八曰異域，十九曰鳥獸，二十曰草木，均無子目；二十一曰雜錄，為目凡五。其中如磋驅帆裝諸字，與必大所舉者合。然序文稱小小異同，在所弗錄，原註頗略。今則加詳，其未註者，仍附此篇。則視必大原本亦多所損益矣。文苑英華本繼文選而作，於唐代文章採摭至備，號為詞翰之淵藪，而卷帙既富，牴牾實多，在宋代已無善本。近日所行，又出明人所重刊，承訛踵謬，抑又甚矣。叔夏此書考核精密，大抵分承譌當改，別有依據不可妄改，義可兩存不必遽改三例。中如杜牧請追尊號表，以高宗伐鬼方為出尚書，顯然誤記，而叔夏疑是逸書，未免有持疑不決之處。然其用意謹嚴，不輕點竄古書，亦於是可見矣。

唐文粹一百卷（內府藏本）

宋姚鉉編。陳善捫蝨新話以為徐鉉者，誤也。鉉字寶臣，廬州人，自署郡望，故曰吳興。太平興國中第進士，官至兩浙轉運使，事蹟具宋史本傳。是編文賦惟取古體，而四六之文不錄；詩歌亦惟取古體，而五七言近體不錄。考阮閱詩話總龜載鉉於淳化中侍宴，賦賞花釣魚七言律詩，賜金百兩，時以比奪袍賜花故事。又江少虞事實類苑載鉉詩有疎鐘天竺曉，一雁海門秋句，亦頗清遠，則鉉非不究心於聲律者。蓋詩文儷偶，皆莫盛於唐，盛極而衰，流為俗體，亦莫雜於唐。鉉欲力挽其末流，故其體例如是。於歐梅未出以前，毅然矯五代之弊，與穆修柳開相應者，實自鉉始。其中如杜審言臥病人事絕一首，較集本少後四句，則鉉亦有所刪削。又如岑文本請勸政改過疏之類，皆文苑英華所不載，其蒐羅亦云廣博。王得臣麈史乃譏其未見張登集，殊失之苛。惟文中如韓愈平淮西碑，而仍錄段文昌作，未免有心立異。詩中如陸龜蒙江湖散人歌，皎然古意詩之類，一概收之，亦未免過求朴野，稍失別裁。然論唐文者終以是書為總匯，不以一二小疵掩其全美也。

西崑酬唱集二卷（編修汪如藻家藏本）

不著編輯者名氏。前有楊億序，稱卷帙爲億所分，書名亦億所題，而不言裒而成集出於誰手。考田況儒林公議云，楊億兩禁變文章之體，劉筠、錢惟演輩從而效之，以新詩更相屬和，億後編敘之，題曰西崑酬唱集。然則卽億編也。凡億及劉筠、錢惟演、李宗諤、陳越、李維、劉騭、刁衎、任隨、張詠、錢惟濟、丁謂、舒雅、晁迥、崔遵度、薛映、劉秉十七人之詩，而億序乃稱屬而和者十有五人，豈以錢、劉爲主，而億與李宗諤以下爲十五人歟。詩皆近體，上卷凡一百二十三首，下卷凡一百二十五首，而億序稱二百有五十首，不知何時佚二首也。其詩宗法唐李商隱，詞取妍華而不乏興象，效之者漸失本眞，惟工組織，於是有優伶撏撦之戲，石介至作怪說以刺之。而祥符中遂下詔禁文體浮豔，然介之說蘇軾嘗辨之。眞宗之詔，緣於宣曲一詩有取酒臨邛之句。陸游渭南集有西崑詩跋，言其始末甚詳，初不緣文體發也。其後歐、梅繼作，坡、谷迭起，而楊、劉之派遂不絕如綫。要其取材博贍，練詞精整，非學有根柢，亦不能鎔鑄變化，自名一家，固亦未可輕詆。後村詩話云，西崑酬唱集對偶字面雖工，而佳句可錄者殊少，宜爲歐公之所厭。又一條云，君僅以詩寄歐公，公荅云，先朝劉、楊風采聳動天下，至今使人傾想，豈公特惡其碑版奏疏，其詩之精工穩切者自不可廢歟。二說自相矛盾，平心而論，要以後說爲公矣。其書自明代以來，世罕流布，毛奇齡初得舊本於江寧，徐乾學爲之刻版，以剞劂未工，不甚摹印。康熙戊子，長洲朱俊升又重鐫之，前有常熟馮武序。馮舒、馮班本主西崑一派，武其猶子，故於是書極其推崇。然武謂元和、大和之際，李義山傑起中原，與太原溫庭筠、南郡段成式皆以格調清拔，才藻優裕，爲西崑三十六體，以三人俱行十六也。考唐書但有三十六體之說，無西崑字。億序是集，稱取玉山策府之名，題曰西崑酬唱集，則三十六與西崑各爲一事，武乃合而一之，誤矣。

同文館唱和詩十卷（浙江鮑士恭家藏本）

宋鄧忠臣等撰。同文館本以待高麗使人，時忠臣等同考校，卽其地爲試院，因錄同舍唱和之作，彙爲一編。案宋史藝文志有蘇易簡禁林宴會集、歐陽修禮部唱和詩集，此書獨不著錄，宋志最爲舛漏，蓋偶遺之。其相與酬荅者，忠臣而外，爲張耒、晁補之、蔡肇、余幹、耿南仲、商倚、曹輔、柳子文、李公麟、孔武仲等凡十一人。又有但題其名曰向、曰益，而不著姓者二人。益疑卽溫益，向則不知何人也。耒、補之、肇、南仲、公麟、武仲、益七人，宋史有傳。忠臣、倚並入元祐黨籍，惟幹、子文行事不槩見，輔亦非靖康時爲樞筦者，樓鑰誤合爲一，王應麟困學記聞已辨之矣。集中不著唱和年月，考宋史耒、補之傳俱稱元祐初爲校書郎，以耒詩讐書芝閣上，補之詩輟直讐書省二語核之，乃正其官祕省時。而元祐三年知貢舉者爲孔平仲，事見本傳。此集並無平仲之名，則非在三年可知。惟忠臣詩有單閼孟夏草木長句，自註云，丁卯四月還朝。丁卯爲元祐二年，意者卽在是歲歟。又案輔詩云，九人同日鎖重闈，而子文又有毛遂未至空蓮房句，註云，同舍十九人，余獨後入，疑試官許先後入院，宋制本自如此。時共事十九人，而集中闕其八人，蓋古人眞樸，不強爲其所不能，如蘭亭修禊，與會者四十一人，有詩者僅二十六人，非佚脫也。諸家專集，惟耒柯山集、補之雞肋集、武仲清江三孔集今尚存於世，其餘如肇之丹陽集、忠臣之玉池集已佚不傳，其餘並有集無集亦不可考。殘篇闕句，賴藉此以獲見一斑。卽有集諸人，以集本校之，亦頗互異，如補之五言官醪持餉婦，雞肋集官醪作宮壺，七言詩似涼風淒有興句，雞肋集淒有興作來有思，此類頗多，題目亦往往不相合，亦未嘗不藉爲參訂之助矣。

唐百家詩選二十卷（内府藏本）

舊本題宋王安石編。安石有周禮新義，已著錄。是書去取絕不可解，自宋以來，疑之者不一，曲爲解者亦不一。然大抵指爲安石。惟晁公武讀書志云，唐百家詩選二十卷，皇朝宋敏求次道編。次道爲三司判官，嘗取其家所藏唐人一百八家詩，選擇其佳者凡一千二百四十六首，爲一編。王介甫觀之，因再有所去取，且題曰，欲觀唐詩者，觀此足矣。世遂以爲介甫所纂。其說與諸家特異。案讀書志作於南宋之初，去安石未遠，又晁氏自元祐以來舊家文獻，緒論相承，其言當必有自。邵博聞見後錄引晁說之之言，謂王荊公與宋次道同爲羣牧司判官，次道家多唐人詩集，荊公盡卽其本擇善者籤帖其上，令吏鈔之。吏厭書字多，輒移所取長詩籤置所不取小詩上。荆公性忽略，不復更視。今世所謂唐百家詩選曰荆公定，乃羣牧司吏人定也。其說與公武又異。然說之果有是說，不應公武反不知。考周煇清波雜志，亦有是說，與博所記相合。煇之曾祖與安石爲中表，故煇持論多左袒安石。當由安石之黨以此書不愜於公論，造爲是說以解之，託其言於說之，博不考而載之耳。此本爲宋乾道中倪仲傳所刊。前有仲傳序。其書世久不傳。

國朝康熙中，商邱宋犖始購得殘本八卷刻之。旣又得其全本，續刻以行，而二十卷之數復完。當時有疑其僞者。閻若璩歷引高棅唐詩品彙所稱以元宗早渡蒲關詩爲開卷第一，陳振孫書錄解題所稱非惟不及李、杜、韓三家，卽王維、韋應物、元、白、劉、柳、孟郊、張籍皆不及，以證其眞。又殘本佚去安石原序，若璩以臨川集所載補之，其文俱載若璩潛邱劄記中。惟今本所錄共一千二百六十二首，較晁氏所記多十六首。若璩未及置論，或傳寫讀書志者誤以六十二爲四十六歟。至王昌齡出塞詩，諸本皆作若使龍城飛將在，惟此本作盧城飛將在。若璩引唐平州治盧龍縣以證之。然唐三百年，更無一人稱盧龍爲盧城者，何獨昌齡杜撰地名。此則其過尊宋本之失矣。

會稽掇英總集二十卷（浙江鄭大節家藏本）

宋孔延之編。前自有序，首題其官爲尚書司封郎中、知越州軍州事、浙東兵馬鈐轄。末署熙寧壬子五月一日，越州清思堂。案施宿嘉泰會稽志，延之於熙寧四年以度支郎官知越州，五年十一月召赴闕。壬子正當熙寧五年，其歲月與會稽志合。惟志稱延之爲度支郎官，而此作司封郎中。集中有沈立等和蓬萊閣詩，亦作孔司封，集爲延之手訂，於官位不應有誤。知施宿所記爲譌也。延之以會稽山水人物，著美前世，而紀錄賦詠，多所散佚，因博加搜採，旁及碑版石刻，自漢迄宋，凡得銘志歌詩等八百五篇，輯爲二十卷，各有類目。前十五卷爲詩，首曰州宅，次西園，次賀監，次山水，分蘭亭等八子目，次寺觀，分雲門寺等四子目，而以祠宇附之，次送別，次寄贈，次感興，次唱和。後五卷爲文，首曰史辭，次頌，次碑銘，次記，次序，次雜文。書中於作者皆標姓名，而獨稱王安石爲史館王相，蓋作此書時，王安石柄政之際，故有所避而不敢直書歟。所錄詩文，大都由搜巖剔藪而得之，故多出名人集本之外，爲世所罕見。如大歷浙東唱和五十餘人，今錄唐詩者或不能舉其姓氏，實賴此以獲傳。其於唐宋太守題名壁記，皆全錄原文，以資考證，裨益良多。其蒐訪之勤，可謂有功於文獻矣。其書世鮮流傳，藏弆家多未著錄。此本乃明山陰祁氏淡生堂舊鈔，在宋人總集之中最爲珍笈，其精博在嚴陵諸集上也。

清江三孔集四十卷（兩江總督採進本）

宋新喻孔文仲及其弟武仲、平仲之詩文，慶元中臨江守王遵所編也。文仲字經父，嘉祐六年進士，官中書舍人。武仲字常父，嘉祐八年進士，官禮部侍郎。平仲字毅父，治平二年進士，官金部郎中。事蹟具宋史本傳。文仲兄弟與蘇軾、蘇轍同時，竝以文章名一世。故黃庭堅有二蘇聯璧，三孔分鼎之語。南渡後遺文散佚，遵始訪求而刻之。前有慶元五年周必大序。陳振孫書錄解題稱文仲二卷，武仲十七卷，平仲二十一卷，與此本合。文仲詩僅七首，然呂祖謙宋文鑑載其早行古詩一首，乃佚而不收。文鑑編於孝宗淳熙四年，舍人集編於寧宗慶元四年，在其後二十一年，不應不見，豈遵有所去取耶。武仲侍郎集，靑詞齋文同題曰制，於例未安，似非原目。平仲郎中集中古律詩外，別出詩戲三卷，皆人名、藥名、回文、集句之類，蓋仿松陵集雜體別爲一卷例也。案王士禎居易錄，載宋犖寄三孔文集，通僅五卷，惜其已非慶元之舊。士禎、犖皆家富圖籍，而所見尚非完帙，則此本巋然獨全，亦深足寶重矣。

三劉家集一卷（江西巡撫採進本）

宋劉渙、劉恕、劉羲仲撰。渙字凝之，筠州人，登天聖八年進士，爲潁上令，以太子中允致仕。恕，渙之子。有通鑑外紀。羲仲，恕之子，有通鑑問疑，竝已著錄。渙祖孫父子，竝剛直有史才，而恕最優，司馬光稱其博聞強記，細大之事皆有稽據，誠公論也。是集爲咸淳中其裔孫御史元亨所輯。蓋南宋之末，已無傳本，僅掇拾於殘闕之餘，故渙僅詩四首、文二首，恕僅通鑑外紀序一首，併其子所記通鑑問疑。羲仲僅家書一首。餘皆同時諸人唱和之作，及他人之文有關於渙父子者也。其中稱渙曰西澗先生，稱恕曰祕丞，稱羲仲曰檢討、固其子孫之詞。至於諸人詩文、標題一概刪去其稱字之文、而改曰西澗先生泌丞檢討、則非其實矣。是其編次之陋也。至明萬安貪鄙無恥、爲世僇笑、而獨存其一跋於卷末。渙父子祖孫豈藉是人以表彰乎。今刊除之、俾無爲三人玷焉。

二程文集十三卷、附錄二卷。江西巡撫採進本

宋明道程子伊川程子合集也。陳振孫書錄解題載明道集四卷、遺文一卷。伊川集一本、二十卷、一本九卷。又河南程氏文集十二卷、二程共爲一集、爲建寧所刻本。是宋世所傳已參錯不同。此本出自胡安國家、劉珙張栻嘗刻之長沙。安國於原文頗有改削。如定性書明道行述上富公謝帥書中、刪落至數十字。又辭官表顛倒次第、易傳序改沿爲泝、祭文改姪爲猶子。珙等所刻、一以安國爲主。朱子深以爲不可、嘗以書抵珙及栻、盛氣詬爭、辯之甚力、具載晦菴集中。然二人迄不盡用其說。蓋南宋之初、學者猶各尊所聞。不似淳祐以後、門戶已成、羽翼已衆、於朱子之言一字不敢異同也。元至治間、臨川譚善心重爲校刊、始與蜀人虞槃商搉考訂、悉從朱子所改。其定性書富謝二書所刪字、亦求得別本補足。又搜輯程子遺文十六篇、遺事十一條、竝朱子論胡本錯誤諸書、別爲二卷、附之於後。惟伊川詩僅有三章。河南府志載其陸渾樂游詩云、東郊漸微綠、驅馬欣獨往。舟縈野渡時、水樂春山響。身閒愛物外、趣遠諧心賞。歸路逐樵歌、落日寒山上。集中無之。地志率多假借名人以誇勝蹟、其殆好事者所依託歟。

宋文選三十二卷。浙江巡撫採進本

不著編輯者名氏。案張邦基墨莊漫錄、稱崔伯易有金華神記、編入聖宋文選後集中。則此乃其前集、在南渡以前矣。所選皆北宋之文、自歐陽修以下十四人。惟取其有關於經術政治者、詩賦碑銘之類不載焉。中無三蘇文字、而黃庭堅張耒之文則錄之。豈當時蘇文之禁最嚴、而黃張之類則稍寬歟。又其中無二程文、蓋不以文士目之也。何焯義門讀書記跋所校元豐類稾後曰、己卯冬、於保定行臺、案焯是時在直隸巡撫李光地署中。閱內府所賜大臣古文淵鑒、有在集外者六篇、則書魏鄭公傳、邪正辨、說、再上田正言書、上歐蔡書也。後知立齋相公、案立齋爲大學士徐元文之別號。有建本聖宋文選數冊、其中有南豐文二卷、嘉善柯崇樸借鈔、遂傳於外。此六篇者皆在焉云云。案書魏鄭公傳後一篇、宋文鑑亦載、不僅見於此集中。焯蓋考之未審。然南豐外集續稾、今竝不傳。其佚篇惟賴此集以存。蓋亦不爲無功矣。宋人選宋文者、南宋所傳尚夥、北宋惟此集存耳。其賅備雖不及文鑑、然用意嚴慎、當爲能文之士所編、尤未可與南宋建陽坊本出於書賈雜鈔者一例視之也。

欽定四庫全書總目卷一百八十六

欽定四庫全書總目卷一百八十七

集部四十

總集類二

坡門酬唱集二十三卷。江蘇巡撫採進本

宋邵浩編。浩字叔義、金華人。前有張叔椿序云、歲己酉、揭來豫章、機幕邵君實隆興同升、出示巨編、目曰坡門酬唱、總成六百六十篇。命工鋟木、以廣其傳。末題紹興元年五月二十四日。又有浩自作引云、紹興戊寅、浩年未冠、肄業成均。隆興癸未、始得第以歸。因取兩蘇公兄唱弟和、及門下六君子平日屬和兩公之詩、摭而錄之、曰蘇門酬唱。淳熙己酉、浩官豫章、臨江謝公爲之作序、且更曰坡門酬唱。末題紹興庚戌四月一日。考癸未爲孝宗隆興元年、己酉爲淳熙十六年、上距高宗紹興元年辛亥已五十九年。且庚戌爲建炎四年、亦不得題紹興。二序紀年顯然有誤。案淳熙己酉、孝宗內禪、次年庚戌、即光宗紹熙元年。則序內紹興必紹熙之譌。特據浩引所言、叔椿序當先成、乃浩引題四月、叔椿序反題五月、亦爲舛錯未合。殆傳寫既久、或經後人所妄改歟。前十六卷爲軾詩、而轍及諸人和之者。次轍詩四卷。次黃庭堅秦觀晁補之張耒陳師道等詩三卷。亦錄軾及諸人和作。惟李廌闕焉。其不在八人之數、而別有繼和者、亦皆附入、爲註以別之。其詩大抵同題共韻之作、比而觀之、可以知其才力之強弱、與意旨之異同。較之散見諸集、易於互勘、談藝者亦深有裨也。至於本集所有、山谷外集所載次韻子瞻書黃庭經尾付蹇道

士矣。韻晁補之廖正一贈答詩，補之又有和子瞻種松贈杜輿秀才三首，今坡集載坡詩止二首，而此集均未編入。小小挂漏，在所不免，亦不必爲之苛責矣。

樂府詩集一百卷 江蘇巡撫採進本

宋郭茂倩撰。建炎以來繫年要錄載茂倩爲侍讀學士郭褒之孫，源中之子，其仕履未詳。本渾州須城人，此本題曰太原，蓋署郡望也。是集總括歷代樂府，上起陶唐，下迄五代。凡郊廟歌詞十二卷，燕射歌詞三卷，鼓吹曲詞五卷，橫吹曲詞五卷，相和歌詞十八卷，淸商曲詞八卷，舞曲歌詞五卷，琴曲歌詞四卷，雜曲歌詞十八卷，近代曲詞四卷，雜謠歌詞七卷，新樂府詞十一卷。其解題徵引浩博，援據精審，宋以來考樂府者無能出其範圍。每題以古詞居前，擬作居後，使同一曲調，而諸格畢備，不相沿襲，可以藥剽竊形似之失。其古詞多前列本詞，後列入樂所改，得以考知孰爲側，孰爲趨，孰爲豔，孰爲增字減字。其聲詞合寫，不可訓詁者，亦皆題下註明，尤可以藥摹擬聱牙之弊。誠樂府中第一善本。明梅鼎祚古樂苑曰：郭氏意務博覽，間有詩題偶列樂府。如採桑則劉邈萬山見採桑人，從軍行則王粲從軍詩、梁元帝同王僧辯從軍、江淹擬李都尉從軍、張正見星名從軍詩、庾信同盧記室從軍之類，有取詩首一二語竄入前題，如自君之出矣則鮑令暉題詩後寄行人、長安少年行則何遜學古詩長安美少年之類；有辭類前題原未名爲歌曲，如苦熱行任昉何遜但云苦熱，鬭鷄篇梁簡文但云鬭鷄之類；有賦詩爲題而其本辭實非樂府，若張正見晨鷄高樹鳴本阮籍咏懷詩晨鷄鳴高樹，命駕起旋歸、張率雀乳空井中本傅元雜詩鵲巢邱城側，雀乳空井中之類，亦有全不相蒙，如善哉行則江淹擬魏文遊晏、秋風則吳邁遠古意贈今人之類，有一題數篇半爲牽合，如楊方合歡詩後三首爲雜詩、採蓮曲則梁簡文後一首本蓮花賦中歌之類，並當刪正云云。其說亦頗中理，然卷帙旣繁，牴牾難保，司馬光通鑑猶病之，何況茂倩斯集。要之大廈之材，終不以寸朽棄也。

古今歲時雜咏四十六卷 江蘇巡撫採進本

宋蒲積中編。積中履貫未詳。初宋綬有歲時雜咏二十卷，晁公武郡齋讀書志謂宣獻昔在中書第三閤手編古詩及魏晉迄唐人歲時章什，釐爲十八卷，今益爲二十卷。積中因其原本，續爲此書，前有紹興丁卯自序，稱宣獻所集尤稱廣博，然本朝如歐陽、蘇、黃與夫半山、宛陵、文潛無已之流，逢時感慨，發爲辭章，不在古人下，因取其卷目而擇今代之詩附之，名曰古今歲時雜詠，鋟版以傳。蓋所增惟宋人之詩，而目類則一仍其舊也。晁公武載綬原本詩一千五百六首，而此本二千七百四十九首，比綬所錄增一千二百四十三首，則一代之詩已敵古人五分之四，其蒐採亦可謂博矣。其書自一卷至四十二卷爲元日至除夜二十八目，其後四卷則凡祇題月令而無節序之詩皆附焉。古來時令之詩，摘錄編類，莫備於此，非惟歌詠之林，亦典故之數，頗可以資採掇云。

嚴陵集九卷 浙江范懋柱家天一閣藏本

宋董弅編。弅東平人，逌之子也，自署曰廣川，蓋欲附仲舒爲耳。紹興間知嚴州，因輯嚴州詩文，自謝靈運、沈約以下，迄於南宋之初。前五卷皆詩，第六卷詩後附賦二篇，七卷至九卷則皆碑銘題記等雜文。弅自序謂嘗與僚屬修是州圖經，蒐求碑版，稽考載籍，所得逸文甚多，又得郡人喻彥先家所藏書，與教授沈倏廣求備錄而成是集。中如司馬光獨樂園釣魚菴詩本作於洛中，以首句用嚴子陵事，因牽而入於此集，未免假借附會，沿地志之陋習。然所錄詩文，唐以前人雖尙多習見，至於宋人諸作，自有專集者數人外，他如曹輔、呂希純、陳瓘、朱彥、江公望、江公著、蔡肇、張伯玉、錢勰、李昉、扈蒙、劉昌言、丁謂、范師道、張保雍、章岷、阮逸、關詠、李師中、龐籍、孫沔、王存、馮京、刁約、元絳、張景修、岑象求、鄧元、馬存、陳軒、吳可幾、葉棐恭、劉涇、賈青、王達、張綬、余闢、刁衎、倪天隱、周邦彥、羅汝楫、詹亢宗、陳公亮、錢聞詩諸人，今有不知其名者，有知名而不見其集者，藉弅是編，尙存梗概，是亦談藝者所取資矣。惟弅序作於紹興九年，而第九卷中有錢聞詩淩西湖記，作於淳熙十六年，上距紹興九年凡五十一年。又有陳公亮重修嚴先生祠堂記及書瑞粟圖二篇，作於淳熙乙巳，重修貢院記一篇，作於淳熙丙午，亦上距弅作序之時凡四十七八年，則後人又有所附益，已非弅之本書，要亦宋人所續也。

南嶽倡酬集一卷附錄一卷 編修汪如藻家藏本

宋朱子與張栻林用中同遊南嶽倡和之詩也。用中字擇之，號東屏，古田人，嘗從朱子遊。是集作於乾道二年十一月，前有栻序，稱來往湖湘二紀，夢寐衡岳之勝。丁亥秋，新安朱元晦來訪予湘水之上，偕爲此遊。而朱子詩題中亦稱栻爲張湖南，蓋必栻當時官於衡湘間，故有此稱。而宋史本傳止載栻孝宗時任荆湖北路轉運副使，後知江陵府，安撫本路，不言其曾官湖南，疑史有脱漏也。其遊自甲戌至庚辰凡七日。朱子東歸亂稾序稱得詩百四十餘首。栻序亦云百四十有九篇。今此本所錄止五十七題，以朱子大全集參校，所載又止五十題，亦有大全集所有而此本失載者。又每題皆三人同賦，以五十七題計之，亦不當云一百四十九篇，不知何以參錯不合。又卷中聯句往往失去姓氏標題，其他詩亦多依朱子集中之題，至有題作大敬夫韻，而其詩實爲栻作者，蓋傳寫者譌誤脱佚，非當日原本矣。後有朱子與林用中書三十二篇，用中遺事十條，及朱子所作字序二首，皆非此集所應有，或林氏後人所附益歟。然以南岳標題，而泛及別地之尺牘，以倡酬爲名，而濫載平居之講論，以三人合集，而獨載用中一人之言行，皆非體例，姑以原本所有存之云耳。

萬首唐人絶句詩九十一卷（內府藏本）

宋洪邁編。邁有容齋隨筆，已著錄。邁於淳熙間錄唐五七言絶句五千四百首進御，後復補輯，得滿萬首，爲百卷。紹熙三年上之，是時降敕褒嘉，有選擇甚精，備見博洽之諭。陳振孫書錄解題謂其中多採宋人詩，如李九齡、郭震、滕白、王喦、王初之屬。其尤不深考者，爲梁何遜，劉克莊後村詩話亦謂其但取唐人文集雜說，鈔類成書，非必有所去取。蓋當時瑣屑摭拾，以足萬首之數，其不能精審，勢所必然，無怪後人之排詆。至程珌洺水集責邁不應以此書進御，則與張栻詆呂祖謙不應編文鑑同一偏見，論雖正而實迂矣。是書原本一百卷，每卷以百首爲率，而卷十九至卷二十二皆不滿百首，又五言止十六卷，合之七言七十五卷，亦不滿百卷，目錄後載嘉定間紹興守吳格跋，謂原書歲久蠹闕，因修補以永其傳，此本當是修補之後，復又散佚也。

聲畫集八卷（山東巡撫採進本）

宋孫紹遠編。紹遠字稽仲，自署曰谷橋，未知谷橋何地也。所錄皆唐宋人題畫之詩，凡分二十六門，曰古賢，曰故事，曰佛像，曰神仙，曰仙女，曰鬼神，曰人物，曰美人，曰蠻夷，曰贈寫眞者，曰風雲雪月，曰州郡山川，曰四時，曰山水，曰林木，曰竹，曰梅，曰窠石，曰花卉，曰屋舍器用，曰屏扇，曰畜獸，曰翎毛，曰蟲魚，曰觀畫題畫，曰畫壁雜畫。錢曾讀書敏求記謂其書不著編者姓氏，後人以卷首有劉莘老題老子畫像詩，因誤爲莘老所輯。此本卷首有淳熙丁未十月紹遠自序，謂入廣之明年，以所攜前賢詩及借之同官，擇其爲畫而作者，編爲一集，名之曰聲畫，用有聲畫無聲詩之意也，則爲紹遠編集，確有明證，豈曾所藏本偶佚此序耶？其編次頗爲瑣屑，如卷五梅爲一門，卷六花卉門中又有早梅墨梅諸詩，殊少倫緒。然序稱畫有遠近，詩有先後，其他參差不齊甚多，故不得而次第之，則紹遠已自言之矣。其所錄如劉莘老、李膺、折中古、夏均父、徐師川、陳子高、王子思、劉叔贛、僧士珪、王履道、劉王孟、林子來、李商老、李元膺、喻迪孺、李誠之、潘邠老、崔德符、蔡持正、王佐才、曾子開、陶商翁、惟正言、林子仁、吳元中、張子文、王承可、曹元象、僧善權、祖可、璧師、関人武子、韓子華、蔡天啓、程叔易、李成季、趙乂若、謝民師、李膺仲、倪巨濟、華叔深、歐陽闢諸人，其集皆不傳，且有不知其名字者，頗賴是書存其一二，則非惟有資於畫，且有資於詩矣。

宋文鑑一百五十卷（內府藏本）

宋呂祖謙編。祖謙有古周易，已著錄。案李心傳建炎以來朝野雜記稱臨安書坊有所謂聖宋文海者，近歲江鈿所編，孝宗得之，命本府校正刻版。周必大言其去取差謬，遂命祖謙校正。於是盡取祕府及士大夫所藏諸家文集，旁採傳記他書，悉行編類，凡六十一門。又稱有近臣密啓，所載臣僚奏議有詆及祖宗政事者，不可示後世，乃命直院崔敦詩更定增損去留凡數十篇，然訖不果刻也。此本不著爲祖謙原本、爲敦詩改本。朱子語錄稱文鑑收蜀人呂陶論制師服一篇，爲敦詩所刪，此本六十一卷中仍有此篇，則非敦詩改本確矣。商輅序稱當時臨安府及書肆皆有版，與心傳所記亦不合，蓋官未刻而其後坊間私刻之，故仍從原本耳。祖謙之爲此書，當時頗鑠於衆口，張端義貴耳集稱東萊修文鑑成，獨進一本，滿朝皆未得見，惟大璫甘昺有之。公論頗不與，得旨除直祕閣，爲中書陳騤所駁，載於陳之行狀、朝野雜記。又引孝宗實錄，稱祖謙編文鑑，有通經而不能文詞者，亦表奏廁其間，以自矜黨同伐異之功，縉紳公論皆嫉之。又載張栻時在江陵，與朱子書曰：伯恭好敝精神於閒文字中，何補於治道，何補於後學。承當編此等文字，亦非所以成君德也。而朱子語錄記其選錄五例，亦微論其去取有未當。蓋一時皆紛紛嘗議。案錄副本以獻中官，祖謙似不至是。所謂通經而不能文章者，蓋指伊川。然伊川亦非全不能文，至此書所載論政論學之文，不一而足，安得盡謂之無補。栻殆聞有此舉，未見此書，意其議出周必大，必選詞科之文，故意度而爲此語也。陳振孫書錄解題記朱子晚年語學者曰：此書編次篇篇有意，其所載奏議，亦係當時政治大節，祖宗二百年規模與後來中變之意，盡在其間，非選粹比也。然則朱子亦未始非之，殆日久而後論定歟。

古文關鍵二卷（江蘇巡撫採進本）

宋呂祖謙編。取韓愈、柳宗元、歐陽修、曾鞏、蘇洵、蘇軾、張耒之文凡六十餘篇，各標舉其命意布局之處，示學者以門徑，故謂之關鍵。卷首冠以總論看文作文之法。考宋史藝文志載是書作二十卷，今卷首所載看諸家文法，凡王安石、蘇轍、李廌、秦觀、晁補之諸人俱在論列，而其文無一篇錄入，似此本非其全書。然書錄解題所載亦祗二卷，與今本卷數相合。所稱韓柳歐蘇曾諸家，亦與今本家數相合，知全書實止於此。宋志荒謬，誤增一十字也。此本爲明嘉靖中所刊，前有鄭鳳翔序。又別一本所刻，旁有鉤抹之處，而評論則同。考陳振孫謂其標抹註釋以教初學，則原本實有標抹，此本蓋刊版之時不知宋人讀書於要處多以筆抹，不似今人之圈點，以爲無用而刪之矣。葉盛水東日記曰：宋儒批選文章，前有呂東萊，次則樓迂齋、周應龍，又其次則謝疊山也。朱子嘗以拘於腔子議東萊矣。要之批選議論，不爲無益，亦講學之一端耳云云。然祖謙此書實爲論文而作，不關講學，盛之所云，乃文章正宗之批，非此書之評也。

回文類聚四卷補遺一卷（編修汪如藻家藏本）

宋桑世昌編。世昌有蘭亭考，已著錄。考劉勰文心雕龍曰：回文所興，則道原爲始。梅庚註謂原當作慶，宋賀道慶也。蓋其時璇璣圖詩未出，故勰云然。世昌以蘇蕙時代在前，故用爲託始，且繪像於前卷首，以明刱造之功。其說良是。然藝文類聚載曹植鏡銘八字，回環讀之無不成文，實在蘇蕙以前，乃不標以爲始，是亦稍疎。又蘇伯玉妻盤中詩，據滄浪詩話，自玉臺新詠以外，別無出典，舊本具在，不聞有圖。此書繪一圓圖，莫知所本。考原詩末句稱當從中央周四角，則實方盤而非圓盤，所圖殆亦妄也。唯是咏歌漸盛，工巧日增，詩家既開此一途，不可竟廢，錄而存之，亦足以資博洽。是書之末有世昌自跋，稱至道御製登載卷首，此本無之，殆傳寫佚脫歟。其補遺一卷，則
國朝康熙中蘇州朱存孝所採，兼及明人。然於明典故中所載御製回文詩三十圖在耳目前者，卽已不收，則所漏亦多矣。姑附存以備參考云爾。

五百家播芳大全文粹一百十卷（江蘇巡撫採進本）

宋魏齊賢、葉棻同編。齊賢字仲賢，自署鉅鹿人。棻字子實，自署南陽人。考宋南渡以後，鉅鹿、南陽皆金地，殆以魏氏本出鉅鹿，葉氏本出南陽，偶題郡望，非其眞里籍也。是編皆錄宋代之文，駢體居十之六七。雖題曰五百家，而卷首所列姓氏實五百二十家，網羅可云極富。中閒多採宦途應酬之作，取充卷數，不能一一精純，又仿文選之例，於作者止書其字。人遠年湮，亦往往難以考見，疑爲書肆刊本，本無鑒裁，故買菜求益，不免失於冗濫。朱彝尊嘗跋此書，惜無人爲之刪繁舉要，則亦病其冗雜矣。然渣滓雖多，精華亦寓，宋人專集不傳於今者，實賴是書略存梗概，亦鍾嶸所謂披沙揀金，往往見寶者矣。故彝尊雖恨其蕪，終賞其博也。又彝尊所見徐炯家宋刻本稱二百卷，今鈔本止一百十卷，尋檢首尾，似無闕佚，殆彝尊記憶未審，或偶然筆誤歟。首載紹熙庚戌南徐許開序。開字仲啟，以中奉大夫提舉武夷沖祐觀，著有志隱類稾，見趙希弁讀書附志。

崇古文訣三十五卷（內府藏本）

宋樓昉撰。昉字暘叔，號迂齋，鄞縣人。紹熙四年進士，歷官守興化軍，卒追贈直龍圖閣。是集乃所選古文凡二百餘首。陳振孫書錄解題稱其大略如呂氏關鍵，而所錄自秦漢而下至於宋朝，篇目增多，發明尤精，學者便之。所言與今本相合。惟書錄解題作五卷，文獻通考亦同。篇帙多寡迥異，疑傳

寫者誤脫三十二字也。宋人多講古文，而當時選本存於今者不過三四家。眞德秀文章正宗以理爲主，如飲食惟取禦饑，菽粟之外，鼎俎烹和皆在其所棄；如衣服惟取禦寒，布帛之外，黼黻章采皆在其所擯。持論不爲不正，而其說終不能行於天下。世所傳誦，惟呂祖謙古文關鍵、謝枋得文章軌範及昉此書而已。而此書篇目較備，繁簡得中，尤有裨於學者。蓋昉受業於呂祖謙，故因其師說推闡加密，正未可以文皆習見而忽之矣。

成都文類五十卷（兩淮鹽政採進本）

宋袁說友編。說友有東塘集，已著錄。是編前有說友序，蓋其慶元五年爲四川安撫使時所作。然卷首別有題名一頁，稱迪功郎監永康軍崇德廟扈仲榮、迪功郎新差充利州州學教授楊汝明、從事郎廣安軍軍學教授費士威、從事郎前成都府學教授何惠固、文林郎山南西道節度掌書記宋德之、文林郎前利州東路安撫司幹辦公事趙震、宣教郎新奏辟知綿州魏城縣主管勸農公事徐景望、奉議郎新雲安軍使兼知夔州雲安縣主管勸農公事借緋程遇孫編集，而不列說友之名。說友序中亦但云爰屬僚士，摭諸方策，裒諸碑誌，而無自爲裁定之語。然則此集之編出說友之意，此集之成則出八人之手。當時舊本題識本明，後人以序出說友，遂併此書而歸之，非其實也。所錄凡賦一卷，詩歌十四卷，文三十五卷，上起西漢，下迄孝宗淳熙間，凡一千篇有奇。分爲十有一門，各以文體相從，故曰文類。每類之中，又各有子目，頗傷繁碎。然昭明文選已創是例，宋人編杜甫、蘇軾詩亦往往如斯，當時風尚使然，不足怪也。以周復俊全蜀藝文志校之，所載不免於挂漏。然創始者難工，踵事者易密，固不能一例視之。且使先無此書，則遺篇遺什，復俊必有不能盡考者。其蒐輯之功，亦何可盡沒乎。

文章正宗二十卷、續集二十卷（內府藏本）

宋眞德秀編。德秀有四書集編，已著錄。是集分辭令、議論、敘事、詩歌四類，錄左傳、國語以下至於唐末之作。（案總集之選錄左傳、國語，自是編始，遂爲後來坊刻古文之例。）其持論甚嚴，大意主於論理而不論文。劉克莊集有贈鄭寧文詩曰：昔侍西山講讀時，頗於函丈得精微。書如逐客猶遭黜，辭取橫汾亦恐非。筝笛焉能諧雅樂，綺羅原未識深衣。嗟予老矣君方少，好向師門識指歸。其宗旨具於是矣。然克莊後村詩話又曰：文章正宗初萌芽，以詩歌一門屬予編類，且約以世教民彝爲主，如仙釋、閨情、宮怨之類皆弗取。余取漢武帝秋風辭，西山曰：文中子亦以此辭爲悔心之萌，豈其然乎。意不欲收。其嚴如此。然所謂懷佳人兮不能忘，蓋指公卿扈從者，似非爲後宮而設。凡余所取，而西山去之者大半。又增入陶詩甚多，如三謝之類多不收。詳其詞意，又若有所不滿於德秀者。蓋道學之儒與文章之士各明一義，固不可得而強同也。顧炎武日知錄亦曰：眞希元文章正宗所選詩，一掃千古之陋，歸之正旨。然病其以理爲宗，不得詩人之趣。且如古詩十九首，雖非一人之作，而漢代之風略具乎此。今以希元之所刪者讀之，不如飲美酒，被服紈與素，何異唐風山有樞之篇；良人惟古歡，枉駕惠前綏，蓋亦邶風雄雉于飛之義；牽牛織女，意仿大東；兔絲女蘿，情同車舝。十九作中，無甚優劣。必以坊淫正俗之旨嚴爲繩削，雖矯昭明之枉，恐失國風之義。六代浮華固當刊落，必使徐庾不得爲人，陳隋不得爲代，毋乃太甚，豈非執理之過乎。所論至爲平允，深中其失。故德秀雖號名儒，其說亦卓然成理，而四五百年以來，自講學家以外，未有尊而用之者，豈非不近人情之事，終不能強行於天下歟。然專執其法以論文，固矯枉過直；兼存其理以救浮華冶蕩之弊，則亦未嘗無裨。藏弆之家至今著錄，厥亦有由矣。續集二十卷，皆北宋之文，闕詩歌、辭命二門，僅有敘事、議論，而末一卷議論之文又有錄無書，蓋未成之本。舊附前集以行，今亦仍並錄焉。

天台前集三卷、前集別編一卷、續集三卷、續集別編六卷（浙江范懋柱家天一閣藏本）

案是集皆裒輯天台題詠。前集，宋李庚原本，林師蒧等增修，皆錄唐以前詩，成於寧宗嘉定元年戊辰，有郡守宣城李兼序。前集別編一卷，則師蒧子表民所輯補，又附拾遺詩十二首，有陳耆卿跋及表民自記，題癸未小至，乃嘉定十六年。續集前二卷亦李庚原本，後一卷則師蒧、林登、李次薈等所裒錄，皆宋初迄宣政間人之詩，亦成於嘉定元年。後附拾遺詩七首，跋稱得此於會稽鬻書者十年，今刻之續集後，似亦爲表民所題也。續集別編則表民以所得南渡後諸人之詩及續集內闕載者、次第裒次而成。前五卷末有表民自跋、題戊申中秋、乃理宗淳祐八年。後一卷末題庚戌夏五、則淳祐十年。蓋父子相繼甄輯、歷四十年而後成書也。庚字子長、其爵里無考。惟李兼序有李棨出其先公御史所裒文集語、又有寓公李公語、則嘗官御史而流寓天台者也。師蔵字詠道、臨海人。嘗官州學學諭。表民字逢吉、與林登李次蘷仕履均不可考。表民別有赤城集、詩文兼載。此集則有詩而無文。雖僅方隅之賦詠、而遺集淪亡者每藉此以幸存百一、足為考古者採摭之所資、固當與會稽掇英總集諸書竝傳不廢矣。此為明初刊本、而前集後題台州州學教授姚宏中校勘一行。前集別編後題台州州學教授姜一容點檢一行。蓋原從宋刻翻雕、故尚仍舊式。惟每集下以元亨利貞四字分編。案貞乃宋仁宗嫌名、宋代諸書、例皆改避、師蔵等不應於標目之中顯觸廟諱。殆重刻者所妄加歟。

赤城集十八卷（浙江鮑士恭家藏本）

宋林表民編。集中載吳子良赤城續志序、稱其字曰逢吉、與撰天台前集別編之林表民合。又稱為東魯人、則里貫互異。蓋其先世自曲阜徙臨海、故從其祖貫言之、非別一人也。表民嘗續陳耆卿赤城志、復取記志書傳銘誄贊頌之文為志所不載者、薈而輯之以成此集。前有淳祐八年吳子良序、稱分門薈稡、拜詩為一。今此集僅有文一百八十二首而無詩。又明謝鐸赤城新志載赤城集二十八卷、有刻本在內閣。而此本亦祇十八卷。疑原本尚有詩十卷、為傳鈔者所脫佚、已非完本矣。

妙絕古今四卷（內府藏本）

不著編輯者名氏。前有嘉靖乙卯南贛巡撫談愷刊書序、後有南安知府王廷幹跋、但稱為宋人所選、而不得其本末。宋史藝文志亦無此書之名。今以元趙汸東山存稾考之、蓋湯漢所編也。漢有東澗遺集、已著錄。是編甄輯古文、起春秋左氏傳、訖眉山蘇氏、凡二十一家、七十九篇。卷首原序有稱東澗書者、即漢之自題。其稱紫霞老人者、則趙汝騰所題。趙汸謂會見鄱陽馬公文有妙絕古今序、後於書肆見是書、卷首不載馬公之序。今此本亦無之。而馬廷鸞碧梧玩芳集世已失傳、惟永樂大典閒存一二、亦無此序。則其佚久矣。書中所錄、代不數人、人不數首、似不足概古今作者。故趙汸稱觀馬公詞意若無取焉者。獨汸以宋代衰微之故、與漢出處大概推闡其旨、以為南渡忍恥事讎、理宗容姦亂政、故取左氏國策所載之事以昭諷勸、而并及於漢唐二代興亡之由。又取屈原樂毅韓愈孟東野序歐陽修蘇子美諸篇、有感於士之不遇而復進之於道、以庶幾乎知所自反。其去取之閒、篇篇具有深義。因作為題後以發明之。凡一千四百餘言、而漢著書之意始明。乃知以闕略議之者、由未論乎其世矣。書中閒有評註、當亦出漢原本。今竝錄存之。自序稱壬寅、乃理宗淳祐元年、蓋猶其未仕時所選定云。

唐僧宏秀集十卷（內府藏本）

宋李龏編。龏有翦綃集、已著錄。此所選唐代釋子之詩、自皎然以下凡五十二人、詩五百首。前有寶祐六年龏自序。採摭頗富、而亦時有不檢。如釋寶月行路難一首、載玉臺新詠第九卷中、本非僻書。又鍾嶸詩品下卷以齊釋惠休道猷寶月共為一條、且詳錄其事曰、行路難是東陽柴廓所造。寶月嘗憇其家、會廓亡、因竊而有之。廓子齎手本出都、欲訟此事、乃厚賂止之云云、亦非僻事。龏乃錄之第五卷中、殊為舛誤。至賈島始為浮屠、名無本。周朴始為浮屠、名清塞。後島遇韓愈、勸返初服、仕至長江簿。朴為姚合所賞、亦加冠巾、黃巢之亂、抗節罵賊而死。其人在士大夫中亦卓然不愧於儒者。龏乃錄其詩四十五首入此集、亦為不類。如云追錄其為僧之作、則賈島一集何以又不採錄、此亦自亂其例也。豈誤以四卷所錄吟馬嵬濮上諸詩之別一無本、為即島耶。唐釋能詩者衆、其最著者莫過皎然齊己貫休。然皎然稍弱、貫休稍麤、要當以齊己為第一人。今觀龏所錄、如集中聽琴劍客登南岳祝融峯諸篇、皆不見收、則別裁去取、亦未必盡諸僧所長。然唐僧有專集者不過數家、其餘散見諸書、漸就澌滅。龏能裒合而存之、俾殘章斷簡、一一有傳於後、其收拾散亡、要亦不能謂之無功也。

眾妙集一卷（浙江巡撫採進本）

宋趙師秀編。師秀有清苑齋集、已著錄。是集錄唐代五七言律詩、起沈佺期、訖王貞白、其七十六人。不甚詮次先後。五言居十之九、七言僅十之一。師秀之詩、大抵沿溯武功一派、意境頗狹。而是集乃以風度流麗爲宗多近中唐之格馮氏才調集凡例謂其惟取名句殆不盡然陳振孫書錄解題不載其名此本明季出自嘉興屠用明家寒山趙靈均以授常熟馮班班寄毛晉刊之始傳於世其書晚出故談藝家罕論及之然其去取之間確有法度不似明人所依託疑當時偶爾選錄自供吟咏非有意勒爲一編故前後無序跋亦未刊版行世惟傳其詩法者轉相繕寫幸留於後耳觀其有近體而無古體多五言而少七言確爲四靈門徑與其全集可以互相印證明末作僞之人斷不能細意脗合如是也

江湖小集九十五卷（兩淮鹽政採進本）

舊本題宋陳起編起字宗之錢塘人開書肆於睦親坊亦號陳道人今所傳宋本諸書稱臨安陳道人家開雕者皆所刻也是集所錄凡六十二家洪邁二卷僧紹嵩七卷葉紹翁一卷嚴粲一卷毛珝一卷鄧林一卷胡仲參一卷陳鑒之一卷徐集孫一卷陳允平一卷張至龍一卷杜旃一卷李龏三卷施樞二卷何應龍一卷沈說一卷王同祖一卷陳起一卷吳仲孚一卷劉翼一卷朱繼芳二卷林尙仁一卷陳必復一卷斯植二卷劉過一卷葉茵五卷高似孫一卷敖陶孫二卷附詩評宋南杰一卷余觀復一卷王琮一卷劉仙倫一卷黃文雷一卷姚鏞一卷俞桂三卷薛嵎一卷姜夔一卷周文璞三卷危稹一卷羅與之二卷趙希䆄一卷黃大受一卷吳汝弌一卷趙崇鉘一卷葛天民一卷張弋一卷鄒登龍一卷吳淵二卷宋伯仁一卷薛師石一卷附諸跋及墓誌高九萬一卷許棐四卷戴復古四卷利登一卷李濤一卷樂雷發四卷張蘊一卷劉翰一卷張良臣一卷葛起耕一卷武衍二卷林同一卷內惟姚鏞周文璞吳淵許棐四家有賦及雜文餘皆詩也案方回瀛奎律髓曰寶慶初史彌遠廢立之際錢塘書肆陳起宗之能詩凡江湖詩人俱與之善刊江湖集以售劉潛夫南岳稾亦與焉宗之賦詩有云秋雨梧桐皇子府春風楊柳相公橋本改劉屛山句也或嫁秋雨春風句爲敖器之所作言者併潛夫梅詩論列劈江湖集版二人皆坐罪而宗之坐流配於是詔禁士大夫作詩紹定癸巳彌遠死詩禁乃解今此本無劉克莊南岳稾且彌遠死於紹定六年而此本諸集多載端平淳祐寶祐紀年反在其後又張端義貴耳集自稱其親周晉仙詩載江湖集中而此本無端義詩又周密齊東野語載寶慶間李知孝爲言官與曾極景建有隙每欲尋釁以報之適極有春詩云九十日春晴日少一千年事亂時多刊之江湖集中因復改劉子翬汴京紀事一聯云秋雨梧桐皇子宅春風楊柳相公橋以爲指巴陵及史丞相及劉潛夫黃巢戰場詩曰未必朱三能跋扈只緣鄭五欠經綸遂皆指爲謗訕同時被累者如敖陶孫周文璞趙師秀及刊詩陳起皆不免焉（案此說與方回所記小異未詳孰是）而此本無曾極詩亦無趙師秀詩且洪邁姜夔皆孝宗時人而邁及吳淵位皆通顯尤不應列之江湖疑原本殘闕後人掇拾補綴已非陳起之舊矣宋末詩格卑靡所錄不必盡工然南渡後詩家姓氏不顯者多賴是書以傳其摭拾之功亦不可沒也

江湖後集二十四卷（永樂大典本）

宋陳起編案起以刻江湖集得名然其書刻非一時版非一律故諸家所藏如黃俞邰朱彝尊曹楝吳焯及花谿徐氏花山馬氏諸本少或二十八家多至六十四家輾轉傳鈔眞贗錯雜莫詳孰爲原本今檢永樂大典所載有江湖集有江湖前集有江湖後集有江湖續集有中興江湖集諸名其授次刊刻之蹟略可考見以世傳江湖集本互校其人爲前集所未有者凡鞏豐周弼劉子澄林逢吉林表民周端臣趙汝鐩鄭清之趙汝績趙汝回趙庚夫葛起文趙崇嶓張榘姚寬羅椅林昉戴埴林希逸張煒万俟紹之儲泳朱復之李時可盛烈史衞卿胡仲弓曾由基王諶李自中董杞陳宗遠黃敏求程炎子劉植張紹文章采章粲盛世宗程垣王志道蕭澥蕭元之鄧允端徐從善高吉釋圓悟釋永頤凡四十八人考林逢吉卽林表民之字蓋前後刊版所題偶異實得四十七人又詩餘二家爲吳仲方張輯共四十九人有其人已見前集而詩爲前集未載者凡敖陶孫李龏黃文雷周文璞葉茵張蘊俞桂武衍胡仲參姚鏞戴復古危稹徐集孫朱繼芳陳必復釋斯植及起所自作共十七人惟是當時所分諸集大抵皆同時之人隨得隨刊稍成卷帙卽別立一名以售其分隸本無義例故往往一人之詩而散見於數集之內如一一復其舊次轉嫌割裂參差難於尋檢謹校驗前集刪

除重複其餘諸集悉以人標目以詩繫人合爲一編統名之曰江湖後集庶條理分明篇什完具俾宋季詩人姓名篇什湮沒不彰者一一復顯於此日亦談藝之家見所未見者矣

三體唐詩六卷內府藏本

宋周弼編弼有汶陽端平詩雋已著錄是編乃所選唐詩其曰三體者七言絕句七言律詩五言律詩也首載選例七言絕句分七格一曰實接一曰虛接一曰用事一曰前對一曰後對一曰拗體一曰側體七言律詩分六格一曰四實一曰四虛一曰前虛後實一曰前實後虛一曰結句一曰詠物五言律詩分七格前四格與七言同後三格一曰一意一曰起句一曰結句宋末風氣日薄詩家多不工古體故趙師秀衆妙集方回瀛奎律髓所錄者無非近體弼此書亦復相同所列諸格尤不足盡詩之變而其時詩家授受有此規程存之亦足備一說考范晞文對牀夜語曰周伯弼選唐人家法以四實爲第一格四虛次之虛實相半又次之其說四實謂中四句皆景物而實也於華麗典重之中有雍容寬厚之態此其妙也昧者爲之則堆積窒塞而寡於意味矣是編一出不爲無補後學有識高見卓不爲時習薰染者往往於此解悟間有過於實而句未飛健者得以起或者窒塞之譏然刻鵠不成尚類鶩豈不勝於空疎輕薄之爲使稍加探討何患古人之不我同也云云又申明其四虛之說及前實後虛前虛後實之說頗爲明白乃知弼撰是書蓋以救江湖末派油腔滑調之弊與滄浪詩話各明一義均所謂有爲言之者也舊有元釋圓至註疎陋殊甚已別存其目此本爲高士奇所補正雖未能本本元元盡得出典而文從字順視舊註差清楚矣

論學繩尺十卷安徽巡撫採進本

宋魏天應編林子長註天應號梅墅自稱鄉貢進士子長號筆峯官京學教諭皆閩人也是編輯當時場屋應試之論冠以論訣一卷所錄之文分爲十卷凡甲集十二首乙集至癸集俱十六首每兩首立爲一格共七十八格每題先標出處次舉立說大意而綴以評語又略以典故分註本文之下蓋建陽書肆所刊歲久頗殘闕失次明福建提學僉事游明訪得舊本重爲校補又以原註多所譌謬併爲考核增損付書坊刊行何喬新椒邱集有是書序今本不載蓋佚脫也考宋禮部貢舉條式元祐法以三場試士第二場用論一首紹興九年定以四場試士第三場用論一首限五百字以上成經義詩賦二科竝同又載紹興九年國子司業高閌劄子稱太學舊法每旬有課月一周之每月有試季一周之皆以經義爲主而兼習論策云云是當時每試必有一論較諸他文應用之處爲多故有專輯一編以備揣摩之具者天應此集其偶傳者也其始尚不拘成格如蘇軾刑賞忠厚之至論自出機杼未嘗屑屑於頭項心腹腰尾之式南渡以後講求漸密程式漸嚴試官執定格以待人人亦循其定格以求合於是雙關三扇之說興而場屋之作遂別有軌度雖有縱橫奇偉之才亦不得而越此編以繩尺爲名其以是歟紹興重修貢舉式中試卷犯點抹條下有論策經義連用本朝人文集十句之禁知拘守之餘變爲剽竊故以是防其弊矣然當日省試中選之文多見於此存之可以考一朝之制度且其破題接題小講大講入題原題諸式實後來八比之濫觴亦足以見制舉之文源流所自出焉

吳都文粹九卷浙江鮑士恭家藏本

宋鄭虎臣編案蘇州府志虎臣字景兆曾爲會稽尉宋德祐初自請監押賈似道殺之於木緜菴者卽其人也是書於吳郡遺文綜緝頗富其中若李壽朋之割補新軍汪應辰之申奏許浦水軍趙霈之三十六浦利害郟亶之至和塘六得六失諸篇均有關兵農大計其他輿地沿革亦多有因文以著者如書中龔頤正企賢堂記曰長洲爲縣肇唐萬歲通天中而吳地記則云建自貞觀七年考唐地理志與頤正之記合可以證吳地記之譌又吳地記云常熟縣改自唐貞觀九年而書中范成大常熟縣題名記曰縣舊爲毗陵至梁而改又可與吳地記考異蓋是書雖稱文粹實與地志相表裏東南文獻藉是有徵與范成大吳郡志相輔而行亦如驂有靳矣

古文集成前集七十八卷浙江汪啟淑家藏本

舊本題廬陵王霆震亨福編不著時代觀其標識名字魏徵猶作魏證而宋人奏議於朝廷國家諸字皆空一格蓋南宋書肆本也卷端題新刊諸儒評點字凡呂祖謙之古文關鍵眞德秀之文章正宗樓昉之迂齋古文標註一圈一點無不具載其

理宗時所刊乎。集以十干爲紀，而自甲至癸皆稱曰前某集，則有後集而佚之矣。凡甲集六卷，乙集八卷，丙集七卷，丁集九卷，戊集八卷，己集八卷，庚集八卷，辛集七卷，壬集八卷，癸集九卷。所錄自春秋以逮南宋，計文五百二十二首，其中宋文居十之八。雖多習見之作，而當日名流其集不傳於今者，如馬存、程大昌、陳謙、方恬、鄭景望諸人，亦頗賴以存。所引諸評，如槐城、松齋、斅齋、鄖學士、戴溪、筆議、東塾、燕談之類，今亦罕見其書。且有未知其名者。宋人選本傳世者稀，錄而存之，亦足以資循覽也。

文章軌範七卷（兩江總督採進本）

宋謝枋得編。枋得有疊山集，已著錄。是集所錄漢晉唐宋之文，凡六十九篇，而韓愈之文居三十一，柳宗元、歐陽修之文各五，蘇洵之文四，蘇軾之文十二，其餘諸葛亮、陶潛、杜牧、范仲淹、王安石、李覯、李格非、辛棄疾八人各一篇而已。前二卷題曰放膽文，後五卷題曰小心文，各有批註圈點，其六卷岳陽樓記一篇、七卷祭田橫文、上梅直講書、三槐堂銘、表忠觀碑、後赤壁賦、阿房宮賦、送李愿歸盤谷序七篇，皆有圈點而無批註，蓋偶無獨見，即不塡綴以塞白，猶古人淳實之意。其前出師表、歸去來辭，乃併圈點亦無之，則似有所寓意。其門人王淵濟跋謂：漢丞相、晉處士之大義清節，乃枋得所深致意，非附會也。前有王守仁序，稱爲當時舉業而作。然凡所標舉，動中窾會，要之古文之法亦不外此矣。舊本以王侯將相有種乎七字分標七卷，近刻以九重春色醉仙桃七字易之。觀第三卷批有先熱侯王兩集之語，則此本爲枋得原題，近刻乃以意改竄之。雖無關大義，亦足見坊刻之好改古書，不可據爲典要也。

月泉吟社一卷（編修汪如藻家藏本）

宋吳渭編。渭字淸翁，號潛齋，浦江人。嘗官義烏令，入元後退居吳溪，立月泉吟社。至元丙戌丁亥閒，徵賦春日田園雜興詩，限五七言律體，以歲前十月分題，次歲上元收卷，凡收二千七百三十五卷，延致方鳳、謝翱、吳思齊評其甲乙，凡選二百八十人，以三月三日揭曉。此本僅載前六十人，其詩七十四首。又附錄句圖三十二聯，而第十八聯佚其名。蓋後人節錄之本，非完書也。其人皆用寓名，而別註本名於其下。如第一名連文鳳改稱羅公福之類，未詳其意。豈鳳等校閱之時，欲示公論，以此代糊名耶。首載社約、題意、誓文、詩評，次列六十人之詩，各爲評點，次爲摘句，次爲賞格及送賞啟，次爲諸人覆啟，亦皆節文。其人大抵宋之遺老，故多寓遯世之意，及聽杜鵑餐薇蕨語。王士禎池北偶談稱其清新尖刻，別自一家，而怪所品高下未當，爲移第六名子進爲第一，第十三名魏子大爲第二，第九名全泉翁爲第三，第五名山南隱逸爲第四，第十五名躡雲爲第五，第四名仙村人爲第六，第十一名方賞爲第七，第三名高宇爲第八，第四十二名俞自得爲第九，第二十五名槐窓居士爲第十，第四十三名東湖散人爲十一，第三十七名徐端甫爲十二，第四十四名仇近村爲十三，第三十一名陳希邵爲十四，第五十三名子直爲十五，第二名司馬澄翁爲十六，第四十五名陳緯孫爲十七，第五十一名聞人仲伯爲十八，第五十九名君瑞爲十九，第十七名田起東爲二十，第一名羅公福爲二十一。然諸詩風格相近，無大優劣，士禎所移與鳳等所定，均各隨一時之興，未見此之必是，彼之必非也。李東陽懷麓堂詩話曰：元季國初，東南士人重詩社，每一有力者爲主，聘詩人爲考官，隔歲封題於諸郡之能詩者，期以明春集卷，私試開牓，次名仍刻其優者，略如科舉之法。今世所傳惟浦江吳氏月泉吟社，取羅公福爲首，其所刻詩以和平溫厚爲主，無甚警拔，而卷中亦無能過之者云云。則鳳等所定，東陽固以爲允矣。

文選補遺四十卷（兩江總督採進本）

宋陳仁子編。仁子有牧萊脞語，已著錄。是書前有廬陵趙文序，述仁子之言，謂文選存封禪書，何如存天人三策；存劇秦美新，何如存更生封事；存魏公九錫文，何如存蕃固諸賢列傳；出師表不當刪去後表；九歌不當止存少司命、山鬼；九章不當止存涉江；漢詔令取武帝，不取高文；史論贊取班范，不取司馬遷；淵明詩家冠冕，十不存三；又不當以詩賦先詔令奏疏，使君臣失位，質文先後失宜。其排斥蕭統，甚至並與劉履選詩補註皆私淑文章正宗之說者。然正宗主於明理，文選原止於論文，言豈一端，要各有當。仁子以彼概此，非通方之論也。且所補司馬談六家要旨論，則齊黃老於六經；魯仲連遺燕將書，則教人以叛主；高帝鴻鵠歌情鍾嫈愛。揚雄反離騷事異忠貞。蔡琰胡笳十八拍非節烈之言。越人歌、李延年歌直淫褻之語。班固燕然山銘實爲貢諛權臣。董仲舒火災對亦不免附會經義。律以正宗之法、皆爲自亂其例、亦非能恪守眞氏者。至於宋玉微咏賦、譌爲宋玉微咏賦、則姓名時代並譌。引佛經橫陳之說以註諷賦、則龐雜已甚。荆軻易水歌與文選重出、亦爲不檢。觀所著牧萊脞語、於古文時文之格律尚未分明、則排斥古人、亦貿貿然徒大言耳。然其說云補文選、不云竟以廢文選、使兩書並行、各明一義、用以濟專尚華藻之偏、亦不可謂之無功。較諸舉一而廢百者、固尚有閒焉。

蘇門六君子文粹七十卷、（原任工部侍郎李友棠家藏本）

不著編輯者名氏。卷首凡例稱或傳爲陳亮所輯。然亮輯歐陽文粹序載龍川集、而此書之序無考、則未必出於亮也。宋史稱黃庭堅、張耒、晁補之、秦觀爲蘇門四學士。而此益以陳師道、李廌、稱蘇門六君子者。蓋陳、李雖與蘇軾交甚晚、而師道則以軾薦起官、廌亦以文章見知於軾、故以類附之也。其文皆從諸家集中錄出、凡淮海集十四卷、宛邱集二十二卷、濟北集二十一卷、濟南集五卷、豫章集四卷、后山集四卷。頗有一篇之中刊去首尾、繁文僅存其要語者。觀其所取、大抵議論之文居多。蓋坊肆所刊、以備程試之用也。陸游老學菴筆記曰、建炎以來、尚蘇氏文章、學者翕然從之、而蜀士尤盛。有語曰、蘇文熟、喫羊肉。蘇文生、喫菜羹云云。蓋風會所趨、併其從游之士亦爲當代所摹擬矣。然其去取謹嚴、猶工文之士所輯。且李廌集世無傳本、今始從永樂大典裒輯成帙、頗藉此書相補苴。又張耒集寫本僅存、字多舛誤、陳師道集刊本較詩差詳、較文則略、亦頗藉此書以勘正云。

三國文類六十卷、（浙江范懋柱家天一閣藏本）

不著編輯人名氏。今流傳有宋刊本。然宋史藝文志載此書、註云集者不知名、則當時已無可考矣。案柳宗元河東集有柳宗直西漢文類序、其文皆採之漢書。是編惟採三國志之文、蓋沿其例。凡分二十三門、曰詔書、曰敎令、曰表奏、曰書疏、曰諫諍、曰戒責、曰薦稱、曰勸說、曰對問、曰議、曰論、曰書、曰牋、曰評、曰檄、曰盟、曰序、曰祝文、曰祭文、曰誄、曰詩賦、曰雜文、曰傳。所採上涉漢末、而下及晉初、則以魏志太祖紀其事皆在建安、而裴松之註所採多晉人書也。惟其中勸說、對問二門、皆當時口語、本非詞翰。取盈卷帙、於義未安。又陳壽所評、正猶馬班之贊、摘出別立篇名、亦乖體例。以其宋人舊本、姑存之以備考證焉。

增註唐策十卷、（浙江巡撫採進本）

不著編輯者名氏。前有明正德丁丑新安汪爕序、惟言舊刊唐策、不知誰集。考書中魏徵作魏證、與古文集成同、則亦宋人作也。其集中所錄、兼有唐人策論書狀表奏之文、而獨以唐策爲名者、蓋輯以備荅策之用、從所重耳。每篇略標其要語於上方、而卷前目錄又摘其所標之語於題下。中閒註語有崇曰、張曰、李曰、竇曰、董曰諸目。崇曰一處作王崇、則是其名。而餘又皆題其姓、均莫詳其所自、亦不知諸人爲誰。殆當時盛行、其本互相訓釋、而書賈合刊之耳。所註雖簡略、而所錄皆唐人名作。持擇頗審、非明代坊選冗濫無序者可比。存之亦足備採擇也。

十先生奧論四十卷、（浙江范懋柱家天一閣藏本）

不著編輯者名氏。亦無刊書年月。驗其版式、乃南宋建陽麻沙坊本也。書中集程子、張耒、楊時、朱子、張栻、呂祖謙、楊萬里、胡寅、方恬、陳傅良、葉適、劉穆元、戴溪、張震、陳武、鄭湜諸人所作之論、分類編之、加以註釋。據其原目、凡前集、後集、續集各十五卷。此本續集脫去前五卷、僅存十卷。而前集第七卷以上亦屬後人鈔補、其原註并佚去不存。所亡之卷已無篇目可考、不知作者凡幾。此四十卷中、核其所作者已十六人、但題曰十先生、所未詳也。中閒宋史有傳者凡十一人。其餘若張震字東父、益寧人、孝宗時中書舍人、龍大淵曾覿除知閤門事、嘗繳回詞頭、事見胡沂傳。鄭湜有二、其一字溥之、福州人、光宗時爲從臣、奏立太子監國、見留正傳。其一則紹熙元年爲從政郎、進治術十卷、見書錄解題。此所載之鄭湜、其進治術者歟。陳武有江東地利論、見永樂大典。方恬、劉穆元二人、則史傳俱無可考見矣。宋人文集名著史冊者、今已十佚其八九。至於名姓無聞、篇章湮滅、如方恬諸人者、更指不勝屈。此書雖不出科舉之學、而殘編斷簡、得存於遺軼之餘、議論往往可觀、詞采亦一一足取、固網羅放失者所不廢也。

詩家鼎臠二卷、（編修汪如藻家藏本）

不著編輯者名氏。卷首有題詞，署曰倦叟，亦不知倦叟爲誰也。所錄有王惲之詩，頗疑爲元人所輯。然元王惲爲東平人，而此題曰古汴王惲，里籍既不相符。考秋澗集內亦不載此詩，則非元王惲明矣。方回瀛奎律髓稱慶元、嘉定以來，有詩人爲謁客者，錢塘湖山什伯爲羣。阮梅峯、秀實、林可山、洪孫花翁、季蕃、高菊礀、九萬往往雌黃士大夫，口吻可畏。今考是書，阮秀實、林洪、孫季蕃、高九萬諸人之詩，並在選中。或卽其時所刊，如陳起江湖小集之類歟。上卷凡五十八人，下卷凡三十七人。每人各著其里居字號，爲例不一。所存詩多者十餘首，少者僅一二首，蓋取嘗鼎一臠之意，故以爲名。其間家數太雜，時代亦多顛倒，編次頗爲無緖。然宋末佚篇賴此以存者頗多，亦未可以書肆刊本忽之矣。上卷首原脫半頁，上卷末金沙夏某一人，名字詩篇均有闕佚，今亦姑仍之云。

兩宋名賢小集三百八十卷（編修汪如藻家藏本）

舊本題宋陳思編，元陳世隆補。思有寶刻叢編，世隆有北軒筆記，並已著錄。是編所錄宋人詩集，始於楊億，終於潘音，凡一百五十七家。有紹定三年魏了翁序，及

國朝朱彝尊二跋。考所載了翁序，與寶刻叢編之序字句不易，惟更書名數字，其爲僞託無疑。彝尊跋中謂是書又稱爲江湖集，刻於寶慶、紹定間，史彌遠疑有謗己之言，牽連逮捕，思亦不免，詩版遂毀。案刊江湖集者乃陳起，非陳思，且江湖集所載皆南渡以後之人，而是書起自楊億、宋白，二書迥異。彝尊牽合爲一，紕繆殊甚。然考彝尊曝書亭集有宋高菊礀遺稾序，中述陳起罹禍之事甚悉，未嘗混及陳思，而集中亦不載此跋，當由近人依託爲之，未必眞出彝尊手。又跋內稱陳世隆爲思從孫，於思所編六十餘家外，增輯百四十家，稾本散逸。曹溶復補綴之。今檢編中所錄，率多漏略，如王應麟集雖不傳，其遺篇見於四明文獻集者尚多，而此編僅以五首爲一集，溶不應疎略若此，則謂曹溶補綴，亦不足信也。考王士禛居易錄曰：竹垞購宋人小集四十餘種，自前卷所列江湖詩外，如劉翼躔父心游摘稾、林希逸鬳齋十一稾、敖陶孫器之臞翁集、朱繼芳季實靜佳集、林尚志潤叟端隱稾、劉過改之龍洲集、劉仙倫叔擬招山集、黃文雷希聲看雲集、黃大受德容露香拾稾、武衍朝宗藏拙稾、張蘊仁溥斗野集、劉翰武子小山集、張良臣武子雪窗集、趙希[illegible]諡父抱拙集、利登履道骳稾、何應龍子翔橘潭稾、沈說惟肖庸齋集、釋永頤山老雲泉集、薛嵎仲止雲泉集、俞桂希郄漁隱稾、葛天民無懷集、姚鏞希聲雪蓬集云云，是彝尊本有宋人小集四十餘種，或舊稾零落，後人得其殘本，更掇拾他集合爲一帙，又因其稾本出彝尊，遂嫁名僞撰二跋歟。然編詩之人雖出贋託，而所編之詩則非贋託，宋人遺稾，頗藉是以哀粹其蒐羅，亦不謂無功，黎邱幻技，置之不論可矣。

柴氏四隱集三卷（浙江鮑士恭家藏本）

宋柴望及其從弟隨亨、元亨、元彪之詩文也。望有丙丁龜鑑，已著錄。隨亨字瞻岵，登文天祥榜進士，歷知建昌軍事。元亨字吉甫，與隨亨同舉進士，歷官朝散大夫、荆湖參制。元彪字炳中，號澤臞居士，嘗官察推。宋亡以後，兄弟俱遁跡不仕，時稱柴氏四隱。望所著有道州台衣集、詠史詩、涼州鼓吹，元彪所著有襪線集，隨亨、元亨著作散佚。其集名皆不可考。明萬歷中，其十一世孫復貞等蒐羅遺稾，元亨之作已無復存，因合望與隨亨、元彪詩文共爲一集，仍以四隱爲名，因舊稱也。世所行者僅望秋堂一集，而實非足本。錢塘吳允嘉始得刻本鈔傳之，又據江山志及吳氏詩永益以集外詩五首，遂爲完書。其詩格頗近晚唐，無宋人杈枒之習。隨亨、元彪所作，差遜其兄，然謹節高風，萃於一門，雖遺編零落，而幽憂悲感之意，託諸歌吟者，往往猶可考見，存之足以勵風教，正非徒以文章重矣。

欽定四庫全書總目卷一百八十七

欽定四庫全書總目卷一百八十八

集部四十一

總集類三

中州集十卷、附中州樂府一卷（內府藏本）

金元好問編。好問有續夷堅志、已著錄。是集錄金一代之詩。首錄顯宗二首、章宗一首、不入卷數。其餘分爲十集、以十干紀之。辛集目錄旁註別起二字、其人亦復始於金初。似乎七卷以前爲正集、七卷以後爲續集也。壬集自馬舜之下別標諸相一門、列劉豫等十六人。狀元一門、列鄭子聃等八人。異人一門、列王中立等四人。隱德一門、列薛繼先、宋可、張潛、曹珏四人詩、而獨標繼先名。疑傳寫譌脫。癸集列知己三人、曰辛愿、李汾、李獻甫。南冠五人、曰司馬朴、滕茂實、何宏中、姚孝錫、朱弁。而附見宋遺民趙滋及好問父兄詩於末。前有好問自敘、稱魏道明作百家詩略、商衡爲附益之。好問又增以己之所錄、以成是編。序作於癸巳、蓋哀宗天興二年也。其例每人各爲小傳、詳具始末、兼評其詩。或一傳而附見數人、如乙集張子羽下附載僧可道、鮮于可、高鳴、王景徽、吳演之類。或附載他文、如丙集党懷英下附載誅永蹈詔書之類。或兼及他事、如乙集祝簡下附載所論王洙不註杜詩之類。大致主於借詩以存史、故旁見側出、不主一格。至壬集賈益謙條下、述其言世宗大定三十年中、能暴海陵蟄惡者、得美仕。史官修實錄、誣其淫毒很驁、遺臭無窮。自今觀之、百無一信。又稱衛王勤儉、愼惜名器、較其行事、中材不能及者多。如斯之類、尤足存一代之公論。王士禎池北偶談嘗論其記蔡松年事、不免曲筆。然亦白璧之瑕、不足以累全體矣。惟大書劉豫國號年號、頗乖史法。然豫之立國、實金朝所命。好問金之臣子、宜有內詞、固不得而擅削之。亦未可以是爲咎也。其選錄諸詩、頗極精審。實在宋末江湖諸派之上。故卷末自題有若從華實評詩品、未便吳儂得錦袍及北人不拾江西唾、未要曾郎借齒牙句。士禎亦深不滿之、殆以門戶不同歟。後附中州樂府一卷、與此集皆毛晉所刊。卷末各有晉跋、稱初刻中州集、佚其樂府、後得陸深家所藏樂府、乃足成之。今考集中小傳、皆兼評其樂府、是樂府與中州集合爲一編之明證。今亦仍舊本錄之、不別入詞曲類焉。

唐詩鼓吹十卷（通行本）

不著編輯者名氏。據趙孟頫序、稱爲金元好問所編、其門人中書左丞郝天挺所註。

國朝常熟陸貽典題詞、則據金史隱逸傳、謂天挺乃好問之師、非其門人。又早衰厭科舉、不復充賦、亦非中書左丞。頗以爲疑。案王士禎池北偶談曰、金元間有兩郝天挺。一爲元遺山之師、一爲遺山弟子。考元史郝經傳云、其先潞州人、徙澤州之陵川。祖天挺、字晉卿。元裕之嘗從之學。裕之謂經曰、汝貌類祖、才器非常者是也。其一字繼先、出於多羅別族（原作朶魯、今改正）。父哈賞巴圖爾（原作和上拔都魯、今改正）。元太宗世多著武功。天挺英爽剛直、有志略、受業於遺山元好問。累官河南行省平章事、追封冀國公、諡文定、爲皇慶名臣。嘗修雲南實錄五卷、又註唐詩鼓吹集十卷。近常熟刻鼓吹集、乃以爲隱逸傳之晉卿、而致疑於趙文敏之序稱尚書左丞、又於尚書左丞上妄加金字、誤甚云云。然則貽典等所考、知其一而不知其二矣。是集所錄皆唐人七言律詩、凡九十六家、共五百九十六首。作者各題其名、惟柳宗元杜牧題其字、未喻何故。第四卷中宋邕詩十一首、天挺註以爲實出曹唐集中、題作宋邕。當必有據。然第八卷中胡宿詩二十三首、今並見文恭集中、實爲宋詩誤入、則亦不免小有疎舛。顧其書與方回瀛奎律髓同出元初、而去取謹嚴、軌轍歸一。大抵遒健宏敞、無宋末江湖四靈瑣碎寒儉之習、實出方書之上。天挺之註雖頗簡略、而但釋出典、尚不涉於穿鑿、亦不似明廖文炳等所解橫生枝節、庸而至於妄也。據都卬三餘贅筆、此書至大戊申江浙儒司刊本。舊有姚燧武一昌二序、此本佚之。又載燧序謂宋高宗嘗纂唐宋軼事爲幽閒鼓吹、故好問本之。案三都二京、五經鼓吹、其語見於世說。好問立名、當由於此。燧所解不免附會其文也。

二妙集八卷（江蘇巡撫採進本）

金段克己段成己兄弟詩集也。克己字復之、號遯菴。成己字誠之、號菊軒。稷山人。克己、金末嘗舉進士。入元不仕。成己登正大間進士、授宜陽主簿。元初起爲平陽府儒學提舉、堅拒不赴。兄弟並以節終。初、克己成己均早以文章擅名。金尚書趙秉文嘗目之曰二妙。故其合編詩集、即以爲名。泰定間、克己之孫輔、官吏部侍郎、以示吳澄、始序而傳之。

朱彝尊曝書亭書目於二妙集下乃題作段鏞、段鐸。攷虞集所作段氏世德碑，鏞、鐸實克己、成己之五世祖，鐸官至防禦使，未嘗有集行世，彝尊蓋偶誤也。集凡詩六卷，樂府二卷，大抵骨力堅勁，意致蒼涼，值故都傾覆之餘，悵懷今昔，流露於不自知。吳澄序言其有感於興亡之會，故陶之達、杜之憂，其詩兼而有之。所評良允。房祺編河汾諸老詩八卷，皆金之遺民從元好問遊者，克己兄弟與焉。而好問編中州集，金源一代作者畢備，乃獨無二人之詩，蓋好問編中州集時，爲金哀宗天興二年癸巳，方遭逢離亂，羈滯聊城，自序稱據商衡百家詩略及所記憶者錄之，必偶未得二人之作，是以不載。故又稱嗣有所得，當以甲乙次第之，非削而不錄也。河汾諸老詩集所載尙有克己楸花詩一首，成己蘇氏承顏堂等詩七首，皆不在此集中。疑當時所自刪削。又此集成己冬夜無寐一首、中秋二首、雲中暮雨一首，河汾諸老詩集皆題爲克己作，此集出自段氏家藏，編次必無舛錯，當屬房祺誤收。今姑各仍其舊，而特識其同異於此焉。

瀛奎律髓四十九卷（內府藏本）

元方回撰。回有續古今考，已著錄。是書兼選唐宋二代之詩，分四十九類，所錄皆五七言近體，故名律髓。自序謂取十八學士登瀛洲、五星聚奎之義，故曰瀛奎。大旨排西崑而主江西，倡爲一祖三宗之說。一祖者，杜甫；三宗者，黃庭堅、陳師道、陳與義也。其說以生硬爲健筆，以粗豪爲老境，以鍊字爲句眼，頗不諧於中聲。其去取之間，如杜甫秋興惟選第四首之類，亦多不可解。然宋代諸集不盡傳於今者，頗賴以存，而當時遺聞舊事，亦往往多見於其註，故厲鶚作宋詩紀事，所採最多。其議論可取者亦不一而足，故亦未能竟廢之。此書世有二本，一爲石門吳之振所刊，註作夾行，而別有圈點。前載龍遵敘述傳授源流至詳。一爲蘇州陳士泰所刊，刪其圈點，遂併註中所圈是句中眼等句刪去。又以龍遵原序屢言圈點，亦併刪之，以滅蹟。校讐舛駁，尤不勝乙。之振切議之，殆未可謂之已甚焉。

谷音二卷（江蘇巡撫採進本）

元杜本編。本有清江碧嶂集，已著錄。是編末有張榘跋，稱右詩一卷，凡二十三人，無名者四人，共一百首。明毛晉跋則稱谷音二卷，宋末逸民詩也，凡二十有九人，詩百篇。此本上卷凡十人，詩五十首，下卷凡十五人，無名者五人，詩五十一首，當爲三十人，詩一百一首，與二跋皆不合。其釐爲二卷，亦不知始自何人也。每人各載小傳，惟柯芝、柯茂謙父子共一傳，楊應登、楊雲祖孫共一傳，凡小傳二十有八。其間如王澮、程自修、冉琇、元吉、孟鯁皆金元間人，張璜以牙兵戰沒，汪涯以不草露布爲賈似道所殺。毛晉以爲皆宋逸民，亦約略大槩言之耳。本所著清江碧嶂集，詞意粗淺，不稱其名，而是集所錄，乃皆古直悲涼，風格遒上，無宋末江湖齷齪之習。其人又皆仗節守義之士，足爲詩重。王士禎論詩絕句曰：「誰嗣篋中冰雪句，谷音一卷獨錚錚。」其品題當矣。

梅花百詠一卷（浙江巡撫採進本）

元馮子振與釋明本倡和詩也。子振字海粟，攸州人，官承事郎、集賢待制。明本姓孫氏，號中峰，錢塘人，居吳山聖水寺。工於吟詠，與趙孟頫友善。子振方以文章名一世，意頗輕之。偶孟頫偕明本訪子振，子振出示梅花百韻詩，明本一覽，走筆和成。復出所作九字梅花歌以示子振，遂與定交。是編所載七言絕句一百首，即當時所立和者是也。後又附春字韻七律一百首，則僅有明本和章，而子振原倡已不可復見矣。宋史藝文志載李祺梅花百詠一卷，久佚弗傳。又端平中有張道洽者，作梅花詩三百餘首，今惟瀛奎律髓僅存數首。子振才思奔放，一題衍至百篇，往往能出奇制勝。而明本所和亦頗瑰鑠盡致，足以壁壘相當。今明本所著中峰廣錄，雖有傳本，而祇有偈頌數十首，不載此詩。而子振著作則惟元文類諸書略見一二，全集久佚無存。此集雖游戲之作，而片爪一鱗，猶可以窺見崖略。其詩別本互有同異，東閣梅一首，中峰和章原闕，而別見於韋德珪集。國朝夏洪基爲之訂正校刊，頗有依據，今亦竝仍之焉。

河汾諸老詩集八卷（安徽巡撫採進本）

元房祺編。祺，平陽人。據高昂霄跋，稱祺爲大同路儒學教授，而祺作後序，自稱橫汾隱者，豈罷官後乃編斯集耶。所編凡麻革、張宇、陳賡、陳颺、房皡、段克己、段成己、曹之謙八人之詩，人各一卷，皆金之遺老從元好問游者。曹之謙本大同人，以流寓河汾。遂營邱墓。故總以河汾諸老題焉。祺後序稱好問有專集行世，故不錄其詩。然段氏兄弟亦自有二妙集，乃其孫輔所編。蓋二妙集出於泰定中，祺爲此集時，尚未輯成，故其詩仍得錄入也。其書成於大德閒。皇慶癸丑，高昂霄爲鋟版。明宏治十一年，御史沁水李叔淵復授開封同知謝景星刊行。河南按察司副使車璽爲之序。今舊刻皆佚。此本爲毛晉汲古閣所刊。稱以林古度、周浩若及胥林寺僧所鈔三本互校，乃成完書。然祺後序稱古律詩二百一首，皞皞郝先生序於前。今郝序已佚，而詩止一百七十七首，則尚非全本矣。然諸老以金源遺逸，抗節林泉，均有淵明義熙之志。人品既高，故文章亦超然拔俗。吉光片羽，彌足寶貴，又何論其完闕乎。

天下同文集四十四卷（兩淮馬裕家藏本）

元周南瑞撰。南瑞始末未詳。考吳澄支言集有贈周南瑞序，稱安成周南瑞敬修，扁濂溪二字於室。或者議之。又稱敬修之文詞，固已早冠於鄉儒之上。自濂溪視之，則陋也。盍暫舍其所已學，而勉其所未學云云。當即其人也。澄序多不滿之詞，至稱其欲爲濂溪後人，當知其門戶路徑，是明以目稱周子之裔譏之。其人蓋好趨附高名者。觀其目錄末標隨有所傳錄，陸續刊行九字。其體例與今時庸陋坊本無異，可以槩見也。卷首有劉將孫一序，亦潦倒淺陋，似乎依託。然其所載頗有蘇天爵文類所未收，而足資當日典故者。如元史崔彧上寶璽事，見於成宗本紀及彧本傳，未詳得璽月日。是集所載崔彧獻璽書文，知爲至元三十一年正月三十日。又成宗本紀元貞元年三月乙巳朔，安南世子陳日燇遣使上表，并獻方物。而安南國傳則紀其事於至元三十一年五月之下，與本紀互異。今考是集所載安南國王賀成宗登極表末云元貞元年三月初一日，知列傳爲誤。書皆可以旁資考證。其他文亦多有可觀者。其中十七卷、十八卷、三十一卷、三十四卷、三十五卷、四十一卷並闕。蓋麻沙舊式，分卷破碎，傳鈔易於佚脫。今既無別本校補，亦姑仍原本錄之，以存其眞焉。

古賦辨體八卷外集二卷（江蘇巡撫採進本）

元祝堯編。江西通志載堯上饒人，延祐五年進士。爲江山尹，後遷無錫州同知。廣信府志載堯字君澤，與此本所題同。惟云官萍鄉州同知，與江西通志異。其書自楚詞以下，凡兩漢三國六朝唐宋諸賦，每朝錄取數篇，以辨其體格。凡八卷。其外集二卷，則擬騷琴操歌等篇，爲賦家流別者也。採摭頗爲賅備。其論司馬相如子虛上林賦，謂問答之體其源出自卜居漁父，宋玉輩述之，至漢而盛。首尾是文，中間是賦。世傳既久，變而又變。其中閒之賦以鋪張爲靡，而專於詞者則流爲齊梁唐初之俳體。其首尾之文以議論爲便，而專於理者則流爲唐末及宋之文體。於正變源流，亦言之最確。何焯義門讀書記嘗譏其論潘岳藉田賦，分別賦頌之非。引馬融廣成頌爲證，謂古人賦頌通爲一名。然文體屢變，支派遂分。猶之姓出一源，而氏殊百族。既云辨體，勢不得合而一之。焯之所言雖有典據，但追溯本始，知其同出異名可矣。必謂堯強主分別，即爲杜撰，是亦非通方之論也。

圭塘欸乃集二卷（浙江鮑士恭家藏本）

元許有壬及其弟有孚、子楨倡和之詩也。有壬有至正集，已著錄。是集乃至正八年有壬既致仕歸，乃以賜金得康氏廢園於相城之西，鑿池其中，形如桓圭，因以圭塘爲名。日攜賓客子弟，觴咏其閒。積成巨帙。其詩二百一十九首，樂府六十六首。中惟樂府十解爲其客馬熙所作，餘皆有壬、有孚及楨之作。既而楨如京師，以其本示馬熙。熙復取而盡和之。凡詩七十八首，詞八首，別題曰圭塘補和，附之於後。其詩雖多一時適興之什，不必盡刻意求工。而一門之中，父子兄弟自相師友，其風流文雅之盛，猶有可以想見者焉。集前周伯琦序，後有段天祐等八跋，及趙桓陸燠然題詩各一首，皆至正庚寅、辛卯、甲辰、丙午諸年。惟末有亘濱一跋，不著名氏，稱此集江湖友人躬錄裝潢者二十八年。南歸展讀，外皆破碎，兵後所存惟此本，乃力疾補葺，遺我子孫。後題上章涒灘四月。案上章涒灘爲庚申歲，乃明洪武之十三年。而丁文昇跋內亦有從亘濱御史傾篋鈔錄語。蓋亘濱乃有孚別號，而所謂江湖友人者，即文昇也。

忠義集七卷（編修汪如藻家藏本）

元趙景良編。初，南豐劉壎作補史十忠詩一卷，述宋末李芾、趙卯發、文天祥、陸秀夫、江萬里、密佑、李庭芝、陳文龍、張世傑、張珏之事。壎自爲序。其子麟瑞，復取宋末節義之士，撰述遺事，賦五十律，題曰昭忠逸詠，凡四卷，亦自爲前後序。又有岳天祐者序之。景良合二集爲一編，又採宋末遺老諸作，續爲二卷，而併麟瑞詩四卷，爲三。總名之曰忠義集。於時宋史未修，蓋藉詩以存史也。其書在元不甚著。明宏治中，江右何喬新始序而梓之。序言附錄中有汪元量詩，然此本實無之，未詳其故。又方回背宋降元，爲世僇笑，其人最不足道，而景良列之忠義中，亦所未解也。壎有隱居通議，已著錄。麟瑞號如村。至治中人。景良字秉善。二劉之鄉人也。

宛陵羣英集十二卷（永樂大典本）

元汪澤民、張師愚同編。澤民字叔志，婺源人。延祐戊午進士，授承事郎，同知岳州路平江州事，歷南安信州兩總管府推官，以母憂歸。服除，補平江路總管府推官，調濟南路兗州知州。至正三年，召爲國子司業，與修三史。書成，遷集賢直學士，尋以禮部尚書致仕，居宣城，自號堪老眞逸。十五年，長槍賊陷寧國，被執，不屈罵賊死，年七十。贈江浙行中書省左丞，追封譙國郡公，謚文節。事蹟具元史本傳。師愚字仲愚，寧國人。曾兩領延祐天歷鄉薦，與澤民友善。江南通志稱其嘗與梅堯臣年譜，然年譜乃其弟師曾所撰，已別著錄，以爲師愚者誤也。是編蓋澤民晚居宣城時所輯。上自宋初，下迄元代，得詩一千三百九十三首，分古今體，訂爲二十八卷。同里施璇爲鋟版以行。其後久佚不傳，故寧國宣城二志載籍門內均不著其目。今核永樂大典各韻內所錄此集之詩，共得七百四十六首，作者一百二十九人，視原本猶存十之五六。中如王圭等七十餘人，載於宣城舊志文苑傳者，其遺篇往往藉此以見。又如梅鼎祚宛雅所錄諸家佚句，以爲原詩散亡者，今其全什亦多見集中。宋元著作放失者多，此集雖僅一鄉之歌詠，亦可云文獻之徵矣。謹裒集校定，釐爲十二卷。凡其人之爵里事蹟有可考者，俱補註於姓名之下。不可考者闕之。其永樂大典原本失載人名，無可參補者，則仍分類附錄於後，以待審訂焉。

元文類七十卷目錄三卷（副都御史黃登賢家藏本）

元蘇天爵編。天爵有名臣事略，已著錄。是編刊於元統二年，監察御史王理、國子助教陳旅各爲之序。所錄諸作，自元初迄於延祐，正元文極盛之時。凡分四十有三類，而理序仿史記自序、漢書敍傳之例，區爲十有五類。蓋目錄標其詳，序則撮其綱也。天爵三居史職，預修武宗、文宗實錄，所著自名臣事略外，尚有松廳章奏、春風亭筆記諸書。於當代掌故最爲嫻習，而所作滋溪文集詞章典雅，亦足追蹤前修，故是編去取精嚴，具有體要。自元興以逮中葉，英華採擷，略備於斯。論者謂與姚鉉唐文粹、呂祖謙宋文鑑鼎立而三。然鉉選唐文，因宋白文苑英華。祖謙選北宋文，因江鈿文海，稍稍以諸集附益之耳。天爵是編，無所憑藉，而蔚然媲美，其用力可云勤摯。旅序篇末，稱天爵此書所以纂輯之意，庶幾同志之士相與博採而嗣錄之。而終元之世，未有人續其書者，可以見其難能矣。葉盛水東日記曰，蘇天爵元文類，元統中監察御史南鄭王理序之。有元名人文集，如王百一、閻高唐、姚牧菴、元淸河、馬祖常、元好問之卓卓者，今皆無傳本。（案祖常石田集、好問遺山集今皆有傳本。蓋明代不甚行於世，盛偶未見，故其說云然。）則所以考勝國文章之盛，獨賴是編而已。嘗見至正初浙省元刻大字本，有陳旅序。此本則有書坊自增考亭書院記、建陽縣江源復一堂記、併高昌偰氏家傳云云。今此本無此三篇，而有陳旅序，蓋猶從至正元刻翻雕也。

元風雅前集十二卷後集十二卷（內府藏本）

前集十二卷，元傅習所採集，孫存吾爲之編次。後集十二卷，則存吾所續輯也。習字說卿，清江人。存吾字如山，廬陵人。習仕履不可考。存吾嘗爲儒學正，亦不詳其始末也。前集首劉因，凡一百十四家。後集首鄧文原，凡一百六十六家，間載作者爵里，俱不甚詳。所錄江西人詩最多，蓋里閈之間，易於摭拾。惟一時隨所見聞，旋得旋錄，故首尾頗無倫序。或有一人而兩見者，殊乖體例。然元時總集傳於今者不數家，此集雖不甚賅備，而零章斷什不載於他書者頗多。世不習見之人，與不經見之詩，賴以得存者亦不少矣。又案范氏天一閣所藏有元朝野詩集一冊，亦題曰元風雅，不知何人所編。其體例與此迥殊，又傳寫多譌，參差失序，幾至不可句讀，蓋斷爛不全之本，無足甄錄，以二書同出元代，名又相淆，姑附著其異同於此，以祛來者之疑焉。

唐音十四卷（安徽巡撫採進本）

元楊士宏編。士宏字伯謙，襄城人。是書成於至正四年，虞集爲之序。凡始音一卷，正音六卷，遺響七卷。而士宏自記稱十五卷，蓋遺響有一子卷也。其始音惟錄王楊盧駱四家，正音則詩以體分，而以初唐盛唐爲一類，中唐爲一類，晚唐爲一類，遺響則諸家之作咸在，而附以僧詩女子詩，李白杜甫韓愈三家皆不入選，其凡例謂三家世多有全集，故弗錄焉。其書積十年之力而成，去取頗爲不苟。明蘇衡作劉敬伯古詩選序，頗以是書所分始音正音遺響爲非。李東陽懷麓堂詩話則曰，選詩誠難，必識足以兼諸家者，乃能選諸家，識足以兼一代者，乃能選一代。一代不數人，一人不數篇，而欲以一人選之，不亦難乎。選唐詩者惟楊士宏唐音爲庶幾云云。其推之可謂至矣。高棅唐詩品彙即因其例而稍變之。馮舒兄弟評韋縠才調集，深斥棅杜撰排律之非，實則排律之名，亦因此書，非棅創始也。曹安讕言長語稱舊有丹陽顏潤卿註，今未見其本。此本題張震輯註。震字文亮，新淦人。其仕履始末及朝代先後皆未詳。註極弇陋，明唐覲延州筆記嘗摘其註李商隱咸陽詩自是當時天帝醉一條，李頎贈從弟詩第五之名齊驃騎一條，盧照鄰送趙司倉入蜀詩潘年三十外一條，他如楊炯劉生一首，乃樂府古題，而震曰，劉生不知何許人，後篇亦有劉生，要皆從軍之士也。又炯夜送趙縱一首，其詩作於初唐，而震曰，趙縱，郭子儀之壻也，仕至侍郎。如斯之類，不可毛舉，殆必明人也。以原本所有，且間有一二可採者，姑附存之，備一解焉。

古樂府十卷（浙江汪啟淑家藏本）

元左克明編。克明自稱豫章人，其始末未詳。自序題至正丙戌，則順帝時也。是書錄古樂府詞，分爲八類，曰古歌謠，曰鼓吹曲，曰橫吹曲，曰相和曲，曰清商曲，曰舞曲，曰琴曲，曰雜曲。自序謂冠以古歌謠詞者，貴其發乎自然，終以雜曲者，著其漸流於新聲。又謂風化日移，繁音日滋，懼乎此聲之不作也，故不自量度，推本三代而上，下止陳隋，截然獨以爲宗，雖獲罪世之君子，無所逃焉云云。當元之季，楊維楨以工爲樂府傾動一時，其體務造恢奇，無復舊格，克明此論，其爲維楨而發乎。考宋郭茂倩先有樂府詩集，所錄止於唐末，極爲賅備。克明此集，似乎牀上之牀。然考李孝光刻樂府詩集序，稱其書歲久將弗傳，至元六年，濟南彭叔儀始得本校刻，是郭書刊版之時，僅在克明成書前六年。其版又在濟南，距江西頗遠，則編此集時，當未必見郭書，非相蹈襲。且郭書務窮其流，故所收頗濫。如薛道衡昔昔鹽凡二十句，唐趙嘏每句賦詩一首，此殆如春官程試摘句命題，本無關於樂府，乃列之薛詩之後，未免不倫。此集務溯其源，故所重在於古題古詞，而變體擬作則去取頗慎。其用意亦迥不同也。每類各有小序，核其詞氣，確爲克明自作。其題下夾註，則多摭樂府詩集之文。紫玉歌條下，並明標樂府詩集字。今考其臨高臺條下，引劉履風雅翼之說，尙與克明相去不遠，至紫騮馬條下，引馮惟訥詩紀之說，則嘉靖中書，元人何自見之。其由明人重刻，臆爲竄入明矣。又馮舒校玉臺新詠，於焦仲卿妻詩守節情不移句下，註曰，案活本楊本此句下有賤妾留空房，相見常日稀二句，檢郭左二樂府並無之。今考此本，乃已有此二句，知正文亦爲重刻所改，不止私增其解題矣。然元刻今未之見，無由互校刊除，姑仍明刻錄之，而附訂其謬如右。

玉山名勝集八卷、外集一卷（浙江鮑士恭家藏本）

元顧瑛編。瑛有玉山璞稿，已著錄。其所居池館之盛甲於東南，一時勝流多從之游宴。因裒其詩文爲此集，各以地名爲綱，曰玉山堂，曰玉山佳處，曰種玉亭，曰小蓬萊，曰碧梧翠竹堂，曰湖光山色樓，曰讀書舍，曰可詩齋，曰聽雪齋，曰白雲海，曰來龜軒，曰雪巢，曰春草池，曰綠波亭，曰絳雪亭，曰浣華館，曰柳塘春，曰漁莊，曰書畫舫，曰春暉樓，曰秋華亭，曰淡香亭，曰君子亭，曰釣月軒，曰拜石壇，曰寒翠所，曰芝雲堂，曰金粟影。每一地各先載其題額之人，次載瑛所自作春題，而以序記詩詞之類各分系其後。元季知名之士，列其間者十之八九。考宴集唱和之盛，始於金谷蘭亭，園林題詠之多，肇於輞川雲谿。其賓客之佳，文詞之富，則未有過於是集者。雖遭逢衰世，有託而逃，而文采風流，照映一世，數百年後，猶想見之。錄存其書，亦千載藝林之佳話也。

草堂雅集十三卷（浙江巡撫採進本）

元顧瑛編。瑛早擅文章，又愛通賓客，四方名士，無不延致於玉山草堂者，因仿段成式漢上題襟集例，編唱和之作爲此集。自陳基至釋自恢，凡七十人。又仿元好問中州集例，各爲小傳，亦有僅載字號里居，不及文章行誼者，蓋各據其實，不虛標榜，猶前輩篤實之遺也。其與瑛贈荅者，即附錄己作於後。其與他人贈荅而其人非與瑛游者，所作可取，亦附錄焉。皆低書四格以別之。蓋雖以草堂雅集爲名，實備錄其人平生之作。元季詩家，此數十人括其大凡，數十人之詩，此十餘卷具其梗槩。一代精華，略備於是。視月泉吟社惟賦田園雜興一題，惟限五七言律一體者，賅備多矣。是書世罕傳本，王士禎居易錄記朱彝尊於吳門醫士陸其清家僅一見之。此本紙墨猶爲舊鈔，疑或即陸氏本歟。

玉山紀遊一卷（浙江汪啟淑家藏本）

元顧瑛紀遊倡和之作，明袁華爲類次成帙者也。所遊自崑山以外，如天平山、靈巖山、虎邱、西湖、吳江、錫山、上方山、觀音山，或有在數百里外者，總題曰玉山游，非一人，而瑛爲之主；游非一地，而往來聚會悉歸玉山堂也。每遊必有詩，每詩必有小序，以志歲月。所與遊者，自華以外，爲會稽楊維楨、遂昌鄭元祐、吳興郯韶、沈明遠、南康于立、天台陳基、淮南張渥、嘉興瞿智、吳中周砥、釋良琦、崑山陸仁，皆一時風雅勝流。又有顧佐、馮郁、王濡之三人，里貫事迹皆未詳，然以其儕偶推之，定亦非俗士矣。所收不及玉山名勝集、草堂雅集之富，而山水清音，琴樽佳興，一時文采風流，千載下尚如將見之也。華已入明，然其詩皆作於至正中。華編是集之時，亦尚在至正中，故不以編集之人爲斷，而以作詩之人爲斷，仍列諸元代焉。

大雅集八卷（編修汪如藻家藏本）

元賴良編。良字善卿，天台人。是集皆錄元末之詩，分古體四卷、近體四卷。前有至正辛丑楊維楨序，又有至正壬寅錢鼒序。末有王逢序，不署年月。維楨序稱其所采皆吳越人之隱而不傳者。序末良自識云：良選詩至二千餘首，鐵崖先生所留者僅存三百。鐵崖道人即維楨別號，是茲集乃良所裒輯，而維楨所刪定，故每卷前署維楨評點字也。然觀集中止首卷前數篇有維楨評語，七言律詩中顧瑛和維楨唐宮詞十首，亦列評語於其下，餘無維楨一語，或傳寫不完，或但經維楨點定，中閒偶評數首，良重其名，遂以評點歸維楨歟。顧嗣立選元詩三百家，衆作略備，然大抵有集者登選，雖稱零篇佚什，各入癸集，而癸集實闕而未輯。此集所錄多嗣立之所未收，其去取亦頗精審，蓋維楨工於篇什，故鑒別終爲不苟。又每人之下，皆略註字號里貫。元末詩人無集行世者，亦頗賴以考見，固不失爲善本矣。

元音遺響十卷（浙江巡撫採進本）

不著編輯者名氏。前八卷爲胡布詩，又名峿峒樵音，後二卷則張達、劉紹詩也。三人皆元之遺民，而他書罕稱其詩者，且亦罕稱其人者，故其出處莫之能詳。今即詩中考之，則紹爲布姻家，曾入汝南王幕，布與紹詩序稱俱客閩帥，不遂所志。蓋元末皆嘗參謀軍事。布又有詩云：我時瘴癘使分迹南荒。最又云：自我使島夷，銜命出蠻障。是布復嘗奉使海外矣。又布有入理問所作及丙辰歲獄中元夕詩，註云：先生以高蹈有忤時政，被謫，又丙辰十月初五發龍江詩云：羈人得遣如承赦，日暮登舟似到家。丙辰爲洪武九年，殆明初徵之不屈，被譴既而得釋者也。至其近問自從諸詩中有想見霓旌摐行在之句，當爲順帝北狩後所作，故君舊國之思，拳拳不置，其志節可見。其詩格調亦皆高古，不失漢魏遺意，雖聲華消歇，名氏翳如，而遺集猶存，固可與柴桑一老尚友於千載前矣。布字子申，達字秀充，皆盱江人；紹字子憲，黎川人也。

風雅翼十四卷（編修汪如藻家藏本）

元劉履編。履字坦之，上虞人。入明不仕，自號草澤閒民。洪武十六年，詔求天下博學之士，浙江布政使強起之。至京師，授以官，以老疾固辭，錫鈔遣還，未及行而卒。浙江通志列之隱逸傳中。是編首爲選詩補註八卷，取文選各詩刪補訓釋，大抵本之五臣舊註、曾原演義，而各斷以己意。次爲選詩補遺二卷，取古歌謠詞之散見於傳記、諸子及樂府詩集者，選錄四十二首，以補文選之闕。次爲選詩續編四卷，取唐宋以來諸家詩詞之近古者一百五十九首，以爲文選嗣音。其去取大旨本於眞德秀文章正宗，其詮釋體例則悉以朱子詩集傳爲準。其論杜甫三吏三別太迫切而乏簡遠之度，以視建安樂府，如典謨之後別有盤誥，足見風氣變移，不知諷諭之語，必含蓄乃見優柔，敘述之詞，必眞切乃能感動。王粲七哀詩曰：出門無所見，白骨蔽平原。路有饑婦人，抱子棄草閒。顧聞號泣聲，揮涕獨不還。未知身死處，何能兩相完。此何嘗非建安詩、與三吏三別何異。又如孤兒行、病婦行、上留田、東西門行、以及焦仲卿妻詩之類、何嘗非樂府詩、與三吏三別又何異。此不明文章之正變、而謬為大言也。又論塘上行後六句以為魏文帝從軍而甄后念之、不知古者採詩以入樂、聲盡而詞不盡、則删節其詞、詞盡而聲不盡、則摭他詩數句以足之。皆但論聲律、不論文義。樂府詩集班班可考。塘上行末六句忽及從軍、蓋由於此。履牽合魏文帝之西征、此不明文章之體裁、而橫生曲解也。至於以漢魏篇章強分比興、尤未免刻舟求劍、附合支離。朱子以是註楚詞、尚有異議、況又效西子之顰乎。以其大旨不失於正、而亦不至全流於膠固。又所箋釋評論、亦頗詳贍、尚非枵腹之空談。較陳仁子書猶在其上、固不妨存備參考焉。又案葉盛水東日記、稱祭酒安成李先生、於劉履風雅翼嘗別加註釋、視劉益精。安成李先生者、李時勉也。其書今未之見。然時勉以學問醇正、人品端方、為天下所重。詩歌非其所長、考證亦非其所長。計與履之原書亦不過伯仲之閒矣。

荊南倡和集一卷（兩江總督採進本）

元周砥、馬治同撰。砥字履道、無錫人。治字孝常、宜興人。明史文苑傳並附載陶宗儀傳末。至正癸巳甲午乙未三年、砥遭亂客治家、治館砥於宜興荊溪之南。隨事倡和、積詩一卷。錄成二帙、各懷其一。同時遂昌鄭元祐為之序、二人亦自有序。後砥從張士誠死於兵。而治入明為內邱縣知縣、遷建昌府知府。與高啟友善、遂以此集手錄本付啟。啟復以與呂敏、有啟後序及徐賁題志。敏後仍歸諸馬氏。成化閒、鄉人李廷芝攜至京師、俾李應禎、張弼校正付梓。集後附錄數首、皆砥在荊南前後之作、及治賦砥哀詞、與其追和之詩。砥以吟咏擅長、與顧阿瑛往來。玉山雅集紀遊諸編中、多載所作。格調皆極諧婉。其撰是集、正元末喪亂之際、感時傷事、尤情致纏綿。治詩稍遜於砥、而儁句絡繹、工力亦差能相敵。以視松陵倡和、漢上題襟、雖未必遽追配作者、而兩人皆無全集行世、存之亦足見其一斑焉。

案周砥與馬治詩同一集、而人隔兩朝、遂無時代可歸。今以治雖入明、而在元所作、尚可謂之元詩。若砥則斷斷不可編於明、故以砥為主、繫元人之末。此不得已之變例也。

欽定四庫全書總目卷一百八十八

欽定四庫全書總目卷一百八十九

集部四十二

總集類四

乾坤清氣集十四卷（浙江鮑士恭家藏本）

明偶桓編。桓字武孟、號海翁、因眇一目、又自號瞎牛。太倉人。洪武中官荊門州吏目。是集錄元一代之詩、分體編次。其中如汪元量、瀛國公、元好問等、上該金宋之末、張以寧、危素等、亦下涉明初。朱彝尊靜志居詩話稱、明初詩家擷選政者、賴良、偶桓、許中麗、仲孚、劉仔肩、汝弼、沈巽、士偁、主偁、孟歆皆有所藏。惟瞎牛乾坤清氣一編、能別開生面。惜余所鈔闕七言近體絕句、未得全書、恒以為憾。此本稱鈔自孫氏碧雪齋、所闕與彝尊本同。又以厲氏樊榭山房本、郁氏東嘯軒本參校、頗為精善。雖卷帙無多、而去取極為不苟。又編在明初、多見舊刻。如七言古詩中陳旅泰定元年八月一首、張翥周昉按樂圖一首、鄭元祐送林彥清一首、將還淮揚一首、古樂府中揭傒斯馬上郎車中女二首、陳泰漢使謠一首、薩都拉（原作薩都剌、今改正）秋夜長一首、張憲飛來狐一首。五言律詩中如馬祖常寄邵允文一首、南征一首、張翥蘇臺一首、遊石頭城清涼寺一首、楊基夏夜有懷第二首。今本集皆佚不載、惟賴此集以存。又五言律詩中趙孟頫次袁學士上都集韻一首、松雪集不載、而譚氏所刻趙子昂詩集有之。當亦從此本摭入也。他如題金淵集詩、山村集竹素山房集皆作吾衍、此本作屠彝。烏夜啼將進酒趙孝子歌三首、玉山草堂雅集作柯九思、此作雅琥皆足以考異其餘字句互異諸集者不一而足甚如倪瓚春日雲林齋居詩凡六韻六十字而與本集相同者僅十七字桓受知倪瓚最深是必其手授定本爲編雲林集者所未見矣至於甘立爲夜啼一首既見八卷古樂府又載入一卷中作晚出西掖第二首編次亦未免小疏李孝光題楊鐵崖琴書安樂窩詩醜妻歡娛自令身枯二句誤析令字爲人之二字傳寫亦未免有舛然元詩選本究當以此編爲善也

元音十二卷浙江巡撫採進本

不著編輯者名氏前有洪武甲子烏斯道序稱寧波孫原理彙輯又有曾用臧序稱爲定海丞張中達所刻末題辛巳九月下澣而空其年號兩字考辛巳爲建文三年殆以靖難革除剷削其板蓋猶明初本也所錄自劉因至龍雲從凡一百七十六人每人之下略註字號爵里大抵詳於元末而略於元初末附無名氏詩十一首又陳益稷詩一首程文海詩四首滕賓詩一首虞集詩五首別題曰補遺均爲原目所不載其中無名氏諸篇尤爲淺俗與全書體例稍異或中達刻板之時以意增入歟顧嗣立元百家詩選凡例嘗議宋公傳元詩體要蔣易元風雅及原理是書所收均爲不廣然是書於去取之閒頗具持擇雖未能盡洗當時穠縟之習而大致崇尚風格已有除煩滌濫之功矣

雅頌正音五卷江西巡撫採進本

明劉仔肩編仔肩字汝弼鄱陽人洪武初因薦應召至京集同時之詩爲此書上自公卿下至衲子凡五十餘人而仔肩所作亦附焉用劉向王逸徐陵荀挺章例也有朱濂張孟兼前後二序皆作於洪武三年所選之詩每人寥寥數首蓋是時諸人之集皆未成編隨得隨錄故未能賅備然明初諸家今無專集行世者頗藉以略存梗槩其時武功初定文治方興仔肩擬之雅頌固未免溢美要其春容諧婉雍雍乎開國之音存之亦足以見明初之風氣也此本猶洪武時舊刻歲久刓敝頗有模糊佚脫之處無別本可校今悉姑仍其舊焉

唐詩品彙九十卷拾遺十卷編修鄭際唐家藏本

明高棅編棅有嘯臺集已著錄宋之末年江西一派與四靈一派併合而爲江湖派猥雜細碎如出一轍詩以大弊元人欲以新豔奇麗矯之迨其末流飛卿長吉一派與盧仝馬異劉义一派併合而爲纖體妖冶俶詭如出一轍詩又大弊百餘年中能自拔於風氣外者落落數十人耳明初閩人林鴻始以規仿盛唐立論而棅實左右之是集其職志也所錄凡六百二十家得詩五千七百六十九首分體編次爲五言古詩二十四卷七言古詩十三卷長短句附焉五言絕句八卷六言附焉七言絕句十卷五言律詩十五卷五言排律十一卷七言律詩九卷排律附焉始於洪武甲子成於癸酉至戊寅又搜補作者六十一人詩九百五十四首爲拾遺十卷附於後考玉臺新詠有古絕句四首棅以絕句居律詩前蓋有所考至排律之名古所未有楊仲宏撰唐音始別爲一目棅祖其說遂至今沿用二馮批點才調集以堆砌板滯雜亂無章之病歸咎於排之一字詆棅爲作俑然詩家不善隸事即二韻四韻未嘗不堆砌板滯雜亂無章是亦不必盡以排字爲誤矣諸體之中各分正始正宗大家名家羽翼接武正變餘響旁流九格其凡例謂大略以初唐爲正始盛唐爲正宗爲大家爲名家爲羽翼中唐爲接武晚唐爲正變爲餘響方外異人等詩爲旁流閒有一二成家特立自異者則不以世次拘之如以陳子昂與李白列在正宗劉長卿錢起韋應物柳宗元與高適岑參同在名家是也其分初盛中晚蓋宋嚴羽已有是說二馮嘗以劉長卿亦盛亦中之類力攻其謬然限斷之例亦論大槩耳寒溫相代必有半冬半春之一日遂可謂四時無別哉明史文苑傳謂終明之世館閣以此書爲宗厥後李夢陽何景明等摹擬盛唐名爲崛起其胚胎實兆於此平心而論唐音之流爲膚廓者此書實啟其弊唐音之不絕於後世者亦此書實衍其傳功過並存不能互掩後來過毀過譽皆門戶之見非公論也至於章懷太子黃臺瓜詞沈佺期古意之類或點竄舊文康寶月劉令嫻之類或泛收六代杜常胡宿之類或誤採宋人小小瑕疵尤所未免卷帙既富核檢爲難第觀其大體可矣

廣州四先生詩四卷浙江巡撫採進本

不著編輯者名氏乃明初廣州黃哲李德王佐趙介四人詩也哲字庸之用薦拜翰林待制侍懿文太子讀書出知東阿縣歷東平通判歸尋坐法死有雪篷集德字仲修洪武中用薦授維陽長史官

至義寧縣知縣。有易菴集。佐字彥舉，本河東人。元末侍父官南雄，遂占南海籍。洪武初，徵至京師，授給事中。有聽雨軒、瀛洲二集，沒後稾多遺逸，僅存詩一卷，郡人彭森刻於建安。介字伯貞。明初閉戶讀書，不求仕進。屢薦皆辭免，坐累逮赴京師，卒於南昌舟中。後以子純官監察御史，贈如其官。有臨清集。四人初與同郡孫蕡號南園五先生，後惟蕡集流傳。四人著作已多散佚，此乃後人重輯之本。以蕡集別行，故惟稱四先生焉。雖網羅放失，篇帙無多。然如哲之五言古體，祖述齊梁；德之七言長篇，胎息溫李，俱可自名一家。惟佐氣骨稍卑，未能駿駕。而介詩所存太少，不足以見所長耳。然粵東詩派，數人實開其先。其提唱風雅之功，有未可沒者。故存之以著其槩，俾與西菴集並傳焉。

三華集十八卷（兩淮鹽政採進本）

明無錫錢子正及弟子義、姪仲益合刻詩也。子正綠苔軒集六卷，前有王逵序。子義種菊菴集四卷，前有洪武八年自序。仲益錦樹集八卷，前有魏驥序。三集初各自爲書。正統中，仲益族子公善等始合而刻之。其曰三華者，蓋以三者皆錢氏英華也。按子正詩，朱彝尊明詩綜不載，但附見其名於子義之下。然二人出處始末，均無可考。獨仲益以元末進士知華亭縣，後爲翰林修撰，見於魏驥序中。而明詩綜載仲益永樂初以翰林編修轉周王府長史，與驥序互有異同。又稱仲益詩格爽朗，惜遺集罕傳，予從秦對巖前輩購得，亟錄八首，猶未盡其蘊云云。然則彝尊僅見仲益遺集，未見斯本也。則亦罕覯之笈矣。

閩中十子詩三十卷（浙江汪汝瑮家藏本）

明袁表、馬熒同編。表字景從，熒字用昭，皆福州人。閩中十子者，一曰福清林鴻，有膳部集。一曰長樂陳亮，有儲玉齋集。一曰長樂高廷禮，有木天清氣集、嘯臺集。一曰閩縣王恭，有白雲樵唱、鳳臺清嘯、草澤狂歌諸集。一曰閩縣唐泰，詩帙不傳，散見善鳴集中。一曰閩縣鄭定，有澹齋集。一曰永福王偁，有虛舟集。一曰閩縣王褒，有養靜集。一曰閩縣周元，有玄秋集。一曰侯官黃元，其集名不傳。皆明初人。萬歷丙子，表等卽高以陳家所藏諸人之詩，選爲是集。考閩中詩派，多以十子爲宗，厥後輾轉流傳，漸成窠臼。其初已有唐摹晉帖之評，其後遂至有詩必律，有律必七言。而晉安一派，乃至爲世所詬厲。論閩中詩者，嘗深病之。要其濫觴之始，不至是也。十人遺集已不盡傳，傳者亦不盡可錄。此編採擷菁華，存其梗槩，猶可以見一時之風氣，固宜存以備一格焉。

元詩體要十四卷（浙江巡撫採進本）

明宋緒編。緒字公傳，以字行，餘姚人。成祖時預修永樂大典。時同邑被徵者五人，及書成，宋孟嶽、趙膺迪、宋德茂、張廷皆授官，緒獨辭歸。是集錄元一代之詩。曹安讕言長語稱其分體三十有八，此本凡爲體三十有六。曰四言，曰騷，曰選，曰樂府，曰柏梁，曰五言，曰七言，曰長短句，曰雜古，曰言，曰詞，曰歌，曰行，曰操，曰曲，曰吟，曰嘆，曰怨，曰引，曰謠，曰詠，曰篇，曰禽言，曰香奩，曰陰何，曰聯句，曰集句，曰無題，曰詠物，曰五言律，曰七言律，曰五言長律，曰五言絕，曰六言絕，曰七言絕，曰拗體。較安所列少七言長律體側體二種，未喻其故。各體之前皆有小序，仿方回瀛奎律髓之例。其中或以體分，或以題分，體例頗不畫一。其以體分者，選體別於五言古，吟嘆怨引之類別於樂府，長短句別於雜古體，未免治絲而棼。其以題分者，香奩、無題、詠物既各爲類，則行役、邊塞、贈答諸門將不勝載，更不免於挂漏。又第八卷楊維楨出浴絕句，實唐韓偓七言律詩後四句，亦間有疎舛。然去取頗有鑒裁。鄧林序稱緒深於詩，故選詩如此之精，非溢詞也。傳本頗稀，此本爲秀水曹溶家所藏，目錄卷六以下闕，書中亦間有闕頁，惜無別本可校矣。

滄海遺珠四卷（浙江范懋柱家天一閣藏本）

不著編輯者名氏。前有正統元年楊士奇序，稱都督沐公所選。又稱其字曰景容，黔寧王之仲子，佐兄黔國公爲朝廷鎮撫西南一方。考明史，黔寧王沐英之子晟爲黔國公，鎮雲南。昂爲右都督，領雲南都司。則此集當爲昂所編。惟昂字景高，不字景容。疑其初字景高，至洪熙元年後避仁宗之諱，改高爲容，史未及詳。其以第三子爲仲子，則疑誤以黔國公爲長也。所錄凡朱經、方行、朱繼、曾烜、周昉、韓宜可、王景彰、樓璉、王汝玉、逯杲、平顯、胡粹中、楊宗彝、劉叔讓、楊子善、張洪、范宗暉、施敬、僧天祥、機先、大用二十八人之作，共三百餘首。皆明初流寓遷謫於雲南者。每人姓名之下，各註其字號里居。以其爲劉仔肩、王偁諸家詩選所不及，故名曰遺珠。

二十八人皆無專集。此編去取頗精審、所錄多斐然可觀。自古以來、武人能詩者代代有之。以武人司選錄、而其書不愧善本者、惟此一集而已。是固不可不傳也。

中州名賢文表三十卷（浙江鮑士恭家藏本）

明劉昌編。昌字欽謨、吳縣人。正統乙丑進士。歷官河南提學副使、遷廣東參政。是編即其官河南時所蒐輯。凡許衡六卷、姚燧八卷、馬祖常五卷、許有壬三卷、王惲六卷、富珠哩翀（原作孛朮魯翀、今改正）二卷。又略依本集之體、各以碑志銘傳等篇附錄於後。考許衡魯齋遺書、馬祖常石田集、許有壬至正集、王惲秋澗集、雖尚存傳本、而惟魯齋遺書有刊板。餘皆輾轉傳鈔、舛譌滋甚。賴此編擷其英華、得以互勘。至姚燧本集五十卷、富珠哩翀本集六十餘卷、見於諸家著錄者、已久佚不傳、獨賴此僅存。其表章之功、亦不可泯矣。每集末有昌所作跋語數則、亦頗見考訂。王士禛香祖筆記載其勸宋牧仲重刻文表、且云欽謨諸跋當悉刻之、以存其舊。此本實康熙丙戌宋犖授錢塘汪立名所刊。其附入原跋、蓋本士禛之意也。昌自序又謂此其內集、尚有外集、正集、雜集若干卷。今俱未見、殆久而散佚歟。

明文衡九十八卷（兩江總督採進本）

明程敏政編。敏政有宋遺民錄、已著錄。是編首代言、爲詞臣奉敕撰擬之文、次賦、次騷、次樂府、次琴操、次表箋、次奏議、次論、次說、次解、次辨、次原、次箴、次銘、次頌、次贊、次七、次策問、次問對、次書、次記、次序、次題跋、次雜著、次傳、次行狀、次碑、次神道碑、次墓碣、次墓誌、次墓表、次哀誄、次祭文、次字說、爲類凡三十有八。悉從玉臺新詠之例、題作者姓名。惟方孝孺則書字、蓋是時靖難文禁稍弛、而尚未全解、故存其文而隱其名也。內琴操闕一首、表闕四首、奏議闕十首、辨闕一首、頌闕一首、贊闕二首、記闕十一首、序闕十五首、題跋闕四首、雜著闕一首、傳闕一首、神道碑闕十一首、墓碣闕四首、墓誌闕八首、墓表闕二首、祭文闕二首。皆有錄無書、各註闕字於目中、未喻其故。所錄如吳訥文章辨體序題、劉定之雜志之類、皆非文體。而袁忠徹瀛國公事實之類、事既誣妄、文尤鄙俚、皆不免蕪雜之議。朱右攖寧生傳、雜述醫案、至以一篇占一卷、亦乖體例。然所錄皆洪武以後、成化以前之文。在北地、信陽之前、文格未變、無七子末流摹擬詰屈之僞體。稽明初之文者、固當以是編爲正軌矣。

新安文獻志一百卷（兩淮馬裕家藏本）

明程敏政撰。是書於南北朝以後文章事蹟、凡有關於新安者、悉採錄之。六十卷以前爲甲集、皆其鄉先達詩文、略依眞德秀文章正宗之例、分類輯錄。其六十一卷以後則皆先達行實、不必盡出郡人所論撰、分神跡、道原、忠孝、儒碩、勳賢、風節、才望、吏治、遺逸、世德、寓公、文苑、材武、烈女、方技十五目。其中有應行考訂者、敏政復閒以己意參核、而附注之。徵引繁博、條理淹貫。凡徽州一郡之典故、彙萃極爲賅備。遺文軼事、咸得藉以考見大凡。故自明以來、推爲鉅製。其中小小踳駁者、如凡例稱朱子詩文錄其涉於新安者、而通判泰州江君墓銘竟爾見遺。又朱子所作其父松行狀、松所作其父森行狀、既已竝收、而松韋齋集中有錄曾祖父詩後序一篇、又復不錄。皆不免於脫略。然司馬光資治通鑑已稱牴牾不能自保。是書卷帙繁重、不能以稍有掛漏、遂掩其蒐輯之功也。

海岱會集十二卷（兵部侍郎紀昀家藏本）

明石存禮、藍田、馮裕、劉澄甫、陳經、黃卿、劉淵甫、楊應奎八人唱和之詩也。存禮字敬夫、號來山、益都人。宏治庚戌進士。官至知府。田有北泉集、已著錄。裕字伯順、號閭山、臨朐人。正德戊辰進士。官至按察司副使。澄甫字子靜、號山泉、壽光人。正德戊辰進士。官至布政司參議。經字伯常、號東渚、益都人。正德甲戌進士。官至兵部尚書。卿字時庸、號海亭、益都人。正德戊辰進士。官至布政司參政。淵甫字子深、號范泉。澄甫之弟。正德戊午舉人。應奎字文煥、號澠谷、益都人。官至知府。嘉靖乙未丙申閒、經以禮部侍郎丁憂里居。田除名閒住。淵甫未仕。存禮等五人竝致仕。乃結詩社於北郭禪林。後編輯所作成帙、冠以社約、同社姓氏及長至日、五月五日、九月九日、上巳日、七月七日會集序五篇。其詩凡古樂府二卷、五言古詩二卷、七言古詩二卷、五言律詩三卷、五言排律一卷、七言律詩一卷、五言絕句一卷、七言絕句一卷、計詩七百四十九首。其編輯名氏原本未載。惟卷首萬曆己亥魏允貞序、稱友人馮用韞以海岱會集自遠寄至。據王士禛古夫于亭雜錄、蓋馮裕曾孫琦所選也。八人皆不以詩名、而其詩皆清雅可觀、無三楊臺閣之習、亦無七子摹擬之弊。故王士禎稱其各體皆入格、非苟作者。觀其社約中有不許將會內詩詞傳播、違者有罰一條。蓋山閒林下、自適性情、不復以文壇名譽爲事、故不隨風氣爲轉移。而八人皆閒散之身、自吟詠外、別無餘事。故互相推敲、自少疵纇。其斐然可誦、良亦有由矣。

經義模範一卷（浙江鮑士恭家藏本）

不著編輯者名氏。前有王廷表序、稱嘉靖丁未、訪楊升菴於滇、得經義模範一帙、乃同年朱良矩所刻云云。考廷表爲正德甲戌進士。是科題名碑有朱良、朱敬、朱裳、朱節、朱昭、朱方六人、未詳孰是。以字義求之、殆朱方爲近乎。方、浙江永康人。其仕履亦未詳。所錄凡宋張才叔、姚孝寧、吳師孟、張孝四人經義、共十六篇。其弁首即才叔自靖人自獻於先王一篇、呂祖謙錄入文鑑者也。時文之變、千態萬狀、愈遠而愈失其宗、亦愈工而愈遠於道。今觀其初體、明白切實乃如此。考吳伯宗榮進集、亦載其洪武辛亥會試中式之文、是爲明之首科。其所作亦與此不相遠。知立法之初、惟以明理爲主、不以修詞相尚矣。康熙中、編修俞長城嘗輯北宋至國初經義爲一百二十名家。槩然所錄如王安石、蘇轍諸人之作、皆不言出自何書、世或疑焉。此集雖篇帙寥寥、然猶可見經義之本始、錄而存之、亦足爲黜浮式靡之助。惟劉安節集載有經義十七篇、亦北宋程試之作。此集未載、或偶未見歟。

文編六十四卷（江蘇巡撫採進本）

明唐順之編。順之有左編、已著錄。是集取由周迄宋之文、分體排纂。陳元素序、稱以眞德秀文章正宗爲槀本。然德秀書主於論理、而此書主於論文、宗旨迥異。元素說似未確也。其中如以莊、韓、孫子諸篇入之論中、爲強立名目。又不錄史記、漢書列傳、而獨取後漢書黃憲傳冠諸傳之上。進退亦多失據。蓋彙收太廣、義例太多、踳駁往往不免。然順之深於古文、能心知其得失。凡所別擇、具有精意。觀其自序云、不能無文、即不能無法。是編者文之工匠、而法之至也。其平日又嘗謂漢以前之文、未嘗無法、而未嘗有法。法寓於無法之中、故其爲法也密而不可窺。唐與宋之文不能無法、而能毫釐不失乎法。以有法爲法、故其爲法也嚴而不可犯。其言皆妙解文理。故是編所錄、雖皆習誦之文、而標舉脈絡、批導窾會、使後人得以窺見開闔順逆、經緯錯綜之妙。而神明變化、以蘄至於古。學秦漢者當於唐宋求門徑、學唐宋者固當以此編爲門徑矣。自正嘉之後、北地信陽聲價奔走一世。太倉歷下、流派彌長。而日久論定、言古文者終以順之及歸有光、王愼中三家爲歸。豈非以學七子者畫虎不成反類狗、學三家者刻鵠不成尚類鶩耶。閻若璩潛邱劄記有與戴唐器書、述宋實穎之言曰、荊川才大如海、評書有詳有略。惟文編出陳元素者、非其原本。又稱兩本舍下俱有、他日呈寄自知之云云。今世所行惟此一本、其爲原本、陳本、不復可考。要其大旨、固皆出於順之也。

古詩紀一百五十六卷（內府藏本）

明馮惟訥撰。惟訥字汝言、臨朐人。嘉靖戊戌進士。官至江西左布政使、加光祿寺卿致仕。事蹟附見明史馮琦傳。其書前集十卷、皆古逸詩。正集一百三十卷、則漢魏以下、陳隋以前之詩。外集四卷、附錄仙鬼之詩。別集十二卷、則前人論詩之語也。時代綿長、採摭繁富、其中眞僞錯雜、以及牴牾舛漏、所不能無。故馮舒作詩紀匡謬以糾其失。然上薄古初、下迄六代、有韻之作、無不兼收、溯詩家之淵源者、不能外是書而別求。固亦採珠之滄海、伐木之鄧林也。厥後臧懋循古詩所、張之象古詩類苑、梅鼎祚八代詩乘、相繼而出、總以是書爲藍本。然懋循書雖稱補此書之闕、而捃拾繁猥、珠礫混淆、又割裂分體、不以時代爲次、使閱者茫不得正變之源流。之象書又以題編次、竟作類書。鼎祚書僅漢魏全錄、晉宋以下皆從刪節、已非完備之觀。而漢魏詩中如所增蘇武妻詩之類、又深爲藝林之笑噱。故至今惟惟訥此編爲詩家圭臬。初太原甄敬爲刊版於陝西、一依惟訥原次、而剞劂甚拙、復閒有舛譌。此本爲吳琯等重刊、雖去其前集、正集、外集、別集之名、合併爲一百五十六卷、而次第悉如其舊、校讐亦較甄本爲詳。故今從吳本錄之。惟訥別有風雅廣逸十卷、核其所載、即此編之前集。蓋初輯古逸諸篇、先刊別行、後乃續成漢魏以下、併爲一編、實非有二。今特別存其目、而其書則不復錄焉。

詩紀匡謬一卷（江蘇巡撫採進本）

國朝馮舒撰。舒字已蒼、號默菴、又號癸巳老人、常熟人。舒因李攀龍詩刪、鍾惺、譚元春詩歸所載古詩、輾轉沿譌，而其源總出於馮惟訥之古詩紀。因作是書以糾之，凡一百一十二條。其中如於忽操三章爲宋王令詩，兩頭纖纖青玉玦一章爲王建詩，休洗紅二章爲楊慎詩，一一辨之。而楊慎石鼓文僞本全載卷中，乃置不一詰。又蘇伯玉妻盤中詩詩紀作漢人，固謬。宋本玉臺新詠列於傅休奕詩後，不別題蘇伯玉妻，乃嘉定間陳玉父刻本偶佚其名。觀滄浪詩話稱蘇伯玉妻有此體，見玉臺集，則嚴羽所見之本實題伯玉妻名。又桑世昌回文類聚載盤中詩亦題蘇伯玉妻，則惟訥所題姓名不爲無據。舒之所駁，是知其一，不知其二也。至禹玉牒詞實載後漢書郡國志註中，惟訥不言所出，但於題下留未刻之版一行，竟未及補。舒枝正斜柯諸字之譌，而不及此條，亦爲闕漏。然他所抉摘，多中其失，考證精核，實出惟訥之上。原原本本，證佐確然，固於讀古詩者大有所裨，不得議爲吹求。雖謂之羽翼詩紀可矣。

全蜀藝文志六十四卷（兩淮馬裕家藏本）

明周復俊編。復俊有東吳名賢記，已著錄。初，宋慶元中，四川安撫使袁說友屬知雲安縣程遇孫等八人裒成都文類五十卷。中間尚有所未備。嘉靖中，復俊官四川按察司副使，復博採漢魏以降詩文之有關於蜀者，彙爲此書。包括網羅，極爲賅洽。所載如宋羅泌姓氏譜、元費著古器譜諸書，多不傳於今。又如李商隱重陽亭銘，爲文苑英華所不錄，其本集亦失載，徐炯、徐樹穀箋註義山文集，即據此書以補入。如斯之類，皆足以資考核。諸篇之後，復俊間附案語，如漢初平五年周公禮殿記載洪适隸釋，並載史子堅隸格，詳略異同，彼此互見。亦頗有所辨證。其中若曹丕告益州文與魏人檄蜀文，僞詞虛煽，顛倒是非，於理可以不錄。然此志蒐羅故實，例主全收，非同編錄總集有所去取，善惡並載，亦未足爲復俊病。惟篇末不著駁正之詞，以申公義，是則義例之疎耳。

古今詩刪三十四卷（江蘇巡撫採進本）

明李攀龍編。攀龍有詩學事類，已著錄。是編爲所錄歷代之詩，每代各自分體，始於古逸，次以漢魏南北朝，次以唐，唐以後繼以明，多錄同時諸人之作，而不及宋元。蓋自李夢陽倡不讀唐以後書之說，前後七子率以此論相尚。攀龍是選，猶是志也。江淹作雜擬詩，上自漢京，下至齊梁，古今咸列，正變不遺。其序有曰：蛾眉詎同貌，而俱動於魄，芳草寧共氣，而皆悅於魂。又曰：世之諸賢，各滯所迷，莫不論甘而忌辛，好丹而非素，豈所謂通方廣恕，好遠兼愛。然則文章派別，不主一途，但可以工拙爲程，未容以時代爲限。宋詩導黃陳之派，多生硬杈椏；元詩沿溫李之波，多綺靡婉弱。論其流弊，誠亦多端。然鉅製鴻篇，亦不勝數，何容刪除兩代，等之自鄶無譏。王士禎論詩絕句有曰：鐵崖樂府氣淋漓，淵穎歌行格儘奇。耳食紛紛說開寶，幾人眼見宋元詩。其殆爲夢陽輩發歟。且以此選所錄而論，唐末之韋莊、李建勳，距宋初閱歲無多；明初之劉基、梁寅，在元末吟篇不少。何以數年之內，今古頓殊，一人之身，薰蕕互異。此眞門戶之見，入主出奴，不緣眞有限斷。厥後摹擬剽竊，流弊萬端，遂與公安竟陵同受後人之詬厲，豈非高談盛氣有以激之，遂至出爾反爾乎。然明季論詩之黨，判於七子。七子論詩之旨，不外此編。錄而存之，亦足以見風會變遷之故，是非蜂起之由，未可廢也。流俗所行，別有攀龍唐詩選。攀龍實無是書，乃明末坊賈割取詩刪中唐詩，加以評註，別立斯名。以其流傳既久，今亦別存其目，而不錄其書焉。

唐宋元名表四卷（浙江汪啟淑家藏本）

明胡松編。松有滁州志，已著錄。明史松本傳稱松幼嗜學，嘗輯古名臣章奏，今未見其本。是編乃松督學山西時選爲士子程式之書。雖所錄皆各集所有，無奇祕未睹之篇，而去取極爲不苟。前有自序曰：是學也，昉於漢魏六朝，盛於隋唐，而極於宋。其體不能盡同，然其意同於宣上德而達下情，明己志而述物則。其後相沿日下，競趨新巧，爭尚衍博，往往貪用事而晦其意，務屬詞而滅其質，蓋四六之本意失之遠矣。其言頗爲明切。自明代二場用表，而表遂變爲時文，久而僞體雜出，或參以長聯，如王世貞所作一聯多至十餘句，如四書文之二小比，或參以五七言詩句，以爲源出徐庾及王駱，不知徐庾王駱用之於賦，賦爲古詩之流，其體相近，若以詩入文，豈復成格。至於全用成句，每生硬而杈椏，間雜俗語，多鄙俚而率易，冠冕堂皇之調，剿襲者陳腐餖飣，割裂之詞，小才者纖巧。其弊尤不勝言。松選此編，挽頹波而歸之雅，亦可謂有功於駢體者矣。

文氏五家詩十四卷（浙江汪汝瑮家藏本）

明長洲文氏三世五人之詩也。文洪字功大，成化乙酉舉人，官淶水敎諭，著括囊稾詩一卷、文一卷。其孫徵明，著甫田集詩四卷。徵明長子彭，字壽承，官南京國子監博士，著博士詩二卷。次子嘉，字休承，官和州學正，著和州詩一卷。彭之子肇祉，字基聖，官上林苑錄事，亦著詩五卷。中惟徵明名最盛，其家學之淵源則自洪始。如靜志居詩話所稱野猿窺落果，林蝶戀殘花，自得翻書趣，渾忘對客言諸句，饒有恬澹之致。徵明詩格不高，而意境自能拔俗。至彭、嘉、肇祉，亦能於耳擩目染之餘，力承先緒。所謂謝家子弟，雖復不端正者，亦奕奕有一種風氣也。徵明甫田集已著錄，然卷帙相連，無容割裂。且除此一集，與五家之目亦不合，尤無容改其舊名以五爲四，故仍並錄之，而附著其互見之故焉。

宋藝圃集二十二卷（浙江鮑士恭家藏本）

明李蓘編。蓘有黃谷瑣談，已著錄。是集選錄宋人之詩，殫力蒐羅，凡十三載，至隆慶丁卯而後成。所列凡二百三十有六人，而核其名氏，實二百三十有七人，蓋編目時誤數一人。末卷附釋衲三十三人、宮闈六人、靈怪三則、妓流五人、不知名四人，通上當爲二百八十八人，而註曰共二百八十四人，則除不知姓名四人不數耳。王士禎香祖筆記稱所選凡二百八十人，亦誤數也。書中編次後先，最爲顛倒。如以蘇軾、蘇轍列張詠、余靖、范仲淹、司馬光前，陳與義、呂本中、曾幾列蔡襄、歐陽修、黃庭堅、陳師道前，秦觀列趙抃、蘇頌前，楊萬里列楊蟠、米芾、王令、唐庚前，葉采、嚴粲列蔡京、章惇前，林景熙、謝翶列陸游前者，指不勝屈。其最誕者，莫若以徽宗皇帝與邢居實、張栻、劉子翬合爲一卷。夫漢書藝文志以文帝列劉敬、賈山之閒，武帝列蔡甲、倪寬之閒，玉臺新詠以梁武帝及太子諸王列吳均等九人之後、蕭子顯等二十一人之前，以時代相次，猶爲有說。至邢居實爲邢恕之子，年十八早夭，在徽宗以前；劉子翬爲劉韐之子，張栻爲張浚之子，皆南宋高孝時人，在徽宗以後，乃君臣淆列，尤屬不倫。殆由選錄時隨手雜鈔，未遑銓次歟。至於廖融、江爲、沈彬、孟賓于之屬，則上涉南唐；馬定國、周昂、李純甫、趙渢、龐鑄、史肅、劉迎之屬，則旁及金朝。衡以斷限，更屬未安。王士禎之所糾，亦未嘗不中其失也。然香祖筆記又曰，隆慶初元，海內尊尚李、王之派，諱言宋詩，而于田獨闡幽抉異，撰爲此書，其學識有過人者。則士禎亦甚取其書矣。

元藝圃集四卷（浙江鮑士恭家藏本）

明李蓘編。此集續宋詩而選，所錄凡一百九人，詩六百二十五首。自序稱地僻少書籍，無以盡括一代之所長。今觀所錄，有虞集、范梈、揭傒斯，而無楊載，即一代名人號爲四家者，已闕其一，是漏略誠所不免。又劉辰翁乃宋人，王庭筠、高克恭、元好問乃金人，僧來復乃明人，一例載入，頗失斷限。其編次則倪瓚、宋无、余闕等皆元末人，而名在最前；戴表元、白珽等皆元初人，而名在最後；其他亦多先後顛倒，頗無倫序。似亦隨見隨鈔，未經勘定之本，與宋藝圃集相同，殆慵於排纂，遂用唐無名氏搜玉小集不拘時代之例歟。然其自序謂宋詩病於理，元詩鄰於詞，則深中兩代作者之弊，故其去取之閒，頗爲不苟。以云備一代之詩，誠爲不足；以云鑒別，則較之泛濫旁收、務盈卷帙者，精審多矣。

唐宋八大家文鈔一百六十四卷（通行本）

明茅坤編。坤有徐海本末，已著錄。明史文苑傳稱坤善古文，最心折唐順之。順之所著文編，唐宋人自韓、柳、歐、三蘇、曾、王八家外，無所取，故坤選八大家文鈔。考明初朱右已採錄韓、柳、歐陽、曾、王、三蘇之作爲八先生文集，實遠在坤前，然右書今不傳，惟坤此集爲世所傳習。凡韓愈文十六卷，柳宗元文十二卷，歐陽修文三十二卷，附五代史鈔二十卷，王安石文十六卷，曾鞏文十卷，蘇洵文十卷，蘇軾文二十八卷，蘇轍文二十卷，每家各爲之引。說者謂其書本出唐順之，坤據其稾本刊版以行，攘爲己作，如郭象之於向秀。然坤所作序例，明言以順之及王慎中評語標入，實未諱所自來，則稱爲盜襲者誣矣。其書初刊於杭州，歲久漫漶，萬歷中，坤之孫著復爲訂正而重刊之，始以坤所批五代史附入歐文之後，今所行者，皆著重訂本也。自李夢陽空同集出，以字句摹秦漢，而秦漢爲窠臼；自坤白華樓稾出，以機調摹唐宋，而唐宋又爲窠臼。故坤嘗以書與唐順之論文，順之復書有尙以眉髮相山川，而未以精神相山川之語。又謂繩墨布置，奇正轉摺，雖有專門師法，至於中閒一段精神命脈，則非具今古隻眼者不足與此云云。蓋頗不以能爲古文許之。今觀是集，大抵亦爲舉業而設。其所評語疏舛尤不可枚舉。黄宗羲南雷文定有荅張自烈書，謂其韓文內孔司勳誌不曉句讀，貞曜先生誌所云來弔韓氏謂不知何人，柳文內與顧十郎書誤疑十郎爲宗元座主，歐文內薛簡肅舉進士第一讓王嚴，疑其何以得讓，又以張谷墓表遷員外郎知陽武縣爲當時特重令職，又孫之翰誌學究出身進士及第爲再舉進士，皆不明宋制而妄爲之說。又謂其圈點批抹亦多不得要領，而詆爲小小結果，皆切中其病。然八家全集浩博，學者徧讀爲難，書肆選本又漏略過甚，坤所選錄，尚得煩簡之中，集中評語雖所見未深，而亦足爲初學之門徑，一二百年以來家弦戶誦，固亦有由矣。

吳都文粹續集五十六卷、補遺一卷（兩淮馬裕家藏本）

明錢穀編。穀字叔寶，長洲人。明史文苑傳附見文徵明傳中，但稱其能書。朱彝尊靜志居詩話則稱穀貧無典籍，遊文徵仲之門，日取插架書讀之，手鈔異書最多，至老不倦，倣鄭虎臣吳都文粹，輯成續編，閒有三百卷，其子功甫繼之，吳中文獻藉以不墜云云。功甫，錢與治之字也。所稱卷數與此本不符，疑合與治續編言之，或穀初所蒐羅原有此數，後復加刪汰，以成今本，彝尊乃據其舊稾言之歟。此本第五十三卷、五十四卷俱逸，第五十卷亦殘闕，檢勘他本並同，蓋流傳既久，不免脫遺，已非完本。其中所標二十一門，分類亦多未確，蓋能博而未能精者。然自說部類家詩編文稾以至遺碑斷碣，無不甄錄，其採輯之富，視鄭書幾增至十倍，吳中文獻多藉是以有徵，亦未可以蕪雜棄矣。

石倉歷代詩選五百六卷（浙江巡撫採進本）

明曹學佺編。學佺有易經通論，已著錄。是編所選歷代之詩，上起古初，下迄於明。凡古詩十三卷，唐詩一百卷，拾遺十卷，宋詩一百七卷，金元詩五十卷，明詩初集八十六卷，次集一百四十卷。舊一名十二代詩選。然漢魏晉宋南齊梁陳魏北齊周隋實十一代，既錄古逸，乃綴於八代之末，又併五代於唐，併金於元，於體例名目皆乖剌不合，故從其版心所題，稱歷代詩選，於義爲諧。所選雖卷帙浩博，不免傷於糅雜，然上下二千年閒，作者皆略存梗槩，又學佺本自工詩，故所去取亦大都不乖風雅之旨，固猶勝貪多務得，細大不捐者。惟金代僅錄元好問一人，頗爲疎漏，蓋其時毛晉所刊中州集，河汾諸老詩猶未盛行，故學佺未見歟。其冠於元詩之首，亦以一代祗一人不能成集故也。據千頃堂書目，學佺所錄明詩尚有三集一百卷，四集一百三十二卷，五集五十二卷，六集一百卷，今皆未見，殆已散佚。然自萬歷以後，繁音側調，愈變愈遠於古，論者等諸自鄶無譏，是本止於嘉隆，正明詩之極盛，其三集以下之不存，正亦不足惜矣。

四六法海十二卷（內府藏本）

明王志堅編。志堅有讀史商語，已著錄。秦漢以來，自李斯諫逐客書始點綴華詞，自鄒陽獄中上梁王書始疊陳故事，是駢體之漸萌也。符命之作則封禪書、典引，問對之文則荅賓戲、客難，駸駸乎偶句漸多。沿及晉宋，格律遂成，流迨齊梁，體裁大判，由質實而趨麗藻，莫知其然而然。然實皆源出古文，承流遞變，猶四言之詩至漢而爲五言，至六朝而有對句，至唐而遂爲近體，面目各別，神理不殊。其原本風雅則一也。厥後輾轉相沿，逐其末而忘其本，故周武帝病其浮靡，隋李諤論其佻巧，唐韓愈亦斷斷有古文時文之辨，降而愈壞，一濫於宋人之啟劄，再濫於明人之表判，勦襲皮毛，轉相販鬻，或塗飾而掩情，或堆砌而傷氣，或雕鏤纖巧而傷雅，四六遂爲作者所詬厲。宋姚鉉撰唐文粹，至盡黜儷偶，宋祁修新唐書，至全刪詔令，而明之季年，豫章之攻雲閒者，亦以沿溯六朝相詆，豈非作四六者不知與古體同源，愈趨愈下，有以啟議者之口乎。志堅此編所錄，下迄於元，而能上溯於魏晉。如敕則託始宋武帝，冊文則託始宋公九錫文，表則託始陸機、桓溫、謝靈運，書則託始於魏文帝、應瑒、應璩、陸景、薛綜、阮籍、呂安、陸雲、習鑿齒，序則託始陸機，論則託始謝靈運，大抵皆變體之初，儷語散文相兼而用。其齊梁以至唐人，亦多取不甚拘對偶者，俾讀者知四六之文運意遣詞與古文不異，於茲體深爲有功。至於每篇之末，或箋註其本事，或考證其異同，或臚列其始末，亦皆元元本本，語有實徵，非明代選本所可及。據其凡例，雖爲舉業而作，實則四六之源流正變具於是編矣。未可以書肆刊本忽之也。

古樂苑五十二卷（兩淮馬裕家藏本）

明梅鼎祚撰。鼎祚有才鬼記，已著錄。是編因郭茂倚樂府詩集而增輯之。郭本止於唐末。此本止於南北朝。則用左克明古樂府例也。其所補者。如琴曲歌詞麗德公之於忽操。見宋文鑑中。乃王令擬作。非眞麗所自作也。雜歌曲詞之劉勳妻。其詩藝文類聚稱魏文帝作。玉臺新詠稱王宋自作。邢凱坦齋通編稱曹植作。然總爲五言詩。不云樂府。亦不以劉勳妻三字爲樂府題也。左思嬌女詩自詠其二女嬉戲之事。亦不云樂府也。至梁昭明太子沈約王錫王規王纘殷鈞之大言細言。不過偶然游戲。實宋玉大言賦之流。既非古調。亦未被新聲。强名之曰樂府。則世說新語所謂才頭淅米劍頭炊。百歲老翁攀枯枝。井上轆轤臥嬰兒。盲人騎瞎馬。夜半臨深池者。何又不入乎。溫子昇之擣衣本詠閨情。亦强名曰樂府。柳惲謝惠連曹毗所作亦同此題。何又見遺乎。梁簡文帝之名士悅傾城本題爲和湘東王。亦偶拈成句。未必調名。沈約之六憶詩。隋煬帝之雜憶詩。且明標詩字。以及閨思閨怨春思秋思之類。無不闌入。則又何詩不可入樂府乎。婉轉歌見吳均續齊諧記及晉書。劉妙容。鬼也。王敬伯。人也。劉妙容歌列琴曲歌詞中。王敬伯歌自應列於其後。郎兩本字句小異。不過註一作某耳。乃以敬伯補入末卷鬼歌中。顚倒錯亂。殊不可解。又開卷爲古歌詞。以斷竹之歌爲首。迄於秦始皇祀洛水歌。已不及郭本之託始郊廟爲得體。而雜歌謠詞中又出古歌一門。始於擊壤歌。迄於甘泉歌。不知其以何爲別。他如隋煬帝之望江南。採摭僞撰之小說。絕不考唐段安節樂府雜錄。至李德裕時始有此調。則益糅雜矣。然其捃拾遺佚。頗足補郭氏之闕。其解題亦頗有所增益。雖有絲麻。無棄菅蒯。存之亦可資考證也。其衍錄四卷。記作者爵里及諸家評論。蓋剽剟馮惟訥詩紀別集而稍爲附益。多採楊愼等之說。今亦並錄之。備參訂焉。

皇霸文紀十三卷　浙江巡撫採進本

明梅鼎祚編。鼎祚輯陳隋以前之文。編爲文紀。以配馮惟訥詩紀。此編上起古初。下迄於秦。故曰皇霸文紀。乃其書之第一集也。洪荒以降。書契莫詳。事尚無徵。況其文字。傳於後者。非漢代緯書之依託。卽戰國諸子之寓言。一槩哀存。遂不免一眞百僞。至集古錄博古圖考古圖所列諸銘。名姓時代。半屬臆求。點畫偏旁。多緣附會。劉楊異釋。薛鄭殊音。而確定爲某商某周。編之簡牘。實爲失於闕疑。甚至箋磬銘六十三字。惟錄篆文。尤乖體例。他如穆天子傳詩序之類。本各自爲書。亦登文集。則錄所不當錄。屈原楚詞。惟載三篇。則刪所不當刪。何致之僞峋嶁碑。楊愼之僞石鼓文。並出近代。漫無考證。大橫庚庚之兆。且以漢文誤入之。皆輯錄之疏。不可據爲典要。然網羅繁富。周秦以前之作。莫備於斯。蕪雜之中。菁英不乏。陸機所謂雖榛楛之勿翦。亦蒙茸於集翠者也。故病其濫而終取其博焉。

西漢文紀二十四卷　浙江巡撫採進本

明梅鼎祚編。鼎祚皇霸文紀。眞僞糅雜。頗有炫博之譏。其作是編。則一以史記漢書爲主。而雜採他書附益之。所據爲根本者。較諸子雜言頗爲典實。故所收於班馬二史之外者。亦藉以參校是非。不至如皇霸文紀之濫。如飛燕奏牋。成帝答詔。張良四皓往返書。孔臧與子弟書。東方朔寶甕銘。李陵蘇武往返書。劉向上關尹子子華子於陵子奏。揚雄潤州牧箴。卓文君司馬相如誄諸篇。依託顯然者。皆能辨之。其他如西京雜記東方朔別傳搜神記博物志佛藏辨正論所載諸篇。及孔安國尙書序孔衍家語序等文。雖未一一釐正。要其所漏不過百中之一矣。惟新書節錄數篇。則新語春秋繁露之類。以例推之。何不並載。列女傳及揚雄諸賦並節錄其序。以例推之。其他亦將多不勝收。殊無義例。其於詔制既以各帝分編。又往往隨事附各篇之後。端緒龐雜。於編次之體亦乖。然三代以下。文章莫盛於西漢。西漢莫備於此編。含英咀華。固著作之驪淵矣。

東漢文紀三十二卷　浙江巡撫採進本

明梅鼎祚編。鼎祚西漢文紀根據史漢。故多爲典確。是編雖亦以正史爲宗。而雜書之作。始盛於東漢。卽劉珍張璠諸記。著錄正史者。亦邈八家。沿及六代。小說繁興。其時去雒京最近。故依託附會。尤較西漢爲多。至於集古金石諸錄。博古考古諸圖。以迨隸釋隸續而下。搜括舊刻。爭奇炫博者。彌不一家。而西漢自五鳳磚數事以外。寥寥無多。其碑碣文詞。器物銘識。亦往往惟稱東漢。鼎祚蒐羅既富。義取全收。其閒眞贋互陳。異同蠭起。而訂譌正姓。亦不及西漢文紀之詳。固其所也。至如曹全一碑。近代始出。亦復捃摭不遺。其採輯亦云勤矣。若夫永和裴岑破呼衍王碑。遠在西域。我皇上天威耆定。儒者始睹其文。鼎祚生明季衰微之時。嘉峪關外。即爲絕域。其略而不載。固未可以爲疎漏焉。

西晉文紀二十卷（浙江巡撫採進本）

明梅鼎祚編。西晉相傳四葉。爲日無多。何晏王弼之徒。以莊老淸言轉相神聖。浸淫不返。遂至於南渡偏安。然觀鼎祚所編一代之文。則討論典故。崇勵風俗者。猶居其半。蓋東漢以來。老師宿儒之遺訓。越三國而猶有存焉。非鼎祚裒而輯之。不知建武以還。猶能立國者。爲禮教未殄之故也。其中多採詩賦之序。以足篇帙。特較他代爲繁。殊嫌割裂。又司馬懿以及師昭。雖晉書本紀三祖並登。而揆以史法。終乖限斷。鼎祚既通編八代之文。自宜附之魏末。使名號不舛。時代靡差。乃因仍晉書之失。存其帝號以冠篇。是亦失於糾正者矣。

宋文紀十八卷（浙江巡撫採進本）

明梅鼎祚編。鼎祚所輯八代文紀。卷溢三百。其版行者。自皇霸至西晉而止。鼎祚歿後。應天巡按御史張煊寧國府知府周維新始爲次第開雕。而此集先成。故卷首獨有煊及維新序。宋之文上承魏晉淸儁之體猶存。下啓齊梁纂組之風漸盛。於八代之內。居文質升降之關。雖涉雕華。未全綺靡。觀鼎祚所錄。可以見風氣轉移。日趨日變之故焉。其編纂之體。略同漢晉。中間如廬山公九錫文和香方之類。鉅細兼收。義取全備。猶之劇表頭責子羽文諸作。咸登前牒。不能以蕪累爲譏。惟宋公冊封九錫禪代諸文。既爲晉人所撰。自當附之於晉紀。移而入宋。於例殊乖。又司馬越女銘詞。雖發自宋年。而撰由晉代。附之簡末。尤無取義。是則編次之疎矣。

南齊文紀十卷（浙江巡撫採進本）

明梅鼎祚編。是集於酬答之文。參錯附錄。及誤載前代冊誥。與諸集略同。而體例尤爲叢脞。如永明五年九月詔。乃齊書撮敘其事。而以爲詔詞。高祖與周盤龍第二敕。明帝手詔王思遠。皆只常言五字。但可存爲故實。豈宜目以文章。無姓名之文例附於末。而魚腹侯子響遺本奏。獨列於前代擬諸作。例歸操觚之人。而褚淵禪齊詔。江淹築壘教。獨不書一。曹景宗與弟義宗書。沈約答陸厥樂藹書。猶曰人雖入梁。事關齊代。至於宋順帝答誅黃回詔。則宋文紀自爲一集。何以隔代闌入。若劉虬答蕭子良書。已見二卷。又見六卷。失檢抑又甚矣。其閒如高祖與王彥之書。尺牘誤以爲世祖。崔覺與妹書。尺牘誤以爲崔恭祖。亦間有小小駁正。然如黃回一人。隔數頁而重註。曹虎一人。前註見北魏。而七卷之中。乃別出曹虎之名。詳註爵里。矛盾者正復不少。徒以一代之文。兼收全備而存之耳。

梁文紀十四卷（浙江巡撫採進本）

明梅鼎祚編。是集採梁一代之文。多取之梁書南史及諸家文集。故所錄不甚繁碎。考證亦頗精核。惟以後梁蕭歸退附外國之後。不與諸王同列。殊乖次序。又侯景矯詔入於簡文帝文內。亦非事實。他若梁武帝講謚答詔。不著其人。稍爲疎漏。江淹集作於齊代。割以入齊。齊文紀既已發例。何修之之文。乃云以上作於齊朝。以下作於梁世。但爲分註。而全入此集。亦未免自亂其例。然較他集終爲有條理也。梁代沿永明舊製。競事浮華。故裴子野撰雕蟲論以砭其失。簡文帝與湘東王書曰。六典三禮。所施則有地。吉凶嘉賓。用之則有所。未聞吟咏性情。反擬內則之篇。操筆寫志。更摹酒誥之作。遲遲春日。反學歸藏。湛湛江水。遂同大傳。又曰。時有效謝康樂裴鴻臚文者。亦頗有惑焉。謝客吐言天拔。出於自然。時有不拘。是其糠粕。裴氏乃良史之才。了無篇什之美。謝故巧不可階。裴亦質不宜慕。一代帝王。持論如是。宜其風靡波蕩。文體日趨華縟也。然古文至梁而絕。駢體乃以梁爲極盛。殘膏賸馥。沾溉無窮。唐代沿流。取材不盡。譬之晚唐五代。其詩無非側調。而其詞乃爲正聲。寸有所長。四六既不能廢。則梁代諸家。亦未可屏斥矣。

陳文紀八卷（浙江巡撫採進本）

明梅鼎祚編。南朝六代。至陳而終。文章亦至陳而極敝。其時能自成家者。詩惟陰鏗張正見。文則徐陵沈炯以外。惟江總所傳稍多。而或久仕梁朝。上承異代。或晚歸隋主。尚署前銜。鼎祚兼其前後諸作。割併於陳。以足卷帙。未免朝代混淆。然鼎祚既取南北朝文通爲編次。苟闕其一代。則源流始末有所未詳。斯亦不得已之變例也。況永明天監。相去未遙。江左餘風。往往而在。韓柳未出以前。王楊之麗製。燕許之鴻篇。多有取材於是者。亦不能以其少而廢之矣。

北齊文紀三卷（浙江巡撫採進本）

明梅鼎祚編。北齊著作，邢魏居首。其餘零篇短札，取備卷帙而已。所採自正史以來，不過文苑英華、藝文類聚、通鑑諸書。蓋流傳本少，蒐輯爲難，非其網羅之未備也。其首列高歡、高澄，亦同西晉之編濫登三祖。他如侯景報高澄書，史明言王偉。文宣卽位告天文，史明言魏收。天保元年大赦詔，藝文類聚明言邢卲，而不歸操筆之人，竟冒署其所代，核以事實，亦未睹其安。又顏氏家訓各自爲書，史志相沿著錄，設使全文載入，已於體例有乖。乃僅錄其敘致一篇，而一篇之中又僅錄其首四五行。豈非以篇頁無多，忽而不檢，致是疎漏歟。考崇禎戊寅周鑣序鼎祚所輯文紀，自東晉以下，皆鼎祚沒後所刻。蓋中多草刱之稾，其後人未盡是正，因而刊之，亦非盡鼎祚之失也。

後周文紀八卷（浙江巡撫採進本）

明梅鼎祚編。按東漢東晉之名，所以別於西。南齊之名，所以別於北。若周則豐鎬舊京，年祀綿遠，中原江左，別無國號相同。盧思道作興亡論，題曰後周，殊爲無義。故令狐德棻所撰國史，但曰周書。鼎祚仍以後題，未免失於刊正。所錄宇文氏一代之文，不過八卷，而庾信一人乃居五卷。次則王褒撰著尚十八篇。使非借才異國，其寂寥更甚於高齊。然宇文泰爲丞相時，干戈擾攘之中，實獨能尊崇儒術，釐正文體。大統五年正月置行臺學。十一月命周惠達、唐瑾制禮樂。大統十一年六月患晉氏以來文章浮華，命蘇綽作大誥，宣示羣臣。仍命自今文章咸依此體。今觀其一代詔敕，大抵溫醇雅令，有漢魏之遺風。卽閒有稍雜俳偶者，亦摛詞典重，無齊梁綺豔之習。他如庾信集中春賦、鐙賦之類，大抵在梁舊作。其入北以後諸篇，亦皆華實相扶，風骨不乏。故杜甫有庾信文章老更成，凌雲健筆意縱橫語。豈非黜雕尚樸，導之者有漸歟。無平不陂，無往不復。六朝靡麗之風，極而將返，實至周而一小振。未可以流傳之寡而忽之也。

隋文紀八卷（浙江巡撫採進本）

明梅鼎祚編。隋氏混一南北，凡齊周之故老、梁陳之舊臣，咸萃一朝，成文章之總匯。而人沿舊習，風尚各殊，故著作之林，不名一格。四十餘載，竟不能自爲體裁。又世傳小說，唐代爲多。而仁壽、大業，去唐最近，遺篇瑣語，眞贋相參，不能無所附會。故鼎祚所錄此集，又最糅雜。其中如隋遺錄、開河記、迷樓記、海山記、大業拾遺記，皆出依託。而王度古鏡記尤爲迂怪不經，搜神、異苑之末流，暌車、夷堅之先路，豈可登之總集，自穢其書。又如甲秀堂帖載煬帝跋曹子建墨跡，唐以來收藏賞鑒皆所未聞，詞旨凡庸，顯出近代，而一槩闌入，未免失於鑒裁。至於唐高祖、太宗、褚亮、李靖、陳叔達、溫大雅、魏徵諸人，不繫於隋，無煩擬議。乃以其文作於隋末，遂爾兼收。而李德林代靜帝之詔，作於周時，顏之推請考樂之奏，上於梁代，前則文隨人編，後則人隨文列，揆以斷限，厥例安居。若文帝復姓令之誤採史文，李德林之修定五禮詔，題爲文帝，祖君彥之移郡縣書，與袁子幹書、魏徵與郇王慶書，皆題爲李密，孔德紹遺秦王書，題爲竇建德。以及罪蜀王秀文，已見一卷，復見二卷。戴逵皇太子箴，已見五卷，復見七卷。又諸集之通病，不在所論矣。八卷之末，載梁神游等十二人，蓋鼎祚文紀以此集爲終。神游等時代未詳，故統附於此。合觀所錄，雖牴牾疎漏，卷卷有之。然上起古初，下窮八代，旁搜博採，薈合成編。使唐以前之文章，源委相承，粲然可考。斯實藝苑之大觀，其功亦不爲過掩矣。

按千頃堂書目，載鼎祚所編尚有三國文紀、東晉文紀、後陳文紀。三國、東晉，今未見其本，姑從闕如。後陳併不知爲何代，疑傳寫有譌。今亦未見其本，故置之不論焉。

釋文紀四十五卷（兵部侍郎紀昀家藏本）

明梅鼎祚編。是書成於崇禎辛未，裒輯歷代名僧之文，以及諸家之文爲釋氏而作者。冠以經典所譯西域梵書一卷，溯其源也。二卷以迄四十三卷，爲東漢至陳隋之作。四十四卷、四十五卷，則無名氏時代者，然皆唐以前人所著也。採摭極爲繁富。每人名之下，各註爵里。每篇題之下，各註事實。亦頗便檢閱。其中如王屮頭陀寺碑，載在文選，人人習讀，而蒐遠略近，失之眉睫之前。又如智永題右軍樂毅論後、與月儀獻歲帖，其人雖釋氏之徒，而其文實不爲釋氏作，一槩收之，亦嫌泛濫，皆不免於小疵。然六代以前之異學，則已斑斑然矣。又其時文士競以藻麗相高，卽緇流亦具有詞采。故大抵吐屬嫺雅，論說亦皆根據經典。尤不類唐以後諸方語錄、徒以俚語掉弄機鋒。卽論其文章、亦不失爲斐然可觀也。

文章辨體彙選七百八十卷 浙江巡撫採進本

明賀復徵編。復徵字仲來、丹陽人。是書首無序目。書中有復徵自著道光和尚述、云先憲副昔宦夔門、時爲天啟甲子六月。越歲乙丑、予入蜀、悉其事。先憲副爲郎南都、嗣從入粵歸吳。又云先宮保中泠公請師演說金剛經。又吳吟題詞云、辛未秋、家大人粵西命下、予以病侍行。考丹陽賀氏一家登科名者、邦泰、嘉靖己未進士。邦泰孫世壽、萬歷庚戌進士、官總督倉場戶部尚書。世壽子王盛、崇禎戊辰進士。按之復徵所序祖父官階年月、俱不相合。又每冊首有晉江黃氏父子藏書印記、而千頃堂書目乃不載是編、均莫詳其故也。復徵以吳訥文章辨體所收未廣、因別爲蒐討、上自三代、下逮明末、分列各體爲一百三十二類。每體之首、多引劉勰文心雕龍及吳訥、徐師曾之言、閒參以己說、以爲凡例。其中有一體而兩出者、如祝文後旣附致語、後復有致語一卷是也。有一體而强分爲二者、如旣有上書、復有上言、僅收賈山至言一篇。旣有墓表、復有阡表、僅收歐陽修瀧岡阡表一篇。記與紀事之外、復有記、雜文之外、復有雜著是也。有一文而重見兩體者、如王褒僮約、一見約、再見雜文。沈約修竹彈甘蕉文、一見彈事、再見雜文。孔璋請代李邕表、一見表、再見上書。孫樵書何易于事、一見表、再見紀事是也。又於金元之文所收過略、而後人擬仿僞撰之作、如張飛新都縣眞多山銘之類、乃槩爲收入、未免失於別裁。意其卷帙旣繁、稾本初脫、未經刊定、不能盡削繁蕪。然其別類分門、搜羅廣博、殆積畢生心力、鈔撮而成。故墜典祕文、亦往往有出人耳目之外者。且其書祇存鈔本、傳播甚稀。錄而存之、固未始非操觚家由博返約之一助爾。

古詩鏡三十六卷唐詩鏡五十四卷 內府藏本

明陸時雍撰。時雍字仲昭、桐鄉人。崇禎癸酉貢生。是編選自漢魏以迄晚唐之詩、分爲二集。前有總論一篇、其大旨以神韻爲宗、情境爲主。如云詩須觀其自得、古人佳處不在言語閒。又云氣太重、意太深、聲太宏、色太厲、佳而不佳、反以此病。又云詩不患無材、而患材之揚、不患無情、而患情之肆。不患無言、而患言之盡。不患無景、而患景之煩。所言皆妙解詩理。其閒如孔雀東南飛一詩、譏其情詞之紕謬、而於儲光羲、孟浩然輩亦俱有微詞。蓋其時王、李餘波相沿未息、學者方以吞剝爲工、故於蹊逕易尋者往往加之排斥、欲以此針砭流俗、故不免於懲羹而吹虀。然其採摭精審、評釋詳核、凡運會升降、一一皆可考見其源流。在明末諸選之中、固不可不謂之善本矣。書中評語、閒涉纖仄、似乎漸染楚風。然總論中所指晉人華言是務、巧言是標、實以隱刺鍾譚。其字句尖新、特文人綺語之習、與竟陵一派實貌同而小異也。

漢魏六朝一百三家集一百十八卷 兩江總督採進本

明張溥編。溥有詩經註疏大全合纂、已著錄。自馮惟訥輯詩紀、而漢魏六朝之詩匯於一編。自梅鼎祚輯文紀、而漢魏六朝之文匯於一編。自張燮輯七十二家集、而漢魏六朝之遺集匯於一編。溥以張氏書爲根柢、而取馮氏、梅氏書中其人著作稍多者、排比而附益之、以成是集。卷帙旣繁、不免務得貪多、失於限斷。編錄亦往往無法、考證亦往往未明。有本係經說而入之集者、如董仲舒集錄春秋陰陽、劉向、劉歆集錄洪範五行傳之類是也。有本係史類而入之集者、如褚少孫集全錄補史記、荀悅集全錄漢紀論之類是也。有本係子書而入之集者、如諸葛亮集錄心書、蕭子雲集錄淨住子是也。有牴牾顯然而不辨者、如張衡集錄周天大象賦、稱魏武黃星之類是也。有是非疑似而臆斷者、如陳琳傳中有袁紹使掌書記一語、遂以三國志注紹冊烏桓單于文錄之琳集是也。有僞妄無稽而濫收者、如東方朔集錄眞仙通鑑所載與友人書及十洲記序之類是也。有移甲入乙而不覺者、如庾信集錄楊炯文二篇之類是也。有採摭未盡者、如束晳集所錄餅賦、寥寥數語、不知祝穆事文類聚所載尚多之類是也。有割裂失次者、如鍾會集成侯命婦傳、三國志註截載兩處、遂分其首尾各爲一篇之類是也。有可以成集而遺之者、如枚乘七發、忘憂館柳賦、諫吳王書及玉臺新詠所載古詩可成一卷。左思三都賦、白髮賦、髑髏賦及文選所載詠史詩、亦可成一卷、而擯落不載之類是也。然州分部居、以文隸人、以人隸代、使唐以前作者遺篇、一一略見其梗槩。雖因人成事、要不可謂之無功也。明之末年、中原雲擾、而江以南文社乃極盛。其最著者，艾南英倡豫章社，衍歸有光等之說而暢其流。陳子龍倡幾社，承王世貞等之說而滌其濫觴。與張采倡復社，聲氣蔓衍幾徧天下。然不甚爭學派，亦不甚爭文柄，故著作皆不甚多。溥所撰述，惟刪定名臣奏議及此編爲巨帙。名臣奏議去取未能盡允。此編則元元本本，足資檢核。溥之遺書，固應以此爲最矣。

古今禪藻集二十八卷　浙江汪啟淑家藏本

明釋正勉、性通同編。其裒輯則釋普文也。普文字理菴。正勉字道可，並嘉興人。性通字蘊輝，應天人。所錄皆釋子之作，而不必其有關於佛理，曰禪藻者，猶曰僧詩云爾。所載上起晉支遁，下訖性通所自作，以朝代編次。每代之中又自分諸體。中間如宋之惠休，唐之無本，後皆冠巾仕宦，與宋之道潛，老而遭禍，官勒歸俗者不同。一槩收之，未免泛濫。又宋倚松老人饒節，後爲僧，名如璧，陸游老學菴筆記稱爲南渡詩僧之冠，與葛天民卒返初服者亦不同。乃漏而不載。至寶月行路難，鍾嶸詩品明言非其所作，載搆訟納賂事甚悉，而仍作僧詩，皆未免疎於考訂。他如卷一之末，獨附讚銘誄賦，蓋以六朝篇什無多，借盈卷帙。然以此爲例，則諸方偈頌，孰非有韻之文。正恐累牘連篇，汗牛而載。於例亦爲不純。特其上下千年，網羅頗富，較之唐僧宏秀集惟取一朝，宋九僧詩但備數家者，較爲完具。存之，亦可備採擇焉。

三家宮詞三卷　浙江巡撫採進本

明毛晉編。晉有毛詩草木鳥獸蟲魚疏廣要，已著錄。三家者，一爲唐王建，一爲蜀花蘂夫人，一爲宋王珪，各七言絕句一百首。建詩集別著錄。其宮詞百首，舊刻雜入王昌齡長信秋詞一首，劉禹錫魏宮詞二首，白居易後宮詞一首，張籍宮詞二首，杜牧秋夕作一首，出宮人一首，晉並考舊本釐正。花蘂夫人，蜀孟昶妃費氏也。宋熙寧五年，王安國檢校官書，始得其手書於敝紙中，以語王安石。王安石以語王珪、馮京，始傳於世。珪所撰華陽集，明代已佚，今始以永樂大典所載裒輯著錄，惟此宮詞有別本孤行。而流俗傳寫，誤以其中四十一首竄入花蘂夫人詩中，而移花蘂夫人詩三十九首屬之於珪。又摭唐詩二首足之，顛舛殊甚。此本亦一一校改。建贈王守澄詩有不是當家親向說，九重爭得外人知句。雖一時刼制之詞，而宮禁深嚴，流傳瑣事，亦未必不出於若輩。其詞殆不盡誣。費氏身備掖庭，述所見聞。珪出入禁闥，歷仕四朝，不出國門而至宰相，耳擩目染，亦異乎草野傳聞。晉裒而編之，皆足以考當日之軼事，不但取其詞之工也。

二家宮詞二卷　浙江巡撫採進本

明毛晉編。凡宋徽宗皇帝三百首，寧宗楊皇后五十首。徽宗卷末有帝姬長公主跋，稱自建中靖國二年至宣和六年，緝熙殿所收藏御製宮詞共三百首，命左昭儀孔禎同婕妤章安愷等收輯，類而成書云云。考蔡京改公主爲帝姬，各有封號。此既云帝姬，又云長公主，非當時之制。又禎字爲仁宗廟諱，當時改文貞爲文正，改魏徵爲魏證，嫌名猶避之甚嚴，豈有宮中昭儀敢以此字爲名者。此跋殆出於依託。楊后卷末有潛夫跋，不著名氏。毛晉謂不知何許人。考劉克莊字潛夫，跋稱癸酉仲春，爲度宗咸淳九年，時代亦合，或克莊所題耶。毛晉跋徽宗卷末，稱舊刻或二百八十首，或二百九十二首，或三百首，或三百首有奇，多混入鄙俚贋作。後從雲間得一元本，止闕二首，則其書已屢經竄亂。即所謂雲間元本，亦未必舊觀。又跋楊后卷末，稱今本止三十首，餘二十首從未之見，乃天啟丁卯得胡應麟家祕本所載。又稱迎春燕子尾纖纖一首，落絮濛濛立夏天一首，紫禁仙輿詰旦來一首，向刻唐人。蘭徑香消玉輦蹤一首，闕月流光入綺疏一首，輦路青苔雨後深一首，向刻元人。今姑仍原本云云。今考集中阿姊擕儂近紫微，藥宮承寵對芳菲。繡幃獨自裁新錦，怕看花開蝴蝶飛一首，亦似楊妹子作，故有首句。書史會要稱楊妹子詩語關情思，人或譏之，蓋即此類。不應出楊后之筆。蓋此三百五十首者，皆後人裒輯得之，眞僞參半，不可盡憑，姑以流傳已久存之耳。

欽定四庫全書總目卷一百八十九

欽定四庫全書總目卷一百九十

集類四十三

總集類五

御選古文淵鑒六十四卷、

康熙二十四年

聖祖仁皇帝御選。內閣學士徐乾學等奉勅編註。所錄上起春秋左傳、下迄於宋、用眞德秀文章正宗例。而睿鑒精深、別裁至當、不同德秀之拘迂。名物訓詁、各有箋釋、用李善註文選例。而考證明確、詳略得宜、不同善之煩碎。每篇各有評點、用樓昉古文標註例。而批導窾要、闡發精微、不同昉之簡略。備載前人評語、用王霆震古文集成例。而蒐羅賅備、去取謹嚴、不同霆震之蕪雜。諸臣附論、各列其名、用五臣註文選例。而夙承聖訓、語見根源、不同五臣之疎陋。至於甲乙品題、親揮奎藻、別百家之工拙、窮三準之精微、則自有總集以來、歷代帝王未聞斯著、無可援以爲例者。蓋聖人之心無不通、聖人之道無不備、非惟功隆德盛、上軼唐虞。卽乙鑒之餘、品題文藝、亦詞苑之金桴、儒林之玉律也。雖帝堯之煥乎文章、何以加哉。

御定全唐詩九百卷、

康熙四十二年

聖祖仁皇帝御定。詩莫備於唐。然自北宋以來、但有選錄之總集、而無輯一代之詩共爲一集者。明海鹽胡震亨唐音統籤、始蒐羅成帙、粗見規模。然尚多所舛漏。是編稟承聖訓、以震亨書爲稾本、而益以內府所藏全唐詩集、又旁採殘碑斷碣稗史雜書之所載、補苴所遺。凡得詩四萬八千九百餘首、作者二千二百餘人。冠以帝王后妃、次以樂章樂府、殿以聯句逸句名媛僧道外國仙神鬼怪諧謔及諸雜體。其餘皆以作者先後爲次、而以補遺六卷詞十二卷別綴於末。網羅賅備、細大不遺。然如冊府元龜所載唐高祖賜秦王詩、則考訂其僞託。又舊以六朝人誤作唐人者、如陳昭儀沈氏衛敬瑜妻之類。以六朝人譌其姓名誤爲唐人者、如楊愼卽陳陽愼沈煙卽陳沈炯之類。以六朝詩誤入唐詩者、如吳均妾安所居劉孝勝武陵深行誤作曹鄴、薛道衡昔昔鹽誤作劉長卿之類。唐詩之誤以詩題爲姓名者、如上官儀高密公主輓詞作高密詩、王維慕容承攜素饌見過詩作慕容承詩之類、亦並釐正。唐音統籤收道家章咒釋氏偈頌多至二十八卷、本非詩歌之體、傷於冗雜者、咸爲刪削、義例乃極謹嚴。至於字句之異同、篇章之互見、根據諸本、一一校註、尤爲周密。得此一編、而唐詩之源流正變、始末釐然。自有總集以來、更無如是之既博且精者矣。

御定全金詩七十四卷

康熙五十年

聖祖仁皇帝御定。宋自南渡以後、議論多而事功少、道學盛而文章衰。中原文獻、實併入於金。特北人質樸、性不近名。不似江左勝流、動刊梨棗。迨汝陽版蕩、散佚遂多。元好問撰中州集、掇拾畸零、得詩一千九百八十餘首、作者二百四十餘人、併樂府釐爲十一卷。每人各以小傳述其軼事、頗爲詳悉。然好問之意、在於借詩以存史。故於詩不甚求全、所錄未能賅備。郭元釪因取好問原本、重爲葺綴、所增之人、視舊加倍。所增之詩、視舊三倍。仍存好問之小傳、而取劉祁歸潛志以拾其遺、別題曰補。又雜取金史及諸家文集說部、以備考核、別題曰附。元釪有所論說、亦附見焉。金源一代之歌詠、彬彬乎備矣。書成奏進、仰蒙聖祖仁皇帝製序刊行。伏讀序文、知是編薈稡排纂、實經御筆。而目錄之首、猶題臣郭元釪補輯一條。大聖人善與人同、一長必錄之盛心、尤足以昭示千古也。

御定四朝詩三百一十二卷、

康熙四十八年

聖祖仁皇帝御定。右庶子張豫章等奉敕編次。凡宋詩七十八卷、作者八百八十二人。金詩二十五卷、作者三百二十一人。元詩八十一卷、作者一千一百九十七人。明詩一百二十八卷、作者三千四百人。每代之前、各詳敘作者之爵里。其詩則首帝製、次四言、次樂府歌行、次古體、次律詩、次絕句、次六言，次雜言，以體分編。唐詩至五代而衰，至宋初而未振。王禹偁初學白居易，如古文之有柳穆，明而未融。楊億等倡西崑體，流布一時。歐陽修、梅堯臣始變舊格，蘇軾、黃庭堅益出新意，宋詩於時為極盛。南渡以後，擊壤集一派參錯並行，遷流至於四靈、江湖二派，遂弊極而不復焉。金人奄有中原，故詩格多沿元祐，迨其末造，國運與宋同衰，詩道乃較宋為獨盛。元好問自題中州集後詩曰：鄴下曹劉氣儘豪，江東諸謝韻尤高，若從華實評詩品，未便吳儂得錦袍，豈虛語乎。有元一代，作者雲興，虞楊范揭以下，指不勝屈，而末葉爭趨綺麗，乃類小詞。楊維楨負其才氣，破崖岸而為之，風氣一新，然訖不能返諸古也。明詩總雜，門戶多歧，約而論之，高啟諸人為極盛，洪熙、宣德以後，體參臺閣，風雅漸微，李東陽稍稍振之，而北地、信陽已崛起與爭，詩體遂變，後再變而公安，三變而竟陵，淫哇競作，明祚遂終。大抵四朝各有其盛衰，其作者亦互有長短，而七百餘年之中，著作浩繁，雖博識通儒，亦無從徧觀遺集，至於澄汰沙礫，披檢精英，合四朝而為一巨帙，勢更有所不能矣。我
國家稽古右文，石渠天祿之藏，既逾前代，我
聖祖仁皇帝游心風雅，典學維勤，
乙覽之餘，咸無遺照，用能別裁得失，勒著鴻編，非惟四朝作者，得
睿鑒而表章，即讀者沿波以得奇，於詩家正變源流，亦一一識其門徑，
聖人之嘉惠儒林者，寧淺尠歟。

御定佩文齋詠物詩選四百八十六卷

康熙四十五年
聖祖仁皇帝御定。自藝文類聚、初學記始以詠物之詩分隸各類。後宋綬、蒲積中有歲時雜詠，專收節序之篇。陳景沂有全芳備祖，惟採草木之什，未有蒐合遺篇，包括歷代分門列目，共為一總集者。明華亭張之象始有古詩類苑、唐詩類苑兩集，然亦多以人事分編，不專於詠物，其全輯詠物之詩者，實始自是編。所錄上起古初，下訖明代，凡四百八十六類，又附見者四十九類，諸體咸備，庶彙畢陳，洋洋乎詞苑之大觀也。夫鳥獸草木，學詩者資其多識，孔門之訓也。郭璞作山海經贊，戴凱之作竹譜，宋祁作益部方物略記，並以韻語敘物產，豈非以諧諸聲律，易於記誦歟。學者坐諷一篇，而周知萬品，是以摛文而兼博物之功也。至於借題以託比，觸目以起興，美刺法戒，繼軌風人，又不止爾雅之注蟲魚矣。知
聖人隨事寓教，嘉惠藝林者深也。原本未標卷第，惟分六十四冊，篇頁稍繁，今依類分析，編為四百八十六卷。

御定題畫詩一百二十卷

康熙四十六年
聖祖仁皇帝御定。裒合題畫之詩共為一集者，始於宋之孫紹遠，然書止八卷，所錄僅唐宋之作，未為賅備。所分二十六門，義例亦未能盡協。自是以來，論書畫者如無名氏之鐵網珊瑚，案鐵網珊瑚舊誤稱朱存理作，今已訂正，語詳本條之下。郁逢慶之書畫題跋記，張丑之清河書畫舫、眞蹟日錄，汪砢玉之珊瑚網，孫承澤之庚子銷夏記，吳其貞之書畫記，高士奇之江邨銷夏錄，卞永譽之書畫彙考，所錄皆題跋為多，詩句僅附見其一二，即
御定佩文齋書畫譜，與此書同時並纂，亦不立題詠一門。
臣等竊以管蠡之見窺測
高深，或以古人題畫者多，題書者少，卷帙既慮偏枯，又書畫譜為卷一百，而此書篇什繁富，為卷一百二十，如併為一編，則末大於本，亦未協體例，是以
分命廷臣，各為編校歟。集中所錄凡詩八千九百六十二首，分為三十門，如樹石別於山水，名勝亦別於山水，古蹟別於名勝，古像別於寫眞，漁樵耕織牧養別於閒適，蘭竹禾麥蔬果別於花卉，配隸俱有條理，末為人事雜題二類，包舉亦為簡括，較諸孫氏舊編，實博而有要，披覽之餘，覺名物典故，有資考證，鴻篇巨製，有益文章，即山川景物，開卷如逢，魚鳥留連，煙雲供養，亦足以怡性情，及恭讀
御製序文，則謂不逾几席，而得流觀山川險易之形，近在目前，而可考鏡往代留遺之蹟，以至農耕蠶織，悉必具雞犬桑麻，宛然如睹，庶幾與昔人豳風無逸之圖有互相發明者焉。益知
聖人之心，即物寓道，所見者大，又不徒作藝事觀焉。

御定歷代賦彙一百四十卷外集二十卷逸句二卷補遺二十二卷

康熙四十五年
聖祖仁皇帝御定。賦雖古詩之流，然自屈宋以來，即與詩別體。自漢迄宋，文質遞變，格律日新，元祝堯作古

賦辨體於源流正變言之詳矣至於歷代鴻篇則不能備載明人作賦苑近人作賦格均千百之中錄存十一未能賅備無遺也是編所錄上起周末下訖明季以有關於經濟學問者爲正集分三十類計三千四十二篇其勞人思婦哀怨窮愁畸士幽人放言任達者別爲外集分八類計四百二十三篇旁及佚文墜簡片語單詞見於諸書所引者碎璧零璣亦多資考證裒爲逸句二卷計一百一十七篇又書成之後補遺三百六十九篇散附逸句五十篇二千餘年體物之作散在藝林者耳目所及亦約略備焉揚雄有言能讀千賦則能賦是編且四倍之學者沿波得奇於以黼黻太平潤色鴻業亦足和聲鳴盛矣

御選唐詩三十二卷附錄三卷

康熙五十二年

聖祖仁皇帝御定其註釋則
命諸臣編錄而取斷於
睿裁詩至唐無體不備亦無派不有撰錄總集者或得其性情之所近或因乎風氣之所趨隨所撰錄無不可各成一家故元結尚古淡篋中集所錄皆古淡令狐楚尚富贍御覽詩所錄皆富贍方回尚生拗瀛奎律髓所錄即多生拗之篇元好問尚高華唐詩鼓吹所錄即多高華之製蓋求詩於唐如求材於山海隨取皆給而所取之當否則如影隨形各肖其人之學識自明以來詩派屢變論唐詩者亦屢變大抵各持偏見未協中聲惟我
聖祖仁皇帝學邁百王理研四始
奎章宏富足以陶鑄三唐故辨別瑕瑜如居高視下坐照纖微既
命編全唐詩九百卷以窮其源流復
親標甲乙撰錄此編以正其軌範博收約取漉液鎔精譬諸古詩三千本里閭謠唱一經尼山之刪定遂列諸六籍與日月齊懸矣詩中註釋每名氏之下詳其爵里以爲論世之資每句之下各徵所用故實與名物訓詁如李善註文選之例至作者之意則使人涵泳而自得尤足砭自宋以來說唐詩者穿鑿附會之失焉

御定千叟宴詩四卷

康熙六十一年奉
敕編　欽惟
聖祖仁皇帝昌運膺圖
沖齡踐祚削平三藩砥屬四瀛
聖德懋其緝熙
神功昭乎啟佑用能欽崇永保無逸延年
壽考康強符溥海無疆之祝而
深仁厚澤涵育寵洪嘒嘒春祺桐生茂豫所謂
皇建其有極歛五福用敷錫厥庶民驗以箕疇允符古義是以平格之瑞翊運者咸登淳固之氣飲和者靡算鮐背黃髮駢聯相屬既
俯允臣民之請鑾舉
萬壽盛典驩心普洽厥溢嵩呼業已恭勒鴻編昭垂奕禩復
詔舉高年宏開嘉讌申
延洪之慶衷仁壽之徵酒醴笙簧賡歌颺拜彬彬焉郁郁焉自摛提合雜以來未有如斯之盛也爰
命裒集詩篇通爲一集首以
聖製與伊耆神人暢曲曠代齊光繼以羣臣和章與周京
天保諸什雅音接響其餘諸作亦與豳風稱觥之文堯民擊壤之詠後先一軌焉伏而讀之如華鯨奏威鳳儀鏗震燿八音會而五色彰也
化國之日舒以長
盛世之音安以樂具見於斯允宜藻瑱函而貯石渠矣

御選唐宋文醇五十八卷

乾隆三年

御定明茅坤嘗取韓柳歐蘇曾王之文以編唐宋八家文鈔
國朝儲欣增李翺孫樵爲十家
皇上以欣所去取尚未盡協所評論亦或未允乃
指授儒臣定爲此集其文有經
聖祖仁皇帝御評者以黃色恭書篇首
皇上御評則朱書篇後至前人評跋有所發明及姓名事蹟有資考證者亦各以紫色綠色分系於末考唐之文體變於韓愈而柳宗元以下和之宋之文體變於歐陽修而蘇洵以下和之愈與崔立之書深病揚屋之作修知貢舉亦黜劉幾等以挽回風氣則八家之所論著其不爲程試計可知也茅坤所錄大抵以八比法說之儲欣雖以便於舉業譏坤而核其所論亦相去不能分寸夫能爲八比者其源必出於古文自明以來歷歷可數坤與欣即古文以講八比未始非探本之論然論八比而沿溯古文爲八比之正脈論古文而專爲八比設則非古文之正脈此如揚屋策論以能根柢經史者爲上操文柄者亦必以能根柢經史與否定其甲乙至講經評史而專備策論之用則其經不足爲經學其史不足爲史學茅坤儲欣之評八家適類於是得我
皇上表章古學示所折衷
乙覽之餘

親爲甄擇。其上者足以明理載道、經世致用。其次者亦有關法戒、不爲空言。其上者矩矱六籍。其次者波瀾意度、亦出入於周秦兩漢諸家。至於品題考辨、疏通證明、無不抉摘精微、研窮窔奧。蓋唐宋之文、以十家標其宗、十家之文經
睿裁而括其要矣。茅坤等管蠡之見、烏足仰測
聖人之權衡哉。

御選唐宋詩醇四十七卷、

乾隆十五年

御定。凡唐詩四家、曰李白、曰杜甫、曰白居易、曰韓愈。宋詩二家、曰蘇軾、曰陸游。詩至唐而極其盛、至宋而極其變。盛極或伏其衰、變極或失其正。亦惟兩代之詩最爲總雜。於其中通評甲乙、要當以此六家爲大宗。蓋李白源出離騷、而才華超妙、爲唐人第一。杜甫源出於國風二雅、而性情眞摯、亦爲唐人第一。自是而外、平易而最近乎情者、無過白居易。奇㧓而不詭乎理者、無過韓愈。錄此四集、已足包括衆長。至於北宋之詩、蘇黃並騖。南宋之詩、范陸齊名。然江西宗派、實變化於韓杜之閒。既錄杜韓、可無庸復見。石湖集篇什無多、才力識解亦均不能出劍南集上。既錄白以槩元、自當存陸而删范。權衡至當、洵千古之定評矣。考

國朝諸家選本、惟王士禛書最爲學者所傳。其古詩選、五言不錄杜甫白居易韓愈蘇軾陸游、七言不錄白居易、已自爲一家之言。至唐賢三昧集、非惟白居易韓愈皆所不載、卽李白杜甫亦一字不登。蓋明詩摹擬之弊、極於太倉歷城。纖佻之弊、極於公安竟陵。物窮則變、故

國初多以宋詩爲宗。宋詩又弊、士禛乃持嚴羽餘論、倡神韻之說以救之。故其推爲極軌者、惟王孟韋柳諸家。然詩三百篇、尼山所定。其論詩一則謂歸於溫柔敦厚、一則謂可以興觀羣怨。原非以品題泉石、摹繪煙霞。洎乎畸士逸人、各標幽賞、乃別爲山水淸音。實詩之一體、不足以盡詩之全也。宋人惟不解溫柔敦厚之義、故意言並盡、流而爲鈍根。士禛又不究興觀羣怨之原、故光景流連、變而爲虛響。各明一義、遂各倚一偏。論甘忌辛、是丹非素。其斯之謂歟。茲逢我

皇上聖學高深、精研六義、以孔門删定之旨、品評作者。定此六家、乃共識風雅之正軌。臣等循環雒誦、實深爲詩教幸、不但爲六家幸也。

皇淸文穎一百二十四卷、

康熙中

聖祖仁皇帝詔大學士陳廷敬編錄未竟。

世宗憲皇帝復

詔續輯、以卷帙浩博、亦未卽蕆功。我

皇上申命廷臣、乃斷自乾隆甲子以前、排纂成帙。冠以

列聖宸章、

皇上御製二十四卷。次爲諸臣之作一百卷。伏考總集之興、遠從西晉。其以當代帝王詔輯當代之文者不少槩見。今世所傳、惟唐令狐楚御覽詩奉憲宗之命、宋呂祖謙文鑑奉孝宗之命爾。然楚所錄者佳篇多所漏略、祖謙所錄者衆論頗有異同。固由時代太近、別擇爲難。亦由其時爲之君者不足以折衷羣言、故或獨任一人之偏見、或莫決衆口之交譁也。我

國家定鼎之初、人心返樸、已盡變前朝纖仄之體。故順治以來、渾渾噩噩、皆開國元音。康熙六十一年中、太和翔洽、經術昌明、士大夫文采風流、交相照映。作者大都沈博絕麗、馳驟古今。雍正十三年中、累洽重熙、和聲鳴盛、作者率舂容大雅、渢渢乎治世之音。我

皇上御極之初、肇舉詞科、人文蔚起。治經者多以考證之功、研求古義。摛文者亦多以根柢之學、抒發鴻裁。佩實銜華、迄今尙蒸蒸日上。一代之著作、本足凌轢古人。又恭逢我

世祖章皇帝、

聖祖仁皇帝、

世宗憲皇帝、

聰明天亶、

制作日新。我

皇上復游心藻府、煥著堯文、足以陶鑄羣才、權衡衆藝。譬諸伏羲端策而演卦、則讖緯小術不敢侈其談。虞舜拊石而鳴韶、則弦管繁聲不敢奏於側。故司事之臣、其難其愼、幾三十載而後能排纂奏

御。上請

睿裁、迄今披檢鴻篇、仰見

國家文治之盛、與

皇上聖鑒之明、均軼千古。俯視令狐楚呂祖謙書、不猶

日月之於爝火哉。

欽定四書文四十一卷、

乾隆元年，內閣學士方苞奉

敕編。明文凡四集，曰化治文，曰正嘉文，曰隆萬文，曰啟

禎文，而

國朝文別爲一集。每篇皆抉其精要，評騭於後。卷首

恭載

諭旨，次爲苞奏摺，又次爲凡例八則，亦苞所述，以發明

持擇之旨。蓋經義始於宋，宋文鑑中所載張才叔自靖人自獻於先王一篇，即當時程試之作也。元延祐中，兼以經義經疑試士。明洪武初定科舉法，亦兼用經疑，後乃專用經義。其大旨以闡發理道爲宗。厥後其法日密，其體日變，其弊亦遂日生。有明二百餘年，自洪永以迄化治，風氣初開，文多簡樸。逮於正嘉，號爲極盛。隆萬以機法爲貴，漸趨佻巧。至於啟禎，警闢奇傑之氣日勝，而駁雜不醇，猖狂自恣者，亦遂錯出於其閒。於是啟橫議之風，長傾詖之習，文體盭而士習彌壞，士習壞而國運亦

隨之矣。我

國家景運聿新，乃反而歸於正軌。

列聖相承，又皆諄諄以士習文風勤頒

誥誡。我

皇上復申明清眞雅正之訓，是編所錄，一一仰稟

聖裁，大抵皆詞達理醇，可以傳世行遠。承學之士，於前

明諸集，可以考風格之得失；於

國朝之文，可以定趨嚮之指歸。

聖人之教思無窮，於是乎在，非徒示以弋取科名之具也。故時文選本，汗牛充棟，今悉斥不錄，惟恭錄是編，以爲士林之標準。原本不分卷，第今約其篇帙，分爲四十一卷焉。

欽定千叟宴詩三十六卷、

乾隆五十五年奉

敕編。洪惟我

皇上斟元陳樞，體乾行健，會歸有極，德合無疆。

曼壽延洪，固預卜億萬斯年。

康強逢吉，而品彙含生，得沐

盛朝之涵育，亦專與盛長。百昌蕃秀，熙熙然弗異華胥在廷，紱佩既多符君奭之銘，即蓽屋茅簷，歲以百齡蒙賜者，春官之籍，亦縷指不能殫數，豈但東都耆舊，僅有潞公，晉邑老人，惟傳絳縣而已哉。斯誠太平至治之徵也。昔我

聖祖仁皇帝，以海甸承平，咸登仁壽，曾以康熙壬寅

詔開嘉宴，以千叟爲名。我

皇上揚

烈覲

光，克繩

祖武，歲乙巳正月六日，

親臨賜宴，式繼

前規。一時龐眉皓首，扶鳩杖、瞻

龍顏者，計三千餘人，仍以千叟

賜名，舉成數也。亦循

舊典也。燕飲歡洽，

錫賚便蕃。

睿藻先頒，賡聲競作。儒臣排次成編，凡得三十六卷。既恭呈

御覽刪削，

頒行，謹恭錄入四庫全書，以昭

久道化成之盛美。夫草木滋榮，根柢盤深，人知草木之滋生，不知天之功也。川嶽流峙，亘古貞固，人知川嶽之流峙，不知天之力也。然則四海恬熙，高年耆耇，非臣民之自能壽，惟

皇上之深仁厚澤，培養而致此壽。此臣等所以拜手稽

首爲

聖人頌也。抑

德侔天地者，

壽亦必符於天地，臣等能勿拜手稽首爲

聖人祝哉。

明文海四百八十二卷（兩淮鹽政採進本）

國朝黃宗羲編。宗羲有易學象數論，已著錄。宗羲於康熙乙卯以前，嘗選明文案二百卷，既復得崑山徐氏所藏明人文集，因更輯成是編。分體二十有八，每體之中，又各爲子目。賦之目至十有六，書之目至二十有七，序之目至五，記之目至十有七，傳之目至二十，墓文之目至十有三。分類殊爲繁碎，又頗錯互不倫。如議已別立一門，而奏疏內復出此體；既立諸體文一門，而却巧瘞筆、放雀諸篇復別爲一類，而止目爲文，尤爲無謂。他若書序、傳記諸門，或析學校書院爲二，或敘文苑於儒林之上，或列論文論詩於講學、議禮、議樂、論史之前，編次糅雜，頗爲後人所議。考閻若璩潛邱劄記，辨此書體例，謂必非黃先生所編，乃其子主一所爲。若璩嘗游宗羲之門，其說當爲可據。蓋晚年未定

之本也。明代文章、自何李盛行、天下相率爲沿襲剽竊之學。逮嘉隆以後、其弊益甚。宗羲之意、在於埽除摹擬、空所倚傍、以情至爲宗。又欲使一代典章人物、俱藉以考見大凡。故雖游戲小說家言、亦爲兼收並採、不免失之泛濫。然其蒐羅極富、所閱明人集幾至二千餘家。如桑悅北都南都二賦、朱彝尊著日下舊聞時、搜討未見、而宗羲得之以冠茲選。其他散失零落、賴此以傳者、尚復不少、亦可謂一代文章之淵藪。考明人著作者、當必以是編爲極備矣。其書卷帙繁重、傳鈔者希、此本猶其原稾。四百八十一及八十二卷內文十二篇、有錄無書、無可核補、今亦並仍之云。

二家詩選二卷、內府藏本

國朝王士禎刪錄明徐禎卿高叔嗣二人詩也。明自宏治以迄嘉靖、前後七子、軌範略同。惟禎卿叔嗣雖名列七子之中、而泊然於聲華馳逐之外。其人品本高、其詩亦上規陶謝、下摹韋柳、清微婉約、寄託遙深、於七子爲別調。越一二百年、李何爲眾口所攻、而二人則物無異議。王世懋之所論、其言竟果驗焉。語詳蘇門集條下 豈非務外飾者所得淺、具內心者所造深乎。士禎之詩、實沿其派。故合二人所作、簡其菁華、編爲此集。禎卿詩多取迪功集、其少年之作見於外集別集者、十不存一。叔嗣惟取其五言詩、其七言則闕焉。取所長而棄所短、二人佳什、亦約略備於是矣。

唐賢三昧集三卷、江蘇巡撫採進本

國朝王士禎撰。士禎有古懽錄、已著錄。初、士禎少年、嘗與其兄士祿撰神韻集、見所作居易錄中。然其書爲人改竄、已非其舊。故晚定此編、皆錄盛唐之作。名曰三昧、取佛經自在義也。詩自太倉歷下以雄渾博麗爲主、其失也膚。公安竟陵以清新幽渺爲宗、其失也詭。學者兩途並窮、不得不折而入宋、其弊也滯而不靈、直而好盡。語錄史論、皆可成篇。於是士禎等重申嚴羽之說、獨主神韻以矯之。蓋亦救弊補偏、各明一義。其後風流相尚、光景流連、趙執信等遂復操二馮舊法、起而相爭。所作談龍錄、排詆是書、不遺餘力。其論雖非無見、然兩說相濟、其理乃全。殊途同歸、未容偏廢。今仍並錄存之、以除門戶之見。又閻若璩潛邱劄記有與趙執信書、詆此集所錄、如張旭四絕句、本宋蔡襄詩、而誤收。又詆其祖詠詩、誤以京水爲涇水。孟浩然詩、誤以涔陽爲溽陽。王維詩、誤以御亭爲卸亭、蔡洲爲蔡州。高適燕歌行、誤以渝關爲榆關。全不講於地理之學。引據精詳、皆切中其病。然士禎自品詩格、原不精於考證。若璩所云、不必爲是集諱、亦不必爲是集病也。

唐人萬首絕句選七卷、內府藏本

國朝王士禎編。洪邁唐人萬首絕句、務求盈數、蹖駁至多。宋倉部郎中福清林清之貞父鈔取其佳者、得七言一千二百八十首、五言一百五十六首、六言十五首、勒爲四卷、名曰唐絕句選。見於陳振孫書錄解題。蓋十分之中、汰其八分有奇。然其書不傳、無由知其善否。士禎此編、刪存八百九十五首、作者二百六十四人、更十分而取其一矣。其書成於康熙戊子、距士禎之沒僅三年、最爲晚出。又當田居閒暇之時、得以從容校理、故較他選爲精審。然其序謂以當唐樂府、則不盡然。樂府主聲不主詞、其采詩入樂、亦不專取絕句。士禎此書、實選詞而非選聲、無庸務爲高論也。

明詩綜一百卷、通行本

國朝朱彝尊編。彝尊有經義考、已著錄。明之詩派、始終三變。洪武開國之初、人心渾朴、一洗元季之綺靡。作者各抒所長、無門戶異同之見。永樂以迄宏治、沿三楊臺閣之體、務以春容和雅、歌詠太平。其弊也冗沓膚廓、萬喙一音、形模徒具、興象不存。是以正德嘉靖隆慶之間、李夢陽何景明等崛起於前、李攀龍王世貞等奮發於後、以復古之說遞相唱和、導天下無讀唐以後書。天下響應、文體一新。七子之名、遂竟奪長沙之壇坫。漸久而摹擬剽竊、百弊俱生、厭故趨新、別開蹊徑。萬歷以後、公安倡纖詭之音、竟陵標幽冷之趣、幺弦側調、嘈囋爭鳴。佻巧蕩乎人心、哀思關乎國運、而明社亦於是乎屋矣。大抵二百七十年中、主盟者遞相盛衰、偏袒者互相左右。諸家選本、亦遂皆堅持畛域、各尊所聞。至錢謙益列朝詩集出、以記醜言僞之才、濟以黨同伐異之見、逞其恩怨、顛倒是非、黑白混淆、無復公論。彝尊因眾情之弗協、乃編纂此書、以糾其謬。每人皆略敘始末、不橫牽他事、巧肆譏彈。里貫之下、各備載諸家評論、而以所作靜志居詩話分附於後。雖隆萬以後、所收未免稍繁。然世遠者篇章易佚、時近者部帙多存、當亦隨所見聞、不盡出於標榜。其所評品亦頗持平。於舊人私憎私愛之談往往多所匡正。六七十年以來。謙益之書久已澌滅無遺。而彝尊此編獨爲詩家所傳誦。亦人心彝秉之公有不知其然而然者矣。

宋詩鈔一百六卷內府藏本

國朝吳之振編。之振有黃葉村莊詩集。已著錄。是編以宋詩選本叢雜。因蒐羅遺集。共得百家。其本無專集及有集而所選不滿五首者。皆不錄。每集之首。繫以小傳。略如元好問中州集例。而品評考證其文加詳。蓋明季詩派。最爲蕪雜。其初厭太倉歷下之剽襲。一變而趨清新。其繼又厭公安竟陵之纖佻。一變而趨眞樸。故

國初諸家。頗以出入宋詩。矯鉤棘塗飾之弊。之振是選。卽成於是時。以其人自爲集。故甫刊一帙。卽摹印行世。所傳之本。往往多寡不同。此本有錄無書者。尙有劉弇鄧肅黃幹魏了翁方逢辰宋伯仁馮時行岳珂嚴羽裘萬頃謝枋得呂定鄭思肖王柏葛長庚朱淑眞十六家。蓋剞劂未竣。故竟無完帙也。近時曹庭棟病其未備。因又有宋人百家詩存之刻。以補其闕。皆之振之所未錄。然之振於遺集散佚之餘。刱意蒐羅。使學者得見兩宋詩人之崖略。不可謂之無功。與庭棟之書互相補苴。相輔而行。固未可偏廢其一矣。

宋元詩會一百卷浙江巡撫採進本

國朝陳焯編。焯字默公。桐城人。順治壬辰進士。官兵部主事。是編裒輯宋元諸詩。自云散錄零鈔。或得諸山水圖經。或得諸匡碑摩搨。以及市坊村塾道院禪宮。斷簡殘蹤。窮極蒐求。積累歲時。成茲巨帙。凡九百餘家。每家名氏之後。倣元好問中州集例。詳其里居出處。正史之外。旁取志乘稗說。以補訂闕漏。其用心可謂勤矣。王士禎香祖筆記載甲子祭告南海時。歲杪抵桐城。焯攜是編相商。縱觀竟日。而不言其書之可否。今觀其書。不載諸詩之出處。猶明人著書舊格。其間網羅既富。亦不免於疏漏蕪雜。然宋元遺集。迄今多已無傳。焯能蒐輯散佚。存什一於千百。披沙簡金。往往見寶。亦未嘗不多資考據也。

粵西詩載二十五卷粵西文載七十五卷附粵西叢載三十卷浙江巡撫採進本

國朝汪森編。森字晉賢。桐鄉人。休寧籍。官桂林府通判。森在粵西。以輿志闕略殊甚。考據難資。因取歷代詩文有關斯地者。詳搜博採。記錄成帙。歸田後復借朱彝尊家藏書。薈萃訂補。共成詩載二十四卷。附詞一卷。文載七十五卷。又以軼聞瑣語可載於詩文者。更輯爲叢載三十卷。其中如錄謝朓詩誤爲晉人。又唐鄭愚蔡京授嶺南節度使二制。本文苑英華所引玉堂遺範之文。初無撰人姓名。乃誤以玉堂爲王堂。頗有舛誤。其志傳二門。多採黃佐蘇濬之通志。亦殊挂漏。然其體例明整。所錄碑版題咏。多採諸金石遺刻。如宋何麟會元曹師孔曾師道石天岳諸作。皆志乘所未備。其文載中所分山川城郭官署學校書院宮室橋梁祠廟軍功平蠻諸子目。皆取其有關攷證者。故於形勢阨塞控置得失。興廢利弊諸大端。紀錄尤詳。以視全蜀藝文志。雖博贍不及。而體要殆爲勝之。至叢載所分二十目。雖頗近冗碎。而遺文軼事。多裨見聞。亦足以資考證。固未可以近於說部廢之焉。

元詩選一百一十一卷內府藏本

國朝顧嗣立編。嗣立有溫飛卿詩註。已著錄。是選凡三集。每集之中。又以十干分爲十集。而所爲癸集。實有錄無書。故皆止於九集。蓋其例以甲集至壬集分編有集之人。以癸集總收零章斷什。不成卷帙之作。其事浩繁。故欲爲之而未成也。所錄自帝王別爲卷首外。初集凡元好問以下一百家。二集所錄凡段克己兄弟以下一百家。三集所錄凡麻革以下一百家。每人下各存原集之名。前列小傳。兼品其詩。雖去取不必盡當。而網羅浩博。一一採自本書。具見崖略。非他家選本餖飣綴合者可比。有元一代之詩。要以此本爲巨觀矣。嗣立稱所見元人之集。約四百餘家。方今

詔採遺書。海內祕藏。大都輻輳。中間如嗣立所未見者。固指不勝屈。而嗣立所見今不著錄者。亦往往而有。蓋相距五六十年。隱者或顯。而存者亦或偶佚。殘膏賸馥。轉賴是集以傳。正未可以不備爲嫌也。

全唐詩錄一百卷編修徐天柱家藏本

國朝徐倬編。倬有蘋村類稿。已著錄。是編以唐詩卷帙浩繁。乃採擷菁華。輯爲一集。每人各附小傳。又閒附詩話詩評。以備考證。康熙丙戌恭逢

聖祖仁皇帝聖駕南巡。倬繕錄進

呈。得

旨嘉獎。

特由侍讀擢禮部侍郎，以旌好學。併
御製序文，
賜帑金刊版。儒臣衆選，至今傳焉。謹案
御定全唐詩，用胡震亨統籤之例，或分體，或不分體，各因諸家原集，以存其舊。倬是編惟仙鬼之詩仍不分體，餘皆以古體、今體分編。全唐詩以上官昭容、宋若昭姊妹列帝后之後，倬則以長孫皇后、徐賢妃、江采蘋附於帝王，而以上官昭容等別入宮閨。又聯句隨人類附，不另爲門。韓愈效玉川子月蝕詩不入愈本集，而附於盧仝詩下。香山九老詩不入自列名，而附於白居易詩下。體例與全唐詩亦殊。蓋全唐詩編纂成書在康熙四十六年丁亥，倬是書則先一年成，雖以全唐詩錄爲名，實未見頒行之本，故編次稍有異同云。

甬上耆舊詩三十卷（浙江巡撫採進本）

國朝胡文學編，其傳則李鄴嗣作也。文學有疏稾。鄴嗣有杲堂文鈔，俱已著錄。輯明州詩文者，宋有鄞江集，今已失傳。王應麟四明文獻集，亦復佚闕。至明宋士之四明雅集二十家，戴鯨之續集六十家，張時徹之四明風雅一百二十家，於作者採輯稍廣，而源流未備。鄴嗣嘗撰甬上耆舊傳，紀其鄉先哲行事頗詳。文學因即其傳中之人搜錄遺詩，論定編次，而各以原傳系之。始自周文種、漢大黃公，終於明季諸家，凡四百三十人，得詩三千餘首。本四十卷，甫授梓而文學即世。其子得邁因以前三十卷先刊行之。每卷之首，俱有小序，略依其才品名位高下爲次，使各以類從，而不盡以時代爲斷。於支派，極爲詳晰。中如宋袁燮之絜齋集、袁甫之蒙齋集，亡佚已久，今始得於永樂大典中，裒集成編。文學等固宜目所未睹。至樓鑰攻媿全集，尚有遺本流傳，而僅據其選集鈔存，亦爲搜羅未至。然其體例精審，於部居州次之中，寓論世知人之義。徵文考獻，條理秩然，固非釣名悅俗，瓦礫雜陳者所得而相比矣。

檇李詩繫四十二卷（浙江巡撫採進本）

國朝沈季友撰。季友有學古堂詩集，已著錄。是編輯嘉興一郡之詩，自漢晉以迄
本朝，凡搢紳韋布，閨秀方外，土著流寓，有吟咏傳世者皆錄之，而以仙鬼題咏謠諺附焉。姓氏之下，又各爲小傳，略敍梗槩。其山川古蹟、土風物產，亦間加附注，以備考據。初明景泰中，嘉興朱翰嘗詮次洪永以來郡人之詩，爲檇李英華一書，所收不盡雅馴。崇禎末，秀水蔣之翹復續爲檇李詩乘，其卷帙之富，什倍英華，而遺稾散佚，遂無傳本。季友此書踵二家之後，而更加詳博。殘章賸句，蒐訪靡遺。捃摭之勤，殊爲不苟。其間若趙孟堅小傳，沿山房隨筆之誤，以爲卒於元時，吳鎮沒於至正間，與楊璉真伽時代迥不相及，而謂楊發諸墳，不及鎮墓。此類皆爲疎於考核。然其甄綜頗備，一鄉文獻，亦有藉以足徵焉。

古文雅正十四卷（兵部尚書蔡新家藏本）

國朝蔡世遠編。世遠有二希堂集，已著錄。是集選錄自漢至元之文，凡二百三十六篇。前有自序曰：名之曰雅正者，其辭雅，其理正也。案詩大雅、小雅，及爾雅古註疏，皆訓爲正。然史記五帝本紀稱百家言黃帝，其文不雅馴，司馬相如傳稱從車騎雍容閒雅甚都，顏野王玉篇亦曰：雅，儀也，嫺雅也。是自漢以來，雅正已分兩訓，世遠蓋用此義也。考總集之傳，惟文選盛行於歷代，殘膏賸馥，沾溉無窮。然潘勗九錫之文，阮籍勸進之箋，名教有乖，而簡牘竝列，君子恆譏焉。是雅而不正也。至眞德秀文章正宗，金履祥濂洛風雅，其持論一準於理，而藏弆之家但充插架，固無人起而攻之，亦無人嗜而習之，豈非正而未雅歟。夫樂本於至和，然五音六律之不具，不能嘔啞吟唱以爲和；禮本於至敬，然九章五采之不備，不能袒裼跪拜以爲敬也。文質相輔，何以異茲。世遠是集以理爲根柢，而體雜語錄者不登；以詞爲羽翼，而語傷浮豔者不錄。劉勰所謂扶質立幹、垂條結繁者，殆庶幾焉。數十年傳誦藝林，不虛也。或以姚鉉刪文苑英華爲唐文粹，駢體皆所不收，而此集有李諤論文體書、張說宋公遺愛碑頌諸篇，似乎稍濫，不知散體之變駢體，猶古詩之變律詩，但當論其詞義之是非，不必論其格律之今古。杜甫一集，近體强半，論者不謂其格卑於古體也。獨於文則古文、四六判若鴻溝，是亦不充其類矣。兼收儷偶，正世遠深明文章正變之故，又何足爲是集累乎。

鄱陽五家集十五卷（江西巡撫採進本）

國朝史簡編。簡字文令，鄱陽人。是編輯其鄉人之詩，自宋末至明初，凡五家。一曰芳洲集三卷，黎廷瑞撰。廷瑞字祥仲，宋咸淳辛未進士，授迪功郎、肇慶

府司法參軍。二曰樂菴遺稾二卷，吳存撰。存字仲退，延祐元年舉於鄉，官至饒州路鄱陽縣主簿。三曰松巢漫稾三卷，徐瑞撰。瑞字山玉，號松巢，宋末元初人，嘗爲鄱邑書院山長。集末附其從子㲄詩三十六首。曰仰山集，四曰寓齋詩集二卷，葉蘭撰。蘭字芝庭，號醉漁，元太常寺禮儀院奉禮郎。明太祖召之，投水死。末附葉德新先生僅存詩一卷。德新名懋，蘭之父也，元時官嘉興路總管。五曰春雨軒集四卷，劉炳撰。所錄以詩爲主，閒亦及詩餘及賦。考五家之中，惟劉炳全集有傳本，已著於錄。其餘四家及所附錄二家，則刊本殊稀，頗賴此刻以存。其詩大都諧雅可誦，非誇飾風土、濫盈卷帙者比也。葉懋爲葉蘭之父，而其詩附刻蘭詩後，蓋用黃庭堅集附刻伐檀集例，於義未允。今移此卷於蘭詩之前焉。

南宋雜事詩七卷 浙江巡撫採進本

國朝沈嘉轍、吳焯、陳芝光、符曾、趙昱、厲鶚、趙信等同撰。鶚有遼史拾遺，已著錄。嘉轍字樂城，焯字尺鳧，曾字幼魯，皆錢塘人。芝光字蔚九，昱字功千，信字意林，皆仁和人。七人之中，惟曾以薦舉官至戶部郎中。鶚以康熙庚子舉於鄉，餘皆終於諸生。是書以其鄉爲南宋故都，故捃摭軼聞，每人各爲詩百首，而以所引典故註於每首之下，意主紀事，不在修詞，故警句頗多，而牽綴填砌之處亦復不少。然採據浩博，所引書幾及千種，一字一句，悉有根柢，萃說部之菁華，采詞家之腴潤，一代故實，巨細兼該，頗爲有資於考證，蓋不徒以文章論矣。

宋百家詩存二十八卷 江蘇巡撫採進本

國朝曹庭棟編。庭棟有易準，已著錄。初，吳之振輯宋詩鈔，雖盛行於世，然闕略尚多，且刊刻未竟，往往有錄無書。庭棟因搜採遺佚，續爲是編，所錄凡一百家，皆有本集傳世者。始於魏野東觀集，終於僧斯植採芝集，賀鑄本北宋末人，而升以弁首，置於魏野之前，自云少時所最愛。然選六朝詩者，陶謝不先於潘陸；選唐詩者，李杜不先於沈宋，以甲乙而移時代，此庭棟之創例，古所無也。其中如穆脩以古文著，傅察以忠節傳，林亦之、陳淵以道學顯，於詩家皆非當行。許棐、張至龍、施樞諸人載於江湖小集者，王士禎居易錄詆爲槩無足取者，亦皆錄其寸長，不遺採擇，雖別裁未必盡當，然宋人遺集，徐乾學傳是樓二十八家之本，朱彝尊曝書亭五十家之本，皆未刊刻，輾轉傳鈔，陶陰多誤。其餘專集行世者，又各自爲帙，未能匯合於一。庭棟裒輯成編，以補吳之振書之闕，宋詩大略，已幾備於此二集矣。

右總集類一百六十五部，九千九百四十七卷，皆文淵閣著錄。

欽定四庫全書總目卷一百九十

欽定四庫全書總目卷一百九十一

集部四十四

總集類存目一

文選句圖一卷 江蘇巡撫採進本

宋高似孫撰。似孫有剡錄，已著錄。案摘句爲圖，始於張爲。其書以白居易等六人爲主，以楊乘等七十八人爲客。主分六派，客亦各有上入室、入室、升堂及門四格，排比聯貫，事同譜牒，故以圖名。後九僧各摘名句，亦曰句圖，蓋非其本。似孫此書，亦沿舊名。所錄皆文選諸詩，去取不甚可解。如蘇武詩之馥馥我蘭芳，芬馨良夜發，上下聯各割一句，尤爲斷剟。其句下附錄之句，蓋即鍾嶸詩品源出某某之意，其句下附錄一兩首者，則莫喻其體例矣。

文選纂註十二卷 江蘇巡撫採進本

明張鳳翼撰。鳳翼有夢占類考，已著錄。是書雜採諸家詮釋文選之說，故曰纂註。然所引多不著所出，夫詮釋義理，可以融會羣言，至於考證舊文，豈可不明依據。言各有當，不得以朱子集傳集註藉口也。其論神女賦王字爲玉，玉字爲王，蓋採姚寬西溪叢語之說，極爲精審。其註無名氏古詩以東城高且長與燕趙多佳人分爲兩篇，十九首遂成二十，不知陸機擬作，文義可尋，未免太自用矣。

選詩約註十二卷 內府藏本

明林兆珂撰。兆珂有詩經多識編，已著錄。是編取昭明文選所錄諸詩，重爲編次，以時代先後爲序。其訓釋文義，較舊註稍爲簡約，亦無考證發明。

文選章句二十八卷 內府藏本

明陳與郊編。與郊有檀弓集註、已著錄。此書以坊刻文選顛倒棼亂、每以李善所註竄入五臣註中。因重爲釐正、汰其重複、斥五臣而獨存善註。凡善所錄舊註、如楚辭之王逸、兩京賦之薛綜、詠懷詩之顏延之沈約、皆仍存之。亦時時正其舛誤。較閩齊華張鳳翼諸本差爲勝之。然點竄古人、增附己說、究不出明人積習、不如存其原本之愈也。

文選九十四卷 內府藏本

明鄒思明編。思明字見吾、歸安人。始末未詳。前有韓敬序、其私印已稱庚戌會狀兩元、則萬歷後人也。其書取文選舊本臆爲刪削、以三色版印之。凡例謂總評分脈則用朱、細評探意則用綠、釋音義解文詞則用墨云。

文選瀹註三十卷 內府藏本

明閔齊華編。齊華、烏程人。崇禎中以歲貢任汾河縣知縣。是書以六臣註本刪削舊文、分繫於各段之下。復採孫鑛評語、列於上格。蓋以批點制藝之法施之於古人著作也。

昭明文選越裁十一卷 內府藏本

國朝洪若臯編。若臯有南沙文集、已著錄。是編取昭明文選重爲刪定、復捃拾諸家之註、略爲詮解。其圈點評語則全如詩文之式。其謂之越裁者、自序謂時避居越城、志地亦志僭也。案昭明舊本、唐人奉爲蓍龜、以杜甫詩材夌跨百代、猶有熟精文選理之句、餘子可以知矣。若臯橫加翦薙、可謂不自揣量。卽以開卷一篇而論、班固兩都賦、文本相承、乃刪去東都一篇、遂使語無歸宿、全乖本意。是於作賦之故且茫然未考矣。

選詩定論十八卷 內府藏本

國朝吳淇撰。淇字伯其、號冉渠、睢陽人。其書以文選所錄諸詩歌自漢高帝以下以時代編次、而荊軻易水歌十五字別爲一卷終焉。前列六朝選詩緣起一卷、皆雜引六經以釋之、迂遠鮮當。次統論古今詩及總論六朝一卷、區分時世、至謂陳隋無選詩、宋金元皆無詩。而明人古體學選、律詩學唐、亦七子之緒論。其詮釋諸詩、亦皆高而不切、繁而鮮要。如解中山王孺子妾歌之類、於考證尤疏也。

文選音義八卷 安徽巡撫採進本

國朝余蕭客撰。蕭客有古經解鉤沈、已著錄。此書則罅漏叢生、如出二手。約舉其失、凡有數端。一曰引證亡書、不具出典。如李善進文選註表、化龍引晉陽秋、肅成引王沈魏書、筴字引徐邈李順莊子音。如斯之類、開卷皆是。舊籍存佚、諸家著錄可考。世無傳本之書、蕭客何由得見。此輾轉裨販而諱所自來也。一曰本書尚存、轉引他籍。如西都賦、火齊引龐元英文昌雜錄、南史中天竺國說火齊云云、何不竟引南史也。逸民傳論引宋俞成螢雪叢說、嚴子陵本姓莊、避顯宗諱、遂稱嚴氏。此說果宋末始有耶。一曰嗜博貪多、不辨眞僞。海賦陰火引王嘉拾遺記、西海之西浮玉山巨穴云云、與木華所云陰火何涉。盧諶覽古詩、和璧引杜光庭錄異記、歲星之精墮於荊山云云、是晉人讀五代書矣。飲馬長城窟行雙鯉魚引元散堂詩話、試鶩以朝鮮原繭紙作鯉魚云云、此出龍輔女紅餘志。案錢希言戲瑕、明言𡟭嬛記女紅餘志諸書皆桑懌依託、則女紅餘志已屬僞本、所引元散堂詩話、更僞中之僞、乃據爲實事、不亦傎耶。一曰摭拾舊文、漫無考訂。如閒居賦櫻字引鬼谷子、崖蜜櫻桃也。案此惠洪冷齋夜話之文、鬼谷子實無此語。蕭客旣沒惠洪之名、攘爲己有、又不知宋人已屢有駁正。吳都賦欃槍引李周翰註、以爲鯨魚目精。此因博物志鯨魚死彗星出之文、而加以妄誕。陸機贈從兄詩、言樹背與襟、引謝氏詩源、堂北曰背、堂南曰襟。亦杜撰虛詞、不出典記。歸去來詞、西疇引何焯批本曰、卽農服先疇之意。西先古通用。案西古音先、非義同先也。西疇正如詩之南畝、偶舉一方言之耳。如是穿鑿、則本詞之東臯何以獨言東耶。凡斯之類、皆疏舛也。一曰矗引瑣說、繁複矛盾。如三都賦序、玉樹引顏師古漢書註、謂左思不曉其義。甘泉賦玉樹又引王楙野客叢書、謂師古註甚謬。劉琨重贈盧諶詩下註引蔡寬夫詩話曰、秦漢以前平仄皆通、魏晉間此體猶存。潘岳詩位同單父邑、愧無子賤歌、豈敢陋微官、但恐忝所荷是也。潘岳河陽詩下又註曰、國語補音負荷之荷亦音何。兩卷之中、是非頓異。數頁之後、平仄迥殊、將使讀者何從耶。一曰見事卽引、不究本始。如蜀都賦琥珀引曹昭格古要論、不知昭據廣韻楓字註也。飲馬長城窟行引吳兢樂府解題或云蔡邕、不知兢據玉臺新詠也。尙書序伏生引經典敘錄云名勝、不知晉書伏滔傳稱遠祖勝也。至於凡註花草、必引王象晉羣芳譜、益不足據矣。一曰旁引浮文、苟盈卷帙。首引何焯批本、稱塵史、宋景文母夢朱衣人攜文選一部與之、遂生景文、故小字選哥、已爲枝蔓。又沿用其例於顏延年贈王太常詩、玉水記方流句下註曰、王定保唐摭言、白樂天及第、省試玉水記方流詩。此於音義居何等也。一曰鈔撮習見、徒溷簡牘。如賢良詔漢武帝下註、向曰漢書云諱徹、景帝中子。洛神賦曹子建下註、翰曰武帝第三子。世有不知漢武帝曹子建而讀文選者乎。至於八言詩見東方朔本傳、蕭統序所云八字、正用此事。乃引呂延濟註、以八字爲魏文帝樂府詩、已爲紕繆。又引何焯批本、蔓引三言至五言、獨遺八字。挂漏者亦所不免。惟魏都賦註廣蒼一條、效曹子建題註孫嚴宋書一條、並引隋書經籍志爲證。洞簫賦註顏叔子一條、引毛萇詩傳巷伯篇爲證。曲水詩序三月三日一條、引宋書禮志爲證。東京賦註偷字協韻一條、引沈重毛詩音義爲證。糾何焯批本之誤、爲有考正耳。蓋蕭客究心經義、詞章非所擅長。強賦六合、違才易務、其見短也宜矣。

馮氏校定玉臺新詠十卷（兵部侍郎紀昀家藏本）

國朝馮舒所校、其猶子武所刊也。舒有詩紀匡謬、已著錄。徐陵玉臺新詠久無善本。明人所刻、多以意增竄、全失其眞。後趙宧光得宋嘉定乙亥永嘉陳玉父刊本翻雕、世乃復見原書。舒此本卽據嘉定本爲主、而以諸本參核之、較諸本爲善。如序中投壺玉女爲歡盡於百嬌、據神異經及西京雜記改爲百驍之類、皆確有依據、不爲竄亂。然如蘇武詩一首、宋刻本無標題、與文選同。舒乃據俗本題曰留別妻。徐幹室思詩六章、有宋孝武帝擬作及藝文類聚所引可證。乃據俗本改爲雜詩五首、室思一首。塘上行據李善文選註本有四說、宋刻所題蓋據歌錄第二說。乃據宋書不確之說、改爲魏武、移於文帝之前。石崇王明君詞序、其造新曲句有李善文選註、劉履文選補遺可證。乃據俗本改爲新造。楊方合歡詩五首、有藝文類聚及樂府詩集可證。乃據詩紀改爲合歡詩二首、雜詩三首。梁簡文帝率爾爲詠、爲字本讀去聲。乃誤讀平聲、遂據俗本改爲成詠。王筠和吳主簿詩青骹逐黃口句、有西京賦可證。乃臆改爲青鶻、皆未免失考。至於張衡同聲歌之恐慄若探湯句、宋刻誤慄爲瞟。又思爲莞蒻席句、宋刻誤莞爲菀。蘇伯玉盤中詩有滄浪詩話可證、宋刻誤連入傅元詩中。漢成帝時童謠燕燕尾涎涎句、有舊本漢書可證、宋刻誤爲尾殿殿。皆譌舛顯然、而曲爲回護、又往往失之拘泥。今趙氏翻雕宋本流傳尚廣、此刻雖勝俗刻、終不能及原本、故僅附存其目焉。

玉臺新詠箋註十卷（兵部侍郎紀昀家藏本）

國朝吳兆宜撰。兆宜有庾開府集註、已著錄。是書引證頗博、然繁而無當。又多以後代之書註前代之事、尤爲未允。惟每卷以明人濫增之作退之卷末、註曰以下宋本所無、較諸本爲善。

二馮評點才調集十卷（內府藏本）

國朝馮舒、馮班所評點、其猶子武合刊之。班有鈍吟雜錄、已著錄。此書去取大旨、具見武所作凡例中。凡所持論、具有淵源、非明代公安、竟陵諸家所可比擬。故趙執信祖述其說。然韋縠之選是集、其途頗寬、原不專主晚唐。故上自李白、王維、以至元白長慶之體、無不具錄。二馮乃以

國初風氣矯太倉、歷城之習、競尚宋詩、遂借以排斥江西、尊崇崑體。黃陳溫李、斷斷爲門戶之爭。不知學江西者其弊易流於粗獷、學崑體者其弊亦易流於纖穠。除一弊而生一弊、楚固失之、齊亦未爲得也。王士禎謂趙執信崇信是書、鑄金呼佛、殊不可解。杭世駿榕城詩話亦曰、戚進士弢言、德清人、每爲二馮左袒。予蹴其才調集點本後曰、固哉馮叟之言詩也。承轉開合、提唱不已、乃村夫子長技。緣情綺靡、寧或在斯、古人容有。細心通才必不當爲此迂論、右西崑而黜西江。夫西崑盛於晚唐、（案晚唐無西崑之名、此語失考、）西江盛於南宋。今將禁晉宋之不爲齊梁、禁齊梁之不爲開元大歷、此必不得之數。風會流轉、人聲因之。合三千年之人爲一朝之詩、有是理乎。二馮可謂能持詩之正、未可謂遂盡其變也云云。其論頗當。惟謂承轉開合乃村夫子長技、則又主持太過。孟子曰、梓匠輪輿能與人規矩、不能使人巧。巧在規矩之外、而亦不能出乎規矩之中。故詩必從承轉開合入、而後不爲泛駕之馬。久而神明變化、無復承轉開合之迹、而承轉開合自行乎其間。譬如毛嬙、西子、明眸纖步、百態橫生、要其四體五官之位置、不能與人有異也。豈有眉生目下、足著脅旁者哉。王士禎蠡勺亭觀海詩曰、春浪護魚龍、驚濤與漢通。石華秋散雪、海扇夜乘風。

竟不知士禎斯遊爲在春在秋在晝在夜豈非但標神韻不講承轉開合之故哉世駿斯言徒欲張新城之門戶而不知又流於一偏也

諸儒性理文錦八卷（內府藏本）

舊本題兵部尚書常珽編不著時代考萬姓統譜常珽字方叔連江人宋嘉祐進士累官吏部尚書參知政事似乎即此常珽惟吏部字不同疑二書當有一誤或編此書時適官兵部耶其書全錄宋儒性理之文閒亦上及韓愈柳宗元等分六十四類文以類附蓋專爲科舉之用前有吳登甲翁以孫序據序所言蓋登甲又有所補輯非原本矣

桃花源集一卷（永樂大典本）

宋姚孳編孳四明人元祐辛未補武陵令因道士龔元正所輯古石刻文及諸家題詠輯爲是編前有自序稱沅水去牂柯西流貫武陵東會洞庭而桃源枕其涯異人逸士多寓焉故錄嘉祐以前諸公詩文綴爲一卷云

詩準三卷附錄一卷詩翼四卷（兩江總督採進本）

舊本題宋何無適倪希程同撰其詩雜撮古謠謌詞一卷又附錄一卷復採漢魏晉宋詩二卷而以齊江淹一首終焉命曰詩準雜撮唐杜甫李白陳子昂韋應物韓愈柳宗元權德輿劉禹錫孟郊宋蘇軾黃庭堅歐陽修王安石陳師道陳與義秦觀張耒郭祥正張孝祥詩爲四卷而以陸游一首終焉命曰詩翼蓋影附朱子古詩分爲三等則爲一編之說而剽竊眞德秀文章正宗緒論以爲之龎雜無章是非參差又出陳仁子文選補遺下疑爲明人所僞託觀其岣嶁山碑全用楊愼釋文而大戴禮几銘竝用鍾惺詩歸之誤本其作僞之迹顯然也

發蒙宏綱三卷（永樂大典本）

宋羅黃裳編黃裳池州人咸淳中曾爲番禺守明內閣書目曰發蒙宏綱宋咸淳閒羅黃裳撰五言詩十二篇又擇古文凡有關於蒙養者三十篇以訓蒙今考所錄皆鄉塾習誦之文無所鑒別亦無所發明殊無一長之可取不知何以流傳於後也

宋四家詩四卷（兩江總督採進本）

不著編輯者名氏一爲施樞漁隱橫舟稾一爲徐集孫竹所吟稾一爲林希逸竹溪十一稾詩選一爲敖陶孫臞翁詩集不解何以取此四家配爲一集之意殆偶得宋名賢小集之殘本裝爲一冊也

宋名臣獻壽集十二卷（兩淮馬裕家藏本）

不著撰人名氏所載皆南宋祝壽之文編次既無義例稱名亦無體式蓋其時書肆所爲也

羣公四六續集十卷（浙江范懋柱家天一閣藏本）

不著編輯者名氏凡自甲至癸十卷皆南宋人通候之啟其正集今未之見此其續集也所錄無非應酬泛語無足採錄如方雲翼葛謙白等賀秦太師諸啟尤穢簡牘也

大全賦會五十卷（永樂大典本）

不著編輯者名氏皆南宋程試之文案宋禮部科舉條例凡賦限三百六十字以上成其官韻八字一平一仄相閒即依次用若官韻八字平仄不相閒即不依次用其違式不考之目有詩賦重疊用事賦四句以前不見題賦押官韻無來處賦得一句末與第二句末用平聲不協韻賦側韻第三句末用平聲賦初入韻用隔句對第二句無韻拘忌宏多頗爲煩碎又淳熙重修文書式凡廟諱御名本字外同音之字應避者凡三百一十七又有舊諱濮王秀王諸諱應避者二十一是下筆之時先有三四百字禁不得用則其所作苟合格式而已其浮泛庸淺千手一律固亦不足怪矣

啟劄錦繡一卷（永樂大典本）

舊本題清曠趙先生編不著其名所錄皆南宋人啟劄而不題作者之姓名蓋當時盛行此體書賈採輯刊版備撏撦之用耳不足以言文章也

宋遺民錄一卷（兩淮馬裕家藏本）

此卷皆宋遺民詩詞雜文未知誰所編錄宋之故老入元後多懷故國之思作詩者衆矣此本所錄僅謝翱方鳳納新（原本作廼賢今改正）李吟山王學文梁棟林德暘王炎午黃溍吳師道十人之作已多挂漏又溍及師道皆元臣而納新爲郭囉洛（原作葛邏祿今改正）氏爲元色目人與宋尤邈不相涉槩曰遺民殊不可解殆書肆賈豎僞託之以售欺也

唐詩鼓吹箋註十卷（通行本）

金元好問編

國朝錢朝鼒王俊臣註王淸臣陸貽典箋朝鼒字次鼎俊臣字子顯淸臣字子清貽典字敕先竝常熟人唐詩鼓吹舊有郝天挺註明萬歷已卯新會廖文炳重爲補正增以詮釋名曰唐詩鼓吹註解大全朝鼒等又以廖所註解爲未善復刪改以成是

編其實三家所註，相去無幾。廖固不足服郝，四人亦未能服廖也。惟其僅改廖解，未改郝註，又以廖註與郝註別列，朝鼐等補註與廖註又別列，其字句異同，郝註稱某一作某，朝鼐等所加則變文曰一本作某，尚可以尋得本之迹，較明人臆改古書，淆亂不可復辨者，差爲勝之耳。

濂洛風雅六卷（浙江巡撫採進本）

元金履祥編。履祥有尚書表註，已著錄。是編乃至元丙申履祥館於韓貞瑞家齋芳書舍所刻。原本選錄周子、程子以至王柏、王偘等四十八人之詩，而冠以濂洛詩派圖。但以師友淵源爲統紀，初不分類例。貞瑞以爲濂洛諸人之詩固皆風雅之遺，第風雅有正變、大小之殊，頌亦有周魯之異，於是分詩銘箴誡贊詠四言者爲風雅之正，其楚辭歌騷樂府韻語爲風雅之變，五七言古風則風雅之再變，絶句律詩則又風雅之三變云云，具見貞瑞所作序中。蓋選錄者履祥，排比條次者則貞瑞也。昔朱子欲分古詩爲兩編而不果，朱子於詩學頗邃，殆深知文質之正變，裁取爲難。自眞德秀文章正宗出，始別爲談理之詩，然其時助成其稾者爲劉克莊，德秀特因而刪潤之，故所黜者或稍過，而所錄者尚未離乎詩。自履祥是編出，而道學之詩與詩人之詩千秋楚越矣。夫德行文章，孔門即分爲二科，儒林道學，文苑宋史且別爲三傳，言豈一端，各有當也。以濂洛之理責李杜，李杜不能爭；天下亦不敢代爲李杜爭。然而天下學爲詩者，終宗李杜，不宗濂洛也。此其故可深長思矣。

中州啓劄二卷（永樂大典本）

元吳宏道撰。宏道字仁卿，金臺蒲陰人，江西省檢校掾史。是書作於大德辛丑，前有許善勝序，稱吳君哀中州諸老往復書尺，類爲一編，凡若干卷。體製簡古，文詞渾成，其上下議論，率於政教彝倫有關，風流篤厚，典型具存。今考其所載，有趙秉文、元好問、張斯立、杜仁傑諸人劄子，大抵皆一時名流。永樂大典載宋元啓劄最夥，其猥濫亦最甚，惟此一編猶稍稍近雅，以文多習見，故亦僅存其目焉。

唐詩說二十一卷（兩淮鹽政採進本）

元釋圓至撰。圓至有牧潛集，已著錄。此書蓋取宋周弼所選三體唐詩爲之註釋。前有大德九年方回序，其書詮解文句，頗爲弇陋，坊本或題曰磧沙唐詩。考都穆南濠詩話曰：長洲陳湖磧沙寺，有僧魁天紀者居之，與高安僧圓至友善。至嘗註周伯弼所選唐三體詩，魁割其貲刻置寺中。方萬里特爲作序。由是三體詩盛傳，人間今吳人稱磧沙唐詩是也。則其來已久矣。

元朝野詩集（無卷數，浙江范懋柱家天一閣藏本）

一名元風雅，不著編輯者名氏。所錄大抵仁宗以後、順帝以前之詩，首貫酸齋，終熊瀏谷，不分時代，亦不分體製，次序殊爲雜亂。案當時別有元風雅二十四卷，乃傅習孫存吾所輯，視此較爲完備，是編殘闕舛錯，幾不可讀，疑爲未全之帙。顧嗣立元詩選序例，載有蔣易元風雅一書，或即其殘本歟。

武夷山詩集二卷（兩淮鹽政採進本）

不著編輯者名氏。前總錄一篇，述山之得名及歷代興建封號之事。後雜錄詩二卷，皆遊人題詠之什。唐惟李商隱一首，餘皆宋元人作也。前有後至元三年舊序，云萬年宮提舉張一村攜示，似即一村所纂輯，其人無可考矣。

庚辛唱和詩一卷（兩淮鹽政採進本）

元繆思恭等撰。乃至正庚子、辛丑閒思恭等分韻唱和之作。庚子爲張士信亂後，辛丑則游景德寺作也。先後共詩二十八首，重見者二人，共二十六人。明郁嘉慶因考其爵里，爲考世編附於後，其名公手翰二十二條，則嘉慶以意附編，非原書所有。後朱彝尊亦嘗編訂是書，於每詩之前人各爲傳，所述與考世編相出入。其跋云舊本姓名之下槩無爵里事蹟，特一一考而補之，蓋未見嘉慶本也。中有王綸字昌言，檇李人，爲嘉興教授，見劉基集及邵復孺懷友詩註，而嘉慶與彝尊皆未之及，信乎考證之難矣。又鮑恂字仲孚，彝尊作字仲子，以其名推之，蓋彝尊筆誤云。

靜安八咏詩集一卷（浙江汪啓淑家藏本）

元釋壽寧編。壽寧字無爲，號一菴，上海人，居於邑西之靜安寺。寺建於吳赤烏中，最稱古刹。名蹟有七：曰赤烏碑，曰陳檜，曰鰕子潭，曰講經臺，曰滬瀆壘，曰湧泉，曰蘆子渡。壽寧又手植檜竹桐柏，積十年而參天，自號曰綠雲洞，以續古蹟，爲八，因作靜安八咏，并彙諸家之作，請序於會稽楊維楨。維楨復各爲之評點。卷首有吳興錢鼒所作事蹟述一篇。後嘉靖中邑人伊府紀善張抑及其兒參議紘重校刊之，末載紘八咏詩，蓋即其時所附入也。

殘本諸儒奧論策學統宗二十卷（浙江巡撫採進本）

元譚金孫編。金孫字叔金，號存理，自稱古雲人。不知古雲爲何地也。是編雜選宋人議論之文，分類編輯，以備程試之用。凡後集八卷，續集七卷，別集五卷，而闕其前集，蓋不完之本。原本又以陳繹曾文筌、石桓詩小譜冠於卷首，而總題曰新刊諸儒奧論策學統宗，增入文筌詩譜，文理冗贅，殆麻沙庸陋書賈所爲。今析文筌詩譜別入詩文評類，而此書亦復其本名，庶不相淆焉。

贈言小集一卷（編修汪如藻家藏本）

不著編輯者名氏。皆題畫之作。末有書跋，稱元季詩文之盛，惟玉山唱酬諸家最稱風雅。贈言之集，昔寓金陵邵氏，見其藏本，爲帙頗多。甲申兵燹之後，遂不復覩。適從孫青選留心蒐祕，略備數種，惜僅十之二三云云。考其詞意，殆指爲顧瑛玉山草堂雅集所佚。考玉山草堂雅集傳本甚多，不應云竟不復覩。且此集所收詩二十九首，詞一首，皆不見玉山草堂雅集中，不應與瑛贈答之什，瑛自佚脫，轉待後人收之。又瑛但以詩名，其書僅朱珪名蹟錄中載其自書墓誌，李日華六研齋筆記稱其行楷楚楚，有洛神書贊風軌，畫則從無片楮，而諸家收藏跋尾亦無一字及之。此集忽競題其畫，已不相符。且瑛本崑山人，而秦約序中稱雲間顧子，皆不可解。考書史會要，顧祿字謹中，松江人，官太常典簿，善雜畫，亦能鉤勒竹石。其人在元末明初，與顧瑛同時，殆當時贈祿之作，後人以瑛與同姓，而名爲較重，故移掇於瑛，復以僞跋實之耶。其序三首皆題畫之作，非序此集，而亦移掇以冠卷其僞益見矣。

風林類選小詩一卷（兩江總督採進本）

明朱升編。升有周易旁註，已著錄。是編皆錄五言絕句，始於漢魏，終於晚唐，分三十八體，曰直致，曰情義，曰工緻，曰清新，曰高逸，曰富麗，曰豔冶，曰淒涼，曰哀暮，曰曠達，曰豪放，曰俊逸，曰清潤，曰沈著，曰邊塞，曰宮怨，曰閨情，曰客況，曰離別，曰悲愁，曰異鄉，曰感舊，曰寤想，曰寄贈，曰嘅嘆，曰消遣，曰諷諫，曰頌善，曰戲嘲，曰懷古，曰景物，曰風土，曰時事，曰樂府，曰風人，曰問答，曰摘句，而附錄閨閣仙鬼詩於末，實三十九門。分類頗爲瑣屑，有似於瀛奎律髓。蓋宋末元初，方回稱詩於新安，升其鄉人，故尚沿其故法。其序中文之精者爲詩語，亦本回瀛奎律髓序，可以證也。所列諸詩，如富麗類中崑崙子，乃王維五言律詩前半首；邊塞類中蓋嘉運伊州歌，乃沈佺期五言律詩前半首；戎渾亦王維五言律詩前半首；客況類之長命女，乃岑參五言律詩中四句，蓋當時採以入樂，取聲律而不論文義。故郭茂倩樂府詩集各載於本調之下。今因而錄之，殊失考證。淒涼類中蕪城曲，韋縠才調集刪前四句，實無端緒。升因之，取爲絕句，亦殊未協。至樂府類中以白頭吟前三解分爲三首，悲愁類中以李商隱夜飲詩割中二聯爲絕句，則自我作古，更無稽矣。又直致類中夜雨滴空階詩，題曰何遜，案夜雨滴空階、曉燈暗離室句見遜本集。此詩詞氣不類，其詳所據。清新類中江行六首，題曰錢起，案江行一百首，乃起孫錢珝之作，因附刻起集之後，遂以孫易祖。王維山中書事二首，乃蘇軾所戲擬，本集不載，乃竟以爲維詩。近人補入維集，實由此誤。至風人類中相思一首，實王維詩，見於本集，而乃別題曰雍陶，疎舛尤甚。他如序稱女流靈異之作亦附見焉。集中崔鶯鶯二詩附於卷末，蓋即其例。而武墨之將遊上苑，張文姬之溪上雲，姚玉京之咏燕，南海女子之送兄，侯夫人之自感，元宗宮人之題梧葉，宣宗宮人之題紅葉，劉采春之囉嗊曲，卓文君之白頭吟，龍安佳人之阿最歌，皆屬女流，乃散見各類，亦未免自亂其例，均未足以言善本也。

尺牘筌蹄三卷（永樂大典本）

元陳桱編。桱有通鑑續編，已著錄。是書選錄宋代書簡，其標目有曰要套，曰書式，曰具位，曰具禮，曰官稱，又曰合用故事，可於事文類聚翰墨全書書言故事內隨意擇用，則村塾俗書，未必眞出於桱也。

麟溪集二十二卷別篇二卷（編修鄭守謙家藏本）

明鄭太和編。太和字順卿，浦江人。世所稱爲義門鄭氏者也。是集成於元至正十年，哀輯宋以來諸家題贈詩賦及碑誌序記題跋之類，爲表揚義門而作者，共爲一編。前十卷以十干紀卷，後十二卷以十二支紀卷，末爲別篇二卷，則續入者也。前有潘庭堅、程益二序，又有王禕後序。其曰麟溪集者，鄭氏所居在婺州東二十八里，地名麟溪故也。

餘姚海隄集一卷（浙江范懋柱家天一閣藏本）

明葉翼編。翼，寧波人。其祖恒，字敬常。元天歷間爲餘姚判官，築隄捍海，民賴其利。至正末，詔封仁功侯，立廟祀之。其子晉爲南臺掾，嘗輯當時名人序記詩文爲一集，未及刊而燬於火。宣德中，翼復裒綴散佚，以成是編。

殘本光嶽英華十五卷（浙江范懋柱家天一閣藏本）

明許中麗編。中麗爵里未詳。朱彝尊明詩綜稱明初操選政者有許中麗云云，則洪武中人也。此書傳本殘闕，僅存七言律體一門，唐後即接以元明，不錄宋金。然則李攀龍撰詩刪，並廢宋元，其來亦有漸矣。

五倫詩五卷（浙江汪啟淑家藏本）

明沈易編。易字翼之，華亭人。是編前有洪武己未錢惟善序，稱易游學北方，南還鄉里，爲童子師，得束脩以奉二親，其教之也，一以躬行爲主。嘗編五倫詩，俾知人之所以爲人，在乎此五者云云。則此集本爲課蒙而作，故所錄皆淺近通俗之作。據其原目，共內集五卷，外集七卷。內集五倫分五卷，外集則睦族、併言（案易自註，併言者，一詩併及五倫者也。其立名殊乖，謹附訂於此。）、務本、尚志、比喻、警省、詩餘分七卷。此本但有內集，蓋不完之本。卷末有跋，稱鈔自朱彝尊家，原闕後七卷，則其佚久矣。

姑蘇雜詠二卷（浙江巡撫採進本）

明周希孟、周希夔同編。上卷爲高啟原唱，下卷爲其祖南老續作。啟詩凡古今體一百三十六首。南老復因其題各賦五言六韻，末又增疊韻吳宮詞一首，補遺四首，續附詞二首。案啟所作已具見本集中。南老追其後塵，未能聯步，合而刊之，殆有蒹葭玉樹之目。南老字正道，自號拙逸子，亦明初人也。

金蘭集三卷附錄一卷（山東巡撫採進本）

明徐達左編。達左所編顏子（案是書已爲高陽所竄亂，改名顏子鼎編，然鼎編非達左之舊名，故仍稱以顏子。）已著錄。達左當未仕以前，家蘇州之光福里，於所居築耕漁軒，一時名流往還，多爲題詠。此集乃其所輯同時酬贈之作。又附錄一卷，則達左兄子濟出守邵武，及歸田後與友朋倡和之詩。其十一世孫鏘爲之校梓以行。前附載正統九年徐理所作耕漁子傳。理即有貞初名也。

文章類選四十卷（安徽巡撫採進本）

不著編輯者名氏。前有洪武三十一年凝真子序，并慶府圖章，以史考之，蓋慶王㮵也。爲太祖第十六子，好學有文。洪武二十六年就藩寧夏，三十年始建邸。是書刊於三十一年，則在建邸後矣。序稱暇日會諸儒，將昔人所集文選、文粹、文鑑、翰墨全書、事文類聚諸書所載之文，類而選之，分五十八體。然標目冗碎，義例舛陋，不可枚舉。如同一奏議也，而分之爲論諫、爲封事、爲疏、爲奏、爲彈事、爲劄詩，不入選而曲、操、樂章仍分二類。又如序事類載左傳隱桓本末、鄭莊公叔段本末及子產從政，凡三篇，而戰國策范雎見秦王反刊於前，顛倒失次，其甄綜之無識又槩可知矣。

虎邱詩集一卷（兩淮馬裕家藏本）

明王賓編。賓有光菴集，已著錄。是編專錄虎邱題詠，自樓鑰至顧阿瑛，得詩一百八十八首，然止及宋元兩朝，不免多所遺漏。末有朱彝尊跋，云此編爲項氏萬卷樓藏書，中有郗經詩云：虎邱山前新築城，虎邱寺裏斷人行。虎邱築城當屬淮張時事，吳人鮮有知者。末云竹垞老人識，時年七十有三。觀其筆蹟，乃從原本影鈔者，非即項氏萬卷樓所藏也。

燕山八景圖詩一卷（兩淮鹽政採進本）

明永樂十二年左春坊左中允吉水鄒緝等倡和之作也。燕山八景始見於金明昌遺事，永樂大典載洪武北平圖經，亦具列其目。然如瓊島春雲作瓊島春陰，太液晴波作太液秋風，薊門煙樹作薊門飛雨，金臺夕照作道陵西照，皆與此編所載名目不符。元陳孚剛中稾有神京八景詩，所列八題，惟金臺夕照與此編同，餘並與北平圖經相合，疑圖經所載本元時舊名，而此編則明初諸人所改，至今沿之。其道陵二字，近畿無此地名，或永樂大典繕錄之誤也。此本凡詩百二十首，皆緝首倡，而翰林學士胡廣、國子祭酒胡儼、右庶子楊榮、右諭德金幼孜、侍講曾棨、林環、修撰梁潛、王洪、王英、王直、中書舍人王紱、許翰等十二人和之。廣獨再和焉。前有廣序，後有楊榮跋，稱寫八景圖並集諸作實各圖之後，裱爲一卷，藏之篋笥。則此集乃後人從圖卷中錄出者也。

文章辨體五十卷外集五卷（江蘇巡撫採進本）

明吳訥編。訥有祥刑要覽，已著錄。是編採輯前代至明初詩文，分體編錄，各爲之說。內集凡四十九體，大旨以眞德秀文章正宗爲藍本。外集凡五體，

則皆駢偶之詞也。程敏政作明文衡，特錄其敘錄
諸體，蓋意頗重之。陸深溪山餘話亦稱文章辨體
一書號爲精博，自眞文忠文章正宗以後，未有能
過之者。今觀所論，大抵剽掇舊文，罕能考核源委，
即文體亦未能甚辨。如內集純爲古體矣，然如陸
機文賦、謝惠連雪賦、謝莊月賦，已純爲駢體，但不
隔句對耳。至駱賓王討武曌檄，純爲四六，而列之
內集。又孔稚圭北山移文，亦附之古賦，是皆何說
也。古樂府備列吳聲歌曲、西曲歌、江南曲諸體，淫
詞豔語，並登簡牘，而獨斥律詩爲變體，非耳食歟。
外集收及詞曲，已爲泛濫，而以王維渭城曲、劉禹
錫竹枝詞、白居易楊柳枝詞綴於簡末，謂之附錄。
夫渭城曲本題爲送元二使安西，當時伶人採以
入樂耳。遽刖之於絕句之外，已爲憒憒。且唐歌曲
乃宋元詞曲之先聲，反附錄於宋元人後，直本末
倒置矣。其餘去取，亦漫無別裁，不過取盈卷帙耳，
不足尚也。

橋門聽雨詩一卷（浙江范懋柱家天一閣藏本）

明金庠編。庠，蘇州人。永樂己丑進士，官至監察御
史。是編乃永樂七年會試，得陳燧等九十五人，時
値巡幸北京，諸貢士寓居太學，俟廷對。雨中取杜
甫好雨知時節及落日放船好二律，人各一韻，賦
詩見志。庠因彙而成帙，凡九十五人。中除前科已
經冠帶及肄四裔書者不與，餘八十人。又以憂去
者二人，詩凡七十八首。內闕史安、鄧昌二首，蓋編
錄之時，已偶失其稾也。

鼓吹續編九卷（浙江范懋柱家天一閣藏本）

明朱紹、朱積同編。紹字善繼，積字善慶，江陰人，二
人兄弟也。是編成於永樂二十二年，蓋續唐詩鼓
吹而作，故所錄仍皆七言律詩。凡宋詩一卷，元詩
二卷，鉅手名篇，率不一選，而明人之詩乃多至六
卷。其去取乖方，可以想見。明初風氣猶淳，而已有
後來坊刻社稾之習，殆不可解。

士林詩選一卷（兩淮馬裕家藏本）

明懷悅編。悅字用和，嘉興人。永樂中以納粟官通
判。是集所載，皆一時友朋之作，近體最多，持擇亦
未精審。

興觀集一卷、附山村遺詩雜著一卷（浙江巡撫採進本）

明瞿暹編。暹藏仇遠手書七言律詩三十八首，
有元末明初諸人題跋，其邑人翰林修撰王希範
常以興觀二字題卷端，故暹名之曰興觀集。宣德
三年，暹又乞其伯父長史佑書所爲七律五十首
於卷後，故魏驥序曰：興觀集者，錢塘瞿暹集其鄉
人先達仇山村、瞿存齋二先生所著七言近體八
十八首，世或專稱仇遠興觀集，誤也。後綴山村逸
詩一卷，凡詩五十四首，雜著二首，不知何人所附。
今山村遺稾已有新本，而遠金淵集復從永樂大
典中裒集成帙，刊刻以行，此不完之本，不足爲重，
故僅存其目焉。

柳黃同聲集二卷（浙江鮑士恭家藏本）

明杜桓編。桓字宗表，徽州人。是編刻於宣德己酉，
以柳貫、黃溍皆其鄉人，因採貫延祐庚申以國子
監助教分教上都詩三十二首，至治癸亥考試進
士於上都時詩九首，溍至順辛未以翰林應奉扈
從上都詩十二首，合爲一集。其時溍集未刻，故所
載虞集諸人題跋，較貫詩獨詳云。

存存稾十卷、續稾三卷（兩江總督採進本）

存存稾，明周泰編。續稾，周宋編。皆其先世遺集也。
存存稾凡石初集五卷，周霆震撰；達止集三卷，霆
震子莊撰；提舉集一卷，莊長子靜撰；晞涔集一卷，
莊次子庸撰。泰合編之爲十卷。泰即庸之孫也。其
書成於正統丙寅。至萬曆十九年，其裔孫宋又益
以周永錫愚直存稾一卷、周正方佩韋存稾二卷，
名曰續編，合訂成帙。案霆震石初集有單行之本，
已別著錄，其餘五集特子孫自珍其手澤，爲一家
之書耳，實皆非霆震比也。其曰存存稾者，宋序稱
或取緜緜之義，或取存其所存，是其命名，其子孫
已不得詳之矣。

雙桂集六卷（江蘇巡撫採進本）

明徐塤編。塤，無錫人。是集錄其祖環、父允之詩。環
字伯樞，元兵部侍郎憲之子。洪武間常以茂才薦，
擢上元縣主簿，終臨桂縣丞，所著有臨桂集。允字
邦孝，所著有水南集。塤合爲一集，刊之，統名曰雙
桂。朱彝尊明詩綜蒐羅至三千四百餘家，而環父
子之詩不載一字。然其詩皆未成家，疑彝尊刪之，
未必不見也。

詩學權輿二十二卷（兩淮馬裕家藏本）

明黃溥編。案明有兩黃溥，其一鄞縣人，有簡籍遺
聞，已著錄。此黃溥字澄濟，自號石崖居士，弋陽人，
正統戊辰進士，官至廣東按察使。是書兼收衆體，
各爲註釋，定爲名格、名義、韻譜、句法、格調諸目，復

雜引諸說以證之。然採摭雖廣，考證多疏。如卷首董少年歌，不知嗚乎爲韻，古多此格，乃誤以爲七言一句之歌。甚至以楚辭與騷分爲二體，可謂不知而作矣。

二薦正議三卷（浙江巡撫採進本）

明湯光烈及其子護所著也。光烈號西麓，新建人。官海豐縣教諭。護號小麓，嘗受業於張元禎。元禎攜之入都，欲薦於朝，會元禎卒，不果。光烈於正統時嘗上禦戎勤王擇官養民開科取士四疏，護嘗作野史辨誣，以糾李賢天順日錄之舛。其郡人艾璞合刊之，名二薦正議，而以詩歌雜著及同時贈荅之作各附載於後。前有宏治戊午張元禎序，蓋刊於護未北上之日也。光烈所作凡一卷，以禦戎疏爲冠。其第一條，欲於沿路多掘陷穽，架以二木，中置長錐，覆以草土，待敵自入，坑其一騎，則十騎錯愕，坑其十騎，則百騎驚疑，坑其百騎，則萬騎猶豫，自不敢長驅，殆毫不曉事之腐儒。護所作凡二卷，其辨李賢誣景帝而諛英宗，是固不免。至於以奪門之功比之湯武征誅，又力爲石亨辨冤，事事爲之回護，以爲社稷純臣，功高受戮，乃韓信、岳飛之匹，則殊乖公論。考張元禎之學出於吳與弼，而護之學出於元禎，或因亨嘗薦與弼，以門戶之故，感而修報歟。

齊山詩集七卷（兩江總督採進本）

明釋祖浩與其徒道璠同編。二人竝齊山寺僧。案齊山在池州貴池縣，有十餘峯，以其正相齊等，故日齊山。或云唐刺史齊映有善政，嘗好遊之，因而得名。宋李璧曰：唐書載映爲江西觀察使，不言其作池州守。池州郡牧題名有齊照，當是以此得名也。自唐杜牧齊山登高有詩，後之遊者多繼作。此集彙採成帙，幷雜著記序附焉。書成於宏治甲寅。

雍音四卷（陝西巡撫採進本）

明胡纘宗撰。纘宗有安慶府志，已著錄。是編專輯秦中之詩，始於泰伯、文武、周公、成王、宣王諸逸篇，下迄於元，凡百五十人，分體排纂，以合於雅音者爲內編二卷，未盡雅馴者爲外編二卷。然李陵、蘇武諸詩槩列之外編中，其進退殊不甚可解也。

石鐘山志八卷（浙江范懋柱家天一閣藏本）

明王恕撰。案是時有二王恕，一爲三原人，明史有傳。一卽此王恕，字尚忠，湖口人，景泰甲戌進士，官至廣東布政司參議。湖口有上下石鐘山，卽蘇軾作記者。恕以其爲邑名勝，因輯古今題咏賦傳記跋等文，都爲一編，雖以志爲名，實總集也。

江南春詞一卷（浙江巡撫採進本）

明沈周等追和元倪瓚作也。時吳中有得瓚手藁者，因共屬和成帙，首有作者姓氏，自周以下共五十人。嘉靖十八年，袁表序而刻之，後有袁袠跋。二人亦皆有和作，又有張鳳翼、湯科、陳瀚三人之作，卷首不載姓氏，疑刻成後所續入也。瓚原倡題三首，而其後和者皆作二首。祝允明跋云，案其音調是兩章，而題作三首，豈誤書耶。袁表則云，細觀墨蹟，本書二首，後人以詞一闋，謬增爲三也。今考雲林詩集，惟春風顛一首載入七言古體，題作江南曲，而無汀洲夜雨一首，則後一首是七言詩，而前一首是詞耳。然文徵明甫田集云：追和倪元鎮江南春，亦載入詩內，則當時實皆以詩和之，蓋唐人樂府，被諸管絃者往往收入詩集，自古而然，固非周之創例矣。

新安文粹十五卷（兩淮馬裕家藏本）

明金德玹撰。蘇大重訂正之，其第十五卷則蘇大自載其詩文也。德玹字仁本，大字景元，皆休寧人。此書成於景泰天順間，程敏政新安文獻志成於宏治初，文獻志載此書之目於事略。此書補遺之內亦出敏政名，則二書同時所作，略有先後耳。中間所錄之文，不及文獻志之博，而頗有文獻志所不載者。二書固互相表裏也。

聯句錄五卷（兩淮鹽政採進本）

明李東陽編。東陽有東祀錄，已著錄。此其官翰林時與同年進士及同遊士大夫聯句之作。東陽自爲序，而丹徒知縣江夏王溥刊行之，侍讀學士莆田吳希賢復輯題名一通，冠於前。凡六十有九人。詩不盡工，又焦芳、李士實之流，亦厠其間，交遊未免稍濫。然其時館閣儒臣，過從唱和，以文章交相切劘，論者謂明之風會稱成宏爲極盛，卽此亦可以想見也。

雅音會編十二卷（內府藏本）

明康麟編。麟字文瑞，廣東順德人，天順中官福建按察司僉事。是書以平聲三十韻爲綱，以諸詩案韻分隸，蓋因宋人十二先生詩宗之體，稍變通之。所列始音、正音、遺響，亦沿楊士宏唐音之例，無所發明。

詠史集解七卷（浙江巡撫採進本）

明程敏政編，林喬松註。敏政有宋遺民錄，已著錄。喬松，晉江人，始末未詳。其註此書，則官景寧縣知縣時也。其書取古人詠史之作，依代編次。自三代迄宋末，止七言絕句一體，採輯頗備。然亦有本非詠史而因類編入者，又有改竄原題者，體例頗爲冗雜。喬松之註亦多就事鋪敘，依文訓義，不足以資考證也。

唐氏三先生集二十八卷附錄三卷（安徽巡撫採進本）

明程敏政編。凡唐元筠軒集詩八卷、文五卷，唐桂芳白雲集詩五卷、文二卷，唐文鳳梧岡集詩四卷、文四卷。前列諸集原序，後附以傳記銘誌之文。稾成而燬於火。正德戊寅，唐氏裔孫澤濂得其副於程師魯，因重爲補輯。徽州知府張文林刊之。今三集已別著錄，存其總目於此，以不沒搜輯之功焉。

明珠玉八卷（浙江范懋柱家天一閣藏本）

明王譔編。譔字秉忠，江陰人。是編成於成化甲午，選明一代之詩，自劉基以下凡數百家，而所錄祇七言律詩一體，蓋用唐詩鼓吹例也。然猥雜殊甚，不及元好問書多矣。

海釣遺風集四卷（兩淮馬裕家藏本）

明蕭鳴鳳編。鳴鳳字子雝，浙江山陰人。正德九年進士，官至廣東提學副使。事蹟具明史本傳。鳴鳳父顯，字文明，別號海釣。永樂甲申進士，官至給事中。其卒也，李東陽等各爲詩以哀之，題曰海釣遺風。鳴鳳因取顯遺詩及東陽等所作序傳，併爲此集，而仍其舊名。體例糅雜，編次殊爲無法。

春秋詞命三卷（江蘇巡撫採進本）

舊本題明王鏊撰，王徹註。鏊有史餘，已著錄。徹自著松江人，始末未詳。是書雜採左氏所載應對之詞，釋以通俗之語，似非鏊之所作，疑爲書肆所託名。然序文乃載鏊集中。朱彝尊經義考亦著錄，則事之不可解者也。所錄雖源出春秋，而於經義無關，於傳義亦不相涉。今以其輯錄舊文，爲童蒙誦讀之用，姑附之總集類中。

欽定四庫全書總目卷一百九十一

欽定四庫全書總目卷一百九十二

集部四十五

總集類存目二

浙元三會錄（無卷數，浙江巡撫採進本）

明楊守阯編。守阯有碧川文選，已著錄。是書乃以浙江解元同仕於朝者邀爲文會，其六元文會始於成化六年，范理、商輅、姚夔、楊守陳、盧楷及守阯也。至成化十五年復爲七元會，則胡謐、沈繼先、楊文卿、黃珣、謝遷及守陳、守阯也。成化二十二年再爲後七元會，則李旻、王華、胡謐、沈繼先、謝遷及守陳、守阯也。守阯兄弟後先三會皆與焉，故守阯錄贈答倡和詩文彙爲此編。

二戴小簡二卷（浙江范懋柱家天一閣藏本）

不著編輯者名氏。所載一曰贅言錄，明戴豪撰；一曰筠溪集，戴顒撰。豪字師文，台州太平人。成化戊戌進士，官至廣東布政司參政。顒字師觀，豪之弟。正德辛未進士，官至兵科給事中。萬姓統譜載豪所著有贅言錄若干卷，太平志載顒有倦歌集，又有筠溪雜稾。此本以兩人書簡各一卷合爲一編，蓋摘錄於全集之中，而仍以原集標目，非其完本也。

宸章集錄一卷（左都御史張若溎家藏本）

明費宏編。宏有文集，已著錄。此書乃嘉靖五年六月十三日世宗御平臺，召宏及大學士楊一清、石珤、賈詠入見，各賜御製詩。宏得七言古詩一章，一清、珤、詠各得五言古詩一章。宏等疏謝，並依原韻和進。帝復賜以批荅。宏因集爲一帙，梓而傳之。明史宏本傳稱帝嘗御平臺特賜御製七言詩一章命輯倡和詩集署其銜曰內閣掌參機務輔導首臣其見尊禮前此未有張璁桂萼滋害宏寵萼言詩文小技不足勞聖心且使宏得憑寵靈凌壓朝士帝置不省云云然則此書乃承世宗之命所編也

振鷺集一卷（衍聖公孔昭煥家藏本）

明陳鎬編鎬有闕里志已著錄宏治十六年孔子六十二代孫襲封衍聖公孔聞韶入覲京師事畢將還朝臣咸賦詩贈行館閣自大學士劉健以下三十五人爲一軸吳寬爲之序卿寺自馬文升以下三十六人爲一軸謝鐸爲之序聞韶爲李東陽壻故朝士出東陽之門者又別爲一軸凡二十一人靳貴爲之序鎬時爲山東提學副使乃合而梓之以聖系出自殷後故以振鷺爲名然衍聖公非三恪之列數典頗爲不切也

聯句私鈔四卷（兩江總督採進本）

明毛紀編紀有密勿稾已著錄是集前有引一篇稱昔在翰林與僚友及諸司善鳴者會晤遊賞多形之聯句得二卷後爲部佐與同年數公相處因事感懷復得一卷其末卷則在內閣與諸老同作者總七言律二百二十五首排律二首五言古詩一首歸田後彙錄爲一帙並題姓名履貫於卷首自華亭顧清以下共三十有三人

古黃遺蹟集一卷（兩淮鹽政採進本）

明盧濬編濬天台人成化丁未進士宏治中官黃州府知府是編輯黃州古蹟題詠大旨以詩賦爲主而以唐許遠祠祭文三篇錯雜諸詩之內又宣聖遺像碑記亦附卷末頗無體例至王禹偁黃州竹樓記在耳目之前轉遺不採亦莫喻其故也

文翰類選大成一百六十三卷（兩淮馬裕家藏本）

明李伯璵馮原同編伯璵上海人官淮王府長史原慈谿人官淮王府紀善是書即奉淮王之命作也前有淮王序自稱西江頤仙案明史仁宗子淮靖王瞻墺以永樂二十二年封宣德四年就藩饒州瞻墺子康王祁銓以正統十一年嗣封此書作於成化宏治閒則所稱頤仙者即祁銓也其書總錄前代及明人詩分體編次每體之中各以時代爲次採掇頗詳然愛博而無所持擇往往乖誤如以梁劉琨爲晉劉琨以班婕妤詩爲漢宮怨以阮籍詠懷爲咏歌以宋楊傑爲不知爵里皆疎舛之甚者至於李白詩中收入李赤詩又以吳隱之爲唐人與李義山同編尤爲顛舛

古括遺芳四卷（浙江巡撫採進本）

舊本題南山鄭宣撰不著時代亦無序跋考書中所錄止於明天順中則明人也其書裒輯處州之文凡三十三家分序文奏疏策論辨說四門採摭甚略似乎鈔撮志乘爲之未博考於諸集其考證亦多舛陋如著漢儁者本林鉞見書錄解題而以青田志不載鉞有著述疑之至以鮑彪戰國策序誤疑爲劉向之文則更異矣

羣公小簡六卷（浙江范懋柱家天一閣藏本）

不著編輯者名氏前有成化乙未徐傳序稱蘇文忠方秋崖趙清曠盧柳南孫仲益五先生之所著而第六卷乃爲歐陽修作其第一卷題五先生手簡自第二卷以下又題曰六先生手簡後有成化二十年周信跋稱出醉翁帖一帙贈徐徐亦以此書報贈又稱捐俸命工仍舊本重刊則末一卷爲信所增入其改題六先生亦信所爲也蓋明代朝覲述職之官例以一書一帕贈京中親故其書皆潦草刊版苟應故事謂之書帕本即此之類其標題顛舛固不足深詰矣

太白樓集十卷（浙江范懋柱家天一閣藏本）

明蔡鍊編鍊字懋成餘姚人宏治庚戌進士官工部主事此編乃其管理山東河道時以濟寧州城東南有太白樓爲李白遺蹟因錄諸題詠碑刻之文合爲一集而二賢祠碑亦附入焉二賢祠者州人所建以祀白及賀知章者也

東甌詩集七卷補遺一卷續集八卷（江蘇周厚堉家藏本）

明趙諫編諫字士忠溫州人初成化中樂清蔡璞嘗輯溫州一郡之詩自王十朋以下爲七卷又補遺一卷諫以其去取爲未善乃因蔡本而增損之溫州知府趙淮序而刊之又爲續集八卷或補入或補詩以拾蔡本之遺諫自序之並刻於宏治庚戌其體例頗雜不出地志之積習如張子容本襄陽人爲樂成尉故其詩多永嘉所作子容及孟浩然集中諸詩班班可考續集乃以爲永嘉人然則謝靈運集不當同入此選歟

金華正學編十二卷（兩江總督採進本）

明趙鶴編唐邦佐重輯鶴字叔鳴江都人宏治丙辰進士官至山東提學副使邦佐字維良蘭谿人隆慶戊辰進士官至光州知州初嘉靖閒鶴官金

華知府、以宋呂祖謙何基王柏元金履祥許謙皆金華名儒、因錄五家之文涉於講學者數篇、及其本傳行狀墓誌等各爲二卷。萬歷庚寅、邦佐復取鶴原書爲之删訂、而益以明章懋。以祖謙、朱子之友、基等皆傳朱子之派、故命曰正學。

金華文統十三卷（副都御史黃登賢家藏本）

明趙鶴編。是書於正學編外、兼錄金華耆舊之文。宋宗澤梅執禮潘良貴鄭剛中賈廷佐范浚陳亮呂祖儉徐僑何恪時少章喬行簡等十二人、元柳貫張樞吳師道黃溍吳萊等六人、明宋濂王禕蘇伯衡胡翰戴良吳沈王紳章懋等八人、而宋濂所錄獨多。蓋視諸人較呂祖謙等爲稍亞、故所錄亦稍寬。然前列呂祖謙修文鑑法、朱子取文字法及王柏吳師道論文之語、則大旨仍以講學爲宗。故劉孝綽駱賓王舒元輿之文皆所不取。然唐仲友亦不登一字、則門戶之見、殊未能化矣。

來蘇吳氏原泉詩集八卷（內府藏本）

明吳宗周編。宗周字子旦、號石岡、宣城人。宏治丙辰進士。官至臨江府知府。是編輯其先世以來之詩、始宋迄明。據宗周自序稱、以先人之作爲內集、外人所贈爲外集、附以拙作。此本自五卷至七卷皆宗周詩。宗周詩後益以按察司副使大本貢士棻府庠士木。又有宗周拾遺、而無所謂外集者。蓋其後人所損益、已非復宗周之舊矣。

唐文鑑二十一卷（安徽巡撫採進本）

明賀泰編。泰字志同、吳縣人。宏治己未進士。官至監察御史、巡按福建。是編雜採唐文、所見殊爲隘陋。前有林瀚序稱、兩漢有文鑑、宋亦有文鑑、惟唐一代闕焉。如曰一朝必當有一文鑑、文何以必當名鑑也。如曰唐文無總集、是併姚鉉書未見矣。蓋明代書帕之本、其紕繆往往如此。

洞庭君山集三卷（兩淮馬裕家藏本）

明胥文相編。文相、巴陵人。宏治乙丑進士。官至柳州府知府。是集蒐輯屈原而後歷代題詠湖山及岳陽樓者、其爲一編。自載所作二詩、淺陋殊甚。蓋特好事者流也。

廣文選六十卷（副都御史黃登賢家藏本）

舊本題明劉節編。節有春秋列傳、已著錄。是書以補文選之遺。前有王廷相呂柟二序、皆稱八十二卷。而此本實六十卷。卷末有晉江陳蕙跋、稱節舊本所錄凡千七百九十六篇、其中譌字逸簡雜出、又文義之甚悖而俚者閒在焉。迺以視鹺之暇、與揚郡守王子松教授林擘訓導曾辰李世用共校讎增損之、刻置淮揚書院。删去二百七十四篇、增入三十篇云云。則此本爲蕙等重編、非節之舊矣。蕭統妙解文理、擷歷代之菁華、以成一集。雖以杜甫文章凌跨百代、猶有熟精文選理之句、其推重詎出漫然。此可知當時去取別裁、具有深意。徐陵與統同時、所撰玉臺新詠、頗採文選所遺、劉克莊已有皆統棄餘之誚。則操筆繼作、何可易言。節不度德量力、乃有是集。蕙等又謬種流傳、如塗塗附。田藝蘅留青日札嘗摘其張協諸人詩與文選複收、及阮嗣宗碑諸篇誤改姓名之類、不一而足。今更校之、如其凡例以焦仲卿妻詩爲俚俗、斥而不錄。又亢倉子本唐王士元所撰、實非古書、而題曰周亢倉楚、特稱其君道政道等四篇爲高古、所見已爲甚淺。其編次亦仿文選分類、而顚舛百出。如文選陸機文賦無類可歸、故別立論文一門。此書乃以荀卿禮智二賦及揚雄太元賦當之。其爲學步、寧止壽陵餘子耶。曹植蟬賦傅咸螢賦入之鳥獸、而傅亮金燈草賦不入草木、謝朓遊後園賦不入遊覽、陸雲南征賦不入紀行。陶潛桃花源詩入咏史、史記禮書班固律歷志入雜文、皆不可理解。又胡姬年十五一篇本梁劉琨作、郭茂倩樂府詩集可考、而沿文翰類選之誤、以爲晉劉琨。莊忌本漢人、而誤以爲梁人。柏梁詩本聯句、而註曰六首。徐樂上書本無標題、而名曰論土崩瓦解書。左傳呂相絕秦本爲口語、而名曰絕秦書。史記自序中下大夫壺遂云云、本文中之一段、而删除前後、名曰答壺問。隔數卷後又出太史公自序一篇。文心雕龍序志篇本其第五十篇、而改名曰文心雕龍序。至於諸葛亮黃陵廟記之類、以贋文竄入、更無論矣。

文苑春秋四卷（山東巡撫採進本）

明崔銑編。銑有讀易餘言、已著錄。是集所錄、起漢高帝入關告諭、迄明太祖諭中原檄、凡一百篇。各仿毛詩小序之體、篇首綴以數言、而別無詮釋。大旨謂非關世教人心者不錄、故名曰春秋。亦文章正宗之屋下屋也。

二陸集三卷（兩江總督採進本）

長白山人集二卷、明陸之箕撰。南門續集一卷、其弟之裘撰。之箕字肖孫，一字汝瞻，別號復泉，太倉人。宏治中貢生。之裘字象孫，官景寧縣教諭。其合二集而刻之，則太倉知州莆田蕭奇勲也。

殘本成仁遺稾五卷（安徽巡撫採進本）

明舒芬編。芬有周易箋，已著錄。是書前有正德丙辰芬自序，云行篋中有文山指南集二冊、集杜句一冊、長嘯集一冊，又有疊山詩文集二冊。因訂其譌脫，並取宋史本傳與祠記、銘狀、祭文、輓詞之類各附於後，總題曰成仁遺稾，付書林余氏刻之。今是編五卷，一、二卷為指南集，三卷為集杜詩，四卷為長嘯集，五卷為天祥附錄，而枋得詩文附錄皆無之。目錄又標作成仁遺稾前，蓋坊賈刻印時妄加分析，以此為前集，而以枋得詩文為後集耳。

案此編雖僅存文天祥之著作，然芬之原本實兼文謝二家，特藏弆者佚其半耳。故仍列之總集類中。

蓉溪書屋集四卷續集五卷（浙江巡撫採進本）

正集，明方豪編；續集，高第編。豪有斷碑集，已著錄。第，滁州人。正德甲戌進士。初，滁州左都御史金僩居州城東三里，所居有水，逶邐而南入於涪江。水上多植芙蓉，因以名溪，頗擅林壑之勝。僩以按察使罷歸時，嘗構屋數楹，徜徉其閒，名之曰蓉溪書屋。後復起掌憲，思之不置。於是禮部尚書劉春喬宇等皆有賦詠，以紀其勝。士大夫聞而和者甚多。正德十四年，因屬豪裒集成書，凡作者七十八人。至嘉靖二年，繼和者益衆，復屬第編為續集，凡作者七十一人。第字舜舉，成化己丑進士，官至刑部尚書。其父艮貴，以進士累官左參政。子臬，以進士為翰林。韓亦以進士為主事。三世通顯，交遊甚盛，故一時題贈至盈八九卷云。

金石古文十四卷（兩淮鹽政採進本）

明楊慎撰。慎有檀弓叢訓，已著錄。是編所採，皆金石之文。上起古初，下迄於漢。然眞偽錯雜，殊多疎漏。如陽虛石室、倉頡文、岣嶁禹碑、廬山禹刻、比干銅盤銘，皆顯然偽撰，人所共知，而列以冠首，豈足傳信。石鼓文韓愈已云缺畫，鄭薛諸家所載，無不譌缺。慎乃臆為補足，詭稱得之李東陽。不知東陽懷麓堂集固明云未見完本也。又如沙邱石槨銘文見左傳，秦刻嶧山諸石史記具載，非至慎之時尚有金石可據。一概泛登，不挂一漏萬乎。至孔彪、曾峻等碑，但記姓名，無關文字。漢碑如此之類，恐亦不勝其載也。

古雋八卷（浙江巡撫採進本）

明楊慎撰。雜採周秦漢諸子之文，惟末數篇為孔融、阮瑀、應瑒諸人雜文。每篇各立標目，不甚分類，亦不甚敘時代。蓋隨手鈔記之本，後人取而刻之耳。前有王象乾楊太史別集序，稱慎遺書自詩文以外，約七十餘種。懼有湮沒，檄取其家，得餘冬序錄、古今謠諺、詞品、謝華啓秀、韻寶、古雋各種，合為一集，付之梓云云。則此其所刻之一種，而冠以七種之序也。

風雅逸篇十卷（浙江吳玉墀家藏本）

明楊慎編。是編採錄古來有韻之文，上起古初，下迄戰國末，又附載有篇目而無其辭者，自葛天氏八闋訖於帥延流徵滌角。馮惟訥風雅廣逸即據此書為藍本，而紕漏之處亦即沿此書之譌。末一卷所載逸詩諸名，尤多牽合。既有詩紀，此無庸復錄矣。

翰苑瓊琚八卷（內府藏本）

舊本題明楊慎編。其書餖飣補綴，類鄉塾兔園冊子。中間割裂尚書，尤為庸妄，疑非慎之所為。

三蘇文範十八卷（內府藏本）

舊本題明楊慎編。然所取皆近於科舉之文，亦不類慎之所為，殆與翰苑瓊琚均出依託也。

李太白詩選五卷杜少陵詩選六卷（內府藏本）

不著編輯者名氏。李白詩選之首有楊慎序，辨白里貫出處甚詳。末云：吾友禺山張子愈光嘗謂余曰，李杜齊名，杜公全集外，節鈔選本凡數十家，而李何獨無之。乃取公集中膾炙人口者一百六十餘首，刻之明詩亭，屬慎題詞其端。愈光為永昌舉人張含之字，則是編含所選也。然烏程閔氏所刊朱墨版，其卷端評語引及鍾惺、梅鼎祚，皆明末人。含及慎在嘉靖中，何自見之，則已非含之原本矣。杜甫詩凡二百四十餘首，前後無序跋，多載劉辰翁評及慎評。其去取殊無別裁，蓋閔氏以意鈔錄，取配李氏並行耳。明末刊版，眞偽錯雜，皆類此，不足異也。

婺賢文軌四卷拾遺一卷（江蘇巡撫採進本）

明戚雄編。雄字世英，金華人。正德辛未進士，官至監察御史。是編以金華文統去取未當，乃取其鄉先輩潘良貴、范浚、呂祖謙、陳亮、唐仲友、夏明誠、何恪、時少章、何基、王柏、柳貫、金履祥、許謙、吳師道、胡助、黄溍、吳萊、宋濂、王褘、胡翰、戴良、馮宿、陳樵二十三人之文，薈而錄之。大旨謂宗澤、梅詢皆以忠義功業顯，不必取其詩。常酬應之作，又謂唐仲友雖與朱子爲難，而善不可沒，持論皆頗切當。然所載文章，惟呂祖謙俠老堂記爲本集所無，其他亦不出習見之作也。

南華合璧集五卷（內府藏本）

明黄省曾編。省曾字得之，吳縣人。正德丙子舉人。五岳山人，省曾之弟也。是編選王寵之詩，而附以己作，合爲一集。寵所著雅宜集，深爲顧璘等所推。朱彝尊靜志居詩話則謂寵亦中材，譽過其實。省曾詩更不逮寵，殆欲借寵以行，故有是刻。自序謂執是編請正於友生，適諷蒙莊之詞，遂命曰南華合璧集。其立名尤無所取義矣。

六藝流別二十卷（兩淮馬裕家藏本）

明黄佐撰。佐有樂典，已著錄。是書大旨以六藝之源皆出於經，因採摭漢魏以下詩文，悉以六經統之。凡詩之流五，其別二十有一；書之流八，其別四十有九；禮之流二，其別十有六；樂之流二，其別十有二；易之流十二，而無所謂別。分類編敘，去取甚嚴。其自序言欲補摯虞文章流別而作。然文本於經之論，千古不易。特爲明理致用而言。至劉勰作文心雕龍，始以各體分配諸經，指爲源流所自。其說已涉於臆創。佐更推而衍之，剖析名目，殊無所據，固難免於附會牽合也。

南滁會景編十二卷（內府藏本）

明趙廷瑞編。林烴又增以十景圖。自宋至明，篇什略備。廷瑞，開州人。正德辛巳進士，官至兵部尚書。烴有覆瓿草，已著錄。其作是書時，皆爲南太僕寺卿。明南太僕寺署建於滁州，故也。

九代樂章二十三卷（浙江鄭大節家藏本）

明劉濂撰。濂有易象解，已著錄。是書取自漢迄唐九代之詩，分門編次。大略以詩樂之義，後人不能辨，故所選以音聲爲主，分風雅頌爲三。每代又別里巷、儒林爲兩類。自謂三百篇後，不可無此選。其言極爲狂誕。夫古樂府之存於今者，後人亦第能習其句讀，而不可播之管絃。濂乃指爲某代某音、某代某調，穿鑿配合，已屬強爲解事。至如東方誠子、仲長述志之類，本非入樂之詩，而亦爲之辨別宮商，尤不知其何據。又每代下各爲總論一篇，而北齊伶人曹妙達等封王，及無愁伴侶曲諸事，乃以屬之陳後主，殊爲不考。特故爲高論而已。

石洞遺芳二卷（浙江吳玉墀家藏本）

明郭鈇編。鈇，金華人。始末未詳。石洞山在東陽邑治之南，宋淳熙中，邑人郭欽止築書院於洞旁，延師以訓子弟。一時名儒如呂祖謙、魏了翁、葉適輩，皆主講其中。其山水名勝，陸游、陳傅良等亦多題詠。鈇爲欽止之裔孫，正德中，取當時諸人碑刻題詠及誌銘、狀序、哀輓諸作，彙成此編。欽止字德誼，其學出於張九成，而朱子爲作墓銘，稱其子弟服師儒之訓，鄉閭識遜弟之方，霍然其變豪傑之窟，煥乎其闢禮義之場，不以淵源之異爲嫌，則亦有深取其人者。集中詩文，凡爲郭氏作者皆在，不盡關乎欽止。然郭氏以儒顯，則欽止其宗也。

滕王閣集十卷（內府藏本）

明董遵編。遵始末未詳。是編成於正德中，輯滕王閣由唐至明之詩文。是閣自王勃、韓愈以後，爲世所豔稱，故題詠特多，無雜亦甚。

宏正詩鈔十卷（江蘇周厚堉家藏本）

不著編輯者名氏。惟卷首曹忭序謂二山楊君工於詩，所選宏治、正德間詩鈔，正如淘沙見金，非具大金剛目力者不能云云。不知楊二山者何名。所錄凡李夢陽、何景明、康海、薛蕙、徐禎卿、鄭繼之、王廷相、邊貢、孫一元、殷雲霄十人之詩，前無目錄，亦不知其完否。考黄虞稷千頃堂書目，有明十二家詩類鈔十二卷，又有盛明十二家詩選，無卷數，皆宏正間詩。然所刻十二家之名，均與此互有出入，非一書也。

吳興絕唱集四卷續集二卷（浙江巡撫採進本）

明邱吉編。吉字大祐，湖州人。是編成於正德末，皆錄其鄉元明二代之詩，亦間及流寓。其人非吳興，而詩爲吳興作者，亦附著焉。所錄多涉俗豔，不盡諸家之長。且以絕唱爲名，而吉所自作，亦復載入，亦未免嫌於自炫。又閔若琹潛邸剳記載吉是編選其父詩，而直書其父之名，深以爲譏。吉蓋未見中州集中有元好問之舊例耳。

皇華集二卷續集一卷（安徽巡撫採進本）

明翰林院修撰唐皐、兵科給事中史道，於正德十六年以頒世宗即位詔，奉使朝鮮，與其藩臣日有唱和。國王李懌特命書局編爲此集。皇華集卷首有嘉靖元年議政府左議政南袞序，載二使初至國境及歸朝與議政府右議政李荇等唱和之作。皇華續集卷首有嘉靖元年李荇序，專載唐臯酉別國王二律，及議政府領議政金詮以下和韻之作。考臯等奉使不見於明史本紀及朝鮮列傳，惟世宗實錄載其事於八月乙巳。此書南袞序謂以十二月乙酉抵王京，則距奉命日幾五月也。又南袞皇華集序謂初入境至出疆僅浹三旬，紀行之作，登高之賦，凡若干篇。今考集中初入境之作有唐臯登迎薰樓詩，標云長至後十日。考實錄是年十一月十四日長至，則是作在二十四，其出疆之作有唐臯至頒山寄懷藩宗諸君子詩，標云臘月辛丑。考實錄是年十二月己卯朔，則辛丑乃是月二十三日，與序所云唱和將浹三旬適相符合云。

皇華集十三卷（內府藏本）

明朝鮮國所刊使臣唱酬之作。所錄惟天順元年、二年、三年、四年、八年，成化十二年，宏治元年、五年，正德十六年，嘉靖十六年之詩。考明代遣使往朝鮮者，不僅此十年，似有闕佚。然世所傳本竝同，或使臣不盡能詩，其成集者止此耶。

輔臣賡和詩集一卷（左都御史張若淮家藏本）

案此集乃嘉靖六年除夕，世宗作五言律詩一首，以示閣臣。於是大學士楊一清、謝遷、張璁、翟鑾等竝和韻錄進，帝彙書成帙，御製序冠其端，且命一清爲之後序。世宗序題七年正月四日，一清後序則正月六日所上也。

翊學詩一卷（左都御史張若淮家藏本）

案此集乃嘉靖七年五月，經筵官進講大學衍義，世宗因製五言古詩一章，幷序以賜閣臣。大學士楊一清、賈詠、翟鑾等奉表謝，竝和以進。既而謝遷、張璁相繼入閣，亦令和進，合集爲一冊，以翊學爲名。明史藝文志作一卷，與此本同。

詩學正宗十六卷（內府藏本）

明浦南金編。南金有修詞指南，已著錄。是集選歷代之詩，起唐虞古辭，至唐人近體，自四言至七言絕句，分體有九，每體中又分正始、正音、正變、附錄四門。其分繫殊多未當，如孔子去魯等歌，雖不免或有依託，然如以爲僞，則當刪汰，如以爲眞，則固聖人之作也，降而列之正變，於義未協。至既分古樂府一體，而安世房中歌則列之四言古詩，長歌行、怨歌行、苦寒行、箜篌引之類則列之五言古詩，體例亦殊叢脞。又三謝之作雖多偶句，究與唐律不同，而竟入之排律中，尤踵楊慎律祖之說而失之者矣。

明文範六十六卷（通行本）

明張時徹編。時徹有善行錄，已著錄。是集成於隆慶己巳，錄明洪武至嘉靖之文，凡四百四十二家。初名文苑，病其太繁，乃覆加芟削，以成此本。自序稱銓綜者積穰，其始也，十而取六七焉；其繼也，十而取四五焉；又其繼也，十而取一二三焉。迄今存者，裁十之一二焉，故自序又曰，苑者無所不蓄，範者如以範範金也。然於正嘉之文，尚病其少所別裁焉。

四明風雅四卷（浙江范懋柱家天一閣藏本）

明宋宏之編，戴鯨增刪，張時徹又增刪之。宏之仕履未詳。鯨字時霖，號南莊，鄞縣人，嘉靖癸未進士，官至福建布政司參議。所錄明代寧波之詩，自洪武迄嘉靖凡六十五人。

樂府原十五卷（內府藏本）

明徐獻忠撰。獻忠有吳興掌故集，已著錄。是書取漢魏六朝樂府古題，各爲考證，竝錄原文而釋其義。然所見殊淺，而又索解太鑿。如杜氏通典謂房中樂爲楚聲，獻忠則謂屈宋騷辭每言著一兮字，乃楚人怨歎之本聲，而以安世房中歌爲非其倫，亦未免拘泥鮮通矣。

金石文七卷（兩淮鹽政採進本）

明徐獻忠撰。是編輯錄三代以來金石之文，商一卷，周一卷，秦一卷，漢四卷。然未能博徵金石，皆採掇於博古圖、考古圖、集古錄、金石錄、鐘鼎款識、隸釋、隸續諸書。音訓不免異同，傳寫亦多舛誤。間有附論，亦皆以意推求，別無考證。至第四卷內所載之蟣銘，非金非石，而一概編列，尤龐雜之甚矣。

六朝聲偶七卷（浙江范懋柱家天一閣藏本）

明徐獻忠編。是書因楊慎五言律祖而廣之，取南北朝人五言詩以明唐律所自出。然以齊梁陳北齊周隋謂之六朝，未免自我作古。況永明體載在齊書王融傳，聲病宮商載在梁書沈約傳，而李商隱、溫庭筠諸集所謂齊梁體者，亦皆具有明文，此本不待考而知者。愼書已爲多事，獻忠何必又衍爲此書。如曰以爲詩法，則詩又不以齊梁爲極則也。

五十家唐詩、無卷數、內府藏本

不著編輯者名氏。自唐太宗、元宗至儲光羲凡五十家。各家之詩但分古近體、亦有載賦數首者。閒存原序、似皆從舊本錄入。考明徐獻忠有百家唐詩一百卷。是編前無序目、或卽獻忠之本而佚其半歟。

麻姑集十二卷、兩淮馬裕家藏本

明陳克昌編。克昌、仁和人。嘉靖丙戌進士。官至建昌府同知。麻姑山爲建昌所屬、唐顏眞卿仙壇記後、題詠滋多。克昌因彙成此集。所錄多明人之作、故卷帙若是之多焉。

武夷遊詠一卷、浙江巡撫採進本

明田汝成、蔡汝楠同撰。汝成有炎徼紀聞、汝楠有說經劄記、皆已著錄。嘉靖二十年四月、汝楠以刑部員外郎告歸、省父於延平。適汝成爲福建提學副使、校士崇安。二人因偕遊九曲、各成五言古詩十首、編爲一帙。

驪珠隨錄五卷、浙江汪啟淑家藏本

明楊儀編。儀有螭頭密語、已著錄。是書雜錄諸文、自序謂皆取不盛傳於世者。然如陰符經握奇經之類、實非祕笈。比干墓銘之類、本屬依託。瘞鶴銘自歐陽修集古錄以下均未見完篇、而此所載爲全文、是亦未可盡信也。

古虞文錄二卷文章表錄一卷、浙江范懋柱家天一閣藏本

明楊儀撰。是書採古人著作之關於常熟者、裒爲一帙。凡文一卷、自梁鴻至楊舫凡三十六篇。詩一卷、自支遁至王寵凡四十二首。其文章表錄一卷、凡文六篇、詩三篇、皆爲常熟之先賢列女作者。意取型俗、故曰表錄。末一首爲白茆民謠、則元後至元甲辰張士誠鑿白茆港時民閒之怨詞、附存以爲戒者也。

浯溪詩文集二卷、兩淮馬裕家藏本

明黃焯編。焯自號龍津子、始末未詳。是書成於嘉靖戊子、輯元結以下至明代諸人題詠碑銘。前列浯溪小志、紀其山水之勝。

訂補浯溪集二卷、浙江朱彝尊家曝書亭藏本

明陳斗編。斗字民仰、祁陽人。官永寧縣主簿。浯溪在祁陽縣南五里、爲唐道州刺史元結故蹟。結所撰中興頌、顏眞卿書者、卽磨厓刻溪上。故後來題詠考證、相續日繁。是編成於嘉靖戊子、皆輯前人詩文爲是溪而作者。題曰訂補、而不云補何人之書。王士禎浯溪考序稱浯溪前後舊有兩集、爲李仁剛、裴光祖撰、見於輿地碑目、皆無傳云云。考王象之輿地碑目永州條下云、浯溪前集李仁剛編、後集侍其光祖編、侍其、複姓、實非姓裴。士禎殊誤。此集中有乾道乙酉謝褒續千文跋云、邑大夫侍其公以其曾大父所續千文刻諸厓石、當卽其人。蓋侍其良器之曾孫也。然則斗所訂補者、當卽黃焯書耳。所載詩文、浯溪考中多未收、知二書皆士禎所未見矣。

三賢集三卷、浙江范懋柱家天一閣藏本

明楊名編。名字實卿、遂寧人。嘉靖己丑進士。官翰林院編修。三賢祠在夔州蓮花峯下。以周子嘗判夔州、王十朋嘗爲夔帥、明初宋濂亦卒於夔、故知府張儉爲立斯祠、并屬名集其遺文爲一集。然周子僅太極圖、通書二篇、世所共見、毋煩甄錄。至梅溪、潛溪二集、文極繁富、而所採寥寥、尤難免於挂漏矣。

秉忠定議集二卷、內府藏本

不著編輯者名氏。嘉靖十年、都御史宋滄巡撫四川、平眞州劇盜周天星等。時同官於蜀者作爲凱歌、露布等篇、彙成一書、以紀其事。其名秉忠定議集者、蓋取世宗所賜璽書有秉忠定議、條奏膚功語也。

玉峯詩纂六卷、兩淮馬裕家藏本

明周復俊編。復俊有東吳名賢記、已著錄。玉峯者、崑山之別名。所纂諸詩、自西晉迄於明代、蓋邑乘之餘也。

名家表選八卷、江西巡撫採進本

明陳塏編。塏、餘姚人。嘉靖壬辰進士。官至廣東提學副使。是編卽在廣東所選以訓士子者。凡唐表一卷、宋表七卷。案胡松有唐宋元名表一書、所錄頗爲醇雅。此與松書體例相近、而簡當則遠不及之矣。

清泉精舍小志一卷、浙江巡撫採進本

明黎民表編。民表有瑤石山人稾、已著錄。茲編乃其家居唱和之詩。卷首自序稱友人結社於粵山之麓、講德論義、必以詩教爲首。旦夕酬酢、可諷詠者至千餘篇。年祀寖遠、散佚逾甚。暇日拾篋中得古近體若干首、裒而錄之云。

平吳凱旋錄四卷、浙江巡撫採進本

明朱澤編。澤字東漁、定海人。初、嘉靖乙未、崇明海寇秦璠、黃艮、黃庠者爲亂、官軍屢衄。己丑、以湯和之裔孫慶爲左軍都督、充巡捕江淮總兵官、督帥

邳揚二衞官兵，合蘇松常鎮四郡民兵以勦平之。吳中士大夫各贈以詩文，澤編次以成此集。

郴州文志七卷（兩淮鹽政採進本）

明王心編。心自號後陽子，龍江衞籍，天長人。嘉靖戊戌進士，官郴州同知。據此書原序，蓋既輯郴志六卷，又與郴諸生袁大邦等集古今之文爲郴而作者，勒成此集，以輔郴志。其以命制、紀載、議論、詠歌四類分編，略倣眞德秀文章正宗之例。所載詠歌內以漢周憬功勳碑銘爲安康邦作，亦不免沿譌也。

二溫詩集四卷（浙江孫仰曾家藏本）

太谷詩集二卷，明溫新撰；中谷詩集二卷，新弟秀撰。新字伯明，洛陽人。嘉靖戊戌進士，官戶部主事。秀字仲實，由舉人官至襄陽府同知。秀游李夢陽之門，故詩多亢厲之音。新詩刻意學杜，而僅得浮聲，蓋亦宗北地之學者也。

盛明百家詩三百卷（浙江范懋柱家天一閣藏本）

明俞憲編。憲字汝成，無錫人。嘉靖戊戌進士，官至湖廣按察使。世傳李攀龍送俞臬使赴湖廣詩，有「江漢日高天子氣，樓臺秋斂大王風」，以爲似陳友諒僭位柱聯者，即其人也。是編所錄諸集，每人各冠以小序，略如殷璠河岳英靈集例。然其學沿七子之餘波，未免好收摹仿古調、塡綴膚詞之作。又務以標榜聲氣爲宗，不以鑒別篇章爲事。故略於明初，而詳於同時。至以其子淛、沂之詩列爲二家，殆有王福畤之癖矣。

越望亭詩集二卷（浙江巡撫採進本）

明陳鶴編。鶴有海樵山人集，已著錄。越望亭在紹興府城臥龍山巔，前對秦望，初名望海，後更此名。或曰爲越地之望，或曰可以望越，未之詳也。嘉靖戊戌，紹興守湯紹恩重創斯亭，一時多爲題咏，同知孫令、推官周鳳岐因令鶴輯錄成編，前繪山川城郭圖。詩則溯唐迄明，雖名以詩集，而賦亦綴焉。紹恩號篤齋，安岳人。嘉靖丙戌進士，其治越有惠政，事蹟具明史循吏傳。

名筆私鈔六卷（浙江范懋柱家天一閣藏本）

明曾佩編。佩字元山，臨川人。嘉靖辛丑進士，官至監察御史。是編乃其按閩時搜羅各郡縣藝文，自宋迄明凡關於風土者，胥見採錄。然編次無倫，如所載羅江風物賦與烏石山賦自爲一類，乃一編於朱子書廖德明仁壽條約之前，一編於劉鉞新建道學淵源祠記之後。李侗初見羅從彥書與楊時見程明道書亦自爲一類，乃一編於龍頭巖記之前，一編於新建四賢堂記之後。蓋佩爲是書，第從各志乘中錯雜鈔撮，於體例未暇詳考耳。

黎川文緒四卷（江西巡撫採進本）

明王材編。材字子難，江西新城人。嘉靖辛丑進士，官至太常寺卿，掌國子監祭酒事。黎灘鎮自宋紹興中析置，故稱黎川。宋以來人文頗盛，具見虞集所作新城學記。今惟李覯盱江一集尚孤行無恙，其餘多不顯於世。材搜輯遺佚，分爲文三卷，詩一卷，然終以李覯爲主，他家特輔之而已。

二妙集十二卷（浙江范懋柱家天一閣藏本）

明萬士和編。士和有履菴集，已著錄。初，唐順之選漢魏至明之詩爲二妙集，蓋取陳獻章論詩法與理俱妙之語以名其書。士和受業於順之，因摘其中七言律詩、七言絕句二體，又益以順之七言律詩一卷，共爲十二卷。唐取杜甫、王維、劉長卿、韋應物、王建、張籍、呂嵓七人，宋取王安石、黃庭堅、邵子、朱子四人，元取劉因一人，明取莊昶、王守仁二人。順之長於古文，至詩道則全然不解，持論以談理爲宗，尤不可與口舌爭。士和序中亦稱集成而世無好者，則是非之心人皆有之矣。

遊峨集一卷（浙江巡撫採進本）

明殷綺編。綺始末未詳。其刊此書時，則署雅州知州事也。嘉靖九年庚寅，四川巡按御史邱道隆偕官吏遊峨嵋山，有詩唱和。嘉靖二十一年壬寅，巡按御史謝瑜亦踵昌故事。綺因合二人暨同遊諸詩編爲一集，大抵一時宦場酬應之詞，無可採錄。

唐詩選七卷（內府藏本）

舊本題明李攀龍編，唐汝詢註，蔣一葵直解。攀龍有詩學事類，汝詢有編蓬集，一葵有堯山堂外紀，皆已著錄。攀龍所選歷代之詩本名詩刪，此乃摘其所選唐詩；汝詢亦有唐詩解，此乃割取其註，皆坊賈所爲。疑蔣一葵之直解亦託名矣。然至今盛行鄉塾閒，亦可異也。

尺牘清裁六十卷補遺一卷（內府藏本）

明王世貞編。世貞有弇山堂別集，已著錄。是書蓋因楊愼原本而增修之。愼所錄自左史迄於六朝，共爲八卷。世貞益爲二十八卷，復採唐代至明之作，通爲六十卷。又旁搜稗史，得梁隋以前佚作四十餘條爲補遺一卷。然眞贋錯雜，簡擇未爲盡善也。愼書本作赤牘，世貞改爲尺字。趙崡石墨鐫華曰，宋游師雄墓誌書只尺作只赤，赤與尺通，楊用修以尺牘爲赤牘，本之匐經雉上有丈，鷃上有赤。王元美又引華山石闕云高二丈二赤，平等寺碑云高二丈八赤，而疑其隱僻，故改作尺牘，據此志則宋已多用之，非僻也云云。崡好金石之文，故字體喜於從古。然書契之作，將使百官治而萬民察，原取其人人共喩，必用假借之古字，使學士大夫讀之而駭，義雖有據，事實難行。如歐陽書作歐羊，亦有漢碑可證，廬陵之族，其肯從之改氏乎。況文之工拙，書之善否，亦不絕在字之古今。平心而論，正不必是愼而非世貞矣。

蓬萊觀海亭集十卷（浙江范懋柱家天一閣藏本）

明潘滋編。滋，婺源人，始末未詳。觀海亭在登州蓬萊閣，爲觀海市之地。嘉靖庚戌，滋爲登州府推官，承臺檄輯古來詩賦碑記之文爲一編。凡作者一百十七人，中如唐人海上生明月賦、白雲照春海賦、望海上五色雲賦、大鵬賦、鯤化爲鵬賦、北溟有魚賦、巨鼇冠靈山賦、釣鼇賦諸篇，俱賦物之作，與蓬萊閣無涉，乃一概闌入，殊爲牽合。

三異人集二十二卷（浙江巡撫採進本）

明李贄編。贄有九正易因，已著錄。是書凡方孝孺詩文十卷，于謙奏疏四卷、文一卷、詩三卷，楊繼盛奏疏詩文各一卷，附錄一卷。贄各爲之評。贄狂悖自恣，而是集所評乃皆在情理中，與所作他書不類。卷首題吳山俞允諧汝欽正，或允諧所爲，託之於贄歟。三人皆自有集，皆自足千古，初不假贄之表章。況以贄之得罪名教，流毒後學，而選錄三人之文，不足以爲三人榮，反足以爲三人辱矣。

文章正論十五卷緒論五卷（內府藏本）

明劉祐編。祐，萊州人，嘉靖癸丑進士，官至大同巡撫。是書錄歷代古文，自左傳訖於元季，以足垂法戒者爲正論，以詞勝而理未足者爲緒論。自序擬諸眞德秀文章正宗、崔銑文苑春秋。其持論未嘗不正，然以李密陳情表列諸緒論，義頗未安。又以宋人五經之序升諸左國之前，亦涉標榜之習。德秀姑無論，恐尙未能逮銑也。

文體明辨八十四卷（兩江總督採進本）

明徐師曾撰。師曾有古文周易演義，已著錄。是編凡綱領一卷，詩文六十一卷，目錄六卷，附錄十四卷，附錄目錄二卷，蓋取明初吳訥之文章辨體而損益之。訥書內編僅分體五十四，外編僅分體五。前代文格，約略已備。師曾欲以繁富勝之，乃廣正集之目爲一百有一，廣附錄之目爲二十有六，首以古歌謠詞，皆漢以前作，眞僞不辨，而以李賀一詩參其間，豈東京而後，祗此一詩追古耶。次四言詩，以分章者爲正體，以不分章者爲變體。次楚辭，分古賦之祖、文賦之祖、摹擬楚辭三例。次賦，分古賦、俳賦、文賦、律賦四例，又有正體而間出於俳，變體流於文賦之漸二變例。次樂府，全竊郭茂倩書而稍益以宋史樂志，其不選者亦附存其目。次詩，取文選門類稍增之，所錄止於晚唐，宋以後無一字。次詔誥諸文，皆分古體、俗體二例。次爲書表諸表，則古體之外，添唐體、宋體，碑則正體變體之外又增一別體，甚至墓誌以銘之字數分體。其餘亦莫不忽分忽合，忽彼忽此，或標類於題前，或標類於題下，千條萬緒，無復體例可求，所謂治絲而棼者歟。

六李集三十四卷（浙江汪汝瑮家藏本）

明內鄉李氏二世六人之詩也。凡李宗木杏山集八卷，李袞太史集六卷，李蔭比部集九卷，李雲鵠侍御集四卷，李雲雁白羽集二卷，李雲鴻秋羽集五卷。中惟李袞最知名，其詩源出何景明，故諸李之詩大抵安雅有法度，而頗乏深警之思，則才分之不逮也。

泰山蒐玉四卷（兩淮馬裕家藏本）

明表稽撰。稽字玉田，懷遠人，官泰安州知州。是編採泰山碑銘詩文彙爲一帙，皆嘉靖乙卯以後之作。

三台文獻錄二十三卷（江蘇巡撫採進本）

明李時漸編。時漸字伯鴻，號磐石，壽光人。嘉靖丙辰進士，官至陝西按察司副使。是編乃其守台州時與郡人王允東、陳公綸、黃承忠等採訪台州一郡往哲遺文，分類選錄，自唐迄明嘉靖，凡二百九十六人，得文十六卷，賦詩七卷。卷首所列姓氏，有正編、有續編，而集中則合爲一，不知前何以分，後又何以合也。

詞海遺珠四卷（浙江汪啟淑家藏本）

明勞堪編。堪字道亭，江西德化人。嘉靖丙辰進士，官至副都御史。此書雜採金石文字以及詩詞雜文不分體製，亦不敘時代，又多刪節原文，餖飣割裂。其中紕繆，不可殫數。如王羲之月儀帖乃索靖之語，劉禹錫春江一曲柳千條詩以爲本集不載，乃元稹之詩，刪八句爲四句。又載裴度題嶽廟石闕詩，乃司空圖作，載在本集。又古黃姑歌二句，乃梁武帝東飛伯勞歌。又青史子一篇，不知爲賈誼新書所載。晉無名氏三言詩，不知爲傳元作。漢鑑銘鍊形神冶一篇，不知爲太平廣記所載唐人作。他如左傳衛靈公石槨銘、牖伯夢涉洹水歌、禮記伊耆氏蜡詞，皆載於經，蕭子顯齊書郡國志贊亦見正史，皆曰遺珠，尤疏舛矣。

名公翰藻五十卷（浙江汪啟淑家藏本）

明凌迪知編。迪知有左國腴詞，已著錄。此集錄有明一代書牘，意取博收，而冗雜特甚。

宋文鈔（無卷數，浙江巡撫採進本）

明查志隆編。志隆有山東鹽法志，已著錄。是書僅從宋文鑑諸書摘錄成編，未能賅備，別裁亦未能精審。

徽郡詩八卷（安徽巡撫採進本）

明陳有守、汪淮、李敏全編。有守字達甫，淮字禹乂，敏字功甫，皆休寧人。是編創始嘉靖丁巳，成於己未。共得作者一百四十六人，計詩七百五十四首。皆斷自明初，而有守等三人之詩亦附於末。

崑山雜咏二十八卷（浙江汪啟淑家藏本）

明俞允文編。允文有俞仲蔚集，已著錄。宋嘉定中，龔昱嘗輯崑山雜咏三卷，續集一卷。開禧中，知嘉定縣事徐挺之嘗刊之縣齋。至明王綸又集近代詩歌百篇附益其後，已非舊本。允文復溯晉唐以來，得數百篇，增爲二十八卷，仍因舊名，而別分十六類。然三人所選，混而爲一，非惟龔本之初集續集不可復考，即孰爲龔選，孰爲王選，孰爲允文所增，亦不可復辨。二家之書遂亡，體例殊爲未善也。

荆溪唱和詩一卷（浙江范懋柱家天一閣藏本）

明俞允文編。是編爲嘉靖辛酉顧從義、姚昭、董宜陽、馮遷、朱察卿、姚遇、姚遂、沈明臣八人同游荆溪所作，允文爲合而刊之。從義字汝和，上海人。昭字知晦，宜陽字子元，遷字子喬，察卿字邦憲，遂字以良，遇字以奇，皆從義之里人。明臣有通州志，已著錄。

衛門集十五卷（浙江汪汝瑮家藏本）

明鄭履淳編。其子心材續成之。履淳有鄭端簡年譜，心材有鄭京兆集，均已著錄。是編乃履淳以其父刑部尚書曉所喜讀古人詩文近於閒適曠達者，彙次成集，分體排纂。凡詩十一卷，文僅四卷。亦摘錄史傳爲多，每篇之首皆不題作者姓名，殊無體例。始刊於隆慶己巳，尚多闕略。至萬歷乙酉，心材始補輯爲此本。其曰衛門集者，言其非臺閣之書，不爲世俗所好也。

西湖八社詩帖（無卷數，浙江范懋柱家天一閣藏本）

明嘉靖壬戌閒人祝時泰游於杭州，與其友結詩社西湖上。凡會吟者八，曰紫陽社，曰湖心社，曰玉岑社，曰飛來社，曰月巖社，曰南屏社，曰紫雲社，曰洞霄社。時泰與光州知州仁和高應冕、承天府知府錢塘方九敘、江西副使錢塘童漢臣、諸生徽州王寅、仁和劉子伯、布衣仁和沈仕等分主之，以所作唱和詩集爲此編，分春社秋社二目。明之季年，講學者聚徒，朋黨分而門戶立；吟詩者結社，聲氣盛而文章衰，當其中葉，兆已先見矣。

文章指南五卷（兩淮馬裕家藏本）

舊本題明歸有光編。有光有易經淵旨，已著錄。是書前有舊序，稱原無書名，有光登第後授其同年南海知縣詹仰庇。仰庇以授其友黃鳴岐，鳴岐校而刻之，爲題此名。然此實鈔本，非其原刻。凡分六十六則，由左傳以下迄於明，錄文百十八篇。每則每篇皆有評說，而以總論看文字法冠於卷端。閒雜以駢體，如北山移文、歸去來兮辭之類，蓋鄉塾教授之本，殊不類有光之所爲。考舊本震川集末有其族孫泓跋語，稱有光選韓柳文有刻本，爲俗人攙改，非復原書。又王懋竑白田雜著有跋歸震川史記一篇，稱所見武陵胡氏、桐城張氏諸本迥乎不同，且稱有光文集爲其後人刪改，至見夢於坊人翁某。況此點次本子獨存其家，豈無所增損改易云云。是有光手定之書，尚且全非其舊，則此晚出選本不足爲信，更不待深詰矣。

桃花源集三卷（兩淮馬裕家藏本）

明馮子京撰。子京字南台，錢塘人。嘉靖乙丑進士，官至湖廣按察使。桃花源在湖南常德府桃源縣，即陶潛所記者也。宋淳熙閒，趙彥琇、張櫟嘗修桃花源集一卷，見晁公武讀書志。隆慶中，子京取舊集補其闕逸，更爲詮次，又增以元人明人之作。

少林古今錄二卷（浙江范懋柱家天一閣藏本）

明劉思溫撰。思溫、渾源人。嘉靖中官登封縣知縣。少林寺在嵩山之麓、相傳爲達摩面壁之所。是編上卷爲詩、下卷爲記。所錄下迄於明、上及唐代而止。顧炎武日知錄曰、少林寺有唐太宗爲秦王時賜寺僧教。其詞曰、王世充叨竊非據、敢逆天常。法師等並能深悟機變、早識妙因、擒彼凶孽、廓茲淨土。聞以欣尚、不可思議。今東都危急、旦夕殄除、並宜勉終茂功、以垂令範云云。此錄佚而不載、則挂漏者多矣。

青溪詩集七卷（兩淮馬裕家藏本）

明徐楚編。李高續輯。楚號青溪、淳安人。官至四川布政司參政。高字抑中、雲南人。官至嚴州府通判。青溪在浙之淳安縣、卽所謂新安江也。楚生於其地、因採前人題詠、編爲一集。成於嘉靖丙寅。後高官於其地、又增廣之。成於崇禎乙亥。

廣中五先生詩選二卷（江蘇周厚堉家藏本）

明陳暹編。暹爵里未詳。五先生者、孫蕡、王佐、黃哲、李德、趙介也。五人之中、孫王黃李皆仕宦。趙則隱居不出。所謂臨淸集者亦不傳。嘉靖丁巳、無錫談愷刻五先生詩、僅得孫王黃李四家。以汪廣洋嘗爲廣東行省參政、因合而刻之、以足五人之數。朱彝尊詩話云、伯貞集雖不傳、然名在五先生之列。刊詩者去伯貞而冠汪忠勤於卷首、可爲失笑。卽指談刻也。此本乃嘉靖乙丑陳暹重訂、謂得舊本趙臨淸集、命工刻之、以補五先生之闕。而以汪右丞詩別自爲集。於是五先生之詩始復其舊。五人集前各有小傳、爵里行事略具。惟孫蕡傳云、洪武二十二年、以事謫戍遼東。時梅思祖節鎮三韓、迎置家塾。是年竟以黨禍見殺。考明史文苑傳、蕡坐累戍遼東。已大治藍玉黨、蕡嘗爲玉題畫、遂論死。而梅思祖本傳、十五年與平章潘元明同守雲南、是年卒。安得有二十二年鎮遼東之事。暹蓋據黃佐廣州人物傳所載、未及詳考耳。

清江二家詩四卷（浙江范懋柱家天一閣藏本）

明熊遠編。遠、清江人。是編選錄孫偉、敖英二人之詩。偉字朝望、號鷺沙。宏治壬辰進士。官至鶴慶府知府。其詩曰鷺沙集。英有愼言集訓、已著錄。其詩曰心遠稾。二人皆與遠同鄉里、遠因刪錄其集、各爲二卷、併爲之評點。然去取不甚允愜、且往往濫載壽詩。殆以桑梓之故、因詩以存其人。又書成於嘉靖丁巳。是時嚴嵩已敗矣、而偉集開卷卽錄送嵩北上詩六首、亦可以不必也。

彤管新編八卷（兩淮馬裕家藏本）

明張之象編。之象有太史史例、已著錄。是編以世所傳彤管集篇帙未備、更爲輯補。自周迄元、凡詩歌銘頌辭賦贊誄六百五十四首、璇璣圖一篇、序誡書記奏疏表三十三首。採掇頗富、而譌舛亦復不少。

唐雅二十六卷（內府藏本）

明張之象編。是集取唐君臣唱酬之作二千餘篇、分部五十有三、以類編次。自武德訖於開元。以天寶而後、風格漸卑、故不與焉。其論似高而無當。蓋是時七子之派方熾、故避其詩必盛唐之說也。且賦雖古詩之流、而自漢以來、體裁久別。雜入喜雨諸賦、亦爲例不純。

唐詩類苑二百卷（內府藏本）

明張之象編。初、宋趙孟堅有分類唐詩、佚闕不完、世無刊本。之象因復有此作。凡分三十六部、以類隸詩。意取博收、不復簡擇。故不免失之冗濫。蓋類書流也。然文選及文苑英華本有分類之例、故與所作古詩類苑、仍併入總集。是集未刊之先、其稾爲浙江卓明卿所得、割取初盛唐詩刊之、遂掩爲已有。華亭王徵重爲辨正釐定、乃復之象之舊。故世有二本。然今皆知爲之象書也。

古詩類苑一百二十卷（浙江汪啟淑家藏本）

明張之象編。是編前有黃體仁序、稱之象此書與唐詩類苑均家貧不能刊、以授其同里俞顯卿。顯卿亦未刊而卒。萬歷庚子、吳門曹氏始爲刊其唐詩。至壬寅、顯卿之弟顯謨乃與之象壻王類陳甲校刊之。是其刻在唐詩後。其凡例有云、是編首自上古、下迄陳隋、一枝片玉、搜括無遺。有唐一代之作、別有類苑、茲不重錄。是其編纂亦在唐詩後也。其書以馮惟訥詩紀爲稾本、較唐詩易於爲力。漢以後箴銘頌贊、馮本不錄、之象增之。然文章各有體裁、著述各有斷限。馮本所收封禪文之類、馮舒作詩紀匡謬、已深駁之。正宜盡從刊削、而復捃摭續貂、殊不免傷於嗜博。又割裂分隸、門目冗瑣。如全書既以古詩爲名、而第七十七卷人部又立古詩一門、是何體例乎。其凡例至稱道家歌詩出列仙傳、眞誥等書云云。眞誥歌詩誠不一而足、列仙傳七十二人未有一人載詩也。足見其隨意剽掇、不盡考古書矣。

吳越錢氏傳芳集二卷（兩淮鹽政採進本）

明錢鈞、錢籥同編。鈞字飛卿，籥字章卿，紹興人。是集錄錢氏一家之詩，自吳越武肅王鏐至明諸生淮，凡六十二人，一百三十一首。初吳越文穆王元瓘有錦樓集，忠懿王俶有政本集，俶子惟演因採鏐及元瓘、宏佐、俶五王之詩，合爲一編，名曰傳芳集，俶族子仙芝復益以羣從所作，釐爲五卷，目曰後集，宋錢易爲之序。明嘉靖中，鈞等又爲搜輯增益，綴之於末，仍以宋易序冠於前。然序稱惟演所得五王格律長言共四十五首，而此編所載僅九首，又卷數亦與後集不合，蓋散佚之餘，重爲裒輯，雖尚沿其名，已非原本之舊矣。

百花鼓吹五卷梅花鼓吹二卷（兩淮鹽政採進本）

明王化醇撰。化醇字和甫，別號應峯，無錫人。嘉靖中國子監生。百花鼓吹皆雜採唐人詠花之詩，凡三十八種。梅花鼓吹則惟採宋元及明人之詩，以唐人詠梅之作已載入百花鼓吹故也。其書採摭頗博，而傳寫不免譌誤，如陸凱寄梅一詩，譌凱爲闓，又泂入唐人詩中，列柳宗元後，殊未詳校也。

經世宏辭十五卷（浙江巡撫採進本）

明沈一貫編。一貫有易學，已著錄。一貫嘗以吏部侍郎加太子賓客假歸，復特起教習庶吉士，因檢列朝館課諸作，自詔疏以迄詩賦，分類選錄，名曰增定館課，就正於大學士王錫爵，遂以經世宏辭題其端，且爲序而刊行之。其中搜採極富，而所收多課試之作，不足以盡一代之文獻。王守仁、李夢陽、楊繼盛等皆未官翰林，而竝錄其章疏數十篇，亦爲自亂其例也。

吳越遊稾一卷（浙江巡撫採進本）

明沈明臣、沈一貫、余寅唱和之詩也。明臣有通州志，寅有同姓名錄，皆已著錄。是編乃嘉靖丙寅三人結伴於錢塘，北遊至揚州，積途中題咏得詩五十首，因合刻之。考一貫登隆慶戊辰進士，寅登萬歷庚辰進士，時皆未第，故與明臣同遊也。後有揚州卞蓑跋，一貫亦有卞長卿罽燕集詩一首，長卿殆即蓑字歟。

靈洞山房集二卷（浙江汪啟淑家藏本）

明趙志皐編。志皐有內閣奏疏稾，已著錄。靈洞山在蘭谿東南十五里，爲金華山分支，有棲眞寺，久廢。萬歷初，志皐自嶺南謫所歸，買得其地，建祕書樓、三山齋、六虛堂諸勝，又標爲十二景，一時賓客競相題詠。既志皐起爲南京吏部侍郎，乃裒而刻之。

滑耀編（無卷數，浙江巡撫採進本）

明賈三近編。三近字德修，嶧縣人。隆慶戊辰進士，官至兵部侍郎。事蹟具明史本傳。是書皆採錄寓言，如送窮、乞巧、責龜、冊虎之類，悉爲收載。其曰滑耀者，取莊子滑疑之耀，聖人所圖語也。前有寧鳩子序。寧鳩子即三近之寓名，各篇之後間附評語。其送窮文篇末謂窮鬼本出有窮氏，嘗從孔子遊陳蔡，閔既而歸，餓舍於顏回、原憲家云云，以聖賢供筆墨之遊戲，亦佻薄甚矣。

唐詩紀一百七十卷（內府藏本）

明吳琯編。琯漳浦人。隆慶辛未進士，嘗校刊馮惟訥古詩紀，因準其例輯此書，甫成初唐盛唐詩，即先刊行，故止一百七十卷，非完書也。其始事者爲黃清甫，同時纂輯者爲陸弼、謝陛、俞體初、俞策諸人，具見於序例。而卷首題滁陽方一元彙編，未喻其故，大抵雜出衆手，非一家之書矣。

岳陽紀勝彙編四卷（浙江汪啟淑家藏本）

明梅淳撰。淳，當塗人。隆慶辛未進士。初，元釋天鏡嘗輯錄岳陽樓石刻諸詩，其本久佚。嘉靖中，有取岳陽題詠與洞庭分爲二集者，蕪雜無次。淳因合洞庭君山岳陽諸作，都爲一編，共十五部，又雜著一部，即外紀之類，亦冗碎不足採錄也。

詩女史十四卷拾遺二卷（內府藏本）

明田藝蘅編。藝蘅有大明同文集，已著錄。是書採錄閨閣之詩，上起古初，下迄明代，拾遺二卷，則皆宋以前人也。採摭頗富，而考證太疎，如皇娥歌出拾遺記，本王嘉僞託，乃不能辨別，復妄增嫘祖字，蘇伯玉妻本晉人，故玉臺新詠列傳元之後，乃承詩紀之誤，以爲漢詩。王宋詩本魏文帝擬作，詳載藝文類聚，而承玉臺新詠誤本，竟署宋名。吳興妖神贈謝覽詩見太平御覽，亦承詩紀之誤，作吳興伎童，甚至拾遺之首冠以南齊蘇小小詞，其詞乃減字木蘭花，尤爲可異。藝蘅未必至此，毋乃書肆所託名耶。

梅塢貽瓊四卷（兩江總督採進本）

明周履靖編。姚士粦刪定。履靖所輯夷門廣牘，士粦所輯陸氏易解，均已著錄。履靖在隆萬間號爲隱士，而聲氣頗廣，凡有著作，必請勝流爲之題詠序跋，積久漸多，因集爲此帙，并往來書牘附之。凡十一體，一百六十餘篇。蓋明季山人例以標榜相尙也。

國雅二十卷續國雅四十卷（浙江巡撫採進本）

明顧起綸編。起綸有句漏集，已著錄。是編選明諸家之詩，上起洪武，下迄隆慶，首列品目一卷，仿鍾嶸詩品、殷璠河岳英靈集、高仲武中興間氣集例，但詩品不載詩，此則載詩；英靈、間氣二集分列諸家姓名下，此則總冠卷首耳。所錄詩篇採摭頗富，然起綸當嘉隆之際，太倉、歷下聲價方高，故惟李藝苑卮言爲圭臬，持論似乎精詣，而錄詩多雜庸音。又聲氣交通，轉相標榜，其入品者洪武至正德僅七十九人，嘉隆兩朝乃至五十二人，而附見名姓者尙不在其數。大抵與起綸攀援唱和，有瓜葛者居多。卷末附書牘二十篇，皆答徵詩謝入選者，其大略可睹矣。

市隱園詩文（無卷數，浙江巡撫採進本）

明姚渕及其子之裔所編。渕，江寧人。李維楨作其海月樓集序，稱爲金陵典客，蓋以貲庫爲業者也。有別墅在秦淮之東，曰市隱園，頗有林麓之勝，標爲十有八景，招邀一時知名之士爲之記序題詠。隨得隨刊，故不分卷帙，但以初紀、二紀別之。案劉元卿應諸錄載上元姚三老貲甲閭右，嘗買別墅，其中有池亭假山，皆太湖怪石。有狂客王大癡詢知姚謀之久，其主以無可柰何而賤售，因諷以當效刻石平泉，垂戒子孫，異時無可柰何，不宜賤售。其里貫與渕相同，未知卽謂此園否。果卽此園，則此集亦不足尙也。

欽定四庫全書總目卷一百九十二

欽定四庫全書總目卷一百九十三

集部四十六

總集類存目三

今文選十二卷（兩江總督採進本）

明孫鑛撰。鑛有孫月峰評經，已著錄。是編裒錄明人之文，所選自羅玘至李維楨，凡三十一人，並撮舉其姓氏爵里於卷前。其前七卷稱今文選，後五卷稱續選。觀其自序，蓋以李夢陽爲宗，故明初諸人皆不之及焉。

三忠集十四卷（安徽巡撫採進本）

明郭惟賢撰。惟賢，晉江人。萬歷甲戌進士，官至左副都御史，以憂歸，起戶部右侍郎，未上而卒。事蹟具明史本傳。是集乃惟賢官湖廣巡撫時所編。前有萬歷甲午自序，謂屈原，秭歸人；孔明，南陽人；岳忠武雖起家湯陰，而封鄂王，苗裔迄今在武黃閒，均以楚稱，故合爲一編。於離騷取朱子註，編爲七卷；於武侯集兼取將苑、心書及雜文，編爲三卷；於忠武集則取金陀粹編中家集十卷，汰其大半，編爲四卷。其大篇闕一時興亡得喪者，多不見採。於三賢事狀文章，俱無可證覈。惟賢一代名臣，此編則未爲精善，蓋一時書帕本也。

文府滑稽十二卷（兩江總督採進本）

明鄒迪光編。迪光有鬱儀樓集，已著錄。是書選周秦迄於唐宋寓言俳諧之文，故以滑稽爲名。而正言莊論，時亦採入，爲例已自不純。或錄全篇，或摘數語，亦漫無體例。又雖分文部、說部二目，而配隸實無定軌。如莊子齊物論以齧缺問於王倪一段入文部、罔兩問景一段入說部、瞿鵲子一段復入文部。人閒世匠石之齊一段入文部、南伯子葵一段入說部。大宗師子祀子輿一段入文部、意而子見許由一段入說部。其餘忽謂之文、忽謂之說、似此類者、不可枚舉。其編次無緒可知矣。

釣臺集六卷（兩江總督採進本）

明陳文煥編。文煥字靜菴、臨川人。官嚴州府知府。是集成於萬歷丙子、因釣臺集舊本、續以後來詩文、別無發凡起例之處。

詩宿二十八卷（內府藏本）

明劉一相編。一相字維衡、長山人。萬歷丁丑進士。官至陝西布政使。是編採周秦漢魏六朝三唐之詩、區別差次、爲部二十八、子目一百五十有四。陳隋以上詩體不甚異者都稱古詩、惟以時代爲序。唐則類以題分、人以詩分、詩以體分、亦張之象唐詩類苑之流亞也。

翰墨選註十二卷（浙江巡撫採進本）

舊本題明屠隆撰。隆有篇海類編、已著錄。是書皆歷代尺牘、謬妄不可殫述。如前載漢晁錯與友人索詩編尺牘一篇、曰、日外入芳圃、知騎氣南遊、抱恨而返、所謂南山千萬峯盡是相思情也。吟編久客左右、偶欲檢點、敢請須下、霜月更白、倘容濆寒往見、話前人工拙云云。則其他可知矣。隆雖縱誕之士、不以學問名、然其陋不應至是。必書肆僞託也。

鉅文十二卷（安徽巡撫採進本）

舊本題明屠隆撰。是集雜選經傳及古文詞、分宏放悲壯奇古閒適莊嚴綺麗六門、僅八十篇。以考工記檀弓諸聖賢經典之文與稗官小說如柳毅傳飛燕外傳等雜然並選、殊爲謬誕。疑亦坊賈託名也。

四六叢珠彙選十卷（副都御史黃登賢家藏本）

明王明嶅編。明嶅字懋良、晉江人。萬歷己卯舉人。官至寧波府通判。宋葉適所編四六叢珠凡四十卷、見於千頃堂書目、明時鈔本尚存。明嶅病其繁冗、因別爲選錄刊行。所分大目十一、子目數百、皆仍葉氏之舊。然適原書所採、多錄全文、今散見永樂大典中者、尚可考見其體例。明嶅乃隨意刊削、僅存摘句。文不列標題、不著撰人名氏、一仿坊刻表聯活套之式。割裂破碎、遂致盡失其本來、亦可謂不善變矣。

詩所五十六卷（通行本）

明臧懋循編。懋循有負苞堂集、已著錄。初、臨朐馮惟訥輯上古至三代諸詩爲風雅廣逸、後又益以漢魏迄於陳隋諸詩、總名曰古詩紀。懋循是編實據惟訥之書爲稾本。惟訥書以詩隸人、以人隸代、源流本末、開卷燦然。懋循無所見長、遂取其書而割裂之、分二十有三門。曰郊祀歌辭、曰廟祀歌辭、曰燕射歌辭、曰鼓吹曲辭、曰橫吹曲辭、曰相和歌辭、曰清商曲辭、曰舞曲歌辭、曰琴曲歌辭、曰古歌辭、曰雜曲歌辭、曰雜歌謠辭、曰古語古諺、曰古雜詩、曰四言古詩、曰五言古詩、曰六言古詩、曰七言古詩、曰雜言古詩、曰騷體古詩、曰闕文、曰璇璣圖詩、曰雜歌詩、曰補遺。顚倒瞀亂、茫無體例。且古詩之名本對近體而起、故沈宋變律以後、編唐宋詩者二體迥分。若陳隋以前、無非古體、乃亦稱曰幾言古詩、於格調已爲觭昧。中如傅元有女篇本樂府、而入之古詩。傅毅冉冉孤生竹一首本古詩、而入之歌曲者。不可僕數。又詩紀蒐採雖博、亦頗傷泛濫。故後來常熟馮舒有匡謬一書、頗中其病。懋循不能有所考訂、而掇拾餖飣、以博相誇。又不分眞僞、裨販雜書以增之、甚至庾信諸賦以句雜七言亦復收入、尤爲宂雜矣。

唐詩所四十七卷（通行本）

明臧懋循編。凡十有四門。曰古樂府、曰樂府系、曰三言四言古詩、曰五言古詩、曰七言古詩、曰雜體古詩、曰風體騷體古詩、曰五言律詩、曰七言律詩、曰五言排律、曰七言排律、曰五言絕句、曰七言絕句、曰闕文。每門之內又各以題目類從。餖飣割裂、亦張之象唐詩類苑之流也。每卷之首皆註前集二字、則當有後集、今未之見。然大槩可睹矣。

詞致錄十六卷（兩江總督採進本）

明李天麟編。天麟、大興人。萬歷庚辰進士。官至監察御史、巡按浙江。是集皆載詞命之文、分制詞進奏啟劄祈告雜著五門、中又各分子目。所採上自漢晉、下迄於宋、頗勝明末之猥濫。然意主於剽剟詞藻、仍餖飣之學耳。

廣廣文選二十三卷（副都御史黃登賢家藏本）

明周應治編。應治有霞外麈談、已著錄。嘉靖中、劉節嘗編廣文選、此又拾節之遺、故曰廣廣文選。猶之反離騷後有反反離騷、非國語後有非非國語也。其舛漏踳駁、與節書亦魯衞之政。甚至松柏歌題曰齊王建、是併共建佳者客耶一句亦未觀也。越絶書序題周吴平、如據論衡及書末題詞、則平爲役漢人、亦不得謂之周。如以爲周人書、則當曰子貢、子胥、不得謂之吴平也。則其他可不問矣。

江皐小築集三卷（兩淮馬裕家藏本）

明李元弼撰。元弼字靖吾、廣東人。萬歷中卜築江皐、題爲十景、集友朋唱和成編、而以所作詩稾附錄焉。

順則集八卷（編修勵守謙家藏本）

明程文潞編。文潞字希古、歙縣人。是編成於萬歷壬午。輯程氏先世遺詩、自後唐程炳迄明程百敎凡百有四人。但分時代、而皆不詳其仕履、蓋以別有譜牒在也。其稱順則者、以世業耕鑿、取順帝之則意爾。

塤篪音二卷（兩江總督採進本）

明虞淳熙、虞淳貞同撰。淳熙有孝經集靈、已著錄。淳貞字僧孺、淳熙弟也。是集凡賦溪上落花詩一百五十首、又次韻沈嘉則雜咏一百二十首。又倣杜甫同谷七歌。淳熙作者命曰塤音、淳貞作者命曰篪音。原序稱其溪上落花詩、伯仲皆一夜而就。大意欲夸多鬭捷耳。不知一題衍至百餘首、卽曹劉沈謝亦不必工也。

韓文杜律二卷（內府藏本）

明郭正域編。正域有批點考工記、已著錄。是編選錄韓愈文一卷、杜甫七言律詩一卷、各爲之評點。大抵明末猖狂之論。如謂佛骨表不知佛理之類、多不足與辨。所評杜詩、欲矯七子摹擬之弊、遂動以肥濁爲詬病。是公安之驂乘、而竟陵之先鞭也。

潁陽四先生集四卷（陝西巡撫採進本）

明劉兊編。兊始末未詳。其編此書、則官富平縣知縣時也。所錄爲張紞、李宗樞、楊爵、孫丕揚四人詩文。紞有雲南機務鈔、黃爵有周易辨錄、丕揚有論學篇、均已著錄。宗樞字子西、號石壘。嘉靖癸未進士。官至右僉都御史、巡撫河南。四人皆富平人。富平古潁陽地、故稱潁陽四先生。是集之編在萬歷甲申、於時丕揚方以右副都御史家居。兊以丕揚所作爲四家之一、殊乖古人蓋棺論定之義。明季標牓之習、大率如斯矣。

明文徵七十三卷（浙江巡撫採進本）

明何喬遠編。喬遠有閩書、已著錄。是集以明代詩文分體編次、各體之中又復分類、自洪武迄崇禎初年。自序云國家之施設建立、士大夫之經營論著、悉具其中。下及於方外閨秀、無不兼收並錄。然其稍傷冗濫、亦由於此。其附時藝數篇、則宋文鑑例也。

評註八代文宗八卷（內府藏本）

舊本題明袁黃編。黃有皇都水利、已著錄。是編取文選中之近於舉業者、掇拾成書。有全刪者、有節取數段者。舛謬百出、不能縷舉。在坊刻中亦至陋之本。黃雖不以文章名、亦未必紕繆至是也。

釣臺集二卷（兩淮馬裕家藏本）

明楊束編。束、建安人。官桐廬縣知縣。嚴光釣臺詩文、宏治中嚴州府推官龔宏始輯錄而未成、同知鄭才乃續成十卷刊之。後新安程敏政爲增補記文銘贊等六十餘篇。至萬歷四年、知府陳文煥又屬敎諭劉伯潮重編。萬歷十四年、束復刪補以成此本。始末凡經五人、故體例頗不畫一。所載碑記等既不盡存其年月、所載諸詩亦不盡著其原題。且其目則列卷一至卷四、而其書止有上下二卷。是篇第尚不能釐正、無論其他矣。

嵩少集四卷（兩淮馬裕家藏本）

明鄭太原編。太原、潞安人。官登封縣知縣。初、嘉靖中渾源劉思溫嘗輯少林寺題詠碑刻爲少林古今錄。萬歷戊子、太原因其舊本增入嵩嶽嵩麓諸寺詩文、故名之曰嵩少集。

古文輯選六卷（內府藏本）

明馮從吾編。從吾有元儒考略、已著錄。是編所錄古文、自春秋秦漢以迄宋元、僅百餘篇、自謂皆至精者。然其大旨以近講學者爲主、不足盡文章之變也。

中原文獻二十四卷（兩江總督採進本）

舊本題明焦竑編。竑有易筌、已著錄。是書分經集六卷、史集六卷、子集七卷、文集四卷、末附通考一卷。其自序云、一切典故無當於制科者、槩置弗錄。識見已陋。至首列六經、妄爲刪改、以爲全書難窮、祇揭大要。其謬更甚。竑雖耽於禪學、敢爲異論、然在明人中尙屬賅博、何至頗舛如是。殆書賈所僞託也。

三忠文選三卷（江西巡撫採進本）

明吴達可編。達可有奏疏遺稾、已著錄。是編錄嘉靖朝三諫臣之文。一周怡，一楊爵，一劉魁。怡訥谿奏議、爵楊忠介集、魁省徭藁，皆有本別行。達可為怡之門人，因併爵魁所著彙而刻之，皆摘錄梗槩，故所存甚略。蓋意在存其人，不在備其文也。

世玉集選二卷（江西巡撫採進本）

明孫梗編。梗字汝艮，豐城人。孫氏在豐城為望族，世有聞人。是編次其先世詩文，自明初國子監博士貞訖嘉靖中泰州知州樾，凡二十四人。上卷為詩詞賦，下卷為雜文。書成於萬歷辛卯。

小孤山詩集一卷（浙江巡撫採進本）

明陳恪編。恪字克謹，鄞縣人。萬歷壬辰進士，官宿松縣知縣。是編乃恪於宏治七年因修小孤山廟落成，偕寮友登半山亭，見古今題詠，懼其殘剝不傳，錄而梓之。前繪山圖，其所載詩，起南宋迄於明。蓋就所見而錄之，故寥寥特甚，不足以備考證也。

明文雋八卷（江蘇巡撫採進本）

舊本題曰袁宏道精選，邱兆麟參補，陳繼儒標旨，張鼐校閱，吳從先解釋，陳萬言彙評。蓋坊間刻本，託宏道等以行。前有周宗建序，謂有志公車業者，其沈酣之無斁，亦必非宗建語也。

明百家詩選三十四卷（通行本）

明朱之蕃編。之蕃有奉使藁，已著錄。是編前有萬歷丙辰自序，稱錫山俞公憲殫生平之精力，搜羅四百餘家，編帙浩繁，難於廣布，閱之幾半載，始克卒業，因汰其七八，僅存二三。友人周時泰謬相許與，用廣梓傳，因人成事，良足自媿云云。其標題稱百家，而首卷所載名氏實三百一十八人，蓋用王安石唐百家詩之例，惟以詩分體，而不以詩繫人。與分家之說名實相迕。首列賦二卷，末附詩餘二卷，與編錄之體亦乖。其去取冗漫無持擇，非善本也。

鳳山鄭氏詩選二卷（福建巡撫採進本）

明曹學佺編。學佺有易經通論，已著錄。是集乃所選鄭孔道、鄭大亨之詩也。孔道號一所，閩縣人，官至雲南兵備副使，所著有一齋集。大亨字慕塘，孔道從子，所著有書種堂集。學佺撰八代詩選，皆採錄之。其元孫光裔，因即八代詩選所錄，別刊此本，然卷首有崇禎己卯徐𤊹序，稱孔道之孫惟嘉命序簡端，則刊版者光裔，編次者實惟嘉也。閩縣有鳳凰山，鄭氏聚族於是，題曰鳳山，蓋從所居也。

湛園雜咏一卷（兩淮馬裕家藏本）

明米萬鍾撰。萬鍾字友石，一字仲詔，宛平人。萬歷乙未進士，官至太僕寺少卿。明史文苑傳附見董其昌傳中。嘗構漫園勺園，又構湛園，標園中佳勝為十八題，因裒集一時賦詠，類為此編。

百家論鈔十二卷（浙江巡撫採進本）

明王思任編。思任字季重，山陰人。萬歷乙未進士，官至江西九江道按察使僉事。是書所取，皆有明一代議論之文。前有思任自序，曰宋不如唐，唐不如漢，漢不如三代，此文談舊唾也。吾以為文章至明而始妙。是何言歟。

謫仙樓集三卷（浙江巡撫採進本）

明駱駸曾編。駸曾字象先，武康人。萬歷戊戌進士，官至監察御史。太平府西北二十五里采石江有牛渚磯，磯之東，謫仙樓在焉，以李白得名。又有白墓在府城東南二十里青山，而采石賡賢坊亦有後人所作衣冠墓。其地江山秀麗，稱為勝蹟。正德壬申，御史鄺文博始集樓中題咏授梓。萬歷丙辰，駸曾巡按應天，復加續輯，凡文一卷，詩二卷，而以榮昌冷宗元所繪圖冠之卷首。

唐音戊籤二百一卷閏餘六十四卷（江蘇巡撫採進本）

明胡震亨編。震亨有海鹽縣圖經，已著錄。其所撰唐音統籤凡一千二十七卷，以十干為紀，卷帙浩繁，均未鋟版。
國朝康熙乙丑，其孫成之曾孫頎始以戊籤刊行，即此本也。蓋當明末
國初時，太倉歷下之摹古，與公安竟陵之趨新，久而俱弊，遂相率而為宋詩。宋詩又弊，而馮舒、馮班之流，乃尊崑體以攻江西，而晚唐之體遂盛。戊籤二百一卷，所錄皆晚唐之詩。閏餘六十四卷，所錄皆南唐、吳越、閩國之詩，風會所趨，故及時先出爾。方其剞劂之始，尚欲相繼刊布全書，故此集始於五百五十三卷，迄於八百一十七卷，編帙之數，尚仍統籤之舊。迨
御定全唐詩出，而諸籤遂廢，惟癸籤僅有續刊，餘則繕錄之本亦日傳日減矣。

清源文獻十二卷（禮部尚書曹秀先家藏本）

明何炯編。炯，晉江人，官靖江縣教諭。是集成於萬歷丁酉，皆錄其郡人之詩文。前列爵里一卷，首曰寓賢，凡僑寓於泉者，自唐秦系至元王翰十二人。次曰遡賢，乃其身未家於是，而子孫載族以徙者。

爲宋李昭玘傳堯俞二人。文曰孕賢，則誕生其地及其父祖爲泉人者，爲宋王曾韓琦明邱濬三人。文曰郡賢，爲紳則自唐歐陽詹至明周訓二百五人，藩王則宋陳洪進一人，武弁則明俞大猷鄧城二人，畸里疑議者宋段全等五人，布衣唐王轂等二十六人，閨秀三人，釋子三人，女冠一人，羽士二人。凡詩賦雜文悉加甄錄，蒐採頗廣。然如王曾邱濬皆終身未至其地，而亦援以爲重，未免失於限斷也。

嶺南文獻三十二卷（江蘇周厚堉家藏本）

明張邦翼編。邦翼，蘄州人。萬歷戊戌進士，官至廣東提學副使。是集採粵中前哲之文，分類編次，先文後詩。起唐張九齡，迄於明之萬歷，凡二百六十餘人。於嶺南諸集搜輯頗廣。然明人著作，百分之中幾居其九焉。蓋時彌近而所收彌濫，亦明季標牓之習氣也。

文瑑清娛四十八卷（內府藏本）

明華國才編。國才號鶴臾，長洲人。萬歷庚子舉人。是書於諸選本類書中採摘其短章小品，故曰清娛。上起宋玉荀卿，下迄於元，不分體裁，惟以時代爲後先。閒附小傳及評語，觀其見解，蓋陳繼儒一流也。

續文選三十二卷（浙江汪啟淑家藏本）

明湯紹祖編。紹祖字公孟，海鹽人。東甌王湯和裔也。是編成於萬歷壬寅，採自唐及明詩文，以續昭明之書。然所錄止唐人、明人，無五代宋金遼元。又明人惟取正嘉後七子一派，而洪永以來劉基高啟諸人僅錄一二，蓋恪守太倉歷下之門戶，而又加甚焉。所分門目，一從文選，惟賦闕京都郊祀耕藉三類，而易江海爲山海，物色一門謂昭明惟取天文，殊似未該，今用廣之是也。然王世貞竹林七賢圖賦謂之物色，則亦孰非物色乎。盧柟壽成臯王賦入志，徐禎卿反反離騷入論文，是何體例也。

梁園風雅二十七卷（浙江鮑士恭家藏本）

明趙彥復編。彥復字微生，杞縣人。萬歷甲辰進士，官至湖廣按察司副使。是編選中州之詩凡九家，李夢陽五卷，何景明五卷，王廷相一卷，孟洋一卷，薛蕙二卷，高叔嗣二卷，劉繪一卷，張九一三卷，謝榛五卷。而彥復詩一卷附焉。李薛皆秦產，以夢陽祖籍扶溝，蕙祖籍偃師，遂併闌入。謝榛本臨清人，以遊蹟偶至，遂強爲流寓。以是爲例，今古詩人其可以攀附者強半矣，又何止是三人乎。梁王兔園僅漢時一別館，取以槩名中州之詩，尤無謂也。

尺牘隽言十二卷（江西巡撫採進本）

明陳臣忠編。臣忠字景周，莆田人。萬歷甲辰進士，官至南京刑部郎中。是書摘錄古人書牘，自周秦訖於宋元，各爲點論，以朱墨版印之。去取既乏鑒裁，評論亦無可採。

古論元箸八卷（浙江巡撫採進本）

明傅振商編。振商有杜詩分類，已著錄。是編乃萬歷壬子振商巡按直隸時所刊。雜採戰國至唐宋之文，多豔其篇名，強題曰論，如莊子之齊物論本以物論二字相屬，乃摘取加以論名，尚可曰沿劉勰之誤，至淮南子氾論訓，亦割去訓字，題曰氾論，韓愈原道，原毀，則加一論字曰原道論、原毀論。張中丞傳後敘，亦改曰張中丞傳後論。其乖謬率皆類此，則其書可不必問矣。

緝玉錄五卷（兩淮馬裕家藏本）

明傅振商撰。是編乃其爲御史時巡按關隴，卽其所歷山川名勝，各裒輯其題咏，共爲一編，皆明人之作也。

蜀藻幽勝集四卷（安徽巡撫採進本）

明傅振商編。蜀雖僻處一隅，而自漢晉以來，文章爲盛。宋慶元中有程遇孫等成都文類，明嘉靖中又有周復俊全蜀藝文志，蒐羅賅備，業已巨細兼登，菁華畢萃。振商此集採掇十一，分爲二十五類，去取頗無條理，蓋當時書帕之本，不足以言別裁也。後有振商自跋，以秦蜀幽勝錄標題，又有留滯秦川披尋舊簏，秦蜀幽文幾無賸采之語。蓋原刻尙有秦藻幽勝集，合爲一編，此本佚其半耳。

四家詩選四卷（內府藏本）

明傅振商編。是集選顧起元焦竑郭正域葉向高四人之詩，人各一卷。蓋崇禎元年爲南京兵部侍郎時所刻，亦書帕本也。

嶺南文獻補遺六卷（江蘇周厚堉家藏本）

明楊瞿崍編。瞿崍有易互，已著錄。先是廣東提學張邦翼撰嶺南文獻三十二卷，瞿崍繼爲提學，復輯是書。自序謂張刻詳於人，補則詳於事，理必其事與理關切者，纂而補之。有文無詩，亦略分體。中閒又自分理類、事類等目，閒綴評語，蓋與張本同爲採選嶺南之文，而用意則各有在也。

幽風槩一卷（兩江總督採進本）

明蔣如苹編。如苹有萬歷容城縣志，已著錄。是集乃其官邠州知州時採歷代歌詩之有關於風土者，彙爲一編，刻於萬歷戊申。凡七十餘篇，首冠以幽風七月之詩。

古文瀆編二十三卷（通行本）

明王志堅撰。志堅有讀史商語，已著錄。是編乃其督學湖廣時所選唐宋八家古文。凡諸集中稍涉俳偶者，皆不採錄，以志堅別有四六法海一書，登載駢體故也。其曰瀆編者，取劉熙釋名瀆者獨也，獨出其所而注於海之義，蓋以八家爲正派，餘爲支流，故所選歷代之文，別名瀾編云。

文儷十四卷（浙江巡撫採進本）

明陳翼飛編。翼飛有慧閣詩，已著錄。是書所錄，自漢及唐，皆以駢儷爲主，略依文選之例，惟不載詩，與文選稍異耳。

天籟集二卷（庶吉士戴震家藏本）

明釋無相編。無相始末未詳。是集成於萬歷己酉。所錄皆宋以前不工文者之詩，如易水歌、黃臺瓜詞之類。序稱詩以道性情，後世雕繪字句，鬭爭宗派，於所謂詩言志者無當也。孔聖刪詩，多取委巷歌謠，毋乃不工於文者反能直抒性情爲風雅正軌乎云云。殆爲明季風氣而言，然矯枉過直矣。

詩歸五十一卷（內府藏本）

明鍾惺、譚元春同編。惺有詩經圖史合考，元春有嶽歸堂詩集，均已著錄。是書凡古詩十五卷，唐詩三十六卷。大旨以纖詭幽渺爲宗，點逗一二新雋字句，矜爲元妙。又力排選詩惜羣之說，於連篇之詩隨意割裂，古來詩法於是盡亡。至於古詩字句，多隨意竄改。顧炎武日知錄曰：近日盛行詩歸一書，尤爲妄誕。魏文帝短歌行「長吟永歎，思我聖考」。聖考謂其父武帝也，改爲聖老，評之曰：聖老字奇。舊唐書載李泌對肅宗言：天后有四子，長曰太子宏，天后方圖稱制，乃鴆殺之，以雍王賢爲太子。賢自知不免，與二弟日侍父母之側，不敢明言，乃作黃臺瓜詞，使樂工歌之。其詞曰：種瓜黃臺下，瓜熟子離離。一摘使瓜好，再摘使瓜稀，三摘猶尚可，四摘抱蔓歸。其言四摘者，以況四子也。以爲非四所能盡，改爲摘絕（案高棅唐詩品彙載此詩，已作摘絕，則非惺之所改，然惺因仍誤本，是亦其失，故仍存炎武之說），此皆不考古而肆臆之說，豈非小人而無忌憚者哉。朱彝尊詩話謂是書乃其鄉人託名，今觀二人所作，其門徑不過如是，殆彝尊曲爲之詞也。

明詩歸十卷、補遺一卷（內府藏本）

舊本題明鍾惺、譚元春編。其邑人王汝南校刊。汝南又爲之補綴，凡評語稱鍾曰、譚曰者，其原本。稱補曰者，汝南所加也。然所錄如錢秉鐙、南從紀事詩，首稱皇帝十四載仲冬月上弦，是崇禎辛巳歲也。考鍾惺沒於天啟乙丑，元春亦以崇禎辛未旅卒，何從得秉鐙辛巳之詩而評之。王士禎池北偶談稱坊閒有明詩歸，鄙俚可笑，託名竟陵，蓋前人已知其僞矣。

名媛詩歸三十六卷（內府藏本）

舊本題明鍾惺編。取古今宮閨篇什，裒輯成書，與所撰古唐詩歸竝行。其閒眞僞雜出，尤足炫惑後學。王士禎居易錄亦以爲坊賈所託名。今觀書首有書坊識語，稱名媛詩未經刊行，特覓祕本精刻詳訂云云。核其所言，其不出惺手明甚。然亦足見竟陵流弊，如報讐之變爲行劫也。

周文歸二十卷（內府藏本）

明鍾惺編。其書刪節三禮、爾雅、家語、三傳、國語、楚詞、逸周書共爲一編，以時文之法評點之。明末士習輕佻放誕，至敢於刊削聖經，亦可謂悍然不顧矣。

宋文歸二十卷（兩江總督採進本）

明鍾惺編。宋文多樸實，而惺以纖巧之法選之，以佻薄之語評之，是爲南轅而北轍，其去取之得失可以不必問矣。

合評選詩七卷（內府藏本）

明凌濛初編。濛初有聖門傳詩嫡冢，已著錄。是編全錄文選諸詩，而雜採各家評語附於上方，以朱墨版印之。所採惟鍾譚爲多，圈點則一依郭正域本，其宗旨可以槩見也。

陶韋合集十八卷（內府藏本）

明凌濛初編。是書前有濛初題詞曰：從來以繼陶者莫如左司，而兩集無合刻者。合之自何觀察露始。余游白門，以其刻見示。又曰：諸家之評其詩者，陶則宋人獨詳，韋則近世亦復不少。其丹鉛雜見，不能適於一。斟酌其閒，則余竊有取焉爾。然則合刻者何露，其評則濛初所定也。版用朱墨二色，刊刻頗工，而所評率無足取。陶集八卷，前有焦竑序，指爲昭明太子之舊本。考是集自陽休之重定之後、昭明本不傳久矣。宋人不得見、而竑乃得見之耶。萬曆以後、士大夫務爲誕僞、例皆如此、不足深怪。集末附桂天祥評曰、蘇州古詩、沖雅極高。律詩閒澹、然不古矣。其說故爲大言、不知所謂古者、定當何似、亦明季習氣也。

八代文鈔、無卷數、江蘇巡撫採進本

明李賓編。賓字煙客、梁山人。是編首列文家姓氏、起屈原至明鍾惺、凡九十有二人。別無卷目。序云、文之爲物、善行而數變。東西京而下、由晉唐歷宋迄明、宗工鉅匠、在在可數。暇日遴撮諸家之勝、別爲一集、以便披覽。而以屈宋冠之、此文人之宗祖也。按漢志詞賦首屈原宋玉、隋志集部首荀況宋玉。賓所採錄、惟取有集者、刪之、故託始二人。然文章不止詞賦、以二人爲宗祖、則未免失詞。且所選明代十七人中、如袁宏道鍾惺、亦未能抗行古之作者。其去取殆不足憑也。

晉安風雅十二卷、福建巡撫採進本

明徐熥編。熥有幔亭詩集、已著錄。是編輯福州一府之詩。其曰晉安者、福州在晉時爲晉安郡也。所錄起洪武迄萬歷、得二百六十四人。詩以體分、姓氏下各載其里居出處及所著作。竝以右某朝若干人列數於左。其例多仿高棅品彙。惟閨秀一類、另立妓女、以別薰蕕、爲小異云。

閩南唐雅十二卷、浙江汪啟淑家藏本

明徐𤊹編。費道用楊德周等補之。德周序言之甚明、而卷首題名乃稱道用輯、德周訂、而𤊹校之。殆𤊹爲閩人、而道用德周皆閩令、故讓善於二人也。所錄皆閩中有唐一代之詩。自薛令之以下、得四十人。是時胡震亨唐音統籤已出、鈔合較易、故所載頗詳。然秦系周朴韓偓、其人既一時流寓、其詩又不關於閩地。一槩錄之、未免借材之誚也。𤊹有榕陰新檢。德周有澹圃芋紀、皆已著錄。道用字闇如、石阡人。官福清縣知縣。

古逸書三十卷、原任工部侍郎李友棠家藏本

明潘基慶編。基慶字艮耜、松江人。萬歷戊午貢生。是集名爲逸書、而實皆習見。如陰符素問逸周書山海經之類、已爲不倫。甚至周禮考工記爾雅釋地釋天、列在學官、亦稱古逸、不亦傎乎。其分神妙奧閟麗特纖希迅奇幻疏夷逸膏悉十六品、每品又各分內外、隨意標目、尤爲無所取義。

秦漢鴻文二十五卷、內府藏本

明顧錫疇編。錫疇有綱鑑正史約、已著錄。是編凡秦文五卷、漢文二十卷。秦文首錄戰國策、而楚辭之卜居漁父皆在焉。漢文亦僅採前後漢書。所錄評論、惟鍾惺爲最多。

六朝聲偶刪補七卷、內府藏本

明邵一儒編。一儒字仲魯、海陽人。是書成於萬歷庚申之九月。時廷議以萬歷四十八年八月以後爲泰昌元年、故其序以泰昌紀元也。初、徐獻忠有六朝聲偶、大致本楊慎五言律祖而廣之。此又因獻忠之本重爲刪補。

蔡氏九賢全書九卷、福建巡撫採進本

明蔡鵾編。鵾、元定十五世孫也。自元定之父發、及元定之子淵沆沈、孫模格杭權、凡九人。各載其遺詩、而略紀其生平梗槩。惟蔡發一卷、所載皆形家之言、不應列之詩集。前有俞德光序、以伏羲堯舜孔子比諸蔡、尤妄之甚矣。

奕世文集十六卷、兩江總督採進本

明蕭自開編。自開、萬安人。由廩生官詹事府主簿。是編輯其先世文集五種。凡二休居士集一卷、蕭纘撰。石巖山房集四卷、蕭乾元撰。小石集二卷、蕭暘撰。修業堂集五卷、蕭廩撰。復菴集四卷、蕭中行撰。每集之後、各附以誌銘傳贊之屬。纘字昌緒、成化癸卯舉人、官潛江縣知縣。乾元字必充、宏治己未進士、官雲南金騰兵備副使。暘字惟賓、嘉靖壬午舉人、官零陵縣知縣。廩字可發、號兌嵎、嘉靖乙丑進士、官兵部右侍郎。中行字復菴、太學生、卽自開父也。

漢魏名家、無卷數、通行本

明汪士賢編。士賢、徽州人。是編所錄、自漢董仲舒迄周庾信、凡二十二集。刊於萬歷中、在張溥百三家集之前、與張燮七十二家互相出入。中又有題呂兆禧焦竑程榮校者、則非士賢一人所手定也。中如謝惠連集、以南史本傳爲李燾撰、亦多舛謬。

玉屑齋百家論鈔十二卷、浙江巡撫採進本

明張文炎編。文炎字維謙、杭州人。其書取明一代之文、泛論經史疑義者、總萃成編。其體有論、有辨、有評、有解、有說、有考、有敘、有原、有志、有紀、有難、有略、有讀。所錄凡一百十一家。云百家、舉成數也。

經濟文鈔十一卷、浙江巡撫採進本

明張文炎編。是集雜選明代之文，分十一類，每類爲一卷。凡例謂取便舉業，非當今急務，則博雅新聞，其詳略竝無軒輊。蓋其書本爲塲屋對策設，閒或足資考證，而冗雜者居多。

尙元齋三世詩十二卷兩江總督採進本

明姚悅及其子兗、孫舜聰之詩也。悅字汝閭，秀水人。兗字叔信，號元岳山人，均以布衣終。舜聰字伯達，官休寧縣訓導。初悅以富甲一鄉，兗獨折節與文士游，所爲詩號尙元草，凡十餘卷。朱國祚爲删定之，存八卷，又別爲詠物詩二卷。用戴復古石屏集首載其父詩例，以悅西郭遺稾一卷弁前。舜聰又用顧況華陽集末附載其子非熊詩例，以己作汗漫游草一卷綴後。悅詩僅十六首，而八首和杜甫秋興八首和林逋梅花，亦可云敢嬰勍敵矣。

唐樂府十八卷兩江總督採進本

明吳勉學編。勉學所編河閒六書已著錄。是集彙輯唐人樂府，祗登初盛而不及中晚，皆郭茂倩樂府詩集所已採，閒有小小增損，卽多不當。如王勃忽夢遊仙、宋之問放白鷴篇之類，皆實非樂府而濫收；而享龍池樂章之類，乃反佚去。至詩餘雖樂府之遺，而已別爲一體，李白菩薩蠻、憶秦娥之類，亦不宜泛載。且古題新題漫然無別，旣無解釋，復鮮詮次，是眞可以不作也。

情采編三十六卷浙江巡撫採進本

明屠本畯撰。本畯有閩中海錯疏，已著錄。是編選漢魏至唐之詩，旣踳駁不倫，又參以杜撰。如古詩之名，文選所有也；古絕句之名，亦玉臺新詠所有也。此外則王融、沈約以下，文用宮商，當時謂之永明體，唐人謂之齊梁體而已。至律詩之名始於沈佺期、宋之問，唐書列傳可考；排律之名始於楊士宏唐音，亦可考也。本畯乃於古詩律詩之閒別立一名，謂之聲詩，以齊梁體當之，已爲妄作。乃復以齊邱巨源等四十人之詩列爲五言律詩，以梁元帝等十三人之詩列爲五言排律，則刱見罕聞，殆因楊愼五言律祖之說而彌失彌遠者矣。其他如古詩四十餘首，昭明所錄偶然得其十九，非有定數可拘，乃雜摭諸篇爲後十九以配之，是何異郡縣志書地必有景，景必有八，題必四字，詩必七律者乎？至唐上官昭容之綵毫怨誤題梁范靖妻沈滿願，梁劉孝標之淇上戲蕩子婦誤題王筠，唐崔融之寶劒篇誤題北魏崔鴻，甚至以宋周密癸辛雜識所載女仙之詩"柳條金嫩不勝鴉"一首題爲小秦王，宜入唐人詩者，更指不勝屈也。

文壇列俎十卷內府藏本

明汪廷訥編。廷訥字昌期，號無我，新都人。其書分十類：一曰經翼，二曰治資，三曰鑒林，四曰史摘，五曰清尙，六曰摛藻，七曰博趣，八曰別致，九曰賦則，十曰詩槩。所錄上及周秦，下迄明代，如無名氏之雕傳、佛家之心經俱載入之，特爲冗雜。其詩槩部序曰："六朝以上去四言，無四言也；於唐去五言古，無五言古也。"知爲依附太倉、歷下者矣。

寒山蔓草十卷直隸總督採進本

明趙宧光編。宧光有說文長箋，已著錄。朱彝尊靜志居詩話稱宧光僥於財，卜築城西寒山之麓，淘汰泥沙，俾山骨畢露，高下泉流，凡遊於吳者無不造廬談讌，廣爲樂方云云。蓋宧光雖號隱居，而聲氣交通，實奔走天下。此集卽其山居贈答之作也。其曰蔓草，則取鄭風野有蔓草之意。自序謂先儕子與客賦詩，子太叔賦野有蔓草，至"邂逅相遇，適我願兮"，先子起而拜曰："吾子之惠也。"寒山投珠，實有賴焉，因以命名。亦可謂遙遙華胄，況其事乃趙武，非趙鞅，左氏之傳具在，益爲數典而忘矣。

啟雋類函一百九卷內府藏本

明俞安期編。首職官考五卷，次載牋疏表啟，分古體二卷，近體一百二卷，近體又分二十九部，上自諸王宰相，下逮丞簿教職，終以婚書及募緣疏引，大旨皆爲應俗設也。安期自作凡例云："江陵秉政，凡牋啟中得一二警語，立躋顯要。"可知當時所尙矣。

古文品外錄十二卷江蘇巡撫採進本

明陳繼儒編。繼儒有邵康節外紀，已著錄。是書選自秦漢迄宋元之文，大抵沿公安、竟陵之波，務求詭雋，故以品外爲名，然實皆習見之文也。去取亦多乖刺，如楚詞僅取天問一篇，是何別裁乎？

古論大觀四十卷副都御史黃登賢家藏本

明陳繼儒編。前有自序稱："往者坊刻論膾，皆門生輩哀集成之，就中某一論爲士大夫訾議，余不知也。玆古論多至四十餘卷，純駁錯出，安知無此類雜於其閒"云云。繼儒之意，蓋自知去取未精，故先作斯言以預杜攻詰之口。今觀是書，不但漫無持擇，亦且體例龐雜，罅漏百出，雖以古論爲名，而實多非論體。往往雜掇諸書、妄更名目。如史記漢書諸傳之序、以及史通文心雕龍新論亢倉子、其篇題本無論名。乃悉強增一論字、已自無稽。杜佑通典鄭樵通志馬端臨文獻通考、不過於徵引典故之後、附以案語。荀悅袁宏前後漢紀、司馬光資治通鑑、不過於紀載事實之下、附以評斷。亦加以論名、並各爲造作題目、尤爲杜撰。甚至魏文帝典論論文、增一字曰典論論文論。馮衍自敘、改其名曰自論。索靖草書勢、改其名曰草書論。韓愈送高閑上人序、亦改其名曰草書論。任情點竄、不可究詰。循其例而推之、將古今之書、無不可改題爲論。萬卷可得、何止四十卷乎。

秦漢文膾五卷（內府藏本）

明陳繼儒編。是編雜選秦漢之文、如戰國策史記漢書之類、皆不標本書之名。又如留侯致四皓定太子、霍光廢昌邑、李陵降敵始末、蘇武出使始末、更杜撰篇目、不用原書標題。改管晏列傳爲管仲傳、改屈原賈生列傳爲屈原傳、改滑稽列傳爲淳于髡傳、尤多所竄亂。至於魏文帝典論論文、曹植求自試表、鍾會檄蜀文、列之秦漢、更無理矣。

唐詩選脈會通評林六十卷（通行本）

明周珽編。珽字無瑕、海寧人。初、其會祖敬、輯唐詩選脈一書、刊未竟而燬於倭變。珽輯綴殘稿、續成是編。其持論以高棅品彙李攀龍詩删爲宗。每體之中、各分初盛中晚。又箋釋其字句典故、名之曰證。發明其詞意脈絡、名之曰訓。而以諸家議論及珽所自品題者、標於簡端、是爲評林。大抵貪多務博、亢雜特甚、疏舛亦多。

秦漢文鈔十二卷（內府藏本）

明馮有翼編。有翼字君卿、杭州人。是書前後無序跋、不知刊於何時。其版式則萬歷以後之坊本也。凡秦文二卷、西漢文五卷、東漢文三卷。冠以楚詞、惟錄卜居漁父二篇、題爲秦人、是不足與論矣。

師子林紀勝二卷（兩淮馬裕家藏本）

明釋道恂撰。師子林在蘇州府城內。元至正中、天如禪師居寺中、倪瓚爲之壘石成山。地址偪仄、而起伏曲折、有若穹谷深巖、遂爲勝地。頂一石、狀若狻猊、故名曰師子林。勝流來往、題詠至多。道恂裒而編之、以成是集。自

翠華南幸、繪圖題句、

奎藻輝煌、一邱一壑、藉以千古。回視斯編、又不啻爝火之光矣。

三僧詩三卷（兩江總督採進本）

三僧均不著其名。一曰二楞詩稾、一曰高松詩稾、一曰中峰詩稾。考千頃堂書目有智觀中峰草、註曰字止先、號蔚然、江都僧、雪浪弟子、居吳與雙髻峰。其二僧則未詳。然其高松詩稾中又附書敬敷首、三僧均有酬倡之作、蓋同時人。中峰詩內有陳繼儒湯賓尹文震孟姚希孟諸人、則皆當明季也。

西曹秋思一卷（庶吉士梁上國家藏本）

明黃道周葉廷秀董養河倡和詩也。道周有易象正、養河有羅漢閣詩、皆已著錄。廷秀字謙齋、濮州人。天啟乙丑進士。官至兵部右侍郎。事蹟附見明史道周傳。是編皆七言律詩、依上下平韻各爲三十首。養河子師吉隨侍獄中、合而編之。前有廷秀小引、後有師吉跋。考明史道周本傳、道周以劾楊嗣昌貶爲江西按察使照磨。久之、江西巡撫解學龍薦所部官、推獎道周備至。大學士魏照乘者惡道周、擬旨責學龍濫薦。帝發怒、立逮二人下刑部獄、並究黨與。詞連工部司務董養河等、戶部主事葉廷秀救之、皆繫獄。案道周照磨之貶在崇禎十一年。後之繫獄、史不言何歲。今以此編跋語考之、蓋十四年辛巳也。

古文奇賞二十二卷續奇賞三十四卷三續奇賞二十六卷明文奇賞四十卷（通行本）

明陳仁錫編。仁錫有繫詞十篇書、已著錄。是書初集自屈平離騷至南宋文天祥王炎午、依時代編次。前有萬歷戊午自序、謂折衷往古、有一代大作手、有一代持世之文、有一代榮世之文。其目錄內即以此三者或標註人名之下、或標註篇題之旁。而於漢文中又各分類標題。或以人爲類、則分天子侯王郡守相皇太子藩國將帥邊塞學者。或以事爲類、則分應制薦舉彈駁乞休理財議禮災異籌邊議律頌冤治河策士奏記。其最異者、又別立一代超絕學者、一代超絕才子之目。自漢以後、又改此例、仍以時代爲序。體例殊爲龎雜。其續集序稱文章有殺生而無奇正。殺生奇也、奇外無正。文兵也。兵、禮也。始武經、繼戴禮、終文苑英華。以此蓋武事之不張、由文心之不足云云。其議論紕繆、編次亦甚不倫。其三續則題曰廣文苑英華。序稱舊有古文類一書、盈數百卷、大率倣英華而廣之。偶

得之故家，各從其類，删成一書，分類尤爲瑣碎。其明文奇賞，自宋濂、楊維楨以至陳勲、王衡，凡一百八十餘人，去取亦多未審。蓋務博而不精，好分流品而無緒，悉不免冗雜之失云。

古文彙編二百三十六卷內府藏本

明陳仁錫編。以經史子集分部，然所配多不當理。如水經屬地理，當列之史；太元當列之子，乃因其以經爲名，遂列於經。而左氏春秋傳反列諸史。又芟削周禮，而顛倒其六官，體例龐雜，無足觀者。考仁錫嘗刻古周禮，不應此選自亂其例，其託名歟？

秦漢文九十二卷內府藏本

明倪元璐編。元璐有兒易內外儀，已著錄。元璐氣節文章，震耀一世，而是書龐雜特甚，殊不類其所編。其以屈原、宋玉列之秦人，既乖斷限，且名實舛迕，疑亦坊刻託名也。

國瑋集六十一卷通行本

明方岳貢編。岳貢字禹修，穀城人，天啟壬戌進士，官至東閣大學士，事蹟具明史本傳。是編乃其官松江府知府時所刻，故徐孚遠、李雯、陳子龍、宋徵璧共爲校讐，而張采爲之序，皆松江人也。據其凡例，蓋所錄自秦漢以迄南宋，即公羊、穀梁二傳及陸賈新語、賈誼新書、桓寬鹽鐵論諸子書，班、范以下諸史贊，亦皆摘鈔。而此本僅有唐文二十八卷、宋文三十三卷，殆刊刻未全之本，或有所散佚歟？

經濟文輯三十二卷內府藏本

明陳其愫編。其愫字素心，餘杭人。是編選明代議論之文，分聖學、儲宮、宗藩、官制、財計、漕輓、天文、地理、禮制、樂律、兵政、刑法、河渠、土虜、海防、邊夷十六目。書成於天啟丁卯，所錄皆嘉靖、隆慶以前之文。大抵剽諸類書策略，空談多而實際少，其斯爲明人之經濟乎？

唐詩解五十卷通行本

明唐汝詢撰。汝詢有編蓬集，已著錄。是書取高廷禮唐詩正聲、李于鱗唐詩選二書，稍爲訂正，附以己意爲之箋釋。書影曰：「唐汝詢五歲而瞽，然坐聽諸兄佔畢，而暗識之，積久遂淹貫。嘗解唐詩，援拾古文以爲箋註，溯流從源，蒐羅略盡，必先經後史，不少紊淆。雖詩賦之屬，亦從年代次序之。如某字某句，秦漢並用，則必博採秦人，不以漢先。」其推挹之甚至。然所註實多冗蕪，不盡得古人之意，亦不盡得其所出。徒以幼而失明，乃口授耳治，博通羣籍，且能著書，實爲亙古所稀有，故世以爲異，至今傳之耳。

古詩解二十四卷江蘇巡撫採進本

明唐汝諤撰。汝諤有詩經微言合參，已著錄。其兄汝詢有唐詩解，故此以古詩配之。其註釋體例略同，惟唐詩解以五七言分古今體，此則分爲五類：曰古歌謠辭，曰古逸雜篇，曰漢歌謠辭，曰樂府，曰詩。其訓詁字義頗爲簡略，所發明作意亦皆敷衍。又樂府之類，聲詞合寫者，汝諤不究其源，一一強爲之說，尤多牽強。其凡例謂五言起於鄒、枚。考枚乘之說，見文心雕龍及玉臺新詠；鄒不知其所指，亦不知其所本。漢郊祀歌註鄒子樂名，又非五言，所言已爲荒誕。又以十九首冠於蘇、李之前，不知冉冉孤生竹一篇，文心雕龍稱爲傅毅作，毅固東漢人；去者日以疎、客從遠方來二首，鍾嶸詩品稱爲舊疑建安中陳王所製，則時代尤後，乃俱躋之蘇、李以前，殊爲失考，所註解抑可知矣。

古今濡削選章四十卷江蘇周厚堉家藏本

明李國祥編。國祥字休徵，南昌人，天啟中官開封府同知。是書選錄四六書啟，以官制爲類，每類之首載官制考一篇。所選上起六朝，下迄宋、明，而宋、明尤詳。國祥及其弟鼎作亦附焉。大抵爲應酬而作，其體則總集，其實則類書也。

滕王閣續集十九卷兩淮鹽政採進本

明李嗣京撰。嗣京，揚州興化人，崇禎戊辰進士，官南昌府推官。巡撫解學龍屬其取明中葉以後滕王閣中賦咏，編成此集，蓋以續正德中董遵所輯也。

金華詩粹十二卷浙江汪啟淑家藏本

明阮元聲編。元聲有南詔野史，已著錄。是書輯自梁迄明婺人所作詩二百五十四家，自樂府迄六言，皆以體分，每篇後間附評語。蒐輯頗富，而略遠詳近，未免失之氾濫。

古文正集二編無卷數，兩江總督採進本

舊本題葛燕、葛鼐評輯。楊廷樞、顧緗二序及鼐自爲序，言皆不及燕，文中評語亦止載鼐字，蓋燕爲鼐兄，附名其閒，實則鼐作也。鼐字端調，吳縣人，崇禎庚午舉人。是書題曰二編，當已先有初編，此爲續集。所錄凡二十二家：曰顏眞卿，曰陸贄，曰李德裕，曰杜牧，曰韓琦，曰范仲淹，曰司馬光，曰范純仁，曰鄒浩，曰二程子，曰李覯，曰張耒，曰黃庭堅，曰楊時，曰王十朋，曰朱子，曰陸九淵，曰陳亮，曰眞德秀，曰文天祥，曰劉因，曰虞集。每人各以小傳冠集前。所錄猶採自本集，差勝村書之稗販。然去取皆漫無持擇，其蕪雜亦相去無幾耳。

漢魏詩乘二十卷（通行本）

明梅鼎祚編。鼎祚有才鬼記，已著錄。其所輯漢魏六朝之詩，名八代詩乘。六朝詩多所刪削，而漢魏詩則全載。又其書先出，故刊本或亦別行。孫皓韋昭諸作，別題曰吳詩，亦以時代類附焉。此書作於馮惟訥詩紀之後，頗欲補其缺闕。然眞僞雜糅，不能考正。如蘇武妻詩之類，至今爲藝林口實也。

書記洞詮一百十六卷（內府藏本）

明梅鼎祚編。先是楊慎編赤牘清裁一書，自左氏至六朝僅八卷。王世貞益之，訖於明代，爲六十卷。是書仍楊慎之舊，起周秦，訖陳隋。凡長篇短幅，採錄靡遺，卷帙幾十倍於楊，而眞贋並收，殊少甄別。至左傳所載問對之辭，並非形諸筆札，非類強附，尤爲不倫。總目載有補遺四卷，此本無之。然今世傳本並同，蓋當日本有錄無書，非闕佚也。

宛雅十卷續宛雅八卷宛雅三編二十四卷（浙江巡撫採進本）

宛雅十卷，明梅鼎祚編，所載皆自唐至明宣城之詩，凡九十二家。續宛雅八卷，國朝蔡蓁春施閏章同編，採明嘉靖以後至崇禎末年諸作，以續鼎祚所集，凡六十五家。後施念曾張汝霖又蒐採唐宋諸詩爲二集所遺者，益以國朝之作，爲宛雅三編二十四卷。所補凡唐三人，五代一人，宋三人，元五人，明三十人，國朝二百十五人，閨閣明一人，國朝三人，方外唐五人，宋三人，元一人，明三人，國朝五人，妓女唐一人，附聯句逸句一卷，詩話三卷。視前二集爲完備。惟近詩所錄稍繁，蓋選錄一地之詩者，大勢類然，不但斯集也。蓁春始末未詳。閏章有矩齋雜記，汝霖有澳門志略，皆已著錄。念曾號竹窗，閏章孫也。

文致（無卷數，內府藏本）

明劉士鏻編。士鏻，杭州人，崇禎辛未進士。是集輯漢魏六朝以至明人所著，通爲一書，不分卷數，但別爲十有七門。詮次頗傷蕪雜，無所取裁。

史漢文統十五卷（內府藏本）

明童養正編。養正字聖功，會稽人。是集序稱丙子，凡例稱竣於乙亥，均不著年號。卷端有王思任鑒定字。凡例中又稱張采，則崇禎八年九年也。凡史記統五卷，刪節史記，多所未安。西漢文統五卷，東漢文統五卷，分錄兩漢之文，而漢書則附於東漢中。又與史記例異。相其評點，蓋坊刻射利之本也。

同時尚論錄十六卷（江蘇巡撫採進本）

明蔡士順編。士順，蘇州人，由國子監生官福建按察司照磨。此錄成於崇禎丁丑，所輯皆東林諸人詩文，以科目先後爲序，始萬歷甲戌，終崇禎辛未。

南園五先生集二卷（安徽巡撫採進本）

明葛徵奇編。徵奇有無閡詩集，已著錄。初，嘉靖乙丑，陳暹合刻孫蕡王佐黃哲李德趙介五人之詩爲廣中五先生集。崇禎丁丑，徵奇以御史巡撫廣東，又訂正而重刻之。

三忠文選十六卷（內府藏本）

明胡接輝編。接輝字篤文，廬陵人，官監察御史。是編成於崇禎丁丑，選錄宋胡銓周必大文天祥之文，曰三忠者，以銓諡忠簡，必大諡文忠，天祥諡忠烈也。按廬陵原有三忠堂，一爲歐陽文忠修，一爲楊忠節邦乂，一爲胡忠簡銓，建於嘉泰四年，周必大爲之序，岳珂桯史載其始末甚詳。邦乂以節義著，其文不傳，修集則固具在，補以必大天祥，當合爲四。接輝增周文而去歐陽，殆未詳考平園集歟。卷首序文，一爲李建泰，一爲阮大鋮，一爲楊文驄，以是三人弁冕三忠，殊嫌著穢，不知當日何以氣類相從，如斯巧合，斯亦可異也已。

小瀛洲社詩六卷（浙江巡撫採進本）

明錢孺穀鍾祖述同編。嘉靖中，襄陽府知府徐咸致仕歸海鹽，築園城闉，名小瀛洲，招同邑布衣朱朴、思南府知府錢琦、福建布政使吳昂、布衣陳鑑、海寧指揮使劉鋭、濟南府知府鍾梁、龍巖縣知縣陳讓、僧永瑛并咸兄光澤縣知縣泰，其十人爲社會飲酒賦詩。陳詢爲繪圖，而咸自作記。崇禎己卯，琦孫孺穀、梁孫祖述，輯十人之詩爲此集。孺穀又各爲小傳，列於首卷。

成氏詩集五卷（直隸總督採進本）

明大名成氏之家集也。一曰適和堂初集，成宰撰。一曰適和堂繼集，宰子之蓮撰。一曰東壁園詩集，蓮仲子仲龍撰。一曰鷦鷯園集，蓮季子少龍撰。一曰永言集，仲龍之子象珽撰。前四集皆稱象珽纂錄象斑集則稱倪元璐王思任蔣鳴玉三人選則此集象斑所合刻也。

玉臺文苑八卷續玉臺文苑四卷（兩淮馬裕家藏本）

玉臺文苑明江元禧編續集江元祚編二人兄弟而元禧自署曰醴陵元祚自署曰橫山疑元禧自託江淹後襲其侯國之名也其書錄女子之文自周訖明中閒多採小說傳奇如張麗貞上太守書之類至爲猥雜又如魏文帝寡婦賦序曰爲丁廙妻作此乃直作丁廙妻梁元帝爲妾宏夜姝謝東宮賚合心花釵啟此乃直作宏夜姝又誤姝爲珠宋李清照即李易安此乃分爲二人唐侯莫陳邈妻鄭氏乃三字複姓此乃誤爲陳邈又如漢武內傳神仙傳眞誥之屬皆純構虛詞託言神怪此本乃題曰漢西王母漢上元夫人漢麻姑晉右英夫人晉九華安妃尤爲不經矣。

漢魏名文乘（無卷數江蘇巡撫採進本）

明張運泰余元熹同編二人皆閩中書賈也所錄凡六十家萃雜採何鏜漢魏叢書張溥百三家集二書合併而成惟增公孫宏文僞題曰公孫子趙充國文僞題曰趙營平集又改東方朔文爲吉雲子而已。

元四家詩二十六卷（江蘇巡撫採進本）

明毛晉編晉有毛詩陸疏廣要已著錄是編凡虞集詩八卷楊載詩八卷范梈詩七卷揭傒斯詩三卷集詩乃晉以意摘鈔非其完本且四家各有專集亦無庸此合編也。

吳興藝文補四十八卷（浙江巡撫採進本）

明董斯張閔元衢韓千秋同編而韓昌箕爲校錄刊刻斯張有吳興備志元衢有歐餘漫筆皆已著錄千秋字聖開昌箕字仲弓並烏程人是書採錄自漢至明藝文之有關湖州者彙爲一編以補舊志所未備其自唐以前爲斯張手輯宋元以後則元衢千秋諸人共成之所採錄前代頗詳而明代則漸濫亦志乘之通病也。

十六名家小品三十二卷（浙江巡撫採進本）

明陸雲龍編雲龍字雨侯錢塘人是編評選屠隆徐渭李維楨董其昌湯顯祖虞淳熙黃汝亨王思任袁宏道文翔鳳曹學佺陳繼儒袁中道陳仁錫鍾惺張鼐十六家之文每篇皆有評語大抵輕佻猥薄不出當時之習前有何偉然序偉然即嘗刻廣快書者宜其氣類相近矣。

唐詩韻匯（無卷數江蘇巡撫採進本）

明施端敎編端敎有讀史漢翹已著錄是書採唐人近體諸詩以上下平韻隸之大抵取供集句者之用前有王震序稱其集句爲絕藝可知是書所由作矣。

文字會寶（無卷數江蘇巡撫採進本）

明朱文治撰文治字叔欽錢塘人是書取前代之文涚善書者書之人各一篇裒而成集據其凡例書家姓氏悉從文之朝代後先遞爲序次而篇目則王勃在江淹之前劉禹錫在駱賓王之前李華在李白之前邱遲唐太宗在終軍范蔚宗之前而阿房宮賦又誤杜牧爲杜甫斯皆事在耳目之前不煩稽考而顛倒如此其字畫亦傳刻失眞旣非總集又非法帖更爲兩無所取也。

集古文英八卷（江蘇巡撫採進本）

明顧祖武編祖武字爾繩號纏塘無錫人是書裒集古文賦表奏疏之類其師錢鍾義序曰湘離之騷非不油然忠愛而聱牙沈晦之詞非應時制科所急將別冊另存至如古詩歌行選律近體李杜高王岑孟諸賢誠可繼三百篇遺響而佔畢之士猶當舍旃云云是此書特爲場屋而作可無庸深論矣。

天台詩選五卷（浙江巡撫採進本）

明許鳴遠編鳴遠字有望天台人自序爲天台先正詩多湮沒失傳慮後學併此近今者而失之因加蒐羅閒入僊釋及占籍之士起南宋迄明凡二百二十四家搜採不可謂不廣然元以前僅得二十餘人餘皆明人也。

古表選十二卷（浙江巡撫採進本）

明張一卿編一卿字交公自號求如居士涇縣人是書輯歷代表章上起六朝之末下逮於元然六朝不過庾信盧思道等數篇元惟阿嚕台（原作阿魯台今改正）一篇餘皆唐宋作也分八門曰賀曰進上曰辭讓曰謝官曰陳請曰詔賜謝恩曰遷謫謝恩曰乞休陳情末附補遺九篇其凡例稱未入儷偶者不諧聲律者簡僿無可取材者文義無關制學者並經裁汰則爲場屋擬表作矣凡本題事實及引用典故皆略爲註釋而不著出典殊不出兔園冊子鋼習。

唐詩近體集韻三十卷（內府藏本）

明施重光編。重光字慶徵，里貫未詳。是集以唐人近體分上下平三十韻編次。案上下平聲分三十部，乃劉淵壬子新刊禮部韻略所併，與唐韻不同。唐人私相歌詠者，又與官韻不同。如東冬二部，蕭肴豪三部，鹽咸二部，皆互有出入。此書及唐詩韻匯均以宋韻分隸唐律，不免時有牽混。而此書之漏略，則又出韻匯下焉。

唐詩廣選七卷（內府藏本）

明凌宏憲編。宏憲始末未詳。初，李攀龍撰詩刪，王世貞序之。後坊間割其中所錄唐詩刊行，別題曰唐詩選，已非于鱗之舊。宏憲又病其無評點，乃雜摭諸家之評，綴於簡端，以朱墨版印之，改題此名。蓋坊刻翻新之技耳。

西園遺稿（無卷數，安徽巡撫採進本）

明汪茂槐編。茂槐字廷植，績溪人。以歲貢授宏陽主簿。是編一曰康範詩集，宋汪晫撰；一曰北遊詩集，宋汪夢斗撰。皆已著錄。茂槐乃二人裔孫，復合而刻之。西園者，乃汪氏所居里名也。後有外集，則宋蘇軾贈汪覃、蘇轍贈汪琛、汪宗臣諸人之詩，以其皆為汪氏而作，故亦附之於末云。

海虞文苑二十四卷（江蘇巡撫採進本）

明張應遴編。應遴字選卿，常熟人。是書輯其鄉有明一代賦詩雜文，以類敘次而成。其中如桑悅兩都賦，朱彝尊修日下舊聞未見其本；年倖請興水利疏，續文獻通考及明史河渠志皆載之，而不及此之詳盡。明之中葉嘗平減蘇松賦役，載在明史食貨志，而與此略有異同。張洪與緬甸五書，亦較明史列傳為備。特時代既近，牽於鄉曲之恩怨，不免有所濫收。蓋凡輯一鄉之文者，均不免此失，亦其勢然也。

荊溪外紀二十五卷（安徽巡撫採進本）

明沈敕編。敕字克寅，宜興人。是編輯錄其邑藝文人物，上起漢，下迄明。凡詩十一卷，詞賦碑銘序奏議書題跋各一卷，記傳各二卷，風土記拾遺紀遺雜說各一卷。附為採摭頗為詳贍。惟詩以絕句居律體前，律體居古風前，稍為失次。又四言亦謂之絕句，而七言古詩之外又別出歌行為一門，亦非體例。至所列諸傳皆採之正史及地志，以為紀錄人物則挂漏太多，以為藝文之一體則此種例不入集，尤為進退無據矣。

名媛彙詩二十卷（內府藏本）

明鄭文昂編。文昂始末未詳。閨秀著作，明人喜為編輯，然大抵輾轉剿襲，體例略同。此書較名媛詩歸等書，不過增入雜文，其餘皆互相出入，譌謬亦復相沿。魯衛之間，固無可優劣也。

漢鐃歌發一卷（兩淮馬裕家藏本）

明董說編。說有易發，已著錄。是書取漢鐃歌十八章反復解說，首論大意，次論韻，次論音。其論韻則有伏，有擊，有進退，有同攝，有同毋同入。論音本周禮三宮之說，按宮商角徵羽篇分章位，章分句位。立說殊為創闢。然沈約嘗言漢鐃歌大字為詞，細字為聲，後來聲詞合寫，不復可辨，遂無文義可尋。但存其聲而已。自唐後樂府失傳，新題迭作，於是併聲而亦亡之。說不知聲詞合寫之源，而強為索解，已迷宗旨。至鐃歌乃鼓吹之曲，但奏其音而不歌其詞，故十八章或韻或不韻，亦猶風雅皆有韻而頌不盡韻也。說一槩強為叶讀，非惟不知古音，亦併不知樂府體裁矣。

翰墨鼎彝十卷（江蘇周厚堉家藏本）

不著編輯者名氏。但標曰車書樓選刻。卷首有金谿聶文麟序，稱養恬集輯古名公牘札，溯周而下，迄於宋元，莫不詳加訂正，亦不知養恬為誰也。所錄皆蹐駁不倫。如左氏傳所載諸辭命問答，如薛侯長滕之類，特假言詞，非寓書策，且出於左氏潤飾之文，乃至指為其人之牘札，標署其姓名，殊為杜撰。其他顛倒舛謬，更不可縷舉。蓋書肆射利之本耳。

昤堂博笑集五卷（浙江范懋柱家天一閣藏本）

不著編輯者名氏。雜採隋唐以來閨閫之作，以死節、勸戒、奇遇、題詠、寄情分為五類。惟首二卷尚有裨風教，然採擇亦頗疎舛。其後三卷則多鄙褻之詞，不出小說家言矣。

二十六家唐詩（無卷數，內府藏本）

不著編輯者名氏。二十六家者，李嶠、蘇頲、虞世南、許敬宗、李頎、王昌齡、崔顥、崔曙、祖詠、常建、嚴武、皇甫冉、皇甫曾、權德輿、李益、司空曙、嚴維、顧況、韓翃、武元衡、李嘉祐、耿湋、秦系、郎士元、包何、包佶也。所選詩甚寥寥，於唐人之中獨錄此數家，亦未知何所取義。前後無序跋，惟目錄後題曰姑蘇吳時用書、黃周賢金賢刻，疑明末書賈所為云。

三蘇文粹七十卷（內府藏本）

不著編輯者名氏，前後亦無序跋，其曰文粹，蓋仿陳亮歐陽文粹例也。凡蘇洵文十一卷，蘇軾文三十二卷，蘇轍文二十七卷，所錄皆議論之文，蓋備場屋策論之用者也。

賦苑八卷（兵部侍郎紀昀家藏本）

不著編輯者名氏，前有蔡紹襄序，但稱曰李君，不著歲月，凡例稱甲午歲始輯，亦不著年號，相其版式，是萬歷以後書也。所錄諸賦，始於周荀況，終於隋蕭皇后，以時代為編次，大抵多取之藝文類聚諸書，故往往殘闕，又次序顛倒殊甚。黃香九宮賦巳見於漢，又見於南北朝中，題其字曰黃文彊。張超誚青衣賦已見於漢，改其題曰譏青衣賦，改其名曰張安超，又見於南北朝中，仍其故題，而題其字曰張子並。至公孫乘月賦，則一見漢，一見南北朝，顛然複出，亦全不檢。蓋明季選本，大抵如斯也。

諸儒文要八卷（內府藏本）

不著編輯者名氏，所錄周、程、張、朱及陸九淵、張栻、楊簡、陳獻章、王守仁十家之文，凡八十篇，而朱子與守仁居其半，皆講學之言。

欽定四庫全書總目卷一百九十三

欽定四庫全書總目卷一百九十四

集部四十七

總集類存目四

蕭氏世集（無卷數，山東巡撫採進本）

國朝蕭伯升編。伯升字孟昉，泰和人。是集皆錄其先世詩文。曰正固先生集，詩文各一卷，蕭岐撰。岐字尚仁，洪武初以賢良徵，授潭府左長史，改平涼訓導，自顏其齋曰正固。一曰坦行自誌，岐子遲撰。遲字用道，號坦行，以明經薦授靖江王府長史，永樂間謫宣府鷂兒嶺巡檢，有任學齋集，散佚不存，獨存其自誌，所載陳靖江王八啟及四門箴一篇。曰雪崖詩集，蕭𣈶撰。𣈶字仰善，號雪崖，宣德丁未進士，官南京禮部尚書。前有伯升自序，稱與吏部郎中蕭士瑋春浮園集，并士瑋弟士琦陶菴雜記、牘僊諸書，同時合刻為蕭氏世集。今士瑋、士琦之書各有別本，而此帙之內均不載，未知何故也。

太倉十子詩選十卷（浙江巡撫採進本）

國朝吳偉業編。偉業有綏寇紀略，已著錄。是書採其同里能詩者得十人，人各一集。首周肇東岡集，次王揆芝廛集，次許旭秋水集，次黃與堅忍菴集，次王撰三餘集，次王昊碩園集，次王抃健菴集，次王曜升東皋集，次顧湄水鄉集，次王癒步蟾集，皆其同時之人。前有偉業序。蓋猶明季詩社餘風也。偉業本工詩，故其所別裁，猶不至如他家之冗濫，特風格如出一手，不免域於流派，是亦宗一先生之故耳。

樂府英華十卷（江蘇巡撫採進本）

國朝顧有孝編。有孝字茂倫，吳江人。自序稱自漢迄唐樂府有數十家，而最著者郭茂倩之樂苑（案郭茂倩書名樂府詩集，不名樂苑，樂苑者乃梅鼎祚書名），左克明之樂府，吳兢之樂錄（案吳兢書名樂府古題要解，不名樂錄），郗昂之題解，沈建之廣題，徐獻忠之樂府，各有意見，因取而參定之。然所分各類，亦多踵茂倩舊目，於體製無所考訂，惟每章下略加註釋，而附以評語，蓋其例主於選詩，與吳、郭諸家用意各不同也。

同人集十二卷（兩江總督採進本）

國朝冒襄編。襄字辟疆，如皋人，自號巢民，所居有樸巢、水繪園、深翠山房諸勝。晚年卻掃家居，與友朋觴詠，輯其酬答詩文，都為一集，凡十二卷。蓋仿顧阿瑛玉山草堂雅集而作，然阿瑛但文酒之歡，此併其壽序之類亦皆載入，故繁富勝之，而精美則不及焉。

唐宮閨詩二卷（內府藏本）

國朝費密編。密有燕峯文鈔，已著錄。是編錄唐代女子之作，頗有別裁，然皆習見。

牘僊四卷（兵部侍郎紀昀家藏本）

國朝蕭士琦撰。士琦字季公，泰和人，前明貢生。是編選自漢至宋尺牘，分三十二門。卷首有其子伯升所記緣起，大旨主於濤省，故所錄往往摘一二語，非其全文。又如龔使者告隗炤妻一條，原非尺牘，而亦載之，殊不可解也。

斯文正統十二卷（直隸總督採進本）

國朝刁包編。包有易酌，已著錄。是編所錄歷代理學諸儒之文，凡二百一十有六篇。其凡例稱專以品行爲主。若言是人非，雖絶技無取。蓋本眞德秀文章正宗之例，持論可云嚴正。然三代以前，文皆載道。三代以後，流派漸分。猶之衣資布帛，不能廢五采之華；食主菽粟，不能廢八珍之味。必欲一掃而空之，於理甚正，而於事必不能行。即如文章正宗，行世已久，究不能盡廢諸集，其勢然也。至蘇軾大悲閣四大菩薩諸記，因題製文，原非講學，言各有當，義豈一端。而包於歐陽修本論評語中，極詞詆斥。然則眞德秀西山集中爲二氏而作者不知凡幾，包既講學，不應不見是集，何以置之不言。豈非以蘇氏爲程子之敵，眞氏則朱子之徒乎。恐未足服軾之心也。

樂府廣序三十卷（編修勵守謙家藏本）

國朝朱嘉徵編。嘉徵字岷左，別號止谿圖人，海寧人。前明崇禎壬午舉人。入國朝官徽州府推官。此編取漢魏樂府及詩分爲三集，以相和吟嘆平調清調瑟調楚調大曲雜曲之類爲風，以鼓吹橫吹之類爲雅，以雅舞雜舞之類爲變雅，以郊祀樂章爲頌，而別附以歌詩琴曲。又仿詩序之例，每篇各爲小序，以明其意。蓋刻意續經，惟恐一毫之不似。然三代樂制，至漢盡亡。樂府之於三百篇，猶阡陌之於井田，郡縣之於封建也。端緒亦有時相屬，而不相屬者十之九。嘉徵必摹擬刻畫，一一以風雅頌分配之，牽強支離，固其所矣。

三蘇談十卷（兵部侍郎紀昀家藏本）

國朝高阜撰。阜字康生，號蘿樓，祥符人。所錄凡蘇洵文二卷，蘇軾文六卷，蘇轍文二卷。每篇爲之反覆詳論，故名曰三蘇談。其言瀾翻不竭，亦足以自暢其說。然必謂三蘇本旨如是，則不盡然也。

柳洲詩集十卷（浙江巡撫採進本）

國朝陳增新等編。增新字子更，嘉善人。柳洲在嘉善熙寧門外。順治初，增新與同里魏學渠等結詩社相倡和，稱柳洲八子。其後攀附者日衆，因遞次所作錄爲一編，共七十餘人。其詩體格相似，大抵五言多宗選體，七言悉學唐音，蓋猶明季幾社餘派也。

江左十五子詩選十五卷（內府藏本）

國朝宋犖編。犖有滄浪小志，已著錄。是編乃犖爲蘇州巡撫時甄拔境內能文之士王式丹等十五人，各選詩一卷刻之。考自古類舉數人，共爲標目，四八之所載，其來久矣。然文士則無是名也。文士之有是名，實胚胎於建安之七子。歷代沿波，至明代而前後七子、廣續五子之類，或分壘交攻，或置棊不定，而泛濫斯極，往往以聲氣之標榜，釀爲朋黨之傾軋，覆轍可歷歷數也。犖與王士禎並以文章宿老領袖詩壇，士禎既以同時之人爲十子詩選，犖亦以所拔之士編爲此集。雖獎成後進，原不失爲君子之用心，究未免前明詩社之習也。夫諸人詩儻不佳，裒刻何益。其詩果佳，則人人各足以自傳，又何必藉此品題乎。

溯洄集十卷（浙江汪啟淑家藏本）

國朝魏裔介撰。裔介有孝經註義，已著錄。裔介嘗選國初詩爲觀始集，今未見傳本。是編乃所選康熙中詩，以續前集者也。意求備一時之人，故限於卷帙，不能備一人之詩，大抵一人三數首而已。惟每體之末，必附以己作，所收較他人爲夥，則似不若待諸他人之論定焉。

高言集四卷（江蘇周厚堉家藏本）

國朝田茂遇、董俞同編。茂遇字髴淵，順治戊子舉人。俞字蒼水，終於布衣，皆華亭人。是書題曰十五國風高言集，而別標一闇字爲子目。據其凡例，乃以一省之詩爲一集，此乃十五集中之一也。

古文輯略（無卷數，湖北巡撫採進本）

國朝曹本榮編。本榮有奏議稽詢，已著錄。是書文以體分，各體前俱引文體明辨一條，大概因是書而廣之。然所分子目，冗瑣特甚，舛誤尤多。漢文帝賢良文學策問、武帝賢良策問之類，亦往往一文而兩載，皆失詳檢。鐵券文類止載唐德宗賜王武俊一篇，諭祭文類止載隋文帝祭薛濬一篇之類，亦殊挂漏。至所載之文，每篇刪削，尤不免失其本末。

臨川文獻八卷（兩淮馬裕家藏本）

國朝胡亦堂編。亦堂字二齊，慈谿人。順治辛卯舉人，官臨川縣知縣，後行取主事。是編選臨川一縣之文，宋晏殊、晏幾道、王安石三人，明章袞、陳九川、帥機、湯顯祖、邱兆麟、章世純、艾南英、羅萬藻、陳際泰、揭重熙十八人，

國朝游東昇、傅占衡二人，皆有集行世者。每集各爲小序，書中仍各標本集之名。略如張溥百三家集例，但溥書全錄其集，此則多所刪削耳。

詩原二十五卷（江蘇周厚堉家藏本）

國朝顧大申撰。大申有堪齋詩存，已著錄。是編以詩教起於三百，降而屈宋，則有王逸之章句；漢魏六朝，則有昭明之文選；三唐之詩，則以明李攀龍之詩選爲能存唐聲。於是總輯諸家，裒爲五集。一集曰毛詩四卷，附以子夏之序；二集曰楚詞五卷，述王逸之章句；三集曰選詩五卷，四集曰選賦四卷，錄昭明之所選；五集曰唐詩七卷，錄攀龍之詩選。音釋撰次，命曰詩原。每集皆有自序。夫三百篇列爲六經，豈容以後人總集僭續其後。王逸、蕭統已病不倫，乃更益以李攀龍，不亦異乎。

滕王閣集十三卷、滕王閣續集（無卷數，江西巡撫採進本）

國朝蔡士英編。士英字伯彥，奉天人，官漕運總督。順治十四年，士英巡撫江西，葺滕王閣，因集自唐至明登臨記勝之作，分類詮次爲十三卷。又徵近人詩文爲二巨冊，但分體而不分卷，蓋欲附入前集各體後也。陳維崧迦陵集有滕王閣賦，絕工麗，非諸人所及，然是集不載，或刊版時尚未得其稿歟。

宋金元詩永二十卷、補遺二卷（內府藏本）

國朝吳綺選。綺有嶺南風物記，已著錄。是編選宋金元詩合爲一集，首有康熙戊午綺自序。其凡例謂所選諸篇，品骨氣味，規矩方圓，要不與李唐丰格致有天淵之別云云。故頗能刊除宋人生硬之病，與元人綺媚之失。然一朝之詩，各有體裁，一家之詩，各有面目。江淹所謂楚謠漢風既非一骨，魏製晉造固已二體，蛾眉詎同貌而俱動於魂，芳草寧共氣而皆悅於䰟者也。必以唐法律宋金元，而宋金元之本眞隱矣。卽如唐人之詩，又豈可以漢魏六朝繩之，漢魏六朝又豈可以風騷繩之哉。是集之所以隘也。

澄遠堂三世詩存八卷（浙江巡撫採進本）

國朝李繩遠編。繩遠有姓氏譜，已著錄。是集合刻其曾祖應徵、祖士標、父寅之詩。應徵字伯遠，萬歷癸酉舉人，官臨安縣教諭，遷國子監博士，所著曰舊園詩存，凡六卷。士標字鏠菴，官山東寧海同知，所著曰蒼雪齋詩存，凡一卷。寅字寅生，縣學生，所著曰覗彼亭詩存，凡一卷。應徵詩有靑蓮館汗漫遊、薊易寓言、苕溪漫草、兩都社草、河梁編、兩目紀遊、偶寄軒稾諸編，兹集總題舊園詩存，蓋繩遠彙爲一集也。朱彝尊靜志居詩話謂弇州標榜前後五子而外，廣爲四十子，若似乎此外無遺賢矣。說詩者遇隆萬朝士，或置不觀，不知隆萬諸人已力挽叫囂之習，歸於平淡，而定陵初年，人皆修辭琢句，出入風雅之林，若李伯遠、鄭允升、歸季思，臨用孺輩，尤卓然名家，未見萬歷初之不及嘉靖季也。今觀舊園一集，誠戛戛獨造，亦能自立門徑者，其子孫則沿波而討奇耳。

古詩選三十二卷（山東巡撫採進本）

國朝王士禎編。士禎有古懽錄，已著錄。此編凡五言詩十七卷、七言詩十五卷。五言自漢魏六朝以下，唐代惟載陳子昂、張九齡、李白、韋應物、柳宗元五人；七言古逸一卷，漢魏六朝一卷，唐則李嶠、宋之問、張說、王翰四人爲一卷，王維、李頎、高適、岑參、李白爲一卷，而王昌齡、崔顥二人則稱附錄，五卷以下則唐杜甫、韓愈，宋歐陽修、王安石、蘇軾、黃庭堅、晁說之、晁補之、陸游，金元好問，元虞集、吳萊十三人之詩，而李商隱、蘇轍、劉迎、劉因四人稱附錄。夫五言肇於漢氏，歷代沿流，晉宋齊梁，業已遞變其體格，何以武德之後，不容其音響少殊，使生於隋者，如侯夫人怨詞之類，以正調而得存，生於唐者，如杜甫之流，亦以變聲而見廢。且王粲七哀，何異杜甫之三別，乃以生有先後，使詩有去留，揆以公心，亦何異李攀龍唐無五言古詩而有其古詩之說乎。至七言歌行，惟鮑照先爲別調，其餘六朝諸作，大抵皆轉韻抑揚，故初唐諸人多轉韻，而李白以下始遙追鮑照之體，終唐之世，兩派並行。今初唐所錄，寥寥數章，亦未免拘於一格。蓋一家之書，不足以盡古今之變也。至於越人歌惟存二句之類，則校刊者之疎，或以是而議士禎，則過矣。

十種唐詩選十七卷（山東巡撫採進本）

國朝王士禎編。取唐人總集八家及摘宋姚鉉唐文粹所載諸詩，各爲刪汰。凡河岳英靈集一卷、中興間氣集一卷、國秀集一卷、篋中集一卷、搜玉集一卷、御覽集一卷、極元集一卷、又元集一卷、才調集三卷、唐文粹六卷，附以士禎所選唐賢三昧集，共爲十種。其去取一以神韻爲宗，猶其本法，惟才調集、唐文粹刪汰未精，門徑叢雜，而文粹尤甚。如盧仝月蝕詩、陸龜蒙江湖散人歌，皆不能謂之盛唐格也。又韋莊又元集原書已佚，今所傳者乃贋本。馮氏才調集凡例言之，而士禎仍爲選錄，亦失別裁。其三昧集一種，乃其生平宗旨所在，去取較爲精密。世多摘出別行。今亦別著於錄。又士禎居易錄曰、近日金陵有刻唐詩十集者、謂爲予所訂、或作序假予言曰、余奉此爲金科玉律、年來於此道稍有會心者、得力於是書良多云云。及訪是書閱之、乃標華亭唐汝詢仲言名。大旨在通高漫士、李滄溟、鍾退谷三選之郵、而以汝詢詩解附之。強分甲乙丙丁等目、淺陋割裂、可一笑也。然則是書未出以前、先有僞本矣。今僞本已不傳、蓋廢之早也。

載書圖詩一卷 浙江巡撫採進本

國朝王士禎編。康熙辛巳、士禎官刑部尚書時、乞假旋里、改窆其親。載書數車以歸。其門人揚州禹之鼎繪爲是圖、一時多爲題詠。士禎彙以成編。圖後首載奏疏二篇、次序二篇、次題圖詩八十六首、皆其門人所作。而附其姪啟座送還京詩一首、次驗行二十四首、皆朝臣之作。而附侍講尤侗寄懷詩一首、次賜沐起程一篇、而附朱彝尊池北書庫記一篇、則以載書及之也。

樵川二家詩四卷 福建巡撫採進本

國朝朱霞編。案浙江通志載朱霞、建德人、順治乙未進士、未知即此人否也。樵川爲今邵武縣、二家者宋嚴羽、元黃鎮成也。羽有滄浪集、鎮成有秋聲集、皆已著錄。是本每集分爲二卷。諸雜體爲一卷、五七言近體爲一卷。而附滄浪詩話於其後焉。

宋四名家詩 無卷數 內府藏本

國朝周之鱗、柴升同編。之鱗字雪蒼、海寧人。升字錦川、仁和人。是編選蘇軾、黃庭堅、范成大、陸游之詩、分體排次。東坡集選六百首、山谷集選三百首、石湖集選四百首、劍南集選九百首。較吳之振宋詩鈔所錄較多、而去取未能悉當也。

楊氏五家文鈔十二卷 江西巡撫採進本

國朝楊長世及其從子以叡、以儼、從孫兆鳳、兆年合刻彙也。長世字延會、瑞金人、官興安縣訓導、著彤居文鈔一卷。以叡字維明、邑諸生、著汲亭文鈔一卷、詩鈔二卷。以儼字維莊、貢生、著強恕齋文鈔四卷。兆鳳字爾翔、官上饒縣訓導、著寓鴻亭文鈔二卷。兆年字爾邃、官宜黃縣訓導、著栩栩園文鈔二卷。以叡汲亭集中有詩二卷、而總題曰文鈔、用文選例也。

翠樓集三卷 內府藏本

國朝劉之份編。之份字平勝、里籍未詳。是集選明代閨閣之詩、分初集、二集、新集各一卷。其族里別編於前。朱彝尊靜志居詩話嘗議其眞贗交錯云。

詩苑天聲二十一卷 江蘇巡撫採進本

國朝范良撰。良字眉生、徽州人。是集選自漢至明之詩、爲五類。曰樂章、曰應制、曰應試、曰朝堂、曰館課、各冠以小引。所選皆鋪張富麗之作、由其體宗臺閣故也。然精觕互呈、頗爲淆雜。而卷首列參訂姓氏凡五百九人、亦斷無是事也。

練音集補七卷 浙江汪啟淑家藏本

國朝王輔銘編。輔銘字翊思、嘉定人。初明翟校嘗以嘉定代有作者、而詩篇多散逸、因採宋天聖以後迄於宏治、合爲一集。其第一卷爲宦志、皆官於嘉定者所作。中四卷則邑人之詩。第六卷爲附卷、則流寓游覽諸人。第七卷爲外卷、則釋道之作也。其後版燬於倭、僅存鈔本。輔銘以其尚有遺闕、因搜採釐訂、補入三十四人。其原有姓氏而詩什未備、更加補輯者又二十六人。原本每人各著出處。本末輔銘間採他書附之、如楊之彝嘗爲都統制官、非眞釋子、校誤載入方外中、亦爲駁正。其曰練音者、因嘉定本古之練祁市也。

國朝練音集十二卷 浙江汪啟淑家藏本

國朝王輔銘編。輔銘既輯補翟校練音集、復採本朝詩人之作、編爲此集。所收自官師至方外、共三百人。其體例略仿翟校原本、惟閨秀一類、爲輔銘所增。至校凡例、其人尚存者不錄、深合古法。而輔銘此集第一卷所載見存者至三十六人、幷及其子所作、亦視校原本較爲泛濫矣。

姑蘇楊柳枝詞一卷 內府藏本

國朝汪琬編。琬有堯峯文鈔、已著錄。初琬自翰林告歸、居堯峯別業、偶仿白樂天作姑蘇楊柳枝詞十八章、一時東南文士多相屬和。琬乃手自選定、得一百十二家、一百九十七首。令周枝楙排次成帙、而周崙爲之箋註。刊本題爲枝楙所輯、非其實也。今仍題琬名焉。

金華文略二十卷 副都御史黃登賢家藏本

國朝王崇炳編。崇炳有金華徵獻略、已著錄。是編錄金華一郡之文、始自漢尚書楊喬、迄於國朝徐騰、共一百一十七人、而崇炳之文亦自錄焉。凡例稱取金華文徵十之五、金華文統十之二、而益以他書十之三。又稱文統之例、凡論及兵機政術及爲釋氏而作者不錄。是選漢文不及長沙、家令、選宋文不及蘇學士矣。故惟側詞豔語在所禁絕、他則悉憑文章、不區疆域云。

尺牘新語二十四卷 內府藏本

國朝徐士俊、汪淇同編。士俊字野君、淇字瞻漪、並錢塘人。是編刻於康熙癸卯、採明末

國初諸家尺牘分二十四門各有評語大抵不出萬歷以來纖仄之派

說唐詩二十二卷內府藏本

國朝徐增撰增字子能長洲人所錄唐詩三百餘首一一推闡其作意其說悠謬支離皆不可訓至於分解之說始於樂府如陌上桑等篇所註一解二解三解字尚不拘句數胥魏所歌古辭如白頭吟塘上行等篇乃註四句為一解所謂古歌以四句為一解偕歌以一句為一解是也然所說乃歌之節奏非詩之格律增與金人瑞遊取其唐才子書之說以分解之說施於律詩穿鑿附會尤失古人之意

百名家詩選八十九卷福建巡撫採進本

國朝魏憲編憲字惟度福清人杭世駿榕城詩話載所著有枕江樓集今未見其本世駿稱其同友宿白雲洞詩一首則浮聲也憲以曹學佺有十二代詩選止於天啟因選是集以補之自天啟甲子以後康熙壬子以前由縉紳迄方外共得百人人各立一小引并列字號籍貫於前其詩或以體序或以類序或以時與地序各從原本其登選則以得詩之先後為次不拘行輩而憲詩亦附於後焉今觀所選諸人大抵皆聲氣標榜之習至葉方藹以下十人未得其詩而先列其目益見其不為論詩作矣

皇清詩選三十卷內府藏本

國朝孫鋐編鋐字思九江南華亭人其書採國朝諸詩分體編錄其凡例有曰論詩者必規摹初盛誠類優孟衣冠然使挾其佻巧之姿曼音促節以為得中晚之祕則風斯下矣又曰數年以來又家眉山而戶劒南矣在彼天眞爛漫畦徑都絕此誠詩家上乘倘不衫不履面目頹唐或大袖方袍迂闊可厭輒欲奪宋人之席幾何不見絕於七子耶其持論未為不當然其所選則皆為交游聲氣之地非有所別裁也

國雅初集無卷數副都御史黃登賢家藏本

國朝陳允衡編允衡有古人幾部已著錄是編選國初人詩體例一倣明顧起綸之舊故亦以國雅為名自魏裔介以下凡五十餘家

宋詩刪二十五卷內府藏本

國朝顧貞觀編貞觀字華封無錫人由監生考授祕書院中書後中康熙丙午舉人遷國史院典籍是編蒐採宋代之詩分體纂集自謂寬於正變而嚴於雅俗刪繁就簡得詩二千五百有奇然採摭既富頗不能自守其例

歷朝賦格十五卷內府藏本

國朝陸棻編棻字義山平湖人康熙丁未進士授內閣典籍己未召試博學宏詞改翰林院編修官至內閣學士兼禮部侍郎是編彙選歷代之賦分為三格曰文賦曰騷賦曰駢賦於三格之中又各分為五類曰天文曰地理曰人事曰帝治曰物類起自荀卿宋玉下迄元明每格前有小引皆其婿沈季友所作騷賦之引則為騷賦一篇駢賦之引則為駢賦一篇殊為纖仄古無是例也

續垂棘編三集十卷四集九卷山西巡撫採進本

國朝范鄗鼎編鄗鼎有理學備考已著錄初鄗鼎父芸茂當明末年嘗選輯山西之文二十卷題曰晉國垂棘鄗鼎復取其鄉近人之文依例彙輯成帙謂之續垂棘編前後共為四集茲僅其三四兩集非全本也三集所錄凡五十二人四集所錄凡四十七人然多有人已前見而文屬補錄者又有一集之中而一人之文前後分見者蓋隨選隨刊故漫無體例如是耳

傳是樓宋人小集無卷數江蘇巡撫採進本

不著編輯者名氏卷尾有嘉定戴范雲跋語云是崑山徐氏所輯故仍題之曰傳是樓宋人小集然則徐乾學家本也所錄凡二十二家一廉村薛嵎仲止雲泉詩一剡溪姚鏞希聲雪蓬稾一長沙劉翰武子小山集一大梁張良臣武子雪窗小集一笠澤葉茵景文順適堂吟稾前集及續集一滄州高九萬菊磵小集及續編一錢唐俞桂晞郤漁溪詩稾及漁溪乙稾一壺山許棐忱父梅屋詩稾及融春小綴梅屋雜著梅屋第三稾第四稾一山陰葛天民無懷小集一邢州張蘊仁溥斗野稾支卷一南豐石門黃大受德容露香拾稾一陽穀周文璞晉僊方泉先生詩集一錢唐陳起宗之芸居乙稾一龍泉沈說惟肖庸齋小集一金華王同祖與之學詩初稾一錢唐何應龍子翔橘潭詩稾一浮玉施樞芸隱勸游稾及芸隱橫舟稾一臨川危稹逢吉巽齋小集一螺川羅與之與甫雪坡小稾一霅川吳仲孚菊潭詩集一建州張至龍季靈雪林

剩餘集一唐栖釋永頤山老雲泉詩集皆吳之振宋詩鈔所未收然陳起江湖小集中則皆已收錄所遺者惟釋永頤一人耳

榕村講授三卷兩淮馬裕家藏本

國朝李光地編光地有周易觀彖已著錄是書凡分三編上編載周張二程朱子所著中編爲董仲舒揚雄王通韓愈及邵子胡宏所著下編則賈誼匡衡劉向谷永劉歆班固諸葛亮歐陽修宋祁及王安石曾鞏陸九淵眞德秀所著多取其足發聖賢之理者大抵皆儒者之言其揚雄谷永劉歆諸人則不以人廢之義也光地自序舉成宏之文章以勖人舉王鏊會試墨卷以韓愈成句對論語者爲法而以讀雜書異說爲深戒蓋卽科舉之文以誘掖初學之書也

古文精藻二卷內府藏本

國朝李光地編光地爲兵部侍郎時提督順天學政選錄此集以誨鄉曲諸生不求盡古文之變也

鼇雅集十二卷內府藏本

國朝李振裕編振裕有白石山房集已著錄是編乃其督學江南時選錄諸生詩賦雜文彙刻成集凡十二卷而目錄則作四卷蓋卷一中分四子卷卷二分二子卷卷三卷四又各分三子卷由於隨時續鐫故輾轉增益其編次漫無體例亦由於是也

璚竹亭合稾四卷江西巡撫採進本

國朝王愈擴及其弟王愈融撰愈擴字若先泰和人康熙庚戌進士愈融字侶新終於諸生兄弟俱從魏禧遊愈擴文長於論古頗能曲折如意蓋其師授如是也愈融筆力稍弱風骨尚未老成較亞於其兄是集初刻燬於兵後愈融子元坤得舊本於建昌布衣梁份所又手錄而重刊之

姚江逸詩十五卷浙江巡撫採進本

國朝黃宗羲編宗羲有易學象數論已著錄是編皆錄餘姚一邑之詩自南齊迄明以時代爲敘其方外閨秀仙鬼則總彙於末卷每人各爲小傳頗足以補史事之闕然第十五卷韓應龍傳末云梨洲先生選逸詩廣極搜輯不解何故遺此則此卷爲後人所續無疑非宗羲之原書不知何以混而一之又劉妙容事出於吳均續齊諧記其人乃吳令劉惠明之女沒後魂見是鬼非神題曰神女已大謬又王敬伯雖餘姚人而女則不知何方之產所遇之地又在吳中引而入之姚江尤爲無理亦必非宗羲之舊也

明文授讀六十二卷浙江巡撫採進本

國朝黃宗羲編初宗羲輯有明一代之文爲文案後得崑山徐氏傳是樓藏書益以所未見文集三百餘種增爲文海後其子百家以文海卷帙浩繁請宗羲選其尤者爲此編其序則仍文海之舊蓋其門人寧波張錫琨移冠此集以見去取宗旨云

洛如詩鈔六卷浙江巡撫採進本

國朝朱彝尊選錄陸奎勳編次彝尊有經義考奎勳有陸堂易學皆已著錄此集皆康熙丁亥平湖人社集之作據奎勳詩集載洛如之唱起丙戌三月至丁亥而中閒詩什則奎勳集中編次頗有前後不同未詳其故其以洛如名者洛如花名幹如竹實似莢郡有文士則生也

漢詩音註五卷漢詩評五卷直隸總督採進本

國朝李因篤撰因篤有受祺堂集已著錄是編評點漢詩兼註音韻一卷至五卷題曰漢詩音註六卷至十卷題曰漢詩評一書而中分二名又前五卷之評夾註句下後五卷之評大書詩後體例亦迥不同不知其何所取也顧炎武有與因篤書極論古今音韻刻於所撰音學五書前蓋以因篤爲知古音者然聲音文字與世轉移三代有三代之音秦漢有秦漢之音晉宋有晉宋之音齊梁有齊梁之音自唐以後有唐以後之音猶之籀變而篆篆變而隸隸變而行因革損益輾轉漸移不全異亦不全同不能拘以一律自吳棫舉六朝以上概曰古音於是或執後以擬前其失也雜或執前以繩後其失也拘如朱虛侯歌疏與之韻證之史游急就篇亦然梁鴻適吳詩僩與流浮休韻證以日出東南隅行亦然燕刺王歌鳴與人韻證以崔駰安封侯詩亦然知漢人有漢人之韻下不可律以今上亦不可律以古因篤概以三百篇之韻斷其出入未免膠柱之見至其所評亦罕精鑿如謂司馬遷尊項羽爲本紀冠之漢書爲千古具眼之類猶隆萬後人好爲高論習氣也

詩觀十四卷別集二卷內府藏本

國朝鄧漢儀編漢儀字孝威泰州人康熙己未召試博學鴻詞以年老授中書舍人是編皆選輯國初諸人之作別集則閨閣詩也

朱子論定文鈔二十卷浙江巡撫採進本

國朝吳震方編。震方有讀書正音，已著錄。是編取經傳子史以至唐宋諸家之文，曾經朱子論定者，摘錄成編。皆先列朱子之論，而以其文列於後。然編次過於求全，有因一字而錄一篇者，如因辨一臘字，遂錄晉假道於虞全傳；公矢魚于棠自是春秋經文，朱子惟辨一矢字，與傳無關，而亦全錄；公子彊諫詞，如是者不一而足。蓋明末

國初王學漸厭，又折而宗朱，風氣所趨，事事借朱子以爲重，遂不免牽連闌入，取盈卷帙耳。

鳳池集（無卷數，內府藏本）

國朝沈玉亮、吳陳琬同編。玉亮字瑤岑，武康人。陳琬有春秋三傳同異考，已著錄。是編刻於康熙乙酉，裒

國朝應制之詩，分體編輯，無所詮擇。末附雜劇一折，則自古所無之創例也。

續三體唐詩八卷（內府藏本）

國朝高士奇編。士奇有春秋地名考略，已著錄。士奇嘗校註周弼三體唐詩，因復輯此編。弼書以七言絕句、七言律詩、五言律詩爲三體，故此以五言古詩、七言古詩、五言排律爲續三體，以補其闕。惟弼書每體分數格，而此書則每體以人爲序，各有小傳、詩話，爲例小異耳。獨是士奇既以弼書爲未備，則當補完諸體，乃亦襲三體之目，仍不錄五言絕句，將謂非詩之一體乎。

唐詩掞藻八卷（內府藏本）

國朝高士奇編。是書仿文選、文苑英華之例，分類選錄，凡三十二門，皆館閣之體，故名曰掞藻。

楚風補五十卷（浙江巡撫採進本）

國朝廖元度編。元度字大隱，長沙人。是書成於康熙甲子丙子之間，乾隆丙寅，長沙府知府呂肅高重爲刪定刻之。然蒐羅務多，冗雜特甚，又疏於考證，舛漏尤多。如神農因茶山之葬，而收其蜡詞；虞舜因蒼梧之巡，而收其南風詩；甚以楚爲高陽之苗裔，而收其丹書，假借牽附，不一而足。而羅含湘中記所載禹玉牒詞，見後漢書郡國志註者，乃遺而不載。沈諸梁右乞諸口語，靡不濫入，而楚詞乃刪削不完。至戴凱之竹譜之類，本非詩篇；漢高帝鴻鵠歌之類，無與楚事，亦牽率竝登，殆不可解。又如劉昚子乃北宋人，而列於六朝之際；嚴羽乃昭武人，而引於三湘之間。蓋州縣志書，率多附會先賢，借爲光耀，而元度乃據志書以爲之，宜其至於如是也。

四家詩鈔二十八卷（江西巡撫採進本）

國朝王企埥編。企埥字苾遠，雄縣人。康熙乙丑進士，官至江西巡撫。四家者，清苑郭棻、鉅鹿楊思聖、任邱龐塏、文安紀炅也。所錄棻學源堂集凡六卷，思聖且亭集凡八卷，塏叢碧山房集凡六卷，炅桂山堂集凡八卷。每集各爲之序。棻及塏、炅皆有集，已著於錄。惟思聖集今未見，獨見於此編耳。

濂洛風雅九卷（兩江總督採進本）

國朝張伯行編。伯行有道統錄，已著錄。是編輯周子、二程子、邵子、張子、游酢、尹焞、楊時、羅仲素、李侗、朱子、張栻、眞德秀、許衡、薛瑄、胡居仁、羅洪先十七家之詩，乃其官福建巡撫時所刊。案金履祥先有濂洛風雅，伯行是書仍其舊名，而一字不及履祥，不可解也。

歷朝賦楷八卷（內府藏本）

國朝王修玉編。修玉字倩修，錢塘人。是編成於康熙丙寅，卷首恭錄

聖祖仁皇帝御製

闕里檜賦、竹賦二篇，次爲

御試葉方藹、彭孫遹、汪霦、徐乾學四賦，均不入卷數。其集中所錄，則由周末至

國朝康熙中凡一百六十七篇，各爲之註。修玉所自作七賦亦附焉。末又有李與祖梅竹二賦，則刻成以後所續入，故題曰增選，意其欲作補遺而未成也。

于野集七卷（江西巡撫採進本）

國朝王原編。原號西亭，青浦人。康熙戊辰進士，官至給事中。是編刻於康熙庚子，乃其同郡朱霞等三十二人唱和之作，請原盤擇而選定之，名曰于野者，取易同人于野義也。

唐宋十大家全集錄五十一卷（通行本）

國朝儲欣編。欣有春秋指掌，已著錄。是編乃仿明茅坤唐宋八家文鈔，增李翶、孫樵爲十家，各爲批評，亦間附考註。其中標識，悉依茅本之舊。欣自序謂即茅所評論，以窺其所用心，大抵爲經義計耳。子欲破學者抱匱守殘之見，所錄加倍焉，至增入習之、可之，似屬創見。然大家豈有定數，可以八，即可以十云云。其說良是。然觀其持論，仍不離乎經義之計。恭讀

御製唐宋文醇序文有曰、欣用意良美、顧其識之未充、而見之未當。則所去取、與茅坤亦未始徑庭。睿鑒高深、物無遁狀、斯誠萬古之定論矣。

松風餘韻五十一卷、（浙江汪啟淑家藏本）

國朝姚宏緒編。宏緒號聽巖、婁縣人。康熙辛未進士。官翰林院檢討。是選上自六朝、下迄有明、凡雲間諸人之以全集傳、或篇什之僅存一二者、悉收輯之。人各綴以小傳。義取博收、不能一一澄汰。其凡例有云、集內詩有鄙俚可笑者、以採得不忍復逸、存詩所以存其人也。一之已甚云云。則宏緒已自言之矣。

述本堂詩集十八卷、（內閣中書方濰甸家藏本）

國朝桐城方氏三世家集也。凡依園詩略一卷、星硯齋存稾一卷、垢硯吟一卷、葆素齋集三卷、如是齋集一卷、皆方登嶧撰。陸塘初稾一卷、出關詩一卷、皆登嶧之子式濟所撰。東閭剩稾一卷、入塞詩一卷、懷南草一卷、豎步吟一卷、叩舷吟一卷、宜田彙稾一卷、看蠶詞一卷、松漠草一卷、皆式濟之子觀承撰。登嶧字鳧宗、號屏垢。康熙甲戌貢生。官工部主事。坐事謫黑龍江卜魁塞。式濟有龍沙紀略、本附刻此集之中、今別著錄。觀承別有薇香燕香諸集、亦別著錄。

青溪先正詩集、（無卷數、浙江巡撫採進本）

國朝鮑楹編。楹字覺庭、餘杭人。康熙丙子舉人。官知縣。是編採淳安之詩、合為一編。以淳安古青溪地、故以為名。凡唐一人、宋六人、元五人、明十人、國朝二人。其總目所列宋之方一夔、元之方道堅、夏溥、洪震老、徐貫、國朝之徐士訥等七人、總目補遺又有宋方有開等六人、元汪雲等二人、明余溥等七人、皆有錄無書。非完本也。

延陵書塾合璧四卷、（江蘇周厚堉家藏本）

國朝吳季長編。季長始末未詳。前有康熙丁丑自序、稱少嗜儷體文、平生酷愛梁簡文、江文通二家、以為開徐庾之先、莫有過於此者。爰手錄合為一集、遂名曰延陵書塾合璧。蓋以一人之嗜好、偶錄為誦讀之本、其實未為定論也。徐庾生於梁代、於江淹為後輩、於簡文則為同時。當其早年、競為輕豔、猶可肩隨。洎乎晚歲、則徐視庾瞠乎後矣、又何論簡文乎。

八劉唐人詩集八卷、（內府藏本）

題曰淮陰劉青夕選、不著其名。前有康熙癸未李翰熙序、稱青夕嘗有唐詩十三家之刻。又輯為此本。凡劉乂、劉商、劉言史、劉得仁、劉駕、劉滄、劉兼、劉威八人、皆全唐詩所已具。且既以家數區分、而版心又標曰中唐詩、晚唐詩、體例亦殊未協也。

唐詩叩彈集十二卷、續集三卷、（內府藏本）

國朝杜詔、杜庭珠同編。詔有雲川閣詩集、已著錄。庭珠、秀水人、尚書臻之子也。是書以明高棅唐詩品彙所錄、皆貞元以前之詩、故選錄元和迄唐末諸作、凡一千八百七十餘篇、以補所遺。名曰叩彈、取陸機文賦語也。諸人系以小傳、卷末間有品評。其訓釋考證、亦頗多可採。然如元稹鶯鶯詩、李羣玉杜丞相筵中作、及韓偓香奩集諸詩、皆所謂靡靡之音。一概濫登、於精審猶有愧焉。

邱海二公文集合編十六卷、（副都御史黃登賢家藏本）

國朝焦映漢、賈棠所刻邱濬、海瑞集也。濬、瑞皆瓊州人。映漢與棠同官於瓊、故有茲刻。濬瓊臺類稾本七十卷、此選定為十卷。瑞集有自作稾引、不著卷數、此選定為六卷。映漢為濬作傳、又載梁雲龍所作瑞傳。蓋是編刻於康熙戊子、時明史尚未成也。

明文遠、（無卷數、直隸總督採進本）

國朝徐文駒編。文駒有師經堂集、已著錄。是編輯有明一代之文、前後無序跋、亦無目錄。其圈點批語、皆用八比之法。至如戴良係元代遺老、王猷定係國朝人、俱收入明代、殊失斷限也。

尺牘嚶鳴集十二卷、（內府藏本）

國朝王相編。相字晉升、臨川人。是書成於康熙己丑。採明末及國初簡札、分十二類、類中又分子目四十有三。大抵輕佻纖巧、沿陳繼儒等之餘習。

文章鼻祖六卷、（江蘇巡撫採進本）

國朝楊繩武編。繩武字文叔、長洲人。康熙乙未進士。官翰林院編修。是編錄六代以前詩文凡十四篇、各為評註。一堯典、二禹貢、三洪範、四國語桓公自莒反一篇、五左傳城濮之戰、六邲之戰、七鄢陵之戰、八史記項羽本紀、九高祖本紀、十封禪書、十一平準書、十二漢書霍光金日磾傳、十三古詩為焦仲卿妻作、十四庾信哀江南賦、皆鴻筆也。然以為千古文章盡從此出、則繩武一家之說矣。

唐四家詩八卷、（內府藏本）

國朝汪立名編。立名有鐘鼎字源，已著錄。是編合刻唐王維、孟浩然、韋應物、柳宗元四家之詩。前有自序，稱四家詩爲宋元人鼻祖，學宋元詩者當仍於唐詩求之，故以此矯其弊云。

二家詩鈔二十卷（內府藏本）

國朝邵長蘅編。長蘅有青門集，已著錄。此其所選新城王士禎、商邱宋犖之詩也。是時士禎爲刑部尚書，犖爲蘇州巡撫，而長蘅實長洲人，又犖之門客。趙執信見之，有違言，故士禎寄犖詩有尚書北闕霜侵鬢，開府江南雪滿頭，當日朱顏兩年少，王揚州與宋黃州之句，蓋言已爲揚州推官之日，犖爲黃州通判之日，已同以詩名，初不以致位通顯始並稱也。然長蘅實不自遠嫌，致干物議，至今論者不允，殆亦有由矣。

棣華書屋近刻四卷（山東巡撫採進本）

國朝歷城朱緗、朱絳、朱綱兄弟三人之合集也。緗有橡村集，綱有蒼雪山房稾，皆已著錄。絳字子桓，由貢生官至廣東布政使。此集凡緗嶺南草一卷，端江集一卷，乃其省親粵東時作。絳嶺南草一卷，蓋與緗同行所作。綱濟南草一卷，中有閒二兄自粵北歸詩，蓋與緗絳嶺南詩同時所作，故合刊云。

誠求堂彙編六卷（江蘇周厚堉家藏本）

國朝徐開錫撰。開錫字定山，常山人。康熙中貢生，官至彰德府同知。是編第一卷曰贈言，爲出都時贈行之作。第二卷曰杞言，官杞縣知縣時邑人相贈之作。第三卷曰介言，爲紳士介壽之作。曰雜著，爲頌揚政績之作。第四卷曰詩草，第五卷曰文稾，第六卷曰實政，則皆詩文及案牘也。

明文在一百卷（江蘇巡撫採進本）

國朝薛熙編。熙有練閱火器陣記，已著錄。是書仿昭明文選體例，於諸體之中各以類從。所錄亦頗存鑒別。蓋熙爲汪琬門人，於古文有所受之也。然數多則簡擇難精，世近則是非未定，榛楛未翦，則亦勢使之然耳。

漢詩說十卷（浙江巡撫採進本）

國朝費錫璜、沈用濟同編。錫璜字滋衡，吳江人，自署曰成都，蓋其父費密，自成都避亂，家於江南。錫璜猶署其故里也。用濟字方舟，錢塘人。是編因馮惟訥詩紀、梅鼎祚詩乘所錄漢詩，略爲評釋。卷首有凡例，持論似高，而所說殊草草。如漢人鐃歌鼓吹諸曲，沈約宋書樂志明言聲詞合寫，不可復辨。本無文義可推，而必求其說以通之，遂橫生穿鑿。又本詞與入樂之詞，截然有別。如白頭吟中郭東亦有樵諸句，乃伶工增入以諧律，亦曲爲之解，更嫌附會。至鐸舞曲之聖人制禮樂篇，不過以字記聲，亦錄之以爲詩式，又不考據宋志明其句讀，尤進退無據。其中仍馮氏詩紀、梅氏詩乘之謬，皆不及訂正。他姑勿論，如麗德公於忽操三章，本王禹偁所擬，今載於宋文鑑中，而列於漢詩之內，一例推尊，茫無鑒別，是可云識曲聽眞乎。

嶺南五朝詩選三十五卷（浙江汪啟淑家藏本）

國朝黃登編。登字俊升，號積菴，番禺人。是編分爲二帙：第一帙二十卷，皆載詩之爲粵東作者；第二帙凡十五卷，則皆粵東人詩也。第一帙謂之名宦，頗爲無理。無論其人不仕於粵東，卽開卷之杜審言、宋之問、沈佺期，唐書具載其事，何可以名宦稱歟。

義門鄭氏奕葉吟集七卷（江蘇巡撫採進本）

國朝鄭爾垣編。爾垣字一樞，浦江人，義門二十世裔也。鄭氏自宋建炎至明初，合族而居者十三世，故稱義門。永樂十六年，鄭昺輯其先世之詩爲三卷，其從叔檢討棠序之。康熙中，爾垣又續編四卷，是爲此本。其於昺原書或有所增竄與否，則莫能詳也。集中或題其字，或題其官，而以其名及仕履側註于下。考元結撰篋中集，載其弟融之詩，題曰季川；呂向文選註，謂任昉啟自稱任君，乃因其家集之文。而玉臺新詠徐陵獨題其字，趙宧光以爲亦其子姓所鈔，則家集書字，原爲古例。但五卷以下既題官題字於前，而每題之下又大書姓名，則自亂其例耳。其詩往往如出一手，疑不能無所粉飾也。

義門鄭氏奕葉集十卷（江西巡撫採進本）

國朝鄭爾垣編。爾垣既續鄭昺之書爲七卷，又編次遺文得十五種，曰元鄭大和貞和集，曰元鄭欽青樾居士文，曰元鄭濤葯房集，曰元鄭泳半軒集，曰明鄭淵遂初齋集，曰明鄭幹恕齋集，曰明鄭楷鳳鳴集，曰明鄭棠道山集，曰明鄭柏進德齋稾。凡僅存三首者亦列於中。其全佚者八十種，則附存其目。大和一名文融，字順卿，官至建康龍灣務提領大使。欽字子敬。濤字仲舒，官至太常博士。泳字仲潛，官溫州路經歷。淵字仲涵。幹字叔恭，官至監察御史。楷字叔度，官至蜀府長史。棠字叔美，官至翰林檢討柏字叔端。

宋十五家詩選十六卷（內府藏本）

國朝陳訏編。訏有句股引蒙，已著錄。十五家者，梅堯臣、歐陽修、曾鞏、王安石、蘇軾、蘇轍、黃庭堅、范成大、陸游、楊萬里、王十朋、朱子、高翥、方岳、文天祥也。每集各繫小傳及前人詩話，而以己所評論附焉。

篤敘堂詩集五卷（福建巡撫採進本）

侯官許氏之家集也。凡作者七人，集八種。前明一人，曰春及堂遺稾，許豸撰。國朝六人，曰米友堂集，許友撰；曰紫藤花菴詩鈔，許遇撰；曰少少集，許鼎撰；曰雪邨集、曰琴書屋詩集，許均撰；曰客遊草，許藎臣撰；曰影香窗存稾，許艮臣撰。豸字玉史，崇禎辛未進士，官至浙江提學副使。友字有介，號甌香，豸子也。喜書畫，慕米芾之爲人，構米友堂祀之。新城王士禎嘗稱其詩。遇字不棄，號月溪，友子也。康熙間官陳留、長洲二縣知縣。鼎號梅崖，均號雪邨，皆遇子。藎臣號秋泉，艮臣號石泉，皆鼎子。其家有篤敘堂，爲華亭董其昌所題額，因以名集。

續姚江逸詩十二卷（浙江巡撫採進本）

國朝倪繼宗編。繼宗字復野，餘姚人。初，黃宗羲作姚江逸詩，所錄自齊迄明，此集續選國朝之詩，即以宗羲爲首。所錄凡七十五人，每人各爲小傳，採輯事實，頗爲詳備，然亦時有附會。如第二卷譚宗條下，曰一日於維揚酒樓唱西樓錯夢，按板諧聲，備極婉轉。俄有人起自鄰座，曰子歌誠善，但中有某字猶未盡調耳。宗初猶負氣不相下，繼詢其人，即譜曲之于叔夜也，遂相與登西樓，訪穆素徽，盡興而別。顧其時穆已紅顏化爲白髮云云。案西樓記爲袁于令所作，王士禎詩所謂紅顏顧曲袁荆州者是也。于叔夜乃其寓名，何得云即于叔夜。況西樓今在吳江縣，距揚州尚遠，何得即相與同登。恐流傳失實，似此不檢者多矣。

韜光菴紀遊集（無卷數，浙江巡撫採進本）

國朝釋山止編。初，唐沙門韜光卓錫西湖之巢鳴，白居易守杭日，相與倡和，後人因以韜光名其菴。菴踞山之勝，歷代遊人頗多題咏。山止康熙中住持是菴，因裒集付梓。自唐迄本朝得古今體詩五百餘首。然其中多同時投贈山止之作，聲氣攀援，不盡爲勝地作也。

興善寺歷代名賢留題集二卷（兩淮鹽政採進本）

國朝釋淨溥編。興善寺在嘉興府治東南秦溪之上。是書上卷載詩，下卷載碑記。內有明大學士呂原記云，寺創自梁天監二年，至周顯德年間坦法師開山爲報恩院，宋治平元年改興善院。然卷首載盧綸題興善寺後池詩，則寺之著名在唐代，豈原未之考耶。全書篇幅寥寥，可資考證者殊少。舊本題明釋淨溥撰，今考國朝彭孫遹諸人詩皆載於後，則淨溥爲康熙中人，舊題誤矣。

倪城風雅二卷（山東巡撫採進本）

國朝勞嬀編。嬀有半菴詩稾，已著錄。是編所錄皆陽信一縣之詩。上卷自明代嘉靖以後，得劉世偉等十八人，下卷自國朝雍正以前，得張星等二十三人。上卷少而可觀，下卷不免冗濫矣。則同時假借之故也。

三詩合編三卷（江西巡撫採進本）

國朝黃光岳編。光岳字碩廬，上高人。雍正甲辰進士，官金華縣知縣。是編合刻其鄉吳學詩、黃鎰、李堅三人之詩。學詩字伯興，號虛宇，嘉靖乙丑進士，官山西按察使副使。鎰字文叔，隆慶庚午舉人，官西和縣知縣，即光岳之從高祖。堅號雙江。學詩詩共一百四十餘首。鎰所著集九種，俱殘闕，光岳錄其全者得一百六十九首。堅詩一百四十七首。三人同時相倡和，其詩格亦頗相似。

渠風集略七卷（山東巡撫採進本）

國朝馬長淑編。長淑字漢荀，安邱人。雍正庚戌進士，官至磁州知州。初，安邱張貞欲輯其邑自明以來迄於國朝之詩，名曰渠風，久而未就，長淑因踵成是編。稱渠風者，安邱古渠邱地也。書凡四卷，其五卷則專輯馬氏一家詩。其六卷爲流寓方外閨秀，續編四門。其七卷爲詩餘。然意主夸飾風土，不免附會古人。如方外內闌入唐釋皎然一詩，殊不合斷自前明之例。而流寓內首列蘇軾，亦非事實也。

七十二峯足徵集一百一卷（江蘇巡撫採進本）

國朝吳定璋編。定璋字友篁，吳縣人。是集蒐歷代文士之生於太湖七十二峯間者，錄其所作，共爲一編。凡詩八十三卷，詞二卷，賦三卷，文十三卷。所選之詩不敘時代，惟每姓各以類從，題曰某氏合編。仿中州集之例，人各冠以小傳，徵引頗爲賅洽，而大旨在因詩以存人，不免夸飾之見，復不免鄉曲之私。濫採兼收，固其勢所必至。又如稱濮棼爲吳季札之孫，錄其高山詩三章，其詩自古未聞，不識出何典記。稱周術即甪里先生，爲泰伯之後，載其紫芝歌一首，無論四皓姓名出於附會，先儒辨之已明。即舊籍流傳，此歌亦但稱四皓，未云獨出甪里也。是蓋家牒地志自古相沿之通病，無足深詰者矣。

明倫初集五卷續集五卷 福建巡撫採進本

國朝鄭文炳編。文炳字慕斯，莆田人。是書取歷朝文之有關五倫者，分類輯之。每篇綴評語於後。初集刊於雍正辛亥，續集刊於乾隆甲申。其立義甚正，而所選諸文頗無體例。即如帝王詔誥，獨載唐元宗焚珠玉錦繡一敕，所收未免太隘。至於徐淑荅兄弟鍾琬與妹兩書，不附於昆弟，而列於夫婦，尤爲未協矣。

長林四世弓冶集五卷 禮部主事任大椿家藏本

國朝林其茂編。其茂有山陰集，已著錄。是集裒其家四世之詩。後樂堂集一卷，雙峯吟一卷，皆其茂曾祖逸作。貽桂軒集一卷，其茂祖秉中作。吟臺詩草一卷，其茂父贊龍作。戴音集一卷，則其茂自作也。逸字德子，順治庚子舉人。秉中字與人，康熙己卯副榜貢生。贊龍有學易大象要參，已著錄。

廣東詩粹十二卷 浙江汪啟淑家藏本

國朝梁善長編。善長字崇一，順德人，乾隆己未進士。此集所選廣東詩，上起於唐，下至國朝，凡四百一十三家，一千五百五十餘首，各爲之評註。先是黃登有五朝詩選，善長以其抉擇未精，故更加蒐訪，定爲此集云。

莆風清籟集六十卷 福建巡撫採進本

國朝鄭王臣編。王臣字愼人，一字蘭陔，莆田人。乾隆辛酉拔貢生，官至蘭州府知府。是集選興化一府自唐至國朝之詩，凡三千餘篇，作者一千九百餘人。仿金元好問中州集例，於詩首詳其人之里居出處生平著作，并綴以各家評語，而所自著蘭陔詩話亦附載焉。則朱彝尊明詩綜例也。其仙遊一縣，本莆陽舊地，唐時析置。明鄭岳莆陽文獻皆並載入。王臣則別爲三卷，以示區別。然蔡襄、蔡京、蔡卞本爲同里，襄以名流推重，遂收之莆田；京、卞以姦贖彰聞，遂推之仙遊。鄭樵夾漈草堂，今仙遊尚有遺迹，而以其博洽，又移之莆田，則亦不符公論矣。

山左明詩鈔三十五卷 廣東潮陽縣知縣李文藻家刊本

國朝宋弼編。弼字仲良，德州人。乾隆乙丑進士，官至甘肅按察使。是集輯明代山東一省之詩，所錄凡四百三十一人。其體例全仿朱彝尊之明詩綜。其去取之閒，則謹守王士禛之門徑，纖毫不肎異同也。

豐陽人文紀略十卷 江西巡撫採進本

國朝嵇芳聲編。芳聲字晦之，永豐人。是編裒其邑人之文，自宋至明，分類編輯。然宋元不過十人，餘皆明人之作也。

南園後五子詩集二十八卷 江西巡撫採進本

國朝陳文藻等編。明順德歐大任、梁有譽，從化黎民表，南海吳旦，番禺李時行五人詩也。大任六卷，有譽五卷，民表七卷，旦四卷，時行六卷。前列五人姓氏，並諸家詩評。每集之前，又各附小傳。其曰南園後五子者，南園即抗風軒，在廣州城東南大忠祠側。明初孫蕡、趙介、李德、黃哲、王佐唱酬於此，稱南園五子。故大任等有後五子之目也。大任等四人各有專集，皆已著錄。惟吳旦之詩久無刊本，藉此集以流傳。然雖編四卷，每卷僅數首而已。後附南園花信一卷，則明末番禺黎遂球於揚州社集詠黃牡丹十首，當時推爲第一。歸粤之後，同里追和者九人，人各十首，編是書者因併刻於後，以備粤詩故實焉。

二南遺音四卷 陝西巡撫採進本

國朝劉紹攽編。紹攽有周易詳說，已著錄。是編所錄皆國朝關中人詩，自孫枝蔚以下共一百四十人，每人俱載履貫於前。其曰二南遺音者，以周時岐、豐建國而言，其實周召二南之地不止關中也。

崇川詩集十二卷 兩江總督採進本

國朝孫翔編。翔字呂溪，南通州人。是集輯通州及州屬如皋、泰興、海門三邑之詩，自宋元至國朝。附以流寓。每人記其姓氏爵里。後綴補遺一卷，其第十卷所載皆同時之人，殊非文選不收何遜之義也。

東皋詩存四十八卷 兩江總督採進本

國朝王之珩編。之珩字楚白，如皋人。是集選其邑人之詩，自宋以迄於國朝每人各詳其字號官爵。所載既多近時之作。而之斫之詩收至二百餘首。王遂徐陵芮挺章自錄己作。未如是之繁富也。

濮川詩鈔三十五卷（浙江巡撫採進本）

不著編輯者名氏。所載濮淙潛軒集一卷。沈機梅涇集二卷。沈朗恬翁集一卷。馮允秀梅花逸叟集一卷。楊瑋雲竹集一卷。楊燮聽亭集一卷。楊炯南遊草一卷。周映康雪芝集一卷。周龍雯懷孟草一卷。周甸嶧山集一卷。陳遐藍染齋集一卷。徐晞赤巖集一卷。徐嵩得月樓集一卷。張其是碧草軒集一卷。陳曾祉心隱集四卷。沈履端竹岳樓草一卷。沈堯咨晚盥集三卷。濮光孝學圃集一卷。程琦芳峻稾一卷。陳樂故鄉草一卷。曹勳萍梗集一卷。鍾梁來霞集一卷。陳光裕荻書樓稾一卷。石墩草一卷。張宏牧嬾髯集一卷。陳梓客星零草一卷。萬硤草一卷。張宏範雲陽集二卷。沈鍾泰荻書樓遺稾一卷。潘亮一得吟一卷。釋佛昌龍潭集一卷。凡二十九人之詩。觀張宏範雲陽集後有陳春字跋。稱從祖謹堂公選刻濮川詩鈔。而陳光裕荻書樓稾前題曰謹堂集。是編殆即光裕所輯歟。

閨秀集初編五卷（兩淮鹽政採進本）

國朝季嫻編。嫻字靜姎。興化女子。適李氏。是集選前明閨閣諸詩。編爲四卷。皆近體也。後附詞一卷。

磁人詩十卷（直隸總督採進本）

國朝楊方晃編。方晃有孔子年譜。已著錄。是集皆錄磁州之詩。自唐迄本朝作者八十餘人。得詩千餘首。各繫其人之事蹟出處甚詳。亦頗有考據。然意在表彰。未能嚴於決擇。其第八卷至第十卷。悉載方晃及孫濂詩。濂亦磁州諸生。即校刊此集者也。

晚唐詩鈔二十六卷（內府藏本）

國朝查克宏編。克宏海寧人。是集所錄凡一百一十二家。蓋本明胡震亨唐音戊籤刊削成帙。人各綴以小傳。兼附考核。杜牧李商隱溫庭筠三家所收最多。皮日休陸龜蒙二家次之。餘皆不滿百篇。其以五代末人入宋者。溷入晚唐。亦仍震亨之舊。

友聲集七卷（浙江巡撫採進本）

國朝賴鯤升編。鯤升字滄嶠。會昌人。其父方勃偕弟方度於邑治之西闢霞綺園。與邑人沈開進胡應相曾鑑歐有駿讀書其中。一時多爲題詠。後鯤升兄弟復讀書園中。因輯投贈之作。合爲一編。凡序記書傳賦二卷。詩五卷。蓋仿玉山草堂集例也。

殘本湖陵江氏集五卷（江西巡撫採進本）

國朝江八斗編。八斗字四達。號純夫。貴溪人。其始祖公榮。自宋建炎間官弋陽。始遷居於貴溪之湖陵。是爲湖陵江氏。其後仕宦頗盛。故八斗輯其先世詩文。分體編次。以成此集。八斗所自作。亦載入焉。目錄列文五卷。詩二卷。并以歷代敕命制誥。而終以附錄。此本闕第二卷第七卷及附錄。疑裝緝佚之。其編次頗爲參錯。如疇疏在題草之先。四言六言在詞調之後。子夜采蓮本爲古詩。而別之爲曲。其都譏關議諸名。他集亦不輕見也。

右總集類三百九十八部。七千一百三十四卷。（內二十六部無卷數。皆附存目。）

欽定四庫全書總目卷一百九十四

集部四十八

詩文評類一

文章莫盛於兩漢，渾渾灝灝，文成法立，無格律之可拘。建安黃初，體裁漸備，故論文之說出焉，典論其首也。其勒爲一書傳於今者，則斷自劉勰、鍾嶸。勰究文體之源流，而評其工拙；嶸第作者之甲乙，而溯厥師承，爲例各殊。至皎然詩式，備陳法律；孟棨本事詩，旁採故實；劉攽中山詩話、歐陽修六一詩話，又體兼說部。後所論著，不出此五例中矣。宋明兩代，均好爲議論，所撰尤繁。雖宋人務求深解，多穿鑿之詞；明人喜作高談，多虛憍之論。然汰除糟粕，採擷菁英，每足以考證舊聞，觸發新意。隋志附總集之內，唐書以下則竝於集部之末，別立此門。豈非以其討論瑕瑜，別裁眞僞，博參廣考，亦有裨於文章歟。

文心雕龍十卷（內府藏本）

梁劉勰撰。勰字彥和，東莞莒人。天監中兼東宮通事舍人，遷步兵校尉，兼舍人如故。後出家爲沙門，改名慧地。事蹟具南史本傳。其書原道以下二十五篇，論文章體製；神思以下二十四篇，論文章工拙；合序志一篇，爲五十篇。據序志篇稱上篇以下、下篇以上，本止二卷，然隋志已作十卷，蓋後人所分。又據時序篇中所言，此書實成於齊代，此本署梁通事舍人劉勰撰，亦後人追題也。是書自至正乙未刻於嘉禾，至明宏治、嘉靖、萬歷閒，凡經五刻，其隱秀一篇皆有闕文。明末常熟錢允治稱得阮華山宋槧本，鈔補四百餘字。然其書晚出，別無顯證，其詞亦頗不類。如嘔心吐膽，似摭李賀小傳語；鍛歲煉年，似摭六一詩話論周朴語；稱班姬爲匹婦，亦似摭鍾嶸詩品語，皆有可疑。況至正去宋未遠，不應宋本已無一存，三百年後乃爲明人所得。又考永樂大典所載舊本，闕文亦同。其時宋本如林，更不應內府所藏無一完刻。阮氏所稱，殆亦影撰，何焯等誤信之也。至字句舛譌，自楊愼、朱謀㙔以下，遞有校正，而亦不免於妄改。如哀誄篇賦憲之謚句，皆云賦憲當作議德，蓋以賦形近議，憲形近惪，惪古德字也。然考王應麟玉海曰：周書謚法，惟三月既生魄，周公旦、太公望相嗣王發，既賦憲受臚於牧之野，將葬，乃制作謚。文心雕龍云賦憲之謚，出於此。然則二字不誤，古人已言。以是例之，其以意雌黃者多矣。

文心雕龍輯註十卷（江蘇巡撫採進本）

國朝黃叔琳撰。叔琳有硏北易鈔，已著錄。考宋史藝文志有辛處信文心雕龍註十卷，其書不傳。明梅慶生註，麤具梗概，多所未備。叔琳因其舊本，重爲刪補，以成此編。其譌脫字句，皆據諸家校本改正。惟宗經篇末附註，極論梅本之舛誤，謂宜從王惟儉本，而篇中所載乃仍用梅本，非用王本，殊自相矛盾。所註如宗經篇中書實紀言，而訓詁茫昧，通乎爾雅，則文義曉然句，謂爾雅本以釋詩，無關書之訓詁。案爾雅開卷第二字，郭註卽引尙書哉生魄爲證，其他釋書者不一而足，安得謂與書無關。詮賦篇中拓宇於楚詞句，拓宇字出顏延年宋郊祀歌，而改爲括宇，引西京雜記所載司馬相如賦家之心包括宇宙語爲證，割裂牽合，亦爲未協。史傳篇中徵賄鬻筆之愆，公理辨之究矣句，公理爲仲長統字，此必所著昌言中有辨班固徵賄之事，今原書已佚，遂無可考。觀劉知幾史通，亦載班固受金事，與此書同，蓋昌言唐時尙存，故知幾見之也。乃不引史通互證，而引陳壽索米事爲註，與前漢書何預乎。又時序篇中論齊無太祖、中宗，序志篇中論李充不字宏範，皆不附和本書，而指瑕篇中西京賦稱中黃育獲之疇，薛綜謬註謂之閹尹句，今文選薛綜註中實無此語，乃獨不糾彈。小小舛誤，亦所不免。至於徵聖篇中四象精義以曲隱句，註引易有四象所以示也，又引朱子本義曰四象謂陰陽老少。案繫辭易有四象，孔疏引莊氏曰：四象謂六十四卦之中有實象，有假象，有義象，有用象，爲四象也。又引何氏說，以天生神物八句爲四象。其解兩儀生四象，則謂金木水火秉天地而有。是自唐以前，均無陰陽老少之說，劉勰梁人，豈知後有邵子易乎。又秉文之金科句，引揚雄劇秦美新金科玉條，又引註曰謂法令也，言金玉佞詞也。案李善註曰：金科玉條，謂法令，言金玉貴之也。此云佞詞，不知所據何本。且在劇秦美新，猶可謂之佞詞，此引註徵聖篇而用此註，不與本意剌謬乎。其他如註宗經篇三墳五典八索九丘，不引左傳而引僞孔安國書序；註諧讔篇荀卿蠶賦，不引荀子賦篇而引明人賦苑，尤多不得其根柢。然較之梅註，則詳備多矣。

詩品三卷（內府藏本）

梁鍾嶸撰。嶸字仲偉，潁川長社人。與兄岏、弟嶼並好學，有名。齊永明中爲國子生，王儉舉本州秀才，起家王國侍郎。入梁，仕至晉安王記室，卒於官。嶸學通周易，詞藻兼長。所品古今五言詩，自漢魏以來一百有三人，論其優劣，分爲上中下三品。每品之首，各冠以序。皆妙達文理，可與文心雕龍並稱。近時王士禎極論其品第之間多所違失，然梁代迄今，邈踰千祀，遺篇舊製，什九不存，未可以掇拾殘文，定當日全集之優劣。惟其論某人源出某人，若一一親見其師承者，則不免附會耳。史稱嶸嘗求譽於沈約，約弗爲獎借，故嶸怨之，列約中品。案約詩列之中品，未爲排抑。惟序中深詆聲律之學，謂蜂腰鶴膝，僕病未能；雙聲疊韻，里俗已具。是則攻擊約說，顯然可見，言亦不盡無因也。又一百三人之中，惟王融稱王元長，不著其名，或疑其有所私尊。然徐陵玉臺新詠亦惟融書字，蓋齊梁之間避齊和帝之諱，故以字行，實無他故。今亦姑仍原本，以存其舊焉。

文章緣起一卷（兩淮馬裕家藏本）

舊本題梁任昉撰。考隋書經籍志載任昉文章始一卷，稱有錄無書。是其書在隋已亡。唐書藝文志載任昉文章始一卷，註曰張績補。績不知何許人，然在唐已補其亡，則唐無是書可知矣。宋人修太平御覽，所引書一千六百九十種，摯虞文章流別、李充翰林論之類無不備收，亦無此名。今檢其所列，引據頗疎，如以表與讓表分爲二類，騷與反騷別立兩體，挽歌云起繆襲，不知薤露之在前；玉篇云起凡將，不知蒼頡之更古；崔駰達旨即揚雄解嘲之類，而別立旨之一名；崔瑗草書勢乃論草書之筆勢，而强標勢之一目，皆不足據爲典要。至於謝恩曰章，文心雕龍載有明釋，乃直以謝恩兩字爲文章之名，尤屬未協。疑爲依託，併書末洪适一跋亦疑從盤洲集中鈔入。然王得臣爲嘉祐中人，而所作麈史有曰：梁任昉集秦漢以來文章名之始，目曰文章緣起，自詩賦離騷至於勢約，凡八十五題，可謂博矣。既載相如喻蜀，不錄揚雄劇秦美新；錄解嘲而不收韓非說難，取劉向列女傳而遺陳壽三國志評。又曰：任昉以三言詩起晉夏侯湛，唐劉存以爲始鷺于飛，醉言歸；任以頌起漢之王褒，劉以始於周公時邁；任以檄起漢陳琳檄曹操，劉以始於張儀檄楚；任以碑起於漢惠帝作四皓碑，劉以管子謂無懷氏封太山，刻石紀功爲碑；任以銘起於秦始皇登會稽山，劉以爲蔡邕銘論黃帝有巾几之銘云云。所說一一與此本合，知北宋已有此本。其殆張績所補，後人誤以爲昉本書歟。明陳懋仁嘗爲之註，

國朝方熊更附益之。凡編中題註字者皆懋仁語，題補註字者皆熊所加。其註每條之下，蔓衍論文，多捃拾摯虞、李充、劉勰之言，而益以王世貞藝苑巵言之類，未爲精要。於本書間有考證，而失於糾駁者尙多。議論亦往往紕繆，如謂枚乘七發源於孟子、莊子之七篇，殊爲附會。又謂鄉約之類當仿王褒僮約爲之，庶不失古意，不知僮約乃俳諧遊戲之作，其文全載太平御覽中，豈可以爲鄉約之式。尤爲乖舛。以原本所有，姑附存之云爾。

本事詩一卷（兩江總督採進本）

唐孟棨撰。棨字初中，爵里未詳。王定保唐摭言稱棨出入場籍垂三十餘年，年稍長於小魏公。其放牓日，出行曲謝，云云，則嘗於崔沆下登第。書中韓翃條內稱開成中余罷梧州，亦不知爲梧州何官。新唐書藝文志載此書，題曰孟啟。毛晉津逮祕書因之。然諸家稱引，並作棨字，疑唐志誤也。是書前有光啟二年自序，云大駕在褒中，蓋作於僖宗幸興元時。皆採歷代詞人緣情之作，敘其本事，分情感、事感、高逸、怨憤、徵異、徵咎、嘲戲七類。所記惟樂昌公主、宋武帝二條爲六朝事，餘皆唐人。其中士人代妻答詩一首，韋縠才調集作葛鴉兒。二人相去不遠，蓋傳聞異詞。薔薇花落一詩乃賈島刺裴度作，棨所記不載緣起，疑傳寫脫誤。其李白飯顆山頭一詩，論者頗以爲失實。然唐代詩人軼事，頗賴以存，亦談藝者所不廢也。晁公武讀書志載五代有處常子者，嘗續棨書爲二卷，仍依棨例分爲七章，皆唐人之詩。今佚不傳，惟棨書僅存云。

詩品一卷（內府藏本）

唐司空圖撰。圖有文集，已著錄。唐人詩格傳於世者，王昌齡、杜甫、賈島諸書，率皆依託。即皎然杼山詩式，亦在疑似之間。惟此一編，眞出圖手。其一鳴集中有與李秀才論詩書，謂詩貫六義，諷諭抑揚，渟蓄淵雅，皆在其中。惟近而不浮，遠而不盡，然後可言意外之致。又謂梅止於酸，鹽止於鹹，而味在

酸鹹之外。其持論非晚唐所及。故是書亦深解詩理。凡分二十四品。曰雄渾。曰沖淡。曰纖穠。曰沈著。曰高古。曰典雅。曰洗鍊。曰勁健。曰綺麗。曰自然。曰含蓄。曰豪放。曰精神。曰縝密。曰疏野。曰清奇。曰委曲。曰實境。曰悲慨。曰形容。曰超詣。曰飄逸。曰曠達。曰流動。各以韻語十二句體貌之。所列諸體畢備。不主一格。王士禎但取其采采流水，蓬蓬遠春二語。又取其不著一字，盡得風流二語。以爲詩家之極則。其實非圖意也。

六一詩話一卷（江蘇巡撫採進本）

宋歐陽修撰。修有詩本義，已著錄。是書前有自題一行，稱退居汝陰時集之以資閒談。蓋熙寧四年致仕以後所作，越一歲而修卒，其晚年最後之筆也。陳師道後山詩話謂修不喜杜甫詩。葉夢得石林詩話謂修力矯西崑體，而此編載論蔡都尉詩一條，劉子儀詩一條，殊不盡然。毛晉後跋所辨，亦公論也。其中如風暖鳥聲碎，日高花影重一聯，今見杜荀鶴唐風集，而修乃作周朴詩。魏泰作臨漢隱居詩話，詆其謬誤。然考宋吳聿觀林詩話曰，杜荀鶴詩句鄙惡。世所傳唐風集首篇風暖鳥聲碎，日高花影重者，余甚疑不類荀鶴語。他日觀唐人小說，見此詩乃周朴所作，而歐陽文忠公亦云爾。蓋借此引編以行於世矣云云。然則此詩一作周朴，實有根據。修不誤也。惟九僧之名頓遺其八，司馬光續詩話乃爲補之，是則記憶偶疎耳。

續詩話一卷（江蘇巡撫採進本）

宋司馬光撰。光有易說，已著錄。是編題曰續詩話者，據卷首光自作小引，蓋續歐陽修六一詩話而作也。光傳家集中具載雜著，乃不錄此書，惟左圭百川學海收之。然傳家集中亦不錄切韻指掌圖。或二書成於編集之後耶。光德行功業冠絕一代，非斤斤於詞章之末者，而品第諸詩，乃極精密。如林逋之疎影橫斜水清淺，暗香浮動月黃昏，魏野之數聲離岸櫓，幾點別州山，韓琦之花去曉叢蝴蝶亂，雨餘春圃桔槔閒，耿仙芝之草色引開盤馬地，簫聲吹暖賣餳天，寇準之江南春詩，陳堯佐之吳江詩，暢當王之渙之鸛雀樓詩，及其父行色詩，相沿傳誦，皆自光始表出之。其論魏野詩誤改藥字，及說杜甫國破山河在一首，尤妙中理解，非他詩話所及。惟梅堯臣病死一條，與詩無涉，乃載之此書，則不可解。考光別有涑水記聞一書，載當時雜事，豈二書並修，偶以欲筆於彼冊者，誤筆於此冊歟。

中山詩話一卷（江蘇巡撫採進本）

宋劉攽撰。攽有文選類林，已著錄。當熙寧、元祐之間，攽兄弟以博洽名一世，而吟咏則不甚著。惟此論詩之語，獨傳。宋人所引，多稱劉貢父詩話。此本名曰中山，疑本無標目，後人用其郡望追題，以別於他家詩話也。花蕊夫人宮詞本一百首，攽稱僅見三十餘篇，疑王安國初傳之時，或好事者有所摘鈔，攽未見其全本也。其論李商隱錦瑟詩，以爲令狐楚青衣之名，頗爲影撰。其論赫連勃勃蒸土一條，亦不確當。不但解杜甫詩功曹非復漢蕭何句，考之未審，爲晁公武所糾。至開卷第二條所引劉子儀詩，誤以論語師也辟爲師也達，漫無駁正，亦不可解。所載嘲諷之詞，尤爲冗雜。攽好諧謔，嘗坐是爲馬默所彈，殆性之所近，不覺濫收歟。北宋詩話惟歐陽修、司馬光及攽三家號爲最古。此編較歐陽、司馬二家雖似不及，然攽在元祐諸人之中，學問最有根柢，其考證論議，可取者多，究非江湖末派鉤棘字句，以空談說詩者比也。

後山詩話一卷（江蘇巡撫採進本）

舊本題宋陳師道撰。師道有後山叢談，已著錄。是書文獻通考作二卷，此本一卷，疑後人合併也。陸游老學菴筆記深疑後山叢談及此書，且謂叢談或其少作，此書則必非師道所撰。今考其中於蘇軾、黃庭堅、秦觀俱有不滿之詞，殊不類師道語。且謂蘇軾詞如教坊雷大使舞，極天下之工，而終非本色。案蔡絛鐵圍山叢談，稱雷萬慶宣和中以善舞隸教坊。軾卒於建中靖國元年六月，師道亦卒於是年十一月，安能預知宣和中有雷大使借爲譬況。其出於依託，不問可知矣。至謂陶潛之詩切於事情而不文，謂韓愈元和聖德詩於集中爲最下，而裴說寄邊衣一首，詩格柔靡，殆類小詞，乃亟稱之，尤爲未允。其以王建望夫石詩爲顧況作，亦間有舛誤。疑南渡後舊稟散佚，好事者以意補之耶。然其謂詩文寧拙毋巧，寧朴毋華，寧麤毋弱，寧僻毋俗。又謂善爲文者因事以出奇，江河之行，順下而已，至其觸山赴谷，風搏物激，然後盡天下之變。持論閒有可取。其解杜甫同谷歌之黃獨，百舌詩之讒人，解韋應物詩之新橘三百，駁蘇軾戲馬臺詩之玉鉤白鶴。亦間有考證。流傳既久、固不妨存備一家爾。

臨漢隱居詩話一卷、編修程晉芳家藏本

宋魏泰撰。泰有東軒筆錄、已著錄。泰爲曾布婦弟、故嘗託梅堯臣之名、撰碧雲騢以詆文彥博范仲淹諸人。及作此書、亦黨熙寧而抑元祐。如論歐陽修則恨其詩少餘味、而於行人仰頭飛鳥驚之句始終不取。論黃庭堅則譏其自以爲工、所見實僻、而有方其拾璣羽、往往失鵬鯨之題。論石延年則以爲無大好處。論蘇舜欽則謂其以奔放豪健爲主。論梅堯臣則謂其乏高致。惟於王安石則盛推其佳句。蓋堅執門戶之私、而甘與公議相左者。至草草杯柈供笑語、昏昏鐙火話平生一聯、本王安石詩、而以爲其妹長安縣君所作、尤傳聞失實。然如論梅堯臣贈鄰居詩不如徐鉉、則亦未嘗不確。他若引韓愈詩證國史補之不誣、引漢書證劉禹錫稱衞綰之誤、以至評韋應物白居易楊億劉筠諸詩、考王維詩中顛倒之字、亦頗有可採。略其所短、取其所長、未嘗不足備考證也。

優古堂詩話一卷、兩江總督採進本

宋吳幵撰。幵字正仲、滁州人。紹聖丁丑、中宏詞科。靖康中、官翰林承旨。與耿南仲力主割地之議、卒誤國事。又爲金人往來傳道意旨、立張邦昌而事之。建炎後竄謫以死。其人本不足道、而所作詩話乃頗有可採。其書凡一百五十四條、多論北宋人詩、亦間及唐人。惟卷末載楊萬里一條、時代遠不相及、疑傳寫有譌、或後人有所竄亂歟。所論惟卷末吏部文章二百年一條、褰飯非子來一條、王僧綽蠟鳳一條、荷囊一條、陽燧一條、陽關圖一條、珠還合浦一條、黃金臺一條、以玉兒爲玉奴一條、東坡用事切一條、妓人出家詩一條、蒸壺似蒸鴨一條、望夫石一條、落梅花折楊柳一條、兼涉考證。其餘則皆論詩家用字鍊句、相承變化之由。夫奪胎換骨、翻案出奇、作者非必盡無所本。實則無心闇合、亦多有之。必一句一字求其源出某某、未免於求劍刻舟。卽如李賀詩桃花亂落如紅雨句、劉禹錫詩搖落繁英墮紅雨句、幵既知二人同時、必不相襲。岑參與孟浩然亦同時、乃以參詩黃昏爭渡字爲用浩然夜歸鹿門詩、不免强爲科配。又知張耒詩夕陽外字本於楊巨源、而不知夕陽西字本於薛能。可知輾轉相因、亦復搜求不盡。然互相參考、可以觀古今人運意之異同、與遣詞之巧拙。使讀者因端生悟、觸類引申、要亦不爲無益也。其中蓬生麻中一條、畜不吠之犬一條、韓退之全用列子文一條、韓退之學文而及道一條、定命論一條、富鄭公之言出元璹一條、寧人負我勿我負人一條、皆兼論雜文、不專詩話。又手滑一條、應聲蟲一條、更詩文皆不相涉。蓋詩話中兼及雜事、自劉攽歐陽修等已然矣。

詩話總龜前集四十八卷後集五十卷、兩江總督採進本

宋阮閱撰。閱有郴江百詠、已著錄。案胡仔苕溪漁隱叢話序曰、舒城阮閱、昔爲郴江守、嘗編詩總、頗爲詳備。蓋因古今詩話、附以諸家小說、分門增廣。獨元祐以來諸公詩話不載焉。考編此詩總、乃宣和癸卯、是時元祐文章、禁而弗用、故阮因以略之云云。據其所言、則此書本名詩總。其改今名、不知出誰手也。此本爲明宗室月窗道人所刊、倂改其名爲阮一閱、尤爲疎舛。其書前集分四十五門、所採書凡一百種。後集分六十一門、所採書亦一百種。摭拾舊文、多資考證。惟分類瑣屑、頗有乖於體例。前有郴陽李易序、乃曰阮子舊集頗雜、月窗條而約之、彙次有義、棼結可尋。然則此書已經改竄、非其舊目矣。

彥周詩話一卷、江蘇巡撫採進本

宋許顗撰。顗、襄邑人、彥周其字也。始末無可考。書中有宣和癸卯子遊嵩山之語。下距建炎元年僅三年、當已入南宋矣。觀書中載與惠洪面論冷齋夜話評李商隱之誤、惠洪卽改正。又極推其題李愬畫像詩、稱在長沙相從彌年。惠洪冷齋夜話亦記顗述李元膺悼亡長短句。蓋亦宗元祐之學者、所引述多蘇軾黃庭堅陳師道語、其宗旨可想見也。顗議論多有根柢、品題亦具有別裁。其謂韓愈齋梁及陳隋、衆作等蟬噪語、不敢議、亦不敢從。又謂論道當嚴、取人當恕、俱卓然有識。惟譏杜牧赤壁詩爲不說社稷存亡、惟說二喬。不知大喬孫策婦。小喬周瑜婦。二人入魏、卽吳亡可知。此詩人不欲質言、變其詞耳。顗遽詆爲秀才不知好惡、殊失牧意。又以適怨清和解李商隱錦瑟詩、亦穿鑿太甚。至漢武帝李夫人歌本以之時爲韻、乃讀立而望之偏爲句、則此歌竟不用韻、尤好奇而至於不可通。其他雜以神怪夢幻、更不免體近小說。然論

其大致瑕少瑜多，在宋人詩話之中，猶善本也。

紫微詩話一卷（江蘇巡撫採進本）

宋呂本中撰。本中有春秋集解，已著錄。本中歷官中書舍人，權直學士院，故詩家稱曰呂紫微，而所作詩話亦以紫微爲名。其中如李鼎祚易解諸條偶涉經義，秦觀黃樓賦諸條頗及雜文，吳儔倒語諸條亦閒雜諧謔，而大致以論詩爲主。其學出於黃庭堅，嘗作江西宗派圖，以庭堅爲祖，而以陳師道等二十四人序列於下，宋詩之分門別戶實自是始。然本中雖得法於豫章，而是編稱述庭堅者惟范元實一條、從叔知止一條、晁叔用一條、潘邠老二條、晁無咎一條，皆因他人而及之，其專論庭堅詩者惟歐陽季默一條而已。餘皆述其家世舊聞及交朋新作，如橫渠張子、伊川程子之類，亦備載之，實不專於一家。又極稱李商隱重過聖女祠詩「一春夢雨常飄瓦，盡日靈風不滿旗」一聯，及嫦娥詩「嫦娥應悔偷靈藥，碧海青天夜夜心」二句，亦不主於一格。蓋詩體始變之時，雖自出新意，未嘗不兼採衆長。自方回等一祖三宗之說興，而西崑、江西二派乃判如冰炭，不可復合。元好問題中州集末，因有「北人不拾江西唾，未要曾郎借齒牙」句，實末流相詬，有以激之。觀於是書，知其初之不盡然也。王士禎古夫于亭雜錄曰：紫微詩話載張子厚詩「井丹已厭嘗蔥葉，庾亮何勞惜薤根」。二韭二十七，乃杲之事，與元規何涉。張誤用，而居仁亦無辨證，何也。今考南齊書庾杲之傳，杲之清貧自業，食惟有韭葅、瀹韭、生韭雜菜。或戲之曰：誰謂庾郎貧，食鮭常有二十七種。則杲之但有食韭事，實不云薤。晉書庾亮傳載亮噉薤，因留白，陶侃問曰：安用此。爲亮曰：故可以種。則惜薤實庾亮事，與杲之無關。此士禎偶然誤記，安可反病本中失於辨證乎。

四六話二卷（江蘇巡撫採進本）

宋王銍撰。銍有侍兒小名錄補遺，已著錄。其書皆評論宋人表啓之文。六代及唐，詞雖駢偶，而格取渾成。唐末五代，漸趨工巧，如羅隱代錢鏐賀昭宗更名表，所謂「右則虞舜之全文，左則姬昌之半字」者，當時以爲警策是也。宋代沿流，彌競精切，故銍之所論，亦但較勝負於一聯一字之閒。至周必大等承其餘波，轉加細密。終宋之世，惟以隸事切合爲工，組織繁碎，而文格日卑，皆銍等之論導之也。然就其一時之法論之，則亦有推闡入微者，如詩家之有句圖，未可廢也。上卷之末，載其父素爲滕甫辨謗乞郡劄子，誤刻蘇軾集中，銍據素手迹，殆必不誣。今軾集仍載此文，蓋失於釐正，此亦足以資考訂焉。

珊瑚鉤詩話三卷（江蘇巡撫採進本）

宋張表臣撰。表臣字正民，里貫未詳，官右承議郎通判常州軍州事。紹興中，終於司農丞。是編名曰珊瑚鉤者，取杜甫詩「文采珊瑚鉤」句也。其書雖以詩話爲名，而多及他文，閒涉雜事，不盡論詩之語。又好自載其詩，務表所長，器量亦殊淺狹。其論杜甫遊龍門奉先寺詩，改天闕爲天閲，引據支離，已爲前人所駁。又如論杜牧「擬把一麾江海去」句，以爲誤用顏延年語，以麾斥之麾爲麾旄。然考崔豹古今注曰：麾者所以指麾也，武王執白旄以麾是也。乘輿以黃，諸公以朱，刺史二千石以纁。據其所說，則刺史二千石乃得建麾，牧將乞郡，故有擬把一麾之語，未可云誤。表臣所論亦非也。然表臣生當北宋之末，猶及與陳師道遊，與晁說之尤相善，故其論詩往往得元祐諸人之餘緒，在宋人詩話之中，固與惠洪冷齋夜話在伯仲之閒矣。

石林詩話一卷（江蘇巡撫採進本）

宋葉夢得撰。夢得有石林春秋傳，已著錄。是編論詩，推重王安石者不一而足，而於歐陽修詩，一則摘其評河豚詩之誤，一則摘其語有不倫，亦不復改；一則摭其疑夜半鐘聲之誤；於蘇軾詩，一則譏其繫懣割愁之句爲險諢，一則譏其捐三尺字及亂蛙兩部句爲歇後，一則譏其失李廌，一則譏其不能聽文同，一則譏其石建牏廁之誤，皆有所抑揚於其閒。蓋夢得出蔡京之門，而其壻章沖則章惇之孫，本爲紹述餘黨，故於公論大明之後，尚陰抑元祐諸人。然夢得詩文實南北宋閒之巨擘，其所評論往往深中窾會，終非他家聽聲之見，隨人以爲是非者比。略其門戶之私，而取其精核之論，分別觀之，瑕瑜固兩不相掩矣。

藏海詩話一卷（永樂大典本）

案藏海詩話載於永樂大典中，不著撰人名氏。自明以來，諸家亦不著錄。考永樂大典載宋吳可有藏海居士集，已裒輯成編，別著於錄，與此書名目相合。又集中有爲王詵題春江圖詩，又多與韓駒論詩之語所載宣和政和年月及建炎初避兵南竄流轉楚粵與此書卷末稱自元祐至今六十餘年者時代亦復相合則是書其可所作歟其論詩每故作不了了語似乎禪家機鋒頗不免於習氣他如引徐俯之說以杜甫天棘蔓青絲句爲見柳而憶馬頗病支離謂渝陰爲陰渝併謂廣雅爲爾雅亦小有舛誤然及見元祐舊人學問有所授受所云詩以用意爲主而附之以華麗寧對不工不可使氣弱足以救西崑穠豔之失又云凡看詩須是一篇立意乃有歸宿處又云學詩當以杜爲體以蘇黃爲用杜之妙處藏於內蘇黃之妙處發於外又云絕句如小家事句中著大家事不得若山谷蝦詩用虎爭及支解字此家事大不當入詩中又云七言律詩極難做蓋易得俗所以山谷別爲一體皆深有所見所論有形之病無形之病尤抉摘入微其他評論考證亦多可取而胡仔苕溪漁隱叢話魏慶之詩人玉屑網羅繁富俱未及採錄則在宋代已不甚顯固宜表而出之俾談藝者有考焉

風月堂詩話二卷內府藏本

宋朱弁撰弁有曲洧舊聞已著錄是編多記元祐中歐陽修蘇軾黃庭堅陳師道梅堯臣及諸晁遺事首尾兩條皆發明鍾嶸思君如流水既是即目明月照積雪羌無故實之義蓋其宗旨所在其論黃庭堅用崑體工夫而造老杜渾成之地尤爲窺見深際後來論黃詩者皆所未及前有自序題庚申閏月考庚申爲紹興十年當金熙宗天眷三年弁以建炎元年使金羈留十七年乃還則在金時所作也末有咸淳壬申月觀道人跋稱得於永城人朱伯玉家蓋北方所傳之本意弁使金時遺其稾於燕京度宗時始傳至江左故晁陳二家皆不著錄觀元好問中州集收錄弁詩知其著作散落北方者多固不得以晚出疑之矣其序但題甲子不著紹興紀年殆亦金人傳寫不用敵國之號爲之削去歟

歲寒堂詩話二卷永樂大典本

宋張戒撰錢曾讀書敏求記作趙戒傳寫誤也考戒名附見宋史趙鼎傳不詳其始末惟李心傳建炎以來繫年要錄載戒正平人紹興五年四月以趙鼎薦得召對授國子監丞鼎稱其登第十餘年曾作縣令則嘗舉進士也又載紹興八年三月戒以兵部員外郎守監察御史是年八月守殿中侍御史十一月爲司農少卿旋坐疏留趙鼎改外任十二年羅汝楫劾其沮和議黨於趙鼎岳飛特勒停二十七年九月以佐宣教郎主管台州崇道觀不言所終蓋即終於奉祠矣初戒以論事切直爲高宗所知其言當以和爲表以備爲裏以戰爲不得已頗中時勢故淮西之戰則力劾張浚趙開而秦檜欲屈己求和則又力沮卒與趙鼎並逐蓋亦鯁亮之士也是書通論古今詩人由宋蘇軾黃庭堅上溯漢魏風騷分爲五等大旨尊李杜而推陶阮始明言志之義而終之以無邪之旨可謂不詭於正者其論唐諸臣詠楊太眞事皆爲無禮獨杜甫立言爲得體尤足維世教而正人心又專論杜甫詩三十餘條亦多宋人詩話所未及考說郛及學海類編載此書均止寥寥三四頁此本爲永樂大典所載猶屬完帙然有二條此本遺去而見於學海類編者今謹據以增入庶爲全璧讀書敏求記本作一卷今以篇頁稍繁釐爲上下卷云

庚溪詩話二卷江蘇巡撫採進本

宋陳巖肖撰巖肖字子象金華人父德固死靖康之難紹興八年以任子中詞科仕至兵部侍郎此編記其於靖康閒遊京師天清寺事猶及北宋之末而書中稱高宗爲太上皇帝孝宗爲今上皇帝光宗爲當今皇太子則當成於淳熙中上溯靖康已六十年蓋其晚年之筆也卷首先載宋累朝御製附以漢高帝唐文皇宣宗三條次即歷敘唐宋詩家各爲評騭而於元祐諸人徵引尤多蓋時代相接頗能得其緒餘故所論皆具有矩矱其中如趙與旹賓退錄所稱虞中琳送林季仲詩殊嫌陳腐又厲鶚宋詩紀事摘所載蔡肇睢州詩蹙皺巧合丁字水臘梅遲見二年花句實爲杜牧之詩亦閒舛誤然大旨不詭於正其論山谷詩派一條深斥當時學者未得其妙而但使聲韻拗捩詞語艱澀以爲江西格尤爲切中後來之病至遺篇佚句綴述見聞亦閒有宋人詩集所未及者宋末左圭嘗輯入百川學海中但題西郊野叟述而佚其名氏明胡應麟筆叢據中閒論皇太子作詩一條旨題其名始考定爲巖肖所作然吳師道敬鄉錄已云巖肖著庚溪詩話具有明文不待應麟始知矣

韻語陽秋二十卷兩江總督採進本

宋葛立方撰。立方有歸愚集、已著錄。是編雜評諸家之詩、不甚論句格工拙、而多論意旨之是非。故曰陽秋、用晉人語也。然晉人以避諱之故、改春爲陽可也。宋不諱春而立方乃襲舊文、是好奇而無理矣。其中如偏重釋氏、謂歐陽修夢見十王、得知罪福、後亦信佛之類、則未免虛誣。議屈原自沈爲不知命之類、則未免偏駁。論李、杜、蘇、黃皆相輕相詆之類、則未免附會。趙與旹賓退錄嘗議其誤以鄭合敬詩爲鄭谷詩、又議其不知阮咸出處。今觀所載、如以江淹雜擬赤玉隱瑤溪句爲謝靈運詩。以蘇軾老身倦馬河堤永、踏盡黃榆綠槐影句爲杜甫詩。以李白解道澄江淨如練、令人長憶謝元暉句爲襲鄭谷之語。皆未免舛誤、尚不止與旹之所糾。然大旨持論嚴正、其精確之處、亦未可盡沒也。

碧溪詩話十卷、浙江鮑士恭家藏本、

宋黃徹撰。徹字常明、陳振孫書錄解題作莆田人。八閩通志作邵武人。振孫時去徹未遠、當得其眞也。朱彝尊曝書亭集有是書跋、厲鶚宋詩紀事亦載徹詩。彝尊但據八閩通志知爲紹興十五年進士、鶚亦但據此書自序言其嘗官辰州、皆不詳其始末。惟鮑氏知不足齋藏本前有乾道四年陳俊卿序、又有徹子廓、徹孫熹及黃永存、翁棠四跋。熹跋載楊邦弼所作墓誌、稱徹登宣和甲辰第。授辰州辰溪縣丞、就升令。在任五年、辟差沅州軍事判官攝倅事。繼權麻陽縣、尋辟鄂之嘉魚令。復權岳之平江、越半歲即眞。復忤權貴、棄官歸。張浚欲辟之入幕、不肎就、遂終老於家。又稱其在沅州定猺賊之亂、在麻陽擒巨寇曹成、在平江佐征楊么、運餉亦有功。而卒以不善諂佞罷。所敍徹之生平、尚可槩見。彝尊及鶚蓋均未見此本、故所言或舛或略也。其論詩大抵以風教爲本、不尚雕華。然徹本工詩、故能不失風人之旨。非務以語錄爲宗、使比興之義都絕者也。

唐詩紀事八十一卷、江蘇巡撫採進本、

宋計有功撰。有功字敏夫、其始末未詳。李心傳建炎以來繫年要錄載、紹興五年秋七月戊子、右承議郎新知簡州計有功提舉兩浙西路常平茶鹽公事。有功、安仁人、張浚從舅也。又考郭印雲溪集、有和計敏夫留題雲溪詩曰、知君絕學謝芸編、語默行藏不礙禪。親到雲溪重說偈、天開地闢見純全。則敏夫爲南渡時人。詳印詩意、蓋耽味禪悅之士。而是集乃留心風雅、採摭繁富。於唐一代詩人或錄名篇、或紀本事、兼詳其世系爵里。凡一千一百五十家。唐人詩集不傳於世者、多賴是書以存。其某篇爲某集所取者、如極元集、主客圖之類、亦一一詳註。今姚合之書猶存。張爲之書獨藉此編以見梗概、猶可考其孰爲主、孰爲客、孰爲及門、孰爲升堂、孰爲入室。則其輯錄之功、亦不可沒也。惟其中多委巷之談。如謂李白微時曾爲縣吏、幷載其牽牛之謔、溺女之篇、俳諧猥瑣、依託顯然、則是榛楛之勿翦耳。

觀林詩話一卷、浙江范懋柱家天一閣藏本、

宋吳聿撰。聿字子書、自署楚東人。楚東地廣、莫能知其邑里。陳振孫書錄解題載此書、亦云不知何人。案書中稱衣冠中有微時爲小吏者、作三角亭詩、有夜欠一簷雨、春無四面花之語。獻其所事、異之、使學。果後登第。今爲郎矣云云。案曾三異同話錄載此事、稱爲余子清之祖仁廓。則子書蓋南宋初人。故所稱引、上至蘇軾、黃庭堅、賀鑄、下至汪藻、王宣而止也。其中如辨陸厥中山王孺子妾歌誤用安陵君一條、李善文選註已先有此論。聿抒爲新得、蓋偶未及檢。又引摭言趙牧學李長吉歌詩一條、摭言無此文。蓋記杜牧語、又誤增學李長吉歌詩一句、亦爲疏舛。卷末錄謝朓事三條、不加論斷、殊無所取。核其詞意、似乎欲解王安石、歐陽修倡和詩中吏部文章二百年句、而其文未畢。或傳寫有所佚脫、又誤分一則爲三則歟。聿之詩學出於元祐、於當時佚事、尤所究心。如謂黃庭堅論黃獨爲土芋、而云或以爲黃精者。乃指蘇軾詩人空腹待黃精、生事只看長柄械句、而不欲顯名。又陳師道所稱但解開門留我住、主人不問是誰家句。乃蘇軾藏春兩絕句之一、託云古語。又蘇軾不向如皋閒射雉、人閒何以得卿卿句、世譏軾誤以如皋爲地名。聿謂親見其手寫會獵詩、不向乃作向不。又軾嘗名賈耘老之妾曰雙荷葉、世不曉所謂。聿謂其事載泉南老人集、取雙髻並前之義。其名出於溫庭筠詞。澠水燕談稱張舜民題蘇軾老人行役詩。乃蘇轍作、王闢之誤記。軾梅花詩用返魂字、乃用韓偓金鑾祕記中語。說者誤引蘇德哥及聚窟州返魂香事。皆查愼行補註蘇詩所未及。又如黃庭堅與惠洪詩，實用陳平傳解衣贏而刺船句相譏，洪作冷齋夜話，乃以欲加冠巾自解，與庭堅自稱從王安石得古詩句法，及安石詞採藍一水縈花帀句，乃追用所見江上人家壁間絕句諸事，亦他書所未言。至於引郭義恭廣志證陸龜蒙詩蕙炷字，引尉遲樞南楚新聞證僧詩甑根字，引隋書禮志證古詩長跪問故夫句，引許慎說文證衣亦可名不借，不獨草屨，引南史邱仲孚傳證唐詩半夜鐘，引宋書證吳融誤用虞嘯事，引世說新語庾亮事證著屐登樓，引元結自序證歐陽修黃庭堅誤讀箬笞字，引潘岳西征賦證晁錯之錯可讀七各切，引江淹雜擬詩證東觀奏記誤稱沈約，引顧愷新繼圖記證松五粒非五鬣，引歌錄證殷芸小說誤解蜻蛚，引西京雜記駁賀鑄詞誤用玉硯生冰，以及駁蘇軾誤以白居易除夜詩爲寒食詩，以長桑君爲倉公，以左傳小人之食爲小人之羹，諸條，皆足以資考證，在宋人詩話之中，亦可謂之佳本矣。

四六談麈一卷 浙江汪啓淑家藏本

案此書爲左圭百川學海所刊舊本，卷首但題靈石山藥寮字，不著撰人。書錄解題載爲謝伋撰。考書中時自稱伋，則其說是也。伋字景思，上蔡人，官至太常少卿，參政克家之子，良佐之從孫，所稱逍遙公，即良佐也。其論四六，多以命意遣詞分工拙，視王銍四六話所見較深。其謂四六施於制誥表奏文檄，本以便宣讀，多以四字六字爲句，宣和間多用全文長句爲對，習尚之久，至今未能全變。前輩無此格。又謂四六之工在於翦裁，若全句對全句，何以見工。尤切中南宋之弊。其中所摘名句，雖與他書互見者多，然實自具別裁，不同勦襲。如王銍四六話載廖明略賀安厚卿張丞相諸啓凡數聯，伋皆不取，而別取其爲厚卿舉挂功德疏一篇，知非隨人作計者矣。費袞梁谿漫志曰：謝景思四六談麈甚新奇，然載陳去非草義陽朱丞相制有語忌，令貼改事，又載謝顯道初不入黨籍，宋震乞依黨籍例命官事，皆誤。朱制乃有旨令綦處厚貼麻，非令其自貼改，謝顯道崇寧元年實曾入黨籍，景思記當時所見偶爾差舛，恐談作史者採取，故爲是正之云云。是疏漏之處，亦所不免，然不以一二微瑕掩也。

環溪詩話一卷 永樂大典本

不著撰人名氏。皆品評吳沆之詩，及述沆論詩之語。卷首稱沆爲先環溪，又註其下曰：此集非門人所編，只稱先生爲環溪，蓋其後人所追記。趙與旹賓退錄稱爲吳德遠環溪詩話，似乎沆所自著者，誤也。沆所著有三墳訓義、易璇璣、論語發微、易禮圖說、老子解、環溪集諸書，今惟易璇璣存，已著於錄。其經術頗有足取，而詩亦戛戛自爲，不囿於當時風氣。其大旨以杜甫爲一祖，李白、韓愈爲二宗，亦間作黃庭堅體，然非所專主。其與張右丞論杜詩旌旗日暖龍蛇動句爲一句能言五物，乾坤日夜浮句爲一句能滿天下一條，案第一條孫仲書下註只環溪所與人議論，只稱官職，不敢指名字，故賓退錄不如張右丞之名，今亦仍其原文。賓退錄嘗駁之曰：若以句中事物之多爲工，則必皆如陳無己椒櫓枏櫨楓栝樟之句案陳師道此句實本之柏梁臺詩枇杷橘栗桃李梅，非所自創，趙與旹不引漢詩而引此句，或以漢詩僅六物與。而後可以獨步，雖杜子美亦不能專美。若以乾坤日夜浮爲滿天下句，則凡言天地宇宙四海者，皆足以當之矣，何謂無也。張輔喜司馬子長五十萬言紀三千年事，張右丞喜杜子美一句談五物，識趣正同云云。其掊擊頗當。蓋宋詩多空疏率易，故沆立多用實字則健之說，而主持太過，遂至於偏。又所舉白間黃裏殺青生白，素王黃帝，小烏大白，竹馬木牛，玉山銀海諸偶句，亦小巧細碎，頗於雅調有乖。所自爲詩如草迷花徑煩調護，水泊蓮塘欠節宣之類，自謂摹仿豫章，實僅得其不佳處，尤不可訓。然其取法終高，宗旨終正，在宋人詩話之中，不能不存備一家也。趙與虤娛書堂詩話亦稱其觀稼詩新月輝輝動，黃雲漸漸收之句爲形容最工云。

竹坡詩話一卷 江蘇巡撫採進本

宋周紫芝撰。紫芝有太倉稊米集，已著錄。周必大二老堂詩話辨金鎖甲一條，稱紫芝詩話百篇，此本惟存八十條。又山海經詩一條，稱竹坡詩話第一卷，則必有第二卷矣。此本惟存一卷，蓋殘闕也。必大嘗議其解緣沆金鎖之疎失，又議其論陶潛形天舞干戚句勦襲曾紘之說，又議其論譙國集一條，皆中其失。他如論王維襲李嘉祐詩，尚沿李肇國史補之誤，論柳宗元身在刀山之類，亦近於惡謔。然如辨嘲鼾睡非韓愈作，辨爾春不住詞非王安石作，辨韓愈調張籍詩非爲元稹作，皆有特見。其餘亦頗多可採。惟其中李白柳公權與文宗論詩一條，時代殊不相及。此非僻人僻事，紫芝不容舛謬至此，殆傳寫者之誤歟。

苕溪漁隱叢話前集六十卷、後集四十卷（江蘇巡撫採進本）

宋胡仔撰。仔字元任，績溪人，舜陟之子。以蔭授迪功郎、兩浙轉運司幹辦公事，官至奉議郎，知常州晉陵縣。後卜居湖州，自號苕溪漁隱。其書繼阮閱詩話總龜而作，前有自序，稱閱所載者皆不錄。二書相輔而行，北宋以前之詩話大抵略備矣。然閱書多錄雜事，頗近小說。此則論文考義者居多，去取較為謹嚴。閱書分類編輯，多立門目。此則惟以作者時代為先後，能成家者列其名，瑣聞軼句則或附錄之，或類聚之，體例亦較為明晰。閱書惟採摭舊文，無所考正。此則多附辨證之語，尤足以資參訂。故閱書不甚見重於世，而此書則諸家援據多所取資焉。新安文獻志引方回漁隱叢話考曰：元任寓居霅上，謂阮閱閎休詩總成於宣和癸卯，遺落元祐諸公，乃增纂集，自國風、漢、魏、六朝以至南渡之初，最大家數特出其名，餘入雜紀，以年代為後先。回幼好之，學詩實自此始。元任以閎休分門為未然，有湯巖起者，閎休鄉人，著詩海遺珠，又以元任為不然。回聞之吾州羅任臣毅卿，所病者元任紀其自作之詩不甚佳耳。其以歷代詩人為先後，於諸家詩話有去有取，間斷以己意，視皇朝類苑中概而並書者，豈不為優？云云。雖鄉曲之言，要亦不失公論也。

文則二卷（江蘇巡撫採進本）

宋陳騤撰。騤有南宋館閣錄，已著錄。按太平御覽引摯虞文章流別論曰：古詩之四言者，振鷺于飛是也。漢郊廟歌多用之。五言者，誰謂雀無角，何以穿我屋是也。樂府用之。六言者，我姑酌彼金罍是也。樂府亦用之。七言者，交交黃鳥止于桑是也。於俳調倡樂世用之。九言者，泂酌彼行潦挹彼注茲是也，不入歌謠之章，故世希為之。文章句法，推本六經，茲其權輿也。劉知幾史通特出模擬一篇，於貌同心異、貌異心同辨析特精。是又不以句法求六經矣。騤此書所列文章體式，雖該括諸家，而大旨皆準經以立制。其不使人根據訓典，鎔精理以立言，而徒較量於文字之增減，未免逐末而遺本。又分門別類，頗嫌於太瑣太拘，亦不免舍大而求細。然取格法於聖籍，終勝摹機調於後人。其所標舉，神而明之，存乎其人，固不必以定法泥此書，亦不必以定法病此書也。

二老堂詩話一卷（江蘇巡撫採進本）

宋周必大撰。必大有玉堂雜記，已著錄。是書其論詩之語，凡四十六條，原載平園集中。此後人鈔出別行者也。必大學問博洽，又熟於掌故，故所論多主於考證。如王禹偁不知貢舉一條、劉禹錫淮陰行一條、歐陽修詩報班齋一條、又陸游說蘇軾詩一條、周紫芝論金鎖甲一條、司空山李白詩一條、杜甫詩閑殷闃韻一條，皆極精審。至於奚斯作頌一條，偏主揚雄之說；梅花墜素一條，牽合韓愈之語，皆未免偏執。又辨縹緲字一條，知引蘇軾詩，而不知出王延壽靈光殿賦；辨一麾江海一條，知不本顏延之詩，而不知出於崔豹古今注：是皆援據偶疎者。然較其大致，究非學有本原者不能作也。

誠齋詩話一卷（江蘇巡撫採進本）

宋楊萬里撰。萬里有誠齋易傳，已著錄。此編題曰詩話，而論文之語乃多於詩，又頗及諧謔雜事。蓋宋人所著，往往如斯，不但萬里也。萬里本以詩名，故所論往往中理。而萬里為詩，好用文句及俚語，故以李師中之山如仁者壽，水似聖之清為善用經；以蘇軾之避謗詩尋醫，畏病酒入務，僧顯萬之探支春色牆頭朶，闌入風光竹外梢為善用字。與自稱其立岸風大壯、還舟鏺小明以詩篇名對易卦者，均非定論。又李商隱夜半宴歸宮漏永，薛王沈醉壽王醒二句，暴揚國惡，至為無禮。萬里以為微婉顯晦，盡而不汙，尤宋人作詩好為訐激之習氣矣。至於萬里時代距南渡初不遠，乃以隆祐太后布告中外手詔為勸進高宗手書，於考論典故亦為紕謬。殆所謂瑕瑜不掩，利鈍互陳者歟。全書已編入誠齋集中，此乃別行之本，今亦別著於錄焉。

餘師錄四卷（永樂大典本）

宋王正德撰。正德，宋史無傳，其爵里皆未詳。此書前有自序，稱紹熙四年，則光宗時人也。其書輯前代論文之語，自北齊下迄於宋。雖習見者較多，而當時遺籍今不盡傳者，亦往往而在。宋人論文，多區分門戶，務為溢美溢惡之辭。是錄採集衆說，不參論斷，而去取之間，頗為不苟，尤足尚也。徵引時有小誤，蓋傳寫之譌。序稱疲於酧答，錄此以代口述，故時代先後略不詮次。此書宋志不著錄，文淵閣書目載王正德餘師錄一部一冊亦久無傳本惟載於永樂大典中首尾雖完具而不分卷數今約略篇頁定爲四卷各考其爲闕註於句下序次則仍其舊云

滄浪詩話一卷（內府藏本）

宋嚴羽撰羽有詩集已著錄此書或稱滄浪吟卷蓋閩中刊本以詩話置詩集之前爲第一卷故襲其詩集之名實非其本名也首詩辨次詩體次詩法次詩評次詩證凡五門末附與吳景僊論詩書大旨取盛唐爲宗主於妙悟故以如空中音如象中色如鏡中花如水中月如羚羊挂角無迹可尋爲詩家之極則明胡應麟比之達摩西來獨闢禪宗而馮班作嚴氏糾謬一卷至詆爲囈語要其時宋代之詩競涉論宗又四靈之派方盛世皆以晚唐相高故爲此一家之言以救一時之弊後人輾轉承流漸至於浮光掠影初非羽之所及知譽者太過毀者亦太過也錢曾讀書敏求記又摘其九章不如九歌九歌哀郢尤妙之語以爲九歌之內無哀郢詆羽未讀離騷然此或一時筆誤或傳寫有譌均未可定曾遽加輕詆未免佻薄如趙宦光於六書之學固爲弇陋然說文長箋引虎兕出於柙句誤稱孟子其過當在鈔胥顧炎武作日知錄遽謂其未讀論語豈足以服其心乎

詩人玉屑二十卷（內府藏本）

宋魏慶之撰慶之字醇甫號菊莊建安人是編前有淳祐甲辰黃昇序（案昇字原本作曻蓋偶從篆體說在昇花菴詞條下）稱其有才而不屑科第惟種菊千叢日與騷人逸士觴詠於其間蓋亦宋末江湖一派也宋人喜爲詩話裒集成編者至多傳於今者惟阮閱詩話總龜蔡正孫詩林廣記胡仔苕溪漁隱叢話及慶之是編卷帙爲富然總龜蕪雜廣記挂漏均不及胡魏兩家之書仔書作於高宗時所錄北宋人語爲多慶之書作於度宗時所錄南宋人語較備二書相輔宋人論詩之概亦略具矣慶之書以格法分類與仔書體例稍殊其兼採齊己風騷旨格僞本詭立句律之名頗失簡擇又如禁體之中載蒲䇿詩之類亦殊猥陋論韓愈精衞銜石塡海人皆譏造次我獨賞專精二句爲勝錢起曲終人不見江上數峯青二句之類是非亦未平允然採摭旣繁菁華斯寓鍾嶸所謂披沙簡金往往見寶者亦庶幾焉固論詩者所必資也

娛書堂詩話一卷（浙江范懋柱家天一閣藏本）

宋趙與虤撰虤字集韻音牛閑切說文訓爲虎怒故其字爲威伯以宋史宗室表連名次第考之蓋太祖十世孫也書中多稱陸游楊萬里樓鑰晚年之作又稱宗人紫芝是寧宗以後人矣其論詩源出江西而兼涉於江湖宗派故所稱述如羅隱范仲淹釣臺詩高端叔雨詩又桂子梅花一聯毛國英投岳飛詩羅隱繡詩沙門遊廌宕詩唐宣宗百丈山詩姜夔潘轉菴唱荅詩黃晏說賀周必大致仕詩無名氏過亭詩危稹送柴中行致仕詩徐得之明妃曲黃居萬瀑布詩無名氏龜峯詩周鎬將雨詩喜趙倅詩劉詠八月十四夜詩雙柏句撲滿子句寓興詩楊萬里所稱劉應時詩唐人汴河詩陸九淵少作石延年東齋廟詩無名氏天開圖畫亭詩劉敞種柏詩吳鎰絕句江東客獻楊萬里詩劉槩詩徐似道楊萬里唱荅詩趙横釣臺詩白居易周公恐懼流言日一首及作詩用法語一條大抵皆凡近之語評品殊爲未當蓋爾時風氣類然然名章俊句軼事逸文亦絡繹其閒頗足以資聞見失於蕪雜則有之要其精華不可棄也書中辨證僅兩條其一解錢惟演無題詩夜長惟有辟寒金句據拾遺記嗽金鳥事謂辟字當作畏辟之辟讀去聲惟演誤讀入聲以爲辟除之辟其說頗允其一解楊億無題詩死諱文成食馬肝句不引史記之正文而牽引拾遺記馬肝石事則支離無理且兩條皆惟據王嘉書知考據非其所長存而不論可矣

後村詩話前集二卷後集二卷續集四卷新集六卷（編修汪如藻家藏本）

宋劉克莊撰克莊有後村集已著錄所撰詩話惟前集有本別行其餘皆編入文集中共十四卷末有自跋稱前後二集爲六十至七十歲時所作續集四卷爲八十歲時所作新集六卷則八十二歲時作也克莊晚節頹唐詩亦漸趨潦倒如髮脫詩之論爲城旦寧非怨度作沙彌亦自佳老吏詩之只恐閻羅難抹過鐵鞭他日鬼臀紅殆足資笑噱然論詩則具有條理眞德秀作文章正宗以詩歌一門屬之克莊克莊所取如漢武秋風詞及三謝之類德秀多删之克莊意不爲然其說今載前集第一卷中蓋克莊於詩爲專門而德秀於詩則未

能深解左其方枘而圓鑿也前集後集續集統論漢魏以下而唐宋人詩爲多新集六卷則詳論唐人之詩皆採摘菁華品題優劣往往連錄全篇較他家詩話兼涉考證者爲例稍殊蓋用唐詩紀事之例所載宋代諸詩其集不傳於今者十之五六亦皆賴是書以存可稱善本其中如韓詩外傳西京雜記朝野僉載諸書往往連篇鈔錄至一二十條不止以至沈既濟駁武后本紀之類泛及史事皆與詩無涉殊爲例不純又如謂杜牧兄弟分黨牛李以爲高義而不知爲門戶之私謂吳融韓偓國屢圭辱絶無感時傷事之作似但據唐英歌詩香奩集而於韓內翰集則殊未詳閱持論亦或偶疎至於既詆玉臺新詠爲淫哇而又詳錄其續集既稱歐陽修厭薄楊劉又稱其推重楊劉尤自相矛盾然要其大旨則精核者多固迥在南宋諸家詩話上也

荆溪林下偶談四卷內府藏本

不著撰人名氏以所載文字好罵一條知其姓吳書中推重葉適不一而足姚士粦跋謂以水心集考之惟有即事兼謝吳民表宣義詩六首及答吳明輔一書不知即其人否案元無名氏南溪詩話引此書一條稱爲吳子良荆溪林下偶談又陳櫟勤有堂隨錄曰陳筠窗名耆卿字壽老吳荆溪名子良字明輔二人皆宗水心爲文然則此書確爲子良作矣子良臨海人寶慶二年進士官至湖南運使太府少卿別著有荆溪集今已佚惟陳景沂全芳備祖前集載其葵花一絶句此書皆其論詩評文之語所見頗多精確所記葉適作徐道暉墓志王本叔詩序劉潛夫詩卷跋皆有不取晚唐之說蓋其暮年自悔之論獨詳錄之其識高於當時諸人遠矣舊本八卷此本四卷殆士粦所合併也

草堂詩話二卷江蘇巡撫採進本

宋蔡夢弼撰夢弼建安人其始末未詳嘗著杜工部草堂詩箋及此書今詩箋久佚惟此書僅存皆論說杜甫之詩曰草堂者甫客蜀時所居也凡二百餘條皆採自宋人詩話語錄文集說部而所取惟韻語陽秋爲多宋史藝文志載方道醇集諸家老杜詩評五卷方銓續老杜詩評五卷陳振孫書錄解題載莆田方道深續集諸家老杜詩評一卷又載杜詩發揮一卷今惟方道深書見於永樂大典中餘皆不傳然道深書瑣碎冗雜無可採錄不及此書之詳贍近代註杜詩者徵引此書多者不過十餘則皆似未見其全帙此本爲吳縣惠棟所藏蓋亦希覯之笈矣舊本與魯訔趙子櫟所撰杜工部年譜合爲一冊而以魯訔一序冠於此書之前蓋以篇中有王士禎跋語先訔而後夢弼故編次從之今魯趙二譜別入傳記類中故仍移訔序冠於譜前以復其舊不更載於此書焉

文章精義一卷永樂大典本

是書世無傳本諸家書目亦皆不載惟永樂大典有之但題曰李耆卿撰而不著時代亦不知耆卿何許人考焦竑經籍志有李塗文章精義二卷書名及李姓皆與此本相合則耆卿或塗之字歟載籍無徵其爲一爲二蓋莫之詳矣其論文多原本六經不屑屑於聲律章句而於工拙繁簡之間源流得失之辨皆一一如別白黑具有鑒裁其言蘇氏之文不離乎縱橫程氏之文不離乎訓詁持平之論破除洛蜀之門戶尤南宋人所不肯言又世傳韓文如潮蘇文如海及春蠶作繭之說皆習用而昧其出處今檢核斯語亦具見於是書蓋其初本爲世所傳誦故遺文剩語口授至今嗣以卷帙寥寥易於散佚沈晦者遂數百年今逢
聖代右文得以復見於世亦其名言至理有不可磨滅者歟

竹莊詩話二十四卷浙江范懋柱家天一閣藏本

不著撰人名氏錢曾讀書敏求記作竹莊居士不知何時人徧蒐古今詩評雜錄列其說於前而以全首附於後乃詩話之中絶佳者考宋史藝文志有何谿汶竹莊詩話二十七卷蓋即此書惟今本二十四卷其數少異或傳寫佚其三卷或後人有所合併或宋史誤四爲七均未可知然出自宋人則無疑也是書與蔡正孫詩林廣記體例略同皆名爲詩評實如總集使觀者即其所評與原詩互相考證可以見作者之意旨并可以見論者之是非視他家詩話但拈一句一聯而不睹其詩之首尾或渾稱某人某篇而不知其語云何者固爲勝之惟正孫書以評列詩後此以評列詩前爲小變耳其所引證如五經詩事歐公餘話洪駒父詩話潘子真詩話桐江詩話筆墨閑錄劉次莊樂府集邵公序樂府後錄之類今皆未見傳本而呂氏童蒙訓論詩之語今世所行重刊本皆削去不載此

書所錄尚見其梗概。又此書作於宋末，所見詩集猶皆古本。如焦仲卿妻詩，明人活字版玉臺新詠妄增「賤妾留空房，相見常日稀」二句，謬傳至今。實則郭茂倩、左克明兩家樂府及舊本玉臺新詠皆無之，此書亦無此二句，足相證明。即其所載習見之詩，亦有資考校也。

浩然齋雅談三卷永樂大典本

宋周密撰。密所著書凡數種，其癸辛雜識、齊東野語皆記宋末元初之事，雲煙過眼錄皆記書畫古器，今並有刊版。其澄懷錄、續錄則輯淸談，志雅堂雜鈔則博涉瑣事，今惟鈔本僅存，皆已別著錄。千頃堂書目載密所著尚有志雅堂耳目鈔及此書，而藏弆之家並無傳本，惟此書散見永樂大典中。其書體類說部，所載實皆詩文評。今搜輯排纂，以考證經史、評論文章者爲上卷，以詩話爲中卷，以詞話爲下卷，各以類從，尙裒然成帙。密本南宋遺老，多識舊人舊事，故其所記佚篇斷闋，什九爲他書所不載。朱彝尊編詞綜，厲鶚編宋詩紀事，符曾等七八編南宋雜事詩，皆博採羣書，號爲繁富，而是書所載故實亦皆未嘗引據，則希覯可知矣。其中考證經義，如解詩「巧笑倩兮」，疑口輔當爲笑靨，而不知類篇面部已有此文。解易「井谷射鮒」，以鮒爲鯽，不知說文鯽字本訓烏鰂，後世乃借以名鮒，羅願爾雅翼辨之已明。如斯之類，於訓詁皆未免稍疎。然密本詞人，考證乃其旁涉，不足爲譏。若其評騭詩文，則固具有根柢，非如阮閱諸人漫然蒐輯、不擇精觕者也。宋人詩話傳者如林，大抵陳陳相因，輾轉援引。是書頗具鑒裁，而沈晦有年，應而復出，足以新藝苑之耳目，是固宜亟廣其傳者矣。

對牀夜話五卷大理寺卿陸錫熊家藏本

宋范晞文撰。晞文字景文，號葯莊，錢塘人。太學生。咸淳丙寅，同葉李、蕭規等上書劾賈似道，似道文致其泥金飾齋匾事，竄瓊州。元世祖時，程鉅夫薦晞文及趙孟頫於朝，孟頫應詔即出，晞文迄不受職，流寓無錫以終。是編成於景定中，皆論詩之語。其閒如論曹植七哀詩，但知古者未拘音韻，而不能通古韻之所以然，故轉以魏文帝詩押橫字入陽部、阮籍詩押嗟字入歌部爲疑。論杜甫律詩拗字，謂執以爲例則盡成死法，不知唐律雙拗單拗，平仄相救，實有定規，非以意爲出入。論古人某句本某句，而於劉濞雲南行「妻行求死夫，父行求死子」句，不知本漢華容夫人歌，亦或不盡得根源。至於議王安石誤以皇甫冉詩爲杜詩，其說是矣，而李端蕪城懷古詩則誤執才調集刪本指爲絕句，王維送邱爲下第詩則誤以爲沈佺期作，亦不能無所舛譌。其推重許渾而力排李商隱，尤非公論。然當南宋季年，詩道陵夷之日，獨能排習尚之乖。如曰：「四靈倡唐詩者也，就而求其工者，趙紫芝也。然具眼猶以爲未盡者，蓋惜其立志未高而止於姚、賈也。學者闖其閫奧，闢而廣之，猶懼其失，乃尖纖淺易，萬喙一聲，牢不可破，曰此四靈體也。其植根固，其流波漫，日就衰壞，不復振起，宗之者反所以累之也。」又曰：「今之以詩鳴者，不曰四靈，則曰晚唐。文章與時高下，晚唐爲何時耶？」其所見實在江湖諸人上。故沿波討源，頗能探索漢、魏、六朝、唐人舊法，於詩學多所發明云。

詩林廣記前集十卷後集十卷兵部侍郎紀昀家藏本

宋蔡正孫撰。正孫字粹然，自號蒙齋野逸。前有自序，題「歲在屠維赤奮若」，蓋己丑年作。考黃庭堅寄蘇轍詩條引熊禾語，則當爲元太祖至元二十六年，時宋亡十年矣。謝枋得集附錄贈行諸篇中有正孫詩一首，蓋即其人也。其書前集載陶潛至元徽之共二十四人，而九卷附錄薛能等三人，十卷附錄薛道衡等五人。後集載歐陽修至劉攽二十八人，止於北宋。其目錄之末稱編選未盡者見於續集刊行，今續集則未見焉。兩集皆以詩隸人，而以詩話隸詩，各載其全篇於前，而所引諸說則下詩一格，條列於後，體例在總集、詩話之閒。

國朝厲鶚作宋詩紀事，實用其例。然此書凡無所評論考證者，即不空錄其詩，較鶚書之兼用唐詩紀事例者，又小異爾。

欽定四庫全書總目卷一百九十五

欽定四庫全書總目卷一百九十六

集部四十九

詩文評類二

文說一卷（永樂大典本）

元陳繹曾撰。繹曾字伯敷。元史附見儒學傳，作處州人，而吳興續志亦載其名，蓋家本括蒼而僑居苕水者也。至順中官至國子監助教。嘗從學於戴表元，而與陳旅友善。師友淵源，具有所自，故所學頗見根柢。是書乃因延祐復行科舉，爲程試之式而作。書中分列八條，論行文之法。時五經皆以宋儒傳註爲主，懸爲功令，莫敢異趨，故是書大旨皆折衷於朱子。吳興續志稱繹曾嘗著文筌譜論科舉天階，使學者知所向方，人爭傳錄。焦竑經籍志又載繹曾古今文矜式二卷。今考繹曾所著文筌八卷，附詩小譜二卷，元時麻沙坊刻附列於策學統宗之首，今尚有傳本。其文與此編迥殊，惟科舉天階與古今文矜式今未之見，疑此編即二書之一，但名目錯互，莫能證定。今姑仍永樂大典舊題，以文說著錄，用闕所疑。卷首所稱陳文靖公，蓋即元翰林學士東平陳儼，亦以文名。至其自稱先尚書者，則已失其世系，無可考矣。

修辭鑑衡二卷（編修汪如藻家藏本）

元王構編。構字肎堂，東平人，官至翰林學士承旨，謚文肅。事蹟具元史本傳。據至順四年王理序，是編乃構官濟南總管時，以授其門人劉氏，而理爲刻於集慶路者。舊本殘闕其前頁，其劉氏之名則不可考矣。上卷論詩，下卷論文，皆採宋人詩話及文集說部爲之。構所附論者，惟下卷結語一條而已。所錄雖多習見之語，而去取頗爲精核。元史稱構弱冠以詞賦中選，至元十一年爲翰林國史院編修，草伐宋詔書，爲世祖所賞。又稱構練習臺閣故事，凡祖宗謚議冊文皆所撰定。又稱其子士熙、士點皆能以文學世其家。則構在當時，實以文章名世，宜是編所錄具有鑒裁矣。其中所引如詩文發源、詩憲、蒲氏漫齋錄之類，今皆亡佚不傳，賴此書存其一二。又世傳呂氏童蒙訓，非其全帙，此書所採凡三十一條，皆今本所未載，亦頗足以資考證。較詩話總龜之類，浩博而傷猥雜者，實爲勝之。固談藝家之指南也。此書久無刊本，傳寫多譌，而卷中不著書名者凡十條，又上卷佚其第五頁，序文僅存末頁，中亦時有闕字。今檢其可考者補之，其無可考者則姑仍原本，以存其舊焉。

金石例十卷（山東巡撫採進本）

元潘昂霄撰。昂霄有河源記，已著錄。是書一卷至五卷述銘誌之始，於品級塋墓羊虎德政神道家廟賜碑之制，一一詳考。六卷至八卷述唐韓愈所撰碑誌，以爲括例，於家世宗族職名妻子死葬日月之類，咸條列其文，標爲程式。九卷則雜論文體。十卷則史院凡例。然昂霄是書以金石例爲名，所述宜止於碑誌，而泛及雜文之格，與起居注之式，似乎不倫。又雜文之中，其目載有郝伯常先生編類金石八例、蒼崖先生十五例二條，皆有錄無書。九卷之末有跋云：右先生金石例，皆取韓文類輯以爲例，大約與徐秋山括例相去不遠。若再備錄似爲重複，故止記其目於此。然則最後二卷，其始必別自爲編，附之金石例後。後人刊版，乃併爲一書。又知六卷至八卷所謂韓文括例者，皆全採徐氏之書，非昂霄所自撰矣。其書敘述古制，頗爲典核，雖所載括例但舉韓愈之文，未免舉一而廢百。然明以來金石之文往往不考古法，漫無矩度，得是書以爲依據，亦可謂尚有典型。愈於率意妄撰者多矣。書在元代版凡三刻，此本乃其子詡至正五年刊於鄱陽者也。

作義要訣一卷（永樂大典本）

元倪士毅撰。士毅有四書輯釋，已著錄。是編皆當時經義之體例。自宋神宗熙寧四年始以經義試士，元太宗從耶律楚材之請，以三科選舉，經義亦居其一。至仁宗皇慶二年，酌議科舉條制，乃定蒙古色目人第一場經問五條，漢人南人第一場經疑二問，限三百字以上，不拘格律。元統以後，蒙古色目人亦增經義一道。明以來科舉之文，實因是而引伸者也。是書所論，雖規模淺狹，未究文章之本源，然如云第一要識得道理透徹，第二要識得經文本旨分曉，第三要識得古今治亂安危之大體。又云長而轉換新意，不害其爲長；短而曲折意盡，不害其爲短。務高則多涉乎僻，欲新則類入乎怪。下字惡乎俗，而造作太過則語澀；立意惡乎同，而搜索太甚則理背。皆後來制藝之龜鑑也。

國家設科取士，仍以經義爲先。我

皇上聖訓諄諄，釐正文體，操觚之士皆知以先正爲步趨。是書又在明前，法雖小異而理則相通，錄而存之、或亦先河後海之義歟。原序稱兼採謝氏張氏之說、永樂大典註其說已載舉業筌蹏卷中、故不復錄。今是卷適佚、姑仍舊本闕之。然大旨則已具於此矣。

墓銘舉例四卷、山東巡撫採進本

明王行撰。行有半軒集、已著錄。行以墓誌銘書法有例、其大要十有二事。曰諱、曰字、曰姓氏、曰鄉邑、曰族出、曰治行、曰履歷、曰卒日、曰壽年、曰妻、曰子、曰葬。其序次或有先後、要不越此十餘事而已。取唐韓愈李翺柳宗元宋歐陽修尹洙曾鞏王安石蘇軾朱子陳師道黃庭堅陳瓘晁補之張耒呂祖謙一十五家所作碑誌、錄其目而舉其例、以補元潘昂霄金石例之遺。墓誌之興、或云宋顏延之、或云晉王戎、或云魏繆襲、或云漢杜子夏、其源不可詳考。由齊梁以至隋唐諸家、文集傳者頗多、然詞皆駢偶、不爲典要。惟韓愈始以史法作之、後之文士率祖其體。故是編所述以愈爲始焉。

懷麓堂詩話一卷、浙江范懋柱家天一閣藏本

明李東陽撰。東陽有東祀錄、已著錄。李何未出以前、東陽實以臺閣耆宿主持文柄。其論詩主於法度音調、而極論剽竊摹擬之非、當時奉以爲宗。至何李既出、始變其體。然贗古之病、適中其所詆訶。故後人多抑彼而伸此。此編所論、多得古人之意。雖詩家三昧不盡於是、要亦深知甘苦之言矣。姚希孟松癭集有此書跋云、李長沙詩以匀穩爲主。其爲古樂府、弇州譏其類小學史斷、迺其談詩頗津津。是時詞林諸公多以詩爲事、卷中所載如彭民望謝方石輩、相與抨彈甚切。讀之猶想見前輩風致云云。核其詞意、似頗不滿於東陽。然王世貞詆西涯樂府乃其少年盛氣之時。迨其晚年作西涯樂府跋、已自悔前論。希孟所引、殊不足爲憑。惟好譽其子兆先、殆有王福畤之癖、是其一瑕耳。林炫巵言餘錄曰、成化間、姑熟夏宏集句有聯錦集。懷麓堂詩話載其客醉巴無言秋蛩自相語爲高季迪詩、宏揑寫他人姓名。今考集中無之云云。聯錦集今未見。然炫與東陽均正德間人、所見之本不應有異、或東陽偶誤記歟。近時鮑氏知不足齋刻此編、於浦源雲邊路遶巴山色、樹裏河流漢水聲句下註曰、案二句宋詩紀事以爲鬼詩。今考宋詩紀事所載吳簡詩、誠有此聯、惟上句稍異一二字。然厲鶚所據乃荊門紀略、其書爲康熙戊戌己亥間胡作炳所撰、餖飣龐雜、頗無根據、似未可執以駁東陽。況浦源此事、都穆南濠詩話亦載之、知當時必有所據。安知非荊門紀略反摭源此聯僞撰鬼詩耶。是尤不當輕信新聞、遽疑舊記矣。

頤山詩話二卷、浙江范懋柱家天一閣藏本

明安磐撰。磐字公石、頤山其號也、嘉定州人。宏治乙丑進士、官至兵科給事中。嘉靖初、以爭大禮廷杖除名。事蹟具明史本傳。其論詩以嚴羽爲宗。其中如以海棠爲杜甫母名、尙沿小說之誤。又以朝扣富兒門四句譏杜甫致君堯舜之妄、亦失之固。所載譏陳循詩、嘲裁傳奉官詩、亦皆近乎小說、無關詩法。然其議莊昶溪邊鳥共天機語、杖上梅花太極行句、論梅堯臣歌欲論長恨人將問少君句、及排周紫芝論林逋梅詩、則固公論也。磐亦能詩、王士禎池北偶談嘗載其數篇、深許其工。故其評論古人、多中窾會。蓋深知其甘苦而後可定其是非、天下事類如是也。

詩話補遺三卷、浙江范懋柱家天一閣藏本

明楊慎撰。慎有檀弓叢訓、已著錄。此編乃其戍雲南後所作、其門人曹命編次者也。慎在戍所、無文籍可稽、著書惟憑腹笥。中如稱宋本杜甫集麗人行中有足下何所有、紅葉羅襪穿鐙銀二句之類、已爲前人之所糾。至於稱渤海北海之地、今哈密扶餘、中國之滄州景州名渤海者、蓋僑稱以張休盛云云。不知哈密在西、扶餘在東、絕不相及、滄景一帶地皆瀕海、故又有瀛州瀛海諸名、謂曰僑置、殊非事實。又香雲香雨並出王嘉拾遺記、而引李賀元稹之詩。又以盧象雲氣杳流水句誤爲香字。如斯之類、亦引據疎舛。然其賅博淵通、究在明人諸家之上。去瑕存瑜、可採者固不少也。

藝圃擷餘一卷、兩江總督採進本

明王世懋撰。世懋有卻金傳、已著錄。是編雜論詩格、大旨宗其兄世貞之說、而成書在藝苑巵言之後。已稍覺摹古之流弊、故雖盛推何李、而一則曰、我朝越宋繼唐、正以豪傑數輩得使事三昧、第恐數十年後必有厭而掃除者、則其濫觴末弩爲之也。一則曰、李于鱗七律、俊傑響亮、余兄推轂之、海內爲詩者爭事剽竊、紛紛刻鶩、至使人厭。一則曰、嘗謂作詩初命一題、神情不屬、便有一種供給應付之語、畏難怯思、卽以充數、能破此一關、沈思忽

至種真相見矣。則曰徐昌穀、高子業皆巧於用短。徐能以高韻勝。高能以深情勝。庚子百年。李何尚有興廢。二君必無絕響。皆能不為黨同伐異之言。其論鄭繼之亦平允。未可與七子黨談同類而觀也。

唐音癸籤三十三卷（江蘇巡撫採進本）

明胡震亨撰。震亨有海鹽縣圖經。已著錄。所撰唐音統籤凡十集。此其第十集也。九集皆錄唐詩。此集則錄唐詩話。舊無刊版。至國朝康熙戊戌。江寧書肆乃得鈔本刻行。為目有七。一曰體凡。凡一卷。論詩體。二曰法微。凡三卷。分二十四子目。自格律以及字句聲調。無不備論。三曰評彙。凡七卷。集諸家之評論。四曰樂通。凡四卷。論樂府。五曰詁箋。凡九卷。訓釋名物典故。六曰談叢。凡五卷。採摭逸事。七曰集錄。凡三卷。首錄唐集卷數。次唐選各總集。次金石墨蹟。震亨蒐括唐詩用力最勤。九籤之中。惟戊籤有刻。而所錄不出欽定全唐詩之外。亦不甚行。獨詩話採摭大備。為全唐詩所未收。雖多錄明人議論。未可盡為定評。而三百年之源流正變。犂然可按。實於談藝有裨。特錄存之。庶不沒其蒐輯之勤焉。

金石要例一卷（山東巡撫採進本）

國朝黃宗羲撰。宗羲有易學象數論。已著錄。是編凡為例三十六則。後附論文管見九則。自序謂潘昂霄有金石例。大段以昌黎為例。顧未嘗著為例之義與壞例之始。亦有不必例而例之者。如上代兄弟宗族姻黨有書有不書。不過以著名不著名。初無定例。故摘其要領。稍為辨正。所以補蒼崖之闕。其考據較潘書為密。然如比干銅盤銘出王俅嘯堂集古錄。乃宋人偽作。夏侯嬰石槨銘出吳均西京雜記。亦齊梁人影撰。引為證佐。未免失考。又據孫何碑解。謂碑非文章之名。其說固是。然劉勰文心雕龍已列此目。即樂府本官署之名。而相沿既久。無不稱歌詞為樂府者。是又不必定以古義拘矣。

歷代詩話八十卷（浙江巡撫採進本）

國朝吳景旭撰。景旭字旦生。歸安人。是書前後無序跋。而中有塗乙之處。蓋猶初定之稾。分為十集。以十干為目。甲集六卷。皆論三百篇。乙集六卷。皆論楚詞。丙集九卷。皆論賦。丁集六卷。皆論古樂府。戊集六卷。皆論漢魏六朝詩。己集十一卷。前九卷論杜詩。後二卷為杜陵譜系。庚集九卷。皆論唐詩。辛集七卷。皆論宋詩。壬集十卷。前三卷論金詩。後七卷論元詩。癸集九卷。皆論明詩。其體例仿陳耀文學林就正。每條各立標題。先引舊說（於前從後雜）採諸書以相考證。或辨其是非。或參其異同。或引伸其未竟。或補綴其所遺。皆下一格書之。有舊說所無而景旭自立論者。則惟列本詩於前。而以己意發揮之。雖皆採自詩話說部。不盡根柢於原書。又嗜博貪多。往往借題曼衍。失於枝雜。然取材繁富。能以眾說互相鉤貫。以參考其得失。於雜家之言。亦可謂淹貫者矣。較以古人。固不失苕溪漁隱叢話之亞也。

漁洋詩話三卷（編修勵守謙家藏本）

國朝王士禎撰。士禎有古懽錄。已著錄。其論詩之語散見於所著池北偶談諸書中。未有專帙。張潮輯昭代叢書。載漁洋詩話一卷。實所選古詩凡例。非士禎意也。是編乃康熙乙酉士禎歸田後所作。凡陳璪之求者。初止六十條。戊子又續一百六十餘條。裒為一集。付其門人蔣景祁刻之。士禎論詩主於神韻。故所標舉。多流連山水。點染風景之詞。蓋其宗旨如是也。其中多自譽之辭。未免露才揚己。又名為詩話。實兼說部之體。如記其兄士祜論焦竑字。徐潮論蟹賈。汪琬跋其兄弟尺牘。冶源馮氏別業。天竺僧詩。劉體仁倩人代畫諸事。皆與詩渺不相關。雖宋人詩話往往如是。終為曼衍旁支。有乖體例。至如石鈴橋聖書絕句。乃晚唐儲嗣宗詩。點易數字。士禎不辨。而盛稱之。亦疏於考證。然其中清詞佳句。採擷頗精。亦足資後學之觸發。故於近人詩話之中。終為翹楚焉。

師友詩傳錄一卷續錄一卷（編修程晉芳家藏本）

師友詩傳錄。國朝郎廷槐編。續錄。國朝劉大勤編。二人皆學詩於新城王士禎。各述其師說以成是書。以郎錄在前。故劉錄稱續焉。郎所錄雖以士禎為主。而亦兼質於平原張篤慶、鄒平張實居。故每一問而三答。其稱歷友者。篤慶之號。蕭亭者。實居之號也。篤慶於士禎為中表。所著有崑崙山房集。實居於士禎為婦兄。所著有蕭亭詩集。士禎嘗合刻之。故三人所答。或共明一義。或各明一義。然大旨皆不甚相遠。中間如篤慶答古詩十九首一條，歷引玉臺新詠、文心雕龍，證爲枚乘所作，而力駁遊戲宛洛詞兼東京之説。然考鍾嶸詩品稱去者日以疎四十五首，舊疑是建安中曹王所製，客從遠方來、橘柚垂華實，亦爲驚絶矣。嶸與劉勰同時，而稱在徐陵前，其説必有所受，似未可盡憑斷爲西京之作。篤慶又稱文選以十九首爲二十，蓋分燕趙多佳人以下自爲一章。不知此明張鳳翼之文選纂註，李善及五臣舊本均不若是。（嚴羽詩話稱玉臺新詠以越鳥巢南枝以下另爲一首，則析一爲二乃徐陵非蕭統，然宋本玉臺新詠實不另爲一首，未審羽何以云然，謹附識於此。）篤慶誤也。士禎荅樂府一條，稱樂府之名始於漢初，引高祖三侯之歌、唐山夫人安世房中歌爲證。然樂府始漢武帝，史有明文，漢初實無是名。篤慶又稱樂府主紀功，古詩主言情，實居又稱樂府之異於古詩者，往往敘事，古詩貴溫裕純雅，樂府貴遒深勁絶。又其不同也。不知郊祀鐃歌之類，倚聲製詞之樂府也，與詩稍別。清商平調之類，採詩入律之樂府也，其初本皆古詩，故孔雀東南飛，樂府雜曲歌詞也，而本題曰古詩爲焦仲卿妻作，其序曰時人傷之，爲詩云爾。紫騮馬，樂府橫吹曲詞也，而吳均樂府解題曰十五從軍征以下，古詩也。其説甚明，不必以後世之法，遽區分其本始。至君子行爲言理之作，怨歌行乃緣情之什，亦何嘗專敘事乎。又士禎荅稱七言換韻始於陳隋，案吳均、費昶之行路難，蕭子顯之燕歌行，皆已排偶換韻，啟初唐四傑之體。安得云始於陳隋耶。劉錄所載，皆士禎語，如所荅大勤問截句一條，稱截句或截律詩前四句，如後二句對偶是也；或截律詩後四句，如起二句對偶是也；非一句一截之謂。又稱此等迂拘之説，總無足從，是矣。然何不云漢人已有絶句，在律詩之前，非先有律詩，截爲絶句，不尤明白乎。（古絶句四章載玉臺新詠第十卷之首。）又荅唐人省試排律本止六韻而止，不知元元皇帝應見詩未嘗不至八韻，詠青詩未嘗不四韻。文苑英華可以覆案。又稱至杜始爲長律，元白又蔓延至百韻。不知杜甫秋日夔府詠懷奉寄鄭監李賓客詩正一百韻，杜集亦可覆案也。至稱桃無綠葉認杏有青枝乃石延年詩，而云晚唐作，詩苑類格之李淑乃宋仁宗時人，而云唐李淑（案以李淑爲唐人，乃沿詩家禁臠之誤），引證偶誤。又其小焉者矣。蓋新城詩派以盛唐爲宗，而不甚考究漢魏六朝；以神韻爲主，而不甚考究體製。故持論出入，往往不免。然其談詩宗旨，具見於斯，較諸家詩話所見終爲親切，固不以一眚掩全璧也。郎錄中士禎之語，或鈔出別行，名漁洋定論。劉錄亦有本別行，名古夫于亭詩問，實皆一書。今附存其名，不別著錄焉。

聲調譜一卷（浙江巡撫採進本）

國朝趙執信撰。執信有因園集，已著錄。執信嘗問聲調於王士禎，士禎靳不肯言。執信乃發唐人諸集，排比鉤稽，竟得其法，因著爲此書。其例古體詩五言重第三字，七言重第五字，而以上下二字消息之。大抵以三平爲正格。其四平切腳，如李商隱之詠神聖功書之碑，兩平切腳，如蘇軾之白魚紫蟹不論錢者，謂之落調。柏梁體及四句轉韻之體，則不在此限焉。律詩以本句平仄相救爲單拗，出句如杜甫之清新庾開府，對句如王維之暮禽相與還是也。兩句平仄相救爲雙拗，如許渾之溪雲初起日沈閣，山雨欲來風滿樓是也。其他變例數條，皆本此而推之。而起句結句不相對偶者，則不在此限焉。其説頗爲精密，惟所列李賀十二月樂府所標平仄不可解。卷末附以古韻通轉，其説尤謬，或曰古韻一篇乃其門人所妄增也。

談龍錄一卷（浙江巡撫採進本）

國朝趙執信撰。執信爲王士禎甥壻，初甚相得，後以求作觀海集序不得，遂至相失。因士禎與門人論詩，謂當作雲中之龍，時露一鱗一爪，遂著此書，以排之。大旨謂詩中當有人在。其謂士禎祭告南海，都門留別詩盧溝河上望，落日風塵昏，萬里自茲始，孤懷誰與論四句，爲類羇臣遷客之詞。又述吳修齡語，謂士禎爲清秀李于鱗，雖忿悁著書，持論不無過激，然神韻之説，不善學者往往易流於浮響。施閏章華嚴樓閣之喻，汪琬西川錦匠之戒，士禎亦嘗自記之，則執信此書，亦未始非預防流弊之切論也。近時揚州刻此書，欲調停二家之説，遂舉錄中攻駁士禎之語，概爲刪汰，於執信著書之意，全相乖忤，殊失其真。今仍以原本著錄，而附論其紕繆如右。

宋詩紀事一百卷（浙江巡撫採進本）

國朝厲鶚撰。鶚有遼史拾遺，已著錄。昔唐孟棨作本事詩，所錄篇章，咸有故實。後劉攽、呂居仁等諸詩話，或僅載佚事而不必皆詩。計敏夫唐詩紀事，或附錄佚詩而不必有事。揆以體例，均嫌名實相乖。

然猶偶爾泛登，不爲定式。鷃此書裒輯詩話，亦以紀事爲名，而多收無事之詩，全如總集，旁涉無詩之事，竟類說家，未免失於斷限。又採摭旣繁，牴牾不免。如四卷趙復送晏集賢南歸詩，隔三卷而重出七十二卷；李珏題湖山類藁絕句，隔兩卷而重出九十一卷；僧惠溫送王山人歸隱詩，隔一卷而重出四十五卷；九家淮民謠，隔一頁而重出；二卷楊徽之寒食詩二句，至隔半頁而重出。他如西崑體、江西派旣已別編，而月泉吟社乃分析於各卷而不改其前題字，以致八十一卷之姚潼翔，於周暕送僧歸蜀詩後標前題字；八十五卷之趙必范，於趙必象避地惠陽詩後標前題字，皆不免於麤疏。又三十三卷載陳師道，而三十四卷又出一穎州教授陳復常，竟未一檢後山集及東坡集，訂復字爲履字之譌。四十七卷載鄭伯熊，三十一卷已先出一鄭景望，竟未一檢止齋集，證景望卽伯熊之字。五十九卷據齊東野語，載曹豳竿伎詩，作刺趙南仲；九十六卷又載作無名子刺賈似道。八十四卷花蕊夫人奉詔詩，不以勾延慶錦里耆舊傳互勘；八十六卷李煜歸宋渡江詩，不以馬令南唐書參證；八十七卷永安驛題柱詩，不引後山集本序，而稱名媛璣囊；又華春娘寄外詩，不知爲唐薛濤十離之一；陸放翁妾詩，不知爲劍南集七律之半；英州司寇女詩，不知爲錄其父作，皆失於考證。然全書網羅賅備，自序稱閱書三千八百一十二家，今江南浙江所採遺書中，經其簽題自某處鈔至某處，以及經其點勘題識者，往往而是，則其用力亦云勤矣。考有宋一代之詩話者，終以是書爲淵海，非胡仔諸家所能比較長短也。

全閩詩話十二卷 浙江巡撫採進本

國朝鄭方坤編。方坤有經稗，已著錄。是編皆晉閩人詩話及他詩之有關於閩者。閩士著名，始於唐初薛令之，盛於歐陽詹。故六朝以上，惟載郭璞、謝朓、到溉、江淹四人，而郭璞地讖，尚以其全作七言律體，辨其出於依託，頗爲謹嚴。唐以後則彬彬矣。凡六朝、唐、五代一卷，宋元五卷，明三卷，國朝一卷，附無名氏及宮閨一卷，方外一卷，神仙鬼怪雜綴一卷。所採諸書，計四百三十八種，採摭繁富，未免細大不捐。而上下千餘年間，一方文獻，犂然有徵，舊事遺文，多資考證，固亦談藝之淵藪矣。

五代詩話十卷 福建巡撫採進本

國朝鄭方坤撰。初，王士禛欲作五代詩話，僅草創而未成。其門人務尊師說，遂以未成之本傳鈔，闕陋實甚。體例尤疏，宋弼嘗補其闕遺而刊之，仍多未備。方坤得士禛殘稾於歷城朱氏，乃採摭諸書，重爲補正。原本六百四十二條之中，刪其二百一十六條，增入七百八十九條，共成一千二百一十五條。凡所增入，仿宋庠國語補音、吳師道補正戰國策之例，各以一補字冠之，使不相混。凡國主宗室一卷，中朝一卷，南唐一卷，前蜀後蜀一卷，吳越南唐一卷，閩一卷，楚荊南一卷，宮閨仙鬼緇流一卷，羽士鬼怪一卷，雜綴一卷。其中有允而效之者，如原本載羅隱謝表、殷文圭啟事，本爲四六駢詞，無關吟咏，他若李氏藏書、太原草檄、和凝之詒癡符、桑維翰之鑄鐵硯、徐寅之獻過大梁賦，直成雜事，無預於詩，一概從刪。殊有廓清之功。而李後主跋懷素書，亦無關詩事，乃錄之不遺；原本方干、鄭谷、唐球諸人，上連唐代，方坤旣已刊削，而司空圖之不受梁官，韓偓之未食閩祿，例以陶潛稱晉，仍是唐人，列之五代，亦乖斷限。至潘愼修獻宋太宗詩，劉兼長春節詩，宋事宋人，一併闌入，尤泛濫矣。又如蘇軾演陌上花，晁補之撰芳儀曲，李淑題周恭帝陵，宋徽宗書白居易句，雖詠五代之事，實非五代之人，一概增入，則詠明妃者當列之漢詩，賦雀臺者應入之魏集，自古以來無斯體例。貪多務得，方坤亦自言之矣。至於江南江北舊家鄉一首，江表志以爲楊溥，馬令南唐書以爲李煜，嘲宋齊邱喪子一詩，夢溪筆談以爲老瞽樂工，漁隱叢話以爲李家明，如此之類，不一而足。前後並載，旣不互註，又不考定，亦屬疎舛。然採摭繁富，五代軼聞瑣事，幾於搜括無餘，較之士禛原書，則賅備多矣。

右詩文評類六十四部，七百三十一卷，皆文淵閣著錄。

欽定四庫全書總目卷一百九十六

欽定四庫全書總目卷一百九十七

集部五十

詩文評類存目

樂府古題要解二卷（兩江總督採進本）

舊本題唐吳兢撰。兢有貞觀政要，已著錄。考崇文總目載古樂府古題要解共十二卷。晁公武讀書志稱兢纂採漢魏以來古樂府詞凡十卷，又於傳記及諸家文集中採樂府所記本義，以釋解古題。觀崇文總目稱二書共十二卷，而讀書志稱古樂府十卷，則所餘二卷爲樂府古題要解矣。卷數與今本相合。崇文總目又載樂府解題，稱不著撰人名氏，與吳兢所撰樂府古題頗同，以江南曲爲首。其後所解差異。此本爲毛晉津逮祕書所刊。後有晉跋，稱今人以兢所撰與樂府解題混爲一書。又稱太原郭氏諸敘中，輒引樂府解題，不及古題要解。今考郭茂倩樂府詩集所引樂府解題，自漢鐃歌上之回篇始，乃明題吳兢之名，則混爲一書，已不始於近代。然茂倩所引，其文則與此書全同，不過偶刪一二句，或增入樂府本詞一二句，不應互相勦襲至此。疑兢書久佚，好事者因崇文總目有樂府解題與吳兢所撰樂府頗同語，因摭拾郭茂倩所引樂府解題，僞爲兢書，而不知王堯臣等所謂與樂府頗同者，乃指其解說古題體例相近，非謂其文全同。觀下文即云以江南曲爲首，其後所解差異，是二書不同之明證。安有兩家之書如出一口者乎。且樂府自樂府，雜詩自雜詩。卷末乃載及建除諸體，併及於字謎之類，其爲掇拾以足兩卷之數，灼然可知矣。晉跋稱是書凡三本。一得之廣山楊氏，一得之錫山顏氏，最後乃得一元版。然則是書爲元人所贗造也。

詩式一卷（兩江總督採進本）

舊本題唐釋皎然撰。皎然有杼山集，已著錄。此本即附載集末。考陳振孫書錄解題載詩式五卷、詩議一卷，唐僧皎然撰，以十九字括詩之體。此本既非五卷，又一十九體乃末一條。陳氏不應舉以概全書。陳氏又載正字王元擬皎然十九字一卷，使僅如今本一條，則不能擬爲一卷矣。殊參差可疑。又皎然與顏眞卿同時，乃天寶大歷閒人。而所引諸詩舉以爲例者，有賀知章、李白、王昌齡，相去甚近，亦不應遽與古人並推。疑原書散佚，而好事者摭拾補之也。何文煥詩話考索議其漏沒條，稱夏姬當壚似蕩而貞，謂夏姬無當壚事，當作文君。不知此用辛延年羽林郎胡姬年十五，春日獨當壚事。特夏字誤姬字不誤，不必改作文君。且延年詩稱貽我青銅鏡，結我紅羅襦，不惜紅羅裂，何論輕賤軀，所謂似蕩也。又稱男兒愛後婦，女子重前夫，人生各有分，貴賤不相踰，多謝金吾子，私愛徒區區，所謂貞也。若文君越禮，安得曰似蕩而貞乎。

詩法源流三卷（浙江巡撫採進本）

不著撰人名氏。末有至治壬戌楊載舊序一篇，稱少年遊浣花草堂，見杜甫九世孫杜舉，問所藏詩律。舉言甫之詩法不傳諸子，而傳其門人吳成、鄒遂、王恭。舉得之於三子，因以授載。其說極爲荒誕。所載凡五言律詩九首、七言律詩四十三首，各有吳成等註釋。標立結上生下格、拗句格、牙鎭格、節節生意格、抑揚格、接項格、交股格、纖腰格、雙蹄格、續腰格、首尾互換格、首尾相同格、單蹄格、應句格、開合格、開合變格、疊字格、句應句格、敘事格、歸題格、續意格、前多後少格、前開後合格、興兼比格、興兼賦格、比興格、連珠格、二意格、變字格、前實後虛格、藏頭格、先體後用格、雙字起結格，凡三十三格。其謬陋殆不足辨。楊載序俚拙萬狀，亦必出僞託。然其書乃作第三卷。前二卷則一爲元人論詩之語，分標傅若金等姓名，一爲選錄漢魏晉詩題。傅若川次舟編。卷末又有嘉靖癸未邱道隆後序，稱憲伯荆南王公用章，取詩法源流，增入古人論述與詩足法者，釐爲三卷云云。然則此書爲王用章所輯。諸家著錄，有作傅若金撰者，當以開卷第一篇題若金名，因而致誤耳。

二南密旨一卷（編修程晉芳家藏本）

舊本題唐賈島撰。案陳振孫書錄解題曰，二南密旨一卷，唐賈島撰，凡十五門，恐亦依託。此本端緒紛繁，綱目混淆。卷末忽總題一條云，以上十五門不可妄傳。卷中又總題一條云，以上四十七門略舉大綱。是於陳氏所云十五門外，增立四十七門，已與書錄解題互異。且所謂四十七門，一十五門者，輾轉推尋，數皆不合，亦不解其何故。而議論荒謬，詞意拙俚，殆不可以名狀。如以盧綸月照何年樹，花逢幾度春句爲大雅，以錢起好風能自至，明月不須期句爲小雅，以衞風日居月諸，胡迭而微句爲變大雅，以綠衣黃裳句爲變小雅，以召南林有樸遨野有死鹿句及鮑照申黜褒女進班去趙姬昇句錢起竹憐新雨後山愛夕陽時句爲南宗以衞風我心匪石不可轉也句左思吾愛段干木偃息藩魏君句盧綸詩誰知樵子徑得到葛洪家句爲北宗皆有如囈語其論總例物象一門九一字不遺島爲唐代名人何至於此此殆又僞本之重儓矣

玉壺詩話一卷 編修程晉芳家藏本

舊本題宋釋文瑩撰考宋史藝文志載玉壺清話十卷今其書猶存已著於錄或題曰玉壺野史無所謂玉壺詩話者此本爲學海類編所載僅寥寥數頁以玉壺清話校之蓋書賈摘錄其有涉於詩者裒爲一卷詭立此名曹溶不及辨也

天廚禁臠三卷 浙江巡撫採進本

宋釋惠洪撰惠洪有冷齋夜話已著錄是編皆標舉詩格而舉唐宋舊作爲式然所論多強立名目旁生支節如首列杜甫寒食對月詩爲偸春格而謂黃庭堅茶詞疊押四山字爲用此法則風馬牛不相及又如蘇軾芳草池塘惠連夢上林鴻雁子卿歸句黃庭堅平生幾兩屐身後五車書句謂射鴈得蘇武書無鴻字故改謝靈運春草池塘爲芳草五車書無身後字故改阮孚人生幾兩屐爲平生謂之用事補綴法亦自生妄見所謂古詩押韻換韻之類尤茫然不知古法嚴羽滄浪詩話稱天廚禁臠最害事非虛語也

容齋詩話六卷 編修程晉芳家藏本

舊本題宋洪邁撰邁有史記法語已著錄此編諸家書目皆不載其名惟文淵閣書目有之永樂大典亦於詩字韻下全部收入則自宋元以來已有此編今核其文蓋於邁容齋五筆之內各掇其論詩之語裒爲一編猶於玉壺清話之中別鈔爲玉壺詩話耳以流傳已久姑存其目於此以備參考焉

容齋四六叢談一卷 編修程晉芳家藏本

舊本題宋洪邁撰亦於容齋五筆中掇其論四六之言別爲一卷疑與容齋詩話爲一手所輯所論較王銍四六話謝伋四六麈談特爲精核蓋邁初習詞科晚更內制於駢偶之文用力獨深故不同於勦說也

少陵詩格一卷 永樂大典本

宋林越撰越有漢雋已著錄是篇發明杜詩篇法穿鑿殊甚如秋興八首第一首爲接項格謂江間波浪兼天湧爲巫峽之蕭森塞上風雲接地陰爲巫山之蕭森已牽合無理第二首爲交股格三首曰開合格四首曰雙蹄格五首曰續後格六首曰首尾互換格七首曰首尾相同格八首曰單蹄格隨意支配皆莫知其所自來後又有詠懷古蹟諸將諸詩亦間及他家每首皆標立格名種種杜撰此眞強作解事者也

歷代吟譜五卷 兩淮鹽政採進本

宋蔡傳撰傳莆田人襄之孫也此編始前漢以迄唐宋凡能詩之人皆紀其姓字末載厲鶚跋云此書嘗有麻沙刻本節略不全其敘次當以漢迄唐爲第一卷宋爲第二卷名僧爲第三卷閨秀爲第四卷武人爲第五卷今本序次悉與跋同蓋近人因鶚跋更定也

唐子西文錄一卷 浙江巡撫採進本

舊本題宋強行父撰凡三十五條皆述所聞唐庚論文之語前有紹興戊午行父自序稱宣和元年罷官京師舘山唐先生同寓於城東景德僧舍與同郡關注子東日從之遊退而記其論文之語更兵火無復存者子東書來屬余追錄十不省五六乃爲追錄云云考庚以張商英罷相之後坐爲商英賦內前行貶惠州大觀五年會赦北歸道卒大觀五年卽政和元年辛卯下距宣和元年己亥庚沒九年矣安得同寓京師其說殊爲可疑又劉克莊後村詩話曰子西諸文皆高不獨詩也其出稍晚使及東坡之門當不在秦晁之下是庚平生未見蘇軾而此書言及軾者凡八條一條稱余雅善東坡一條稱東坡赴定武過京師館於城外一園子中余時年十八謁之則與軾甚稔克莊不應如是之舛殆好事者依託爲之其中記庚論史記漢書一條與徐度卻掃編所記庚語同剽剟之迹顯然又皎然改御溝詩掌中書中字事乃進士王貞白而此謂別一詩僧所言亦不免疎舛也

藝苑雌黃十卷 江蘇巡撫採進本

舊本題宋嚴有翼撰案有翼建安人嘗爲泉荊二郡教官其所著藝苑雌黃見於宋史藝文志者二十卷入集部文史類陳振孫書錄解題則入於子部雜家類稱其書大抵辨正訛謬其目子史傳註詩詞時序名數聲畫器用地理動植神怪雜事卷

爲二十條，凡四百，硯岡居士唐稷序之。洪邁容齋隨筆又記其中有辨坡一篇，皆詆譏蘇軾之語。今考此本止有十卷，而無序及標目，與宋人所言俱不合。又宋時說部諸家，如胡仔苕溪漁隱叢話、蔡夢弼草堂詩話、魏慶之詩人玉屑之類，多有徵引藝苑雌黃之文。今以此本參互檢勘，前三卷內雖大概符合，而如漁隱叢話所錄盧橘、朝雲、秋蝶、蘆花等十餘條，草堂詩話所錄古人用韻重複一條，此本皆不載。又如中興條末東坡詩云云，牽牛織女條末文選註云云，俱胡仔駁辨之語，而亦概行闌入，舛錯特甚。至其第四卷以後，則全錄葛立方韻語陽秋，而顚倒其次序。其中如東坡在儋耳一條，立方原文有三從兄諱延之云云，此本改作葛延之，以隱其迹。而其所稱先文康公者，乃立方父勝仲之謚，則又沿用其文，不知刊削。蓋有竄原書已亡，好事者摭拾漁隱叢話所引以僞託舊本，而不能取足卷數，則別據韻語陽秋以附益之。又故變亂篇第，以欺一時之耳目，頗足疑誤後學。今特爲糾正，以祛後來之惑焉。

吟窗雜錄五十卷（編修勵守謙家藏本）

舊本題狀元陳應行編。前有紹興五年重陽後一日浩然子序。序末有嘉靖戊申孟夏崇文書堂家藏宋本刊字，蓋僞書也。前列諸家詩話，惟鍾嶸詩品爲有據，而刪削失眞。其餘如李嶠、王昌齡、皎然、賈島、齊己、白居易、李商隱諸家之書，率出依託，鄙倍如出一手。而開卷魏文帝詩格一卷，乃盛論律詩，所引皆六朝以後之句，尤不足排斥，可謂心勞日拙者矣。

全唐詩話十卷（內府藏本）

原本題宋尤袤撰。袤有梁谿遺稾，已著錄。考袤爲紹興二十一年進士，以光宗時卒，而自序年月乃題咸淳，時代殊不相及。校驗其文，皆與計有功唐詩紀事相同。紀事之例，凡詩爲唐人採入總集者，皆云右某取爲某集。此本張籍條下尙未及刪此一句，則其爲後人剽取影撰，更無疑義。考周密齊東野語載賈似道所著諸書，此居其一。蓋似道假手廖瑩中，而瑩中又剽竊舊文，塗飾塞責。後人惡似道之姦，改題袤名以便行世，遂致僞書之中又增一僞撰人耳。毛晉不爲考核，刻之津逮祕書中，疎亦甚矣。

深雪偶談一卷（浙江巡撫採進本）

宋方嶽撰。嶽字元善，寧海人。書中記淳祐初年事，云襛指二十霜，余已就老。又載丙寅三月喪子事。丙寅乃度宗咸淳二年，則嶽至宋末尙在也。書凡十有四條，皆評詩詞，又自載其感舊、題畫二詩，俱不甚佳。至其言梅花二字入詩尤爲難工，獨引賈似道梅花見處多留句之語以爲絕唱，更未免近於諂矣。

吳氏詩話二卷（編修程晉芳家藏本）

此書載曹溶學海類編中，題曰宋吳氏撰，名與字未詳。今核其文，卽吳子良林下偶談中摘其論詩之語，非別一書也。

詩話一卷（浙江范懋柱家天一閣藏本）

舊本題陳日華撰。日華有談諧，已著錄。是編所記多猥鄙詼諧之作，頗乖大雅。惟所記黃庭堅教人學詩先讀經，不識經旨則不識是非，不知輕重，何以爲詩。又記宋祁語云：詩人必自成一家，然後傳不朽；若體規畫圓，準方作矩，終爲人之臣僕。則皆確論也。

老杜詩評五卷（兩淮馬裕家藏本）

元方深道撰。深道，晉江人，官奉議郎，知泉州。舊本題曰元人，案是編見陳振孫書錄解題，確爲宋人，題元人者誤也。其書皆彙輯諸家評論杜詩之語，別無新義。

竹窗詩文辨正叢說四卷（兩淮鹽政採進本）

舊本題叢窗子編。以書中所稱引觀之，蓋南宋人。凡作詩辨正二卷，文辨正二卷，皆摘鈔前人詩話、語錄而成，詞皆習見。惟李希聲詩話、蒲氏漫齋錄、世韻語三書爲稍僻爾。

大學黼藻文章百段錦一卷（浙江范懋柱家天一閣藏本）

宋方頤孫編。頤孫，福州人，理宗時爲太學篤信齋長，其始末則未詳也。是書作於淳祐己酉，取唐宋名人之文，標其作法，分十七格，每格綴文數段，每段綴評於其下。蓋當時科舉之學。王惲玉堂嘉話載辛棄疾謂三百靑銅買一部，卽可舉進士者，殆此類矣。

答策祕訣一卷（兩淮總督採進本）

舊本首題建安劉錦文叔簡輯，末有跋語，題至正己丑建安日新堂誌。跋中又稱不知作於何人，相傳以爲貢士曾堅子白之作云云，則又非錦文所輯矣。凡爲綱十二，曰治道，曰聖學，曰制度，曰性學，曰取材、曰人才、曰文章、曰形勢、曰災異、曰諫議、曰經疑、曰歷象。其繫以六十六子目、皆預擬對策活法。如歷象條云、大凡荅歷象策、雖所問引難千條萬緒、不過一君子治歷明時、但要變換言語。全書一一似此、其陋可想。觀其形勢條云、如策三國六朝進取策、只是說三國君臣皆以智遇智、乃其勢也。六朝有機可乘、有閒可入、反不能用、深爲可惜。後面由山東由關中、皆以題中所問融化作已之言云云。蓋猶南宋人書也。

詩法家數一卷（兩江總督採進本）

舊本題元楊載撰。載有楊仲宏集、已著錄。是編論多膚廓、例尤猥雜。如開卷即云、夫詩之爲法也有其說焉、賦比興者皆詩製作之法。然有賦起、有比起、有興起云云。殆似略通字義之人、強作文語、已爲可笑。乃甫隔一頁、忽另標一題曰詩學正源、題下標一綱曰風雅頌賦比興。綱下之目又曰詩之六義、而實則三體。風雅頌者詩之體、賦比興者詩之法。故興比賦者、又所以製作乎風雅頌者也。凡詩中有賦起、有比起、有興起、然風之中有賦比興、雅頌之中亦有賦比興云云。載在於元號爲作手、其陋何至於是。必坊賈依託也。

木天禁語一卷（兩江總督採進本）

舊本題元范德機撰。德機、范梈字也。梈有詩集、已著錄。是編開卷標內篇二字、然別無外篇、不知何故獨名爲內。其體例叢脞冗雜、殆難枚舉。其大綱以篇法、句法、字法、氣象、家數、音節謂之六關。每關又系子目、各引唐人一詩以實之。其七言律詩一條、稱唐人李淑有詩苑一書、今世罕傳。所述篇法止有六格、今廣爲十三格。考晁公武讀書志、詩苑類格三卷、李淑撰。寶元三年豫王出閤、淑爲皇子傳、因纂成此書上之。然則淑爲宋仁宗時人、安得稱唐。明華陽王宣墡作詩心珠會、全引此條、亦作唐字。知原本實誤以爲唐人、非刊本有誤。其荒陋已可想見。又云十三格猶六十四卦之動、不出八卦。八卦之生、不離奇偶、可謂神矣。目曰屠龍絕藝、此法一洩、大道顯然云云。殆類道經授法之語。蓋與楊載詩法家數出一手僞撰。考二書所論、多見趙撝謙學範中。知庸妄書賈剽取學範爲之耳。

詩學禁臠一卷（兩江總督採進本）

舊本題元范德機撰。凡分十五格、每格選唐詩一篇爲式、而逐句解釋。其淺陋尤甚、亦必非眞本。

文筌八卷附詩小譜二卷（浙江巡撫採進本）

元陳繹曾撰。繹曾有文說、已著錄。此編凡分古文小譜、四六附說、楚賦小譜、漢賦小譜、唐賦附說五類。體例繁碎、大抵妄生分別、強立名目、殊無精理。詩小譜二卷、據至順壬申繹曾自序、稱爲亡友石桓彥威所撰、因以附後。是此編本與詩譜合刻。元時麻沙坊本乃移冠策學統宗之首、頗爲不倫。今仍析之、各著於錄。繹曾處州人、僑居湖州。而序末自稱汝陽左客、豈又嘗流寓齊魯間、偶以自號歟。

詩文軌範二卷（浙江鮑士恭家藏本）

元徐駿撰。駿、常熟人。其書雜採古人論文之語、率皆習見。所載詔誥表奏諸式、尤未免近俗。

東坡文談錄一卷（編修程晉芳家藏本）

元陳秀民編。秀民字庶子、四明人。初官武岡城步巡檢、擢知常熟州。後爲張士誠參軍、歷浙江行中書省參知政事、翰林學士。是編雜採諸家評論蘇文之語、大抵諸書所習見。又秀民既別有東坡詩話錄、而此編又濫及於詩、爲例亦復不純。

東坡詩話三卷（編修程晉芳家藏本）

元陳秀民編。秀民既作東坡文談錄、復雜採諸家論蘇詩者裒爲此書。其排纂後先、既不以本詩之事類爲次第、又不以原書之年代爲次第、殊無體例。又如記仇池石數詩、直書原詩、前後並無引述。如此則全部蘇詩皆可入錄矣。至記芙蓉城詩、於題上加一遊字、舛誤尤甚。胡仔苕溪漁隱叢話所採歷代詩話、蘇詩僅其中之一家、而核其條目、較此尚多大半。則此錄之挂漏可知矣。所引諸書、惟燕石齋續一書世罕傳本。然持論頗淺陋、如證春事闌刪芳草歇句、引唐劉琮及傳奇女郎王眞詩、而不知爲謝靈運語。則其書亦不足重也。又秀民既元人、而書中乃引西湖遊覽志一條。是書爲明田汝成作、秀民何自見之。曹溶學海類編喜造僞書、此類亦可疑者也。

南溪詩話二卷（浙江范懋柱家天一閣藏本）

不著撰人名氏。其本出明三原王恕家。前有恕子承裕序、稱南溪爲錄詩話者之別號、逸其姓名。當爲勝國時人。今觀書中所引、已有白珽、劉履諸名、則元末人所作無疑也。其書雜鈔諸家詩話、而不置議論。略如阮閱總龜之例、但不分門類耳。所引詩話、雖習見者多、然如所引呂氏童蒙訓、今本皆不載，惟好標立名目，往往非其本書。如祖孝徵論沈約崖傾護石髓句，卽題曰祖孝徵詩話之類，不一而足，亦殊弇陋也。

歸田詩話三卷（兩淮馬裕家藏本）

明瞿佑撰。佑有四時宜忌，已著錄。佑永樂中以作詩事繫獄，戍保安，至洪熙乙巳始赦歸。據所自序，援歐陽修歸田錄爲例，則似成於放還後。而末一條敘塞垣事，稱尚留滯於此，未得解脫，又似戍所之語。殆創稾於保安，歸乃成帙歟。後宏治中廬陵陳敘刻之，以佑別號存齋，易名曰存齋詩話，無所取義。今仍題歸田詩話，從佑所自名也。此書所見頗淺，其以搥碎黃鶴樓作李白語，以王建望夫石詩爲陳克識，張耒中興碑玉環妖血無人掃句，謂楊妃縊死，未嘗濺血，是忘哀江頭血污遊魂句也。於考證亦疏。而猶及見楊維楨、丁鶴年諸人，故所記前輩遺文，時有可採焉。

菊坡叢話二十六卷（兩淮鹽政採進本）

明單宇撰。宇字時泰，菊坡其號也。臨川人。正統己未進士，官侯官縣知縣。事蹟具明史本傳。其書採古今論文之語，編次成帙，分二十六門。凡論詩者二十四卷，論四六者一卷，論樂府者一卷。所採自樂府古詞以下，宋人居多，元人如薩都剌等亦閒引及，然寥寥無幾。每條各註所出，亦有但註菊坡二字者，則宇自記其語也。史載宇待銓吏部時，值英宗北狩，上書請罷監軍內官，又上書請毀王振所建大興隆寺，其人亦錚錚者。而於論詩不甚當行。是編大旨欲配胡仔之書，故仍以叢話爲名。然採摭不及其博，又仔書多論文，此書多記事，仔書多考證，此書但鈔撮舊文，例亦小殊。

瓊臺詩話二卷（編修吳典家藏本）

明蔣冕編。冕有湘臯集，已著錄。冕爲邱濬之門人，因裒輯濬生平吟咏，各詳其本事，蓋卽吳沆門人輯環溪詩話之例。凡七十五條，詞多溢美。蓋濬以博洽著，詩非其所長，冕以端謹不阿著，論詩亦非其所長也。

詩話十卷（副都御史黃登賢家藏本）

明楊成玉編。成玉始末未詳。其纂輯此書時，官揚州府知府，重刊於宏治庚戌，則繼任知府馬忠也。所列宋人詩話，凡劉攽、歐陽修、司馬光、陳師道、呂居仁、周紫芝、許顗、張表臣、葉夢得、陳巖肖十家，在近時皆爲通行之本，在當時則皆祕笈，故十書雖已各著錄，而仍存此書之目，以不沒其蒐輯之勞焉。

餘冬詩話三卷（編修程晉芳家藏本）

舊本題明何孟春撰。孟春有何文簡奏疏，已著錄。是書載學海類編中，今檢其文，實於孟春餘冬序錄中摘其論詩者，詭題此名也。所論多作理語，如謂蘇氏之文無見於道，枉讀書耳，又謂故教乞食歌姬院，用韓熙載事，非君子所宜，皆所謂膠柱而鼓瑟。謂杜詩呈吳郎、題桃樹二律甚費解說，與他律不同，亦殊不解古人用意之處。其他持論多類此。夫以講學之見論文，已不能得文外之致，至以講學之見論詩，益去之千里矣，則何如不作詩文，更爲務本也。

南濠居士詩話一卷（浙江范懋柱家天一閣藏本）

明都穆撰。穆有壬午功臣爵賞錄，已著錄。此編刻意論詩，而見地頗淺。如許彥周詩話解錦瑟詩，以適怨清和配中四句，附會無理，而摭爲異聞。楊載詩之六朝舊恨斜陽外、南浦新愁細雨中，格律殊卑，柳色嫩於鵝破殼、蘚痕斑似鹿辭胎，尤屬鄙俚，而指爲佳句。至載入元景文去年先生靡恃己、今年先生罔談彼之謔，更傷蕪雜矣。其書世有二本，一爲黃桓所刻，凡七十二則，一爲文璧所刻，凡四十二則，較黃本少三十則，而其中三則爲黃本所無。近鮑廷博始以兩本參較，合爲七十五則，卽此本也。

夢蕉詩話二卷（編修程晉芳家藏本）

明游潛撰。潛有博物志補，已著錄。此書中論蔡確一條，謂因自稱不肖而人誤以爲不笑，既而誤以不笑爲哭，既而又誤以哭爲酷，遂爲部使者所斥。潛殆以酷罷官歟。所論諸詩，明人居其大半，率無深解，或借以自攄不平，尤爲褊淺。如河源襲都實之說，嫦娥祖白珽之論，未免剽剟陳言。論洪武正韻一條，謂沈約在宋齊梁陳時竝居鈞要，譜韻以詞賦取士，積習久矣。及唐有天下，亦竟因之云云。考沈約卒於梁代，實未入陳，以詩賦試進士始於唐高宗調露二年，梁代安有是制。更爲杜撰。惟駁許彥周詩話論杜牧詩一條，特有深解，非他家之所及耳。

渚山堂詩話三卷（浙江范懋柱家天一閣藏本）

明陳霆撰。陳霆有唐餘紀傳，已著錄。是書雜論唐宋以來詩句工拙、而明詩爲多。又喜自載其詩、如冷齋夜話、珊瑚鉤詩話之例。如論古人作詩、用事當如水中著鹽、寓意當如空中散花。因舉所自作獨背小闌無一語、門前吹進落花風句、謂爲空中散花。風月多情自進樓句、謂爲水中著鹽。殊皆未確。其引據古人亦頗疎舛。如李商隱殺風景語、本出所作雜纂。雖世無完本、然刪本尚載說郛中。霆乃指爲義山詩品、世無此書也。又復齋漫錄謂張耒新月已生飛鳥外、落霞更在夕陽西句、本之郎士元河源飛鳥外、雪嶺大荒西一聯。摘其知上句本士元詩、不知下句本薛能好山多在夕陽西句可也。霆乃謂其不知本九僧春生桂嶺外、月在海門西句、是與耒詩何涉乎。

詩談一卷、編修程晉芳家藏本

明徐泰撰。泰字子元、海鹽人。宏治甲子舉人。官光澤縣知縣。是編皆論明代之詩。自劉基高啟以下至黃省曾。附以女子朱靜菴、道士盧大雅、僧來復宗泐守仁、梵琦。各爲品目。大抵宗旨不出七子門庭。其造語多用四言二句、務摹敖陶孫詩評、亦頗嫌學步。

存餘堂詩話一卷、兩江總督採進本、

明朱承爵撰。承爵有灼薪劇談、已著錄。是編凡論詩二十六條、離合參半。如論天廚禁臠假借格之謬、辨漁隱叢話論琴阮琵琶詩之非、其說皆確。他論映雪收螢一聯及蘇軾少年詩一條、歐陽修學溫庭筠一條、亦皆有理。惟所稱明人諸詩、多涉蕪雜、論樂府必合本題篇名一條、似確而固。至於不知寒、山子爲何人、則失之眉睫之前矣。

全唐詩說一卷、詩評一卷、編修程晉芳家藏本

舊本題明王世貞撰。世貞有弇山堂別集、已著錄。是二書載曹溶學海類編中。實則割剝世貞藝苑卮言、鈔爲兩卷。世貞著作、初無此二名也。

詩家直說二卷、兩江總督採進本、

明謝榛撰。榛有四溟集、已著錄。榛詩本足自傳、而急於求名。乃作是書以自譽、持論多夸而無當。又多指摘唐人詩病、而改定其字句。甚至稱夢見杜甫李白登堂過訪、勉以努力齊名。今觀其書、大旨主於超悟、每以作無米粥爲言。猶嚴羽才不關學、趣不關理之說也。又以練字爲主、亦方回句眼之說也。如謂杜牧開元寺水閣詩深秋簾幙千家雨、落日樓臺一笛風句不工、改爲深秋簾幙千家月、靜夜樓臺一笛風。不知前四句爲六朝文物草連空、天澹雲閒今古同、鳥去鳥來山色裏、人歌人哭水聲中。末二句爲惆悵無因見范蠡、參差煙樹五湖東。皆登高晚眺之景。如改雨爲月、改落日爲靜夜、則鳥去鳥來山色裏、非夜中之景。參差煙樹五湖東、亦非月下所能見。而就句改句、不顧全詩、古來有是詩法乎。王士禎論詩絕句、何因點竄澄江練、笑殺談詩謝茂榛、固非好輕詆矣。至所謂詩以一句爲主、落於某韻、意隨字生、豈必先立意云何。其語似高實謬、尤足誤人。是但爲流連山水、摹寫風月、閒適小詩言耳。不知發乎情、止乎禮義、感天地而動鬼神、固以言志爲本也。

詩文原始一卷、編修程晉芳家藏本、

舊本題明李攀龍撰。攀龍有詩學事類、已著錄。此書則自明以來、不聞爲攀龍所作、其持論亦不類攀龍語。疑亦曹溶掇拾割裂之書、僞題攀龍名也。

文脈三卷、編修程晉芳家藏本

明王文祿撰。文祿有廉矩、已著錄。此書雜論古今之文、謂文章一脈相傳、故曰文脈。第一卷總論、二卷雜論、三卷新論。品藻古今、頗出別解。然其述理學則推象山、慈湖、論文體則推六朝文選。至論唐文、伸柳州而抑昌黎、謂韓非柳匹。尤不免立異太過矣。

過庭詩話二卷、浙江范懋柱家天一閣藏本、

明劉世偉撰。世偉有厭次瑣談、已著錄。是書卷首有嘉靖丁巳閻新恩序、稱世偉之父爲寧國君、冷菴翁、故所著詩話名曰過庭。然書中無一字及其家學、殆不可曉。其大旨謂後學看詩話、當以嚴滄浪爲準。最可惡者惠洪冷齋夜話、於漢魏唐人好詩不曾理會得一句、其所論皆蘇黃之惡詩。大抵宋詩遠不逮唐、亦由蘇黃共壞之云云。然據其全書、則皆拾七子之緒餘、實於漢魏盛唐了無所解、於宋詩亦無所解也。觀其論絕句、有絕前四句後四句中四句諸體、是併不知先有絕句、後有律詩矣。其詆唐詩稱僧爲公、爲師、尤爲迂闊。古人稱謂、例皆相尊。林公、遠公、晉時已爾、何獨深責於唐人。且子者男子之美稱、而異端莫甚於楊墨、孟子稱楊子、墨子、其亦崇獎異端乎。至論古樂府一條、稱山上復有山爲字謎之祖。元人正宮樂府云、拈起這紙來呵、好教我目邊點水言難盡。拈起筆來呵、

好敎我門裏挑心寫不成。庶幾善學此者云云。益爲弇陋矣。

解頤新語八卷 浙江巡撫採進本

明皇甫汸撰。汸有百泉子緒論，已著錄。是編乃其說詩之語。凡分八門，曰敘論，曰述事，曰考證，曰詮藻，曰矜賞，曰遺諷，曰譏評，曰雜記。自稱匡鼎說詩，人爲解頤，陸賈造語，帝每稱善，故竊比於二子。然汸詩有名於當時，而此書乃多謬陋。大抵皆襲書文，了無精識。好大言而實皆膚詞。如云詩首關雎，易始龍德，道逢大鵬，其意一也。此十六字爲一條，竟不知作何語。又引證不確，搖筆即舛。如鍾嶸詩品，家弦戶誦，乃云鍾品已湮，僅存嚴氏。李商隱等三十六體，唐書本傳明云以表啟而名，乃指爲詩派。杜甫已有七言長律，乃云元白餘思不盡，加爲六韻，此七言排之始。選楊徽之詩十聯寫御屏，本宋太宗事，見澠水燕談，張爲主客圖作於唐時，其書雖佚，尚散見計有功唐詩紀事，乃云唐太宗聞楊徽之詩名，盡索所著，選十聯寫御屏，遂有句對句圖及主客圖。他如黃金費盡教歌舞，留與他人樂少年，司空圖詩也，而云顧況。王莽弄來曾半破，曹公將去便平沈，李山甫詩也，而云李商隱。又所稱商隱棹裏自成歌，歌竟乘流去之句，今義山集中亦無之，不知所據爲何本。如此之類，指不勝屈。世以汸名重傳之耳。

冰川詩式十卷 兩淮鹽政採進本

明梁橋撰。橋字公濟，號冰川子，眞定人。由選貢生授四川布政司經歷。是書成於嘉靖己巳。分定體、練句、貞韻、審聲、研幾、綜賾六門，雜錄舊說，不著所出。又參以臆見，橫生名目，兼增以杜撰之體，蓋於詩之源流正變，皆未有所解也。

豫章詩話六卷 江西巡撫採進本

明郭子章撰。子章有蠙衣生易解，已著錄。是編論其鄉人之詩與詩之作於其鄉者，上起古初，下迄於明。然多據郡縣志書所采，未免蕪雜。如惠遠七言絕句，子章能辨其僞，然尋眞觀玉簡天篆，決非秦代語，巖下老人武帝問答，決非漢人語，乃以爲四言之祖，何耶。又如房璘妻高氏碑刻之類，無與於詩話，而盧仝、韓愈用龍鍾、躘踵字之類，亦無與豫章，均有愛奇嗜博之失。

玉笥詩談四卷 編修程晉芳家藏本

明朱孟震撰。孟震有河上楮談，已著錄。此其所爲詩話，皆載明代之事，而涉於江西者尤多。蓋據其見聞所及也。其論詩大旨，則惟以王世貞爲宗。

玉堂日鈔三卷 浙江巡撫採進本

明黃洪憲編。洪憲有朝鮮國紀，已著錄。是編鈔撮宋陳騤文則、李耆卿文章精義、明何良俊論文、王世貞藝苑卮言、吳訥文章辨體五家之言，共爲一書。首有其四世從孫經序，稱洪憲讀書中祕時，隨見手錄。蓋偶然摘鈔，本非著述，其後人尊崇手澤，因而藏弆，實則駢等之書具在，無庸此之複陳也。

詩心珠會八卷 浙江巡撫採進本

明華陽王朱宣墡編。宣墡字白厚，自號味一道人。蜀獻王椿八世孫，考明史宗室表，其襲封在萬歷十三年。是編前有自序，題嘉靖庚申，蓋作於未襲封時，故其私印一曰蜀國分藩，一曰華陽王長子也。是編取前人詩話，分類編次，凡體格二卷，法則二卷，評論二卷，辯正一卷，雜拾一卷。其所徵引，皆不著所出，龐雜無緒。間有附註，以味一曰別之，亦皆膚淺。

冷邸小言一卷 兩淮鹽政採進本

明鄭雲霄撰。雲霄有百花洲集，已著錄。此書前有自序，稱論詩什九，品古什一。大旨以嚴羽爲宗，尊陶、謝而祧蘇、李，左王、孟而右杜、韓，司空圖所謂不著一字，盡得風流者，亦詩家之一派，不可廢也。然以爲極則，則狹矣。

藝藪談宗六卷 山東巡撫採進本

明周子文編。子文字岐陽，無錫人。萬歷癸未進士。是編輯明人論詩之語爲一編。凡宋濂、高棅、何景明、李東陽、徐禎卿、王廷相、楊愼、都穆、皇甫汸、王世貞、何良俊、謝榛、王世懋、胡應麟、王穉登、屠隆、焦竑、李維楨、朱長春十九家，或採錄其文集，或刪節其詩話，大致以王世貞爲圭臬。蓋萬歷中葉，七子之餘焰猶未盡熸，故子文據藝苑卮言一書，遂欲衡量千古也。

楚範六卷 浙江范懋柱家天一閣藏本

明張之象撰。之象有太史史例，已著錄。是編割裂楚詞之文，分標格目，以爲擬作之法。分十二編，曰辨體，曰解題，曰發端，曰造句，曰麗詞，曰叶韻，曰用韻，曰更韻，曰連文，曰參字，曰助語，曰餘音。屈宋所作，上接風人之遺，而下開百代之詞賦，性情所造，音律自生，所謂文成而法立者也。之象乃摘其某章某句，多立門類，限爲定法，如詞曲家之有工尺。以是擬騷，寧止相去九牛毛乎。

恬志堂詩話三卷（編修程晋芳家藏本）

明李日華撰。日華有梅墟先生別錄，已著錄。此編載曹溶學海類編中，乃摘其諸雜著中論詩之語，湊合成編。如武伯英燭翦一聯，其文甚繁，今刪其上文，但云燭翦句余改曰吐殘月魄蘋頤動，蹴落春紅燕尾忙。此改字竟從何來，是直不通書賈所摘矣。至日華堂名恬致，其集卽名恬致堂集，而改曰恬志，尤耳食之誤也。

詩藪十八卷（江蘇巡撫採進本）

明胡應麟撰。應麟有筆叢，已著錄。是書凡內編六卷，分古今體各三卷；外編六卷，自周至元，以時代爲次；雜編六卷，分遺逸、閏餘各三卷。皆其評論之語。明史文苑傳曰：胡應麟幼能詩，萬歷四年舉於鄉，久不第，築室山中，購書四萬餘卷，手自編次，多所撰著。攜詩謁王世貞，世貞喜而激賞之，歸益自負。所著詩藪十八卷，大抵奉世貞卮言爲律令，而敷衍其說，謂詩家之有世貞，集大成之尼父也。其貢諛如此云云。是應麟著此書時，世貞固尚在，乃內編又自紀其作哭王長公詩二百四十韻事，豈應麟又續有所增益歟。

夷白齋詩話一卷（兩江總督採進本）

明顧元慶撰。元慶有雲林遺事，已著錄。是編論詩多膚膜之語。如秦韜玉詩地衣鎭角香獅子，簾額侵鉤繡辟邪，可謂寒酸窮眼，元慶乃稱其狀富貴之象於目前，品題殊誤。所錄明詩多猥瑣。至議蔡邕飲馬長城窟行謂魚腹中安得有書，尤高叟之爲詩矣。

詩譚十卷（副都御史黃登賢家藏本）

明葉廷秀撰。廷秀有西曹秋思，已著錄。是集所輯詩話，半錄舊文，半出己論。前有廷秀自序，稱以爲譚詩也可，譚道也可。然其病正坐於此。第一條卽曰心學，第二條卽曰行得始爲難。蓋以講學爲詩家正脈，始於文章正宗，白沙、定山諸集又加甚焉。至廷秀等而風雅掃地矣。此所謂言之有故，執之成理，而斷斷不可行於天下者也。故其人雖風裁嶽嶽，而論詩不可爲訓焉。

佘山詩話三卷（編修程晋芳家藏本）

舊本題明陳繼儒撰。繼儒有邵康節外紀，已著錄。此書別無傳本，惟學海類編載之。然其文皆摭拾繼儒他說部而成，殆非其本書。其中如以展子虔爲大李將軍之師。大李將軍爲唐開元中李思訓，展子虔爲北齊人也。疎謬如是，卽眞出繼儒手，正亦無足取耳。

藕居士詩話二卷（浙江鮑士恭家藏本）

明陳懋仁撰。懋仁有年號韻編，已著錄。是書卷末論盧照隣詩玉帛委奄尹，鈇質嬰縉紳句，以爲此熹宗朝十字史，則作於崇禎時矣。懋仁及與袁宏道、鍾惺、譚元春游，故其論詩大旨以公安、竟陵爲宗。自序謂考證多而評隲少。今觀其書，如元王烈婦、明鐵鉉女諸條，亦稍能辨析，而舛漏之處甚多。如徐禎卿觀射歌突如流星中如樹，此自用詩四鋏如樹語，而引儀禮之皮樹以爲獸名，則如字定作何解。杜甫杜鵑詩證以三絕句之疊用刺史，明鵑字爲韻是已。又引白頭吟之郭東亦有樵二句，則不知此乃晉樂所加以諧律，非本詞也。詩新臺有泚，說文作玼，自是當時別本，而以爲泚誤作玼，是未勘說文所引五經，不同者不止於此。謂蜀道難始梁張綜，不始李白，不知郭茂倩樂府詩集所載乃以梁元帝爲首。謂楊慎趙州館喜晴七言律詩以朋字押入東韻爲合古法，是誤以古韻論律韻。謂傅元以稍押貊爲無韻之詩，不知稍在覺部，江之入聲，貊在陌部，庚之入聲，正穿鼻七聲之相通。又誤以律韻議古韻。至引尸子死人爲歸人句證邱爲詩之萬里一歸人，更與本義相左矣。所註杜詩諸故實，亦茫無根據，無一字之可信也。

藝活甲編五卷（副都御史黃登賢家藏本）

明茅元儀撰。元儀有嘉靖大政類編，已著錄。此編皆評詩論文之語。當嘉靖中，元儀祖坤與王世貞爭名相軋。坤作史記鈔，世貞未見其書，卽先斷其必不解。又世貞題歸有光集，詆坤八家文鈔右永叔而左昌黎。元儀修先世之憾，故此書大旨主於排斥世貞。然世貞摹擬之弊，雖可議者多，而元儀評論古人，又往往大言無當，所見實粗。其任意雌黃，亦皆不爲定論也。

文通三十一卷（兩江總督採進本）

明朱荃宰撰。荃宰字咸一，黃岡人。所著有文、詩、樂、詞、曲五編，竝以通名，見於自序。而文通獨先刻成。其書取古今文章流別及詩文格律，一一爲之條析。蓋欲仿劉勰雕龍而作。其末詮夢一篇，酷摹勰之自序。然大抵摭拾百家，矜示奧博，未能一一融貫也。

詩話類編三十二卷（直隸總督採進本）

明王昌會撰。昌會字嘉侯，上海人，參議圻之孫也。是編摭拾諸詩話，參以小說，哀合成書。議論則不著其姓名，事實則不著其時代，又竝不著出自何書。糅雜割裂，茫無體例，亦博而不精之學也。

堯山堂偶雋七卷（浙江鮑士恭家藏本）

明蔣一葵編。一葵有堯山堂外紀，已著錄。是書取前人比偶之文，自六朝迄宋元，凡制誥牋表賦序啟劄中名雋之句，及尋常應對俳語，次而錄之，蓋王銍四六話之類。然摭拾未廣，所採亦不盡工。

唐詩談叢一卷（編修程晉芳家藏本）

舊本題明胡震亨撰。震亨有海鹽縣圖經，已著錄。是書載曹溶學海類編中，實卽唐音癸籤之文。癸籤凡分體發微評彙樂通詁箋談叢集錄七門，此摘其談叢一門，別立名目耳。

詩膾八卷（江蘇巡撫採進本）

明陳雲式撰。雲式字定之，錢塘人。是書凡分二十四類，皆雜採諸家詩話爲之，而諱其出處，漫無持擇，亦無所考證。

綠天耕舍燕鈔四卷（兩淮鹽政採進本）

不著撰人名氏，但署曰雪疇子輯。不知何許人也。其書雜取明人論詩之語，綴合成編，無所發明考證。大旨排王李而主鍾譚，殆當萬歷天啟之閒詩歸盛行之後歟。

雅論二十六卷（安徽巡撫採進本）

明費經虞撰，其子密又增補之。經虞字仲若，新繁人。密有燕峯文鈔，已著錄。是書詳論歷代之詩，分源本體調格式製作合論工力時代鍼砭品衡盛事題引瑣語音韻十三門。自序稱以詩餘附後，爲十四，而目錄及書中皆無之，蓋欲爲之而未成也。經虞著作不概見，密則以大江流漢水孤艇接殘春一聯爲王士禎所稱，有十字須千古之目。而編次此書，乃未爲精密。如源本類中論詩句所始一條，乃摯虞文章流別之文，今尙載太平御覽中，而引爲孔穎達詩疏。葛天八闋一條，乃劉勰文心雕龍之文，乃引爲梅鼎祚古樂苑。左傳載渾良夫被髮而譟，乃呼譟之譟，而以譟爲詩之一體，謂始於渾良夫。楊愼雖有五言律祖，然齊梁但有永明體宮體之名，無律之名，而以五言律詩始見齊梁，排律之名始於楊士宏之唐音，古無是稱，而以爲始見於唐。體調類中西崑訓唱，乃楊億劉子儀諸人億序可證，而以爲西崑乃唐李義山溫飛卿，又併韓偓入之，而段成式乃別立一體。王素有效阮公體詩，李商隱杜牧均有擬沈下賢體詩，以及宋末四靈江湖諸體，明末竟陵公安諸體，皆漏不載，而別撰一才調體。格式類中每一體選錄數篇，旣非該舉其源流，又非簡擇其精粹，殊爲挂漏。又因齊已風騷旨格，益爲推衍，多立名目，而漫無根據。製作類中所選名句，率摭拾詩話，然如何遜金粟裏搔頭句見黃伯思東觀餘論，乃引作考證，非謂此句之工。一概列之，殊未深考。所列對偶之法，尤繁碎。合論工力時代鍼砭四類，亦皆雜取陳言。品衡類中分十六格，各選古詩以實之，而皆不愜當。盛事類中多挂漏，亦多泛濫。題引類中論近人製題不雅，頗中其病。然所引諸式，分類標目，實以古題則多未愜當。瑣語類中皆經虞之筆記，閒有可取之語。大致於古宗滄浪，於近人宗弇州也。音韻類中亢瑣與格式門同，且卽格式中之一，別出一門，亦無體例。其禮部韻略一卷，但有字而無註，題曰雅論禮部韻略，殆不成文。觀其附記，蓋經虞有此言，而其孫錫璜補入者。經虞又言吳棫補叶楊愼轉注亦當收採，而此本無之，則又不知何意也。大抵意欲求多，而昧於持擇。如游藝詩法入門所載律詩平仄一三五不論、二四六分明之類，亦均收入，宜其勞而鮮功矣。

豔雪齋詩評二卷詞曲評一卷（編修勵守謙家藏本）

不著撰人名氏。詩評有崇禎己巳自序，詞曲評有崇禎戊辰自序，皆自署曰石公。其私印則名曰亭甄，字曰以召。其姓則不可考，不知何許人也。是編雜採明人詩話詞話，手錄成帙，非所自撰。大致以王世貞爲圭臬，不出當時習氣也。

明人文斷（無卷數，浙江吳玉墀家藏本）

不著撰人名氏。皆採掇前人論文之語，鈔錄而成。所引如緯文瑣語、湖陰殘語之類，今皆不傳，頗有足資考證者。然舛誤宂雜，亦復不少。如所引杜牧一條，不知爲李賀集序所言皆詟賀之詩，而誤以爲泛論文章。則其由販鬻而來，不盡見本書可知矣。

四六金鍼一卷（編修程晉芳家藏本）

國朝陳維崧撰。維崧有兩晉南北集珍，已著錄。此書載學海類編中，取元陳繹曾文說中所論四六之法，刺剟成編，頗爲淺陋。必非維崧之筆，殆以維崧工於四六，故假其名，猶木天禁語之託言范梈，詩法家數之託言楊載耳。

蠖齋詩話二卷 江西巡撫採進本

國朝施閏章撰。閏章有矩齋雜記，已著錄。是編乃所著詩話也。閏章詩深婉蘊藉，世推作手，而詩話乃多可議。如顏眞卿判楊志堅妻，李翺嫁韋應物女，李紳題放生池，胡釘鉸感夢能詩，廖有方葬胡秀瑄，韓愈孟郊友善，韓愈等獎進後輩，淳化中老妓詩，老叟改薩天錫詩，石介慶歷盛德頌，民岳詩讖，李後主題金樓子，劉長卿題詩不署姓，凡一十三條，皆直錄舊文，以爲己語，殊不可解。至劉貢父詩話稱李商隱所咏錦瑟乃令狐楚青衣之名，說至無稽，而閏章取之。松際露微月，清光猶爲君，乃常建宿王昌齡隱居詩，而誤作王維。灞橋無名氏法帖二詩下題閒閒二字，其爲金趙秉文作無疑，而以爲唐人，亦多失考。殆偶然劄記，不甚經意之作耶。

詩話八卷 浙江巡撫採進本

國朝毛奇齡撰。奇齡有仲氏易，已著錄。是編多記其所自作及同時諸人倡和，亦閒及唐詩。奇齡以考據爲長，詩文直以才鋒用事，而於詩尤淺。其尊唐抑宋，未爲不公，而所論宋詩，皆未見宋人得失，漫肆譏彈。即所論唐詩，亦未造唐代藩籬，而妄相標榜。如詆李白，詆李商隱，詆柳宗元，詆蘇軾，皆務爲高論，實茫然不得要領。第八卷中記姜仲子姚季方謂奇齡貌似蘇軾像，又記乩仙以奇齡爲軾後身，而奇齡皆以爲辱，反覆詆軾數百言，併有莫將今日扶乩畫，又認他人著屐圖句，已爲誕妄。至謂軾不能實見理學之是非，於先聖授受之閒有所取正，尤屬大言。百載以來，日久論定，有以理學宗傳屈指於奇齡者乎。

棗林藝簣一卷 編修程晉芳家藏本

國朝談遷撰。遷有海昌外志，已著錄。是編載曹溶所輯學海類編中，實遷棗林雜俎之一卷也。所談詩文，皆不出明人門徑。其載張弼推尊洪武正韻一條，尤爲紕繆。

詩辨坻四卷 浙江汪汝瑮家藏本

國朝毛先舒撰。先舒有聲韻叢說，已著錄。是編評歷代之詩，首爲總論，次爲經，次爲逸，次爲漢至唐，次爲雜論，次爲學詩經錄，次爲竟陵詩解駁議，而終以詞曲。其曰坻者，揚雄稱所作方言如鼠坻之與牛場，用則實五稼，飽邦民，不用遂爲糞壤。坻之於道，先舒取是義也。然先舒詩源出太倉歷下，故宋元皆置不論，而尤好爲高論。如謂常建深入強千里句爲不知句法。謂杜甫詠懷古蹟第五首通章草草，伯仲二語，殊傷淵雅。謂元結欸乃曲傖父之狀，使人欲嘔。謂李白清平調雲想衣裳花想容句落塡詞纖境，若非會向居然滑調，一枝穠豔君王帶笑了無高趣。又謂胡應麟性鶩多，故於宋元詩俱評。然眼中能容如許塵物，即胸次可知。而上下千古所鑄金呼佛者，則惟一李攀龍焉。

五代詩話十二卷 編修勵守謙家藏本

國朝王士禎撰，宋弼等補緝。士禎有古懽錄，弼有山左明詩鈔，均已著錄。是書士禎原稾本草創未竟之本，弼所續入，務求其博，體例遂傷冗雜，殊失士禎之初意。而挂漏者仍復不免。後鄭方坤重爲補正，乃斐然可觀。是編精華已盡爲方坤所採，方坤所不採者，皆糟粕矣。今錄方坤之本，而此本附存其目。蓋二本皆非士禎之舊，而方坤學問賅洽，不由餖飣而來，其凡例指摘此本之失，皆一一切中，故錄彼而置此焉。

然脂集例一卷 山東巡撫採進本

國朝王士祿撰。士祿有讀史蒙拾，已著錄。士祿嘗欲輯古今閨閣之文爲一書，取徐陵玉臺新咏序然脂暝寫之語爲名。然陵所選乃豔歌，非女子詩，士祿蓋誤引也。其弟士禎書其年譜後曰，先生著書惟然脂集二百三十餘卷，條目初就，蓋爲之而未成，僅存此例十條而已。隋志有婦人集，其書不傳。明以來選本至夥，猥雜殊甚，士祿此例差有條理，附存其名於詩文評中，俾來有考焉。

圍爐詩話八卷 江蘇巡撫採進本

國朝吳喬撰。喬字修齡，崑山人。是書所論，如意喻之米，文則炊而爲飯，詩則釀而爲酒，飯不變米形，酒則變盡，如小弁凱風諸篇，斷不能以文章之道平直出之。又謂詩之中須有人在，趙執信作談龍錄皆深取其說然統核全書則偏駁特甚大旨初尊長沙而排慶陽又祖晚唐而擠兩宋氣質囂浮欲以毒詈狂談劫伏俗耳遂以王李為牛哞驢鳴而比陳子龍於王錫爵之僕夫七子摹擬盛唐誠不免於流弊然亦各有根據必斥之不比於人類殊未得其平至於賦比興三體並行源於三百緣情觸景各有所宜未嘗聞與比則必優賦則必劣況唐人非無賦體宋人亦非盡無比興遺詩具在吾將誰欺乃劃界分疆誣宋人以比興都絕而所謂唐人之比興者實皆穿鑿附會大半難通即所最推之李商隱韓偓二家李則字字為令狐而吟韓則句句為朱溫而發平心而論果盡如是哉閻若璩潛邱劄記載喬自譽之言曰賀黃公載酒園詩話馮定遠鈍吟雜錄及某圍爐詩話可稱談詩之三絕是何言歟

漫堂說詩一卷（編修程晉芳家藏本）

國朝宋犖撰犖有滄浪小志已著錄此書乃其說詩之語載學海類編中較曹溶所收偽妄詩話猶為真本然犖已編入西陂類稿中矣

說詩樂趣二十卷附偶詠草續集一卷（浙江巡撫採進本）

國朝伍涵芬撰涵芬有讀書樂趣已著錄此書皆採摭前人詩話偶詠草續集則所自作以所撰讀書樂趣末有偶詠草故此曰續集也其書龐雜無緒去取失倫卷端所列引用書目乖舛不一而足則其於詩可知矣涵芬偶咏草中有僑居白下三山市亂賣柴溪伍氏書句蓋貧士刊鬻以自給原不為著述計也

柳亭詩話三十卷（浙江鮑士恭家藏本）

國朝宋長白撰長白原名俊以字行山陰人是編成於康熙乙酉自三代以迄近人凡涉於詩者多所記錄時以己意品題而議論考據多無根柢猶明季山人之餘緒也

原詩四卷（江蘇巡撫採進本）

國朝葉燮撰燮有江南星野辨已著錄是編乃其論詩之語分內篇外篇又各分上下其大旨在排斥有明七子之摹擬及糾彈近人之剽竊其言皆深中癥結而詞勝於意雖極縱橫博辨之致是作論之體非評詩之體也亦多英雄欺人之語如曰宋詩在工拙之外其工處固有意求工拙處亦有意為拙若以工拙上下之宋人不受也此論蘇黃數家猶可概曰宋人豈其然乎至謂謝靈運勝曹植亦故為高論耳

春秋詩話五卷（江蘇巡撫採進本）

國朝勞孝輿撰孝輿字巨峯一字阮齋南海人以貢生官鎮遠縣知縣其書專取春秋左氏傳之言詩者集為五卷一曰賦詩如重耳賦河水秦穆賦六月之類二曰解詩如郤至解兔罝穆叔解三夏及文王鹿鳴之類三曰引詩如鄭太子忽辭昏引自求多福陳敬仲辭卿引翹翹車乘之類四曰拾詩乃古詩軼句左氏拾而出之者分賦誦謳歌謠箴銘投壺詞繇詞諺隱各名五曰評詩則為吳公子觀樂一篇每條後各以所見附著之既不同詮釋傳文又非盡洽詩義編葺雖勤殊無所取也

鐵立文起二十二卷（浙江巡撫採進本）

國朝王之績撰之績字懋功宣城人是書皆論作文之法鐵立其齋名也卷首曰文體通論前編十二卷自序至七凡九十三種後編十卷自王言至論判凡四十八種大略採之文章辨體文體明辨二書而以己意參補之然持議多偏不能窺見要領甚至以屠隆湯海波恬賦為勝於木華郭璞尤倒置矣

學稼餘譚三卷（浙江巡撫採進本）

不著撰人名氏前題云樂社老人輯上卷曰詩鵠中卷曰詩考下卷曰詩話其下卷又分一子卷詩考詩話皆採輯諸書而成究瑣特甚詩鵠謂詩有南北宗國風林有樸樕南宗語也我心匪石二句北宗語也剿偽本賈島二南密旨之語尤少持擇又謂七言古為唐歌行之未成者則更異矣

榕城詩話三卷（大理寺卿陸錫熊家藏本）

國朝杭世駿撰世駿有續方言已著錄是書乃雍正壬子世駿以舉人充福建同考官所作故以榕城為名（案雍正壬子乙卯二科皆以鄰省舉人充鄉試同考官故世駿以甲辰舉人膺是任謹附識於此）其論詩以王士禎為宗故如馮舒馮班趙執信龐塏何焯諸人不附士禎者皆深致不滿於同時諸人無不極意標榜欲以仿士禎諸雜著然士禎善於選擇每一集節取一二聯往往可觀世駿則未之能也

右詩文評類八十五部五百二十四卷（內一部無卷數皆附

存目。

欽定四庫全書總目卷一百九十七

欽定四庫全書總目卷一百九十八

集部五十一

詞曲類一

詞曲二體在文章技藝之閒，厥品頗卑，作者弗貴，特才華之士以綺語相高耳。然三百篇變而古詩，古詩變而近體，近體變而詞，詞變而曲，層累而降，莫知其然。究厥淵源，實亦樂府之餘音，風人之末派。其於文苑，同屬附庸，亦未可全斥爲俳優也。今酌取往例，附之篇終。詞曲兩家又略分甲乙。詞爲五類，曰別集，曰總集，曰詞話，曰詞譜詞韻。曲則惟錄品題論斷之詞，及中原音韻。而曲文則不錄焉。王圻續文獻通考以西廂記、琵琶記俱入經籍類中，全失論撰之體裁，不可訓也。

珠玉詞一卷（江蘇巡撫採進本）

宋晏殊撰。殊有類要，已著錄。陳振孫書錄解題載殊詞有珠玉集一卷。此本爲毛晉所刻，與陳氏所記合，蓋猶舊本。名臣錄稱殊詞名珠玉集，張子野爲之序。子野，張先字也。今卷首無先序，蓋傳寫佚之矣。殊賦性剛峻，而詞語特婉麗。故劉攽中山詩話謂元獻喜馮延巳歌詞，其所自作，亦不減延巳。趙與旹賓退錄記殊幼子幾道嘗稱殊詞不作婦人語。今觀其集，綺豔之詞不少，蓋幾道欲重其父名，故作是言，非確論也。集中浣溪沙春恨詞無可柰何花落去，似曾相識燕歸來二句，乃殊示張寺丞王校勘七言律中腹聯，復齋漫錄嘗述之。今復塡入詞內，豈自愛其造語之工，故不嫌復用耶。考唐許渾集中一尊酒盡青山暮，千里書回碧樹秋二句，亦前後兩見，知古人原有此例矣。

樂章集一卷（江蘇巡撫採進本）

宋柳永撰。永初名三變，字耆卿，崇安人。景祐元年進士，官至屯田員外郎，故世號柳屯田。葉夢得避暑錄話曰：柳永爲舉子時，多游狹斜，善爲歌詞。教坊樂工每得新腔，必求永爲詞，始行於世。余仕丹徒，嘗見一西夏歸朝官云：凡有井水飲處，卽能歌柳詞。言其傳之廣也。張端義貴耳集亦曰：項平齋言詩當學杜詩，詞當學柳詞。杜詩柳詞皆無表德，只是實說云云。蓋詞本管絃冶蕩之音，而永所作旖旎近情，故使人易入。雖頗以俗爲病，然好之者終不絕也。陳振孫書錄解題載其樂章集三卷，今止一卷，蓋毛晉刊本所合併也。宋詞之傳於今者，惟此集最爲殘闕。晉此刻亦殊少勘正，譌不勝乙。其分調之顯然舛誤者，如笛家別久二字，小鎭西久離闕三字，小鎭西犯路遼遶三字，臨江仙蕭條二字，皆係後段換頭，今乃截作前段結句，字句之顯然舛誤者，如尾犯之一種芳心力，芳字當作勞。浪淘沙慢之幾度飲散歌闌，闌字當作闋。如何時如字當作知。浪淘沙令之有一箇人人，一字屬衍。促盡隨紅袖舉，促字下闕拍字。破陣樂之各明珠，各字下脫探字。定風波之拘束教吟味，味字當叶韻，作和字。鳳歸雲之霜月夜，夜字下脫明字。如魚水之蘭芷汀洲望中，中字當作裏。望遠行之亂飄僧舍密灑歌樓二句，上下倒置。紅窗睡之如削肌膚紅玉瑩句，已屬叶韻，下又誤增峯字。河傳之露清江芳交亂，清字當作淨。塞鴻之漸西風緊，緊字屬衍。訴衷情之不堪更倚木闌，木闌二字當作蘭槙。夜半樂之嫩紅光數，光字當作無。金斂笑爭賭，斂字當作釵。萬樹作詞律，嘗駁正之。今並從其說。其必不可通者，則疑以傳疑，姑仍其舊焉。

安陸集一卷附錄一卷（兵部侍郎紀昀家藏本）

宋張先撰。案仁宗時有兩張先，皆字子野。其一博州人，樞密副使張遜之孫，天聖三年進士，官至知亳州，卒於寶元二年，歐陽修爲作墓誌者是也。其一烏程人，天聖八年進士，官至都官郎中，卽作此集者是也。道山清話竟以博州張先爲此張先，誤之甚矣。張鐸湖州府志稱先有文集一百卷，惟樂府行於世。宋史藝文志載先詩集二十卷。陳振孫十詠圖跋稱偶藏子野詩一帙，名安陸集，舊京本也。郡守楊嗣翁見之，因取刻之郡齋云云（案此跋載周密齊東野語）。則振孫時其集尚存。然振孫作直齋書錄解題乃惟載張子野詞一卷，而無其詩集，殊不解其何故也。自明以來，併其詞集亦不傳，故毛晉刻六十家詞，獨不及先。此本乃近時安邑葛鳴陽所輯，凡詩八首，詞六十八首，其編次雖以詩列詞前，而爲數無幾，今從其多者爲主，錄之於詞曲類中。考蘇軾集有題張子野詩集後，曰、子野詩筆老妙，歌詞乃其餘技耳。華州西溪詩云、浮萍破處見山影、野艇歸時聞草聲。（案石林詩話、瀛奎律髓，草聲並誤作棹聲，近時安邑葛氏刊本據漁隱叢話改正，今從之。）與余和詩云、愁似鰥魚知夜永、懶同蝴蝶爲春忙。若此之類，皆可以追配古人。而世俗但稱其歌詞。昔周昉畫人物，皆入神品。而世俗但知有周昉士女，皆所謂未見好德如好色者歟云云。然軾所舉二聯，皆涉纖巧。自此二聯外，今所傳者惟吳江一首稍可觀。然欲圖江色不上筆，靜覓鳥聲深在蘆一聯，亦有纖巧之病。平心而論，要爲詞勝於詩。當時以張三影得名，殆非無故。軾所題跋，當由好爲高論，未可據爲定評也。

六一詞一卷（江蘇巡撫採進本）

宋歐陽修撰。修有詩本義，已著錄。其詞陳振孫書錄解題作一卷，此爲毛晉所刻，亦止一卷。而於總目中注原本三卷。蓋廬陵舊刻兼載樂語，分爲三卷。晉刪去樂語，仍併爲一卷也。曾慥樂府雅詞序有云、歐公一代儒宗，風流自命，詞章窈眇，世所矜式。乃小人或作豔曲，謬爲公詞。蔡絛西清詩話云、歐陽修之淺近者，謂是劉煇僞作。名臣錄亦云、修知貢舉，爲下第舉子劉煇等所忌，以醉蓬萊、望江南誣之。則修詞中已雜他人之作。又元豐中崔公度跋馮延己陽春錄，謂其間有誤入六一詞者，則修詞又或竄入他集。蓋在宋時已無定本矣。晉此刻亦多所釐正。然諸選本中有梅堯臣少年游闌干十二獨凭春一首，吳曾能改齋漫錄獨引爲修詞，且云不惟聖俞、君復二詞不及，雖求諸唐人溫、李集中，殆難與之爲一。則堯臣當別有詞，此詞斷當屬修。晉未收此詞，尙不能無所闕漏。又如越溪春結語沈麝不燒金鴨，玲瓏月照梨花，係六字二句。集內尙沿坊本，誤玲爲冷，瓏爲籠，遂以七字爲句。是校讎亦未盡無誤。然終較他刻爲稍善，故今從其本焉。

東坡詞一卷（江蘇巡撫採進本）

宋蘇軾撰。軾有易傳，已著錄。宋史藝文志載軾詞一卷，書錄解題則稱東坡詞二卷。此本乃毛晉所刻，後有晉跋，云得金陵刊本，凡混入黃、晁、秦、柳之作，俱經芟去。然刊削尙有未盡者，如開卷陽關曲三首，已載入詩集之中，乃餞李公擇絕句。其曰以小秦王歌之者，乃唐人歌詩之法，宋代失傳，惟小秦王調近絕句，故借其聲律以歌之，非別有詞調謂之陽關曲也。使當時有陽關曲一調，則必自有本調之宮律，何必更借小秦王乎。以是收之詞集，未免泛濫。至集中念奴嬌一首，朱彝尊詞綜據容齋隨筆所載黃庭堅手書本，改浪淘盡爲浪聲沈，多情應笑我，早生華髮爲多情應是我笑生華髮。因謂浪淘盡三字於調不協，多情句應上四下五。然考毛幵此調，如算無地、闕風項，皆作仄平仄，豈可俱謂之未協。石孝友此調云九重頻念此，袞衣華髮。周紫芝此調云白頭應記得，尊前傾蓋。亦何嘗不作上五下四句乎。又趙彥衛雲麓漫鈔辨賀新涼詞版本乳燕飛華屋句，眞跡飛作棲，水調歌詞版本但願人長久句，眞跡願作得，指爲妄改古書之失。然二字之工拙，皆相去不遠。前人著作，時有改定，何以定以眞跡爲斷乎。晉此刻不取湛、趙之說，則深爲有見矣。詞自晚唐五代以來，以清切婉麗爲宗。至柳永而一變，如詩家之有白居易。至軾而又一變，如詩家之有韓愈，遂開南宋辛棄疾等一派。尋源溯流，不能不謂之別格。然謂之不工則不可。故至今日，尙與花閒一派並行，而不能偏壓。曾敏行獨醒雜志載軾守徐州日、作燕子樓樂章。其稾初具、邏卒已聞張建封廟中有鬼歌之。其事荒誕不足信。然足見軾之詞曲、輿隸亦相傳誦、故造作是說也。

山谷詞一卷（江蘇巡撫採進本）

宋黃庭堅撰。庭堅有山谷集、已著錄。此其別行之本也。宋史藝文志載庭堅樂府二卷。書錄解題則載山谷詞一卷。蓋宋代傳刻已合併之矣。陳振孫於晁无咎詞調下引補之語曰、今代詞手、惟秦七黃九。他人不能及也。於此集條下又引補之語曰、魯直閒作小詞固高妙、然不是當行家語、自是著腔子唱好詩。二說自相矛盾。考秦七黃九語在後山詩話中、乃陳師道語、殆振孫誤記歟。今觀其詞、如沁園春望遠行、千秋歲第二首、江城子第二首、兩同心第二首第三首、少年心第一首第二首、醜奴兒第二首、鼓笛令四首、好事近第三首、皆褻諢不可名狀。至於鼓笛令第三首之用[illegible]字、第四首之用𡱰字、皆字書所不載、尤不可解。不止補之所云不當行已也。顧其佳者則妙脫蹊徑、迥出慧心。補之著腔好詩之說、頗爲近之。師道以配秦觀、殆非定論。觀其兩同心第二首與第三首、玉樓春詞第一首與第二首、醉蓬萊第一首與第二首、皆故本與初本並存。則當時以其名重、片紙隻字、皆一概收拾、美惡雜陳、故至於是。是固宜分別觀之矣。陸游老學庵筆記辨其念奴嬌詞老子平生、江南江北、愛聽臨風笛句。俗本不知其用蜀中方音、改笛爲曲以叶韻。今考此本、仍作笛字、則猶舊本之未經竄亂者矣。

淮海詞一卷（浙江巡撫採進本）

宋秦觀撰。觀有淮海集、已著錄。書錄解題載淮海詞一卷、而傳本俱稱三卷。此本爲毛晉所刻、僅八十七調、裒爲一卷。乃雜採諸書而成、非其舊帙。其總目註原本三卷、特姑存舊數云爾。晉跋雖稱訂譌搜遺、而校讎尚多疎漏。如集內長相思鐵甕城高一闋、乃用賀鑄韻、尾句作鴛鴦未老否。詞匯所載則作鴛鴦未老綢繆、考當時楊无咎亦有此調、與觀同賦、註云用方回韻。其尾句乃佳期永卜綢繆。知詞匯爲是矣。又河傳一闋尾句作悶損人天不管。考黃庭堅亦有此調、尾句作好殺人天不管。自註云、因少游詞、戲以好字易瘦字。是觀原詞當是瘦殺人天不管、悶損二字爲後人妄改也。至喚起一聲人悄一闋、乃在黃州咏海棠作、調名醉鄉春。詳見冷齋夜話。此本乃闕其題、但以三方空記之、亦爲失考。今並釐正、稍還其舊。觀詩格不及蘇黃、而詞則情韻兼勝、在蘇黃之上。流傳雖少、要爲倚聲家一作手。宋葉夢得避暑錄話曰、秦少游亦善爲樂府、語工而入律、知樂者謂之作家歌。蔡絛鐵圍山叢談亦記觀壻范溫常預貴人家會。貴人有侍兒喜歌秦少游長短句、坐間略不顧溫。酒酣懽洽、始問此郎何人。溫遽起叉手對曰、某乃山抹微雲女壻也。聞者絕倒云云。夢得、蔡京客。絛、蔡京子。而所言如是、則觀詞爲當時所重可知矣。

書舟詞一卷（安徽巡撫採進本）

宋程垓撰。垓字正伯、眉山人。其家有擬舫名書舟、見本集詞註。古今詞話謂號虛舟、蓋字誤也。書錄解題載垓書舟詞一卷、傳本或作書舟雅詞二卷。而宋史藝文志乃作陳正伯書舟雅詞十一卷、則又誤程爲陳、誤二爲十一矣。此本爲毛晉所刻、仍作一卷。前有王偁序、與書錄解題所載合。序云尚書尤袤曾稱其文過於詩、詞。今其詩文無可考、而詞則頗有可觀。楊慎詞品最稱其酷相思、四代好、折秋英數闋、蓋垓與蘇軾爲中表、耳擩目染、有自來也。集內攤破江神子娟娟霜月又侵門一闋、諸刻多作康與之江城梅花引、僅字句小有異同。此調相傳爲前半用江城子、後半用梅花引、故合云江城梅花引。至過變以下、則兩調俱不合。考詞譜載江城子亦名江神子、應以名攤破江神子爲是。詳其句格、亦屬垓本色、其題爲康作、當屬傳譌。又卷末毛晉跋、意難忘、一翦梅諸闋、俱定爲蘇作、悉行刪正。今考東坡詞內已增入意難忘一首、而一翦梅尚未載入。其詞亦仍載此集中、未嘗刊削。然數詞語意淺俚、在垓亦非佳製、可信其必非軾作。晉之所云、未詳其何所據也。

小山詞一卷（江蘇巡撫採進本）

宋晏幾道撰。幾道字叔原、號小山、殊之幼子。監潁昌許田鎭。熙寧中鄭俠上書下獄、悉治平時所往還厚善者、幾道亦在其中。從俠家搜得其詩、裕陵稱之、始得釋。事見侯鯖錄。黃庭堅小山集序曰、其樂府可謂狹邪之大雅、豪士之鼓吹。其合者高唐洛神之流、其下者豈減桃葉團扇哉。又古今詞話載程叔微之言曰、伊川聞人誦叔原詞、夢魂慣得無拘檢。又踏楊花過謝橋。曰鬼語也。意頗賞之。然則幾道之詞固甚爲當時推挹矣。馬端臨文獻通考載小山詞一卷。並錄黃庭堅全序。此本佚去。惟存無名氏跋後一篇。據其所云。似幾道詞本名補亡。以爲補樂府之亡。單文孤證。未敢遽改。姑仍舊本題之。至舊本字句。往往譌異。如泛清波摘遍一闋。暗惜光陰恨多少句。此於光字上誤增花字。衍作八字句。詞匯遂改陰作飮。再誤爲暗惜花光飮恨多少。如斯之類。殊失其眞。今併訂正焉。

晁无咎詞六卷（江蘇巡撫採進本）

宋晁補之撰。補之有雞肋集。已著錄。是集書錄解題作一卷。但稱晁无咎詞。柳塘詞話則稱其詞集亦名雞肋。又稱補之常自銘其墓。名逃禪詞。考楊補之亦字无咎。其詞集名曰逃禪。不應名字相同。集名亦復蹈襲。或誤合二人爲一歟。此本爲毛晉所刊。題曰琴趣外篇。其跋語稱詩餘不入集中。故名外篇。又分爲六卷。與書錄解題皆不合。未詳其故。卷末洞仙歌一首。爲補之大觀四年之絕筆。則舊本不載。晉據黃昇花菴詞選補錄於後者也。補之爲蘇門四學士之一。集中如洞仙歌第二首塡盧仝詩之類。未免效蘇軾隱括歸去來詞之轍。然其詞神姿高秀。與軾實可肩隨。陳振孫於淮海詞下記補之之言曰。少游詞如斜陽外。寒鴉數點。流水繞孤村。雖不識字人。亦知是天生好言語。觀所品題。知補之於此事特深。不但詩文之擅長矣。刊本多譌。今隨文校正。其引駕行一首。證以柳永樂章集及集內春雲輕鎖一首。實佚其後半。無從考補。今亦仍之。至琴趣外篇。宋人中如歐陽修黃庭堅晁端禮葉夢得四家詞皆有此名。併補之此集而五。殊爲淆混。今仍題曰晁无咎詞。庶相別焉。

姑溪詞一卷（安徽巡撫採進本）

宋李之儀撰。之儀有姑溪集。已著錄。書錄解題載姑溪詞一卷。此本爲毛晉刊。凡四十調。共八十有八闋。之儀以尺牘擅名。而其詞亦工。小令尤清婉峭蒨。殆不減秦觀。晉跋謂花菴詞選未經採入。有遺珠之嘆。其說良是。疑當時流傳未廣。黃昇偶未見之。未必有心於刪汰。至所稱鴛衾半擁空床月。步懶恰尋床。臥看游絲到地長。時時浸手心頭潤。受盡無人知處涼諸句。亦不足盡之儀所長。則之儀之佳處。晉亦未能深知之也。其和陳瓘賀鑄黃庭堅諸詞。皆列原作於前。而已詞居後。唱和並載。蓋即謝朓集中附載王融詩例。使贈答之情。彼此相應。足以見措詞運意之故。較他集體例爲善。所載庭堅好事近後闋負十分蕉葉句。今本山谷詞蕉葉誤作金葉。亦足以互資考證也。

東堂詞一卷（江蘇巡撫採進本）

宋毛滂撰。滂有東堂集。已著錄。此詞一卷。載於馬端臨經籍考。與今本相合。蓋其文集久佚。今乃裒錄成帙。其詞集則別本孤行。幸而得存也。端臨又引百家詩序。稱其罷杭州法曹時。以贈妓詞今夜山深處。斷魂分付潮回去句見賞於蘇軾。其詞爲惜分飛。今載集中。然集中有太師生辰詞數首。實爲蔡京而作。蔡絛鐵圍山叢談載其父柄政時。滂獻一詞甚偉麗。驟得進用者。當即在此數首之中。則滂雖由軾得名。實附京以得官。徒擅才華。本非端士。方回瀛奎律髓乃以爲守正之士。蓋偶未及考。其詞則情韻特勝。陳振孫謂滂他詞雖工。終無及蘇軾所賞一首者。亦隨人作計之見。非篤論也。其文集詞集並稱東堂者。滂令武康時改盡心堂爲東堂。集中蓦山溪一闋。自註其事甚悉云。

溪堂詞一卷（安徽巡撫採進本）

宋謝逸撰。宋史藝文志載逸有集二十卷。溪堂詩五卷。歲久散佚。今已從永樂大典中蒐輯成編。已著錄。書錄解題別載溪堂詞一卷。今刊本一卷。末有毛晉跋。稱既得溪堂全集。末載樂府一卷。遂依其章次就梓。蓋其集明末尚未佚。晉故得而見之也。逸以詩名宣政閒。然復齋漫錄載其嘗過黃州杏花村館題江神子一闋於驛壁。過者必索筆於驛卒。卒苦之。因以泥塗焉。其詞亦見重一時矣。是作今載集中。語意清麗。良非虛美。其他作亦極鍛鍊之工。卷首有序。署漫叟而不名。其所稱黛淺眉痕沁。紅添酒面潮二句。乃菩薩蠻第一闋中句。魚躍冰池拋玉尺。雲橫石嶺拂鮫綃。乃望江南第二闋中句。然紅潮登頰醉檳榔本蘇軾語。魚躍練江拋玉尺亦王令語。皆剽竊前輩舊文。不爲佳句。乃獨摘以爲極工。可謂舍長而取短。殊非定論。晉跋語又載花心動一闋。謂出近來吳門鈔本。疑是贋筆。乃沈天羽作續詞譜。獨收此詞。朱彝尊詞綜遂逸詞。因亦首登是闋。考宋人詞集。如史達祖周邦彥張元幹趙長卿高觀國諸人皆有此調。其音律平仄。如出一轍。獨是詞隨意塡湊。頗多失調。措語尤鄙俚不文。其爲贋作蓋無疑義。晉刊此集削而不載。特爲有見。今亦不復補入。庶免魚目之混焉。

片玉詞二卷補遺一卷（浙江巡撫採進本）

宋周邦彥撰。邦彥字美成。錢塘人。元豐中獻汴都賦。召爲太樂正。徽宗朝仕至徽猷閣待制。出知順昌府。徙處州卒。自號清眞居士。宋史文苑傳稱邦彥疎儁少檢。不爲州里推重。好音樂。能自度曲。製樂府長短句。詞韻清蔚。藝文志載清眞居士集十一卷。蓋其詩文全集。久已散佚。其附載詩餘與否。不可復考。陳振孫書錄解題載其詞有清眞集二卷。後集一卷。此編名曰片玉。據毛晉跋稱爲宋時刊本所題。原作二卷。其補遺一卷。則晉採各選本成之。疑舊本二卷卽所謂清眞集。晉所掇拾。乃其後集所載也。卷首有強煥序。與書錄解題所傳合。其詞多用唐人詩句。隱括入調。渾然天成。長篇尤富豔精工。善於鋪敘。陳郁藏一話腴謂其以樂府獨步。貴人學士市儈妓女皆知其詞爲可愛。非溢美也。又邦彥本通音律。下字用韻。皆有法度。故方千里和詞。一一案譜塡腔。不敢稍失尺寸。今以兩集互校。如隔浦蓮近拍金丸驚落飛鳥句。毛本註云。案譜此處宜三字二句。然千里詞作夷猶終日魚鳥。則周詞本是金丸驚落飛鳥。非三字二句。又荔枝香近兩兩相依燕新乳句。止七字。千里詞作深澗斗瀉飛泉洒甘乳句。凡九字。觀柳永吳文英二集此調。亦俱作九字句。不得謂千里爲誤。則此句尙脫二字。又玲瓏四犯細念想夢魂飛亂句七字。毛本因舊譜誤脫細字。遂註曰案譜宜是六言。不知千里詞正作顧䰐影翠雲零亂七字。則此句細字非衍文。又西平樂爭知向此征途區區佇立塵沙二句。共十二字。千里和云。流年迅景。霜風敗葦驚沙。止十字。則此句實誤衍二字。至於蘭陵王尾句似夢裡淚暗滴六仄字成句。觀史達祖此調此句作欲下處似認得。亦止用六仄字。可以互證。毛本乃於夢字下增一魂字。作七字句。尤爲舛誤。今並釐正之。據書錄解題。有曹杓字季中號一壺居士者。曾註清眞詞二卷。今其書不傳。

初寮詞一卷（安徽巡撫採進本）

宋王安中撰。安中有初寮集。已著錄。其爲人反覆炎涼。雖不足道。然才華富豔。亦不可掩。花菴詞選載其詞。如小重山之椽燭垂珠清漏長。庭閒春筍綴飛鸞。蝶戀花之翠霧縈紆消篆印。笛聲恰度秋鴻陣等句。皆爲當世所稱。就文論文。亦南北宋閒佳手也。書錄解題載初寮詞一卷。與今本合。考集內安陽好九闋。吳曾能改齋漫錄稱韓魏公皇祐初鎭維揚。曾作維揚好詞四章。其後熙寧中罷相鎭安陽。復作安陽好十章。人多傳之云云。據曾所錄之一首。卽此集內形勝魏西州一首。安陽爲魏郡地。安中未曾鎭彼。似此詞宜屬韓琦。顯然誤入。殆又經後人裒輯。非陳氏所見原本矣。疑以傳疑。姑存之以備考證焉。

友古詞一卷（安徽巡撫採進本）

宋蔡伸撰。伸字伸道。莆田人。襄之孫。自號友古居士。宣和中官彭城倅。歷官左中大夫。書錄解題載伸友古詞一卷。此本卷數相合。伸嘗與向子諲同官彭城漕屬。故屢有贈子諲詞。而子諲酒邊詞中所載倡酬人姓氏甚夥。獨不及伸。未詳其故。伸詞固遜子諲。而才致筆力亦略相伯仲。卽如南鄉子一闋。自註云。因向詞有憑書續斷腸句而作。今考向詞乃南歌子。以伸詞相較。其婉約未遽相遜也。毛晉刊本頗多疎舛。如飛雪滿羣山一詞。晉註云又名扁舟尋舊約。不知此乃後人從本詞後闋起句改名。非有異體。亦不應卽以名本詞。惜奴嬌一調。晉註云一作粉蝶兒。不知粉蝶兒另有一調。與惜奴嬌判然不同。至青玉案和賀方回韻。前闋處字韻譌作地字。賀此調南宋諸人和者不知凡幾。晉不能互勘其誤。益爲失考矣。

和清眞詞一卷（安徽巡撫採進本）

宋方千里撰。千里。信安人。官舒州簽判。李蓘宋藝圃集嘗錄其題眞源宮一詩。其事蹟則未之詳也。此集皆和周邦彥詞。邦彥妙解聲律。爲詞家之冠。所製諸調。不獨音之平仄宜遵。卽仄字中上去入三音。亦不容相混。所謂分刌節度。深契微芒。故千里和詞。字字奉爲標準。今以兩集相校。中有調名稍異者。如浣溪沙目錄與周詞相同。而調則誤作浣沙溪。荔枝香周詞作荔枝香近。吳文英夢窗稾亦同。此集獨少近字。浪淘沙周詞作浪淘沙慢。蓋浪淘沙製調之始。皇甫松惟七言絕句。李後主始用雙調。亦止五十四字。周詞至百三十三字之多。故加以慢字。此去慢字。卽非此調。蓋皆傳刻之譌。非千里之舊。又其字句互異者。如荔枝香第二調前闋是處池館春徧。周詞作但怪燈偏簾卷。不惟音異平仄亦殊。霜葉飛前闋自遍拂塵埃玉鏡羞照句，止九字。周詞作又透入清輝半晌特地留照，共十一字。則和詞必上脫二字。塞垣春前闋結句短長音如寫句，止五字。周詞作一懷幽恨如寫，乃六字句。則和詞亦脫一字。後闋滿堆襟袖周詞作兩袖珠淚，則第二字不用平聲。和詞當爲堆滿襟袖之誤。三部樂前闋天際雷殘月句，止五字。周詞作何用交光明月，亦六字句。則和詞又脫一字。若六醜之分段，以人閒春寂句屬前半闋之末，周詞刊本亦同。然證以吳文英此調，當爲過變之起句。則兩集傳刻俱誤也。據毛晉跋，樂安楊澤民亦有和清眞詞，或合爲三英集刊行。然晉所刻六十一家之內無澤民詞，又不知何以云然矣。

聖求詞一卷 安徽巡撫採進本

宋呂濱老撰。濱老字聖求，嘉興人。陳振孫書錄解題作呂渭老，考嘉定壬申趙師岩序，亦作濱老。二字形似，其取義亦同，未詳孰是也。濱老在北宋末頗以詩名，師岩稱其憂國詩二聯、痛傷詩二聯、犨憤詩二聯，皆爲徽欽北狩而作。憂國詩有尙喜山河歸帝子，可憐麋鹿入王宮語，則南渡時尙存矣。其詩在師岩時已無完帙，詞則至今猶傳。書錄解題作一卷，與此本相合。楊愼詞品稱其望海潮、醉蓬萊、撲蝴蝶近、惜分釵、薄倖、邊冠子、百宜嬌等闋，佳處不減少游，東風第一枝詠梅，不減東坡之綠毛么鳳。今考詠梅詞集中不載，僅附見毛晉跋中。晉跋亦不言所據，未詳其故。晉跋又稱其惜分釵一闋尾句用二疊字，較陸游釵頭鳳用三疊字更有別情。不知濱老爲徽宗時人，游乃寧宗時人，釵頭鳳詞實因惜分釵舊調而變平仄相閒爲仄韻相閒耳。晉似謂此調反出於釵頭鳳，未免偶不檢也。

石林詞一卷 江蘇巡撫採進本

宋葉夢得撰。夢得有春秋傳，已著錄。是編陳振孫書錄解題作一卷，與今本同。卷首有關注序，稱其兄聖功元符中爲鎭江掾，夢得爲丹徒尉，得其小詞爲多。味其詞，婉麗有溫李之風。晚歲落其華而實之，能於簡淡時出雄傑，合處不減靖節東坡云云。考倚聲一道，去古詩頗遠，集中亦惟念奴嬌故山漸近一首雜用陶潛之語，不得謂之似陶。注所擬殊爲不類。至於雲峰橫起一首，全仿蘇軾大江東去，并卽參用其韻。又鷓鴣天一曲青山後闋，且直用軾詩語足成，是以舊刻頗有與東坡詞彼此混入者。則注謂夢得近於蘇軾，其說不誣。夢得著石林詩話，主持王安石之學，而陰抑蘇黃，頗乖正論。乃其爲詞，則又挹蘇氏之餘波，所謂是非之心有終不可澌滅者耶。卷首賀新郎一詞，毛晉註或刻李玉。考王楙野客叢書曰，章茂深嘗得其婦翁所書賀新郎詞，首曰睡起啼鶯語，章疑其誤，頗詰之。石林曰，老夫嘗得之矣。流鶯不解語，啼鶯解語，見禽經云云。則確爲夢得之作。晉蓋未核。又野客叢書所記，正謂此句作啼鶯語，故章沖疑啼字語字相複。此本乃改爲流鶯，與王楙所記全然牴牾。知毛晉疎於考證，妄改古書者多矣。

筠溪樂府一卷 兩淮鹽政採進本

宋李彌遜撰。彌遜有筠谿集，已著錄。此編舊本附綴筠谿集末，考彌遜家傳，稱所撰奏議三卷、外制二卷、詩十卷、雜文六卷，與今本筠谿集合，而不及樂府，則此集本別行也。凡長短調八十一首。其長調多學蘇軾，與柳周纖穠別爲一派，而力稍不足以舉之，不及軾之操縱自如。短調則不乏秀韻矣。中多與李綱、富知柔、葉夢得、張元幹唱和之作。又有鵬舉座上歌姬唱夏雲峰一首。考岳飛與湯邦彥皆字鵬舉，皆彌遜同時。然飛於南渡初倥傯戎馬，不應有聲伎之事。或當爲湯邦彥作歟。開卷寄張仲宗沁園春一首，註蘆川集誤刊字。然蝶戀花第五首今亦見蘆川集中，又不知誰誤刊也。自虞美人以下十二首，皆祝壽之詞，顢頇通用，一無可取。宋人詞集往往不加刊削，未喩其故。今亦姑仍原本，以存其舊焉。

丹陽詞一卷 安徽巡撫採進本

宋葛勝仲撰。勝仲有丹陽集，已著錄。其詞則書錄解題別載一卷。此爲毛晉所刻，蓋其單行之本也。勝仲與葉夢得酬唱頗多，而品格亦復相埒。惟葉詞中有鷓鴣天次魯卿韻觀太湖一闋，此卷內未見原唱。而此卷有定風波燕駱駝橋次少蘊韻二闋，葉詞內亦未見。非當時有所刊削，卽傳寫佚脫。至浣溪沙三首在葉詞以爲次魯卿韻，在此卷又以爲和少蘊韻，則兩者必有一誤，不可得而復考矣。其江城子後闋押翁字韻，益可證葉詞復押宮字之誤。鷓鴣天生辰一詞，獨用仄韻，諸家皆無是體。據調當改木蘭花。至於字句譌闕，凡永樂大典所載者，如鷓鴣天後闋懽華本作懽娛。第二首後闋紅囊本作紅裳。西江月第二首後闋縈塗本作縈塗。臨江仙第三首後闋擂鼓本作酹鼓。浣溪沙第二首後闋容貌本作容見。驀山溪第一首前闋袨服本作袪服。摸名本作摸石。第二首後闋橫石亦本作摸石。第三首前闋使登榮本作便登榮。隨柳岸本作隋岸柳。西江月第三首後闋鱸魚本作鱸蓴。瑞鷓鴣後闋還過本作還遇。江城子第二首後闋歌鐘下本有捲簾風三字。蝶戀花後闋今本作二方空者，本黃紙二字。龍濩本作龍護。臨江仙前闋儒似本作臞仙。第二首後闋今本闕十二字，本作憑誰都卷入芳樽，賦歸歡靖節二句。醉花陰前闋凍挤萬林梅句本作凍柿萬林梅。浪淘沙第二首後闋闕宴本作開燕。皆可證此本校讎之疎。又永樂大典本尚有小飲浣溪沙一首，九日南鄉子一首，題靈山廣瑞禪院虞美人一首，爲是本所無。則譌脫又不止字句矣。

坦菴詞一卷（安徽巡撫採進本）

宋趙師使撰。師使字介之，燕王德昭七世孫。集中有和葉夢得徐俯二詞，蓋南宋初人也。案陳振孫書錄解題載坦菴長短句一卷，稱趙師俠撰。陳景沂全芳備祖載梅花五言一絕，亦稱師俠，與此本互異，未詳孰是。蓋二字點畫相近，猶田肎田肯史傳亦姑兩存耳。毛晉刊本謂師使一名師俠，則似其人本有兩名，非事實也。是集前有其門人尹覺序，據云坦菴爲文，如泉出不擇地，詞章乃其餘事。其模寫體狀，雖極精巧，皆本情性之自然。今觀其集，蕭疎淡遠，不肎爲翦紅刻翠之文，洵詞中之高格。但微傷率易，是其所偏。師使嘗舉進士，其官游所及，繫以甲子，見於各詞註中者，尚可指數。大約始於丁亥，而終於丁巳。其地爲益陽、豫章、柳州、宜春、信豐、瀟湘、衡陽、莆中、長沙。其資階則不可詳考矣。

酒邊詞二卷（江西巡撫採進本）

宋向子諲撰。子諲字伯恭，臨江人。欽聖憲肅皇后再從姪。元符初，以恩補官。南渡初，歷徽猷閣直學士，知平江府。事蹟具宋史本傳。子諲晚年以忤秦檜致仕，卜築於清江五柳坊楊遵道光祿之別墅，號所居曰薌林。既作七言絕句以紀其事，而復廣其聲爲鷓鴣天一闋。樓鑰攻媿集嘗紀其事。然鑰僅述其詩而不及其詞。又子諲之號薌林居士，據西江月五柳坊中煙綠一闋註，是已在政和年間。鑰亦考之未審也。書錄解題載子諲詞有酒邊集一卷。樂府紀聞則稱四卷。此本毛晉所刊，分爲二卷。上卷曰江南新詞，下卷曰江北舊詞。題下多自註甲子。新詞所註皆紹興中作，舊詞所註則政和宣和中作也。卷首有胡寅序，稱退江北所作於後，而進江南所作於前，以枯木之心，幻出葩華，酌元酒之尊，棄置醇味，玩其詞意，此集似子諲所自定。然減字木蘭花斜江疊翠一闋，註兼紀絕筆云云，已屬後人綴入。而此詞以後所載甚多，年月先後又不以甲子爲次，殆後人又有所竄亂，非原本耶。其浣溪沙咏巖桂第二闋，別樣清芬撲鼻來一首，據註云曾端伯和，蓋以端伯和詞附錄集內，而目錄乃併作子諲之詞，題爲浣溪沙十二首，則非其舊次明矣。

無住詞一卷（安徽巡撫採進本）

宋陳與義撰。與義有簡齋集，已著錄。陳振孫書錄解題載其無住詞一卷，以所居有無住菴，故以名之。與義詩師杜甫，當時稱陳黃之後無逾之者。其詞不多，且無長調，而語意超絕，黃昇花菴詞選稱其可摩坡仙之壘。至於虞美人之及至桃花開後却匆匆，臨江仙之杏花疎影裏吹笛到天明等句，胡仔漁隱叢話亦稱其清婉奇麗，蓋當時絕重其詞也。此本爲毛晉所刊，僅十八闋，而吐言天拔，不作柳嚲鶯嬌之態，亦無蔬筍之氣，殆於首首可傳，不能以篇帙之少而廢之。方回瀛奎律髓稱杜甫爲一祖，而以黃庭堅陳師道及與義爲三宗。如以詞論，則師道爲勉強學步，庭堅爲利鈍互陳，皆迥非與義之敵矣。開卷法駕導引三闋，與義已自註其詞爲擬作。而諸家選本尚有稱爲赤城韓夫人所製，列之仙鬼類中者。證以本集，亦足訂小說之誣焉。

竹坡詞三卷（安徽巡撫採進本）

宋周紫芝撰。紫芝有太倉稊米集，已著錄。書錄解題載竹坡詞一卷，此本作三卷。考卷首高郵孫兢序，稱離爲三卷，則通考一卷乃三卷之誤。兢序稱其詞一百四十八闋，此本乃一百五十闋。據其子某乾道九年重刊跋，則憶王孫爲絕筆，初刻止於是篇。其減字木蘭花採桑子二篇乃某續得佚稾，刖附於末，故與原本數異也。集中鷓鴣天凡十三闋後三闋自註云予少時酷喜小晏詞故其所作時有似其體製者此三篇是晚年歌之不甚如人意聊載乎此云云則紫芝塡詞本從晏幾道入晚乃刊除穠麗自爲一格競序稱其少師張耒稍長師李之儀者乃是詩文之淵源非詞之淵源也末跋稱是集先刻於溧陽譌舛甚多乃親自校讎然集中瀟湘夜雨一調實與滿庭芳兩調相似而實不同其瀟湘夜雨本調有趙彥端一詞可證自是集誤以滿庭芳當之詞匯遂混爲一調至遡聲集列瀟湘夜雨調反不收趙詞而止收周詞是愈轉愈譌其失實由於此又第三卷定風波今實爲琴調相思引亦有趙彥端詞可證其定風波另有正體與此不同皆爲疎舛殆後人又有所竄亂非耒手勘之舊矣

漱玉詞一卷（江蘇周厚堉家藏本）

宋李淸照撰淸照號易安居士濟南人禮部郎提點京東刑獄格非之女湖州守趙明誠之妻也淸照工詩文尤以詞擅名胡仔苕溪漁隱叢話稱其再適張汝舟未幾反目有啓事上綦處厚云猥以桑榆之晚景配茲駔儈之下材傳者無不笑之今其啓具載趙彥衞雲麓漫鈔中李心傳建炎以來繫年要錄載其與後夫構訟事尤詳此本爲毛晉汲古閣所刊卷末備載其軼事逸文而不錄此篇蓋諱之也案陳振孫書錄解題載淸照漱玉詞一卷又云別本作五卷黃昇花菴詞選則稱漱玉詞三卷今皆不傳此本僅詞十七闋附以金石錄序一篇蓋後人裒輯爲之已非其舊其金石錄後序與刻本所載詳略迥殊蓋從容齋五筆中鈔出亦非完篇也淸照以一婦人而詞格乃抗軼周柳張端義貴耳集極推其元宵詞永遇樂秋詞聲聲慢以爲閨閣有此文筆殆爲閒氣良非虛美雖篇帙無多固不能不寶而存之爲詞家一大宗矣

蘆川詞一卷（安徽巡撫採進本）

宋張元幹撰元幹有蘆川歸來集已著錄宋史藝文志載其詞二卷陳振孫書錄解題則作一卷與此本合案紹興八年十一月待制胡銓謫新州元幹作賀新郎詞以送坐是除名（考宋史胡銓傳其上書乞斬秦檜在戊午十一月則元幹除名自屬此時毛晉跋以爲辛酉歲爲未審謹附訂於此）又李綱疏諫和議亦在是年十一月綱斯時已提舉洞霄宮元幹又有寄詞一闋今觀此集即以此二闋壓卷蓋有深意其詞慷慨悲涼數百年後尙想其抑塞磊落之氣然其他作則多淸麗婉轉與秦觀周邦彥可以肩隨毛晉跋曰人稱其長於悲憤及讀花菴草堂所選又極嫵秀之致可謂知言至稱其洒窗閒惟稷雪句毛詩疏爲證謂用字多有出處則其說似是而實非詞曲以本色爲最難不尙新僻之字亦不尙典重之字稷雪二字拈以入詞究爲別格未可以之立制也又卷內鶴沖天調本當作喜遷鶯晉乃註云向作喜遷鶯誤今改作鶴沖天不知喜遷鶯之亦稱鶴沖天乃後人因韋莊喜遷鶯詞有爭看鶴沖天句而名調止四十七字元幹正用其體晉乃執後起之新名反以原名爲誤尤疎於考證矣

東浦詞一卷（江蘇巡撫採進本）

宋韓玉撰案是時有二韓玉劉祁歸潛志曰韓府判玉字溫甫燕人少讀書尙氣節擢第入翰林爲應奉文字後爲鳳翔府判官大安中陝西帥府檄授都統或誣以有異志收鞫死獄中金史大金國志竝同此一韓玉也其人終於金葉紹翁四朝聞見錄曰司馬文季使北不屈生子名通國蓋本蘇武之意通國有大志嘗結北方之豪韓玉舉事未得要領紹興初玉挈家而南授江淮都督府計議軍事其兄璘在北亦與通國善癸未九月以扇寄玉詩都督張魏公見詩甲申春遣信往大梁諷璘通國等至亳州爲邏者所獲通國璘等三百餘口同日遇害此又一韓玉也其人由金而入宋考集中有張魏公生日上辛幼安生日自廣中出過廬陵贈歌姬段雲卿水調歌頭三首廣東與康伯可感皇恩一首則是集爲歸宋後所編故陳振孫書錄解題有東浦詞一卷著於錄也毛晉刻其詞入宋六十家詞又詆其雖與康與之辛棄疾唱和相去不止苧蘿無鹽今觀其詞雖慶賀諸篇不免俗濫晉所摘且坐令中二句亦體近北曲誠非佳製然宋人詞內此類至多何獨刻責於玉且集中如感皇恩減字木蘭花賀新郎諸作未嘗不淒淸宛轉何獨擯置不道而獨糾其冤家何處二語蓋明人一代之積習無不重南而輕北內宋而外金晉直以畛域之見曲相排詆非眞出於公論也又鄙薄旣深校讎彌略如水調歌頭第二首前闋容飾尙中州句飾字譌爲飭字曲江秋前闋淒涼颿舟句本無遺脫乃於颿字下加一方空後闋蕭然傷

句傷字下當脫一字，乃反不以方空記之。一翦梅前闋只怨閒縱繡鞍塵句，怨字據譜不空凡。上西平調即金人捧露盤，前闋喑惜雙雪句，惜字據譜亦不空凡。後闋不知早句，早字下據譜尚脫一字。賀新郎第三首後闋冷字韻複，當屬譌字。一翦梅一名行香子，乃誤作竹香子。不知竹香子別有一調，與此迥異。上辛幼安水調歌頭誤脫一頭字，遂不與水調歌頭並載，而別立一水調歌之名。排比參錯，備極譌舛。晉刻宋詞，獨此集稱託友人校讎，殆亦自知其疏漏歟。至賀新郎詠水仙以玉曲與注女並叶，卜算子以夜謝與食月互叶，則由玉參用土音，如林外以掃叶鎖，黃庭堅之以笛叶竹，非校讎之過矣。

嬾窟詞一卷（江蘇巡撫採進本）

宋侯寘撰。案陳振孫書錄解題，寘字彥周，東武人。紹興中以直學士知建康。今考集中有戲用賀方回韻餞別朱少章詞，則其人當在南宋之初。而眼兒媚詞題下註曰效易安體。易安爲李淸照之號，亦紹興初人，寘已稱效，殆猶杜牧李商隱集中效沈下賢體之例耶。又有爲張敬夫直閣壽詞，中秋上劉共甫舍人詞，皆孝宗時人。而壬午元旦一詞，實爲孝宗改元之前一年，則乾道淳熙閒其人尚存。振孫特舉其爲官之歲耳。寘爲晁氏之甥，猶有元祐舊家流風餘韻，故交游皆勝流，其詞亦婉約嫻雅，無酒樓歌館簪舄狼籍之態。雖名不甚著，而在南宋諸家之中，要不能不推爲作者。書錄解題著錄一卷，與今本同。毛晉嘗刻之六十家詞中，校讎頗爲疎漏。其最甚者，如秦樓月即憶秦娥，因李白詞中有秦娥夢斷秦樓月句，後人因改此名。本屬雙調，晉所刻於前闋之末脫去一字，與後闋聯屬爲一，遂似此調別有此體，殊爲舛誤。他如水調歌頭之歡傾捷旗句，旌字不應作平。青玉案之咫尺清明三月暮，暮字與前闋韻複。又冉冉年元負暗度句，元字文義不可解，當是光字。其遙天奉翠華引一首，尤譌誤幾不可讀。今無別本可校，其可改正者改正之，不可考者亦姑仍其舊云。

逃禪詞一卷（安徽巡撫採進本）

宋揚无咎撰。无咎字補之，自號逃禪老人，淸江人。諸書揚或作楊。案圖繪寶鑑稱无咎祖漢子雲，其字從才不從木，則作楊誤也。高宗時秦檜擅權，无咎恥於依附，遂屢徵不起。其人品甚高，所畫墨梅，歷代寶重，遂以技藝掩其文章。然詞格殊工，在南宋之初，不忝作者。陳振孫書錄解題載无咎逃禪詞一卷，與今本合。毛晉跋稱或誤以爲晁補之詞，則晁无咎亦字補之，二人名字俱同，故傳寫誤也。集中明月棹孤舟四首，晉註云向誤作夜行船，今按譜正之。案此調即是夜行船，亦即是雨中花。諸家詞雖有小異，按其音律，要非二調。无咎此詞實與趙長卿吳文英詞中所載之夜行船無一字不同。晉第見詞譜收黃在軒詞，名明月棹孤舟，不知明月即夜，棹即行，孤舟即船，近時萬樹詞律始辨之，晉蓋未及察也。又相見歡本唐腔正名，宋人則名爲烏夜啼，與錦堂春之亦名烏夜啼名同實異。晉註向作烏夜啼誤，尤考之未詳。至點絳脣原註用蘇軾韻，其後闋尾韻舊本作裏字，晉因改作堁字，並詳載堁字義訓於下。實則蘇詞末句乃破字韻，此裏字且誤，而堁字尤爲臆改。明人刊書，好以意竄亂，往往如此。今姑仍晉本錄之，而附糾其謬如右。

于湖詞三卷（安徽巡撫採進本）

宋張孝祥撰。孝祥有于湖集，已著錄。宋史藝文志載其詞一卷，陳振孫書錄解題亦載于湖詞一卷。黃昇中興詞選則稱紫微雅詞，以孝祥曾官中書舍人故也。此本爲毛晉所刊，第一卷末即繫以跋，稱恨全集未見，蓋祇就詞選所載二十四闋，更摭四首益之，以備一家。後二卷則無目錄，亦無跋語，蓋其後已見全集，刪其重複，另編爲兩卷以續之。而首卷則未重刊，故體例特異耳。卷首載陳應行湯衡兩序，皆稱其詞寓詩人句法，繼軌東坡。觀其所作，氣概亦幾幾近之。朝野遺記稱其在建康留守席上賦六州歌頭一闋，感憤淋漓，主人爲之罷席，則其忠憤慷慨，有足動人者矣。又耆舊續聞載孝祥十八歲時，即有點絳脣流水泠泠一詞，爲朱希眞所驚賞，或刻孫和仲，或即以爲希眞作，皆誤。今集不載是篇，或以少作而佚之歟。陳應行序稱于湖集長短句凡數百篇，今本乃僅一百八十餘首，則原稾散亡，僅存其半，已非當日之舊矣。

海野詞一卷（安徽巡撫採進本）

宋曾覿撰。覿有海野集，已著錄。初，孝宗在潛邸時，覿爲建王內知客，常與賡詠唱酬。卷首水龍吟後闋有云：攜手西園，宴罷下瑤臺，醉魂初醒，即紀承寵游宴之事、故用飛蓋西園故實。以後常侍宴應制、如阮郎歸賦燕、柳梢青賦柳諸詞、亦皆其時所作。觀又嘗見東都之盛、故奉使過京作金人捧露盤、邯鄲道上作憶秦娥、重到臨安作感皇恩等曲。黃昇花菴詞選謂其語多感慨、淒然有黍離之悲。雖與龍大淵朋比作姦、名列宋史佞倖傳中、爲談藝者所不齒。而才華富豔、實有可觀。錄而存之、亦選六朝詩者不遺江總、選唐詩者不遺崔湜宗楚客例也。

審齋詞一卷、安徽巡撫採進本

宋王千秋撰。千秋字錫老、審齋其號也、東平人。陳振孫書錄解題載審齋詞一卷、而不詳其始末。據卷內有壽韓南澗生日及席上贈梁次張二詞。南澗名元吉、隆興中爲吏部尚書。次張名安世、淳熙中爲桂林轉運使。是千秋爲孝宗時人矣。惟安世詩稱千秋爲金陵耆舊、與陳振孫所稱爲東平人不合。或流寓於金陵耶。毛晉跋稱其詞多酬賀之作。然生日嘏詞、南宋人集中皆有、何獨刻責於千秋。況其體本花閒、而出入於東坡門徑、風格秀拔、要自不雜俚音。南渡之後、亦卓然爲一作手。黃昇中興詞選不見採錄、或偶未見其本耳。晉跋遽以絕少綺豔譏之、亦殊未允。集中如憶秦娥清平樂好事近虞美人點絳脣以及詠花諸作、短歌微吟、興復不淺。何必屯田樂章始爲情語也。

介菴詞一卷、安徽巡撫採進本

宋趙彥端撰。彥端字德莊、號介菴。魏王廷美七世孫。乾道淳熙閒以直寶文閣知建寧府。終左司郎官。宋史藝文志載彥端有介菴集十卷、外集三卷、又有介菴詞四卷。書錄解題則僅稱介菴詞一卷。此本爲毛晉所刻、亦止一卷。然據其卷後跋語、似又舊刻散佚、僅存此一卷者。未之詳也。張端義貴耳集載彥端嘗賦西湖謁金門詞、有波底斜陽紅溼之句、爲高宗所喜、有我家裡人也會作此等語之稱。其他篇亦多婉約纖穠、不愧作者。集末鷓鴣天十闋、乃爲京口角妓蕭秀蕭瑩歐懿劉雅歐倩文秀王婉楊蘭吳玉九人而作。詞格凡猥、皆無可取。且連名入之集中、殆於北里之志、殊乖雅音。蓋唐宋以來士大夫不禁狹斜之游。彥端是作、蓋亦移於習俗、存而不論可矣。

歸愚詞一卷、安徽巡撫採進本

宋葛立方撰。立方有歸愚集、已著錄。宋人之中、父子以填詞名家者、爲晏殊晏幾道。後則立方與其父勝仲爲最著。其詞多平實鋪敘、少清新宛轉之思。然大致不失宋人規格。流傳既久、存之亦可備一家。卷末毛晉跋稱集內雨中花眼兒媚兩調、俱不合譜、未敢妄爲更定。今參考諸家詞集、其眼兒媚乃朝中措之譌、歐陽修平山欄檻倚晴空一闋可以互證。至雨中花調、立方兩詞疊韻、初無舛誤。以音律反覆勘之、實題中脫一慢字。京鏜辛棄疾皆有此調。立方詞起三句、可依辛詞讀。第四第五句京辛兩作皆作上五下四、立方則作上六下三。雖微有不同、而同是九字。其餘則不獨字數相符、平仄亦毫無相戾。其爲雨中花慢、亦可無疑。晉蓋考之未審。他如滿庭芳一調、連城十闋、凡後半換頭二字有用韻者、亦有不用韻而直作五字句者。考宋人此調、此二字本無定式。山谷詞用韻、書舟詞不用韻。立方兩存其體、亦非傳寫有譌也。

克齋詞一卷、安徽巡撫採進本

宋沈端節撰。端節字約之、吳興人。是集見陳振孫書錄解題、然振孫亦不詳其始末。毛晉跋語疑其即詠賈耘老苕上水閣沈會宗之同族、亦無確證。惟湖州府志及溧陽縣志均載端節寓居溧陽。嘗令蕪湖、知衡州、提舉江東茶鹽。淳熙閒官至朝散大夫。其說必有所據。獨載其詞名充齋集、則充克二字形近致譌耳。其詞僅四十餘闋、多有詞而無題。考花閒諸集、往往調卽是題。如女冠子則詠女道士、河瀆神則爲送迎神曲、虞美人則詠虞姬之類。唐末五代諸詞、例原如是。後人題詠漸繁、題與調兩不相涉。若非存其本事、則詞意俱不可詳。集中如念奴嬌二闋之稱太守、青玉案第一闋之稱使君、第三闋之稱賢侯、竟不知所贈何人。至念奴嬌尋幽覽勝一闋、似屬端節自道。據詞中自笑飄零驚歲晚、欲挂衣冠神武、及羣玉圖書廣寒宮殿、一一經行處云云。則端節固當曾官京職。以其題已佚、遂無可援據。宋人詞集似此者頗少、疑原本必屬調與題全。輾轉傳寫、苟趣簡易、遂遭刪削耳。今無可考補、姑仍其舊。至其吐屬婉約、頗具風致、固不以花菴草堂諸選不見採錄減價矣。

稼軒詞四卷、江蘇巡撫採進本

宋辛棄疾撰。棄疾有南燼紀聞、已著錄。其詞慷慨縱橫、有不可一世之概、於倚聲家爲變調。而異軍特起，能於翦紅刻翠之外，屹然別立一宗，迄今不廢。觀其才氣俊邁，雖似乎奮筆而成，然岳珂桯史記棄疾自誦賀新涼、永遇樂二詞，使座客指摘其失，珂謂賀新涼詞首尾二腔語句相似，永遇樂詞用事太多，棄疾乃自改其語，日數十易，累月猶未竟。其刻意如此云云。則未始不由苦思得矣。書錄解題載稼軒詞四卷，又云信州本十二卷，視長沙本為多。此本為毛晉所刻，亦為四卷，而其總目又註原本十二卷，殆即就信州本而合併之歟。其集舊多譌異，如二卷內醜奴兒近一闋，前半是本調，殘闕不全，自飛流萬壑以下，則全首係洞仙歌，蓋因洞仙歌五闋即在此調之後，舊本遂誤割第一首以補前詞之闕，而五闋之洞仙歌遂止存其四。近萬樹詞律中辨之甚明。此本尚未及訂正。其中歎輕衫帽幾許紅塵句，據其文義，帽字上尚有一脫字，樹亦未經勘及。斯足證掃葉之喻矣。今並詳為勘定。其必不可通而無別本可證者，則姑從闕疑之義焉。

龍川詞一卷、補遺一卷　安徽巡撫採進本

宋陳亮撰。亮有三國紀年，已著錄。宋史藝文志載其詞四卷，今不傳。此集凡詞三十首，已具載本集。然前後不甚詮次。此本為毛晉所刻，分調類編，復有晉跋，稱據家藏舊刻，蓋摘出別行之本。又補遺七首，則從黃昇花菴詞選採入者。詞多纖麗，與本集迥殊，或疑贋作。毛晉跋稱黃昇與亮俱南渡後人，何至謬誤若此。或昇惟選綺豔一種，而亮子沆所編本集特表其父磊落骨幹，故若出二手云云。考亮雖與朱子講學，而不廢北里之游。其與唐仲友相忤，譏構於朱子，朱子為其所賣，誤興大獄，即由亮狎台州官妓，囑仲友為脫籍，仲友沮之之故，事載齊東野語第十七卷中。則其詞體雜香奩，不足為異。晉之所跋，可謂得其實矣。

西樵語業一卷　江蘇巡撫採進本

宋楊炎正撰。炎正字濟翁，廬陵人。陳振孫書錄解題載西樵語業一卷，楊炎正濟翁撰。馬端臨文獻通考引之，誤以正字為止字。毛晉刻六十家詞，遂誤以楊炎為姓名，以止濟翁為別號。近時所印，始改刊楊炎正姓名。跋中止濟翁字，亦追改為楊濟翁。然舊印之本與新印之本並行，名字兩歧，頗滋疑惑。故厲鶚宋詩紀事辨之曰：嘗見西樵語業舊鈔本，作楊炎正濟翁。後考武林舊事載楊炎正錢塘迎酒歌一首，全芳備祖亦載此詩，稱楊濟翁，是炎正其名，濟翁其字，可見云云。今觀辛棄疾稼軒詞中屢有與楊濟翁贈答之作。又楊萬里誠齋詩話曰：余族弟炎正，字濟翁，年五十二乃登第。初為寧遠簿，甚為京丞相所知。有啟上丞相云：秋鶩一葉，感蒲柳之先知；春到千花，嘆桑麻之後長。丞相遂厚待，除掌故之命。其始末甚明，足證厲鶚所辨為不誤，而毛氏舊印之本為不足憑矣。是集詞僅三十七首，而因辛棄疾作者凡六首。其縱橫排奡之氣，雖不足敵棄疾，而屏絕纖穠，自抒清俊，要非俗豔所可擬。一時投契，蓋亦有由云。

放翁詞一卷　江蘇巡撫採進本

宋陸游撰。游有入蜀記，已著錄。書錄解題載放翁詞一卷，毛晉所刊放翁全集內附長短句二卷。此本亦晉所刊，又併為一卷，乃集外別行之本。據卷末有晉跋云：余家刻放翁全集，已載長短句二卷，尚遺十二調，章次亦錯，見因載訂入名家云云。則較集本為精密也。游生平精力盡於為詩，塡詞乃其餘力。故今所傳者僅及詩集百分之一。劉克莊後村詩話謂其時掉書袋，要是一病。楊慎詞品則謂其纖麗處似淮海，雄快處似東坡。平心而論，游之本意，蓋欲驛騎於二家之閒，故奄有其勝，而皆不能造其極。要之，詩人之言，終為近雅，與詞人之冶蕩有殊。其短其長，故具在是也。葉紹翁四朝聞見錄載韓侂冑喜游附己，至出所愛四夫人號滿頭花者索詞，有飛上錦裀紅皺之句。今集內不載，蓋游老而墮節，失身侂冑，為一時清議所譏。游亦自知其誤，棄其稾而不存。南園閱古泉記不編於渭南集中，亦此意也。而終不能禁當代之傳述，是亦可謂炯戒者矣。

樵隱詞一卷　安徽巡撫採進本

宋毛幵撰。幵字平仲，信安人。舊刻題曰三衢，蓋偶從古名也。嘗為宛陵、東陽二州倅。所著有樵隱集十五卷，尤袤為之序，今已不傳。陳振孫書錄解題載樵隱詞一卷。此刻計四十二首，據毛晉跋，謂得自楊夢羽家祕藏鈔本，不知即振孫所見否也。幵他作不甚著，而小詞最工。卷首王木叔題詞，有或病其詩文視樂府頗不逮之語，蓋當時已有定論矣。集中滿江紅潑火初收一闋，尤為清麗芊眠。故楊慎詞品特為激賞。其江城子一闋註次葉石林韻後半爭勸紫髯翁句，實押翁字，而今本石林詞此句乃押宮字，於本詞爲複用，可訂石林詞刊本之譌。至於瑞鶴仙一調，宋人諸本並同，此本乃題與目錄俱譌作瑞仙鶴。又燕山亭前闋密映窺亭亭萬枝開遍句，止九字，考曾覿此調作寒壘宣威紫綬幾垂金印，共十字，則窺字上下必尚脫一字。尾句愁酒醒緋千片，止六字，曾覿此調作長占取朱顏綠鬢，共七字，則緋字上下又必尚脫一字。其餘如滿庭芳第一首註中東陽之譌東易，第三首註中西安之譌四安，好事近註中陳天子之譌陳天子，魯魚糾紛，則毛本校讎之疎矣。陳正晦遯齋閒覽載，幵爲郡，因陳牒婦人立雨中，作淸平調一詞，事既媟褻，且幵亦未嘗爲郡，此宋人小說之誣。晉不收其詞，特爲有識。今附辨於此，亦不復補入云。

知稼翁詞一卷（安徽巡撫採進本）

宋黃公度撰。公度有知稼翁集，已著錄。所作詞一卷，已見集中。此則毛晉所刊別行本也。詞僅十三調，共十四闋。據卷末其子沃跋語，乃收拾未得其半，錄而藏之以傳後裔者。每詞之下，系以本事，並詳及同時倡酬詩文，公度之生平本末，可以見其大概。較他家詞集特爲詳備。至汪藻點絳唇詞亂鴉啼後歸思濃於酒句，吳曾能改齋漫錄改亂作曉，鴉啼後歸夢濃於酒，兼憑虛撰一事實，殊乖本義。沃因其父有和詞，辨正其譌，自屬確鑿可據。乃朱彝尊選詞綜，猶信吳曾曲說，改藻原詞，且坐草堂以擅改之罪，不知草堂惟以歸思作歸夢，其餘實未嘗改，彝尊殆偶誤記歟。

蒲江詞一卷（江蘇巡撫採進本）

宋盧祖皐撰。祖皐字申之，又字次夔，號蒲江，永嘉人。登慶元五年進士，嘉定中爲軍器少監，權直學士院。祖皐爲樓鑰之甥，學有淵源，嘗與永嘉四靈以詩相倡和。然詩集不傳，惟貴耳集載其玉堂有感、松江別友二絕句，舟中獨酌一聯，梅磵詩話載其廟山道中一絕句，全芳備祖載其酴醾一絕句，僧北磵集附載其讀書種橘二絕句，東甌詩集載其雨後得月小飲懷趙天樂五言一律而已。貴耳集又稱其小詞纖雅，曰蒲江集，然不言卷數。陳振孫書錄解題著錄一卷，其篇數多寡亦不可考。此本爲明毛晉所刻，凡二十五闋。今以黃昇花菴詞選相校，則前二十四闋悉詞選之所錄，惟最後好事近一闋爲晉所增入，疑原集散佚，晉特鈔撮黃昇所錄以備一家耳。其中字句與詞選頗有異同。如開卷賀新郞荒詞誰繼風流後句，詞選作荒祠。水龍吟帶酒離恨句，帶酒詞選作帶將，烏夜啼第三首後闋昨日幾秋風句，昨日詞選作昨夜，並應以詞選爲長，晉蓋未及詳校。惟賀新郞序首沈傳師字，晉註詞選作傳師，然今詞選實作傳師，則不知晉所據者何本矣。至鷓鴣天後闋丁寧須滿玉西東句，據文應作玉東西，而此詞實用東韻，則由祖皐偶然誤用，如黃庭堅之押秦西巴爲巴西，非校者之誤也。

平齋詞一卷（安徽巡撫採進本）

宋洪咨夔撰。咨夔有春秋說，已著錄。是編爲毛晉所刊。晉跋稱未見其集，蓋汲古閣偶無其本，僅見其詞也。咨夔以才藝自負，新第後上書衞王，自宰相至州縣，無不捃摭其短，遂爲時相所忌，十年不調。故其詞淋漓激壯，多抑塞磊落之感，頗有似稼軒、龍洲者。晉跋乃徒以王岐公文多富貴氣擬之，殊爲未允。咨夔父名鉞，號谷隱，有詩名。咨夔出蜀時，得書數千卷，藏蕭寺。父子考論諷誦，學益宏肆。詞註內所稱老人，卽其父也。其子勳、燾、熹亦皆能紹其家學。鷓鴣天爲老人壽後闋云，諸孫認取翁翁意，插架詩書不負人，可想其世業之盛。又漢宮春一闋，乃慶其父七十作。據平齋集有壬辰小雪前奉親游道場何山五言古詩一首，中有句云，老親八十健，而集內未載其詞，疑其傳槀尚多散佚矣。

白石道人歌曲四卷、別集一卷（監察御史許寶善家藏本）

宋姜夔撰。夔有絳帖平，已著錄。此其樂府詞也。夔詩格高秀，爲楊萬里等所推，詞亦精深華妙，尤善自度新腔，故音節文采，並冠絕一時。其詩所謂自製新詞韻最嬌，小紅低唱我吹簫者，風致尚可想見。惟其集久無善本，舊有毛晉汲古閣刊版，僅三十四闋，而題下小序，往往不載原文。康熙甲午，陳撰刻其詩集，以詞附後，亦僅五十八闋，且小序及題下自註多意爲刪竄，又出毛本之下。此本從宋槧翻刻，最爲完善。卷一宋鐃歌十四首，越九歌十首，琴曲一首。卷二詞三十三首，總題曰令。卷三詞二十首，總題曰慢。卷四詞十三首，皆題曰自製曲。別集詞十八首，不復標列總名，疑後人所掇拾也。

其九歌皆註律呂於字旁。琴曲亦註指法於字旁。皆尚可解。惟自製曲一卷及二卷鬲溪梅令杏花天影醉吟商小品玉梅令三卷之霓裳中序第一皆記拍於字旁。宋代曲譜今不可見。亦無人能歌。莫辨其似波似磔宛轉欹斜如西域旁行字者節奏安在。然歌詞之法僅僅留此一線。錄而存之。安知無懸解之士能尋其分刌者乎。魯鼓薛鼓亡其音而留其譜。亦此意也。舊本卷首冠以詩說僅三頁有餘。殆以不成卷帙附詞以行。然夔自有白石道人詩集列於詩集。殊為不類。今移附詩集之末。此不復錄焉。

欽定四庫全書總目卷一百九十八

欽定四庫全書總目卷一百九十九

集部五十二

詞曲類二

夢窗稿四卷補遺一卷（江蘇巡撫採進本）

宋吳文英撰。文英字君特。夢窗其自號也。慶元人。所著詞有甲乙丙丁四稿。毛晉初得其丙丁二稿。刻於宋詞第五集中。復摭其絕筆一篇佚詞九篇附於卷末。續乃得甲乙二稿。刻之第六集中。晉原跋可考。此本卽晉所刻。而四稿合為一集。則又後人所移併也。所錄絕筆鶯啼序一首。殘闕過半。而乃有全文在乙稿補遺之中。絳都春一首。亦先載乙稿之中。今卷末仍未削去。是亦刊非一時。失於檢校之故矣。其分為四集之由。不甚可解。晉跋稱文英謝世之後。同遊集其丙丁兩年稿。釐為二卷。案文英卒于淳祐十一年辛亥。不應獨丙丁二年有詞。且丙稿有乙巳所作永遇樂。甲辰所作滿江紅。而丙午歲旦一首。乃介于其中。丁稿有癸卯所作思佳客。壬寅所作六醜。甲辰所作鳳棲梧。而丙午所作西江月亦在卷內。則丙丁二稿不應分屬丙丁二年。且甲稿有癸卯作。乙稿有端平丙申作。淳祐辛亥作。亦絕不以編年為序。疑其初不自收拾。後裒輯舊作。得一卷卽為一集。以十干為之標目。原未嘗排比先後耳。文英及與姜夔辛棄疾遊。倡和具載集中。而又有壽賈似道諸作。殆亦晚節頹唐。如朱希眞瞻游之比。其詞則卓然南宋一大宗。沈泰嘉樂府指迷稱其深得清眞之妙。但用事下語太晦處人不易知。張炎樂府指迷亦稱其如七寶樓臺。炫人眼目。拆碎下來。不成片段。所短所長。評品皆為平允。蓋其天分不及周邦彥。而研鍊之功則過之。詞家之有文英。亦如詩家之有李商隱也。其稿屢經傳寫。多有譌脫。如朱存理鐵網珊瑚載文英手書江南春詞。題下註張筠莊杜衡山莊。而刻本佚上三字。是其明證。他如夜飛鵲後闋輕冰潤句。輕字上當脫一字。解語花門橫皺碧一首後闋冷雲荒翠句。翠字與全首之韻不叶。塞翁吟別一首後闋吳女暈濃句。女字據譜當作平聲。高山流水後闋唾碧窗噴花茸句。音律不叶。文義亦不可解。惜紅衣一闋仿白石調而作。後闋當時醉近繡箔夜吟句止八字。考姜夔原詞作維舟試望故國渺天北句。實九字。不惟少一字。且脫一韻。齊天樂尾句畫旗塞鼓據譜尚脫一字。垂絲釣前闋波光掩映燭花黯淡二句。掩字不應叶。又不宜作四字句。繞佛閣蒨霞艷錦一首前闋東風搖颺花絮下闋三字。然花絮二字乃句尾押韻。以前詞怕教徹膽寒光見懷抱句推之。則闕字當在花絮二字之上。毛本校刊皆未及是正。至乙亥之醜奴兒慢。丙稿又易其名曰愁春未醒。則因潘元質此詞以愁春未醒作起句。故後人又有此名。據以追改舊題。尤乖舛矣。

惜香樂府十卷（安徽巡撫採進本）

宋趙長卿撰。長卿自號仙源居士。南豐人。宗室子也。是集分類編次。凡春景三卷。夏景一卷。冬景一卷。總詞三卷。拾遺一卷。據毛晉跋語。乃當時鄉貢進士劉澤所定。其體例殊屬無謂。且夏景中如減字木蘭花咏柳一闋畫堂春鞏下遊西湖一闋宕屬之春冬景中永遇樂一闋宕屬之秋是分隷亦未盡愜也其詞往往瑕瑜互見如卷二中水龍吟第四闋以了少峭叶晝秀純用江右鄉音終非正律卷五中一剪梅尾句纔下眉尖恰上心頭勦襲李清照此調原句竄易二字殆於點金成鐵卷六中叨叨令一闋純作俳體已成北曲至卷七中一叢花一闋本追和張先作前半第四句張詞三字一句四字一句此乃作七字一句後半末三句張詞四字二句五字一句此乃作三字一句五字二句是併青律亦多不協然長卿恬於仕進觴詠自娛隨意成吟多得淡遠蕭疎之致固不以一眚廢之他如小重山前闋結句用疎雨韻入芭蕉六字亦不合譜殆毛晉刊本誤增雨字又卷六中梅詞一首題曰一剪梅而註曰或刻攤破醜奴兒不知此調非一剪梅當以別本爲是卷五之似娘兒卽卷八之青杏兒亦卽名醜奴兒晉於似娘兒下註云或作青杏兒於青杏兒下註云舊刊攤破醜奴兒非不知誤在攤破二字醜奴兒實非誤刻是又明人校讐之失其過不在長卿矣

龍洲詞一卷安徽巡撫採進本

宋劉過撰過有龍洲集已著錄陳振孫書錄解題載劉改之詞一卷此本爲毛晉所刊題曰龍洲詞從全集之名也黃昇花菴詞選謂改之乃稼軒之客詞多壯語蓋學稼軒然過詞凡贈辛棄疾者則學其體如古豈無人可以似吾稼軒者誰等詞是也其餘雖跌宕淋漓實未嘗全作辛體陶九成輟耕錄又謂改之造語贍逸有思致沁園春二首尤纖麗可愛今觀集中咏美人指甲美人足二闋刻畫猥褻頗乖大雅九成乃獨加推許不及張端義貴耳集獨取其南樓一詞爲不失賞音矣渚山堂詞話云改之沁園春綠鬢朱顏一闋係代壽韓平原然在當時不知竟代誰作今亦無從詳考觀集中賀新郎第五首註曰平原納寵姬奏方響席上賦則改之且身預南園之宴不止代人祝蝦矣蓋縱橫游士志在功名固不能規言而矩行亦不必曲爲之諱也又沁園春第七首註曰寄辛承旨時承旨招不赴此原註也其事本明又註或作風雪中欲詣稼軒久寓湖上未能一往賦此以解此毛晉校本註也已自生譌異樂府紀聞乃謂幼安守京口日改之卽敝衣曳履承命賦詩是兩人定交在幼安未帥越之前山房隨筆載此詞又稱稼軒帥越東時改之欲見辛不納搘晦菴南軒二人爲之地始得進見云云考岳珂與過相善珂所作桯史第二卷載此事云嘉泰癸亥改之在中都時辛稼軒帥越聞其名遣介招之適以事不及行因效辛體沁園春一詞云云與集中自註相合則諸說之誣審矣珂又稱過誦此詞掀髯有得色珂乃以白日見鬼譏之其言雖戲要亦未嘗不中其病也

竹屋癡語一卷安徽巡撫採進本

宋高觀國撰觀國字賓王山陰人陳振孫書錄解題載竹屋詞一卷高觀國撰不詳何人高郵陳造與史達祖二家爲之序此本爲毛晉所刊末有晉跋僅錄造序中所稱竹屋梅溪詞皆不經人道其妙處少游美成不及數語而不載全文然考造江湖長翁集亦不載是序或當時削其稿歟詞自鄱陽姜夔句琢字鍊始歸醇雅而達祖觀國爲之羽翼故張炎謂數家格調不凡句法挺異俱能特立清新之意刪削靡曼之詞乃草堂詩餘於白石梅溪則槩未寓目竹屋詞亦止選其玉蝴蝶一闋蓋其時方尚甜熟與風尚相左故也觀國與達祖疊相酬唱旗鼓俱足相當惟梅溪詞中尙有賀新郎一闋註云湖上與高賓王同賦今集中未見此調殆佚之歟

竹齋詩餘一卷安徽巡撫採進本

宋黃機撰機字幾仲一云字幾叔東陽人其事蹟無可考見據詞中所註有時欲之官永興語蓋亦嘗仕宦於州郡但不知爲何官耳其遊蹤則多在吳楚之閒而與岳總幹以長調唱酬爲尤夥總幹者岳飛之孫珂也時爲淮東總領兼制置使岳氏爲忠義之門故機所贈詞亦皆沈鬱蒼涼不復作草媚花香之語其乳燕飛第二闋乃次徐斯遠寄辛棄疾韻者棄疾亦有和詞世所傳稼軒詞本賦字凡複用兩韻今考機詞知前闋所用乃付字足證流俗刊刻之誤又辛詞調名賀新郎此則名乳燕飛者以蘇軾此調中有乳燕飛華屋句後人因而改名實一調也卷末毛晉跋惜草堂詩餘不載其一字案草堂詩餘乃南宋坊賈所編漫無鑒別徒以其古而存之故朱彝尊謂草堂選詞可謂無目其去其取又何足爲機重輕歟

梅溪詞一卷江蘇巡撫採進本

宋史達祖撰。達祖字邦卿、號梅溪、汴人。田汝成西湖志餘稱韓侂胄有堂吏史達祖、擅權用事、與之名姓皆同。今考集中齊天樂第五首註、中秋宿眞定驛。滿江紅第三首註、九月二十一日出京懷古。水龍吟第三首註、陪節欲行、留別社友。鷓鴣天第四首註、衞縣道中。惜黃花一首註、九月七日定興道中。核其詞意、必李壁使金之時、侂胄遣之隨行覘國、故有諸詞。知撰此集者卽侂胄所用之史達祖。又考玉津園事、張鎡雖預其謀、而鎡實侂胄之狎客、故於滿頭花生辰得移廚張樂於其邸。此編前有鎡序、足證其爲侂胄黨。序末稱數路得人、恐不特萃美於漢。亦足證其實爲掾史、確非兩人。惟序作於嘉泰元年辛酉、而集中有壬戌立春一首。序稱初識達祖、出詞一編、而集中有與鎡唱和詞二首。則此本又後來所編、非鎡所序之本矣。達祖人不足道、而詞則頗工。鎡稱其分鑣清眞、平睨方回、而紛紛三變行輩、不足比數。清眞爲周邦彥之號、方回爲賀鑄之字、三變爲柳永之原名。其推獎未免稍溢。然清詞麗句、在宋季頗屬錚錚、亦未可以其人掩其文矣。

石屏詞一卷、安徽巡撫採進本

宋戴復古撰。復古有石屏集、已著錄。此詞一卷、乃毛晉所刻別行本也。復古爲陸游門人、以詩鳴江湖間。方回瀛奎律髓稱其豪健清快、自成一家。今觀其詞、亦音韻天成、不費斧鑿。其望江南自嘲第一首云、賈島形模元自瘦、杜陵言語不妨村、誰解學西崑。復古論詩之宗旨、於此具見。其以詩爲詞、時出新意、無一語蹈襲也。集內大江西上曲、卽念奴嬌。本因蘇軾詞起句、故稱大江東去。復古乃以己詞首句、又改名大江西上曲、未免效顰。至赤壁懷古滿江紅一闋、則豪情壯采、實不減於軾。楊愼詞品最賞之、宜矣。此本卷後載樓鑰所記一則、卽係石屏集中跋語。陶宗儀所記一則、見輟耕錄。其江右女子一詞、不著調名。以各調證之、當爲祝英臺近。但前闋三十七字俱完、後闋則逸去起處三句十四字。當係流傳殘闕、宗儀旣未經辨及、後之作圖譜者、因詞中第四語有揉碎花箋四字、遂別造一調名、殊爲杜撰。至於木蘭花慢懷舊詞前闋、有重來故人不見云云、與江右女子詞君若重來、不相忘處語意若相酬答、疑卽爲其妻而作。然不可考矣。

散花菴詞一卷、安徽巡撫採進本

宋黃昇撰。昇字叔暘、號玉林、又號花菴詞客。以所居有玉林、又有散花菴也。毛晉刊本、以昇作昃、以叔暘作叔陽。而諸本實多作黃昇。考花菴絕妙詞選舊傳刻本、題曰黃𣈆。又詩人玉屑前有昇序、世所傳翻刻宋本、猶鉤摹當日手書、亦作黃𣈆。檢詞選序末、尚有當時姓氏小印、實作𣈆字。蓋許愼說文、昇字篆文作𣈆。昇特以篆體署名、故作𣈆字。晉不考六書、妄改作昃、殊爲舛謬。至叔陽乃盧炳之字、炳卽撰哄堂詞者。晉乃移而爲昇字、益桃僵李代矣。昇所選絕妙詞、末附以己詞四十首、蓋用王逸編楚詞、徐陵編玉臺新詠、芮挺章編國秀集之例。此本全錄之、惟旁摭他書、增入三首耳。昇早棄科舉、雅意歌詠。曾以詩受知游九功、見胡德方所作詞選序。其詞亦上逼少游、近摹白石。九功贈詩所云晴空見冰柱者、庶幾似之。德方序又謂閩帥樓秋房聞其與魏菊莊相友、以泉石清士目之。按菊莊名慶之、建安人、卽撰詩人玉屑者。梅磵詩話載慶之過玉林詩絕句云、一步離家是出塵、幾重山色幾重雲。沙溪清淺橋邊路、折得梅花又見君。則昇必慶之之同里、隱居是地、故獲見稱於閩帥。又游九功亦建陽人、其答叔暘五言古詩一首、尚載在詩家鼎臠。是昇爲閩人、可以考見。朱彝尊詞綜及近時厲鶚宋詩紀事均未及詳其里籍、今附著於此焉。

斷腸詞一卷、江蘇周厚堉家藏本

宋朱淑眞撰。淑眞海寧女子、自稱幽棲居士。是集前有紀略一篇、稱爲文公姪女。然朱子自爲新安人、流寓閩中。考年譜世系、亦別無兄弟著籍海寧。疑依附盛名之詞、未必確也。紀略又稱其匹偶非倫、弗遂素志、賦斷腸集十卷以自解。其詞則僅書錄解題載一卷、世久無傳。此本爲毛晉汲古閣所刊。後有晉跋、稱詞僅見二闋於草堂集、又見一闋於十大曲中、落落如晨星。後乃得此一卷、爲洪武間鈔本、乃與漱玉詞竝刊。然其詞止二十七闋、則亦必非原本矣。楊愼升菴詞品載其生查子一闋、有月上柳梢頭、人約黃昏後語。晉跋遂稱爲白璧微瑕。然此詞今載歐陽修廬陵集第一百三十一卷中、不知何以竄入淑眞集內、誣以桑濮之行。愼收入詞品、旣爲不考、而晉刻宋名家詞六十一種、六一詞卽在其內，乃於六一詞漏註互見斷腸詞，已自亂其例。於此集更不一置辨，且證實爲白璧微瑕，益鹵莽之甚。今刊此一篇，庶免於厚誣古人，貽九泉之憾焉。

山中白雲詞八卷（江蘇巡撫採進本）

宋張炎撰。炎字叔夏，號玉田，又號樂笑翁，循王張俊之五世孫，家於臨安。宋亡後，潛跡不仕，縱遊浙東西，落拓以終。平生工爲長短句，以春水詞得名，人因號曰張春水。其後編次詞集者，卽以此首壓卷，倚聲家傳誦至今。然集中他調似此者尚多，殆如賀鑄之稱梅子，偶遇品題，便爲佳話耳。所長實不止此也。炎生於淳祐戊申，當宋邦淪覆，年已三十有三，猶及見臨安全盛之日。故所作往往蒼涼激楚，卽景抒情，備寫其身世盛衰之感，非徒以翦紅刻翠爲工。至其研究聲律，尤得神解，以之接武姜夔，居然後勁。宋元之間，亦可謂江東獨秀矣。炎詞世鮮完帙，此本乃錢中諧所藏，猶明初陶宗儀手書。康熙中，錢塘龔翔麟始爲傳寫授梓。後上海曹炳曾又爲重刊，舊附樂府指迷一卷，今析出別著於錄。其仇遠原序、鄭思肖原跋及戴表元送炎序，則仍並錄之，以存其舊焉。

竹山詞一卷（安徽巡撫採進本）

宋蔣捷撰。捷字勝欲，自號竹山，宜興人。德祐中嘗登進士。宋亡之後，遁迹不仕以終。是編爲毛晉汲古閣所刊，卷首載至正乙巳湖濱散人題詞，謂此稾得之唐士牧家，雖無詮次，已無遺逸，當猶元人所傳之舊本矣。其詞鍊字精深，調音諧暢，爲倚聲家之渠矱。間有故作狡獪者，如水龍吟招落梅魂一闋，通首住句用些字，瑞鶴仙壽東軒一闋，通首住句用也字，而於虛字之上仍然叶韻，蓋偶用詩騷之格，非若黃庭堅、趙長卿輩之全不用叶，竟成散體者比也。他如應天長一闋，註云次清眞韻，前半闋轉翠籠池閣句止五字，而考周邦彥詞作正是夜堂無月，實六字句。後半闋漫有戲龍盤句亦五字，而考周詞又見漢宮傳燭，實亦六字。此必刊本各有脫字。至於沁園春絕勝珠簾十里樓句，樓字上譌增迷字；玉樓春明朝與子穿花去句，花字譌作不字；行香子柰雲溶溶句，柰字下譌增何字；粉蝶兒古今來人易老句，譌脫一來字；翠羽吟但留殘月挂蒼穹句，譌脫月蒼二字。皆爲疎舛。唐多令之譌爲糖多，尤足噱矣。其喜遷鶯調所載改本一闋，視元詞殊減風韻，似非捷所自定，詞綜議之甚當，但指爲史達祖詞則又誤記耳。

天籟集二卷（編修汪如藻家藏本）

金白樸撰。樸字仁甫，一字太素，號蘭谷，眞定人。父寓齋，失其名，仕金爲樞密院判官。會世亂，父子相失，嘗鞠於元好問家，得其指授。金亡後，被薦不出，徙居金陵，放浪詩酒，尤精度曲。是本乃所作詞集，世久失傳，康熙中，六安楊希洛始得於白氏之裔，凡二百篇，前有王博文序，後有孫作序及曹安贊。希洛以示朱彝尊，彝尊分爲二卷，序而傳之。樸詞清雋婉逸，意愜韻諧，可與張炎玉田詞相匹。惟以製曲掩其詞名，故沈晦者越數百年。詞家選本，遂均不載其姓字。朱彝尊輯詞綜時，亦尚未見其本，書成之後，乃得之，書雖晚出，而倚聲家未有疑其僞者。蓋其詞采氣韻，皆非後人之所能，固一望而知爲宋元人語矣。

蛻巖詞二卷（兩淮鹽政採進本）

元張翥撰。翥有蛻菴集，已著錄。此編附載詩集之後，而自爲卷帙。案元史翥本傳，稱翥長於詩，其近體長短句尤工。歿後無子，其遺槀不傳。傳者有樂府律詩僅三卷，則在當日卽與詩合爲一編，然云三卷，與今本不合。考詩集前有僧來復序，稱至正丙午，僧大杼選刻其遺稾。又有僧宗泐跋，作於洪武丁巳，仍稱將刊版以行世，是大杼之編次在至正二十六年，其刊版則在洪武六年。而宋濂等修元史則在洪武二年，未及見此足本，故據其別傳之本，與詩共稱三卷也。來復序題蛻菴詩集，宗泐跋亦稱右潞國張公詩集若干卷，均無一字及詞。然宗泐稱大杼取其遺稾歸江南，選得九百首，今實詩七百六十七首，合以詞一百三十三首，乃足九百之數，則其詞亦大杼之所編，特傳寫者或附詩集，或析出別行耳。翥年八十八乃卒，上猶及見仇遠，傳其詩法，下猶及與張羽、倪瓚、顧阿瑛、郯九韶、危素諸人與之唱和，以一身歷元之盛衰，故其詩多憂時傷亂之作。其詞乃婉麗風流，有南宋舊格。其沁園春題下註曰：讀白太素天籟集，戲用韻效其體。蓋白樸所宗者多東坡、稼軒之變調，翥所宗者猶白石、夢窗之餘音，門徑不同，故其言如是也。又春從天上來題下註曰：廣陵冬夜，與松雲子論五音二變十二調，且品簫以定之，清濁高下，還相爲宮，犂然律呂之均，雅俗之正，則其於倚聲之學，講之深矣。

珂雪詞二卷 山東巡撫採進本

國朝曹貞吉撰。貞吉有珂雪詩，已著錄。是編則其詩餘也。上卷凡一百三十四首，下卷凡一百五首。其總目所載補遺，尚有卜算子、浪淘沙、木蘭花、春草碧、滿江紅、百字令、木蘭花慢、臺城路等八調，而皆有錄無書，殆以附在卷末，裒緝者偶佚之歟。其詞大抵風華掩映，寄託遙深，古調之中，緯以新意，不必模周範柳，學步邯鄲，而自不失爲雅製，蓋其天分於是事獨近也。陳維崧集有貞吉詠物詞序云：吟成十首，事足千秋。趙明誠金石之錄，遜此華文；郭宏農山海之篇，慚斯麗製。雖友朋推挹之詞，不無溢量，要在近代詞家，亦卓然一作手矣。舊本每調之末，必列王士禎、彭孫遹、張潮、李良年、曹勳、陳維崧等評語，實沿明季文社陋習，最可厭憎，今悉刪除，以清耳目。且以見文之工與不工，原所共見，傳與不傳，在所自爲，名流之序跋批點，不過木蘭之櫝，日久論定，其妍醜不由於此，庶假借聲譽者曉然知標榜之無庸焉。

右詞曲類詞集之屬五十九部，一百三卷，皆文淵閣著錄。

花間集十卷 江蘇巡撫採進本

後蜀趙崇祚編。崇祚字宏基，事孟昶爲衛尉少卿，而不詳其里貫，十國春秋亦無傳。案蜀有趙崇韜，爲中書令廷隱之子，崇祚疑卽其兄弟行也。詩餘體變自唐，而盛行於五代。自宋以後，體製益繁，選錄益衆，而溯源星宿，當以此集爲最古。唐末名家詞曲，俱賴以僅存。其中漁父詞、楊柳枝、浪淘沙諸調，唐人仍載入詩集，蓋詩與詞之轉變，在此數調故也。於作者不題名而題官，蓋卽文選書字之遺意。惟一人之詞，時割數首入前後卷，以就每卷五十首之數，則體例爲古所未有耳。陳振孫謂所錄自溫庭筠而下十八人，凡五百首，今逸其二，坊刻妄有增加，殊失其舊。此爲明毛晉重刊宋本，猶爲精審。前有蜀翰林學士中書舍人歐陽炯序，作於孟昶之廣政三年，乃晉高祖之天福五年也。後有陸游二跋，其一稱斯時天下岌岌，士大夫乃流宕如此，或者出於無聊。不知惟士大夫流宕如此，天下所以岌岌，游未反思其本耳。其二稱唐季五代，詩愈卑而倚聲者輒簡古可愛，能此不能彼，未易以理推也。不知文之體格有高卑，人之學力有強弱，學力不足副其體格，則舉之不足；學力足以副其體格，則舉之有餘。律詩降於古詩，故中晩唐古詩多不工，而律詩則時有佳作；詞又降於律詩，故五季人詩不及唐，詞乃獨勝。此猶能舉七十斤者，舉百斤則蹶，舉五十斤則運掉自如，有何不可理推乎。

尊前集二卷 江蘇巡撫採進本

不著編輯者名氏。前有萬歷間嘉興顧梧芳序云：余愛花間集，欲播傳之，而余斯編第有類焉。似卽梧芳所輯，故毛晉亦謂梧芳採錄名篇，釐爲二卷。而朱彝尊跋則謂於吳下得吳寬手鈔本，取顧本勘之，詞人之先後，樂章之次第，靡有不同，因定爲宋初人編輯。考宋張炎樂府指迷曰：粵自隋唐以來，聲詩間爲長短句，至唐人則有尊前、花間集。似乎此書與花間集皆爲五代舊本。然樂府指迷一云沈伯時作，又云顧阿瑛作，其爲眞出張炎與否，蓋未可定。又陳振孫書錄解題歌詞類以花間集爲首，註曰：此近世倚聲塡詞之祖。而無尊前集之名，不應張炎見之而陳振孫不見。彝尊定爲宋本，亦未可盡憑。疑以傳疑，無庸强指。且就詞論詞，原不失爲花間之驂乘，玩其情采，足資沾溉，亦不必定求其人以實之也。

梅苑十卷 山東巡撫採進本

宋黃大輿編。大輿字載萬，錢曾讀書敏求記引王灼之語云字載万，殆書萬爲万，又譌万爲方，如蕭方等之轉爲萬等歟。其爵里未詳。厲鶚宋詩紀事稱爲蜀人，亦以原序自署岷山耦耕，及成都文類載其詩，以意推之耳，無確證也。王灼稱大輿歌詞與唐名輩相角，其樂府號廣變風，有賦梅花數曲，亦自奇特。然樂府今不傳，惟此集僅存。所錄皆詠梅之詞，起於唐代，止於南北宋間。自序稱己酉之冬，抱疾山陽，三徑掃迹，所居齋前更植梅一株，晦朔未逾，略已粲然，於是錄唐以來才士之作，以爲齋居之玩，目之曰梅苑。考己酉爲建炎三年，正高宗航海之歲，山陽又戰伐之衝，不知大輿何以獨得蕭閒編輯是集，殆己酉字有誤乎。昔屈宋偏陳香草，獨不及梅，六代及唐篇什亦寥寥可數。自宋人始重此花，人人吟咏，方回撰瀛奎律髓，於著題之外別出梅花一類，不使溷於羣芳。大輿此集亦是志也。雖一題裒至數百闋，或不免冀白相因，而刻畫形容，亦往往各出新意，固倚聲者之所採擇也。集中兼採蠟梅，蓋二花別種同時，義可附見。至九卷兼及楊梅，則務博之失，不自知其汎濫矣。

樂府雅詞三卷、補遺一卷（江蘇巡撫採進本）

宋曾慥編。慥有類說，已著錄。是編皆輯宋人之詞。前有朱彝尊題詞，謂陳氏書錄解題載曾端伯樂府雅詞一十二卷、拾遺二卷，此本鈔自上元焦氏，止存三卷及拾遺，殆非足本。然彝尊曝書亭集又載此書跋，云繹其自序，稱三十有四家，合三卷，爲足本無疑。蓋此卷首所載爲彝尊初裒集所載，乃詳定之本也。慥自序謂涉諧謔則去之，當時艷曲謬託歐公者，悉刪除之，則命曰雅詞，具有風旨，非靡靡之音可比。至於道宮薄媚西子詞排遍之後有入破、虛催、衮遍、催拍、歇拍、煞衮諸名，皆他本所罕載，猶見宋人舊法，不獨九張機詞僅見於此，是又足資詞家之考證矣。

花菴詞選二十卷（內府藏本）

宋黃昇撰。其書成於淳祐乙酉，前十卷曰唐宋諸賢絕妙詞選，始於唐李白，終於北宋王昴，方外閨秀各爲一卷附焉。後十卷曰中興以來絕妙詞選，始於康與之，終於洪瑹，昇所自作詞三十八首亦附錄於末。前十卷內頗有已入南宋者，蓋宣和、靖康之舊人，過江猶在者也。然後十卷內如康與之、陳與義、葉夢得，亦皆北宋舊人，又不知其以何斷限矣。觀昇自序，其意蓋欲以繼趙崇祚花間集、曾慥樂府雅詞之後，故蒐羅頗廣。其中如李後主山花子一首，本李璟之作，南唐書載馮延己之對可證。亦未免小有疎舛。然昇本工詞，故精於持擇。自序稱暇日裒集，得數百家，而所錄止於此數，去取亦特爲謹嚴，非草堂詩餘之類參雜俗格者可比。又每人名之下各註字號里貫，每篇題之下亦閒附評語，俱足以資考核，在宋人詞選，要不失爲善本也。

類編草堂詩餘四卷（通行本）

不著編輯者名氏。舊傳南宋人所編。考王楙野客叢書作於慶元間，已引草堂詩餘張仲宗滿江紅詞證蝶粉蜂黃之語，則此書在慶元以前矣。詞家小令、中調、長調之分自此書始，後來詞譜依其字數以爲定式，未免稍拘，故爲萬樹詞律所譏。然填詞家終不廢其名，則亦倚聲之格律也。朱彝尊作詞綜，稱草堂選詞可謂無目，其詆之甚至。今觀所錄，雖未免雜而不純，不及花閒諸集之精善，然利鈍互陳，瑕瑜不掩，名章俊句，亦錯出其閒。一槩詆排，亦未爲公論。此本爲明杭州顧從敬所刊。前有嘉靖庚戌何良俊序，稱爲從敬家藏宋刻，較世所行本多七十餘調。其刻在汲古閣本之前。又諸詞之後多附以當時詞話，汲古閣本皆無之。考所引黃昇花菴詞選、周密絕妙好詞，均在宋末，知爲後來所附入，非其原本。然採摭尚不猥濫，亦頗足以資考證，故仍並存焉。

絕妙好詞箋七卷（兵部侍郎紀昀家藏本）

絕妙好詞，宋周密編，其箋則
國朝查爲仁、厲鶚所同撰也。密所編南宋歌詞，始於張孝祥，終於仇遠，凡一百三十二家，去取謹嚴，猶在曾慥樂府雅詞、黃昇花菴詞選之上。又宋人詞集今多不傳，併作者姓名亦不盡見於世，零璣碎玉，皆賴此以存，於詞選中最爲善本。初，爲仁採摭諸書以爲之箋，各詳其里居出處，或因詞而考證其本事，或因人而附載其佚聞，以及諸家評論之語，與其人之名篇秀句不見於此集者，咸附錄之。會鶚亦方箋此集，尚未脫稿，適遊天津，見爲仁所箋，遂舉以付之，刪複補漏，合爲一書。今簡端並題二人之名，不沒其助成之力也。所箋多泛濫旁涉，不盡切於本詞，未免有嗜博之弊。然宋詞多不標題，讀者每不詳其事。如陸游之瑞鶴仙、韓元吉之水龍吟、辛棄疾之祝英臺近、尹煥之唐多令、楊恢之二郎神，非參以他書，得其源委，有不解爲何語者。其疏通證明之功，亦有不可泯者矣。密有癸辛雜識諸書，鶚有遼史拾遺諸書，皆已著錄。爲仁字心穀，號蓮坡，宛平人，康熙辛卯舉人。是集成於乾隆己巳，刻於庚午，鶚序稱其尚有詩餘紀事如千卷，今未之見，殆未成書歟。

樂府補題一卷（江蘇巡撫採進本）

不著編輯者名氏。皆宋末遺民倡和之作。凡賦龍涎香八首，其調爲天香；賦白蓮十首，其調爲水龍吟；賦蓴五首，其調爲摸魚兒；賦蟬十首，其調爲齊天樂；賦蟹四首，其調爲桂枝香。作者爲王沂孫、周密、王易簡、馮應瑞、唐藝孫、呂同老、李彭老、陳恕可、唐珏、趙汝鈉、李居仁、張炎、仇遠等十三人，又無名氏二人。其書諸家皆不著錄。前有朱彝尊序，稱爲常熟吳氏鈔本休寧汪晉賢購之長興藏書家而蔣景祁鏤版以傳云云則康熙中始傳於世也彝尊序又稱當日倡和之篇必不止此亦必有序以誌歲月惜今皆逸云云其說亦是然疑或墨迹流傳後人錄之成帙未必當時卽編次爲集故無序目亦未可知也

花草粹編二十二卷附錄一卷（禮部尚書曹秀先家藏本）

明陳耀文編耀文有經典稽疑已著錄是編採掇唐宋歌詞亦間及於元人而所採殊少自序稱是集因唐花間集宋草堂詩餘而起故以花草粹編爲名然使惟以二書合編各採其一字名書已無義理乃綜括兩朝之詞而以花字代唐字以草字代宋字衡以名實尤屬未安然其書捃摭繁富每調有原題者必錄原題或稍僻者必著採自某書其有本事者併列詞話於其後其詞本不佳而所填實爲孤調如縷縷金之類則註曰備題編次亦頗不苟蓋耀文於明代諸人中猶講考證之學非嘲風弄月者比也雖糾正之詳不及萬樹之詞律選擇之精不及朱彝尊之詞綜而裒輯之功實居二家之前創始難工亦不容以後來掩矣此本與天中記版式相同蓋猶耀文舊刻而卷首乃有延祐四年陳良弼序刊刻拙惡僅具字形而其文則仍耀文之語蓋坊賈得其舊版別刊一序弁其首以僞爲元版耳

御定歷代詩餘一百二十卷

康熙四十六年

聖祖仁皇帝御定所錄詞自唐至明凡一千五百四十調九千餘首釐爲一百卷又詞人姓氏十卷詞話十卷考梁代吳聲歌曲句有短長音多柔曼已漸近小詞唐初作者雲興詩道復振故將變而不能變迨其中葉雜體日增於是竹枝柳枝之類先變其聲望江南調笑令宮中三臺之類遂變其調然猶載之詩集中不別爲一體洎乎五季詞格乃成其岐爲別集始於馮延巳之陽春詞其岐爲總集則始於趙崇祚之花間集自宋初以逮明季沿波迭起撰述彌增然求其括歷代之精華爲諸家之總彙者則多窺半豹未覩全牛罕能博且精也我

聖祖仁皇帝游心藝苑於文章之體一一究其正變核其源流兼括洪纖不遺一技乃

命侍讀學士沈辰垣等蒐羅舊集定著斯編凡柳周婉麗之音蘇辛奇恣之格兼收兩派不主一隅旁及元人小令漸變繁聲明代新腔不因舊譜者苟一長可取亦衆美胥收至於考求爵里可以爲論世之資辨證妍媸可以爲倚聲之律者網羅宏富尤極精詳自有詞選以來可云集其大成矣若夫諸調次第並以字數多少爲斷不沿草堂詩餘强分小令中調長調之名更一洗舊本之陋也

詞綜三十四卷（內府藏本）

國朝朱彝尊編其同時增定者則休寧汪森也彝尊有經義考森有粵西詩載並已著錄是編錄唐宋金元詞通五百餘家於專集及諸選本外凡稗官野紀中有片詞足錄者輒爲採掇故多他選未見之作其詞名句讀爲他選所淆舛及姓氏爵里之誤皆詳考而訂正之其去取亦具有鑒別蓋彝尊本工於塡詞平日嘗以姜夔爲詞家正宗而張輯盧祖皐史達祖吳文英蔣捷王沂孫張炎周密爲之羽翼謂自此以後得其門者或寡又謂小令當法汴京以前慢詞則取諸南渡又謂論詞必出於雅正故曾慥錄雅詞鮦陽居士輯復雅又盛稱絕妙好詞甄錄之當其立說大抵精確故其所選能簡擇不苟如此以視花間草堂諸編勝之遠矣

十五家詞三十七卷（浙江巡撫採進本）

國朝孫默編默字無言休寧人是編所輯

國朝詞共十五家吳偉業梅村詞二卷梁清標棠村詞三卷宋琬二鄉亭詞二卷曹爾堪南溪詞二卷王士祿炊聞詞三卷尤侗百末詞二卷陳世祥含影詞二卷黃永溪南詞二卷陸求可月湄詞四卷鄒祗謨麗農詞二卷彭孫遹延露詞三卷王士禎衍波詞二卷董以寧蓉渡詞三卷陳維崧烏絲詞四卷董俞玉鳧詞二卷各家以小令中調長調爲次載其本集原序於前并錄其同時人評點案王士禎居易錄曰新安孫布衣默居廣陵貧而好客四方名士至者必徒步訪之嘗告予欲渡江往海鹽詢以有底急則云欲訪彭十羨門索其新詞與予及鄒程村作合刻爲三家耳陳其年維崧贈以詩曰秦七黃九自佳耳此事何與卿饑寒指此也云云蓋其初刻在康熙甲辰爲鄒祗謨彭孫遹王士禎三家卽居易錄所云杜濬爲之序至丁未續以曹爾堪王士祿尤侗三家是爲六家孫金礪爲之序戊申又續以陳世祥陳維崧董以寧董俞四家汪懋麟爲之序十五家之本定於丁巳鄧漢儀

為之序。凡閱十四年、始彙成之。雖標榜聲氣、尚沿明末積習。而一時倚聲佳製、實略備於此、存之可以見
國初諸人文采風流之盛。至其每篇之末、必附以評語、有類選刻詩文、殊為惡道。今並刪除、不使穢亂簡牘焉。

右詞曲類詞選之屬十二部、二百七十四卷、皆文淵閣著錄。

碧雞漫志一卷、編修程晉芳家藏本

宋王灼撰。灼有糖霜譜、已著錄。是編詳述曲調源流。前七條為總論、述古初至唐宋聲歌遞變之由。次列涼州、伊州、霓裳羽衣曲、甘州、胡渭州、六幺、西河長命女、楊柳枝、喝馱子、蘭陵王、虞美人、安公子、水調歌、萬歲樂、夜半樂、河滿子、凌波神、荔枝香、阿濫堆、念奴嬌、清平樂、雨淋鈴、菩薩蠻、望江南、麥秀兩岐、文漵子、後庭花、鹽角兒、凡二十八條。一一溯得名之緣起、與其漸變宋詞之沿革。蓋三百篇之餘音、至漢而變為樂府、至唐而變為歌詩。及其中葉、詞亦萌芽。至宋而歌詩之法漸絕、詞乃大盛。其時士大夫多嫻音律、往往自製新聲、漸增舊譜。故一調或至數體、一體或有數名、其目幾不可殫舉。又非唐及五代之古法。灼作是編、就其傳授分明、可以考見者、核其名義、正其宮調、以著倚聲所自始。其餘晚出雜曲、則不暇一一詳也。迨金元院本既出、併歌詞之法亦亡。文士所作、僅能按舊曲平仄、循聲填字。自明以來、遂變為文章之事、非復律呂之事。併是編所論宮調、亦莫解其說矣。然其間正變之由、猶賴以略得其梗槩、亦考古者所必資也。其辨霓裳羽衣曲為河西節度使楊敬述所獻、唐明皇為之潤色。援白居易、鄭嵎詩註為證、一掃月宮妖妄之說。又據譜謂是曲第一至第六疊皆無拍、證唐史載王維論按樂圖霓裳第三疊初拍之譌、持論極為精核。他如虞美人曲、諸說各別。河滿子曲、一事異詞者。皆闕其所疑、亦頗詳慎。至念奴嬌、偶以古人為名、亦猶戚氏之例、本不出於天寶。灼特以當時誤稱唐曲而辨之、理宜附錄、不當雜列古曲之中。鹽角兒既據嘉祐雜志謂出於梅堯臣、則未可附於古曲。且鹽乃曲名、隋薛道衡集有昔昔鹽、唐張鷟朝野僉載有突厥鹽、可以互證。乃云市鹽得於紙角上、已為附會。且紙角幾許、乃能容一曲譜、亦不近事理。是則泛濫及之、不免千慮之一失矣。

沈氏樂府指迷一卷、大理寺卿陸錫熊家藏本

宋沈義父撰。義父字伯時、履貫未詳。前有自題、稱壬寅秋、始識靜翁於澤濱。癸卯、識夢窗、暇日相與唱酬。案壬寅、癸卯為淳祐二年、三年、則理宗時人也。元人跋陸輔之詞旨、嘗引此書。然篇頁寥寥、不能成帙、故世無單行之本。此本附刻陳耀文花草粹編中、凡二十八條。其論詞以周邦彥為宗、持論多為中理。惟謂兩人名不可對使、如庾信愁多、江淹恨極之類、頗失之拘。又謂說桃須用紅雨、劉郎等字、說柳須用章臺、灞岸等字、說書須用銀鉤等字、說淚須用玉筯等字、說髮須用綠雲等字、說簟須用湘竹等字、不可直說破。其意欲避鄙俗、而不知轉成塗飾、亦非確論。至所謂去聲字最要緊、及平聲字可用入聲字替、上聲字不可用入聲字替一條、則剖析微芒、最為精核。萬樹詞律實祖其說。又謂古曲譜多有異同、至一腔有兩三字多少者、或句法長短不等。蓋被教師改換、亦有嘌唱一家多添了字云云。乃知宋詞亦不盡協律、歌者不免增減。萬樹詞律所謂曲有襯字、詞無襯字之說、尚為未究其變也。

渚山堂詞話三卷、浙江范懋柱家天一閣藏本

明陳霆撰。霆有唐餘紀傳、已著錄。是編與所作詩話並刊、而較詩話為稍勝。蓋霆詩格頗纖、於詞為近、故論詞轉用所長。其中如韋莊雨餘風軟碎鳴禽句、本用杜荀鶴春宮怨語。南卓羯鼓錄所謂透空碎遠之聲、即此碎字。當訓細瑣雜亂之義。霆乃謂鳴禽日碎、於理不通。改為暖風嬌鳥碎鳴音、未免點金成鐵。又謂楊孟載雪詞簌簌颼颼字古無所出、欲據黃庭堅詩改為疎疎密密。不知以疎疎密密詠雪、黃詩又何所出、亦未免涉於膠固。然其他持論多確。又宋元明佚篇斷句、往往而有。如宋徐一初九日登高之類、其本集不傳於世者、亦頗賴以存。王昭儀滿江紅詞、為其位下宮人張瓊瑛作。垂楊玉耳墜金環二曲、為唐宋舊譜所無之類。亦足資考證、猶明人詞話之善本也。

詞話二卷、浙江巡撫採進本

國朝毛奇齡撰。奇齡有仲氏易、已著錄。據西河合集序目稱、此書本四卷、佚其二卷、不敢屬補、故僅以半刊行。王晫今世說稱、奇齡善詩歌樂府填詞、所

爲大率託之美人香草，纏緜綺麗，按節而歌，使人悽愴，又能吹簫度曲，是奇齡塡詞之功較深於詩。且本爲小技，萌於唐而成於宋，亦不待援引古書，別爲高論，故所說轉不支離。其論沈去矜詞韻一條，尤爲精核。論辛棄疾、蔣捷爲別調，亦深明源委。惟其遠溯六朝，以鮑照梅花落亦可稱詞，則漢代鐃歌何嘗不句有長短，亦以爲詞之始乎？又西廂記相女配夫，本爲相度之相，今尚有此方言，而引孫復相女不以嫁公侯，乃以嫁山谷衰老語，以爲宰相之相，則牽引附會，仍蹈結習。至所述詞曲變爲演劇，縷陳始末，亦極賅悉。而云宋末安定郡王趙令時始作商調鼓子詞譜西廂傳奇，考令時卽蘇軾集所稱趙德麟，實非宋末之人，亦未免少疎。然自宋以來，撰詩話者多，撰詞話者較少，奇齡是編雖不及徐釚詞苑叢談之采摭繁富，門目詳明，然所敘論亦足備談資，故倂其詩話而錄存是編焉。

詞苑叢談十二卷通行本

國朝徐釚撰。釚字電發，號虹亭，吳江人。康熙己未召試博學宏詞，授翰林院檢討。是書專輯詞家故實，分體製、音韻、品藻、紀事、辨正、諧謔、外編七門，採摭繁富，援據詳明，足爲論詞者總匯。江南通志稱釚少刻菊莊樂府，朝鮮貢使仇元吉見之，以餅金購去，貽詩曰：中朝攜得菊莊詞，讀罷烟霞照海湄。北宋風流何處是，一聲鐵笛起相思。則釚於倚聲一道，自早歲卽已擅長，故於論詞亦具有鑒裁，非苟作也。惟其間徵引舊文，未盡註其所出，同時朱彝尊、陳維崧等嘗議之，釚亦自欲補綴而未盡也。至紀事一門，半取近事，其間點綴以成佳句，標榜以借虛聲者，蓋所不免。然考世說新語註載裴啟作語林，記謝安黃公酒壚事，安以爲所說不實，則序錄同時之事，自古已然，唐宋人詩話說部此類尤夥，則亦非釚之創例矣。

右詞曲類詞話之屬五部十九卷，皆文淵閣著錄。

欽定詞譜四十卷

康熙五十四年

聖祖仁皇帝御定。詞萌於唐，而大盛於宋，然唐宋兩代皆無詞譜，蓋當日之詞，猶今日里巷之歌，人人解其音律，能自製腔，無須於譜。其或新聲獨造，爲世所傳，如霓裳羽衣之類，亦不過一曲一調之譜，無裒合衆體勒爲一編者。元以來南北曲行，歌詞之法遂絕。姜夔白石詞中間有旁記節拍，如西域梵書狀者，亦無人能通其說。今之詞譜，皆取唐宋舊詞，以調名相同者互校，以求其句法字數；取句法字數相同者互校，以求其平仄。其句法字數有異同者，則據而註爲又一體；其平仄有異同者，則據而註爲可平可仄。自嘯餘譜以下，皆以此法推究，得其崖略，定爲科律而已。然見聞未博，考證未精，又或參以臆斷無稽之說，往往不合於古法。惟近時萬樹作詞律，析疑辨誤，所得爲多，然仍不免於舛漏。惟我

聖祖仁皇帝聰明天授，事事皆深契精微。既

御定唐宋金元明諸詩，立詠歌之準；

御纂律呂精義，通聲氣之元；又以詞亦詩之餘派，其音節亦樂之支流，爰

命儒臣輯爲此譜，凡八百二十六調，二千三百六體。凡唐至元之遺篇，靡弗採錄；元人小令，其言近雅者，亦閒附之；唐宋大曲，則彙爲一卷，綴於末。每調各註其源流，每字各圖其平仄，每句各註其韻叶，分刌節度，窮極窈眇，倚聲家可永守法程。蓋

聖人裁成萬類，雖一事之微，必考古而立之制，類若斯矣。

詞律二十卷通行本

國朝萬樹撰。樹有璇璣碎錦，已著錄。是編糾正嘯餘譜及塡詞圖譜之譌，以及諸家詞集之舛異。如草堂詩餘有小令、中調、長調之目，舊譜遂謂五十八字以內爲小令，五十九字至九十字爲中調，九十一字以外爲長調。樹則謂七娘子有五十八字者，有六十字者，將爲小令乎？中調乎？雪獅兒有八十九字者，有九十二字者，將爲中調乎？長調乎？故但列諸調，而不立三等之名。又舊譜於一調而長短不同者，皆定爲第一、第二體。樹則謂調有異同，體無先後，所列次第，旣不以時代爲差，何由知孰爲第幾？故但以字數多寡爲序，而不列名目。皆精確不刊。其最入微者，以爲舊譜不分句讀，往往據平仄混塡，樹則謂七字有上三下四句，如唐多令「燕辭歸客尚淹留」之類；五字有上一下四句，如桂華明「遇廣寒宮女」之類；四字有橫擔之句，如風流子「倚欄杆處、上琴臺去」之類。一爲詞字平仄，舊譜但據字而塡，樹則謂上聲入聲有時可以代平，而名詞轉折跌宕處，多用去聲。一爲舊譜五七字之句，所註可平可仄，多改爲詩句，樹則謂古詞抑揚頓挫，多在拗字。其論最爲細密。至於考調名之新舊，證

傳寫之舛譌，辨元入曲詞之分，斥明人自度腔之謬。考證尤一一有據。雖其考核偶疎，亦所不免。如綠意之卽爲疎影，樹方斷斷辨之，連章累幅，力攻朱彝尊之疎，而不知疎影之前爲八寶妝，疎影之後爲八犯玉交枝，卽已一調複收，試取李甲、仇遠詞合之，契若符節。至其論燕臺春夏初臨爲一調，乃謂嘯餘譜顛倒複收，貽笑千古，因欲於張子野詞探芳菲走馬下添入歸來二字爲韻，而不知其上韻已用當時去燕還來，一韻兩用，其謬較一調兩收爲更甚。如斯之類，千慮而一失者，雖閒亦有之。要之，唐宋以來倚聲度曲之法，久已失傳。如樹者，固已十得八九矣。

右詞曲類詞譜詞韻之屬，二部，六十卷，皆文淵閣著錄。

顧曲雜言一卷（編修程晉芳家藏本）

明沈德符撰。德符有飛鳧語略，已著錄。此書專論雜劇南曲北曲之別。其論元人未滅南宋以前，以雜劇試士，核以元史選舉志，絕無影響，乃委巷之鄙談。其論遼史樂志有大食調，曲譜譌作大石，因有小石調配之，其意以大食爲國名，如龜茲之類，不知自宋已有此名，故王珪詩號至寶丹，秦觀詩號小石調，不由曲譜之譌。其論五工六工尺上四合凡一爲出於宋樂書，亦未免附會。考南曲無凡一，上字有高下之分，宋時樂歌未必分南北曲也。如此之類，雖閒有小疵，然如論北曲以絃索爲主，板有定制，南曲笙笛，不妨長短其聲以就板，立說頗爲精確。其推原諸劇牌名，自金元以至明代，縷晰條分，徵引亦爲賅洽。詞曲雖伎藝之流，然亦樂中之末派。故唐人樂府雜錄之類，至今尚傳。存此一編，以考南北曲之崖略，未始非博物之一端也。（以上曲品）

欽定曲譜十四卷

康熙五十四年奉敕撰。蓋與詞譜同時並作，相輔而行也。首載諸家論說及九宮譜定論一卷，次北曲譜四卷，次南曲譜八卷，次以失宮犯調諸曲別爲一卷，附於末。北曲南曲各以宮調提綱，其曲文每句註句字，每韻註韻字，每字註四聲於旁，於入聲字或宜作平、作上、作去者，皆一一詳註。於舊譜譌字，亦一一辨證附於後。自古樂亡而樂府興，後樂府之歌法至唐不傳，其所歌者皆絕句也。唐人歌詩之法至宋亦不傳，其所歌者皆詞也。宋人歌詞之法至元又漸不傳，而曲調作焉。考三百篇以至詩餘，大都抒寫性靈，緣情綺靡，惟南北曲則依附故實，描摹情狀，連篇累牘，其體例稍殊。然國風氓之蚩蚩一篇，已詳敘一事之始末，樂府如焦仲卿妻詩、秋胡行、木蘭詩，並鋪陳點綴，節目分明，是卽傳奇之濫觴矣。王明清揮麈錄載曾布所作馮燕歌，已漸成套數，與詞律殊途。洎及金元，此風漸盛。其初被以絃索，其後遂象以衣冠。其初不過四折，其後乃動至數十齣。大旨亦主於敘述善惡，指陳法戒，使婦人孺子皆足以觀感而奮興，於世教實多所裨益。雖迨其末派，矜治蕩而侈風流，輾轉波頹，或所不免，譬如國風好色，降而爲玉臺香匳，不可因是而罪詩，亦不可因是而廢詩也。惟是當時舊譜，今悉無傳。陶宗儀輟耕錄雖具載其目，而不著其詞。近代所行北九宮譜、南九宮譜，亦以意編排，頗多舛謬。乃

特命詹事王奕清等，考尋舊調，勒著是編，使倚聲者知別宮商，赴節者咸諧律呂。用以鋪陳古蹟，感動人心，流芳遺臭之蹤，聆音者畢解，福善禍淫之理，觸目者易明。

大聖人闡揚風化，開導愚蒙，委曲周詳，無往不隨事立教者，此亦一端矣。豈徒斤斤於紅牙翠管之閒哉。（以上曲譜）

中原音韻二卷（內府藏本）

元周德清撰。德清字挺齋，高安人。是書成於泰定甲子，原本不分卷帙。考其中原音韻起例以下，卽列諸部字數，正語作詞起例以下，卽列作詞諸法。蓋前爲韻書，後爲附論，畛域顯然。今據此釐爲二卷，以便省覽。其音韻之例，以平聲分爲陰陽，以入聲配隸三聲，分爲十九部：一曰東鍾，二曰江陽，三曰支思，四曰齊微，五曰魚模，六曰皆來，七曰眞文，八曰寒山，九曰桓歡，十曰先天，十一曰蕭豪，十二曰歌戈，十三曰家麻，十四曰車遮，十五曰庚青，十六曰尤侯，十七曰侵尋，十八曰監咸，十九曰廉纖。蓋全爲北曲而作。考齊梁以前，平上去無別，至唐時，如元稹諸人作長律，尚有遺風。惟入聲則各自爲部，不叶三聲。然如檀弓稱子辱與彌牟之弟游，注謂文子名木，緩讀之則爲彌牟。又古樂府江南曲以魚戲蓮葉北韻魚戲蓮葉西，注亦稱北讀爲悲。是以入叶平，已萌於古。又春秋盟于蔑，穀梁作

盟于昧春秋定姒卒公羊作定弋卒是亦方言相近故上去入可以轉通也北音舒長遲重不能作收藏短促之聲凡入聲皆讀入三聲自其風土使然樂府既爲北調自應歌以北音德清此譜蓋亦因其自然之節所以作北曲者沿用至今言各有當此之謂也至於因而掊擊古音則拘於一偏主持太過夫語言各有方域時代遞有變遷文章亦各有體裁三百篇中東陽不叶而孔子象傳以中韻當老子道經以聾韻盲此參用方音者也楚騷之音異於風雅漢魏之音異於屈宋此隨時變轉者也左思作三都賦純用古體則純用古音及其作白髮賦與詠史招隱諸詩純用晉代之體則亦純用晉代之音沈約詩賦皆用四聲至於冠子祝文則化字乃作平讀又文章用韻各因體裁之明證也詞曲本里巷之樂不可律以正聲其體趨於唐然唐無詞韻凡詞韻與詩皆同唐初回波諸篇唐末花間一集可覆按也其法密於宋漸有以入代平以上代平諸例而三百年作者如雲亦無詞韻間或參以方音但取歌者順吻聽者悅耳而已矣一則去古未遠方音猶與韻合故無所出入一則去古漸遠知其不合古音而又諸方各隨其口語不可定以一格故均無書也至元而中原一統北曲盛行既已別立專門自宜各爲一譜此亦理勢之自然德清乃以後來變例據一時以排千古其傎殊甚觀其瑟註音史塞註音死今日四海之內寧有此音不又將執以排德清哉然德清輕詆古書所見雖謬而所定之譜則至今爲北曲之準繩或以變亂古法詆之是又不知樂府之韻本於韻外別行矣故今錄存其書以備一代之學而併論其源流得失如右（以上曲韻）

右詞曲類南北曲之屬三部十七卷皆文淵閣著錄

欽定四庫全書總目卷一百九十九

欽定四庫全書總目卷二百

集部五十三

詞曲類存目

壽域詞一卷（安徽巡撫採進本）

宋杜安世撰安世字壽域京兆人黃昇花菴詞選又謂名壽域字安世未知孰是書錄解題載壽域詞一卷其事蹟本末陳振孫已謂未詳集內各調皆不載原題無可參考觀振孫列之張先詞後歐陽修詞前則北宋人也振孫稱其詞不甚工今核集中所載八十六闋往往失之淺俗字句尤多淆泊即所載折紅梅一詞毛晉跋指爲尖感作者通體皆剽竊柳永望梅詞未可謂之佳製振孫之言非過至菩薩蠻第二首乃南唐李後主詞鳳銜杯第二首乃晏殊詞惟結句增一空字爲小異晉皆未註晉所稱訴衷情一首見於花菴詞選者僅附載跋中亦未補入集內字句譌脫尤不一而足首尾僅二十餘紙舛謬不可勝乙晉殆亦忽視其詞漫不一校耶

後山詞一卷（安徽巡撫採進本）

宋陳師道撰師道有後山叢談已著錄其詩餘一卷已附載集中考陳振孫書錄解題載後山詞一卷宋史藝文志則稱爲語業一卷而魏衍作師道集記但及叢談理究不及其詞知宋時本集外別行也胡仔漁隱叢話述師道自矜語謂於詞不減秦七黃九今觀其漁家傲詞有云擬作新詞酬帝力輕落筆黃秦去後無強敵云云自負良爲不淺然師道詩冥心孤詣自是北宋巨擘至強回筆端

倚聲度曲、則非所擅長。如賸見補之舞鬢之類、殊不多見。其詩話謂曾子開秦少游詩如詞、而不自知詞如詩。蓋人各有能有不能、固不必事事第一也。

哄堂詞一卷、江蘇巡撫採進本

宋盧炳撰。炳字叔陽、其履貫未詳。時代亦無可考。陳振孫書錄解題列詞集九十二家、而總註其後曰、自南唐二主詞以下、皆長沙書坊所刻、號百家詞。其最末一家爲郭應祥、振孫稱嘉定間人。則諸人皆在寧宗以前、炳詞次序尚在侯寘詞後。寘、紹興中知建康、則炳亦南渡後人。集中有庚戌正月字。庚戌爲建炎四年、故集中諸詞、多用周邦彥韻、其時代適相接也。其集書錄解題本作哄堂詞。毛晉刊本則作烘堂。案唐趙璘因話錄、御史院合座俱笑、謂之哄堂。炳蓋謙言博笑、故以爲名。若作烘堂於義無取。知晉所刊爲誤。炳蓋嘗仕州縣、故多同官倡和之詞。然其同官無一知名士、其頌祝諸作、亦俱庸下。至於武陵春之以老叶頭、水龍吟之以斗奏叶表、清平樂之以皺叶好笑、雖古韻本通、而詞家無用古韻之例、亦爲破格。他若賀新郎之問天公底事教幽獨、待拉向錦屏曲。玉團兒之把不定紅生臉肉。驀山溪之鞭寶馬、闊竿隨、簇著花藤轎。皆鄙俚不文、有乖雅調。惟詠物諸作、尚細膩熨貼、間有可觀耳。

近體樂府一卷、安徽巡撫採進本

宋周必大撰。必大有玉堂雜記、已著錄。此編凡詞十二闋、已編入文忠集中。此卷乃毛晉摘錄之本、刻於六十家詞中者也。題下所註甲子、其可數者自丁亥至庚寅、大約不出四歲中所作、疑當周綸編次全集時、已掇拾散佚之餘、非其完本矣。

金谷遺音一卷、安徽巡撫採進本

宋石孝友撰。孝友字次仲、南昌人。乾道中進士。其著作世不多見。釣臺集載其七言絕句一首、亦無可採錄。其詞則至今猶傳。書錄解題載孝友金谷遺音一卷、與此本合。其詞長調以端莊爲主、小令以輕倩爲工、而長調類多獻諛之作、小令亦間近於俚俗。毛晉跋黃機詞、恨草堂詩餘不載機及孝友一篇。跋孝友詞又獨稱其茶瓶兒惜奴嬌諸篇爲輕倩纖艷。今考茶瓶兒結句云、而今若沒些兒事、卻枉了做人一世。惜奴嬌前一闋云、我已多情、更撞著多情底你。後一闋云、冤家你敎我如何割捨。冤家休直待教人呪罵。直是市井俚談、而晉乃特激賞之、反置其佳者於不論、其爲顛倒、更在草堂詩餘下矣。又楊慎詞品極稱孝友多麗一闋、此集不載。詳考其詞、乃張翥所作。慎偶誤記、今附辨於此、不復據以補入焉。

白石詞集一卷、安徽巡撫採進本

宋姜夔撰。夔有絳帖平、已著錄。是集爲康熙甲午陳撰所刻、附於詩集之後。凡五十八闋、較毛晉汲古閣本多二十四闋。然其中多意爲刪竄、非其舊文。如毛本暗香疏影二調、並註仙呂宮字。且暗香題下有小序四十九字、述製調之由。此本佚去、僅疏影題下註仙呂宮三字。又鷓鴣天第三闋題下毛本有十六夜出四字、憶王孫題下毛本有鄱陽彭氏小樓六字、齊天樂結句有原註十一字。此本並佚、殊爲疏漏。又齊天樂題下毛本註蟋蟀中都呼爲促織八字。此本則註俗名正宮黃鍾宮五字、又註促織二字。鬲溪梅令毛本註曰仙呂調。此本乃譌作高溪梅、又譌註爲仙宮調。湘月一闋毛本題下註卽念奴嬌之鬲指聲也、文義甚明。此本乃以鬲指二字爲調名、註曰一名湘月。皆謬戾無理。其中咏草點絳脣一闋、撰跋稱復見於逋翁集中、援據無徵、難以臆定。不知草堂詩餘載此詞、實作林逋。宋人所題、必非無據。且草堂詩餘不及夔詞、尤足徵不出於夔。撰亦考之未審。至於長亭怨慢題下自註桓大司馬云云、乃誤以庾信枯樹賦末六句爲桓溫本語、則夔之記憶偶譌、又非校刊者之過矣。

別本白石詞一卷、江蘇巡撫採進本

宋姜夔撰。此本爲毛晉六十名家詞中所刻。凡三十四闋、較康熙甲午陳撰刊本少二十四闋。蓋第據花菴詞選所錄、僅增湘月一闋、點絳脣一闋而已。

文溪詞一卷、安徽巡撫採進本

宋李昴英撰。昴英有文溪集、已著錄。此本爲毛晉所刊、卷首題宋李公昴撰。卷後跋語稱花菴詞選作名昴英、字俊明。楊慎詞品作名公昴、字昴英、資州盤石人。晉有家藏本作名公昴、字俊明云云。考昴英附見宋史黃雍傳、其文溪集載始末甚詳、不云別名公昴。且今本黃昇詞選亦實作昴英。不知晉所據詞選當屬何本。至楊慎資州盤石人之說、觀詞內所述、惟有嶺南、無一字及於巴蜀。慎引爲鄉人、尤爲杜撰。原集具在、何可強誣。其詞集本分爲二卷。此本合爲一卷。字句舛謬非一、亦不及集本之完善。蓋慎與晉均未見文溪全集、故有此輾轉譌異也。

空同詞一卷、安徽巡撫採進本

宋洪瑹撰。瑹字叔璵、自號空同詞客。此集僅詞十六首。據毛晉跋語、乃全自黃昇絕妙詞選中摘出別行、非完帙也。卷末咏漁父清平樂一闋、據花菴詞選本連入道詞、且載其本事甚明。因二人之詞相連、遂誤入之瑹詞中、實止十五首耳。

洛水詞一卷、安徽巡撫採進本

宋程珌撰。珌有洛水集、已著錄。詩餘二十一闋、已載集中。此毛晉摘出別行之本也。珌文宗歐蘇、其所作詞、亦出入於蘇辛二家之閒。中多壽人及自壽之作、頗嫌寡味。至滿庭芳第二闋之蕭歌通叶、減字木蘭花後闋之好坐同韻、皆係鄉音、尤不可爲訓也。

風雅遺音二卷、編修汪如藻家藏本

宋林正大撰。正大字敬之、號隨菴。據卷首易嘉猷序、蓋開禧中爲嚴州學官。其里籍則不可考。是編皆取前人詩文、檃栝其意、製爲雜曲。每首之前、仍全載本文、蓋仿蘇軾檃括歸去來詞之例。然語意蹇拙、殊無可採。卷末有徐釚跋云、風雅遺音上下卷、南宋刊本、泰興季滄葦家藏書。盧壽傳使君於都門珠市口購得、遂付小史鈔錄。林序闕前七行、卷末清平調逸其半。皆舊時脫落、今亦仍之。此本字畫譌闕、蓋又從釚本傳寫云。

後村別調一卷、安徽巡撫採進本

宋劉克莊撰。克莊有後村集、已著錄。其詩餘已附載集中。毛晉復摘出別刻。克莊在宋末、以詩名。其所作詞、張炎樂府指迷譏其直致近俗、效稼軒而不及。今觀是集、雖縱橫排宕、亦頗自豪。然於此事究非當家。如贈陳參議家舞姬清平樂詞、貪與蕭郎眉語、不知舞錯伊州者、集中不數見也。

芸窗詞一卷、江蘇巡撫採進本

宋張榘撰。榘字方叔、南徐人。其始末不可考。觀集中被檄出郊青玉案詞、有六朝舊事、一江流水句。又和上元王仇香猷合山邵梅仙有渙敘別浪淘沙詞、有鍾阜石城何處是句。知嘗官於建康。又次虛齋先生雨花宴水龍吟詞、有何時脫了塵埃墨綬句。則官乃縣令也。其詞諸家選本罕見採錄。此本爲毛晉所刻、亦不詳其所自。詞僅五十首、而應酬之作凡四十三首。四十三首之中、壽賈似道者五、壽似道之母者二。其餘亦大抵諛頌上官之作。塵容俗狀、開卷可憎。惟小令時有佳語。毛晉跋稱其摸魚兒之正挑燈共聽簷雨、浪淘沙之小樓燕子話春寒、青玉案之秋在黃花羞澀處、水龍吟之苦被流鶯蹴翻花影一欄紅露諸句、固自稍稍可觀、然不能掩其全集之陋也。

蕉窗蕙隱詞一卷、編修汪如藻家藏本

舊本題元吳瑨撰。前後無序跋、不知瑨爲何許人。諸家書目皆不著錄、諸選本亦絕不及之。詳考其詞、皆明劉基之作。蓋姦巧書賈鈔基詞以售僞、嫁名於明代編輯古今逸史之吳琯。既而覺集中舒穆爾案舒穆爾原作石抹今改正元帥之類、不似明人、又增題一元字、併其人而僞之耳。

煙波漁隱詞二卷、永樂大典本

宋宋伯仁撰。伯仁有西塍集、已著錄。其書蓋作於淳祐元年。取太公、范蠡、陶潛諸人、各系以詞一首。又有瀟湘八景、春夏四時景、亦系以詞。調皆水調歌頭也。後附煙波漁具圖、凡舟、笛、蓑、笠之屬、各系以七絕一首。絕句小有意致、詞殊淺俗。

樂府遺音五卷、浙江汪啟淑家藏本

明瞿佑撰。佑有四時宜忌、已著錄。是集自卷一至卷二皆古樂府、自卷三至卷五皆詞曲。其古樂府綺靡軟熟、近於溫李、不出元末習氣。詞欲兼學南北宋、反致夾雜不純、殊不稱其名也。

玉霄仙明珠集二卷、浙江鄭大節家藏本

明吳子孝撰。子孝字純叔、長洲人。吏部尚書一鵬子。嘉靖己丑進士。官至湖廣布政司參議。江南通志稱其議論英發、爲文章宏肆浩博。此乃所作詞集、凡一百八十餘闋。頗具悽惋之致、而造詣未深、不能入宋人閫奧也。

花影集五卷、內府藏本

明施紹莘撰。紹莘字子野、華亭人。自號峰泖浪仙。是集前三卷爲樂府、後二卷爲詩餘、多作於崇禎中。大抵皆紅愁綠慘之詞、所謂亡國之音哀以思也。

蓼花詞一卷、江西巡撫採進本

國朝余光耿撰。光耿有一溉堂詩集、已著錄。其父懋衛、於明末遭黨禍。光耿少而孤苦、中多感慨、往往託塡詞以自遣。滿江紅諸作、思親憶弟、寄興頗深。其以蓼花名者、殆亦取多難集蓼之意歟。

玉山詞、無卷數、浙江巡撫採進本

國朝陸次雲撰。次雲有八紘繹史、已著錄。是集凡小令五十九、長調十八、中調九。尤侗、秦松齡爲之選評。次雲北墅緒言有屬友人改正詩餘姓氏書、蓋因西泠詞選借名刻其詞三首、故力辨之。高士奇稱其自處甚高。今觀所作、乃往往多似元曲、不能如書中所稱周、秦、蘇、辛體也。

炊聞詞二卷、副都御史黃登賢家藏本

國朝王士祿撰。士祿有讀史蒙拾、已著錄。是集本名炊聞卮語。前有士祿自序、稱兀兀南冠、不殊邯鄲一枕、故取杜陵詩語斷章而命之。其文無謂、其緒無端、故系之以卮。此本改題炊聞詞、而目錄末有附記、稱初名炊聞卮語、殆士祿晚所自改、而序則未改耶。是集皆其以科場磨勘事繫獄時作。初本一百二十首、後刪二首、增五十五首、爲一百七十三首。其中如漁歌子之逐黨徵鳧下遠洲、生查子之背憐好月癡、點絳唇之雨嬲空庭、卜算子之暗燭影疑冰、皆未免失之琱琢、爲過於求奇之病、非詞家本色也。然大抵才思新穎、不肎蹈襲故常。如南柯子之窗午一闋、昭君怨之樓外一闋、兩同心之詠鴛鴦後半闋、皆足與作者頡頏。其滿江紅疊韻九闋、亦見才思之富。已載入孫默十五家詞中、故僅附存其目也。

南耕詞六卷、歲寒詞一卷、浙江巡撫採進本

國朝曹亮武撰。亮武有南耕草堂詩、已著錄。南耕詞先刻五卷。其第六卷乃喪偶後所作、續刻於後、而以悼亡詞十闋附之。歲寒詞則康熙癸亥甲子兩年所作。其同里陳枋偏和之、名荆溪歲寒詞、亦附刻集內。亮武以倚聲擅名、與陳維崧爲中表兄弟、當時名幾相埒。其纏綿婉約之處、亦不減於維崧。而才氣稍遜、故縱橫跌宕、究不能與之匹敵也。

情田詞三卷、給事中邵庚曾家藏本

國朝邵瓊撰。瓊初名宏魁、字柯亭、大興人。康熙己卯舉人、官新河縣教諭、遷昌邑知縣。其塡詞之學出於朱彝尊。此集乃乾隆癸酉其子履嘉所刊也。

澹秋容軒詞一卷、江蘇巡撫採進本

國朝范青撰。青有筠軒詩集、已著錄。是集爲青所自編。凡小令十一闋、中調二十七闋、長調十七闋。又附入太倉許旭和詞一首。

四香樓詞鈔、無卷數、江蘇巡撫採進本

國朝范纘撰。纘有四香樓詩鈔、已著錄。是集小令中調長調各自爲編、而不分卷數。大抵宗法周柳、猶得詞家正聲、而天然超妙不及前人、未免有雕鐫之迹。至如南歌子第二首之類、雖脂粉綺羅、詩餘本色、要亦稍近於褻也。

右詞曲類詞集之屬二十五部、四十三卷、內二部無卷數、皆附存目。

方壺詞三卷、水雲詞一卷、編修汪如藻家藏本

方壺詞、宋汪莘撰。水雲詞、宋汪元量撰。莘詞本載所著方壺存稾中、元量詞亦載所著湖山類稾中。此本乃休寧汪森從二集摘出合刊者。方壺詞前有自序、則宋嘉定元年嘗刊版別行故也。

鳴鶴餘音八卷、內府藏本

舊本題仙游山道士彭致中編。不詳時代。采輯唐以來羽流所著詩餘、至元而止。朱存理野航存稾有此書跋、疑爲明初人也。所錄多方外之言、不以文字工拙論。而寄託幽曠、亦時有可觀。

詞林萬選四卷、內府藏本

舊本題明楊慎編。慎有檀弓叢訓、已著錄。此本爲嘉靖癸卯楚雄府知府任良榦所刊。蓋慎成雲南時、良榦得其本也。前有良榦序、稱慎藏有唐宋五百家詞、暇日取其尤綺練者四卷、皆草堂詩餘之所未收云云。考書錄解題所載唐至五代自趙崇祚花間集外、惟南唐二主詞一卷、馮延巳陽春錄一卷。此外別無詞集。南北宋則自家宴集以下、總集別集不過一百七家。明末毛晉窮蒐宋本、祇得六十家耳。慎所藏者何至有五百餘家。此已先不可信。且所錄金元明人皆在其中、何以止云唐宋。序與書亦不相符。又其中時有評註、俱極疎陋。如晏幾道生查子云看徧潁州花、不似師師好、註曰、此李師師也。雖與潁州不合、然幾道死靖康之難、得見李師師、猶可言也。又秦觀一叢花題下註曰、師師子野小山淮海詞中皆見、豈卽李師師乎。考師師得幸徽宗、雖不能確詳其年月。然劉翚汴京書事詩曰、輦轂繁華事可傷、師師垂老過湖湘、縷衣檀板無顏色、一曲當年動帝王。則南渡以後師師流落楚南、尚追隨歌席。計其盛時、必在宣政之閒。張先登天聖八年進士、爲仁宗時人。蘇軾爲作

鶯鶯燕燕之句，時已八十餘矣。秦觀則於哲宗紹聖初業已南竄，後卽卒於藤州，未嘗北返，何由得見師師？慎之博洽，豈併此不知耶？其所選錄，欲搜求隱僻，亦不免雅俗兼陳。毛晉跋稱嘗購此集不得一見，後乃得於金沙于季鸞。疑慎原本已佚，此特後來所依託耳。

唐詞紀十六卷　通行本

明董逢元撰。逢元字善長，常州人。是編成於萬歷甲午。雖以唐詞爲名，而五季十國之作居十之七。蓋時代既近，末派相沿，往往皆唐之舊人，不能截分畛域。猶之錄唐詩者載及王周、徐鉉，猶有說可通。至於隋煬帝望江南詞，無論證以段安節樂府雜錄，知海山記確爲依託，卽繩以斷限之義，亦名實相乖，漫無體例矣。且不以人序，不以調分，而區爲景色、弔古、感慨、宮掖、行樂、別離、征旅、邊戍、佳麗、悲愁、憶念、怨思、女冠、漁父、仙逸、登第十六門，已爲剿裂無緒。又或以詞語而分，或以詞名而分，忽此忽彼，茫無定律，尤爲治絲而棼。卷首列詞名徵一卷，略作解題，罕所考證，至以郭茂倩爲元人，則他可概見矣。

宋名家詞　無卷數，江蘇巡撫採進本

明毛晉編。晉有毛詩陸疏廣要，已著錄。詞萌於唐而盛於宋，當時伎樂惟以是爲歌曲，而士大夫亦多知音律，如今日之用南北曲也。金元以後，院本雜劇盛而歌詞之法失傳，然音節婉轉，較詩易於言情，故好之者終不絕也。於是音律之事變爲吟咏之事，詞遂爲文章之一種。其宗宋也，亦猶詩之宗唐。明常熟吳訥曾彙宋元百家詞，而卷帙頗重，鈔傳絕少。惟晉此刻蒐羅頗廣，倚聲家咸資採掇。其所錄分爲六集，自晏殊珠玉詞至盧炳烘堂詞，共六十一家。每家之後各附以跋語。其次序先後以得詞付雕爲準，未嘗差以時代。且隨得隨雕，亦未嘗有所去取。故此外如王安石半山老人詞、張先子野詞、賀鑄東山寓聲，以暨范成大石湖詞、楊萬里誠齋樂府、王沂孫碧山樂府、張炎玉田詞之類，雖尚有傳本，而均未載入。蓋以次開雕，遘先成此六集，遂以六十家詞傳，非謂宋詞止於此也。其中名姓之錯互，篇章字句之譌異，雖不能免，而於諸本之誤甲爲乙，考證釐訂者亦復不少。故諸家詞集雖各分著於錄，仍附存其目，以不沒晉蒐輯校刊之功焉。

秦張詩餘合璧二卷　內府藏本

明王象晉編。象晉有羣芳譜，已著錄。是書乃以宋秦觀淮海詞、明張綖南湖詞合爲一編，以二人皆產於高郵也。然一古人，一時人，越三四百年而稱爲合璧，已自不倫。況綖詞何足以匹觀，是不亦老子、韓非同傳乎？

羣賢梅苑十卷　大理寺卿陸錫熊家藏本

舊本題松陵朱鶴齡編。鶴齡有尚書埤傳，已著錄。此乃所輯宋人詠梅之詞。然詳勘其書，乃取宋黃大輿梅苑而顚倒割裂之。一卷、二卷卽黃書之六卷、七卷，而三卷則如其舊；四卷後八調移爲第五卷之首，而五卷中刪除九調；六卷、七卷卽黃書之一卷、二卷；至八卷則又如其舊；九卷後五調移冠十卷之首，而十卷刪去十調。顚倒錯亂，殆書賈售僞者爲之，鶴齡不至於斯也。

選聲集三卷附詞韻簡一卷　內府藏本

國朝吳綺撰。綺有嶺南風物記，已著錄。是編小令、中調、長調各一卷，皆五代宋人之詞，標舉平仄以爲式。其字旁加方匡者，皆可平可仄之字；餘則平仄不可易者也。其法仍自塡詞圖譜而來。其第一體、第二體之類，亦從其舊。後附詞韻簡一卷，皆祖沈謙、毛先舒之說。蓋取便攜閱而已，無大剏作也。

蕉雨軒詩餘彙選八卷　兩淮鹽政採進本

國朝陳澍編。澍字雨夏，嘉興人，歲貢生。是集彙選唐宋元人之詞，凡二千六百首有奇。其書猶澍所手鈔，蓋舊未刊印之本也。

粵風續九四卷　兩淮鹽政採進本

國朝吳淇編。淇爲潯州推官時，雜採其土人歌謠，又附猺、狼、獞歌數種，彙爲一編。其云續九者，屈原有九章、九歌，擬以此續之也。前有淇自序，卷首有孫芳桂撰劉三妹傳，云是始造歌者，其說荒怪，不足信也。

東白堂詞選初集十五卷　內府藏本

國朝佟世南編。世南字梅岑，遼陽人。以唐宋詩餘有花間、草堂諸集，而明詞選本向無善者，本朝詞家雖有倚聲、今詞二選，而蒐羅未富，因與陸進、張星耀商榷去取，合前明、昭代詞人所著彙爲一編。其曰初集者，以所見未廣，尚當續成二集也。卷首冠以張星耀詞論十三則，又總列作者爵里，凡三百七十一人，採摭頗爲繁富。而甄錄未精、不免良楛雜陳之病。

名家詞鈔、無卷數、浙江范懋柱家天一閣藏本

國朝聶先編。先字晉人、廬陵人。所選自吳偉業、龔鼎孳以下凡三十家。考卷首曾王孫序、稱百家名詞。與集中所載之數不符。又云詞體之變遷、選者之詮次、例言自能詳之。而卷端亦無例言、似乎未完之本矣。

林下詞選十四卷、兩淮馬裕家藏本

國朝周銘撰。銘字勒山、松江人。是集題曰林下、蓋取世說所載謝道韞事也。其書採取女子之作、自宋元明以及國朝、編次頗爲無緒。末卷以減字木蘭花詞、題爲南齋蘇小小、亦沿田藝衡之誤、而不能正也。

浙西六家詞十一卷、浙江汪啟淑家藏本

不著編輯者名氏。所選爲國朝朱彝尊李良年沈皞日李符沈岸登龔翔麟之詞。翔麟、仁和人。其五人皆嘉興人。故稱浙西六家。凡彝尊江湖載酒集三卷、良年秋錦山房詞一卷、皞日柘西精舍詞一卷、符耒邊詞二卷、岸登黑蝶齋詞一卷、翔麟紅藕莊詞三卷。前有宜興陳維崧序。

右詞曲類詞選之屬一十四部、九十九卷、內二部無卷數皆附存目、

樂府指迷一卷、編修程晉芳家藏本

舊本題宋張炎撰。炎有山中白雲詞、已著錄。陳繼儒續祕笈載此書、題曰西秦張玉田。玉田者、炎之別號。西秦者、炎祖張俊之祖貫。實一人也。其書分詞源製曲句法字面虛字清空意趣用事詠物節序賦情離情令曲雜論十四篇。而附以楊萬里作詞五要五則。雜論中稱周草窗所選絕妙好詞、惜版不存、墨本亦有好事者藏之。又稱元遺山極稱辛稼軒詞。殆成於北游大都之後歟。續祕笈所刻以此書爲上卷、而以陸輔之所續爲下卷。陸書末有原跋曰、此本還在沈伯時樂府指迷之後。古雅精妙、較是輸他一著云云。考宋沈義父字伯時。有樂府指迷一卷、今載陳耀文花草粹編中。跋但稱沈書、而無一字及此書。則此書晚出、跋者未見。龔翔麟刻山中白雲詞附載此書。殆後人所增入、非其舊也。曹溶學海類編收此書、較此本多一北軒居士跋。其跋誤以胡震亨唐音癸籤與胡應麟詩藪合爲一書、已極疎舛。又收金粟頭陀製曲十六觀一卷、後有睡菴居士跋。金粟頭陀、元顧阿瑛。睡菴居士、明湯賓尹也。而其文全鈔此書、惟每條之末增製曲者當作此觀一句。語語雷同、竟不一檢、尤可怪矣。

詞旨一卷、編修程晉芳家藏本

元陸輔之撰。輔之有吳中舊事、已著錄。是編陳繼儒續祕笈中、以爲樂府指迷之下卷。此本載曹溶學海類編中、則題曰詞旨。莫詳孰爲本名、孰爲改名。明自萬歷以後、詐僞繁興。所纂叢書、往往改頭換面、不可究詰。曹溶生於明末、故尚沿積習、以侈儲藏之富也。其目一曰詞說。二曰屬對。三曰樂笑翁奇對。四曰警句。五曰樂笑翁警句。六曰詞眼。七曰單字集虛。詞不可解、似有殘闕。八曰兩字。則有錄無書矣。其言皆無甚高論、佚不足惜。

古今詞話六卷、浙江巡撫採進本

國朝沈雄纂。雄字偶僧、吳江人。是編所述、上起於唐、下迄康熙中年。雜引舊文、參以近人之論、亦間附己說。分詞評詞辨詞品三門。徵引頗爲寒儉。又多不著出典。所引近人之說、尤多標榜、不爲定論。

古今詞論一卷、浙江汪啟淑家藏本

國朝王又華撰。又華字靜齋、錢塘人。是編雜錄論詞之語。雖以古今詞論爲名、而古人僅十之一、近人乃十之九。

塡詞名解四卷、浙江汪啟淑家藏本

國朝毛先舒撰。先舒有聲韻叢說、已著錄。掇拾古語以牽合詞調名義、始於楊愼丹鉛錄。先舒又從而衍之、附會支離、多不足據。末附先舒自度十五曲、尤爲杜撰。古樂府在聲不在詞。唐人不得其聲、故所擬古樂府、但借題抒意、不能自製調也。所作新樂府、但爲五七言古詩、亦不能自製調也。其時採詩入樂者、僅五七言絕句、或律詩割取其四句。倚聲製詞者、初體如竹枝柳枝之類、猶爲絕句。繼而望江南菩薩蠻等曲作焉。解其聲、故能製其調也。至宋而傳其歌詞之法、不傳其歌詩之法。故陽關曲借小秦王之聲歌之、漁父詞借鷓鴣天之聲歌之。蘇軾黃庭堅二集可覆案也。惟詞爲當時所盛行、故作者每自度曲。亦解其聲、故能製其調耳。金元以來、南北曲行、而詞律亡。作是體者、不過考證舊詞、知其句法平仄。參證同調之詞、知某句可長可短、某字可平可仄而已。當時宮調、已茫然不省。

而乃虛懸臆見、自製新腔。無論其分析精微、斷不能識。卽人人習見之白石詞、其所云念奴嬌鬲指聲者、今能解爲何語乎。英雄欺人、此之謂也。

右詞曲類詞話之屬五部、十三卷皆附存目、

詩餘圖譜三卷附錄二卷、（副都御史黃登賢家藏本）

明張綖撰。綖有杜詩通已著錄。是編取宋人歌詞、擇聲調合節者一百十首、彙而譜之。各圖其平仄於前、而綴詞於後、有當平當仄、可平可仄二例。而往往不據古詞、意爲塡註。於古人故爲拗句、以取抗墜之節者、多改諧詩句之律。又校讎不精、所謂黑圈爲仄、白圈爲平、半黑半白爲平仄通者、亦多混淆。殊非善本。至爲萬樹詞律所譏。末附秦觀詞及綖所作詞各一卷、尤爲不倫。

嘯餘譜十卷、（副都御史黃登賢家藏本）

明程明善撰。明善字若水、歙縣人。天啟中監生。其書總載詞曲之式。以歌之源出於嘯、故名曰嘯餘。首列嘯旨聲音度數律呂樂府原題一卷。次詩餘譜三卷。致語附焉。次北曲譜一卷、中原音韻及務頭一卷。次南曲譜三卷、中州音韻及切韻一卷。考古詩皆可以入樂、唐代教坊伶人所歌、卽當時文士之詞。五代以後、詩流爲詞。金元以後、詞又流爲曲。故曲者詞之變、詞者詩之餘。源流雖遠、本末相生。詩不本於嘯、詞曲安得本於嘯。命名已爲不確。首列嘯旨、殊爲附會。其皇極經世律呂樂府原題之類、與詞曲亦復闊絕。所列詞譜第一體第二體之類、以及平仄字數、皆出臆定。久爲詞家所駁。曲譜所載、亦不及南北九宮譜之詳備。徒以通俗便用、至今傳之、其實非善本也。

塡詞圖譜六卷續集二卷、（浙江汪啟淑家藏本）

國朝賴以邠撰。以邠字損菴、仁和人。是編踵張綖之書而作、亦取古詞爲譜、而以黑白圈記其平仄爲圖。顚倒錯亂、罅漏百出。爲萬樹詞律所駁者、不能縷數。

詞韻二卷、（浙江汪啟淑家藏本）

國朝仲恆撰。恆字道久、號雪亭、錢塘人。詞韻舊無成書。明沈謙始創其輪廓。恆作是書、又因謙書而訂之。考塡詞莫盛於宋、而二百餘載作者雲興、但有製調之文、絕無撰韻之事。核其所作、或竟用詩韻、或各雜方言、亦絕無一定之律、不應一代名流、都忘此事、留待數百年後始補闕拾遺。蓋當日所講在於聲律、抑揚抗墜、剖析微芒。至其詞則雅俗通歌、惟求諧耳。所謂有井水喫處都唱柳詞是也。又安能以禮部韻略頒行諸酒壚茶肆哉。作者不拘、蓋由於此。非其智有所遺也。自是以還、周德淸作中原音韻、攤派入聲、立爲定法。而詞韻則終無續定者。良以北曲必用北韻、猶之梵唄必用梵音。旣已自爲一家、遂可自成一格。至於詞體、在詩與曲之閒、韻不限於方隅、詞亦不分今古。將全用俗音、則去詩未遠。將全從詩韻、則與俗多乖。旣虞針員因陰之無分、又虞元魂灰咍之不叶、所以雖有沈約陸詞、終不能勒爲一書也。沈謙旣不明此理、強作解事。恆又沿譌踵謬、轇轕彌增。卽以所分者言之、平上去分十四韻、割魂入眞軫、割咍入佳蟹、此諧俗矣。而麻遮仍爲一部、則又從古。三聲旣眞軫一部、侵寢一部、庚梗一部、元阮一部、覃咸一部矣。入聲則質陌錫職緝爲一部、是眞庚靑蒸侵又合爲一也。物月曷黠屑葉合一部、是文元寒刪先覃鹽又合爲一也。不俗不雅、不古不今、欲以範圍天下之作者、不亦難耶。大抵作詞之韻、愈考愈歧。萬不得已、則於古韻相通之中、擇其讀之順吻者用之。如東冬江陽之類。（江陽古亦不通、此據六朝以下言之、）其割屬也亦擇古韻相通者割之。如割魂入文、魂本通文。割咍入佳、咍本通佳之類。卽入聲亦以此爲消息、庶斟酌於今古之閒、或不大謬。必欲強立章程、不至於非馬非驢不止。故今於諸韻書外、惟錄曲韻、而詞韻則概存目焉。

詞學全書十四卷、（內府藏本）

國朝查繼超編。繼超字隨菴、海寧人。是編輯於康熙己未、以毛先舒塡詞名解四卷、王又華古今詞論一卷、賴以邠塡詞圖譜六卷續集一卷、仲恆詞韻二卷、彙爲一編。無所發明考正。

右詞曲類詞譜詞韻之屬五部、三十九卷皆附存目、

張小山小令二卷、（江蘇巡撫採進本）

元張可久撰。可久字仲遠、號小山、慶元人。嘗仕爲路吏、轉首領。李開先謂如今稅課局大使之職。蓋終於下僚者也。當時以詞曲擅場、其集久而失傳。明初宋濂得其詞半冊於禮賢館。後方孝孺又購得鈔本一帙以示濂。乃參互校正、分爲上下卷、鏤版行世。蓋僅就二人所見編次成書。其實可久所作不止於是也。自五代至宋、詩降而爲詞。自宋至元、詞降而爲曲。文人學士往往以是擅長。如關漢

卿馬致遠鄭德輝宮大用之類，皆藉以知名於世。可謂敝精神於無用。然其抒情寫景，亦時能得樂府之遺。小道可觀，遂亦不能盡廢。可久之詞，太和正音稱其如瑤天笙鶴，既清且新，華而不艷，有不食煙火氣。又謂其如披太華之天風，招蓬萊之海月。今觀所作，遣詞命意，實能脫其塵蹊，故雖非文章之正軌，附存其目，以見一代風尚之所在焉。

碧山樂府五卷（陝西巡撫採進本）

明王九思撰。九思有渼陂集，已著錄。此其所作雜曲小令也。自宋趙彥肅以句字配協律呂，遂有曲譜。至元代如驟雨打新荷之類，則愈出愈新，不拘字數，塡以工尺，俗傳僅知有正宮越調爲南北曲之分，而相帶相犯之妙，塡詞家又不知度曲四聲別有去作平、上作平之例，故論其體格，於文章爲最下，而入格乃復至難。九思酷好音律，嘗傾資購樂工學琵琶，得其神解，是編所錄，大半依弦索越調而帶犯之，合拍頗善。又明人小令多以豔麗擅長，九思獨敘事抒情，宛轉安協，不失元人遺意，其於塡曲之四聲，雜以帶字，不失尺寸，可謂聲音文字兼擅其勝。然以士大夫而殫力於此，與伶官歌妓較短長，雖窮極窈眇，是亦不可以已乎。

朝野新聲太平樂府八卷（兩淮馬裕家藏本）

元楊朝英撰。朝英自稱青城人，始末未詳。是集前五卷爲小令，後三卷爲套數。凡當時士大夫所撰及院本之佳者，皆選錄之。亦技藝之一種，中多殘闕，蓋傳寫所脫也。

詞品一卷（編修程晉芳家藏本）

舊本題元涵虛子撰，不詳名氏。評論有元一代北曲人，各擬以品目，略如敖陶孫之詩評，臧懋循元人百種曲嘗列之卷首。此本載曹溶學海類編中，殆即從百種曲中鈔出，僞其名以備數者也。

雍熙樂府十三卷（編修勵守謙家藏本）

舊本題海西廣氏編，不著姓名。其凡例謂聲音各應宮律，原分一十七調，今所傳者一十有二，蓋闕其五。今考十二調，一曰黃鍾，二曰正宮，三曰大石，四曰小石，五曰仙呂，六曰中呂，七曰南宮，八曰雙調，九曰越調，十曰商調，十一曰商角，十一曰般涉。其商角及般涉二調，則有其目而無其詞，蓋闕佚也。明李元玉北調廣正譜，訂正諸調，頗爲綜覈，雖所摭較此書多道宮高平揭指宮調角調五類，而揭指及宮角二調，則亦有其目而無其詞。其全具者纔十四調，核其體例，實皆原本是書。其間每調詞曲有名同而實異者，有句字不拘可以增損者，亦皆因是書而推廣之耳。

度曲須知二卷弦索辨譌三卷（內府藏本）

明沈寵綏撰。寵綏字君徵，吳江人。以度曲家沿流忘初，往往聲乖於字，調乖於義，因作此書以釐正音調，凡分二十六目，剖晰頗詳。其弦索辨譌則載西廂二卷，雜曲一卷，各加標記，以明北曲字音之殊。蓋亦九宮譜之流亞也。

瓊林雅韻（無卷數。編修勵守謙家藏本）

明寧王權編。權有漢唐祕史，已著錄。是書凡分十九韻，大抵襲周德清中原音韻體例。一穹窿，二邦昌，三詩詞，四丕基，五車書，六泰階，七仁恩，八安閒，九鸞鶯，十乾元，十一蕭韶，十二珂和，十三嘉華，十四硨砌，十五清寧，十六周流，十七金琛，十八潭巖，十九慊謙。與中原音韻十九韻大略相似，特異其名耳。惟中原音韻第十韻標曰先天，而此書第十韻則標曰乾元，遂取元韻之半入於一先，又是書每韻皆取平聲二字以括三聲，而第六韻泰階泰字則兼用去聲，是自亂其例。至云北方無入聲，以入聲附平上去三聲之後，與中原音韻體例全合，而亦微有不同。如第四韻曰丕基，其後附悔字，謂去聲作上聲，而中原音韻第四韻後不載此條。考悔字作上聲，其在紙韻，則有詩不我以，其後也悔可證。其在廢韻，則有座機凌霄賦悔與旅爲韻可證。周德清於此條似乎失收。然曲韻自用方音，不能據古韻爲增減，權之所補，亦知其一而不知其二也。

南曲入聲客問一卷（江蘇巡撫採進本）

國朝毛先舒撰。先舒有聲韻叢說，已著錄。初先舒撰南曲正韻一書，凡入聲俱單押，不雜平上去三聲。復著此卷，謂南曲入聲俱可作平上去押，設爲客問以達其說。

右詞曲類南北曲之屬八部，三十五卷（內一部無卷數）皆附存目。

欽定四庫全書總目卷二百

欽惟我
皇上稽古右文，
恩教稠疊。乾隆四十七年，四庫全書告成。
特命如
內廷四閣所藏，繕寫全冊，建三閣於江浙兩省。
諭令士子願讀中祕書者，就閣廣爲傳寫，所以
嘉惠藝林，
恩至渥，教至周也。四庫卷帙繁多，嗜古者未及遍覽，而
提要一書，實備載時地姓名及作書大旨，承學之士，鈔錄尤勤，毫楮叢集，求者不給。乾隆五十九年，浙江署布政使司臣謝啟昆、署按察使司臣秦瀛、都轉鹽運使司臣阿林保等，請於巡撫兼署鹽政臣吉慶，恭發
文瀾閣藏本，校刊以惠士人。貢生沈青、生員沈鳳樓等，咸願輸貲鳩工，蕆事，以廣流傳。六十年，工竣，學政臣阮元本奉
命直
文淵閣事，又籍隸揚州。揚州大觀堂所建閣曰
文匯，在鎮江金山者曰
文宗，每見江淮人士瞻閱二閣，感
恩被教，忻幸難名，茲復奉
命視學兩浙，得仰瞻
文瀾閣於杭州之西湖，而是書適刊成，士林傳播，家有一編，由此得以津逮全書，廣所未見，
文治涵濡，歡騰海宇，寧有旣歟。臣是以敬述東南學人歡忭感激微忱，識於簡末，以仰頌
皇上教育之恩於萬一云爾。內閣學士兼禮部侍郎浙江學政臣阮元恭紀。

四庫撤燬書提要

南北史合注一百九十一卷

明李清撰。清字心水、號映碧、揚州興化人。禮部尙書思誠之孫、大學士春芳之玄孫。崇禎辛未進士。官至吏科給事中。事蹟附見明史李春芳傳。清以南北朝諸史並存、冗雜特甚。李延壽雖倂爲一書、而諸說兼行、仍多矛盾。嘗與張溥議欲仿裴松之三國志注例、合宋齊梁陳四史爲南史、魏齊周隋四史爲北史。未就而溥歿。後清簡閱佛藏、見三寶記載有北魏文帝大統中遺事、感通錄載有齊文宣隋文帝遺事、高僧傳載有宋孝武帝梁武帝遺事、因思卒前業、乃博採諸書以成此注。參訂異同、考訂極爲精審。又於原書之失當者、略爲改定其文。如高歡宇文泰未簒以前、史書之爲帝者、皆改稱名。後梁之附北史者、改附南史。宋武帝害零陵王、直書爲弑。魏馮胡二后以弑君故、編爲逆后、與逆臣同書。又二史多讖緯佛門事、以非史體、悉改入注。其持論亦爲不苟。然裴松之注三國志、雖多所糾彈、皆仍其本文、不加點竄。卽世說新語不過小說家言、劉孝標所注、一一攻其謬妄、亦不更易其文。蓋古來注書之體如是也。譙周改史記爲古史考、荀悅改漢書爲漢紀、范蔚宗合編年四族紀傳五家爲後漢書、並采摭舊文、別爲新製。未嘗因其成帙、塗乙丹黃。蓋古來著書之體如是也。清旣不能如郝經之三國志改正重編、又不肯如顔師古之注漢書循文綴解。遂使南北二史不可謂之清作、又不可謂之李延壽作。進退無據、未睹其安。至於八史之中、四史無志、南北二史亦無志。故清割宋書南齊書魏書隋書四史之志、取其事實、散入紀傳之中。不知隋志本名五代史志、故其事上括前朝。當時未有南北史、無所附麗、故奉詔編入隋書。清旣合注南北史、自應用續漢十志補後漢書之例、移掇編入、而以劉昭之例、詳考諸書以注之。于制度典章、豈不明備。乃屑屑刪改紀傳、置此不言、亦爲避難而趨易。今特以八代之書、牴牾冗雜、清能會通參考、以歸一是、故特錄而存之。其瑕瑜並見、則終不可相掩也。

南唐書合訂二十五卷

明李清撰。清有南北史合注、已著錄。是書記南唐一代事迹、以陸游書爲主、而以馬令書及諸野史輔之。凡陸書所無而增入之傳、則以補遺二字分注其下、蓋略仿裴松之註三國志之法、而稍變通之。書前則引唐餘紀傳年世總釋諸說、大抵欲以李氏紹長安正統、仍由陸游之謬說。不知知誥爲徐溫養子、得國後始自言出自唐宗。其世系本無確證。即使果屬建王嫡系、而附庸江左、奉朔中原、亦斷不能援昭烈蜀都之例。以此而學郝經蕭常之書、劉知幾所謂貌同而心異者也。然其他更定陸書義例者、如鍾傳李延鄒等於本紀摘出別列忠義傳以旌大節、頗合至公。又張洎等之列入唐周宋臣傳、樊若水之列入叛逆傳、亦深協春秋斧鉞之義。其間文獻闕遺、詳徵博引、亦多所考證。視江南野錄江表志諸書、實遠勝之。故糾其持論之紕謬、而仍取其考古之賅洽焉。

閩小紀四卷

國朝周亮工撰。亮工字元亮、號櫟園、祥符人。前明崇禎庚辰進士。授濰縣知縣。入國朝、官至戶部右侍郎。以事革職。終於江南督糧道。是編乃其官福建布政使時所作。多述其地物產民風、亦兼及遺聞瑣事與詩話之類。敍述頗爲雅令。時時參以議論、亦有名儁之風、多可以爲談助。其中如辨李騏馬鐸無同母事、倒掛鳥非桐花鳳、金鳳傳爲明末徐𤊹僞託、考亭乃黃氏亭名、非朱子之號、鼉鼓洋爲鞔鼓之訛、李白僧伽歌與神僧傳李邕碑皆不相符、楊愼名蛄賦由誤解江淹紫藟春而發華之語、亦頗有考證。惟解韋莊上相間分白打錢以爲徒手相搏、未免強作解事耳。其中閩酒朱竹諸條、與所作因樹屋書影彼此複出。蓋興到即書、偶然未檢。然在近代說部之中、固爲雅馴可觀矣。書中所記、不名一格、宜入之於雜家。而自始至末皆談閩事、究爲方志之支流、故附書地理類焉。

國史考異六卷

不著撰人名氏。以所引諸書證之、蓋明末人也。其書以實錄野史及諸家文集碑誌參證同異、斷其是非、而攻駁鄭曉今言者最多。所考止於洪武永樂兩朝、其或爲篡而未竣、或爲竣而佚闕、或以太祖開基草昧、稗官每異傳聞、成祖倡亂革除、史氏曲爲忌諱、故訂訛正舛、祗以兩朝、均未可知。第據此六卷觀之、大抵引據賅洽、辨析詳明。如建文遜國一條、不以自焚之說爲信、亦不以從亡之事爲眞、謂胡濙奉使鄭洽逮治、建文之爲存爲歿、成祖亦在疑信之間、後來孰從而質實。但既鴻冥而去、自必潛蹤滅跡、不可復尋、又豈肯到處題詩、暮年歸國、自踐不測之危機。疑以傳疑、持論最爲平允。至於張玉沒於濟南之戰、史有明文、而云鐵鉉但困守孤城、未嘗出軍拒敵。景清先降、自不列於姦黨、而疑姦黨榜不載其名。不免小有疎舛。張紞已推戴新主、仍長六曹、後以懼罪自經、不因殉節。而云張紞之一死、足以謝方鐵諸公、持論亦小有出入。要其辨誣傳信、可取者則已多矣。

讀畫錄四卷

國朝周亮工撰。亮工有閩小紀、已著錄。亮工癖嗜印章及畫、嘗裒輯同時能篆刻者爲印人傳、又裒輯畫家名氏爲此書。所記自明以來凡七十六人、各論其品第。亦間附載題詠及其人梗概。大抵皆所目睹。否亦相去不甚遠。如李日華董其昌之流、猶及聞其逸事者。昔董其昌作畫禪室隨筆、稱書法後人不及古、畫則各自成佛作祖。亮工亦持是論。故是編所錄不及萬曆以前也。後附有名無傳六十九人、亦如所作印人傳例。其中如王鞏惲壽平、聲價至今相埒、然于鞏畫極推挹、而壽平則僅挂名附錄中、豈當時壽平品格猶未成就、抑嗜好各有不同耶。觀其子在浚所輯雲烟過眼錄、亮工所收諸畫至二十巨函、可謂巨細不遺、而立傳者僅此、則亦矜愼不苟矣。謝赫姚最同異多端、李嗣眞張彥遠是非互起、要不妨各存所見耳。

書畫記六卷

國朝吳其貞撰。其貞字公一、徽州人。留心賞鑒、常遊蘇州及維揚、與收藏家相往來。多觀書畫眞蹟及生平所自購者、各加品題、隨手箚錄、注明所見年月。歷四十餘歲之久、因爲裒輯成編。始於乙亥、爲崇禎八年。其末條稱丁巳、則康熙十六年也。其間於前人題跋、不錄原文、與珊瑚網書畫彙考諸書體例稍異。其中有記憶偶誤者、如載閻次平寒巖積雪圖、稱其題識爲大曆辛丑。閻次平乃南宋畫院中人、不應有大曆年號。考之明豐道生華氏眞賞齋賦注、亦載有此圖、實作淳熙辛丑。此類小有疏舛、亦所不免。然其臚採甚博、於行款位置、方幅大小、印記紙絹、裝潢卷軸、皆一一備列。其評隲眞贋、辨論亦多確切。較之米芾董逌、古今人固不相及。與張丑眞蹟日錄、要未易甲乙也。

印人傳三卷

國朝周亮工撰。亮工本名亮、字元亮、號櫟園、又號減齋、祥符人。前明崇禎庚辰進士。官濰縣知縣。以卓異薦舉至京師、値李自成之變、逃匿未出。後入國朝、官至戶部右侍郎、終於江南督糧道。亮工喜集印章、工於鑒別。所編賴古堂印譜、至今爲篆刻家模範。是書則譜之題跋、別編爲傳者也。首載文天祥海瑞顧憲成三印、次及其父其弟其友許宰、次則文彭以及李穎、凡六十人。附傳三人、又不知姓名一人、其有名而無傳者又朱簡等六十一人。自宋以前、以篆名者不一、以印名者絕無之。元趙孟頫吾丘衍等始稍稍自鐫、遂爲士大夫之一藝。明文彭何震而後、專門名家者遂多、而宗派亦復岐出。其源流正變之故、則亮工此傳括其大略矣。

書影十卷

國朝周亮工撰。亮工有閩小紀、已著錄。是編乃其官戶部侍郎、緣事逮繫時、追憶平生見聞而作。因圜扉之中、無可檢閱、故取老人讀書祇存影子之語、以書影爲名。其中如元祐黨籍本止七十八人、餘者皆出附益。本費袞梁溪漫志之說、而引陳玉堪跋、姚祐讀易誤用麻沙刻本、以釜爲金本方勺泊宅編之說、而引朱國禎湧幢小品。米元章無李論見所作畫史、而引湯垕畫鑒。邸報字出孟棨本事詩、而稱始於蔡京。皆援引不得原本。又如子貢說社樹事、明載今本博物志第八卷、而云今本不載。李賀詩序本杜牧作、而云風檣陣馬諸語出自韓愈。溫庭筠詩玲瓏骰子安紅豆、入骨相思知不知、而引爲入骨相思知也無。沈約四聲一卷、唐代已佚、其字數無從復考、而云約書一萬一千五百二十字。謝靈運、岱宗秀維岳一篇本所作樂府、今在集中、乃訛爲登泰山詩、謂本集不載。以詩簡兮作東兮指爲伶官之名、乃豐坊僞詩說之語、而據爲定論。日月交食本有定限、而力主有物食之之說、皆考證未能精核。至於韓信之後爲韋土官、本明張燧千百年眼之虛談、而信爲實事。陶宗儀說郛僅一百卷、孫作滄螺集中有宗儀小傳可考。二人契友、必無舛誤、乃云南曲老寇四家有說郛全部、凡四大櫥、皆傳聞不得其實。至揚雄仕於王莽、更無疑義、而雜摭浮詞、曲爲之辨。艾南英以鄉曲之私、偏袒嚴嵩、強爲辨白、而以惡王世貞之故、特存其說。何心隱亘姦大猾、誅死本當其罪、而力稱其枉。王柏詩疑刪改聖經、至爲誕妄、而反以爲是。尤爲顚倒是非。然自此十餘條外、大抵記述典贍、議論平允。遺聞舊事、頗足爲文獻之徵。在近代說部之中、固猶爲瑕不掩瑜者矣。

歷代不知姓名錄十卷

明李清撰。清淹通史學、所著南北史合注南唐書合訂、已別著錄。是編以列史所載有事蹟而無姓名者、類而聚之、勒爲一書、以備考據。惟晨門荷簣、人所習見者不錄。其餘自忠孝節義儒學技術以至妖妄鬼物之屬、無不備載。分爲五十四類、採摭極其賅博。大端以二十一史爲主、而稗官野乘則必擇其可信者錄之。中間如晉乘楚檮杌爲吾邱衍作、井中心史爲姚士粦作、皆出僞書、而詳加徵引、未免失於審核。又凡例自稱寓言弗錄、而文人類所引淸波雜志之溫湯老人、對正當時、詭詞託諷、如子虛亡是之流。亦爲刊削未盡。至其意存繁富、如宣室睽車諸志所紀荒誕之事、一概並登、頗傷汎濫。然其體例新創、臚列詳明、實足資博古者考訂之助、未可遽以叢雜譏之。又案周亮工書影稱、李映碧取廿一史中有名無姓、有姓無字、有姓字無名者、總爲一書。今考書中惟有名無姓、有姓無名者、分附各類之後。而有姓名無字者、並未載入一人。凡例中亦無此語。蓋亮工未見其書、故所記者有誤也。

四庫未收書提要　　揅經室外集

家大人在浙時、曾購得　四庫未收古書、進呈

內府。每進一書、必仿　四庫提要之式、奏進提要一篇。凡所考論、皆從采訪之處先查此書原委、繼而又屬鮑廷博、何元錫諸君子參互審訂、家大人親加改定、纂寫而後奏之。十數年久、進書一百數十部。此提要散藏于揚州及大兄京邸、福因偕弟祜孔厚校刻揅經室集、請錄刊提要于集內、　家大人論此篇半不出于己筆、即一篇之中、刪改亦復居半、文不必存、而書應存。可別而題之曰外集。道光二年、阮福謹記。

揅經室外集卷一

禮記要義三十三卷提要

宋魏了翁撰。宋史本傳稱其有要義百卷。據藝文志實二百六十三卷。訂定精密、先儒所不及。方回跋了翁所撰周易集義云、前丁酉歲、以權工部侍郎忤時相、謫靖州、取諸經注疏、摘為要義。宋史藝文志分載其書、而讀書附志讀書後志書錄解題文獻通考皆不著錄。明時已無全本。內閣所藏、據張萱所述、已闕毛詩周禮。其餘七經、按其冊數太少、知亦殘闕之本。今四庫全書所采、有周易尚書儀禮春秋四經。周易乃天一閣舊鈔本、已蒙

高宗純皇帝親灑宸翰、昭垂卷首。嘉惠藝林、洵奇遇也。其自周易儀禮外、率非足本。此書明聚樂堂藝文目有之、經義攷云未見。此本從宋刻影鈔、存者三十一卷。曲禮上下兩篇、亦以遺佚為憾。然較諸春秋之所存者、固已勝之。案虞集九經要義序云、取諸經注疏正義之文、據事列類而錄之。與方回之言合。而張萱則謂考究九經中義理制度。今案其書、刪節注疏、存其簡當、去其煩冗。每段之前、各有標目、以便讀者之省覽。了翁初無已說、萱之所言、蓋未嘗詳核也。諸經注疏、自宋遞傳至今、脫文譌字、不可勝舉。了翁所據、猶宋時善本、足資糾訂。而禮記孔疏文繁義富、未易得其匡略。了翁刪汰過半、頗為精允、可以為研經者之津逮。書中第五卷王制篇分上下、實三十四卷云。

九國志十二卷提要

宋路振撰。案宋史本傳、振字子發、永州祁陽人。淳化中登甲科。眞宗時知制誥、嘗采五代僭僞吳南唐吳越前後蜀東南漢閩楚九國君臣行事、作世家列傳。未成而卒。王應麟云、書凡四十九卷。其孫綸增入荆南高氏、於治平中上之、詔付史館、實十國也。書錄解題則云、末二卷為北楚張唐英補撰、合五十一卷。文獻通考宋史藝文志總題為路振九國志五十一卷、俱不及綸。益編雖經增輯、而當時所傳播者則唐英所補也。此書世久失傳、惟曲阜孔氏尚有舊鈔殘帙。用以重錄、得列傳百三十六篇、編為十二卷。而世家之文已不復見。卷帙叢殘、闕佚過半、然藉此以裨五代史之漏略、已不少矣。

皇宋通鑑長編紀事本末一百五十卷提要

宋楊仲良撰。案李燾取北宋九朝事實、仿司馬光長編之體、編年述事、為續資治通鑑長編、成書一百五十卷。卷帙最為繁重。仲良乃別為分門編類、以成此書。每類之中、仍以編年紀事。太祖七卷、太宗七卷、眞宗十四卷、仁宗二十四卷、英宗四卷、神宗三十四卷、哲宗二十六卷、徽宗二十八卷、欽宗六卷、共一百五十卷。各有事目、目中復有子目。汴京百七十年禮樂兵刑之沿革、制度政令之舉廢、粲然具備、可以案目尋求。李燾而後、陳均之前、煩簡得中、洵可並傳。而今所傳長編足本、徽欽兩朝皆已闕失、藉此得以攷見崖畧、尤可貴也。仲良之名不見於書中。卷端有寶祐丁巳廬陵歐陽守道序、亦不言著書人姓名。而陳均九朝編年引用書目中有之、云長編紀事本末、楊公仲良。故知此事出仲良手。然其書不見於宋史藝文志、而趙希弁陳振孫馬端臨諸家亦皆不著錄。近代藏書家惟季振宜徐乾學兩家有之。徐目云、闕一百十四卷至一百十九卷。今此舊鈔本亦闕此六卷、又闕六七兩卷、而五八兩卷亦非完袠。較乾學藏本蓋又多闕佚矣。據守道序、此書寶祐元年刻於廬陵郡齋、貢士徐琥重為校刻、則寶祐五年也。

四書箋義纂要十二卷紀遺一卷提要

宋趙悳撰。悳乃宋之宗室、博學工文。宋亡、遂隱居南昌之東湖、因號鐵峯。是書載朱彝尊經義考。此從元泰定間刊本影寫。宋時儒者闡發四書之功為多。趙氏此書、一遵朱子。凡章句集注所載、一事一言、必詳考其本源、而各箋義於其下。箋義之後、繼以附錄。附

錄之後。繼以注疏纂要。宋淳熙己酉以前。學者確遵舊注。自是以後。幾不知注疏爲何物矣。此冊載朱子論孟序云。漢魏諸儒。正音讀。通訓詁。考制度。辨名物。其功博矣。憲亦以四書之學必先觀注疏。而後知朱子發明之精。因作纂要。其所論說本末兼賅。使章句集注之義豁然無遺。較之杜氏之旁通。熊氏之標題。有過之無不及也。曾翰稱其二十年之功力。彙萃成帙。李棨稱其由是而知朱子之說。由是而通聖人之道。洵不誣矣。

漢官儀三卷提要

宋劉攽撰。晁公武郡齋讀書後志以爲劉敞所撰。非也。宋史藝文志亦沿其誤。此書有攽自跋。謂幼年時所爲。仲原父爲之序。至爲亳州守。因復增損之。此可以證讀書志之誤。案宋史劉攽傳。攽自京東轉運使出知兖亳二州。守亳時。年逾六十。而自言嬉戲不異昔時。攽與兄敞皆熟精漢書。此雖適情之作。而西京職官之制度大備。可以資讀漢書者之參攷。以之較司馬光七國象戲。似爲勝之。宜公武稱其書爲雅馴。其法先置盆入金。以象口錢。非劉氏不得王爲宗正及尚公主。以象一姓。漢爲土德之運。其數五。五五二十五。故率二十五擲乃一終局。有免貼例。有納貼例。有得盆例。有雜例。而遷資降資賜爵比視之道備也。末附亡是公翰林主人二傳。又案遼史國語解。堂印博采之名。此書亦有之。則知堂印不獨爲遼人語矣。此從影宋鈔本繕寫。書後有一行云。紹興九年三月臨安府雕印。知爲南宋初刻本也。

嘉定鎮江志二十二卷提要

宋盧憲撰。宋史藝文志有熊克鎮江志十卷。而無憲此書。書錄解題云。鎮江志三十卷。教授天台盧憲子章撰。文獻通考亦著錄之。此書中稱憲者四條。稱盧憲者一條。故知是憲之書。書中所載事蹟。惟史彌堅最詳。趙善湘次之。攷彌堅以嘉定六年九月守鎮江。八年九月請祠。善湘以嘉定十四年十二月守鎮江。十七年名還。寶慶二年再任。案元至順鎮江志。學校門載教官盧憲嘉定癸酉爲嘉定六年。正彌堅守郡之日。書當成於此時也。此書不見於近代藏書家著錄。所存卷數。與書錄解題不同。中間脫文錯簡。往往而是。案其目錄。似於體例間有未協。蓋由原本已多譌脫。經後人重爲編次。小有牴牾。固所不免。然宋人地志之存於今者十不得一。而鎮江自六朝以後。遞爲重地。南渡以前之遺文墜典。如唐孫處元圖經、祥符圖經、潤州集、類京口集之類。世無傳本。藉此以存厓畧。零圭碎璧。尤可寶惜。今從舊鈔本校正繕寫之。

至順鎮江志二十一卷提要

此書不著撰人姓名。案鎮江自東晉以來。屹爲重地。志乘之書。在宋乾道間有熊克所撰者十卷。見於宋史藝文志。嘉定間盧憲所撰者三十卷。見於書錄解題。今乾道志久已失傳。嘉定志尚有傳鈔之本。已出後人掇拾。此書體例。大致取法於嘉定志。而紀載詳備。較爲過之。大約宋志主於徵文。此則重於攷獻。宋志旁稽典籍。務覈異同。此則備錄故事。多詳興廢。鎮江在宋爲邊防之地。故其志岐守形勢。网羅古今。在元爲財賦之區。故此書物產土貢。臚陳名狀。其用意各有所在。不得而同也。至於郡守參佐。宋志近徵唐代。此則遠溯六朝。鄉賢寓公。宋志旁搜隋氏以前。此則詳於兩宋及元。互爲補苴。不可偏廢。然此書自明以來。藏書家絕無著錄之者。洵爲罕覯之秘笈。此舊鈔本編次失當。文字多舛。今重加校定繕寫。俾考京口故實者得以取資也。以之抗行袁桷之志四明。殆無媿焉。

續世說十二卷提要

宋孔平仲撰。取宋齊梁陳隋唐五代事迹。依劉義慶世說之目而分隸之。成書十二卷。見於宋史本傳及藝文志小說家類。卷袠相同。書錄解題文獻通考皆錄其書。而近代儲藏家罕有著錄者。王士禎居易錄曾道及此書。云已失傳。則士禎亦不得見此書也。此書平仲無自序。有紹興戊寅長沙秦果序。序言平仲書成未刊。從義郎李敏得善本於前靖守王長孺。相與鏤版。王親受於孔。知其不繆。丁丑之春。維陽王濯來守沅之明年。李氏以其書版來售。郎加是正鑱刻。以補其不足云云。後有沅州公使庫總計紙版數目。并印造紙墨裱褙工食錢數目。後又有右迪功郎司法兼監使庫翁灌。右從事郎軍事判官閔敦仁。右迪功郎州學教授胡搏。左朝奉郎通判軍州事秦果。左朝散大夫知軍州事王濯五人題名。皆沅州官也。此從宋沅州刻本傳寫者。卷袠完整無闕。特書中部次錯雜。有兩條合爲一條者。抑且時代先後。往往倒置。蓋校勘之時不免有私爲竄改之弊。必非平仲元本之誤也。

嚴氏明理論三卷後集一卷提要

宋嚴器之撰。取寒證分爲五十門。詳爲之論。又取仲景一百二十方之中擇其世人所常用者二十方。各係之以論。別爲後集一卷。其說類多精詣。可爲讀仲景書者之津筏。讀書志讀書附志書錄解題文獻通考皆無其書。諸家著錄惟見於讀書敏求記。案錢曾云。此書尾斷爛。序作於開禧改元。稱成公當乙亥丙子歲。其年九十餘。則必生於嘉祐治平之間。成公不知誰何。蓋北宋時人也。曾之言如此。今此書首尾完好無斷爛處。而失去開禧中之序。蓋曾所藏本非宋刻也。案宋史藝文志醫家類有嚴器之傷寒明理論四卷。書名卷數若合符節。此本從宋版影鈔。雖不著撰人姓名。其爲器之之書當無可疑。成公與器之之名厥義相配。殆即器之之表德也。

陸士衡文集十卷提要

晉陸機撰。案隋書經籍志載機集十四卷。又云梁四十七卷錄一卷亡。唐書藝文志云十五卷。較隋志反贏一卷。殆傳寫之誤。郡齋讀書志書錄解題文獻通考宋史藝文志皆云十卷。則即此本也。宋慶元庚申奉議郎知華亭縣事信安徐民瞻嘗合刻二陸文集，取張華之語目之曰晉二俊文集，此卽影鈔民瞻之本。與七閣所收陸士龍集相合，計賦二十五篇爲四卷，詩五十八篇爲二卷，樂府十首、百年歌十首爲一卷，演連珠一首、七徵一首爲一卷，頌、箴、贊、牋、表、文、誄、哀辭共十五篇爲一卷，議、論、碑五首爲一卷，共一百七十四首。案晁公武云機所著文章凡三百餘篇，今存詩、賦、論、議、牋、表、碑、誄一百七十餘首，厥數正同，則民瞻所刻卽公武之本也。公武又云以晉書、文選校正外，餘多舛誤，今案卷末周處碑中有韓信背水之軍一段，乃以他文襍廁，文義不相屬，公武所指，殆謂此類。其它文句譌脫，未容枚數，然北宋時已如此，而機集之傳於今者，亦莫古於此本矣。

註解章泉澗泉二先生選唐詩五卷提要

宋謝枋得撰。案章泉者趙蕃，字昌父；澗泉者韓淲，字仲止，皆江西上饒人，爲淸江劉子羽之門弟子，當時名人魁儒如葉適、湯漢皆推重之。此書五卷，自韋應物至呂洞賓，共五十四人，計詩一百單一首，皆七言絕句也。而李白、杜甫、韓愈、元稹之流皆不在選，惟劉禹錫選至十四首爲最多，其於諸家皆寥寥，蓋其體例出於唐人，故與極元集之類相似。枋得之註，能得唐詩言外之旨，可以爲讀唐詩者之津筏。卷端有枋得自序，序爲建安王道可而發。此書世罕傳本，惟錢曾也是園書目有之，而不載於敏求記，枋得之書傳世甚少，宋史本傳、藝文志皆不載，書以人重，不僅以罕覯爲珍也。

續復古編四卷提要

元曹本撰。本字子學，大名人，嘗爲都昌丞，後出外佐信州幕，與太僕危素相友善，素撰三皇饗禮樂章，本爲之書，詔藏祕閣。本好古篆，年十七八時，輒喜作石鼓嶧山篆，師籀斯而主說文，故下筆深穩圓動。平生志事功而不究其用，是書著錄家絕不收采，蓋補宋吳興張有復古編而作。張氏之書舊分類爲六：一曰聯緜，二曰形聲相類，三曰聲相類，四曰形相類，五曰筆跡小異，六曰上正下譌。本因其類而加二焉，曰字同音異，曰音同字異。自序云：題曰續復古編，非敢增多以爲功，亦以發隱君之志，備拾遺耳，姑存餼筍，尚俟博雅君子正是之。是稿也四卷，一十三類，六千四十九字，起於至順三年秋八月，成於至正十二年閏三月，蓋其一生精力所萃，歷十九年之久而後成，亦可謂勤矣。此從吳江潘耒家所藏舊鈔過錄，前有危素、宇文公諒、楊翮、齊景武及楊桓諸人之序，惟尚缺上正下譌一類，無從補綴，爲可惜也。

四書待問二十二卷提要

元蕭鎰撰。鎰字南金，臨江人。是書因當時取士以經疑爲試藝之首，歷採宋元諸儒如朱晦菴、張南軒一十三家之說而折衷之，亦閒取時文之不倍師說者，設爲問答之義。書前有邵陵冷榛、李存所爲晉藁述及續抄兩序，稱其於甲寅賓興之初嘗貢於鄉，既而以漏字黜，則此爲其發科決策之作。大旨以新安朱子之說爲主，而以己意貫串之於四子書，意頗多發明。近時目錄家所載甚少，惟黃虞稷千頃堂書目中有蕭鎰四書待問二十二卷，泰定甲子序，卽是此本。茲就元時刻本影鈔。前有四書互義，後分列論語、大學、中庸、孟子，凡五百四十問，七百一十七則。書中各條之下有注晉藁者卽鎰自作，有注自修者則爲龍江歐陽蒙所作。鎰序所謂比客建城，與友人歐陽養正讀書之次，隨時采集，因成是編，卽其人也。

道德眞經集解八卷提要

唐岷山道士張君相撰。君相事蹟不可攷，此書舊本皆題爲吳徵士顧歡述。攷顧歡齊時人，隋書經籍志載老子義綱一卷、老子義疏一卷，又唐書藝文志有道德經義疏四卷、義疏治綱一卷，不特書名卷數均與此不合，不應齊時人而先引及陶隱居、成元英諸人。惟晁公武讀書志、王應麟玉海有岷山道士張君相三十家道德經集解：一河上公，二嚴遵，三王弼，四何晏，五郭象，六鍾會，七孫登，八羊祜，九羅什，十盧裕，十一劉仁會，十二顧歡，十三陶宏景，十四松靈仙，十五裴處恩，十六杜弼，十七節解，十八張憑，十九張嗣，二十臧元靜，二十一大孟，二十二小孟，二十三竇畧，二十四宋文明，二十五褚糅，二十六劉進喜，二十七蔡子晃，二十八成元英，二十九車惠弼。公武又言書稱三十而列名止二十九，蓋君相自爲一家言，並數之介。今以其言攷之，頗與是書合，則爲君相所集無疑。至書中兼有引唐元宗御疏，則又爲後人所羼入。而所稱陳曰榮曰者，殆杜光庭所云任眞子陳榮也。茲從道藏本錄出，與天一閣所藏相同。究係唐人所纂，六朝人遺說賴以不墜，著錄家往往失之，爲可惜也。君相不知何時人，晁氏以爲成元英爲皇朝道士，則天寶以後之人。案杜光庭道德經廣聖義序引著述人名，有岷山道士張君相集解，在元宗御疏之前，則不在天寶後矣。且晁氏之言書中亦不見，未知何據。

聱隅子二卷提要

宋黃晞撰。晞字景微，蜀人，嘗聚書數千卷，學者多從之遊。案趙希弁讀書附志，晞好讀書，著聱隅獻欷瑣微論，石介爲直講，聞其名，使諸生如古禮執羔鴈束帛就里中聘之，以補學職，固辭不就，故歐陽文忠爲徂徠先生詩有羔鴈聘黃晞，晞驚走鄰家之句。嘉祐中韓魏公爲樞密使，薦之以爲太學助教，而朱子近思錄中亦嘗稱之爲聱隅黃先生，洵乎儒者之流也。書錄解題嘗載此書，至宋史藝文志襍家類又有獻欷子一卷，亦疑卽此本。此從宋刻本影鈔，國初時曾收藏於泰州季振宜、崑山徐乾學兩家書目。書凡十篇，曰生學，曰進身，曰揚名，曰虎豹，曰仁者，曰文成，曰戰克，曰大中，曰道德，曰三王，每篇冠以小序，卷首又有自序，述十篇相承之旨。晞之文學在宋初能見重於名臣大儒，其辭受不苟，殆有足稱者，故書中言論不詭于正。體裁文句皆規撫楊雄法言。王應麟玉海直著爲儒家、似可無愧也。

鼒量算經三卷提要

明朱載堉撰。載堉、鄭恭王厚烷世子。所著樂律全書及聖壽萬年書等、已著錄。其律呂精義內有據㮚氏爲量、內方尺而圜其外之文。謂圜徑卽方斜、命黃鍾正律爲尺、而用句股法相求。此書蓋卽其意而推衍之。其所異者正論則主縱黍、算經則主橫黍、其實亦互相發明也。首載算經答問、上卷先著圖說、次乃推明周徑容積相求之理。中卷由開方以及十二律通長面羃容積周徑。下卷則因旋宮而兼識琴調。大旨謂聲生於器、而以度定量、以量定權、必參相得而後黃鍾之律可求。數學之妙出於天地自然、非由人力所能杜撰也。載堉學問已詳於樂律全書提要之內。此則成於庚戌、在載堉二十三年進律書之後。成書較晚、足與前書相輔而行。茲本卷數、與明史藝文志及千頃堂書目所載相同、猶是原本。其設術皆得諸心解、固非空言無徵者所能及也。

分門纂類唐宋時賢千家詩選二十二卷提要

宋劉克莊撰。克莊有後村集五十卷及詩話十四卷、四庫全書已著錄。茲其所選唐宋時賢之詩、題曰後村先生編集者、著其別號也。是書爲向來著錄家所未見。惟

國朝兩淮鹽課御史曹寅曾刻入楝亭叢書中。前後亦無序跋。案後村大全集內有唐五七言絕句選及本朝五七言絕句選中興五七言絕句選三序。或鋟版於泉、於建陽、於臨安。則克莊在宋時固有選詩之目。此則疑當時輾轉傳刻、致失其緣起耳。書分時令節候氣候晝夜百花竹林天文地理宮室器用音樂禽獸昆蟲人品十四門。每門附以子目。大致如趙孟奎分類唐詩歌、所選亦極雅正、多世所膾炙之什。惟中多錯謬。如杜甫王維趙嘏諸人傳誦七律、往往截去半首、改作絕句。甚至名姓不符。然攷郭茂倩選古樂府、如風勁角弓鳴一律、截其上四句、題爲戎渾。莫以今時鬍一絕加作八句、題爲簇柏相府蓮。則古人多有此例、不足以掩其瑜也。

梅花喜神譜二卷提要

宋宋伯仁撰。伯仁字器之、湖州人。所著有西塍集一卷、四庫全書已著錄。此書宋史藝文志及諸家書目皆不載。惟錢曾述古堂書目中有之。寫梅花百圖、上卷分五類。一蓓蕾四枝、二小蕊十六枝、三大蕊八枝、四欲開八枝、五大開十四枝。下卷分三類。一爛漫十八枝、二欲謝十六枝、三就實六枝。每圖各綴五言絕句。曰喜神者、殆寫生之意。攷伯仁於嘉熙中曾爲鹽運司屬官、故末首云商鼎催羹。其平日多與高九萬孫季蕃倡和、自號雪巖耕田夫。所吟亦見於陳起江湖小集。千頃堂書目并載其烟波圖一卷、蓋江湖派中人也。茲從宋板影鈔、前有伯仁自序、後有向士璧葉紹翁序跋。書初刻於嘉熙戊戌。此其景定辛酉金華雙桂堂重刻之本也。

晁具茨集十五卷提要

宋晁沖之撰。沖之字叔用、鉅野人。卽侍郎公武之父。攷晁氏於咸平景德中爲天下甲門。一時羣從之盛、多在黨中。其富貴亦莫與倫比。故著述之多、如詹事以道之景迂集、朝請之道之崇福集、進士伯宇之封邱集、吏部無咎之雞肋集、皆與沖之爲同輩。沖之以文莊爲曾大父、以文元公爲高祖、是以其學具有淵源。然公武作讀書志、載喻汝礪序、言叔用棲志林澗曠遠之中、遇事寫物、形於興屬、淵雅疎亮、則其不溺於聲色之場可知。今景迂雞肋兩集七閣已著錄、而此集流傳甚少。卷首有喻序、正與讀書志合。得古今體詩共一百六十七首。劉後村曰、喻汝礪所作序、筆力浩大、與叔用之詩相稱。余讀叔用詩、見其意度宏潤、氣力寬餘、一洗詩人窮餓酸辛之態。其律詩云、不擬伊優陪殿下、相隨于蔿過樓前。追書承平之事、未有悲哀警策於此句者。晁氏家世顯貴、而叔用不肯陪伊優之列、甘隨于蔿之後、可謂賢矣。他作皆激烈慷慨、南渡放翁可以繼之。克莊所稱挹如此。此詩今具載集中、題作次二十一兄季此韻。則爲原編無疑。視北山律式後附沖之之詩僅數首、則是爲足寶矣。其注不知何人所作。引書內有一統志及韻會韻府等書、當爲明時人。

詳註周美成片玉集十卷

宋周邦彥所撰片玉詞二卷、四庫全書已著錄。此宋陳元龍註釋本。元龍字少章、廬陵人。是書分春夏秋冬四景及單題雜賦諸體、爲十卷。元龍以美成詞借字用意、言言俱有來歷、乃廣爲考證、詳加箋註焉。

琴操二卷提要

漢蔡邕撰。邕字伯喈、陳留圉人。事載後漢書列傳。案唐史藝文志有桓譚琴操二卷、無蔡邕琴操。然桓譚傳云、譚好音律、善鼓琴、著書號曰新論。琴道一篇未成、肅宗使班固續成之。今文選注引琴道甚多、俱與此不合、則非譚書可知。又隋唐兩志有孔衍琴操一卷、宋史志作三卷。崇文總目曰、晉廣陵相孔衍撰述詩曲之所從、總五十九章。書錄解題曰、止一卷、不著氏名。中興書目云、晉廣陵守孔衍以琴調周詩五篇、古操引共五十篇、述所以命題之意。今周詩篇同、而操引財二十一篇、似非全書也。與此頗相近。茲從徵士惠棟手鈔本過錄。上卷詩歌五曲、一十二操、九引。下卷雜歌二十一章。今文選長笛賦李善注引琴操曰、伏羲作琴、以修身理性、反天眞也。又演連珠歸田賦注引蔡邕琴操曰、伏羲氏作琴、弦有五者、象五行也。俱與此同。則在唐世已然。其爲舊題無疑。雖中引事實、閒有如周公奔於魯之類、未免似沈約之注竹書。然越裳操見於大周樂正、思親操見於古今樂錄、其遺聞佚事均足與經史相證、非後世所能擬託也。

詩傳註疏三卷提要

宋謝枋得撰。枋得著有疊山文集、四庫全書已著錄。是書宋史藝文志不載。朱彝尊經義考則云已佚。惟元人解經如劉瑾詩傳通釋、朱公遷詩經疏義、胡一桂附錄纂疏、徐與喬初學解體中互相徵引。而陸元輔云、疊山詩傳發明透暢、其書爲當時所重。茲本通計三百零一則、分上中下三卷、似係後人編輯而成、已非原書卷帙。攷枋得生丁板蕩、故其說詩見志、每多小雅憂傷哀怨之思。然據理解經、亦絕非橫發議論、若胡安國之春秋傳可比。今書中如無衣之與子同仇、隱然見高宗南渡之事。如皇父之不遺一老、輒復刺似道誤國之事。至於蓼莪四章、尤詳明愷切。然則禮之所謂溫柔敦厚、與論語之所稱興觀羣怨者、於枋得實無愧焉。

尚書要義三卷提要

宋魏了翁撰。了翁尚書要義、宋史藝文志本二十卷。其十七卷

四庫全書已著錄。此卽其中所佚之三卷。攷了翁在靖州時、舊九經要義凡二百六十三卷。近惟周易要義十卷、儀禮要義五十卷、尚爲全書。其餘如春秋左傳要義三十一卷、內鈌二十九卷。尚書要義十七卷、內鈌三卷。蓋自明張萱重編內閣書目時、載九經要義止存七種。儀禮七册、禮記三册、周易二册、尚書一册、春秋二册、論語二册、孟子二册。已率非全本。今論語、孟子尚未見著錄、而禮記已得三十三卷、較明人所見卷帙已不啻倍之矣。此本從舊鈔傳錄、第七卷自甘誓至允征、八卷自湯誓至咸有一德、九卷自盤庚至微子、與七閣中原藏山陰祁彪佳家所藏本悉合。洵足以補從前之鈌佚。且所據疏本、乃宋時善册。如卷七弟九則烏焉解羽之焉、弟十二則器用旣具之用、弟十三則故政由羿耳之故、卷九弟七則之或稱商或稱殷、弟十二則夏惟作祫不作時祭之時、弟十九則故絕其惡類之惡、並足補明以來刊本之脫。如卷八弟十則上故更致社稷之致、弟十一則從謂逐討之逐、弟十六則故用元牡之用、卷九弟三則亳殷在河內之內、治皆作亂之治、從河南亳地遷於洹水之南、弟十三則延之使前而教告之之教、弟廿六則且云我徙也之且、亦足訂明以來刻本之誤。不特其書採摘注疏中精要、可爲讀經之助、而了翁諸經要義從此珠聯璧合、亦佳事也。

左氏摘奇十二卷提要

宋胡元質撰。元質字長文、吳郡人、官給事中。攷宋史藝文志於史部下載西漢字類五卷、注胡元質撰、而於經部春秋類下載左氏摘奇十二卷、則注不知作者。此疑當日或傳刻者失之。惟陳振孫直齋書錄解題中載此稍爲詳悉、其姓氏爵里實與今本相合。此本從吳中藏書家影宋鈔錄、卷後有元質自記一條、云左氏摘奇皆手所約、鋟木於當塗道院、與同志者共之。乾道癸巳元日書。當係原刊所識。書中摘錄經傳一二字、必兼採杜預集解、其謹嚴處視林鉞漢雋、蘇易簡文選雙字類要爲賅。宋史志入之經類、似不爲過。至文獻通攷竟列於類書之中、猶未盡此書之要也。

回溪史韻二十三卷提要

宋錢諷撰。諷字正初、本錢塘人、爲吳越王之裔。後卜居於嘉禾之回溪、故自號回溪。其書爲近時著錄家所罕見。惟宋趙希弁讀書附志以爲依唐韻分四聲、以十七史之句注於下。而陳振孫書錄解題亦云其附韻類事、頗便檢閱。蓋宋人兔園册、類摘雙字編四聲、以便尋檢。而回溪獨采成語、多至三四句、未嘗割裂原文。洵著書之良法也。秀水朱彝尊跋此云、予嘗見宋時鋟本於京師、僅存七册、嫌其殘鈌、未之錄也。歸田後始大悔之。從琴川毛氏、長洲何氏訪其所藏、合之才十七卷、亟寫而存之。茍天下之寶、離者會有合時、安知後來所求不適少此十七卷耶。茲從影宋本傳錄、卷首祇存慶元五年四月旣望郡人鄭僑一序、而讀書志所云錢文子序已無從復得。據明成祖實錄、纂永樂大典時、諭解縉等稱、嘗觀韻府、回溪二書、事雖有統、而採摘不廣、紀載太畧。爾等其如朕意、凡書契以來經史子集百家之書、備輯爲一書、無厭浩繁。則此在明時、曾入祕府。今書平韻自一東至四江、七之至十一模、共五卷。上聲一董至三十六養、共八卷。去聲十四泰至五十九鑑、共六卷。入聲十二昔至三十四乏、共四卷。通計二十三卷。較彝尊見時已多五卷。安知後日不更有多於此者、是可以寶也。

梅花百咏一卷提要

元韋珪撰。珪字德珪、山陰人。案四庫全書所收梅花百咏、乃元馮子振、釋明本倡和之詩。德珪此作、始以李仲山之命成咏梅二十六首、繼又摭拾見聞、更成百首。復以梅花未入楚詞、作補騷一章、以附於後。又嘗自署其讀書處曰梅雪窩、蓋其平生有嗜梅之癖矣。首有楊維禎手書序文。此從元刻摹寫者。

通元眞經注十二卷提要

文子二卷、四庫全書已著錄。此注唐徐靈府撰。靈府號默希子、錢塘人。爲元宗時徵士、隱修衡嶽。注文子書上進、遂封通元眞人、名其書爲通元眞經。見杜道堅通元眞經讚義及全唐詩傳。又西天目志載靈府由天目趨天台、憩雲二十餘年、作言志詩、辭武宗之徵。著元鑑五卷及三洞要畧。則靈府又嘗作天台道士矣。案唐書藝文志有注文子十二卷、徐靈府著。而崇文總目又云文子十一卷、徐靈府注。闕。則徐注在宋時傳習已少。四庫全書總目云、自北魏以來、有李暹、徐靈府、朱元三家注。惟靈府注僅存、亦大半闕佚。茲從明道藏本過錄、題曰默希子注者、據晁公武讀書志、王應麟玉海皆云默希子卽徐靈府自號、曁與默通也。今觀是注、淸靈婉約、而文子正文亦尚是舊時之本。其自序

云、黙希以元和四載投蹟衡峯之表、考室華蓋之前、迫經八稔、風敎樸素之風、竊味希微之旨。則是書當成于居衡嶽之時。據錢曾讀書敏求記曰、子彙云、吳中舊刻僅十餘葉、近得黙希子本、始覩其全。不知何故不照原書翻刻、又盡削靈府之注、殊所不解。此是太原祁氏依宋板摹寫者、亦希有之本也。是明時尚有仿宋槧本、今則捨此無從攷核矣。

古逸民先生集三卷提要

宋汪炎昶撰。炎昶字懋遠、婺源人。幼有奇志、於書無所不讀、鈎深探賾、洞極淵奧。其學原本六經、得釋朱性理之要。宋末嘗從太學生孫嵩元遊、遂不仕、自號古逸民。學者稱爲古逸先生。得年七十有八。其門人東山趙汸爲之狀、而金華宋濂爲之銘、皆極力推重。此本詩一卷、文一卷、附錄一卷、爲近時藏書家所罕覩。惟黃虞稷千頃堂書目有之、作五卷、蓋與趙汸所作行狀相合。此則係後人所編輯、非當時原本。然詩文簡淨古樸、具有法度、非明人叫囂者所及。元代文章道上、實源於此、則猶有宋季學者之風也。

漢文鑑二十一卷提要

宋陳鑑編。按鑑、建安人、自稱石壁野人、乃南宋遺民。此書不載宋史藝文志、惟見明人百川書志及千頃堂書目。前有端平甲午鑑自序。其文皆採自史傳、不無刪節之病。然就西京文纂錄其要、可以爲讀史之助。與前次所錄東漢文鑑同爲宋時巾箱本、合之成全璧云。

蘋洲漁笛譜二卷提要

宋周密撰。密著有癸辛雜識。四庫全書已著錄。是書乃其所作詩餘。秀水朱彝尊撰詞綜、以爲草窗詞一名蘋洲漁笛譜。今攷草窗詞比斯譜實增多數闋、則知笛譜是其當日原定、草窗詞或後人掇拾所成。特以此爲藍本耳。是書從長塘鮑氏知不足齋舊鈔傳寫。前有吳文英題詞、後附徵招、酹月二闋、並王楙識尾、據琴川毛扆舊跋云、西湖十景詞、鬻缺末二首、偶閱錢塘志中載此、亟命兒鈔補之。然其脫畧仍無從搜輯也。

兩京新記一卷提要

唐韋述撰。原本五卷、見宋史藝文志及程大昌雍錄。明郎瑛七修類稿亦嘗及之。朱彝尊書熙寧長安志後云、東西京記世無全書、則彝尊所見已非完本矣。此一卷在原書爲第三卷、所載坊寺宅觀園祠、於東西南北次頗詳。日本人採在佚存叢書中。唐人著述現存者少、茲遵四庫全書採錄莫休符桂林風土記之例、爲錄存之。

洞霄詩集十四卷提要

宋道士孟宗寶撰。宗寶字集虛、嘗築室於苕溪之上、曰集虛書院、爲詩文咸有法度。煉元養素、居九鎖山中三十年。積書至數千卷。與鄧牧相友善。牧爲洞霄宮圖志、曾載其人。攷今道藏中大滌洞天記有至元三年吳全節序云、道士孟集虛出所編洞霄圖記、山川之奇秀、巖洞之深杳、宮宇之沿革、人物之挺特、昔耳目之未及者、今一覽無遺、是編行乎世、集虛於茲山之功亦懋矣。大滌洞天記者、卽今洞霄圖志也。記本鄧牧著、而序以爲孟宗寶者、疑當日兩書本合行耳。是本明有高以讃刊、近亦不可得見。此從舊鈔過錄、中有殘缺處。宗寶後跋云、宋綿定間住山沖妙龔先生與道士王思明裒類大滌留題、刻版行世。迄今大德壬寅、且三十年、屢勿舉、名勝入山、咸謂闕典。宗寶以介石沈公命、取舊集洎家藏詩、與本山葉君牧心鄧君暇日討論、刪定唐宋賢及今名公題詠、命工重刻、與好事者共之。則其用力亦勤矣。書中所載篇什、至元時元貞大德之間、而於王思明則載入宋本山高道類、因仿四庫全書伯牙琴之例、歸諸宋人焉。

燕喜詞一卷提要

宋曹冠撰。冠字宗臣、號雙溪居士、東陽人、見縣志。此本有淳熙丁未長樂陳鑰及鈞臺詹效之二序。文云、檢正曹公、臺省舊人、來游宣幕、太守大監詹公歎賞其文、刋諸宣城學宮、復以所著樂府、析爲別集、名曰燕喜。今從毛氏汲古閣舊藏本錄出。

醉翁談錄五卷提要

宋金盈之撰。案盈之家世汴京、南渡後官從政郎、衢州錄事參軍。此書載黃虞稷千頃堂書目。第一卷名公佳製、載宋以來名卿大夫詩文各體。第二卷榮貴要覽、畧述唐宋中恩榮遺制。第三四卷則爲京城風俗記、備載宋室全盛時汴京風物繁華之盛。凡所見聞、案月搜記、如四時風俗好尚、無不畢載。第五卷瑣闥記聞、載唐時遺事爲多。書中所載詩文雜事、雖屬瑣碎、然博聞洽見、足資談助、可與夢華夢粱等錄並傳也。

重修琴川志十五卷提要

元盧鎮撰。鎮字子安、淮南人。至正間以領兵副元帥兼常熟州知州事。按琴川、常熟別名。齊以南沙爲常熟縣、升縣爲州、始于元元貞二年。明洪武二年復改爲縣。舊志始于宋慶元間縣令孫應時。至淳祐辛丑、鮑廉更加飾焉、旁搜博採、列爲十門、而書乃詳。其後時久人殊、卷帙散佚、百餘年間、未有取而續之者。元至正時、鎮宰是地、乃屬耆老顧德昭等搜求孫鮑舊本、復參攷異同、重付諸梓、凡所未載、並附卷末。書中云晉案者、惜佚其姓、疑德昭名也。其于城池之形勢、山水之崇深、與夫兵賦之多寡、文獻之昭垂、罔不記載詳明、了無餘蘊、是可與施宿嘉泰會稽志、梁克家淳熙三山志抗衡、非明人全用已說者可比。鎮後序所云其續志則始于有元、今闕佚已久、無從補錄。是冊從汲古閣毛子晉舊校本影寫。著錄家惟見於黃虞稷千頃堂書目、亦不詳其姓氏。崇禎間邑人龔立本跋此書云、邑中邵兵部麟武得於興福寺、僅半部、後歸許文學弢美、弢美復于南都書肆購其所佚之半、始成全帙、則此書在前明已稱難得。今復二百餘年、宜倍珍惜也。

南華眞經注疏三十五卷提要

唐成元英撰。元英字子實、陝州人、隱居東海。貞觀五年、召至京師。永徽中、流郁州。書成、道士王元慶遣文學賈鼎就授大義、嵩高山人李利涉爲序。攷唐書無元英傳、其見於藝文志者如此。諸家著錄、卷帙多寡不同、唐志十二卷、書錄解題三十卷、郡齋讀書志文獻通考皆三十三卷、宋史藝文志十卷、讀書敏求記二十卷。今依明道藏本抄錄、爲卷三十五。據敏求記、錢曾所藏爲前明南京解元唐寅家北宋槧本。蓋當時單行之書、不與道藏本同也。唐人著書傳世日少。此唐初之書、至今首尾完具、尤爲罕得。疏之所本爲郭象注、象注掃除舊解、標新領異、大半空言、無所徵實、不免負王弼注易之累。元英此疏、則稱意而談、清言曲暢。至序文云、莊子字子休、生宋國睢陽蒙縣、師長桑公子、受號南華仙人、殆出眞誥之類。殊可以廣異聞。元英於貞觀中加號西華法師、見於讀書志。

華陽陶居集二卷提要之隱

梁陶宏景撰。宏景有眞誥、已著錄。此其生平雜文及與武帝往復論書之劄。據集中尋山誌云、先生去世後、久無人編錄文集。至陳武帝貞明二年、勅令侍中尙書令江總始撰文集。先生以梁大同二年解駕、至是五十二載矣。文章頗多散落云云。然攷隋書經籍志、梁隱居先生陶宏景集三十卷、又內集十五卷。至宋人作唐書藝文志、僅載陶宏景集三十卷、則疑其所作內集已佚。自是以後、傳述愈微。晁公武、陳振孫皆未著錄。是本從明道藏本錄出、卷首載邵臺弟子傅霄編集、大洞弟子陳楠校勘。蓋亦道家者流、惟集前有江總序一首、似尙存其舊。餘則存什之一二而已。若夫殘膏賸馥、實足以沾溉後人。蓋宏景在道家亦號學者、其著述與抱朴抗衡、所謂列仙之儒也。

三術撮要一卷提要

不著撰人名氏。案陳振孫書錄解題云、三術撮要一卷、無名氏。又一本名擇日撮要、術大略皆同。建安徐淸叟眞翁云、其尊人尙書公應龍所輯、不欲著名。疑即此書。此從影宋販鈔錄、亦無刊刻年月。惟中引周謂彈冠必用及沈括夢溪筆談、當是南宋閒人手筆。蓋陰陽家言、爲術士所祕。六壬遁甲古法、除太白陰經、武經總要之外、載者寥寥無幾。宋以前百忌萬年具注集聖廣聖諸書、非此並無從舉其名目。故雖五行選擇家所用、而司天監據以鋪注須搠者、實不越此。亦足資攷鏡也。

蕭冰厓詩集三卷提要

宋蕭立之撰。立之字斯立、一名立等、號冰厓、寧都人。登方逢辰榜進士、仕至通守。歸隱後自放於詩、大旨宗江西派。宋詩紀事嘗採其詩。此三卷僅有五七言古體、五七律及七絕、乃其九世從孫敏所訪求而得者。其原跋稱向有詩集二十六卷、然則立之之詩佚者多矣。此集雖僅存什一、但明羅倫序稱其納交吳氏艸廬、見知謝氏疊山。是詩以人重、一鱗片羽、亦可珍貴云。

徐文淸公家傳一卷提要

宋朱元龍、葉由庚、龔應之等同撰。按文淸名僑、字崇甫、婺之義烏人。宋史有傳。此則僑門人等所撰、至僑九世孫彰刊以行世。與宋史相勘、大段相合。唯謂僑於紹定二年理宗新政、思得宿望以新大化、中外延頸以俟登用者、惟僑與眞德秀、魏了翁三人。攷宋史理宗本紀不載僑名、未免蹈家乘溢美之習。然本紀言端平二年甲寅、詔議胡瑗、孫明復、邵雍、歐陽修、周敦頤、司馬光、蘇軾、張載、程顥、程頤等十人從祀孔子廟庭、升孔伋十哲。据家傳則僑與李臺實主其議。又本紀言是年三月、詔進士陳文蔚著尙書解、並補迪功郎。据家傳則僑實以考亭門人薦其曾著傳、可爲傳心建極之要、并言其人宜置直講。所述事蹟甚詳、可補宋史之缺。此傳諸家書目皆未著錄。傳後所附毅齋詩集別錄一卷、亦流傳絕少。錢塘厲鶚著宋詩紀事、於僑小傳下僅言有集而不能舉其名。所選毅齋即事一首、今存集中、而注云濂洛風雅、則亦未曾親見是集、轉從選本錄出耳。

鐵崖賦稿二卷提要

元楊維禎撰。按四庫全書錄維禎麗則遺音四卷、計賦三十二首。此則未刻稿也。賦凡四十八篇。書爲洪武三十一年海虞朱燧子新氏手錄。文瑞樓書目有鐵崖賦一卷、即此本也。

日湖漁唱一卷提要

宋陳允平撰。允平字君衡、鄞縣人。德祐時授沿海制置司參議官。祥興元年、允平與蘇劉義書、期九月以兵船下慶元、當內應。爲怨家所訐、同官袁洪解之得釋。事見袁淸容集。其詩詞與吳文英、翁元龍齊名。張玉田嘗論其所作平正。千頃堂書目載日湖漁唱二卷、此作一卷、或爲後人所併歟。

重編海瓊白玉蟾文集六卷續集二卷提要

宋葛長庚撰。按長庚字白叟、福之閩淸人。七歲能詩賦。父亡、母嫁、棄家遊海上、號海瓊子。至雷州、繼白氏後、改姓白、名玉蟾。傳以爲仙去。所著詩文集凡四十卷、具詳事實中。此本乃明正統閒南極遐齡老人臞仙重編、前有宋端平時推官潘枋原序及嘉熙元年紹所書事實一篇。黃虞稷千頃堂書目載是集。臞仙序中述及王蟾有上淸玉隆武夷三集、內未入者皆收之。今重新校正、定爲八卷、附錄一冊、及霞侶奉酹之元齋仍綴諸卷末、而壽諸梓以永其傳焉。臞仙乃明太祖第十六子寧獻王朱權之號、博古好學、凡羣書有秘本、莫不刊布。著述之富、一時無有及者。

說文解字補義十二卷提要

元包希魯撰。按希魯字魯伯、進賢人。江西通志稱其穎異、嘗授今古文尙書于吳艸廬、動履端嚴、爲後進楷法。其教人先德行、後文藝、士習爲之一新。所著有四書凡例、易九卦衍義、詩小序辨、說文解字補義及原教說儒等篇。此書從至正刊本影寫。錢大昕元藝文志載之。書中體例悉依徐鍇韻譜，間于補注補音之後增加補義云云者，皆希晉作也。其議論多宋學，然於古人制字審音之法，時出新意，補前人所未及，似亦小學中可存之書。

擘經室外集卷二

支遁集二卷提要

晉釋支遁撰。遁字道林，姓關氏，陳留人，或云河東林慮人。太原王濛甚重之。案隋書經籍志云，支遁集八卷，注云梁十三卷。唐書藝文志則作十卷。宋志不著錄。讀書敏求記及述古堂書目作二卷，知缺佚多矣。是編依毛扆汲古閣舊鈔本過錄，上卷詩凡十八首，下卷書銘及讚凡十五首。錢遵王跋稱支公養馬愛其神駿，胸中未必無事在。皎然云，山陰詩友喧四座，佳句縱橫不廢禪云云。晉代沙門，多墨名而儒行，若支遁尤嬌然不羣，宜其以詞翰著也。

五行大義五卷提要

隋蕭吉撰。吉字文休，梁武帝兄，江陵陷，遂歸于周，爲儀同。及隋受禪，進上儀同，煬帝嗣位，拜太府少卿，加位開府。事迹具隋書藝術傳。是編日本人用活字板擺印，前有自序，稱博采經緯，搜窮簡牒，略談大義，凡二十四段，別而分之，合四十段，二十四者，節數之氣；總四十者，五行之成數云云。考隋書經籍志，唐書藝文志均未著錄。本傳述吉所著書，亦無是册。然史稱吉博學多聞，精陰陽算術，今觀其書，文義質樸，徵引讖緯諸籍，有條不紊，且多佚亡之祕笈，尤非隋唐以後所能僞爲也。

羣書治要五十卷提要

唐魏徵等奉敕撰。徵字元成，魏州曲城人，官至太子太師，謚文貞，事蹟具唐書本傳。案宋王溥唐會要云，貞觀五年九月二十七日，祕書監魏徵撰羣書治要上之。又云，太宗欲覽前王得失，爰自六經，訖于諸子，上始五帝，下盡晉年，書成，諸王各賜一本。又唐書蕭德言傳云，太宗詔魏徵、虞世南、褚亮及德言，裒次經史百氏帝王所以興衰者上之，帝愛其書博而要，曰，使我稽古臨事不惑者，卿等力也。德言賚賜尤渥。然則書實成于德言之手。故唐書于魏徵、虞世南、褚亮傳皆不及也。是編卷帙與唐志合。宋史藝文志即不著錄，知其佚久矣。此本乃日本人擺印，前有魏徵序，惟闕第四、第十三、第二十三卷。今觀所載，專主治要，不事修辭。凡有關乎政術，存乎勸戒者，莫不彙而輯之。即所采各書，并屬初唐善策，與近刊多有不同。如晉書二卷，尚爲未修晉書以前十八家中之舊本。又桓譚新論、崔實政要論、仲長統昌言、袁準正書、蔣濟萬機論、桓範政要論，近多不傳，亦藉此以存其梗概。洵初唐古籍也。

文館詞林四卷提要

唐許敬宗等奉敕撰。敬宗字延族，杭州新城人，官至太子少師，咸亨初以特進致仕，事蹟具唐書姦臣傳。案宋王溥唐會要云，顯慶三年十月二日，許敬宗修文館詞林一千卷上之。與唐書藝文志總集類卷帙合。志又云，崔元暐注文館詞林策二十卷。又雜傳類載文館詞林文人傳一百卷。宋史藝文志載文館詞林詩一卷。崇文總目載文館詞林彈事四卷。皆全書中之一類。是編亦僅存六百六十二及六十四、六十八、九十五四卷，皆漢魏以來之詔令。日本人用活字版擺印者。會要又云，垂拱二年二月十四日，新羅王金政明遣使請唐禮并雜文章，令所司寫吉凶要禮，并于文館詞林內采其詞涉規戒者，勒成五十卷賜之。是當時頒賜屬國之本，原非足册。此雖斷簡殘篇，而詔令則皆甚古。且全書之體例，亦可得其一斑矣。

臣軌二卷提要

唐武則天撰。唐書藝文志及崇文總目、鄭樵通志藝文畧所載卷帙並同。宋史不著錄。案唐會要云，長壽二年三月，則天自制臣軌兩卷，令貢舉人習業，停老子。又云，中宗神龍二年二月二日赦文，天下停習臣軌，依前習老子。書分國體、至忠、守道、公正、匡諫、誠信、慎密、廉潔、良將、利人凡十章。是編著錄久佚，此册日本人用活字板擺印，卷末題垂拱二年撰，乃日本人妄增也。

樂書要錄三卷提要

唐武則天撰。是編唐書藝文志著錄十卷。宋志卽未見、闕佚久矣。此日本人用活字版擺印、僅存第五第六第七三卷。其中所引古籍、如月令章句五經通義三禮義宗信都芳刪注樂書蘇夔樂志、皆世所罕覯、未嘗不藉是以存其崖略。至所列旋宮之法、十二相生之圖、尤足以備參考。則天尙有紫宸禮要十卷、當時與此并行、今亦未見其書矣。

膳夫經一卷提要

唐楊煜撰。煜官巢縣令。是書成于大中十年、詳西樓跋。唐書宋史藝文志並作膳夫經手錄四卷。通志藝文略同。王堯臣崇文總目亦作四卷、手錄則作手論、爲轉寫之譌。此從舊鈔本依樣過錄。書僅六葉、似後人掇拾成編。惟所載茶品甚詳、分所產之地、別優劣之殊、足與茶錄茶經資考證也。

岑嘉州集八卷提要

唐岑參撰。參、南陽人。爲文本曾孫。天寶三載趙岳榜第二人及第。累官右補闕起居郎。出爲虢州長史及嘉州刺史。杜鴻漸表薦安西幕府、拜職方郎中、兼侍御史。事蹟詳唐才子傳。案岑詩律健整、非晚唐纖碎可比。方回云、學杜詩當先觀工部集中所稱詠敬歎及交遊倡酬者。其稱詠敬歎則如蘇武李陵陶潛諸人。其交遊倡酬則如李白高適岑參之類。杜確序亦稱岑每一篇絕筆、則人人傳寫、雖閭里士庶、莫不諷誦吟習焉。其卷帙之數、唐書藝文志及崇文總目通考經籍考通志藝文畧焦竑經籍志並云十卷。文淵閣書目則云四冊、闕。是編與杜確序合。然如瀛奎律髓所載同崔十三侍御灉口夜宿報恩寺作、爲此本所佚、疑非唐人舊冊矣。

列子注八卷提要

唐盧重元撰。重元、范陽人。官司勳郎中。爲思道元孫。詳新唐書宰相世系表。列子注本甚希、伏讀四庫全書總目云、老莊二子、作注者不下百家。列子今尙僅存、注本之行于世者、張湛殷敬愼以外、惟林希逸口義及江遹解而已。是編唐宋藝文志皆未著錄。鄭樵通志焦竑經籍志始見其目。此則從道藏中和光散人高守元沖虛至德眞經四解之內錄出發刋。依張湛注分卷、足以羽翼湛注。卽所徵引各籍、亦多與古本相同。惟楊朱一篇注佚其半、惜無別本可補耳。

讒書五卷提要

唐羅隱撰。隱有兩同書、四庫全書已著錄。晁公武讀書志所載、卷帙與此同。陳振孫書錄解題云、求之未獲。蓋佚已久矣。是編依舊抄本影寫。方回跋稱隱在京師舉進士、留七載不第。咸通八年丁亥著讒書、皆憤悶不平之言、不遇于當世而無所以泄其怒之所作。今觀是編、益信回言之不虛。然隱既仕吳越、能請舉兵討梁、勸伐無道、侃侃大義、又豈僅以文士見稱哉。

中興兩朝聖政六十四卷提要

此書不知編集人姓名。起建炎元年、訖淳熙十五年。書內標題、謂之增入名儒講義皇宋中興兩朝聖政。其所采中興龜鑑大事記等書、各低一格附後、所謂增入講義是也。其書編年紀事、體例一倣資治通鑑爲之。卷端有分類事目、列十五門。興復一、任相二、君道三、治道四、皇親五、官職六、人才七、禮樂八、儒學九、民政十、兵事十一、財用十二、技術道釋十三、邊事十四、災祥十五。每門各有子目、共三百條。案書錄解題典故類有高宗孝宗聖政編要二十卷。陳振孫云、高宗聖政五十卷、孝宗聖政五十卷、乾道淳熙中皆有御製序。此二帙書坊鈔節、以便舉子應用之儲者也。據振孫所述、知此卽彙合兩書而冠以中興兩朝之名者。所有御製序亦不復存。蓋亦書坊所刻、故有增入講義、非進御之原本也。此書流傳絕少。今借宋刻本影鈔。自三十卷至四十五卷、惜已闕佚、無從訪補矣。

建炎筆錄三卷提要

宋趙鼎撰。鼎字元鎭、聞喜人。登崇寧五年進士第。官至右僕射同中書門下平章事。安置潮州。事蹟詳宋史本傳。是編藏書家目錄未見。此從舊鈔本過錄。所記自宋高宗建炎三年正月車駕在維揚起、訖于紹興七年十二月十二日朝辭上殿本末。粲然。蓋鼎耳目所親見聞、自確。宋南渡雜史中之最有典據者也。

寶祐四年會天歷一卷提要

宋荊執禮撰。執禮字里未詳。是編藏書家未見著錄。此從曝書亭舊鈔依樣影寫。卷首有寶祐三年十月中書省劄子。末載造算各銜、自荊執禮楊旂相師堯而下凡六人。案宋史律歷志稱南渡以後、繼作歷者凡八、曰統元乾道淳熙會元統天開禧會天成天是也。又云、今其選法具在方冊、惟會天之法不全。此則譚王等依會天歷推算。故朱彝尊云、由丙辰一歲推之、歷家可忖測而知其故已。

辨誣筆錄一卷提要

宋趙鼎撰。鼎有建炎筆錄、已鈔錄。是編前有自序、稱學術迂僻、與衆背馳、所上前後數千章、其間豈無傳播失實、風聞文飾之誤、不得不辨。其他細故、無足深較云云。所辨張邦昌僭竊、于王時雍權京畿提刑、有新奉王音之語、卽史所稱檜惡其遇己、徙知泉州、又諷謝祖信論鼎嘗受邦昌僞命。辨盜用都督府錢十七萬、卽史所稱檜忌鼎復用、諷王次翁論其乾沒都督府錢十七萬、謫官居興化軍。辨資善堂汲引親黨、卽史所稱封瑗爲建國公、就學資善堂、薦范仲爲翊善、朱震爲贊讀、朝論謂二人極天下之選。蓋定國本莫先于教儲、以前未見史冊、並足以資考證。雖篇帙寥寥、亦讀宋史者所不能廢也。

南嶽總勝集三卷提要

宋道士陳田夫撰。田夫字耕叟、居南嶽九眞洞老圃菴。是編從明人影宋本依樣過錄。首卷列總圖一、分圖五及五峯靈迹、又洞天福地以至歷代帝王、爲類二十有七。中卷叙寺觀及所產珍禽雜藥與花靈草靈僊異獸、纖悉畢載。下卷敘唐宋異人高僧、末附以隱逸之士。徵引博而敘述簡、深有體要。前有隆興甲申拙叟序、稱耕叟居南嶽、往來七十二峯間三十餘年、訪求前古異人高僧靈蹤祕迹、考其事而紀之云。案宋史地志傳者頗希、此則較唐李沖昭南嶽小錄更爲詳備、尤足以證文淵閣書目作南嶽集三册、乃轉寫脫誤耳。

自號錄一卷提要

宋徐光溥撰。光溥、錢塘人。是編依錢遵王所藏元孫道明鈔本過錄。有淳祐丁未譚閶友序。凡宋時墨客騷人以及名公鉅卿之號、彙爲一書。自處士以及村莊、分類三十有六、附雜類于卷末。事涉瑣屑、然亦有資考鏡也。

衢本郡齋讀書志二十卷提要

宋晁公武撰、姚應績編。應績、公武門人。此書在宋時已兩本並行、淳祐庚戌、鄱陽黎安朝守袁州所刻、謂之袁本。四庫全書已著錄、是編淳祐己酉南充游鈞知衢州時所刻。其所收書較之袁本幾倍之。馬端臨作經籍考、全據是册。如京房易傳、宋太祖實錄、太宗實錄、建康實錄之類、悉與之合。其文亦多至數倍。伏讀四庫全書提要云、衢本不可復見。此從舊鈔依樣影寫。經凡十類、史凡十三類、子凡十八類、集凡四類、次序有法、足爲考核之資。

友會談叢三卷提要

宋上官融撰。融、華陽人、其字未詳。陳振孫云不知何人。案書中稱其父嘗宰建之浦城縣。是編前有天聖五年自序、卷帙與宋史藝文志、通志藝文畧、焦竑經籍志並同。觀文獻通考所載則作一卷、疑轉寫之譌。但序稱記在人耳目者六十事、此則僅及其半。非有缺佚、或六爲三之誤字。核其所紀、皆宋代故事、多言報應、示勸戒、纖悉臚載、間傷猥雜。然如紀呂端出使高麗、與宋史端本傳合。紀太平興國三年以定隴地建爲廣濟軍、與宋史地理志亦同。要非絕無依據者可比也。

孔叢子注七卷提要

舊本題曰孔鮒撰、宋宋咸注。咸字貫之、建陽人。天聖二年進士、仕至都官郎中。詳何喬遠閩書。是編依宋巾箱本影鈔、與晁公武郡齋讀書志、陳振孫直齋書錄解題卷帙相合。以世所傳三傳之本校之、釐然不同。如小爾雅廣言、俗刻作俘罰也、此作浮罰也。禮記投壺若是者浮、正義所引可據也。咸注亦典核簡潔。卷首載自序併進書表。王伯厚玉海稱咸上所注揚子、孔叢子、賜三品服。今所注揚子更不可得矣。

孫子十家注十三卷提要

宋吉天保撰。保字里未詳。孫子一卷、四庫全書已著錄。伏讀四庫全書總目云、此書注本極夥、如隋書經籍志、唐書藝文志、馬端臨經籍考所載諸家、然至今傳者寥寥。應武舉者所誦習、惟坊刻講章、鄙俚淺陋、無一可取。故今但存其本文、著之于錄。是編依華陰道藏本錄出。十家者、魏武一、梁孟氏二、唐李筌三、杜牧四、陳皞五、賈林六、宋梅堯臣七、王晳八、何延錫九、張預十也。十家之內、多出杜佑、乃佑作通典時引孫子而訓釋之、非爲孫子作注也。案自魏武後注者莫先于孟氏、隋志可考、而晁公武則誤以爲唐人。道藏原本題曰集注、明人所刊又作注解。此作十家注、依宋志改。末附孫子遺說、乃鄭友賢所撰也。

千金寶要十七卷提要

唐孫思邈原本、宋郭思采錄刻石。案舊唐書思邈本傳、止載千金方三十卷。葉夢得避暑錄話稱其作千金方時已百餘歲、後三十年又作千金翼方。郡齋讀書志、書錄解題並載兩書、云各三十卷。今俗閒傳本千金翼方九十三卷、兩書淆溷、不復可別、不知何人所定也。郭思刻石在宋宣和間、其所依据當是思邈原本。刻石在華州公署、明正統、景泰間、又重刻石本、又有木刻本。至隆慶時、耀州眞人祠復有石刻。案酉陽雜俎謂昆明池龍宮有仙方三十首、思邈以療龍疾得之、乃著千金方三十卷、每卷置一仙方。信爲方書中之最可寶貴者。書中稱痘瘡爲小兒丹毒、即元人奇効良方所謂痘疹也。或謂此疾出自近代者、殆不可從。今從石本錄副、以備唐人方書之厓畧云。

一切經音義二十五卷提要

唐釋元應撰。釋智昇開元釋教錄稱、元應以貞觀之末、捃拾藏經、爲之音義、注釋訓解、援引羣籍、證據卓明云云。案齊沙門釋道惠爲一切經音義、宋高僧傳云唐釋慧琳爲大藏音義一百卷、二書今皆不傳。是編唐書藝文志著錄、名衆經音義。此從釋藏本刊印。其中所引羣籍、如鄭康成尚書注、論語注、三家詩、賈逵服虔春秋傳注、李巡孫炎爾雅注、以及倉頡三倉、葛洪字苑、字林、聲類、服虔通俗文、說文音隱、多不傳之祕册。元應通曉儒術、著書該博、惟昧漢人之通轉假借、泥後代之等韻、是其所短也。

古清涼傳二卷廣清涼傳三卷續清涼傳二卷提要

唐釋慧祥撰古清涼傳、宋釋延一撰廣清涼傳、續清涼傳、宋張商英朱弁所撰。廣續二編、藏書家多未著錄、惟古清涼傳見宋史藝文志。凡方域名勝及高僧靈跡、莫不詳載。延一收捃故實、推廣祥傳、更記寺名勝蹟、以及靈異藥物、其中多涉及儒家、且有六朝人文。如晉釋支遁文殊像贊序、又殷晉安郄濟川讚、并世所希見、而遁序尤足補本集之所佚。若王勃釋迦如來成道記、釋迦佛賦、今四傑集、文苑英華俱無之。是編或以爲金大定時寺中藏板、末附補陀傳、峨嵋讚、乃元人所集、明釋又從而附綴之也。

道德眞經補四卷提要

唐陸希聲撰。案希聲、吳郡人、景融四世孫。唐書本傳稱其善屬文、通春秋、易、老子、論著甚多。此書見于唐書藝文志、卷帙相符。趙希弁讀書附志、陳振孫書錄解題皆不著錄。凡儲藏家亦皆無之。唯見于道藏必字號。明白雲霽道藏目錄詳注稱其以事理元會、通變機宜、採至精之賾。可謂神解。其稱許如此。今攷此書、發明老氏之旨、條達曲鬯、視宋人之援老入佛者大不侔矣。唐人遺書、傳世日少。今從道藏校錄、卷帙完善、洵可寶也。

泰軒易傳六卷提要

宋李中正撰。中正字伯謙、清源人。案宋史藝文志不著錄。諸家書目亦未載其名。是編日本人用活字板擺印。凡言易者、非泥陰陽、即拘象數。此則專明人事、于起伏消長之機、隨事示戒、非空談者可及。惜繫辭以下本闕。卷首乾卦九三以上及卷二之觀卦亦闕。然宏綱巨指、尚可推尋。如解否之匪人不利君子貞云、不利作一讀、而君子則無往而不貞也。于益卦六二云、或益之十朋之龜、龜弗克違、天助之也。天人兩助、而能永貞、以盡臣節。錄存其說、以備讀易者之參考焉。

春秋集傳十九卷提要

宋張洽撰。洽有春秋集注及綱領、
四庫全書已著錄。洽爲朱子門人、宋史載道學傳。伏讀
四庫全書總目云、集注遺本僅存、而所謂集傳則佚之久矣。是編元本二十六卷、元延祐中李教授萬敵刻于臨江路學。洽曾孫庭堅校正者。卷首有宋端平二年繳省投進狀、經義考載庭堅後序云、副使臧公移文本路總府、下學刊刻集傳沿革二書、集傳雖成而章卷倒亂、文字差訛。迨癸丑江南諸道行御史臺行移各路、春秋用張主一傳。延祐庚寅詔興科目、而遠方士友購求者眾。李廣文補刊集傳、始爲全書云。惜此本缺卷十八至卷二十、又卷二十三至二十六共七卷。然全書崖略尚可推尋。如云魯公朝聘之禮不行于王室、及論眾仲言樂之失、當以劉氏之說爲宗。論聖人書初之旨、當以公羊程氏之說爲正。云文公不會伯主以取晉怒。云諸侯不得越境親迎、辨穀梁言恒事之非。能集眾家所長、討論歸于至當。固春秋家所不廢也。

九經疑難四卷提要

宋張文伯撰。文伯字正夫、樵陽人。時代未詳。朱彝尊經義考列之錢承志之後、疑宋末人。是編千頃堂書目、經義考並作十卷。此從澹生堂鈔本依樣過錄、僅總序及易詩書二經、餘皆闕佚。自序云、嘗取五經三禮與夫論孟、究其大概、凡平日得于先儒之議論者、寸長片善、靡有不錄。又云、開卷一覽、九經大旨瞭然胸中矣。雖其書專爲場屋而設、然唐宋諸儒說經之文、捃拾不少、可以廣見博聞、足資考訂也。

爾雅新義二十卷提要

宋陸佃撰。佃有埤雅二十卷、
四庫全書已著錄。伏讀
四庫全書總目云、爾雅新義僅散見于永樂大典中。文句譌闕、亦不能排纂成帙。案朱彝尊經義考則云未見。陳振孫書錄解題云、頃在城南傳寫、凡十八卷。其曾孫子適刻于嚴州者爲二十卷。是編從宋刻依樣影抄、凡二十卷。殆即子適之所刻歟。陸宰爲其父作埤雅序云、注爾雅畢、更修此書、易名埤雅、言爲爾雅之輔。然二書體例、絕然不同。此則不若埤雅之貫穿諸書、旁通曲證也。而自序以爲雖使郭璞擁篲清道、跂望塵躅可也。陳振孫云、以愚觀之、大率不出王氏之學。至句逗亦多不同。如釋木樸枹者謂櫬、采薪、佃則以謂字絕句。注云、謂之而後知。釋蟲螼蚓蜸蠶、佃則以蠶字連下莫貈爲句。注云、蠶老而後眠。不知經典釋文讀蠶爲他典切。又莫貈螳蜋蛑、佃則連下文虰字爲句。雖本之方言、然荊舒已引說文辨其失指。惟所據經文乃當時至善之本。如釋言搘柱也、則作楷柱也。皇華也、則作華皇也。釋天四時和謂之玉燭、則作四氣和。河鼓謂之牽牛、則作何鼓。釋邱堂途梧邱、則作當途。釋水河水清且瀾漪、則作瀾漪。釋草萍蓱、則作苹蓱。莩麻母、則作莩麻母。蕭荻、則作蕭萩。卷施草、則作卷施草。欃橐含、則作欃橐含。釋木痤接慮李、則作痤接慮李。釋鳥楊鳥白鷢、則作鸞白鷢。鳥鵅鷅、則作烏鵅鷅。並足以資考訂、亦讀經者之所不廢也。

集篆古文韻海五卷提要

宋杜從古撰。從古字唐稽、里居未詳。陶宗儀云、從古官至禮部郎。自序稱朝請郎尚書職方員外郎。蓋指其作書時而言。是編藏書家未見著錄。此依舊鈔影摹。從古以郭忠恕汗簡、夏竦古文四聲韻二書闕佚未備、更廣搜博采、以成之。序云、比集韻則不足、較韻畧則有餘。視竦所集則增數十倍矣。案書史會要云、宣和中從古與米友仁、徐兢同爲書學博士。高宗稱先皇帝喜書、設學養士、獨得杜唐稽一人。今觀其書、所譽良不虛也。

太常因革禮一百卷提要

宋歐陽修等奉敕撰。案宋自太祖始命儒臣約唐之舊、爲開寶通禮。至仁宗初年、禮官王皞復論次太宗真宗兩朝已行之事、名曰禮閣新編、止于天禧五年。其後賈昌朝等復加編定、名曰太常新禮、止于慶歷三年。嘉祐中、修奉敕重定此書、至治平中上之于朝。英宗賜名太常因革禮。見于修之自序如此。然書後有淳熙十五年李璧跋、以爲此老蘇先生奉詔所修。攷歐公爲老泉墓誌云、會太常修纂建隆以來禮書、乃以爲霸州文安縣主簿、使食其祿、與陳州項城縣令姚闢同修典禮、爲太常因革禮一百卷。則此書雖爲修所上、其體裁出于蘇洵居多。書中分總例二十八卷、吉禮三十三卷、嘉禮九卷、軍禮三卷、凶禮三卷、廢禮一卷、新禮二十一卷、廟議十二卷。總例內子目二十八、吉禮子目三十七、嘉禮子目十七、軍禮子目六、凶禮子目二十五、廢禮子目九、新禮子目三十七、廟議子目二十六。計共百卷、八門、一百八十五目。郡齋讀書志、直齋書錄解題不載此書。儲藏家亦絕無

著錄者。茲從舊鈔本影寫、失去五十一至六十七、凡十七卷。書中亦多闕文、無從訪補。其書所采擇者、自開寶通禮、禮閣新編、太常新禮三書之外、復有會要、實錄、禮院儀注、禮院例册、封禪記、明堂記、慶歷祀儀等書、至爲賅備。蓋治平之際、正宋室最盛之時、而又出于名臣名儒之所訂定、汴京四朝典禮、粲然具備、足以資考鏡者、固不少矣。

難經集注五卷提要

周秦越人撰、越人卽扁鵲、事迹具史記本傳。明王九思等集注。九思字敬夫、鄠縣人、宏治十才子之一。丙辰進士、由庶吉士授檢討、調吏部主事、陞郎中。坐劉瑾黨、降壽州同知、尋勒致仕、事迹附明史李夢陽傳。餘則未詳。難經雖不見于漢藝文志、而隋唐志已著錄。凡八十一章、編次爲十三類。理趣深遠、非易了然。九思因集吳呂廣、唐楊元操、宋丁德用、虞庶、楊康侯各家之說、彙爲一書、以便觀者。案宋晁公武讀書志云、德用以楊元操所演甚失大義、因改正之。經文隱奧者、繪爲圖以明之。然則書中圖說、殆德用所爲。是編日本人用活字板擺印、呂楊各注、今皆未見傳本、亦藉此以存矣。

脈經十卷提要

西晉王叔和撰、宋林億等校定。叔和、高平人、官太醫令。甘伯宗名醫傳稱、叔和博通經方、精義診處、尤好著述。是編從宋嘉定何大任刻本影抄。前有宋國子博士高保衡、尚書屯田郎中孫奇、光祿卿直秘閣林億等校上序。卷末載熙寧二年及二年進書銜名。又紹聖三年六月國子監雕版札子及各銜名。案林億序云、臣等博求衆本、據經爲斷、去取非私。又云、今考以素問、靈樞、太素、難經、甲乙、仲景之書、并千金方及翼說脈之篇以校之、除去重複、補其脫漏云云。用力可爲勤摯。世傳叔和脈訣一卷、乃後人依託爲之、與此絕不相同也。

類編朱氏集驗醫方十五卷提要

宋朱佐撰。佐字君輔、湘麓人。前有咸淳二年眉山蘇景行序。是編分風寒諸門、采掇議論、詳盡曲當。凡所載宋氏醫書、多不傳之秘笈、又皆從當時善本錄出、如小兒病源方論、長生丸、塌氣丸、輭影抄本爲詳。

史載之方二卷提要

宋史載之撰。載之字里未詳。是編傳本甚希、此從北宋刊本依樣過錄。上卷之末附載跋語、其文不全。宋史新編作史戩之方、乃形近之譌。施彥執北窗炙輠錄稱其治蔡元長疾、以此得名。案所作爲醫總論、闡發甚明。各推其因、證主治之法、精核無遺。較諸空談醫理者、固有別焉。

書齋夜話四卷提要

宋俞王撰。王字王吾、吳縣人、有周易集說。四庫全書已著錄。是編見千頃堂書目、傳本殊希。書中辨字音字義、以及六經子史、莫不考求得失、多前人所未發。如云周禮醢人箈菹鴈醢、謂箈當作落、从艸不从竹。一條案經文當作落、故鄭司農訓爲水中魚衣。卽說文艸部云落水青衣也。後鄭始易落爲意、復又誤爲箈字、幾不可解。又經傳之文、耳卽而已、爾卽如是一條、案凡云而已者、急言之曰耳。古音在第一部。凡云如此者、急言之曰爾。古音在第十五部。如世說聊復爾耳、謂且如此而已是也。二字音義絕然不同、而唐宋人至今每每譌錯、于古經傳致多難讀。全書援引精確、不可殫數、固非漫無根柢、徒爲臆斷之談者所可及也。

遁甲符應經三卷提要

宋楊維德等撰。維德附宋史方技韓顯符傳、字里未詳。顯符稱其能傳渾儀法。是編不見于宋志、鄭樵通志畧始著錄。焦竑經籍志、錢遵王述古堂書目所載、卷帙並同、惟馬端臨通考則作二卷、乃傳寫之誤。此從舊鈔本依樣過錄。卷首有宋仁宗御製序、末載承樂閒欽天監五官司歷王巽序。其書以遁甲論行軍趨避之用、如言九天之上、九地之下、卽孫子形篇所謂善守者藏于九地之下、善攻者動于九天之上。亦卽李筌所云以直符加時于後一所臨宮爲九天、後二所臨宮爲九地。地者靜而利藏、天者運而利動。與云其書立術精密、考較詳明、宜五行之家所不廢也。

六壬大占一卷提要

宋祝泌撰。泌字子涇、德興人、以進士授饒州路三司提辭，年老乞休。元世祖詔徵，不赴。事蹟詳江西通志。是編宋志不著錄。鄭樵通志畧所列六壬，多至八十二家，焦竑經籍志凡八十九家，錢遵王述古堂書目凡一十八家，皆無是册，蓋佚已久矣。此從宋刻本依樣影鈔。卷首有泌進書序及六壬起例。案泌云：六壬立名，古今不宜其旨，惟周禮硩蔟氏掌覆夭鳥之巢，以方書十日十二辰十二月十二歲二十八星之號，即壬盤之體。三代之壬書，惟此一證。與術家以五行始于水，水生于一，成于六之說異，錄而存之，以資參考焉。

夷堅甲志二十卷乙志二十卷丙志二十卷丁志二十卷提要

宋洪邁撰。影宋鈔本。案夷堅志十集，每集二十卷，支志十集，每集十卷，三志十集，每集十卷，四志甲乙二集二十卷，共四百二十卷。小說家唯太平廣記爲卷五百，然卷帙雖繁，乃搜輯衆書所成者。其出于一人之手，而卷帙遂有廣記十之七八者，唯有此書，亦可謂好事之尤者矣。邁每集各自爲之序，唯四乙未成，不及序。計序三十一篇，篇各出新意，翻與時賢撰各序大指，載于賓退錄。此本甲志序已佚，餘三序存，與賓退錄所舉相合。每卷之下，注明若干事，每事亦必注明某人所說，以著其非妄。書中神怪荒誕之談，居其大半，然而遺文軼事可資考鏡者，亦往往雜出于其間。四庫全書所收者，乃支志五十卷，與此不相涉。此本卷首有元人沈天祐序，稱建學所存舊刻闕本殘闕，承本路府判張紹先之命，以浙本補全者。適與兒适遵皆皓之子，名位著述皆相埒，世所稱鄱陽三洪是也。邁亦有弟二人，一景裴，名邁，一景何，不知其名，皆見于此書。

策學統宗前編五卷提要

此書標題新刊精選諸儒奥論策學統宗，其下列名心易談與中叔剛校正，存理譚金孫叔金遊次，桂山譚正叔孫端訂定。三譚皆冠以古雲後學三人姓名，既不經見，古雲亦不知其何地。書中采輯劉子翬、呂祖謙、陳傅良、楊萬里諸家之文，議論堯舜三王伊周孔曾顔孟老韓者，共三十三篇，爲前集五卷。四庫全書提要載後集八卷，續集七卷，別集五卷，共二十卷，而闕其前集。今從元板影錄，以成完書。

斜川集六卷提要

宋蘇過撰。案宋史本傳，過有斜川集二十卷，藝文志則云十卷，書錄解題、文獻通考卷數與藝文志同，其書久已失傳。世間行本，大率因謝幼槃、劉改之二人之名與叔黨同，竄改集名，聊以欺世。據明王世貞弇州題跋，則知以劉集充叔黨之書，自元季已然。眞本散佚，蓋已甚久。王士禎香祖筆記記康熙乙酉有書賈以此集兩册求售，索直二百金，惜未之見，不知士禎所述者果係眞本否也。乾隆朝仁和吳長元得舊鈔殘本，復從各書蒐輯詩文若干，其思子臺賦、颶風賦二篇，見于本傳者，從東坡集校補，又益以宋文鑑、播芳大全所選者，合之稍可成袠，然竟未及鈔入四庫全書，深可惋惜。茲從舊鈔本重加繕錄，釐定詩文六卷，雖未能盡復舊觀，亦庶幾可慰藝林之跂想矣。

增廣箋注簡齋詩集三十卷無注詞一卷提要

宋陳與義撰，胡穉箋。簡齋集十六卷，四庫全書已著錄，此本作三十卷，末附詞一卷，蓋穉作注時去雜文，每卷復釐爲二卷。首有樓鑰序，併穉自序，又穉所編與義年譜及穉深詩箋正誤。鑰序稱穉約居立學，日進不已，隨事標注，遂以成編，貫穿百家，出入釋老云云。今觀所注，多鈎稽事實，能得作者本意，絕無捃拾類書、不究出典之弊。凡集中所與往還諸人，亦一一考其始末，固讀與義集者所不廢也。

史詠集二卷提要

宋徐鈞撰。鈞字秉國，蘭谿人，與金履祥友善，履祥嘗延致以教授諸子。是編卷首載許謙序，末有張樞、黃溍及其子津後序。謙、溍並稱鈞取通鑑所載君相事實，人爲一詩，總一千五百三十首，此本所存僅三之一，止于唐而不及五季。即唐以前諸詠，逸失已多，然意存勸戒，隱發於微之旨，溢于言表，雖殘闕之餘，猶爲藝林所重也。

平安悔稿十二卷提要

宋項安世撰。安世有周易玩辭，四庫全書已著錄。案文淵閣書目日字號載丙辰悔稿十五册，又月字號載悔稿三册，又一部六册，並殘缺之本。宋史藝文志載丙辰悔稿四十七卷，近日傳本殊希。厲鶚宋詩紀事僅從后村詩話、方輿勝覽、后村千家詩蒐采數首，此則依舊鈔過錄，合前後集凡一千二百八十五首，分卷與宋志不合。即后村詩話所錄春日堤上、吹帽亭、地毬、糟蟹、永州諸作，皆未見于是編。卷六以下乃慶元丙辰謫居江陵後所作，缺佚雖多，然就存者觀之，固紹熙嘉泰間一作者也。

雲莊四六餘話一卷提要

宋楊囦道撰。囦道字深仲，里居未詳。是編藏書家目錄未見，此依宋刊本過錄。凡宋人說部中之言四六者，若玉壺清話、容齋隨筆、能改齋漫錄、文章叢說之類，莫不廣搜博採。其論四六，多以翦裁爲工。又云：制誥牋表貴乎謹嚴，啓疏雜著不妨宏肆。持論精審，固習駢體者之所必資也。

分類唐歌詩殘本十一卷提要

宋趙孟奎編。孟奎字文耀，宋太祖十一世孫，寶祐丙辰文信國榜進士，官至祕閣修撰。是編元書凡一百卷，分門纂類，孟奎自序云得一千三百五十三家，四萬七百九十一首。此本依絳雲樓舊藏過錄，僅存天地山川類五卷，草木魚蟲類六卷。據毛扆跋，稱葉文莊集謂從孟侍講錄殘本，完者僅二十七卷。公爲英宗朝名臣，前此且二百年，尚止乎此云云。缺佚雖多，然全書體例由是可推，且唐人隱僻姓氏，如毛扆所記文丙、許大諸人，亦未嘗不藉是以存也。

詩苑衆芳一卷提要

此書影元鈔本。首題吳郡梅谿劉瑄伯玉編。所選諸家詩、潘牥章康黄簡趙汝談方萬里鄭起潛文天祥李迪鄭傳之何宗斗蔣帔朱詵魏近思張榘張紹文、張元道呂江蔣華子陳鈞蕭炎沈規呂勝之汪朝卿吳龍起二十四人。一人之詩、多不過十首、少或一二首。計僅八十二首。每人名著其字號籍貫。所選之詩、近體較多、率皆淸麗可誦。蓋江湖小集之流亞。而决擇精當、似取法于唐人之選唐詩也。

南海百詠一卷提要

宋方信孺撰。信孺字孚若、莆田人。以蔭補官。開禧中假朝奉郎使金。三往返、歷淮東轉運判官知眞州、至廣西漕。所著有好菴游戲詩境集、未見。是編乃其官番禺漫尉時所作。取南海古蹟、每一事爲七言絶句一首。每題之下各詞其顛末。注中多記五代南漢劉氏事。所引沈懷遠南越志鄭熊番禺雜志、近多不傳。厲鶚宋詩紀事載劉后邨序信孺詩文云、宮羽協諧、經緯麗密。于此亦足見其一斑矣。

聲律關鍵八卷提要

宋鄭起潛撰。起潛字子升、吳縣人。少孤力學、舉進士。官至直學士權兵部尚書。是編乃其官吉州州學教授時所上。前有淳祐元年正月六日尚書省劄子云、總以五訣、分爲八韻、至于一句、亦各有法。是雖專爲場屋而設、錄而存之、以見當時學者之所業矣。

觀瀾集注三十卷提要

宋林之奇編。呂祖謙集注。之奇有尚書全解、祖謙有古周易、四庫全書並已著錄。是編宋史藝文志著錄六十三卷。此從宋本依樣影鈔、僅及其半。甲集凡二十五卷、自屈平以下六十五人。乙集五卷、自揚雄以下凡十九人。分類編輯。祖謙集注、多本舊注爲之。如離騷經文賦閑居賦、卽用五臣注。釋摭拾精核、足與之奇書相輔而行也。

梅磵詩話三卷提要

宋韋居安撰。居安、吳興人。景定間進士。是編黄虞稷千頃堂書目錢遵王讀書敏求記並著錄。所論多南宋時人之作。名篇警句、往往在是。采擬亦復謹嚴。卷末云、余丙子歲司糾三衢。二月十一、宋太后詔諭諸郡歸附。郡將而下奉詔依應、吏民安堵如故云云。是居安以宋臣而入于元者也。

樵歌三卷提要

宋朱敦儒撰。敦儒字希眞、洛陽人。紹興乙卯、以薦起賜進士出身、爲祕書省正字兼兵部郎官。遷兩浙東路提點刑獄。上疏乞歸、居嘉禾。此依毛晉汲古閣舊鈔過錄。案花菴詞客稱敦儒東都名士、天資曠逸、有神仙風致。江西月二首、可以警世之役役于非望之福者。是編江西月凡八、卽指第五第六二首而言。又張正夫稱敦儒月詞、挿天翠柳、被何人推上一輪明月、詞意絶奇、似不食烟火人語。是作今載集中。餘皆音律諧緩、情至文生、宜其獨步一時也。

陽春白雪八卷、外集一卷提要

宋趙聞禮編。聞禮字立之、臨濮人。案文淵閣書目月字號、載陽春白雪一册、乃闕佚之本。此從舊鈔依樣倣寫。所選凡二百餘家、宋代不傳之作、多萃于是。去取亦復謹嚴、絶無猥濫之習。聞禮著有釣月軒詞、周密絶妙好詞嘗采其作。是編亦自錄一二、如玊漏遲法曲獻仙音瑞鶴仙等闋、字鍊句琢、非專以柔媚爲工者可比也。

王周士詞一卷提要

宋王以凝撰。以凝字周士、湘潭人。由太學生仕鼎澧帥幕。靖康初、徵天下兵、以凝走鼎州、乞解太原圍。建炎中、以宣撫司參謀制置襄鄧。是編依毛晉汲古閣書鈔過錄。凡三十一首。以凝詞句法精壯、如和虞彥恭寄錢遜升蓦山溪一闋、重午登霞樓滿庭芳一闋、艤舟洪江步下浣溪沙一闋、絶無南宋浮豔虛薄之習。其他作亦多類是也。

詞源二卷提要

宋張炎撰。炎有山中白雲詞、四庫全書已著錄。是編依元人舊鈔影寫。上卷詳論五音十二律律呂相生、以及宮調管色諸事、釐析精允。間系以圖、與姜白石歌詞九歌琴曲所記用字紀聲之法、大畧相同。下卷歷論制曲句法字面虛字淸空意趣用事詠物節序賦情離情令曲雜論五要十四篇、並足以考見宋代樂府之制。自明陳仲醇改竄炎書、刋入續祕笈中、而又襲用沈伯時樂府指迷之名、遂失其眞。微此、幾無以辨其非。蓋前明著錄之家、自陶九成說郛廣錄僞書、自後多蹈其弊也。

新增詞林要韻一卷提要

此書不分卷、不知撰人姓名。目錄標題新增詞林要韻。書中標題則曰詞林韻釋。其書分一東紅、二邦陽、三支時、四齊微、五車夫、六皆來、七眞文、八寒間、九鸞端、十先元、十一蕭韶、十二和何、十三嘉華、十四車邪、十五淸明、十六幽游、十七金音、十八南三、十九占炎、共十九部。而以上去二部依部列于平聲之後、而入聲不獨爲部。凡入聲之作平聲作上聲作去聲者、又各依類分隸于平上去之後、要皆統于平聲十九部之內、其中每字皆有訓釋。一字數意、備載無遺。而詞句簡妙、精而不支。書縫有菉斐軒三字。近人厲鶚論詞絶句云、欲呼南渡諸公起、詞韻重雕菉斐軒。世人知重此書、實自鶚詩始發之。然自來作長短句者、未嘗不以入聲押韻。而此以入聲分隸平上去三聲、蓋後來曲韻之嚆矢。或以曲盛于元、而此書實出于南宋爲疑。今案書錄解題歌詞類有五十大曲十六卷、萬曲類編十卷、則宋時未始無曲也。此影宋鈔錄。卷端標題詞林。詞林者、猶藝林之謂、非必指長短句而言。以此爲詞韻、殆鶚誤會詞林二字之義耳。

陳氏小兒病源方論四卷提要

金陳文中撰。文中字文秀、宿州符離人。官太常。明大小方脈。于小兒瘡疹、九造其妙。金亡歸宋、處漣水十五年。詳鄭全序。案醫科一十有三、小兒爲啞科、其治九難。是編分養子眞訣小兒變蒸候、又形證門及面部形圖、皆先論後方。鄭全云、是書圖其形狀、別其證候跡其方論、籠爲一卷。今作四卷、疑後人所分。故書中有稱陳氏云者。考諸家目錄所載宋代小兒方症各書、今多不傳。此本依宋刻影寫、亦僅存之祕笈也。

歷代蒙求一卷提要

元王芮撰。按錢曾讀書敏求記、稱歷代蒙求一卷、汝南王芮所編。括蒼鄭振孫復爲纂注。書中歷叙帝王古今世代文約事該、不繁不爽。鄭注又復援經據史、貫徹古今。較之周興嗣千文以字集而或乖其義、補注蒙求以事對而多失其序者、其啓迪童蒙之功、似更爲過之矣。此卷刻于元至順中。馬速忽守新安、以其書有資啓發、令郡教授王藎鋟梓、以廣其傳。此從錢曾所藏本影寫、尚是元時舊刻也。

論語叢說三卷提要

元許謙撰。伏讀四庫全書總目云、元史許謙本傳載謙讀四書章句集注有叢說二十卷。此本凡大學一卷、中庸一卷、孟子二卷、中庸闕其半、論語則已全闕。是編從元人刻本依樣影抄。其中有正文而誤似注者、如中卷晝寢章衣敝章、下卷侍坐章纍章爲邦章性相近章荷蓧章、乃元代刻書陋習、悉仍其舊。案謙受業于金履祥、故書中引履祥之說、獨稱先生。吳師道云、欲讀朱子之書、必由許君之說。今考是書、發明朱子之學、旁引曲證、不苟異、亦不苟同。泰伯章云、王文憲謂集注朱子因舊傳修入、未及改。美王章云、沽去聲、訓賣。若平聲、則訓買、于此義不相合。川上章云、舍去聲、止息也、見楚辭辯證集注、未及改。割不正不食節、則云古者燕饗有大臠曰胾、又云其餘牲體骨脊及腸胃肺心、割截各有一定、所謂不正、則不合乎度者。頗有根據、皆足以資考證也。

讀中庸叢說二卷提要

元許謙撰。案元史本傳、謙讀四書章句集注有叢說二十卷。朱彝尊經義攷据一齋書目收入總經類、注云未見。通志堂經解亦未及編刻、蓋世已久不見其書矣。今四庫全書所收祗大學一卷、中庸一卷、孟子二卷而已。中庸本二卷、已佚其半。論語則已全佚。今除論語叢說三卷已從元板影錄進呈外、復從吳中藏書家得元板中庸叢說足本二卷、又影錄副本以補前收之所未備、而許氏之書遂成完璧。案黃溍爲謙作墓誌、載此書卷數二十、與本傳相符。今所錄者俱遵元板、論語三卷、中庸二卷、合之大學一卷、孟子二卷、得八卷。皆首尾完整。明祕閣書目所載四書叢說亦止四冊、殆與今本相同。蓋未可據墓誌本傳而疑其尚有闕佚也。

續古篆韻六卷提要

元吾衍編。有周秦石刻釋音一卷、四庫全書已著錄。是編從舊鈔本依樣影寫。衍以石鼓文詛楚文比干盤泰山嶧山等刻、依韻分纂、卽遇無字之韻、亦接書之、非有闕佚、蓋留以待補、疑爲未成之本。故藏書家目錄多未采入。末卷辨疑字、專爲鄭樵薛尚功兩家石鼓音義而作。如云第十鼓中一字薛作獻、鄭作狩、衍則云當作獸、意通。案周官庖人賓客之禽獻、注云、獻古文爲獸是也。錄而存之、于小學不無所助焉。

皇元征緬錄一卷提要

不著撰人名氏。卷首撮舉大綱、有臣作政典云云。蓋卽撰元口政典章者。政典中稱英宗爲今上皇帝、是編似亦成于至治之初。體例謹嚴、非若政典之漫無端緒、不足以資考證。所載征緬事、多與元史緬國傳相同。自大德二年以下、更足補正史所未備。蓋明時修史、卽用此爲藍本。錄而存之、以備參考焉。

元祕史十五卷提要

不著撰人名氏。其紀年以鼠兒兔兒羊兒等、不以支干。蓋卽國人所錄。明黃虞稷千頃堂書目著錄十二卷。明文淵閣書目字字號云、元祕史一部、五冊。又一部、同。又云、祕史續稿一部、一冊。又一部、同。並闕佚之本。此依舊鈔影寫。國語旁譯、記元太祖太宗兩朝事迹、最爲詳備。案明初宋濂等修撰元史、急于蕆事、載籍雖存、無暇稽求。如是編所載元初世系、孛端叉兒之前、尚有一十一世。太祖本紀述其先世、僅從孛端叉兒始。諸如此類、并足補正史之紕漏。雖詞語俚鄙、未經修飾、然有資考證、亦讀史者所不廢也。

羣書通要七十三卷提要

不著撰人姓氏。是編藏書家未著錄。此依元至正間重刊本影寫。前有大德已亥王淵濟序、稱蒙翁因嘿齋于君所輯之本、旁搜博采、增至數十卷。凡詩家之一字一意、悉羅致之。視初本殆將十倍。命其子彌高壽梓云云。所謂蒙翁嘿齋、未詳其人。其書自甲集天文至庚集譬喻、凡三十七門、每十卷爲一集。捃摭經傳子史及前人詩文中成語、分類排纂、頗藉以有考。視明人類書餖飣裨販者、大相徑庭。辛壬癸三集卽元混一方輿勝覽、疑重刊時所增。故淵濟序中未及。其書且有至元戊寅舊節梅軒蔡氏刊行届記。詹事錢大昕云、勝覽于澤州無陵川縣、解州無芮城縣、而書中又有冀寧之名、係大德中所改、則書成之後、別有竄易、皆書肆射利者爲之、而不知其牴牾也。

遊志續編二卷提要

元陶宗儀撰。宗儀有國風尊經、四庫全書已著錄。是編繼宋陳仁玉遊志而作。所載多唐宋元人遊覽之作、自樊宗師柳公權、元結而下、凡四十有八家。選擇精審、並足以資考證。書中有存其目而其書未經採入者、若李格非之洛陽名園記、范至能之驂鸞錄吳船錄。後人遂疑爲未成之書。案朱彝尊云、宗儀所著各書、有裨史學、此其一也。

玉山璞稿二卷提要

元顧瑛撰。瑛字仲瑛、崑山人。事蹟附元史陶宗儀傳

後王山璞稿、

四庫全書已著錄一卷。是編乃至正壬辰乙未間所作、凡古今體詩二百七十五首、詞一首。書中送董參政饒歌十章、如克淮西入昌化定安吉諸題、足補史所未備。元史惟稱秋七月饒徽賊犯昱嶺關及杭州路。案是時董摶霄率兵復之。所云參政及送周天蟾詩中大參董侯、皆其人。卷末有云、水戰甚難。蓋舟檝有遲速、風水有逆順、故不能齊其隊伍。然則瑛于舟師之法、亦畧窺其一二、非僅以詞語流麗見長也。

桐江集八卷提要

元方回撰。回桐江續集、四庫全書已著錄、皆其元時罷官後所作。其前集名虛谷集、見黃虞稷千頃堂書目、疑即是編。案周密極譏回爲人之鄙、全無品行。伏讀四庫全書提要云、集中諸文、居然醇儒之言。就文言文、要不可謂其悖于理也。如賈似道魯港喪師之後、衆皆慮其復入、回上書數其十罪、繼又言似道與其客廖瑩中皆當即誅。又請罷王爚平章以佚其老。見集中。前後上書本末、並確有所見、中外快之。即他文亦多有根據、固宋末元初一作家也。

王徵士詩集八卷提要

元王沂撰。沂字子與、泰和人。博通經史、學者稱爲竹亭先生。至正間、嘗試于有司、不偶、遂不復出。洪武初、徵爲諸說書、授福建鹽運司副使。以老辭歸、不赴。是編乃其門人蕭翬所編。梁潛稱沂與大梁辛好禮楊伯謙上元周伯寧清江彭聲之豫章萬德躬倡詩道于東南、期以關世教爲務。今案沂詩、于古體多沖淡瑩潔。近體則典麗鏗鏘、宜其淩跨一時矣。

松雨軒詩集八卷提要

元平顯撰。顯字仲微、錢塘人。明洪武初、官廣西藤縣令。案顯集初刻于滇南。是編乃其裔孫所重刊。今依樣過錄。暹序稱其足跡半天下、有似于子長、學博而行峻、直道而屈身云云。今觀其詩、及風土之同異、道途之隘塞、以及友朋之離合、悉見于篇。蓋得于遠遊之助爲多耳。

蛾術詩選八卷提要

元邵亨貞撰。亨貞字復孺、有野處編四卷、見四庫全書。伏讀四庫全書總目云、亨貞所著蛾術詩選、世已無傳。此從舊鈔依樣過錄。凡古今體三百七十六首、又聯句三首。詩格高雅、絕無元世綺縟之習。案馮遷注稷跋野處編、並云其書乃上海陸郯以授稷而刊行。是編及詞選每卷首皆有新都汪稷校字樣、是亦郯所授刊之册。跋又云、并所著蛾術詩選、蛾術詞選爲十六卷。今合三書卷帙觀之、並屬完善之書。惟卷首不著名而著字、乃明人刻書陋習也。

名儒草堂詩餘三卷提要

元廬陵鳳林書院輯本。未詳選者姓氏。自劉藏春以下凡六十家、皆南宋遺老。選錄精尤、秀句清言、多萃于是。而黍離之感、有不能忘情者。厲鶚跋稱弁陽老人絕妙好詞而外、鮮焉寡匹。余于此二種、心所愛玩、無時離手云。案千頃堂書目始著錄、一名續草堂詩餘、即是編也。

蛾術詞選四卷提要

元邵亨貞撰。亨貞有野處集、見四庫全書。伏讀四庫全書總目云、亨貞所著蛾術詞選、世已無傳。又云、其詞世不多見、惟陶宗儀輟耕錄載所作沁園春二首、雋永清麗、頗有可觀。蓋所長尤在于是。惜詞選今已久佚矣。是編從舊鈔依樣影寫。藏書家未見著錄。古今詞話亦稱其沁園春詞新艷入情。書中追和趙孟頫十首、案侯文燦所輯松雪詞已佚、其點絳唇一闋、感皇恩一闋、蝶戀花一闋、未嘗不藉是以見其梗概也。

名家詞十卷提要

國朝侯文燦編輯。所選爲南唐二主詞、馮延巳陽春集、宋則張先子野詞、賀鑄東山詞、葛郯信齋詞、吳儆竹洲詞、趙以夫虛齋樂府、元則趙孟頫松雪詞、薩都剌天錫詞、張野古山樂府。文燦自序云、古詞專集自汲古閣六十家宋詞外、見者絕少。又稱孫星遠有唐宋以來百家詞鈔本、訪之僅存數種。合之笥中所藏、共得四十餘家。茲先集十家付之梓人云云。是編子野詞、

四庫全書已著錄、即陸安集。伏讀四庫全書總目云、此本近時安邑葛鳴陽所輯。凡詞六十八首、此則一百三十首、較爲完善。末附東坡題跋。其餘所選、亦簡擇不苟、要不失爲善本也。

止

揅經室外集卷四

五服圖解一卷提要

元龔端禮撰。端禮字仁夫、嘉興人。此書載絳雲樓及述古堂書目。朱彝尊經義考則云未見。端禮祖名頤正、宋時宣教郎充樞密院編修官。常著服圖。端禮是學淵源有自。又復精勤叅考、越十載而後成書。嘉興路牒稱其有裨世教、厚風俗、洵不誣矣。其例以五服列五門。每門立男女已未成人之科、分正加降義四等之服。劃圖分章、展卷釐然、頗足爲參考禮制之助。當元泰定元年、嘉興路呈此書於江浙行省、移咨中書省。此從至治閒刊本影寫。錢曾讀書敏求記云、端禮以布衣上書闕下、蓋有心世道之士也。

律文十二卷、音義一卷提要

是編不著撰人名氏。音義、宋孫奭等撰。奭字宗古、博平人。有孟子音義、四庫全書已著錄。事蹟詳宋史本傳。宋史刑法志云、宋法制因乎唐、律令格式則隨時增損之。此書見藝文志。其中所載、自名例以至斷獄、凡十二門、與唐志悉合。陳振孫書錄解題亦云、律文十二卷、自魏李悝、漢蕭何以來、更三國六朝以至隋唐、因革損益備矣。本朝天聖中、孫奭等又撰音義、歷代異名沿革、皆著之。按奭所著音義、爲唐律而作。于治字下云、唐避高宗諱爲理。期字下云、唐避元宗諱爲周。今改從舊。又於名例杖字下云、皇朝建隆四年始有折杖之制。流字下云、皇朝建隆四年制、犯徒者加杖免役。此則宋時所增、並不見于律文、故加皇朝以別之。至書中字體翻切、皆有補于小學。卷末列孫奭、馮元、宋祁等銜、及天聖七年四月日准勑送崇文院雕造十五字。據此則爲北宋所刊無疑矣。

莆陽比事七卷提要

宋李俊甫撰。俊甫字幼傑、莆田人。是編見宋史藝文志。成于宋嘉定間。取唐以來上下千百年間、凡莆陽事之可傳者、綺分璧合、釐爲七卷、名曰比事。其同邑人陳讜有序、林璪有跋。此則從明人林兆珂宋本翻刻影抄。莆陽宋人舊志、如鄭僑莆陽人物志、以及趙彥勵、陸叟所著莆陽志、今多散失。俊甫此編、時見採錄。且屬辭有法、紀事覈眞、可與汝南先賢傳、襄陽耆舊志並傳也。

黃帝陰符經疏三卷提要

唐李荃譔。按荃所著太白陰經八卷、四庫全書已著錄。此書載宋崇文書目、館閣書目、通志藝文略、及陳振孫書錄解題、晁公武讀書志、皆作經注一卷。惟宋史藝文志作經疏一卷。此本篇帙無多、分爲三卷、已非荃之舊次。上卷演道章載神仙抱一之道、中卷演法章載富國安人之法、下卷演術章載强兵戰勝之術。與道藏本分目相符。

中藏經三卷提要

漢華陀撰。分上中下三卷。隋書經籍志載華陀方十卷。唐宋藝文志並載華陀藥方一卷。鄭樵通志藝文畧同。宋志又載黃氏中藏經一卷、注云靈寶洞探微撰。與此別爲一書無疑矣。是編今吳中有趙孟頫手寫本、分上中下三卷。隋志列有華陀觀形察色并三部脈經、蓋即是書之中卷也。其書文義古奧、似是六朝人手筆、非後世所能假托。

玉函經一卷提要

唐杜光庭撰。光庭字聖賓、括蒼人。王建據蜀、除諫議大夫、進戶部侍郎、歸老青城山。此書衛偁特進檢挍太傅太子賓客主管徽國公、殆建時加授也。書中辭簡義深、黎民壽注亦多發明。是書藏書家皆未著錄。錢曾讀書敏求記載有光庭了證歌一卷、又與此異。惟明人殷仲春醫藏目錄曾載是冊、列之無上函中。此從宋刻影寫。

三水小牘二卷提要

唐皇甫枚撰。枚字尊美、安定人。唐咸通末爲汝州魯山令。僖宗之在梁州、枚赴調行在。此其書中可考者也。是書成於天佑四年、枚當旅食汾晉、而追紀咸通時事。共得上下兩卷。明嘉靖時、姚咨曾手鈔之。此從錢曾述古堂藏本影寫。書中所載、雖涉神仙靈異之事、而筆雅詞明、實寓垂戒。又案天佑庚午時、晉猶稱天佑、而枚亦稱之。

玉堂類稾二十卷、西垣類稾二卷提要

宋崔敦詩撰。敦詩字大雅、本河北人。南渡後遂居溧陽。登紹興進士。官至中書舍人。李心傳朝野雜記謂呂祖謙文鑑既成、近臣密啓其失、因命直院崔大雅更定增損、去留凡數十篇。朱子語類亦云、祖謙編錄文鑑、有敦詩删定之語。敦詩淳熙九年致仕、故宇文价所作告中、偁其才猷敏贍、問學淵深。是編所載宋孝宗時制誥口宣批答青詞甚詳。諸家書目皆未著錄。而宋史藝文志誤爲周必大所撰。明葉盛菉竹堂書目曾列其書。是明中葉尚有傳本。此爲活字板、其文皆必大集中所未有也。

周易經疑三卷提要

元涂溍生撰。按江西通志、溍生字自昭、宜黃人。邃於易。爲贛州濂溪書院山長。著有四書斷疑、易義矜式行世。朱彝尊經義攷載溍生易主義一卷、注稱已佚。並引楊士奇言曰、易主義一卷、元臨川鄉貢進士涂溍生著、專爲科舉設。此書題曰經疑、元以經疑取士、蓋擬之而作也。此書或即主義、或即易義矜式、不可得而考矣。

詩說十二卷提要

宋劉克撰。克、信安人。事蹟未詳。朱彝尊經義攷云、此書宋藝文志、焦氏經籍志、朱氏授經圖均未之載。崑山徐氏傳是樓有藏本、乃宋時雕刻。前有總說、惜第二、第九、第十卷都闕。此爲影宋抄本、闕卷皆對。即從徐氏藏本錄出者。前有克自序、作於紹定壬辰。壬辰、宋理宗紹定五年、克乃理宗時人也。宋儒說詩、有攻小序者、有守舊說者。廢小序者、朱子也。尊古注者、呂祖謙也。克之學出於祖謙。其子坦跋、稱其書每篇條諸家之解、而繫己意於後。其所纂輯家數、視東萊詩記加詳。克之學本之呂氏、從可知矣。體例雖與詩記相同、然互有去取、亦不盡從祖謙之說也。坦以纂輯各家、卷帙繁富、未易鋟梓、乃盡刪舊解、獨存克說。則是書非克之原本矣。鄭風大叔于田、今本脱大字。此書與唐石經注疏本同、亦可證近世坊本之誤。

書經補遺五卷提要

元呂宗傑輯。事蹟未詳。其自序云、在錢唐購得唐太宗御製王右軍執筆圖、乃東陽陳及時父希元先生授同里趙文淑之家藏者。遂輯成此書。卷中有陳及時跋、稱其先人諱夢魁、字希元、登咸淳甲戌進士科。大德末典教嵊庠。則希元亦元時人矣。第一卷爲執筆圖。第二卷法書本象。國子助教汶上陳繹曾著。第三卷書法總論。第四第五卷博古體篆釋。乃宗傑自著之書。采輯張懷瓘書斷諸書、中如大梵王字各體書頗爲詳贍、亦臨池家之一助也。

漢唐事箋十二卷後集八卷提要

元朱禮撰。禮之事蹟無可攷。其書論漢唐政典、凡食貨職官禮樂兵刑穿穴三書、參稽六典、爲寔是之學、無蕪蔓之辭。論二漢之事、往往有微言精義、可補顏李二家注義之所未及者。至于李唐典制、但取新書、不取舊書。蓋新書紀傳不及舊書之詳、表志則新書詳贍、舊書太略。禮專論大經大法、以表志爲則、非不用舊書也。禮持議平允、措詞爾雅、無繁冗簡陋之弊。學識在鄭樵之上。其論太初筭術、謂司馬遷與鄧平同定其法、當時以爲最密。而史記反去太初日分之術、而用古法九日四十分。據漢書太初術、建星進退于牽牛之度、知太初術疏而不密、故史遷有意不用其法。而淳于陵渠日月如合璧、五星如連珠之說、爲附下罔上。儒生讀史漢者皆習焉不察、而禮能詳言之、可稱發前人之所未發矣。

崑山郡志六卷提要

元楊譓撰。按譓字履祥、自號東溪老人。事蹟無攷。前有至正四年楊維禎序云、與譓同出文公、則譓乃閩人流寓於玉峰者。崑山本縣治、元成宗元貞二年升爲州。故此書有郡志之名。延祐中移州治於太倉、故志中有新治舊治之別。書法簡要得體、可與玉峰志並傳。惟鐵崖序稱二十二卷、今據書止六卷、首尾完具、豈成書之後重爲刪定耶。

羣書類編故事二十四卷提要

元王罃撰。按罃姓名見寧波府志、明初曾任廣東肇慶太守。事迹無考。其書明史藝文志及藏書家皆未著錄。此本從明莫雲卿家藏元刻影寫。其書類分十八門、所采故事、史傳之外、多取唐宋說部。大旨倣朱勝非五色線之體、亦類書中之一格也。

釣磯文集五卷提要

唐徐寅撰。按寅字昭夢、莆田人。乾寧初進士、釋褐授秘書省正字。

四庫全書採徐正字詩賦二卷、恭繹

欽定提要云、寅著有探龍釣磯二卷、共五卷、自唐藝文志已不著錄。意當時即散失不傳。此本僅存賦一卷、計八首、各體詩一卷、計三百六十八首。蓋其後裔從唐音統籤文苑英華諸書裒集成編、附刻家乘之後者。已非五卷之舊矣。此爲錢遵王所藏影宋本、據其族孫師仁序云、家故有賦五卷、探龍集五卷、又於蔡君謨家得雅道機要、訪得詩二百五十餘首、以類相從爲八卷、并藏焉。宋史藝文志載徐寅別集五卷、疑即師仁所藏之五卷也。今本乃其裔孫玩所編次、賦五卷、凡五十首。

四庫全書所錄八首、皆在其中、而全唐文未採者較多二十一首云。

毅齋別錄一卷提要

不著撰人名氏。卷端有正德辛未十一世孫興序一首云、先世文清公號毅齋、嘗從東萊晦菴相與倡學於婺。其所著有讀易記、讀詩記、詠文集等書、以之格君心、淑後學、羽翼吾道、有補於世教也尚矣云云。考之宋史、乃徐僑之詩也。僑字崇甫、婺州義烏人、早從學於呂祖謙門人葉邽。淳熙十四年舉進士、調上饒主簿。始登朱熹之門。熹稱其明白剛直、命以毅名齋。端平中、官至工部侍郎、以寶謨閣待制奉祠。卒謚文清。僑之學以眞踐寔履爲尚、奏對之言剖析理欲、因致勸懲、宏益爲多。乃理宗時之名臣、不以詩名。然無講學家習氣、頗近江湖詩派。興序又云有文集一十卷、遭回祿煨燼、今世無傳本矣。

編類運使復齋郭公敏行錄提要

無卷次、無撰人名氏。前有古候黃文仲及三山林興祖兩序、疑出二人所編。按郁有言行錄一卷、已鈔錄。此特其官游所至、與當日賢士大夫一時投贈之作。江西饒州府志稱郁知浮梁縣、聘吳仲迂爲後進師、士風丕變。政爲江南諸邑最。集中壽老致政嘉議郭公序、乃胡長孺汲仲作。按鄭元祐遂昌雜錄言汲仲爲金華三胡先生之一。罷官後、客杭貧甚、以古文倡、人求記碣序贊、稍不順理、雖百金不作也。又陶宗儀輟耕錄載汲仲特立獨行、剛介有守。趙松雪嘗爲羅司徒奉鈔百錠、爲先生潤筆、請作乃父墓銘。先生怒曰、我豈爲宦官作墓銘邪。是日先生正絕糧、其子以情白、坐上諸客咸勸受之。先生卻愈堅。汲仲耿介絕俗、而乃肯爲郁父作序、可以知郁之爲政矣。饒州府志又言、郁爲浮梁時、風謠云、桃李陰陰六萬家、下車民不識州衙、甘棠喜有千年政、美玉終無一點瑕。今集中有民謠十首、而昌江百詠祇存四十五首、不錄此詩。當日之流風善政、遺佚不少。且一時之士與郁相贈荅者、如仇遠、汪澤民、鄧文原、皆不輕與人周旋者。則郁之賢益可知矣。

元賦青雲梯三卷提要

無編纂姓氏。從元人墨跡影寫。上卷錄賦三十六篇、中卷錄賦三十九篇、下卷錄賦三十六篇、凡一百十一篇。蓋當時應試之士、選錄以作程式者。其中黃滔太極圖賦、羅曾石鼓賦、孟泌淩煙閣賦、鄒選金馬門賦、蒲紹簡登瀛洲賦、莊文昭蒲輪車賦、高明大成樂賦、謝一魯孔滄范琮荊山璞賦、尹貫道靈臺賦、祝堯手植檜賦、歐陽元陳泰天馬賦、邵公任暘谷賦、彭士奇秦楷六符賦、周鏜大別山賦、沈幹浙江賦、曾煒王燭賦、方回孫無逸圜賦、方君王龍虎榜賦、劉性石渠閣賦、王沂辟雍賦等二十三篇已載

欽定賦彙中。其未采者尚八十餘篇。又賦彙載曹師孔靈臺賦逸句、此有全文、皆可補其闕也。

隸韻十卷提要

宋劉球撰。按宋洪适篤嗜隸古、取兩漢以來碑銘遺經殘石鐙鉦盆鏡之屬、綜括卷軸、佐證經傳、次其時代先後、成書五種、如隸釋隸續隸纂隸圖隸韻是也。今世所傳惟隸釋隸續二書、他皆未見。盤洲集中僅有隸韻序一篇、疑洪氏當日尚未成書、其後婁機撰漢隸字原、悉依隸釋原次、蓋以補洪氏之缺也。今球此書凡十卷、載入宋史藝文志、首存殘本碑目一卷及劉球進表半篇、第十卷末行又有御前應奉沈亨刊七字、董其昌定爲德壽殿本、似未眞確、然此爲當日奏進後奉刊之本、無可疑者、書中如孔宙碑以畝作畝、王純碑以糜作縻、荀君碑陰以友作支、校官碑以畀作卑、唐扶頌以牽作掌、郙閣頌婁壽碑以愛作舜、皆其采錄時之失、碑目所引諸碑、凡二百六十一種、存於今者不及四分之一、則球當日採獲之勤、編次之多、闡洪氏之緒餘、導字原之先路、爲功亦匪淺也。

編年通載四卷提要

宋章衡撰。按陳直齋書錄解題、晁公武郡齋讀書志皆載此書、凡十五卷。此宋刊本四卷、前有明內府文淵閣印記。考之明內閣藏書目錄云、編年通載二冊、不全、宋元祐間起居舍人章衡撰進、斷自帝堯訖於宋治平丁未、總三千四百年、推甲子以冠其首、凡史之訛謬疑誤、皆爲辨證、世數代易、歷統相傳、年名國號、災祥善惡、具載焉。凡十卷、其第五卷以下皆闕、據此則爲明內府所藏宋本無疑也。首有元祐三年章衮刊書序一篇、衮乃衡之族父。又衡進書表一篇、自一卷帝堯起、至四卷西晉世祖太康元年止、歷代興亡分合、開卷瞭如、是誠有裨於史學也。

廣黃帝本行記一卷提要

唐王瓘撰。系銜稱閩州晉安縣主簿王瓘進。考之新唐書藝文志雜傳記云、王瓘廣軒轅本紀三卷。蓋即此書。此卷首題修行道德四字、必每卷各以四字標識。本書帝吹律定姓者十二、注云在中卷。又黃帝有子各封一國、注云具中卷可證。此爲下卷、佚去上中二卷矣。此從錢曾舊鈔藏本影寫、恐世間更無足本、讀書敏求中具載之。

淳祐臨安志六卷提要

宋施諤撰。按兩浙古志、北宋圖經久已無考。至南宋建爲行都、其志乘傳於今者、則有周淙乾道志、潛說友咸淳志二種、已經

四庫全書采錄。此志從宋刻殘本影寫、僅存五卷至十卷、無序目可稽。觀書中敘錄、皆至淳祐間府尹趙與𥲅而止、其爲施諤所撰淳祐志無疑。所存惟城府山川二門、前有總論一篇、異於他志。其敘城府一、首城社、次官宇、次舊治古蹟、次今治續建、爲第五卷。城府二、首學校、次樓觀、次園館、次廟隅、次軍營、爲第六卷。城府三、首坊巷、次界分、次橋梁、次倉場庫務、次館驛、爲第七卷。敘山川一、首城內諸山、次城南諸山、次城西諸山、次亭館、次古跡、爲第八卷。山川二、首城東諸山、次城內外諸嶺、次諸洞、次諸石、次諸塢、次峪衕闕、爲第九卷。山川三、首江、次湖、次河渠、次水閘、爲第十卷。諸門皆爲咸淳志所本、而各條下引載前賢題咏詩文、則互有詳畧。此與乾道咸淳二志備載南宋數朝掌故、藉補史傳之遺、尚未可以殘缺廢也。

賢良進卷四卷提要

宋寶文閣學士龍泉葉適撰。按適有水心文集二十九卷、

四庫全書已著錄。宋人賢良進卷甚多、如孫深賢良進卷十卷、錢公輔賢良進卷十卷、均載郡齋讀書志、而適書獨不存。唯前明葉盛菉竹堂書目經濟門有葉正則賢良進卷二冊、即此書也。又麻溫州府志載水心文集之外、有制科進卷九卷、外稿六卷、疑此與外稿實係一種、故黃震讀文集日抄于適正集外復著水心外集、其篇目摘要與此卷脗合。按宋史孝宗本紀、淳熙十一年六月、詔在內尚書侍郎兩省諫議大夫以上、御史中丞學士待制、在外守臣監司、不限科舉年分、各舉賢良方正能直言極諫一人。適此卷即于其時所進、蓋適抱匡時之用、故初年輪對即以經世之說進。且觀其上西府書及執政薦士書所舉陳傅良以下三十四人、如劉清之陸九淵章穎呂祖謙楊簡項安世、皆一時賢傑、洵屬有心當世之士。即以文體而論、亦筆力橫肆、足以振刷浮靡。唯持論間有不純、如陳振孫譏其所作習學記言、歷詆百家、而篤信子華子、推崇之以爲眞贋亦辨。其行官田不能無害、則踳駁處正復不免、故朱子亦嘗移書與之辨論文體。至日抄推尊別集、以爲論治之書、極論天下之勢、牽縮而不可爲、闡闢數萬言、蓋能言之士莫能尚也。

四元玉鑑三卷提要

元朱世傑撰。按世傑字漢卿、號松庭、寓居燕山、不知何處人。其書未載前人著錄、總二十四門、凡二百八十八問、具開方疑方廉隅之數、溯于九章、既熟于天元一術、正負開方之法、又神而明之、是誠算學一大家也。其茭草形段如像招數果積疊藏各問、爲自來算書所未及。此從舊抄本影寫、前有大德癸卯臨川前進士莫若序、卷末又有大德登科二月甲子納心齋祖頤季賢父序、稱世傑嘗游廣陵、學者雲集、編集算學啓蒙、與此先後付刊、並行于世。今啓蒙一書不可復見矣。

運使復齋郭公言行錄一卷提要

元福州路儒學教授徐東撰。按饒州府名宦志、郭郁

字文卿，大梁人。皇慶末，以江浙省都事來知浮梁縣。善爲鈎距，自方趙廣漢。官終福建都轉運使。又浙江通志名宦類引至正四明續志云，郭郁，泰定二年任明州路總管。有才略，在郡正賦籍，定役法，措置食鹽，綜理倉庫，皆有法。修孔子廟，飭弟子員，徵逋租，損浮費，至學廩不能容。如兩志所書，則郁之官蹟，有足多也。是錄因東適同官，故悉載其所歷任途，由江南江西浙江福建諸處，所在立政立事，愛士愛民，勸善懲惡，興利除害各善政，後復附以建安進士張復題詞，及福建學陳御史臺狀牒文等件，以見當日人情愛戴之誠。各家書目均不著錄，唯錢大昕補元史藝文志曾採入史部傳紀類。今錄之，雖不盡可據，但亦有可備史家之事寔者。

圖解素問要旨論八卷提要

金劉守眞撰，馬重素重編。按守眞名完素，事蹟見金史方技傳。所著素問元機原病式一卷、宣明論方十五卷、傷寒直格方三卷、傷寒標本心法類萃二卷等書，皆爲

四庫全書所載。此從金板影寫。錢大昕元史藝文志補載素問要旨八卷，卽此書也。其自序以爲內經元機奥妙，旨趣幽深，習者苦無所悟，乃撮其樞要，集成斯文，以分三卷，叙爲九篇，繪圖釋音，以彰明之。其徒馬重素又爲之序，重爲編定，分作八卷云。

元風雅三十卷提要

元蔣易撰。按易字師文，建陽人。焦竑經籍志及黃虞稷千頃堂書目所著錄，卷數皆同。

四庫全書載元風雅，有傅習及孫存吾所編前後二十四卷。易與傅孫同時，故兩書皆爲道園虞集所序。集序傅書在至元二年丙子，孫書謝升孫序亦同。此書在至元五年己卯，後于傅孫之書幾三年，不知道園序何以並不論及傅孫兩家也。書首取劉因與傅選合，而壓卷亦取黃金臺一篇，宜乎後世汲古之家或疑與傅選同科，而略其傳述歟。今計劉因以下至二十七卷止，凡八十五家，人不逮傅孫兩家之半，而甄錄之詩幾倍之。故傅孫於諸大家所錄寥寥，此則選擇古體，較爲詳審。卽同錄一人一題之詩，題目字句，各不相侔。如胡汲仲題女直驄馬圖，孫本題字下多崔錄事三字。虞集李伯時九歌圖，傅本無李伯時三字。送星上人歸湘中，傅本無歸湘中三字。柳貫和袁集賢上都雜詩，傅本和字上有同楊仲宏應舉六字。諸如此類，不可勝舉。其餘字句，如揭傒斯送淳直子朝發扶桑國，傅改扶桑作梁宋。宋夾師道黃金臺千里風塵馳駿馬，孫改風塵作强燕。銅雀臺漢家一片當時土，孫改當時作如舊。蓋當日隨抄所得，而又出于各人點竄，不可拘于一律。至于每人篇尾各著事寔，此則較傅孫兩家爲勝，存之足以資考證之助。末三卷分雜編，亦與彼選體例略同。錢大昕著元史藝文志旣載易著，而復載元風雅八卷，注云無撰人名，或云宋褧。至于傅孫兩家所撰，別爲元詩前後集，不知何所據也。

擘經室外集卷五

東皐詩集五卷提要

元馬玉麟撰。按玉麟，吳陵樊川人。仕元官叅知政事。著有詩集五卷。嘗自號東皐道人，故名其稿曰東皐漫稿云。此編成于元至正間，當時周伯琦、王宗堯皆爲之序。玉麟當元之末季，仕宦顯要，乃能躭工吟咏，時出淸言。且又傷事感時，借抒經濟。今閱其古今體詩，率皆婉麗暢達，可謂有關于名教，有裨于諷諫者矣。卷末附錄東皐先生傳一首，係洪武中王遜所作，記其生平行事甚詳。

周易新講義十卷提要

宋龔原撰。原字深甫，遂昌人。少與陸佃同師王安石。進士高第。元豐中爲國子直講，官至寶文閣待制。事蹟詳宋史本傳。宋藝文志稱原著易傳十卷、續解易義十七卷。朱彝尊經義考則云未見。東都事略偁原著有易傳、春秋解、論語孟子解各十卷，并載有鄒浩一序。按所云易傳，疑卽是書。晁氏讀書志云，宋王安石三經義，當時俱頒學宮，獨易解以爲少作未善，不專以取士。故紹聖後又有龔原、耿南仲註易，並行場屋。考之宋楊時之說曰，龔原本王學一派，其人其書，似無足取。惟宋時古箋傳世絕少，而此書完善猶存。李衡義海撮要、李簡學易記、趙汝梅筮宗多取其說。且耿南仲書已收

四庫，茲編續出，亦未可偏廢矣。

通紀七卷續五卷提要

唐馬總撰。總有意林，

四庫全書已著錄。史偁總篤學，雖吏事倥偬，書不去前。所著有年厤、通厤行於世。此書起自太古，訖于隋季，共十卷。中閒厤代之事，粗陳其槩，展帙瞭然。後荆南孫光憲者復輯全唐洎五代事蹟十卷，以續總所紀，率多未寔。今自十一卷唐高祖起，閩王審知止，係孫氏所續。然宋時卽僅存其五卷矣。晁氏讀書志云，總書纂太古十七氏、中古五帝三王，及刪取秦漢至

隋世紀興滅、又取虞世南略論分系于末。今書中自四卷至十卷有公子曰先生曰者、當卽世南之略論也。惜前三卷已闕、無從補錄。王海所稱齊推序、更無可考矣。蓋總以史籍繁蕪、故上索典墳、迄于隋季、以簡暢之筆、成茲一編。事簡而明、辭約而該、亦讀史者所不廢也。

諸葛武侯傳一卷提要

宋張栻撰。栻有南軒易傳、四庫全書已著錄。此傳不載南軒文集、乃從宋刊單行本影寫。其闡發武侯生平、考證極確。自陳壽作三國志、尊魏斥蜀、使後世莫明正僞。且言武侯志大而短于用、司馬光作通鑑、朱子作綱目、乃正其非。栻更摭拾舊聞、成此一卷、具明才學過于管樂、稱其有正大之體。且傳中述前後出師表與今所傳字句間有異同。其後跋云、徵自文獻、不敢存疑、則其所見詳明、必有古書足據矣。

離騷集傳一卷提要

宋錢杲之撰。杲之、晉陵人。所註離騷集傳一卷、見宋史藝文志楚辭類。杲之以爲古詩有節有章、賦則有節無章、乃分離騷三百七十三句爲十四節。其名爲集傳者、以王叔師曾有離騷注解、杲之不敢同于王註也。然其註旁採爾雅、本草、淮南子、山海經等書、其旨一稟於叔師。惟不解昭明置騷於詩後之意、遂認騷爲賦、未免隅見。錢曾讀書敏求記中稱之如此。此冊借宋板影抄得之。

策要六卷提要

元梁寅撰。寅有周易參議、四庫全書已著錄。其門人黎卓序其文集云、尚有方策稽要、曾鋟梓行世、卽此書也。寅于諸經皆有訓釋、史學亦頗考究。是書元元本本、能撮其要領、宜爲學者所重耳。

愼齋集四卷提要

明蔣主忠撰。按主忠字存恕、儀眞人。與兄主孝皆以詩名。時稱景泰十才子者、主忠其一也。是集共四卷、詞旨清逸、致爲可誦。考之朱彝尊所著明詩綜、曾錄其芙蓉一絕句、而此編古今各體計得二百八十餘首、已爲全稿無疑矣。

詩義指南一卷提要

宋段昌武撰。昌武字子武、廬陵人、官朝奉郎。是編諸家目錄均未收錄、惟見朱彝尊經義考。昌武又有叢桂毛詩集解、讀詩總說二書、此冊彝尊謂爲舉業發題而作。自關雎以至鳧鷖、或取詩中一章一節、發其義語、簡而深、義約而盡。自篤公劉以下、惜未之及耳。

增廣鐘鼎篆韻七卷提要

元揚鉤撰。鉤字信文、臨江人。政和中、王楚始作鐘鼎篆韻、薛尚功已重廣之。鉤又博采金石奇古之蹟、益以奉符黨氏韻、增補兩家所未備。其篆則夏商周秦之篆、而以象形奇字終之、自琱戈鉤帶以及碑刻古篆、莫不畢載。馮子政序稱三代禮樂之古文奇字、盡在是矣。洵不誣也。又云、自唐開元時以隸楷易漢本尚書、而學者自此不識古文。是書參訂博采、使古文奇字列列在目、可與薛氏書輔翼而行。卷末有洪熙侯書籍印、蓋明時本也。

王峯志三卷、王峰續志一卷提要

宋淩萬頃、邊實同撰。萬頃字叔度、景定三年進士、本陽羨人。因其父壻於崑山顏氏、因家焉。邊實、陳留人。其高祖始遷崑山。詳前志。邊惇德傳而續志、又復爲自序一篇、誇其家世。王峰本崑山地、宋南渡時始析爲縣、卽今之嘉定是也。志中所載沿革、風俗、以及人物古蹟甚悉。宋元時崑山志乘世不多得、是冊足備一方之文獻也。

長春子遊記二卷提要

元李志常撰。是編志常記其師邱處機西遊事蹟。孫錫序云、凡山川道里之險易、水土風氣之差殊、與夫衣服飲食百果草木禽蟲之別、靡不畢載。卷末附錄則載當時詔勅等篇。處機字通密、又號長春子、棲霞人。自幼住磻溪、龍門者十有三年。金大定時曾自終南召令赴闕、賜以巾冠、待詔天長觀。後放還山。及元太祖時、常召至雪山之陽、眷渥倍至。後復居燕之天長觀、年八十餘。著有磻溪集六卷。此冊所載足資考證。卽處機各詩、亦淸眞平淡、多可誦云。

軒轅黃帝傳一卷提要

不著撰人名氏。見錢曾讀書敏求記傳記類。曾于是編之前、載有廣黃帝本行記一卷、亦無著書人姓氏。案注中引劉恕外紀、蜀檮杌等書。蜀檮杌爲張唐英所著、則此卷當是南宋人手筆。書中備載黃帝顚末、及其子孫、唐虞三代相承世數甚悉、可補皇王大紀之闕。

養正圖解全卷提要

明焦竑撰。竑有易筌、四庫全書已著錄。是編見黃虞稷千頃堂書目。萬厤間、竑以修撰爲皇子講官、編此進之。書中備採前言往行可爲則傚者、繪之於圖、而詳爲之說。卷首有竑自序及祝世祿序、稱此書繪圖爲丁雲鵬、書解爲吳繼序、並一時知名之士也。

尉繚子直解五卷提要

尉繚子、四庫全書已著錄。直解、明劉寅撰。寅所撰書皆名直解。凡六種、見林泉筆記。此則六書中之一耳。每篇下各有小序、發明其義。注中所論、多精審處。如注威戰篇妙勝之論、云卽孫子所謂未戰而妙算勝者得算多也。于受命之論、云卽太公論立將之義。于踰垠之論、云卽太公所謂越江河渡溝塹之義。寅以兵家言注兵書、猶儒者之以經注經也。惟于天官篇刑德之說而不用淮南子天文訓、凡用太陰左前刑、右背德、及兵略訓注刑謂十二辰、德十日之語。又將理篇云壻父曰婚、女父曰姻、而不引爾雅壻之父爲姻、婦之父爲婚、未足爲據。然瑕瑜不相掩也。

關尹子言外經旨三卷提要

關尹子、

四庫全書已著錄。言外經旨宋陳顯微撰。同時王夷錄而傳之者。顯微序云、關尹一書、莊列不能言、文程不能道。其言簡、其義詳、似爲道德經作傳。案是編分上中下三卷、自一字以至九藥、莫不詳注而發明之。王夷所謂因言悉旨、轉語明經、設喻以彰元、反辭而顯奧、或指意于言前、或顯微於意外也。尹喜書本屬依託之冊、然在僞書中頗有理致、顯微經旨、吐屬亦復淵雅、可謂質有其文。

為政善報十卷提要

宋葉留撰。留字景良、括蒼人。是編見浙江通志本傳。凡十卷、此其前編也。其書採取經史各說、以及當時官蹟錄其功在生民、慶留後裔者、以成一編。意取於官師相規、以爲有位者勸、用意忠厚、考證精詳、殊不多見。同時陳相爲注其出處。此從元人刻本過錄、惜後編已佚之矣。

東漢文鑑二十卷提要

宋陳鑑編。鑑建安人、自稱石壁野人、殆南宋遺民歟。是編自光武迄獻帝凡九朝、大半采從本傳、共得文二百三十餘篇。宋史藝文志不載、惟明人百川書志、千頃堂書目、絳雲樓書目並載有宋陳鑑西漢文鑑、東漢文鑑、而東漢文鑑誤作十九卷。又天一閣書目亦載此書、乃明刻本。此從宋巾箱冊錄之、以存一代之藝文焉。

道德經論兵要義四卷提要 二冊

唐王真撰。案真此書獨取道德經所論兵戰之要、攄拾元微。本上下二卷、後更分爲四卷、與鄭樵通志所載卷數合。元和間進之于朝、唐憲宗嘗手詔褒美之。具載篇首。老子道德經五千言、備舉大道至德、修身理國之要、數十章後乃言及于用兵、其旨微、其言博。自河上公爲之訓釋、後若嚴氏指歸、開元注釋、固已發蘊指微、而真所著要義、獨于論兵之法、經悉言之。夫真以朝議郎出領漢州軍事、久列戎行、而考其談兵意指、頗深求乎老子之說、唐人之書不多、是宜錄也。

遺山樂府五卷提要

金元好問撰。好問有續夷堅志、四庫全書已著錄。伏讀

御定歷代詩餘載詞人姓氏云、遺山樂府、錢唐淩雲翰編輯。是編從舊鈔本依樣過錄、無雲翰姓氏、疑轉寫者誤脫耳。案錦機集云、僧李菩薩灑酒作花、開牡丹二株、遺山爲賦滿庭芳、傳誦一時。是作今載集中。張炎偁其詞深于用事、精于鍊句、風流蘊藉、不減周秦。合觀諸作、良非虛美也。

招捕總錄一卷提要

不著撰人名氏。是編藏書家未著錄、蓋佚已久矣。此從舊鈔依樣影寫。所記元代招捕事宜、起于世祖至元、迄于英宗至治。案卷末云、招捕不止此、是惟取其人名地名及事與序相干者入注中。分二十九種。其事多不見於正史、而寔有關於正史、雖篇袟無多、而敘述典核、彌足爲信。是亦罕覯之秘笈矣。

詩義集說四卷提要

明孫鼎撰。鼎字宜鉉、廬陵人。永樂中領鄉薦、任松江教授、擢監察御史、提督南畿學政。是編凡四卷、蓋采取解頤指要、發揮矜式等書、擇其新義、彙爲一編。仍分總論章旨節旨各類、展帙釐然、頗屬精備。其中所引如彭奇詩經主意、曹居貞詩義發揮、朱彝尊則云未見、譚升孫詩經斷法、則云已佚。考之黃虞稷千頃堂書目、知是書成於正統十二年。經義考曾列此書、而注云未見。此則從原刻影鈔、惜其序文已佚耳。

唐陸宣公奏議註十五卷提要

唐陸贄撰。贄有翰苑集、四庫全書已著錄。是編惟有奏議、宋郎曄注。曄事蹟無考。卷首載經進奏議表、銜題迪功郎紹興府嵊縣主簿。曄又註東坡文集事畧、題銜與此相同。此編所註、惟採經史爲多、無泛搜博引之失、不特選擇得當、節錄亦多精審、使讀者易見端倪。茲從元至正甲午翠巖精舍重刊宋本影寫、亦讀史者所不廢也。

雲間志三卷提要

宋楊潛撰。見宋史藝文志。按雲間卽今江南之華亭縣、在宋時兼今松江全郡之地。此志體例繁簡得中、不讓宋人會稽新安諸志。書成于紹熙四年、而知縣題名載至淳祐八年而止、則張顥以下三十人是後人所續。又進士題名載至寶祐元年姚勉榜、錢拱之而止、則慶元五年趙汝詒以下二十四人亦後人續入也。又載樓鑰等記、並爲後人所增。考之元徐碩至元嘉禾志、華亭一縣全取是書中語、知潛此志爲當時所重矣。

司馬法直解一卷提要

明劉寅撰。寅有三略直解、四庫全書已著錄。寅作直解共六種、見張綸林泉筆記。司馬法亦六書中之一也。寅自序云、是書言辭古簡而義深、中間又有闕文誤字、儒家多不經意、學者由是不得其說。今姑爲之直解。其言非無所見、而又能不妄改古書舊字。如仁本篇會之以發禁者九、註云、發當作法、卽周禮大司馬九伐之法也。定爵篇變嫌推疑、註云、變當作辨、辨別人之所嫌也。又是謂兩之、註云、之當作支、謂兩相支持之道。用衆篇因其不避、註云、避當作備、因其不備、卽所謂乘其無備也。又註仁本篇正不獲意則權云、正者萬世之常、權者一時之用、湯武仁義之兵、而濟之以權者、尤爲切實近理之言矣。

楊氏算法三卷提要

宋楊輝撰。錢塘人。是書成於德祐間、分田畝比類乘除捷法及算法通變本末爲上卷、乘除通變算法爲中卷、算法取用本末爲下卷、末附續古摘奇於古算經若五曹張邱建諸家、多疏通而證明之。如張邱建云、不患乘除爲難、而患分子母爲難、則云分子母有二、本不爲難、較其多寡者則用課分、均不齊之數者

則用平分、斤連銖兩、四帶尺寸、非乘分除分不能治之。又於五曹算經亦多正其誤答之處。與秦九韶數學九章、並爲習算術者之所宜究心者也。

松窗百說一卷提要

宋李季可撰。季可、永嘉人。摭拾古今事實而各爲論說、凡百條。王十朋極稱賞之、謂其有益風教、比於唐之杜牧。紹興年間、尹大任爲之付梓。攷之志乘及各藏書家、均未著錄。書中直書所見、以采摭經史爲文、據正排異爲意。同時如葉謙、甘幾、趙居廣諸人、均有題跋。此從舊鈔影寫。

續墨客揮犀十卷提要

宋彭乘撰。乘有墨客揮犀十卷、四庫全書已著錄。此其續編也。宋陳振孫書錄解題則前續二編俱載、共二十卷、而不著撰人姓氏。明商維濬刻稗海、題彭乘之作、蓋以書中所自稱名爲據。卷中所載軼事遺聞、以及詩話文評、徵引頗爲詳洽、足補前編之所未備。其所議論多推重蘇黃、亦與前集相同。合之以爲完書。

陶靖節詩註四卷提要

宋湯漢撰。漢字伯紀、鄱陽人。淳祐間充史館校書、官至端明殿學士、謚文清。人品爲真德秀所重。事蹟具宋史本傳。淵明詩文高妙、學者未易窺測。漢乃反覆研究、如述酒之作、讀者幾不省爲何語、漢云窺見其指、詳加箋釋、以及他篇有宜發明者、亦併著之。清言微旨、抉出無遺。馬端臨文獻通考以爲淵明異代之知己。其所稱說多與世本不同、如擬古詩聞有田子泰句、魏志作泰、今本多僞爲田子春。惟此與魏志無異。其他佳處、尤不勝指。此從宋槧影寫、誠秘笈也。

貞一齋詩文藁二卷提要

元朱思本撰。思本字本初、豫章臨川人。常學道于龍虎山中。貞一其號云。顧嗣立元詩四集、稱思本嘗從吳全節居都下、博洽文雅、見稱於時。所著詩文稿世無刻本、僅存范梈、劉有慶、歐陽應丙、虞集、揭貫及全節六序。俱諸人手書。藏吳中劉損抑夫家。此本乃叢書堂吳寬手鈔。凡二卷。上卷爲雜著文、下卷則古近各體詩。思本好學遠遊、遍歷名山大川、幾半天下。嘗以昔人所刻禹迹圖、混一六合郡邑圖皆有乖謬、乃參閱郡縣九域、一統等志、攷訂古今、校量遠近、成輿地圖一書、計里開方之法、至思本而始備。今文稿內有輿地圖自序一篇、可証也。大約思本之學、地理爲長也。

輿地紀勝二百卷提要

宋王象之撰。四庫未著錄。惟有輿地碑記四卷、云象之金華人、嘗知江寧縣。所著有輿地紀勝二百卷、今未見傳本。此即其中之四卷。今于江南得影宋抄本二百卷、前有象之自序。象之、東陽人。略云、余披括天下地理之書、參訂會粹、每郡自爲一編、以郡之因革見之編首、而諸邑次之、以及山川人物詩章文翰皆附見焉。東南十六路則倣范蔚宗郡國志條例、以在所爲首、而西北諸郡亦次第編集。今考其成書之年、在南宋嘉定十四年。故其所指在所、以臨安府爲首、而一切沿革亦準是時。又宮闕殿門壽康宮下引朝野雜記云、寧宗始受禪云云。則是作序在嘉定、全書之成、又在理宗時矣。是書自卷一行在所起、至劍門軍訖、共府廿五、軍卌四、州一百零六、監一、共府軍州監一百六十六。內或有一府一軍而分爲上下二卷、故與總數不合。其卷數全闕者、自十三至十六、又自五十至五十四、又自一百卌六至一百四十四、又自一百六十八至一百七十三、又自一百九十三至二百、共闕三十一卷。至其餘各卷內之有闕葉、又皆注明于目錄卷數之下。

《四庫全書總目》
書名及著者姓名索引

目　次

四角號碼檢字法

第一條　筆畫分為十種，用0到9十個號碼來代表：

號碼	筆名	筆形	舉例	說明	注意
0	頭	亠	言 主 广 疒	獨立的點和橫相結合	123都是單筆，0
1	橫	一 ㇀ ㇗ ㇏	天土地江元風	包括橫、挑(䟫)和右鈎	456789都由二
2	垂	丨 丿 亅	山 月 千 則	包括直、撇和左鈎	以上的單筆合為一複
3	點	丶 ㇏	宀礻冖厶之衣	包括點和捺	筆．凡能成為複筆的
4	叉	十 乂	草杏皮刈大對	兩筆相交	，切勿誤作單筆；如
5	插	扌	扌 戈 中 史	一筆通過兩筆以上	亠應作0不作3，寸
6	方	口	國鳴目四甲由	四邊齊整的方形	應作4不作2，厂應
7	角	㇇ 厂 亅 ㇄ 𠂆	羽門反陰雷衣學罕	橫和垂的鋒頭相接處	作7不作2，ソ應作
8	八	八 ソ 人 𠂉	分頁羊余災汆足午	八字形和它的變形	8不作3、2，小應
9	小	小 ⺌ ⺍ 个 忄	尖 糸 粦 杲 惟	小字形和它的變形	作9不作3、3．

第二條　每字只取四角的筆形，順序如下：

(一)左上角　(二)右上角　(三)左下角　(四)右下角

(例) 端：(一)左上角　(二)右上角　(三)左下角　(四)右下角

檢查時照四角的筆形和順序，每字得四碼：

(例) 顏＝0128　截＝4325　烙＝9786

第三條　字的上部或下部，只有一筆或一複筆時，無論在何地位，都作左角，它的右角作0．

(例) 宣　直　首　冬　軍　宗　母

每筆用過後，如再充他角，也作0．

(例) 成　持　掛　大　十　車　時

第四條　由整個口門門行所成的字，它們的下角改取內部的筆形，但上下左右有其他的筆形時，不在此例．

(例) 因＝6043　閉＝7724　關＝7712　衡＝2143

菌＝4460　瀾＝3712　荇＝4422

附　則

Ⅰ.字體寫法都照楷書如下表：

正	一	住	匕	反	礻	戶	安	心	卜	斥	刃	业	亦	草	執	禺	衣
誤	一	住	匕	反	礻	戶	安	心	卜	斥	叉	业	亦	草	執	禺	衣

Ⅱ.取筆形時應注意的幾點：

1.宀户等字，凡點下的橫，右方和他筆相連的，都作3，不作0。

2.尸四門等字，方形的筆頭延長在外的，都作7，不作6。

3.角筆起落的兩頭，不作7，如"ㄱ"。

4.筆形"八"和他筆交叉時不作8，如美。

5.业小中有二筆，水小旁有二筆，都不作小形。

Ⅲ.取角時應注意的幾點：

1.獨立或平行的筆，不問高低，一律以最左或最右的筆形作角。

(例)非　肯　疾　浦　帝

2.最左或最右的筆形，有他筆蓋在上面或托在下面時，取蓋在上面的一筆作上角，托在下面的一筆作下角。

(例)宗　幸　寧　共

3.有兩複筆可取時，在上角應取較高的複筆，在下角應取較低的複筆。

(例)功　盛　頗　鴨　奄

4.撇為下面他筆所托時，取他筆作下角。

(例)春　奎　碎　衣　辟　石

5.左上的撇作左角，它的右角取作右筆。

(例)勾　鈎　侔　鳴

Ⅳ.四角同碼字較多時，以右下角上方最貼近而露鋒芒的一筆作附角，如該筆已經用過，便將附角作0

(例)芒=4471。元　拼　是　疝　歆　畜　殘　儀　難　達　越

繕　蠻　軍　覽　功　郭　疫　癥　愁　金　速　仁　見

附角仍有同碼字時，再照各該字所含橫筆(一／乚乀)的數目順序排列。例如"市""帝"二字的四角和附角都相同，但市字含有二橫，帝字含有三橫，所以市字在前，帝字在後。

索引字頭筆畫檢字

一畫

一 1000_{0}
乙 1771_{0}

二畫

丁 1020_{0}
七 4071_{0}
九 4001_{7}
了 1720_{7}
二 1010_{0}
人 8000_{0}
入 8000_{0}
八 8000_{0}
几 7721_{0}
刁 1712_{0}
十 4000_{0}
卜 2300_{0}
又 7740_{0}

三畫

万 1022_{7}
三 1010_{1}
上 2110_{0}
下 1023_{0}
丫 8020_{7}
丸 4001_{7}
于 1040_{0}
兀 1021_{0}
千 2040_{0}
土 4010_{0}
士 4010_{0}
大 4003_{0}
女 4040_{0}
子 1740_{7}
寸 4030_{0}
小 9000_{0}
山 2277_{0}
己 1771_{7}
巾 4022_{7}
干 1040_{0}
才 4020_{0}

四畫

不 1090_{0}
中 5000_{6}
丹 7744_{0}
五 1010_{7}
井 5500_{0}
亢 0021_{7}
仁 2121_{0}
仇 2421_{7}
今 8020_{7}
介 8022_{0}
允 2321_{0}
元 1021_{1}
內 4022_{7}
公 8073_{2}
六 0080_{0}
分 8022_{7}
切 4772_{0}
勿 2722_{0}
化 2421_{0}
升 2440_{0}
午 8040_{0}
卞 0023_{0}
卬 7772_{0}
友 4004_{7}
壬 2010_{4}
天 1043_{0}
太 4003_{0}
孔 1241_{0}
少 9020_{0}
尤 4301_{0}
尹 1750_{7}
尺 7780_{7}
巴 7771_{7}
幻 2772_{0}
廿 4477_{0}
引 1220_{0}
心 3300_{0}
戈 5300_{0}
支 4040_{7}
文 0040_{0}
斗 3400_{0}
方 0022_{7}
无 1041_{0}
日 6010_{0}
月 7722_{0}
木 4090_{0}
止 2110_{0}
毛 2071_{4}
氏 7274_{0}
水 1223_{0}
火 9080_{0}
牛 2500_{0}
王 1010_{4}

五畫

且 7710_{0}
世 4471_{7}
丘 7210_{1}
丙 1022_{7}
乍 8021_{1}
仕 2421_{0}
他 2421_{2}
仙 2227_{0}
代 2324_{0}
令 8030_{7}
冊 7744_{0}
冉 5044_{7}
冬 2730_{8}
出 2277_{2}
刊 1240_{0}
加 4600_{0}
包 2771_{2}
北 1111_{0}
半 9050_{0}
占 2160_{0}
卮 7221_{2}
卯 7772_{0}
去 4073_{1}
古 4060_{0}
句 2762_{0}
召 1760_{2}
可 1062_{0}
台 2360_{0}
史 5000_{6}
古 4060_{0}
叶 6400_{0}
司 1762_{0}
四 6021_{0}
外 2320_{0}
左 4001_{1}
市 0022_{7}
布 4022_{7}
平 1040_{9}
弁 2344_{0}
弘 1223_{0}
戊 5320_{0}

末 5090_0
本 5023_0
正 1010_1
永 3023_2
片 2202_1
玄 0073_2
玉 1010_8
瓜 7223_0
瓦 1071_7
甘 4477_0
用 7722_0
田 6040_0
由 5060_0
甲 6050_0
申 5000_6
白 2600_0
皮 4024_7
目 6010_1
石 1060_0
示 1090_1
立 0010_8

六畫

亘 1010_6
交 0040_8
亦 0033_0
仰 2722_0
仲 2520_6
任 2221_4
伊 2725_7
伍 2121_7
伏 2323_4
伐 2325_0
先 2421_1
光 9021_1
全 8010_4
共 4480_1
再 1044_7
冰 3213_0
刑 1240_0
列 1220_0
匡 7171_1
印 7772_0
危 2721_2
合 8060_1
吉 4060_1
同 7722_0
名 2760_0
后 7226_1
吏 5000_6
向 2722_0
回 6060_0
因 6043_0
在 4021_4
圭 4010_4
地 4411_2
多 2720_7
夷 5003_2
如 4640_0
字 3040_7
存 4024_7
宅 3071_4
宇 3040_1
守 3034_2
安 3040_4
屺 2771_7
州 3200_0
年 8050_0
式 4310_0
戎 5340_0
托 5201_4
旭 4601_0
曲 5560_0
有 4022_7
朱 2590_0
次 3718_2
此 2111_0
汗 3114_0
汝 3414_0
江 3111_0
池 3411_2
牟 2350_0
百 1060_0
竹 8822_0
米 9090_4
羽 1712_0
老 4471_1
考 4420_7
耒 5090_0
耳 1040_0
聿 5000_7
臣 7171_7
自 2600_0
至 1010_4
舌 2060_4
舟 2744_0
艮 7773_2
艾 4440_0
行 2122_1
西 1060_0

七畫

伯 2620_0
伶 2823_7
伸 2520_6
佐 2421_1
何 2122_0
佘 8090_1
余 8090_4
佛 2522_7
作 2821_1
佟 2723_8
克 4021_6
兵 7280_1
冶 3316_0
冷 3813_7
刪 7240_0
別 6240_0
利 2290_0
努 4742_7
却 4772_0
君 1760_7
吟 6802_7
否 1060_9
含 8060_7
吳 2643_0
吹 6708_2
吾 1060_1
呂 6060_0
呆 6090_4
困 6090_4
均 4712_0
坊 4012_7
壯 2421_0
夾 4003_8
妙 4942_0
孜 1844_0
孝 4440_7
宋 3090_4
完 3021_1
宏 3043_2
局 7722_7
岎 2872_0
岑 2220_7
巡 3230_8
希 4022_7
序 0022_2
延 1240_1
弟 8022_7
彤 7242_2
忍 1733_2
志 4033_1
快 9503_0
成 5320_0
戒 5340_0
批 5101_0
抑 5702_0
抒 5702_2
投 5704_7
抗 5001_7
折 5202_1
改 1874_0
攻 1814_0
更 1050_6
李 4040_7
杏 4060_9
杕 4493_0
杜 4491_0
杞 4791_7
步 2120_1

求 4313_{2}
汪 3111_{4}
汲 3714_{7}
汴 3013_{0}
汶 3014_{0}
決 3513_{0}
汾 3812_{7}
沈 3411_{2}
沐 3419_{0}
沖 3510_{6}
沙 3912_{0}
沚 3111_{0}
灼 9782_{0}
牡 2451_{0}
狂 4121_{4}
狄 4928_{0}
甫 5322_{7}
甬 1722_{7}
男 6042_{7}
秀 2022_{7}
肘 7420_{0}
見 6021_{0}
言 0060_{1}
谷 8060_{8}
豆 1010_{8}
貝 6080_{0}
赤 4033_{1}
身 2740_{0}
車 5000_{6}
辛 0040_{1}
迂 3130_{4}
邢 1742_{7}
邦 5702_{7}
邪 7722_{7}
酉 1060_{0}
阮 7121_{1}
防 7022_{7}

八畫

乖 2011_{1}
事 5000_{7}
京 0090_{6}
佩 2721_{0}
佳 2421_{4}
使 2520_{6}
來 4090_{8}
侍 2424_{1}
併 2824_{1}
兒 7721_{7}
兔 1741_{3}
兩 1022_{7}
具 7780_{1}
典 5580_{1}
函 1077_{2}
初 3722_{0}
制 2220_{0}
卓 2140_{6}
協 4402_{7}
卦 4310_{0}
受 2040_{7}
周 7722_{0}
呻 6500_{6}
和 2690_{0}
固 6060_{4}
坡 4414_{7}
坤 4510_{6}
坦 4611_{0}
垂 2010_{4}
夜 0024_{7}
奇 4062_{1}
奉 5050_{3}
妮 4741_{1}
始 4346_{0}
姑 4446_{0}
姓 4541_{0}
孟 1710_{7}
季 2040_{7}
孤 1243_{0}
宗 3090_{1}
官 3077_{7}
宙 3060_{5}
定 3080_{1}
宛 3021_{2}
宜 3010_{7}
尙 9022_{7}
居 7726_{4}
屈 7727_{2}
岳 7277_{2}
幸 4040_{1}
庚 0023_{7}
弦 1023_{2}
弧 1223_{0}
征 2121_{1}
徂 2721_{0}
忠 5033_{6}
念 8033_{2}
忽 2733_{2}
怡 9306_{0}
性 9501_{0}
怪 9701_{4}
或 5310_{0}
房 3022_{7}
所 7222_{1}
承 1723_{2}
披 5404_{7}
抱 5701_{2}
拂 5502_{7}
拊 5400_{0}
拘 5702_{0}
拙 5207_{2}
招 5706_{2}
放 0824_{0}
於 0823_{3}
昌 6060_{0}
明 6702_{0}
易 6022_{7}
朋 7722_{0}
服 7724_{7}
杭 4091_{7}
東 5090_{6}
杼 4792_{2}
松 4893_{2}
板 4194_{7}
析 4292_{1}
枕 4491_{2}
林 4499_{0}
果 6090_{4}
枝 4494_{7}
杲 6090_{4}
欣 7728_{2}
武 1314_{0}
河 3112_{0}
治 3316_{0}
況 3611_{0}
泊 3610_{0}
泌 3310_{0}
法 3413_{1}
泠 3813_{7}
炊 9788_{2}
炎 9080_{9}
牧 2854_{0}
物 2752_{0}
狎 4625_{0}
玩 1111_{1}
盱 6104_{0}
直 4010_{7}
知 8640_{0}
祁 3722_{7}
秉 2090_{7}
穹 3020_{7}
空 3010_{1}
肯 2122_{7}
臥 7370_{0}
芙 4453_{0}
芝 4430_{7}
芥 4422_{8}
芮 4422_{7}
花 4421_{4}
芳 4422_{7}
芸 4473_{1}
虎 2121_{7}
近 3230_{2}
邱 7712_{7}
邵 1762_{7}
采 2090_{4}
金 8010_{9}
長 7173_{2}
門 7777_{7}
阿 7122_{0}
附 7420_{0}

雨 1022_7
青 5022_7

九畫

侯 2723_4
便 2124_6
俗 2826_8
保 2629_4
俞 8022_1
俟 2323_4
信 2026_1
冒 7760_2
冠 3721_4
則 6280_0
前 8022_1
勉 2441_2
南 4022_7
卻 8762_0
厚 7124_7
咨 3760_8
咸 5320_0
品 6066_0
哄 6408_1
哈 6806_1
奏 5043_0
契 5743_0
奕 0043_0
姚 4241_3
姜 8040_4
姬 4141_6
客 3060_4
宣 3010_6
封 4410_0
屏 7724_1
峇 2260_1
峚 2210_4
峝 2222_7
帝 0022_7
帥 2472_7
幽 2277_0
度 0024_7
建 1540_0
弇 8044_6
弈 0044_8
彥 0022_2
待 2424_1
律 2520_7
後 2224_7
思 6033_0
急 2733_7
恆 9101_7
恬 9206_4
扁 3022_7
括 5206_4
拯 5701_8
拱 5408_1
拾 5806_1
按 5304_4
政 1814_0
故 4864_0
施 0821_2
星 6010_4
春 5060_8
昨 6801_1
昏 7760_4
昭 6706_2
是 6080_1
柏 4690_0
柘 4196_0
查 4010_6
柯 4192_0
柳 4792_0
段 7744_7
毘 6071_1
泉 2623_2
洗 3411_1
洙 3519_0
洛 3716_4
洞 3712_0
津 3510_7
洨 3014_8
洪 3418_1
洱 3114_0
洲 3210_0
洹 3111_6
洺 3716_0
珂 1112_0
珊 1714_0
珍 1812_2
畏 6073_2
疣 0011_4
癸 1243_0
皆 2160_2
皇 2610_4
盈 1710_7
相 4690_0
省 9060_2
眉 7726_7
看 2060_4
祈 3222_1
禹 2042_7
禺 6042_7
秋 2998_0
种 2590_6
科 2490_0
秕 2191_0
突 3043_0
紀 2791_7
約 2792_0
紈 2491_7
美 8043_0
耐 1420_0
耶 1712_7
胎 7326_0
胤 2201_0
胡 4762_0
胥 1722_7
致 1714_0
苑 4421_2
苔 4460_8
苕 4460_2
若 4460_4
苧 4420_1
英 4453_0
苹 4440_9
茂 4425_3
范 4411_2
茅 4422_2
茄 4472_7
虐 2121_1
虹 5111_0
衍 2110_3
表 4073_2
訂 0162_0
計 0460_0
貞 2180_6
負 1780_6
軍 3750_6
迦 3630_0
迪 3530_6
述 3330_9
郁 4722_7
郊 0742_7
重 2010_4
陋 7121_2
革 4450_6
韋 4050_6
音 0060_1
風 7721_0
飛 1241_3
食 8073_2
香 2060_9

十畫

乘 2090_1
亳 0071_4
修 2822_2
倒 2220_0
倜 2922_7
倪 2721_7
倚 2422_1
倦 2921_2
倫 2822_7
倭 2224_4
兼 8033_7
冢 3723_2
冥 3780_0
凌 3414_7
剡 9280_0
匪 7171_1

十一畫

執 4441$_7$
培 4016$_1$
堃 4614$_0$
婁 5040$_4$
婚 4246$_4$
婦 4742$_7$
寄 3062$_1$
寅 3080$_6$
密 3077$_2$
寇 3021$_4$
將 2724$_0$
尉 7420$_0$
崇 2290$_1$
崑 2271$_1$
崔 2221$_4$
崆 2371$_1$
崧 2293$_2$
巢 2290$_4$
帶 4422$_7$
常 9022$_7$
庶 0023$_1$
康 0023$_2$
庸 0022$_7$
張 1123$_2$
強 1323$_6$
得 2624$_1$
從 2828$_1$
御 2722$_0$
情 9502$_7$
惜 9406$_1$
惟 9001$_4$
戚 5320$_0$
扈 3021$_7$
捫 5702$_0$

掃 5702$_7$
掄 5802$_7$
授 5204$_7$
排 5101$_1$
掖 5004$_7$
採 5209$_4$
接 5004$_4$
推 5001$_4$
敍 8194$_7$
教 4844$_0$
敏 8854$_0$
救 4814$_0$
啟 3864$_0$
敖 4824$_0$
斜 8490$_0$
旌 0821$_4$
晚 6701$_6$
晝 5010$_6$
晞 6402$_7$
晦 6805$_7$
曹 5560$_6$
望 0710$_4$
桯 4691$_4$
桴 4294$_7$
梁 3390$_4$
梃 4294$_1$
梅 4895$_7$
梧 4196$_1$
梭 4394$_7$
梯 4892$_7$
欲 8768$_2$
涪 3016$_1$
涵 3117$_2$
淑 3714$_0$

淙 3319$_1$
淞 3813$_2$
淡 3918$_9$
淨 3215$_7$
淮 3011$_4$
深 3719$_4$
淳 3014$_7$
淶 3419$_8$
清 3512$_7$
猗 4422$_1$
現 1611$_0$
琅 1313$_2$
理 1611$_4$
琉 1011$_8$
瓠 4223$_0$
瓶 8141$_7$
甜 2467$_0$
產 0021$_4$
畢 6050$_4$
畦 6401$_4$
異 6080$_1$
痊 0011$_4$
痎 0018$_2$
皎 2064$_8$
皐 2640$_1$
眺 6201$_8$
眾 6023$_2$
砮 1760$_1$
研 1164$_0$
祥 3825$_1$
竟 0021$_6$
章 0040$_6$
笠 8810$_8$
符 8824$_8$

紹 2796$_2$
紺 2497$_0$
終 2793$_8$
翊 0712$_0$
翏 1720$_2$
習 1760$_2$
聊 1712$_0$
脚 7722$_0$
脫 7821$_6$
荷 4422$_1$
荻 4428$_9$
莅 4421$_8$
莆 4422$_7$
莊 4421$_4$
莝 4410$_4$
莫 4443$_0$
處 2124$_1$
蛇 5311$_1$
術 2190$_4$
袖 3526$_0$
被 3424$_7$
訥 0462$_7$
許 0864$_0$
貧 8080$_6$
貫 7780$_6$
責 5080$_6$
逌 3130$_6$
逍 3930$_2$
通 3730$_2$
造 3430$_6$
逢 3730$_4$
連 3530$_0$
郭 0742$_7$
郴 4792$_7$

野 6712$_2$
釣 8712$_0$
陰 7823$_1$
陳 7529$_6$
陵 7424$_7$
陶 7722$_0$
陸 7421$_4$
雪 1017$_7$
鳥 2732$_7$
鹿 0021$_1$
麻 0029$_4$

十二畫

傅 2324$_2$
備 2422$_7$
剩 2290$_0$
勝 7922$_7$
勞 9942$_7$
博 4304$_2$
喙 6804$_6$
善 8060$_5$
喻 6802$_1$
喪 4073$_2$
喬 2022$_7$
單 6650$_6$
圍 6050$_6$
堪 4411$_1$
堯 4021$_1$
場 4612$_7$
壺 4010$_7$
婺 1840$_4$
孱 7724$_7$
富 3060$_6$
寒 3030$_8$

寓 3042_7
尊 8034_6
尋 1734_1
就 0391_4
屠 7726_3
嵇 2397_2
巽 7780_1
幄 4721_4
幾 2245_3
庾 0023_7
彭 4212_2
復 2824_7
循 2226_4
惢 3333_0
惠 5033_3
惲 9705_6
惺 9601_4
掌 9050_2
掾 5703_2
提 5608_1
揚 5602_7
握 5701_4
揭 5602_7
揮 5705_6
敞 9824_0
散 4824_0
敦 0844_0
斐 1140_0
斯 4282_1
普 8060_1
景 6090_6
晴 6502_7
智 8660_0
曾 8060_6
最 6014_7
朝 4742_0
期 4782_0
棃 2790_4
棉 4692_7
棋 4498_1
棗 5090_2
棟 4599_6
棠 9090_4
棣 4593_2
棲 4594_4
植 4491_7
椒 4794_0
殘 1325_3
淵 3210_0
渚 3416_3
渠 3190_4
測 3210_0
渭 3612_7
游 3814_7
渼 3813_4
渾 3715_6
湖 3712_0
湘 3610_0
湛 3411_1
湧 3712_7
湯 3612_7
溫 3611_7
滋 3813_2
焚 4480_9
無 8033_1
焦 2033_1
然 2333_3
爲 2022_7
[illegible] 2305_3
犀 7725_1
琴 1120_7
畫 5010_6
疏 1011_3
疎 1519_6
痘 0011_8
痙 0011_1
登 1210_8
發 1224_7
盛 5310_7
盜 3710_7
短 8141_8
硯 1661_0
稅 2891_6
程 2691_4
童 0010_4
筆 8850_7
筇 8812_7
等 8834_1
筍 8862_7
策 8890_2
粵 2620_7
紫 2190_3
絕 2791_7
絜 5790_3
絲 2299_3
絳 2795_4
脾 7624_0
舒 8762_2
舜 2025_2
菀 4421_2
菊 4492_7
菉 4413_2
菌 4460_0
菜 4490_4
董 4410_4
華 4450_4
菰 4443_2
菱 4424_7
菲 4411_1
菽 4494_7
萃 4440_8
萇 4473_2
萊 4490_8
萍 4414_9
虛 2121_7
蛟 5014_8
蛣 5416_1
裁 4375_0
視 3621_0
觚 2223_0
診 0862_2
註 0061_4
詁 0466_0
詠 0363_2
評 0164_9
詞 0762_0
象 2723_2
貂 2726_2
貴 5080_6
費 5580_6
貽 6386_0
賀 4680_6
超 4780_6
越 4380_5
辜 4040_1
逯 3730_3
進 3030_1
逸 3730_1
都 4762_7
鄂 6722_7
鈍 8511_7
鈐 8812_7
鈕 8711_5
開 7744_1
閑 7790_4
閒 7722_7
閔 7740_0
陽 7622_7
隅 7622_7
隆 7721_4
隋 7422_7
雁 7121_4
雄 4071_4
雅 7021_4
集 2090_4
雲 1073_1
項 1118_6
順 2108_6
須 2128_6
馭 7734_0
馮 3112_7
黃 4480_6
黑 6033_1

十三畫

催 2221_4
傭 2022_7
傲 2824_0
傳 2524_3
傷 2822_7

十五畫

適 3030_2
遯 3130_3
鄧 1712_7
鄭 8742_7
鄶 7782_7
鄱 2762_7
醉 1064_8
銷 8912_7
鋤 8412_7
闔 7773_2
閶 7760_6
閱 7721_6
震 1023_2
鞏 1750_6
頤 7178_6
養 8073_2
魯 2760_3
黎 2713_2

十六畫

儒 2122_7
冀 1180_1
凝 3718_1
嘯 6502_7
圜 6073_2
學 7740_7
寰 3073_2
彊 1121_6
憑 3133_2
憨 4833_4
憲 3033_6
憺 9706_1
戰 6355_0
撼 5305_0
擇 5604_1
操 5609_4
據 5103_2
整 5810_1
曆 7126_9
曇 6073_1
曉 6401_1
樵 4093_1
樸 4293_4
樹 4490_0
橋 4292_7
橘 4792_7
橡 4793_2
橫 4498_6
歙 8718_2
歷 7121_1
澡 3619_4
澳 3713_4
澹 3716_1
激 3814_0
濂 3013_7
潞 3716_4
澠 3711_7
燃 9383_3
燈 9281_8
燕 4433_1
獨 4622_7
獪 4826_6
璞 1213_4
瓢 1293_0
甌 7171_7
盧 2121_7
禦 2790_1
穆 2692_2
積 2598_6
邃 3330_3
窺 3051_6
篔 8880_6
篤 8832_7
糖 9096_7
縉 2196_1
翰 4842_7
膳 7826_5
興 7780_1
蕈 4440_6
蕉 4433_1
蕊 4433_3
蔬 4411_3
蕪 4433_1
融 1523_6
螢 9913_6
衛 2122_7
衡 2143_0
親 0691_0
論 0862_1
諡 0861_7
諤 0662_7
諧 0166_2
諫 0569_6
諸 0466_3
謀 0469_4
豫 1723_2
賴 5798_6
赭 4436_3
辨 0044_1
遵 3830_4
選 3730_3
遺 3530_8
遼 3430_9
鄴 3792_7
醒 1661_4
錄 8713_2
錢 8315_3
錦 8612_7
錫 8612_7
閻 7771_6
閭 7777_7
隨 7423_2
雕 7021_4
霍 1021_4
霏 1011_1
靜 5225_7
頻 2128_6
餐 2773_2
餘 8879_4
駢 7834_1
駱 7736_4
鬳 2122_7
鮑 2731_2
鮓 2831_1
麈 0021_4
黔 6832_7
默 6333_4
龍 0121_1
龜 2711_7

十七畫

優 2124_7
嶺 2238_6
嶽 2223_4
徽 2824_0
應 0023_1
戲 2325_0
戴 4385_0
擊 5750_2
擣 5404_1
擬 5708_1
檀 4091_6
檇 4092_7
[illegible] 4196_0
檗 7090_4
檜 4896_6
檢 4898_6
濟 3012_3
濬 3116_8
濯 3711_4
濮 3213_4
營 9960_6
燭 9682_7
牆 2426_1
環 1613_2
療 0019_6
矯 8242_7
禪 3625_6
縱 2898_1
縹 2199_1
績 2598_6
繁 8890_3
繆 2792_2
羲 8025_3
翼 1780_1
聯 1217_2
聰 1613_0
罄 4840_1
聲 4740_1
臆 7023_6

書名索引

1. 書名次序，按書名第一字的四角號碼次序先後排列；第一字號碼相同的，以第二、第三字的號碼順次排列。

2. 書名相同的，按頁碼的先後排列。

3. 凡各書所冠“欽定”、“御製”、“御定”、“御纂”等字樣，除少數如“御註孝經”、“御製詩初集”等不加改易外，一概删去。

4. 書名前有“皇宋”、“皇清”等字樣，删去“皇”字。

5. 書名前有“重訂”、“古本”、“新本”、“别本”等字樣，概仍其舊。

6. 各書續集、後集、外集、别集或續、廣、增補等，如果不是單行别出，索引中儘量附在正集之後，不另列書名。

7. 附錄的書如：“萬姓統譜”所附“氏族博攷”，“譚樵海集”所附“幽谷集”、“霜巖集”，有單行性質和獨立名稱的，自作索引。

8. 一書名稱不一，以《總目》所著錄的書名作索引，而於别名後注見某書。

9. 書名因避諱改字，儘可能加以復原：首字避諱的，改字與不改字的兩書名並見；其第二、第三以下字避諱，僅用原書名作索引，附注諱字。

10. 書名個别字有誤，就所知逕加改正，不作互見。

一〇二二七——一〇四三〇　鬲下弦震夏覆霞干于耳平无天

3

80～金元詩永案 1769上
88～節坐功法 1260中

3092₇竊

94～憤錄 0471上

3111₀江

00～文通集 1275中
10～西通志 0606下
22～山人集 1605中
26～臯吟 1625中
～臯小築集 1756上
27～岷嶽文集 1610中
30～淮異人錄 1211下
33～心志 0670上
34～漢叢談 0626下
～漢書院講義 0319中
37～湖後集 1701下
～湖長翁文集 1384下
～湖閒吟 1678下
～湖小集 1701上
38～泠閣文集 1653上
～泠閣詩集 1653上
40～左十五子詩選 1768中
～南經略 0839下
～南通志 0606中
～南春詞 1741中
～南星野辨 0674下
～南別錄 0585下
～南野史 0585中
～南餘載 0586中
～右詩稿 1596下
～右名賢編 0558上
～表志 0586上
43～城名蹟 0621中
44～村銷夏錄 0968下
47～聲草堂詩集 1675下
50～東十考 0842下
～東十鑑 0842上
～東地利論 0656上
57～郵遺稿 1388中
70～防總論 0657中
～防考 0656下
～防圖考 0656下
77～月松風集 1456中
80～午坡集 1583中

沚

00～亭文集 1633下

3111₁涇

26～臯藏稿 1513上
44～林集 1587下
67～野子內篇 0792下
～野集 1571上

3111₄汪

12～水雲詩鈔 1543中
20～禹乂詩集 1612上
22～山人集 1604中
35～遺民詩 1625上
37～次公集 1596中
40～直傳 0577上

漑

90～堂前集 後集 續集 詩餘 1636上

3111₆洹

07～詞 1500上
～詞記事鈔 1125上
～詞別本 1568下

3112₀河

10～工集 1662上
21～上稿 1614上
～上草 1658上
～上楮談 1100下
27～紀 0653下
31～源記 0650上
～源紀略 0613下
～渠志 0653上
35～漕通考 0653上
37～洛先天圖說 0087下
～洛定議贊 0068下
～洛真傳 0069上
～洛真數 0943中
38～汾詩集 1555上
～汾諸老詩集 1707下
～汾燕閒錄 1096下
40～南集 1311下
～南通志 0607中
～套志 0649上
50～東集 1305下
60～圖發微 0935上
～圖洛書原舛編 0075上
70～防一覽 0612中
～防疏略 0512上
～防芻議 0654上
～防述言 0615上
～防通議 0611下
72～岳英靈集 1688上
77～間六書 0887中
87～朔訪古記 0629中

3112₁涉

00～齋集 1374下
31～江詩選 1605上
44～世雄談 0763上

太

四四四〇七——四四四四一 孝萃苹執荔萬蠙樊菰葬

～一史獨斷　0765中
～二史紀事提要　0459中

甘

10～露園長書短書　1075上
12～水仙源錄　1262中
26～白集　1550中
～泉新論　0810上
～泉集　1568下
36～澤謠　1210下
50～肅通志　0608中

4477₇舊

00～唐書　0410上
～京詞林志　0691中
10～五代史　0411上
77～聞證誤　0754上

4480₁共

12～發編　1078上

楚

20～辭章句　1267中
～辭章句　1271中
～辭評林　1270上
～辭新註　1271中
～辭聽直合論　1270上
～辭集註辨證後語　1268中
～辭集解蒙引考異　1269中
～辭補註　1268上
～辭九歌解　1271上
～辭燈　1270中
27～紀　0481上
30～寶　0564中
40～臺記事　0691上
～南苗志　0681中
44～蒙山房易經解　0042下
～草　1611上
50～史檮杌　0589下
～書　0673上
77～風補　1773中
～騷綺語　1170上
～騷協韻　1269下
88～範　1802下

4480₆黃

00～帝演禽七元三傳心法　0949中
～帝祠額解　1101上
～帝內經素問遺篇　0862中
～帝奇門遁甲圖　0948下
～帝素問　0856上
～帝陰符經疏　1861上
～文獻集　1443上
08～說仲詩草　1604下
10～元龍詩集尺牘　1625下
～元龍小品　1105中
～石公三略　0837上
～石公行營妙法　0936中
22～山詩留　1640下
～山志　0663中
26～白鏡　1264上
27～御史集　1303上
30～淳父集　1624上
31～河圖議　0652中
33～梁遺蹟志　0573下
37～洛郵集　1576上
～運兩河考議　0653下
38～海　0659下
44～葉村莊詩集　1654中
45～樓集　1537上
46～楊集　1547上
50～忠宣集　1551下
52～靜山集　1681下
72～氏補註杜詩　1281上
～氏日鈔　0786下
77～門集　0508下
80～介菴集　1551中
～谷瑣談　1098下
～公說字　0379中
82～鍾通韻　0337下

4480₉焚

47～椒錄　0473中
88～餘草　1659下

4488₆薠

22～川集　1613中

4490₀樹

80～人堂詩　1675中

4490₁禁

30～扁　0595上

蔡

00～文莊集　1562下
10～可泉集　1585下
50～中郎集　1272中
～忠惠集　1312中
72～氏律同　0331下
～氏九賢全書　1760中

5

5000$_6$中

史

吏

著者姓名索引

1. 人名次序，按人名第一字的四角號碼次序先後排列；第一字號碼相同，以第二、第三字的號碼順次排列。

2. 同姓名的著者加注朝代爲别，如：王良(明)、王良(清)；朝代相同的加注别號或籍貫爲别，如：王畿(字汝中)、王畿(字翼邑)，沈津(慈谿人)、沈津(蘇州人)。前者按時代先後排列，後者按首見頁碼先後排列。

3. 著者係歷代帝王，在廟號前加冠朝代，與原姓名互見，後者並注頁碼。如：清聖祖(見玄燁)、玄燁(清聖祖) 0034 下，唐章懷太子(見李賢)、李賢(唐章懷太子) 0402 上。

4. 不著撰人姓氏的書，其經《總目》考得著者，從《總目》攷定。

5. 帝王"敕撰"的書，以奉敕人爲著者，否則以不著撰人姓氏論。

6. 著者係明代藩王，去封號而冠以"朱"姓。如："明寧獻王權"改爲"朱權"。

7. 著者係釋氏，去"釋"字，留法號。

8. 著者係一人而有不同姓名，無論冒姓、原名、異名、異寫或以字行，均作互見，並均注明頁碼。如：徐時行(原姓申) 1169 上、申時行(冒姓徐)0110 中，張謙德(更名丑) 1003 下、張丑(原名謙德) 0965 下，程君房(同大約) 0998 下、程大約(同君房) 1609 中，范方(同芳) 0141 上、范芳 (同方) 0148 下；陸輔之(友仁字) 1834 中、陸友仁(字輔之) 0626 中。

9. 著者名尊稱"子"，在尊稱下注見某某，而在原姓名下注明頁碼。如：張子(見張載)、張載 0006 上。

10. 著者姓名因避諱缺筆、缺字或改字：缺筆的逕加復原，不作注解，如："玄"改作"玄"；缺字改字的注見某某，而在復原的姓名下注明頁碼，如：吾衍(見吾丘衍)、吾邱衍(見吾丘衍)、吾丘衍 1052 上。

11. 著者係元朝譯名，經清代"改正"的，一一復原，"改正"的注見某某，復原的注明頁碼。如：托克托(見脱脱)、脱脱 0412 中。

12. 著者失名而但有姓，如：沈氏、李公、劉眞人、宋□(如璋子)、史虛白子、鄭氏(侯莫陳邈妻)，按原題注明頁碼。

13. 著者失姓而但有別號，用別號；別號經《總目》考得原名，在別號下注見某某，而在原姓名下注明頁碼，如：谷神子（見鄭還古）、鄭還古 1209 中。

14. 著者姓名誤題，經《總目》考得爲另一人，從《總目》考定。

15. 著者姓名的明顯筆誤或刊誤，儘可能加以改正，且作互見。誤字下加注正字，改正的姓名下注明頁碼，如：陳（何之誤）棟如、何棟如 0485 中，陳良儒（程良孺之誤）、程良孺 1090 中，陳實原（原字衍）、陳實 1240 上，可貞（眞可之誤），眞可 1240 中。其經後人考得認爲錯誤的，於姓名後或頁碼前以"？"爲識。

席

商

高

0821₂施

88～簡　1260上

1010₄王

00～立道　1507上
～充　1032下
～充耘　0097下
0105下
0300中
～方慶　0514中
～應龍　1217下
～應麟　0002上
0125下
0126上
0308下
0421下
0696上
0730下
0754中
0892中
1024中
1151中
1151下
1152上
1411下
～應電　0154上
0374上
～應昌　0558上
0818下
～應辰　0659下
～庭　0824中
1643下
～庭譔　1615上
～庭珪　1354下
～廣謀　0806下
～文清　0188上
1180下
1676中
～文祿　0812下
1070上
1135下

1801下
～奕　1426下
～奕淸　1828下
～言　0371中
～袞　0861上
02～訓　0647下
1178上
～諍　0806上
06～諤　1742上
09～讜　1196上
1217上
10～一化　0645下
～一槐　1089中
～三極　0807上
～正德　1787下
～元鼎　0543下
～元復　1112中
～元杰　0227上
～雱　1246中
～震　0249上
～霆震　1702下
～天春　1641中
～天與　0098上
～(汪之謨)晉徵
～可大　1168下
11～頊齡　1659中
～彌大　0468下
12～璞　0593下
～烈　1570中
～廷相　0809上
1069上
1567下
～廷陳　1503中
～廷燦　1179中
13～琬(見王琰)
～戩　1651下
14～珪(宋)　1314中
～瓘　1863中
～琦　1280下

1535上
～功　0319中
～瑛　1588上
～珙　1550下
15～建　1294上
～建衡　0767上
0830中
1111上
～建常　0336中
0804下
17～珣　0638下
～瓊　0505上
0550中
0650下
0843上
1219中
～弼(魏)　0002下
0003上
1243上
～弼(明)　0549下
～承烈　0146中
～承裕　0539下
～子俊　1371上
～子接　0879中
～鞏　1192下
～尹　0820上
～君玉　1195上
18～璲　1483下
～珻　1670上
19～琰　0086下
20～千秋　1816上
～禹偁　0464上
1307上
～嶠　0287下
～維　0973上
1282中
～維德　0666上
～維儉　0757中
～維楨　1590中
21～步青　0318下

一一二三三 張

二三五〇〇——二五九〇〇 牟嵇仇德侍儲帥贊納牛仲朱

2835₁鮮

2891₆稅

3

3021₄寇

池

3413₁法

5

5000$_6$史

八七四二七 鄭

索引勘誤表

本書重印之前，我們曾對書後所附的《四庫全書總目及著者姓名索引》檢校一遍，發現一些字的四角號碼有錯誤，但因這次是利用原紙型重印，改動版面有困難，今列一勘誤表於下，供讀者查閱索引時參攷。

原誤	應正
致 1714_0	1814_0
槊 2190_4	7190_4
修 2822_2	2722_2
絛 2825_6	2725_6
條 2829_3	2729_3
邁 4430_2	3430_2
表 4073_2	5073_2
蟄 4810_9	5810_9
敖 4824_0	5824_0
熬 4833_4	5833_4
贅 4840_1	5840_1
贅 4880_6	5880_6
鼇 4871_7	5871_7

頁	欄	行	校改
一六〇七	下	一八	誠環　殿本誠作識
一六一六	上	一九	曾維綸　殿本綸作倫下同
一六二二	中	二	自驚編　殿本驚作警
一六三三	中	五	戍所　當作戌所
一六四五	中	一五	潤公　殿本作淵公
一六四五	下	一四	罕睹　當作罕睹
一六四六	下	二六	今太廣　太當作大
一六四八	下	六	方婺如　婺當作楘下同
一六六一	下	一五	王脊徵　進士題名碑作汪晉徵
一六六五	下	一〇	詩二卷　殿本二作五
一六六八	上	四	雪蓬吟　蓬當作篷
一六八三	下	一〇	壩擅大使　壩上脫泰字
一六八五	上	二	六十八部　當作六十七部
一六八五	上	二	六千四百三十九卷　當作七千六百四十三卷
一六八五	上	一三	內六十六部　當作內六十五部
一六八八	上	一三	記言　當作託言
一六九六	中	五	遊晏　當作遊宴
一七〇三	下	一八	列傳　殿本作論列
一七〇三	下	二一	存三　殿本作存一二
一七二三	上	一三	復有記　記當作紀
一七三三	上	五	寓齋　殿本作寓菴
一七五二	上	一九	無錫　當作無錫
一七五四	下	五	孫鑛撰　撰當作編
一七五四	下	一一	郭維賢撰　撰當作編
一七七八	中	二六	三十四卷　當作二十九卷
一七七八	中	二六	內二十六部　當作內二十五部
一七八九	下	一五	何谿汶　谿字衍
一七九六	上	八	所記　殿本作所起
一七九九	上	五	如策　當作如答
一七九九	上	二〇	於元　殿本作元代
一八〇一	上	二四	他論　殿本他下有如字
一八〇一	中	一三	謝茂榛　榛當作秦
一八〇四	上	四	王昌曾　曾當作會
一八〇五	下	二〇	俾來　殿本來下有者字
一八〇六	下	二七	二十四卷　當作二十五卷
一八〇八	上	一三	笑爭　當作爭笑
一八二四	上	五	補遺一卷　閣書作拾遺二卷
一八二五	上	七	二十二卷附錄一卷　殿本作十二卷無附錄
一八二六	上	七	七十四卷　當作七十二卷
一八二八	上	一	元入　當作元人
一八三〇	上	一三	瞼肉　當作臉肉
一八三五	下	一三	曷默　當作曷黠

經部著錄之書六九五部一〇二七一卷（原附錄部卷數俱包括在內下同）存目之書一〇八一部一〇一七七卷內一一九部無卷數
史部著錄之書五六四部二一九一一卷存目之書一五七二部一六三五三卷內七三部無卷數
子部著錄之書九二五部一七八七七卷存目之書二〇一六部四一四二〇卷內一二一部無卷數
集部著錄之書一二七七部二九二五〇卷存目之書二一二四部二五六〇一卷內九七部無卷數
四庫全書總目著錄之書三四六一部七九三〇九卷存目之書六七九三部九三五五一卷內四一〇部無卷數

一二五一	中	二三	律憲　當作律歷
一二五一	中	二三	聖製　當作聖文
一二七七	下	四	每日　當作每目
一二八一	中	二七	四卷　當作五卷
一二八七	下	二三	侍膳　膳下脫服字
一二九一	下	一六	景祐　當作嘉祐
一三〇〇	上	一八	著命司　著當作看
一三〇四	下	八	八十一卷　當作八十三卷
一三〇六	下	一二	頓受　當作頓授
一三〇八	上	二五	土肚　當作牛肚
一三一三	下	二三	邛婆　殿本作功婆
一三二〇	中	一八	徐楨卿　楨當作禎下同
一三二六	下	八	多士　當作名士
一三二七	中	一二	二卷　殿本作三卷
一三二八	中	一一	王輔　殿本作黃輔
一三三三	下	一六	五十二卷　當作四十三卷
一三三四	上	四	盧陵　當作廬陵
一三三四	下	一〇	亢惕子　惕當作愓
一三三七	中	五	列代　當作歷代
一三三八	下	六	據爲　殿本作遽爲
一三四〇	中	一五	可眞　當作眞可
一三四〇	下	七	所刻　當作所作
一三四一	下	一二	稱尹者曰　當作稱尹曰者
一三五五	上	二七	此註　當作此本
一三八一	上	二二	東坡事實　書錄解題作東坡杜詩故事無註
一三九九	中	一七	澧州　當作灃州
一三八〇	上	一七	宋洪邁　宋當作送
一三八一	下	二	瀛奎律髓　瀛當作瀛
一三九八	上	二六	務畜　當作豫畜
一四〇三	上	二	邗城　當作邗城
一四〇四	中	三	端明閣　閣當作殿
一四〇四	中	五	沔州　當作沔州
一四〇四	下	二四	不羈　當作不羈
一四〇八	上	六	後又　當作後人
一四〇九	下	一四	太率　當作大率
一四一一	下	八	非其眞矣　殿本眞作舊
一四一三	下	一六	可觀　殿本作可傳
一四二一	下	九	華容　當作秀容
一四二三	下	一	榛楛　當作榛楛
一四二八	下	二六	翟祐　翟當作瞿
一四三一	上	二六	序說　當作序記
一四四三	中	三	述眞者　眞當作直
一四四七	下	九	而而　當作而來
一四六三	上	二	文苑傳　傳當作傳
一四六四	中	六	十六類　六當作八
一四七三	下	一二	蕭爽　當作蕭爽
一四七四	下	六	二卷　殿本作一卷
一五一七	上	四	四卷　殿本作二卷
一五二二	上	三	空船峽　船當作舩
一五三〇	上	一八	三十八卷　當作三十六卷
一五三五	上	一三	塞土　當作塞上
一五三五	中	一六	無稱人　殿本人上有古字
一五四一	中	一	一十卷　殿本作十一卷
一五四六	上	一〇	每則　當作每冊
一五六三	上	二六	東子所著之書　當作東所著之子書
一五六五	上	五	茂卿　茂當作茂
一五六五	下	二三	本傳　當作傳本
一五六九	下	二三	模糊　當作模糊
一五七六	上	二二	鄠都　當作雩都
一五九一	中	一三	楊子莊　殿本子作于
一五九二	上	一	壬戌　當作壬戌
一五九二	中	二〇	江柏　江當作汪
一六〇〇	中	二三	明詩統　統當作綜
一六〇三	中	二六	黃貫曾　殿本貫作省

頁	欄	行	校	改
七九九	下	二	九十四卷	當作八十一卷
八〇一	下	七	所註	當作所著
八〇二	上	一三	太極集註	太極下脫圖說二字
八一一	上	一四	濮陽	殿本作漢陽
八一一	中	一五	辨誠	殿本誠作誡
八一四	中	七	之書	殿本書作語
八一五	中	二	三卷	殿本作二卷
八一六	下	一三	吳道南	吳當作廖
八一六	下	一三	河渠志	當作楚紀
八四三	下	一五	世宗	當作神宗
八四三	下	一二	二十九年	九當作一
八四八	中	一三	疑取	通考作擬取
八六〇	中	一二	顱顋經	經宋史作方
八六九	上	一	次洩痢	上脫次燥二字
八六九	上	一八	又元	當作又云
八七二	中	一一	棌進本	棌當作採
八七三	下	一八	六十種	當作十六種
八七三	下	二三	掇要	當作撮要
八七七	中	一五	募原	當作膜原
八八〇	下	一〇	十六卷	當作十五卷
八八七	下	三	四十二卷	殿本作四十卷
八八七	下	二五	前集五卷後集五卷	五殿本均作四
八九一	上	二四	六百八十二卷	當作七百一十四卷
九〇〇	下	三	八卷附錄一卷	殿本作十七卷無附錄
九〇七	上	二六	洪衰	當作借衰
九〇七	下	二	裹部	當作體部
九〇七	下	二七	加變	當作交變
九〇八	上	二	算法新書	當作新法算書
九〇九	下	二	十卷	當作七卷
九一七	下	四	記聞	當作紀聞
九三〇	下	六	惟風后	后當作鼓
九三六	中	一	二十八部	當作二十九部
九三六	中	一	六十五卷	當作六十六卷
九七〇	上	一九	七十三卷	當作七十卷
九七五	上	五	淳思	淳當作郭
九八八	上	六	始未	當作始末
九九一	中	二	清祿	當作清錄
九九四	中	一	任防	防當作昉
九九四	中	二六	有丈	當作有文
一〇〇八	上	二七	晉漢	當作漢晉
一〇一〇	下	二〇	世人	當作子孫
一〇一一	上	一〇	□書	當作一書
一〇一一	中	六	荀卿	卿當作悅
一〇二七	上	五	鴛名	當作嫁名
一〇三二	中	一三	七卷	當作六卷
一〇三四	上	二	舒之曾孫	舒當作紓
一〇四一	下	三	吳炯	炯當作垌
一〇五九	下	一三	宋栩	當作宋掬
一〇六三	中	二〇	同異鈔	鈔當作錄
一〇八一	中	二四	溥汎際	當作傅汎際
一〇九〇	中	五	陳良儒	當作程良孺
一一〇〇	中	二	險糜	當作險麋
一一〇〇	中	一三	糜膠	當作麋膠
一一一三	下	一九	一篇	當作二篇
一一一三	下	二六	一卷	當作二卷
一一一四	上	一三	有序	殿本作有亭
一一一四	下	二三	母邱	母當作毌
一一二三	下	一三	家論	殿本作家倫
一一四一	上	一四	亦今	當作今亦

頁	欄	行	校記
五三四	中	一九	目稱　當作自稱
五三四	中	二六	慶長　殿本作李慶長
五三六	上	一五	大尉　當作太尉
五四六	下	二七	四百九十四卷　當作五百卷
五四九	上	一〇	漢夏里　夏當作甪
五六八	上	一五	崇禎　當作崇正
五七〇	下	九	四十八卷　當作四十七卷
五八九	上	一一	趙陀　當作趙佗
五九二	中	一六	六卷　當作一十二卷
五九七	中	一一	列戎　當作列戍
六〇一	上	一八	陸褘　褘當作禕
六〇五	中	一〇	列戎　當作列戍
六一一	中	一四	截於　當作而於
六一一	下	四	王元緯　緯當作暐
六二六	中	七	歲華記麗譜　記當作紀
六二七	上	二五	博瞻　當作博贍
六三一	上	一五	其父邦　邦下脫彥字
六三四	上	四	貢篚　殿本篚作篚
六三四	上	四	伏鉞　當作仗鉞
六三五	中	二	十六部　當作十七部
六三五	中	二	八十九卷　當作九十八卷
六三九	中	二六	林廷棉　廷當作庭
六三九	下	一一	壬戌　當作壬戌
六四五	中	六	永州　州下脫志字
六四七	上	一五	靈璧　當作靈璧
六四九	中	一二	諸省書　書上脫志字
六五〇	中	四	鯨背詩　詩當作吟
六五一	上	二五	一卷　殿本作二卷
六五七	中	八	粵閩　當作閩粵
六六七	中	二七	唐勒　當作磨勒
六六七	下	三三	八百九十五卷　當作九百三卷
六六八	中	一七	祠翰　當作詞翰
六七一	下	一五	陸續　當作陸績
六七二	中	一〇	泉川　當作泉州
六七三	中	一五	皆與　當作皆於
六七三	下	二六	勞大與　與當作輿
六八〇	中	二二	都杰　都當作郝
六八六	中	一五	外制　當作外置
六九六	下	一	十五卷　當作二十一卷
六九七	中	三	四十乘　十當作千
七〇二	下	一〇	儀禮　當作禮儀
七〇八	下	二	南上　當作東上
七一〇	中	一七	鍾化明　明當作民
七一一	中	一五	四野　當作九野
七一四	上	一四	翰林　翰上脫命字
七一八	上	一五	孫能傅　傅當作傳
七一八	中	一三	方獵　獵當作臘
七二〇	下	二	四十七部　當作四十八部
七二〇	下	二	十九卷　當作五十七卷
七二六	上	二五	十三章　殿本作十二章下同
七二九	上	二七	附志二卷　殿本作附志卷
七三三	上	一三	二十一卷　當作二十五卷
七三八	下	一〇	墓碣一篇　一當作五
七四一	中	二六	吳任成　成當作臣
七四五	中	七	而爲　而下脫以字
七五二	上	一九	穎州　當作潁州
七五六	下	一五	九十九卷　當作八十二卷
七六〇	下	七	徽明　徽明上脫文字
七六八	中	一三	六十七卷　當作七十卷
七七〇	中	一九	孔蘂　蘂當作聚
七八三	上	五	書宋　當作書末
七八八	中	四	泰俗訓　俗當作族

頁	欄	行	校改
二七三	下	九	記年　當作紀年
二七四	中	二	題釋　當作題識
二七五	上	二〇	釋以　當作譯以
二七六	下	一三	又以　又當作文
二八〇	上	一六	杌楻　當作杌隉
二八〇	下	一四	殘圖　當作殘闕
二八二	中	一三	巽之作貞　當作貞之作巽
二八四	下	五	春秋經傳　殿本傳下有引 字
二九〇	中	一五	江淳　當作江厚
二九〇	中	二五	蔡系　當作蔡奚
二九〇	中	二六	周褱　當作周懷
二九〇	下	一	以示廣聞　當作以廣異聞
二九四	中	一三	朱子　當作諸子
二九四	下	二四	中庸傳　傳當作說
二九六	上	二	裏布　當作裹布
二九九	中	一〇	二丈　當作丈二
三〇二	下	五	列之　當作別之
三〇四	中	一九	尚書　書下脫考字
三〇四	中	二〇	彥陵　當作彥陵
三二六	上	一四	律均　殿本作立均

頁	欄	行	校改
三二六	上	一五	聲氣　殿本作聲器
三三一	下	七	如譬　當作如璧
三四四	上	一三	十二部　當作十三部
三四四	上	一三	二十二卷　當作二十七卷
三四六	中	二四	註未　當作註末
三四九	中	一六	簣字　當作蕢字
三五八	上	七	是書　當作字書
三五九	下	一六	景定　當作嘉泰
三六九	中	一〇	菌囷　菌當作箘
三八〇	上	七	香膅　當作香膄
三八二	上	三	作稯　當作作稷
三八三	中	二五	匄字　殿本匄作乩
三九二	中	九	五通　當作互通
三九四	上	二六	隨呼吸　吸字衍
三九五	中	一五	三十七卷　當作三十六卷
四一六	中	一三	七百三十九卷　當作六百 九十九卷
四一七	中	二四	張延澤　延當作彥
四二三	上	一	右股　當作右肢
四二五	中	二七	正誤解　當作正誤誤解
四二六	下	二四	漢書　當作漢事

頁	欄	行	校改
四二九	上	二六	王褘　褘當作禕下同
四四〇	上	八	四十卷　殿本作四十八卷
四四四	中	一三	齊十卷　十當作七
四四四	中	二	平臺紀十一卷　殿本作平 臺紀略一卷
四四六	上	三	北唐以開　唐下脫戎字
四四六	中	一四	載紀　當作載記
四五一	上	一	三十二　三當作四
四五七	中	二七	黃登登賢　登字重
四五八	上	一	捨周贊事　捨當作擒
四六九	上	一六	塤探　當作壎探
四七三	中	六	劉琦　當作劉錡
四八五	中	一三	陳棟如　陳當作何
四八五	下	一九	靈丘氏　氏當作民
四八七	上	二	統紀　當作統計
五〇二	下	一〇	二十卷　殿本作四十卷
五〇七	上	九	張煥　張當作章
五一二	下	一九	並萬曆壬辰進士　並當作 亦
五三三	中	一五	樊須　當作樊遲
五三四	中	三	孔子　當作孔門

四庫全書總目校記

頁	欄	行	校改
一〇	下	一五	題日　殿本作題稱
一二	上	三五	家傳　當作傳家
一二	下	四	朱汝能　朱當作周
一七	中	三	五六　當作六五
三六	上	三	易火傳　火當作大
三七	上	二〇	舉薦　殿本作薦舉
四六	下	一五	退文　當作隨文
四七	下	二一	五十七卷　當作六十一卷
四八	中	一七	資川　殿本作資州
五〇	下	二四	比似　當作比時
五二	下	五	無有　殿本作無以
五三	下	七	所謂　當作所解
五七	中	一六	坤衆　當作坤象
六七	中	三	十一爻　殿本作十二爻
八三	上	六	狄仁傑　狄上脫如字
八五	上	二〇	析義　當作析疑
八五	中	一	千波　殿本作千陂
八九	上	一四	十七部　當作十八部
八九	上	一四	七十一卷　當作八十四卷
八九	上	一四	內四十六部　當作內四十八部
九九	下	三	朝衆　當作朝覲
一〇〇	中	二	六十二條　當作二十二條
一〇三	上	六	寧周公　寧當作迎
一一七	下	二一	貫雲　殿本作冠雲
一二三	中	七	共上　當作共土
一二八	下	一〇	安城　當作安福
一四一	下	七	傳中　當作書中
一四二	上	一九	四卷　殿本作六卷
一四五	上	二一	諸曲　當作讀曲
一四七	中	五	春袷　當作春礿
一四七	中	二一	穎濱　當作潁濱
一四八	下	二三	十三卷　當作十一卷
一五三	上	一	貢賦　當作賦貢
一五八	下	一八	亡儀禮　亡當作古
一六七	上	二四	維陽今　今當作令
一七五	上	二〇	十卷　當作十三卷
一七六	上	八	九十四卷　當作九十五卷
一七八	下	四	紀談　當作談記
一八四	上	三	岷山　當作岷江
一九三	上	七	集傳　當作集說
二〇三	下	一	其諸篇　殿本其下有下字
二一二	上	一六	新舊　殿本作新緒
二三一	中	七	其著　當作共注
二四三	中	一〇	二十八年　八當作二
二四四	中	七	三十八卷　當作三十九卷
二六〇	上	二四	二卷　殿本作四卷
二六一	中	二	弃殿　殿本作弃殺
二六二	下	三	七十六卷　當作七十四卷
二六二	下	三	內十部　當作內十一部
二七三	中	一	儒林傳　林當作學